二十四史(附《清史稿》)

(第三卷)

中州古籍出版社

宋书

梁·沈 约撰

宋 中

梁 水 编

宋书目录

卷一　本纪第一
　　武帝上 …………………………… 1
卷二　本纪第二
　　武帝中 …………………………… 6
卷三　本纪第三
　　武帝下 …………………………… 11
卷四　本纪第四
　　少帝 ……………………………… 13
卷五　本纪第五
　　文帝 ……………………………… 14
卷六　本纪第六
　　孝武帝 …………………………… 19
卷七　本纪第七
　　前废帝 …………………………… 24
卷八　本纪第八
　　明帝 ……………………………… 26
卷九　本纪第九
　　后废帝 …………………………… 30
卷十　本纪第十
　　顺帝 ……………………………… 33
卷十一　志第一
　　志序　历上 ……………………… 34
卷十二　志第二
　　历中 ……………………………… 38
卷十三　志第三
　　历下 ……………………………… 46
卷十四　志第四
　　礼一 ……………………………… 57
卷十五　志第五
　　礼二 ……………………………… 67
卷十六　志第六
　　礼三 ……………………………… 75
卷十七　志第七
　　礼四 ……………………………… 84
卷十八　志第八
　　礼五 ……………………………… 90
卷十九　志第九
　　乐一 ……………………………… 97
卷二十　志第十
　　乐二 ……………………………… 103
卷二十一　志第十一
　　乐三 ……………………………… 110
卷二十二　志第十二
　　乐四 ……………………………… 114

卷二十三　志第十三
　　天文一 …………………………… 122
卷二十四　志第十四
　　天文二 …………………………… 127
卷二十五　志第十五
　　天文三 …………………………… 132
卷二十六　志第十六
　　天文四 …………………………… 136
卷二十七　志第十七
　　符瑞上 …………………………… 139
卷二十八　志第十八
　　符瑞中 …………………………… 146
卷二十九　志第十九
　　符瑞下 …………………………… 151
卷三十　志第二十
　　五行一 …………………………… 159
卷三十一　志第二十一
　　五行二 …………………………… 162
卷三十二　志第二十二
　　五行三 …………………………… 168
卷三十三　志第二十三
　　五行四 …………………………… 171
卷三十四　志第二十四
　　五行五 …………………………… 176
卷三十五　志第二十五
　　州郡一
　　　扬州 …………………………… 184
　　　南徐州 ………………………… 185
　　　徐州 …………………………… 188
　　　南兖州 ………………………… 189
　　　兖州 …………………………… 190
卷三十六　志第二十六
　　州郡二
　　　南豫州 ………………………… 191
　　　豫州 …………………………… 193
　　　江州 …………………………… 194
　　　青州 …………………………… 195
　　　冀州 …………………………… 196
　　　司州 …………………………… 197
卷三十七　志第二十七
　　州郡三
　　　荆州 …………………………… 198
　　　郢州 …………………………… 200
　　　湘州 …………………………… 201

  雍州 ………………………… 202
  梁州 ………………………… 204
  秦州 ………………………… 206
卷三十八　志第二十八
 州郡四
  益州 ………………………… 207
  宁州 ………………………… 209
  广州 ………………………… 210
  交州 ………………………… 213
  越州 ………………………… 214
卷三十九　志第二十九
  百官上 ……………………… 214
卷四十　志第三十
  百官下 ……………………… 219
卷四十一　列传第一
 后妃
  孝穆赵皇后 ………………… 224
  孝懿萧皇后 ………………… 224
  武敬臧皇后 ………………… 225
  武帝张夫人 ………………… 225
  少帝司马皇后 ……………… 225
  武帝胡婕妤 ………………… 225
  文元袁皇后 ………………… 225
  文帝路淑媛 ………………… 226
  孝武文穆王皇后 …………… 226
  前废帝何皇后 ……………… 227
  文帝沈婕妤 ………………… 227
  明恭王皇后 ………………… 227
  后废帝江皇后 ……………… 228
  顺帝陈太妃 ………………… 228
  顺帝谢皇后 ………………… 228
卷四十二　列传第二
  刘穆之 ……………………… 228
  王弘 ………………………… 230
卷四十三　列传第三
  徐羡之 ……………………… 233
  傅亮 ………………………… 235
  檀道济 ……………………… 236
卷四十四　列传第四
  谢晦 ………………………… 237
卷四十五　列传第五
  王镇恶 ……………………… 240
  檀韶 ………………………… 242
  向靖 ………………………… 242
  刘怀慎 ……………………… 243
  刘粹 ………………………… 243
卷四十六　列传第六
  赵伦之 ……………………… 245
  王懿 ………………………… 245
  张邵 ………………………… 246

卷四十七　列传第七
  刘怀肃 ……………………… 248
  孟怀玉 ……………………… 249
  刘敬宣 ……………………… 249
  檀祗 ………………………… 251
卷四十八　列传第八
  朱龄石 ……………………… 251
  毛修之 ……………………… 252
  傅弘之 ……………………… 253
卷四十九　列传第九
  孙处 ………………………… 253
  蒯恩 ………………………… 254
  刘钟 ………………………… 254
  虞丘进 ……………………… 255
卷五十　列传第十
  胡藩 ………………………… 255
  刘康祖 ……………………… 256
  垣护之 ……………………… 256
  张兴世 ……………………… 257
卷五十一　列传第十一
 宗室
   长沙景王道怜 …………… 258
   临川烈武王道规 ………… 260
    鲍照 ………………… 262
   营浦侯遵考 ……………… 262
    从弟思考 …………… 263
卷五十二　列传第十二
  庾悦 ………………………… 263
  王诞 ………………………… 263
  谢景仁 ……………………… 264
   弟述 ……………………… 264
  袁湛 ………………………… 265
   弟豹 ……………………… 265
  褚叔度 ……………………… 266
卷五十三　列传第十三
  张茂度 ……………………… 267
   子永 ……………………… 267
  庾登之 ……………………… 268
   弟炳之 …………………… 269
  谢方明 ……………………… 270
  江夷 ………………………… 270
卷五十四　列传第十四
  孔季恭 ……………………… 271
  羊玄保 ……………………… 272
  沈昙庆 ……………………… 272
卷五十五　列传第十五
  臧焘 ………………………… 273
  徐广 ………………………… 274
  傅隆 ………………………… 274
卷五十六　列传第十六

谢瞻 … 275	武二王
孔琳之 … 276	彭城王义康 … 318
卷五十七　列传第十七	南郡王义宣 … 320
蔡廓 … 277	卷六十九　列传第二十九
子兴宗 … 278	刘湛 … 323
卷五十八　列传第十八	范晔 … 324
王惠 … 281	卷七十　列传第三十
谢弘微 … 281	袁淑 … 327
王球 … 282	卷七十一　列传第三十一
卷五十九　列传第十九	徐湛之 … 328
殷淳 … 283	江湛 … 330
子孚 … 283	王僧绰 … 330
弟冲　淡 … 283	卷七十二　列传第三十二
张畅 … 283	文九王
何偃 … 285	南平穆王铄 … 331
江智渊 … 285	建平宣简王宏 … 331
卷六十　列传第二十	晋熙王昶 … 333
范泰 … 286	始安王休仁 … 334
王准之 … 288	晋平刺王休祐 … 336
王韶之 … 288	鄱阳哀王休业 … 336
荀伯子 … 288	临庆冲王休倩 … 336
卷六十一　列传第二十一	新野怀王夷父 … 337
武三王	巴陵哀王休若 … 337
庐陵孝献王义真 … 289	卷七十三　列传第三十三
江夏文献王义恭 … 291	颜延之 … 337
衡阳文王义季 … 294	卷七十四　列传第三十四
卷六十二　列传第二十二	臧质 … 341
羊欣 … 294	鲁爽 … 344
张敷 … 295	沈攸之 … 345
王微 … 295	卷七十五　列传第三十五
卷六十三　列传第二十三	王僧达 … 349
王华 … 297	颜竣 … 350
王昙首 … 298	卷七十六　列传第三十六
殷景仁 … 298	朱修之 … 352
沈演之 … 299	宗悫 … 353
卷六十四　列传第二十四	王玄谟 … 353
郑鲜之 … 300	卷七十七　列传第三十七
裴松之 … 302	柳元景 … 354
何承天 … 302	颜师伯 … 357
卷六十五　列传第二十五	沈庆之 … 357
吉翰 … 305	卷七十八　列传第三十八
刘道产 … 305	萧思话 … 360
杜骥 … 306	刘延孙 … 362
申恬 … 306	卷七十九　列传第三十九
卷六十六　列传第二十六	文五王
王敬弘 … 307	竟陵王诞 … 362
何尚之 … 308	庐江王祎 … 365
卷六十七　列传第二十七	武昌王浑 … 366
谢灵运 … 309	海陵王休茂 … 367
卷六十八　列传第二十八	桂阳王休范 … 367

卷八十　列传第四十
　孝武十四王
　　豫章王子尚……………………369
　　晋安王子勋……………………369
　　松滋侯子房……………………369
　　临海王子顼……………………370
　　始平孝敬王子鸾………………370
　　永嘉王子仁……………………370
　　始安王子真……………………371
　　邵陵王子元……………………371
　　齐敬王子羽……………………371
　　淮南王子孟……………………371
　　晋陵孝王子云…………………371
　　南海哀王子师…………………371
　　淮阳思王子霄…………………371
　　东平王子嗣……………………371
　　武陵王赞………………………371
卷八十一　列传第四十一
　刘秀之……………………………371
　顾琛………………………………372
　顾觊之……………………………373
卷八十二　列传第四十二
　周朗………………………………375
　沈怀文……………………………378
卷八十三　列传第四十三
　宗越………………………………379
　吴喜………………………………380
　黄回………………………………382
卷八十四　列传第四十四
　邓琬………………………………383
　袁顗………………………………388
　孔觊………………………………389
卷八十五　列传第四十五
　谢庄………………………………391
　王景文……………………………394
卷八十六　列传第四十六
　殷孝祖……………………………395
　刘勔………………………………396
卷八十七　列传第四十七
　萧惠开……………………………397
　殷琰………………………………398
卷八十八　列传第四十八
　薛安都……………………………400
　沈文秀……………………………402
　崔道固……………………………403
卷八十九　列传第四十九
　袁粲………………………………403
卷九十　列传第五十
　明四王
　　邵陵殇王友……………………404

　　随阳王翙………………………404
　　新兴王嵩………………………404
　　始建王禧………………………404
卷九十一　列传第五十一
　孝义
　　龚颖……………………………405
　　刘瑜……………………………405
　　贾恩……………………………405
　　郭世道…………………………405
　　严世期…………………………406
　　吴逵……………………………406
　　潘综……………………………406
　　张进之…………………………406
　　王彭……………………………406
　　蒋恭……………………………407
　　徐耕……………………………407
　　孙法宗…………………………407
　　范叔孙…………………………407
　　卜天与…………………………407
　　许昭先…………………………407
　　余齐民…………………………407
　　孙棘……………………………408
　　何子平…………………………408
卷九十二　列传第五十二
　良吏
　　王镇之…………………………409
　　杜慧度…………………………409
　　徐豁……………………………409
　　陆徽……………………………410
　　阮长之…………………………410
　　江秉之…………………………410
　　王歆之…………………………410
卷九十三　列传第五十三
　隐逸
　　戴颙……………………………411
　　宗炳……………………………411
　　周续之…………………………412
　　王弘之…………………………412
　　阮万龄…………………………412
　　孔淳之…………………………413
　　刘凝之…………………………413
　　龚祈……………………………413
　　翟法赐…………………………413
　　陶潜……………………………413
　　宗彧之…………………………414
　　沈道虔…………………………414
　　郭希林…………………………414
　　雷次宗…………………………414
　　朱百年…………………………415
　　王素……………………………415

  刘睦之 …………………………… 415
  关康之 …………………………… 415
卷九十四　列传第五十四
 恩幸
  戴法兴 …………………………… 416
  戴明宝 …………………………… 417
  徐爰 ……………………………… 417
  阮佃夫 …………………………… 418
   于天宝 ………………………… 419
   寿寂之 ………………………… 419
   姜产之 ………………………… 419
   李道儿 ………………………… 419
   王道隆 ………………………… 419
   杨运长 ………………………… 419
卷九十五　列传第五十五
 索虏 ……………………………… 420
卷九十六　列传第五十六
 鲜卑　吐谷浑 …………………… 429
卷九十七　列传第五十七
 夷蛮
  南夷 ……………………………… 430
   林邑国 ………………………… 430

   扶南国 ………………………… 430
  西南夷 …………………………… 430
   呵罗单国 ……………………… 431
   媻皇国 ………………………… 431
   媻达国 ………………………… 431
   阇婆婆达国 …………………… 431
   师子国 ………………………… 431
   天竺迦毗黎国 ………………… 431
  东夷高句骊国 …………………… 433
   百济国 ………………………… 433
   倭国 …………………………… 434
  荆雍州蛮 ………………………… 434
  豫州蛮 …………………………… 434
卷九十八　列传第五十八
 氐胡
  胡大且渠蒙逊 …………………… 437
卷九十九　列传第五十九
 二凶
  元凶劭 …………………………… 438
  始兴王浚 ………………………… 441
卷一百　列传第六十
 自序 ……………………………………… 442

宋 书

卷一　　　　本纪第一

武　帝　上

　　高祖武皇帝讳裕，字德舆，小名寄奴，彭城县绥舆里人，汉高帝弟楚元王交之后也。交生红懿侯富，富生宗正辟强，辟强生阳城缪侯德，德生阳城节侯安民，安民生阳城釐侯庆忌，庆忌生阳城肃侯岑，岑生宗正平，平生东武城令某，某生东莱太守璩，景生明经洽，洽生博士弘，弘生琅邪都尉悝，悝生魏定襄太守某，某生邪城令亮，亮生晋北平太守膺，膺生相国掾熙，熙生开封令旭孙，旭孙生混，始过江，居晋陵郡丹徒县之京口里，官至武原令。混生东安太守靖，靖生郡功曹翘，是为皇考。高祖以晋哀帝兴宁元年岁次癸亥三月壬寅夜生。及长，身长七尺六寸，风骨奇特。家贫，有大志，不治廉隅。事继母以孝谨称。

　　初为冠军孙无终司马。安帝隆安三年十一月，妖贼孙恩作乱于会稽，晋朝卫将军谢琰、前将军刘牢之东讨。牢之请高祖参府军事。十二月，牢之至吴，而贼缘道屯结，牢之命高祖与数十人，觇贼远近。会遇贼至，众数千人，高祖便进与战。所将人多死，而战意方厉，手奋长刀，所杀伤甚众。牢之子敬宣疑高祖淹久，恐为贼所困，乃轻骑寻之。既而众骑并至，贼乃奔退，斩获千余人，推锋而进，平山阴，恩遁还入海。四年五月，恩复入会稽，杀卫将军谢琰。十一月，刘牢之复率众东征，恩退走。牢之屯上虞，使高祖戍句章城。句章城既卑小，战士不盈数百人。高祖常被坚执锐，为士卒先，每战辄摧锋陷阵，贼乃退还浃口。于时东伐诸帅，御军无律，士卒暴掠，甚为百姓所苦，唯高祖法令明整，所至莫不亲赖焉。

　　五年春，孙恩频攻句章，高祖屡摧破之，恩复走入海。三月，恩北出海盐，高祖追而翼之，筑城于海盐故治。贼日来攻城，城内兵力甚弱，高祖乃选敢死之士数百人，咸脱甲冑，执短兵，并鼓噪而出。贼震惧夺气，因其惧而奔之，并弃甲散走，斩其大帅姚盛。虽连战克胜，然众寡不敌，高祖独深虑之。一夜，偃旗匿众，若已遁者。明晨开门，使羸疾数人登城。贼遥问刘讳所在，曰："夜已走矣。"贼信之，乃率众大上。高祖乘其懈怠，奋击，大破之。恩知城不可下，乃进向沪渎。高祖复弃城追之。海盐令鲍陋遣子嗣之以吴兵一千，请为前驱。高祖曰："贼兵甚精，吴人不习战。若前驱失利，必败我军，可在后为声援。"不从。是夜，高祖多设伏兵，兼置旗鼓，然一处不过数人。明日，贼率众万余迎战。前驱既交，诸伏皆出，举旗鸣鼓。贼谓四面有军，乃退。嗣之追奔，为贼所没。高祖且战且退，贼盛，所领死伤且尽。高祖虑不免，至向伏兵处，乃止，令左右脱取死人衣。贼谓当走反停，疑犹有伏。高祖因呼更战，气色甚猛，贼众以为然，乃引军去。高祖徐归，然后散兵稍集。五月，孙恩破沪渎，杀吴国内史袁山松，死者四千人。是月，高祖复破贼于娄县。六月，恩乘胜浮海，奄至丹徒，战士十余万。刘牢之犹屯山阴，京邑震动。高祖倍道兼行，与贼俱至。于时众力既寡，加以步远疲劳，而丹徒守军莫有斗志。恩率众数万，鼓噪登蒜山，居民皆荷担而立。高祖率所领奔击，大破之，投巘赴水死者甚众。恩以彭排自载，仅得还船。虽被摧破，犹恃其众力，径向京师。楼船高大，值风不得进，旬日乃至白石。寻知刘牢之已还，朝廷有备，遂走向郁洲。八月，以高祖为建武将军、下邳太守，领水军追恩至郁洲，复大破恩，恩南走。十一月，高祖追恩于沪渎，及海盐，又破之。三战，并大获，俘馘以万数。恩自是饥馑疾疫，死者太半，自浃口奔临海。

　　元兴元年正月，骠骑将军司马元显西伐荆州刺史桓玄，玄亦率荆楚大众，下讨元显。元显遣镇北将军刘牢之拒之，高祖参其军事，次溧洲。玄至，高祖请击之，不许，将遣子敬宣诣玄请和。高祖与牢之甥东海何无忌并固请，不从。遂遣敬宣诣玄，玄克京邑，杀元显，以牢之为会稽内史。惧而告高祖曰："便夺我兵，祸其至矣。今当北就高雅于广陵举事，卿能从我去乎？"答曰："将军以劲卒数万，望风降服。彼新得志，威震天下。三军人情，都已去矣,广陵岂可得至邪!裕当反复还京口耳。"牢之叛走,自缢死。何无忌谓高祖曰:"我将何之?"高祖曰:"镇北去必不免,卿可随我还京口。桓玄必能守节北面,我当与卿事之。不然,与卿图之。今方是玄矫情任算之日,必将用我辈也。"桓玄从兄修以抚军镇丹徒,以高祖为中兵参军,军、郡如故。

孙恩自奔败之后,徒旅渐散,惧生见获,乃于临海投水死。余众推恩妹夫卢循为主。桓玄欲且绥宁东土,以循为永嘉太守。循虽受命,而寇暴不已。五月,玄复遣高祖东征。时循自临海入东阳。二年正月,玄复遣高祖破循于东阳。循奔永嘉,复追破之,斩其大帅张士道,追讨至于晋安,循浮海南走。六月,加高祖彭城内史。

桓玄为楚王,将谋篡盗。玄从兄卫将军谦屏人问高祖曰:"楚王勋德隆重,四海归怀。朝廷之情,咸谓宜有揖让,卿意以为何如?"高祖既志欲图玄,乃逊辞答曰:"楚王,宣武之子,勋德盖世。晋室微弱,民望久移,乘运禅代,有何不可!"谦喜曰:"卿谓可尔,便当是真可尔。"十二月,桓玄篡帝位,迁天子于寻阳。桓修入朝,高祖从至京邑。玄见高祖,谓司徒王谧曰:"昨见刘裕,风骨不恒,盖人杰也。"每游集,辄引接殷勤,赠赐甚厚。高祖愈恶之。或说玄曰:"刘裕龙行虎步,视瞻不凡,恐不为人下,宜备为其所。"玄曰:"我方欲平荡中原,非刘讳莫可付以大事。关陇平定,然后当别议之耳。"玄乃下诏曰:"刘裕以寡制众,屡摧妖锋,泛海穷追,十殄其八。诸将力战,多被重创。自元帅以下至于将士,并宜论赏,以叙勋烈。"

先是,高祖东征卢循,何无忌随至山阴,劝于会稽举义。高祖以为玄未据极位,且会稽遥远,事济为难,俟其篡逆事著,徐于京口图之,不忧不克。至是桓修还京,高祖托以金创疾动,不堪步从,乃与无忌同船共还,建兴复之计。于是与弟道规、沛郡刘毅、平昌孟昶、任城魏咏之、高平檀凭之、琅邪诸葛长民、太原王元德、陇西辛扈兴、东莞童厚之,并同义谋。时桓修弟弘为征虏将军、青州刺史,镇广陵。道规为弘中兵参军,昶为州主簿。乃令毅潜往就昶,聚徒于江北,谋起兵杀弘。长民为豫州刺史刁逵左军府参军,谋据历阳相应。元德、厚之谋于京邑,聚众攻玄,并克期齐发。

三年二月己丑朔,乙卯,高祖托以游猎,与无忌等收集义徒,凡同谋有无忌、魏咏之、咏之弟欣之、顺之、檀凭之、凭之从子韶、弟祇、隆与叔道济、道济从兄范之、高祖弟道怜、刘毅、毅从弟藩、孟昶、昶族弟怀玉、河内向弥、管义之、陈留周安穆、临淮刘蔚、从弟珪之、东莞臧熹、从弟宝符、从子穆生、童茂宗、陈郡周道民、渔阳田演、谯国范清等二十七人;愿从者百余人。丙辰,诘旦,城开,无忌服传诏服,称诏居前。义众驰入,齐声大呼,吏士惊散,莫敢动,即斩修以徇。高祖哭甚恸,厚加殡敛。孟昶劝弘其日出猎。未明开门,出猎人、昶、道规、毅等率壮士五六十人因开门直入。弘咳粥,即斩之,因收众济江。义军初克京城,修司马刁弘率文武佐吏来赴。高祖登城谓之曰:"郭江州已奉乘舆反正于寻阳,我等并被密诏,诛除逆党,同会今日。贼玄之首,已当枭于大航

矣。诸君非大晋之臣乎,今来欲何为?"弘等信之,收众而退。毅既至,高祖命诛弘。

毅兄迈先在京师,事未发数日,高祖遣同谋周安穆报之,使为内应。迈外虽酬许,内甚震惧。安穆见其惶骇,虑事必泄,乃驰归。时玄以迈为竟陵太守,迈不知所为,便下船欲之郡。是夜,玄与迈书曰:"北府人情云何?卿近见刘裕何所道?"迈谓玄已知其谋,晨起白之。玄惊惧,封迈为重安侯,既而嫌迈不执安穆,使得逃去,乃杀之。诛元德、扈兴、厚之等。召桓谦、卞范之等谋拒高祖。谦等曰:"亟遣兵击之。"玄曰:"不然。彼兵速锐,计出万死。若行遣水军,不足相抗;如有蹉跌,则彼气成而吾事败矣!不如屯大众于覆舟山以待之。彼空行二百里,无所措手,锐气已挫,既至,忽见大军,必惊惧骇愕。我案兵坚阵,勿与交锋。彼求战不得,自然散走。此计之上也。"谦等固请,乃遣顿丘太守吴甫之、右卫将军皇甫敷北拒义军。玄自闻军起,忧惧无复为计。或曰:"刘裕等众力甚弱,岂办之有成,陛下何虑之甚!"玄曰:"刘裕足为一世之雄,刘毅家无担石之储,摴蒲一掷百万;何无忌,刘牢之甥,酷似其舅。共举大事,何谓无成。"

众推高祖为盟主,移檄京邑,曰:

夫治乱相因,理不常泰,狡焉肆虐,或值圣明。自我大晋,阳九屡构。隆安以来,难结皇室。忠臣碎于虎口,贞良弊于豺狼。逆臣桓玄,陵虐人鬼,阻兵荆郢,肆暴都邑。天未亡难,凶力繁兴,逾年之间,遂倾皇祚。主上播越,流幸非所;神器沉沦,七庙毁坠。夏后之罹浞、豷,有汉之遭莽、卓,方之于玄,未足为喻。自玄篡逆,于今历年,亢旱弥时,民无生气。加以士庶疲于转输,文武困于造筑,父子乖离,室家分散,岂唯《大东》有杼轴之悲,《摽梅》有倾筐之怨而已哉!仰观天文,俯察人事,此而能久,孰有亡乎!凡在有心,谁不扼腕。裕等所以叩心泣血,不遑启处者也。是故夕寐宵兴,援奖忠烈,潜构崎岖,险过履虎。辅国将军刘毅、广武将军何无忌、镇北主簿孟昶、兖州主簿魏咏之、宁远将军刘道规、龙骧将军刘藩、振威将军檀凭之等,忠烈断金,精贯白日,荷戈奋袂,志在毕命。益州刺史毛璩,万里齐契,扫定荆楚。江州刺史郭昶之,奉迎主上,宫于寻阳。镇北参军王元德等,并率部曲,保据石头。扬武将军诸葛长民,收集义士,已据历阳。征虏参军庾赜等,潜相连结,以为内应。同力协规,所在蜂起,即日斩伪徐州刺史安城王修、青州刺史弘首。义众既集,文武争先,咸谓不有一统,则事无以辑。裕辞不获已,遂总军要。庶上凭祖宗之灵,下罄义夫之力,剪馘逋逆,荡清京辇。公侯诸君,或世树忠贞,或身荷爵宠,而并俯眉猥蹙,自效莫由,顾瞻周道,宁不吊乎!今日之举,良其会也。裕以虚薄,才非古人,接势于已替之机,受任于既颓之运。丹诚未宣,感慨愤跃,望霄汉以永怀,眄山川以增厉。授檄之日,神驰贼廷。

以孟昶为长史,总摄后事;檀凭之为司马。百姓愿从者千余人。三月戊午朔,遇吴甫之于江乘。甫之,玄骁将

也,其兵甚锐。高祖躬执长刀,大呼以冲之,众皆披靡,即斩甫之。进至罗落桥,皇甫敷率数千人逆战。宁远将军檀凭之与高祖各御一队,凭之战败见杀,其众退散。高祖进战弥厉,前后奋击,应时摧破,即斩敷首。初,高祖与何无忌等共建大谋,有善相者相高祖及无忌等并当大贵,其应甚近,惟云凭之无相。高祖与无忌密言谓曰:"吾等既为同舟,理无偏异。吾徒咸皆富贵,则檀不应独殊。"深不解相者之言。至是而凭之战死,高祖知其事必捷。

玄闻敷等并没,愈惧,使桓谦屯东陵口,卞范之屯覆舟山西,众合二万。己未旦,义军食毕,弃其余粮,进至覆舟山东,使羸士张旗帜于山上,以为疑兵;玄又遣武骑将军庾祎之,配以精卒利器,助谦等。高祖躬先士卒以奔之,将士皆殊死战,无不一当百,呼声动天地。时东北风急,因命纵火,烟焰张天,鼓噪之音震京邑。谦等诸军,一时土崩。玄始虽遣军置阵,而走意已决,别使领军将军殷仲文具舟于石头,仍将子侄浮江南走。庚申,高祖镇石头城,立留台,总百官,焚桓温神主于宣阳门外,造晋新主,立于太庙。遣诸将帅追玄,尚书王嘏率百官奉迎乘舆。司徒王谧与众议推高祖领扬州,固辞。乃以谧为录尚书事,领扬州刺史。于是推高祖为使持节、都督扬徐兖豫青冀幽并八州诸军事、领军将军、徐州刺史。

先是,朝廷承晋氏乱政,百司纵弛,桓玄虽欲厘整,而众莫从之。高祖以身范物,先以威禁内外,百官皆肃然奉职。二三日间,风俗顿改。且桓玄虽以雄豪见推,而一朝便有极位,晋氏四方牧守及在朝大臣,尽心伏事,臣主之分定矣。高祖位微于朝,众无一旅,奋臂草莱之中,倡大义以复皇祚。由是王谧等诸人时众民望,莫不愧而惮焉。

诸葛长民失期不得发,刁逵执送之,未至而玄败。玄经寻阳,江州刺史郭昶之备乘舆法物资之。玄收略得二千余人,挟天子走江陵。冠军将军刘毅、辅国将军何无忌、振武将军刘道规率诸军追讨。尚书左仆射王愉、愉子荆州刺史绥等,江左冠族。绥少有重名,以高祖起自布衣,甚相凌忽。绥,桓氏甥,亦有自疑之志。高祖悉诛之。四月,奉武陵王遵为大将军,承制,大赦天下,唯桓玄一祖后不在赦例。

初,高祖家贫,尝负刁逵社钱三万,经时无以还。逵执录甚严,王谧造逵见之,密以钱代还,由是得释。高祖名微位薄,盛流皆不与相知,唯谧交焉。桓玄将篡,谧手解安帝玺绂,为玄佐命功臣。及义旗建,众并谓谧宜诛,唯高祖保持之。刘毅尝因朝会,问谧玺绂所在,谧益惧。及王愉父子诛,谧从弟谌谓谧曰:"王驹无罪,而义旗诛之,此是剪除胜己,以绝民望。兄既桓氏党附,名位如此,欲求免得乎?"驹,愉小字也。谧惧,奔于曲阿。高祖笺白大将军,深相保谧,迎还复位。光禄勋丁承之、左卫将军褚粲、游击将军司马珣役使官人,为御史中丞王祯之所纠察,谢笺言辞怨忿。承之造司宜藏。高祖与大将军笺,白"粲等备位大臣,所怀必尽,执宪不允,自应据理陈诉,而横兴怨忿,归咎有司,宜加裁当,以清风轨"。并免官。

桓玄儿子韶,聚众向历阳,高祖命辅国将军诸葛长民击走之。无忌、道规破玄大将郭铨等于桑落洲,众军进据寻阳。加高祖督江州诸军事。玄既还荆郢,大聚兵众,召水军造楼船、器械,率众二万,挟天子发江陵,浮江东下,与冠军将军刘毅等相遇于峥嵘洲,众军下击,大破之。玄弃众,复挟天子还复江陵。玄党殷仲文奉晋二皇后还京师。玄至江陵,因西走。南郡太守王腾之、荆州别驾王康产奉天子入南郡府。初,征虏将军、益州刺史毛璩,遣从孙祐之与参军费恬送弟丧下,有众二百。璩弟子修之时为玄屯骑校尉,诱玄以入蜀。至枚回洲,恬与祐之迎射之。益州督护冯迁斩玄首,传京师,又斩玄子升于江陵市。

初,玄败于峥嵘洲,义军以为大事已定,追蹑不速。玄死几一旬,众军犹不至。玄从子振逃于华容之涌中,招聚逆党数千人,晨袭江陵城,居民竞出赴之。腾之、康产皆被杀。桓谦先匿于沮川,亦聚众以应。振为玄举哀,立丧廷。谦率众官奉玺绶于安帝。无忌、道规既至江陵,与桓振战于灵溪。玄党冯该又设伏于杨林,义军奔败,退还寻阳。兖州刺史辛禺怀贰。会北青州刺史刘该反,禺求征该,次淮阴,又反。禺长史羊穆之斩禺,传首京师。十月,高祖领青州刺史。甲仗百人入殿。

刘毅诸军复进至夏口。毅攻鲁城,道规攻偃月垒,皆拔之。十二月,诸军进平巴陵。义熙元年正月,毅等至江津,破桓谦、桓振,江陵平。天子反正。三月,天子至自江陵。诏曰:

古称大者天地,其次君臣,所以列贯三辰,神人代序,谅理本于造昧,而运周于万叶。故盈否时袭,四灵通其变;王道或昧,贞贤拯其危。天命所以永固,人心所以攸穆。虽夏、周中倾,赖靡、申之绩,莽、伦载窃,实二代是维,或乘资藉号,或业隆界世,犹《诗》、《书》以仄休咏,记策用为美谈。未有因心抚民,而诚发理应,援神器于已沦,若在今之盛者也。朕以寡昧,遭家不造,越自遘闵,属当屯极。逆臣桓玄,乘衅纵慝,穷凶恣虐,滔天猾夏。遂诬罔人神,肆其篡乱。祖宗之基既湮,七庙之飨胥殄,若坠渊谷,未足斯譬。

皇度有晋,天纵英哲,使持节、都督扬徐兖豫青冀幽并江九州诸军事、镇军将军、徐青二州刺史,忠诚天亮,神武命世,用能贞明协契,义夫响臻。故顺声一唱,二溟卷波;英风振路,宸居清翳。暨冠军将军毅、辅国将军无忌、振武将军道规,舟旗遐迈,而元凶传首;回戈叠挥,则荆、汉雾廓。俾宣、元之祚,永固于嵩、岱;倾基重造,再集于朕躬。宗庙歆七百之祜,皇基融载新之命。念功惟德,永言铭怀。固已道冠开辟,独绝终古,书契以来,未之前闻矣。虽则功高靡尚,理至难文,而崇庸命德,哲王攸先者,将以弘道树治,深关盛衰。故伊、望殊命之锡,桓、文飨备物之礼,况宏征不世,顾邈百代者,宜极名器之隆,以光大国之盛。而镇军谦虚自衷,诚旨屡显。朕重逆仲父,乃所以愈彰德美也。镇军可进位侍中、车骑将军、都督中外诸军事,使持节、徐青二州刺史如故。显祚大邦,启兹疆宇。

高祖固让;加录尚书事,又不受,屡请归藩。天子不许,遣百僚敦劝，又亲幸公第。高祖惶惧，诣阙陈请，天子不能夺。是月，旋镇丹徒。天子重遣大使敦劝，又不受。乃改授都督荆、司、梁、益、宁、雍、凉七州，并前十六州诸军事，本官如故。于是受命解青州，加领兖州刺史。

卢循浮海破广州，获刺史吴隐之。即以循为广州刺史，以其同党徐道覆为始兴相。二年三月，督交、广二州。十月，高祖上言曰："昔天祸皇室，巨狡纵篡，臣等义惟旧隶，豫蒙国恩，仰契信顺之符，俯厉人臣之愤，虽社稷之灵，抑亦事由众济。其翼奖忠勤之佐，文武毕力之士，敷执在己之谦，用亏国体之大，辄申摄众军先上，同谋起义，始平京口、广陵二城。臣及抚军将军毅等二百七十二人，并后赴义出都，缘道大战，所余一千五百六十六人。又辅国将军长民、故给事中王元德等十人，各一千八百四十八人，乞正封赏。其西征众军，须论集续上。"于是尚书奏封唱义谋主镇军将军讳豫章郡公，食邑万户，赐绢三万匹。其余封赏各有差。镇军府佐吏，降故太傅谢安府一等。十一月，天子重申前令，加高祖侍中，进号车骑将军、开府仪同三司。固让。诏遣百僚敦劝。三年二月，高祖还京师，将诣廷尉；天子先诏狱官不得受，诣阙陈让，乃见听。旋于丹徒。

闰月，府参骆冰谋作乱，将被执，单骑走，追斩之。诛冰父永嘉太守球。球本东阳郡史，孙恩之乱，起义于长山，故见擢用。初，桓玄之败，以桓冲忠贞，署其孙胤。至是冰谋以胤为主，与东阳太守殷仲文潜相连结。乃诛仲文及仲文二弟。凡桓玄余党，至是皆诛夷。

天子遣兼太常葛籍授公策曰："有扈滔天，夷羿乘衅，乱节干纪，实挠皇极。贼臣桓玄，怙宠肆逆，乃摧倾华、霍，倒拔嵩、岱，五岳既夷，六地易所。公命世英纵，藏器待时，因心资敬，誓雪国耻。慨愤陵夷，诚发宵寐。既而岁月屡迁，神器已远，忠孝幽寄，实贯三灵。尔乃介石胜机，宣契毕举，诉苍天以为正，挥义旅而一驱；奔锋数百，势烈激电，百万不能抗限，制路日直植城。遂使冲鲸溃流，暴鳞江汉，庙胜远加，重氛载涤，二仪廓清，三光反照，事遂永代，功高开辟，理微称谓，义感朕心。若夫道为身济，犹縻厥爵，况乃诚德俱深，勋冠天人者乎！是用建兹邦国，永祚山河，言念载怀，匪云足报。往钦哉！俾屏余一人，长弼皇晋，流风垂祚，晖烈无穷。其降承嘉策，对扬朕命。"十二月，司徒、录尚书、扬州刺史王谧薨。

四年正月，征公入辅，授侍中、车骑将军、开府仪同三司、扬州刺史、录尚书、徐兖二州刺史如故。表解兖州。先是，遣冠军刘敬宣伐蜀贼谯纵，无功而返。九月，以敬宣挫退，逊位，不许。乃降为中军将军，开府如故。

初，伪燕王鲜卑慕容德僭号于青州，德死，兄子超袭位，前后数为边患。五年二月，大掠淮北，执阳平太守刘千载、济南太守赵元，驱略千余家。三月，公抗表北讨，以丹阳尹孟昶监中军留府事。四月，舟师发京都，溯淮入泗。五月，至下邳，留船舰辎重，步军进琅邪；所过皆筑城留守。鲜卑梁父、莒城二戍并奔走。慕容超闻王师将至，其大将公孙五楼说超："宜断据大岘，刘除粟苗，坚壁清野以待之。彼侨军无资，求战不得，旬月之间，折棰以笞之耳。"超不从，曰："彼远来疲劳，势不能久；但当引令过岘，我以铁骑践之，不忧不破也。岂有预芟苗稼，先自蹙弱邪！"初，公将行，议者以为贼闻大军远出，必不敢战。若不断大岘，当坚守广固，刘敬清野，以绝三军之资，非唯难以有功，将不能自反。公曰："我揣之熟矣。鲜卑贪，不及远计，进利克获，退惜粟苗。谓我孤军远入，不能持久，不过进据临朐，退守广固。我一得入岘，则人无退心，驱必死之众，向怀贰之虏，何忧不克！彼不能清野固守，为诸君保之。"公既入岘，举手指天曰："吾事济矣！"

六月，慕容超遣五楼及广宁王贺赖卢先据临朐城。既闻大军至，留羸老守广固，乃悉出。临朐有巨蔑水，去城四十里，超告五楼曰："急往据之，晋军得水，则难击也。"五楼驰进。龙骧将军孟龙符领骑居前，奔往争之，五楼乃退。众军步进，有车四千两，分车为两翼，方轨徐行，车悉张幔，御者执梢，又以轻骑为游军。军令严肃，行伍齐整。未及临朐数里，贼铁骑万余，前后交至。公命兖州刺史刘藩、弟并州刺史道怜、谘议参军刘敬宣、陶延寿、参军刘怀玉、慎仲道、索邈等，齐力击之。日向昃，公遣谘议参军檀韶直趋临朐。韶率建威将军向弥、参军胡藩驰往，即日陷城，斩其牙旗，悉虏超辎重。超闻临朐已拔，引众走。公亲鼓之，贼乃大破。超遁还广固。获超马、伪辇、玉玺、豹尾等，送于京师；斩其大将段晖等十余人，其余斩获千计。明日，大军进广固，既屠大城。超退保小城。于是设长围守之，围高三丈，外穿三重堑。停江、淮转输，馆谷于齐土。抚纳降附，华戎欢悦；援才授爵，因而任之。七月，诏加公北青、冀二州刺史。超大将垣遵、遵弟苗并率众归顺。公方治攻具，城上人曰："汝不得张纲，何能为也。"纲者，超伪尚书郎，其人有巧思。会超遣纲称藩于姚兴，乞师请救。兴伪许之，而实惮公，不敢遣。纲从长安还，泰山太守申宣执送之。乃升纲于楼上，以示城内，城内莫不失色。于是使纲大治攻具。超求救不获，纲又见虏，转忧惧，乃请称藩，求割大岘为界，献马千匹。不听，围之转急。河北居民荷戈负粮至者，日以千数。

录事参军刘穆之，有经略才具，公以为谋主，动止必谘焉。时姚兴遣使告公云："慕容见与邻好，又以穷告急，今当遣铁骑十万，径据洛阳。晋军若不退者，便当遣铁骑长驱而进。"公呼兴使答曰："语汝姚兴，我定燕之后，息甲三年，当平关、洛。今能自送，便可速来！"穆之闻有羌使，驰入，而公发遣已去。以兴所言为答，具语穆之。穆之尤公曰："常日事无大小，必赐与谋之。此宜善详之，云何卒尔便答？公所答兴言，未能威敌，正足怒彼耳。若燕未可拔，羌救奄至，不审何以待之？"公笑曰："此是兵机，非卿所解，故不语耳。夫兵贵神速，彼若审能遣救，必畏我知，宁容先遣信命。此是其见我伐燕，内已怀惧，自张之辞耳。"九月，进公太尉、中书监，固让。伪徐州刺史段宏先奔索虏，十月，自河北归顺。

张纲治攻具成，设诸奇巧，飞楼木幔之属，莫不毕备。

城上火石弓矢，无所用之。六年二月丁亥，屠广固。超逾城走，征虏贼曹乔胥获之，杀其亡命以下，纳口万余，马二千匹。送超京师，斩于建康市。

公之北伐也，徐道覆仍有窥窬之志，劝卢循乘虚而出，循不从。道覆乃至番禺说循曰："本住岭外，岂以理极于此，正以刘公难与为敌故也。今方顿兵坚城之下，无有旋日。以此思归死士，掩袭何、刘之徒，如反掌耳。不乘此机而保一日之安，若平齐之后，小息甲养众，不过一二年间，必玺书征君。若刘公自率众至豫章，遣锐师过岭，虽复将军神武，恐必不能当也。今日之机，万不可失。既克都邑，倾其根本。刘公虽还，无能为也。"循从之，乃率众过岭。是月，寇南康、庐陵、豫章，诸郡守皆委任奔走。于时平齐问未至，既驰使征公。公之初克齐也，欲停镇下邳，清荡河、洛，既而被征使至，即日班师。

镇南将军何无忌与徐道覆战于豫章，败绩，无忌被害，内外震骇。朝廷欲奉乘舆北走就公，寻知贼定未至，人情小安。公至下邳，以船运辎重，自率精锐步归。至山阳，闻无忌被害，则虑京邑失守，乃卷甲兼行，与数十人至淮上，问行旅以朝廷消息。人曰："贼尚未至，刘公若还，便无所忧也。"公大喜，单船过江，径至京口，众乃大安。四月癸未，公至京师，解严息甲。

抚军将军刘毅抗表南征，公与毅书曰："吾往习击妖贼，晓其变态，新获奸利，其锋不可轻。宜须装严毕，与弟同举。"又遣毅从弟藩往止之。毅不从，舟师二万，发自姑孰。循之初下也，使道覆向寻阳，自寇湘中诸郡。荆州刺史道规遣军至长沙，为循所败。径至巴陵，将向江陵。道覆闻毅上，驰使报循曰："毅兵众甚盛，成败事系之于此，宜并力摧之。若此克捷，天下无复事矣。根本既定，不忧上面不平也。"循即日发巴陵，与道覆连旗而下。别有八艚舰九枚，起四层，高十二丈。公以南藩覆没，表送章绶，诏不听。五月，刘毅败绩于桑落洲，弃船步走，余众不得去者，皆为贼所擒。初，循至寻阳，闻公已还，不信。既破毅，乃审凯入之问，并相视失色。循欲退还寻阳，进平江陵，据二州以抗朝廷。道覆谓宜乘胜径进，固争之。疑议多日，乃见从。

毅败问至，内外汹扰。于时北师始还，多创痍疾病。京师战士，不盈数千。贼既破江、豫二镇，战士十余万，舟车百里不绝。奔败还者，并声其雄盛。孟昶、诸葛长民惧寇渐逼，欲拥天子过江，公不听，昶固请不止。公曰："今重镇外倾，强寇内逼，人情危骇，莫有固志。若一旦迁动，便自瓦解土崩，江北亦岂可得至！设令得至，不过延日月耳。今兵士虽少，自足一战。若其克济，则臣主同休；苟厄运必至，我当以死卫社稷，横尸庙门，遂其由来以身许国之志，不能远窜于草间求活也。我既决矣，卿勿复言！"昶恐其不济，乃为表曰："臣裕北讨，众并不同，唯臣赞裕行计，致使强贼乘间，社稷危逼，臣之罪也。今谨引分以谢天下。"封表毕，乃仰药而死。

于是大开赏募，投身赴义者，一同登京城之科。发居民治石头城，建牙戒严。时议者谓宜分兵诸津要。公以为："贼众我寡，若分兵屯，则人测虚实。且一处失利，则沮三军之心。今聚众石头，随宜应赴，既令贼无以测多少，又于众力不分。若徒旅转集，徐更论之耳。"移屯石头，乃栅淮断查浦。既而群贼大至，公策之曰："贼若于新亭直进，其锋不可当，宜且回避，胜负之事，未可量也。若回泊西岸，此成擒耳。"

道覆欲自新亭、白石焚舟而上。循多疑少决，每欲以万全为虑，谓道覆曰："大军未至，孟昶便望风自裁，大势言之，自当计日溃乱。今决胜负于一朝，既非必定之道，且杀伤士卒，不如按兵待之。"公于时登石头城以望循军，初见引向新亭，公顾左右失色；既而回泊蔡洲。道覆犹欲上，循禁之。自是众军转集，修治越城，筑查浦、药园、廷尉三垒，皆守以实众。冠军将军刘敬宣屯北郊，辅国将军孟怀玉屯丹阳郡西，建武将军王仲德屯越城，广武将军刘默屯建阳门外。使宁朔将军索邈领鲜卑具装虎班突骑千余匹，皆被练五色，自淮北至于新亭。贼并聚观，咸畏惮之；然犹冀京邑及三吴有应之者。遣十余舰来拔石头栅。公命神弩射之，发辄摧陷，循乃止，不复攻栅。设伏兵于南岸，使羸老悉乘舟舰向白石。公忧其从白石步上，乃率刘毅、诸葛长民北出拒之，留参军徐赤特戍南岸，命坚守勿动。公既去，贼焚查浦步上，赤特军战败，死没有百余人。赤特弃余众，单舸济淮，贼遂率数万屯丹阳郡。公率诸军驰归，众忧贼过，咸谓公当径还接战，公先分军还石头，众莫之晓。解甲息士，洗浴饮食之，乃出列陈于南塘。以赤特违处分，斩之。命参军诸葛叔度、朱龄石率劲勇士千余人过淮。群贼数千，皆长刀矛铤，精甲曜日，奋跃争进。龄石所领多鲜卑，善步稍，并结陈以待之。贼短兵弗能抗，死伤者数百人，乃退走。会日暮，众亦归。

刘毅之败，豫州主簿袁兴国反叛，据历阳以应贼。琅邪内史魏顺之遣将谢宝讨斩之。兴国司马袭宝，顺之不救而退，公怒斩之。顺之，咏之弟也。于是功臣震慑，莫敢不用命。六月，更授公太尉、中书监，加黄钺。受黄钺，余固辞。以司马庾悦为建威将军、江州刺史，自东阳出豫章。七月庚申，群贼自蔡洲南走，还屯寻阳。遣辅国将军王仲德、广川太守刘钟、河间太守蒯恩追之。公还东府，大治水军，皆大舰重楼，高者十余丈。卢循遣其大将荀林寇江陵，桓谦先于江陵奔羌，又自羌入蜀，伪主谯纵以为荆州刺史。谦及谯道福率军二万，出寇江陵，适与林会，相去百余里。荆州刺史道规斩谦于枝江，破林于江津，追至竹町，斩之。初，循之走也，公知其必寇江陵，登遣淮陵内史索邈领马军步道援荆州；又遣建威将军孙季高率众三千，自海道袭番禺。江州刺史庾悦至五亩峤，贼遣千余人据断峤道，悦前驱鄱阳太守虞丘进攻破之。公治兵大办。十月，率兖州刺史刘藩、宁朔将军檀韶等舟师南伐。以后将军刘毅监太尉留守府，后事皆委焉。是月，徐道覆率众三万寇江陵。荆州刺史道规又大破之，斩首万余级，道覆走还盆口。初，公之遣索邈也，邈在道为贼所断，道覆败后方达。自循东下，江陵断绝京邑之问，传者皆云已没。及邈至，方知循走。

循初自蔡洲南走，留其亲党范崇民五千人，高舰百余，戍南陵。王仲德等闻大军且至，乃进攻之。十一月，大破崇民军，焚其舟舰，收其散卒。循广州守兵，不以海道为防。是月，建威将军孙季高乘海奄至，而城池峻整，兵犹数千。季高焚贼舟舰，悉力而上，四面攻之，即日屠其城。循父以轻舟奔始兴。季高抚其旧民，戮其亲党，勒兵谨守。初，公之遣季高也，众咸以海道艰远，必至为难；且分撤见力，二三非要。公不从。敕季高曰："大军十二月之交，必破妖虏。卿今时当至广州，倾其巢窟，令贼奔走之日，无所归投。"季高受命而行，如期克捷。

循方治兵旅舟舰，设诸攻备。公欲御以长算，乃屯军雷池。贼扬声不攻雷池，当乘流径下。公知其欲战，且虑贼战败，或于京江入海，遣王仲德以水舰二百于吉阳下断之。十二月，循、道覆率众数万，方舰而下，前后相抗，莫见舳舻之际。公悉出轻利斗舰，躬提幡鼓，命众军齐力击之；又上步骑于西岸。右军参军庾乐生乘舰不进，斩而徇之，于是众军并踊腾争先。军中多万钧神弩，所至莫不摧陷。公中流誓之，因风水之势，贼舰悉泊西岸，上军先备火具，乃投火焚之。烟焰张天，贼众大败，追奔至夜乃归。循等还寻阳。初分遣步军，莫不疑怪，及烧贼舰，众乃悦服。召王仲德，请还为前驱，留辅国将军孟怀玉守雷池。循闻有大军上，欲走向豫章，乃悉力栅断左里。大军至左里，将战，公所执麾竿折，折幡沈水，众并怪惧。公欢笑曰："往年覆舟之战，幡竿亦折；今者复然，贼必破矣。"即攻栅而进。循兵虽殊死战，弗能禁。诸军乘胜奔之，循单舸走。所杀及投水死，凡万余人。纳其降附，宥其逼略。遣刘藩、孟怀玉轻军追之。循收散卒，尚有数千人，径还广州。道覆还保始兴。公旋自左里，天子遣侍中、黄门劳师于行所。

卷二　　　　　　　本纪第二

武帝中

七年正月己未，振旅于京师，改授大将军、扬州牧，给班剑二十人，本官悉如故，固辞。凡南北征伐战亡者，并列上赙赠。尸丧未反，遣主帅迎接，致还本土。二月，卢循至番禺，为孙季高所破，收余众南走。刘藩、孟怀玉斩徐道覆于始兴。

晋自中兴以来，治纲大弛，权门并兼，强弱相凌，百姓流离，不得保其产业。桓玄颇欲厘改，竟不能行。公既作辅，大示轨则，豪强肃然，远近知禁。至是，会稽余姚虞亮复藏匿亡命千余人，公诛亮，免会稽内史司马休之。

天子又申前命，公固辞。于是改授太尉、中书监，乃受命。奉送黄钺，解冀州。交州刺史杜慧度斩卢循，传首京师。先是，诸州郡所遣秀才、孝廉，多非其人，公表天子，申明旧制，依旧策试。

征西将军、荆州刺史道规疾患求归。八年四月，改授豫州刺史，以后将军、豫州刺史刘毅代之。毅与公俱举大义，兴复晋室，自谓京城、广陵，功业足以相抗。虽权事推公，而心不服也。毅既有雄才大志，厚自矜许，朝士素望者多归之。与尚书仆射谢混、丹阳尹郗僧施并深相结。及西镇江陵，豫州旧府，多割以自随，请僧施为南蛮校尉。既知毅不能居下，终为异端，密图之。毅至西，称疾笃，表求从弟兖州刺史藩以为副贰，伪许焉。九月，藩入朝，公命收藩及谢混，并于狱赐死。自表讨毅，又假黄钺，率诸军西征。以前镇军将军司马休之为平西将军、荆州刺史，兖州刺史道怜镇丹徒，豫州刺史诸葛长民监太尉留府事，加太尉司马、丹阳尹刘穆之建威将军，配以实力。壬午，发自京师。遣参军王镇恶、龙骧将军蒯恩前袭江陵。十月，镇恶克江陵，毅及党与皆伏诛。十一月己卯，公至江陵，下书曰：

夫去弊拯民，必存简恕，舍网修纲，虽烦易理。江、荆凋残，刑政多阙；顷年事故，绥抚未周。遂令百姓疲匮，岁月滋甚，财伤役困，虑不幸生。凋残之余，而不减旧，刻剥征求，不循政道。宰莅之司，或非良干，未能菲躬俭，苟求盈给，积习生常，渐不知改。

近因戎役，来涉二州，践境亲民，愈见其瘵；思欲振其所急，恤其所苦。凡租税调役，悉宜以见户为正。州郡县屯田池塞，诸非军国所资，利人守宰者，今一切除之。州郡县吏，皆依尚书定制实户置。台调癸卯梓材，庚子皮毛，可悉停省，别量所出。巴陵均折度支，依旧兵运。原五岁刑已下，凡所质录贼家余口，亦悉原放。

以荆州十郡为湘州，公乃进督，以西阳太守朱龄石为益州刺史，率众伐蜀。进公太傅、扬州牧，加羽葆鼓吹，班剑二十人。

九年二月乙丑，公至自江陵。初，诸葛长民贪淫骄横，为士民所患苦。公以其同大义，优容之。刘毅既诛，长民谓所亲曰："昔年醢彭越，今年诛韩信，祸其至矣。"将谋作乱。公克期至京邑，而每淹留不进，公卿以下频日奉候于新亭，长民亦骤出。既而公轻舟密至，已还东府矣。长民到门，引前，却人闲语，凡平生于长民所不尽者，皆与及之；长民甚说。已密命左右壮士丁旿等自幔后出，于坐拉焉。长民坠床，又于地殴之，死于床侧。舆尸付廷尉；并诛其弟黎民。旿骁勇有气力，时人为之语曰："勿跋扈，付丁旿。"

先是，山湖川泽，皆为豪强所专，小民薪采渔钓，皆责税直，至是禁断之。时民居未一，公表曰：

臣闻先王制治，九土攸序；分境画疆，各安其居。在昔盛世，人无迁业，故井田之制，三代为隆。秦革斯政，汉遂不改；富强兼并，于是为弊。然九服弗扰，所托成旧，在汉西京，大迁田、景之族，以实关中；即三辅为乡间，不复系之于齐、楚。自永嘉播越，爰托淮、海，朝有匡复之算，民怀思本之心，经略之图，日不暇给。是以宁民绥治，犹有未遑。及至大司马桓温，以民无定本，伤治为深，庚戌土断，以一其业。于时财阜国丰，实由于此。自兹迄今，弥历年载，画一之制，渐用颓弛。杂居流寓，闾伍弗修，王化所以未纯，民瘼所以犹在。

臣荷重任，耻责实深，自非改调解张，无以济治。夫人情滞常，难与虑始，所谓父母之邦以为桑梓者，诚以生基终焉，敬爱所托耳。今所居累世，坟垄成行，敬恭之诚，岂不与事而至。请准庚戌土断之科，庶子本所弘，稍与事著。然后率之以仁义，鼓之以威武，超大江而跨黄河，抚九州而复旧土，则恋本之志，乃速由于当年，在始暂勤，要终所以能易。伏惟陛下，垂矜万民，怜其所失，永怀《鸿雁》之诗，思隆中兴之业。既委臣以国重，期臣以宁济，若所启合允，请付外施行。

于是依界土断，唯徐、兖、青三州居晋陵者，不在断例。诸流寓郡县，多被并省。以公领镇西将军、豫州刺史。公固让太傅、州牧及班剑，奉还黄钺。七月，朱龄石平蜀，斩伪蜀王谯纵，传首京师。九月，封公次子义真为桂阳县公，以赏平齐及定卢循也。天子重申前命，授公太傅、扬州牧，加羽葆、鼓吹、班剑二十人。将吏百余敦劝，乃受羽葆、鼓吹、班剑，余固辞。十年，息民简役。筑东府，起府舍。

平西将军、荆州刺史司马休之，宗室之重，又得江汉人心，公疑其有异志。而休之兄子谯王文思在京师，招集轻侠，公执文思送还休之，令自为其所。休之表废文思，并与公书陈谢。十一年正月，公收休之子文宝、兄子文祖，并于狱赐死。率众军西讨，复加黄钺，领荆州刺史。辛巳，发京师，以中军将军道怜监留府事。休之上表自陈曰：

臣闻运不常一，治乱代有，阳九既谢，圮终则泰。昔篡弑肆逆，皇纲绝纽。十世未改，鼎祚再隆。太尉臣裕威武明断，首建义旗，除荡元凶，皇居反正。布衣匹夫，匡复社稷，南剿卢循，北定广固，千载以来，功无与等。由是四海归美，朝野推崇。既位穷台牧，权倾人主，不能以道处功，恃宠骄溢。自以酬赏既极，便情在无上；刑戮逆滥，政用暴苛。问鼎之迹日彰，人臣之礼顿缺。陛下四时膳御，触事具空，宫省供奉，十不一在。皇后寝疾之际，汤药不周；手与家书，多所求告。皆是朝士共所闻见，莫不伤怀愤叹，口不敢言。前扬州刺史元显第五息法兴，桓玄之孽，逃远于外，王路既开，始得归本。太傅之胤，绝而复兴，凡在有怀，谁不感庆。裕吞噬之心，不避轻重，以法兴聪敏明慧，必为民望所归；芳兰既茂，内怀憎恶，乃妄扇异言，无罪即戮。大司马臣德文及王妃公主，情计切逼，并狼狈请命，逆肆祸毒，誓不矜许，冤酷之痛，感动行路。自以地卑位重，荷恩崇大，乃以庶孽与德文嫡婚，致兹非偶，实由威逼。故卫将军刘毅、右将军刘藩、前将军诸葛长民、尚书仆射谢混、南蛮校尉郗僧施，或盛勋德胤，令望在身，皆社稷辅弼，协赞所寄，无罪无辜，一旦夷灭。猜忍之性，终古所希。

臣自惟门户衰破，赖之获存，皇家所重，终古难匹。是以公私归冯，事尽祗顺。再授荆州，辄苦陈告。自以才弱位隆，不宜久荷分陕，屡求解任，必不见听。前经携侍老母，半家俱西，凡诸子侄，悉留京辇。臣兄子谯王文思，虽年少常人，粗免咎悔，性好交游，未知防远，群丑交构，为其风声。裕遂蔪戮人士，远送文思。臣顺其此旨，表送章节，请废文思，改袭大宗，遣息文宝送女东归。自谓推诚奉顺，理不过此。岂意裕包藏祸心，遂见讨伐，加恶文思，构生罪衅。群小之言，远近嚣嗜，而臣纯愚，暗信必谓不然。寻臣府司马张茂度狼狈东归，南平太守檀范之复以此月三日委郡叛逆，寻有审问，东军已上。裕今此举，非有怨憎，正以臣王室之干，位居藩岳，时贤既尽，唯臣独存，规以蔪灭，成其篡夺。镇北将军臣宗之、青州刺史臣敬宣，并是裕所深忌惮，欲以次除荡，然后倾移天日，于事可易。

今荆、雍义徒，不召而集，子来之众，其会如林，岂臣无德所能绥致？盖七庙之灵，理贯幽显，辄授文思振武将军、南郡太守，宗之子竟陵太守鲁轨进号辅国将军。臣今与宗之亲御大众，出据江津，案甲抗威，随宜应赴。今绛旗所指，唯裕兄弟父子而已。须克荡寇逆，寻续驰闻。由臣轻弱，致裕凌横，上惭俯愧，无以厝颜。

休之府录事参军韩延之，故吏也，有干用才能。公未至江陵，密使与之书曰："文思事源，远近所知，去秋遣康之送还司马军者，推至公之极也。而了不逊愧，又无表疏，文思经正不反，此是天地之不容。吾今命西讨，止其父子而已。彼土侨旧，为所驱逼，一无所问。往年郗僧施、谢邵、任集之等，交构积岁，专为刘毅谋主，所以至此。卿等诸人，一时逼迫，本无纤衅。吾处怀期物，自有由来。今在近路，正是诸人归身之日。若大军登道，交锋接刃，兰艾皆诚不分，故具示意，并同怀诸人。"延之报曰：

承亲率戎马，远履西畿，阖境士庶，莫不悒骇。何者？莫知师出之名故也。今辱来疏，始知以谯王前事，良增叹息。司马平西体国忠贞，款爱待物，当于古人中求耳。以君公有匡复之勋，家国蒙赖，推德委诚，每事询仰。谯王往以微事见劾，犹自表逊位；况以大过而当默然邪！但康之前言有所不尽，故重使胡道白所怀。道未及反，已奏表废之，所不尽者命耳。推寄相与之怀，正当如此？有何不可，便兴兵戈。自义旗秉权以来，四方方伯，谁敢不先相谘畴，而径表天子邪？谯王为宰相所责，又表废之，经正何归，表使何因，可谓"欲加之罪，其无辞乎"！

刘裕足下，海内之人，谁不见足下此心，而复欲欺诳国士！天地所不容，在彼不在此矣。来示言"处怀期物，自有由来"。今伐人之君，啖人以利，真可谓"处怀期物，自有由来"者矣。刘藩死于闾阖之内；诸葛毙于左右之手；甘言诧方伯，袭之以轻兵，遂使席上靡款怀之士，阃外无自信诸侯，以是为得算，良可耻也。贵府将佐及朝廷贤德，寄性命以过日，心企太平久矣。吾诚鄙劣，尝闻道于君子。以平西之至德，宁可无授命之臣乎！未能自投虎口，比迹郗、任之徒明矣。假令天长丧乱,九流浑浊,当与臧洪游于地下,不复多言。

公视书叹息,以示诸佐曰:"事人当如此。"三月,军次江陵。初,雍州刺史鲁宗之常虑不为公所容,与休之相结,至是率其子竟陵太守轨会于江陵。江夏太守刘虔之邀之,军败见杀。公命彭城内史徐逵之、参军王允之出江夏口,复为轨所败,并没。时公军泊马头,即日率众军济江,躬督诸将登岸,莫不奋踊争先。休之众溃,与轨等奔襄阳。江陵平,加领南蛮校尉。

将拜,值四废日,佐史郑鲜之、褚叔度、王弘、傅亮白迁日,不许。下书曰:"此州积弊,事故相仍,民疲田芜,杼轴空匮。加以旧章乖昧,事役频苦,童髦夺养,老稚服戎,空户从役,或越绋应召,每永怀民瘼,宵分忘寝,诚宜蠲除苛政,弘兹简惠。庶令凋风弊政,与事而新,宁一之化,成于期月。荆、雍二州,西局、蛮府吏及军人年十二以还,六十以上,及扶养孤幼,单丁大艰,悉仰遣之。穷独不能存者,给其长赈。府州久勤将吏,依劳铨序;并除今年租税。"

四月,公复率众进讨,至襄阳,休之奔羌。天子复重申前命,授太傅、扬州牧,剑履上殿,入朝不趋,赞拜不名,加前部羽葆、鼓吹,置左右长史、司马、从事中郎四人。封公第三子义隆为北彭城县公。以中军将军道怜为荆州刺史。八月甲子,公至自江陵,奉还黄钺,固辞太傅、州牧、前部羽葆、鼓吹,其余受命。朝议以公道尊勋重,不宜复施敬护军,既加殊礼,奏事不复称名,以世子为兖州刺史。

十二年正月,诏公依旧辟士,加领平北将军、兖州刺史。增都督南秦,凡二十二州。公以平北文武寡少,不宜别置,于是罢平北府,以并大府,以世子为豫州刺史。三月,加公中外大都督。

初,公平齐,仍有定关、洛之意,值卢循侵逼,故其事不谐。荆、雍既平,方谋外略。会羌主姚兴死,子泓立,兄弟相杀,关中扰乱,公乃戒严北讨。加领征西将军、司豫二州刺史。以世子为徐、兖二州刺史。下书曰:"吾倡大义,首自本州,克复皇祚,遂建勋烈。外夷勍敌,内清奸宄,皆邦人州党竭诚尽力之效也。情若风霜,义贯金石。今当奉辞西筛,有事关、河,弱嗣叨蒙,复忝今授,情事缠绵,可谓深矣。顷军国务殷,刑辟未息。眷言怀之,能不多叹。其犯罪五岁以还,可一原遣。文武劳满未蒙荣转者,便随班序报。"

公受中外都督及司州,并辞大司马琅邪王礼敬,朝议从之。公欲以义声怀远,奉琅邪王北伐。五月,羌伪黄门侍郎尹冲率兄弟归顺。又加公北雍州刺史,前部羽葆、鼓吹,增班剑为四十人,解中书监。八月丁巳,率大众发京师。以世子为中军将军,监太尉留府事。尚书右仆射刘穆之为左仆射,领监军、中军二府军司,入居东府,总摄内外。九月,公次于彭城,加领徐州刺史。

先是,遣冠军将军檀道济、龙骧将军王镇恶步向许、洛,羌缘道屯守,皆望风降服。伪兖州刺史韦华先据仓垣,亦率众归顺。公又遣北兖刺史王仲德先以水军入河。仲德破索虏于东郡凉城,进平滑台。十月,众军至洛阳,围金墉。泓弟伪平南将军洸请降,送于京师,修复晋五陵,置守卫。天子诏曰:

夫嵩、岱配极,则乾道增辉;藩岳作屏,则帝王成务。是以夏、殷资昆,彭之伯,有周倚齐、晋之辅。鉴诸前典,仪刑万代,翼治扶危,靡不由此。

太尉公命世天纵,齐圣广渊,明烛四方,道光宇宙。爰自囗囗初迪,则投勤王国,妖蟊孔炽,则功存社稷。固以四维是荷,万邦攸赖者矣。暨桓玄僭逆,倾荡四海。公深秉大节,灵武霆震,弘济朕躬,再造王室。每惟勋德,铭于厥心,遂北清海、岱,南夷百越,荆、雍稽服,庸、岷顺轨,克黜方难,式遏寇虐。及阿衡王猷,班序内外,仰兴绝风,傍嗣逸业。秉礼以整俗,遵王以垂训,声教远被,无思不洽。爰暨木居海处之酋,被发雕题之长,莫不忘其陋险,九译来庭,此盖播诸徽策,靡究其详者也。曩者永嘉不纲,诸夏幅裂,终古帝居,沦胥戎虏,永言园陵,率土同慕。公明发遐慨,抚机电征,亲董侯伯,棱威致讨。旗旟首涂,则八表响震;偏师先路,则多垒云彻。旧都载清,五陵复礼,百城屈膝,千落影从。自篇籍所载,生民以来,勋德懋功,未有若此之盛者也。

昔周、吕佐睿圣之主,因三分之形,把旄仗钺,一时指麾,皆大启勋宇,跨州兼国。其在桓、文,方兹尤俭,然亦显被宠章,光锡殊品。况乃独绝百代,顾逸前烈者哉!朕每弘鉴古训,思遵令图。以公深秉冲挹,用阙大礼,天人引领,于兹历载。况今禹迹齐轨,九隩同文,司勋抗策,普天增伫。遂公高挹,大愆国章。三灵眷属,朕实祇惧。便宜显答群望,允崇盛典。其进位相国,总百揆,扬州牧,封十郡为宋公,备九锡之礼,加玺绶、远游冠,位在诸侯王上,加相国绿绶绶。

策曰:

朕以寡昧,仰赞洪基,夷羿乘衅,荡覆王室,越在南鄙,迁于九江。宗祀绝飨,人神无位,提挈群凶,寄命江浒。则我祖宗之业,奄坠于地,七百之祚,翦焉既倾,若涉渊海,罔知攸济。天未绝晋,诞育英辅,振厥弛维,再造区宇,兴亡继绝,俾昏作明。元勋至德,朕实赖焉。今将授公典策,其敬听朕命:

乃者桓玄肆僭,滔天泯夏,拔本塞源,颠倒六位,庶僚俯眉,四方莫恤。公精贯朝日,气凌霄汉,奋其灵武,大歼群慝,克复皇邑,奉帝歆神。此公之大节,始于勤王者也。授律群后,溯流长骛,薄伐峥嵘,献捷南郢,大憝折首,群逆毕夷,三光旋采,旧物反正。此又公之功也。出藩入辅,弘兹保弼,阜财利用,繁殖生民,编户岁滋,疆宇日启,导德明刑,四境有截。此又公之功也。鲜卑负众,僭盗三齐,狼噬冀、青,虔刘沂、岱,介恃遐阻,仍为边毒。公搜乘秣驷,戈人远疆,冲橹四临,万雉俱溃,窃号之虏,显戮司寇,拓土三千,申威龙漠。此又公之功也。卢循妖凶,伺隙五岭,乘虚肆逆,侵覆江、豫,旌拂寰内,矢及王城，朝野丧沮，莫有固志，家献徙卜之计，国议迁都之规。公乘辕南济，义形于色，嶷然内湛，视险若夷，掳略运奇，英谟不世，狡寇穷恧，丧旗宵遁，俾我畿甸，拯于将坠。此又公之功也。追奔逐北，扬旌江溃，偏旅浮海，指日遄至。番禺之功，俘级万数，左里之捷，鱼溃鸟散。元凶远进，传首万里，海南肃清，荒服来款。此又公之功也。刘毅叛涣，负衅西夏，凌上罔主，志肆奸暴，附丽协党，扇荡王畿。公御轨以刑，消之不日，仓兕电溯，神兵风扫，罪人斯得，荆、衡清晏。此又公之功也。谯纵怙乱，寇窃一隅，王化阻阂，三巴沦溺。公指命偏师，授以良图，凌波浮淄，致届井络，僭竖伏锧，梁、岷草偃。此又公之功也。马休、鲁宗，阻兵内侮，驱率二方，连旗称乱。公投袂星言，研其上略，江津之师，势逾风电，回旆沔川，实繁震慑，二叛奔进，荆、雍来苏，玄泽浸育，温风潜被。此又公之功也。永嘉不竞，四夷擅华，五都幅裂，山陵幽辱，祖宗怀没世之愤，遗氓有匪风之思。公远齐伊宰纳隍之仁，近同小白灭亡之耻，鞠旅陈师，赫然大号，公命群帅，北徇司、兖。许、郑风靡，巩、洛载清，伪牧逆藩，交臂请罪，百年榛秽，一朝扫济。此又公之功也。

公有康宇内之勋，重之以明德。爰初发迹，则奇谟冠古，电击强妖，则锋无前对，聿宁东畿，大造黔首。若乃草昧经纶，化融于岁计，扶危静乱，道固于苞桑。辩方正位，纳之轨度，蠲削烦苛，较若画一，淳风美化，盈塞宇宙。是以绝域献琛，遐夷纳贡，王略所宣，九服率从。虽文命之东渐西被，咎繇之迈于种德，何以尚兹。朕闻先王之宰世也，庸勋尊贤，建侯胙土，褒以宠章，崇其徽物，所以协辅皇家，永隆藩屏。故曲阜光启，遂荒徐宅，营丘表海，四履有闻。其在襄王，亦赖匡霸，又命晋文，备物光锡。惟公道冠前烈，勋高振古，而殊典未加，朕甚懵焉。今进授相国，以徐州之彭城沛兰陵下邳淮阳山阳广陵、兖州之高平鲁泰山十郡，封公为宋公。锡兹玄土，苴以白茅，爰定尔居，用建冢社。昔晋、郑启藩，入作卿士，周、邵保傅，出总二南，内外之重，公实兼之。命使持节、太尉、尚书左仆射、晋宁县五等男湛授相国印绶，宋公玺绂，使持节、兼司空、散骑常侍、尚书、阳遂乡侯泰授宋公茅土，金虎符第一至第五左，竹使符第一至第十左。相国位无不总，礼绝朝班，居常之名，宜与事革。其以相国总百揆，去"录尚书"之号。上送所假节、侍中、中外都督、太傅太尉印绶，豫章公印策。进扬州牧，领征西将军，司豫北徐雍四州刺史如故。

公纪纲礼度，万国是式，秉介蹈方，罔有迁志。是以锡公大辂、戎辂各一，玄牡二驷。公抑人敦本，务农重积，采蘩实殷，稼穑惟阜。是用锡公衮冕之服，赤舄副焉。公闲邪纳正，移风改俗，陶钧品物，如乐之和。是用锡公轩县之乐，六佾之舞。公宣美王化，导扬休风，华夷企踵，远人胥萃。是用锡公朱户以居，

公官方任能，网罗幽滞，九皋辞野，髦士盈朝。是用锡公纳陛以登，公当轴处中，率下以义，式遏寇仇，清除苛慝，是用锡公虎贲之士三百人。公明罚恤刑，庶狱详允，放命干纪，罔有攸纵。是用锡公铁、钺各一。公龙骧风矫，咫尺八纮，括囊四海，折冲无外。是用锡公彤弓一，彤矢百，卢弓十，卢矢千。公温恭孝思，致虔禋祀，忠肃之志，仪刑万方。是用锡公秬鬯一卣，圭瓒副焉。宋国置丞相以下，一遵旧仪。钦哉！其祗服往命，茂对天休，简恤庶邦，敬敷显德，以终我高祖之嘉命。

置宋国侍中、黄门侍郎、尚书左丞、相，随大使奉迎。桴罕房乞佛炽盘遣使诣公求效力讨羌，拜平西将军、河南公。

十三年正月，公以舟师进讨，留彭城公义隆镇彭城。军次留城，经张良庙，令曰："夫盛德不泯，义在祀典，微管之叹，抚事弥深。张子房道亚黄中，照邻殆庶，风云言感，蔚为帝师，大拯横流，夷项定汉，固以参轨伊、望，冠德如仁。若乃神交岯上，道契商洛，显晦之间，窈然难究，源流渊浩，莫测其端矣。涂次旧沛，伫驾留城，灵庙荒残，遗象陈昧，抚迹怀人，慨然永叹。过大梁者，或伫想于夷门；游九原者，亦流连于随会。可改构榱桷，修饰丹青，蘋蘩行潦，以时致荐。以纾怀古之情，用存不刊之烈。"天子追赠公祖为太常，父为左光禄大夫，让不受。

二月，冠军将军檀道济等次潼关。三月庚辰，大军入河。索虏步骑十万，营据河津。公命诸军济河击破之。公至洛阳。七月，至陕城。龙骧将军王镇恶伐木为舟，自河浮渭。八月，扶风太守沈田子大破姚泓于蓝田。王镇恶克长安，生擒泓。九月，公至长安。长安丰稔，帑藏盈积。公先收其彝器、浑仪、土圭之属，献于京师；其余珍宝珠玉，以班赐将帅。执送姚泓，斩于建康市。谒汉高帝陵，大会文武于未央殿。

十月，天子诏曰：

朕闻先王之茝天下也，上则大宝以尊德，下则建侯以褒功。是以成励告就，义命有玄圭之锡，四海来王，姬旦飨龟、蒙之封。夫翼圣宣绩，辅德弘猷，礼穷元赏，宠章希世，况明保冲昧，独运陶钧者哉！

朕以不德，遭家多难，云雷作屯，夷羿窃命，失位京邑，遂播蛮荆，艰难卑约，制命凶丑。相国宋公，天纵睿圣，命世应期，诚贯三灵，大节宏发。拯朕躬于巢幕，回灵命于已崩，固已道穷北面，晖格八表矣。及外积全国之勋，内累戡黎之伐，艾夷强妖之始，蕴崇奸猾之源，显仁藏用之道，六府孔修之绩，莫不云行雨施，能事必举，谅已方轨于三、五，不容于典策者焉。自永嘉丧师，绵逾十纪，五都分崩，然正朔时暨；唯三秦悬隔，未之暂宾。至令羌虏袭乱，淫虐三世，资百二之易守，恃函谷之可关，庙算韬略，不谋之日久矣。公命世抚运，阐曜威灵，内研诸侯之虑，外致上天之罚。故能仓兕甫训，则许、郑风偃，钲钺未指，则澶、洛雾披。俾旧阙之阳，复集万国之轸，东京父老，重睹司隶之章。俾朕负扆高拱，而保大洪

烈。是用远鉴前典,延即群谋,敬授殊锡,光启疆宇。乘马之制,有陋旧章。徽称之美,未穷上爵。岂足以显报懋功,允塞民望;藩辅王畿,长誉六合者乎!实以公每秉谦德,卑不可逾,难进之道,以宠为戚。是故损盛制,且有后命也。自兹迄今,洪勋弥劭,棱威九河,魏、赵底服,回辕崤、潼,连城冰泮。遂长驱灞浐、悬旌龙门,逆房姚泓,系弱就擒。百稔梗秽,涤于崇朝;祖宗遗愤,雪于一旦。涉禹之迹,方行天下,至于海外,罔有不服。功固万世,其宁惟永,岂金石《雅颂》所能赞扬,实可以告于神明,勒铭嵩、岱者已。

朕又闻之,周道方远,则鹭鹭鸣岐,二南播德,则麟骀呈瑞。自公大号初发,爰暨告成,灵祥炳焕,不可胜纪,岂伊素雉远至,嘉禾近归而已哉!朕每仰鉴玄应,俯察人谋,进惟道勋,退惟国典,岂得遂公冲挹,而久蕴盛策。便宜敬行大礼,允副幽显之望。其进宋公爵为王,以徐州之海陵、东安、北琅邪、北东莞、北东海、北谯、北梁、豫州之汝南、北颖川、北南顿凡十郡,益宋国。其相国、扬州牧、领征西将军、司豫北徐雍四州刺史如故。

十一月,前将军刘穆之卒,以左司马徐羡之代掌留任。大事昔所决于穆之者,皆悉以谘。公欲息驾长安,经略赵、魏,会穆之卒,乃归。十二月庚子,发自长安,以桂阳公义真为安西将军、雍州刺史,留腹心将佐以辅之。闰月,公自洛入河,开汴渠以归。

十四年正月壬戌,公至彭城,解严息甲。以辅国将军刘遵考为并州刺史,领河东太守,镇蒲坂。公解司州,领徐、冀二州刺史,固让进爵。六月,受相国宋公九锡之命。令曰:"孤以寡薄,负荷殊重,守位奉藩,危溢是惧。朝恩隆泰,委美推功,遂方轨齐、晋,拟议国典。虽亮诚守分,十稔于今,而成命弗回,百辟胥暨内外庶僚,敦勉周至。籍运来之功,参休明之迹,乘菲薄之资,同盛德之事,监寐永言,未知攸托。隆祚之始,思覃斯庆,其赦国内殊死以下,今月二十三日昧爽以前,悉皆原宥。鳏寡孤独不能自存者,人赐粟五斛。府州刑罪,亦同荡然。其余详依旧准。"诏豫章公太夫人为宋公太妃,世子为中军将军,副贰相国府。以太尉军谘祭酒孔季恭为宋国尚书令,青州刺史檀祗为领军将军,相国左长史王弘为尚书仆射。其余百官悉依天朝之制。又诏宋国所封十郡之外,悉得除用。

先是,安西中兵参军沈田子杀安西司马王镇恶,诸将军复杀安西长史王修,关中乱。十月,公遣右将军朱龄石代安西将军桂阳公义真为雍州刺史。义真既还,为佛佛虏所追,大败,仅以身免。诸将帅及龄石并没。领军檀祗卒,以中军司马檀道济为中领军。十二月,天子崩,大司马琅邪王即帝位。

元熙元年正月,诏遣大使征公入辅。又申前命,进公爵为王。以徐州之海陵东海北谯北梁、豫州之新蔡、兖州之北陈留、司州之陈郡汝南颍川荥阳十郡,增宋国。七月,乃受命,赦国内五岁刑以下。迁都寿阳。以尚书刘怀慎为北徐州刺史,镇彭城。九月,解扬州。十二月,天子命王冕十有二旒,建天子旌旗,出警入跸,乘金根车,驾六马,备五时副车,置旄头云罕,乐舞八佾,设钟虡宫县。进王太妃为太后,王妃为王后,世子为太子,王子、王孙爵命之号,一如旧仪。

二年四月,征王入辅。六月,至京师。晋帝禅位于王,诏曰:

夫天造草昧,树之司牧,所以陶钧三极,统天施化。故大道之行,选贤与能,隆替无常期,禅代非一族,贯之百王,由来尚矣。晋道陵迟,仍世多故,爰暨元兴,祸难既积,至三光贸位,冠履易所,安皇播越,宗祀堕泯,则我宣元之祚,永坠于地,顾瞻区域,蘸焉已倾。相国宋王,天纵圣德,灵武秀世,一匡颓运,再造区夏,固以兴灭继绝,舟航沦溺矣。若夫仰在璇玑,旁穆七政,薄伐不庭,开复疆宇。遂乃三俘伪主,开涤五都,雕颜卉服之乡,龙荒朔漠之长,莫不回首朝阳,沐浴玄泽。故四灵效瑞,川岳启图,嘉祥杂遝,休应炳著,玄象表革命之期,华裔注乐推之愿。代德之符,著乎幽显,瞻乌爰止,允集明哲,夫岂延康有归,咸熙告谢而已哉!

昔火德既微,魏祖底绩,黄运不竞,三后肆勤。故天之历数,实有攸在。朕虽庸暗,昧于大道,永鉴废兴,为日已久。念四代之高义,稽天人之至望,予其逊位别宫,归禅于宋,一依唐虞、汉魏故事。

诏草既成,送呈天子使书之,天子即便操笔,谓左右曰:"桓玄之时,天命已改,重为刘公所延,将二十载。今日之事,本所甘心。"甲子,策曰:

咨尔宋王:夫玄古权舆,悠哉邈矣,其详靡得而闻。爰自书契,降逮三、五,莫不以上圣君四海,止戈定大业。然则帝王者,宰物之通器;君道者,天下之至公。昔在上叶,深鉴兹道,是以天禄既终,唐、虞弗得传其嗣;符命来格,舜、禹不获全其谦。所以经纬三才,澄序彝化,作范振古,垂风万叶,莫尚于兹。自是厥后,历代弥劭,汉既嗣德于放勋,魏亦方轨于重华。谅以协谋乎人鬼,而以百姓为心者也。

昔我祖宗钦明,辰居其极,而明晦代序,盈亏有期。剪商兆祸,非唯一世,曾是弗克,矧伊在今,天之所废,有自来矣。惟王体上圣之姿,苞二仪之德,明齐日月,道合四时。乃者社稷倾覆,王拯而存之;中原芜梗,又济而复之。自负固不宾,干纪放命,肆逆滔天,窃据万里。靡不润之以风雨,震之以雷霆。九伐之道既敷,八法之化自理。岂伊博施于民,济斯黔庶;固以义治四海,道威八荒者矣。至于上天垂象,四灵效征,图谶之文既明,人神之望已改;百工歌于朝,庶民颂于野,亿兆抃踊,倾伫惟新。自非百姓乐推,天命攸集,岂伊在予,所得独专!是用仰祗皇灵,俯顺群议,敬禅神器,授帝位于尔躬。大祚告穷,天禄永终。于戏!王其允执其中,敬邀典训,副率土之嘉愿,恢洪业于无穷,时膺休祐,以答三灵之眷望。

又玺书曰:

盖闻天生蒸民,树之以君。帝皇寄世,实公四海。

崇替系于勋德,升降存乎其人。故有国必亡,卜年著其数;代谢无常,圣哲握其符。昔在上世,三圣系轨,畴咨四岳,以弘揖让,惟先王之有作,永垂范于无穷。及刘氏致神,实尧是法;有魏告终,亦宪兹典。我世祖所以抚归运而顺人事,乘利见而定天保者也。而道不常泰,戎夷乱华,丧我洛食,蹙国江表,仍遭否运,沦没相因,逮于元兴,遂倾宗祀。幸赖神武光天,大节宏发,匡复我社稷,重造我国家。惟王圣德钦明,则天光大,应期诞载,明保王室。内纾国难,外播宏略,诛大憝于汉阳,逋僭盗于沂渚,澄氛西岷,肃清南越,再静江、湘,拓定樊、沔。若乃永怀区宇,思一声教,王师首路,则伊、洛澄流;棱威崤、潼,则华岳寨霭,伪酋衔璧,咸阳即序。虽彝器所铭,诗书所咏,庸勋之盛,莫之与二也。遂偃武修文,诞敷德政,八统以驭万民,九职以刑邦国,思兼三王,以施四事。故能信著幽显,义感殊方。自历世所宾,舟车所暨,靡不讴歌仁德,抃舞来庭。

朕每敬惟道勋,永察符运,天之历数,实在尔躬。是以五纬升度,屡示除旧之迹;三光协数,必昭布新之祥。图谶祯瑞,皎然斯在。加以龙颜英特,天授殊姿,君人之表,焕如日月。传称"惟天为大,惟尧则之。"《诗》云:"有命自天,命此文王。"夫"或跃在渊"者,终以飨九五之位;"勋格天地"者,必膺大宝之业。昔土德告沴,传祚于我有晋;今历运改卜,永终于兹,亦以金德而传于宋。仰四代之休义,鉴明昏之定期,询于群公,爰逮庶尹,咸曰休哉,罔违朕志。今遣使持节、兼太保、散骑常侍、光禄大夫谵,兼太尉、尚书宣范奉皇帝玺绶,受终之礼,一如唐虞、汉魏故事。王其允答人神,君临万国,时膺灵祉,酬于上天之眷命。

王奉表陈让,晋帝已逊琅邪王第,表不获通。于是陈留王虔嗣等二百七十人,及宋台群臣,并上表劝进,上犹不许。太史令骆达陈天文符瑞数十条,群臣又固请,王乃从之。

卷三　　　　本纪第三

武帝下

永初元年夏六月丁卯,设坛于南郊,即皇帝位,柴燎告天。策曰:

皇帝臣裕,敢用玄牡,昭告后天后帝。晋帝以卜世告终,历数有归,钦若景运,以命于裕。夫树君宰世,天下为公,德充帝王,乐推攸集。越俶唐、虞,降暨汉、魏,靡不以上哲格文祖,元勋陟帝位,故能大拯黔首,垂训无穷。晋自东迁,四维不振,宰辅焉依,为日已久。难棘隆安,祸成元兴,遂至帝主迁播,

宗礼堙灭。裕虽地非齐、晋,众无一旅,仰愤时难,俯悼横流,投袂一援,则皇祀克复。及危而能持,颠而能扶,奸宄具歼,僭伪必灭。诚兴废有期,否终有数。至于大造晋室,拨乱济民,因藉时来,实尸其重。加以殊俗慕义,重译来庭,正朔所暨,咸服声教。至乃三灵垂象,山川告祥,人神协祉,岁月滋著。是以群公卿士,亿兆夷人,金曰皇灵降鉴于上,晋朝款诚于下,天命不可以久淹,宸极不可以暂旷。遂逼群议,恭兹大礼。狠以寡德,托于兆民之上,虽仰畏天威,略是小节,顾深永怀,祗惧若霣。敬简元辰,升坛受禅,告类上帝,用酬万国之情。克隆天保,永祚于有宋。惟明灵是飨。

礼毕,备法驾幸建康宫,临太极前殿。诏曰:"夫世代迭兴,承天统极。虽遭遇异途,因革殊事,若乃功济区宇,道振生民,兴废所阶,异世一揆。朕以寡薄,属当艰运,藉否终之期,因士民之力,用获拯溺,匡世揆乱,安国宁民,业未光古,功参曩烈。晋氏以多难仍遘,历运已移,钦若前王,宪章令轨,用集大命于朕躬。惟德匪嗣,辞不获申,遂祗顺三灵,飨兹景祚,燔柴于南郊,受终于文祖。狠当与能之期,爰集乐推之运,嘉祚肇开,隆庆惟始,思俾休嘉,惠兹兆庶。其大赦天下。改晋元熙二年为永初元年。赐民爵二级。鳏寡孤独不能自存者,人谷五斛。逋租宿债勿复收。其有犯乡论清议、赃污淫盗,一皆荡涤洗除,与之更始。长徒之身,特皆原遣。亡官失爵,禁锢夺劳,一依旧准。"

封晋帝为零陵王,全食一郡。载天子旌旗,乘五时副车,行晋正朔,郊祀天地礼乐制度,皆用晋典。上书不为表,答表勿称诏。追尊皇考为孝穆皇帝,皇妣为穆皇后,尊王太后为皇太后。诏曰:"夫微禹之感,叹深后昆,盛德必祀,道隆百世。晋氏封爵,咸随运改,至于德参微管,勋济苍生,爱人怀树,犹或勿翦,虽在异代,义无泯绝。降杀之仪,一依前典。可降始兴公封始兴县公,庐陵公封柴桑县公,各千户;始安公封荔浦县侯,长沙公封醴陵县侯,康乐公可即封县侯,各五百户;以奉晋故丞相王导、太傅谢安、大将军温峤、大司马陶侃、车骑将军谢玄之祀。其宣力义熙,豫同艰难者,一仍本秩,无所减降。"封晋临川王司马宝为西丰县侯,食邑千户。

庚午,以司空道怜为太尉,封长沙王。追封司徒道规为临川王。尚书仆射徐羡之加镇军将军,右卫将军谢晦为中领军,宋国领军檀道济为护军将军,中领军刘义欣为青州刺史。立南郡公义庆为临川王。又诏曰:"夫铭功纪劳,有国之要典,慎终追旧,在心之所隆。自大业创基,十有七载,世路逃遭,戎车岁动,自东徂西,靡有宁日。实赖将帅竭心,文武尽效;宁内拓外,运用有成。威灵远著,寇逆消荡,遂当揖让之礼,猥飨天人之祚。念功简劳,无忘鉴寐,凡厥诚勤,宜同国庆。其酬赏复除之科,以时论举。战亡之身,厚加复赠。"乙亥,立桂阳公义真为庐陵王,彭城公义隆为宜都王,第四皇子义康为彭城王。丁丑,诏曰:"古之王者,巡狩省方,躬览民物,搜扬幽隐,拯灾恤患,用能风泽遐被,远至迩安。朕以寡暗,道谢前哲,

因受终之期，托兆庶之上，鉴寐属虑，思求民瘼。才弱事艰，若无津济，夕惕永念，心驰遐域。可遣大使分行四方，旌贤举善，问所疾苦。其有狱讼亏滥，政刑乖愆，伤化扰治，未允民听者，皆当具以事闻。万事之宜，无失厥中。畅朝廷乃眷之旨，宣下民壅隔之情。"戊寅，诏曰："百官事殷俸薄，禄不代耕。虽国储未丰，要令公私周济。诸供纳昔减半者，可悉复旧。六军见禄粗可，不在此例。其余官僚，或自本俸素少者，亦畴量增之。"乙卯，改晋《泰始历》为《永初历》。

秋七月丁亥，原放劫贼余口没在台府者，诸徒家并听还本土。又运舟材及运船，不复下诸郡输出，悉委都水别量。台府所须，皆别遣主帅与民和市，即时裨直，不复立责租民求办。又停废房牛，不得以官威假借。又以市税繁苦，优量减降。从征关、洛，殒身战场，幽没不反者，赡赐其家。己丑，陈留王曹虔嗣薨。辛卯，复置五校三将官，增殿中将军员二十人，余在员外。戊戌，后将军、雍州刺史赵伦之进号安北将军；征虏将军、北徐州刺史刘怀慎进号平北将军；征西大将军、开府仪同三司杨盛进号车骑大将军。甲辰，镇西将军李歆进号征西将军，平西将军乞佛炽盘进号安西大将军，征东将军高句骊王高琏进号征东大将军，镇东将军百济王扶余映进号镇东大将军。置东宫冗从仆射、旅贲中郎将官。戊申，迁神主于太庙，车驾亲奉。壬子，诏曰："往者军国务殷，事有权制，劫科峻重，施之一时。今王道维新，政和法简，可一除之，还遵旧条。反叛淫盗三犯补冶士，本谓一事三犯，终无悛革。主者顷多并数众事，合而为三，甚违立制之旨，普更申明。"

八月戊午，西中郎将、荆州刺史宜都王讳进号镇西将军。辛酉，开亡叛赦，限内首出，蠲租布二年。先有资状、黄籍犹存者，听复本注。诸旧郡县以北为名者，悉除；寓方于南者，听以南为号。又制有无故自残伤者补冶士，实由政刑烦苛，民不堪命，可除此条。罢青州并兖州。戊辰，诏曰："彭、沛、下邳三郡，首事所基，情义缱绻，事由情奖，古今所同。彭城桑梓本乡，加隆攸在，优复之制，宜同丰、沛。其沛郡、下邳可复租布三十年。"辛未，追谥妃臧氏为敬皇后。癸酉，立王太子为皇太子。乙亥，诏曰："朕承历受终，猥飨天命。荷积善之祚，藉士民之力，率由令范。先后祗严宣训，七庙肇建，情敬无违。加以储宫备礼，皇基弥固，国庆家礼，爱集旬日，岂予一人，独荷兹庆。其见刑罪无轻重，可悉原赦。限百日，以今为始。先因军事所发奴僮，各还本主；若死亡及勋劳破免，亦依限还直。"

闰月壬午朔，诏曰："晋世帝后及藩王诸陵守卫，宜便置格。其名贤先哲，见优前代，或立德著节，或宁乱庇民，坟茔未远，并宜洒扫。主者具条以闻。"丁酉，特进、左光禄大夫孔季恭加开府仪同三司。辛丑，诏曰："主者处案虽多所谘详，若众官命议，宜令明审。自顷或总称参详，于文漫略。自今有屑意者，皆当指名其人；所见不同，依旧继启。"又诏曰："诸处冬使，或遣或不，事役官省，今可悉停。唯元正大庆，不在其例。郡县遣冬使诣州及都督府，亦停之。"九月壬子朔，置东宫殿中将军十人，员外二十人。壬申，置都官尚书。冬十月辛卯，改晋所用王肃祥禫二十六月仪，依郑玄二十七月而后除。十二月辛巳朔，车驾临延贤堂听讼。

二年春正月辛酉，车驾祠南郊，大赦天下。丙寅，断金银涂。以扬州刺史庐陵王义真为司徒，以尚书仆射、镇军将军徐羡之为尚书令、扬州刺史。丙子，南康揭阳蛮反，郡县讨破之。己卯，禁丧事用铜钉。罢会稽郡府。二月己丑，车驾幸延贤堂策试诸州郡秀才、孝廉。扬州秀才顾练、豫州秀才殷朗所对称旨，并以为著作佐郎。戊申，制中二千石加公田一顷。三月乙丑，初限荆州府置将不得过二千人，吏不得过一万人；州置将不得过五百人，吏不得过五千人。兵士不在此限。夏四月己卯朔，诏曰："淫祠惑民费财，前典所绝，可并下在所除诸房庙。其先贤及以勋德立祠者，不在此例。"戊申，车驾于华林园听讼。己亥，以左卫将军王仲德为冀州刺史。五月己酉，置东宫屯骑、步兵、翊军三校尉官。甲戌，车驾又幸华林园听讼。六月壬寅，诏曰："杖罚虽有旧科，然职务殷碎，推坐相寻。若皆有其实，则体所不堪；文行而已，又非设罚之意。可筹量搉为中否之格。"车驾又于华林园听讼。甲辰，制诸署敕吏四品以下，又府署所得辄罚者，听统府寺行四十杖。秋七月己巳，地震。八月壬辰，车驾又于华林园听讼。九月己丑，零陵王薨。车驾三朝率百僚举哀于朝堂，一依魏明帝服山阳公故事。太尉持节监护，葬以晋礼。冬十月丁酉，诏曰："兵制峻重，务在得宜。役身死叛，辄考傍亲，流迁弥广，未见其极。遂令冠带之伦，沦陷非所。宜革以弘泰，去其密科。自今犯罪充兵合举户从役者，便付营押领。其有户统及谪止一身者，不得复侵滥服亲，以相连染。"己亥，以凉州胡帅大沮渠蒙逊为镇军大将军、开府仪同三司、凉州刺史。癸卯，车驾于延贤堂听讼。以员外散骑常侍应袭为宁州刺史。

三年春正月甲辰朔，诏刑罚无轻重，悉皆原降。壬子，以前冀州刺史王仲德为徐州刺史。癸丑，以尚书令、扬州刺史徐羡之为司空、录尚书事，刺史如故。抚军将军、江州刺史王弘进号卫将军、开府仪同三司，太子詹事傅亮为尚书仆射，中领军谢晦为领军将军。乙卯，以辅国将军毛德祖为司州刺史。乙丑，诏曰："古之建国，教学为先，弘风训世，莫尚于此；发蒙启滞，咸必由之。故爰自盛王，迄于近代，莫不敦崇学艺，修建庠序。自昔多故，戎马在郊，旌旗卷舒，日不暇给。遂令学校荒废，讲诵蔑闻，军旅日陈，俎豆藏器，训诱之风，将坠于地。后生大惧于墙面，故老窃叹于子衿。此《国风》所以永思，《小雅》所以怀古。今王略远届，华域载清，仰风之士，日月以冀。便宜博延胄子，陶奖童蒙，选备儒官，弘振国学。主者考详旧典，以时施行。"二月丁丑，诏曰："豫州南临江浒，北接河、洛，民荒境旷，转输艰远，抚莅之宜，各有其便。淮西诸郡，可立为豫州；自淮以东，为南豫州。"以豫州刺史彭城王义康为南豫州刺史，征虏将军刘粹为豫州刺史。又分荆州十郡还立湘州，左卫将军张纪为湘州刺史。戊寅，以徐州之梁，还属豫州。三月，上不豫。太尉长沙王道怜、司空徐羡之、尚书仆射傅亮、领军将军谢晦、护军将军檀道济并入侍医药。群臣请祈祷神祇，上不许，唯使侍中谢方明以疾告庙而已。丁未，以司徒庐陵王义真为车骑将军、开府仪同三司、南豫州刺史。上疾瘳，己未，大赦天下。时秦雍流户悉南入梁州。庚申，送纻绢万匹，荆、雍州运米，委州刺史随宜赋给。辛酉，亡命刁弥攻京城，得入，太尉留府司马陆仲元讨斩之。夏四月乙亥，封仇池公杨盛为武都王，平南将军杨抚进号安南将军。丁亥，以车骑司马徐琰为兖州刺史。庚寅，左光禄大夫、开府仪同三司孔季恭薨。五月，上疾甚，召太子诫之曰："檀道济虽有干略，而无远志，非如兄韶有难御之气也。徐羡之、傅亮当无异图。谢晦数从征伐，颇识机变，若有同异，必此人也。小却，可以会稽、江州处之。"又以手诏曰："朝廷不须复有别府，宰相带扬州，可置甲士千人。若大臣中任要，宜有爪牙以备不祥人者，可以台见队给之。有征讨悉配以台见军队，行还复旧。后世若有幼主，朝事一委宰相，母后不烦临朝。仗既不许入台殿门，要重人可详给班剑。"癸亥，上崩于西殿，时年六十。秋七月己酉，葬丹阳建康县蒋山初宁陵。

上清简寡欲，严整有法度，未尝视珠玉舆马之饰，后庭无纨绮丝竹之音。宁州尝献虎魄枕，光色甚丽。时将北征，以虎魄治金创，上大悦，命捣碎分付诸将。平关中，得姚兴从女，有盛宠，以之废事。谢晦谏，即时遣出。财帛皆在外府，内无私藏。宋台既建，有司奏东西堂施局脚床、银涂钉，上不许；使用直脚床，钉用铁。诸主出适，遣送不过二十万，无锦绣金玉。内外奉禁，莫不节俭。性尤简易，常著连齿木履，好出神虎门逍遥，左右从者不过十余人。时徐羡之住西州，尝幸羡之，便步出西掖门；羽仪络绎追随，已出西明门矣。诸子旦问起居，入阁，脱公服，止著裙帽，如家人之礼。孝武大明中，坏上所居阴室，于其处起玉烛殿，与群臣观之。床头有土鄣，壁上挂葛灯笼、麻绳拂。侍中袁颛盛称上俭素之德。孝武不答，独曰："田舍公得此，以为过矣。"故能光有天下，克成大业者焉。

史臣曰：汉氏载祀四百，比祚隆周，虽复四海横溃，而民系刘氏，慄慄黔首，未有迁奉之心。魏武直以兵威服众，故能坐移天历；鼎运虽改，而民未忘汉。及魏室衰孤，怨非结下。晋籍宰辅之柄，因皇族之微，世434重权，用基王业。至于宋祖受命，义越前模。晋自社庙南迁，禄去王室，朝权国命，递归台辅。君道虽存，主威久谢。桓温雄才盖世，勋高一时，移鼎之业已成，天人之望将改。自斯以后，晋道弥昏，道子开其祸端，元显成其末衅，桓玄藉运乘时，加以先父之业，因基革命，人无异心。高祖地非桓、文，众无一旅，奋不浃旬，夷凶剪暴，祀晋配天，不失旧物，诛内清外，功格区宇。至于钟石变声，柴天改物，民已去晋，异于延康之初，功实静乱，又殊咸熙之末。所以恭皇高逊，殆均释负。若夫乐推所归，讴歌所集，魏、晋采其名，高祖收其实矣。盛哉！

卷四　　本纪第四

少　帝

少帝讳义符，小字车兵，武帝长子也，母曰张夫人。晋义熙二年，生于京口。武帝晚无男，及帝生，甚悦。年十岁，拜豫章公世子。帝有旅力，善骑射，解音律。宋台建，拜宋世子。元熙元年，进为宋太子。武帝受禅，立为皇太子。永初三年五月癸亥，武帝崩，是日，太子即皇帝位。大赦；尊皇太后曰太皇太后。六月壬申，以尚书仆射傅亮为中书监，司空徐羡之、领军将军谢晦及亮辅政。戊子，太尉长沙王道怜薨。秋九月丁未，有司奏武皇帝配南郊，武敬皇后配北郊。冬十一月戊午，有星孛于营室。十二月庚戌，魏军克滑台。

明年春正月己亥朔，大赦，改元为景平元年。文武进位二等。辛巳，祀南郊。虏将达奚斤破金墉，进围虎牢。毛德祖击虏败之，虏退而复合。拓跋木末又遣安平公涉归寇青州。癸卯，河南郡失守。乙卯，有星孛于东壁。二月丁丑，太皇太后崩。沮渠蒙逊、吐谷浑阿豺并遣使朝贡。庚辰，爵蒙逊为大将军，封河西王。以阿豺为安西将军、沙州刺史，封浇河公。辛未，富阳人孙法光反，寇山阴，会稽太守褚淡之遣山阴令陆劭讨败之。三月壬寅，孝懿皇后祔葬于兴宁陵。是月，高丽国遣使朝贡。甲子，豫州刺史刘粹遣军袭许昌，杀虏颍川太守庚龙。乙丑，虏骑寇高平。初，虏自河北之败，请修和亲；及闻高祖崩，因复侵扰，河、洛之地骚然矣。夏四月，檀道济北征，次临朐，焚虏攻具。乙未，魏军克虎牢，执司州刺史毛德祖以归。秋七月癸酉，尊所生张夫人为皇太后。丁丑，以旱，诏赦五岁刑以下罪人。冬十月己未，有星孛于氐，指尾，贯摄提，向大角，仲月在危，季月扫天仓而后灭。是岁，魏主拓跋嗣薨，子焘立。十二月丙寅，省宁州之江阳、犍为、安上三郡，合为宋昌郡。

二年春正月癸巳朔，日有蚀之。废南豫州刺史庐陵王义真为庶人，徙新安郡。乙未，以皇弟义恭为冠军将军、南豫州刺史。乙巳，大风，天有五色云，占者以为有兵。高丽国遣使贡献。执政使使者诛义真于新安。夏五月，江州刺史檀道济、扬州刺史王弘入朝。帝居处所为多过失。乙酉，皇太后令曰：

王室不造，天祸未悔，先帝创业弗永，弃世登遐。义符长嗣，属当天位，不谓穷凶极悖，一至于此。大行在殡，宇内哀惶，幸灾肆于悖词，喜容表于在戚。至乃征召乐府，鸠集伶官，优倡管弘，靡不备奏，珍羞甘膳，有加平日。采择嬒御，产子就宫，靦然无怍，丑声四达。及懿后崩背，重加天罚，亲与左右执绋歌呼，推排梓宫，抃掌笑谑，殿省备闻。加复日夜媟狎，群小慢戏，兴造千计，费用万端，帑藏空虚，人力殚尽。刑罚苛虐，幽囚日增。居帝王之位，好阜隶之役；处万乘之尊，悦厮养之事。亲执鞭扑，殴击无辜，以为笑乐。穿池筑观，朝成暮毁；征发工匠，疲极兆民。远近叹嗟，人神怨怒。社稷将坠，岂可复嗣守洪业，君临万邦。今废为营阳王，一依汉昌邑、晋海西故事。奉迎镇西将军宜都王义隆入纂皇统。

始徐羡之、傅亮将废帝，讽王弘、檀道济求赴国讣。弘等来朝，使中书舍人邢安泰、潘盛为内应。是旦，道济、谢晦领兵居前，羡之等随后，因东掖门开，入自云龙门。盛等先戒宿卫，莫有御者。时帝于华林园为列肆，亲自酤卖。又开渎聚土，以象破冈塞，与左右引船唱呼，以为欢乐。夕游天泉池，即龙舟而寝。其朝未兴，兵士进，杀二侍者于帝侧，伤帝指。扶出东阁，就收玺绂，群臣拜辞，送于东宫，遂幽于吴郡。是日，赦死罪以下。太后令奉还玺绂，檀道济入守朝堂。六月癸丑，徐羡之等使中书舍人邢安泰弑帝于金昌亭。帝有勇力，不即受制，突走出昌门，追之门关踣之，致殒。时年十九。

卷五　　　　　本纪第五

文　　帝

太祖文皇帝讳义隆，小字车儿，武帝第三子也。晋安帝义熙三年，生于京口。卢循之难，上年四岁，高祖使谘议参军刘粹辅上镇京城。十一年，封彭城县公。高祖伐羌至彭城，将进路，板上行冠军将军留守。晋朝加授使持节、监徐兖青冀四州诸军事、徐州刺史，将军如故。关中平定，高祖还彭城，又授监司州豫州之淮西兖州之陈留诸军事、前将军、司州刺史，持节如故，将镇洛阳。仍改授都督荆益宁雍梁秦六州豫州之河南广平扬州之义成松滋四郡诸军事、西中郎将、荆州刺史，持节如故。永初元年，封宜都王，食邑三千户。进督北秦，并前七州。进号镇西将军，给鼓吹一部。又进督湘州，是岁入朝，时年十四。长七尺五寸，博涉经史，善隶书。

景平二年七月中，少帝废。百官备法驾奉迎，入奉皇统。行台至江陵，进玺绂。侍中臣琇、散骑常侍臣熊之、中书监尚书令护军将军建城县公臣亮、左卫将军臣景仁、给事中游击将军龙乡县侯臣隆、越骑校尉都亭侯臣纲、给事黄门侍郎臣孔璩之、散骑侍郎臣刘思考、员外散骑侍郎臣潘盛、中书侍郎臣何尚之、羽林监射阳县开国侯臣萧思话、长兼尚书左丞德阳县侯臣孙康、吏部郎中骑都尉臣张茂度、仪曹郎中臣徐长琳、仓部郎中臣庾俊之、都官郎中臣袁洵等上表曰："臣闻否泰相革，数穷则变，天道所以不谄，卜世所以灵长。乃者运距陵夷，王室艰晦，九服之命，靡所适归；高祖之业，将坠于地。赖基厚德深，人神同奖，社稷以宁，有生获乂。伏惟陛下君德自然，圣明在御，孝悌著于家邦，风猷宣于蕃牧。是以征祥杂沓，符瑞煴辉。宗庙神灵，乃眷西顾；万邦黎献，望景托生。臣等忝荷朝列，豫充将命，复集休明之运，再睹太平之业。行台至止，瞻望城阙，不胜喜说凫藻之情，谨诣门拜表以闻。"上答曰："皇运艰弊，数钟屯夷，仰惟崇基，感寻国故，永慕厥躬，悲慨交集。赖七百祚永，股肱忠贤，故能休否以泰，天人式序。狠以不德，谬降大命，顾己兢悚，何以克堪。辄当暂归朝庭，展哀陵寝，并与贤彦申写所怀。望体其心，勿以辞费。"府州佐史并称臣，请题牓诸门，一依宫省，上不许。甲戌，发江陵。八月丙申，车驾至京城。丁酉，谒初宁陵，还于中堂即皇帝位。

元嘉元年秋八月丁酉，大赦天下，改景平二年为元嘉元年。文武赐位二等，逋租宿债勿复收。庚子，以行抚军将军、荆州刺史谢晦为抚军将军、荆州刺史。癸卯，司空、录尚书事、扬州刺史徐羡之进位司徒，卫将军、江州刺史王弘进位司空，中书监、护军将军傅亮加左光禄大夫、开府仪同三司，抚军将军、荆州刺史谢晦进号卫将军，镇北将军、南兖州刺史檀道济进号征北将军。甲辰，追尊所生胡婕好为皇太后，谥曰章后。卫将军、南徐州刺史彭城王义康进号骠骑将军，冠军将军、南豫州刺史义恭进号抚军将军，封江夏王。立第六皇弟义宣为竟陵王，第七皇弟义季为衡阳王。戊申，以豫州刺史刘粹为雍州刺史，骁骑将军管义之为豫州刺史，南蛮校尉到彦之为中领军。己酉，减荆、湘二州今年税布之半。九月丙子，立妃袁氏为皇后。

二年春正月丙寅，司徒徐羡之、尚书令傅亮奉表归政，上始亲览。车驾祠南郊，大赦天下。三月乙丑，左将军、徐州刺史王仲德进号安北将军。夏五月戊寅，特进谢澹卒。秋八月甲申，以关中流民出汉川，置京兆、扶风、冯翊等郡。乙酉，骠骑将军、南徐州刺史彭城王义康为开府仪同三司，新除司空王弘为车骑大将军、开府仪同三司，以右军长史江恒为广州刺史。冬十一月癸酉，以前将军杨玄为征西将军、北秦州刺史。

三年春正月丙寅，司徒、录尚书事、扬州刺史徐羡之，尚书令、护军将军、左光禄大夫傅亮，有罪伏诛。遣中领军到彦之、征北将军檀道济讨荆州刺史谢晦。上亲率六师西征，大赦天下。丁卯，以车骑大将军、江州刺史王弘为司徒、录尚书事、扬州刺史，骠骑将军、南徐州刺史彭城王义康改为荆州刺史，抚军将军、南豫州刺史江夏王义恭改为南徐州刺史。己巳，以前护军将军赵伦之为镇军将军。闰月丙戌，皇子劭生。二月乙卯，系囚见徒，一皆原赦。戊午，以金紫光禄大夫王敬弘为尚书左仆射，豫章太守郑鲜之为尚书右仆射。建安太守潘盛有罪伏诛。庚申，特进范泰加光禄大夫。是日，车驾发京师。戊辰，到彦之、檀道济大破谢晦于隐矶。丙子，车驾自芜湖反旆。己卯，擒晦于延头，送京师伏诛。三月辛巳，车驾还宫。夏五月乙未，以征北将军、南兖州刺史檀道济为征南大将军、江州刺史，中领军到彦之为南豫州刺史。戊戌，以后将军长沙王义欣为南兖州刺史。乙巳，骠骑大将军、凉州牧大沮渠蒙逊改为车骑大将军。诏曰："夫哲王宰世，广达四聪，犹巡岳省方，采风观政。所以情伪必审，幽遐罔滞，王泽无拥，九皋有闻者也。朕以寡薄，狠纂洪绪。虽永念治道，志存昧旦,愿言傅岩,发想宵寐,而丘园之秀,藏器未臻,物情民隐,尚隔视听。乃眷区域,辍寐忘餐。今氛祲祛荡,宇内宁晏,旌贤弘化,于是乎始。可遣大使巡行四方。其宰守称职之良,闾荜一介之善,详悉列奏,勿或有遗。若刑狱不恤,政治乖谬,伤民害教者,具以事闻。其高年、鳏寡、幼孤、六疾不能自存者,可与郡县优量赈给。博采舆诵,广纳嘉谋,务尽衔命之旨,俾若朕亲览焉。"丙午,车驾临延贤堂听讼。六月己未,以镇军将军赵伦之为左光禄大夫、领军将军。丙寅,车驾又于延贤堂听讼。丙子,又听讼。以右卫王华为中护军。冬十一月戊寅,以梁、南秦二州刺史吉翰为益州刺史,骠骑参军刘道产为梁、南秦二州刺史。己亥,以南蛮校尉刘遵考为雍州刺史。十二月癸丑,以中书侍郎萧思话为青州刺史。壬戌,前吴郡太守徐佩之谋反,及党与皆伏诛。

四年春正月乙亥朔,曲赦都邑百里内。辛巳,车驾亲祠南郊。二月乙卯,行幸丹徒,谒京陵。三月丙子,诏曰:"丹徒桑梓绸缪,大业攸始,践境永怀,触感罔极。昔汉章南巡,加恩元氏,况情义二三,有兼曩日。思播遗泽,酬慰士民。其蠲此县今年租布,五岁刑以下皆原遣;登城三战及大将家,随宜隐恤。"丁亥,车驾还宫。戊子,尚书右仆射郑鲜之卒。壬寅,禁断夏至日五丝命缕之属,富阳令诸葛阐之议也。夏四月庚戌,以廷尉王徽之为交州刺史。五月壬午,中护军王华卒。京师疾疫,甲午,遣使存问,给医药;死者若无家属,赐以棺器。六月癸卯朔,日有蚀之。庚申,以金紫光禄大夫殷穆为护军将军。

五年春正月乙亥,诏曰:"朕恭承洪业,临飨四海,风化未弘,治道多昧,求之人事,鉴寐惟忧。加顷阴阳违序,旱疫成患,仰惟灾戒,责深在予。思所以侧身克念,议狱详刑,上答天谴,下恤民瘼。群后百司,其各献谠言,指陈得失,勿有所讳。"甲申,车驾临玄武馆阅武。戊子,京邑大火,遣使巡慰赈赐。夏四月己亥,以南蛮校尉萧摹之为湘州刺史。戊午,以始兴太守徐豁为广州刺史。五月己卯,以湘州刺史张邵为雍州刺史。六月庚戌,司徒王弘降为卫将军、开府仪同三司。京邑大水。乙卯,遣使检行赈赡。以江夏内史程道惠为广州刺史。秋八月壬戌,特进、左光禄大夫范泰卒。冬十月甲辰,车驾于延贤堂听讼。闰月癸未,以右军司马刘德武为豫州刺史。辛卯,安陆公相周籍之为宁州刺史。十二月庚寅,左光禄大夫、领军将军赵伦之卒。是岁,天竺国遣使献方物。

六年春正月辛丑,车驾亲祠南郊。癸丑,以骠骑将军、荆州刺史彭城王义康为司徒、录尚书事,领平北将军、徐州刺史。三月丁巳,立皇子劭为皇太子。戊午,大赦天下,赐文武位一等。辛酉,以左卫将军殷景仁为中领军。夏四月癸亥,以尚书左仆射王敬弘为尚书令,丹阳尹临川王义庆为尚书左仆射,吏部尚书江夷为尚书右仆射。五月壬辰朔,日有蚀之。癸巳,以新除尚书令王敬弘为特进、左光禄大夫。甲午,以抚军司马刘道济为益州刺史。乙卯,于雍州置冯翊郡。七月己酉,以尚书左丞孔默之为广州刺史。是月,百济王遣使献方物。九月戊午,于秦州置陇西、宋康二郡。冬十月壬申,中领军殷景仁丁艰去职。十一月

己丑朔,日有蚀之。十二月丁亥,河南国、河西王遣使献方物。

七年春正月癸巳,以吐谷浑慕容瓌为征西将军、沙州刺史。是月,倭国王遣使献方物。三月戊子,遣右将军到彦之北伐,水军入河。甲午,以前征虏司马王仲为司州刺史。甲寅,以前中领军殷景仁为领军将军。夏四月癸未,诃罗单国遣使献方物。六月己卯,以冠军将军氐杨难当为秦州刺史。秋七月戊子,索虏确磝戍弃城走。丙申,以平北谘议参军甄法护为梁、南秦二州刺史。戊戌,索虏滑台戍弃城走。甲寅,林邑国、诃罗佗国、师子国遣使献方物。冬十月甲寅,罢南豫州并豫州。以左将军竟陵王义宣为徐州刺史。戊午,立钱署,铸四铢钱。戊寅,金墉城为索虏所陷。十一月癸未,虎牢城复为索虏所陷。壬辰,遣征南大将军檀道济北讨,右将军到彦之自滑台奔退。十二月辛酉,以南兖州刺史长沙王义欣为豫州刺史,司徒司马吉翰为司州刺史。乙亥,京邑火,延烧太社北墙。兖州刺史竺灵秀有罪伏诛。

八年春正月庚寅,于交州复立珠崖郡。癸巳,以左军将军申宣为兖州刺史。丁酉,征南大将军檀道济破索虏于东平寿张。二月乙卯,以平北司马韦郎为青州刺史。戊午,以尚书右仆射江夷为湘州刺史。辛酉,滑台为索虏所陷。癸酉,征南大将军檀道济引军还。丁丑,青州刺史萧思话弃城走。以太子右卫率刘遵考为南兖州刺史。三月甲申,车驾于延贤堂听讼。戊申,诏曰:"自顷军役殷兴,国用增广,资储不给,百度尚繁。宜存简约,以应事实。内外可通共详思,务令节俭。"夏四月甲寅,以衡阳王师阮万龄为湘州刺史。乙卯,以后军参军徐遵之为兖州刺史。六月乙丑,大赦天下。己卯,割江南及扬州晋陵郡属南徐州,江北属兖州。以徐州刺史竟陵王义宣为南兖州刺史,司徒司马吉翰为徐州刺史。闰月庚子,诏曰:"自顷农桑惰业,游食者众,荒莱不辟,督课无闻。一时水旱,便有罄匮,苟不深存务本,丰给靡因。郡守赋政方畿,县宰亲民之主,宜思奖训,导以良规。咸使肆力,地无遗利,耕蚕树艺,各尽其力。若有力田殊众,岁竟条名列上。"扬州旱。巳,遣侍御史省狱讼,申调役。丙午,以左军谘议参军刘道产为雍州刺史。秋八月甲辰,临川王义庆解尚书左仆射。丁未,割豫州秦郡属南兖州。冬十二月,罢湘州,还并荆州。

九年春三月庚戌,卫将军王弘进位太保,加中书监。丁巳,征南大将军、江州刺史檀道济进位司空。夏四月乙亥,以护军将军殷穆为特进、右光禄大夫,建昌县公到彦之为护军将军。五月壬申,中书监、录尚书事、卫将军、扬州刺史王弘薨。六月甲戌,以左军谘议参军申宣为青州刺史。分青州置冀州。戊寅,司徒、南徐州刺史彭城王义康改领扬州刺史。己卯,以司徒参军崔諲为冀州刺史。壬午,以吐谷浑慕容延为平东将军,吐谷浑拾虔为平北将军,吐谷浑辉伐为镇军将军。癸未,诏曰:"益、梁、交、广,境域幽遐,治宜物情,或多偏捆。可更遣大使,巡求民瘼。"置积射、强弩将军官。乙未,以征西将军、沙州刺史吐谷浑慕容瓌为征西大将军、西秦河二州刺史、陇

西王。北秦州刺史氐杨难当加号征西将军。壬寅，以抚军将军、荆州刺史江夏王义恭为征北将军、开府仪同三司、南兖州刺史；前将军临川王义庆为平西将军、荆州刺史；南兖州刺史竟陵王义宣为中书监、中军将军；征虏将军衡阳王义季为南徐州刺史。秋七月戊辰，以尚书王仲德为镇北将军、徐州刺史。庚午，以领军将军殷景仁为尚书仆射，太子詹事刘湛为领军将军。壬申，河南国、河西王遣使献方物。九月，妖贼赵广寇益州，陷没郡县，州府讨平之。冬十一月壬子，以少府甄法崇为益州刺史。癸丑，于广州立宋康郡。十二月甲戌，以右军参军李秀之为交州刺史。庚寅，立第五皇子绍为庐陵王，江夏王义恭子朗为南丰县王。

十年春正月甲寅，竟陵王义宣改封南谯王，镇北将军、徐州刺史王仲德加领兖州刺史，淮南太守段宏为青州刺史。己未，大赦天下。孤老、六疾不能自存者，人赐谷五斛。后将军、豫州刺史长沙王义欣进号镇军将军。夏四月戊戌，青州刺史段宏为冀州刺史。封阳县侯萧思话为梁、南秦二州刺史。五月，林邑王遣使献方物。六月乙亥，以前青州刺史韦郎为广州刺史。阇婆州呵罗单国遣使献方物。秋七月戊戌，曲赦益、梁、秦三州。于益州立宋宁、宋兴二郡。八月丁丑，于青州立太原郡。辛巳，护军将军到彦之卒。冬十一月，氐杨难当寇汉川。丁未，梁州刺史甄法护弃城走，难当据有梁州。

十一年春正月，亡命马大玄群党数百人寇秦、梁，州郡讨平之。二月癸酉，以交阯太守李耽之为交州刺史。夏四月，梁、秦二州刺史萧思话破氐杨难当，梁州平。五月丁卯，曲赦梁、南秦二州剑阁北。戊寅，以大沮渠茂虔为征西大将军、凉州刺史。是月，京邑大水。六月丁未，省魏郡。是岁，林邑国、扶南国、呵罗单国遣使献方物。

十二年春正月辛酉，大赦天下。辛未，车驾亲祠南郊。癸酉，封黄龙国主冯弘为燕王。夏四月乙酉，尚书仆射殷景仁加中护军。丙辰，诏曰："周宗以宁，实由多士；汉室之隆，亦资得人。朕寐寤乐贤，为日已久，而俊哲难阶，明扬莫效。用令遗才在野，管库虚朝，永怀前载，惭德深矣。夫举尔所知，宣尼之笃训，贡士任官，先代之成准。便可宣敕内外，各有荐举。当依方铨引，以观厥用。"是夜，京郡地震。六月，丹阳、淮南、吴兴、义兴大水，京邑乘船。己酉，以徐豫南兖三州、会稽宣城二郡米数百万斛赐五郡遭水民。是月，断酒。师子国遣使献方物。秋七月乙酉，阇婆娑达国、扶南国并遣使献方物。八月壬申，于益州立南晋寿、南新巴、北巴西三郡。乙亥，原遭水郡诸逋负。九月，蜀郡贼张寻为寇。冬十一月，以右军行参军苟道覆为交州刺史。

十三年春正月癸丑，上有疾，不朝会。三月己未，司空、江州刺史檀道济有罪伏诛。庚申，大赦天下。以中军将军南谯王义宣为镇南将军、江州刺史。夏五月戊辰，镇北将军、徐兖二州刺史王仲德进号镇北大将军。庚辰，以征北司马王方俳为兖州刺史。六月，高丽国、武都王遣使献方物。秋七月己未，零陵王太妃薨。追崇为晋皇后，葬以晋礼。八月庚寅，尚书仆射、中护军殷景仁改为护军将军。九月癸丑，立第二皇子浚为始兴王，第三皇子骏为武陵王。

十四年春正月辛卯，车驾亲祠南郊，大赦天下。文武赐位一等；孤老、六疾不能自存者，人赐谷五斛。二月壬子，以步兵校尉刘道真为梁、南秦二州刺史。夏四月丁未，以辅国将军周籍之为益州刺史。秋八月戊午，以尚书金部郎中徐森之为交州刺史。冬十二月辛酉，停贺雪。河南国、河西王、呵罗单国并遣使献方物。

十五年春二月丁未，以平东将军吐谷浑慕容延为镇西将军、秦河二州刺史。夏四月甲辰，燕王年遣使献方物。立皇太子妃殷氏，赐王公以下各有差。己巳，以倭国王珍为安东将军。五月己丑，特进、右光禄大夫殷穆卒。辛卯，镇北大将军、徐州刺史王仲德卒。壬辰，以右卫将军刘遵考为徐、兖二州刺史。秋七月辛未，地震。甲戌，以陈、南顿二郡太守徐循为宁州刺史。八月辛丑，以左卫将军赵伯符为徐、兖二州刺史。甲寅，以始兴内史陆徽为广州刺史。丁巳，以兖州刺史王方俳为青、冀二州刺史。是岁，武都王、河南国、高丽国、倭国、扶南国、林邑国并遣使献方物。

十六年春正月戊寅，车驾于北郊阅武。庚寅，司徒、录尚书事、扬州刺史彭城王义康进位大将军，领司徒，余如故。征北将军、开府仪同三司、南兖州刺史江夏王义恭进位司空，刺史如故。特进、左光禄大夫王敬弘开府仪同三司。癸巳，复分荆州置湘州。二月己亥，以南徐州刺史衡阳王义季为安西将军、荆州刺史。丁未，以始兴王浚为湘州刺史。癸亥，割梁州之巴西梓潼南宕渠南汉中、南秦州之南安怀宁凡六郡，属益州。分长沙江夏郡立巴陵郡，属湘州。夏四月丁巳，以镇南将军、江州刺史南谯王义宣为征北将军、南徐州刺史。平西将军临川王义庆为卫将军、江州刺史。六月己酉，陇西吐谷浑慕容延进封河南王。癸丑，以吐谷浑拾寅为平西将军，吐谷浑繁瞎为抚军将军。秋八月庚子，立第四皇子铄为南平王。闰月乙未，镇军将军、豫州刺史长沙王义欣薨。戊戌，复分豫州之淮南为南豫州。癸卯，以左卫将军刘遵考为豫州刺史。戊申，以湘州刺史始兴王浚为南豫州之刺史，武陵王骏为湘州刺史。冬十二月乙亥，皇太子冠，大赦天下。是岁，武都王、河南王、林邑国、高丽国并遣使献方物。

十七年夏四月戊午朔，日有蚀之。五月癸巳，领军将军刘湛母忧去职。秋七月壬寅，以征虏谘议参军杜骥为青州刺史。壬子，皇后袁氏崩。八月，徐、兖、青、冀四州大水。己未，遣使检行赈恤。九月壬子，葬元皇后于长宁陵。冬十月戊午，前丹阳尹刘湛有罪，及同党伏诛。大赦天下，文武赐爵一级。以大将军、领司徒、录尚书、扬州刺史彭城王义康为江州刺史，大将军如故。以司空、南兖州刺史江夏王义恭为司徒、录尚书事。戊寅，卫将军临川王义庆以本号为南兖州刺史，尚书仆射、护军将军殷景仁为扬州刺史，仆射如故。十一月丙戌，以尚书刘义融为领军将军，秘书监徐湛之为中护军。丁亥，诏曰："前所给扬、南徐二州百姓田粮种子，兖、两豫、青、徐诸州比年所宽租谷应督入者，悉除半。今半有不收处，都原之。凡诸逋债，优量申减。又州郡估税，所在市调，多有烦刻。山泽之利，犹或禁断；役召之品，遂ส稚弱。诸如此比，伤治害民。自今咸依法令，务尽优允。如有不便，即依事别言，不得苟趣一时，以乖隐恤之旨。主者明加宣下，称朕意焉。"癸丑，尚书仆射、扬州刺史殷景仁卒。十二月癸亥，以光禄大夫王琳为尚书仆射。戊辰，以南豫州刺史始兴王浚为扬州刺史，湘州刺史武陵王骏为南豫州刺史，南平王铄为湘州刺史。是岁，武都王、河南王、百济国遣使献方物。

十八年春二月乙卯，以豫章太守庾登之为江州刺史。夏五月壬申，卫将军南兖州刺史临川王义庆、征北将军南徐州刺史南谯王义宣并开府仪同三司。癸巳，于交州置宋熙郡。是月，洵水泛溢。六月戊辰，遣使巡行赈赡。辛未，领军将军刘义融卒。秋七月戊戌，以徐、兖二州刺史赵伯符为领军将军。冬十月辛亥，以巴东、建平二郡太守臧质为徐、兖二州刺史。乙卯，省南徐州之南燕、濮阳、南广平郡。十一月戊子，尚书仆射王琳卒。己亥，以丹阳尹孟顗为尚书仆射。氐杨难当又寇汉川。十二月癸亥，遣龙骧将军裴方明与梁、秦二州刺史刘真道讨之。是月，晋宁太守公爨松子反叛，宁州刺史徐循讨平之。是岁，肃特国、高丽国、苏靡黎国、林邑国并遣使献方物。

十九年正月乙巳，诏曰："夫所因者本，圣哲之远教；本立化成，教学之为贵。故诏以三德，崇以四术，用能纳诸义方，致之轨度。盛王祖世，咸必由之。永初受命，宪章弘远，将陶钧庶品，混一殊风。有诏典司，大启庠序，而频沟屯夷，未及修建。永瞻前猷，思敷鸿烈，今方隅乂宁，戎夏慕响，广训胄子，实维时务。便可式遵成规，阐扬景业。"夏四月甲戌，以久疾愈，始奉初祠，大赦天下。五月庚寅，梁秦二州刺史刘真道、龙骧将军裴方明破氐杨难当，仇池平。闰月，京邑雨水；丁巳，遣使巡行赈恤。六月壬午，以大沮渠无讳为征西大将军，凉州刺史。秋七月，以梁、秦二州刺史刘真道为雍州刺史，龙骧将军裴方明为梁、南秦二州刺史。甲戌晦，日有蚀之。冬十月甲申，芮芮国遣使献方物。己亥，以晋宁太守周万岁为宁州刺史。十二月丙申，诏曰："胄子始集，学业方兴。自微言泯绝，逝将千祀，感绪思人，意有慨然。奉圣之胤，可速议继袭。于先庙地，特为营造，依旧给祠令，四时飨祀。阙里往经寇乱，黉校残毁，并下鲁郡修复学舍，采召生徒。昔之贤哲及一介之善，犹或卫其丘垄，禁其刍牧，况尼父德表生民，功被百代，而坟茔荒芜，荆棘弗翦。可蠲墓侧数户，以掌洒扫。"鲁郡上民孔景等五户居近孔子墓侧，蠲其课役，供给洒扫，并种松柏六百株。是岁，婆皇国遣使献方物。

二十年春正月，于台城东西开万春、千秋二门。二月甲戌，江州刺史庾登之为中护军。庚申，以庐陵王绍为江州刺史。仇池为索虏所没。甲申，车驾于白下阅武。二月辛亥，安西将军、荆州刺史衡阳王义季进号征西大将军。以巴西、梓潼二郡太守申坦为梁、南秦二州刺史。夏四月甲午，立第六皇子诞为广陵王。五月癸丑，中护军庾登之卒。秋七月癸丑，以杨文德为征西将军、北秦州刺史，封

武都王。辛酉，以南蛮校尉萧思话为雍州刺史。甲子，前雍州刺史刘真道、梁南秦二州刺史裴方明有罪，下狱死。八月癸未，以廷尉陶愍祖为广州刺史。冬十二月庚午，以始兴内史檀和之为交州刺史。壬午，诏曰："国以民为本，民以食为天。故一夫辍稼，饥者必及，仓廪既实，礼节以兴。自顷在所贫罄，家无宿积。赋役暂偏，则人怀愁垫；岁或不稔，而病乏无室。诚由政德弗孚，以臻斯弊；抑亦耕桑未广，地利多遗。宰守微化道之方，氓庶忘勤分之义。永言弘济，明发载怀，虽制令亟下，终莫征劝，而坐望滋殖，庸可致乎！有司其班宣旧条，务尽敦课。游食之徒，咸令附业，考核勤惰，行其诛赏，观察能殿，严加黜陟。古者躬耕帝籍，敬供粢盛，仰瞻前王，思遵令典。便可量处千亩，考卜元辰。朕当亲率百辟，致礼郊甸，庶几诚素，将被斯民。"是岁，河西国、高丽国、百济国、倭国并遣使献方物。是岁，诸州郡水旱伤稼，民大饥。遣使开仓赈恤，给赐粮种。

二十一年春正月己亥，南徐、南豫州、扬州之浙江西，并禁酒。大赦天下，诸逋债在十九年以前，一切原除。去岁失收者，畴量申减。尤弊之处，遣使就郡县随宜赈恤。凡欲附农，而种粮匮乏者，并加给贷，营千亩诸统司役人，赐布各有差。戊午，卫将军临川王义庆薨。辛酉，以太子詹事刘义宗为南兖州刺史。二月庚午，以领军将军赵伯符为豫州刺史。己丑，司徒、录尚书事江夏王义恭进位太尉，领司徒。庚寅，以右卫将军沈演之为中领军。辛卯，立第七皇子宏为建平王。甲午，以广陵王诞为南兖州刺史。夏四月，晋陵延陵民徐耕以米千斛助恤饥民。五月壬戌，以尚书何尚之为中护军，谘议参军刘道锡为广州刺史。六月，连雨水。丁亥，诏曰："霖雨弥日，水潦为患，百姓积俭，易致乏匮。二县官长及营署部司，各随统检实，给其柴米，必使周悉。"秋七月丁酉，扬州刺史始兴王浚加中军将军，南豫州刺史武陵王骏加抚军将军。乙巳，诏曰："比年谷稼伤损，淫亢成灾，亦由播殖之宜，尚有未尽，南徐、兖、豫及扬州浙江西属郡，自今悉留种麦，以助阙乏。速运彭城下邳田见种，委刺史贷给。徐、豫土多稻田，而民间专务陆作，可符二镇，履行旧陂，相率修立，并课垦辟，使及来年。凡诸州郡，皆令尽勤地利，劝导播殖，蚕桑麻纻，各尽其方，不得但奉行公文而已。"八月戊辰，征西大将军、荆州刺史衡阳王义季为征北大将军，开府仪同三司，南兖州刺史；征北将军、徐州刺史南谯王义宣为车骑将军，荆州刺史。南兖州刺史广陵王诞为南徐州刺史。九月甲辰，以大沮渠安周为征西将军、凉州刺史，封河西王。冬十月己卯，以左军将军徐琼为兖州刺史，大将军参军申恬为冀州刺史。

二十二年春正月辛卯朔，改用御史中丞何承天元嘉新历。壬辰，抚军将军、南豫州刺史武陵王骏改为雍州刺史，湘州刺史南平王铄为南豫州刺史。二月辛巳，以侍中王僧朗为湘州刺史。甲戌，立第八皇子袆为东海王，第九皇子昶为义阳王。夏六月辛亥，以南豫州刺史南平王铄为豫州刺史。秋七月己未，以尚书仆射孟顗为尚书左仆射，中护军何尚之为尚书右仆射。雍州刺史武陵王骏讨缘

沔蛮，移一万四千余口于京师。乙酉，征北大将军、南兖州刺史衡阳王义季改为徐州刺史。九月己未，开酒禁。冬十月，起湖熟废田千顷。十二月乙未，太子詹事范晔谋反，及党与皆伏诛。丁酉，免大将军彭城王义康为庶人。庚戌，以前豫州刺史赵伯符为护军将军。

二十三年春正月丁巳，以长沙内史陆徽为益州刺史。庚申，尚书左仆射孟顗去职。迁汉州流民于沔次。二月癸卯，以左卫将军刘义宾为南兖州刺史。三月，索虏寇兖、豫、青、冀，刺史申恬破之。夏四月丁未，大赦天下。六月癸未朔，日有蚀之。交州刺史檀和之伐林邑国，克之。秋七月辛未，以散骑常侍杜坦为青州刺史。八月癸卯，揭阳赭贼攻建安郡，燔烧城府。九月己卯，车驾幸国子学，策试诸生，答问凡五十九人。冬十月戊子，诏曰："庠序兴立累载，胄子肄业有成。近亲策试，睹济济之美，缅想洙、泗，永怀在昔。诸生答问，多可采览。教授之官，并宜沾赉。"赐帛各有差。十二月丁酉，以龙骧司马萧景宪为交州刺史。是岁，大有年。筑北堤，立玄武湖，筑景阳山于华林园。

二十四年春正月甲戌，大赦天下，文武赐位一等。系囚降宥，诸逋负宽减各有差。孤老、六疾不能自存，人赐谷五斛。蠲建康、秣陵二县今年田租之半。三月壬申，护军将军赵伯符迁职。夏五月甲戌，青州刺史杜坦加冀州刺史。六月，京邑疫疠。丙戌，使郡县及营署部司，普加履行，给以医药。是月，以货贵，制大钱一当两。秋七月乙卯，以林邑所获金银宝物，班赉各有差。八月乙未，征北大将军、徐州刺史衡阳王义季薨。癸卯，以南兖州刺史刘义宾为徐州刺史。九月己未，以中领军沈演之为领军将军。辛未，以太子詹事徐湛之为南兖州刺史。冬十月壬午，豫章胡诞世反，杀太守桓隆之。前交州刺史檀和之南还至豫章，因讨平之。壬辰，以建平王宏为中护军。十一月甲寅，立第十皇子浑为汝阴王。

二十五年春正月戊辰，诏曰："比者冰雪经旬，薪粒贵踊，贫弊之室，多有窘罄。可检行京邑二县及营署，赐以柴米。"二月庚寅，诏曰："安不忘虞，经世之所同；治兵教战，有国之恒典。故服训明耻，然后少长知禁，顷戎政虽修，而号令未审。今宜武场始成，便可克日大习众军。当因校猎，肄武讲事。"闰月己酉，大蒐于宣武场。三月庚辰，车驾校猎。夏四月乙巳，新作阊阖、广莫二门，改先广莫门曰承明，开阳曰津阳。乙卯，以抚军将军、雍州刺史武陵王骏为安北将军、徐州刺史。癸亥，以右卫将军萧思话为雍州刺史。五月己卯，罢大钱当两。六月庚戌，零陵王司马元瑜薨。庚申，安北将军、徐州刺史武陵王骏加兖州刺史。丙寅，车骑将军、荆州刺史南谯王义宣进位司空。秋七月壬午，左光禄大夫王敬弘薨。八月己酉，以抚军参军刘秀之为梁、南秦二州刺史。甲子，立第十一皇子彧为淮南王。九月辛未，以尚书右仆射何尚之为尚书左仆射，领军将军沈演之迁职，吴兴太守刘遵考为领军将军。

二十六年春正月辛巳，车驾亲祠南郊。二月己亥，车驾陆道幸丹徒，谒京陵。三月丁巳，诏曰："朕违北京二

十余载，虽云密迩，瞻涂莫从。今因四表无尘，时和岁稔，复获拜奉旧茔，展冈极之思，飨宴故老，申追远之怀。固以义兼于桑梓，情加于过沛；永言慷慨，感慰实深。宜聿宣仁惠，覃被率土。其大赦天下，复丹徒县侨旧今岁租布之半。行所经县，蠲田租之半。二千石官长并勤劳王务，宜有沾锡。登城三战及大将战亡坠没之家，老病单弱者，普加赡恤。遣使巡行百姓，问所疾苦。孤老、鳏寡、六疾不能自存者，人赐谷五斛。"遣使祭晋故司空忠肃公何无忌之墓。乙丑，申南北沛下邳三郡复。又诏曰："京口肇祥自古，著符近代，袗带江山，表里华甸，经涂四达，利尽淮、海，城邑高明，土风淳壹，苞总形胜，实唯名都。故能光宅灵心，克昌帝业。顷年岳牧迁回，军民徙散，廛里庐宇，不逮往日。皇基旧乡，地兼蕃重，宜令殷阜，式崇形望。可募诸州乐移者数千家，给以田宅，并蠲复。"五月丙寅，诏曰："吾生于此城。及卢循肆乱，害流兹境。先帝以桑梓根本，实同休戚，复以蒙稚，猥同艰难，情义缱绻，夷险兼备，旧物遗踪，犹存心目。岁月不居，逝逾三纪，时人故老，与运零落。眷惟既往，倍深感叹。可搜访于时士庶文武今尚存者，具以名闻。人身已亡而子孙见在，优量购赉之。"车驾水路发丹徒，壬午，至京师。丙戌，婆皇国，壬辰，婆达国，并遣使献方物。秋七月辛未，以江州刺史庐陵王绍为南徐州刺史，广陵王诞为雍州刺史。八月己酉，以中护军建平王宏为江州刺史。癸丑，以南丰王朗为湘州刺史。冬十月，广陵王诞改封随郡王。甲辰，以中军将军、扬州刺史始兴王浚为征北将军、开府仪同三司、南徐兖二州刺史；南徐州刺史庐陵王绍为扬州刺史。

二十七年春正月辛未，制交、宁二州假板郡县，俸禄听依台除。辛卯，百济国遣使献方物。二月辛丑，右将军、豫州刺史南平王铄进号平西将军。辛巳，索虏寇汝南诸郡，陈南顿二郡太守郑琨、汝阳颍川二郡太守郭道隐委守走。索虏攻悬瓠城，行汝南郡事陈宪拒之。以军兴减百官俸三分之一。三月乙丑，淮南太守诸葛阐求减俸禄同内百官，于是州及郡县丞尉并悉同减。戊寅，罢国子学。乙酉，以新除吏部尚书萧思话为护军将军。夏四月壬子，安北将军、徐兖二州刺史武陵王骏降号镇军将军。六月丁酉，侍中萧斌为青、冀二州刺史。秋七月庚午，遣宁朔将军王玄谟北伐。太尉江夏王义恭出次彭城，总统诸军。乙亥，索虏确磝戍主委城走。冬闰月癸亥，玄谟攻滑台，不克，为虏所败，退还确磝。辛未，雍州刺史随王诞遣军攻弘农城，克之。丙戌，又克关城。十一月戊子，索虏陷邹山，鲁阳平二郡太守崔邪利没。甲午，随王诞所遣军又攻陕城，克之。癸卯，左军将军刘康祖于寿阳尉武与虏战败见杀。丁未，大赦天下。十二月戊午，内外纂严。乙丑，冗从仆射胡崇之、太子积弩将军臧澄之、建威将军毛熙祚于盱眙与虏战败，并见杀。庚午，虏伪主率大众至瓜步。壬午，内外戒严。

二十八年春正月丙戌朔，以寇逼不朝会。丁亥，索虏自瓜步退走。丁酉，攻围盱眙城。是月，宁朔将军王玄谟自确磝退还历下。二月丙辰，索虏自盱眙奔走。癸酉，诏

曰："严犹孔炽，难及数州，眷言念之，瘝瘵兴悼。凶羯痍挫，迸迹远奔，凋伤之民，宜时振理。凡遭寇贼郡县，令还复居业，封尸掩骼，赈赡饥流。东作方始，务尽劝课。贷给之宜，事从优厚。其流寓江、淮者，并听即属，并蠲复税调。"甲戌，太尉、领司徒江夏王义恭降为骠骑将军、开府仪同三司。辛巳，镇军将军、徐兖二州刺史武陵王骏降号北中郎将。壬午，车驾幸瓜步，是日解严。三月乙酉，车驾还宫。壬辰，征北将军始兴王浚解南兖州。庚子，以辅国将军臧质为雍州刺史。戊申，徐州刺史武陵王骏为南兖州刺史。甲寅，护军将军萧思话为抚军将军、徐兖二州刺史。夏四月癸酉，婆达国遣使献方物。索虏伪宁南将军鲁爽、中书郎鲁秀归顺。戊寅，以爽为司州刺史。五月乙酉，亡命司马顺则自号齐王，据梁邹城。丁巳，婆皇国，戊戌，河南王，并遣使献方物。己巳，骠骑将军江夏王义恭领南兖州刺史。戊申，以尚书左仆射何尚之为尚书令，太子詹事徐湛之为尚书仆射、护军将军。壬子，以后将军随王诞为安南将军、广州刺史。六月壬戌，以北中郎将武陵王骏为江州刺史，以振武将军、秦郡太守刘兴祖为青、冀二州刺史。秋七月甲辰，安东将军倭王倭济进号安东大将军。八月癸亥，梁邹平，斩司马顺则。冬十月癸亥，高丽国遣使献方物。十一月壬寅，曲赦二兖、徐、豫、青、冀六州。是冬，徙彭城流民于瓜步，淮西流民于姑孰，合万许家。

二十九年春正月甲午，诏曰："经寇六州，居业未能，仍值灾涝，饥困荐臻。可速符诸镇，优量救恤。今农事行兴，务尽地利。若须田种，随宜给之。"二月庚申，虏帅拓跋焘死。庚午，立第十二皇子休仁为建安王。夏四月戊午，诃罗单国遣使献方物。以骠骑参军张永为冀州刺史。五月甲午，罢湘州并荆州。以始兴、临贺、始安三郡属广州。丙申，诏曰："恶稔身灭，戎丑常数，虐虏穷凶，著于自昔。未劳资斧，已伏天诛，子孙相残，亲党离贰，关、洛伪帅，并怀内款，河朔遗民，注诚请效。拯溺荡秽，今其会也。可符骠骑、司空二府，各部分所统，东西应接。归义建绩者，随劳酬奖。"是月，京邑雨水。六月己酉，遣部司巡行，赐樵米，给船。抚军将军萧思话率众北伐。以征北从事中郎刘琇为益州刺史。秋七月壬辰，汝阴王浑改封武昌王，淮阳王彧改封湘东王。丁酉，省大司农、太子仆、廷尉监官。八月丁卯，萧思话攻确磝，不拔，退还。九月丁亥，以平西将军吐谷浑拾寅为安西将军、秦河二州刺史。己丑，抚军将军、徐兖二州刺史萧思话加冀州刺史，兖州如故。冬十月癸亥，司州刺史鲁爽攻虎牢不拔，退还。十一月壬寅，扬州刺史庐陵王绍薨。十二月辛未，以骠骑将军、南兖州刺史江夏王义恭为大将军、南徐州刺史，录尚书事如故。

三十年春正月戊寅，以司空、荆州刺史南谯王义宣为司徒、中军将军、扬州刺史。以南兖州并南徐州。庚辰，以领军将军刘遵考为平西将军、豫州刺史。壬午，以征北将军、南徐州刺史始兴王浚为卫将军、荆州刺史。戊子，江州刺史武陵王骏统众军伐西阳蛮。癸巳，以豫州刺史南平王铄为抚军将军、领军将军。青、徐州饥。二月壬子，遣运部赈恤。甲子，上崩于含章殿，时年四十七。谥曰景皇帝，庙曰中宗。三月癸巳，葬长宁陵。世祖践阼，追改谥及庙号。

史臣曰：太祖幼年特秀，顾无保傅之严，而天授和敏之姿，自禀君人之德。及正位南面，历年长久，纲维备举，条禁明密，罚有恒科，爵无滥品。故能内清外晏，四海谧如也。昔汉氏东京常称建武、永平故事，自兹厥后，亦每以元嘉为言，斯固盛矣！授将遣帅，乖分阃之命，才谢光武，而遥制兵略，至于攻日战时，莫不仰听成旨。虽覆师丧旅，将非韩、白，而延寇蹙境，抑此之由。及至言漏衾衽，难结商竖，虽祸生非虑，盖亦有以而然也。呜呼哀哉！

卷六　　　本纪第六

孝武帝

世祖孝武皇帝讳骏，字休龙，小字道民，文帝第三子也。元嘉七年秋八月庚午生。十二年，立为武陵王，食邑二千户。十六年，都督湘州诸军事、征虏将军、湘州刺史，领石头戍事。十七年，迁使持节、都督南豫豫司雍并五州诸军事、南豫州刺史，将军如故，犹戍石头。二十一年，加督秦州，进号抚军将军。明年，徙都督雍梁南北秦四州荆州之襄阳竟陵南阳顺阳新野随六郡诸军事、宁蛮校尉、雍州刺史，持节、将军如故。自晋氏江左以来，襄阳未有皇子重镇，时太祖欲经略关、河，故有此授。寻给鼓吹一部。

二十五年，改授都督南兖徐兖青冀幽六州豫州之梁郡诸军事、安北将军、徐州刺史，持节如故，北镇彭城。寻领兖州刺史。始兴王浚为南兖州，上解督南兖。二十七年，坐汝阳战败，降号镇军将军。又以索虏南侵，降为北中郎将。二十八年，进督南兖州、南兖州刺史，当镇山阳。寻迁都督江州荆州之江夏豫州之西阳晋熙新蔡四郡诸军事、南中郎将、江州刺史，持节如故。时缘江蛮为寇，太祖遣太子步兵校尉沈庆之等伐之，使上总统众军。

三十年正月，上出次西阳之五洲。会元凶弑逆，以上为征南将军，加散骑常侍。上率众入讨，荆州刺史南谯王义宣、雍州刺史臧质并举兵。四月辛酉，上次溧洲。癸亥，冠军将军柳元景前锋至新亭，修建营垒。甲子，贼劭亲率众攻元景，大败退走。丙寅，上次江宁。丁卯，大将军江夏王义恭来奔，奉表上尊号。戊辰，上至于新亭。己巳，即皇帝位，大赦天下，文武赐爵一等，从军者二等。赃污清议，悉皆荡除。高年、鳏寡、孤幼、六疾不能自存，人赐谷五斛。逋租宿债勿复收。长徒之身，优量降宥。崇改太祖庙谥。以大将军江夏王义恭为太尉、录尚书六条事、南徐州刺史。庚午，以荆州刺史南谯王义宣为中书监、丞相、录尚书六条事、扬州刺史;安东将军随王诞为卫将军、开府仪同三司、荆州刺史;雍州刺史臧质为车骑将军、开府仪同三司、江州刺史;征虏将军沈庆之为领军将军;抚军将军、兖冀二州刺史萧思话为尚书左仆射。壬申,以征虏将军王僧达为尚书右仆射。改新亭为中兴亭。五月甲戌,辅国将军申坦克京城。乙亥,辅国将军朱修之克东府。丙申,克定京邑。劭及始兴王浚诸同逆,并伏诛。庚辰,诏曰:"天步艰难,国道可否,虽基构永固,而气数时愆。朕以眇身,奄承皇业,奉寻历命,鉴寐震怀。万邦风政,人治之本,感念陵替,若疾在心。可分遣大使巡省方俗。"是日解严。辛巳,车驾幸东府城。甲申,尊所生路淑媛为皇太后。乙酉,立妃王氏为皇后。戊子,以左卫将军柳元景为雍州刺史。壬辰,以太尉江夏王义恭为太傅,领大司马。甲午,曲赦京邑二百里内,并蠲今年租税。戊戌,以抚军将军南平王铄为司空,建平王宏为尚书左仆射,东海王祎为抚军将军,新除尚书左仆射萧思话迁职。六月壬寅,以骠骑参军坦护之为冀州刺史。甲辰,以山阳太守申恬为青州刺史。丙午,车驾还宫,初置殿门及上阁屯兵。以江夏内史朱修之为平西将军、雍州刺史,御史中丞王昙生为广州刺史。戊申,以新除雍州刺史柳元景为护军将军。己酉,以司州刺史鲁爽为豫州刺史。庚戌,以梁、南秦二州刺史刘秀之为益州刺史;太尉司马庞秀之为梁、南秦二州刺史;卫司马徐遗宝为兖州刺史;宁朔将军王玄谟为徐州刺史;卫将军随王诞进号骠骑大将军。尚书右仆射王僧达迁职,丹阳尹褚湛之为尚书右仆射。丙辰,以侍中南谯王世子恢为湘州刺史。丁亥,诏曰:"兴王立训,务弘治节,辅臣佐时,勤献政要,仰惟圣规,每存兹道。猥以眇躬,属承景业,阐扬遗泽,无废厥心。夫量入为出,邦有恒典;而经给之宜,多违常度。兵役糜耗,府藏散减,外内众供,未加损约,非所以聿遵先旨,敬奉遗图。自今诸可薄己厚民、去烦从简者,悉宜施行,以称朕意。"庚申,诏有司论功班赏,各有差。辛酉,安西将军、西秦河二州刺史吐谷浑拾寅进号镇西大将军、开府仪同三司。庚午,还分南徐,立南兖州。辛未,改封南谯王义宣为南郡王,随王诞为竟陵王,义宣次子宜阳侯恺为宜阳县王。闰月壬申,以领军将军沈庆之为镇军将军、南兖州刺史。癸酉,以护军将军柳元景为领军将军。丙子,遣兼散骑常侍乐询等十五人巡行风俗。甲申,蠲寻阳、西阳郡租布三年。甲午,丞相南郡王义宣改为荆、湘二州刺史,骠骑大将军、荆州刺史竟陵王诞改为扬州刺史,南蛮校尉王僧达为护军将军。是月,置卫尉官。秋七月辛丑朔,日有蚀之。甲寅,诏曰:"世道未夷,惟忧在国。夫使群善毕举,固非一才所议,况以寡德,属衰薄之期,夙宵寅想,永怀待旦。王公卿士,凡有嘉谋善政,可以维风训俗,咸达乃诚,无或依隐。"辛酉,诏曰:"百姓劳弊,徭赋仍繁,言念未乂,宜崇约损。凡用非军国,宜悉停功。可省细作并方内,雕文靡巧,金银涂饰,事不关实,严为之禁。供御服膳,减除游侈。水陆捕采,各顺时日。官私交市,务令优实。其江海田池公家规固者,详所开弛。贵戚竞利,悉皆禁绝。"戊戌,以右卫将军宗悫为广州刺史。己巳,司空南平王

薨。八月辛未,武皇帝旧役军身,尝在斋内,人身犹存者,普赐解户。乙亥,尚书左仆射建平王宏加中书监、中军将军。丁亥,以沛郡太守垣阆为宁州刺史。抚军司马费沈为梁、南秦二州刺史。甲午,护军将军王僧达迁职。九月丁巳,以前尚书刘义綦为中护军。壬戌,新亭战亡者,复同京城。劭党南海太守萧简据广州反。丁卯,辅国将军邓琬讨平之。冬十月癸未,车驾于阅武堂听讼。十一月丙午,以左军将军鲁秀为司州刺史。丙辰,停台省众官朔望问讯。丙寅,高丽国遣使献方物。十二月甲戌,省都水台,罢都水使者官,置水衡令官。癸未,以将置东宫,省太子率更令、步兵、翊军校尉、旅贲中郎将、冗从仆射、左右积弩将军官。中庶子、中舍人、庶子、舍人、洗马,各减旧员之半。

孝建元年春正月己亥朔,车驾亲祠南郊,改元,大赦天下。壬寅,以丹阳尹萧思话为安北将军、徐州刺史。甲辰,护军将军刘义綦迁职,以尚书令何尚之为左光禄大夫、护军将军。戊申,诏曰:"首食尚农,经邦本务,贡士察行,宁朝当道。内难甫康,政训未洽;衣食有仍耗之弊,选造无观国之美。昔卫文勤民,高宗恭默,卒能收贤岩穴,大殷季年。朕每侧席疚怀,无忘鉴寐。凡诸守莅亲民之官,可详申旧条,勤尽地利。力田善蓄者,在所具以名闻。褒甄之科,精为其格。四方秀孝,非才勿举,献答允值,即就铨擢。若止无可采,犹赐除署;若有不堪酬奉,虚窃荣荐,遣还田里,加以禁锢。尚书百官之元本,庶绩之枢机,丞郎列曹,局司有在。而顷事无巨细,悉归令仆,非所以众材成构,群能济业者也。可更明体制,咸责厥成,纠核勤惰,严施赏罚。"壬戌,更铸四铢钱。丙寅,立皇子子业为皇太子。赐天下为父后者爵一级。孝子、顺孙、义夫、节妇粟帛各有差。是月,起正光殿。二月庚午,豫州刺史鲁爽、车骑将军江州刺史臧质、丞相荆州刺史南郡王义宣、兖州刺史徐遗宝举兵反。乙亥,抚军将军东海王祎迁职。己卯,领军将军柳元景加抚军将军。壬午,曲赦豫州。辛卯,左卫将军王玄谟为豫州刺史。癸巳,玄谟进据梁山。丙申,以安北司马夏侯祖欢为兖州刺史。三月癸亥,内外戒严。辛丑,以安北将军、徐州刺史萧思话为安南将军、江州刺史,抚军将军柳元景即本号为雍州刺史。癸卯,以太子左卫率庞秀之为徐州刺史。徐遗宝为夏侯祖欢所破,弃众走。丙寅,以辅国长史明胤为冀州刺史。夏四月戊辰,以后将军刘义綦为湘州刺史。甲申,以平西将军、雍州刺史朱修之为安西将军、荆州刺史。丙戌,镇军将军、南兖州刺史沈庆之大破鲁爽于历阳之小岘,斩爽。癸巳,进庆之号镇北大将军。封第十六皇弟休倩为东平王。未拜,薨。五月甲寅,义宣等攻梁山,王玄谟大破之。己未,解严。癸亥,以吴兴太守刘延孙为尚书右仆射。六月戊辰,臧质走至武昌,为人所斩,传首京师。甲戌,抚军将军柳元景进号抚军大将军,镇北大将军沈庆之并开府仪同三司。丙子,以征虏将军武昌王浑为雍州刺史。癸未,分扬州立东扬州;分荆、湘、江、豫州立郢州。罢南蛮校尉。戊子,省录尚书事。庚寅,义宣于江陵赐死。秋七月丙申朔,日有蚀之。丙辰,大赦天下。文武赐爵一级;

逋租宿债勿复收。辛酉，于雍州立建昌郡。以会稽太守义阳王昶为东扬州刺史。八月庚午，抚军大将军柳元景复为领军将军，本号如故。壬申，以游击将军垣护之为徐州刺史。壬辰，以安西司马梁坦为梁、南秦二州刺史。九月丙申，以强弩将军尹怀顺为宁州刺史。丁酉，左光禄大夫何尚之解护军将军。甲辰，加尚之特进。丙午，以安南将军、江州刺史萧思话为镇西将军、郢州刺史。冬十月戊寅，诏曰："仲尼体天降德，维周兴汉，经纬三极，冠冕百王。爰自前代，咸加褒述。典司失人，用阙宗祀。先朝远存遗范，有诏缮立，世故妨道，事未克就。国难频深，忠勇奋厉，实凭圣义，大教所敦。永惟兼怀，无忘待旦。可开建庙制，同诸侯之礼。详择爽垲，厚给祭秩。"丁亥，以秘书监东海王祎为抚军将军、江州刺史。于郢州立安陆郡。十一月癸卯，复立都水台，置都水使者官。是岁，始课南徐州侨民租。

二年正月壬寅，以冠军将军湘东王彧为中护军。二月己丑，婆皇国遣使献方物。丙寅，以镇北大将军、南兖州刺史沈庆之为左光禄大夫、开府仪同三司。辛巳，以尚书右仆射刘延孙为南兖州刺史。三月辛亥，以吴兴太守刘遵考为湘州刺史。壬子，以行征西将军杨文智为征西将军、北秦州刺史。夏四月壬申，河南国遣使献方物。壬午，以豫章太守檀和之为豫州刺史。五月戊戌，以湘州刺史刘遵考为尚书右仆射，前军司马垣闳为交州刺史。庚子，以辅国将军申坦为徐、兖二州刺史。癸卯，以右卫将军顾觊之为湘州刺史。丁未，以金紫光禄大夫王偃为右光禄大夫。六月甲子，以国哀除释，大赦天下。庚辰，以曲江县侯王玄谟为豫州刺史。秋七月癸巳，立第十三皇弟休祐为山阳王，第十四皇弟休茂为海陵王，第十五皇弟休业为鄱阳王。戊戌，镇西将军萧思话卒。己酉，以益州刺史刘秀之为郢州刺史。盘盘国遣使献方物。甲寅，以义兴太守到元度为益州刺史。八月庚申，雍州刺史武昌王浑有罪，废为庶人，自杀。辛酉，以南兖州刺史刘延孙为镇军将军、雍州刺史。斤陀利国遣使献方物。三吴民饥，癸酉，诏所在赈贷。丙子，诏曰："诸苑禁制绵远，有妨肆业。可详所开弛，假与贫民。"壬午，以新除豫州刺史王玄谟为青、冀二州刺史，青州刺史申恬为豫州刺史。甲申，以右卫将军檀和之为南兖州刺史。九月丁亥，车驾于宣武场阅武。庚戌，诏曰："国道再屯，艰虞毕集。朕虽寡德，终膺鸿庆。惟新之祉，实深百王；而惠宥之令，未殊常湄。永言勤虑，瘖瘵载怀。在朕受命之前，凡以罪徙放，悉听还本。犯衅之门，尚有存者，子弟可随才署吏。"冬十月壬午，太傅江夏王义恭领荆州刺史，骠骑大将军、扬州刺史竟陵王诞为司空、南徐州刺史，中书监、尚书左仆射、中军将军建平王宏为尚书令，将军如故。十一月戊子，中护军湘东王彧迁职，镇军将军刘延孙为护军将军。青、冀二州刺史王玄谟为雍州刺史。甲午，以大司马垣护之为青、冀二州刺史。辛亥，高丽国遣使献方物。十二月癸亥，以前交州刺史萧景宪为交州刺史。

三年春正月庚寅，立第十八皇弟休范为顺阳王，第十九皇弟休若为巴陵王。戊戌，立第二皇子子尚为西阳王。

辛丑，车驾亲祠南郊。壬子，立皇太子妃何氏。甲寅，大赦天下。二月癸亥，右光禄大夫王偃卒。甲子，以广州刺史宗悫为平西将军、豫州刺史。丁卯，以新除御史中丞王翼为广州刺史。丁丑，始制朔望临西堂接群下，受奏事。壬午，内外官有田在近道，听遣所给吏僮附业。三月癸丑，以西阳王子尚为南兖州刺史。闰月戊午，尚书右仆射刘遵考迁职。癸酉，鄱阳王休业薨。庚辰，停元嘉三十年以前兵工考剔。夏五月辛酉，制荆、徐、兖、豫、雍、青、冀七州统内，家有马一匹者，蠲复一丁。壬戌，以右卫将军刘瑀为益州刺史。六月，上于华林园听讼。秋七月，太傅江夏王义恭解扬州。丙子，以南兖州刺史西阳王子尚为扬州刺史，秘书监建安王休仁为南兖州刺史。八月戊戌，以北军中郎谘议参军费淹为交州刺史。丁未，以尚书吏部王琨为广州刺史。九月壬戌，以丹阳尹刘遵考为尚书左仆射。冬十月癸未，以寻阳太守张悦为益州刺史。丙午，太傅江夏王义恭进位太宰，领司徒。丁未，领军将军柳元景加骠骑将军，尚书令建平王宏加中书监、卫将军，抚军将军、江州刺史东海王祎进号平南将军。十一月癸丑，淮南太守袁景有罪弃市。十二月丙午，以侍中孔灵符为郢州刺史。

大明元年春正月辛亥朔，改元，大赦天下。赐高年、孤疾粟帛各有差。庚午，护军将军刘延孙迁职，右卫将军湘东王彧为中护军。京邑雨水，辛未，遣使检行，赐以樵米。二月己亥，复亲民职公田。索虏寇兖州。三月壬戌，制大臣加班剑子，不得入宫城门。梁州獠求内属，立怀汉郡。夏四月，京邑疾疫。丙申，遣使按行，赐给医药。死而无收敛者，官为敛埋。庚子，省湘州宋建郡并临贺。五月，吴兴、义兴大水，民饥。乙卯，遣使开仓赈恤。癸酉，于华林园听讼。乙亥，以左卫将军沈昙庆为徐州刺史，辅国将军梁瑾慈为河州刺史、宕昌王。六月己卯，以前太子步兵校尉刘祇子歆继南丰王朗。辛巳，以长水校尉山阳王休祐为东扬州刺史。丁亥，休祐改为湘州刺史。以丹阳尹颜竣为东扬州刺史。秋七月辛未，土断雍州诸侨郡县。八月戊戌，于兖州立阳平郡。壬寅，于华林园听讼。甲辰，司空、南徐州刺史竟陵王诞改为南兖州刺史，太子詹事刘延孙为镇军将军、南徐州刺史。冬十月丙申，诏曰："旒纩之道，有孚于结绳，日昃之勤，已切于姬后。况世弊教浅，岁月浇季。朕虽戮力宇内，未明求衣，而识狭前王，务广昔代，永言菲德，其愧良深。朝咨野怨，自达者寡，惠民利公，所昧实众。自今百辟庶尹，下民贱隶，有怀诚抱志，拥郁衡间，失理负谤，未闻朝听者，皆听躬自申奏，小大以闻。朕因听政之日，亲对览焉。"甲辰，以百济王余庆为镇东大将军。十二月丁亥，顺阳王休范改封桂阳王。戊戌，于华林园听讼。

二年春正月辛亥，车驾祀南郊。壬子，诏曰："去岁东土多经水灾，春务已及，宜加优课。粮种所须，以时贷给。"丙辰，复郡县田秩，并九亲禄俸。壬戌，诏曰："先帝灵命初兴，龙飞西楚，岁纪浸远，感往缠心。奉迎文武，情深常隶，思弘殊泽，以申永怀。吏身可赐爵一级，军户免为平民。"二月丙子，诏曰："政道未著，俗弊尚深，豪侈兼并,贫弱困窭,存阙衣裳,没无敛椁,朕甚伤之。其明敕守宰,勤加存恤。赙赠之科,速为条品。"乙酉,以金紫光禄大夫褚湛之为尚书左仆射。丙戌,中书监、尚书令、卫将军建平王宏以本号开府仪同三司,中书监如故。丁酉,骠骑将军柳元景以本号开府仪同三司。甲辰,散骑常侍义阳王昶为中军将军。三月丁未,中书监、尚书令、卫将军建平王宏薨。乙卯,以田农要月,太官停杀牛。丁卯,上于华林园听讼。癸酉,以宁朔将军刘季之为司州刺史。夏四月甲申,立皇子子绥为安陆王。甲午,以海陵王休茂为雍州刺史。辛丑,地震。五月戊申,复西阳郡。六月戊寅,增置吏部尚书一人,省五兵尚书。丁亥,左光禄大夫何尚之加开府仪同三司。戊子,以金紫光禄大夫羊玄保为右光禄大夫。丙申,诏曰:"往因师旅,多有逋亡。或连山染逆,惧致军宪;或辞役惮劳,苟免刑罚。虽约法从简,务思弘宥,恩令骤下,而逃伏犹多,岂习愚为性,怵恶难反;将在所长吏,宣导乖方。可普加宽申,咸与更始。"秋七月甲辰,彭城民高阇等谋反伏诛。癸亥,以右卫将军颜师伯为青、冀二州刺史。八月乙酉,河南王遣使献方物。丙戌,中书令王僧达有罪,下狱死。己丑,以强弩将军杜叔文为宁州刺史,交州刺史费淹为广州刺史,南海太守垣阆为交州刺史。甲午,以宁朔将军沈僧荣为兖州刺史。九月癸卯,于华林园听讼。壬戌,以宁朔将军刘道隆为徐州刺史。襄阳大水,遣使巡行赈赡。庚午,置武卫军、武骑常侍官。冬十月甲午,以中军将军义阳王昶为江州刺史。乙未,高丽国遣使献方物。十一月壬子,扬州刺史西阳王子尚加抚军将军。十二月己亥,诸王及妃主庶姓位从公者,丧事听设凶门,余悉断。闰月庚子,诏曰:"夫山处岩居,不以鱼鳖为礼。顷岁多虞,军调繁切,违方设赋,本济一时,而主者玩习,遂为常典。枎杆瑶琨,任土作贡,积羽群轻,终致深弊。永言弘革,无替朕心。凡寰土贡职,山渊采捕,皆当详辨产殖,考顺岁时,勿使牵课虚悬,睽忤气序。庶简约之风,有孚于品性;惠敏之训,无漏于幽仄。"庚申,上于华林园听讼。壬戌,林邑国遣使献方物。是冬,索虏寇青州,刺史颜师伯频大破之。

三年春正月丁亥,割豫州梁郡属徐州。己丑,以骠骑将军、领军将军柳元景为尚书令,尚书右仆射刘遵考为领军将军。丙申,婆皇国遣使献方物。二月乙卯,以扬州所统六郡为王畿。以东扬州隶扬州。时欲立司隶校尉,以元凶已立乃止。抚军将军、扬州刺史西阳王子尚徙为扬州刺史。甲子,复置廷尉监官。荆州饥,三月甲申,原田租布各有差。庚寅,以义兴太守垣阆为兖州刺史。壬辰,中护军湘东王彧迁职,以中书令东海王祎为卫将军、护军将军。癸巳,太宰江夏王义恭加中书监。夏四月癸卯,上于华林园听讼。丙午,以建平太守苻仲子为宁州刺史。乙卯,司空、南兖州刺史竟陵王诞有罪,贬爵;诞不受命,据广陵城反,杀兖州刺史垣阆。以始兴公沈庆之为车骑大将军、开府仪同三司,南兖州刺史讨诞。甲子,上亲御六师,车驾出顿宣武堂。司州刺史刘季之反叛,徐州刺史刘道隆讨斩之。秋七月己巳,克广陵城,斩诞。悉诛城内男丁,以女口为军赏;是日解严。辛未,大赦天下。尚方长徒、

奚官奴婢老疾者原放。孝子、顺孙、义夫、节妇,赐粟帛各有差。王畿下贫之家,与近行顿所由,并蠲租一年。丙子,以丹阳尹刘秀之为尚书右仆射。丙戌,分淮南北复置二豫州。以新除车骑大将军、开府仪同三司、南兖州刺史沈庆之为司空,刺史如故。戊子,以卫将军、护军将军东海王祎为南豫州刺史,卫将军如故。江州刺史义阳王昶为护军将军,冠军将军桂阳王休范为江州刺史。癸巳,以前左卫将军王玄谟为郢州刺史。八月丙申,诏曰:"近北讨文武,于军亡没,或殒身矢石,或疠疾死亡,并尽勤王事,而敛椁卑薄。可普更赙给,务令丰厚。"己酉,以车骑长史庾深之为豫州刺史。甲子,诏曰:"昔姬道方凝,刑法斯厝;汉德初明,奸囿用简。良由上一其道,下淳其性。今民浇俗薄,诚浅伪深,重以寡德,弗能心化。故知方者鲜,趣辟实繁,向因巡览,见二尚方徒隶,婴金屡校,既有矜复。加国庆民和,独隔凯泽,益以惭焉。可详所原宥。"九月己巳,诏曰:"夫五辟三刺,自古所难;巧法深文,在季弥甚。故沿情察讼,鲁师致捷;市狱勿扰,汉法飞声。廷尉远迩疑谳,平决攸归,而一蹈幽圜,动逾时岁。民婴其困,吏容其私。自今囚至辞具,并即以闻,朕当悉详断,庶无留狱。若繁文滞劲,证逮遐广,必须亲察,以尽情状。自后依旧听讼。"壬辰,于玄武湖北立上林苑。冬十月丁酉,诏曰:"古者荐鞠青坛,聿祈多庆,分茧玄郊,以供纯服。来岁,可使六宫妃嫔修亲桑之礼。"庚子,镇军将军、南徐州刺史刘延孙进号车骑将军。戊申,河西国遣使献方物。庚戌,以河西王大沮渠安周为征虏将军、凉州刺史。十一月己巳,高丽国遣使献方物;肃慎国重译献楛矢、石砮;西域献舞马。十二月戊午,上于华林园听讼。辛酉,置谒者仆射官。

四年春正月辛未,车驾祠南郊。甲戌,宕昌王奉表献方物。乙亥,车驾躬耕藉田,大赦天下。尚方徒系及逋租宿债,大明元年以前,一皆原除。力田之民,随才叙用。孝悌义顺,赐爵一级。孤老贫疾,人谷十斛。藉田职司,优沾普赍。百姓乏粮种,随宜贷给。吏宣劝有章者,详加褒进。壬午,以北中郎司马柳叔仁为梁、南秦二州刺史。左将军、荆州刺史朱修之进号镇军将军。庚寅,立第三皇子勋为晋安王,第六皇子房为寻阳王,第七皇子子顼为历阳王,第八皇子子鸾为襄阳王。二月庚子,侍中建安王休仁为湘州刺史。己未,以员外散骑侍郎费景绪为宁州刺史。三月甲子,以冠军将军巴陵王休若为徐州刺史。丁卯,以安陆王子绥为郢州刺史。癸酉,以徐州刺史刘道隆为青、冀二州刺史。索虏寇北阴平孔堤,太守杨归子击破之。甲申,皇后亲桑于西郊。夏四月癸卯,以南琅邪隶王畿。丙午,诏曰:"昔绋衣御宇,贬甘示节;土簋临天,饬俭昭度。朕绨帛之念,无忘于怀。虽深诏有司,省游务实,而岁用兼积,年量虚广。岂以捐朱从损,允修约心。四时供限,可详减太半。庶裘绨顺典,有偃民华;纂组伤工,无竞尘市。"辛酉,诏曰:"都邑节气未调,疠疫犹众,言念民瘼,情有矜伤。可遣使存问,并给医药;其死亡者,随宜恤赡。"五月庚辰,于华林园听讼。乙酉,以徐州之梁郡还属豫州。丙戌,尚书左仆射褚湛之卒。以抚军长史

刘思考为益州刺史。庚寅，以南下邳并南彭城郡。秋七月甲戌，左光禄大夫、开府仪同三司何尚之薨。八月壬寅，宕昌王遣使献方物。己酉，以晋安王子勋为南兖州刺史。雍州大水，甲寅，遣军部赈给。九月辛未，以冠军将军垣护之为豫州刺史。甲申，上于华林园听讼。丁亥，改封襄阳王子鸾为新安王。冬十月庚寅，遣新除司空沈庆之讨沿江蛮。壬辰，制郡县减禄，并先充公廪。十一月戊辰，改细作署令为左右御府令。丙戌，复置大司农官。十二月乙未，上于华林园听讼。辛巳，车驾幸廷尉寺，凡囚系咸悉原遣。索虏遣使请和。丁未，车驾幸建康县，原放狱囚。倭国遣使献方物。

五年春正月丁卯，以宕昌王梁唐子为河州刺史。二月癸巳，车驾阅武。诏曰："昔人称人道何先，于兵为首，虽淹纪勿用，忘之必危。朕以听览余闲，因时讲事，坐作有仪，进退无爽。军幢以下，普量班锡。顷化弗能孚，而民未知禁，遒役违调，起触刑网。凡诸逃亡，在今昧爽以前，悉皆原赦；已滞囹圄者，释还本役；其逋负在大明三年以前，一赐原停。自此以还，鳏贫疾老，详所申减，伐蛮之家，蠲租税之半。近籍改新制，在所承用，殊谬实多，可普更符下，听以今为始。若先已犯制，亦同荡然。"甲寅，加右光禄大夫羊玄保特进。夏四月癸巳，改封西阳王子尚为豫章王。丙申，加尚书令柳元景左光禄大夫、开府仪同三司。戊戌，诏曰："南徐、兖二州去岁水潦伤年，民多困窭。逋租未入者，可申至秋登。"丙午，雍州刺史海陵王休茂杀司马庾深之，举兵反，义成太守薛继考讨斩之。甲寅，以第九皇子子仁为雍州刺史。五月癸亥，制帝室期亲，朝官非禄官者，月给钱十万。丙辰，车驾幸阅武堂听讼。六月丙午，以护军将军义阳王昶为中军将军。壬子，分广陵置沛郡，省东平郡并广陵。秋七月丙辰，诏曰："雨水狠降，街衢泛溢，可遣使巡行。穷弊之家，赐以薪粟。"丁卯，高丽国遣使献方物。庚午，曲赦雍州。八月戊子，立第九皇子子仁为永嘉王，第十一皇子子真为始安王。以北中郎参军费伯弘为宁州刺史。己丑，诏曰："自灵命初基，圣图重远。参正乐职，感明之应：崇殖礼闱，奋至德之光。声实均和，文以均节，化调其俗，物性其情。故临经式奠，焕乎炳发，道丧世屯，学落年永。狱讼微衰息之术，百姓忘退素之方。今息警夷嶂，恬波河渚，栈山航海，向风慕义，化民成俗，兹时笃矣。来岁可修葺庠序，旌延国胄。"庚寅，制方镇所假白板郡县，年限依台除，食禄三分之一，不给送故。卫将军东海王祎以本号开府仪同三司。九月甲寅朔，日有食之。丁卯，行幸琅邪郡，囚系悉原遣。甲戌，移南豫州治淮南于湖县。丁丑，以冠军将军寻阳王子房为南豫州刺史。闰月戊子，皇太子妃何氏薨。丙申，初立驰道，自阊阖门至于朱雀门，又自承明门至于玄武湖。壬寅，改封历阳王子顼为临海王。冬十月甲寅，以车骑将军、南徐州刺史刘延孙为尚书左仆射，领护军将军，尚书右仆射刘秀之为安北将军、雍州刺史。以冠军将军临海王子顼为广州刺史。乙卯，以东中郎将新安王子鸾为南徐州刺史。十一月壬辰，诏曰："王畿内奉京师，外表众夏，民殷务广，宜思简惠。可遣尚书就加详检，并与守宰平治庶狱。其有疑滞，具以状闻。"丁酉，增置少府丞一人。十二月壬申，以领军将军刘遵考为尚书右仆射。甲戌，制天下民户岁输布四匹。庚辰，以太常王玄谟为平北将军、徐州刺史。

六年春正月己丑，湘州刺史建安王休仁加平南将军。辛卯，车驾亲祠南郊。是日，又宗祀明堂，大赦天下。孝子、顺孙、义夫、悌弟，赐爵一级；慈姑、节妇及孤老、六疾，赐帛五匹，谷十斛。下四方旌赏茂异，其有怀真抱素，志行清白，恬退自守，不交当世，或识通古今，才经军国，奉公廉直，高誉在民，具以名奏。乙未，置五官中郎将、左右中郎将官。二月乙卯，复百官禄。三月庚寅，立第十三皇子子元为邵陵王。壬寅，以倭国王世子兴为安东将军。乙巳，改豫州南梁郡为淮南郡，旧淮南郡并宣城。丁未，辅国将军、征虏长史、广陵太守沈怀文有罪，下狱死。四月庚申，原除南兖州大明三年以前逋租。新作大航门。五月丙戌，置凌室，修藏冰之礼。壬寅，太宰江夏王义恭解领司徒。六月辛酉，尚书左仆射、护军将军刘延孙卒。秋七月庚辰，以荆州刺史朱修之为领军将军，广州刺史临海王子顼为荆州刺史。甲申，地震。戊子，以辅国将军王翼之为广州刺史。辛卯，以西阳太守檀翼之为交州刺史。乙未，立第十九皇子子云为晋陵王。八月癸亥，原除雍州大明四年以前逋租。乙亥，置清台令。九月戊寅，制沙门致敬人主。戊子，以前金紫光禄大夫宗悫为中护军。乙未，尚书右仆射刘遵考为尚书左仆射，丹阳尹王僧朗为尚书右仆射。冬十月丁巳，以山阳王休祐子士弘继鄱阳哀王休业。上林苑内民庶丘墓欲还合葬者，勿禁。十一月己卯，陈留王曹虔秀薨。辛巳，以尚书令柳元景为司空，尚书令如故。

七年春正月癸未，诏曰："春蒐之礼，著自周令；讲事之语，书于鲁史。所以昭宣德度，示民轨则。今岁稔气荣，中外宁晏。当因农隙，葺是旧章。可克日于玄武湖大阅水师，并巡江右，讲武校猎。"丁亥，以尚书右仆射王僧朗为太常，卫将军颜师伯为尚书右仆射。己丑，以尚书令柳元景为骠骑大将军、开府仪同三司。庚寅，以南兖州刺史晋安王子勋为江州刺史。癸巳，割吴郡属南徐州。二月甲寅，车驾巡南豫、南兖二州。丙辰，诏曰："江汉楚望，咸秩周祀，礼九疑于盛唐，祀蓬莱于渤海，皆前载流训，列圣遗式。霍山是曰南岳，实维国镇，韫灵呈瑞，肇光宋道。朕驻跸于野，有事岐阳，瞻睇风云，徘徊以想。可遣使奠祭。"丁巳，车驾校猎于历阳之乌江。己未，车驾登乌江县六合山。庚申，割历阳秦郡置临江郡。壬戌，诏曰："朕受天庆命，十一年于兹矣。凭七庙之灵，获上帝之力，礼横四海，威震八荒。方巡三湘而奠衡岳，次九河而检云、岱。今恢览功成，省风畿表，观民六合，搜校长洲。腾沙飞砾，平岳荡海，鼛晋合序，饶钲协节，献鄐如礼，馈兽倾郊，敬举王公之觞，广纳士民之寿。八风循通，卿云丛聚，尽天馨瑞，举宇竭欢。思散太极之泉，以福无方之外。可大赦天下，行幸所经，无出今岁租布。其逋租余债，勿复收。赐民爵一级，女子百户牛酒。刺守邑宰及民夫从搜者，普加沾赉。"又诏曰："朕弱年操制，出牧司雍，承政宣风，荐历年纪。国步中阻，治戎江甸，难夷情义，实系于怀。今或练搜训旅，涉兹境间，故邑耆旧，在目罕存。年世未远，奸亡太半，抚迹惟事，倾慨兼著。太宗燕故，晋阳洽恩；世祖流仁，济畿畅泽。永言往猷，思广前赉。可蠲历阳郡租输三年。遣使巡慰，问民疾苦，鳏寡、孤老、六疾不能自存者，厚赐粟帛。高年加以羊酒。凡一介之善，随才铨贯；前国名臣及府州佐吏，量所沾锡。人身已往，施及子孙。"壬申，车驾还宫。夏四月甲寅，以领军将军朱修之为特进。丙辰，以尚书湘东王彧为领军将军。甲子，诏曰："自非临车战陈，一不得专杀。其罪甚重辟者，皆如旧先上须报，有司严加听察。犯者以杀人罪论。"五月乙亥，抚军将军、扬州刺史豫章王子尚进号车骑将军，辅国将军始安王子真为广州刺史。丙子，诏曰："自今刺史守宰，动民兴军，皆须手诏施行。唯边隅外警，及奸衅内发，变起仓卒者，不从此例。"六月甲辰，以北中郎司马柳元怙为梁、南秦二州刺史。戊申，芮芮国、高丽国遣使献方物。戊辰，以秦郡太守刘德愿为豫州刺史。七月乙亥，征东大将军高丽王高琏进号车骑大将军、开府仪同三司。秋七月丙申，诏曰："前诏江海田池，与民共利。历岁未久，浸以弛替。名山大川，往往占固。有司严加检纠，申明旧制。"八月丁巳，诏曰："昔匹妇含怨，山焦北鄙；孀妻哀恸，台倾东国。良以诚之所动，在微必著；感之所震，虽厚必酬。朕临察九野，志深待旦，弗能使烂然成章，各如其节。遂令炎精损河，阳偏不施，岁云不稔，咎实朕由。大官供膳，宜从贬撤。近道刑狱，当亲料省。其王畿内及神州所统，可遣尚书与所在共详；畿外诸州，委之刺史。并详省律令，思存利民。其考谪贸袭，在大明七年以前，一切勿治；尤弊之家，开仓赈赐。"乙丑，立第十六皇子子孟为淮南王，第十八皇子产为临贺王。车驾幸建康秣陵县，讯狱囚。九月己卯，诏曰："近炎精亢序，苗稼多伤。今二麦未晚，甘泽频降，可下东境郡，勤课垦殖。尤弊之家，量贷麦种。"戊子，诏曰："昔周王骥迹，实穷四溟；汉帝鸾轸，凤遍五岳。皆所以上对幽灵，下理民土。自天昌替驭，临宫创图，礼代夭郁，世贸兴毁。皇家造宋，日月重光，璇玑得序，五星顺命，而戎车岁动，陈诗寸阙。朕聿含五光，奄一天下，思尽宝戒之规，以塞谋危之路。当沿时省方，观察风俗。外详考旧典，以副侧席之怀。"庚寅，南徐州刺史新安王子鸾兼司徒。乙未，车驾幸廷尉，讯狱囚。丙申，立第十七皇子嗣为东平王。冬十月壬寅，太子冠；赐王公以下帛各有差。戊申，车驾巡南豫州。诏曰："朕巡幸所经，先见百年者，及孤寡老疾，并赐粟帛。狱系刑罪，并亲听讼。其士庶或怨郁危滞，受抑吏司，或隐约洁立，负摈州里，皆听进朕前，面自陈诉。若忠信孝义，力田殖谷，一介之能，一艺之美，悉加旌赏。虽秋泽频降，而夏旱婴弊。可即开行仓，并加赈赐。"癸丑，行幸江宁县，讯狱囚。车骑将军、扬州刺史豫章王子尚加开府仪同三司。癸亥，卫将军、开府仪同三司东海王祎为司空，中军将军义阳王昶加开府仪同三司。丙寅，诏曰："赏庆刑威，奄国彝轨，黜幽升明，辟宇恒宪。故采言聆风，式观侈质，贬爵加地，于是乎在。今类帝宜社，亲巡江甸，因观岳守，躬求民瘼。思弘明试之典，以申考绩之义。行幸所经，莅民之职，功宣于德，即加甄赏；若废务乱民，随愆议罚，主者详察以闻。"己巳，车驾校猎于姑孰。十一月丙子，曲赦南豫州殊死以下。巡幸所经，详减今岁田租。乙酉，诏遣祭晋大司马桓温、征西将军毛璩墓。上于行所讯溧阳、永世、丹阳县囚。癸巳，车驾习水军于梁山，有白爵二集华盖，有司奏改大明七年为神爵元年，诏不许。乙未，原放行狱徒系。东诸郡大狱，壬寅，遣使开仓贷恤，听受杂物当租。十二月丙午，行幸历阳。甲寅，大赦天下。南豫州别署敕系长徒，一切原散。其兵期考袭谪戍，悉停。历阳郡女子百户牛酒；高年孤疾，赐帛十匹，蠲郡租十年。己未，太宰江夏王义恭加尚书令。于博望梁山立双阙。癸亥，车驾至自历阳。

八年春正月甲戌，诏曰："东境去岁不稔，宜广商货。远近贩鬻米粟者，可停道中杂税。其以仗自防，悉勿禁。"癸未，安北将军、雍州刺史刘秀之卒。戊子，以平南将军、湘州刺史建安王休仁为安南将军、江州刺史，晋安王子勋为镇军将军、雍州刺史，徐州刺史新安王子鸾为抚军将军，领司徒、刺史如故，辅国将军江夏王世子伯禽为湘州刺史。二月辛丑，特进朱修之卒。壬寅，诏曰："去岁东境偏旱，田亩失收。使命来者，多至乏绝。或下穷流冗，顿伏街巷，朕甚闵之。可出仓米付建康、秣陵二县，随宜赡恤。若济拯不时，以至捐弃者，严加纠劾。"乙巳，以镇军将军湘东王彧为镇北将军、徐州刺史。平北将军、徐州刺史王玄谟为领军将军。夏闰五月辛丑，以前御史中丞萧惠开为青、冀二州刺史。壬寅，太宰江夏王义恭领太尉。特进、右光禄大夫羊玄保卒。庚申，帝崩于玉烛殿，时年三十五。秋七月丙午，葬丹阳秣陵县岩山景宁陵。

史臣曰：役己以利天下，尧、舜之心也；利己以及万物，中主之志也；尽民命以自养，桀、纣之行也。观大明之世，其将尽民命乎！虽有周公之才之美，犹终之以乱，何益哉！

卷七　　　　　本纪第七

前　废　帝

前废帝讳子业，小字法师，孝武帝长子也。元嘉二十六年正月甲申生。世祖镇寻阳，子业留京邑。三十年，世祖入伐元凶，被囚侍中下省，将见害者数矣，卒得无恙。世祖践阼，立为皇太子。始未之东宫，中庶子、二率并入直永福省。大明二年，出居东宫。四年，讲《孝经》于崇正殿。七年，加元服。八年闰五月庚申，世祖崩，其日，太子即皇帝位。大赦天下。太宰江夏王义恭解尚书令，加中书监，骠骑大将军柳元景加尚书令。甲子，置录尚书，太宰江夏王义恭录尚书事。骠骑大将军柳元景加开府仪同三司。丹阳尹永嘉王子仁为南豫州刺史。

六月辛未，诏曰："朕以眇身，夙绍洪业，敬御天威，钦对灵命。仰遵凝绪，日鉴前图，实可以拱默守成，诒风长世。而宝位告始，万宇改属，惟德弗明，昧于大道。思宜睿范，引兹简恤，可具询执事，详访民隐。凡曲令密文，繁而伤治，关市儳税，事施一时，而奸吏舞文，妄以威福，加以气纬奸玄，偏颇滋甚。宜其宽徭轻宪，以救民切。御府诸署，事不须广，雕文篆刻，无施于今。悉宜并省，以酬氓愿。藩王贸货，壹皆禁断。外便具条以闻。"戊寅，以豫州之淮南郡复为南梁郡，复分宣城还置淮南郡。庚辰，以南海太守袁昙远为广州刺史。秋七月己亥，镇军将军、雍州刺史晋安王子勋改为江州刺史，中护军宗悫为安西将军、雍州刺史，镇北将军、徐州刺史湘东王彧为护军将军，中军将军义阳王昶为征北将军、徐州刺史。庚戌，婆皇国遣使献方物。崇宪太后曰太皇太后，皇后曰皇太后。乙卯，罢南北二驰道。孝建以来所改制度，还依元嘉。丙辰，追崇献妃为皇后。乙丑，抚军将军、南徐州刺史新安王子鸾解领司徒。八月丁卯，领军将军王玄谟为镇北将军、南徐州刺史。新安王子鸾为青、冀二州刺史。己未，以青、冀二州刺史萧惠开为益州刺史。己丑，皇太后崩。京师雨水。庚子，遣御史与官长随宣赈恤。九月辛丑，护军将军湘东王彧为领军将军。癸卯，以尚书左仆射刘遵考为特进、右光禄大夫。乙卯，文穆皇后祔葬景宁陵。冬十月甲戌，太常建安王休仁为护军将军。戊寅，辅国将军宋越为司州刺史。庚辰，原除扬、南徐州大明七年逋租。十二月乙酉，以尚书右仆射颜师伯为尚书左仆射。壬辰，以王畿诸郡为扬州，以扬州为东扬州。癸巳，以车骑将军、扬州刺史豫章王子尚为司徒、扬州刺史。去岁及是岁，东诸郡大旱，甚者米一升数百，京邑亦至百余，饿死者十有六七。孝建以来，又立钱署铸钱，百姓因此盗铸，钱转伪小，商货不行。

永光元年春正月乙未朔，改元，大赦天下。乙巳，省诸州台传。戊午，以领军将军湘东王彧为卫将军、南豫州刺史，护军将军建安王休仁为领军将军，秘书监山阳王休祐为豫州刺史，左卫将军桂阳王休范为中护军，南豫州刺史寻阳王子房为东扬州刺史。二月丁丑，减州郡县田租之半。庚寅，铸二铢钱。三月甲辰，罢临江郡。五月己亥，割鄢州随郡属雍州。丙午，以后军司马张牧为交州刺史。六月己巳，左军长史刘道隆为梁、南秦二州刺史。乙亥，安西将军、雍州刺史宗悫卒。壬午，卫将军、南豫州刺史湘东王彧改为雍州刺史。尚书令、骠骑大将军柳元景加领南豫州刺史。秋八月辛酉，越骑校尉戴法兴有罪，赐死。庚午，以尚书左仆射颜师伯为尚书仆射，吏部尚书王景文为尚书右仆射。癸酉，帝自率宿卫兵，诛太宰江夏王义恭、尚书令、骠骑大将军柳元景、尚书仆射颜师伯、廷尉刘德愿。改元为景和元年，文武赐位二等。以领军将军建安王休仁为安西将军、雍州刺史，卫将军湘东王彧还为南豫州刺史。甲戌，司徒、扬州刺史豫章王子尚领尚书令，射声校尉沈文秀为青州刺史，左军司马崔道固为冀州刺史。乙亥，诏曰："昔凝神伫逸，磻溪赞道，湛虑思才，傅岩毗

化。朕位御三极，风澄万宇，资铁电断，正卯斯戮。思所以仰宣遗烈，俯弘景祚，每结梦庖鼎，瞻言板筑，有劬日昃，无忘昧旦。可甄访郡国，招聘闾部：其有孝性忠节，幽居遁栖，信诚义行，廉正表俗，文敏博识，干事治民，务加旌举，随才引擢。庶官克顺，彝伦咸叙。主者精加详括，称朕意焉。"以始兴公沈庆之为太尉，镇北将军、青冀二州刺史王玄谟为领军将军。庚辰，以石头城为长乐宫，东府城为未央宫。罢东扬州并扬州。甲申，以北邸为建章宫，南第为长杨宫。以冠军将军邵陵王子元为湘州刺史。丙戌，原除吴、吴兴、义兴、晋陵、琅邪五郡大明八年以前逋租。己丑，复立南北二驰道。九月癸巳，车驾幸湖熟，奏鼓吹。戊戌，车驾还宫。庚子，以南兖州刺史永嘉王子仁为南徐州刺史，丹阳尹始安王子真为南兖州刺史。辛丑，抚军将军、南徐州刺史新安王子鸾免为庶人，赐死。丙午，以兖州刺史薛安都为平北将军、徐州刺史。丁未，卫将军湘东王彧加开府仪同三司，特进、右光禄大夫刘遵考为安西将军、南豫州刺史，宁朔将军殷孝祖为兖州刺史。戊申，以前梁、南秦二州刺史柳元怙复为梁、南秦二州刺史。己酉，车驾讨征北将军、徐州刺史义阳王昶，内外戒严。昶奔于索虏。辛亥，右将军、豫州刺史山阳王休祐进号镇西大将军。甲寅，以安西长史袁颉为雍州刺史。戊午，以左民尚书刘思考为益州刺史。是日解严，车驾幸瓜步。开百姓铸钱。冬十月癸亥，曲赦徐州。丙寅，车驾还宫。以建安休仁为护军将军。己卯，东阳太守王藻下狱死。以宫人谢贵嫔为夫人，加虎贲斑戟，鸾辂龙旂，出警入跸，实新蔡公主也。乙酉，以镇北大将军、豫州刺史山阳王休祐为镇军大将军、开府仪同三司。十一月壬辰，宁朔将军何迈下狱死。新除太尉沈庆之薨。壬寅，立皇后路氏，四厢奏乐。赦扬、南徐二州。护军将军建王休仁加特进、左光禄大夫。中护军桂阳王休范迁职。丁未，皇子生，少府刘胜之子也。大赦天下，赃污淫盗，悉皆原除。赐为父后者爵一级。壬子，以特进、左光禄大夫、护军将军建安王休仁为骠骑大将军、开府仪同三司。戊午，南平王敬猷、庐陵王敬先、安南侯敬渊并赐死。

时帝凶悖日甚，诛杀相继，内外百司，不保首领。先是讹言云："湘中出天子。"帝将南巡荆、湘二州以厌之。先欲诛诸叔，然后发引。太宗与左右阮佃夫、王道隆、李道儿密结帝左右寿寂之、姜产之等十一人，谋共废帝。戊午夜，帝于华林园竹堂射鬼。时巫觋云："此堂有鬼。"故帝自射之。寿寂之怀刀直入，姜产之为副。帝欲走，寂之追而殒之，时年十七。太皇太后令曰：

> 司徒领护军八座：子业虽曰嫡长，少禀凶毒，不仁不孝，着自髫龀。孝武弃世，属当辰历。自梓宫在殡，喜容靦然，天罚重离，欢恣滋甚。逼以内外维持，忍虐未露，而凶惨难抑，一旦肆祸，遂纵戮上宰，殄害辅臣。子鸾兄弟，先帝钟爱，含怨既往，枉加屠酷。昶茂亲作捍，横相征讨。新蔡公主逼离夫族，幽置深宫，诡云薨殒。襄事甫尔，丧礼顿释，昏酣长夜，庶事倾遗。朝贤旧勋，弃若遗土。管弦不辍，珍羞备膳。罾罾祖考，以为戏谑。行游莫止，淫纵无度。肆

宴园陵，规图发掘。诛剪无辜，籍略妇女。建树伪竖，莫知谁息。拜嫔立后，庆过恒典。宗室密戚，遇若婢仆，鞭捶陵曳，无复尊卑。南平一门，特钟其酷。反天灭理，显暴万端。苛罚酷令，终无纪极，夏桀、殷辛，未足以譬。阖朝业业，人不自保；百姓遑遑，手足靡厝。行秽禽兽，罪盈三千。高祖之业将泯，七庙之享几绝。吾老疾沉笃，每规祸鸩，忧煎漏刻，气命无几。开辟以降，所未尝闻。远近思奋，十室而九。

卫将军湘东王体自太祖，天纵英圣，文皇钟爱，宠冠列藩。吾早识神睿，特兼常礼。潜运宏规，义士投袂，独夫既殒，悬石白旗，社稷再兴，宗祐永固，人鬼属心，大命允集。且勋德高邈，大业攸归，宜遵汉、晋，纂承皇极。主者详旧典以时奉行。

未亡人余年不幸婴此百艰，永寻情事，虽存若殒。当复奈何！当复奈何！

葬废帝丹阳秣陵县南郊坛西。帝幼而狷急，在东宫每为世祖所责。世祖西巡，子业启参承起居，书迹不谨，上诘让之。子业启事陈谢，上又答曰："书不长进，此是一条耳。闻汝素都懈怠，狷戾日甚，何以顽固乃尔邪！"初践阼，受玺绂，悖然无哀容。始犹难诸大臣及戴法兴等，既杀法兴，诸大臣莫不震慑。于是又诛群公，元凯以下，皆被殴捶牵曳。内外危惧，殿省骚然。初太后疾笃，遣呼帝。帝曰："病人间多鬼，可畏，那可往。"太后怒，语侍者："将刀来，破我腹，那得生如此宁馨儿！"及太后崩后数日，帝梦太后谓之曰："汝不孝不仁，本无人君之相。子尚愚悖如此，亦非运祚所及。孝武险虐灭道，怨结人神，儿子虽多，并无天命。大运所归，应还文帝之子。"其后湘东王绍位，果文帝子也。故帝聚诸叔京邑，虑在外为患。山阴公主淫恣过度，谓帝曰："妾与陛下，虽男女有殊，俱托体先帝。陛下六宫万数，而妾唯驸马一人。事不均平，一何至此！"帝乃为主置面首左右三十人；进爵会稽郡长公主，秩同郡王侯，汤沐邑二千户，给鼓吹一部，加班剑二十人。帝每出，与朝臣常共陪辇。主以吏部郎褚渊貌美，就帝请以自侍，帝许之。渊侍主十日，备见逼迫，誓死不回，遂得免。帝所幸阉人华愿儿，官至散骑常侍，加将军带郡。帝少好讲书，颇识古事，自造《世祖诔》及杂篇章，往往有辞采。以魏武帝有发丘中郎将、摸金校尉，乃置此二官。以建安王休祐领之。其余事迹，分见诸传。

史臣曰：废帝之事行著于篇。若夫武王数殷纣之衅，不能挂其万一；霍光书昌邑之过，未足举其毫厘。假以中才之君，有一于此，足以覆社残宗，污宫潴庙，况总斯恶以萃一人之体乎！其得亡，亦为幸矣。

卷八　　本纪第八

明　帝

太宗明皇帝讳彧，字休炳，小字荣期，文帝第十一子也。元嘉十六年十月戊寅生。二十五年，封淮阳王，食邑二千户。二十九年，改封湘东王。元凶弑立，以为骁骑将军，加给事中。世祖践阼，为秘书监，迁冠军将军、南兰陵下邳二郡太守，领石头戍事。孝建元年，徙为南彭城、东海二郡太守，将军如故，镇京口。其年，征为中护军。二年，迁侍中，领游击将军。三年，徙卫尉，侍中如故。又为左卫将军，卫尉如故。大明元年，转中护军，卫尉如故。三年，为都官尚书，领游击将军，卫尉如故。七年，迁领军将军。八年，出为使持节、都督徐兖二州豫州之梁郡诸军事、镇北将军、徐州刺史，给鼓吹一部。其年，征为侍中、护军将军。未拜，复为领军将军，侍中如故。

永光元年，又出为使持节、散骑常侍、都督南豫豫司江四州扬州之宣城诸军事、卫将军、南豫州刺史，镇姑孰。又徙为都督雍梁南北秦四州郢州之竟陵诸军事、宁蛮校尉、雍州刺史，持节、常侍、将军如故。未拜，复本位。寻以本号开府仪同三司。

废帝景和末，上人朝，被留停都。废帝诛害宰辅，杀戮大臣，恒虑有图之者，疑畏诸父，并拘之殿内，遇上无礼，事在《文诸王传》。遂收上付廷尉，一宿被原。将加祸害者，前后非一。既而害上意定，明旦便应就祸。上先已与腹心阮佃夫、李道儿等密共合谋。于时废帝左右常虑祸及，人人有异志。唯有直阁将军宋越、谭金、童太一等数人为其腹心，并虓虎有干力，在殿省久，众并畏服之，故莫敢动。是夕，越等并外宿。佃夫、道儿因结寿寂之等殒废帝于后堂，十一月二十九日夜也。事定，上未知所为。建安王休仁便称臣奉引升西堂，登御坐，召见诸大臣。于时事起仓卒，上失履，跣至西堂，犹著乌帽。坐定，休仁呼主衣以白帽代之，令备羽仪。虽未即位，凡众事悉称令书施行。己未，司徒扬州刺史豫章王子尚、山阴公主并赐死。宗越、谭金、童太一谋反伏诛。十二月庚申朔，令书以司空东海王祎为中书监、太尉，镇军将军、江州刺史晋安王子勋进号车骑将军、开府仪同三司。癸亥，以新除骠骑大将军建安王休仁为司徒、尚书令、扬州刺史，镇军将军、开府仪同三司山阳王休祐进号骠骑大将军、荆州刺史。崇宪卫尉桂阳王休范为镇北将军、南徐州刺史。乙丑，改封安陆王子绥为江夏王。

泰始元年冬十二月丙寅，上即皇帝位。诏曰：

高祖武皇帝德洞四瀛，化绵九服。太祖文皇帝以大明定基；世祖孝武皇帝以下武宁乱。日月所照，梯山航海；风雨所均，削衽袭带。所以业固盛汉，声溢隆周。子业凶嚚自天，忍悖成性，人面兽心，见于龆日，反道败德，著自比年。其狎侮五常，悉弃三正，矫诬上天，毒流下国，实开辟所未有，书契所未闻。再罹遏密，而无一日之哀；齐斩在躬，方深北里之乐。虎咒难匿，凭河必彰，遂诛灭上宰，穷崄逆之酷，虐害国辅，究拏戮之刑。子鸾同生，以昔憾珍殪，敬猷兄弟，以睚眦奸夷。征逼义阳，将加屠脍。陵辱戚藩，横楚妃主。夺立左右，窃子置储，肆酗于朝，宣淫于国。事秽东陵，行污飞走。积崄罔极，日月滋深。比遂图犯玄宫，志窥题凑，将肆枭、獍之祸，骋商、顿之心。又欲鸩毒崇宪，虐加诸父，事均宫闱，声遍国都。鸱枭小竖，莫不宠昵，朝廷忠诚，必加戮挫。收掩之旨，虓虎相辙；掠夺之使，白刃相望。百僚危气，首领无有全地；万姓崩心，妻子不复相保。所以鬼哭山鸣，星钩血降，神器殆于驭索，景祚危于缀旒。

朕假寐凝忧，泣血待旦，虑大宋之基，于焉而泯，武、文之业，将坠于渊。赖七庙之灵，藉八百之庆，巨猾斯殄，鸿涂时寨。皇纲绝而复纽，天纬缺而更张。狼以寡薄，属承乾统，上缉三光之重，俯顾庶民之艰。业业矜矜，若履冰谷，思与亿兆，同此维新。可大赦天下，改景和元年为泰始元年。赐民爵二级。鳏寡孤独不能自存者，人谷五斛。逋租宿债勿复收。犯乡论清议，赃污淫盗，并悉洗除。长徒之身，特赐原遣。亡官失爵，禁锢旧劳，一依旧典。其昏制谬封，并皆刊削。

己巳，以安西将军、南豫州刺史刘遵考为特进、右光禄大夫，辅国将军、历阳南谯二郡太守建平王景素为南豫州刺史。庚午，以荆州刺史临海王子顼为镇军将军，南徐州刺史永嘉王子仁为中军将军，左卫将军刘道隆为中护军。辛未，改封临贺王子产为南平王，晋熙王子舆为庐陵王。壬申，以尚书左仆射王景文为尚书仆射。新除中护军刘道隆卒。壬午，诏曰："朕戡乱宁民，属膺景祚。鸿制初造，革道惟新。而国故频罹，仁泽偏壅。每鉴瘝疢心，罔识攸济。巡方问俗，弘政所先，可分遣大使，广求民瘼，考守宰之良，采衡间之善。若狱犴淹枉，伤民害教者，具以事闻；鳏寡孤独，癃残六疾，不能自存者，郡县优量赈给；贞妇孝子，高行力田，许悉条奏。务询舆诵，广纳嘉谋，每尽皇华之旨，俾若朕亲览焉。"乙亥，追尊所生沈婕妤曰宣皇太后。后军将军垣闳为司州刺史，前右将军长史殷琰为豫州刺史。丙子，诏曰："皇室多故，縻费滋广，且久岁不登，公私歉弊。方割意从俭，弘济时艰，政道未孚，慨愧兼积。大官供膳，可详所减撤，尚方御府雕文篆刻无益之物，一皆蠲省，务存简约，以称朕心。"戊寅，崇太后为崇宪皇太后，立皇后王氏。镇军将军、江州刺史晋安王子勋举兵反，镇军长史邓琬为其谋主，雍州刺史袁顗率众赴之。辛巳，骠骑大将军、前荆州刺史山阳王休祐改为江州刺史，荆州刺史临海王子顼即留本任。加领军将军王玄谟镇军将军。壬午，车驾谒太庙。甲申，后将军、郢州刺史安陆王子绥进号征南将军，右将军、会稽太守寻阳王子房进号安东将军，前将军、荆州刺史临海王子顼进号平西将军。子绥、子房、子顼并不受命，举兵同逆。戊子，新除中军将军永嘉王子仁为护军将军。

二年春正月己丑朔，以军事不朝会。庚寅，以金紫光禄大夫王僧朗为左光禄大夫、开府仪同三司。壬辰，骠骑大将军、江州刺史山阳王休祐改为南豫州刺史；镇历阳。镇军将军、领军将军王玄谟为车骑将军、江州刺史，平北将军、徐州刺史薛安都进号安北将军。安都亦不受命。癸巳，以左卫将军巴陵王休若为镇东将军；新除安东将军寻阳王子房为抚军将军，司徒左长史袁愍孙为领军将军。甲午，中外戒严。司徒建安王休仁都督征讨诸军事，统众军南讨。以青州刺史刘袛为南兖州刺史。丙申，以征房司马申令孙为徐州刺史，义阳内史庞孟虬为司州刺史。令孙、孟虬及豫州刺史殷琰、青州刺史沈文秀、冀州刺史崔道固、湘州行事何慧文、广州刺史袁昙远、益州刺史萧惠开、梁州刺史柳元怙并同叛逆。兖州刺史殷孝祖入卫京都，仍遣孝祖前锋南伐。甲辰，加孝祖抚军将军。丙午，车驾亲御六师，出顿中兴堂。辛亥，骠骑大将军、南豫州刺史山阳王休祐改为豫州刺史，统众军西讨。吴郡太守顾琛、吴兴太守王昙生、义兴太守刘延熙、晋陵太守袁摽、山阳太守程天祚并举兵反。镇东将军巴陵王休若统众军东讨。壬子，崇宪皇太后崩。是日，军主任农夫、刘怀珍平定兴。永世县民史逸宗据县为逆，殿中将军陆攸之讨平之。丙辰，以新除左光禄大夫、开府仪同三司王僧朗为特进，左光禄大夫如故。二月乙丑，僧朗卒。尚书仆射王文景父忧去职。曲赦吴、吴兴、义兴、晋陵四郡。吏部尚书蔡兴宗为尚书左仆射，吴兴太守张永、右军将军齐王东讨，平晋陵。癸未，曲赦浙江东五郡。丁亥，镇东将军巴陵王休若进号卫将军。建武将军吴喜公率诸军破贼于吴、吴兴、会稽，平定三郡，同逆皆伏诛。辅国将军齐王前锋北讨，辅国将军刘缅前锋南讨。贼刘胡领众四万据赭圻。三月庚寅，抚军将军沈攸之代为南讨前锋。贼众稍盛，袁顗顿鹊尾，联营迄至浓湖，众十余万。壬辰，以新除太子詹事张永为青、冀二州刺史。丙申，镇北将军、南徐州刺史桂阳王休范总统北讨诸军事。丁酉，以尚书刘思考为徐州刺史。戊戌，贬寻阳王子房爵为松滋县侯。乙巳，以奉朝请郑黑为司州刺史。辛亥，镇北将军、南徐州刺史桂阳王休范领南兖州刺史。壬子，断新钱，专用古钱。癸丑，原赦扬、南徐二州囚系，凡逋亡一无所问。夏四月壬午，以散骑侍郎明僧暠为青州刺史。五月壬辰，以辅国将军沈攸之为雍州刺史。丁酉，曲赦豫州。丁未，新除尚书仆射王景文为中军将军，以青、冀二州刺史张永为镇军将军。庚戌，以宁朔将军刘乘民为冀州刺史。甲寅，葬崇宪皇太后于攸宁陵。冠军将军、益州刺史萧惠开进号平西将军。六月辛酉，镇军将军张永领徐州刺史。京师雨水，丁卯，遣殿中将军检行赐恤。以左军将军垣恭祖为梁、南秦二州刺史。秋七月己丑，镇军将军、南徐兖二州刺史桂阳王休范进号征北大将军。辛卯，镇军将军、徐州刺史张永改为南兖州刺史。丁酉，以仇池太守杨僧嗣为北秦州刺史、武都王。壬寅，以男子时朗之为北豫州刺史。乙巳，龙骧将军刘道符平山阳。辛亥，又以义军主郑叔举为北豫州刺史，镇军将军、南兖州刺史张永复领徐州刺史。甲寅，复以冀州刺史崔道固为徐州刺史。八月己卯,司徒建安王休仁率众军大破贼,斩伪尚书仆射袁颛,进讨江、郢、荆、雍、湘五州,平定之。晋安王子勋、安陆王子绥、临海王子顼、邵陵王子元并赐死;同党皆伏诛。诸将军帅封赏各有差。甲申,以护军将军、永嘉王子仁为平南将军、湘州刺史。九月乙酉,曲赦江、郢、荆、雍、湘五州;守宰不得离职。壬辰,骠骑大将军、豫州刺史山阳王休祐改为荆州刺史。分豫州立南豫州。癸巳,六军解严。大赦天下,赐民爵一级。甲午,以中军将军王景文为安南将军、江州刺史。戊戌,以车骑将军、江州刺史王玄谟为左光禄大夫、开府仪同三司、护军将军。庚子,以建安王休仁世子伯融为豫州刺史。辛丑,卫将军巴陵王休若即本号为雍州刺史。雍州刺史沈攸之为郢州刺史。庚戌,以太子左卫率建平王景素为南兖州刺史。十月乙卯,永嘉王子仁、始安王子真、淮南王子孟、南平王子产、庐陵王子舆、松滋侯子房并赐死。丁卯,以郢州刺史沈攸之为中领军,与张永俱北讨。庚午,以吴郡太守顾觊之为湘州刺史。戊寅,立皇子昱为皇太子。曲赦扬、南徐二州。以辅国将军刘勔为广州刺史,左军将军张世之为豫州刺史。十一月甲申,以安成太守刘袭为郢州刺史。壬辰,诏曰:"治崇简易,化疾繁侈,远关隆替,明著轨迹者也。朕拯斯坠运,属此屯极,仍之以凋耗,因之以师旅,而识昧前王,务艰昔代。俾夫旧赋既繁,为费弥广,鉴寐万务,每思弘革。方欲缓徭优调,爱民为先,有司详加宽惠,更立科品。其方物职贡,各顺土宜,出献纳贡,敬依时令。凡诸蛊俗妨民之事,趣末违本之业,雕绘靡丽,奇器异技,并严加裁断,务归要实。左右尚方御府诸署,供御制造,咸存俭约。庶淳风至教,微遵太古,阜财兴让,少敦季俗。"又诏曰:"夫秉机询政,立教之攸本;举贤聘逸,弘化之所基。故负鼎建策,殷代以康;释钓作辅,周祚斯乂。朕甫承大业,训道未敷,虽侧席忠规,仁梦岩筑,而良图莫荐,奇士弗闻,永鉴通古,无忘宵寐。今藩隅克晏,敷化维始,屡怀存治,实望箴阙。王公卿尹,群僚庶官,其有嘉谋直献,匡俗济时,咸切事陈奏,无或依隐。若乃林泽贞栖,丘园耿洁,博洽古今,敦崇孝让,四方在任,可明书搜扬,具即以闻,随就褒立。"以建平王景素子延年为新安王。以新除左光禄大夫、开府仪同三司王玄谟为车骑将军、南豫州刺史。丙申,制使东土经荒流散,并各还本,蠲众调二年。十二月己未,以尚书金部郎刘善明为冀州刺史。乙丑,诏曰:"近众藩称乱,多染鲜科。或诚系本朝,事缘逼迫,混同证锢,良以怅然。夫天道尚仁,德刑并用,雷霆时至,云雨必解。朕春言静念,思弘风泽,凡应禁削,皆从原荡。其文武堪能,随才铨用。"辛未,以新除广州刺史刘勔为益州刺史,前巴西、梓潼二郡太守费混为广州刺史。刘勔克寿阳,豫州平。辛巳,以辅国将军刘灵遗为梁、南秦二州刺史。薛安都要引索虏,张永、沈攸之大败,于是遂失淮北四州及豫州淮西地。

三年春正月庚子,以农役兴,太官停宰牛。癸卯,曲赦豫、南豫二州。卫将军巴陵王休若降号镇西将军。闰月庚午,京师大雨雪,遣使巡行,赈赐各有差。戊寅,以游击将军垣阆为益州刺史。二月甲申,以御史中丞羊南为广州刺史。是日,车驾为战亡将士举哀。己丑,以镇西司马刘亮为梁、南秦二州刺史。索虏寇汝阴,太守张景远击破之。丙申,曲赦青、冀二州。三月丙子,以尚书左仆射蔡兴宗为安西将军、郢州刺史。戊寅,以冠军将军王玄载为徐州刺史,宁朔将军崔平为兖州刺史。夏四月癸巳,以前司州刺史郑黑为司州刺史。乙未,冠军将军、北秦州刺史杨僧嗣进号征西将军。庚子,立桂阳王休范第二子德嗣为庐陵王,立侍中刘韫第二子铣为南丰王。丙午,安西将军蔡兴宗降号平西将军。五月丙辰,宣太后崇宁陵禁内坟屋瘗迁徙者,给葬直,蠲复家丁。戊午,以车骑将军、南豫州刺史王玄谟为左光禄大夫、开府仪同三司。辛酉,罢南豫州并豫州。壬戌,以太子詹事袁粲为尚书仆射。六月乙酉,以侍中刘韫为湘州刺史。秋七月壬子,以左光禄大夫、开府仪同三司王玄谟为特进、左光禄大夫、护军将军。薛安都子伯令略据雍州四郡,刺史巴陵王休若讨斩之。八月丁酉,诏曰:"古者衡虞置制,蠖蚳不收;川泽产育,登器进御。所以繁阜民财,养遂生德。顷商贩逐末,竞早争新。折未实之果,收豪家之利,笼非膳之翼,为戏童之资。岂所以还风尚本,捐华务实。宜修道布仁,以革斯蠹。自今鳞介羽毛,肴核众品,非时月可采,器味所须,一皆禁断,严为科制。"壬寅,以中领军沈攸之行南兖州刺史,率众北讨。癸卯,诏曰:"法网之用,期世而行,宽惠之道,因时而布。况朕尚德戡乱,依仁驭俗,宜每就弘简,以隆至治。而频罹兵革,徭赋未休,军民巧伪,兴事甚多。蹈刑入宪,谅非一科。至乃假名戎伍,窃爵私庭,因战散亡,托惧逃役。且往诸沦逼,虽经累宥,逋窜之党,犹为实繁。宵言永怀,良兼矜疚。思所以重播为泽,覃被区宇。可大赦天下。"加新除左光禄大夫王玄谟车骑将军。丙午,遣吏部尚书褚渊慰劳缘淮将帅,随宜量赐。戊申,以新除右卫将军刘勔为豫州刺史。九月癸丑,镇西将军、雍州刺史巴陵王休若进号卫将军,平西将军、郢州刺史蔡兴宗进号安西将军。乙卯,以越骑校尉周宁民为兖州刺史。戊午,以皇后六宫以下杂衣千领,金钗千枚,班赐北征将士。庚申,前将军兼冀州刺史崔道固进号平北将军。甲子,曲赦徐、兖、青、冀四州。冬十月壬午,改封新安王延年为始平王。戊子,芮芮国遣使献方物。辛丑,复郡县公田。镇西大将军、西秦河二州刺史吐谷浑拾寅进号征西大将军。十一月,立建安王休仁第二子伯猷为江夏王,改封义阳王昶为晋熙王。乙卯,分徐州置东徐州,以辅国将军张谠为刺史。高丽国、百济国遣使献方物。十二月庚辰,以宁朔将军刘休宾为兖州刺史。

四年春正月己未,车驾亲祠南郊,大赦天下。庚午,卫将军巴陵王休若降号左将军。乙亥,零陵王司马勔薨。二月辛丑,以前龙骧将军常珍奇为平北将军、司州刺史,珍奇子超越为北冀州刺史。乙巳,右光禄大夫、车骑将军、护军将军王玄谟薨。三月乙未,以游击将军刘怀珍为东徐州刺史。戊辰,以军司马刘灵遗为梁、南秦二州刺史,南谯太守孙奉伯为交州刺史。交州人李长仁据州叛,妖贼攻广州,杀刺史羊南,龙骧将军陈伯绍讨平之。夏四月己卯,复减郡县田租之半。东海王祎改封庐江王,山阳王休祐改封晋平王，改晋安郡为晋平郡。辛丑，芮芮国及河南王并遣使献方物。甲辰，以豫章太守张辩为广州刺史。五月乙未，曲赦广州。癸亥，以行雍州刺史巴陵王休若行湘州刺史。会稽太守张永为雍州刺史，湘州刺史刘韫为南兖州刺史。秋七月乙巳朔，以吴郡太守王琨为中领军。丙辰，始平王延年薨。己未，以侍中刘袭为中护军。庚申，以骁骑将军齐王为南兖州刺史。八月戊子，以南康相刘勃为交州刺史。辛卯，分青州置东青州，以辅国将军沈文靖为东青州刺史。丁酉，安南将军、江州刺史王景文进号镇南将军。九月丙辰，以骠骑长史张悦为雍州刺史。戊辰，诏曰："夫愆有小大，宪随宽猛，故五刑殊用，三典异施。而降辟次网，便暨钳挞，求之法科，差品滋远。朕务存钦恤，每有矜贷。寻劫制科罪，轻重同之大辟，即事原情，未为详衷。自今凡窃执官仗，拒战逻司，或攻剽亭寺，及害吏民者，凡此诸条，悉依旧制。五人以下相逼夺者，可特赐黥刖，投界四远，仍用代杀，方古为优，全命长户，施同造物。庶简惠之化，有孚葬萌，好生之德，无漏幽品。"庚午，曲赦扬、南徐、兖、豫四州。冬十月癸酉朔，日有蚀之。发诸州兵北讨。南康、建安、安成、宣城四郡，昔不同南逆，并不在征发之例。甲戌，割扬州之义兴郡属南徐州。

五年春正月癸亥，车驾躬耕藉田。大赦天下，赐力田爵一级。二月丙申，分豫章、扬州为南豫州。以太尉庐江王祎为车骑将军、开府仪同三司、南豫州刺史。三月乙卯，于南豫州立南义阳郡。丙寅，车驾幸中堂听讼。己巳，河南王遣使献方物。夏四月辛未，割雍州随郡属郢州。乙酉，割豫州义阳郡属郢州，郢州西阳郡属豫州。戊子，以宁朔将军崔公烈为兖州刺史。戊戌，新除给事黄门侍郎杜幼文为梁、南秦二州刺史。六月辛未，晋平王休祐子宣曜为南平王。壬申，以安西将军、郢州刺史蔡兴宗为镇东将军。癸酉，以左卫将军沈攸之为郢州刺史。以军兴已来，百官断俸，并给生食。丁丑，车骑将军、南豫州刺史庐江王祎免官爵。戊寅，以左将军、行湘州刺史巴陵王休若为征南将军、湘州刺史。壬午，罢南豫州。丙戌，以新除给事黄门侍郎刘亮为益州刺史。秋七月己酉，以辅国将军王亮为徐州刺史，东莞太守陈伯绍为交州刺史。甲寅，以山阳太守李灵谦为兖州刺史。壬戌，改辅国将军为辅师将军。八月己丑，以右将军行豫州刺史刘勔为平西将军、豫州刺史。壬辰，以海陵太守刘崇智为冀州刺史。九月甲寅，立长沙王纂子延之为始平王。戊午，中领军王琨迁职。己未，诏曰："大箕、颍之操，振古所贵，冲素之风，哲王攸重。朕属横流之会，接难晦之辰，戋暴剪乱，日不暇给。今虽关、陇犹鬲，区县澄氛，偃武修文，于是乎在。思崇廉耻，用静驰薄，固已物色载怀，寝兴伫叹。其有贞栖隐约，自事衡樊，凿坏遗荣，负钓辞聘，志恬江海，行高尘俗者，在所精加搜括，时以名闻。将贲园矜德，茂昭厥礼。群司各举所知，以时授爵。"乙丑，以新除平西将军、豫州刺史刘勔为中领军。冬十月丁卯朔，日有蚀之。十一月丁未，索房遣使献方物。闰月戊子，骠骑大将军、荆州刺史晋平王休祐以本号为南徐州刺史，征南将军、湘州刺史巴陵王

休若为征西将军、荆州刺史，辅师将军孟阳为兖州刺史，义阳太守吕安国为司州刺史。十二月戊戌，司徒建安王休仁解扬州刺史。己未，以征北大将军、南徐州刺史桂阳王休范为中书监、中军将军、扬州刺史，吴兴太守建平王景素为湘州刺史，辅师将军建安王世子融为广州刺史。庚申，分荆、益州五郡置三巴校尉。

六年春正月乙亥，初制间二年一祭南郊，间一年一祭明堂。二月壬寅，司徒建安王休仁为太尉，领司徒。癸丑，皇太子纳妃。甲寅，大赦天下，巧注从军，不在赦例。班赐各有差。三月乙亥，中护军刘袭卒。丁丑，以太子詹事张永为护军将军。夏四月癸亥，立第六皇子燮为晋熙王。五月丁丑，以前军将军陈胤宗为徐州刺史。丁亥，以冠军将军吐谷浑拾虔为平西将军。戊子，奉朝请孔玉为宁州刺史。六月己亥，以第五皇子智井继东平冲王休倩。庚子，以侍中刘韫为抚军将军、雍州刺史，前将军、郢州刺史沈攸之进号镇军将军，扬州刺史桂阳王休范为征南大将军、江州刺史。癸卯，以镇南将军、江州刺史王景文为尚书左仆射、扬州刺史，尚书仆射袁粲为尚书右仆射。己未，改临贺郡为临庆郡，追改东平王休倩为临庆冲王。七月丙戌，第五皇子智井薨。乙丑，中领军刘勔加平北将军。戊寅，立总明观，征学士以充之。置东观祭酒。癸未，以第八皇子智涣继临庆冲王休倩。冬十月辛卯，立第九皇子赞为武陵王。乙巳，以前右军马诜为北雍州刺史。乙酉，车驾幸东堂听讼。十一月己巳，高丽国遣使献方物。十二月癸巳，以边难未息，制父母陷贼域，悉使婚宦。戊戌，以始兴郡为宋安郡。丙辰，护军将军张永迁职。

七年春正月甲戌，置散骑奏举郎。二月癸巳，征南将军、荆州刺史巴陵王休若进号征西大将军、开府仪同三司。戊戌，置百梁、陇苏、永宁、安昌、富昌、南流郡，又分广、交州三郡，合九郡，立越州。己亥，以前将军刘康为平东将军。妖寇宋逸攻合肥，杀汝阴太守王穆之，郡县讨平之。甲寅，骠骑大将军、开府仪同三司、南徐州刺史晋平王休祐薨。戊午，以征西大将军、荆州刺史巴陵王休若为征北大将军、南徐州刺史，湘州刺史建平王景素为荆州刺史。三月辛酉，索房遣使献方物。壬戌，芮芮国遣使奉献。夏四月辛亥，减天下死罪一等，凡系系悉遣之。甲辰，于南兖州置新平郡。癸丑，金紫光禄大夫张永领护军。五月戊午，司徒建安王休仁有罪，自杀。辛酉，以宁朔长史孙超之为广州刺史，尚书左仆射、扬州刺史王景文以刺史领中书监。庚午，以尚书右仆射袁粲为尚书令，新除吏部尚书褚渊为尚书左仆射。辛未，监吴郡王僧虔行湘州刺史。丙戌，追免晋平王休祐为庶人。六月丁酉，以征南大将军、江州刺史桂阳王休范为骠骑大将军、南徐州刺史，征北大将军巴陵王休若为车骑大将军、江州刺史。甲辰，芮芮国遣使献方物。秋七月丁巳，罢散骑奏举郎。乙丑，新除车骑大将军、江州刺史巴陵王休若薨。桂阳王休范以新除骠骑大将军，还js江州。庚午，以第三皇子准为抚军将军。辛未，以太子詹事刘秉为南徐州刺史。戊寅，以宁朔将军沈怀明为南兖州刺史。乙酉，于冀州置西海郡。八月戊子，第八皇子跻继江夏文献王义恭。庚寅，以

疾愈，大赦天下。冀州刺史刘崇智加青州刺史。戊戌，立第三皇子准为安成王。九月辛未，以越骑校尉周宁民为徐州刺史。冬十一月戊午，百济国遣使献方物。十二月丁酉，分豫州、南兖州立南豫州，以历阳太守王玄载为南豫州刺史。

泰豫元年春正月甲寅朔，上有疾不朝会。以疾患未瘳，故改元。赐孤老贫疾粟帛各有差。戊午，皇太子会万国于东宫，并受贡计。二月辛丑，以给事黄门侍郎王瞻为司州刺史。三月癸丑朔，林邑国遣使献方物。己未，中书监、扬州刺史王景文卒。夏四月辛卯，以抚军司马蔡那为益州刺史。癸巳，以右卫将军张兴为雍州刺史。己亥，上大渐。骠骑大将军、江州刺史桂阳王休范进位司空，尚书右仆射褚渊为护军将军，中领军刘勔加尚书右仆射，镇东将军蔡兴宗为征西将军、开府仪同三司，荆州刺史，镇军将军、郢州刺史沈攸之进号安西将军。诏曰："朕自临御亿兆，仍属戎寇，虽每存弘化，而惠弗覃远，军国凋弊，刑讼未息。今大渐维危，载深矜叹，可缓徭优调，去繁就约。因改之宜，详为简衷。务以爱民为先，以宣朕遗意。"袁粲、褚渊、刘勔、蔡兴宗、沈攸之同被顾命。是日，上崩于景福殿，时年三十四。五月戊寅，葬临沂县莫府山高宁陵。

帝少而和令，风姿端雅。早失所生，养于太后宫内。大明世，诸弟多被猜忌，唯上见亲，常侍路太后医药。好读书，爱文义，在藩时，撰《江左以来文章志》，又续卫瓘所注《论语》二卷，行于世。及即大位，四方反叛，以宽仁待物。诸军帅有父兄子弟同逆者，并授以禁兵，委任不易，故众为之用，莫不尽力。平定天下，逆党多被全；其有才能者，并见授用，有如旧臣。才学之士，多蒙引进，参侍文籍，应对左右。于华林园芳堂讲《周易》，常自临听。末年好鬼神，多忌讳，言语文书，有祸败凶丧及疑似之言应回避者，数百千品，有犯必加罪戮。改"骊"为马边瓜，亦以"骊"字似"祸"字故也。以南苑借张永，云"且给三百年，期讫更启"。其事类皆如此。宣阳门，民间谓之白门，上以白门之名不祥，甚讳之。尚书右丞江谧尝误犯，上变色曰："白汝家门！"谧稽颡谢，久之方释。太后停尸漆床先出东宫，上尝幸宫，见之怒甚，免中庶子官，职局之以坐者数十人。内外常虑犯触，人不自保。宫内禁忌尤甚，移床治壁，必先祭土神，使文士为文词祝策，如大祭飨。泰始、泰豫之际，更忍虐好杀，左右失旨忤意，往往有斫刺斩截者。时经略淮、泗，军旅不息，荒弊积久，府藏空竭。内外百官，并日料禄俸；而上奢费过度，务为雕侈。每所造制，必为正御三十副，御次、副又各三十，须一物辄造九十枚，天下骚然，民不堪命。其余事迹，别见众篇。亲近谗慝，剪落皇枝，宋氏之业，自此衰矣。

史臣曰：圣人立法垂制，所以必称先王，盖由遗训余风，足以贻之来世也。太祖负扆南面，实有君人之懿焉，经国之义虽弘，而隆家之道不足。彭城王照不窥古，本无卓尔之资，徒见昆弟之义，未识君臣之礼，冀以此家情，行之国道，主猜而犹犯，恩薄而未悟，致以呵训之微行，遂成灭亲之大祸。开端树隙，垂之后人。虽天伦之重，义殊凡戚，而中人以下，情由恩变。至于易衣而出，分苦而食，与夫别宫异门，形疏事隔者，宜有降矣。太宗因易隙之情，据已行之典，剪落洪枝，愿不待虑。既而本根无庇，幼主孤立，神器以势弱倾移，灵命随乐推回改。斯盖履霜有渐，坚冰自至，所从来远也。

卷九　　本纪第九

后废帝

废帝讳昱，字德融，小字慧震，明帝长子也。大明七年正月辛丑，生于卫尉府。太宗诸子在孕，皆以《周易》筮之，即以所得之卦为小字，故帝字慧震，其余皇子亦如此。泰始二年，立为皇太子。三年，始制太子改名昱。安车乘象辂。六年，出东宫。又制太子元正朝贺，服衮冕九章衣。

泰豫元年四月己亥，太宗崩。庚子，太子即皇帝位，大赦天下。尚书令袁粲、护军将军褚渊共辅朝政。乙巳，以护军将军张永为右光禄大夫，抚军将军安成王为扬州刺史。己酉，特进、右光禄大夫刘遵考改为左光禄大夫。五月丁巳，以吴兴太守张岱为益州刺史。戊辰，缘江戍兵老疾者，悉听还。班剑依旧入殿。六月壬辰，诏曰："夫兴王经制，实先民隐，方求广教，刑于四维。朕以茕眇，凤膺宝历，永言民政，未接听览，眷言乃顾，无忘鉴寐。可遣大使分行四方，观采风谣，问其疾苦。令有怫民，法不便俗者，悉各条奏。若守宰威恩可纪，廉勤允著，依事腾闻；如狱讼诬枉，职事纰缪，惰公存私，害民利己者，无或隐昧。广纳刍舆之议，博求献艺之规。巡省之道，务令精洽，深简行识，俾若朕亲览焉。"又诏曰："夫寝梦期贤，往诰垂美，物色求良，前书称盛。朕以冲昧，嗣膺宝业，思仰述圣猷，勉弘政道，兴言多士，常想得人。可普下牧守，广加搜采。其有孝友闻族，义让光闾，或匿名屠钓，隐身耕牧，足以整厉浇风，扶益淳化者，凡厥一善，咸无遗逸。虚轮仵帛，俟闻嘉荐。"京师雨水，诏赈恤二县贫民。乙巳，尊皇后曰皇太后，立皇后江氏。秋七月戊辰，崇拜帝所生陈贵妃为皇太妃。闰月丁亥，罢宋安郡还属广兴。己丑，割南豫州南汝阴郡属西豫州，西豫州庐江郡属豫州。甲辰，以新除征西将军、开府仪同三司、荆州刺史蔡兴宗为中书监、光禄大夫，安西将军、郢州刺史沈攸之为镇西将军、荆州刺史，南徐州刺史刘秉为平西将军、郢州刺史，新除太常建平王景素为镇军将军、南徐州刺史。八月戊午，新除中书监、左光禄大夫、开府仪同三司蔡兴宗薨。冬十月辛卯，抚军将军刘韫有罪免官。辛未，护军将军褚渊母忧去职。十一月己亥，新除平西将军、郢州刺史刘秉为左仆射。辛丑，护军将军褚渊还摄本任。芮芮国、高丽国遣使献方物。十二月，索虏寇义阳。丁巳，司州刺史王瞻击破之。

元徽元年春正月戊寅朔，改元，大赦天下。壬寅，诏曰："夫缓法昭恩，裁风茂典，蠲宪贷眚，训俗彝义。朕临驭宸枢，贪制珉宇，式存宽简，思孚矜惠。今开元肆宥，万品惟新，凡兹流斥，宜均弘洗。自元年以前贻罪徙放者，悉听还本。"二月乙亥，以晋熙王燮为郢州刺史。三月丙申，以抚军长史何恢为广州刺史。婆利国遣使献方物。戊戌，以前淮南太守刘灵遗为南豫州刺史。夏五月辛卯，以辅师将军李安民为司州刺史。丙申，河南王遣使献方物。六月壬子，以越州刺史陈伯绍为交州刺史。乙卯，特进、左光禄大夫刘遵考卒。寿阳大水，己未，遣殿中将军赈恤慰劳。丙寅，以左军将军孟次阳为兖州刺史。秋七月丁丑，散骑常侍顾长康、长水校尉何翌之表上所撰《谏林》，上自虞、舜，下及晋武，凡十二卷。八月辛亥，诏曰："分方正俗，著自虞册，川谷异制，焕乎姬典。故井遂有辨，闾伍无杂，用能七教克宣，八政斯序。虽绵代殊轨，沿革异仪，或民怀迁俗，或国尚兴徙，汉ןל列燕、代之豪，关西炽齐、楚之族，并通籍新邑，即居成旧。洎金行委御，礼乐南移，中州黎庶，襁负扬、越。圣武造运，道一闳区，贻长世之规，申土断之制。而夷险相因，盈晦递袭，岁馑凋流，戎役惰散，违乡寓境，渐至繁积。宜式遵鸿轨，以为永宪，庶阜俗昌民，反风定保。夷胥山之险，澄瀚海之波，括《河图》于九服，振玉轫于五都矣。"秘书丞王俭表上所撰《七志》三十卷。京师旱。甲寅，诏曰："比亢序愆度，留薰耀昙，有伤秋稼，方贻民瘼。朕以眇疾，未弘政道，图圄尚繁，枉滞犹积，夕厉晨矜，每侧于怀。尚书令可与执法以下，就讯众狱，使冤讼洗遂，困弊昭苏。颁下州郡，咸令无壅。"癸亥，镇军将军、南徐州刺史建平王景素进号镇北将军。庚午，陈留王曹铣薨。九月壬午，诏曰："国赋氓税，盖有恒品，往属兴难，务先军实，征课之宜，或乖昔准。湘、江二州，粮运偏积，调役既繁，庶徒劳扰。因循权政，容有未革，民单力弊，岁月愈甚。永言兴叹，情兼胥阔。可遣使到所，明加详察。其输违旧令，役非公限者，并即蠲改，具条以闻。"丁亥，立衡阳王嶷子伯玉为南平王。冬十月壬子，以抚军司马王玄载为梁、南秦二州刺史。癸酉，割南兖州之钟离、豫州之马头，又分秦郡、梁郡、历阳置新昌郡，立为徐州。十一月丙子，以散骑常侍垣闳为徐州刺史。丁丑，尚书令袁粲母丧去职。十二月癸卯朔，日有蚀之。乙巳，司空、江州刺史桂阳王休范进位太尉，尚书令袁粲还摄本任，加号卫将军。癸亥，立前建安王世子伯融为始安县王。丙寅，河南王遣使献方物。

二年春正月庚午，以右光禄大夫张永为征北将军、南兖州刺史。二月己巳，加护军将军褚渊中军将军。三月癸酉，以左卫将军王宽为南豫州刺史。夏四月癸亥，诏曰："顷列爵叙勋，铨荣酬义，条流积广，又各淹阙。岁往事留，理至遭壅，在所参差，多违甄伤。赏未均洽，每疚厥心。可悉依旧准，并下注职。"五月壬午，太尉、江州刺史桂阳王休范举兵反。庚寅，内外戒严。加中领军刘勔镇军将军，加右卫将军齐王平南将军，前锋南讨，出屯新亭。

征北将军张永屯白下，前南兖州刺史沈怀明戍石头，卫将军袁粲、中军将军褚渊入卫殿省。壬辰，贼奄至，攻新亭垒。齐王拒击，大破之。越骑校尉张敬儿斩休范。贼党杜黑蠡、丁文豪分军向朱雀航，刘勔拒贼败绩，力战死之；右军将军王道隆奔走遇害。张永溃于白下，沈怀明自石头奔散。戊午，抚军典签茅恬开东府纳贼，贼入屯中堂。羽林监陈显达击大破之。丙申，张敬儿等破贼于宣阳门、庄严寺、小市，进平东府城，枭擒群贼。赏赐封爵各有差。丁酉，诏京邑二县埋藏所杀贼，并战亡者，复同京城。是日解严，大赦天下，文武赐位一等。戊戌，原除江州逋债，其有课非常调、役为民蠹者，悉皆蠲停。诏曰："顷国赋多蹇，公储罕给。近治戎虽浅，而军费已多，廪藏虚罄，难用驭远。宜矫革淫长，务在节俭。其供奉服御，悉就减撤，雕文靡丽，废而勿修。凡诸游费，一皆禁断，外可详为科格。"荆州刺史沈攸之、南徐州刺史建平王景素、郢州刺史晋熙王燮、湘州刺史王僧虔、雍州刺史张兴世并举义兵赴京师。己亥，以第七皇弟友为江州刺史。芮芮国遣使献方物。六月庚子，以平南将军齐王为中领军、镇军将军、南兖州刺史。癸卯，晋熙王燮遣军克寻阳，江州平。戊申，以淮南太守任农夫为豫州刺史，右将军、南豫州刺史王宽进号平西将军。壬戌，改辅师将军还为辅国。秋七月庚辰，立第七皇弟友为邵陵王。辛巳，以抚军司马孟次阳为兖州刺史。乙酉，镇西将军、荆州刺史沈攸之进号征西大将军，镇北将军、南徐州刺史建平王景素进号征北将军，并开府仪同三司。征虏将军、郢州刺史晋熙王燮进号安西将军，前将军、湘州刺史王僧虔进号平南将军。八月辛酉，以征虏行参军刘延祖为宁州刺史。九月壬辰，以游击将军吕安国为兖州刺史。丁酉，以尚书令、新除卫将军袁粲为中书监，即本号开府仪同三司，领司徒；加护军将军褚渊尚书令；抚军将军、扬州刺史安成王进号车骑将军。冬十月庚申，以新除侍中王蕴为湘州刺史。甲子，以游击将军陈显达为广州刺史。十一月丙戌，御加元服，大赦天下。赐民男子爵一级；为父后及三老孝悌力田者爵二级；鳏寡孤独笃癃不能自存者，谷五斛；年八十以上，加帛一匹。大酺五日，赐王公以下各有差。十二月癸亥，立第八皇弟跻为江夏王，第九皇弟赞为武陵王。

三年春正月辛巳，车驾亲祠南郊、明堂。三月丙寅，河南王遣使献方物。己巳，以车骑将军张敬儿为雍州刺史。其日，京师大水，遣尚书郎官长检行赈赐。闰月戊戌，诏曰："顷民俗滋弊，国度未殷，岁时屡荐，编户不给。且边虞尚警，徭费弥繁，永言夕惕，寝兴增欷。思弘丰耗之制，以惇约素之风，庶侍蓄拯民，以康治道。太官珍膳，御府丽服，诸所供拟，一皆减撤，可详为其格，务从简衷。"夏四月，遣尚书郎到诸州检括民户，穷老尤贫者，蠲除课调；丁壮犹有生业，随宜宽申；赀财足以充限者，督令洗毕。丙戌，车驾幸中堂听讼。六月癸未，北国使至。兼司徒袁粲、尚书令褚渊并固让。秋七月庚戌，以粲为尚书令。壬戌，以给事黄门侍郎刘怀珍为豫州刺史。八月庚子，加护军将军褚渊中书监。九月丙辰，征西大将军河南王吐谷浑拾寅进号车骑大将军。冬十月丙戌，高丽国遣使献方物。十二月乙丑，以冠军将军姚道和为司州刺史。

四年春正月己亥，车驾躬耕籍田，大赦天下。赐力田爵一级；贷贫民粮种。壬子，以梁、南秦二州刺史王玄载为益州刺史。二月壬戌，以步兵校尉范柏年为梁、南秦二州刺史。丁卯，加金紫光禄大夫王琨特进。夏五月，以宁朔将军武都王杨文度为北秦州刺史。乙未，尚书右丞虞玩之表陈时事曰：

天府虚散，垂三十年。江、荆诸州，税调本少，自顷以来，军募多乏。其谷帛所入，折供文武。豫、兖、司、徐，开口待哺；西北戎将，裸身求衣。委输京都，盖为寡薄。天府所资，唯有淮、海。民荒财单，不及曩日。而国度弘费，四倍元嘉。二卫台坊人力，五不余一；都水材官朽散，十不两存。备豫都库，材竹俱尽；东西二塸，砖瓦双匮。敕令给赐，悉仰交市。尚书省舍，日就倾颓，第宅府署，类多穿毁。视不遑救，知不暇及。寻所入定调，用恒不周，既无储蓄，理至空尽。积弊累耗，钟于今日。昔岁奉敕，课以扬、徐众通，凡入米谷六十万斛，钱五千余万，布绢五万匹，杂物在外，赖此相赡，故得推移。即今所悬转多，兴用渐广，深惧供奉顿阙，军器辍功，将士饥怨，百官骞禄。署府谢雕丽之器，土木停缇紫之容，国戚无以赡，勋求无以给。如愚管所虑，不月则岁矣。

经国远谋，臣所不敢言，朝夕祗勤，心存于匪懈。起伏震遽，事属冒闻。伏愿陛下留须臾之鉴，垂永代之计，发不世之诏，施必行之典，则氓祇齐欢，高卑同泰。

帝优诏答之。庚戌，以骁骑将军曹欣之为徐州刺史。六月乙亥，加镇军将军齐王尚书左仆射。秋七月戊子，征北将军、南徐州刺史建平王景素据京城反。己丑，内外纂严。遣骁骑将军任农夫、领军将军黄回北讨，镇军将军齐王总统众军。曲赦南徐州；始安王伯融、都乡侯伯猷赐死。辛卯，南豫州刺史段佛荣统前锋马步众军。甲午，军主、左军将军张保战败见杀。黄回等至京城，与景素诸军战，连破之。乙未，克京城，斩景素，同逆皆伏诛；其日解严。丙申，大赦天下，封赏各有差。原京邑二县元年以前逋调。辛丑，以武陵王赞为南徐州刺史。八月丁卯，立第十皇弟翙为南阳王，第十一皇弟嵩为新兴王，第十二皇弟禧为始建王。庚午，以给事黄门侍郎阮佃夫为南豫州刺史。乙酉，以行青、冀二州刺史刘善明为青、冀二州刺史。九月丁亥，割郢州之随郡属司州。戊子，骁骑将军高道庆有罪，赐死。己丑，车骑将军、扬州刺史安成王进号骠骑大将军、开府仪同三司，安西将军、郢州刺史晋熙王燮进号镇西将军。冬十月辛酉，以吏部尚书王僧虔为尚书右仆射。宕昌王梁弥机为安西将军、河凉二州刺史。丙寅，中书监、护军将军褚渊母忧去职。十一月庚戌，诏摄本任。

五年春二月壬申，以建宁太守柳和为宁州刺史。四月甲戌，豫州刺史阮佃夫、步兵校尉申伯宗、朱幼谋废立，佃夫、幼下狱死，伯宗伏诛。五月己亥，以左军将军沈景德为交州刺史，骁骑将军全景文为南豫州刺史。丙午，以屯骑校尉孙昙瓘为越州刺史。六月甲戌，诛司徒左长史沈勃、散骑常侍杜幼文、游击将军孙超之、长水校尉杜叔文，大赦天下。

七月戊子夜，帝殒于仁寿殿，时年十五。己丑，皇太后令曰：

卫将军、领军、中书监、八座：昱以冢嫡，嗣登皇统，庶其体识日弘，社稷有寄。岂意穷凶极悖，自幼而长，善无细而不违，恶有大而必蹈。前后训诱，常加隐蔽，险戾难移，日月滋甚。弃冠毁冕，长袭戎衣，犬马是狎，鹰隼是爱，皂栎轩殿之中，构绁宸辰之侧。至仍单骑远郊，独宿深野，手挥矛铤，躬行剖斫，白刃为弄器，斩害为恒务。舍交戟之卫，委天毕之仪，趋步阛阓，酣歌垆肆，宵游忘反，宴寝营舍，夺人子女，掠人财物，方策所不书，振古所未闻。沈勃儒士，孙超功臣，幼文兄弟，并豫勋效，四人无罪，一朝同戮。飞镞鼓剑，孩稚无遗，屠裂肝肠，以为戏谑，投骸江流，以为欢笑。又淫费无度，帑藏空竭，横赋关河，专充别蓄，黔庶嗷嗷，厝生无所。吾与其所生，每厉以义方，遂谋鸩毒，将骋凶忿。沈忧假日，虑不终朝。自昔辛、癸，爰及幽、厉，方之于此，未譬万分。民怨既深，神怒已积，七庙阽危，四海褫气。

废昏立明，前代令范，况乃灭义反道，天人所弃，衅深牧野，理绝桐宫。故密令萧领军潜运明略，幽显协规，普天同泰。骠骑大将军安王体自太宗，天挺淹睿，风神凝远，德映在田。地隆亲茂，皇历攸归，亿兆系心，含生属望。宜光奉祖宗，临享万国。便依旧典，以时奉行。未亡人追往伤怀，永言感绝。

太后又令曰："昱穷凶极暴，自取灰灭，虽曰罪招，能无伤悼。弃同品庶，顾所不忍。可特追封苍梧郡王。"葬丹阳秣陵县郊坛西。

初，昱在东宫，年五六岁时，始就书学，而惰业好嬉戏，主师不能禁。好缘漆帐竿，去地丈余，如此者半食久，乃下。年渐长，喜怒乖节，左右有失旨者，辄手加扑打。徒跣蹲踞，以此为常。主师以白太宗，上辄敕昱所生，严加捶训。及嗣位，内畏太后，外惮诸大臣，犹未得肆志。自加元服，变态转兴，内外稍无以制。三年秋冬间，便好出游行，太妃每乘青篗舆，随相检摄。昱渐自放恣，太妃不复能禁。单将左右，弃部伍，或十里、二十里，或入市里，或往营署，日暮乃归。四年春夏，此行弥数。自京城克定，意志转骄，于是无日不出。与左右人解僧智、张五儿恒相驰逐，夜出，开承明门，夕去晨反，晨出暮归。从者并执铤矛，行人男女，及犬马牛驴，值无免者。民间扰惧，昼日不敢开门，道上行人殆绝。常著小袴褶，未尝服衣冠。或有忤意，辄加以虐刑。有白棓数十枚，各有名号，针椎凿锯之徒，不离左右。尝以铁椎椎人阴破，左右人见之有敛眉者，昱大怒，令此人袒胛正立，以矛刺胛洞过。于耀灵殿上养驴数十头，所自乘马，养于御床侧。先是民间讹言，谓太宗不男，陈太妃本李道儿妾，道路之言，或云道儿子也。昱每出入去来，常自称李统，或自号李将军。与右卫翼辇营女子私通，每从之游，持数千钱，供酒肉之费。阮佃夫腹心人张羊为佃夫所委信。佃夫败，叛走，后捕得，昱自于承明门以车轹杀之。杜延载、沈勃、杜幼文、孙超，皆躬运矛锃，手自脔割。执幼文兄叔文于玄武湖北，昱驰马执稍，自往刺之。制露车一乘，其上施篷，乘以出入，从者不过数十人。羽仪追之恒不及，又各虑祸，亦不敢追寻，唯整部伍，别在一处瞻望而已。凡诸鄙事，过目则能，锻炼金银，裁衣作帽，莫不精绝。未尝吹篪，执管便韵，天性好杀，以此为欢，一日无事，辄惨惨不乐。内外百司，人不自保，殿省忧遑，夕不及旦。

齐王顺天人之心，潜图废立，与直阁将军王敬则谋之。七月七日，昱乘露车，从二百许人，无复卤簿羽仪，往青园尼寺，晚至新安寺就昙度道人饮酒。醉，夕扶还于仁寿殿东阿毡幄中卧。时昱出入无恒，省内诸阁，夜皆不闭。且群下畏相逢值，无敢出者。宿卫并逃避，内外无相禁摄。王敬则先结昱左右杨玉夫、杨万年、吕欣之、汤成之、陈奉伯、张石留、罗僧智、钟千载、严道福、雷道赐、戴昭祖、许启、戚元宝、盛道泰、钟千秋、王天宝、公上延孙、俞成、钱道宝、马敬之、陈宝直、吴瑶之、刘印鲁、唐天宝、俞孙等二十五人，谋共取昱。其夕，敬则出外，玉夫见昱醉熟无所知，乃与万年同入毡幄内，以昱防身刀斩之。奉伯提昱首，依常行法，称敕开承明门出，以首与敬则，驰至领军府，以首呈齐王。王乃戎服，率左右数十人，称行还，开承明门入。昱他夕每开门，门者震慑不敢视，至是弗之疑。齐王既入，晓，乃奉太后令奉迎安成王。

史臣曰：丧国亡家之主，虽适末同途，发轸或异也。前废帝卑游亵幸，皆龙驾帝饰，传警清路；苍梧王则藏玺怀绂，鱼服忘反，危冠短服，匹马孤征。至于殒身覆祚，其理若一。姬、夏之隆，质文异尚，亡国之道，其亦然乎！

卷十　　本纪第十

顺　帝

顺皇帝讳准，字仲谋，小字智观，明帝第三子也。泰始五年七月癸丑生。七年，封安成王，食邑三千户。仍拜抚军将军，置佐史。废帝即位，为扬州刺史。元徽二年，进号车骑将军、都督扬、南豫二州诸军事，给鼓吹一部，刺史如故。四年，又进号骠骑大将军、开府仪同三司，班剑三十人，都督、刺史如故。元徽五年七月戊子夜，废帝殒，奉迎王入居朝堂。壬辰，即皇帝位。

升明元年，改元，大赦天下，赐文武位二等。甲午，镇军将军齐王出镇东城，辅政作相。丙申，诏曰："露台息构，义光汉德；雉裘焚制，事隆晋道。故以检奢轨化，敦俭驭俗。顷甸服未静，师旅连年，委蓄屡空，劳敝莫慰。而丹臒之饰，糜耗难赡，宝赂之费，征赋靡讫。今车服仪制，实宜约损，使徽章有序，勿得佗溢。可罢省御府二署。凡工丽雕镂，伤风毁治，一皆禁断。庶永昭宪则，弘兹始政。"征西大将军、荆州刺史沈攸之进号车骑大将军、开府仪同三司；尚书左仆射、中领军、镇军将军、南兖州刺史齐王为司空、录尚书事、骠骑大将军，刺史如故。中书令、卫将军、开府仪同三司、抚军将军刘秉为尚书令，加中军将军；镇西将军、郢州刺史晋熙王燮为抚军将军、扬州刺史；南阳王翙为郢州刺史。辛丑，尚书右仆射王僧虔为尚书仆射，右卫将军刘韫为中领军，金紫光禄大夫王琨为右光禄大夫。给司空齐王钱五百万，布五千匹。癸卯，车驾谒太庙。丙午，以安西参军明庆符为青、冀二州刺史，武陵王赞为郢州刺史，新除郢州刺史南阳王翙为湘州刺史，司空、南兖州刺史齐王改领南徐州刺史，征虏将军李安民为南兖州刺史。雍州大水，八月壬子，遣使赈恤，蠲除税调。以骠骑长史刘澄之为南豫州刺史。山阳太守于天宝、新吴县子秦立有罪，下狱死。戊午，改平准署。辛酉，以宣城太守李灵谦为兖州刺史。癸亥，司空袁粲镇石头。丁卯，原除元年以前逋调；复郡县禄田。戊辰，崇拜帝所生陈昭华为皇太妃。庚午，司空长史谢朏、卫军长史江斅、中书侍郎褚炫、武陵王文学刘侯入直殿省，参侍文义。齐王固让司空，庚辰，以为骠骑大将军、开府仪同三司。九月己丑，诏曰："昔圣王既没，淳风已衰，龟书永湮，龙图长秘。故三代之末，德刑相扰。世沦物竞，道陂人谀。然犹正士比毂，奇才接紾。朕袭运金枢，纂灵瑶极，负扆巡政，日晏忘疲，永言兴替，望古盈虑。姬、夏典载，犹传绁帙，汉、魏余文，布在方册。故元封兴茂才之制，地节创独行之品。振维务本，存乎得人。今可宣下州郡，搜扬幽仄，摽采乡邑，随名荐上。朕将亲览，甄其茂异。庶野无遗彦，永激遐芳。"己酉，庐陵王昙蘐。冬十一月己酉，倭国遣使献方物。丙午，员外散骑侍郎胡羡生行越州刺史，以交州刺史沈景德为广州刺史。十二月丁巳，以骁骑将军王广之为徐州刺史。车骑大将军、荆州刺史沈攸之举兵反。丁卯，录公齐王入守朝堂，侍中萧嶷镇东府。戊辰，内外纂严。己巳，以郢州刺史武陵王赞为安西将军、荆州刺史，征虏将军、雍州刺史张敬儿进号镇军将军。右卫将军黄回为平西将军、郢州刺史，督诸军前锋南讨。征虏将军吕安国为湘州刺史，都官尚书王宽加平西将军。庚午，新除左卫将军齐王世子奉新除抚军将军、扬州刺史晋熙王燮镇寻阳之盆城。壬申，以骁骑将军周盘龙为广州刺史。是日，司徒袁粲据石头反，尚书令刘秉、黄门侍郎刘述、冠军王蕴举众赴之。黄回及辅国将军孙昙瓘、屯骑校尉王宜兴，辅国将军任候伯、左军将军彭文之密相响应。中领军刘韫、直阁将军卜伯兴在殿内同谋。录公齐王诛韫等于省内。军主苏烈、王天生、薛道渊、戴僧静等陷石头，斩粲于城内。秉、述、蕴跃城走，追擒之，并伏诛；其余无所问。豫州刺史刘怀珍、雍州刺史张敬儿、广州刺史陈显达并举义兵。司州刺史姚道和、梁州刺史范柏年、湘州行事庾佩玉拥众怀贰。甲戌，大赦天下。乙亥，以尚书仆射王僧虔为尚书左仆射，新除中书令王延之为尚书右仆射。吴郡太守刘遐据郡反，辅国将军张瑰讨斩之。闰月辛巳，屯骑校尉王宜兴有罪伏诛。癸巳，沈攸之攻围郢城，前军长史柳世隆固守。攸之弟登之作乱于吴兴，吴兴太守沈文秀讨斩之。己亥，内外戒严。假录公齐王黄钺。辛丑，宁朔将军、北秦州刺史武都王杨文度进号征西将军。乙巳，录公齐王出顿新亭。

二年春正月，沈攸之遣将公孙方平据西阳。辛酉，建宁太守张谟击破之。丁卯，沈攸之自郢城奔散。己巳，华容县民斩送之。左将军、豫州刺史刘怀珍进号平南将军。辛未，镇军将军、雍州刺史张敬儿克江陵，斩攸之子光琰，荆州平，同逆皆伏诛。丙子，解严。以新除侍中柳世隆为尚书右仆射。是日，录公齐王旋镇东府。丁丑，以江州刺史邵陵王友为安南将军、豫州刺史。左卫将军齐王世子为江州刺史，侍中萧嶷为领军，镇军将军、雍州刺史张敬儿进号征西将军，平西将军、郢州刺史黄回进号镇西将军。二月庚辰，以尚书右仆射王僧虔为尚书令，尚书右仆射王延之为尚书左仆射。癸未，录公齐王加授太尉，卫将军褚渊为中书监、司空。甲申，曲赦荆州。丙戌，抚军将军、扬州刺史晋熙王燮进号中军将军、开府仪同三司。戊子，蠲雍州缘沔居民前被水灾者租布三年。辛卯，郢州刺史、新除镇南将军黄回为镇北将军、南兖州刺史，南兖州刺史李安民为郢州刺史。癸巳，以山阴令傅琰为益州刺史。丙申，左军将军彭文之有罪，下狱死。行湘州事任侯伯杀前湘州行事庾佩玉，传首京邑。三月庚戌，以广州刺史周盘龙为司州刺史，辅国将军刘俊为广州刺史。丙子，给太尉齐王羽葆、鼓吹。夏四月己卯，以游击将军垣崇祖为兖州刺史。辛卯，新除镇北将军、南兖州刺史黄回有罪赐死。甲午，辅国将军、淮南宣城二郡太守萧映行南兖州刺史。五月戊午，倭国王武遣使献方物，以武为安东大将军。辅国将军、行湘州事任侯伯有罪伏诛。六月己丑，以前新会太守赵超宗为交州刺史。丁酉，以辅国将军杨文弘为北秦州刺史，武都王。八月辛卯，太尉齐王表断奇饰丽服，凡十有四条。乙未，以江州刺史齐王世子为领军将军、抚军将军。丙申，以领军萧嶷为江州刺史。九月乙巳朔，日有蚀之。丙午，加太尉齐王黄钺、都督中外诸军事、太傅，领扬州牧，剑履上殿，入朝不趋，赞拜不名。置左右长史、司马、从事中郎、掾、属各四人。中军将军、扬州刺史晋熙王燮为司徒。戊申，行南兖州刺史萧映为南兖州刺史。甲寅，给太傅齐王三望车。己未，芮芮国遣使献方物。癸酉，武陵内史张澹有罪，下狱死。冬十月丁丑，宁朔将军、淮南宣城二郡太守萧晃为豫州刺史。孙昙瓘先逃亡，己卯，擒获，伏诛。壬寅，立皇后谢氏，减死罪一等，五岁刑以下悉原。十一月壬子，立故武昌太守刘琨息颁为南丰县王。癸亥，临澧侯刘晃谋反，晃及党与皆伏诛。甲子，改封南阳王翙为随郡王，改随阳郡。十二月丙戌，皇后见于太庙。戊子，高丽国遣使献方物。

三年春正月甲辰，以江州刺史萧嶷为镇西将军、荆州刺史，尚书左仆射王延之为安南将军、江州刺史。安西长史萧顺之为郢州刺史。乙卯，太傅齐王表诸负官物质役者，悉原除。辛亥，以骁骑将军王玄邈为梁、南秦二州刺史。领军将军、抚军将军齐王世子加尚书仆射，进号中军大将军、开府仪同三司。丙辰，加太傅齐王前部羽葆、鼓吹。丁巳，诏太傅府依旧辟召。以征西将军、雍州刺史张敬儿为护军将军，新除给事黄门侍郎萧长懋为雍州刺史。二月丙子，安南将军、南豫州刺史邵陵王友薨。三月癸卯朔，日有蚀之。甲辰，崇太傅为相国，总百揆，封十郡，为齐公，备九锡之礼，加玺绂远游冠，位在诸王上；加相国绿綟绶，其骠骑大将军、扬州牧、南徐州刺史如故。丙午，以中军大将军萧赜为南豫州刺史、齐公世子，副贰相国，绿綟绶。庚戌，临川王绰谋反，绰及党与皆伏诛。丁巳，以齐国初建，给钱五百万，布五千匹，绢千匹。夏四月壬申，进齐公爵为齐王，增封十郡。甲戌，安西将军武陵王赞薨。丙戌，命齐王冕十有二旒，建天子旌旗，出警入跸，乘金根车，驾六马，备五时副车，置旄头云罕，乐舞八佾，设钟簴宫县。进世子为太子，王子、王女、王孙爵命之号，壹如旧仪。辛卯，天禄永终，禅位于齐，壬辰，帝逊位于东邸。既而迁居丹阳宫。齐王践阼，封帝为汝阴王，待以不臣之礼。行宋正朔，上书不为表，答表不为诏。

建元元年五月己未，殂于丹阳宫，时年十三。谥曰顺帝。六月乙酉，葬于遂宁陵。

史臣曰：圣王膺录，自非接乱承微，则天历不至也。自三、五以来，受命之主，莫不乘沦亡之极，然后符乐推之运。水德迁谢，其来久矣。岂止于区区汝阴揖禅而已哉！

卷十一　　　　　志第一

志序　　历上

左史记言，右史记事，事则《春秋》是也，言则《尚书》是也。至于楚《书》、郑《志》、晋《乘》、楚《杌》之篇，皆所以昭述前史，俾不泯于后。司马迁制一家之言，始区别名题。至乎礼仪刑政，有所不尽；乃于纪传之外，创立八书。片文只事，鸿纤备举。班氏因之，靡违前式，网罗一代，条流遂广。《律历》《礼乐》，其名不变，以《天官》为《天文》，改《封禅》为《郊祀》，易《货殖》、《平准》之称，革《河渠》、《沟洫》之名，缀孙卿之辞，以述《刑法》；采孟轲之书，用序《食货》。刘向《鸿范》，始自《春秋》；刘歆《七略》，儒墨异部，朱赣博采风谣，尤为详洽。固并因仍，以为三志。而《礼乐》疏简，所漏者多，典章事数，百不记一。《天文》虽为该举，而不言天形，致使三天之说，纷然莫辨。是故蔡邕于朔方上书，谓宜载述者也。

汉兴，接秦坑儒之后，典坟残缺，耆生硕老，常以亡逸为虑。刘歆《七略》，固之《艺文》，盖为此也。河自龙门东注，横被中国，每漂决所渐，寄重灾深，堤筑之功，劳役天下。且关、洛高塏，地少川源，是故镐、鄠、潦、潏，咸入礼典。漳、滏、郑、白之饶，沟渠沾溉之利，皆民命所祖，国以为天，《沟洫》立志，亦其宜也。世殊事改，于今可得而略。窃以班氏《律历》，前事已详，自杨伟改创《景初》，而《魏书》阙志。及元嘉重造新法，大明博议回改。自魏至宋，宜入今书。

班固《礼乐》、《郊祀》，马彪《祭祀》、《礼仪》，蔡邕《朝会》，董巴《舆服》，并各立志。夫礼之所苞，其用非一，郊祭朝飨，匪云别事，旗章服物，非礼而何？今总而裁之，同谓《礼志》。《刑法》、《食货》，前说已该，随流派别，附之纪传。《乐经》残缺，其来已远。班氏所述，止抄举《乐记》；马彪《后书》，又不备续。至于八音众器，并不见书，虽略见《世本》，所阙犹众。爰及《雅》《郑》，讴谣之节，一皆屏落，曾无概见。郊庙乐章，每随世改，雅声旧典，咸有遗文。又案今鼓吹铙歌，虽有章曲，乐人传习，口相师祖，所奏者声，不先训以义。今乐府铙歌，校汉、魏旧曲，曲名时同，文字永异，寻文求义，无一可了。不知今之铙章，何代曲也。今《志》自郊庙以下，凡诸乐章，非淫哇之辞，而皆详载。

《天文》、《五行》，自马彪以后，无复记录。何书自黄初之始，徐志肇义熙之元。今以魏接汉，式遵何氏。然则自汉高帝五年之首冬，暨宋顺帝升明二年之孟夏，二辰六沴，甲子无差。圣帝哲王，咸有瑞命之纪。盖所以神明宝位，幽赞祯符，欲使逐鹿弭谋，窥觎不作，握河括地，绿文赤字之书，言之详矣。爰建道至天而甘露下，德洞地而醴泉出，金芝玄钜之祥，朱草白乌之瑞，斯固不可诬也。若夫衰世德爽，而嘉应不息，斯固天道茫昧，难以数推。亦由明主居上，而震蚀之灾不弭；百灵咸顺，而悬象之应独违。今立《符瑞志》，以补前史之阙。

地理参差，事难该辨，魏晋以来，迁徙百计，一郡分为四五，一县割成两三，或昨属荆、豫，今隶司、兖，朝为零、桂之士，夕为庐、九之民。去来纷扰，无暂止息，版籍为之浑涌，职方所不能记。自戎狄内侮，有晋东迁，中土遗氓，播徙江外，幽、并、冀、雍、兖、豫、青、徐之境，幽沦寇逆。自扶莫而襄足奉首，免身于荆、越者，百郡千城，流寓比室。人仁鸿雁之歌，士蓄怀本之念，莫不各树邦邑，思复旧井。既而民单户约，不可独建，故魏邦而有韩邑，齐县而有赵民。且省置交加，日回月徙，寄寓迁流，迄无定托，邦名邑号，难或详书。大宋受命，重启边隙，淮北五州，翦为寇境，其或奔亡播迁，复立郡县，斯则元嘉、泰始，同名异实。今以班固、马彪二志，晋、宋《起居》，凡诸记注，悉加推讨，随条辨析，使悉该详。

百官置省，备有前说，寻源讨流，于事为易。元嘉中，东海何承天受诏纂《宋书》，其志十五篇，以续马彪《汉志》，其证引该博者，即而因之，亦由班固、马迁共为一家者也。其有漏阙，及何氏后事，备加搜采，随就补缀焉。渊流浩漫，非孤学所尽；足蹇途遥，岂短策能运。虽斟酌前史，备睹妍嗤，而爱嗜异情，取舍殊意，每含豪握简，枘轴忘餐，终亦不足与班、左并驰，董、南齐辔。庶为后之君子，削稿而已焉。

黄帝使伶伦自大夏之西，阮隃之阴，取竹之嶰谷生，其窍厚均者，断两节间而吹之，以为黄钟之宫。制十二管，以听凤鸣，以定律吕。夫声有清浊，故协以宫商；形有长短，故检以丈尺；器有大小，故定以斛斗；质有累重，故平以钧石。故《虞书》曰："乃同律、度、量、衡。"然则律吕、宫商之所由生也。夫乐有器有文，有情有官。钟鼓干戚，乐之器也；屈伸舒疾，乐之文也；"论伦无患，乐之情也；欣喜欢爱，乐之官也。""是以君子反情以和志，广乐以成教，故能情深而文明，气盛而化神，和顺积中，而英华发外。"故曰："乐者，心之动也；声者，乐之象也。"《周礼》曰："乃奏黄钟，歌大吕，舞《云门》，以祀天神。乃奏太蔟，歌应钟，舞《咸池》，以祭地祇。"四望山川先祖，各有其乐。又曰："圜钟为宫，黄钟为徵，姑洗为羽，雷鼓雷鼗，孤竹之管，云和之琴瑟，《云门》之舞，冬日至，于地上之圜丘奏之。若乐六变，则天神皆降，可得而礼矣。"地祇人鬼，礼亦如之。其可以感物兴化，若此之深也。

"道始于一，一生二，二生三，三三而九。故黄钟之数六，分而为雌雄十二钟。钟以三成，故置一而三之，凡积分十七万七千一百四十七，为黄钟之实。故黄钟位子，主十一月，下生林钟。林钟之数五十四，主六月，上生太蔟。太蔟之数七十二，主正月，下生南吕。南吕之数四十八，主八月，上生姑洗。姑洗之数六十四，主三月，下生应钟。应钟之数四十三，主十月，上生蕤宾。蕤宾之数五十七，主五月，上生大吕。大吕之数七十六，主十二月，下生夷则。夷则之数五十，主七月，上生夹钟。夹钟之数六十七，主二月，下生无射。无射之数四十五，主九月，上生中吕。中吕之数六十，主四月，极不生。（极不生，钟律不能复相生）宫生徵，徵生商，商生羽，羽生角，角生姑洗，姑洗生应钟，不比于正音，故为和。（姑洗三月，应钟十月，不与正音比效为和。和，徙声也）应钟生蕤宾，蕤宾不比于正音，故为缪。（缪，音相干也。周家故有缪、和，为武王伐纣七音也。）日冬至，音比林钟浸以浊；日夏至，音比黄钟浸以清，以十二月律应二十四时。甲子，中吕之徵也；丙子，夹钟之羽也；戊子，黄钟之宫也；庚子，无射之商也；壬子，夷则之角也。"

"古人为度量轻重，皆生乎天道。黄钟之律长九寸，物以三生，三三九，三九二十七，故幅广二尺七寸，古之制也。音以八相生，故人长八尺，寻自倍，故八尺而为寻。有形即有声，音之数五，以五乘八，五八四十为匹。匹者，中人之度也，一匹为制。秋分而禾穤定，（穤，禾穗芒也。）穤定而禾孰。律之数十二，故十二穤而当一粟，十二粟而当一寸。律以当辰，音以当日。日之数十，故十寸而为尺，十尺为丈。其以为重，十二粟而当一分，十二分而当一铢，十二铢而当半两。衡有左右，因而倍之，故二十四铢而当一两。天有四时，以成一岁，因而四之，四四十六，故十六两而一斤。三月而一时，三十日一月，故三十斤为一钧。四时而一岁，故四钧而一石。""其为音也，一律而生五音，十二律而为六十音；因而六之，六六三十六，故三百六十音以当一岁之日。故律历之数，大地之道也。下生者倍，以三除之；上生者四，以三除之。"

扬子云曰："声生于日，（谓甲己为角，乙庚为商，丙辛为徵，丁壬为羽，戊癸为宫。）律生于辰，（谓子为黄钟，丑大吕之属。)声以情质,(质,正也。各以其行本情为正也。)律以和声,(当以律管钟均,和其清浊之声。)声律相协,而八音生。(协,和。)宫、商、角、徵、羽,谓之五声。金、石、匏、革、丝、竹、土、木,谓之八音。声和音谐,是谓五乐。"

夫阴阳和则景至,律气应则灰除。是故天子常以冬夏至御前殿,合八能之士,陈八音,听乐均,度晷景,候钟律,权土炭,效阴阳。冬至阳气应,则乐均清,景长极,黄钟通,土炭轻而衡仰。夏至阴气应,则乐均浊,景短极,蕤宾通,土炭重而衡低。进退于先后五日之中,八能各以候状闻。太史令封上。效则和,否则占。候气之法,为室三重,户闭,涂衅周密,布缇幔。室中以木为案,每律各一,内庳外高,从其方位,加律其上。以葭莩灰布其内端,案历而候之。气至者吹去散,人及风所动者,其灰聚。殿中候,用玉律十二。唯二至乃候取弘农宜阳县金门山竹为灰。

三代陵迟,音律失度。汉兴,北平侯张苍始定律历。孝武之世,置协律之官。元帝时,郎中京房知五音六十律之数,受学于小黄令焦延寿。其下生、上生,终于中吕,而十二律毕矣。中吕上生执始,执始下生去灭,终于南事,而六十律毕矣。夫十二律之变至于六十,犹八卦之变至于六十四也。宓羲作《易》,纪阳气之初,以为律法。建日冬至之声,以黄钟为宫,太蔟为商,姑洗为角,林钟为徵,南吕为羽,应钟为变宫,蕤宾为变徵。此声气之元,五音之正也。故各统一日。其余以次运行,当日者各自为宫,而商角徵羽以类从焉。《礼运篇》曰:"五声、六律、十二管还相为宫。"此之谓也。以六十律分一期之日,黄钟自冬至始,及冬至而复,阴阳寒暖风雨之占于是生焉。房又曰:"竹声不可以度调,故作准以定数。准之状如瑟,长丈而十三弦,隐间九尺,以应黄钟之律九寸;中央一弦,下有画分寸,以为六十律清浊之节。"房言律详,其术施行于史官,候部用之。《续汉志》具载其律准度数。

汉章帝元和元年,待诏候钟律殷肜上言:"官无晓六十律以准调音者,故待诏严嵩具以准法教子男宣,愿召宣补学官,主调乐器。"诏曰:"嵩子学审晓律,别其族,协其声者,审试。不得依托父学,以聋为聪。声微妙,独非莫知,独是莫晓,以律错吹,能知命十二律不失一,乃为能传嵩学耳。"试宣十二律,其二中,其四不中,其六不知何律,宣遂罢;自此律家莫能为准。灵帝熹平六年,东观召典律者太子舍人张光等问准意,光等不知。归阅旧藏,乃得其器,形制如房书,犹不能定其弦缓急。音不可书以晓人,知之者欲教而无从,心达者体知而无师,故史官能辨清浊者遂绝。其可以相传者,唯候气而已。

旧律度	新律度	旧律分	新律分新律小分母三十六
钟九寸	九寸	十七万七千一百四十七	十七万七千一百四十七
六寸	六寸一厘	十一万八千九十八	十一万八千二百九十六二十五
太蔟八寸	八寸二厘	十五万七千四百六十四	十五万七千八百六十一十四
南吕五寸三分三厘少强	五寸三分六厘少强	十万四千九百七十六	十万五千五百七十二三
姑洗七寸一分一厘强	七寸一分五厘强	十三万九千九百六十八	十四万七百六十一二二八
应钟四寸七分四厘强	四寸七分九厘强	九万三千三百一十二	九万四千三百五十七
蕤宾六寸三分二厘强	六寸三分八厘强	十二万四千四百一十六	十二万五千六百八六
大吕八寸四分二厘大强	八寸四分九厘大强	十六万五千八百八十八	十六万七千二百七十八三十一
夷则五寸六分一厘大强	五寸七分弱	十一万五百九十二	十一万二千一百八十一二十
夹钟七寸四分九厘少弱	七寸五分八厘少弱	十四万七千四百五十六	十四万九千四百四十九
无射四寸九分九厘半弱	五寸九厘半	九万八千三百九十四	十万二百九十三十四
中吕六寸六分六厘弱	六寸七分七厘	十三万一千七十二	十三万三千二百五十七二十五
黄钟八寸八分八厘弱	九寸	十七万四千七百六十二三分之二,不足二千三百八十四,三分之一	十七万七千一百四十七

论曰:律吕相生,皆三分而损益之。先儒推十二律,从子至亥,每三之,凡十七万七千一百四十七,而三约之,是为上生。故《汉志》云:三分损一,下生林钟,三分益一,上生太蔟。无射既上生中吕,则中吕又当上生黄钟,然后五声、六律、十二管还相为宫。今上生不及黄钟实二千三百八十四,九约实一千九百六十八为一分,此则不周九寸之律一分有奇,岂得还为宫乎?凡三分益一为上生,三分损一为下生,此其大略,犹周天斗分四分之一耳。京房不思此意,比十二律微有所增,方引而伸之,中吕上生执始,执始下生去灭,至于南事,为六十律,竟复不合,弥益其疏。班氏所志,未能通律吕本源,徒训角为触,徵为祉,阳气施种于黄钟,如斯之属,空烦其文,而为辞费。又推九六,欲符刘歆三统之数,假托非类,以饰其说,皆孟坚之妄矣。

蔡邕从朔方上书,云《前汉志》但载十律,不及六十。六律尺寸相生,司马彪皆已志之。汉末,亡失雅乐。黄初中,铸工柴玉巧有意思,形器之中,多所造作。协律都尉杜夔令玉铸钟，其声清浊，多不如法。数毁改作，玉甚厌之，谓夔清浊任意。更相诉白于魏王。魏王取玉所铸钟，杂错更试，然后知夔为精，于是罪玉及诸子，皆为养马士。

晋泰始十年，中书监荀勖、中书令张华，出御府铜竹律二十五具，部太乐郎刘秀等校试，其三具与杜夔及左延年律法同，其二十二具，视其铭题尺寸，是笛律也。问协律中郎将列和，辞："昔魏明帝时，令和承受笛声，以作此律，欲使学者别居一坊，歌咏讲习，依此律调。至于都合乐时，但识其尺寸之名，则丝竹歌咏，皆得均合。歌声浊者，用长笛长律；歌声清者，用短笛短律。凡弦歌调张清浊之制，不依笛尺寸名之，则不可知也。"

勖等奏："昔先王之作乐也，以振风荡俗，飨神佐贤，必协律吕之和，以节八音之中。是故郊祀朝宴，用之有制，歌奏分叙，清浊有宜。故曰'五声十二律，还相为宫。'此经传记载可得而知者。如和对辞，笛之长短，无所象则，率意而作，不由曲度。考以正律，皆不相应，吹其声均，多不谐合。又辞：'先师传笛，别其清浊，直以长短，工人裁制，旧不依律。'是为作笛无法。而知写笛造律，又令琴瑟歌咏，从之为正，非所以稽古先哲，垂宪于后者也。谨条牒诸律，问和意状如左。及依典制，用十二律造笛像十二枚，声均调和，器用便利。讲肆弹击，必合律吕，况乎宴飨万国，奏之庙堂者哉！虽伶、夔旷远，至音难精，犹宜刑古昔，以求厥衷，合于经礼，于制为详。若可施用，请更部笛工，选竹造作，太乐、乐府施行。平议诸杜夔、左延年律可皆留。其御府笛正声下徵各一具，皆铭题作者姓名。其余无所施用，还付御府毁。"奏可。

勖又问和："作笛为可依十二律作十二笛，令一孔依一律，然后乃以为乐不？"和辞："太乐东厢长笛正声已长四尺二寸，令当复取其下徵之声；于法，声浊者笛当长，计其尺寸，乃五尺有余，和昔日作之，不可吹也。又笛诸孔，虽不校试，意谓不能得一孔辄应一律。"案太乐，四尺二寸笛正声均应蕤宾，以十二律还相为宫，推法下徵之孔，当应律大吕。大吕笛长二尺六寸有奇，不得长五尺余。令太乐郎刘秀、邓昊等依律作大吕笛以示和。又吹七律，一孔一校，声皆相应。然后令郝生鼓筝，宋同吹笛，以为《杂引》、《相和》诸曲。和乃辞曰："自和父祖汉世以来，笛家相传，不知此法，而令调均与律相应，实非所及也。"郝生、鲁基、种整、朱夏，皆与和同。

又问和："笛有六孔，及其体中之空为七。和为能尽名其宫商角徵不？孔调与不调，以何检知？"和辞："先师相传，吹笛但以作曲相语，为某曲当举某指，初不知七孔尽应何声。若当作笛，其仰尚方工，依案旧像讫，但吹取鸣者，初不复校其诸孔调与不调也。"案《周礼》调乐金石，有一定之声，是故造钟磬者，先依律调之，然后施于厢悬。作乐之时，诸音皆受钟磬之均，即为悉应律也。至于飨宴殿堂之上，无厢悬钟磬，以笛有一定调，故诸弦歌皆从笛为正。是为笛犹钟磬，宜必合于律吕。如和所对，直以意造，率短一寸，七孔声均，不知其皆应何律？调与不调，无以检正。唯取竹之鸣者，为无法制。辄令部郎刘秀、邓昊、王艳、魏邵等与笛工参共作笛。工人造其形，律者定其声，然后器象有制，音均和协。

又问和："若不知律吕之义，作乐音均高下清浊之调，当以何名之？"和辞："每合乐时，随歌者声之清浊，用笛有长短。假令声浊者用三尺二笛，因名曰此三尺二调也。声清者用二尺九笛，因名曰此二尺九调也。汉、魏相传，施行皆然。"案《周礼》奏六乐，乃奏黄钟；歌大吕，乃奏太蔟，歌应钟，皆以律吕之义，纪歌奏清浊。而和所称以二尺三尺为名，虽汉、魏用之，俗而不典。部郎刘秀、邓昊等以律作笛，三尺二寸者，应无射之律，若宜用长笛，执乐者曰："请奏无射。"《周语》曰："无射所以宣布哲人之令德，示民轨仪也。"二尺八寸四分四厘应黄钟之律，若宜用短笛，执乐者曰："请奏黄钟。"《周语》曰："黄钟所以宣养六气九德也。"是则歌奏之义，当合经礼，考之古典，于制为雅。

《书》曰："予欲闻六律五声八音，在治忽始。"《周礼》载六律六同。《礼记》又曰："五声十二律，还相为宫。"刘歆、班固纂《律历志》，亦纪十二律。唯京房始创六十律，至章帝时，其法已亡；蔡邕虽追古作，其言亦曰："今无能为者。"依案古典及о音家所用六十律者，无施于乐。谨依典记，以五声十二律还相为宫之法，制十二笛象，记注图侧，如别。省图，不如视笛之了，故复重作蕤宾伏孔笛。其制云：

黄钟之笛，正声应黄钟，下徵应林钟，长二尺八寸四分四厘有奇。（《周语》曰："黄钟所以宣养六气九德也。"主声调法，以黄钟为宫，则姑洗为角。禽笛之声应姑洗，故以角之长为黄钟之笛也。其宫声正而不倍。故曰正声。）正声调法，黄钟为宫，（第一孔。）应钟为变宫，（第二孔。）南吕为羽，（第三孔。）林钟为徵，（第四孔。）蕤宾为变徵，（第五附孔。）姑洗为角，（笛体中声。）太蔟为商。（笛后出孔。商声浊于角，当在角下，而角声以在体中，故上其商孔，令在宫上，清于宫也。然则宫商正也，余声皆倍也。是故从宫以下，孔转下转浊也。此章说笛孔上下次第之名。下章说律吕相生，笛之制也。）正声调法，黄钟为宫，（作黄钟之笛，将求宫孔，以姑洗及黄钟律从笛首下度之，尽二律之长而为孔，则得宫声也。）宫生徵，黄钟生林钟也。（以林钟之律从宫孔下度之，尽律为孔，则得徵声也。）徵生商，林钟生太蔟也。（以太蔟律从徵孔上度之，尽律以为孔，则得商声也。）商生羽，太蔟生南吕也。（以南吕律度从角孔下度之，尽律为孔，则得羽声也。）羽生角，南吕生姑洗也。（以姑洗律从羽孔上行度之，尽律而为孔，则得角声也。然则出于商孔之上，吹奏者左手所不及。从羽孔下行度之，尽律而为孔，亦得角声，出于附商孔之下，则吹者右手所不逮也，故不作角孔。推而下之，复倍其均，是以角声在笛体中，古之制也。音家旧法，虽一部再倍，但令均同。适足为唱和之声，无害于曲均故也。《周语》曰："匏竹利制，议宜，谓便于事用从宜者也。）角生变宫，姑洗生应钟也。（上句所谓当为角孔而出商下者，墨点识之，以应律也。从此点下行度之，为孔则得变宫之声也。）变宫生变徵，应钟生蕤宾也。（以蕤宾律从变宫下度之，尽律为孔，则得变徵之声。十二笛之制，各以其宫为主。相生之法，或倍或半，其便事用，例皆一者也。）下徵调法，林钟为宫，（第四孔也。本正声黄钟之徵。徵清当在宫上，用笛之宜，倍令浊下，故曰下徵。下徵更为宫者，记所谓"五声十二律还相为宫"者。然则正声调清，下徵调浊也。）南吕为商，（第三孔也。本正声黄钟之羽，今为下徵之商。）应钟为角，（第二孔也。本正声黄钟之变宫，今为下徵之角也。）黄钟为变徵，（下徵之调，林钟为宫，大吕当变徵。而黄钟笛本无大吕之声，故假用黄钟以为变徵也。假用之法：当变徵之声，则俱发黄钟及太蔟、应钟三孔。黄钟应浊而太蔟清，大吕律在二律之间，俱发三孔而微磑硬之，则得大吕变徵之声矣。诸笛下徵调求变徵之法，皆如此。太蔟为徵，（笛后出孔，本正声之商，今为下徵之徵。）姑洗为羽，（笛体中翕声也。本正声之角，今为下徵之羽也。）蕤宾为变宫，（附孔是也。本正声之变徵也，今为下徵之变宫也。然则正声之调，孔转下转浊；下徵之调，孔转上转清也。）清角之调：以姑洗为宫，（即是笛体中翕声也，于正声为角，于下徵为羽。清角之调，乃以为宫，而哨吹令清，故曰清角。唯得为宛诗谣俗之曲，不合雅乐也。）蕤宾为商，（正也。）林钟为角，（非正也。）南吕为变徵，（非正也。）应钟为徵，（正也。）黄钟为羽，（非正也。）太蔟为变宫。（非正也。清角之调，唯宫商及徵，与律相应，余四声非正者皆浊，一律哨吹令清，假而用之，其例一也。）

凡笛体用角律，其长者八之，（蕤宾、林钟也。）短者四之，（其余十痛，皆四角也。）空中实容，长者十六，（短笛竹宜受八律之黍也。若长短大小不合于此，或器用不便令均法度之齐等也。然笛竹率上大下小，不能均齐，必不得已，取其声均合。）三宫（一曰正声，二曰下徵，三曰清角。）二十一变也。（宫有七声，错综用之，故二十一变也。诸笛例皆一也。）伏孔四，所以便事用也。（一曰正角，出于商上者也。二曰倍角，近笛下者也。三曰变宫，近于宫孔，倍令下者也。四曰变徵，远于徵孔，倍令高者也，或倍令半，或四分一，取则于琴徽也。四者皆不作其孔而取其度，以应进退上下之法，所以协声均，便事用也。其本孔隐而不见，故曰伏孔。）

大吕之笛：正声应大吕，下徵应夷则，长二尺六寸六分三厘有奇。（《周语》曰："元间大吕，助宣物也。"）

太蔟之笛：正声应太蔟，下徵应南吕，长二尺五寸三分一厘有奇。（《周语》曰："太蔟所以金奏，赞阳出滞也。"）

夹钟之笛：正声应夹钟，下徵应无射，长二尺四寸。（《周语》曰："二间夹钟，出四隙之细也。"）

姑洗之笛：正声应姑洗，下徵应应钟，长二尺二寸三分三厘有奇。（《周语》曰："三间中吕，宣中气也。"）

蕤宾之笛：正声应蕤宾，下徵应大吕，长三尺九寸九分五厘有奇。（《周语》曰："蕤宾所以安静神人，献酬交酢。"变宫近孔，故倍半令下，便于用也。林钟亦如之。）

林钟之笛：正声应林钟，下徵应太蔟，长三尺七寸九分二厘有奇。（《周语》曰："四间林钟，和展百事，俾莫不任肃纯恪。"）

夷则之笛：正声应夷则，下徵应夹钟，长三尺六寸。（《周语》曰："夷则所以咏歌九州，平民无贰也。"变宫之法，亦如蕤宾，体用四角，故四分益一也。）

南吕之笛：正声应南吕，下徵应姑洗，长三尺三寸三分。（《周语》曰："五间南吕，赞阳秀也。"）

无射之笛：正声应无射，下徵应中吕，长三尺二寸。（《周语》曰："无射所以宣布哲人之令德，示民轨仪也。"）

应钟之笛：正声应应钟，下徵应蕤宾，长五尺九寸九分六厘有奇。（《周语》曰："六间应钟，均利器用，俾应复也。"）

勖又以魏杜夔所制律吕，检校太乐、总章、鼓吹八音，与律乖错。始知后汉至魏，尺度渐长于古四分有余。夔依为律吕，故致失韵。乃部佐著作郎刘恭依《周礼》更积秬起度，以铸新律。既成，募求古器，得周时玉律，比之不差毫厘。又汉世故钟，以律命之，不叩而自应。初，勖行道，逢赵郡商人县铎于牛，其声甚韵。至是搜得此铎，以调律吕焉。

晋武帝以勖律与周、汉器合，乃施用之。散骑侍郎阮咸讥其声高，非兴国之音。咸亡后，掘地得古铜尺，果长勖尺四分，时人咸服其妙。元康中，裴頠以医方民命之急，而称两不与古同，为害特重，宜因此改治权衡。不见省。

黄钟箱笛，晋时三尺八寸。元嘉九年，太乐令钟宗之减为三尺七寸。十四年，治书令史奚纵又减五分，为三尺六寸五分。（列和云："东箱长笛四尺二寸也。"）太蔟箱笛，晋时三尺七寸，宗之减为三尺三寸七分，纵又减一寸一分，为三尺二寸六分。姑洗箱笛，晋时三尺五寸，宗之减为二尺九寸七分，纵又减五分，为二尺九寸二分。蕤宾箱笛，晋时二尺九寸，宗之减为二尺六寸，纵又减二分，为二尺五寸八分。

卷十二　　志第二

历　中

夫天地之所贵者生也，万物之所尊者人也。役智穷神，无幽不察，是以动作云为，皆应天地之象。古先圣哲，拟辰极，制浑仪。夫阴阳二气，陶育群品，精象所寄，是为日月。群生之性，章为五才，五才之灵，五星是也。历所以拟天行而序七曜，纪万国而授人时。黄帝使大挠造六甲，容成制历象，羲和占日，常仪占月。少昊氏有凤鸟之瑞，以鸟名官，而凤鸟氏司历。颛顼之代，南正重司天，北正黎司地。尧复育重黎之后，使治旧职，分命羲和，钦若昊天。故《虞书》曰："期三百有六旬六日，以闰月定四时成岁。"其后授舜，曰："天之历数在尔躬。"舜亦以命禹。爰及殷、周二代，皆创业革制，而服色从之。顺其时气以应天道，万物群生，蒙其利泽。三王既谢，史职废官，故孔子正《春秋》，以明司历之过。秦兼天下，自以为水德，以十月为正，服色上黑。

汉兴，袭秦正朔，北平侯张苍首言律历之事，以《颛顼历》比于六历，所失差近。施用至武帝元封七年，太中大夫公孙卿、壶遂、太史令司马迁等，言历纪废坏，宜改正朔，易服色，所以明受之于天也。乃诏遂等造汉历。选邓平、长乐司马可及人间治历者，二十余人。方士唐都分天部，落下闳运算转历。其法积八十一寸，则一日之分也，闳与邓平所治同。于是皆观星度，日月行，更以算推，如闰、平法，一月之日二十九日八十一分日之四十三。诏迁用邓平所造八十一分律历，以平为太史丞。至元凤三年，太史令张寿王上书，以为元年用黄帝《调历》，"今阴阳不调，更历之过"。诏下主历使者鲜于妄人与治历大司农中丞麻光等二十余人杂候晦朔弦望二十四气。又诏丞相、御史、大将军、右将军史各一人杂候上林清台，课诸疏密，凡十一家，起三年尽五年。寿王课疏远。又汉元年不用黄帝《调历》，效劾寿王逆天地，大不敬，诏勿劾。复候，尽六年，《太初历》第一。寿王历乃太史官《殷历》也。寿王再劾不服，竟下吏。至孝成时，刘向总六历，列是非，作《五纪论》。向子歆作《三统历》以说《春秋》，属辞比事，虽尽精巧，非其实也。班固谓之密要，故汉《历志》述之。校之何承天等六家之历，虽六元不同，分章或异，至今所差，或三日，或二日数时，考其远近，率皆六国及秦时有人所造。其术斗分多，上不可检于《春秋》，下不验于汉、魏，虽复假称帝王，只足以惑时人耳。

光武建武八年，太仆朱浮上言历纪不正，宜当改治，时所差尚微，未遑考正。明帝永平中，待诏杨岑、张盛、景防等典治历，但改易加时弦望，未能综校历元也。至元和二年，《太初》失天益远，宿度复觉浸多，候者皆知日宿差五度，冬至之日在斗二十一度，晦朔弦望，先天一日。章帝召治历编欣、李梵等综核教状。遂下诏书称："《春秋保乾图》曰：'三百年斗历改宪。'史官用《太初》邓平术，有余分一，在三百年之域，行度转差，浸以缪错，璇玑不正，文象不稽。冬至之日，日在斗二十二度，先立春一日，则《四分》之立春日也。而以折狱断大刑，于气已逆；用望平和，盖亦远矣。今改行《四分》，以遵尧顺孔，奉天之文，同心敬授，傥获咸熙。"于是《四分法》施行。黄帝以来诸历以为冬至在牵牛初者，皆黜焉。

和帝永元十四年，待诏太史霍融上言："官漏刻率九日增减一刻，不与天相应，或时差至二刻半，不如夏历密。"其年十一月甲寅，诏曰："漏所以节时分，定昏明。昏明长短，起于日去极远近，日道周圜，不可以率分。官漏九日增减一刻，违失其实，以晷景为刻，密近有验，今下晷景漏刻四十八箭。"其二十四气日所在，并黄道去极、晷景、漏刻、昏明中星，并列载于《续汉律历志》。安帝延光三年，中竭者亶诵上书言当用甲寅元，河南梁丰云当复用《太初》。尚书郎张衡、周兴皆审历，数难诵、丰，或不能对，或云失误。衡等参案仪注，考往校今，以为《九道法》最密。诏下公卿详议。太尉恺等议："《太初》过天一度，月以晦见西方。元和改从《四分》，《四分》虽密于《太初》，复不正，皆不可用。甲寅元与天相应，合图谶，可施行。"议者不同。尚书令忠上奏："天之历数，不可任疑从虚，以非易是。"亶等遂寝。

灵帝熹平四年，五官郎中冯光、沛相上计掾陈晃等言："历元不正，故盗贼为害。历当以甲寅为元，不用庚申，乞本庚申元经纬明文。"诏下三府，与儒林明道术者详议。群臣会司徒府集议，议郎蔡邕曰："历数精微，术甚无常也。汉兴承秦，用历《颛顼》，元用乙卯，百有二岁，孝武皇帝始改《太初》，元用丁丑。行之百八十九岁，孝章帝改从《四分》，元用庚申。今光等以庚申为非，甲寅为是。按历法，黄帝、颛顼、夏、殷、周、鲁，各自有元。光、晃所摅，则殷历元也。昔始用《太初》丁丑之后，六家纷错，争讼是非。张寿王挟甲寅元以非汉历，杂候清台，课在下第。《太初》效验，无所漏失。是则虽非图谶之元，而有效于前者也。及用《四分》以来，考之行度，密于《太初》，是又新元有效于今者也。故延光中，亶诵亦非《四分》，言当用甲寅元，公卿参议，竟不施行。且三光之行，迟速进退，不必совсем一。故有古今之术。今术之不能通于古，亦犹古术不能下通于今也。又光、晃以《考灵耀》为本，二十八宿度数与日所在，错异不可参校。元和二年用至今九十二岁，而光、晃言阴阳不和，奸臣盗贼，皆元之咎。元和诏书，文备义著，非群臣议者所能变易。"三公从邕议，以光、晃不敬，正鬼薪法，诏书勿治罪。

何承天曰：夫历数之术，若心所不达，虽复通人前识，无救其为敝也。是以多历年岁，未能有定。《四分》于天，出三百年而盈一日。积代不悟，徒云建历之本，必先立元，假言谶纬，遂关治乱，此之为蔽，亦已甚矣。刘歆《三统法》尤复疏阔，方于《四分》，六千余年又益一日。扬雄心惑其说，采为《太玄》，班固谓之最密，著于《汉志》；司彪因曰"自太初元年始用《三统历》，施行百有余年"。曾不忆刘歆之生，不逮太初，二三君子言历，几乎不知而妄言欤！

光和中，谷城门候刘洪始悟《四分》于天疏阔，更以五百八十九为纪法，百四十五为斗分，造《乾象法》。又制迟疾历以步月行。方于《太初》、《四分》，转精微矣。魏文帝黄初中，太史丞韩翊以为《乾象》减斗分太过，后当先天，造《黄初历》，以四千八百八十三为纪法，一千二百五为斗分。其后尚书令陈群奏，以为"历数难明，前代通儒多共纷争。《黄初》之元，与《四分历》久远疏阔，大魏受命，宜正历明时。韩翊首建《黄初》，犹恐不审，故以《乾象》互相参校。历三年，更相是非，舍本即末，争长短而疑尺丈，竟无时可决。按三公议，皆综尽曲理，殊涂同归，欲使效之璇玑，各尽其法，一年之间，得失足定，合十事宜。"奏可。明帝时，尚书郎杨伟制《景初历》，施用至于晋、宋。古之为历者，邓平能修旧制新，刘洪始减《四分》，又定月行迟疾，杨伟斟酌两端，以立多少之衷，因朔积分设差，以推合朔月蚀。此三人，汉、魏之善历者，然而洪之迟疾，不可以检《春秋》；伟之五星，大乖于后代，斯则洪用心尚疏，伟拘于同出上元壬辰故也。

魏明帝景初元年，改定历数，以建丑之月为正，改其年三月为孟夏四月。其孟仲季月，虽与正岁不同，至于郊祀、迎气、祭祠、蒸尝、巡狩、搜田，分至启闭，班宣时令，皆以建寅为正。三年正月，帝崩，复用夏正。

杨伟表曰："臣揽载籍，断考历数，时以纪农，月以纪事，其所由来，邈而尚矣。乃自少昊，则玄鸟司分；颛顼帝喾，则重、黎司天；唐帝、虞舜，则羲、和掌日。三代因之，则世有日官。日官司历，则颁之诸侯，诸侯受之，则颁于境内。夏后之代，羲、和湎淫，废时乱日，则《书》载《胤征》。由此观之，审农时而重人事者，历代也。逮至周室既衰，战国横骛，告朔之羊，废而不绍，登台之礼，灭而不遵。闰分乖次而不识，孟陬失纪而莫悟，大火犹西流，而怪蛰虫之不藏也。是时也，天子不协时，司历不书日，诸侯不受职，日御不分朔，人事不恤，废弃农时。仲尼之拨乱于《春秋》，托褒贬纠正，司历失闰，则讥而书之，登台颁朔，则谓之有礼。自此以降，暨于秦、汉，乃复以孟冬为岁首，闰为后九月，中节乖错，时月纰缪，加时后天，蚀不在朔，累载相袭，久而不革也。至武帝元封七年，始乃寤其缪焉。于是改正朔，更历数，使大才通人，造《太初历》。校中朔所差，以正闰分；课中星得度，以考疏密，以建寅之月为正朔，以黄钟之月为历初。其历斗分太多，后遂疏阔。至元和二年，复用《四分历》。施而行之。至于今日，考察日蚀，率常在晦，是则斗分太多，故先密后疏而不可用也。是以臣前以制典余日，推考天路，稽之前典，验之食朔，详而精之，更建密历，则不先不后，古今中天。以昔在唐帝，协日正时，允厘百工，咸熙庶绩也。欲使当今国之典礼，凡百制度，皆韬合往古，郁然备足，乃改正朔，更历数，以大吕之月为岁首，以建子之月为历初。臣以为昔在帝代，则法曰《颛顼》，曩自轩辕，则历曰《黄帝》。暨至汉之孝武，革正朔，更历数，改元曰太初，因名《太初历》。今改元为景初，宜曰《景初历》。臣之所建《景初历》，法数则约要，施用则近密，治之则省功，学之则易知。虽复使研、桑心算，隶首运筹，重、黎司晷，羲、和察景，以考天路，步验日月，究极精微，尽术数之极者，皆未如臣如此之妙也。是以累代历数，皆疏而不密，自黄帝以来，改革不已。

壬辰元以来，至景初元年丁巳，岁积四千四十六，算上。此元以天正建子黄钟之月为历初，元首之岁夜半甲子朔旦冬至。

元法，万一千五十八。纪法，千八百四十三。纪月，二万二千七百九十五。章岁，十九。章月，二百三十五。章闰，七。

通数，十三万四千六百三十。日法，四千五百五十九。余数，九千六百七十。周天，六十七万三千一百五十。纪日岁中，十二。气法，十二。没分，六万七千三百一十五。没法，九百六十七。月周，二万四千六百三十八。通法，四十七。会通，七十九万一百二十。朔望合数，六万七千三百一十五。入交限数，七十二万二千七百九十五。通周，十二万五千六百二十一。周日日余，二千五百二十八。周虚，二千三十一。斗分，四百五十五。甲子纪第一：纪首合朔，月在日道里。交会差率，四十一万二千九百一十九。迟疾差率，十万三千九百四十七。甲戌纪第二：纪首合朔，月在日道里。交会差率，五十一万六千五百二十九。迟疾差率，七万三千七百六十七。甲申纪第三：纪首合朔，月在日道里。交会差率，六十二万一百三十九。迟疾差率，三万三千五百八十七。甲午纪第四：纪首合朔，月在日道〔里。〕交会差率，七十二万三千七百四十九。迟疾差率，一〔十万〕四百七。甲辰纪第五：纪首合朔，月在日道里。交〔会差率，八〕三万七千二百四十九。迟疾差率，一十万八千八〔百六十九〕甲寅纪第六：纪首合朔，月在日道里。交会差率，十四万八百五十九。迟疾差率，七万八千六百六十八。

交会纪差，十万三千六百一十。求其数之所生者，置一纪积月以通数乘之，会通去之，所去之余，纪差之数也。以之转加前纪，则得后纪。加之未满会通者，则纪首之岁天正合朔，月在日道里，满去之，则月在日道表。加表满在里，加里满在表。

迟疾纪差，三万一百八十。求其数之所生者，置一纪积月，以通数乘之，通周去之，余以减通周，所减之余，纪差之数也。以之转减前纪，则得后纪。不足减者，加通周。求次元纪差率，转减前元甲寅纪差率，余则次元甲子纪差率也。求次纪，如上法也。

推朔积月术曰：置壬辰元以来，尽所求年，外所求，以纪法除之，所得算外，所入纪第也，余则入纪年数。年以章月乘之，如章岁而一为积月，不尽为闰余。闰余十二以上，其年有闰。闰月以无中气为正。推朔术曰：以通数乘积月，为朔积分，如日法而一为积日，不尽为小余。以六十去积日，余为大余。大余命以纪，算外，所求年天正十一月朔日也。求次月，加大余二十九，小余二千四百一十九，小余满日法从大余，命如前，次月朔日也。小余二千一百四十以上，其月大也。推弦望，加朔大余七，小余千七百四十四，小分一，小分满二从小余，上余满日法从大余，大余满六十去之，余命以纪，算外，上弦日也。又加得望、下弦、后月朔。其月蚀望者，定小余，如所近中节间限，限数以下者，算上为日。望在中节前后各四日以还者，视限数；望在中节前后各五日以上者，视间限。

推二十四气术曰：置所入纪年，外所求，以余数乘之，满纪法为大余，不尽为小余。大余满六十去之，余命以纪，算外，天正十一月冬至日也。求次气，加大余十五，小余四百二，小分十一，小分满气法从小余，小余满纪法从大余，命如前，次气日也。

推闰月术曰：以闰余减章岁，余以岁中乘之，满章闰得一月，余满半法以上亦得一月。数从天正十一月起，算外，闰月也。闰有进退，以无中气御之。

大雪，十一月节。（限数千二百四十二。间限千二百四十八。）

冬至，十一月中。（限数千二百五十四。间限千二百四十五。）

小寒，十二月节。（限数千二百三十五。间限千二百二十四。）

大寒，十二月中。（限数千二百一十三。间限千一百九十二。）

立春，正月节。（限数千一百七十二。间限千一百三十七。）

雨水，正月中。（限数千一百一十二。间限千九十三。）

惊蛰，二月节。（限数千六十五。间限千二十六。）

春分，二月中。（限数千八。间限九百七十九。）

清明，三月节。（限数九百五十一。间限九百二十五。）

谷雨，三月中。（限数九百。间限八百七十九。）

立夏，四月节。（限数八百五十七。间限八百四十。）

小满，四月中。（限数八百二十二。间限八百一十三。）

芒种，五月节。（限数八百。间限七百九十九。）

夏至，五月中。（限数七百九十八。间限八百。）
小暑，六月节。（限数八百五。间限八百一十五。）
大暑，六月中。（限数八百二十五。间限八百四十二。）
立秋，七月节。（限数八百五十九。间限八百八十三。）
处暑，七月中。（限数九百七。间限九百三十五。）
白露，八月节。（限数九百六十二。间限九百九十二。）
秋分，八月中。（限数千二十一。间限千五十一。）
寒露，九月节。（限数千八十。间限千一百七。）
霜降，九月中。（限数千一百三十三。间限千一百五十七。）
立冬，十月节。（限数千一百八十一。间限千一百九十八。）
小雪，十月中。（限数千二百一十五。间限千二百二十九。）

推没灭术曰：因冬至积日有小余者，加积一，以没分乘之，以没法除之，所得为大余，不尽为小余。大余满六十去之，余命以纪，算外，即去年冬至后没日也。

求次没，加大余六十九，小余五百九十二，小余满没法得一，从大余，命如前。小余尽，为灭也。

推五行用事日：立春、立夏、立秋、立冬者，即木、火、金、水始用事日也。各减其大余十八，小余四百八十三，小分六，余命以纪，算外，各四立之前土用事日也。大余不足减者，加六十；小余不足减者，减大余一，加纪法；小分不足减者，减小余一，加气法。

推卦用事日：因冬至大余，六其小余，《坎卦》用事日也。加小余万九千九十一，满元法从大余，即《中孚》用事日也。求次卦，各加大余六，小余九百六十七。其四正各因其中日，六其小余。

推日度术曰：以纪法乘朔积日，满周天去之，余以纪法除之，所得为度，不尽为分。命度从牛前五起，宿次除之，不满宿，则天正十一月朔夜半日所在度及分也。

求次日，日加一度，分不加，经斗除斗分，分少退一度。推月度术曰：以月周乘朔积日，满周天去之，余以纪法除之，所得为度，不尽为分，命如上法，则天正十一月朔夜半月所在度及分也。求次月，小月加度二十二，分八百六；大月又加一日，度十三，分六百七十九；分满纪法得一度，则次月朔夜半月所在度及分也。其冬下旬，夕在张心署之。

推合朔度术曰：以章岁乘朔小余，满通法为大分，不尽为小分。以大分从朔夜半日度分，分满纪法从度，命如前，则天正十一月合朔日月所共合度也。

求次月，加度二十九，大分九百七十七，小分四十二，小分满通法从大分，大分满纪法从度。经斗除其分，则次月合朔日月所共合度也。

推弦望日所在度：加合朔度七，大分七百五，小分十，微分一，微分满二从小分，小分满通法从大分，大分满纪法从度，命如前，则上弦日所在度也。又加得望、下弦、后月合也。推弦望月所在度：加合朔度九十八，大分千二百七十九，小分三十四，数满命如前，即上弦月所在度也。又加得望下弦后月合也。

推日月昏明度术曰：日以纪法，月以月周，乘所近节气夜漏，二百而一，为明分。日以减纪法，月以减月周，余为昏分。各以加夜半，如法为度。

推合朔交会月蚀术曰：置所入纪朔积分，以所入纪交会差率之数加之，以会通去之，余则所求年天正十一月合朔去交度分也。以通数加之，满会通去之，余则次月合朔去交度分也。以朔望合数各加其月合朔去交度分，满会通去之，余则各其月望去交度分也。朔望去交分如朔望合数以下，入交限数以上者，朔则交会，望则月蚀。推合朔交会月蚀月在日道表里术曰：置所入纪朔积分，以所入纪下交会差率之数加之，倍会通去之，余不满会通者，纪首表，天正合朔月在表，纪首里，天正合朔月在里。满会通去之，表在里，里在表。

求次月，以通数加之，满会通去之，加里满在表，加表满在里。先交会后月蚀者，朔在表则望在表，朔在里则望在里。先月蚀后交会者，看食月朔在里则望在表，朔在表则望在里。交会月蚀如朔望会数以下，则前交后会；如入交限数以上，则前会后交。其前交后会近于限数者，则豫伺之前月；前会后交近于限数者，则后伺之后月。

求去交度术曰：其前交后会者，今去交度分如日法而一，所得则却去交度也。其前会后交者，以去交度分减会通，余如日法而一，所得则前去交度，余皆度分也。去交度十五以上，虽交不蚀也。十以下是蚀，十以上亏蚀微少，光晷相及而已。亏之多少，以十五为法。

求日蚀亏起角术曰：其月在外道，先交后会者，亏蚀西南角起；先会后交者，亏蚀东南角起。其月在内道，先交后会者，亏食西北角起；先会后交者，亏食东北角起。亏食分多少，如上以十五为法。会交中者，蚀尽。月蚀在日之冲，亏角与上反也。

	月行迟疾度	损益率	盈缩积分	月行分
一日	十四度十四分	益二十六	盈初	二百八十
二日	十四度十一分	益二十三	盈积分一十一万八千五百三十四	二百七十七
三日	十四度八分	益二十	盈积分二十二万三千三百九十一	二百七十四
四日	十四度五分	益十七	盈积分三十一万四千五百七十一	二百七十一
五日	十四度一分	益十三	盈积分三十九万二千七十四	二百六十七
六日	十三度十四分	益七	盈积分四十五万一千三百四十一	二百六十
七日	十三度七分	损	盈积分四十八万三千二百五十四	二百五十四
八日	十三度一分	损六	盈积分四十八万三千二百五十四	二百四十八
九日	十二度十六分	损十	盈积分四十五万五千九百	二百四十四
十日	十二度十三分	损十三	盈积分四十一万三百一十	二百四十一
十一日	十二度十一分	损十五	盈积分三十五万一千四十三	二百三十九

日	度	损益	盈缩积分	
十二日	十二度八分	损十八	盈积分二十八万二千六百五十八	二百三十六
十三日	十二度五分	损二十一	盈积分二十万五百九十六	二百三十三
十四日	十二度三分	损二十三	盈积分十万四千八百五十七	二百三十一
十五日	十二度五分	益二十一	缩初	二百三十三
十六日	十二度七分	益十九	缩积分九万五千七百三十九	二百三十五
十七日	十二度九分	益十七	缩积分十八万二千三百六十	二百三十七
十八日	十二度十二分	益十四	缩积分二十五万九千八百六十三	二百四十
十九日	十二度十五分	益十一	缩积分三十二万三千六百八十九	二百四十三
二十日	十二度十八分	益八	缩积分三十七万三千八百三十八	二百四十六
二十一日	十三度三分	益四	缩积分四十一万三百一十	二百五十
二十二日	十三度七分	损	缩积分四十二万八千五百四十六	二百五十四
二十三日	十三度十二分	损五	缩积分四十二万八千五百四十六	二百五十九
二十四日	十三度十八分	损十一	缩积分四十万五千七百五十一	二百六十五
二十五日	十四度五分	损十七	缩积分三十五万五千六百二	二百七十一
二十六日	十四度十一分	损二十三	缩积分二十七万八千九十九	二百七十七
二十七日	十四度十一分	损十四	缩积分十七万三千二百四十二	二百七十八
周日	十四度十三分有小分六百二十六	损二十五有小分六	缩积分六万三千八百二十六	二百七十九有小分二百一十六

推合朔交会月蚀入迟疾历术曰：置所入纪朔积分，以所入纪下迟疾差率之数加之，以通周去之，余满日法得一日，不尽为日余，命日算外，则所求年天正十一月合朔入历日也。

求次月，加一日，日余四千四百五十。求望，加十四日，余三千四百八十九。日余满日法成日，日满二十七去之。又除余如周日余，日余不足除者，减一日，加周虚。

推合朔交会月蚀定大小余：以入历日余，乘所入历损益率，以损益盈缩积分为定积分。以章岁减所入历月行分，乘除之，所得以盈减缩加本小余。加之满日法者，交会加时在后日；减之，不足者，交会加时在前日。月蚀小余为日加时。入历在周日者，以周日日余乘

缩积分，为定积分。以率损乘入历日余，又以周日日余乘之，以周日日度小分并之，以损定积分，余为后定积分。以章岁减周日月行分，余以周日日余乘之，以周日度小分并之，以除后定积分，所得以加本小余，如上法。

推加时：以十二乘定小余，满日法得一辰，数从子起，算外，则朔望加时所在辰也。有余不尽者四之，如日法而一为少，二为半，三为太。又有余者三之，如日法而一为强，半法以上排成之，不满半法废弃之。以强并少为少强，并半为半强，并太为太强。得二强者为少弱，以之并少为半弱，以之并半为太弱，以之并太为一辰弱。以所在辰命之，则各得其少、太、半及强、弱也。其月蚀望在中节前后四日以还者，视限数；五日以上者，视间限。定小余如间限、限数以下者，以算上为日。

斗二十六（分四百五十五）　牛八　女十二　虚十　危十七　室十六　壁九　北方九十八度（分四百五十五）

奎十六　娄十二　胃十四　昴十一　毕十六　觜二　参九　西方八十度

井三十三　鬼四　柳十五　星七　张十八　翼十八　轸十七　南方百一十二度

角十二　亢九　氐十五　房五　心五　尾十八　箕十一　东方七十五度

中节	日所在度	日行黄道去极度	日中晷景
昼漏刻	夜漏刻	昏中星	明中星
冬至（十一月中）	斗二十一（少）	百一十五度	丈三尺
	四十五	五十五	奎六弱　亢二（少强）
小寒（十二月节）	女二（少）	百一十三（强）	丈二尺三寸
	四十五（八分）	五十四（二分）	娄六（半强）　氐七（强）
大寒（十二月中）	虚五（半弱）	百一十（太弱）	丈一尺
	四十六（八分）	五十三（二分）	胃十一（太强）　心（半）
立春（正月节）	危十（太弱）	百六（少弱）	九尺六寸
	四十八（六分）	五十一（四分）	毕五（少弱）　尾七（半弱）
雨水（正月中）	室八（太强）	百一（强）	七尺九寸（五分）
	五十（八分）	四十九（二分）	参六（半弱）　箕（半弱）
惊蛰（二月节）	壁八（强）	九十五（强）	六尺五寸
	五十三（三分）	四十六（七分）	井十七（少弱）　斗初（少）

春分 (二月中)	奎十四 (少强)	八十九 (少强)	五尺二寸 (五分)	秋分 (八月中)	角五 (弱)	九十 (半强)	五尺五寸
五十五 (八分)	四十四 (二分)	鬼四	斗十一 (弱)	五十五 (二分)	四十四 (八分)	牛五 (少)	井十六 (少强)
清明 (三月节)	胃一 (半)	八十三 (少弱)	四尺一寸 (五分)	寒露 (九月节)	亢八 (半弱)	九十六 (太强)	六尺八寸 (五分)
五十八 (三分)	四十一 (七分)	星四 (太)	斗二十 一(半)	五十二 (六分)	四十七 (四分)	女七 (太)	鬼三 (少弱)
谷雨 (三月中)	昴二 (太)	七十七 (太强)	三尺二寸	霜降 (九月中)	氐十四 (少强)	百二 (少强)	八尺四寸
六十 (五分)	三十九 (五分)	张十七 (半)	牛六	五十 (三分)	四十九 (七分)	虚六 (太)	星三 (太)
立夏 (四月节)	毕六 (太)	七十三 (少弱)	二尺五寸 (二分)	立冬 (十月节)	尾四 (半强)	百七 (少强)	丈
六十二 (四分)	三十七 (六分)	翼十七 (太)	女十 (少弱)	四十八 (二分)	五十一 (八分)	危八 (强)	张十五 (太强)
小满 (四月中)	参四 (少弱)	六十九 (太)	尺九寸 (八分)	小雪 (十月中)	箕一 (太强)	百一十一 (弱)	丈一尺四寸
六十三 (九分)	三十六 (一分)	角一 (太弱)	危 (太弱)	四十六 (七分)	五十三 (三分)	室三 (半强)	翼十五 (太)
芒种 (五月节)	井十 (半弱)	六十七 (少弱)	尺六寸 (八分)	大雪 (十一月节)	斗六	百一十三 (太强)	丈二尺五寸 (六分)
六十四 (九分)	三十五 (一分)	亢五 (太)	危十四 (强)	四十五 (五分)	五十四 (五分)	壁 (半强)	轸十五 (少强)
夏至 (五月中)	井二十五 (半强)	六十七 (强)	尺五寸				
六十五	三十五	氐十二 (少弱)	室十二 (强)				
小暑 (六月节)	柳三 (太强)	六十七 (太强)	尺七寸				
六十四 (七分)	三十五 (三分)	尾一 (太强)	奎二 (太强)				
大暑 (六月中)	星四 (强)	七十	二尺				
六十三 (八分)	三十六 (二分)	尾十五 (半强)	娄三 (太)				
立秋 (七月节)	张十二 (少)	七十三 (半强)	二尺五寸 (五分)				
六十二 (三分)	三十七 (七分)	箕九 (太强)	胃九 (太弱)				
处暑 (七月中)	翼九 (半)	七十八 (半强)	三尺三寸 (三分)				
六十 (二分)	三十九 (八分)	斗十 (少)	毕三 (太)				
白露 (八月节)	轸六 (太)	八十四 (少强)	四尺三寸 (五分)				
五十七 (八分)	四十二 (二分)	斗二十 一(强)	参五 (少强)				

右中节二十四气，如术求之，得冬至十一月中也。加之得次月节，加节得其月中。中星以日所在为正。置所求年二十四气小余四之，如法得一为少，不尽少三之，如法为强。所以减其节气昏明中星各定。

推五星术：五星者，木曰岁星，火曰荧惑，土曰填星，金曰太白，水曰辰星。凡五星之行，有迟有疾，有留有逆。曩自开辟，清浊始分，则日月五星聚于星纪。发自星纪，并而行天，迟疾留逆，互相逮及。星与日会，同宿共度，则谓之合。从合至合之日，则谓之终。各以一终之日与一岁之日，通分相约，终而率之，岁数岁则谓之合终岁数，岁终则谓之合终合数。二率既定，则法数生焉。以章岁乘合数为合月法，以纪法乘合数为日度法，以章月乘岁数为合月分，如合月法为合月数，合月之余为月余。以通数乘合月数，如日法而一为大余，以六十去大余，余为星合大余。大余之余为朔小余。以通数乘月余，以合月法乘朔小余，并之，以日法乘合月法除之，所得星合入月日数也。余以通法约之，为入月日。以朔小余减日法，余为朔虚分。以历斗分乘合数，为星度斗分。木、火、土各以合数减岁数，余以周天乘之，如日度法而一，所得则行星度数也，余则度余。金、水以周天乘岁数，如日度法而一，所得则行星度数也，余则度余。

木：合终岁数，千二百五十五。合终合数，千一百四十九。合月法，二万一千八百三十一。日度法，二百一十一万七千六百七。合月数，十三。月余，万一千一百二十二。朔大余，二十三。朔小余，四千九十三。入月日，十五。日余,百九十九万五千六百六十四。朔虚分,四百六十六。斗分,五十二万二千七百九十五。行星度,三十三。度余,百四十七万二千八百。

火:合终岁数,五千一百五。合终合数,二千三百八十八。合月法,四万五千三百七十二。日度法,四百四十万一千四百八十四。合月数,二十六。月余,二万三。朔大余,四十七。朔小余,三千六百二十七。入月日,十三。日余,三百五十八万五千二百三十。朔虚分,九百三十二。斗分,百八万六千五百四十。行星度,五十。度余,百四十一万二千一百五十。

土:合终岁数,三千九百四十三。合终合数,三千八百九。合月法,七万二千三百七十一。日度法,七百一万九千九百八十七。合月数,十二。月余,五万八千一百五十三。朔大余,五十四。朔小余,千六百七十四。入月日,二十四。日余,六十七万五千三百六十四。朔虚分,二千八百八十五。斗分,百七十三万三千九十五。行星度,十二。度余,五百九十六万二千二百五十六。

金:合终岁数,千九百七。合终合数,二千三百八十五。合月法,四万五千三百一十五。日度法,四百三十九万五千五百五十五。合月数,九。月余,四万三百一十。朔大余,二十五。朔小余,三千五百三十五。入月日,二十七。日余,十九万四千九百四十。朔虚分,千二十四。斗分,百八万五千一百七十五。行星度,二百九十二。度余,十九万四千九百九十。

水:合终岁数,一千八百七十。合终合数,万一千七百八十九。合月法,二十二万三千九百九十一。日度法,二千一百七十二万七千一百二十七。合月数,一。月余,二十一万五千四百五十九。朔大余,二十九。朔小余,二千四百一十九。入月日,二十八。日余,二千二百三十四万四千二百六十一。朔虚分,二千一百四十。斗分,五百三十六万三千九百九十五。行星度,五十七。度余,二千三十四万四千二百六十一。

推五星术曰:置壬辰元以来尽所求年,以合终合数乘之,满合终岁数得一,名积合,不尽名合余。以合终合数减合余,得一者星合往年,得二者合前往年,无所得,合其年。余以减合终合数,为度分。金、水积合,偶为晨,奇为夕。

推五星合月:以月数月余各乘积合,余满合月法从月,为积月,不尽为月余。以纪月除积月,所得算外,所入纪也,余为入纪月。副以章闰乘之,满章月得一为闰,以减入纪月,余以岁中去之,余为入岁月,命以天正起算外,星合月也。其在闰交际,以朔御之。

推合月朔:以通数乘入纪月,满日法得一为积日,不尽为小余。以六十去积日,余为大余,命以所入纪,算外,星朔日也。推入月日:以通数乘月余,合月法乘朔小余,并之,通法约之,所得满日度法得一,则星合入月日也,余为日余。命日以朔,算外,入月日也。

推星合度:以周天乘度分,满日度法得一为度,不尽命以牛前五度起,算外,星所合度也。

后合月,以月数加入岁月,以余加月余,余满合月法得一月,月不满岁中,即在其年;满去之,有闰计焉,余为后年;再满,在后二年。金、水加晨得夕,加夕得晨也。求后合朔,以朔大小余数加合朔月大小余,其月余上成月者,又加大余二十九,小余一千四百一十九,小余满日法从大余,命如前法。求后入月日,以入月日、日余加入月日及余,余满日度法得一。其前合朔小余满其虚分者,去一日;后小余满二千四百一十九以上,去二十九日;不满,去三十日,其余则后合入月日,命以朔。求后合度,以度数及分,如前合宿次命之。

木:晨与日合,伏,顺,十六日九十九万七千八百三十二分,行星二度百七十九万五千二百三十八分,而晨见东方,在日后。顺,疾,日行五十七分之十一,五十七日行十一度。顺,迟,日行九分,五十七日行九度而留。不行,二十七日而旋。逆,日行七分之一,八十四日退十二度,而复留二十七日。复迟,日行九分,五十七日行九度而复顺。疾,日行十一分,五十七日行十一度,在日前,夕伏西方。顺,十六日九十九万七千八百三十二分,行星二度百七十九万五千二百三十八分,而与日合。凡一终,三百九十八日百九十九万五千六百六十四分,行星三十三度百四十七万二千八百六十九分。

火:晨与日合,伏,七十二日百七十九万二千六百一十五分,行星五十六度百二十四万九千三百四十五分,而晨见东方,在日后。顺,日行二十三分之十四,百八十四日行百一十二度。更顺,迟,日行十二分,九十二日行四十八度而留。不行,十一日而旋。逆,日行六十二分之十七,六十二日退十七度,而复留十一日。复顺,迟,日行十二分,九十二日,行四十八度而复疾。日行十四分,百八十四日行百一十二度,在日前,夕伏西方。顺,七十二日百七十九万二千六百一十五分,行星五十六度百二十四万九千三百四十五分,而与日合。凡一终,七百八十日三百五十八万五千二百三十分,行星四百一十五度二百四十九万八千六百九十分。

土:晨与日合,伏,十九日三百八十四万七千六百七十五分半,行星二度六百四十九万一千一百二十一分半,而晨见东方,在日后。顺,行百七十二分之十三,八十六日行六度半而留。不行,三十二日半而旋。逆,日行十七分之一,百二日退六度而复留。不行,三十二日半复顺,日行十三分,八十六日行六度半,在日前,夕伏西方。顺,十九日三百八十四万七千六百七十五分半,行星二度六百四十九万一千一百二十一分半,而与日合。凡一终,三百七十八日六十七万五千三百六十四分,行星十二度五百九十六万二千二百五十六分。

金:晨与日合,伏,六日退四度,而晨见东方,在日后而逆。迟,日行五分之三,十日退六度。留,不行,七日而旋。顺,迟,日行四十五分之三十三,四十五日行三十三度而顺。疾,日行一度九十一分之十四,九十一日行百五度而顺。益疾,日行一度九十一分之二十一,九十一日行百一十二度,在日后,而晨伏东方。顺,四十二日十九万四千九百九十分,行星五十二度十九万四千九百九十分,而与日合。一合,二百九十二日十九万四千九百十分，行星如之。

金：夕与日合，伏，顺，四十二日十九万四千九百九十分，行星五十二度十九万四千九百九十分，而夕见西方，在日前。顺，疾，日行一度九十一分之二十一，九十一日行百一十二度而更顺。迟，日行一度十四分，九十一日行百五度而顺。益迟，日行四十五分之三十三，四十五日行三十三度而留。不行，七日而旋。逆，日行五分之三，十日退六度，在日前，夕伏西方。逆，六日，退四度，而与日合。凡再合一终，五百八十四日三十八万九千九百八十分，行星如之。

水：晨与日合，伏，十一日退七度，而晨见东方，在日后。逆，疾，一日退一度而留。不行，一日而旋。顺，迟，日行八分之七，八日行七度而顺。疾，日行一度十八分之四，十八日行二十二度，在日后，晨伏东方。顺，十八日二千三十四万四千二百六十一分，行星三十六度二千三十四万四千二百六十一分，而与日合。凡一合，五十七日二千三十四万四千二百六十一分，行星如之。

水：夕与日合，伏，十八日二千三十四万四千二百六十一分，行星三十六度二千三十四万四千二百六十一分，而夕见西方，在日前。顺，疾，日行一度十八分之四，十八日行二十二度。迟，日行八分之七，八日行七度而留。不行，一日而旋。逆，一日退一度，在日前，夕伏西方。逆，十一日退七度，而与日合。凡再合一终，百一十五千八百九十六万一千三百九十五分，行星如之。

五星历步术：以法伏日度余，加星合日度余，余满日度法得一从全，命之如前，得星见日及度余也。以星行分母乘见度分，如日度法得一，分不尽，半法以上，亦得一，而日加所行分，分满其母得一度。逆顺母不同，以当行之母乘故分，如故母而一，当行分也。留者承前，逆则减之，伏不书度，除斗分，以行母为率。分有损益，前后御之。

凡五星行天，迟疾留逆，虽大率有常，至犯守逆顺，难以术推。月之行天，犹有迟疾，况五星乎！唯日之行天有常，进退有率，不迟不疾，不外不内，人君德也。

求木合终岁数法，以木日度法乘一木终之日，内分，周天除之，即得也。求木合终合数法，以木日度法乘周天，满纪法，所得复以周天除之，即得。五星皆放此也。

魏黄初元年十一月小，己卯朔首，己亥岁，十一月己卯朔旦冬至，臣伟上。"

刘氏在蜀，不见改历，当是仍用汉《四分法》。吴中书令阚泽受刘洪《乾象法》于东莱徐岳字公河。故孙氏用《乾象历》，至于吴亡。

晋武帝泰始元年，有司奏："王者祖气而奉其口终，晋于五行之次应尚金，金生于巳，事于酉，终于丑，宜祖以酉日，腊以丑日。改《景初历》为《泰始历》。"奏可。

史臣按，邹衍五德，周为火行。衍生在周时，不容不知周氏行运。且周之为历年八百，秦氏即有周之建国也。周之火木，其事易详。且五德更王，唯有二家之说。邹衍以相胜立体，刘向相生为义。据以为言，不得出此二家者。假使即刘向之说，周为木行，秦氏代周，改其行运。若不相胜，则克木者金；相生则木实生火。秦氏乃称水德，理

非谬然，斯则刘氏所证为不值矣。臣以为张苍虽是汉臣，生与周接，司秦柱下，备睹图书。且秦虽灭学，不废术数，则有周遗文虽不毕在，据汉水行，事非虚衷。贾谊《取秦》云："汉土德。"盖以是汉代秦。详论二说，各有其义。张苍则以汉水胜周火，废秦不班五德。贾谊则以汉土胜秦水，以秦为一代。论秦、汉虽殊，而周为火一也。然则相胜之义，于事为长。若同苍黜秦，则汉水、魏土、晋木、宋金；若同贾谊《取秦》，则汉土、魏木、晋金、宋火也。难者云："汉高断蛇而神母夜哭，云赤帝子杀白帝子，然则汉非火而何？"斯又不然矣。汉若为火，当言赤帝，不宜云赤帝子也。白帝子又何义况乎？盖由汉是土德，土生乎火，秦是水德，水生乎金，斯则汉以土为赤帝子，秦以水德为白帝子也。难者又曰："向云五德相胜，今复云土为赤帝子，何也？"答曰："五行自有相胜之义，自有相生之义。不得以相胜废相生，相生废相胜也。相胜者，以土胜水耳；相生者，土自火子，义岂相关。"

崔寔《四人月令》曰：祖者，道神。黄帝之子曰累祖，好远游，死道路，故祀以为道神。合《祖赋序》曰：汉用丙午，魏用丁未，晋用孟月之酉。曰莫识祖之所由。说者云祈请道神，谓之祖有事于道者，君子行役，则列之于中路，丧者将迁，则称名于阶庭。或云，百代远祖，名谥凋灭，坟茔不复存于铭表，游魂不得托于庙祧，故以初岁良辰，建华盖，扬彩旌，将以招灵爽，庶众祖之来凭云尔。

晋江左时，侍中平原刘智，推三百年斗历改宪，以为《四分法》三百年而减一日，以百五十为度法，三十七为斗分。饰以浮说，以扶其理。江左中领军琅邪王朔之以其上元岁在甲子，善其术，欲以九万七千岁之甲子为开辟之始，何承天云"悼于立意"者也。《景初》日中晷景，即用汉《四分法》，是以渐就乖差。其推五星，则甚疏阔。晋江左以来，更用《乾象五星法》以代之，犹有前却。

宋太祖颇好历数，太子率更令何承天私撰新法。元嘉二十年，上表曰：

臣授性顽惰，少所关解。自昔幼年，颇好历数，耽情注意，迄于白首。臣亡舅故秘书监徐广，素善其事，有既往《七曜历》，每记其得失。自太和至太元之末，四十许年。臣因比岁考校，至今又四十载。故其疏密差会，皆可知也。

夫圆极常动，七曜运行，离合去来，虽有定势，以新故相涉，自然有毫末之差，连日累岁，积微成著。是以《虞书》著钦若之典，《周易》明治历之训，言当顺天以求合，非为合以验天也。汉代杂候清台，以昏明中星，课日所在，虽不可见，月盈则蚀，必当日冲，以月推日，则躔次可知焉。舍易而不为，役心于难事，此臣所不解也。

《尧典》云："日永星火，以正仲夏"。今季夏则火中。又"宵中星虚，以殷仲秋"。今季秋则虚中。尔来二千七百余年，以中星检之，所差二十七八度。则尧冬令至，日在须女十度左右也。汉之《太初历》，冬至在牵牛初，后汉《四分》及魏《景初法》，同在斗二十一。臣以月蚀检之，则《景初》今之冬至，应在

斗十七。又史官受诏,以土圭测景,考校二至,差三日有余。从来积岁及交州所上,检其增减,亦相符会。然则今之二至,非天之二至也。天之南至,日在斗十三四矣。此则十九年七闰,数微多差。复改法易章,则用算滋繁,宜当随时迁革,以取其合。案《后汉志》,春分日长,秋分日短,差过半刻。寻二分在二至之间,而有长短,因识春分近夏至,故长;秋分近冬至,故短也。杨伟不悟,即言之,上历表云:"自古及今,凡诸历分数,皆未能并已之妙。"何此不晓,亦何以云。是故宜更建《元嘉历》,以六百八为一纪,半之为度法,七十五为室分,以建寅之月为岁首,雨水为气初,以诸法闰余一之岁为章首。冬至从上三日五时。日之所在,移旧四度。又月有迟疾,合朔月蚀,不在朔望,亦非历意也。故元嘉皆以盈缩定其小余,以正朔望之日。

伏惟陛下允迪圣哲,先天不违,勋劳庶政,寅亮鸿业,究渊思于往籍,探妙旨于未闻,穷神知化,罔不该览。是以愚臣欣遇盛明,效其管穴。伏愿以臣所上《元嘉法》下史官考其疏密,若谬有可采,庶或补正阙谬,以备万分。

诏曰:"何承天所陈,殊有理据。可付外详之。"太史令钱乐之、兼丞严粲奏曰:

太子率更令领国子博士何承天表更改《元嘉历法》,以月蚀检今冬至日在斗十七,以土圭测景,知冬至已差三日。诏使付外检署。以元嘉十一年被敕,使考月蚀,土圭测影,检署由来用伟《景初法》,冬至之日,日在斗二十一度少。检十一年七月十六日望月蚀,加时在卯,到十五日四更二唱丑初始蚀,到四唱蚀既,在营室十五度末。《景初》其日日在轸三度。以月蚀所冲考之,其日日应在翼十五度半。又到十三年十二月十六日望月蚀,加时在酉,到亥初始食,到一更三唱蚀既,在鬼四度。《景初》其日日在女三。以冲考之,其日日应在牛六度半。又到十四年十二月十六日望月蚀,加时在戌之半,到二更四唱亥末始蚀,到三更一唱食既,在井三十八度。《景初》其日日在斗二十五。以冲考之,其日日应在斗二十二度半。到十五年五月十五日望月蚀,加时在戌,其月日始生而已,蚀光已生四分之一格,在斗十六度许。《景初》其日日在井二十四。考取其冲,其日日应在井二十。又到十七年九月十六日望月蚀,加时在子之少,到十五日未二更一唱始蚀,到三唱蚀十五分之十二格,在昴一度半。《景初》其日日在房二。以冲考之,则其日日在氐十三度半。凡此五蚀。以月冲一百八十二度半考之,冬至之日,日并不在斗二十一度少,并在斗十七度半间,悉如承天所上。

又去十一年起,以土圭测影。其年《景初法》十一月七日冬至,前后并阴不见影。到十二年十一月十八日冬至,其十五日影极长。到十三年十一月二十九日冬至,其二十六日影极长。到十四年十一月十一日冬至,其前后并阴不见。到十五年十一月二十一日冬至,十八日影极长。到十六年十一月二日冬至,其十月二十九日影极长。到十七年十一月十三日冬至,其十月影极长。到十八年十一月二十五日冬至,二十一日影极长。到十九年十一月六日冬至,其三日影极长。到二十年十一月十六日冬至,其前后阴不见影。寻校前后,以影极长为冬至,并差三日。以月蚀检日所在,已差四度。土圭测影,冬至又差三日。今之冬至,乃在斗十四间,又如承天所上。

又承天法,每月朔望及弦,皆定大小余,于推交会时刻虽审,皆用盈缩,则月有频三大、频二小,比旧法殊为异。旧日蚀不唯在朔,亦有在晦及二日。《公羊传》所谓"或失之前,或失之后"。愚谓此一条自宜仍旧。

员外散骑郎皮延宗又难承天:"若晦朔定大小余,纪首值盈,则退一日,便应以故岁之晦,为新纪之首。"承天乃改新法依旧术,不复每月定大小余,如延宗所难,太史所上。

有司奏:"治历改宪,经国盛典,爰及汉、魏,屡有变革。良由术无常是,取协当时。方今皇猷载晖,旧域光被,诚应综核晷度,以播维新。承天历术,合可施用。宋二十二年,普用《元嘉历》。"诏可。

卷十三　　　　　志第三

历　下

《元嘉历法》:

上元庚辰甲子纪首至太甲元年癸亥,三千五百二十三年,至元嘉二十年癸未,五千七百三年,算外。

元法,三千六百四十八。章岁,十九。纪法,六百八。章月,二百三十五。纪月,七千五百二十。章闰,七。纪日,二十二万二千七十。度分,七十五。度法,三百四。气法,二十四。余数,一千五百九十五。岁中,十二。日法,七百五十二。没余,三十六。通数,二万二千二百七。通法,四十七。没法,三百一十九。月周,四千六十四。周天,十一万一千二十五。通周,二万七千二百二十一。周日日余,四百一十七。周虚,三百三十五。会数,一百六十。交限数,八百五十九。会月,九百二十九。朔望合数,八十。

甲子纪第一　　（迟疾差一万七千六百六十三,交会差八百七十七）

甲戌纪第二　　（迟疾差三千四十三,交会差二百七十九）

甲申纪第三　　（迟疾差九千一百四十四,交会差六百二十）

甲午纪第四　　（迟疾差一万五千二百四十五,交会差二十二）

甲辰纪第五　　（迟疾差六百二十五，交会差三百六十三）

甲寅纪第六　　（迟疾差六千七百二十六，交会差七百四）

推入纪法：置上元庚辰尽所求年，以元法除之，不满元法，以纪法除之，余不满纪法，入纪年也。满法去之，得后纪。（入甲午纪壬辰岁来，至今元嘉二十年岁在癸未，二百三十一年，算外。）

推积月术：置入纪年数算外，以章月乘之，如章岁为积月，不尽为闰余。闰余十二以上，其年闰。

推朔术：以通数乘积分，为朔积分，满日法为积日，不尽为小余。以六旬去积日，不尽为大余，命以纪，算外，所求年正月朔日也。

求次月，加大余二十九，小余三百九十九，小余满日法从大余，即次月朔也。小余三百五十三以上，其月大也。

推弦望法：加朔大余七，小余二百八十七，小分三，小分满四从小余，小余满日法从大余，命以纪，上弦日也。又加之得望，又加之得下弦。

推二十四气术：置入纪年算外，以余数乘之，满度法三百四为积没，不尽为小余。以六旬去积没，不尽为大余，命以纪，算外，所求年雨水日也。求次气，加大余十五，小余六十六，小分十一，小分满气法从小余，小余满度法从大余，次气日也。（雨水在十六日以后者，如法减之，得立春。）

推闰月法：以闰余减章岁，余以岁中乘之，满章闰得一，数从正月起，闰所在也。闰有进退，以无中气御之。

立春正月节　　（限数一百九十四，间数一百九十）
雨水正月中　　（限数一百八十六，间数一百八十二）
惊蛰二月节　　（限数一百七十七，间数一百七十二）
春分二月中　　（限数一百六十七，间数一百六十二）
清明三月节　　（限数一百五十八，间数一百五十四）
谷雨三月中　　（限数一百四十九，间数一百四十五）
立夏四月节　　（限数一百四十二，间数一百三十九）
小满四月中　　（限数一百三十六，间数一百三十四）
芒种五月节　　（限数一百三十三，间数一百三十二）
夏至五月中　　（限数一百三十一，间数一百三十二）
小暑六月节　　（限数一百三十三，间数一百三十四）
大暑六月中　　（限数一百三十六，间数一百三十九）
立秋七月节　　（限数一百四十二，间数一百四十五）
处暑七月中　　（限数一百四十九，间数一百五十三）
白露八月节　　（限数一百五十七，间数一百六十二）
秋分八月中　　（限数一百六十七，间数一百七十二）
寒露九月节　　（限数一百七十七，间数一百八十二）
霜降九月中　　（限数一百八十六，间数一百九十）
立冬十月节　　（限数一百九十四，间数一百九十七）
小雪十月中　　（限数二百，间数二百三）
大雪十一月节（限数二百五，间数二百六）
冬至十一月中（限数二百七，间数二百六）
小寒十二月节（限数二百五，间数二百三）
大寒十二月中（限数二百，间数一百九十七）

推没灭术：因雨水积，以没余乘之，满没法为大余，不尽为小余，如前，所求年为雨水前没日也。求次没，加大余六十九，小余一百九十六，满没法从大余，命如前，雨水后没日也。（雨水前没多在故岁，常有五没，官以没正之，一年常有五没或六没。小余尽为灭日也。）雨水小余三十九以还，雨水六旬后乃有。

推土用事法：置立春大小余小分之数，减大余十八，小余七十九，小分十八，命以纪，算外，立春前土用事也。大余不足加六十，小余不足减，减大余一，加度法而后减之。立夏、立冬求土用事皆如上法。

推日所在度法：以度法乘朔积度，不尽为分。命度起室二，次宿除之，算外，正月朔夜半日在度及分。求次日，日加一度，经室去度分。

推月所在度法：以月周乘朔积日，周天去之，余满度法为积度，不尽为分，命度如前，正月朔夜半月所在度及分。求次月，小月加度二十二，分一百三十三，大月加度三十五，分二百四十五，分满度法成一度，命如前，次月朔月所在度及分。历先月法：以十六除月行分为大分，如所入迟疾加之，经室去度分。

推合朔月食术：置所求年积月，以会数一百六十乘之，以所入交会纪差二十二加之，满会月去之，余则其年正月朔去交分也。求次月，以会数加之，满会月去之。求望，加合数。朔望去交分如合数以下，交限数以上，朔则交会，望则月食。

推入迟疾历法：置所求年朔积分，所入迟疾差（一万五千二百四十五）加之，满通周去之，余满日法得一日，不尽为日余，命日算外，所求年正月朔入历。求次月，加一日，日余七百三十四。求望，加十四日，日余五百七十五半。余满日法成一日，日满二十七去之，除日余如周日日余，不足减，减一日，加周虚。（日满二十七而日余不满周日余，为损。周日满去之，为入历一日。）

推合朔月食定大小余法：以入历日余乘入历下损益率，（入一日，益二十五是也。）以损益盈缩积分，（值损则损之，值益则益之。）为定积分。以入历日余乘列差，满日法盈减缩加差法，为定差法。以除定积分，所得减加本朔望小余，（值盈则减，缩则加之。）为定小余。加之满日法，合朔月食进一日；减之不足减者，加日法而后减之，则退一日。值周日者，用周日定数。

推加时：以十二乘定小余，满日法得一辰，数从子起，算外，则朔望加时所在辰也。有余者四之，满日法得一为少，二为半，三为太半。又有余者三之，满日法得一为强，半法以上排成一，不满半法弃之。以强并少为少强，并半为半强，并太为太强。得二者为小弱，以少为半弱，以并半为太弱，以并太为一辰弱。以所在辰名之。

推合朔月食加时满刻法：各以百刻乘定小余，如日法而一；不尽什之，求分。先除夜漏之半，即昼漏加时刻及分也。昼漏尽，又入夜漏。在中节前后四日以还者，视限数。在中节前后五日以上者，视间限数。月食加时定小余不满限数、间数者，皆以算上为日。

月行迟疾度	损益率	盈缩积分	列差	差法
一日	十四度十三分	益二十五	盈	二	二百六十
二日	十四度十一分	益二十三	盈万八千八百	三	二百五十八
三日	十四度八分	益二十	盈三万六千九十六	四	二百五十五
四日	十四度四分	益十六	盈五万一千一百三十六	五	二百五十一
五日	十三度十八分	益十一	盈六万三千一百六十八	五	二百四十六
六日	十三度十三分	益六	盈七万一千四百四十	六	二百四十一
七日	十三度七分	益	盈七万五千九百五十二	五	二百三十五
八日	十三度二分	损五	盈七万五千九百五十二	四	二百三十
九日	十二度十七分	损九	盈七万二千一百九十二	三	二百二十六
十日	十二度十四分	损十二	盈六万五千四百二十四	三	二百二十三
十一日	十二度十一分	损十五	盈五万六千六百	三	二百二十
十二日	十二度八分	损十八	盈四万五千二百二十	二	二百一十七
十三日	十二度六分	损二十	盈三万一千五百八十四	二	二百一十五
十四日	十二度四分	损二十二	盈一万六千五百四十四	二	二百一十三
十五日	十二度二分	益二十四	缩	二	二百一十一
十六日	十二度四分	益二十二	缩一万八千四百一十八	二	二百一十三
十七日	十二度六分	益二十	缩三万四千五百九十二	三	二百一十五
十八日	十二度九分	益十七	缩四万九千六百三十二	五	二百一十八
十九日	十二度十四分	益十二	缩六万二千一百一十六	六	二百二十三
二十日	十三度一分	益六	缩七万一千四百四十	六	二百二十九
二十一日	十三度七分	益	缩七万五千九百五十二	五	二百三十五
二十二日	十三度十二分	损五	缩七万五千九百五十二	四	二百四十
二十三日	十三度十六分	损九	缩七万二千一百九十二	四	二百四十四
二十四日	十四度一分	损十三	缩六万五千四百二十四	四	二百四十八
二十五日	十四度五分	损十七	缩五万五千六百四十八	三	二百五十二
二十六日	十四度八分	损二十	缩四万二千八百六十四	三	二百五十五
二十七日	十四度十一分	损二十三	缩二万七千八百二十四	二	二百五十八
周日	十四度十三分	损二十五定	缩一万五百二十八定备九万三		二百六十定意差
	小分一百三	损二百二十四	千四百八		法二千三百九

推合朔度：以章岁乘朔小余，满通法为大分，不尽为小分。以大分从朔夜半日日分，满度命如前，正月朔日月合朔所在共合度也。

求次月，加度二十九，大分一百六十一，小分十四，小分满通法从大分，大分满度法从度。经室除度分。求望，加十四度，大分二百三十二，小分三十半。（求望月所在度，加日度一百八十二，分一百八十九，小分二十三半。）

二十四气	日所在度	日中晷影	昼漏刻	夜漏刻	昏中星	明中星
雨水	室一太强	八尺二寸二分	五十五分	四十九五分	觜一少强	尾十一强
惊蛰	壁一强	六尺七寸二分	五十二九分	四十七一分	井九半强	箕四少弱
春分	奎七少强	五尺三寸九分	五十五五分	四十四五分	井二十九半强	斗四弱
清明	娄六半	四尺二寸五分	五十八	四十二	柳十二太	斗十四半
谷雨	胃九太弱	三尺二寸五分	六十三分	三十九七分	张十	斗二十五半
立夏	昴十一弱	二尺五寸	六十二三分	三十七七分	翼十太弱	女三少
小满	毕十五少弱	一尺九寸七分	六十三九分	三十六一分	轸十弱	虚二弱
芒种	井三半弱	一尺六寸九分	六十四八分	三十五二分	角十太弱	危七弱
夏至	井十八	一尺五寸	六十五分	三十五	氐五少弱	室五少强
小暑	鬼一弱	一尺六寸九分	六十四八分	三十五二分	房四太弱	壁六太弱
大暑	柳十二弱	一尺九寸七分	六十三九分	三十六一分	尾八太弱	奎十二太弱
立秋	张五半强	二尺五寸	六十二三分	三十七七分	箕三	胃二太弱

处暑	翼二半	三尺二寸五分	六十三分	三十九七分	斗三半	昴七太弱
白露	翼十七太弱	四尺二寸五分	五十八	四十二	斗十四半弱	毕十六半弱
秋分	轸十五	五尺三寸九分	五十五分	四十四五分	斗二十五少强	井九少强
寒露	亢一少	六尺七寸二分	五十二九分	四十七一分	牛八半强	井二十九弱
霜降	氐七半	八尺二寸八分	五十五分	四十九五分	女十一半弱	柳十一半强
立冬	心二半弱	九尺九寸一分	四十八四分	五十一六分	危二弱	张八太弱
小雪	尾十二太强	一丈一尺三寸四分	四十六七分	五十三三分	危十三半强	翼八太强
大雪	箕十	一丈二尺四寸八分	四十五六分	五十四四分	室九半强	轸八少强
冬至	斗十四强	一丈三尺	四十五	五十五	壁八太强	角七少强
小寒	牛三半强	一丈二尺四寸八分	四十五六分	五十四四分	奎十五少	亢九
大寒	女十半强	一丈一尺三寸四分	四十六七分	五十三三分	胃四半强	氐十三太强
立春	危四	九尺九寸一分	四十八四分	五十一六分	昴九少	心四强

推五星法：

	合岁	合数	日度法	室分
木	三百四十四	三百一十五	九万五千百六十	二万三千六百二十五
火	四百五十九	二百一十五	六万五千三百六十	一万六千一百二十五
土	三百八十三	三百七十七	一十一万二千四百八十	二万七千七百五十
金	二百六十七	一百六十七	五万七百六十八	一万二千五百二十五
水	七十九	二百四十九	七万五千六百九十六	一万八千六百七十五

木后元丙戌，晋咸和元年，至元嘉二十年癸未，百十八年算上。火后元乙亥，元嘉十二年，至元嘉二十年癸未，九年算上。土后元甲戌，元嘉十一年，至元嘉二十年癸未，十年算上。金后元甲申，晋太元九年，至元嘉二十年癸未，六十年算上。水后元乙丑，元嘉二年，至元嘉二十年癸未，

十九年算上。

推五星法：各设其元至所求年算上，以合数乘之，满合岁为积合，不尽曰合余，多者以合数除之，得一，星合往年，得二，合前往年，不满合数，其年。（木、土、金则有往年合，火有前往年合，水一年三合或四合也。）以合余减合数为度分，（水度分满合岁则去之也。）以周天（十一万一千三十五）乘度分，满日度法为积度，不尽曰度余。命度以室二，算外，星合所在度也。以合数乘其年，内雨水小余，并度余为日余，满日度法从积度为日，命以雨水，算外，星合日也。求星见日法，以法伏日及余（木则十六日及金是也。）加星合日及余，满日度法成一日，命如前，星见日也。求星见度法，以法伏度及余（木则二度及余是也。）加合度及余，满日度法成一度，命如前，所见度也。以星行分母（木则二十三见也。）乘见度余，满日度法得一，分乃日加所行分。（木顺日行四分。）分满其母成一度，逆顺母不同，（木逆分母七也。）当各减度余，留者承前，逆则减之，伏不书度，经室去分，不足减者，破全度。（五星室分各异，若在行分，各依室分去之。）

木：初与日合，伏，十六日，日余四万一千七百八十，行二度，余七万七千八百四十七半，晨见东方。（去日十三度半强。）顺，日行二十三分之四，一百一十五日行二十度。留，不行，二十六日而逆。日行七分之一，八十四日退十二度。又留二十六日。顺，一百一十五日行二十度，夕伏西方，日度余如初，与日合。一终三百九十八日，日余八万三千五百六十，行星三十三度，余五万九千九百三十五。

火：初与日合，伏，七十一日，日余二万四千八百一十二半，行五十四度，度余四万九千四百三十，晨见东方。（去日十七度半强。）顺，疾，日行七分之五，一百八日半行七十七度半。小迟，日行七分之四，一百二十六日行七十二度而大迟。日行七分之二，四十二日行十二度。留，不行，十二日而迟。日行十分之三，六十日退十八度。又留十二日。顺，迟，四十二日行十二度。小疾，一百二十六日，行七十二度。一百八日半行七十七度半，夕伏西方，日度余如初，与日合。一终七百七十九日，日余四万九千六百二十五，行星四百一十四，度余三万三千五百。除一周，定四十九度，度余一万七千三百七十五。

土：初与日合，伏，十八日，日余四千四百八十二半，行二度，度余四万六千八百四十七半，晨见东方。（去日十五度半强，）顺，日行十二分之一，八十四日，行七度。留，不行，三十六日而逆。日行十七分之一，一百二日退六度。又留三十六日。顺，八十四日行七度，夕伏西方，日度余如初，与日合。一终三百七十八日，日余八千九百六十五，行星十二度，度余九万三千六百九十五。

金：初与日合，伏，四十一日，日余四万九千六百八十四半，行五十一度，度余四万九千六百八十四半，见西方。（去日十度。）顺，疾，日行一度十三分之三，九十一日行一百一十二度而小迟。日行一度十三分之二，九十一日行一百五度。又大迟。日行十五之十一，四十五日行三十三度。留，不行，八日而迟。日行三分之二，九日退六度，

伏西方。伏六日，退四度而与日合。又六日退四度，晨见东方。逆，九日退六度。又留八日。顺，四十五日行三十三度。小疾，九十一日行一百五度。大疾，九十一日行百一十二度，晨伏东方，日度余如初，与日合。一终五百八十三日，日余四万八千六百一。除一周，行星定二百一十八度，度余三万六千七十六。一合二百九十一日，余四万九千六百八十四半，行星如之。

水：初与日合，伏，十七日，日余七万一千二百一十半，行三十四度，度余七万一千二百一十半，见西方。（去日十七度。）顺，疾，日行一度三分之一，十八日行二十四度而迟。日行七分之五，七日行五度。留，不行，四日，夕伏西方。伏十一日，退六度，而与日合。又十一日退六度，而晨见东方。留四日。顺，迟，七日行五度。疾，十八日行二十四度，晨伏东方，日度余如初，与日合。一终一百一十五日，日余六万六千七百二十五，行星如之。一合五十七日，日余七万一千二百一十半，行星亦如之。盈加缩减，十六除月行分，日法除盈缩分，以减度分，盈加缩减。

推卦：因雨水大小余，加大余六，小余三百一十九，小余满三千六百四十八成日。日满二十七日余不足加减不加周虚。

元嘉二十年，承天奏上尚书："今既改用《元嘉历》，漏刻与先不同，宜应改革。按《景初历》春分日长，秋分日短，相承所用漏刻，冬至后昼漏率长于冬至前。且长短增减，进退无渐，非唯先法不精，亦各传写谬误。今二至二分，各据其正。则至之前后，无复差异。更增损旧刻，参以晷影，删定为经，改用二十五箭。请台勒漏郎将考验施用。"从之。

前世诸儒依依图纬云，月行有九道。故画作九规，更相交错，检其行次，迟疾换易，不得顺度。刘向论九道云："青道二出黄道东，白道二出黄道西，黑道二出北，赤道二出南。"又云："立春、春分，东从青道；立夏、夏至，南从赤道。秋白冬黑，各随其方。"按日行黄道，阳路也，月者阴精，不由阳路，故或出其外，或入其内，出入去黄道不得过六度。入十三日有奇而出，出亦十三日有奇而入，凡二十七日而一入一出矣。交于黄道之上，与日相掩，则蚀焉。汉世刘洪推检月行，作阴阳历法。元嘉二十年，太祖使著作令史吴癸依洪法，制新术，令太史施用之。

《元嘉历》月行阴阳法：

阴阳历	损益率	兼数
一日	益十七	初
二日	益十六	十七
前限余六百六十五		
微分一千七百三十八		
三日	益十五	三十三
四日	益十二	四十八
五日	益八	六十
六日	益四	六十八
七日	益一	七十二
八日	损二	七十三
九日	损六	七十一
十日	损十	六十五
十一日	损十三	五十五
十二日	损十五	四十二
十三日	损十六	二十七
后限余二千一十九		
微分一千七十九		
分日	损十六大	十一
二千六百	大者五千三百七十一	
八十五半	分之三千四百七十二	

历周，五万五千五百一十七半。

差率，一万一百九十。

微分法，一千八百七十八。

推入阴阳历术曰：以会月去入纪积月，余以会数乘之，以所入纪交会差加之，周天乘之，满微分法为大分，不尽为微分。大分满周天去之，余不满历周者为入阳历。余皆如月周得一日，算外，所求年正月合朔入历也。不尽为日余。

求次月，加二日，日余一千三百三十一，微分一千五百九十八，如法成日，日满十三去之，除日余如分日。阴阳历竟平入端，入历在前限余前，后限余后者，月行中道。

求朔弦望定数：各置入迟疾历盈缩定积分，以章岁乘之，差法除之，所得满通法为大分。不尽，以微分法乘之，如法为微分。盈减缩加阴阳日余，盈不足，以月周进退日而定，以定日余乘损益兼数，为加时定数。

推夜半入历：以差率朔小余，如微分法得一，以减入历余，不足，加月周而减之，却一日，却得分日，加其分，半微分为小分，即朔日夜半入历历余小分也。

求次日，加一日，日余十六，小分三百二十，小分如会从余，余满月周去之，又加一日。历竟，下日余满分日去之，于入历初也。不满分日者，值之，加余一千二百九十四，小分七百八十九半，为入次历。

求夜半定日：以朔小余减入迟疾历日余，不足一日，却得周日，加余四百一十七，即月夜半入历日及余也。以日余乘损益率，盈缩积分，为定积分。满通法为大分，不尽以会月乘之，如法为小分，以盈加缩减入阴阳日余，盈不足进退日而定也。以定日余乘损益率，如月周，以损益兼数，为夜半定数。

求昏明数：以损益率乘所近节气夜漏，二百而一为明，以减损益率为昏，而以损益夜半数为昏明定数也。

求月去黄道度：置加时若昏明定数，以十二除之为度，其余三而一为少，不尽为强，二少弱也。所得为月去黄道度。

大明六年，南徐州从事史祖冲之上表曰：

古历疏舛，颇不精密，群氏纠纷，莫审其要。何承天所奏，意存改革，而置法简略，今已乖远。以臣校之，三睹厥谬：日月所在，差觉三度；二至晷影，几失一日；五星见伏，至差四旬，留逆进退，或移两宿。分至乖失，则节闰非正；宿度违天，则伺察无准。

臣生属圣辰，逮在昌运，敢率愚瞽，更创新历。谨立改易之意有二，设法之情有三。

改易者，其一，以旧法一章十九岁有七闰，闰数为多，经二百年，辄差一日。节闰既移，则应改法，历纪屡迁，实由此条。今改章法，三百九十一年有一百四十四闰。令却合周、汉，则将来永用，无复差动。其二，以《尧典》云："日短星昴，以正仲冬。"以此推之，唐代冬至，日在今宿之左五十许度。汉代之初，即用秦历，冬至日在牵牛六度。汉武改立《太初历》，冬至日在牛初。后汉《四分法》，冬至日在斗二十二。晋时姜岌以月蚀检日，知冬至在斗十七。今参以中星，课以蚀望，冬至之日，在斗十一。通而计之，未盈百载，所差二度。旧法并冬至日有定处，天数既差，则七曜宿度渐与历舛。乖谬既著，辄应改制，仅合一时，莫能通远，迁革不已，又由此条。今令冬至所在，岁岁微差，却检汉注，并皆审密，将来久用，无烦屡改。

又设法者，其一，以子为辰首，位在正北，爻应初九，斗气之端，虚为北方，列宿之中，元气肇初，宜在此次。前儒虞喜，备论其义。今历上元日度，发自虚一。其二，以日辰之号，甲子为先，历法设元，应在此岁。而黄帝以来，世代所用，凡十一历，上元之岁，莫值此名。今历上元，岁在甲子。其三，以上元之岁，历中众条，并应以此为始，而《景初历》交会迟疾，亦置纪差，裁合朔气而已。条序纷互，不及古意。今设法，日月五纬，交会迟疾，悉以上元岁首为始。则合璧之曜，信而有征，连珠之晖，于是乎在，群流共源，实精古法。

若夫测以定形，据以实效，县象著明，尺表之验可推，动气幽微，寸管之候不忒。今臣所立，易以取信。但深练始终，大存整密，革新变旧，有约有繁。用约之条，理不自惧，用繁之意，顾非谬然。何者？夫纪闰参差，数各有分，分之为体，非细不密。臣是用深惜毫厘，以求妙之准，不辞积累，以成永定之制。非为思而莫悟，知而不改也，窃恐赞有然否，每崇远而随近；论有是非，或贵耳而遗目。所以竭其管穴，俯洗同异之嫌，披心日月，仰希葵藿之照。若臣所上，万一可采，伏愿颁宣群司，赐垂详究，庶陈锱铢，少增盛典。

历法

上元甲子至宋大明七年癸卯，五万一千九百三十九年算外。

元法，五十九万二千三百六十五。纪法，三万九千四百九十一。章岁，三百九十一。章月，四千八百三十六。章闰，一百四十四。闰法，十二。月法，十一万六千三百二十一。日法，三千九百三十九。余数，二十万七千四十四。岁余，九千五百八十九。没分，三百六十九万五千九百五十一。没法，五万一千七百六十一。周天，一千四百四十二万四千六百六十四。虚分，万四百四十九。行分法，二十三。小分法，一千七百一十七。通周，七十二万六千八百一十。会周，七十一万七千七百七十七。通法，二万六千三百七十七。差率，三十九。

推朔术：置入上元年数，算外，以章月乘之，满章岁为积月，不尽为闰余。闰余二百四十七以上，其年有闰。以月法乘积月，满日法为积日，不尽为小余。六旬去积日，不尽为大余。大余命以甲子，算外，所求年天正十一月朔也。小余千八百四十九以上，其月大。求次月，加大余二十九，小余二千九十，小余满日法从大余，大余满六旬去之，命如前，次月朔也。求弦望：加朔大余七，小余千五百七，小分一，小分满四从小余，小余满日法从大余，命如前，上弦日也。又加得望，又加得下弦，又加得后月朔也。

推闰术：以闰余减章岁，余满闰法得一月，命以天正，算外，闰所在也。闰有进退，以无中气为正。推二十四气术：置入上元年数，算外，以余数乘之，满纪法为积日，不尽为小余。六旬去积日，不尽为大余。大余命以甲子，算外，天正十一月冬至日也。求次气，加大余十五，小余八千六百二十六，小分五，小分满六从小余，小余满纪法从大余，命如前，次气日也。求土用事：加冬至大余二十七，小余万五千五百二十八，季冬土用事日也。又加大余九十一，小余万二千二百七十，次土用事日也。推没术：以九十乘冬至小余，以减没分，满没法为日，不尽为日余，命日以冬至，算外，没日也。

求次没，加日六十九，日余三万四千四百四十二，余满没法从日，次没日也。日余尽为灭。

推日所在度术：以纪法乘朔积日为度实，周天去之，余满纪法为积度，不尽为度余，命以虚一，次宿除之，算外，天正十一月朔夜半日所在度也。求次月，大月加度三十，小月加度二十九，入虚去度分。求行分，以小分法除度余，所得为行分，不尽为小分。小分满法从行分，行分满法从度。求次日，加一度。入虚去行分六，小分百四十七。

推月所在度术：以朔小余乘百二十四为度余。又以朔小余乘八百六十为微分。微分满月法从度余，度余满纪法为度，以减朔夜半日所在，则月所在度。

求次月，大月加度三十五，度余三万一千八百三十四，微分七万七千九百六十七，小月加度二十二，度余万七千二百六十一，微分六万三千七百三十六，入虚去度分也。

迟疾历：

	月行度	损益率	盈缩积分	差法
一日	十四行分十三	益七十	盈初	五千三百四
二日	十四十一	益六十五	盈百八十四万二千三百一十六	五千二百七十
三日	十四八	益五十七	盈三百五十五万七百六	五千二百一十九
四日	十四四	益四十七	盈五百五万八千二百八	五千一百五十一

五日	十三二十二	益三十四	盈六百二十九万七千八百五十七	五千六十六
六日	十三二十七	益二十二	盈七百二十万七千六百九十一	四千九百八十一
七日	十三十一	益六	盈七百七十万二千七百一十	四千八百七十九
八日	十三五	损九	盈七百九十四万九百五十二	四千七百七十七
九日	十二二十二	损二十四	盈七百七十万七千四百一十五	四千六百七十五
十日	十二二十六	损三十九	盈七百七万二千一百	四千五百七十三
十一日	十二二十一	损五十二	盈六百三万五千七	四千四百八十八
十二日	十二八	损六十	盈四百六十六万三千一百	四千四百三十七
十三日	十二六	损六十五	盈三百九万三百二	四千四百三
十四日	十二四	损七十	盈百三十八万三千五百八十	四千三百六十九
十五日	十二五	益六十七	缩四十五万七千六百六十九	四千三百八十六
十六日	十二七	益六十二	缩二百二十三万七百五十五	四千四百二十
十七日	十二十	益五十五	缩三百八十七万五百一十四	四千四百七十一
十八日	十二二十四	益四十四	缩五百三十万九千三百八十五	四千五百三十九
十九日	十二二十九	益三十二	缩六百四十八万四百四十	四千六百二十四
二十日	十三一	益十九	缩七百三十一万六千六百八十	四千七百九
二十一日	十三七	益四	缩七百八十一万七千九百九十六	四千八百一十一
二十二日	十三十三	损十一	缩七百九十一万七千六百七	四千九百一十三
二十三日	十三十九	损二十七	缩七百六十一万五千四百四十	五千一十五
二十四日	十四一	损三十九	缩六百九十万千四百九十五	五千一百
二十五日	十四六	损五十二	缩五百八十七万二千七百三十五	五千一百八十五
二十六日	十四十	损六十二	缩四百四十九万九千一百五十九	五千二百七十三
二十七日	十四十二	损六十七	缩二百八十五万七千七百三十二	五千二百八十七
二十八日	十四十四	损七十四	缩百八万二千一百七十九	五千三百二十一

推入迟疾历术：以通法乘朔积日为通实，通周去之，余满通法为日，不尽为日余。命日算外，天正十一月朔夜半入历日也。

求次月，大月加二日，小月加一日，日余皆万一千七百四十六。历满二十七日，日余万四千六百三十一，则去之。

求次日，加一日。求日所在定度：以夜半入历日余乘损益率，以损益盈缩积分，如差率而一，所得满纪法为度，不尽为度余，以盈加缩减平行度及余为定度。益之或满法，损之或不足，以纪法进退。求度行分如上法。求次日，如所入迟疾加之，虚去分如上法。

阴阳历	损益率	兼数
一日	益十六	初
二日	益十五	十六
三日	益十四	三十一
四日	益十二	四十五
五日	益九	五十七
六日	益五	六十六
七日	益一	七十一
八日	损二	七十二
九日	损六	七十
十日	损十	六十四
十一日	损十三	五十四
十二日	损十五	四十一
十三日	损十六	二十六
十四日	损十六	十

推入阴阳历术：置通实以会周去之，不满交数三十五万八千八百八十八半为朔入阳历分，满去之，为朔入阴历分。各满通法得一日，不尽为日余，命日算外，天正十一月朔夜半入历日也。

求次月，大月加二日，小月加一日，日余皆二万七百七十九。历满十三日，日余万五千九百八十七半则去之。阳竟入阴，阴竟入阳。求次日，加一日。求朔望差，以二千二十九乘朔小余，满三百三为日余，不尽倍之为小分，则朔差数也。加一十四日，日余二万一百八十六，小分百二十五，小分满六百六从日余，日余满通法为日，即望差数也。又加之，后月朔也。

求合朔月食：置朔望夜半入阴阳历日及余，有半者去之，置小分三百三，以差数加之，小分满六百六从日余，日余满通法从日，日满一历去之。命日算外，则朔望加时入历也。朔望加时入历一日，日余四千一百九十八，小分四百二十八以下，十二日，日余一千七百八十八，小分四百八十一以上，朔则交会，望则月食。

求合朔月食定大小余：令差数日余加夜半入迟疾历余，日余满通法从日，则朔望加时入历也。以入历余乘损益率，以损益盈缩积分，如差法而一，以盈减缩加本朔望小余，为定小余。益之或满法，损之或不足，以日法进退日。

求合朔月食加时：以十二乘定小余，满日法得一辰，命以子，算外，加时所在辰也。有余者四之，满日法得一为少，二为半，三为太。又有余者三之，满日法得一为强，以强并少为少强，并半为半强，并太为太强。得二者为少弱，以并太为一辰弱，以前辰名之。

求月去日道度：置入阴阳历余乘损益率，如通法而一，以损益兼数为定，定数十二而一为度，不尽三而一，为少、半、太。又不尽者，一为强，二为少弱，则月去日道数也。阳历在表，阴历在里。

二十四气	日中影	昼漏刻
	夜漏刻	昏中星度	明中星度
冬至	一丈三尺	四十五
	五十五	八十二 行分二十一	二百八十三 行分八
小寒	一丈二尺四寸三分	四十五六
	五十四	八十四	二百八十二 六
大寒	一丈一尺二寸	四十六七
	五十三	八十六一	二百八十 五
立春	九尺八寸	四十八四
	五十一六	八十九三	二百七十七 三
雨水	八尺一寸七分	五十五
	四十九五	九十三	二百七十三 六
惊蛰	六尺六寸七分	五十二九
	四十七一	九十七九	二百六十八 二十
春分	五尺三寸七分	五十五五
	四十四五	百二三	二百六十四 三
清明	四尺二寸五分	五十八一
	四十一九	百六 二十一	二百五十九 八
谷雨	三尺二寸六分	六十四
	三十九六	百一十一三	二百五十五 三
立夏	二尺五寸三分	六十二四
	三十七六	百一十四 十八	二百五十一 十一
小满	一尺九寸九分	六十三九
	三十六一	百一十七 十二	二百四十八 十七
芒种	一尺六寸九分	六十四八
	三十五二	百一十九 四	二百四十七 二
夏至	一尺五寸	六十五
	三十五	百一十九 十二	二百四十八 十七
小暑	一尺六寸九分	六十四八
	三十五二	百一十九 四	二百四十七 二
大暑	一尺九寸九分	六十三九
	三十六一	百一十七 十二	二百四十八 十七
立秋	二尺五寸三分	六十二四
	三十七六	百一十四 十八	二百五十一 十一
处暑	三尺二寸六分	六十四
	三十九六	百一十一三	二百五十五 三
白露	四尺二寸五分	五十八一
	四十一九	百六 二十一	二百五十九 八
秋分	五尺三寸七分	五十五五
	四十四五	百二三	二百六十四 三
寒露	六尺六寸七分	五十二九
	四十七一	九十七九	二百六十八 二十
霜降	八尺一寸七分	五十五
	四十九五	九十三	二百七十三 六
立冬	九尺八寸	四十八四
	五十一六	八十九三	二百七十七 三
小雪	一丈一尺二寸	四十六七
	五十三	八十六一	二百八十 五
大雪	一丈二尺四寸三分	四十五六
	五十四	八十四	二百八十二 六

求昏明中星：各以度数加夜半日所在，则中星度也。

推五星术：木率：千五百七十五万三千八百二十。火率：三千八十万四千一百九十六。土率：千四百九十三万三百五十四。金率：二千三百六万一十四。水率：四百五十七万六千二百四。推五星术：置度实各以率去之，余以减率，其余如纪法而一，为入岁日，不尽为日余。命以天正朔，算外，星合日。

求星合度：以入岁日及余从天正朔日积度及余，满纪法从度，满三百六十余度则去之，命以虚一，算外，星合所在度也。求星见日术：以伏日及余，加星合日及余，余满纪法从日，命如前，见日也。求星见度术：以伏度及余，加星合度及余，余满纪法从度，入虚去度分，命如前，星见度也。行五星法：以小分法除度余，所得为行分，不尽为小分，及日加所行分满法从度，留者因前，逆则减之，伏不尽度。从行入虚，去行分六，小分百四十七；逆行出虚，则加之。

木：初与日合，伏，十六日，余万七千八百三十二，行二度，度余三万七千五百四，晨见东方。从，日行四分，百一十二日，（行十九度十一分。）留二十八日。逆，日行三分，八十六日，（退十一度五分。）又留二十八日。从，日行四分，百一十二日，夕伏西方。日度余如初。一终，三百九十八日，日余三万五千六百六十四，行三十三度，度余二万五千二百一十五。

火：初与日合，伏，七十二日，日余六百八，行五十五度，度余二万八千八百六十五，晨见东方。从，疾，日行十七分，九十二日，（行六十八度。）小迟，日行十四分，九十二日，（行五十六度。）大迟，日行九分，九十二日，（行三十六度。）留十日。逆，日行六分，六十四日，（退十六度十六分。）又留十日。从，迟，日行九分，九十二日。小疾，日行十四分，九十二日。大疾，日行十七分，九十二日，夕伏西方，日度余如初。一终，七百八十日，日余千二百一十六，行四百一十四度，度余三万二百五十八。除一周，定行四十九度，度余万九千八百九。

土：初与日合，伏，十七日，日余千三百七十八，行一度，度余万九千三百三十三，晨见东方。行顺，日行二分，八十四日，（行七度七分。）留三十三日。行逆，日行一分，百一十日，（退四度十八分。）又留三十三日。从，日行二分，八十四日，夕伏西方，日度余如初。一终，三百七十八日，日余二万七千七百五十六，行十二度，度余三万一千七百九十八。

金：初与日合，伏，三十九日，余三万八千一百二十六，行四十九度，度余三万八千一百二十六，夕见西方。从，疾，日行一度五分，九十二日，（行百一十二度。）小迟，日行一度四分，九十二日，（行百八度。）大迟，日行十七分，四十五日，（行三十三度六分。）留九日。迟，日行十六分，（退六度六分。）夕伏西方。伏五日，退五度，而与日合。又五日退五度，而晨见东方。逆，日行十六分，九日。留九日。从，迟，日行十七分，四十五日。小疾，日行一度四分，九十二日。大疾，日行一度五分，九十二日，晨伏东方，日度余如初。一终，五百八十三日，日余三万六千七百六十一，行星如之。除一周，定二百十八度，度余二万六千三百一十二。一合，二百九十一日，日余三万八千一百二十六，行星亦如之。

水：初与日合，伏，十四日，日余三万七千一百一十五，行三十度，度余三万七千一百一十五，夕见西方。从，疾，日行一度六分，二十三日，（行二十九度。）迟，日行二十分，八日，（行六度二十二分。）留二日。迟，日行十一分，二日，（退二十二分。）夕伏西方。伏八日，退八度，而与日合。又八日，退八度，晨见东方。逆，日行十一分，二日。留二日。从，迟，日行二十分，八日。疾，日行一度六分，二十三日，晨伏东方，日度余如初。一终，百一十五日，日余三万四千七百三十九，行星如之。一合，五十七日，日余三万七千一百一十五，行星亦如之。

上元之岁，岁在甲子，天正甲子朔夜半冬至，日月五星，聚于虚度之初，阴阳迟疾，并自此始。

世祖下之有司，使内外博议，时人少解历数，竟无异同之辨。唯太子旅贲中郎将戴法兴议，以为：

三精数微，五纬会始，自非深推测，穷识晷变，岂能刊古革今，转正圭宿。案冲之所议，每有违舛，窃以愚见，随事辨问。案冲之新推历术，"今冬至所在，岁岁微差"。臣法兴议：夫二至发敛，南北之极，日有恒度，而宿无改位。古历冬至，皆在建星。战国横骛，史官丧纪，爰及汉初，格候莫审，后杂觇知在南斗二十二度，元和所用，即与古历相符也。逮至景初，而终无毫忒。《书》云："日短星昴，以正仲冬。"直以月维四仲，则中宿常在卫阳，羲、和所以正时，取其万世不易也。冲之以为唐代冬至日在今宿之左五十许度，遂虚加度分，空撤天路。其置法所在，近违半次，则四十五年九月，率移一度。在《诗》"七月流火"，此夏正建申之时也。"定之方中"，又小雪之节也。若冬至审差，则幽公火流，晷长一尺五寸，楚宫之作，昼漏五十三刻，此诡之甚也。仲尼曰："丘闻之，火伏而后蛰者毕。今火犹西流，司历过也。"就如冲之所误，则星无定次，封有差方。名号之正，古今必殊，典诰之音，代不通轨，尧之开、闭，今成建、除。今之寿星，乃周之鹑尾，即时东壁，已非玄武，轸星顿属苍龙，诬天背经，乃至于此。

冲之又改章法三百九十一年有一百四十四闰。臣法兴议：夫日有缓急，故斗有阔狭，古人制章，立为中格，年积十九，常有七闰，晷或虚盈，此不可革。冲之削闰坏章，倍减余数，则一百三十九年二月，于四分之科，顿少一日；七千四百二十九年，辄失一闰。夫日少则先时，闰失则事悖。窃闻时以作事，事以厚生，以此乃生人之大本，历数之所先，愚恐非冲之浅虑妄可穿凿。

冲之又命上元日度发自虚一，云虚为北方列宿之中。臣法兴议：冲之既云冬至岁差，复谓虚为北中，舍形责影，未足为迷。何者？凡在天非日不明，居地以斗而辨。借令冬至在虚，则黄道弥远，东北当为黄钟之宫，室壁应属玄枵之位，虚宿岂得复为北中乎？曲使分至屡迁，而星次不改，招摇易绳，而律吕仍往，则七政不以玑衡致齐，建时亦非摄提所纪，不知五行何居，六属安托？

冲之又令上元年在甲子。臣法兴议：夫置元设纪，各有所尚，或据文于图谶，或取效于当时。冲之云，"群氏纠纷，莫审其会"。昔《黄帝》辛卯，日月不过；《颛顼》乙卯，四时不忒；《景初》壬辰，晦无差光；《元嘉》庚辰，朔无错景，岂非承天者乎！冲之苟存甲子，可谓为合以求天也。

冲之又令日月五纬，交会迟疾，悉以上元为始。臣法兴议：夫交会之元，则食既可求，迟疾之际，非凡夫所测。昔贾逵略见其差，刘洪精著其术。至于疏密之数，莫究其极。且五纬所居，有时盈缩，即如岁星在轸，见超七辰，术家既追算以会今，则往之与来，断可知矣。《景初》所以纪首置差，《元嘉》兼又各设后元者，其并省功于实用，不虚推以为烦也。冲之既违天于改易，又设法以遂情，愚谓此治历之大过也。

臣法兴议：日有八行，各成一道，月有一道，离为九行，左交右疾，倍半相违，其一终之理，日数宜

同。冲之通周与会周相觉九千四十,其阴阳七十九周有奇,迟疾不及一匝。此则当缩反盈,应损更益。冲之随法兴所难辩折之曰:

臣少锐愚尚,专功数术,搜练古今,博采沈奥,唐篇夏典,莫不揆量,周正汉朔,咸加该验。磬策筹之思,究疏密之辨。至若立圆旧误,张衡述而弗改;汉时斛铭,刘歆诡谬其数,此则算氏之剧疵也。《乾象》之弦望定数,《景初》之交度周日,匪谓测候不精,遂乃乘除翻谬,斯又历家之甚失也。及郑玄、阚泽、王蕃、刘徽,并综数艺,而每多疏舛。臣昔以暇日,撰正众谬,理据炳然,易可详密,此臣以俯信偏识,不虚推古人者也。按何承天历,二至先天,闰移一月,五星见伏,或违四旬,列差妄设,当益反损,皆前术之乖远,臣历所改定也。既沿波以讨其源,删滞以畅其要,能使躔次上通,晷管下合,反以讥诋,不其惜乎!寻法兴所议六条,并不造理难之关楗。谨陈其目。

其一,日度岁差,前法所略,臣据经史辨正此数,而法兴设难,征引《诗》《书》,三事皆谬。其二,臣校晷景,改旧章法,法兴立难,不能有诘,直云"恐非浅虑,所可穿凿"。其三,次改方移,臣本无此法,求术意误,横生嫌贬。其四,历上元年甲子,术体明整,则苟合可疑。其五,臣其历七曜,咸始上元,无隙可乘,复云"非凡夫所测"。其六,迟疾阴阳,法兴所未解,误谓两率日数宜同。凡此众条,或援谬目讥,或空加抑绝,未闻折正之谈,厌心之论也。谨随诘洗释,依源征对。仰照天晖,敢罄管穴。

法兴议曰:"夫二至发敛,南北之极,日有恒度,而宿无改位。故古历冬至,皆在建星"。冲之曰:周汉之际,畴人丧业,曲技竞设,图纬实繁,或借号帝王以崇其大,或假名圣贤以神其说。是以谶记多虚,桓谭知其矫妄;古历舛杂,杜预疑其非直。按《五纪论》黄帝历有四法,颛顼、夏、周并有二术,诡异纷然,则孰识其正,此古历可疑之据一也。夏历七曜西行,特违众法,刘向以为后人所造,此可疑之据二也。殷历日法九百四十,而《乾凿度》云殷历以八十一为日法。若《易纬》非差,殷历必妄,此可疑之据三也。《颛顼》历元,岁在乙卯,而《命历序》云:"此术设元,岁在甲寅。"此可疑之据四也。《春秋》书食有日朔者凡二十六,其所据历,非周则鲁。以周历考之,检其朔日,失二十五,鲁历校之,又失十三。二历并乖,则必有一伪,此可疑之据五也。古之六术,并同《四分》,《四分》之法,久则后天。以食检之,经三百年,辄差一日。古历课今,其甚疏者,朔后天过二日有余。以此推之,古术之作,皆在汉初周末,理不得远。且却校《春秋》,朔并先天,此则非三代以前之明征矣,此可疑之据六也。寻《律历志》,前汉冬至日在斗牛之际,度在建星,其势相邻,自非帝者有造,则仪漏或阙,岂能穷密尽微,纤毫不失。建星之说,未足证矣。

法兴议曰:"战国横骛,史官丧纪,爰及汉初,格候莫审,后杂觇知在南斗二十二度,元和所用,即与古历相符也。逮至景初,终无毫忒。"冲之曰:古术讹杂,其详阙闻,乙卯之历,秦代所用,必有效于当时,故其言可征也。汉武改创,检课详备,正仪审漏,事在前史,测景辨度,理无乖远。今议者所是不实见,所非徒为虚妄,辨彼骇此,既非通谈,运今背古,所诬诚多,偏据一说,未若兼今之为长也。《景初》之法,实错五纬,今则在冲口,至襄已移日。盖略治朔望,无事检候,是以晷漏昏明,并即《元和》,二分异景,尚不知革,日度微差,宜其谬矣。

法兴议曰:"《书》云'日短星昴,以正仲冬'。直以月推四仲,则中宿常在卫阳,羲、和所以正时,取其万代不易也。冲之以为唐代冬至,日在今宿之左五十许度,遂虚加度分,空撤天路。"冲之曰:《书》以上四星昏中审分至者,据人君南面而言也。且南北之正,其详易准,流见之势,中天为极。先儒注述,其义金同,而法兴以为《书》说四星,皆在卫阳之位,自在巳地,进失向方,退非见见,迂回经文,以就所执,违训诡情,此则甚矣。舍午称巳,午上非无星也。必据中宿,余宿岂复不足以正时。若谓举中语兼七列者,觜参尚隐,则不得言,昴星虽见,当云伏矣,奎娄已见,复不得言伏见口口不得以为辞,则名将何附。若中宿之通非允,当实谨检约旨,直云星昴,不自卫阳,卫阳无自显之义,此谈何因而立。苟理无所依,则可愚辞成说,曾泉、桑野,皆为明证,分至之辨,竟在何日,循复再三,窃深叹息。

法兴议曰:"其置法所在,近违半次,则四十五年九月率移一度。"冲之曰:《元和》日度,法兴所是,唯征古历在建星,以今考之,臣法冬至亦在此宿,斗二十二了无显证,而虚贬臣乖差半次,此愚情之所骇也。又年数之余有十一月,而议云九月,涉数每乖,皆此类也。月盈则食,必在日冲,以检日所宿度可辨,请据效以课疏密。按太史注记,元嘉十三年十二月十六日中夜月蚀尽,在鬼四度,以冲计之,日当在牛六。依法兴议:"在女七。"又十四年五月十五日丁夜月蚀尽,在斗二十六度,以冲计之,日当在井三十,依法兴议曰:"日在柳二。"又二十八年八月十五日丁夜月蚀,在奎十一度,以冲计之,日当在角二;依法兴议曰:"日在角十二。"又大明三年九月十五日乙夜月蚀尽,在胃宿之末,以冲计之,日当在氐十二;依法兴议曰:"日在心二。"凡此四蚀,皆与臣法符同,纤毫不爽,而法兴所据,顿差十度,违冲移宿,显然易睹。故知天数渐差,则当式遵以为典,事验昭晰,岂得信古而疑今。

法兴议曰:"在《诗》'七月流火',此夏正建申之时也。'定之方中',又小雪之节也。若冬至审差,则豳公火流,晷长一尺五寸,楚宫之作,昼漏五十三刻,此诡之甚矣。"冲之曰:臣按此议三条皆谬。《诗》称流火,盖略举西移之中,以为惊寒之候。流之为言，非始动之辞也。就如始说，冬至日度在斗二十二，则火星之中，当在大暑之前，岂即建申之限。此专自攻纠，非谓矫失。《夏小正》："五月昏，大火中。"此复在卫阳之地乎？又谓臣所立法，楚宫之作，在九月初。按《诗》传笺皆谓定之方中者，室辟昏中，形四方也。然则中天之正，当在室之八度。臣历推之，元年立冬后四日，此度昏中，乃处十月之初，又非寒露之日也。议者之意，盖误以周世为尧时，度差五十，故致此谬。小雪之节，自信之谈，非有明文可据也。

法兴议曰："仲尼曰：'丘闻之，火伏而后蛰者毕。今火犹西流，司历过也。'就如冲之所误，则星无定次，卦有差方，名号之正，古今必殊，典诰之音，时不通轨。尧之开、闭，今成建、除，今之寿星，乃周之鹑尾也。即时东壁，已非玄武，轸星顿属苍龙，诬天背经，乃至于此。"冲之曰：臣以为辰极居中，而列曜贞观，群像殊体，而阴阳区别，故羽介咸陈，则水火有位，苍素齐设，则东西可准，非以日之所在，定其名号也。何以明之？夫阳交初九，气始正北，玄武七列，虚当子位。若圆仪辨方，以日为主，冬至所舍，当在玄枵；而今之南极，乃处东维，违体失中，其义何附。若南北以冬夏禀称，则卯酉以生杀定号，岂得春躔义方，秋丽仁域，名舛理乖，若此之反哉！因兹以言，因知天以列宿分方，而不在于四时，景纬环序，日不独守故辙矣。至于中星见伏，记籍每以审时者，盖以历数难详，而天验易显，各据一代所合，以为简易之政也。亦犹夏礼未通商典，《濩》容岂袭《韶》节，诚天人之道同差，则艺之兴，因代而推移矣。月位称建，谅以气之所本，名随实著，非谓斗杓所指。近校汉时，已差半次，审斗节时，其效安在。或义非经训，依以成说，将纬候多诡，伪辞间设乎？次随方名，义合宿体。分至虽迁，而厥位不改，岂谓龙火贸处，金水乱列，名号乖殊之讥，抑未详究。至如壁非玄武，轸属苍龙，瞻度察暑，实效咸然。《元嘉历法》，寿星之初，亦在翼限，参校晋注，显验甚众。天数差移，百有余载，议者诚能驰辞骋辩，令南极非冬至，望不在冲，则此谈乃可守耳。若使日迁次留，则无事屡嫌，乃臣历之良证，非难者所宜列也。寻臣所执，必据经史，远考典册，近征汉籍，谶记碎言，不敢依述，窃谓循经之论也。月蚀检日度，事验昭著，史注详论，文存禁阁，斯又稽天之说也。《尧典》四星，并在卫阳，今之日度，远淮元和，诬背之诮，实此之谓。

法兴议曰："夫日有缓急，故斗有阔狭，古人制章，立为中格，年积十九，常有七闰，晷或盈虚，此不可革。冲之削闰坏章，倍减余数，则一百三十九年二月，于四分之科，顿少一日；七千四百二十九年，辄失一闰。夫日少则先时，闰失则事悖。窃闻时以作事，事以厚生，此乃生民之所本，历数之所先。愚恐非冲之浅虑，妄可穿凿。"冲之曰：按《后汉书》及《乾象说》，《四分历法》，虽分章设部创自元和，而晷仪众数定于嘉平三年。《四分志》，立冬中影长一丈，立春中影九尺六寸。寻冬至南极，日晷最长，二气去至，日数既同，则中影应等，而前长后短，顿差四寸，此历景冬至后天之验也。二气中影，日差九分半弱，进退均调，略无盈缩。以率计之，二气各退二日十二刻，则晷影之数，立冬更短，立春更长，并差二寸，二气中影俱长九尺八寸矣。即立冬、立春之正日也。以此推之，历置冬至，后天亦二日十二刻也。嘉平三年，时历丁丑冬至，加时正在日中。以二日十二刻减之，天定以乙亥冬至，加时在夜半后三十八刻。又臣测景其纪，躬辨分寸，铜表坚刚，暴润不动，光晷明洁，纤毫尽然。据大明五年十月十日，影一丈七寸七分半，十一月二十五日，一丈八尺一分太，二十六日，一丈七寸五分强，折取其中，则中天冬至，应在十一月三日。求其蚤晚，令后二日影相减，则一日差率也。倍之为法，前二日减，以百刻乘之为实，以法除实，得冬至加时在夜半后三十一刻，在《元嘉历》后一日，天数之正也。量检竟年，则数减均同，异岁相课，则远近应率。臣因此验，考正章法。今以臣历推之，刻如前，窃谓至密，永为定式。寻古历法并同《四分》，《四分》之数久则后天，经三百年，朔差一日。是以汉载四百，食率在晦。魏代以来，遂革斯法，世莫之非者，诚有效于天也。章岁十九，其疏尤甚，同出前术，非见经典。而议云此法自古，数不可移。若古法虽疏，永当循用，谬论诚立，则法兴复欲施《四分》于当今矣，理容然乎？臣所未譬也。若谓今所革创违舛失衷者，未闻显据有以矫夺臣法也。《元嘉历》术，减闰余二，直以袭旧分粗，故进退未合。至于弃盈求正，非为乖理。就如议意，率不可易，则分无增损，承天置法，复为违谬。节气蚤晚，当循《景初》，二至差三日，曾不觉其非，横谓臣历为失，知日少之先时，未悟增月其惑也。诚未睹天验，岂测历数之要，生民之本，谅非率意所断矣。又法兴始云穷识晷变，可以刊旧革今，复谓晷数盈虚，不可为准，互自违伐，罔识所依。若推步不得准，天功绝于心目，未详历纪何因而立。案《春秋》以来千有余载，以食检朔，曾无差失，此则日行有恒之明征也。且臣考影弥年，穷察毫微，课验以前，合若符契，孟子以为千岁之日至，可坐而知，斯言实矣。日有缓急，未见其证，浮辞虚贬，窃非所惧。

法兴议曰："冲之既云冬至岁差，又谓虚为北中，舍形责影，未足为迷。何者？凡在天非日不明，居地以斗而辨，借令冬至在虚，则黄道弥远，东北当为黄钟之宫，室壁应属玄枵之位，虚宿岂得复为北中乎？曲使分至屡迁，而星次不改，招摇易绳，而律吕仍往，则七政不以玑衡致齐，建时亦非摄提纪，不知五行何居，六属安托。"冲之曰：此条所嫌，前牒已详。次改方移，虚非中位，繁辞广证，自构纷惑，皆议者所谬误，非臣法之违设也。七政致齐，实谓天仪，郑、王唱述，厥训明允，虽有异说，盖非实义。

法兴议曰:"夫置元设纪,各有所尚,或据文于图谶,或取效于当时。冲之云'群氏纠纷,莫审其会。'昔《黄帝》辛卯,日月不过,《颛顼》乙卯,四时不忒,《景初》壬辰,晦无差光,《元嘉》庚辰,朔无错景,岂非承天者乎?冲之苟存甲子,可谓为合以求天也。"冲之曰:夫历存效密,不容殊尚,合谶乖说,训义非所取,虽验当时,不能通远,又臣所未安也。元值始名,体明理正。未详辛卯之说何依,古术诡谬,事在前牒,溺名丧实,殆非索隐之谓也。若以历合一时,理无久用,元在所会,非有定岁者,今以效明之。夏、殷以前,载籍沦逸,《春秋》汉史,咸书日蚀,正朔详审,显然可徵。以臣历检之,数皆协同,诚无虚设,循密而至,千载无殊,则虽远知矣。备阅曩法,疏越实多,或朔差三日,气移七晨,未闻可以下通于今者也。元在乙丑,前说以为非正,今值甲子,议者复疑其苟合,无名之岁,自昔无之,则推先者,将何从乎?月纪之作,几于息矣。夫为合必有不合,愿闻显据,以核理实。

法兴曰:"夫交会之元,则蚀既可求,迟疾之际,非凡夫所测。昔贾逵略见其差,刘洪粗著其术,至于疏密之数,莫究其极。且五纬所居,有时盈缩,即如岁星在轸,见超七辰,术家既追算以会今,则往之与来,断可知矣。《景初》所以纪首置差,《元嘉》兼又各设后元者,其并省功于实用,不虚推以为烦也。冲之既违天于改易,又设法以遂情,愚谓此治历之大过也。"冲之曰:迟疾之率,非出神怪,有形可检,有数可推,刘、贾能述,则可累功以求密矣。议又云"五纬所居,有时盈缩"。"岁星在轸,见超七辰"。谓应年移一辰也。案岁星之运,年恒过次,行天七匝,辄超一位。代以求之,历凡十法,并合一时,此数咸同,史注所记,天验又符。此则盈次之行,自其定准,非为衍度滥徙,顿过其冲也。若审由盈缩,岂得常疾无迟。夫甄耀测象者,必料分析度,考往验来,准以实见,据以经史。曲辩碎说,类多浮诡,甘、石之书,互为矛盾。今以一句之经,诬一字之谬,坚执偏论,以罔正理,此愚情之所未厌也。算自近始,众法可同,但《景初》之二差,承天之后元,实以奇偶不协,故数无尽同,为遣前设后,以从省易。夫建言倡论,岂尚矫异,盖令实以文显,言势可极也。稽元曩岁,群数咸始,斯诚术体,理不可容讥;而讥者以为过,谬之大者。然则《元嘉》置元,虽七率舛陈,而犹纪协甲子,气朔俱终,此又过谬之小者也。必当虚立上元,假称历始,岁违名初,日避辰首,闰余朔分,月纬七率,并不得有尽,乃为允衷之制乎?设法情实,谓意之所安;改易违天,未睹理之讥者也。

法兴曰:"日有八行,合成一道,月有一道,离为九行,左交右疾,倍半相违,其一终之理,日数宜同。冲之通同与会周相觉九千四十,其阴阳七十九周有奇,迟疾不及一匝,此则当缩反盈,应损更益。"冲之曰:此议虽游漫无据,然言迹可检。按以日八行譬月九道,此为月行之轨,当循一辙,环匝于天,理无

差动也。然则交会之际,当有定所,岂容或斗或牛,同丽一度。去极应等,安得南北无常。若日月非例,则八行之说是衍文邪?左交右疾,语焉未分,为交与疾对?为舍交即疾?若舍交即疾,即交在平率入历七日及二十一日是也。值交蚀既当在盈缩之极,岂得损益,或多或少。若交与疾对,则在交之冲,当为迟疾之始,岂得入历或深或浅,倍半相违,新故所同,复摽此句,欲以何明。臣览历书,古今略备,至如此说,所未前闻,远乖旧准,近背天数,求之愚情,窃所深惑。寻迟疾阴阳不相生,故交会加时,进退无常,昔术著之久矣,前儒言之详矣。而法兴云日数同。窃谓议者未晓此意,乖谬自著,无假骤辩,既云盈缩失衷,复不备记其数,或自嫌所执,故泛略其说乎?又以全为率,当互因其分,法兴所列二数皆误,或以八十为七十九,当缩反盈,应损更益,此条之谓矣。总检其议,岂但臣历不密,又谓何承天法乖谬弥甚。若臣历宜弃,则承天术益不可用。法兴所见既审,则应革创。至非景极,望非日冲,凡诸新说,必有妙辩乎?

时法兴为世祖所宠,天下畏其权,既立异议,论者皆附之。唯中书舍人巢尚之是冲之之术,执据宜用。上爱奇慕古,欲用冲之新法,时大明八年也。故须明年改元,因此改历。未及施用,而宫车晏驾也。

卷十四　志第四

礼　一

夫有国有家者,礼仪之用尚矣。然而历代损益,每有不同,非务相诡,随时之宜故也。汉文以人情季薄,国丧革三年之纪;光武以中兴崇俭,七庙有共堂之制;魏祖以侈惑宜矫,终敛去袭称之数;晋武以丘郊不异,二至并南北之祀。互相即袭,以讫于今,岂三代之典不存哉,取其应时之变而已。且闵子讥古礼,退而致事;叔孙创汉制,化流后昆。由此言之,任己而不师古,秦氏以之致亡;师古而不适用,王莽所以身灭。然则汉、魏以来,各揆古今之中,以通一代之仪。司马彪集后汉众注,以为《礼仪志》,校其行事,已与前汉颇不同矣。况三国鼎峙,历晋至宋,时代移改,各随事立。自汉末剥乱,旧章乖弛,魏初则王粲、卫觊典定众仪;蜀朝则孟光、许慈创理制度;晋始则荀顗、郑冲详定晋礼,江左则荀崧、刁协缉理乖紊。其间名儒通学,诸所论叙,往往新出,非可悉载。今抄魏氏以后经国诞章,以备此志云。

魏文帝虽受禅于汉,而以夏数为得天,故黄初元年诏曰:"孔子称'行夏之时,乘殷之辂,服周之冕,乐则《韶舞》。'此圣人集群代之美事,为后王制法也。《传》曰'夏数为得天'。朕承唐、虞之美,至于正朔,当依虞、夏故事。若殊徽号,异器械,制礼乐,易服色,用牲币,自

当随土德之数。每四时之季月,服黄十八日,腊以丑,牲用白,其饰节旄,自当赤,但节幡黄耳。其余郊祀天地朝会四时之服,宜如汉制。宗庙所服,一如《周礼》。"尚书令桓阶等奏:"据三正周复之义,国家承汉氏人正之后,当受之以地正,牺牲宜用白,今从汉十三月正,则牺牲不得独改。今新建皇统,宜稽古典先代,以从天命,而告朔牺牲,壹皆不改,非所以明革命之义也。"诏曰:"服色如所奏。其余宜如虞承唐,但腊日用丑耳,此亦圣人之制也。"

明帝即位,便有改正朔之意,朝议多异同,故持疑不决。久乃下诏曰:"黄初以来,诸儒共论正朔,或以改之为宜,或以不改为是,意取驳异,于今未决。朕在东宫时闻之,意常以为夫子作《春秋》,通三统,为后王法。正朔各从色,不同因袭。自五帝、三王以下,或父子相继,同体异德;或纳大麓,受终文祖;或寻干戈,从天行诛。虽遭遇异时,步骤不同,然未有不改正朔,用服色,表明文物,以章受命之符也。由此言之,何必以不改为是邪!"

于是公卿以下博议。侍中高堂隆议曰:"按古有文章以来,帝王之兴,受禅之与干戈,皆改正朔,所以明天道,定民心也。《易》曰:'革,元亨利贞。''有孚改命吉。''汤武革命,应乎天,从乎人。'其义曰,水火更用事,犹王者必改正朔易服色也。《易通卦验》曰:'王者必改正朔,易服色,以应天地三气三色。'《书》曰:'若稽古帝舜曰重华,建皇授政改朔。'初'高阳氏以十一月为正,荐玉以赤缯。高辛氏以十三月为正,荐玉以白缯。'《尚书传》曰:'舜定钟石,论人声,乃及鸟兽,咸变于前。故更四时,改尧正。'《诗》曰:'一之日觱发,二之日栗烈,三之日于耜。'《传》曰:'一之日,周正月,二之日,殷正月,三之日,夏正月。'《诗推度灾》曰:'如有继周而王者,虽百世可知。以前检后,文质相因,法度相改。三而复者,正色也,二而复者,文质也。'以前检后,谓轩辕、高辛、夏后氏、汉,皆以十三月为正;少昊、有唐、有殷,皆以十二月为正;高阳、有虞、有周,皆以十一月为正。后虽百世,皆以前代三而复也。《礼大传》曰:'圣人南面而治天下,必正度量,考文章,改正朔,易服色,殊徽号。'《乐稽曜嘉》曰:'禹将受位,天意大变,迅风雷雨,以明将去虞而适夏也。是以舜禹虽继平受禅,犹制礼乐,改正朔,以应天从民。夏以十三月为正,法物之始,其色尚黑。殷以十二月为正,法物之牙,其色尚白。周以十一月为正,法物之萌,其色尚赤。能察其类,能正其本,则岳渎致云雨,四时和,五稼成,麟皇翔集。'《春秋》'十七年夏六月甲子朔,日有蚀之。'《传》曰:'当夏四月,是谓孟夏。'《春秋元命苞》曰:'王者受命,昭然明于天地之理,故必移居处,更称号,改正朔,易服色,以明天命圣人之宝,质文再而改,穷则相承,周则复始,正朔改则天命显。'凡典籍所记,不尽于此,略举大较,亦足以明也。"太尉司马懿、尚书仆射卫臻、尚书薛悌、中书监刘放、中书侍郎刁干、博士秦静、赵怡、中候中诏季岐以为宜改;侍中缪袭、散骑常侍王肃、尚书郎魏衡、太子舍人黄史嗣以为不宜改。

青龙五年,山茌县言黄龙见。帝乃诏三公曰:

昔在庖牺,继天而王,始据木德,为群代首。自兹以降,服物氏号,开元著统者,既膺受命历数之期,握皇灵迁兴之运,承天改物,序其纲纪。虽炎、黄、少昊、颛顼、高辛、唐、虞、夏后,世系相袭,同气共祖,犹豫昭显所受之运,著明天人去就之符,无不革易制度,更定礼乐,延群后,班瑞信,使之焕炳可述于后也。至于正朔之事,当明示变改,以彰异代,曷疑其不然哉!

文皇帝践阼之初,庶事草创,遂袭汉正,不革其统。朕在东宫,及臻在位,每览书籍之林,总公卿之议。夫言三统相变者,有明文;云虞、夏相因者,无其言也。《历志》曰:"天统之正在子,物萌而赤;地统之正在丑,物化而白;人统之正在寅,物成而黑。"但含生气,以微成著。故太极运三辰五星于上,元气转三统五行于下,登降周旋,终则又始,言天地与人所以相通也。仲尼以大圣之才,祖述尧、舜,范章文、武,制作《春秋》,论究人事,以贯百王之则。故于三微之月,每月称王,以明三正迭相为首。夫祖述尧、舜,以论三正,则其明义,岂使近在殷、周而已乎!朕以眇身,继承洪绪,既不能绍上圣之遗风,扬先帝之休德,又使王教之弛者不张,帝典之阙者未补,壹壹之德不著,亦恶可已乎!

今推三统之次,魏得地统,当以建丑之月为正。考之群艺,厥义彰矣。改青龙五年春三月为景初元年孟夏四月。服色尚黄,牺牲用白,戎事乘黑首之白马,建大赤之旗,朝会建大白之旗。春夏秋冬孟仲季月,虽与正岁不同,至于郊祀迎气,祴、祀、烝、尝、巡狩、搜田,分至启闭,班宣时令,中气晚早,敬授民事,诸如此者,皆以正岁斗建为节。此历数之序,乃上与先圣合符同契,重规叠矩者也。今遵其义,庶可以显祖考大造之基,崇有魏维新之命。于戏!王公群后,百辟卿士,靖康厥职,帅意无怠,以永天休。司徒露布,咸使闻知,称朕意焉。

案服色尚黄,据土行也。牺牲旂旗,一用殷礼,行殷之时故也。《周礼》巾车职,"建大赤以朝","大白以即戎",此则周以正色之旗朝,以先代之旗即戎。魏用殷礼,变周之制,故建大白朝,大赤即戎也。明帝又诏曰:"以建寅之月为正者,其牲用玄;以建丑之月为正者,其牲用白;以建子之月为正者,其牲用骍。此为牲色各从其正,不随所祀之阴阳也。祭天不嫌于用玄,则祭地不得独疑于用白也。天地用牲,得无不宜异邪? 更议。"于是议者各有引据,无适可从。又诏曰:"诸议所依据各参错,若阳祀用骍,阴祀用黝,复云祭天用玄,祭地用黄,如此,用牲之义,未为通也。天地至尊,用牲宜同以所尚之色,不得专以阴阳为别也。今祭皇皇帝天、皇皇后地、天地郊、明堂、宗庙,皆宜同。其别祭五郊,各随方色,祭日月星辰之类用骍,社稷山川之属用玄,此则尊卑方色,阴阳众义畅矣。"

三年正月,帝崩,齐王即位。是年十二月,尚书卢毓奏:"烈祖明皇帝以今年正日弃离万国。《礼》,忌日不乐,甲乙之谓也。烈祖明皇帝建丑之月弃天下，臣妾之情，于此正日，有甚甲乙。今若以建丑正朝四方，会群臣，设盛乐，不合于礼。"博士乐祥议："正日旦受朝贡，群臣奉贽；后五日，乃大宴会作乐。"太尉属朱诞议："今因宜改之际，还修旧则，元首建寅，于制为便。"大将军刘肇议："宜过正一日乃朝贺大会，明令天下，知崩亡之日不朝也。"诏曰："省奏事，五内断绝，奈何奈何！烈祖明皇帝以正日弃天下，每与皇太后念此日至，心有剥裂。不可以此日朝群辟，受庆贺也。月二日会，又非故事。听当还夏正月。虽违先帝通三统之义，斯亦子孙哀惨永怀。又夏正朔得天数者，其以建寅之月为岁首。"

晋武帝泰始二年九月，群公奏："唐尧、舜、禹不以易祚改制；至于汤、武，各推行数。宣尼答为邦之问，则曰行夏之时，辂冕之制，通为百代之言。盖期于从政济治，不系于行运也。今大晋继三皇之踪，踵舜、禹之迹，应天从民，受禅有魏，宜一用前代正朔服色，皆如有虞遵唐故事，于义为弘。"奏可。孙盛议："仍旧，非也。且晋为金行，服色尚赤，考之天道，其违甚矣。"及宋受禅，亦如魏、晋故事。

魏明帝初，司空王朗议："古者有年数，无年号，汉初犹然。或有世而改，有中元、后元。元改弥数，中、后之号不足，故更假取美名，非古也。述春秋之事，曰隐公元年，则简而易知。载汉世之事，曰建元元年，则后不见。宜若古称元而已。"明帝不从。乃诏曰："先帝即位之元，则有延康之号，受禅之初，亦有黄初之称。今名年可也。"于是尚书奏："《易》曰：'乾道变化，各正性命。保合大和，乃利贞。首出庶物，万国咸宁。'宜为太和元年。"诏（缺七字）

周之五礼，其五为嘉。嘉□□《春秋左氏传》曰："晋侯问襄公年，季武子对曰：'会于沙随之岁，寡君以生。'晋侯曰：'十二年矣，是谓一终，一星终也。国君十五而生子。冠而生子，礼也。君可以冠矣。大夫盍为冠具。'武子对曰：'君冠必以祼享之礼行之，以金石之乐节也，以先君之祧处之。今君在行，未可具也。请及兄弟之国而假备焉。'晋侯许诺。还及卫，冠于成公之庙，假钟磬焉，礼也。"贾、服说皆以为人君礼十二而冠也。《古尚书》说武王崩，成王年十三。推武王以庚辰岁崩，周公以壬午岁出居东，以癸未岁反。《礼》周公冠成王，命史祝辞。辞，告也；是除丧冠也。周公居东未反，成王冠弁以开金縢之书，时十六矣。是成王年十五服除，周公冠之而后出也。按《礼》《传》之文，则天子诸侯近十二，远十五，必冠矣。《周礼》虽有服冕之数，而无天子冠文。《仪礼》云："公侯之有冠礼，夏之末造。"王、郑皆以为夏末上下相乱，篡弑由生，故作公侯冠礼，则明无天子冠礼之审也。大夫义无冠礼。古者五十而后爵，何大夫冠礼之有？周人年五十而有贤才，则试以大夫之事，犹行士礼也。故筮曰筮宾，冠于阼以著代，醮于客位，三加弥尊，皆士礼耳。然汉氏以来，天子诸侯，颇采其议。《志》曰"仪从《冠礼》"是也。汉顺帝冠，又兼用曹褒新礼；褒新礼今不存。《礼仪志》又云："乘舆初加缁布进贤，次爵弁，武弁，次通天，

皆于高庙。王公以下，初加进贤而已。"按此文始冠缁布，从古制也，冠于宗庙是也。魏天子冠一加，其说曰：士礼三加，加有成也。至于天子诸侯，无加数之文者，将以践阼临民，尊极德备，岂得复与士同？此言非也。夫以圣人之才，犹三十而立，况十二之年，未及志学，便谓德成，无所劝勉，非理实也。魏氏太子再加，皇子、王公世子乃三加。孙毓以为一加再加皆非也。《礼》词曰"令月吉日"，又"以岁之正，以月之令"。鲁襄公冠以冬，汉惠帝冠以三月，明无定月也。后汉以来，帝加元服，咸以正月。晋咸宁二年秋闰九月，遣使冠汝南王柬，此则晋礼亦有非必岁首也。《礼》冠于庙，魏以来不复在庙。然晋武、惠冠太子，皆即庙见，斯亦拟在庙之仪也。晋穆帝、孝武将冠，先以币告庙，讫又庙见也。

晋惠帝之为太子将冠也，武帝临轩，使兼司徒高阳王珪加冠，兼光禄勋、屯骑校尉华廙赞冠。江左诸帝将冠，金石宿设，百僚陪位。又豫于殿上铺大床。御府令奉冕帻簪导衮服，以授侍中、常侍。太尉加帻，太保加冕。将加冕，太保跪读祝文曰："令月吉日，始加元服。皇帝穆穆，思弘衮职。钦若昊天，六合是式。率遵祖考，永永无极。眉寿惟祺，介兹景福。"加冕讫，侍中系玄紞。侍中脱绛纱服，加衮服。冠事毕，太保率群臣奉觞上寿，王公以下三称万岁，乃退。按仪注，一加帻冕而已。宋冠皇太子及蕃王，亦一加也。官有其注。晋武帝泰始十年，南宫王承年十五，依旧应冠。有司议奏："礼十五成童。国君十五而生子，以明可冠之宜。又汉、魏遣使冠诸王，非古典。"于是制诸王十五冠，不复加命。元嘉十一年，营道侯将冠。诏曰："营道侯义綦可克日冠。外详加施行。"何桢《冠仪约制》及王堪私撰《冠仪》，亦皆家人之可遵用者也。魏齐王正始四年，立皇后甄氏，其仪不存。

晋武帝咸宁二年，临轩，遣太尉贾充策立后杨氏，纳悼后也。因大赦，赐王公以下各有差。百僚上礼。太康八年，有司奏："昏礼纳征，大昏用玄纁，束帛加珪，马二驷；王侯玄纁，束帛加璧，乘马；大夫用玄纁，束帛加羊。古者以皮马为庭实，天子加谷圭，诸侯加大璋。可依《周礼》改璧用璋，其羊、雁、酒、米、玄纁如故。诸侯昏礼加纳采吉期迎各帛五匹，及纳征马四匹，皆令夫家自备，唯璋官为具之。"尚书朱整议："按魏氏故事，王娶妃、公主嫁之礼，天子诸侯以皮马为庭实，天子加以谷珪，诸侯加以大璋。汉高后制，聘后黄金二百斤，马十二匹；夫人金五十斤，马四匹。魏聘后、王娶妃、公主嫁之礼，用绢百九十匹。晋兴，故事用绢三百匹。"诏曰："公主嫁由夫氏，不宜皆为备物，赐钱使足而已。唯培璋，余如故事。"

成帝咸康二年，临轩，遣使兼太保领军将军诸葛恢、兼太尉护军将军孔愉六礼备物，拜皇后杜氏，即日入宫。帝御太极殿，群臣毕贺，非礼也。王者昏礼，礼无其制。《春秋》祭公逆王后于《纪》。《谷梁》、《左氏》说与《公羊》又不同，而汉、魏遗事阙略者众。晋武、惠纳后，江左又无复仪注，故成帝将纳杜后，太常华恒始与博士参定其仪。据杜预《左氏传》说主婚，是供其婚礼之币而已。又周灵王求婚于齐，齐侯问于晏桓子，桓子对曰："夫妇

所生若而人，姑姊妹则称先守某公之遗女若而人。"此则天子之命，自得下达，臣下之答，径自上通。先儒以为丘明详录其事，盖为王者婚娶之礼也。故成帝临轩遣使称制拜后。然其仪注，又不具存。

康帝建元元年，纳后褚氏。而仪注陲者不设旄头。殿中御史奏："今迎皇后，依昔成恭皇后入宫御物，而仪注至尊衮冕升殿，旄头不设，求量处。又案昔迎恭皇后，唯作青龙旗，其余皆即御物。今当临轩遣使，而立五牛旂旗，旄头毕罕并出。即用旧制，今阙。"诏曰："所以正法服升太极者，以敬其始，故备其礼也。今云何更阙所重而撤法物邪？又恭后神主入庙，先帝诏后礼宜有降，不宜建五牛旗，而今犹复设之邪？既不设五牛旗，则旄头毕罕之器易具也。"又诏曰："旧制既难准，且于今而备，亦非宜。府库之储，唯当以供军国之费耳。法服仪饰粗令举，其余兼副杂器，停。"及至穆帝升平元年，将纳皇后何氏，太常王彪之始更大引经传及诸故事，以正其礼，深非公羊婚礼不称主人之义。又曰："王者之于四海，无非臣妾。虽复父兄之亲，师友之贤，皆纯臣也。夫崇三纲之始，以定乾坤之仪，安有天父之尊，而称臣下之命，以纳伉俪；安有臣下之卑，而称天父之名，以行大礼。远寻古礼，无王者此制；近求史籍，无王者此比。于情不安，于义不通。案咸宁二年，纳悼皇后时，弘训太后临天下，而无命戚属之臣为武皇父兄主婚之文。又考大晋已行之事，咸宁故事，不称父兄师友，则咸康华恒所上合于旧也。臣愚谓今纳后仪制，宜一依咸康故事。"于是从之。

华恒所定六礼，云宜依汉旧及大晋已行之制，此恒犹识前事，故王彪之多从咸康，由此也。惟以取妇之家，三日不举乐，而咸康群臣贺为失礼；故但依咸宁上礼，不复贺也。其告庙六礼版文等仪，皆彪之所定也。详推有典制，其纳采版文玺书曰："皇帝咨前太尉参军何琦、浑元资始，肇经人伦，爰及夫妇，以奉天地宗庙社稷，谋于公卿，咸以为宜率由旧典。今使使持节太常彪之、宗正综以礼纳采。"主人曰："皇帝嘉命，访婚陋族，备数采择。臣从祖弟故散骑侍郎准之遗女，未闲教训，衣履若人，钦承旧章，肃奉典制。前太尉参军都乡侯粪土臣何琦稽首再拜承制诏。"次问名版文曰："皇帝曰，咨某官某姓，两仪配合，承天统物，正位于内，必俟令族，重章旧典。今使使持节太常某、宗正某，以礼问名。"主人曰："皇帝嘉命，使者某到，重宣中诏，问臣名族。臣族女父母所生先臣故光禄大夫琴娄侯桢之遗玄孙，先臣故豫州刺史关中侯恽之曾孙，先臣安丰太守关中侯睿之孙，先臣故散骑侍郎准之遗女。外出自先臣故尚书左丞胄之外曾孙，先臣故侍中关内侯夷之外孙女，年十七。钦承旧章，肃奉典制。"次纳吉版文曰："皇帝曰，咨某官某姓，人谋龟从，命曰贞吉，敬从典礼。今使持节太常某、宗正某，以礼纳吉。"主人曰："皇帝嘉命，使者某重宣中诏，太卜元吉。臣陋族卑郿，忧惧不堪。钦承旧章，肃奉典制。"次纳征版文："皇帝曰，咨某官某姓之女，有母仪之德，窈窕之姿，如山如河，宜奉宗庙，永承天祚。以玄纁皮帛马羊钱璧，以章典礼。今使使持节司徒某、太常某，以礼纳征。"主人曰："皇帝嘉命，降婚卑陋，崇以上公，宠以典礼，备物典策。钦承旧章，肃奉典制。"次请期版文："皇帝曰，咨某官某姓，谋于公卿，大筮元龟，罔有不臧，率遵典礼。今使使持节太常某、宗正某，以礼请期。"主人曰："皇帝嘉命，使某重宣中诏，吉日惟某可迎。臣钦承旧章，肃奉典制。"次亲迎版文："皇帝曰，咨某官某姓，岁吉月令，吉日惟某，率礼以迎。今使使持节太保某、太尉某以迎。"主人曰："皇帝嘉命，使者某重宣中诏。令月吉辰，备礼以迎。上公宗卿，兼至副介，近臣百两，臣蝼蚁之族，猥承大礼，忧惧战悸。钦承旧章，肃奉典制。"其稽首承诏皆如初答。

孝武纳王皇后，其礼亦如之。其纳采、问名、纳吉、请期、亲迎，皆用白雁白羊各一头，酒米各十二斛。唯纳征羊一头，玄纁用帛三匹，绛二匹，绢二百匹，虎皮二枚，钱二百万，玉璧一枚，马六头，酒米各十二斛，郑玄所谓五雁六礼也。其珪马之制，备物之数，校太康所奏，又有不同，官有其注。古者昏、冠皆有醮，郑氏醮文三首具存。

宋文帝元嘉十五年四月，皇太子纳妃，六礼文与纳后不异。百官上礼。其月壬戌，于太极殿西堂叙宴二宫队主副、司徒征北镇南三府佐、扬兖江三州纲、彭城江夏南谯始兴武陵庐陵南丰七国侍郎以上，诸二千石在都邑者，并豫会。又诏今小会可停妓乐，时有临川曹太妃服。

明帝泰始五年十一月，有司奏："按晋江左以来，太子昏，纳征，礼用玉一，虎皮二，未详何所准况。或者虎取其威猛有彬炳，玉以象德而有温润。栗珪璋既玉之美者，豹皮义兼炳蔚，熊罴亦昏礼吉征，以类取象，亦宜并用，未详何以遗文。晋氏江左，礼物多阙，后代因袭，未遑研考。今法章徽仪，方将大备。宜宪范经籍，稽诸旧典。今皇太子昏，纳征，礼合用珪璋豹皮熊罴皮与不？下礼官详依经纪更正。若应用者，为各用一？为应用两？"博士裴昭明议："案《周礼》，纳征，玄纁束帛俪皮。郑玄注云：束帛，以仪注，以虎皮二。太元中，公主纳征，以虎豹皮各一具。岂谓婚礼不辨王公之序，故取虎豹皮以尊革其事乎？虎豹虽文，而征礼所不用。熊罴吉祥，而婚典所不及。珪璋虽美，或为用各异。今帝道弘明，徽则光阐，储皇聘纳，宜准经诰。凡诸僻谬，并合详裁。虽代代不同，文质或异，而郑为儒宗，既有明说，守文浅见，盖有惟疑。兼太常丞徐议以为：'聘币之典，损益惟又，历代行事，取制士婚。若珪璋之用，实均璧品，采豹之彰，义齐虎文，熊罴表祥，繁衍攸寄。今储后崇聘，礼饯训远，皮玉之美，宜尽晖备。《礼》称束帛俪皮，则珪璋数合同璧，熊罴文豹，各应用二。'长兼国子博士虞龢议：'案《仪礼》纳征，直云玄纁束帛杂皮而已。《礼记郊特牲》云虎豹皮与玉璧，非虚作也。则虎豹之皮，居然用两，珪璧宜仍旧各一也。'参诜、龢二议不异，今加珪璋各一，豹熊罴皮各二，以龢议为允。"诏可。

晋武帝太始十年，将聘拜三夫人九嫔。有司奏："礼，皇后聘以谷珪，无妾媵礼贽之制。"诏曰："拜授可依魏氏故事。"于是临轩使使持节兼太常拜夫人，兼御史中丞拜九嫔。汉、魏之礼，公主居第，尚公主者来第成婚。司空王朗以为不可，其后乃革。

凡遣大使拜皇后、三公，及冠皇太子，及拜蕃王，帝皆临轩。其仪，太乐令宿设金石四厢之乐于殿前。漏上二刻，侍中、侍臣、冗从仆射、中谒者、节骑郎、虎贲、旄头遮列，五牛旗皆入。虎贲中郎将、羽林监分陛端门内。侍御史、谒者各一人监端门。廷尉监、平分陛东、西中华门。漏上三刻，殿中侍御史奏开殿之殿门、南止车门、宣阳城门。军校、侍中、散骑常侍、给事黄门侍郎、散骑侍郎升殿夹御座。尚书令以下应阶者以次入。治礼引大鸿胪入，陈九宾。漏上四刻，侍中奏："外办。"皇帝服衮冕之服，升太极殿，临轩南面。谒者前北面一拜，跪奏："大鸿胪臣某稽首言，群臣就位。谨具。"侍中称制曰："可。"谒者赞拜，在位皆再拜。大鸿胪称臣一拜，仰奏："请行事。"侍中称制曰："可。"鸿胪举手曰："可行事。"谒者引护当使者当拜者入就拜位。四厢乐作。将拜，乐止。礼毕出。官有其注。旧时岁旦，常设苇茭桃梗，磔鸡于宫及百寺门，以禳恶气。《汉仪》，则仲夏之月设之，有桃卯，无磔鸡。案明帝大修禳礼，故何晏禳祭议据鸡牲供禳衅之事，磔鸡宜起于魏也。桃卯本汉所以辅，卯金又宜魏所除也，但未详改仲夏在岁旦之所起耳。宋皆省，而诸郡县此礼往往犹存。

上代聘享之礼，虽颇见经传，然首尾不全。《叔孙通传》载通所制汉元会仪，纲纪粗举，施于今，又未周备也。魏国初建，事多兼阙，故黄初三年，始奉璧朝贺。何承天云，魏元会仪无存者。案何桢《许都赋》曰："元正大飨，坛彼西南。旗幕峨峨，檐宇弘深。"王沈《正会赋》又曰："华幄映于飞云，朱幕张于前庭。绀帷于两阶，象紫极之峥嵘。延百辟于和门，等尊卑而奉璋。"此则大飨悉在城外，不在宫内也。臣案魏司空王朗奏事曰："故事，正月朔，贺。殿下设两百华灯，对于二阶之间。端门设庭燎火炬，端门外设五尺、三尺灯。月照星明，虽夜犹昼矣。"如此，则不在城外也。何、王二赋，本不在洛京。何云《许都赋》，时在许昌也。王赋又云"朝四国于东巡"，亦赋许昌正会也。

晋武帝世，更定元会注，今有《咸宁注》是也。傅玄《元会赋》曰："考夏后之遗训，综殷、周之典艺，采秦、汉之旧仪，定元正之嘉会。"此则兼采众代可知矣。《咸宁注》，先正一日，守宫宿设王公卿校便坐于端门外，大乐鼓吹又宿设四厢乐及牛马帷阁于殿前。夜漏未尽十刻，群臣集到，庭燎起火。上贺谒报，又贺皇后。还从云龙东中华门入谒，诣东阁下便坐。漏未尽七刻，群司乘车与百官及受赞郎下至计吏，皆入，诣陛部立。其陛卫者，如临轩仪。漏未尽五刻，谒者仆射、大鸿胪各曰："群臣就位定。"漏尽，侍中奏："外办。"皇帝出，钟鼓作，百官皆拜伏。太常导皇帝升御座，钟鼓止，百官起。大鸿胪跪奏："请朝贺。"治礼郎赞："皇帝延王登。"大鸿胪跪赞："蕃王臣某等奉白璧各一，再拜贺。"太常报："王悉登。"谒者引上殿，当御座。皇帝兴，王再拜。皇帝坐，复再拜，跪置璧御座前，复再拜。成礼讫，谒者引下殿，还故位。治礼郎引公、特进、匈奴南单于子、金紫将军当大鸿胪西，中二千石、二千石、千石、六百石当大行令西，皆北面伏。大鸿胪跪赞："太尉、中二千石等奉璧皮帛羔雁雉，再拜贺。"太常赞："皇帝延君登。"礼引公至金紫将军上殿，当御座。皇帝兴，皆再拜。皇帝坐，又再拜。跪置璧皮帛御座前，复再拜。成礼讫，赞者引下殿，还故位。王公置璧成礼时，大行令并赞，殿下中二千石以下同。成礼讫，以赞授受赞郎，郎以璧帛付谒者，羔雁雉付太官。太乐令跪请奏雅乐，以次作乐。乘黄令乃出车，皇帝罢入，百官皆坐。昼漏上水六刻，诸蛮夷胡客以次入，皆再拜讫，坐。御入三刻，又出。钟鼓作。谒者仆射跪奏："请群臣上。"谒者引王公至二千石上殿，千石、六百石停本位。谒者引王诣尊酌寿酒，跪授侍中。侍中跪置御座前。王还自酌，置位前。谒者跪奏："蕃王臣某等奉觞再拜，上千万岁寿。"侍中曰："觞已上。"百官伏称万岁，四厢乐作，百官再拜。已饮，又再拜。谒者引诸王等还本位。陛者传就席，群臣皆跪诺。侍中、中书令、尚书令各于殿上上寿酒，登歌乐升，太官令又行御酒。御酒升阶，太官令跪置侍郎，侍郎跪进御座前。乃行百官酒。太乐令跪奏："奏登歌。"三终，乃降。太官令跪请御饭到陛，群臣皆起。太官令持羹跪授司徒；持饭跪授大司农；尚食持案并授侍郎，侍郎进御座前。群臣就席，太乐令跪奏："食。举乐。"太官行百官饭案遍。食毕，太乐令跪奏："请进舞。"舞以次作。鼓吹令又前跪奏："请以次进众伎。"乃召诸郡计吏前，授敕戒于阶下。宴乐毕，谒者一人跪奏："请罢退。"钟鼓作，群臣北面再拜出。江左更随事立位，大体亦无异也。宋有天下，多仍旧仪，所损益可知矣。

晋江左注，皇太子出会者，则在三恪下、王公上。宋文帝元嘉十一年，升在三恪上。魏制，蕃王不得朝觐。明帝时有朝者，皆由特恩，不得以为常。晋泰始中，有司奏："诸侯之国，其王公以下入朝者，四方各为二番，三岁一周，周则更始。若临时有解，却在明年。来朝之后，更满三岁乃复，不得从本数。朝礼执璧如旧制之制。不朝之岁，各遣卿奉聘。"奏可。江左王侯不之国，其有授任居外，则同方伯刺史二千石之礼，亦无朝聘之制，此礼遂废。

正旦元会，设白虎樽于殿庭。樽盖上施白虎，若有能献直言者，则发此樽饮酒。案《礼记》，知悼子卒，未葬，平公饮酒，师旷、李调侍，鼓钟。杜蒉自外来，闻钟声曰："安在？"曰："在寝。"杜蒉入寝，历阶而升，酌曰："旷饮斯。"又酌曰："调饮斯。"又酌，堂上北面坐饮之。降，趋而出。平公呼而进之曰："蒉，曩者尔心或开予，是以不与尔言，尔饮旷，何也？"曰："子卯不乐，知悼子在堂，斯其为子卯也大矣。旷也，太师也。不以诏，是以饮之也。""尔饮调，何也？"曰："调也，君之亵臣也。为一饮一食，忘君之疾，是以饮之也。""尔饮，何也？"曰："蒉也宰夫，唯刀匕是供，又敢与知防，是以饮也。"平公曰："寡人亦有过焉。酌而饮寡人。"杜蒉洗而扬觯。公谓侍者曰："如我死，则必无废斯爵。"至于今，既毕献，斯扬觯，谓之"杜举"。白虎樽，盖杜举之遗式也。画为虎，宜是后代所加，欲令言者猛如虎，无所忌惮也。

汉以高帝十月定秦旦为岁首，至武帝虽改用夏正，然朝犹常飨会，如元正之仪。魏、晋则冬至日受万国及百僚称贺，因小会。其仪亚于岁旦，晋有其注。宋永初元年八月，诏曰："庆冬使或遣不，役宜省，今可悉停。唯元正大庆，不得废耳。郡县遣冬使诣州及都督府者，亦宜同停。"

孙权始都武昌及建业，不立郊兆。至末年太元元年十一月，祭南郊，其地今秣陵县南十余里郊中是也。晋氏南迁，立南郊于巳地，非礼所谓阳位之义也。宋武大明三年九月，尚书右丞徐爰议："郊祀之位，远古蔑闻。《礼记》'燔柴于太坛，祭天也。''兆于南郊，就阳位也。'汉初甘泉河东禋埋易位，终亦徙于长安南北。光武绍祚，定二郊洛阳南北。晋氏过江，悉在北。及郊兆之议，纷然不一。又南出道狭，未议开阐，遂于东南巳地创立丘坛。皇宋受命，因而弗改。且居民之中，非邑外之谓。今圣图重造，旧章毕新，南驿开涂，阳路修远。谓宜移郊正午，以定天位。"博士司马兴之、傅郁、太常丞陆澄并同爰议。乃移郊兆于秣陵牛头山西，正在宫之午地。世祖崩，前废帝即位，以郊旧地为吉祥，移还本处。北郊，晋成帝世始立，本在覆舟山南。宋太祖以其地为乐游苑，移于山西北。后以其地为北湖，移于湖塘西北。其地卑下泥湿，又移于白石村东。其地又以为湖，乃移于钟山北京道西，与南郊相对。后罢白石东湖，北郊还旧处。

南郊，皇帝散斋七日，致斋三日。官掌清者亦如之。致斋之朝，御太极殿幄坐。著绛纱袍，黑介帻，通天金博山冠。先郊日未晡五刻，夕牲。公卿京兆尹众官悉监东就位，太祝史牵牲人。到榜，禀牺令跪白："请省牲。"举手曰："腯。"太祝令绕牲，举手曰："充。"太祝令牵牲诣庖。以二陶豆酌毛血，其一奠皇天神座前，其一奠太祖神座前。郊之日未明八刻，太祝令进馔，郎施馔。牲用茧栗二头，群神用牛一头。醴用秬鬯，藉用白茅。玄酒一器，器用匏陶，以瓦樽盛酒，瓦卮斟酒，璧用苍玉。蒯席各二，不设茵蓐。古者席藁，晋江左用蒯。车驾出，百官应斋及从驾填街先置者，各随申摄从事。上水一刻，御服龙衮，平天冠，升金根车，到坛东门外。博士、太常引入到黑攒。太祝令跪执匏陶，酒以灌地。皇帝再拜，兴。群臣皆再拜伏。治礼曰："兴。"博士、太常引皇帝至南阶，脱舄升坛，诣罍盥。黄门侍郎洗爵，跪授皇帝。执樽郎授爵，酌秬鬯授皇帝。跪奠皇天神座前，再拜，兴。次诣太祖配天神座前，执爵跪奠，如皇天之礼。南面北向，一拜伏。太祝令各酌福酒，合置一爵中，跪进皇帝，再拜伏。饮福酒讫，博士、太常引帝从东阶下，还南阶。谒者引太常升坛，亚献。谒者又引光禄升坛，终献。讫，各降阶还本位。太祝送神，跪执匏陶，酒以灌地。兴。直南行出坛门，治礼举手白，群臣皆再拜伏。皇帝盥，治礼曰："兴。"博士跪曰："祠事毕，就燎。"博士、太常引皇帝就燎位，当坛东阶，皇帝南向立。太祝令以案奉玉璧牲体爵酒黍饭诸馔物，登柴坛施设之。治礼举手曰："可燎。"三人持火炬上。火发。太祝令等各下坛。坛东西各二十人，以炬投坛，火半柴倾。博士仰白："事毕。"皇帝出便坐。解严。天子有故，则三公行事，而太尉初献，其亚献、终献，犹太常、光禄勋也。

北郊斋、夕牲、进熟，及乘舆百官到坛三献，悉如南郊之礼；唯事讫，太祝令牲玉馔物诣坎置牲上讫，又以一牲覆其上。治礼举手曰："可埋。"二十人俱时下土。填坎欲半，博士仰白："事毕。"帝出。自魏以来，多使三公行事，乘舆罕出矣。魏及晋初，仪注虽不具存，所损益汉制可知也。江左以后，官有其注。

魏文帝诏曰："汉氏不拜日于东郊，而旦夕常于殿下东面拜日，烦亵似家人之事，非事天郊神之道也。"黄初二年正月乙亥，朝日于东门之外。按《礼》，天子以春分朝日于东，秋分夕月于西，今正月，非其时也。《汉郊祀志》，帝郊泰畤，平旦出竹宫东向揖日，其夕西向揖月。此为即用郊日，不俟二分也。明帝太和元年二月丁亥朔，朝日于东郊，八月己丑，夕月于西郊，此古礼也。《白虎通》："王者父天、母地，兄日、姊月"，此其义也。《尚书大传》，迎日之词曰："维某年某月上日。明光于上下，勤施于四方，旁作穆穆，维予一人。某敬拜迎日于郊。"吴时郎陈融奏《东郊颂》，吴时亦行此礼也。晋武帝太康二年，有司奏："春分依旧车驾朝日，寒温未适，可不亲出。"诏曰："礼仪宜有常；如所奏，与故太尉所撰不同，复为无定制。间者方难未平，故每从所奏。今戎事弭息，唯此为大。"案此诏，帝复为亲朝日也。此后废。

殷祠，皇帝散斋七日，致斋三日。百官清者亦如之。致斋之日，御太极殿幄坐，著绛纱袍，黑介帻，通天金博山冠。祠之日，车驾出，百官应斋从驾留守填街先置者，各依宣摄从事。上水一刻，皇帝著平冕龙衮之服，升金根车，到庙北门讫。治礼、谒者各引太乐、太常、光禄勋、三公等皆入在位。皇帝降车入庙，脱舄盥，及洗爵，讫，升殿。初献，奠爵，乐奏。太祝令跪读祝文，讫，进奠神座前，皇帝还本位。博士引太尉亚献，讫，谒者又引光禄勋终献。凡禘祫大祭，则神主悉出庙堂，为昭穆以安坐，不复停室也。晋氏又有阴室四殇，治礼引阴室以次奠爵于馔前。其功臣配飨者，设坐于庭，谒者奠爵于馔前。皇帝不亲祠，则三公行事，而太尉初献，太常亚献，光禄勋终献也。四时祭祀，亦皆于将祭必先夕牲，其仪如郊。

晋武帝太始七年四月，帝将亲祠，车驾夕牲，而仪还不拜。诏问其故。博士奏："历代相承如此。"帝曰："非致敬宗庙之礼也。"于是实拜而还，遂以为制。太康中，有司奏议，十一月一日合朔奠、冬烝、夕牲同日，可有司行事。诏曰："夕牲而令有司行事，非也。改择上旬他日。"案此则武帝夕牲必躬临拜，而江左以来复止也。晋元帝建武元年十月辛卯，即晋王位，行天子殷祭之礼，非常之事也。孝武太元十一年九月，皇女亡及应烝祠。中书侍郎范宁奏："案《丧服》传，有死宫中者，三月不举祭，不别长幼之与贵贱也。皇女虽在婴孩，臣窃以为疑。"于是尚书奏使三公行事。昔汉灵帝世，立春尚斋迎气东郊，尚书左丞殿杀陌使于南书寺，于是诏曰："议郎蔡邕、博士任敏，问可斋祠不？得无不宜？"邕等对曰："按上帝之祠，无所为废。宫室至大，陌使至微，日又宽，可斋无疑。"宁非不知有此议，然不从也。魏及晋初，祭仪虽不具存，江左则备矣。官有其注。

祠太社、帝社、太稷，常以岁二月八月二社日祠之。太祝令夕牲进熟，如郊庙仪。司空、太常、大司农三献也。官有其注。周礼王亲祭，汉以来，有司行事。汉安帝元初六年，立六宗祠于国西北戌城地，祠仪比泰社。日月将交会，太史上合朔。尚书先事三日，宣摄内外，戒严。挚虞《决疑》曰："凡救蚀者，皆著赤帻，以助阳也。日将蚀，天子素服避正殿，内外严警，太史登灵台，伺候日变。更伐鼓于门，闻鼓音，侍臣皆著赤帻，带剑入侍。三台令史以上，皆各持剑立其户前。卫尉卿驰绕宫，伺察守备，周而复始。日复常，乃皆罢。"鲁昭公十七年，六月朔，日有蚀。祝史请所由，叔孙昭子曰："日有蚀之，天子不举乐，伐鼓于社，诸侯用敝于社，伐鼓于朝，礼也。"又以赤丝为绳系社，祝史陈辞以责之。社，勾龙之神，天子之上公，故责之。合朔，官有其注。

昔汉建安中，将王会，而太史上言正旦当日蚀，朝士疑会不。共诣尚书令荀文若谘之，时广平计吏刘邵在坐，曰："梓慎、裨灶，古之良史，犹占水火，错失天时。《礼》诸侯旅见天子，入门不得终礼者四，日蚀在一。然则圣人垂制，不为变异豫废朝礼者，或灾消异伏，或推术谬误也。"文若及众人咸喜而从之，遂朝会如旧，日亦不蚀。邵由此显名，魏史美而书之。魏高贵乡公正元二年三月朔，太史奏日蚀而不蚀。晋文王时为大将军，大推史官不验之负。史官答曰："合朔之时，或有日掩月，或有月掩日。月掩日，则蔽障日体，使光景有亏，故谓之日蚀；日掩月，则日于月上过，谓之阴不侵阳，虽交无变。日月相掩必食之理，无术以知，是以尝禘郊社，日蚀则接祭，是亦前代史官不能审蚀也。自汉故事，以为日蚀当于交。每至其时，申警百官，以备日变。故《甲寅诏》有备蚀之制，无考负之法。古来黄帝、颛顼、夏、殷、周、鲁六历，皆无推日蚀法，但有考课疏密而已。负坐之条，由本无术可课，非司事之罪。"乃止。

晋武帝咸宁三年、四年，并以正旦合朔却元会，改魏故事也。晋元帝太兴元年四月合朔，中书侍郎孔愉奏曰："《春秋》日有蚀之，天子伐鼓于社，攻诸阴也。诸侯伐鼓于朝，臣自攻也。案尚书符，若日有变，便伐鼓于诸门，有违旧典。"诏曰："所陈有正义，辄敕外改之。"

至康帝建元元年，太史上元日合朔，朝士复疑应却会与否。庾冰辅政，写刘邵议以示八坐，于时有谓邵为不得礼意，荀文若从之，是胜人之一失。故蔡谟遂著议非之："邵论灾消异伏，又以慎、灶犹有错失，太史上言亦不必审，其理诚然也。而云圣人垂制，不为变异豫废朝礼，此则谬矣。灾祥之发，所以谴告人君，王者所重诫。故素服废乐，退避正寝，百官降物，用币伐鼓，躬亲而救之。夫敬诫之事，与其疑而废之，宁慎而行之。故孔子、老聃助葬于巷党，以丧几不见星而行，故日蚀而止柩，日安知其不见星也。今史官言当蚀，亦安知其不蚀乎？夫子、老聃像行见星之防，而邵废之，是弃圣贤之成规也。鲁桓公壬申有灾，而以乙亥尝祭，《春秋》讥之。灾事既过，犹退惧未已，故废宗庙之祭；况闻天眚将至，行庆乐之会，于礼乖矣。《礼记》所云'诸侯入门不得终礼者'，谓日官不豫言，诸侯既入，见蚀乃知耳；非先闻当蚀，而朝会不废也。别此，可谓失其义指。刘邵所执者《礼记》也；夫子、老聃巷党之事，亦《礼记》所言，复违而反之，进退无据。荀令所善，汉朝所从，遂使此言至今见称，莫知其谬。后来君子，将拟以为式，故正之云尔。"于是冰从众议，遂以却会。至永和中，殷浩辅政，又欲从刘邵议不却会。王彪之据咸宁、建元故事，又曰："《礼》云，诸侯旅见天子，不得终礼而废者四，自谓卒暴有之，非为先存其事而徼幸史官推术缪错，故不豫废朝礼也。"于是又从彪之，相承至今。

耕籍之礼尚矣，汉文帝修之。及昭帝幼即大位，耕于钩盾弄田。明帝永平十五年二月，东巡，耕于下邳。章帝元和三年正月北巡，耕于怀县。魏三祖皆亲耕籍。晋武帝泰始四年，有司奏始耕祠先农，可令有司行事。诏曰："夫民之大事，在祀与农。是以古之圣王，躬耕帝籍，以供郊庙之粢盛，且以训化天下。近代以来，耕籍止于数步中，空有慕古之名，曾无供祀训农之实，而有百官车徒之费。今修千亩之制，当与群公卿士，躬稼穑之艰难，以帅先天下。主者详具其制，并下河南处田地于东郊之南，洛水之北，平良中水者。若无官田，随宜便换，不得侵民人也。"自此之后，其事便废，史注载多有阙。止元、哀二帝，将修耕籍，贺循等所上注，及裴宪为胡中所定仪，又未详允。

元嘉二十年，太祖将亲耕，以其久废，使何承天撰定仪注。史学生山谦之已私鸠集，因以奏闻。乃下诏曰："国以民为本，民以食为天。一夫辍耕，饥者必及。仓廪既实，礼节以兴。自顷在所贫耗，家无宿积，阴阳暂偏，则人怀愁垫；年或不稔，而病乏比室。诚由政德未孚，以臻斯弊，抑亦耕桑未广，地利多遗。宰守微化导之方，氓庶忘勤分之义。永言弘济，明发载怀。虽制令亟下，终莫惩劝，而坐望滋殖，庸可致乎！有司可班宣旧条，务尽敦课。游食之徒，咸令附业。考核勤惰，行其诛赏，观察能殿，严加黜陟。古者从时脉土，以训农功，躬耕帝籍，敬供粢盛。仰瞻前王，思遵令典，便可量处千亩，考卜元辰。朕当亲率百辟，致礼郊甸。庶几诚素，奖被斯民。"于是斟酌众条，造定图注。先立春九日，尚书宣摄内外，各使随局从事。司空、大农、京尹、令、尉，度宫之籍地八里之外，整制千亩，开阡陌。立先农坛于中阡西陌南，御耕坛于中阡东陌北。将耕，宿设青幕于耕坛之上。皇后帅六宫之人出穜稑之种，付籍田令。耕日，太祝以一太牢告祠先农，悉如祠帝社之仪。孟春之月，择上辛后吉亥日，御乘耕根三盖车，驾苍驷，青旗，著通天冠，青帻，朝服青衮，带佩苍玉。蕃王以下至六百石皆衣青。唯三台武卫不耕，不改服章。车驾出，众事如郊庙之仪。车驾至籍田，侍中跪奏："尊降车。"临坛，大司农跪奏："先农已享，请皇帝亲耕。"太史令赞曰："皇帝亲耕。"三推三反。于是群臣以次耕，王公五等开国诸侯五推五反，孤卿大夫七推七反，士九推九反。籍田令率其属耕，竟亩，洒种，即耰，礼毕。魏氏虽天子耕籍，其蕃镇诸侯，并阙百亩之礼。晋武帝末，有司奏："古诸侯耕籍百亩，躬秉耒耜，以奉社稷宗庙，以劝率农功。今诸王治国，宜修耕籍之义。"然未施行。宋太祖东耕后，乃班下州郡县，悉备其礼焉。

周礼，王后帅内外命妇，蚕于北郊。汉则东郊，非古也。魏则北郊，依周礼也。晋则西郊，宜是与籍田对其方也。魏文帝黄初七年正月，命中宫蚕于北郊。按韦诞《后蚕颂》，则于时汉注已亡，更考撰其仪也。及至晋氏，先蚕多采魏法。晋武帝太康六年，散骑常侍华峤奏："先王之制，天子诸侯亲耕千亩，后夫人躬蚕桑。今陛下以圣明至仁，修先王之绪，皇后体资生之德，合配乾之义，而教道未先，蚕礼尚阙。以为宜依古式，备斯盛典。"诏曰："古者天子亲籍以供粢盛，后夫人躬蚕以备祭服。所以聿遵孝敬，明教示训也。今籍田有制，而蚕礼不修。中间务多，未暇崇备。今天下无事，宜修礼以示四海。其详依古典及近代故事，以参今宜。明年施行。"于是使侍中袁粲草定其仪。皇后采桑坛在蚕室西，帷宫中门之外，桑林在其东，先蚕坛在宫外门之外而东南。取民妻六人为蚕母。蚕将生，择吉日，皇后著十二笄，依汉魏故事，衣青衣，乘油盖云母安车，驾六马。女尚书著貂蝉，佩玺，陪乘，载筐钩。公主、三夫人、九嫔、世妇、诸太妃、公太夫人、公夫人，及县乡君、郡公侯特进夫人，外世妇、命妇，皆步摇、衣青，各载筐钩从。蚕桑前一日，蚕官生蚕著薄上。桑日，太祝令以一太牢祠先蚕。皇后至西郊，升坛，公主以下陪列坛东。皇后东面躬桑，采三条；诸妃公主各采五条；县乡君以下各采九条。悉以桑授蚕母。还蚕室。事讫，皇后还便坐，公主以下以次就位，设飨赐绢各有差。宋孝武大明四年，又修此礼。

汉献帝建安二十二年，魏国作泮宫于邺城南。魏文帝黄初五年，立太学于洛阳。齐王正始中，刘馥上疏曰："黄初以来，崇立太学，二十余年，而成者盖寡。由博士选轻，诸生避役，高门子弟，耻非其伦，故无学者。虽有其名，而无其实；虽设其教，而无其功。宜高选博士，取行为人表，经任人师者，掌教国子。依遵古法，使二千石以上子孙，年从十五，皆人太学。明制黜陟，陈荣辱之路。"不从。晋武帝泰始八年，有司奏："太学生七千余人，才任四品，听留。"诏："已试经者留之，其余遣还郡国。大臣子弟堪受教者，令入学。"咸宁二年，起国子学。盖《周礼》国之贵游子弟所谓国子，受教于师氏者也。太康五年，修作明堂、辟雍、灵台。孙休永安元年，诏曰："古者建国，教学为先。所以导世治性，为时养器也。自建兴以来，时事多故，吏民颇以目前趋务，弃本就末，不循古道。夫所尚不淳，则伤化败俗。其按旧置学官，立《五经》博士，核取应选，加其宠禄。科见史之中及将吏子弟有志好者，各令就业。一岁课试，差其品第，加以位赏。使见之者乐其荣，闻之者羡其誉。以淳王化，以隆风俗。"于是立学。

元帝为晋王，建武初，骠骑将军王导上疏：
夫治化之本，在于正人伦。人伦之正，存乎设庠序。庠序设而五教明，则德化洽通，彝伦攸叙，有耻且格也。父子兄弟夫妇长幼之序顺，而君臣之义固矣。《易》所谓正家而天下定者也。故圣王蒙以养正，少而教之，使化沾肌骨，习以成性，有若自然，日迁善远罪，而不自知。行成德立，然后裁之以位，虽王之嫡子，犹与国子齿，使知道而后贵。其取才用士，咸先本之于学。故《周礼》，乡大夫"献贤能之书于王，王拜而受之"。所以尊道而贵士也。人知士之所贵，由乎道存；则退而修其身，修其身以及其家，正家以及于乡，学于乡以登于朝。反本复始，各求诸己，敦素之业著，浮伪之道息，教使然也。故以之事君则忠，用之莅下则仁，即孟轲所谓"未有仁而遗其亲，义而后其君者也"。

自顷皇纲失统，礼教陵替，颂声不兴，于今二纪。《传》曰：三年不为礼，礼必坏；三年不为乐，乐必崩"。而况如此其久者乎？先进渐忘揖让之容，后生唯闻金革之响。干戈日寻，俎豆不设，先王之道弥远，华伪之风遂滋，非所以习民靖俗，端本抑末之谓也。殿下以命世之资，属当倾危之运，礼乐征伐，翼成中兴，将涤秽荡瑕，拨乱反正。诚宜经纶稽古，建明学校，阐扬六艺，以训后生，使文武之道，坠而复兴。方今《小雅》尽废，戎虏扇炽，节义陵迟，国耻未雪。忠臣义士，所以扼腕拊心；礼乐政刑，当并陈以俱济者也。苟礼义胶固，纯风载洽，则化之所陶者广，而德之所被者大，义之所属者深，而威之所震者远矣。由斯而进，则可朝服济河，使帝典阙而复补，王纲弛而更张，饕餮改情，兽心革面，揖让而蛮夷服，缓带而天下从，得乎其道者，岂难也哉！故有虞舞干戚而三苗化，鲁僖作泮宫而淮夷平，桓、文之霸，皆先教而后战。今若聿遵前典，兴复教道，使朝之子弟，并入于学，立德出身者咸习之而后通。德路开而伪涂塞，则其化不肃而成，不严而治矣。选明博修礼之士以为之师，隆教贵道，化成俗定，莫尚于斯也。

散骑常侍戴邈又上表曰：

臣闻天道之所运，莫大于阴阳；帝王之至务，莫重于礼学。是以古之建国，教学为先。国有明堂辟雍之制，乡有庠序黉校之仪，皆所以抽导幽滞，启广才思，盖以六四有《困》《蒙》之吝，君子大养正之功也。昔仲尼列国之大夫耳，兴礼修学于洙、泗之间，四方髦俊，斐然向风，受业身通者七十余人。自兹以来，千载寂漠。岂天下小于鲁国，贤哲乏于曩时？厉与不厉故也。

自顷遭无妄之祸，社稷有缀旒之危；寇羯饮马于长江，凶狡虎步于万里，遂使神州萧条，鞠为茂草；四海之内，人迹不交。霸主有旰食之忧，黎民怀荼毒之痛，戎首交并于中原，何遑笾豆之事哉！然"三年不为礼，礼必坏；三年不为乐，乐必崩"。况旷载累纪，如此之久邪！今末进后生，目不睹揖让升降之礼，耳不闻钟鼓管弦之音，文章散灭胡马之足，图谶无复孑遗于世。此盖圣达之所深悼，有识之所咨嗟也。夫治世尚文，遭乱尚武，文武迭用，久长之道。譬之天地昏明之术，自古以来，未有不由之者也。今以天下未一，非兴礼学之时，此言似是而非。夫儒道深奥，不可仓卒而成，古之俊乂，必三年而通一经。比须寇贼清夷，天下平泰，然后修之，则功成事定，谁与制礼作乐者哉！又贵游之子，未必有斩将搴旗之才，亦未有从军征戍之役，不及盛年讲肄道义，使明珠加莹磨之功，荆、随发采琢之美，不亦良可惜乎！

愚以世道道久，民情玩乎所习，纯风日去，华竞日彰，犹火之消膏而莫之觉也。今天地造始，万物权舆，圣朝以神武之德，值革命之运，荡近世之流弊，继千载之绝轨，笃道崇儒，创立大业。明主唱之于上，宰辅笃之于下，夫上之所好，下必有过之者焉。是故双剑之节崇，而飞白之俗成；挟琴之容饰，而赴曲之和作。君子之德风，小人之德草，实在所以感之而已。臣以暗浅，不能远识格言，谓宜以三时之隙，渐就经始。

太兴初，议欲修立学校，唯《周易》王氏、《尚书》郑氏、《古文》孔氏、《毛诗》、《周官》、《礼记》、《论语》、《孝经》郑氏、《春秋左传》杜氏、服氏，各置博士一人。其《仪礼》、《公羊》、《谷梁》及郑《易》，皆省不置博士。太常荀崧上疏曰：

臣闻孔子有云，"才难，不其然乎"。自丧乱以来，经学尤寡。儒有席上之珍，然后能弘明道训。今处学则阙朝廷之秀，仕朝则废儒学之美。昔咸宁、太康、元康、永嘉之中，侍中、常侍、黄门之深博道奥，通洽古今，行为世表者，领国子博士。一则应对殿堂，奉酬顾问；二则参訓门子，以弘儒学；三则祠、仪二曹，及太常之职，以得藉用质疑。今皇朝中兴，美隆往初，宜宪章令轨，祖述前典。世祖武皇帝圣德钦明，应运登禅，受终于魏。崇儒兴学，治致升平。经始明堂，营建辟雍，告朔班政，乡饮大射，西阁东序，图书禁籍，台省有宗庙太府金墉故事，太学有《石经》《古文》。先儒典训，贾、马、郑、杜、服、孔、王、何、颜、尹之徒，章句传注众家之学，置博士十九人。九州之中，师徒相传，学士如林，犹是选张华、刘寔居太常之官，以重儒教。

《传》称"孔子没而微言绝，七十子终而大义乖"。自顷中夏殄瘁，讲诵遏密，斯文之道，将坠于地。陛下圣哲龙飞，阐弘祖烈，申命儒术，恢崇道教，乐正《雅》、《颂》，于是乎在。江、扬二州，先渐声教，学士遗文，于今为盛；然方之畴昔，犹千之一也。臣学不章句，才不弘道，阶缘光宠，遂忝非服。方之华、实，儒风邈远；思竭驽骀，庶增万分，愿斯道隆于百代之上，搢绅咏于千载之下。

伏闻节省之制，皆三分置二，博士旧员十有九人，今五经合九人。准古计今，犹未中半。九人以外，犹宜增四。愿陛下万机余暇，时垂省览。《周易》一经，有郑玄注，其书根源，诚可深惜，宜为郑《易》博士一人。《仪礼》一经，所谓曲礼，郑玄于《礼》特明，皆有证据，宜置郑《仪礼》博士一人。《春秋公羊》，其书精隐，明于断狱，宜置博士一人。《谷梁》简约隐要，宜存于世，置博士一人。昔周之衰，下陵上替，臣弑其君，子弑其父；上无天子，下无方伯。善者谁赏，恶者谁罚，纲纪乱矣。孔子惧而作《春秋》，诸侯讳妒，惧犯时禁，是以微辞妙旨，义不显明，故曰"知我者其唯《春秋》，罪我者其唯《春秋》"。时左丘明、子夏造膝亲受，无不精究。孔子既没，微言将绝，于是丘明退撰所闻而为之《传》。其书善礼，多膏腴美辞；张本继末，以发明经意，信多奇伟，学者好之。儒者称公羊高亲受子夏，立于汉朝，辞义清俊，断决明审，多可采用，董仲舒之所善也。谷梁赤师徒相传，暂立于汉，时刘向父子，汉之名儒，犹执一家，莫肯相从。其书文清约，诸所发明，或是《左氏》、《公羊》所不载，亦足有所订正，是以《三传》并行于先代，通才未能孤废。今去圣久远，斯文将坠，与其过废，宁过而立。臣以为《三传》虽同一《春秋》，而发端异趣。案如三家异同之说，义则战争之场，辞亦剑戟之锋，于理不可得共。博士宜各置一人，以传其学。

元帝诏曰："崧表如此，皆经国大务，而为治所由。息马投戈，犹可讲艺。今虽日不暇给，岂忘本而道存邪！可共博议之。"有司奏宜如崧表。诏曰："《谷梁》肤浅，不足立博士。余如所奏。"会王敦之难，事不施行。

成帝咸康三年，国子祭酒袁瑰、太常冯怀又上疏曰：

臣闻先王之教也，崇典训，明礼学，以示后生，道万物之性，畅为善之道也。宗周既兴，文史载焕，端委治于南蛮，颂声逸于四海。故延州入聘，闻《雅》音而嗟咨；韩起适鲁，观《易》象而叹息。何者？立人之道，于此为首也。孔子恂恂，道化洙、泗；孟轲皇皇，诲诱无倦。是以仁义之声，于今犹存，礼让之风，千载未泯。

畴昔陵替，丧乱屡臻，儒林之教暂颓，庠序之礼有阙。国学索然，坟卷莫启，有心之徒，抱志无由。昔魏武身亲介胄，务在武功，犹尚息鞍披览，投戈吟咏，以为世之所须者，治之本宜崇。况今陛下以圣明临朝，百官以虔恭莅事，朝野无虞，江外静谧。如之何泱泱之风，漠焉无闻；洋洋之美，坠于圣世乎！古人有言，《诗》《书》义之府，礼乐德之则。实宜留心经籍，阐明学义，使讽颂之音，盈于京室；味道之贤，典谟是咏，岂不盛哉！

疏奏，帝有感焉。由是议立国学，征集生徒，而世尚庄、老，莫肯用心儒训。穆帝永和八年，殷浩西征，以军兴罢遣，由此遂废。征西将军庾亮在武昌，开置学官。教曰：

人情重交而轻财，好逸而恶劳。学业致苦，而禄答未厚，由捷径者多，故莫肯用心。洙、泗邈远，《风》、《雅》弥替，后生放任，不复宪章典谟；临官宰政者，务目前之治，不能闲以典诰。遂令《诗》、《书》荒尘，颂声寂漠，仰瞻俯省，能弗叹概！自胡夷交侵，殆三十年矣。而未革面响风者，岂威武之用尽，抑文教未洽，不足绥之邪？昔鲁秉周礼，齐不敢侮；范会崇典，晋国以治。楚、魏之君，皆阻带山河，凭城据汉，国富民殷，而不能保其强大，吴起、屈完所以为叹也。由此言之，礼义之固，孰与金城汤池？

季路称摄乎大国之间,加之以师旅,因之以饥馑,为之三年,犹欲兴其义方。况今江表晏然,王道隆盛,而不能弘敷礼乐,敦明庠序,其何以训荼伦而来远人乎!魏武帝于驰骛之时,以马上为家,建于建安之末,风尘未弭。然犹留心远览,大学兴业,所谓颠沛必于是,真通才也。

今使三时既务,五教并修,军旅已整,俎豆无废,岂非兼善者哉!便处分安学校处所,筹量起立讲舍。参佐大将子弟,悉令入学,吾家子弟,亦令受业。四府博学义通涉文学经纬者,建儒林祭酒,使班同三署,厚其供给;皆妙选邦彦,必有其宜者,以充此举。近临川、临贺二郡,并求修复学校,可下听之。若非束修之流,礼教所不及,而欲阶缘免役者,不得为生。明为条制,令法清而人贵。

又缮造礼器俎豆之属,将行大射之礼。亮寻薨,又废。

孝武帝太元九年,尚书谢石又陈之曰:

立人之道,曰仁与义。翼善辅性,唯礼与学。虽理出自然,必须诱导。故洙、泗阐弘道之风,《诗》、《书》垂轨教之典。敦《诗》悦《礼》,王化以斯而隆;甄陶九流,群生于是乎穆。世不常治,道亦时亡。光武投戈而习诵,魏武息马以修学,惧坠斯文,若此之至也。大晋受命,值世多阴。虽圣化日融,而王道未备。庠序之业,或废或兴。遂令陶铸阙日用之功,民性靡素丝之益,叠叠多绪,骎焉莫抽,臣所以远寻伏念,瘖麻永叹者也。今皇威遐震,戎车方静,将洒玄风于四区,导斯民于至德。岂可不弘敷礼乐,使焕乎可观!请兴复国学,以训胄子;班下州郡,普修乡校。雕琢琳琅,和宝必至;大启群蒙,茂兹成德。匪懈于事,必由之以通,则人竞其业,道隆学备矣。

烈宗纳其言。其年,选公卿二千石子弟为生,增造庙屋一百五十五间。而品课无章,士君子耻与其列。国子祭酒殷茂言之曰:

臣闻弘化正俗,存乎礼教,辅性成德,必资于学。先王所以陶铸天下,津梁万物,闲邪纳善,潜被于日用者也。故能疏通玄理,穷综幽微,一贯古今,弥纶治化。且夫子称回,以好学为本;七十希仰,以善诱归宗。《雅》、《颂》之音,流咏千载。圣贤之渊范,哲王所同风。

自大晋中兴,肇基江左,崇明学校,修建庠序,公卿子弟,并入国学。寻值多故,训业不终。陛下以圣德玄一,思隆前美,顺通居方,导达物性,兴复儒肆,畚与后生。自学建弥年,而功无可名。惮业避役,就存者无几;或假托亲疾,真伪难知,声实浑乱,莫此之甚。臣闻旧制,国子生皆冠族华胄,比列皇储。而中者混杂兰艾,遂令人情耻之。子贡去朔之饩羊,仲尼犹爱其礼。况名实兼丧,面墙一世者乎!若以当今急病,未遑斯典,权宜停废者,别一理也。若其不然,宜依旧准。窃谓群臣内外,清官子侄,普应入学,制以程课。今者见生,或年在扞格,方圆殊趣,宜听其去就,各从所安。所上谬合,乞付外参议。

烈宗下诏褒纳,又不施行。朝廷及草莱之人有志于学者,莫不发愤叹息。清河人李辽又上表曰:"臣闻教者,治化之本,人伦之始,所以诱达群方,进德兴仁,譬诸土石,陶冶成器。虽复百王殊礼,质文参差,至于斯道,其用不爽。自中华湮没,阙里荒毁,先王之泽寝,圣贤之风绝。自此迄今,将及百年。造化有灵,否终以泰,河、济夷徙,海、岱清通,黎庶蒙苏,凫藻奋化。而典训弗敷,《雅》、《颂》寂蔑,久涸之俗,大弊未改。非演迪斯文,缉熙宏猷,将何以光赞时邕,克隆盛化哉!事有如赊而实急,此之谓也。亡父先臣回,绥集邦邑,归诚本朝。以太元十年,遣臣奉表。路经阙里,过觐孔庙,庭宇倾顿,轨式颓弛,万世宗匠,忽焉沦废;仰瞻俯慨,不觉涕流。既迄京辇,表求兴复圣祀,修建讲学。至十四年十一月十七日,奉被明诏,采臣鄙议,敕下兖州鲁郡,准旧营饰。故尚书令谢石令臣所须列上,又出家布,薄助兴立。故镇北将军谯王恬版臣行北鲁县令,赐许供遗。二臣薨徂,成规不遂。陛下体唐尧文思之美,访宣尼善诱之勤,矜荒余之涸昧,愍声教之未浃。愚谓可重符兖州刺史,遂成旧庙,蠲复数户,以供扫洒。并赐给《六经》,讲立庠序,延请宿学,广集后进,使油然入道,发剖琢之功。运仁义以征伐,敷道德以服远,何招而不怀,何柔而不入!所为者微,所弘甚大。臣自致身华毂,于今八稔,违亲转积,夙夜匪宁。振武将军何澹之今震抃三齐,臣当随反。裴回天邑,感恋罔极。乞臣表付外参议。"又不见省。

宋高祖受命,诏有司立学,未就而崩。太祖元嘉二十年,复立国子学,二十七年废。魏高贵乡公甘露二年,车驾亲率群司行养老之礼于太学。于是王祥为三老,郑小同为五更。今无其注,然汉礼具存也。

晋武帝泰始六年十二月,帝临辟雍,行乡饮酒之礼。诏曰:"礼仪之废久矣,乃今复讲肄旧典。赐太常绢百匹,丞、博士及学生牛酒。"咸宁三年,惠帝元康九年,复行其礼。魏齐王正始中,齐王每讲经,使太常释奠先圣先师于辟雍,弗躬亲。晋惠帝、明帝之为太子,及愍怀太子讲经竟,并亲释奠于太学。太子进爵于先师,中庶子进爵于颜渊。元帝诏曰:"吾识太子此事,祠讫便请王公以下者,昔在洛时,尝豫清坐也。"成、穆、孝武三帝,亦皆亲释奠。孝武时,以太学在水南县远,有司议依升平元年,于中堂权立行太学。于时无复国子生,有司奏:"应须二学生百二十人。太学生取见人六十,国子生权铨大臣子孙六十人,事讫罢。"奏可。释奠礼毕,会百官六品以上。元嘉二十二年,太子释奠,采晋故事,官有其注。祭毕,太祖亲临学宴会,太子以下悉豫。

兵者,守国之备。孔子曰:"以不教民战,是谓弃之。"兵,凶事,不可空设,因搜狩而习之。而凡师出曰治兵,入曰振旅,皆战陈之事。辨鼓铎镯铙之用,以教坐作进退疾徐疏数之节,遂以搜田。献禽以祭社。仲夏教茇舍,如振旅之陈,遂以苗田,如搜之法。献禽以享礿。仲秋教治兵,如振旅之陈,遂以狝田。如搜之法,致禽以祀方。仲冬教大阅,遂以狩田。献禽以享蒸。搜者,搜索取其不孕者也。苗者,为苗除害而已。狝者,杀也。从秋气所杀多也。狩者，冬物毕成，获则取之，无所择也。

汉仪，立秋日，郊礼毕，始扬威武，斩牲于郊，以荐陵庙，名曰貙刘。其仪，乘舆御戎路，白马朱鬣，躬执弩射牲。太宰令以获车送陵庙。于是乘舆还宫，遣使以束帛赐武官，肄孙、吴兵法战陈之仪，率以为常。至献帝建安二十一年，魏国有司奏："古四时讲武，皆于农隙。汉西京承秦制，三时不讲，唯十月都试。今兵革未偃，士民素习，可无四时讲武。但以立秋择吉日大朝车骑，号曰治兵。上合礼名，下承汉制。"奏可。是冬，治兵。魏王亲金鼓以令进退。

延康元年，魏文帝为魏王，是年六月立秋，治兵于东郊，公卿相仪。王御华盖，亲令金鼓之节。明帝太和元年十月，治兵于东郊。晋武帝泰始四年、九年、咸宁元年、太康四年、六年冬，皆自临宣武观，大习众军，然不自令进退也。自惠帝以后，其礼遂废。元帝太兴四年，诏左右卫及诸营教习，依大习仪仗雁羽仗。成帝咸和中，诏内外诸军戏兵于南郊之场，故其地因名斗场。自后蕃镇桓、庾诸方伯，往往阅习，然朝廷无事焉。

太祖在位，依故事肄习众军，兼用汉、魏之礼。其后以时讲武于宣武堂。元嘉二十五年闰二月，大搜于宣武场，主胄奉诏列奏申摄，克日校猎，百官备办。设行宫殿便坐武帐于幕府山南冈，设王公百官便坐幔省如常仪；设南北左右四行旌门；建获旗以表获车。殿中郎一人典获车，主者二人收禽，吏二十四人配获车。备获车十二两。校猎之官著袴褶。有带武冠者，脱冠者上缨。二品以上拥刀，备槊、麾幡，三品以下带刀。皆骑乘。将领部曲先猎一日，遣屯布围。领军将军一人督右甄；护军一人督左甄；大司马一人居中，董正诸军，悉受节度。殿中郎率获车部曲，在司马之后。尚书仆射、都官尚书、五兵尚书、左右丞、都官诸曹郎、都令史、都官诸曹令史干、兰台治书侍御史令史、诸曹令史干，督摄纠司，校猎非违。至日，会于宣武场，列为重阵。设留守填街位于云龙门外内官道北，外官道南，以西为上。设从官位于云龙门内大官阶北，小官阶南，以西为上。设先置官位于行止车门外内官道西，外官道东，以北为上。设先置官还位于广莫门外道之东西，以南为上。校猎日平旦，正直侍中奏严。上水一刻，奏："挝一鼓。"为一严。上水二刻，奏："挝二鼓。"为再严。殿中侍御史奏开东中华云龙门，引仗为小驾卤簿。百官非校猎之官，著朱服，集列广莫门外。应还省者还省。留守填街后部从官就位；前部从官依卤簿；先置官先行。上水三刻，奏："挝三鼓。"为三严。上水四刻，奏："外办。"正次直侍中、散骑常侍、给事黄门侍郎、军校剑履进夹上阁。正直侍郎负玺，通事令史带龟印中书之印。上水五刻，皇帝出，著黑介帻单衣，乘辇。正直侍中负玺陪乘，不带剑。殿中侍御史督摄黄麾以内。次直侍中、次直黄门侍郎护驾在前。又正直侍中佩信玺、行玺，与正直黄门侍郎从护驾在后。不鸣鼓角，不得喧哗，以次引出，警跸如常仪。东驾出，骖乘，陛者再拜。皇太子入守。车驾将至，威仪唱："引先置前部从官就位。"再拜。车驾至行殿前回辇，正直侍中跪奏："降辇。"次直侍中称制曰：

"可。"正直侍中俯伏起。皇帝降辇登御坐，侍臣升殿。直卫鞁戟虎贲，旄头文衣，鹖尾，以次列阶。正直侍中奏："解严。"先置从驾百官还便坐幔省。

帝若躬亲射禽，变御戎服，内外从官以及虎贲悉变服，如校猎仪。鞁戟抽鞘，以备武卫。黄麾内官，从入围里。列置部曲，广张甄围，旗鼓相望，衔枚而进。甄周围会，督甄令史奔骑号法施令曰："春禽怀孕，搜而不射；鸟兽之肉不登于俎，不射；皮革齿牙骨角毛羽不登于器，不射。"甄会。大司马鸣鼓蹙围，众军鼓噪警角，至宣武场止。大司马屯北旌门；二甄帅屯左右旌门；殿中中郎率获车部曲入次北旌门内之右。皇帝从南旌门入射禽。谒者以获车收载，还陈于获旗北。王公以下以次射禽，各送诣获旗下，付收禽主者。事毕，大司马鸣鼓解围复屯，殿中郎率其属收禽，以实获车，充庖厨。列言统曹正厨，置尊酒俎肉于中涂，以犒飨校猎众军。至晡，正直侍中量宜奏严，从官还著朱服，鞁戟复鞘。再严，先置官先还。三严后二刻，正直侍中奏："外办。"皇帝著黑介帻单衣。正次直中、散骑常侍、给事黄门侍郎、军校进夹御坐。正直侍中跪奏："还宫。"次直侍中称制曰："可。"正直侍中俯伏起。乘舆登辇还，卫从如常仪。大司马鸣鼓散屯，以次就舍。车驾将至，威仪唱："引留守填街先置前部从官就位。"再拜。车驾至殿前回辇，正直侍中跪奏："降辇。"次直侍中称制曰："可。"正直侍中俯伏起。乘舆降人。正直次直中、散骑常侍、给事黄门侍郎、散骑侍郎、军校从至阁，亦如常仪。正直侍中奏："解严。"内外百官拜表问讯如常仪，讫，罢。

卷十五　　　　　　　　　志第五

礼　二

古者天子巡狩之礼，布在方策。至秦、汉巡幸，或以厌望气之祥，或以希神仙之应，烦扰之役，多非旧典。唯后汉诸帝，颇有古礼焉。魏文帝值参分初创，方隅事多，皇舆亟动，略无宁岁。盖应时之务，又非旧章也。明帝凡三东巡，所过存问高年，恤人疾苦，或赐谷帛，有古巡幸之风焉。齐王正始元年，巡洛阳，赐高年、力田各有差。

晋武帝泰始四年，诏刺史二千石长吏曰："古之王者，以岁时巡狩方岳，其次则二伯述职，不然则行人巡省，挚人诵志。故虽幽遐侧微，心无壅隔。人情上通，上指远喻。至于鳏寡，罔不得所。用垂风遗烈，休声犹存。朕在位累载，如临深泉，夙兴夕惕，明发不寐，坐而待旦。思四方水旱灾害，为之怛然。勤躬约己，欲令事事当宜。常恐众吏用情，诚心未著，万机兼猥，虑有不周，政刑失谬，而弗获备览。百姓有过，在予一人。惟岁之不易，未遑卜征巡省之事。人之未乂，其何以恤之。今使使持节侍中、副给事黄门侍郎，衔命四出，周行天下，亲见刺史二千石长吏，申喻朕心恳诚至意，访求得失损益诸宜，观省政治，问人间患苦。周典有之曰：'其万人利害为一书，其礼俗政事教治刑禁之逆顺为一书，其悖逆暴乱作愿犯令为一书，其札丧凶荒厄贫为一书，其康乐和亲安平为一书。每国辩异之，以反命于王，以周知天下之故。'斯旧章前训，今率由之。还具条奏，俾朕昭然鉴于幽远，若亲行焉。大夫君子，其各悉乃心，各敬乃事，嘉谋令图，苦言至戒，与使者尽之，无所隐讳。方将虚心以俟。其勉哉勖之，称朕意焉。"挚虞新礼仪曰："魏氏无巡狩故事，新礼则巡狩方岳，柴望告至，设坛宫，如礼诸侯之观者。摈及执贽，皆如朝仪，而不建其旗。臣虞案观礼，诸侯觐天子，各建其旗章，所以殊爵命，示等威。《诗》称'君子至止，言观其旂'。宜定新礼建旗如旧礼。"然终晋世，巡狩废矣。

宋武帝永初元年，诏遣大使分行四方，举善旌贤，问其疾苦。元嘉四年二月己卯，太祖东巡。丁卯，至丹徒。己巳，告觐园陵。三月甲戌，幸丹徒离宫，升京城北顾。乙亥，飨父老旧勋于丹徒行宫，加赐衣裳各有差，蠲丹徒县其年租布之半，系囚见徒五岁刑以下，悉皆原遣。登城三战及先大将军并贵泥关头败没余口。老疾单孤，又诸战亡家不能自存者，并随宜隐恤。二十六年二月己亥，上东巡。辛丑，幸京城。辛亥，谒二陵。丁巳，会旧京故老万余人，往还勤劳，孤疾勤劳之家，咸蒙恤赉，发赦令，蠲徭役。其时皇太子监国，有司奏仪注。

某曹关某事云云。被令，仪宜如是。请为笺如左。谨关。

右署众官如常仪。

尚书仆射、尚书左右丞某甲，死罪死罪。某事云云。参议以为宜如是事诸。奉行。某年月日。某曹上。

右笺仪准于启事年月右方，关门下位及尚书官署。其言选事者，依旧不经它官。

太常主者寺押。某署令某甲辞。言某事云云。求告报如所称。详检相应。今听如所上处事诸。明详旨申勤，依承不得有亏。符到奉行。年月日。起尚书某曹。

右符仪。

某曹关太常丞乙启辞。押。某署令某甲上言。某事云云。请台告报如所称。主者详检相应。请听如所上事诸。别符申摄奉行。谨关。

年月日。

右关事仪准于黄案年月日右方，关门下位年月下左方，下附列尚书众官署。其尚书名下应云奏者，今言关。余皆如黄案式。

某曹关司徒长史王甲启辞。押。某州刺史丙丁解腾某郡县令长李乙书言某事云云。请台告报如所称。尚书某甲参议，以为所论正如法令，报听如所上。请为令书如左，谨关。

右关门下位及尚书署，如上仪。

司徒长史王甲启辞。押。某州刺史丙丁解腾某郡县令长李乙书言某事云云。州府缘案允。值。请台告报。

年月日。尚书令某甲上。

建康宫无令，称仆射。

令日下司徒，令报听如某所上。某宜摄奉行如故事。文书如千里驿行。

年月朔日甲子。尚书令某甲下。无令称仆射。司徒承书从事到上起某曹。

右外上事，内处报，下令书仪。

某曹关某事云云。令如是，请为令书如右。谨关。

右关署如前式。

令司徒。某事云云。令如是，其下所属，奉行如故事。文书如千里驿行。

年月日子，下起某曹。

右令书自内出下外仪。

令书前某官某甲。令以甲为某官，如故事。

右令书板文准于昭事板文。

年月日。侍御史某甲受。

尚书下云云。奏行如故事。

右以准尚书敕仪。起某曹。

右并白纸书。凡内外应关笺之事，一准此为仪。其经宫臣者，依臣礼。

拜御史二千石诫敕文曰制诏云云。某动静屡闻。

右若拜诏书除者如旧文。其拜令书除者，"令"代"制诏"，余如常仪。辞关板文云："某官粪土臣某甲临官。稽首再拜辞。"制曰右除粪土臣及稽首云云。

某官某甲再拜辞。以"令日"代"制日"。某官宫臣者，称臣。

皇太子夜开诸门，墨令，银字启传令信。

太史每岁上某年历。先立春立夏大暑立秋立冬，常读五时令。皇帝所服，各随五时之色。帝升御坐，尚书令以下就席位，尚书三公郎以令著录案上，奉以入，就席伏读讫，赐酒一卮。官有其注。傅咸曰："立秋一日，白路光于紫庭，白旗陈于玉阶。"然则其日旗、路皆白也。

晋成帝咸和五年六月丁未，有司奏读秋令。兼侍中散骑侍郎荀弈、兼黄门侍郎散骑侍郎曹宇驳曰："尚书三公曹奏读秋令仪注。新荒以来，旧典未备。臣等参议，光禄大夫臣华恒议，武皇帝以秋夏盛暑，常阙不读令，在春冬不废也。夫先王所以从时读令者，盖后天而奉天时。正服，尊严之所重，今service章多阙如。比热隆赫，臣等谓可如恒议，依故事阙而不读。"诏可。六年三月，有司奏："今月十六日立夏。案五年六月三十日门下驳，依武皇夏阙读令。今正服渐备，四时读令，是祇述天和隆赫之道。谓今故宜读夏令。"奏可。

宋文帝元嘉六年六月辛酉朔，驸马都尉奉朝请徐道娱上表曰："谨案晋博士曹弘之议，立秋御读令，上应著细帻，遂改用素，相承至今。臣浅学管见，窃有惟疑。伏寻《礼记·月令》，王者四时之服正见驾苍龙，载赤旗，衣白衣，服黑玉。季夏则黄，文极于此，无白冠则某履某舃也。且帻又非古服，出自后代。上附于冠，下不属衣。冠固不革，而帻岂容异色。愚谓应恒与冠同色，不宜随节变采。土令在近，谨以上闻。如或可采，乞付外详议。"太学博士荀万秋议："伏寻帻非古者冠冕之服，《礼》无其文。案蔡邕《独断》云：'帻是古卑贱供事不冠人所服。'又董仲舒《止雨书》曰：'其执事皆赤帻。'知并不冠之服也。汉元始用，众臣率从。故司马彪《舆服志》曰：'尚书帻名曰纳言。迎气五郊，各如其色，从章服也。'自兹相承，迄于有晋。大宋受命，礼制因循。斯既历代成准，谓宜仍旧。"有司奏："谨案道娱启事，以土令在近，谓帻不宜变。万秋虽云帻宜仍旧，而不明无读土令之文。今书旧事于左。《魏台杂访》曰：'前后但见读春夏秋冬四时令，至于服黄之时，独阙不读。今不解其故。'魏明帝景初元年十二月二十一日，散骑常侍领太史令高堂隆上言曰：'黄于五行，中央土也。王西季各十八日。土生于火，故于火用事之末服黄，三季则否。其令则随四时，不以五行为分也。是以服黄无令。'"其后太祖常谓土令，三公郎每读时令，皇帝临轩，百僚备位，多震悚失常仪。宋唯世祖世刘瓛、太宗世谢纬为三公郎，善于其事，人主及公卿并属目称叹。瓛见《宗室传》。纬，谢综弟也。

旧说后汉有郭虞者，有三女。以三月上辰产二女，上巳产一女。二日之中，而三女并亡，俗以为大忌。至此月此日，不敢止家，皆于东流水上为祈禳，自洁濯，谓之禊祠。分流行觞，遂成曲水。史臣案《周礼》，女巫掌岁时被除衅浴，如今三月上巳如水上之类也。衅浴谓以香薰草药沐浴也。《韩诗》曰："郑国之俗，三月上巳，之溱、洧两水之上，招魂续魄。秉兰草，拂不祥。"此则其来甚久，非起郭虞之遗风、今世之度水也。《月令》，暮春，天子始乘舟。蔡邕章句曰："阳气和暖，鲔鱼时至，将取以荐寝庙，故因是乘舟禊于名川也。《论语》，暮春浴乎沂。自上及下，古有此礼。今三月上巳，祓于水滨，盖出此也。"邕之言然。张衡《南都赋》祓于阳滨又是也。或用秋，《汉书》八月祓于霸上。刘桢《鲁都赋》："素秋二七，天汉指隅，人胥祓除，国子水嬉。"又是用七月十四日也。自魏以后但用三日，不以巳也。魏明帝天渊池南，设流杯石沟，燕群臣。晋海西钟山后流杯曲水，延百僚，皆其事也。宫人循之至今。

汉文帝始革三年丧制。临终诏曰："天下吏民临三日，皆释服。无禁取妇、嫁女、祠祀、饮酒、食肉。其当给丧事者，无跣。绖带无过三寸。当临者，皆旦夕各十五举音。服大红十五日，小红十四日，纤七日而释服。"文帝以己亥崩，乙巳葬，其间凡七日。自是之后，天下遵令，无复三年之礼。案《尸子》，禹治水，为丧法，曰毁必杖，哀必三年，是则水不救也。故使死于陵者葬于陵，死于泽者葬于泽。桐棺三寸，制丧三日。然则圣人之于急病，必权制也。但汉文治致升平，四海宁晏，废礼开薄，非也。宣帝地节四年，诏曰："今百姓或遭衰绖凶灾，而吏徭事不得葬，伤孝子心。自今诸有大父母、父母丧者，勿徭事，使得收敛送终，尽其子道。"至成帝时，丞相翟方进事父母孝谨，母终，既葬，三十六日，除服视事。自以为身备汉相，不敢逾国家典章。然而原涉行父丧三年，显名天下。河间惠王行母丧三年，诏书褒称，以为宗室仪表。薛修服母丧三年，而兄宣曰："人少能行之。"遂兄弟不同，宣卒以此获讥于世。是则丧礼见贵家存矣。至汉平帝崩，王莽欲眩惑天下，示忠孝，使六百石以上皆服丧三年。及莽母死，但服天子吊诸侯之服，一吊再会而已。而令子新都侯宇服丧三年。及元后崩，莽乃自服三年之礼。事皆奸妄，天下疾之。汉安帝初，长吏多避事弃官。乃令自非父母服，不得去职。是后吏又守职居官，不行三年丧服。其后又开长吏以下告宁，言事者或以为刺史二千石宜同此制，帝从之。建元元年，尚书孟布奏宜复如建武、永平故事，绝刺史二千石告宁及父母丧服，又从之。至桓帝永兴二年，复令刺史二千石行三年服。永寿二年，又使中常侍以下行三年服。至延熹元年，又皆绝之。

后汉世，诸帝不豫，并告泰山、弘农、庐江、常山、颍川、南阳、河东、东郡、广陵太守祷祠五岳四渎，遣司徒分诣郊庙社稷。

魏武临终遗令曰："天下尚未安定，未得遵古。百官临殿中者，十五举音。葬毕，便除服。其将兵屯戍者，不得离部。"帝以正月庚子崩，辛丑即殡。是月丁卯葬，葬毕反吉，是为不逾月也。诸葛亮受刘备遗诏，既崩，群臣发丧，满三日除服，到葬复如礼。其郡国太守、相、尉、县令长三日便除服。此则魏、蜀丧制，又并异于汉也。孙权令诸居任遭三年之丧，皆须交代乃去，然多犯者。嘉禾六年，使群臣议立制，胡综以为宜定大辟之科。又使代未至，不得告，告者抵罪。顾雍等同综议，从之。其后吴令孟仁闻丧辄去，陆逊陈其素行，得减死一等，自此遂绝。

晋宣帝崩，文、景并从权制。及文帝崩，国内行服三日。武帝亦遵汉、魏之典，既葬除丧，然犹深衣素冠，降席撤膳。太宰司马孚、太傅郑冲、太保王祥、太尉何曾、司徒领中领军司马望、司空荀𫖮、车骑将军贾充、尚书令裴秀、尚书仆射武陔、都护大将军郭建、侍中郭绥、中书监荀勖、中军将军羊祜等奏："臣闻礼典轨度，丰杀随时，虞、夏、商、周，咸不相袭，盖有由也。大晋绍承汉、魏，有革有因，期于足以兴化致治而已。故未皆得返情太素，同规上古也。陛下既已俯遵汉、魏降丧之典，以济时务；而躬蹈大孝，情过乎哀，素冠深衣，降席撤膳。虽武丁行之于殷世，曾闵履之于布衣，未足以喻。方今荆蛮未夷，庶政未乂，万机事殷，动劳神虑。岂遑全遂圣旨，以从至情。加岁时变易，期运忽过，山陵弥远，攀慕永绝。臣等以为陛下宜回虑割情，以康时济治。辄敕御府易服，内省改坐，太官复膳。诸所施行，皆由旧制。"诏曰："每感念幽冥，而不得终茕经于草土，以存此痛，况当食稻衣锦，诚怆然激切其心，非所以相解也。吾本诸生家，传礼来久，何心一旦便易此情于所天。相从已多，可试省孔子答宰我之言，无事纷纭也。言及悲剥，奈何奈何！"孚等重奏："伏读明诏，感以悲怀。辄思仲尼所以抑宰我之问，圣思所以不能已已，甚深甚笃。然今者干戈未戢，武事未偃，万机至重，天下至众。陛下以万乘之尊，履布衣之礼，服粗席藁，水饮疏食，殷忧内盈，毁悴外表，而躬勤万机，坐而待旦，降心接下，厌不遑食，所以劳力者如斯之甚。是以臣等悚息不宁，诚惧神气用损，以疚大事。辄敕有司改坐复常，率由旧典。惟陛下察纳愚款，以慰皇太后之心。"又诏曰："重览奏议，益以悲剥，不能自胜，奈何奈何！三年之丧，自古达礼，诚圣人称心立哀，明恕而行也。神灵日远，无所告诉；虽薄于情，食旨服美，朕更所不堪也。不宜反覆，重伤其心，言用断绝，奈何奈何！"帝遂以此礼终三年。后居太后之丧，亦如之。

泰始二年八月，诏书曰："此上旬，先帝弃天下日也，便以周年。吾荼毒，常复何时壹得叙人子情邪？思慕烦毒，欲诣陵瞻侍，以尽哀愤。主者具行备。"太宰司马孚、尚书令裴秀、尚书仆射武陔等奏："陛下至孝蒸蒸，哀思罔极。衰麻虽除，毁顿过礼，疏食粗服，有损神和。今虽秋节，尚有余暑，谒见山陵，悲感摧伤，群下窃用悚息。平议以为宜惟远体，降抑圣情，以慰万国。"诏曰："孤茕忽尔，日月已周，痛慕摧感，永无逮及。欲奉瞻山陵，以叙哀债。体气自佳，其又已凉，便当行，不得如所奏也。主者便具行备。"又诏曰："昔者哀适三十日，便为梓宫所弃，遂离衰绖，感痛岂可胜言！顾汉文不使天下尽哀，亦先帝至谦之志，是以自割，不以副诸君子。有三年之爱，而身礼廓然，当见山陵，何心而无服，其以衰绖行也。"孚等重奏："臣闻上古丧期无数，后世乃有年月之渐。汉文帝随时之义，制为短丧，传之于后。陛下以社稷宗庙之重，万方亿兆之故，既从权制，释降衰麻；群臣庶僚吉服。今者谒陵，以叙哀慕，若加衰绖，近臣期服，当复受制进退无当，不敢奉诏。"诏曰："亦知不在此麻布耳。然人子情思，为欲令衰丧之物在身，盖近情也。群臣自当案旧制。期服之义，非先帝意也。"孚等又奏："臣闻圣人制作，必从时宜。故五帝殊乐，三王异礼。此古今所以不同，质文所以迭用也。陛下随时之宜，既降心克己，俯就权制；既除衰麻，而行心丧之礼。今复制服，义无所依。若君服而臣不服，虽先帝厚恩，亦未之敢安也。参量平议，宜如前奏。臣等敢固以请。"诏曰："患情不能企及耳，衣服何在？诸君勤勤之至，岂苟相违！"

泰始四年，皇太后崩。有司奏："前代故事，倚庐中施白缣帐蓐，素床，以布巾裹出草。辒辌板舆细辂车皆施缣里。"诏不听，但令以布衣车而已。其余居丧之制，一如礼文。有司又奏："大行皇太后当以四月二十五日安厝。故事，虞著衰服，既虞而除。其内外官僚，皆就朝晡临位。御除服讫，各还所次除衰服。"诏曰："夫三年之丧，天下之达礼也。受终身之爱，而无数年之报，奈何葬而便即吉，情所不忍也。"有司又奏："世有险易，道有汙隆，所遇之时异。诚有由然，非忽礼也。方今戎马未散，王事至殷，更须听断，以熙庶绩。昔周康王始登翌日，犹戴冕临朝。降于汉、魏，既葬除释，谅暗之礼，自远代而废矣。唯陛下割高宗之制，从当时之宜。敢固以请。"诏曰："揽省奏事，益增感剥。夫三年之丧，所以尽情致礼。葬已便除，所不堪也。当叙吾哀怀，言用断绝，奈何奈何！"有司又固请。诏曰："不能笃孝，勿以毁伤为忧也。诚知衣服末事耳。然今思存草土，率常以吉夺之，乃所以重悭至心，非见念也。每代礼典质文皆不同，此身何为限以近制，使达丧阙然乎！"群臣又固请，帝流涕久之，乃许。

文帝崇阳陵先开一日，遣侍臣侍梓宫，又遣将军校尉当直尉中监各一人，将殿中将军以下及先帝时左右常给使诣陵宿卫。文明皇后崩及武元杨后崩，天下将吏发哀三日止。

泰始元年，诏诸将吏二千石以下遭三年丧，听归终宁，庶人复除徭役。太康七年，大鸿胪郑默母丧，既葬，当依旧摄职，固陈不起。于是始制大臣得终丧三年。然元康中，陈准、傅咸之徒，犹以权夺，不得终礼。自兹至今，往往以为成比也。晋文帝之崩也，羊祜谓傅玄曰："三年之丧，自天子达；汉文除之，毁礼伤义。今上有曾、闵之性，实行丧礼。丧礼实行，何为除服。若因此守先王之法，不亦善乎？"玄曰："汉文以末世浅薄，不能复行国君之丧，故因而除之。数百年一旦复古，恐难行也。"祜曰："且使主上遂服，犹为善乎？"玄曰："若上不除而臣下除，此为但有父子，无复君臣，三纲之道亏矣。"习凿齿曰："傅玄知无君臣之伤教，而不知兼无父子为重，岂不蔽哉！且汉废君臣之丧，不降父子之服，故四海黎庶，莫不尽情于其亲。三纲之道，二服恒用于私室，而王者独尽废之，岂所以孝治天下乎？《诗》云'兽之未远'，其傅玄之谓也。"

泰始十年，武元杨皇后崩。博士张靖议："太子宜依汉文权制，割情除服。"博士陈逵议："太子宜令服重。"尚书仆射卢钦、尚书魏舒、杜预奏："谅暗之制，乃因古今。是以高宗无服丧之文，唯称不言而已。汉文限三十六日，魏氏以既虞为断。皇太子与国为体，理宜释服。"博士段畅承述预旨，推引《礼》传以成其说。既卒哭，太子及三夫人以下皆随御除服。自汉文用权礼，无复□禁，历代遵用之。至晋孝武崩，太傅录尚书会稽王道子议："山陵之后通婚嫁，不得作乐，以一期为限。"宋高祖崩，葬毕，吏民至于宫掖，悉通乐，唯殿内禁。

宋武帝永初元年，黄门侍郎王准之议："郑玄丧制二十七月而终，学者多云得礼。晋初用王肃议，祥禫共月，遂以为制。江左以来，唯晋朝施用；搢绅之士，犹多遵玄议。宜使朝野一体。"诏可。

晋惠帝永康元年，愍怀太子薨，帝依礼服长子三年，群臣服齐衰期。晋孝武太元二十一年，孝武帝崩，李太后制三年之制。

宋武帝永初三年，武帝崩，萧太后制三年之服。

晋惠帝太安元年三月，皇太孙尚薨。有司奏："御服齐衰期。"诏通议。散骑常侍谢衡以为诸侯之太子，誓与未誓，尊卑体殊，《丧服》云，为嫡子长殇，谓未誓也；已誓则不殇也。中书令卞粹曰："太子始生，故已尊重，不待命誓。若衡议已誓不殇，则元服之子，当斩衰三年；未誓而殇，则虽十九，当大功九月。誓与未誓，其为升降也微；斩与大功，其为轻重也远。而今注云，诸侯不降嫡殇，重嫌于无，以大功为重嫡之服。大功为重嫡之服，则虽誓，无复有三年之理明矣。男能奉卫社稷，女能奉妇道，各以可成之年，而有已成之事，故可无殇，非孩龀之谓也。谓殇后者，尊之如父，犹无所加，而止殇斩。况以天子之尊，为无服之殇，行成人之制邪！凡诸宜重之殇，皆士大夫不加服，而令至尊独居其重，未之前闻也。"博士蔡克同粹。秘书监挚虞议："太子初生，举以成人之礼，则殇理除矣。太孙亦体重，由位成而服全，非以年也。天子无服殇之仪，绝期故也。"于是御史以上皆服齐衰。

晋康帝建元元年正月晦，成恭杜皇后周忌。有司奏：“至尊期年应改服。”诏曰：“君亲，名教之重也。权制出于近代耳。”于是素服如旧，非汉、魏之典。晋孝武太元九年，崇德太后褚氏崩。后于帝为从嫂，或疑其服。太学博士徐藻议：“资父事君而敬同。又《礼》传，其夫属乎父道者，妻皆母道也。则夫属君道，妻亦后道矣。服后宜以资母之义。鲁讥逆祀，以明尊尊。今上躬奉康、穆、哀皇及靖后之祀，致敬同于所天，岂可敬之以君道，而服废于本亲！谓应服齐衰期。”于是帝制服。

晋安帝隆安四年，太皇太后李氏崩。尚书祠部郎徐广议：“太皇太后名位允正，体同皇极，理制备尽，情礼弥申。《阳秋》之义，母以子贵。既称夫人，礼服从正。故成风显夫人之号，昭公服三年之丧。子于父之所生，体尊义重。且礼祖不厌孙，宜遂服无屈。而缘情立制，若嫌明文不存，则疑斯从重。谓应同于为祖母后齐衰期。永安皇后无服，但一举哀。百官亦一期。”诏可。

宋文帝元嘉十七年七月壬子，元皇后崩。兼司徒给事中刘温持节监丧。神虎门设凶门柏历至西上阁，皇太子于东宫崇正殿及永福省并设庐。诸皇子未有府第者，于西廨设庐。元嘉十七年，元皇后崩。皇太子心丧三年。礼心丧者，有禫无禫，礼无成文，世或两行。皇太子心丧毕，诏使博议。有司奏：“丧礼有禫，以祥变有渐，不宜便除即吉，故其间服以缞缟也。心丧已经十三月，大祥十五月，祥禫变除，礼毕余一期，不应复有禫。宜下以为永制。”诏可。

孝武孝建三年三月，有司奏：“故散骑常侍、右光禄大夫、开府仪同三司义阳王师王偃丧逝。至尊为服缌三月，成服，仍即公除。至三月竟，未详当除服与不？又皇后依朝制服心丧，行丧三十日公除。至祖葬日，临丧当著何服？又旧事，皇后心丧，服终除之日，更还著未公除时服，然后就除。未详今皇后除心制日，当依旧更服？为但释心制中所著布素而已？勒礼官处正。”太学博士王膺之议：“尊卑殊制，轻重有级，五服虽同，降厌则异。礼，天子止降旁亲；外舅缌麻，本在服例，但衰经不可临朝飨，故有公除之议。虽释衰袭冕，尚有缌麻之制。愚谓至尊服三月既竟，犹宜除释。”又议：“吉凶异容，情礼相称。皇后一月之限虽过，二功之服已释。哀情所极，莫深于尸柩，亲见之重，不可以无服。案周礼，为兄弟既除丧已，及其葬也，反服其服。轻丧虽除，犹齐衰以临葬。举轻明重，则其理可知也。愚谓王右光禄祖葬之日，皇后宜反齐衰。”又议：“丧礼即远，变除渐轻；情与日杀，服随时改。权礼既行，服制已变，岂容终除之日，而更重服乎？案晋泰始三年，武帝以期除之月，欲反重服拜陵，频诏勤勤，思申棘心。于时朝议譬执，亦遂不果。愚谓皇后终除之日，不宜还著重服，直当释除布素而已。”太常丞朱膺之议：“凡云公除，非全除之称。今朝臣私服，亦有公除，犹自穷其本制。膺之云，晋武拜陵不遂反服，此时是权制。既除衰麻，不可以重制耳，与公除不同。愚谓皇后除心制日，宜如旧反服未公除时服，以申创巨之情。”余同膺之议。国子助教苏玮生议：“案三日成服即除，及皇后行丧三十日，礼无其文。若并谓之公除，则可粗相依准。凡诸公除之设，盖以王制夺礼。葬及祥除，皆宜反服。未有服之于前，不除于后。虽有齐斩重制，犹为功缌除丧。夫公除暂夺，岂可遂以即吉邪？愚谓至尊三月服竟，故应依礼除释。皇后临祖，及一周祥除，并宜反服衰。”尚书令、中军将军建平王宏议谓：“至尊缌制终，止举哀而已，不须释服。”余同朱膺之议。前祠部郎中周景远议：“权事变礼，五服俱革，缌麻轻制，不容独异。”谓：“至尊既已公除，至三月竟，不复有除释之义。”其余同朱膺之议。重加研详，以宏议为允。诏可。

大明二年正月，有司奏：“故右光禄大夫王偃丧，依格皇后服期，心丧三年，应再周来二月晦。检元嘉十九年旧事，武康公主出适，二十五月心制终尽，从礼即吉。昔国哀再周，孝建二年二月，其月末，诸公主心制终，则应从吉。于时犹心禫素衣，二十七月乃除，二事不同。”领仪曹郎朱膺之议：“详寻礼文，心丧不应有禫，皇代考检，已为定制。元嘉季年，祸难深酷，圣心夭至，丧纪过哀。是以出适公主，还同在室，即情变礼，非革旧章。今皇后二月晦，宜依元嘉十九年制，释素即吉。”文帝元嘉十五年，皇太子妃祖父右光禄大夫殷和丧，变除之礼，仪同皇后。

晋孝武太元十五年，淑媛陈氏卒，皇太子所生也。有司参详母以子贵，赠淑媛为夫人，置家令典丧事。太子前卫率徐邈议：“《丧服》传称，与尊者为体，则不服其私亲。又君父所不服，子亦不敢服。故王公妾子服其所生母，练冠麻衣，既葬而除。非五服之常，则谓之无服。”从之。宋孝武大明五年闰月，皇太子妃薨。樟木为椽，号曰樟宫。载以龙辒。造陵于龙山，置大匠卿断草，司空告后土，谓葬曰山茔。祔文元皇后庙之阴室，在正堂后壁之外，北向。御服大功九月，设位在太极东宫堂殿。中监、黄门侍郎、仆射并从服。从服者，御服衰乃从服，他日则否。宫臣服齐衰三月，其居官者处宁假。

大明五年闰月，有司奏：“依礼皇太后服太子妃小功五月，皇后大功九月。”右丞徐爰参议：“宫人从服者，若二御哭临应著衰时，从服者悉著衰，非其日如常仪。太子既有妃期服，诏见之日，还著公服。若至尊非哭临日幸东宫，太子见亦如之。宫臣见至尊，皆著朱衣。”大明五年闰月，有司奏：“皇太子妃薨，至尊、皇后并服大功九月，皇太后小功五月，未详二御何当得作鼓吹及乐？”博士司马兴之议：“案《礼》，‘齐衰大功之丧，三月不从政。’今临轩拜授，则人君之大典，今古既异，赊促不同。愚谓皇太子妃祔庙之后，便可临轩作乐及鼓吹。”右丞徐爰议：“皇太子妃虽未山茔，临轩拜官，旧不为碍。梓棺在殡，应县而不作。祔后三御乐，宜使学官拟礼上。”兴之又议：“案礼，大功至则辟琴瑟，诚无自奏之理。但王者体大，理绝凡庶。故汉文既葬，悉皆复吉，唯县而不乐，以此表哀。今准其轻重，侔其降杀，则下流人功，不容撤乐以终服。夫金石宾飨之礼，箫管警涂之卫，实人君之盛典，当阳之威饰，固亦不可久废于朝。又礼无天王嫡妇之文，直后学推贵嫡之义耳。既已制服成丧，虚悬终穸，亦足以甄崇冢正，标明礼归矣。"爰参议，皇太子期服内，不合作乐及鼓吹。

明帝泰始中，陈贵妃父金宝卒，贵妃制服三十日满，公除。晋穆帝时，东海国言哀王薨逾年，嗣王乃来继，不复追服，群臣皆已反吉，国妃亦宜同除。诏曰："朝廷所以从权制者，以王事夺之，非为变礼也。妇人传重义大，若从权制，义将安托？"于是国妃终三年之制。孙盛曰："废三年之礼，开偷薄之源，汉、魏失之大者也。今若以丈夫宜夺以王事，妇人可终本服，是为吉凶之仪，杂陈于宫寝；彩素之制，乖异于内外，无乃情礼俱违，哀乐失所乎！蕃国寡务，宜如圣典，可无疑矣。"

宋文帝元嘉四年八月，太傅长沙景王神主随子南兖州刺史义欣镇广陵，备所加殊礼下船。及至镇，入行庙。大司马临川烈武王神主随子荆州刺史义庆江陵，亦如之。

元嘉二十三年七月，白衣领御史中丞何承天奏：

尚书刺："海盐公主所生母蒋美人丧。海盐公主先离婚，今应成服，撰仪注参详，宜下二学礼官博士议公主所服轻重。太学博士顾雅议：'今既咸用士礼，便宜同齐衰削杖，布带疏履，期，礼毕，心丧三年。'博士周野王议又云：'今诸王公主咸用士礼。谯王、衡阳王为所生太妃皆居重服，则公主情礼，亦宜家中期服为允。'其博士庾邃之、颜测、殷明、王渊之四人同雅议；何忄佥、王罗云二人同野王议。"如所上台案。今之诸王，虽行士礼，是施于傍及自己以下。至于为帝王所厌，犹一依古典。又永初三年九月，符修仪亡，广德三主以余尊所厌，犹服大功。海盐公主体自宸极，当上厌至尊，岂得遂服？台据《经》、传正文，并引事例，依源责失。而博士顾雅、周野王等捍不肯忄占，方称"自有宋以来，皇子蕃王，皆无厌降，同之士礼，著于故事。缌功之服，不废于末戚，顾独贬于所生，是申其所轻，夺其所重；夺其所重，岂缘情之谓？"台伏寻圣朝受终于晋，凡所施行，莫不上稽礼文，兼用晋事。又太元中，晋恭帝时为皇子，服其所生陈氏，练冠缘缘，此则前代施行故事，谨依礼文者也。又广德三公主为所生母符修仪服大功，此先君余尊之所厌者也。元嘉十三年，第七皇子不服曹婕妤，止于麻衣，此厌乎至尊者也。博士既不据古，又不依今，背违施行见事，而多作浮辞自卫。乃云五帝之时，三王之季。又言长子去斩衰，除禫杖，皆是古礼，不少于世。博士虽复引此诸条，无救于失。又诘台云"蕃国得遂其私情，此义出何经记？"臣案南谯、衡阳太妃并受朝命，为国小君，是以二王得遂其服，岂可为美人比例？寻蕃王得遂者，圣朝之所许也。皇子公主不得申者，由有厌而然也。台登重更责失制不得过十，而复不酬答。既被催摄二三日，甫输忄占辞。虽理屈事穷，犹闻义耻服。臣闻丧纪有制，礼之大经；降杀攸宜，家国旧典。古之诸侯众子，犹以尊厌；况在王室，而欲同之士庶。此之僻谬，不俟言而显。太常统寺，曾不研却，所谓同乎失者，亦得之。宜加裁正，弘明国典。

谨案太学博士顾雅、国子助教周野王、博士王罗云、颜测、殷明、何忄佥、王渊之、前博士迁员外散骑侍郎庾邃之等，咸蒙抽饰，备位前疑，既不谨守旧文，又不审据前准，遂上背经典，下违故事，率意妄作，自造礼章。太常臣敬叔位居宗伯，问礼所司，腾述往反，了无研却，混同兹失，亦宜及咎。请以见事并免今所居官，解野王领国子助教。雅、野王初立议乖舛，中执捍愆失，未违十日之限。虽起一事，合成三愆，罗云掌押捍失，三人加禁固五年。

诏敬叔白衣领职。余如奏。元嘉二十九年，南平王铄所生母吴淑仪薨。依礼无服，麻衣练冠，既葬而除。有司奏："古者与尊者为体，不得服其私亲。而比世诸侯咸用士礼，五服之内悉皆成服，于其所生，反不得遂。"于是皇子皆申母服。

孝武帝孝建元年六月己巳，有司奏："故第十六皇弟休倩薨夭，年始及殇，追赠谥东平冲王。服制未有成准，辄下礼官详议。"太学博士陆澄议："案礼有成人道，则不为殇。今既追胙土宇，远崇封秩，圭黻备典，成熟大焉。典文式昭，殇名去矣。夫典文垂式，元服表身，犹以免襦子之制，全丈夫之义。安有名颁爵首，而可服以殇礼！"有司寻澄议无明证，却使秉正更上。澄重议："窃谓赠之为义，所以追加名器。故赠公者便成公，赠卿者便成卿。赠之以王，得不为王乎？然则有在生而封，或既没而爵，俱受帝命，不为吉凶殊典；同备文物，岂以存亡异数？今玺策咸秩，是成人之礼；群后临哀，非下殇之制。若丧用成人，亲以殇服，末学含疑，未之或辨。敢求详衷如所称。"左丞臣羊希参议："寻澄议，既无画然前例，不合准据。案《礼》，子不殇父，臣不殇君。君父至尊，臣子恩重，不得以幼年而降。又曰，'尊同则服其亲服'，推此文旨，旁亲自宜服殇，所不殇者唯施臣子而已。"诏可。

孝建元年六月，湘东国刺称"国太妃以去三十年闰六月二十八日薨。未详周忌当在六月？为取七月？勒礼官议正"。博士丘迈之议："案吴商议，闰月亡者，应以本正之月为忌。谓正闰论虽各有所执，商议为允。宜以今六月为忌。"左仆射建平王宏谓："迈之议不可准据。案晋世及皇代以来，闰月亡者，以闰之后月祥。宜以来七月为祥忌。"及大明元年二月，有司又奏："太常鄱阳哀王去年闰三月十八日薨。今为何月末祥除？"下礼官议正。博士傅休议："寻《三礼》，丧遇闰，月数者数闰，岁数者没闰，闰在期内故也。鄱阳哀王去年闰三月薨，月次节物，则定是四月之分，应以今年四月末为祥。晋元、明二帝，并以闰二月崩，以闰后月祥，先代成准，则是今比。"

太常丞庾蔚之议："礼，正月存亲，故有忌日之感。四时既已变，人情亦已衰，故有二祥之杀。是则祥忌皆以同月为议，而闰亡者，明年必无其月，不可以无其月而不祥忌，故必宜用闰所附之月。闰月附正，《公羊》明议，故班固以闰九月为后九月，月名既不殊，天时亦不异。若用闰之后月，则春夏永革，节候亦舛。设有人以闰腊月亡者，若用闰后月为祥忌，则祥忌应在后年正月。祥涉三载，既失周期之义，冬亡而春忌；又乖致感之本。譬今年末三十日亡,明年末月小,若以去年二十九日亲尚存,则应用后年正朝为忌,此必不然。则闰亡可知也。"通关并同蔚之议,三月末祥。

大明五年七月,有司奏:"故永阳县开国侯刘叔子夭丧,年始四岁,傍亲服制有疑。"太学博士虞龢、领军长史周景远、司马朱膺之、前太常丞庾蔚之等议,并云"宜同成人之服。东平冲王服殇,实由追赠,异于已受茅土"。博士司马兴之议:"应同东平殇服。"左丞荀万秋等参议:"南面君国,继体承家,虽则佩觿,未阙成人,得君父名也,不容服殇,故云'臣不殇君,子不殇父'。推此,则知傍亲故依殇制。东平冲王已经前议。若升仕朝列,则为大成,故鄱阳哀王追赠太常,亲戚不降。愚谓下殇以上,身居封爵,宜同成人。年在无服之殇,以登官为断。今永阳国臣,自应全服。至于傍亲,宜从殇礼。"诏:"景远议为允"。后废帝元徽二年七月,有司奏:"第七皇弟训养母郑修容丧。未详服制,下礼官正议。"太学博士周山文议:"案庶母慈己者,小功五月。郑玄云:'其使养之不命为母子,亦服庶母慈己之服。'愚谓第七皇弟宜从小功之制。"参议并同。

汉、魏废帝丧亲三年之制,而魏世或为旧君服三年者。至晋泰始四年,尚书何桢奏:"故辟举纲纪吏,不计违适,皆反服旧君齐衰三月。"于是诏书下其奏,所适无贵贱,悉同依古典。

魏武以正月崩,魏文以其年七月设伎乐百戏,是魏不以丧废乐也。晋武帝以来,国有大丧未除,正会亦废乐。太安元年,太子丧未除,正会亦废乐。穆帝永和中,为中原山陵未修复,频年会,辄废乐。是时太后临朝,后父褚裒薨,元会又废乐。晋世孝武太元六年,为皇后王氏丧,亦废乐。宋大丧则废乐。

汉献帝建安末,魏武帝作终令曰:"古之葬者,必在瘠薄之地,其规西原上为寿陵。因高为基,不封不树。《周礼》,冢人掌公墓之地,凡诸侯居左右以前,卿大夫居后。汉制亦谓之陪陵。其公卿大臣列将有功者,宜陪寿陵。其广为兆域,使足相容。"魏武以送终衣服四箧,题识其上,春秋冬夏日有不讳,随时以敛;金珥珠玉铜铁之物,一不得送。文帝遵奉,无所增加。及受禅,刻金玺,追加尊号。不敢开埏,乃为石室,藏玺埏首,示陵中无金银诸物也。汉礼明器甚多,自是皆省矣。

文帝黄初三年,又自作终制:"礼,国君即位,为椑,存不忘亡也。寿陵因山为体,无封不树,无立寝殿,造园邑,通神道。夫葬者,藏也。欲人之不能见也。礼不墓祭,欲存亡之不黩也。皇后及贵人以下,不随王之国者,有终没,皆葬涧西,前又已表其处矣。"此诏藏之宗庙,副在尚书、秘书三府,明帝亦遵奉之。明帝性虽崇奢,然未遽营陵墓也。晋宣帝豫自于首阳山为土藏,不坟不树,作顾命终制,敛以时服,不设明器。文、景皆谨奉成命,无所加焉。景帝崩,丧事制度,又依宣帝故事。

武帝泰始四年,文明王皇后崩,将合葬,开崇阳陵。使太尉司马望奉祭,进皇帝密玺绶于便房神坐。魏氏金玺,此又俭矣。

泰始二年,诏曰:"昔舜葬苍梧,农不易亩;禹葬会稽,市不改肆。上惟祖考清简之旨,外欲移陵十里内居人,一切停之。"江左元、明崇俭,且百度草创,山陵奉终,省约备矣。

成帝咸康七年,杜后崩。诏外官五日一入临,内官旦一入而已。过葬虞祭礼毕止。有司奏:"大行皇后陵所作凶门柏历,门号显阳端门。"诏曰:"门如所处,凶门柏历,大为烦费,停之。"案蔡谟说,以二瓦器盛死者之祭,系于木表,以苇席置于庭中近南,名为重。今之凶门,是其象也。《礼》,既虞而作主。今未葬,未有主,故以重当之。《礼》称为主道,此其义也。范坚又曰:"凶门非古,古有悬重,形似凶门。后人出之门外以表丧,俗遂行之。薄帐,既古吊幕之类也。"是时又诏曰:"重壤之下,岂宜崇饰无用。陵中唯洁扫而已。"有司又奏,依旧选公卿以下六品子弟六十人为挽郎,诏又停之。

孝武帝太元四年九月,皇后王氏崩。诏曰:"终事唯从俭速。"又诏:"远近不得遣山陵使。"有司奏选挽郎二十四人,诏停。宋元帝元嘉十七年,元皇后崩,诏亦停选挽郎。汉仪五供毕则上陵,岁岁以为常,魏则无定礼。齐王在位九载,始一谒高平陵,而曹爽诛,其后遂废,终魏世。

晋宣帝遗诏:"子弟群官,皆不得谒陵。"于是景、文遵旨。至武帝犹再谒崇阳陵,一谒峻平陵,然遂不敢谒高原陵。至惠帝复止此。逮江左初,元帝崩后,诸公始有谒陵辞肃之事,盖由眚同友执,率情而举,非洛京之旧也。成帝时,中宫亦年年拜陵,议者以为非礼,于是遂止,以为永制。至穆帝时,褚太后临朝,又拜陵,帝幼故也。至孝武崩,骠骑将军司马道子命曰:"今虽权制释服,至于朔望诸节,自应展情陵所,以一周为断。"于是至陵变服单衣帻,烦渎无准,非礼意也。至安帝元兴元年,尚书左仆射桓谦奏曰:"百僚拜陵,起于中兴,非晋旧典。积习生常,遂为近法。寻武皇帝诏,乃不使人主诸王拜陵,岂唯百僚。谓宜遵奉。"于是施行。及义熙初,又复江左之旧。

宋明帝又断群臣初拜谒陵,而辞如故。自元嘉以来,每岁正月,舆驾必谒初宁陵,复汉仪也。世祖、太宗亦每岁拜初宁、长宁陵。

汉以后,天下送死奢靡,多作石室石兽碑铭等物。建安十年,魏武帝以天下雕弊,下令不得厚葬,又禁立碑。魏高贵乡公甘露二年,大将军参军太原王伦卒,伦兄俊作《表德论》,以述伦遗美,云"祗畏王典,不得为铭,乃撰录行事,就刊于墓之阴云尔"。此则碑禁尚严也,此后复弛替。晋武帝咸宁四年,又诏曰:"此石兽碑表,既私褒美,兴长虚伪,伤财害人,莫大于此;一禁断之。其犯者虽会赦令,皆当毁坏。"至元帝太兴元年,有司奏:"故骠骑府主簿故恩营葬旧君顾荣,求立碑。"诏特听立。自是后,禁又渐颓。大臣长吏,人皆私立。义熙中,尚书祠部郎中裴松之又议禁断,于是至今。

顺帝升明三年四月壬辰,御临轩,遣使奉玺绶禅位于齐王,悬而不乐。

宋明帝泰始二年九月，有司奏："皇太子所生陈贵妃礼秩既同储宫，未详宫臣及朝臣并有敬不？妃主在内相见，又应何仪？"博士王庆绪议："百僚内外礼敬贵妃，应与皇太子同。其东朝臣隶，理归臣节。"太常丞虞愿等同庆绪。尚书令建安王休仁议称："礼云，妾既不得体君，班秩视子为序。母以子贵，经著明文。内外致敬贵妃，诚如庆绪议。天子姬嫔，不容通音介于外，虽义可致虔，不应有笺表。"参详休仁议为允。诏可。

泰豫元年，后废帝即位，崇所生陈贵妃为皇太妃。有司奏："皇太妃位亚尊极，未详国亲举哀格当一同皇太后？为有降异？又于本亲期以下，当犹服与不？"前曹郎王燮之议："案《丧服传》，'妾服君之党，得与女君同'。如此，皇太妃服宗与太后无异。但太后既以尊降无服，太妃仪不应殊，故悉不服也。计本情举哀，其礼不异。又《礼》，'诸侯绝期'。皇太妃虽云不居尊极，不容轻于诸侯。谓本亲期以下，一无所服。有惨自宜举哀。亲疏二仪，准之太后。"兼太常丞司马燮之议："《礼》，'妾服君之庶子及女君之党'。皆谓大夫士耳。妾名虽总，而班有贵贱。三夫人九嫔，位视公卿。大夫犹有贵妾，而况天子！诸侯之妾为他妾之子无服，既不服他妾之子，岂容服君及女君余亲。况皇太后妃贵亚相极，礼绝群后，崇辉盛典，有逾东储，尚不服期，太妃岂应有异。若本亲有惨，举哀之仪，宜仰则太后。"参议以燮之议为允。太妃于国亲无服，故宜缘情为诸王公主于至尊是期服者反，其太妃王妃三夫人九嫔各举哀。

宋孝武帝孝建三年八月戊子，有司奏："云杜国解称国子檀和之所生亲王，求除太夫人。检无国子除太夫人先例，法又无科。下礼官议正。"太学博士孙豁之议："《春秋》，'母以子贵'。王虽为妾，是和之所生。案五等之例，郑伯许男同号夫人，国子体例，王合如国所生。"太常丞庾蔚之议："'母以子贵'，虽《春秋》明义，古今异制，因革不同。自顷代以来，所生蒙荣，唯有诸王。既是王者之嫔御，故宜见尊于蕃国。若功高勋重，列为公侯，亦有拜太夫人之礼。凡此皆朝恩曲降，非国之所求。子男妾母，未有前比。"祠部郎中朱膺之议以为："子不得爵父母，而《春秋》有'母以子贵'。当谓传国君母，本先公嫔媵，所因藉有由故也。始封之身，所不得同。若殊绩重勋，恩所特锡，时或有之，不由公存。"所议参详，以蔚之为允。诏可。

大明二年六月，有司奏："凡侯伯子男世子丧，无嗣，求进次息为世子。检无其例，下礼官议正。"博士孙武议："案晋济北侯荀勖长子连卒，以次子辑拜世子。先代成准，宜为今例。"博士傅郁议："《礼记》，微子立衍，商礼斯行。仲子舍孙，姬典攸贬。历代遵循，靡替于旧。今昨土之君在而世子卒，厥嗣未育，非孙之谓。愚以为次子有子，自宜绍为世孙。若其未也，无容远搜轻属，承纲继体，传之有由。父在立子，允称情典。"曹郎诸葛雅之议："案《春秋传》云，'世子死，有母弟则立，无则立长；年均则贤，义均则卜'。古之制也。今长子早卒，无嗣，进立次息以为世子，取诸《左氏》，理义无违。又孙武所据晋济

北侯荀勖长子卒，立次子，亦近代成例。依文采比，窃所允安。谓宜开许，以为永制。"参议为允。诏可。

大明十二年十一月，有司奏："兴平国解称国子袁愍孙母王氏，应除太夫人。检无国母除太夫人例。下礼官议正。"太学博士司马兴之议："案礼，下国卿大夫之妻，皆命天子。以斯而推，则子男之母，不容独异。"博士程彦议以为："五等虽差，而承家事等。公侯之母，崇号得从，子男于亲，尊秩宜显。故《春秋》之义，'母以子贵'。固知从子尊与国均也。彦参议，以兴之议为允。除王氏为兴平县开国子太夫人。"诏可。

大明四年九月，有司奏："陈留国王曹虔季长兄虔嗣早卒，季袭封之后，生子铣以继虔嗣。今依例应拜世子，未详应以铣为世子？为应立次子锴？"太学博士王温之、江长议，并为应以铣为正嗣；太常陆澄议立锴。右丞徐爱议谓："礼后大宗，以其不可乏祀。诸侯世及，《春秋》成义。虔嗣承家传爵，身为国王，虽薨没无子，犹列昭穆。立后之日，便应即纂国统。于时既无承继，虔季以次袭绍。虔嗣既列庙飨，故自与世数而迁，岂容蒸尝无阙，横取他子为嗣！为人胤嗣，又应恭祀先父。案礼文，公子不得祢诸侯。虔嗣无缘降庙就寝。铣本长息，宜还为虔季世子。"诏如爱议。

宋文帝元嘉十三年七月，有司奏："御史中丞刘式之议，'每至出行，未知制与何官分道，应有旧科。法唯称中丞专道，传诏荷信，诏唤众官，应诏者行，得制令无分别他官之文，既无尽然定则，准承有疑。谓皇太子正议东储，不宜与众同例，中丞应与分道。扬州刺史、丹阳尹、建康令，并是京辇土地之主，或检校非违，或赴救水火，事应神速，不宜稽驻，亦合分道。又寻六门则为行马之内，且禁卫非违，并由二卫及领军，未详京尹、建康令门内之徒及公事，亦得与中丞分道与不？其准参旧仪。告报参详所宜分道。'听如台所上，其六门内，既非州郡县部界，则不合依门外。其尚书令、二仆射所应分道，亦悉与中丞同。"

孝武帝大明六年五月，诏立凌室藏冰。有司奏，季冬之月，冰壮之时，凌室长率山虞及舆隶取冰于深山穷谷涸阴冱寒之处，以纳于凌阴。务令周密，无泄其气。先以黑牡秬黍祭司寒于凌室之北。仲春之月，春分之日，以黑羔秬黍祭司寒。启冰室，先荐寝庙。二庙夏祠用鉴盛冰，室一鉴，以御温气蝇蚋。三御殿及太官膳羞，并以鉴供冰。自春分至立秋，有臣妾丧，诏赠秘器。自立夏至立秋，不限称数以周丧事。缮制夷盘，随冰借给。凌室在乐游苑内，置长一人，保举吏二人。

三公黄阁，前史无其义。史臣按，《礼记》"士拼与天子同，公侯大夫则异"。郑玄注："士贱，与君同，不嫌也。"夫朱门洞启，当阳之正色也。三公之与天子，礼秩相亚，故黄其阁，以示谦不敢斥天子，盖是汉来制也。张超与陈公笺，"拜黄阁将有日月"是也。

史臣按：今朝士诣三公，尚书丞、郎诣令、仆射、尚书，并门外下车，履，度门阈乃纳履。汉世朝臣见三公，

并拜。丞、郎见八座，皆持板揖，事在《汉仪》及《汉旧仪》，然则并有敬也。陈蕃为光禄勋，范滂为主事，以公仪诣蕃，执板入阁，至坐，蕃不夺滂板，滂投板振衣而去。郭泰责蕃曰："以阶级言之，滂宜有敬；以类数推之，至阁宜省。"然后敬止在门，其来久矣。

卷十六　　　　　志第六

礼　三

"国之大事，在祀与戎"。自书契经典，咸崇其义，而圣人之德，莫大于严父者也。故司马迁著《封禅书》，班固备《郊祀志》，上纪皇王正祀，下录郡国百神。司马彪又著《祭祀志》，以续终汉。中兴以后，其旧制诞章，粲然弘备。自兹以降，又有异同，故复撰次云尔。

汉献帝延康元年十一月己丑，诏公卿告祠高庙。遣兼御史大夫张音奉皇帝玺绶策书，禅帝位于魏。是时魏文帝继王位，南巡在颍阴。有司乃为坛于颍阴之繁阳故城。庚午，登坛。魏相国华歆跪受玺绶以进于王。既受毕，降坛视燎，成礼而返，未有祖配之事。魏文帝黄初二年正月，郊祀天地明堂。是时魏都洛京，而神祇兆域明堂灵台，皆因汉旧事。四年七月，帝将东巡，以大军当出，使太常以一特牛告祠南郊，自后以为常。及文帝崩，太尉钟繇告谥南郊，皆是有事于郊也。

明帝太和元年正月丁未，郊祀武皇帝以配天，宗祀文皇帝于明堂以配上帝。是时二汉郊禋之制具存，魏所损益可知也。

四年八月，帝东巡，过繁昌，使执金吾臧霸行太尉事，以特牛祠受禅坛。《后汉纪》，章帝诏高邑祠即位坛。此虽前代已行之事，然为坛以祀天，而坛非神也。今无事于上帝，而致祀于虚坛，未详所据也。

景初元年十月乙卯，始营洛阳南委粟山为圆丘，诏曰："盖帝王受命，莫不恭承天地，以彰神明，尊祀世统，以昭功德。故先代之典既著，则禘郊祖宗之制备也。昔汉氏之初，承秦灭学之后，采摭残缺，以备郊祀。自甘泉、后土、雍宫、五畤神祇兆位，多不经见，并以兴废无常，一彼一此，四百余年，废无禘礼。古代之所更立者，遂有阙焉。曹氏世系，出自有虞氏。今祀圆丘，以始祖帝舜配，号圆丘曰皇皇帝天；方丘所祭曰皇皇后地，以舜妃伊氏配；天郊所祭曰皇天之神，以太祖武皇帝配；地郊所祭曰皇地之祇，以武宣皇后配；宗祀皇考高祖文皇帝于明堂，以配上帝。"十二月壬子冬至，始祀皇皇帝天于圆丘，以始祖有虞帝舜配。自正始以后，终魏世，不复郊祀。

孙权初称尊号于武昌，祭南郊告天。文曰："皇帝臣孙权，敢用玄牡，昭告皇皇后帝。汉飨国二十有四世，历年四百三十，行气数终，禄祚运尽，普天弛绝，率土分崩。孽臣曹丕，遂夺神器；丕子睿继世作慝，窃名乱制。权生于东南，遭值期运，承乾秉戎，志在拯世，奉辞行罚，举足为民。群臣将相州郡百城执事之人，咸以为天意已去于汉，汉氏已终于天。皇帝位虚，郊祀无主，休征嘉瑞，前后杂沓，历数在躬，不得不受。权畏天命，敢不敬从。谨择元日，登坛柴燎，即皇帝位。唯尔有神飨之! 左右有吴，永绥天极。"其后自以居非中土，不复修设。中年，群臣奏议，宜修郊祀，权曰："郊祀当于中土，今非其所。"重奏曰："普天之下，莫非王土。王者以天下为家。昔周文、武郊于酆、镐，非必中土。"权曰："武王伐纣，即祚于镐京，而郊其所也。文王未为天子，立郊于酆，见何经典？"复奏曰："伏见《汉书•郊祀志》，匡衡奏徙甘泉河东郊于长安，言文王郊于酆。"权曰："文王德性谦让，处诸侯之位，明未郊也。经传无明文，由匡衡祖儒意说，非典籍正义，不可用也。"虞喜《志林》曰："吴主纠驳郊祀，追贬匡衡，凡在见者，无不慨然称善也。"何承天曰："案权建号继天，而郊享有阙，固非也。末年虽一南郊，而遂无北郊之礼。环氏《吴纪》：'权思崇严父配天之义，追上父坚尊号为吴始祖。'如此说，则权末年所郊，坚配天也。权卒后，三嗣主终吴世不郊祀，则权不享配帝之礼矣。"

刘备章武元年，即皇帝位，设坛。"建安二十六年夏四月丙午，皇帝臣备，敢用玄牡，昭告皇天上帝、后土神祇。汉有天下，历数无疆。曩者王莽篡盗，光武皇帝震怒致诛，社稷复享。今曹操阻兵安忍，子丕载其凶逆，窃居神器。群臣将士以为社稷堕废，备宜修之，嗣武二祖，龚行天罚。备惟否德，惧忝帝位，询于庶民，外及蛮夷君长，佥曰天命不可不答，祖业不可以久替，四海不可以无主，率土式望，在备一人。备畏天之威，又惧汉邦将湮于地。谨择元日，与百僚登坛，受皇帝玺绶。修燔瘗，告类于大神。惟大神尚飨! 祚于汉家，永绥四海。"章武二年十月，诏丞相诸葛亮营南北郊于成都。

魏元帝咸熙二年十二月甲子，使持节侍中太保郑冲、兼太尉司隶校尉李喜奉皇帝玺绶策书，禅帝位于晋。丙寅，晋设坛场于南郊，柴燎告类，未有祖配。其文曰："皇帝臣炎，敢用玄牡，明告于皇皇后帝。魏帝稽协皇运，绍天明命，以命炎曰：'昔者唐尧禅位虞舜，虞舜又以禅禹，迈德垂训，多历年载。暨汉德既衰，太祖武皇帝拨乱济民，扶翼刘氏，又用受禅于汉。粤在魏室，仍世多故，几于颠坠，实赖有晋匡拯之德，用获保厥肆祀，弘济于艰难，此则晋之有大造于魏也。诞惟四方之民，罔不祗顺，开国建侯，宣礼明刑，廓清梁、岷，苞怀扬、越，函夏兴仁，八纮同轨，遐迩弛义，祥瑞屡臻，天人协应，无思不服。肆予宪章三后，用集大命于兹。'炎惟德不嗣，辞不获命。于是群公卿士，百辟庶僚，黎献陪隶，暨于百蛮君长，佥曰：'皇天鉴下，求民之瘼，既有成命，固非克让所得距违。'天序不可以无统，人神不可以旷主，炎虔奉皇运，畏天之威，敢不钦承休命，敬简元辰，升坛受禅，告类上帝，以永答民望，敷佑万国。惟明德是飨。"

泰始二年正月，诏曰："有司前奏郊祀权用魏礼。朕不虑改作之难，令便为永制。众议纷互，遂不时定，不得以时供飨神祇，配以祖考，日夕叹企，贬食忘安。其便郊祀。"时群臣又议："五帝，即天也。五气时异，故殊其号。虽名有五，其实一神。明堂南郊，宜除五帝之坐。五郊改五精之号，皆同称昊天上帝，各设一坐而已。北郊又除先后配祀。"帝悉从之。二月丁丑，郊祀宣皇帝以配天，宗祀文皇帝于明堂，以配上帝。是年十一月，有司又议奏："古者丘郊不异，宜并圆丘方泽于南北郊，更修治坛兆。其二至之祀，合于二郊。"帝又从之，一如宣帝所用王肃议也。是月庚寅冬至，帝亲祠圆丘于南郊。自是后，圆丘方泽不别立至今矣。太康十年十月，乃更诏曰："《孝经》'郊祀后稷以配天，宗祀文王于明堂，以配上帝'。而《周官》云：'祀天旅上帝。'又曰：'祀地旅四望。'四望非地，则明上帝不得为天也。往者众议除明堂五帝位，考之礼文正经不通。且《诗序》曰：'文、武之功，起于后稷。'故推以配天焉。宣帝以神武创业，既已配天，复以先帝配天，于义亦不安。其复明堂及南郊五帝位。"晋武帝太康三年正月，帝亲郊礼。皇太子、皇弟、皇子悉侍祠，非前典也。愍帝都长安，未及立郊庙而败。

元帝中兴江南，太兴元年，始更立郊兆。其制度皆太常贺循依据汉、晋之旧也。三月辛卯，帝亲郊祀，飨配之礼，一依武帝始郊故事。初，尚书令刁协、国子祭酒杜夷，议宜须旋都洛邑乃修之。司徒荀组据汉献帝居许，即便立郊，自宜于此修奉。骠骑王导、仆射荀崧、太常华恒、中书侍郎庾亮皆同组议，事遂施行。按元帝绍命中兴，依汉氏故事，宜享明堂宗祀之礼。江左不立明堂，故阙焉。明帝太宁三年七月，始诏立北郊。未及建而帝崩，故成帝咸和八年正月，追述前旨，于覆舟山南立之。是月辛未，祀北郊，始以宣穆张皇后配地。魏氏故事，非晋旧也。

康帝建元元年正月，将北郊，有疑议。太常顾和表曰："泰始中，合二至之祀于二郊。北郊之月，古无明文，或以夏至，或同用阳复。汉光武正月辛未，始建北郊，此则与南郊同月。及中兴草创，百度从简，合北郊于一丘。宪章未备，权用斯礼，盖时宜也。至咸和中，议别立北郊，同用正月。魏承后汉，正月祭天，以地配，而称周礼，三王之郊，一用夏正。"于是从和议。是月辛未，南郊。辛巳，北郊。帝皆亲奉。

安帝元兴三年三月，宋高祖讨桓玄走之。己卯，告义功于南郊。是年，帝蒙尘江陵未返。其明年应郊，朝议以为宜依周礼，宗伯摄职，三公行事。尚书左丞王纳之独曰："既殡郊祀，自是天子当阳，有君存焉，禀命而行，何所辨也。斋之与否，岂如今日之比乎？议者又云今宜郊，故是承制所得命三公行事。又郊天极尊，唯一而已，故非天子不祀也。庶人以上，莫不蒸尝，嫡子居外，庶子执事，礼文炳然。未有不亲受命而可祭天者。又武皇受禅，用二月郊，元帝中兴，以三月郊。今郊时未过，日望舆驾。无为欲速而无据，使皇舆旋返，更不得亲奉。"遂从纳之议。

晋恭帝元熙二年五月，遣使奉策，禅帝位于宋。永初元年六月丁卯，设坛南郊，受皇帝玺绂，柴燎告类。策曰："皇帝臣裕，敢用玄牡，昭告皇皇后帝。晋帝以卜世告终，历数有归，钦若景运，以命于讳。夫树君司民，天下为公，德充帝王，乐推攸集。越俶唐、虞，降暨汉、魏，靡不以上哲格文祖，元勋陟帝位，故能大拯黔黎，垂训无穷。晋自东迁，四维弗树，宰辅焉依，为日已久。难棘隆安，祸成元兴，遂至帝王迁播，宗祀湮灭。讳虽地非齐、晋，众无一旅，仰愤时难，俯悼横流，投袂一麾，则皇祚克复。及危而能持，颠而能扶，奸宄具歼，僭伪必灭。诚否终必泰，兴废有期。至于拨乱济民，大造晋室，因藉时运，以尸其劳。加以殊俗慕义，重译来款，正朔所暨，咸服声教。至乃三灵垂象，山川告祥，人神和协，岁月兹著。是以群公卿士，亿兆夷人，佥曰皇灵降监于上，晋朝款诚于下，天命不可以久淹，宸极不可以暂旷。遂逼群议，恭兹大礼。狠以寡德，托于兆民之上。虽仰畏天威，略是小节，顾深永怀，祗惧若厉。敬简元日，升坛受禅，告类上帝，用酬万国之嘉望。克隆天保，永祚于有宋。惟明灵是飨。"

永初元年，皇太子拜告南北郊。永初二年正月上辛，上亲郊祀。文帝元嘉三年，车驾西征谢晦，币告二郊。

孝武帝孝建元年六月癸巳，八座奏："刘义宣、臧质，干时犯顺，滔天作戾，连结淮、岱，谋危宗社。质反之始，戒严之日，二郊庙社，皆已遍陈。其义宣为逆，未经同告。舆驾将发，丑徒冰消，质既枭悬，义宣禽获，二寇俱殄，并宜昭告。检元嘉三年讨谢晦之始，普告二郊、太庙。贼既平荡，唯告太庙、太社，不告二郊。"礼官博议。太学博士徐宏、孙勃、陆澄议："《礼》无不报。始既遍告，今贼已禽，不应不同。"国子助教苏玮生议："案《王制》，天子巡狩，'归，假于祖祢'。又《曾子问》：'诸侯适天子，告于祖，奠于祢，命祝史告于社稷宗庙山川。告用牲币，反亦如之。诸侯相见，反必告于祖祢，乃命祝史告至于前所告者。'又云：'天子诸侯将出，必以币帛皮圭，告于祖祢。反必告至。'天子诸侯，虽事有小大，其礼略钧，告出告至，理不得殊。郑云：'出入礼同。'其义甚明。天子出征，类于上帝，推前所告者归必告至，则宜告郊，不复容疑。元嘉三年，唯告庙社，未详其义。或当以《礼记》唯云'归假祖祢'，而无告郊之辞。果立此义，弥所未达。夫《礼记》残缺之书，本无备体，折简败字，多所阙略。正应推例求意，不可动必征文。天子反行告社，亦无成记，何故告郊，独当致嫌。但出入必告，盖孝敬之心。既以告归为义，本非献捷之礼。今舆驾竟未出宫，无容有告至之文；若陈告不行之礼，则为未有前准。愚谓祝史致辞，以昭诚信。苟其义舛于礼，自可从实而阙。臣等参议，以应告为允，宜并用牲告南北二郊、太庙、太社，依旧公卿行事。"诏可。

孝建二年正月庚寅，有司奏："今月十五日南郊。寻旧仪，庙祠至尊亲奉，以太尉亚献；南郊亲奉，以太常亚献。又庙祠行事之始，以酒灌地；送神则不灌。而郊初灌，同之于庙，送神又灌，议仪不同，于事有疑。辄下礼官详正。"太学博士王祀之议："案《周礼》，大宗伯'佐王保国，以吉礼事鬼神祇，禋祀昊天。'则今太常是也。以郊天，太常亚献。又《周礼》外宗云：'王后不与，则赞宗伯。'郑玄云：'后不与祭，宗伯摄其事。'又说云：'君执圭瓒祼尸，大宗伯执璋瓒亚献。'中代以来，后不庙祭，则应依礼大宗伯摄亚献也。而今以太尉亚献。郑注《礼·

月令》云：'三王有司马，无太尉。太尉，秦官也。'盖世代弥久，宗庙崇敬，摄后事重，故以上公亚献。"又议："履时之思，情深于霜露；室户之感，有怀于容声。不知神之所在，求之不以一处。郑注《仪礼》有司云，天子诸侯祭于祊而绎。绎又祭也。今庙祠阙送神之祼，将移祭于祊绎，明在于留神，未得而杀。礼郊庙祭殊，故灌送有异。"

太常丞朱膺之议："案《周礼》，大宗伯使掌典礼，以事神为上，职总祭祀，而昊天为首。今太常即宗伯也。又寻袁山松《汉·百官志》云：'郊祀之事，太尉掌亚献，光禄掌三献。太常每祭祀，先奏其礼仪及行事，掌赞天子。'无掌献事。如仪志，汉亚献之事，专由上司，不由秩宗贵官也。今宗庙太尉亚献，光禄三献，则汉仪也。又贺循制太尉由东南道升坛，明此官必预郊祭。古礼虽由宗伯，然世有因革，上司亚献，汉仪所行。愚谓郊祀礼重，宜同宗庙。且太常既掌赞天子，事不容兼。又寻灌事，《礼记》曰：'祭求诸阴阳之义也。殷人先求诸阳。'乐三阕然后迎牲。'则殷人后灌也。'周人先求诸阴'，'灌用郁，达于渊泉。既灌，然后迎牲。'则周人先灌也。此谓庙祭，非谓郊祠。案《周礼》天官：'凡祭祀赞王祼将之事。'郑注云：'祼者，灌也。唯人道宗庙有灌，天地大神至尊不灌。'而郊未始有灌，于礼未详。渊儒注义，炳然明审。谓今之有灌，相承为失，则宜无灌。"通关八座丞郎博士，并同膺之议。尚书令建平王宏重参议，谓膺之议为允。诏可。

大明二年正月丙午朔，有司奏："今月六日南郊，舆驾亲奉。至时或雨。魏世值雨，高堂隆谓应更用后辛。晋时既出遇雨，顾和亦议宜更告。徐禅云：'晋武之世，或用丙，或用己，或用庚。'使礼官议正并详。若得迁日，应更告庙与不？"博士王燮之议称："遇雨迁郊，则先代成议。《礼》传所记，辛日有征。《郊特牲》曰：'郊之用辛也，周之始郊日以至。'郑玄注曰：'三王之郊，一用夏正。用辛者，取其斋戒自新也。'又《月令》曰：'乃择元日，祈谷于上帝。'注曰：'元日，谓上辛。郊祭天也。'又《春秋》载郊有二，成十七年九月辛丑，郊。《公羊》曰：'曷用郊？用正月上辛。'哀元年四月辛巳，郊。《谷梁》曰：'自正月至于三月，郊之时也。以十二月下辛卜正月上辛，如不从，以正月下辛卜二月上辛；如不从，以二月下辛卜三月上辛。'以斯明之，则郊祭之礼，未有不用辛日者也。晋氏或丙、或戊、或己、或庚，并有别议。武帝以十二月丙寅南郊受禅，斯则不得用辛也。又泰始二年十一月己卯，始并圆丘方泽二之祀合于二郊。三年十一月庚寅冬至祠天，郊于圆丘。是犹用圆丘之礼，非专祈谷之祭，故又不得用辛也。今之郊飨，既行夏时，虽得迁却，谓宜犹必用辛也。徐禅所据，或为未宜。又案《郊特牲》曰：'受命于祖庙，作龟于祢宫。'郑玄注曰：'受命，谓告退而卜也。'则告义在郊，非为告日。今日虽有迁，而郊祀不异，愚谓不宜重告。"

曹郎朱膺之议："案先儒论郊，其议不一。《周礼》有冬至日圆丘之祭。《月令》孟春有祈谷于上帝。郑氏说，圆丘祀昊天上帝，以帝喾配，所谓禘也。祈谷祀五精之帝，以后稷配，所谓郊也。二祭异时，其神不同。诸儒云，圆丘之祭，以后稷配。取其所在，名之曰郊。以形体言之，谓之圆丘。名虽有二，其实一祭。晋武舍郑而从诸儒，是以郊用冬至日。既以至日，理无常辛。然则晋代中原不用辛日郊，如徐禅议也。江左以来，皆用正月，当以传云三王之郊，各以其正，晋不改正朔，行夏之时，故因以首岁，不以冬日，皆用上辛，近代成典也。夫祭之礼，'过时不举'。今在孟春，郊时未过，值雨迁日，于礼无违。既已告日，而以事不从，禋祀重敬，谓宜更告。高堂隆云：'九日南郊，十日北郊。'是为北郊可不以辛也。"尚书何偃议："郑玄注《礼记》，引《易》说三王之郊，一用夏正。《周礼》，凡国大事，多用正岁。《左传》又启蛰而郊。则郑之此说，诚有据矣。众家异议，或云三王各用其正郊天，此盖曲学之辩，于礼无取。固知《谷梁》三春皆可郊之月，真所谓肤浅也。然用辛之说，莫不必同。晋郊庚己，参差未见前征。愚谓宜从晋迁郊依礼用辛。燮之所受命作龟，知告不在日，学之密也。"右丞徐爰议以为："郊祀用辛，有碍迁日，礼官祠曹，考详已备。何偃据礼，不应重告，愚情所同。寻告郊亥辰，于今宜改，告事而已。次辛十日，居然展斋，养牲在涤，无缘三月。谓毛血告牷之后，虽有事碍，便应有司行事，不容迁郊。"众议不同。参议："宜依《经》，遇雨迁用后辛，不重告。若杀牲荐血之后值雨，则有司行事。"诏可。

明帝泰始二年十一月辛酉，诏曰："朕载新宝命，仍离多难，戎车遄驾，经略务殷，禋告虽备，弗获亲礼。今九服既康，百祀咸秩，宜聿遵前典，郊谒上帝。"有司奏检，未有先准。黄门侍郎徐爰议："虞称肆类，殷述昭告。盖以创世成功，德盛业远，开统肇基，必享上帝。汉、魏以来，聿遵斯典。高祖武皇帝克伐伪楚，晋安帝尚在江陵，即于京师告义功于郊兆。伏惟泰始应符，神武英断，王赫出讨，戎戒淹时，虽司奉弗亏，亲谒尚阙。谨寻晋武郊以二月，晋元禋以三月。有非常之庆，必有非常之典，不得拘以常祀，限以正月上辛。愚谓宜下史官，考择十一月嘉吉，车驾亲郊，奉谒昊天上帝，高祖武皇帝配飨。其余祔食，不关今祭。"尚书令建安王休仁等同爰议。参议为允，诏可。

泰始六年正月乙亥，诏曰："古礼王者每岁郊享，爰及明堂。自晋以来，间年一郊，明堂同日。质文详略，疏数有分。自今可间二年一郊，间岁一明堂。外可详议。"有司奏："前兼曹郎虞愿议：'郊祭宗祀，俱主天神，而同日殷荐，于义为黩。明诏使圆丘报功，三载一享。明堂配帝，间岁昭荐。详辰酌衷，实允懋典。'缘谘参议并同。曹郎王延秀重议：'改革之宜，实如圣旨。前虞愿议，盖是仰述而已，未显后例。谨寻自初郊间二载，明堂间一年，第二郊与第三明堂，还复同岁。愿谓自始郊明堂以后，宜各间二年。以斯相推，长得异岁。'通关八座，同延秀议。"后废帝元徽二年十月丁巳，有司奏郊祀明堂，还复同日，间年一修。

汉文帝初祭地祇于渭阳，以高帝配；武帝立后土社祠于汾阴，亦以高帝配。汉氏以太祖兼配天地，则未以后配地也。王莽作相，引《周礼》享先妣为配北郊。夏至祭后土，以高后配，自此始也。光武建武中，不立北郊，故后地之祇，常配食天坛，山川群望皆在营内，凡一千五百一十四神。中元年，建北郊，使司空冯鲂告高庙，以薄后代吕后配地。江左初，未立北坛，地祇众神，共在天郊也。

晋成帝立二郊，天郊则六十二神，五帝之佐、日月五星、二十八宿、文昌、北斗、三台、司命、轩辕、后土、太一、天一、太微、钩陈、北极、雨师、雷电、司空、风伯、老人六十二神也。地郊则四十四神，五岳、四望、四海、四渎、五湖、五帝之佐、沂山、岳山、白山、霍山、医无闾山、蒋山、松江、会稽山、钱唐江、先农凡四十四也。江南诸小山，盖江左所立，犹如汉西京关中小水，皆有祭秩也。二郊所秩，官有其注。

宋武帝永初三年九月，司空羡之、尚书令亮等奏曰："臣闻崇德明祀，百王之令典；宪章天人，自昔之所同。虽因革殊时，质文异世，所以本情笃教，其揆一也。伏惟高祖武皇帝允协灵祇，有命自天，弘日静之勤，立蒸民之极，帝迁明德，光宅八表，太和宣被，玄化遐通。陛下以圣哲嗣徽，道孚万国。祭礼久废，思光鸿烈，飨帝严亲，今实宜之。高祖武皇帝宜配天郊；至于地祇之配，虽礼无明文，先代旧章，每所因循，魏、晋故典，足为前式。谓武敬皇后宜配北郊。盖述怀以追孝，跻圣敬于无穷，对越两仪，允洽幽显者也。明年孟春，有事于二郊，请宣摄内外，详依旧典。"诏可。

晋武帝太康二年冬，有司奏："三年正月立春祠，时日尚寒，可有司行事。"诏曰："郊祀礼典所重，中间以军国多事，临时有所妨废，故每从奏可。自今方外事简，唯此为大，亲奉禋享，固常典也。"

成帝祠南郊，遇雨。侍中顾和启："宜还，更克日。"诏可。汉明帝据《月令》有五郊迎气服色之礼，因采元始中故事，兆五郊于洛阳，祭其帝与神，车服各顺方色。魏、晋依之。江左以来，未遑修建。

宋孝武大明五年四月庚子，诏曰："昔文德在周，明堂崇祀；高烈惟汉，汶邑斯尊。所以职祭罔督，气令斯正，鸿名称首，济世飞声。朕皇考太祖文皇帝功耀洞元，圣灵昭俗，内穆四门，仁济群品，外薄八荒，威憺殊俗，南脑劲越，西髓刚戎。裁礼兴稼穑之根，张乐协四气之纪。匡饰坟序，引无题之外，旌延宝臣，尽盛德之范。训深劭农，政高刑厝。万物棣通，百神荐祉。动协天度，下沿地德。故精纬上灵，动殖下瑞，诸侯轨道，河潇海夷。朕仰凭洪烈，入子万姓，皇天降祐，迄将一纪。思奉扬休德，永播无穷。便可详考姬典，经始明堂，宗祀先灵，式配上帝，诚敬克展，幽显咸秩。惟怀永元，感慕崩心。"

有司奏："伏寻明堂辟雍，制无定文，经记参差，传说乖舛。名儒通哲，各事所见，或以为名异实同，或以为名实皆异。自汉暨晋，莫之能辨。周书云，清庙明堂路寝同制。郑玄注《礼》，义生于斯。诸儒又云明堂在国之阳，丙巳之地，三里之内。至于室宇堂个、户牖达向，世代湮缅，难得该详。晋侍中裴頠，西都硕学，考详前载，未能制定。以为尊祖配天，其义明著，庙宇之制，理据未分，直可为殿，以崇严祀。其余杂碎，一皆除之。参详郑玄之注，差有准据；裴頠之奏，窃谓可安。国学之南，地实丙巳，爽垲平畅，足以营建。其墙宇规范，宜拟则太庙，唯十有二间，以应期数。依汉汶上图仪，设五帝位，太祖文皇帝对飨。祭皇天上帝，虽为差降，至于三载祫祀，理不容异。自郊徂宫，亦宜共日。《礼记》郊以特牲，《诗》称明堂羊牛，吉蠲虽同，质文殊典。且郊有燔柴，堂无瘗燎，则鼎俎笾篚，一依庙礼。班行百司，搜材简工，权置起部尚书，将作大匠，量物商程，克今秋缮立。"乃依頠议；但作大殿屋雕画而已，无古三十六户七十二牖之制。六年正月，南郊还，世祖亲奉明堂，祠祭五时之帝，以文皇帝配，是用郑玄议也。官有其注。

大明五年九月甲子，有司奏："南郊祭用三牛；庙四时祠六室用二牛。明堂肇建，祠五帝，太祖文皇帝配，未详祭用几牛？"太学博士司马兴之议："案郑玄注《礼记大传》：称'《孝经》郊祀后稷以配天，配灵威仰也。宗祀文王于明堂，以配上帝，配五帝也。'夫五帝司方，位殊功一，牲牢之用，理无差降。太祖文皇帝躬成天地，则道兼覆载；左右群生，则化洽四气。祖、宗之称，不足彰无穷之美；金石之音，未能播勋烈之盛。故明堂聿修，圣心所以昭玄极；泛配宗庙，先儒所以得礼情。愚管所见，谓宜用六牛。"博士虞龢议："祀帝之名虽五，而所生之实常一。五德之帝，迭有休王，各有所司，故有五室。宗祀所主，要随其王而飨焉。主一配一，合用二牛。"祠部郎颜奂议："祀之为义，并五帝以为言。帝虽云五，牲牢之用，谓不应过郊祭庙祀。宜用二牛。"

明帝泰始七年十月庚子，有司奏："来年正月十八日，祠明堂。寻旧南郊与明堂同日，并告太庙。未审今祀明堂，复告与不？"祠部郎王延秀议："案郑玄云：'郊者祭天之名，上帝者，天之别名也。神无二主，故明堂异处，以避后稷。'谨寻郊宗二祀，既名实同，至于应告，不容有异。"守尚书令袁粲等并同延秀议。

魏明帝世，中护军蒋济奏曰："夫帝王大礼，巡狩为先；昭祖扬祢，封禅为首。是以自古革命受符，未有不蹈梁父，登泰山，刊无竟之名，纪天人之际者也。故司马相如谓有文以来七十二君，或从所由于前，谨遗迹于后。太史公曰：'主上有圣明而不宣布，有司之过也。'然则元功懿德，不刊山、梁之石，无以显帝王之功，布生民不朽之观也。语曰，当君而叹尧、舜之美，譬犹人子对厥所生，誉他人之父。今大魏振拔王之弊乱，拯流遁之艰危，接千载之衰绪，继百世之废统。自武、文至于圣躬，所以参成天地之道，纲维人神之化，上天报应，嘉瑞显祥，以比往古，其优衍丰隆，无所取喻。至于历世迄今，未发大礼。虽志在扫尽残盗，荡涤余秽，未遑斯事。若尔，三苗堀强于江海，大舜当废东巡之仪；徐夷跳梁于淮、泗，周成当止岱岳之礼也。且昔岁破吴虏于江、汉，今兹屠蜀贼于陇右。其震荡内溃，在不复淹，就当探其窟穴，无累于封禅之事。此仪久废，非仓卒所定。宜下公卿，广纂其礼，卜年考时，昭告上帝，以副天下之望。臣待罪军旅，不胜大愿，冒死以闻。"诏曰："闻济斯言，使吾汗出流足。自开辟以来，封禅者七十余君尔。故太史公曰：'虽有受命之君，而功有不洽，是以中间旷远者，千有余年，近数百载。其仪阙不可得记。'吾何德之修，敢庶兹乎！济岂谓世无管仲，以吾有桓公登泰山之志乎？吾不敢欺天也。济之所言，华则华矣，非助我者也。公卿侍中、尚书、常侍省之而已。勿复有所议，亦不须答诏也。"帝虽拒济议，而实使高堂隆草封禅之仪。以天下未一，不欲便行大礼。会隆卒，故不行。

晋武帝平吴，混一区宇。太康元年九月庚寅，尚书令卫瓘、尚书左仆射山涛、魏舒、尚书刘寔、张华等奏曰："圣德隆茂，光被四表，诸夏乂清，幽荒率从。神策庙算，席卷吴越，孙皓稽颡，六合为家，巍巍之功，格于天地。宜同古典，勒封东岳，告三府太堂为仪制。"瓘等又奏："臣闻肇自生民，则有后辟，载祀之数，莫之能纪。立德济世，挥扬仁风，以登封泰山者七十有四家，其谥号可知者，十有四焉。沉沦寂寞，曾无遗声者，不可胜记。自黄帝以前，古传昧略，唐、虞以来，典谟炳著。三王代兴，体业继袭，周道既没，秦氏承之，至于汉、魏，而质文未复。大晋之德，始自重、黎，实佐颛顼。至于夏、商，世序天地，其在于周，不失其绪。金德将升，世济明圣，外平蜀汉，海内归心，武功之盛，实由文德。至于陛下受命践阼，弘建大业，群生仰流，唯独江湖沅湘之表，凶桀负固，历代不宾。神谋独断，命将出讨，兵威暂加，数旬荡定，羁其鲸鲵，赦其罪逆。云覆雨施，八方来同，声教所被，达于四极。虽黄轩之征，大禹远略，周之奕世，何以尚今。若夫玄石素文，底号前载，象以姓表，言以事告，《河图》、《洛书》之征，不是过也。加以驺虞麟趾，众瑞并臻。昔夏、殷以丕祟为祥，周武以乌鱼为美，咸曰休哉，然符瑞之应，备物之盛，未有若今之富者也。宜宣大典，礼中岳，封泰山，禅梁父，发德号，明至尊，享天休，笃黎庶，勒千载之表，播流后之声，俾百代之下，莫不兴起。斯帝王之盛业，天人之至望也。"诏曰："今逋寇虽殄，外则障塞有警，内则民黎未康，此盛德之事，所未议也。"

瓘等又奏："今东渐于海，西被流沙，大漠之阴，日南北户，莫不通属。茫茫禹迹，今实过之，则天人之道已周，巍巍之功已著。宜有事梁父，修礼地祇，登封泰山，致诚上帝，以答人神之愿。乞如前奏。"诏曰："今阴阳未和，政刑未当，百姓未得其所，岂可以勒功告成邪！"瓘又奏："臣闻处帝王之位者，必有历运之期，天命之应；济生民之大功者，必有盛德之容，告成之典。无不可诬，有不可让，自古道也。而明诏谦冲，屡辞其礼。虽盛德攸在，推而未居。夫三公职典天地，实掌民物，国之大事取议于此。汉氏封禅，非是官也，不在其事。臣等前奏，盖陈祖考之功，天命又应，陛下之德，合同四海，述古考今，宜循此礼。至于克定岁月，须五府上议，然后奏闻。请写诏及奏，如前下议。"诏曰："虽荡清江表，皆临事者之劳，何足以告成。方望群后，思隆大化，以宁区夏，百姓获乂，与之休息，此朕日夜之望。无所复下诸府矣。勿复为烦。"瓘等又奏："臣闻唐、虞二代，济世弘功之君，莫不仰答天心，俯协民志，登介丘，履梁父，未有辞焉者，盖不可让也。今陛下勋高百王，德无与二，茂绩宏规，巍巍之业，固非臣等所能究论。而圣旨劳谦，屡自抑损，时至弗应，推美不居，阙皇代之上仪，塞神祇之款望，使大晋之典谟，不同风于三、五。臣等诚不敢奉诏，请如前奏施行。"诏曰："方当共弘治道，以康庶绩，且俟他年，无复纷纭也。"

太康元年冬，王公有司又奏："自古圣明，光宅四海，封禅名山，著于史籍，作者七十四君矣。舜、禹之有天下，巡狩四岳，躬行其道。《易》著'观民省方'，《礼》有'升中于天'，《诗》颂'陟其高山'，皆载在方策。文王为西伯，以服事殷；周公以鲁蕃，列于诸侯，或享于岐山，或有事泰山。徒以圣德，犹得为其事。自是以来，功薄而僭其义者，不可胜言，号谥不泯，以至于今。况高祖宣皇帝肇开王业，海外有截；世宗景皇帝济以大功，辑宁区夏；太祖文皇帝受命造晋，荡定蜀汉；陛下应期龙兴，混壹六合，泽被群生，威震无外。昔汉氏失统，吴、蜀鼎峙，兵兴以来，近将百年。地险俗殊，民望绝塞，以为分外，其日久矣。大业之隆，重光四叶，不羁之寇，二世而平。非聪明神武，先天弗违，孰能巍巍其有成功若兹者欤！臣等幸以千载，得遭运会，亲奉大化，目睹太平，至公之美，谁与为让！宜祖述先朝，宪章古昔，勒功岱岳，登封告成，弘礼乐之制，正三雍之典，扬名万世，以显祖宗。是以不胜大愿，敢昧死以闻。请告太常具礼仪。"上复诏曰："所议诚前烈之盛事也；方今未可以尔。便报绝之。"

宋太祖在位长久，有意封禅。遣使履行泰山旧道，诏学士山谦之草封禅仪注。其后索虏南寇，六州荒毁，其意乃息。

世祖大明元年十一月戊申，太宰江夏王义恭表曰："惟皇天崇称大道，始行揖让。迄于有晋，虽聿修前绪，而迹沦言废，蔑记于竹素者，焉可单书。绍乾维，建徽号，流风声，被丝管，自无怀以来，可传而不朽者，七十有四君。冈仁厚而道灭，鲜义浇而德宣，钟律之先，旷世绵绝，难得而闻。《丘》、《索》著明者，尚有遗炳。故《易》称先天弗违，后天奉时。盖陶唐姚姒商姬之主，莫不由斯道也。是以风化大洽，光熙于后。炎汉二帝，亦雍纂则，因百姓之心，听舆人之颂，龙驾帝服，镂玉梁甫，昌言明称，告成上灵。况大宋表祥唐虞，受终素德，山龙启符，金玉显瑞，异采腾于轸墟，紫烟蔼于邦甸，锡冕兆九五之征，文豹赴天历之会。诚二祖之幽庆，圣后之冥休。道冠轩、尧，惠深亭毒；而犹执冲约，未言封禅之事，四海窃以怨焉。臣闻惟皇配极，惟帝祀天，故能上稽乾式，照临黔首，协和穹昊，膺兹多福。高祖武皇帝明并日月，光振八区，拯已溺之晋，济横流之世，拨乱宁民，应天受命，鸿徽洽于海表，威棱震乎沙外。太祖文皇帝体圣履仁，述业兴礼，正乐颂，作象历，明达通于神祇，玄泽被乎上下。仁孝命世，睿武英挺，遭运屯否，三才湮灭，乃龙飞五洲，凤翔九江，身先八百之期，断出人鬼之表，庆陶应高牙之律，风耀符发迹之辰，亲翦凶逆，躬清昏瘗，天地革始，夫妇更造，岂与彼承业继绪，拓复禹迹，车一其轨，书冈异文者，同年而议哉！今龙麟已至，凤皇已仪，比李已实，灵茅已茂，雕气降雾于宫树，珍露呈味于禁林，嘉禾积穗于殿甍，连理合干于园御，皆耀质离宫，植根兰囿。至夫霜毫玄文，素翮赪羽，泉河山岳之瑞，草木金石之祥，方畿憬涂之谒，抗驿绝祖之奏，彪炳杂沓，粤不可胜言。太平之应，兹焉富矣。宜其从天人之诚，遵先王之则，备万乘，整法驾，修封泰山，瘗玉岱趾，延乔、松于东序，诏韩、岐于西厢，麾天阍，使启关，谒紫宫，朝太一，奏《钧天》，咏《云门》，赞扬幽奥，超声前古，岂不盛哉！伏愿时命宗伯，具兹典度。"诏曰："太宰表如此。昔之盛王，永保鸿名，常为称首，由斯道矣。朕遭家多难，入纂绝业，德薄勋浅，鉴寐崩愧。顷麟凤表祯，茅禾兼瑞，虽符祥显见，恶乎犹深，庶仰述先志，拓清中宇，礼祇谒神，朕将试哉。"

四年四月辛亥，有司奏曰：

臣闻崇号建极，必观俗以树教；正位居体，必采世以立言。是以重代列圣，咸由厥道。玄勋上烈，融章未分，鸣光委绪，歇而罔藏。若其显谥略腾轨，则系声采，征略闻听。爰洎姬、汉，风流尚存，遗芬余荣，绵映纪纬。虽年绝世祀，代革精华，可得腾金彩，奏玉润，镂迹以熏今，镌德以丽远。而四埋禋歌之礼，日观弛修封之容，岂非神明之业难崇，功基之迹易泯。自兹以降，讫于季末，莫不欲英弘徽位，详固洪声。岂徒默默修文，渊幽驭世而已。谅以縢非虚奏，书匪妄025击雨恕神，淳荫复树，安得紫坛肃祇，竹宫载仁，散火投郊，流星奔座。宝纬初基，厌灵命历，德振弛维，功济沦象，玄浸纷流，华液幽润，规存永驭，思详树远。

太祖文皇帝以启遘泰运，景望震凝，采乐调风，集礼宜度，祖宗相映，轨迹重晖。圣上韫箓蕃河，伫翔衡汉，金波掩照，华耀停明，运动时来，跃飞风举，澄氛海、岱，开景中区，歇神还灵，颓天重耀，储正凝位于兼明，哀岳蕃华于元列。故以祥映昌基，系发箓素。重以班朝待典，饰令详仪，纂综沦芜，搜腾委逸，奏玉郊宫，禋珪玄畤，景集天庙，脉壤祥农，节至昕阳，川丘凤礼，纲威巡驰，表绥中甸，史流其咏，民挹其风。于是涵迹视阴，振声威响，历代之渠，沉□望内，安侯之长，贤王入侍，殊生诡气，奉俗还乡，羽族卉仪，怀音革状，边帛绝书，权光弛烛。天岱发灵，宗河开宝，崇丘沦鼎，振采泗渊，云皇王岳，离藻□汉，并角即音，栖翔禁御，衮甲霜味，翻舞川肆，荣泉流镜，后昭河源，故以波沸外关，云蒸内泽。若其雪趾青鹿，玄文朱彩，日月郊甸，择木弄音，重以荣露腾轩，萧云掩阁，镐颍孳萌，移华渊禁，山舆仵衡，云鹢竦翼，海鲽泳流，江茅吐荫。校书之列，仰笔以饰辞，济、代之蕃，献邑以待礼。岂非神縬气昌，物瑞云照，蒲轩龟轸，□泉淳芳。

太宰江夏王臣义恭咀道遵英，抽奇丽古，该润图史，施详闿载，表以功懋往初，德耀炎、昊，升文中岱，登牒天关，耀冠荣名，摘振声号。而道谦称首，礼以虚挹，将使玄祇缺观，幽瑞乖期，梁甫无盛德之容，介丘靡声闻之响。加穷泉之野，献八代之驷，交木之乡，奠绝金之楛，肃灵重表，珍符兼觌。伏惟陛下谟详渊载，衍属休章，依征圣灵，润色声业，诹辰稽古，肃齐警列，儒僚展采，礼

官相仪，悬蕤动音，洪钟竦节，阳路整卫，正途清禁。于是绩环佩，端玉藻，鸣凤伫律，腾驾流文，间彩比象之容，昭明纪数之服。徽焯天阵，容藻神行，翠盖怀阴，羽华列照。乃诏联事掌祭，宾客赞仪，金支宿县，铺石润响。命五神以相列，辟九关以集灵，警卫兵而开云，先雨祇以洒路。霞凝生阙，烟起成宫，台冠丹光，坛浮素霭。尔乃临中坛，备盛礼，天降祥锡，寿固皇根，谷动神音，山传称响。然后辨年问老，陈诗观俗，归荐告神，奉遣清庙。光美之盛，彰乎万古；渊祥之烈，溢乎无穷。岂不盛欤！

臣等生接昌辰，肃懋明世，束教管闻，未足言道。且章志湮微，代往沦绝，拘采遗文，辩明训诂□□□簉访邹、鲁，草縢书埋玉之礼，具竦石绳金之仪，和芝润瑛，镌玺乾封。惧弗轨属上徽，辉当王则。谨奉仪注以闻。

诏曰："天生神物，昔王称愧，况在寡德，敢当鸿贶。今文轨未一，可停此奏。"

汉献帝建安十八年五月，以河北十郡封魏武帝为魏公。是年七月，始建宗庙于邺，自以诸侯礼立五庙也。后虽进爵为王，无所改易。延康元年，文帝继王位。七月，追尊皇祖为太王，丁夫人曰太王后。黄初元年十一月受禅，又追尊太王曰太皇帝，皇考武王曰武皇帝。明帝太和三年六月，又追尊高祖大长秋曰高皇，夫人吴氏曰高皇后，并在邺庙庙所祠。则文帝之高祖处士、曾祖高皇、祖太皇帝共一庙。考太祖武皇帝特一庙百世不毁，然则所祠止于亲庙四室也。至明帝太和三年十一月，洛京庙成，则以亲尽迁处士主，置园邑，使令丞奉荐。而使行太傅太常韩暨、行太常宗正曹恪持节迎高皇以下神主共一庙，犹为四室而已。至景初元年六月，群公有司奏更定七庙之制，曰："大魏三圣相承，以成帝业。武皇帝肇建洪基，拨乱夷险，为魏太祖。文皇帝继天革命，应期受禅，为魏高祖。上集成大命，清定华夏，兴制礼乐，宜为魏烈祖。"更于太祖庙北为二祧，其左为文帝庙，号曰高祖，昭祧，其右拟明帝号曰烈祖，穆祧。三祖之庙，万世不毁，其余四庙，亲尽迭迁，一如周后稷、文、武庙祧之礼。孙盛《魏氏春秋》曰："夫谥以表行，庙以存容，皆于既殁然后著焉。所以原始要终，以示百世者也。未有当年而逆制祖宗，未终而豫自尊显。昔华乐以厚敛致讥，周人以豫凶违礼，魏之群司，于是乎失正矣。"

文帝甄后赐死，故不列庙。明帝即位，有司奏请追谥曰文昭皇后，使司空王朗持节奉策告祠于陵。三公又奏曰："自古周人始祖后稷，又特立庙以祀姜嫄。今文昭皇后之于后嗣，圣德至化，岂有量哉！夫以皇家世纪之尊，神灵迁化，而无寝庙以承享祀，非以报显德，昭孝敬也。稽之古制，宜依周礼，先妣别立寝庙。"奏可。以太和元年二月，立庙于邺。四月，洛邑初营宗庙，掘地得玉玺方一寸九分，其文曰："天子羡思慈亲。"明帝为之改容，以太牢告庙。至景初元年十二月己未，有司又奏文昭皇后立庙京师，永传享祀。乐舞与祖庙同，废邺庙。

魏文帝黄初二年六月，以洛京宗庙未成，乃祠武帝于建始殿，亲执馈奠如家人礼。何承天曰："案礼，将营宫室，宗庙为先。庶人无庙，故祭于寝。帝者行之，非礼甚

汉献帝延康元年七月，魏文帝幸谯，亲祠谯陵，此汉礼也。汉氏诸陵皆有园寝者，承秦所为也。说者以为古前庙后寝，以象人君前有朝后有寝也。庙以藏主，四时祭祀，寝有衣冠象生之具以荐新。秦始出寝起于墓侧，汉因弗改。陵上称寝殿，象生之具，古寝之意也。及魏武帝葬高陵，有司依汉，立陵上祭殿。至文帝黄初三年，乃诏曰："先帝躬履节俭，遗诏省约。子以述父为孝，臣以系事为忠。古不墓祭，皆设于庙。高陵上殿屋皆毁坏，车马还厩，衣服藏府，以从先帝俭德之志。"及文帝自作终制，又曰："寿陵无立寝殿，造园邑。"自后至今，陵寝遂绝。

孙权不立七庙，以父坚尝为长沙太守，长沙临湘县立坚庙而已。权既不亲祠，直是依后汉奉南顿故事，使太守祠也。坚庙又见尊曰始祖庙，而不在京师。又以民人所发吴芮家材为屋，未之前闻也。于建邺立兄长沙桓王策庙于朱爵桥南。权疾，太子所祷，即策庙也。权卒，子亮代立。明年正月，于宫东立权庙曰太祖庙，既不在宫南，又无昭穆之序。

及孙皓初立，追尊父和曰文皇帝。皓先封乌程侯，即改葬和于乌程西山，号曰明陵，置园邑二百家。于乌程立陵寝，使县令丞四时奉祠。宝鼎元年，遂于乌程分置吴兴郡，使太守执事。有司寻又言宜立庙京邑。宝鼎二年，遂更营建，号曰清庙。遣守丞相孟仁、太常姚信等备官僚中军步骑，以灵舆法驾迎神主于明陵，亲引仁拜送于庭。比仁还，中吏手诏日夜相继，奉问神灵起居动止。巫觋言见和被服颜色如平日，皓悲喜，悉召公卿尚书诣阁下受赐。灵舆当至，使丞相陆凯奉三牲祭于近郊。皓于金城外露宿。明日，望拜于东门之外，又拜庙荐飨。比七日，三祭，倡伎昼夜娱乐。有司奏："'祭不欲数，数则黩'，宜以礼断情。"然后止。

刘备章武元年四月，建尊号于成都。是月，立宗庙，袷祭高祖已下。备绍世而起，亦未辨继何帝为祢，亦无祖宗之号。刘禅面缚，北地王谌哭于昭烈之庙，此则备庙别立也。

魏元帝咸熙元年，增封晋文帝进爵为王，追命舞阳宣文侯为宣王，忠武侯为晋景王。是年八月，文帝崩，谥曰文王。武帝泰始元年十二月丙寅，受禅。丁卯，追尊皇祖宣王为宣皇帝，伯考景王为景皇帝，考文王为文皇帝，宣王妃张氏为宣穆皇后，景王夫人羊氏为景皇后。二年正月，有司奏天子七庙，宜如礼营建。帝重其役，诏宜权立一庙。于是君臣奏议："上古清庙一宫，尊远神祇，逮至周室，制为七庙，以辨宗祧。圣旨深弘，远迹上世，敦崇唐、虞。舍七庙之繁华，遵一宫之尊远。昔舜承尧禅，遂陟帝位，盖三十载，月正元日，又格于文祖。此则虞氏不改唐庙，因仍旧宫。可依有虞氏故事，即用魏庙。"奏可。于是追祭征西将军、豫章府君、颍川府君、京兆府君，与宣皇帝、景皇帝、文皇帝为三昭三穆。是时宣皇未升，太祖虚位，所以祠六世与景帝为七庙，其礼则据王肃说也。七月，又诏曰："主者前奏就魏旧庙，诚亦有准。然于祇奉神明，情犹未安。宜更营造，崇正永制。"于

是改创宗庙。十一月，追尊景帝夫人夏侯氏为景怀皇后。

太康元年，灵寿公主修丽祔于太庙，周、汉未有其准。魏明帝则别立庙，晋又异魏也。六月，因庙陷当改治。群臣又议奏曰："古者七庙异所，自宜如礼。"诏曰："古虽七庙，自近代以来，皆一庙七室，于礼无废，于情为叙，亦随时之宜也。其便仍旧。"至十年，乃更改筑于宣阳门内，穷壮极丽。然坎位之制，犹如初尔。庙成，帝率百官迁神主于新庙，自征西以下，车服导从，皆如帝者之仪。挚虞之议也。至世祖武皇帝崩，则迁征西；及惠帝崩，又迁豫章。而惠帝世，愍怀太子、太子二子哀太孙臧、冲太孙尚并祔庙。元帝世，怀帝殇太子又祔庙，号为阴室四殇。怀帝初，又策谥武帝杨后曰武悼皇后，改葬峻阳陵侧。别立弘训宫，不列于庙。元帝既即尊位，上继武帝，于礼为祢，如汉光武上继元帝故事也。是时西京神主埋灭虏庭，江左建庙，皆更新造。寻以登怀帝之主，又迁颍川。位虽七室，其实五世，盖从刁协，以兄弟为世数故也。于时百度草创，旧礼未备，三祖毁主，权居别室。太兴三年，将登愍帝之主，于是乃定更制，还复豫章、颍川二主于昭穆之位，以同惠帝嗣武帝故事；而惠、怀、愍三帝自从《春秋》尊尊之义，在庙不替也。至元帝崩，则豫章复迁。然元帝神位，犹在愍帝之下，故有坎室者十也。至明帝崩，而颍川又迁，犹十室也。于时续广太庙，故三迁主并还西储，名之曰祧，以准远庙。

成帝咸和三年，苏峻覆乱京都，温峤等入伐，立行庙于白石，告先帝先后曰："逆臣苏峻，倾覆社稷，毁弃三正，污辱海内。臣亮等手刃戎首，衅行天罚。惟中宗元皇帝、肃祖明皇帝、明穆皇后之灵，降鉴有罪，剿绝其命，靡此群凶，以安宗祀。臣等虽陨首摧躯，犹生之年。"咸康七年五月，始作武悼皇后神主，祔于庙，配飨世祖。成帝崩而康帝承统，以兄弟一世，故不迁京兆，始十一室也。康帝崩，京兆迁入西储，同谓之祧，如前三祖迁主之礼。故正室犹十一也。穆帝崩而哀帝、海西并为兄弟，无所登降。咸安之初，简文皇帝上继元皇帝，世秩登进。于是颍川、京兆二主，复还昭穆之位。至简文崩，颍川又迁。孝武皇帝太元十六年，改作太庙，殿正室十六间，东西储各一间，合十八间。栋高八丈四尺，堂基长三十九丈一尺，广十丈一尺。堂集方石，庭以砖。尊备法驾，迁神主于行庙。征西至京兆四主，及太子太孙，各用其位之仪服。四主不从帝者之仪，是与太康异也。诸主既入庙，设脯醢之奠。及新庙成，帝主还室，又设脯醢之奠。十九年二月，追尊简文母会稽太妃郑氏为简文皇宣太后，立庙太庙道西。及孝武崩，京兆又迁，如穆帝之世四祧故事。安帝隆安四年，以孝武母简文李太后、帝母宣德陈太后祔于宣郑太后之庙。

元兴三年三月，宗庙神主在寻阳，已立新主于太庙，权告义事。四月，辅国将军何无忌奉送神主还。丙子，百官拜迎于石头。戊寅，入庙。安帝崩，未及祔，而天禄终焉。

宋武帝初受晋命为宋王，建宗庙于彭城，依魏、晋故事，立一庙。初祠高祖开封府君、曾祖武原府君、皇祖东

安府君、皇考处士府君、武敬臧后，从诸侯五庙之礼也。既即尊位，及增祠七世右北平府君、六世相国掾府君为七庙。永初元，追尊皇考处士为孝穆皇帝，皇妣赵氏为穆皇后。三年，孝懿萧皇后崩，又祔庙。高祖崩，神主升庙，犹从昭穆之序，如魏、晋之制，虚太祖之位。庙殿亦不改构，又如晋初之因魏也。文帝元嘉初，追尊所生胡婕妤为章皇太后，立庙西晋宣太后地。孝武昭太后、明帝宣太后并祔章太后庙。

晋元帝太兴三年正月乙卯，诏曰："吾虽上继世祖，然于怀、愍皇帝，皆北面称臣。今祠太庙，不亲执觞酌，而令有司行事，于情礼不安。可依礼更处。"太常华恒议："今圣上继武皇帝，宜准汉世祖故事，不亲执觞爵。"又曰："今上承继武帝，而庙之昭穆，四世而已。前太常贺循、博士傅纯以为惠、怀及愍宜别立庙。然臣愚谓庙室当以客主为限，无拘常数。殷世有二祖三宗，若拘七室，则当祭祢而已。推此论之，宜还复豫章、颍川，全祠七庙之礼。"骠骑长史温峤议："凡言兄弟不相入庙，既非礼文。且光武奋剑振起，不策名于孝平，豫神其事，以应九世之谶；又古不共庙，故别立焉。今上以策名而言，殊于光武之事，躬奉烝尝，于经既正，于情又安矣。太常恒欲还二府君以全七世，峤谓是宜。"骠骑将军王导从峤议。峤又曰："其非子者，可直言皇帝敢告某皇帝。又若以一帝为一世，则不祭祢，反不及庶人。"于是帝从峤议，悉施用之。孙盛《晋春秋》曰："《阳秋传》云，'臣子一例也'。虽继君位，不以后尊，降废前敬。昔鲁僖上嗣庄公，以友于长幼而升之，为逆。准之古义，明诏是也。"

穆帝永和二年七月，有司奏："十月殷祭，京兆府君当迁祧室。昔征西、豫章、颍川三府君毁主，中兴之初，权居天府，在庙门之西。咸康中，太常冯怀表续奉还于西储夹室，谓之为祧，疑亦非礼。今京兆迁入，是为四世远祖，长在太祖之上。昔周室太祖未迁，故迁有所归。今晋庙宣皇为主，而四祖居之，是屈祖就孙也。殷祫在上，是代太祖也。"领司徒蔡谟议："四府君宜改筑别室，若未展者，当入就太庙之室。人莫敢卑其祖，文、武不先不窋。殷祭之日，征西东面，处宣皇之上。其后迁庙之主，藏于征西之祧，祭荐不绝。"护军将军冯怀表议："《礼》，'无庙者，为坛以祭'。可别立室藏之，至殷禘，则祭于坛也。"辅国将军谯王司马无忌等议："诸儒谓太王王季迁主藏于文、武之祧，如此，府君迁主，宜在宣皇帝庙中。然今无寝室，宜变通而改筑。又殷祫太庙，征西东面。"尚书郎孙绰与无忌议同，曰："太祖虽位始九五，而道以从畅，赞人爵之尊，笃天伦之道，所以成教本而光百代也。"尚书郎徐禅议："《礼》，'去祧为坛，去坛为墠，岁祫则祭之'。今四祖迁主，可藏之石室。有祷则祭于坛墠。"又遣禅至会稽访处士虞喜。喜答曰："汉世韦玄成等以毁主瘗于园。魏朝议者云应埋两阶之间。且神主本在太庙，若今别室而祭，则不如永藏。又四祖无追号之礼，益明应毁而无祭。"于是抚军将军会稽司马昱、尚书刘劭等奏："四祖同居西祧，藏主石室，禘祫乃祭，如先朝旧仪。"时陈留范宣兄子问此礼。宣答曰："舜庙所祭，皆是庶人。其后世远而毁，不居舜上，不序昭穆。今四君号犹依本，非以功德致礼也。若依虞主之瘗，则犹藏子孙之所；若依夏主之埋，则又非本庙之阶。宜思其变，别筑一室，亲未尽则禘祫，处宣帝之上；亲尽则无缘下就子孙之列。"其后太常刘遐等同蔡谟议。博士张凭议："或疑陈于太祖者，皆其后毁之主。凭案古义，无别前后之文也。禹不先鲧，则迁主居太祖之上，亦可无疑矣。"

安帝义熙九年四月，将殷祭，诏博议迁毁之礼。大司马琅邪王司马德文议："泰始之初，虚太祖之位，而缘情流远，上及征西，故世尽则宜毁，而宣皇帝正太祖之位。又汉光武帝移十一帝主于洛邑，则毁主不没，理可推矣。宜从范宣之言，筑别室以居四府君之主，永藏而不祀也。"大司农徐广议："四府君尝处庙室之首，歆率土之祭。若埋之幽壤，于情理未必咸尽。谓可迁藏西储，以为远祧，而禘飨永绝也。"太尉谘议参军袁豹议："仍旧无革。殷祠犹及四府君，情理为允。"祠部郎臧焘议："四府君之主，享祀礼废，则亦神所不依。宜同虞主之瘗埋矣。"时高祖辅晋，与大司马议同。须后殷祀行事改制。

晋孝武帝太元十二年五月壬戌，诏曰："昔建太庙，每事从俭约，思与率土，致力备礼。又太祖虚位，明堂未建。郊祀，国之大事，而稽古之制阙然。便可详议。"祠部郎徐邈议："圆丘郊祀，经典无二，宣皇帝尝辨斯义。而检以圣典，爰及中兴，备加研极，以定南北二郊，诚非异学所可轻改也。谓仍旧为安。武皇帝建庙，六世三昭三穆，宣皇帝创基之主，实惟太祖，亲则王考，四庙在上，未及迁世，故权虚东向之位也。兄弟相及，义非二世，故当今庙祀，世数未足，而欲太祖正位，则违事七之义矣。又《礼》曰'庶子王亦禘祖立庙'。盖谓支胤授位，则亲近必复。京兆府君于今六世，宜复立此室，则宣皇未在六世之上，须前世既迁，乃太祖位定尔。京兆迁毁，宜藏主于石室。虽禘祫犹弗及。何者？传称毁主升合乎太祖，升者自下之名，不谓可降尊就卑也。太子太孙阴室四主，储嗣之重，升祔皇祖所配之庙，世远应迁，然后从食之孙，与之俱毁。明堂圆方之制，纲领已举，不宜阙配帝之祀。且王者以天下为家，未必一邦，故周平、光武无废于二京也。周公宗祀文王，汉明配以世祖，自非惟新之考，孰配上帝。"邈又曰："明堂所配之神，积疑莫辨。按《易》，'殷荐上帝，以配祖考'。祖考同配，则上帝亦为天，而严父之义显。《周礼》，旅上帝者有故，告天与郊祀常礼同用四圭，故并言之。若上帝者五帝，经文何不言祀天旅五帝，祀地旅四望乎？人帝之与天帝，虽天人之通谓，然五方不可言上帝，诸侯不可言大君也。书无全证，而义容彼此，故太始、太康二纪之间，兴废迭用矣。"侍中车胤议同。又曰："明堂之制，既其难详。且乐主于和，礼主于敬，故质文不同，音器亦殊。既茅茨广厦，不一其度，何必守其形范，而不知弘本顺民乎！九服咸宁，河朔无尘，然后明堂辟雍，可崇而修之。"中书令王珉意与胤同。太常孔汪议："太始开元，所以上祭四府君，诚以世数尚近，可得飨祠，非若殷、周先世，王迹所因也。向使京兆尔时在七世之外，自当不祭此四王。推此知既毁之后，则殷禘所绝矣。"吏部郎王忱议："明堂则天象地,仪观之大,宜俟皇居反旧,然后修之。"骠骑将军会稽王司马道子、尚书令谢石意同忱议,于是奉行,一无所改。

晋安帝义熙二年六月,白衣领尚书左仆射孔安国启云："元兴三年夏,应殷祠。昔年三月,皇舆旋轸。其年四月,便应殷,而太常博士徐乾等议云:'应用孟秋。'台寻校自太和四年相承皆用冬夏,乾等既伏应孟冬,回复追明孟秋非失。御史中丞范泰议:'今虽既祔之后,得以烝尝,而无殷荐之比。太元二十一年十月应殷,烈宗以其年九月崩。至隆安三年,国家大吉,乃修殷事。又礼有丧则废吉祭,祭新主于寝。今不设別寝,既祔,祭于庙。故四时烝尝,以寄追远之思,三年一禘,以习昭穆之序,义本各异。三年丧毕,则合食太祖,遇时则殷,无取于限三十月也。当是内台常以限月成旧。'就如所言,有丧可殷。隆安之初,果以丧而废矣。月数少多,复迟速失中。至于应寝而修,意所未譬。"安国又启:"范泰云:'今既祔,遂祭于庙,故四时烝尝。'如泰此言,殷与烝尝,其本不同。既祔之后,可亲烝尝而不得亲殷也。太常刘瑾云:'章后丧未一周,不应祭。'臣寻升平五年五月,穆皇帝崩,其年七月,山陵,十月,殷。兴宁三年二月,哀皇帝崩,太和元年五月,海西夫人庾氏薨,时为皇后,七月,葬,十月,殷。此在哀皇再周之内,庾夫人既葬之后,二殷策文见在庙。又文皇太后以隆安四年七月崩,陛下追述先旨,躬服重制,五年十月,殷。再周之内,不以废事。今以小君之哀,而泰更谓不得行大礼。臣寻永和十年至今五十余载,用三十月辄殷,皆见于注记,是依礼,五年再殷。而泰所言,非真难臣,乃以圣朝所用,迟速失中。泰为宪司,自应明审是非,群臣所召不允,即当责失奏弹,而督堕稽停,遂非忘旧。请免泰、瑾官。"丁巳,诏皆白衣领职。于是博士徐乾皆免官。

初,元兴三年四月,不得殷祠进用十月,计常限,则义熙三年冬又当殷;若更起端,则应用来年四月。领司徒王谧、丹阳尹孟昶议:"有非常之庆,必有非常之礼。殷祭旧准不差,盖施于经常尔。至于义熙之庆,经古莫二,虽曰旋幸,理同受命。愚谓理运惟新,于是乎始。宜用四月。"中领军谢混、太常刘瑾议:"殷无定日,考时致敬,且礼意尚简。去年十月祠,虽于日有差,而情典允备,宜仍以为正。"太学博士徐乾议:"三年一祫,五年一禘,经传记籍,不见补殷之文。"员外散骑侍郎领著作郎徐广议:"寻先事,海西公泰和六年十月,殷祠。孝武皇帝宁康二年十月,殷祠。若依常去前三十月,则应用四月也。于时盖当有故,而迁在冬,但未详其事。太元元年十月殷祠,依常三十月,则应用二年四月也。是追计辛未岁十月,来合六十月而再殷。何邵甫注《公羊传》云,祫从先君来,积数为限。'自僖八年文二年,知为祫祭'。如此,履端居始,承源成流,领会之节,远因宗本也。昔年有故推迁,非其常度。宁康、太元前事叵依。虽年有旷近之异,然追计之理同矣。愚谓从复常次之,以推归正之道也。"左丞刘润之等议:"太元元年四月应殷,而礼官堕失,建用十月。本非正期,不应即以失为始也。宜以反初四月为始。

当用三年十月。"尚书奏从王谧议,以元年十月为始也。

宋孝武帝孝建元年十二月戊子,有司奏:"依旧今元年十月是殷祠之月,领曹郎范泰参议,依永初三年例,须再周之外殷祭。寻祭再周来二年三月,若以四月殷,则犹在禫内。"下礼官议正。国子助教苏玮生议:"案《礼》,三年丧毕,然后祫于太祖。又云'三年不祭,唯天地社稷,越绋行事'。且不禫即祭,见讥《春秋》。求之古礼,丧服未终,固无祼享之义。自汉文以来,一从权制,宗庙朝聘,莫不皆吉。虽祥禫空存,无缞绋之变,烝尝荐祀,不异平日。殷祠礼既弗殊,岂独以心忧为碍。"太学博士徐宏议:"三年之丧,虽从权制,再周祥变,犹服缟素,未为纯吉,无容以祭。谓来四月,未宜便殷,十月则允。"太常丞臣朱膺之议:"《虞礼》云:'中月而禫,是月也吉祭,犹未配。'谓二十七月既禫祭,当四时之祭日,则未以其妃配,哀未忘也。推此而言,未禫不得祭也。又《春秋》闵公二年,吉禘于庄公。郑玄云:'闵公心惧于难,务自尊成以厌其祸,凡二十二月而除丧,又不禫。'云又不禫,明禫内不得禘也。案王肃等言于魏朝云,今权宜存古礼,俟毕三年。旧说三年丧毕,遇禘则禘,遇祫则祫。郑玄云:'禘以孟夏,祫以孟秋。'今相承用十月。如宏所上《公羊》之文,如为有疑,亦以鲁闵设服,因言丧之纪制尔。何必全许素冠可吉禘。纵《公羊》异说,官以礼为正,亦求量宜。"郎中周景远参议:"永初三年九月十日奏傅亮议:'权制即吉,御世宜尔。宗庙大礼,宜依古典。'则是皇宋开代成准。谓博士徐宏、太常丞朱膺之议用来年十月殷祠为允。"诏可。

宋殷祭皆即吉乃行。大明七年二月辛亥,有司奏:"四月应殷祠,若事中未得为,得用孟秋与不?"领军长史周景远议:"案《礼记》云:'天子祫禘祫尝祫烝。'依如礼文,则夏秋冬三时皆殷,不唯用冬夏。晋义熙初,仆射孔安国启议,自泰和四年相承殷祭,皆用冬夏。安国又启,永和十年至今五十余年,用三十月辄殷祠。博士徐乾据《礼》难安国。乾又引咸康六年七月殷祠,是不专用冬夏。于时晋朝虽不从乾议,然乾据礼及咸康故事,安国无以夺之。今若以来四月未得殷祠,迁用孟秋,于礼无违。参议据礼有证,谓用孟秋为允。"诏可。

晋武帝咸宁五年十一月己酉,弘训羊太后崩,宗庙废一时之祀,天地明堂去乐,且不上胙。升平五年十月己卯,殷祠,以穆帝崩后,不作乐。初,永嘉中,散骑常侍江统议曰:"《阳秋》之义,去乐卒事。"是为吉祭有废乐也,故升平末行之。其后太常江逌表:"穆帝山陵之后十月殷祭,从太常丘夷等议,撤乐。遒寻详今行汉制,无特祀之别。既入庙吉禘,何疑于乐。"

史臣曰:闻乐不怡,故申情于过密。至于谅闇夺服,虑政事之荒废,是以乘权通以设变,量轻重而降屈。若夫奏音之与寝声,非有损益于机务,纵复以疑十两端,固宜缘恩而从戚矣。宋世国有故,庙祠皆悬而不乐。

卷十七　　　　　　志第七

礼　四

宋文帝元嘉三年五月庚午，以诛徐羡之等，仇耻已雪，币告太庙。元嘉三年十二月甲寅，西征谢晦，告太庙、太社。晦平，车驾旋轸，又告。

元嘉六年七月，太学博士徐道娱上议曰："伏见太庙烝尝仪注，皇帝行事毕，出便坐，三公已上献，太祝送神于门，然后至尊还拜，百官赞拜，乃退。谨寻清庙之道，所以肃安神也。《礼》曰，庙者，貌也；神灵所冯依也。事亡如存，若常在也。既不应有送神之文，自陈豆荐俎，车驾至止，并弗奉迎。夫不迎而送，送而后辞，暗短之情，实用未达。按时人私祠，诚皆迎送，由于无庙，庶感降来格。因心立意，非王者之礼也。《仪礼》虽太祝迎尸于门，此乃延尸之仪，岂是敬神之典！恐于礼有疑。谨以议上。"有司奏下礼官详判。

博士江邃议："在始不逆，明在庙也；卒事而送，节孝思也。若不送而辞，是舍亲也；辞而后送，是遣神也。故孝子不忍违其亲，又不忍遣神。是以祝史送神以成烝尝之义。"博士贺道期议："乐以迎来，哀以送往。《祭统》'迎牲而不迎尸'。《诗》云：'钟鼓送尸。'郑云：'尸，神象也。'与今仪注不迎而后送，若合符契。"博士荀万秋议："古之事尸，与今之事神，其义一也。周礼，尸出，送于庙门，拜，尸不顾。《诗》云：'钟鼓送尸。'则送神之义，其来久矣。《记》曰：'迎牲而不迎尸，别嫌也。尸在门外，则疑于臣；入庙中，则全于君。君在门外，则疑于君；入庙，则全于臣。是故不出者，明君臣之义。'"邃等三人谓旧仪为是，唯博士陈珉同道娱议。参详："邃等议虽未尽，然皆依拟经礼。道娱、珉所据难从。今众议不一，宜遵旧体"。诏可。

元嘉六年九月，太学博士徐道娱上议曰："祠部下十月三日殷祠，十二日烝祀。谨按禘祫之礼，三年一，五年再。《公羊》所谓五年再殷祭也。在四时之间，《周礼》所谓凡四时之间祀也。盖历岁节月无定，天子诸侯，先后弗同。《礼》称'天子祫尝，诸侯烝祫。有田则祭，无田则荐'。郑注：'天子先祫然后时祭，诸侯先禁然后祫。有田者既祭又荐新。祭以首时，荐以仲月。'然则大祭四祀，其月各异。天子以孟月殷，仲月烝，诸侯孟月尝，仲月祫也。《春秋》僖公八年秋七月，禘。文公二年八月，大事于太庙。《谷梁传》曰：'著祫尝已。'昭公十五年二月，'有事于武宫'。《左传》曰：'礼也。'又《周礼》'仲冬享烝'。《月令》'季秋尝稻'。晋春烝曲沃，齐十月尝太公，此并孟仲区别不共之明文矣。凡祭必先卜，日用丁巳，如不从，进卜远日。卜未吉，岂容二事，推期而往，理尤可知。寻殷烝祀重，祭荐礼轻。轻尚异月，重宁反同。且

'祭不欲数，数则渎'。今隔旬频享，恐于礼为烦。自经纬坟诰，都无一月两献。先儒旧说，皆云殊朔。晋代相承，未审其原。国事之重，莫大乎祀。愚管肤浅，窃以惟疑。请详告下议。"寝不报。

元嘉七年四月乙丑，有司奏曰："《礼·丧服》传云：'有死于宫中者，则为之三月不举祭。'今祔祀既戒，而掖庭有故。下太常依礼详正。太学博士江邃、袁朗、徐道娱、陈珉议，参互不同。殿中曹郎中领祠部谢元议以为：'遵依《礼》传，使有司行事，于义为安。'辄重参详。宗庙敬重，飨祀精明。虽圣情罔极，必在亲奉。然苟曰有疑，则情以礼屈。无所称述，于义有据。请听如元所上。"诏可。

元嘉十年十二月癸酉，太祝令徐闰刺署："典宗庙社稷祠祀荐五牲，牛羊豕鸡并用雄。其一种市买，由来送雌。窃闻周景王时，宾起见雄鸡自断其尾，曰：'鸡惮牺，不详。'今何以用雌，求下礼官详正。"勒太学依礼详据。博士徐道娱等称称："案《礼》孟春之月，'是月也，牺牲无用牝'。如此，是春月不用雌尔，秋冬无禁。雄鸡断尾，自可是春月。"太常丞司马操议："寻《月令》孟春'命祀山林川泽，牺牲无用牝。'若如学议，春祠三牲以下，便应一时俱改，以从《月令》，何以偏在一鸡。"重更勒太学议答。博士徐道娱等又议称："凡宗祀牲牝不一，前惟《月令》不用牝者，盖明在春必雄，秋冬可雌，非以山林同宗庙也。四牲不改，在鸡偏异，相承未久，义或有由，诚非末学所能详究。求详议告报，如所称令。"参详闰所称粗有证据，宜如所上。自今改用雄鸡。

孝武帝孝建三年五月丁巳，诏以第四皇子出绍江夏王太子睿为后。有司奏："皇子出后，检未有告庙先例，辄勒二学礼官议正，应告与不？告者为告几室？"太学博士傅休议："礼无皇子出后告庙明文。晋太康四年，封北海王寔绍广汉殇王后，告于太庙。汉初帝各异庙，故告不必同。自汉明帝以来，乃共堂各室，魏、晋依之。今既共堂，若独告一室，而阙诸室，则于情未安。"太常丞庾亮之议："案《礼》，'大事则告祖祢，小事则特告祢'。今皇子出嗣，宜告祢庙。"祠部朱膺之议以为："有事告庙，盖国之常典。今皇子出绍，事非常均，愚以为宜告。贺循云，古礼异庙，唯谒一室是也。既皆共庙，而阙于诸帝，于情未安。谓循言为允，宜在皆告。"兼右丞殿中郎徐爰议以为："国之大事，必告祖祢。皇子出嗣，不得谓小。昔第五皇子承统庐陵，备告七庙。"参议以爰议为允，诏可。

大明元年六月己卯朔，诏以前太子步兵校尉祗男歆绍南丰王朗。有司奏："朗先嗣营阳，告庙临轩。检继体为旧，不告庙临轩。"下礼官议正。太学博士王燮之议："南丰昔别开土宇，以绍营阳，义同始封，故有临轩告庙之礼。今歆奉诏出嗣，则成继体，先爵犹存，事是传袭，不应告庙临轩。"祠部郎朱膺之议："南丰王嗣爵封已绝，圣恩垂矜，特诏继茅土，复申义同始封，为之告庙临轩。"殿中郎徐爰议："营阳继体皇基，身亡封绝，恩诏追封，锡以一城。既始启建茅土，故宜临轩告庙。今歆继后南丰，彼此俱为列国，长沙、南丰，自应各告其祖，岂关太庙？

事非始封，不合临轩。同博士王燮之议。"参详，爰议为允，诏可。

大明三年六月乙丑，有司奏："来七月十五日，尝祠太庙，章皇太后庙，舆驾亲奉。而乘舆辞庙亲戎，太子合亲祠与不？且今月二十四日，第八皇女夭。案《礼》，'宫中有故，三月不举祭'。皇太子入住上宫，于事有疑。"下礼官议正。太学博士司马兴之议："窃惟'国之大事，在祀与戎'。皇太子有抚军之道，而无专御之义，戎既如之，祀亦宜然。案《祭统》，'夫祭之道，孙为王父尸'。又云，'祭有昭穆，所以别父子'。太子监国，虽不摄，至于宗庙，则昭穆实存，谓事不可乱。又云，'有故则使人'。准此二三，太子无奉祀之道。又皇女夭札，则实同宫一体之哀，理不得异。设令得祀，令犹无亲奉之义。"博士郁议："案《春秋》，太子奉社稷之粢盛，长子主器，出可守宗庙，以为祭主，《易象》明文。监国之重，居然亲祭。皇女夭札，时既同宫，三月废祭，于礼宜停。"二议不同。尚书参议，宜以郁议为允。诏可。

太明三年十一月乙丑朔，有司奏："四时庙祠，吉日已定，遇雨及举哀，旧停亲奉，以有司行事。先下使礼官博议，于礼为得迁日与不？"博士江长议："《礼记·祭统》：'君之祭也，有故则使人，而君不失其仪。'郑玄云：'君虽不亲，祭礼无阙，君德不损。'愚以为有故则必使人者，明无迁移之文。苟有司充事，谓不宜改日。"太常丞陆澄议："案《周礼》宗伯之职，'若王不与祭祀则摄位'。郑君曰：'王有故，行其祭事也。'臣以为此谓在致斋，祭事尽备，神不可渎，斋不可久，而王有他故，则使有司摄焉。晋泰始七年四月，世祖将亲祠于太庙。庚戌，车驾夕牲。辛亥，雨，有司行事。此虽非人故，盖亦天祲也。求之古礼，未乖周制。案《礼记》，'孔子答曾子，当祭而日蚀太庙火，如牲至未杀，则废'。然则祭非无可废之道也，但权所为之轻重耳。日蚀庙火，变之甚者，故乃牲至尚犹可废。推此而降，可以理寻。今散斋之内，未及致斋，而有轻哀甚雨，日时展事，可以延敬。不愆义情，无伤正典，改择令日，夫何可疑。愚谓散斋之中有举哀甚雨，可更迁日。唯入致斋及日月逼晚者，乃使有司行事耳。又前代司空顾和启，南郊车驾已出遇雨，宜迁日更郊，事见施用。郊之与庙，其敬可均，至日犹迁，况散斋邪！"殿中郎殷淡议："《曾子问》'日蚀太庙火，牲未杀则废'。纵有故则使人。清庙敬重，庙禘礼大，故庙焚日蚀，许以不迁；轻哀微故，事不合改。是以鼷鼠食牛，改卜更礼。晋世祖有司行事，顾司空之改郊月，既不见其当时之宜，此不足为准。愚谓日蚀庙火，天谴之变，乃可迁日。至于举哀小故，不宜改辰。"众议不同。参议，既有理据，且晋氏迁郊，宋初迁祠，并有成准。谓孟月散斋之中，遇雨及举哀，宜择吉更迁，无定限数。唯入致斋及侵仲月节者，使有司行事。诏可。

大明五年十月甲寅，有司奏："今月八日烝祠二庙，公卿行事。有皇太子献妃服。"前太常丞庾蔚之议："礼所以有丧废祭，由祭必有乐。皇太子以元嫡之重，故主上服妃，不以尊降。既正服大功，愚谓不应祭。有故，三公行事，

是得祭之辰，非今之比。卿卒犹不绎，况于太子妃乎？"博士司马兴之议："夫缌则不祭，《礼》之大经；卿卒不绎，《春秋》明义。又寻魏代平原公主薨，高堂隆议不应三月废祠，而犹云殡葬之间，权废事改吉，芬馥享祠。寻此语意，非使有司。此无服之丧，尚以未葬为废，况皇太子妃及大功未祔者邪？上寻礼文，下准前代，不得烝祠。"领军长史周景远议："案《礼》，'缌不祭'。大功废祠，理不俟言。今皇太子故妃既未山茔，未从权制，则应依礼废烝尝。至奠以大功之服，于礼不得亲奉，非有故之谓，亦不使公卿行事。"右丞徐爰议以为："《礼》，'缌不祭'，盖惟通议。大夫以尊贵降绝，及其有服，不容复异。《祭统》云'君有故使人可'者，谓于礼应祭，君不得斋，祭不可阙，故使臣下摄奉。不谓君不应祭，有司行事也。晋咸宁四年，景献皇后崩，晋武帝伯母，宗庙废一时之祀，虽名号尊崇，粗可依准。今太子妃至尊正服大功，非有故之比。既未山茔，谓烝祠宜废。寻蔚之等议，指归不殊，阙烝为允。过卒哭祔庙，一依常典。"诏可。

大明七年二月丙辰，有司奏："銮舆巡搜江左，讲武校猎，获肉先荐太庙、章太后庙，并设醴酒，公卿行事，及献祝阴室，室长行事。"太学博士虞龢议："检《周礼》，四时讲武献牲，各有所施。振旅春搜，则以祭社；茇舍夏苗，则以享礿；治兵秋狝，则以祀祊；大阅冬狩，则以享烝。案《汉祭祀志》：'唯立秋之日，白郊事毕，始扬威武，名曰"貙刘"。乘舆入囿，躬执弩以射，牲以鹿麛。太宰令谒者各一人，载获车驰送陵庙。'然则田荐庙，未有先准。"兼太常丞庾蔚之议："龢所言是搜狩不失其时，此礼久废。今时龢表晏，讲武教人，又虔供乾豆，先荐二庙，礼情俱允。社主土神，司空土官，故祭社使司空行事。太庙宜使上公。参议搜狩之礼，四时异议，礼有损益，时代不同。今既无复四方之祭，三杀之仪，旷废来久，禽获牲物，面伤翦毛，未成禽不献。太宰令谒者择上杀奉送，先荐庙社二庙，依旧以太尉行事。"诏可。

明帝泰豫元年七月庚申，有司奏："七月尝祠，至尊谅闇之内，为亲奉与不？使下礼官通议。伏寻三年之制，自天子达。汉文愍秦余之弊，于是制为权典。魏、晋以来，卒哭而祔则就吉。案《礼记王制》，'三年不祭，唯祭天地社稷，为越绋而行事。'郑玄云：'唯不敢以卑废尊也。'范宣难杜预、段畅，所以阙宗庙祭者，皆人理所奉，哀戚之情，同于生者。谯周《祭志》称：'礼，身有丧，则不为吉祭。缌麻之丧，于祖考有服者，则亦不祭，为神不飨也。'寻宫中有故，虽在无服，亦废祭三月，有丧不祭。如或非若三年之内必宜亲奉者，则应禘序昭穆。而今必须免丧，然后禘祫，故知未祭之意，当似可思。《起居注》，晋武有二丧，两期之中，并不自祠，亦近代前事也。伏惟至尊孝越姬文，情深明发，公服虽释，纯哀内缠。推访典例，则未应亲奉。有司祗应，祭不为旷。仰思从敬，窃谓为允。臣等参议，甚有明证，宜如所上。"诏可。

后废帝元徽二年十月丙寅，有司奏："至尊亲祠太庙文皇帝太后之日，孝武皇帝及昭皇太后，虽亲非正统，而尝经北面，未详应亲执爵与不？"下礼官议。太学博士周

山文议："案礼，尊者尊统上，卑者尊统下。孝武皇帝于至尊虽亲非正统，而祖宗之号，列于七庙。愚谓亲奉之日，应执觞爵。昭皇太后既亲非礼正，宜使三公行事。"博士颜爕等四人同山文。兼太常丞韩贲议："晋景帝之于世祖，肃祖之于孝武，皆傍尊也，亲执觞爵。今孝武皇帝于至尊，亲为伯父，功列祖宗，奉祠之日，谓宜亲执。按昭皇太后于主上，亲无名秩，情则疏远，庶母在我，犹子祭孙止，况伯父之庶母。愚谓昭后觞爵，可付之有司。"前左丞孙缅议："晋世祖宗祠显宗、烈宗、肃祖，并是晋帝之伯，今朝明准，而初无有司行事之礼。愚谓主上亲执孝武皇帝觞爵，有惬情敬。昭皇太后君母之贵，见尊一时，而与章、宣二庙同飨阊宫，非唯不躬奉，乃宜议其毁替。请且依旧，三公行事。"诏缅议为允。

宋孝武帝孝建元年十月戊辰，有司奏章皇太后庙毁置之礼。二品官议者六百六十三人。太傅江夏王义恭以为："经籍残伪，训传异门，谅言之者冈一，故求之者鲜究。是以六宗之辩，舛于兼儒，迭毁之论，乱于群学。章皇太后诞神启圣，礼备中兴，庆流胙胤，德光义远。宜长代崇芬，奕叶垂则。岂得降侔通伦，反遵常典。夫议者成疑，实傍纪传，知一爽二，莫穷书旨。按《礼记》不代祭，爱及慈母，置辞令有所施。《谷梁》于孙止，别主立祭。则亲执虔祀，事异前志。将由大君之宜，其职弥重，人极之贵，其数特中。且汉代鸿风，遂登配祔，晋氏明规，咸留荐祀。远考史策，近因暗见，未应毁之，于义为长。所据《公羊》，秖足坚秉。安可以贵等帝王，祭从士庶，缘情访制，颠越滋甚。谓应同七庙，六代乃毁。"六百三十六人同义恭不毁，散骑侍郎王法施等二十七人议应毁。领曹郎中周景远重参议，义恭等不毁议为允。诏可。

大明二年二月庚寅，有司奏："皇代殷祭，无事于章后庙。高堂隆议魏文思后依周姜嫄庙禘祫，及徐邈答晋宣太后殷荐旧事，使礼官议正。"博士孙武议："按《礼记·祭法》，'置都立邑，设庙祧坛墠而祭之，乃为亲疏多少之数。是故王立七庙，远庙为祧'。郑云：'天子迁庙之主，昭穆合藏之二祧之中，祫乃祭之。'《王制》曰：'祫禘。'郑云：'祫，合也。合先君之主于祖庙而祭之，谓之祫。三年而夏禘，五年而秋祫，谓之五年再殷祭。'又'禘，大祭也'。《春秋》文公二年，'大事于太庙'。《传》曰：'毁庙之主，陈于太祖；未毁庙之主，皆升合食太祖。'《传》曰：'合族以食，序以昭穆。'《祭统》曰：'有事于太庙，则群昭群穆咸在，不失其伦。'今殷祠是合食太祖，而序昭穆。章太后既屈于上，不列正庙。若迎主入太庙，既不敢配列于正序，又未闻于昭穆之外别立为位。若徐邈议，今殷祠就别庙奉荐，则乖禘祫大祭合食序昭穆之义。邈云：'阴室四殇，不同祫就祭。'此亦其义也。《丧服小记》，'殇与无后，从祖祔食'。《祭法》，'王下祭殇'。郑玄云：'祭适殇于庙之奥，谓之阴厌。'既从祖食于庙奥，是殇有位于奥，非就祭别宫之谓。今章太后庙，四时飨荐，虽不于孙止，若太庙禘祫，独祭别宫，与四时烝尝不异，则非禘大祭之义，又无取于祫合食之文。谓不宜与太庙同殷祭之礼。高堂隆答魏文思后依姜嫄庙禘祫，又不辨

祫之义，而改祫大飨，盖有由而然耳。守文浅学，惧乖礼衷。"博士王爕之议："按禘小祫大，礼无正文，求之情例如有。推寻祫之为名，虽在合食，而祭典之重，于此为大。夫以孝飨亲，尊爱罔极，既殷荐太祖，亦致盛祀于小庙。譬有事于尊者，可以及卑。故高堂隆所谓独以祫故而祭之也。是以魏之文思，晋之宣后，虽并不序于太庙，而犹均禘于姜嫄，其意如此。又徐邈所引四殇不祫，就而祭之，以为别禘之例，斯其证矣。愚谓章皇太后庙，亦宜殷荐。"太常丞孙缅以为："祫祭之名，义在合食，守经据古，孙武为详。窃寻小庙之礼，肇自近魏，晋之所行，足为前准。高堂隆以祫而祭，有附情敬。徐邈引就祭四殇，以证别禘。孙武据殇祔于祖，谓庙有殇位。寻事虽同庙，而祭非合食。且七庙同禘，始自后汉，礼之祭殇，各附厥祖。既豫祫，则必异庙而祭。愚谓章庙殷荐，推此可知。"祠部朱膺之议："阊宫之祀，高堂隆、赵怡并云周人祫，岁俱祫祭之。魏、晋二代，取则奉荐，名儒达礼，无相讥非，不督不忘，率由旧章。愚意同王爕之、孙缅议。"诏曰："章皇太后追尊极号，礼同七庙，岂容独阙殷荐，隔兹盛祀。阊宫遥祫，既行有周，魏、晋从缅，式范无替。宜述附前典，以宣情敬。"

明帝泰始二年正月，孝武昭太后崩。五月甲寅，有司奏："晋太元中，始正太后尊号，徐邈议庙制，自是以来，著为通典。今昭皇太后于至尊无亲，上特制义服，祔庙之礼，宜下礼官详议。"博士王略、太常丞虞愿议："正名存义，有国之徽典；臣子一例，史传之明文。今昭皇太后正位母仪，尊号允著，祔庙之礼，宜备彝则。母以子贵，事炳圣文。孝武之祀，既百代不毁，则昭后之祔，无缘有亏。愚谓神主应入章后庙。又宜依晋元皇帝之于愍帝，安帝之于永安，祭祀之日，不亲执觞爵，使有司行事。"时太宗宣太后已祔章太后庙，长兼仪曹郎虞龢以为："《春秋》之义，庶母虽名同崇号，而实异正嫡。是以犹考别宫，而公子主其祀。今昭皇太后既非所生，益无亲奉之理。《周礼》宗伯职云：'若王不与祭，则摄位。'然则宜使有司行其礼事。又妇人无常秩，各以夫氏为定，夫亡以子为次。昭皇太后即正位在前，宣太后追尊在后，以从序而言，宜跻新祔于上。"参详，龢议为允。诏可。

泰始二年六月丁丑，有司奏："来七月尝祀二庙，依旧车驾亲奉。孝武皇帝室至尊亲进觞爵及拜伏。又昭皇太后室应拜，及祝文称皇帝讳。又皇后今月二十五日虔见于祢，拜孝武皇帝、昭皇太后，并无明文，下礼官议正。"太学博士刘绲议："寻晋元北面称臣于愍帝，烝尝奉荐，亦使有司行事。且兄弟不相为后，著于鲁史。以此而推，孝武之室，至尊无容亲进觞爵拜伏。其日亲进章皇太后庙，经昭皇太后室过，前议既使有司行事，谓不应进拜。昭皇太后正位久定，登列庙祀，详乎祝文，宜称皇帝讳。案礼，妇无见兄之典，昭后位居傍尊，致虔之仪，理不容备。孝武、昭后二室，牲荐宜阙。"太常丞虞愿议："夫烝尝之礼，事存继嗣，故傍尊虽近，弟侄弗祀。君道虽高，臣无祭典。按晋景帝之于武帝，属居伯父，武帝至祭之日，犹进觞爵。今上既纂祠文皇，于孝武室谓宜进拜而已，觞爵使有司行

事。按《礼》，'过墓则轼，过祀则下'。凡在神祇，尚或致恭；况昭太后母临四海，至尊亲曾北面，兄母有敬，谓宜进拜，祝文宜称皇帝讳。寻皇后庙见之礼，本修虔为义，今于武，论其嫂叔，则无通问之典；语其尊卑，亦无相见之义。又皇后登御之初，昭后犹正位在宫，敬谒之道，久已前备。愚谓孝武、昭太后二室，并不复荐告。"参议以愿议为允。诏可。

后废帝元徽二年十月壬寅，有司奏昭太后庙毁置，下礼官详议。太常丞韩贲议："按君母之尊，义发《春秋》，庶后缛荐无间。周典七庙承统，犹亲尽则毁。况伯之所生，而无服代祭，稽之前代，未见其准。"都令史殷匪子议："昭皇太后不系于祖宗，进退宜毁。议者云，'妾祔于妾祖姑'，祔既必告，毁不容异。应告章皇太后一室。按《记》云：'妾祔于妾祖姑，无妾祖姑，则易牲而祔于女君可也。'始章太后于昭太后，论昭穆而言，则非妾祖姑，又非女君，于义不当。伏寻昭太后名位允极，昔初祔之始，自上祔于赵后，即安于西庙，并皆币告诸室。古者大事必告，又云每事必告。礼，牲币杂用。检魏、晋以来，互有不同。元嘉十六年，下礼官辨正。太学博士殷灵祚议称：'吉事用牲，凶事用币。'自兹而后，吉凶为判，已是一代之成典。今事虽不全凶，亦未近吉，故宜依旧，以币遍告二庙。又寻昭太后毁主，无义陈列于太祖，博士欲依虞主埋于庙两阶之间。按阶间本以埋告币埋虞主之所。昔虞喜云，依五经典议，以毁主附于虞主，埋于庙之北墙，最为可据。昭太后神主毁之埋之后，上室不可不虚置，太后便应上下升。既升之顷，又应设脯醢以安神。今礼官所议，谬略未周。迁毁事大，请广详访。"左仆射刘秉等七人同匪子。左丞王谌重参议，谓："以币遍告二庙，埋毁殷主于北墙。宣太后上室，仍设脯醢以安神，匪子议为允。"诏可。

魏明帝太和三年，诏曰："礼，王后无嗣，择建支子以继大宗，则当篡正统而奉公义，何得顾私亲哉！汉宣继昭帝，后加悼考以皇号；哀帝以外蕃援立，而董宏等称引亡秦，或误朝议。遂尊恭皇，立庙京师，又宠蕃妾，使比长信，僭差无礼，人神弗佑，非罪师丹忠正之谏，用致丁、傅焚如之祸。自是之后，相踵行之。其令公卿有司，深以前代为诫。后嗣万一有由诸侯入奉大统，则当明为人后之义。敢为佞邪，导谀君上，妄建非正之号，谓考为皇，称妣为后，则股肱大臣，诛之无赦。其书之金策，藏之宗庙，著于令典。"是后高贵、常道援立，皆不外尊也。

晋愍帝建兴四年，司徒梁芬议追尊之礼。帝既不从，而左仆射索䟜等亦称引魏制，以为不可，故追赠吴王为太保而已。元帝太兴二年，有司言琅邪恭王宜称皇考。贺循议云："礼典之义，子不敢以己爵加其父号。"帝又从之。二汉此典弃矣。

魏明帝有爱女曰淑涉，三月而夭，帝痛之甚，追封谥为平原懿公主，葬于南陵，立庙京师。凡前典，非礼也。
宋孝武帝孝建元年七月辛酉，有司奏："东平冲王年稚无后，唯殇服五月。虽不殇君，应有主祭，而国是追赠，又无其臣。未详毁灵立庙，为当它祔与不？辄下礼官详议。"

太学博士臣徐宏议："王既无后，追赠无臣，殇服既竟，灵便合毁。《记》曰：'殇与无后者，从祖祔食。'又曰：'士大夫不得祔于诸侯，祔于祖之为士大夫者。'按诸侯不得祔于天子，冲王则宜祔诸祖之庙为王者，应祔长沙景王庙。"诏可。

大明四年丁巳，有司奏："安陆国土虽建，而莫酹之所，未及营立，四时荐缛，故祔江夏之庙，宣王所生夫人当应祠不？"太学博士傅郁议："应废祭。"右丞徐爱议："按《礼》，'慈母妾母不世祭'。郑玄注：'以其非正，故传曰子祭孙止。'又云：'为慈母后者，为祖庶母可也。'注称：'缘为慈母后之义，父妾无子，亦可命己庶子为之后也。'考寻斯义，父母妾之祭，不必唯子。江夏宣王太子，体自元宰，道戚之胤，遭时不幸，圣上矜悼。降出皇爱，嗣承徽绪，光启大蕃，属国为祖。始王夫人载育明懿，则一国之正，上无所厌，哀敬得申。既未获祔享江夏，又不从祭安陆，即事求情，愚以为宜依祖母有为后之义，谓合列祀于庙。"二议不同，参议以爱议为允。诏可。

大明六年十月丙寅，有司奏："故晋陵孝王子云未有嗣，安庙后三日，国臣从权制除释，朔望周忌，应还临与不？祭之日，谁为主？"太常丞庾蔚之议："既葬三日，国臣从权制除释。而灵筵犹存，朔望及周忌，诸宜还临哭，变服衣帢，使上卿主祭。王既未有后，又无三年服者，期亲服除之，而国尚存，便宜立庙，为国之始祖。服除之日，神主暂祔食祖庙。诸王不得祖天子，宜祔从祖国庙，还居新庙之室。未有嗣之前，四时缛荐，常使上卿主之。"左丞徐爱参议，以蔚之议为允。诏可。

大明七年正月庚子，有司奏："故宣贵妃加殊礼，未详应立庙与不？"太学博士虞龢议："《曲礼》云：'天子有后，有夫人。'《檀弓》云：'舜葬苍梧，三妃未之从。'《昏义》云：'后之立六宫，有三夫人。'然则三妃即三夫人也。后之有三妃，犹天子之有三公也。按《周礼》，三公八命，诸侯七命。三公既尊于列国诸侯，三妃亦贵于庶邦夫人。据《春秋传》，仲子非鲁惠元嫡，尚得考彼别宫。今贵妃是秩，天之崇班，理应立此新庙。"左丞徐爱议："宣贵妃既加殊命，礼绝五宫，考之古典，显有成据。庙堂克构，宜选将作大匠。"参议以龢、爱议为允。诏可。

大明七年三月戊戌，有司奏："新安王服宣贵妃齐衰期，十一月练，十三月缟，十五月禫，心丧三年。未详宣贵妃祔庙，应在何时？入庙之日，当先有祔，但入新庙而已？若在大祥及禫中入庙者，遇四时便得祭不？新安王在心制中，得亲奉祭不？"太学博士虞龢议："《春秋传》云：'祔而作主，烝尝禘于庙。'尝为吉祭之名，大祥及禫，未得入庙，应在禫除之后也。新安王心丧之内，若遇时节，便应吉祭于庙，亲奉亦在无嫌。祔之言，以后亡者祔于先庙也。《小记》云：'诸侯不得祔于天子。'今贵妃爵视诸侯，居然不得祔于先后。又别考新宫，无所宜祔。且卒哭之后，益无祔理。"左丞徐爱议以："礼有损益，古今异仪，虽云卒哭而祔，祔而作主，时之诸侯，皆禫终入庙。且麻衣缘缘，革服于元嘉，苫纴变除，申情于皇宋。况宣贵妃诞育睿蕃，葬加殊礼，灵筵庐位，皆主之哲王,考宫创祀,不得关之朝廷。谓禫除之后,宜亲执奠爵之礼。若有故,三卿行事。贵妃上厌皇姑,下绝列国,无所应袝。"参议,稣议大体与爱不异,宜以爱议为允。诏可。

大明七年十一月癸未,有司奏:"晋陵国刺:孝王庙依庐陵等国例,一岁五祭。二国以三卿主祭。应同有服之例与不?"博士颜僧道议:"《礼记》云:'所祭者亡服则不祭。'今晋陵王于衡阳小功,宜依二国同废。"太常丞庾蔚之议:"缌不祭者,据主言也。晋陵虽未有嗣,宜依有嗣致服,依阙祭之限。衡阳为族伯缌麻,则应祭三月。"兼左丞徐爰议:"嗣王未立,将来承胤未知疏近,岂宜空计服属,以亏祭敬。"参议以爱议为允,诏可。

大明八年正月壬辰,有司奏:"故齐敬王子羽将来立后,未详便应作主立庙?为须有后之日?未立庙者,为于何处祭祀?"游击将军徐爱议以为:"国无后,于制除罢。始封之君,宜存继嗣。皇子追赠,则为始祖。臣不殇君,事著前准,岂容虚阙烝尝,以俟有后。谓宜立庙作主,三卿主祭依旧。"通关博议,以爱议为允。令便立庙,庙成作主,依晋陵王近例,先暂袝庐陵孝献王庙。祭竟,神主即还新庙。未立后之前,常使国上卿主祭。

《礼》云:"共工氏之霸九州,其子句龙曰后土,能平九土,故祀以为社。"周以甲日祭之,用日之始也。"社所以神地之道。地载万物,天垂象。取财于地,取法于天。是以尊天而亲地,故教人美报焉。家主中溜而国主社,示本也。"故言报本反始。烈山氏之有天下,其子曰农,能殖百谷。其裔曰柱,佐颛顼为稷官,主农事,周弃系之,法施于人,故祀以为稷。

《礼》:"王为群姓立社曰太社,王自为立社曰王社。"故国有二社,而稷亦有二也。汉、魏则有官社,无稷,故常二社一稷也。晋初仍魏,无所增损。至太康九年,改建宗庙,而社稷坛与庙俱徙。乃诏曰:"社实一神,其并二社之礼。"于是车骑司马傅咸表曰:"《祭法》二社各有其义。天子尊事郊庙,故冕而躬耕者,所以重孝享之粢盛,致殷荐于上帝也。《谷梁传》曰:'天子亲耕以供粢盛。'亲耕,谓自报,自为立者,为籍而报也。国以人为本,人以谷为命,故又为百姓立社而祈报焉。事异报殊,此社之所以有二也。王景侯之论王社,亦谓春祈籍田,秋而报之也。其论太社,则曰'王者布土圻内,为百姓立之,谓之太社,不自立之于京师'也。景侯此论,据《祭法》,'大夫以下,成群立社,曰置社'。景侯解曰:'今之里社是也。'景侯解《祭法》,则以置社为人间之社矣。而别论复以太社为人间之社,未晓此旨也。太社,天子为民而祀,故称天子社。《郊特牲》曰:'天子太社,必受霜露风雨。'夫以群姓之众,王者通为立社,故称太社。若夫置社,其数不一,盖以里所以名。《左氏传》盟于清丘之社是也。人间之社,既已不称太矣。若复不立之京都,当安所立乎?《祭法》又曰:'王为群姓立七祀。自为立七祀。'言自为者,自为而祀也;为群姓者,为群姓而祀也。太社与七祀,其文正等。说者穷此,因云坎籍但有五祀,无七祀也。按祭五祀,国之大祀,七者小祀。《周礼》所云祭凡小祀,则

墨冕之属也。景侯解大厉曰:'如周杜伯,鬼有所归,乃不为厉。'今云无二社者,称景侯《祭法》不谓无二,则曰口传无其文也。夫以景侯之明,拟议而后为解,而欲以口论除明文。如此,非但二社,当是思惟景侯之后解,亦未易除也。前被敕,《尚书召诰》:'社于新邑,唯一太牢,'不立二社之明义也。按《郊特牲》曰:'社稷太牢。'必援一牢之文,以明社之无二,则稷无牲矣。说者则曰,举社以明稷。何独不可举一以明二。'国之大事,在祀与戎'。若有过而除之,不若过而存之。况存之有义,而除之无据乎?《周礼》封人'掌设社壝'。无稷字。今帝社无稷,盖出于此。然国主社稷,故经传动称社稷。《周礼》,王祭稷则絺冕。此王社有稷之文也。封人设壝之无稷字,说者以为略文,从可知也。谓宜仍旧立二社,而加立帝社之稷。"

时成粲议称:"景侯论太社不立京都,欲破郑氏学。"咸重表以为:"如粲之论,景侯之解文以此坏。《大雅》云:'乃立冢土。'毛公解曰:'冢土,太社也。'景侯解《诗》,即用此说。《禹贡》'惟土五色'。景侯解曰:'王者取五色土为太社,封四方诸侯。各割其方色土者覆四方也。'如此,太社复为立京都也。不知此论从何出而与解乖。上违经记明文,下坏景侯之解。臣虽顽蔽,少长学问,不能默已,谨复续上。"刘寔与咸议同。诏曰:"社实一神,而相袭二位,众议不同,何必改作,其使仍旧,一如魏制。"至元帝建武元年,又依洛京立二社一稷。其太社之祝曰:"地德普施,惠存无疆。乃建太社,保佑万邦。悠悠四海,咸赖嘉祥。"其帝社之祝曰:"坤德厚载,王畿是保。乃建帝社,以神地道。明祝惟辰,景福来造。"《礼》,左宗庙,右社稷,历代遵之,故洛京社稷在庙之右,而江左又然也。吴时宫东门零门,疑吴社亦在宫东,与其庙同所也。宋仍旧,无所改作。

魏氏三祖皆亲耕籍,此则先农无废享也。其礼无异闻,宜从汉仪。执事告祠以太牢。晋武、哀帝并欲籍田而不遂,仪注亦阙略。宋文帝元嘉二十一年春,亲耕,乃立先农坛于籍田中阡西陌南,高四尺,方二丈。为四出陛,陛广五尺,外加埒。去阡陌各二十丈。车驾未到,司空、大司农率太祝令及众执事质明以一太牢告祠。祭器用祭社稷器。祠毕,班余胙于奉祠者。旧典先农又常列于郊祭云。

汉仪,皇后亲桑东郊苑中。蚕室祭蚕神曰:"苑窳妇人,寓氏公主。"祠用少牢。晋武帝太康九年,杨皇后躬桑于西郊,祀先蚕。坛高一丈,方二丈;为四出陛,陛广五尺。在采桑坛东南帷宫之外,去帷宫十丈。皇后未到,太祝令质明以一太牢告祠。谒者一人监祠。毕,彻馔,班余胙于从桑及奉祠者。

魏文帝黄初二年六月庚子,初礼五岳四渎,咸秩群祀,瘞沈珪璋。六年七月,帝以舟军入淮。九月壬戌,遣使者沈璧于淮,礼也。

魏明帝太和四年八月,帝东巡,遣使者以特牛祠中岳,礼也。魏元帝咸熙元年,帝行幸长安,遣使者以璧币礼华山,礼也。晋穆帝升平中,何琦论修五岳祠曰:"唐、虞之制,天子五载一巡狩,省时之方,柴燎五岳,望于山

川，遍于群神。故曰'因名山升中于天'。所以昭告神祇，缲报功德。是以灾厉不作，而风雨寒暑以时。降逮三代，年数虽殊，而其礼不易。五岳视三公，四渎视诸侯，著在经记，所谓有其举之，莫敢废也。及秦、汉都西京，泾、渭长水，虽不在祀典，以近咸阳，故尽得比大川之祠。而正立之礼，可以阙哉！自永嘉之乱，神州倾覆，兹事替矣。唯灊之天柱，在王略之内，旧台选百石吏卒，以奉其职。中兴之际，未有官守，庐江郡常遣大吏兼假，四时祷赛，春释寒而冬请冰。咸和迄今，已复堕替。计今非典之祠，可谓非一。考其正名，则淫昏之鬼；推其縻费，则四人之蠹。而山川大神，更为简阙，礼俗颓素，人神杂扰，公私奔蹙，渐以滋繁。良由顷国家多难，日不暇给，草建废滞，事有未遑。今元憝已殄，宜修旧典。岳渎之域，风教所被，来苏之人，咸蒙德泽，而神祇禋祀，未之或甄，巡狩柴燎，其废尚矣。崇明前典，将俟皇舆北旋，稽古宪章，大厘制度。其五岳、四渎宜遵修之处，但俎豆牲牢，祝嘏文辞，旧章靡记。可令礼官作式，归诸诚简，以达明德馨香，如斯而已。其诸妖孽，可俱依法令，先去其甚。俾邪正不渎。"不见省。

宋孝武帝大明七年六月丙辰，有司奏："诏奠祭霍山，未审应奉使何官？用何牲馔？进奠之日，又用何器？"殿中郎丘景先议："修祀川岳，道光列代；差秩珪璋，义昭联册。但业旷中叶，仪漏典文。寻旅典事继宗伯，汉载持节侍祠，血祭埋沉，经垂明范，酒脯牢具，悉有详例。又名山著珪币之异，大冢有尝禾之加。山海祠霍山，以太牢告玉，此准酌记传，其可言者也。今皇风缅畅，辉祀通岳，愚谓宜使以太常持节，牲以太牢之具，羞用酒脯时谷，礼以赤璋缥币。又鬯人之职，'凡山川四方用蜃'，则盛酒当以蜃杯，其余器用，无所取说。按郊望山渎，以质表诚，器尚陶匏，籍以茅席，近可依准。山川以兆，宜为坛域。"参议景先议为允。令以兼太常持节奉使，牲用太牢，加以璋币，器用陶匏，时不复用蜃，宜同郊祀，以爵献。凡肴馔种数，一依社祭为允。诏可。

晋武帝咸宁二年春，久旱。四月丁巳，诏曰："诸旱处广加祈请。"五月庚午，始祈雨于社稷山川。六月戊子，获澍雨。此雩崇旧典也。太康三年四月、十年二月，又如之。是后，修之至今。

魏文帝黄初二年正月，诏曰："昔仲尼资大圣之才，怀帝王之器，当衰周之末，无受命之运，乃退考五代之礼，修素王之事，因鲁史而制《春秋》，就太师而正《雅》、《颂》，俾千载之后，莫不宗其文以述作，仰其圣以成谋。兹可谓命世大圣，亿载之师表者也。以遭天下大乱，百祀

堕废，旧居之庙，毁而不修，褒成之后，绝而莫继，阙里不闻讲颂之声，四时不睹烝尝之位，斯岂所谓崇化报功，盛德百世必祀者哉！其以议郎孔羡为宗圣侯，邑百户，奉孔子祀。命鲁郡修旧庙，置百户吏卒，以守卫之。"晋武帝泰始三年十一月，改封宗圣侯孔震为奉圣亭侯。又昭太学及鲁国四时备三牲，以祀孔子。明帝太宁三年，诏给事奉圣亭侯孔亭四时祠孔子，祭宜如泰始故事。亭五代孙继之博塞无度，常以祭直顾进，替慢不祀。宋文帝元嘉八年，有司奏夺爵。至十九年，又授孔隐之。兄子熙先谋逆，又失爵。二十八年，更以孔惠云为奉圣侯。后有重疾，失爵。孝武大明二年，又以孔迈为奉圣侯。迈卒，子荂嗣，有罪，失爵。

魏齐王正始二年三月，帝讲《论语》通；五年五月，讲《尚书》通；七年十二月，讲《礼记》通；并使太常释奠，以太牢祀孔子于辟雍，以颜渊配。晋武帝泰始七年，皇太子讲《孝经》通；咸宁三年，讲《诗》通；太康三年，讲《论语》通。元帝太兴三年，皇太子讲《论语》通，太子并亲释奠，以太牢祠孔子，以颜渊配。成帝咸康元年，帝讲《诗》通，穆帝升平元年三月，帝讲《孝经》通；孝武宁康三年七月，帝讲《孝经》通，并释奠如故事。

穆帝、孝武并权以中堂为太学。宋文帝元嘉二十二年四月，皇太子讲《孝经》通，释奠国子学，如晋故事。

汉东海恭王薨，明帝出幸津门亭发哀。魏时会丧及使者吊祭，用博士杜希议，皆去玄冠，加以布巾。魏武帝少时，汉太尉桥玄独先礼异焉。故建安中，遣使祠以太牢。文帝黄初六年十二月，过梁郡，又以太牢祠之。黄初二年正月，帝校猎至原陵，遣使者以太牢祠汉世祖。宋文帝元嘉二十五年四月丙辰，车驾行幸江宁，经司徒刘穆之墓，遣使致祭焉。孝武帝大明三年二月戊申，行幸籍田，经左光禄大夫袁湛墓，遣使致祭。大明五年九月庚午，车驾行幸，经司空殷仁墓，遣使致祭。大明七年十一月，南巡。乙酉，遣使祭晋大司马桓温、征西将军毛璩墓。

刘禅景耀六年，诏为丞相诸葛亮立庙于沔阳。先是所在各请立庙，不许，百姓遂私祭之。而言事者或以为可立于京师，乃从人意，皆不纳。步兵校尉习隆、中书侍郎向允等言于禅曰："昔周人怀邵伯之美，甘棠为之不伐；越王思范蠡之功，铸金以存其象。自汉兴以来，小善小德，而图形立庙者多矣；况亮德范遐迩，勋盖季世，兴王室之不坏，实斯人是赖。而烝尝止于私门，庙象阙而莫立，百姓巷祭，戎夷野祀，非所以存德念功，述追在昔也。今若尽从人心，则渎而无典；建之京师，又逼宗庙，此圣怀所以惟疑也。愚以为宜因近其墓，立之于沔阳，使属所以时

赐祭。凡其故臣欲奉祠者，皆限至庙。断其私祀，以崇正礼。"于是从之。何承天曰："《周礼》：'凡有功者祭于大烝。'故后代遵之，以元勋配飨。允等曾不是式，禅又从之，并非礼也。"

汉时城阳国人以刘章有功于汉，为之立祠。青州诸郡，转相放效，济南尤盛。至魏武帝为济南相，皆毁绝之。及秉大政，普加除翦，世之淫祀遂绝。至文帝黄初五年十一月，诏曰："先王制祀，所以昭孝事祖，大则郊社，其次宗庙，三辰五行，名山川泽，非此族也，不在祀典。叔世衰乱，崇信巫史，至乃宫殿之内，户牖之间，无不沃酹，甚矣其惑也。自今其敢设非礼之祭，巫祝之言，皆以执左道论，著于令。"明帝青龙元年，又诏："郡国山川不在祀典者，勿祠。"

晋武帝泰始元年十二月，诏："昔圣帝明王，修五岳、四渎、名山川泽，各有定制。所以报阴阳之功，而当幽明之道故也。然以道莅天下者，其鬼不神，其神不伤人也。故史荐而无愧词，是以其人敬慎幽冥，而淫祀不作。末代信道不笃，僭礼渎神，纵欲祈请，曾不敬而远之，徒偷以求幸，妖妄相扇，舍正为邪，故魏朝疾之。其按旧礼，具为之制，使功著于人者，必有其报，而妖淫之鬼，不乱其间。"二年正月，有司奏："春分祠厉殃及禳祠。"诏曰："不在祀典，除之。"

宋武帝永初二年，普禁淫祀。由是蒋子文祠以下，普皆毁绝。孝武孝建初，更修起蒋山祠，所在山川，渐皆修复。明帝立九州庙于鸡笼山，大聚群神。蒋侯宋代稍加爵，位至相国、大都督、中外诸军事，加殊礼，钟山王。苏侯骠骑大将军。四方诸神，咸加爵秩。

汉安帝元初四年，诏曰："《月令》，'仲秋，养衰老，授几杖，行糜粥'。方今八月按比之时，郡县多不奉行。虽有糜粥，糠秕泥土相和半，不可饮食。"按此诏，汉时犹依《月令》施政事也。

卷十八　　　志第八

礼　五

秦灭礼学，事多违古。汉初崇简，不存改作，车服之仪，多因秦旧。至明帝始乃修复先典，司马彪《舆服志》详之矣。魏代唯作指南车，其余虽累有改易，不足相变。晋立服制令，辨定众仪，徐广《车服注》，略明事目，并行于今者也。故复叙列，以通数代典事。

上古圣人见转蓬，始为轮，轮行可载，因为舆。任重致远，流运无极。后代圣人观北斗魁方苟携龙角，为帝车，曲其辀以便驾。《系本》云："奚仲始作车。"案庖羲画《八卦》而为大舆，服牛乘马，以利天下。奚仲乃夏之车正，安得始造乎？《系本》之言，非也。"车服以庸"，著在唐《典》。夏建旌旗，以表贵贱。周有六职，百工居其一焉。一器而群工致其巧，车最居多。《明堂记》曰："鸾车，有虞氏之路也。大路，殷路也。乘路，周路也。"殷有山车之瑞，谓桑根车，殷人制为大路。《礼纬》曰："山车垂句。"句，曲也。言不揉治而自曲也。周之五路，则有玉、金、象、革、木。五者之饰，备于《考工记》。舆方法地，盖圆象天，辐以象日月，二十八弓以象列宿。玉、金、象者，饰车诸末，因为名也。革者漆革，木者漆木也。玉路，建大常以祀；金路，建大旂以宾；象路，建大赤以朝；革路，建大白以戎；木路，建大麾以田。黑色，夏所尚也。

秦阅三代之车，独取殷制。古曰桑根车，秦曰金根车也。汉氏因秦之旧，亦为乘舆，所谓乘殷之路者也。《礼论·舆驾议》曰："周则玉辂最尊，汉之金根，亦周之玉路也。"汉制乘舆金根车，轮皆朱斑，重毂两辖，飞軨。毂外复有毂，施辖，其外复设辖，施铜贯其中。《东京赋》曰："重轮二辖，疏毂飞軨。"飞軨以赤油为之，广八寸，长注地，系轴头，谓之飞軨也。以金薄缪龙，为舆倚较。较在箱上，樠文画蕃。蕃，箱也。文虎伏轼，龙首衔轭，鸾雀立衡，樠文画辕，翠羽盖黄裹，所谓黄屋也。金华施橑末，建太常十二旒，画日月升龙，驾六黑马，施十二鸾，金为叉髦，插以翟尾。又加牦牛尾，大如斗，置左骖马轭上，所谓左纛舆也。路如周玉路之制。应劭《汉官卤簿图》，乘舆大驾，则御凤皇车，以金根为副。又五色安车、五色立车各五乘。建龙旂，驾四马，施八鸾，余如金根之制，犹周金路也。其车各如方色，所谓五时副车，俗谓为"五帝车"也。江左则阙矣。白马者，朱其鬣，安车者，坐乘。又有建华盖九重。甘泉卤簿者，道车五乘，游车九乘，在乘舆车前。又有象车，最在前，试桥道。晋江左驾犹有之。凡妇人车皆坐乘，故《周礼》王后有安车而王无也。汉制乘舆乃有之。天子所御驾六，其余副车皆驾四。案《书》称朽索御六马。逸礼《王度记》曰："天子驾六,诸侯驾五,卿驾四,大夫三,士二,庶人一。"楚平王驾白马。梁惠王以安车驾三送淳于髡,大夫之仪。《周礼》,四马为乘。毛诗,"天子至大夫同驾四,士驾二"。袁盎谏汉文驰六飞。魏时天子亦驾六。晋《先蚕仪》,皇后安车驾六,以两辕安车驾五为副。江左以来,相承无六,驾四而已。

宋孝武大明三年,使尚书左丞荀万秋造五路。《礼图》,金路,通赤旗,无盖,改造依拟金根,而赤漆槅画,玉饰诸末,建青旗,十有二旒,驾玄马四,施羽葆盖,以祀。即以金根为金路,建大青旗,十有二旒,驾玄马四,羽葆盖,以宾。象、革、木路,《周官》、《舆服志》、《礼图》并不载其形段,并依拟玉路,漆槅画,羽葆盖,象饰诸末,建立赤旗,十有二旒,以视朝。革路,建赤旗,十有二旒,以即戎。木路,建赤麾,以田。象、革驾玄,木驾赤,四马。旧有大事,法驾出,五路各有所主,不俱出也。大明中,始令五路俱出。亲耕籍田,乘三盖车,一名芝车,又名耕根车,置耒耜于轼上。戎车立乘,夏曰钩车,殷曰寅车,周曰元戎。建牙麾,邪注之,载金鼓羽幢,置甲弩于轼上。猎车,輧幰,轮画缪龙绕之。一名蹋猪车。魏文帝改曰蹋虎车。

指南车,其始周公所作,以送荒外远使。地域平漫,迷于东西,造立此车,使常知南北。鬼谷子云:"郑人取玉,必载司南,为其不惑也。"至于秦、汉,其制无闻。后汉张衡始复创造。汉末丧乱,其器不存。魏高堂隆、秦朗,皆博闻之士,争论于朝,云无指南车,记者虚说。明帝青龙中,令博士马钧更造之而车成。晋乱复亡。石虎使解飞,姚兴使令狐生又造焉。安帝义熙十三年,宋武帝平长安,始得此车。其制如鼓车,设木人于车上,举手指南。车虽回转,所指不移。大驾卤簿,最先启行。此车戎狄所制,机数不精,虽曰指南,多不审正。回曲步骤,犹须人功正之。范阳人祖冲之,有巧思,常谓宜更构造。宋顺帝升明末,齐王为相,命造之焉。车成,使抚军丹阳尹王僧虔、御史中丞刘休试之。其制甚精,百屈千回,未尝移变。晋代又有指南舟。索房拓跋焘使工人郭善明造指南车,弥年不就。扶风人马岳又造,垂成,善明鸩杀之。

记里车,未详所由来,亦高祖定三秦所获。制如指南,其上有鼓,车行一里,木人辄击一槌。大驾卤簿,以次指南。

辇车,《周礼》王后五路之卑者也。后宫中以容所乘,非王车也。汉制乘舆御之,或使人挽,或驾果下马。汉成帝欲与班婕妤同辇是也。后汉阴就外戚骄贵,亦辇。井丹讥之曰:"昔桀乘人车,岂此邪!"然则辇夏后氏末代所造也。井丹讥阴就乘人,而不云僭上,岂贵臣不得乘之乎?未知何代去其轮。《傅玄子》曰:"夏曰余车,殷曰胡奴,周曰辎车。"辎车,即辇也。魏、晋御小出,常乘马,亦多乘舆车。舆车,今之小舆。

轺车,辂车之流也。汉诸侯贫者乃乘之,其后转见贵。孙权云"车中八牛",即轺车也。江左御出,又载储偫之物。汉代贱辂车而贵辎车,魏晋贱辎车而贵辂车。又有追锋车,去小平盖,加通幰,如辂车,而驾马。又以云

母饰辎车,谓之云母车,臣下不得乘,时以赐王公。晋氏又有四望车,令制亦尔。又汉制,唯贾人不得乘马车,其余皆乘之矣。除吏赤盖杠,余则青盖杠云。

《周礼》,王后亦有五路,重翟、厌翟、安车、翟车、辇车,凡五也。汉制,太皇太后、皇太后、皇后法驾乘重翟羽盖金根车,驾青交路,青帷裳,云幰文辕,黄金涂五末,盖爪施金华,驾三马,左右騑。其法驾则紫罽軿车。按《字林》,軿车有衣蔽,无后辕。其有后辕者谓之辎。应劭《汉官》,明帝永平七年,光烈阴皇后葬,魂车,鸾路青羽盖,驾驷马,龙旗九旒,前有方相。凤皇车,大将军妻参乘,太仆妻、御女骑夹毂,此前汉旧制也。

晋《先蚕仪注》,皇后乘油画云母安车,驾六騩马。騩,浅黑色也。油画两辕安车,驾五騩马为副。公主油画安车,驾三。三夫人青交路安车,驾三。皆以紫绛罽軿车,驾三为副。九嫔世妇軿车,驾二。宫人辎车,驾一。王妃、公侯特进夫人,封君皂交路安车,驾三。

汉制,贵人、公主、王妃、封君油軿皆驾二,右騑而已。汉制,太子、皇子皆安车,朱斑轮,倚虎较,伏鹿轼,黑槅文画蕃,青盖,金华施樏末,黑槅文画辕,金涂五末。皇子为王,锡以此乘,故曰王青盖车。皆左右騑驾,五旗,旗九旒,画降龙。皇孙乘绿车,亦驾三。魏、晋之制,太子及诸王皆驾四。

晋元帝太兴三年,太子释奠。诏曰:"未有高车,可乘安车。"高车,即立乘车也。公及列侯安车,朱斑轮,倚鹿较、伏熊轼,黑者谓之轩,皂缯盖,驾二,右騑。王公旗八旒,侯七旒,卿五旒,皆降龙。公卿中二千石二千石郊陵法驾出,皆大车立乘,驾四。后导从大车,驾二,右騑。他出乘安车。其去位致仕,皆赐安车四马。中二千石皆皂盖、朱蕃,铜五末,驾二,右騑。《晋令》,王公之世子摄命治国者,安车,驾三,旗七旒,其侯世子,五旒。

傅畅《故事》,三公安车,驾三;特进驾二;卿一。汉制,公、列侯、中二千石、二千石夫人会庙及蚕,各乘其夫之安车,右騑,加皂交路,帷裳。非公会,则乘漆布辎軿,铜五末。晋武帝太康四年,诏依汉故事,给九卿朝车驾及安车各一乘。傅畅《故事》,尚书令軺车,黑耳后户。仆射但后户无耳。中书监令如仆射。

汉制,乘舆御大驾,公卿奉引,太仆、大将军参乘,备千乘万骑,属车八十一乘。古者诸侯贰车九乘,秦灭九国,兼其车服,故八十一乘也。汉遵弗改。汉都长安时,祠天于甘泉用之。都洛阳,上原陵,又用之,大丧又用之。法驾则河南尹、洛阳令奉引,奉车郎御,侍中参乘,属车三十六乘。凡属车皆皂盖赤里。后汉祠天郊用法驾,祠宗庙用小驾。小驾,减损副车之。前驱有九斿云罕,皮轩鸾旗,车皆大夫载之。鸾旗者,编羽旄列系幢傍也。金钲黄钺,黄门鼓车,乘舆之后有属车,尚书、御史载之。最后一车悬豹尾。豹尾以前,比于省中。每出警跸清道,建五旗。太仆奉驾条上卤簿,尚书郎侍御史令史皆执注以督整车骑,所谓护驾也。春秋上陵,尤省于小驾。直事尚书一人从,其余令史以下皆从行,所谓先置也。薛综《东京

赋》注以云罕九游为旌旗别名，亦不辨其形。案魏命晋王建天子旌旗，置旄头云罕。是知云罕非旌旗也。徐广《车服注》以为九游，游车九乘。云罕疑是毕罕，《诗叙》曰："齐侯田猎毕弋，百姓苦之。"罩罕本施游猎，遂为行饰乎？潘岳《籍田赋》先叙五路九旗，次言琼钑云罕。若罕为旗，则岳不应频句于九旗之下。又以其物匹钑戟，宜是今毕网明矣。此说为得之。皮轩，以虎皮为轩也。徐又引《淮南子》"军正执豹皮以制正其众。"《礼记》"前月士师，则载虎皮。"乘舆豹尾，亦其义类乎？五旗者，五色各一旗，以木牛承其下。徐又云"木牛，盖取其负重而安稳也。"五旗缠竿，即《礼记》德车结旌不尽饰也。戎事乃散之。又武车绥旌，垂舒之也。史臣案：今结旌绥旌同，而德车武车之所不建。又木牛之义，亦未灼然可晓。又案《周礼》辨载法物，莫不详究，然无相风、毕网、旄头之属，此非古制明矣。何承天谓战国并争，师旅数出，悬乌之设，务察风侯，宜是秦矣。晋武尝问侍臣："旄头何义？"彭推对曰："秦国有奇怪，触山截水，无不崩溃，唯畏旄头，故虎士服之，则秦制也。"张华曰："有是言而事不经。臣谓壮士之怒，发踊冲冠，义取于此。"挚虞《决疑》无所是非也。徐爱曰："彭、张之说，各言ою义，无所承据。案天文毕昂之中谓之天街，故军驾以毕罕前引，毕方昂员，因其象。《星经》，昂一名旄头，故使执之者冠皮毛之饰也。"

轻车，古之战车也。轮舆洞朱，不巾不盖，建矛戟幢麾，置弩于轼上，驾二。射声校尉司马吏士载，以次属车。《汉仪》曰："出称警，入称跸。"说者云，车驾出则应称警，入则应称跸也，而今俱唱之。史臣以为警者，警戒也；跸者，止行也。今从乘舆而出者，并警戒以备非常也。从外而入乘舆相干者，跸而止之也。董巴、司马彪云："诸侯王遮迾出入，称警设跸。"武刚车，有巾有盖，在前为先驱。又在轻车之后为殿也。驾一。《史记》，卫青征匈奴，以武刚车为营是也。

汉制，大行载辒辌车，四轮。其饰如金根，加施组连璧，交络，四角金龙首衔璧垂五采，析羽流苏，前后云气画帷裳，栉文画曲蕃，长与车等。太仆御，驾六白骆马，以黑药灼其身为虎文，谓之布施马。既下，马斥卖，车藏城北秘宫。今则马不虎文，不斥卖；车则毁也。自汉霍光、晋安平、齐王、贾充、王导、谢安、宋江夏王葬以殊礼者，皆大辂黄屋，载辒辌车。

《晋令》曰："乘传出使，遭丧以上，即自表闻，听得白服乘骡车，到副使摄事。"徐广《车服注》："传闻骡车者，犊车装而马车辕也。"又车无盖曰科车。晋武帝时，护军将军羊琇乘羊车，司隶校尉刘毅奏弹之。诏曰："羊车虽无制，犹非素者所服。"江左来无禁也。

旧有充庭之制，临轩大会，陈乘舆车辇旌鼓于殿庭。张衡《东京赋》云："龙路充庭，鸾旗拂霓。"晋江左废绝。宋孝武大明中修复。

上古寝处皮毛，未有制度。后代圣人见鸟兽毛羽及其文章与草木华采之色，因染丝彩以作衣裳，为玄黄之服，以法乾坤上下之仪；观鸟兽冠胡之形，制冠冕缨蕤之饰。

虞氏作缋，采章弥文，夏后崇约，犹美黻冕。咎繇陈《谟》，则称五服五章。皆后王所不得异也。周监二代，典制详密，故弁师掌六冕，司服掌六服，设拟等差，各有其序。《礼记·冠义》曰："冠者礼之始，事之重者也。"太古布冠，齐则缁之。夏曰毋追，殷曰章甫，周曰委貌，此皆三代常所□□周之祭冕，缋采备饰，故夫子曰"服周之冕"，以尽美称之。

至秦以战国即天子位，灭去古制，郊祭之服，皆以袀玄。至汉明帝始采《周官》、《礼记》、《尚书》诸儒说，还备衮冕之服。魏明帝以公卿衮衣黼黻之文，拟于至尊，复损略之。晋以来无改更也。天子礼郊庙，则黑介帻，平冕，今所谓平顶冠也。皂表朱绿里，广七寸，长尺二寸，垂珠十二旒。以组为缨，衣皂上绛下，前三幅，后四幅，衣画而裳绣，为日、月、星辰、山、龙、华、虫、藻、火、粉米、黼、黻之象，凡十二章也。素带广四寸，朱里，以朱缘裨饰其侧。中衣以绛缘其领袖，赤皮蔽膝。蔽膝，古之韨也。绛袴、绛袜，赤舄。衣元服者，空顶介帻。其释奠先圣，则皂纱裙，绛缘中衣，绛袴袜，黑舄。其临轩亦衮冕也。其朝服，通天冠，高九寸，金博山颜，黑介帻，绛纱裙，皂缘中衣。其拜陵，黑介帻，笺单衣。生其杂服，有青赤黄白缃黑色介帻，五色纱裙，五梁进贤冠，远游冠，平上帻，武冠。其素服，白帢单衣。《汉仪》，立秋日猎服缃帻。晋哀帝初，博士曹弘之等议："立秋御读令，不应缃帻，求改用素。"诏从之。宋文帝元嘉六年，奉朝请徐道娱表："不应素帻。"诏门下详议，帝执宜如旧，遂不改。

进贤冠，前高七寸，后高三寸，长八寸，梁数随贵贱，古之缁布冠也。文儒者之所服。上公、卿助祭于郊庙，皆平冕，王公八旒，卿七旒，以组为缨，色如其绶。王公衣山龙以下，九章也；卿衣华虫以下，七章也。行乡射礼，则公卿委貌冠，以皂绢为之，形如覆杯，与皮弁同制。长七寸，高四寸。衣黑而裳素。其中衣以皂缘领袖；其执事之人皮弁，以鹿皮为之。

武冠，昔惠文冠，本赵服也，一名大冠。凡侍臣则加貂蝉。应劭《汉官》曰："说者以金取坚刚，百炼不耗；蝉居高食洁，口在腋下；貂内劲悍而外温润。"此因物生义，非其实也。其实赵武灵王变胡，而秦灭赵，以其君冠赐侍臣，故秦、汉以来，侍臣有貂蝉也。徐广《车服注》称其意曰："北土寒凉，本以貂皮暖额，附施于冠，因遂变成首饰乎？"侍中左貂，常侍右貂。

法冠，本楚服也。一名柱后，一名獬豸。说者云："獬豸兽知曲直，以角触不正者也。"秦灭楚，以其君冠赐法官。

谒者高山冠，本齐服也。一名侧注冠。秦灭齐，以其君冠赐谒者。魏明帝以其形似通天、远游，乃毁变之。

樊哙冠，广九寸，制似平冕，殿门卫士服之。汉将樊哙常持铁盾。鸿门之会，项羽欲害汉王，乃裂裳以苞盾，戴入见羽。汉承秦制，冠有十三种。魏、晋以来，不尽施用。今志其施用者也。

帻者，古贱人不冠者之服也。汉元帝额有壮发，始引帻服之。王莽顶秃，又加其屋也。《汉注》曰："冠进贤者宜长耳，今介帻也；冠惠文者宜短耳，今平中帻也。知时各随所宜，后遂因冠为别。"介帻服文吏，平上服武官也。童子帻无屋者，示未成人也。又有纳言帻，后收，又一重，方三寸。又有赤帻，骑吏、武史、乘舆鼓吹所服。救日蚀，文武官皆免冠，著赤帻，对朝服，示威武也。宋乘舆鼓吹，黑帻武冠。

汉制，祀事五郊，天子与执事所服各如方色；百官不执事者，自服常服以从。常服，绛衣也。魏秘书监秦静曰："汉氏承秦，改六冕之制，俱玄冠绛衣而已。"晋名曰五时朝服；有四时朝服，又有朝服。

凡兵事，总谓之戎。《尚书》云："一戎衣而天下定。"《周礼》："革路以即戎。"又曰："兵事韦弁服。"以韎韦为弁，又以为衣裳。《春秋左传》："戎服听事。"又云："晋郤至衣韎韦之跗。"注，先儒云："韎，绛色。"今时伍伯衣。说者云，五霸兵战，犹有缓缓、冠缨、漫胡，则戎服非袴褶之制，未详所起。近代车驾亲戎中外戒严之服，无定色，冠黑帽，缀紫摽。摽以缯为之，长四寸，广一寸。腰有络带，以代鞶革。中官紫摽。外官绛摽。又有纂严戎服，而不缀摽。行留文武悉同。其畋猎巡幸，则唯从官戎服，带鞶革；文官不下缨，武官脱冠。宋文帝元嘉中，巡幸搜狩皆如之；救宫庙水火，亦如之。

汉制，太后入庙祭神服，绀上皂下；亲蚕，青上缥下，皆深衣。深衣，即单衣也。首饰剪牦蔮。汉制，皇后谒庙服，绀上皂下；亲蚕，青上缥下。首饰，假髻，步摇，八雀，九华，加以翡翠。晋《先蚕仪注》，皇后十二镊，步摇，大手髻，衣纯青之衣，带绶佩。今皇后谒庙服桂褵大衣，谓之袆衣。公主三夫人大手髻，七镊蔽髻。九嫔及公夫人五镊。世妇三镊。公主会见，大手髻。其长公主得有步摇。公主封君以上皆带绶，以采组为绲带，各如其绶色。公特进列侯夫人、卿校世妇、二千石命妇年长者，绀缯蔮。佐祭则皂绢上下；助蚕则青绢上下。自皇后至二千石命妇，皆以蚕衣为朝服。

刘向曰："古者天子至于士，王后至于命妇，必佩玉，尊卑各有其制。"《礼记》曰："天子佩白玉而玄组绶，公侯山玄玉而朱组绶，卿大夫水苍玉而缊组绶，士佩瓀玟而缊组绶。"缊，赤黄色。绶者，所贯佩相承受也。上下施韨如蔽膝，贵贱亦各有殊。五霸之后，战兵不息，佩非兵器，韨非战仪，于是解去佩韨，留其系襚而已。秦乃以采组连结于襚，转相结受，谓之绶。汉承用之。至明帝始复制佩，而汉末又亡绝。魏侍中王粲识其形，乃复造焉。今之佩，粲所制也。皇后至命妇所佩，古制不存，今与外同制，秦组绶，仍又施之。

汉制，自天子至于百官，无不佩刀。司马彪志具有其制。汉高祖为泗水亭长，拔剑斩白蛇。隽不疑云："剑者，君子武备。"张衡《东京赋》"纡黄组，腰干将。"然则自人君至士人，又带剑也。自晋代以来，始以木剑代刃剑。

乘舆六玺，秦制也。《汉旧仪》曰："皇帝行玺，皇帝之玺，皇帝信玺，天子行玺，天子之玺，天子信玺。"此则汉遵秦也。初，高祖入关，得秦始皇蓝田玉玺，螭虎纽，文曰"受天之命，皇帝寿昌"。高祖佩之，后代名曰传国玺，与斩白蛇剑俱为乘舆所宝。传国玺，魏、晋至今不废；斩白蛇剑，晋惠帝武库火烧之，今亡。晋怀帝没胡，传国玺没于刘聪，后又属石勒。及石勒弟石虎死，胡乱，晋穆帝代，乃还天府。虞喜《志林》曰："传国玺，自在六玺之外，天子凡七玺也。"《汉注》曰："玺，印也。自秦以前，臣下皆以金玉为印，龙虎纽，唯所好。秦以来，以玺为称，又独以玉，臣下莫得用。"汉制，皇帝黄赤绶，四采，黄、赤、缥、绀。皇后金玺，绶亦如之。于礼，士绶之色如此，后代变古也。吴无刻玉工，以金为玺。孙皓造金玺六枚是也。又有麟凤龟龙玺，驼马鸭头杂印，今代则阙也。

皇太子，金玺，龟纽，纁朱绶，四采，赤、黄、缥、绀。给五时朝服，远游冠，亦有三梁进贤冠，佩瑜玉。

诸王，金玺，龟纽，纁朱绶，四采，赤、黄、缥、绀。给五时朝服，远游冠，亦有三梁进贤冠，佩山玄玉。

郡公，金章，玄朱绶。给五时朝服，进贤三梁冠，佩山玄玉。太宰、太傅、太保、丞相、司徒、司空，金章，紫绶，给五时朝服，进贤三梁冠，佩山玄玉。相国则绿綟绶，三采，绿、紫、绀。綟，草名也，其色绿。大司马、大将军、太尉、凡将军位从公者，金章，紫绶，给五时朝服，武冠。佩山玄玉。郡侯，金章，青朱绶，给五时朝服，进贤三梁冠。佩水苍玉。骠骑、车骑将军，凡诸将军加大者，征、镇、安、平、中军、镇军、抚军、前、左、右、后将军、征虏、冠军、辅国、龙骧将军，金章，紫绶。给五时朝服，武冠，佩水苍玉。

贵嫔、夫人、贵人，金章，文曰贵嫔、夫人、贵人之章。紫绶，佩于阗玉。淑妃、淑媛、淑仪、修华、修容、修仪、婕妤、容华、充华，银印，文曰淑妃、淑媛、淑仪、修华、修容、修仪、婕妤、容华、充华之印。青绶。佩五采琼玉。

皇太子妃，金玺，龟纽，纁朱绶。佩瑜玉。诸王太妃、诸长公主、公主、封君，金印，紫绶，佩山玄玉。诸王世子，金印，紫绶。五时朝服，进贤两梁冠，佩山玄玉。郡公侯太夫人，银印，青绶，佩水苍玉。郡公侯太子，银印，青绶。给五时朝服，进贤两梁冠，佩水苍玉。

侍中、散骑常侍及中常侍，给五时朝服，武冠，貂蝉，侍中左，右常侍，皆佩水苍玉。尚书令、仆射，铜印，墨绶。给五时朝服，纳言帻，进贤两梁冠，佩水苍玉。尚书，给五时朝服，纳言帻，进贤两梁冠，佩水苍玉。中书监令、秘书监，铜印，墨缤绶。给五时朝服，进贤两梁冠。佩水苍玉。

光禄大夫、卿、尹、太子保、傅、大长秋、太子詹事，银章，青绶。给五时朝服，进贤两梁冠。佩水苍玉。

卫尉，则武冠。卫尉，江左不置。宋孝武孝建初始置，不检晋服制，止以九卿皆文冠及进贤两梁冠，非旧也。司隶校尉、武尉、左右卫、中坚、中垒、骁骑、游击、前军、左军、右军、后军、宁朔、建威、振威、奋威、扬威、广威、建武、振武、奋武、扬武、广武、左右积弩、强弩诸将军、监军，银章，青绶。给五时朝服，武冠，佩水苍玉。领军、护军、城门五营校尉、东南西北中郎将，银印，青绶。给五时朝服，武冠，佩水苍玉。

县、乡、亭侯，金印，紫绶。朝服，进贤三梁冠。

鹰扬、折冲、轻车、扬烈、威远、宁远、虎威、材官、伏波、凌江诸将军，银章，青绶。给五时朝服，武冠。奋武护军、安夷抚军、护军、军州郡国都尉、奉车、驸马、骑都尉、诸护军将兵助郡都尉、水衡、典虞、牧官、典牧都尉、度支中将、校尉、都尉、司监都尉、材官校尉、王国中尉、宜和伊吾都尉、监淮南津都尉，银印，青绶。五时朝服，武冠。

州刺史，铜印，墨绶。给绛朝服，进贤两梁冠。御史中丞、都水使者，铜印，墨绶。给五时朝服，进贤两梁冠，佩水苍玉。谒者仆射，铜印，墨绶。给四时朝服，高山冠，佩水苍玉。诸军司马，银章，青绶。朝服，武冠。

给事中、黄门侍郎、散骑侍郎、太子中庶子、庶子，给五时朝服，武冠。中书侍郎，给五时朝服，进贤一梁冠。冗从仆射、太子卫率，铜印，墨绶。给五时朝服，武冠。

虎贲中郎将、羽林监，铜印，墨绶。给四时朝服，武冠。其在陛列及备卤簿，鹖尾，绛纱縠单衣。鹖鸟似鸡，出上党。为鸟强猛，斗不死不止。复著鹖尾。

北军中候、殿中监，铜印，墨绶。给四时朝服，武冠。护匈奴中郎将、护羌夷戎蛮越乌丸西域戊己校尉，铜印，青绶。朝服，武冠。

郡国太守、相、内史，银章，青绶。朝服，进贤两梁冠。江左止单衣帻。其加中二千石者，依卿、尹。牙门将，银章，青绶。朝服，武冠。

骑都督、守，银印，青绶。朝服，武冠。

尚书左右丞、秘书丞，铜印，黄绶。朝服，进贤一梁冠。尚书秘书郎、太子中舍人、洗马、舍人，朝服，进贤一梁冠。黄沙治书侍御史，银印，墨绶。朝服，法冠。侍御史，朝服，法冠。

关内、关中名号侯，金印，紫绶。朝服，进贤两梁冠。诸博士，给皂朝服，进贤两梁冠，佩水苍玉。公府长史、诸卿尹丞、诸县署令秩千石者，铜印，墨绶。朝服，进贤两梁冠。江左公府长史无朝服，县令止单衣帻。宋后废帝元徽四年，司徒右长史王俭议公府长史应服朝服，曰："《春秋国语》云：'貌者情之华，服者心之文。'岩廊盛礼，衣冠为大。是故军国异容，内外殊序。而自顷承用，每有乖违。府职掌人，教四方为则。臣居毗佐，志在当官，永言先典，载怀夕惕。按晋令，公府长史，官品第六，铜印，墨绶，朝服，进贤两梁冠。掾、属，官品第七，朝服，进贤一梁冠。晋官表注，亦与《令》同。而今长史、掾、属，但著朱服而已，此则公违明文，积习成谬。谓宜依旧制，长史两梁冠，掾、属一梁冠，并同备朝服。中单韦舄，率由旧章。若所上蒙允，并请班司徒二府及诸仪同三府，通为永准。又寻旧事，司徒公府领步兵者，职僚悉同降朝不领兵者。主簿祭酒，中单韦舄并备，令史以下，唯著玄衣。今府既开公，谨遵此制。其或有署台位者，玄服为宜。按《令》称诸有兼官，皆从重官之例。寻内官为重，其署台位者，悉宜著位之服，不在玄服之例。若署诸卿寺位兼

府职者，虽三品，而卿寺为卑，则宜依公府玄衣之制。服章事重，礼仪所先，请台详服。"

议曹郎中沈俣之议曰："制珪象德，损替因时；裁服象功，施用随代。车旗变于商、周，冠佩革于秦、汉，岂必殊代袭容，改尚沿物哉。夫边貂假幸侍之首，贱帻登尊极之颜，一适时用，便隆后制。况朱裳以朝，缅倾百祀，韦舄不加，浩然惟旧。服为定章，事成永则。其俭之所秉，会非古训。青素相因，代有损益，何事弃盛宋之兴法，追往晋之颓典。变改空烦，谓不宜革。"俭又上议曰："自顷服章多阙，有违前准。近议依令文，被报不宜改革，又称左丞刘议，'按令文，凡有朝服，今多阙亡。然则文存损，非唯铉佐，用舍既久，即为旧章'。如下旨，伏寻皇宋受终，每因晋旧制，律令条章，同规在昔。若事有宜，必合惩改，则当上关诏书，下由朝议，县诸日月，垂则后昆。岂得因外府之乖谬，以为盛宋之兴典；用晋氏之律令，而谓其仪为颓法哉！顺违从失，非所望于高议；申明旧典，何改革之可论。又左丞引令史之阙服，以为铉佐之明比。夫名位不同，礼数异等，令史从省，或有权宜；达官简略，为失弥重。又主簿、祭酒，备服于王庭，长史、掾、属，朱衣以就列。于是伦比，自成矛盾。此而可忍，孰不可安！将引令以遵旧，台据失以为例，研详符旨，良所未譬。当官而行，何强之有，制令昭然，守以无贰。"俣之又议："云火从物，沿损异仪，帝乐五殊，王礼三变，岂独大宋造命，必咸仍于晋旧哉！夫宗社疑文，庭庙阙典，或上制书，下协朝议，何乃铉府佐属裳蔽，稍改白虎之诏，断宣室之畴咨乎。又许令史之从省，咎达官之简略。律苟可遵，固无辨于贵贱；规若必等，亦何关于权宜。一用一舍，弥增其滞。且佐非韦舄之职，吏本朝服之官，凡在班列，罔不如一，此盖前令违而遂改，今制允而长用也。爵异服殊，宁会矛盾之譬；讨论疑制，焉取强弱之辨。府执既革之余文，台据永行之成典，良有期于无固，非所望于行迷。"参详不同俭，议遂寝。

诸军长史、诸卿尹丞、狱丞、太子保傅詹事丞、郡国太守相内史、丞、长史、诸县署令长相、关谷长、王公侯诸署令、长、司理、治书、公主家仆，铜印，墨绶。朝服，进贤一梁冠。江左太子保傅卿尹詹事丞，皂朝服。郡丞、县令长，止单衣帻。

公车司马、太史、太医、太官、御府、内省令、太子诸署令、仆、门大夫、陵令，铜印，墨绶。朝服，进贤一梁冠。太子率更、家令、仆，铜印，墨绶。给五时朝服，进贤两梁冠。黄门诸署令、仆、长，铜印，墨绶。四时朝服，进贤一梁冠。黄门冗从仆射监、太子寺人监，铜印，墨绶。给四时朝服，武冠。

公府司马、诸军城门五营校尉司马、护匈奴中郎将护羌戎夷蛮越乌丸戊己校尉长史、司马，铜印，墨绶。朝服，武冠。江左公府司马无朝服，余止单衣帻。廷尉正、监、平，铜印，墨绶。给皂零辟朝服，法冠。

王郡公侯郎中令、大农，铜印，青绶。朝服，进贤两梁冠。北军中候丞，铜印，黄绶。朝服，进贤一梁冠。太子常从虎贲督、校督、司马虎贲督，铜印，墨绶。朝服，

武冠。殿中将军，银章，青绶。四时朝服，武冠。宋末不复给章绶。水衡、典虞、牧官、典牧、材官、州郡国都尉、司马，铜印，墨绶。朝服，武冠。诸谒者，朝服，高山冠。门下中书通事舍人令史、门下主事令史，给四时朝服，武冠。

尚书典事、都水使者参事、散骑集书中书尚书令史、门下散骑中书尚书令史、录尚书中书监令仆省事史、秘书著作治书、主书、主玺、主谱令史、兰台殿中兰台谒者都水使者令史、书令史，朝服，进贤一梁冠。江左凡令史无朝服。

节骑郎，朝服，武冠。其在陛列及备卤簿，著鹖尾、绛纱縠单衣。

殿中中将校尉、都尉、黄门中郎将校尉、殿中太医校尉、都尉，银印，青绶。四时朝服，武冠。

关外侯，银印，青绶。朝服，进贤两梁冠。左右都候、阊阖司马、城门候，铜印，墨绶朝服，武冠。王郡公侯中尉，铜印，墨绶。朝服，武冠。

部曲督护、司马史、部曲将，铜印。朝服，武冠。司马史，假墨绶。

太中中散谏议大夫、议郎、郎中、舍人，朝服，进贤一梁冠。秩千石者，两梁。

城门令史，朝服，武冠。江左凡令史无朝服。诸门仆射佐史、东宫门吏，皂零辟朝服。仆射东宫门吏，却非冠。佐史，进贤冠。

宫内游徼、亭长，皂零辟朝服，武冠。太医校尉、都尉、总章协律中郎将校尉、都尉，银印，青绶。朝服，武冠。小黄门，给四时朝服，武冠。黄门谒者，给四时朝服，进贤一梁冠。朝贺通谒时，著高山冠。

黄门诸署史，给四时朝服，武冠。

中黄门黄门诸署从官寺人，给四时科单衣，武冠。

殿中司马、及守陵者、殿中太医司马，铜印，墨绶。给四时朝服，武冠。

太医司马，铜印。朝服，武冠。总章监鼓吹监律司马，铜印，墨绶。朝服。鼓吹监总章协律司马，进贤一梁冠。总章监司律司马，进贤一梁冠。

诸县署丞、太子诸署丞、王公侯诸署及公主家丞，铜印，黄绶。朝服，进贤一梁冠。太医丞，铜印，进贤一梁冠。黄门诸署丞，铜印，黄绶。给四时朝服，进贤一梁冠。黄门称长、园监，铜印，黄绶。给四时朝服，武冠。

诸县尉、关谷塞护道尉，铜印，黄绶。朝服，武冠。江左止单衣帻。

洛阳卿有秩，铜印，青绶。朝服，进贤一梁冠。

宣威将军以下至裨将军，铜印。朝服，武冠。其以此官为刺史、郡守、若万人司马虎贲督以上、及司马史者，皆假青绶。平虏武猛中郎将、校尉、都尉，银印。朝服，武冠。其以此官为千人司马虎贲督以上、及司马史者，皆假青绶。别部司马、军假司马，银印。朝服，武冠。

图像都匠行水中郎将、校尉、都尉，银印，青绶。朝服，武冠。若非以工伎巧能特加此官者，羽林长郎，佩武猛都尉以上印者，假青绶。别部司马以下，假墨绶。朝服，武冠。其长郎壮士，武弁冠。在陛列及卤簿，服绛縠单衣。

陛下甲仆射主事吏将骑、廷上五牛旗假使虎贲，在陛列及备卤簿，服锦文衣，武冠，鹖尾。陛长，假铜印，墨绶，旄头。

羽林在陛列及备卤簿，服绛科单衣，上著韦画要襦，假旄头。

举辇迹禽前驱由基强弩司马、守陵虎贲，佩武猛都尉以上印者，假青绶。别部司马以下，假墨绶。守陵虎贲，给绛科单衣，武冠。

殿中冗从虎贲、殿中虎贲、及守陵者持铩戟冗从虎贲，佩武猛都尉以下印者，假青绶。别部司马以下，假墨绶。绛科单衣，武冠。

持椎斧武骑虎贲、五骑传诏虎贲、殿中羽林及守陵者太官尚食虎贲、称饭宰人、诸官尚食虎贲，佩武猛都尉以上印者，假青绶。别部司马以下，假墨绶。给绛襦，武冠。其在陛列及备卤簿，五骑虎贲，服锦文衣，鹖尾。宰人服离支衣。

黄门鼓吹、及钉官仆射、黄门鼓吹史主事、诸官鼓吹、尚书廊下都坐门下守阁、殿中威仪驺、虎贲常直殿黄云龙门者、门下左右部虎贲羽林驺、给传事者诸导驺、门下中书守阁、给绛襦，武冠。南书门下虎贲羽林驺、兰台五曹节藏射廊下守阁、威仪、发符驺、都水使者黄沙廊下守阁、谒者、录事、威仪驺、河堤谒者驺、诸官谒者驺，绛襦，武冠。给其衣服，自如故事。大谁士皂科单衣，樊哙冠。卫士墨布襦，却敌冠。凡此前众职，江左多不备，又多阙朝服。

诸应给朝服佩玉，而不在京都者，给朝服；非护乌丸羌夷戎蛮诸校尉以上及刺史、西域戊己校尉，皆不给佩玉。其来朝会，权时假给，会罢输还。凡应朝服者，而官不给，听自具之。诸假印绶而官不给鞶囊者，得自具作。其但假印不假绶者，不得佩绶。

鞶，古制也。汉代著鞶囊者，侧在腰间。或谓之傍囊，或谓之绶囊。然则以此囊盛绶也。或盛或散，各有其时乎。

朝服一具，冠帻各一，绛绯袍、皂缘中单衣领袖各一领，革带袷裤各一，舄，袜各一量，簪导绚自副。四时朝服者，加绛绢黄绯青绯皂绯袍单衣各一领；五时朝服者，加给白绢袍单衣一领。

诸受朝服，单衣七丈二尺，科单衣及襦五丈二尺，中衣绢五丈，缘皂一丈八尺，领袖练一匹一尺，绢七尺五寸。给裤练一丈四尺，缣二丈。袜布三尺。单衣及襦袷带，缣各一段，长七尺。江左止给绢各有差。宋元嘉末，断不复给，至今。山鹿、貂、柱貂白貂、施毛狐白领、黄豹、斑白貍子、渠搜裘、步摇、八镊、蔽结、多服蝉、明中、襦白，又诸织成衣帽、锦帐、纯金银器、云母从广一寸以上物者，皆为禁物。

诸在官品令第二品以上，其非禁物，皆得服之。第三品以下，加不得服三镊以上、蔽结、爵叉、假真珠翡翠校饰缨佩、杂采衣、杯文绮、齐绣黻、镝离、桂袍。第六品以下，加不得服金镊、绫、锦、锦绣、七缘绮、貂豽裘、金叉环钏、及以金校饰器物、张绛帐。第八品以下,加不得服罗、纨、绮、縠、杂色真文。骑士卒百工人,加不得服大绛紫襈、假结、真珠珰珥、犀、瑇瑁、越叠、以银饰器物、张帐、乘犊车,履色无过绿、青、白。奴婢衣食客,加不得服白帻、茜、绛、金黄银叉、环、铃、镊、钏,履色无过纯青。诸去官及薨卒不禄物故,家人所服,皆得从故官之例。诸王皆不得私作禁物,及嚮碧校鞍,珠玉金银错刻镂雕饰无用之物。

天子坐漆床,居朱屋。史臣按《左传》,丹桓宫之楹。何休注《公羊》,亦有朱屋以居。所从来久矣。漆床亦当是汉代旧仪,而《汉仪》不载。寻所以必朱必漆者,其理有可言焉。夫珍木嘉树,其品非一,莫不植根深岨,致之未易。藉地广之资,因人多之力,则役苦费深,为敝滋重。是以上古圣王,采椽不斫,斫之则惧刻桷雕楹,莫知其限也。哲人县鉴微远,杜渐防萌,知采椽不惬后代之心,不斫不为将来之用,故加朱施漆,以传厥后。散木凡材,皆可入用。远探幽旨,将在斯乎。

殿屋之为员渊方井兼植荷华者,以厌火祥也。

古者贵贱皆执笏,其有事则撞之于腰带。所谓搢绅之士者,搢笏而垂绅带也。绅垂三尺。笏者有事则书之,故常簪笔,今之白笔,是其遗象。三台五省二品文官簪之;王公侯伯子男卿尹及武官不簪。加内侍位者,乃簪之。手板,则古笏矣。尚书令、仆射、尚书手板头复有白笔,以紫皮裹之,名笏。朝服肩上有紫生袷囊,缀之朝服外,俗呼曰紫荷。或云汉代以盛奏事,负荷以行,未详也。

魏文帝黄初三年,诏赐汉太尉杨彪几杖,待以客礼。延请之日,使挟杖入朝。又令著鹿皮冠。彪辞让,不听。乃使服布单衣皮弁以见。《傅玄子》曰:"汉末王公名士,多委王服,以幅巾为雅。是以袁绍、崔钧之徒,虽为将帅,皆著縑巾。"

魏武以天下凶荒,资财乏匮,拟古皮弁,裁缣帛以为帢,合乎简易随时之义,以色别其贵贱。本施军饰,非为国容也。徐爰曰:"俗说帢本未有歧,苟文若巾之,行触树枝成歧,谓之为善,因而弗改。"通以为庆吊服。巾以葛为之,形如帢,而横著之,古尊卑共服也。故汉末妖贼以黄为巾,时谓之"黄巾贼"。今国子太学生冠之,服单衣以为朝服,执一卷经以代手板。居士野人,皆服巾焉。

徐爰曰:"帽名犹冠也。义取于蒙覆其首。其本缊也。古者有冠无帻,冠下有缁,以缯为之。后世施帻于冠,因裁缁为帽。自乘舆宴居,下至庶人无爵者,皆服之。"史臣案晋成帝咸和九年制,听尚书八座丞郎、门下三省侍郎乘车白帢低帻出入掖门。又二宫直宫著乌纱帢。然则士人宴居,皆著帢矣。而江左时野人已著帽,士人亦往往而然,但其顶圆耳。后乃高其屋云。古者人君有朝服,有祭服,有宴服,有吊服。吊服皮弁疑衰,今以单衣黑帻为宴会服,拜陵亦如之。以单衣白帢为吊服,修敬尊秩亦服之也。单衣,古之深衣也。今单衣裁制与深衣同,唯绢带为异。深衣绢帽以居丧,单衣素帢以施吉。

晋武帝泰始三年,诏太宰安平王孚服侍中之服,赐大司马义阳王望衮冕之服。四年,又诏赵、乐安、燕王服散骑常侍之服。十年,赐彭城王衮冕之服。伪楚桓玄将篡,亦加安帝母弟太宰琅邪王衮冕服。宋兴以来,王公贵臣加侍中、散骑常侍,乃得服貂珰也。

宋孝武孝建元年,丞相南郡王义宣,二年,雍州刺史武昌王浑,又有异图。世祖嫌侯王强盛,欲加减削。其年十月己未,大司马江夏王义恭、骠骑大将军竟陵王诞表改革诸王车服制度,凡九条,表在《义恭传》。上因讽有司更增广条目。奏曰:"车服以庸,《虞书》茂典;名器慎假,《春秋》明诫。是以尚方所制,禁严汉律,诸侯窃服,虽亲必罪。自顷以来,下僭弥盛。器服装饰,乐舞音容,通于王公,达于众庶。上下无辨,人志靡一。今表之所陈,实允礼度。九条之格,犹有未尽,谨共附益,凡二十四条。听事不得南向坐,施帐井幨。蕃国官正冬不得跣登国殿,及夹侍国师传令及油戟。公主王妃传令,不得朱服。舆不得重杠。鄣扇不得雉尾;剑不得鹿卢形;椉耗不得孔雀白鹢;夹縠队不得绛袄;平乘诞马不得过二匹;胡伎不得彩衣。舞伎正冬著袿衣,不得庄而蔽花;正冬会不得铎舞、杯柈舞。长跻伎、趏舒、丸剑、博山伎、缘大橦伎、升五案伎,自非正冬会奏舞曲,不得舞。诸妃主不得著衮带。信幡,非台省官悉用绛。郡县内史相及封内官长,于其封君,既非三,罢官则不复追敬,不合称臣,正宜上下官敬而已。诸镇常行,车前后不得过六队,白直夹縠,不在其限。刀不得过银铜为装。诸王女封县主、诸王子孙袭封王王之妃及封侯者夫人行,并不得卤簿。诸王子继体为王者,婚姻吉凶,悉依诸国公侯之礼,不得同皇弟皇子。车舆不得油幢,轺车不在其限。平乘舫皆片两头作露平形,不得拟像龙舟,悉不得朱油。帐钩不得作五花及竖笋形。若先有器物者,悉输送台臧。书到后二十日期,若有窃玩犯禁者,及统司无举纠,并临时议罪。"诏可。

车前五百者,卿行旅从,五百人为一旅。汉氏一统,故去其人,留其名也。

宋孝武孝建二年十一月乙巳,有司奏:"侍中祭酒何偃议:'自今临轩,乘舆法服,荟华盖,登殿宜依庙斋以夹御,侍中、常侍夹扶上殿,及应为王公兴,又夹扶,毕,还本位。'求详议。"曹郎中徐爰参议:"宜如省所称,以为永准。"诏可。

孝建三年五月壬戌,有司奏:"案汉胡广、蔡邕并云古者诸侯贰车九乘,秦灭六国,兼其车服,故王者大驾属车八十一乘。尚书、御史乘之。最后一车,悬豹尾。法驾则三十六乘。检晋江左逮至于今,乘舆出行,副车相承五乘。"尚书令建平王宏参议:"八十一乘,义兼九国,三十六乘无所准,并不出经典。自邕、广传说,又是从官所乘,非帝者副车正数。江左五乘,俭不中礼。案《周官》云:'上公九命,贰车九乘。侯伯七命,车七乘。子男五命,车五乘。'然则帝王十二乘。"诏可。

大明元年九月丁未朔,有司奏:"未有皇太后出行副车定数,下礼官议正。"博士王燮之议:"《周礼》,后六服五路之数,悉与王同,则副车之制,不应独异。又《记》云:'古者后立六宫、三夫人、九嫔、二十七世妇、八十一御妻,以听天下之内治。''天子立六官、三公、九卿、二十七大夫、八十一元士，以听天下之外治。'郑注云：'后象王立六宫而居之，亦正寝一，燕寝五。'推所立每与王同，礼无降亦明矣。皇太后既礼均至极，弥不应殊。谓并应同十二乘。"通关为允。诏可。

大明四年正月戊辰，尚书左丞荀万秋奏："《籍田仪注》，'皇帝冠通天冠，朱纮，青介帻，衣青纱袍。侍中陪乘，奉车郎乘辂。'案《汉·舆服志》曰：'通天冠，乘舆常服也。'若斯岂可以常服降千亩邪？《礼记》曰：'昔者天子为藉千亩，冕而朱纮，躬秉耒耜。'郑玄注《周官》司服曰：'六服同冕，'尊故也。时服虽变，冕制不改。又潘岳《藉田赋》云：'常伯陪乘，太仆秉辔。'推此，舆驾藉田，宜冠冕，璪十二旒，朱纮，黑介帻，衣青纱袍。常伯陪乘，太仆秉辔。宜改仪注，一遵二《礼》，以为定仪。"诏可。

大明四年正月己卯，有司奏："南郊亲奉仪注，皇帝初著平天冠，火龙黼黻之服。还，变通天冠，绛纱袍。庙祠亲奉，旧仪，皇帝初服与郊不异，而还变著黑介帻，单衣即事，乖体。谓宜同郊还，亦变著通天冠，绛纱袍。又旧仪乘金根车，今五路既备，依《礼》玉路以祀，亦宜改金根车为玉路。"诏可。

大明六年八月壬戌，有司奏："《汉仪注》'大驾卤簿，公卿奉引，大将军参乘，太仆卿御。法驾，侍中参乘，奉车郎御'。晋氏江左，大驾未立，故郊祀用法驾，宗庙以小驾。至于仪服，二驾不异。拜陵，御服单衣帻，百官陪从，朱衣而已，亦谓之小驾，名实乖舛。考寻前记，大驾上陵，北郊。周礼宗庙于昊天有降，宜以大驾郊祀，法驾祠庙，小驾上陵，如为从序。今改祠庙为法驾卤簿，其军幢多少，临时配之。至尊乘玉路，以金路象路革路木路小辇轮御辂衣书等车为副。其余并如常仪。"诏可。大明七年二月甲寅，舆驾巡南豫、兖二州，冕服，御玉路，辞二庙。改服通天冠，御木路，建大麾，备春搜之典。

明帝太始四年五月甲戌，尚书令建安王休仁参议："天子之子，与士齿让，达于辟雍，无生而贵者也。既命而尊，礼同上公。周制五等，车服相涉，公降王者，一等而已。王以金路赐同姓诸侯，象及革木，以赐异姓侯伯，在朝卿士，亦准斯礼。按如此制，则东宫应乘金路。自晋武过江，礼仪疏舛，王公以下，车服卑杂；唯有东宫，礼秩崇异，上次辰极，下绝侯王。而皇太子乘石山安车，义不见经，事无所出。《礼》所谓金、玉路者，正以金玉饰辂诸末耳。左右前后，同以漆画。秦改周辂，制为金根，通以金薄，周匝四面。汉、魏、二晋，因循莫改。逮于大明，始备五辂。金玉二制，并类金根，造次瞻睹，殆无差别。若锡之东储，于礼嫌重，非所以崇峻陛级，表示等威。且《春秋》之义，降下以两，臣子之义，宜从谦约。谓东宫车服，宜降天子二等，骖驾四马，乘象辂，降龙碧旗九旒。进不斥尊，退不逼下，沿古时之，于礼为衷。"诏可。

泰始四年八月甲寅，诏曰："车服之饰，象数是遵。故盛皇留范，列圣垂制。朕近改定五路，酌古代今，修成六服，沿时变礼。所施之事，各有条叙；便可付外，载之典章。朕以大冕纯玉缫，玄衣黄裳，乘玉辂，郊祀天，宗祀明堂。又以法冕五彩缫，玄衣绛裳，乘金路，祀太庙，元正大会诸侯。又以饰冠冕四彩缫，紫衣红裳，乘象辂，小会宴缟，饯送诸侯，临轩会王公。又以绣冕三彩缫，朱衣裳，乘革路，征伐不宾，讲武校猎。又以宏冕二彩缫，青衣裳，乘木辂，耕稼，飨国子。又以通天冠，朱纱袍，为听政之服。"

泰始六年正月戊辰，有司奏："被救皇太子正冬朝驾，合著衮冕九章衣不？"仪曹郎丘仲起议："案《周礼》，公自衮冕以下。郑注：'衮冕以至卿大夫之玄冕，皆其朝聘天子之服也。'伏寻古之上公，尚得服衮以朝。皇太子以储副之尊，率土瞻仰。愚谓宜式遵盛典，服衮冕九旒以朝贺。"兼左丞陆澄议："服冕以朝，实著经典。秦除六冕之制，至汉明帝始与诸儒还备古章。自魏、晋以来，宗庙行礼之外，不欲令臣下服衮冕，故位公者，每加侍官。今皇太子承乾作副，礼绝群后，宜遵圣王之盛典，革近代之陋制。臣等参议，依礼，皇太子元正朝贺，应服衮冕九章衣。以仲起议为允。撰载仪注。"诏可。

后废帝即位，尊所生陈贵妃为皇太妃，舆服一如晋孝武太妃故事，唯省五牛旗及赤旗。

卷十九　　志第九

乐　一

《易》曰："先王作乐崇德，殷荐之上帝，以配祖考。"自黄帝至于三代，名称不同。周衰凋缺，又为郑卫所乱。魏文侯虽好古，然犹昏睡于古乐。于是淫声炽而雅音废矣。及秦焚典籍，《乐经》用亡。汉兴，乐家有制氏，但能记其铿锵鼓舞，而不能言其义。周存六代之乐，至秦唯余《韶》、《武》而已。始皇改周舞曰《五行》，汉高祖改《韶舞》曰《文始》，以示不相袭也。又造《武德舞》，舞人悉执干戚，以象天下乐己行武以除乱也。故高祖庙奏《武德》、《文始》、《五行》之舞。周又有《房中之乐》，秦改曰《寿人》。其声，楚声也，汉高好之；孝惠改曰《安世》。高祖又作《昭容乐》、《礼容乐》。《昭容》生于《武德》，《礼容》生于《文始》、《五行》也。汉初，又有《嘉至乐》，叔孙通因秦乐人制宗庙迎神之乐也。文帝又自造《四时舞》，以明天下之安和。盖乐先王之乐者，明有法也；乐己所自作者，明有制也。孝景采《武德舞》作《昭德舞》，荐之太宗之庙。孝宣采《昭德舞》为《盛德舞》，荐之世宗之庙。汉诸帝奏《文始》、《四时》、《五行》之舞焉。

武帝时，河间献王与毛生等共采《周官》及诸子言乐事者，以著《乐记》，献八佾之舞，与制氏不相殊。其内史中丞王定传之，以授常山王禹。禹，成帝时为谒者，数言其义，献记二十四卷。刘向校书，得二十三篇，然竟不用也。至明帝初，东平宪王苍总定公卿之议，曰："宗庙宜各奏乐，不应相袭，所以明功德也。承《文始》、《五行》、《武德》为《大武》之舞。"又制舞哥一章,荐之光武之庙。

汉末大乱,众乐沦缺。魏武平荆州,获杜夔,善八音,常为汉雅乐郎,尤悉乐事,于是以为军谋祭酒,使创定雅乐。时又有邓静、尹商,善训雅乐,哥师尹胡能歌宗庙郊祀之曲,舞师冯肃、服养晓知先代诸舞,夔悉总领之。远考经籍,近采故事,魏复先代古乐,自夔始也。而左延年等,妙善郑声,惟夔好古存正焉。

文帝黄初二年,改汉《巴渝舞》曰《昭武舞》,改宗庙《安世乐》曰《正世乐》,《嘉至乐》曰《迎灵乐》,《武德乐》曰《武颂乐》,《昭容乐》曰《昭业乐》,《云翘舞》曰《凤翔舞》,《育命舞》曰《灵应舞》,《武德舞》曰《武颂舞》,《文始舞》曰《大韶舞》,《五行舞》曰《大武舞》。其众哥诗,多即前代之旧;唯魏国初建,使王粲改作登哥及《安世》、《巴渝》诗而已。

明帝太和初,诏曰:"礼乐之作,所以类物表庸而不忘其本者也。凡音乐以舞为主,自黄帝《云门》以下,至于周《大武》,皆太președintelui舞名也。然则其所司之官,皆曰太乐,所以总领诸物,不可以一物名。武皇帝庙乐未称,其议定庙乐及舞,舞者所执,缀兆之制,声哥之诗,务令详备。乐官自如故为太乐。"太乐,汉旧名,后汉依谶改太予乐官,至是改复旧。于是公卿奏曰:"臣闻德盛而化隆者,则乐舞足以象其形容,音声足以发其哥咏。故荐之郊庙,而鬼神享其和;用之朝廷,则君臣乐其度。使四海之内,遍知至德之盛,而光辉日新者,礼乐之谓也。故先王殷荐上帝,以配祖考,盖当其时而制之矣。周之末世,上去唐、虞几二千年,《韶箾》、《南》、《龠》、《武》、《象》之乐,风声遗烈,皆可得而论也。由斯言之,礼乐之事,弗可以已。今太祖武皇帝乐,宜曰《武始之乐》。武,神武也;武,又迹也。言神武之始,又王迹所起也。高祖文皇帝乐,宜曰《咸熙之舞》。咸,皆也;熙,兴也。言应受命之运,天下由之皆兴也。至于群臣述德论功,建定烈祖之称,而未制品舞,非所以昭德纪功。夫哥以咏德,舞以象事。于文,文武为斌,兼秉文武,圣德所以章明也。臣等谨制乐舞名《章斌之舞》。昔《箫韶》九奏,亲于虞帝之庭,《武》、《象》、《大武》,亦振于文、武之阵。特以显其德教,著其成功,天下被服其光辉,习咏其风声者也。自汉高祖、文帝各建其时,而为《武德》、《四时》之舞,上考前代制作之宜,以当今成业之美,播扬弘烈,莫盛于《章斌》焉。《乐志》曰:'钟磬干戚,所以祭先王之庙,又所以献酬酢也。在宗庙之中,君臣莫不致敬;族长之中,长幼无不从和。'故仲尼答宾牟贾之问曰:'周道四达,礼乐交通。'《传》云:'鲁有禘乐,宾祭用之。'此皆祭礼大享,通用盛乐之明文也。今有事于天地宗庙,则此三舞宜并以为荐享;及临朝大享,亦宜舞之。然后乃合古制事神训民之道,关于万世,其义益明。又臣等思惟,三舞宜有总名,可名《大钧之乐》。钧,平也。言大魏三世同功,以至隆平也。于名为美,于义为当。"尚书奏:"宜如所上。"帝初不许制《章斌之乐》;三请,乃许之。

于是尚书又奏:"祀圆丘以下,《武始舞》者,平冕、黑介帻,玄衣裳,白领袖,绛领袖中衣,绛合幅袴,绛袜,黑韦鞮。《咸熙舞》者,冠委貌,其余服如前。《章斌舞》者,与《武始》、《咸熙》舞者同服。奏于朝庭,则《武始舞》者,武冠,赤介帻,生绛袍单衣,绛领袖,皂领袖中衣,虎文画合幅袴,白布袜,黑韦鞮。《咸熙舞》者,进贤冠,黑介帻,生黄袍单衣,白合幅袴,其余服如前。"奏可。史臣案:《武始》、《咸熙》二舞,冠制不同,而云《章斌》与《武始》、《咸熙》同服,不知服何冠也?

侍中缪袭又奏:"《安世哥》本汉时哥名。今诗哥非往诗之文,则宜变改。案《周礼》注云:《安世乐》,犹周《房中之乐》也。是以往昔议者,以《房中》哥后妃之德,所以风天下,正夫妇,宜改《安世》之名曰《正始之乐》。自魏国初建,故侍中王粲所作登哥《安世诗》,专以思咏神灵及说神灵鉴享之意。袭后又依哥省读汉《安世哥》咏,亦说'高张四县,神来燕享,嘉荐令仪,永受厥福'。无有《二南》后妃风化天下之言。今思惟往者谓《房中》为后妃之哥者,恐失其意。方祭祀娱神,登堂哥先祖功德,下堂哥咏燕享,无事哥后妃之化也。自宜依其事以名其乐哥,改《安世哥》曰《享神哥》。"奏可。案文帝已改《安世》为《正始》,而袭至是又改《安世》为《享神》,未详其义。王粲所造《安世诗》,今亡。袭又奏曰:"文昭皇后庙,置四县之乐,当铭显其均奏次第,依太祖庙之名,号曰昭庙之具乐。"尚书奏曰:"礼,妇人继夫之爵,同牢配食者,乐不异文。昭皇后今虽别庙,至于宫县乐器音均,宜如袭议。"奏可。

散骑常侍王肃议曰:"王者各以其礼制事天地,今说者据《周官》单文为经国大体,惧其局而不知弘也。汉武帝东巡封禅还,祠太一于甘泉,祭后土于汾阴,皆尽用其乐。言尽用者,为尽用宫县之乐也。天地之性贵质者,盖谓其器之不文尔,不谓庶物当复减之也。礼,天子宫县,舞八佾。今祀圆丘方泽,宜以天子制,设宫县之乐,八佾之舞。"卫臻、缪袭、左延年等咸同肃议。奏可。

肃又议曰:"说者以为周家祀天,唯舞《云门》;祭地,唯舞《咸池》;宗庙,唯舞《大武》,似失其义矣。周礼宾客皆作备乐。《左传》:'王子颓享五大夫,乐及遍舞。'六代之乐也。然则一会之日,具作六代乐矣。天地宗庙,事之大者,宾客燕会,比之为细。《王制》曰:'庶羞不逾牲,燕衣不逾祭服。'可以燕乐而逾天地宗庙之乐乎?《周官》:'以六律、六吕、五声、八音、六舞大合乐,以致鬼神,以和邦国,以谐万民,以安宾客,以说远人。'夫六律、六吕、五声、八音,皆一时而作之,至于六舞独分擘而用之,所以不厌人心也。又《周官》:'籥师掌教籥乐,祭祀则帅其属而舞之,大享亦如之。'籥,东夷之乐也。又:'鞮鞻氏掌四夷之乐与其声哥,祭祀则吹而哥之,燕亦如之。'四夷之乐,乃入宗庙;先代之典,独不得用。大享及燕日如之者,明古今夷、夏之乐,皆主之于宗庙,而后播及其余也。夫作先王乐者,贵能包而用之;纳四夷之乐者,美德广之所及也。高皇帝、太皇帝、太祖、高祖、文昭庙,皆宜兼用先代及《武始》、《太钧》之舞。"有司奏:"宜如肃议。"奏可。肃私造宗庙诗颂十二篇,不被哥。晋武帝泰始二年，改制郊庙哥，其乐舞亦仍旧也。

汉光武平陇、蜀，增广郊祀，高皇帝配食，乐奏《青阳》、《朱明》、《西皓》、《玄冥》、《云翘》、《育命》之舞。北郊及祀明堂，并奏乐如南郊。迎时气五郊：春哥《青阳》，夏哥《朱明》，并舞《云翘》之舞；秋哥《西皓》，冬哥《玄冥》，并舞《育命》之舞；季夏哥《朱明》，兼舞二舞。章帝元和二年，宗庙乐，故事，食举有《鹿鸣》、《承元气》二曲。三年，自作诗四篇，一曰《思齐皇姚》，二曰《六骐驎》，三曰《竭肃雍》，四曰《陟叱根》。合前六曲，以为宗庙食举。加宗庙食举《重来》、《上陵》二曲，合八曲为上陵食举。减宗庙食举《承元气》一曲，加《惟天之命》、《天之历数》二曲，合七曲为殿中御食饭举。又汉太乐食举十三曲：一曰《鹿鸣》，二曰《重来》，三曰《初造》，四曰《侠安》，五曰《归来》，六曰《远期》，七曰《有所思》，八曰《明星》，九曰《清凉》，十曰《涉大海》，十一曰《大置酒》，十二曰《承元气》，十三曰《海淡淡》。魏氏及晋荀勖、傅玄并为哥辞。魏时以《远期》、《承元气》、《海淡淡》三曲多不通利，省之。魏雅乐四曲：一曰《鹿鸣》，后改曰《于赫》，咏武帝；二曰《驺虞》，后改曰《巍巍》，咏文帝；三曰《伐檀》，后省除；四曰《文王》，后改曰《洋洋》，咏明帝。《驺虞》、《伐檀》、《文王》并左延年改其声。正旦大会，太尉奉璧，群后行礼，东厢雅乐郎作者是也。今谓之行礼曲，姑洗厢所奏。按《鹿鸣》本以宴乐为体，无当于朝享，往时之失也。

晋武泰始五年，尚书奏使太仆傅玄、中书监荀勖、黄门侍郎张华各造正旦行礼及王公上寿酒食举乐哥诗。诏又使中书郎成公绥亦作。张华表曰："按魏上寿食举诗及汉氏所施用，其文句长短不齐，未皆合古。盖以依咏弦节，本有因循，而识乐知音，足以制声，度曲法用，率非凡近所能改。二代三京，袭而不变，虽诗章词异，兴废随时，至其韶逖音折，皆系于旧，有由然也。是以一皆因就，不敢有所改易。"荀勖则曰："魏氏哥诗，或二言，或三言，或四言，或五言，与古诗不类。"以问司律中郎将陈颀，颀曰："被之金石，未必皆当。"故勖造晋哥，皆为四言，唯王公上寿酒一篇为三言五言，此则华、勖明明异旨也。九年，荀勖遂典知乐事，使郭琼、宋识等造《正德》、《大豫》之舞，而勖及傅玄、张华又各造此舞哥诗。勖作新律笛十二枚，散骑常侍阮咸讥新律声高，高近哀思，不合平和。勖以其异己，出咸为始平相。晋又改魏《昭武舞》曰《宣武舞》，《羽籥舞》曰《宣文舞》。咸宁元年，诏定祖宗之号，而庙乐同用《正德》、《大豫》之舞。

至江左初立宗庙，尚书下太常祭祀所用乐名，太常贺循答云："魏氏增损汉乐，以为一代之礼，未审大晋乐名所以为异。遭离丧乱，旧典不存，然此诸乐，皆和之以钟律，文之以五声，咏之于哥词，陈之于舞列，宫县在下，琴瑟在堂，八音迭奏，雅乐并作，登哥下管，各有常咏，周人之旧也。自汉氏以来，依放此礼，自造新诗而已。旧京荒废，今既散亡，音韵曲折，又无识者，则于今难以意言。"于时以无雅乐器及伶人，省太乐并鼓吹令。是后颇得登哥，食举之乐，犹有未备。明帝太宁末，又诏阮孚增益之。成帝咸和中，乃复置太乐官，鸠习遗逸，而尚未有金石也。

初，荀勖既以新律造二舞，又更修正钟磬，事未竟而勖薨。惠帝元康三年，诏其子黄门侍郎藩修定金石，以施郊庙。寻值丧乱，遗声旧制，莫有记者。庾亮为荆州，与谢尚共为朝廷修雅乐，亮寻薨。庾翼、桓温专事军旅，乐器在库，遂至朽坏焉。晋氏之乱也，乐人悉没戎虏。及胡亡，邺下乐人，颇有来者。谢尚时为尚书仆射，因之以具钟磬。太元中，破符坚，又获乐工杨蜀等，闲练旧乐，于是四厢金石始备焉。宋文帝元嘉九年，太乐令钟宗之更调金石。十四年，治书令史奚纵又改之。语在《律历志》。晋世曹毗、王珣等亦增造宗庙哥诗，然郊祀遂不设乐。何承天曰："世咸传吴朝无雅乐。案孙皓迎父丧明陵，唯云倡伎昼夜不息，则无金石登哥可知矣。"承天曰："或云今之《神弦》，孙氏以为宗庙登哥也。"史臣案陆机《孙权诔》"《肆夏》在庙，《云翘》承□"，机不容虚设此言。又韦昭孙休世上《鼓吹铙哥》十二曲表曰："当付乐官善哥者习哥。"然则吴朝非无乐官，善哥者乃能以哥辞被丝管，宁容止以《神弦》为庙乐而已乎？

宋武帝永初元年七月，有司奏："皇朝肇建，庙祀应设雅乐，太常郑鲜之等八十八人各撰立新哥。黄门侍郎王韶之所撰哥辞七首，并合施用。"诏可。十二月，有司又奏："依旧正旦设乐，参详属三省改太乐诸哥舞诗。黄门侍郎王韶之立三十二章，合用教试，日近，宜逆诵习。辄申摄施行。"诏可。又改《正德舞》曰《前舞》，《大豫舞》曰《后舞》。元嘉十八年九月，有司奏："二郊宜奏登哥。"又议宗庙舞事，录尚书江夏王义恭等十二人立议同，未及列奏，值军兴，事寝。二十二年，南郊，始设登哥，诏御史中丞颜延之造哥诗，庙舞犹阙。

孝建二年九月甲午，有司奏："前殿中曹郎荀万秋议：按礼，祭天地有乐者，为降神也。故《易》曰：'雷出地奋豫。先王以作乐崇德，殷荐之上帝，以配祖考。'《周官》曰：'作乐于圆丘之上，天神皆降。作乐于方泽之中，地祇皆出。'又曰：'乃奏黄钟，哥大吕，舞《云门》，以祀天神。乃奏太簇，哥应钟，舞《咸池》，以祀地祇。'由斯而言，以乐祭天地，其来尚矣。今郊享阙乐，窃以为疑。《祭统》曰：'夫祭有三重焉，献之属莫重于祼，声莫重于升哥，舞莫重于《武宿夜》，此周道也。'至于秦奏《五行》，魏舞《咸熙》，皆以用享。爰逮晋氏，太始之初，傅玄作晋郊庙哥诗三十二篇。元康中，荀藩受诏成父勖业，金石四县，用之郊庙。是则相承郊庙有乐之证也。今庙祠登哥虽奏，而象舞未陈，惧阙备礼。夫圣王经世，异代同风，虽损益或殊，降杀迭运，未尝不执古御今，同规众矩。方兹休明在辰，文物大备，礼仪遗逸，罔不具举，而况出祇降神，辍乐于郊祭，昭德舞功，有阙于庙享。谓郊庙宜设备乐。"

于是使内外博议。骠骑大将军竟陵王诞等五十一人并同万秋议。尚书左仆射建平王宏议以为："圣王之德虽同，创制之礼或异，乐不相沿，礼无因袭。自宝命开基，皇符在运，业富前王，风通振古，朝仪国章，并循先代。

自后晋东迁,日不暇给,虽大典略备,遗阙尚多。至于乐号庙礼,未该往正。今帝德再昌,大孝御宇,宜讨定礼本,以昭来叶。寻舜乐称《韶》,汉改《文始》,周乐《大武》,秦革《五行》。眷夫祖有功而宗有德,故汉高祖庙乐称《武德》,太宗庙乐曰《昭德》。魏制《武始》舞武庙,制《咸熙》舞文庙。则祖宗之庙,别有乐名。晋氏之乐,《正德》、《大豫》,及宋不更名,直为《前》《后》二舞,依据昔代,义舛事乖。今宜厘改权称,以《凯容》为《韶舞》,《宣烈》为《武舞》。祖宗庙乐,总以德为名。若庙非不毁,则乐无别称,犹汉高、文、武,咸有嘉号,惠、景二主,乐无余名。章皇太后庙,依诸儒议,唯奏文乐。何休、杜预、范宁注'初献六羽',并不言佾者,佾则干在其中,明妇人无武事也。郊祀之乐,无复别名,仍同宗庙而已。寻诸《汉志》,《永至》等乐,各有义况,宜仍旧不改。爰及东晋,太祝唯送神而不迎神。近议者或云庙以居神,恒如在也,不应有迎送之事,意以为并乖其衷。立庙居灵,四时致享,以申孝思之情。夫神升降无常,何必恒安所处?故《祭义》云:'乐以迎来,哀以送往。'郑注云:'迎来而乐,乐亲之来;送往而哀,哀其享否,不可知也。'《尚书》曰'祖考来格'。又《诗》云:'神保聿归。'注曰:'归于天地也。'此并言神有去来,则有送迎明矣。即周《肆夏》之名,备迎送之乐。古以尸象神,故《仪礼》祝有迎尸送尸,近代虽无尸,岂可阙迎送之礼?又傅玄有迎神送神哥辞,明江左不迎,非旧典也。"

散骑常侍、丹阳尹建城县开国侯颜竣议以为:"德业殊称,则干羽异容,时无沿制,故物有损益。至于礼失道昏,称习忘反,中兴厘运,视听所革,先代缪章,宜见刊正。郊之有乐,盖生《周易》、《周官》,历代著议,莫不援准。夫'扫地而祭,器用陶匏',唯质与诚,以章天德,文物之备,理固不然。《周官》曰:'国有故,则旅上帝及四望。'又曰:'四圭有邸,以祀天旅上帝。两圭有邸,以祀地旅四望。'四望非地,则知上帝非天。《孝经》云:'郊祀后稷以配天,宗祀文王于明堂,以配上帝。'则《豫》之作乐,非郊天也。大司乐职,'奏黄钟,哥大吕,舞《云门》,以祀天神'。郑注:'天神,五帝及日月星辰也。'王者以夏正月祀其所受命之帝于南郊,则二至之祀,又非天地。考之众经,郊祀有乐,未见明证。宗庙之礼,事炳载籍。爰自汉元,迄乎有晋,虽时或更制,大抵相因,为不袭名号而已。今乐曲沦灭,知音世希,改作之事,臣闻其语。《正德》、《大豫》,礼容具存,宜殊其徽号,饰而用之。以《正德》为《宣化》之舞,《大豫》为《兴和》之舞,庶足以光表世烈,悦被后昆。前汉祖宗,庙处各异,主名既革,舞号亦殊。今七庙合食,庭殿共所,舞蹈之容,不得庙有别制。后汉东平王苍已议之矣。又王肃、韩祗以王者德广无外,六代四夷之舞,金石丝竹之乐,宜备奏宗庙。愚谓苍、肃、祗议,合于典礼,适于当今。"

左仆射建平王宏又议:"竣据《周礼》、《孝经》,天与上帝,连文重出,故谓上帝非天,则《易》之作乐,非为祭天也。按《易》称'先王以作乐崇德,殷荐之上帝,以配祖考',《尚书》云:'肆类于上帝。'《春秋传》曰:'告昊天上帝。'凡上帝之言,无非天也。天尊不可以一称,故或谓昊天,或谓上帝,或谓昊天上帝,不得以天有数称,便谓上帝非天。徐邈推《周礼》'国有故,则旅上帝',以知礼天,旅上帝,同是祭天。言礼天者,谓常祀也;旅上帝者,有故而祭也。《孝经》称'严父莫大于配天',故云'郊祀后稷以配天,宗祀文王于明堂,以配上帝。'既天为议,则上帝犹天益明也。不欲使二天文同,故变上帝尔。《周礼》祀天之言再见,故郑注以前天神为五帝,后冬至所祭为昊天。竣又云'二至之祀,又非天地。'未知天地竟应以何时致享?《记》云:'扫地而祭,器用陶匏。'旨明所用质素,无害以乐降神。万秋谓郊宜有乐,事有典据。竣又云'东平王苍以为前汉诸祖别庙,是以祖宗之庙可得各有舞乐。至于祫祭始祖之庙,则专用始祖之舞。故谓后汉诸祖,共庙同庭,虽有祖宗,不宜人别舞'。此诚一家之意,而未统适时之变也。后汉从俭,故诸祖共庙,犹以异室存别庙之礼。晋氏以来,登哥诵美,诸室继作。至于祖宗乐舞,何犹不可迭奏。苟所咏者殊,虽复共庭,亦非嫌也。魏三祖各有舞乐,岂复是异庙邪?"众议并同宏:"祠南郊迎神,奏《肆夏》。皇帝初登坛,奏登哥。初献,奏《凯容》、《宣烈》之舞。送神,奏《肆夏》。祠庙迎神,奏《肆夏》。皇帝入庙门,奏《永至》。皇帝诣东壁,奏登哥。初献,奏《凯容》、《宣烈之舞》。终献,奏《永安》。送神奏《肆夏》。"诏可。

孝建二年十月辛未,有司又奏:"郊庙舞乐,皇帝亲奉,初登坛及入庙诣东壁,并奏登哥,不及三公行事。"左仆射建平王宏重参议:"公卿行事,亦宜奏登哥。"有司又奏:"元会及二庙斋祠,登哥依旧并于殿庭设作。寻庙祠,依新仪注,登哥人上殿,弦管在下;今元会,登哥人亦上殿,弦管在下。"并诏可。文帝章太后庙未有乐章,孝武大明中使尚书左丞殷淡造新哥,明帝又自造昭太后宣太后哥诗。

后汉正月旦,天子临德阳殿受朝贺,舍利从西方来,戏于殿前,激水化成比目鱼,跳跃嗽水,作雾翳日;毕,又化成黄龙,长八九丈,出水游戏,炫耀日光。以两大丝绳系两柱头,相去数丈,两倡女对舞,行于绳上,相逢切肩而不倾。

魏晋讫江左,犹有《夏育扛鼎》、《巨象行乳》、《神龟抃舞》、《北负灵岳》、《桂树白雪》、《画地成川》之乐焉。

晋成帝咸康七年,散骑侍郎顾臻表曰:"臣闻圣王制乐,赞扬治道,养以仁义,防其邪淫,上享宗庙,下训黎民,体五行之正音,协八风以陶气。以宫声正方而好义,角声坚齐而率礼,弦哥钟鼓金石之作备矣。故通神至化,有率舞之感;移风改俗,致和乐之极。末世之伎,设礼外之观,逆行连倒,头足入筥之属,皮肤外剥,肝心内摧。敦彼行苇,犹谓勿践,矧伊生民,而不恻怆。加以四海朝觐,言观帝庭,耳聆《雅》《颂》之声,目睹威仪之序,足以蹈天,头以履地,反两仪之顺,伤彝伦之大。方今夷狄对岸,外御为急,兵食七升,忘身赴难,过泰之戏,日禀五斗。方扫神州,经略中甸,若此之事,不可示远。宜下太常,纂备雅乐,《箫韶》九成,惟新于盛运;功德颂声,永著于来叶。此乃《诗》所以'燕及皇天,克昌厥后'者也。杂伎而伤人者,皆宜除之。流简俭之德,迈康哉之咏,清风既行,民应如草,此之谓也。愚管之诚,唯垂采察。"于是除《高纴》、《紫鹿》、《跂行》、《鳖食》及《齐王卷衣》、《笮儿》等乐。又减其禀。其后复《高纴》、《紫鹿》焉。

宋文帝元嘉十三年,司徒彭城王义康于东府正会,依旧给伎。总章工冯大列:"相承给诸王伎十四种,其舞伎三十六人。"太常傅隆以为:"未详此人数所由。唯杜预注《左传》俏舞云诸侯六六三十六人,常以为非。夫舞者,所以节八音者也。八音克谐,然后成乐。故必以八八为列,自天子至士,降杀以两,两者,减其二列尔。预以为一列又减二人,至士止余四人,岂复成乐。按服虔注《传》云:'天子八八,诸侯六八,大夫四八,士二八。'其义甚允。今诸王不复舞俏,其总章舞伎,即古之女乐也。殿庭八八,诸王则应六八,理例坦然。又《春秋》,郑伯纳晋悼公女乐二八,晋以一八赐魏绛,此乐以八人为列之证也。若如议者,唯天子八,则郑应纳晋二六,晋应赐绛一六也。自天子至士,其文物典章,尊卑差级,莫不以两,未有诸侯既降二列,又列辄减二人,近降太半,非唯八音不具,于两义亦乖,杜氏之谬可见矣。国典事大,宜令详正。"事不施行。

民之生,莫有知其始也。含灵抱智,以生天地之间。夫喜怒哀乐之情,好得恶失之性,不学而能,不知所以然而然者也。怒则争斗,喜则咏哥。夫哥者,固乐之始也。咏哥不足,乃手之舞之,足之蹈之,然则舞又哥之次也。咏哥舞蹈,所以宣其喜心,喜而无节,则流淫莫反。故圣人以五声和其性,以八音节其流,而谓之乐,故能移风易俗,平心正体焉。昔有娀氏有二女,居九成之台。天帝使燕夜往,二女覆以玉筐,既而发视之,燕遗二卵,五色,北飞不反。二女作哥,始为北音。禹省南土,盦山之女令其妾候禹于盦山之阳,女乃作哥,始为南音。夏后孔甲田于东阳萯山,天大风晦冥,迷入民室。主人方乳,或曰:"后来是良日也,必大吉。"或曰:"不胜之子,必有殃。"后乃取以归,曰:"以为余子,谁敢殃之?"后析橑,斧破断其足。孔甲曰:"呜呼!有命矣。"乃作《破斧》之哥,始为东音。周昭王南征,殒于汉中。王右辛余靡长且多力,振王北济,周公乃封之西翟,徙宅西河,追思故处作哥,始为西音。此盖四方之哥也。

黄帝、帝尧之世,王化下洽,民乐无事,故因击壤之欢,庆云之瑞,民因以作哥。其后《风》衰《雅》缺,而妖淫靡漫之声起。

周衰,有秦青者,善讴,而薛谈学讴于秦青,未穷青之伎而辞归。青饯之于郊,乃抚节悲歌,声震林木,响遏行云。薛谈遂留不去,以卒其业。又有韩娥者,东之齐,至雍门,匮粮,乃鬻哥假食。既而去,余响绕梁,三日不绝。左右谓其人不去也。过逆旅,逆旅人辱之,韩娥因曼声哀哭,一里老幼,悲愁垂涕相对,三日不食。遽而追之,韩娥还,复为曼声长哥,一里老幼,喜跃抃舞,不能自禁,忘向之悲也。乃厚赂遣之。故雍门之人善哥哭,效韩娥之遗声。卫人王豹处淇川,善讴,河西之民皆化之。齐人绵驹居高唐,善哥,齐之右地,亦传其业。前汉有虞公者,善哥,能令梁上尘起。若斯之类,并徒哥也。《尔雅》曰:"徒哥曰谣。"

凡乐章古词,今之存者,并汉世街陌谣讴,《江南可采莲》、《乌生》、《十五子》、《白头吟》之属是也。吴哥杂曲,并出江东,晋、宋以来,稍有增广。

《子夜哥》者,有女子名子夜,造此声。晋孝武太元中,琅邪王轲之家有鬼哥《子夜》。殷允为豫章时,豫章侨人庾僧虔家亦有鬼哥《子夜》。殷允为豫章,亦是太元中,则子夜是此时以前人也。《凤将雏哥》者,旧曲也。应璩《百一诗》云:"为作《陌上桑》,反言《凤将雏》。"然则《凤将雏》其来久矣,将由讹变以至于此乎?

《前溪哥》者,晋车骑将军沈玩所制。

《阿子》及《欢闻哥》者,晋穆帝升平初,哥毕辄呼"阿子!汝闻不?"语在《五行志》。后人演其声,以为二曲。《团扇哥》者,晋中书令王珉与嫂婢有情,爱好甚笃,嫂搥挞婢尤苦,婢素善哥,而珉好捉白团扇,故制此哥。《督护哥》者,彭城内史徐逵之为鲁轨所杀,宋高祖使府内直督护丁旿收敛殡埋之。逵之妻,高祖长女也,呼旿至阁下,自问敛送之事,每问,辄叹息曰:"丁督护!"其声哀切,后人因其声,广其曲焉。《懊侬哥》者,晋隆安初,民间讹谣之曲。语在《五行志》。宋少帝更制新哥,太祖常谓之《中朝曲》。《六变》诸曲,皆因事制哥。《长史变》者,司徒左长史王廞临败所制。《读曲哥》者,民间为彭城王义康所作。其哥云"死罪刘领军,误杀刘第四"是也。凡此诸曲,始皆徒哥,既而被之弦管。又有因弦管金石,造哥以被之,魏世三调哥词之类是也。

古者天子听政,使公卿大夫献诗,耆艾修之,而后王斟酌焉。秦、汉采诗之官,哥咏多因前代,与时事既不相应,且无以垂示后昆。汉武帝虽颇造新哥,然不以光扬祖考、崇述正德为先,但多咏祭祀见事及其祥瑞而已。商周《雅颂》之体阙焉。

《鞞舞》,未详所起,然汉代已施于燕享矣。傅毅、张衡所赋,皆其事也。曹植《鞞舞哥序》曰:"汉灵帝《西园故事》,有李坚者,能《鞞舞》。遭乱,西随段煨。先帝闻其旧有技,召之。坚既中废,兼古曲多谬误,异代之文,未必相袭,故依前曲作新哥五篇,不敢充之黄门,近以成下国之陋乐焉。"晋《鞞舞哥》亦五篇,又《铎舞哥》一篇,《幡舞哥》一篇,《鼓舞伎》六曲,并陈于元会。今《幡》、《鼓》哥词犹存,舞并阙。《鞞舞》,即今之《鞞扇舞》也。又云晋初有《杯盘舞》、《公莫舞》。史臣按:杯盘,今之《齐世宁》也。张衡《舞赋》云:"历七盘而纵蹑。"王粲《七释》云:"七盘陈于广庭。"近世文士颜延之云:"递间关于盘扇。"鲍昭云:"七盘起长袖。"皆以七盘为舞也。《搜神记》云:"晋太康中,天下为《晋世宁舞》,矜手以接杯盘反覆。"此则汉世唯有盘舞,而晋加之以杯,反覆之也。

《公莫舞》,今之巾舞也。相传云项庄剑舞,项伯以袖隔之,使不得害汉高祖。且语庄云:"公莫。"古人相呼曰

"公",云莫害汉王也。今之用巾,盖像项伯衣袖之遗式。按《琴操》有《公莫渡河曲》,然则其声所从来已久,欲云项伯,非也。

江左初,又有《拂舞》。旧云《拂舞》,吴舞。检其哥,非吴词也,皆陈于殿庭。扬泓《拂舞序》曰:"自到江南,见《白符舞》,或言《白凫鸠舞》,云有此来数十年。察其词旨,乃是吴人患孙皓虐政,思属晋也。"又有《白纻舞》,按舞词有巾袍之言,纻本吴地所出,宜是吴舞也。晋《俳歌》又云:"皎皎白绪,节节为双。"吴音呼绪为纻,疑白纻即白绪。

《鞞舞》,故二八,桓玄将即真,太乐遣众伎,尚书殿中郎袁明子启增满八佾,相承不复革。宋明帝自改舞曲哥词,并诏近臣虞龢并作。又有西、伧、羌、胡诸杂舞。随王诞在襄阳,造《襄阳乐》;南平穆王为豫州,造《寿阳乐》;荆州刺史沈攸之又造《西乌飞哥曲》,并列于乐官。哥词多淫哇不典正。

前世乐饮,酒酣,必起自舞。《诗》云"屡舞仙仙"是也。宴乐必舞,但不宜屡尔。讥在屡舞,不讥舞也。汉武帝乐饮,长沙定王舞又是也。魏、晋已来,尤重以舞相属。所属者代起舞,犹若饮酒以杯相属也。谢安舞以属桓嗣是也。近世以来,此风绝矣。

孝武大明中,以《鞞》、《拂》、杂舞合之钟石,施于殿庭。顺帝升明二年,尚书令王僧虔上表言之,并论三调哥曰:"臣闻《风》、《雅》之作,由来尚矣。大者系乎兴衰,其次者著于率舞。在于心而木石感,铿锵奏而国俗移。故郑相出郊,辨声知戚;延陵入聘,观乐知风。是则音不妄启,曲岂徒奏。哥倡既设,休戚已征,清浊是均,山琴自应。斯乃天地之灵和,升降之明节。今帝道四达,礼乐交通,诚非寡陋所敢裁酌。伏以三古缺闻,六代潜响,舞咏与日月偕湮,精灵与风云俱灭。追余操而长怀,抚遗器而太息,此则然矣。夫钟县之器,以雅为用,凯容之制,八佾为体。故羽龠击拊,以相谐应,季氏获诮,将在于此。今总章旧佾二八之流,袿服既殊,曲律亦异,推今校古,皎然可知。又哥钟一肆,克谐女乐,以哥为称,非雅器也。大明中,即以宫县合和《鞞》、《拂》,节数虽会,虑乖雅体。将来知音,或讥圣世。若谓钟舞已谐,不欲废罢,别立哥钟,以调羽佾,止于别宴,不关朝享,四县所奏,谨依雅则,斯则旧乐前典,不坠于地。臣昔已制哥磬,犹在乐官,具以副钟,配成一部,即义沿理,如或可安。又今之《清商》,实由铜雀,魏氏三祖,风流可怀,京、洛相高,江左弥重。谅以金县干戚,事绝于斯。而情变听改,稍复零落,十数年间,亡者将半。自顷家竞新哇,人尚谣俗,务在噍危,不顾律纪,流宕无涯,未知所极,排斥典正,崇长烦淫。士有等差,无故不可以去礼;乐有攸序,长幼不可以共闻。故喧丑之制,日盛于廛里;风味之韵,独尽于衣冠。夫川震社亡,同灾异戒,哀思靡漫,异世齐欢。咎征不殊,而欣畏并用,窃所未譬也。方今尘静畿中,波恬海外,《雅》《颂》得所,实在兹辰。臣以为宜命典司,务勤课习,缉理旧声,迭相开晓,凡所遗漏,悉使补拾。曲全者禄厚,艺敏者位优。利以动之,则人思自劝;风以

靡之,可不训自革。反本还源,庶可跂踵。"诏曰:"僧虔表如此。夫钟鼓既陈,《雅》《颂》斯辨,所以惠感人祇,化动翔泳。顷自金龠弛韵,羽佾未凝,正俗移风,良在兹日。昔阮咸清识,王度昭奇,乐绪增修,异世同功矣。便可付外遵详。"

乐器凡八音:曰金,曰石,曰土,曰革,曰丝,曰木,曰匏,曰竹。

八音一曰金。金,钟也,镈也,錞也,镯也,铙也,铎也。钟者,《世本》云"黄帝工人垂所造。"《尔雅》云"大钟曰镛"。《书》曰"笙镛以间"是也。中者曰剽,剽音瓢。小者曰栈,栈音盏,晋江左初所得栈钟是也。县钟磬者曰笋虡,横曰笋,从曰虡。蔡邕曰:"写鸟兽之形,大声有力者以为钟虡,清声无力者以为磬虚,击其所县,知由其虡鸣焉。"镈如钟而大。史臣案:前代有大钟,若周之无射,非一,皆谓之钟;镈之言,近代无闻焉。

錞,錞于也。圆如碓头,大上小下,今民间犹时有其器。《周礼》,"以金錞和鼓"。

镯,钲也。形如小钟,军行鸣之,以为鼓节。《周礼》,"以金镯节鼓"。

铙,如铃而无舌,有柄,执而鸣之。《周礼》,"以金铙止鼓"。汉《鼓吹曲》曰铙哥。

铎,大铃也。《周礼》,"以金铎通鼓"。

八音二曰石。石,磬也。《世本》云叔所造,不知叔何代人。《尔雅》曰:"形似犁錧,以玉为之。"大曰鼞。鼞音嚣。

八音三曰土。土,埙也。《世本》云,暴新公所造,亦不知何代人也。周畿内有暴国,岂其时人乎?烧土为之,大如鹅卵,锐上平底,形似称锤,六孔。《尔雅》云,大者曰嘂,嘂音叫。"小者如鸡子"。

八音四曰革。革,鼓也,鞉也,节也。大曰鼓,小曰𪔛,又曰应。应劭《风俗通》曰:"不知谁所造。"以桴击之曰鼓,以手摇之曰鞉。鼓及鞉之八面者曰雷鼓、雷鞉;六面者曰灵鼓、灵鞉;四面者曰路鼓、路鞉。《周礼》:"以雷鼓鼓天神,以灵鼓鼓社祭,以路鼓致鬼享。"鼓长八尺者曰鼖鼓,以鼓军事。长丈二尺者曰鼛鼓,凡守备及役事则鼓之。今世谓之下鼛。鼛,《周礼》音戚,今世音切啀反。长六尺六寸者曰晋鼓,金奏则鼓之。应鼓在大鼓侧,《诗》云"应鞠悬鼓"是也。小鼓有柄曰鞉。大鞀谓之鞞。《月令》"仲夏修鞀、鞞"。是也。然则鞀、鞞即鞉类也。又有鼙鼓焉。

节,不知谁所造。傅玄《节赋》云:"黄钟唱哥,《九韶》兴舞。口非节不咏,手非节不拊。"此则所从来亦远矣。

八音五曰丝。丝,琴,瑟也,筑也,筝也,琵琶、空侯也。

琴,马融《笛赋》云:"宓羲造琴。"《世本》云:"神农所造。"《尔雅》"大琴曰离",二十弦。今无其器。齐桓曰号钟,楚庄曰绕梁,相如曰焦尾,伯喈曰绿绮,事出傅玄《琴赋》。世云燋尾是伯喈琴,伯喈传亦云尔。以傅氏言之,则非伯喈也。

瑟，马融《笛赋》云"神农造瑟。"世本，"宓羲所造"。《尔雅》云："瑟二十七弦者曰洒。"今无其器。筑，不知谁所造。史籍唯云高渐离善击筑。

筝，秦声也。傅玄《筝赋序》曰："世以为蒙恬所造。今观其体合法度，节究哀乐，乃仁智之器，岂亡国之臣所能关思哉？"《风俗通》则曰："筑身而瑟弦。"不知谁所改作也。

琵琶，傅玄《琵琶赋》曰："汉遣乌孙公主嫁昆弥，念其行道思慕，故使工人裁筝、筑，为马上之乐。欲从方俗语，故名曰琵琶，取其易传于外国也。"《风俗通》云："以手琵琶，因以为名。"杜挚云："长城之役，弦鼗而鼓之。"并未详孰实。其器不列四厢。

空侯，初名坎侯。汉武帝赛灭南越，祠太一后土用乐，令乐人侯晖依琴作坎侯，言其坎坎应节奏也。侯者，因工人姓尔。后言空，音讹也。古施郊庙雅乐，近世来专用于楚声。宋孝武帝大明中，吴兴沈怀远被徙广州，造绕梁，其器与空侯相似。怀远后亡，其器亦绝。

八音六曰木。木，柷也，敔也。并不知谁所造。《乐记》曰："圣人作为鞉、鼓、椌、楬、埙、篪。"所起亦远矣。柷如漆筒，方二尺四寸，深尺八寸，中有椎柄，连底挏之，令左右击敔，状如伏虎，背上有二十七钼铻。以竹长尺名曰止，横栎之，以节乐终也。

八音七曰匏。匏，笙也，竽也。笙，随所造，不知何代人。列管匏内，施簧管端。宫管在中央，三十六簧曰竽；宫管在左傍，十九簧至十三簧曰笙。其它皆相似也。竽今亡。"大笙谓之巢，小者谓之和"。其笙中之簧，女娲所造也。《诗》传云："吹笙则簧鼓矣。"盖笙中之簧也。《尔雅》曰："笙十九簧者曰巢。"汉章帝时，零陵文学奚景于舜祠得笙，白玉管。后世易之以竹乎。

八音八曰竹。竹，律也，吕也，箫也，管也，篪也，龠也，笛也。律吕在《律历志》。

箫，《世本》云："舜所造。"《尔雅》曰："编二十三管，尺四寸者曰言；十六管长尺二寸者曰笒。"笒者交。凡箫一名籁。前世有洞箫，其器今亡。蔡邕曰："箫，编竹有底。"然则邕时无洞箫矣。

管，《尔雅》曰："长尺，围寸，并漆之，有底。"大者曰簅。箑音骄；中者曰篞；小者曰篎，篎音妙。古者以玉为管，舜时西王母献白玉琯是也。《月令》："均琴、瑟、管、箫。"蔡邕章句曰："管者，形长尺，围寸，有孔无底。"其器今亡。

篪，《世本》云："暴新公所造。"旧志云，一曰管。史臣案：非也。虽不知暴新公何代人，而非舜前人明矣。舜时西王母献管，则是已有其器，新公安得造篪乎？《尔雅》云："篪，大者尺四寸，围三寸，曰沂。"沂音银，一名翘。"小者尺二寸"。今有胡篪，出于胡吹，非雅器也。

龠，不知谁所造。《周礼》有龠师，掌教国子秋冬吹龠。今《凯容》、《宣烈》舞所执羽龠是也。盖《诗》所云"左手执龠，右手秉翟"者也。《尔雅》云："龠如笛，三孔而短小。"《广雅》云，七孔。大者曰产，中者曰仲，小者曰箹。箹音握。

笛，案马融《长笛赋》，此器起近世，出于羌中，京房备其五音。又称丘仲工其事，不言仲所造。《风俗通》则曰："丘仲造笛，武帝时人。"其后更有羌笛尔。三说不同，未详孰实。

筃，杜挚《笳赋》云："李伯阳入西戎所造。"汉旧注曰："筃，号曰吹鞭。《晋先蚕注》："车驾住，吹小筃；发，吹大筃。"筃即筃也。又有胡筃。汉旧《筝笛录》有其曲，不记所出本末。

鼓吹，盖短箫铙哥。蔡邕曰："军乐也，黄帝岐伯所作，以扬德建武，劝士讽敌也"《周官》曰："师有功则恺乐。"《左传》曰，晋文公胜楚，"振旅，凯而入"。《司马法》曰："得意则恺乐恺哥。"雍门周说孟尝君，"鼓吹于不测之渊"。说者云，鼓自一物，吹自竽、籁之属，非箫、鼓合奏，别为一乐之名也。然则短箫铙哥，此时未名鼓吹矣。应劭汉《卤簿图》，唯有骑执筃。筃即筃，而汉世有黄门鼓吹。汉享宴食举乐十三曲，与魏世鼓吹长箫同。长箫短箫，《伎录》并云，丝竹合作，执节者哥。又《建初录》云，《务成》、《黄爵》、《玄云》、《远期》，皆骑吹曲，非鼓吹曲。此则列于殿庭者为鼓吹，今之从行鼓吹为骑吹，二曲异也。又孙权观魏武军，作鼓吹而还，此又应是今之鼓吹。魏、晋世，又假诸将帅及牙门曲盖鼓吹，斯则其时谓之鼓吹矣。魏、晋世给鼓吹甚轻，牙门督将五校，悉有鼓吹。晋江左初，临川太守谢摛每寝，辄梦闻鼓吹。有人为其占之曰："君不得生鼓吹，当得死鼓吹尔。"摛击杜韬战没，追赠长水校尉，葬给鼓吹焉。谢尚为江夏太守，诣安西将军庾翼于武昌咨事，翼与尚射，曰："卿若破的，当以鼓吹相赏。"尚射破的，便以其副鼓吹给之。今则甚重矣。

角，书记所不载。或云出羌胡，以惊中国马；或云出吴越。旧志云："古乐有籁、缶。"今并无。史臣按：《尔雅》，籁自是箫之一名耳。《诗》云："坎其击缶。"毛传曰："盎谓之缶。"

筑城相杵者，出自梁孝王。孝王筑睢阳城，方十二里，造倡声，以小鼓为节，筑者下杵以和之。后世谓此声为《睢阳曲》，至今传之。

魏、晋之世，有孙氏善弘旧曲，宋识善击节倡和，陈左善清哥，列和善吹笛，郝索善弹筝，朱生善琵琶，尤发新声。傅玄著书曰："人若钦所闻而忽所见，不亦惑乎！设此六人生于上世，越古今而无俦，何但夔、牙同契哉！"案此说，则自兹以后，皆孙、朱等之遗则也。

卷二十　　　　　志第十

乐　二

蔡邕论叙汉乐曰：一曰郊庙神灵，二曰天子享宴，三曰大射辟雍，四曰短箫铙歌。

晋郊祀歌五篇，傅玄造：

天命有晋，穆穆明明。我其夙夜，祗事上灵。常于时假，迄用有成。于荐玄牡，进夕其牲。崇德作乐，神祇是听。　右祠天地五郊夕牲歌一篇。

宣文烝哉，曰靖四方。永言保之，夙夜匪康。光天之命，上帝是皇。嘉乐殷荐，灵祚景祥。神祇隆假，享福无疆。　右祠天地五郊迎送神歌一篇。

天祚有晋，其命惟新。受终于魏，奄有兆民。燕及皇天，怀柔百神。不显遗烈，之德之纯。享其玄牡，式用肇禋。神祇来格，福禄是臻。

时迈其犹，昊天子之。祐享有晋，兆民戴之。畏天之威，敬授民时。不显不承，于犹绎思。皇极斯建，庶绩咸熙。庶几夙夜，惟晋之祺。

宣文惟后，克配彼天。抚宁四海，保有康年。于乎缉熙，肆用靖民。爰立曲制，爰修礼纪。作民之极，莫匪资始。克昌厥后，永言保之。　右飨天地五郊歌三篇。

前所作天地郊明堂歌五篇，傅玄造：

皇矣有晋，时迈其德。受终于天，光济万国。万国既光，神定厥祥。虔于郊祀，祗事上皇。祗事上皇，百禄是臻。巍巍祖考，克配彼天。嘉牲匪歆，德馨惟飨。受天之祚，神和四畅。　右天地郊明堂夕牲歌。

于赫大晋，膺天景祥。二帝迈德，宣兹重光。我皇受命，奄有万方。郊祀配享，礼乐孔章。神祇嘉飨，祖考是皇。克昌厥后，保祚无疆。　右天地郊明堂降神歌。

整泰坛，祀皇神。精气感，百灵宾。蕴朱火，燎芳薪。紫烟游，冠青云。神之体，靡象形。旷无方，幽以清。神之来，光景照。听无闻，视无兆。神之至，举歆歆。灵爽协，动余心。神之坐，同欢娱。泽云翔，化风舒。嘉乐奏，文中声。八音谐，神是听。咸洁斋，并芬芳。烹牷牲，享玉觞。神说飨，歆禋祀。祐大晋，降繁祉。昨京邑，行四海。保天年，穷地纪。　右天郊飨神歌。

整泰行，俟皇祇。众神感，群灵仪。阴祀设，吉礼施。夜将极，时未移。祇之体，无形象。潜泰幽，洞忽荒。祇之出，菱若有。灵无远，天下母。祇之来，遗光景。照若存，终冥冥。祇之至，举欣欣。舞象德，歌成文。祇之坐，同欢豫。泽雨施，化云布。乐八变，声教敷。物咸享，祇是娱。斋既洁，侍者肃。玉觞进，咸穆穆。飨嘉庆，歆德馨，昨有晋，暨群生。溢九壤，格天庭。保万寿，延亿龄。　右地郊飨神歌。

经始明堂，享祀匪懈。于皇烈考，光配上帝。赫赫上帝，既高既崇。圣考是配，明德显融。率土敬职，万方来祭。常于时假，保祚永世。　右明堂飨神歌。

宋南郊雅乐登歌三篇，颜延之造：

贲威宝命，严恭帝祖。表海炳岱，系唐胄楚。灵鉴浚文，民属睿武。奄受敷锡，宅中拓宇。亘地称皇，罄天作主。月竁来宾，日际奉土。开元首正，礼交乐举。六变联事，九官列序。有牷在涤，有洁在俎。以荐王衷，以答神祜。　右天地郊夕牲歌。

维圣飨帝，维孝飨亲。皇乎备矣，有事上春。礼行宗祀，敬达郊禋。金枝中树，广乐四陈。陟配在京，降德在民。奔精照夜，高燎炀晨。阴明浮烁，沈篆深沦。告成大报，受厘元神。月御按节，星驱扶轮。遥兴远驾，耀耀振振。　右天地郊迎送神歌。

营泰畤，定天衷。思心睿，谋筮从。建表蕝，设郊宫。田烛置，燋火通。历元旬，律首吉。饰紫坛，坎列室。中星兆，六宗秩。乾宇晏，地区谧。大孝昭，祭礼供。牲日展，盛自躬。具陈器，备礼容。形舞缀，被歌钟。望帝阊，耸神跂。灵之来，辰光溢。洁粢酏，娱太一。明辉夜，华皙日。祼既始，献又终。烟芬馞，报清穹。飨宋德，昨王功。休命永，福履充。　右天地飨神歌。

宋明堂歌，谢庄造：

地纽谧，乾枢回。华盖动，紫微开。旌弊日，车若云。驾六气，乘细缊。晔帝京，辉天邑。圣祖降，五灵集。构瑶厄，耸珠帘。汉拂幌，月栖檐。舞缀畅，钟石融。驻飞景，郁行风。懋粢盛，洁牲牷。百礼肃，群司虔。皇德远，大孝昌。贯九幽，洞三光。神之安，解玉銮。景福至，万宇欢。　右迎神歌诗。（依汉郊祀迎神，三言，四句一转韵）。

雍台辨朔，泽宫练辰。洁火夕照，明水朝陈。六瑚贡室，八羽华庭。昭事先圣，怀濡上灵。《肆夏》式敬，升歌发德。永固鸿基，以绥万国。　右登歌词。旧四言。

维天为大，维圣祖是则。辰居万宇，缀旒下国。内灵八辅，外光四瀛。蒿宫仰盖，日馆希旌。复殿留景，重檐结风。刮楹接纬，达响素虹。设业设虡，在王庭。肇禋祀，克配乎灵。我将我享，维孟之春。以孝以敬，以立我烝民。　右歌太祖文皇帝词。依《周颂》体。

参映夕，驷照晨。灵乘震，司青春。雁将向，桐始蕤。柔风舞，暄光迟。萌动达，万品新。润无际，泽无垠。　右歌青帝词。三言，依木数。

龙精初见大火中。朱光北至圭景同。帝位在《离》实司衡。水雨方降木槿荣。庶物盛长咸殷阜。恩覃四溟被九有。　右歌赤帝辞。七言，依火数。

履建宅中宇，司绳御四方。裁化遍寒燠，布政周炎凉。景丽条可结，霜明冰可折。凯风扇朱辰，白云流素节。分至乘结暑，启闭集恒度。帝运缉万有，皇灵澄国步。　右歌黄帝辞。五言，依土数。

百川如镜，天地爽且明。云冲气举，德盛在素精。木叶初下，洞庭始扬波。夜光彻地，翻霜照悬河。庶类收成，岁功行欲宁。浃地奉渥，馨宇承秋灵。　右歌白帝辞。九言，依金数。

岁既晏，日方驰。灵乘坎，德司规。玄云合，晦鸟路。白云繁，亘天涯。雷在地，时未光。饬国典，闭关梁。四节遍，万物殿。福九域，祚八乡。晨晷促，夕漏延。大阴极，微阳宣。鹊将巢，冰已解。气濡水，风动泉。　右歌黑帝辞。六言，依水数。

蕴礼容，余乐度。灵方留，景欲暮。开九重，肃五达。凤参差，龙已秣。云既动，河既梁。万里照，四空香。神之车，归清都。旋庭寂，玉殿虚。睿化凝，孝风炽。顾灵心，结皇思。　右送神歌辞。（汉郊祀送神，亦三言）。右天郊飨神歌。

魏《俞儿舞歌》四篇,王粲造:

汉初建国家,匡九州。蛮荆震服,五刃三革休。安不忘备武乐修。宴我宾师,敬用御天,永乐无忧。子孙受百福,常与松乔游。蒸庶德,莫不咸欢柔。　右《矛俞新福歌》。

材官选士,剑弩错陈。应桴蹈节,俯仰若神。绥我武烈,笃我淳仁。自东自西,莫不来宾。　右《弩俞新福歌》。

我功既定,庶士咸绥。乐陈我广庭,式宴宾与师。昭文德,宣武威。平九有,抚民黎。荷天宠,延寿尸。千载莫我违。　右《安台新福歌》曲。

神武用师士素厉。仁恩广覆,猛节横逝。自古立功,莫我弘大。桓桓征四国,爰及海裔。汉国保长庆,垂祚延万世。　右《行辞新福歌》曲。

晋《宣武舞歌》四篇,傅玄造:

《惟圣皇篇》《矛俞》第一:惟圣皇,德巍巍,光四海。礼乐犹形影,文武为表里,乃作《巴俞》。肆舞士,剑弩齐列,戈矛为之始。进退疾鹰鹞,龙战而豹起。如乱不可乱,动作顺其理,离合有统纪。

《短兵篇》《剑俞》第二:剑为短兵,其势险危。疾逾飞电,回旋应规。武节齐声,或合或离。电发星骛,若景若差。兵法攸象,军容是仪。

《军镇篇》《弩俞》第三:弩为远兵军之镇,其发有机。体难动,往必速,重而不迟。锐精分镈,射远中微。《弩俞》之乐,一何奇!变多姿,退若激,进若飞。五声协,八音谐。宣武象,赞天威。

《穷武篇》《安台行乱》第四:穷武者丧,何但败北。柔弱亡战,国家亦废。秦始徐偃,既已作戒前世。先王鉴其机,修文整武艺。文武足相济,然后得光大。乱曰:高则亢,满则盈。亢必危,盈必倾。去危倾,守以平。冲则久,浊能清。混文武,顺天经。

晋《宣文舞歌》二篇,傅玄造:

《羽籥舞歌》:羲皇之初,天地开元。网罟禽兽,群黎以安。神农教耕,创业诚难。民得粒食,澹然无所患。黄帝始征伐,万品造其端。军驾无常居,是曰轩辕。轩辕既勤止,尧舜匪荒宁。夏禹治水,汤武又用兵。孰能保安逸,坐致太平?圣皇迈乾乾,天下兴颂声,穆穆且明明。惟圣皇,道化彰。澄四海,清三光。万机理,庶事康。潜龙升,仪凤翔。风雨时,物繁昌。却走马,降瑞祥。扬仄陋,简忠良。百禄是荷,眉寿无疆。

《羽铎舞歌》:昔在浑成时,两仪尚未分。阳升垂清景,阴降兴浮云。中和含氤氲,万物各异群。人伦得其序,众生乐圣君。三统继五行,然后有质文。皇王殊运代,治乱亦缤纷。伊大晋,德兼往古。越牺农,邈舜禹。参天地,陵二五。礼唐周,乐《韶》《武》。岂唯《箫韶》,六代具举。泽霑地境,化充天宇。圣明临朝,元凯为辅,普天同乐胥。浩浩元气,遐哉太清。五行流迈,日月代征。随时变化,庶物乃成。圣皇继天,光济群生。化之以道,万国咸宁。受兹介福,延于亿龄。

晋宗庙歌十一篇,傅玄造:

我夕我牲,猗欤敬止。嘉荐孔时,供兹享祀。神鉴厥诚,博硕斯歆。神考降飨,以虞孝孙之心。　右祠庙夕牲歌。

呜呼悠哉!日鉴在兹。以时享祀,神明降之。神明斯降,既祐飨之。祚我无疆,受天之祜。赫赫太上,巍巍圣祖。明明烈考,丕承继序。　右祠庙迎送神歌。

经始宗庙,神明戾止。申锡无疆,祗承享祀。假哉皇祖,绥予孙子。燕及后昆,锡兹繁祉。　右祠征西将军登歌。

嘉乐肆庭,荐祀在堂。皇皇宗庙,乃祖先皇。济济辟公,相予烝尝。享祀不忒,降福穰穰。　右祠豫章府君登歌。

于邈先后,实司于天。显矣皇祖,帝祉肇臻。本支克昌,资始开元。惠我无疆,享祚永年。　右祠颍川府君登歌。

于惟曾皇,显显令德。高明清亮,匪竞柔克。保乂命祜,基命惟则。笃生圣祖,光济四国。　右祠京兆府君登歌。

于铄皇祖,圣德钦明。勤施四方,夙夜敬止。载敷文教,载扬武烈。匡定社稷,龚行天罚。经始大业,造创帝基。畏天之命,于时保之。　右祠宣皇帝登歌。

执竞景皇,克明克哲。旁作穆穆,惟祗惟畏。纂宣之绪,耆定厥功。登此隽乂,纠彼群凶。业业在位,帝既勤止。维天之命,于穆不已。　右祠景皇帝登歌。

于皇时晋,允文文皇。聪明睿智,圣敬武武。万机莫综,皇斯清之。虎咒放命,皇斯平之。柔远能迩,简授英贤。创业垂统,勋格皇天。　右祠文皇帝登歌。

曰晋是常,享祀时序。宗庙致敬,礼乐具举。惟其来祭,普天率土。牺樽既奠,清酤既载。亦有和羹,荐羞斯备。蒸蒸永慕,感时兴思。登歌奏舞,神乐其和。祖考来格,祐我邦家。敷天之下,罔不休嘉。

肃肃在位,济济臣工。四海来格,礼仪有容。钟鼓振,管弦理。舞开元,歌永始。神胥乐兮。肃肃在位,臣工济济。小大咸敬,上下有礼。理管弦,振鼓钟。舞象德,歌咏功。神胥乐兮。肃肃在位,有来雍雍。穆穆天子,相惟辟公。礼有仪,乐有则。舞象功,歌咏德。神胥乐兮。右祠庙飨神歌二篇。

晋江左宗庙歌十三篇,曹毗造十一首,王珣造二首:

歌高祖宣皇帝,曹毗造:

于赫高祖,德协灵符。应运拨乱,厘整天衢。勋格宇宙,化动八区。肃以典刑,陶以玄珠。神石吐瑞,灵芝毕敷。肇基天命,道均唐虞。

歌世宗景皇帝:

景皇承运,纂隆洪绪。皇维重抗,天晖再举。蠢矣二寇,扰我扬楚。乃整元戎,以膏齐斧。亹亹神算,赫赫王旅。鲸鲵既平,功冠帝宇。

歌太祖文皇帝:

太祖齐圣,王猷诞融。仁教四塞,天基累崇。皇室多难,严清紫宫。威厉秋霜,惠过春风。平蜀夷楚,以文以戎。奄有参墟,声流无穷。

歌世祖武皇帝：

于穆武皇，允龚钦明。应期登禅，龙飞紫庭。百揆时序，听断以情。殊域既宾，伪吴亦平。晨流甘露，宵映朗星。野有击壤，路垂颂声。

歌中宗元皇帝：

运屯百六，天罗解贯。元皇勃兴，网笼江汉。仰齐七政，俯平祸乱。化若风行，泽犹雨散。沦光更耀，金辉复焕。德冠千载，蔚有余黎。

歌肃祖明皇帝：

明明肃祖，阐弘帝胙。英风凤发，清晖载路。奸逆纵忒，罔式皇度。躬振朱旗，遂豁天步。宏猷渊塞，高罗云布。品物咸宁，洪基永固。

歌显宗成皇帝：

于休显宗，道泽玄播。式宣德音，畅物以和。迈德蹈仁，匪礼弗过。敷以纯风，濯以清波。连理映阜，鸣凤栖柯。同规放勋，义盖山河。

歌康皇帝：

康皇穆穆，仰嗣洪德。为而不宰，雅音四塞。闲邪以诚，镇物以默。威静区宇，道宣邦国。

歌孝宗穆皇帝：

孝宗凤哲，休音允臧。如彼晨离，耀景扶桑。垂训华幄，流润八荒。幽赞玄妙，爰该曲章。西平僭蜀，北静旧疆。高猷远畅，朝有遗芳。

歌哀皇帝：

于穆哀皇，圣心虚远。雅好玄古，大庭是践。道尚无为，治存易简。化若风行，民犹草偃。虽曰登遐，徽音弥阐。忄音忄音《云》《韶》，尽美尽善。

歌太宗简文皇帝，王珣造：

皇矣简文，于昭于天。灵明若神，周淡如渊。冲应其来，实与其迁。娓娓心化，日用不言。易而有亲，简而可传。观流弥远，求本愈玄。

歌烈宗孝武皇帝，王珣造：

天鉴有晋，钦哉烈宗。同规文考，玄默允龚。威而不猛，约而能通。神钲一震，九域来同。道积淮海，《雅》《颂》自东。气陶淳露，化协时雍。

四时祠祀歌，曹毗造：

肃肃清庙，巍巍圣功。万国来宾，礼仪有容。钟鼓振，金石熙。宣兆祚，武开基。神斯乐兮。理管弦，有来斯和。说功德，吐清歌。神斯乐兮。洋洋玄化，润被九壤。民无不悦，道无不往。礼有仪，乐有式。咏九功，永无极。神斯乐兮。

宋宗庙登歌八篇，王韶之造：

绵绵遐绪，昭明载融。汉德未远，尧有遗风。于穆皇祖，永世克隆。本枝惟庆，贻厥廉穷。右祠北平府君登歌。

乃立清庙，清庙肃肃。乃备礼容，礼容穆穆。显允皇祖，昭是嗣服。锡兹繁祉，聿怀多福。右祠相国掾府君登歌。

四县既序，箫管既举。堂献六瑚，庭舞八羽。先王有典，克禋皇祖。丕显洪烈，永介休祜。右祠开封府君登歌。

钟鼓喤喤，威仪将将。温恭礼乐，敬享曾皇。迈德垂仁，系轨重光。天命纯嘏，惠我无疆。右祠武原府君登歌。

铄矣皇祖，帝度其心。永言配命，播兹徽音。思我茂猷，如玉如金。骏奔在陛，是鉴是歆。右祠东安府君登歌。

烝哉孝皇，齐圣广渊。发祥诞庆，景胙自天。德敷金石，道被管弦。有命既集，徽风永宣。右祠孝皇帝登歌。

惟天有命，眷求上哲。赫矣圣武，抚运桓拨。功并敷土，道均汝坟。止戈曰武，经纬称文。鸟龙失纪，云火代名。受终改物，作我宋京。至道惟王，大业有勋。降德兆民，升歌清庙。右祠高祖武皇帝登歌。

奕奕寝庙，奉璋在庭。笙龠既列，牺象既盈。黍稷匪芳，明祀惟馨。乐具礼充，洁羞荐诚。神之格思，介以休祯。济济群辟，永观厥成。右祠七庙享神登歌。（并以歌章太后篇。）

世祖孝武皇帝歌，谢庄造：

帝锡二祖，长世多祜。于穆睿考，袭圣承矩。玄极弛驭，乾纽坠绪。辟我皇维，缔我宋宇。刊定四海，肇构神京。复礼辑乐，散马堕城。泽礿九有，化浮八瀛。庆云承掖，甘露飞薨。肃肃清庙，徽徽閟宫。舞蹈象德，笙磬陈风。黍稷非盛，明德惟崇。神其歆止，降福无穷。

宣皇太后庙歌：

禀祥月辉，毓德轩光。嗣徽妫姒，思媲周姜。母临万宇，训蔼紫房。朱弦玉龠，式载琼芳。

晋四厢乐歌三首，傅玄造：

天鉴有晋，世祚圣皇。时齐七政，朝此万方。（其一）钟鼓斯震，九宾备礼。正位在朝，穆穆济济。（其二）煌煌三辰，实丽于天。君后是象，威仪孔虔。（其三）率礼无愆，莫匪迈德。仪刑圣皇，万邦惟则。（其四）右《天鉴》四章，章四句。正旦大会行礼歌。

于赫明明，圣德龙兴。三朝献酒，万寿是膺。敷佑四方，如日之升。自天降祚，元吉有征。右《于赫》一章，八句。上寿酒歌。

天命大晋，载育群生。于穆上德，随时化成。（其一）自祖配命，皇皇后辟。继天创业，宣文之绩。（其二）丕显宣文，先知稼穑。克恭克俭，足教足食。（其三）既教食之，弘济艰难。上帝是祐，下民所安。（其四）天祐圣皇，万邦来贺。虽安勿安，乾乾匪暇。（其五）乃正丘郊，乃定冢社。廪廪作宗，光宅天下。（其六）惟敬朝飨，爰奏食举。尽礼供俯，嘉乐有序。（其七）树羽设业，笙镛以间。琴瑟齐列，亦有簴垠。（其八）喤喤鼓钟，枪枪磬管。八音克谐，载夷载简。（其九）既夷既简，其大不御。风化潜兴，如云如雨。（其十）如云之覆，如雨之润。声教所暨，无思不顺。（其十一）教以化之，乐以和之。和而养之，时惟邕邕。（其十二）礼慎其仪，乐节其声。于铄皇縣，既和且平。（其十三）右《天命》十三章，章四句。食举东西厢歌。

晋《正德大豫》二舞歌二篇，傅玄造：

天命有晋,光济万国。穆穆圣皇,文武惟则。在天斯正,在地成德。载韬政刑,载崇礼教。我敷玄化,臻于中道。右《正德舞歌》。

于铄皇晋,配天受命。熙帝之光,世德惟圣。嘉乐《大豫》,保祐万姓。渊兮不竭,冲而用之。先天弗违,虔奏天时。　右《大豫舞歌》。

晋四厢乐歌十七篇,荀勖造:

正旦大会行礼歌四篇:于皇元首,群生资始。履端大享,敬御繁祉。肆觐群后,爰及卿士。钦顺则元,允也天子。《于皇》一章,八句。(当《于赫》)

明明天子,临下有赫。四表宅心,惠浃荒貊。柔远能迩,孔淑不逆。来格祁祁,邦家是若。《明明》一章,八句。(当《巍巍》)

光光邦国,天笃其祜。丕显哲命,顾柔三祖。世德作求,奄有九土。思我皇度,彝伦攸序。《邦国》一章,八句。(当《洋洋》)

惟祖惟宗,高朗缉熙。对越在天,骏惠在兹。聿求厥成,我皇崇之。式固其犹,往敬用治。《祖宗》一章,八句。(当《鹿鸣》)

正旦大会王公上寿酒歌一篇

践元辰,延显融。献羽觞,祈令终。我皇寿而隆,我皇茂而嵩。本枝奋百世,休祚钟圣躬。《践元辰》一章,八句。(当《羽觞行》)

食举乐东西厢歌十二篇:

煌煌七耀,重明交畅。我有嘉宾,是应是贶。邦政既图,接以大飨。人之好我,式遵德让。《煌煌》一章,八句。(当《鹿鸣》)

宾之初筵,蔼蔼济济。既朝乃宴,以洽百礼。颁以位叙,或廷或陛。登俟台叟,亦有兄弟。胄子陪僚,宪兹度楷。观颐养正,降福孔偕。《宾之初筵》一章,十二句。(当《于穆》)

昔我三后,大业是维。今我圣皇,焜耀前晖。奕世重规,明照九畿。思辑用光,时罔有违。陟禹之迹,莫不来威。天被显禄,福履是绥。《三后》一章,十二句。(当《昭昭》)

赫矣太祖,克广明德。廓开宇宙,正世立则。变化不经,民无瑕慝。创业垂统,兆我晋国。《赫矣》一章,八句。(当《华华》)

烈文伯考,时惟帝景。夷险平乱,威而不猛。御衡不迷,皇涂焕炳。七德咸宣,其宁惟永。《烈文》一章,八句。(当《朝宴》)

猗欤盛欤,先皇圣文。则天作乎,大哉为君。慎徽五典,帝载是勤。文武发挥,茂建嘉勋。修己济治,民用宁殷。怀远烛幽,玄教氤氲。善世不伐,服я参分。德博化隆,道冒无垠。《猗欤》一章,十六句。(当《盛德》)

隆化洋洋,帝命炳将。登我晋道,越惟圣皇。龙飞革运,临焘八荒。睿哲钦明,配踪虞唐。封建厥福,骏发其祥。三朝习吉,终然允臧。其臧惟何,总彼万方。元侯列辟,四岳蕃王。时见世享,率兹有常。旅揖九庭,嘉客在堂。宋卫既臻,陈留山阳。我有宾使,观国之光。贡贤纳

计,献璧奉璋。保祐命之,申锡无疆。《隆化》一章,二十八句。(当《绥万邦》)

振鹭于飞,鸿渐其翼。京邑穆穆,四方是式。无竞惟人,王纲允敕。君子来朝,言观其极。《振鹭》一章,八句。(当《朝朝》)

翼翼大君,民之攸暨。信理天工,惠康不匮。将远不仁,训elem淳粹。幽明有伦,俊乂在位。九族既睦,庶邦顺比。开元布宪,四海鳞萃。协时正统,殊涂同致。厚德载物,灵心隆贵。敷奏说言,纳以无讳。树之典象,诲之义类。上教如风,下应如卉。一人有庆,群萌以遂。我后宴喜,令闻不坠。《翼翼》一章,二十六句。(当《顺天》)

既宴既喜,禽是万邦。礼仪卒度,物有其容。晢晢庭燎,喤喤鼓钟。笙磬咏德,万舞象功。八音克谐,俗易化从。其和如乐,庶品时邕。《既宴》一章,十二句。(当《陟天庭》)

时邕份份,六合同尘。往我祖宣,威静殊邻。首定荆楚,遂平燕秦。娓娓文皇,迈德流仁。爰造草昧,应乾顺民。灵瑞告符,休征绘震。天地弗违,以和神人。既裁庸蜀,吴会是宾。肃慎率职,楛矢来陈。韩沙进乐,均协清《钧》。西旅献獒,扶南效珍。蛮裔重译,玄齿文身。我皇抚之,景命惟新。《时邕》一章,二十六句。(当《参两仪》)

愔愔嘉会,有闻无声。清酤既奠,苾豆既馨。礼充乐备,《箫韶》九成。恺乐饮酒,酣而不盈。率土欢豫,邦国以宁。王猷允塞,万载无倾。《嘉会》一章,十二句。

晋《正德》《大豫》二舞歌二篇,荀勖造:

人文垂则,盛德有容。声以依咏,舞以象功。干戚发挥,节以笙镛。羽龠云会,翊宣令踪。敷美尽善,允协时邕。焕炳其章,光乎万邦。万邦洋洋,承我晋道。配天作享,元命有造。上化如风,民应如草。穆穆斌斌,形于绂兆。文武旁作,庆流四表。无竞维烈,永世是绍。右《正德舞歌》。

豫顺以动,大哉惟时。时迈其仁,世载邕熙。兆我区夏,宣文是基。大业惟新,我皇隆之。重光累曜,钦明文思。迄用有成,惟晋之祺。穆穆圣皇,受命既固。品物咸宁,芳烈云布。文教旁通,笃以淳素。玄化洽畅,被之暇豫。作乐崇德,同美《韶》《濩》。浚遐幽遐,式遵王度。右《大豫舞歌》。

晋四厢乐歌十六篇,张华造:

称元庆,奉寿觞。后皇延遐祚,安乐抚万方。　右王公上寿诗一章。

明明在上,丕显厥繇。翼翼三寿,蕃后惟休。群生渐德,六合承流。

三正元辰,朝庆鳞萃。华夏奉职贡,八荒觐殊类。黻冕充广庭,鸣玉盈朝位。济济朝位,言观其光。仪序既以时,礼文涣以彰。思皇享多祜,嘉乐永无央。

九宾在庭,胪赞既通。升瑞莫赘,乃侯乃公。穆穆天尊,隆礼动容。履端承元吉,介福御万邦。

朝享上,下咸雍。崇多仪,繁礼容。舞盛德,歌九功。扬芳烈,播休踪。皇化洽,洞幽明。怀柔百神,辑祥祯。

潜龙跃，雕虎仁。仪凤鸟，届游麟。枯蘖荣，竭泉流。菌芝茂，枳棘柔。和气应，休征滋。协灵符，彰帝期。绥宇宙，万国和。昊天成命，赉皇家，赉皇家。

世资圣哲，三后在天，启鸿烈。启鸿烈，隆王基。率土讴吟，欣戴于时。恒文示象，代气著期。

太始开元，龙升在位。四隩同风，夔宁殊类。五韪来备，嘉生以遂。

凝庶绩，臻太康。申繁祉，胤无疆。本枝百世，继绪不忘。继绪不忘，休有烈光。永言配命，惟晋之祥。

圣明统世，笃皇仁。广大配天地，顺动若陶钧。玄化参自然，至德通神明。清风畅八极，流泽被无垠。

于皇时晋，奕奕齐圣。惟天降嘏，神祇保定。弘济区夏，允集大命。有命既集，光帝猷。大明重耀，鉴六幽。声教洋溢，惠滂流。惠滂流，移风俗。多士盈朝，贤俊比屋。敦世心，斫雕反素朴。反素朴，怀庶方。干戚舞阶庭，疏狄说遐荒。扶南假重译，肃慎袭衣裳。云覆雨施，德洽无疆。旁作穆穆，仁化翔。

朝元日，宾王庭。承宸极，当盛明。衍和乐，竭祇诚。仰嘉惠，怀德馨。游淳风，泳淑清。协亿兆，同欢荣。建皇极，统天位。运阴阳，御六气。殷群生，成性类。王道浃，治功成。人伦序，俗化清。虔明祀，祇三灵。崇礼乐，式仪刑。

庆元吉，宴三朝。播金石，咏泠箫。奏《九夏》，舞《云》《韶》。迈德音，流英声。八纮一，六合宁。六合宁，承圣明。王泽洽，道登隆。绥函夏，总华戎。齐德教，混殊风。混殊风，康万国。崇夷简，尚敦德。弘王度，表遐则。 右食举东西厢乐诗十一章。

于赫皇祖，迪哲齐圣。经纬大业，基天之命。克开洪绪，诞笃天庆。旁济彝伦，仰齐七政。

烈烈景皇，克明克聪，静封略，定勋功。成民立政，仪刑万邦。式固崇轨，光绍前踪。

允文烈考，浚哲应期。参德天地，比功四时。大亨以正，庶绩咸熙。肇启晋宇，遂登皇基。

明明我后，玄德通神。受终正位，协应天人。容民厚下，育物流仁。跻我王道，晖光日新。 右雅乐正旦大会行礼诗四章。

晋《正德》、《大豫》二舞歌二篇，张华造：

《正德舞》歌诗：

日皇上天，玄鉴惟光。神器周回，五德代章。祚命于晋，世有哲王。弘济区夏，甄陶万方。大明垂曜，旁烛无疆。蚩蚩庶类，风德永康。皇道惟清，礼乐斯经。金石在县，万舞在庭。象容表庆，协律被声。轶《武》超《濩》，取节六英。同进退让，化渐无形。太和宣洽，通于幽冥。

《大豫舞》歌诗：

惟天之命，符运有归。赫赫大晋，三后重晖。继明绍世，光抚九围。我皇绍期，遂在璇玑。群生属命，奄有庶邦。慎徽五典，玄教遐通。万方同轨，率土咸雍。爰制《大豫》，宣德舞功。淳化既穆，王道协隆。仁及草木，惠加昆虫。亿兆夷人，说仰皇风。丕显大业，永世弥崇。

晋四厢歌十六篇，成公绥造：

上寿酒，乐未央。大晋应天庆，皇帝永无疆。 右诗一章，王公上寿酒所用。

穆穆天子，光临万国。多士盈朝，莫匪俊德。流化罔极，王猷允塞。嘉会置酒，嘉宾充庭。羽旄耀辰极，钟鼓振泰清。百辟朝三朝，或或明仪刑。济济锵锵，金振玉声。

礼乐具，宴嘉宾。眉寿祚圣皇，景福惟日新。群后戾止，有来雍雍。献酬纳贽，崇此礼容。丰肴万俎，旨酒千钟。嘉乐尽乐宴，福禄咸攸同。

乐哉! 天下安宁。道化行，风俗清。《箫韶》作，咏九成。年丰穰，世泰平。至治哉! 乐无穷。元首聪明，股肱忠。澍丰泽，扬清风。

嘉瑞出，灵应彰。麒麟见，凤皇翔。醴泉涌，流中唐。嘉禾生，穗盈箱。降繁祉，祚圣皇。承天位，统万国。受命应期，授圣德。四世重光，宣开洪业，景克昌，文钦明，德弥彰。肇启晋邦，流祚无疆。

泰始建元，凤皇龙兴。龙兴伊何，享祚万乘。奄有八荒，化育黎蒸。图书焕炳，金石有征。德光大，道熙隆。被四表，格皇穹。奕奕万嗣，明明显融。高朗令终。保兹永祚，与天比崇。

圣皇君四海，顺人应天期。三叶合重光，泰始开洪基。明耀参日月，功化侔四时。宇宙清且泰，黎庶咸雍熙。善哉雍熙。

惟天降命，翼仁祐圣。于穆三皇，载德弥盛。总齐璇玑，光统七政。百揆时序，化若神圣。四海同风，兴至仁。济民育物，拟陶钧。拟陶钧，垂惠润。皇皇群贤，峨峨英俊。德化宣，芬芳播来胤。播来胤，垂后昆。

清庙何穆穆，皇极辟四门。皇极辟四门，万机无不综。娓娓翼翼，乐不及荒，饥不遑食。大礼既行，乐无极。

登昆仑，上增城。乘飞龙，升泰清。冠日月，佩五星。扬虹霓，建彗旌。披庆云，荫繁荣。览八极，游天庭。顺天地，和阴阳。序四气，耀三光。张帝网，正皇纲。播仁风，流惠康。迈洪化，振灵威。怀万方，纳九夷。朝闾阖，宴紫微。

建五旗，罗钟虡。列四县，奏《韶》《武》。铿金石，扬旌羽。纵八佾，巴渝舞。咏《雅》《颂》，和律吕。于胥乐，乐圣主。

化荡荡，清风泄。总英雄，御俊杰。开宇宙，扫四裔。光缉熙，美圣哲。超百代，扬休烈，流景祚，显万世。

皇皇显祖，翼世佐时。宁济六合，受命应期。神武鹰扬，大化咸熙。廓开皇衢，用成帝基。

光光景皇，无竞维烈。匡时拯俗，休功盖世。宇宙既康，九域有截。天命降鉴，启祚明哲。

穆穆烈考，克明克俊。实天生德，诞膺灵运。肇建帝业，开国有晋。载德奕世，垂庆洪胤。

明明圣帝，龙飞在天。与灵合契，通德幽玄。仰化清云，俯育重渊。受灵之祐，于万斯年。 右雅乐正旦大会行礼诗十五章。

宋四厢乐歌五篇，王韶之造：

于铄我皇，礼仁包元。齐明日月，比量乾坤。陶甄百王，稽则黄轩。讦谟定命，辰告四蕃。

将将蕃后，翼翼群僚。盛服待晨，明发来朝。飨以八珍，乐以九《韶》。仰祗天颜，厥猷孔昭。

法章既设，初筵长舒。济济列辟，端委皇除。饮和无盈。威仪有余。温恭在位，敬终如初。

九功既歌，六代惟时。被德在乐，宣道以诗。穆矣太和，品物咸熙。庆积自远，告成在兹。　右《肆夏》乐歌四章。（客入，于四厢振作《于铄曲》。皇帝当阳，四厢振作《将将曲》。皇帝入变服，四厢振作《于铄》、《将将》二曲。又黄钟、太簇二厢作《法章》、《九功》二曲。）

大哉皇宋，长发其祥，纂系在汉，统源伊唐。德之克明，休有烈光。配天作极，辰居四方。

皇矣我后，圣德通灵。有命自天，诞授休祯。龙飞紫极，造我宋京。光宅宇宙，赫赫明明。　右大会行礼歌二章。（姑洗厢作。）

献寿爵，庆圣皇。灵祚穷二仪，休明等三光。　右王公上寿歌一章。（黄钟厢作。）

明明大宋，缉熙皇道。则天垂化，光定天保。天保既定，肆觐万方。礼繁乐富，穆穆皇皇。

沔彼流水，朝宗天池。洋洋贡职，抑抑威仪。既习威仪，亦闲礼容。一人有则，作孚万邦。

烝哉我皇，固天诞圣。履端惟始，对越休庆。如天斯久，如日斯盛。介兹景福，永固骏命。　右殿前登歌三章，别有金石。

晨羲载耀，万物咸睹。嘉庆三朝，礼乐备举。元正肇始，典章晖明。万方毕来贺，华裔充皇庭。多士盈九位，俯仰观玉声。恂恂俯仰，载烂其辉。鼓钟震天区，礼容塞皇闱。思乐穷休庆，福履同所归。

五玉既献，三帛是荐。尔公尔侯，鸣玉华殿。皇皇圣后，降礼南面。元首纳嘉礼，万邦同欢愿。休哉！君臣嘉燕。建五旗，列四县。乐有文，礼无倦。融皇风，穷一变。

体至和，感阴阳。德无不柔，繁休祥。瑞徽璧，应嘉钟。舞灵凤，跃潜龙。景星见，甘露坠。木连理，禾同穗。玄化洽，仁泽敷。极祯瑞，穷灵符。

怀荒裔，绥齐民。荷天祐，靡不宾。靡不宾，长世弘盛。昭明有融，繁嘉庆。繁嘉庆，熙帝载。合气成和，苍生欣戴。三灵协瑞，惟新皇代。

王道四达，流仁布德。穷理咏乾元，垂训顺帝则。灵化侔四时，幽诚通玄默。德泽被八纮，乾宁轨万国。

皇猷缉，咸熙泰。礼仪焕帝庭，要荒服遐外。被发袭缨冕，左衽回衿带。天覆地载，流泽汪沙。声教布濩，德光大。

开元辰，毕来王。奉贡职，朝后皇。鸣珩佩，观典章。乐王度，说徽芳。陶盛化，游太康。丕昭明，永克昌。

惟永初，德丕显。齐七政，敷五典。彝伦序，洪化阐。王泽流，太平始。树声教，明皇纪。和灵祇，恭明祀。衍景祚，膺嘉祉。

礼有容，乐有仪。金石陈，牙羽施。迈《武》《濩》，均《咸池》。歌《南风》，舞德称。文武焕，颂声兴。

王道纯，德弥淑。宁八表，康九服。道礼让，移风俗。移风俗，永克融。歌盛美，告成功。咏徽烈，邈无穷。

右食举歌十章。（黄钟、太簇二厢更作。黄钟作《晨羲》、《体至和》、《王道》、《开元辰》、《礼有容》五曲。太簇作《五玉》、《怀荒裔》、《皇猷缉》、《惟永初》、《王道纯》五曲。）

宋《前舞》《后舞》歌二篇，王韶之造：

于赫景明，天监是临。乐来伊阳，礼作惟阴。歌自德富，傩由功深。庭列宫县，陛罗瑟琴。翱翕繁会，笙磬谐音。《箫韶》虽古，九成在今。道志和声，德音孔宜。光我帝基，协灵配乾。仪刑六合，化穆自然。如彼云汉，为章于天。熙熙万类，陶和当年。击辕中《韶》，永世弗骞。

右《前舞歌》一章。（晋《正德之舞》，蕤宾厢作。）

假乐圣后，实天诞德。积美自中，王猷四塞。龙飞在天，仪刑万国。钦明惟神，临朝渊默。不言之化，品物咸德。告成于天，铭勋是勒。翼翼厥猷，娓娓其仁。顺天创制，因定和神。海外有截，九围无尘。冕旒同契，垂拱临民。乃舞《大豫》，钦若天人。纯嘏孔休，万载弥新。

右《后舞歌》一章。（晋《大豫之舞》，蕤宾厢作。）

章庙乐舞歌祠。（杂歌悉同用太庙词，唯三后别撰。）殷淡造：

宾出入奏《肃成乐》歌词二章：

蕤承孝曲，恭事严圣。浃天奉贶，罄壤齐庆。司仪具序，羽容凤彰。芬枝飚烈，黼构周张。助宝奠轩，酹珍充庭。璆县凝会，渭朱伫声。先期选礼，肃若有承。祗对灵祉，皇庆昭膺。

尊事威仪，晖容昭叙。迅恭神明，梁盛牲俎。肃肃严宫，蔼蔼崇基。皇灵降祉，百祗具司。戒诚望夜，端列承朝。依微昭旦，物色轻霄。鸿庆遐邕，嘉荐令芳。翊帝明德，永祚流光。

牲出入奏《引牲乐》歌词：

维诚洁缋，维孝奠灵。敬芬黍稷，敬涤牺牲。骍茧在豢，载溢载丰。以承宗祀，以肃衷衷。萧芳四举，华火周传。神监孔昭，嘉是柔牷。

荐豆呈毛血奏《嘉荐乐》歌词：

肇禋戒祀，礼容咸举。六典饰文，九司昭序。牲柔既昭，仪刚既陈。恭涤惟清，敬事惟神。加笾单御，兼俎重荐。节动轩越，声流金县。奕奕闱幄，娓娓严闱。洁诚夕鉴，端服晨晖。圣灵戾止，翊我皇则。上缋四宇，下洋万国。永言孝飨，孝飨有容。侯僚赞列，肃肃雍雍。　右夕牲歌词。

迎神奏《韶夏乐》歌词：

闷宫勍勍，复殿微微。璇玓肃烟，红璧彤辉。黼帘神凝，玉堂严馨。圆火夕耀，方水朝清。金枝委树，翠镫仡县。淳波澄宿，华汉浮天。恭事既凤，虔心有慕。仰降皇灵，俯宁依祚。

皇帝入庙北门奏《永至乐》歌词：

皇明邕矣，孝容以昭。銮华羽迥，拂汉涵霄。申申嘉夜，翊翊朝行。行金景送，步玉风《韶》。师承祀则，肃对禋祧。

太祝祼地奏登歌乐词二章：

帝容承祀，练时涓日。九重彻关，四灵宾室。肃倡函音，庶宠委佾。休灵告飨，嘉荐尚芬。玉瑚饰列，桂簋昭陈。具司选礼,翼翼振振。

裸崇祀典,酎恭孝时。礼无爽物,信靡愧词。精华孚郁,诚监昭通。升歌朔节,下管调风。皇心履变,敬明尊亲。大哉孝德,至矣交神。

章皇太后神室奏《章德凯容》之乐舞歌词:

幽瑞浚灵,表彰嫔圣。翊载徽文,敷光崇庆。上纬缠祥,中维饰咏。永属辉猷,联昌景命。

昭皇太后神室奏《昭德凯容》之乐舞歌词,明帝造:

表灵缠象,缵仪纬风。膺华丹耀,登瑞紫穹。训形霄宇,武彰宸宫。腾芬全会,写德声容。

宣皇太后神室奏《宣德凯容》之乐舞歌词,明帝造:

天枢凝耀,地纽俪辉。联光腾世,炳庆翔机。薰蔼中宇,景缠上微。玉颂镂德,金龠传徽。

皇帝还东壁受福酒奏《嘉时》之乐舞词:

礼荐洽,福时昌。皇圣膺嘉祐,帝业凝休祥。居极乘景运,宅德瑞中王。澄明临四表,精华延八乡。洞海周声惠,彻宇丽乾光。灵庆缠世祉,鸿烈永无疆。

送神奏《夏》之乐舞歌词二章:

大孝备,盛礼丰。神安留,嘉乐充。旋驾耸,泛青穹。延八虚,辟四空。蔼流景,肃行风。

昭融教,缉风度。恋皇灵,结深慕。解羽县,辍华树。背璇除,端玉辂。流汪汋,庆国步。

皇帝诣便殿奏《休成》之乐歌词:

醹醴具登,嘉俎咸荐。飨洽诚陈,礼周乐遍。祝词罢裸,序容辍县。跸动端庭,銮回严殿。神仪驻景,华汉亭虚。八灵案卫,三祇解途。翠盖耀澄,罩奕凝宸。玉镳息节,金辂怀音。式诚达孝,底心肃感。追凭皇鉴,思承渊范。神锡懋祉,四纬昭明。仰福帝徽,俯齐庶生。

卷二十一　　志第十一

乐　三

《但歌》四曲,出自汉世。无弦节,作伎,最先一人倡,三人和。魏武帝尤好之。时有宋容华者,清彻好声,善唱此曲,当时特妙。自晋以来,不复传,遂绝。《相和》,汉旧歌也。丝竹更相和,执节者歌。本一部,魏明帝分为二,更递夜宿。本十七曲,朱生、宋识、列和等复合之为十三曲。

《相和》

《驾六龙》、《气出倡》,武帝词:

驾六龙乘风而行,行四海外。路下之八邦,历登高山,临溪谷,乘云而行,行四海外,东到泰山。仙人玉女,下来翱游,骖驾六龙,饮玉浆,河水尽,不东流。解愁腹,饮玉浆。奉持行,东到蓬莱山。上至天之门。玉阙下,引见得入,赤松相对,四面顾望,视正焜煌。开王心正兴,其气百道至,传告无穷。闭其口,但当爱气,寿万年。东到海,与天连。神仙之道,出窈入冥。常当专之,心恬憺无所愒欲,闭门坐自守,天与期气。愿得神之人,乘驾云车,骖驾白鹿,上到天之门,来赐神之药。跪受之,敬神齐。当如此,道自来。

华阴山,自以为大,高百丈,浮云为之盖。仙人欲来,出随风,列之雨。吹我洞箫鼓瑟琴,何闾间,酒与歌戏。今日相乐诚为乐,玉女起,起儛移数时。鼓吹一何嘈嘈,从西北来时,仙道多驾烟,乘云驾龙,郁何蓩蓩。遨游八极,乃到昆仑之山,西王母侧。神仙金止玉亭,来者为谁?赤松王乔,乃德旋之门。乐共饮食到黄昏,多驾合坐,万岁长宜子孙。

游君山,甚为真,磪䃬硞硌,尔自为神。乃到王母台,金阶玉为堂,芝草生殿旁。东西厢,客满堂。主人当行觞,坐者长寿遽何央。长乐甫始宜孙子,常愿主人增年,与天相守。

《厥初生》、《精列》,武帝词:

厥初生,造化之陶物,莫不有终期。莫不有终期,圣贤不能免,何为怀此忧。愿螭龙之驾,思想昆仑居。思想昆仑居,见期于迂怪,志意在蓬莱。志意在蓬莱,周孔圣徂落,会稽以坟丘。会稽以坟丘,陶陶谁能度,君子以弗忧。年之暮,奈何,过时时来微。

《江南可采莲》、《江南》,古祠:

江南可采莲,莲叶何田田。鱼戏莲叶间,鱼戏莲叶东,鱼戏莲叶西,鱼戏莲叶南,鱼戏莲叶北。

《天地间》、《度关山》,武帝词:

天地间,人为贵。立君牧民,为之轨则。车辙马迹,经纬四极。绌陟幽明,黎庶繁息。于铄贤圣,总统邦域,封建五爵,井田刑狱。有燔丹书,无普赦赎。皋陶《甫刑》,何有失职。嗟哉后世,改制易律。劳民为君,役赋其力。舜漆食器,畔者十国;不及唐尧,采椽不斫。世叹伯夷,欲以厉俗。侈恶之大,俭为恭德。许由推让,岂有讼曲。兼爱尚同,疏者为戚。

《东光乎》、《东光乎》,古词:

东光乎!仓梧何不乎!仓梧多腐粟,无益诸军粮。诸军游荡子,蚤行多悲伤。

《登山有远望》、《十五》,文帝词:

登山而远望,溪谷多所有。楩柟千余尺,众草之盛茂。华叶耀人目。五色难可纪。雉雊山鸡鸣,虎啸谷风起。号罴当我道,狂顾动牙齿。

《惟汉二十二世》、《薤露》,武帝词:

惟汉二十二世,所任诚不良。沐猴而冠带,智小而谋强。犹豫不敢断,因狩执君王。白虹为贯日,已亦先受殃。贼臣持国柄,杀主灭宇京。荡覆帝基业,宗庙以燔丧。播越西迁移,号泣而且行。瞻彼洛城郭,微子为哀伤。

《关东有义士》、《蒿里行》,武帝词:

关东有义士,兴兵讨群凶。初期会孟津,乃心在咸阳。军合力不齐,踌躇而雁行。势利使人争,嗣还自相戕。淮南弟称号,刻玺于北方。铠甲生虮虱,万姓以死亡。白骨露于野,千里无鸡鸣。生民百遗一,念之绝人肠。

《对酒歌太平时》、《对酒》,武帝词:

对酒歌,太平时,吏不呼门。王者贤且明,宰相股肱皆忠良,咸礼让,民无所争讼。三年耕有九年储,仓谷满盈,斑白不负戴。雨泽如此,五谷用成。却走马以粪其土田。爵公侯伯子男,咸爱其民,以黜陟幽明,子养有若父与兄。犯礼法,轻重随其刑。路无拾遗之私,囹圄空虚,冬节不断人。耄耋皆得以寿终,恩德广及草木昆虫。

《鸡鸣高树颠》、《鸡鸣》,古词:

鸡鸣高树颠,狗吠深宫中。荡子何所之,天下方太平。刑法非有贷,柔协正乱名。黄金为君门,璧玉为轩闼堂。上有双尊酒,作使邯郸倡。刘玉碧青甓,后出郭门王。舍后有方池,池中双鸳鸯。鸳鸯七十二,罗列自成行。鸣声何啾啾,闻我殿东厢。兄弟四五人,皆为侍中郎。五日一时来,观者满道傍。黄金络马头,颖颖何煌煌。桃生露井上,李树生桃傍,虫来啮桃根,李树代桃僵。树木身相代,兄弟还相忘!

《乌生八九子》、《乌生》,古词:

乌生八九子,端坐秦氏桂树间。唶我秦氏,家有游遨荡子,工用睢阳强苏合弹。左手持强弹,两丸出入乌东西。唶我一丸即发中乌身,乌死魂魄飞扬上天。阿母生乌子时,乃在南山岩石间。唶我人民安知乌子处,蹊径窈窕安从通。白鹿乃在上林西苑中,射工尚复得白鹿脯哺。唶我黄鹄摩天极高飞,后宫尚复得烹煮之。鲤鱼乃在洛水深渊中,钓钩尚得鲤鱼口。唶我人民生各各有寿命,死生何须复道前后。

《平陵东》、《平陵》,古词:

平陵东,松柏桐,不知何人劫义公。劫义公在高堂下,交钱百万两走马。两走马,亦诚难,顾见追吏心中恻。心中恻,血出漉,归告我家卖黄犊。

《弃故乡》(亦在瑟调《东西门行》)《陌上桑》,文帝词:

弃故乡,离室宅,远从军旅万里客。披荆棘,求阡陌,侧足独窘步,路局笮。豹豹嗥动,鸡惊,禽失群,鸣相索。登南山,奈何蹈盘石,树木丛生郁差错。寝蒿草,荫松柏,涕泣雨面沾枕席。伴旅单,稍稍日零落,惆怅窃自怜,相痛惜。

《今有人》、《陌上桑》,《楚词》钞:

今有人,山之阿,被服薜荔带女萝。既含睇,又宜笑,子恋慕予善窈窕。乘赤豹,从文狸,辛夷车驾结桂旗。被石兰,带杜衡,折芳拔茎遗所思。处幽室,终不见,天路险艰独后来。表独立,山之上,云何容容而在下。杳冥冥,羌昼晦,东风飘飘神灵雨。风瑟瑟,木搜搜,思念公子徒以忧。

《驾虹霓》、《陌上桑》,武帝词:

驾虹霓,乘赤云,登彼九疑历玉门。济天汉,至昆仑,见西王母,谒东君。交赤松,及羡门,受要秘道爱精神。食芝英,饮醴泉,柱杖桂枝佩秋兰。绝人事,游浑元,若疾风游欻飘飘。景未移,行数千,寿如南山不忘愆。

清商三调歌诗,荀勖撰,旧词施用者,平调。

《周西》、《短歌行》,武帝词(六解):

周西伯昌,怀此圣德,三分天下,而有其二。修奉贡献,臣节不坠。崇侯谗之,是以拘系。(一解)后见赦原,赐之斧钺,得使征伐。为仲尼所称,达及德行,犹奉事殷,论叙其美。(二解)齐桓之功,为霸之首,九合诸侯,一匡天下。一匡天下,不以兵车。正而不谲,其德传称。(三解)孔子所叹,并称夷吾,民受其恩。赐与庙胙,命无下拜。小白不敢尔,天威在颜咫尺。(四解)晋文亦霸,躬奉天王。受赐珪瓒,秬鬯雕弓、卢弓、矢千,虎贲三百人。(五解)威服诸侯,师之者尊,八方闻之,名亚齐桓。河阳之会,诈称周王,是以其名纷葩。(六解)

《秋风》、《燕歌行》,文帝词(七解):

秋风萧瑟天气凉,草木摇落露为霜。(一解)群燕辞归鹄南翔,念君客游多思肠。(二解)慊慊思归恋故乡,君何淹留寄它方。(三解)贱妾茕茕守空房,忧来思君不敢忘。(四解)不觉泪下沾衣裳,援瑟鸣弦发清商。(五解)短歌微吟不能长,明月皎皎照我床。(六解)星汉西流夜未央,牵牛织女遥相望,尔独何辜限河梁。(七解)

《仰瞻》、《短歌行》,文帝词(六解):

仰瞻帷幕,俯察几筵。其物如故,其人不存。(一解)神灵倏忽,弃我遐迁。靡瞻靡恃,泣涕连连。(二解)呦呦游鹿,衔草鸣麑。翩翩飞鸟,挟子巢栖。(三解)我独孤茕,怀此百离。忧心孔疚,莫我能知。(四解)人亦有言,忧令人老。嗟我白发,生一何早。(五解)长吟永叹,怀我圣考。曰仁者寿,胡不是保。(六解)

《别日》、《燕歌行》,文帝词(六解):

别日何易会日难,山川悠远路漫漫。(一解)郁陶思君未敢言,寄书浮云往不还。(二解)涕零雨面毁形颜,谁能怀忧独不叹。(三解)耿耿伏枕不能眠,披衣出户步东西。(四解)展诗清歌聊自宽,乐往哀来摧心肝。悲风清厉秋气寒,罗帷徐动经秦轩。(五解)仰戴星月观云间,飞鸟晨鸣,声气可怜,留连顾怀不自存。(六解)

《对酒》、《短歌行》,武帝词(六解):

对酒当歌,人生几何!譬如朝露,去日苦多。(一解)慨当以慷,忧思难忘。以何解忧,唯有"杜康"。(二解)青青子衿,悠悠我心。但为君故,沈吟至今。(三解)明明如月,何时可掇。忧从中来,不可断绝。(四解)呦呦鹿鸣,食野之苹。我有嘉宾,鼓瑟吹笙。(五解)山不厌高,水不厌深。周公吐哺,天下归心。(六解)

清调

《晨上》、《秋胡行》,武帝词:

晨上散关山,此道当何难!晨上散关山,此道当何难!牛顿不起,车堕谷间。坐盘石之上,弹五弦之琴,作为清角韵,意中迷烦。歌以言志,晨上散关山。(一解)有何三老公,卒来在我傍。有何三老公,卒来在我傍。负掩被裘,似非恒人。谓卿云何,困苦以自怨,徨徨所欲,来到此间。歌以言志,有何三老公。(二解)我居昆仑山,所谓者真人。我居昆仑山,所谓者真人。道深有可得。名山历观,遨游八极。枕石漱流饮泉。沈吟不决,遂上升天。歌以言志,我居昆仑山。(三解)去去不可追,长恨相牵攀。去去不可追,长恨相牵攀。夜夜安得寐,惆怅以自怜。正而不谲,辞赋依因。经传所过,西来所传。歌以言志,去去不可追。(四解)。

又本：晨上散关山，此道当何难。有何三老公，卒来在我傍。我居我昆仑山，所谓真人，去不可追，长相牵攀。

《北上》、《苦寒行》，武帝词（六解）：
北上太行山，艰哉何巍巍。羊肠坂诘屈，车轮为之摧。（一解）树木何萧瑟，北风声正悲。熊罴对我蹲，虎豹夹道啼。（二解）溪谷少人民，雪落何霏霏。延颈长叹息，远行多所怀。（三解）我心何怫郁，思欲一东归。水深桥梁绝，中道正裴回。（四解）迷惑失故路，暝无所宿栖。行行日以远，人马同时饥。（五解）担囊行取薪，斧冰持作糜。悲彼东山诗，悠悠使我哀。（六解）

《愿登》、《秋胡行》，武帝词（五解）：
愿登泰华山，神人共远游。经历昆仑山，到蓬莱。飘飘八极，与神人俱。思得神药，万岁为期。歌以言志，愿登泰华山。（一解）天地何长久，人道居之短。世言伯阳，殊不知老，赤松王乔，亦云得道。得之未闻，庶以寿考。歌以言志，天地何长久！（二解）明明日月光，何所不光昭。二仪合圣化，贵者独人不。万国率土，莫非王臣。仁义为名，礼乐为荣。歌以言志，明明日月光。（三解）四时更逝去，昼夜以成岁。大人先天，而天弗违。不戚年往，世忧不治。存亡有命，虑之为蚩。歌以言志，四时更逝去。（四解）戚戚欲何念，欢笑意所之。盛壮智惠，殊不再来。爱时进趣，将以惠谁。泛泛放逸，亦同何为。歌以言志，戚戚欲何念？（五解）

《上谒》、《董桃行》，古词（五解）：
吾欲上谒从高山，山头危崄大难。遥望五岳端，黄金为阙，班璘。但见芝草，叶落纷纷。（一解）百鸟集，来如烟。山兽纷纶，麟辟邪其端。鹍鸡声鸣，但见山兽援戏相拘攀。（二解）小复前行玉堂，未心怀流还。传教出门来，门外人何求？所言欲从大道，求一得命延。（三解）教敕凡吏受言，采取神药若木端。白兔长跪捣药虾蟆丸，奉上陛下一玉柈，服此药可得即仙。（四解）服尔神药，无不欢喜。陛下长生老寿，四面肃肃稽首，天神拥护左右，陛下长与天相保守。（五解）

《蒲生》、《塘上行》，武帝词（五解）：
蒲生我池中，其叶何离离。傍能行仪仪，莫能缕自知。众口铄黄金，使君生别离。（一解）念君去我时，独愁常苦悲。想见君颜色，感结伤心脾。今悉夜夜愁不寐。（二解）莫用豪贤故，弃捐素所爱；莫用鱼肉贵，弃捐葱与薤；莫用麻枲贱，弃捐菅与蒯。（三解）倍恩者苦栝，蹶船常苦没。教君安息定，慎莫致仓卒。念与君一共离别，亦当何时共坐复相对。（四解）出亦复苦愁，人亦复苦愁。边地多悲风，树木何萧萧。今日乐相乐，延年寿千秋。（五解）

《悠悠》、《苦寒行》，明帝词（五解）：
悠悠发洛都，茾我征东行。征行弥二旬，屯吹龙陂城。（一解）顾观故垒处，皇祖之所营。屋室若平昔，栋宇无邪倾。（二解）奈何我皇祖，潜德隐圣形。虽没而不朽，书贵垂休名。（三解）光光我皇祖，轩耀同其荣。遗化布四海，八表以肃清。（四解）虽有吴蜀寇，春秋足耀兵。徒悲我皇祖，不永享百龄。赋诗以写怀，伏轼泪沾缨。（五解）

瑟调

《朝日》、《善哉行》，文帝词（五解）：
朝日乐相乐，酣饮不知醉。悲弦激新声，长笛吐清气。（一解）弦歌感人肠，四坐皆欢说。寥寥高堂上，凉风入我室。（二解）持满如不盈，有得能自卒。君子多苦心，所愁不但一。（三解）慊慊下白屋，吐握不可失。众宾饱满归，主人苦不悉。（四解）比翼翔云汉，罗者安所羂。冲静得自然，荣华何足为。（五解）

《上山》、《善哉行》，文帝词（六解）：
上山采薇，薄莫苦饥。溪谷多风，霜露沾衣。（一解）野雉群雊，猿猴相追。还望故乡，郁何垒垒。（二解）高山有崖，林木有支。忧来无方，人莫之知。（三解）人生若寄，多忧何为。今我不乐，岁月其驰。（四解）汤汤川流，中有行舟。随波转薄，有似客游。（五解）策我良马，被我轻裘。载驰载驱，聊以忘忧。（六解）

《朝游》、《善哉行》，文帝词（五解）：
朝游高台观，夕宴华池阴。大酋奉甘醪，狩人献嘉禽。（一解）齐倡发东舞，秦筝奏西音。有客从南来，为我弹清琴。（二解）五音纷繁会，拊者激微吟。淫鱼乘波听，踊跃自浮沉。（三解）飞鸟翻翔舞，悲鸣集北林。乐极哀情来，憀亮摧肝心。（四解）清角岂不妙，德薄所不任。大哉子野言，弭弦且自禁。（五解）

《古公》、《善哉行》，武帝词（七解）：
古公亶甫，积德垂仁。思弘一道，哲王于豳。（一解）太伯仲雍，王德之仁。行施百世，断发文身。（二解）伯夷叔齐，古之遗贤。让国不用，饿殂首山。（三解）智哉山甫，相彼宣王。何用杜伯，累我圣贤。（四解）齐桓之霸，赖得仲父。后任竖刁，虫流出户。（五解）晏子平仲，积德兼仁。与世沈德，未必思命。（六解）仲尼之世，王国为君。随制饮酒，扬波使官。（七解）

《自惜》、《善哉行》，武帝词（六解）：
自惜身薄祜，凤贱罹孤苦。既无三徙教，不闻过庭语。（一解）其穷如抽裂，自以思所怙。虽怀一介志，是时其能与。（二解）守穷者贫贱，愧叹泪如雨。泣涕于悲夫，乞活安能睹。（三解）我愿于天穷，琅邪倾侧左。虽欲竭忠诚，欣公归其楚。（四解）快人日为叹，抱情不得叙。显行天教人，谁知莫不绪。（五解）我愿何时随，此叹亦难处。今我将何照于光耀，释衔不如雨。（六解）

《我徂》、《善哉行》，明帝词（八解）：
我徂我征，伐彼蛮虏。练师简卒，爰正其旅。（一解）轻舟竟川，初鸿依浦。桓桓猛毅，如罴如虎。（二解）

发炮若雷,吐气成雨。旍旍指麾,进退应矩。(三解)百马齐辔,御由造父。休休六军,咸同斯武。(四解)兼涂星迈,亮兹行阻。行行日远,西背京许。(五解)游弗淹旬,遂届扬土。奔寇震惧,莫敢当御。(六解)虎臣列将,怫郁充怒。淮泗肃清,奋扬微所。(七解)运德耀威,惟镇惟抚。反旆言归,告入皇祖。(八解)

《赫赫》、《善哉行》,明帝词(四解):
赫赫大魏,王师徂征。冒暑讨乱,振耀威灵。(一解)泛舟黄河,随波潺湲。通渠回越,行路绵绵。(二解)采旄蔽日,旗旒翳天。淫鱼瀺灂,游戏深渊。(三解)唯塘泊,从如流。不为单,握扬楚。心惆怅,歌《采薇》。心绵绵,在淮肥。愿君速捷蚤旋归。(四解)

《来日》、《善哉行》,古词(六解):
来日大难,口燥唇干。今日相乐,皆当喜欢。(一解)经历名山,芝草翻翻。仙人王乔,奉药一丸。(二解)自惜袖短,内手知寒。惭无灵辄,以报赵宣。(三解)月没参横,北斗阑干。亲交在门,饥不及餐。(四解)欢日尚少,戚日苦多。以何忘忧,弹筝酒歌。(五解)淮南八公,要道不烦。参驾六龙,游戏云端。(六解)

大曲

《东门》、《东门行》,古词(四解):
出东门,不顾归;来入门,怅欲悲。盎中无斗储,还视桁上无县衣。(一解)拔剑出门去,儿女牵衣啼。它家但愿富贵,贱妾与君共餔糜。(二解)共餔糜,上用仓浪天故,下为黄口小儿。今时清廉,难犯教言,君复自爱莫为非。(三解)今时清廉,难犯教言,君复自爱莫为非。行!吾去为迟,平慎行,望吾归。(四解)

《西山》、《折杨柳行》,文帝词(四解):
西山一何高,高高殊无极。上有两仙僮,不饮亦不食。与我一丸药,光耀有五色。(一解)服药四五日,身体生羽翼。轻举乘浮云,倏忽行万亿。流览观四海,芒芒非所识。(二解)彭祖称七百,悠悠安可原。老聃适西戎,于今竟不还。王乔假虚词,赤松垂空言。(三解)达人识真伪,愚夫好妄传。追念往古事,愦愦千万端。百家多迂怪,圣道我所观。(四解)

《罗敷》、《艳歌罗敷行》,古词(三解):
日出东南隅,照我秦氏楼。秦氏有好女,自名为罗敷。罗敷喜蚕桑,采桑城南隅。青丝为笼系,桂枝为笼钩。头上倭堕髻,耳中明月珠。缃绮为下群,紫绮为上襦。行者见罗敷,下担捋髭须。少年见罗敷,脱帽著帩头。耕者忘其犁,锄者忘其锄。来归相怨怒,但坐观罗敷。(一解)使君从南来,五马立踟蹰。使君遣吏往,问是谁家姝?秦氏有好女,自名为罗敷。罗敷年几何?二十尚不足,十五颇有余。使君谢罗敷,宁可共载不?罗敷前置词,使君一何愚!使君自有妇,罗敷自有夫。(二解)东方千余骑,夫婿居上头。何用识夫婿?白马从骊驹。青丝系马尾,黄金络马头。腰中鹿卢剑,可直千万余。十五府小史,二十朝大夫,三十侍中郎,四十专城居。为人洁白晢,鬑鬑颇有须。盈盈公府步,冉冉府中趋。坐中数千人,皆言夫婿殊。(三解)(前有艳词曲,后有趋。)

《西门》、《西门行》,古词(六解):
出西门,步念之。今日不作乐,当待何时。(一解)夫为乐,为乐当及时。何能坐愁怫郁,当复来兹。(二解)饮醇酒,炙肥牛。请呼心所欢,可用解愁忧。(三解)人生不满百,常怀千岁忧。昼短而夜长,何不秉烛游。(四解)自‖非‖仙‖人‖王‖子‖乔,计‖会‖寿‖命‖难‖与‖期‖。(五解)人寿非金石,年命安可期;贪财爱惜费,但为后世嗤。(六解)(一本"烛游"后"行去之,如云除,弊车羸马为自推",无"自非"以下四十八字。)

《默默》、《折杨柳行》,古词(四解):
默默施行违,厥罚随事来,末喜杀龙逢,桀放于鸣条。(一解)祖伊言不用,纣头县白旄。指鹿用为马,胡亥以丧躯。(二解)夫差临命绝,乃云负子胥。戎王纳女乐,以亡其由余。璧马祸及虢,二国俱为墟。(三解)三夫成市虎,慈母投杼趋。卞和之刖足,接子归草庐。(四解)

《园桃》、《煌煌京洛行》,文帝词(五解):
夭夭园桃,无子空长。虚美难假,偏轮不行。(一解)淮阴五刑,鸟得弓藏。保身全名,独有子房。大愤不收,褒衣无带;多言寡诚,只令事败。(二解)苏秦之说,六国以亡。倾侧卖主,车裂固当。贤矣陈轸,忠而有谋,楚怀不从,祸卒不救。(三解)祸夫吴起,智小谋大,西河何健,伏尸何劣。(四解)嗟彼郭生,古之雅人,智矣燕昭,可谓得臣。峨峨仲连,齐之高士;北辞千金,东蹈沧海。(五解)

《白鹄》、《艳歌何尝》(一曰《飞鹄行》),古词(四解):
飞来双白鹄,乃从西北来。十十五五,罗列成行。(一解)妻卒被病,行不能相随。五里一反顾,六里一裴回。(二解)吾欲衔汝去,口噤不能开;吾欲负汝去,毛羽何摧颓。(三解)乐哉新相知,忧来生别离。蹀躞顾群侣,泪下不自知。(四解)念与君离别,气结不能言。各各重自爱,道远归还难。妾当守空房,闭门下重关。若生当相见,亡者会黄泉。今日乐相乐,延年万岁期。("念与"下为趋曲,前有艳。)

《碣石》、《步出夏门行》,武帝词(四解):
云行雨步,超越九江之皋,临观异同。心意怀游豫,不知当复何从。经过至我碣石,心惆怅我东海。(《云行》至此为艳。)东临碣石,以观沧海。水何淡淡,山岛竦峙。树木丛生,百草丰茂。秋风萧瑟,洪涛涌起。日月之行,若出其中;星汉粲烂,若出其里。幸甚至哉!歌以咏志。(《观沧海》,一解。)

孟冬十月,北风裴回。天气肃清,繁霜霏霏。鹍鸡晨鸣,鸿雁南飞,鸷鸟潜藏,熊罴窟栖。钱镈停置,农收积场。逆旅整设,以通贾商。幸甚至哉!歌以咏志。(《冬十月》,二解。)

乡土不同,河朔隆寒。流澌浮漂,舟船行难。锥不入地,蘴藾深奥。水竭不流,冰坚可蹈。士隐者贫,勇侠轻非。心常叹怨,戚戚多悲。幸甚至哉!歌以咏志。(《河朔寒》,三解。)

神龟虽寿,犹有竟时;腾蛇乘雾,终为土灰。骥老伏枥,志在千里;烈士暮年,壮心不已。盈缩之期,不但在天；养怡之福，可得永年。幸甚至哉！歌以咏志。(《神龟虽寿》，四解。)

《何尝》、《艳歌何尝行》，古词(五解)：

何尝快独无忧？但当饮醇酒，炙肥牛。(一解)长兄为二千石，中兄被貂裘。(二解)小弟虽无官爵，鞍马驱驭，往来王侯长者游。(三解)但当在王侯殿上，快独擗蒲六博，对坐弹棋。(四解)男儿居世，各当努力；蹙迫日暮，殊不久留。(五解)少小相触抵，寒苦常相随，忿恚安足诤，吾中道与卿共别离。约身奉事君，礼节不可亏。上惭沧浪之天，下顾黄口小儿。奈何复老心皇皇，独悲谁能知！("少小"下为趋曲，前为艳。)

《置酒》、《野田黄雀行》，(《空侯引》亦用此曲。)东阿王词(四解)：

置酒高殿上，亲交从我游。中厨办丰膳，烹羊宰肥牛。秦筝何慷慨，齐瑟和且柔。(一解)阳阿奏奇舞，京洛出名讴。乐饮过三爵，缓带倾庶羞，主称千金寿，宾奉万年酬。(二解)久要不可忘，薄终义所尤。谦谦君子德，磬折欲何求。盛时不再来，百年忽我遒。(三解)惊风飘白日，光景驰西流。生存华屋处，零落归山丘。先民谁不死，知命复何忧！(四解)

《为乐》、《满歌行》，古词：(四解)

为乐未几时，遭世险巇，逢此百离；伶丁荼毒，愁懑难支。遥望辰极，天晓月移。忧来闻心，谁当我知。(一解)戚戚多思虑，耿耿不宁。祸福无形，唯念古人，逊位躬耕。遂我所愿，以兹自宁。自鄙山栖，守此一荣。(二解)莫秋洌风起。西蹈沧海，心不能安。揽衣起瞻夜，北斗阑干。星汉照我，去去自无它。奉事二亲，劳心可言。(三解)穷达天所为，智者不愁，多为少忧。安贫乐正道，师彼庄周。遗名者贵，子熙同巇。往者二贤，名垂千秋。(四解)饮酒歌舞，不乐何须！善哉照观日月，日月驰驱。辗轲世间，何有何无！贪财惜费，此一何愚！命如凿石见火，居世竟能几时？但当欢乐自娱，尽心极所熙怡。安善养君德性，百年保此期颐。("饮酒"下为趋。)

《夏门》、《步出夏门行》，(一曰《陇西行》)明帝词(二解)：

步出夏门，东登首阳山。嗟哉夷叔，仲尼称贤。君子退让，小人争先；惟斯二子，于今称传。林钟受谢，节改时迁。日月不居，谁得久存。善哉殊复善，弦歌乐情。(一解)商风夕起，悲彼秋蝉，变形易色，随风东西。乃眷西顾，云雾相连，丹霞蔽日，采虹带天。弱水潺潺，落叶翩翩，孤禽失群，悲鸣其间。善哉殊复善，悲鸣在其间。(二解)朝游清泠，日莫嗟归。("朝游"上为艳。)蹙迫日莫，乌鹊南飞。绕树三匝，何枝可依。卒逢风雨，树折枝摧。雄来惊雌，雌独愁栖。夜失群侣，悲鸣裴回。茕茕荆棘，葛生绵绵。感彼风人，惆怅自怜。月盈则冲，华不再繁；古来之说，嗟哉一言。("蹙迫"下为趋。)

《王者布大化》、《棹歌行》，明帝词(五解)：

王者布大化，配乾稽后祇。阳育则阴杀，暑景应度移。(一解)文德以时振，武功伐不随。重华舞干戚，有苗服从妫。(二解)蠢尔吴蜀虏，冯江栖山阻。哀哀王士民，瞻

仰靡依怙。(三解)皇上悼愍斯，宿昔奋天怒。发我许昌宫，列舟于长浦。(四解)翌日乘波扬，櫂歌悲且凉。大常拂白日，旗帜纷份张。(五解)将抗旌与钺，耀威于彼方。伐罪以吊民，清我东南疆。("将抗"下为趋。)

《洛阳行》、《雁门太守行》，古词(八解)：

孝和帝在时，洛阳令王君，本自益州广汉民，少行宦，学通五经论。(一解)明知法令，历世衣冠。从温补洛阳令，治行致贤，拥护百姓，子养万民。(二解)外行猛政，内怀慈仁。文武备具，料民富贫，移恶子姓名，五篇著里端。(三解)，伤杀人，比伍同罪对门。禁锢矛八尺，捕轻薄少年，加笞决罪，诣马市论。(四解)无妄发赋，念在理冤，敕吏正狱，不得苛烦。财用钱三十，买绳礼竿。(五解)贤哉贤哉！我县王君。臣吏衣冠，奉事皇帝。功曹主簿，皆得其人。(六解)临部居职，不敢行恩。清身苦体，夙夜劳勤。治有能名，远近所闻。(七解)天年不遂，蚤就奄昏。为君作祠，安阳亭西。欲令后世，莫不称传。(八解)

《白头吟》、与《櫂歌》同调，古词(五解)：

晴如山上云，皎若云间月。闻君有两意，故来相决绝。(一解)平生共城中，何尝斗酒会。今日斗酒会，明旦沟水头。蹀躞御沟上，沟水东西流。(二解)郭东亦有樵，郭西亦有樵。两樵相推与，无亲为谁骄？(三解)凄凄重凄凄，嫁娶亦不啼。愿得一心人，白头不相离。(四解)竹竿何嫋嫋，鱼何离莸，男儿欲相知，何用钱刀为？皑如五马啖萁，川上高士嬉。今日相对乐，延年万岁期。(五解)(一本云：词曰上有"紫罗咄咄奈何"。)

楚调怨诗

《明月》，东阿王词(七解)：

明月照高楼，流光正裴回。上有愁思妇，悲叹有余哀。(一解)借问叹者谁？自云客子妻。夫行逾十载，贱妾常独栖。(二解)念君过于渴，思君剧于饥。君为高山柏，妾为浊水泥。(三解)北风行萧萧，烈烈入吾耳。心中念故人，泪堕不能止。(四解)沉浮各异路，会合当何谐？愿作东北风，吹我入君怀。(五解)君怀常不开，贱妾当何依。恩情中道绝，流止任东西。(六解)我欲竟此曲，此曲悲且长。今日乐相乐，别后莫相忘！(七解)

卷二十二　　　　　志第十二

乐 四

汉《鼙舞歌》五篇：《关东有贤女》、《章和二年中》、《乐久长》、《四方皇》、《殿前生桂树》。

魏《鼙舞歌》五篇：《明明魏皇帝》、《太和有圣帝》、《魏历长》、《天生烝民》、《为君既不易》。

魏陈思王《鼙舞歌》五篇：

《圣皇篇》，当《章和二年中》：圣皇应历数，正康帝

道休。九州咸宾服，威德洞八幽。三公奏诸公，不得久淹留。蕃位任至重，旧章咸率由。侍臣省文奏，陛下体仁慈。沉吟有爱恋，不忍听可之。迫有官典宪，不得顾恩私。诸王当就国，玺绶何累缦。便时舍外殿，宫省寂无人。主上增顾念，皇母怀苦辛。何以为赠赐，倾府竭宝珍。文钱百亿万，采帛若烟云。乘舆服御物，锦罗与金银。龙旗垂九旒，羽盖参斑轮。诸王自计念，无功荷厚德。思一效筋力，糜躯以报国。鸿胪拥节卫，副使随经营。贵戚并出送，夹道交辐轸。车服齐整设，鞶晔耀天精。武骑卫前后，鼓吹箫笳声。祖道魏东门，泪下沾冠缨。扳盖因内顾，俯仰慕同生。行行将日莫，何时还阙庭。车轮为裴回，四马踌躇鸣。路人尚酸鼻，何况骨肉情。

《灵芝篇》，当《殿前生桂树》：灵芝生玉地，朱草被洛滨。荣华相晃耀，光采晔若神。古时有虞舜，父母顽且嚚。尽孝于田陇，烝烝不违仁。伯瑜年七十，采衣以娱亲，慈母笞不痛，歔欷涕沾巾。丁兰少失母，自伤蚤孤茕，刻木当严亲，朝夕致三牲。暴子见陵侮，犯罪以亡形，丈人为泣血，免戾全其名。董永遭家贫，父老财无遗。举假以供养，佣作致甘肥。责家填门至，不知何用归。天灵感至德，神女为秉机。岁月不安居，乌乎我皇亲！生我既已晚，弃我何期蚤！《蓼莪》谁所兴，念之令人老。退咏《南风》诗，洒泪满袆抱。乱曰：圣皇君四海，德教朝夕宣。万国咸礼让，百姓家肃虔。庠序不失仪，孝悌处中田。户有曾闵子，比屋皆仁贤。鲐耋无夭齿，黄发尽其年。陛下三万岁，慈母亦复然。

《大魏篇》，当《汉吉昌》：大魏应灵符，天禄方甫始。圣德致泰和，神明为驱使。左右宜供养，中殿诞皇子。陛下长寿考，群臣拜贺咸说喜。积善有余庆，荣禄固天常。众善填门至，臣子蒙福祥。无患及阳遂，辅翼我圣皇。众吉咸集会，凶邪奸恶并灭亡。黄鹄游殿前，神鼎周四阿。玉马充乘舆，芝盖树九华。白虎戏西除，舍利从辟邪。骐驎蹋足舞，凤凰拊翼歌。丰年大置酒，玉尊列广庭。乐饮过三爵，朱颜暴已形。式宴不违礼，君臣歌《鹿鸣》。乐人舞鼙鼓，百官雷抃赞若惊。储礼如江海，积善石陵山。皇嗣繁且炽，孙子列曾玄。群臣咸称万岁，陛下长乐寿年！御酒停未饮，贵戚跪东厢。侍人承颜色，奉进金玉觞。此酒亦真酒，福禄当圣皇。陛下临轩笑，左右咸欢康。杯来一何迟，群僚以次行。赏赐累千亿，百官并富昌。

《精微篇》，当《关东有贤女》：精微烂金石，至心动神明。杞妻哭死夫，梁山为之倾。子丹西质秦，乌白马角生。邹衍囚燕市，繁霜为夏零。关东有贤女，自字苏来卿。壮年报父仇，身没垂功名。女休逢赦书，白刃几在颈。俱上列仙籍，去死独就生。太仓令有罪，远征当就拘。自悲居无男，祸至无与俱。缇萦痛父言，何担西上书。盘桓北阙下，泣泪何涟如。乞得并姊弟，没身赎父躯。汉文感其义，肉刑法用除。其父得以免，辩义在列图。多男亦何为，一女足成居。简子南渡河，津吏废舟船。执法将加刑，女娟拥楫前。"妾父闻君来，将涉不测渊。畏惧风波起，祷祝祭名川。备礼缋神祇，为君求福先。不胜釂祀诚，至令犯罚艰。君必欲加诛，乞使知罪愆。妾愿以身代"，至

诚感苍天。国君高其义，其父用赦原。河激奏中流，简子知其贤。归娉为夫人，荣宠超后先。辩女解父命，何况健少年。黄初发和气，明堂德教施。治道致太平，礼乐风俗移。刑错民无枉，怨女复何为。圣皇长寿考，景福常来仪。

《孟冬篇》，当《狡兔》：孟冬十月，阴气厉清。武官诫田，讲旅犹兵。元龟袭吉，元光著明。蚩尤跸路，风弭雨停。乘舆启行，鸾鸣幽轧。虎贲采骑，飞象珥鹖。钟鼓铿锵，箫管嘈喝。万骑齐镳，千乘等盖。夷山填谷，平林涤薮。张罗万里，尽其飞走。翟翟狡兔，扬白跳翰。猎以青骹，掩以修竿。韩卢宋鹊，呈才骋足。噬不尽缛，牵麋掎鹿。魏氏发机，养基抚弦。都卢寻高，搜索猱猨。庆忌孟贲，蹈谷超峦。张目决眦，发怒穿冠。顿熊扼虎，蹴豹搏貀。气有余势，象负而趋。获车既盈，日侧乐终。罢役解徒，大飨离宫。乱曰：圣皇临飞轩，论功校猎徒。死禽积如京，流血成沟渠。明诏大劳赐，大官供有无。走马行酒醴，驱车布肉鱼。鸣鼓举觞爵，钟击位无余。绝网纵麟麂，弛罩出凤雏。收功在羽校，威灵振鬼区。陛下长欢乐，永世合天符。

《晋鼙舞歌》五篇：

《洪业篇》、《鼙舞歌》，当魏曲《明明魏皇帝》，古曲《关东有贤女》：宣文创洪业，盛德在太始。圣皇应灵符，受命君四海。万国何所乐，上有明天子。唐尧禅帝位，虞舜惟恭己。恭己正南面，道化与时移。大赦荡萌渐，文教被黄支。象天则地，体无为。聪明配日月，神圣参两仪。虽有三凶类，静言无所施。象天则地，体无为。稷契并佐命，伊昌升王臣。兰芷登朝肆，下无失宿民。声发响自应，表立景来附。犹虎从羁制，潜龙升天路。备物立成器，变通极其数。百事以时叙，万机有常度。训之以克让，纳之以忠恕。群下仰清风，海外同欢慕。象天则地，化云布。昔日贵雕饰，今尚俭与素。昔日多纤介，今去情与故。象天则地，化云布。济济大朝士，夙夜综万机。万机无废理，明明降畴咨。臣譬列星景，君配朝日晖。事业并通济，功烈何巍巍。五帝继三皇，三王世所归。圣德应期运，天地不能违。仰之弥已高，犹天不可阶。将复御龙氏，凤皇在庭栖。

《天命篇》、《鼙舞歌》，当魏曲《太和有圣帝》，古曲《章和二年中》：圣祖受天命，应期辅魏皇。入则综万机，出则征四方。朝廷无遗理，方表宁且康。道隆舜臣尧，积德逾太王。孟度阻穷险，造乱天一隅。神兵出不意，奉命致天诛。赦善戮有罪，元恶宗为虚。威风震劲蜀，武烈慑强吴。诸葛不知命，肆逆乱天常。拥徒十余万，数来寇边疆。我皇迈神武，秉钺镇雍凉。亮乃畏天威，未战先仆僵。盈虚自然运，时变固多难。东征陵海表，万里枭贼渊。受遗齐七政，曹爽又滔天。群凶受诛殄，百禄咸来臻。黄华应福始，王凌为祸先。

《景皇帝》、《鼙舞歌》，当魏曲《魏历长》，古曲《乐久长》：景皇帝，聪明命世生，盛德参天地。帝王道，创基既已难，继世亦未易。外则夏侯玄，内则张与李，三凶称逆，乱帝纪。从天行诛，穷其奸究。遏将御天渐，潜谋不得起。罪人咸伏辜，威风震万里。平衡综万机，万机无

不理。召陵桓不君，内外何纷纷，众小便成群。蒙昧恣心，治乱不分。睿圣独断，济武常以文。从天惟废立，扫霓披浮云。云霓既已辟，清和未几间。羽檄首尾至，变起东南蕃。俭钦为长蛇，外则冯吴蛮。万国纷骚扰，戚戚天下惧不安。神武御六军，我皇秉钺征。俭钦起寿春，前锋据项城。出其不意，并纵奇兵。奇兵诚难御，庙胜实难支。两军不期遇，敌退计无施。虎骑惟武进，大战沙阳陂。钦乃亡魂走，奔房若云披。天恩赦有罪，东土放鲸鲵。

《大晋篇》、《鼙舞歌》，当魏曲《天生烝民》，古曲《四方皇》：赫赫大晋，于穆文皇。荡荡巍巍，道迈陶唐。世称三皇五帝，及今重其光。九德克明，文既显，武又章。恩弘六合，兼济万方。内举元凯，朝政以纲。外简虎臣，时惟鹰扬。靡从不怀，逆命斯亡。仁配春日，威逾秋霜。济济多士，同兹兰芳。唐虞至治，四凶滔天。致讨俭钦，罔不肃虔。化感海外，海外来宾。献其声乐，并称妾臣。西蜀猾夏，僭号方域。命将致讨，委国稽服。吴人放命，冯海阻江。飞书告谕，响应来同。先王建万国，九服为蕃卫。亡秦坏诸侯，序昨不二世。历代不能复，忽逾五百岁。我皇迈圣德，应期创典制。分土五等，蕃国正封界。莘莘文武佐，千秋遘嘉会。洪业溢区内，仁风翔海外。

《明君篇》、《鼙舞歌》，当魏曲《为君既不易》，古曲《殿前生桂树》：明君御四海，听鉴尽物情。顾望有遣罚，竭忠身必荣。兰茞出荒野，万里升紫庭。茨草秽堂阶，扫截不得生。能否莫相蒙，百官正其名。恭已慎有为，有为无不成。暗君不自信，群下执异端。正直罹潜润，奸臣夺其权。虽欲尽忠诚，结舌不敢言。结舌亦何惮，尽忠为身患。清流岂不洁，飞尘浊其源。歧路令人迷，未远胜不还。忠臣立君朝，正色不顾身。邪正不并存，譬若胡与秦。秦胡有合时，邪正各异津。忠臣遇明君，乾乾惟日新。群目统在纲，众星拱北辰。设令遭暗主，斥退为凡民。虽薄供时用，白茅犹可珍。冰霜昼夜结，兰桂摧为薪。邪臣多端变，用心何委曲。便辟从情指，动随君所欲。偷安乐目前，不问清与浊。积伪罔时主，养交以持禄。言行恒相违，难餍甚溪谷。昧死射乾没，觉露则灭族。右五篇《鼙舞歌行》。

《铎舞》歌诗二篇。《圣人制礼乐篇》：昔皇文武邪

弥弥舍善	谁吾时吾	行许帝道	衔来治路	邪
邪	治路万邪	赫赫	意黄运道吾	治路万邪
善道明邪金邪	善道	明邪金邪帝邪		近帝武
武邪邪	圣皇八音	偶邪尊来	圣皇八音	及来
义邪同邪	乌及来义邪		善草供国吾	咄等邪乌
近帝邪武邪		近帝邪武邪	应节合用	武
邪尊邪	应节合用	酒期义邪同邪		酒期义邪善
草供国吾	咄等邪乌	近帝邪武邪		近帝武武邪
邪	下音足木	上为鼓义邪	应众义邪	乐邪
邪延否	已邪乌已礼祥	咄等邪乌	素女有绝其
圣乌乌武邪				

《云门篇》、《铎舞歌行》，当魏《太和时》：黄《云门》，唐《咸池》，虞《韶舞》，夏殷《濩》。列代有五，振铎鸣金，近《大武》。清歌发倡，刑为主。声和八音，协律吕。身不虚动，手不徒举。应节合度，周其叙。时奏宫商，杂之以徵羽。下赝众目，上从钟鼓。乐以移风，与德礼相辅，安有失其所。　右二篇《铎舞歌行》。

《拂舞》歌诗五篇：

《白鸠篇》：翩翩白鸠，再飞再鸣。怀我君德，来集君庭。白雀呈瑞，素羽明鲜。翔庭舞翼，以应仁乾。交交鸣鸠，或丹或黄。乐我君惠，振羽来翔。东壁余光，鱼在江湖。惠而不费，敬我微躯。策我良驷，习我驱驰。与君周旋，乐道亡余。我心虚静，我志沾濡。弹琴鼓瑟，聊以自娱。陵云登台，浮游太清。扳龙附凤，日望身轻。

《济济篇》：畅飞畅舞，气流芳。追念三五，大绮黄。去失有，时可行。去来同时，此未央。时冉冉，近桑榆。但当饮酒，为欢娱。衰老逝，有何期。多忧耿耿，内怀思。渊池广，鱼独希。愿得黄浦，众所依。恩感人，世无比。悲歌具舞，无极已。

《独禄篇》：独禄独禄，水深泥浊。泥浊尚可，水深杀我。雍雍双雁，游戏田畔。我欲射雁，念子孤散。翩翩浮萍，得风遥轻。我心何合，与之同并。空床低帷，谁知无人。夜衣锦绣，谁别伪真。刀鸣箭中，倚床无施。父冤不报，欲活何为。猛虎班班，游戏山间。虎欲啮人，不避豪贤。

《碣石篇》：东临碣石，以观沧海。水何澹澹，山岛竦峙。树木丛生，百草丰茂。秋风萧瑟，洪波涌起。日月之行，若出其中。星汉粲烂，若出其里。幸甚至哉！歌以咏志。　《观沧海》。

孟冬十月，北风裴回。天气肃清，繁霜霏霏。鹍鸡晨鸣，雁过南飞。鸷鸟潜藏，熊罴窟栖。钱镈停置，农收积场。逆旅整设，以通贾商。幸甚至哉！歌以咏志。《冬十月》。

乡土不同，河朔隆寒。流澌浮漂，舟船行难。锥不入地，丰籁深奥，水竭不流，冰坚可蹈。士隐者贫，勇侠轻非。心常叹怨，戚戚多悲。幸甚至哉！歌以咏志。《土不同》。

神龟虽寿，犹有竟时；腾蛇乘雾，终为土灰。老骥伏枥，志在千里；烈士莫年，壮心不已。盈缩之期，不但在天；养怡之福，可得永年。幸甚至哉！歌以咏志。《龟虽寿》。

《淮南王篇》：淮南王，自言尊，百尺高楼与天连。后园凿井银作床，金瓶素绠汲寒浆。汲寒浆，饮少年。少年窈窕何能贤？扬声悲歌音绝天。我欲度河河无梁，愿化双黄鹄，还故乡。还故乡，入故里，徘徊故乡，苦身不已。繁舞寄声无不泰，徘徊桑梓游天外。　右五篇《拂舞行》。

《杯盘舞》歌诗一篇：晋世宁，四海平，普天安乐永大宁。四海安，天下欢，乐治兴隆舞杯盘。舞杯盘，何翩翩，举坐翻覆寿万年。天与日，终与一，左回右转不相失。筝笛悲，酒舞疲，心中慷慨可健儿。樽酒甘，丝竹清，愿令诸君醉复醒。醉复醒，时合同，四坐欢乐皆言工。丝竹音，可不听，亦舞此盘左右轻。自相当，合坐欢乐人命长。人命长，当结友，千秋万岁皆老寿。　右《杯盘舞歌行》。

《巾舞》歌诗一篇：吾不见公莫时吾何婴公来婴姥时

吾哺声何为茂时为来婴当思吾明月之上转起吾何婴土来婴转去吾哺声何为土转南来婴当去吾城上羊下食草吾何婴下来吾食草吾哺声汝何三年针缩何来婴吾亦老吾平平门淫涕下吾何婴何来婴涕下吾哺声昔结吾马客来婴吾当行吾度四州洛四海吾何婴海何来婴海何来婴四海吾哺声煸西马头香来婴吾洛道吾治五丈度汲水吾噫邪哺谁当求儿母何意零邪钱健步哺谁当求儿母何吾哺声三针一发交时还弩心意何零意弩心遥来婴弩心哺声复相头巾意何零何邪相哺头巾相吾来婴头巾母何何吾复来推排意何零相哺推相来婴推非母何吾复车轮意何零子以邪相哺转轮吾来婴转母何吾使君去时意何零子以邪使君去时使来婴去时母何吾思君去时意何零子以邪思君去时思来婴吾去时母何何吾吾　右《公莫巾舞歌行》。

《白纻舞》歌诗三篇：高举两手白鹄翔。轻躯徐起何洋洋。凝停善睐容仪光。宛若龙转乍低昂。随世而变诚无方。如推若引留且行。宋世昌乐未央。舞以尽神安可忘。爱之遗谁赠佳人。质如轻云色如银。袍以光躯巾拂尘。制以为袍余作巾。四坐欢乐胡可陈。清歌徐舞降祇神。　右一篇。

双袂齐举鸾凤翔。罗裾飘飖昭仪光。趋步生姿进流芳。鸣弦清歌及三阳。人生世间如电过。乐时每少苦日多。幸及良辰曜春花。齐倡献舞赵女歌。羲和驰景逝不停。春露未晞严霜零。百草凋索花落英。蟋蟀吟牖寒蝉鸣。百年之命忽若倾。蚕知迅速秉烛行。东造扶桑游紫庭。西至昆仑戏曾城。　右一篇。

阳春白日风花香。趋步明玉舞瑶珰。声发金石媚笙簧。罗袿徐转红袖扬。清歌流响绕凤梁。如矜若思凝且翔。转盼遗精艳辉光。将流将引双雁翔。欢来何晚意何长。明君御世永歌倡。　右一篇。《白纻》旧新合三篇。

宋泰始歌舞曲词：

《皇业颂》（歌自尧至楚元王、高祖，世世载圣德。）明帝造：皇业沿德建，帝运资勋融。胤唐重盛轨，胄楚载休风。尧帝兆深祥，元王衍遐庆。积善传上业，祚福启英圣。衰数随金禄，登凯昌水命。维宋垂光烈，世美流鼙咏。

《圣祖颂》：圣祖惟高德，积勋代晋历。永建享鸿基，万古盛音册。睿文缵宸驭，广运崇帝声。衍德被仁祉，留化洽民灵。孝建缔孝业，允协天人谋。宇内齐政轨，宙表烛威流。钟管腾列圣，彝铭贲重獣。

《明君大雅》，虞龢造：明君应乾数，拨乱纽颓基。民庆来苏日，国颂《薰风》诗。天步或暂难，列蕃扇迷愚。庙胜敷九代，神谟洞七德。文教洗昏俗，武谊清殄挻。英勋冠帝则，万寿永衍天。

《通国风》，明帝造：开宝业，资贤昌，谟明盛，弼谐光。烈武惟略，景王勋。南康华容，变政文。猛绩爱著，有左军。三王到氏，文武赞。丞相作辅，属伊旦。沈柳宗侯，皆珍乱。泰始开运，超百王。司徒骠骑，勋德康。江安谋效，殷诚彰。刘沈承制，功名扬。庆归我后，祚无疆。

《天符颂》，明帝造：天符革运，世诞英皇。在馆神炫，既壮龙骧。六钟集表，四纬骈光。于穆配天，永休厥祥。

《明德颂》，明帝造：明德孚教，幽符丽纪。山鼎见奇，醴液涵祉。鹓雏耀仪，驺虞游趾。福延亿祚，庆流万祀。

《帝图颂》：帝图凝远，瑞美昭宣。济流月镜，鹿毳霜鲜。甘露降和，花雪表年。孝德载衍，芳风永传。

《龙跃大雅》：龙跃式符，玉耀蕃宫。岁淹豫野，玺属嫔中。江波澈映，石柏开文。观毓花蕊，楼凝景云。白乌三获，甘液再呈。嘉穟表沃，连理协成。德充动物，道积通神。宋业允大，灵瑞方臻。

《淮祥风》：淮祥应，贤彦生。翼赞中兴，致太平。

《宋世大雅》，虞龢造：

宋世宁，在太始。醉酒欢，饱德喜。万国朝，上寿酒。帝同天，惟长久。

《治兵大雅》，明帝造：王命治兵，有征无战。巾拂以净，丑类革面。王仪振旅，载戢在辰。中虚巾拂，四表静尘。

《白纻篇大雅》，明帝造：在心日志发言诗，声成于文被管丝。手舞足蹈欣泰时，移风易俗王化基。琴角挥韵白云舒，《箫韶》协倚神风来。拊击和节咏在初，章曲午毕情有余。文同轨壹道德行，国靖民和礼乐成。四县庭响美勋英，八列陛倡贵人声。舞饰丽华乐容工，罗裳皎日袂随风。金翠列辉蕙麕丰，淑姿委体允帝衷。

汉鼓吹铙歌十八曲，《朱鹭曲》：朱鹭，鱼以乌路訾邪。鹭何食，食茄下。不之食，不以吐，将以问诛（一作谏）者。

《思悲翁曲》：思悲翁，唐思，夺我美人侵以遇，悲翁也，但我思。蓬首（一作藋）狗，逐狡兔，食交君，枭子五，枭母六，拉沓高飞莫安宿。

《艾如张曲》：艾而张罗，夷于何。行成之，四时和。山出黄雀亦有罗，雀以高飞奈雀何？为此倚欲，谁肯礦室。

《上之回曲》：上之回，所中益。夏将至，行将北。以承甘泉宫，寒暑德。游石关，望诸国，月支臣，匈奴服。令从百官疾驱驰，千秋万岁乐无极。

《翁离曲》：拥离趾中，可筑室，何用葺之蕙用兰。拥离趾中。

《战城南曲》：战城南，死郭北，野死不葬乌可食。为我谓乌："且为客豪！野死谅不葬，腐肉安能去子逃"？水深激激，蒲苇冥冥；枭骑战斗死，驽马裴回鸣。梁筑室，何以南？梁何北？禾黍不获君何食？愿为忠臣安可得？思子良臣，良臣诚可思：朝行出攻，莫不夜归！

《巫山高曲》：巫山高，高以大；淮水深，难以逝。我欲东归，害梁不为。我集无高，曳水何梁。汤汤回回，临水远望。泣下沾衣，远道之人心思归。谓之何？

《上陵曲》：上陵何美美，下津风以寒。问客从何来，言从水中央。桂树为君船，青丝为君笮，木兰为君櫂，黄金错其间。沧海之雀赤翅鸿，白雁随，山林乍开乍合，曾不知日月明。醴泉之水，光泽何蔚蔚。芝为车，龙为马。览遨游，四海外。甘露初二年，芝生铜池中，仙人下来饮，延寿千万岁。

《将进酒曲》：将进酒，乘太白。辨加哉，诗审搏。放故歌，心所作。同阴气，诗悉索。使禹良工，观者苦。

《君马黄歌》：君马黄，臣马苍，三马同逐臣马良。易之有騩蔡有赭，美人归以南，驾车驰马。美人伤我心！佳人归以北，驾车驰马。佳人安终极！

《芳树曲》：芳树，日月君乱，如于风，芳树不上无心。温而鹍，三而为行。临兰池，心中怀我怅。心不可匡，目不可顾，妬人之子悲杀人。君有它心，乐不可禁。王将何似？如孙如鱼乎？悲矣！

《有所思曲》：有所思，乃在大海南。何用问遣君，双珠玳瑁簪，用玉绍缭之。闻君有它心，拉杂摧烧之。摧烧之，当风扬其灰。从今以往，勿复相思！相思与君绝。鸡鸣狗吠，兄嫂当知之。妃呼豨！秋风肃肃晨风飔，东方须臾高知之。

《雉子曲》：雉子，班如此，之于雉梁，无以吾翁孺。雉子，知得雉子高飞止，黄鹄蜚之以千里，王可思。雄来蜚从雌，视子趋一雉。雉子车大驾马滕，被王送行所中，尧芊蜚从王孙行。

《圣人出曲》：圣人出，阴阳和。美人出，游九河。佳人来，骓离哉何。驾六飞龙四时和。君之臣明护不道，美人哉，宜天子。免甘星筮乐甫始，美人子，含四海。

《上邪曲》：上邪！我欲与君相知，长命无绝衰。山无陵，江水为竭，冬雷震震夏雨雪，天地合，乃敢与君绝。

《临高台曲》：临高台以轩，下有清水清且寒。江有香草目以兰，黄鹄高飞离哉翻。关弓射鹄，令我主寿万年。收中吾。

《远如期曲》：远如期，益如寿，处天左侧，大乐，万岁与天无极。雅乐陈，佳哉纷，单于自归，动如惊心。虞心大佳，万人还来，谒者引，乡殿陈，累世未尝闻之。增寿万年亦诚哉！

《石留曲》：石留凉阳凉石水流为沙锡以微河为香向始颎冷将风阳北逝肯无敢与于杨心邪怀兰志金安薄北方开留离兰

魏鼓吹曲十二篇，缪袭造：汉第一曲《朱鹭》，今第一曲《初之平》，言魏也。

初之平，义兵征。神武奋，金鼓鸣。迈武德，扬洪名。汉室微，社稷倾。皇道失，桓与灵。阉宦炽，群雄争。边韩起，乱金城。中国扰，无纪经。赫武皇，起旗旌。麾天下，天下平。济九州，九州宁。创武功，武功成。越五帝，邈三王。兴礼乐，定纪纲。普日月，齐晖光。　右《初之平曲》凡三十句，句三字。

汉第二曲《思悲翁》，今第二曲《战荥阳》，言曹公也。

战荥阳，汴水陂。戎士愤怒，贯甲驰。陈未成，退徐荣。二万骑，堑垒平。戎马伤，六军惊。势不集，众几倾。白日没，时晦冥，顾中牟，心屏营。同盟疑，计无成。赖我武皇，万国宁。　右《战荥阳》曲凡二十句，其十八句句三字，二句句四字。

汉第三曲《艾如张》，今第三曲《获吕布》，言曹公东围临淮，生擒吕布也。

获吕布，戮陈宫。芟夷鲸鲵，驱骋群雄。囊括天下，运掌中。　右《获吕布曲》凡六句，其三句句三字，三句句四字。

汉第四曲《上之回》，今第四曲《克官渡》，言曹公与袁绍战，破之于官渡也。

克绍官渡，由白马。僵尸流血，被原野。贼众如犬羊，王师尚寡。沙堆傍，风飞扬。转战不利，士卒伤。今日不胜，后何望！土山地道，不可当。卒胜大捷，震冀方。屠城破邑，神武遂章。　右《克官渡曲》凡十八句，其八句句三字，一句句五字，九句句四字。

汉第五曲《翁离》，今第五曲《旧邦》，言曹公胜袁绍于官渡，还谯收藏士卒死亡也。

旧邦萧条，心伤悲。孤魂翩翩，当何依。游士恋故，涕如摧。兵起事大，令愿违。博求亲戚，在者谁。立庙置后，魂来归。　右《旧邦曲》凡十二句，其六句句三字，六句句四字。

汉第六曲《战城南》，今第六曲《定武功》，言曹公初破邺，武功之定，始乎此也。

定武功，济黄河。河水汤汤，旦莫有横流波。袁氏欲衰，兄弟寻干戈。决漳水，水流滂沱。嗟城中如流鱼，谁能复顾室家！计穷虑尽，求来连和。和不时，心中忧戚。贼众内溃，君臣奔北。拔邺城，奄有魏国。王业艰难，览观古今，可为长叹。　右《定武功曲》凡二十一句，其五句三字，三句句六字，十二句句四字，一句五字。

汉第七曲《巫山高》，今第七曲《屠柳城》，言曹公越北塞，历白檀，破三郡乌桓于柳城也。

屠柳城，功诚难。越度陇塞，路漫漫。北逾冈平，但闻悲风正酸。蹋顿授首，遂登白狼山。神武热海外，永无北顾患。　右《屠柳城曲》凡十句，其三句三字，三句句四字，三句句五字，一句六字。

汉第八曲《上陵》，今第八曲《平南荆》，言曹公南平荆州也。

南荆何辽辽，江汉浊不清。菁茅久不贡，王师赫南征。刘琮据襄阳，贼备屯樊城。六军庐新野，金鼓震天庭。刘子面缚至，武皇许其成。许与其成，抚其民。陶陶江汉间，普为大魏臣。大魏臣，向风思自新。思自新，务古人。在昔虞与唐，大魏得与均。多选忠义士，为喉唇。天下一定，万世无风尘。　右《平南荆曲》凡二十四句，其十七句句五字，四句句三字，三句句四字。

汉第九曲《将进酒》，今第九曲《平关中》，言曹公征马超，定关中也。

平关中，路向潼。济浊水，立高墉。斗韩马，离群凶。选骁骑，纵两翼，虏崩溃，级万亿。　右《平关中曲》凡十句，句三字。

汉第十曲《有所思》，今第十曲《应帝期》，言曹文帝以圣德受命，应运期也。

应帝期，于昭我文皇，历数承天序，龙飞自许昌。聪明昭四表，恩德动遐方。星辰为垂耀，日月为重光。河洛吐符瑞，草木挺嘉祥。麒麟步郊野，黄龙游津梁。白虎依山林，凤凰鸣高冈。考圆定箓籍，功配上古羲皇。羲皇无遗文，仁圣相因循。运期三千岁，一生圣明君。尧授舜万国，万国皆附亲。四门为穆穆，教化常如神。大魏兴盛，与之为邻。　右《应帝期曲》凡二十六句，其一句三字，二十二句句五字，一句六字。

汉第十一曲《芳树》，今第十一曲《邕熙》，言魏氏临其国，君臣邕穆，庶绩咸熙也。

邕熙，君臣合德，天下治。隆帝道，获瑞宝，颂声并作，洋洋浩浩。吉日临高堂，置酒列名倡。歌声一何纡余，杂笙簧。八音谐，有纪纲。子孙永建万国，寿考乐无央。

右《邕熙曲》凡十五句，其六句句三字，三句句四字，一句二字，三句句五字，二句句六字。

汉第十二曲《上邪》，今第十二曲《太和》，言魏明帝继体承统，太和改元，德泽流布。

惟太和元年，皇帝践阼，圣且仁，德泽为流布。灾蝗一时为绝息，上天时雨露。五谷溢田畴，四民相率遵轨度。事务澄清，天下狱讼察以情。元首明，魏家如此，那得不太平？ 右《太和曲》凡十三句，其二句句三字，五句句五字，三句句四字，三句句七字。

晋鼓吹歌曲二十二篇，傅玄作：《灵之祥》，古《朱鹭行》。《灵之祥》，言宣皇帝之佐魏，犹虞舜之事尧也。既有石瑞之征，又能用武以诛孟度之逆命也。

灵之祥，石瑞章。旌金德，出西方。天命降，授宣皇。应期运，时龙骧。继大舜，佐陶唐。赞武文，建帝纲。孟氏叛，据南疆。追有扈，乱五常。吴寇劲，蜀虏强。交誓盟，连遐荒。宣赫怒，奋鹰扬。震乾威，耀电光。陵九天，陷石城。枭逆命，拯有生。万国安，四海宁。

《宣受命》，古《思悲翁行》。《宣受命》，言宣皇帝御诸葛亮，养威重，运神兵，亮震怖而死。

宣受命，应天机。风云时动，神龙飞。御葛亮，镇雍凉。边境安，民夷康。务节事，勤定倾。览英雄，保持盈。渊穆穆，赫明明。冲而泰，天之经。养威重，运神兵。亮乃震死，平下宁。

《征辽东》、古《艾而张行》。《征辽东》，言宣皇帝陵大海之表，讨灭公孙渊而枭其首也。

征辽东，敌失据，威灵迈日域。渊既授首，群逆破胆，咸震怖。朔北响应，海表景附。武功赫赫，德云布。

《宣辅政》，古《上之回行》；《宣辅政》，言宣皇帝圣道深远，拨乱反正，网罗文武之才，以定二仪之序也。

宣皇辅政，圣列深。拨乱反正，从天心。网罗文武才，慎厥所生。所生贤，遗教施，安上治民，化风移。肇创帝基，洪业垂。于铄明明，时赫戏。功济万世，定二仪。定二仪，云泽雨施，海外风驰。

《时运多难》，古《拥离行》；《时运》，言宣皇帝致讨吴方，有征无战也。

时运多难，道教痛。天地变化，有盈虚。蠢尔吴蛮，虎视江湖。我皇赫斯，致天诛。有征无战，弭其图。天威横被，震东隅。

《景龙飞》，古《战城南行》。《景龙飞》，言景帝克明威教，赏从夷逆，祚隆无疆，崇此洪基也。

景龙飞，御天威。聪鉴玄发，动与神明协机。从之者显，逆之者灭夷。文教敷，武功巍。普被四海，万邦望风，莫不来绥。圣德潜断，先天弗违。弗违祥，享世永长。猛以致宽，道化光。赫明明，祚隆无疆。帝绩惟期，有命既集，崇此洪基。

《平玉衡》，古《巫山高行》。《平玉衡》，言景皇帝一万国之殊风，齐四海之乖心，礼贤养士，而纂洪业也。

平玉衡，纠奸回。万国殊风，四海乖。礼贤养士，羁御英雄思心齐。纂成洪业，崇皇阶。品物咸亨，圣敬日跻。聪鉴尽下情，明明综天机。

《文皇统百揆》，古《上陵行》。《百揆》，言文皇帝始统百揆，用人有序，以敷泰平之化也。

文皇统百揆，继天理万方。武将镇四隅，英佐盈朝堂。谋言协秋兰，清风发其芳。洪泽所渐润，砥石为珪璋。大道侔五帝，盛德逾三王。咸光大，上参天与地，至化无内外。无内外，六合并康乂。并康乂，遘兹嘉会。在昔羲与农，大晋德斯迈。镇征及诸州，为藩卫。功济四海，洪烈流万世。

《因时运》，古《将进酒行》。《因时运》，言文皇帝因时运变，圣谋潜施，解长蛇之交，离群桀之党，以武济文，审其大计，以迈其德也。

因时运，圣策施。长蛇交解，群桀离。势穷奔吴，虎骑厉。惟武进，审大计。时迈其德，清一世。

《惟庸蜀》，古《有所思行》。《惟庸蜀》，言文皇帝既平万乘之蜀，封建万国，复五等之爵也。

惟庸蜀，僭号天一隅。刘备逆帝命，禅亮承其余。拥众数十万，窥隙乘我虚。驿骑进羽檄，天下不遑居。姜维屡寇边，陇上为荒墟。文皇愍斯民，历世受罪辜。外谟蕃屏臣，内谋众士夫。爪牙应指授，腹心献良图。良图协成文，大兴百万军。雷鼓震地起，猛势陵浮云。遘虏畏天诛，面缚造垒门。万里同风教，逆命称妾臣。光建五等，纪纲天人。

《天序》，古《芳树行》。《天序》，言圣皇应历受禅，弘济大化，用人各尽其才也。

天序，应历受禅，承灵祜。御群龙，勒螭虎。弘济大化，英俊作辅。明明统万机，赫赫镇四方。咎由稷契之畴，协兰芳。礼王臣，覆兆民。化之如天与地，谁敢爱其身。

《大晋承运期》，古《上邪行》。《大晋承运期》，言圣皇应箓受图，化象神明也。

大晋承运期，德隆圣皇。时清晏，白日垂光。应箓图，陟帝位，继天正玉衡，化行象神明。至哉道隆虞与唐。元首敷洪化，百僚股肱并忠良，民大康。隆隆赫赫，福祚盈无疆。

《金灵运》，古《君马黄行》。《灵运》，言圣皇践阼，致敬宗庙，而孝道施于天下也。

金灵运，天符发。圣征见，参日月。惟我皇，体神圣。受魏禅，应天命。皇之兴，灵有征。登大籠，御万乘。皇之辅，若虓虎。爪牙奋，莫之御。皇之佐，赞清化。百事理，万邦贺。神祇应，嘉瑞章。恭享祀，荐先皇。乐时奏，磬管锵。鼓渊渊，钟喤喤。奠尊俎，实玉觞。神歆飨，咸说康。宴孙子，祐无疆。大孝烝烝，德教被万方。

《于穆我皇》，古《雉子行》。《于穆》，言圣皇受命，德合神明也。

于穆我皇，盛德圣且明。受禅君世，光济群生。普天率土，莫不来庭。颙颙六合内，望风仰泰清。万国雍雍，兴颂声。大化洽，地平而天成。七政齐，玉衡惟平。峨峨佐命，济济群英。夙夜乾乾，万机是经。虽治兴，匪荒宁。谦道光，冲不盈。天地合德，日月同荣。赫赫煌煌，耀幽冥。三光克从，于显天垂景星。龙凤臻，甘露宵零。肃神祇，祇上灵。万物欣戴，自天效其成。

《仲春振旅》，古《圣人出行》。《仲春》，言大晋申文武之教，田猎以时也。

仲春振旅，大致民，武教于时日新。师执提，工执鼓，坐作从，节有序，盛矣允文允武。搜旧表祃，申法誓，遂围禁，献社祭，允矣时明国制。文武并用，礼之经，列车如战，大教明，古今谁能去兵。大晋继天，济济群生。

《夏苗田》，古《临高台行》。《苗田》，言大晋田狩从时，为苗除害也。

夏苗田，运将徂，军国异容，文武殊。乃命群吏，选车徒，辩其名号，赞契书。王军启八门，行同上帝居。时路建大麾，云旗翳紫虚。百官象其事，疾则疾，徐则徐。回衡旋轸，罢陈敝车。献禽享祠，烝烝配有虞。惟大晋，德参两仪，化云敷。

《仲秋狝田》，古《远期行》。《仲秋》，言大晋虽有文德，不废武事，从时以杀伐也。仲秋狝田，金德常刚。凉风清且厉，凝露结为霜。白虎司辰，苍隼时鹰扬。鹰扬犹周尚父，从天以杀伐。春秋时叙，雷霆震威耀，进退由钲鼓。致禽祀祊，羽毛之用充军府。赫赫大晋德，芬烈陵三五，敷化以文，虽治不废武。光宅四海，永享天之祜。

《从天道》，古《石留行》。《从天道》，言仲冬大阅，用武修文，大晋之德配天也。

从天道，握神契。三时亦讲武事，冬大阅。鸣镯振鼓铎，旌旗象虹霓。文制其中，武不穷武，动军誓众，礼成而义举。三驱以崇仁，进止不失其序。兵卒练，将如虎。惟貔虎，气陵青云。解围三面，杀不殄群。偃旌麾，班六军。献享烝，修典文。嘉大晋，德配天。禄报功，爵侯贤。飨燕乐，受兹百禄，嘉万年。

《唐尧》，《古务成行》，古曲亡。《唐尧》，言圣皇陟帝位，德化光四表也。

唐尧咨务成，谦谦德所兴。积渐终光大，履霜致坚冰。神明道自然，河海犹可凝。舜禹统百揆，元凯以次升。禅让应天历，睿圣世相承。我皇陟帝位，平衡正准绳。德化飞四表，祥气见其征。兴王坐俟旦，亡主恬自矜。致远由近始，覆篑成山陵。披图按先籍，有其证灵液。

《玄云》，古《玄云行》，古曲亡。《玄云》，言圣皇用人，各尽其材也。

玄云起山岳，祥气万里会。龙飞何蜿蜿，凤翔何翙翙。昔在唐虞朝，时见青云际。今亲游方国，流光溢天外。鹤鸣在后园，清音随风迈。成汤隆显命，伊挚来如飞。周文猎渭滨，遂载吕望归。符合如影响，先天天弗违。辍耕总地纲，解褐衿天维。元功配二主，芬馨世所稀。我皇叙群才，洪烈何巍巍。桓桓征四表，济济理万机。神化感无方，髦才盈帝畿。不显惟昧旦，日新孔所咨。茂哉圣明德，日月同光辉。

《伯益》，古《黄爵行》，古曲亡。《伯益》，言赤乌衔书，有周以兴；今圣皇受命，神雀来也。

伯益佐舜禹，职掌山与川。德侔十六相，思心入无间。智理周万物，下知众鸟言。黄雀应清化，翔集何翩翩。和鸣栖庭树，徘徊云日间。夏桀为无道，密网施山阿。酷祝振纤网，当奈黄雀何。殷汤禀天德，去其三面罗。逍遥群飞来，鸣声乃复和。朱雀作南宿，凤皇统羽群。赤乌衔书至，天命瑞周文。神雀今来游，为我受命君。嘉祥致天和，膏泽降青云。兰风发芳气，阖世同其芬。

《钓竿》，古《钓竿行》，（汉《铙歌》二十二无《钓竿》。）《钓竿》，言圣皇德配尧、舜，又有吕望之佐以济大功致太平也。

钓竿何冉冉，甘饵芳且鲜。临川运思心，微纶沈九渊。太公宝此术，乃在灵秘篇。机变随物移，精妙贯未然。游鱼惊著钓，潜龙飞戾天。庆天安所至，抚翼翔太清。太清一何异，两仪出浑成。玉衡正三辰，造化赋群形。退愿辅圣君，与神合其灵。我君弘远略，天人不足并。天人初并时，昧昧有茫茫。日月有征兆，文象兴二皇。蚩尤乱生民，黄帝用兵征万方。逮夏禹而德衰，三代不及虞与唐。我皇圣德配尧舜，受禅即阼享天祥。率土蒙祐，靡不肃，庶事康。庶事康，穆穆明明。荷百禄，保无极，永泰平。

吴鼓吹曲十二篇，韦昭造：《炎精缺》者，言汉室衰，武烈皇帝奋迅猛志，念在匡救，然而王迹始乎此也。汉曲有《朱鹭》，此篇当之。第一。

炎精缺，汉道微。皇纲弛，政德违。众奸炽，民罔依。赫武烈，越龙飞。陟天衢，耀灵威。鸣雷鼓，抗电麾。抚乾衡，镇地机。厉虎旅，骋熊罴。发神听，吐英奇。张角破，边韩羁。宛颍平，南土绥。神武章，渥泽施。金声震，仁风驰。显高门，启皇基。统罔极，垂将来。　右《炎精缺曲》凡三十句，句三字。

《汉之季》者，武烈皇帝悼汉之微，痛卓之乱，兴兵奋击，功盖海内也。汉曲有《曲悲翁》，此篇当之。第二。

汉之季，董卓乱。桓桓武烈，应时运。义兵兴，云旗建。厉六师，罗八陈。飞鸣镝，接白刃。轻骑发，介士奋。丑虏震，使众散。劫汉主，迁西馆。雄豪怒，元恶愤。赫赫皇祖，功名闻。　右《汉之季曲》凡二十句，其十八句句三字，二句句四字。

《摅武师》者，言大皇帝卒武烈之业而奋征也。汉曲有《艾如张》，此篇当之。第三。

摅武师，斩黄祖。肃夷凶族，革平西夏。炎炎大烈，震天下。　右《摅武师曲》凡六句，其三句句三字，三句句四字。

《乌林》者，言曹操既破荆州，从流东下，欲来争锋。大皇帝命将周瑜逆击之于乌林而破走也。汉曲有《上之回》，此篇当之。第四。

曹操北伐，拔柳城。乘胜席卷，遂南征。刘氏不睦，八郡震惊。众既降，操являの荆。舟车十万，扬风声。议者狐疑，虑无成。赖我大皇，发圣明。虎臣雄烈，周与程。破操乌林，显章功名。　右《伐乌林曲》凡十八句，其十句句四字，八句句三字。

《秋风》者，言大皇帝说以使民，民忘其死。汉曲有《拥离》，此篇当之。第五。

秋风扬沙尘,寒露沾衣裳。角弓持弦急,鸠鸟化为鹰。边垂飞羽檄,寇贼侵界疆。跨马披介胄,慷慨怀悲伤。辞亲向长路,安知存与亡。穷达固有分,志士思立功。邀之战场,身逸获高赏,身没有遗封。　右《秋风曲》凡十五句,其十四句句五字,一句四字。

《克皖城》者,言曹操志图并兼,而令朱光为庐江太守。上亲征光,破之于皖城也。汉曲有《战城南》,此篇当之。第六。

克灭皖城,遏寇贼。恶此凶孽,阻奸慝。王师赫征,众倾覆。除秽去暴,戢兵革。民得就农,边境息。诔君吊臣,昭至德。　右《克皖城曲》凡十二句,其六句句三字,六句句四字。

《关背德》者,言蜀将关羽背弃吴德,心怀不轨。大皇帝引师浮江而禽之也。汉曲有《巫山高》,此篇当之。第七。

关背德,作鸱张。割我邑城,图不祥。称兵北伐,围樊襄阳。嗟臂大于股,将受其殃。巍巍吴圣主,睿德与玄通。与玄通,亲任吕蒙。泛舟洪氾池,溯涉长江。神武一何桓桓!声烈正与风翔。历抚江安城,大据郢邦。虏羽授首,百蛮咸来同,盛哉无比隆。　右《关背德曲》凡二十一句,其八句句四字,二句句六字,七句句五字,四句句三字。

《通荆门》者,言大皇帝与蜀交好分盟,中有关羽自失之愆,戎蛮乐乱,生变作患,蜀疑其眩,吴恶其诈,乃大治兵,终复初好也。汉曲有《上陵》,此篇当之。第八。

荆门限巫山,高峻与云连。蛮夷阻其险,历世不宾。汉王据蜀郡,崇好结和亲。乖微中情疑,逸夫乱其间。大皇赫斯怒,虎臣勇气震。荡涤幽薉,讨不恭。观兵扬炎耀,厉锋整封疆。整封疆,阐扬威武容。功赫戏,洪烈炳章。邈矣帝皇世,圣吴同厥风。荒裔望清化,化恢弘。煌煌大吴,延祚永未央。　右《通荆门曲》凡二十四句,其十七句句五字,四句句三字,三句句四字。

《章洪德》者,言大皇帝章其大德,而远方来附也。汉曲有《将进酒》,此篇当之。第九。

章洪德,迈威神。感殊风,怀远邻。平南裔,齐海滨。越裳贡,扶南臣。珍货充庭,所见日新。　右《章洪德曲》凡十句,其八句句三字,二句句四字。

《从历数》者,言大皇帝从箓图之符,而建大号也。汉曲有《有所思》,此篇当之。第十。

从历数,于穆我皇帝。圣哲受之天,神明表奇异。建号创业基,聪睿协神思。德泽浸及昆虫,浩荡越前代。三光显精耀,阴阳称至治。肉角步郊畛,凤凰栖灵囿。神龟游沼池,图谶攈文字。黄龙觌鳞,符祥日月记。览往以察今,我皇多哈事。上钦昊天象,下副万姓意。光被弥苍生,家户蒙惠赉。风教肃以平,颂声章嘉喜。大吴兴隆,绰有余裕。　右《从历数曲》凡二十六句,其一句句三字,三句句四字,二十二句句五字,一句六字。

《承天命》者,言上以圣德践位,道化至盛也。汉曲有《芳树》,此篇当之。第十一。

承天命,于昭圣德。三精垂象,符灵表德。巨石立,九穗植。龙金其鳞,乌赤其色。舆人歌,亿夫叹息。超龙升,袭帝服。躬淳懿,体玄默。夙兴临朝,劳谦日昃。易简以崇仁,放逸遗与慝。举贤才,亲近有德。均田畴,茂稼穑。审法令,定品式。考功能,明黜陟。人思自尽,惟心与力。家国治,王道直。思我帝皇,寿万亿。长保天禄,祚无极。　右《承天命曲》凡三十四句,其十九句句三字,二句句五字,十三句句四字。

《玄化》者,言上修文训武,则天而行,仁泽流洽,天下喜乐也。汉曲有《上邪》,此篇当之。第十二。

玄化象以天,陛下圣真。张皇纲,率道以安民。惠泽宣流而云布,上下睦亲。君臣酣宴乐,激发弦歌扬妙新。修文筹庙胜,须时备驾巡洛津。康哉泰,四海欢忻,越与三五邻。　右《玄化曲》凡十三句,其五句句五字,二句句三字,三句句四字,三句句七字。

今鼓吹铙歌词。(乐人以音声相传,训诂不可复解。)

大竭夜乌自云何来堂吾来声乌奚姑悟姑尊卢圣子黄尊来徨清婴乌白日为随来郭吾微令吾

应龙夜乌由道何来直子为乌奚如悟姑尊卢鸡子听乌虎行为来明吾微令吾

诗则夜乌道禄何来黑洛道乌奚悟如尊尔尊卢起黄华乌伯辽为国日忠雨令吾

伯辽夜乌若国何来日忠雨乌奚如悟姑尊卢面道康尊录龙永乌赫赫福胙夜音微令吾

右四解,《上邪曲》。

几令吾几令诸韩乱发正令吾

几令吾诸韩从听心令吾若里洛何来韩微令吾

尊卢忌卢文卢子路子路为路鸡如文卢炯乌诸胙微令吾

几令诸韩或公随令吾

几令吾几诸或言随令吾黑洛何来诸韩微令吾

尊卢安成随来免路路子为吾路奚如文卢炯乌诸胙微令吾

右九解,《晚芝曲》。(汉曲有《远期》,疑是。)

几令吾呼历舍居执来随咄武子邪令乌衔针相风其右其右

几令吾呼群议破胡执来随吾咄武子邪令乌今乌今朕入海相风及后

几令吾呼无公赫吾执来随吾咄武子邪令乌无公赫吾姬立诸布始布

右三解,《艾如张曲》。

鼓吹铙歌十五篇,何承天义熙中私造:

《朱路篇》:朱路扬和鸾,翠盖耀金华。玄牡饰樊缨,流旌拂飞霞。雄戟辟旷涂,班剑翼高车。三军且莫喧,听我奏铙歌。清鞞惊短箫,朗鼓节鸣笳。人心惟恺豫,兹音亮且和。轻风起红尘,淳澜发微波。逸韵腾天路,颓响结城阿。仁声被八表,威震振九遐。嗟嗟介胄士,勖哉念皇家。

《思悲公篇》:思悲公,怀衮衣。东国何悲,公西归。公西归,流二叔,幼主既悟,偃禾复。偃禾复,圣志申。营都新邑,从斯民。从斯民,德惟明。制礼作乐,兴颂声。

兴颂声，致嘉祥。鸣凤爰集，万国康。万国康，犹弗已。握发吐餐，下群士。惟我君，继伊周。亲睹盛世，复何求。

《雍离篇》：雍士多离心，荆民怀怨情。二凶不量德，构难称其兵。王人衔朝命，正辞纠不庭。上宰宣九伐，万里举长旌。楼船掩江渍，驷介飞重英。归德戒后夫，贾勇尚先鸣。逆徒既不济，愚智亦相倾。霜锋未及染，鄙郢忽已清。西川无潜鳞，北渚有奔鲸。凌威致天府，一战夷三城。江汉被美化，宇宙歌太平。惟我东郡民，曾是深推诚。

《战城南篇》：战城南，衡黄尘。丹旌电烻，鼓雷震。勍敌猛，戎马殷。横陈亘野，若屯云。仗大从，应三灵。义之所感，士忘生。长剑击，繁弱鸣。飞镝炫晃，乱奔星。虎骑跃，华珥旋。朱火延起，腾飞烟。骁雄斩，高旗搴。长角浮叫，响清天。夷群寇，殪逆徒。余黎沾惠，咏来苏。奏恺乐，归皇都。班爵献俘，邦国娱。

《巫山高篇》：巫山高，三峡峻。青壁千寻，深谷万仞。崇岩冠灵，林冥冥。山禽夜响，晨猿相和鸣。洪波迅濆，载逝载停。怅棲商旅之客，怀苦情。在昔阳九，皇纲微。李氏窃命，宣武耀灵威。蠢尔逆纵，复践乱机。王旅薄伐，传首来至京师。古之为国，惟德是贵。力战而虚民，鲜不颠坠。矧乃叛戾，伊胡能遂。咨尔巴子，无放肆。

《上陵者篇》：上陵者，相追攀。被服纤丽，振绮纨。携童幼，升崇峦。南望城阙，郁盘桓。王公第，通衢端。高甍华屋，列朱轩。临浚谷，掇秋兰。士女悠奕，映隰原。指营丘，感牛山。爽鸠既没，景昃叹。嗟岁聿，游不还。志气衰沮，玄鬓斑。野莽宿，坟土干。顾此累累，中心酸。生必死，亦何怨。取乐今日，展情欢。

《将进酒篇》：将进酒，庆三朝。备繁礼，荐嘉肴。荣枯换，霜雾交。缓春带，命朋僚。车等旗，马齐镳。怀温克，乐林濠。士失志，愠情劳。思旨酒，寄游遨。败德人，甘醇醪。耽长夜，或淫妖。兴屡舞，厉哇谣。形僛僛，声号呶。首既濡，志亦荒。性命夭，国家亡。嗟后生，节酣觞。匪酒辜，孰为殃。

《君马篇》：君马丽且闲，扬镳腾逸姿。骏足蹑流景，高步追轻飞。冉冉六辔柔，奕奕金华晖。轻霄翼羽盖，长风靡淑旗。愿为范氏驱，雍容步中徽。岂效诡遇子，驰骋趣危机。铅陵策良駟，造父为之悲。不怨吴坂峻，但恨伯乐稀。赦彼岐山盗，实跻韩原师。奈何汉魏主，纵情营豕私。疲民甘藜藿，厌马患盈肥。人畜览厥养，苍生将焉归。

《芳树篇》：芳树生北庭，丰隆正裴徊。翠颖陵冬秀，红葩迎春开。佳人闲幽室，惠心婉以谐。兰房掩绮幌，绿草被长阶。日夕游云际，归禽命同栖。皓月盈素景，凉风拂中闺。哀弦理虚堂，要妙清且悽。啸歌流激楚，伤此硕人怀。梁尘集丹帷，微飙扬罗桂。岂怨嘉时莫，徒惜良愿乖。

《有所思篇》：有所思，思昔人。曾闵二子，善养亲。和颜色，奉晨昏。至诚烝烝，通明神。邹孟轲，为齐卿。称身受禄，不贪荣。道不用，独拥楹。三徙既谆，礼义明。飞鸟集，猛兽附。功成事毕，乃更娶。哀我生，遘凶旻。幼罹荼毒，备艰辛。慈颜绝，见无因。长怀永思，托丘坟。

《雉子游原泽篇》：雉子游原泽，初怀耿介心。饮啄虽勤苦，不愿栖园林。古有避世士，抗志清霄岑。浩然寄卜肆，挥棹通川阴。消摇风尘外，散发抚鸣琴。卿相非所眄，何况于千金。功名岂不美，宠辱亦相寻。冰炭结六府，忧虞缠胸襟。当世须大度，量已不克任。三复泉流诫，自惊良已深。

《上邪篇》：上邪下难正，众枉不可矫。音和响必清，端影缘直表。大化扬仁风，齐人犹偃草。圣王既已没，谁能弘至道。开春湛丞露，代终肃严霜。承平贵孔孟，政敝侯申商。孝公明赏罚，六世犹克昌。李斯肆滥刑，秦氏所以亡。汉宣隆中兴，魏祖宁三方。譬彼针与石，效疾故称良。《行苇》非不厚，悠悠何讵央。琴瑟时永调，改弦当更张。矧乃治天下，此要安可忘。

《临高台篇》：临高台，望天衢，飘然轻举，凌太虚。携列子，超帝乡。云衣雨带，乘风翔。肃龙驾，会瑶台。清晖浮景，溢蓬莱。济四海，濯洧盘。伫立云岳，结幽兰。驰迅风，游炎州。愿言桑梓，思旧游。倾宵盖，靡电旍。降彼天涂，颓鋈冥。辞仙族，归人群。怀忠抱义，奉明君。任穷达，随所遭。何为远想，令心劳。

《远期篇》：远期千里客，肃驾候良辰。近命城郭友，具尔惟懿亲。高门启双闱，长筵列嘉宾。中唐俙六佾，三厢罗乐人。箫管激悲音，羽毛扬华文。金石响高宇，弦歌动梁尘。修标多巧捷，九剑亦人神。迁善自雅调，成化由清均。主人垂隆庆，群士乐亡身。愿我圣明君，迩期保万春。

《石流篇》：石上流水，湔湔其波。发源幽岫，永归长河。瞻彼逝者，岁月其偕。子在川上，惟以增怀。嗟我殷忧，载劳瘝瘵。遘此百罹，有志不遂。行年倏忽，长勤是婴。永言没世，悼兹无成。幸遇开泰，沐浴嘉运。缓带安寝，亦又何愠。古之为仁，自求诸己。虚情遥慕，终于徒已。

《圣人制礼乐》一篇，《巾舞歌》一篇，按《景祐广乐记》言，字讹谬，声辞杂书。宋鼓吹铙歌辞四篇，旧史言，诂不可解。汉鼓吹铙歌十八篇，按《古今乐录》，皆声、辞、艳相杂，不复可分。

卷二十三　　　　　志第十三

天　文　一

言天者有三家，一曰宣夜，二曰盖天，三曰浑天，而天之正体，经无前说，马《书》、班《志》，又阙其文。汉灵帝议郎蔡邕于朔方上书曰："论天体者三家，宣夜之学，绝无师法。《周髀》术数具存，考验天状，多所违失。惟浑天仅得其情，今史官所用候台铜仪，则其法也。立八尺圆体，而具天地之形，以正黄道；占察发敛，以行日月，以步五纬，精微深妙，百世不易之道也。官有其器而无本书，前志亦阙而不论。本欲寝伏仪下，思惟微意，按度成数，以著篇章。罪恶无状，投畀有北，灰灭雨绝，势路无由。宜问群臣，下及岩穴，知浑天之意者，使述其义。"时阉官用事，邕议不行。

汉末吴人陆绩善天文，始推浑天意。王蕃者，卢江人，吴时为中常侍，善数术，传刘洪《乾象历》。依《乾象法》而制浑仪，立论考度曰：

  前儒旧说，天地之体，状如鸟卵，天包地外，犹壳之裹黄也。周旋无端，其形浑浑然，故曰浑天也。周天三百六十五度五百八十九分度之百四十五，半露地上，半在地下。其二端谓之南极、北极。北极出地三十六度，南极入地亦三十六度，两极相去一百八十二度半强。绕北极径七十二度，常见不隐，谓之上规；绕南极七十二度，常隐不见，谓之下规。赤道带天之纮，去两极各九十一度少强。黄道，日之所行也。半在赤道外，半在赤道内，与赤道东交于角五少弱，西交于奎十四少强。其出赤道外极远者，去赤道二十四度，斗二十一度是也。其入赤道内极远者，亦二十四度，井二十五度是也。

  日南至在斗二十一度，去极百一十五度少强是也。日最南，去极最远，故景最长。黄道斗二十一度，出辰入申，故日亦出辰入申。日昼行地上百四十六度强，故日短；夜行地下二百一十九度少弱，故夜长。自南至之后，日去极稍近，故景稍短。日昼行地上度稍多，故日稍长；夜行地下度稍少，故夜稍短。日所在度稍北，故日稍北，以至于夏至，日在井二十五度，去极六十七度少强，是日最北，去极最近，景最短。黄道井二十五度，出寅入戌，故日亦出寅入戌。日昼行地上二百一十九度少弱，故日长；夜行地下百四十六度强，故夜短。自夏至之后，日去极稍远，故景稍长。日昼行地上度稍少，故日稍短；夜行地下度稍多，故夜稍长。日所在度稍南，故日出入稍南，以至于南至而复初焉。斗二十一、井二十五，南北相觉四十八度。

  春分日，在奎十四少强；秋分日，在角五少弱，此黄赤二道之交中也。去极俱九十一度少强，南北处斗二十一井二十五之中，故景居二至长短之中。奎十四、角五，出卯入酉，故日亦出卯入酉。日昼行地上、夜行地下，俱百八十二度半强。故日见之漏五十刻，不见之漏五十刻，谓之昼夜同。夫天之昼夜，以日出入为分；人之昼夜，以昏明为限。日未出二刻半而明，日已入二刻半而昏，故损夜五刻以益昼，是以春秋分之漏昼五十五刻。

  三光之行，不必有常，术家以算求之，各有同异，故诸家历法参差不齐。《洛书甄耀度》、《春秋考异邮》皆云周天一百七万一千里，一度为二千九百三十二里七十一步二尺七寸四分四百八十七分分之三百六十二。陆绩云：天东西南北径三十五万七千里，此言周三径一也。考之径一不啻周三，率周百四十二而径四十五，则天径三十三万九千四百一里一百二十

二步三尺二寸一分七十一分分之九。

  《周礼》："日至之景，尺有五寸，谓之地中。"郑众说："土圭之长，尺有五寸。以夏至之日，立八尺之表，其景与土圭等，谓之地中，今颍川阳城是也。"郑玄云："凡日景于地千里而差一寸，景尺有五寸者，南戴日下万五千里也。"以此推之，日当去其下地八万里矣。日邪射阳城，则天径之半也。天体圆如弹丸，地处天之半，而阳城为中，则日春秋冬夏，昏明昼夜，去阳城皆等，无盈缩矣。故知从日邪射阳城为天径之半也。

  以句股法言之，傍万五千里，句也；立八万里，股也；从日邪射阳城，弦也。以句股求弦法入之，得八万一千三百九十四里三十步五尺三寸六分，天径之半，而地上去天之数也。倍之，得十六万二千七百八十八里六十一步四尺七寸二分，天径之数也。以周率乘之，径率约之，得五十一万三千六百八十七里六十八步一尺八寸二分，周天之数也。减《甄耀度》、《考异邮》五十五万七千三百一十二里有奇。一度凡千四百六里百二十四步六寸四分十万七千五百六十五分分之九千三十九，减旧度千五百二十五里三百五十六步三尺三寸二十一万五千一百三十分分之十六万七百三十分。黄赤二道，相与交错，其间相去二十四度。以两仪推之，二道俱三百六十五度有奇，是以知天体圆如弹丸。而陆绩造浑象，其形如鸟卵，然则黄道应长于赤道矣。绩云天东西南北径三十五万七千里，然则绩亦以天形正圆也。而浑象为鸟卵，则为自相违背。

  古旧浑象以二分为一度，凡周七尺三寸半分。张衡更制，以四分为一度，凡周一丈四尺六寸。蕃以古制局小，星辰稠概；衡器伤大，难可转移。更制浑象，以三分为一度，凡周天一丈九寸五分四分分之三也。

  御史中丞何承天论浑象体曰："详寻前说，因观浑仪，研求其意，有以悟天形正圆，而水周其下。言四方者，东晹谷，日之所出，西至濛汜，日之所入。庄子又云：'北溟之鱼，化而为鸟，将徙于南溟。'斯亦古之遗记，四方皆水证也。四方皆水，谓之四海。凡五行相生，水生于金，是故百川发源，皆自山出，由高趣下，归注于海。日为阳精，光耀炎炽，一夜入水，所经焦竭，百川归注，足于补复，故旱不为减，浸不为益。径天之数，蕃说近之。"

  太中大夫徐爰曰："浑仪之制，未详厥始。王蕃言：'《虞书》称"在璇玑玉衡，以齐七政"。则今浑天仪日月五星是也。郑玄说："动运为机，持正为衡，皆以玉为之。视其行度，观受禅是非也。"浑仪，羲和氏之旧器，历代相传，谓之机衡，其所由来，有原统矣。而斯器设在候台，史官禁密，学者寡得闻见；穿凿之徒，不解机衡之意，见有七政之言，因以为北斗七星，构造虚文，托之谶纬，史迁、班固，犹尚惑之。郑玄有赡雅高远之才，沈静精妙之思，超然独见，改正其说，圣人复出，不易斯言矣。'蕃之所云如此。夫候审七曜，当以运行为体，设器拟象，焉得定其盈缩，推斯而言，未为通论。设使唐、虞之世，已

有浑仪,涉历三代,以为定准,后世聿遵,孰敢非革。而三天之仪,纷然莫辩,至扬雄方难盖通浑。张衡为太史令,乃铸铜制范。衡传云:'其作浑天仪,考步阴阳,最为详密。'故知自衡以前,未有斯仪矣。蕃又云:'浑天遭秦之乱,师徒丧绝,而失其文,惟浑天仪尚在候台。'案既非舜之璇玉,又不载今仪所造,以纬书为穿凿,郑玄为博实,偏信无据,未可承用。夫璇玉,贵美之名;机衡,详细之目。所以先儒以为北斗七星,天纲运转,圣人仰观俯察,以审时变焉。"

史臣案:设器象,定其恒度,合之则吉,失之则凶,以之占察,有何不可。浑文废绝,故有宣、盖之论,其术并疏,故后人莫述。扬雄《法言》云:"或人问浑天于雄。雄曰:'落下闳营之,鲜于妄人度之,耿中丞象之,几乎莫之违也'。"若问天形定体,浑仪疏密,则雄应以浑仪答之,而举此三人以对者,则知此三人制造浑仪,以图晷纬。问者盖浑仪之疏密,非问浑仪之浅深也。以此而推,则西汉长安已有其器矣。将由丧乱亡失,故衡复铸之乎?王蕃又记古浑仪尺度并张衡改制之文,则知斯器非衡始造,明矣。衡所造浑仪,传至魏、晋,中华戎败,沈没戎虏;绩、蕃旧器,亦不复存。晋安帝义熙十四年,高祖平长安,得衡旧器,仪状虽举,不缀经星七曜。

文帝元嘉十三年,诏太史令钱乐之更铸浑仪,径六尺八分少,周一丈八尺二寸六分少,地在天内,立黄赤二道,南北二极规二十八宿,北斗极星,五分为一度,置日月五星于黄道之上,置立漏刻,以水转仪,昏明中星,与天相应。十七年,又作小浑天,径二尺二寸,周六尺六寸,以分为一度,安二十八宿中外宫,以白黑珠及黄三色为三家星,日月五星,悉居黄道。

盖天之术,云出周公旦访之殷商,盖假托之说也。其书号曰周髀。髀者,表也,周天之数也。其术云:"天如覆盖,地如覆盆,地中高而四隤,日月随天转运,隐地之高,以为昼夜。天地相去凡八万里,天地之中,高于外衡六万里;地上之高,高于天之外衡二万里也。"或问盖天于扬雄。扬雄曰:"盖哉!盖哉!"难其八事,郑玄又难其二事。为盖天之学者,不能通也。刘向《五纪》说,《夏历》以为列宿日月皆西移,列宿疾而日次之,月最迟。故日与列宿昏俱入西方;后九十一日,是宿在北方;又九十一日,是宿在东方;九十一日,在南方。此明日行迟于列宿也。月生三日,日入而月见西方;至十五日,日入而月见东方;将晦,日未出,乃见东方。以此明月行之迟于日,而皆西行也。向难之以《鸿范传》曰:"晦而月见西方,谓之朓。朓,疾也。朔而月见东方,谓之侧匿。侧匿,迟不敢进也。星辰西行,史官谓之逆行。"此三说,《夏历》皆违之,迹其意,好异者之所作也。

晋成帝咸康中,会稽虞喜造《安天论》,以为"天高穷于无穷,地深测于不测。地有居静之体,天有常安之形。论其大体,当相覆冒,方则俱方,圆则俱圆,无方圆不同之义也。"喜族祖河间太守耸又立《穹天论》云:"天形穹隆,当如鸡子幕,其际周接四海之表,浮乎元气之上。"而吴太常姚信造《昕天论》曰:"尝览《汉书》云:冬至日在牵牛,去极远;夏至日在东井,去极近。欲以推日之长短,信以太极处二十八宿之中央,虽有远近,不能相倍。"今《昕天》之说,以为"冬至极低,而天运近南。故日去人远,而斗去人近;北天气至,故冰寒也。夏至极起,而天运近北,而斗去人远,日去人近,南天气至,故炎热也。极之立时,日行地中浅,故夜短;天去地高,故昼长也。极之低时,日行地中深,故夜长;天去地下浅,故昼短也。然则天行寒依于浑,夏依于盖也。"按此说应作"轩昂"之"轩",而作"昕",所未详也。凡三说,皆好异之谈,失之远矣。凡天文经星,常宿中外宫,前史已详。今惟记魏文帝黄初以来星变为《天文志》,以续司马彪云。

魏文帝黄初三年九月甲辰,客星见太微左掖门内。占曰:"客星出太微,国有兵丧。"十月,孙权叛命,帝自南征,前驱临江,破其将吕范等。是后累有征役。七年五月,文帝崩。

黄初四年三月癸卯,月犯心大星。十二月丙子,月又犯心大星。占曰:"心为天王,王者恶之。"七年五月,文帝崩。黄初四年六月甲申,太白昼见。五年十一月辛卯,太白又昼见。案刘向《五纪论》曰:"太白少阴,弱,不得专行,故以未为界,不得经天而行。经天则昼见,其占为兵,为丧,为不臣,为更王。强国弱,小国强。"是时,孙权受魏爵号,而称兵距守。七年五月,文帝崩。八月,吴遂围江夏,寇襄阳,魏江夏太守文聘固守得全。大将军司马懿救襄阳,斩吴将张霸。

黄初四年十一月,月晕北斗。占曰:"有大丧,赦天下。"七年五月,文帝崩,明帝即位,大赦天下。黄初五年十月,岁星入太微,逆行积百三十九日乃出。占曰:"五星入太微,从右入三十日以上,人主有大忧。"一曰:"有赦至。"七年五月,文帝崩,明帝即位,大赦天下。

黄初六年五月十六日壬戌,荧惑入太微,至二十六日壬申,与岁星相及,俱犯右执法;至二十七日癸酉,乃出。占曰:"从右入三十日以上,人主有大忧。"又"日月五星犯左右执法,大臣有忧。"一曰:"执法者诛。金火尤甚。"十一月,皇子东武阳王鉴薨。七年正月,骠骑将军曹洪免为庶人。四月,征南大将军夏侯尚薨。五月,文帝崩。《蜀记》称:"明帝问黄权曰:'天下鼎立,何地为正?'对曰:'当验天文。往荧惑守心,而文皇帝崩,吴、蜀无事,此其微也。"案三国史,并无荧惑守心之文,宜是入太微。黄初六年十月乙未,有星孛于少微,历轩辕。案占,孛、彗异状,其殃一也。为兵丧除旧布新之象,余灾不尽,为旱凶饥暴疾。长大见久灾深;短小见速灾浅。是时帝军广陵,辛丑,亲御甲胄,跨马观兵。明年五月,文帝崩。

魏明帝太和四年十一月壬戌,太白犯岁星。占曰:"太白犯五星,有大兵;犯列宿,为小兵。"五年三月,诸葛亮以大众寇天水,遣大将军司马懿距退之。太和五年五月,荧惑犯房。占曰:"房四星,股肱将相位也。月五星犯守之,将相有忧。"七月,车骑将军张郃追诸葛亮,为其所害。十二月,太尉华歆薨。太和五年十一月乙酉,月犯轩辕大星。占曰:"女主忧。"十二月甲辰,月犯镇星。占曰:"女主当之。"六年三月乙亥,月又犯轩辕大星。青龙二年十一月乙丑，月又犯镇星。三年正月，太后郭氏崩。

太和六年十一月丙寅，太白昼见南斗，遂历八十余日恒见。占曰："吴有兵。"明年，孙权遣张弥等将兵万人，锡授公孙渊为燕王。渊斩弥等，虏其众。太和六年十一月丙寅，有星孛于翼，近太微上将星。占曰："为兵丧。"甘氏曰："孛彗所当之国，是受其殃。"翼又楚分，孙权封略也。明年，权有辽东之败。权又向合肥新城，遣全琮征六安，皆不克而还。又明年，诸葛亮入秦川，据渭南，司马懿距之。孙权遣陆议、诸葛瑾等屯江夏口，孙韶、张承等向广陵淮阳，权以大众围新城以应亮。于是帝自东征，权及诸将乃退。太和六年十一月，陈王植薨。青龙元年夏，北海王蕤薨。三年正月，太后郭氏崩。

明帝青龙二年二月己未，太白犯荧惑。占曰："大兵起，有大战。"是年四月，诸葛亮据渭南，吴亦起兵应之，魏东西奔命。九月，亮卒，军退，将帅分争，为魏所破。案占，太白所犯在南，南国败，在北，北国败，此宜在荧惑南也。青龙二年三月辛卯，月犯舆鬼。舆鬼主斩杀。占曰："民多病，国有忧，又有大臣忧。"是年夏，大疫；冬，又大病，至三年春乃止。正月，太后郭氏崩。四年五月，司徒董昭薨。青龙二年五月丁亥，太白昼见，积三十余日。以暑度推之，非秦、魏，则楚也。是时诸葛据渭南，司马懿与相持。孙权寇合肥，又遣陆议、孙韶等入淮、沔，帝亲东征。蜀本秦地，则为秦、晋及楚兵悉应占。青龙二年七月己巳，月犯楗闭。占曰："天子崩，又为火灾。"三年七月，崇华殿灾。景初三年正月，明帝崩。青龙二年十月戊寅，月犯太白。占曰："人君死，又为兵。"景初元年七月，公孙渊叛。二年正月，遣司马懿讨之。三年正月，明帝崩。

蜀后主建兴十二年，诸葛亮帅大众伐魏，屯于渭南，有长星赤而芒角，自东北，西南流投亮营，三投再还，往大还小。占曰："两军相当，有大流星来走军上及坠军中者，皆破败之征也。"九月，亮卒于军，焚营而退。群帅交恶，多相诛残。

魏明帝青龙三年六月丁未，镇星犯井钺。四年闰四月乙巳，复犯。戊戌，太白又犯。占曰："凡月五星犯井钺，悉为兵起。"一曰："斧钺用，大臣诛。"景初元年，公孙渊叛，司马懿讨灭之。青龙三年七月己丑，镇星犯东井。四年三月癸卯，在参，又还犯之。占曰："镇星入井，大人忧。行近距为行阴，其占大水，五谷不成。"景初元年夏，大水，伤五谷。九月，皇后毛氏崩。三年正月，明帝崩。青龙三年十月壬申，太白昼见在尾，历二百余日恒见。占曰："尾为燕，燕臣强，有兵。"青龙四年三月己巳，太白与月俱加丙，昼见。月犯太白。景初元年七月辛卯，太白又昼见，积二百八十余日。占悉同上。是时公孙渊自立为燕王，署置百官，发兵距守，遣司马懿讨灭之。青龙三年十二月戊辰，月犯钩钤。占曰："王者忧。"景初三年正月，明帝崩。

青龙四年五月壬寅，太白犯毕左股第一星。占曰："毕为边兵，又主刑罚。"九月，凉州塞外胡阿毕师侵犯诸国，西域校尉张就讨之，斩首捕虏万许人。青龙四年七月甲寅，太白犯轩辕大星。占曰："女主忧。"景初元年，皇后毛氏崩。青龙四年十月甲申，有星孛于大辰，长三尺。乙酉，又孛于东方。十一月己亥，彗星见，犯宦者天纪星。占曰："大辰为天王，天下有丧。"刘向《五纪论》曰："《春秋》星孛于东方，不言宿者，不加宿也。"宦者在天市为中外有兵，天纪为地震。孛彗主兵丧。景初元年六月，地震。九月，吴将朱然围江夏，荆州刺史胡质击走之。皇后毛氏崩。二年正月，讨公孙渊。三年正月，明帝崩。

魏明帝景初元年二月乙酉，月犯房第二星。占曰："将相有忧。"七月，司徒陈矫薨。二年四月，司徒韩暨薨。景初元年十月丁未，月犯荧惑。占曰："贵人死。"二年四月，司徒韩暨薨。八月，公孙渊灭。

景初二年二月癸丑，月犯心距星，又犯中央大星。五月己亥，又犯心距星及中央大星。闰月癸丑，月又犯心、中央大星。按占，"大星为天王，前为太子，后为皇子。犯大星，王者恶之。犯前星，太子有忧。犯后星，庶子有忧。"三年正月，帝崩，太子立，卒见废为齐王。正始四年，秦王询薨。景初二年八月彗星见张，长三尺，逆西行，四十一日灭。占曰："为兵丧。张，周分野，洛邑恶之。"其十月，斩公孙渊。明年正月，明帝崩。景初二年十月甲午，月犯箕。占曰："军将死。"正始元年四月，车骑将军黄权薨。景初二年，司马懿围公孙渊于襄平。八月丙寅夜，有大流星长数十丈，色白有芒鬣，从首山北流坠襄平城东南。占曰："围城而有流星来走城上及坠城中者破。"又曰："星坠，当其下有战场。"又曰："凡星所坠，国易姓。"九月，渊突围，走至星坠所被斩，屠城坑其众。景初二月癸巳，客星见危，逆行在离宫北，腾蛇南。甲辰，犯宗星。己酉，灭。占曰："客星所出有兵丧。虚危为宗庙，又为坟墓。客星近离宫，则宫中将有大丧，就先君于宗庙，皆王者崩殒之象也。"三年正月，明帝崩。正始二年五月，吴将朱然围樊城，司马懿率众距却之。

魏齐王正始元年四月戊午，月犯昴东头第一星。其年十月庚寅，月又犯昴北头第四星。占曰："犯昴，胡不安。"二年六月，鲜卑阿妙儿等寇西方，敦煌太守王延斩之，并二千余级。三年，又斩鲜卑大帅及千余级。正始元年十月乙酉，彗星见西方，在尾，长三丈，拂牵牛，犯太白。十一月甲子，进犯羽林。占曰："尾为燕，又为吴，牛亦吴、越之分。太白为上将，羽林中军兵。吴、越有兵丧，中军兵动。"二年五月，吴将全琮寇芍陂，朱然围樊城，诸葛瑾入沮中。吴太子登卒。六月，司马懿讨诸葛恪于皖。恪焚积聚，弃城走。三年，太尉满宠薨。

正始二年九月癸酉，月犯舆鬼西北星。西北星主金。三年二月丁未，又犯西南星。西南星主布帛。占曰："有钱令。"一曰："大臣忧。"三年三月，太尉满宠薨。四年正月，帝加元服，赐群臣钱各有差。

正始四年十月、十一月，月再犯井钺。是月，司马懿讨诸葛恪，恪弃城走。五年三月，曹爽征蜀。正始五年十一月癸巳，镇星犯亢距星。占曰："诸侯有失国者。"嘉平元年，曹爽兄弟诛。

正始六年八月戊午，彗星见七星，长二尺，色白，进至张，积二十三日灭。七年十一月癸亥，又见轸，长一尺，积百五十六日灭。九年三月，又见昴，长六尺，色青白，芒西南指。七月，又见翼，长二尺，进至轸，积四十二日灭。按占，"七星、张，周分野，翼、轸为楚，昴为赵、魏，彗所以除旧布新，主兵丧也。"嘉平元年，司马懿诛曹爽兄弟及其党与，皆夷族，京师严兵，实始翦魏。三年，诛楚王彪，又袭王凌于淮南。淮南，东楚也。幽魏诸王于邺。

正始七年七月丁丑，月犯左角。占曰："天下有兵，将军死。"九年正月辛亥，月犯亢南星。占曰："兵起。"一曰："军将死。"七月乙亥，荧惑犯毕距星。占曰："有边兵。"一曰："刑罚用。"嘉平元年，曹爽等诛。三年，王凌等又诛。

正始九年七月癸丑，镇星犯楗闭。占曰："王者不宜出宫下殿。"明年，车驾谒陵，司马懿奏诛曹爽等，天子野宿，于是失势。

魏齐王嘉平元年六月壬戌，太白犯东井距星。二年三月己未，又犯。占曰："国失政，大臣为乱。"四月辛巳，太白犯舆鬼。占曰："大臣诛。"一曰："兵起。"三年七月，王凌与楚王彪有谋，皆伏诛。人主遂卑。

吴主孙权赤乌十三年五月，日北至，荧惑逆行入南斗。七月，犯魁第二星而东。《汉晋春秋》云逆行。按占，荧惑入南斗，三月，吴王死。一曰："荧惑逆行，其地有死君。"太元二年权薨，是其应也。故国志书于吴而不书于魏也。是时，王凌谋立楚王彪，谓斗中有星，当有暴贵者，以问知星人浩详。详疑有故，欲说其意，不言吴有死丧，而言淮南楚分，吴、楚同占，当有王者兴，故凌计遂定。

魏齐王嘉平二年十月丙申，月犯舆鬼。占曰："国有忧。"一曰："大臣忧。"三年四月戊寅，月犯东井。占曰："军将死。"一曰："国有忧。"五月，王凌、楚王彪等诛。七月，皇后甄氏崩。

嘉平三年五月甲寅，月犯距星。占曰："将军死。"一曰："为兵。"是月，王凌诛。四年三月，吴将朱然、朱异为寇，镇东将军诸葛诞破走之。嘉平三年七月己巳，月犯舆鬼。九月乙己，又犯。四年十一月丁未，又犯鬼积尸。五年七月丙午，月又犯鬼西北星。占曰："国有忧。"正元元年，李丰等诛，皇后张氏废。九月，帝废为齐王。齐王嘉平三年十月癸未，荧惑犯亢南星。占曰："大臣有乱。"正元元年二月，李丰等谋乱诛。嘉平三年十一月癸未，有星孛于营室，西行积九十日灭。占曰："有兵丧。室为后宫，后宫且有乱。"四年二月丁酉，彗星见西方，在胃，长五六丈，色白，芒南指贯参，积二十日灭。五年十一月，彗星又见轸，长五丈，在太微左执法西，东南指，积百九十日灭。按占，"胃，兖州之分，参白虎主兵，太微天子廷，执法为执政，孛彗为兵，除旧布新之象。"正元元年二月，李丰、丰弟兖州刺史翼、后父光禄大夫张缉等谋乱，皆诛，皇后亦废。九月，帝废为齐王，高贵乡公代立。

嘉平五年六月庚辰，月犯箕。占曰："军将死。"正元元年正月，镇东将军母丘俭反，兵败死。嘉平五年六月戊午，太白犯角。占曰："群臣谋不成。"正元元年，李丰等

谋泄，悉诛。嘉平五年七月，月犯井钺。正元元年二月，李丰等诛。蜀将姜维攻陇西，车骑将军郭淮讨破之。嘉平五年十一月癸酉，月犯东井距星。占曰："军将死。"至六年正月，镇东将军豫州刺史母丘俭、前将军扬州刺史文钦反，被诛。

魏高贵乡公正元元年十一月，有白气出斗侧，广数丈，长竟天。王肃曰："蚩尤之旗也，东南其有乱乎！"二年正月，母丘俭等据淮南以叛，大将军司马师讨平之。案占，"蚩尤旗见，王者征伐四方。"自后又征淮南，西平巴蜀。是岁，吴主孙亮五凤元年，斗牛，吴、越分。案占："有兵丧，除旧布新之象也。"太平三年，孙綝盛兵围宫，废亮为会稽王，孙休代立，是其应也。故国志又书于吴。由是淮南江东同扬州地，故于时变见吴、楚之分。则魏之淮南，多与吴同灾，是以母丘俭以孛为己应，遂起兵而败，又其应也。后三年，即魏甘露二年，诸葛诞又反淮南，吴遣朱异救之。及城陷，诞众吴兵死没各数万人，犹前长星之应也。高贵乡公正元二年二月戊午，荧惑犯东井北辕西头第一星。占曰："群臣有家坐罪者。"甘露元年，诸葛诞族灭。

吴孙亮太平元年九月壬辰，太白犯南斗，《吴志》所书也。占曰："太白犯斗，国有兵，大臣有反者。"其明年，诸葛诞反。又明年，孙琳废亮，吴、魏并有兵事也。

魏高贵乡公甘露元年七月乙卯，荧惑犯井钺。壬戌，月又犯钺星。二年八月壬子，岁星犯井钺。九月庚寅，岁星又逆行乘钺星。三年，诸葛诞夷灭。甘露元年八月辛亥，月犯箕。占曰："军将死。"九月丁巳，月犯东井。占曰："军将死。"二年，诸葛诞诛。

甘露二年六月己酉，月犯心中央大星。景元元年五月，高贵乡公败。甘露二年十月丙寅，太白犯亢距星。占曰："廷臣为乱，人君忧。"景元元年，有成济之变。甘露二年十一月，彗星见角，色白。占曰："彗见两角间，色白者，军起不战，邦有大丧。"景元元年，高贵乡公帅左右兵袭晋文王，未交战，为成济所害。

甘露三年三月庚子，太白犯东井。占曰："国失政，大臣为乱。"是夜，岁星又犯东井。占曰："兵起。"至景元元年，高贵乡公败。甘露三年八月壬辰，岁星犯舆鬼质星。占曰："斧质用，大臣诛。"甘露四年四月甲申，岁星又犯舆鬼东南星。占曰："鬼东南星主兵。木入鬼，大臣诛。"景元元年，高贵乡公败，杀尚书王经。

甘露四年十月丁丑，客星见太微中，转东南行，历轸宿，积七日灭。占曰："客星出太微，有兵丧。"景元元年，高贵乡公被害。

魏陈留王景元元年二月，月犯建星。案占，"月五星犯建星，大臣相谮"。是后钟会、邓艾破蜀，会潛艾，遂皆夷灭。

景元二年四月，荧惑入太微，犯右执法。占曰："人主有大忧。"又曰："大臣忧。"后四年，邓艾、钟会皆夷灭。五年，帝逊位。

景元三年十一月壬寅，彗星见亢，色白，长五寸，转北行，积四十五日灭。占为兵丧。一曰："彗见亢，天子

失德。"四年，钟会、邓艾伐蜀克之。会、艾反乱，皆诛。魏逊天下。

景元四年六月，大流星二，并如斗，见西方，分流南北，光照隆隆有声。案占，流星为贵使，大者使大。是年，钟、邓克蜀，二星盖二帅之象。二帅相背，又分流南北之应。钟会既叛，三军愤怒，隆隆有声，兵将怒之征也。景元四年十月，岁星守房。占曰："将相有忧。"一曰："有大赦。"明年正月，太尉邓艾、司徒钟会并诛灭，特赦益土。咸熙二年秋，又大赦。

陈留王咸熙二年五月，彗星见王良，长丈余，色白，东南指，积十二日灭。占曰："王良，天子御驷，彗星扫之，禅代之表，除旧布新之象。白色为丧。王良在东壁宿，又并州之分也。"八月，晋文王薨。十二月，帝逊位于晋。

晋武帝泰始四年正月丙戌，彗星见轸，青白色，西北行，又转东行。占曰："为兵丧。轸又楚分也。"三月，皇太后王氏崩。十月，吴将施绩寇江夏，万彧寇襄阳，后将军田璋、荆州刺史胡烈等破却之。泰始四年七月，星陨如雨，皆西流。占曰："星陨为民叛，西流，吴民归晋之象也。"二年，吴夏口督孙秀率部曲二千余人来降。

泰始五年九月，有星孛于紫宫，占如上。紫宫，天子内宫。十年，武元杨皇后崩。

泰始十年十二月，有星孛于轸。占曰："天下兵起。轸又楚分也。"咸宁二年六月，星孛于氐。占曰："天子失德易政。氐又兖州分。"七月，星孛大角。大角为帝坐。八月，星孛太微，至翼、北斗、三台。占曰："太微天子廷，大人恶之。"一曰："有徙王。翼又楚分也。""北斗主杀罚，三台为三公。"三年，星孛于胃。胃，徐州分。四月，星孛女御。女御为后宫。五月，又孛于东方。七月，星孛紫宫。占曰："天下易主。"五年三月，星孛于柳。占曰："外臣陵主。柳又三河分也。大角、太微、紫宫、女御，并为王者。"明年吴亡，是其应也。孛主兵丧，征吴之役，三河、徐、兖之兵悉出，交战于吴、楚之地。吴丞相都督以下，枭戮十数，偏裨行阵之徒，馘斩万计，皆其征也。《春秋》星孛北方，则齐、鲁、晋、郑、陈、宋、莒之君，并受杀乱之祸。星孛东方，则楚灭吴陈，三家、田氏分篡齐、晋。汉文帝末，星孛西方，后吴、楚七国诛灭。案泰始末至太康初，灾异数见，而晋氏隆盛，吴实灭，天变在吴可知矣。昔汉三年，星孛大角，项籍以亡，汉氏无事，此项氏主命故也。吴、晋之时，天下横分，大角孛而吴亡，是与项氏同事。后学皆以咸宁灾为晋室，非也。

晋武帝咸宁四年四月，蚩尤旗见。案《星传》，蚩尤旗类彗，而后曲象旗。汉武帝时见，长竟天。献帝时又见，长十余丈，皆长星也。魏高贵时则为白气。案校众记，是岁无长星，宜又是异气。后二年，倾三方伐吴，是其应。至武帝崩，天下兵又起，遂亡诸夏。咸宁四年九月，太白当见不见。占曰："是谓失舍，不有破军，必有死王之墓。又有亡国。"是时羊祜表求伐吴，上许之。五年十一月，兵出，太白始夕见西方。太康元年三月，大破吴军，孙皓面缚请死，吴国遂亡。

晋武帝太康二年八月，有星孛于张。占曰："为兵丧。"

周分野，灾在洛邑。十一月，星孛轩辕。占曰："后宫当之。"四年三月戊申，星孛于西南。四年三月癸丑，齐王攸薨。四月戊寅，任城王陵薨。五月己亥，琅邪王伷薨。十一月戊午，新都王该薨。

太康八年三月，荧惑守心。占曰："王者恶之。"太熙元年四月己酉，武帝崩。太康八年九月，星孛于南斗，长数十丈，十余日灭。占曰："斗主爵禄，国有大忧。"一曰："孛于斗，王者疾病，臣诛其父，天下易政，大乱兵起。"太熙元年四月，客星在紫宫。占曰："为兵丧。"太康末，武帝耽宴游，多疾病。是月乙酉，帝崩。永平元年，贾后诛杨骏及其党与，皆夷三族；杨太后亦见杀。是年，又诛汝南王亮、太保卫瓘、楚王玮，王室兵丧之应。

卷二十四　　　　　志第十四

天　文　二

晋惠帝元康二年二月，天西北大裂。按刘向说："天裂，阳不足；地动，阴有余。"是时人主拱默，妇后专制。

元康三年四月，荧惑守太微六十日。占曰："诸侯三公谋其上，必有斩臣。"一曰："天子亡国。"是春，太白守毕，至是百余日。占曰："有急令之忧。"一曰："相亡。又为边境不安。"是年，镇、岁、太白三星聚于毕昴。占曰："为兵丧。毕昴，赵地也。"后贾后陷杀太子，赵王废后，又杀之，斩张华、裴頠，遂篡位，废帝为太上皇。天下从此遭乱连祸。

元康五年四月，有星孛于奎，至轩辕、太微，经三台、大陵。占曰："奎为鲁，又为库兵，轩辕为后宫，太微天子廷，三台为三司，大陵有积尸死丧之事。"明年，武库火，西羌反。后五年，司空张华遇祸，贾后废死，鲁公贾谧诛。又明年，赵王伦篡位。于是三王兴兵讨伦，士民战死十余万人。

元康六年六月丙午夜，有枉矢自斗魁东南行。按占曰："以乱伐乱。北斗主执杀，出斗魁，居中执杀者不直象也。"十月，太白昼见。后赵王杀张、裴，废贾后，以理太子之冤，因自篡盗，以至屠灭。以乱伐乱，兵丧臣强之应也。

元康九年二月，荧惑守心。占曰："王者恶之。"八月，荧惑入羽林。占曰："禁兵大起。"后二年，惠帝见废为太上皇，俄而三王起兵讨伦。伦悉遣中军兵，相距累月。

晋惠帝永康元年三月，妖星见南方，中台星坼，太白昼见。占曰："妖星出，天下大兵将起。台星失常，三公忧。太白昼见为不臣。"是月，贾后杀太子，赵王伦寻废杀后及司空张华，又废帝自立。于是三王并起，迭总大权。永康元年五月，荧惑入南斗。占曰："宰相死，兵大起。斗又吴分也。"是时赵王伦为相，明年篡位，三王兴师诛之。太安二年，石冰破扬州。永康元年八月，荧惑入箕。占曰：

"人主失位，兵起。"十二月，彗出牵牛之西，指天市。占曰："牛者七政始，彗出之，改元易号之象也。"天市一名天府，一名天子榱，帝座在其中。明年，赵王篡位，改元，寻为大兵所灭。

永康二年二月，太白出西方，逆行入东井。占曰："国失政，臣为乱。"四月，彗星见齐分。占曰："齐有兵丧。"是时齐王冏起兵讨赵王伦。伦灭，冏拥兵不朝，专权淫侈，明年诛死。

晋惠帝永宁元年，自正月至于闰月，五星互经天。《星传》曰："日阳，君道也。星阴，臣道也。日出则星亡，臣不得专也。昼而星见午上者为经天，其占为不臣，为更王。今五星悉经天，天变所未有也。"石氏说："辰星昼见，其国不亡，则大乱。"是后台鼎方伯，互秉大权。二帝流亡，遂至六夷强，迭据华夏，亦载籍所未有也。永宁元年五月，太白昼见。占同前条。七月，岁星守虚危。占曰："木守虚危，有兵忧。"一曰："守虚饥，守危徭役烦，下屈竭。"辰星入太微。占曰："为内乱。"一曰："群臣相杀。"太白守右掖门。占曰："为兵，为乱，为贼。"八月戊午，镇星犯左执法，又犯上相。占曰："上相忧。"荧惑守昴。占曰："赵、魏有灾。"辰星守舆鬼。占曰："秦有灾。"九月丁未，月犯左角。占曰："人主忧。"一曰："左将军死，天下有兵。"

二年四月癸酉，岁星昼见。占曰："为臣强。"十月，荧惑太白斗于虚危。占曰："大兵起，破军杀将。虚危，又齐分也。"十二月，荧惑袭太白于营室。占曰："天下兵起，亡君之戒。"一曰："易相。"初齐王冏定京都，因留辅政，遂专恣无君。是月，成都、河间檄长沙王乂讨之。冏、乂交战，攻焚宫阙。冏兵败夷灭，又杀其兄上军将军实以下二十余人。太安二年，成都攻长沙，于是公私饥困，百姓力屈。

晋惠帝太安二年二月，太白入昴。占曰："天下扰，兵大起。"三月，彗星见东方，指三台。占曰："兵丧之象。三台为三公。"七月，荧惑入东井。占曰："兵起国乱。"是秋，太白守太微上将。占曰："上将将以兵亡。"是年冬，成都、河间攻洛阳。三年正月，东海王越执长沙王乂，张方又杀之。太安二年八月，长沙王奉帝出距二王，庚午，舍于玄武馆。是日，天中裂为二，有声如雷。三占同元康，臣下专僭之象也。是时长沙王擅权，后成都、河间、东海又迭专威命，是其应也。太安二年十一月辛巳，有星昼陨中天，北下有声如雷。按占："名曰荧首，营首所在，下有大兵流血。"明年，刘渊、石勒攻略并州，多所残灭。王浚起燕、代，引鲜卑攻掠邺中，百姓涂地。有声如雷，怒之象也。

太安二年十一月庚辰，岁星入月中。占曰："国有逐相。"十二月壬寅，太白犯月。占曰："天下有兵。"太安三年正月己卯，月犯太白，占同青龙。荧惑入南斗，占同永康。是月，荧惑又犯岁星。占曰："有大战。"七月，左卫将军陈眕率众奉帝伐成都，六军败绩，兵逼乘舆。九月，王浚又攻成都至邺，邺溃，成都王由是丧亡。帝还洛，张方胁如长安。是时天下盗贼群起，张昌尤盛。后二年，惠帝崩。

晋惠帝永兴元年五月，客星守毕。占曰："天子绝嗣。"一曰："大臣有诛。"七月庚申，太白犯角、亢，经房、心，历尾、箕。九月，入南斗。占曰："犯角，天下大战；犯亢，有大兵，人君忧；入房、心，为兵丧；犯尾，将军与民人为变；犯箕，女主忧。"一曰："天下乱。入南斗，有兵丧。"一曰："将军为乱。"其所犯守，又兖、豫、幽、冀、扬州之分也。是年七月，有荡阴之役。九月，王浚杀幽州刺史和演，攻邺，邺溃。于是兖、豫为天下兵冲。陈敏又乱扬土，刘渊、石勒、李雄等并起微贱，跨有州郡。皇后羊氏数被幽废。光熙元年，惠帝崩，终无继嗣。永兴元年七月乙丑，星陨有声。二年十月，星又陨有声。按刘向说，民去其土之象也。是后遂亡中夏。永兴元年十二月壬寅夜，赤气亘天，砰隐有声。二年十月丁丑，赤气见在北方，东西竟天。占曰："并为大兵。砰隐有声，怒之象也。"是后四海云扰，九服交兵。

永兴二年四月丙子，太白犯狼星。占曰："大兵起。"九月，岁星守东井。占曰："有兵。井又秦分也。"是年，苟晞破公师藩，张方破范阳王虓，关西诸将攻河间王颙，颙奔走，东海王迎杀之。永兴二年八月，星孛于昴、毕。占曰："为兵丧。"昴、毕，又赵、魏分也。十月丁丑，有星孛于北斗。占曰："璇玑更授，天子出走。"又曰："强国发兵，诸侯争权。"是后皆有其应。明年，惠帝崩。

晋惠帝光熙元年四月，太白失行，自翼入尾、箕。占曰："太白失行而北，是谓返生。不有破军，必有屠城。"五月，汲桑攻邺，魏郡太守冯嵩出战大败，桑遂害东燕王腾，杀万余人，焚烧魏时宫室皆尽。光熙元年五月，枉矢西南流。占曰："以乱伐乱之象也。"是时司马越西破河间，奉迎大驾。寻收缪胤、何绥等，肆其无君之心，天下恶之。死而石勒焚其尸柩，是其应也。光熙元年九月丁未，荧惑守心。占曰："王者恶之。"己亥，填星守房、心，又犯岁星。占曰："土守房，多祸丧。守心，国内乱，天下赦。"又曰："填与岁合为内乱。"是时司马越秉权，终以无礼破灭，内乱之应也。十一月，惠帝崩，怀帝即位，大赦天下。

光熙元年十二月癸未，太白犯填星。占曰："为内兵，有大战。"是后河间王为东海王越所杀。明年正月，东海王越杀诸葛玫等。五月，汲桑破冯嵩，杀东燕王。八月，苟晞大破汲桑。光熙元年十二月甲申，有白气若虹，中天北下至地，夜见五日乃灭。占曰："大兵起。"明年，王弥起青、徐，汲桑乱河北，毒流天下。

孝怀帝永嘉元年九月辛亥，有大星自西南流于东北，小者如升相随，天尽赤，声如雷。占曰："流星为贵使。"是年五月，汲桑杀东燕王腾，遂据河北。十一月，始遣和郁为征北将军镇邺，而田甄等大破汲桑，斩于乐陵。于是以甄为汲郡太守，弟兰钜鹿太守。小星相随，小将别帅之象也。司马越忿魏郡以东，平原南，皆党于桑，悉以赏甄等，于是侵略赤地，有声如雷，怒之象也。永嘉元年十二月丁亥，星流震散。案刘向说："天官列宿，在位之象，小星无名者，庶民之类。此百官庶民将流散之象也。"是后天下大乱，百官万民，流移转死矣。

永嘉二年正月庚午，太白伏不见。二月庚子，始晨见东方。是谓当见不见，占同上条。其后破军杀将，不可胜数。帝崩房庭，中夏沦覆。

永嘉三年正月庚子，荧惑犯紫微。占曰："当有野死之王。又为火烧宫。"是时太史令高堂冲奏，乘舆宜迁幸，不然必无洛阳。五年六月，刘曜、王弥入京都，烧宫庙，帝崩于平阳。永嘉三年，镇星久守南斗。占曰："镇星所居者，其国有福。"是时安东琅邪王始有扬土。其年十一月，地动，陈卓以为是地动应也。永嘉三年十二月乙亥，有白气如带出东南北方各二，起地至天，贯参伐。占曰："天下大兵起。"四年三月，司马越收缪胤、缪播等；又三方云扰，攻战不休。五年三月，司马越死于宁平城，石勒攻破其众，死者十余万人。六月，京都焚灭，帝劫房庭。

永嘉五年十月，荧惑守心。后二年，帝崩于房庭。

永嘉六年七月，荧惑、岁星、镇星、太白聚牛女之间，裴回进退。按占曰："牛，扬州分。"是后两都倾覆，而元帝中兴扬土，是其应也。愍帝建武元年五月癸未，太白荧惑合于东井。占曰："金火合日烁，为丧。"是时帝虽劫于平阳，天下犹未敢居其虚位，灾在帝也。六月丁卯，太白犯太微。占曰："兵入天子廷，王者恶之。"七月，愍帝崩于寇庭，天下行服大临。

晋元帝太兴元年七月，太白犯南斗。占曰："吴、越有兵，大人忧。"二年二月甲申，荧惑犯东井。占曰："兵起，贵臣相戮。"八月己卯，太白犯轩辕大星。占曰："后宫忧。"乙未，太白犯岁星，在翼。占曰："为兵乱。"三年四月壬辰，枉矢出虚、危，没翼、轸。占曰："枉矢所触，天下之所伐。翼、轸，荆州之分也。"五月戊子，太白入太微，又上将。占曰："天子自将，上将诛。"六月丙辰，太白与岁星合于房。占曰："为兵饥。"九月，太白犯南斗，占同元年。十月己亥，荧惑在东井，居五诸侯南，踟蹰留止，积三十日。占曰："荧惑守井二十日以上，大人忧；守五诸侯，诸侯有诛者。"十二月己未，太白入月，在斗。郭景纯曰："月属坎，阴府法象也。太白金行而来犯之，天意若曰刑理失中，自毁其法也。"四年十二月丁亥，月犯岁星在房。占曰："其国兵饥，民流亡。"永昌元年三月，王敦率江、荆之众，来攻京都，六军距战，败绩。于是杀护军将军周顗、尚书令刁协，骠骑将军刘隗出奔。四月，又杀湘州刺史谯王承、镇南将军甘卓。闰十二月，元帝崩。间一年，敦亦枭夷，枉矢触翼之应也。十月，石他入豫州，略城父、铚二县民以北，刺史祖约遣军追之，为其所没，遂退守寿春。

明帝太宁三年正月，荧惑逆行入太微。占曰："为兵丧，王者恶之。"闰八月，帝崩。咸和二年，苏峻反，攻宫室，太后以忧逼崩，天子幽劫于石头，远近兵乱，至四年乃息。

成帝咸和四年七月，有星孛于西北，二十三日灭。占曰："为兵乱。"十二月，郭默杀江州刺史刘胤，荆州刺史陶侃讨默，明年，斩之。是时，石勒又始僭号。

咸和六年正月丙辰，月入南斗。占曰："有兵。"一曰："有大赦。"是月胡贼杀略娄、武进二县民，于是遣戍中洲。明年，胡贼又略南沙、海虞民。是年正月，大赦，伐淮南，讨襄阳，平之。咸和六年十一月，荧惑守胃、昴。占曰："赵、魏有兵。"八年七月，石勒死，石虎自立，多所残灭。是时虽勒、虎僭号，而其强弱常占于昴，不关太微紫宫也。

咸和八年三月己巳，月入南斗，与六年占同。其年七月，石勒死，彭彪以谯，石生以长安，郭权以秦州，并归从。于是遣督护高球率众救彪，彪败球退。又石虎、石斌攻灭生、权。咸康元年正月，大赦。咸和八年七月，荧惑入昴。占曰："胡王死。"石虎多所攻灭。八月，月犯昴。占曰："胡不安。"九年六月，月又犯昴。是时石弘虽袭勒位，而石虎擅威暴横。十月，废弘自立，遂幽杀之。

咸和九年三月己亥，荧惑入舆鬼，犯积尸。占曰："兵在西北，有没军死将。"四月，镇西将军、雍州刺史郭权始以秦州归从，寻为石斌所灭，徙其众于青、徐。

晋成帝咸康元年二月己亥，太白犯昴。占曰："兵起，岁大旱。"四月，石虎掠骑至历阳。朝廷虑其众也，加司徒王导大司马，治汞动众。又遣慈湖、牛渚、芜湖三戍。五月乃罢。是时胡贼又围襄阳，征西将军庾亮遣宁距退之。六月，旱。咸康元年八月戊戌，荧惑入东井。占曰："无兵兵起；有兵兵止。"是年夏，发众列戍。加王导大司马，以备胡贼。咸康元年三月丙戌，月入昴。占曰："胡王死。"十一月，月犯昴。二年八月，月又犯昴。占同。咸和三年，石虎发众七万，四年二月，自袭段辽于蓟，辽奔败。又攻慕容皝于棘城，不克引退。皝追之，杀数百人。虎留其将麻秋屯令支，皝破秋，并虏辽杀之。

咸康二年正月辛巳，彗星夕见西方，在奎。占曰："为兵丧。奎又为边兵。"四年，石虎伐慕容皝不克，皝追击之，又破麻秋。时皝称蕃，边兵之应也。咸康二年正月辛卯，月犯房南第二星。占曰："将相有忧。"五年七月，丞相王导薨。八月，太尉郗鉴薨。六年正月，征西大将军庾亮薨。咸康二年九月庚寅，太白犯南斗，因昼见。占曰："斗为宰相，又扬州分，金犯之，死丧象。昼见为不臣，又为兵丧。"三年，石虎僭称天王。四年，虎灭段辽而败于慕容皝。皝，国蕃臣。五年，王导薨。

咸康三年六月辛未，有流星大如二斗魁，色青，赤光耀地，出奎中，没娄北。案占为饥，五谷不藏。是月，大旱。咸康三年八月，荧惑入舆鬼，犯积尸。占曰："贵人忧。"三年八月甲戌，月犯东井距星。占曰："国有忧，将死。"三年九月戊子，月犯建星。占曰："易相。"一曰："大将死。"五年，丞相王导薨，庾冰代辅政。太尉郗鉴、征西大将军庾亮薨。咸康三年十一月乙丑，太白犯岁星。占曰："为兵饥。"四年二月，石虎破幽州，迁其人万余家。李寿杀李期。五年，胡众五万寇沔南，略七千余家而去。又骑二万围陷邾城，杀略五千余人。

咸康四年四月己巳，太白昼见在柳。占曰："为兵，为不臣。"七月乙巳，月掩太白。占曰："王者亡地，大兵起。"明年，胡贼大寇沔南，陷邾城，豫州刺史毛宝、西阳太守樊峻皆弃城投江死。于是内外戒严，左卫桓宣、匡术等诸军至武昌，乃退。七年，慕容皝自称为燕王。咸康四年五月戊午，荧惑犯右执法。占曰："大臣死，执政者忧。"九月，太白犯右执法。案占，"五星灾同，金火尤甚。"十一月戊子，太白犯房上星。占曰："上相忧。"五年七月己酉，月犯房上星，亦同占。是月庚申，丞相王导薨。

咸康五年四月辛未，月犯岁星，在胃。占曰："国饥民流。"乙未，月犯毕距星。占曰："兵起。"是夜，月又犯岁星，在昴。及冬，有沔南、邾城之败，百姓流亡万余家。

咸康六年二月庚午朔，流星大如斗，光耀地，出天市，西行入太微。占曰："大人当之。"乙未，太白入月。占曰："人主死。"四月甲午，月犯太白。占曰："人主恶之。"八年六月，成帝崩。咸康六年三月甲寅，荧惑从行犯太微上将星。占曰："上将忧。"四月丁丑，荧惑犯右执法。占曰："执法者忧。"六月乙亥，月犯牵牛中央星。占曰："大将忧。"是时尚书令何充为执法，有谴欲避其咎，明年，求为中书令。建元二年，庾冰薨，皆大将执政之应也。是岁正月，征西将军庾亮薨。三月，而荧惑犯上将。九月，石虎大将夔安死。庾冰后积年方薨。岂冰能修德，移祸于夔安乎？咸康六年四月丙午，太白犯毕距星。占曰："兵革起。"一曰："女主忧。"六月乙卯，太白犯轩辕大星。占曰："女主忧。"七年三月，皇后杜氏崩。

咸康七年三月壬午，月犯房。占曰："将相忧。"八年六月，荧惑犯房上第二星。占曰："次相忧。"建元二年，车骑将军江州刺史庾冰薨。是时骠骑将军何充居内，冰为次相也。咸康七年四月己丑，太白入舆鬼。占曰："兵革起。"五月，太白昼见。以暑度推之，非秦、魏，则楚也。占曰："为臣强，为有兵。"八月辛丑，月犯舆鬼。占曰："人主忧。"八年六月，成帝崩。

咸康八年八月壬寅，月犯毕赤星。占曰："下犯上，兵革起。"十月，月又掩毕赤星，占同。己酉，太白犯荧惑。占曰："大兵起。"其后庾翼大发兵谋伐胡，专制上流，朝廷惮之。

康帝建元元年正月壬午，太白入昴。占曰："赵地有兵。"又曰："天下兵起。"四月乙酉，太白昼见。八月丁未，太白犯岁星。占曰："有大兵。"是年，石虎杀其太子遂及其妻子徒属二百余人。又遣将刘宁寇没狄道，又使将张举将万余人屯蓟东，谋慕容皝。建元元年十一月六日，彗星见亢，长七尺，尾白色。占曰："亢为朝廷，主兵丧。"二年九月，康帝崩。建元元年，岁星犯天关。安西将军庾翼与兄冰书曰："岁星犯天关，占云：'关梁当涩。'比来江东无他故，江道亦不艰难；而石虎频年再闭关不通信使，此复是天公愤愦无皂白之征也。"

建元二年闰月乙酉，太白犯斗。占曰："为丧，天下受爵禄。"九月，康帝崩，太子立，大赦赐爵也。

晋穆帝永和元年正月丁丑，月入毕。占曰："兵大起。"戊寅，月犯天关。占曰："有乱臣更天子之法。"五月辛巳，太白昼见，在东井。占曰："为臣强，秦有兵。"六月辛丑，入太微，犯屏西南。占曰："辅臣有免罢者。"七、八月，月皆犯毕。占同正月。己未，月犯舆鬼。占曰："大臣有诛。"九月庚戌，月又犯毕。是年初，庾翼在襄阳，七月，翼疾将终，辄以子爰之为荆州刺史，代己任；爰之寻被废。明年，桓温又辄率众伐蜀，执李势，送至京都。蜀本秦地也。

永和二年二月壬子，月犯房上星。四月丙戌，月又犯房上星。占同前。八月壬申，太白犯左执法。是岁，司徒蔡谟被废。

永和三年正月壬午，月犯南斗第五星。占曰："将军死，近臣去。"五月壬申，月犯南斗第四星，因入魁。占曰："有兵。"一曰："有大赦。"六月，月犯东井距星。占曰："将死，国有忧。"戊戌，月犯五诸侯。占曰："诸侯有诛。"九月庚寅，太白犯南斗第五星。占曰："为丧兵。"四年七月丙申，太白犯左执法。甲寅，月犯房。丁巳，月入南斗犯第二星。乙丑，太白犯左执法。占悉同上。十月甲戌，月犯亢。占曰："兵起，军将死"。十一月戊戌，犯上将星。三年六月，大赦。是月，陈逵征寿春，败而还。七月，氐蜀余寇反乱益土。九月，石虎伐凉州，不克。

永和四年四月，太白入昴。五月，荧惑入娄，犯镇星。七月，太白犯轩辕。占在赵，及为兵丧，女主忧。其年八月，石虎太子宣杀弟韬，宣亦死。五年正月，石虎僭称皇帝，寻病死。是年，褚衰北伐丧众，又寻薨，太后素服。六年正月，朝会废乐。

永和五年四月丁未，太白犯东井。占曰："秦有兵。九月戊戌，太白犯左角。占曰："为兵。"十月，月犯昴。占曰："朝廷有忧，军将死。"十一月乙卯，彗星见于亢，芒西向，色白，长一丈。占曰："为兵丧。"是年八月，褚衰北征兵败。十月，关中二十余壁举兵归从，石遵攻没南阳。十一月，冉闵杀石遵，又尽杀胡十余万人，于是中土大乱。十二月，褚衰薨。八年，刘显、苻健、慕容俊并僭号。殷浩北伐败，见废。

永和六年二月辛酉，月犯心大星。占曰："大人忧。心豫州分也。"丁丑，月犯房。占曰："将相忧。"三月戊戌，荧惑犯岁星。占曰："为战。"六月己丑，月犯昴。占同上。乙未，月犯五诸侯。占同三年。七月壬寅，月始出西方，犯左角。占曰："大将军死。"一曰："天下有兵。"丁未，月犯箕。占曰："军将死。"丙寅，荧惑犯钺星。占曰："大臣有诛。"八月辛卯，月犯左角。太白昼见，在南斗。月犯右执法，占并同上。七年二月，太白犯昴，占同上。乙卯，荧惑舆鬼，犯积尸。占曰："贵人忧。"五月乙未，荧惑犯轩辕大星。占曰："女主忧。"太白入毕口，犯左股。占曰："将相当之。"六月乙亥，月犯箕。丙子，月犯斗。丁丑，荧惑入太微，犯右执法。八月庚午，太白犯轩辕。戊子，太白犯右执法。占悉同上。七年，刘显杀石祗及诸胡帅，中土大乱，戎、晋十万数，各还旧土，互相侵略及疾疫死亡，能达者十二三。是年，桓温辄以大众求浮江入淮北伐，朝廷震惧。八年，豫州刺史谢尚讨张遇，为苻雄所败。殷浩北伐败，被废。十年，桓温伐苻健，不克而还。

永和八年三月戊戌，月犯轩辕大星。癸丑，月入南斗犯第二星。五月，月犯心星。四月癸酉，月犯房。六月辛巳，日未入，有流星如三斗魁，从辰巳上东南行。暑度推之，在箕、斗之间，盖燕分也。案占为营首，营首之下，流血滂沱。七月壬子，岁星犯东井距星。占曰："内乱兵起。"八月戊戌，荧惑入舆鬼。占曰："忠臣戮死。"丙辰，太白入南斗，犯第四星。占曰："将为乱。"一曰："丞相免。"九年二月乙巳，入南斗，犯第三星。三月戊辰，月犯房。八月，岁星犯舆鬼东南星。占："东南星主兵，兵起"。十二月，月在东井，犯岁星。占曰："秦饥民流。"是时帝主幼冲，母后称制，将相有隙，兵革连起。慕容俊僭称大燕，攻伐无已，故灾异数见，殷浩见废也。

永和十年正月乙卯，月食昴。占曰："赵、魏有兵。"癸酉，填星奄钺星。占曰："斧钺用。"二月甲申，月犯心大星。占曰："王者恶之。"四月癸未，流星大如斗，色赤黄，出织女，没造父，有声如雷。占曰："燕、齐有兵，民流。"戊午，月犯心大星。七月庚午，太白昼见。晷度推之，灾在秦、郑。九月辛酉，太白犯左执法。十一月，月奄填星，在舆鬼。占曰："秦有兵。"十一年三月辛亥，月奄轩辕。占同上。四月庚寅，月犯牛宿南星。占曰："国有忧。"八月己未，太白犯天江。占曰："河津不通。"十二年六月庚子，太白昼见，在东井，占如上。己未，月犯钺星。七月丁卯，太白填星，在柳。占曰："周地有大兵。"八月癸酉，月奄建星。九月戊寅，荧惑入太微，犯西蕃上将星。十一月丁丑，荧惑犯太微东蕃上相。十年四月，桓温伐苻健，破其尧柳众军。健壁长安，温退。十二月，慕容恪攻齐。十二年八月，桓温破姚襄于伊水，定周地。十一月，齐城陷，执段龛，杀三千余人。永和末，鲜卑侵略河、冀，升平元年，慕容俊遂据临漳，尽有幽、并、青、冀之地。缘河诸将渐奔散，河津隔绝矣。三年，会稽王以郗昙、谢万败绩，求自贬三等。是时权在方伯，九服交兵，故谴咎仍见。

晋穆帝升平元年四月壬子，太白入舆鬼。丁亥，月奄东井南辕西头第二星。占曰："秦地有兵。"一曰："将死。"六月戊戌，太白昼见，在轸，占同上。轸，楚分也。壬子，月犯毕。占曰："为边兵。"七月辛巳，荧惑犯天江。占曰："河津不通。"十一月，岁星犯房。壬午，月奄岁星，在房。占曰："民饥。"一曰："豫州有灾。"二年二月辛卯，填星犯轩辕大星。甲午，月犯东井。闰月乙亥，月奄岁星，在房。占悉同上。五月丁亥，彗出天船，在胃度中。彗为兵丧，除旧布新，出天船，外夷陵。一曰："为大水。"六月辛酉，月犯房。八月戊午，荧惑犯填星，在张。占曰："兵大起。张，三河分。"十月己未，太白犯哭星。十二月，枉矢自东南流于西北，其长半天。三年正月壬辰，荧惑犯楗闭。案占："人主忧。"三月乙酉，荧惑逆行犯钩钤。案占："王者恶之。"月犯太白，在昴。占曰："人君死。"一曰："赵地有兵，朝廷不安。"六月，太白犯东井。七月乙酉，荧惑犯天江。丙戌，太白犯舆鬼。占悉同上。戊子，月犯牵牛中央大星。占曰："牵牛，天将也。犯中央星，大将军死。"八月丁未，太白犯轩辕大星。甲子，月犯毕大星。占曰："为边兵。"一曰："下犯上。"庚午，太白犯填星，在太微中。占曰："王者恶之。"二年五月，关中氐帅杀苻生立坚。十二月，慕容俊入屯邺。八月，安西将军、豫州刺史谢奕薨。三年十月，诸葛攸舟军入河，败绩。豫

州刺史谢万入颍，众溃而归，除名为民。十一月，司徒会稽王以二镇败，求自贬三等。四年正月，慕容俊死，子𬀩代立。慕容恪杀其尚书令阳骛等。五月，天下大水。五年五月，穆帝崩。

升平四年正月乙亥，月犯牵牛中央大星。占曰："大将死。"六月辛亥，辰星犯轩辕。占曰："女主忧。"己未，太白入太微右掖门，从端门出。占曰："贵夺势。"一曰："有兵。"又曰："出端门，臣不臣。"八月戊申，太白犯氐。占曰："国有忧。"丙辰，荧惑犯太微西蕃上将。九月壬午，太白入南斗口，犯第四星。占曰："为丧，有赦，天下受爵禄。"十月庚戌，天狗见西南。占曰："有大兵流血。"十二月甲寅，荧惑犯房。丙寅，太白昼见。庚寅，月犯楗闭。占曰："人君恶之。"五年正月乙巳，填星逆行犯太微。乙丑辰时，月在危宿奄太白。占曰："天下民糜散。"三月丁未，月犯填星在轸。占曰："为大丧。"五月壬寅，月犯太微。庚戌，月犯建星。占曰："大臣相潜。"辛亥，月犯牵牛宿。占曰："国有忧。"五年正月，北中郎将郗昙薨。五月，穆帝崩，哀帝立，大赦赐爵，褚后失势。七月，慕容恪攻冀州刺史吕护于野王，拔之，护奔荥阳。是时桓温以大众次宛，闻护败乃退。

升平五年六月癸酉，月奄氐东北星。占曰："大将当之。"九月乙酉，奄毕。占曰："有边兵。"十月丁卯，荧惑犯岁星，在营室。占曰："大臣有匿谋。"一曰："卫地有兵。"丁未，月犯毕赤星。占曰："下犯上。"又曰："有边兵。"八月，范汪废。隆和元年，慕容𬀩遣傅末波寇河阴，陈佑色逼。

晋哀帝兴宁元年八月，星孛大角亢，入天市。按占："为兵丧"。三年正月，皇后王氏崩。二月，哀帝崩。三月，慕容恪攻洛阳，沈劲等战死。兴宁元年十月丙戌，月奄太白，在须女。占曰："天下民糜散。"一曰："灾在扬州。"三年，洛阳没。其后桓温倾扬州资实，讨鲜卑败绩，死亡太半。及征袁真，淮南残破。后氐及东胡侵逼，兵役无已。

兴宁三年正月乙卯，月奄岁星，在参。参，益州分也。六月，镇西将军、益州刺史周抚薨。十月，梁州刺史司马勋入益州以叛，朱序率众助刺史周楚讨平之。兴宁三年七月庚戌，月犯南斗。占曰："女主忧。"岁星犯舆鬼。占曰："人君忧。"十月，太白昼见，在亢。占曰："亢为朝廷，有兵丧，为臣强。"哀帝是年二月崩，其灾皆在海西也。明年五月，皇后庾氏崩。

晋海西太和元年二月丙子，月奄荧惑，在参。占曰："为内乱。"一曰："参，魏地。"二年正月，太白入昴。五年，慕容𬀩为苻坚所灭，司、冀、幽、并四州并属氐。

太和二年八月戊午，太白犯岁星，在太微。三年六月甲寅，太白奄荧惑，在太微端门中。六年，海西公废。

太和四年二月，客星见紫宫西垣，至七月乃灭。占曰："客星守紫宫，臣杀主。"闰月乙亥，月晕轸，复有白晕贯月，北晕斗柄三星。占曰："王者恶之。"六年，桓温废帝。太和四年十月壬申，有大流星西下，声如雷。按占："流星为贵使，星大者使大。"明年，遣使免袁真为庶人。桓温征寿春，真病死，息瑾代立，求救于苻坚，温破氐军。

六年，寿春城陷，声如雷，将士怒之象也。

太和六年闰月，荧惑守太微端门。占曰："天子亡国。"又曰："诸侯三公谋其上。"一曰："有斩臣。"辛卯，月犯心大星。占曰："王者恶之。"十一月，桓温废帝，并奏诛武陵王，简文不许，温乃徙之新安。

卷二十五　　　　志第十五

天　文　三

晋简文咸安元年十二月辛卯，荧惑逆行人太微，二年三月犹不退。占曰："国不安，有忧。"是时，帝有桓温之逼，恒怀忧惨。七月，帝崩。

咸安二年正月乙酉，岁星犯填星，在须女。占曰："为内乱。"五月，岁星形色如太白。占曰："进退如度，奸邪息。变色乱行，主无福。岁星因于仲夏，当细小而不明，此其失常也；又为臣强。"六月，太白昼见在七星。乙酉，太白犯舆鬼。占曰："国有忧。"七月，帝疾甚，诏桓温曰："少子可辅者辅之；如不可，君自取之。"赖侍中王坦之毁手诏，改使如王导辅政故事。温闻之大怒，将诛坦之等，内乱之应也。是月，帝崩。咸安二年五月丁未，太白犯天关。占曰："兵起。"六月，庾希入京城。十一月，卢悚入宫，并诛灭。

晋孝武宁康元年正月戊申，月奄心大星。案占，灾不在王者，则在豫州。一曰："主命恶之。"三月丙午，月奄南斗第五星。占曰："大臣有忧，忧死亡。"一曰："将军死。"七月，桓温薨。

宁康二年正月丁巳，有星孛于女虚，经氏、亢、角、轸、翼、张。九月丁丑，有星孛于天市。十一月癸酉，太白奄荧惑，在营室。占曰："金火合为烁，此灾皆为兵丧。"太元元年五月，氐贼符坚伐凉州。七月，氐破凉州，虏张天锡。十一月，桓冲发三州军军淮、泗，桓豁亦遣军备境上。宁康二年闰月己未，月奄牵牛南星。占曰："左将军死。"三年五月，北中郎将王坦之薨。

宁康三年六月辛卯，太白犯东井。占曰："秦地有兵。"九月戊申，荧惑奄左执法。占曰："执法者死。"太元元年，符坚破凉州。十月，尚书令王彪之卒。

晋孝武太元元年四月丙戌，荧惑犯南斗第三星。丙申，又奄第四星。占曰："兵大起，中国饥。"一曰："有赦。"八月癸酉，太白昼见在氐。氐，兖州分野。九月，荧惑犯哭泣星，遂入羽林。占曰："天子有哭泣事，中军兵起。"十一月己未，月奄左角。占曰："天子有兵。"一曰："国有忧。"三年六月，荧惑守羽林。占曰："禁兵大起。"九月壬午，太白昼见在角，兖州分。元年五月，大赦。三年八月，氐贼韦钟入汉中东下，符融寇樊、邓，慕容暐围襄阳，氐兖州刺史彭超围彭城。四年二月，襄阳城陷，贼获朱序。彭超舍彭城，获吉挹。彭超等聚广陵三河众五万。于是征虏谢石次涂中，右卫毛安之、游击河间王昙之等次堂邑，发丹阳民丁，使尹张涉屯卫京都。六月，兖州刺史谢玄讨贼，大破之，余烬皆走。是时中外连兵，比年荒俭。是年，又发扬州万人戍夏口。

太元四年十一月丁巳，太白犯哭星。占曰："天子有哭泣事。"五年七月丙子，辰星犯轩辕。占曰："女主当之。"九月癸未，皇后王氏崩。

太元六年十月乙卯，有奔星东南经翼轸，声如雷。《星说》曰："光迹相连曰流，绝迹而去曰奔。"案占："楚地有兵。"一曰："军破民流。"十二月，氐荆州刺史梁成、襄阳太守阎震率众伐竟陵，桓石虔击大破之，生禽震，斩首七千，获生万人。声如雷，将帅怒之象也。七年九月，朱绰击襄阳，拔将六百余家而还。

太元七年十一月，太白昼见，在斗。占曰："吴有兵丧。"八年四月甲子，太白又昼见，在参。占曰："魏有兵丧。"是月，桓冲征沔汉，杨亮伐蜀，并拔城略地。八月，符坚自将号百万，九月，攻没寿阳。十月，刘牢之破坚将梁成斩之，杀获万余人。谢玄等又破坚于淝水，斩其弟融，坚大众奔溃。九年六月，皇太后褚氏崩。八月，谢玄出屯彭城，经略中州。十年八月，符坚为其将姚苌所杀。

太元十年十二月己丑，太白犯岁星。占曰："为兵饥。"是时河朔未一，兵连在外，冬，大饥。

太元十一年三月戊申，太白昼见，在东井。占曰："秦有兵，臣强。"六月甲午，岁星昼见，在胃。占曰："鲁有兵，臣强。"十二年，慕容垂寇东阿，翟辽寇河上，姚苌假号安定，符登自立陇上，吕光窃据凉土。太元十一年三月，客星在南斗，至六月乃没。占曰："有兵。"一曰："有赦。"是后司、雍、兖、冀常有兵役。十二年正月，大赦。八月，又赦。

太元十二年二月戊寅，荧惑入月。占曰："有乱臣死，相若有戮者。"一曰："女亲为败，天下乱。"是时琅邪王辅政，王妃从兄国宝以姻昵受宠。又陈郡人袁悦昧私苟进，交遘主相，扇扬朋党。十三年，帝杀悦。于是主相有隙，乱阶兴矣。太元十二年十月庚午，太白昼见，在斗。十三年闰月戊辰，天狗东北下有声。十二月戊子，辰星人月，在危。占曰："贼臣欲杀主，不出三年，必有内恶。"是月，荧惑在角亢，形色猛盛。占曰："荧惑失其常，吏且弃其法，诸侯乱其政。"自是后慕容垂、翟辽、姚苌、符登、慕容永并阻兵争强。十四年正月，彭城妖贼又称号于皇丘，刘牢之破灭之。三月，张道破合乡，围泰山，向钦之击走之。是年，翟辽又攻没荥阳，侵略陈、项。于时政事多弊，治道陵迟矣。

太元十四年十二月，荧惑入羽林。乙未，月犯岁星。占并同上。十五年，翟辽陆掠司、兖，众军累讨弗克。鲜卑又跨略并、冀。七月，旱。八月，诸郡大水，兖州又蝗。

太元十五年七月壬申，有星孛于北河戒，经太微、三台、文昌，入北斗，长十余丈。八月戊戌，入紫微，乃灭。占曰："北河戒，一名胡门。胡门有兵丧。扫太微，入紫微，王者当之。三台为三公，文昌为将相，将相三公有灾。入北斗，强国发兵，诸侯争权，大夫忧。"十一月，太白入羽林。占曰："天子为军自守,有反臣。"二十一年九月,孝武帝崩。隆安元年,王恭、殷仲堪、桓玄等并发兵表诛王国宝,朝廷从而杀之,并斩其从弟绪,司马道子由是失势,祸乱成矣。

太元十六年十一月癸巳,月奄心前星。占曰："太子忧。"是时太子常有笃疾。

太元十七年九月丁丑,岁星、荧惑、填星同在亢氏。占曰："三星合,是谓惊位绝行,内外有兵丧与饥,改立王公。"

太元十八年正月乙酉,荧惑入月。占曰："忧在宫中,非贼乃盗也。"一曰："有乱臣,若有戮者。"二十一年九月,帝暴崩内殿,兆庶宣言夫人张氏潜行大逆。于时朝政暗缓,不加显戮,但默责而已。又王国宝邪狡,卒伏其辜。太元十八年二月,有客星在尾中,至九月乃灭。占曰:"燕有兵丧。"十九年四月己巳,月奄岁星,在尾。占曰:"为饥,燕国亡。"二十年,慕容垂遣息宝伐什圭,为圭所破,死者数万人。二十一年,垂死,国遂衰亡。

太元十九年十月癸丑,太白犯岁星,在斗。占曰:"为饥,为内兵。斗,吴、越分。"至隆安元年,王恭等举兵显王国宝之罪,朝廷赦之。是后连岁水旱民饥。

太元二十年六月,荧惑入天囷。占曰:"天下饥。"七月丁亥,太白入太微。占曰:"太白入太微,国有忧。昼见,为兵丧。"九月,有蓬星如粉絮,东南行,历女虚至哭星。占曰:"蓬星见,不出三年,必有乱臣戮死于市。"十二月己巳,月犯楗闭及东西咸。占曰:"楗闭为心腹喉舌,东西咸主阴谋。"是时王国宝交构朝政。二十一年九月,帝崩;隆安元年,王恭等举兵,而朝廷戮王国宝、王绪。又连岁水旱,兼三方动众,民饥。

太元二十一年三月,太白连昼见,在羽林。占曰:"有强臣,有兵丧,中军兵起。"四月壬午,太白入天囷。占曰:"为饥。"六月,岁星犯哭星。占曰:"有哭泣事。"是年九月,孝武帝崩。隆安元年,王恭举兵胁朝廷,于是中外戒严,戮王国宝以谢之。

晋安帝隆安元年正月癸亥,荧惑犯哭星。占曰:"有哭泣事。"二月,岁星荧惑皆入羽林。占曰:"军兵起。"四月丁丑,太白昼见,在东井。秦有兵丧。是月,王恭举兵,内外戒严。寻杀王国宝等。六月,羌贼攻洛阳,郗恢遣兵救之。姚苌死,子略代立。什圭自号为中山。隆安元年六月庚午,月奄太白,在太微端门外。占曰:"国受兵。"乙酉,月奄岁星,在东壁。占曰:"为饥。卫地有兵。"八月,荧惑守井钺。占曰:"大臣有诛。"二年六月戊辰,摄提移度失常,岁星昼见在胃。胃,兖州分。是年六月,郗恢遣邓启方等以万人残虏于滑台。滑台,卫地也。启方等败而还。九月,王恭、庾楷、殷仲堪、桓玄等并举兵表诛王愉、司马尚之兄弟。于是内外戒严,大发民众。仲堪军至寻阳,禽江州刺史王愉,楷将段方攻尚之于杨湖,为所败,方死。王恭司马刘牢之反恭,恭败。桓玄至白石,亦奔退。仲堪还江陵。三年冬,荆州刺史殷仲堪为桓玄所杀。

隆安二年闰月,太白昼见,在羽林。丁丑,月犯东上相。三年五月辛酉,月又奄东上相。辛未,辰星犯轩辕星。占悉同上。是年正月,杨佺期破郗恢,夺其任,殷仲堪又杀之。六月,鲜卑攻没青州。十月,羌贼攻没洛阳。桓玄破荆、雍,杀殷仲堪、杨佺期。孙恩聚众攻没会稽,杀内史王凝之,刘牢之东讨走之。四年七月,太皇太后李氏崩。

隆安四年正月乙亥,月犯填星,在牵牛。占曰:"吴、越有兵丧。女主忧。"二月己丑,有星孛于奎,长三丈,上至阁道紫宫西蕃,入斗魁,至三台、太微、帝座、端门。占曰:"彗拂天子廷阁,易主之象。"经三台,入北斗,占同上条。六月己未,月又犯填星,在牵牛。辛酉,又犯哭星。十月,奄岁星在北河。占曰:"为饥。"十二月戊寅,有星孛于贯索、天市、天津。占曰:"贵臣狱死,内外有兵丧。天津为贼断,王道天下不通。"十二月,太白在斗昼见,至五年正月乙卯。案占,灾在吴、越。三月甲寅,流星赤色众多,西行经牵牛、虚、危、天津、阁道,贯太微、紫宫。占曰:"星者庶民,类众多西流之象。径行天子庭,主弱臣强,诸侯兵不制。"七月癸亥,大角星散摇五色。占曰:"王者流散。"丁卯,月犯天关。占曰:"王者忧。"九月庚子,荧惑犯少微,又守之。占曰:"处士诛。"十月戊子,月犯东蕃次相。四年五月,孙恩复破会稽,杀内史谢琰;遣高雅之等讨之。七月,太皇太后李氏崩。十月,妖贼大破高雅之于余姚,死者十七八。五年二月,孙恩攻句章,高祖拒之。五月,吴郡内史袁山松出战,为所杀,死者数千人。六月,孙恩至京口,高祖击破之。恩军蒲洲,于是内外戒严,营阵屯守,栅断淮口。恩遣别将攻广陵,杀三千余人。恩遁据郁洲。是月,高祖又追破之。九月,桓玄表至,逆旨陵上。十月,司马元显大治水军,将以伐玄。元兴元年正月,桓玄东下。是月,孙恩在临海,人众饿死散亡,恩亦投水死。卢循自称征虏将军,领其余众,略有永嘉、晋安之地。二月,帝戎服遣西军。丁卯,桓玄至姑孰,破历阳,司马尚之见杀,刘牢之降于玄。三月,玄克京都,杀司马元显,放太傅道子。七月,大饥,人相食。浙江东饿死流亡十六七,吴郡、吴兴户口减半;又流奔而西者万计。十月,桓玄遣将击刘轨,破走奔青州。四年,玄遂篡位,迁帝寻阳。

晋安帝元兴元年三月戊子,太白犯五诸侯,因昼见。四月辛丑,月犯辰星。七月戊寅,荧惑在东井,荧惑犯舆鬼、积尸,占同上。八月庚子,太白犯岁星,在上将东南。占曰:"楚兵饥。"一曰:"灾在上将。"丙寅,太白奄右执法。九月癸未,太白犯进贤。占曰:"贤者诛。"十月,客星色白如粉絮,在太微西,至十二月,入太微。占曰:"兵入天子庭。"二年二月,岁星犯西上将。六月甲辰,奄斗第四星。占曰:"大臣诛,不出三年。"八月癸丑,太白犯房北第二星。九月己丑,岁星犯进贤,荧惑犯西上将。十月甲戌,太白犯泣星。十一月丁丑,荧惑犯填星。辛巳,月犯荧惑。十二月乙巳,月奄轩辕第二星,占悉同上。元年冬,索头破羌军。二年十二月,桓玄篡位,放迁帝后于寻阳,以永安何皇后为零陵君。三年二月,高祖尽诛桓氏。

元兴三年正月戊戌,荧惑逆行犯太微西上相。占曰:"天子战于野,上相死。"二月甲辰,月奄岁星于左角。占曰："天下兵起。"丙辰，荧惑逆行在左执法西北。占曰："执法者忧。"四月甲午，月奄轩辕第二星，填星入羽林，十二月，荧惑太白皆犯羽林，占同上。是年二月丙辰，高祖杀桓修等。三月己未，破走桓玄，遣军西讨。辛巳，诛左仆射王愉及子荆州刺史绥。桓玄劫帝如江陵。五月，玄下至峥嵘洲，义军破灭之。桓振又攻没江陵，幽劫天子。明年正月，众军攻之，振走，乘舆乃旋。七月，永安何皇后崩。三月，桓振又袭江陵，荆州刺史司马休之败走。是月，刘怀肃击振灭之。其年二月，巴西人谯纵杀益州刺史毛璩及璩弟西夷校尉瑾，跨有西土，自号蜀王。

晋安帝义熙元年三月壬辰，月奄左执法，占同上。丁酉，月奄心前星。占曰："豫州有灾。"太白犯东井。占曰："秦有兵。"四月己卯，月犯填星，在东壁。占曰："其地亡国。"一曰："贵人死。"七月庚辰，太白比昼见，在翼、轸。占曰："为臣强。荆州有兵丧。"己未，月奄填星，在东壁。占曰："其国以伐亡。"一曰："民流。"八月丁巳，月犯斗第一星。占曰："天下有兵。"一曰："大臣忧。"案江左来，南斗有灾，则吴越会稽、丹阳、豫章、庐江各随其星应之。淮南失土，殆不占耳。史阙其说，故不列焉。九月戊子，荧惑犯少微。占曰："处士诛。"庚寅，荧惑犯右执法。癸卯，荧惑犯左执法。占并同上。十月丁巳，月奄填星营室，占同七月。十一月丙戌，太白奄钩钤。占曰："喉舌臣忧。"十二月己卯，岁星犯天江。占曰："有兵乱，河津不通。"是年六月，索头寇沛土，使伪荆州刺史索度真戍相县，太傅长沙景王讨破走之。十一月，荆州刺史魏咏之薨。二年二月，司马国璠等攻没弋阳。四月，羌伐仇池，仇池公杨盛击走之。九月，益州刺史司马荣期为其参军杨承祖所害，时文处茂讨蜀屡有功，会荣期死，乃退。三年十二月，司徒扬州刺史王谧薨。四年正月，太保武陵王遵薨。三月，左仆射孔安国卒。五年，高祖讨鲜卑，并定旧兖之地。

义熙二年二月己丑，月犯心后星。占曰："豫州有灾。"四月癸丑，月犯太微西上将。己未，月犯房南第二星。乙丑，岁星犯天江，占悉同上。五月癸未，月犯左角。占曰："左将军死，天下有兵。"壬寅，荧惑犯氐。占曰："氐为宿宫，人主忧。"六月庚午，荧惑犯房北第二星。八月癸亥，荧惑犯斗第五星。丁巳，犯建星。九月壬午，荧惑犯哭星，又犯泣星，占悉同上。十二月丙午，月奄太白，在危。占曰："齐亡国。"一曰："强国君死。"丁未，荧惑、太白皆入羽林。是年二月甲戌，司马国璠等攻没弋阳。三年正月，鲜卑寇北徐州，至下邳。八月，遣刘敬宣伐蜀。十二月，司徒王谧薨。四年正月，武陵王遵薨。五年，鲜卑复寇淮北。四月，高祖大军讨之。六月，大战临朐城，进围广固。十月，什圭为其子伪清河公所杀。六年二月，拔广固，禽慕容超，坑斩其众三千余人。

义熙三年正月丙子，太白昼见，在奎。二月庚寅，月奄心后星，占悉同上。癸亥，荧惑、填星、太白、辰星聚于奎、娄，从填星也。其说见上九年。五月己丑，太白昼见，在参。占曰："益州有兵丧，臣强。"六月辛卯，荧惑犯辰星，在翼。占曰："天下兵起。"八月己卯，太白奄荧惑，又犯执法。占曰："奄荧惑，有大兵。"辛卯，荧惑犯左执法。九月壬子，荧惑犯进贤。是年正月丁巳，鲜卑寇北徐，至下邳。八月，刘敬宣伐蜀，不克而旋。四年三月，左仆射孔安国卒。七月，司马国璠等攻没邹山，鲁郡太守徐邕破走之。姚略遣众征佛佛，大为所破。五年，高祖讨鲜卑。六年三月，妖贼徐道覆杀镇南将军、江州刺史何无忌于豫章。四月，妖贼卢循寇湘中巴陵。五月丙子，循、道覆败抚军将军、豫州刺史刘毅于桑落洲，毅仅以身免。丁丑，循等至蔡洲，遣别将焚京口。庚辰，贼攻焚查浦，查浦兵将距战不利，高祖遣军渡淮击，大破之。司马国璠寇砀山，竺夔讨破之。七月，妖贼南走据寻阳，高祖遣刘钟等追之。八月，孙季高乘海伐广州。桓谦以蜀众聚枝江，卢循将荀林略华容，相去百里。临川烈武王讨谦之，又讨林，林退走。鄱阳太守虞丘进破贼别帅于上饶。九月，烈武王使刘遵击荀林于巴陵，斩之。桓道儿率蔡猛向大薄，又遣刘基讨之，斩猛。十月，高祖以舟师南征。是时徐道覆率二万余人攻荆州，烈武王距之。战于江津，大破之，枭珍其十八九。道覆弃战船走。十一月，刘钟破贼军于南陵。癸丑，益州刺史鲍陋卒于白帝，谯遁福攻没其众。庚戌，孙季高袭广州，克之。十二月，高祖在大雷，与贼交战，大破之。贼走左里，进击，又破，死者十八九。贼还广州，刘藩等追之。七年二月，藩拔始兴城，斩徐道覆、卢循还番禺，攻围孙季高，不能克。走交州，交州刺史杜慧度斩之。四月，到彦之攻谯道福于白帝，拔之。

义熙四年正月庚子，荧惑犯天江，占同上。五月丁未，月奄斗第二星，占同上。壬子，填星犯天廪。占曰："天下饥，仓粟少。"六月己丑，太白犯太微西上将。己卯，又犯左执法。十月戊子，荧惑入羽林。占悉同上。五年，高祖讨鲜卑。六年，左仆射孟昶仰药卒。是后南北军旅，运转不息。

义熙五年二月甲子，月犯昴。占曰："胡不安；天子破匈奴。"四月甲戌，荧惑犯辰星，在东井，占同三年。五月戊戌，岁星入羽林，占同上。九月壬寅，月犯昴，占同二月。十月，荧惑犯氐，占同二年。闰月丁酉，月犯昴，占同二月。辛亥，荧惑犯钩钤。占同元年。十二月辛丑，太白犯岁星，在奎。占曰："大兵起。鲁有兵。"己酉，月奄心大星。占曰："王者恶之。"是年四月，高祖讨鲜卑。什圭为其子所杀。十一月，西虏攻安定，姚略自以大众救之。六年二月，鲜卑灭。皆胡不安之应也。是时鲜卑跨鲁地，又鲁有兵之应也。五月，卢循逼郊甸，宫卫被甲。

义熙六年三月丁卯，月奄房南第二星。占曰："灾在次相。"己巳，又奄斗第五星。占曰："斗主兵，兵起。"一曰："将军死。"太白犯五诸侯。占曰："诸侯有诛。"五月甲子，月奄斗第五星，占同三月。己亥，月奄昴。占曰："国有忧。"一曰："有白衣之会。"六月己丑，月犯房南第二星。甲午，太白昼见，占并同上。七月己亥，月犯舆鬼。占曰："国有忧。"一曰："秦有兵。"八月壬午，太白犯轩辕大星。甲申，月犯心前星。灾在豫州。丙戌，月犯斗第五星，占悉同上五月。丁亥，月奄牛宿南星。占曰："天下有大诛。"乙未，太白犯少微。丙午，太白在少微而昼见。九月甲寅，太白犯左执法。丁丑，填星犯毕。占曰："有边兵。"是年三月，始兴太守徐道覆反，江州刺史何无忌讨之，大败于豫章，无忌死之。四月，卢循寇湘中，没巴陵。五月，循等大破豫州刺史刘毅，毅仅以身免；循率众逼京畿。是月，左仆射孟昶惧王威不振，仰药自杀。七年二月，刘藩枭徐道覆首，杜慧度斩卢循，并传首京都。八年六月，临川烈武王道规薨，时为豫州。八月，皇后王氏崩。九月，兖州刺史刘藩、尚书仆射谢混伏诛。高祖西讨刘毅，斩之。十二月，遣益州刺史朱龄石伐蜀。九年，诸葛长民伏诛。林邑王范胡达将万余人寇九真，九真太守杜慧期距破之。七月，朱龄石灭蜀。

义熙七年四月辛丑，荧惑入舆鬼。占曰："秦有兵。"一曰："雍州有灾。"六月，太白昼见在翼，占同元年。己亥，填星犯天关。占曰："臣谋主。"庚子，月犯岁星，在毕。占曰："有边兵，且饥。"七月丁卯，岁星在参。占曰："岁、填合为内乱。"一曰："益州战不胜，亡地。"五虹见东方。占曰："天子黜，圣人出。"八月乙未，月犯岁星，在参。占曰："益州兵饥。"太白犯房南第二星。十一月丙午，太白犯哭泣星。占悉同上。七月，朱龄石克蜀，蜀民寻又反，又讨灭之。八年，诛刘藩、谢混，灭刘毅。皇后王氏崩。九年，诛诸葛长民。十一年，讨荆州刺史司马休之、雍州刺史鲁宗之破之也。

义熙八年正月庚戌，月犯岁星，在毕，占同上。七月癸亥，月奄房北第二星，占同上。甲申，太白犯填星，在东井。占曰："秦有大兵。"己未，月犯井钺。八月戊申，月犯泣星。十月辛亥，月奄天关。占曰："有兵。"十月丁丑，填星犯东井。占曰："大人忧。"十二月癸卯，填星犯井钺。是年八月，皇后王氏崩。九月，诛刘藩、谢混，灭刘毅。九年三月，诛诸葛长民。西房攻羌安定戍，克之。十二月，朱龄石伐蜀。九年七月，朱龄石灭蜀。

义熙九年二月丙午，荧惑、填星皆犯东井。占曰："秦有兵。"壬辰，岁星、荧惑、填星、太白聚于东井，从岁星也。荧惑入舆鬼，太白犯南河。初，义熙三年，四星聚奎，奎、娄，徐州分。是时慕容超僭号于齐，侵略徐、兖，连岁寇抄，至于淮、泗。姚兴、谯纵僭伪秦、蜀。卢循、木末，南北交侵。五年，高祖北殄鲜卑，是四星聚奎之应也。九年，又聚东井。东井，秦分。十三年，高祖定关中，又其应也。而纵、循群凶之徒，皆以剪灭，于是天人归望，建国旧徐。元熙二年，受终纳禅，皆其征也。《星传》曰："四星若合，是谓太阳，其国兵丧并起，君子忧，小人流。五星若合，是谓易行。有德受庆，改立王者，奄有四方；无德受罚，离其国家，灭其宗庙。"今案遗文所存，五星聚者有三：周汉以王齐以霸，周将伐殷，五星聚房。齐桓将霸，五星聚箕。汉高入秦，五星聚东井。齐则永终侯伯，卒无更纪之事。是则五星聚有不易行者矣。四星聚者有九：汉光武、晋元帝并中兴，而魏、宋并更纪。是则四星聚有以易行者矣。昔汉平帝元始四年，四星聚柳、张，各五日。柳、张，三河分。后有王莽、赤眉之乱，而光武兴复于洛。晋怀帝永嘉六年，四星聚牛、女，后有刘聪、石勒之乱，而元皇兴复扬土。汉献帝初平元年，四

星聚心，又聚箕、尾。心，豫州分。后有董卓、李傕暴乱，黄巾、黑山炽扰，而魏武迎帝都许，遂以兖、豫定，是其应也。一曰："心为天王，大兵升殿，天下大乱之兆也。"韩馥以为尾箕燕兴之祥，故奉幽州牧刘虞，虞既距之，又寻灭亡，固已非矣。尾为燕，又为吴，此非公孙度，则孙权也。度偏据僻陋，然亦郊祀备物，皆以改汉矣。建安二十二年，四星又聚。二十五年而魏文受禅，此为四星三聚而易行矣。蜀臣亦引后聚为刘备之应。案太元十九年、义熙三年九月，四星各一聚，而宋有天下，与魏同也。鱼豢云："五星聚冀方，而魏有天下。"荧惑入舆鬼。占曰："兵丧。"太白犯南河。占曰："兵起。"后皆有应。

五月壬辰，太白犯右执法，昼见，占同上。七月庚午，月奄钩钤。占曰："喉舌臣忧。"九月庚午，岁星犯轩辕大星。己丑，月犯左角。十年正月丁卯，月犯毕。占曰："将相有以家坐罪者。"二月己酉，月犯房北星。五月壬寅，月犯牵牛南星。乙丑，岁星犯轩辕大星，占悉同上。六月丙申，月奄氐。占曰："将死之，国有诛者。"七月庚辰，月犯天关。占曰："兵起。"荧惑犯井钺，填星犯舆鬼，遂守之。占曰："大人忧，宗庙改。"八月丁酉，月奄牵牛南星，占同上。九月，填星犯舆鬼。占曰："人主忧。"丁巳，太白入羽林。十二月己酉，月犯西咸。占曰："有阴谋。"十一年三月丁巳，月入毕。占曰："天下兵起。"一曰："有边兵。"己卯，填星入舆鬼。闰月丙午，填星又入舆鬼。占曰："为旱，为疫，为乱臣。"五月甲申，彗星出天市，扫帝座，在房、心。房、心，宋之分野。案占，得彗柄者兴，除旧布新，宋兴之象。癸卯，荧惑从行入太微。甲辰，犯右执法。六月己未，太白犯东井。占曰："秦有兵。"戊寅，犯舆鬼。占曰："国有忧。"七月辛丑，月犯昂，占同上。八月壬子，月犯氐，占同上。庚申，太白从行从右掖门入太微。丁卯，奄左执法。十一月癸亥，月入毕，占同上。乙未，月入舆鬼而晕。占曰："主忧，财宝出。"一曰："晕，有赦。"

十二年五月甲申，月犯岁星，在左角。占曰："为饥。留房、心之间，宋之分野，与武王伐纣同，得岁者王。"于时晋始封高祖为宋公。六月壬子，太白从行入太微右掖门。己巳，月犯毕，占同上。七月，月犯牛宿。占曰："天下有大诛。"十月丙戌，月入毕，占同上。

十三年五月丙子，月犯轩辕。丁亥，犯牵牛。癸巳，荧惑犯右执法。八月己酉，月犯牵牛。丁卯，月犯太微。占曰："人君忧。"九月壬辰，荧惑犯轩辕。十月戊申，月犯毕，占悉同上。月犯箕。占曰："国有忧。"甲寅，月犯毕，占同上。乙卯，填星犯太微，留积七十余日。占曰："亡君之戒。"壬戌，月犯太微，占同上。十一月，月于太微，奄填星。占曰："王者恶之。"

十四年三月癸丑，太白犯五诸侯，占同上。四月壬申，月犯填星，于张。占曰："天下有大丧。"五月庚子，月犯太微，占同上。壬子，有星孛于北斗魁中。占曰："有圣人受命。"七月甲辰，荧惑犯舆鬼。占曰："秦有兵。"丁巳，月犯东井。占曰："军将死。"癸亥，彗星出太微西，柄起上相星下，芒渐长至十余丈，进归北斗紫微中台。占

曰："彗出太微，社稷亡，天下易王。入北斗紫微，帝宫空。"一曰："天下得圣主。"八月甲子，太白犯轩辕。癸酉，填星入太微，犯右执法，因留太微中，积二百余日乃去。占曰："填星守太微，亡君之戒，有徙王。"九月乙未，太白入太微，犯左执法。丁巳，月入太微。占曰："大人忧。"十月癸巳，荧惑入太微，犯西蕃上将，仍从行至左掖门内，留二十日乃逆行。至恭帝元熙元年三月五日，出西蕃上将西三尺许，又从还入太微。时填星在太微，荧惑绕填星成钩已。其年四月二十七日丙戌，从端门出。占曰："荧惑与填星钩已，天下更纪。"甲申，月入太微，占同上。

十一年正月，高祖讨司马休之、鲁宗之等，溃奔长安。五月，林邑寇交州，交州刺史杜慧度距战于九真，大为所败。十二年七月，高祖伐羌。十月，前驱定陕、洛。十三年三月，索头大众缘河为寇，高祖讨之奔退，其别帅托跋嵩交战，又大破之，嵩众歼焉。进复攻关。八月，擒姚泓，司、兖、秦、雍悉平，索头凶惧。十四年，高祖还彭城，受宋公。十一月，左仆射前将军刘穆之卒。明年，西虏寇长安，雍州刺史朱龄石诸军陷没，官军舍而东。十二月，安帝崩，母弟琅邪王践阼，是曰恭帝。

晋恭帝元熙元年正月丙午，三月壬寅，月犯太微，占悉同上。乙卯，辰星犯轩辕。六月庚辰，太白犯太微。七月，月犯岁星。己卯，月犯太微，太白昼见。占悉同上。自义熙元年至是，太白经天者九，日蚀者四，皆从上始。革代更王，臣民失君之象也。是夜，太白犯哭星。十二月丁巳，月、太白俱入羽林。二年二月庚午，填星犯太微。占悉同上。元年七月，高祖受宋王。二年六月，晋帝逊位，高祖入宫。

卷二十六　　志第十六

天　文　四

宋武帝永初元年十月辛丑，荧惑犯进贤。占曰："进贤官诛。"十一月乙卯，荧惑犯填星于角。占曰："为丧，大人恶之。"一曰："兵起。"十二月庚子，月犯荧惑于亢。占曰："为内乱。"一曰："贵人忧。角为天门，亢为朝廷。"三年五月，宫车晏驾。七月，太傅长沙景王道怜薨。索头攻略青、司、兖三州。于是禁兵大出，是后司徒徐羡之、尚书令傅亮、领军谢晦等废少帝，内乱之应。

永初元年十二月甲辰，月犯南斗。占曰："大臣忧。"三年七月，长沙王薨。索房寇青、司二州，大军出救。

永初二年六月甲申，太白昼见。占："为兵丧，为臣强。"三年五月，宫车晏驾。寻遣兵出救青、司。其后徐羡之等秉权，臣强之应也。永初二年六月乙酉，荧惑犯氐。乙巳，犯房。占曰："氐为宿宫，房为明堂，人主有忧。房又为将相，将相有忧。氐、房又兖、豫分。"三年五月，宫车晏驾。七月，长沙王薨，王领兖州也。景平元年，庐陵

王义真废，王领豫州也。永初二年十月，太白犯填星于亢。亢，兖州分，又为郑。占曰："大星有大兵，金土合为内兵。"三年，索头攻略青、冀、兖三州，禁兵大出，兖州失守，虎牢没。

永初三年正月丁卯，月犯南斗，占同元年。一曰："女主当之。"二月辛卯，有星孛于虚危，向河津，扫河鼓。占曰："为兵丧。"五月，宫车晏驾。明年，遣军救青、司。二月，太后萧氏崩。永初三年二月壬辰，填星犯亢。占曰："诸侯有失国者，民多流亡。"一曰："廷臣为乱。亢，兖州分，又为郑。"其年，索头攻围司、兖，兖州刺史徐琰委守奔败，司州刺史毛德祖距守陷没，缘河吏民，多被侵略。永初三年三月壬戌，月犯南斗，占同正月。五月丙午，犯轩辕。占曰："女主当之。"六月辛巳，月犯房。占曰："将相有忧，豫州有灾。"癸巳，犯岁星于昴。占曰："赵、魏兵饥。"其年，房攻略青、兖、司三州。庐陵王义真废，王领豫州也。二月，太后萧氏崩。元嘉三年，司徒徐羡之等伏诛。永初三年九月癸卯，荧惑经太微犯左执法。己未，犯右执法，占悉同上。十月癸酉，太白犯南斗。占曰："国有兵事，大臣有反者。"辛巳，荧惑犯进贤。占曰："进贤官诛。"明年，师出救青、司。景平二年，徐羡之等废帝徙王。元嘉三年，羡之及傅亮、谢晦悉诛。永初三年十一月戊午，有星孛于室壁。占曰："为兵丧。"明年，兵救青、司。二月，太后萧氏崩。营室，内宫象也。永初三年十一月癸亥，月犯亢、氐。占曰："国有忧。"十二月戊戌，荧惑犯房。房为明堂，王者恶之。一曰："将相忧。"景平二年，羡之等废帝，因害之。元嘉三年，羡之等伏诛。

少帝景平元年正月乙卯，有星孛于东壁南，白色，长二丈余，拂天苑，二十日灭。二月，太后萧氏崩。十月戊午，有星孛于氐北，尾长四丈，西北指，贯摄提，向大角，东行，日长六七尺，十余日灭。明年五月，羡之等废帝。

文帝元嘉元年十月，荧惑犯心。元嘉三年正月甲寅夜，天东南有黑气，广一丈，长十余丈。元嘉六年五月，太白昼见经天。元嘉七年三月，太白犯岁星于奎。六月，荧惑犯东井舆鬼，入轩辕。月犯岁星。十一月癸未，西南有气，上下赤，中央黑，广三尺，长三十余丈，状如旌旗。十二月丙戌，有流星头如瓮，尾长二十余丈，大如数十斛船，赤色，有光照人面，从西行经奎北大星南过，至东壁止。其年，索房寇青、司，杀刺史，掠居民。遣征南大将军檀道济讨伐，经岁乃归。

元嘉八年四月辛未，太白昼见，在胃。五月，犯天关东井。六月庚午，荧惑入东井。七月壬戌夜，白虹见东方。丁丑，太白犯上将。八月癸未，太白入太微右掖门内，犯左执法。乙未，荧惑犯积尸。九月丙寅，流星大如斗，赤色，发太微西蕃，北行，未至北斗没，余光长三尺许。十月丙辰，金土相犯，在须女，月奄天关东井。十二月，月犯房钩钤。十年，仇池氐寇汉中，梁州失戍。

元嘉九年正月庚午，荧惑入舆鬼。三月，月犯轩辕。四月，犯左角，岁星入羽林。月犯房钩钤。己丑，太白入积尸。五月，犯轩辕，月掩南斗第六星。辛酉，荧惑入太微右掖门，犯右执法。七月丙午，月蚀左角。八月癸未，

太白犯心前星。乙酉，犯心明堂星。元嘉十年十月，有流星大如瓮，尾长二十余丈。元嘉十一年二月庚子，月犯毕，入毕口而出，因晕昴、毕，西及五车，东及参。三月丙辰，太白昼见，在参。闰月戊寅，太白犯五诸侯。己丑，月入东井，犯太白。于时司徒彭城王义康专权。

元嘉十二年五月壬戌，月犯右执法。七月壬戌，荧惑犯积尸，奄上将。十月丙午，月犯右执法。十二月甲申，太白犯羽林。十七年，上将执法皆被诛。

元嘉十三年正月庚午，月犯荧惑。二月，月犯太微东蕃第一星。十一月辛亥，岁星犯积尸。十二月戊子，荧惑入羽林。后年，废大将军彭城王义康及其党与；凡所收掩，皆羽林兵出。

元嘉十四年正月，有星晡前昼见东北维，在井左右，黄赤色，大如橘。月犯东井。四月丁未，太白犯舆鬼。五月丙子，太白昼见，在太微。七月辛卯，岁星入轩辕。八月庚申，荧惑犯上将。九月丙戌，荧惑犯左执法。其后，皇后袁氏崩，丹阳尹刘湛诛，尚书仆射殷景仁薨。

元嘉十五年四月己卯，月犯氐。十月壬戌，流星大如鸭子，出文昌，入紫宫，声如雷。十一月癸未，荧惑入羽林。丁未，月犯东井钺星。其后，诛丹阳尹刘湛等。

元嘉十六年二月，岁星逆行犯左执法。五月丁卯，白昼见胃、昴间。月入羽林，太白犯毕，岁星犯左执法。七月，月会填星。八月，太白犯轩辕。明年，皇后袁氏崩。荧惑犯太微西上将，太白昼见，在翼。九月，荧惑同入太微相犯。太白犯左执法，荧惑犯右执法。十月，岁星荧惑相犯，在亢。十一月，荧惑犯房北第一星。明年，大将军义康出徙豫章，诛其党与。尚书仆射、扬州刺史殷景仁薨。

元嘉十九年九月，客星见北斗，渐为彗星，至天苑末灭。元嘉二十年二月二十四日乙未，有流星大如桃，出天津，入紫宫；须臾，有细流星或五或三相续，又有一大流星从紫宫出，入北斗魁；须臾，又一大流星出，贯索中，经天市垣，诸流星并向北行，至晓不可称数。流星占并云："天子之使。"又曰："庶民惟星。星流，民散之象。"至二十七年，索虏残破青、冀、徐、兖、南兖、豫六州，民死太半。

元嘉二十二年二月，金火木合东井。四月，月犯心，太白入轩辕。七月，太白昼见。其冬，太子詹事范晔谋反伏诛。元嘉二十三年正月，金火相烁。其月，索虏寇青州，驱略民户。元嘉二十四年正月，月犯心大星。天星并西流多细，大不过如鸡子，尾有长短，当有数百。至旦，日光定乃止，有入北斗紫宫者。占："流星群趋所之者，兵聚其下，有大急。"又占："众星并流，将军并举兵。随星所之，以应天气。"又占："流星入紫宫，有丧，水旱不调。"又占："流星入北斗，大臣有系者。"又占："流星为民，大星大民流，小星小民流。"四月，太白昼见。八月，征北大将军衡阳王义季薨；豫章民胡诞世率其宗族破郡县，杀太守及县令。

元嘉二十五年正月，火、水入羽林。月犯岁星，太白昼见经天。元嘉二十六年十月，彗星入太微。十一月，白气贯北斗。二十七年夏，太白昼见经天。九月，太白犯岁星。十月，荧惑入太微。元嘉二十八年五月，彗星见卷舌，入太微，逼帝座，犯上相，拂屏，出端门，灭翼、轸。翼、轸，荆州分。太白昼见犯哭星。三十年，太子巫蛊咒诅事觉，遂杀害朝臣。孝建元年，荆、江二州反，皆夷灭。卷舌，咒诅之象。彗之所起，是其应也。元嘉二十九年正月，太白昼见，经天。明年，东宫弑逆。

孝武孝建元年二月，有流星大如月，西行。其年，豫州刺史鲁爽反诛。孝建元年九月壬寅，荧惑犯左执法。尚书左仆射建平王宏表解职，不许。孝建元年十月乙丑，荧惑犯进贤星。吏部尚书谢庄表解职，不许。

孝建二年五月乙未，荧惑入南斗。十月甲辰，又入南斗。大明元年夏，京师疾疫。

孝建三年四月戊戌，太白犯舆鬼。占曰："民多疾。"明年夏，京邑疫疾。孝建三年八月甲午，太白入心。占曰："后九年，大饥至。"大明八年，东土大饥，民死十二三。

大明元年三月癸亥，太白在奎南，犯岁星。占曰："有灭诸侯。"三年，司空竟陵王诞反诛。大明元年六月丙申，月在东壁，掩荧惑。占曰："将军有忧，期不出三年。"至三年，司空竟陵王诞反。

大明二年三月辛未，荧惑入东井。四月己亥，荧惑在东井犯北轩辕第二星。井，雍州分。其年四月，海陵王休茂为雍州刺史，五年，休茂反诛。大明二年七月己巳，月掩轩辕第二星。十月辛卯，月掩轩辕。十一月丙戌，月又掩轩辕。轩辕，女主。时民间喧言人主帷薄不修。大明二年十一月庚戌，荧惑犯房及钩铃。壬子，荧惑又犯钩铃。占曰："有兵。"其年，索虏寇历下，遣羽林军讨破之。

大明三年春正月夜，通天薄云，四方生赤气，长三四尺，乍没乍见，寻皆消灭。占名隧星，一曰刀星，天下有兵，战斗流血。月入太微，犯次将。占曰："有反臣死，将诛。"三月，月在房，犯钩铃，因蚀。占曰："人主恶之，将军死。"三月，土守牵牛。占曰："大人忧疾，兵起，大赦，奸臣贼子谋欲杀主。"四月，犯五诸侯。占曰："诸侯诛。"金、水合西方。占曰："兵起。"五月，岁星犯东井钺。占曰："斧钺用，大臣诛。"六月，月入南斗。占曰："大臣大将军诛。"南兖州刺史竟陵王诞寻据广陵反，遣车骑大将军沈庆之领羽林劲兵及豫州刺史宗悫、徐州刺史刘道隆众军攻战。及屠城，城内男女道俗，枭斩靡遗。将军宗越偏用虐刑，先剖肠决眼，或笞面鞭腹，苦酒灌创，然后方加以刀锯。大兵之应也。八月，月犯太白，太白犯房。占曰："人君有忧，天子恶之。"荧惑守毕。占曰："万民饥，有大兵。"九月，太白犯南斗。占曰："大臣有反者。"九月，月在胃而蚀，既，又于昴犯荧惑。占曰："兵起，女主当之，人主恶之。"一曰："女主忧，国王死，民饥。"十月，太白犯哭星。占曰："人主有哭泣之声。"自后六宫多丧，公主薨亡，天子举哀相系。岁大旱，民饥。

大明四年正月，月奄氐。占曰："大将死。"又犯房北第二星。占曰："有乱臣谋其主。"二月，有赤气，长一尺余，在太白帝坐北。占曰："兵起，臣欲谋其君。"五月，月入太微。占曰："有反臣，大臣死。"六月，太白犯井钺。占曰："兵起，斧钺用，大臣诛。"月犯心前星。占曰：

"有乱臣，太子恶之。"月入南斗魁中。占曰："大人忧，女主恶之。"七月，岁星犯积尸。占曰："大臣诛。"十二月，月犯心中央大星。占曰："大人忧。"十二月，通天有云，西及东北并生，合八所，并长四尺，乍没乍见，寻消尽。占曰："天下有兵。"十二月，月犯箕东北星，女主恶之。明年，雍州刺史海陵王休茂反。太白犯东井，雍州兵乱之应也。

大明五年正月，岁星犯舆鬼积尸。占曰："大臣诛，主有忧，财宝散。"月入南斗魁中。占曰："大人忧，天下有兵。"火、土同在须女。占曰："女主恶之。"三月，月掩轩辕。占曰："女主恶之。"有流星数千万，或长或短，或大或小，并西行，至晓而止。占曰："人君恶之，民流亡。"四月，太白犯东井北辕。占曰："大臣为乱，斧钺用。"太白犯舆鬼。占曰："大臣诛，斧钺用，人主忧。"六月，有流星白色，大如瓯，出王良，西南行，没天市中，尾长数十丈，没后余光良久。占曰："天下乱。"八月，荧惑入东井。占曰："大臣当之。"十月，岁星犯太微上将星。太白入亢，犯南第二星。占曰："上将有忧，辅臣有诛者，人君恶之。"十月，太白入氐中，荧惑入井中。占曰："王者亡地，大赦，兵起，为饥。"月入太微，掩西蕃上将，犯岁星。占曰："有反臣死。"大星大如斗，出柳北行，尾十余丈，入紫宫没，尾后余光良久乃灭。占曰："天下凶，有兵丧，天下恶之。"十一月，月掩心前星，又犯大星。占曰："大人忧，兵起，大旱。"十二月，太白犯西建中央星。占曰："大臣相潜。"月犯左角。占曰："天子恶之。"后三年，孝武帝、文穆皇后相系崩；嗣主即位一年，诛灭宰辅将相，虐戮朝臣，祸及宗室，因自受害。

大明六年正月，月在张，犯岁星。占曰："民饥流亡。"月犯心后星。占曰："庶子恶之。"二月，月掩左角。占曰："天子恶之。"三月，荧惑入舆鬼。占曰："有兵，大臣诛，天下多疾疫。"五月，月在张，又入太微，犯荧惑。占曰："国主不安，女主忧。"火犯木在翼。占曰："为饥，为旱，近臣大臣谋主。"有星前赤后白，大如瓯，尾长十余丈，出东壁北，西行没天市，啾啾有声。占曰："其下有兵，天下乱。"月掩昴七星。占曰："贵臣诛，天子破匈奴，胡主死。"岁星犯上将。占曰："辅臣诛，上将忧。"六月，月入太微，犯右执法。占曰："人主不安，天下大惊，主不吉，执法诛。"月犯心后星。占曰："庶子恶之。"七月，月犯箕。占曰："女主恶之。"八月，月入南斗魁中。占曰："大臣诛，斧钺用，吴、越有忧。"明年，扬、南徐州大旱，田谷不收，民流死亡。自后三年，帝后仍崩，宰辅及尚书令仆诛戮，索房主死，新安王兄弟受害，司徒豫章王子尚薨，羽林兵入三吴讨叛逆。

大明七年正月夜，通天薄云，四方合有八气，苍白色，长二三丈，乍见乍没，名刀星。占曰："天下有兵。"三月，月犯心后星。占曰："庶子恶之。"四月，火犯金，在娄。占曰："有丧，有兵，大战。"六月，月犯箕。占曰："女主恶之。"太白入东井。占曰："大臣当之。"太白犯东井。占曰："大臣为乱，斧钺用。"七月，荧惑入东井。占曰："兵起，大将当之。"月入南斗魁，犯第二星。占曰："大

人忧，吴郡当之。"太白犯舆鬼。占曰："兵起，大将诛，人主忧，财帛出。"八月，月入哭星中间，太白犯轩辕少微星。占曰："人主忧，哭泣之声，民饥流亡。"太白入太微。占曰："近臣起兵，国不安。"荧惑犯鬼，太白犯右执法。占曰："大臣诛。"十月，金水相犯。占曰："天下饥。"荧惑守轩辕第二星。占曰："宫中忧，有哀。"十一月，岁星入氐。占曰："诸侯人君有入宫者。"十二月，月犯五车。占曰："天库乱动。"后二年，帝后崩，大臣将相诛灭，皇子被害，皇太后崩，四方兵起，分遣诸军推锋外讨。

大明八年正月，月掩舆鬼。占曰："大臣诛。"月入南斗魁中，掩第二星。占曰："大人忧，女主恶之。"二月，月犯南斗第四星，入魁中。占曰："大人有忧，女主当之。豫章受灾。"四月，月入南斗魁中，犯第三星。占曰："大人有忧，女主恶之。丹阳当之。"太白入东井，入太微，犯执法。占曰："执法诛，近臣起兵，国不安。"六月，岁星犯氐。占曰："岁大饥。"有流星大如五斗瓯，赤色有光，照见人面，尾长一丈余，从参北东行，直下经东井，过南河，没。占曰："民饥，吴、越有兵。"七月，岁星入氐。十月，太白守房。占曰："有兵，大丧。"月掩食房。占曰："有丧，大饥。"此后国仍有大丧，丹阳尹颜师伯、豫章王子尚死。明年，昭太后崩，四方贼起，王师水陆征伐，义兴晋陵县大战，杀伤千计。

前废帝永光元年正月丁酉，太白掩牵牛。牵牛，越分。其月庚申，月在虚宿，犯太白。虚，齐地。二月甲申，月入南斗。南斗，扬州分野，又为贵臣。三月庚子，月入舆鬼，犯积尸。舆鬼，主斩戮。六月庚午，荧惑入东井。东井，雍州分。其月壬午，有大流星，前赤后白，入紫宫。景和元年九月丁酉，荧惑入轩辕，在女主大星北。十月，荧惑入太微，犯西上将。十一月丁未，太白犯哭星。其月乙卯，月犯心，心为天王。其年，太宰江夏王义恭、尚书令柳元景、尚书仆射颜师伯等并诛。太尉沈庆之薨。庐陵王敬先、南平王敬猷、南安侯敬渊并赐死。废帝殒。明年，会稽太守寻阳王子房、广州刺史袁昙远、雍州刺史袁顗、青州刺史沈文秀并反。昭太后崩。

明帝泰始元年十二月己巳，太白入羽林。占曰："羽林兵动。"乙亥，白气入紫宫。占曰："有丧事。"明年，羽林兵出讨。昭太后崩。

泰始二年正月甲午，荧惑逆行在屏西南。占曰："有兵在中。"其月丙申，月晕五车，通毕、昴。占曰："女主恶之。"其月庚子，月犯舆鬼。占曰："将军死。"其月甲寅，流星从五车出，至紫宫西蕃没。占曰："有兵。"其月丙辰，黑气贯宿。占曰："王侯有归骨者。"三月乙未，有流星大小西行，不可称数，至晓乃息。占曰："民流之象。"四月壬午，荧惑入太微，犯右执法。月在丙子，岁星昼见南斗度中。占曰："其国有军容，大败。"其月己卯，竟夜有流星百余西南行，一大如瓯，尾长丈余，黑色，从河鼓出。又占："有兵。"其月壬午，太白在月南并出东方，为犯。占曰："有破军死将，王者亡地。"七月甲午，月犯心。心为宋地。其月丙午，月犯南斗。占曰："大臣诛。"其月乙卯，荧惑犯氐。氐，兖州分野。十月辛巳，太白入氐。

占曰："春谷贵。"十一月癸巳，太白犯房。占曰："牛多死。"其年，四方反叛，内兵大出，六师亲戎。昭太后崩。大将殷孝祖为南贼所杀。尚书右仆射蔡兴宗以荧惑犯右执法，自解，不许。九月，诸方反者皆平，多有归降者。后失淮北四州地，彭城、兖州并为虏所没，民流之验也。彭城，宋分也。是春，谷贵民饥。明年，牛多疾死，诏太官停宰牛。

泰始三年六月甲辰，月犯东井。占曰："军将死。"荧惑犯舆鬼。占曰："金钱散。"又曰："不出六十日，必大赦。"八月癸卯，天子以皇后六宫衣服金钗杂物赐北征将士。明年二月，护军王玄谟薨。

泰始四年六月壬寅，太白犯舆鬼。占曰："民大疾，死不收。"其年，普天大疫。

泰始五年二月丙戌，月犯左角。占曰："三年天子恶之。"三月庚申，月犯建星。占曰："易相。"十月壬午，月犯毕。占曰："天子用法，诛罚急，贵人有死者。"其月丙申，太白犯亢。占曰："收敛国兵以备北方。"其年冬，建安王休仁解扬州，桂阳王休范为扬州。扬州牧前后常宰相居之，易相之验也。七年，晋平王休祐、建安王休仁并见杀。时失淮北，立戍以备防北房。后三年，宫车晏驾。

泰始六年正月辛巳，月犯左角，同前占。八月壬辰，荧惑犯南斗。南斗，吴分。十一月乙亥，月犯东北辕。占曰："大人当之。"又曰："大臣有诛者。"二年，杀扬州刺史王景文。宫车晏驾。

后废帝元徽三年七月丙申，太白入角，犯岁星。占曰："角为天门，国将有兵事。"占，于角太白与木星会，杀军在外，破军杀将。其月丁巳，太白入氐。氐为天子宿宫，太白兵凶之星。八月己巳，太白犯房北头第二星。占曰："王失德。"九月癸卯，太白犯南斗第三星。占曰："大人当之，国易政。"十月丙戌，岁星入氐。占曰："诸侯人君有来入宫者。"十一月庚戌，月入太微，奄屏西南星。占曰："贵者失势。"四年七月，建平王景素据京口反。时废主凶慝无度，五年七月殂，安成王入纂皇阼。三年，齐受禅。

元徽四年三月乙巳，月犯房北头第一星，进犯键闭星。占曰："有谋伏甲兵在宗庙中，天子不可出宫下堂，多暴事。"九月甲辰，填星犯太微西蕃。占曰："立王。"一曰："徙王。"又曰："大人忧。"时废帝出入无度，卒以此殒，安成王立。

元徽五年正月戊申，月犯南斗第五星。与前同占。四月丁巳，荧惑犯舆鬼西北星。占曰："大人忧，近期六十日，远期六百日。"又曰："人君恶之。"其月丙子，太白犯舆鬼西北星。占曰："大赦。"五月戊申，太白昼见午上，光明异常。占曰："更姓。"六月壬戌，月犯钩铃星。占曰："有大令。"其月乙丑，月犯南斗第四星。与前同占。七月，废帝殒，大赦天下。后二年，齐受禅。

顺帝升明元年八月庚申，月入南斗，犯第三星，与同占。九月丁亥，太白在翼，昼见经天。占曰："更姓。"闰十二月癸卯夜，月奄南斗第四星，与前同占。

卷二十七　　志第十七

符　瑞　上

夫体睿穷几，含灵独秀，谓之圣人，所以能君四海而役万物，使动植之类，莫不各得其所。百姓仰之，欢若亲戚，芬若椒兰，故为旗章舆服以崇之，玉玺黄屋以尊之。以神器之重，推之于兆民之上，自中智以降，则万物之为役者也。性识殊品，盖有愚暴之理存焉。见圣人利天下，谓天下可以为利；见万物之归圣人，谓之利万物。力争之徒，至以逐鹿方之，乱臣贼子，所以多于世也。夫龙飞九五，配天光宅，有受命之符，天人之应。《易》曰："河出《图》，洛出《书》，而圣人则之。"符瑞之义大矣。

赫胥、燧人之前，无闻焉。太昊帝宓牺氏，母曰华胥。燧人之世，有大迹出雷泽，华胥履之，而生伏牺于成纪。蛇身人首，有圣德。燧人氏没，宓牺代之，受《龙图》，画八卦，所谓"河出《图》"者也。有景龙之瑞。炎帝神农氏，母曰女登，游于华阳，有神龙首感女登于常羊山，生炎帝。人身牛首，有圣德，致大火之瑞。嘉禾生，醴泉出。

黄帝轩辕氏，母曰附宝，见大电光绕北斗枢星，照郊野，感而孕。二十五月而生黄帝于寿丘。弱而能言，龙颜，有圣德，劾百神朝而使之。应龙攻蚩尤，战虎、豹、熊、罴四兽之力。以女魃止淫雨。天下既定，圣德光被，群瑞毕臻。有屈轶之草生于庭，佞人入朝，则草指之，是以佞人不敢进。有景云之瑞，有赤方气与青方气相连；赤方中有两星，青方中有一星，凡三星，皆黄色，以天清明时见于摄提，名曰景星。黄帝黄服斋于中宫，坐于玄扈洛水之上，有凤皇集，不食生虫，不履生草，或止帝之东园，或巢于阿阁，或鸣于庭，其雄自歌，其雌自舞。麒麟在囿，神鸟来仪。有大蝼如羊，大螾如虹。黄帝以土气胜，遂以土德王。五十年秋七月庚申，天雾三日三夜，昼昏。黄帝以问天老、力牧、容成曰："于公何如？"天老曰："臣闻之，国安，其主好文，则凤凰居之；国乱，其主好武，则凤凰去之。今凤凰翔于东郊而乐之，其鸣音中夷则，与天相副。以是观之，天有严教以赐帝，帝勿犯也。"乃召史卜之，龟燋。史曰："臣不能占也。其问之圣人。"帝曰："已问天老、力牧、容成矣。"史北面再拜曰："龟不违圣智，故燋。"雾除，游于洛水之上，见大鱼，杀五牲以醮之，天乃甚雨；七日七夜，鱼流于海，得《图》、《书》焉。《龙图》出河，《龟书》出洛，赤文篆字，以授轩辕。轩辕接万神于明庭，今寒门谷口是也。

帝挚少昊氏，母曰女节，见星如虹，下流华渚，既而梦接意感，生少昊。登帝位，有凤皇之瑞。帝颛顼高阳氏，母曰女枢，见瑶光之星，贯月如虹，感己于幽房之宫，生颛顼于若水。首戴干戈，有圣德。生十年而佐少昊氏，二十而登帝位。帝喾高辛氏，生而骈齿，有圣德，代高阳氏王天下。使鼓人拊鞞鼓，击钟磬，凤凰鼓翼而舞。

帝尧之母曰庆都，生于斗维之野，常有黄云覆护其上。及长，观于三河，常有龙随之。一旦龙负《图》而至，其文要曰："亦受天祐。"眉八彩，鬓发长七尺二寸，面锐上丰下，足履翼宿。既而阴风四合，赤龙感之。孕十四月而生尧于丹陵，其状如图。及长，身长十尺，有圣德，封于唐。梦攀天而上。高辛氏衰，天下归之。在帝位七十年，景星出翼，凤凰在庭，朱草生，嘉禾秀，甘露润，醴泉出，日月如合璧，五星如连珠。厨中自生肉，其薄如箑，摇动则风生，食物寒而不臭，名曰"箑脯"。又有草夹阶而生，月朔始生一荚，月半而生十五荚，十六日以后，日落一荚，及晦而尽；月小则一荚焦而不落，名曰"蓂荚，一曰"历荚"。归功于舜，将以天下禅之。乃洁斋修坛场于河、洛，择良日，率舜等升首山，遵河渚。有五老游焉，盖五星之精也。相谓曰："《河图》将来告帝以期，知我者重瞳黄姚。"五老因飞为流星，上入昴。二月辛丑昧明，礼备，至于日昃，荣光出河，休气四塞，白云起，回风摇，乃有龙马衔甲，赤文绿色，临坛而止，吐《甲图》而去。甲似龟，背广九尺，其图以白玉为检，赤玉为字，泥以黄金，约以青绳。检文曰："闿色授帝舜。"言虞、夏、殷、周、秦、汉当授天命。帝乃写其言，藏于东序。后二年二月仲辛，率群臣沈璧于洛。礼毕，退俟，至于下昃，赤光起，玄龟负书而出，背甲赤文成字，止于坛。其书言当禅舜，遂让舜。

帝舜有虞氏，母曰握登，见大虹意感，而生舜于姚墟。目重瞳子，故名重华。龙颜大口，黑色，身长六尺一寸。舜父母憎舜，使其涂廪，自下焚之，舜服鸟工衣服飞去。又使浚井，自上填之以石，舜服龙工衣自傍而出。耕于历山，梦眉长与发等。及即帝位，蓂荚生于阶，凤凰巢于庭，击石拊石，百兽率舞，景星出房，地出乘黄之马，西王母献白环、玉玦。舜在位十有四年，奏钟石笙筦未罢，而天大雷雨，疾风发屋拔木，桴鼓播地，钟磬乱行，舞人顿伏，乐正狂走。舜乃拥琁持衡而笑曰："明哉！夫天下非一人之天下也，亦乃见于钟石笙筦乎！"乃荐禹于天，使行天子事。于时和气普应，庆云兴焉，若烟非烟，若云非云，郁郁纷纷，萧索轮囷，百工相和而歌《庆云》。帝乃倡之曰："庆云烂兮，纠缦缦兮。日月光华，旦复旦兮。"群臣咸进，稽首曰："明明上天，烂然星陈。日月光华，弘予一人。"帝乃再歌曰："日月有常，星辰有行。四时从经，万姓允诚。于予论乐，配天之灵。迁于圣贤，莫不咸听。鼜乎鼓之，轩乎舞之。精华以竭，褰裳去之。"于是八风修通，庆云业聚，蟠龙奋迅于其藏，蛟鱼踊跃于其渊，龟鳖咸出其穴，迁虞而事夏。舜乃设坛于河，依尧故事。至于下昃，荣光休气至，黄龙负《图》，长三十二尺，广九尺，出于坛畔，赤文绿错，其文言当禅禹。

帝禹有夏氏，母曰修己，出行，见流星贯昴，梦接意感，既而吞神珠。修己背剖，而生禹于石纽。虎鼻大口，两耳参镂，首戴钩钤，胸有玉斗，足文履己，故名文命。长有圣德。长九尺九寸，梦自洗于河，以手取水饮之；又有白狐九尾之瑞。当尧之世，舜举之。禹观于河，有长人白面鱼身，出曰："吾河精也。"呼禹曰："文命治淫。"言讫，授禹《河图》，言治水之事，乃退入于渊。禹治水既毕，天锡玄珪，以告成功。夏道将兴，草木畅茂，青龙止于郊，祝融之神，降于崇山。乃受舜禅，即天子之位。洛出《龟书》六十五字，是为《洪范》，此谓"洛出《书》"者也。南巡狩，济江，中流有二黄龙负舟，舟人皆惧。禹笑曰："吾受命于天，屈力以养人。生，性也；死，命也。奚忧龙哉！"龙于是曳尾而逝。

高辛氏之世妃曰简狄，以春分玄鸟至之日，从帝祀郊禖，与其妹浴于玄丘之水。有玄鸟衔卵而坠之，五色甚好，二人竞取，覆以玉筐。简狄先得而吞之，遂孕。胸剖而生契。长为尧司徒，成功于民，受封于商。后十三世，生主癸。主癸之妃曰扶都，见白气贯月，意感，以乙日生汤，号天乙。丰下锐上，晰而有髯，句身而扬声，身长九尺，臂有四肘，是曰殷汤。汤在亳，能修其德。伊挚将应汤命，梦乘船过日月之傍。汤乃东至于洛，观帝尧之坛，沈璧退立，黄鱼双踊，黑鸟随鱼止于坛，化为黑玉。又有黑龟，并赤文成字，言夏桀无道，汤当代之。梼杌之神，见于邳山。有神牵白狼衔钩而入商朝。金德将盛，银自山溢。汤将奉天命放桀，梦及天而舐之，遂有天下。商人后改天下之号曰殷。

高辛氏之世妃曰姜嫄，助祭郊禖，见大人迹履之。当时歆如有人道感己，遂有身而生男。以为不祥，弃之厄巷，羊牛避而不践；又送之山林之中，会伐林者荐覆之；又取而置寒冰上，大鸟来以一翼藉覆之。姜嫄以为异，乃收养焉，名之曰弃。枝颐有异相，长为尧稷官，有功于民。后稷之孙曰公刘，有德，诸侯皆以天子之礼待之。初黄帝之世，谶言曰："西北为王，期在甲子，昌制命，发行诛，旦行道。"及公刘之后，十三世而生季历。季历之十年，飞龙盈于殷之牧野，此盖圣人在下位将起之符也。季历之妃曰太任，梦长人感己，溲于豕牢而生昌，是为周文王。龙颜虎肩，身长十尺，胸有四乳。太王曰："吾世当有兴者，其在昌乎！"季历之兄曰太伯，知天命在昌，适越终身不反。弟仲雍从之，故季历为嗣以及昌。昌为西伯，作邑于丰。文王之妃曰太姒，梦商庭生棘，太子发植梓树于阙间，化为松柏棫柞。以告文王，文王币告群臣，与发并拜告梦。季秋之甲子，赤爵衔书及丰，止于昌户，昌拜稽首受之。其文要曰："姬昌，苍帝子，亡殷者纣王。"将畋，史遍卜之，曰："将大获，非熊非罴，天遗汝师以佐昌。臣太祖史畴为禹卜畋，得皋陶。其兆如此。"王至于磻溪之水，吕尚钓于涯，王下趋拜曰："望公七年，乃今见光景于斯。"尚立变名答曰："望钓得玉璜，其文曰：'姬受命，昌来提，撰尔雒钤报在齐。'"尚出游，见赤人自雒出，授尚书曰："命曰昌，佐昌者子。"文王梦日月著其身，又鸑鷟鸣于岐山。孟春六旬，五纬聚房。后有凤凰衔书，游文王之都。书又曰："殷帝无道，虐乱天下。皇命已移，不得复久。灵祇远离，百神吹去。五星聚房，昭理四海。"文王既没，太子发代立，是为武王。

武王骈齿望羊。将伐纣，至于孟津，八百诸侯，不期而会。咸曰："纣可伐矣。"武王不从。及纣杀比干，囚箕子,微子去之,乃伐纣。度孟津,中流,白鱼跃入王舟。王俯取鱼,长三尺,目下有赤文成字,言纣可伐。王写以世字,鱼文消。燔鱼以告天,有火自天止于王屋,流为赤乌,乌衔谷焉。谷者,纪后稷之德;火者,燔鱼以告天,天火流下,应以吉也。遂东伐纣,胜于牧野,兵不血刃,而天下归之。乃封吕望于齐。周德既隆,草木茂盛,蒿堪为宫室,因名蒿宫。武王没,成王少,周公旦摄政七年,制体作乐,神鸟凤凰见,蓂荚生。乃与成王观于河、洛,沈璧。礼毕,王退俟,至于日昧,荣光并出幕河,青云浮至,青龙临坛,衔玄甲之图,吐之而去。礼于洛,亦如之。玄龟青龙苍咒止于坛,背甲刻书,赤文成字。周公援笔以世文写之,书成文消,龟堕甲而去。其言自周公讫于秦、汉盛衰之符。麒麟游苑,凤凰翔庭,成王援琴而歌曰:"凤凰翔兮于紫庭,余何德兮以感灵,赖先王兮恩泽臻,于胥乐兮民以宁。"

鲁哀公十四年,孔子夜梦三槐之间,丰、沛之邦,有赤烟气起,乃呼颜渊、子夏往视之。驱车到楚西北范氏街,见刍儿摘麟,伤其左前足,薪而覆之。孔子曰:"儿来,汝姓为赤诵,名子乔,字受纪。"孔子曰:"汝岂有所见邪?"儿曰:"见一禽,巨如羔羊,头上有角,其末有肉。"孔子曰:"天下已有主也,为赤刘,陈、项为辅,五星入井从岁星。"儿发薪下麟示孔子,孔子趋而往,麟蒙其耳,吐三卷《图》,广三寸,长八寸,每卷二十四字,其言赤刘当起,曰:"周亡,赤气起,大耀兴,玄丘制命,帝卯金。"孔子作《春秋》,制《孝经》;既成,使七十二弟子向北辰星罄折而立,使曾子抱《河》、《洛》事北向。孔子斋戒向北辰而拜,告备于天曰:"《孝经》四卷,《春秋》、《河》、《洛》凡八十一卷,谨已备。"天乃洪郁起白雾摩地,赤虹自上下,化为黄玉,长三尺,上有刻文。孔子跪受而读之曰:"宝文出,刘季握。卯金刀,在轸北。字禾子,天下服。"

汉高帝父曰刘执嘉。执嘉之母,梦赤鸟若龙戏己,而生执嘉,是为太上皇帝。母名含始,是为昭灵后。昭灵后游于洛池,有玉鸡衔赤珠,刻曰玉英,吞此者王。昭灵后取而吞之;又寝于大泽,梦与神遇。是时雷电晦冥,太上皇视之,见蛟龙在其上,遂有身而生季,是为高帝。高帝隆准而龙颜,美须髯,左股有七十二黑子。微时,数从王媪、武负贳酒,醉卧,上常有光怪。每留饮,售辄数倍。武负异之,辄折其契。单父人吕公好相人,见高帝,谓曰:"臣少好相人,相人多矣,无如季相。愿季自爱。臣有息女,愿为箕扫妾。"吕公妻媪怒吕公曰:"公常奇此女,欲为贵人。沛令善公,求不与。何妄许刘季?"吕公曰:"非女子所知。"卒与高帝。生惠帝、鲁元公主。吕后尝与两子居田中,有一老父过,请饮,吕后因馈之食。老父相吕后曰:"夫人,天下贵人也。"令相二子,见惠帝曰:"夫人所以贵者,乃此男。"相鲁元公主,亦贵。老父已去,高帝适从傍舍来,吕后具言之。高帝追问老父。老父曰:"向者夫人、儿子之贵,皆以君相。君贵不可言。"高帝被饮,夜行径泽中。前人反曰:"有大蛇当道,愿还。"高帝醉,曰:"壮士行,何畏!"乃前,拔剑斩蛇,蛇分为两,道开而过。后人来者,见老妪守蛇曰:"向者赤帝子过,杀之。"见者疑妪为诈,欲笞之,忽然不见。具以状告高帝,帝心喜。秦始皇帝曰:"东南有天子气。"于是东游以厌之。高帝隐于芒、砀山泽之间,吕后常知其处。高帝怪问之,对曰:"季所居,上常有云气,故知之。"高帝为沛公,入秦,五星聚于东井,岁星先至,而四星从之。占曰:"以义取天下。"

初,张良游于下邳沂水之上,有老父来,直至良前,而堕其履。顾谓良曰:"孺子,下取履!"良愕然,欲殴之,以其老,乃下取跪进。父以足受,笑而去,良殊大惊。父去里所复来,曰:"孺子可教也。后五日平明,与我会此。"良怪之,跪应曰:"诺。"五日,良往,父已先来,怒曰:"何与长者期而后也? 五日,更与我会此。"凡三期而良先至。老父喜曰:"不当如是邪!"即出怀中一卷书与之,曰:"读之,此为王者师。后十三年,孺子见我济北谷城山下,黄石即我也。"旦视其书,乃《太公兵法》。良以黄石篇为他人说,皆不省,唯高帝说焉。良曰:"此殆天所授矣。"五年而成帝业。后十三年,张良果得谷城山下黄石,宝而祠之,死与合葬。

文帝之母薄姬,魏豹为魏王,纳之后宫。许负相之,当生天子,魏王豹于是背汉。汉高帝击虏,而薄姬输织室。高帝见而美之,内于后宫,岁余乃得幸。将见幸,薄姬言:"妾昨梦青龙据妾心。"高帝曰:"我是也。吾为尔成之。"一御而生文帝。

景帝王皇后初嫁为金王孙妻,母臧儿卜筮曰:"当贵。"乃夺金氏而内太子宫,生男。男方在身,梦日入其怀,以告太子。太子曰:"是贵征也。"生男,是为武帝。

武帝赵婕妤,家在河间,生而两手皆拳,不可开。武帝巡狩过河间,望气者言,此有奇女天子气,召而见之。武帝自披其手,既时申,得一玉钩。由是见幸,号曰:"拳夫人。"进为婕妤,居钩弋宫,大有宠。十四月生男,是为昭帝,号曰:"钩弋子。"武帝曰:"闻昔尧十四月而生,今钩弋子亦然。"乃名其门曰尧母门。

昭帝元凤三年正月,泰山、莱芜山南,民夜闻汹汹有数千人声,晨往视之,见大石自立,高丈五尺,大四十八围,入地八尺,三石为足,立后,白乌数千集其旁。又上林苑中柳树断卧地,一朝自起生枝叶,虫啮其叶成文,曰:"公孙病已立。"陈留襄邑王社忽移至长安。博士眭孟占之曰:"石,阴类。泰山、岱宗,王者禅代之处。将有废故之家,姓公孙,名病已,从白衣为天子者。"时昭帝幼少,霍光辅政,以孟妖言诛之。及昭帝崩,昌邑王又废,光立宣帝,武帝曾孙,本名病已,在民间白衣三世,如孟言焉。

元帝王皇后,齐田氏之苗裔。祖父翁孺,自东平陵徙元城。元城建公曰:"昔《春秋》沙鹿崩,晋史卜之,阴为阳雄,土火相乘,故沙鹿崩。后六百四十五年,宜有圣女兴,其齐田乎?今翁孺之徙,正值其地,日月当之。元城郭东有五鹿之墟,即沙鹿地。后八十年,当有贵女兴天下。"翁孺生禁。禁妻李氏方任身,梦月入其怀,生女,是为元后。每许嫁,未行,所许者辄死。卜相者云:"当大贵。"遂为元帝皇后,生成帝。

初，秦始皇世，有长人十二，身长五丈，足迹六尺，见于陇西临洮，前史以为秦亡之征，史臣以为汉兴之符也。自高帝至于平帝，十二主焉。

光武皇帝，父为济阳令。济阳有武帝行宫，常封闭。哀帝建平元年十二月甲子夜，光武将产，乃开而居之。时有赤光，室中尽明，皇考异焉。使卜者王长卜之。长辟左右曰："此善事，不可言。"是岁，有嘉禾生产屋景天中，一茎九穗，异于凡禾，县界大丰，故名光武曰秀。时又有凤凰集济阳，于是画宫为凤凰之象。明年，方士有夏贺良者，上言哀帝云："汉家历运中衰，当再受命。"于是改号为太初元将元年，称陈圣刘太平皇帝以厌胜之。王莽时，善望气者苏伯阿望光武所居县舂陵城郭，喟曰："气佳哉！郁郁葱葱然。"莽忌恶汉，而钱文有金，乃改铸货泉以易之。既而光武起于舂陵之白水乡，货泉之文为"白水真人"也。

初起兵，望见家南有火光，以为人持火，呼之而光遂盛，赫然上属天，有顷不见。及在河北，为王郎所逼，将南济滹沱河。导吏还云："河水流澌，无船可渡。"左右皆恐惧。帝更遣王霸视之。霸往视，如吏言。霸虑还以实对，惊动众心，乃谬云："冰坚可渡。"帝驰进。比至，而河水皆合，其坚可乘。既渡，余数乘车未毕而冰陷。前至下博城西，疑所之。有一白衣老公在道旁，曰："努力！信都为长安城守，去此八十里耳。"言毕，失所在。遂至信都，投太守任光。初，光武微时，穰人蔡少公曰："谶言刘秀发兵捕不道，卯金修德为天子。"国师公刘子骏名秀。少公曰："国师公是也。"光武笑曰："何用知非仆？"道士西门君惠等并云："刘秀当为天子。"光武平定河北，还至中山，将军万修得《赤伏符》，言光武当受命。群臣上尊号，光武辞。前至鄗县，诸生强华又自长安诣鄗，上《赤伏符》，文与修合。群下又请曰："受命之符，人应为大。"光武又梦乘赤龙登天，乃即位，都洛阳，营宫阙。一夕，有门材自至。

是时琅邪开阳县城门，一夕无故自亡，检所得材，即是也，遂名其门曰开阳门。先是秦穆公时，陈仓人掘地得物，若羊非羊，若猪非猪，怪，将献之。道逢二僮子，谓之曰："子知彼乎，名为猬，常在地下食死人脑。若欲杀之，以柏东南枝指之，则死矣。"猬因言曰："此二僮子，名为宝。得其雄者王，得其雌者霸。"于是陈仓人遂弃猬而逐二僮子，二僮子化为雉，飞入林。陈仓人以告穆公，穆公发徒大猎，得其雌者，化而为石，置之汧、渭之间。至文公，为之立祠，名曰陈宝祠。雄南飞集南阳穰县，其后光武兴于南阳。

光武之初兴也，隗嚣拥众陇右，招集英俊，而公孙述称帝于蜀，天下云扰，大者连州郡，小者据县邑。嚣问扶风人班彪曰："往者周亡，战国并争，天下分裂，数世然后定。纵横之事，复起于今乎？将承运迭兴，在于一人也？愿先生论之。"对曰："周之废兴与汉异。昔周立爵五等，诸侯从政，本根既微，枝叶强大，故其末流有纵横之事，其势然也。汉家承秦之制，郡县治民，主有专己之威，臣无百年之柄。至于成帝，假借外家，哀、平短祚，国嗣三绝，祸自上起，伤不及下。故王氏之贵，倾擅朝廷，能窃号位，而不根于民，是以即真之后，天下莫不引领而叹。十余年间，中外骚扰，远近俱发，假号云合，咸称刘氏，不谋而同辞。方今雄桀带州域者，皆无七国世业之资。《诗》云：'皇矣上帝，临下有赫。鉴观四方，求民之瘼。'今民皆讴吟思汉，向仰刘氏，已可知矣。"隗嚣曰："先生言周、汉之势，可也。至于但见愚民习识刘氏姓号之故，而谓汉复兴，疏矣。昔秦失其鹿，刘季逐而掎之，时民复知汉乎？"彪既感嚣言，又愍狂狡之不息，乃著《王命论》以救时难。辞曰：

昔在帝尧之禅曰："咨尔舜，天之历数在尔躬。"舜亦以命禹。洎于稷、契，咸佐唐、虞，光济四海，奕世载德，至于汤、武，而有天下。虽其遭遇异时，禅代不同，至于应天从民，其揆一焉。是故刘氏承尧之祚，氏族之世，著于《春秋》。唐据火德，而汉绍之。始起沛泽，则神母夜号，以章赤帝之符。由是言之，帝王之祚，必有明圣显懿之德，丰功厚利积累之业，然后精诚通于神明，流泽加于生民。故能为鬼神所福向，天下所归往。未见运世无本，功德不纪，而得掘起在此位者也。世俗见高祖兴于布衣，不达其故，以为适遭暴乱，得奋其剑。游说之士，至比天下于逐鹿，幸捷而得之。不知神器有命，不可以智力求也。悲夫！此世之所以多乱臣贼子者也。若然者，岂徒暗于天道哉，又不观之于人事矣。

夫饿馑流隶，饥寒道路，思有裋褐之袭，担石之畜，所愿不过一金，然终于转死沟壑。何则？贫穷亦有命也。况乎天子之贵，四海之富，神明之祚，可得而妄据哉！故虽遭罹厄会，窃其权柄，勇如信、布，强如梁、籍，成如王莽，然卒润镬伏锧，烹菹分裂；又况幺麽不及数子，而欲暗干天位者乎？是故驽蹇之乘，不骋千里之涂；燕雀之俦，不奋六翮之用；楶棁之材，不荷栋梁之任；斗筲之子，不秉帝王之重。《易》曰："鼎折足，覆公𫗧。"不胜其任也。当秦之末，豪桀共推陈婴而王之。婴母止婴曰："自吾为子家妇，而世贫贱，卒富贵，不祥。不如以兵属人，事成，少受其利；不成，祸有所归。"婴从其言，而陈氏以宁。王陵之母，亦见项氏之必亡，而刘氏之将兴也。是时陵为汉将，而母获于楚。有汉使者，陵母见之，谓曰："愿告吾子，汉王长者，必得天下，子谨事之，无有二心。"遂对汉使，伏剑而死，以固勉陵。其后果定于汉，陵为宰相封侯。夫以匹妇之明，犹能推事理之致，探祸福之机，全宗祀于无穷，垂册书于《春秋》，而况大丈夫之事乎！是故穷达有命，吉凶由人，婴母知废，陵母知兴，审此二者，帝王之分决矣。

盖在高祖，其兴也有五：一曰帝尧之苗裔，二曰体貌多奇异，三曰神武有征应，四曰宽明而仁恕，五曰知人善任使。加之以信诚好谋，达于听受，见善如不及，用人如由己，从谏如顺流，趋时如响赴；当食吐哺，纳子房之策；拔足挥洗，揖郦生之说；寤戍卒之言，断怀土之情；高四皓之名，割肌肤之爱；举韩信于行阵，收陈平于亡命；英雄陈力，群才毕举，此高祖之大略所以成帝业也。若乃灵瑞符应，又可略闻矣。初，刘媪妊高祖而梦与神遇，震雷晦冥，有龙蛇之怪。及长多灵异，有殊于众，是以王、武感物而折契，吕公睹貌而进女；秦皇东游以厌其气，吕后望云而知所处；始受命则白蛇分，西入关则五星聚。故淮阴、留侯谓之天授，非人力也。

历古今之得失，验行事之成败，稽帝王之世运，考五者之所谓，取舍不厌斯位，符应不同斯度，而欲昧于权利，越次妄据，外不量力，内不知命，则必丧保家之主，失天年之寿，遇折足之凶，伏鈇钺之诛。英雄诚知觉寤，畏若戒饬，超然远览，渊然深识，收陵、婴之明分，绝信、布之觊觎，距逐鹿之謦说，审神器之有授，无贪不可几，为二母之所笑，则福祚流于子孙，天禄其永终矣。

陨器不纳，果败。汉元、成世，道士言："谶者云：'赤厄三七。'三七，二百一十年，有外戚之篡。祚极三六，当有龙飞之秀，兴复祖宗。"及莽篡汉，汉二百一十年矣。莽十八年而败，光武兴焉。

明帝初生，丰下兑上，赤色似尧，终登帝位。

和帝邓皇后，祖父禹，佐命光武，常曰："我将百万人，未尝妄杀一人，子孙当大兴。"后少时，相者苏文见后，惊曰："此成汤之骨法也，贵不可言。"后尝梦登梯，以手扪天，天体荡荡正青而滑，有若钟乳者，后仰吮之。以讯之占梦。占梦者曰："尧梦攀天而上，汤梦及天而咶之，此皆非常梦也。"既而入宫，遂登尊位。安帝未即大位，在邸，数有神光赤蛇嘉应，照曜室内，磐纡殿屋床第之间，后遂入承大统。

初，桓帝之世，有黄星见于楚、宋之分。辽东殷馗曰："后五十年，当有真人起于谯、沛之间，其锋不可当。"灵帝熹平五年，黄龙见谯。光禄大夫乔玄问太史令单飏曰："此何祥也？"飏曰："其国后当有王者兴，不及五十年，亦当复见天事恒象，此其征也。"内黄殷登默记之。其后曹操起于谯，是为魏武帝。建安五年，于黄星见之，岁五十年矣，而武帝破袁绍，天下莫敌。

《春秋谶》曰："代汉者，当涂高也。"汉有周舒者，善内学。人或问之，舒曰："当涂高者，魏也。"舒既没，谯周又问术士杜琼曰："周征君以为当涂高，魏也。其义何在？"琼曰："魏，阙名也。当涂而高，圣人以类言耳。"又问周曰："宁复有所怪邪？"周曰："未达也。"琼曰："古者名官职不言曹，自汉以来，名官尽言曹，吏言属曹，卒言侍曹，此殆天意也。"周曰："魏者，大也；曹者，众也。众而且大，天下之所归乎？"建安十八年，武帝为公，又进爵为王。二十五年，武帝薨，太子丕嗣为魏王，是为文帝。

文帝始生，有云青色，员如车盖，当其上终日。望气者以为至贵之祥，非人臣之气。善相者高元吕曰："其贵不可言。"延康元年三月，黄龙又见谯，殷登犹存，叹曰："黄龙见于熹平也，单飏云：'不及五十年，亦当复见。'今四十五年矣，飏之言其验兹乎？"四月，饶安言白虎见。八月，石邑言凤凰集，又有麒麟见。十月，汉帝禅位于魏，魏王辞让不受。博士苏林、董巴上言："臣闻天之去就，固有常分，圣人当之，昭然不疑。故尧捐骨肉而禅有虞，终无吝色。舜发垄亩而居天下，若固有之。其相授间，不稽漏刻，天下已传矣。所以急天命，明天下不可一日无君。今汉期运已终，妖异绝之已审。陛下受天之命，符瑞告征，丁宁详悉，反覆备至，虽言语相谕，无以代此。今既发诏书，玺绶未御，固执谦让，上稽天命，下违民情。臣谨按古之典籍，参以图纬，魏之行运及天道所在，即尊之验，在于今年此月，昭晢分明。谨条奏如左。唯陛下迁思易虑，以时即位，显告上帝，布诏天下。然后改正朔，易服色，正大号，天下幸甚。"其所陈事曰：

天有十二次，以为分野，王公之国，各有所属。周在鹑火，魏在大梁，岁星行历，凡十二次，所在国天子受命，诸侯以封。周文王始受命，岁星在鹑火。至武王伐纣，十三年，岁星复在鹑火。故《春秋传》曰："武王伐纣，岁在鹑火。"又曰："岁之所在，则我有周之分野也。"昔光和七年，岁在大梁，武王始受命为将，讨黄巾。是岁，改年为中平元年。建安元年，岁复在大梁，始拜大将军。十三年，复在大梁，始拜丞相。今二十五年，岁复在大梁，陛下受命。此魏得岁与周文、武受命相应。

今年青龙在庚子，《诗推度灾》曰："庚，更也；子者，兹也。圣人制法天下治。"又曰："王者布德于子，治成于丑。"此言今年天更命圣人，制法天下，布德于民也。魏以政制天下，与《诗》协矣。颛顼受命，岁在豕韦，卫居其地，亦在豕韦。故《春秋传》曰："卫，颛顼之墟也。"今十月，斗之所建，则颛顼受命之分也。魏以十月受禅，此同符始祖受命之验也。魏之氏族，出自颛顼，与舜同祖，见于《春秋世家》。舜以土德承尧之火，今魏亦以土德承汉之火，其于行运合于尧、舜授受之次。

魏王犹未许。大史丞许芝又上天文祥瑞：

自建安三年十二月戊辰，有新天子气见于东南，到今积二十三年。建安十年，荧星出庳楼，历犯氐、房宿，北入天市，犯北斗、紫微。氐为天子宿宫，路寝所止。房为天子明堂政教之首。北斗七星，主尊辅象近臣。紫微者，北极最尊。此除扫汉家之大异也。建安十八年秋，岁星、镇星、荧惑俱入太微，逆行留守帝坐百有余日。岁星入太微，人主改姓。镇星入太微，内有兵乱，人主以弱。三者，汉改姓易代之异也。建安十九年正月，白虹贯日。《易传》曰："后妃擅国，白虹贯日。"建安二十一年五月朔己亥，日蚀。建安二十三年三月，荧星晨见东方二十余日，夕出西方，犯历五车、东井、五诸侯、文昌、轩辕、太微，锋炎刺帝坐。荧者除旧布新，亡恶兴圣之异也。建安二十四年二月晦壬子，日蚀。日者阳精，月为侯王，而以亥子日蚀，皆水灭火之异也。延康元年九月十日黄昏时，月蚀荧惑，过人定时，荧惑出营室，宿羽林。月为大臣侯王之象；荧惑火精，汉氏之行。占曰：

"汉家以兵亡。"延康元年九月二十日，《剥》卦天子气不见，皆崩亡之异也。荧惑火精，行缩日一度有余。故太史令王昱以为汉家衰亡之极。荧惑大而赤色；光不明，赤而小，与小星无别，皆汉家衰亡之异也。

《易传》曰："上下流通圣贤昌，厥应帝德凤凰翔，万民喜乐无咎殃。"《易传》又曰："圣人受命，厥应凤凰下，天子房。"《易传》又曰："黄龙见，天灾将至，天子绌，圣人出。"黄龙以戊己日见，五色文章皆具，圣人得天受命。黄龙以戊寅见，此帝王受命之符瑞最著明者也。《易传》又曰："圣人清静行中正，贤人至，民从命，厥应麒麟来。"《春秋玉版谶》曰："代赤者魏公子。"《春秋佐助期》曰："汉以许昌失天下。"故白马令甘陵李云上事，言许昌气见，当涂高已萌，欲使汉家防绝萌芽。今汉都许，日以微弱，当居许昌以失天下。当涂高者，魏也；魏者，象魏两阙之名当道而高大者也。魏当代汉，如李云之言也。《春秋佐助期》又曰："汉以蒙孙亡。"说者以蒙孙直汉二十四帝，童蒙愚惑以弱亡。汉帝少时名为董侯，名不正，蒙乱荒惑，其子孙以弱亡也。《孝经中黄谶》曰："日载东，纪火光。不横一，圣明聪。四百之外，易姓而王。天下归功致太平。"此魏王之姓讳著见图谶也。《易运期》曰："言居东，西有午，两日并光日居下。其为主，反为辅，五八四十，黄气受，真人出。"言午"许"字，两日"昌"字，汉当以许亡，魏当以许昌。今际会之期在许，是其大效也。《易运期》又曰："鬼在山，禾女运，王天下。"

于是魏王受汉禅，柴于繁阳，有黄鸟衔丹书，集于尚书台，于是改元为黄初。汉中平二年，洛阳民讹言虎贲寺有黄人，观者日数万，道路断绝。中平元年，黄巾贼起，云："苍天已死，黄天当立。"此魏氏依刘向自云土德之符也。先是，周敬王之三十七年，宋景公问大夫邢史子臣："天道何祥？"对曰："后五年五月丁亥，臣将死。后五年五月丁卯，吴将亡。亡后五年，君将终。终后四百年，邾王天下。"皆如其言。邾王天下，盖谓魏国之后。言四百年则错。疑年代久远，传记者谬误。

高贵乡公初生，有光气照耀室屋，其后即大位。

刘备身长七尺七寸，垂手过膝，顾自见耳。《洛书甄耀度》曰："赤三，德昌九世会备，合为帝际。"《洛书宝予命》曰："天度帝道备称皇，以统握契，百成不败。"《洛书录运期》曰："九侯七杰争民命，炊骸道路，谁使主者玄且来。"备字玄德，故云："玄且来"也。《孝经钩命决》曰："帝三建，九会备。"先是，术士周群言，西南数有黄气，直立数丈，如此积年，每有景云祥风，从璇玑下应之。建安二十二年中，屡有气如旗，从西竟东，中天而行。图书曰："必有天子出其方。"太白、荧惑、镇星从岁星，又黄龙见犍为武阳之赤水，九日乃去。关羽在襄阳，男子张嘉、王休献玉玺，备后称帝于蜀。

孙坚之祖名钟，家在吴郡富春，独与母居。性至孝，遭岁荒，以种瓜为业。忽有三少年诣钟乞瓜，钟厚待之。三人谓钟曰："此山下善，可作冢，葬之，当出天子。君可下山百步许，顾见我去，即可葬也。"钟去三十步，便反顾，见三人并乘白鹤飞去。钟死，即葬其地。地在县城东，冢上数有光怪，云气五色上属天，衍数里。父老相谓，此非凡气，孙氏其兴矣。坚母任坚，梦肠出绕吴昌门。以告邻母，邻母曰："安知非吉祥也。"昌门，吴郭门也。坚生而容貌奇异。坚妻吴氏初妊子策，梦月入其怀；后孕权，又梦日入怀。告坚曰："昔妊策，梦月入怀，今又梦日入怀，何也？"坚曰："日月阴阳之精，极贵之象，吾子孙其兴乎！"权方颐大口，紫髯，长上短下。汉世有刘琬者，能相人，见权兄弟，曰："孙氏兄弟，虽各才智明达，然禄祚不终。唯中弟孝廉，形貌奇伟，骨体不恒，有大贵之表，年又最寿。尔其识之。"权时为孝廉。初，秦始皇东巡，济江。望气者云："五百年后，江东有天子气出于吴，而金陵之地，有王者之势。"于是秦始皇乃改金陵曰秣陵，凿北山以绝其势。至吴，又令囚徒十余万人掘污其地，表以恶名，故曰囚卷县，今嘉兴县也。汉世术士言："黄旗紫盖，见于斗、牛之间，江东有天子气。"献帝兴平中，吴中谣言："黄金车，斑兰耳。开昌门，出天子。"魏文帝黄初三年，举兵武昌，并言黄龙、凤凰见。其年，权称尊号，年至七十一而薨。权子休，初封琅邪王，梦乘龙上天，顾不见尾。后得大位，其子被废。

汉元、成之世，先识之士有言曰："魏年有和，当有开石于西三千余里，系五马，文曰讨曹。"及魏之初兴也，张掖删丹县金山柳谷有石生焉，周围七寻，中高一仞，苍质素章，有五马、麟、鹿、凤凰、仙人之象。始见于建安，形成于黄初，文备于太和。至青龙三年，柳谷之玄川溢涌，石形改易，状似云龟，广一丈六尺，长一丈七尺一寸，围五丈八寸，立于川西。有石马十二，其一仙人骑之，其一羁鞯，其五有形而不善成，其五成形。又有一牛八卦列宿彗星之象。有玉匣开盖于前，有玉玦二，玉璜一。又有麒麟、凤凰、白虎、马、牛于中布列。有文字曰："上上三天王述大会讨大曹金但取之金立中大金马一疋中正大吉关寿此马甲寅述水"凡三十五字。石色苍，而物形及字，并白石书，皆隆起。魏明帝恶其文有"讨曹"，凿去为"计"，以苍石塞之，宿昔而白石满焉。当时称为祥瑞，班下天下。处士张臶曰："夫神兆未然，不追往事，此盖将来之休征，当今之怪异也。"既而晋以司马氏受禅。太尉属程猗说曰："夫大者，盛之极也。金者，晋之行也。中者，物之会也。吉者，福之始也。此言司马氏之王天下，感德而生，应正吉而王之符也。"猗又为赞曰："皇德遐通，实降嘉灵。乾生其象，坤育其形。玄石既表，素文以成。瑞虎合仁，白麟耀精。神马自图，金言其形。体正而王，中允克明。关寿无疆，于万斯龄。"

宣帝有狼顾之相，能使面正向后，而身形不异。魏武帝尝梦有三匹马在一槽中共食，其后宣帝及景、文相继为宰相，遂倾曹氏。文帝未立世子，有意于齐献王攸。武帝时为中抚军，惧不立，以相貌示裴秀，秀言于文帝曰："中抚军振发籍地，垂手过膝，天表如此，非人臣之相也。"由是得立。及嗣晋位，其月，襄武县言有大人相，长三丈余，足迹三尺一寸，白发，黄单衣，黄巾，柱杖呼民王始语云：“今当太平。”顷之，受魏禅。

　　武帝咸宁元年，大风吹帝社树折，有青气出社中。占者以为东莞有天子气。时琅邪武王伷封东莞，伷，元帝祖也。元帝以咸宁二年夜生，有光照室，室内尽明，有白毛生于日角之左，眼有精光耀。随惠帝幸邺。成都王颖杀东安王繇，繇，元帝叔父也。帝惧，欲出奔，而月明，邀候急，四衢断绝，不得去。有顷，天阴，风雨大至，候者皆休，乃得去。

　　初，武帝伐吴，琅邪武王伷率众出涂中，而王浑逼历阳，王浚已次近路。孙晧欲降，送天子玺绶，近越二将，而远送诣伷，识者咸怪之。吴之未亡也，吴郡临平湖一旦自开，湖边得石函，中有小青石，刻作皇帝字。旧言临平湖塞天下乱，开则天下太平。吴人以为美祥。俄而吴灭。后元帝兴于江左。吴亡后，蒋山上常有紫云，数术者亦云，江东犹有帝王气。又谣言曰：“五马游度江，一马化为龙。”元帝与西阳、汝南、南顿、彭城五王过江，而元帝升天位。谶书曰：“铜马入海建业期。”元帝小字铜环。

　　永嘉初，元帝以安东将军镇建业。时岁、镇星、辰、太白四星聚于牛、女之间，常裴回退退。愍帝建兴四年，晋陵武进人陈龙在田中得铜铎五枚，柄口皆有龙虎形；又有将雉鸡雀集其前，皆驱去复还，至于再三；又有鹅三四头，高飞且鸣，周回东西，昼夜不下，如此者六七日。会稽剡县陈清又于井中得栈钟，长七寸二分，口径四寸，其器虽小，形制甚精，上有古文书十八字，其四字可识，云：“会稽徽命。”豫章有大樟树，大三十五围，枯死积久，永嘉中，忽更荣茂。景纯并言是元帝中兴之应。初，武帝太康三年，建邺有寇，余姚人伍振筮之，曰：“寇已灭矣。三十八年，扬州有天子。”至元帝即天位，果三十八年。

　　先是，宣帝有宠将牛金，屡有功，宣帝作两口榼，一口盛毒酒，一口盛善酒，自饮善酒，毒酒与金，金饮之即毙。景帝曰：“金名将，可大用，云何害之？”宣帝曰：“汝忘石瑞，马后有牛乎？”元帝母夏侯妃与琅邪国小史姓牛私通，而生元帝。愍帝之立也，改毗陵为晋陵，时元帝始霸江、扬，而我翟称制，西都微弱。干宝以为晋将灭于西而兴于东之符也。

　　宋武帝居在丹徒，始生之夜，有神光照室；其夕，甘露降于墓树。皇考初以高祖生有奇异，名为奇奴。皇妣既殂，养于舅氏，改为寄奴焉。少时诞节嗜酒，自京都还，息于逆旅。逆旅姬曰：“室内有酒，自人取之。”帝入室，饮于盎侧，醉卧地。时司徒王谧有门生居在丹徒，还家，亦至此逆旅。逆旅姬曰：“刘郎在室内，可入共饮酒。”此门生入室，惊出谓姬曰：“室内那得有此异物？”姬遽入之，见帝已觉矣。姬密问：“向何所见？”门生曰：“见有一物，五采如蛟龙，非刘郎。”门生还以白谧，谧戒使勿言，而与结厚。帝尝行至下邳，遇一沙门，沙门曰：“江表寻当丧乱，拯之必君也。”帝患手创积年，沙门出怀中黄散一裹与帝，曰：“此创难治，非此药不能瘳也。”倏忽不见沙门所在。以散傅创即愈。余散帝宝录之，后征伐屡被伤，通中者数矣，以散傅之，无不立愈。自少至长，目中常见二龙在前，始尚小，及贵转大。晋陵人车数善相人，相帝曰：

"君贵不可言，愿无相忘。"晋安帝义熙初，帝始康晋乱，而兴霸业焉。

　　庐江霍山常有钟声十二。帝将征关、洛，霍山崩，有六钟出，制度精奇，上有古文书一百六十字。冀州有沙门法称将死，语其弟子普严曰："嵩皇神告我云，江东有刘将军，是汉家苗裔，当受天命。吾以三十二璧，镇金一饼，与将军为信。三十二璧者，刘氏卜世之数也。"普严以告同学法义。法义以十三年七月，于嵩高庙石坛下得玉璧三十二枚，黄金一饼。汉中城固人水际，忽有雷声，俄而岸崩，得铜钟十二枚。又巩县民宋耀得嘉禾九穗。后二年而受晋禅。孔子《河雒谶》曰："二口建戈不能方，两金相刻发神锋，空穴无主奇人中，女子独立又为双。"二口建戈，"刘"字也。晋氏金行，刘姓又有金，故曰两金相刻。空穴无主奇人中，为"寄"字。女子独立又为双，"奴"字。

　　晋既禅宋，太史令骆达奏陈天文符谶曰："去义熙元年，至元熙元年十月，太白星昼见经天凡七。占曰：'天下革民更王，异姓兴。'义熙元年至元熙元年十一月朔，日有蚀之凡四，皆蚀从上始，臣民失君之象也。义熙十一年五月三日，彗星出天市，其芒扫帝坐。天市在房、心之北，宋之分野。得彗柄者兴，此除旧布新之征。义熙七年七月二十五日，五虹见于东方。占曰：'五虹见，天子黜，圣人出。'义熙七年八月十一日，新天子气见东南。十二年，北定中原，崇进宋公。岁星裴回房、心之间，大火，宋之分野。与武王克殷同，得岁星之分者应王也。十一年以来至元熙元年，月行失道，恒北入太微中。占：'月入太微廷，王入为主。'十三年十月，镇星入太微，积留七十余日，到十四年八月十日，又入太微不去，到元熙元年，积二百余日。占：'镇星守太微，亡君之戎。有立王，有徙王。'十四年五月十七日，蓬星出北斗魁中。占曰：'星蓬北斗中，圣人受命。'十四年七月二十九日，彗星出太微中，彗柄起上相星下，芒尾渐长至十余丈，进扫北斗及紫微中。占曰：'彗星出太微，社稷亡，天下易政。入北斗，帝宫空。'一占：'天下得召人。'召人，圣人也。一曰：'彗字紫微，天下易主。'十四年十月一日，荧惑从入太微钩己，至元年四月二十七日，从端门出积尸，留二百六日，绕镇星。荧惑与填星钩己天廷，天下更纪。十四年十二月，岁、太白、辰裴回斗、牛之间经旬。斗、牛，历数之起。占曰：'三星合，是谓改立。'元熙元年十二月二十四日，四黑龙登天。《易传》曰：'冬龙见，天子亡社稷，大人应天命之符。'《金雌诗》云：'大火有心水抱之，悠悠百年是其时。'火，宋之分野。水，宋之德也。《金雌诗》又曰：'云出而两渐欲举，短如之何乃相岨，交哉乱也当何所，唯有隐岩殖禾黍，西南之朋困桓父。'两云"玄"字也。短者，云胙短也。岩隐不见，唯应见谷，殖禾谷边，则圣讳炳明也。《易》曰：'西南得朋。'故能困桓父也。刘向谶曰：'上五尽寄致太平，草付合成集群英。'前句则陛下小讳，后句则太子讳也。十一年五月，西明门地陷，水涌出，毁门扉阙。西者，金乡之门，为水所毁，此金德将衰，水德方兴之象也。太兴中，民于井中得栈钟，上有古文十八字，晋自宣帝至今，数满十八传。义熙八年，太社生桑，尤著明者也。夫六，亢位也。汉建安二十五年，一百九十六年而禅魏。魏自黄初至咸熙二年，四十六年而禅晋。晋自泰始至今元熙二年，一百五十六年。三代数穷，咸以六年。"

少帝即位，景平三年四月，有五色云见西方。时文帝为荆州刺史，镇江陵，寻即大位。文帝元嘉中，谣言钱唐当出天子，乃于钱唐置戍军以防之。其后，孝武帝即大位于新亭寺之禅堂。"禅"之与"钱"，音相近也。太宗为徐州刺史，出镇彭城，昭太后赐以大珠鹿卢剑，此剑是御服，占者以为嘉祥。前废帝永光初，又讹言湘州出天子，幼主欲南幸湘川以厌之。既而湘东王即尊位，是为明帝。

史臣谨按，冀州道人法称所云玉璧三十二枚，宋氏卜世之数者，盖卜年之数也。谓卜世者，谬其言耳。三十二者，二三十，则六十矣。宋氏受命至于禅齐，凡六十年云。

卷二十八　　志第十八

符瑞中

麒麟者，仁兽也。牡曰麒，牝曰麟。不刳胎剖卵则至。麇身而牛尾，狼项而一角，黄色而马足。含仁而戴义，音中钟吕，步中规矩，不践生虫，不折生草，不食不义，不饮污池，不入坑阱，不行罗网。明王动静有仪则见。牡鸣曰"逝圣"，牝鸣曰"归和"，春鸣曰"扶幼"，夏鸣曰"养绥"。

汉武帝元狩元年十月，行幸雍，祠五畤，获白麟。汉武帝太始二年三月，获白麟。汉章帝元和二年以来，至章和元年，凡三年，麒麟五十一见郡国。汉安帝延光三年七月，麒麟见颍川阳翟。延光三年八月戊子，麒麟见颍川阳翟。延光四年正月壬午，麒麟见东郡濮阳。汉献帝延康元年，麒麟十见郡国。

吴孙权赤乌元年八月，武昌言麒麟见。又白麟见建业。晋武帝泰始元年十二月，麒麟见南郡枝江。晋武帝咸宁五年二月甲午，白麟见平原厉县。咸宁五年九月甲午，麒麟见河南阳城。晋武帝太康元年四月，白麟见顿丘。晋愍帝建兴二年九月丙戌，麒麟见襄平，州刺史崔毖以闻。晋元帝太兴元年正月戊子，麒麟见豫章。晋成帝咸和八年五月己巳，麒麟见辽东。

凤凰者，仁鸟也。不刳胎剖卵则至。或翔或集。雄曰凤，雌曰凰。蛇头燕领，龟背鳖腹，鹤颈鸡喙，鸿前鱼尾，青首骈翼，鹭立而鸳鸯思。首戴德而背负仁，项荷义而膺抱信，足履正而尾系武。小音中钟，大音中鼓。延颈奋翼，五光备举。兴八风，降时雨，食有节，饮有仪，往有文，来有嘉，游必择地，饮不妄下。其鸣，雄曰"节节"，雌曰"足足"。晨鸣曰"发明"，昼鸣曰"上朔"，夕鸣曰"归昌"，昏鸣曰"固常"，夜鸣曰"保长"。其乐也，徘徊徊徊，雍雍喈喈。唯凤皇为能究万物，通天祉，象百状，达王道，率五音，成九德，备文武，正下国。故得凤之象，一则过之，二则翔之，三则集之，四则春秋居之，五则终身居之。

汉昭帝始元三年十月，凤皇集东海，遣使祠其处。汉宣帝本始元年五月，凤皇集胶东。本始四年五月，凤皇集北海。汉宣帝地节二年四月，凤皇集鲁，群鸟从之。汉宣帝元康元年三月，凤皇集泰山、陈留。元康四年，南郡获威凤。汉宣帝神雀二年二月，凤皇集京师，群鸟从之以万数。神雀四年春，凤皇集京师。神雀四年十月，凤皇十一集杜陵。神雀四年十二月，凤皇集上林。

汉宣帝甘露三年二月，凤皇集新蔡，群鸟四面行列，皆向凤皇立，以万数。

汉光武建武十七年十月，凤皇五，高八九尺，毛羽五采，集颍川郡，群鸟并从行列，盖地数顷，留十七日乃去。

汉章帝元和二年以来，至章和元年，凡三年，凤皇百三十九见郡国。

汉安帝延光三年二月，车驾东巡。其月戊子，凤皇集济南台县丞霍收舍树上，赐台长疑帛十五匹，收二十匹，尉半之，吏卒人三匹；凤皇所过亭部，无出今年田租；赐男子爵人二级。延光三年十月壬午，凤皇集京兆新丰西界槐树。汉桓帝建和元年十一月，凤皇见济阴己氏。汉灵帝光和四年秋，五色大鸟见新城，群鸟随之。民皆谓之凤皇。汉献帝延康元年八月，石邑县言凤皇集。又郡国十三言凤皇见。

吴孙权黄武五年七月，苍梧言凤皇见。孙权黄龙元年四月，夏口、武昌并言凤皇见。吴孙亮建兴二年十一月，大鸟五见于春申。吴孙晧建衡四年正月，西苑言凤皇集。

晋武帝泰始元年十二月，凤皇见上党高都。泰始元年十二月，凤皇二见河南山阳。泰始元年十二月，凤皇三见冯翊下邦。晋穆帝升平四年二月辛亥，凤皇将九子见郎乡之丰城。十二月甲子，又见丰城，众鸟随从。升平五年四月己未，凤皇集沔北，至于辛酉。百姓聚观之。

宋武帝永初元年七月戊戌，凤皇见会稽山阴。文帝元嘉十四年三月丙申，大鸟二集秣陵民王颛园中李树上，大如孔雀，头足小高，毛羽鲜明，文采五色，声音谐从，众鸟如山鸡者随之，如行三十步顷，东南飞去。扬州刺史彭城王义康以闻。改鸟所集永昌里曰凤皇里。孝武帝孝建元年正月庚申，凤皇见丹徒褐贤亭，双鹄为引，众鸟陪从。征虏将军武昌王浑以闻。

神鸟者，赤神之精也，知音声清浊和调者也。虽赤色而备五采，鸡身，鸣中五音，肃肃雍雍。喜则鸣舞，乐处幽隐。风俗从则至。

汉宣帝五凤三年三月辛丑，神鸟集长乐宫东阙树上，又飞下地，五采炳发，留十余刻。汉章帝元和中，神鸟见郡国。

黄龙者，四龙之长也。不漉池而渔，德至渊泉，则黄龙游于池。能高能下，能细能大，能幽能冥，能短能长，乍存乍亡。赤龙、《河图》者，地之符也。王者德至渊泉，则河出《龙图》。

汉惠帝二年正月癸酉，两龙见兰陵人家井中。汉文帝十五年春，黄龙见成纪。汉宣帝甘露元年四月，黄龙见新丰。

汉成帝鸿嘉元年冬，黄龙见真定。汉成帝永始二年二月癸未，黄龙见东莱。汉光武建武十二年六月，黄龙见东阿。

汉章帝元和二年以来，至章和元年，凡三年，黄龙四十四见郡国。元和中，青龙见郡国。元和中，白龙见郡国。

汉安帝延光元年八月辛卯，黄龙见九真。延光三年九月辛亥，黄龙见济南历城。延光三年十二月乙未，黄龙见琅邪诸县。延光四年正月壬午，黄龙二见东郡濮阳。

汉桓帝建和元年二月，黄龙见沛国谯。汉桓帝元嘉二年八月，黄龙见济阴句阳，又见金城允街。汉桓帝永兴元年八月，黄龙见巴郡。汉献帝延康元年三月，黄龙见谯。又郡国十三言黄龙见。魏明帝青龙元年正月甲申，青龙见郏之摩陂井。帝亲与群臣共观之，既而诏画工图写，龙潜而不见。魏明帝景初元年二月壬辰，山茌县言黄龙见。

魏少帝正元元年十月戊戌，黄龙见邺井中。魏少帝甘露元年正月辛丑，青龙见轵县井中凡二。甘露元年六月，青龙见元城县界井中。甘露二年二月，青龙见温县井中。甘露三年八月甲戌，黄龙、青龙仍见顿丘、冠军、阳夏县井中。甘露四年正月，黄龙二见宁陵县井中。

魏元帝景元元年十二月甲申，黄龙见华县井中。景元三年二月，青龙见轵县井中。

刘备未即位前，黄龙见武阳赤水，九日乃去。

吴孙权黄武元年三月，鄱阳言黄龙见。吴孙权黄龙元年四月，夏口、武昌并言黄龙见；权因此改元。作黄龙牙，常在军中，进退视其所向，命胡综为赋。

吴孙权赤乌五年三月，海盐县言黄龙见县井中二。赤乌十一年，云阳言黄龙见。黄龙二又见武陵吴寿，光色炫耀。

吴孙休永安四年九月，布山言白龙见。永安五年七月，始新言黄龙见。永安六年四月，泉陵言黄龙见。

晋武帝泰始元年十二月，青龙二见济阴定陶。泰始元年十二月，青龙见魏郡汤阴。泰始元年十二月，黄龙见河南洛阳滨。泰始元年十二月，白龙二见太原祁。泰始二年七月壬午，黄龙见巴西阆中。泰始三年四月戊午，有司奏："张掖太守焦胜言，氐池县大柳谷口青龙见。"

晋武帝咸宁二年六月丙申，白龙二见于新兴九原居民井中。咸宁二年十月庚午，黄龙二见于汉嘉严关。咸宁二年十一月癸巳，白龙二见须度支部。咸宁五年十一月甲寅，青龙见京兆霸城。

晋武帝太康元年八月，白龙三见于永昌。太康三年闰四月己丑，白龙二见济南历城。太康五年正月癸卯，龙二见武库井中，帝亲往观之。太康六年九月，白龙见京兆阴盘。太康九年十二月戊申，青龙一见鲁国公丘居民井中。晋惠帝元康七年三月己酉朔，成皋县狱有龙升天。

宋武帝永初元年七月，青龙见义兴阳羡。永初元年八月，青龙二见南郡江陵。

文帝元嘉十三年九月己酉，会稽郡西南向晓，忽大光明，有青龙腾跃凌云，久而后灭。吴兴诸处并以其日同见光景。扬州刺史彭城王义康以闻。元嘉二十一年十月己丑，永嘉永宁见黄龙自云而下，太守臧艺以闻。元嘉二十五年五月丁丑，黑龙见玄武湖北，苑丞王世宗以闻。元嘉二十五年五月戊戌，黑龙见玄武湖东北限，扬州野吏张立之闻。元嘉二十五年八月辛亥，黄龙见会稽，太守孟顗以闻。元嘉二十五年，广陵有龙自湖水中升天，百姓皆见。

孝武帝孝建二年七月癸丑，黄龙见石头城外水滨，中护军湘东王彧以闻。孝建三年五月己未，龙见临川郡，江州刺史东海王祎以闻。孝武帝大明元年五月癸亥，黑龙见晋陵占石村。改村为津里。

灵龟者，神龟也。王者德泽湛清，渔猎山川从时则出。五色鲜明，三百岁游于蕖叶之上，三千岁常游于卷耳之上。知存亡，明于吉凶。禹卑宫室，灵龟见。玄龟书者，天符也。王者德至渊泉，则雒出龟书。

魏文帝初，神龟出于灵池。

吴孙权时，灵龟出会稽章安。

魏元帝咸熙二年二月甲辰，朐䏰县获灵龟以献。

晋长沙王乂坐同产兄楚王玮事，徙封常山，后还复国。在常山穿井，入地四丈，得白玉方三四尺。玉下有大石，其中有龟长二尺余，时人以为复国之祥。

宋文帝元嘉十九年四月戊申，白龟见吴兴余杭，太守文道恩以献。元嘉二十年四月辛卯，白龟见吴兴余杭，扬州刺史始兴王浚以闻。元嘉二十四年十月甲午，扬州刺史始兴王浚获白龟以献。

孝武帝大明三年三月戊子，毛龟见宣城广德，太守张辨以献。大明四年六月壬寅，车驾幸籍田，白龟见于千亩，尚书右仆射刘秀之以献。大明七年八月乙未，毛龟见新安王子鸾第，获以献。

明帝泰始二年八月丙辰朔，四眼龟见会稽，会稽太守巴陵王休若以献。泰始二年八月丙寅，六眼龟见东阳长山，文如爻卦，太守刘勰以献。泰始六年九月己巳，八眼龟见吴兴故鄣，太守褚渊以献。明帝泰豫元年十月壬戌，义兴阳羡县获毛龟，太守王蕴以献。

龙马者，仁马也，河水之精。高八尺五寸，长颈有翼，傍有垂毛，鸣声九哀（一作音）。腾黄者，神马也，其色黄。王者德御四方则出。白马朱鬣，王者任贤良则见。泽马者，王者劳来百姓则至。夏马骊，黑身白鬣尾，殷马骆，白身黑鬣尾，周马骅，赤身黑鬣尾。

汉章帝和中，神马见郡国。

晋怀帝永嘉六年二月壬子，神马鸣南城门。

晋孝武帝太元十四年六月甲申朔，宁州刺史费统上言："所统晋宁之滇池县，旧有河水，周回二百余里。六月二十八日辛亥，神马二匹，一白一黑，忽出于河中，去岸百步。县民董聪见之。"

白象者，人君自养有节则至。

宋文帝元嘉元年十二月丙辰，白象见零陵洮阳。元嘉六年三月丁亥，白象见安成安复，江州刺史南谯王义宣以闻。

汉武帝元狩二年三月，南越献驯象。

白狐，王者仁智则至。

晋成帝咸康八年七月，燕王慕容皝上言白狢见国内。

赤熊，佞人远，奸猾息，则入国。

宋文帝元嘉二十年十二月，白熊见新安歙县，太守到元度以献。

九尾狐，文王得之，东夷归焉。

汉章帝元和中，九尾狐见郡国。

魏文帝黄初元年十一月甲午，九尾狐见鄄城，又见谯。

白鹿，王者明惠及下则至。

汉章帝建初七年十月，车驾西巡，得白鹿于临平观。汉章帝元和中，白鹿见郡国。

汉安帝延光三年六月辛未，白鹿见右扶风雍。延光三年七月，白鹿见左冯翊。

汉桓帝永兴元年二月，白鹿见张掖。

魏文帝黄初元年，郡国十九言白鹿及白麇见。

晋武帝泰始八年十月，白鹿见扶风雍，州刺史严询获以献。晋武帝太康元年三月，白鹿见零陵泉陵。太康元年五月甲辰，白鹿见天水西县，太守刘辛获以献。太康三年七月壬子，白鹿见零陵，零陵令蒋微获以献。

晋惠帝太康元年九月乙酉，白鹿见交趾武宁。

晋愍帝建武元年五月戊子，白鹿见高山县。

晋元帝太兴三年正月，白鹿二见豫章。太兴三年四月，白鹿见晋陵延陵。晋元帝永昌元年九月，白鹿见江乘县。

晋成帝咸和四年五月甲子，白鹿见零陵洮阳，获以献。咸和四年七月壬寅，长沙郡逻吏黄光于南郡道遇白鹿，驱之不去，直来就光，追寻光三百余步。光遂抱取，遣吏李坚奉献。咸和九年八月己未，白鹿见长沙临湘。晋成帝咸康二年七月，白鹿见豫章望蔡，太守桓景获以献。

晋孝武太元十六年三月癸酉，白鹿见豫章望蔡，获以献。太元十八年五月辛酉，白鹿见江乘，江乘令田熙之获以献。太元二十年九月丁丑，白鹿见巴陵清水山，荆州刺史殷仲堪以献。

晋安帝隆安五年十一月，白鹿见长沙，荆州刺史桓玄以闻。

宋文帝元嘉五年七月丙戌，白鹿见东莞莒县岣峨山，太守刘玄以闻。元嘉九年正月，白鹿见南谯谯县，豫州刺史长沙王义欣以献。元嘉十四年，白鹿见文乡。元嘉十七年五月甲午，白鹿见南汝阴宋县，太守文道恩以献。元嘉二十年八月，白鹿见谯郡蕲县，太守邓琬以献。元嘉二十二年二月，白鹿见建康县，扬州刺史始兴王浚以闻。元嘉二十二年二月辛未，白鹿见南康瀫县，南康相刘兴祖以献。元嘉二十三年二月戊戌，白鹿见交州，交州刺史檀和之以献。元嘉二十三年六月丙辰，白鹿见彭城彭城县，征北将军衡阳王义季获以献。元嘉二十七年二月壬辰朔，白鹿见济阴，徐州刺史武陵王骏以闻。元嘉二十九年八月癸酉，白鹿见鄱阳，南中郎将武陵王骏以献。元嘉三十年十一月壬午，白鹿见南琅邪，南琅邪太守王僧虔以献。元嘉三十年十一月癸亥，白鹿见武建郡，雍州刺史朱修之以献。

孝武帝孝建三年三月庚子，白鹿见临川西丰县。孝武帝大明元年四月甲申，白鹿见南平。大明二年四月己丑，白鹿见桂阳郴县，湘州刺史山阳王休祐以献。大明三年正月癸巳，白鹿见南琅邪江乘，南徐州刺史刘延孙以献。大明三年三月辛卯，白鹿见广陵新市，太守柳光宗以闻。大明五年五月丙寅，白鹿见南东海丹徒，南徐州刺史刘延孙以献。大明八年六月甲子，白鹿见衡阳郡，湘州刺史江夏王世子伯禽以献。

明帝泰始二年二月乙亥，白鹿见宣城，宣城太守刘韫以闻。泰始五年二月己亥，白鹿见长沙，湘州刺史刘韫以献。泰始六年十二月乙未，白鹿见梁州，梁州刺史杜幼文以闻。

后废帝元徽三年二月甲子，白鹿见郁洲，青冀二州刺史、西海太守刘善明以献。

三角兽，先王法度修则至。（阙）

一角兽，天下平一则至。（阙）

六足兽，王者谋及众庶则至。（阙）

比肩兽，王者德及矜寡则至。（阙）

獬豸知曲直，狱讼平则至。（阙）

白虎，王者不暴虐，则白虎仁，不害物。

汉宣帝元康四年，南郡获白虎。

汉章帝元和二年以来，至章和元年，凡三年，白虎二十九见郡国。

汉安帝延光三年八月戊子，白虎二见颍川阳翟。

汉献帝延康元年四月丁巳，饶安县言白虎见。又郡国二十七言白虎见。

吴孙权赤乌六年正月，新都言白虎见。赤乌十一年五月，鄱阳言白虎仁。

晋武帝泰始元年十二月，白虎见河南阳翟。泰始元年十二月，白虎见弘农陆浑。泰始二年正月己亥，白虎见辽东乐浪。泰始二年正月辛丑，白虎见天水西。

晋武帝咸宁三年二月乙丑，白虎见沛国。晋武帝太康元年八月，白虎见永昌南罕。太康四年七月丙辰，白虎见建平北井。太康十年十月丁酉，白虎见犍为。

晋成帝咸和八年五月己巳，白虎见新昌县。晋简文帝咸安二年三月，白虎见豫章南昌县西乡石马山前。

晋孝武太元十四年十一月辛亥，白虎见豫章郡。太元十九年二月，行巩令刘启期言白虎频见。太元十九年二月，行温令赵邳言白虎频见。

晋安帝隆安五年十一月，襄阳言驺虞见于新野。

宋武帝永初元年八月癸巳，白虎见枝江。

少帝景平元年十月，白虎见桂阳耒阳。

文帝元嘉十九年十月，白虎见弋阳、期思二县，南豫州刺史武陵王骏以闻。元嘉二十五年二月己亥，白虎见武昌，武昌太守蔡兴宗以闻。元嘉二十五年十一月丁丑，白虎见蜀郡二，赤虎导前，益州刺史陆徽以闻。元嘉二十六年四月戊戌，白虎见南琅邪半阳山，二虎随从，太守王僧达以闻。

孝武孝建三年三月壬子，白虎见临川西丰。

白狼，宣王得之而犬戎服。（阙）

白獐，王者刑罚理则至。

晋武帝咸宁元年四月丙戌、乙卯，白獐见琅邪，赵王伦以献。咸宁三年七月壬辰，白獐见魏郡。晋武帝太康三年八月，白獐见梁国蒙，梁相解隆获以献。太康五年九月己酉，白獐见义阳。太康七年五月戊辰，白獐见汲郡。

晋成帝咸和九年五月癸酉，白獐见吴国吴县，内史虞潭获以献。

晋穆帝永和元年八月，白獐见吴国吴县西界包山，获以献。永和八年十二月，白獐见丹阳永世，永和令徐该获以献。永和十二年十一月庚午，白獐见梁郡，梁郡太守刘遂获以献。

晋安帝隆安五年十一月，白獐见荆州，荆州刺史桓玄以闻。

宋少帝景平元年五月癸未，白獐见义兴阳羡，太守王准之获以献。景平二年六月，白獐见南郡江阳，太守王华献之太祖。太祖时入奉大统，以为休祥。

文帝元嘉五年四月乙巳，白獐见汝阳武津，太守郑据获以献。元嘉十二年正月，白獐见东莱黄县，青、冀州刺史王方回以献。元嘉十九年五月，山阳张休宗获白獐，南兖州刺史临川王义庆以献。元嘉二十年八月，白獐见江夏安陆，内史刘思考以献。元嘉二十五年二月己丑，白獐见淮南，太守王休获以献。元嘉二十五年四月戊午，白獐见南琅邪，太守王远获以献。元嘉二十五年五月辛未朔，华林园白獐生二子皆白，园丞梅道念以闻。元嘉二十六年五月丙戌，白獐见马头，豫州刺史南平王铄以献。元嘉二十七年正月己丑，白獐见济阴，徐州刺史武陵王骏以闻。元嘉二十七年四月癸丑，华林园白獐生一白子，园丞梅道念以闻。元嘉二十九年六月壬戌，白獐见晋陵暨阳，南徐州刺史始兴王浚以献。

孝武帝孝建三年六月癸巳，白獐见广陵，南兖州以献。孝武帝大明元年七月丁丑，白獐见东莱曲城县，获以献。大明二年正月壬戌，白獐见山阳，山阳内史程天祚以献。大明二年二月辛丑，白獐见济北，济北太守殷孝祖以献。大明五年九月己巳，白獐见南阳，雍州刺史永嘉王子仁以献。大明六年四月戊辰，白獐见营阳，湘州刺史建安王休仁以献。大明七年正月庚寅，白獐见南阳，荆州刺史临海王子顼以献。大明七年六月己巳，白獐见武陵临沅，太守刘衍以献。大明七年九月癸未，白獐见南阳，雍州刺史刘秀之献。

明帝泰始三年五月癸酉，白獐见南东海丹徒，南徐州刺史桂阳王休范以献。泰始三年五月乙卯，白獐见北海都昌，青州刺史沈文秀以献。泰始五年正月癸卯，白獐见汝阴楼烦，豫州刺史刘勔以献。明帝泰豫元年十月壬戌，白獐见义兴国山，太守王蕴以献。

后废帝元徽元年正月甲午，白獐见海陵宁海，宁海太守孙嗣之以献。

文帝元嘉二十三年五月甲寅，东宫队白从陈超获黑獐于肥如县，皇太子以献。元嘉二十三年十月辛巳，东宫将魏荣获青獐于秣陵。元嘉十年十二月，营城县民成公会之于广陵高邮界获白獐麂以献。

孝武帝大明元年二月己亥，白鹿见会稽诸暨县，获以献。

银鹿，刑罚得共，民不为非则至。（阙）

赤兔，王者德盛则至。（阙）

比翼鸟，王者德及高远则至。（阙）。

赤雀，周文王时衔丹书来至。

晋愍帝建兴三年四月癸酉，赤雀见平州府舍。

宋文帝元嘉二十年五月，赤雀集南平郡府，内史臧绰以闻。

孝武帝孝建元年五月己亥，临沂县鲁尚斯军人于城上获赤雀，太傅假黄钺江夏王义恭以献。

福草者，宗庙肃，则生宗庙之中。（阙）

苍乌者，贤君修行孝慈于万姓，不好杀生则来。

宋孝武帝大明元年五月丁丑，苍乌见襄阳县。大明二年四月甲申，苍乌见襄阳，雍州刺史王玄谟以献。

甘露，王者德至大，和气盛，则降。柏受甘露，王者耆老见敬，则柏受甘露。竹受甘露，王者尊贤爱老，不失细微，则竹苇受甘露。

汉宣帝元康元年三月，甘露降未央宫。汉宣帝神雀二年二月，甘露降京师。神雀四年春，甘露降京师。

汉宣帝五凤二年正月，甘露降京师。

汉成帝元延四年三月，甘露降京师。

汉光武建武中元元年五月，郡国上甘露降。

汉明帝永平十七年正月戊子夜，帝梦见光武帝、光烈皇后，梦中喜觉，悲不能寐。明旦上陵，百官、胡客悉会。太常丞上言，其日陵树叶有甘露。帝令百官采甘露。帝自伏御床，视太后庄器奁中物，流涕，敕易奁中脂泽之具。永平十七年春，甘露仍降京师。

汉章帝元和中，甘露降郡国。

汉安帝延光三年四月丙戌，甘露下沛国丰。延光三年七月，甘露下左冯翊频阳。

汉桓帝延熹三年四月，甘露降上郡。汉桓帝永康元年八月，甘露降巴郡。

魏文帝初，郡国三十七言甘露降。魏少帝甘露元年五月，邺及上洛并言甘露降。魏元帝咸熙二年四月，南深泽县言甘露降。

吴孙权黄武前，建业言甘露降。黄武二年五月，曲阿言甘露降。

吴孙权嘉禾五年三月，武昌言甘露降于礼宾殿。吴孙权赤乌二年三月，零陵言甘露降。赤乌九年四月，武昌言甘露降。吴孙晧甘露元年四月，蒋陵言甘露降。

晋武帝泰始十年四月乙亥，甘露降西河离石。晋武帝咸宁元年四月丙戌，甘露降张掖。咸宁元年五月戊午，甘露降清河绎幕。咸宁元年九月，甘露降太原晋阳。咸宁二年五月戊子，甘露降玄菟郡治。咸宁三年六月戊申，甘露降巴郡南充国。晋武帝太康五年三月乙卯，甘露降东宫。太康七年四月，甘露降京兆杜陵。太康七年五月，甘露降魏郡邺。

晋惠帝元康四年五月，甘露降乐陵郡。

晋愍帝建兴元年六月，甘露降西平县。建兴三年八月己亥，甘露降新昌县。晋愍帝建武元年六月丁丑，甘露降寿春。

晋元帝太兴三年四月，甘露降琅邪费。

晋明帝泰宁二年正月，巴郡言甘露。

晋成帝咸和四年四月，甘露降武昌郡阁前柳树，太守谞以闻。咸和六年三月，甘露降宁州城内北园榛桃树，刺史以闻。咸和七年四月癸巳，甘露降京邑，扬州刺史王导以闻。咸和八年四月癸卯，甘露降庐江襄安县蒋胄家。咸和八年四月癸卯，甘露降宣城宛陵县之须里。咸和九年四月甲寅，甘露降吴国钱唐县右乡康巷之柳树。咸和九年十二月丙辰，甘露降建平陵。咸和九年十二月丁巳，甘露降武平陵。晋成帝咸康元年四月癸卯，甘露降西堂桃树。咸康二年三月甲戌，甘露降郁林城内。咸康二年四月，甘露降西堂，又降尚书都坐桃树，又降会稽永兴县，众官毕贺。戊午，甘露降会稽山阴县，又降吴兴武康县。庚申，又降武康。咸康三年四月戊午，甘露降殿后桃李树。五月，甘露降义兴阳羡县柞树，东西十四步，南北十五步。咸康七年四月丙子，甘露降彭城王纮第内，众官毕贺。

晋穆帝永和元年三月，甘露降庐江郡内桃李树，太守永以闻。永和五年十一月，太常刘邵上崇平陵令王昂即日奉行陵内，甘露于玄宫前殿。永和五年十二月己酉，甘露降丹阳湖熟县西界刘敷墓松树，县令王恬以闻，众官毕贺。

晋简文帝咸安二年正月，甘露降随郡溠阳县界桑木，沾凝十余里中。

晋孝武帝太元十二年八月，甘露降宁州界内，刺史费统以闻。太元十五年闰月，甘露降永平陵。太元十六年十一月庚午，甘露降句阳县。太元十七年二月，甘露降南海番禺县杨树。

晋安帝元兴二年十月，甘露降武昌王成基家竹。元兴三年三月己卯，甘露降丹徒。元兴三年四月己酉，甘露降兰台。

宋武帝永初元年九月庚辰，甘露降丹徒岘山。永初元年十月庚午，甘露降兴宁、永宁二陵，弥冠百余里。

文帝元嘉三年闰正月己丑，甘露降吴兴乌程，太守王韶之以闻。元嘉四年五月辛巳，甘露降齐郡西安临朐城。元嘉四年十一月辛未朔，甘露降初宁陵。元嘉四年十一月己丑，甘露降南海熙安，广州刺史江桓以闻。元嘉八年五月，甘露降南海番禺。元嘉九年十一月壬子，甘露降初宁陵。元嘉十一年八月甲辰，甘露降费县之沙里，琅邪太守吕绰以闻。元嘉十三年二月丁卯，甘露降上明巴山。元嘉十三年二月，甘露降吴兴武康董道益家园树。元嘉十三年三月甲午，甘露降初宁陵。元嘉十六年三月己卯，甘露降广州城北门杨树，刺史陆徽以闻。元嘉十七年四月丁丑，甘露降广陵永福里梁昌季家树，南兖州刺史江夏王义恭以闻。元嘉十七年，甘露降高平金乡富民村方三十里中。徐州刺史赵伯符以闻。元嘉十七年十一月乙酉，甘露降乐游苑。元嘉十八年五月甲申，甘露降丹阳秣陵卫将军临川王义庆园，扬州刺史始兴王浚以闻。元嘉十八年六月，甘露降广陵广陵孟玉秀家树，南兖州刺史临川王义庆以闻。元嘉十九年五月丁卯，甘露降建康司徒参军督护顾俊之宅竹柳。元嘉十九年五月乙亥，甘露降马头济阳宋庆之园树，太守荀预以闻。元嘉二十一年，甘露降益州府内梨李树，刺史庾俊之以闻。元嘉二十一年四月，甘露频降乐游苑。元嘉二十一年四月，甘露降彭城绥舆里，徐州刺史臧质以闻。元嘉二十一年四月，甘露降义阳平阳，太守庞秀之以闻。元嘉二十二年十一月辛巳，甘露降南郡江陵方城里，荆州刺史南谯王义宣以闻。元嘉二十二年十二月丁酉，甘露降长宁陵，陵令包诞以闻。元嘉二十三年二月丁未，甘露降乐游苑，苑丞张宝以闻。元嘉二十三年九月丙子，甘露降长宁陵，陵令华林以闻。元嘉二十三年十二月庚子，甘露降襄阳郡治，雍州刺史武陵王骏以闻。元嘉二十三年十二月辛丑，甘露频降乐游苑，苑丞何道之以闻。元嘉二十四年二月己亥、庚子，甘露频降景阳山，山监张绩以闻。元嘉二十四年二月己亥、癸卯、三月丙辰，甘露频降景阳山，华林园丞陈袭祖以闻。元嘉二十四年三月甲寅，甘露降寻阳松滋，江州刺史庐陵王绍以闻。元嘉二十四年四月癸未，甘露降寻阳松滋；丙申，又降江州城内桐树；丁酉，又降城北数里之中，江州刺史庐陵王绍以闻。元嘉二十四年七月乙卯，甘露降京师，扬州刺史始兴王浚以闻。元嘉二十四年七月，甘露降襄城治下无量寺，雍州刺史武陵王骏以闻。元嘉二十四年十月甲午，甘露降魏兴郡内，太守韦宁民以闻。元嘉二十三年至二十四年十二月，甘露频降，状如细雪，京都及郡国处处皆然，不可称纪。元嘉二十五年十一月庚辰，甘露降南郡，荆州刺史南谯王义宣以闻。元嘉二十五年十一月乙未，甘露降丹阳秣陵岩山。元嘉二十六年三月壬午，甘露降景阳山，华林园丞梅道念以闻。元嘉二十六年三月庚寅、癸巳，甘露频降武昌，江州刺史庐陵王绍以闻。元嘉二十六年四月甲辰、丙午、戊申，甘露频降豫章南昌，太守刘思考以闻。元嘉二十六年七月，甘露降南郡江陵，荆州刺史南谯王义宣以闻。元嘉二十七年四月乙卯、丙辰、丁巳，甘露频降豫章南昌。戊午午时，天气清明，有彩雾映覆郡邑，甘露又自云降。太守刘思考以闻。元嘉二十七年五月甲戌，甘露降东海丹徒，南徐州刺史始兴王浚以闻。元嘉二十八年二月戊辰，甘露降钟山延贤寺，扬州刺史庐陵王绍以闻。元嘉二十八年二月壬午，甘露降徽音殿前果树。元嘉二十八年二月，甘露降合欢殿后香花诸草。

孝武帝孝建元年三月丙辰，甘露降华林园。孝建二年三月己酉，甘露降丹阳秣陵中里路与之墓树。孝建二年三月辛亥，甘露降长宁陵松树。孝建二年三月，甘露降襄阳民家梨树。孝建二年三月戊午，甘露降丹阳秣陵尚书谢庄园竹林，庄以闻。

孝武帝大明元年四月癸卯，甘露降华林园桐树。大明三年三月己卯，甘露降乐游苑梅树。大明三年三月戊子，甘露降宣城郡舍，太守张辩以闻。大明四年正月壬辰，甘露降初宁陵松树。大明四年二月丙申，甘露降长宁陵松树。大明四年二月乙巳，甘露降丹阳秣陵龙山，丹阳尹孔灵符以闻。大明五年四月辛亥，甘露降吴兴安吉，太守历阳王子顼以闻。大明五年四月乙卯,甘露降吴兴乌程,太守历阳王子顼以闻。大明六年二月戊午,甘露降建康灵耀寺及诸苑园,及秣陵龙山,至于娄湖。是日,又降句容、江宁二县。大明七年三月丙申,甘露降寻阳松滋,太守刘矇以闻。大明七年四月己未,甘露降荆州城内,刺史临海王子顼以闻。大明七年十二月辛丑朔,甘露降吴兴乌程,令苟卞之以闻。

明帝泰始二年四月己亥,甘露降上林苑,苑令徐季道以献。泰始二年四月庚申,甘露降华林园,园令臧延之以献。泰始二年五月己亥,甘露降丹阳秣陵县舍斋前竹,丹阳尹王景文以献。泰始三年十一月庚申,甘露降晋陵,晋陵太守王蕴以闻。泰始三年十一月癸亥,甘露降南东海丹徒建冈,徐州刺史桂阳王休范以闻。泰始三年十二月壬午,甘露降崇宁陵,扬州刺史建安王休仁以闻。

后废帝元徽四年十一月乙巳,甘露降吴兴乌程,太守萧惠明以闻。

顺帝升明二年十二月,甘露降建康禁中里。升明二年十一月,甘露降南东海武进彭山,太守谢朏以闻。升明二年十一月,甘露降吴兴长城下山,太守王奂以闻。

威香者,王者礼备则常生。(阙)

卷二十九　　志第十九

符　瑞　下

嘉禾,五谷之长,王者德盛,则二苗共秀。于周德,三苗共穗;于商德,同本异穟;于夏德,异本同秀。

汉宣帝元康四年,嘉谷玄稷,降于郡国。

汉章帝元和中,嘉禾生郡国。

汉安帝延光二年六月,嘉禾生九真,百五十六本,七百六十八穗。

汉桓帝建和二年四月,嘉禾生大司农帑。汉桓帝永康元年八月,嘉禾生魏郡。

魏文帝黄初元年,郡国三言嘉禾生。

吴孙权黄龙三年十月,会稽南始平言嘉禾生。孙权赤乌七年秋,宛陵言嘉禾生。

晋武帝泰始八年十月,泸水胡王彭护献嘉禾。晋武帝太康四年十二月,嘉禾生扶风雍。太康五年七月,嘉禾生豫章南昌。太康八年闰三月,嘉禾生东夷校尉园。太康八年九月,嘉禾生东莱掖。

晋愍帝建兴元年八月癸亥,嘉禾生襄平县,一茎七穗。建兴二年六月,嘉禾生平州治,三实同蒂。建兴三年七月,嘉禾生襄平县,异体同蒂。

宋文帝元嘉二年十月,嘉禾生颍川瞿,太守垣苗以闻。元嘉九年三月,嘉禾生义阳,豫州刺史长沙王义欣以献。元嘉十年八月,嘉禾生汝南苞信,豫州刺史长沙王义欣以献。元嘉十一年八月,嘉禾一茎九穗生北汝阴,太守王玄谟以献。元嘉二十年六月,嘉禾一茎九穗生上庸新安,梁州刺史刘道以献。元嘉二十一年,嘉禾生新野邓县,雍州刺史萧思话以献。元嘉二十二年六月,嘉禾生籍田,一茎九穗。元嘉二十二年七月癸酉,嘉禾生平房陵,徐州刺史臧质以献。元嘉二十二年九月,嘉禾生太尉府田,太尉江夏王义恭以闻。元嘉二十二年九月,嘉禾生扬州东耕田,刺史始兴王浚以闻。元嘉二十二年,嘉禾生华林园,百六十穗,园丞陈袭祖以闻。元嘉二十二年,嘉禾生颍川曲阳,豫州刺史赵伯符以献。元嘉二十三年七月乙丑,嘉禾旅生藉田,藉田令褚熙伯以闻。元嘉二十三年七月午,嘉禾生丹阳椒唐里,扬州刺史始兴王浚以闻。元嘉二十三年七月庚辰,嘉禾生醴湖屯,屯主王世宗以闻。元嘉二十三年八月己酉,嘉禾生华林园,园丞陈袭祖以闻。元嘉二十三年九月庚申,嘉禾生沛郡萧,征北大将军衡阳王义季以闻。元嘉二十三年,嘉禾生江夏汝南,荆州刺史南谯王义宣以闻。

元嘉二十四年七月乙卯,嘉禾旅生华林园及景阳山,园丞梅道念以闻。太尉江夏王义恭上表曰:

臣闻居高听卑,上帝之功;天且弗违,圣王之德。故能影响二仪,甄陶万有。鉴观今古,采验图纬,未有道阙化亏,而祯物著明者也。自皇运受终,辰曜交和,是以卉木表灵,山渊效宝。伏惟陛下体《乾》统极,休符袭逮。若乃风仪西郊,龙见东邑,海酋献改缩之羽,河祇开侯清之源。三代象德,不能过也。有幽必阐,无远弗届,重译岁至,休瑞月臻。前者躬藉南亩,嘉谷仍植,神明之应,在斯尤盛。四海既穆,五民乐业,思述汾阳,经始灵囿。兰林甫树,嘉露频流,板筑初就,祥穗如积。太平之符,于是乎在。臣以寡立,承乏槐铉,沐浴芳津,预睹冥庆,不胜抃舞之情。谨上《嘉禾甘露颂》一篇,不足称扬美烈,追用悚汗。其颂曰:

二象攸分,三灵乐主。齐应合从,在今犹古。天道谁亲,唯仁斯辅。皇功帝绩,理冠区宇。四民均极,我后体兹。惟机惟神,敬昭文思。九族既睦,万邦允厘。德以位叙,道致雍熙。于穆不已,显允东储。生知凤睿,岳茂渊虚。因心则哲,令问弘敷。继徽下武,俪景辰居。轩制合宫,汉兴未央。刱伊圣朝,九有已康。率由旧典,思烛前王。乃造陵霄,遂作景阳。有蔼景阳,天渊之浃。清暑爽立,云堂特起。植类斯育,动类斯止。极望江波,遍对岳峙。化德惟达,休瑞惟懋。诞降嘉种,呈祥初构。甘露春凝,祯穟秋秀。含滋匪烈,嗣岁仍富。昔在放勋,历荚数朝。降及重华,倚扇清庖。铄矣皇庆,比物竞昭。伦彼典策,被此风谣。资臣六蔽,任兼两司。既恧仲衮,又惭郑缁。岂忘衡泌,乐道明时。敢述休祉,愧阙令辞。

中领军吉阳县侯沈演之奏上《嘉禾颂》曰:"焕炳祯图,昭晰瑞典。运倾方阔,时亨始显。绋状既章,鸟文斯辨。于皇圣辟,承物纪远。明两辰丽,昌辉天衍。(其一)理妙位崇,事神业盛。渊渥德泽,虚寂道政。协化安心,调乐移性。玉衡从体,瑶光得正。巨星垂采,景云立庆。(其二)极仁所被,罔幽不撰。至和所感,靡况弗彰。
鸳出丹穴,鹦起西湘。白鹿逾海,素鸟越江。结响穹阴,
仪形钟阳。(其三)治人奉天,乃勤乃格。黛未俶载,高
廪已积。嘉禾重穋,甘露流液。擢秀辰畦,扬颖角泽。离
秾合豪,荣区荫斥。(其四)盈箱征殷,贯桑表周。今我
大宋,灵贶绸缪。帝终挹谦,绎思勿休。躬荐宗庙,温
恭率由。降福以诚,孝享虔羞。(其五)颁趾推功,登徽
睿诏。恩覃隐显,赏延荒徼。河瀸海夷,山华岳耀。憬
琛夐赆,兼泽委效。日表地外,改服请教。(其六)茂对
盛时,绥万屡丰。厌厌归素,秩秩大同。上藏诸用,下知
所从。仰式王度,俯歌《南风》。鸿名称首,永保无穷。
(其七)。"

　　元嘉二十四年八月乙巳,嘉禾生龟城内晋陵,南徐州
刺史广陵王诞以闻。元嘉二十五年六月壬寅,嘉禾旅生华
林园,十株七百穗,园丞梅道念以闻。元嘉二十五年六月
壬子,嘉禾生藉田,藉田令褚熙伯以献。元嘉二十五年七
月壬辰,嘉禾生北海,青、冀二州刺史杜坦以献。元嘉二
十五年八月丙午,嘉禾生太尉江夏王义恭果园,江夏国典
书令陈颖以闻。元嘉二十五年八月壬子,嘉禾生建康化义
里,令丘珍孙以献。元嘉二十五年八月癸丑,嘉禾生华林
园,园丞梅道念以献。元嘉二十五年十一月,嘉禾生巴东,
荆州刺史南谯王义宣以闻。元嘉二十六年五月癸酉,嘉禾
生建康禁中里,扬州刺史始兴王浚以献。元嘉二十六年六
月甲寅,嘉禾生藉田,藉田令褚熙伯以献。元嘉二十六年
七月,嘉禾生巴东朐䏰,荆州刺史南谯王义宣以闻。元
嘉二十七年十月己丑,嘉禾生北海,青州刺史杜坦以闻。
元嘉二十八年七月戊戌,嘉禾生广陵邵伯埭,兖州刺史江
夏王义恭以闻。

　　孝武帝孝建二年六月癸巳,嘉禾二株生江夏王义恭
东田。孝建二年九月己丑朔,嘉禾异亩同颖生齐郡广饶
县。孝建三年七月庚午,嘉禾生吴兴武康。

　　孝武帝大明元年五月戊午,嘉禾一株五茎生清暑殿
鸱尾中。大明元年八月甲申,嘉禾生青州,异根同穗。大
明三年九月乙亥,嘉禾生北海都昌县,青州刺史颜师伯以
闻。大明六年八月辛未,嘉禾生乐陵,青、冀二州刺史刘
道隆以闻。

　　明帝泰始二年七月己酉,嘉禾生会稽永兴,太守巴陵
王休若以献。

　　汉章帝元和中,嘉麦生郡国。

　　晋武帝太康十年六月,嘉麦生扶风郡,一茎四穗。是
岁收三倍。

　　宋文帝元嘉二十三年,醴湖屯生嘉粟,一茎九穗,屯
主王世宗以闻。元嘉二十五年六月壬子,嘉黍生藉田,藉
田令褚熙伯以献。

　　吴孙权黄龙三年,由拳野稻生,改由拳为禾兴。吴孙
亮五凤元年,交阯稗草化为稻。

　　宋文帝元嘉二十三年,吴郡嘉兴盐官县野稻自生三
十许种,扬州刺史始兴王浚以闻。元嘉二十八年七月癸
卯,寻阳柴桑菽粟旅生,弥漫原野,江州刺史建平王宏以
闻。

　　汉章帝元和中,嘉瓜生郡国。

　　汉安帝元初三年三月,东平陵有瓜异处共生,八瓜同
蒂。

　　汉桓帝建和二年七月,河东有嘉瓜,两体共蒂。

　　晋武帝太康三年六月,嘉瓜异体同蒂,生河南洛阳辅
国大将军王浚园。晋武帝太康元年十二月戊子,嘉瓠生宁
州,宁州刺史费统以闻。

　　宋文帝元嘉二十五年四月戊辰,嘉瓠生京邑新园,园
丞徐道兴以献。

　　孝武帝大明五年五月,嘉瓜生建康蒋陵里,丹阳尹王
僧朗以献。

　　明帝太始二年八月戊午,嘉瓜生南豫州,南豫州刺史
山阳王休祐以献。

　　文帝元嘉七年七月乙酉,建康颔檐湖二莲一蒂。元
嘉十六年七月壬申,华林池双莲同干。元嘉十年七月己
丑,华林天渊池芙蓉异花同蒂。元嘉十九年八月壬子,扬
州后池二莲合华,刺史始兴王浚以献。元嘉二十年五月,
庐陵郡池芙蓉二花一蒂,太守王渊以闻。元嘉二十年六月
壬寅,华林天渊池芙蓉二花一蒂,园丞陈袭祖以闻。元嘉
二十年夏,永嘉郡后池芙蓉二花一蒂,太守臧艺以闻。元
嘉二十年七月,吴兴郡后池芙蓉二花一蒂,太守孔山士以
闻。元嘉二十年,扬州后池芙蓉二花一蒂,刺史始兴王浚
以献。元嘉二十一年六月丙午,华林园天渊池二莲同干,
园丞陈袭祖以闻。元嘉二十二年四月,乐游苑池二莲同
干,苑丞梅道念以闻。元嘉二十二年七月,东宫玄圃园池
二莲同干,内监殿守舍人宫勇民以闻。元嘉二十三年六月
壬寅,华林天渊池芙蓉二花一蒂,园丞陈袭祖以闻。元嘉
二十三年六月辛丑,太子西池二莲共干,池统胡永祖以
闻。元嘉二十三年八月己酉,鱼邑三周池二莲同干,园丞
徐道兴以闻。

　　孝武帝孝建二年六月庚寅,玄武湖二莲同干。孝武帝
大明五年,藉田芙蓉二花同蒂,大司农萧邃以献。

　　明帝太始二年八月丙辰,五城澳池二莲同干,都水使
者罗僧憨以献。太始二年八月己未,豫州刺史山阳王休祐
献莲,二花一蒂。太始五年六月甲子,嘉莲生湖熟,南台
侍御史竺曾度以闻。太始六年六月壬子,嘉莲生东宫玄圃
池,皇太子以闻。

　　晋武帝太始二年六月壬申,嘉柰一蒂十实,生酒泉。
太始七年六月己亥,东宫玄圃池芙蓉二花一蒂,皇太子以
献。

　　晋成帝咸和六年,镇西将军庾亮献嘉橘,一蒂十二
实。

　　晋安帝隆安三年,武陵临沅献安石榴,一蒂六实。

　　云有五色,太平之应也,曰庆云。若云非云,若烟非
烟,五色纷缊,谓之庆云。

　　汉宣帝神爵四年春,斋戒之莫,神光显著。荐鬯之夕,
神光交错,或降于天,或登于地,或从四方,来集于坛上。

　　汉章帝元和三年正月,车驾北巡,以太牢祠北岳山,
见黄白气。

　　宋孝武帝大明元年五月壬子,紫气从景阳楼上层出,

状如烟,回薄良久。

明帝泰始二年三月丙午,黄紫云从景阳楼出,随风回,久乃消,华林园令臧延之以闻。泰始二年六月己卯,日入后,有黄白赤白气东西竟天,光明润泽,久乃消。泰始四年十一月辛未,崇宁陵令上书言,自大明八年至今四年二月,宣太后陵明堂前后数有光及五色云,又芳香四满,又五采云在松下,状如车盖。泰始七年四月戊申夜,京邑崇虚馆堂前有黄气,状如宝盖,高十许丈,渐有五色,道士陆修静以闻。

白兔,王者敬耆老则见。

汉光武建武十三年九月,南越献白兔。

章帝元和中,白兔见郡国。

魏文帝黄初中,郡国十九言白兔见。

晋武泰始五年七月己亥,白兔见北海即墨,即墨长获以献。晋武帝咸宁二年十月癸亥,白兔二见河南阳翟,阳翟令华衍获以献。咸宁四年六月,白兔见天水。晋武帝太康二年八月壬子,白兔见彭城。太康二年十月,白兔见赵国平乡,赵王伦获以献。太康四年十一月癸未,白兔见北地富平。太康八年十二月庚戌,白兔见陈留酸枣,关内侯成公忠获以献。

晋穆帝永和十二年九月甲申,白兔见鄱阳,太守王耆之以献,并上颂一篇。晋穆帝升平三年十二月庚申,北中郎将郗昙献白兔。

晋海西公太和九年四月,阳谷献白兔。

晋孝武帝太元十五年三月,白兔见淮南寿阳。

晋安帝义熙二年四月,无锡献白兔。义熙二年四月,寿阳献白兔。

宋文帝元嘉六年九月,长广昌阳淳于遐获白兔,青州刺史萧思话以献。元嘉八年闰六月丁亥,司徒府白从伊生于淮南繁昌获白兔以献。元嘉十三年七月甲戌,济南朝阳王道获白兔,青州刺史段宏以献。元嘉十四年正月丙申,白兔见山阳县,山阳太守刘怀之以献。元嘉十五年七月壬申,山阳师齐获白兔,南兖州刺史江夏王义恭以献。元嘉二十二年三月,白兔见东莱当利,青州刺史杜冀以闻。元嘉二十四年七月丁巳,白兔见兖州,刺史徐琼以闻。元嘉二十四年七月己酉,白兔见东莞,太守赵球以献。元嘉二十七年二月壬辰,白兔见竟陵,荆州刺史南谯王义宣以献。元嘉二十七年六月丙午,白兔见南汝阴,豫州刺史南平王铄以献。

孝武帝孝建二年正月庚戌,白兔见淮南,太守申坦以闻。孝建三年闰三月乙丑,白兔见平原,获以献。孝武大明元年六月庚子,白兔见即墨,获以献。大明六年八月辛未,白兔见北海,青、冀二州刺史刘道隆以献。大明六年六月乙丑,白兔见,青、冀二州刺史刘道隆以献。

斗殒精,王者孝行溢则见。(阙)。

赤乌,周武王时衔谷至,兵不血刃而殷服。

汉章帝元和中,赤乌见郡国。

吴孙权赤乌元年,有赤乌集于殿前。吴孙休永安三年三月,西陵言赤乌见。

晋元帝永昌二年正月,赤乌见暨阳。

宋武帝永初二年二月,赤乌六见北海都昌。

孝武帝大明五年六月戊子,赤乌见蜀郡,益州刺史刘思考以献。

白燕者,师旷时,衔丹书来至。

汉章帝元和中,白燕见郡国。

晋惠帝元康元年七月,白燕二见酒泉禄福,太守索靖以闻。

宋文帝元嘉元年七月壬戌,白燕集齐郡城,游翔庭宇,经九日乃去,众燕随从无数。元嘉十四年,白燕集荆州府门,刺史临川王义庆以闻。元嘉十八年六月,白燕产丹徒县,南徐州刺史南谯王义宣以闻。元嘉二十年五月,白燕集南平郡府内,内史臧绰以闻。元嘉二十一年,白燕见广陵,南兖州刺史广陵王诞以献。元嘉二十四年五月辛未,白燕集司徒府西园,太尉江夏王义恭以闻。元嘉二十五年八月壬子,白燕见广陵城,南兖州刺史徐湛之以闻。元嘉二十六年五月戊寅,白燕产衡阳王墓亭,郎中令朱旷之获以闻。元嘉二十七年五月甲戌,白燕产京口,南徐州刺史始兴王浚以闻。元嘉二十七年六月壬辰,白燕见秣陵,丹阳尹徐湛之以献。

孝武帝大明二年五月乙巳,白燕产南郡江陵民家,荆州刺史朱修之以献。大明二年五月甲子,白燕二产山阳县舍,南兖州刺史竟陵王诞以献。大明二年六月甲戌,白燕产吴郡城内,太守王翼之以献。大明三年五月甲申,白燕产武陵临沅民家,郢州刺史孔灵符以闻。大明四年六月乙卯,白燕见平昌,青州刺史刘道隆以献。

明帝泰始二年六月,白燕见零陵,获以献。

金车,王者至孝则出。(阙)

三足乌,王者慈孝天地则至。

汉章帝元和中,三足乌见郡国。

象车者,山之精也。王者德泽流洽四境则出。(阙)

白乌,王者宗庙肃敬则至。

汉桓帝永寿元年四月,白乌见齐国。

晋武帝咸宁五年七月戊辰,白乌见济南隰阴,太守获以献。晋武帝太康元年五月庚午,白乌见襄城。太康十年五月丁丑,白乌见京兆长安。

晋惠帝元康元年四月,白乌见河南成皋,县令刘机获以闻。元康元年五月戊戌,白乌见梁国睢阳。元康元年七月辛丑,白乌见陈留,获以献。元康四年十月,白乌见鄱阳。

晋明帝泰宁二年十一月,白乌见京都。泰宁三年三月,白乌见吴郡海虞,获以献,群官毕贺。

晋孝武帝太元十一年八月乙酉,白乌集江州寺庭,群乌翔卫。太元二十一年五月癸卯,白乌见吴国,获以献。

宋武帝永初二年六月丁酉,白乌见吴郡娄县,太守孟顗以献。

文帝元嘉二年十一月丙辰,白乌见山阳,太守阮宝以闻。元嘉三年三月甲戌,丹阳湖熟薛爽之获白乌以献。元嘉十一年六月乙巳,吴郡海盐王说获白乌,扬州刺史彭城王义康以献。元嘉十三年三月戊辰,义兴阳羡令获白乌,太守刘祯以献。元嘉十九年五月,海陵王文秀获白乌,南兖州刺史临川王义庆以献。元嘉十九年十月，白乌产晋陵暨阳侨民彭城刘原秀宅树，原秀以闻。元嘉二十年七月，彭城刘原秀又获白乌以献。元嘉二十四年八月乙巳，白乌见晋陵，南徐州刺史广陵王诞以献。

孝武帝大明元年四月甲申，白乌见南郡江陵。

明帝泰始二年六月丁巳，白乌见吴郡海盐，太守顾觊之以献。泰始二年九月壬寅，白乌见吴兴乌程，太守郄颙以献。

白雀者，王者爵禄均则至。

汉章帝元和初，白雀见郡国。

魏文帝初，郡国十九言白雀见。

晋武帝咸宁元年，白雀见梁国，梁王肜获以献。晋武帝太康二年六月丁卯，白雀二见河内南阳，太守阮侃获以献。太康二年六月，白雀二见河南，河南尹向雄获以献。太康七年七月庚午，白雀见豫章。太康八年八月，白雀见河南洛阳。太康十年五月丁亥，白雀见宣光北门，华林园令孙邵获以献。

晋愍帝建武元年四月，尚书仆射刁协献白雀于晋王。

晋孝武帝太元十六年十二月，白雀见南海增城县民吴比屋。

晋安帝隆安五年十一月，白雀见宜都。

晋安帝元兴三年六月丙申，白雀见豫章新淦，获以献。

宋文帝元嘉元年七月己巳，白雀见齐郡昌国。元嘉四年七月乙酉，白雀见北海剧。元嘉八年五月辛丑，白雀集左卫府。元嘉十一年五月丁丑，齐郡西安宗显获白雀，青州刺史段宏以献。元嘉十四年五月甲午，白雀集费县员外散骑侍郎颜敬家，获以献。元嘉十四年，白雀二见荆州府客馆。元嘉十五年五月辛未，白雀集建康都亭里，扬州刺史彭城王义康以闻。元嘉十五年六月，白雀见建康定阴里，彭城王义康以献。元嘉十五年八月，白雀见西阳，江州刺史南谯王义宣以献。元嘉十七年五月壬寅，白雀二集荆州后园，刺史衡阳王义季以闻。元嘉十八年七月，吴郡盐官于玄获白雀，太守刘祯以献。元嘉二十年五月乙卯，秣陵卫猗之获白雀，丹阳尹徐湛之以献。元嘉二十二年四月丙子，白雀见东安郡，徐州刺史臧质以献。元嘉二十二年闰五月丙午，白雀见华林园，员外散骑侍郎长沙王瑾获以献。元嘉二十二年六月庚申，南彭城蕃县时佛护获白雀以献。元嘉二十四年四月，白雀产吴郡盐官民家，太守刘祯以献。元嘉二十四年六月己亥，白雀五集长沙庙，长沙王瑾以闻。元嘉二十五年五月丁丑，白雀二见京都，材官吏黄公欢、军人丁田夫各获以献。元嘉二十七年六月乙卯，白雀见济南郡，薛荣以献。元嘉二十八年八月己巳，崇义军人获白雀一只，太子左率王锡以献。元嘉二十九年四月癸丑，白雀见会稽山阴，太守东海王祎获以献。

孝武帝孝建元年五月己亥，临沂县鲁尚期于城上得白雀，太傅假黄钺江夏王义恭以献。孝建二年六月丙子，左卫军获白雀以献。孝建三年闰三月辛酉，黄门侍郎庾徽之家获白雀以献。孝建三年五月丁卯，白雀见建康，获以献。

孝武帝大明元年四月戊申，白雀见寻阳。大明元年五月甲寅，白雀二见渤海，获以献。大明元年五月甲子，白雀见建康，获以献。大明元年六月丁亥，白雀见零陵祁阳，获以献。大明元年七月辛亥，白雀见南阳宛，获以献。大明二年五月丁未，白雀见建康，扬州刺史西阳王子尚以献。大明二年六月丁亥，白雀见河东定襄县，荆州刺史朱修之以闻。大明三年四月庚戌，白雀见秣陵，丹阳尹刘秀之以献。大明三年五月壬午，太宰府崇艺军人获白雀，太宰江夏王义恭以献。大明四年五月辛巳，白雀见广陵，侍中颜师伯以献。大明五年四月庚戌，白雀见晋陵，太守沈文叔以献。大明五年五月癸未，白雀二见寻阳，江州刺史桂阳王休范以献。大明五年五月癸未，白雀二见济南，青州刺史刘道隆以献。大明五年十月，白雀见太原，青州刺史刘道隆以献。大明六年八月辛巳，白雀见齐郡，青、冀二州刺史刘道隆以献。大明七年四月乙未，白雀集庐陵王第，庐陵王敬先以献。大明七年四月乙丑，白雀见历阳，太守建平王景素以献。大明七年五月辛未，白雀见汝阴，豫州刺史垣护之以献。大明七年六月，白雀见宝城，南豫州刺史寻阳王子房以献。大明七年十月丁卯，白雀见建康，丹阳尹永嘉王子仁以献。大明七年十一月，车驾南巡，肄水师于梁山，中江，白雀二集华盖。

前废帝永光元年四月乙亥，白雀见会稽，东扬州刺史寻阳王子房以献。

永光元年六月丙子，白雀见彭城，徐州刺史义阳王昶以闻。

明帝泰始二年七月戊子，白雀见虎槛洲，都督征讨诸军建安王休仁以闻。泰始六年七月壬午，白雀二见庐陵吉阳，内史江孜以闻。

明帝泰豫元年六月辛丑，白雀见广州，刺史孙超以献。

后废帝元徽五年四月己巳，白雀二见寻阳柴桑，江州刺史邵陵王友以献。

孝武帝大明六年三月丙午，青雀见华林园。

明帝泰始二年九月庚寅，青雀见京城内，南徐州刺史桂阳王休范以献。

玉马，王者精明，尊贤者则出。（阙）

根车者，德及山陵则出。（阙）

白鸠，成汤时来至。

魏文帝黄初初，郡国十九言白鸠见。

吴孙权赤乌十二年八月癸丑，白鸠见章安。

晋武帝泰始八年五月甲辰，白鸠二集太庙南门，议郎董胄获以献。

晋武帝太康二年七月，白鸠见太仆寺。太康四年十二月，白鸠见安定临泾。太康十年正月乙亥，白鸠见河南新城。

宋文帝元嘉十八年八月庚午，会稽山阴商世宝获白鸠，眼足并赤，扬州刺史始兴王浚以献。太子率更令何承天上表曰：

谨考寻先典，稽之前志，王德所覃，物以应显。是以玄扈之凤，昭帝轩之鸿烈，郮宫之雀，征姬文之徽祚。伏惟陛下重光嗣服，永言祖武，洽惠和于地络，烛皇明于天区。故能九服混心，万邦含受，员神降祥，方祗荐裕，休珍杂沓，景瑞毕臻。去七月上旬，时在昧旦，黄晖洞照，宇宙开朗，徽风协律，甘液洒津。虽朱晃瑰玮于运衡，荣光图灵于河纪，蔑以尚兹。臣不量卑懵，窃慕击壤有作，相杵成讴。近又豫白鸠之观，目玩奇伟，心欢盛烈。谨献颂一篇。野思古拙，意及庸陋，不足以发挥清英，敷赞幽旨，瞻前顾后，亦各其志。谨冒以闻。其《白鸠颂》曰：

三极协情，五灵会性。理感冥符，道实玄圣。于赫有皇，光天配命。朝景升躔，八维同映。休祥载臻，荣光播庆。宇宙照烂，日月光华。陶山练泽，是生柔嘉。回龙表粹，离穗合柯。翩翩者鸠，亦皎其晖。理翮台领，扬鲜帝畿。匪仁莫集匪德莫归。暮从仪凤，栖阁阴闱。烝哉明后，昧旦乾乾。惟德之崇，其峻如山。惟泽之瞻，其润如渊。礼乐四达，颂声逼宣。穷发纳贡，九译导言。伊昔唐萌，爱逢庆祚。余生既辰，而年之暮。提心命蹙，式歌王度。晨晞永风，夕漱甘露。思乐灵台，不遐有固。

元嘉二十四年九月，白鸠又见。庚戌，中领军沈演之上表曰：

臣闻贞裕之美，介于盛王，休瑞之臻，罔违哲后。故鸣凤表垂衣之化，翔鹔征解网之仁。陛下道德嗣基，圣明缵世，教清鸟纪，治昌云官，礼渐同川，泽浃朱徼。天嘉明懿，民乐薰风，星辰以之炳焕，日月以之光华。神图祇纬，盈观闿序，白质黑章，充牣灵囿。应感之符毕臻，而因心之祥未属。以素鸠自远，毦翰归飞，资性闲淑，羽貌鲜丽，既闻之说，又亲睹嘉祥，不胜藻拚，上颂一首。辞不稽典，分心采章，愧不足式昭皇庆，崇赞盛美，盖率舆诵，备之篇末。其颂曰：

有哲其仪，时惟皓鸠。性毣五教，名编素丘。殷历方昌，婉翘来游。汉录克祚，爰降爰休。（其一）于显盛宋，睿庆遐传。圣皇在上，道照鸿轩。称施既平，孝思永言。人和于地，神豫于天。（其二）礼乐孔秩，灵物咸昭。白雀集苞，丹凤栖郊。文骃俪迹，嘉颖擢苗。灼灼缟羽，从化驯朝。（其三）岂伊赴林，必周之栖。岂伊归义，必商之所。惟德是依，惟仁是处。育景阳岳，濯姿帝宇。（其四）刑历颁兴，理感迭通。雄飞越常，鹭起西雍。烝然戾止，实兼斯容。壹兹民听，穆是王风。（其五）。

玉羊，师旷时来至。（阙）
玉鸡，王者至孝则至。（阙）
璧流离，王者不隐过则至。（阙）
玉英，五常并修则见。（阙）
玄圭，水泉流通，四海会同则出。（阙）

汉桓帝永兴二年四月，光禄勋府吏舍，夜壁下有青气，得玉钩、玦各一。钩长七寸三分，玦周五寸四分，身中皆雕镂。

晋怀帝永嘉六年二月壬子，玉龟出灞水。

晋愍帝建兴二年十月，大将军刘琨掘地得玉玺，使参军郎硕奉之归于京师。建兴二年十二月，凉州刺史张实遣使献行玺一纽，封送玺使关内侯。晋愍帝建兴元年三月己酉，丹阳江宁民虞由垦土得白麒麟玺一纽，文曰"长寿万年"。献晋王。

晋成帝咸康八年九月，庐江春谷县留珪夜见门内有光，取得玉鼎一枚，外围四寸。豫州刺史路永以献。著作郎曹毗上《玉鼎颂》。

晋安帝义熙十二年六月，左卫兵陈阳于东府前淮水中得玉玺一枚。

宋孝武帝大明元年五月戊寅，江乘县民朱伯地中得玉璧，径五寸八分，以献。大明四年二月乙巳，徐州刺史刘道隆于汴水得白玉戟，以献。

明帝泰始五年十月庚辰，鄹州获玄璧，广八寸五分，安西将军蔡兴宗以献。

后废帝元徽四年十一月乙巳，吴兴乌程余山道人慧获苍玉璧，太守萧惠开以献。

金胜，国平盗贼，四夷宾服则出。

晋穆帝永和元年二月，春谷民得金胜一枚，长五寸，状如织胜。明年，桓温平蜀。永和元年三月，庐江太守路永上言，于春谷城北，见水岸边有紫赤光，取得金状如印，遣主簿李迈表送。

吴孙皓天玺元年，吴郡言掘地得银一，长尺，广三分，刻上有年月字。

丹甑五谷丰熟则出。（阙）

白鱼，武王度孟津，中流入于王舟。
宋明帝太始二年十月己巳，幸华林天渊池，白鱼跃入御舟。

汉章帝元和三年正月，车驾北巡，以太牢具祠北岳，有神鱼跃出十数。

金人，王者有盛德则游后池。（阙）

木连理，王者德泽纯洽，八方合为一，则生。
汉章帝元和中，木连理生郡国。
安帝元初三年正月丁丑，东平柳树连理。汉安帝延光三年七月，左冯翊衙有木连理。延光三年七月，颍川定陵有木连理。
汉桓帝建和二年七月，河东有木连理。
吴孙权黄武四年六月，皖口言有木连理。
魏文帝黄初初，郡国二言木连理。
晋武帝泰始元年十二月，木连理生辽东方城。泰始二年八月，木连理生河南成皋。泰始八年正月，木连理生东平范。泰始八年五月甲辰，木连理生东平寿张。泰始八年十月，木连理生建宁。
晋武帝咸宁元年正月，木连理生汝阴南顿。咸宁二年四月，木连理生清河灵。咸宁二年六月，木连理生燕国。咸宁三年七月壬辰，木连理生始平鄠。咸宁四年八月，木连理生陈留长垣。咸宁五年，木连理生义阳。咸宁五年，木连理生乐安临济。
晋武帝太康元年正月，木连理生涪陵永平。太康元年四月，木连理生顿丘。太康元年五月，木连理二生济阴乘氏,沛国。太康元年七月,木连理生冯翊粟邑。太康二年正月,木连理生荥阳密。太康二年十月,木连理十三生南安獂道。太康三年四月,木连理生琅邪华。太康三年六月,木连理生广陵海西。太康四年正月,木连理生冯翊临晋,蜀郡成都。太康四年十二月,木连理生扶风。太康七年三月,木连理生河南新安。太康七年六月,木连理生始兴中宿,南乡筑阳。太康八年四月,木连理生庐陵东昌。太康八年九月,木连理生东莱卢乡。太康九年九月,木连理生陈留浚仪。太康十年十一月,木连理生鄱阳鄡阳。

晋武帝太熙元年二月,木连理生河南梁。

晋惠帝元康元年五月,木连理三生成都临邛。元康元年七月辛丑,梁国内史任式上言,武平界有柞栎二树,合为一体,连理。

晋愍帝建兴二年三月庚辰,木连理生朱提。建兴二年三月,木连理二生益州双柏。建兴二年六月,木连理生襄平。

晋愍帝建武元年闰月乙丑,木连理生嵩山。建武元年八月甲午,木连理生汝阴。建武元年十一月,木连理生武昌,大将军王敦以闻晋王。建武元年十一月癸酉,木连理生汝阴,太守以闻。

晋元帝太兴元年七月戊辰,木连理生武昌,大将军王敦以闻。太兴三年十一月,木连理生零陵永昌。

晋成帝咸和八年五月己巳,木连理生昌黎咸和。咸康三年三月庚戌,木连理生平州世子府治故园中。咸康七年十二月,吴国内史王恬上言,木连理生吴县沙里。

晋穆帝永和五年二月癸丑,临海太守蓝田侯述言郡界木连理。

晋孝武帝宁康三年六月辛卯,江宁县建兴里侨民留康家树,异木连理。晋孝武帝太元十一年四月壬申,琅邪费有榆木,异根连理,相去四尺九寸。太元十八年十月戊午,临川东兴令惠欣之言,县东南溪傍有白银树、芳灵树、李树,并连理。太元十九年正月丁亥,华林园延贤堂西北李树连理。太元二十一年正月丙子,木连理生南康宁都县社后。

晋安帝隆安三年十一月,木连理生汝阳,太守垣苗以闻。元兴元年正月,木连理生泰山武阳。

宋文帝元嘉八年四月乙亥,东莞莒县松树连理,太守刘玄以闻。元嘉八年八月,木连理生东安新泰县。元嘉九年六月,木连理生营阳泠道,太守展禽以闻。元嘉十二年二月丁卯,南郡江陵庾和园甘树连理,荆州刺史临川王义庆以献。元嘉十二年三月,马头济阳柞树连理,豫州刺史长沙王义欣以闻。元嘉十四年二月,宫内蠡斯堂前梨树连理,豫州刺史长沙王义欣以闻。元嘉十四年,南郡江陵光祎之园甘李二连理。元嘉十五年二月,太子家令刘征园中林檎树连理,征以闻。元嘉十七年七月,武昌崇让乡程僧爱家候风木连理,江州刺史临川王义庆以闻。元嘉十七年十月,寻阳弘农祐几湖芙蓉连理,临川王义庆以闻。元嘉十八年十二月,木连理生历阳刘成之家,南豫州刺史武陵王骏以闻。元嘉二十年七月,盱眙考城县柞树二株连理,南兖州刺史临川王义庆以闻。元嘉二十年八月,木连理生汝阴,豫州刺史刘遵考以闻。元嘉二十一年,木连理生历阳乌江,南豫州刺史武陵王骏以闻。元嘉二十一年,木连理生晋陵无锡,南徐州刺史南谯王义宣以闻。元嘉二十二年七月辛巳,南顿栎连理,豫州刺史赵伯符以闻。元嘉二十二年九月,木连理生建康,建康令张永以闻。元嘉二十二年,木连理生武昌,江州刺史庐陵王绍以闻。元嘉二十三年二月辛亥,木连理生南阴柔县,太守以闻。元嘉二十三年,木连理生淮南当涂,扬州刺史始兴王浚以闻。元嘉二十四年二月壬午,临川王第梨树连理,临川王烨以闻。元嘉二十四年七月壬子,晋陵无锡谷栎树连理,南徐州刺史广陵王诞以闻。元嘉二十四年七月乙卯,木连理生会稽诸暨,扬州刺史始兴王浚以闻。会稽太守羊玄保上改连理所生处康亭村为"木连理"。元嘉二十四年七月乙卯,临川王第梨树连理,临川王烨以闻。元嘉二十五年四月戊辰,木连理生晋陵,南徐州刺史广陵王诞以闻。元嘉二十八年正月戊子,木连理生寻阳柴桑,又生州城内,江州刺史建平王宏以闻。元嘉二十九年十月丁未,木连理生南琅邪,太守刘成以闻。

孝武帝孝建二年三月己酉,木连理生南郡江陵,荆州刺史朱修之以闻。孝建三年五月,木连理生北海都昌,冀州刺史垣护之以闻。孝建三年七月癸未,木连理生历阳,历阳太守袁敳以闻。

孝武帝大明元年正月乙亥,木连理生高平。大明元年二月壬寅,华林园双橘树连理。大明元年九月乙丑,华林园梨树连理。大明元年十月丁丑朔,木连理生豫章南昌。大明二年四月辛丑,木连理生汝南,豫州刺史宗悫以闻。大明三年九月甲午,木连理生丹阳秣陵,材官将军范悦时以闻。大明四年三月丁亥,木连理生华林园曜灵殿北。大明四年四月壬子,木连理生华林园日观台北。大明四年六月戊戌,木连理生会稽山阴,扬州刺史西阳王子尚以闻。大明五年闰九月,木连理生边城,豫州刺史垣护之以闻。大明五年十二月戊寅,淮南松木连理,豫州刺史寻阳王子房以闻。大明六年二月乙丑,木连理生晋陵,南徐州刺史新安王子鸾以闻。大明六年四月戊辰,木连理生营阳,湘州刺史建安王休仁以闻。大明六年八月乙丑,木连理生彭城城内,徐州刺史王玄谟以闻。大明七年正月己酉,珊瑚连理生郁林,安始太守刘勔以闻。

明帝泰始二年七月,木连理生丹阳秣陵。泰始四年三月庚戌,太子西池冬生树连理,园丞周豫猗以献。泰始六年四月丙午,木连理生会稽永兴,太守蔡兴宗以闻。泰始六年十二月壬辰,木连理生豫章南昌,太守刘愃之以闻。泰始七年二月戊寅,木连理生吴郡钱唐,太守王延之以闻。

升明二年,木连理生豫州界内,刺史刘怀珍以闻。

比目鱼,王者德及幽隐则见。(阙)

珊瑚钩,王者恭信则见。(阙)

芝草,王者慈仁则生。食之令人度世。

汉武帝元封二年,甘泉宫内产芝,九茎连叶。

汉宣帝元康四年,金芝九茎,产于函德殿铜池中。

汉明帝永平十七年春,芝生前殿。

汉桓帝建和元年四月，芝草生中黄藏府。

宋从帝升明二年，宣城山中生紫芝一株，在所获以献。

明月珠，王者不尽介鳞之物则出。

汉高后景帝时，会稽人朱仲献三寸四寸珠。

汉章帝元和中，郡国献明珠。

巨邕，三禺之禾，一稃二米，王者宗庙修则出。

黄帝时，南夷乘白鹿来献邕。

汉章帝元和中，秬秠生郡国。

华平，其枝正平，王者有德则生。德刚则仰，德弱则低。

汉章帝元和中，华平生郡国。

平露，如盖，以察四方之政。其国不平，则随方而倾。（阙）

蓂荚，一名历荚，夹阶而生，一日生一叶，从朔而生，望而止，十六日，日落一叶；若月小，则一叶萎而不落。尧时生阶。（阙）

蒮甫，一名倚扇，状如蓬，大枝叶小，根根如丝，转而成风，杀蝇。尧时生于厨。（阙）

朱草，草之精也，世有圣人之德则生。

汉光武建武中元元年五月，京师有赤草生水涯。

汉章帝元和中，朱草生郡国。

魏文帝初，朱草生文昌殿侧。

宋文帝元嘉十一年，朱草生蜀郡郫县王之家，益州刺史甄法崇以闻。

景星，大星也。状如半月，于晦朔助月为明。（阙）

宾连阔达，生于房室，王者御后妃有节则生。（阙）

渠溲，禹时来献裘。（阙）

浪井，不凿自成，王者清静则应。（阙）

西王母，舜时来献白环白琯。（阙）

越常，周公时来献白雉、象牙。（阙）

汉平帝元始元年正月，越常重译献白雉一，黑雉二，诏二公荐宗庙。

汉光武建武十三年九月，南越献白雉。

汉章帝元和中，白雉见郡国。

汉桓帝永康元年十一月，白雉见西河。

汉献帝延康元年四月丁巳，饶安县言白雉见；又郡国十九言白雉见。

晋武帝咸宁元年四月丁巳，白雉见安丰松滋。咸宁元年十二月丙午，白雉见梁国睢阳，梁王肜获以献。咸宁三年十一月，白雉见渤海饶安，相阮温获以献。

晋武帝太康元年庚戌，白雉见中山。

晋愍帝建兴三年十二月戊午，白雉见襄平。建兴三年十二月戊午，白雉见。

安帝义熙七年五月，白雉见豫章南昌。

宋文帝元嘉五年五月庚辰，白雉见东莞莒县，太守刘玄以闻。元嘉十六年二月，白雉见陈郡，豫州刺史长沙王义欣以献。元嘉十八年二月癸亥，白雉见南汝阴宋县，太守文道恩以献。元嘉二十年六月，白雉见高平方兴县，徐州刺史臧质以献。元嘉二十六年三月戊寅，白雉见东安、沛郡各一，徐、兖二州刺史武陵王获以献。

孝武帝大明二年三月己巳，白雉雌雄各一见海陵，南兖州刺史竟陵王诞以献。大明五年十二月，白雉见秦郡，南兖州刺史晋安王子勋以献。大明八年二月丁卯，白雉见南郡江陵，荆州刺史临海王子顼以献。

前废帝永光元年正月丙午，白雉见渤海，青州刺史王玄谟以献。永光元年三月甲午朔，白雉见新蔡，豫州刺史刘德愿以献。

黄银紫玉，王者不藏金玉，则黄银紫玉光见深山。

宋明帝泰始二年八月，于赭圻城南得紫玉一段，围三尺二寸，长一尺，厚七尺。太宗攻为二爵，以献武、文二庙。

玉女，天赐妾也。《礼含文嘉》曰："禹卑宫室，尽力沟洫，百谷用成，神龙女降。"（阙）

地珠，王者不以财为宝则生珠。（阙）

天鹿者，纯灵之兽也。五色光耀洞明，王者道备则至。（阙）

角端者，日行万八千里，又晓四夷之语，明君圣主在位，明达方外幽远之事，则奉书而至。（阙）

周印者，神兽之名也，星宿之变化。王者德盛则至。（阙）

飞菟者，神马之名也，日行三万里。禹治水勤劳历年，救民之害，天应其德而至。（阙）

泽兽，黄帝时巡狩至于东滨，泽兽出，能言，达知万物之精，以戒于民，为时除害。贤君明德幽远则来。（阙）

䑳者，幽隐之兽也，有明王在位则来，为时辟除灾害。（阙）

騕褭者，神马也，与飞菟同，亦各随其方而至，以明君德也。（阙）

同心鸟，王者德及遐方，四夷合同则至。（阙）

趹蹄者，后土之兽，自能言语。王者仁孝于国则来。禹治水而至。（阙）

紫达，王者仁义行则见。（阙）

小鸟生大鸟，王者土地开辟则至。（阙）

河精者，人头鱼身，师旷时所受谶也。（阙）

延嬉，王者孝道行则至。（阙）

大贝，王者不贪财宝则出。（阙）

威蕤，王者礼备则生于殿前。（阙）

醴泉，水之精也，甘美。王者修理则出。

汉光武建武中元元年五月，醴泉出京师及郡国。饮醴泉者，痼病皆愈；独眇者蹇不差。

魏文帝初，郡国二言醴泉出。

宋文帝元嘉十二年，衡阳湘乡醴泉出县庭，荆州刺史临川王义庆以闻。

孝武帝孝建三年九月甲戌，细仗队省井泉春夏深不盈尺，忽至一丈，有五色，水清澄，醴味，汲引不穷。

孝武帝大明二年三月壬子，北汝阴楼烦平地出醴泉，豫州刺史宗悫以闻。

明帝泰豫元年四月乙酉，会稽山阴思义醴泉出，太守蔡兴宗以闻。

日月扬光，日者，人君象也。人君不假臣下之权，则日月扬光明。（阙）

芝英者，王者亲近耆老，养有道，则生。

汉章帝元和中，芝英生郡国。

碧石者，玩好之物弃则至。（阙）

玉瓮者，不汲而满，王者清廉则出。（阙）

山车者，山藏之精也。不藏金玉，山泽以时，通山海之饶，以给天下，则山成其车。（阙）

鸡骇犀，王者贱难得之物则出。（阙）

陵出黑丹，王者修至孝则出。（阙）

神鼎者，质文之精也。知吉知凶，能重能轻，不炊而沸，五味自生，王者盛德则出。

汉武帝元鼎元年五月五日，得鼎汾水上。

汉明帝永平六年二月，庐江太守献宝鼎。出王雏山。（雏或作雄）。

汉章帝建初七年十月，车驾西巡至槐里，右扶风禁上美阳得铜器于岐山，似酒尊。诏在道晨夕以为百官热酒。

汉和帝永元元年，窦宪征匈奴，于漠北酒泉得仲山甫鼎，容五斗。

吴孙权赤乌十二年六月戊戌，宝鼎出临平湖。又出东部鄮县。

吴孙晧宝鼎元年八月，在所言得大鼎。

晋愍帝建兴二年十二月，晋陵武进县民陈龙在田中得铜铎五枚。

晋成帝咸和元年十月辛卯，宣城春谷县山岸崩，获石鼎重二斤，受斛余。晋成帝咸康五年，豫章南昌民掘地得铜钟四枚，太守褚裒以献。

晋穆帝升平五年二月乙未，南掖门有马足陷地，得铜钟一枚。

宋文帝元嘉十三年四月辛丑，武昌县章山水侧自开出神鼎，江州刺史南谯王义宣以献。元嘉十九年九月戊申，广陵肥如石梁涧中出石钟九口，大小行次，引列南向，南兖州刺史临川王义庆以献。元嘉二十一年十二月，新阳获古鼎于水侧，有篆书四十二字，雍州刺史萧思话以献。元嘉二十二年，豫章豫宁县出铜钟，江州刺史广陵王绍以献。

孝武帝孝建三年四月丁亥，临川宜黄县民田中得铜钟七口，内史傅徽以献。孝建三年四月甲辰，晋陵延陵得古钟六口，徐州刺史竟陵王诞以献。孝武帝大明七年六月，江夏蒲圻获铜路鼓，四面独足，郢州刺史安陆王子绥以献。

明帝泰始四年二月丙申，豫章望蔡获古铜钟，高一尺七寸，围二尺八寸，太守张辩以献。泰始五年五月壬戌，豫章南昌获古铜鼎，容斛七斗，江州刺史王景文以献。泰始七年六月甲寅，义阳郡获铜鼎，受一斛，并盖并隐起镂，豫州刺史段佛荣以献。

从帝升明二年九月，建宁万岁山涧中得铜钟，长二尺一寸，豫州刺史刘怀珍以献。

汉宣帝元康二年夏，神雀集雍。元康三年春，神雀集泰山。宣帝元康三年春，五色雀以万数，飞过属县。元康四年三月，神雀五采以万数，飞过集长乐、未央、北宫、高寝、甘泉泰畤殿。元康四年，神雀仍集。汉宣帝五凤三年正月，神雀集京师。

汉明帝永平十七年春，神雀五色集京师。

汉章帝元和中，神雀见郡国。

宋文帝元嘉二十二年，白鹊见新野邓县，雍州刺史萧思话以闻。元嘉二十六年五月癸酉，白鹊见建康崇孝里，扬州刺史始兴王浚以献。

孝武帝大明七年三月辛巳，白鹊见汝南安阳，太守申令孙以献。

晋惠帝永嘉元年五月，白鼠见东宫，皇太子获以献。

宋明帝泰始三年二月壬寅，白鼠见乐安，青州刺史沈文秀以献。

汉昭帝始元元年二月，黄鹄下建章宫太液池中。

汉章帝元和二年二月，车驾东巡，柴祭岱宗。礼毕，黄鹄三十从西南来，经祠坛上东北过。

汉武帝太初三年二月五日，行幸东海，获赤雁。

魏文帝初，镬中生赤鱼。

孙权时，神雀巢朱雀门。

孙晧天玺元年，临海郡吏伍曜在海水际得石树，高三尺余，枝茎紫色，诘屈倾靡，有光采。《山海经》所载玉碧树之类也。

晋武帝泰始二年六月壬申，白鸽见酒泉延寿，延寿长王音以献。

晋成帝咸和九年五月癸酉，白鹅见吴国钱塘，内史虞潭以献。

安帝义熙元年，南康雩都嵩山有金鸡，青黄色，飞集岩间。

宋文帝元嘉二十二年，湘州刺史南平王铄献赤鹦鹉。

孝武帝大明三年正月丙申，婆皇国献赤白鹦鹉各一。

宋文帝元嘉二十四年十月甲午，扬州刺史始兴王浚献白鹦鹉。

孝武帝大明五年正月丙子，交州刺史垣闳献白孔雀。

明帝泰始三年五月乙亥，白鸱鸺见京兆，雍州刺史巴陵王休若以献。

汉桓帝延熹九年四月，济阴、东郡、济北、平原河水清。

宋文帝元嘉二十四年二月戊戌，河、济俱清，龙骧将军、青冀二州刺史杜坦以闻。文帝元嘉二十五年五月，征北长史、广陵太守范邈上言："所领舆县，前有大浦，控引潮流，水常淤浊。自比以来，源流清洁，纤鳞呈形。古老相传，以为休瑞。"

孝武帝孝建三年九月，济、河清，冀州刺史垣护之以闻。孝武帝大明五年九月庚戌，河、济俱清，平原太守申篡以闻。

明帝泰始元年二月丙寅，扬、淮水清洁有异于常，州治中从事史张绪以闻。

汉光武建武初，野茧、谷充给百姓。其后耕蚕稍广，二事渐息。

吴孙权黄龙三年夏，野蚕茧大如卵。

宋文帝元嘉十六年，宣城宛陵广野蚕成茧，大如雉卵，弥漫林谷，年年转盛。

孝武帝大明三年五月癸巳，宣城宛陵县石亭山生野蚕，三百余里，太守张辩以闻。孝武帝大明三年十一月己巳，肃慎氏献楛矢石砮，高丽国译而至。大明五年正月戊午元日，花雪降殿庭。时右卫将军谢庄下殿，雪集衣。还白，上以为瑞。于是公卿并作花雪诗。史臣按《诗》云："先集为霰。"《韩诗》曰："霰，英也。"花叶谓之英。《离骚》云："秋菊之落英。"左思云"落英飘飖"是也。然则霰为花雪矣。草木花多五出，花雪独六出。

明帝泰始二年五月甲寅，赭中获石柏长三尺二寸，广三尺五寸，扬州刺史建安王休仁以献。泰始三年十一月乙卯，盱眙获石柏，宁朔将军段佛荣以献。

汉和帝在位十七年，郡国言瑞应八十余品，帝让而不宣。

卷三十　　志第二十

五　行　一

昔八卦兆而天人之理著，九畴序而帝王之应明。虽可以知从德获自天之祐，违道陷神听之罪，然未详举征效，备考幽明，虽列鼎雉庭谷之异，然而未究者众矣。至于鉴悟后王，多有所阙。故仲尼作《春秋》，具书祥眚，以验行事。是则九畴陈其义于前，《春秋》列其效于后也。逮至伏生创纪《大传》，五行之体始详；刘向广演《洪范》，休咎之文益备。故班固斟酌《经》、《传》，详纪条流，诚以一王之典，不可独阙故也。夫天道虽无声无臭，然而应若影响，天人之验，理不可诬。司马彪纂集光武以来，以究汉事；王沈《魏书》志篇阙，凡厥灾异，但编年纪而已。自黄初以降，二百余年，览其灾妖，以考之事，常若重规沓矩，不谬前说。又高堂隆、郭景纯等，据经立辞，终皆显应。阙而不序，史体将亏。今自司马彪以后，皆撰次论序，斯亦班固远采《春秋》，举远明近之例也。又按言之不从，有介虫之孽，刘歆以为毛虫；视之不明，有蠃虫之孽，刘歆以为羽虫。按《月令》，夏虫羽，秋虫毛，宜如歆说，是以旧史从之。五行精微，非末学所究。凡已经前议者，并即其言以释之；未有旧说者，推准事理，以俟来哲。

《五行传》曰："田猎不宿，饮食不享，出入不节，夺民农时，及有奸谋，则木不曲直，谓木失其性而为灾也。"又曰："貌之不恭，是谓不肃。厥咎狂，厥罚恒雨，厥极恶。时则有服妖，时则有龟孽，时则有鸡祸，时则有下体生上之疴，时则有青眚、青祥。惟金沴木。"班固曰："盖工匠为轮矢者多伤败，及木为变怪。"皆为不曲直也。

木不曲直：

魏文帝黄初六年正月，雨，木冰。按刘歆说，木不曲直也。刘向曰："冰者阴之盛，木者少阳，贵臣象也。此人将有害，则阴气胁木，木先寒，故得雨而冰也。"是年六月，利成郡兵蔡方等杀太守徐质，据郡反，多所胁略，并聚亡命。遣二校尉与青州刺史共讨平之。太守，古之诸侯，贵臣有害之应也。一说以木冰为甲兵之象。是岁，既讨蔡方；又八月，天子自将以舟师征吴，戎卒十余万，连旍数百里，临江观兵。

晋元帝太兴三年二月辛未，雨，木冰。后二年，周颉、戴渊、刁协、刘隗皆遇害，与《春秋》同事，是其应也。一曰，是后王敦攻京师，又其象也。

晋穆帝永和八年正月乙巳，雨，木冰。是年，殷浩北伐；明年，军败，十年，废黜。又曰，荀羡、殷浩北伐，桓温入关之象也。

晋孝武帝太元十四年十二月乙巳，雨，木冰。明年二月，王恭为北蕃；八月，庾楷为西蕃；九月，王国宝为中书令，寻加领军将军；十七年，殷仲堪为荆州。虽邪正异规，而终同摧灭，是其应也。一曰，苻坚虽败，关、河未一，丁零鲜卑，侵略司、兖，窦扬胜扇逼梁、雍，兵役不已，又其象也。

吴孙亮建兴二年，诸葛恪征淮南，行后，所坐听事栋中折。恪妄兴征役，夺民农时，作为邪谋，伤国财力，故木失其性，致毁折也。及旋师而诛灭，于《周易》又为栋桡之凶也。

晋武帝太康五年五月，宣帝庙地陷梁折。八年正月，太庙殿又陷，改作庙，筑基及泉。其年九月，遂更营新庙，远致名材，杂以铜柱。陈勰为匠，作者六万人。十年四月，乃成。十一月庚寅，梁又折。按地陷者，分离之象；梁折者，木不曲直也。孙盛曰：于时后宫殿有孽火，又庙梁无故自折。先是帝多不豫，益恶之。明年，帝崩，而王室频乱，遂亡天下。

晋惠帝太安二年，成都王颖使陆机率众向京师，击长沙王乂。军始引而牙竿折，俄而战败，机被诛。颖寻奔溃，卒赐死。初，河间王颙谋先诛长沙，废太子，立颖。长沙知之，诛其党卞粹等，故颖来伐。机又以颖得遐迩心，将为汉之代王，遂委质于颖，为犯从之将。此皆奸谋之罚，木不曲直也。

王敦在武昌，铃下仪仗生华如莲花状，五六日而萎落，此木失其性而为变也。干宝曰："铃合，尊贵者之仪；铃下，主威仪之官。今狂花生于枯木，又在铃合之间，言威仪之富，荣华之盛，皆如狂花之发，不可久也。"其后终以逆命，没又加戮，是其应也。一说此花孽也，于《周易》为"枯杨生华"。

桓玄始篡，龙旗竿折。玄田猎出入，不绝昏夜，饮食恣奢，土水妨农，又多奸谋，故木失其性也。夫旗所以拟三辰，章著明也。旗竿之折，高明去矣。在位八十日而败。

宋明帝泰始二年五月丙午，南琅邪临沂黄城山道士盛道度堂屋一柱自然，夜光照室内。此木失其性也。或云木腐自光。废帝升明元年，吴兴余杭舍亭禾蕈树生李实。禾蕈树，民间所谓胡颓树。

貌不恭:

魏文帝居谅闇之始,便数出游猎,体貌不重,风尚通脱。故戴凌以直谏抵罪,鲍勋以迕旨极刑。天下化之,咸贱守节,此貌之不恭也。是以享国不永,后祚短促。《春秋》鲁君居丧不哀,在戚而有嘉容,穆叔谓之不度,后终出奔。盖同事也。

魏尚书邓飏,行步弛纵,筋不束体,坐起倾倚,若无手足。此貌之不恭也。管辂谓之鬼躁。鬼躁者,凶终之征。后卒诛死。

晋惠帝元康中,贵游子弟相与为散发倮身之饮,对弄婢妾。逆之者伤好,非之者负讥。希世之士,耻不与焉。盖胡、翟侵中国之萌也。岂徒伊川之民,一被发而祭者乎?晋惠帝元康中,贾谧亲贵,数入二宫,与储君游戏,无降下心。又尝同弈棋争道,成都王颖厉色曰:"皇太子,国之储贰,贾谧何敢无礼!"谧犹不悛,故及于祸。

齐王冏既诛赵伦,因留辅政,坐拜百官,符敕台府,淫蓄专骄,不一朝觐。此狂恣不肃之容也。天下莫不高其功,而虑其亡也。冏终弗改,遂至夷灭。

太元中,人不复著帩头。头者,元首;帩者,令发不垂,助元首为仪饰者也。今忽废之,若人君独立无辅,以至危亡也。其后桓玄篡位。旧为履者,齿皆达楄上,名曰"露卯"。太元中,忽不彻,名曰:"阴卯"。其后多阴谋,遂致大乱。

晋安帝义熙七年,晋朝拜授刘毅世子。毅以王命之重,当设飨宴亲,请吏佐临视。至日,国僚不重白,默拜于厩中。王人将反命,毅方知,大以为恨,免郎中令刘敬叔官。识者怪焉。此堕略嘉礼,不肃之妖也。

陈郡谢灵运有逸才,每出入,自扶接者常数人。民间谣曰"四人挈衣裾,三人捉坐席"是也。此盖不肃之咎,后坐诛。

宋明帝泰始中,幸臣阮佃夫势倾朝廷,室宇豪丽,车服鲜明,乘车常偏向一边,违正立执绥之体。时人多慕效。此亦貌不恭之失也。时偏左之化行,方正之道废矣。

后废帝常单骑游遨,出入市里营寺,未尝御辇。终以殒灭。

恒雨:

魏明帝太和元年秋,数大雨,多暴;雷电非常,至杀鸟雀。案杨阜上疏,此恒雨之罚也。时帝居丧不哀,出入弋猎无度,奢侈繁兴,夺民农时,故木失其性而恒雨为灾也。太和四年八月,大雨霖三十余日,伊、洛、河、汉皆溢,岁以凶饥。

孙亮太平二年二月甲寅,大雨震电;乙卯,雪,大寒。案刘歆说,此时当雨而不当大,大雨,恒雨之罚也。于始震电之明日而雪大寒,又恒寒之罚也。刘向以为既已震电,则雪不当复降,皆失时之异也。天戒若曰,为君失时,贼臣将起。先震电而后雪者,阴见间隙,起而胜阳,逆杀之祸将及也。亮不悟,寻见废。此与《春秋》鲁隐同也。

晋武帝泰始六年六月,大雨霖;甲辰,河、洛、沁水同时并溢,流四千九百余家,杀二百余人,没秋稼千三百六十余顷。晋武太康五年七月,任城、梁国暴雨,害豆麦。太康五年九月,南安霖雨暴雪,折树木,害秋稼;魏郡、淮南、平原阴水,伤秋稼。是秋,魏郡、西平郡九县霖雨暴水,霜伤秋稼。

晋惠帝永宁元年十月,义阳、南阳、东海霖雨,淹害秋麦。

晋成帝咸康元年八月乙丑,荆州之长沙攸、醴陵、武陵之龙阳三县,雨水浮漂屋室,杀人,伤损秋稼。

宋文帝元嘉二十一年六月,京邑连雨百余日,大水。孝武帝大明元年正月,京邑雨水。大明五年七月,京邑雨水。大明八年八月,京邑雨水。

明帝太始二年六月,京邑雨水。

顺帝升明三年四月乙亥,吴郡桐庐县暴风雷电,扬砂折木,水平地二丈,流漂居民。

服妖:

魏武帝以天下凶荒,资财乏匮,始拟古皮弁,裁缣帛为白帢,以易旧服。傅玄曰:"白乃军容,非国容也。"干宝以为缟素,凶丧之象;帢,毁辱之言也。盖革代之后,攻杀之妖也。初为白帢,横缝其前以别后,名之曰"颜",俗传行之。至晋永嘉之间,稍去其缝,名"无颜帢"。而妇人束发,其缓弥甚,纷之坚不能自立,发被于额,目出而已。无颜者,愧之言也;覆额者,惭之貌;其缓弥甚,言天下忘礼与义,放纵情性,及其终极,至乎大耻也。永嘉之后,二帝不反,天下愧焉。魏明帝著绣帽,被缥纨半袖,尝以见直臣杨阜。阜谏曰:"此于礼何法服邪?"帝默然。近服妖也。缥,非礼之色,亵服不贰。今之人主,亲御非法之章,所谓自作孽不可禳也。帝既不享永年,身没而禄去王室,后嗣不终,遂亡天下。

魏明帝景初元年,发铜铸为巨人二,号曰"翁仲",置之司马门外。案古长人见,为国亡;长狄见临洮,为秦亡之祸。始皇不悟,反以为嘉祥,铸铜人以象之。魏法亡国之器,而于义竟无取焉。盖服妖也。

魏尚书何晏,好服妇人之服。傅玄曰:"此服妖也。"夫衣裳之制,所以定上下,殊内外也。《大雅》云:"玄衮赤舄,钩膺镂锡。"歌其文也。《小雅》云:"有严有翼,共武之服。"咏其武也。若内外不殊,王制失叙,服妖既作,身随之亡。末喜冠男子之冠,桀亡天下;何晏服妇人之服,亦亡其家。其咎均也。

吴妇人之修容者,急束其发,而劗角过于耳。盖其俗自操束大急,而廉隅失中之谓也。故吴之风俗,相驱以急,言论弹射,以刻薄相尚。居三年之丧者,往往有致毁以死。诸葛恪患之,著《正交论》,虽不可以经训整乱,盖亦救时之作也。孙休后,衣服之制,上长下短,又积领五六而裳居一二。干宝曰:"上饶奢,下俭逼,上有余下不足之妖也。"至孙皓,果奢暴恣情于上,而百姓雕困于下,卒以亡国。是其应也。

晋兴后,衣服上俭下丰,著衣者皆厌腰盖裙。君衰弱,臣放纵,下掩上之象也。陵迟至元康末,妇人出两裆,加乎胫之上,此内出外也。为车乘者,苟贵轻细,又数变易其形,皆以白蔑为纯,古丧车之遗象。乘者,君子之器,盖君子立心无恒,事不崇实也。干宝曰:"及晋之祸,天子失柄，权制宠臣，下掩上之应也。永嘉末，六宫才人，流徙戎、翟，内出外之应也。及天下乱扰，宰辅方伯，多负其任，又数改易，不崇实之应也。"

晋武帝泰始后，中国相尚用胡床、貊盘，及为羌煮、貊炙。贵人富室，必置其器，吉享嘉会，皆以此为先。太康中，天下又以毡为絈头及络带、衿口，百姓相戏曰，中国必为胡所破也。毡产于胡，而天下以为絈头带身、衿口，胡既三制之矣，能无败乎？干宝曰："元康中，氐、羌反，至于永嘉，刘渊、石勒遂有中都。自后四夷迭据华土，是其应也。"

晋武帝太康后，天下为家者，移妇人于东方，空莱北庭，以为园囿。干宝曰："夫王朝南向，正阳也；后北宫，位太阴也；世子居东宫，位少阳也。今居内于东，是与外俱南面也。亢阳无阴，妇人失位而干少阳之象也。贾后逸蠚憝怀，俄而祸败亦及。"

昔初作履者，妇人圆头，男子方头。圆者，顺从之义，所以别男女也。晋太康初，妇人皆履方头，此去其圆从，与男无别也。太康之中，天下为《晋世宁》之舞，手接杯盘反覆之，歌曰："晋世宁，舞杯盘。"夫乐生人心，所以观事。故《记》曰："总干山立，武王之事也；发扬蹈厉，太公之志也；《武》乱皆坐，周、召之治也。"又曰："其治民劳者，舞行缀远；其治民逸者，舞行缀近。今接杯盘于手上而反覆之，至危也。杯盘者，酒食之器也。而名曰《晋世宁》者，言晋世之士，偷苟于酒食之间，而其知不及远，晋世之宁，犹杯盘之在手也。"

晋惠帝元康中，妇人之饰有五兵佩，又以金、银、瑇瑁之属为斧、钺、戈、戟，以当笄珥。干宝曰："男女之别，国之大节，故服物异等，赘币不同。今妇人而以兵器为饰，又妖之大也。遂有贾后之事，终以兵亡天下。"

元康中，妇人结发者，既成，以缯急束其环，名曰撷子紒。始自中宫，天下化之。其后贾后果害太子。元康中，天下始相仿为梳杖，以柱掖其后，稍施其镡，住则植之。夫木，东方之行，金之臣也。杖者，扶体之器，梳其头者，尤便用也。必傍柱掖者，傍救之象也。王室多故，而元帝以蕃臣树德东方，维持天下，柱掖之应也。至社稷无主，海内归之，遂承天命，建都江外，独立之应也。

元康末至太安间，江、淮之域，有败编自聚于道，多者或至四五十量。干宝尝使人散而去之，或投林草，或投坑谷。明日视之，悉复如故。民或云见狸衔而聚之，亦未察也。宝说曰："夫编者，人之贱服，最处于下，而当劳厚，下民之象也。败者，疲毙之象也。道者，地理四方，所以交通王命所由往来也。故今败编聚于道者，象下民罢病，将相聚为乱，绝四方而壅王命之象也。在位者莫察。太安中，发壬午兵，百姓嗟怨。江夏男子张昌遂自乱荆楚，从之者如流。于是兵革岁起，天下因之，遂大破坏。此近服妖也。"

晋孝怀永嘉以来，士大夫竞服生笺单衣。远识者怪之，窃指摘曰："此则古者缌衰之布，诸侯大夫所以服天子也。今无故毕服之，殆有应乎？"其后愍、怀晏驾，不获厥所。

晋元帝太兴以来，兵士以绛囊缚纾。纾在首，莫上焉。《周易》《乾》为首，《坤》为囊。《坤》，臣道也。晋金行，赤火色，金之贼也。以朱囊缚纾，臣道上侵之象也。到永昌元年，大将军王敦举兵内攻，六军散溃。

旧为羽扇，柄刻木，象其骨形，羽用十，取全数也。晋中兴初，王敦南征，始改为长柄下出，可捉，而减其羽用八。识者尤之曰："夫羽扇，翼之名也。创为长柄者，执其柄制羽翼也。以十改八者，将以未备夺已备也。"是时为衣者，又上短，带至于掖；著帽者，以带缚项。下逼上，上无地也。下裤者，直幅为口无杀，下大失裁也。寻有兵乱，三年而再攻京师。晋海西初嗣位，迎官忘设豹尾。识者以为不终之象，近服妖也。

晋司马道子于府北园内为酒炉列肆，使姬人酤鬻酒肴，如裨贩者，数游其中，身自买易，因醉寓寝，动连日夜。汉灵帝尝若此。干宝以为："君将失位，降在皂隶之象也。"道子卒见废徙，以庶人终。

桓玄篡立，殿上施绛绫帐，镂黄金为颜，四角金龙，衔五色羽葆流苏。群下窃相谓曰："颇类辒车。"此服妖也。

晋末皆冠小冠，而衣裳博大，风流相仿，舆台成俗，识者曰："此禅代之象也。"永初以后，冠还大云。

宋文帝元嘉六年，民间妇人结发者，三分发，抽其鬟直向上，谓之"飞天紒"。始自东府，流被民庶。时司徒彭城王义康居东府，其后卒以陵上徙废。

孝武帝世，豫州刺史刘德愿善御车，世祖尝使之御画轮，幸太宰江夏王义恭第。德愿挟牛杖催世祖云："日暮宜归！"又求益儳车。世祖甚欢。此事与汉灵帝西园蓄私钱同也。孝武世，幸臣戴法兴权亚人主，造圆头履，世人莫不效之。其时圆进之俗大行，方格之风尽矣。

明帝初，司徒建安王休仁统军赭圻，制乌纱帽，反抽帽裙，民间谓之"司徒状"，京邑翕然相尚。休仁后果以疑逼致祸。

龟孽：

晋惠帝永熙初，卫瓘家人炊饭，堕地，尽化为螺，出足起行。螺，龟类，近龟孽也。干宝曰："螺被甲，兵象也。于《周易》为《离》，《离》为戈兵。"明年，瓘诛。

鸡祸：

魏明帝景初二年，廷尉府中有雌鸡变为雄，不鸣不将。干宝曰："是岁，晋宣帝平辽东，百姓始有与能之义，此其象也。"然晋三后并以人臣终，不鸣不将，又天意也。

晋惠帝元康六年，陈国有鸡生雄雏无翅，既大，坠坑而死。王隐曰："雄，胤嗣象，坑地事为母象，贾后诬杀愍怀，殆其应也。"晋惠帝太安中，周馥家有雌鸡逃承溜中，六七日而下，奋翼鸣将，独毛羽不变。其后有陈敏之事。敏虽控制江表，终无纲纪文章，殆其象也。卒为馥所灭。鸡祸见馥家，又天意也。

晋元帝太兴中，王敦镇武昌，有雌鸡化为雄。天戒若曰："雌化为雄，臣陵其上。"其后王敦再攻京师。

晋孝武太元十三年四月，广陵高平阊嵩家雄鸡，生无右翅；彭城到象之家鸡，无右足。京房《易传》曰："君用妇人言，则生鸡妖。"

晋安帝隆安元年八月，琅邪王道子家青雌鸡化为赤雄，不鸣不将。后有桓玄之事，具如其象。隆安四年，荆州有鸡生角，角寻堕落。是时桓玄始擅西夏，狂慢不肃，故有鸡祸。角，兵象；寻堕落者，暂起不终之妖也。晋安帝元兴二年，衡阳有雌鸡化为雄，八十日而冠萎。衡阳，桓玄楚国封略也。后篡位八十日而败，徐广以为玄之象也。

宋文帝元嘉十二年，华林园雌鸡渐化为雄。后孝武即位，皇太后令行于外，亦犹汉宣帝时，雌鸡为雄，至哀帝时，元后与政也。

明帝泰始中，吴兴东迁沈法符家鸡有四距。

青眚青祥：

晋武帝咸宁元年八月丁酉，大风折太社树，有青气出焉；此青祥也。占曰："东莞当有帝者。"明年，元帝生。是时，帝大父武王封东莞，由是徙封琅邪。孙盛以为中兴之表。晋室之乱，武帝子孙无孑遗，社树折之应，又恒风之罚也。

晋惠帝元康中，洛阳南山有虹作声曰："韩尸尸。"识者曰："韩氏将死也。言尸尸者，尽死意也。"其后韩谧诛而韩族歼焉。此青祥也。

金沴木：

魏文帝黄初七年正月，幸许昌。许昌城南门无故自崩，帝心恶之，遂不入，还洛阳。此金沴木，木动也。五月，宫车晏驾。京房《易传》曰："上下咸悖，厥妖城门坏。"

晋元帝太兴二年六月，吴郡米廪无故自坏。是岁大饥，死者数千。

晋明帝太宁元年，周延自归王敦，既立宅宇，而所起五间六架，一时跃出堕地，余桁犹亘柱头。此金沴木也。明年五月，钱凤谋乱，遂族灭延，而湖熟寻亦为墟矣。

晋安帝元兴元年正月丙子，司马元显将西讨桓玄，建牙扬州南门，其东者难立，良久乃正。近沴妖也。寻为桓玄所禽。元兴三年五月，乐贤堂坏。天意若曰，安帝嚣昧，不及有乐贤之心，故此堂见沴也。晋安帝义熙九年五月乙酉，国子圣堂坏。

宋文帝元嘉十七年，刘斌为吴郡，郡堂屋西头鸱尾无故落地，治之未毕，东头鸱尾复落。顷之，斌诛。

卷三十一　　　　　　志第二十一

五 行 二

《五行传》曰："好战攻，轻百姓，饰城郭，侵边境，则金不从革。谓金失其性而为灾也。"又曰："言之不从，是谓不乂。厥咎僭，厥罚恒旸，厥极忧。时则有诗妖，时则有介虫之孽，时则有犬祸，时则有口舌之痾，时则有白眚、白祥。惟木沴金。"介虫，刘歆传以为毛虫。

金不从革：

魏世张掖石瑞，虽是晋氏之符命，而于魏为妖。好攻战，轻百姓，饰城郭，侵边境，魏氏三祖皆有其事。刘歆以为金石同类，石图非常之文，此不从革之异也。晋定大业，多散曹氏，石瑞文"大讨曹"之应也。魏明帝青龙中，盛修宫室，西取长安金狄，承露盘折，声闻数十里，金狄泣，于是因留霸城。此金失其性而为异也。

吴时，历阳县有岩穿似印，咸云"石印封发，天下太平"。孙皓天玺元年印发。又阳羡山有石穴，长十余丈。皓初修武昌宫，有迁都之意。是时武昌为离宫。班固云："离宫与城郭同占。"饰城郭之谓也。宝鼎三年，皓出东关，遣丁奉至合肥；建衡三年，皓又大举出华里。侵边境之谓也。故令金失其性，卒面缚而吴亡。

晋惠帝永兴元年，成都伐长沙，每夜戈戟锋有火光如县烛。此轻民命，好攻战，金失其性而为变也。天戒若曰，兵犹火也，不戢将自焚。成都不悟，终以败亡。

晋怀帝永嘉元年，项县有魏豫州刺史贾逵石碑，生金可采。此金不从革而为变也。五月，汲桑作乱，群寇飚起。

晋清河王覃为世子时，所佩金铃忽生起如粟者。康王母疑不祥，毁弃之。及后为惠帝太子，不终于位，卒为司马越所杀。

晋元帝永昌元年，甘卓将袭王敦，既而中止。及还家，多变怪，照镜不见其头。此金失其性而为妖也。寻为敦所袭，遂夷灭。

石虎时，邺城凤阳门上金凤凰二头，飞入漳河。

晋海西太和中，会稽山阴县旦仓，凿地得两大船，满中钱，钱皆轮文大形。时日向莫，凿者驰以告官。官夜遣防守甚严。至明旦，失钱所在，唯有船存，视其状，悉无钱处。

晋安帝义熙初，东阳太守殷仲文照镜不见其头，寻亦诛剪。占与甘同。

宋后废帝元徽四年，义熙、晋陵二郡，并有霹雳车坠地，如青石，草木燋死。

言之不从：

魏齐王嘉平初，东郡有讹言云，白马河出妖马，夜过官牧边鸣呼，众马皆应。明日见其迹，大如斛，行数里，还入河。楚王彪本封白马，兖州刺史令狐愚以彪有智勇，及闻此言，遂与王凌谋共立之。遣人谓曰："天下事未可知，愿王自爱。"彪答曰："知厚意。"事泄，凌、愚被诛，彪赐死。此言不从之罚也。诗云："民之讹言，宁莫之惩。"

刘禅嗣位，谯周引晋穆侯、汉灵帝命子事讥之曰："先主讳备，其训具也。后主讳禅，其训授也。若言刘已具矣，当授与人，甚于穆侯、灵帝之详也。"蜀果亡，此言之不从也。

刘备卒，刘禅即位，未葬，亦未逾年，而改元为建兴。此言不从也。习凿齿曰："礼，国君即位逾年而后改元者，缘臣子之心，不忍一年而有二君也。今可谓亟而不知礼矣。君子是以知蜀之不能东迁也。"后又降晋。吴孙亮、晋惠帝、宋元凶亦然。亮不终其位，惠帝号令非己，元凶寻诛。言不从也。魏太和中，姜维归蜀，失其母。魏人使其母手书呼维令反,并送当归以譬之。维报书曰:"良田百顷,不计一亩。但见远志,无有当归。"维卒不免。

魏明帝景初元年,有司奏帝为烈祖,与太祖、高祖并为不毁之庙。从之。按宗庙之制,祖宗之号,皆身没名成,乃正其礼。故虽功赫天壤,德迈前王,未有豫定之典。此盖言之不从,失之甚者也。后二年而宫车晏驾,于是统微政逸。

吴孙休世,乌程民有得困疾,及差,能以响言者,言于此而闻于彼。自其所听之,不觉其声之大也;自远听之,如人对言,不觉声之自远来也。声之所往,随其所向,远者不过十数里。其邻人有责息于外,历年不还。乃假之使为责让,惧为祸福,负物者以为鬼神,即倾倒畀之。其人亦不自知所以然也。言不从之咎也。

魏世起安世殿,晋武帝后居之。安世,武帝字也。晋武帝每延群臣,多说平生常事,未尝及经国远图。此言之不从也。何曾谓子遵曰:"国家无贻厥之谋,及身而已,后嗣其殆乎,此子孙之忧也。"自永熙后,王室渐乱。永嘉中,天下大坏。及何绥以非辜被诛,皆如曾言。

赵王伦废惠帝于金墉城,改号金墉为永安宫。帝寻复位而伦诛。晋惠帝永兴元年,诏废太子覃还为清河王,立成都王颖为皇太弟,犹加侍中,大都督,领丞相,备九锡,封二十郡,如魏王故事。案周礼,传国以胤不以勋,故虽公旦之圣,不易成王之嗣。所以远绝觊觎,永一宗祧。后代遵履,改之则乱。今拟非其实,僭差已甚。且既为国副,则不应复开封土,兼领庶职。此言之不从,进退乖爽。故帝既播越,颖亦不终,是其咎也。后犹不悟,又立怀帝为皇太弟。怀终流弒,不永厥祚,又其应也。语曰:"变古易常,不乱则亡。"此之谓乎?

晋惠帝太安中,周玘于阳羡起宅,始成,而边户有声如人叹咤者。玘亡后,家诛灭。此近言不从也。

晋元帝太兴四年,吴郡民讹言有大虫在紵中及樗树上,啮人即死。晋陵民又言,见一老女子居市,被发从肆人乞饮,自言:"天帝令我从水门出,而我误由虫门。若还,天帝必杀我。如何?"于是百姓共相恐动,云死者已十数也。西及京都,诸家有樗纻者,伐去之。无几自止。晋元帝永昌元年,宁州刺史王逊遣子澄入质,将渝、濮杂夷数百人。京邑民忽讹言宁州人大食人家小儿,亲有见其蒸煮满釜甑中者。又云失儿皆有主名,妇人寻道,拊心而哭。于是百姓各禁录小儿,不得出门。寻又言已得食人之主,官当大航头大杖考竟。而日有四五百人晨聚航头,以待观行刑。朝廷之士相问者,皆曰信然,或言郡县文书已上。王澄大惧,检测之,事了无形,民家亦未尝有失小儿者,然后知其讹言也。此二事,干宝云"未之能论"。

永昌二年,大将军王敦下据姑熟。百姓讹言行虫病,食人大孔,数日入腹,入腹则死。治之有方,当得白犬胆以为药。自淮、泗遂及京都,数日之间,百姓惊扰,人人皆自云已得虫病。又云,始在外时,当烧铁以灼之。于是翕然被烧灼者十七八矣,而白犬暴贵,至相请夺,其价十倍。或有自云能行烧铁者,赁灼百姓,日得五六万,急而后已。四五日渐静。说曰,夫裸虫人类,而人为之主,今

云虫食人,言本同臭类而相残贼也。自下而上,斯其逆也。必入腹者,言害由中不由外也。犬有守御之性,白者金色,而胆用武之主也。帝王之运,五霸会于戌,戌主用兵。金者晋行,火烧铁以治疾者,言必去其类而来,火与金合德,共治虫害也。案中兴之际,大将军本以腹心受伊、吕之任,而元帝末年,遂攻京邑,明帝谅暗,又有异谋。是以下逆上,腹心内烂也。及钱凤、沈充等逆兵四合,而为王师所挫,逾月而不能济。北中郎将刘遐及淮陵内史苏峻率淮、泗之众以救朝廷,故其谣言首作于淮、泗也。朝廷卒以弱制强,罪人授首,是用白犬胆可救之效也。

晋海西时,庚晞四五年中,喜为挽歌,自摇大铃为唱,使左右齐和。又燕会,辄令倡妓作新安人歌舞离别之辞,其声悲切。时人怪之,后亦果败。晋海西公太和以来,大家妇女,缓鬓倾髻,以为盛饰。用发既多,不恒戴。乃先作假髻,施于木上,呼曰"假头"。人欲借,名曰"借头",遂布天下。自此以来,人士多离事故,或亡失头首,或以草木为之。假头之言,此其先兆也。

晋孝武泰元中,立内殿名曰清暑,少时而崩。时人曰,"清暑"者,反言楚声也。果有哀楚之声。有人曰:"非此之谓,岂可极言乎。谶云,代晋者楚,其在兹乎?"及桓玄篡逆,自号曰楚。太元中,小儿有两铁相打于土中,名曰"斗族"。后王国宝、王孝伯一姓之中,自相攻击也。

桓玄出镇南州,立斋名曰蟠龙。后刘毅居此斋。蟠龙,毅小字也。桓玄初改年为大亨,遐迩欢言曰:"二月了。"故义谋以仲春发也。玄篡立,又改年为建始,以与赵王伦同,又易为永始。永始,复是王莽受封之年也。始徙司马道子于安成,晋主逊位,出永安宫,封晋主为平固王,琅邪王德文为石阳公,并使住寻阳城。识者皆以为言不从之妖也。厥咎僭。

晋兴,何曾薄太官御膳,自取私食,子劭又过之,而王恺又过劭。王恺、羊琇之畴,盛致声色,穷珍极丽。至元康中,夸恣成俗,转相高尚。石崇之侈,遂兼王、何而俪人主矣。崇既诛死,天下寻亦沦丧。僭逾之咎也。

恒旸:魏明帝太和二年五月,大旱。元年以来,崇广宫府之应也。又是春,晋宣帝南禽孟达,置二郡;张郃西破诸葛亮,毙马谡。亢阳自大,又其应也。京房《易传》曰:"欲德不用,兹谓张。厥灾荒。其旱阴云不雨,变而赤烟四际。众出过时,兹谓广。其旱不生。上下皆蔽,兹谓隔。其旱天赤三月,时有雹杀飞禽。上缘求妃,兹谓僭。其旱三月大温亡云。君高台府,兹谓犯。阴侵阳,其旱万物根死,数有火灾。庶位逾节,兹谓僭。其旱泽物枯,为火所伤。"太和五年三月,自去冬十月至此月不雨,辛巳,大雩。是春,诸葛亮寇天水,晋宣王距却之,亢阳动众。又是时二隅分据,众出多过时也。《春秋》说曰:"伤二谷,谓之不雨。"

魏齐王正始元年二月,自去冬十二月至此月不雨。去岁正月,明帝崩。二月,曹爽白嗣主,转晋宣王为太傅,外示尊崇,内实欲令事先由己。是时宣王功盖魏朝,欲德不用之应也。

魏高贵乡公甘露三年正月,自去秋至此月旱。时晋文

王围诸葛诞，众出过时之应也。初，寿春秋夏常雨潦，常淹城，而此旱逾年，城陷乃大雨。咸以为天亡。

吴孙亮五凤二年，大旱，民饥。是岁闰月，魏将文钦以淮南众数万口来奔；孙峻又破魏将曹珍于高亭。三月，朱异袭安丰，不克。七月，城广陵、东海二郡。十二月，以冯朝为监军使者，督徐州诸军，军士怨叛。此亢阳自大，劳民失众之罚也。其役弥岁，故旱亦竟年。

吴孙晧宝鼎元年春夏旱。是时晧迁都武昌，劳民动众之应也。

晋武帝泰始七年五月闰月，旱，大雩。是春，孙晧出华里，大司马望帅众次于淮北。四月，北地胡寇金城西平，凉州刺史牵弘出战，败没。泰始八年五月，旱。是时帝纳荀勖邪说，留贾充不复西镇，而任恺稍疏，上下皆蔽之应也。又李喜、鲁芝、李胤等并在散职，近欲德不用之谓也。泰始九年，自正月旱，至于六月，祈宗庙社稷山川，癸未雨。去年九月，吴西陵督步阐据城来降，遣羊祜杨肇等众八万救迎阐。十二月，陆抗大破肇军，攻阐灭之。泰始十年四月，旱。去年秋冬，采择卿校诸葛冲等女，是春五十余人入殿简选。又取小将吏女数十人，母子号哭于宫中，声闻于外，行人悲酸。是殆积阴生阳之应也。

晋武帝咸宁二年五月，旱，大雩，及社稷山川。至六月，乃澍雨。

晋武帝太康二年，自去冬旱，至此春牙成，亢阳动众自大之应也。太康三年四月，旱。乙酉，诏司空齐王攸与尚书、廷尉、河南尹录讯系囚，事从蠲宥。太康五年六月，旱。此年正月，天阴，解而复合。刘毅上疏曰："必有阿党之臣，奸以事君者，当诛而不赦也。"帝不答。是时荀勖、冯紞僭作威福，乱朝尤甚。太康六年三月，青、凉、幽、冀郡国旱。

太康六年六月，济阴、武陵旱，伤麦。太康七年夏，郡国十三旱。太康八年四月，冀州旱。太康九年夏，郡国三十三旱。太康九年六月，扶风、始平、京兆、安定旱，伤麦。太康十年二月，旱。

晋武帝太熙元年二月，旱。自太康以后，虽正人满朝，不被亲任；而贾充、荀勖、杨骏、冯紞等，迭居要重。所以无年不旱者，欲德不用，上下皆蔽，庶位逾节之罚也。

晋惠帝元康元年七月，雍州大旱，殒霜疾疫。关中饥，米斛万钱。元康七年七月，秦雍二州大旱。故其氐羌反叛，雍州刺史解系败绩。是年正月，周处、卢播等复败，关西震乱。交兵弥岁，至是饥疫荐臻，戎、晋并困，朝廷不能振，诏听相卖鬻。元康七年九月，郡国五旱。

晋惠帝永宁元年，自夏及秋，青、徐、幽、并四州旱。是年春，三王讨赵王伦，六旬之中，大小数十战，死者十余万人。十二月，郡国十二又旱。

晋怀帝永嘉三年五月，大旱。襄平县梁水淡渊竭，河、洛、江、汉皆可涉。是年三月，司马越归京都，遣兵入宫，收中书令缪播等九人杀之。此僭逾之罚也。又四方诸侯，多怀无君之心，刘渊、石勒、王弥、李雄之徒，贼害民命，流血成泥，又其应也。永嘉五年，自去冬旱至此春。去岁十二月，司马越弃京都，以大众南出，多将王公朝士，及

以行台自随，斥黜禁卫，代以国人。宫省萧然，无复君臣之节矣。

《晋阳秋》云："愍帝在西京，旱伤荐臻。"无注记年月也。晋愍帝建武元年六月，扬州旱。去年十二月，淳于伯冤死，其年即旱，而太兴元年六月又旱。干宝曰"杀伯之后旱三年"是也。案前汉杀孝妇则旱，后汉有囚亦旱，见谢见理，并获雨澍，此其类也。班固曰："刑罚妄加，群阴不附，则阳气胜，故其罚恒旸。"建武元年四月，曲允等悉众御寇。五月，祖逖攻谯。其冬，周访讨杜曾。又众出之应也。

晋元帝太兴四年五月，旱。是时，王敦强僭之衅渐著。又去岁蔡豹、祖逖等，并有征役。晋元帝永昌元年，大旱。是年三月，王敦有石头之变，二宫陵辱，大臣诛死。僭逾无上，故旱尤甚也。永昌元年闰十一月，京都大旱，川谷并竭。

晋明帝太宁三年，自春不雨，至于六月。去年秋，灭王敦，亢阳动众自大之应也。

晋成帝咸和元年秋，旱。是时庾太后临朝称制，群臣奏事称"皇太后陛下"。此妇人专王事，言不从而僭逾之罚也。与汉邓太后同事。咸和二年夏，旱。咸和五年五月，旱。去年殄苏峻之党，此春又讨郭默灭之。亢阳动众之应也。咸和六年四月，旱。去年八月，石勒遣郭敬寇襄阳，南中郎将周抚奔武昌。十月，李雄使李寿寇建平，建平太守杨谦奔宜都。此正月，刘征略娄县，于是起众警备。咸和八年七月，旱。咸和九年，自四月不雨，至于八月。

晋成帝咸康元年六月，旱。是时成帝冲弱，不亲万机，内外之政，委之将相。此僭逾之罚，故连岁旱也。至四年，王导固让太傅，复子明辟，是后不旱，殆其应也。时天下普旱，会稽余姚特甚，米斗直五百，民有相鬻。咸康二年三月，旱。咸康三年六月，旱。

晋康帝建元元年五月，旱。是时宰相专政，方伯擅重兵，又与咸康初同事也。

晋穆帝永和元年五月，旱。有司奏依董仲舒术，徙市开水门，遣谒者祭太社。是时帝在襁抱，褚太后临朝如明穆太后故事。永和五年七月，不雨，至于十月。是年二月，征北将军褚裒遣军伐沛，纳其民以归。六月，又遣西中郎将陈达进据寿阳，自以舟师二万至于下邳，丧其前驱而还，达亦退。永和六年闰月，旱。是春，桓温以大众出夏口，上疏欲以舟军北伐，朝廷骇之。萧敬文盗涪，四蛮校尉采寿败绩。

晋穆帝升平三年十二月，大旱。此冬十月，北中郎将郗昙帅万余人出高平，经略河、兖；又遣将军诸葛悠以舟军入河，败绩。西中郎将谢万次下蔡，众溃而归。升平四年十二月，大旱。

晋哀帝隆和元年夏，旱。是时桓温强恣，权制朝廷，僭逾之罚也。又去年慕容恪围冀州刺史吕护，桓温出次宛陵，范汪、袁真并北伐，众出过时也。

晋海西太和四年十二月，凉州春旱至夏。

晋简文帝咸安二年十月，大旱，民饥。是时嗣主幼冲，桓温陵僭。

晋孝武帝宁康元年二月，旱。是时桓温入觐高平陵，阖朝致拜，逾僭之应也。宁康三年冬，旱。先是，氐贼破梁、益州，刺史杨亮、周仲孙奔退。明年，威远将军桓石虔击姚苌垫江，破之，退至五城。益州刺史竺瑶帅众戍巴东。

晋孝武帝太元四年六月，大旱。去岁，氐贼围南中郎将朱序于襄阳，又围扬威将军戴遁于彭城。桓嗣以江州之众次鄀援序，北府发三州民配何谦救遁。是春，襄阳、顺阳、魏兴城皆没，贼遂略淮南，向广陵。征虏将军谢石率水军次涂中，兖州刺史谢玄督诸将破之。太元八年六月，旱。夏初，桓冲征襄阳，遣冠军将军桓石虔进据樊城。朝廷又遣宣城内史胡彬次峡石为冲声势也。太元十年七月，旱饥。初八年，破苻坚；九年，诸将略地，有事徐、豫；杨亮、赵统攻讨巴、沔。是年正月，谢安又出镇广陵，使子琰进次彭城。太元十三年六月，旱。去岁，北府遣戍胡陆，荆州经略河南。是年，郭铨置戍野王，又遣军破黄淮。太元十五年七月，旱。是春，丁零略兖、豫，鲜卑寇河上。朱序、桓不才等北至太行，东至滑台，逾时攻讨，又戍石门。太元十七年秋，旱，至冬。是时茹千秋为骠骑谘议，窃弄主相威福；又丘尼乳母亲党及婢仆之子，阶缘近习，临民领众。又在所多上春竟囚，不以其辜，建康狱吏枉暴尤甚。此僭逾不从，冤滥之罚也。

晋安帝隆安四年五月，旱。去冬桓玄迫杀殷仲堪，而朝廷即授以荆州之任；司马元显又讽百僚悉使敬己。此皆陵僭之罚也。隆安五年夏秋，大旱，十二月不雨。去年夏，孙恩入会稽，杀内史谢琰；此年夏，略吴，又杀内史袁山松。军旅东讨，众出过时。

晋安帝元兴元年七月，大饥；九月十月不雨。是年正月，司马元显以大众将讨桓玄，既而玄至，杀元显。五月，又遣东征孙恩余党，十月，北讨刘轨。元兴二年六月，不雨，冬，又旱。是时桓玄奢僭，十二月，遂篡位。元兴三年八月，不雨。是时王旅四伐，西夏未平。

晋安帝义熙六年九月，不雨。是时王师北讨广固，疆理三州。义熙八年十月，不雨。是秋，王师西讨刘毅；分遣伐蜀。义熙十年九月，旱；十二月，又旱，井渎多竭。

宋文帝元嘉二年夏，旱。元嘉四年秋，京都旱。元嘉八年五月，扬州诸郡旱。元嘉十九年、二十年，南兖、豫州旱。元嘉二十七年八月，不雨，至二十八年三月。时索虏南寇。

孝武帝大明七年、八年，东诸郡大旱，民饥，死者十六七。先是江左以来，制度多阙，孝武帝立明堂，造五辂。是时大发徒众，南巡校猎，盛自矜大，故致旱灾。

后废帝元徽元年八月，京都旱。

诗妖：

魏明帝太和中，京师歌《兜铃曹子》，其唱曰："其奈汝曹何。"此诗妖也。其后曹爽见诛，曹氏遂废。魏明帝景初中，童谣曰："阿公阿公驾马车，不意阿公东渡河。阿公东还当奈何！"及宣王平辽东，归至白屋，当还镇长安。会帝疾笃，急召之。乃乘追锋车东渡河，终翦魏室，如童谣之言也。

魏齐王嘉平中，有谣曰："白马素羁西南驰，其谁乘者朱虎骑。"朱虎者，楚王彪小字也。王凌、令狐愚闻此谣，谋立彪。事发，凌等伏诛，彪赐死。

吴孙亮初，童谣曰："吁汝恪，何若若，芦苇单衣篾钩络，于何相求成子阁。"成子阁者，反语石子堈也。钩落，钩带也。及诸葛恪死，果以苇席裹身，篾束其要，投之石子堈。后听恪故吏收敛，求之此堈云。孙亮初，公安有白鼍鸣。童谣曰："白鼍鸣，龟背平，南郡城中可长生，守死不去义无成。"南郡城可长生者，有急，易以逃也。明年，诸葛恪败，弟融镇公安，亦见袭。融刮金印龟，服之而死。鼍有鳞介，甲兵之象。又曰白祥也。

孙休永安二年，将守质子群聚嬉戏，有异小子忽来，言曰："三公锄，司马如。"又曰："我非人，荧惑星也。"言毕上升，仰视若曳一匹练，有顷没。干宝曰，后四年而蜀亡，六年而魏废，二十一年而吴平，于是九服归晋。魏与吴、蜀，并为战国，"三公锄，司马如"之谓也。

孙晧初，童谣曰："宁饮建业水，不食武昌鱼。宁还建业死，不止武昌居。"晧寻迁都武昌，民溯流供给，咸怨毒焉。孙晧遣使者祭石印山下妖祠。使者因以丹书岩曰："楚九州渚，吴九州都。扬州士，作天子。四世治，太平矣。"晧闻之，意益张，曰："从大皇帝至朕四世，太平之主，非朕复谁？"恣虐逾甚，寻以降亡。近诗妖也。孙晧天纪中，童谣曰："阿童复阿童，衔刀游渡江。不畏岸上虎，但畏水中龙。"晋武帝闻之，加王浚龙骧将军。及征吴，江西众军无过者，而王浚先定秣陵。

晋武帝太康后，江南童谣曰："局缩肉，数横目，中国当败吴当复。"又曰："宫门柱，且莫朽，吴当复，在三十年后。"又曰："鸡鸣不拊翼，吴复不用力。"于时吴人皆谓在孙氏子孙，故窃发者相继。按横目者"四"字，自吴亡至晋元帝兴，几四十年，皆如童谣之言。元帝慊而少断，局缩肉，直斥之也。干宝云"不知所斥"，讳之也。太康末，京、洛始为"折杨柳"之歌，其曲始有兵革苦辛之词，终以禽获斩截之事。是时三杨贵盛而族灭，太后废黜而幽死。

晋惠帝永熙中，河内温县有人如狂，造书曰："光光文长，大戟为墙。毒药虽行，戟还自伤。"又曰："两火没地，哀哉秋兰。归形街邮，路人为叹。"及杨骏居内府，以戟为卫，死时，又为戟所害。杨太后被废，贾后绝其膳，八日而崩，葬街邮亭北，百姓哀之。两火，武帝讳；兰，杨后字也。永熙中，童谣曰："二月末，三月初，荆笔杨版行诏书，宫中大马几作驴。"杨骏初专权，楚王寻用事，故言"荆笔杨版"也。二人不诛，则君臣礼悖，故云"几作驴"。

晋惠帝元康中，京、洛童谣曰："南风起，吹白沙，遥望鲁国何嵯峨，千岁髑髅生齿牙。"又曰："城东马子莫咙哅，比至三月缠汝鬃。"南风，贾后字也。白，晋行也。沙门，太子小名也。鲁，贾谧国也。言贾后将与谧为乱，以危太子；而赵王因衅咀嚼豪贤，以成篡夺也。是时愍怀颇失众望，卒以废黜，不得其死。元康中，天下商农通著大鄀日，童谣曰："屠苏鄀日覆两耳，当见瞎儿作天子。"

及赵王篡位，其目实眇焉。赵王伦既篡，洛中童谣曰："虎从北来鼻头汗，龙从南来登城看，水从西来何灌灌。"数月而齐王、成都、河间义兵同会诛伦。按成都西蕃而在邺，故曰："虎从北来"；齐东蕃而在许，故曰："龙从南来"；河间水区而在关中，故曰："水从西来"。齐留辅政，居宫西，有无君之心，故言"登城看"也。

晋惠帝太安中，童谣曰："五马游度江，一马化为龙。"后中原大乱，宗蕃多绝，唯琅邪、汝南、西阳、南顿、彭城同至江表，而元帝嗣晋矣。

司马越还洛，有童谣曰："洛中大鼠长尺二，若不蚤去大狗至。"及苟晞将破汲桑，又谣曰："元超兄弟大落度，上桑打椹为苟作。"由是越恶晞，夺其兖州，隙难遂构。

晋愍帝建兴中，江南歌谣曰："訇如白坑破，合集持作甀。扬州破换败，吴兴覆瓿甊。"按白者晋行，坑器有口，属瓮，瓦质刚，亦金之类也。"訇如白坑破"者，言二都倾覆，王室大坏也。"合集持作甀"者，言元皇帝鸠集遗余，以主社稷，未能克复中原，偏王江南，故其喻小也。及石头之事，六军大溃，兵人抄掠京邑，爰及二宫。其后三年，钱凤复攻京邑，阻水而守，相持月余日，焚烧城邑，井堙木刊矣。凤等败退，沈充将其党还吴兴，官军蹑之，蹈藉郡县。充父子授首，党与诛者以百数。所谓"扬州破换败，吴兴覆瓿甊"。瓿甊，瓦器，又小于甀也。

晋明帝太宁初，童谣歌曰："恻力恻力，放马山侧。大马死，小马饿，高山崩，石自破。"及明帝崩，成帝幼，为苏峻所逼，迁于石头，御膳不足。"高山崩"，言峻寻死；"石"，峻弟苏石也，峻死后，石据石头，寻为诸公所破也。

晋成帝之末，民间谣曰："磕磕何隆隆，驾车入梓宫。"少日而宫车晏驾。晋成帝咸康二年十二月，河北谣语曰："麦入土，杀石虎。"后如谣言。

庾亮初出镇武昌，出石头，百姓于岸上歌曰："庾公上武昌，翩翩如飞鸟。庾公还扬州，白马牵旒旐"又曰："庾公初上时，翩翩如飞鸟。庾公还扬州，白马牵流苏。"后连征不入，及薨，还都葬。

庾义在吴郡，吴中童谣曰："宁食下湖荇，不食上湖莼。庾吴没命丧，复杀王领军。"无几而庾义、王洽相继亡。

晋穆帝升平中，童子辈忽歌于道曰"阿子闻"，曲终辄云"阿子汝闻不"。无几而穆帝崩，太后哭曰："阿子汝闻不？"升平末，民间忽作廉歌。有扈谦者闻之，曰："廉者临也。歌云'白门廉，宫廷廉'，内外悉临，国家其大讳乎？"少时而穆帝晏驾。

晋哀帝隆和初，童儿歌曰："升平不满斗，隆和那得久！桓公入石头，陛下徒跣走。"帝闻而恶之，复改年曰兴宁。民复歌曰："虽复改兴宁，亦复无聊生。"哀帝寻崩。升平五年，穆帝崩。不满斗，不至十年也。

晋海西公太和中，民歌曰："青青御路杨，白马紫游缰。汝非皇太子，那得甘露浆。"白者金行；马为国族；紫为夺正之色，明以紫间朱也。海西公寻废，三子非海西子，并死，缢以马缰。死之明日，南方献甘露。太和末，童谣云："犁牛耕御路，白门种小麦。"及海西被废，处吴，民犁耕其门前，以种小麦，如谣言。

晋海西公生皇子，百姓歌云："凤凰生一雏，天下莫不喜。本言是马驹，今定成龙子。"其歌甚美，其旨甚微。海西公不男，使左右向龙与内侍接，生子以为己子。

桓石民为荆州，镇上明，民忽歌曰"黄昙子"。曲终又曰："黄昙英，扬州大佛来上明。"顷之而石民死，王忱为荆州。"黄昙子"乃是王忱之字也。忱小字佛大，是"大佛来上明"也。

太元末，京口谣曰："黄雌鸡，莫作雄父啼。一旦去毛衣，衣被拉飒栖。"寻王恭起兵诛王国宝，旋为刘牢之所败也。

司马道子于东府造土山，名曰灵秀山。无几而孙恩作乱，再践会稽。会稽，道子所封。灵秀，恩之字也。庾楷镇历阳，民歌曰："重罗犁，重罗犁，使君南上无还时。"后楷南奔桓玄，为玄所诛。殷仲堪在荆州，童谣曰："芒笼目，绳缚腹。殷当败，桓当复。"无几而仲堪败，桓玄有荆州。

王恭镇京口，举兵诛王国宝。百姓谣云："昔年食白饭，今年食麦麸。天公诛谪汝，教汝捻咙喉。咙喉喝复喝，京口败复败。""昔年食白饭"，言得志也。"今年食麦麸"，麸，粗秽，其精已去，明将败也，天公将加遣谪而诛之也。"捻咙喉"，气不通，死之祥也。"败复败"，丁宁之辞也。恭寻死，京都大行咳疾，而喉并喝焉。王恭在京口，民间忽云："黄头小人欲作贼，阿公在城下，指缚得。"又云："黄头小人欲作乱，赖得金刀作蕃捍。""黄"字上，"恭"字头也；"小人"，"恭"字下也。寻如谣者言焉。

晋安帝隆安中，民忽作《懊恼歌》，其曲中有"草生可揽结，女儿可揽抱"之言。桓玄既篡居天位，义旗以三月二日扫定京都，玄之宫女及逆党之家子女伎妾，悉为军赏。东及瓯越，北流淮、泗，皆人有所获焉。时则草可结，事则女可抱，信矣。

桓玄既篡，童谣曰："草生及马腹，乌啄桓玄目。"及玄败走至江陵，五月中诛，如其期焉。桓玄时，民谣语云："征钟落地桓进走。"征钟，至秽之服；桓，四体之下称。玄自下居上，犹征钟之厕歌谣，下体之咏民口也。而云"落地"，坠地之祥，进走之言，其验明矣。

司马元显时，民谣诗云："当有十一口，当为兵所伤。木亘当北度，走入浩浩乡。"又云："金刀既以刻，娓娓金城中。"此诗云襄阳道人竺昙林所作，多所道，行于世。孟颐释之曰，"十一口"者，玄字象也；"木亘"，桓也。桓氏当悉走入关、洛，故云"浩浩乡"也。"金刀"，刘也。倡义诸公，皆多姓刘。"娓娓"，美盛貌也。

桓玄得志，童谣曰："长干巷，巷长干。今年杀郎君，明年斩诸桓。"及玄走而诸桓悉诛焉。郎君，司马元显也。

晋安帝义熙初，童谣曰："官家养芦化成荻，芦生不止自成积。"其时官养卢龙，宠以金紫，奉以名州，养之已极，而不能怀我好音，举兵内伐，遂成仇敌也。"芦生不止自成积"，及卢龙作乱，时人追思童谣，恶其有成积之言。识者曰："芟夷蕴崇之，又行火焉，是草之穷也。伐斫以成积，又以为薪，亦芦荻之终也。其盛既极，亦将芟夷而为积焉。"龙既穷其兵势，盛其舟舰，卒以灭亡，僵尸如积焉。

卢龙据有广州，民间谣云："芦生漫漫竟天半。"后拥有上流数州之地，内逼京辇，应"天半"之言。

义熙三年中，小儿相逢于道，辄举其两手曰"卢健健"，次曰"斗叹斗叹"，末复曰"翁年老，翁年老"。当时莫知所谓。其后卢龙内逼，舟舰盖川，"健健"之谓也。既至查浦，屡克期欲与官斗，"斗叹"之应也。"翁年老"，群公有期颐之庆，知妖逆之徒，自然消殄也。其时复有谣言曰："卢橙橙，逐水流，东风忽如起，那得入石头。"卢龙果败，不得入石头。昔温峤令郭景纯卜己与庾亮吉凶。景纯云"元吉"。峤语亮："景纯每筮，当是不敢尽言。吾等与国家同安危而曰元吉，事有成也。"于是协同讨灭王敦。

苻坚中，童谣曰："阿坚连牵三十年，后若欲败时，当在江湖边。"后坚败于淝水，在伪位凡三十年。苻坚中，谣语云："河水清复清，苻诏死新城。"坚为姚苌所杀，死于新城。苻坚中，歌云："鱼羊田斗当灭秦。""鱼羊"，鲜也；"田斗"，卑也。坚自号秦，言灭之者鲜卑也。其群臣谏坚，令尽诛鲜卑，坚不从。及淮南败还，为慕容冲所攻，亡奔姚苌，身死国灭。

毛虫之孽：

晋武帝太康六年，南阳送两足虎，此毛虫之孽也。识者为其文曰："武形有亏，金虎失仪，圣主应天，斯异何为。"言非乱也。京房《易传》曰："足少者，下不胜任也。"干宝曰："虎者阴精，而居于阳，金兽也。南阳，火名也。金精入火，而失其形，王室乱之妖也。六，水数，言水数既极，火愿得作，而金受其败也。至元康九年，始杀太子，距此十四年。二七十四，火始终相乘之数也。自帝受命，至愍怀之废，凡三十五年。"太康九年，荆州献两足獒。太康七年十一月丙辰，四角兽见于河间，河间王颙获以献。角，兵象也。董仲舒以四角为四方之象。后河间王数连四方之兵，作为乱阶，殆其应也。

晋怀帝永嘉五年，偃鼠出延陵，此毛虫之孽也。郭景纯筮之曰："此郡东之县，当有妖人欲称制者，亦寻自死矣。"其后吴兴徐馥作乱，杀太守袁琇，馥亦时灭，是其应也。

晋成帝咸和六年正月丁巳，会州郡秀孝于乐贤堂，有麇见于前，获之。孙盛曰："夫秀孝，天下之彦士，乐贤堂，所以乐养贤也。晋自丧乱以后，风教凌夷，秀无策试之才，孝乏四行之宝。麇兴于前，或斯故乎。"

晋哀帝隆和元年十月甲申，有麈入东海第。百姓谨言曰："主人东海第。"识者怪之。及海西废为东海王，先送此第。

晋孝武太元十三年四月癸巳，祔祠毕，有兔行庙堂上。兔，野物也，而集宗庙之堂，不祥莫甚焉。

宋文帝元嘉二十四年二月，雍州送六足獐，刺史武陵王表为祥瑞。此毛虫之孽。

宋顺帝升明元年，象三头度蔡洲，暴稻谷及园野。

犬祸：

公孙渊家有犬冠帻绛衣上屋，此犬祸也。屋上亢阳高危之地。天戒若曰，渊亢阳无上，偷自尊高，狗而冠者也。及自立为燕王，果为魏所灭。京房《易传》曰："君不正，臣欲篡，厥妖狗出朝门。"

魏侍中应璩在直庐，欻见一白狗，问众人无见者。逾年卒。近犬祸也。

诸葛恪征淮南归，将朝会，犬衔引其衣。恪曰："犬不欲我行乎？"还坐，有顷复起，犬又衔衣。乃令逐犬。遂升车入而被害。

晋武帝太康九年，幽州有犬，鼻行地三百余步。

晋惠帝元康中，吴郡娄县民家闻地中有犬声，掘视得雌雄各一。还置窟中，覆以磨石，宿昔失所在。元帝太兴中，吴郡府舍又得二物头如此。其后太守张茂为吴兴兵所杀。案《夏鼎志》曰："掘地得狗名曰贾。"《尸子》曰："地中有犬，名曰地狼。"同实而异名也。晋惠帝永兴元年，丹阳内史朱逖家犬生三子，皆无头。后逖为扬州刺史曹武所杀。

晋孝怀帝永嘉五年，吴郡嘉兴张林家狗人言云："天下人饿死。"

晋安帝隆安初，吴郡治下狗恒夜吠，聚高桥上。人家狗有限，而吠声甚众。或有夜出觇之者，云一狗假有两三头，皆前向乱吠。无几，孙恩乱于吴会。

桓玄将称楚王，已设拜席，群官陪位，玄未及出，有狗来便其席，万众旺候，莫不惊怪。玄性猜暴，竟无言者，逐狗改席而已。

宋武帝永初二年，京邑有狗人言。

文帝元嘉二十九年，吴兴东迁孟慧度婢蛮与狗通好如夫妻弥年。

孝武孝建初，颜竣为左卫，于省内闻犬子声在地中，掘焉得乌犬子。养久之，后自死。

明帝初，晋安王子勋称伪号于寻阳，柴桑有狗与女人交，三日不分离。明帝泰始中，秣陵张僧护家犬生豕子。

白眚白祥：

晋武帝太康十年，洛阳宫西宜秋里石生地中，始高三尺，如香炉形，后如伛人，盘薄不可掘。案刘向说，此白眚也。明年，宫车晏驾，王室始骚，卒以乱亡。京房《易传》曰："石立如人，庶人为天下雄。"此近之矣。

晋成帝咸康初，地生毛，近白眚也。孙盛以为民劳之异。是后胡灭而中原向化，将相皆甘心焉。于是方镇屡革，边戍仍迁，皆拥带部曲，动有万数。其间征伐征赋，役无宁岁，天下扰动，民以疲怨。咸康三年六月，地生毛。

晋孝武太元二年五月，京都地生毛。至四年而氐贼攻襄阳，围彭城，向广陵，征戍仍出，兵连不解。太元十四年四月，京都地生毛。是时苻坚灭后，经略多事。太元十七年四月，地生毛。

晋安帝隆安四年四月乙未，地生毛，或白或黑。晋安帝元兴三年五月，江陵地生毛。是后江陵见袭，交战者数矣。晋安帝义熙三年三月，地生白毛。义熙十年三月，地生白毛。明年，王旅西讨司马休之。又明年，北扫关、洛。

魏明帝青龙三年正月乙亥，陨石于寿光。按《左氏传》，陨石，星也。刘歆说曰："庶民，惟星陨于宋者，象宋襄公将得诸侯而不终也。"秦始皇时有陨石，班固以为石阴类，又白祥，臣将危君。是后司马氏得政。

晋武帝太康五年五月丁巳，陨石于温及河阳各二。太康六年正月，陨石于温三。

晋成帝咸和八年五月，星陨于肥乡一。咸和九年正月，陨石于凉州。

吴孙亮五凤二年五月，阳羡县离里山大石自立。按京房《易传》曰："庶士为天子之祥也。"其说曰："石立于山，同姓；平地，异姓。"干宝以为孙晧承废故之家得位，其应也；或曰孙休见立之祥也。

晋惠帝元康五年十二月，有石生于宜年里。晋惠帝永康元年，襄阳郡上言得鸣石，撞之，声闻七八里。晋惠帝太安元年，丹阳湖熟县夏架湖有大石浮二百步而登岸。民惊噪相告曰："石来！"干宝曰："寻有石冰入建业。"

晋武帝泰始八年五月，蜀地雨白毛。此白祥也。是时益州刺史皇甫晏冒暑伐汶山胡，从事何旅固谏，不从。牙门张弘等因众之怨，诬晏谋逆，害之。京房《易传》曰："前乐后忧，厥妖天雨羽。"又曰："邪人进，贤人逃，天雨毛。"其《易妖》曰："天雨毛羽，贵人出走。"三占皆应也。

晋惠帝永宁元年，齐王冏举义军。军中有小儿出于襄城繁昌县，年八岁，发体悉白，颇能卜。于《洪范》，则白祥也。

晋车骑大将军东嬴王腾自并州迁镇邺，行次真定。时久积雪，而当门前方数尺独消释，腾怪而掘之，得玉马高尺许，口齿缺。腾以马者国姓，上送之以为瑞。然论者皆云马而无齿，则不得食，妖祥之兆，衰亡之征。案占，此白祥也。是后腾为汲桑所杀，而晋室遂亡。

宋文帝元嘉中，徐湛之为丹阳尹。夜西门内有气如练，西南指，长数十丈。又白光覆屋，良久而转驶乃消。此白祥也。

前废帝景和元年，邓琬在寻阳，种紫花皆白，白眚也。

木沴金：

魏齐王正始末，河南尹李胜治听事，有小材激堕，树受符石虎项断之。此木沴金也。胜后旬日而败。

晋惠帝元康八年三月，郊禖坛石中破为二。此木沴金也。郊禖坛者，求子之神位，无故而自毁，太子将危之妖也。明年，愍怀废死。

晋孝武帝太元十年四月，谢安出镇广陵，始发石头，金鼓无故自破。此木沴金之异也。天意若曰，安徒扬经略之声，终无其实，钲鼓不用之象也。八月，以疾还，是月薨。

卷三十二　　志第二十二

五　行　三

《五行传》曰："弃法律，逐功臣，杀太子，以妾为妻，则火不炎上。"谓火失其性而为灾也。又曰："视之不明，是谓不哲。厥咎舒，厥罚恒燠，厥极疾。时则有草妖，时则有裸虫之孽，时则有羊祸，时则有目痾，时则有赤眚、赤祥。惟水沴火。"裸虫，刘歆传以为羽虫。

火不炎上：

魏明帝太和五年五月，清商殿灾。初，帝为平原王，纳河南虞氏为妃。及即位，不以为后，更立典虞车工卒毛嘉女，是为悼皇后。后本仄微，非所宜升。以妾为妻之罚也。魏明帝青龙元年六月，洛阳宫鞠室灾。二年四月，崇华殿灾，延于南阁。缮复之。至三年七月，此殿又灾。帝问高堂隆："此何咎也？于礼宁有祈禳之义乎？"对曰："夫灾变之发，皆所以明教诫也。唯率礼修德，可以胜之。《易传》曰：'上不俭，下不节，孽火烧其室。'又曰：'君高其台，天火为灾。'此人君苟饰宫室，不知百姓空竭，故天应之以旱，火从高殿起也。案旧占，灾火之发，皆以台榭宫室为诫。今宜罢散民役，务从节约，清扫所灾之处，不敢于此有所营造。芝莆嘉禾，必生此地，以报陛下虔恭之德。"不从。遂复崇华殿，改曰九龙。以郡国前后言龙见者九，故以为名。多弃法度，疲民逞欲，以妾为妻之应也。

吴孙亮建兴元年十二月，武昌端门灾；改作端门，又灾内殿。案《春秋》鲁雉门及两观灾，董仲舒以为天意欲使定公诛季氏，若曰去其高显而奢僭者也。汉武帝世，辽东高庙灾，其说又同。今此与二事颇类也。且门者，号令所出；殿者，听政之所。是时诸恪属秉政，而矜慢放肆，孙峻总禁旅，而险害终著。武昌，孙氏尊号所始，天戒若曰，宜除其贵要之首者。恪果丧众殄民，峻授政于綝，綝废亮也。或曰孙权毁彻武昌，以增太初宫，诸葛恪有迁都意，更起门殿，事非时宜，故见灾也。京房《易传》曰："君不思道，厥妖火烧宫。"吴孙亮太平元年二月朔，建业火。人火之也。是秋，孙綝始秉政，矫以亮诏杀吕据、滕胤。明年，又辄杀朱异。弃法律、逐功臣之罚也。

吴孙休永安五年二月，白虎门北楼灾。六年十月，石头小城火，烧西南百八十丈。是时嬖人张布专擅国势，多行无礼，而韦昭、盛冲终斥不用，兼遣察战等为使，惊扰州郡，致使交趾反乱。是其咎也。

吴孙晧建衡二年三月，大火，烧万余家，死者七百人。案《春秋》，齐火，刘向以为桓公好内，听女口，妻妾数更之罚也。晧制令诡暴，荡弃法度，劳臣名士，诛斥甚众。后宫万余，女谒数行，其中隆宠佩皇后玺者又多矣。故有大火。

晋武帝太康八年三月乙丑，震灾西阁、楚王所止坊，及临商观窗。十年四月癸丑，崇贤殿灾。十月庚辰，含章鞠室、修成堂前庑、内坊东屋、辉章殿南阁火。时有上书者曰："汉王氏五侯兄弟迭任，今杨氏三公并在大位，天变屡见，窃为陛下忧之。"杨珧由是乞退。是时帝纳冯紞之间，废张华之功；听杨骏之谗，离卫瓘之宠。此逐功臣之罚也。明年，宫车晏驾。其后楚王承窃发之旨，戮害二公，身亦不免。震灾其坊，又天意乎！

晋惠帝元康五年闰月庚寅，武库火。张华疑有乱，先固守，然后救灾。是以累代异宝，王莽头，孔子履，汉高断白蛇剑及二百万人器械，一时荡尽。是后愍怀见杀，杀太子之罚也。天戒若曰，夫设险击柝，所以固其国；储积戎器，所以戒不虞。今冢嗣将倾，社稷将泯，禁兵无所复施，皇旅又将谁卫！帝后不悟，终丧四海，是其应也。张华、阎纂皆曰，武库火而氐、羌反，太子见废，则四海可知矣。元康八年十一月，高原陵火。是时贾后凶悖，贾谧擅朝，恶积罪稔，宜见诛绝。天戒若曰，臣妾之不可者，虽亲戚莫比，犹宜殄而诛之，如吾燔高原陵也。帝既昏弱，而张华又不纳裴𬱟、刘卞之谋，故后遂与谧诬杀太子也。干宝云："高原陵火，太子废，其应也。汉武帝世，高园便殿火，董仲舒对与此占同。"

晋惠帝永康元年，帝纳皇后羊氏。后将入宫，衣中忽有火，众咸怪之。太安二年，后父玄之以成都之逼，忧死。永兴元年，成都遂废后，处之金墉城，而杀其叔父同之。是后还立，立而复废者四，又诏赐死，苟藩表全之。虽末还在位，然忧逼折辱，终古未闻。此孽火之应。晋惠帝永兴二年七月甲午，尚书诸曹火，延崇礼闼及阁道。夫百揆王化之本，王者弃法律之应也。清河王覃入为晋嗣，不终于位，又杀太子之罚也。

晋孝怀帝永嘉四年十一月，襄阳火，死者三千余人。是时王如自号大将军、司雍二州牧，众四五万，攻略郡县，以为己邑。都督力屈，婴城固守，贼遂攻逼襄阳。此下陵上，阳失节，火灾出也。

晋元帝太兴中，王敦镇武昌。武昌火起，兴众救之。救于此而发于彼，东西南北数十处俱应，数日不绝。班固所谓滥炎妄起，虽兴师不能救之之谓也。干宝曰："此臣而君行，亢阳失节之灾也。"晋元帝永昌二年正月癸巳，京都大火。三月，饶安、东光、安陵三县火，烧七千余家，死者万五千人。

晋明帝太宁元年正月，京都火。是时王敦威侮朝廷，多行无礼，内外臣下，咸怀怨毒。极阴生阳，故有火灾。与董仲舒说《春秋》陈火同事也。

晋穆帝永和五年六月，震灾石虎太武殿及两厢、端门，光烂照天，金石皆尽，火月余乃灭。是年四月，石虎死矣。其后胡遂灭亡。

晋海西太和中，郗愔为会稽。六月，大旱灾，火烧数千家，延及山阴仓米数百万斛。炎烟蔽天，不可扑灭。

晋孝武帝宁康元年三月，京都风，火大起。是时桓温入朝，志在陵上；少主践位，人怀忧恐。此与太宁火同事也。

晋孝武帝太元十年正月，立国子学。学生多顽嚚，因风放火，焚房百余间。是后考课不厉，赏黜无章，有育才之名，无收贤之实。《书》云："知人则哲。"此不哲之罚先兆也。太元十三年十二月乙未，延贤宫灾。丙申，鑫斯、则百堂及客馆、骠骑库皆灾。于时朝多弊政，衰陵日兆。不哲之罚，皆有象类。主相不悟，终至乱亡云。

晋安帝隆安二年三月，龙舟二乘灾。是水沴火也。晋安帝元兴元年八月庚子，尚书下舍曹火。元兴三年，卢循攻略广州，刺史吴隐之闭城固守。是年十月壬戌夜，大火起。时民人避寇，盈满城内。隐之惧有应贼，但务严兵，不先救火，由是府舍焚烧荡尽，死者万余人，因遂散溃，悉为贼擒。殆与襄阳火同占也。

晋安帝义熙四年七月丁酉，尚书殿中吏部曹火。义熙十一年，京都所在大行火灾，吴界尤甚。火防甚峻，犹自不绝。王弘时为吴郡，白日在听事上，见天上有一赤物下，状如信幡，径집路南人家屋上，火即复大发。弘知天为之灾，不罪火主。

宋文帝元嘉五年正月戊子，京邑大火。元嘉七年十二月乙亥，京邑火，延烧太社北墙。元嘉二十九年三月壬午，京邑大火，风雷甚壮。

后废帝元徽三年正月己巳，京邑大火。元徽三年三月戊辰，京邑大火，烧二岸数千家。

恒燠：

庶征之恒燠，刘向、班固以冬亡冰及霜不杀草应之。京房《易传》又曰："夏则暑杀人，冬则物华实。"

吴孙亮建兴元年九月，桃李华。孙权世，政烦赋重，民雕于役。是时诸葛恪始辅政，息校官，原逋责，除关梁，崇宽厚。此舒缓之应也。一说桃李寒华为草妖，或属华蘗。

魏元帝景元三年十月，桃李华。自高贵弑死之后，晋文王深树恩德，事崇优缓，此其应也。

晋穆帝永和九年十二月，桃李华。是时简文辅政，事多弛略，舒缓之应也。

宋顺帝升明元年十月，于潜桃、李、柰结实。

草妖：

汉献帝建安二十五年春正月，魏武帝在洛阳，将起建始殿，伐濯龙祠树而血出；又掘徙梨，根伤亦血出。帝恶之，遂寝疾，是月崩。盖草妖，又赤祥也。是岁，魏文帝黄初元年也。

吴孙亮五凤元年六月，交趾稗草化为稻。昔三苗将亡，五谷变种。此草妖也。其后亮废。

蜀刘禅景耀五年，宫中大树无故自折。谯周忧之，无所与之言，乃书柱曰："众而大，其之会，具而授，若何复。"言曹者众也；魏者大也。众而大，天下其当会也；具而授，如何复有立者乎。蜀果亡，如周言。此草妖也。

吴孙晧天玺元年，吴郡临平湖自汉末秽塞，是时一夕忽开除无草。长老相传，此湖塞，天下乱；此湖开，天下平。吴寻亡，而九服为一。吴孙晧天纪三年八月，建业有鬼目菜生工黄狗家，依缘枣树，长丈余，茎广四寸，厚三分。又有买菜生工吴平家，高四尺，如枇杷形，上圆径一尺八寸，下茎广五寸，两边生叶绿色。东观案图，名鬼目作芝草，买菜作平虑。遂以狗为侍芝郎，平为平虑郎，皆银印青绶。干宝曰："明年晋平吴,王浚止船,正得平渚,姓名显然,指事之征也。黄狗者,吴以土运承汉,故初有黄龙之瑞,及其季年,而有鬼目之妖,托黄狗之家,黄称不改,而贵贱大殊。天道精微之应也。"

晋惠帝元康二年春,巴西郡界竹生花,紫色,结实如麦,外皮青,中赤白,味甘。元康九年六月庚子,有桑生东宫西厢,日长尺余;甲辰,枯死。此与殷太戊同妖。太子不能悟,故至废戮也。班固称"野木生朝而暴长,小人将暴居大臣之位,危亡国家,象朝将为墟也"。是后孙秀、张林寻用事,遂至大乱。

晋惠帝永康元年四月丁巳,立皇孙臧为皇太孙。五月甲子,就东宫。桑又生于西厢。明年,赵伦篡位,鸩杀臧。此与愍怀同妖也。永康元年四月,壮武国有桑化为柏。是月,张华遇害。

晋孝怀帝永嘉三年冬,项县桑树有声如解材,民谓之桑林哭。案刘向说,桑者丧也,又为哭声,不祥之甚。是时京师虚弱,胡寇交逼,司马越无卫上国之心。四年冬,委而南出,至五年春,薨于此城。石勒邀其众,围而射之,王公以下至庶人,死者十余万人,又剖越棺焚其尸。是败也,中原无所请命,洛京寻没。桑哭之应也。

永嘉六年五月,无锡县有四株茱萸树,相樛而生,状若连理。先是,郭景纯筮延陵偃鼠,遇《临》之《益》,曰:"后当复有妖树生,若瑞而非,辛螫之木也。觉有此,东南数百里必有作逆者。"其后徐馥作乱。此草妖也,郭以为木不曲直。永嘉六年七月,豫章郡有樟树久枯,是月忽更荣茂,与昌邑枯社复生同占。怀帝不终其祚,元帝由支族兴之应也。

晋明帝太宁元年九月,会稽剡县木生如人面。是后王敦称兵作逆,祸败无成。汉哀、灵之世,并有此妖,而人貌备具,故其祸亦大。今此但人面而已,故其变亦轻。

晋成帝咸和六年五月癸亥,曲阿有柳树倒地六载,是月忽复起生。咸和九年五月甲戌,吴雄家有死榆树,是日因风雨起生。与汉上林断柳起生同象。初,康帝为吴王,于时虽改封琅邪,而犹食吴郡为邑。是帝越正体飨国之象也。曲阿先亦吴地,象见吴邑雄舍,又天意也。

晋哀帝兴宁三年五月癸卯,庐陵西昌县修明家有死栗树,是日忽起生。时孝武年四岁,而简文居藩,四海宅心。及得位垂统,则祚隆孝武。识者窃曰:西昌修明之祥,帝讳实应之矣。是与汉宣帝颇同象也。

晋海西太和元年,凉州杨树生松。天戒若曰,松不改柯易叶,杨者柔脆之木,此永久之业,将集危亡之地。是后张天锡降氏。

晋孝武太元十四年六月,建宁同乐县枯木断折,忽然自立相属。京房《易传》曰:"弃正作淫,厥妖木断自属。妃后有专,木仆反立。"是时治道方僻,多失其正。其后张夫人专宠,及帝崩,兆庶归咎张氏焉。

晋安帝元兴三年,荆、江二界生竹实如麦。晋安帝义熙二年九月,扬州营扬武将军营士陈盖家有苦菜生,茎高四尺六寸,广三尺二寸。此殆与吴终同象也。义熙中,宫城上御道左右皆生蒺藜,草妖也。蒺藜有刺,不可践而行,生宫墙及驰道,天戒若曰,人君拱默不能听政,虽居宸极,犹若空宫;虽有御道,未尝驰骋,皆生蒺藜若空废也。义熙八年,太社生薰树于坛侧。薰于文尚黑,宋水德将王之符也。

羽虫之孽:

魏文帝黄初四年五月,有鹈鹕鸟集灵芝池。案刘向说,此羽虫之孽,又青祥也。诏曰:"此诗人所谓污泽者也。《曹诗》刺恭公远君子,近小人。今岂有贤智之士,处于下位,否则斯鸟胡为而至哉?其博举天下俊德茂才,独行君子,以答曹人之刺。"于是杨彪、管宁之徒,咸见荐举。此谓睹妖知惧者也。虽然不能优容亮直,而多溺偏私矣。京房《易传》曰:"辟退有德,厥妖水鸟集于国井。"黄初末,宫中有燕生鹰,口爪俱赤。此与商纣、宋隐同象。

景初元年,又有燕生巨鷇于卫国涓桃里李盖家,形若鹰,吻似燕。案刘向说,此羽虫之孽,又赤眚也。高堂隆曰:"此魏室之大异,宜防鹰扬之臣于萧墙之内。"其后晋宣王起,遂有魏室。

汉献帝建安二十三年,秃鹫鸟集邺宫文昌殿后池。明年,魏武王薨。

魏文帝黄初三年,又集雒阳芳林园池。七年,又集。其夏,文帝崩。景初末,又集芳林园池。前世再至,辄有大丧,帝恶之。其年,明帝崩。

蜀刘禅建兴九年十月,江阳至江州有鸟从江南飞渡江北,不能达,堕水死者以千余。是时诸葛亮连年动众,志吞中夏,而终死渭南,所图不遂。又诸将分争,颇丧徒旅。鸟北飞不能达,堕水死者,皆有其象也。亮竟不能过渭,又其应乎!此与汉、楚国乌斗堕泗水粗类矣。

魏明帝青龙三年,戴鵀巢钜鹿人张臶家。臶博学有高节,不应袁绍、高干之命,魏太祖辟亦不至,优游嘉遁,门徒数百,太守王肃雅敬焉。时年百余岁,谓门人曰:"戴鵀阳鸟,而巢于门阴,此凶祥也。"乃援琴歌咏,作诗一首,旬日而卒。按占,羽虫之孽。魏明帝景初元年,陵霄阁始构,有鹊巢其上。鹊体白黑杂色。此羽虫之孽,又白黑祥也。帝以问高堂,对曰:"《诗》云:'惟鹊有巢,惟鸠居之。'今兴起宫室,而鹊来巢,此宫室未成,身不得居之象。天意若曰,宫室未成,将有它姓制御之,不可不深虑。"于是帝改容动色。

吴孙权赤乌十二年四月,有两鸟衔鹊堕东馆。权使领丞相朱据燎鹊以祭。案刘歆说,此羽虫之孽,又黑祥也。视不明,听不聪之罚也。是时权意溢德衰,信谗好杀,二子将危,将相俱殆。睹妖不悟,加之以燎,昧道之甚者也。明年,太子和废,鲁王霸赐死,朱据左迁,陆议忧卒,是其应也。东馆,典教之府;鹊堕东馆,又天意乎!

吴孙权太元二年正月,封前太子和为南阳王,遣之长沙。有鹊巢其帆樯。和故宫僚闻之,皆忧惨,以为樯末倾危,非久安之象。是后果不得其死。

吴孙亮建兴二年十一月,大鸟五见于春申。吴人以为凤凰,明年,改元为五凤。汉桓帝时,有五色大鸟。司马彪云:"政治衰缺,无以致凤,乃羽虫孽耳。"孙亮未有德政，孙峻骄暴方甚，此与桓帝同事也。案《瑞应图》，大鸟似凤而为孽者非一，疑皆是也。吴孙晧建衡三年，西苑言凤凰集，以之改元。义同于亮。

晋武帝泰始四年八月，翟雉飞上阊阖门。赵伦既篡，洛阳得异鸟，莫能名。伦使人持出，周旋城邑匝以问人。积日，宫西有小儿见之，逆自言曰："服留鸟翳。"持者即还白伦。伦使更求小儿。至，又见之，将入宫，密笼鸟，闭儿户中。明日视，悉不见。此羽虫之孽，又妖之甚者也。

赵伦篡位，有鹑入太极殿，雉集东堂。按太极、东堂，皆朝享听政之所。而鹑、雉同日集之者，天意若曰，不当居此位也。《诗》云"鹊之彊彊，鹑之奔奔。人之无良，我以为君。"其此之谓乎！昔殷宗感雊雉，惧而修德；伦睹二物，曾不知戒，故至灭亡也。

晋孝怀帝永嘉元年二月，洛阳东北步广里地陷，有鹅出，苍色者飞翔冲天，白者止焉。此羽虫之孽，又黑白祥也。董养曰："步广，周之狄泉，盟会地也。白者金色，苍为胡象，其可尽言乎。"是后刘渊、石勒相继擅华，怀、愍二帝沦灭非所。晋孝怀帝世，周玘家有鹅在笼中，而头断笼外。玘亡后家诛。

晋明帝太宁三年八月庚戌，有鸟二，苍黑色，翼广一丈四尺。其一集司徒府，射而杀之；其一集市北家人舍，亦获焉。此羽虫之孽，又黑祥也。闰月戊子，帝崩。后有苏峻、祖约之乱。

晋成帝咸和二年正月，有五鸥鸟集殿庭。此又白祥也。是时庾亮苟违众谋，将召苏峻，有言不从之咎，故白祥先见也。三年二月，峻果作乱，宫室焚毁，化为污莱，其应也。晋成帝咸康八年七月，白鹭集殿屋。是时康帝始即位，此不永之祥也。后涉再期而帝崩。刘向曰："野鸟入处，宫室将空。"张瑾在凉州正朝，放佳雀诸鸟，出手便死；左右放者悉飞去。

晋孝武帝太元十六年正月，鹊巢太极东头鸱尾，又巢国子学堂西头。十八年，东宫始成。十九年正月，鹊又巢其西门。此殆与魏景初同占。学堂，风教所聚；西门，金行之祥也。

晋安帝义熙三年，龙骧将军朱猗戍寿阳。婢炊饭，忽有群乌集灶，竞来啄啖，婢驱逐不去。有猎狗咋杀乌鹊，余者因共啄狗即死，又啖其肉，唯余骨存。五年六月，猗死。

宋武帝永初三年，临轩拜徐羡之为司空，百僚陪位，有二野鹳集太极鸱尾鸣呼。

少帝景平二年春，鹊巢太庙西鸱尾，驱去复还。

文帝元嘉二年春，有江鸥鸟数百，集太极殿前小阶内。明年，诛徐羡之等。

羊祸：

晋成帝咸和二年五月，司徒王导厩，羊生无后足。此羊祸也。京房《易传》曰："足少者，下不胜任也。"明年，苏峻入京都，导与成帝俱幽石头，仅乃免身。是其应也。

宋孝武帝大明七年，永平郡献三角羊。羊祸也。

赤眚赤祥：

公孙渊时，襄平北市生肉，长围各数尺，有头目口喙，无手足，而动摇。此赤眚也。占曰："有形不成，有体无声，其国灭亡。"渊寻为魏所诛。

吴戍将邓嘉杀猪祠神，治毕县之，忽见一人头往食肉。嘉引弓射中之，咋咋作声，绕屋三日。近赤祥也。后人白嘉谋北叛，阊门被诛。京房《易妖》曰："山见葆，江于邑，邑有兵，状如人头赤色。"吴诸葛恪将见诛，盥洗水血臭；侍者授衣，衣亦臭。此近赤祥也。

晋武帝太康七年十一月，河阴有赤雪二顷。此赤祥也。后涉四载而帝崩，王宫遂乱。

晋惠帝元康五年三月，吕县有流血，东西百余步。此赤祥也。元康末，穷凶极乱，僵尸流血之应也。干宝以为后八载而封云乱徐州，杀伤数万人，是其应也。晋惠帝永康元年三月，尉氏雨血。夫政刑舒缓，则有常燠赤祥之妖。此岁正月，送愍怀太子幽于许宫。天戒若曰，不宜缓恣奸人，将使太子冤死。惠帝愚眊不悟，是月愍怀遂毙。于是王室衅成，祸流天下。淖齿杀齐闵王日，天雨血沾衣，天以告也，此之谓乎？京房《易传》曰："归狱不解，兹谓追非，厥咎天雨血，兹谓不亲，民有怨心，不出三年，无其宗人。"又曰："佞人禄，功臣戮，天雨血。"

晋愍帝建兴四年十二月丙寅，丞相府斩督运令史淳于伯，血逆流上柱二丈三尺。此赤祥也。是时后将军褚哀镇广陵，丞相扬声北伐，伯以督运稽留及役使臧罪，依征军法戮之。其息诉称："伯督运事讫，无所稽乏，受赇役使，罪不及死。兵家之势，先声后实，实是屯戍，非为征军。自四年以来，运漕稽停，皆不以军兴法论。"僚佐莫之理。及有此变，司直弹劾众官，元帝又无所问。于是频旱三年。干宝以为冤气之应。郭景纯曰："血者水类，同属于《坎》，《坎》为法家。水平润下，不宜逆流。此政有咎失之征也。"

卷三十三　　　志第二十三

五　行　四

《五行传》曰："简宗庙，不祷祠，废祭祀，逆天时，则水不润下。"谓水失其性而为灾也。又曰："听之不聪，是谓不谋。厥咎急，厥罚恒寒，厥极贫。时则有鼓妖，时则有鱼孽，时则有豕祸，时则有耳痾，时则有黑眚、黑祥。惟火沴水。"鱼孽，刘歆传以为介虫之孽，谓蝗属也。

水不润下：

魏文帝黄初四年六月，大雨霖，伊、洛溢至津阳城门，漂数千家，流杀人。初，帝即位，自邺迁洛，营造宫室，而不起宗庙，太祖神主犹在邺。尝于建始殿飨祭如家人之礼，终黄初不复还邺，而圆丘、方泽、南北郊、社、稷等神位，未有定所。此简宗庙，废祭祀之罚也。京房《易传》曰："颛事者知，诛罚绝理，厥灾水。其水也，雨杀人已陨霜。大风天黄。饥而不损，兹谓泰。厥灾水杀人。

避遏有德，兹谓狂。厥灾水，水流杀人也；已水则地生虫。归狱不解，兹谓追非。厥水寒杀人。追诛不解，兹谓不理。厥水五谷不收。大败不解，兹谓皆阴。厥水流入国邑，陨霜杀谷。"

吴孙权赤乌八年夏，荼陵县鸿水溢出，流漂二百余家；十三年秋，丹阳故鄣等县又鸿水溢。案权称帝三十年，竟不于建业创七庙，但有父坚一庙，远在长沙，而郊禋礼礼阙。嘉禾初，群臣奏宜效祀，又弗许。末年虽一南郊，而北郊遂无闻焉。且三江、五湖、衡、霍、会稽，皆吴、楚之望，亦不见秩，反礼罗阳妖神，以求福助。天意若曰，权简宗庙，不祷祠，废祭祀，示此罚，欲其感悟也。

太元元年，又有大风涌水之异。是冬，权南郊，疑是鉴咎征乎？还而寝疾。明年四月，薨。一曰，权时信纳谮诉，虽陆议勋重，子和储贰，犹不得其终。与汉安帝听谗、免杨震、废太子同事也。且赤乌中无年不用兵，百姓愁怨。八年秋，将军马茂等又图逆云。

魏明帝景初元年九月，淫雨过常，冀、兖、徐、豫四州水出，没溺杀人，漂失财产。帝自初即位，便淫奢极欲，多占幼女，或夺士妻，崇饰宫室，妨害农战，触情恣欲，至是弥甚。号令逆时，饥不损役，此水不润下之应也。

吴孙亮五凤元年夏，大水。亮即位四年，乃立权庙；又终吴世，不上祖宗之号，不修严父之礼，昭穆之数有阙。亮及休、晧又并废二郊，不秩群神。此简宗庙，不祭祀之罚也。又是时，孙峻专政，阴胜阳之应乎。

吴孙休永安四年五月，大雨，水泉涌溢。昔岁作浦里塘，功费无数，而田不可成，士卒死叛，或自贼杀，百姓愁怨，阴气盛也。休又专任张布，退盛冲等，吴人贼之之应也。吴孙休永安五年八月壬午，大雨震电，水泉涌溢。

晋武帝泰始四年九月，青、徐、兖、豫四州大水。七年六月，大雨霖，河、洛、伊、沁皆溢，杀二百余人。帝即尊位，不加三后祖宗之号。泰始二年，又除明堂南郊五帝坐，同称昊天上帝，一位而已。又省先后配地之礼。此简宗庙，废祭祀之罚，与汉成帝同事也。一曰，昔岁及此年，药兰泥、白虎文秦凉杀刺史胡烈、牵弘，遣田璋讨泥。又司马望以大众次淮北御孙晧。内外兵役，西州饥乱，百姓愁怨，阴气盛也。咸宁初，始上祖宗号，太熙初，还复五帝位。

晋武帝咸宁元年九月，徐州水。二年七月癸亥，河南魏郡暴水，杀百余人；八月，荆州郡国五大水。去年采择良家子女，露面入殿，帝亲简阅，务在姿色，不访德行。有蔽匿者，以不敬论。搢绅愁怨，天下非之。阴盛之应也。咸宁三年六月，益、梁二州郡国八暴水，杀三百余人；七月，荆州大水；九月，始平郡大水；十月，青、徐、兖、豫、荆、益、梁七州又大水。是时贾充等用事日盛，而正人疏外者多。咸宁四年七月，司、冀、兖、豫、荆、扬郡国二十大水。

晋武帝太康二年六月，泰山、江夏大水。泰山流三百家，杀六千余人；江夏亦杀人。是时平吴后，王浚为元功，而诋劾妄加；荀、贾为无谋，而并蒙重赏。收吴姬五千，纳之后宫。此其应也。太康四年七月，司、豫、徐、兖、

荆、扬郡国二十大水，伤秋稼，坏屋室，有死者。太康六年三月，青、凉、幽、冀郡国十五大水。太康七年九月，西方安定等郡国八大水。太康八年六月，郡国八大水。晋惠帝元康二年，有水灾。元康五年五月，颍川、淮南大水；六月，城阳、东莞大水杀人；荆、扬、徐、兖、豫五州又大水。是时帝即位已五载，犹未郊祀，烝尝亦多不身亲近。简宗庙，废祭祀之罚也。班固曰："王者即位，必郊祀天地，望秩山川。若乃不敬鬼神，政令违逆，则雾水暴至，百川逆溢，坏乡邑，溺人民，水不润下也。"元康六年五月，荆、扬二州大水。按董仲舒说，水者，阴气盛也。是时贾后乱朝，宠树贾、郭。女主专政之应也。元康八年五月，金墉城井水溢。汉成帝时有此妖，班固以为王莽之象。及赵伦篡位，即此应也。伦废帝于此城，井溢所在，又天意乎！元康八年九月，荆、扬、徐、兖、冀五州大水。是时贾后暴戾滋甚，韩谧骄猜弥扇，卒害太子，旋亦祸灭。元康九年四月，宫中井水沸溢。

晋惠帝永宁元年七月，南阳、东海大水。是时，齐王冏秉政专恣。阴盛之应。晋惠帝太安元年七月，兖、豫、徐、冀四州水。时将相力政，无尊主心。

晋孝怀帝永嘉四年四月，江东大水。是时，王导等潜怀翼戴之计。阴气盛也。

晋元帝太兴三年六月，大水。是时王敦内怀不臣，傲很作威，后终夷灭。大兴四年七月，大水。明年有石头之败。

晋元帝永昌二年五月，荆州及丹阳、宣城、吴兴、寿春大水。

晋明帝太宁元年五月，丹阳、宣城、吴兴、寿春大水。是时王敦疾害忠良，威权震主，寻亦诛灭。

晋成帝咸和元年五月，大水。是时嗣主幼冲，母后称制，庾亮以元舅民望，决事禁中。阴胜阳也。咸和二年五月戊子，京都大水。是冬，苏峻称兵，都邑涂炭。咸和四年七月，丹阳、宣城、吴兴、会稽大水。是冬，郭默作乱，荆、豫共讨之，半岁乃定。咸和七年五月，大水。是时帝未亲务，政在大臣。阴胜阳也。

晋成帝咸康元年八月，长沙、武陵大水。是年三月，石虎掠骑至历阳，四月，围襄阳。于是加王导大司马，集徒旅；又使赵胤、路永、刘仕、王允之、陈光五将军，各帅众戍卫。百姓愁怨。阴气盛也。

晋穆帝永和四年五月，大水。是时幼主冲弱，母后临朝；又将相大臣，各争权政。与咸和初同事也。永和五年五月，大水。永和六年五月，大水。永和七年七月甲辰夜，涛水入石头，死者数百人。去年，殷浩以私忿废蔡谟，遐迩非之。又幼主在上，而殷、桓交恶，选徒聚甲，各崇私权。阴胜阳之应也。一说涛入石头，江右以为兵占。是后殷浩、桓温、谢尚、荀羡连年征伐。

晋穆帝升平二年五月，大水。是时桓温权制朝廷，征伐是专。升平五年四月，大水。

晋海西太和六年六月，京都大水，平地数尺，侵及太庙。朱雀大航缆断，三艘流入大江。丹阳、晋陵、吴国、吴兴、临海五郡又大水，稻稼荡没，黎庶饥馑。初四年，

桓温北伐败绩，十丧其九；五年，又征淮南，逾岁乃克。百姓愁怨之应也。

晋简文帝咸安元年十二月壬午，涛水入石头。明年，妖贼卢悚率其属数百人入殿，略取武库三库甲仗，游击将军毛安之讨灭之。

晋孝武帝太元三年六月，大水。是时孝武幼弱，政在将相。太元五年，大水。去年氐贼攻没襄阳，又向广陵。于是逼徙江、淮民悉令南渡，三州失业，道馑相望。谢玄虽破句难等，自后征戍不已。百姓愁怨之应也。太元六年六月，荆、江扬三州大水。太元十年夏，大水。初八年，破苻坚，自后有事中州，役无已岁。兵民愁怨之应也。太元十三年十二月，涛水入石头。明年，丁零、鲜卑寇扰司、兖镇戍，西、北疲于奔命。太元十五年七月，兖州大水。是时缘河纷争，征戍勤悴。太元十七年六月甲寅，涛水入石头，毁大航，漂船舫，有死者；京口西浦，亦涛入杀人。永嘉郡潮水涌起，近海四县人民多死。后四年帝崩，而王恭再攻京师。京师亦发大众以御之。太元十九年七月，荆州、彭城大水伤稼。太元二十年，荆州、彭城大水。太元二十一年五月癸卯，大水。是时政事多弊，兆庶非之。

晋安帝隆安三年五月，荆州大水。去年，殷仲堪举兵向京都；是年春，又杀郗恢。阴盛作威之应也。仲堪寻亦败亡。隆安五年五月，大水。是时司马元显作威陵上，又桓玄擅西夏，孙恩乱东国。阴胜阳之应也。

晋安帝元兴二年十二月，桓玄篡位。其明年二月庚寅夜，涛水入石头。是时贡使商旅，方舟万计，漂败流断，骸胔相望。江右虽有涛变，未有若斯之甚。三月，义军克京都，玄败走，遂夷灭。元兴三年二月己丑朔夜，涛水入石头，漂没杀人，大航流败。

晋安帝义熙元年十二月己未，涛水入石头。义熙二年十二月己未夜，涛水入石头。明年，骆球父环潜结桓胤、殷仲文等谋作乱，刘稚亦谋反，凡所诛灭数十家。义熙三年五月丙午，大水。义熙四年十二月戊寅，涛水入石头。明年，王旅北讨鲜卑。义熙六年五月丁巳，大水。乙丑，卢循至蔡洲。义熙八年六月，大水。义熙九年五月辛巳，大水。义熙十年五月丁丑，大水；戊寅，西明门地穿涌水出，毁门扉及限；七月乙丑，淮北灾风大水杀人。义熙十一年七月丙戌，大水，淹渍太庙，百官赴救。明年，王旅北讨关、河。

宋文帝元嘉五年六月，京邑大水。七年，右将军到彦之率师入河。元嘉十一年五月，京邑大水。十三年，司空檀道济诛。元嘉十二年六月，丹阳、淮南、吴、吴兴、义兴五郡大水，京邑乘船。元嘉十八年五月，江水泛溢，没居民，害苗稼。明年，右军将军裴方明率雍、梁之众伐仇池。元嘉十九年、二十年，东诸郡大水。元嘉二十九年五月，京邑大水。

孝武帝孝建元年八月，会稽大水，平地八尺。后二年，房寇青、冀州，遣羽林军卒讨伐。孝武帝大明元年五月，吴兴、义兴大水。大明四年八月，雍州大水。大明四年，南徐、南兖州大水。

后废帝元徽元年六月，寿阳大水。

顺帝升明元年七月，雍州大水，甚于关羽樊城时。升明二年二月，于潜翼异山一夕五十二处水出，流漂居民。七月丙午朔，涛水入石头，居民皆漂没。

恒寒：

庶征之恒寒，刘歆以为"大雨雪、及未当雨雪而雨雪、及大雨雹、陨霜杀菽草，皆常寒之罚也"。京房《易传》曰："有德遭险，兹谓逆命。厥异寒。诛罚过深，当燠而寒，尽六日，亦为雹。害正不诛，兹谓养贼。寒七十二日，杀飞禽。道人始去，兹谓伤。其寒物无霜而死，涌水出。战不量敌，兹谓辱命。其寒虽雨物不茂。"

吴孙权嘉禾三年九月朔，陨霜伤谷。按刘向说："诛罚不由君出，在臣下之象也"。是时校事吕壹专作威福，与汉元帝时石显用事陨霜同应。班固书九月二日，陈寿言朔，皆明未可以伤谷也。壹后亦伏诛。京房《易传》曰："兴兵妄诛，兹谓亡法。厥灾霜，夏杀五谷，冬杀麦。诛不原情，兹谓不仁。其霜夏先大雷风，冬先雨，乃陨霜，有芒角。贤圣遭害，其霜附木不下地。佞人依刑，兹谓私贼。其霜在草根土隙间。不教而诛，兹谓虐。其霜反在草下。"

嘉禾四年七月，雨雹，又陨霜。案刘向说："雹者阴胁阳"。是时吕壹作威用事，诋毁重臣，排陷无辜。自太子登以下，咸患毒之，而壹反获封侯宠异。与《春秋》公子遂专任，雨雹同应也。汉安帝信谗，多杀无辜，亦雨雹。董仲舒曰"凡雹皆为有所胁，行专一之政"故也。

吴孙权赤乌四年正月，大雪，平地深三尺，鸟兽死者太半。是年夏，全琮等四将军攻略淮南、襄阳，战死者千余人。其后权以谗邪，数责让陆议，议愤恚致卒。与汉景、武大雪同事也。赤乌十一年四月，雨雹。是时权听谗，将危太子。其后朱据、屈晃以以意黜辱，陈象以忠谏族诛，而太子终废。此有德遭险，诛罚过深之应也。

晋武帝泰始六年冬，大雪。泰始七年十二月，大雪。明年。有步阐、杨肇之败，死伤甚众。泰始九年四月辛未，陨霜。是时贾充亲党比周用事。与鲁定公、汉元帝时陨霜同应也。

晋武帝咸宁三年八月，平原、安平、上党、秦郡霜害三豆。咸宁三年八月，河间暴风寒冰，郡国五陨霜伤谷。是后大举征吴，马隆又帅精勇讨凉州。咸宁五年五月丁亥，钜鹿、魏郡雨雹伤禾、麦；辛卯，雁门雨雹伤秋稼。咸宁五年六月庚戌，汲郡、广平、陈留、荥阳雨雹；丙辰，又雨雹，损伤秋麦千三百余顷，坏屋百三十余间；癸亥，安定雨雹；七月丙申，魏郡又雨雹，闰月壬子，新兴又雨雹；八月庚子，河东、弘农又雨雹，兼伤秋稼三豆。

晋武帝太康元年三月，河东、高平霜雹，伤桑、麦；四月，河南、河内、河东、魏郡、弘农雨雹，伤麦、豆；五月，东平、平阳、上党、雁门、济南雨雹，伤禾、麦、三豆。太康元年四月庚午，畿内县二及东平范阳县雨雹；癸酉，畿内县五又雨雹。是时王濬有大功，而权戚互加陷抑，帝从容不断。阴胁阳之应也。太康二年二月辛酉，颁霜于济南、琅邪，伤麦；壬申，琅邪雨雪伤麦；三月甲午，河东陨霜害桑。太康二年五月丙戌，城阳、章武、琅邪伤麦；庚寅，河东、乐安、东平、济阴、弘农、濮阳、齐国、顿丘、魏郡、河内、汲郡、上党雨雹，伤禾稼。太康二年六月，郡国十六雨雹。太康三年十二月，大雪。太康五年七月乙卯，中山、东平雨雹，伤秋稼。太康五年七月甲辰，中山雨雹；九月，南安大雪折木。太康六年二月，东海霜伤桑、麦。太康六年三月戊辰，齐郡临菑、长广不其等四县，乐安梁邹等八县，琅邪临沂等八县，河间易城等六县，高阳北新城等四县，陨霜伤桑、麦。太康六年六月，荥阳、汲郡、雁门雨雹。太康八年四月，齐国、天水二郡陨霜；十二月，大雪。太康九年正月，京都大风雨雹，发屋拔木；四月，陇西陨霜。太康十年四月，郡国八陨霜。

晋惠帝元康二年八月，沛及汤阴雨雹。元康三年四月，荥阳雨雹；弘农湖、华阴又雨雹，深三尺。是时贾后凶淫专恣，与《春秋》鲁桓夫人同事。阴气盛也。元康五年六月，东海雨雹，深五寸；十二月，丹阳雨雹。元康五年十二月，丹阳建业大雪。元康六年三月，东海陨霜杀桑、麦。元康七年五月，鲁国雨雹；七月，秦、雍二州陨霜杀稼。元康九年三月旬有八日，河南、荥阳、颍川陨霜伤禾；五月，雨雹。是时贾后凶躁滋甚，是冬遂废愍怀。

晋惠帝永宁元年七月，襄城雨雹。是时齐王冏专政。十月，襄城、河南、高平、平阳风雹，折木伤稼。晋惠帝光熙元年闰八月甲申朔，霰雪。刘向曰："盛阳雨水汤热，阴气胁之，则转而为雹。盛阴雨雪凝滞，阳气薄之，则散而为霰。"今雪非其时，此听不聪之应也。

晋孝怀帝永嘉元年十二月冬，雪平地三尺。永嘉七年十月庚午，大雪。

晋愍帝建兴元年十一月戊午，会稽大雨震电。己巳夜，赤气曜于西北。是夕，大雨震电。庚午，大雪。案刘向说，"雷以二月出，八月入"。此月雷电者，阳不闭藏也。既发泄而明日便大雪，皆失节之异也。是时刘载僭号平阳，李雄称制于蜀，九州幅裂，西京孤微。为君失时之象。

晋元帝太兴二年三月丁未，成都风雹杀人。太兴三年三月，海盐郡雨雹。是时王敦陵上。

晋元帝永昌二年十二月，幽、冀、并三州大雪。

晋明帝太宁元年十二月，幽、冀、并州大雪。太宁二年四月庚子，京都大雨雹，燕雀死。太宁三年三月丁丑，雨雹；癸巳，陨霜；四月，大雨雹。是年帝崩，寻有苏峻之乱。

晋成帝咸和六年三月癸未，雨雹。是时帝幼弱，政在大臣。咸和九年八月，成都雪。其日李雄死。晋成帝咸康二年正月丁巳，皇后见于太庙。其夕雨雹。

晋康帝建元元年八月，大雪。是时政在将相，阴气盛也。与《春秋》鲁昭公时季孙宿专政同事。刘向曰："凡雨，阴也，雪又雨之阴也。出非其时，迫近象也。"

晋穆帝永和三年八月，冀方大雪，人马多冻死。永和五年六月，临漳暴风震霆，雨雹大如升。永和十年五月，凉州雪。明年八月，桴罕护军张瓘帅宗混等攻灭张祚，更立张曜灵弟玄靓。京房《易传》曰："夏雨雪，戒臣为乱。"永和十一年四月壬申朔；十二月戊午，雷；己未，雷。是时帝幼，母后称制，政在大臣。晋穆帝升平二年正月，

大雪。

晋孝武帝太元二年四月己酉，雨雹；十二月，大雪。是时帝幼弱，政在将相。太元十二年四月己丑，雨雹。是时有事中州，兵役连岁。太元二十年五月癸卯，上虞雨雹。太元二十一年四月丁亥，雨雹。是时张夫人专幸，及帝暴崩，兆庶尤之。太元二十一年十二月，连雪二十三日。是时嗣主幼冲，冢宰专政。

晋安帝隆安二年三月乙卯，雨雹。是秋，王恭、殷仲堪入伐，终皆诛。晋安帝元兴二年十二月，酷寒过甚。是时桓玄篡位，政事烦苛，是其应也。晋氏失在舒缓，玄则反之。刘向曰："周衰无寒岁，秦灭无燠年。"此之谓也。元兴三年正月甲申，霰雪，又雷。雷霰不应同日，失节之应也。二月，义兵起，玄败。元兴三年四月丙午，江陵雨雹。是时安帝蒙尘。

晋安帝义熙元年四月壬申，雨雹。是时四方未一，钲鼓日戒。义熙五年三月己亥，雪深数寸。义熙五年五月癸巳，溧阳雨雹；九月己丑，广陵雨雹。明年，卢循至蔡洲。义熙五年九月己丑，广陵雨雹。义熙六年正月丙寅，雪，又雷。义熙六年五月壬申，雨雹。义熙八年四月辛未朔，雨雹；六月癸亥，雨雹，大风发屋。是秋，诛刘藩等。义熙十年四月辛卯，雨雹。

宋文帝元嘉九年春，京都雨雹，溧阳、盱眙尤甚，伤牛马，杀禽兽。元嘉十八年三月，雨雹。二十五房寇青州。元嘉二十五年正月，积雪冰寒。元嘉二十九年五月，盱眙雨雹，大如鸡卵。三十年，国家祸乱，兵革大起。

孝武帝大明元年十二月庚寅，大雪，平地二尺余。明年，虏侵冀州，遣羽林军北讨。

明帝泰始五年四月壬辰，京邑雨雹。

后废帝元徽三年五月乙卯，京邑雨雹。

雷震：

魏明帝景初中，洛阳城东桥、洛水浮桥桓楹，同日三处俱震；寻又震西城上候风木飞乌。时劳役大起，帝寻晏驾。

吴孙权赤乌八年夏，震宫门柱；又击南津大桥桓楹。

孙亮建兴元年十二月朔，大风震电；是月又雷雨。义同前说。亮终废。

晋武帝太康六年十二月甲申朔，淮南郡震电。太康七年十二月己亥，毗陵雷电，南沙司盐都尉戴亮以闻。太康十年十二月癸卯，庐江、建安雷电大雨。

晋惠帝永康元年六月癸卯，震崇阳陵标西南五百步，标破为七十片。是时贾后陷害鼎辅，宠树私戚。与汉桓帝时震宪陵寝同事也。后终诛灭。晋惠帝永兴二年十月丁丑，雷电。

晋怀帝永嘉四年十月，震电。

晋元帝永昌二年七月丙子朔，雷震太极殿柱。永昌二年十一月，会稽、吴郡雨震电。

晋明帝太宁元年七月丙子朔，震太极殿柱。

晋成帝咸和元年十月己巳，会稽郡大雨震电。咸和三年六月辛卯，临海大雷，破郡府内小屋柱十枚，杀人。咸和三年九月二日立冬，会稽震电。咸和四年十二月，吴郡、

会稽震电。咸和四年十二月，丹阳震电。

晋穆帝永和七年十月壬午，雷雨、震电。晋穆帝升平元年十一月庚戌，雷；乙丑，又雷。升平五年十月庚午，雷发东南。

晋孝武帝太元五年六月甲寅，雷震含章殿四柱。太元五年十二月，雷声在南方。太元十四年七月甲寅，震宣阳门西柱。

晋安帝隆安二年九月壬辰，雨雷。晋安帝元兴三年，永安皇后至自巴陵。将设仪导入宫，天雷，震人马各一俱殪。晋安帝义熙四年十一月辛卯朔，西北疾风；癸丑，雷。义熙五年六月丙寅，震太庙，破东鸱尾，彻壁柱。义熙六年正月丙寅，雷；丁卯，又雪。义熙六年十二月壬辰，大雷。义熙九年十一月甲戌，雷；乙亥，又雷。

宋文帝元嘉四年十一月癸丑，雷。元嘉五年六月丙寅，震太庙，破东鸱尾，彻壁柱。元嘉六年正月丙寅，雷且雪。元嘉七年十月丙子，雷。元嘉八年十二月庚辰，雷。元嘉九年十一月甲戌，雷且雪。元嘉十四年，震初宁陵口标，四破至地。十七年，废大将军彭城王义康。骨肉相害，自此始也。

前废帝景和元年九月甲午，雷震。明帝泰始二年九月辛巳，雷震。泰始四年十月辛卯，雷震。泰始四年十一月癸卯朔，雷震。泰始五年十一月乙巳，雷震。泰始六年十一月庚午，雷。

后废帝元徽三年九月戊戌，雷。元徽三年九月丁未，雷。元徽三年九月戊午，雷震。元徽三年十月辛未，雷；甲戌，又雷。

从帝升明三年二月二十四日丙申，震建阳门。

鼓妖：

晋惠帝元康九年三月，有声若牛，出许昌城。十二月，废太子，幽于许宫。按《春秋》晋文公柩有声如牛，刘向以为鼓妖。其说曰："声如牛，怒象也。将有急怒之谋，以生兵甲之祸。"此其类也。明年，贾后遣黄门孙虑杀太子，击以药杵，声闻于外。

苏峻在历阳，外营将军鼓自鸣，如人弄鼓者。峻手自斫之，曰："我乡土时有此，则城空矣。"俄而作乱夷灭。此听不聪之罚，鼓妖先作也。石虎末，洛阳城西北九里石牛在青石跌上，忽鸣唤，声闻四十里。虎遣人打落两耳及尾，铁钉钉四脚。

晋孝武太元十五年三月己酉朔，东北有声如雷。案刘向说以为："雷当托于云，犹君托于臣。"无云而雷，此君不恤下，下民将叛之象也。及帝崩而天下渐乱，孙恩、桓玄交陵京邑。

吴兴长城县夏架山有石鼓，长丈余，面径三尺所，下有盘石为足，鸣则声如金鼓，三吴有兵。晋安帝隆安中大鸣，后有孙灵秀之乱。

鱼孽：

魏齐王嘉平四年五月，有二鱼集于武库屋上。此鱼孽也。王肃曰："鱼生于渊，而亢于屋，介鳞之物，失其所也。边将其殆有弃甲之变乎。"后果有东关之败。干宝又以为高贵乡公兵祸之应。二说皆与班固旨同。

晋武帝太康中，有鲤鱼二见武库屋上。干宝曰："武库兵府，鱼有鳞甲，亦兵类也。鱼既极阴，屋上太阳，鱼见屋上，象至阴以兵革之祸干太阳也。"至惠帝初，诛杨骏，废太后，矢交馆阁。元康末，贾后谤杀太子，寻亦诛废。十年间，母后之难再兴，是其应也。自是祸乱构矣。京房《易妖》曰："鱼去水，飞入道路，兵且作。"

蝗虫：

魏文帝黄初三年七月，冀州大蝗，民饥。案蔡邕说："蝗者，在上贪苛之所致也。"是时孙权归从，帝因其有西陵之役，举大众袭之，权遂背叛。

晋武帝泰始十年六月，蝗。是时荀、贾任政，疾害公直。

晋孝怀帝永嘉四年五月，大蝗，自幽、并、司、冀至于秦、雍，草木牛马毛鬣皆尽。是时天下兵乱，渔猎生民，存亡所系，唯司马越、苟晞而已，而竞为暴刻，经略无章。

晋愍帝建兴四年六月，大蝗。去岁胡寇频攻北地、冯翊，麹允等悉众御之。是时又御刘曜，为曜所破，西京遂溃。

晋元帝太兴元年六月，兰陵合乡蝗，害禾稼。乙未，东莞蝗虫纵广三百里，害苗稼。太兴元年七月，东海、彭城、下邳、临淮四郡蝗虫害禾、豆。太兴元年八月，冀、青、徐三州蝗食生草尽，至于二年。是时中州沦丧，暴乱滋甚。太兴二年五月，淮陵、临淮、淮南、安丰、庐江诸郡蝗食秋麦。太兴三年五月癸丑，徐州及扬州江西诸郡蝗，吴民多饿死。去年，王敦并领荆州，苛暴之衅，自此兴矣。又是年初，徐州刺史蔡豹帅众伐周抚。

晋孝武帝太元十五年八月，兖州蝗。是时丁零寇兖、豫，鲜卑逼河南，征戍不已。太元十六年五月，飞蝗从南来，集堂邑县界，害苗稼。是年春，发取江州兵营甲士二千人家口六七千人，配护军及东宫，后寻散亡殆尽；又边将连有征杀。

豕祸：

吴孙皓宝鼎元年，野豕入右司马丁奉营。此豕祸也。后奉见遣攻谷阳，无功反，皓怒，斩其导军。及举大众北出，奉及万或等相谓曰："若至华里，不得不各自还也。"此谋泄，奉时虽已死，皓追怨谷阳事，杀其子温，家属皆远徙。豕祸之应也。龚遂曰："山野之兽，来入宫室，宫室将空。"又其象也。

晋孝怀帝永嘉中，寿春城内有豕生两头而不活。周馥取而观之。时通数者窃谓曰："夫豕，北方之畜，胡、狄象也。两头者，无上也。生而死，不遂也。天意若曰，勿生专利之谋，将自致倾覆也。"周馥不悟，遂欲迎天子，令诸侯，俄为元帝所败。是其应也。石勒亦寻渡淮，百姓死者十八九。

晋愍帝建武元年，有豕生八足。听不聪之罚。京房《易传》曰："凡妖作，各象其类。足多者，所任邪也。"是后有刘隗之变。

晋成帝咸和六年六月，钱塘民家貑豕生两子，皆人面，如胡人状，其身犹豕。京房《易妖》曰："豕生人头豕身者，邑且乱亡。"此貑豕而产，异之甚者也。

晋孝武帝太元十年四月，京都有豕，一头二身八足。十三年，京都民家豕产子，一头二身八足。并与建武同妖也。是后宰相沈酗，不恤朝政，近习用事，渐乱国纲，至于大坏也。

黑眚黑祥：

晋孝怀帝永嘉五年十二月，黑气四塞。近黑祥也。

宋文帝元嘉二十六年三月，幸京口。有黑气暴起，占有兵。明年，房南寇至瓜步，饮马于江。

火沴水：

晋武帝太康五年六月，任城、鲁国池水皆赤如血。案刘向说，近火沴水也。听之不聪之罚也。京房《易传》曰："淫于色，贤人潜，国家危，厥异水流赤。"

晋穆帝升平三年二月，凉州城东池中有火；四年四月，姑臧泽水中又有火。此火沴水之妖也。明年，张天锡杀中护军张邕。邕，执政臣也。

晋安帝元兴二年十月，钱塘临平湖水赤。桓玄讽吴郡使言开除，以为己瑞。俄而玄败。

卷三十四　　志第二十四

五　行　五

《五行传》曰："治宫室，饰台榭，内淫乱，犯亲戚，侮父兄，则稼穑不成。"谓土失其性而为灾也。又曰："思心不睿，是谓不圣。厥咎雾，厥罚恒风，厥极凶短折。时则有脂夜之妖，时则有华孽，时则有牛祸，时则有心腹之疴，时则有黄眚、黄祥，时则有金木水火沴土。"班固曰："不言'惟'而独曰'时则有'者，非一冲气所沴，明其异大也。"华孽，刘歆传以为嬴虫之孽，谓螟属也。

稼穑不成：

吴孙皓时，尝岁无水旱，苗稼丰美，而实不成，百姓以饥，阖境皆然，连岁不已。吴人以为伤露，非也。按刘向《春秋说》曰："水旱当书，不书水旱而曰大无麦禾者，土气不养，稼穑不成。"此其义也。皓初迁都武昌，寻迁建业，又起新馆，缀饰珠玉，壮丽过甚，破坏诸宫，增修苑囿，犯暑妨农，官民疲怠。《月令》，"季夏不可以兴土功"。皓皆冒之。此治宫室饰台榭之罚，与《春秋》鲁庄公三筑台同应也。班固曰："无水旱之灾，而草木百谷不熟，皆为稼穑不成。"

晋穆帝永和十年，三麦不登，至关西亦然。自去秋至是夏，无水旱，无麦者，如刘向说也。又俗云，"多苗而不实为伤"，又其义也。

恒风：

魏齐王正始九年十一月，大风数十日，发屋折树；十二月戊子晦，尤甚，动太极东阁。魏齐王嘉平元年正月壬辰朔，西北大风，发屋折木，昏尘蔽天。按管辂说此为兵刑，大风，执政之忧也。是时曹爽区督目专，骄僭过度，天戒数见，终不改革。此思心不睿，恒风之罚也。后逾旬而爽等灭。京房《易传》曰："众逆同志，至德乃潜，厥异风。其风也，行不解，物不长，雨小而伤。政悖德隐，兹谓乱。厥风先风不雨，大风暴起，发屋折木。守义不进，兹谓眊。厥风与云俱起，折五谷茎。臣易上政，兹谓不顺。厥风大飚发屋。赋敛不理，兹谓祸。厥风绝经纪，止即温，温即虫。侯专封，兹谓不统。厥风疾而树不摇，谷不成。辟不思道利，兹谓无泽。厥风不摇木，旱无云，伤禾。公常于利，兹谓乱。厥风微而温，生虫蝗，害五谷。弃正作淫，兹谓惑。厥风温，螟虫起，害有益人之物。侯不朝，兹谓叛。厥风无恒，地变赤，雨杀人。"

吴孙权太元元年八月朔，大风，江海涌溢，平地水深八尺，拔高陵树二株，石碑蹉动，吴城两门飞落。按华核对，役繁赋重，区督不睿之罚也。明年，权薨。

吴孙亮建兴元年十二月丙申，大风震电。是岁，魏遣大众三道来攻，诸葛恪破其东兴军，二军亦退。明年，恪又攻新城，丧众大半，还伏诛。

吴孙休永安元年十一月甲午，风四转五复，蒙雾连日。是时孙綝一门五侯，权倾吴主，风雾之灾，与汉五侯、丁、傅同应也。十二月丁卯夜，又大风，发木扬沙。明日，綝诛。

晋武帝泰始五年五月辛卯朔，广平大风折木。晋武帝咸宁元年五月，下邳、广陵大风，坏千余家，折树木。咸宁元年五月甲申，广陵、司吾、下邳大风折木。咸宁三年八月，河间大风折木。

晋武帝太康二年五月，济南大风，折木伤麦。太康二年六月，高平大风折木，发坏邸阁四十余区。太康八年六月，郡国八大风。太康九年正月，京都风雹，发屋拔木。后二年，宫车晏驾。

晋惠帝元康四年六月，大风雨拔树。元康五年四月庚寅夜，暴风，城东渠波浪；七月，下邳大风，坏庐舍；九月，雁门、新兴、太原、上党灾风伤稼。明年，氐、羌反叛，大兵西讨。元康九年六月，飚风吹贾谧朝服，飞数百丈。明年，谧诛。元康九年十一月甲子朔，京都连大风，发屋折木。十二月，太子废。

晋惠帝永康元年二月，大风拔木。三月，愍怀被害。己卯，丧柩发传还洛，是日，大风雷电，帡盖飞裂。永康元年四月，张华第舍飚风折木，飞甑轴六七。是月，华遇害。永康元年十一月戊子朔，大风从西北来，折木飞石。明年正月，赵王伦篡位。

晋惠帝永兴元年正月癸酉，赵王伦祠太庙，灾风暴起，尘沙四合。其年四月，伦伏辜。

晋元帝永昌元年七月丙寅，大风拔木，屋瓦皆飞。永昌元年八月，暴风坏屋，拔御道柳树百余株。其风纵横无常，若风自八方来者。十一月，宫车晏驾。

晋成帝咸康四年三月壬辰，成都大风，发屋折木。四月，李寿袭杀李期。

晋康帝建元元年七月庚申，晋陵、吴郡灾风。

晋穆帝升平元年八月丁未，策立皇后何氏。是日疾风。升平五年正月戊戌朔，疾风。

晋海西公太和六年二月，大风迅急。

晋孝武帝宁康元年三月戊申朔，暴风迅起，从丑上来，须臾转从子上来，飞沙扬砾。晋孝武帝太元元年二月乙丑朔，暴风折木。太元二年闰三月甲子朔，暴风疾雨俱至，发屋折木。太元二年六月，长安大风拔苻坚宫中树。其后坚再南伐，身戮国亡。太元四年八月乙未，暴风。太元十二年正月壬午夜，暴风。太元十二年七月甲辰，大风拔木。太元十七年六月乙未，大风折木。

晋安帝元兴二年二月甲辰，大风雨，大航门屋瓦飞落。明年，桓玄篡位，由此门入。元兴三年正月，桓玄游大航南，飘风飞其辇轵盖。三月，玄败。元兴三年五月，江陵大风折木。是月，桓玄败于峥嵘洲，身亦屠裂。元兴三年十一月丁酉，大风，江陵多死者。

晋安帝义熙四年十一月辛卯朔，西北疾风起。义熙五年闰十月丁亥，大风发屋。明年，卢循至蔡洲。义熙六年五月壬申，大风拔北郊树，树几百年也。琅邪、扬州二射堂倒坏。是日，卢循大舰漂没。甲戌，又风，发屋折木。是冬，王师南讨。义熙十年四月己丑朔，大风拔木。义熙十年六月辛亥，大风拔木。明年，西讨司马休之。

宋少帝景平二年正月癸亥朔旦，暴风发殿庭，会席翻扬数十丈。五月，帝废。

文帝元嘉二十六年二月庚申，寿阳骤雨，有回风云雾，广三十许步，从南来，至城西回散灭。当其冲者，室屋树木摧倒。元嘉二十九年三月，大风，拔木飞瓦。元嘉三十年正月，大风拔木，雨冻杀牛马，雷电晦冥。二月，宫车晏驾。

孝武帝大明七年，风吹初宁陵隧口左标折。钟山通天台新成，飞倒，散落山涧。明年闰五月，帝崩。

前废帝永光元年正月乙未朔，京邑大风。

明帝泰始二年三月丙申，京邑大风。泰始二年四月甲子，京邑大风。泰始二年五月丁未，京邑大风。泰始二年五月己酉，京邑大风。泰始二年九月乙巳，京邑大风。

后废帝元徽二年七月甲子，京邑大风。元徽三年三月丁卯，京邑大风。元徽三年六月甲戌，京邑大风。元徽四年十一月辛卯，京邑大风。元徽五年三月庚寅，京邑大风，发屋折木。元徽五年六月甲寅，京邑大风。

夜妖：

魏高贵乡公正元二年闰正月戊戌，大风晦瞑，行者皆顿伏。近夜妖也。刘向曰："正昼而瞑，阴为阳，臣制君也。"时晋景王讨毋丘俭，是日始发。

魏元帝景元三年十月，京都大震，昼晦。此夜妖也。班固曰："夜妖者，云风并起而杳冥，故与常风同象也。"刘向《春秋说》云："天戒若曰，勿使大夫世官，将令专事，冥晦。明年，鲁季友卒，果世官而公室卑矣。"魏见此妖，晋有天下之应也。

晋孝武帝太元十三年十二月乙未，大风晦瞑。其后帝崩，而诸侯违命，干戈内侮，权夺于元显，祸成于桓玄。是其应也。

蠃虫之孽：

晋孝武咸宁元年七月，郡国螟；九月，青州又螟。咸宁元年七月，郡国有青虫食禾稼。咸宁四年，司、冀、兖、豫、荆、扬郡国皆螟。

晋武帝太康四年，会稽彭蜞及蟹皆化为鼠，甚众，覆野，大食稻为灾。太康九年八月，郡国二十四螟，螟说与蝗同。是时帝听逸诉。太康九年九月，虫伤稼。

晋惠帝元康二年九月，带方、含资、提奚、南新、长岑、海冥、列口虫食禾叶荡尽。

晋惠帝永宁元年七月，梁、益、凉三州螟。是时齐王冏秉政。贪苛之应也。永宁元年十月，南安、巴西、江阳、太原、新兴、北海青虫食禾叶，甚者十伤五六。永宁元年十二月，郡国八螟。

牛祸：

晋武帝太康九年，幽州塞北有死牛头语。近牛祸也。是时帝多疾病，深以后事为念，而托付不以至公，思心督乱之应也。师旷曰："怨讟动于民，则有非言之物而言。"又其义也。

晋惠帝太安中，江夏张骋所乘牛言曰："天下方乱，乘我何之！"骋惧而还，犬又言曰："归何蚤也。"寻后牛又人立而行。骋使善卜者卦之。谓曰："天下将有兵乱，为祸非止一家。"其年张昌反，先略江夏，骋为将帅。于是五州残乱，骋亦族灭。京房《易妖》曰："牛能言，如其言占吉凶。"《易萌气枢》曰："人君不好士，走马被文绣，犬狼食人食，则有六畜妖言。"时天子诸侯不以惠下为务，又其应也。

晋愍帝建武元年，曲阿门牛生犊，一体两头。

元帝太兴元年，武昌太守王谅牛生子，两头八足，两尾共一腹。三年后死。又有牛生一足三尾，皆生而死。按司马彪说，两头者，政在私门，上下无别之象也。京房《易传》曰："足多者，所任邪也。足少者，下不胜任也。"其后皆有此应。晋元帝太兴四年十二月，郊牛死。按刘向说《春秋》郊牛死日，宣公区瞀昏乱，故天不飨其祀。元帝中兴之业，实王导之谋也。刘隗探会主意，以得亲幸，导见疏外。此区瞀不睿之祸也。

晋成帝咸和二年五月，护军牛生犊，两头六足。是冬，苏峻作乱。咸和七年，九德民袁荣家牛产犊，两头八足，二尾共身。京房《易传》："杀无罪，则牛生妖。"

桓玄之国在荆州，诣刺史殷仲堪，行至鹤穴，逢一老公，驱青牛，形色瑰异。桓玄即以所乘牛易取。乘至零陵泾溪，骏驶非常，因息驾饮牛。牛径入江水不出。玄遣人觇守，经日无所见。

宋文帝元嘉三年，司徒徐羡之大儿乔之行欲入广莫门。牛径将入廷尉寺，左右禁捉不能禁。入方得出。明日被收。元嘉二十九年，晋陵送牛，角生右胁，长八尺。明年二月，东宫为祸。

孝武帝大明三年，广州刺史费淹献三角水牛。

黄眚黄祥：

蜀刘备章武二年，东伐。二月，自秭归进屯夷道。六月，秭归有黄气见，长十余里，广数十丈。后逾旬，备为陆逊所破。近黄祥也。

魏齐王正始中，中山王周南为襄邑长。有鼠从穴出，语曰："王周南，尔以某日死。"南不应。鼠还穴。后至期，更冠帻皂衣出，语曰："周南，汝日中当死。"又不应。鼠复入，斯须更出，语如向日。适欲日中，鼠入复出，出复入，转更数语如前。日适中，鼠曰："周南，汝不应我，复何道。"言绝，颠蹶而死，即失衣冠。取视，俱如常鼠。案班固说，此黄祥也。是时曹爽秉政，竟为比周，故鼠作变也。

宋孝武大明七年春，太湖边忽多鼠。其年夏，水至，悉变成鲤鱼。民人一日取，转得三五十斛。明年，大饥。

晋元帝太兴四年八月，黄雾四塞，埃气蔽天。案杨宣对，近土气，乱之祥也。晋元帝永昌二年正月癸巳，黄雾四塞。

晋穆帝永和七年三月，凉州大风拔木，黄雾下尘。是时张重华纳谮，出谢艾为酒泉太守，而所任非其人。至九年死，嗣子见弑。是其应也。京房《易传》曰："闻善不予，兹谓不知。厥异黄，厥咎聋，厥灾不嗣。黄者，有黄浊气四塞天下，蔽贤绝道，故灾至绝世也。"

晋安帝元兴元年十月丙申朔，黄雾昏浊，不雨。

宋文帝元嘉十八年秋七月，天有黄光，洞照于地。太子率更令何承天谓之荣光，太平之详，上表称庆。

地震：

吴孙权黄武四年，江东地连震。是时权受魏爵命，为大将军、吴王，改元专制，不修臣迹。京房《易传》曰："臣事虽正，专必震。"董仲舒、刘向并云"臣下强盛，将动而为害"之应也。

魏明帝青龙二年十一月，京都地震，从东来，隐隐有声，屋瓦摇。魏明帝景初元年六月戊申，京都地震。是秋，吴将朱然围江夏，荆州刺史胡质击退之。又公孙渊自立为燕王，改年，置百官。明年，讨平之。

吴孙权嘉禾六年五月，江东地震。赤乌二年正月，地又再震。是时吕壹专政，步骘上疏曰："伏闻校事，吹毛求瑕，趣欲陷人，成其威福，无罪无辜，横受重刑，虽有大臣，不见信任。如此，天地焉得无变。故嘉禾六年、赤乌二年，地连震动，臣下专政之应也。冀所以警悟人主，可不深思其意哉！"壹后卒败。

魏齐王正始二年十一月，南安郡地地震。正始三年七月甲申，南安郡地震；十二月，魏郡地震。正始六年二月丁卯，南安郡地震。是时曹爽专政，迁太后于永宁宫，太后与帝相泣而别。连年地震，是其应也。

吴孙权赤乌十一年二月，江东地仍震。是时权听谗，寻黜朱据，废太子。

蜀刘禅炎兴元年，蜀地震。时宦人黄皓专权。按司马彪说，奄宦无阳施，犹妇人也。此皓见任之应，与汉和帝时同事也。是冬，蜀亡。

晋武帝泰始五年四月辛酉，地震。是年冬，新平氏、羌叛。明年，孙皓大遗众入涡口。叛房寇秦、凉，刺史胡烈、苏愉并为所害。泰始七年六月丙申，地震。武帝世，始于贾充，终于杨骏，阿党昧利，苟专权宠，终丧天下，由是也。末年所任转敝，故亦一年六震，是其应也。裴叔则曰："晋德所以不比隆尧、舜者，以有贾充诸人在朝。"

晋武帝咸宁二年八月庚辰，河南、河东、平阳地震。咸宁四年六月丁未，阴平、广武地震；甲子，阴平、广武地又震。

晋武帝太康二年二月庚申，淮南、丹阳地震。太康五年正月壬辰，地震。太康六年七月己丑，地震。太康七年七月，南安、犍为地震；八月，京兆地震。太康八年五月壬子，建安地震；七月，阴平地震；八月，丹阳地震。太康九年正月，会稽、丹阳、吴兴地震；四月辛酉，长沙、南海等郡国八地震；七月至于八月，地又四震，其三有声如雷。太康十年十二月乙亥，丹阳地震。

晋武帝太熙元年，地震。

晋惠帝元康元年十二月辛酉，京都地震。元康四年二月，蜀郡山崩杀人；上谷、上庸、辽东地震。五月壬子，寿春山崩，洪水出，城坏，地坠方三十丈，水出杀人。六月，寿春大雷震，山崩地坼，家人陷死，上庸郡亦如之。八月，上谷地震，水出，杀百余人。居庸地裂，广三十六丈，长八十四丈，水出，大饥。上庸四处山崩地陷，广三十丈，长百三十丈，水出杀人。十月，京都地震；十一月，荥阳、襄城、汝阴、梁国、南阳地皆震；十二月，京都又震。是时贾后乱朝，据权专制，终至祸败之应也。汉邓太后摄政时，郡国地震。李固以为："地，阴也，法当安静。今乃越阴之职，专阳之政，故应以震。"此同事也。京房《易传》曰："无德专禄，兹谓不顺。厥震动，丘陵涌水出。"又曰："小人剥庐，厥妖山崩。兹谓阴乘阳，弱胜强。"曰："阴背阳，则地裂。父子分离，夷、羌叛去。"元康五年五月丁丑，地震；六月，金城地震。元康六年正月丁丑，地震。元康八年正月丙辰，地震。

晋惠帝太安元年十月，地震。是时齐王冏专政。太安二年十二月丙辰，地震。是时长沙王专政。

晋孝怀帝永嘉三年十月，荆、湘二州地震。时司马越专政。永嘉四年四月，兖州地震。

晋愍帝建兴二年四月甲辰，地震。是时幼主在上，权倾于下，四方云扰，兵乱不息。建兴三年六月丁卯，长安地震。

晋元帝太兴元年四月，西平地震，涌水出；十二月，庐陵、豫章、武昌、西陵地震，山崩。干宝曰："王敦陵上之应。"太兴二年五月癸丑，祁山地震，山崩杀人。是时相国南阳王保在祁山称晋王，不终之象也。太兴三年四月庚寅，丹阳、吴郡、晋陵地震。其年，南平郡山崩，出雄黄数千斤。

晋成帝咸和二年三月，益州地震；四月己未，豫章地震。是年，苏峻作乱。咸和九年三月丁酉，会稽地震。是时政在臣下。

晋穆帝永和元年六月癸亥，地震。是时嗣主幼冲，母后称制，政在臣下，所以连年地震。永和二年十月，地震。永和三年正月丙辰，地震。永和四年十月己未，地震。永和五年正月庚寅，地震。永和九年八月丁酉，京都地震，有声如雷。永和十年正月丁酉，地震，有声如雷，鸡雉鸣响。永和十一年四月乙酉，地震；五月丁未，地震。

晋穆帝升平五年八月，凉州地震。

晋哀帝隆和元年四月甲戌，地震。是时政在将相，人主南面而已。隆和元年四月丁丑，凉州地震，浩亹山崩。张天锡降亡之象也。隆和二年二月庚寅，江陵地震。是时桓温专政。

晋海西太和元年二月，凉州地震水涌。

晋简文帝咸安二年十月辛未，安成地震。

晋孝武帝宁康元年十月辛未，地震。是时嗣主幼冲，政在将相。宁康二年七月甲午，凉州地震山崩。

晋孝武帝太元二年闰月壬午，地震；五月丁丑，地震。太元十一年六月己卯，地震。是后缘河诸将，连岁兵役。太元十五年三月己酉朔夜，地震。太元十七年六月癸卯，地震；十二月己未，地又震。是时群小弄权，天下侧目。太元十八年正月癸亥朔，地震；二月乙未，地震。

晋安帝隆安四年九月癸酉，地震。是时幼主冲昧，政在臣下。晋安帝义熙四年正月壬子夜，地震有声；十月癸亥，地震。义熙五年正月戊戌夜，寻阳地震，有声如雷。明年，卢循下。义熙八年，自正月至四月，南康、庐陵地四震。明年，王旅西讨荆、益。

宋文帝元嘉七年四月丙辰，地震。时遣军经略司、兖。元嘉十二年四月丙辰，京邑地震。元嘉十五年七月辛未，地震。元嘉十六年，地震。

孝武帝大明二年四月辛丑，地震。大明六年七月甲申，地震，有声自河北来，鲁郡山摇地动，彭城城女墙四百八十丈坠落，屋室倾倒，兖州地裂泉涌，二年不已。其后房主死，兖州刺史夏侯祖权卒。

明帝泰始二年四月，地震。泰始四年七月己酉，东北有声如雷，地震。明帝泰豫元年闰七月甲申，东北有声如雷，地震。

后废帝元徽二年四月戊申，地震。元徽五年五月戊申，地震。七月，帝殒。

宋文帝元嘉二十五年，青州城南地，远望见地中如水有影，人马百物皆见影中，积年乃灭。

山崩地陷裂：

吴孙权赤乌十三年八月，丹阳、句容及故鄣、宁国诸山崩，鸿水溢。按刘向说，"山，阳，郡也；水，阴，民也。天戒若曰，君道崩坏，百姓将失其所也。"与《春秋》梁山崩，汉齐、楚众山发水同事也。"夫三代命祀，祭不越望，吉凶祸福，不是过也"。吴虽帝，其实列国，灾发丹阳，其天意矣。国主山川，山崩川竭，亡之征也。后二年而权薨，薨二十六年而吴亡。

魏元帝咸熙二年二月，太行山崩。此魏亡之征也。其冬，晋有天下。

晋武帝太始三年三月戊子，太行山崩。太始四年七月，泰山崩，坠三里。此晋之咎征也。至帝晏驾，而禄去王室，怀、愍沦胥于北，元帝中兴于南，是其应也。京房《易传》曰："自上下者为崩，厥应泰山之石颠而下，圣王受命，人君虏。"

晋武帝太康五年丙午，宣帝庙地陷。太康六年三月，南安新兴县山崩，涌水出。太康七年七月，朱提之大泸山崩，震坏郡舍；阴平之仇池崖陨。太康八年七月，大雨，殿前地陷，方五尺，深数丈。

晋惠帝元康四年五月壬子，地陷，方三十丈，杀人。史阙其处。元康四年八月，居庸地裂，广三十丈，长百三十丈，水出杀人。

晋孝怀帝永嘉元年三月，洛阳东北步广里地陷。永嘉三年八月乙亥，鄄城城无故自坏七十余丈，司马越恶之，迁于濮阳。此见沴之异也。越卒陵上，终亦受祸。永嘉三年七月戊辰，当阳地裂三所，所广三丈，长二百余步。京房《易传》曰："地圻裂者，臣下分离，不肯相从也。"其后司马越、苟晞交恶，四方牧伯莫不离散，王室遂亡。永嘉三年十月，宜都夷道山崩。永嘉四年四月，湘东酃黑石山崩。

晋元帝太兴四年八月，常山崩，水出，滹沱盈溢，大木倾拔。

晋成帝咸和四年十月，柴桑庐山西北崖崩。十二月，刘胤为郭默所杀。

晋惠帝元康九年六月夜，暴雷雨。贾谧斋屋柱陷入地，压谧床帐。此木沴土，土失其性，不能载也。明年，谧诛。晋惠帝光熙元年五月，范阳地然，可以爨。此火沴土也。是时礼乐征伐自诸侯出。

晋安帝义熙八年三月壬寅，山阴有声如雷，地陷深广各四尺。义熙十年五月戊寅，西明门地穿，涌水出，毁门扇及限。此水沴土也。

《五行传》曰："皇之不极，是谓不建。厥咎眊，厥罚恒阴，厥极弱。时则有射妖，时则有龙蛇之孽，时则有马祸，时则有下人伐上之痾，时则有日月乱行，星辰逆行。"

常阴

吴孙亮太平三年，自八月沈阴不雨，四十余日。是时将诛孙綝，谋泄。九月戊午，綝以兵围宫，废亮为会稽王。此常阴之罚也。

吴孙晧宝鼎元年十二月，太史奏久阴不雨，将有阴谋。晧深惊惧。时陆凯等谋因其谒庙废之。及出，留平领兵前驱，凯语平，平不许，是以不果。晧既肆虐，群下多怀异图，终至降亡。

宋后废帝元徽三年四月，连阴不雨。元徽三年八月，多阴。后二年，废帝殒。

射妖：

蜀车骑将军邓芝征涪陵，见玄猿缘山，手射中之。猿拔其箭，卷木叶塞其创。芝曰："嘻！吾违物之性，其将死矣。"俄而卒。此射妖也。一日猿母抱子，芝射中之，子为拔箭，取木叶塞创。芝叹息，投弓水中，自知当死矣。

晋恭帝之为琅邪王时，好奇戏，尝闭一马于门内，令人射之，欲观几箭而死。左右有谏者，曰："马，国姓也，而今射之，不祥甚矣。"于是乃止，而马已被十许箭矣。此盖射妖也。俄而桓玄篡位。

龙蛇之孽：

魏明帝青龙元年正月甲申，青龙见郏之摩陂井中。凡瑞兴非时，则为妖孽，况困于井，非嘉祥矣。魏以改年，非也。晋武不贺，是也。干宝曰："自明帝终魏世，青龙黄龙见者，皆其主废兴之应也。魏，土运；青，木色也，而不胜于金。黄得位，青失位之象也。青龙多见者，君德国运内相克伐也。故高贵乡公卒败于兵。案刘向说：'龙贵象，而困井中，诸侯将有幽执之祸也。'魏世龙莫不在井，此居上者逼制之应。高贵乡公著《潜龙诗》，即此旨也。"

魏高贵乡公正元元年冬十月戊戌，黄龙见于邺井中。魏高贵乡公甘露元年正月辛丑，青龙见轵县井中；六月乙丑，青龙见元城县界井中。甘露二年二月，青龙见温县井中。甘露三年，黄龙青龙仍见顿丘、冠军、阳夏县界井中。

景元三年二月，青龙见轵县井中。

吴孙晧天册中，龙乳于长沙民家，咳鸡雏。京房《易妖》曰："龙乳人家，王者为庶人。"其后晧降。

晋武帝咸宁二年六月丙申，白龙二见于九原井中。晋武帝太康五年正月癸卯，二龙见于武库井中。帝见龙，有喜色，百僚将贺。刘毅独表曰："昔龙漦夏庭，祸发周室；龙见郑门，子产不贺。"帝答曰："朕德政未修，未有以膺受嘉祥。"遂不贺。孙盛曰："龙，水物也，何与于人，子产言之当矣。但非其所处，实为妖灾。夫龙以飞翔显见为美，则潜伏幽处，非休伏也。汉惠帝二年，两龙见兰陵井中，本志以为其后赵王幽死之象也。武库者，帝王威御之器所宝藏也，室宇邃密，非龙所处。后七年，蕃王相害，二十八年，果有二胡僭窃神器。勒、虎二逆皆字曰龙，此之表异，为有证矣。"史臣案龙为休瑞，而屈于井中，前史言之已祥。但兆幽微，非可臆断，故《五行》、《符瑞》两存之。

晋愍帝建兴二年十一月，枹罕羌妓产一龙子，色似锦文，尝就母乳，遥见神光，少得就视。

晋武帝咸宁中，司徒府有二大蛇，长十许丈，居听事平橑上，数年而人不知，但怪府中数失小儿及猪犬之属。后一蛇夜出，伤于刃，不能去，乃觉之。发徒攻击，移时乃死。夫司徒五教之府，此皇极不建，故蛇孽见之。汉灵帝时，蛇见御座，杨赐以为帝溺于色之应也。魏氏宫人猥多，晋又过之，宴游是湎，此其孽也。《诗》云："惟虺惟蛇，女子之祥。"

晋惠帝元康五年三月癸巳，临菑有大蛇长十余丈，负二小蛇，入城北门，径从市入汉城阳景王祠中不见。天戒若曰，齐方有刘章定倾之功，若不厉节忠慎，又将蹈章失职夺功之辱也。齐王冏不悟，虽建王复之功，而以骄陵取祸。负二小蛇出朝市，皆有象类也。

晋明帝太宁初，武昌有大蛇，常居故神祠空树中，每出头从人受食。京房《易妖》曰："蛇见于邑，不出三年，有大兵。国有大忧。"其后讨灭王敦及其党与。

马祸：

晋武帝太熙元年，辽东有马生角，在两耳下，长三寸。按刘向说，此兵象也。及帝晏驾之后，王室毒于兵祸，是其应也。京房《易传》曰："臣易上，政不顺，厥妖马生角。"又有"天子亲伐，马生角"。《吕氏春秋》曰："人君失道，马有生角。"

晋惠帝元康元年十二月，皇太子将释奠，太傅赵王伦骖乘，至南城门，马止，力士推之不能动。伦入辂车，乃进。此马祸也。天戒若曰，伦不知义方，终为乱逆，非傅导行礼之人。伦不悟，故亡。元康九年十一月戊寅冬，有牝骡马惊奔至廷尉讯堂，悲鸣而死。是殆愍怀冤死之象也。见廷尉讯堂，又天意乎！

晋孝怀帝永嘉六年二月，神马鸣南城门。

晋元帝大兴二年，丹阳郡吏濮阳杨演马生驹，两头自颈前别，生而死。按司马彪说，政在私门，二头之象也。是后王敦陵上。

晋成帝咸康八年五月甲戌，有马色赤如血，自宣阳门直走入于殿前，盘旋走出，寻逐莫知所在。己卯，帝不豫，六月崩。此马祸，又赤祥也。张重华在凉州，将诛其西河相张祚，祚厩马数十匹，同时悉皆无后尾。

晋安帝隆安四年十月，梁州有马生角，刺史郭铨送示都督桓玄。案刘向说，马不当生角，由玄不当举兵向上也。睹灾不悟，故至夷灭。

人疴：

魏文帝黄初初，清河宋士宗母化为鳖，入水。

魏明帝太和三年，曹休部曲兵吴农女死复生。时人有开周世冢，得殉葬女子，数日而有气，数月而能语言。郭太后爱养之。又太原民发家破棺，棺中有一生妇人，问其本事，不知也。视其墓木，可三十岁。案京房《易传》，至阴为阳，下人为上，晋宣王起之象也。汉平帝、献帝并有此异，占以为王莽、曹操之征。公孙渊炊，有小儿蒸死甑中，其后夷灭。

吴孙亮建兴二年，诸葛恪将征淮南，有孝子著衰衣入其阁。诘问，答曰："不自觉入也。"时中外守备，亦悉不见。众皆异之。及还，果见杀。恪已被害，妻在室，使婢沃盥，闻婢血腥。又眼目视瞻非常，妻问其故，婢蹶然跃起，头至栋，攘臂切齿曰："诸葛公乃为峻所杀。"

吴孙休永安四年，安吴民陈焦死七日，复穿冢出。干宝曰："此与汉宣帝同事。乌程侯晧承废故之家，得位之祥也。"

吴孙晧宝鼎元年，丹阳宣骞母，年八十，因浴化为鼋。兄弟闭户卫之，掘堂上作大坎，实水其中。鼋入坎戏一二日，恒延颈外望，伺户小开，便轮转自跃，入于远潭，遂不复还。与汉灵帝时黄氏母事同，吴亡之象也。

魏元帝咸熙二年八月，襄武县言有大人见，长三丈余，迹长三尺二寸，发白，著黄巾黄单衣，柱杖，呼民王始语曰："今当太平。"寻晋代魏。

晋武帝泰始五年，元城人年七十，生角。案《汉志》说，殆赵王伦篡乱之象也。晋武帝咸宁二年二月，琅邪人颜畿病死，棺敛已久，家人咸梦畿谓己曰："我当复生，可急开棺。"遂出。渐能饮食屈申视瞻，不能行语也。二年复死。其后刘渊、石勒遂亡晋室。

晋惠帝元康中，安丰有女子周世宁，年八岁，渐化为男，至十七八，而气性成。此刘渊、石勒荡覆晋室之妖也。汉哀帝、献帝时并有此异，皆有易代之兆。京房《传》曰："女子化为丈夫，兹谓阴昌，贱人为王。丈夫化为女子，兹谓阴胜阳，厥咎亡。"

晋惠帝永宁初，齐王冏唱义兵，诛除乱逆，乘舆反正。忽有妇人诣大司马门求寄产。门者诘之，妇人曰："我截齐便去耳。"是时齐王冏匡复王室，天下归功。识者为其恶之。后果斩戮。永宁元年十二月甲子，有白头公入齐王冏大司马府，大呼有大兵起，不出甲子旬，冏杀之。明年十二月戊辰，冏败，即甲子旬也。

晋惠帝太安元年四月癸酉，有人自云龙门入殿前，北面再拜曰："我当作中书监。"即收斩之。干宝曰："夫禁庭，尊秘之处。今贱人径入，而门卫不觉者，宫室将虚，而下人逾上之妖也。"是后帝北迁邺，又西迁长安，盗贼蹈籍宫阙，遂亡天下。

晋惠帝世，梁国女子许嫁，已受礼娉，寻而其夫戍长安，经年不归。女家更以适人，女不乐行，其父母逼强，不得已而去，寻得病亡。后其夫还，问女所在，其家具说之。其夫径至女墓，不胜哀情，便发冢开棺，女遂活，因与俱归。后婿闻之，诣官争之，所在不能决。秘书郎王导议曰："此是非常事，不得以常理断之，宜还前夫。"朝廷从其议。

晋惠帝世，杜锡家葬，而婢误不得出。后十余年，开冢祔葬，而婢尚生。其始如瞑，有顷渐觉。问之，自谓当一再宿耳。初婢之埋，年十五六，及开冢更生，犹十五六也。嫁之有子。晋惠帝光熙元年，会稽谢真生子，大头有鬓，两蹠反向上，有男女两体。生便作丈夫声，经日死。

晋惠、怀之世，京、洛有兼男女体，亦能两用人道，而性尤淫。案此乱气之所生也。自咸宁、太康之后，男宠大兴，甚于女色，士大夫莫不尚之，天下皆相放效，或有至夫妇离绝，怨旷妒忌者。故男女气乱，而妖形作也。

元帝太兴初，又有女子阴在腹上，在扬州，性亦淫。京房《易妖》曰："人生子，阴在首，天下大乱；在腹，天下有事；在背，天下无后。"

晋孝怀帝永嘉元年，吴郡吴县万祥婢生子，鸟头，两足马蹄，一手无毛，黄色，大如枕。

晋愍帝建兴四年，新蔡县吏任侨妻胡，年二十五，产二女，相向，腹心合同，自胸以上，齐以下，各分。此盖天下未一之妖也。时内史吕会上言："案《瑞应图》，异根同体谓之连理，异苗同颖谓之嘉禾。草木之异，犹以为瑞，今二人同心，《易》称'二人同心，其利断金'。嘉征显见，生于陕东之国，斯盖四海同心之瑞，不胜欢踊，谨画图以上。"时有识者哂之。

晋中兴初，有女子，其阴在腹，当齐下。自中国来江东，性甚淫，而不产。京房《易妖》曰："人生子，阴在首，天下大乱；在腹，天下有事；在背，天下无后。"

晋元帝太兴三年十二月，尚书驺谢平妻生女，堕地濛濛有声，须臾便死。鼻目皆在顶上，面处如项，口有齿，都连为一，胸如鳖，手足爪如鸟爪，皆下句。京房《易妖》曰："人生他物，非人所见者，皆为天下大兵。"后二年，有石头之败。

晋明帝太宁二年七月，丹阳江宁侯纪妻死，三日复生。

晋成帝咸康四年十一月辛丑，有何一人诣南止车门自列为圣人所使。录付光禄外部检问，是东海郯县吕畅，辞语落漠，髡鞭三百，遣。咸康五年四月，下邳民王和侨居暨阳。息女可，年二十，自云："上天来还，得征瑞印绶，当母天下。"晋陵太守以为妖，收付狱。至十一月，有人持柘杖，绛衣，诣止车门口，列为圣人使，求见天子。门候受辞，列姓吕名锡。云王和女可，右足下有七星，星皆有毛，长七寸，天今命可为天下母。奏闻，即伏诛。并下晋陵诛可。

晋康帝建元二年十月，卫将军营督过望所领兵陈渎女壹，有文在足，曰"天下之母"。灸之逾明，京都喧哗。有司收系以闻，俄自建康县狱亡去。

石虎末，大武殿前所图贤圣人像人头，忽悉缩入肩中。

晋孝武帝宁康初，南郡州陵女人唐氏，渐化为丈夫。

晋安帝义熙七年，无锡人赵朱，年八岁，一旦暴长八尺，髭须蔚然，三日而死。义熙中，东阳人黄氏生女不养，埋之。数日于土中啼，取养遂活。义熙末，豫章吴平人有二阳道，重累生。

晋恭帝元熙元年，建安人阳道无头正平，本下作女人形体。

宋文帝元嘉十七年，刘斌为吴郡。娄县有一女，忽夜乘风雨，倏忽至郡城内。自觉去家正炊顷，衣不沾濡。晓在门下求通，言："我天使也。"斌令前，因曰："府君宜起迎我，当大富贵。不尔，必有凶祸。"斌问所以来，亦不自知也。谓是狂人，以付狱，符其家迎之。数日乃得去。后二十日许，斌诛。

孝武帝大明中，张畅为会稽郡，妾怀孕，儿于腹中啼，声闻于外。畅寻死。大明末，荆州武宁县人杨始欢妻，于腹中生女儿。此儿至今犹存。

明帝泰豫元年正月，巨人见太子西池水上，迹长三尺余。

后废帝元徽中，南东莞徐坦妻怀孕，儿在腹中有声。元徽中，暨阳县女人于黄山穴中得二卵，如斗大，剖视有人形。

魏文帝黄初四年三月，宛、许大疫，死者万数。

魏明帝青龙二年四月，大疫。青龙三年正月，京都大疫。

吴孙权赤乌五年，大疫。吴孙亮建兴二年四月，诸葛恪围新城。大疫，死者大半。吴孙晧凤凰二年，疫。

晋武帝泰始十年，大疫。吴土亦同。晋武帝咸宁元年十一月，大疫，京都死者十万人。晋武帝太康三年春，疫。

晋惠帝元康二年十一月，大疫。元康七年五月，秦、雍二州疾疫。

晋孝怀帝永嘉四年五月，秦、雍州饥疫至秋。永嘉六年，大疫。

晋元帝永昌元年十一月，大疫，死者十二三；河朔亦同。

晋成帝咸和五年五月，大饥且疫。

晋穆帝永和九年五月，大疫。

晋海西太和四年冬，大疫。

晋孝武帝太元五年五月，自冬大疫，至于此夏，多绝户者。

晋安帝义熙元年十月，大疫，发赤斑乃愈。义熙七年春，大疫。

宋文帝元嘉四年五月，京都疾疫。

孝武帝大明元年四月，京邑疾疫。大明四年四月，京邑疾疫。

日蚀：

魏文帝黄初二年六月戊辰晦，日有蚀之。有司奏免太尉。诏曰："灾异之作，以谴元首，而归过股肱，岂禹、汤罪己之义乎？其令百官各虔厥职。后有天地眚，勿复劾三公。"黄初三年正月丙寅朔，日有蚀之；十一月庚申晦，又日有蚀之。黄初五年十一月戊申晦，日有蚀之。后二年，宫车晏驾。

魏明帝太和初，太史令许芝奏日应蚀，与太尉于灵台祈禳。帝诏曰："盖闻人主政有不得，则天惧之以灾异，所以谴告使得自修也。故日月薄蚀，明治道有不当者。朕即位以来，既不能光明先帝圣德，而施化有不合于皇神，故上天有以寤。宜励政自修，以报于神明。天之于人，犹父之于子，未有父欲责其子，而可献盛馔以求免也。今外欲遣上公与太史令具禳祠，于义未闻也。群公卿士，其各勉修厥职。有可以补朕不逮者，各封上之。"魏明帝太和五年十一月戊戌晦，日有蚀之。太和六年正月戊辰朔，日有蚀之。（见《吴历》）。

魏明帝青龙元年闰月庚寅朔，日有蚀之。

魏齐王正始元年七月戊申朔，日有蚀之。《纪》无。正始三年四月戊戌朔，日有蚀之。《纪》无。正始六年四月壬子，日有蚀之；十月戊寅朔，又日有蚀之。正始八年二月庚午朔，日有蚀之。是时曹爽专政，丁谧、邓飏等转改法度。会有日蚀变，诏群臣问得失。蒋济上疏曰："昔大舜佐治，戒在比周；周公辅政，慎于其朋。齐侯问灾，晏子对以布惠；鲁君问异，臧孙答以缓役。塞变应天，乃实人事。"济旨譬甚切，而君臣不悟，终至败亡矣。正始九年正月乙未朔，日有蚀之。

魏齐王嘉平元年二月己未，日有蚀之。

魏高贵乡公甘露四年七月戊子朔，日有蚀之。甘露五年正月乙酉朔，日有蚀之。按谷永说，正朝，尊者恶之。京房占曰："日蚀乙酉，君弱臣强。司马将兵，反征其王。"五月，有成济之变。

魏元帝景元二年五月丁未朔，日有蚀之。景元三年三月己亥朔，日有蚀之。

晋武帝泰始二年七月丙午晦，日有蚀之。泰始七年五月庚辰，日有蚀之。泰始八年十月辛未朔，日有蚀之。泰始九年四月戊辰朔，日有蚀之。泰始十年三月癸亥，日有蚀之。

晋武帝咸宁元年七月甲申晦，日有蚀之。咸宁三年正月丙子朔，日有蚀之。

晋武帝太康四年三月辛丑朔，日有蚀之。太康六年八月丙戌朔，日有蚀之。太康七年正月甲寅朔，日有蚀之。乙亥，诏曰："比年灾异屡发，邦之不臧，实在朕躬。震蚀之异，其咎安在？将何施行，以济其愆？"太尉亮、司徒舒、司空瑾逊位，弗许。太康八年正月戊申朔，日有蚀之。太康九年六月庚子朔，日有蚀之。后二年，宫车晏驾。

晋惠帝元康九年十月甲子朔，日有蚀之。晋惠帝永康元年四月辛卯朔，日有蚀之。晋惠帝永宁元年闰三月丙戌朔，日有蚀之。晋惠帝光熙元年正月戊子朔，尊者恶之。七月乙酉朔，又日有蚀之既。占曰："日蚀尽，不出三月，国有凶。"十一月，宫车晏驾。十二月壬午朔，又日有蚀之。

晋孝怀帝永嘉元年十一月戊申，日有蚀之。永嘉二年正月丙午朔，日有蚀之。永嘉六年二月壬子朔，日有蚀之。明年，帝崩于平阳。

晋愍帝建兴四年六月丁巳朔，日有蚀之。十一月，帝为刘曜所虏。十二月乙卯朔，又日有蚀之。明年，帝崩于平阳。

晋元帝太兴元年四月丁丑朔，日有蚀之。

晋明帝太宁三年十一月癸巳朔，日有蚀之。

晋成帝咸和二年五月甲申朔，日有蚀之。晋成帝咸康元年十月乙未朔，日有蚀之。咸康七年二月甲子朔，日有蚀之。咸康八年正月乙未朔，日有蚀之。正朝，尊者恶之。六月，宫车晏驾。

晋穆帝永和七年正月丁酉朔，日有蚀之。永和十二年十月癸巳朔，日有蚀之。晋穆帝升平四年八月辛丑朔，日有蚀之，不尽如钩。明年，宫车晏驾。

晋哀帝隆和元年十二月戊午朔，日有蚀之。

晋海西公太和三年三月丁巳朔，日有蚀之。太和五年七月癸酉朔，日有蚀之。明年，废为海西公。

晋孝武帝宁康三年十月癸酉朔，日有蚀之。晋孝武帝太元四年闰月己酉朔，日有蚀之。太元六年六月庚子朔，日有蚀之。太元九年十月辛亥朔，日有蚀之。太元十七年五月丁卯朔，日有蚀之。太元二十年三月庚辰朔，日有蚀之。明年，宫车晏驾。海西时有此变。又曰，臣有蔽主明者。

晋惠帝永兴元年十一月，黑气分日。晋惠帝光熙元年五月癸巳，日散，光流如血，所照皆赤。甲午，又如之。占曰："君道失明。"

晋孝怀帝永嘉元年十一月乙亥，黄黑气掩日，所炤皆黄。案《河图占》曰："日薄也。"其说曰："凡日蚀皆有于晦朔，有不于晦朔者，为日薄。虽非日月同宿，时阴气盛，掩薄日光也。占类蚀。"永喜二年二月癸卯，白虹贯日，青黄晕五重。占曰："白虹贯日，近臣不乱，则诸侯有兵，破亡其地。"明年，司马越杀缪播等，暴蔑人主。五年，胡破京都，帝遂见虏。一说王者有兵周之象。永嘉五年三月庚申，日散，光如血，下流，所照皆赤。日中有若飞燕鸟者。

晋愍帝建武元年正月庚子，白虹弥天，三日并照，日有重晕，左右两珥。占曰："白虹，兵气也。三、四、五、六日俱出并争，天下兵作，王立亦如其数。"又曰："三日并出，不过三旬，诸侯争为帝。"

晋安帝隆安四年六月庚辰朔，日有蚀之。晋安帝元兴二年四月癸巳朔，日有蚀之。晋安帝义熙三年七月戊戌朔，日有蚀之。义熙十年九月丁巳朔，日有蚀之；七月辛亥晦，日有蚀之。义熙十三年正月甲戌朔，日有蚀之。明年，宫车晏驾。

晋恭帝元熙元年十一月丁亥朔，日有蚀之。

宋少帝景平二年二月癸巳朔，日有蚀之。

文帝元嘉四年六月癸卯朔，日有蚀之。元嘉六年五月壬辰朔，日有蚀之。十一月己丑朔，又日有蚀之，不尽如钩，蚀时星见，晡方没，河北地暗。元嘉十二年正月乙未朔，日有蚀之。元嘉十七年四月戊午朔，日有蚀之。元嘉十九年七月甲戌晦，日有蚀之。元嘉二十三年六月癸未朔，日有蚀之。元嘉三十年七月辛丑朔，日有蚀之，既，星辰毕见。

孝武帝孝建元年七月丙戌朔，日有蚀之，既，列宿粲然。孝武帝大明五年九月甲寅朔，日有蚀之。

明帝泰始四年八月丙子朔，日有蚀之；十月癸酉，又日有蚀之。泰始五年十月丁卯朔，日有蚀之。

后废帝元徽元年十二月癸卯朔，日有蚀之。顺帝升明二年九月乙巳朔，日有蚀之。

升明三年三月癸卯朔，日有蚀之。

吴孙权赤乌十一年二月，白虹贯日，时地又频震。权发诏，深戒惧天眚。

晋武帝泰始五年七月甲寅，日晕再重，白虹贯之。晋武帝太康元年正月己丑朔，五色气冠日，自卯至西。占曰："君道失明。丑主斗、牛，斗、牛为吴地。"是时孙皓淫暴，四月降。

晋惠帝元康九年正月，日中有若飞燕者，数月乃消。王隐以为愍怀废死之征也。晋惠帝永康元年十月乙未，日斗，黄雾四塞。占曰："不及三年，下有拔城大战。"晋惠帝永宁元年九月甲申，日有黑子。按京房占："黑者，阴也。臣不掩君恶，令下见百姓恶君。"日重晕，天下有立王。晕而珥，天下有立侯。故陈卓曰："当有大庆，天下其参分乎？"三月而江东改元朔，胡亦改元朔，跨曹、刘疆宇。于是兵连积世。

晋元帝太兴四年三月癸亥，日有黑子。辛亥，帝亲录讯囚徒。晋元帝永昌元年十月辛卯，日有黑子。晋明帝太宁元年正月己丑朔，日晕无光；癸巳，黄雾四塞。占曰："君道失明，臣有阴谋。"是时王敦陵上，卒伏其辜。

晋成帝咸康元年七月，白虹贯日。咸康八年正月壬申，日中有黑子。丙子，乃灭。

晋海西公太和四年四月戊辰，日晕厚密，白虹贯日中。太和六年三月辛未，白虹贯日，日晕五重。十一月，桓温废帝。张重华在凉州，日暴赤如火，中有三足乌，形见分明，数旦乃止。

晋安帝元兴元年二月甲子，日晕，白虹贯日。明年，桓玄篡位。晋安帝义熙元年五月庚午，日有采珥。义熙十一年，日在东井，有白虹十余丈，在南干。依司马彪说，则灾在分野，羌亡之象也。

晋恭帝元熙二年正月壬辰，日晕，东西有直珥各一丈，白气贯之交匝。

晋孝怀帝永嘉五年三月丙申夜，月蚀既；丁酉夜，又蚀既。占曰："月蚀既尽，夫人忧。"又曰："其国贵人死。"

安帝义熙九年十二月辛卯朔旦，月犹见东方。按占，谓之"侧匿。"

宋文帝元嘉二十九年十一月己卯朔，日始出，色赤如血，外生牙，块垒不员。明年二月，宫车晏驾。

孝武帝大明七年十一月，日始出四五丈，色赤如血，未没四五丈，亦如之。至于八年春，凡三，谓日死。闰五月，帝崩。

后废帝元徽三年三月乙亥，日未没数丈，日色紫赤无光。元徽五年三月庚寅，日晕五重，又重生二直，一抱一背。

文帝元嘉中，有两白虹见宣阳门外。

后废帝元徽二年八月壬子夜，白虹见。元徽四年正月己酉，白虹贯日。

后帝升明元年九月乙未夜，白虹见东方。

卷三十五　　志第二十五

州　郡　一

扬州　南徐州　徐州　南兖州　兖州

唐尧之世，置十有二牧，及禹平水土，更制九州，冀州尧都，土界广远，济、河为兖州，海、岱为青州，海、岱及淮为徐州，淮、海为扬州，荆及衡阳为荆州，荆、河为豫州，华阳、黑水为梁州，黑水、西河为雍州。自虞至殷，无所改变。周氏既有天下，以徐并青，以梁并雍，分冀州之地以为幽、并。汉初又立徐、梁二州。武帝攘却胡、越，开地斥境，南置交趾，北置朔方，改雍曰凉，改梁曰益，凡为十三州，而司隶部三辅、三河诸郡。东京无复朔方，改交趾曰交州，凡十二州；司隶所部如故。及三国鼎跱，吴得扬、荆、交三州，蜀得益州，魏氏犹得九焉。吴又分交为广。魏末平蜀，又分益为梁。晋武帝太康元年，天下一统，凡十有六州。后又分凉、雍为秦，分荆、扬为江，分益为宁，分幽为平，而为二十矣。

自夷狄乱华，司、冀、雍、凉、青、并、兖、豫、幽、平诸州一时沦没，遗民南渡，并侨置牧司，非旧土也。江左又分荆为湘，或离或合，凡有扬、荆、湘、江、梁、益、交、广，其徐州则有过半，豫州唯得谯城而已。及至宋世，分扬州为南徐，徐州为南兖，扬州之江西悉属豫州；分荆为雍，分荆、湘为郢，分荆为司，分广为越，分青为冀，分梁为南北秦。太宗初，索虏南侵，青、冀、徐、兖及豫州淮西，并皆不守；自淮以北，化成虏庭。于是于钟离置徐州，淮阴为北兖，而青、冀二州治赣榆之县。今志大较以大明八年为正，其后分派，随事记列。内史、侯、相，则以升明末为定焉。

地理参差，其详难举，实由名号骤易，境土屡分，或一郡一县，割成四五；四五之中，亟有离合，千回百改，巧历不算，寻校推求，未易精悉。今以班固马彪二志、太康元康定户、王隐《地道》、晋世《起居》、《永初郡国》、何徐《州郡》及地理杂书，互相考覆。且三国无志，事出帝纪，虽立郡时见，而置县不书。今唯以《续汉郡国》校《太康地志》，参伍异同，用相征验。自汉至宋，郡县无移改者，则注云"汉旧"，其有回徙，随源甄别。若唯云"某无"者，则此前皆有也。若不注置立，史阙也。

扬州刺史，前汉刺史未有所治（它州同），后汉治历阳，魏、晋治寿春，晋平吴治建业。成帝咸康四年，侨立魏郡（别见）、肥乡（别见）、元城（汉旧县，晋属阳平）二县，后省元城。又侨立广川郡（别见），领广川一县，宋初省为县，隶魏郡。江左又立高阳（别见）、堂邑二郡（别见），高阳领北新城（别见）、博陆（博陆县，霍光所封，而二汉无，晋属高阳。）二县。堂邑，领堂邑一县，后省堂邑并高阳，又省高阳并魏郡，并隶扬州，寄治京邑。文帝元嘉十一年省，以其民并建康。孝建元年，分扬州之会稽、东阳、新安、永嘉、临海五郡为东扬州。大明三年罢州，以其地为王畿，以南台侍御史诸郡，如从事之部传焉，而东扬州直云扬州。八年，罢王畿，复立扬州，扬州还为东扬州。前废帝永光元年，省东扬州并扬州。顺帝升明三年，改扬州刺史曰牧。领郡十，领县八十。户一十四万三千二百九十六，口一百四十五万五千六百八十五。

丹阳尹，秦鄣郡，治今吴兴之故鄣县。汉初属吴国，吴王濞反败，属江都国。武帝元封二年，为丹阳郡，治今宣城之宛陵县。晋武帝太康二年，分丹阳为宣城郡，治宛陵，而丹阳移治建业。元帝太兴元年，改为尹。领县八，户四万一千一十，口二十三万七千三百四十一。

建康令，本秣陵县。汉献帝建安十六年置县，孙权改秣陵为建业。晋武帝平吴，还为秣陵。太康三年，分秣陵之水北为建业。愍帝即位，避帝讳，改为建康。

秣陵令，其地本名金陵，秦始皇改。本治去京邑六十里，今故治村是也。晋安帝义熙九年，移治京邑，在斗场。恭帝元熙元年，省扬州府禁防参军，县移治其处。

丹杨令，汉旧县。

江宁令，晋武帝太康元年，分秣陵立临江县。二年，更名。

永世令，吴分溧阳为永平县，晋武帝太康元年更名。惠帝世，度属义兴，寻复旧。义兴又有平陵县，董览《吴地志》云："晋分永世。"《太康》、《永宁地志》并无，疑是江左立。文帝元嘉九年，以并永世、溧阳二县。

溧阳令，汉旧县。吴省为屯田。晋武帝太康元年复立。

湖熟令，汉旧县。吴省为典农都尉。晋武帝太康元年复立。

句容令，汉旧县。

会稽太守，秦立，治吴。汉顺帝永建四年，分会稽为吴郡，会稽移治山阴。领县十，户五万二千二百二十八，口三十四万八千一十四。去京都水一千三百五十五，陆同。

山阴令，汉旧县。

永兴令，汉旧余暨县，吴更名。

上虞令，汉旧县。

余姚令，汉旧县。

剡令，汉旧县。

诸暨令，汉旧县。

始宁令，何承天志，汉末分上虞立。贺《续会稽记》云："顺帝永建四年，分上虞南乡立。"《续汉志》无。《晋太康三年地志》有。

句章令，汉旧县。

鄞令，汉旧县。

鄮令，汉旧县。

吴郡太守，分会稽立。孝武大明七年，度属南徐。八年，复旧。领县十二，户五万四百八十八，口四十二万四千八百一十二。去京都水六百七十，陆五百二十。

吴令，汉旧县。

娄令，汉旧县。

嘉兴令，此地本名长水，秦改曰由拳。吴孙权黄龙四年，由拳县生嘉禾，改曰禾兴。孙晧父名和，又改名曰嘉兴。

海虞令，晋武帝太康四年，分吴县之虞乡立。

海盐令，汉旧县。《吴记》云："本名武原乡，秦以为海盐县。"

盐官令，汉旧县。《吴记》云："盐官本属嘉兴，吴立为海昌都尉治，此后改为县。"非也。

钱唐令，汉旧县。

富阳令，汉旧县。本曰富春。孙权黄武四年，以为东安郡；七年，省。晋简文郑太后讳"春"，孝武改曰富阳。

新城令，浙江西南名为桐溪，吴立为新城县，后并桐庐。《晋太康地志》无。张勃云："晋末立。"疑是太康末立，寻复省也。晋成帝咸和九年又立。

建德令，吴分富春立。

桐庐令，吴分富春立。

寿昌令，吴分富春立。新昌县，晋武帝太康元年更名。

吴兴太守，孙晧宝鼎元年，分吴、丹阳立。领县十，户四万九千六百九，口三十一万六千一百七十三。去京都水九百五十，陆五百七十。

乌程令，汉旧县，先属吴。

东迁令，晋武帝太康三年，分乌程立。后废帝元徽四年，更名东安。顺帝升明元年复旧。

武康令，吴分乌程、余杭立永安县，晋武帝太康元年更名。

长城令，晋武帝太康三年，分乌程立。

原乡令，汉灵帝中平二年，分故鄣立。
故鄣令，汉旧县，先属丹阳。
安吉令，汉灵帝中平二年，分故鄣立。
余杭令，汉旧县，先属吴。
临安令，吴分余杭为临水县，晋武帝太康元年更名。
于潜令，汉旧县，先属丹阳。

淮南太守，秦立为九江郡，兼得庐江豫章。汉高帝四年，更名淮南国，分立豫章郡，文帝又分为庐江郡。武帝元狩元年，复为九江郡，治寿春县。后汉徙治阴陵县。魏复曰淮南，徙治寿春。晋武帝太康元年，复立历阳（别见）、当涂、逡道诸县，二年，复立钟离县（别见），并二汉旧县也。三国时，江淮为战争之地，其间不居者各数百里，此诸县并在江北淮南，虚其地，无复民户。吴平，民各还本，故复立焉。其后中原乱，胡寇屡南侵，淮南民多南度。成帝初，苏峻、祖约为乱于江淮，胡寇又大至，民南度江者转多，乃于江南侨立淮南郡及诸县。晋末，遂割丹阳之湖孰为淮南境。宋孝武大明六年，以淮南郡并宣城，宣城郡徙治于湖。八年，复立淮南郡，属南豫州。明帝泰始三年，还属扬州。领县六，户五千三百六十二，口二万五千八百四十。去京都水一百七十，陆一百四十。

于湖令，晋武帝太康二年，分丹杨县立，本吴督农校尉治。
当涂令，晋成帝世，与逡道俱立为侨县，晋末分于湖为境。
繁昌令，汉旧名，本属颍川。魏分颍川为襄城，又属焉。晋乱，省襄城郡，以此县属淮南，割于湖为境。
襄垣令，其地本芜湖。芜湖县，汉旧县。至于晋末，立襄垣县，属上党。上党民南过江，立侨郡县，寄治芜湖，后省上党郡为县，属淮南。文帝元嘉九年，省上党县并襄垣。
定陵令，汉旧名，本属襄城，后割芜湖为境。
逡道令，汉作逡遒，晋作逡道，后分芜湖为境。

宣城太守，晋武帝太康元年，分丹阳立。领县十，户一万一百二十，口四万七千九百九十二。去京都水五百八十，陆五百。

宛陵令，汉旧县。
广德令，何志云："汉旧县。"《二汉志》并无，疑是吴所立。
怀安令，吴立。
宁国令，吴立。
宣城令，汉旧县。
安吴令，吴立。
泾令，汉旧县。
临城令，吴立。
广阳令，汉旧县曰陵阳，子明得仙于此县山，故以为名。晋成帝杜皇后讳"陵"，咸康四年更名。
石城令，汉旧县。

东阳太守，本会稽西部都尉，吴孙皓宝鼎元年立。领县九，户一万六千二十二，口一十万七千九百六十五。去京都水一千七百，陆同。

长山令，汉献帝初平二年，分乌伤立。
太末令，汉旧县。
乌伤令，
永康令，赤乌八年，分乌伤上浦立。
信安令，汉献帝初平三年，分太末立曰新安。晋武帝太康元年更名。
吴宁令，汉献帝兴平二年，孙氏分诸暨立。
丰安令，汉献帝兴平二年，孙氏分诸暨立。
定阳令，汉献帝建安二十三年，孙氏分信安立。
遂昌令，孙权赤乌二年，分太末立曰平昌。晋武帝太康元年更名。

临海太守，本会稽东部都尉。前汉都尉治鄞，后汉分会稽为吴郡，疑是都尉徙治章安也。孙亮太平二年立。领县五，户三千九百六十一，口二万四千二百二十六。去京都水二千一十九，陆同。

章安令，《续汉志》："故治，闽中地，光武更名。"《晋太康记》："本鄞县南之回浦乡，汉章帝章和中立。"未详孰是。
临海令，吴分章安立。
始丰令，吴立曰始平，晋武帝太康元年更名。
宁海令，何志，汉旧县。按《二汉志》、《晋太康地志》无。
乐安令，晋康帝分始丰立。

永嘉太守，晋明帝太宁元年，分临海立。领县五，户六千二百五十，口三万六千六百八十。去京都水二千八百，陆二千六百四十。

永宁令，汉顺帝永建四年，分章安东瓯乡立，或云顺帝永和三年立。
安固令，吴立曰罗阳，孙皓改曰安阳；晋武帝太康元年更名。
松阳令，吴立。
乐成令，晋孝武宁康三年，分永宁立。
横阳令，晋武帝太康四年，以横屿船屯为始阳，仍复更名。

新安太守，汉献帝建安十三年，孙权分丹阳立曰新都，晋武帝太康元年更名。领县五，户一万二千五十八，口三万六千六百五十一。去京都水一千八百六十，陆一千八百。

始新令，孙权分歙立。
遂安令，孙权分歙为新定县，晋武帝太康元年更名。
歙令，汉旧县。
海宁令，孙权分歙为休阳县，晋武帝太康元年更名。分歙置诸县之始，又分置黎阳，大明八年，省并海宁。
黟令，汉旧县。

南徐州刺史，晋永嘉大乱，幽、冀、青、并、兖州及徐州之淮北流民，相率过淮，亦有过江在晋陵郡界者。晋成帝咸和四年，司空郗鉴又徙流民之在淮南者于晋陵诸县，其徙过江南及留在江北者，并立侨郡县以司牧之。徐、兖二州或治江北，江北又侨立幽、冀、青、并四州。安帝义熙七年，始分淮北为北徐，淮南犹为徐州。后又以幽、冀合徐，青、并合兖。武帝永初二年，加徐州曰南徐，而淮北但曰徐。文帝元嘉八年，更以江北为南兖州，江南为南徐州，治京口，割扬州之晋陵、兖州之九郡侨在江南者属焉，故南徐州备有徐、兖、幽、冀、青、并、扬七州郡邑。《永初二年郡国志》又有南沛、南下邳、广平、广陵、盱眙、钟离、海陵、山阳八郡。南沛、广陵、海陵、山阳、盱眙、钟离割属南兖，南下邳并南彭城，广平并南泰山。今领郡十七，县六十三，户七万二千四百七十二，口四十二万六百四十。去京都水二百四十，陆二百。

南东海太守（东海郡别见），晋元帝初，割吴郡海虞县之北境为东海郡，立郯、朐、利城三县，而祝其、襄贲等县寄治曲阿。穆帝永和中，郡移出京口，郯等三县亦寄治于京。文帝元嘉八年立南徐，以东海为治下郡，以丹徒属焉。郯、利城并为实土。《永初郡国》有襄贲（别见）、祝其、厚丘（并汉旧名）、西隰（何江左立）四县，文帝元嘉十二年，省厚丘并襄贲。何、徐无厚丘，余与《永初郡国》同。其襄贲、祝其、西隰，是徐志后所省也。领县六，户五千三百四十二，口三万三千六百五十八。

郯令，汉旧名。文帝元嘉八年，分丹徒之岘西为境。

丹徒令，本属晋陵，古名朱方，后名谷阳，秦改曰丹徒。孙权嘉禾三年，改曰武进。晋武帝太康三年，复曰丹徒。

武进令，晋武帝太康二年，分丹徒、曲阿立。

毗陵令，宋孝武大明末，度属此。

朐令，汉旧名。晋江左侨立。宋孝武世，分郯西界为土。

利城令，汉旧名。晋江左侨立。宋文帝世，与郡俱为实土。

南琅邪太守（琅邪郡别见），晋乱，琅邪国人随元帝过江千余户，太兴三年，立怀德县。丹杨虽有琅邪相而无此地。成帝咸康元年，桓温领郡，镇江乘之蒲洲金城上，求割丹阳之江乘县境立郡，又分江乘地立临沂县。《永初郡国》有阳都（前汉属城阳，后汉、《晋太康地志》属琅邪。）、费、即丘（并别见）三县，并割临沂及建康为土。费县治宫城之北。元嘉八年，省即丘并阳都。十五年，省费并建康、临沂。孝武大明五年，省阳都并临沂。今领县二，户二千七百八十九，口一万八千六百九十七。去州水二百，陆一百；去京都水一百六十。

临沂令，汉旧名。前汉属东海，后汉、晋属琅邪。

江乘令，汉旧县。本属丹阳，吴省为典农都尉。晋武帝太康元年复立。

晋陵太守，吴时分吴郡无锡以西为毗陵典农校尉。晋武帝太康二年，省校尉，立以为毗陵郡，治丹徒，后复还毗陵。东海王越世子名毗，而东海国故食毗陵。永嘉五年，帝改为晋陵。始自毗陵徙治丹徒。太兴初，郡及丹徒县悉治京口，郗鉴复徙还丹徒。安帝义熙九年，复还晋陵。本属扬州，文帝元嘉八年，度属南徐。领县六，户一万五千三百八十二，口八万一百一十三。去州水一百七十五，陆同；去京都水四百，陆同。

晋陵令，本名延陵，汉改曰毗陵，后与郡俱改。

延陵令，晋武帝太康二年，分曲阿之延陵乡立。

无锡令，汉旧县。吴省，晋武帝太康元年复立。

南沙令，本吴县司盐都尉署。吴时名沙中。吴平后，立暨阳县割属之。晋成帝咸康七年，罢盐署，立以为南沙县。

曲阿令，本名云阳，秦始皇改曰曲阿。吴嘉禾三年，复曰云阳。晋武帝太康二年，复曰曲阿。

暨阳令，晋武帝太康二年，分无锡、毗陵立。

义兴太守，晋惠帝永兴元年，分吴兴之阳羡、丹阳之永世立。永世寻还丹阳。本扬州，明帝泰始四年，度南徐。领县五，户一万三千四百九十六，口八万九千五百二十五。去州水四百，陆同；去京都水四百九十，陆同。

阳羡令，汉旧县。

临津令，故属阳羡，立郡分立。

义乡令，故属长城、阳羡，立郡分立。

国山令，故属阳羡，立郡分立。

绥安令，武帝永初三年，分宣城之广德、吴兴之故鄣、长城及阳羡、义乡五县立。

南兰陵太守（兰陵郡别见），领县二，户一千五百九十三，口一万六百三十四。

兰陵令。（别见）

承令（别见），文帝元嘉十二年，以合乡县并承。《永初郡国》、何、徐并无合乡县。

南东莞太守（东莞郡别见），《永初郡国》又有盖县（别见）。领县三，户一千四百二十四，口九千八百五十四。

莒令。（别见）

东莞令（别见），文帝元嘉十二年，以盖县并此。

姑幕令，汉旧名。

临淮太守，汉武帝元狩六年立，光武以并东海。明帝永平十五年，复分临淮之故地为下邳郡。晋武帝太康元年，复分下邳之淮南为临淮郡，治盱眙。江左侨立。《永初郡国》又有盱眙县，何、徐无。领县七，户三千七百一十一，口二万二千八百八十六。

海西令，前汉属东海，后汉、晋属广陵。

射阳令，前汉属临淮，后汉属广陵，三国时废，晋武帝太康元年复立。

凌令，前汉属泗水，后汉属广陵，三国时废，晋武帝太康二年又立，属广陵。

淮浦令，前汉属临淮，后汉属下邳，《晋太康地志》属广陵。

淮阴令，前汉属临淮，后汉属下邳，《晋太康地志》属广陵。

东阳令，前汉属临淮，后汉属广陵，《晋太康地志》属临淮。

长乐令，本长乐郡（别见），并合为县。

淮陵太守，本淮陵县，前汉属临淮，后汉属下邳，晋属临淮，惠帝永宁元年，以为淮陵国。《永初郡国》又有下相（前汉属临淮，后汉下邳，《晋太康地志》属临淮。）、广阳（广阳，汉高立为燕国，昭帝更名。光武并上谷，和帝永元八年复立。魏、晋复为燕国。前汉广阳县，后汉无，晋复有此也。）二县。今领县三，户一千九百五，口一万六百三十。

司吾令，前汉属东海，后汉属下邳，《晋太康地志》属临淮。后废帝元徽五年五月，改名桐梧，顺帝升明元年复旧。

徐令，前汉属临淮，后汉属下邳，《晋太康地志》属临淮。

阳乐令，汉旧名，本属辽西。文帝元嘉十三年，以下相并阳乐。

南彭城太守（彭城郡别见），江左侨立。晋明帝又立南下邳郡，成帝又立南沛郡。文帝元嘉中，分南沛为北沛，属南兖，而南沛犹属南徐。孝武大明四年，以二郡并并南彭城。领县十二，户一万一千七百五十八，口六万八千一百六十三。

吕令。（别见）

武原令，汉旧名。

傅阳令，汉旧名。

蕃令（别见），义旗初，免军户立遂诚县。武帝永初元年，改从旧名。

薛令（别见），义旗初，免军户为建熙县。永初元年，改从旧名。

开阳令，前汉属东海，章帝建初五年属琅邪。晋侨立，犹属琅邪，安帝度属彭城。

杼秋令，汉旧名。

洨令，前汉属梁，后汉、晋属沛。

下邳令（别见），本属南下邳。

北凌，本南下邳，二汉无，《晋太康地志》属下邳。本名凌，而广陵郡旧有凌县，晋武帝太康二年，以下邳之凌县非旧土而同名，改为北凌。

僮令（别见），本属南下邳。南下邳有良城县（别见），文帝元嘉十二年并僮。

南清河太守（清河郡别见），领县四，户一千八百四十九，口七千四百四。

清河令。（别见）

东武城令。（别见）

绎幕令。（别见）

贝丘令。（别见）

南高平太守（高平郡别见），《永初郡国》又有钜野、昌邑二县（并汉旧名）今领县三，户一千七百一十八，口九千七百三十一。

金乡令。（别见）

湖陆令，前汉曰湖陵，汉章帝更名。

高平令。（别见）文帝元嘉十八年，以钜野并高平。

南平昌太守（平昌郡别见），领县四，户二千一百七十八，口一万一千七百四十一。

安丘令。（别见）

新乐令，二汉无，魏分平原为乐陵郡，属冀州，而新乐县属焉。晋江左立乐陵郡及诸县，后省，以新乐县属此。

东武令。（别见）

高密令（别见），江左立高密国，后为南高密郡。文帝元嘉十八年，省为高密县，属此。

南济阴太守，二汉、晋属兖州，前汉初属梁国，景帝中六年，别为济阴国，宣帝甘露二年，更名定陶国，后还曰济阴。《永初郡国》又有句阳、定陶二县（并汉旧名）今领县四，户一千六百五十五，口八千一百九十三。

城武令。（别见）

冤句令，汉旧名。

单父令，前汉属山阳。

城阳令，汉旧名。

南濮阳太守，本东郡，属兖州。晋武帝咸宁二年，以封子允，以东不可为国名，东郡有濮阳县，故曰濮阳国。濮阳，汉旧名也，允改封淮南，还曰东郡。赵王伦篡位，废太孙臧为濮阳王，王寻废，郡名遂不改。《永初郡国》又有鄄城县。（二汉属济阴，《晋太康地志》属濮阳也。）今领县二，户二千二十六，口八千二百三十九。

廪丘令，前汉及《晋太康地志》有廪丘县，后汉无。文帝元嘉十二年，以鄄城并廪丘。

榆次令，汉旧名，至晋属太原。

南泰山太守（泰山郡别见），《永初郡国》有广平（汉武帝征和二年，立为平干国。宣帝五凤二年，改为广平。光武建武十三年，省并钜鹿。魏分钜鹿、魏郡复为广平。江左侨立郡，晋成帝咸康四年省，后又立。）、寄治丹徒，领广平、易阳（易阳，二汉属赵，《晋太康地志》属广平。）、曲周（前汉属广平，作曲周。后汉属钜鹿。《晋太康地志》属广平，作曲周。）三县。文帝元嘉十八年，省广平郡为广平县，属南泰山。今领县三，户二千四百九十九，口一万三千六百。

南城令。（别见）

武阳令。（别见）

广平令，前汉属广平，后汉属钜鹿，《太康地志》属广平。

济阳太守，晋惠分陈留为济阳国。领县二，户一千二百三十二，口八千一百九十二。

考城令，前汉曰甾，属梁国，章帝更名，属陈留。《太康地志》无。

鄄城令。（别见）

南鲁郡太守（鲁郡别见），又有樊县。（前汉属东平，后汉、《晋太康地志》属任城也。）今领县二，户一千二百一十一，口六千八百一十八。

鲁令。（别见）

西安令，汉旧名，本属齐郡。齐郡过江侨立，后省，以西安配此。文帝元嘉十八年，以樊并西安。《永初郡国》无西安县。

徐州刺史，后汉治东海郯县，魏、晋、宋治彭城。明帝世，淮北没寇，侨立徐州，治钟离。泰豫元年，移治东海朐。后废帝元徽元年，分南兖州之钟离、豫州之马头，又分秦郡之顿丘、梁郡之谷熟、历阳之酂，立新昌郡，置徐州，还治钟离。今先列徐州旧郡于前，以新割系。旧领郡十二，县三十四。户二万三千四百八十五，口十七万五千九百六十七。今领郡三，县九。彭城去京都水一千三百六十，陆一千。

彭城太守，汉高立为楚国，宣帝地节元年，改为彭城郡；黄龙元年，又为楚国；章帝还为彭城。领县五，户八千六百二十七，口四万一千二百三十一。

　　彭城令，汉县。
　　吕令，汉旧县。
　　蕃，汉旧县，属鲁。晋惠帝元康中度。蕃音皮；汉末太傅陈蕃子逸为鲁相，改音。
　　薛令，汉旧县，属鲁。晋惠帝元康中度。
　　留令，汉旧县。

沛郡太守，秦泗水郡，汉高更名。旧属豫州，江左改配。领县三，户五千二百九，口二万五千一百七十。去州陆六十；去京都一千。

　　萧令，汉旧县。
　　相令，汉旧县。
　　沛令，汉旧县。

下邳太守，前汉本临淮郡，武帝立，明帝改为下邳。晋武帝分下邳之淮南为临淮，而下邳如故。领县三；户三千九十九，口一万六千八十八。去州水二百，陆一百八十；去京都水一千一百六十，陆八百。

　　下邳令，前汉属东海，后汉、《晋太康地志》属下邳。
　　良成令，前汉属东海，后汉、《晋太康地志》属下邳。
　　僮令，前汉属临淮，后汉、《晋太康地志》属下邳。

兰陵太守，晋惠帝元康元年，分东海立。领县三，户三千一百六十四，口一万四千五百九十七。去州陆二百；去京都水一千六百，陆一千三百。

　　昌虑令，汉旧县。
　　承令，汉旧县。
　　合乡令，汉旧县。

东海太守，秦郯郡，汉高更名。明帝失淮北，侨立青州于赣榆县。泰始七年，又立东海县属东海郡，又割赣榆置郁县，立西海郡，并隶侨青州。领县二，户二千四百一十，口一万三千九百四十一。去州水一千，陆八百；去京都水一千，陆六百七十。

　　襄贲令，汉旧县。
　　赣榆令，前汉属琅邪，后汉属东海。魏省，晋武帝太康元年复立。

东莞太守，晋武帝泰始元年，分琅邪立。咸宁三年，复以合琅邪，太康十年复立。领县三，户八百八十七；口七千三百二十。去州陆七百。去京都水二千，陆一千四百。

　　莒令，前汉属城阳，后汉属琅邪。孝武大明五年改为长。
　　诸令，前汉属城阳，后汉属琅邪，《晋太康地志》属城阳。
　　东莞令，汉旧县。

东安太守，东安故县名，前汉属城阳，后汉属琅邪，《晋太康地志》属东莞，晋惠帝分东莞立。领县三，户一千二百八十五，口一万七百五十五。去州陆七百；去京都陆一千三百。

　　盖令，前汉属琅邪，后汉属太山，《晋太康地志》属乐安。孝武大明五年改为长。
　　新泰令，魏立，属泰山。
　　发干，汉旧名，属东郡。《太康地志》无，江左来配。

琅邪太守，秦立。领县二，户一千八百一十八，口八千二百四十三。去州陆四百；去京都水一千五百，陆一千一百。

　　费令，前汉属东海，后汉属泰山，《晋太康地志》属琅邪。
　　即丘令，前汉属东海，后汉、《晋太康地志》属琅邪。

淮阳太守，晋安帝义熙中土断立。领县四，户二千八百五十五，口一万五千三百六十三。去州水六百，陆五百；去京都水七百，陆五百五十。

　　角城令，晋安帝义熙中土断立。
　　晋宁令，故属济岷，流寓来配。
　　宿预令，晋安帝立。
　　上党令，本流寓郡，并省来配。

阳平太守，阳平本县名，属东郡。魏分东郡及魏郡为阳平郡。故属司州，流寓来配。《永初郡国》又有廪丘县（别置）。今领县三，户一千七百二十五，口一万三千三百三十。

　　馆陶令，汉旧名。
　　阳平令，汉旧名。
　　濮阳令，本流寓郡，并省来配。

济阴太守，汉景帝立，属兖州。流寓徐土，因割地为境。领县三，户二千三百五，口一万一千九百二十八。

　　睢陵令，前汉属临淮，后汉属下邳。孝武大明元年度。
　　定陶令，汉旧名。孝武大明五年改为长。
　　顿丘令，属顿丘，流寓割配。

北济阴太守，孝武孝建元年升立。领县三，户九百二十七，口三千八百。

　　城武令，前汉属山阳，后汉、《晋太康地志》属济阴。
　　丰令，汉旧名，属沛。孝武大明元年复立。
　　离狐令，前汉属东郡，后汉、《晋太康地志》属济阴。

钟离太守，本属南兖州，晋安帝分立。案汉九江郡、晋淮南郡有钟离县，即此地也。领县三，户三千二百七十二，口一万七千八百三十二。去京都陆六百二十，水一千三十。

燕县令（别见），故属东燕。流寓因配。

朝歌令，本属河内，晋武帝分河内为汲，又属焉。流寓因配。

乐平令，前汉曰清，属东郡，章帝更名，《晋太康地志》无。流寓因配。

马头太守，属南豫州，故淮南当涂县地，晋安帝立，因山形立名。领县三，户一千三百三十二，口一万二千三百一十。去京都水一千七百五十，陆六百七十。

虞县令，汉旧名，属梁郡。流寓因配。

零县令，晋安帝立。

济阳令，故属济阳。流寓因配。

新昌太守，后废帝元徽元年立。

顿丘令，二汉属东郡，魏属阳平；晋武帝泰始二年，分淮阳置顿丘郡，顿丘县又属焉。江左流寓立，属秦。先有沛县，元嘉八年并顿丘，后废帝元徽元年度属此。

谷熟令，前汉无，后汉、晋属梁。《永初郡国》、何、徐志并属南梁。后废帝元徽元年度。

酂令，汉属沛，晋属谯。文帝元嘉八年，自南谯度属历阳，后废帝元徽元年度属此。

南兖州刺史，中原乱，北州流民多南渡，晋成帝立南兖州，寄治京口。时又立南青州及并州，武帝永初元年，省并并南兖。文帝元嘉八年，始割江淮间为境，治广陵。《永初郡国》领十四郡。南高平、南平昌、南济阴、南濮阳、南泰山、济阳、南鲁山郡，今并属徐州。又有东燕郡，江左分濮阳所立也，领燕县（前汉曰南燕，后汉曰燕，并属东郡。《太康地志》属濮阳。）、白马、平昌、考城凡四县。文帝元嘉十八年，省考城并燕。十九年，省东燕郡为东燕县，属南濮阳，后又省东燕郡。南东平郡领范、蛇丘、历城凡三县。高密郡领淳于、黔陬、营陵、夷安凡四县。南齐郡领安西、临菑凡二县。南平原郡领平原、高唐、茌平（并别见）凡三县。济岷郡（江左立），领营城、晋宁（江左立）凡二县。雁门郡（汉旧郡）领楼烦（别见）、阴馆（前汉作"观"，后汉、晋作"馆"也。）、广武（前汉属太原，后汉、《晋太康地志》属雁门也。）、崞、马邑（并汉旧名）凡五县。凡七郡，二十三县，并省属南兖州。诸侨郡县何志又有钟离、雁门、平原、东平、北沛五郡。钟离今属徐州。雁门领楼烦、阴馆、广武三县。平原领茌平、临菑、营城、平原四县。东平领范、朝阳、历城三县。北沛领符离、萧、相、沛四县。（符离，汉旧名。余并别见。）凡十四县。《起居注》，元嘉十一年，以南兖州平东之平陆并范，寿张并朝阳，平原之济岷、晋宁并营城（先是，省济岷郡为县。），高唐并茌平。按此五县，元嘉十一年所省，则平陆、寿张疑在《永初郡国志》，而无此二县，未详。徐志有南东平郡，领范、朝阳、历城、楼烦、阴观、广武、茌平、营城、临菑、平原十县，则是雁门、平原并东平也。孝武大明五年，以东平并广陵。宋又侨立新平、北淮阳、北济阴、北下邳、东

莞五郡。元嘉二十八年，南兖州徙治盱眙。三十年，省南兖州并南徐，其后复立，还治广陵。徐志领郡九，县三十九，户三万一千一百一十五，口十五万九千三百六十二。宋末领郡十一，县四十四。去京都水二百五十，陆一百八十。

广陵太守，汉高六年立，属荆国，十一年，更属吴；景帝四年，更名江都国；武帝元狩三年，更名广陵。旧属徐州。晋武帝太康三年，治淮阴故城，后又治射阳（射阳别见）。江左治广陵。《永初郡国》又有舆（前汉属临淮，后汉省临淮属广陵，文帝元嘉十三年并江都也。）、肥如、潞、真定、新市五县。（并二汉旧名。肥如属辽西，潞属上党，真定前汉真定，后汉省真定属常山，晋亦属常山。新市二汉、晋属中山。《永初郡国》云四县本属辽西，则是晋末辽西侨郡省并广陵也。何有肥如、新市，徐与今同也。）今领县四，户七千七百四十四，口四万五千六百一十三。

广陵令，汉旧县。

海陵令，前汉属临淮，后汉、晋属广陵，三国时废，晋武帝太康元年复立。

高邮令，汉旧县。三国时废，晋武帝太康元年复立。

江都令，汉旧县。三国时废，晋武帝太康六年复立。江左又省并舆县，元嘉十三年复立，以并江都。

海陵太守，晋安帝分广陵立。《永初郡国》属徐州。领县六，户三千六百二十六，口二万一千六百六十。去州水一百三十，陆同；去京都水三百九十，陆同。

建陵令，晋安帝立。

临江令，晋安帝立。

如皋令，晋安帝立。

宁海令，晋安帝立。

蒲涛令，晋安帝立。

临泽令，明帝泰豫元年立。

山阳太守，晋安帝义熙中土断分广陵立。案汉景帝分梁为山阳，非此郡也。《永初郡国》属徐州。领县四，户二千八百一十四，口二万二千四百七十。去州水三百，陆同；去京都水五百，陆同。

山阳令，射阳县境，地名山阳，与郡俱立。

盐城令，旧曰盐渎，前汉属临淮，后汉、晋属广陵；三国时废，晋武帝太康二年复立。晋安帝更名。

东城令，晋安帝立。

左乡令，晋安帝立。

盱眙太守，盱眙本县名，前汉属临淮，后汉属下邳，晋属临淮，晋安帝分立。领县五，户一千五百一十八，口六千八百二十五。去州水四百九十，陆二百九；去京都水七百，陆五百。

考城令。（别见）

阳城令，晋安帝立。

直渎令，晋安帝立。

信都令，信都虽汉旧名，其地非也。地在河北，宋末立。

睢陵令，前汉属临淮，后汉属下邳，《晋太康地

秦郡太守，晋武帝分扶风为秦国，中原乱，其民南流，寄居堂邑。堂邑本为县，前汉属临淮，后汉属广陵，晋又属临淮。晋惠帝永兴元年，分临淮淮陵立堂邑郡，安帝改堂邑为秦郡。《永初郡国》属豫州，元嘉八年度南兖。《永初郡国》又领临涂（晋、宋立）、平丘（汉旧，属陈留，《晋太康地志》无。）、外黄（汉旧名，属陈留。）、沛、雍丘、浚仪、顿丘（别见）凡七县。何无雍丘、外黄、平丘、沛，徐又无浚仪。元嘉八年，以沛并顿丘。后废帝元徽元年，割顿丘属新昌。领县四，户三千三百三十三，口一万五千二百九十六。去州水二百四十一，陆一百八十；去京都水一百五十，陆一百四十。

　　秦令，本属秦国，流寓立。文帝元嘉八年，以临涂并秦，以外黄并浚仪。孝武孝建元年，以浚仪并秦。

　　义成令，江左立。

　　尉氏令，汉旧名，属陈留。文帝元嘉八年，以平丘并尉氏。

　　怀德令，孝武大明五年立。又以历阳之乌江，并此为二县，立临江郡。前废帝永光元年，省临江郡。怀德即住郡治，乌江还本也。

南沛太守（沛郡别见），何志云，北沛新立；徐云南沛。《永初郡国》又有符离、洨（并别见）、竹邑（前汉曰竹。李奇曰，今邑也。后汉曰竹邑。至晋并属沛。）杼秋（前汉属梁，后汉、《晋太康地志》属沛。）四县。杼秋治无锡，余并治广陵。文帝元嘉十二年，以北沛郡竹邑并杼秋，何、徐并无此二县，不详。《起居注》，孝武大明五年，分广陵为沛郡，治肥如县。时无复肥如县，当是肥如故县处也。二汉、《晋太康地志》并无肥如县。沛郡宜是大明五年以前省，其时又立也。今领县三，户一千一百九，口一万二千九百七十。

　　萧县令。（别见）
　　相县令。（别见）
　　沛县令。（别见）

新平太守，明帝泰始七年立。
　　江阳令，郡同立。
　　海安令，郡同立。

北淮阳太守，宋末侨立。
　　晋宁令。（别见）
　　宿预令。（别见）
　　角城令。（别见）

北济阴太守（济阴郡别见），宋失淮北侨立。
　　广平，前汉临淮有广平县，后汉以后无。
　　定陶令。（别见）
　　阳平令。（别见）
　　上党令。（别见）
　　冤句令。（别见）
　　馆陶令。（别见）

北下邳太守（下邳郡别见），宋失淮北侨立。
　　僮县令。（别见）
　　下邳令。（别见）

　　宁城令。（别见）

东莞太守（东莞郡别见），宋失淮北侨立。
　　莒县令。（别见）
　　诸县令。（别见）
　　东莞令。（别见）
　　柏人令，汉旧名，属赵国。宋失淮北侨立。

兖州刺史，后汉治山阳昌邑，魏、晋治廪丘；武帝平河南，治滑台；文帝元嘉十三年，治邹山，又寄治彭城。二十年，省兖州，分郡属徐、冀州。三十年六月复立，治瑕丘。（二汉山阳有瑕丘县）。《永初郡国》有东郡、陈留、濮阳三郡，而无阳平。东郡领白马（别见）、凉城（二汉东郡有聊城县，《晋太康地志》无，疑此是。）、东燕（别见）三县。陈留郡领酸枣（汉旧县）、小黄、雍丘、白马、襄邑、尉氏六县。（郡县并别见。）濮阳郡领濮阳、廪丘（并别见）二县。宋末失淮北，侨立兖州，寄治淮阴（淮阴别见）。兖州领郡六，县三十一，户二万九千三百四十，口一十四万五千五百八十一。

泰山太守，汉高立。《永初郡国》又有山茌（别见）、莱芜（汉旧名）、太原（本郡，侨立此县）三县，而无钜平县。今领县八，户八千一百七十七，口四万五千五百八十一。去州陆八百；去京都陆一千八百。
　　奉高令，汉旧县。
　　钜平令，汉旧县。
　　嬴令，汉旧县。
　　牟令，汉旧县。
　　南城令，前汉属东海，后汉、晋属泰山。
　　武阳令，汉旧县。
　　梁父令，汉旧县。
　　博令，汉旧县。

高平太守，故梁国，汉景帝中六年，分为山阳国；武帝建元五年为郡；晋武帝泰始元年更名。《永初郡国》及徐并又有任城县（前汉属东平，章帝元和元年，分东平为任城，又属焉。晋亦属任城。江左省郡为县也。），后省。今领县六，户六千三百五十八，口二万一千一百一十二。去州陆二百二十；去京都陆一千三百三十。宋明帝泰始五年，侨立于淮南当涂县界，领高平、金乡二县。其年，又立睢陵县。
　　高平令，前汉名稿，章帝更名。
　　方与令，汉旧县。
　　金乡令，前汉无，后汉、晋有。
　　钜野令，汉旧县。
　　平阳令，汉旧县曰南平阳。
　　亢父令，汉旧县。旧属任城。

鲁郡太守，秦薛郡，汉高后更名。本属徐州，光武改属豫州，江左属兖州。领县六，户四千六百三十一，口二万八千三百七。去州陆三百五十；去京都陆一千一百。
　　邹令，汉旧县。
　　汶阳令，汉旧县。
　　鲁令，汉旧县。
　　阳平令，孝武大明元年立。

新阳令，孝武大明中立。

卞令，明帝泰始二年立。

东平太守，汉景帝分梁为济东国，宣帝更名。领县五，户四千一百五十九，口一万七千二百九十五。去州水五百，陆同；去京都水二千，陆一千四百。宋末又侨立于淮阴。

无盐令，汉旧县。

平陆令，汉旧县。

须昌令，前汉属东郡，后汉、《晋太康地志》属东平。

寿昌令，春秋时曰良，前汉曰寿良，属东郡；光武改曰寿张，属东平。

范令，汉旧县。四县并治郡下。

阳平太守，魏分魏郡立。文帝元嘉中，流寓来属，后省，孝武大明元年复立。领县五，户二千八百五十七，口一万一千二百七十一。

馆陶令，汉旧名，寄治无盐。

乐平令，魏立，属阳平。后汉东郡有乐平，非也。寄治下平陆。

元城令，汉旧。寄治无盐。

平原令（别见），孝武大明中立。

顿丘令（别见），孝武大明中立。

济北太守，汉和帝永元二年，分泰山立。《永初郡国》有临邑（二汉属东郡，《晋太康地志》属济北。）、东阿（二汉属东郡，晋无。）二县，孝武大明元年省，应在何志而无，未详。领县三，户三千一百五十八，口一万七千三。去州陆七百；去京都水二千，陆一千五百。宋末又侨立于淮阳。

蛇丘令，前汉属泰山，后汉、《晋太康地志》属济北。

卢令，前汉属泰山，后汉、《晋太康地志》属济北。

谷城令，前汉无，后汉东郡，《晋太康地志》属济北。

卷三十六　　志第二十六

州　郡　二

南豫州　豫州　江州　青州　冀州　司州

南豫州刺史，晋江左胡寇强盛，豫部歼覆，元帝永昌元年，刺史祖约始自谯城退还寿春。成帝咸和四年，侨立豫州，庾亮为刺史，治芜湖。咸康四年，毛宝为刺史，治邾城。六年，荆州刺史庾翼镇武昌，领豫州。八年，庾怿为刺史，又镇芜湖。穆帝永和元年，刺史赵胤镇牛渚。二年，刺史谢尚镇芜湖；四年，进寿春；九年，尚又镇历阳；十一年，进马头。升平元年，刺史谢奕戍谯。哀帝隆和元年，刺史袁真自谯退守寿春。简文咸安元年，刺〔史桓熙戍历阳。孝武宁康元年，刺〕史桓冲戍姑孰。太元十年，刺史朱序戍马头。十二年，刺史桓石虔戍历阳。安帝义熙二年，刺史刘毅戍姑孰。宋武帝欲开拓河南，绥定豫土，九年，割扬州大江以西、大雷以北，悉属豫州，豫基址因此而立。十三年，刺史刘义庆镇寿阳。永初三年，分淮东为南豫州，治历阳；淮西为豫州。文帝元嘉七年〔合二豫州为一，十六年又分，二十二年又合，孝武大明三年〕，又分。五年，割扬州之淮南、宣城又属焉。徙治姑孰。明帝泰始二年又合，而以淮南、宣城还扬州。九月又分，还治历阳。三年五月，又合。四年，以扬州之淮南、宣城为南豫州，治宣城，五年罢。时自淮以西，悉没寇矣。七年，复分历阳、淮阴、南谯、南兖州之临江立南豫州。泰豫元年，以南汝阴度属豫州，豫州之庐江度属南豫州。按淮东自永初至于大明，便为南豫，虽乍有离合，而分立居多。爰自泰始甫失淮西，复于淮东分立两豫。今南豫以淮东为境，不复于此更列二州，览者按此以淮东为境，推寻便自得泰始两豫分域也。徐志领郡十三，县六十一，户三万七千六百二，口二十一万九千五百。今领郡十九，县九十一。去京都水一百六十。

历阳太守，晋惠帝永兴元年，分淮南立，属扬州，安帝割属豫州。《永初郡国》唯有历阳、乌江、龙亢三县，何、徐又有酂、雍丘二县。今领县五，户三千一百五十六，口一万九千四百七十。

历阳令，汉旧县，属九江。

乌江令，二汉无，《晋书》有乌江，《太康地志》属淮南。

龙亢令，汉旧名，属沛郡，《晋太康地志》属谯。江左流寓立。

雍丘令，汉旧名，属陈留。流寓立，先属泰山郡，文帝元嘉八年度。

酂令，汉属沛，《晋太康地志》属谯。流寓立，文帝元嘉八年度。

南谯太守（谯郡别见），晋孝武太元中，于淮南侨立郡县，后割地志成实土。《郡国》又有酂县，何、徐无。今领县六，户四千四百三十二，口二万二千三百五十八。去州水五百四十，陆一百七十；去京都水七百，陆五百。

山桑令，前汉属沛，后汉属汝南，《晋太康地志》属谯。

谯令，汉属沛，《晋太康地志》属谯。

铚令，汉属沛，《晋太康地志》属谯。

扶阳令，前汉属沛，后汉、《晋太康地志》并无。

蕲令。（别见）

城父令，前汉属沛，后汉属汝南，《晋太康地志》属谯。

庐江太守，汉文帝十六年，分淮南国立。光武建武十三年，又省六安国以并焉。领县三，户一千九百九，口一万一千九百九十七。去州水二千七百二十，陆四百七十；去京都水一千一百，陆六百三十一。

灊令，汉旧县。
舒令，汉旧县。
始新令，《永初郡国》、何并无，徐有始新左县，明帝泰始三年立。
南汝阴太守（汝阴郡别见），江左立。领县五，户二千七百一，口一万九千五百八十五。去州陆三百；去京都水一千，陆五百三十。
汝阴令（别见），所治即二汉、晋合肥县，后省。
慎令，汉属汝南，《晋太康地志》属汝阴。
宋令。（别见）
阳夏令，前汉属淮阳，后汉属陈。《晋太康地志》陈令属梁，无复此县。又晋地志，惠帝永康中复立。《永初郡国》、何并属南梁，徐志属此。
安阳令（别见），《永初郡国》、何并属南梁，徐属此。
南梁太守（梁郡别见），晋孝武太元中，侨立于淮南，安帝始有淮南故地，属徐州。武帝永初二年，还南豫，孝武大明六年废属西豫，改名淮南，八年复旧。《永初郡国》又有虞、阳夏、安丰三县（并别见）。何、徐无安丰；又有义昌而并无宁陵县。今领县九，户六千二百一十二，口四万二千七百五十四。去州水一千八百，陆五百；去京都水一千七百，陆七百。
睢阳令，汉旧名。孝武大明六年，改名寿春，八年复旧。前废帝永光有义宁、宁昌二县并睢阳。所治即二汉、晋寿春县，后省。
蒙令。（别见）
虞令，汉旧名。
谷熟令，汉旧名。
陈令，前汉属淮阳，后汉属陈，《晋太康地志》属梁。
义宁长，何无，徐有，宋末又立。
新汲令，汉旧名，属颍川。
崇义令，《永初郡国》羌人始立。
宁陵（别见），徐志后所立。
晋熙太守，晋安帝分庐江立。领县五，户一千五百二十一，口七千四百九十七。去州陆八百，无水；去京都水一千二百，无陆。
怀宁令，晋安帝立。
新冶令，晋安帝立。
阴安令，汉旧名，属魏郡，《晋太康地志》属顿丘。
南楼烦令，《永初郡国》、何、徐志无。
太湖左县长，文帝元嘉二十五年，以豫部蛮民立太湖、吕亭二县，属晋熙，后省，明帝太始二年复立。
弋阳太守，本县名，属汝南，魏文帝分立。领县六，户三千二百七十五，口二万四千二百六十二。去州陆一千一百，去京都水（阙）。
期思令，汉旧县。
弋阳令，汉旧县。
安丰令，旧郡，晋安帝并为县。

乐安令，新立。
茹由令，新立。
安丰太守，魏文帝分庐江立。江左侨立，晋安帝省为县，属弋阳，宋末复立。
安丰令，《前汉地理志》无，后汉属庐江。
松滋令。（别见）
汝南太守。（别见）
上蔡侯相。（别见）
平舆令。（别见）
北新息令。（别见）
真阳令。（别见）
安城令。（别见）
南新息令。（别见）
临汝令，汉旧名。（别见）
阳安令。（别见）
西平令。（别见）
瞿阳令。（别见）
安阳令。（别见）
新蔡太守。（别见）
鲖阳令。（别见）
固始令。（别见）
新蔡令。（别见）
东苞信令。（别见）
西苞信令，徐志南豫唯一苞信，疑是后侨立所分。
东郡太守（别见），《永初郡国》无苌平、父阳而有扶沟（别见）；何无阳夏、扶沟，徐无阳夏。
项城令。（别见）
西华令。（别见）
阳夏令。（别见）
苌平令。（别见）
谷阳令。（别见）
南顿太守（别见），帖治陈郡。
南顿令。（别见）
和城令。（别见）
颍川太守。（别见）
邵陵令。（别见）
临颍令。（别见）
曲阳令。（别见）
西汝阴太守，《永初郡国》、何、徐并无此郡。
汝阴令。（别见）
安城令。（别见）
楼烦令。（别见）
宋令。（别见）
汝阳太守。（别见）
汝阳令。（别见）
武津令。
陈留太守（别见），《永初郡国》无浚仪、封丘，而有酸枣，何、徐无封丘、尉氏。
浚仪令。（别见）

小黄令。（别见）
　　雍丘令。（别见）
　　白马令。（别见）
　　襄邑令。（别见）
　　封丘令，汉旧名。
　　尉氏令。（别见）
　南陈左郡太守，少帝景平中省此郡，以宋民度属南梁、汝阴郡，而《永初郡国》无，未详。孝建二年以蛮户复立。分赤官左县为蓼城左县。领县二。乐（疑）大明八年，省郡，即名为县，属陈左县。
　边城左郡太守，文帝元嘉二十五年，以豫部蛮民立茹由、乐安、光城、雩娄、史水、开化、边城七县，属弋阳郡。徐志有边城郡，领雩娄、史水、开化、边城四县。大明八年，复省为县，属弋阳，后复立。领县四，户四百一十七，口二千四百七十九。
　　雩娄令，二汉属庐江，《晋太康地志》云属安丰。
　　开化令。
　　史水令。
　　边城令。
　光城左郡太守，《永初郡国》、何、徐并无。按《起居注》，大明八年，省光城左郡为县，属弋阳，疑是大明中分弋阳所立。八年复省，后复立。
　　乐安令。
　　茹由令。
　　光城令。此三县，徐志属弋阳。

　豫州刺史，后汉治谯，魏治汝南安成，晋平吴后治陈国，晋江左所治，已列于前。《永初郡国》、何、徐寄治睢阳，而郡县在淮西。徐又有边城，别见南豫州。何又有初安、绥城二郡，初安领新怀、怀德二县，绥城领安昌、招远二县，并云新立。徐无，则是徐志前省也。领郡十，县四十三，户二万二千九百一十九，口一十五万八百三十九。
　汝南太守，汉高帝立。领县十一，户一万一千二百九十一，口八万九千三百四十九。去州水一千，陆七百；去京都水三千，陆一千五百。
　　上蔡令，汉旧县。
　　平乐令，汉旧县。
　　北新息令，汉旧县。
　　慎阳令，汉旧县。《永初郡国》及徐并作真阳。
　　安成令，汉旧县。
　　南新息令，汉旧县。
　　朗陵令，汉旧县。
　　阳安令，汉旧县。
　　西平令，汉旧县。
　　瞿阳令，汉旧县，作濯阳。
　　安阳令，汉旧县。晋武太康元年，改为南安阳。
　新蔡太守，晋惠帝分汝阴立，今帖治汝南。领县四，户二千七百七十四，口一万九千八百八十。去州陆六百；去京都水二千五百，陆一千四百。

　　鲖阳令，汉旧县。晋成帝咸康二年，省并新蔡，后又立。
　　固始令，故名寝丘之地也。汉光武更名。晋成帝咸康二年，并新蔡，后又立。
　　新蔡令，汉旧县。
　　苞信令，前汉无，后汉属汝南，《晋太康地志》属汝阴。后汉《郡国》、《晋太康地志》并作"褒"。
　谯郡太守，何志故属沛，魏明帝分立。按王粲诗："既入谯郡界，旷然消人忧。"粲是建安中亡，非明帝时立明矣。《永初郡国》无长垣县。今领县六，户一千四百二十四，口七千四百四。去州陆道三百五十；去京都水二千，陆一千二百。
　　蒙令，汉旧县，属沛。
　　蕲令，汉旧县，属沛。
　　宁陵令，前汉属陈留，后汉、《晋太康地志》属梁。
　　魏令，故魏郡，流寓配属。
　　襄邑令。
　　长垣令，汉旧县，属陈留。《永初郡国》无。何故属陈留，徐新配。
　梁郡太守，秦砀郡，汉高更名。孝武大明元年度徐州，二年还豫。领县二，户九百六十八，口五千五百。去州陆一百六十；去京都水九百。
　　下邑令，汉旧县。何云魏立，非也。
　　砀令，汉旧县。
　陈郡太守，汉高立为淮阳国，章帝元和三年更名。晋初并，梁王肜薨，还为陈。《永初郡国》有扶沟（前汉属淮阳，后汉、《晋太康地志》属陈留。）、阳夏（别见），而无谷阳、长平。领县四，户六百九十三，口四千一百一十三。去州陆七百六十；去京都水一千四百五十。
　　项城令，汉旧县，属汝南，《晋太康地志》属陈郡。
　　西华令，汉旧县，属汝南，晋初省，惠帝永康元年复立，属颍川。江左度此。
　　谷阳令，本苦县，前汉旧淮阳，后汉属陈，《晋太康地志》属梁，成帝咸康三年更名。长平令，前汉属汝南，后汉属陈，《晋太康地志》属颍川。
　南顿太守，故属汝南，晋惠帝分立。领县二，户五百二十六，口二千三百六十五。去州七百六十；去京都陆一千四百五十。
　　南顿令，汉旧县，何故属汝阳，晋武帝改属汝南。按《晋太康地志》、王隐《地道》无汝阳郡。
　　和城令，何江左立。
　颍川太守，秦立。魏分颍川为襄城郡，晋成帝咸康二年，省襄城还并颍川。《永初郡国》又有许昌（本名许，汉旧县。魏曰许昌）、新汲（别见）、鄢陵、长社、颍阴、阳翟（四县并汉旧县。阳翟，魏、晋属河南。）六县，而无曲阳。领县三，户六百四十九，口三千五百七十九。去州一千；去京都陆一千八百。
　　邵陵令，汉旧县，属汝南，《晋太康地志》属颍川。

　　临颍令，汉旧县。

　　曲阳令，前汉属东海，后汉属下邳，《晋太康地志》无。

汝阳太守，《晋太康地志》、王隐《地道》无此郡，应是江左分汝南立。晋成帝咸康三年，省并汝南，后又立。领县二，户九百四十一，口四千四百九十五。去州二百；去京都陆一千四百，水三千五百。

　　汝阳令，汉旧县，属汝南。何故属汝阴，晋武改属汝南。按晋武分汝南为汝阴，何所言非也。

　　武津令，何不注置立。

汝阴太守，晋武帝分汝南立，成帝咸康二年，省并新蔡，后复立。领县四，户二千七百四十九，口一万四千三百三十五。

　　汝阴令，汉旧县。

　　宋令，前汉名新郪。章帝建初四年，徙宋公国于此，改曰宋。

　　宋城令，汉旧县。

　　楼烦令，汉旧县，属雁门。流寓配属。

陈留太守，汉武帝元狩元年立，属兖州，中原乱废。晋成帝咸康四年复立，《永初郡国》属兖州，何、徐属豫州。《永初郡国》无浚仪，有酸枣（别见）。今领县四，户百九十六，口二千四百一十三。寄治谯郡长垣县界。

　　浚仪令，汉旧名。

　　小黄令，汉旧名。

　　白马令，汉属东郡，《晋太康地志》属濮阳。

　　雍丘令，汉旧名。

江州刺史，晋惠帝元康元年，分扬州之豫章、鄱阳、庐陵、临川、南康、建安、晋安，荆州之武昌、桂阳、安成十郡为江州。初治豫章，成帝咸康六年，移治寻阳；庾翼又治豫章，寻还寻阳。领郡九，县六十五，户五万二千三十三，口三十七万七千一百四十七。去京都水一千四百。

寻阳太守，寻阳本县名，因水名县，水南注江。二汉属庐江，吴立蕲春郡，寻阳县属焉。晋武帝太康元年，省蕲春郡，以寻阳属武昌，改蕲春之安丰为高陵及邾县，皆属武昌。二年，以武昌之寻阳复属庐江郡。惠帝永兴元年，分庐江、武昌立寻阳郡。寻阳县后省。领县三，户二千七百二十，口一万六千八。

　　柴桑男相，二汉属豫章，晋属武昌。郡既立，治此。

　　彭泽子相，汉、《晋太康地志》属豫章，立寻阳郡后，割度。

　　松滋伯相，前汉属庐江，后汉无，《晋太康地志》属安丰。安丰县名，前汉无，后汉属庐江，晋武帝立为安丰郡。江左流民寓寻阳，侨立安丰、松滋二郡，遥隶扬州，安帝省为松滋县。寻阳又有弘农县流寓。文帝元嘉十八年，省并松滋。

豫章太守，汉高帝立，本属扬州。《永初郡国》有海昏（汉旧县），何志无。今领县十二，户一万六千一百三十九，口一十二万二千五百七十三。去州水六百，陆三百五十；去京都水一千九百，陆二千一百。

　　南昌侯相，汉旧县。

　　新淦侯相，汉旧县。

　　丰城侯相，吴立曰富城，晋武帝太康元年更名。

　　建城侯相，汉旧县。

　　望蔡子相，汉灵帝中平中，汝南上蔡民分徙此地，立县名曰上蔡；晋武帝太康元年更名。

　　吴平侯相，汉灵帝中平立汉平，吴更名。

　　永修男相，汉灵帝中平中立。

　　建昌公相，汉和帝永元十六年，分海昏立。

　　豫宁侯相，汉献帝建安中立，吴曰西安，晋武帝太康元年更名。

　　康乐侯相，吴孙权黄武中立，曰阳乐，晋武帝太康元年更名。

　　新吴令，汉灵帝中平中立。

　　艾侯相，汉旧县。

鄱阳太守，汉献帝建安十五年，孙权分豫章立，治鄱阳县；赤乌八年，徙治吴芮故城。《永初郡国》有历陵县（汉旧县），何志无。领县六，户三千二百四十二，口一万九百五十。去州水四百四十；去京都水一千八百四十，陆二千六十。

　　广晋令，吴立曰广昌，晋武帝太康元年更名。

　　鄱阳侯相，汉旧县。

　　余干令，汉旧县。

　　上饶男相，吴立。《太康地志》有，王隐《地道》无。

　　葛阳令，吴立。

　　乐安男相，吴立。

临川内史，吴孙亮太平二年，分豫章东部都尉立。领县九，户八千九百八十三，口六万四千八百五。去州水一千一百，陆一千二十；去京都水二千八百三十，陆三千。

　　临汝侯相，汉和帝永元八年立。

　　西丰侯相，吴立曰西平，晋武帝太康元年更名。

　　新建侯相，吴立。

　　永城男相，吴立。

　　宜黄侯相，吴立。

　　南城男相，汉旧县，晋武帝太康元年，更曰新南城，江左复旧。

　　南丰令，吴立。

　　东兴侯相，吴立。

　　安浦男相，吴立。

庐陵太守，庐陵本县名，属豫章，汉献帝兴平元年，孙策分豫章立。领县九，户四千四百五十五，口三万一千二百七十一。去州水二千，陆一千六百；去京都水三千六百。

　　石阳子相，前汉无，后汉有。

　　西昌侯相，吴立。

　　东昌子相，吴立。

　　吉阳男相，吴立。

己丘男相，吴立。
兴平侯相，吴立。
阳丰男相，吴曰阳城，晋武帝太康元年更名。
高昌男相，吴立。
遂兴男相，吴立曰新兴，晋武帝太康元年更名。
《永初郡国》无比县，何、徐并有。
安成太守，孙晧宝鼎二年，分豫章、庐陵、长沙立。《晋太康地志》属荆州。领县七，户六千一百一十六，口五万三百二十三。去州水三千三百，陆三千六百；去京都水三千七百，无陆。
平都子相，前汉曰安平，后汉更名，属豫章。
新喻侯相，吴立。
宜阳子相，汉旧县，本名宜春，属豫章，晋孝武改名。
永新男相，吴立。
安复侯相，汉旧县，本名安成，晋武帝太康元年更名，属长沙。
萍乡侯相，吴立。
广兴侯相，《晋太康地志》有此县，何云江左立，非也。
南康公相，晋武帝太康三年，以庐陵南部都尉立。领县七，户四千四百九十三，口三万四千六百八十四。去州水三千七百四十；去京都水三千八十。
赣侯相，汉旧县，属豫章。
宁都子相，吴立曰杨都，晋武帝太康元年更名。
雩都侯相，汉旧县，属豫章。
平固侯相，吴立曰平阳，晋武帝太康元年更名。
南康公相，吴立曰安南，晋武帝太康元年更名。
陂阳男相，吴立曰揭阳，晋武帝太康五年，以西康揭阳移治故陂阳都，改曰陂县，然则陂阳先已为县矣。后汉《郡国》无，疑是吴所立而改曰揭阳也。
南野伯相，汉旧县，属豫章。
虔化男相，孝武大明五年，以虔化屯立。
南新蔡太守，江左立。领县四，户一千七百三十，口八千八百四十八。去州水二百；去京都水一千三百七十，陆一千八百八十。
苞信令（别见），本作褒信，《永初郡国》作苞信。
慎令，汉旧名，本属汝南。
宋令（别见），徐志云宋乐，后复旧。
阳唐左县令，孝武大明八年立。
建安太守，本闽越，秦立为闽中郡。汉武帝世，闽越反，灭之，徙其民于江、淮间，虚其地。后有遁逃山谷者颇出，立为冶县，属会稽。司马彪云，章安是故冶，然则临海亦冶地也。张勃《吴录》云："闽越王冶铸地，故曰安闽王冶。此不应偏以受名，盖句践冶铸之所，故谓之冶乎？闽中有山名湛，疑湛山之炉铸剑为湛炉也。"后分冶地为会稽东、南二部都尉。东部，临海是也；南部，建安是也。吴孙休永安三年，分南部立为建安郡。领县七。（疑）户三千四十二，口一万七千六百八十六。去州水二千三百八十；去京都水三千四十，并无陆。

吴兴子相，汉末立曰汉兴，吴更名。
将乐子相，《晋太康地志》有。
邵武子相，吴立曰昭武，晋武帝更名。
建阳男相，《晋太康地志》有。
绥成男相，《永初郡国》、何、徐并有；何、徐不注置立。
沙村长，《永初郡国》、何、徐并有；何、徐不注置立。
晋安太守，晋武帝太康三年，分建安立。领县五，户二千八百四十三，口一万九千八百三十八。去州水三千九百九十；去京都水三千五百八十。
侯官口相，前汉无，后汉曰东侯官，属会稽。
原丰令，晋武帝太康三年，省建安典船校尉立。
晋安男相，吴立曰东安，晋武帝更名。
罗江男相，吴立，属临海。晋武帝立晋安郡，度属。
温麻令，晋武帝太康四年，以温麻船屯立。《永初郡国》无，何、徐并有。

青州刺史，治临淄。江左侨立，治广陵。安帝义熙五年，平广固，北青州刺史治东阳城，而侨立南青州如故。后省南青州，而北青州直曰青州。孝武孝建二年，移治历城。大明八年，还治东阳。明帝失淮北，于郁洲侨立青州，立齐、北海、西海郡。旧州领郡九，县四十六，户四万五百四，口四十万二千七百二十九。去京都陆二千。
齐郡太守，秦立。领县七，户七千三百四十六，口万四千八百八十九。
临淄令，汉旧县。
西安令，汉旧县。
安平令，六国时其地曰安平，二汉、魏、晋曰东安平。前汉属淄川，后汉属北海，魏度属齐。
般阳令，前汉属济南，后汉、《晋太康地志》属齐。
广饶令，汉旧县。
昌国令，汉旧县。
益都令，魏立。
济南太守，汉文帝十六年，分齐立。晋世济岷郡，云魏平蜀，徙蜀豪将家于济、河，故立此郡。安帝义熙中土断，并济南。案《晋太康地志》无济岷郡。《永初郡国》济南又有祝阿（二汉属平原，《晋太康地志》无。）、于陵县（汉旧县），而无朝阳、平陵二县。领县六，户五千五十六，口三万八千一百七十五。去州陆四百；去京都二千四百。
历城令，汉旧县。
朝阳令，前汉曰朝阳，后汉、晋曰东朝阳。二汉属济南，《晋太康地志》属乐安。
著令，汉旧县。
土鼓令，汉旧县，晋无。
逢陵令，二汉、晋无，《永初郡国》、何、徐有。
平陵令，汉旧县，至晋并曰东平陵。
乐安太守，汉高立，名千乘，和帝永元七年更名。领县三，户二千二百五十九，口一万四千九百九十一。去州陆一百八十；去京都陆一千八百。

千乘令，汉旧县。

临济令，前汉曰狄，安帝永初二年更名。

博昌令，汉旧名。

高密太守，汉文帝分齐为胶西，宣帝本始元年，更名高密。光武建武十三年，并北海，晋惠帝又分城阳立（城阳郡，前汉有，后汉无，魏复分北海立。）；宋孝武并北海。领县六，户二千三百四，口一万三千八百二。去州陆二百；去京都陆一千六百。

黔陬令，前汉属琅邪，后汉属东莱，《晋太康地志》属城阳。

淳于令，二汉属北海，《晋太康地志》属城阳。

高密令，前汉属高密，后汉属北海，《晋太康地志》属城阳。

夷安令，前汉属高密，后汉属北海，《晋太康地志》属城阳。

营陵令，二汉属北海，《晋太康地志》属城阳。

昌安令，汉安帝延光元年立，属高密，后汉属北海，《晋太康地志》属城阳。

平昌太守，故属城阳，魏文帝分城阳立，后省，晋惠帝又立。领县五，户二千二百七十，口一万五千五十。去州陆二百；去京都陆千七百。

安丘令，二汉属北海，《晋太康地志》属琅邪。

平昌令，前汉属琅邪，后汉属北海，《晋太康地志》属城阳。

东武令，二汉属琅邪，《晋太康地志》属东莞。

琅邪令，二汉属琅邪，《晋太康地志》无。

朱虚令，前汉属琅邪，安帝永初元年属北海，《晋太康地志》属城阳。

北海太守，汉景帝中二年立。领县六，户三千九百六十八，口三万五千九百九十五。寄治州下。

都昌令，汉旧县。寄治州下，余依本治。

胶东令，本胶东国，后汉、《晋太康地志》属北海。

剧令，二汉属北海，《晋太康地志》属琅邪。

即墨令，前汉属胶东，后汉、《晋太康地志》属北海。

下密令，前汉属胶东，后汉、《晋太康地志》属北海。

平寿令，汉旧县。

东莱太守，汉高帝立。领县七，户一万一百三十一，口七万五千一百四十九。去州陆五百；去京都二千一百。

曲城令，汉旧县。

掖令，汉旧县。

㧑令，汉旧县。

卢乡令，汉旧县。

牟平令，汉旧县。

当利令，汉旧县。

黄令，汉旧县。

太原太守，秦立，属并州。文帝元嘉十年，割济南、太山立。领县三，户二千七百五十七，口二万四千六百九十四。去州陆五百；去京都一千八百。

山茌令，汉旧县，属泰山。孝武孝建元年，度济北。

太原令，晋安帝义熙中土断立，属泰山。

祝阿令。（别见）

长广太守，本长广县，前汉属琅邪，后汉属东莱，《晋太康地志》云故属东莱。《起居注》，咸宁三年，以齐东部县为长广郡。领县四，户二千九百六十六，口二万二十三。去州五百；去京都一千九百五十。

不其令，前汉属琅邪，后汉属东莱，《晋太康地志》属长广。

长广令，前汉属琅邪，后汉属东莱，《晋太康地志》属长广。

昌阳令，晋惠帝元康八年，分长广县立。

挺令，前汉属胶东，后汉属北海，《晋太康地志》属长广。

冀州刺史，江左立南冀州，后省。义熙中更立，治州，又省。文帝元嘉九年，又分青州立，治历城，割土置郡县。领郡九，县五十，户三万八千七十六，口一十八万一千一。去京都陆二千四百。

广川太守，本县名，属信都，《地理志》不言始立。景帝二年，以为广川国，宣帝甘露三年复。明帝更名乐安，安帝延光元年，改曰安平；晋武帝太康五年，又改为长乐。广川县，前汉属信都，后汉属清河，魏属勃海，晋还清河。何志，广川江左所立。又有蓨县（前汉属信都，后汉、晋属勃海。），而无广川。孝武大明元年，省广川之枣强（前汉属清河，后汉、晋江左无。）、勃海之浮阳、高城（并汉旧县），立广川县，非旧广川县也。属广川郡。领县四，户三千二百五十，口二万三千六百一十四。去州陆一百六十；去京都陆一千九百八十。

广川令。（已前见）。

中水令，前汉属涿，后汉、《晋太康地志》属河间。孝武大明七年，自河间割度。

武强令，何江左立。

索卢令，何江左立。

平原太守，汉高帝立。旧属青州，魏、晋属冀州。领县八，户五千九百一十三，口二万九千二百六十七。

广宗令，前汉无，后汉属钜鹿；《晋太康地志》属安平；《永初郡国》、何无；孝武大明元年复立。

平原令，汉旧县。

鬲令，汉旧县。

安德令，汉旧县。

平昌令，汉旧县。后汉无。《晋太康地志》曰西平昌。

般县令，汉旧县。

茌平令，前汉属东郡，后汉属济北，《晋太康地志》属平原。

高唐令，汉旧县。
清河太守，汉立，桓帝建和二年，改曰甘陵，魏复旧。何有重合县（别见）。领县七，户三千七百九十四，口二万九千二百七十四。去州一百一十；去京都陆一千八百。
　　清河令，二汉无，《晋太康地志》有。
　　武城令，汉旧县，并曰东武城。
　　绎幕令，汉旧县。
　　贝丘令，汉旧县。
　　灵令，汉旧县，作灵。
　　俞令，汉旧县。
　　安次令，前汉旧县，属勃海，后汉属广阳，《晋太康地志》属燕国。
乐陵太守，晋武帝分平原立。旧属青州，今来属。领县五，户三千一百三，口一万六千六百六十一。去州一百四十；去京都陆一千八百。
　　乐陵令，汉旧县，故属平原。
　　阳信令，二汉属勃海，《晋太康地志》属乐陵。
　　新乐令。（别见）
　　厌次令，前汉曰富平，明帝更名，属平原，《晋太康地志》属乐陵。
　　湿沃令，前汉属千乘，后汉无。何云魏立，当是魏复立也。《晋太康地志》属乐陵。
魏郡太守，汉高帝立。二汉属冀州，魏、晋属司隶，江左屡省置；宋孝武又侨立，何无。领县八，户六千四百五，口三万三千六百八十二。
　　魏令，汉旧县。
　　安阳，《晋太康地志》有。
　　聊城令，汉属东郡，晋属平原。
　　博平安，汉属东郡，晋属平原。
　　肥乡令，《晋太康地志》属广平。
　　蠡吾令，前汉属涿，后汉属中山，《晋太康地志》属高阳。孝武始立，属高阳，大明七年度此。
　　顿丘令（别见），文帝元嘉二十八年，流民归顺，孝武孝建二年立。
　　临邑令，汉属东郡，晋属济北。孝武孝建二年，与顿丘同立。
河间太守，汉文帝二年，分赵立。江左屡省置，宋孝武又侨立，何无。领县六，户二千七百八十一，口一万七千七百七。
　　乐城令，汉旧县。
　　城平令，前汉属勃海，后汉、《晋太康地志》属河间。
　　武垣令，前汉属涿，后汉、《晋太康地志》属河间。
　　章武令，二汉属勃海，《晋太康地志》属章武。江左立，属广川，孝武大明七年度此。
　　南皮令，汉旧县，属勃海。孝武始立，属勃海，大明七年度此。
　　阜城令，前汉勃海有阜城县，《续汉》安平有阜城县，注云"故昌城"。汉信都有昌城，未详孰是。

顿丘太守（别见），江左屡省置，孝武又侨立，何无。领县四，户一千二百三十八，口三千八百五十一。
　　顿丘令。（别见）
　　卫国令，《晋太康地志》有。
　　肥阳令，何志以前无。
　　阴安令，二汉属魏。魏属阳平，晋属顿丘。
高阳太守，高阳，前汉县名，属涿，后汉河间。晋武帝泰始元年，分涿为范阳，又属焉。后又分范阳为高阳。江左屡省置，孝武又侨立，何无。领县五，户二千二百九十七，口一万四千七百二十五。
　　安平令，前汉属涿，后汉属安平，《晋太康地志》属博陵。
　　饶阳令，前汉属涿，《续汉》安平有饶阳县，注云"故名饶，属涿。"按《地理》，涿唯有饶阳县，无饶县。
　　邺令，汉旧县，属魏郡。江左避愍帝讳，改曰临漳。孝武始立，属魏郡，大明七年度此。
　　高阳令。（已见）
　　新城令，前汉属中山，后汉属涿，《晋太康地志》属高阳，并曰北新城。
勃海太守，汉高帝立，属幽州；后汉、晋属冀州。江左省置，孝武又侨立，何无。领县三，户一千九百五，口一万二千一百六十六。
　　长乐令，晋之长乐郡也。疑是江左省为县，至是又立。
　　蓚令。（别见。何志属广川。徐志属此。）
　　重合令，汉旧县。

司州刺史，汉之司隶校尉也。晋江左以来，沦没戎寇，虽永和、太元王化暂及，太和、隆安还复湮陷。牧司之任，示举大纲而已。县邑户口，不可具知。武帝北平关、洛，河南底定，置司州刺史，治虎牢，领河南（汉旧郡）、荥阳（晋武帝泰始元年，分河立。）、弘农（汉旧郡）实土三郡。河南领洛阳、河南、巩、緱氏、新城、梁（并汉旧县）、河阴（《晋太康地志》有）、陆浑（汉旧县，属弘农，《晋太康地志》属河南。）、东垣（二汉、《晋太康地志》、何有垣县。）、新安（二汉属弘农，《晋太康地志》属河东。）、西东垣（新立）凡十一县。荥阳领京、密、荥阳、卷、阳武、苑陵、中牟、开封、成皋（并汉旧县。属河南。）凡九县。弘农领弘农、陕、宜阳、黾池、卢氏（并汉旧县）、曲阳（前汉属东海，后汉属下邳，《晋太康地志》无。）凡七县。三郡合二十七县，一万六千三百六户。又有河内（汉旧郡）、东京兆（京兆别见雍州，东京兆新立）二侨郡。河内寄治河南，领温、野王、轵、河阳、沁水、山阳、怀、平皋，（并汉旧名。）、朝歌（二汉属河内，《晋太康地志》属汲郡。晋武太康元年始立。）凡十县。东京兆寄治荥阳，领长安（汉旧县）、万年（别见）、新丰（别见）、蓝田（别见）、蒲阪（二汉、《晋太康地志》属河东。）凡六县。合十六县，一千九百九十二户。少帝景平初，司州复没北房。文帝元嘉末，侨立于汝南，寻亦省废。明帝复于南豫州之义阳郡立司州，渐成实土焉。领郡四，县二十，去京都水二千七百，陆一千七百。

义阳太守，魏文帝立，后省，晋武帝又立。《太康地志》、《永初郡国》、何志并属荆州，徐则南豫也。明帝泰始五年，度郢州，后废帝元徽四年，司州。领县七。户八千三十二，口四万一千五百九十七。

平阳侯相，前汉无，后汉属江夏曰平春，《晋太康地志》属义阳，晋孝武改。

鄳令，二汉属江夏，《晋太康地志》属义阳，并作鄳，音盲。《永初郡国》、何并作鄳。

钟武令，前汉属江夏，后汉、《晋太康地志》无，《永初郡国》属义阳。

宝城令，孝武孝建三年，分鄳立。

义阳令，《晋太康地志》有，后省。孝武孝建三年，分平阳立。

平春令，孝武孝建三年，分平阳立。

环水长，《永初郡国》、何、徐并无。明帝泰始三年，度属宋安郡，后省宋安，还此。宋安，本县名，孝武大明八年，省义阳郡所统东随二左郡立为宋安县，属义阳。明帝立为郡。

随阳太守，晋武帝分南阳义阳立义阳国，太康年，又分义阳为随国，属荆州。孝武孝建元年度属郢，前废帝永光元年度属雍；明帝泰始五年还属郢，改为随阳；后废帝元徽四年，度属司州。徐志又有革音县，今无。领县四，户四千六百。去京都三千四百八十。

随阳子相，汉随县属南阳，《晋太康地志》属义阳。后随国与郡俱改。

永阳男相，徐志有。

关西令（别见荆州，作厥西。），宋末新立。

西平林令，宋末新立。

安陆太守，孝武孝建元年，分江夏立，属郢州；后废帝元徽四年度司州。徐志有安蛮县，《永初郡国》、何并无，当是何志后所立。寻为郡，孝武大明八年，省为县，属安陆；明帝泰始初，又立为左郡，宋末又省。领县二，户六千四百一十三，口二万五千八十四。去京都水二千三百。

安陆公相，汉旧县，属江夏。江夏又有曲陵县，本名石阳，吴立。《晋起居注》，太康元年，改江夏石阳曰曲陵；明帝泰始六年，并安陆。

南汝南太守。（汝南郡别见）

平舆令。

北新息令。

真阳令。

安城令。

南新息令。

安阳令。（并别见）

临汝令，新立。

卷三十七　　　　志第二十七

州　郡　三

荆州　郢州　湘州　雍州　梁州　秦州

荆州刺史，汉治武陵汉寿，魏、晋治江陵，王敦治武昌，陶侃前治沔阳，后治武昌，王廙治江陵，庾亮治武昌，庾翼进襄阳，复还夏口；桓温治江陵，桓冲治上明，王忱还江陵，此后遂治江陵。宋初领郡三十一，后分南阳、顺阳、襄阳、新野、竟陵为雍州；湘川十郡为湘州，江夏、武陵属郢州，随郡、义阳属司州，北义阳省，凡余十一郡。文帝世，又立宋安左郡，领拓边、绥慕、乐宁、慕化、仰泽、革音、归德七县，后省改。汶阳郡又度属。今领郡十二，县四十八，户六万五千六百四。去京都水三千三百八十。

南郡太守，秦立。汉高帝元年，为临江国，景帝中二年复故。晋武帝太康元年改曰新郡，寻复故。宋初领县九，后州陵、监利度属巴陵；旌阳，文帝元嘉十八年省并枝江。二汉无旌阳，见《晋太康地志》，疑是吴所立。凡余六县，户一万四千五百四十四，口七万五千八十七。

江陵公相，汉旧县。

华容公相，汉旧县，晋武太康元年省，后复立。

当阳男相，汉旧县。

临沮伯相，汉旧县。《晋太康》、《永守地志》属襄阳，后度。

编县男相，汉旧县。

枝江侯相，汉旧县。

南平内史，吴南郡治江南，领江陵、华容诸县。晋武帝太康元年，分南郡江南为南平郡，治作唐，后治江安。领县四，户一万二千三百九十二，口四万五千四十九。去州水二百五十，去京都水三千五百，无陆。

江安侯相，晋武帝太康元年立。

孱陵侯相，二汉旧县，属武陵，《晋太康地志》属南平。

作唐侯相，前汉无，后汉属武陵，《晋太康地志》属南平。

南安令，晋武帝分江安立。

天门太守，吴孙休永安六年，分武陵立。充县有松梁山，山有石，石开处数十丈，其高以努仰射不至，其上名"天门"，因此名郡。充县后省。孝武孝建元年，度郢州；明帝泰始三年，复旧。领县四，户三千一百九十五。去州水一千二百，陆六百；去京都水三千五百。

澧阳令，晋武帝太康四年立。

临澧令，晋武帝太康四年立。

零阳令，汉旧县，属武陵。

漊中令，二汉无，《晋太康地志》有，疑是吴立。

宜都太守，《太康地志》、王隐《地道》、何志并云吴分南郡立；张勃《吴录》云刘备立。按《吴志》，吕蒙平南郡，据江陵，陆逊别取宜都，获秭归、枝江、夷道县。初权与刘备分荆州，而南郡属备，则是备分南郡立宜都，非吴立也。习凿齿云，魏武平荆州，分南郡枝江以西为临江郡；建安十五年，刘备改为宜都。领县四，户一千八百四十三，口三万四千二百二十。去州水三百五十，无陆；去京都水三千七百三十。

夷道令，汉旧县。

佷山男相，前汉属武陵，后汉属南郡，晋武帝太康元年改为兴山，后复旧。

宜昌令，何志晋帝立。按《太康》、《永宁地志》并无，疑是此后所立。

夷陵令，汉旧县，吴改曰西陵，晋武帝太康元年复旧。

巴东公相，谯周《巴记》云，初平元年，荆州帐下司马赵韪建议分巴郡诸县汉安以下为永宁郡。建安六年，刘璋改永宁为巴东郡，以涪陵县分立丹兴、汉葭二县，立巴东属国都尉，后为涪陵郡。《晋太康地志》，巴东属梁州，惠帝太安二年度益州；穆帝永和初平蜀，度属荆州。《永初郡国志》无巴渠、龟阳二县。领县七，户一万三千七百九十五，口四万五千二百三十七。去州水一千三百；去京都水四千六百八十。

鱼复侯相，汉旧县，属巴郡，刘备章武二年，改为永安，晋武帝太康元年复旧。

朐䏰令，汉旧县，属巴郡。

新浦令，何志新立。

南浦令，刘禅建兴八年十月，益州牧阎宇表改羊渠立。羊渠不详，何志吴立。

汉丰令，何志不注置立。《太康地志》巴东有汉昌县，疑是。

巴渠令，何志不注置立。

龟阳令，何志不注置立。晋末平吴时，峡中立武陵郡，有龟阳、黔阳县，咸宁元年并省。

汶阳太守，何志新立。先属梁州，文帝元嘉十一年度。宋初有四县，后省汶阳县。今领三县，户九百五十八，口四千九百一十四。去州水七百，陆四百；去京都水四千一百。

僮阳令，何志新立。

沮阳令，何志新立。

高安令，何志新立。

南义阳太守（义阳郡别见），晋末以义阳流民侨立。宋初有四县，孝武孝建二年，以平阳县并厥西。平阳本为郡，江左侨立。魏世分河东为平阳郡，晋末省为县。今领县二，户一千六百七，口九千七百四十一。

厥西令，二汉无，《晋太康地志》属义阳。

平氏令，汉旧名，属南阳。

新兴太守，《魏志》建安二十年，省云中、定襄、五原、朔方四郡，郡立一县，合为此郡，属并州。晋江左侨立。宋初六县，后省云中（汉旧名，属云中。）；孝武孝建二年，又省九原县（汉旧名，属五原。）并定襄、宕渠（流寓立。）并广牧。凡今领县三，户二千三百一，口九千五百八十四。

定襄令，汉旧名。

广牧男相，汉旧名，属朔方。

新丰令，汉旧名，属京兆。侨流立。

南河东太守，河东郡，秦立。晋成帝咸康三年，征西将军庾亮以司州侨户立。宋初八县，孝武孝建二年，以广戚（前汉属沛，后汉，《晋太康地志》属彭城。江左流寓立。）并闻喜，弘农（江左立侨郡，后并省为县。）、临汾并松滋，安邑并永安。（临汾、安邑，汉旧名。临汾后属平阳。）今领县四，户二千四百二十三，口一万四百八十七。去州水一百二十；去京都水三千五百。

闻喜令，故曲沃，秦改为左邑。汉武帝元鼎六年，行幸至此，闻南越破，改名闻喜。

永安令，前汉虢县，顺帝阳嘉二年更名，后属平阳。

松滋令，前汉属庐江，后汉无，晋属安丰。疑是有流民寓荆土，故立。

谯县令（别见），谯流民寓立。

建平太守，吴孙休永安三年，分宜都立，领信陵、兴山、秭归、沙渠四县。晋又有建平都尉，领巫、北井、泰昌、建始四县。晋武帝咸宁元年，改都尉为郡，于是吴、晋各有建平郡。太康元年吴平，并合。五年，省建始县，后复立。《永初郡国》有南陵、建始、信陵、兴山、永新、永宁、平乐七县，今并无。按《太康地志》无南陵、永新、永宁、平乐、新乡五县，疑是江左所立。信陵、兴山、沙渠，疑是吴立。建始，晋初所立也。领县七，户一千三百二十九，口二万八百一十四。去州水陆一千；去京都水四千三百八十。

巫令，汉旧县。

秭归侯相，汉旧县。

归乡公相，何志，故属秭归，吴分。按《太康地志》云，秭归有归乡，故夔子国，楚灭之，而无归乡县，何志所言非也。

北井令，《晋太康地志》有。先属巴东，晋武帝泰始五年度建平。

泰昌令，《晋太康地志》有。

沙渠令，《晋起居注》，太康元年立。按沙渠是吴建平郡所领，吴平不应方立，不详。

新乡令。

永宁太守，晋安帝侨立为长宁郡；宋明帝以名与文帝陵同，改为永宁。宋初五县，后省绥安（晋安帝立）。孝武孝建二年后，以僮阳（晋安帝立）并长宁，绥宁（晋安帝立）并上黄。今领县二，户一千一百五十七，口四千二百七十四。去州陆六十；去京都三千四百三十。

长宁侯相，晋安帝立。

上黄男相，宋初属襄阳，后度。二汉、晋并无此县。

武宁太守，晋安帝隆安五年，桓玄以沮、漳降蛮立。

领县二，户九百五十八，口四千九百一十四。

乐乡令，晋安帝立。

长林男相，晋安帝立。

郢州刺史，魏文帝黄初三年，以荆州江北诸郡为郢州，其年罢并荆，非今地。吴又立郢州。孝武孝建元年，分荆州之江夏、竟陵、随、武陵、天门，湘州之巴陵，江州之武昌，豫州之西阳，又以南郡之州陵、监利二县度属巴陵，立郢州。天门后还荆。领郡六，县三十九，户二万九千四百六十九，口十五万八千五百八十七。去京都水二千一百。

江夏太守，汉高帝立，本属荆州。《永初郡国》及何志并治安陆，此后治夏口。又有安陆、曲陵，曲后别郡。领县七，户五千七十二，口二万三千八百一十。

汝南侯相，本沙羡土，晋末汝南郡民流寓夏口，因立为汝南县。沙羡令，汉旧县，吴省。晋武太康元年复立，治夏口。孝武太元三年，省并沙阳，后以其地为汝南实土。

沌阳子相，江左立。

孝昌侯相，《永初郡国》、何志并无，徐志有，疑是孝武世所立。

惠怀子相，江左立。

沙阳男相，二汉旧县，本名沙羡，属武昌，晋武帝太康元年更名；又立沙羡，而沙阳徙今所治。文帝元嘉十六年度巴陵，孝武孝建元年度江夏。

羡阳子相，晋惠帝世，安陆人朱伺为陶侃将，求分安陆东界为此县。

蒲圻男相，晋武帝太康元年。本属长沙，文帝元嘉十六年度巴陵，孝武孝建元年度江夏。

竟陵太守，晋惠帝元康九年，分江夏西界立。何志又有宋县，徐无。领县六，户八千五百九十一，口四万四千三百七十五。去州水一千四百；去京都水三千四百。

苌寿令，明帝泰始六年立。

竟陵侯相，汉旧县，属江夏。

新市子相，汉旧县，属江夏。

霄城侯相，《永初郡国》有，何、徐不注立。

新阳男相，《永初郡国》有，何、徐不注立。

云杜侯相，汉旧县，属江夏。

武陵太守，《前汉地理志》，高帝立。《续汉郡国志》云，秦昭王立，名黔中郡，高帝五年更名。本属荆州。领县十，户五千九十，口三万七千五百五十五。去州水一千；去京都水三千。

临沅男相，汉旧县。

龙阳侯相，《晋太康地理志》，何志吴立。

汉寿伯相，前汉立，后汉顺帝阳嘉三年更名。吴曰吴寿，晋武帝复旧。

沅南令，汉光武建二十六年立。

迁陵侯相，汉旧县。

辰阳男相，汉旧县。

舞阳令，前汉作无阳，后汉无，《晋太康地志》有。

酉阳长，汉旧县。

黚阳长，二汉无，《晋太康地志》有。

沅陵令，汉旧县。

巴陵太守，文帝元嘉十六年，分长沙之巴陵、蒲圻、下隽，江夏之沙阳四县立，属湘州；孝武孝建元年，割南郡之监利、州陵度江夏，属郢州。二年，又度长宁之绥安属巴陵。何志讫元嘉二十年，巴陵郡以十六年立，应在何志而阙。领县四，户五千一百八十七，口二万五千三百一十六。去州水五百，去京都水二千五百。

巴陵男相，晋武帝太康元年立，属长沙。本领度支校尉，立郡省。

下隽侯相，汉旧县，属长沙。

监利侯相，按《晋起居注》，太康四年，复立南郡之监利，寻复省之。言由先有而被省也，疑是吴所立，又是吴所省。孝武孝建元年度。

州陵侯相，汉旧县，属南郡，晋武帝太康元年复立，疑是吴所省也。孝武孝建元年度。明帝泰始四年，以绥安县并州陵。

武昌太守，《晋起居注》，太康元年，改江夏为武昌郡。领县三，户二千五百四十六，口一万一千四百一十一。去京都水一千一百。

武昌侯相，魏文帝黄初二年，孙权改鄂为武昌。

阳新侯相，吴立。

鄂令，汉旧县，属江夏。吴改鄂为武昌，晋武帝太康元年，复立鄂县，而武昌如故。

西阳太守，本县名，二汉属江夏，魏立弋阳郡，又属焉。晋惠帝又分弋阳为西阳国，属豫州；宋孝武孝建元年，度郢州；明帝泰始五年，又度豫，后又还郢。《永初郡国》、何、徐并有弋阳县。今领县十，户二千九百八十三，口一万六千一百二十。去州水二百八十；去京都水一千七百二十。

西阳令，汉旧县，属江夏，后属弋阳。

西陵男相，汉旧县，属江夏，后属弋阳。

孝宁侯相，本轪县，汉旧县。孝武自此伐逆，即位改名。

蕲阳令，二汉江夏郡有蕲春县，吴立为郡；晋武帝太康元年，省蕲春郡，而县属弋阳，后属新蔡；孝武大明八年，还西阳。

义安令，明帝泰始二年以来流民立。

蕲水左县长，文帝元嘉二十五年，以豫部蛮民立建昌、南川、长风、赤亭、鲁亭、阳城、彭波、迁溪、东丘、东安、西安、南安、房田、希水、高坡、直水、蕲水、清石十八县，属西阳。孝武大明八年，赤亭、彭波并阳城，其余不详何时省。

东安左县长，前废帝永光元年，复以西阳蕲水、直水、希水三屯为县。

建宁左县长，孝武大明八年省建宁左郡为县，属西阳。徐志有建宁郡，当是此后为郡。

希水左县长。

阳城左县长，本属建宁左郡，孝武大明八年，省西阳之赤亭、阳城、彭城三县并建宁之阳城县,而以县属西阳。

湘州刺史,晋怀帝永嘉元年,分荆州之长沙、衡阳、湘东、邵陵、零陵、营阳、建昌,江州之桂阳八郡立,治临湘。成帝咸和三年省。安帝义熙八年复立,十二年又省。宋武帝永初三年又立,文帝元嘉八年省;十六年又立,二十九年又省。孝武孝建元年又立。建昌郡,晋惠帝元康九年,分长沙东北下隽诸县立,成帝咸康元年省。元嘉十六年,立巴陵郡属湘州,后度郢。领郡十,县六十二,户四万五千八十九,口三十五万七千五百七十二。去京都水三千三百。

长沙内史,秦立。宋初十县,下隽、蒲圻、巴陵属巴陵。今领县七,户五千六百八十四,口四万六千二百一十三。

　　临湘侯相,汉旧县。
　　醴陵侯相,后汉立。
　　浏阳侯相,吴立。
　　吴昌侯相,后汉立,曰汉昌,吴更名。
　　罗县侯相,汉旧县。
　　攸县子相,汉旧县。
　　建宁子相,吴立。

衡阳内史,吴孙亮太平二年,分长沙西部都尉立。领县七,户五千七百四十六,口二万八千九百九十一。去州水二百二十;去京都水三千七百。

　　湘西令,吴立。
　　湘南男相,汉旧县,属长沙。
　　益阳侯相,汉旧县,属长沙。
　　湘乡男相,前汉无,后汉属零陵。
　　新康男相,吴曰新阳,晋武帝太康元年更名。
　　重安侯相,前汉曰钟武,后汉顺帝永建三年更名,属零陵。
　　衡山男相,吴立曰衡阳,晋惠帝更名。

桂阳太守,汉高立,属荆州,晋惠帝元康元年度江州。领县六,户二千二百一十九,口二万二千一百九十二。去州水一千四百,去京都水四千九百四十。

　　郴县伯相,汉旧县。
　　耒阳子相,汉旧县。
　　南平令,汉旧县。
　　临武令,汉旧县。
　　汝城令,江左立。
　　晋宁令,汉顺帝永和元年立,曰汉宁,吴改曰阳安,晋武帝太康元年改曰晋宁。

零陵内史,汉武帝元鼎六年立。领县七,户三千八百二十八,口六万四千八百二十八。去州一千四百;去京都水四千八百。

　　泉陵子相,汉旧县。
　　洮阳侯相,汉旧县。
　　零陵子相,汉旧县。
　　祁阳子相,吴立。明帝泰始初度湘东,五年复旧。
　　应阳男相,晋惠帝分观阳立。
　　观阳男相,吴立。
　　永昌令,吴立。

营阳太守,江左分零陵立。领县四,户一千六百八,口二万九百二十七。去州水一千七百一;去京都水五千五百五十。

　　营浦侯相,汉旧县,属零陵。
　　营道侯相,汉旧县,属零陵。
　　舂陵令,前汉旧县,舂陵侯徙国南阳,省。吴复立,属零陵。
　　泠道令,汉旧县,属零陵。

湘东太守,吴孙亮太平二年,分长沙东部都尉立。晋世七县,孝武太元二十年,省酃(汉旧县)、利阳、新平(张勃《吴录》有此二县,利作梨,晋作利音。)三县。今领县五,户一千三百九十六,口一万七千四百五十。去州水陆七百;去京都水三千六百。

　　临烝伯相,吴属衡阳,《晋太康地志》属湘东。
　　新宁令,吴立。
　　茶陵子相,汉旧县,属长沙。
　　湘阴男相,后废帝元徽二年,分益阳、罗、湘西及巴、碛流民立。
　　阴山令,阴山乃是汉旧县,而属桂阳。吴湘东郡有此阴山县,疑是吴所立。

邵陵太守,吴孙晧宝鼎元年,分零陵北部都尉立。领县七,户一千九百一十六,口二万五千五百六十五。去州水七百,陆一千三百;去京都水四千五百。

　　邵陵子相,何志属长沙。按二汉无,《吴录》属邵陵。
　　武冈令,晋武分都梁立。
　　建兴男相,晋武帝分邵陵立。
　　高平男相,吴立。晋武帝太康元年,改曰南高平,后更曰高平。
　　都梁令,汉旧县,属零陵。
　　邵阳男相,吴立曰昭阳,晋武改。
　　扶县令,汉旧县,至晋曰夫夷。汉属零陵,晋属邵陵。案今云扶者,疑是避桓温讳去"夷","夫"不可为县名,故为"扶"云。

广兴公相,吴孙晧甘露元年,分桂阳南部都尉,立为始兴郡。晋武帝平吴,以属广州,成帝度荆州;宋文帝元嘉二十九年,又度广州;三十年,复度湘州。明帝泰始六年,立冈溪县,割始兴之封阳、阳山、含洭三县,立宋安郡,属湘州。泰豫元年复口,省冈溪县,改始兴曰广兴。领县七,户一万一千七百五十六,口七万六千三百二十八。去州水二千三百九十;去京都水五千。

　　曲江侯相,汉旧县,属桂阳。
　　桂阳令,汉旧县,属桂阳。
　　阳山侯相,汉旧县,后汉曰阴山,属桂阳。吴始兴郡无此县,当是晋后立。
　　贞阳侯相,汉旧县,名浈阳,属桂阳。宋明帝泰始三年,改"浈"为"贞"。
　　含洭男相,汉旧县,属桂阳。

始兴令，吴立。

中宿令，汉旧县，属南海，吴度。

临庆内史，吴分苍梧立为临贺郡，属广州；晋成帝度荆州；宋文帝元嘉二十九年，度广州；三十年，复度湘州。明帝改名。领县九，户三千七百一十五，口三万一千五百八十七。去州水陆二千八百；去京都水陆五千五百七十。

临贺侯相，汉旧县。《晋太康地志》、王隐云属南海，而二汉属苍梧，当是吴所度。

冯乘侯相，汉旧县，属苍梧。

富川令，汉旧县，属苍梧。

封阳侯相，汉旧县。

兴安侯相，吴立曰建兴，晋武帝太康元年更名。

谢沐长，汉旧县，属苍梧。

宁新令，二汉无，当是吴所立，属苍梧，晋武帝太康元年更名。

开建令，文帝分封阳立宋昌、宋兴、开建、武化、往往（往音生）、永固、绥南七县。后又分开建、武化、宋昌三县立宋建郡，属广州。孝武大明元年悉省，唯余开建县。

抚宁令，宋末立。

始建内史，吴孙晧甘露元年，分零陵南部都尉立始安郡，属广州；晋成帝度荆州；宋文帝元嘉二十九年，度广州；三十年，复度湘州。明帝改名。领县七，户三千八百三十，口二万二千四百九十。去州水二千八十、陆二千六百三十；去京都水五千五百九十。

始安子相，汉旧县，属零陵。

熙平令，吴立为尚安，晋武改。

永丰男相，吴立。

荔浦令，汉旧县，属苍梧。

平乐侯相，吴立。

建陵男相，吴立，属苍梧，宋末度。

乐化左令，宋末立。

雍州刺史，晋江左立。胡亡氏乱，雍、秦流民多南出樊、沔，晋孝武始于襄阳侨立雍州，并立侨郡县。宋文帝元嘉二十六年，割荆州之襄阳、南阳、新野、顺阳、随五郡为雍州，而侨郡县犹寄寓在诸郡界。孝武大明中，又分实土郡县以为侨郡县境。徐志雍州有北上洛、北京兆、义阳三郡。北上洛，晋孝武立，领上洛、北商、酆阳、阳亭、北拒阳五县。北京兆领北蓝田、霸城、山北三县。并云景平中立。义阳，云晋安帝立，领平氏、襄乡二县。酆阳、阳亭、北拒阳，并云安帝立，余县不注置立。今并无此三郡。今领郡十七，县六十，户三万八千九百七十五，口十六万七千四百六十七。去京都水四千四百，陆二千一百。

襄阳公相，魏武帝平荆州，分南郡编以北及南阳之山都立，属荆州。鱼豢云，魏文帝立。《永初郡国》、何志并有宜城（汉旧县，属南郡。）、鄀、上黄县（并别见）。徐志无。领县三，户四千二百二十四，口一万六千四百九十六。

襄阳令，汉旧县，属南郡。

中庐令，汉旧县，属南郡。

邔县令，汉旧县，属南郡。

南阳太守，秦立，属荆州。《永初郡国》有比阳、鲁阳、赭阳、西鄂、䜌、叶、雉、博望八县（并汉旧县）。何志无䜌、雉。徐志无比阳、鲁阳、赭阳、西鄂、博望，而有叶，余并同。孝武大明元年，省叶县。领县七，户四千七百二十七，口三万八千一百三十二。去州三百六十，去京都水四千四百。

宛县令，汉旧县。

涅阳令，汉旧县。

云阳男相，汉旧县。故名育阳，晋孝武改。

冠军令，汉旧县，武帝分穰立。

郦县令，汉旧县。

舞阴令，汉旧县。

许昌男相，徐志无，此后所立。本属颍川。

新野太守，何志晋惠帝分南阳立。《永初郡国》、何志有棘阳（别见）、蔡阳、邓县（并汉旧县）。徐无。孝武大明元年，省蔡阳。今领县五，户四千二百三十五，口一万四千七百九十三。去州一百八十；去京都水四千五百八十。

新野侯相，汉旧县，属南阳。文帝元嘉末省，孝武大明元年复立。

山都男相，汉旧县，属南阳，《晋太康地志》属襄阳，《永初郡国》及何、徐属新野。

池阳令，汉旧名，属冯翊，《晋太康地志》属京兆。侨立亦属京兆。孝武大明中土断，又属此。

穰县令，汉旧县，属南阳。

交木令，孝武大明元年立。

顺阳太守，魏分南阳立曰南乡，晋武帝更名。成帝咸康四年，复立南乡，后复旧。《永初郡国》及何志有朝阳、武当、酂、阴、泛阳、筑（并别见）、析（前汉属弘农，后汉属南阳。）修阳（唯见《永初郡国》）凡八县。徐志唯增朝阳。朝阳，孝武大明元年省。领县七，户四千一百六十三，口二万三千一百六十三。

南乡令，前汉无，后汉有，属南阳。

槐里男相，汉旧名，属扶风，《晋太康地志》属始平。侨立亦属始平。大明土断属此。

顺阳侯相，前汉曰博山，后汉明帝更名，属南阳。

清水令，前汉属天水，后汉为天水汉阳，无此县。《晋太康地志》属略阳。侨立属始平。大明土断属此。

朝阳令，汉旧县。

丹水令，前汉属弘农，后汉属南阳。何志魏立，非也。

郑县令，汉旧名，属京兆。侨立亦属京兆，后度此。

京兆太守，故秦内史。汉高帝元年，属塞国；二年，更为渭南郡；九年罢，复为内史。武帝建元六年，分为右内史；太初元年，更为京兆尹，魏改为京兆郡。初侨立，寄治襄阳。朱序没氐。孝武太元十一年复立。大明土断，割襄阳西界为实土。雍州侨郡先置府，武帝永初元年属州。《永初郡国》有蓝田（汉旧县）、郑、池阳（并别见）、南霸城（本霸陵，汉旧县。《太康地志》曰，霸城何志魏地。）、新康五县。何志无新康而有新丰。徐无。孝武大明元年，省京兆之卢氏、蓝田、霸城县。卢氏当是何志后所立，二汉属弘农，《晋太康地志》属上洛。新康疑是晋末所立。领县三，户二千三百七，口九千二百二十三。

杜令，二汉曰杜陵，魏改。

邓县令，汉旧县，属南阳。

新丰令，汉旧县。

始平太守，晋武帝泰始二年，分京兆、扶风立。后分京兆、扶风侨立，治襄阳；今治武当。《永初郡国》唯有始平、平阳、清水（别见）三县。何志有槐里（别见）、宋宁、宋嘉（何志新立）三县，而清水、始平与《永初郡国》同。领县四，户二千七百九十七，口五千五百一十二。

武当侯相，汉旧县，属南阳，后属顺阳。

始平令，魏立。

武功令，汉旧名，故属扶风，《晋太康地志》属始平。

平阳子相，江左平阳郡民流寓，立此。

扶风太守，故秦内史。高帝元年，属雍国；二年，更为中地郡，九年罢。后为内史。武帝建元六年，分为右内史；太初元年，更名为右扶风。侨立，治襄阳，今治筑口。《永初郡国》及何志唯有郿、魏昌县（魏昌，魏立，属中山）。孝武大明元年省魏昌。领县三，户二千一百五十七，口七千二百九十。

筑阳令，汉旧县，属南阳，又属顺阳。大明土断属此。

郿县令，汉旧名，属扶风，《晋太康地志》属秦国。

泛阳令，晋武帝太康五年立，属南乡，仍属顺阳。大明土断属此。

南上洛太守，《永初郡国》、何志雍州并有南上洛郡，寄治魏兴，今梁州之上洛是也。此上洛盖是何志以后侨立耳。今治曰。何、徐志雍州南上洛，晋武帝立，北上洛云晋孝武立，非也。徐有南北阳亭、阳安县，不注置立。今领县二，户一百四十四，口四百七十七。

上洛男相。（别见）

商县令。（别见）

河南太守，故秦三川郡，汉高帝更名。光武都雒阳，建武十五年，改曰河南尹。侨立，始治襄阳，孝武大明中，分沔北为境。《永初郡国》及何志并又有阳城、缑氏县（汉旧名，并属河南。），徐无此二县，而有侨洛阳（汉旧名。）、阳城县，孝武大明元年省。洛阳，当是何志后立。领县五，户三千五百四十一，口一万三千四百七十。去州陆三十五。

河南令，汉旧名。

新城令，汉旧名。

河阴子相，魏立。

棘阳令，汉县，故属南阳，《晋太康地志》属义阳，后属新野。大明土断属此。

襄乡令，前汉无，后汉有，属南阳。徐志属义阳。当是大明土断属此。

广平太守（别见），江左侨立，治襄阳，今为实土。《永初郡国》及何志并又有易阳、曲周、邯郸（并见在），无鄡、比阳。徐无复邯郸县。易阳、曲周，孝武大明元年省。邯郸应是土断省。领县四，户二千六百二十七，口六千二百九十三。

广平令，汉旧名。徐志，南度以朝阳县境立。

鄡县令，汉旧县，属南阳，后属顺阳。

比阳令，汉旧县，属南阳。

阴县令，汉旧县，属南阳。

义成太守，晋孝武立，治襄阳，今治均。《永初郡国》又有下蔡、平阿县（二县前汉属沛，后汉属九江，《晋太康地志》属淮南。），何同。孝武大明元年省下蔡，始亦流寓立也。平阿当是何志后省。领县二，户一千五百二十一，口五千一百一。

义成侯相，晋孝武立。

万年令，汉旧名，属冯翊。

冯翊太守，故秦内史。高帝元年，属塞国，二年，更名为河上郡；九年罢，复为内史。武帝建元六年，分为左内史。太初元年，更名。三辅流民出襄阳，文帝元嘉六年立，则何志应有而无。治襄阳。今治郃。领县三，(疑)户二千七十八，口五千三百二十一。

郃县令，汉旧县，属南郡，作"若"字。《晋太康地志》作"郃"。《永初郡国》及何志属襄阳，徐属此。

高陆令，《晋太康地志》属京兆。《永初郡国》、何志并无，孝武大明元年复立。

南天水太守（天水郡别见），徐志本西戎流寓。今治岩州。《永初郡国》、何志并无，当是何志后所立。又有冀县（汉旧名），孝武大明元年省。领县四，户六百八十七，口三千一百二十二。

华阴令，前汉属京兆，后汉、魏、晋属弘农。

西县令，前汉属陇西，后汉属汉阳，即天水。魏、晋属天水。

略阳侯相。（别见）

河阳令。（别见）

建昌太守，孝建元年，刺史朱修之免军户为永兴、安宁二县，立建昌郡；又立永宁为昌国郡，并寄治襄阳。昌国后省。徐志，建昌又有永宁县，今无。领县二，户七百三十二，口四千二百六十四。

永兴令。

安宁男相。

华山太守，胡人流寓，孝武大明元年立。今治大堤。领县三，户一千三百九十九，口五千三百四十二。

华山令，与郡俱立。

蓝田令，汉旧名，本属京兆。

上黄令，本属襄阳，立郡割度。

北河南太守，晋孝武太元十年立北河南郡，后省。《永初郡国》、何、徐志并无。明帝泰始末复立。寄治宛中。领县八。

新蔡令。（别见）

汝阴令。（别见）
苞信令。（别见）
上蔡令。（别见）
固始令。（别见）
猴氏令。（别见）
新安令。（别见）
洛阳令。（别见）

弘农太守，汉武帝元鼎四年立。宋明帝末立，寄治五垒。领县三。

邯郸令，汉旧名，属赵国。《晋太康地志》无此县。

圉县令，前汉属淮阳，后汉属陈留。《晋太康地志》无此县。

卢氏令。（别见）

梁州刺史，《禹贡》旧州，周以梁并雍，汉以梁为益，治广汉雒县。魏元帝景元四年平蜀，复立梁州，治汉中南郑，而益州治成都。李氏据梁、益，江左于襄阳侨立梁州。李氏灭，复旧。谯纵时，又治汉中。刺史治魏兴。纵灭，刺史还治汉中之苞中县，所谓南城也。文帝元嘉十年，刺史甄法护于南城失守，刺史萧思话还治南郑。《永初郡国》又有宕渠、北宕渠郡。《宋起居注》，元嘉十六年，割梁州宕渠郡度益州。今益部宕渠郡曰南宕渠。何、徐并有北宕渠郡，唯领宕渠一县。何云，本巴西流民。今无。

汉中太守，秦立。汉献帝建安二十年，魏武平张鲁，复汉宁郡为汉中，疑是此前改汉中曰汉宁也。晋地记云，孝武太元十五年，梁州刺史周琼表立。又疑是李氏所省，李氏平后复立。《永初郡国》又有苞中、怀安（汉、晋、何、徐并无二县。）二县。领县四，户一千七百八十六，口一万三百三十四。

南郑令，汉旧县。
城固令，汉旧县。
沔阳令，汉旧县。
西乡令，蜀立曰南乡，晋武帝太康二年更名。

魏兴太守，魏文帝以汉中遗民在东垂者立，属荆州。江左还本。领县十三。（疑）去州一千二百；去京都水六千七百。

西城令，汉旧县，属汉中。
郧乡令，本锡县，二汉旧县，属汉中，后属魏兴；魏、晋世为郡，后省。武帝太康五年，改为郧乡。何志晋惠帝立，非也。
锡县令，前汉长利县，属汉中，后汉省。晋武帝太康四年复立，属魏兴。五年，改长利为锡。
广城令，《永初郡国》、何、徐并有，不注置立。
兴晋令，魏立曰平阳，晋武帝太康元年更名。
旬阳令，前汉有，后汉无，晋武帝太康四年复立。
上庸令，《晋太康地志》、《永初郡国》、徐并属上庸，何无。
长乐令，《永初郡国》、何、徐并属晋昌。本蜀郡流民。

广昌子相，何志属上庸，晋成帝立。晋地记，武帝太康元年，改上庸之广昌为庸昌，二年省。疑是魏所立。

安晋令，《永初郡国》、何、徐属晋昌。本蜀郡流民。

延寿令，《永初郡国》、何、徐属晋昌。本蜀郡流民。

宣汉令，《永初郡国》、何、徐属晋昌。本建平流离民。

新兴太守，《永初郡国》、何、徐云新兴、吉阳、东关三县，属晋昌郡。何云晋元帝立，本巴、汉流民。宋末省晋昌郡，立新兴郡，以晋昌之长乐、安晋、延寿、安乐魏兴郡，宣汉属巴渠郡，宁都属安康郡。《永初郡国》有永安县，何、徐无。今亦无复新兴县。何云巴东夷人。今领县二。

吉阳令，本益州流民。
东关令，本建平流民。

新城太守，故属汉中，魏文帝分立，属荆州。江左还本。领县六，户一千六百六十八，口七千五百九十四。去州陆一千五百；去京都水五千三百。

房陵令，汉旧县，属汉中，《太康地志》、王隐无。
绥阳令，魏立，后改为秭归，晋武帝太康二年，复为绥阳。
昌魏令，魏立。
祁乡令，何志魏立。《晋太康地志》作"沶"（音祁）。
闻阳令，何志不注置立。
乐平令，何志不注置立。

上庸太守，魏明帝太和二年，分新城之上庸、武陵、北巫为上庸郡。景初元年，又分魏兴之魏阳，锡郡之安富、上庸为郡。疑是太和后省，景初又立也。魏属荆州，江左还本。《永初郡国》有上庸、广昌。何有广昌。领县七，户四千五百五十四，口二万六百五十三。去州陆二千三百；去京都水六千七百。

上庸令，汉旧县，属汉中。
安富令，《晋太康地志》、《永初郡国》、何、徐有。
北巫令，何志晋武帝立。按魏所分新城之北巫，应即是此县，然则非晋武立明矣。
微阳令，魏立曰建始，晋武帝改。
武陵令，前汉属汉中，后汉、《晋太康地志》、王隐并无。
新安令，《永初郡国》、何、徐有。何云本建平流民。
吉阳令，《永初郡国》云北吉阳，何、徐无。

晋寿太守，晋地记云，孝武太元十五年，梁州刺史周琼表立。何志故属梓潼。而益州南晋寿郡悉有此诸县。《永初郡国》、徐又有南晋寿、南兴、乐南、兴安县。何无南兴乐，云南晋寿、惠帝立，余并不注置立。今领县四，去州陆一千二百；去京都水一万。

晋寿令，属梓潼。何志晋惠帝立。按《晋起居注》，武帝太康元年，改梓潼之汉寿曰晋寿。汉寿之名，疑是蜀立，云惠帝立，非也。

白水令，汉旧县，属广汉，《晋太康地志》属梓潼。

邵欢令，《永初郡国》、何、徐并有，不注置立，疑是蜀立曰昭欢，晋改也。

兴安令，《永初郡国》、何、徐并有，不注置立。

华阳太守，徐志新立。《永初郡国》、何并无，寄治州下。领县四。户二千五百六十一，口万五千四百九十四。

华阳令。

兴宋令。

宕渠令。

嘉昌令，徐不注置立。

新巴太守，晋安帝分巴西立。何、徐又有新归县，何云新立，今无。领县三。户三百九十三，口二千七百四十九。

新巴令，晋安帝立。

晋城令，晋安帝立。

晋安令，晋安帝立。

北巴西太守，何志不注置立。《宋起居注》，文帝元嘉十二年，于剑南立北巴西郡，属益州。今益州无此郡。又《永初郡国》、何、徐梁州并有北巴西而益州无，疑是益部侨立，寻省；梁州北巴西是晋末所立也。《永初郡国》领阆中、汉昌二县。何又有宋昌县，云新立。徐无宋昌，有宋寿。何、徐并领县四，今六。（疑）去州一千四百；去京都水九千九百。

阆中令。（别见）

安汉令。（别见）

南国令。（即南充国，别见。）

西国令。（即西充国，别见。）

平周令，益州巴西有平州县。

北阴平太守，《晋太康地志》故广汉属国都尉。何志蜀分立。《永初郡国》曰北阴平，领阴平、绵竹、平武、资中、胄旨五县。何、徐直曰阴平，领二县与此同。户五百六，口二千一百二十四。寄治州下。

阴平令，前汉、后汉属广汉属国，名宙底。《晋太康地志》阴平郡阴平县注云，宙底。当是故宙底为阴平。《永初郡国》胄旨县，即宙底也。（当是后又立此县，而字误也。）

平武令，蜀立曰广武，晋武帝太康元年更名。

南阴平太守，《永初郡国》唯领阴平一县。徐志无南字，云阴平旧民流寓立，唯领怀旧一县。何无。今领县二，户四百七。

阴平令。

怀旧令，徐志不注置立。

巴渠太守，何志新立。领县七，户五百，口二千一百八十三。

宣汉令（别见），与郡新立。

始兴令，何志新立。

巴渠令，何志新立。

东关令，何志新立。

始安令，何志新立。

下蒲令，何志无，徐志不注置立。

晋兴令，何志晋安帝立。案《永初郡国》，梁部诸郡，唯巴西有此县，不容是此晋兴。若是晋安帝时立，便应在《永初郡国》，疑何谬也。

怀安太守，何志新立。领县二，户四百七，口二千三百六十六。寄治州下。

怀安令，何志新立。

义存令，何志新立。

宋熙太守，何、徐志新立。领县五，户一千三百八十五，口三千一百二十八。去州七百；去京都九千八百。

兴乐令。

归安令。

宋安令。

元寿令。

嘉昌令，何志五县并新立。

白水太守，《永初郡国》、何并无，徐志仇池氐流寓立。有汉昌县。今领县六。户六百五。

新巴令。

汉德令。

晋寿令。

益昌令。

兴安令。

平周令，徐志作"平州"。此五县，徐并不注置立。

南上洛太守，《晋太康地志》分京兆立上洛郡，属司隶。《永初郡国》、何志并属雍州，侨寄魏兴，即此郡也。徐志巴民新立，徐志时已属梁州矣。《永初郡国》无丰阳而有阳亭，何、徐有，何不注阳亭置立。领县六。

上洛令，前汉属弘农，后汉属京兆。何云魏立，非也。

商县令，上洛同。

流民令，何不注置立。

丰阳长，《永初郡国》无，何作酆阳，新立。徐作丰。

渠阳令，《永初郡国》、何、徐并作拒阳。

义县令，《永初郡国》、何、徐并无。

北上洛太守，徐志巴民新立。领县七，户二百五十四。

北上洛令。

丰阳令。

流民令。

阳亭令。

拒阳令，"拒"字与南上洛不同。

商县令，徐志无。

西丰阳令，徐志无。

安康太守，宋末分魏兴之安康县及晋昌之宁都县立。

安康令，二汉安阳县，属汉中，汉末省。魏复立，属魏兴。晋武帝太康元年更名。何云魏立，非也。

宁都令，蜀郡流民。

南宕渠太守，《永初郡国》有宕渠郡，领宕渠、汉兴、宣汉三县，属梁州；元嘉十六年，度属益州，非此南宕渠也。何、徐梁并无此郡，疑是徐志后所立。

宕渠令。
汉安令。
宣汉令。
宋康令。三县并新置。

怀汉太守，孝武孝建二年立。领县三，户四百十九。

永丰长。
绥来长。
预德长。

秦州刺史，晋武帝太始五年，分陇右五郡及凉州金城、梁州阴平并七郡为秦州，治天水冀县；太康三年并雍州，惠帝元康七年复立。何志晋孝武复立，寄治襄阳。安帝世在汉中南郑。领郡十四，县四十二，户八千七百三十二，口四万八百八十八。

武都太守，汉武帝元鼎六年立。《永初郡国》又有河池、故道县（并汉旧县）。今领县三，户一千二百七十四，口六千一百四十。

下辨令，汉旧县。
上禄令，汉旧县，后省，晋武帝太康三年又立。
陈仓令，汉旧县，属扶风，《晋太康地志》属秦国。

略阳太守，《晋太康地志》属天水。何志故曰汉阳，魏分立曰广魏，武帝更名。《永初郡国》有清水县（别见），何、徐无。领县三，户一千三百五十九，口五千六百五十七。

略阳令，前汉属天水，后汉汉阳即天水，《晋太康地志》属略阳。雍州南天水、益州安固郡又有此县。
临汉令，何志新立。
上邽令，前汉属陇西，后汉属汉阳，《晋太康地志》属天水。何志流寓割配。

安固太守，《永初郡国志》有安固郡，又有南安固郡，元嘉十六年度益州。今领县二，户一千五百五，口二千四百四十。

桓陵令。（别见）
南桓陵令，《永初郡国》及何志安固郡唯领桓陵一县，徐志又有此县。

西京兆太守，晋末三辅流民出汉中侨立。领县三，户六百九十三，口四千五百五十二。

蓝田令（别见），《永初郡国志》无。
杜令。（别见）
鄠令，二汉属扶风，《晋太康地志》属始平。

南太原太守（太原别见），何志云，故属并州，流寓割配。《永初郡国》又有清河（别见）、高堂县（别见翼州平原郡，作高唐。）。领县一，户二百三十三，口一千一百五十六。

平陶令，汉旧名。

南安太守，何志云故属天水，魏分立。《永初郡国》无。领县二，户六百二十，口三千八十九。

桓道令，汉旧名，属天水，后汉属汉阳，作"獂"。
中陶令，何志魏立。《晋太康地志》有。

冯翊太守，三辅流民出汉中，文帝元嘉二年侨立。领县五，户一千四百九十，口六千八百五十四。

莲芍令。（别见）
頻阳令，汉旧名。
下辨令，徐志故属略阳，流寓割配。何无此县。
高陆令，二汉、魏无，《晋太康地志》有，属京兆。何志流寓割配。
万年令。（别见）

陇西太守，秦立。文帝元嘉初，关中民三千二百三十六户归化，六年立，今领县六。户一千五百六十一，口七千五百三十。

襄武令，汉旧名。
临洮令，汉旧名。
河关令，前汉属金城，后汉、《晋太康地志》属陇西。
狄道令，汉旧名。
大夏令，汉旧名，《晋太康地志》无。
首阳令。

始平太守，（别见），《永初郡国》无。领县三，户八百五十九，口五千四百四十一。

始平令，《太康地志》有，何志晋武帝立；而雍州始平郡之始平县，何云魏立。按此县末虽各立，本是一县，何为不同？
槐里令。（别见）
宋熙令，何无，徐新立。

金城太守，汉昭帝始元六年立。《永初郡国》无，何、徐领县二，户三百七十五，口一千。

金城令，汉旧名。
榆中令，汉旧名。

安定太守，汉武帝元鼎三年立。《永初郡国志》无。领县二，户六百四十，口二千五百一十八。

朝那令，汉旧名。
宋兴令，何志新立。

天水太守，汉武元鼎三年立，明帝改曰汉阳。雍州已有此郡。《永初郡国》无。领县二，户八百九十三，口五千二百二十八。

阿阳令，汉旧名，《晋太康地志》无。
新阳令，《晋太康地志》有，何志魏立。

西扶风太守（扶风郡别见），晋末三辅流民出汉中侨立。领县二，户六百四十四。

郿令。（别见）
武功令。（别见）

北扶风太守，孝武孝建二年，以秦、雍流民立。领县三，时又有广长郡，又立成阶县，领氐民，寻省。

武功令。（别见）
华阴令。（别见）

始平县。（别见）

卷三十八　　　志第二十八

州　郡　四

益州　宁州　广州　交州　越州

益州刺史，汉武帝分梁州立，所治别见梁州，领郡二十九，县一百二十八，户五万三千一百四十一，口二十四万八千二百九十三。去京都水九千九百七十。

蜀郡太守，秦立。晋武帝太康中，改曰成都国，后复旧。领县五，户一万一千九百二，口六万八千七十六。

成都令，汉旧县。

郫令，汉旧县。

繁县令，汉旧县。

犍县令，二汉、《晋太康地志》并曰牛鞞，属犍为，何志晋穆帝度此。

永昌令，孝建二年，以侨户立。

广汉太守，汉高帝六年立。《晋太康地志》属梁州。领县六，户四千五百八十六，口二万七千一百四十九。去州陆六百；去京都水九千九百。

雒县令，汉旧县。

什邡令，汉旧县。

郪县令，汉旧县。

新都令，汉旧县，晋武帝为王国，太康六年省为县。属广汉。

阳泉令，蜀分绵竹立。

伍城令，晋武帝咸宁四年立，太康六年省，七年又立。何志刘氏立。

巴西太守，谯周《巴记》，建安六年，刘璋分巴郡垫江以上为巴西郡。徐志本南阳冠军流民，寓入蜀汉，晋武帝立，非也。本属梁州，文帝元嘉十六年度。何志梁、益二州无此郡。领县九，户四千九百五十四，口三万三千三百四十六。

阆中令，汉旧县，属巴郡。

西充国令，《汉书地理志》，巴郡有充国县。《续汉郡国志》，和帝永元二年，分阆中立充国县。二志不同。《晋太康地志》有西南二充国，属巴西。

南充国令，谯周《巴记》，初平六年，分充国为南充国。

安汉令，旧县，属巴郡。

汉昌令，和帝永元中立。

晋兴令，徐志不注置立。

平州令，晋武帝太康元年，以野民归化立。

怀归令，徐志不注置立。

益昌令，徐志不注置立。

梓潼太守，《晋太康地志》刘氏分广汉立。本属梁州，文帝元嘉十六年，度益州。《永初郡国》又有汉德、新兴，徐同。徐云，新兴，义熙九年立；汉德，旧县。案二汉并无汉德县，《晋太康地志》、王隐并有，疑是刘氏所立。何益、梁二州无此郡。领县四，户三千三十四，口二万一千九百七十六。

涪令，汉旧县，属广汉。

梓潼令，汉旧县，属广汉。

西浦令，徐志义熙九年立。

万安令，徐志旧县。二汉、晋并无。

巴郡太守，秦立。领县四，户三千七百三十四，口一万三千一百八十三。去州内水一千八百，陆五百，外水二千二百；去京都水六千。

江州令，汉旧县。

临江令，汉旧县。

垫江令，汉旧县，献帝建安六年度巴西，刘禅建兴十五年复旧。

枳令，汉旧县。

遂宁太守，《永初郡国》有，何无，徐云旧立。领县四，户三千三百二十。

巴兴令，徐志不注置立，疑是李氏所立。

德阳令，前汉无，后汉、《晋太康地志》属广汉。

广汉令，汉旧县，属广汉。宁蜀郡复有此县，未知孰是。

晋兴令，徐志不注置立。

江阳太守，刘璋分犍为立。中失本土，寄治武阳。领县四，户一千五百二十五，口八千二十七。

江阳令，汉旧县，属犍为。

绵水令。（别见）

汉安令。（别见）

常安令，晋孝武立。

怀宁太守，秦、雍流民，晋安帝立。本属南秦，文帝元嘉十六年度益州。领县三，户一千三百一十五，口五千九百五十。寄治成都。

始平令。（别见）

西平令，《永初郡国》直云西。何志故属天水，名西县。

万年令，汉旧名，属冯翊。

宁蜀太守，《永初郡国》有而何无，徐云旧立。《永初郡国》及徐并有西垫江县，今无。领县四，户一千六百四十三。

广汉令（别见），遂宁郡复有此县。

广都令，汉旧县，属蜀郡。

升迁令，《晋太康地志》属汶山。

西乡令，本名南乡，属汉中，晋武太康三年更名。

越嶲太守，汉武帝元鼎六年立，故邛都国。何志无。领县八，户一千三百四十九。

邛都令，汉旧县。

新兴令，《永初郡国》有。

台登长，汉旧县。

晋兴长，《永初郡国》有。
会无长，汉旧县。
卑水长，汉旧县。
定莋长，汉旧县。
苏利长，汉县曰苏示，□曰苏利。
汶山太守，《晋太康地志》汉武帝立，孝宣地节三年合蜀郡，刘氏又立。领县二，户一千一百七，口六千一百五。去州陆一百；去京都水一万。
都安侯相，蜀立。
晏官令，何志魏平蜀立。《晋太康地志》无。
南阴平太守（阴平郡别见），永嘉流寓来属，寄治苌阳。领县二。户一千二百四十，口七千五百九十七。
阴平令。（别见）
绵竹令，汉旧县，属广汉。
犍为太守，汉武帝建元六年，开夜郎国立。领县五，户一千三百九十，口四千五十七。去州陆九十；去京都水一万。
武阳令，汉旧县。
南安令，汉旧县。
资中令，汉旧县。
僰道令，汉旧县。
冶官令，晋安帝义熙十年立。
始康太守，关陇流民，晋安帝立。领县四，户一千六十三，口四千二百二十六。寄治成都。
始康令，晋安帝立。
新城子相，晋安帝立。
谈令，晋安帝立。
晋丰令，晋安帝立。
晋熙太守，秦州流民，晋安帝立。领县二，户七百八十五，口三千九百二十五。
晋熙令，晋安帝立。
苌阳令，晋安帝立。
晋原太守，李雄分蜀郡为汉原，晋穆帝更名。领县五，户一千二百七十二，口四千九百六十。去州陆一百二十；去京都水一万。
江原男相，汉旧县，属蜀郡。
临邛令，汉旧县，属蜀郡。
晋乐令，何志故属沈黎。《晋太康地志》无沈黎郡及晋乐县。
徙阳令，前汉徙县属蜀郡，后汉属蜀郡属国都尉。《晋太康地志》有徙阳县，属汉嘉。
汉嘉令，前汉青衣县属蜀郡，顺帝汉嘉二年更名。刘氏立为汉嘉郡，晋江右犹为郡，江左省为县。
宋宁太守，文帝元嘉十年，免吴营侨立。领县三，户一千三十六，口八千三百四十二。寄治成都。
欣平令，与郡俱立。
宜昌令，与郡俱立。
永安令，与郡俱立。
安固太守，张氏于凉州立。晋哀帝时，民流入蜀，侨立此郡，本属南秦，文帝元嘉十六年度益州。领县六，户一千一百二十，口六千五百五十七。去州一百三十。去京都水一万。
略阳令。（别见）
桓陵令，张氏立。
临渭令，《晋太康地志》属略阳。
清水令。（别见）
下邽令，何志汉旧县。案二汉、晋并无此县。
兴固令，何志新立。
南汉中太守，晋地记，孝武太元十五年，梁州刺史周琼表立。徐志，北汉中民流寓，孝武大明三年立。《起居注》，本属梁州，元嘉十六年度。《永初郡国》属梁州，领县与此同。以《永初郡国》及《起居》检，则是太元所立，而何志无此郡，当是永初以后省，大明三年复立也。领县五，户一千八十四，口五千二百四十六。
南长乐令，徐志与郡俱立。
南郑令，徐志与郡俱立。
南苞中令，徐志与郡俱立。
南沔阳令，徐志与郡俱立。
南城固令，徐志与郡俱立。
北阴平太守，徐志本属秦州，文帝元嘉二十六年度。《永初郡国》、何志，秦、梁、益并无。领县四，户一千五十三，口六千七百六十四。
阴平令。（已见）
南阳令，徐志本南阳白民流寓立。
桓陵令，徐志本安固郡民流寓立。
顺阳令，徐志本南阳民流寓立。
武都太守（别见），《永初郡国》、何志益州并无此郡。徐志本属秦州，流寓立。领县五。户九百八十二，口四千四百一。
武都令，汉旧名。
下辩令。（别见）
汉阳令，汉旧名。
略阳令，汉属略阳郡，流寓配。
安定令，旧安定郡，流寓配。
新城太守，何志新分广汉立。领县二，户七百五十三，口五千九百七十一。去州（阙）去京都九千五百三十。
北五城令，何志新分五城立。
怀归令，何志新立。
南新巴太守（新巴郡别见），《起居注》新巴民流寓，文帝元嘉十二年，于剑南立。何志新立，新巴民先属梁州，既立害配。领县六，户一千七十，口二千六百八十三。
新巴令，何志晋安帝立。
晋城令，何志晋安帝立。
晋安令，何志晋安帝立。
汉昌令，何志晋安帝立。
桓陵令，何志晋哀帝立。按《起居注》，南新巴，元嘉十二年立。何云新立，则非先有此郡，而云此诸县晋哀帝、安帝立，不详。
绥归令，何无此。徐有，不注置立。
南晋寿太守，梁州元有晋寿，文帝元嘉十二年，于剑南以侨流立。领县五，户一千五十七，口一千九百四十三。去州一百二十；去京都水一万。

  晋寿令。（别见）
  兴安令。（别见）
  兴乐令，二汉、魏无。《晋太康地记》云："元年更名。本曰白马，属汶山。"何志，汉旧县。检二汉益部，无白马县。
  邵欢令。（别见）
  白马令。（别见）

宋兴太守，文帝元嘉十年，免建平营立。领南陵、建昌二县。何志无复南陵，有南汉、建忠。徐无建忠，有永川，何云建忠新立。领县三，户四百九十六，口一千九百四十三。寄治成都。

  南汉令，何志晋穆帝立。故属汉中，流寓来配。
  建昌令，何志新立。
  永川令，徐志新立。

南宕渠太守，徐志本南中民，蜀立。《起居注》，本属梁州，元嘉十六年度。《永初郡国》梁州有宕渠郡，领县三，与此同。而无"南"字，何同。若此郡元嘉十六年度益，则何志应在益部，不详。领县三，户五百四，口三千一百二十七。

  宕渠令，二汉、《晋太康地志》属巴郡。
  汉兴令，二汉、魏无，晋地志有，属兴古郡。
  宣汉令，前汉无，后汉属巴郡，《晋太康地志》无。

天水太守（别见），《永初郡国》、何志益州无此郡。徐志与今同。领县三，户四百六十一。

  宋兴令，徐志不注置立。
  上邽令。（别见）
  西县长。（别见）

东江阳太守，何志晋安帝初，流寓入蜀，今新复旧土为郡。领县二，户一百四十二，口七百四十。去州一千五百八十；去京都水八千八十九。

  汉安令，前汉无，后汉属犍为，《晋太康地志》属江阳。
  绵水令，何志晋孝武立。

沈黎太守，《蜀记》云："汉武元鼎十一年，分蜀西部邛莋为沈黎郡，十四年罢。"案元鼎至六年，云十一年，非也。又二汉、晋并无此郡，《永初郡国》有，何无，徐云旧郡。领县四，户六十五。

  城阳令，徐不注置立。
  兰令，汉旧县，属越巂，作"阑"，《晋太康地志》无。
  旄牛令，前汉属蜀郡，后汉属蜀郡属国都尉，《晋太康地志》属汉嘉。

宁州刺史，晋武帝太始七年分益州南中之建宁、兴古、云南、永昌四郡立。太康三年省，立南夷校尉。惠帝太安二年复立，增牂柯、越巂、朱提三郡。成帝咸康四年，分牂柯、夜郎、朱提、越巂四郡为安州，寻罢并宁州。越巂复还益州。今领郡十五，县八十一，户一万二百五十三。

去京都一万三千三百。

建宁太守，汉益州郡滇王国，刘氏更名。领县十三，户二千五百六十二。

  味县令，汉旧县。
  同乐令，晋武帝立。
  谈槁令，汉旧县，属牂柯。晋武帝立。
  牧麻令，汉旧县，作牧靡。
  漏江令，汉旧县，属牂柯。晋武帝立。
  同濑长，汉旧县。"同"作"铜"。
  昆泽长，汉旧县。
  新定长，《晋太康地志》有。
  存䣕口，《晋太康地志》有。
  同并长，汉旧县，前汉作同并，属牂柯。晋武帝咸宁五年省，哀帝复立。
  万安长，江左立。
  毋单长，汉旧县，属牂柯，《晋太康地志》属建宁。
  新兴长，江左立。

晋宁太守，晋惠帝太安二年，分建宁西七县为益州郡，晋怀帝更名。领县七，户六百三十七。去州七百三十；去京都水一万三千七百。

  建伶令，旧汉县，属益州郡，《晋太康地志》属建宁。
  连然令，汉旧县，属益州郡，《晋太康地志》属建宁。
  滇池令，汉旧县，属益州郡，《晋太康地志》属建宁。
  谷昌长，汉旧县，属益州郡，《晋太康地志》属建宁。
  秦臧长，汉旧县，属益州郡，《晋太康地志》属建宁。
  〔俞元长，汉旧县，属益州，《晋太康地志》〕
  双柏长，汉旧县，属益州郡，《晋太康地志》属建宁。

牂柯太守，汉武帝元鼎六年立。领县六，户一千九百七十。去州一千五百；去京都水一万二千。

  万寿令，晋武帝立。
  且兰令，汉旧县云故且兰，《晋太康地志》无。
  故毋敛令，汉旧县。
  晋乐令，江左立。
  丹南长，江左立。
  新宁长，何、徐不注置立。

平蛮太守，晋怀帝永嘉五年，宁州刺史王逊分牂柯、朱提、建宁立平夷郡，后避桓温讳改。领县二，户二百四十五。去京都水一万三千。

  平蛮令，汉旧县，属牂柯，故名平夷。
  鳖令，汉旧县，属牂柯。

夜郎太守，晋怀帝永嘉五年，宁州刺史王逊分牂柯、朱提、建宁立。领县四，户二百八十八。去州一千；去京都水一万四千。

夜郎令，汉旧县，属牂柯。
广谈长，《晋太康地志》属牂柯。
谈乐长，江左立。
谈柏令，汉旧县，属牂柯。

朱提太守，刘氏分犍为立。领县五，户一千一十。去州七百二十；去京都水一万四千六百。
朱提令，前汉属犍为，后汉犍为属国都尉。
堂狼令，前汉属犍为，"狼"作"琅"。后汉、《晋太康地志》属朱提。
临利长，江左立。
汉阳长，前汉属犍为，后汉无，《晋太康地志》属朱提。
南秦长，本名南昌，晋武帝太康元年更名。

南广太守，晋怀帝分朱提立。领县四，户四百四十。去州水二千三百；去京都水一万四百。
南广令，汉旧县，属犍为，《晋太康地志》属朱提。
新兴令，何志不注置立。
晋昌令，江左立。
常迁长，江左立。

建都太守，晋成帝分建宁立。领县六，户一百七。去州二千；去京都水一万五十。
新安令，晋成帝立。
经云令，晋成帝立。
永丰令，晋成帝立。
临江令，晋成帝立。
麻应长，晋成帝立。
遂安长，晋成帝立。

西平太守，晋怀帝永嘉五年，宁州刺史王逊分兴古之东立。何志晋成帝立，非也。《永初郡国》、何志并有西宁县，何云晋成帝立，今无。领县五，户一百七十六。去州二千三百；去京都水一万五千三百。
西平令，何志晋成帝立。
温江令，何志晋成帝立。
都阳令，何志晋成帝立。案《晋起居注》，太康二年置兴古之都唐县，疑是。
晋绥长，何志晋成帝立。
义成长，何志晋成帝立。案此五县应与郡俱立。

西河阳太守，晋成帝分河阳立。领县三，户三百六十九。去州二千五百；去京都水一万五千五百。
芘苏令，前汉属益州郡，后汉、《晋太康地志》属永昌。"芘"作"比"。
成昌令，晋成帝立。
建安长，晋成帝立。

东河阳太守，晋怀帝永嘉五年，宁州刺史王逊分永昌、云南立。《永初郡国》又有西河阳，领楪榆、遂段、新丰三县，何、徐无。（遂段、新丰二县，二汉、晋并无。）领县二，户一百五十二。去州二千；去京都水一万五千。
东河阳令，何不注置立，疑与郡俱立。
楪榆长，前汉属益州郡，后汉属永昌，《晋太康地志》属云南。前汉"楪"作"叶"。

云南太守，《晋太康地志》云，故属永昌。何志刘氏分建宁、永昌立。领县五，（疑）户三百八十一。去州一千五百；去京都水一万四千五百。
云南令，前汉属益州郡，后汉属永昌，《晋太康地志》属云南。
云平长，晋武帝咸宁五年立。
东古复长，汉属越嶲，《晋太康地志》属云南，并云姑复。《永初郡国》、何并云东古复，何不注置立。
西古复长，《永初郡国》有。何不注置立。

兴宁太守，晋成帝分云南立。领县二，户七百五十三。去州一千五百；去京都水一万四千五百。
椿栋令，汉旧县，属益州，《晋太康地志》属云南。
青蛉令，汉旧县，属越嶲，《晋太康地志》属云南。

兴古太守，汉旧郡，《晋太康地志》故属牂柯。何志刘氏分建宁、牂柯立，则是后汉末省也。领县六，户三百八十六。去州二千三百；去京都水一万六千。
漏卧令，汉旧县，属牂柯。
宛暖令，汉旧，属牂柯。本名宛温，为桓温改。
律高令，汉旧县，属益州郡，后省。晋武帝咸宁元年，分建宁郡修云、俞元二县间流民复立律高县。
修云、俞元二县，二汉无。
西安令，江左立。
句町令，汉旧县，属牂柯。
南兴长，江左立。

梁水太守，晋成帝分兴古立。领县七，户四百三十一。去州水三千；去京都水一万六千。
梁水令，与郡俱立。
腾休长，汉旧县，属益州郡，《晋太康地志》属兴古，何志故属建宁，晋武帝从兴古治之，遂以属焉。
西隋令，汉旧县，属牂柯，《晋太康地志》属兴古。并作"随"。
毋棳令，汉旧县，属益州郡，《晋太康地志》属兴古。刘氏改曰西丰，晋武帝泰始五年，复为毋棳。
新丰长，何志不注置立。
建安长，何志不注置立。
镡封长，汉旧县，属牂柯，《晋太康地志》属兴古。

广州刺史，吴孙休永安七年，分交州立。领郡十七，县一百三十六，户四万九千七百二十六，口二十万六千六百九十四。去京都水五千二百。

南海太守，秦立。秦败，尉他王此地，至汉武帝元鼎六年，开属交州。领县十，户八千五百七十四，口四万九千一百五十七。
番禺男相，汉旧县。
熙安子相，文帝立。
增城令，前汉无，后汉有。

博罗男相，汉旧县。二汉皆作"傅"字，《晋太康地志》作"博"。

西平令，《永初郡国》有。

龙川令，旧县。

怀化令，晋安帝立。

绥宁男相，文帝立。

高要子相，汉旧县，属苍梧，文帝废。

始昌令，文帝立。

苍梧太守，汉武帝元鼎六年立。《永初郡国》又有高要、建陵、宁新、都罗、端溪、抚宁六县。建陵、宁新，吴立。都罗，晋武分建陵立。晋武帝太康元年，改新宁曰宁新。端溪（别见）、抚宁始见《永初郡国》。高要，何志无，余与《永初郡国》同。徐志无建陵、宁新、抚宁三县。何、徐二志并有怀熙一县。思安、封兴、荡康、侨宁四县，疑是宋末度此也。今领县十一，户六千五百九十三，口万一千七百五十三。去州水八百；去京都水五千五百九十。

广信令，汉旧县。

猛陵令，汉旧县。

怀熙令，文帝立。

思安令，《永初郡国》有，及何志并属晋康，徐志度此。

封兴令，《永初郡国》有，及何志并属晋康，徐志度此。

荡康令，《永初郡国》有，及何志并属晋康，徐志度此。

侨宁令，《永初郡国》有，及何志并属晋康，徐志度此。

遂成令，《永初郡国》有。

丁留令，晋武帝太康七年，以苍梧蛮夷宾服立，口作"丁溜"；溜音留。

广陵令，《永初郡国》有。

武化令，徐志以前无，疑是宋末所立。

晋康太守，晋穆帝永和七年分苍梧立，治元溪。《永初郡国》治龙乡。何志无复龙乡县，当是晋末立。元嘉二十年前，以龙乡并端溪也。《永初郡国》又有封兴、荡康、思安、辽安、开平县。何志无辽安、开平二县，余与《永初郡国》同。封兴、荡康、思安（别见）、辽安、开平，应是晋末立，元嘉二十年前省。今领县十四，户四千五百四十七，口一万七千七百一十。去州水五百，去京都水五千八百。

端溪令，汉旧县，何志属苍梧，徐志属此。

晋化令，何志不注置立，疑是晋末所立。

都城令，何志晋初分建陵立，今无建陵县。按《太康地志》唯有都罗、武城县。

乐城令，何志无，徐志有。

宾江令，何志无，徐志有。

说城令，何志无，徐志有。

元溪令，《晋太康地志》属苍梧。

夫阮令，《永初郡国》有。

侨宁令，何志云汉旧县，检二汉《地理》《郡国》，无。苍梧又有侨宁县。

安遂令，文帝立。

永始令，文帝立。

武定令，文帝立。

文招令，何志无，徐志有二文招，一属绥建，一属晋康。

熙宁令，何志无，徐志有。

新宁太守，晋穆帝永和七年，分苍梧立。《永初郡国》有平兴、永城县，何、徐志有永城，无平兴。此二县当是晋末立。平兴当是元嘉二十年以前省，永城当是大明八年以后省。何志又有熙宁县，云新立，当是文帝所立。徐志无，当是元嘉二十年后省也。今领县十四，户二千六百五十三，口一万五百一十四。去州水六百二十；去京都水五千六百。

南兴令，何志汉旧县。检二汉《地理》《郡国》、《晋太康地志》并无。《永初郡国》有。

临允令，汉旧县，属合浦，《晋太康地志》属苍梧。何志，吴度苍梧。

新兴令，《永初郡国》有，何志不注置立。

博林令，《永初郡国》有，何志不注置立。

甘东令，《永初郡国》有，何志不注置立。

单牒令，《永初郡国》有，何志不注置立。

威平令，《永初郡国》有，何志不注置立。

龙潭令，文帝立。

平乡令，文帝立。

城阳令，文帝立。

威化令，文帝立。

初兴令，文帝立。

抚纳令，徐志有。

归顺令，徐志有。

永平太守，晋穆帝升平五年，分苍梧立。《永初郡国》有雷乡、卢平、员乡、遘宁、开城五县，当是与郡俱立。何、徐志无雷乡、员乡，又有熙平，云新立，疑是文帝所立。雷乡、员乡当是元嘉二十年以前省。卢平、遘宁、开城当是大明八年以后省。今领县七，（疑）户一千六百九，口一万七千二百二。去州水一千二百；去京都水五千四百。

安沂令，《永初郡国》有，何志不注置立。

丰城令，吴立，属苍梧。《永初郡国》并安沂，当是宋初并。何志有，当是元嘉中复立。

苏平令，《永初郡国》有，何志不注置立。徐曰藉平。

畇安令，《永初郡国》有，何志不注置立。

夫宁令，《永初郡国》有，何志不注置立。

武林令，文帝立。

郁林太守，秦桂林郡，属尉他，武帝元鼎六年复，更名。《永初郡国》有安远、程安、威定（三县别见）、中胄、归化五县。中胄疑即桂林之中溜。归化，二汉、《晋太康地志》无，疑是是江左所立。何志无中胄、归化，余三县属桂林，徐志同。今领县十七，户一千一百二十一，口五千七百二十七。去州水一千六百；去京都水七千九百。
　　布山令，汉旧县。
　　领方令，汉旧县，吴改曰临浦，晋武复旧。
　　阿林令，汉旧县。
　　郁平令，吴立曰阴平，晋武太康元年更名。
　　新邑令，吴立。
　　建初令，《永初郡国》有，何志不注置立，徐同。
　　宾平令，《永初郡国》有，何志不注置立。
　　威化令，《永初郡国》有，何志不注置立。
　　新林令，《永初郡国》有，何志不注置立。
　　龙平令，《永初郡国》有，何志不注置立。
　　安始令，吴立曰建始，晋武帝太康元年更名。
　　怀安令，何志吴改，未知先何名。《吴录》地理无怀安县名。《太康地志》无。《永初郡国》有。
　　晋平令，吴立曰长平，晋武帝太康元年更名。
　　绥宁令，《永初郡国》并领方，何无徐有。
　　归代令，徐志有。
　　中胄令，徐志有。
　　建安令，《永初郡国》有，何无，徐有。
　桂林太守，本县名，属郁林。吴孙晧凤皇三年，分郁林，治武熙县，不知何时徙。《永初郡国》有常安、夹阳二县。夹阳，晋武帝太康元年分龙冈立。常安，《太康地志》有而王隐无。何、徐并无此二县。今领县七，户五百五十八，口二千二百五。去州水一千五百七十五；去京都水六千八百。
　　中溜令，汉旧县，属郁林，《晋太康地志》无。
　　龙定令，晋武帝太康元年立桂林之龙冈，疑是。《永初郡国》、何、徐并云龙定。
　　武熙令，本曰武安，应是吴立，晋武帝太康元年更名。故属郁林。
　　阳平令，《永初郡国》、何、徐并有。何云新置。按晋武帝太康元年，立桂林之洋平县，疑是。
　　安远令，晋武帝太康六年立，属郁林。《永初郡国》犹属郁林，何、徐属此。
　　程安令，《永初郡国》属郁林，何、徐属此。疑是江左立。
　　威定令，《永初郡国》属郁林，何、徐属此。疑是江左立。
　高凉太守，二汉有高凉县，属合浦。汉献帝建安二十三年，吴分立，治思平县，不知何时徙。吴又立高熙郡，太康中省并高凉，宋世又经立，寻省。《永初郡国》高凉又有石门、广化、长度、宋康四县。何、徐并无宋康，当是宋初所立，元嘉二十年以前省，其余当是江左所立。领县七，户一千四百二十九，口八千一百二十三。去州水一千一百；去京都水六千六百。
　　思平令，《晋太康地志》有。
　　莫阳令，《晋太康地志》有，属高兴。
　　平定令，何志有，不注置立。
　　安宁令，吴立。
　　罗州令，何志新立。

　　西巩令，何志新立。
　　禽乡令，何志新立。
　新会太守，晋恭帝元熙二年，分南海立。《广州记》云："永初元年，分新宁立，治盆允。"未详孰是。领县十二，户一千七百三十九，口五百九。去州三百五十。
　　宋元令，《永初郡国》无，文帝元嘉九年，割南海、新会、新宁三郡界上新民立宋安、新熙、永昌、始成、招集五县。二十七年，改宋安为宋元。
　　新熙令。
　　永昌令。
　　始成令。
　　招集令。
　　盆允令，《永初郡国》故属南海，何、徐同。
　　新夷令，吴立曰平夷，晋武帝太康元年更名，故属南海。
　　封平令，《永初郡国》云故属新宁，何云故属南海，徐同。
　　封乐令，文帝元嘉十二年，以盆允、新夷二县界归化民立。
　　初宾令，何志新立。
　　义宁令，何志新立。
　　始康令，何志新立。
　东官太守，何志故司盐都尉，晋成帝立为郡。《广州记》，晋成帝咸和六年，分南海立。领县六，户一千三百三十二，口一万五千六百九十六。去州水三百七十；去京都水五千六百七十。
　　宝安男相，《永初郡国》、何、徐并不注置立。
　　安怀令，《永初郡国》、何、徐并不注置立。
　　兴宁令，江左立。
　　海丰男相，《永初郡国》、何、徐并不注置立。
　　海安男相，吴曰海宁，晋武改名。《太康地志》属高兴。
　　欣乐男相，本属南海，宋末度。
　义安太守，晋安帝义熙九年，分东官立。领县五，户一千一百一十九，口五千五百二十二。去州三千五百；去京都水八千九百。
　　海阳令，何志晋初立。《晋太康地志》无。晋地记故属东官。
　　绥安令，何志与郡俱立。晋地记故属东官。
　　海宁令，何志与郡俱立。晋地记故属东官。
　　潮阳令，何志与郡俱立。晋地记故属东官。
　　义招令，晋安帝义熙九年，以东官五营立。
　宋康太守，本高凉西营，文帝元嘉九年立。领县九，户一千五百一十三，口九千一百三十一。去州水九百五十；去京都水五千九百七十。
　　广化令，《晋太康地志》有，属高兴，《永初郡国》属高凉。
　　单城令，何志新立。
　　逐度令，何志新立。
　　海邻令，何志新立。

化隆令，何志新立。
开宁令，何志新立。
绥定令，何志新立。
石门长，何志故属高凉。
威覃长，徐志有。

绥建太守，文帝元嘉十三年立。孝武孝建元年，有司奏化注、永固、绥南、宋昌、宋泰五县，旧属绥建，中割度临贺，相去既远，疑还绥建。今唯有绥南，余并无。何、徐又有新招县，云本属苍梧，元嘉十九年改配。徐志晋康复有此县，疑误。今领县七，（疑）户三千七百六十四，口一万四千四百九十一。去州（阙）。

新招令，本四会之官细乡，元嘉十三年分为县。
化蒙令，本四会古蒙乡，元嘉十三年分为县。
怀集令，本四会之银屯乡，元嘉十三年分为县。
四会男相，汉旧县，属南海。
化穆令，何志新立。
绥南令，《永初郡国》、徐并无。

海昌太守，文帝元嘉十六年立。何有覃化县，徐无。领县五，户一千七百二十四，口四千七十四。去州水六百五十；去京都水五千四百九十四。

宁化令，徐志新立。
威宁令，徐志新立。
永建令，徐志新立。
招怀令，徐志新立。
兴定令，文帝元嘉九年立，属新会，后度此。

宋熙太守，文帝元嘉十八年，以交州流寓立昌国、义怀、绥宁、新建四县为宋熙郡，今无此四县。二十七年，更名宋隆。孝武孝建中，复改为宋熙。领县七，户二千八十四，口六千四百五十。去州水三百四十五；去京都水五千二百。

平兴令，徐志新立。
初宁令，徐志新立。
建宁令，徐志新立。
招兴令，徐志新立。
崇化令，徐志新立。
熙穆令，徐志新立。
崇德令，徐志新立。

宁浦太守，《晋太康地志》，武帝太康七年改合浦属国都尉立。《广州记》，汉献帝建安二十三年，吴分郁林立，治平山县。《吴录》孙休永安三年，分合浦立为合浦北部尉，领平山、兴道、宁浦三县。又云晋分平山为始定，宁浦为涧阳，未详孰是。《永初郡国》有安广县，无始定县。何、徐并无此郡。领县六。

涧阳令，晋武帝太康七年立。《永初郡国》作"简阳"。
兴道令，晋武帝太康元年，以合浦北部营之连道立。《吴录》有此县，未详。
宁浦令，《晋太康地记》本名昌平，武帝太康元年更名。《吴录》有此县，未详。
吴安令，《吴录》无。

平山令，《晋太康地记》有。
始定令，《晋太康地记》有，《永初郡国》无。

晋兴太守，晋元帝太兴元年，分郁林立。
晋兴。
熙注。
桂林。
增翊。
安广。
广郁。
晋城。
郁阳。

乐昌郡。
乐昌令。
始昌令。
宋元令。
乐山令。
义立令。
安乐令。

交州刺史，汉武帝元鼎六年开百越，交趾刺史治龙编。汉献帝建安八年，改曰交州，治苍梧广信县；十六年，徙治南海番禺县。及分为广州，治番禺。交州还治龙编。领郡八，县五十三，户一万四百五十三。去京都水一万。

交趾太守，汉武帝元鼎六年开。领县十二，户四千二百三十三。

龙编令，汉旧县。
句漏令，汉旧县。
朱䳒令，汉旧县。
吴兴令，吴立。
西于令，汉旧县。
定安令，汉旧县。
望海令，汉光武建武十九年立。
海平令，吴立曰军平，晋武改名。
武宁令，吴立。
羸（力知反）娄令，汉旧县。
曲昜（音阳）令，汉旧县。
南定令，吴立曰武安，晋武改。何志无。

武平太守，吴孙晧建衡三年讨扶严夷，以其地立。领县六。（上阙）户一千四百九十。去州水二百一十，陆（下阙）。（上阙）《吴录》无，《晋太康地志》有。

吴定长，吴立。
新道长，江左立。
晋化长，江左立。

九真太守，汉武元鼎六年立。领县十二，（疑）户二千三百二十八。去州水八百；去京都水一万一百八十。

移风令，汉旧县。故名居风，吴更名。
胥浦令，汉旧县。
松原令，晋武帝分建初立。
高安令，何志晋武帝立。《太康地志》无。《吴录》晋分常乐立。

建初令，吴立。
常乐令，吴立。
军安长，何志晋武帝立。《太康地志》无此县，而交趾有军平县。
武宁令，吴立，何志武帝立。《太康地志》无此县，而交趾有。
都庞（音龙）长，汉旧县。《吴录》有，《晋太康地志》无。
宁夷长，何志晋武帝立，《太康地志》无。
津梧长，晋武帝分移风立。
九德太守，故属九真，吴分立。何志领县七，今领县十一，户八百九。去州水九百；去京都水一万九百。
浦阳令，晋武帝分阳远立。阳远，吴立曰阳成，太康二年更名，后省。
九德令，何志吴立。
咸䮑令，汉旧县。
都庞长，何志晋武帝分九德立。
西安长，何志晋武帝立。《太康地志》无。《吴录》亦无。
南陵长，何志晋武帝立。《太康地志》无，王隐有。
越常长，何志吴立，《太康地志》无。
宋泰令，宋末立。
宋昌令，宋末立。
希平令，宋末立。
日南太守，秦象郡，汉武元鼎六年更名，吴省，晋武帝太康三年复立。领县七，户四百二。去州水二千四百；去京都水一万六百九十。
西卷令，汉旧县作"捲"。
卢容令，汉旧县。
象林令，汉旧县。
寿泠令，晋武太康十年，分西卷立。
朱吾令，汉旧县。
无劳长，晋武分北景立。
北景长，汉旧县。
义昌郡，宋末立。
宋平郡，孝武世，分日南立宋平县，后为郡。

越州刺史，明帝泰始七年立。
百梁太守，新立。
忱苏太守，新立。
永宁太守，新立。
安昌太守，新立。
富昌太守，新立。
南流太守，新立。
临漳太守，先属广州。
合浦太守，汉武帝立，孙权黄武七年，更名珠官，孙亮复旧。先属交州。领县七，户九百三十八。去京都水一万八百。
合浦令，汉旧县。

徐闻令，故属朱崖。晋平吴，省朱崖，属合浦。
朱官长，吴立，"朱"作"珠"。
荡昌长，晋武分合浦立。
朱卢长，吴立。
晋始长，晋武帝立。
新安长，江左立。
宋寿太守，先属交州。

卷三十九　　志第二十九

百　官　上

太宰，一人。周武王时，周公旦始居之，掌邦治，为六卿之首。秦、汉、魏不常置。晋初依《周礼》，备置三公。三公之职，太师居首，景帝名师，故置太宰以代之。太宰，盖古之太师也。殷纣之时，箕子为太师。周武王时，太公为太师。周成王时，周公为太师；周公薨，毕公代之。汉西京初不置，平帝始复置太师官，而孔光居焉。汉东京又废。献帝初，董卓为太师，卓诛又废。魏世不置。晋既因太师而置太宰，以安平王孚居焉。

太傅，一人。周成王时，毕公为太傅。汉高后元年，初用王陵。

太保，一人。殷太甲时，伊尹为太保。周武王时，召公为太保。汉平帝元始元年，始用王舜。后汉至魏不置，晋初复置焉。自太师至太保，是为三公。论道经邦，燮理阴阳，无其人则阙，所以训护人主，导以德义者。

相国，一人。汉高帝十一年始置，以萧何居之，罢丞相；何薨，曹参代之；参薨，罢。魏齐王以司景帝为相国。晋惠帝时赵王伦，愍帝时南阳王保，安帝时宋高祖，顺帝时齐王，并为相国。自魏、晋以来，非复人臣之位矣。

丞相，一人。殷汤以伊尹为右相，仲虺为左相。秦悼武王二年，始置丞相官。丞，奉；相，助也。悼武王子昭襄王始以樗里疾为丞相，后又置左右丞相。汉高帝初，置一丞相；十一年，更名相国。孝惠、高后置左右丞相，文帝二年，复置一丞相。哀帝元寿二年，更名大司徒。汉东京不复置。至献帝建安十三年，复置丞相。魏世及晋初又废。惠帝世，赵王伦篡位，以梁王肜为丞相。永兴元年，以成都王颖为丞相。愍帝建兴元年，以琅邪王睿为左丞相，南阳王保为右丞相；三年，以保为相国，睿为丞相。元帝永昌元年，以王敦为丞相，转司徒荀组为太尉，以司徒官属并丞相为留府，敦不受。成帝世，以王导为丞相，罢司徒府以为丞相府，导薨，罢丞相，复为司徒府。宋世祖初，以南郡王义宣为丞相，而司徒府如故。

太尉，一人。自上安下曰尉。掌兵事，郊祀掌亚献，大丧则告谥南郊。尧时舜为太尉官，汉因之。武帝建元二年省。光武建武二十七年，罢大司马，置太尉以代之。灵帝末，以刘虞为大司马，而太尉如故。

司徒，一人。掌民事，郊祀掌省牲视濯，大丧安梓宫。少昊氏以鸟名官，而祝鸠氏为司徒。尧时舜为司徒。舜摄帝位，命契为司徒。契玄孙之孙曰微，亦为夏司徒。周时司徒为地官，掌邦教。汉西京初不置。哀帝元寿二年，罢丞相，置大司徒。光武建武二十七年，去"大"。

司空，一人。掌水土事，郊祀掌扫除陈乐器，大丧掌将校复土。舜摄帝位，以禹为司空。契之子曰冥，亦为夏司空。殷汤以咎单为司空。周时司空为冬官，掌邦事。汉西京初不置。成帝绥和元年，更名御史大夫为大司空；哀帝建平二年，复为御史大夫；元寿二年，复为大司空；光武建武二十七年，去"大"字。献帝建安十三年，又罢司空，置御史大夫。御史大夫郗虑免，不复补。魏初，又置司空。

大司马，一人。掌武事。司，主也；马，武也。尧时弃为后稷，兼掌司马。周时司马为夏官，掌邦政。项籍以曹无咎、周殷并为大司马。汉初不置，武帝元狩四年，初置大司马。始直云司马，议者以汉有军候千人司马官，故加大。及置司空，又以县道官有狱司空，又加大。王莽居摄，以汉无小司徒，而定司马、司徒、司空之号并加大。光武建武二十七年，省大司马，以太尉代之。魏文帝黄初二年，复置大司马，以曹仁居之，而太尉如故。

大将军，一人。凡将军皆掌征伐。周制，王立六军。晋献公作二军，公将上军。将军之名，起于此也。楚怀王遣三将入关，宋义为上将。汉高帝以韩信为大将军。汉西京以大司马冠之。汉东京大将军自为官，位在三司上。魏明帝青龙三年，晋宣帝自大将军为太尉，然则大将军在三司下矣。其后又在三司上。晋景帝为大将军，而景帝叔父孚为太尉，奏改大将军在太尉下，后还复旧。

晋武帝践阼，安平王孚为太宰，郑冲为太傅，王祥为太保，义阳王望为太尉，何曾为司徒，荀𫖮为司空，石苞为大司马，陈骞为大将军，凡八公同时并置，唯无丞相焉。

有苍头字宜禄。至汉，丞相府每有所关白，到阁辄传呼"宜禄"，以此为常。

丞相置三长史。丞相有疾，御史大夫率百僚三旦问起居，及瘳，诏遣尚书令若光禄大夫赐养牛，上尊酒。汉景帝三公病，遣中黄门问病。魏、晋则黄门郎，尤重者或侍中也。魏武为丞相以来，置左右二长史而已。汉东京太傅府置掾、属十人，御属一人，令史十二人，不知皆何曹也。自太尉至大将军、骠骑、车骑、卫将军，皆有长史一人，将军又各置司马一人，太傅不置长史。

太尉府置掾、属二十四人，西曹主府吏署用事，东曹主二千石长吏迁除事，户曹主民户祠祀农桑事，奏曹主奏议事，辞曹主辞讼事，法曹主邮驿科程事，尉曹主卒徒转运事，贼曹主盗贼事，决曹主罪法事，兵曹主兵事，金曹主货币盐铁事，仓曹主仓谷事，黄阁主簿省录众事。御属一人，令史二十二人。御属主为公御，令史则有阁下、记室、门下令史，其余史阙。案掾、属二十四人，自东西曹凡十二曹，然则曹各置掾、属一人，合二十四人也。

司徒置掾、属三十一人，御属一人，令史三十五人。

司空置掾二十九人，御属一人，令史三十一人。司空别有道桥掾。其余张减之号，史阙不可得知也。

汉东京大将军、骠骑将军从事中郎二人，掾、属二十九人，御属一人，令史三十人。骑、卫将军从事中郎二人，掾、属二十人，御属一人，令史二十四人。兵曹掾史主兵事，禀假掾史主禀假，又置外刺奸主罪法。其领兵外讨，则营有五部，部有校尉一人，军司马一人；部下有曲，曲有军候一人；曲下有屯，屯有屯长一人。若不置校尉，则部但有军司马一人。又有军假司马、军假候，其别营者则为别部司马。其余将军置以征伐者，府无员职，亦有部曲司马、军候以领兵焉。案大将军以下掾属与三府张减，史阙不可得知。置令史、御属者，则是同三府也。其云掾史者，则是有掾而无属，又无令史、御属，不同三府也。

魏初公府职僚，史不备书。及晋景帝为大将军，置掾十人，西曹、东曹、户曹、仓曹、贼曹、金曹、水曹、兵曹、骑兵各一人，则无属矣。魏元帝咸熙中，晋文帝为相国，相国府置中卫将军、骁骑将军、左右长史、司马、从事中郎四人，主簿四人，舍人十九人，参军二十二人，参战十一人，掾、属三十三人。东曹掾、属各一人；西曹属一人，户曹掾一人，属二人；贼曹掾一人，属二人；金曹掾、属各一人；兵曹掾、属各一人，骑兵掾二人，属一人；车曹掾、属各一人；铠曹掾、属各一人；水曹掾、属各一人，集曹掾、属各一人，法曹掾、属各一人，奏曹掾各一人，仓曹属二人，戎曹属一人，马曹属一人，媒曹属一人，合为三十三人。散属九人，凡四十二人。

晋初，凡位公以上，置长史、西阁、东阁祭酒、西曹、东曹掾、户曹、仓曹、贼曹属各一人；加兵者又置司马、从事中郎、主簿、记室督各一人，舍人四人；为持节都督者，置参军六人。安平献王孚为太宰，增掾、属为十人，兵、铠、士、营军、刺奸五曹皆置属，并前为十人也。杨骏为太傅，增祭酒为四人，掾、属为二十人，兵曹分为左、右、法、金、田、集、水、戎、车、马十曹，皆置属，则为二十人。赵王伦为相国，置左右长史、司马、从事中郎四人，参军二十人，主簿、记室督、祭酒各四人，掾、属四十人，东西曹又置属，其余十八曹皆置掾，则四十人矣。凡诸曹皆置御属、令史、学干，御属职录事也。江左以来，诸公置长史、仓曹掾、户曹属、东西阁祭酒各一人，主簿、舍人二人，御属二人，令史无定员。领兵者置司马一人，从事中郎二人，参军无定员；加崇者置左右长史、司马、从事中郎四人，掾、属四人，则仓曹增置掾，户曹置掾，江左加崇，极于此也。

长史、司马、舍人，秦官。从事中郎、掾、属、主簿、令史，前汉官，陈汤为大将军王凤从事中郎是也。御属、参军，后汉官，孙坚为车骑参军事是也。本于府主无敬，晋世太原孙楚为大司马石苞参军，轻慢苞，始制施敬。祭酒，晋官也，汉吴王濞以刘氏祭酒。夫祭祀以酒为本，长者主之，故以祭酒为称。汉之侍中，魏之散骑常侍高功者，并为祭酒焉。公府祭酒，盖因其名也。长史、从事中郎主吏，司马主将，主簿、祭酒、舍人主阁内事，参军、掾、属、令史主诸曹事。司徒若无公，唯省舍人，其府常置，其职僚异于余府。有左右长史、左西曹掾、属各一人,余则同矣。余府有公则置,无则省。晋元帝为镇东大将军及丞相,置从事中郎,无定员,分掌诸曹,有录事中郎、度支中郎、三兵中郎。其参军则有谘议参军二人,主讽议事,晋江左初置,因军谘祭酒也。宋高祖为相,止置谘议参军,无定员。今诸曹则有录事、记室、户曹、仓曹、中直兵、外兵、骑兵、长流贼曹、刑狱贼曹、城局贼曹、法曹、田曹、水曹、铠曹、车曹、士曹、集、右户、墨曹,凡十八曹参军。参军不署曹者,无定员。江左初,晋元帝镇东丞相府有录事、记室、东曹、西曹、度支、户曹、法曹、金曹、仓曹、理曹、中兵、外兵、骑兵、典兵、兵曹、贼曹、运曹、禁防、典宾、铠曹、田曹、士曹、骑士、车曹参军。其东曹、西曹、度支、金曹、理曹、典兵、兵曹、贼曹、运曹、禁防、典宾、骑士、车曹凡十三曹,今阙所余十二曹也。其后又有直兵、长流、刑狱、城局、水曹、右户、墨曹七曹。高祖为相,合中兵、直兵置一参军,曹则犹二也。今小府不置长流参军者,置禁防参军。蜀丞相诸葛亮府有行参军,晋太傅司马越府又有行参军、兼行参军,后渐加长兼字。除拜则为参军事,府板则为行参军。晋末以来,参军事、行参军又各有除板。板行参军下则长兼行参军。参军督护,江左置。本皆领营,有部曲,今则无矣。公府长史、司马,秩千石;从事中郎,六百石;东西曹掾,四百石;他掾三百石;属二百石。

特进,前汉世所置,前后二汉及魏、晋以为加官,从本官车服,无吏卒。晋惠帝元康中定位令在诸公下,骠骑将军上。

骠骑将军,一人。汉武帝元狩二年,始用霍去病为骠骑将军。汉西京制,大将军、骠骑将军位次丞相。

车骑将军,一人。汉文帝元年,始用薄昭为车骑将军。鱼豢曰:"魏世车骑为都督,仪与四征同。若不为都督,虽持节属四征者,与前后左右杂号将军同。其或散还从文官之例,则位次三司。"晋、宋车骑、卫不复为四征所督也。

卫将军,一人。汉文帝元年,始用宋昌为卫将军。三号位亚三司。汉章帝建初三年,始使车骑将军马防班同三司,班同三司自此始也。汉末奋威将军,晋右伏波、辅国将军,并加大而仪同三司。江左以来,将军则中、镇、抚、四镇以上或加大,余官则左右光禄大夫以上并得仪同三司,自此以下不得也。

持节都督,无定员。前汉遣使,始有持节。光武建武初,征伐四方,始权时置督军御史,事竟罢。建安中,魏武帝为相,始遣大将军督军。二十一年,征孙权讫,夏侯惇督二十六军是也。魏文帝黄初二年,始置都督诸州军事,或领刺史。三年,上军大将军曹真都督中外诸军事,假黄钺,则总统外内诸军矣。明帝太和四年,晋宣帝征蜀,加号大都督。高贵公正元二年,晋文帝都督中外诸军,寻加大都督。晋世则都督诸军为上,监诸军次之,督诸军为下。使持节为上,持节次之,假节为下。使持节得杀二千石以下;持节杀无官位人,若军事得与使持节同;假节唯军事得杀犯军令者。晋江左以来,都督中外尤重,唯王导居之。宋氏人臣则无也。江夏王义恭假黄钺。假黄钺,则专戮节将,非人臣常器矣。

征东将军,一人。汉献帝初平三年,马腾居之。征南将军,一人。汉光武建武中,岑彭居之。征西将军,一人。汉光武建武中,冯异居之。征北将军,一人。鱼豢曰:"四征,魏武帝置,秩二千石。黄初中,位次三公。汉旧诸征与偏裨杂号同。"

镇东将军,一人。后汉末,魏武帝居之。镇南将军,一人。后汉末,刘表居之。镇西将军,一人。后汉初平三年,韩遂居之。镇北将军,一人。

中军将军,一人。汉武帝以公孙敖为之,时为杂号。镇军将军,一人。魏以陈群为之。抚军将军,一人。魏以司马宣王为之。中、镇、抚三号比四镇。

安东将军,一人。后汉末,陶谦为之。安南将军,一人。安西将军,一人。后汉末,段煨为之。安北将军,一人。鱼豢曰:"镇北、四安,魏黄初、太和中置。"

平东将军,一人。平南将军,一人。平西将军,一人。平北将军,一人。四平,魏世置。

左将军、右将军、前将军、后将军。左将军以下,周末官,秦、汉并因之,光武建武七年省,魏以来复置。

征虏将军,汉光武建武中,始以祭遵为之。冠军将军,楚怀王以宋义为卿子冠军。冠军之名,自此始也。魏正始中,以文钦为冠军将军、扬州刺史。辅国将军,汉献帝以伏完居之。宋太宗泰始四年,改为辅师;后废帝元徽二年,复故。龙骧将军,晋武帝始以王浚居之。

东中郎将,汉灵帝以董卓居之。南中郎将,汉献帝建安中,以临淄侯曹植居之。西中郎将。北中郎将,汉建安中,以鄢陵侯曹彰居之。凡四中郎将,何承天云,并后汉置。

建威将军,汉光武建武中,以耿弇为建威大将军。振威将军,后汉初,宋登为之。奋威将军,前汉世,任千秋为之。扬威将军,魏置。广威将军,魏置。建武将军,魏置。振武将军,前汉末,王况为之。奋武将军,后汉末,吕布为之。扬武将军,光武建武中,以马成为之。广武将军,晋江左置。

鹰扬将军,汉建安中,魏武以曹洪居之。折冲将军,汉建安中,魏武以乐进居之。轻车将军,汉武帝以公孙贺为之。扬烈将军,建安中,以假公孙渊。宁远将军,晋江左置。材官将军,汉武帝以李息为之。伏波将军,汉帝征南越,始置此号,以路博德为之。

凌江将军,魏置。自凌江以下,则有宣威、明威、骧威、厉威、威厉、威寇、威虏、威戎、威武、武烈、武毅、武奋、绥远、绥边、绥戎、讨寇、讨虏、讨难、讨夷、荡寇、荡虏、荡难、荡逆、珍寇、珍虏、珍难、扫夷、扫寇、扫虏、扫难、扫逆、厉武、厉锋、虎威、虎牙、广野、横野、偏将军、裨将军,凡四十号。其威虏,汉光武以冯俊居之。虎牙,以盖延居之,为虎牙大将军。横野,以耿纯居之。荡寇,汉建安中,满宠居之。虎威,于禁居之。其余或是后汉及魏所置,今则或置或不。自左右前后将军以下至此四十号,唯四中郎将各一人,余皆无定员。自车骑以下为刺史又都督及仪同三司者,置官如领兵;但云都督不仪同三司者，不置从事中郎，置功曹一人，主吏，在主簿上，汉末官也。汉东京司隶有功曹从事史，如诸州治中，因其名也。功曹参军一人，主佐□□记室下，户曹上。监以下不置谘议、记室，余则同矣。宋太宗已来，皇子、皇弟虽非都督，亦置记室参军。小号将军为大郡边守置佐吏者，又置长史，余则同也。

太常，一人。舜摄帝位，命伯夷作秩宗，掌三礼，即其任也。周时曰宗伯，是为春官，掌邦礼。秦改曰奉常，汉因之。景帝中六年，更名曰太常。应劭曰："欲令国家盛大常存，故称太常。"前汉常以列侯忠孝敬慎者居之，后汉不必列侯也。

博士，班固云，秦官。史臣案，六国时往往有博士，掌通古今。汉武建元五年，初置《五经》博士。宣、成之世，《五经》家法稍增，经置博士一人。至东京凡十四人。《易》，施、孟、梁丘、京氏；《尚书》，欧阳、大小夏侯；《诗》，齐、鲁、韩；《礼》，大小戴；《春秋》，严、颜：各一博士。而聪明有威重者一人为祭酒。魏及晋西朝置十九人，江左初减为九人，皆不知掌何经。元帝末，增《仪礼》、《春秋公羊》博士各一人，合为十一人。后又增为十六人，不复分掌《五经》，而谓之太学博士也。秩六百石。

国子祭酒一人，国子博士一人，国子助教十人。《周易》、《尚书》、《毛诗》、《礼记》、《周官》、《仪礼》、《春秋左氏传》、《公羊》、《谷梁》各为一经，《论语》、《孝经》为一经，合十经，助教分掌。国子，周旧名，周有师氏之职，即今国子祭酒也。晋初复置国子学，以教生徒，而隶属太学焉。晋初助教十五人，江左以来，损其员。自宋世若不置学，则助教唯置一人，而祭酒、博士常置也。

太庙令，一人。丞一人。并前汉置。西京曰长，东京曰令。领斋郎二十四人。

明堂令，一人。丞一人。丞，汉东京初置；令，宋世祖大明中置。

太祝令，一人。丞一人。掌祭祀读祝迎送神。太祝，周旧官也。汉西京置太祝令、丞，武帝太初元年，更名曰庙祀。汉东京改曰太祝。

太史令，一人。丞一人。掌三辰时日祥瑞妖灾，岁终则奏新历。太史，三代旧官，周世掌建邦之六典，正岁年，以序事颁朔于邦国。又有冯相氏，掌天文次序；保章氏，掌天文。今之太史，则并周之太史、冯相、保章三职也。汉西京曰太史令。汉东京有二丞，其一在灵台。

太乐令，一人。丞一人。掌凡诸乐事。周时为大司乐。汉西京曰太乐令。汉东京曰大予乐令。魏复为太乐令。

陵令，每陵各一人，汉旧官也。

乘黄令，一人。掌乘舆车及安车诸马。魏世置。自博士至乘黄令，并属太常。

光禄勋，一人。丞一人。光，明也；禄，爵也；勋，功也。秦曰郎中令，汉因之。汉武太初元年，更名光禄勋。掌三署郎，郎执戟卫宫展门户。光禄勋居禁中如御史，有狱在殿门外，谓之光禄外部。光禄勋郊祀掌三献。魏、晋以来，光禄勋不复居禁中，又无复三署郎，唯外宫朝会，则以名到焉。二台奏劾，则符光禄加禁止，解禁止亦如之。

禁止，身不得入殿省，光禄主殿门故也。宫殿门户，至今犹属。晋哀帝兴宁二年，省光禄勋，并司徒。孝武宁康元年，复置。汉东京三署郎有行应四科者，岁举茂才二人，四行二人，及三署郎罢省，光禄勋犹依旧举四行，衣冠子弟充之。三署者，五官署、左署、右署也，各置中郎将以司之。郡举孝廉以补三署郎，年五十以上，属五官，其次分在左右署。凡有中郎、议郎、侍郎、郎中四等，无员，多至万人。

左光禄大夫，右光禄大夫，二大夫，晋初置。光禄大夫，秦时为中大夫，汉武太初元年，更名光禄大夫；晋初又置左右光禄大夫，而光禄大夫如故。光禄大夫银章青绶，其重者加金章紫绶，则谓之金紫光禄大夫。旧秩比二千石。

中散大夫，王莽所置，后汉因之。前汉大夫皆无员，掌论议。后汉光禄大夫三人，中大夫二十人，中散大夫三十人。魏以来复无员。自左光禄大夫以下，养老疾，无职事。中散，六百石。

卫尉，一人。丞二人。掌宫门屯兵，秦官也。汉景初，改为中大夫令。后元年，复为卫尉。晋江右掌冶铸，领冶令三十九，户五千三百五十。冶皆在江北，而江南唯有梅根及冶塘二冶，皆属扬州，不属卫尉。卫尉，江左不置，宋世祖孝建元年复置。旧一丞，世祖增置一丞。

廷尉，一人。丞一人。掌刑辟。凡狱必质之朝廷，与众共之之义。兵狱同制，故曰廷尉。舜摄帝位，咎繇作士，即其任也。周时大司寇为秋官，掌邦刑。秦为廷尉。汉景帝中六年，更名大理。武帝建元四年，复为廷尉。哀帝元寿二年，复为大理。汉东京初，复为廷尉。

廷尉正，一人。廷尉监，一人。正、监并秦官。本有左右监，汉光武省右，犹云左监。魏、晋以来，直云监。廷尉评，一人。汉宣帝地节三年，初置左右评。汉光武省右，犹云左评。魏、晋以来，直云评。正、监、评并以下官礼敬廷尉卿。正、监秩千石，评六百石。廷尉律博士，一人。魏武初建魏国置。

大司农，一人。丞一人。掌九谷六畜之供膳羞者。舜摄帝位，命弃为后稷，即其任也。周则为太府，秦治粟内史；汉景帝后元年，更名大农令；武帝太初元年，更名曰大司农。晋哀帝末，省并都水，孝武世复置。汉世丞二人，魏以来一人。

太仓令，一人。丞一人。秦官也。晋江左以来，又有东仓、石头仓丞各一人。

导官令，一人。丞一人。掌舂御米。汉东亦置。导，择也。择米令精也。司马相如《封禅书》云，导一茎六穗于庖。

籍田令，一人。丞一人。掌耕宗庙社稷之田，于周为甸师。汉文帝初立籍田，置令、丞各一人。汉东京及魏并不置。晋武泰始十年复置。江左省，宋太祖元嘉中又置。自太仓至籍田令，并属司农。

少府，一人。丞一人。掌中服御之物。秦官也，汉因之。掌禁钱以给私养，故曰少府。晋哀帝末，省并丹阳尹。孝武世复置。

左尚方令、丞各一人。右尚方令、丞各一人。并掌造军器。秦官也，汉因之。于周则为玉府。晋江右有中尚方、左尚方、右尚方，江左以来，唯一尚方。宋高祖践阼，以相府作部配台，谓之左尚方，而本署谓之右尚方焉。又以相府细作配台，即其名置令一人，丞二人，隶门下。世祖大明中，改曰御府，置令一人，丞一人。御府，二汉世典官婢作袭衣服补浣之事，魏、晋犹置其职，江左乃省焉。后废帝初，省御府，置中署，隶右尚方。汉东京太仆属官有考工令，主兵器弓弩刀铠之属。成则传执金吾入武库，及主织绶诸杂工。尚方令唯主作御刀绶剑诸玩好器物而已。然则考工令如今尚方，尚方令如今中署矣。

东冶令，一人。丞一人。南冶令，一人。丞一人。汉有铁官，晋署令，掌工徒鼓铸，隶卫尉。江左以来，省卫尉，度隶少府。宋世虽置卫尉，冶隶少府如故。江南诸郡县有铁者或署冶令，或署丞，多是吴所置。

平准令，一人。丞一人。掌染，秦官也，汉因之。汉隶司农，不知何世隶少府。宋顺帝即位，避帝讳，改曰染署。

将作大匠，一人。丞一人。掌土木之役。秦世置将作少府，汉因之。景帝中六年，更名将作大匠。光武中元二年省，以谒者领之。章帝建初元年复置。晋氏以来，有事则置，无则省。

大鸿胪，掌赞导拜授诸王。秦世为典客，汉景帝中六年，更名大行令；武帝太初元年，更名大鸿胪。鸿，大也；胪，陈也。晋江左初省。有事则权置，事毕即省。

太仆，掌舆马。周穆王所置，秦因之。《周官》则校人掌马，巾车掌车，及置太仆，兼其任也。晋江左或署或省，宋以来不置。郊祀则权置太仆执辔，事毕即省。

太后三卿，各一人。应氏《汉官》曰："卫尉、少府，秦官；太仆，汉成帝置。皆随太后宫为号，在正卿上，无太后乃阙。"魏改汉制，在九卿下。晋复旧，在同号卿上。

大长秋，皇后卿也。有后则置，无则省。秦时为将行，汉景帝中六年，更名大长秋。韦曜曰："长秋者，以皇后阴官，秋者阴之始，取其终而长，欲其久也。"自太常至长秋，皆置功曹、主簿、五官。汉东京诸郡有五官掾，因其名也。汉制卿尹秩皆中二千石，丞一千石。

尚书，古官也。舜摄帝位，命龙作纳言，即其任也。《周官》司会，郑玄云，若今尚书矣。秦世少府遣吏四人在殿中主发书，故谓之尚书。尚犹主也。汉初有尚冠、尚衣、尚食、尚浴、尚席、尚书，谓之六尚。战国时已有尚冠、尚衣之属矣。秦时有尚书令、尚书仆射、尚书丞。至汉初并隶少府，汉东亦犹文属焉。古者重武官，以善射者掌事，故曰仆射。仆射者，仆役于射事也。秦世有左右曹诸吏，官无职事，将军大夫以下皆得加此官。汉武帝世，使左右曹诸吏分平尚书奏事。昭帝即位，霍光领尚书事；成帝初，王凤录尚书事。汉东京每帝即位，辄置太傅，录尚书事，薨辄省。晋康帝世，何充让表曰："咸康中，分置三录，王导录其一，荀崧、陆晔各录六条事。"然则似有二十四条，若止有二十条，则荀、陆各录六条，导又何所司乎？若导总录，荀、陆分掌，则不得复云导录其一也。

其后每置二录，辄云各掌六条事，又是止有十二条也。十二条者，不知悉何条。晋江右有四录，则四人参录。江右张华、江左庾亮并经关尚书七条，则亦不知皆何事也。后何充解录，又参关尚书。录尚书职无不总。王肃注《尚书》"纳于大麓"曰："尧纳舜于尊显之官，大录万机之政也。"凡重号将军刺史，皆得命曹授用，唯不得除及加节。宋世祖孝建中，不欲威权外假，省录。大明末复置。此后或置或省。汉献帝建安四年，以执金吾荣郃为尚书左仆射，卫臻为右仆射。二仆射分置，自此始也。汉成帝建始四年，初置尚书，员四人，增丞亦为四人。曹尚书其一曰常侍曹，主公卿事；其二曰二千石曹，主郡国二千石事；其三曰民曹，主吏民上书事；其四曰客曹，主外国夷狄事。光武分二千石曹为二，又分客曹为南主客曹、北主客曹，改常侍曹为吏曹，凡六尚书。减二丞，唯置左右二丞而已。应劭《汉官》云："尚书令、左丞，总领纲纪，无所不统。仆射、右丞，掌禀假钱谷。三公尚书二人，掌天下岁尽集课；吏曹掌选举、斋祠；二千石曹掌水、火、盗贼、词讼、罪法；客曹掌羌、胡朝会，法驾出，护驾；民曹掌缮治、功作、盐池、苑囿。吏曹任要，多得超迁。"则汉末曹名及职司又与光武时异也。魏世有吏部、左民、客曹、五兵、度支五曹尚书。晋初有吏部、三公、客曹、驾部、屯田、度支六曹尚书。武帝咸宁二年，省驾部尚书，四年又置。太康中，有吏部、殿中、五兵、田曹、度支、左民六尚书。惠帝世，又有右民尚书。尚书止于六曹，不知此时省何曹也。江左则有祠部、吏部、左民、度支、五兵，合不五曹尚书。宋高祖初，又增都官尚书。若有右仆射，则不置祠部尚书。世祖大明二年，置二吏部尚书，而省五兵尚书，后还置一吏部尚书。顺帝升明元年，又置五兵尚书。

尚书令，任总机衡；仆射、尚书，分领诸曹。左仆射领殿中、主客二曹；吏部尚书领吏部、删定、三公、比部四曹；祠部尚书领祠部、仪曹二曹；度支尚书领度支、金部、仓部、起部四曹；左民尚书领左民、驾部二曹；都官尚书领都官、水部、库部、功论四曹；五兵尚书领中兵、外兵二曹。昔有骑兵、别兵、都兵，故谓之五兵。五尚书、二仆射、一令，谓之八坐。若营宗庙宫室，则置起部尚书，事毕省。

汉成帝之置四尚书也，无置郎之文。《汉仪》，尚书郎四人，一人主匈奴单于营部，一人主羌夷吏民，一人主户口垦田，一人主财帛委输。匈奴单于，宣帝之世，保塞内附；成帝世，单于还北庭矣。一郎主匈奴单于营部，则置郎疑是光武时，所主匈奴，是南单于也。《汉官》云，置郎三十六人，不知是何帝增员。然则一尚书则领六郎也。主作文书，起立事草。初为郎中，满岁则为侍郎。尚书寺居建礼门内。尚书郎入直，官供青缣白绫被，或以绵缛为之。给帷帐、毡褥、通中枕，太官供食物，汤官供饼饵及五熟果实之属，给尚书伯使一人，女侍二人，皆选端正妖丽，执香炉、护衣服，奏事明光殿。殿以胡粉涂壁，画古贤烈士。以丹朱色地，谓之丹墀。尚书郎口含鸡舌香，以其奏事答对，欲使气息芬芳也。奏事则与黄门侍郎对揖。黄门侍郎称已闻，乃出。天子所服五时衣以赐尚书令仆、而丞、郎月赐赤管大笔一双，隃糜墨一丸。魏世有殿中、吏部、驾部、金部、虞曹、比部、南主客、祠部、度支、库部、农部、水部、仪曹、三公、仓部、民曹、二千石、中兵、外兵、别兵、都兵、考功、定科，凡二十三郎。青龙二年有军事，尚书令陈矫奏置都官、骑兵二曹郎，合为二十五曹。晋西朝则直事、殿中、祠部、仪曹、吏部、三公、比部、金部、仓部、度支、都官、二千石、左民、右民、虞曹、屯田、起部、水部、左主客、右主客、驾部、车部、库部、左中兵、右中兵、左外兵、右外兵、别兵、都兵、骑兵、左士右士、北主客、南主客为三十四曹郎；后又置运曹，凡三十五曹。晋江左初，无直事、右民、屯田、车部、别兵、骑兵、左士、右士、运曹十曹郎，而主客、中外兵各置一郎而已，所余十七曹也。康、穆以来，又无虞曹、二千石二郎，犹有殿中、祠部、吏部、仪曹、三公、比部、金部、仓部、度支、都官、左民、起部、水部、主客、驾部、库部、中兵、外兵十八曹郎。后又省主客、起部、水部，余十五曹。宋高祖初，加置骑兵、主客、起部、水部四曹郎，合为十九曹。太祖元嘉十年，又省仪曹、主客、比部、骑兵四曹郎。十一年，又并置。十八年，增删定曹郎，次在左民曹上，盖魏世之定科郎也。三十年，又置功论郎，次都官之下，在删定之上。太宗世，省骑兵。今凡二十曹郎。以三公、比部主法制。度支主算。支，派也；度，景也。都官主军事刑狱。其余曹所掌，各如其名。

汉制，公卿御史中丞以下，遇尚书令、仆、丞、郎，皆辟车豫相回避，台官过，乃得去。今尚书官上朝及下，禁断行人，犹其制也。汉又制，丞、郎见尚书，呼曰明时。郎见二丞，呼曰左君、右君。郎以下则有都令史、令史、书令史、书吏干。汉东京尚书令史十八人，晋初正令史百二十人，书令史百三十人。自晋至今，或减或益，难以定言。《汉仪》有丞相令史。令史，盖前汉官也。晋西朝有尚书都令史朱诞，则都令史其来久矣。分曹所掌如尚书也。

晋西朝八坐丞郎，朝晡诣都坐朝，江左唯旦朝而已。八坐丞郎初拜，并集都坐，交礼。迁，又解交。汉旧制也。今唯八坐解交，丞郎不复解交也。尚书令千石，仆射尚书六百石，丞郎四百石。

武库令，一人。掌军器，秦官。至二汉，属执金吾。晋初罢执金吾，至今隶尚书库部。

车府令，一人。丞一人。秦官也。二汉、魏、晋并隶太仆。太仆既省，隶尚书驾部。

上林令，一人。丞一人。汉西京上林中有八丞、十二尉、十池监。丞、尉属水衡都尉。池监隶少府。汉东京曰上林苑令及丞各一人，隶少府。晋江左阙。宋世祖大明三年复置，隶尚书殿中曹及少府。

材官将军，一人。司马一人。主工匠土木之事。汉左右校令，其任也。魏右校又置材官校尉，主天下材木事。晋江左改材官校尉曰材官将军，又罢左校令。今材官隶尚书起部及领军。

侍中，四人。掌奏事，直侍左右，应对献替。法驾出，则正直一人负玺陪乘。殿内门下众事皆掌之。周公戒成王《立政》之篇所云"常伯"，即其任也。侍中本秦丞相史也，使五人往来殿内东厢奏事，故谓之侍中。汉西京无员，多至数十人，入侍禁中，分掌乘舆服物，下至亵器虎子之属。武帝世，孔安国为侍中，以其儒者，特听掌御唾壶，朝廷荣之。久次者为仆射。汉东京又属少府，犹无员。掌侍左右，赞导众事，顾问应答。法驾出，则多识者一人负传国玺，操斩白蛇剑，参乘；余皆骑，在乘舆车后。光武世，改仆射为祭酒焉。汉世，与中官俱止禁中。武帝时，侍中莽何罗挟刃谋逆，由是侍中出禁外，有事乃入，事毕即出。王莽秉政，侍中复入，与中官共止。章帝元和中，侍中郭举与后宫通，拔佩刀惊御，举伏诛，侍中由是复出外。魏、晋以来，置四人，别加官不主数。秩比二千石。

卷四十　　　　志第三十

百　官　下

给事黄门侍郎，四人，与侍中俱掌门下众事。郊庙临轩，则一人执麾。《汉百官表》秦曰给事黄门，无员，掌侍从左右，汉因之。汉东京曰给事黄门侍郎，亦无员，掌侍从左右，关通中外，诸王朝见，则引王就坐。应劭曰："每日莫向青琐门拜，谓之夕郎。"史臣按，刘向与子歆书曰："黄门郎，显处也。"然则前汉世已为黄门侍郎矣。董巴《汉书》曰："禁门曰黄闼，中人主之，故号曰黄门令。"然则黄门郎给事黄闼之内，故曰黄门郎也。魏、晋以来员四人，秩六百石。

公车令，一人。掌受章奏。秦有公车司马令，属卫尉，汉因之，掌宫南阙门。凡吏民上章，四方贡献，及征诣公车者，皆掌之。晋江左以来，直云公车令。

太医令，一人。丞一人。《周官》为医师，秦为太医令，至二汉属少府。太官令，一人。丞一人。《周官》为膳夫，秦为太官令，至汉属少府。

骅骝厩丞，一人。汉西京为龙马长，汉东京为未央厩令，魏为骅骝令。自公车令至此，隶侍中。

散骑常侍，四人。掌侍左右。秦置散骑，又置中常侍，散骑并乘舆车后；中常侍得入禁中。皆无员，并为加官。汉东京初省散骑，而中常侍因用宦者。魏文帝黄初初，置散骑，合于中常侍，谓之散骑常侍，始以孟达补之。久次者为祭酒散骑常侍，秩比二千石。

通直散骑常侍，四人。魏末散骑常侍又有在员外者，晋武帝使二人与散骑常侍通直，故谓之通直散骑常侍。晋江左置五人。员外散骑常侍，魏末置，无员。

散骑侍郎，四人。魏初与散骑常侍同置。魏、晋散骑常侍、侍郎，与侍中、黄门侍郎共平尚书奏事，江左乃罢。通直散骑侍郎，四人。初晋武帝置员外散骑侍郎四人，元帝使二人与散骑侍郎通直，故谓之通直散骑侍郎，后增为四人。员外散骑侍郎，晋武帝置，无员。

给事中，无员。汉西京置。掌顾问应对，位次中常侍。汉东京省，魏世复置。

奉朝请，无员，亦不为官。汉东京罢省三公、外戚、宗室、诸侯，多奉朝请。奉朝请者，奉朝会请召而已。晋武帝亦以宗室外戚为奉车、驸马、骑都尉，而奉朝请焉。元帝为晋王，以参军为奉车都尉，掾、属为驸马都尉，行参军、舍人为骑都尉，皆奉朝请。后省奉车、骑都尉，唯留驸马都尉、奉朝请。永初已来，以奉朝请选杂，其尚主者唯拜驸马都尉。三都尉并汉武帝置。孝建初，奉朝请省。驸马都尉、三都尉秩比二千石。

中书令，一人。中书监，一人。中书侍郎，四人。中书通事舍人，四人。汉武帝游后廷，始使宦者典尚书事，谓之中书谒者，置令、仆射。元帝时，令弘恭，仆射石显，秉势用事，权倾内外。成帝改中书谒者令曰中谒者令，罢仆射。汉东京省中谒者令，而有中宫谒者令，非其职也。魏武帝为王，置秘书令，典尚书奏事，又其任也。文帝黄初初，改为中书令，又置监，及通事郎，次黄门郎。黄门郎已署事过，通事乃奉以入，为帝省读书可。晋改曰中书侍郎，员四人。晋江左初，改中书侍郎曰通事郎，寻复为中书侍郎。晋初置舍人一人，通事一人。江左初，合舍人通事谓之通事舍人，掌呈奏案章。后省通事，中书差侍郎一人直西省，又掌诏命。宋初又置通事舍人，而侍郎之任轻矣。舍人直阁内，隶中书。其下有主事，本用武官，宋改用文吏。

秘书监，一人。秘书丞，一人。秘书郎，四人。汉桓帝延熹二年，置秘书监。皇甫规与张奂书云"从兄秘书它何动静"是也。应劭《汉官》曰："秘书监一人，六百石。"后省。魏武帝为魏王，置秘书令、秘书丞。秘书典尚书奏事。文帝黄初初，置中书令，典尚书奏事，而秘书改令为监。后欲以何桢为秘书丞，而秘书先自有丞，乃以桢为秘书右丞。后省。掌艺文图籍。《周官》外史掌四方之志、三皇五帝之书，即其任也。汉西京图籍所藏，有天府、石渠、兰台、石室、延阁、广内之府是也。东京图书在东观。晋武帝以秘书并中书，省监，谓丞为中书秘书丞。惠帝复置著作郎一人，佐郎八人，掌国史。周世左史记事，右史记言，即其任也。汉东京图籍在东观，故使名儒硕学，著作东观，撰述国史。著作之名，自此始也。魏世隶中书。晋武世，缪征为中书著作郎。元康中，改隶秘书，后别自为省，而犹隶秘书。著作郎谓之大著作，专掌史任。晋制，著作佐郎始到职，必撰名臣传一人。宋氏初，国朝始建，未有合撰者，此制遂替矣。

领军将军，一人。掌内军。汉有南北军，卫京师。武帝置中垒校尉，掌北军营。光武省中垒校尉，置北军中候，监五校营。魏武为丞相，相府自置领军，非汉官也。文帝即魏王位，魏始置领军，主五校、中垒、武卫三营。晋武帝初省，使中军将军羊祜统二卫前后左右骁骑七军营兵，即领军之任也。祜迁罢，复置北军中候。北军中候置丞一人。怀帝永嘉中，改曰中领军。元帝永昌元年，复改曰北军中候，寻复为领军。成帝世，复以为中候，而陶回居之；寻复为领军。领军今犹有南军都督。

护军将军，一人。掌外军。秦时护军都尉，汉因之。陈平为护军中尉，尽护诸将。然则复以都尉为中尉矣。武帝元狩四年，以护军都尉属大司马，于时复为都尉矣。《汉书·李广传》，广为骁骑将军，属护军将军。盖护军护诸将军。哀帝元寿元年，更名护军都尉曰司寇。平帝元始元年，更名护军都尉。东京省，班固为大将军中护军，隶将军莫府，非汉朝列职。魏武为相，以韩浩为护军，史奂为领军，非汉官也。建安十二年，改护军为中护军，领军为中领军，置长史、司马。魏初因置护军，主武官选，隶领军，晋世则不隶也。晋元帝永昌元年，省护军并领军。明帝太宁二年，复置。魏、晋江右领、护各领营兵；江左以来，领军不复别置营，总统二卫骁骑材官诸营，护军犹别有营也。领、护资重者为领军、护军将军，资轻者为中领军、中护军。官属有长史、司马、功曹、主簿、五官。受命出征，则置参军。

左卫将军，一人。右卫将军，一人。二卫将军掌宿卫营兵。二汉、魏不置。晋文帝为相国，相国府置中卫将军。武帝初，分中卫置左右卫将军，以羊琇为左卫，赵序为右卫。二卫江右有长史、司马、功曹、主簿，江左无长史。

骁骑将军，汉武帝元光六年，李广为骁骑将军。魏世置为内军，有营兵，高功者主之。先有司马、功曹、主簿，后省。

游击将军，汉武帝时，韩说为游击。是为六军。

左军将军、右军将军、前军将军、后军将军。魏明帝时，有左军将军，然则左军魏官也。晋武帝初，置前军、右军；泰始八年，又置后军。是为四军。

左中郎将、右中郎将，秦官，汉因之。与五官中郎将领三署郎，魏无三署郎，犹置其职。晋武帝省。宋世祖大明中，又置。

屯骑校尉、步兵校尉、越骑校尉、长水校尉、射声校尉。五校并汉武帝置。屯骑、步兵掌上林苑门屯兵；越骑掌越人来降，因以为骑；一说取其材力超越也。长水掌长水宣曲胡骑。长水，胡部落名也。胡骑屯宣曲观下。韦曜曰："长水校尉，典胡骑，厩近长水，故以为名。长水，盖关中小水名也。"射声掌射声士，闻声则射之，故以为名。汉光武初，改屯骑为骁骑，越骑为青巾。建武十五年，复旧。汉东京五校，典宿卫士。自游击至五校，魏、晋逮于江左，初犹领营兵，并置司马、功曹、主簿，后省。二中郎将本不领营兵。五营校尉，秩二千石。

虎贲中郎将，《周官》有虎贲氏。汉武帝建元三年，始微行出游，选材力之士执兵从送，期之诸门，故名期门。无员，多至千人。平帝元始元年，更名曰虎贲郎，置中郎将领之。虎贲旧作虎奔，言如虎之奔走也。王莽辅政，以古有勇士孟贲，故以奔为贲。比二千石。

冗从仆射，汉东京有中黄门冗从仆射，非其职也。魏世因其名而置冗从仆射。

羽林监，汉武帝太初元年，初置建章营骑，亦掌从送次期门，后更名羽林骑，置令、丞。宣帝令中郎将骑都尉监羽林，谓之羽林中郎将。汉东京又置羽林左监、羽林右监,至魏世不改。晋罢羽林中郎将,又省一监,置一监而已。自虎贲至羽林,是为三将。哀帝省。宋高祖永初初,复置。江右领营兵,江左无复营兵。羽林监六百石。

积射将军、强弩将军。汉武帝以路博德为强弩校尉,李沮为强弩将军。宣帝以许延寿为强弩将军。强弩将军至东汉为杂号,前汉至魏无积射。晋太康十年,立射营、弩营,置积射、强弩将军主之。自骁骑至强弩将军,先并各置一人;宋太宗泰始以来,多以军功得此官,今并无复员。

殿中将军、殿中司马督。晋武帝时,殿内宿卫,号曰三部司马,置此二官,分隶左右二卫。江右初,员十人。朝会宴飨,则将军戎服,直侍左右,夜开城诸门,则执白虎幡监之。晋孝武太元中,改选,以门阀居之。宋高祖永初初,增为二十人。其后过员者,谓之殿中员外将军、员外司马督。其后并无复员。

武卫将军,无员。初,魏王始置武卫中郎将,文帝践阼,改为卫将军,主禁旅,如今二卫,非其任也。晋氏不常置。宋世祖大明中,复置,代殿中将军之任,比员外散骑侍郎。

武骑常侍,无员。汉西京官。车驾游猎,常从射猛兽。后汉、魏、晋不置。宋世祖大明中,复置。比奉朝请。

御史丞,一人。掌奏劾不法。秦时御史大夫有二丞,其一曰御史丞,其二曰御史中丞。殿中兰台秘书图籍在焉,而中丞居之。外督部刺史,内领侍御史,受公卿奏事,举劾按章。时中丞亦受奏事,然则分有所掌也。成帝绥和元年,更名御史大夫为大司空,置长史,而中丞官职如故。哀帝建平二年,复为御史大夫。元寿二年,复为大司空。而中丞出外为御史台主,名御史长史。光武还曰中丞,又属少府。献帝时,更置御史大夫,自置长史一人,不复领中丞也。汉东京御史中丞遇尚书丞郎,则中丞止车执版揖,而丞郎坐车举手礼之而已。不知此制何时省。中丞每月二十五日,绕行宫垣白壁。史臣按《汉志》执金吾每月三绕行宫城,疑是省金吾,以此事并中丞。中丞秩千石。

治书侍御史,掌举劾官品第六已上。汉宣帝斋居决事,令御史二人治书,因谓之治书侍御史。汉东京使明法律者为之,天下谳疑事,则以法律当其是非。魏、晋以来,则分掌侍御史所掌诸曹,若尚书二丞也。

侍御史,于周为柱下史。《周官》有御史,掌治令,亦其任也。秦置侍御史,汉因之。二汉员并十五人。掌察举非法,受公卿奏事,有违失者举劾之。凡有五曹,一曰令曹,掌律令;二曰印曹,掌刻印;三曰供曹,掌斋祠;四曰尉马曹,掌官厩马;五曰乘曹,掌护驾。魏置御史八人,有治书曹,掌度支运,课第曹,掌考课,不知其余曹也。晋西朝凡有吏曹、课第曹、直事曹、印曹、中都督曹、外都督曹、媒曹、符节曹、水曹、中垒曹、营军曹、算曹、法曹,凡十三曹,而置御史九人。晋江左初,省课第曹,置库曹,掌厩牧牛马市租。后复分库曹,置外左库、内左库二曹。宋世祖元嘉中,省外左库,而内左库直云左库。世祖大明中,复置。废帝景和元年省。顺帝初,省营军并水曹,省算曹并法曹,吏曹不置御史,凡十御史焉。魏又有殿中侍御史二人,盖是兰台遣二御史居殿内察非法

也。晋西朝四人,江左二人。秦、汉有符节令,隶少府,领符玺郎、符节令史。盖《周礼》典瑞、掌节之任也。汉至魏别为一台,位次御史中丞,掌授节、铜虎符、竹使符。晋武帝泰始九年,省并兰台,置符节御史掌其事焉。

谒者仆射,一人。掌大拜授及百官班次。领谒者十人。谒者掌小拜授及报章。盖秦官也。谒,请也。应氏《汉官》曰,尧以试舜,宾于四门,是其职也。秦世谒者七十人,汉因之。后汉《百官志》,谒者仆射掌奉引。和帝世,陈郡何熙为谒者仆射,赞拜殿中,音动左右。然则又掌唱赞。有常侍谒者五人,谒者则置三十五人,半减西京也。二汉并隶光禄勋。魏世置谒者十人。晋武帝省仆射,以谒者隶兰台。江左复置仆射,后又省。宋世祖大明中,复置。秩比千石。

都水使者,一人。掌舟航及运部。秦、汉有都水长、丞,主陂池灌溉,保守河渠,属太常。汉东京省都水,置河堤谒者,魏因之。汉世水衡都尉主上林苑,魏世主天下水军舟船器械。晋武帝省水衡,置都水使者,而河堤为都水官属。有参军二人,谒者一人,令史减置无常员。晋西朝有参军而无谒者,谒者则江左置之。怀帝永嘉六年,胡入洛阳,都水使者爱浚先出督运得免。然则武帝置职,便掌运矣。江左省河堤。

太子太傅,一人。丞一人。太子少傅,一人。丞一人。傅,古官也。《文王世子》曰:"凡三王教世子,太傅在前,少傅在后,并以辅导为职。"汉高帝九年,以叔孙通为太子太傅,位次太常。二汉并无丞。魏世无东宫,然则晋氏置丞也。晋武帝泰始五年,诏太子拜太傅、少傅,如弟子事师之礼;二傅不得上疏曲敬。二傅并有功曹、主簿、五官。太傅中二千石,少傅二千石。

太子詹事,一人。丞一人。职比台尚书令、领军将军。詹,省也。汉西京则太子门大夫、庶子、洗马、舍人属二傅,率更令、家令、仆、卫率属詹事。皆秦官也。后汉省詹事,太子官属悉属少傅,而太傅不复领官属。晋初,太子官属通属二傅。咸宁元年,复置詹事,二傅不复领官属。詹事,二千石。

家令,一人。丞一人。晋世置。汉世太子食汤沐邑十县,家令主之。又主刑狱饮食,职比廷尉、司农、少府。汉东京主食官令。食官令,晋世自为官,不复属家令。

率更令,一人。主宫殿门户及赏罚事;职如光禄勋、卫尉。汉东京掌庶子、舍人,晋世则不也。自汉至晋,家令在率更下;宋则居上。

仆,一人。汉世太子五日一朝,非入朝日,遣仆及中允旦入请问起居,主车马、亲族,职如太仆、宗正。自家令至仆,为太子三卿。三卿,秩千石。

门大夫,二人。汉东京置,职如中郎将,分掌远近表笺。秩六百石。

中庶子,四人。职如侍中。汉东京员五人,晋减为四人。秩六百石。

中舍人,四人。汉东京太子官属有中允之职,在中庶子下,洗马上,疑若今中书舍人矣。中舍人,晋初置,职如黄门侍郎。

食官令，一人。职如太官令。汉东京官也。今属中庶子。

庶子，四人。职比散骑常侍、中书监令。晋制也。汉西京员五人，汉东京无员，职如三署中郎。古者诸侯世子，有庶子之官，秦因其名也。秩四百石。

舍人，十六人。职如散骑、中书侍郎。晋制也。二汉无员，掌宿卫如三署中郎。

洗马，八人。职如谒者、秘书郎也。二汉员十六人。太子出，则当直者前驱导威仪。秩比六百石。

太子左卫率，七人。太子右卫率，二人。二率职如二卫。秦时直云卫率，汉因之。主门卫。晋初曰中卫率，泰始分为左右，各领一军。惠帝时，愍怀太子在东宫，加置前后二率。成都王颖为太弟，又置中卫，是为五率。江左初，省前后二率。孝武太元中又置。皆有丞，晋初置。宋世止置左右二率。秩旧四百石。

太子屯骑校尉。太子步兵校尉。太子翊军校尉。三校尉各七人，并宋初置。屯骑、步兵，因台校尉；翊军，晋武帝太康初置，始为台校尉，而以唐彬居之，江左省。

太子冗从仆射，七人。宋初置。

太子旅贲中郎将，十人。职如虎贲中郎将。宋初置。《周官》有旅贲氏。汉制，天子有虎贲，王侯有旅贲。旅，众也。

太子左积弩将军，十人。太子右积弩将军，二人。汉东京积弩将军，杂号也，无左右之积弩。魏世至晋江左，左右积弩为台职，领营兵。宋世度东宫，无复营矣。

殿中将军，十人。殿中员外将军，二十人。宋初置。

平越中郎将，晋武帝置，治广州，主南越。

南蛮校尉，晋武帝置，治襄阳。江左初省。寻又置，治江陵。宋世祖孝建中省。

西戎校尉，晋初置，治长安。安帝义熙中又置，治汉中。

宁蛮校尉，晋武帝置，治襄阳，以授鲁宗之。

南夷校尉，晋武帝置，治宁州。江左改曰镇蛮校尉。

四夷中郎校尉，皆有长史、司马、参军。魏、晋有杂号护军，如将军，今犹有镇蛮、安远等护军。镇蛮以加庐江、晋熙、西阳太守。安远以加武陵内史。

刺史，每州各一人。黄帝立四监以治万国，唐、虞世十二牧，是其职也。周改曰典，秦曰监御史，而更遣丞相史分刺诸州，谓之刺史。刺之为言，犹参觇也。写书亦谓之刺。汉制，不得刺尚书事是也。刺史班行六条诏书，其一条曰，强宗豪右，田宅逾制，以强陵弱，以众暴寡；其二条曰，二千石不奉诏书，遵承典制，背公向私，旁诏守利，侵渔百姓，聚敛为奸；其三条曰，二千石不恤疑狱，风厉杀人，怒则加罚，喜则任赏，烦扰苛暴，剥戮黎元，为百姓所疾，山崩石裂，妖祥讹言；其四条曰，二千石选署不平，苟阿所爱，蔽贤宠顽；其五条曰，二千石子弟恃怙荣势，请托所监；其六条曰，二千石违公下比，阿附豪强，通行货赂，割损正令。岁终则乘传诣京师奏事。成帝绥和元年，改为牧。哀帝建平二年，复为刺史。前汉世，刺史乘传周行郡国，无适所治。后汉世，所治始有定处，止八月行部，不复奏事京师。晋江左犹行郡县诏，枣据《追远诗》曰："先君为钜鹿太守，迄今三纪。忝私为冀州刺史，班诏次于郡传"是也。灵帝世，天下渐乱，豪桀各据有州郡，而刘焉、刘虞并自九卿出为益州、幽州牧，其任渐重矣。官属有别驾从事史一人，从刺史行部；治中从事史一人，主财谷簿书；兵曹从事史一人，主兵事；部从事史每郡各一人，主察非法；主簿一人，录阁下众事，省署文书；门亭长一人，主州正门；功曹书佐一人，主选用；《孝经》师一人，主试经；月令师一人，主时节祠祀；律令师一人，平律；簿曹书佐一人，主簿书；典郡书佐每郡各一人，主一郡文书：汉制也。今有别驾从事史、治中从事史、主簿、西曹书佐、祭酒从事史、议曹从事史、部郡从事史，自主簿以下，置人多少，各随州，旧无定制也。晋成帝咸康中，江州又有别驾祭酒，居僚职之上，而别驾从事史如故，今则无也。别驾、西曹主吏及选举事，治中主众曹文书事。西曹，即汉之功曹书佐也。祭酒分掌诸曹兵、贼、仓、户、水、铠之属。扬州无祭酒，而主簿治事。荆州有从事史，在议曹从事史下，大较应是魏、晋以来置也。今广州、徐州有月令从事，若诸州之曹史，汉旧名也。汉武元封四年，令诸州岁各举秀才一人。后汉避光武讳，改茂才。魏复曰秀才。晋江左扬州岁举二人，诸州举一人，或三岁一人，随州大小，并对策问。晋东海王越为豫州牧，牧置长史、参军，庚凯为长史，谢鲲为参军，此为牧者则无也。牧，二千石；刺史，六百石。

郡守，秦官。秦灭诸侯，随以其地为郡，置守、丞、尉各一人。守治民，丞佐之。郡当边成者，丞为长史。晋江左皆谓之丞。尉典兵，备盗贼。汉景帝中二年，更名守曰太守，尉为都尉。光武省都尉，后又往往置东部、西部都尉。有蛮夷者，又有属国都尉。汉末及三国，多以诸部都尉为郡。晋成帝咸康七年，又省诸郡尉。宋太祖元嘉四年，复置。郡官属略如公府，无东西曹，有功曹史，主选举，五官掾，主诸曹事，部县有都邮、门亭长，又有主记史，催督期会，汉制也，今略如之。诸郡各有旧俗，诸曹名号，往往不同。汉武帝纳董仲舒之言，元光元年，始令郡国举孝廉，制郡口二十万以上，岁察一人；四十万以上，二人；六十万，三人；八十万，四人；百万，五人；百二十万，六人；不满二十万，二岁一人；不满十万，三岁一人。限以四科，一曰德行高妙，志节清白；二曰学通行修，经中博士；三曰明习法令，足以决疑，能案章覆问，文中御史；四曰刚毅多略，遭事不惑，明足决断，材任三辅县令。魏初，更制口十万以上，岁一人，有秀异，不拘户口。江左以丹阳、吴、会稽、吴兴并大郡，岁各举二人。汉制，岁遣上计掾史各一人，条上郡内众事，谓之阶簿，至今行之。太守，二千石；丞，六百石。

县令，长，秦官也。大者为令，小者为长，侯国为相。汉制，置丞一人，尉大县二人，小县一人。五家为伍，伍长主之；二五为什，什长主之；十什为里，里魁主之；十里为亭，亭长主之；十亭为乡，乡有乡佐、三老、有秩、啬夫、游徼各一人。乡佐、有秩主赋税，三老主教化，啬夫主争讼，游徼主奸非。其余诸曹，略同郡职。以五官为廷掾，后则无复丞，唯建康有狱丞，其余众职，或此县有而彼县无，各有旧俗，无定制也。晋江右洛阳县置六部都尉，余大县置二人，次县、小县各一人。宋太祖元嘉十五年，县小者又省之。诸官府至郡，各置五百者，旧说古君行师从，卿行旅从。旅，五百人也。今县令以上，古之诸侯，故立五百以象师从旅从，依古义也。韦曜曰，五百字本为伍伯。伍，当也；伯，道也。使之导引当道伯中以驱除也。周制，五百为旅，帅皆大夫，不得卑之如此说也。又《周礼》秋官有条狼氏，掌执鞭以趋辟，王出入则八人夹道，公则六人，侯伯则四人，子男则二人，近之矣，名之异尔。又《汉官》中有伯使，主为诸官驱使辟路于道伯中，故言伯使，此其比也。县令，千石至六百石；长，五百石。

汉初，王国置太傅，掌辅导；内史主治民；丞相统众官；中尉掌武职。分官置职，略同京师。至景帝惩七国之乱，更制诸王不得治国，汉为置吏，改丞相曰相，省御史大夫、廷尉、少府、宗正、博士官，其大夫、谒者、诸官长丞，皆损其员数。后改汉内史为京兆尹，中尉为执金吾，郎中令为光禄勋，而王国如故；又太仆为仆，司农为大农。成帝更令相治民如郡太守，省内史。其中尉如郡尉，太傅但曰傅。汉东京亦置傅一人，王师事之；相一人，主治民；中尉一人，主盗贼；郎中令一人，掌郎中宿卫；仆一人，治书一人，治书本曰尚书，后更名治书；中大夫，无员，掌奉使京师及诸国；谒者及礼乐、卫士、医工、永巷、祠祀长各一人；郎中，无员。魏氏谒者官属，史阙不知次第。晋武帝初置师、友、文学各一人。师即傅也，景帝讳师，改为傅。宋世复改曰师。其文学，前汉已置也。友者，因文王、仲尼四友之名也。改太守为内史，省相及仆。有郎中令、中尉、大农为三卿。大国置左右常侍各三人，省郎中，置侍郎二人。大国又置上军、中军、下军三将军；次国上军将军、下军将军各一人；小国上军而已。典书、典祠、典卫、学官令、典书令丞各一人，治书四人，中尉、司马、世子庶子陵庙、牧长各一人，谒者四人，中大夫六人，舍人十人，典医丞、典府丞各一人。宋氏以来，一用晋制，虽大小国，皆有三军。晋制，典书令在常侍下，侍郎上；江左则侍郎次常侍，而典书令居三军下矣。江左以来，公国则无中尉、常侍、三军，侯国又无大农、侍郎，伯子男唯典书以下，又无学官令矣。其职皆以次损省焉。晋江右公侯以下置官属，随国小大，无定制也。晋江左诸国，并三分食一。元帝太兴元年，始制九分食一。

太傅，太保，太宰，太尉，司徒，司空，大司马，大将军，诸位从公。右第一品。

特进，骠骑，车骑，卫将军，诸大将军，诸持节都督。右第二品。

侍中，散骑常侍，尚书令，仆射，尚书，中书监、令，秘书监，诸征、镇至龙骧将军，光禄大夫，诸卿，尹，太子二傅，大长秋，太子詹事，领、护军，县侯。右第三品。

二卫至五校尉，宁朔至五威、五武将军，四中郎将，刺史领兵者，戎蛮校尉，御史中丞，都水使者，乡侯。右第四品。

给事中，黄门、散骑、中书侍郎，谒者仆射，三将，积射、强弩将军，太子中庶子、庶子，三卿，率，鹰扬至陵江将军，刺史不领兵者，郡国太守、内史，相，亭侯。右第五品。

尚书丞，郎，治书侍御史，侍御史，三都尉，博士，抚军以上及持节都督领护长史，司马，公府从事中郎将，廷尉正，监，评，秘书著作丞，郎，王国公三卿，师，友，文学，诸县署令千石者，太子门大夫，殿中将军，司马督，杂号护军，关内侯。右第六品。

谒者，殿中监，诸卿尹丞，太子傅詹事府丞，诸军长史，司马六百石者，诸府参军，戎蛮府长史，司马，公府掾，属，太子洗马，舍人，食官令，诸县令六百石者。右第七品。

内台正令史，郡丞，诸县署长，杂号宣威将军以下。右第八品。

内台书令史，外台正令史，诸县署丞，尉。右第九品。凡新置不见此诸条者，随秩位所视，盖□□右所定也。

卷四十一　　列传第一

后　妃

帝祖母号太皇太后，母号皇太后，妃号皇后，汉旧制也。晋武帝采汉、魏之制，置贵嫔、夫人、贵人，是为三夫人，位视三公。淑妃、淑媛、淑仪、修华、修容、修仪、婕妤、容华、充华，是为九嫔，位视九卿。其余有美人、才人、中才人，爵视千石以下。高祖受命，省二才人，其余仍用晋制。贵嫔，魏文帝所制。夫人，魏武帝初建魏国所制。贵人，汉光武所制。淑妃，魏明帝所制。淑媛，魏文帝所制。淑仪、修华，晋武帝所制。修容，魏文帝所制。修仪，魏明帝所制。婕妤、容华，前汉旧号。充华，晋武帝所制。美人，汉光武所制。世祖孝建三年，省夫人、修华、修容，置贵妃，位比相国；进贵嫔，位比丞相；贵人，位比三司，以为三夫人。又置昭仪、昭容、昭华，以代修华、修仪、修容。又置中才人、充衣，以为散位。昭仪，汉元帝所制。昭容，世祖所制。昭华，魏明帝所制。中才人，晋武帝所制。充衣，前汉旧制。太宗泰始元年，省淑妃、昭华、中才人、充衣，复置修华、修仪、修容、才人、良人。三年，又省贵人，置贵姬，以备三夫人之数。又置昭华，增淑容、承徽、列荣。以淑媛、淑仪、淑容、昭华、昭仪、昭容、修华、修仪、修容为九嫔。婕妤、容华、充华、承徽、列荣凡五职，班亚九嫔。美人、中才人、才人三职为散役。其后太宗留心后房，拟外百官，备位置内职。列其名品于后。

后宫通尹，准录尚书，紫极户主，光兴户主。官品第一（各置一人，并铨六宫）。

后宫列叙，准尚书令，铨六宫。紫极中监尹，铨六宫。光兴中监尹，铨六宫。宣融户主，铨六宫。紫极房帅，置一人。光兴房帅，置一人。官品第二（各置一人）。

后宫司仪，准左仆射，铨人士。后宫司政，准右仆射，铨人士。参议女林，准银青光禄，铨人士。中台侍御尹，铨六宫。宣融便殿中监尹，铨六宫。采艺房主，铨六宫。南房主，铨六宫。中藏女典，铨六宫。典坊，铨六宫。乐正，铨六宫。内保，铨人士。学林祭酒，铨人士。昭阳房帅，置一人。徽音房帅，置一人。宣融房帅，置一人。官品第三（各置一人）。

后宫都掌治职，置二人（准左右丞，位比尚书，铨人士）。后宫殿中治职，置一人（准左民尚书，铨人士）。后宫源典治职，置一人（准祠部尚书，铨人士）。后宫谷帛治职，置一人（准度支尚书）。中傅，置一人（铨人士）。后宫校事女史，置一人（铨人士）。紫极中监女史，置一人（铨人士）。光兴中监女史，置一人（铨人士）。紫极房参事，置人无定数（铨人士，有限外）。宣融房参事，置人无定数（铨人士，有限外）。中台侍御奏案女史，置一人（铨人士）。赞乐女史，置一人（铨人士）。中训女史，置一人（铨人士）。女祝史，置一人。紫极中监典，置一人。光兴中监典，置一人。典乐帅，置人无定数（有限外）。紫极房廉帅祭酒，置一人。光兴房廉帅祭酒，置一人。宣融房廉帅祭酒，置一人。官品第四。

后宫通关参事，置一人。景德房参事，置人无定数（铨人士）。采艺房参事，置人无定数（铨人士）。南房参事，置人无定数（铨人士）。内房参事，置一人（铨人士）。校学女史，置一人（铨人士）。后宫中房帅，置二人。后宫源典帅，置二人。后宫谷帛帅，置二人。中台帅，置二人。中台侍御起居帅，置一人。中台侍御诏诰帅，置二人。斯男房帅，置一人。宣豫房帅，置一人。景德房帅，置一人。采艺房帅，置一人。中藏帅，置一人。内坊帅，置一人。南房帅，置一人。外华房帅，置一人。招庆房帅，置一人。紫极诸房廉帅，置人无定数（有限外）。紫极中监省帅，置一人。紫极殿帅，置六人。光兴殿帅，置四人。徽音监，置一人。徽章监帅，置一人。宣融便殿中监典，置一人。清商帅，置人无定数。总章帅，置人无定数。左西章帅，置人无定数。右西章帅，置人无定数。中厨师，置一人。官品第五。

中台侍御执卫，置人无定数。中台侍御监闱帅，置二人。中台侍御监司帅，置二人。宣融便殿帅，置一人。永巷帅，置一人。后宫都掌内史，置一人。后宫殿中内史，置二人。后宫源典内史，置一人。后宫谷帛内史，置二人。后宫监临内史，置二人。中台侍御执法内史，置一人。中台侍御典内史，置二人。中台侍御节度内史，置二人。中台侍御应内史，置六人。紫极房内史，置一人。光兴房内史，置一人。助教，置一人。彩制帅，置人无定数。装饰帅，置人无定数。绣帅，置人无定数。织帅，置人无定数。学林馆帅，置一人。宫闱帅，置一人。教堂帅，置人无定数（有限外）。监解帅，置人无定数。累室帅，置人无定数。行病帅，置人无定数。官品第六。

合堂帅，置二人。御清帅，置一人。监夜帅，置一人。诸房禁防，置人无定数。三厢禁防，置三人。诸房厨帅，各置一人。中厨廉，置三人。应闱，置六人。诸应阁，置人无定数。宫闱史，置一人。官品第七。

诸房中掾，各置一人。中藏掾，各置二人。比五品敕吏。

紫极供殿直伥。光兴供殿直伥。总章伎伥。侍御扶持。主衣。准二卫五品，敕吏比六品。

供殿左右。（紫极置二十人。光兴置十人。）

左右守藏，置四人。

典乐人。比诸房禁防。

作伥。比王官。

供殿给使。（紫极置二十人。光兴置十人）。

典殿，置人无定数。比官人。

紫极三厢给事，置十人。

全堂给使，置五人。

宫闱给使，置六人。比房。

孝穆赵皇后，讳安宗，下邳僮人也。祖彪，字世范，治书侍御史。父裔，字彦胄，平原太守。后以晋穆帝升平四年嫔孝皇，晋哀帝兴宁元年四月二日生高祖。其日，后以产疾殂于丹徒官舍，时年二十一。葬晋陵丹徒县东乡练璧里雪山。宋初追崇号谥，陵曰兴宁。

永初二年，有司奏曰："大孝之德，盛于荣亲。一人有庆，光被万国。是以灵文宠于西京，寿张显于隆汉。故平原太守赵裔、故洮阳萧卓，并外属尊戚，不逮休宠。臣等仰述圣思，远稽旧章，并可追赠光禄大夫，加金章紫绶。裔命妇孙可豫章郡建昌县君，卓命妇赵可吴郡寿昌县君。"孙氏，东莞人也。其年，又诏曰："推恩之礼，在情所同。故内树宗子，外崇后属，爰自汉、魏，咸遵斯典。外祖赵光禄、萧光禄，名器虽隆，茅土未建，并宜追封开国县侯，食邑五百户。"于是追封裔临贺县侯。裔长子宣之，仕至江乘令。蚤卒，无子，以弟孙袭之继宣之绍封。袭之卒，子祖怜嗣。齐受禅，国除。宣之弟伦之，自有传。

孝懿萧皇后，讳文寿，兰陵兰陵人也。祖亮，字保祚，侍御史。父卓，字子略，洮阳令。孝穆后殂，孝皇帝娉后为继室，生长沙景王道怜、临川烈武王道规。义熙七年，拜豫章公太夫人。高祖为宋王，又加太妃之号。高祖以十二年北伐，仍停彭城、寿阳，至元熙二年入朝，因受晋禅；在外凡五年，后常留东府。高祖践阼，有司奏曰："臣闻道积有庆流，德洽者礼备。故祗敬表于崇高，嘉号彰于盛典。伏惟太妃母仪之德，化穆不言，保翼之训，光被洪业。虽幽明同庆，而称谓未穷。稽之前代，礼有恒准，宜式遵旧章，允副群望。臣等请上宋王太后号皇太后。"故有司奏犹称太妃也。

上以恭孝为行,奉太后素谨,及即大位,春秋已高,每旦入朝太后,未尝失时刻。

少帝即位,加崇曰太皇太后。景平元年,崩于显阳殿,时年八十一。遗令曰:"孝皇背世五十余年,古不祔葬。且汉世后陵皆异处,今可茔域之内,别为一圹。孝皇陵坟本用素门之礼,与王者制度奢俭不同,妇人礼有所从,可一遵往式。"乃开别圹,与兴宁陵合坟。初,高祖微时,贫约过甚。孝皇之殂,葬礼多阙;高祖遗旨,太后百岁后不须祔葬。至是故称后遗旨施行。

卓,初与赵裔俱赠金紫光禄大夫,又追封封阳县侯,妻下邳赵氏封吴郡寿昌县君。卓子源之袭爵,源之见子《思话传》。

武敬臧皇后,讳爱亲,东莞人也。祖汪,字山甫,尚书郎。父俊,字宣父,郡功曹。后适高祖,生会稽长公主兴弟。高祖以俭正率下,后恭谨不违。及高祖兴复晋室,居上相之重,而后器服粗素,不为亲属请谒。义熙四年正月甲午,殂于东城,时年四十八。追赠豫章公夫人,还葬丹徒。高祖临崩,遗诏留葬京师,于是备法驾,迎梓宫祔葬初宁陵。

宋初,追赠俊金紫光禄大夫,妻高密叔孙氏封迁陵永平乡君。俊子焘,焘弟熹,熹子质,自有传。

武帝张夫人,讳阙,不知何郡县人也。义熙初,得幸高祖,生少帝,又生义兴恭长公主惠媛。永初元年,拜为夫人。少帝即位,有司奏曰:"臣闻严亲敬始,所因者本,充孝之道,由中被外。伏惟夫人德并坤元,徽音光劭,发祥兆庆,诞启圣明。宜崇极徽号,允备盛则。从《春秋》母以子贵之义,遵汉、晋推爱之典,谨上尊号为皇太后,宫曰永乐。"少帝既废,太后还玺绂,随居吴县。太祖元嘉元年,拜营阳王太妃。三年,薨。

少帝司马皇后,讳茂英,河内温人,晋恭帝女也。初封海盐公主,少帝以公子尚焉。宋初,拜皇太子妃。少帝即位,立为皇后。元嘉元年,降为营阳王妃,又为南丰王太妃。十六年薨,时年四十七。

武帝胡婕妤,讳道安,淮南人。义熙初,为高祖所纳,生文帝。五年,被谴赐死,时年四十二。葬丹徒。高祖践阼,追赠婕妤。太祖即位,有司奏曰:"臣闻德厚者礼尊,庆深者位极。故閟宫既构,咏歌先妣;园陵崇卫,聿追来孝。伏惟先婕妤柔明塞渊,光备六列,德昭坤范,训洽母仪。用能启祚圣明,奄宅四海。严亲莫逮,天禄永违。臣等远准《春秋》,近稽汉、晋。谨上尊号曰章皇太后,陵曰熙宁。"立庙于京师。

太后兄子元庆,位至奉朝请。

文帝袁皇后,讳齐妫,陈郡阳夏人,左光禄大夫敬公湛之庶女也。母本卑贱,后年五六岁,方见举。后适太祖,初拜宜都王妃。生子劭、东阳献公主英娥。上待后恩礼甚笃,袁氏贫薄,后每就上求钱帛以赡与之;上性节俭,所得不过三五万、三五十匹。后潘淑妃有宠,爱倾后宫,咸言所求无不得。后闻之,欲知信否,乃因潘求三十万钱与家,以观上意,信宿便得。因此恚恨甚深,称疾不复见上。上每入,必他处回避。上数掩伺之,不能得。始兴王浚诸庶子问讯,后未尝视也。后遂愤恚成疾。元嘉十七年,疾笃,上执手流涕问所欲言,后视上良久,乃引被覆面。崩于显阳殿,时年三十六。上甚相悼痛,诏前永嘉太守颜延之为之哀策,文甚丽。其辞曰:

龙輴绋纚,容翟结骖。皇涂昭列,神路幽严。皇帝亲临祖馈,躬瞻宵载。饰遗仪于组旒,想遗音乎珩佩。悲黼筵之移御,痛翬褕之重晦。降舆客位,撤奠殡阶。乃命史臣,谋德述怀。其辞曰:

伦昭俪升,有物有凭。圆精初铄,方只始凝。昭哉世族,祥发庆膺。秘仪景胄,图光玉绳。昌辉在阴,柔明将进。率礼蹈和,称诗纳顺。爰自待年,金声凤振。亦既有行,素章增绚。象服是加,言观惟则。俾我王风,始基嫔德。蕙问川流,芳猷渊塞。方江泳汉,再谣南国。伊昔不造,洪化中微。用集宝命,仰陟天机。释位公宫,登耀紫闱。钦若皇姑,允迪前徽。孝达宁亲,敬行宗祀。进思才淑,傍综图史。发音在咏,动容成纪。壶政穆宣,房乐昭理。坤则顺成,星轩润饰。德之所届,惟深必测。下节震腾,上清脁侧。有来斯雍,无思不极。谓道辅仁,司化莫晰。

象物方臻,祇浸告沴。太和既融,收华委世。兰殿长阴,椒涂弛卫。呜呼哀哉!戒凉在律,杪秋即岑。霜夜流唱,晓月升魄。八神警引,五辂连迹。㰿㰿储嗣,哀哀列辟。洒零玉堰,雨泗丹掖,抚存悼亡,感今怀昔。呜呼哀哉!南背国门,北首山园。仆人案节,服马顾辕。遥酸紫盖,眇泣素轩。灭彩清都,夷体寿原。邑野沦蔼,戎夏悲谨。来芳可述,往驾弗援。呜呼哀哉!

策既奏,上自益"抚存悼亡,感今怀昔"八字,以致其意焉。有司奏谥宣后,上特诏曰"元"。

初,后生劭,自详视之,驰白太祖:"此儿形貌异常,必破国亡家,不可举。"便欲杀之。太祖狼狈至后殿户外,手拨幔禁之,乃止。后亡后,常有小小灵应。沈美人者,太祖所幸也。尝以非罪见责,应赐死。从后昔所住徽音殿前度。此殿有五间,自后崩后常闭。美人至殿前,流涕大言曰:"今日无罪就死,先后若有灵,当知之!"殿诸窗户应声豁然开。职掌遽白太祖,太祖惊往视之。美人乃得释。

大明五年,世祖诏曰:"昔汉道既灵,博平辉绝,魏国方安,嘉宪启策,皆因心所弘,酌典沿诰。亡外祖亲王夫人柔德淑范,光启坤载。属内位阙正,摄馈闱庭,仪被芳闱,闻宣戚里。永言感远,思追荣秩,宜式傍鸿则,敬登徽序。"乃追赠豫章郡新淦县平乐乡君。后之所生母也。

又诏:"赵、萧、臧光禄、袁敬公、平乐郡君墓,先未给茔户。加世数已远,胤嗣衰陵,外戚尊属,不宜使坟茔芜秽。可各给蛮户三,以供洒扫。"后父湛,自有传。

文帝路淑媛，讳惠男，丹阳建康人也。以色貌选入后宫，生孝武帝，拜为淑媛。年既长，无宠，常随世祖出蕃。世祖入讨元凶，淑媛留寻阳。上即位，遣平王宏奉迎。有司奏曰："臣闻历集周邦，徽音克嗣，气淳汉国，沙麓发祥。昔在上代，业隆祚远，未有不敷阴教以阐洪基，膺淑庆以载圣哲者也。伏惟淑媛柔明内昭，徽仪外范，合灵初迪，则庶姬仰耀；引训蕃闱，则家邦被德。民应惟和，神属惟祉，故能诞钟睿躬，用集大命，固灵根于既殒，融盛烈乎中兴。载厚化深，声咏允缉，宜式谐旧典，恭享极号。谨奉尊号曰皇太后，宫曰崇宪。"太后居显阳殿。

上于闺房之内，礼敬甚寡，有所御幸，或留止太后房内，故民间喧然，咸有丑声。宫掖事秘，莫能辨也。孝建二年，追赠太后父兴之散骑常侍，兴之妻徐氏余杭县广昌乡君。大明四年，太后弟子抚军参军琼之上表曰："先臣故怀安令道庆赋命乖辰，自违明世。敢缘卫戍请名之典，特乞云雨，微垂洒润。"诏付门下。有司承旨奏赠给事中。琼之及弟休之、茂之并超显职。太后颇豫政事，赐与琼之等财物，家累千金；居处服器，与帝子相侔。

琼之宅与太常王僧达并门。尝盛车服卫从造僧达，僧达不为之礼。琼之以诉太后，太后大怒，告上曰："我尚在，而人皆陵我家；死后，乞食矣！"欲罪僧达。上曰："琼之年少，自不宜轻造诣。王僧达贵公子，岂可以此事加罪！"

大明五年，太后随上巡南豫州，妃主以下并从。废帝即位，号太皇太后。

太宗践阼，号崇宪太后。初，太宗少失所生，为太后所摄养，太宗尽心祗事，而太后抚爱亦笃。及上即位，供奉礼仪，不异旧日。有司奏曰："夫德敷于内，典章必远；化罩于外，徽号宜宣。伏惟皇太后懿圣自天，母仪允著，义明八远，道变九围。圣明登御，景祚攸改，皇太后宜即前号，别居外宫。"诏曰："朕备丁艰罚，蚤婴孤苦，特蒙崇宪太后圣训抚育。昔在蕃闱，常奉药膳，中迫凶威，抱怀莫遂。今泰运初启，情典获申，方欲亲奉晨昏，尽欢闱禁。不得如所奏。"寻崩，时年五十五。迁殡东宫，门题曰崇宪宫。上又诏曰："朕幼集荼蓼，夙凭德训，龛毙定业，实资仁范，恩著屯夷，有兼常慕。夫礼沿情施，义循事立，可特齐衰三月，以申追仰之心。"谥曰昭皇太后，葬世祖陵东南，号曰修宁陵。

先是，晋安王子勋未平，巫者谓宜开昭太后陵以为厌胜。修复仓卒，不得如礼。上性忌，虑将来致灾。泰始四年夏，诏有司曰："崇宪昭太后修宁陵地，大明之世，久所考卜。前岁遭诸蕃之难，礼从权宜。奉营仓卒，未暇营改。而茔隧之所，山原卑陋。顷年颓坏，日有滋甚，恒费修整，终无永固。且详考地形，殊乖相势。朕蚤蒙慈遇，情礼兼常，思使终始之义，载彰幽显。史官可就岩山左右，更宅吉地。明审龟筮，须选令辰，式遵旧典，以礼创制。今中宇虽宁，边房未息，营就之功，务在从简。举言寻悲，情如切割。"有司奏："北疆未缉，戎役是务，礼之详略，各沿时宜。臣等参议，修宁陵玄宫补治毁坏，权施油殿，暂出梓宫，事毕即窆，于事为允。"诏可。

琼之为衡阳内史，先后卒。废帝景和中，以休之为黄门侍郎，茂之左军将军，并封开国县侯，邑千户。又追赠兴之侍中、金紫光禄大夫，谥曰孝侯；道庆散骑常侍、光禄大夫、开府仪同三司，谥曰敬侯。立道庆女为皇后，以休之为侍中，茂之黄门郎。太宗废幼主，欲说太后之心，乃下令书曰："太皇太后蚤垂爱遇，沿情即事，同于天属。前车骑谘议参军路休之、前丹阳丞路茂之，崇宪密戚，蚤延荣贯，并怀所勖，宜殊恒饰。休之可黄门侍郎，领步兵校尉；茂之可中书侍郎。"太宗未即位，故称令书。茂之又迁司徒从事中郎，休之桂阳王休范镇北谘议参军。太宗杀世祖诸子，因此陷休之等，宥其诸子。

孝武文穆王皇后，讳宪嫄，琅邪临沂人。元嘉二十年，拜武陵王妃。生废帝、豫章王子尚、山阴公主楚玉、临淮康哀公主楚佩、皇女楚琇、康乐公主修明。世祖在蕃，后甚有宠。上入伐凶逆，后留寻阳，与太后同还京都，立为皇后。

大明四年，后率六宫躬桑于西郊，皇太后观礼。上下诏曰："朕卜祥大昕，测辰拂羽，爰诏六宫，亲蚕川室。皇太后降鉴从御，仁跸观礼。绿遂既具，玄纮方修，庶仪发椒，闱化动中。县妃主以下，可量加班锡。"废帝即位，尊曰皇太后，宫曰永训。其年，崩于含章殿，时年三十八。祔葬景宁陵。

后父偃，字子游，晋丞相导玄孙，尚书劭之子也。母晋孝武帝女鄱阳公主，宋受禅，封永成君。偃尚高祖第二女吴兴长公主讳荣男，少历显官，黄门侍郎，秘书监，侍中。元嘉末，为散骑常侍、右卫将军。世祖即位，以后父，授金紫光禄大夫，领义阳王师，常侍如故。迁右光禄大夫，常侍、王师如故。偃谦虚恭谨，不以世事关怀。孝建二年卒，时年五十四。追赠开府仪同三司，本官如故，谥曰恭公。

长子藻，位至东阳太守。尚太祖第六女临川长公主讳英媛。公主性妒，而藻别爱左右人吴崇祖。前废帝景和中，主谮之于废帝，藻坐下狱死，主与王氏离婚。泰始初，以主适豫章太守庾冲远，未及成礼而冲远卒。

宋世诸主，莫不严妒，太宗每疾之。湖熟令袁慆妻以妒忌赐死，使近臣虞通之撰《妒妇记》。左光禄大夫江湛孙斅当尚世祖女，上乃使人为斅作表让婚，曰：

伏承诏旨，当以临汝公主降嫔，荣出望表，恩加典外。顾审辖蔽，伏用忧惶。臣寒门颈族，人凡质陋，间阎有对，本隔天姻。如臣素流，室贫业寡，年近将冠，皆已有室，荆钗布裙，足得成礼。每不自解，无偶迄兹，媒访莫寻，素族弗问。自惟门庆，属降公主，天恩所覃，容及丑末。怀忧抱惕，虑不获免，征命所当，果膺兹举。虽门泰宗荣，于臣非幸，仰缘圣眷，冒陈愚实。

自晋氏以来，配尚王姬者，虽累经美胄，亟有名才，至如王敦慑气，桓温敛威，真长佯愚以求免，子敬灸足以违诏，王偃无仲都之质，而傈露于北阶，何瑀阙龙工之姿，而投躯于深井，谢庄殆自同于矇瞍，殷冲几不免于强钼。彼数人者，非无才意，而势屈于崇贵，事隔于闻览，吞悲茹气，无所逃诉。制勒甚于仆隶，防闲过于婢妾。往来出入，人理之常；当宾待客，朋从之义。而令扫辙息驾，无窥门之期；废筵抽席，绝接对之理。非唯交友离异，乃亦兄弟疏阔。第令受酒肉之赐，制以动静；监子荷钱帛之私，节其言笑。姆奶争媚，相劝以严；妮媪竞前，相诣以急。第令必凡庸下才，监子皆葭萌愚竖，议举止则未闲是非，听言语则谬于虚实。姆奶敢恃耆旧，唯赞妒忌；尼媪自倡多知，务检口舌。其间又有应答问讯，卜筮师母，乃至残余饮食，诘辩于谁，衣被故敝，必责头领。又出入之宜，繁省难衷，或进不获前，或入不听出。不入则嫌于欲疏，求出则疑有别意，召必以三晡为期，遣必以日出为限，夕不见晚魄，朝不识曙星。至于夜步月而弄琴，昼拱袂而披卷，一生之内，与此长乖。又声影裁闻，则少婢奔进；裾袂向席，则老丑丛来。左右整刷，以疑宠见嫌；宾客未冠，以少容致斥。礼则有列媵，象则有贯鱼，本无嫚嫡之嫌，岂有轻妇之诮。况乎义绝傍私，虔恭正匹，而每事必言无仪适，设辞辄言轻易我。又窃闻诸主集聚，唯论夫族。缓不足为急者法，急则可为缓者师，更相扇诱，本其恒意，不可贷借，固实常辞。或言野败去，或言人笑我，虽家曰私理，有甚王宪，发口所言，恒同科律。王藻虽复强很，颇经学涉，戏笑之事，遂为冤魂。褚曖忧愤，用致夭绝。伤理害义，难以具闻。

夫螽斯之德，实致克昌；专妒之行，有妨繁衍，是以尚主之门，往往绝嗣；驸马之身，通离衅咎。以臣凡弱，何以克堪。必将毁族沦门，岂伊身眚。前后婴此，其人虽众，然皆患彰遐迹，事隔天朝，故吞言咽理，无敢论诉。臣幸属圣明，矜照由道，弘物以典，处亲以公，臣之鄙怀，可得自尽。如臣门分，世荷殊荣，足守前基，便预提拂，清官显宦，或由才升，一叨婚戚，咸成恩假。是以仰冒非宜，披露丹实。非唯止陈一己，规全身愿；乃为广申诸门忧患之切。伏愿天慈照察，特赐蠲停，使燕雀微群，得保丛蔚，蠢物含生，自己弥笃。若恩诏难降，披请不申，便当刊肤剪发，投山窜海。

太宗以此表遍示诸主。于是临川长公主上表曰："妾遭随奇薄，绝于王氏，私庭器戾，致此分异。今孤疾茕然，假息朝夕，情寄所钟，唯在一子。契阔荼炭，持兼怜慜，否泰枯荣，系以为命。实愿申其门衅，还为母子。推迁俛俛，未自闻见。先朝慈爱，鉴妾丹衷。若赐使息彻归第定省，仰揆天旨，或有可寻。今事迫诚切，不顾典宪，敢缘恩慈，触冒披闻。特乞还身王族，守养弱嗣，虽死之日，实甘于生。"许之。

藻弟懋，升明末贵达。懋弟攸，太宰从事中郎，蚤卒，追赠黄门侍郎。弟臻，升明末显宦。

前废帝何皇后，讳令婉，庐江灊人也。孝建三年，纳为皇太子妃。大明五年，薨于东宫徽光殿，时年十七。葬□□，谥曰献妃。上更为太子置内职二等，曰保林，曰良娣。纳南中郎长史太山羊瞻女为良娣，宜都太守袁僧惠女为保林。废帝即位，追崇献妃曰献皇后。太宗践阼，迁后与废帝合葬龙山北。

后父瑀，字稚玉，晋尚书左仆射澄曾孙也。祖融，大司农。瑀尚高祖少女豫章康长公主讳欣男。公主先适徐乔，美容色，聪敏有智数。太祖世，礼待特隆。瑀豪竞于时，与平昌孟灵休、东海何勖等，并以舆马骄奢相尚。公主与瑀情爱隆密，何氏外姻疏戚，莫不沾被恩纪。瑀历位清显，至卫将军。大明八年，公主薨，瑀墓开，世祖追赠金紫光禄大夫，加散骑常侍。

子迈，尚太祖第十女新蔡公主讳英媚。迈少以贵戚居显宦，好犬马驰逐，多聚才力之士。有墅在江乘县界，去京师三十里。迈每游履，辄结驷连骑，武士成群。大明末，为豫章王子尚抚军谘议参军，加宁朔将军、南济阴太守。废帝纳公主于后宫，伪言薨殒，杀一婢送出迈第嫔葬行丧礼。常疑迈有异图，迈亦招黎同志，欲因行幸废立。事觉，废帝自出讨迈诛之。太宗即位，追封建宁县侯，食邑五百户。子曼倩嗣，齐受禅，国除。

瑀兄子亮，孝建初，为桂阳太守。丞相南郡王义宣为逆，遣参军王师寿断桂阳道，以防广州刺史宗悫，亮收斩之。官至新安内史。亮弟恢，废帝元徽初，为广州刺史，未之镇，坐国哀期晦不到，免官。复起为都官尚书，未拜，卒。恢弟诞，司徒右长史。诞弟偃，最知名。性躁动。太宗初，为建安王休仁司徒从事中郎，仍除黄门郎，未拜竟，求转司徒司马。得司马，复求太子右率。拜右率一二日，复求侍中。旬日之间，求进无已。不得侍中，以怨詈赐死。

文帝沈婕妤，讳容姬，不知何许人也。纳于后宫，为美人。生明帝，拜为婕妤。元嘉三十年卒，时四十。葬建康之莫府山。世祖即位，追赠湘东国太妃。太宗即位，有司奏曰："昔阏都追远，正邑缠哀，缅慕德义，敬奉园陵。先太妃德履端华，徽景明峻，风光宸掖，训流国闱，鞠圣诞灵，蕃捐鸿祚。臣等远模汉册，近仪晋典，谨上尊号为皇太后。"下礼官议谥，谥曰宣太后，陵号曰崇宁。

以太后弟道庆为给事中，泰始三年卒，追赠通直散骑常侍，赐爵县侯。又追赠太后父散骑常侍，母王氏成乐乡君。

明恭王皇后，讳贞风，琅邪临沂人也。元嘉二十五年，拜淮阳王妃；太宗改封，又为湘东王妃。生晋陵长公主伯姒、建安长公主伯媛。太宗即位，立为皇后。上常宫内大集，而嬴妇人观之，以为欢笑。后以扇障面，独无所言。帝怒曰："外舍家寒乞，今共为笑乐，何独不视？"后曰："为乐之事，其方自多。岂有姑姊妹集聚，而嬴妇人形体。以此为乐，外舍之为欢适，实与此不同。"帝大怒，遣后令起。后兄扬州刺史景文以此事语从舅陈郡谢纬曰："后在家为仁弱妇人，不知今段遂能刚正如此。"

废帝即位，尊为皇太后，宫曰弘训。废帝失德，太后每加勖譬，始者犹见顺从，后狂悖转甚，渐不悦。元徽五年五月五日，太后赐帝玉柄毛扇，帝嫌其毛柄不华，因此欲加鸩害，已令太医煮药，左右人止之曰："若行此事，官便应作孝子，岂复得出入狡狯。"帝曰："汝语大有理。"乃止。

顺帝即位，齐王秉权，宗室刘晃、刘绰、卜伯兴等有异志，太后颇与相关。顺帝禅位，太后与帝逊于东邸，因迁居丹阳宫，拜汝阴王太妃。顺帝殂于丹阳，更立第京邑。建元元年，薨于第，时年四十四。追加号谥，葬以宋后礼。父僧朗，事别见《景文传》。

明帝陈贵妃，讳妙登，丹阳建康人，屠家女也。世祖常使尉司采访民间子女有姿色者。太妃家在建康县界，家贫，有草屋两三间。上出行，问尉曰："御道边那得此草屋，当由家贫。"赐钱三万，令起瓦屋。尉自送钱与之，家人并不在，唯太妃在家，时年十二三。尉见其容质甚美，即以白世祖，于是迎入宫。在路太后房内，经二三年，再呼，不见幸。太后因言于上，以赐太宗。始有宠，一年许衰歇，以乞李道儿。寻又迎还，生废帝，故民中皆呼废帝为李氏子。废帝后每自称李将军，或自谓李统。

太宗即位，拜贵妃，礼秩同皇太子妃。废帝践阼，有司奏曰："臣闻河龙启圣，理浃民神；郊电基皇，庆烁天地。故资敬之道，粹古铭风；沿贵之谊，眇代凝则。伏惟贵妃含和日晷，表淑星枢，徽音峻古，柔光照世，声华帝掖，轨秀天嫔，景发皇明，祚昌睿命。而备物之章，未焕彝策。远酌前王，允陟鸿典。臣等参议，谨上尊号曰皇太妃。舆服一如晋孝武帝太后故事。置家令一人。改诸国太妃曰太妃（妃音怡）。宫曰弘化。"追赠太妃父金宝散骑常侍，金宝妻王氏永世县成乐乡君。升明初，降为苍梧王太妃。

伯父照宗，中书通事舍人。叔佛念，步兵校尉。兄敬元，通直郎，南鲁郡太守。佛念大通货贿，侵乱朝政。升明初，赐死。

后废帝江皇后，讳简珪，济阳考城人，北中郎长史智渊孙女。泰始五年，太宗访求太子妃，而雅信小数，名家女多不合。后弱小，门无强荫，以卜筮最吉，故为太子纳之。讽朝士州郡令献purpose，多者将直百金。始兴太守孙奉伯止献琴书，其外无余物。上大怒，封药赐死，既而原之。太子即帝位，立为皇后。帝既废，降为苍梧王妃。智渊自有传。

明帝陈昭华，讳法容，丹阳建康人也。太宗晚年，痿疾不能内御，诸弟姬人有怀孕者，辄取以入宫；及生男，皆杀其母，而以与六宫所爱者养之。顺帝，桂阳王休范子也，以昭华为母焉。明帝崩，昭华拜安成王太妃。顺帝即位，进为皇太妃。顺帝禅位，去皇太妃之号。

顺帝谢皇后，讳梵境，陈郡阳夏人，右光禄大夫庄孙女也。升明二年，立为皇后。顺帝禅位，降为汝阴王妃。庄自有传。

史臣曰：饮食男女，人之大欲存焉。故圣人顺民情而为之度，王宫六列，士室二等，皆司事设防，典文曲立。若夫义笃阃闱，化形邦国，古先哲王有以之致治者矣。夫后妃夕夕，配以德升；姬嫱并御，进非色幸。欲使情有覃被，爱罔偏流，专贞内表，妖盅外息。至于降班在四，簪珥成行；同列者三，环佩系响，乃可以燮理阴教，辅佐君德。宋氏藉晋世令典，娉纳有章，伣天作俪，必四岳之后。虽正位天闱，礼亢尊极，而衰忧易兆，恩宴难留，一谢属车之尘，永隔青蒲之地。是故元后愤终，良有以也。自元嘉以降，内职稍繁，椒庭绮观，千门万户，而淫妆怪饰，变炫无穷。自汉氏昭阳之轮奂，魏室九华之照曜，曾不能概其万一。徒以所选止于军署之内，征引极乎斯皂之间，非晋氏采择滥及冠冕也。且爱止帷房，权无外授，威属饩餐，岁时不过肴浆，斯为美矣。及太祖之倾惑潘妪，谋及妇人；大明之沦溺殷姬，并后匹嫡，至使多难起于肌肤，并命行于同产，又况进于此者乎！以斯言之，三代、二汉之亡于淫嬖，非不幸也。

卷四十二　　　　列传第二

刘穆之　王弘

刘穆之，字道和，小字道民，东莞莒人，汉齐悼惠王肥后也，世居京口。少好《书》、《传》，博览多通，为济阳江敳所知。敳为建武将军、琅邪内史，以为府主簿。

初，穆之尝梦与高祖俱泛海，忽值大风，惊惧。俯视船下，见有二白龙夹舫。既而至一山，峰崿耸秀，林树繁密，意甚悦之。及高祖克京城，问何无忌曰："急须一府主簿，何由得之？"无忌曰："无过刘道民。"高祖曰："吾亦识之。"即驰信召焉。时穆之闻京城有叫噪之声，晨起出陌头，属与信会。穆之直视不言者久之。既而反室，坏布裳为绔，往见高祖。高祖谓之曰："我始举大义，方造艰难，须一军吏甚急，卿谓谁堪其选？"穆之曰："贵府始建，军吏实须其才，仓卒之际，当略无见逾者。"高祖笑曰："卿能自屈，吾事济矣。"即于坐受署。

从平京邑，高祖始至，诸大处分，皆仓卒立定，并穆之所建也。遂委以腹心之任，动止咨焉，穆之亦竭节尽诚，无所遗隐。时晋纲宽弛，威禁不行，盛族豪右，负势陵纵，小民穷蹙，自立无所。重以司马元显政令违舛，桓玄科条繁密。穆之斟酌时宜，随方矫正，不盈旬日，风俗顿改。迁尚书祠部郎，复为府主簿，记室录事参军，领堂邑太守。以平桓玄功，封西华县五等子。

义熙三年，扬州刺史王谧薨。高祖次应入辅，刘毅等不欲高祖入，议以中领军谢混为扬州。或欲令高祖于丹徒领州，以内事付尚书仆射孟昶。遣尚书右丞皮沈以二议咨高祖。沈先见穆之，具说朝议。穆之伪起如厕，即密疏白高祖曰："皮沈始至，其言不可从。"高祖既见沈，且令出外，呼穆之问曰："卿云沈言不可从，其意何也？"穆之曰："昔晋朝失政，非复一日，加以桓玄篡夺，天命已移。公兴复皇祚，勋高万古。既有大功，便有大位。位大勋高，非可持久。公今日形势，岂得居谦自弱，遂为守藩之将邪？刘、孟诸公，与公俱起布衣，共立大义，本欲匡主助勋，以取富贵耳。事有前后，故一时推功，非为委体心服，宿定臣主之分也。力敌势均，终相吞咀。扬州根本所系，不可假人。前者以授王谧，事出权道，岂是始终大计必宜若此而已哉！今若复以他授，便应受制于人。一失权柄，无由可得。而公功高勋重，不可直置，疑畏交加，异端互起，将来之危难，可不熟念。今朝议如此，宜相酬答，必云在我，厝辞又难。唯应云'神州治本，宰辅崇要，兴丧所阶，宜加详择。此事既大，非可悬论，便暂入朝，共尽同异。'公至京，彼必不敢越公更授余人，明矣！"高祖从其言，由是入辅。

从征广固，还拒卢循，常居幕中画策，决断众事。刘毅等疾穆之见亲，每从容言其权重，高祖愈信仗之。穆之外所闻见，莫不大小必白，虽复闾里言谑，途陌细事，皆一二以闻。高祖每得民间委密消息以示聪明，皆由穆之也。又爱好宾游，坐客恒满，布耳目以为视听，故朝野同异，穆之莫不知。虽复亲昵短长，皆陈奏无隐。人或讥之，穆之曰："以公之明，将来会自闻达。我蒙公恩，义无隐讳，此张辽所以告关羽欲叛也。"高祖举止施为，穆之皆下节度。高祖书素拙，穆之曰："此虽小事，然宣彼四远，愿公小复留意。"高祖既不能厝意，又禀分有在。穆之乃曰："便纵笔为大字，一字径尺，无嫌。大既足有所包，且其势亦美。"高祖从之，一纸不过六七字便满。凡所荐达，不进不止，常云："我虽不及荀令君之举善，然不举不善。"穆之与朱龄石并便尺牍，常于高祖坐与龄石答书。自旦至日中，穆之得百函，龄石得八十函，而穆之应对无废也。转中军太尉司马。八年，加丹阳尹。

高祖西讨刘毅，以诸葛长民监留府，总摄后事。高祖疑长民难独任，留穆之以辅之。加建威将军，置吏佐，配给实力。长民果有异谋，而犹豫不能发，乃屏人谓穆之曰："悠悠之言，皆云太尉与我不平，何以至此？"穆之曰："公溯流远伐，而以老母稚子委节下，若一毫不尽，岂容如此邪？"意乃小安。高祖还，长民伏诛。十年，进穆之前将军，给前军府年布万匹，钱三百万。十一年，高祖西伐司马休之，中军将军道怜知留任，而事无大小，一决穆之。迁尚书右仆射，领选，将军、尹如故。十二年，高祖北伐，留世子为中军将军，监太尉留府，转穆之左仆射，领监军、中军二府军司，将军、尹、领选如故。甲仗五十人，入殿。入居东城。

穆之内总朝政，外供军旅，决断如流，事无拥滞。宾客辐辏，求诉百端，内外咨禀，盈阶满室，目览辞讼，手答笺书，耳行听受，口并酬应，不相参涉，皆悉赡举。又数客昵宾，言谈赏笑，引日亘时，未尝倦苦。裁有闲暇，自手写书，寻览篇章，校定坟籍。性奢豪，食必方丈，旦辄为十人馔。穆之既好宾客，未尝独餐，每至食时，客止十人以还者，帐下依常下食，以此为常。尝白高祖曰："穆之家本贫贱，瞻生多阙。自叨忝以来，虽每存约损，而朝夕所须，微为过丰。自此以外，一毫不以负公。"十三年，疾笃，诏遣正直黄门郎问疾。十一月卒，时年五十八。

高祖在长安，闻问惊恸，哀惋者数日。本欲顿驾关中，经略赵、魏。穆之既卒，京邑任虚，乃驰还彭城，以司马徐羡之代管留任，而朝廷大事常决穆之者，并悉北谘。穆之前军府文武二万人，以三千配羡之建威府，余悉配世子中军府。追赠穆之散骑常侍、卫将军、开府仪同三司。

高祖又表天子曰："臣闻崇贤旌善，王教所先；念功简劳，义深追远。故司勋秉策，在勤尽书，德之休明，没而弥著。故尚书左仆射、前将军臣穆之，爰自布衣，协佐义始，内端谋猷，外勤庶政，密勿军国，心力俱尽。及登庸朝右，尹司京畿，翼新王化，敷赞百揆。顷戎军远役，居中作捍，抚寄之勋，实洽朝野。方宣赞盛猷，缉隆圣世，志绩未究，远迩悼心。皇恩褒述，班同三事，荣哀兼备，宠灵已厚。臣伏思寻，自义熙草创，艰患未弭，外虞既殷，内难弥结，时屯世故，靡岁暂宁。岂臣以寡乏，负荷国重，实赖穆之匡翼之益。岂唯谠言嘉谋，益于民听；若乃忠规远画，潜虑密谟，造膝诡辞，莫见其际。功隐于视听，事隔于皇朝者，不可称记。所以陈力一纪，克遂有成，出征入辅，幸不辱命，微夫人之左右，未有宁济其事者矣。履谦居寡，守之弥固，每议及封赏，辄深自抑绝。所以勋高当年，而未沾茅社，抚事永伤，胡宁可昧。谓宜加赠正司，追甄土宇，俾大赉所及，永秩于善人，忠正之烈，不泯于身后。臣契阔屯泰，旋观始终，金兰之分，义深情密。是以献其乃怀，布之朝听。"于是重赠侍中、司徒，封南昌县侯，食邑千五百户。

高祖受禅，思佐命元勋，诏曰："故侍中、司徒南昌侯刘穆之，深谋远猷，肇基王迹，勋造大业，诚实匪躬。今理运惟新，蕃屏并肇，感事怀人，实深悽悼。可进南康郡公，邑三千户。故左将军、青州刺史王镇恶，荆、郢之捷，克剪放命，北伐之勋，参迹太叔。念勤惟绩，无忘厥心。可进龙阳县侯，增邑千五百户。"谥穆之曰文宣公。太祖元嘉九年，配食高祖庙庭；二十五年四月，车驾行幸江宁，经穆之墓，诏曰："故侍中、司徒、南康文宣公穆之，秉德佐命，翼亮景业，谋猷经远，元勋克茂，功铭鼎彝，义彰典策，故已嗣徽前哲，宣风后代者矣。近因游践，瞻其茔域，九原之想，情深悼叹。可致祭墓所，以申永怀。"

穆之三子，长子虑之嗣，仕至员外散骑常侍卒。子邕嗣。先是，郡县为封国者，内史、相并于国主称臣，去任便止。至世祖孝建中，始革此制，为下官致敬。河东王歆之尝为南康相，素轻邕。后歆之与邕俱豫元会，并坐。邕性嗜酒，谓歆之曰："卿昔尝见臣，今不能见劝一杯酒乎？"歆之因学孙皓歌答之曰："昔为汝作臣，今与汝比肩。既不劝汝酒，亦不愿汝年。"邕所至嗜食疮痂，以为味似鳆鱼。尝诣孟灵休，灵休先患灸疮，疮痂落床上，因取食之。灵休大惊。答曰："性之所嗜。"灵休疮痂未落者，悉褫取以饴邕。邕既去，灵休与何勖书曰："刘邕向顾见啖，遂举体流血。"南康国吏二百许人，不问有罪无罪，递互与鞭，鞭疮痂常以给膳。卒，子肜嗣。大明四年，坐刃斫妻，夺爵土，以弟彪绍封。齐受禅，降为南康县侯，食邑千户。

穆之中子式之字延叔，通《易》好士。累迁相国中兵参军，太子中舍人，黄门侍郎，宁朔将军、宣城淮南二郡太守。在任赃货狼藉，扬州刺史王弘遣从事检校。从事呼摄吏民，欲加辨覆。式之召从事谓曰："治所还白使君，刘式之于国家粗有微分，偷数百万钱何有，况不偷邪！吏民及文章之互在。"从事还具白弘，弘曰："刘式之辩如此奔！"亦由此得停。还为太子右率，左卫将军，吴郡太守。卒，追赠征虏将军。从征关、洛有功，封德阳县五等侯，谥曰恭侯。长子㲚，世祖初，黄门侍郎。㲚弟衍，大明末，以为黄门郎，出为豫章内史。晋安王子勋称伪号，以为中护军。事败伏诛。

衍弟瑀，字茂琳，少有才气，为太祖所知。始与王浚为南徐州，以瑀补别驾从事史，为浚所遇。瑀性陵物护前，不欲人居己上。时浚征北府行参军吴郡顾迈轻薄而有才能，浚待之甚厚，深言密事，皆与参之。瑀乃折节事迈，深布情款，家内妇女儿事，言语所不得至者，莫不倒写备说。迈以瑀与之款尽，深相感信。浚所言密事，悉以语瑀。瑀与迈共进射堂下，瑀忽顾左右索单衣帻，迈问其所以，瑀曰："公以家人待卿，相与言无所隐，而卿于外宣泄，致使人无不知。我是公吏，何得不启。"因而白之。浚大怒，启太祖徙迈广州。迈在广州，值萧简为乱，为之尽力，与简俱死。

瑀迁从事中郎，领淮南太守。元嘉二十九年，出为宁远将军、益州刺史。元凶弑立，以为青州刺史。瑀闻问，即起义遣军，并送资实于荆州。世祖即位，召为御史中丞。还至江陵，值南郡王义宣为逆，瑀陈其不可，言甚切至。义宣以为丞相左司马，俱至梁山。瑀犹乘其蜀中船舫，又有义宣故部曲潜于梁山洲外下投官军。除司徒左长史。明年，迁御史中丞。瑀使气尚人，为宪司甚得志。弹王僧达云："荫籍高华，人品冗末。"朝士莫不畏其笔端。寻转右卫将军。瑀愿为侍中，不得，谓所亲曰："人仕宦不出当入，不入当出，安能长居户限上。"因求益州。世祖知其此意，许之。孝建三年，除辅国将军、益州刺史。既行，甚不得意。至江陵，与颜竣书曰："朱修之三世叛兵，一旦居荆州，青油幕下，作谢宣明面见向，使斋帅以长刀引吾下席。于吾何有，政恐匈奴轻汉耳。"其年，坐夺人妻为妾，免官。大明元年，起为东阳太守。明年，迁吴兴太守。侍中何偃尝案云："参伍时望。"瑀大怒曰："我于时望何参伍之有！"遂与偃绝。及为吏部尚书，意弥愤愤。族叔秀之为丹阳尹，瑀又与亲故书曰："吾家黑面阿秀，遂居刘安众处，朝廷不为多士。"其年，疽发背，何偃亦发背痛。瑀疾已笃，闻偃亡，欢跃叫呼，于是亦卒。谥曰刚子。子卷，南徐州别驾。卷弟藏，尚书左丞。

穆之少子贞之，中书黄门侍郎，太子右卫率。宁朔将军、江夏内史。卒官。子衰，始兴相，以赃货系东冶内。穆之女适济阳蔡祐，年老贫穷。世祖以祐子平南参军孙为始安太守。

王弘，字休元，琅邪临沂人也。曾祖导，晋丞相。祖洽，中领军。父珣，司徒。弘少好学，以清恬知名，与尚书仆射谢混善。弱冠，为会稽王司马道子骠骑参军主簿。时农务顿息，末役繁兴，弘以为宜建屯田，陈之曰："近面所咨立屯田事，已具简圣怀。南亩事兴，时不可失，宜早督田畯，以要岁功。而府资役单刻，控引无所，虽复厉后重劝，肃以严威，适足令图圄充积，而无救于事实也。伏见南局诸冶，募吏数百，虽资以廪赡，收入甚微。愚谓若回以配农，必功利百倍矣。然军器所须，不可都废，今欲留铜官大冶及都邑小冶各一所，重其功课，一准扬州；州之求取，亦当无乏，余者罢之，以充东作之要。又欲二局田曹，各立典军募吏，依冶募比例，并听取山湖人，此皆无损于私，有益于公者也。其中亦应畴量，分判番假，及给廪多少，自可一以委之本曹。亲局所统，必当练悉，且近东曹板水曹参军纳之领此任，其人颇有干能，自足于其事耳。顷年以来，斯务弛废，田芜廪虚，实亦由此。弘过蒙饰擢，志输短效，岂可相与寝默，有怀弗闻邪！至于当否，尊自当裁以远鉴。若所启谬允者，伏愿便以时施行，庶岁有务农之勤，仓有盈廪之实，礼节之兴，可以垂拱待也。"道子欲以为黄门侍郎，珣以其年少固辞。

珣颇好积聚，财物布在民间。珣薨，弘悉燔烧券书，一不收责；余田业悉以委付诸弟。未免丧，后将军司马元显以为咨议参军，加宁远将军，知记室事，固辞不就。道子复以为咨议参军，加建威将军，领中兵，又固辞。时内外多难，在丧者皆不终其哀，唯弘固执得免。桓玄克京邑，收道子付廷尉，臣吏畏恐，莫敢瞻送。弘时尚在丧，独于道侧拜，攀车涕泣，论者称焉。

高祖为镇军，召补咨议参军。以功封华容县五等侯，迁琅邪王大司马从事中郎。出为宁远将军、琅邪内史，尚书吏部郎中，豫章相。卢循寇南康诸郡，弘奔寻阳。高祖复命为中军咨议参军，迁大司马右长史，转吴国内史。义熙十一年，征为太尉长史，转左长史。从北征，前锋已平洛阳，而未遣九锡，弘衔使还京师，讽旨朝廷。时刘穆之掌留任，而旨反从北来，穆之愧惧，发病遂卒。而高祖还彭城，弘领彭城太守。

宋国初建，迁尚书仆射领选，太守如故。奏弹谢灵运曰："臣闻闲厥有家，垂训《大易》，作威专戮，致诫《周书》，斯典或违，刑兹无赦。世子左卫率康乐县公谢灵运，力人桂兴淫其嬖妾，杀兴江涘，弃尸洪流。事发京畿，播闻遐迩。宜加重劾，肃正朝风。案世子左卫率康乐县公谢灵运过蒙恩奖，频叨荣授，闻礼知禁，为日已久。而不能防闲阃闱，致兹纷秽，罔顾宪轨，忿杀自由。此而勿治，典刑将替。请以事见免灵运所居官，上台削爵土，收付大理治罪。御史中丞都亭侯王准之，显居要任，邦之司直，风声嚻喈，曾不弹举。若知而弗纠，则情法斯挠；如其不知，则尸眛已甚。岂可复预班清阶，式是国宪。请免所居官，以侯还散辈中。内台旧体，不得用风声举弹，此事彰赫，曝之朝野，执宪蔑闻，群司循旧，国典既颓，所亏者重。臣弘忝承人乏，位副朝端，若复谨守常科，则终莫之纠正。所以不敢拱默，自同秉彝。违旧之愆，伏须准裁。"

高祖令曰："灵运免官而已，余如奏。端右肃正风轨，诚副所期，岂拘常仪，自今为永制。"

十四年，迁监江州豫州之西阳新蔡二郡诸军事、抚军将军、江州刺史。至州，省赋简役，百姓安之。永初元年，加散骑常侍。以佐命功，封华容县公，食邑二千户。三年，入朝，进号卫将军，开府仪同三司。高祖因宴集，谓群公曰："我布衣，始望不至此。"傅亮之徒并撰辞欲盛称功德。弘率尔对曰："此所谓天命，求之不可得，推之不可去。"时人称其简举。

少帝景平二年，徐羡之等谋废立，召弘入朝。太祖即位，以定策安社稷，进位司空，封建安郡公，食邑千户。上表固辞曰："臣闻赵武称随会夫子之家事治，言于晋国无隐情。臣千载幸会，谬荷荣遇，虽以智能虚薄，政绩蔑闻，而言无隐情，窃所庶几。向令天启其心，预定大策，而名编司勋，功不见纪，固将请不赏之罪，悬龙蛇之书，岂当稽违成命，苟修小节。但无功勤，暴之四海，进阙君子劳心之谋，退微小人劳力之效，而圣朝僭赏于上，愚臣苟忝于下，则为厚诬当时，永贻口实。窃财之诮，比此为轻，惟尘盛猷，亏玷为大。微躬所惜，一朝亦尽，非唯仰尘国纪，实亦俯畏友朋。忧心弥疹，胡颜靡托。且凡人之交，尚申知己，况在明主，可用理干。所以敢遂愚狷，守之以死。"乃见许。加使持节、侍中，改监为都督，进号车骑大将军，开府、刺史如故。

徐羡之等以废弒之罪并见诛，弘既非首谋，弟昙首又为上所亲委，事将发，密使报弘。羡之等诛，征弘为侍中、司徒、扬州刺史，录尚书，给班剑三十人。上西征谢晦，弘与骠骑彭城王义康居守，入住中书下省，引队仗出入。司徒府权置参军。

五年春，大旱，弘引咎逊位，曰："臣闻三才虽殊，其致则一。故世道休明，五福攸应；政有失德，咎征必显。臣抑又闻之，台辅之职，论道赞契，上佐人主，燮理阴阳。位以德授，则和气淳穆；寇窃非据，则谪见于天。是以陈平有辞，不滥主者之局；邴吉停驾，大惧牛喘之由。斯固有国之所同，天人之远旨。陛下圣哲御世，光隆中兴，宜休征表祥，醴泉湛涌。而顷阴阳隔并，亢旱成灾，秋无严霜，冬无积雪，疾厉之气，弥历四时。此当非任失其人，覆餗之咎。臣以庸短，自毕凡流，谬逢嘉运，叨恩在昔。陛下忘其不腆，又重之以今任。正位槐鼎，纽理神州，珥貂衣衮，总录朝端，内外要重，顿萃微躬，穷极宠贵，人臣莫比。令德居之，犹或难称，矧伊陋昧，何以克任。此之易了，不俟明识。但受命之始，属值时艰，六戎亲戒，忧及社稷，诚是臣下致节忘身之时，当有何心，尘挠圣听。所以俛俛从事，循墙驰驱，志在宣力，虑不及远。既鲸鲵折首，西夏底定，便宜诉其本怀，避贤谢拙。而常人偷安，日廿一日，实亦仰佩天眷，未能自已。荏苒推迁，忽及三载。遂令负乘之衅，彰著幽明，愆伏之灾，患缠氓庶。上缺皇朝缉熙之美，下增官谤覆折之灾。伏念惶报，五情飞散，虽曰厚颜，何以宁处。不远而复，《大易》攸称，小惩大戒，细人之福。近复之美，非所敢献，惩戒之幸，窃怀庶几。今履端惟始，朝庆礼毕，辄还私门，思愆家巷。庶微塞天谴，少弭谤诮。伏愿鉴其所守，即而许之。临启愧塞，不自宣尽。"

先是，彭城王义康为荆州刺史，镇江陵。平陆令河南成粲与弘书曰："仆闻轨物设教，必随时制宜；世代盈虚，亦与之消息。夫势之所处，非亲不居。是以周之宗盟，异姓为后。权轴之要，任归二南，斯前代之明谟，当今之显辙。明公位极台鼎，四海具瞻，勤劳夙夜，义同吐握。而总录百揆，兼牧畿甸，功实盛大，莫之与俦。天道福谦，宜存挹损。骠骑彭城王道德昭备，上之懿弟，宗本归源，所应推先，宜出据列蕃，齐光鲁、卫。明公高枕论道，燮理阴阳，则天下和平，灾害不作；福庆与大宋升降，享年与松、乔齐久，名垂万代，岂不美欤！"弘本有退志，挟粲言，由是固自陈请，乃降为卫将军、开府仪同三司。

六年，弘又上表曰："臣闻异姓为后，宗周之明义；亲不在外，有国之所先。故鲁长滕君，《春秋》所美，楚出弃疾，前史垂诫。矧乃茂亲明德，道光一时，述职侯甸，朝政弗及，而以庶族庸陋浮华之臣，超逾先典，居中赞契，岂所以宪章古式，缉熙治道？骠骑将军臣义康，徽猷渊邈，明德弥劭，敷政江汉，化被荆南，搢绅属情，想乐当务，周旦之寄，不谋同词，分陕虽重，比此为轻。臣实空暗，阶恩逾越，俯积素餐，仰玷盛化，公私二三，无一而可。昔孙叔未进，优孟见歌；展季在下，臧文贻讥。况道隆地昵，义兼前礼。臣于古人，无能为役，负乘窃位，万物谓何，虽曰厚颜，胡宁以处。斯亡之惧，实疚其心。乞解州录，以允民望。伏愿陛下远存至公，近鉴丹款，俯顺朝野，改授亲贤。岂惟下臣，获免大戾，凡厥众隶，孰不庆幸。若天眷罔已，脱复迟回，请出臣表，逮闻外内，朝议舆诵，或有可择。"诏曰："省表，远拟隆周经国之体，近述《大易》卑牧之志，三复冲言，良用怃然。公体道渊虚，明识经远，毗翼艰难，勋猷光茂，俾朕获居垂拱，司契委成。岂容高逊总录，固辞神州，使成务有亏，以重朕之不德邪！深存礼国，所望贲亮。骠骑亲贤之寄，地均旦、奭，还入内辅，参赞机务，辄敬从所执。"义康由是代弘为司徒，与之分录。

弘又表曰："近冒表闻，披陈愚管，实冀天鉴，体其至诚。而奉被还诏，未蒙酬察，徒尘圣览，仰延优旨，顾影惭惶，罔识攸厝。臣忝荷要重，四载于今。既违前史量力之诚，又微古人进贤之美，尸位固宠，日积官谤，旋观周行，兴愧已后。况在亲贤，朝野归德，甫思引身，曷云能补，惟尘大典，亏丧已多。不悟天眷之隆，复垂恩奖，名器弗改，蒙宠如旧，感遇自揆，茫若无涯。臣义康既总录百揆，毗赞盛化，忝厕下风，咨凭有所。内朝细务，庶可免竭，神州任重，望实兼该，臣何人斯，寇窃不已。为介推迁，覆败将及，就无人事之愆，必有阴阳之患。伏念惟忧，疢如疾首，不知何理，可以自安。但成旨已决，涣汗难反，加臣懦劣，少无此志，进不能抗言陈辞，以死自固；退不能重茧置冰，鲜食为瘠。祇畏天威，遂复俯仰。至于摄督所部，料综文案，曹局吏役，所须不多，其余文武，皆为冗长。相府初建，或有未充，请留职僚同事而已，自此以外，及诸资实，一送司徒。臣受恩深重，休戚是预，义无虚饰，苟自贬损。伏愿圣察，特垂许顺，不令诚诉，其见抑夺。"上又诏曰："卫军表如此，司徒宜须事力，可顺公雅怀，割二千人配府，资储不烦事送。"

弘博练治体，留心庶事，斟酌时宜，每存优允。与八座丞郎疏曰："同伍犯法，无士人不罪之科。然每至诘谪，辄有请诉。若垂恩宥，则法废不可行；依事纠责，则物以为苦怨。宜更为其制，使得忧苦之衷也。又主守偷五匹，常偷四十匹，并加大辟，议者咸以为重，宜进主守偷十匹、常偷五十匹死，四十匹降以补兵。既得少宽民命，亦足以有惩也。想各言所怀。"

左丞江奥议："士人犯盗赃不及弃市者，刑竟，自在赃污淫盗之目，清议终身，经赦不原。当之者足以塞怨，闻之者足以鉴诫。若复雷同群小，谪以兵役，愚谓为苦。符伍虽比屋邻居，至于士庶之际，实自天隔，舍藏之罪，无以相关。奴客与符伍交接，有所藏蔽，可以得知，是以罪及奴客。自是客身犯怨，非代郎主受罪也。如其无奴，则不应坐。"右丞孔默之议："君子小人，既杂为符伍，不得不以相检为义。士庶虽殊，而理有闻察，譬百司居上，所以下不必躬亲而后同坐。是故犯违之日，理自相关。今罪其养子、典计者，盖义存戮仆。如此，则无奴之室，岂得宴安！但既云复士，宜令输赎。常盗四十匹，主守五匹，降死补兵，虽大存宽惠，以纾民命。然官及二千石及失节士大夫，时有犯者，罪乃可戮，恐不可以补兵也。谓此制可施小人，士人自还用旧律。"

尚书王准之议："昔为山阴令，士人在伍，谓之押符。同伍有愆，得不及坐，士人有罪，符伍纠之。此非士庶殊制，实使即刑当罪耳。夫束脩之胄，与小人隔绝，防检无方，宜及不逞之士，事接群细，既同符伍，故使纠之。于时行此，非唯一处。左丞议奴客与邻伍相关，可得检察，符中有犯，使及刑坐。即事而求，有乖实理。有奴客者，类多使役，东西分散，住家者少。其有停者，左右驱驰，动止所须，出门甚寡，典计者在家十无其一。奴客坐伍，滥刑必众，恐非立法当罪本旨。右丞议士人犯偷，不及大辟者，宥补兵。虽欲弘士，惧无以惩邪。乘理则君子，违之则小人。制严于上，犹冒犯之，以其有科，犯者或众。使畏法革心，乃所以大宥也。且士庶异制，意所不同。"

殿中郎谢元议谓："事必先正其本，然后其末可理。本所以押士大夫于符伍，而所以检小人邪？可使受检于小人邪？士犯坐奴，是士庶天隔，则士无弘恭之由，以不知而押之于伍，则是受检于小人也。然则小人有罪，士人无事，仆隶何罪，而令坐之。若以实相交关，贵其闻察，则意有未因。何者？名实殊章，公私异令，奴不押符，是无名也。民乏资财，是私贱也，以私贱无名之人，豫公家有实之任，公私混淆，名实非允。由此而言，谓不宜坐。还从其主，于事为宜。无奴之士，不在此例。若士人本检小人，则小人有过，已应获罪，而其奴则义归戮仆，然则无奴之士，未合宴安，使之输赎，于事非谬。二科所附，惟制之本耳。此自是辨章二本，欲使各从其分。至于求之管见，宜附前科，区别士庶，于义为美。盗制，按左丞议，士人既终不为兵革，幸可同宽宥之惠；不必依旧律，于议咸允。"

吏部郎何尚之议："按孔右丞议，士人坐符伍为罪，有奴罪奴，无奴输赎。既许士庶缅隔，则闻察自难，不宜以难知之事，定以必知之法。夫有奴不贤，无奴不必不贤。今多僮者傲然于王宪，无仆者怵迫于时网，是为恩之所沾，恒在程、卓；法之所设，必加颜、原，求之鄙怀，窃所未惬。谢殿中谓奴不随主，于名分不明，诚是有理。然奴仆实与闾里相关，今都不问，恐有所失。意同左丞议。"

弘议曰："寻律令既不分别士庶，又士人坐同伍罹谪者，无处无之，多为时恩所宥，故不尽亲谪耳。吴及义适有许、陆之徒，以同符合给，二千石论启丹书。己未间，会稽士人云十数年前，亦有四族坐此被责，以时恩获停。而王尚书云人旧无同伍坐，所未之解。恐莅任之日，偶不值此事故邪。圣明御世，士人诚不忧至苦，然要须临事论通，上下天听为纷扰，不如近为定科，使轻重有节也。又寻甲符制，蠲士人不传符耳，令史复除，亦得如之。共相押领，有违纠列，了无等衰，非许士人闾里之外也。诸议云士庶缅绝，不相参知，则士人犯法，庶民得不知。若庶民不许不知，何许士人不知。小民自非超然简独，永绝尘秕者，比门接栋，小以为意，终自闻知，不必须日夕来往也。右丞百司之言，粗是其况。如衰陵士人，实与里巷关接，相知情状，乃当于冠带小民。今谓之士人，便无小人之坐；署为小民，辄受士之罚。于情于法，不其颇欤？且都令不及士流，士流为轻，则小人令使征预其罚，便事至相纠，闾伍之防，亦为不同。谓士人可不受同伍之谪人，罪其奴客，庸何伤邪？无奴客，可令输赎，又或无奴僮为众所明者，官长二千石便当亲临列上，依事遣判。又主偷五匹、常偷四十匹，谓应见优量者，实以小吏无知，临财易昧，或由疏慢，事蹈重科，求之于心，常有可愍，故欲小进匹数，宽其性命耳。至于官长以上，荷蒙禄荣，付与局任，当正己宪，检下防非，而亲犯科律，乱法徇利，五匹乃已为弘矣。士人无私相偷四十匹理，就使至此，致以明罚，固其宜耳，并何容复加哀矜。且此辈士人，可杀不可谪，有如诸论，本意自不在此也。近闻之道路，聊欲共论，不呼乃尔难精。既众议纠纷，将不如其已。若呼不应停寝，谓宜集议奏闻，决之圣旨。"太祖诏："卫军议为允。"

弘又上言："旧制，民年十三半役，十六全役。当以十三以上，能自营私及公，故以充役。而考之见事，犹或未尽。体有强弱，不皆称年。且在家自随，力所能堪，不容过苦。移之公役，动有定科，循吏隐恤，可无其患，庸宰守常，已有勤剧，况值苛政，岂可称言。乃有务在丰役，增进年齿，孤远贫弱，其敝尤深。至令依寄无所，生死靡告，一身之切，逃窜求免，家人远计，胎孕不育，巧避罗宪，实亦由之。今皇化惟新，四方无事，役召之宜，应存乎消息。十五至十六，宜为半，十七为全。"从之。

其后，弘寝疾，弘表屡乞骸骨，上辄优诏不许。九年，进位太保，领中书监，余如故。其年，薨，时年五十四。即赠太保、中书监，给节，加羽葆、鼓吹，增班剑为六十人，侍中、录尚书、刺史如故。谥曰文昭公，配食高祖庙廷。其年，诏曰："乃者三逆煽祸，实繁有徒，爰初遵养，暨于明罚，外虞内虑，实维艰难。故太保华容县公弘、故卫将军华、故左光禄大夫昙首，抱义怀忠，乃情同至，筹谋庙堂，竭尽智力，经营夷险，简自朕心。国耻既雪，允膺茅土，而并执谦抱，志不命逾，故用伫朝典，将有后命。盛业不究，相系殒落，永怀伤叹，痛恨无已。弘可增封千户，华、昙首并开国县侯，食邑各千户。护军将军建昌公彦之，深诚密谟，比踪齐望，其复先食邑，以酬忠勋。"又诏："闻王太保家便已匮乏，清约之美，同规古人。言念始终，情增凄叹。可赐钱百万，米千斛。"

世祖大明五年，车驾游幸，经弘墓。下诏曰："故侍中、中书监、太保、录尚书事、扬州刺史华容文昭公弘，德猷光劭，鉴识明远。故散骑常侍、左光禄大夫、太子詹事豫章文侯昙首，夙尚恬素，理心贞正。并绸缪先眷，契阔屯夷，内亮王道，外流徽誉。以国图令勋，民思茂惠。朕薄巡都外，瞻览坟茔，永言想慨，良深于怀。便可遣使致祭墓所。"

弘明敏有思致，既以民望所宗，造次必存礼法，凡动止施为，及书翰仪体，后人皆依仿之，谓为王太保家法。虽历任藩辅，不营财利，薨亡之后，家无余业。而轻率少威仪，性又褊隘，人忤意者，辄面加责辱。少时尝挝蒲公城子野舍，及后当权，有人就弘求县，辞诉颇切。此人尝以蒲戏得罪，弘诘之曰："君得钱会戏，何用禄为！"答曰："不审公城子野何在？"弘默然。

子锡嗣。少以宰相子，起家为员外散骑，历清职，中书郎，太子中卫率，江夏内史。高自位遇。太尉江夏王义恭当朝，锡箕踞大坐，殆无推敬。卒官。子僧亮嗣。齐受禅，降爵为侯，食邑五百户。弘少子僧达，别有传。弘弟虞，廷尉卿。虞子深，有美名，官至新安太守。虞弟抑，光禄大夫。抑弟孺，侍中。孺弟昙首，别有传。

弘从父弟练，晋中书令珉子也。元嘉中，历显官，侍中，度支尚书。练子钊，世祖大明中，亦经清职，黄门郎，临海王子项晋安王子勋征房、前军长史、左民尚书。太宗初，为司徒左长史。随司徒建安王休仁出赭圻，时居母忧，加冠军将军。忤犯休仁，出为始兴相。休仁恚之不已，太宗乃收付廷尉，赐死。

史臣曰：晋纲弛紊，其渐有由。孝武守文于上，化不下及，道子昏德居宗，宪章坠矣。重之以国宝启乱，加之以元显嗣虐，而祖宗之遗典，群公之旧章，莫不叶散冰离，扫地尽矣。主威不树，臣道专行，国典人殊，朝纲家异，编户之命，竭于豪门，王府之蓄，变为私藏。由是祸基东妖，难结天下，荡荡然王道不绝者若缀。高祖一朝创义，事属横流，改乱章，布平道，尊主卑臣之义，定于马棰之间。威令一施，内外从禁，以建武、永平之风，变太元、隆安之俗，此盖文宣公之为也。为一代宗臣，配飨清庙，岂徒然哉！

卷四十三　　　　　列传第三

徐羡之　傅亮　檀道济

徐羡之，字宗文，东海郯人也。祖宁，尚书吏部郎，江州刺史，未拜卒。父祚之，上虞令。羡之少为王雅太子少傅主簿，刘牢之镇北功曹，尚书祠部郎，不拜，桓修抚军中兵曹参军。与高祖同府，深相亲结。义旗建，高祖版为镇军参军，尚书库部郎，领军司马。与谢混共事，混甚知之。补琅邪王大司马参军，司徒左西属，徐州别驾从事史，太尉咨议参军。义熙十一年，除鹰扬将军、琅邪内史，仍为大司马从事中郎，将军如故。高祖北伐，转太尉左司马，掌留任，以副贰刘穆之。

初，高祖议欲北伐，朝士多谏，唯羡之默然。或问何独不言，羡之曰："吾位至二品，官为二千石，志愿久充。今二方已平，拓地万里，唯有小羌未定，而公寝食不忘。意量乖殊，何可轻豫。"刘穆之卒，高祖命以羡之为吏部尚书、建威将军、丹阳尹，总知留任，甲仗二十人出入。转尚书仆射，将军、尹如故。

十四年，大司马府军人朱兴妻周坐息男道扶年三岁，先得癎病，周因其病发，掘地生埋之，为道扶姑女所告，正周弃市刑。羡之议曰："自然之爱，虎狼犹仁。周之凶忍，宜加显戮。臣以为法律之外，故尚弘物之理。母之即刑，由子明法，为子之道，焉有自容之地。虽伏法者当罪，而在宥者靡容。愚谓可特申之遐裔。"从之。

高祖践阼，进号镇军将军，加散骑常侍。上初即位，思佐命之功，诏曰："散骑常侍、尚书仆射、镇军将军、丹阳尹徐羡之，监江州豫州之西阳新蔡诸军事、抚军将军、江州刺史华容侯王弘，散骑常侍、护军将军作唐男檀道济，中书令、领太子詹事傅亮，侍中、中领军谢晦，前左将军、江州刺史宜阳侯檀韶，使持节、雍梁南北秦四州荆州之河北诸军事、后将军、雍州刺史关中侯赵伦之，使持节、督北徐兖青三州诸军事、征房将军、北徐州刺史南城男刘怀慎，散骑常侍、领太子左卫率新淦侯王仲德，前冠军将军、北青州刺史安南男向弥，左卫将军湴阳男刘粹，使持节、南蛮校尉佷山子到彦之，西中郎司马南郡宜阳侯张邵，参西中郎将军事、建威将军、河东太守资中侯沈林子等，或忠规远谋，扶赞洪业；或肆勤树绩，弘济艰难。经始图终，勋烈惟茂，并宜与国同休，飨兹大赉。羡之可封南昌县公，弘可华容县公，道济可改封永修县公，亮可建城县公，晦可武昌县公，食邑各二千户；韶可更增邑二千五百户，仲德可增邑二千二百户；怀慎、彦之各进爵为侯，粹改封建安县侯，并增邑为千户；伦之可封霄城县侯，食邑千户；邵可封临沮县伯，林子可封汉寿县伯，食邑六百户。开国之制，率遵旧章。"

羡之迁尚书令、扬州刺史，加散骑常侍。进位司空、录尚书事,常侍、刺史如故。羡之起布衣,又无术学,直以志力局度,一旦居廊庙,朝野推服,咸谓有宰臣之望。沈密寡言,不以忧喜见色。颇工弈棋,观戏常若未解,当世倍以此推之。傅亮、蔡廓常言:"徐公晓万事,安异同。"

高祖不豫,加班剑三十人。宫车晏驾,与中书令傅亮、领军将军谢晦、镇北将军檀道济同被顾命。少帝诏曰:"平理狱讼,政道所先。朕哀荒在疚,未堪亲览。司空、尚书令可率众官月一决狱。"

帝后失德,羡之等将谋废立,而庐陵王义真轻动多过,不任四海,乃先废义真,然后废帝。时谢晦为领军,以府舍内屋败应治,悉移家人出宅,聚将士于府内。镇北将军、南兖州刺史檀道济先朝旧将,威服殿省,且有兵众,召使入朝,告之以谋。事将发,道济入宿领军府。中书舍人邢安泰、潘盛为内应,其日守关。道济领兵居前,羡之等继其后,由东掖门云龙门入,宿卫先受处分,莫有动者。先是帝于华林园为列肆,亲自酤卖,又开渎聚土,以像破岗,率左右唱呼引船为乐。是夕,寝于龙舟,在天渊池。兵士进杀二人,又伤帝指。扶帝出东阁,收玺绶。群臣拜辞,卫送故太子宫,迁于吴郡。侍中程道惠劝立第五皇弟义恭,羡之不许。遣使杀义真于新安,杀帝于吴县。时为帝筑宫未成,权居金昌亭,帝突走出昌门,追者以门关击之倒地,然后加害。

太祖即阼,进羡之司徒,余如故,改封南平郡公,食邑四千户,固让加封。有司奏车驾依旧临华林园听讼,诏曰:"政刑多所未悉,可如先二公推讯。"

元嘉二年,羡之与左光禄大夫傅亮上表归政,曰:"臣闻元首司契,运枢成务;臣道代终,事尽宣翼。冕旒之道,理绝于上皇;拱己之事,不行于中古。故高宗不言,以三龄为断;冢宰听政,以再期为节。百王以降,罔或不然。陛下圣德绍兴,负荷洪业,忆兆颙颙,思陶盛化。而圣旨谦挹,委成群司。自大礼告终,钻燧三改,大明伫照,远迩倾属。臣等虽率诚屡闻,未能仰感,敢藉品物之情,谨因苍生之志。伏愿陛下远存周文日昃之道,近思皇室缔构之艰,时揽万机,躬亲庶政,广辟四聪,博询庶业,则雍熙可臻,有生幸甚。"上未许。羡之等重奏曰:"近写下情,言为心罄,奉被还诏,鉴许未回。岂惟愚臣,秉心有在,询之朝野,人无异议。何者?形风四方,实系王德,一国之事,本之一人。虽世代不同,时殊风异,至于主运臣赞,古今一揆。未有浑心委任,而休明可期,此之非宜,布自遐迩。臣等荷遇二世,休戚以均,情为国至,岂容顺默。重披丹心,冒昧以请。"上犹辞。羡之等又固陈曰:"比表披陈,辞诚俱尽,诏旨冲远,未垂纳听,三复屏营,伏增忧叹。臣闻克隆先构,干蛊之盛业;昧旦丕显,帝王之高义。自皇宋创运,英圣有造,殷忧未阕,艰患仍缠。赖天命有底,圣明承业,时屯国故,犹在民心。泰山之安,未易可保,昏明隆替,系在圣躬。斯诚周诗凤兴之辰,殷王待旦之日,岂得无为拱己,复玄古之风,逡巡虚挹,徇匹夫之事。伏愿以宗庙为重,百姓为心,弘大业以嗣先轨,隆圣道以增前烈。愚瞽所献,情尽于此。"上乃许之。羡之仍逊位退还私第,兄子佩之及侍中程道惠、吴兴太守王韶之等并谓非宜,敦劝甚苦,复奉诏摄任。

三年正月,诏曰:"民生于三,事之如一,爱敬同极,岂惟名教,况乃施俸造物,义在加隆者乎!徐羡之、傅亮、谢晦,皆因缘之才,荷恩在昔,擢自无闻,超居要重,卵翼而长,未足以譬。永初之季,天祸横流,大明倾曜,四海遏密,实受顾托,任同负图。而不能竭其股肱,尽其心力,送往无复言之节,事居阙忠贞之效,将顺靡记,匡救蔑闻,怀宠取容,顺成失德。虽末因惧祸,以建大策,而遏其悖心,不畏不义。播迁之始,谋肆鸩毒,至止未几,显行怨杀,穷凶极虐,荼酷备加,颠沛皂隶之手,告尽逆旅之馆,都鄙哀愕,行路饮涕。故庐陵王英秀明远,徽风凤播,鲁卫之寄,朝野属情。羡之等暴蔑求专,忌贤畏逼,造构贝锦,成此无端,罔主蒙上,横加流屏,矫诬朝旨,致兹祸害。寄以国命,而蘖为仇雠,旬月之间,再肆鸩毒,痛感三灵,怨结人鬼。自书契以来,弃常安忍,反易天明,未有如斯之甚者也。昔子家从弑,郑人致讨;宋肥无辜,荡泽为戮。况逆乱倍于往衅,情痛深于国家,此而可容,孰不可忍!即宜诛殄,告谢存亡。而于时大事甫尔,异同纷结,匡国之勋实著,莫大之罪未彰。是以远ённого民心,近听舆讼,虽欲讨乱,虑或难图,故忍威含哀,怀耻累载。每念人生实难,情事未展,何尝不顾影恸心,伏枕泣血。今逆臣之衅,彰暴遐迩,君子悲情,义徒思奋,家仇国耻,可得而雪,便命司徒,肃明典刑。晦据有上流,或不即罪,朕当亲率六师,为其遏防。可遣中领军到彦之即日电发,征北将军檀道济络驿继路,符卫军府州以时收罱。已命征房将军刘粹断其走伏。罪止元凶,余无所问。感惟永往,心情崩绝。氛雾既祛,庶几治道。"

尔日诏召羡之。行至西明门外,时谢晦弟曒(子肖反)为黄门郎,正直,报亮云:"殿内有异处分。"亮驰报羡之。羡之回还西州,乘内人问讯车出郭,步走至新林,入陶灶中自到死,时年六十三。羡之初不应召,上遣中领军到彦之、右卫将军王华追讨。羡之死,野人以告,载尸付廷尉。子乔之,尚高祖第六女富阳公主,官至竟陵王文学。乔之及弟乞奴从诛。

初,羡之年少时,尝有一人来,谓之曰:"我是汝祖。"羡之因起拜。此人曰:"汝有贵相,而有大厄,可以钱二十八文埋宅四角,可以免灾。过此可位极人臣。"后羡之随亲之县,住在县内,尝暂出,而贼自后破县;县内人无免者,鸡犬亦尽,唯羡之在外获全。随从兄履之为临海乐安县,尝行经山中,见黑龙长丈余,头有角,前两足皆具,无后足,曳尾而行。及拜司空,守关吏人,彗星晨见危南。又当拜时,双鹤集太极东鸱尾鸣唤。

兄子佩之,轻薄好利,高祖以其姻戚,累加宠任,为丹阳尹,吴郡太守。景平初,以羡之秉权,颇豫政事。与王韶之、程道惠、中书舍人邢安泰、潘盛相结党与。时谢晦久病,连灸,不堪见客。佩之等疑其托疾有异图,与韶之、道惠同载诣傅亮,称羡之意,欲令亮作诏诛之。亮答以为:"己等三人,同受顾命,岂可相残灭!若诸君果行此事,便当角巾步出掖门耳。"佩之等乃止。羡之既诛,太祖特宥佩之,免官而已。其年冬,佩之又结殿中监茅亨谋反，并告前宁州刺史应袭，以亨为兖州，袭为豫州。亨密以闻，袭亦告司徒王弘。佩之聚党百余人，杀牛犒赐，条牒时人，并相署置，期明年正会，于殿中作乱。未及数日，收斩之。

　　傅亮，字季友，北地灵州人也。祖咸，司隶校尉。父瑗，以学业知名，位至安成太守。瑗与郗超善，超尝造瑗，瑗见其二子迪及亮。亮年四五岁，超令人解亮衣，使左右持去，初无吝色。超谓瑗曰："卿小儿才名位宦，当远逾于兄。然保家传祚，终在大者。"迪字长猷，亦儒学，官至五兵尚书。永初二年卒，追赠太常。

　　亮博涉经史，尤善文词。初为建威参军，桓谦中军行参军。桓玄篡位，闻其博学有文采，选为秘书郎，欲令整正秘阁，未及拜而玄败。义旗初，丹阳尹孟昶以为建威参军。义熙元年，除员外散骑侍郎，直西省，典掌诏命。转领军长史，以中书郎滕演代之。亮未拜，遭母忧，服阕，为刘毅抚军记室参军，又补领军司马。七年，迁散骑侍郎，复代演直西省。仍转中书黄门侍郎，直西省如故。高祖以其久直勤劳，欲以为东阳郡，先以语迪，迪大喜告亮。亮不答，即驰见高祖曰："伏闻恩旨，赐拟东阳，家贫忝禄，私计为幸。但凭荫之愿，实结本心，乞归天宇，不乐外出。"高祖笑曰："谓卿之须禄耳，若能如此，甚协所望。"会西讨司马休之，以为太尉从事中郎，掌记室。以太尉参军羊徽为中书郎，代直西省。

　　亮从征关、洛，还至彭城。宋国初建，令书除侍中，领世子中庶子。徙中书令，领中庶子如故。从还寿阳。高祖有受禅意，而难于发言，乃集朝臣宴饮，从容言曰："桓玄暴篡，鼎命已移，我首唱大义，复兴皇室，南征北伐，平定四海，功成业著，遂荷九锡。今年将衰暮，崇极如此，物戒盛满，非可久安。今欲奉还爵位，归老京师。"群臣唯盛称功德，莫晓此意。日晚坐散，亮还外，乃悟旨，而宫门已闭；亮于是叩扉请见，高祖即开门见之。亮入便曰："臣暂宜还都。"高祖达解此意，无复他言，直云："须几人自送？"亮曰："须数十人便足。"于是即便奉辞。亮既出，已夜，见长星竟天。亮拊髀曰："我常不信天文，今始验矣！"至都，即征高祖入辅。

　　永初元年，迁太子詹事，中书令如故。以佐命功，封建城县公，食邑二千户。入直中书省，专典诏命。以亮任总国权，听于省见客。神虎门外，每旦车常数百两。高祖登庸之始，文笔皆是记室参军滕演；北征广固，悉委长史王诞；自此后至于受命，表策文诰，皆亮辞也。演字彦将，南阳西鄂人，官至黄门郎，秘书监。义熙八年卒。二年，亮转尚书仆射，中书令、詹事如故。明年，高祖不豫，与徐羡之、谢晦并受顾命，给班剑二十人。

　　少帝即位，进为中书监、尚书令。景平二年，领护军将军。少帝废，亮率行台至江陵奉迎太祖。既至，立行门于江陵城南，题曰："大司马门。"率行台百僚诣门拜表，威仪礼容甚盛。太祖将下，引见亮，哭恸甚，哀动左右。既而问义真及少帝薨废本末，悲号鸣咽，侍侧者莫能仰视。亮流汗沾背，不能答。于是布腹心于到彦之、王华等，深

自结纳。太祖登阼，加散骑常侍、左光禄大夫、开府仪同三司，本官悉如故。司空府文武即为左光禄府。又进爵始兴郡公，食邑四千户，固让进封。

　　元嘉三年，太祖欲诛亮，先呼入见；省内密有报之者，亮辞以嫂病笃，求暂还家。遣信报徐羡之，因乘车出郭门，骑马奔兄迪墓。屯骑校尉郭泓收付廷尉，伏诛。时年五十三。初至广莫门，上遣中书舍人以诏书示亮，并谓曰："以公江陵之诚，当使诸子无恙。"初，亮见世路屯险，著论名曰《演慎》，曰：

　　大道有言，慎终如始，则无败事矣。《易》曰："括囊无咎。"慎不害也。又曰："藉之用茅，何咎之有。"慎之至也。文王小心，《大雅》咏其多福；仲由好勇，冯河贻其苦箴。《虞书》著慎身之誉，周庙铭陛坐之侧。因斯以谈，所以保身全德，其莫尚于慎乎！夫四道好谦，三材忌满，祥萃虚室，鬼瞰高屋，丰屋有蔀家之灾，鼎食无百年之贵。然而徇欲厚生者，忽而不戒；知进忘退者，曾莫之惩。前车已摧，后轸不息，乘危以庶安，行险而徼幸，于是有颠坠覆亡之祸，残生夭命之衅。其故何哉？流溺忘反，而以身轻于物也。

　　故昔之君子，同名爵于香饵，故倾危不及；思忧患而豫防，则针石无用。洪流壅于涓涓，合拱挫于纤蘖，介焉是式，色斯而举，悟高鸟以风逝，鉴醲酒而投绠。夫岂敝著而后谋通，患结而后思复云尔而已哉！故《诗》曰："慎尔侯度，用戒不虞。"言防萌也。夫单以营内丧表，张以治外失中，齐、秦有守一之败，偏恃无兼济之功，冰炭涤于胸心，岩墙绝于四体。夫然，故形神偕全，表里宁一，营魄内澄，百骸外固，邪气不能袭，忧患不能及，然可以语至而言极矣！

　　夫以嵇子之抗心希古，绝羁独放，五难之根既拔，立生之道无累，人患殆乎尽矣。徒以忽防于钟、吕，肆言于禹、汤，祸机发于豪端，逸翮铩于垂举。观夫贻书良友，则匹厚味于甘鸩，□□□□□□□其惧患也，若无辔而乘奔，其慎祸也，犹履冰而临谷。或振褐高栖，揭竿独往，或保约违丰，安于卑位。故漆园外楚，忌在龟牺；商洛遐遁，畏此驷马。平仲辞邑，殷鉴于崔、庆，张临挹满，灼戒乎桑、霍。若君子览兹二涂，则贤鄙之分既明，全丧之实又显。非知之难，慎之惟难，慎也者，言行之枢管乎！

　　夫据图挥刃，愚夫弗为，临渊登峭，莫不惴栗。何则？害交故虑笃，患切而惧深。故《诗》曰："不敢暴虎，不敢冯河。"慎微之谓也。故庖子涉族，怵然为戒，差之一毫，弊犹如此。况乎触害犯机，自投死地。祸福之具，内充外斥，陵九折于邛僰，泛冲波于吕梁，倾侧成于俄顷，性命哀而莫救。呜呼！呜呼！故语有之曰，诚能慎之，福之根也。曰是何伤，祸之门尔。言慎而已矣。

　　亮布衣儒生，侥幸际会，既居宰辅，兼总重权。少帝失德，内怀忧惧，作《感物赋》以寄意焉。其辞曰：

　　余以暮秋之月，述职内禁，夜清务隙，游目艺苑。

于时风霜初戒,蛰类尚繁,飞蛾翔羽,翩翻满室,赴轩幌,集明烛者,必以燋灭为度。虽则微物,矜怀者久之。退感庄生异鹊之事,与彼同迷而忘反鉴之道,此先师所以鄙智,及齐客所以难日论也。怅然有怀,感物兴思,遂赋之云尔。

　　在西成之暮昏,肃皇命于禁中。聆蜻蛚于前庑,鉴朗月于房栊。风萧瑟以陵幌,霜皑皑而被墉。怜鸣蜩之应节,惜落景之怀东。嗟劳人之萃感,何夕永而虑充。眇今古以遐念,若循环之无终。咏倚相之遗矩,希董生之方融。钻光灯而散表,温圣哲之遗踪。坟素杳以难暨,九流纷其异封。领三百于无邪,贯五千于有宗。考旧闻于前史,访心迹于污隆。岂夷阻之在运,将全丧之由躬。游翰林之彪炳,嘉美手于良工。辞存丽而去秽,旨既雅而能通。虽源流之深浩,且扬榷而发蒙。

　　习习飞蚋,飘飘纤蝇,缘幌求隙,望烟思陵。糜兰膏而无悔,赴朗烛而未惩。瞻前轨之既覆,忘改辙于后乘。匪微物之足悼,怅永念而抚膺。彼人道之为贵,参二仪而比灵。禀清旷以授气,修缘督而为经。照安危于心术,镜纤兆于未形。有徇末而舍本,或耽欲而忘生。碎随侯于微爵,捐郦重而要轻。矧昆虫之所昧,在智士其犹婴。悟雕陵于庄氏,几鉴浊而迷清。仰前修之懿轨,知吾迹之未并。虽宋元之外占,曷在予之克明。岂知反之徒尔,喟投翰以增情。

　　初,奉迎大驾,道路赋诗三首,其一篇有悔惧之辞,曰:"凤榷发皇邑,有人祖我舟。饯离不以币,赠言重琳球。知止道攸贵,怀禄义所尤。四牡倦长路,君辔可以收。张邵结晨轨,疏董顿夕辀。东隅诚已谢,西景逝不留。性命安可图,怀此作前修。敷衽铭笃诲,引带佩嘉谋。迷宠非予志,厚德良未酬。抚躬愧疲朽,三省惭爵浮。重明照蓬艾,万品同率由。忠诰岂假知,式微发直讴。"亮自知倾覆,求退无由,又作辛有、穆生、董仲道赞,称其见微之美。

　　长子演,秘书郎,先亮卒。演弟悝、湛逃亡。湛弟都,徙建安郡;世祖孝建之中,并还京师。

　　檀道济,高平金乡人,左将军韶少弟也。少孤,居丧备礼。奉姊事兄,以和谨致称。高祖创义,道济从入京城,参高祖建武军事,转征西。讨平鲁山,禽桓振,除辅国参军、南阳太守。以建义勋,封吴兴县五等侯。卢循寇逆,群盗互起,郭寄生等聚作唐,以道济为扬武将军、天门太守讨平之。又从刘道规讨柏谦、荀林等,率厉文武,身先士卒,所向摧破。及徐道覆来逼,道规亲出拒战,道济战功居多。迁安远护军、武陵内史。复为太尉参军,拜中书侍郎,转宁朔将军,参太尉军事。以前后功封作唐县男,食邑四百户。补太尉主簿、咨议参军。豫章公世子为征虏将军镇京口,道济为司马、临淮太守。又为世子西中郎司马、梁国内史。复为世子征虏将军司马,加冠军将军。

　　义熙十二年,高祖北伐,以道济为前锋出淮、肥,所至诸城戍望风降服。进克许昌,获伪宁朔将军、颍川太守姚坦及大将杨业。至成皋,伪兖州刺史韦华降。径进洛阳,伪平南将军陈留公姚洸归顺。凡拔城破垒,俘四千余人。议者谓应悉戮以为京观。道济曰:"伐罪吊民,正在今日。"皆释而遣之。于是戎夷感悦,相率归之者甚众。进据潼关,与诸军共破姚绍。长安既平,以为征虏将军、琅邪内史。世子当镇江陵,复以道济为西中郎司马、持节、南蛮校尉。又加征虏将军。迁宋国侍中,领世子中庶子,兖州大中正。高祖受命,转护军,加散骑常侍,领石头戍事。听直入殿省。以佐命功,改封永修县公,食邑二千户。徙为丹阳尹,护军如故。高祖不豫,给班剑二十人。

　　出监南徐兖之江北淮南诸郡军事、镇北将军、南兖州刺史。景平元年,虏围青州刺史竺夔于东阳城,夔告急。加道济使持节、监征讨诸军事,与王仲德救东阳。未及至,虏烧营,焚攻具遁走。将追之,城内无食,乃开窖取久谷,窖深数丈,出谷作米,已经再宿;虏去已远,不复可追,乃止。还镇广陵。

　　徐羡之将废庐陵王义真,以告道济,道济意不同,屡陈不可,不见纳。羡之等谋欲废立,讽道济入朝;既至,以谋告之。将废之夜,道济入领军府就谢晦宿。晦其夕竦动不得眠,道济就寝便熟,晦以此服之。太祖未至,道济入守朝堂。上即位,进号征北将军,加散骑常侍,给鼓吹一部。进封武陵郡公,食邑四千户。固辞进封。又增督青州、徐州之淮阳下邳琅邪东莞五郡诸军事。

　　及讨谢晦,道济率军继到彦之。彦之战败,退保隐圻,会道济至。晦本谓道济与羡之等同诛,忽闻来上,人情凶惧,遂不战自溃。事平,迁都督江州之江夏豫州之西阳新蔡晋熙四郡诸军事、征南大将军、开府仪同三司、江州刺史,持节、常侍如故;增封千户。

　　元嘉八年,到彦之伐索虏,已平河南,寻复失之;金墉、虎牢并没,虏逼滑台。加道济都督征讨诸军事,率众北讨。军至东平寿张县,值虏安平公乙旃眷。道济率宁朔将军王仲德、骁骑将军段宏奋击,大破之。转战至高梁亭,虏宁南将军、济州刺史寿昌公悉颊库结前后邀击,道济分遣段宏及台队主沈虔之等奇兵击之,即斩悉颊库结。道济进至济上,连战二十余日,前后数十交,虏众盛,遂陷滑台。道济于历城全军而反。进位司空,持节、常侍、都督、刺史并如故。还镇寻阳。

　　道济立功前朝,威名甚重;左右腹心,并经百战,诸子又有才气,朝廷疑畏之。太祖寝疾累年,屡经危殆,彭城王义康虑宫车晏驾,道济不可复制。十二年,上疾笃,会索虏为边寇,召道济入朝。既至,上间。十三年春,将遣道济还镇,已下船矣,会上疾动,召入祖道,收付廷尉。诏曰:"檀道济阶缘时幸,荷恩在昔,宠灵优渥,莫与为比。曾不感佩殊遇,思答万分,乃空怀疑贰,履霜日久。元嘉以来,猜阻滋结,不义不昵之心,附下罔上之事,固已暴之民听,彰于遐迩。谢灵运志凶辞丑,不臣显著,纳受邪说,每相容隐。又潜散金货,招诱剽猾,逋逃必至,实繁弥广,日夜伺隙,希冀非望。镇军将军仲երь往年入朝,屡陈此迹。朕以其位居台铉,豫班河岳,弥缝容养,庶或能革。而长恶不悛,凶慝遂遘,因朕寝疾,规肆祸心。前南蛮行参军庞延祖具悉奸状，密以启闻。夫君亲无将，刑兹罔赦。况罪衅深重，若斯之甚。便可收付廷尉，肃正刑书。事止元恶，余无所问。"于是收道济及其子给事黄门侍郎植、司徒从事中郎粲、太子舍人隰、征北主簿承伯、秘书郎遵等八人，并于廷尉伏诛。又收司空参军薛彤，付建康伏法。又遣尚书库部郎顾仲文、建武将军茅亨至寻阳，收道济子夷、邕、演及司空参军高进之，诛之。薛彤、进之并道济腹心，有勇力，时以比张飞、关羽。初，道济见收，脱帻投地曰："乃复坏汝万里之长城！"邕子孺乃被宥，世祖世，为奉朝请。

史臣曰：夫弹冠出里，结组登朝，道申于夷路，运艰于险辙，是以古人裴回于出处，交战乎临岐。若其任重于身，恩结自主，虽复据鼎承剑，悠然不以存殁为怀。当二公受言西殿，跪承顾托，若使死而可再，固以赴蹈为期也。及逢定之机，当震主之地，甫欲攘抑后祸，御蔽身灾，使桐宫有卒迫之痛，淮王非中雾之疾。若以社稷为存亡，则义异于此。但彭城无燕刺之衅，而有楚英之戮。若使一昆延历，亦未知定终所在也。谢晦言不以贼遗君父，岂徒言哉！

卷四十四　　列传第四

谢晦

谢晦，字宣明，陈郡阳夏人也。祖朗，东阳太守。父重，会稽王道子骠骑长史。兄绚，高祖镇军长史，蚤卒。晦初为孟昶建威府中兵参军。昶死，高祖问刘穆之："孟昶参佐，谁堪入我府？"穆之举晦，即命为太尉参军。高祖尝讯囚，其日刑狱参军有疾，札晦代之，于车中一鉴讯牒，催促便下。相府多事，狱繁殷积，晦随问酬辩，曾无违谬。高祖奇之，即日署刑狱贼曹，转豫州治中从事。义熙八年，土断侨流郡县，使晦分判扬、豫民户，以平允见称。入为太尉主簿，从征司马休之。时徐逵之战败见杀，高祖怒，将自被甲登岸，诸将谏，不从，怒愈甚。晦前抱持高祖，高祖曰："我斩卿！"晦曰："天下可无晦，不可无公，晦死何有！"会胡藩已得登岸，贼退走，乃止。

晦美风姿，善言笑，眉目分明，鬓发如点漆。涉猎文义，朗赡多通，高祖深加爱赏，群僚莫及。从征关、洛，内外要任悉委。刘穆之遣使陈事，晦往往措异同，穆之怒曰："公复有还日否？"高祖欲以为从事中郎，以访穆之，坚执不与。终穆之世，不迁。穆之丧问至，高祖哭之甚恸。晦时正直，喜甚，自入阁内参穆之死问。其日教出，转晦从事中郎。

宋台初建，为右卫将军，寻加侍中。高祖受命，于石头登坛，备法驾入宫。晦领游军为警备，迁中领军，侍中如故。以佐命功，封武昌县公，食邑二千户。二年，坐行

玺封镇西司马、南郡太守王华大封，而误封北海太守球，版免晦侍中。寻转领军将军、散骑常侍，依晋中军羊祜故事，入直殿省，总统宿卫。三月，高祖不豫，给班剑二十人，与徐羡之、傅亮、檀道济并侍医药。少帝即位，加领中书令，与羡之、亮共辅朝政。少帝既废，司空徐羡之录诏命，以晦行都督荆湘雍益宁南北秦七州诸军事、抚军将军、领护南蛮校尉、荆州刺史，欲令居外为援，虑太祖至或别用人，故遽有此授。精兵旧将，悉以配之，器仗军资甚盛。太祖即位，加使持节，依本位除授。晦虑不得去，甚忧惶，及发新亭，顾望石头城，喜曰："今得脱矣。"寻进号卫将军，加散骑常侍，进封建平郡公，食邑四千户，固让进封。又给鼓吹一部。

初为荆州，甚有自矜之色，将之镇，诣从叔光禄大夫澹别。澹问晦年，晦答曰："三十五。"澹笑曰："昔荀中郎年二十七为北府都督，卿比之，已为老矣。"晦有愧色。至江陵，深结侍中王华，冀以免祸。二女当配彭城王义康、新野侯义宾。元嘉二年，遣妻曹及长子世休送女还京邑。先是景平中，索虏为寇，覆没河南。至是上欲诛羡之等，并讨晦。声言北伐，又言拜京陵，治装舟舰。傅亮与晦书曰："薄伐河朔，事犹未已，朝野之虑，忧惧者多。"又言："朝士多谏北征，上当遣外监万幼宗往相咨访。"时朝廷处分异常，其谋颇泄。三年正月，晦弟黄门侍郎嚼驰使告晦，晦犹谓不然，呼咨议参军何承天，示以亮书，曰："计幼宗一二日必至，傅公虑我好事，故先遣此书。"承天曰："外间所闻，咸谓西讨已定，幼宗岂有上理。"晦尚谓虚妄，使承天豫立答诏启草，伐虏宜须明年。江夏内史程道惠得寻阳人书，言："朝廷将有大处分，其事已审。"使其辅国府中兵参军乐冏封以示晦。晦又谓承天曰："幼宗尚未至，若复二三日无消息，便是不复来邪？"承天答曰："诏使本无来理，如程所说，其事已判，岂容复疑。"

晦欲焚南蛮兵籍，率见力决战。士人多劝发兵，乃立幡戒严，谓司马庾登之曰："今当下，欲屈卿以三千人守城，备御刘粹。"登之曰："下官亲老在都，又素无旅，情计二三，不敢受此旨。"晦仍问诸佐："战士三千，足守城不？"南蛮司马周超对曰："非徒守城而已，若有外寇，可以立勋。"登之乃曰："超必能办，下官请解司马、南郡以授。"即于坐命超为司马、建威将军、南义阳太守，转登之为长史，南郡如故。

太祖诛羡之等及晦子新除秘书郎世休，收嚼、嚼子世平、兄子著作佐郎绍等。乐冏又遣使告晦："徐、傅二公及嚼等并已诛。"晦先举羡之、亮哀，次发子弟凶问。既而自出射堂，配衣军旅。数从高祖征讨，备睹经略，至是指麾处分，莫不曲尽其宜。二三日中，四远投集，得精兵三万人。乃奉表曰：

臣阶缘幸会，蒙武皇帝殊常之眷，外闻政事，内谋帷幄，经纶夷险，毗赞王业，预佐命之勋，膺河山之赏。及先帝不豫，导扬末命，臣与故司徒臣羡之、左光禄大夫臣亮、征北将军臣道济等，并升御床，跪受遗诏，载贻话言，托以后事。臣虽凡浅，感恩自厉，送往事居，诚贯幽显。逮营阳失德，自绝宗庙，朝野

岌岌,忧及祸难,忠谋协契,徇国忘己,援登圣朝,惟新皇祚。陛下驰传乘流,曾不惟疑,临朝殷勤,增崇封爵。此则臣等赤心已亮于天鉴,远近万邦咸达于圣旨。若臣等志欲专权,不顾国典,便当协奖幼主,孤背天日,岂复虚馆七旬,仰望鸾旗者哉?故庐陵王于营阳之世,屡被猜嫌,积怨犯上,自贻非命。天祚明德,属当昌运,不有所废,将何以兴?成人之美,《春秋》之高义;立帝清馆,臣节之所司。耿弇不以贼遗君父,臣亦何负于宋室邪?况衅结阋墙,祸成畏逼,天下耳目,岂伊可诬!

臣忝居蕃任,乃诚匪懈,为政小大,必先启闻。纠剔群蛮,清夷境内,分留弟侄,并侍殿省。陛下聿遵先志,申以婚姻,童稚之日,猥荷齿召,荐女迁子,合门相送。事君之道,义尽于斯。臣羡之总录百揆,翼亮三世,年耆乞退,屡抗表疏,优旨绸缪,未垂顺许。臣亮管司喉舌,恪虔夙夜,恭谨一心,守死善道。此皆皇宋之宗臣,社稷之镇卫,而谗人倾覆,妄生国衅,天威震怒,加以极刑,并及臣门,则被挛戮。虽未知臣道济问,推理即事,不容独存。先帝顾托元臣,翼命之佐,剸于佞邪之手,忠贞匪躬之辅,不免夷灭之诛。陛下春秋方富,始览万机,民之情伪,未能鉴悉。王弘兄弟,轻躁昧进;王华猜忌忍害,规弄威权,先除执政,以逞其欲。天下之人,知与不知,孰不为之痛心愤怨者哉!

臣等见任先帝,垂二十载,小心谨慎,无纤介之愆,伏事甫尔,而婴若斯之罪。若非先帝谬于知人,则为陛下未察愚款。臣去岁末使反,得朝士及殿省诸将书,并言嫌隙已成,必有今日之事。臣推诚仰期,罔有二心,不图奸回潜遘,理顺难恃,忠贤陨朝,愚臣见袭,到彦之、萧欣等在近路。昔白公称乱,诸梁婴胄,恶人在朝,赵鞅入伐。臣义均休戚,任居分陕,岂可颠而不扶,以负先帝遗旨!辄率将士,缮治舟甲,须其自送,投袂扑讨。若天祚大宋,卜世灵长,义师克振,中流清荡,便当浮舟东下,戮此三竖,申理冤耻,谢罪阙庭,虽伏锧赴镬,无恨于心。伏愿陛下远寻永初托付之旨,近存元嘉奉戴之诚,则微臣丹款,犹有可察。临表哽慨,言不自尽。

太祖时已戒严,诸军相次进路。尚书符荆曰:

祸福无门,逆顺有数,天道微于影响,人事鉴于前图,未有蹈义而福不延,从恶而祸不至也。故智计之士,审败以立功,守正之臣,临难以全节。徐羡之、傅亮、谢晦,安忍鸱杀,获罪于天,名教所极,政刑所取,已远暴四海,宣于圣诏。羡之父子、亮及晦息,电断之初,并即大宪。复王室之仇,据义夫之愤,国典澄明,人神感悦。三姓同罪,既擒其二,晦之室属,缧仆狱户,苟明所怨,孤根易拔,以顺讨逆,虽厚必崩。然归死难图,兽幽则噬,是以爰整其旅,用为过防。京师之众,天下云集,士练兵精,大号响震。

使持节、中领军垦山县开国侯到彦之率羽林选士果劲二万,云旗首路,组甲曜川。使持节、散骑常侍、都督南徐兖之江北淮南青州徐州之淮阳下邳琅邪东莞七郡诸军事、征北将军、南兖州刺史、永修县开国公檀道济统劲锐武卒三万,戈船蔽江,星言继发,千帆俱举,万棹遄征。散骑常侍、骁骑将军段宏铁马二千,风驱电击,步自竟陵,直至鄢郢。又命征虏将军、雍州刺史刘粹控河阴之师,冲其巢窟。湘州刺史张邵提湘川之众,直据要害。巴、蜀杜荆门之险,秦、梁绝丹炘之迳,云网四合,走伏路尽。然后銮舆效驾,六军鹏翔,警跸前驱,五牛整旆。虽以英布之气,彭宠之资,登陴无名,授兵谁御?加以西土之人,咸沐皇泽,东吴将士,怀本首丘,必不自陷罪人之党,横为乱亡之役。置军则鱼溃,婴城则鸟散,其势然矣。圣上殷勤哀愍,其罪由晦,士民何幸。是用一分前麾,宣示朝旨。符到,其即共收擒晦身,轻舟护送。若已猖蹶,先事阻卫,宜翻然背乱,相率归朝。顷大刑所加,洪恩旷洽,傅亮三息,特蒙全宥,晦同产以下,羡之诸侄,咸无所染。况彼府州文武,并列王职,荷国荣任,身虽在外,乃心辰极。夫转祸贵速,后机则凶,遂使王师临郊,雷电皆至,噬脐之恨,亦将何及。

时益州刺史萧摹之、巴西太守刘道产被征还,始至江陵,晦并系絷,没其财货,以充军资。竟陵内史殷道鸾未之郡,以为咨议参军。以弟遁为冠军、竟陵内史,总留任;兄子世猷为建威将军、南平太守。刘粹若至,周超能破之者,即以为龙骧将军、雍州刺史。晦率众二万,发自江陵,舟舰列自江津至于破冢,旍旗相照,蔽夺日光。晦乃叹曰:"恨不得以此为勤王之师!"自领湘州刺史,以张邵为辅国将军,邵不受命。晦檄京邑曰:

王室多故,祸难荐臻。营阳失德,自绝宗庙。庐陵王构阋有本,屡被猜嫌,且居丧失礼,遐迩所具,积怨犯上,自贻非道。群后释位,爰登圣明,乱之未乂,职有所系。按车骑大将军王弘、侍中王昙首,谬蒙时私,叨窃权要。弘于永初之始,实荷不世之恩,元嘉之让,自谓任遇浮浅,进诬先皇委诚之寄,退长嫌疑异同之端。昙首往因使下,访以今上起居,不能光扬令德,彰于朝听,其言多诬,故不具说。王华贼亡之余,赏擢之次,先帝常见访逮,庶有一分可取,而华禀性凶猜,多所忍害。曩者纵人入城,托ινε辞事,此都士庶,咸所闻知。以其所启及上手答示宗叔献,又令宣告徐、傅二公。及周纠使下,又令见咨,云:"欲自揽政事,求离任还都,并令昙首具述此意。"又惠观道人说,外人告华及到彦之谋反,不谓无之。城内东将,数日之内,操戈相待。华说数为秋当所谮,常不自安。凡此诸事,岂有忠诚冥契若此者邪?自以父亡道侧,情事异人,外绝酒醴,而宵饮是恣。腼貌□□□□□凡厥士庶,谁不侧目。又常叹宰相顿有数人,是何愤愤,规总威权,不顾国典。保祐皇家者,罹屠戮之诛;效勤社稷者,致歼夷之祸。搢绅之徒,孰不慷慨!遂矫违诏旨,遣到彦之、萧欣之轻舟见袭。即日监利左尉露檄众军已至扬子。

虽以不武,忝荷蕃任,国家艰难,悲愤兼集。若使小人得志，君子道消，凡百有殄瘁之哀，苍生深横流之惧。辄纠勒义徒，缮治舟甲，舳舻亘川，驷介蔽野，武夫鸷勇，人百其诚。今遣南蛮司马宁远将军庾登之统参军事建武将军建平太守安泰、宣威将军昭弘宗、参军事宣威将军王绍之等，精锐一万，前锋致讨。南蛮参军、振威将军魏像统参军事、宣威将军陈珍虎旅二千，参军事、建威将军、新兴太守贺愔甲卒三千，相系取道。南蛮参军、振威将军郭卓铁骑二千，水步齐举。大军三万，骆驿电迈。行冠军将军竟陵内史河东太守谢遁、建威将军南平太守谢世猷骁勇一万，留守江陵。分命参军、长宁太守窦应期步骑五千，直出义阳。司马、建威将军、行南义阳太守周超之统军司马、振武将军胡崇之精悍一万，北出高阳，长兼行参军、宁远将军朱澹之步骑五千，西出雁塞，同讨刘粹，并趋襄阳。奇兵尚速，指景齐奋。诸贤并同国恩，情兼义烈，今诚志士忘身之日，义夫著绩之秋，见机而动，望风而不待勖。

晦至江口，到彦之已到彭城洲。庾登之据巴陵，畏懦不敢进。会霖雨连日，参军刘和之曰："彼此共有雨耳，檀征北寻至，东军方强，唯宜速战。"登之怔怯，使小将陈祐作大囊，贮茅数千斛，悬于帆樯，云可以焚舰，用火宜须晴，以缓战期。晦然之，遂停军十五日。乃攻萧欣于彭城洲，中兵参军孔延秀率三千人进战，甚力。欣于陈后拥楯自卫，又委军还船，于是大败。延秀又攻洲口栅，陷之，彦之退保隐圻。

晦又上表曰：

臣闻凶邪败国，先代成患；逆竖乱朝，异世齐祸。故赵高矫逼，秦氏用倾；董卓阶乱，汉祚伊覆。虽哲王宰世，大明照临，未能使其渐弗兴，兹害不作。奸臣王弘等窃弄威权，兴造祸乱，遂与弟华内外影响，同恶相成，忌害忠贤，图希非望。故司徒臣羡之、左光禄大夫臣亮横被酷害，并及臣门。虽未知征北将军臣道济存亡，不容独免。遂遣萧欣、到彦之等轻舟见袭，奸伪之甚，一至于斯。羡之及亮，或宿德元臣，姻娅皇极，或任总文武，位班三事，道济职惟上将，捍城是司，皆受遇先朝，栋梁一代。臣昔因时幸，过蒙先眷，内闻政事，外经戎旅，与羡之、亮等同被齿盼。既经启王基，协济大业，爰自权舆，暨于揖让，诚策虽微，仍见纪录，并蒙丹书之誓，各受山河之赏，欲使与宋升降，传之无穷。及圣体不预，穆卜无吉，召臣等四人，同升御床，顾命领遗，委以家国。仰奉成旨，俯竭股肱，忠贞不效，期之以死。但营阳悖德，自绝于天，社稷之危，忧在托付，不有所废，将焉以兴。乃远稽殷、汉，用升圣德。

陛下顺流乘传，不听张武之疑，入邸龙飞，非侯宋昌之议，斯乃丰臣相信，天人合契，九五当阳，化形四海。羡之及亮，内赞皇猷，臣与道济，分翰于外，普天之下，孰曰不宜。遂蒙宠授，来镇此方，分留弟侄，以侍台省。到任以来，首尾三载，虽形在远外，心系本朝，事无大小，动皆咨启，八州之政，罔一专辄，尊上之心，足贯幽显。陛下远述先旨，申以婚姻，大息世休，复蒙引召，是以去年送女遣儿，阖家俱下，血诚如此，未知所愧。而凶狡无端，妄生衅祸，羡之内诛，臣受外伐，顾省诸怀，不识何罪？天听邈邈，陈诉靡由。弘等既蒙宠任，得侍左右，自谓势擅狐鼠，理隔熏掘。又以陛下富于春秋，始览政事，欲冯陵恩幸，窥望国权，亲从磐踞，规自封殖，不除臣等，罔得专权，所以交结逸慝，成是乱阶。又惟弘等所构，当以营阳为言，庐陵为罪。又以臣等位高功同，内外胶固。陛下信其厚貌，忘厥左道，三至下机，能不暂惑。

伏自寻省，废昏立明，事非为己。庐陵之事，不由傍人，内积萧墙之衅，外行封段之罚，既制之有主，臣何预焉。然庐陵为性轻险，悌顺不足，武皇临崩，亦有口诏，比虽发自营阳，实非国祸。至于羡之、亮等，周旋同体，心腹内外，政欲戮力皇家，尽忠报主。若令臣等颇欲执权，不专为国，初废营阳，陛下在远，武皇之子，尚有童幼，拥以号令，谁敢非之。而溯流三千，虚馆三月，奉迎銮驾，以遵下武，血心若斯，易为可鉴。

且臣等奉事先朝，十有七年，并居显要，世称恭谨，不图一旦致兹衅祸。夫周公大贤，尚有流言之谤，伯奇至孝，不免谮诉之祸。慈父非无情于仁子，明君岂有志于贞臣。奸谗所移，势回山岳，况乃精诚微浅，而望求信者哉！《诗》不云乎："谗人罔极，交乱四国。恺悌君子，无信谗言。"陛下躬览篇籍，研核是非，衅兆之萌，宜应深察。臣窃惧王室小有皇甫之患，大有阎乐之祸，夙夜殷忧，若无首领。夫周道浸微，桓、文称伐，君侧乱国，赵鞅入诛。况今凶祸滔天，辰极危逼，台辅孥戮，岳牧倾陷。臣才非绛侯，安从是职，人愧博陆，厕奉遗旨。国难既深，家痛亦切。辄简徒缮甲，军次巴陵，萧欣窘慑，望风奔进。臣诚短劣，在国忘身，仰凭社稷之灵，俯义勇之气，将长驱电扫，直入石头，枭翦元凶，诛夷首恶，吊二公之冤魂，写私门之祸痛。然后分归司寇，甘赴鼎镬，虽死之日，犹生之年。

伏惟陛下德合乾元，道侔玄极，鉴凶祸之无端，察贞亮之有本，回日月之照，发霆电之威，枭四凶于庙庭，悬三监于绛阙，申二台之匪辜，明两蕃之无罪，上谢祖宗，下告百姓，遣一乘之使，赐咫尺之书，臣便勒众旋旗，还保所任。须次近路，寻复表闻。

初，晦与徐羡之、傅亮谋为自全之计，晦据上流，而檀道济镇广陵，各有强兵，以制持朝廷；羡之、亮于中秉权，可得持久。及太祖将行诛，王华之徒咸云："道济不可信。"太祖曰："道济止于胁从，本非主者。杀害之事，又所不关。吾召而问之，必异。"于是诏道济入朝，授之以众，委之西讨。晦闻羡之等死，谓道济必不独全，及闻率众来上，惶惧无计。

道济既至，与彦之军合，牵舰缘岸。晦始见舰数不多，轻之，不即出战。至晚，因风帆上，前后连咽，西人离阻，无复斗心。台军至忌置洲尾,列舰过江,晦大军一时溃散。晦夜出,投巴陵,得小船还江陵。初,雍州刺史刘粹遣弟竟陵太守道济与台军主沈敞之袭江陵,至沙桥,周超率万余人与战,大破之。俄而晦败问至。晦至江陵,无它处分,唯愧谢周超而已。超其夜舍军单舸诣到彦之降。众散略尽,乃携其弟遁、兄子世基等七骑北走。遁肥壮不能骑马,晦每待之,行不得速。至安陆延头,为戍主光顺之所执。顺之,晦故吏也。槛送京师,于路作《悲人道》,其词曰:

悲人道兮,悲人道之实难。哀人道之多险,伤人道之寡安。懿华宗之冠胄,固清流而远源。树文德于庭户,立操学于衡门。应积善之余祐,当履福之所延。何小子之凶放,实招祸而作愆。值革变之大运,遭一顾于圣皇。参谋献于创物,赞帝制于宏纲。出治戎于禁卫,入关言于帷房。分河山之珪组,继文武之龟章。禀顾命于西殿,受遗寄于御床。伊懦劣其无节,实怀此而不忘。荷隆遇于先主,欲报之于后王。忧托付之无效,惧愧言于存亡。谓继体其嗣业,能增辉于前光。居遇密之未几,越礼度而湎荒。普天壤而殒气,必社稷之沦丧。矧吾侪之体国,实启处而匪遑。藉亿兆之一志,固昏极而明彰。谅主尊而民晏,信卜祚之无疆。国既危而重构,家已衰而载昌。获扶顾而休否,冀世道之方康。

朝褒功以疏爵,祗命服于西蕃。奏箫管之嘈囋,拥朱旄之赫煌。临八方以作镇,响文武之桓桓。厉薄弱以为政,实忘食于日旰。岂甫之敢慕,庶惟宋之屏翰。甫逾历其三稔,实周回其未再。岂有虑于内□□□□其云裁。痛夹辅之二宰,并加辟而糜贷。哀弱息之从祸,悲发中而心痗。

伊荆汉之良彦,逮文武之子民。见忠贞而弗亮,睹理屈而莫申。皆义概而同愤,咸荷戈而竞臻。浮舳舻之弈弈,陈车骑之辚辚。观人和与师整,谓兹兵其谁陈。庶亡魂之雪怨,反泾、渭于彝伦。齐轻舟于江曲,抮锐敌其皆湮。勒陆徒于白水,寇无反于只轮。气有捷而益壮,威既肃而弥振。嗟时哉之不与,迕风雨以逾旬。我谋战而不克,彼继奔其蹑尘。乏智勇之奇正,忽孟明而是遵。苟成败其有数,岂怨天而尤人。恨矢石之未竭,遂摧师而覆陈。诚得丧之所遭,固当之其无吝。痛同怀之弱子,横遭罹之殃衅。智未穷而事倾,力未极而莫振。誓同尽于锋镝,我怯力而愆信。愍弟侄之何辜,实吾咎之所婴。谓九夷其可处,思致免以全生。嗟性命之难遂,乃窘绁于边亭。亦何怍于天地,备艰危而是丁。

我闻之于昔诰,功弥高而身蹙。霍芒刺而幸免,卒倾宗而灭族。周叹贵于狱吏,终下蕃而糜鞠。虽明德之大贤,亦不免于残戮,怀今惮而忍人,忘向惠而莫复。绩无赏而震主,将何方以自牧。非砎石之圆照,孰违祸以取福,著殷鉴之自古,岂独叹于季叔。能安亲而扬名,谅见称于先哲。保归全而终孝,伤在余而皆缺。辱历世之平素,忽盛满而倾灭。惟烝尝与洒扫,痛一朝而永绝。问其谁而为之,实孤人之险孽。

罪有逾于丘山,虽万死其何雪。

羁角偃兮衡间,亲朋交兮平义。虽履尚兮不一,隆分好兮情寄。俱惮耕兮从禄,睹世道兮艰诐。规志局兮功名,每谓之兮为易。今定谥兮阖棺,惭明智兮昔议。虽待尽兮为耻,嗟厚颜兮靡置。长揖兮数子,谢尔兮明智。百龄兮浮促,终焉兮斟克。卧尽兮斧斤,理命兮同得。世安彼兮非此,岂晓分兮辨惑。御庄生之达言,请承风以为则。

周超既降,到彦之以参府事,刘粹遣参军沈敞之告彦之沙桥之败,事由周超,彦之乃执之。先系曛等,犹未即戮,于是与晦、遁、兄子世基、世猷及同党孔延秀、周超、贺愔、窦应期、蒋虔、严千斯等并伏诛。世基,绚之子也,有才气。临死为连句诗曰:"伟哉横海鳞,壮矣垂天翼。一旦失风水,翻为蝼蚁食。"晦续之曰:"功遂侔昔人,保退无智力。既涉太行险,斯路信难陟。"晦死时,年三十七。庾登之、殷道鸾、何承天并皆原免。

初,河东人商玄石为晦参军,晦为逆,玄石密欲推西人庾田夫及到彦之从弟为主,田夫等不敢许。知玄石独谋不立,遂为晦领幢。事既平,恨本心之不遂,投水死。太祖嘉之,以其子怀福为衡阳王义季右军参军督护。晦走,左右皆弃之,唯有延陵盖追随不舍。太祖嘉之,后以盖为长沙王义欣镇军功曹督护。

史臣曰:谢晦坐玺封违谬,遂免侍中,斯有以见高祖之识治,宰臣之称职也。夫挈戮所施,事行重衅,左黜或用,义止轻愆。轻愆,物之所轻;重衅,人之所重。故斧钺希行于世,徽简日用于朝,虽贵臣细故,不以任隆弛法,至乎下肃上尊,用此道也。自太祖临务,兹典稍违,网以疏行,法为恩息,妨德害美,抑此之由。降及大明,倾诐愈甚,自非讦窃深私,陵犯密讳,则左降之科,不行于权戚。若有身触盛旨,衅非国刑,免书裁至,吊客固望其门矣。由是律无恒条,上多弛行,纲维不举,而网目随之。所以吉人防著在微,慎大由小,盖为此云。

卷四十五　　　列传第五

王镇恶　檀韶　向靖　刘怀慎　刘粹

王镇恶,北海剧人也。祖猛,字景略,苻坚僭号关中,猛为将相,有文武才,北土重之。父休,为河东太守。镇恶以五月五日生,家人以俗忌,欲令出继疏宗。猛见奇之,曰:"此非常儿,昔孟尝君恶月生而相齐,是儿亦将兴吾门矣!"故名之为镇恶。年十三而苻氏败亡,关中扰乱,流寓崤、渑之间。尝寄食渑池人李方家,方善遇之。谓方曰:"若遭遇英雄主,要取万户侯,当厚相报。"方答曰:"君丞相孙,人才如此,何患不富贵。至时愿见用为本县令,足矣。"后随叔父曜归晋,客居荆州。颇读诸子兵书,论广固之役，或荐镇恶于高祖，时镇恶为天门临澧令，即遣召之。既至与语，甚异焉，因留宿。明旦谓诸佐曰："镇恶，王猛之孙，所谓将门有将也。"即以为青州治中从事史，行参中军太尉军事，署前部贼曹。拒卢循于查浦，屡战有功，封博陆县五等子。高祖谋讨刘毅，镇恶曰："公若有事西楚，请赐给百舸为前驱。"义熙八年，刘毅有疾，求遣从弟兖州刺史藩为副贰，高祖伪许之。九月，大军西讨，转镇恶参军事，加振武将军。高祖至姑孰，遣镇恶率龙骧将军蒯恩百舸前发，其月二十九日也。戒之曰："若贼知吾上，比军至，亦当少日耳。政当岸上作军，未办便下船也。卿至彼，深加筹量，可击，便烧其船舰，且浮舸水侧，以待吾至。慰劳百姓，宣扬诏旨并赦文、及吾与卫军府文武书。罪止一人，其余一无所问。若贼都不知消息，未有备防，可袭便袭。今去，但云刘兖州上。"镇恶受命，便昼夜兼行，于鹊洲、寻阳、河口、巴陵守风凡四日；十月二十二日，至豫章口，去江陵城二十里。

自镇恶进路，扬声刘兖州上，毅谓为信然，不知见袭。镇恶自豫章口舍船步上，蒯恩军在前，镇恶次之。舸留一二人，对舸岸上竖六七旗，下辄安一鼓。语所留人："计我将至城，便长严，令后有大军状。"又分队在后，令烧江津船舰。镇恶径前袭城，语前军："若有问者，但云刘兖州至。"津戌及百姓皆言刘藩实上，晏然不疑。

未至城五六里，逢毅要将朱显之，与十许骑，步从者数十，欲出江津。问是何人，答云："刘兖州至。"显之驰前问藩所，答云："在后。"显之既见军不见藩，而见军人担彭排战具，望见江津船舰已被烧，烟焰张天，而鼓严之声甚盛，知非藩上，便跃马驰去告毅："外有大军，似从下上，垂已至城，江津船悉被火烧矣。"行令闭诸城门。镇恶亦驰进，军人缘城得入，门犹未及下关，因得开大城东门。大城内，毅凡有八队，带甲千余，已得戒严。蒯恩入东门，便北回击射堂，前攻金城东门。镇恶入东门，便直击金城西门。军分攻金城南门，毅金城内东从旧将，犹有六队千余人，西将有能细直吏快手，复有二千余人。食时就斗，至中晡，西人退散及归降略尽。镇恶入城，便因风放火，烧大城南门及东门。又遣人以诏及赦文并高祖手书凡三函示毅，毅皆烧不视。金城内亦未信高祖自来。有王桓者，家住江陵，昔手斩桓谦，为高祖所赏拔，常在左右。求还西迎家，至是率十余人助镇恶战。下晡间，于金城东门北三十步凿城作一穴，桓便先众人穴，镇恶自后继之，随者稍多，因短兵接战。镇恶军人与毅东来将士，或有是父兄子弟中表亲亲者，镇恶且斗且共语，众并知高祖自来，人情离懈。一更许，听事前阵散溃，斩毅勇将赵蔡。毅左右兵犹闭东西阁拒战，镇恶虑暗夜自相伤犯，乃引军出，绕金城，开其南面，以为退路。毅虑南有伏兵，三更中，率左右三百许人并北门突出。初，毅常所乘马在城外不得入，仓卒无马，毅便就子肃民取马，肃民不与。朱显之谓曰："人取汝父，而惜马不与，汝今自走，欲何之？"夺马以授毅。初出，政值镇恶军，冲之不得去；回

冲蒯恩军，军人斗已一日，疲倦，毅得从大城东门出奔牛牧佛寺，自缢死。镇恶身被五箭，射镇恶手所执矟，于手中破折。江陵平后二十日，大军方至。

署中兵，出为安远护军、武陵内史。以讨刘毅功，封汉寿县子，食邑五百户。蛮帅向博抵根据阮头，屡为凶暴，镇恶讨平之。初行，告刺史司马休之，求遣军以为声援，休之遣其将朱襄领众助镇恶。会高祖西讨之，镇恶乃告诸将曰："百姓皆知官军已上，朱襄等复是一贼，表里受敌，吾事败矣。"乃率军夜下，江水迅急，倏忽行数百里，直据都尉治。襄军下，夹岸击之，斩襄首，杀千余人。镇恶性贪，既破襄，因停军抄掠诸蛮，不时反。及至江陵，休之已平，高祖怒，不时见之。镇恶笑曰："但令我一见公，无忧矣。"高祖寻登城唤镇恶，镇恶为人强辩，有口机，随宜酬应，高祖乃释。休之及鲁宗之奔襄阳，镇恶统蒯恩诸军水路追之，休之等奔羌，镇恶追蹑，尽境而还。除游击将军。

十二年，高祖将北伐，转镇恶为咨议参军，行龙骧将军，领前锋。将发，前将军刘穆之见镇恶于积弩堂，谓之曰："公悉此遗黎，志荡逋逆。昔晋文王委伐蜀于邓艾，今亦委卿以关中，想勉建大功，勿孤此授。"镇恶曰："不克咸阳，誓不复济江而还也！"镇恶入贼境，战无不捷，邵陵、许昌，望风奔散；破虎牢及柏谷坞，斩贼帅赵玄。军次洛阳，伪陈留公姚洸归顺。进次渑池，造故人李方家，升堂见母，厚加酬贲，即版授方为渑池令。遣司马毛德祖攻伪弘农太守尹雅于蠡城，生擒之。仍行弘农太守。方轨长驱，径据潼关。伪大将军姚绍率大众拒岭，深沟高垒以自固。镇恶悬军远入，转输不充，与贼相持久，将士乏食，乃亲到弘农督上民租，百姓竞送义粟，军食复振。

初，高祖与镇恶等期，若克洛阳，须大军至，未可轻前。既而镇恶等径向潼关，为绍所拒不得进，而军又乏食，驰告高祖，求遣粮援。时高祖沿河，索虏屯据河岸，军不得前。高祖呼所遣人开舫北户，指河上虏示之曰："我语令勿进，而轻佻深入。岸上如此，何由得遣军？"镇恶既得义租，绍又病死，伪抚军姚赞代绍守险，众力犹盛。高祖至湖城，赞引退。

大军次潼关，谋进取之计，镇恶请水军自河入渭。伪镇北将军姚强屯兵泾上，镇恶遣毛德祖击破之，直至渭桥。镇恶所乘皆蒙冲小舰，行船者悉在舰内，见见舰溯渭而进，舰外不见有乘行船人，北土素无舟楫，莫不惊惋，咸谓为神。镇恶既至，令将士食半，便弃舫登岸。渭水流急，倏忽间，诸舰悉逐流去。时姚泓屯军在长安城下，犹数万人。镇恶抚慰士卒曰："卿诸人并家在江南，此是长安城北门外，去家万里，而舫乘衣粮，并已逐流去，岂复有求生之计邪！唯宜死战，可以立大功，不然，则无遗类矣。"乃身先士卒，众亦知无复退路，莫不腾踊争先。泓众一时奔溃，即陷长安城。泓挺身逃走，明日，率妻子归降。城内夷、晋六万余户，镇恶宣扬国恩，抚慰初附，号令严肃，百姓安堵。

高祖将至，镇恶于灞上奉迎。高祖劳之曰："成吾霸业者，真卿也。"镇恶再拜谢曰："此明公之威，诸将之力，

镇恶何功之有焉!"高祖笑曰:"卿欲学冯异也。"是时关中丰全,仓库殷积,镇恶极意收敛,子女玉帛,不可胜计。高祖以其功大,不问也。进号征虏将军。时有白高祖以镇恶既克长安,藏姚泓伪辇,为有异志。高祖密遣人觇辇所在,泓辇饰以金银,镇恶悉剔取,而弃辇于垣侧。高祖闻之,乃安。

高祖留第二子桂阳公义真为安西将军、雍秦二州刺史,镇长安。镇恶以本号领安西司马、冯翊太守,委以捍御之任。时西虏佛佛强盛,姚兴世侵扰北边,破军杀将非一。高祖既至长安,佛佛畏惮不敢动。及大军东还,便寇逼北地。义真遣中兵参军沈田子距之。虏甚盛,田子屯刘回堡,遣使还报镇恶。镇恶对田子使,谓长史王修曰:"公以十岁儿付吾等,当各思竭力,而拥兵不进,寇虏何由得平!"使还,具说镇恶言,田子素与镇恶不协,至是益激怒。二人常有相图志,彼此每相防疑。镇恶率众出北地,为田子所杀,事在《序传》。时年四十六。田子又于镇恶营内,杀镇恶兄基、弟鸿、遵、渊及从弟昭、朗、弘,凡七人。是岁,十四年正月十五日也。

高祖表曰:"故安西司马、征虏将军王镇恶,志节亮直,机略明举。自策名州府,屡著诚绩。荆南遘衅,势据上流,难兴强蕃,忧兼内侮。镇恶轻舟先迈,神兵电临,旰食之虞,一朝雾散。及王师西伐,有事中原,长驱洛阳,肃清湖、陕。入渭之捷,指麾无前,遂廓定咸阳,俘执伪后,克成之效,莫与为畴,实捍城所寄,国之方召也。近北虏游魂,寇掠渭北,统率众军,曜威扑讨。贼既还奔,还次泾上,故龙骧将军沈田子忽发狂易,奄加刃害,忠勋未究,受祸不图,痛惜兼至,惋悼无已,伏惟圣怀,为之伤恻。田子狂悖,即已备宪。镇恶诚著艰难,勋参前烈,殊绩未酬,宜蒙追宠,愿敕有司,议其褒赠。"于是追赠左将军、青州刺史。高祖受命,追封龙阳县侯,食邑千五百户,谥曰壮侯。配食高祖庙廷。

子灵福嗣,位至南平王铄右军咨议参军。灵福卒,子述祖嗣。述祖卒,子睿嗣。齐受禅,国除。

镇恶弟康,留关中,及高祖北伐,镇恶为前锋,康逃匿田舍。镇恶次潼关,康将家奔之,高祖板为彭城公前将军行参军。镇恶被害,康逃藏得免,携家出洛阳,到彭城,归高祖。即以康为相国行参军。求还洛阳视母,寻值关、陕不守,康与长安徙民张旰丑、刘云等唱集义徒,得百许人,驱率邑郭侨户七百余家,共保金墉城,为守战之备。时有一人邵平,率部曲及并州乞活一千余户屯城南,迎亡命司马文荣为主。又有亡命司马道恭自东垣率三千人屯城西,亡命司马顺明五千人屯陵云台。顺明遣刺杀文荣,平复推顺明为主。又有司马楚之屯柏谷坞,索虏野坂戍主黑弰公游骑在芒上,攻逼交至,康坚守六旬。

宋台建,除康宁朔将军、河东太守。遣龙骧将军姜□率军救之,诸亡命并各奔散。高祖嘉康节,封西平县男,食邑三百户,进号龙骧将军。迎康家还京邑。劝课农桑,百姓甚亲赖之。永初元年卒金墉,时年四十九,葬于偃师城西。追赠辅国将军。无子,以兄河西太守基子天祐嗣。当太祖元嘉二十七年,随刘康祖伐索虏败没,子怀祖嗣。

檀韶,字令孙,高平金乡人也,世居京口。初辟本州从事,西曹主簿,辅国司马。高祖建义,韶及弟祗、道济等从平京城,行参高祖建武将军事。都邑既平,为镇军参军,加宁远将军、东海太守,进号建武将军,迁龙骧将军、秦郡太守,北陈留内史。以平桓玄功,封巴丘县侯,食邑五百户;复参车骑将军事,加龙骧将军,迁骁骑将军,中军咨议参军,加宁朔将军。

从征广固,率向弥、胡藩等五十人攻临朐城,克之。及围广固,慕容超夜烧楼当韶围分,降号横野将军。城陷之日,韶率所领先登,领北琅邪太守,进号宁朔将军、琅邪内史。从讨卢循于左里,又有战功,并论广固功,更封宜阳县侯,食邑七百户,降先封一等为伯,减户之半二百五十户,赐祗子臻。坐六门内乘舆,白衣领职。义熙七年,号辅国将军。八年,丁母忧,起为冠军将军。明年,复为琅邪内史,淮南太守,将军如故。镇姑孰。寻进号左将军,领本州大中正。十二年,迁督江州豫州之西阳新蔡二郡诸军事、江州刺史,将军如故。有罪,免官。

高祖受命,以佐命功,增八百户,并前千五百户。韶嗜酒贪横,所莅无绩,上嘉其合门从义,弟道济又有大功,故特见宠授。永初二年,卒于京邑,时年五十六。追赠安南将军,加散骑常侍。子绪嗣。绪卒,无子,国除。祗子臻。臻卒,子遐嗣,齐受禅,国除。祗、弟道济并别有传。

向靖,字奉仁,小字弥,河内山阳人也。名与高祖祖讳同,改称小字。世居京口,与高祖少旧。从平京城,参建武军事。进平京邑,板参镇军军事,加宁远将军。京邑虽平,而群寇互起,弥与刘藩、孟龙符征破桓歆、桓石康、石绥于白茅,攻寿阳克之。义熙三年,迁建武将军、秦郡太守,北陈留内史,戍堂邑。以平京城功,封山阳县五等侯。从征鲜卑,大战于临朐,累月不决。弥与檀韶等分军自间道攻临朐城。弥擐甲先登,即时溃陷,斩其牙旗,贼遂奔走。攻拔广固,弥又先登。卢循屯据蔡洲,以亲党阮赐为豫州刺史,攻逼姑孰。弥率谯国内史赵恢讨之。时辅国将军毛修之戍姑孰,告急续至,弥兼行进讨,破赐,收其辎重。除中军咨议参军,将军如故。卢循退走,高祖南征,弥为前锋,于南陵、雷池、左里三战,并大捷。军还,除太尉咨议参军、下邳太守,将军如故。

八年,转游击将军,寻督马头淮西诸郡军事、龙骧将军、镇蛮护军、安丰汝阴二郡太守、梁国内史,戍寿阳。以平广固、卢循功,封安南县男,食邑五百户。十年,迁冠军将军、高阳内史,临淮太守,领石头戍事。高祖西伐司马休之,以弥为吴兴太守,将军如故。明年,高祖北伐,弥以本号侍从,留戍确磝,进屯石门、柏谷。迁督北青州诸军事、北青州刺史,将军如故。高祖受命,以佐命功,封曲江县侯,食邑千户。迁太子左卫率,加散骑常侍。二年,卒官,时年五十九。追赠前将军。弥治身俭约,不营室宇,无园田商货之业,时人称之。

子植嗣,多过失,不受母训,夺爵。更以植次弟桢绍封,又坐何杀人,国除。植弟柳,字玄季,有学义才能,立身方雅，无所推先，诸盛流并容之。太尉袁淑、司空徐湛之、东扬州刺史颜竣皆与友善。历始兴王浚征北中兵参军，始兴内史，南康相。臧质为逆，召柳至寻阳，与之俱下。质败归降，下狱死。

弥弟劭，永初中，为宣城太守。劭弟子亮，以私忿杀弥妻施氏，托云奴客所杀，劭辄于墓所杀亮及弥妾并奴婢七八人，匿不闻官，为有司所奏，诏无所问。元嘉初，卒于义兴太守。

刘怀慎，彭城人，左将军怀肃弟也。少谨慎质直。始参高祖镇军将军事，振威将军、彭城内史。从征鲜卑，每战必身先士卒，及克广固，怀慎率所领先登。从高祖距卢循于石头，屡战克捷，加辅国将军。义熙八年，以本号监北徐州诸军事，镇彭城，寻加徐州刺史。为政严猛，境内震肃。九年，亡命王灵秀为寇，讨平之。十一年，进北中郎将。以平广固、卢循功，封南城县男，食邑五百户。十三年，高祖北伐，以为中领军、征虏将军，卫辇毂。坐府中相杀，免官。虽名位转优，而恭恪愈至，每所之造位任不逾己者，皆束带门外下车，其谨退类如此。

宋台立，召为五兵尚书，仍督江北淮南诸军、前将军、南晋州刺史。复征为度支尚书，加散骑常侍。高祖迁都寿春，留怀慎督北徐充青淮北诸军事、中军将军、徐州刺史。以亡命人广陵城，降号征虏将军。永初元年，以佐命功，进爵为侯，增邑千户。进号平北将军。征为五兵尚书，加散骑常侍，光禄大夫。景平元年，迁护军将军，常侍如故。特赐班于宗族，家无余财。二年卒，时年六十一。追赠抚军，谥曰肃侯。

子德愿嗣。世祖大明初，为游击将军，领石头戍事。坐受贵客韩佛智货，下狱，夺爵土。后复为秦郡太守。德愿性粗率，为世祖所狎侮。上宠姬殷贵妃薨，葬毕，数与群臣至殷墓。谓德愿曰："卿哭贵妃若悲，当加厚赏。"德愿应声便号恸，抚膺擗踊，涕泗交流。上甚悦，以为豫州刺史。又令医术人羊志哭殷氏，志亦呜咽。他日有问志："卿那得此副急泪？"志时新丧爱姬，答曰："我尔日自哭亡妾耳。"志滑稽，善为谐谑，上亦爱狎之。德愿善御车，尝立两柱，使其中劣通车轴，乃于百余步上振辔长驱，未至数尺，打牛奔从柱间直过，其精如此。世祖闻其能，为之乘画轮车，幸太宰江夏王义恭第。德愿岸著笼冠，短朱衣，执棨进止，甚有容状。永光中，为廷尉，与柳元景厚善。元景败，下狱诛。

怀慎庶长子荣祖，少好骑射，为高帝所知。及卢循攻逼，时贼乘小舰，入淮拔栅。武帝宣令三军，不得辄射贼。荣祖不胜愤怒，冒禁射之，所中应弦而倒，帝益奇焉。以战功参太尉军事。从讨司马休之，彭城内史徐达之败没，诸将意沮，荣祖请战愈厉，高祖乃解所著铠以授之。荣祖率所领陷阵，身被数创，会贼败走。加振威将军，寻参世子征虏军事，领遂成令。高祖北伐，转镇西中兵参军，宁远将军。水军入河，与朱超石大破索虏于半城，又攻刘度垒克之。高祖大飨战士，谓荣祖曰："卿以寡克众，攻无坚城，虽古名将，何以过此。"转为太尉中兵参军，加建

威将军。既破长安，姚泓女婿徐众率其余众连营叛走，荣祖与檀道济等攻营破之，斩首擒馘，不可称计。十四年，除彭城内史，又补相国参军。其年，遣荣祖还都，为世子中兵参军。

永初元年，除越骑校尉，寻转右军将军。索虏南寇，司州刺史毛德祖陷没，荣祖时居父艰，起为辅国将军。追论半城之功，赐爵都乡侯。荣祖为人轻财贵义，善抚将士，然性偏险褊隘，颇失士君子之心。领军将军谢晦深接待之，废立之际，要荣祖，固辞获免。及晦出镇荆楚，欲请为南蛮校尉，荣祖又固止之。其年冬卒。德愿弟兴祖，青州刺史。

怀慎弟怀默，冠军将军、江夏内史，太中大夫。怀默子道球，巴东、建平二郡太守。道球弟孙登，武陵内史。孙登子亮，世祖大明中，为武康令。时境内多盗铸钱，亮掩讨无不禽，所杀以千数。太宗泰始初，为巴陵王休若镇东中兵参军，北伐南讨，功冠诸将，封顺阳县侯，食邑六百户，历黄门郎，梁、益二州刺史。在任廉俭，不营财货，所余公禄，悉以还官。太宗嘉之，下诏褒美。亮在梁州，忽服食修道，欲致长生。迎武当山道士孙道胤，令合仙药。至益州，泰豫元年药始成，而未出火毒。孙不听亮服，亮苦欲服，平旦开城门取井华水服，至食鼓后，心动如刺，中间便绝。后人逢见，乘白马，将数十人，出关西行，共语分明，此乃道家所谓尸解者也。追赠冠军将军，谥曰刚侯。

孙登弟道隆，元嘉二十二年，为庐江太守。世祖举义，弃郡来奔，以补南中郎参军事，加龙骧将军。时世祖分麾下以为三幢，道隆与中兵参军王谦之、马文恭各领其一。大明中，历黄门侍郎，徐、青、冀三州刺史。前废帝景和中，以为右卫将军，永昌县侯，食邑五百户，委以腹心之任。泰始初，为太守尽力，迁左卫将军，中护军。寻赐死，事在《建安王休仁传》。

王谦之，字休光，琅邪临沂人，晋司州刺史胡之曾孙也。世祖初，历骁骑将军，御史中丞，吴兴太守。以南下之功，封石阳县子，食邑五百户。大明三年卒，赠前将军，谥曰肃。子应之嗣。大明末，为衡阳内史。晋安王子勋反，应之起义拒湘州行事何慧文，为慧文所杀，事在《邓琬传》，追赠侍中。应之弟云之，顺帝升明中贵达。

马文恭，扶风人也。亦以功封泉陵县子，食邑五百户。世祖即位，为游击将军。顷之，卒。

刘粹，字道冲，沛郡萧人也。祖恢，持节、监河中军事，征虏将军。粹家在京口。少有志干，初为州从事。高祖克京城，参建武军事。从平京邑，转参镇军事，寻加建武将军、沛郡太守；又领下邳太守，复为车骑中军参军。从征广固，战功居多。以建义功，封西安县五等侯。军还，转中军咨议参军。卢循逼京邑，京口任重，太祖时年四岁，高祖使粹奉太祖镇京城。转游击将军。迁建威将军、江夏相。

卫将军毅，粹族兄也，粹尽心高祖，不与毅同。高祖欲谋毅，众并疑粹在夏口，高祖愈信之。及大军至，粹竭

其诚力。事平，封溵阳县男，食邑五百户。母忧去职。俄而高祖讨司马休之，起粹为宁朔将军、竟陵太守，统水军入河。明年，进号辅国将军，迁相国右司马、侍中、中军司马、冠军将军，迁左卫将军。永初元年，以佐命功，改封建安县侯，食邑千户。二年，以役使监吏，免官。寻督江北淮南郡事、征虏将军、广陵太守。三年，以本号督豫司雍并四州南豫州之梁郡弋阳马头三郡诸军事、豫州刺史，领梁郡太守，镇寿阳，治有政绩。少帝景平二年，谯郡流离六十余家叛没虏，赵炅、秦刚等六家悔倍还投陈留襄邑县，顿谋等村，粹遣将苑纵夫讨叛户不及，因诛杀谋等三十家，男丁一百三十七人，女弱一百六十二口，收付作部。粹坐贬号为宁朔将军。时索虏南寇，粹遣将军李德元袭许昌，杀伪颍川太守庾龙，于是陈留人董逸自称小黄盟主，斩伪征虏将军、广州刺史司马世贤，传首京都。

太祖即位，迁使持节、督雍梁南北秦四州荆州之南阳竟陵顺阳襄阳新野随六郡诸军事、征虏将军、领宁蛮校尉、雍州刺史，襄阳新野二郡太守。在任简役爱民，罢诸沙门二千余人，以补府史。元嘉三年讨谢晦，遣粹弟车骑从事中郎道济、龙骧将军沈敞之就粹，自陆道向江陵。粹以道济行竟陵内史，与敞之及南阳太守沈道兴步骑至沙桥，为晦司马周超所败，士众伤死者过半，降号宁朔将军。初，晦与粹厚善，以粹子旷之为参军。粹受命南讨，一无所顾，太祖以此嘉之。晦遣送旷之还粹，亦不害也。明年，粹卒，时年五十三。追赠安北将军，持节、本官如故。

旷之嗣，官至晋熙太守。旷之卒，子琛嗣。琛卒，无子，国除。琛弟亮，顺帝升明末，尚书驾部郎。粹庶长子怀之，为临川内史，与臧质同逆，伏诛。

粹弟道济，尚书起部郎、王弘车骑从事中郎、江夏王义恭抚军司马，河东太守，仍迁振武将军、益州刺史。长史费谦、别驾张熙、参军杨德年等，并聚敛兴利，而道济委任之，伤政害民，民皆怨毒。太祖闻之，与道济诏，戒之曰："闻卿在任，未尽清省，又颇为殖货，若万一有此，必宜改之。比传人情不甚绰谐，当以法御下，深思自警，以副本望。"道济虽奉此旨，政化如初。

有司马飞龙者，自称晋之宗室，晋末走仇池。元嘉九年，闻道济绥抚失和，遂自仇池入绵竹，煽动群小，得千余人，破巴兴县，杀令王贞之。进攻阴平，阴平太守沈法兴焚城遁走。道济遣军击飞龙，斩之。初，道济以五城人帛氐奴、梁显为参军督护，费谦固执不与。远方商人多至蜀土资货，或有直数百万者，谦等限布丝绵各不得过五十斤，马无善恶，限蜀钱二万。府又立冶，一断民私鼓铸，而贵卖铁器，商旅吁嗟，百姓咸欲为乱。氐奴既怀悲忿，因聚党为盗贼。其年七月，道济遣罗习为五城令，氐奴等谋曰："罗令是使君腹心，而卿犹有作贼盗不止者，一旦发露，则为祸不测。宜结要誓，共相禁检。"乃杀牛盟誓。俄而氐奴及赵广等唱曰："官禁杀牛，而村中公违法禁，脱使罗令白使君，疑吾徒更欲作贼，则无余类矣。"因诈言司马殿下犹在阳泉山中，若能共建大事，则功名可立，不然，立灭不久。众既乐乱，因相率从之，得数千人，复向广汉。道济遣参军程展会、治中李抗之五百人击之，并为所杀。贼于是径向涪城，巴西人唐频聚众应之，宁远将军、巴西梓潼二郡太守王怀业再遣军拒之，战败失利。怀业及司马，南汉中太守韦处伯并弃城走。涪陵太守阮惠、江阳太守杜玄起、遂宁太守冯迁闻涪城不守，并委郡出奔。蜀土侨旧，翕然并反。道济惶惧，乃免吴兵三十六营以为平民，分立宋兴、宋宁二郡，又招集商贾及免徒俗奴僮，东西胜兵可有四千人。贼众数万屯城西及城北，道济婴城自守。

赵广本以谲诈聚兵，顿兵城下，不见飞龙，各欲分散。广惧，乃将三千人及羽仪，诈其众云迎飞龙。至阳泉寺中，谓道人程道养曰："但自言是飞龙，则坐享富贵；若不从，即日便斩头。"道养惶怖许诺。道养，枹罕人也，广改名为龙兴，号为蜀王、车骑大将军、益梁二州牧，建号泰始元年，备置百官。以道养弟道助为骠骑将军、长沙王，镇涪城。广自号梁镇，帛氐奴征虏将军，梁显镇北将军，同党大帅张宁秦州刺史，严遐前将军。奉道养还成都，众十余万，四面围城。就道济索费谦、张熙，曰："但送此人来，我等自不复作贼。"

道济遣中兵参军裴方明、任浪之各将千余人出西门战，皆失利。十一月，方明等复出战，破贼营，焚其积聚。贼党江阳人杨孟子领千余人，屯城南。道济参军梁俊之统南楼，屡与孟子交言，因投书晓以祸福，要使入城。孟子许诺，入见道济；道济大喜，即板为主簿，遣子为任，克期讨贼。赵广知其谋，孟子惧，将所领奔晋原。晋原太守文仲兴拾合得二千余人，与孟子并力自固。广遣同党袁玄子攻晋原，为仲兴所杀。广又遣帛氐奴攻之，连战，仲兴军败，及孟子并死。

方明复出东门，破贼三营，斩首数百级。贼虽败，已复还合。方明复伪出北门，仍回军击城东大营，杀千余人，斩伪仆射蔡滔。时天大雾，方明等复扬声出东门，而潜自北门出攻城北城西诸营，贼众大溃，于是奔散。道养收合得七千人还广汉，赵广以别卒五千余人还涪城。

初，别驾张熙说道济令粜太仓谷，贼以九月末围城，至十二月末，廪粮便尽。方明将二千人出城求食，为贼所败，匹马独还。贼因追之，众复大集。方明夜于城西缒上，道济为设食，馈不能飧，唯泣涕而已。道济时有疾已笃，自力慰勉之曰："卿非大丈夫，小败何苦。贼势既衰，台兵垂至，但令卿还，何忧于贼。"即减左右数十人配之。贼城外云："方明已死，可来取丧。"城中大恐。道济夜列炬火，方明自出，众见之乃安。道济悉出财物于北射堂，令方明募人。时城中或传道济已亡，莫有至者。梁俊之说道济曰："将军气息绵绵，而外论互有同异。今军师屡败，妖寇未殄，若一旦不虞，则危祸立至。宜称小损，听左右给使暂出，不然败矣。"道济从之，即唤左右三十余人，告之曰："吾疾久，汝等扶侍疲劳。今既小损，各听归家休息，唤复还。"给使既出，其父兄皆问："使君亡来几日？"子弟皆言："君渐差，谁言亡者！"传相告语，城内乃安，由是应募者一日千余人。十年正月，贼众大至，攻逼成都。道济卒，梁俊之与方明等，及其故旧门生数人，共埋尸于后斋。使书与道济相似者为教命，酬答签疏，不异常日，故虽母妻，不知也。

二月，道养于毁金桥升坛郊天，方就柴燎，方明将三千人出击之。贼列阵营前死战，日夕乃大败。临阵斩伪征虏将军赵石之等八百余级，道养等退保广汉。是月，平西将军临川王义庆，以扬武将军、巴东太守周籍之即本号督巴西梓潼宕渠遂宁郡五郡诸军事、巴西梓潼二郡太守，率平西参军费淡、龙骧将军罗猛二千人援成都。广等屯据广汉，分守郫川，连营百数，处处屯结。籍之与方明及费淡等攻郫，克之。广等退据郡城，傍竹自固。罗猛率队主王旴等并力追讨。张寻自涪城率众二万来助广等，方明、淡斩竹开径邀之，战败，退还郫县。广等又移营屯箭竿桥，方明等破其六营，乘胜追奔，径至广汉。广等走还涪及五城。四月十日，发道济丧。五月，方明进军向涪城。张寻、唐频渡水拒战，方明击破之，生擒伪骠骑将军、雍秦二州刺史司马龙伸，斩之。龙伸，道助也。州吏严道度斩严遏首，广等并奔散，涪、蜀皆平。俄而张寻攻破阴平，复与道养合。帛氐奴攻广汉，费淡督将军种松等与战，斩其梁州刺史杜承等百余级。九月，益州刺史甄法崇至成都，诛费谦之，道济丧及方明等并东反。道养等领二千余家逃于鄢山，其余群贼，亦各拥户藏窜，出为寇盗不绝。

十三年六月，太祖遣习朔将军萧汪之统军讨之。军次鄢口，帛氐奴斩伪卫将军司马飞燕归降。汪之击破道养，道养还入鄢山。十四年四月，赵广、张寻、梁显各率部曲归降，伪辅军将军王道恩斩道养，送首，余党悉平。迁赵广、张寻等于京师。十六年，广、寻复与国山令司马敬琳谋反，伏诛。

先是，道济振武司马、蜀郡太守任荟之虽不任军事，事宁，以为正员郎。裴方明虎贲中郎将，仍为义庆平西中兵参军、龙骧将军、河东太守。费淡，太子屯骑校尉。周籍之后为益州刺史。

粹族弟损，字子骞，卫将军毅从父弟也。父镇之，字仲德，以毅贵，历显位，闲居京口，未尝应召。常谓毅："汝必破我家。"毅甚惮之，每还京，未尝敢以羽仪人从入镇之门。左光禄大夫征，不就。元嘉二年，年九十余，卒于家。损，元嘉中历职义兴太守。东土残饥，太祖遣扬州治中沈演之东人赈恤，以损绥抚有方，称为良守。官至吴郡太守，追赠太常。

史臣曰：帝王受命，自非以功静乱，以德济民，则其道莫由也。自三代以来，醇风稍薄，成功济务，尊出权道，虽复负扆南面，比号轩、牺，莫不自谢王风，率由霸德。高祖崛起布衣，非藉民誉，义无曹公英杰之响，又阙晋氏辅魏之基，一旦驱乌合，不崇朝而制国命，功虽有余，而德未足也。是故王谧以内惧流奔，王绥以外侮成衅，若非树奇功于难立，震大威于四海，则不能承配天之业，一异同之心。义熙以后，大功伋建，自桓温旂旆所临，莫不献珍受朔。及金墉请吏，元勋接举，九命之礼既行，代终之符已及。方复观兵函、渭，用师天险，独克之举，振古难称。若使闭门反政，置兵散地，后败责其前功，一眚亏其盛业，岂复得以黄屋朱户，为衰晋之贞臣乎？及其灵威薄震，重关莫守，故知英算所苞，先胜而后战也。王镇恶推锋直指，前无强陈，为宋方叔，壮矣哉！

卷四十六　　　　列传第六

赵伦之　王懿　张邵

赵伦之，字幼成，下邳僮人也。孝穆皇后之弟。幼孤贫，事母以孝称。武帝起兵，以军功封闉中县五等侯，累迁雍州刺史。武帝北伐，伦之遣顺阳太守傅弘之、扶风太守沈田子出峣柳，大破姚泓于蓝田。及武帝受命，以佐命功，封霄城县侯，安北将军，镇襄阳。少帝即位，征拜护军。元嘉三年，拜镇军将军，寻迁左光禄大夫，领军将军。

伦之虽外戚贵盛，而以俭素自处。性野拙，人情世务，多所不解。久居方伯，颇觉富盛，入为护军，资力不称，以为见贬。光禄大夫范泰好戏谓曰："司徒公缺，必用汝老奴。我不言汝资地所任，要是外戚高秩次第所至耳。"伦之大喜，每载酒肴诣泰。五年，卒。子伯符嗣。

伯符，字润远。少好弓马。伦之在襄阳，伯符为竟陵太守。时竟陵蛮屡为寇，伯符征讨，悉破之，由是有将帅之称。后为宁远将军，总领义徒，以居宫城北，每有火起及贼盗，辄身贯甲胄，助郡县赴讨，武帝甚嘉之。文帝即位，累迁徐、兖二州刺史。为政苛暴，吏人畏之若豺虎，然而寇盗远窜，无敢犯境。元嘉十八年，征为领军将军。先是，外监不隶领军，宜相统摄者，自有别诏，至此始统领焉。二十一年，转豫州刺史。明年，为护军将军，复为丹阳尹。在郡严酷，吏人苦之，或至委顿被录赴水而死；典笔吏取笔不如意，鞭五十。子倩，尚文帝第四女海盐公主。初，始兴王浚以潘妃之宠，故得出入后宫，遂与公主私通。及适倩，倩入宫而怒，肆詈搏击，引绝帐带。事上闻，有诏离婚，杀主所生蒋美人，伯符惭惧发病卒。谥曰肃。传国至孙勋，齐受禅，国除。

王懿，字仲德，太原祁人。自言汉司徒允弟幽州刺史懋七世孙也。祖宏，事石季龙；父苗，事苻坚，皆为二千石。

仲坚德少沈审，有意略，通阴阳，解声律。苻氏之败，仲德年十七，与兄睿同起义兵，与慕容垂战，败；仲德被重创走，与家属相失。路经大泽，不能前，困卧林中。忽有青衣童儿骑牛行，见仲德，问曰："食未？"仲德告饥。儿去，顷之复来，携食与之。仲德食毕欲行，会水潦暴至，莫知所如。有一白狼至前，仰天而号，号讫，衔仲德衣，因渡水；仲德随之，获济，与睿相及。渡河至滑台，复为翟辽所留，使为将帅。积年，仲德欲南归，乃奔太山，辽遣骑追之急，夜行，忽有炬火前导，仲德随之，行百许里，乃免。

晋太元末，徙居彭城。兄弟名犯晋宣、元二帝讳，并以字称。睿字元德。北土重同姓，谓之骨肉，有远来相投者，莫不竭力营赡；若不至者，以为不义，不为乡里所容。仲德闻王愉在江南，是太原人，乃往依之；愉礼之甚薄，因至姑孰投桓玄。值玄篡，见辅国将军张畅，言及世事，仲德曰："自古革命，诚非一族，然今之起者，恐不足以成大事。"

元德果敢有智略，武帝甚知之，告以义举，使于都下袭玄。仲德闻其谋，谓元德曰："天下之事，不可不密，应机务速，不在巧迟。玄每冒夜出入，今若图之，正须一夫力耳。"事泄，元德为玄所诛，仲德奔窜。会义军克建业，仲德抱元德子方回出候武帝，帝于马上抱方回与仲德相对号泣，追赠元德给事中，封安复县侯，以仲德为中兵参军。

武帝伐广固，仲德为前锋，大小二十余战，每战辄克。及卢循寇逼，败刘毅于桑落，帝北伐始还，士卒创痍，堪战者可数千人。贼众十万，舳舻百里，奔败而归者，咸称其雄。众议并欲迁都，仲德正色曰："今天子阳而治，明公命世作辅，新建大功，威震六合。妖贼豕突，乘我远征，既闻凯入，将自奔散。今自投草间，则同之匹夫；匹夫号令，何以威物？义士英豪，当自求其主尔。此谋若行，请自此辞矣。"帝悦之，以仲德屯越城。及贼自蔡洲南走，遣仲德追之。贼留亲党范崇民五千人，高舰百余，城南陵。仲德攻之，大破崇民，焚其舟舰，收其散卒，功冠诸将，封新淦县侯。义熙十二年北伐，进仲德征虏将军，加冀州刺史，为前锋诸军事。冠军将军檀道济、龙骧将军王镇恶向洛阳，宁朔将军刘遵考、建武将军沈林子出石门，宁朔将军朱超石、胡藩向半城，咸受统于仲德。仲德率龙骧将军朱牧、宁远将军竺灵秀、严纲等开钜野入河，乃总众军，进据潼关。长安平，以仲德为太尉咨议参军。

武帝欲迁都洛阳，众议咸以为宜。仲德曰："非常之事，常人所骇。今暴师日久，士有归心，固当以建业为王基，俟文轨大同，然后议之可也。"帝深纳之，使卫送姚泓先还彭城。武帝受命，累迁徐州刺史，加都督。

元嘉三年，进号安北将军，与到彦之北伐，大破虏军。诸军进屯灵昌津。司、兖既定，三军咸喜，仲德独有忧色，曰："胡虏虽仁义不足，而凶狡有余，今敛戈北归，并力完聚，若河冰冬合，岂不能为三军之忧！"十月，虏于委粟津渡河，进逼金墉，虎牢、洛阳诸军，相继奔走。彦之闻二城不守，欲焚舟步走，仲德曰："洛阳既陷，则虎牢不能独全，势使然也。今贼去我千里，滑台犹有强兵，若便舍舟奔走，士卒必散。且当入济至马耳谷口，更详所宜。"乃回军沿济南历城步上，焚舟弃甲，还至彭城。仲德与彦之并免官。寻与檀道济救滑台，粮尽而归。

九年，又为镇北将军、徐州刺史。明年，加领兖州刺史。仲德三临徐州，威德著于彭城，立佛寺作白狼、童子像于塔中，以河北所遇也。十三年，进号镇北大将军。十五年，卒，谥曰桓侯。亦于庙立白狼、童子坛，每祭必祠之。子正修嗣，为家僮所杀。

张邵，字茂宗，会稽太守裕之弟也。初为晋琅邪内史王诞龙骧府功曹，桓玄徙诞于广州，亲故咸离弃之，惟邵情意弥谨，流涕追送。时变乱饥馑，又馈送其妻子。

桓玄篡位，父欣先为尚书，以答事微谬，降为廷尉卿。及武帝讨玄，邵白敞表献诚款，帝大说，命署其门曰："有犯张廷尉者，以军法论。"后以敞为吴郡太守。王谧为扬州，召邵为主簿。刘毅为亚相，爱才好士，当世莫不辐辏，独邵不往。或问之，邵曰："主公命世人杰，何烦多问。"刘穆之闻以白，帝益亲之，转太尉参军，署长流贼曹。卢循寇迫京师，使邵守南城。时百姓临水望贼，帝怪而问邵，邵曰："若节钺未反，奔散之不暇，亦何能观望。今当无复恐耳。"寻补州主簿。

邵悉心政事，精力绝人。及诛刘藩，邵时在西州直庐，即夜诚众曹曰："大军当大讨，可各修舟船仓库，及晓取办。"旦日，帝求诸簿署，应时即至；怪问其速，诸曹答曰："昨夜受张主簿处分。"帝曰："张邵可谓同我忧虑矣。"九年，世子始开征虏府，补邵录事参军，转号中军，迁咨议参军，领记室。十二年，武帝北伐，邵请见，曰："人生危脆，必当远虑。穆之若邂逅不幸，谁可代之？尊业如此，苟有不讳，事将如何？"帝曰："此自委穆之及卿耳。"青州刺史檀祗镇广陵，时滁州结聚亡命，祗率众掩之。刘穆之恐以为变，将发军。邵曰："檀韶据中流，道济为军首，若疑状发露，恐生大变。宜且遣慰劳，以观其意。"既而祗果不动。及穆之卒，朝廷惶惧，便欲发诏以司马徐羡之代之，邵对曰："今诚急病，任终在徐，且世子无专命，宜须北咨。"信反，方使世子出命曰："朝廷及大府事，悉咨徐司马，其余启还。"武帝重其临事不挠，有大臣体。十四年，以世子镇荆州，邵谏曰："储贰之重，四海所系，不宜处外，敢以死请。"从之。

文帝为中郎将、荆州刺史，以邵为司马，领南郡相，众事悉决于邵。武帝受命，以佐命功，封临沮伯。分荆州立湘州，以邵为刺史。将署府，邵以为长沙内地，非用武之国，置署妨人，乖为政要。帝从之。谢晦反，遗书要邵，邵不发函，驰使呈帝。

元嘉五年，转征虏将军，领宁蛮校尉、雍州刺史，加都督。初，王华与邵有隙，及华参要，亲旧为之危心。邵曰："子陵方弘至公，必不以私仇害正义。"是任也，华实举之。及至襄阳，筑长围，修立堤堰，开田数千顷，郡人赖之富赡。丹、浙二川蛮屡为寇，邵诱其帅，因大会诛之，悉掩其徒党。既失信群蛮，所在并起，水陆断绝。子敷自襄阳定省，当还都，群蛮伺欲取之。会蠕蠕国遣使朝贡，贼以为敷，遂执之，邵坐降号扬烈将军。

江夏王义恭镇江陵，以邵为抚军长史，持节、南蛮校尉。坐在雍州营私蓄取赃货二百四十五万，下廷尉，免官，削爵土。后为吴兴太守，卒，追复爵邑，谥曰简伯。邵临终，遗命祭以菜果，苇席为轜车，诸子从焉。子敷、演、镜，有名于世。

敷字景胤。生而母亡，年数岁，问知之，虽童蒙，便有感慕之色。至十岁许，求母遗物，而散施已尽，唯得一扇，乃缄录之。每至感思，辄开笥流涕。见从母，悲咸呜咽。性整贵，风韵端雅，好玄言，善属文。初，父邵使与南阳宗少文谈《系》、《象》，往复数番，少文每欲屈，握麈尾叹曰："吾道东矣。"于是名价日重。武帝闻其美，召见奇之，曰："真千里驹也。"以为世子中军参军，数见接引。累迁江夏王义恭抚军记室参军。义恭就文帝求一学义沙门，会敷赴假江陵，入辞，文帝令以后车载沙门往，谓曰："道中可得言晤。"敷不奉诏，上甚不说。迁正员中书郎。敷小名查，父邵小名梨，文帝戏之曰："查何如梨？"敷曰："梨为百果之宗，查何可比。"

中书舍人狄当、周赳并管要务，以敷同省名家，欲诣之。赳曰："彼恐不相容接，不如勿往。"当曰："吾等并已员外郎矣，何忧不得共坐。"敷先设二床，去壁三四尺，二客就席，敷呼左右曰："移我远客！"赳等失色而去。其自标遇如此。善持音仪，尽详缓之致，与人别，执手曰："念相闻。"余响久之不绝。张氏后进皆慕之，其源起自敷也。迁黄门侍郎、始兴王浚后将军司徒左长史。未拜，父在吴兴亡，成服凡十余日，方进水浆，葬毕，不进盐菜，遂毁瘠成疾。伯父茂度每譬止之，敷益更感恸，绝不复续。茂度曰："我比止汝，而乃益甚。"自是不复往，未期年而卒。孝武即位，旌其孝道，追赠侍中，改其所居为孝张里。

敷弟柬，袭父封，位通直郎。柬有勇力，手格猛兽，元凶以为辅国将军。孝武至新亭，柬出奔，坠淮死。子式嗣。

畅字少微，邵兄伟之子也。伟少有操行，为晋琅邪王国郎中令，从王至洛，还京都，武帝封药酒一罂付伟，令密加鸩毒，受命于道，自饮而卒。

畅少与从兄敷、演、敬齐名，为后进之秀。起家为太守徐佩之主簿，佩之被诛，畅驰出奔赴，制服尽哀，时论美之。弟牧尝为猘犬所伤，医者云食虾蟆可疗，牧难之。畅含笑先尝，牧因此乃食，由是遂愈。累迁太子中庶子。

孝武镇彭城，畅为安北长史、沛郡太守。元嘉二十七年，魏主托跋焘南征，太尉江夏王义恭统诸军出镇彭城。虏众近城数十里，彭城众力虽多，而军食不足，义恭欲弃彭城南归，计议弥日不定。时历城众少食多，安北中兵参军沈庆之议欲以车营为函箱阵，精兵为外翼，奉二王及妃媛直趋历城，分城兵配护军将军萧思话留守。太尉长史何勖不同，欲席卷奔郁洲，自海道还都。二议未决，更集群僚议之。畅曰："若历城、郁洲可至，下官敢不高赞。今城内乏食，人无固心，但以关扃严密，不获走耳。若一摇动，则溃然奔散，虽欲至所在，其可得乎！今食虽寡，朝夕未至窘乏，岂可舍万全之术，而即危亡之道。此计必行，下官请以颈血污君马迹！"孝武闻畅议，谓义恭曰："张长史言，不可违也。"义恭乃止。

魏主既至，登城南亚父冢，于戏马台立毡屋。先是，队主蒯应见执，其日晡时，遣送应至小市门，致意求甘蔗及酒。孝武遣送酒二器，甘蔗百挺。求骆驼。明日，魏主又自上戏马台，复遣使至小市门，求与孝武相见，遣送骆驼，并致杂物，使于南门受之。畅于城上与魏尚书李孝伯语，孝伯问："君何姓？"答曰："姓张。"孝伯曰："张长史乎？"畅曰："君何得见识？"孝伯曰："君名声远闻，足使我知。"城内有具思者，尝在魏，义恭使视，知是孝伯，乃开门饷物。魏主又求酒及甘橘，孝武又致螺杯杂物，南土所珍。魏主复令孝伯传语曰："魏主有诏借博具。"畅曰："博具当为申致，有诏之言，正可施于彼国，何得施之于此。"孝伯曰："以邻国之臣耳。"孝伯又言："太尉、镇军，久阙南信，殊当忧邑。若遣信，当为护送。"畅曰："此中间道甚多，亦不须烦魏。"孝伯曰："亦知有水路，似为白贼所断。"畅曰："君著白衣，故号白贼也。"孝伯笑曰："今之白贼，亦不异黄巾、赤眉，但不在江南耳。"又求博具，俄送与。魏主又遣送毡及九种盐并胡豉，云："此诸盐，各有宜。白盐是魏主所食；黑者疗腹胀气满，刮取六铢，以酒服之；胡盐疗目痛。柔盐不用食，疗马脊创；赤盐、驳盐、臭盐、马齿盐四种，并不中食。胡豉亦中啖。"又求黄甘，并云："魏主致意太尉、安北，何不遣人来问，观我仪貌，察我为人。"畅又宣旨答："魏主形状才力，久为来往所见。李尚书亲自衔命，不忍彼此不尽，故不复遣。"又云"魏主恨向所送马殊不称意，安北若须大马，当送之，脱须蜀马，亦有佳者。"畅曰："安北不乏良驷，送在彼意，此非所求。"义恭又送炬烛十挺，孝武又致锦一匹。又曰："知更须黄甘，若给彼军，即不能足；若供魏主，未当乏绝，故不复致。"孝伯又曰："君南土膏粱，何为著屩？君且如此，将士云何？"畅曰："膏粱之言，诚以为愧。但以不武，受命统军，戎阵军间，不容缓服。"魏主又遣就二王借箜篌、琵琶等器及棋子，孝伯足词辩，亦北土之美。畅随宜应答，甚为敏捷，音韵详雅，魏人美之。

时魏声云当下襄阳，故以畅为南谯王义宣司空长史、南郡太守。元凶弑逆，义宣发哀之日，即便举兵。畅为元佐，举哀毕，改服著黄袴褶，出射堂简人，音仪容止，众皆瞩目，见者皆为尽命。事平，征为吏部尚书，封夷道县侯。及义宣有异图，蔡超等以畅人望，劝义宣留之，乃解南蛮校尉以授畅，加冠军将军，领丞相长史。畅遣门生荀僧宝下都，因颜竣陈义宣衅状。僧宝有私货，止巴陵不时下。会义宣起兵，津路断绝，遂不得前。义宣将为逆，使嬖人翟灵宝告畅，畅陈必无此理，请以死保之。灵宝还白义宣，云畅必不可回，请杀之徇众，赖丞相司马竺超民得免。进号抚军，别立军部，以收人望。畅虽署文檄，饮酒常醉，不省其事。及义宣败于梁山，畅为军人所掠，衣服都尽。遇右将军王玄谟乘舆出营，畅已得败衣，遂排玄谟上舆，玄谟甚不悦。诸将请杀之，队主张荣救之得免。执送都下，付廷尉，见原。

起为都官尚书，转侍中。孝武宴朝贤，畅亦在坐。何偃因醉曰："张畅信奇才也，与义宣作贼，而卒无咎。苟非奇才，安能致此！"畅曰："太初之时，谁黄其阁？"帝曰："何事相苦。"初，尚之为元凶司空，及义师至新林门，人皆逃，尚之父子共洗黄阁，故畅以此讥之。孝建二年，出为会稽太守。卒，谥曰宣。畅爱弟子辑，临终遗命与辑合坟，时议非之。

弟悦，亦有美称，历侍中、临海王子顼前将军长史、南郡太守。晋安王子勋建伪号，召拜为吏部尚书，与邓琬共辅伪政。及事败,悦杀琬归降,复为太子中庶子。后拜雍州刺史。泰始六年,明帝于巴郡置三巴校尉,以悦补之,加持节、辅师将军,领巴郡太守。未拜,卒。

畅子浩,官至义阳王昶征北咨议参军。浩弟淹,黄门郎,封广晋县子,太子右卫率、东阳太守。逼郡吏烧臂照佛,百姓有罪,使礼佛赎刑,动至数千拜。免官禁锢。起为光禄勋,与晋安王子勋同逆,军败见杀焉。

臣穆等案《高氏小史》,《赵伦之传》下有《到彦之传》,而此书独阙。约之史法,诸帝称庙号,而谓魏为虏。今帝称帝号,魏称魏主,与《南史》体同,而传末又无史臣论,疑非约书。然其辞差与《南史》异,故特存焉。

卷四十七　　　　列传第七

刘怀肃　孟怀玉 弟龙符
刘敬宣　檀祗

刘怀肃,彭城人,高祖从母兄也。家世贫窭,而躬耕好学。初为刘敬宣宁朔府司马,东征孙恩,有战功,又为龙骧司马、费令。闻高祖起义,弃县来奔。京邑平定,振武将军道规追桓玄,以怀肃为司马。玄留何澹之、郭铨等戍桑落洲,进击破之。颍川太守刘统平,除高平太守。玄既死,从子振大破义军于杨林,义军退寻阳。怀肃与江夏相张畅之攻澹之于西塞,破之。伪镇东将军冯该戍夏口东岸,孟山图据鲁山城,桓仙客守偃月垒,皆连壁相望。怀肃与道规攻之,躬擐甲胄,陷二城,冯该走石城,生擒仙客。义熙元年正月,振败走,道规遣怀肃平石城,斩冯该及其子山靖。三月,桓振复袭江陵,荆州刺史司马休之出奔,怀肃自云杜驰赴,日夜兼行,七日而至。振勒兵三万,旗帜蔽野,跃马横矛,躬自突陈。流矢伤怀肃额,众俱欲奔,怀肃瞋目奋战,士气益壮。于是士卒争先,临阵斩振首。江陵既平,休之反镇,执怀肃手曰:“微子之力,吾无所归矣。”伪辅国将军符嗣、马孙、伪龙骧将军金符青、乐志等屯结江夏,怀肃又讨之,枭乐志等。道规加怀肃督江夏九郡,权镇夏口。

除通直郎。仍为辅国将军、淮南历阳二郡太守。二年,又领刘毅抚军司马,军、郡如故。以义功封东兴县侯,食邑千户。其冬,桓石绥、司马国璠、陈袭于胡桃山聚众为寇,怀肃率步骑讨破之。江淮间群蛮及桓氏余党为乱,自请出讨,既行失旨,毅上表免怀肃官。三年,卒,时年四十一。追赠左将军。无子,弟怀慎以子蔚祖嗣封,官至江夏内史。

蔚祖卒,子道存嗣。太祖元嘉末,为太尉江夏王义恭咨议参军。世祖伐元凶,义军至新亭,道存出奔,元凶杀其母以徇。前废帝景和中,为义恭太宰从事中郎。义恭败,以党与下狱死。

怀肃次弟怀敬,涩讷无才能。初,高祖产而皇妣殂,孝皇帝贫薄,无由得乳人,议欲不举高祖。高祖从母生怀敬,未期,乃断怀敬乳,而自养高祖。高祖以旧恩,怀敬累见宠授,至会稽太守,尚书,金紫光禄大夫。

怀敬子真道,为钱唐令。元嘉十三年,东土饥,上遣扬州治中从事史沈演之巡行在所,演之上表曰:“宰邑辅政,必其简惠成能;莅职阐治,务以利民著绩。故王奂见纪于前,叔卿流称于后。窃见钱唐令刘真道、余杭令刘道锡,皆奉公恤民,恪勤匪懈,百姓称咏,讼诉希简。又蔑荡凶非,屡能擒获。灾水之初,余杭高堤崩溃,洪流迅激,势不可量;道锡躬先吏民,亲执板筑,塘既还立,县邑获全。经历诸县,访核名实,并为二邦之首最,治民之良宰。”上嘉之,各赐谷千斛,以真道为步兵校尉。

十四年,出为梁、南秦二州刺史。十八年,氐贼杨难当侵寇汉中,真道率军讨破之。而难当寇盗犹不已,太祖遣龙骧将军裴方明率禁兵五千,受真道节度。十九年,方明至武兴,率太子积弩将军刘康祖、后军参军梁坦、陈弥、裴肃之、安西参军段叔文、鲁尚期、始兴王国常侍刘僧秀、绥远将军马洗、振武将军王奂之等,进次潭谷,去兰皋数里。难当遣其建节将军符弘祖、峡元等固守兰皋,镇北将军符德义于外为游军,难当子抚军大将军和重兵继其后。方明进击,大破之于浊水,斩弘祖并三千余级。遣康祖追之,过兰皋二千余里。和又遣德义助战,康祖又大破之,和退保修城。难当遣建忠将军杨林、振威将军姚宪领二千骑就和,方明又率诸将攻之。和败走,追至赤亭,难当席卷奔叛。方明遣康祖直趣百顷,伪丞相杨万寿等一时归降。难当第三息虎先成阴平,难当既走,虎逃窜民间,生禽之,送京都,斩于建康市。

秦州刺史胡从之西镇百顷,行至浊水,为索虏所邀击,败没。以真道为建威将军、雍州刺史,方明辅国将军、梁南秦二州刺史。方明辞不拜。诏曰:“往年氐竖杨难当造为叛乱,俛首者众。其长史杨万寿、建节将军姚宪,情不违顺,屡进矢言。及凶丑宵遁,阖境崩扰,建忠将军吕训卫仓储以候王师。宁朔将军姜檀果烈恳到,志在宣力,浊水之捷,厥庸显然,近者协赞义奋,乃心无替。略阳苻昭,诚系本朝,亦同斯举,俘擒伪将,独克武兴,推锋致效,陨命寇手。并事著屯险,感于予怀,宜蒙旌叙,荣慰存亡。可赠万寿龙骧将军,昭武都太守;宪补员外散骑侍郎,训驸马都尉、奉朝请;檀征西大将军司马、仇池太守,宜并内徙。可符雍、梁二州,厚加赡恤。”吕训,略氏人吕先子也。又诏曰:“故晋寿太守姜道盛,前讨仇池,志输诚力,即戎著效,临财能清。近先登浊水,殒身锋镝,诚节俱亮,矜悼于怀。可赠给事中,赐钱千万。”道盛注《古文尚书》,行于世。

真道、方明并坐破仇池,断割金银诸杂宝货,又藏难当善马,下狱死。刘康祖等系免各有差。方明,河东人,为刘道济振武中兵参军,立功蜀土,历颍川南平昌太守,皆坐赃私免官。

孟怀玉，平昌安丘人也。高祖珩，晋河南尹。祖渊，右光禄大夫。父绰，义旗后为给事中，光禄勋，追赠金紫光禄大夫。世居京口。

　　高祖东伐孙恩，以怀玉为建武司马。豫义旗，从平京城，进定京邑。以功封鄱阳县侯，食邑千户。高祖镇京口，以怀玉为镇军参军、下邳太守。义熙三年，出为宁朔将军、西阳太守、新蔡内史，除中书侍郎，转辅国将军，领丹阳府兵，戍石头。

　　卢循逼京邑，怀玉于石头岸连战有功，为中军咨议参军。贼帅徐道覆屡欲以精锐登岸，畏怀玉不敢上。及循南走，怀玉与众军追蹑，直至岭表。徐道覆屯结始兴，怀玉攻围之，身当矢石，旬月乃陷。仍南追循，循平，又封阳丰县男，食邑二百五十户。复为太尉咨议参军、征虏将军。八年，迁江州刺史，寻督江州豫州之西阳新蔡汝南颍川司州之恒农扬州之松滋六郡诸军事，南中郎将，刺史如故。时荆州刺史司马休之居上流，有异志，故授怀玉此任以防之。十一年，加持节。丁父艰，怀玉有孝性。因抱笃疾，上表陈解，不许。又自陈弟仙客出继，丧主唯己，乃见听。未去任，其年卒官。时年三十一。追赠平南将军。子元卒，无子，国除。怀玉别封阳丰男，子慧熙嗣，坐废祭祀夺爵。慧熙子宗嗣，竟陵太守，中大夫。

　　龙符，怀玉弟也。骁果有胆气，干力绝人。少好游侠，结客于闾里。早为高祖所知，既克京城，以龙符为建武参军。江乘、罗落、覆舟三战，并有功。参镇军军事，封平昌县五等子，加宁远将军、淮陵太守。与刘藩、向弥征桓歆、桓石康，破斩之。除建威将军、东海太守。索房斛兰、索度真侵边，彭、沛骚扰，高祖遣龙符、建威将军道怜北讨，一战破之。追斛兰至光水沟边，被创奔走。

　　高祖伐广固，以龙符为车骑参军，加龙骧将军、广川太守，统步骑为前锋。军达临朐，与贼争水，龙符单骑冲突，应手破散，即据水源，贼遂退走。龙符乘胜奔逐，后骑不及，贼数千骑围绕攻之。龙符奋稍接战，每一合辄杀数人，众寡不敌，遂见害，时年三十三。高祖深加痛悼，追赠青州刺史。又表曰："故龙骧将军、广川太守孟龙符，忠勇果毅，陨身王事，宜蒙甄表，以显贞节，圣恩嘉悼，宠赠方州。龙符投袂义初，前驱效命，推锋三捷，每为众先。及西剿桓歆，北珍索房，朝议爵赏，未及施行。会今北伐，复统前旅，临朐之战，气冠三军。于时逆徒实繁，控弦掩泽，龙符匹马电跃，所向摧靡，夺戈深入，知死弗吝。贼超奔遁，依险鸟聚，大军因势，方轨长驱。考其庸绩，豫参济不，窃谓宜班酬土，以褒勋烈。"乃追封临沅县男，食邑五百户。无子，弟仙客以子微生嗣封。太祖元嘉中，有罪夺爵，徙广州，以微生弟彦祖子佛护袭爵。齐受禅，国除。孝武大明初，诸流徙者悉听本还，微生已死，子系祖归京都，有筋干异力，能儋负数人，入隶羽林，为殿中将军。二年，索房寇青、冀，世祖遣军援之，系祖自占求行。战于杜梁，挺身入陈，所杀狼籍，遂见杀。诏书追赠颍川郡太守。

　　刘敬宣，字万寿，彭城人，汉楚元王交后也。祖建，征虏将军。父牢之，镇北将军。敬宣八岁丧母，昼夜号泣，中表异之。辅国将军桓序镇芜湖，牢之参序军事。四月八日，敬宣见众人灌佛，乃下头上金镜以为母灌，因悲泣不自胜，序叹息，谓牢之曰："卿此儿既为家之孝子，必为国之忠臣。"起家为王恭前军参军，又参会稽世子元显征虏军事。

　　隆安三年，王恭起兵于京口，以诛司马尚之兄弟为名。牢之时为恭前军司马、辅国将军、晋陵太守，置佐领兵。而恭以豪戚自居，甚相陵忽，牢之心不能平。及恭此举，使牢之为前锋。太傅会稽王道子与牢之书，备言祸福，使以兵反恭。牢之呼敬宣谓曰："王恭昔蒙先帝殊恩，今居伯舅之重，义心未彰，唯兵是纵。吾不能审恭事捷之日，必能奉戴天子，缉穆宰相与不。今欲奉国威灵，以明逆顺，汝以为何如？"敬宣曰："朝廷虽无成、康之隆，未有桓、灵之乱，而恭枯乱阻兵，志陵京邑。大人与恭亲无骨肉，分非君臣，虽共事少时，意好不协。今日讨之，于情何有？"牢之至竹里，斩恭大将颜延，遣敬宣率高雅之等还京袭恭。恭方出城耀军，驰骑横击之，一时散溃。元显进号后将军，以敬宣为咨议参军，加宁朔将军。

　　三年，孙恩为乱，东土骚扰，牢之自表东讨，军次虎瞰。贼皆死战，敬宣请以骑傍南山趣其后，吴贼畏马，又惧首尾受敌，遂大败。进平会稽，寻加临淮太守，迁后军从事中郎。五年，孙恩又入浃口，高祖戍句章，贼频攻不能拔。敬宣请往为援，贼恩于是退远入海。是时四方云扰，朝廷微弱，敬宣每虑艰难未已，高祖既累破妖贼，功名日盛，故敬宣深相凭结，情好甚隆。元显进号骠骑，敬宣仍随府转，军、郡如故。元显骄淫纵肆，群下化之；敬宣每预燕会，未尝钦酒，调戏之来，无所酬答，元显甚不说。寻进号辅国将军，余如故。

　　元兴元年，牢之南讨桓玄，元显为征讨大都督，日夜昏酣，牢之骤诣门，不得相见，帝出钱行，方遇公坐而已。桓玄既至溧州，遣信说牢之；牢之以道子昏暗，元显淫凶，虑平玄之日，乱政方始，假手于玄，诛除执政，然后乘玄之隙，可以得志于天下，将许玄降。敬宣谏曰："方今国家乱扰，四海鼎沸，天下之重，在大人与玄。玄藉先父之基，据荆南之势，虽无姬文之德，实为参分之形。一朝纵之，使陵朝廷，威望既成，则难图也。董卓之变，将生于今。"牢之怒曰："吾岂不知今日取玄如反覆手，但平玄之后，令我那骠骑何？"遣敬宣为任，玄板为其府咨议参军。

　　玄既得志，害元显，废道子，以牢之为征东将军、会稽太守。牢之与敬宣谋共袭玄，期以明旦。值尔日大雾，府门晚开，日旰，敬宣不至，牢之谓所谋已泄，率部曲向白洲，欲奔广陵。而敬宣还京口迎家，牢之寻求不得，谓已为玄所擒，乃自缢死。敬宣奔丧，哭毕，即渡江就司马休之、高雅之等，俱还洛阳，往来长安，各以子弟为质，求救于姚兴。兴与之符信，令关东募兵，得数千人，复还至彭城间，收聚义故。玄遣孙无终讨冀州刺史刘轨，轨要敬宣、雅之等共拒山阳破之，不克。又进昌平涧，战不利，众各离散，乃俱奔鲜卑慕容德。

　　敬宣素晓天文，知必有兴复晋室者。寻梦丸土服之，既觉，喜曰："丸者桓也。桓既吞矣，吾复本土乎！"乃结青州大姓诸崔、封，并要鲜卑大帅免逵，谋灭德，推休之为主，克日垂发。时刘轨为德司空，大被委任，雅之又欲要轨。敬宣曰："此公年老，吾观其有安齐志，必不动，不可告也。"雅之以为不然，遂告轨，轨未不从。谋颇泄，相与杀轨而去。至淮、泗间，会高祖平京口，手书召敬宣；左右疑其诈，敬宣曰："吾固知其然矣。下邳不诱我也。"即便驰还。既至京师，以敬宣为辅国将军、晋陵太守，袭封武冈县男。是岁，安帝元兴三年也。

桓歆率氏贼杨秋寇历阳，敬宣与建威将军诸葛长民大破之。歆单骑走渡淮，斩杨秋于练固而还。迁建威将军、江州刺史。敬宣固辞，言于高祖曰："仇耻既雪，四海清荡，所愿反身草泽，以终余年。恩遇不遗，遂复偓促，即目所忝，已为优渥。且盘龙、无忌犹未遇宠，贤二弟位任尚卑，一朝先之，必贻朝野之责。"不许。敬宣既至江州，课集军粮，搜召舟乘，军戎要用，常有储拟。故西征诸军虽失利退据，因之每即振复。其年，桓玄兄子亮自号江州刺史，寇豫章；亮又遣苻宏寇庐陵，敬宣并讨破之。

初，刘毅之少也，为敬宣宁朔参军。时人或以雄杰许之，敬宣曰："夫非常之才，当别有调度，岂得便谓此君为人豪邪？其性外宽而内忌，自伐而尚人，若一旦遭逢，亦当以陵上取祸耳。"毅闻之，深以为恨。及在江陵，知敬宣还，乃使人言于高祖曰："刘敬宣父子，忠国既昧，今又不豫义始。猛将劳臣，方须叙报，如敬宣之比，宜令在后。若使君不忘平生，欲申起者，论资语事，正可为员外常侍耳。闻已授其郡，实为过优；寻知复为江州，尤所骇惋。"敬宣愈不自安。安帝反正，自表解职。于是散彻，赐给宅宇，月给钱三十万。高祖数引与游宴，恩款周洽，所赐钱帛车马及器服玩好，莫与比焉。寻除冠军将军、宣城内史、襄城太守。宣城多山县，郡旧立屯以供府郡费用，前人多发调工巧，造作器物。敬宣到郡，悉罢私屯，唯伐竹木，治府舍而已。亡叛多首出，遂得三千余户。

高祖方大相宠任，欲先令立功。义熙三年，表遣敬宣率众五千伐蜀。国子博士周祗书谏高祖曰："自义旗之建，所征无不必克，此可谓天人交助，信顺之征也。今大难已夷，君臣俱泰，顷五谷转丰，民无饥苦，劫盗之患，亦为弭息，比诚渐足无事，宜大守治本。蜀贼宜平，六合宜一，非为不尔也。古人有言，天时不如地利，地利不如人和。今往伐蜀，万有余里，溯流天险，动经时岁。若此军直指成都，径禽谯氏之，复是将帅奋威，一快之举耳。然益土荒残，野无青草，成都之内，殆无孑遗。计得彼利，与今行军之费，不足相补也。而今往艰险，雨雪方降，驱三州三吴之人，投之三巴三蜀之土，其中疾病死亡，岂可称计。此一疑也。贼必不守穷城，将决力战。今我往劳困，彼来甚逸。若忽使师行不利，人情波骇，大势挫衄。此二疑也。且千里馈粮，士有饥色。况今溯险万里，所在无储。若连兵不解，运漕不继，虽韩、白之将，何以成功。此三疑也。今云可征者皆云：'彼亲离众泵。'愚谓不然。彼以一匹夫，而能致今日之事，若众力离散，亦何以至此。官所遣兵皆乌合受募之人，亦必无千人一心，有前无退矣。为治者固

先定其内而理其外，先安其近而怀其远。自顷狂狡不息，诛戮相继，未可谓人和也。天险如彼，未可谓地利也。毛修之家仇不雪，不应以得死为恨；刘敬宣蒙生存之恩，亦宜性命仰报。今将军欲驱二死之甘心，而忘国家之重计，愚情窃所未安。阙门之外，非所宜豫，苟其有心，不觉披尽。"不从。

假敬宣节，监征蜀诸军事，郡如故。既入峡，分遣振武将军、巴东太守温祚以二千人扬声外水，自率益州刺史鲍陋、辅国将军文处茂、龙骧将军时延祖由垫江而进。敬宣率先士卒，转战而前，达遂宁郡之黄虎，去成五百里。伪辅国将军谯道福等悉众距险，相持六十余日，大小十余战，贼固守不敢出。敬宣不得进，食粮尽，军中多疾疫，死者太半，引军还。谯纵送毛璩一门诸丧，其妻女、文处茂母何，并诸士人丧柩，浮之中流，敬宣皆拯接致归。为有司所奏，免官，削封三分之一。

五年，高祖伐鲜卑，除中军咨议参军，加冠军将军。从至临朐，慕容超出军距战，敬宣与兖州刺史刘藩等奋击，大破之。龙骧将军孟龙符战没，敬宣并领其众，围广固，屡献规略。卢循逼京师，敬宣分领鲜卑虎班突骑，置阵甚整，循等望而畏之。迁使持节、督马头淮西诸军郡事、镇蛮护军、淮南安丰二郡太守、梁国内史，将军如故。循既走，仍从高祖南讨，转左卫将军，加散骑常侍。

敬宣宽厚善待士，多伎艺，弓马音律，无事不善。时尚书仆射谢混自负才地，少所交纳，与敬宣相遇，便尽礼著欢。或问混曰："卿未尝轻交于人，而倾盖于万寿，何也？"混曰："人之相知，岂可以一涂限。孔文举礼太史子义，夫岂非之者邪！"

初，敬宣回师于蜀，刘毅欲以重法绳之；高祖既相任待，又何无忌明言于毅，谓不宜以私憾伤至公，若必文致为戮，己当入朝以廷议决之。毅虽止，犹谓高祖曰："夫生平之旧，岂可孤信。光武悔之于庞萌，曹公失之于孟卓，公宜深虑之。"毅出为荆州，谓敬宣曰："吾忝西任，欲屈卿为长史、南蛮，岂有见辅意乎？"敬宣惧祸及，以告高祖。高祖笑曰："但令兄平安，必无过虑。"出为使持节、督北青州军郡事、征虏将军、北青州刺史，领青河太守，寻领冀州刺史。

时高祖西讨刘毅，豫州刺史诸葛长民监太尉军事，贻敬宣书曰："盘龙狼戾专恣，自取夷灭，异端将尽，世路方夷，富贵之事，相与共之。"敬宣报曰："下官自义熙以来，首尾十载，遂忝三州七郡。今此杖节，常惧福过祸生，实思避盈居损。富贵之旨，非所敢当。"遣使呈长民书，高祖谓王诞曰："阿寿故为不负我也。"十一年正月，进号右将军。

司马道赐者，晋宗室之贱属也。为敬宣参军。至高祖西征司马休之，道赐乃阴结同府辟闾道秀及左右小将王猛子等谋反。道赐自号齐王，以道秀为青州刺史，规据广固，举兵应休之。敬宣召道秀有所论，因屏人，左右悉出户，猛子逡巡在后，取敬宣备身刀杀敬宣，时年四十五。文武佐吏即讨道赐、猛子等，皆斩之。先是，敬宣未死，尝夜与僚佐宴集，空中有放一只芒屩于坐中，坠敬宣食盘

上，长三尺五寸，已经人著，耳鼻间并欲坏。顷之而败。丧至，高祖临哭甚哀。子祖嗣。宋受禅，国除。

檀祗，字恭叔，高平金乡人，左将军歆第二弟也。少为孙无终辅国参军，随无终东征孙恩，屡有战功。复为王诞龙骧参军。从高祖克京城，参建武军事。至罗落，檀凭之战没之后，仍以凭之所领兵配祗。京邑既平，参镇军事，加振武将军，隶振武大将军道规追讨桓玄，每战克捷。江陵平定，道规遣祗征浈、沔亡命桓道儿、张靖、苻嗣等，皆悉平之。除龙骧将军、秦郡太守、北陈留内史；又为宁朔将军、竟陵太守，不拜。破桓亮于长沙，苻宏于湘东。武陵内史庾悦疾病，道规以祗代悦，加宁朔将军，封西昌县侯，食邑千户。五年，入为中书侍郎。

卢循逼京邑，加辅国将军，领兵屯西明门外。循退走，祗率所领，步道援江陵，未发，遇疾停。八年，迁right卫将军，出为辅国将军、宣城内史，即本号督江北淮南军郡事、青州刺史、广陵相。进号征虏将军，加节。十年，亡命司马国璠兄弟自北徐州界聚众数百，潜得过淮，因天夜阴暗，率百许人缘广陵城得入，叫唤直上听事。祗惊起，出门将处分，贼射之，伤股，乃入。祗语左右："贼乘暗得入，欲掩我不备。但打五鼓，惧晓，必走矣。"贼闻鼓鸣，谓为晓，于是奔散，追讨杀百余人。祗降号建武将军。十一年，进号右将军。十二年，高祖北伐，而亡命司马囗寇涂（涂或作滁）中，秦郡太守刘基求救，分军掩讨，即破斩之。

十四年，宋国初建，天子诏曰："宋国始立，内外草创，禁旅王要，总司须才。右将军祗可为宋领军将军，加散骑常侍。"祗性矜豪，乐在外放恣，不愿内迁，甚不得志。发疾不自治，其年卒广陵，时年五十一。赠散骑常侍、抚军将军，谥曰威侯。

子献嗣，元熙中卒，无子，祗次子朗绍封。朗卒，子宣明嗣。宣明卒，子逸嗣。齐受禅，国除。

史臣曰：刘敬宣与高祖恩结龙潜，义分早合，虽兴复之始，事屡逢迎，而深期久要，未之或爽。隆赫之任，义止于人存；饰终之数，无闻于身后。恩礼之有厚薄者，将有以乎！

卷四十八　　列传第八

朱龄石　弟超石　毛修之　傅弘之

朱龄石，字伯儿，沛郡沛人也。家世将帅。祖腾，建威将军、吴国内史。伯父宪及斌，并为西中郎袁真将佐，宪为梁国内史，斌为汝南内史。大司马桓温伐真于寿阳，真以宪兄弟与温潜通，并杀之。龄石父绰逃走归温，攻战常居先，不避矢石。寿阳平，真已死，绰辄发棺戮尸；温怒，将斩之，温弟冲苦请得免。绰为人忠烈，受冲更生之恩，事冲如父。参冲车骑军事、西阳广平太守。及冲薨，绰欧血死。冲诸子遇龄石如兄弟。

龄石少好武事，颇轻佻，不治崖检。舅淮南蒋氏，人才忙劣，龄石使舅卧于听事一头，剪纸方一寸，帖著舅枕，自以刀子悬掷之，相去八九尺，百掷百中。舅虽危惧战栗，为畏龄石，终不敢动。舅头有大瘤，龄石伺舅眠，密往割之，舅即死。

初为殿中将军，常追随桓修兄弟，为修抚军参军。在京口，高祖克京城，以为建武参军。从至江乘，将战，龄石言于高祖曰："世受桓氏厚恩，不容以兵刃相向，乞在军后。"高祖义而许之。事定，以为镇军参军，迁武康令，加宁远将军。

丧乱之后，武康人姚系祖招聚亡命，专为劫盗，所居险阻，郡县畏惮不能讨。龄石至县，伪与系祖亲厚，召为参军。系祖恃其兄弟徒党强盛，谓龄石必不敢图己，乃出应召。龄石潜结腹心，知其居北涂径，乃要系祖宴会，叱左右斩之。乃率吏人驰至其家，掩其不备，莫有得举手者，悉斩系祖兄弟，杀数十人，自是一郡得清。

高祖又召为参军，补徐州主簿，迁尚书都官郎，寻复为参军。从征鲜卑，坐事免官。广固平，复为参军。卢循至石头，领中军。循选敢死之士数千人上南岸，高祖遣龄石领鲜卑步稍，过淮击之。率厉将士，皆殊死战，杀数百人，贼乃退。龄石既有武干，又练吏职，高祖甚亲委之。卢循平，以为宁远将军、宁蛮护军、西阳太守。义熙八年，高祖西伐刘毅，龄石从至江陵。九年，遣诸军伐蜀，令龄石为元帅，以为建威将军、益州刺史，率宁朔将军臧熹、河间太守蒯恩、下邳太过刘钟、龙骧将军朱林等，凡二万人，发自江陵。寻加节益州诸军事。初，高祖与龄石密谋进取，曰："刘敬宣往年出黄虎，无功而退。贼谓我今应从外水往，而料我当出其不意，犹从内水来也。如此，必以重兵守涪城，以备内道。若向黄虎，正堕其计。今以大众自外水取成都，疑兵出内水，此制敌之奇也。"而虑此声先驰，贼审虚实，别有函书，全封付龄石，署函边曰："至白帝乃开。"诸军虽进，未知处分所由。至白帝，发书，曰："众军悉从外水取成都，臧熹、朱林从中水取广汉，使羸弱乘高舰十余，由内水向黄虎。"众军乃倍道兼行，谯纵果备内水，使其大将谯道福以重兵戍涪城，遣其前将军秦州刺史侯辉、尚书仆射蜀郡太守谯诜等率众万余屯彭模，夹水为城。

十年六月，龄石至彭模，诸将以贼水北城险阻众多，咸欲先攻其南，龄石曰："不然。虽寇在北，今屠南城，不足以破北；若尽锐以拔北垒，南城不麾而自散也。"七月，龄石率刘钟、蒯恩等攻城，诘朝战，至日昃，焚其楼橹，四面并登，斩侯辉、谯诜，仍回军以麾，南城即时散溃。凡斩大将十五级，诸营守以次土崩，众军舍船步进。

龙骧将军臧熹至广汉，病卒。朱林至广汉，复破谯道福，别军乘船陷牛脾城，斩其大将谯抚。谯纵闻诸处尽败，奔于涪城，巴西人王志斩送。伪尚书令马耽封府库以待王师。道福闻彭模不守，率精锐五千兼行来赴，闻纵已走，道福众亦散,乃逃于獠中。巴西民杜瑶缚送之,斩于军门。桓谦弟恬随谦入蜀,为宁蜀太守,至是亦斩焉。

　　高祖之伐蜀也,将谋元帅而难其人,乃举龄石。众咸谓自古平蜀,皆雄杰重将,龄石资名尚轻,虑不克办,谏者甚众,高祖不从。乃分大军之半,猛将劲卒,悉以配之。臧熹,敬皇后弟,咸服高祖之知人,又美龄石之善于其事。

　　龄石遣司马沈叔任戍涪,蜀人侯产德作乱,攻涪城,叔任击破之,斩产德。初,龄石平蜀,所冀止纵一祖之后,产德事起,多所连结,乃穷加诛剪,死者甚众。进号辅国将军,寻进监益州之巴西梓潼宕渠南汉中、秦州之安固怀宁六郡诸军事,以平蜀功,封丰城县侯,食邑千户。

　　十一年,征为太尉咨议参军,加冠军将军。十二年北伐,迁左将军,本号如故,配以兵力,守卫殿省,刘穆之甚加信仗,内外诸事,皆与谋焉。高祖还彭城,以龄石为相国右司马。十四年,安西将军桂阳公义真被征,以龄石持节督关中诸军事、右将军、雍州刺史。敕龄石,若关右必不可守,可与义真俱归。龄石亦举城奔走。龙骧将军王敬先戍曹公垒,龄石自潼关率余众就敬先,虏断其水道,众渴不能战,城陷。虏执龄石及敬先还长安,见杀,时年四十。

　　子景符嗣。景符卒,子祖宣嗣,坐辄之封,八年不反,及不分姑国秩,夺爵。更以祖宣弟隆绍封。齐受禅,国除。

　　龄石弟超石,亦果锐善骑乘,虽出自将家,兄弟并闲尺牍。桓谦为卫将军,以补行参军。又参何无忌辅国右军军事。徐道覆破无忌,得超石,以为参军。至石头,超石说其同舟人乘单舸击归高祖,高祖甚喜之,以为徐州主簿。超石收迎桓谦身首,躬营殡葬。迁车骑参军事,尚书都官郎;寻复补中兵参军、宁朔将军、沛郡太守。西伐刘毅,使超石率步骑出江陵,未至而毅平。及讨司马休之,遣冠军将军檀道济及超石步军出大薄,鲁宗之闻超石且至,自率军逆之,未战而江陵平。从至襄阳,领新野太守,追宗之至南阳而还。

　　义熙十二年北伐,超石为前锋入河,索虏托跋嗣,姚兴之婿也,遣弟黄门郎鹅青、冀州刺史安平公乙旃眷、襄州刺史托跋道生、青州刺史阿薄干,步骑十万,屯河北,常有数千骑,缘河随大军进止。时军人缘河南岸,牵百丈,河流迅急,有漂渡北岸者,辄为虏所杀略。遣军裁过岸,虏便退走,军还,即复东来。高祖乃遣白直队主丁旿,率七百人,及车百乘,于河北岸上,去水百余步,为却月阵,两头抱河,车量七仗士,事毕,使竖一白毦。虏见数百人步牵车上,不解其意,并未动。高祖先命超石驰往赴之,并赍大弩百张,一车益二十人,设彭排于辕上。虏见营阵既立,乃进围营。超石先以软弓小箭射虏,虏以众少兵弱,四面俱至。嗣乃遣南平公托跋嵩三万骑至,遂内薄攻营。于是百弩俱发,又选善射者丛箭射之,虏众既多,弩不能制。超石初行,别赍大锤并千余张稍,乃断稍长三四尺,以锤锤之,一稍辄洞贯三四虏,虏众不能当,一时奔溃。临阵斩阿薄干首,虏退还半城。超石率胡藩、刘荣祖等追之,复为虏所围,奋击尽日,杀虏千计,虏乃退走。高祖又遣振武将军徐猗之五千人向越骑城,虏围猗之,以长戟

结阵。超石赴之,未至,悉奔走。大军进克蒲坂,以超石为河东太守,戍守之。贼以超石众少,复还攻城,超石战败退走,数日乃及大军。

　　高祖自长安东还,超石常令人水道至彭城,除中书侍郎,封兴平县五等侯。关中扰乱,高祖遣超石慰劳河、洛。始至蒲坂,值龄石自长安东走至曹公垒,超石济河就之,与龄石俱没,为佛佛所杀,时年三十七。

　　毛修之,字敬文,荥阳阳武人也。祖虎生,伯父璩,并益州刺史。父瑾,梁、秦二州刺史。

　　修之有大志,颇读史籍,荆州刺史殷仲堪以为宁远参军。桓玄克荆州,仍为玄佐,历后军、太尉、相国参军。解音律,能骑射,玄甚遇之。及篡位,以为屯骑校尉。随玄西奔,玄败于峥嵘洲,复还江陵,人情离散,议欲西奔汉川。修之诱令入蜀,冯迁斩玄于枚回洲,修之力也。

　　晋安帝反正于江陵,除骁骑将军。下至京师,高祖以为镇军咨议参军,加宁朔将军。旬月,迁右卫将军。既有斩玄之谋,又伯、父并在蜀土,高祖欲引为外助,故频加荣爵。及父瑾为谯纵所杀,高祖表为龙骧将军,配给兵力,遣令奔赴。又遣益州刺史司马荣期及文处茂、时延祖等西讨。修之至宕渠,荣期为参军杨承祖所杀,承祖自称镇军将军、巴州刺史。修之退还白帝,承祖自下攻之,不拔。修之使参军严纲等收兵众,汉嘉太守冯迁率兵来会,讨承祖斩之。时文处茂犹在邑郡,修之遣振武将军张季仁五百兵系处茂等。荆州刺史道规又遣奋武将军原导之领千人,受修之节度。修之遣原导之与季仁俱进。

　　时益州刺史鲍陋不肯进讨,修之下都上表曰:"臣闻在生所以重生,实有生理可保。臣之情地,生途已竭,所以未沦于泉壤,借命于朝露者,以日月贞照,有兼映之辉,庶凭天威,诛夷仇逆。自提戈西赴,备尝时难,遂使齐斧停柯,狡竖假息。诚由经路有暨,亦缘制不自己。抚影穷号,泣望西路。益州刺史陋始以四月二十九日达巴东,顿白帝,以俟庙略。可乘之机宜践,投袂之会屡愆。臣虽效死寇庭,而理绝救援,是以束骸载驰,诉冤象魏。昔宋害申丹,楚庄有遗履之愤,况忘家殉国,鲜有臣门,节追风霜,人所矜悼。伍员不亏君义,而申包不忘国艰,侯会仁锋,因时乃发。今臣庸逾在昔,未蒙胥迈之旗,是以仰辰极以希照,眷西土以洒泪也。公私怀耻,仰望洪恩,岂宜遂享名器,比肩人伍。求情既所不容,即实又非所继,但以方仗威灵,要须综摄,乞解金紫宠私之荣,赐以鹰扬折冲之号。臣之于国,理无虚请。自臣涉道,情虑荒越,疢毒交缠,常虑性命陨越,要当躬先士卒,身驰贼庭,手斩凶丑,以摅莫大之雠。然后就死之日,即化如归,阖门灵爽,岂不谢先帝于玄宫。"高祖哀其情事,乃命冠军将军刘敬宣率文处茂、时延祖诸军伐蜀。军次黄虎,无功而退。谯纵由此送修之父、伯及中表丧,口累并得俱还。

　　卢循逼京邑,修之服未除,起为辅国将军,寻加宣城内史,戍姑孰。为循党阮赐所攻,击破之。循走,刘毅还姑孰,修之领毅后军司马,坐长置吏僮,免将军、内史官。毅西镇江陵,以为卫军司马、辅国将军、南郡太守。修之

虽为毅将佐，而深自结高祖。高祖讨毅，先遣王镇恶袭江陵，修之与咨议参军任集之等并力战，高祖宥之。

时遣朱龄石伐蜀，修之固求行，高祖虑修之至蜀，必多所诛残，土人既与毛氏有嫌，亦当以死自固，故不许。还都，除黄门侍郎，复为右卫将军。

修之不信鬼神，所至必焚除房庙。时蒋山庙中有佳牛好马，修之并夺取之。高祖讨司马休之，以为咨议参军、冠军将军、领南郡相。

高祖将伐羌，先遣修之复苟陂，起田数千顷。及至彭城，又使营立府舍，转相国右司马，将军如故。时洛阳已平，即本号为河南、河内二郡太守，行西州事，戍洛阳，修治城垒。高祖既至，案行善之，赐衣服玩好，当时计直二千万。先是，刘敬宣女嫁，高祖赐钱三百万，杂彩千匹，时人并以为厚赐。王镇恶死，修之代为安西司马，将军如故。值桂阳公义真已发长安，为佛佛虏所邀，军败。修之与义真相失，走将免矣。始登一坂，坂甚高峻，右卫军人叛走，已上坂，尝为修之所罚者，以戟掷之，伤额，因坠坂，遂为佛佛所擒。佛佛死，其子赫连昌为索虏托跋焘所获，修之并没。

初，修之在洛，敬事嵩高山寇道士，道士为焘所信敬，营护之，故得不死，迁于平城。修之尝为羊羹，以荐虏尚书，尚书以为绝味，献之于焘；焘大喜，以修之为太官令。稍被亲宠，遂为尚书、光禄大夫、南郡公，太官令、尚书如故。其后朱修之没虏，亦为焘所宠。修之相得甚欢。修之问南国当权者为谁，朱修之答云："殷景仁。"修之笑曰："吾昔在南，殷尚幼少，我得归罪之日，便应巾韝到门邪！"经年不忍问家消息，久之乃讯访，修之具答，并云："贤子元矫，甚能自处，为时人所称。"修之悲不得言，直视良久，乃长叹曰："呜呼！"自此一不复及。初，荒人去来，言修之劝诱焘侵边，并教焘以中国礼制，太祖甚疑责之。修之后得还，具相申理，上意乃释。修之在虏中，多畜妻妾，男女甚多。元嘉二十三年，死于虏中，时年七十二。元矫历宛陵、江乘、溧阳令。

傅弘之，字仲度，北地泥阳人。傅氏旧属灵州，汉末郡境为虏所侵，失土寄寓冯翊，置泥阳、富平二县，灵州废不立，故傅氏还属泥阳。晋武帝太康三年，复立灵州县，傅氏还属灵州。弘之高祖晋司徒祇，后封灵州公，不欲封本县，故祇一门还复泥阳。曾祖畅，秘书丞，没胡，生子洪，晋穆帝永和中，胡乱得还。洪生韶，梁州刺史，散骑常侍。韶生弘之。

少倜傥有大志，为本州主簿，举秀才，不行。桓玄将篡，新野人庾仄起兵于南阳，袭雍州刺史冯该，该走。弘之时在江陵，与仄兄子彬谋杀荆州刺史桓石康，以荆州刺史应仄。彬从弟宏知其谋，以告石康，石康收彬杀之，系弘之于狱。桓玄以弘之非造谋，又白衣无兵众，原不罪。

义旗建，辅国将军道规以为参军、宁远将军、魏兴太守。卢循作乱，桓石绥自上洛甲口自号荆州刺史，征阳令王天恩自号梁州刺史，袭西城。时韶为梁州，遣弘之讨石绥等，并斩之。除太尉行参军。从征司马休之，署后部贼

曹，仍为建威将军、顺阳太守。高祖北伐，弘之与扶风太守沈田子等七军自武关入，伪上洛太守□脱奔走，进据蓝田，招怀戎、晋。晋人庞斌之、戴养、胡人康横等各率部落归化。弘之素善骑乘，高祖至长安，弘之于姚泓驰道内，缓服戏马，或驰或骤，往反二十里中，甚有姿制。羌胡聚观者数千人，并惊惋叹息。初上马，以马鞭柄策，挽致两股内，及下马，柄孔犹存。

进为桂阳公义真雍州治中从事史，除西戎司马、宁朔将军。略阳太守徐师高反叛，弘之讨平之。高祖归后，佛佛伪太子赫连瑰率众三万袭长安，弘之又领步骑五千，于池阳大破之，杀伤甚众。瑰又抄掠渭南，弘之又于寡妇人渡破瑰，获贼三百，掠七千余口。又义真东归，佛佛倾国追蹑，于青泥大战，弘之身贯甲胄，气冠三军。军败，陷没，佛佛令을降，弘之不为屈。时天寒，裸弘之，弘之叫骂见杀。时年四十二。

史臣曰：三代之隆，畿服有品，东渐西被，无遗遐荒。及汉氏辟土，通译四方，风教浅深，优劣已远。晋室播迁，来宅扬、越，关、朔遥阻，陇、汧退荒，区甸分其内外，山河判其表里，而羌、戎杂合，久绝声教，固宜待以荒服，羁縻而已也。若其怀远畏威，奉王受职，则通以书轨，班以王规。若负其岨远，屈强边垂，则距险闭关，御其寇暴。桓温一世英人，志移晋鼎，自非兵屈霸上，战衄枋头，则光宅之运，中年允集。高祖无周世累仁之基，欲力征以君四海，实须外积武功，以收天下人望。止欲挂旆龙门，折冲冀、赵，跨功桓氏，取高昔人，地未辟于东晋，威独振于江南，然后可以变国情，惬民志，抚归运而膺宝策。岂不知秦川不足供养，百二难以传后哉！至举咸阳而弃之，非失算也。此四将藉归众难固之情，已至于俱陷，为不幸矣。

卷四十九　　列传第九

孙处　蒯恩　刘钟　虞丘进

孙处，字季高，会稽永兴人也。籍注季高，故字行于世。少任气。高祖东征孙恩，季高义乐随。高祖平定京邑，以为振武将军，封新夷县五等侯。广固之役，先登有功。

卢循之难，于石头捍栅，戍越城、查浦，破贼于新亭。高祖谓季高曰："此贼行破，应先倾其巢窟，令奔走之日，无所归投，非卿莫能济事。"遣季高率众三千，泛海袭番禺。初，贼不以海道为防，季高至东冲，去城十余里，城内犹未知。循守战士犹有数千人，城池甚固。季高先焚舟舰，悉力登岸，会天大雾，四面陵城，即日克拔。循父嘏、长史孙建之、司马虞尪夫等，轻舟奔始兴。即分遣振武将军沈田子等讨平始兴、南康、临贺、始安岭表诸郡。循于左里奔走，而众力犹盛，自岭道还袭广州。季高距战二十

余日，循乃破走，所杀万余人。追奔至郁林，会病，不得穷讨，循遂得走向交州。

义熙七年四月，季高卒于晋康，时年五十三。追赠龙骧将军、南海太守，封侯官县侯，食邑千户。九年，高祖念季高之功，乃表曰："孙季高岭南之勋，已蒙褒赠。臣更思惟卢循稔恶一纪，据有全域。若令根本未拔，投奔有所，招合余烬，犹能为虞；县师远讨，方勤庙算。而季高泛海万里，投命洪流，波激电迈，指日遄至，遂奄定南海，覆其巢窟，使循进退靡依，轻舟远迸。曾不旬月，妖凶歼殄。荡涤之功，实庸为大。往年所赠，犹为未优。愚谓宜更赠一州，即其本号，庶令忠勋不湮，劳臣增厉。"重赠交州刺史，将军如故。子宗世卒，子钦公嗣。钦公卒，子彦祖嗣。齐受禅，国除。

蒯恩，字道恩，兰陵承人也。高祖征孙恩，县差为征民，充乙士，使伐马刍。恩常负大束，兼倍余人，每舍刍于地，叹曰："大丈夫弯弓三石，奈何充马士！"高祖闻之，即给器仗，恩大喜。自征妖贼，常为先登，多斩首级。既习战阵，胆力过人，诚心坚谨，未尝有过失，甚见爱信。于娄县战，箭中左目。

从平京城，进定京邑，以宁远将军领幢。随振武将军道规西讨，房桓仙客，克偃月垒，遂平江陵。义熙二年，贼张坚据应城反，恩击破之，封都乡侯。从伐广固，又有战功。卢循逼京邑，恩战于查浦，贼退走。与王仲德等追破循别将范崇民于南陵。循既走还广州，恩又领千余人随刘藩追徐道覆于始兴，斩之。迁龙骧将军、兰陵太守。

高祖西征刘毅，恩与王镇恶轻军袭江陵，事在《镇恶传》。以本官为太尉长兼行参军，领众二千，随益州刺史朱龄石伐蜀。至彭模，恩所领居前，大战，自朝至日昃，勇气益奋，贼破走。进平成都，擢为行参军，改封北至县五等男。高祖伐司马休之及鲁宗之，恩与建威将军徐逵之前进。逵之败没，恩陈于堤下。宗之子轨乘胜击恩，矢下如雨，呼声震地，恩整厉将士，置阵坚严。轨屡冲之不动，知不可攻，乃退。高祖善其能将军持重。江陵平定，复追鲁轨于石城。轨弃城走，恩追至襄阳，宗之奔羌，恩与诸将追讨至鲁阳关乃还。恩自从征讨，每有危急，辄率先诸将，常陷坚破阵，不避艰崄。凡百余战，身被重创。高祖录其前后功劳，封新宁县男，食邑五百户。高祖世子为征虏将军，恩以大府佐领中兵参军，随府转中兵参军。高祖北伐，留恩侍卫世子，命朝士与之交。恩益自谦损，与人语常呼官位，而自称为鄙人。抚待士卒，甚有纪纲，众咸亲附之。迁咨议参军，转辅国将军、淮陵太守。世子开府，又为从事中郎，转司马，将军、太守如故。

入关迎桂阳公义真。义真还至青泥，为佛佛虏所追，恩断后，力战连日。义真前军奔散，恩军人亦尽，为虏所执，死于虏中。子国才嗣。国才卒，子慧度嗣。慧度卒，无子，国除。

刘钟，字世之，彭城彭城人也。少孤，依乡人中山太守刘固共居。幼有志力，常慷慨于贫贱。隆安四年，高祖伐孙恩，钟愿从余姚、浃口攻句章、海盐、娄县，皆摧坚陷阵，每有战功。为刘牢之镇北参军督护。高祖每有戎事，钟不辞艰剧，专心尽力，甚见爱信。

义旗将建，高祖版钟为郡主簿。明日，从入京城。将向京邑，高祖命曰："预是彭沛乡人赴义者，并可依刘主簿。"于是立为义队，恒在左右，连战皆捷。明日，桓谦屯于东陵，卞范之覆载舟山西，高祖疑贼有伏兵，顾视左右，正见钟，谓之曰："此山下当有伏兵，卿可率部下稍往扑之。"钟应声驰进，果有伏兵数百，一时奔走。桓玄西奔，其夕，高祖止桓谦故营，遣钟宿据东府，转镇军参军督护。桓歆寇历阳，遣钟助豫州刺史魏咏之讨之，歆即奔溃。除南齐国内史，封安丘县五等侯。自陈情事，改葬父祖及亲属十丧，高祖厚加资给。转车骑长史，兼行参军。司马叔璠与彭城刘谥、刘怀玉等自蕃城攻邹山，鲁郡太守徐邕失守，钟率军讨平之。从征广固。孟龙符陷没，钟率左右直入，取其尸而反。除振武将军、中兵参军，代龙符领广川太守。

卢循逼京邑，徐赤军违处分，败于南岸。钟率麾下距栅，身被重创，贼不得入。循南走，钟与辅国将军王仲德追之。循先留别帅范崇民以精兵高舰据南陵，夹屯两岸。钟自行觇贼，天雾，贼钩得其舸；钟因率左右攻舰户，贼遂闭户距之，钟乃徐还。与仲德攻崇民，崇民败走。钟追讨百里，烧其船乘。又随刘藩追徐道覆于始兴，斩之。补太尉行参军、宁朔将军、下邳太守。代孟怀玉领石头戍事。

高祖讨刘毅，钟率军继王镇恶。江陵平定，仍随朱龄石伐蜀，为前锋，由外水，至于彭模枝，去成都二百里。伪冠军征讨督护谯亢等两岸连营，层楼重栅，众号三万。钟于时脚疾不能行，龄石乃诣钟谋曰："今天时盛热，而贼严兵固险，攻之未必可拔，只增疲困。计其人情恇挠，必不久安，且欲养锐息兵，以伺其隙；隙而乘之，乃可捷事。然决机两陈，公本有所委，卿意谓何？"钟曰："不然。前扬声言大众向内水，谯道福不敢舍涪城。今重军卒至，出其不意，蜀人已破胆矣。贼今阻兵守险，是其惧不敢战，非能持久坚守也。因其凶惧，尽锐攻之，其势必克。鼓行而进，成都必不能守矣。今若缓兵相守，彼将知人虚实，涪军忽并来力距我，人情既安，良将又集，此求战不获，军食无资，当为蜀子虏耳。"龄石从之。明日进攻，陷其二城，斩其大将侯辉、谯诜，遂平成都。以广固功，封永新县男，食邑五百户。迁给事中、太尉参军事、龙骧将军、高阳内史，领石头戍事。

高祖讨司马休之，前军将军道怜留镇东府，领屯兵。冶亭群盗数百，夜袭钟垒，距击破之。时大军外讨，京邑扰惧，钟以不能镇遏，降号建威将军。平蜀功，应封四百户男，以先有封爵，减户以赐次子敬顺高昌县男，食邑百户。寻复本号龙骧将军。十二年，高祖北伐，复留镇居守，增其兵力，又命府置长史。荆州刺史道怜献名马三匹，并精丽乘具，高祖悉以赐钟三子。十四年，迁右卫将军，龙骧将军如故。元熙元年卒，时年四十三。

子敬义嗣。敬义官至马头太守，卒。子国重嗣，齐受禅，国除。钟次子高昌男敬顺，卒，子国须嗣。须卒，无子，国除。

　　虞丘进，字豫之，东海郯人也。少时随谢玄讨苻坚，有功，封关内侯。隆安中，从高祖征孙恩，戍句章城，被围数十日，无日不战，身被数创。至余姚呵浦，破贼张骠，追至海盐故治及娄县。于蒲涛口与孙恩水战，又被重创。追恩至郁州，又至石鹿头，还海盐大柱，频战有功。元兴元年，又从高祖东征临海，于石步固与卢循相守二十余日。二年，又从高祖至东阳，破徐道覆。其年，又至临松穴破贼，追至永嘉千江，又至安固，累战皆有功。三年，从平京城，定京邑，除燕国内史。

　　义熙二年，除龙骧将军，封龙川县五等侯。从高祖伐广固，于临朐破贼。卢循逼京邑，孟昶、诸葛长民等建议奉天子过江，进廷议不可，面折昶等，高祖甚嘉之。献计伐树，树栅石头。除鄱阳太守，将军如故。统马步十八队，于东道出鄱阳，至五亩峤。循遣将英纠为上饶令。千余人守故城，进攻破之。循又遣童敏之为鄱阳太守，据郡，进从余干步道趣鄱阳，敏之退走，追破之，斩首数百。复随刘藩至始兴，讨斩徐道覆。

　　八年，除宁蛮护军、寻阳太守，领文武二年从征刘毅。事平，补太尉行参军，寻加振威将军。九年，以前后功封望蔡县男，食邑五百户，加龙骧将军。讨司马休之，又有战功。军还，除辅国将军、山阳太守。宋台令书除秦郡太守，督陈留郡事，将军如故。元熙二年，宋王令书以为高祖第四子义康右将军司马。永初二年，迁太子右卫率。明年，卒官。时年六十。追论讨司马休之功，进爵为子，增邑三百户。

　　子耕嗣。耕卒，子袭祖嗣。袭祖卒，世宝嗣。齐受禅，国除。

　　史臣曰：《诗》云："无言不酬，无德不报。"此诸将并起自竖夫，出于皂隶刍牧之下，徒以心一乎主，故能奋其鳞翼。至于推锋转战，百死而不顾一生，盖由其心一也。遂飨封侯之报，诗人之言，信矣！

卷五十　　列传第十

胡藩　刘康祖　垣护之　张兴世

　　胡藩，字道序，豫章南昌人也。祖随，散骑常侍。父仲任，治书侍御史。藩少孤，居丧以毁称。太守韩伯见之，谓藩叔尚书少广曰："卿此侄当以义烈成名。"州府辟召，不就。须二弟冠婚毕，乃参郄恢征虏军事。时殷仲堪为荆州刺史，藩外兄罗企生为仲堪参军，藩请假还，过江陵省企生。仲堪要藩相见，接待甚厚。藩因说仲堪曰："桓玄意趣不常，每怏怏于失职。节下崇待太过，非将来之计也。"仲堪色不悦。藩退而谓企生曰："倒戈授人，必至之

祸。若不早规去就，后悔无及。"玄自夏口袭仲堪，藩参玄后军军事。仲堪败，企生果以附从及祸。藩转参太尉、大将军、相国军事。

　　义旗起，玄战败将出奔，藩于南掖门捉玄马控，曰："今羽林射手犹有八百，皆是义故西人，一旦舍此，欲归可复得乎？"玄直以马鞭指天而已，于是奔散相失。追及玄于芜湖，玄见藩，喜谓张须无曰："卿州故为多士，今乃复见王叔治。"桑落之战，藩舰被烧，全铠入水潜行三十许步，方得登岸。义军既迫，不复得西，乃还家。

　　高祖素闻藩直言于殷氏，又为玄尽节，召为员外散骑侍郎，参军军事。从征鲜卑，贼屯聚临朐，藩言于高祖曰："贼屯军城外，留守必寡，今往取其城，而斩其旗帜，此韩信所以克赵也。"高祖乃遣檀韶与藩等潜往，既至，即克其城。贼见城陷，一时奔走，还保广固累月。将拔之夜，佐史并集，忽有鸟大如鹅，苍黑色，飞入高祖帐里，众皆骇愕，以为不祥。藩起贺曰："苍黑者，胡虏之色，胡虏归我，大吉之祥也。"明旦，攻城，陷之。从讨卢循于左里，频战有功，封吴平县五等子，除正员郎，寻转宁远将军、鄱阳太守。

　　从伐刘毅。毅初当之荆州，表求东道还京辞墓，去都数十里，不过拜阙。高祖出倪塘会之。藩劝于坐杀毅，高祖不从。至是谓藩曰："昔从卿倪塘之谋，无今举也。"又从征司马休之。复为参军，加建武将军，领游军于江津。徐逵之败没，高祖怒甚，即日于马头岸渡江，而江津岸峭，壁立数丈，休之临岸置阵，无由可登。高祖呼藩令上，藩有疑色，高祖奋怒，命左右录来，欲斩之。藩不受命，顾曰："藩宁前死耳！"以刀头穿岸，少容脚指，于是径上，随之者稍多。既得登岸，殊死战，贼不能当，引退。因而乘之，一时奔散。

　　高祖伐羌，假藩宁朔将军，参太尉军事，统别军。至河东，暴风漂藩重舰渡北岸，索虏牵得此舰，取其器物。藩气忿心愤，率左右十二人，乘小船径往河北。贼骑五六百见藩来，并笑之。藩素善射，登岸射，贼应弦而倒者十许人，贼皆奔退，悉收所失而反。又遣藩及朱超石等追索虏于半城，虏骑数重，藩及超石所领皆割配新军，不盈五千，率厉力战，大破之。又与超石等击姚业于蒲坂，超石失利退还，藩收超石成舍资实，徐行而反，业不敢追。高祖还彭城，参相国军事。时卢循余党与苏淫贼大相聚结，以为始兴相。论平司马休之及广固功，封阳山县男，食邑五百户。

　　少帝景平元年，坐守东府，开掖门，免官，寻复其职。元嘉四年，迁建武将军、江夏内史。七年，征为游击将军。到彦之北伐，南兖州刺史长沙王义欣进据彭城，藩出戍广陵，行府州事。转太子左卫率。十年，卒，时年六十二，谥曰壮侯。

　　子隆世嗣，官至西阳太守。隆世卒，子乾秀嗣。藩庶子六十人，多不遵法度。藩第十四子遵世，为臧质宁远参军，去职还家，与孔熙先同逆谋，高祖以藩功臣，不欲显其事，使江州以他事收杀之。二十四年，藩第十六子诞世、第十七子茂世率群从二百余人攻破郡县，杀太守桓隆之、

令诸葛和之,欲奉庶人义康。值交州刺史檀和之至豫章,讨平之。诞世兄车骑参军新兴太守景世、景世弟宝世,诣廷尉归罪,并徙远州。乾秀夺国。世祖初,徙者并得还。

刘康祖,彭城吕人,世居京口。伯父简之,有志干,为高祖所知。高祖将谋兴复,收集才力之士,尝再造简之,值有宾客。简之悟其意,谓弟虔之曰:"刘下邳频再来,必当有意。既不得共语,汝可试往见之。"既至,高祖已克京城,虔之即便投义。简之闻之,杀耕牛,会聚徒众,率以赴高祖。简之历官至通直常侍,少府,太尉咨议参军。简之弟谦之,好学,撰《晋纪》二十卷。义熙末,为始兴相。东海人徐道期流寓广州,无士行,为侨旧所陵侮。因刺史谢欣死,合率群不逞之徒作乱,攻没州城,杀士庶素憾者百余,倾府军、招集亡命,出攻始兴。谦之破走之,进平广州,诛其党与,仍行州事。即以为振威将军、广州刺史。后为太中大夫。虔之诞节,不营产业,轻财好施。高祖西征司马休之、鲁宗之等,遣参军檀道济、朱超石步骑出襄阳,虔之时为江夏相,率府郡兵力出溳城,屯三连,立桥聚粮以待。道济等积日不至,为宗之子轨所袭,众寡不敌。参军孙长庸流涕劝还军,虔之厉色曰:"我伏顺伐罪,理无不克。如其不幸,命也。"战败见杀,追赠梁、秦二州刺史,封新康县男,食邑五百户。

康祖,虔之子也,袭封,为长沙王义欣镇军参军,转员外散骑侍郎。便弓马,膂力绝人,在闾里不治士业,以浮荡捕酒为事。每犯法,为郡县所录,辄越屋逾墙,莫之能禽。夜入人家,为有司所围守,康祖突围而去,并莫敢追。因夜还京口,半夕便至。明旦,守门诣府州要职。俄而建康移书录之,府州执事者并证康祖其夕在京口,遂见无恙。前后屡被纠劾,太祖以勋臣子,每原贷之。为员外郎十年,再坐挝捕戏免。

转太子左积弩将军,随射声校尉裴方明西征仇池,与方明同下廷尉,康祖免官。顷之,世祖为豫州刺史,镇历阳,以康祖为征虏中兵参军,既被委任,折节自修。转太子翊军校尉。久之,迁南平王铄安蛮府司马。元嘉二十七年春,索虏托拔焘亲率大众攻围汝南,太祖遣诸军救援,康祖总统为前驱。军次新蔡,与虏战,俱前百余里,济融水。虏众大至,奋击破之,斩伪殿中尚书任城公乞地真,去县瓠四十里,焚烧营垒走。转左军将军。

太祖欲大举北伐,康祖以岁月已晚,请待明年。上以河北义徒并起,若顿兵一周,沮向义之志,不许。其年秋,萧斌、王玄谟、沈庆之等入河,康祖率豫州军出许、洛。玄谟等败归,虏引大众南度。南平王铄在寿阳,上虑为所围,召康祖速反。康祖回军,未至寿阳数十里,会虏永昌王库仁真以长安之众八万骑,与康祖相及于尉武。康祖凡有八千人,军副胡盛之欲附山依险,间行取至。康祖怒曰:"吾受命本朝,清荡河洛。寇今自送,不复远劳王师,犬羊虽多,实易摧灭。吾兵精器练,去寿阳裁数十里,援军寻至,亦何患乎!"乃结车营而进。虏四面来攻,大战一日一夜,杀虏填积。虏分众为三,且休且战,以骑负草烧车营。康祖率厉将士,无一不当百,虏死者太半。会矢中颈死,于是大败,举营沦覆,为虏所杀尽,自免者裁数十人。虏传康祖首示彭城,面如生。

胡盛之为虏生禽,托跋焘宠之,常在左右。盛之有勇力,初为长沙王义欣镇军参军督护,讨劫谯郡,县西劫有马步七十,逃隐深榛,盛之挺身独进,手斩五十八级。

二十八年,诏曰:"康祖班师尉武,戎律靡忒。对众以寡,歼殄太半。猛气云腾,志申力屈,没世徇节,良可嘉悼。宜加甄宠,以旌忠烈。可赠益州刺史,谥曰壮男。"传国至齐受禅,国除。

垣护之,字彦宗,略阳桓道人也。祖敞,仕苻氏,为长乐国郎中令。慕容德入青州,以敞为车骑长史。德兄子超袭伪位,伯父遵、父苗见委任。遵为尚书,苗京兆太守。高祖围广固,遵、苗逾城归降,并以为太尉行参军。太祖元嘉中,遵为员外散骑常侍,苗屯骑校尉。

护之少倜傥,不拘小节,形状短陋,而气干强果。从高祖征司马休之,为世子中军府长史,兼行参军。永初中,补奉朝请。元嘉初,为殿中将军。随到彦之北伐,彦之将回师,护之为书谏曰:"外闻节下欲回师反旆,窃所不同。何者?残虏畏威,望风奔进,八载侵地,不战克复。方当长驱朔漠,穷扫遗丑,况乃自送,无假远劳。宜使竺灵秀速进滑台助朱修之固守,节下大军进拟河北,则牢、洛游魂,自然奔退。且昔人有连年攻战,失众乏粮者,犹张胆争前,莫肯轻退。况今青州丰穰,济漕流通,士马饱逸,威力无损。若空弃滑台,坐丧成业,岂是朝廷受任之旨。"彦之不纳,散败而归。太祖闻而善之,以补江夏王义恭征北行参军、北高平太守。以载禁物系尚方,久之蒙宥。又补衡阳王义季征北长流参军,迁宣威将军、钟离太守。

随王玄谟入河,玄谟攻滑台,护之百舸为前锋,进据石济;石济在滑台西南百二十里。及虏救至,又驰书劝玄谟急攻,曰:"昔武皇攻广固,死没者亦众。况事殊曩日,岂得计士众伤疲,愿以屠城为急。"不从。玄谟败退,不暇报护之。护之闻知,而虏悉已牵玄谟水军大艚,连以铁锁三重断河,欲以绝护之还路。河水迅急,护之中流而下,每至铁锁,以长柯斧断之,虏不能禁。唯失一舸,余舸并全。留戍靡沟城。还为江夏王义恭骠骑户曹参军,戍淮阴。加建武将军,领济北太守。率二千人复随张永攻确磝,先据委栗津。虏杜道俊与伪尚书伏连来援确磝,护之拒之,贼因引军东去。萧思话遣护之迎军至梁山,伪尚书韩元兴率精骑卒至,护之依险拒战,斩其都军长史,甲首数十,贼乃退。思话将引还,诳护之云:"沈庆之救军垂至,可急于济口立桥。"护之揣知其意,即分遣白丁。思话复令度河戍乞活堡以防追军。

三十年春,太祖崩,迁屯历下。闻世祖入讨,率所领驰赴,上嘉之,以为督冀州青州之济南乐安太原三郡诸军事、宁远将军、冀州刺史。孝建元年,南郡王义宣反,兖州刺史徐遗宝,护之妻弟也。远相连结,与护之书,劝使同逆。护之驰使以闻。遗宝时戍湖陆,护之留子恭祖守历城,自率步骑袭遗宝。道经邹山,破其别戍。未至湖陆六十里,遗宝焚城西走。兖土既定,征为游击将军。

随沈庆之等击鲁爽，加辅国将军。义宣率大众至梁山，与王玄谟相持。柳元景率护之及护之弟询之、柳叔仁、郑琨等诸军，出镇新亭。玄谟见贼强盛，遣司马管法济求救甚急。上遣元景等进据南州，护之水军先发。贼遣将庞法起率众袭姑孰，适值护之、郑琨等至，奋击，大破之，斩获及投水死略尽。玄谟驰信告元景曰："西城不守，唯余东城，众寡相悬，请退还姑孰，更议进取。"元景不许，将悉众赴救，护之劝分军援之。元景然其计，乃以精兵配护之赴梁山。及战，护之见贼舟舰累沓，谓玄谟曰："今当以火平之。"即使队主张谈等烧贼舰，风猛水急，贼军以此奔散。梁山平，护之率军追讨，会朱修之已平江陵，至寻阳而还。迁督徐兖二州豫州之梁郡诸军事、宁朔将军、徐州刺史，封益阳县侯。食邑千户。

弟询之，骁敢有气力，元凶凤闻其名，以副辅国将军张柬。时张超首行大逆，亦领军隶柬。询之规杀之，虑柬不同，柬宿有此志，又未测之同否，互相观察。会超来论事，柬色动，询之觉之，即共定谋，遣信召超。超疑之不至，改宿他所。询之不知其移，径斫之，杀其仆于床，因与柬南奔。柬溺淮死，询之得至。时世祖已即位，以为积弩将军。梁山之役力战，为流矢所中。死，追赠冀州刺史。

二年，护之坐论功挟私，免官。复为游击将军。俄迁大司马，辅国将军，领南东海太守。未拜，复督青冀二州诸军事、宁远将军、青冀二州刺史，镇历城。明年，进号宁朔将军。进督徐州之东莞东安二郡军事。世祖以历下要害，欲移青州并镇历城。议者多异。护之曰："青州北有河、济，又多陂泽，非虏所向。每来寇掠，必由历城，二州并镇，此经远之略也。北又近河，归顺者易，近息民患，远申王威，安边之上计也。"由是遂定。

大明三年，征为右卫将军，还，于道闻司空竟陵王诞于广陵反叛，护之即率部曲受车骑大将军沈庆之之节度。事平，转西阳王子尚抚军司马、临淮太守。明年，出为使持节、督豫司二州诸军事、辅国将军、豫州刺史、淮南太守。复隶沈庆之伐西阳蛮。护之所莅多聚敛，贿货充积。七年，坐下狱，免官。明年，复起为太中大夫。未拜，其年卒，时年七十，谥曰壮侯。前废帝永光元年，追赠冠军将军、豫州刺史。

子承祖嗣。承祖卒，子显宗嗣。齐受禅，国除。护之次子恭祖，勇果有父风。太宗泰始初，以军功为梁、南秦二州刺史。

遵子阇，元嘉中，为员外散骑侍郎。母墓为东阿寺道人昙洛等所发，阇与弟殿中将军闳共杀昙洛等五人，诣官归罪，见原。闳，大明三年，自兴太守为宁朔将军、兖州刺史，为竟陵王诞所杀。追赠征虏将军，刺史如故。闳，顺帝升明末，右卫将军。

张兴世，字文德，竟陵竟陵人也。本单名世，太宗益为兴世。少时家贫，南郡宗珍之为竟陵郡，兴世依之为客。竟陵旧置军府，以补参军督护，不就。白衣随王玄谟伐蛮，每战，辄有禽获，玄谟旧部曲诸将不及之，甚奇之。兴世

还都，白太祖，称其胆力。后随世祖镇寻阳，以补南中参军督护。入讨元凶，隶柳元景为前锋。事定，转员外将军，领从队。南郡王义宣反，又随玄谟出梁山，有战功。除建平王宏中军行参军，领长刀。又隶西平王子尚为直卫。坐从子尚入台，弃仗游走，下狱，免官。复以白衣充直卫。

大明末，除员外散骑侍郎，仍除宣威将军、随郡太守。未行，太宗即位，四方反叛。进兴世号龙骧将军，领水军，距南贼于赭圻。筑二城于湖口，伪龙骧将军陈庆领舸于前为游军。兴世率龙骧将军佼长生、董凯之攻克二城，因击庆，庆战大败，投水死者数千人。时台军据赭圻，南贼屯鹊尾，相持久不决。兴世建议曰："贼据上流，兵强地胜。我今虽相持有余，而制敌不足。今若以兵数千，潜出其上，因险自固，随宜断截，使其首尾周遑，进退疑沮，中流一梗，粮运自艰。制贼之奇，莫过于此。"沈攸之、吴喜并赞其计。时豫州刺史殷琰之据寿阳同逆，为刘勔所攻，南贼遣庞孟虬率军助琰，刘勔遣信求援甚急。建安王休仁欲遣兴世救之，问沈攸之。攸之曰："孟虬蚁寇，必无能为。遣别将马步数千，足以相制。若有意外，且以江西饵之。上流若捷，不忧不殄。兴世之行，是安危大机，必不可辍。"乃遣段佛荣等援勔。

兴世欲率所领直取大雷，而军旅未集，不足分张。会薛索儿平定，太宗使张永以步骑五千戍盱眙，余众二万人悉遣南讨。山阳又寻平。征阮佃夫所领诸军，悉还南伐，众军大集。乃分战士七千配兴世，兴世乃令轻舸溯流而上，旋复回还，一二日中，辄复如此，使贼不为之备。刘胡闻兴世欲上，笑之曰："我尚不敢越彼下取扬州，张兴世何物人，欲轻据我上！"兴世谓攸之等曰："上流唯有钱溪可据，地既险要，江又甚狭，去大众不远，应赴无难。江有洄洑，船下必来泊，岸有横浦，可以藏船舸，二三为宜。"乃夜渡湖口，至鹊头，因复回下疑之。其夜四更，值风，仍举帆直前。贼亦遣胡灵秀诸军，于东岸相翼而上。兴世夕住景江浦宿，贼亦不进。夜潜遣黄道标领七十舸，径据钱溪，营立城柴。明旦，兴世与军齐集。停一宿，刘胡自领水步二十六军平旦来攻。将士欲迎击之，兴世禁曰："贼来尚远，而气盛矢骤，骤既力尽，盛亦易衰，此曹刿之所以破齐也。"令将士不得妄动，治城如故。俄而贼来转近，舫入洄洑，兴世乃命寿寂之、任农夫率壮士数百击之，众军相继进，胡于是败走。斩级数百，投水者甚众，胡收军而下。

时兴世城垒未固，司徒建安王休仁虑贼并力更攻钱溪，欲分其形势，命沈攸之、吴喜、佼长生、刘灵遗等以皮舰二十，攻贼浓湖，苦战连日，斩获千数。是日，刘胡果率众军，欲更攻兴世。未至钱溪数十里，袁顗以浓湖之急遽追之，钱溪城柴由此得立。贼连战转败，兴世又遏其粮道，寻阳遣运至南陵，不敢下，贼众渐饥。刘胡乃遣顗安北府司马、伪右军沈仲玉领千人步取南陵，迎接粮运。仲玉至南陵，领米三十万斛，钱布数十舫，竖榜为城，规欲突过。行至贵口，不敢进，遣间信报胡，令遣重军援接。兴世、寿寂之、任农夫、李安民等三千人至贵口击之，与仲玉相值。交战尽日，仲玉走还顗营，悉虏其资实；贼

众大败，胡弃军遁走，颎仍亦奔散。兴世率军追讨，与吴喜共平江陵。迁左军将军，寻为督豫司二州南豫州之梁郡诸军事，封作唐县侯，食邑千户。征为游击将军。

海道北伐，假辅国将军，加节置佐，无功而还。四年，迁太子右卫率，又以本官领骁骑将军，与左卫将军沈攸之参员置。五年，转左卫将军。六年，中领军刘勔当镇广陵，兴世权兼领军。泰豫元年，为持节、督雍梁南北秦郢州之竟陵随二郡诸军事、冠军将军、雍州刺史，寻加宁蛮校尉。桂阳王休范反，兴世遣军赴朝廷，未发而事平。进号征虏将军。废帝元徽三年，征为通直散骑侍、左卫将军。五年，以疾病，徙光禄大夫，常侍如故。顺帝升明二年，卒，时年五十九。追赠本官。

兴世居临沔水，沔水自襄阳以下，至于九江，二千里中，先无洲屿。兴世初生，当其门前水中，一旦忽生洲，年年渐大，及至兴世为方伯，而洲上遂十余顷。父仲子，由兴世致位给事中。兴世欲将往襄阳，爱恋乡里，不肯去。尝谓兴世："我虽田舍老公，乐闻鼓角，可送一部，行田时吹之。"兴世素恭谨畏法宪，譬之曰："此是天子鼓角，非田舍老公所吹。"兴世欲拜墓，仲子谓曰："汝卫从太多，先人必当惊怖。"兴世减撤而后行。

兴世子欣业，当嗣封，会齐受禅，国除。

史臣曰：兵固诡道，胜在用奇。当二帝争雄，天人之分未决，南北连兵，相厄而不得进者，半岁矣。盖乃赵壁拔帜之机，官渡燔师之日，至于鹊浦投戈，实兴世用奇之力也。建旆垂组，岂徒然哉！

卷五十一　　列传第十一

宗　室

长沙景王道怜　临川烈武王道规
营浦侯遵考

长沙景王道怜，高祖中弟也。初为国子学生。谢琰为徐州，命为从事史。高祖克京城，进平京邑，道怜常留家侍慰太后。桓玄走，大将军武陵王遵承制，除员外散骑侍郎。寻迁建威将军、南彭城内史。

时北青州刺史刘该反，引索虏为援，清河、阳平二郡太守孙全聚众应之。义熙元年，索虏托跋开遣伪豫州刺史索度真、大将军斛斯兰寇徐州，攻相县，执钜鹿太守贺申，进围宁朔将军羊穆之于彭城；穆之告急，道怜率众救之。军次陵栅，斩全。进至彭城，真、兰退走。道怜率宁远将军孟龙符、龙骧将军孔隆及穆之等追，真、兰走奔相城；又追蹑至光水沟，斩刘该，虏众见杀及赴水死略尽。

高祖镇京口，进道怜号龙骧将军，又领堂邑太守，戍石头。明年，加使持节、监征蜀诸军事，率冠军将军刘敬宣等伐谯纵，而文处茂、温祚据险不得进，故不果行。以义勋封新兴县五等侯。四年，代诸葛长民为并州刺史、义昌太守，将军、内史如故。犹戍石头。

时鲜卑侵逼，自彭城以南，民皆保聚，山阳、淮阴诸戍，并不复立。道怜请据彭城，以渐修创，朝议以彭城县远，使镇山阳。进号征虏将军、督淮北军郡事、北东海太守，并州刺史、义昌太守如故。以破索度真功，封新渝县男，食邑五百户。从高祖征广固，常为军锋。及城陷，慕容超将亲兵突围走，道怜所部获之。加使持节，进号左将军。七年，解并州，加北徐州刺史，移镇彭城。八年，高祖伐刘毅，征为都督兖青二州晋陵京口淮南诸郡军事、兖青州刺史，持节、将军、太守如故，还镇京口。九年，甲仗五十人入殿。以广固功，改封竟陵县公，食邑千户。减先封户邑之半，以赐次子义宗。十年，进号中军将军，加散骑常侍，给鼓吹一部。明年，讨司马休之，道怜监留府事，甲仗百人入殿。江陵平，以为都督荆湘益秦宁梁雍七州诸军事、骠骑将军、开府仪同三司、镇护南蛮校尉、荆州刺史，持节、常侍如故。北府文武悉配之。道怜素无才能，言音甚楚，举止施为，多诸鄙拙。高祖虽遣将佐辅之，而贪纵过甚，畜聚财货，常若不足，去镇之日，府库为之空虚。

高祖平定三秦，方思外略，征道怜还为侍中、都督徐兖青三州扬州之晋陵诸军事，守尚书令，徐兖二州刺史，持节、将军如故。元熙元年，解尚书令，进位司空，出镇京口。高祖受命，进位太尉，封长沙王，食邑五千户，持节、侍中、都督、刺史如故。永初二年朝正，入住殿省。先是，卢陵王义真为扬州刺史，太后谓上曰："道怜汝布衣兄弟，故宜为扬州。"上曰："寄奴于道怜岂有所惜。扬州根本所寄，事务至多，非道怜所了。"太后曰："道怜年出五十，岂当不如汝十岁儿邪？"上曰："车士虽为刺史，事无大小，悉由寄奴。道怜年长，不亲其事，于听望不足。"太后乃无言。车士，义真小字也。

三年春，高祖不豫，加班剑三十人。时道怜入朝，留司马陆仲元居守，刁逵子弥为亡命，率数十人入京城，仲元击斩之。先是，府中陈狐告弥有异谋，至是赐钱二十万，除县令。五月，宫车晏驾，道怜疾患不堪临丧。六月，薨，年五十五。追赠太傅，持节、侍中、都督、刺史如故。祭礼依晋太宰安平王故事，鸾辂九旒，黄屋左纛，辒辌挽歌二部，前后部羽葆、鼓吹，虎贲班剑百人。

太祖元嘉九年，诏曰："古者明王经国，司勋有典，平章以驭德刑，班瑞以畴功烈，铭徽庸于鼎彝，配袷祀于清庙。是以从飨先王，义存商诰，祭于大蒸，礼著周典。自汉迄晋，世崇其文，王猷既昭，幽显咸秩。先皇经纬天地，拨乱受终，骏命爰集，光宅区宇。虽圣明渊运，三灵允协，抑亦股肱翼亮之勤，祈父宣力之效。故使持节、侍中、都督南徐兖二州扬州之晋陵京口诸军事、太傅、南徐兖二州刺史长沙景王，故侍中、大司马临川烈武王，故司徒南康文宣公穆之，侍中、卫将军、开府仪同三司、录尚书事、扬州刺史华容县开国公弘，使持节、散骑常侍、都督江州豫州西阳新蔡晋熙四郡军事、征南大将军、开府仪同三司、江州刺史永修县开国公道济，故左将军、青州刺史龙阳县开国侯镇恶，或履道广流，秉德冲邈，或雅量高劭，风鉴明远，或识唯知正，才略开迈，咸文德以熙帝载，武功以隆景业，固以侔踪姬旦，方轨伊、邵者矣。朕以寡德，篡戎鸿绪，每惟道勋，思遵令典，而大常未铭，从祀尚阙，鉴寐钦属，永言深怀。便宜敬是前式，宪兹嘉礼，勒功天府，配祭庙庭，俾示徽章，垂美长世，茂绩远猷，永传不朽。"

道怜六子：义欣、义庆、义融、义宗、义宾、义綦。

义欣嗣，为员外散骑侍郎，不拜。历中领军、征虏将军，青州刺史、魏郡太守，将军如故，戍石头。元嘉元年，进号后将军，加散骑常侍。三年，以本号为南兖州刺史。七年，到彦之率大众入河，义欣进彭城，为众军声援。彦之退败，青、齐摇扰，将佐虑寇大至，劝义欣委镇还都，义欣坚志不动。迁使持节、监豫司雍并四州诸军事、豫州刺史，将军如故。给鼓吹一部。镇寿阳。

于时土境荒毁，人民雕散，城郭颓败，盗贼公行。义欣纲维补缉，随宜经理，劫盗所经，立讨诛之制。境内畏服，道不拾遗，城府库藏，并皆完实，遂为盛藩强镇。时淮西、江北长吏，悉叙劳人武夫，多无政术。义欣陈之曰："江淮左右，土瘠民疏，顷年以来，荐饥相袭，百城雕弊，于今为甚。绥牧之宜，必俟良吏。劳人武夫，不经政术，统内官长，多非才授。东南殷实，犹或简能，况宾接荒垂，而可辑柔顿阙。愿敕选部，必使任得其人，庶得不劳而治。"芍陂良田万馀顷，堤堨久坏，秋夏常苦旱。义欣遣咨议参军殷肃循行修理。有旧沟引渒水入陂，不治积久，树木榛塞。肃伐木开榛，水得通注，旱患由是得除。十年，进号镇军将军，进监为都督。十一年夏，入朝，太祖厚加恩礼。十六年，薨，时年三十六。追赠散骑常侍、征西将军、开府仪同三司，持节、都督、刺史如故。谥曰成王。

子悼王瑾，字彦瑜，官至太子屯骑校尉。三十年，为元凶所杀。世祖即位，追赠散骑常侍。子粲早夭，粲弟纂，字元绩嗣，官至步兵校尉。顺帝升明二年薨，会齐受禅，国除。

瑾弟袛，字彦期，大明中为中书郎。太宰江夏王义恭领中书监，服亲不得相临，表求解职。世祖诏曰："昔二王两谢，俱至崇礼，自今三台五省，悉同此例。"太宗初，为南兖州刺史、都官尚书，谋应晋安王子勋为逆，伏诛。

袛弟楷，秘书郎，为元凶所杀，追赠通直郎。楷弟瞻，晋安太守，与子勋同逆，伏诛。瞻弟韫，字彦文，步兵校尉，宣城太守。子勋为乱，大众屯据鹊尾，攻逼宣城。于时四方牧守，莫不同逆，唯韫弃郡赴朝廷；太宗嘉其诚，以为黄门郎，太子中庶子，侍中，加荆、湘州，南兖州刺史，吴兴太守。侍中，领左军将军。又改领骁骑将军，抚军将军，雍州刺史。侍中，领右卫将军。改领左卫将军、散骑常侍、中领军。升明元年，谋反伏诛。韫人才凡鄙，以有宣城之勋，特为太宗所宠，在湘州及雍州，使善画者图其出行卤簿羽仪，常自披玩。尝以此图示征西将军蔡兴宗，兴宗戏之，阳若不解画者，指韫形像问曰："此何人而在舆上？"韫曰："此正是我。"其庸鄙如此。

韫弟弻，武昌太守，亦与子勋同逆，伏诛。

弟鉴，员外散骑侍郎，蚤卒。

监弟穗，字彦和，侍中，吴兴太守，后废帝元徽元年卒。

穗弟颙，字彦明，侍中、左卫将军，冠军将军、吴兴太守，未拜，元徽四年卒，追赠右将军。

颙弟述，东阳太守、黄门郎，与从弟秉同逆，事败走白山，追禽伏诛。

义欣弟义庆，出继临川烈武王道规。

义庆弟义融，永初元年，封桂阳县侯，食邑千户。凡王子为侯者，食邑皆千户。义融历侍中，左卫将军，太子中庶子，五兵尚书，领军。有质干，善于用短楯。元嘉十八年，卒，追赠车骑将军，谥曰恭侯。

子孝侯觊嗣，官至太子翊军校尉，为元凶所杀。世祖即位，追赠散骑常侍。无子，弟袭以子晃继封。升明二年，与员外散骑侍郎安成戴仁祖、荒人王武连、羽林副彭元俊等谋反，国除。

袭字茂德，太子舍人，安成太守。晋安王子勋为逆，袭据郡距之，子勋遣军攻围不能下。太宗嘉之，以为郢州刺史，封建陵县侯，食邑五百户。建陵县属苍梧郡，以道远，改封临澧县侯。始六年，卒于中护军。追赠护军将军，加散骑常侍，谥曰忠侯。袭亦庸鄙，在郢州，暑月露幁上听事，纲纪正伏阁，怪之，访问，乃知是袭。子旻嗣，升明三年，改封东昌县侯，与兄晃俱伏诛。

袭弟彪，秘书郎；弟寔，太子舍人，并蚤卒。寔弟爽，海陵太守。

义融弟义宗，幼为高祖所爱，字曰伯奴，赐爵新渝县男。永初元年，进爵为侯，历黄门侍郎，太子左卫率。元嘉八年，坐门生杜德灵放横打人，还弟内藏，义宗隐蔽之，免官。德灵雅有姿色，为义宗所爱宠，本会稽郡吏。谢方明为郡，方明子惠连爱幸之，为之赋诗十余首，《乘流遵归渚》篇是也。又为侍中、太子詹事，加散骑常侍、征虏将军、南兖州刺史。二十一年，卒，追赠散骑常侍、平北将军，谥曰惠侯。爱士乐施，兼好文籍，世以此称之。

子怀侯玠嗣，琅邪、秦郡太守。为元凶所杀，追赠散骑常侍。无子，弟秉以子承继封。

秉字彦节，初为著作郎，历羽林监，越骑校尉，中书、黄门侍郎。太宗泰始初，为侍中，频徙左卫将军，丹阳尹，太子詹事，吏部尚书。时宗室虽多，材能甚寡。秉少自砥束，甚得朝野之誉，故为太宗所委。五年，出为前将军、淮南宣城二郡太守，不拜，还复本任。复为侍中，守秘书监，领太子詹事。未拜，迁使持节、都督南徐兖徐豫青冀六州诸军事、后将军、南徐州刺史，加散骑常侍。后废帝即位，改都督郢州豫州之西阳司州之义阳二郡诸军事、郢州刺史，持节、常侍如故。未拜，留为尚书左仆射，参选。元徽元年，领吏部，加兵五百人。寻领卫尉，辞不拜。桂阳王休范为逆，中领军刘勔出守石头，秉权兼领军将军，所给加兵，自随入殿。二年，加散骑常侍、丹阳尹，解吏部。封当阳县侯，食邑千户。与齐王、袁粲、褚渊分日入直决机事。四年，迁中书令，加抚军将军，常侍、尹如故。顺帝即位,转尚书令、中领军,将军如故。

时齐王辅政,四海属心,秉知鼎命有在,密怀异图。袁粲镇石头,不识天命,沈攸之举兵反,齐王入屯朝堂,粲潜与秉及诸大将黄回等谋欲作乱。本期夜会石头,旦乃举兵。秉素怯懦骚动,扰不自安,再铺后,便自丹阳郡车载妇女,尽室奔石头,部曲数百,赫奕满道。既至见粲,粲惊曰:"何遽便来,事今败矣!"秉曰:"今得见公,万死亦何恨。"从弟中领军韫,直在省内,与直阁将军卜伯兴谋,其夜共攻齐王。会秉去事觉,齐王夜使骁骑将军王敬则收韫。韫已戒严,敬则率壮士直前,韫左右皆披靡,因杀之,伯兴亦伏诛。粲败,秉逾城出走,于额檐湖见擒,与二子承、俣并死。秉时年四十五。秉妻萧氏,思话女也。元徽中,朝廷危殆,妻常惧祸败,每谓秉曰:"君富贵已足,故应为儿子作计。年垂五十,残生何足吝邪!"秉不能从。

秉弟谟,奉朝请。谟弟遐,字彦道,亦奉朝请、员外散骑侍朗。与嫡母殷养女云敷私通,殷每禁之。殷暴病卒,未大殓,口鼻流血,疑遐潜加毒害,为有司所纠。世祖徙之始安郡,永光中,得还。太宗世,历黄门侍郎、都官尚书、吴郡太守。兄秉既死,齐王遣诛之。遐人才甚凡,自讳名,常对宾客曰:"孝武无道,枉我杀母。"其顽呆若此。秉当权,遐屡求方伯,秉曰:"我在,用汝作州,于听望不足。"遐曰:"富贵时则云不可相关,从坐之日,为得免不?"至是果死焉。

义宗弟义宾,元嘉二年,封新野县侯。六年,以新野荒敝,改封兴安县侯。黄门郎,秘书监,左卫将军,位至辅国将军、徐州刺史。二十五年,卒,追赠后将军,谥曰肃侯。子惠侯综嗣。卒。子宪嗣。升明二年,齐受禅,国除。综弟琨,晋平太守。

义宾弟义綦,元嘉六年,封营道县侯。凡鄙无识知,每为始兴王浚兄弟所戏弄。浚尝谓义綦曰:"陆士衡诗云:'营道无烈心。'其何意苦阿父如此?"义綦曰:"下官初不识,何忽见苦。"其庸塞可笑类若此。历右卫将军、湘州刺史。孝建二年,卒,赠平南将军,谥曰僖侯。子长猷嗣,官至步兵校尉。升平三年,卒。齐受禅,国除。

临川烈武王道规,字道则,高祖少弟也。少倜傥有大志,高祖奇之,与谋诛桓玄。时桓弘镇广陵,以为征虏中兵参军。高祖克京城,道规亦以其日与刘毅、孟昶共斩弘,收众济江。进平京邑,玄败走。晋大将军武陵王遵承制,以道规为振武将军、义昌太守。

与刘毅、何无忌追玄。玄西走江陵,留郭铨、何澹之等固守盆口,义军既至,贼列舰距之。澹之空设羽仪旗帜于一舫,而别在它船,无忌欲攻羽仪所在,众悉不同,曰:"澹之必不在此舫,虽得无益也。"无忌曰:"澹之不在此舫,固不须言也。既不在此,则战士必弱,我以劲兵攻之,必可禽也。禽之之日,彼必以为失其军主,我徒咸谓已得贼帅,我勇而彼惧,惧而薄之,破之必矣。"道规喜曰:"此名计也。"因往彼攻之,即禽此舫。因鼓噪倡曰:"已斩何澹之!"贼徒及义军并以为然。因纵兵,贼众奔败,即

克盆口,进平寻阳。因复驰进,遇玄于峥嵘洲。道规等兵不满万人,而玄战士数万,众并惮之,欲退还寻阳。道规曰:"不可。彼众我寡,强弱异势。今若畏懦不进,必为所乘,虽至寻阳,岂能自固。玄虽窃名雄豪,内实恇怯,加已经奔败,众无固心。决机两阵,将雄者克。昔光武昆阳之战,曹操官渡之师,皆以少制多,共所闻也。今虽才谢古人,岂可先为之弱!"因麾众而进,毅等从之,大破玄军。郭铨与玄单舸走,江陵不复能守,欲入蜀,为冯迁所斩。

义军遇风不进,桓谦、桓振复据江陵,毅留巴陵,道规与无忌俱进攻桓谧于马头,桓蔚于宠洲,皆破之。无忌欲乘胜直造江陵,道规曰:"兵法屈申有时,不可苟进。诸桓世居西楚,群小皆为竭力,振勇冠三军,难与争胜。且可顿兵养锐,徐以计策縻之,不忧不克也。"无忌不从,果为振所败。乃退还寻阳,缮治舟甲,复进军夏口,伪镇军将军冯该戍夏口东岸,扬武将军孟山图据鲁城,辅国将军桓仙客守偃月垒。于是毅攻鲁城,道规、无忌攻偃月,并克之,生禽仙客、山图。其夕,该遁走,进平巴陵。谦、振遣使求割荆、江二州,奉归晋帝,不许。会南阳太守鲁宗之起义攻襄阳,伪雍州刺史桓蔚走江陵。宗之进至纪南,振自往距之,使桓谦留守。时毅、道规已次马头,驰往袭,谦奔走,即日克江陵城。振大破宗之而归,闻城已陷,亦走。无忌翼卫天子还京师,道规留夏口。江陵之平也,道规推毅为元功,无忌为次功,自居其末。进号辅国将军、督淮北诸军事、并州刺史,义昌太守如故。

时荆州、湘、江、豫犹多桓氏余烬,往往屯结。复以本官进督江州之武昌、荆州之江夏随郡义阳绥安、豫州之西阳汝南颍川新蔡九郡诸军事,随宜剪扑,皆悉平之。以义勋封华容县公,食邑三千户。迁使持节、都督荆宁秦梁雍六州司州之河南诸军事、领护南蛮校尉、荆州刺史,将军如故。辞南蛮以授殷叔文。叔文被诛,乃复还领。善于为治,刑政明理,士民莫不畏而爱之。刘敬宣征蜀不克,道规以督统降为建威将军。

卢循寇逼京邑,道规遣司马王镇之及扬武将军檀道济、广武将军到彦之等赴援朝廷,至寻阳,为贼党荀林所破。循即以林为南蛮校尉,分兵配之。使乘胜伐江陵,扬声云徐道覆已克京邑。而桓谦自长安入蜀,谯纵以谦为荆州刺史,厚加资给,与其大将谯道福俱寇江陵,正与林会。林屯江津,谦军枝江,二寇交逼,分绝都邑之间。荆楚既桓氏义旧,并怀异心。道规乃会将士,告之曰:"桓谦今在近畿,闻者颇有去就之计。吾东来文武,足以济事。若欲去者,本不相禁。"因夜开城门,达晓不闭,众咸惮服,莫有去者。雍州刺史鲁宗之率众数千自襄阳来赴。或谓宗之未可测,道规乃单马迎之,宗之感悦。众议欲使檀道济、到彦之与宗之共击,道规曰:"卢循拥隔中流,扇张同异,桓谦、荀林更相首尾。人怀危惧,莫有固心,成败之机,在此一举。非吾自行,其事不决。"乃使宗之居守,委以腹心,率诸军攻谦。诸将佐皆固谏曰:"今远出讨谦,其胜难必。荀林近在江津,伺人动静。若来攻城,宗之未必能固,脱有差跌,大事去矣。"道规曰:"诸君不识兵机耳。

荀林愚竖，无它奇计。以吾去未远，必不敢向城。吾今取谦，往至便克，沈疑之间，已自还反。谦败则林破胆，岂暇得来？且宗之独守，何为不支数日。"解南蛮校尉印以授咨议参军刘遵。驰往攻谦，水陆齐进。谦大败，单舸走，欲下就林，追斩之。还至浦口，林又奔散。刘遵率军追林，至巴陵，斩之。

初，谦至枝江，江陵士庶皆与谦书，言城内虚实，咸欲谋为内应。至是参军曹仲宗检得之，道规悉焚不视，众于是大安。进号征西将军。先是，桓歆子道儿逃于江西，出击义阳郡，与卢循相连接，循使蔡猛助之。道规遣参军刘基破道儿于大薄，临陈斩猛。

徐道覆率众三万，奄至破冢，鲁宗之已还襄阳，追召不及，人情大震。或传循已平京师，遣道覆上为刺史，江汉士庶感焚书之恩，无复贰志。道规使刘遵为游军，自距道覆于豫章口。前驱失利，道规壮气愈厉，激扬三军；遵自外横击，大破之。斩首万余级，赴水死者殆尽，道覆单舸走还盆口。初使遵为游军，众咸云："今强敌在前，唯患众少，不应割削见力，置无用之地。"及破道覆，果得游军之力，众乃服焉。

遵字慧明，临淮海西人，道规从母兄萧氏舅也。官至右将军、宣城内史、淮南太守。义熙十年，卒，追赠抚军将军。追封监利县侯，食邑六百户。

道规进号征西大将军、开府仪同三司，加散骑常侍，固辞。俄而寝疾，改授都督豫江二州扬州之宣城淮南卢江历阳安丰堂邑六郡诸军事、豫州刺史，持节、常侍、将军如故。以疾不拜。八年闰月，薨于京师，时年四十三，追赠侍中、司徒，加班剑二十人。谥曰烈武公。平桓谦功，进封南郡公，邑五千户。高祖受命，赠大司马，追封临川王，食邑如先。

道规无子，以长沙景王第二子义庆为嗣。初，太祖少为道规所养，高祖命绍焉，咸以礼无二继，太祖还本，而定义庆为后。义庆为荆州，庙主当随往江陵，太祖诏曰："褒崇道勋，经国之盛典；尊亲追远，因心之所隆。故侍中、大司马临川烈武王，体道钦明，至德渊邈，睿哲自天，孝友光备。爰始协规，则翼赞景业；陵威致讨，则克剪枭鲸。逮妖逆交侵，方难孔棘，势逾累絷，人无固志。王神谟独运，灵武宏发，辑宁内外，诛覆群凶，固已化被江汉，勋高微管，远猷侔于二南，英雄迈于两献者矣。朕幼蒙殊爱，德荫特隆，丰恩慈训，义深情戚，永惟仁范，感慕缠怀。今当拥格寝祏，初祀西夏，思崇嘉礼，式备徽章，庶以昭宣风度，允副幽显。其追祭丞相，加殊礼，鸾辂九旒、黄屋左纛，给节钺、前后部羽葆、鼓吹、虎贲班剑百人，侍中如故。"及长沙太妃檀氏、临川太妃曹氏后薨，祭皆给鸾辂九旒，黄屋左纛，辒辌车，挽歌一部，前后部羽葆、鼓吹，虎贲班剑百人。

义庆幼为高祖所知，常曰："此吾家丰城也。"年十三，袭封南郡公。除给事，不拜。义熙十二年，从伐长安，还拜辅国将军、北青州刺史，未之任，徙督豫州诸军事、豫州刺史，复督淮北诸军事，豫州刺史、将军并如故。永初元年，袭封临川王。征为侍中。元嘉元年，转散骑常侍、秘书监，徙度支尚书，迁丹阳尹，加辅国将军、常侍并如故。

时有民黄初妻赵杀子妇，遇赦应徙送避孙仇。义庆曰："案《周礼》，父母之仇，避之海外，虽遇市朝，斗不反兵。盖以莫大之冤，理不可夺，含戚枕戈，义许必报。至于亲戚为戮，骨肉相残，故道乖常宪，记无定准，求之法外，裁以人情。且礼有过失之宥，律无仇祖之文。况赵之纵暴，本由于酒，论心即实，事尽荒毳。岂得以荒毳之王母，等行路之深仇。臣谓此孙忍愧衔悲，不违子义，共天同域，无亏孝道。"

六年，加尚书左仆射。八年，太白星犯右执法，义庆惧有灾祸，乞求外镇。太祖诏譬之曰："玄象茫昧，既难可了。且史家诸占，各有异同，兵星王时，有所干犯，乃主当诛。以此言之，益无惧也。郑仆射亡后，左执法尝有变，王光禄至今平安。日蚀三朝，天下之至忌，晋孝武初有此异，彼庸主耳，犹竟无他。天道辅仁福善，谓不足横生忧惧。兄与后军，各受内外之任，本以维城，表里经之，盛衰此怀，实有由来之事。设若天必降灾，宁可千里逃避邪？既非远者之事，又不知吉凶定所；若在都则有不测，去此必保利贞者，岂敢苟违天邪？"义庆固求解仆射，乃许之，加中书令，进号前将军，常侍、尹如故。在京尹九年，出为使持节、都督荆雍益宁梁南北秦七州诸军事、平西将军、荆州刺史。荆州居上流之重，地广兵强，资实兵甲，居朝廷之半，故高祖使诸子居之。义庆以宗室令美，故特有此授。性谦虚，始至及去镇，迎送物并不受。

十二年，普使内外群官举士，义庆上表曰："诏书畴咨群司，延及连牧，旌贤仄陋，拔善幽遐。伏惟陛下惠哲光宣，经纬明远，皇阶藻曜，风猷日升，而犹询衢室之令典，遵明台之睿训，降渊虑于管库，纡圣思乎版筑，故以道遗往载，德高前王。臣敢竭虚暗，祗承明旨。伏见前临沮令新野庾实，秉真履约，爰敬淳深。昔在母忧，毁瘠过礼；今罹父疾，泣血有闻。行成闺庭，孝著邻党，足以敦化率民，齐教轨俗。前征奉朝请武陵龚祈，恬和平简，贞洁纯素，潜居研志，耽情坟籍，亦足镇息颓竞，奖勖浮动。处士南郡师觉，才学明敏，操介清修，业均井渫，志固冰霜。臣往年辟为州祭酒，未污其虑。若朝命远暨，玉帛遐臻，异人间出，何远之有。"义庆留心抚物，州统内官长亲老，不随在官舍者，年听遣五吏饷家。先是，王弘为江州，亦有此制。在州八年，为西土所安。撰《徐州先贤传》十卷，奏上之。又拟班固《典引》为《典叙》，以述皇代之美。十六年，改授散骑常侍、都督江州豫州之西阳晋熙新蔡三郡诸军事、卫将军、江州刺史，持节如故。十七年，即本号都督南兖徐兖青冀幽六州诸军事、南兖州刺史。寻加开府仪同三司。

为性简素，寡嗜欲，爱好文义，文词虽不多，然足为宗室之表。受任历藩，无浮淫之过，唯晚节奉养沙门，颇致费损。少善骑乘，及长以世路艰难，不复跨马。招聚文学之士，近远必至。太尉袁淑，文冠当时；义庆在江州，请为卫军咨议参军。其余吴郡陆展、东海何长瑜、鲍照，等，并为辞章之美，引为佐史国臣。太祖与义庆书，常加意斟酌。

鲍照,字明远,文辞赡逸,尝为古乐府,文甚道丽。元嘉中,河、济俱清,当时以为美瑞,照为《河清颂》,其序甚工。其辞曰:

臣闻善谈天者,必征象于人;工言古者,先考绩于今。鸿、牺以降,遐哉邈乎,镂山岳,雕篆素,昭德垂勋,可谓多矣。而史编唐尧之功,载"格于上下,"乐登文王之操,称"于昭于天"。素狐玄玉,聿彰符命,朴牛大蝝,爰定祥历,鱼鸟动色,禾雉兴让,皆物不盈眦,而美溢金石。诗人于是不作,颂声为之而寝,庸非惑欤。

自我皇宋之承天命也,仰符应龙之精,俯协河龟之灵,君图帝宝,粲烂瑰英,固业光曩代,事华前德矣。圣上天飞践极,迄兹二十四载。道化周流,玄泽汪沙。地平天成,上下含熙;文同轨通,表里褆福。耀德中区,黎庶知让;观英遐表,夷貊怀惠。恤勤秩礼,罢露台之金;纾国振民,倾钜桥之粟。约违追胁,奢去泰甚。燕无留饮,畋不盘乐。物色异人,优游据正。显不失心,幽无怨气。精炤日月,事洞天情。故不劳杖斧之臣,号令不严而自肃;无厚风举之使,灵怪不召而自彰。万里神行,飘尘不起。农商野庐,边城偃柝。冀马南金,填委内府;驯象西爵,充罗外囿。阿纳綦组之饶,衣覆宗园;渔盐杞梓之利,傍赡荒遐。士民殷富,五陵既有惭德;宫宇宏丽,三川莫之能比。闾闬有盈,歌吹无绝。朱轮叠辙,华冕重肩。岂徒世无穷人,民获休息,朝呼韩、罢酤铁而已哉!是以嘉祥累仍,福应尤盛:青丘之狐,丹穴之鸟,栖阿阁,游禁园。金芝九茎,木禾六刃,秀铜池,发膏亩。宜以协调律吕,谒荐郊庙,烟霏雾集,不可胜纪。然而圣上犹昧旦凤兴,若有望而未至,闷规远图,如有追而莫及,神明之觋,推而弗居也。是以琬碑镠检,盛典芜而不治;朝神省方,大化抑而未许。崇文协律之士,蕴僎颂于外;坐朝陪宴之臣,怀揄扬于内,三灵伫眷,九壤注心,既有日矣。

岁宫乾维,月躔苍陆,长河巨济,异源同清,澄波万壑,洁澜千里。斯诚旷世伟观,昭启皇明者也。语曰:"影从表,瑞从德。"此其效焉。宣尼称"凤鸟不至,河不出图。"《传》曰:"俟河之清,人寿几何!"皆伤不可见也。然则古人所不见者,今弹见之矣。孟轲曰:"千载一圣,是旦暮也。"岂不大哉。夫四皇六帝,树声长世,大宝也。泽浸群生,国富刑清,鸿德也。制礼裁乐,惇风迁俗,文教也。诛华遏羯,束颡绛阙,武功也。鸣鸟跃鱼,涤河渠,至祥也。大宝鸿德,文教武功,其崇如此;幽明协赞,民祇与能,厥应如彼。唯天为大,尧实则之;皇哉唐哉,畴与为让。抑又闻之,势之所罩者浅,则美之所传者近;道之所感者深,则庆之所流者远。是以丰功赳命,润色滕策,盛德形容,藻被歌颂。察之上代,则契斯、吉甫之徒,鸣玉銮于前;视之中古,则相如、王褒之属,施金羁于后。绝景扬光,清埃继路,班固称汉成之世,

奏御者千有余篇,文章之盛,与三代同风。由是言之,斯乃臣子旧职,国家通义,不可辍也。臣虽不敏,宁不勉乎。

世祖以照为中书舍人。上好为文章,自谓物莫能及,照悟其旨,为文多鄙言累句,当时咸谓照才尽,实不然也。临海王子顼为荆州,照为前军参军,掌书记之任。子顼败,为乱兵所杀。

义庆在广陵,有疾,而白虹贯城,野麋人府,心甚恶之,固陈求还。太祖许解州,以本号还朝。二十一年,薨于京邑,时年四十二。追赠侍中、司空,谥曰康王。

子哀王烨字景舒嗣,官至通直郎,为元凶所杀。追赠散骑常侍。子绰,字子流嗣,官至步兵校尉。升明三年反,伏诛,国除。绰弟绾,早卒。烨弟衍,太子舍人。衍弟镜,宣城太守。镜弟颖,前将军。颖弟倩,南新蔡太守。

遵考,高祖族弟也。曾祖淳,皇曾祖武原令混之弟,官至正员郎。祖岩,海西令。父涓子,彭城内史。

遵考始为将军振武参军,预讨卢循,封乡侯。自建威将军、彭城内史随高祖北伐。时高祖诸子并弱,宗室唯有遵考。长安平定,以督并州司州之北河东北平阳北雍州之新平安定五郡诸军事、辅国将军、并州刺史,领河东太守,镇蒲坂。关中失守,南还,除游击将军,迁冠军将军。晋帝逊位居秣陵宫,遵考领兵防卫。

高祖初即大位,下推恩之诏,曰:"遵考服属之亲,国戚未远,宗室无多,宜蒙宠爵。可封营浦县侯,食邑五百户。"以本号为彭城、沛二郡太守。景平元年,迁右卫将军。元嘉二年,出为征虏将军、淮南太守。明年,转使持节,领护军,入直殿省。出为使持节、督雍梁南北秦四州荆州之南阳竟陵顺阳襄阳新野随六郡诸军事、征虏将军、宁蛮校尉、雍州刺史,襄阳新野二郡太守。遵考为政严暴,聚敛无节。五年,为有司所纠,上不问,赦还都。七年,除太子右卫率,加给事中。明年,督南徐兖州之江北淮南诸军事、征虏将军、南兖州刺史,领广陵太守。又征为侍中,领后军将军,徙太常。九年,迁右卫将军,加散骑常侍。十二年,坐厉疾不待对,免常侍,以侯领右卫。明年,复本官。十五年,又领徐州大中正、太子中庶子,本官如故。其年,监徐兖二州豫州之梁郡诸军事、前将军、徐兖二州刺史。未之镇,留为侍中,领左卫将军。明年,出为使持节、监豫司雍并四州南豫州之梁郡弋阳马头荆州之义阳四郡诸军事、前将军、豫州刺史,领南梁郡太守。二十一年,坐统内旱,百姓饥,诏加赈给,而遵考不奉符旨,免官。起为散骑常侍、五兵尚书,迁吴兴太守,秩中二千石。二十五年,征为领军。二十七年,索房南至瓜步,率军出江上,假节盖。三十年,复出为使持节,监豫州刺史。元凶弑立,进号安西将军,遣外监徐安期、仰捷祖防守之。遵考斩安期等,起义兵应南谯王义宣,义宣加遵考镇西将军。夏侯献率众至瓜步承候世祖,又坐免官。

孝建元年,鲁爽、臧质反,起为征虏将军,率众屯临沂县,仍除吴兴太守。明年,征为湘州刺史,未行,迁尚书左仆射。三年,转丹阳尹,加散骑常侍。复为尚书右仆射,领太子右卫率。明年,又除领军将军,加散骑常侍。

五年，复迁尚书右仆射、金紫光禄大夫，常侍如故。明年，转左仆射，常侍如故。又领徐州刺史、大中正、崇宪太仆。前废帝即位，迁特进、右光禄大夫，常侍、太仆如故。景和元年，出督南豫州诸军事、安西将军、南豫州刺史。太宗即位，以为侍中、特进、右光禄大夫，领崇宪太仆，给亲侍三十人。崇宪太后崩，太仆解，余如故。泰始五年，赐几杖，大官四时赐珍味，疾病太医给药，固辞几杖。后废帝即位，进左光禄大夫，余如故。元徽元年卒，时年八十二。追赠左光禄大夫、开府仪同三司，侍中如故。谥曰元公。遵考无才能，直以宗室不远，故历朝显遇。年老有疾失明。

子澄之，顺帝升明末贵达。澄之弟琨之，为竟陵王诞司空主簿。诞作乱，以为中兵参军，不就，繋系数十日，终不受，乃杀之。追赠黄门郎。诏吏部尚书谢庄为之诔。

遵考从弟思考，亦被遇。历朝官，极清显，为豫章、会稽太守，益、徐州刺史，凡经十郡三州。泰始元年，卒于散骑常侍、金紫光禄大夫，时年七十五。追赠特进，常侍，光禄如故。

史臣曰：余妖内侮，偏众西临，苟、桓交逼，荆楚之势危矣。必使上略未尽，一算或遗，则城坏压境，上流之难方结。敌资三分有二之形，北向而争天下，则我全胜之道，或未可知。烈武王览群才，扬盛策，一举磔勍寇，非日天时，抑亦人谋也。降年不永，遂不得与大业始终，惜矣哉！

卷五十二　　　列传第十二

庾悦　王诞　谢景仁 弟述
袁湛 弟豹　褚叔度

庾悦，字仲豫，颍川鄢陵人也。曾祖亮，晋太尉。祖羲，吴国内史。父准，西中郎将、豫州刺史。悦少为卫将军琅邪王行参军、司马，徙主簿，转右长史。桓玄辅政，领豫州，以悦为别驾从事史，迁骁骑将军。玄篡位，徙中书侍郎。高祖定京邑，武陵王遵承制，以悦为宁朔将军、安远护军、武陵内史。以病去职。镇军府版咨议参军，转车骑从事中郎。刘毅请为抚军司马，不就。迁车骑中军司马。从征广固，竭其诚力。

卢循逼京都，以为督江州豫州之西阳新蔡 汝南颍川司州之恒农扬州之松滋六郡诸军事、建威将军、江州刺史，从东道出鄱阳。循遣将英纠千余人断五亩峤，悦破之，进据豫章，绝循粮援。

初，毅家在京口，贫约过常，尝与乡曲士大夫往东堂共射。时悦为司徒右长史，暂至京，要府州僚佐共出东堂。

毅已先至，遣与悦 相闻，曰："身久踬顿，营一游集甚难。君如意人，无处不可为适，岂能以此堂见让。"悦素豪，径前，不答毅语。众人并避之，唯毅留射如故。悦厨馔甚盛，不以及毅。毅既不去，悦甚不欢，俄顷亦退。毅又相闻曰："身今年未得子鹅，岂能以残炙见惠。"悦又不答。

卢循平后，毅求都督江州，以江州内地，治民为职，不宜置军府，上表陈之曰："臣闻天以盈虚为道，治以损益为义。时否而政不革，民凋而事不损，则无以救急病于已危，拯涂炭于将绝。自顷戎车屡驾，干戈溢境，江州以一隅之地，当逆顺之冲，力弱民慢，而器运所继。自桓玄以来，驱蹙残毁，至乃男不被养，女无对匹，逃亡去就，不避幽深，自非财单力竭，无以至此。若不曲心矜理，有所改移，则靡遗之叹，奄焉必及。臣谬荷增统，伤慨兼怀。夫设官分职，军国殊用，牧民以息务为大，武略以济事为先。今兼而领之，盖出于权事，因藉既久，遂以常则。江州在腹心之中，凭接扬、豫藩屏所倚，实为重复。昔胡寇纵逸，朔马临江，抗御之宜，盖出权计。以温峤明达，事由一己，犹觉其弊，论之备悉。今江右区区，户不盈数十万，地不逾数千里，而统司鳞次，未获减息，大而言之，足为国耻。况乃地在无军，而军府犹置，文武将佐，资费非一，岂所谓经国大情，扬汤去火者哉。其州郡边江，民户辽落，加以邮亭崄阔，畏阻风波，转输往还，常有淹废；又非所谓因其所利，以济其弊者也。愚谓宜解军府，移治豫章，处十郡之中，厉简惠之政，比及数年，可有生气。且属县凋散，亦有所存，而役调送迎，不得休止，亦谓应随宜并减，以简众费。刺史庾悦，自临州部，甚有恤民之诚，但纲维不革，自非纲目所理。寻阳接蛮，宜有防遏，可即州府千兵，以助府戍。"于是解悦都督、将军官，以刺史移镇豫章。毅以亲将赵恢领千兵守寻阳，建威府文武三千悉入毅府，符摄严峻，数相挫辱。悦不得志，疽发背，到豫章少日卒，进年三十八。追赠征虏将军。以广固之功，追封新阳县五等男。

王诞，字茂世，琅邪临沂人，太保弘从兄也。祖恬，中军将军。父混，太常。诞少有才藻，晋孝武帝崩，从叔尚书令珣为哀策文，久而未就，谓诞曰："犹少序节物一句。"因出本示诞。诞揽笔便益之，接其秋冬代变后云："霜繁广除，风回高殿。"珣嗟叹清拔，因而用之。袭爵雉乡侯，拜秘书郎，琅邪王文学，中军功曹。

隆安四年，会稽王世子元显开后军府，又以诞补功曹。寻除尚书吏部郎，仍为后军长史，领庐江太守，加镇蛮护军。转龙骧将军、琅邪内史，长史如故。诞结事元显嬖人张法顺，故为元显所宠。元显纳妾，诞为之亲迎。随府转骠骑长史，将军、内史如故。元显讨桓玄，欲悉诛桓氏，诞固陈修等与玄志趣不同，由此得免。修，诞甥也。及玄得志，诞将见诛，修为之陈请；又言修等得免之由，乃徙诞广州。

卢循据广州。以诞为其平南府长史，甚宾礼之。诞久客思归，乃说循曰："下官流远在此，被蒙殊眷，士感知己，实思报答。本非戎旅，在此无用。素为刘镇军所识，情味不浅，若得北归，必蒙任寄，公私际会，思报厚恩，愈于停此，空移岁月。"循甚然之。时广州刺史吴隐之亦为循所拘留，诞又曰："将军今留吴公，公私非计。孙伯符岂不欲留华子鱼，但以一境不容二君耳。"于是诞及隐之并得还。

除员外散骑常侍，未拜，高祖请为太尉咨议参军，转长史。尽心归奉，日夜不懈，高祖甚委仗之。北伐广固，领齐郡太守。卢循自蔡洲南走，刘毅固求追讨，高祖持疑未决，诞密白曰："公既已平广固，复灭卢循，则功盖终古，勋无与二，如此大威，岂可余人分之。毅与公同起布衣，一时相推977。今既已丧败，不宜复使立功。"高祖从其说。七年，以诞为吴国内史。母忧去职。高祖征刘毅，起为辅国将军，诞固辞军号，墨绖从行。时诸葛长民行太尉留府事，心不自安，高祖甚虑之。毅既平，诞求先下，高祖曰："长民似有自疑心，卿诣宜便去。"诞曰："长民知我蒙公垂眄，今轻身单下，必当以为无虞，乃可以少安其意。"高祖笑曰："卿勇过贲、育矣。"于是先还。九年，卒，时年三十九。以南北从征，追封作唐县五等侯。子谥，宋世子舍人，早卒。

谢景仁，陈郡阳夏人，卫将军晦从叔父也。名与高祖同讳，故称字。祖据，太傅安第二弟。父允，宣城内史。景仁幼时与安相及，为安所知。始为前军行参军、辅国参军事。会稽王世子元显嬖人张法顺，权倾一时，内外无不造门者，唯景仁不至。年三十，方为著作佐郎。桓玄诛元显，见景仁，甚知之，谓四坐曰："司马庶人父子云何不败，遂令谢景仁三十方作著作佐郎。"玄为太尉，以补行参军，府转大将军，仍参军事。玄建楚台，以补黄门侍郎。及篡位，领骁骑将军。景仁博闻强识，善叙前言往行，玄每与之言，不倦也。玄出行，殷仲文、卞范之之徒，皆骑马散从，而使景仁陪辇。

高祖为桓修抚军中兵参军，尝诣景仁咨事，景仁与语悦之，因留高祖共食。食未办，而景仁为玄所召。玄性促急，俄顷之间，骑诏续至。高祖屡求去，景仁不许，曰："主上见待，要应有方。我欲与客共食，岂当不得待。"竟安坐饱食，然后应召。高祖甚感之，常谓景仁是太傅安孙。及平京邑，入镇石头，景仁与百僚同见高祖，高祖目之曰："此名公孙也。"谓景仁曰："承制府须记室参军，今当相屈。"以为大将军武陵王遵记室参军，仍为从事中郎，迁司徒左长史。出为高祖镇军司马，领晋陵太守，复为车骑司马。

义熙五年，高祖以内难既宁，思弘外略，将伐鲜卑；朝议皆谓不可。刘毅时镇姑孰，固止高祖，以为："苻坚侵境，谢太傅犹不自行。宰相远出，倾动根本。"景仁独曰："公建桓、文之烈，应天人之心，匡复皇祚，芟夷奸逆，虽业高振古，而德刑未孚，宜推亡固存，广树威略。鲜卑密迩疆甸，屡犯边垂，伐罪吊民，于是乎在。平定之后，养锐息徒，然后观兵洛汭，修复园寝，岂有坐长寇虏，纵敌贻患者哉！"高祖纳之。及北伐，大司马琅邪王，天子母弟，属当储副，高祖深以根本为忧，转景仁为大司马左司马，专总府任，右卫将军，加给事中，又迁吏部尚书。时从兄混为左仆射，依制不得相临，高祖启依仆射王彪之、尚书王劭前例，不解职。坐选吏部令史邢安泰为都令史、平原太守，二官共除，安泰以令史职拜谒陵庙，为御史中丞郑鲜之所纠，白衣领职。八年，迁领军将军。十一年，转右仆射，仍转左仆射。

景仁性矜严整洁，居宇静丽，每唾，转唾左右人衣；事毕，即听一日浣濯。每欲唾，左右争来受。高祖雅相重，申以婚姻，庐陵王义真妃，景仁女也。十二年，卒，时年四十七。追赠金紫光禄大夫，加散骑常侍。葬日，高祖亲临，哭之甚恸。与骠骑将军道怜书曰："谢景仁殒逝，悲痛摧割，不能自胜。汝闻问惋愕，亦不可堪。其器体淹中，情寄实重，方欲与之共康时务，一旦至此，痛惜兼深。往矣奈何！当复奈何！"

子恂，鄱阳太守。恂子稚，善吹笙。官至西阳太守。

景仁弟纯，字景懋，初为刘毅豫州别驾。毅镇江陵，以为卫军长史、南平相。王镇恶率军袭毅，已至城下，时毅疾病，佐吏皆入参承。纯参承毕，已出，闻兵至，驰还入府。左右引车欲还外解，纯叱之曰："我人吏也，逃欲何之！"乃入。及毅兵败众散，时已暗夜，司马毛修之谓纯曰："君但随仆。"纯不从，扶两人出，火光中为人所杀。纯孙沈，太宗泰始初，为巴陵王休若卫军录事参军、山阴令，坐事诛。

述字景先，少有志行，随兄纯在江陵。纯遇害，述奉纯丧还都。行至西塞，值暴风，纯丧舫流漂，不知所在，述乘小船寻求之。经纯妻庾舫过，庾遣人谓述曰："丧舫存没，已应有在，风波如此，岂可小船所冒？小郎去必无及，宁可存亡俱尽邪？"述号泣答曰："若安全至岸，当须营理。如其已致意外，述亦无心独存。"因冒浪而进，见纯丧几没，述号叫呼天，幸而获免，咸以为精诚所致也。高祖闻而嘉之，及临豫州，讽中正以述为主簿，甚被知器。景仁爱其第三弟虓而憎述，尝设馔请高祖，希命虓豫坐，而高祖召述。述知非景仁凤意，又虑高祖命之，请急不从。高祖驰遣呼述，须至乃欢。及景仁有疾，述尽心营视，汤药饮食，必尝而后进，不解带、不盥栉者累旬，景仁深怀感愧。

转太尉参军，从征司马休之，封吉阳县五等侯。世子征虏参军，转主簿，宋台尚书祠部郎，世子中军主簿，转太子中舍人，出补长沙内史，有惠政。元嘉二年，征拜中书侍郎。明年，出为武陵太守，彭城王义康骠骑长史，领南郡太守。先是，述从兄曜为义康长史，丧官，述代之。太祖与义康书曰："今以谢述代曜。其才应详练，著于历职，故以佐汝。汝始亲庶务，而任重事殷，宜寄怀群贤，以尽弼谐之美，想自得之，不俟吾言也。"义康入相，述又为司徒左长史，转左卫将军。莅官清约，私无宅舍。义康遇之甚厚。尚书仆射殷景仁、领军将军刘湛并与述为异常之交。美风姿，善举止，湛每谓人曰："我见谢道儿，未尝足。"道儿，述小字也。

雍州刺史张邵以赃货下廷尉，将致大辟，述上表陈邵先朝旧勋，宜蒙优贷，太祖手诏酬纳焉。述语子综曰：

"主上矜邵凤诚,将加曲恕,吾所启谬会,故特见酬纳耳。若此疏迹宣布,则为侵夺主恩,不可之大者也。"使综对前焚之。太祖后谓邵曰:"卿之获免,谢述有力焉"。

述有心虚疾,性理时或乖谬。除吴郡太守,以疾不之官。病差,补吴兴太守。在郡清省,为吏民所怀。十二年,卒,时年四十六。丧还京师,未至数十里,殷景仁、刘湛同乘迎赴,望船流涕。十七年,刘湛诛,义康外镇,将行,叹曰:"谢述唯劝吾退,刘湛唯劝吾进,今述亡而湛存,吾所以得罪也。"太祖亦曰:"谢述若存,义康必不至此。"

三子:综、约、纬。综有才艺,善隶书,为太子中舍人,与舅范晔谋反,伏诛。约亦坐死。纬尚太祖第五女长城公主,素为约所憎,免死,徙广州。孝建中,还京师。方雅有父风。太宗泰始中,至正员郎中。

袁湛,字士深,陈郡阳夏人也。祖耽,晋历阳太守。父质,琅邪内史,并知名。湛少为从外祖谢安所知,以其兄子玄之女妻之。初为卫军行参军,员外散骑,通直正员郎,中军功曹,桓玄太尉参军事。入为中书黄门侍郎,出补桓修抚军长史。

义旗建,高祖以为镇军咨义参军。明年,转尚书吏部郎,司徒左长史,侍中。以从征功,封晋宁县五等男。出为高祖太尉长史,迁左民尚书,徙掌吏部。出为吴兴太守,秩中二千石,莅政有理,为吏民所称。入补中书令,又出为吴国内史,秩中二千石。义熙十二年,转尚书右仆射、本州大中正。时高祖北伐,湛兼太尉,与兼司空、散骑常侍、尚书范泰奉九命礼物,拜授高祖。高祖冲让,湛等随军至洛阳,住柏谷坞。泰议受使未毕,不拜晋帝陵,湛独至五陵烝敬,时人美之。

初,陈郡谢重,王胡之外孙,于诸舅礼敬多阙。重子绚,湛之甥也,尝于公座陵湛;湛正色谓曰:"汝便是两世无《渭阳》之情。"绚有愧色。十四年,卒官,时年四十。追赠左光禄大夫,加散骑常侍。太祖即位,以后父,追赠侍中、以左光禄大夫、开府仪同三司。谥曰敬公。世祖大明三年,幸籍田,行经湛墓。下诏曰:"故侍中、左光禄大夫、开府仪同三司晋宁敬公,外氏尊戚,素风简正,岁纪稍积,坟茔浸远。朕近巡览千亩,遥瞻松隧,缅惟徽尘,感慕增结。可遣使祭,少申永怀。"又增守墓五户。

子淳,淳子桓卒。湛弟豹,字士蔚,亦为谢安所知,好学博闻,多览典籍。初为著作佐郎,卫军桓谦记室参军。大将军武陵王遵承制,复为记室参军。其年,丹阳尹孟昶以为建威司马。岁余,转司徒左西属,迁刘毅抚军咨议参军,领记室。毅时建议大田,豹上议曰:

国因民以为本,民资食以为天,修其业则教兴,崇其本则末理,实为治之要道,致化之所阶也。不敦其本,则末业滋章;饥寒交凑,则廉耻不立。当今接篡伪之末,值凶荒之余,争源既开,雕薄弥启,荣利荡其正性,赋敛罄其所资,良畴有侧趾之耦,比屋有困馁之患,中间多故,日不暇给。自卷甲戢马,甫一二年,积弊之黎,难用克振,实仁怀之所矜恤,明教之所爱发也。

然斯业不修,有自来矣。司牧之官,莫或为务,俗吏庸近,犹秉常科,依劝督之故典,迷民情之屡变。譬犹修堤以防川,忘渊丘之改易;胶柱于昔弦,忽宫商之乖调。徒有考课之条,而无毫分之益。不悟清流在于澄源,止轮由乎高阘,患生于本,治之于末故也。夫设位以崇贤,疏爵以命士,上量能以审官,不取人于浮誉,则比周道息,游者言归;游子既归,则南亩辟矣。分职以任务,置吏以周役,职不以无任立,吏必以非用省,冗散备废,则莱荒垦矣。器以应用,商以通财,剿靡丽之巧,弃难得之货,则雕伪者贱,谷稼重矣。耕耨勤悴,力殷收寡,工商逸豫,用浅利深,增贾贩之税,薄畦亩之赋,则末技抑而田畯喜矣。居位无义从之徒,在野靡兼并之党,给赐非以恩致,力役不入私门,则游食者反本,肆勤自劝;游食省而肆勤众,则东作繁矣。密勿者甄异,怠慢者显罚,明劝课之令,峻纠违之官,则懒惰无所容,力田有所望;力者欣而惰者惧,则稼人劝矣。凡此数事,亦务田之端趣也。苴之以清心,镇之以无欲,勖之以无倦,翼之以廉谨,舍日计之小成,期远致于莫岁,则浇薄自淳,心化有渐矣。

豹善言雅俗,每商较古今,兼以诵咏,听者忘疲。寻转抚军司马,迁御史中丞。鄱阳县侯孟怀玉上母檀氏拜国太夫人,有司奏许。豹以为妇人从夫之爵,怀玉父大司农绰见居列卿,妻不宜从子,奏免尚书右仆射刘柳、左丞徐羡之、郎何邵之官,诏并赎论。孟昶卒,豹代为丹阳尹。义熙七年,坐使徙上钱,降为太尉咨议参军,仍转长史。从讨刘毅。高祖遣益州刺史朱龄石伐蜀,使豹为檄文,曰:

夫顺德者昌,逆德者亡,失仁与义,难以求安,冯阻负衅,鲜克有成。详观古今,隆替有数,故成都不世祀,华阳无兴国。日者王室多故,夷羿遘纷,波振尘骇,覃及遐裔。蕞尔谯纵,编户黔首,同恶相求,是崇为长,肆反噬于州相,播毒害于民黎,俾我西服,隔阂皇泽。自义风电靡,天光807,昭哲旧物,烟煴区宇。以庶务草创,未遑九伐,自尔以来,奄延十载。而野心不革,伺隙乘间,招聚逋叛,共相封殖,侵扰我蛮獠,摇荡我疆垂。我是以有治洲之役,丑类尽殪,匹马无遗,桓谦折首,谯福鸟逝,奔伏窠穴,引颈待戮。

当今北狄露晞,南寇埃扫,朝风载韪,庶绩其凝,康哉之歌日熙,比屋之隆可咏。孤职是经略,思一九有,眷彼禹迹,愿言载怀,奉命西行,途戾荆、郢,瞻望巴、汉,愤慨交深。清江源于滥觞,澄氛浸于井络,诛叛柔远,今也其时。即命河间太守蒯恩、下邳太守刘钟,精勇二万,直指成都。龙骧将军臧熹,戎卒二万,进自垫江。益州刺史朱龄石,舟师三万,电曜外水。分遣辅国将军索恩,率汉中之众,济自剑道。振威将军朱客子,提宁州之锐,渡泸而入。神兵四临,天纲宏掩,衡冀千里,金鼓万张,组甲贝冑,景焕波属,华夷百濮,云会雾臻,以此攻战,谁与为敌!

况又奉义而行，以顺而动者哉！

今三陕之隘，在我境内，非有岑彭荆门之险。弥入其阻，平衢四达，实无邓艾绵竹之艰。山川之形，抑非曩日，攻守难易，居然百倍。当全蜀之强，士民之富，子阳不能自安于庸、梗，刘禅不敢窜命于南中，荆邯折谋，伯约挫锐。故知成败有数，非可智延，此皆益土前事，当今元龟也。盛如卢循，强如容超，陵威南海，跨制北岱，楼船万艘，掩江盖汜，铁马千群，充原塞隙。然广固之攻，陆无完雉；左里之战，水靡全舟。或显戮京畿，或传首万里。故知逆顺有势，难以力抗，斯又目前殷鉴，深切著明者也。

梁益人士，咸明王化，虽驱迫一时，本非奥主。从之淫虐，日月增播，刑杀非罪，死以泽量。而待命寇仇之戮，欤呕豺狼之吻，岂不溯诚南凯，延首东云，普天有来苏之幸，而一方怀后予之怨。王者之师，以仁为本，舍逆取顺，爰自三驱，齐斧所加，纵身而已。其有衿甲反接，自投军门者，一无所问。士子百姓，列肆安堵，审择吉凶，自求多祐。大信之明，皦若朝日，如其迷复奸邪，守愚不改，火燎孟诸，芝艾同烬，河决金堤，渊丘同体，虽欲悔之，亦将何及！

九年，卒官。时年四十一。次年，以参伐蜀之谋，追封南昌县五等子。

子洵，元嘉中，历显官，庐陵王绍为南中郎将、江州刺史，年少未亲政，洵为长史、寻阳太守，行府州事。元嘉末，为吴郡太守。元凶弑立，加洵建威将军，置佐史。会安东将军随王诞起义，檄洵为前锋，加辅国将军。事平，顷之卒，追赠征虏将军，谥曰贞子。长子颀，别有传。少子觊，好学善属文，有清誉于世。官至司徒从事中郎、武陵内史，蚤卒。洵弟濯，扬州秀才，蚤卒。濯弟淑，濯子粲，并有别传。

褚叔度，河南阳翟人也。曾祖裒，晋太傅。祖歆，秘书监。父爽，金紫光禄大夫。长兄秀之，字长倩，历大司马琅邪王从事中郎、黄门侍郎、高祖镇西长史。秀之妹，恭帝后也，虽晋氏姻戚，而尽心于高祖。迁侍中，出补大司马右司马。恭帝即位，为祠部尚书、本州大中正。高祖受命，徙为太常。元嘉元年，卒官，时年四十七。

秀之弟淡之，字仲源，亦历显官，为高祖车骑从事中郎，尚书吏部郎，廷尉卿，左卫将军。高祖受命，为侍中。淡之兄弟并尽忠事高祖，恭帝每生男，辄令方便杀焉，或诱赂内人，或密加毒害，前后非一。及恭帝逊位，居秣陵宫，常惧见祸，与褚后共止一室，虑有鸩毒，自煮食于床前。高祖将杀之，不欲遣人入内，令淡之兄弟视褚后，褚后出别室相见，兵人乃逾垣而入，进药于恭帝。帝不肯饮，曰："佛教自杀者，不得复人身。"乃以被掩杀之。后会稽郡缺，朝议欲用蔡廓，高祖曰："彼自是蔡家佳儿，何关人事，可用佛？"佛，淡之小字也。乃以淡之为会稽太守。

景平二年，富阳县孙氏聚合门宗，谋为逆乱，其支党在永兴县，潜相影响。永兴令羊佝觉其奸谋，以告淡之，淡之不信，乃以诬人之罪，收县职局。于是孙法亮号冠军大将军，与孙道庆等攻没县邑，即用富阳令顾粲为令，加辅国将军。遣伪建威将军孙道仲、孙公喜、法杀攻永兴。永兴民漏恭期初与贼同，后反善就羊佝，率吏民拒战，力少退败。贼用县人许祖为令，佝逃伏江唐山中，寻复为贼所得，使还行县事。贼遂磐据，更相树立，遥以鄞令司马文寅为征西大将军，孙道仲为征西长史，孙道覆为左司马，与公喜、法杀等建旗鸣鼓，直攻山阴。

淡之自假凌江将军，以山阴令陆邵领司马，加振武将军，前员外散骑常侍王茂之为长史，前国子博士孔欣、前员外散骑常侍谢芩之并参军事，召行参军七十余人。前镇西咨议参军孔宁子、左光禄大夫孔季恭子山士在艰中，皆起为将军。遣队主陈愿、郡议曹掾虞道纳二军过浦阳江。愿等战败，贼遂摧锋而前，去城二十余里。淡之遣陆邵督带戟公石绊、广武将军陆允以水军拒之，又别遣行参军漏恭期率步军与邵合力。淡之率所领出次近郊。恭期等与贼战于柯亭，大破之，贼走还永兴。遣伪宁朔将军孙伦领五百人攻钱唐，与县戍军建武将军战于琦，伦败走还富阳。伦因反善，杀法步帅等十余人，送首京都。诏遣殿中员外将军徐卓领千人，右将军彭城王义康遣龙骧将军丘显率众五百东讨，司空徐羡之版扬州主簿沈嘉之为富阳令领五百人，于吴兴道东出，并未至而贼平。吴郡太守江夷轻行之职，停吴一宿，进至富阳，分别善恶，执送愿徙贼余党数百家于彭城、寿阳、青州诸处。二年，淡之卒，时年四十五。谥曰质子。

叔度名与高祖同，故以字行。初为太宰琅邪王参军，高祖车骑参军事，司徒左西属，中军咨议参军，署中兵，加建威将军。从伐鲜卑，尽其诚力。卢循攻浦，叔度力战有功。循南走，高祖版行广州刺史，仍除都督交广二州诸军事、建威将军、领平越中郎将、广州刺史。桓玄族人开山聚众，谋掩广州，事觉，叔度悉平之。义熙八年，卢循余党刘敬道窘迫，诣交州归降。交州刺史杜慧度以事言统府，叔度以敬道等路穷请命，事非款诚，报使诛之。慧度不加防录，敬道招集亡命，攻破九真，杀太守杜章民，慧度讨平之。叔度辄贬慧度号为奋扬将军，恶不先上，为有司所纠，诏原之。

高祖征刘毅，叔度遣三千人过岭，荆州平乃还。在任四年，广营贿货，家财丰积，坐免官，禁锢终身。还至都，凡诸旧及有一面之款，无不厚加赠遗。寻除太尉咨议参军、相国右司马。高祖受命，为右卫将军。高祖以其名家，而能竭尽心力，甚嘉之。乃下诏曰："夫赏不遗勤，则劳臣增劝；爵必畴庸，故在功咸达。叔度南北征讨，常管戎要，西夏不虔，诚著岭表，可封番禺县男，食邑四百户。"寻加散骑常侍。永初三年，出为使持节、监雍梁南北秦四州荆州之南阳竟陵顺阳义阳新野随六郡诸军事、征虏将军、雍州刺史，领宁蛮校尉、襄阳义成太守。在任每以清简致称。景平二年，卒，时年四十四。

子恬之嗣，官至南琅邪太守。恬之卒，子昭嗣。昭卒，子瑁嗣。齐受禅，国除。叔度第二子寂之，著作佐郎，早卒。子曖，尚太祖第六女琅邪贞长公主，太宰参军，亦早卒。

秀之弟湛之，字休玄，尚高祖第七女始安哀公主，拜驸马都尉、著作郎。哀公主薨，复尚高祖第五女吴郡宣公主。诸尚公主者，并用世胄，不必皆有才能。湛之谨实有意干，故为太祖所知。历显位，扬武将军、南彭城沛二郡太守，太子中庶子，司徒左长史，侍中、左卫将军，左民尚书，丹阳尹。元凶弑逆，以为吏部尚书，复出为辅国将军、丹阳尹，统石头戍事。

世祖入伐，劭自攻新亭垒，使湛之率水师俱进。湛之因携二息渊、澄轻船南奔。渊有一男始生，为劭所杀。世祖即位，以为尚书右仆射。孝建元年，为中书令，丹阳尹。坐南郡王义宣诸子逃藏郡岘，建康令王兴之、江宁令沈道源下狱，湛之免官楚锢。其年，复为散骑常侍、左卫将军，俄迁侍中，左卫如故。以久疾，拜散骑常侍、光禄大夫，加金章紫绶。顷之，复为丹阳尹，光禄如故。寻为尚书左仆射。以南奔赐爵都乡侯。大明四年，卒，时年五十。追赠侍中、特进、骠骑将军，给鼓吹一部，左仆射如故。谥曰敬侯。

子渊庶生，宣公主以渊有才，表为嫡嗣。渊，升明末为司空。

史臣曰：高祖虽累叶江南，楚言未变，雅道风流，无闻焉尔。凡此诸子，并前代名家，莫不望尘请职，负羁先路，将由庇民之道邪。

卷五十三　　列传第十三

张茂度　子永　庾登之　弟炳之
谢方明　江夷

张茂度，吴郡吴人，张良后也。名与高祖讳同，故称字。良七世孙为长沙太守，始迁于吴。高祖嘉，曾祖澄，晋光禄大夫。祖彭祖，广州刺史。父敞，侍中、尚书、吴国内史。

茂度郡上计吏，主簿，功曹，州命从事史，并不就。除琅邪王卫军参军，员外散骑侍郎，尚书度支郎，父忧不拜。服阕，为何无忌镇南参军。顷之，出补晋安太守，卢循为寇，覆没江州，茂度及建安太守孙蚪之并受其符书，供其调役。循走，俱坐免官。复以为始兴相，郡经贼寇，廨宇焚烧，民物凋散，百不存一。茂度创立城寺，吊死抚伤，收集离散，民户渐复。在郡一周，征为太尉参军，寻转主簿、扬州治中从事史。高祖西伐刘毅，茂度居守。留州事悉委之。军还，迁中书侍郎。出为司马休之平西司马、河南太守。高祖将讨休之，茂度闻知，乘轻船逃下，逢高祖于中路，以为录事参军，太守如故。江陵平，骠骑将军道怜为荆州，茂度仍为咨议参军，太守如故。还为扬州别驾从事史。高祖北伐关洛，复任留州事。出为使持节、督广交二州诸军事、建武将军、平越中郎将、广州刺史。绥静百越，岭外安之。以疾求还，复为道怜司马。丁继母忧，服阕，除廷尉，转尚书吏部郎。

太祖元嘉元年，出为使持节、督益宁二州梁州之巴西梓潼宕渠南汉中秦州之怀宁安固六郡诸军事、冠军将军、益州刺史。三年，太祖讨荆州刺史谢晦，诏益州遣军袭江陵，晦已平而军始至白帝。茂度与晦素善，议者疑其出军迟留，时茂度弟邵为湘州刺史，起兵应大驾，上以邵诚节，故不加罪，被代还京师。七年，起为廷尉，加奉车都尉，领本州中正。入为五兵尚书，徙太常。以脚疾出为义兴太守，加秩中二千石。上从容谓茂度曰："勿复以西蜀介怀。"对曰："臣若不遭陛下之明，墓木拱矣。"顷之，解职还家。征为都官尚书，加散骑常侍，固辞以疾。就拜光禄大夫，加金章紫绶。

茂度内足于财，自绝人事，经始本县之华山以为居止，优游野泽，如此者七年。十八年，除会稽太守。素有吏能，在郡县，职事甚理。明年，卒官，时年六十七。谥曰恭子。

茂度同郡陆仲元者，晋太尉玩曾孙也。以事用见知，历清资，吏部郎，右卫将军，侍中，吴郡太守。自玩泪仲元，四世为侍中，时人方之金、张二族。弟子真，元嘉十年，为海陵太守。中书舍人狄当为太祖所信委，家在海陵，死还葬，桥路毁坏，不通丧车，县求发民修治，子真不许。司徒彭城王义康闻而善之，召为国子博士，司徒左西掾，州治中，临海东阳太守。

茂度子演，太子中舍人；演弟镜，新安太守，皆有盛名，并早卒。镜弟永。永字景云，初为郡主簿，州从事，转司徒士曹参军，出补余姚令，入为尚书中兵郎。先是，尚书中条制繁杂，元嘉十八年，欲加治撰，徙永为删定郎，掌其任。二十二年，除建康令，所居皆有称绩。又除广陵王诞北中郎录事参军。永涉猎书史，能为文章，善隶书，晓音律，骑射杂艺，触类兼善，又有巧思，益为太祖所知。纸及墨皆自营造，上每得永表启，辄执玩咨嗟，自叹供御者了不及也。二十三年，造华林园、玄武湖，并使永监统。凡诸制置，皆受则于永。徙为江夏王义恭太尉中兵参军、越骑校尉、振武将军、广陵南沛二郡太守。二十八年，又除江夏王义恭骠骑中兵参军，沛郡如故。

永既有才能，所在每尽心力，太祖谓堪为将。二十九年，以永督冀州青州之济南乐安太原三郡诸军事、扬威将军、冀州刺史，督王玄谟、申坦等诸将，经略河南。攻确磝城，累旬不能拔。其年八月七日夜，虏开门烧楼及攻车，士卒烧死及为虏所杀甚众，永即夜撤围退军，不报告诸将，众军惊扰，为虏所乘，死败涂地；永及申坦并为统府抚军将军萧思话所收，系于历城狱。太祖以屡征无功，诸将不可任，责永等与思话诏曰："虏既乘利，方向盛冬，若脱敢送死，兄弟父子，自共当之耳。言及增愤，可以示张永、申坦。"又与江夏王义恭书曰："早知诸将辈如此，恨不以白刃驱之，今者悔何所及！"

三十年，元凶弑立，起永督青州徐州之东安东莞二郡诸军事、辅国将军、青州刺史。司空南谯王义宣起义，又板永为督冀州青州之济南乐安太原三郡诸军事、辅国将军、冀州刺史。永遣司马崔勋之、中兵参军刘则二军驰赴国难。时萧思话在彭城，义宣虑二人不相谐缉，与思话书，劝与永坦怀。又使永从兄长史张畅与永书曰："近有都信，具汝刑网之原，可谓虽在缧绁，而腹心无愧矣。萧公平厚，先无嫌隙，见汝翰迹，言不相伤，何其滔滔称人意邪！当今世故艰迫，义旗云起，方藉群贤，共康时难。当远慕廉、蔺在公之德，近效平、勃忘私之美，忽此蒂芥，克申旧情。公亦命萧示以疏达，兼令相报，共遵此旨。"事平，召为江夏王义恭大司马从事中郎，领中兵。

时使百僚献谠言，永以为宜立谏官，开不讳之路，讲师旅，示安不忘危。世祖孝建元年，臧质反，遣永辅武昌王浑镇京口。其年，出为扬州别驾从事史。明年，召入为尚书左丞。时将士休假，年开三番，纷纭道路。永建议曰："臣闻开兵与稼，前王以之兼隙，耕战递劳，先代以之经远。当今化宇万里，文同九服，捐金走骥，于焉自始。伏见将士休假，多蒙三番，程会既促，装赴在早。故一岁之间，四驰遥路，或失遽春耕，或违要秋登，致使公替常储，家阙旧粟，考定利害，宜加详改。愚谓交代之限，以一年为制，使征士之念，劳未及积；游农之望，收功岁成。斯则王度无骞，民业斯植矣。"从之。

大明元年，迁黄门侍郎，寻领虎贲中郎将、本郡中正。三年，迁廷尉。上谓之曰："卿既与释之同姓，欲使天下颂无冤民。"加宁朔将军、尚书吏部郎、司徒右长史、寻阳王子房冠军长史。四年，立明堂，永以本官兼作大匠。事毕，迁太子右卫率。七年，为宣贵妃殷氏立庙，复兼将作大匠。转右卫将军。其年，世祖南巡，自宣城候道东入，使永循行水路。是岁旱，涂迳不通，上大怒，免。时上宠子新安王子鸾为南徐州刺史，割吴郡度属徐州。八年，起永为别驾从事史。其年，召为御史中丞。前废帝永光元年，出为吴兴太守，迁度支尚书。

太宗即位，除吏部尚书。未拜，会四方反叛，复以为吴兴太守，加冠军将军。假节。未拜，以将军假节，徙为吴郡太守，率军东讨。又为散骑常侍、太子詹事。未拜，迁使持节、监青冀幽并四州诸军事、前将军，青冀二州刺史，统诸将讨徐州刺史薛安都，累战克捷，破薛索儿等，事在《安都传》。又迁散骑常侍、镇军将军、太子詹事，权领徐州刺史。又都督徐、兖、青、冀四州诸军事，又为使持节、都督南兖徐二州诸军事、南兖州刺史，常侍、将军如故。时薛安都据彭城请降，而诚心不款，太宗遣永与沈攸之以重兵迎之，加督前锋军事，进军彭城。安都招引索虏之兵既至，士卒离散，永狼狈引军还，为虏所追，大败。复值寒雪，士卒离散，永脚指断落，仅以身免，失其第四子。

三年，徙都督会稽东阳临海永嘉新安五郡诸军事、会稽太守，将军如故。以北讨失律，固求自贬，降号左将军。永痛悼所失之子，有兼常哀，服制虽除，犹立灵座，饮食衣服，待之如生。每出行，常别具名车好马，号曰侍从，有事辄语左右报郎君。以破薛索儿功，封孝昌县侯，食邑

千户。在会稽，宾客有谢方童等，坐赃下狱死，永又降号冠军将军。四年，迁使持节、督雍梁南北秦四州郢州之竟陵随二郡诸军事、右将军、雍州刺史。未拜，停为太子詹事，加散骑常侍、本州大中正。六年，又加护军将军，领石头戍事；给鼓吹一部。七年，迁金紫光禄大夫，寻复领护军。后废帝即位，进右光禄大夫，加侍中，领安成王师，加亲信二十人。又领本州中正，出为吴郡太守，秩中二千石，侍中、右光禄如故。元徽二年，迁使持节、都督南兖徐青冀益五州诸军事、征北将军、南兖州刺史，侍中如故。

永少便驱驰，志在宣力，年虽已老，志气未衰，优游闲任，意甚不乐，及有此授，喜悦非常，即日命驾还都。未之镇，值桂阳王休范作乱，永率所领出屯白下。休范至新亭，大桁不守，前锋遂攻南掖门。永遣人觇贼，既返，唱云："台城陷矣。"永众于此溃散，永亦弃军奔走，还先所住南苑。以永旧臣不加罪，止免官削爵，永亦愧叹发病。三年，卒，时年六十六。顺帝升明二年，追赠侍中、右光禄大夫。子瑰，升明末，达官。永弟辩，太宗亦见任遇，历尚书吏部郎，广州刺史，大司农。辩弟岱，升明末，吏部尚书。

庾登之，字元龙，颍川鄢陵人也。曾祖冰，晋司空。祖蕴，广州刺史。父廓，东阳太守。登之少以强济自立，初为晋会稽王道子太傅参军。义旗初，又为高祖镇军参军。以预讨桓玄功，封曲江县五等男。参大司马琅邪王军事，豫州别驾从事史，大司马主簿，司徒左西曹属。登之虽不涉学，善于世事，王弘、谢晦、江夷之徒，皆相知友。转太尉主簿。义熙十二年，高祖北伐，登之击节驱驰，退告刘穆之，以母老求郡。于是士庶咸惮远役，而登之二三其心，高祖大怒，除吏名。大军发后，乃以补镇蛮护军、西阳太守。入为太子庶子，尚书左丞。出为新安太守。

谢晦为抚军将军、荆州刺史，请为长史、南郡太守，仍为卫军长史，太守如故。登之与晦俱曹氏婿，名位本同，一旦之佐，意甚不惬。到厅笺，唯云"即日恭到，"初无感谢之言。每入觐见，备持箱囊几席之属，一物不具不坐。晦常优容之。晦拒王师，欲使登之留守，登之不许，语在《晦传》。晦败，登之以无任免罪，禁锢还家。

元嘉五年，起为衡阳王义季征虏长史。义季年少，未亲政，众事一以委之。寻加南东海太守。入为司徒右长史，尚书吏部郎，司徒左长史，南东海太守。府公彭城王义康专览政事，不欲自下厝怀，而登之性刚，每陈己意，义康甚不悦，出为吴郡太守。州郡相临，执意无改，因其莅任赃货，以事免官。弟炳之时为临川内史，登之随弟之郡，优游自适。俄而除豫章太守，便道之官。登之初至临川，吏民咸相轻侮，豫章与临川接境，郡又华大，仪迓光赫，士人并惊叹焉。十八年，迁江州刺史。疾笃，征为中护军。未拜。二十年，卒，时年六十二。即以为赠。

子冲远，太宗镇姑孰，为卫军长史，卒于豫章太守，追赠侍中。炳之，字仲文，初为秘书、太子舍人，刘粹征北长史、广平太守。兄登之为谢晦长史，炳之往省之。晦时位高权重，朝士莫不加敬，炳之独与抗礼，时论健之。

为尚书度支郎，不拜。出补钱塘令，治民有绩。转彭城王义康骠骑主簿，未就，徙为丹阳丞。炳之既未到府，疑于府公礼敬，下礼官博议。中书侍郎裴松之议曰："案《春秋》桓八年，祭公逆王后于纪。《公羊传》曰：'女在国称女，此其称王后何？王者无外，其辞成矣。'推此而言，则炳之为吏之道，定于受命之日矣，其辞已成，在官无外，名器既正，则礼亦从之。且今宰牧之官，拜不之职，未接之民，必有其敬者，以既受王命，则成君民之义故也。吏之被敕，犹除者受拜，民不以未见阙其被礼，吏安可以未到废其节乎？愚怀所见，宜执吏礼。"从之。迁司徒左西属。左将军竟陵王义宣未亲府板炳之为咨议参军，众务悉委焉。后将军长沙王义欣镇寿阳，炳之为长史、南梁郡太守，转镇国长史，太守如故。出为临川内史。后将军始兴王浚镇湘州，以炳之为司马，领长沙内史。浚不之任，除南太山太守，司马如故。

于时领军将军刘湛协附大将军彭城王义康，而与仆射殷景仁有隙，凡朝士游殷氏者，不得入刘氏之门，独炳之游二人之间，密尽忠于朝廷。景仁称疾不朝见者历年，太祖常令炳之衔命去来，湛不疑也。义康出藩，湛伏诛，以炳之为尚书吏部郎，与右卫将军沈演之俱参机密。顷之，转侍中，本州大中正。迁吏部尚书，领义阳王师。内外归附，势倾朝野。

炳之为人强急而不耐烦，宾客干诉非理者，忿辄形于辞色。素无术学，不为众望所推。性好洁，士大夫造之者，去未出户，辄令人拭席洗床。时陈郡殷冲亦好净，小史非净浴新衣，不得近左右。士大夫小不整洁，每容接之。炳之好洁反是，冲每以此讥焉。领选既不缉众论，又颇通货贿。炳之请急还家，吏部令史钱泰、主客令史周伯齐出炳之宅咨事。泰能弹琵琶，伯齐善歌，炳之因留停宿。尚书旧制，令史咨事，不得宿停外，虽有八座命，亦不许。为有司所奏。上于炳之素厚，将恕之，召问尚书右仆射何尚之，尚之具陈炳之得失。又密奏曰："夫为国为家，何尝不谨用前典，今苟欲通一人，虑非哲王御世之长术。炳之所行，非暧昧而已。臣所闻既非一旦，又往往眼见，事如丘山，彰彰若此，遂纵而不纠，不知复何以为治。晋武不曰明主，断割今事，遂能奋发，华廙见待不轻，废锢累年，后起，止作城门校尉耳。若言炳之有诚于国，未知的是何事？政当云与殷景仁不失其旧，与刘湛亦复不疏。且景仁当时事意，岂复可蔑，朝士两边相推，亦复何限，纵有微诚，复何足掩其恶。今贾充勋烈，晋之重臣，虽事业不胜，不闻有大罪，诸臣进说，便远出之。陛下圣睿，反更迟疑于此。炳之身上之衅，既自藉藉，交结朋党，构扇是非，实足乱俗伤风。诸恶纷纭，过于范晔，所少贼一事耳。伏愿深加三思，试以诸声传，普访诸顾问者。群下见陛下顾遇极重，恐不敢苦相侵伤；顾问之日，宜布嫌责之旨。若不如此，亦当不辩有所得失。臣蠢，既有所启，要欲尽其心，如无可纳，伏愿有其触忤之罪。"

时炳之自理："不谙台制，令史并言停外非嫌。"太祖以炳之信受失所，小事不足伤大臣。尚之又陈曰："炳之呼二令史出宿，令史咨都令史骆宰，宰云不通，吏部曹亦咸知不可，令史具向炳之说不得停之意，炳之了不听纳。此非为不解，直是苟相留耳。由外悉知此，而诬于信受，群情岂了，陛下不假为之辞。虽是令史，出乃远亏朝典，又不得谓之小事。谢晦望实，非今者之畴，一事错误，免侍中官。王珣时贤小失，桓胤春搜之谬，皆白衣领职。况公犯宪制邪？不审可有同王、桓白衣例不？于任使无损，兼可得以为肃戒。孔万祀居左丞之局，不念相当，语骆宰云：'炳之贵要，异他尚书身，政可得无言耳。'又云：'不痴不聋，不成姑公。'敢作此言，亦为异也。"

太祖犹优游之，使尚之更陈其意。尚之乃备言炳之愆过，曰："尚书旧有增置干二十人，以元、凯丞郎干之假疾病，炳之常取十人私使，询处干阙，不得时补。近得王师，犹不遣还，臣令人语之，'先取人使，意常未安，今既有手力，不宜复留。'得臣此信，方复遣耳。大都为人好率怀行事，有诸纭纭，不悉可晓。臣思张辽之言，关羽虽兄弟，曹公父子，岂得不言。观今人忧国实寡，臣复结舌，日月之明，或有所蔽。然不知臣者，岂不谓臣有争竞之迹，追以怅怅。臣与炳之周旋，俱被恩接，不宜复生厚薄。太尉昨与臣言，说炳之有诸不可，非唯一条，远近相崇畏，震动四海，凡短人办得致此，更复可嘉。虞秀之门生事之，累味珍肴，未尝有乏，其外别贡，岂可具详。炳之门中不问大小，诛求张幼绪，幼绪转无以堪命。炳之先与刘德愿殊恶，德愿自持琵琶甚精丽。遗之，便复款然。市令盛馥进数百口材助营宅，恐人知，作虚买券。刘道锡骤有所输，倾身俸之半。刘雍自谓得其力助，事之如父，夏中送甘蔗，若新发于州。国吏运载樵荻，无辍于道。诸见人有物，鲜或不求。闻刘遵考有材，便乞材，见好烛盘，便复乞之。选用不平，不可一二。太尉又云，炳之都无共事之体，凡所选举，悉是其意，政令太尉知耳。论虞秀之作黄门，太尉不正答和，故得停。太尉近与炳之疏，欲用德原儿作州西曹，炳之乃启用为主簿，即语德愿，德愿谢太尉。前后漏泄志恩，亦复何极，纵不加罪，故宜出之。士庶忿疾之，非直项羽楚歌而已矣。自从裴、刘刑罚以来，诸将陈力百倍，今日事实好问。若赫然发愤，显明法宪，陛下便可闲卧紫阁，无复一事也。"

太祖欲出炳之为丹阳，又以问尚之。尚之答曰："臣既乏贾生应对之才，又谢汲公犯颜之直，至于侍坐仰酬，每不能尽。昨出伏复深思，只有愚滞，今之事迹，异口同音，便是彰著，政未测得物之数耳。可为蹈罪负恩，无所复少。且居官失和，未有此比。陛下迟迟旧恩，未忍穷法，为弘之大，莫复过此。方复有尹京赫赫之授，恐悉心奉国之人，于此而息；贪狼恣意者，岁月滋甚。非但亏点王化，乃治乱所由。如臣所闻天下论议，炳之常尘累日月，未见一豪增辉。今曲阿在水南，恩宠无异，而协首郡之荣，乃更成其形势，便是老王雅也。古人云：'无赏罚，虽尧、舜不能为治也。'陛下岂可坐损皇家之重，迷一凡人。事若复在可否之间，亦不敢苟陈穴管。今之枉直，明白灼然，而睿王令王，反更不悟，令贾谊、刘向重生，岂不慷慨流涕于圣世邪！臣昔启范晔，当时亦惧犯触之尤，苟是愚怀所挹，政自不能不舒达，所谓虽九死而不悔者也。谓炳之且外出，若能修改，在职著称，还亦不难，则可得少明国典，粗酬四海之消。今愆衅如山，荣任不损，炳之若复有彰大之罪，谁复敢以闻述。且自非殊勋异绩，亦何足塞今日之尤。历观古今，未有众过藉藉，受货数百万，更得高官厚禄如今者也。臣每念圣化中有此事，未尝不痛心疾首。设令臣等数人纵横狼藉复如此，不审当复云何处之。近启贾充远镇，今亦何足分，外出恐是策之良者。臣知陛下不能采臣言，故是臣不能尽己之愚至耳。今蒙恩荣者不少，臣何为独恳恳于斯，实是尊主乐治之意。伏愿试更垂察。"

又曰："臣见刘伯宠大慷慨炳之所行，云有人送张幼绪，幼绪语人，吾虽得一县，负三十万钱，庚冲远乃当送至新林，见缚束，犹示得解手。苟万秋尝诣炳之，值一客姓夏侯，主人问'有好牛不？'云：'无。'问'有好马不？'又云：'无。政有佳驴耳。'炳之便答：'甚是所欲。'客出门，遂与相闻索之。刘道锡云是炳之所举，就道锡索嫁女具及祠器，乃当百万数。犹谓不然。选令史章龙向臣说，亦叹其受纳之过，言'实得嫁女具，铜炉四人举乃胜，细葛斗帐等物，不可称数。'在尚书中，令奴酤酤酒，利其百十，亦是立台阁所无，不审仰简圣听不？恐仰伤日月之明，臣窃为之叹息。"

太祖乃可有司之奏，免炳之官。是岁，元嘉二十五年也。二十七年，卒于家，时年六十三。太祖录其宿诚，追复本官。二子季远、弘远。

谢方明，陈郡阳夏人，尚书仆射景仁从祖弟也。祖铁，永嘉太守。父冲，中书侍郎。家在会稽，谢病归，除黄门侍郎，不就。为孙恩所杀，追赠散骑常侍。

方明随伯父吴兴太守邈在郡，孙恩寇会稽，东土诸郡皆响应，吴兴民胡桀、郜骠破东迁县，方明劝邈避之，不从，贼至被害，方明逃窜遂免。初，邈舅子长乐冯嗣之及北方学士冯翊仇玄达，俱往吴兴投邈，并舍之郡学，礼待甚简。二人并忿愠，遂与恩通谋。恩尝为嗣之等从者，夜入郡，见邈众，遁，不悟。本欲于吴兴起兵，事趣不果，乃迁于会稽。及郜等攻郡，嗣之、玄达并豫其谋。刘牢之、谢琰等讨恩，恩走入海，嗣之等不得同去，方更聚合。方明结邈门生义故得百余人，掩讨嗣之等，悉禽而手刃之。

于时荒乱之后，吉凶礼废。方明合门遇祸，资产无遗，而营举凶事，尽其力用；数月之间，葬送并毕，平世备礼，无以加也。顷之，孙恩重没会稽，谢琰见害。恩购求方明甚急。方明于上虞载母妹奔东阳，由黄蘖峤出鄱阳，附载还都，寄居国子学。流离险厄，屯苦备经，而贞立之操，在约无改。元兴元年，桓玄克京邑，丹阳尹卞范之势倾朝野，欲以女嫁方明，使尚书吏部郎王腾譬说备至，方明终不回。桓玄闻而赏之，即除著作佐郎，补司徒王谧主簿。

从兄景仁举为高祖中兵主簿。方明事思忠益，知无不为。高祖谓之曰："愧未有瓜衍之赏，且当与卿共豫章国禄。"屡加赏赐。方明严恪，善自居遇，虽处暗室，未尝有惰容。无他伎能，自然有雅韵。从兄混有重名，唯岁节朝宗而已。丹阳尹刘穆之权重当时，朝野辐辏，不与穆之相识者，唯有混、方明、郗僧施、蔡廓四人而已；穆之甚以为恨。方明、廓后往造之，大悦，白高祖曰："谢方明可谓名家驹。直置便自是台鼎人，无论复有才用。"顷之，转从事中郎，仍为左将军道怜长史、高祖命府内众事，皆咨决之。随府转中军长史。寻更加晋陵太守，复为骠骑长史、南郡相，委任如初。

尝年终，江陵县狱囚事无轻重，悉散听归家，使过正三日还到。罪应入重者有二十余人，纲纪以下，莫不疑惧。时晋陵郡送故主簿弘季盛、徐寿之并随在西，固谏以为："昔人虽有其事，或是记籍过言。且当今民情伪薄，不可以古义相许。"方明不纳，一时遣之。囚及父兄皆惊喜涕泣，以为就死无恨。至期，有重罪二人不还，方明不听讨捕。其一人醉不能归，逮二日乃反；余一囚十日不至，五官朱千期请见欲白讨之，方明知为囚事，使左右谢五官不须入，囚自当反。囚逡巡墟里，不能自归，乡里责让之，率领将送，遂竟无逃亡者。远近咸叹服焉。遭母忧，去职。服阕，为宋台尚书吏部郎。

高祖受命，迁侍中。永初三年，出为丹阳尹，有能名。转会稽太守。江东民户殷盛，风俗峻刻，强弱相陵，奸吏蜂起，符书一下，文摄相续。又罪及比伍，动相连坐，一人犯吏，则一村废业，邑里惊扰，狗吠达旦。方明深达治体，不拘文法，阔略苛细，务存纲领。州台符摄，即时宣下，缓民期会，展其办举；郡县监司，不得妄出，贵族豪士，莫敢犯禁，除比伍之坐，判久系之狱。前后征伐，每兵运不充，悉发倩士庶；事既宁息，皆使还本。而属所刻害，或即以补吏。守宰不明，与夺乖舛，人事不至，必被抑塞。方明简汰精当，各慎所宜，虽服役十载，亦一朝从理，东土至今称咏之。性尤爱惜，未尝有所是非，承代前人，不易其政。有必宜改者，则以渐移变，使无迹可寻。元嘉三年，卒官，年四十七。

子惠连，幼而聪敏，年十岁，能属文，族兄灵运深相知赏，事在《灵运传》。本州辟主簿，不就。惠连先爱会稽郡吏杜德灵，及居父忧，赠以五言诗十余首，文行于世。坐被徙废塞，不豫荣伍。尚书仆射殷景仁爱其才，因言次白太祖："臣小儿时，便见世中有此文，而论者云是谢连，其实非也。"太祖曰："若如此，便应通之。"元嘉七年，方为司徒彭城王义康法曹参军。是时义康治东府城，城堑中得古冢，为之改葬，使惠连为祭文，留信待成，其文甚美。又为《雪赋》，亦以高丽见奇。文章并传于世。十年，卒，时年二十七。既早亡，且轻薄多尤累，故官位不显。无子。弟惠宣，竟陵王诞司徒从事中郎，临川内史。

江夷，字茂远，济阳考城人也。祖霦，晋护军将军。父敳，骠骑咨议参军。夷少自藻厉，为后进之美。州辟主簿，不就。桓玄篡位，以为豫章王文学。义旗建，高祖板为镇军行参军，寻参大司马琅邪王军事，转以公事免。顷之，复补主簿。豫讨桓玄功，封南郡州陵县五等侯。孟昶建威府司马，中书侍郎，中军太尉从事中郎，征西大将军道规长史、南郡太守，寻转太尉咨议参军，领录事，迁长史，入为侍中，大司马，从府公北伐，拜洛阳园陵，进至潼关。还领宁远将军、琅邪内史、本州大中正。高祖命大司马府、琅邪国事，一以委焉。

宋台初建，为五兵尚书。高祖受命，转掌度支。出为义兴太守，加秩中二千石，以疾去职。寻拜吏部尚书，为吴郡太守。营阳王于吴县见害，夷临哭尽礼。又以兄疾去官。复为丹阳尹，吏部尚书，加散骑常侍，迁右仆射。夷美风仪，善举止，历任以和简著称。出为湘州刺史，加散骑常侍，未之职，病卒，时年四十九。遗命薄敛疏奠，务存俭约。追赠前将军，本官如故。子湛，别有传。

史臣曰：为国之道，食不如信，立人之要，先质后文。士君子当以体正为基，蹈义为本，然后饰以艺能，文以礼乐，苟或难备，不若文不足而质有余也。是以小心翼翼，可祗事于上帝，啬夫喋喋，终不离于虎圈。江夷、谢方明、谢弘微、王惠、王球，学义之美，未足以成名，而贞心雅体，廷臣所罕及。《诗》云："温温恭人，惟德之基，"信矣！

卷五十四　　列传第十四

孔季恭　羊玄保　沈昙庆

孔靖，字季恭，会稽山阴人也。名与高祖祖讳同，故称字。祖愉，晋车骑将军。父誾，散骑常侍。季恭始察郡孝廉，功曹史，著作佐郎，太子舍人，镇军司马，司徒左西掾。未拜，遭母忧。隆安五年，于丧中被起建威将军、山阴令，不就。高祖东征孙恩，屡至会稽，季恭曲意礼接，赡给甚厚。高祖后讨孙恩，时桓玄篡形已著，欲于山阴建义讨之。季恭以为山阴去京邑路远，且玄未居极位，不如待其篡逆事彰，衅成恶稔，徐于京口图之，不忧不克。高祖亦谓为然。虞啸父为征东将军、会稽内史，季恭初求为府司马，不得。及帝定桓玄，以季恭为内史，使赍封板拜授，正与季恭相值，季恭便回舟夜还。至即叩扉告啸父，并令扫拂别斋，即便入郡。啸父本为桓玄所授，闻玄败，震惧，开门请罪。季恭慰勉，使且安所住，明旦乃移。季恭到任，务存治实，敕止浮华，翦罚游惰，由是寇盗衰止，境内肃清。

征为右卫将军，加给事中，不拜。寻除侍中，领本国中正，徙琅邪王大司马司马。寻出为吴兴太守，加冠军。先是，吴兴频丧太守，云项羽神为卞山王，居郡听事，二千石至，常避之；季恭居听事，竟无害也。迁尚书右仆射，固让。义熙八年，复督五郡诸军、征虏、会稽内史。修饰学校，督课诵习。十年，复为尚书右仆射，加散骑常侍，又让不拜。顷之，除领军将军，加散骑常侍，本州大中正。十二年，致仕，拜金紫光禄大夫，常侍如故。是岁，高祖北伐，季恭求从，以为太尉军咨祭酒、后将军。从平关、洛。高祖为相国，又随府迁。

宋台初建，令书以为尚书令，加散骑常侍，又让不受，乃拜侍中、特进、左光禄大夫。辞事东归，高祖饯之戏马台，百僚咸赋诗以述其美。及受命，加开府仪同三司，辞让累年，终以不受。永初三年，薨，时年七十六。追赠侍中、左光禄大夫、开府仪同三司。

子山士，历显位，侍中，会稽太守，坐小弟驾部郎道穰逼略良家子女，白衣领郡。元嘉二十七年，卒官。

弟灵符，元嘉末，为南谯王义宣司空长史、南郡太守，尚书吏部郎。世祖大明初，自侍中为辅国将军、郢州刺史，入为丹阳尹。山阴县土境褊狭，民多田少，灵符表徙无赀之家于余姚、鄞、鄮三县界，垦起湖田。上使公卿博议，太宰江夏王义恭曰："夫训农修本，有国所同，土著之民，习玩日久，如京师无田，不闻徙居他县。寻山阴豪族富室，顷亩不少，贫者肆力，非为无处，耕起空荒，无救灾歉。又缘湖居民，鱼鸭为业，及有居肆，理无乐徙。"尚书令柳元景、右仆射刘秀之、尚书王瓒之、顾凯之、颜师伯、嗣湘东王彧议曰："富户温房，无假迁业；穷身寒室，必应徙居。葺宇疏皋，产粒无待，资公则公未易充，课私则私卒难具。生计既完，畬功自息，宜募亡叛通恤及与乐田者，其往经创，须粗修立，然后徙居。"侍中沈怀文、王景文、黄门侍郎刘敳、郄颙议曰："百姓虽不亲农，不无资生之路，若驱以就田，则坐相违夺。且鄮等三县，去治并远，既安之民，忽徙他邑，新垣未立，旧居已毁，去留两困，无以自资。谓宜适任民情，从其所乐，开宥逋亡，且令就业，若审有胆壤，然后议迁。"太常王玄谟议曰："小民贫匮，远就荒畴，去旧即新，粮种俱阙，习之既难，劝之未易。谓宜微加资给，使得肆勤，明力田之赏，申怠惰之罚。"光禄勋王升之议曰："远废之畴，方剪荆棘，率课穷乏，其事弥难，资徙粗立，徐行未晚。"上违议，从其徙民，并成良业。

灵符自丹阳出为会稽太守，寻加豫章王子尚抚军长史。灵符家本丰，产业甚广，又于永兴立墅，周回三十三里，水陆地二百六十五顷，含带二山，又有果园九处。为有司所纠，诏原之，而灵符答对不实，坐以免官。后复旧官，又为寻阳王子房右军长史，太守如故。悫实有材干，不存华饰，每所莅官，政绩修理。前废帝景和中，犯忤近臣，为所谗构，遭鞭杀之。二子湛之、渊之，于都赐死。太宗即位，追赠灵符金紫光禄大夫。

渊之，大明中为尚书比部郎。时安陆应城县民张江陵与妻吴共骂母黄令死，黄忿恨自经死，值赦。律文，子贼杀伤殴父母，枭首；骂詈，弃市；谋杀夫之父母，亦弃市。值赦，免刑补冶。江陵骂母，母以之自裁，重于伤殴。若同杀科，则疑重；用殴伤及骂科，则疑轻。制唯有打母，遇赦犹枭首，无骂母致死值赦之科。渊之议曰："夫题里逆心，而仁者不入，名且恶之，况乃人事。故殴伤咒诅，法所不原，詈之致尽，则理无可宥。罚有从轻，盖疑失善，求之文旨，非此之谓。江陵虽值赦恩，故合枭首。妇本以义，爱非天属，黄之所恨，情不在吴，原死补冶，有允正法。"诏如渊之议，吴免弃市。

羊玄保，太山南城人也。祖楷，尚书都官郎。父绥，中书侍郎。玄保起家楚台太常博士，遭母忧，服阕，右将军何无忌、前将军诸葛长民俱板为参军，并不就。除临安令。刘穆之举为高祖镇军参军，库部郎，永世令。复为高祖太尉参军，转主簿，丹阳丞。少帝景平二年，入为尚书右丞。转左丞，司徒右长史。府公王弘甚知重之，谓左长史庾登之、吏部尚书王准之曰："卿二贤明美朗识，会悟多通，然弘懿之望，故当共推羊也。"顷之，入为黄门侍郎。

善弈棋，棋品第三，太祖与睹郡戏，胜，以补宣城太守。先是，刘式之为宣城，立吏民亡叛制，一人不禽，符伍里吏送州作部，若获者赏位二阶。玄保以为非宜，陈之曰："臣伏寻亡叛之由，皆出于穷逼，未有足以推存而乐为此者也。今立殊制，于事为苦。臣闻苦节不可贞，惧致流弊。昔龚遂譬民于乱绳，缓之然后可理；黄霸以宽和为用，不以严刻为先。臣愚以谓单身逃役，便为尽户。今一人不测，坐者甚多，既惮重负，各为身计，牵挽逃窜，必致繁滋。又能禽获叛身，类非得惜，既无堪能，坐陵劳吏，名器虚假，所妨实多，将阶级不足供赏，服勤无以自劝。又寻此制，施一邦而已，若其是邪，则应与天下为一；若其非邪，亦不宜独行一郡。民离忧患，其弊将甚。臣忝守所职，惧难遵用，致率管穴，冒以陈闻。"由此此制得停。

玄保在郡一年，为廷尉。数月，迁尚书吏部郎，御史中丞，衡阳王义季右军长史、南东海太守，加辅国将军。入为都官尚书、左卫将军，加给事中，丹阳尹，会稽太守。又徙吴郡太守，加秩中二千石。太祖以玄保廉素寡欲，故频授名郡。为政虽无干绩，而去后常思。不营财利，处家俭薄。太祖尝曰："人仕宦非唯须才，然亦须运命；每有好官缺，我未尝不先忆羊玄保。"

元凶弑立，为吏部尚书，领国子祭酒，寻加光禄大夫。及世祖入讨，朝野多南奔，劭集群僚，横刀怒曰："卿等便可去矣！"众战俱莫敢言，玄保容色不异，徐曰："臣以死奉朝。"劭乃解。世祖即位，以为散骑常侍，领崇宪卫尉。寻迁金紫光禄大夫。又以谨敬见知，赐赉甚厚。大明初，进位光禄大夫。五年，迁散骑常侍，特进。玄保自少至老，谨于祭奠，四时珍新，未得祠荐者，口不妄尝。八年，卒，时年九十四。谥曰定子。

子戎，有才气，而轻薄少行检，玄保尝云："此儿必亡我家。"官至通直郎。与王僧达谤议时政，赐死。死后世祖引见玄保，玄保谢曰："臣无日碑之明，以此上负。"上美其言，戎二弟，太祖并赐名，曰咸，曰粲。谓玄保曰："欲令卿二子有林下正始余风。"

玄保既善棋，而何尚之亦雅好棋。吴郡褚胤，年七岁，入高品。及长，冠绝当时。胤父荣期与臧质同逆，胤应从诛，何尚之请曰："胤弈棋之妙，超古冠今。魏犨犯令，以才获免。父戮子宥，其例甚多。特乞与其微命，使异术不绝。"不许。时人痛惜之。

玄保兄希，字泰闻，少有才气。大明初，为尚书左丞。时扬州刺史西阳王子尚上言："山湖之禁，虽有旧科，民俗相因，替而不奉，炽山封水，保为家利。自顷以来，颓弛日甚，富强者兼岭而占，贫弱者薪苏无托，至渔采之地，亦又如兹。斯实害治之深弊，为政所宜去绝，损益旧条，更申恒制。"有司检壬辰诏书："占山护泽，强盗律论，赃一丈以上，皆弃市。"希以："壬辰之制，其禁严刻，事既难遵，理与时弛。而占山封水，渐染复滋，更相因仍，便成先业，一朝顿去，易致嗟怨。今更刊革，立制五条。凡是山泽，先常炽燎种养竹木杂果为林，及陂湖江海鱼梁鰌蝦场，常加功修作者，听不追夺。官品第一、第二，听占山三顷；第三、第四品，二顷五十亩；第五、第六品，二顷；第七、第八品，一顷五十亩；第九品及百姓，一顷。皆依定格，条上赀簿。若先已占山，不得更占；先占阙少，依限占足。若非前条旧业，一不得禁。有犯者，水土一尺以上，并计赃，依常盗律论。停除咸康二年壬辰之科。"从之。

益州刺史刘瑀，先为右卫将军，与府司马何季穆共事不平。季穆为尚书令建平王宏所亲待，屡毁瑀于宏。会瑀出为益州，夺士人妻为妾，宏使羊希弹之；瑀坐免官，瑀恨希切齿。有门生谢元伯往来希间，瑀令访讯被免之由。希曰："此奏非我意。"瑀即日到宏门奉笺陈谢，云闻之羊希。希坐漏泄免官。

大明末，为始安王子真征房司马，黄门郎，御史中丞。泰始三年，出为宁朔将军、广州刺史。希初请女夫镇北中兵参军萧惠徽为长史，带南海太守，太宗不许。又请为东莞太宜。希既到镇，长史、南海太守陆法真丧官，希又请惠徽补任。诏曰："希卑门寒士，累世无闻，轻薄多衅，备彰历职。徒以清刻一介，擢授岭南，干上逞欲，求诉不已，可降号横野将军。"

初，李万周、刘嗣祖籍略广州，事在《邓琬传》。太宗以万周为步兵校尉，加宁朔将军，权行广州事。希既至，而万周等并有异图，希诛之。希以沛郡刘思道行晋康太守，领军伐俚。思道违节度，失利，希遣收之。思道不受命，率所领攻州，希遣平越长史邹琰于朝亭拒战，军败见杀。思道进攻州城，司马邹嗣之拒之西门，战败又死。希逾城走，思道获而杀之。府参军邹曼率数十人袭思道，已得入城，力不敌，又败。东莞太守萧惠徽率郡文武千余人攻思道，战败，又见杀。时龙骧将军陈伯绍率军伐俚，还击思道，定之。赠希辅国将军，惠徽中书郎，嗣之越骑校尉。

希子崇，字伯远，尚书主客郎。丁母忧，哀毁过礼。及闻广州乱，即日便徒跣出新亭，不能步涉，顿伏江渚。门义以小船致之，于是进路。父葬毕，不胜哀，卒。

沈昙庆，吴兴武康人，侍中怀文从父兄也。父发，员外散骑侍郎，早卒；吴兴太守王韶之为之诔焉。

昙庆初辟主簿，州从事，西曹主簿，长沙王义欣后军镇军主簿。遭母忧，哀毁致称，本县令诸葛阐之公解言上。服释，复为主簿。义欣又请为镇军记室参军。出为余杭令，迁司徒主簿，江夏王义恭太尉录事参军，尚书右丞。时岁有水旱，昙庆议立常平仓以救民急，太祖纳其言，而事不行。领本邑中正，少府，扬州治中从事史，始兴王浚卫军长史。元凶弑立,世祖入讨,勔遣昙庆还东募人,安东将军随王诞收付永兴县狱,久之,被原。

世祖践阼,除东海王祎抚军长史,入为尚书吏部郎,江夏王义恭大司马长史,南东海太守,左卫将军。大明元年,督徐兖二州及梁郡诸军事、辅国将军、徐州刺史。时殿中员外将军裴景仁助戍彭城,本伧人,多悉戎荒事。昙庆使撰《秦记》十卷,叙苻氏僭伪本末,其书传于世。明年,复征为左卫将军,加给事中,领本州大中正。三年,迁祠部尚书。其年,卒,时年五十七。追赠本官。昙庆谨实清正,所莅有称绩。常谓子弟曰:"吾处世无才能,政图作大老子耳。"世以长者称之。

史臣曰:江南之为国,盛矣。虽南包象浦,西括邛山,至于外奉贡赋,内充府实,止于荆、扬二州。自汉氏以来,民户凋耗,荆楚四战之地,五达之郊,井邑残亡,万不余一也。自元熙十一年司马休之外奔,至于元嘉末,三十有九载,兵车勿用,民不外劳,役宽务简,氓庶繁息,至余粮栖亩,户不夜扃,盖东西之极盛也。既扬部分析,境极江南,考之汉域,惟丹阳会稽而已。自晋氏流迁,迄于太元之世,百许年中,无风尘之警,区域之内,晏如也。及孙恩寇扰,歼亡事极,自此以至大明之季,年逾六纪,民户繁育,将曩时一矣。地广野丰,民勤本业,一岁或稔,则数郡忘饥。会土带海傍湖,良畴亦数十万顷,膏腴上地,亩直一金,鄠、杜之间,不能比也。荆城跨南楚之富,扬部有全吴之沃,鱼盐杞梓之利,充仞八方;丝绵布帛之饶,覆衣天下。而田家作苦,役难利薄,亘岁从务,无或一日非农,而经税横赋之资,养生送死之具,莫不咸出于此。穰岁粜贱,粜贱则稼苦;饥年籴贵,籴贵则商倍。常平之议,行于汉世。元嘉十三年,东土潦浸,民命棘矣。太祖省费减用,开仓廪以振之,病而不凶,盖此力也。大明之末,积旱成灾,虽敝同往困,而救非昔主,所以病未半古,死已倍之。并命比室,口减过半。若常平之计,兴于中年,遂切扶患,或不至此。若笼以平价,则官苦民优,议屈当时,盖由于此。

卷五十五　　列传第十五

臧焘　徐广　傅隆

臧焘,字德仁,东莞莒人,武敬皇后兄也。少好学,善《三礼》,贫约自立,操行为乡里所称。晋孝武帝太元中,卫将军谢安始立国学,徐、兖二州刺史谢玄举焘为助教。

孝武帝追崇庶祖母宣太后,议者或谓宜配食中宗。焘议曰:"《阳秋》之义,母以子贵,故仲子、成风,咸称夫人。《经》云'考仲子之宫'。若配食惠庙,则宫无缘别筑。前汉孝文、孝昭太后,并系子为号,祭于寝园,不配于高祖、孝武之庙。后汉和帝之母曰恭怀皇后,安帝祖母曰敬隐皇后,顺帝之母曰恭愍皇后,虽不系子为号,亦祭于陵寝。不配章、安二帝。此则二汉虽有太后、皇后之异,至于并不配食,义同《阳秋》。唯光武追废吕后,故以薄后配高祖庙。又卫后既废,霍光追尊李夫人为皇后,配孝武庙,此非母以子贵之例,直以高、武二庙无配故耳。夫汉立寝于陵,自是晋制所异。谓宜远准《阳秋》考宫之义,近摹二汉不配之典。尊号既正,则罔极之情申,别建寝庙,则严祢之义显,系子为称,兼明母贵之所由,一举而允三义,固哲王之高致也。"议者从之。

顷之,去官。以母老家贫,与弟熹俱弃人事,躬耕自业,约己养亲者十余载。父母丧亡,居丧六年,以毁瘠著称。服阕,除临沂令。义旗建,为太学博士,参右将军何无忌军事,随府转镇南参军。

高祖镇京口,与焘书曰:"顷学尚废弛,后进颓业,衡门之内,清风辍响。良由戎车屡警,礼乐中息,浮夫恣志,情与事染,岂可不敷崇坟籍,敦厉风尚。此境人士,子侄如林,明发搜访,想闻令轨。然荆玉含宝,要俟开莹,幽兰怀馨,事资扇发,独习寡悟,义著周典。今经师不远,而赴业无闻,非唯志学者鲜,或是劝诱未至邪。想复弘之。"参高祖中军军事,入补尚书度支郎,改掌祠部。袭封高陵亭侯。

时太庙鸱尾灾,焘谓著作郎徐广曰:"昔孔子在齐,闻鲁庙灾,曰必桓、僖也。今征西、京兆四府君,宜在毁落,而犹列庙飨,此其征乎?"乃上议曰:"臣闻国之大事,在祀与戎,将营宫室,宗庙为首。古先哲王,莫不致肃恭之诚心,尽崇严乎祖考,然后能流淳化于四海,通幽感于神明。固宜详废兴于古典,循情礼以求中者也。礼,天子七庙,三昭三穆,与太祖而七。自考庙以至祖考五庙,皆月祭之,远庙为祧,有二祧,享尝乃止。去祧为坛,去坛为墠,有祷然后祭之。此宗庙之次,亲疏之序也。郑玄以为祧者文王、武王之庙,王肃以为五世六世之祖。寻去祧之言,则祧非文、武之庙矣。文、武周之祖宗,何云去祧为坛乎?明远庙为祧者,无服之祖也。又远庙则有享尝之礼,去祧则有坛墠之殊,明世远者,其义弥疏也。若祧是文、武之庙,宜同月祭于太祖,虽推后稷以配天,由功德之所始,非尊崇之义每有差降也。又礼有以多贵者,故传称德厚者流光,德薄者流卑。又云自上以下,降杀以两,礼也。此则尊卑等级之典,上下殊异之文。而云天子诸侯俱祭五庙,何哉?又王祭嫡殇,下及来孙,而上祀之礼,不过高祖。推隆恩于下流,替诚敬于尊属,亦非圣人制礼之意也。是以秦始建庙,从王氏议,以礼父为士,子为天子诸侯,祭以天子诸侯,其尸服以士服。故上及征西,以备六世之数,宣皇虽为太祖,尚在子孙之位,至于殷祭之日,未申东向之礼,所谓子虽齐圣,不先父食者矣。今京兆以上既迁,太祖始得居正,议者以昭穆未足,欲屈太祖于卑坐,臣以为非礼典之旨。所与太祖而七,自是昭穆既足,太祖在六世之外,非为须满七庙,乃得居太祖也。议者又以四府君神主宜永同于殷袷,臣又以为不然。传所谓毁庙之主,陈乎太祖,谓太祖以下先君之主也。故《白虎通》云'禘祫祭迁庙者，以其继君之体，持其统而不绝也。'岂如四府君在太祖之前乎。非继统之主，无灵命之瑞，非王业之基，昔以世近而及，今则情礼已远，而当长飨殷祫，永虚太祖之位，求之礼籍，未见其可。昔永和之初，大议斯礼，于时虞喜、范宣并以渊儒硕学，咸谓四府君神主，无缘永存于百世。或欲瘗之两阶，或欲藏之石室，或欲为之改筑，虽所秉小异，而大归是同。若宣皇既居群庙之上，而四主禘祫不已，则大晋殷祭，长无太祖之位矣。大理贵有中，不必过厚；礼与世迁，岂可顺而不断！故臣子之情虽笃，而灵厉之谥弥彰；追远之怀虽切，而迁毁之礼为用。岂不有心于加厚，顾礼制不可逾尔。石室则藏于庙北，改筑则未知所处，虞主所以依神，神移则有瘗埋之礼。四主若飨祀宜废，亦神之所不依也，准傍事例，宜同虞主之瘗埋。然经典难详，群言纷错，非臣卑浅所能折中。"时学者多从焘议，竟未施行。

迁通直郎，高祖镇军、车骑、中军、太尉咨议参军。高祖北伐关、洛，大司马琅邪王同行，除大司马从事中郎，总留府事。义熙十四年，除侍中。元熙元年，以脚疾去职。高祖受命，征拜太常，虽外戚贵显，而弥自冲约，茅屋疏餐，不改其旧。所得奉禄，与亲戚共之。永初三年，致仕，拜光禄大夫，加金章紫绶。其年卒，时年七十。少帝追赠左光禄大夫，加散骑常侍。

长子遂，护军司马，宜都太守。少子绰，太子中舍人，新安太守。遂长子湛之，尚书都官郎，乌程令。湛之弟凝之，学涉有当世才具，与司空徐湛之为异常之交。年少时与北地傅僧祐俱以通家子始为太祖所引见，时上与何尚之论铸钱事，凝之便干其语，上因回与论之。僧祐引凝之衣令止，凝之大言谓僧祐曰："明主难再遇，便应正尽所怀。"上与往复十余反，凝之词韵铨序，兼有理证，上甚赏焉。历随王诞后军记室录事，欲以为青州，其事不果。迁尚书右丞，以徐湛之党，为元凶所杀。子赟，尚书主客郎，沈攸之征西功曹，为攸之尽节，事在《攸之传》。凝之弟潭之，亦有美誉。太宗世，历尚书吏部郎，御史中丞。后废帝元徽中，为左民尚书，卒官。潭之弟澄之，太子左积弩将军。元嘉二十七年，领军于盱眙，为索虏所破，见杀，追赠通直郎。绰子焕，顺帝升明中，为武昌太守。沈攸之攻郢城，焕弃郡赴之；攸之败，伏诛。

傅僧祐，祖父弘仁，高祖外弟也。以中表历显官，征虏将军、南谯太守、太常卿。子邵，员外散骑侍郎，妻煮女也，生僧祐，有吏才，再为山阴令，甚有能名，末世令长莫及。亦以徐湛之党，为元凶所杀。

徐广，字野民，东莞姑幕人也。父藻，都水使者。兄邈，太子前卫率。家世好学，至广尤精，百家数术，无不研览。谢玄为州，辟广从事西曹。又谯王司马恬镇北参军。晋孝武帝以广博学，除为秘书郎，校书秘阁，增置职僚。转员外散骑侍郎，领校书如故。隆安中，尚书令王珣举为祠部郎。

李太后薨，广议服曰："太皇太后名位允正，体同皇极，理制备尽，情礼弥申。《阳秋》之义，母以子贵。既

称夫人，礼服从正，故成风显夫人之号，文公服三年之丧。子于父之所生，体尊义重。且礼祖不厌孙，固宜遂服无屈。而缘情立制，若嫌明文不存，则疑斯从重。谓应同于为祖母后，齐衰三年。"服从其议。

时会稽王世子元显录尚书，欲使百僚致敬，台内使广立议，由是内外并执下官礼，广常为愧恨焉。元显引为中军参军，迁领军长史。桓玄辅政，以为大将军文学祭酒。

义熙初，高祖使撰车服仪注，乃除镇军咨议参军，领记室。封乐成县五等侯。转员外散骑常侍，领著作郎。二年，尚书奏曰："臣闻左史述言，右官书事，《乘》、《志》显于晋、郑，《阳秋》著乎鲁史。自皇代有造，中兴晋祀，道风帝典，焕乎史策。而太和以降，世历三朝，玄风圣迹，倏为畴古。臣等参详，宜敕著作郎徐广撰成国史。"诏曰："先朝至德光被，未著方策，宜流风缅代，永贻将来者也。便敕撰集。"

六年，迁散骑常侍，又领徐州大中正，转正员常侍。时有风雹为灾，广献书高祖曰："风雹变未必为灾，古之圣贤辄惧而修己，所以兴政化而隆德教也。尝忝服事，宿眷未忘，思竭尘露，率诚于习。明公初建义旗，匡复宗社，神武应运，信宿平夷。且恭俭谦约，虚心匪懈，来苏之化，功用若神。顷事故既多，刑德并用，战功殷积，报叙难尽，万机繁凑，固应难速，且小细烦密，群下多惧。又谷帛丰贱，而民情不勌；禁司互设，而劫盗多有，诚由俗弊未易整，而望深未易炳。追思义熙之始，如有不同，何者？好安愿逸，万物之大趣，习旧骇新，凡识所不免。要当俯顺群情，抑扬随俗，则朝野欢泰，具瞻允泰矣。言无可采，愿矜其愚款之志。"又转大司农，领著作郎皆如故。十二年，《晋纪》成，凡四十六卷，表上之。迁秘书监。

初，桓玄篡位，安帝出宫，广陪列悲恸，哀动左右。及高祖受禅，恭帝逊位，广又哀感，涕泗交流。谢晦见之，谓之曰："徐公将无小过？"广收泪答曰："身与君不同。君佐命兴王，逢千载嘉运；身世荷晋德，实眷恋故主。"因更歔欷。

永初元年，诏曰："秘书监徐广，学优行谨，历位恭肃，可中散大夫。"广上表曰："臣年时衰耄，朝敬永阙，端居都邑，徒增替怠。臣坟墓在晋陵，臣又生长京口，恋旧怀远，每感著心。息道玄谬荷朝恩，忝宰此邑，乞相随之官，归终桑梓。微志获申，殒没无恨。"许之，赠赐甚厚。性好读书，老犹不倦。元嘉二年，卒，时年七十四。《答礼问》百余条，用于今世。广兄子豁，在《良吏传》。

傅隆，字伯祚，北地灵州人也。高祖咸，晋司隶校尉。曾祖晞，司徒属。父祖早亡。隆少孤，又无近属，单贫有学行，不好交游。义熙初，年四十，始为孟昶建威将军，员外散骑侍郎。坐辞兼，免。复为会稽征虏参军。家在上虞，及东归，便有终焉之志。历佐三郡，首尾八年。除给事中。尚书仆射、丹阳尹徐羡之置建威府，以为录事参军，寻转尚书祠部郎、丹阳丞，入为尚书左丞。以族弟亮为仆射，緦服不得相临，徙太子率更令，庐陵王义真车骑咨议参军，出补山阴令。太祖元嘉初，除司徒右长史，迁御史

中丞。当官而行，甚得司直之体。转司徒左长史。

时会稽剡县民黄初妻赵打息载妻王死亡，遇赦，王有父母及息男称、息女叶，依法徙赵二千里外。隆议之曰："原夫礼律之兴，盖本之自然，求之情理，非从天堕，非从地出也。父子至亲，分形同气，称之于载，即载之于赵，虽云三世，为体犹一，未有能分之者也。称既创巨痛深，固无仇祖之义。若称可以杀赵，赵当何以处载？将父子孙祖，互相残戮，俱非先王明罚，咎繇立法之本旨也。向使石厚之子、日䃅之孙，砥锋挺锷，不与二祖同戴天日，则石碏、秺侯何得流名百代，以为美谈者哉！旧令云，'杀人父母，徙之二千里外'。不施父子孙祖明矣。赵当避王期功千里外耳。令亦云，'凡流徙者，同籍亲近欲相随者，听之'。此又大通情体，因亲以教爱者也。赵既流移，载为人子，何得不从；载从而称不行，岂名教所许？如此，称、赵竟不可分。赵虽内愧终身，称当沈痛没齿，孙祖之义，自不得永绝，事理固然也。"从之。

又出为义兴太守，在郡有能名。征拜左民尚书，坐正直受节假，对人未至，委出，白衣领职。寻转太常。十四年，太祖以新撰《礼论》付隆使下意，隆上表曰："臣以下愚，不涉师训，孤陋闾阎，面墙靡识，谬蒙询逮，愧惧流汗。原夫礼者，三千之本，人伦之至道。故用之家国，君臣以之尊，父子以之亲；用之婚冠，少长以之仁爱，夫妻以之义顺；用之乡人，友朋以之三益，宾主以之敬让。所谓极乎天，播乎地，穷高远，测深厚，莫尚乎礼也。其乐之五声，《易》之八象，《诗》之《风雅》，《书》之《典诰》，《春秋》之微婉劝惩，无不本乎礼而后立也。其源远，其流广，其体大，其义精，非夫睿哲大贤，孰能明乎此哉！况遭暴秦焚亡，百不存一。汉兴，始征召故老，搜集残文，其体例纰缪，首尾脱落，难可详论。幸高堂生颇识旧义，诸儒各为章句之说，既明不独达，所见不同，或师资相传，共枝别干。故闻人、二戴，俱事后苍，俄已分异；卢植、郑玄，偕学马融，人各名象。又后之学者，未逮曩时，而问难星繁，充斥列两，摛文列锦，焕烂可观。然而五服之本或差，哀敬之制舛杂，国典未一于四海，家法参驳于缙绅，诚宜考详远虑，以定皇代之盛礼者也。伏惟陛下钦明玄圣，同规唐、虞，畴咨四岳，兴言《三礼》，而伯夷未登，微臣窃位，所以大惧负乘，形神交恶者，无忘夙夜矣。而复猥充搏采之数，与闻爰发之求，实无以仰酬圣旨万分之一。不敢废默，谨率管穴所见五十二事上呈。蛮鄙茫浪，伏用竦报。"

明年，致仕，拜光禄大夫。归老在家，手不释卷，博学多通，特精《三礼》。谨于奉公，常手抄书籍。二十八年，卒，时年八十三。

史臣曰：选贤于野，则治身业弘；求士子朝，则饰智风起。《六经》奥远，方轨之正路；百家浅末，捷至之偏道。汉世登士，闾党为先，崇本务学，不尚浮诡，然后可以俯拾青组，顾蔑簪金。于是人厉从师之志，家竞专门之术，艺重当时，所居一旦成市，黉舍暂启，著录或至万人。是故仕以学成，身由义立。自魏氏膺命，主爱雕虫，家弃章句，人重异术。又选贤进士，不本乡闾，铨衡之寄，任归台阁。以一人之耳目，究山川之险情，贤否臆断，万不值一。由是仕凭借誉，学非为己，崇诡遇之巧速，鄙稅驾之迟难，士自此委箪植《经》，各从所务，早往晏退，以取世资。庠序黉校之士，传经聚徒之业，自黄初至于晋末，百余年中，儒教尽矣。高祖受命，议创国学，宫车早晏，道未及行。迄于元嘉，甫获克就，雅风盛烈，未及曩时，而济济焉，颇有前王之遗典。天子鸾旗警跸，清道而临学馆，储后冕旒黼藻，北面而礼先师，后生所不尝闻，黄发未之前睹，亦一代之盛也。臧焘、徐广、傅隆、裴松之、何承天、雷次宗，并服膺圣哲，不为雅俗推移，立名于世，宜矣。颍川庾蔚之、雁门周野王、汝南周王子、河内向琰、会稽贺道养，皆托志经书，见称于后学。蔚之略解《礼记》，并注贺循《丧服》，行于世云。

卷五十六　　　列传第十六

谢瞻　孔琳之

谢瞻，字宣远，一名檐，字通远，陈郡阳夏人，卫将军晦第三兄也。年六岁，能属文，为《紫石英赞》、《果然诗》，当时才士，莫不叹异。初为桓伟安西参军，楚台秘书郎。瞻幼孤，叔母刘抚养有恩纪，兄弟事之，同于至亲。刘弟柳为吴郡，将姊俱行，瞻不能违，解职随从，为柳建威长史。寻为高祖镇军、琅邪王大司马参军，转主簿，安成相，中书侍郎，宋国中书、黄门侍郎，相国从事中郎。

弟晦时为宋台右卫，权遇已重，于彭城还都迎家，宾客辐辏，门巷填咽。时瞻在家，惊骇谓晦曰："汝名位未多，而人归趣乃尔。吾家以素退为业，不愿干预时事，交游不过亲朋，而汝遂势倾朝野，此岂门户之福邪？"乃篱隔门庭，曰："吾不忍见此。"及还彭城，言于高祖曰："臣本素士，父、祖位不过二千石。弟年始三十，志用凡近，荣冠台府，位任显密，福过灾生，其应无远。特乞降黜，以保衰门。"前后屡陈。高祖以瞻为吴兴郡，又自陈请，乃为豫章太守。晦或以朝廷密事语瞻，瞻辄向亲旧陈说，以为笑戏，以绝其言。晦遂建佐命之功，任寄隆重，瞻愈忧惧。

永初二年，在郡遇疾，不肯自治，幸而不永。晦闻疾奔往，瞻见之，曰："汝为国大臣，又总戎重，万里远出，必生疑谤。"时果有诉告晦反者。瞻疾笃还都，高祖以晦禁旅，不得出宿，使瞻居于晋南郡公主婿羊贲故第，在领军府东门。瞻曰："吾有先人弊庐，何为于此！"临终，遗晦书曰："吾得启体幸全，归骨山足，亦何所多恨。弟思自勉厉，为国为家。"遂卒，时年三十五。

瞻善于文章，辞采之美，与族叔混、族弟灵运相抗。灵运父瑛，无才能。为秘书郎，早年而亡。灵运好臧否人物，混患之，欲加裁折，未有方也。谓瞻曰："非汝莫能。"

乃与晦、曜、弘微等共游戏,使瞻与灵运共车;灵运登车,便商较人物,瞻谓之曰:"秘书早亡,谈者亦互有同异。"灵运默然,言论自此衰止。

弟曜,字宣镜,幼有殊行。年数岁,所生母郭氏,久婴痼疾,晨昏温清,尝药捧膳,勤不阙一时,勤容戚颜,未尝暂改。恐仆役营疾懈倦,躬自执劳。母为病畏惊,微践过甚,一家尊卑,感曜至性,咸纳屦而行,屏气而语,如此者十余年。初为州主簿,中军行参军,太子舍人,俄迁秘书丞。自以兄居权贵,己蒙超擢,固辞不就。徐羡之请为司空长史,黄门郎。元嘉三年,从坐伏诛,时年三十一。有诏宥其子世平,又早卒,无后。

孔琳之,字彦琳,会稽人。祖沈,晋丞相掾。父廞,光禄大夫。琳之强正有志力,好文义,解音律,能弹棋,妙善草隶。郡命主簿,不就,后辟本国常侍。桓玄辅政为太尉,以为西阁祭酒。桓玄时议欲废钱用谷帛,琳之议曰:"《洪范》八政,以货次食,岂不以交易之所资,为用之至要者乎?若使不以交易,百姓用力于为钱,则是妨其为生之业,禁之可也。今农自务谷,工自务器,四民各肆其业,何尝致勤于钱。故圣王制无用之货,以通有用之财,既无毁败之费,又省运置之苦,此钱所以嗣功龟贝,历代不废者也。谷帛为宝,本充衣食,今分以为货,则致损甚多。又劳毁于商贩之手,耗弃于割截之用,此之为敝,著于自囊。故钟繇曰:'巧伪之民,竞蕴湿谷以要利,制薄绢以充资。'魏世制以严刑,弗能禁也。是以司马芝以为用钱非徒丰国,亦所以省刑。钱之不用,由于兵乱积久,自至于废,有由而然,汉末是也。今既用而废之,则百姓顿亡其财。今括囊天下之谷,以周天下之食,或仓庾充衍,或粮糜斗储,以相资通,则贫者仰富,致之之道,实假于钱。一朝断之,便为弃物,是有钱无粮之民,皆坐此饥困,此断钱之立敝也。且据今用钱之处不为贫,用谷之处不为富。又民习来久,革之必惑。语曰:'利不百,不易业。'况又钱便于谷邪?魏明帝时,钱废谷用,三十年矣。以不便于民,乃举朝大议。精才达治之士,莫不以为宜复用钱,民无异情,朝无异论。彼尚舍谷帛而用钱,足以明谷帛之弊,著于已试。世或谓魏氏不用钱久,积累巨万,故欲行之,利公富国。斯殆不然。昔晋文后舅犯之谋,而先成季之信,以为虽有一时之勋,不如万世之益。于时名贤在列,君子盈朝,大谋天下之利害,将定经国之要术。若谷实便钱,义不昧当时之近利,而废永世之通业,断可知矣。斯实由困而思革,改而更张耳。近孝武之末,天下无事,时和年丰,百姓乐业,便自谷帛殷阜,几乎家给人足,验之事实,钱又不妨民也。顷兵革屡兴,荒馑荐及,饥寒未振,实此之由。公既援而拯之,大革视听,弘敦本之教,明广农之科,敬授民时,各顺其业,游荡知反,务末自休,固以南亩竞力,野无遗壤矣。于是以往,升平必至,何衣食之足恤。愚谓救弊之术,无取于废钱。"

玄又议复肉刑,琳之以为:"唐、虞象刑,夏禹立辟,盖淳薄既异,致化实同,宽猛相济,惟变所适。《书》曰'刑罚世轻世重',言随时也。夫三代风纯而事简,故罕蹈刑辟;季末俗巧而务殷,故动陷宪网。若三千行于叔世,必有踊贵之尤,此五帝不相循法,肉刑不可悉复者也。汉文发仁恻之意,伤自新之路莫由,革古创制,号称刑厝,然名轻而实重,反更伤民。故孝景嗣位,轻之以缓。缓而民慢,又不禁邪,期于刑罚之中,所以见美在昔,历代详论而未获厥中者也。兵荒后,罹法更多。弃市之刑,本斩右趾,汉文一谬,承而弗革,所以前贤恨恨,议之而未辩。钟繇、陈群之意,虽小有不同,而欲右趾代弃市。若从其言,则所活者众矣。降死之生,诚为轻法,然人情慎显而轻昧,忽远而惊近,是以盘盂有铭,韦弦作佩,况在小人,尤其所惑,或目所不睹,则忽而不戒,日陈于前,则惊心骇瞩。由此言之,重之不必有伤,轻之不必不惧,而可以全其性命,蕃其产育,仁既济简,功亦益众。又今之所患,逋逃为先,屡叛不革,逃身靡所,亦以肃戒未犯,永绝恶原。至于余条,宜依旧制。岂曰允中,贵献管穴。"

玄好人附悦,而琳之不能顺旨,是以不见知。迁楚台员外散骑侍郎。遭母忧,去职。服阕,除司徒左西掾,以父致仕自解。时司马休之为会稽内史、后将军,仍以琳之为长史。父忧,去官。服阕,补太尉主簿,尚书左丞,扬州治中从事史,所居著绩。

时责众官献便宜,议者以为宜修庠序,恤典刑,审官方,明黜陟,举逸拔才,务农课调。琳之于众议之外,别建言曰:"夫玺印者,所以辩章官爵,立契符信。官莫大于皇帝,爵莫尊于公侯。而传国之玺,历代迭用,袭封之印,奕世相传,贵在仍旧,无取改作。今世唯尉一职,独用一印,至于内外群官,每迁悉改,讨寻其义,私所未达。若谓官各异姓,与传袭不同,则未若异代之为殊也。若论其名器,虽有公卿之贵,不若帝王之重;若以或有诛夷之臣,忌其凶秽,则汉用秦玺;延祚四百,未闻以子婴身戮国亡,而弃之不佩。帝王公侯之尊,不疑于传玺,人臣众僚之卑,何嫌于即印。载籍未闻其说,推例自乖其准。而终年刻铸,丧功肖实,金银铜炭之费,不可称言,非所以因循旧贯易简之道。愚谓众官即用一印,无烦改作。若有新置官,又官多少印,文或零失,然后乃铸,则仰裨天府,非唯小益。"

又曰:"凶门柏装,不出礼典,起自末代,积习生常,遂成旧俗。爰自天子,达于庶人,诚行之有由,卒革必骇。然苟无关于情,而有愆礼度,存之未有所明,去之未有所失,固当式遵先典,厘革后谬,况复兼以游费,实为民患者乎!凡人士丧仪,多出闾里,每有此须,动十数万,损民财力,而义无所取。至于寒庶,则人思自竭,虽复室如悬磬,莫不倾产殚财,所谓葬之以礼,其若此乎!谓宜谨遵先典,一罢凶门之式,表以素扇,足以示凶。"

又曰:"昔事故饥荒,米谷绵绢皆贵,其后米价登复,而绢于今一倍。绵绢既贵,蚕业者滋,虽勤厉兼倍,而贵犹不息。愚谓致此,良有其由。昔事故之前,军器正用铠而已,至于袍袄裲裆,必俟战阵,实在库藏,永无损毁。今仪从直卫及邀罗使命,或有防卫送迎,悉用袍袄之属,非唯一府,众军皆然。绵帛易败,势不支久。又昼以御寒,夜以寝卧,曾未周年,便自败裂。每丝绵新登,易折租以市,又诸府竞收,动有千万,积贵不已,实由于斯,私服为之艰贵,官库为之空尽。愚谓若侍卫所须,固不可废,其余则依旧用铠。小小使命送迎之属,止宜给仗,不烦铠袄。用之既简,则其价自降"

又曰:"夫不耻恶食,唯君子能之。肴馔尚奢,为日久矣。今虽改张是弘,而此风未革。所甘不过一味,而陈必方丈,适口之外,皆为悦目之费,富者以之示夸,贫者为之殚产,众所同鄙,而莫能独异。愚谓宜粗为其品,使奢俭有中;若有不改,加以贬黜,则德俭之化,不日而流。"

迁尚书吏部郎。义熙六年,高祖领平西将军,以为长史,大司马琅邪王从事中郎。又除高祖平北、征西长史,迁侍中。宋台初建,除宋国侍中。出为吴兴太守,公事免。

永初二年,为御史中丞。明宪直法,无所屈桡。奏劾尚书令徐羡之曰:"臣闻事上以奉宪为恭,临下以威严为整。然后朝典惟明,莅众必肃。斯道或替,则宪纲其颓。臣以今月七日,预皇太子正会。会毕车去,并猥臣停门待阙。有何人乘马,当臣车前,收执驱遣命去。何人骂詈收捕,咨审欲诉。每有公事,臣常虑有纷纭,语令勿问,而何人独骂不止,臣乃使录。何人不肯下马,连叫大唤,有两威仪走来,击臣收捕。尚书令省事倪宗又牵威仪手力,击臣下人。宗云:'中丞何得行凶,敢录令公人。凡是中丞收捕,威仪悉皆缚取。'臣敕下人一不得斗,凶势辄张,有顷乃散。又有群人就臣车侧,录收捕樊马子,互行筑马子顿伏,不能还台。臣自录非,本无对校,而宗敢乘势凶恣,篡夺罪身。尚书令臣羡之,与臣列车,纷纭若此,或云羡之不禁,或云羡之禁而不止。纵而不禁,既乖国宪;禁而不止,又不经通。陵犯监司,凶声彰赫,容纵宗等,曾无纠问,亏损国威,无大臣之体,不有准绳,风裁何寄。羡之内居朝右,外司辇毂,位任隆重,百辟所瞻。而不能弘惜朝章,肃是风轨。致使宇下纵肆,凌暴宪司,凶赫之声,起自京邑,所谓己有短垣,而自逾之。又宗为篡夺之主,纵不纠问,二三亏违,宜有裁贬。请免羡之所居官,以公还第。宗等篡夺之愆,已属掌故御史随事检处。"诏曰:"小人难可检御,司空无所问,余如奏。"羡之任居朝端,不欲以犯宪示物。时羡之领扬州刺史,琳之弟璩之为治中,羡之使璩之解释琳之,停寝其事。琳之不许。璩之固陈,琳之谓曰:"我触忤宰相,正当罪止一身尔,汝必不应从坐,何须勤勤邪!"自是百僚震肃莫敢犯禁。高祖甚嘉之,行经兰台,亲加临幸。又领本州大中正,迁祠部尚书。不治产业,家尤贫素。景平元年,卒,时年五十五。追赠太常。

子邈,有父风,官至扬州治中从事史。邈子凯,别有传。凯弟道存,世祖大明中,历黄门吏部郎、临海王子顼前军长史、南郡太守。晋安王子勋建伪号,为侍中,行雍州事。事败自杀。

史臣曰:民生所贵,曰食与货。货以通币,食为民天。是以九稷播于农皇,十朋兴于上代。昔醇民未离,情嗜疏寡,奉生赡己,事有易周。一夫躬稼,则余食委室;匹妇务织,则兼衣被体。虽懋迁之道,通用济乏,龟贝之益,为功盖轻。而事有讹变,奸敝代起,昏作役苦,故稼人去而从商,商子事逸,末业流而浸广,泉货所通,非复始造之意。于是竞收罕至之珍,远蓄未名之货,明珠翠羽,无足而驰,丝罽文犀,飞不待翼,天下荡荡,咸以弃本为事。丰衍则同多稔之资,饥凶又减田家之蓄。钱虽盈尺,既不疗饥于尧年;贝或如轮,信无救渴于汤世,其蠹病亦已深矣。固宜一罢钱货,专用谷帛,使民知役生之路,非此莫由。夫千匹为货,事难于怀璧;万斛为市,未易于越乡,斯可使末伎自禁,游食知反。而年世推移,民与事习,或库盈朽贯,而高廪未充,或家有藏镪,而良畴罕辟。若事改一朝,废而莫用,交易所寄,旦夕无待,虽致乎要术,而非可卒行。先宜削华止伪,还淳反古,抵璧幽峰,捐珠清壑。然后驱一世之民,反耕桑之路,使缣粟羡溢,同于水火。既而荡涤圆法,销铸勿遗,立制垂统,永传于后,比屋称仁,岂伊唐世。桓玄知其始而不觉其终,孔琳之睹其末而不统其本,岂虑有开塞,将一往之谈可然乎。

卷五十七　　　列传第十七

蔡廓　子兴宗

蔡廓,字子度,济阳考城人也。曾祖谟,晋司徒。祖系,抚军长史。父绲,司徒左西属。廓博涉群书,言行以礼。起家著作佐郎,时桓玄辅晋,议复肉刑,廓上议曰:"夫建封立法,弘治稽化,必随时置制,德刑兼施。贞一以闲其邪,教禁以检其慢,洒湛露以膏润,厉严霜以肃威,晞风者陶和而安恬,畏戾者闻宪而警虑。虽复质文选用,而斯道莫革。肉刑之设,肇自哲王。盖由曩世风淳,民多惇谨,图像既陈,则机心冥戢,刑人在涂,则不逞改操,故能胜残去杀,化隆无为。季末浇伪,法网弥密,利巧之怀日滋,耻恶之情转寡,终身剧役,不足止其奸,况乎黥劓,岂能反其善! 徒有酸惨之声,而无济治之益。至于弃市之条,实非不赦之罪,事非手杀,考律同归,轻重均科,减降路塞,钟、陈以抗言,元皇所为留愍。今英辅翼赞,道邈伊、周,虽闭否之运甫开,而遐遗之难未已。诚宜明慎用刑,爱民弘育,申哀矜以革滥,移大辟于支体,全性命之至重,恢繁息于将来。使将断之骨,荷更荣于三阳,干时之华,监商飙而知惧。威惠俱宣,感畏借设,全生拯暴,于是乎在。"

迁司徒主簿,尚书度支殿中郎,通直郎,高祖太尉参军,司徒属,中书、黄门郎。以方鲠闲素,为高祖所知。及高祖领兖州,廓为别驾从事史,委以州任。寻除中军咨议参军,太尉从事中郎。未拜,遭母忧。性至孝,三年不栉沐,殆不胜丧。服阕,相国府复板为从事中郎,领记室。宋台建,为侍中,建议以为:"鞫狱不宜令子孙下辞明言父祖之罪,亏教伤情,莫此为大。自今但令家人与囚相见,无乞鞫之诉,使足以明伏罪,不须责家人下辞。"朝议咸以为允，从之。

世子左卫率谢灵运辄杀人，御史中丞王准之坐不纠免官，高祖以廓刚直，不容邪枉，补御史中丞。多所纠奏，百僚震肃。时中书令傅亮任寄隆重，学冠当时，朝廷仪典，皆取定于亮，每咨廓然后施行。亮意若有不同，廓终不为屈。时疑扬州刺史庐陵王义真朝堂班次，亮与廓书曰："扬州自应著刺史服耳。然谓坐起班次，应在朝堂诸官上，不应依官次坐下。足下试更寻之。《诗序》云'王姬下嫁于诸侯，衣服礼秩，不系其夫，下王后一等。'推王姬下王后一等，则皇子居然在王公之上。陆士衡《起居注》，式乾殿集，诸皇子悉在三司上。今抄疏如别。又海西即位赦文，太宰武陵王第一，抚军将军会稽王第二，大司马第三。大司马位既最高，又都督中外，而次在二王之下，岂非下皇子邪？此文今具在也。永和中，蔡公为司徒，司马简文为抚军开府，对录朝政。蔡为正司，不应反在仪同之下，而于时位次，相王在前，蔡公次之耳。诸例甚多，不能复具疏。扬州反乃居卿君之下，恐此失礼，宜改之邪？"廓答曰："扬州位居卿君之下，常亦惟疑。然朝廷以位相次，不以本封，复无明文云皇子加殊礼。齐献王为骠骑，孙秀来降，武帝欲优异之，以秀为骠骑，转齐王为镇军，在骠骑上。若如足下言，皇子便在公右，则齐王本次自尊，何改镇军，令在骠骑上，明知故依位为次也。又齐王为司空，贾充为太尉，俱录尚书署事，常在充后。潘正叔奏《公羊》事，于时三录，梁王肜为卫将军，署在太尉陇西王泰、司徒王玄冲下。近太元初，驾新宫成，司马太傅为中军，而以齐王柔之为贺首。立安帝为太子，上礼，徐邈为郎，位次亦以太傅在诸王下；又谒李太后，宗正尚书符令以高密王为首，时王东亭为仆射。王、徐皆是近世识古今者。足下引式乾公王，吾谓未可为据。其云上出式乾，召侍中彭城王植、荀组、潘岳、嵇绍、杜斌，然后道足下所疏四王，在三司之上，反在黄门郎下，有何义？且四王之下则云大将军梁王肜、车骑赵王伦，然后云司徒王戎耳。梁、赵二王亦是皇子，属尊位齐，在豫章王常侍之下，又复不通。盖书家指疏时事，不必存其班次；式乾亦是私宴，异于朝堂。如今含章西堂，足下在仆射上，侍中在尚书下耳。来示又云曾祖与简文对录，位在简文下。吾家故事则不然，今写如别。王姬身无爵位，故可得不从夫而以王女为尊。皇子出任则有位，有位则依朝，复示之班序。唯引泰和赦文，差可为言。然赦文前后，亦参差不同。太宰上公，自应在大司马前耳。简文虽抚军，时已授丞相殊礼，又中外都督，故以本任为班，不以督中外便在公右也。今护军总方伯，而位次故在持节都督下，足下复思之。"

迁司徒左长史，出为豫章太守，征为吏部尚书。廓因北地傅隆问亮："选事若悉以见付，不论；不然，不能拜也。"亮以语录尚书徐羡之，羡之曰："黄门郎以下，悉以委蔡，吾徒不复厝怀；自此以上，故宜共参同异。"廓曰："我不能为徐干木署纸尾也。"遂不拜。干木，羡之小字也。选案黄纸，录尚书与吏部尚书连名，故廓云："署纸尾"也。羡之以廓正直，不欲使居权要。徙为祠部尚书。

太祖入奉大统，尚书令傅亮率百僚奉迎，廓亦俱行。至寻阳，遇疾，不堪前。亮将进路，诣廓别，廓谓曰："营阳在吴，宜厚加供奉。营阳不幸，卿诸人有弑主之名，欲立于世，将可得邪！"亮已与羡之议害少帝，乃驰信止之，信至，已不及。羡之大怒曰："与人共计议，云何裁转背，便卖恶于人。"及太祖即位，谢晦将之荆州，与廓别，屏人问曰："吾其免乎？"廓曰："卿受先帝顾命，任以社稷，废昏立明，义无不可。但杀人二昆，而以之北面，挟震主之威，据上流之重，以古推今，自免为难也。"

廓年位并轻，而为时流所推重，每至岁时，皆束带到门。奉兄轨如父，家事小大，皆咨而后行；公禄赏赐，一皆入轨，有所资须，悉ည典者请焉。从高祖在彭城，妻郗氏书求夏服，廓答书曰："知须夏服，计给事自应相供，无容别寄。"时轨为给事中。元嘉二年，廓卒，时年四十七。高祖尝云："羊徽、蔡廓，可平世三公。"少子兴宗。

兴宗年十岁失父，哀毁有异凡童。廓罢豫章郡还，起二宅。先成东宅，与轨；廓亡而馆宇未立，轨罢长沙郡还，送钱五十万以补宅直。兴宗年十岁，白母曰："一家由来丰俭必共，今日宅价不宜受也。"母悦而从焉。轨有愧色，谓其子淡曰："我年六十，行事不及十岁小儿。"寻丧母。

少好学，以业尚素立见称。初为彭城王义康司徒行参军，太子舍人，南平穆王冠军参军，武昌太守。又为太子洗马，义阳王友，中书侍郎。中书令建平王宏、侍中王僧绰并与兴宗友善。元凶弑立，僧绰被诛，凶威方盛，亲故莫敢往，兴宗独临哭尽哀。出为司空何尚之长史。又迁太子中庶子。

世祖践阼，还先职，迁临海太守，征为黄门郎，太子中庶子，转游击将军，俄迁尚书吏部郎。时尚书何偃疾患，上谓兴宗曰："卿详练清浊，今以选事相付，便可开门当之，无所让也。"转司徒左长史，复为中庶子，领前军将军，迁侍中。每正言得失，无所顾惮，由是失旨。竟陵王诞据广陵城为逆，事平，兴宗奉旨慰劳。州别驾范义与兴宗素善，在城内同诛。兴宗至广陵，躬自收敛，致丧还豫章旧墓。上闻之，甚不悦。庐陵内史周朗以正言得罪，锁付宁州，亲戚故人，无敢瞻送；兴宗在直，请急，诣朗别。上知尤怒。坐属疾多日，白衣领职。寻左迁司空沈庆之长史，行兖州事，还为廷尉卿。

有解士先者，告申坦昔与丞相义宣同谋。时坦已死，子令孙时作山阳郡。自系廷尉。兴宗议曰："若坦昔为戎首，身今尚存，累经肆眚，犹应蒙宥。令孙天属，理相为隐。况人亡事远，追相诬评，断以礼律，义不合关。若士先审知逆谋，当时即应闻启，苞藏积年，发因私怨，况称风声路传，实无定主，而干黩欺罔，罪合极法。"又有讼民严道恩等二十二人，事未洗正，敕以当讯，权系尚方。兴宗以讼民本在求理，故不加械，即若系尚方，于事为苦。又司徒前劝送武康令谢沈及郡县尉还职罪十一人，坐仲良铸钱不禽，久已判结。又送郡主簿丘元敬等九人，或下疾假，或去职已久。又加执启，事悉见从。

出为东阳太守，迁安陆王子绥后军长史、江夏内史，行郢州事。征还，未拜，留为左民尚书。顷之，转掌吏部。时上方盛淫宴，虐侮群臣，自江夏王义恭以下，咸加秽辱，唯兴宗以方直见惮,不被侵媟。尚书仆射颜师伯谓议曹郎王耽之曰:"蔡尚书常免昵戏,去人实远。"耽之曰:"蔡豫章昔在相府,亦以方严不狎,武帝宴私之日,未尝相召,每至官赌,常在胜朋。蔡尚书今日可谓能负荷矣。"

大明末,前废帝即位,兴宗告太宰江夏王义恭,应须策文。义恭曰:"建立储副,本为今日,复安用此。"兴宗曰:"累朝故事,莫不皆然。近永初之末,营阳王即位,亦有文策,今在尚书,可检视也。"不从。兴宗时亲奉玺绶,嗣主容色自若,了无哀貌。兴宗出谓亲故曰:"鲁昭在戚而有嘉容,终之以衅结大臣,昭子请死。国家之祸,其在此乎。"时义恭录尚书事,受遗辅政,阿衡幼主,而引身避事,政归近习。越骑校尉戴法兴、中书舍人巢尚之专制朝权,威行近远。兴宗职管九流,铨衡所寄,每至上朝,辄与令录以下,陈欲登贤进士之意,又箴规得失,博论朝政。义恭素性怔栀,阿顺法兴,常虑失旨,闻兴宗言,辄战惧无计。先是大明世,奢侈无度,多所造立,赋调烦严,徭役过苦。至是发诏,悉皆削除,由此紫极殿南北驰道之属,皆被毁坏。自孝建以来至大明末,凡诸制度,无或存者。兴宗于都坐慨然谓颜师伯曰:"先帝虽非盛德主,要以道始终。三年无改,古典所贵。今殡宫始彻,山陵未远,而凡诸制度兴造,不论是非,一皆刊削。虽复禅代,亦不至尔。天下有识,当以此窥人。"师伯不能用。

兴宗每陈选事,法兴、尚之等辄点定回换,仅有在者。兴宗于朝堂谓义恭及师伯曰:"主上谅闇,不亲万机,而选举密事,多被删改,复非公笔,亦不知是何天子意。"王景文、谢庄等迁授失序,兴宗又欲为美选。时薛安都为散骑常侍、征房将军、太子左率,殷常为中庶子。兴宗先选安都为左卫将军,常侍如故;殷常为黄门,领校。太宰嫌安都为多,欲单为左卫,兴宗曰:"率卫相去,唯阿之间。且已失征房,非乃超越,复夺常侍,顿为降贬。若谓安都晚达微人,本宜裁抑,令名器不轻,宜有贯序。谨依选体,非私安都。"义恭曰:"若选官宜加超授者,殷常便应侍中,那得为黄门而已。"兴宗又曰:"中庶、侍中,相去实远。且安都作率十年,殷恒中庶百日,今又领校,不为少也。"使选令史颜祎之、薛庆先等往复论执,义恭然后署案。

既中旨以安都为右卫,加给事中,由是大忤义恭及法兴等,出兴宗吴郡太守。固辞郡,执政愈怒,又转为新安王子鸾抚军司马、辅国将军、南东海太守,行南徐州事。又不拜,苦求益州。义恭于是大怒,上表曰:"臣闻慎节言语,《大易》有规,铨序九流,无取裁口。若乃结党连群,讥诉互起,街谈巷议,罔顾听闻,乃撤尘宪制所宜禁经之巨蠹。侍中秘书监臣彧自表父疾,必求侍养,圣旨矜体,特顺所陈,改授臣府元僚,兼带军郡。虽臣驽劣,府任非轻,准之前人,不为屈后。京郡本以为禄,不计户之少多,遇缺便用,无关高下。抚军长史庄滞府累朝,每陈危苦,内职外守,称未堪依。唯王球昔比,赐以优养,恩慈之厚,不近于薄。前新除吴郡太守兴宗,前居选曹,多不平允,鸿渥含宥,恕其不闲,改任大都,宠均阿辅,仍苦请益州,雅违成命。伏寻扬州刺史子尚、吴兴太守休若,并国之茂戚,鲁、卫攸在,犹牧守东山,竭诚抚莅,而辞择适情,起自庶族,逮佐北藩,尤无欣荷。御史中丞永,昔岁余愆,从恩今授,光禄勋臣淹,虽曰代臣,累经降黜,后效未申,以何取进。司徒左长史孔觊,前除右卫,寻徙今职,回换之宜,不为乃少。窃外谈议或等咸为失分,又闻兴宗躬自怨怼,与尚书右仆射师伯疏,辞旨甚苦。臣虽不见,所闻不虚。臣以凡才,不应机务,谬自幸会,受任三朝,进无古人兴贤之美,退无在下献替之绩,致兹纷纭,伏增惭悚。然此源不塞,此风弗变,将亏正道,尘秽盛猷。伏顾圣德,赐垂览察。"诏曰:"太宰表如此,省以忪然。朕恭承洪绪,思弘盛烈,而在朝俊竞,驱扇成风,将何以式扬先德,克隆至化。公体国情深,保厘攸托,便可付外详议。"

义恭因使尚书令柳元景奏曰:"臣义恭表、诏书如右。摄曹辨核尚书袁愍孙牒:'此月十七日,诣仆射颜师伯,语次,因及尚书蔡兴宗有书固辞今授,仍出疏见示,乃者数纸,不意悉何所道,缘此因及朝士。当今圣世,不可使人以为少。今牒。'数之,朝廷处之实得所,臣等亦自谓得分,常多在门,袁愍孙无或措多,而愚意欲启更量出内之宜,刍荛管见,愿在闻彻。选令史宣传密事,故因附上闻,亦外人言此。今薛庆先列:'今月十八日,往尚书袁愍孙论选事。愍孙云,昨诣颜修射,出蔡尚书疏见示,言辞甚苦。又云所得亦少。主上践阼始尔,朝士有此人不多,物议谓应美用,乃更恨少,使咨事便启录公。又谢庄口时未老,其疾以转差,今居此任,复为非宜,谓宜中书令才望为允。又孔觊南士之美,所历已多,近频授即复回改,于理为屈,门下无人,此是名选。又张永人地可论,其去岁愆戾,非为深罪,依其望复门下一人。张滩昔忝南下,预同休戚,虽屡经怨黜,事亦已久,谓应秘书监。'带授兴宗手迹数纸,文翰炳然,事证明白,不假核辨。愍孙任居官人,职掌铨裁,若有未允,则宜显言,而私加许与,自相选署,托云物论,终成虚诡,隐末出端,还为矛楯。臣闻九官成让,虞风垂则,诽主怨时,汉罪凤断。况义为身发,言谤朝序,乱辟害政,混秽大猷,纷纭彰谬,上延诏旨,不有霜准,轨宪斯沦。请解兴宗新附官,须事御,收付廷尉法狱治罪,免愍孙所居官。"诏曰:"兴宗首乱朝典,允当明宪,以其昔经近侍,未忍尽法,可令思愆远封。愍孙窃评自己,委咎物议,可以子领职。"

除兴宗新昌太守,郡属交州。朝廷莫不嗟骇。先是,兴宗纳何后寺尼智妃为妾,姿貌甚美,有名京师,迎车已去,而师伯密遣人诱之,潜往载取,兴宗迎人不觉。及兴宗被徙,论者并云由师伯,师伯甚病之。法兴等既不欲以徙大臣为名,师伯又欲止息物议,由此停行。顷之,法兴见杀,尚之被系,义恭、师伯诛,复起兴宗为临海王子顼前军长史、辅国将军、南郡太守,行荆州事,不行。

时前废帝凶暴,兴宗外甥袁顗为雍州刺史,劝兴宗行,曰:"朝廷形势,人所共见,在内大臣,朝夕难保。舅今出居陕西,为八州行事,顗在襄、沔,地胜兵强,去江陵咫尺,水陆通便。若朝廷有事,可共立桓、文之功,岂与受制凶狂,祸难不测,同年而语乎。今不去虎口,而守此危逼,后求复出,岂得哉!"兴宗曰:"吾素门平进,与主上甚疏，未容有患。宫省内外，人不自保，会应有变。若内难得弭，外衅未必可量。汝欲在外求全，我欲居内免祸，各行所见，不亦善乎。"时京城危惧，衣冠咸欲远徙，后皆流离外难，百不一存。

重除吏部尚书。太尉沈庆之深虑危祸，闭门不通宾客，尝遣左右范羡诣兴宗属事。兴宗谓羡曰："公闭门绝客，以避悠悠请托耳，身非有求，何为见拒。"还造庆之，庆之遣羡报命，要兴宗令往。兴宗因说之曰："先帝虽无功于天下，要能定平凶逆，在位十一年，以道晏驾。主上绍临，四海清谧，即位正是举止违衷，小小得失耳，亦谓春秋尚富，进德可期。而比者所行，人伦道尽。今所忌惮，唯在于公；百姓喁喁，无复假息之望，所冀正在公一人而已。若复坐视成败者，非唯身祸不测，四海重责，将有所归。公威名素著，天下所服，今举朝遑遑，人人危怖，指麾之日，谁不景从；如其不断，且暮祸及。仆者昔佐贵府，蒙眷异常，故敢尽言，愿公思为其计。"庆之曰："仆皆日前，虑不复自保，但忠奉国，始终以之，正当委天任命耳。加老罢私门，兵力顿阙，虽有其意，事亦无从。"兴宗曰："当今怀谋思奋者，非要富贵，求功赏，各欲免死朝夕耳。殿内将帅，正听外间消息，若一人唱首，则俯仰可定。况公威风先著，统戎累朝，诸旧部曲，布在宫省，宋越、谭金之徒，出公宇下，并受生成；攸之、恩仁，公家口子弟耳，谁敢不从。且公门徒义附，并三吴勇士，宅内奴僮，人有数百。陆攸之今入东讨贼，又大送铠仗，在青溪未发。攸之公之乡人，骁勇有胆力，取其器仗，以配衣宇下，使攸之率以前驱，天下之事定矣。仆在尚书中，自当率百僚案前世故事，更简贤明，以奉社稷。昔太甲罪不加民，昌邑虐不及下，伊尹、霍光犹成大事，况今苍生窘急，祸百往代乎。又朝廷诸所行造，民间皆云公悉豫之。今若沈疑不决，当有先公起事者，公亦不免附从之祸。车驾屡幸贵第，醉酣弥留，又闻屏左右独入阁内，此万世一时，机不可失。仆荷眷深重，故吐去梯之言，宜详其祸福。"庆之曰："深感君无已。意此事大，非仆所能行，事至故当抱忠以没耳。"顷之，庆之果以见忌致祸。

时领军王玄谟大将有威名，邑里讹言云已见诛，市道喧扰。玄谟典签包法荣者，家在东阳，兴宗故郡民也，为玄谟所信，见使至，兴宗因胃曰："领军殊当忧惧。"法荣曰："领军比日殆不复食，夜亦不眠，常言收已在门，不保俄顷。"兴宗曰："领军忧惧，当为方略，那得坐待祸至。"初，玄谟旧部曲犹有三千人，废帝颇疑之，彻配监者。玄谟太息深怨，启留五百人岩山营墓，事犹未毕，少帝欲猎，又悉唤还城。岩兵在中堂，兴宗劝以此众举事，曰："当今以领军威名，率此为朝廷唱始，事便立克。领军虽复失脚，自可乘舆处分。祸殆不测，勿失事机。君还，可白领军如此。"玄谟遣法荣报曰："此亦未易可行，期当不泄君言。"太宗践阼，玄谟责所亲故吏郭季产、女婿韦希真等曰："当艰难时，周旋辈无一言扣发者。"季产曰："蔡尚书令包法荣所道，非不会机，但大事难行尔，季产言亦何益。"玄谟有惭色。

右卫将军刘道隆为帝所宠信，专统禁兵，乘舆尝夜幸著作佐郎江敩宅，兴宗马车从道隆从车后过，兴宗谓曰："刘公！比日思一闲写。"道隆深达此旨，掐兴宗手曰："蔡公！勿多言。"帝每因朝宴，捶殴群臣，自骠骑大将军建安王休仁以下，侍中袁愍孙等，咸见陵曳，唯兴宗得免。顷之，太宗定大事。是夜，废帝横尸于大医阁口，兴宗谓尚书右仆射王景文曰："此虽凶悖，要是天下之主，宜使丧礼粗足。若直如此，四海必将乘人。"

时诸方并举兵反，国家所保，唯丹阳、淮南数郡，其间诸县，或已应贼。东兵已至永世，宫省危惧，上集群臣以谋成败。兴宗曰："今普天图逆，人有异志，宜镇之以静，以至信待人。比者逆徒亲戚，布在宫省，若绳之以法，则土崩立至，宜明罪不相及之义。物情既定，人有战心，六军精勇，器甲犀利，以待不习之兵，其势相万耳。愿陛下勿忧。"上从之。

加游击将军，未拜，迁尚书右仆射，寻领卫尉，又领兖州大中正。太宗谓兴宗曰："诸处未定，殷琰已复同逆。顷日人情云何？事当济不？"兴宗曰："逆之与顺，臣无以辨。今商旅断绝，而米甚丰贱，四方云合，而人情更安，以此卜之，清荡可必。但臣之所忧，更在事后，犹羊公言既平之后，方当劳圣虑耳。"尚书褚渊以手板筑兴宗，兴宗言之不已，上曰："如卿言。"赭圻平，函送袁顗首，敕从登南掖门楼观之，兴宗潸然流涕，上不悦。事平，封兴宗始昌县伯，食邑五百户；固让不许，封乐安县伯，邑三百户，国秩吏力，终以不受。

时殷琰据寿阳为逆，遣辅国将军刘勔攻围。四方既平，琰婴城固守，上使中书为诏譬琰，兴宗曰："天下既定，是琰思过之日，陛下宜赐手诏数行以相私慰。今直中书为诏，彼必疑谓非真，未是以速清方难也。"不从。琰得诏，谓刘勔诈造，果不敢降。攻战经时，久乃归顺。

先徐州刺史薛安都据彭城反，后遣使归顺。泰始二年冬，遣张永率军迎之。兴宗曰："安都遣使归顺，此诚不虚。今宜抚之以和，即安所莅，不过须单使及咫尺书耳。若以重兵迎之，势必疑惧，或能招引北虏，为患不测。叛臣衅重，必宜翦戮，则比者所宥，亦已弘矣。况安都外据强地，密迩边关，考之国计，忧宜驯养。如其遂叛，将生肝食之忧。彭城险固，兵强将勇，围之既难，攻不可拔，疆塞之虞，二三宜虑，臣为朝廷忧之。"时张永已行，不见从。安都闻大军过淮，婴城自守，要取索虏。永战大败，又值寒雪，死者十八九，遂失淮北四州。其先见如此。初，永败问至，上在乾明殿，先召司徒建安王休仁，又召兴宗，谓休仁曰："吾惭蔡仆射。"以败书示兴宗，曰："我愧卿。"

三年春，出为使持节、都督郢州诸军事、安西将军、郢州刺史。坐诣尚书切论以何始真为咨议参军，初不许，后又重陈，上怒，贬号平西将军，寻又复号。初，吴兴丘珍孙言论常侵兴宗。珍孙子景先，人才甚美，兴宗与之周旋。及景先为鄱阳郡，值晋安王子勋为逆，转在竟陵，为吴喜所杀。母老女稚，流离夏口。兴宗至郢州，亲自临哭，致其丧柩家累，令得东还。在任三年，迁镇东将军、会稽太守，加散骑常侍，寻领兵置佐，加都督会稽、东阳、新安、永嘉、临海五郡诸军事，给鼓吹一部。会稽多诸豪右，不遵王宪。又幸臣近习，参半宫省，封略山湖，妨民害治。兴宗皆以法绳之。会土全实，民物殷阜，王公妃主，邸舍相望，桡乱在所，大为民患，子息滋长，督责无穷。兴宗悉启罢省。又陈原诸逋负，解遣杂役，并见从。三吴旧有乡射礼，久不复修，兴宗行之，礼仪甚整。先是元嘉中，羊玄保为郡，亦行乡射。

太宗崩，兴宗与尚书令袁粲、右仆射褚渊、中领军刘勔、镇军将军沈攸之同被顾命。以兴宗为使持节、都督荆湘雍益梁宁南北秦八州诸军事、征西将军、开府仪同三司、荆州刺史，加班剑二十人，常侍如故。被征还都。时右军将军王道隆任参内政，权重一时，蹑履到前，不敢就席，良久方去，竟不呼坐。元嘉初，中书舍人秋当诣太子詹事王昙首，不敢坐。其后中书舍人王弘为太祖所爱遇，上谓曰："卿欲作士人，得就王球坐，乃当判耳。殷、刘并杂，无所知也。若往诣球，可称旨就席。"球举扇曰："若不得尔。"弘还，依事启闻，帝曰："我便无如此何。"五十年中，有此三事。道隆等以兴宗强正，不欲使拥兵上流，改为中书监、左光禄大夫，开府仪同三司、常侍如故，固辞不拜。

兴宗幼立风概，家行尤谨，奉宗姑，事寡嫂，养孤兄子，有闻于世。太子左率王锡妻范，聪明妇人也，有才藻学见，与锡弟僧达书，诘让之曰："昔谢太傅奉嫂王夫人如慈母，今蔡兴宗亦有恭和之称。"其为世所重如此。妻刘氏早卒，一女甚幼，外甥袁觊始生蒙而妻刘氏亦亡。兴宗姊，即觊母也，一孙一侄，躬自抚养，年齿相比，欲为婚姻，每见兴宗，辄言此意。

大明初，诏兴宗女与南平王敬猷婚，兴宗以姊生平之怀，屡经陈启，答曰："卿诸人欲各行己意，则国家何由得婚？且姊言岂是不可违之处邪？"旧意既乖，觊亦他娶。其后家家好不终，觊又祸败，觊等沦废当时，孤微理尽。敬猷遇害，兴宗女无子熬居，名门高胄，多欲结姻，明帝亦敕适谢氏，兴宗并不许，以女适觊。北地傅隆与觊相善，兴宗修父友敬。

泰豫元年，薨，时年五十八。遗令薄葬，奏还封爵。追赠后授，子景玄固辞不受，又奏还封，表疏十余上，见许。诏曰："景玄既如此。故散骑常侍、中书监、左光禄大夫、开府仪同三司、乐安县开国伯兴宗，忠恪立朝，谋猷宣著，往属时难，勋亮帷幄，锡珪分壤，实允通诰。而恳诚慊诉，备彰存没，廉概素情，有洁声轨。景玄固陈先志，良以恻然。虽彝典宜全，而哀款难夺，可特申不瞑之请，永矜克让之风。"初，兴宗为郢州府参军，彭城颜敬以式卜曰："亥年当作公，官有大字者，不可受也。"及有开府之授，而太岁在亥，果薨于光禄大夫之号焉。文集传于世。

景玄雅有父风，为中书郎，晋陵太守，太尉从事中郎。升明末卒。

史臣曰：世重清谈，士推素论，蔡廓虽业力弘正，而年位未高，一世名臣，风格皆出其下。及其固辞铨衡，耻为志屈，岂不知选录同体，义无偏断乎！良以主暗时难，不欲居通塞之任也。远矣哉！

卷五十八　　列传第十八

王惠　谢弘微　王球

王惠，字令明，琅邪临沂人，太保弘从祖弟也。祖劭，车骑将军。父默，左光禄大夫。惠幼而夷简，为叔父司徒谧所知。恬静不交游，未尝有杂事。陈郡谢瞻才辩有风气，尝与兄弟群从造惠，谈论锋起，文史间发，惠时相酬应，言清理远，瞻等惭而退。高祖闻其名，以问其从兄诞，诞曰："惠后来秀令，鄙宗之美也。"即以为行太尉参军事，府主簿，从事中郎。世子建府，以为征虏长史，仍转中军长史。时会稽内使刘怀敬之郡，送者倾京师，惠亦造别，还过从弟球。球问："向何所见？"惠曰："惟觉即时逢人耳。"常临曲水，风雨暴至，座者皆驰散，惠徐起，姿貌不异常日。世子为荆州，惠长史如故。领南郡太守，不拜。宋国初建，当置郎中令，高祖难其人，谓傅亮曰："今用郎中令，不可令减袁曜卿也。"既而曰："吾得其人矣。"乃以惠居之。迁世子詹事，转尚书，吴兴太守。

少帝即位，以蔡廓为吏部尚书，不肯拜，乃以惠代焉。惠被召即拜，未尝接客，人有与求官者，得辄聚置阁上，及去职，印封如初时。谈者以廓之不拜，惠之即拜，虽事异而意同也。兄鉴，颇好聚敛，广营田业，惠意甚不同，谓鉴曰："何用田为？"鉴怒曰："无田何由得食！"惠又曰："亦复何用食为。"其标寄如此。元嘉三年，卒，时年四十二。追赠太常。无子。

谢弘微，陈郡阳夏人也。祖韶，车骑司马。父思，武昌太守。从叔峻，司空琰第二子也，无后，以弘微为嗣。弘微本名密，犯所继内讳，故以字行。

童幼时，精神端审，时然后言。所继叔父混名知人，见而异之，谓思曰："此儿深中夙敏，方成佳器。有子如此，足矣。"年十岁出继。所继父于弘微本缌麻，亲戚中表，素不相识，率意承接，皆合礼衷。义熙初，袭峻爵建昌县侯。弘微家素贫俭，而所继丰泰，唯受书数千卷，国吏数人而已，遗财禄秩，一不关豫。混闻而惊叹，谓国郎中令漆凯之曰："建昌国禄，本应与北舍共之，国侯既不措意，今可依常分送。"弘微重违混言，乃少有所受。

混风格高峻，少所交纳，唯与族子灵运、瞻、曜、弘微并以文义赏会。尝共宴处，居在乌衣巷，故谓之乌衣之游。混五言诗所云"昔为乌衣游，戚戚皆亲侄"者也。其外虽复高流时誉，莫敢造门。瞻等才辞辩富，弘微每以约言服之，混特所敬贵，号曰微子。谓瞻等曰："汝诸人虽才义丰辩，未必皆惬众心；至于领会机赏，言约理要，故当与我共推微子。"常云："阿远刚躁负气；阿客博而无检；曜恃才而持操不笃；晦自知而纳善不周，设复功济三才，终亦以此为恨；至如微子，吾无间然。"又云："微子异不伤物，同不害正，若年追六十，必至公辅。"尝因酣宴之余，为韵语以奖劝灵运、瞻等曰："康乐诞通度，实有名家韵，若加绳染功，剖莹乃琼瑾。宣明体远识，颖达且沈俊，若能去方执，穆穆三才顺。阿多标独解，弱冠纂华胤，质胜诫无文，其尚又能峻。通远怀清悟，采采标兰讯，直辔鲜不踬，抑用解偏吝。微子基微尚，无倦由慕蔺，勿轻一篑少，进往将千仞。数子勉之哉，风流由尔振，如不犯所知，此外无所慎。"灵运等并有诫厉之言，唯弘微独尽褒美。曜，弘微兄，多，其小字也。远即瞻字。灵运小名客儿。

晋世名家身有国封者，起家多拜员外散骑侍郎，弘微亦拜员外散骑，琅邪王大司马参军。义熙八年，混以刘毅党见诛，妻晋陵公主改适琅邪王练，公主虽执意不行，而诏其与谢氏离绝，公主以混家事委之弘微。混仍世宰辅，一门两封，田业十余处，僮仆千人，唯有二女，年数岁。弘微经纪生业，事若在公，一钱尺帛出入，皆有文簿。迁通直郎。高祖受命，晋陵公主降为东乡君，以混得罪前代，东乡君义可嘉，听还谢氏。自混亡，至是九载，而室宇修整，仓廪充盈，门徒业使，不异平日，田畴垦辟，有加于旧。东乡君叹曰："仆射平生重此子，可谓知人。仆射为不亡矣。"中外姻亲，道俗义旧，见东乡之归者，入门莫不叹息，或为之涕流，感弘微之义也。性严正，举止必循礼度，事继亲之党，恭谨过常。伯叔二母，归宗两姑，晨夕瞻奉，尽其诚敬。内或传语通讯，辄正其衣冠。婢仆之前，不妄言笑，由是尊卑小大，敬之若神。

太祖镇江陵，宋初封宜都王，以琅邪王球为友，弘微为文学。母忧去职。居丧以孝称，服阕逾年，菜蔬不改。除镇西咨议参军。太祖即位，为黄门侍郎，与王华、王昙首、殷景仁、刘湛等号曰五臣。迁尚书吏部郎，参预机密。寻转右卫将军。诸故吏臣佐，并委弘微选拟。居身清约，器服不华，而饮食滋味，尽其丰美。

兄曜历御史中丞，彭城王义康骠骑长史，元嘉四年卒。弘微蔬食积时，哀戚过礼，服虽除，犹不噉鱼肉。沙门释慧琳诣弘微，弘微与之共食，犹进蔬素。慧琳曰："檀越素既多疾，顷者肌色微损，即吉之后，犹未复膳。若以无益伤生，岂所望于得理。"弘微答曰："衣冠之变，礼不可逾。在心之哀，实未能已。"遂废食感咽，歔欷不自胜。弘微少孤，事兄如父，兄弟友穆之至，举世莫及也。弘微口不言人短长，而曜好臧否人物，曜每言论，弘微常以它语乱之。

六年，东宫始建，领中庶子，又寻加侍中。弘微志在素官，畏忌权宠，固让不拜，乃听解中庶子。每有献替及论时事，必手书焚草，人莫之知。上以弘微能营膳羞，尝就求食。弘微与亲故经营，既进之后，亲人问上所御，弘微不答，别以余语酬之，时人比汉世丙光。八年秋，有疾，解右卫，领太子右卫率，还家。议欲解弘微侍中，以率加吏部尚书，固陈疾笃，得免。

九年，东乡君薨，资财巨万，园宅十余所，又会稽、吴兴、琅邪诸处，太傅、司空琰时事业，奴僮犹有数百人。公私咸谓室内资财，宜归二女，田宅僮仆，应属弘微。弘微一无所取，自以私禄营葬。混女夫殷睿素好樗蒲，闻弘微不取财物，乃滥夺其妻妹及伯母两姑之分以还戏责，内人皆化弘微之让，一无所争。弘微舅子领军将军刘湛性不堪其非，谓弘微曰："天下事宜有裁衷。卿此不治，何以治官。"弘微笑而不答。或有讥之曰："谢氏累世财产，充殷君一朝戏责，理之不允，莫此为大。卿亲而不言，譬弃物江海以为廉耳。设使立清名，而令家内不足，亦吾所不取也。"弘微曰："亲戚争财，为鄙之甚。今内人尚能无言，岂可导之使争。今分多共少，不至有乏，身死之后，岂复见关。"东乡君葬，混墓开，弘微牵疾临赴，病遂甚。十年，卒，时年四十二。

时有一长鬼寄司马文宣家，云受遣杀弘微，弘微疾增剧，辄豫告文宣。弘微既死，与文宣分别而去。弘微临终，语左右曰："有二封书，须刘领军至，可于前烧之，慎勿开也。"书皆是太祖手敕。上甚痛惜之，使二卫千人营毕葬事。追赠太常。子庄，别有传。

王球，字倩玉，琅邪临沂人，太常惠从父弟也。父谧，司徒。球少与惠齐名，美容止。除著作佐郎，不拜。寻除琅邪王大司马行参军，转主簿，豫章公世子中军功曹。宋国建，初拜世子中舍人。高祖受命，仍为太子中舍人，宜都王友，转咨议参军，以疾去职。元嘉四年，起为义兴太守。从兄弘为扬州，服亲不得相临，加宣威将军，在郡有宽惠之美，徙太子右卫率。入为侍中，领冠军将军，又领本州大中正，徙中书令，侍中如故。迁吏部尚书。

球公子简贵，素不交游，筵席虚静，门无异客。尚书仆射殷景仁、领军刘湛并执重权，倾动内外，球虽通家姻戚，未尝往来。颇好文义，唯与琅邪颜延之相善。居选职，接客甚希，不视求官书疏，而铨衡有序，朝野称之。本多羸疾，屡自陈解。迁光禄大夫，加金章紫绶，领庐陵王师。

兄子履进利为行，深结刘湛，委诚大将军彭城王义康，与刘斌、孔胤秀等并有异志，球每训厉，不纳。自大将军从事中郎，转太子中庶子，流涕诉义康不愿违离，以此复为从事中郎。太祖甚衔之。及湛诛之夕，履徒跣告球。球命为取履，先温酒与之，谓曰："常日语汝，何如？"履怖惧不得答，球徐曰："阿父在，汝亦何忧。"命左右："扶郎还斋。"上以球故，履得免死，废于家。

十七年，球复为太子詹事，大夫、王师如故。未拜，会殷景仁卒，因除尚书仆射，王师如故。素有脚疾。录尚书江夏王义恭谓尚书何尚之曰："当今乏才，群下宜加戮力，而王球放恣如此，恐宜以法纠之。"尚之曰："球有素尚，加又多疾，应以淡退求之，未可以文案责也。"犹坐白衣领职。时群臣诏见，多不即前，卑疏者或至数十日，大臣亦有十余日不被见者。唯球辄去，未尝肯停。十八年，卒，时年四十九。追赠特进、金紫光禄大夫，加散骑常侍。无子，从孙奂为后。大明末，吴兴太守。

或人问史臣曰："王惠何如？"答之曰："令明简。"又问："王球何如？"答曰："倩玉淡。"又问："谢弘微何如？"

曰："简而不失，淡而不流，古之所谓名臣，弘微当之矣。"

卷五十九　　列传第十九

殷淳 子孚　弟冲　淡
张畅　何偃　江智渊

殷淳，字粹远，陈郡长平人也。曾祖融，祖允，并晋太常。父穆，以和谨致称，历显官，自五兵尚书为高祖相国左长史。及受禅，转散骑常侍，国子祭酒，复为五兵尚书，吴郡太守。太祖即位，为金紫光禄大夫，领竟陵王师，迁护军，又迁特进、右光禄大夫，领始兴王师。元嘉十五年卒官，时年六十，谥曰元子。

淳少好学，有美名。少帝景平初，为秘书郎，衡阳王文学，秘书丞，中书黄门侍郎。淳居黄门为清切，下直应留下省，以父老特听还家。高简寡欲，早有清尚，爱好文义，未尝违舍。在秘书阁撰《四部书目》凡四十卷，行于世。元嘉十一年卒，时年三十二，朝廷痛惜之。

子孚，有父风。世祖大明末，为始兴相。官至尚书吏部郎，顺帝抚军长史。

淳弟冲，字希远，历中书黄门郎，坐议事不当免。复为太子中庶子，尚书吏部郎，御史中丞，有司直之称。出为吴兴太守，入为度支尚书。元凶妃即淳女，而冲在东宫为劭所知遇；劭弑立，以为侍中、护军，迁司隶校尉。冲有学义文辞，劭使为尚书符，罪状世祖，亦为劭尽力。世祖克京邑，赐死。

冲弟淡，字夷远，亦历黄门吏部郎，太子中庶子，领步兵校尉。大明世，以文章见知，为当时才士。

张畅，字少微，吴郡吴人，吴兴太守邵兄子也。父祎，少有孝行，历宣州府，为琅邪王国郎中令。从琅邪王至洛，还京都，高祖封药酒一罂付祎，使密加鸩毒。祎受命，既还，于道自饮而卒。

畅少与从兄敷、演、敬齐名，为后进之秀。起家为太守徐佩之主簿，佩之被诛，畅驰出奔赴，制服尽哀，为论者所美。弟牧尝为猘犬所伤，医云宜食虾蟆脍，牧甚难之，畅含笑先尝，牧因此乃食，创亦即愈。州辟从事，衡阳王义季征虏行参军，彭城王义康平北主簿，司徒祭酒，尚书主客郎。未拜，又除度支左郎，江夏王义恭征北记室参军、晋安太守。又为义季安西记室参军、南义阳太守，临川王义庆卫军从事中郎，扬州治中别驾从事史，太子中庶子。

世祖镇彭城，畅为安北长史、沛郡太守。元嘉二十七年，索房托跋焘南侵，太尉江夏王义恭总统诸军，出镇彭、泗。时焘亲率大众，已至萧城，去彭城十数里。彭城众力虽多，而军食不足，义恭欲弃彭城南归，计议弥日不定。时历城众少食多，安北中兵参军沈庆之建议，欲以车营为函箱阵，精兵为外翼。奉二王及妃媛直趋历城；分兵配护军萧思话留守。太尉长史何勖不同，欲席卷奔郁洲，自海道还京都。义恭去意已判，唯二议未决，更集群僚谋之。众咸惶扰，莫有异议。畅曰："若历城、郁洲有可至之理，下官敢不高赞。今城内乏食，百姓咸有走情，但以关扃严固，欲去莫从耳。若一旦动脚，则各自散走，欲至所在，何由可得。今军食虽寡，朝夕犹未窘罄，量其欲尽，临时更为诸宜，岂在舍万安之术，而就危亡之道。若此计必用，下官请以颈血汗公马蹄！"世祖既闻畅议，谓义恭曰："阿父既为总统，去留非所敢干。道民忝为城主，而损威延寇，其为愧恧，亦已深矣。委镇奔逃，实无颜复奉朝廷，期与此城共其存没，张长史言不可异也。"畅言既坚，世祖又赞成其议，义恭乃止。

时太祖遣员外散骑侍郎徐爰乘驿至彭城取米谷定最，爰既去，城内遣骑送之。焘闻知，即遣数百骑急追，爰已过淮，仅得免。初爰去，城内闻虏遣追，虑爰见禽，失米最，虑知城内食少，义恭忧惧无计，犹欲奔走。爰既免，其日虏大众亦至彭城。

焘始至，仍登城南亚父冢，于戏马台立毡屋。先是，焘未至，世祖遣将马文恭向萧城，为虏所破，文恭走得免，队主蒯应见执。至小市门曰："魏主致意安北，远来疲乏，若有甘蔗及酒，可见分。"时防城队主梁法念答曰："当为启闻。"应乃自陈萧城之败。又问应："虏主自来不？"曰："来。"问："今何在？"应举手指西南。又曰："士马多少？"答云："四十余万。"法念以虏语白世祖，世祖遣人答曰："知行路多乏，今付酒二器，甘蔗百挺。闻彼有骆驼，可遣送。"

明旦，焘又自上戏马台，复遣使至小市门曰："魏主致意安北，安北可暂出门，欲与安北相见。我亦不攻此城，安北何劳苦将士在城上。又骡、驴、骆驼，是北国所出，今遣送，并致杂物。"又语小市门队主曰："既有饷物，君可移度南门受之。"焘送骆驼、骡、马及貂裘、杂饮食，既至南门，门先闭，请畅出。畅于城上视之，虏使问："是张长史邪？"畅曰："君何得见识？"虏使云："君声名远闻，足使我知。"畅因问虏使姓，答云："我是鲜卑，无姓。且道亦不可。"畅又问："君居何任？"答云："鲜卑官位不同，不可辄道，然亦足与君相敌耳。"虏使复问："何为匆匆杜门绝桥？"畅答曰："二王以魏主营垒未立，将士疲劳，此精甲十万，人思致命，恐轻相凌践，故且闭城耳。待彼休息士马，然后共治战场，克日交戏。"虏使曰："君当以法令裁物，何用发桥，复何足以十万夸人。我亦有良马逸足，若云骑四集，亦可以相拒。"畅曰："侯王设险，何但法令而已邪。我若夸君，当言百万。所以言十万者，政二王左右素所畜养者耳。此城内有数州士庶，二徒营伍，犹所未论。我本斗智，不斗马足。且冀之北土，马之所生，君复何以逸足见夸邪！"虏使曰："不尔。城守，君之所长；野战，我之所长。我之恃马，犹如君之恃城耳。"城内有具思者，尝在北国，义恭遣视之，思识是虏尚书李孝伯。思因问："李尚书，若行途有劳。"孝伯曰："此事应相与共知。"思答："缘共知，所以有劳。"孝伯曰："感君至意。"

既开门，畅屏却人仗，出对孝伯，并进饷物。房使云："貂裘与太尉，骆驼、骡与安北，蒲陶酒杂饮，叔侄共尝。"焘又乞酒并甘橘。畅宣世祖问："致意魏主，知欲相见，常迟面写。但受命本朝，过蒙藩任，人臣无境外之交，恨不暂悉。且城守备防，边镇之常，但悦以使之，故劳而无怨耳。太尉、镇军得所送物，魏主意，知复须甘橘，今并付如别。太尉以北土寒乡，皮绔褶脱是所须，今致魏主。螺杯、杂粽，南土所珍，镇军今以相致。"此信未去，焘复遣使令孝伯传语曰："魏主有诏语太尉、安北，近以骑至，车两在后，今端坐无为，有博具可见借。"畅曰："博具当为申启。但向语二王，已非逊辞，且有诏之言，政可施于彼国，何得称之于此。"孝伯曰："诏之与语，朕之与我，并有何异。"畅曰："若辞以通，可如来谈；既言有所施，则贵贱有等。向所称诏，非所敢闻。"孝伯又曰："太尉、安北是人臣与非？"畅曰："是也。"孝伯曰："邻国之君，何为不称诏于邻国之臣？"畅曰："君之此称，尚不可闻于中华，况在诸王之贵，而犹曰邻国之君邪。"孝伯曰："魏主言太尉、镇军并皆年少，分阔南信，殊当忧邑。若欲遣信者，当为护送；脱须骑者，亦当以马送之。"畅曰："此间间路基多，使命日夕往来，不复以此劳魏主。"孝伯曰："亦知有水路，似为白贼所断。"畅曰："君著白衣，故称白贼邪？"孝伯大笑曰："今之白贼，亦不异黄巾、赤眉。"畅曰："黄巾、赤眉，似不在江南。"孝伯曰："虽不在江南，亦不在青、徐也。"畅曰："今者青、徐，实为有贼，但非白贼耳。"房使云："向借博具，何故不出？"畅曰："二王贵远，启闻难彻。"孝伯曰："周公握发吐哺，二王何独贵远？"畅曰："握发吐飡，本施中国耳。"孝伯曰："宾有礼，主则择之。"畅曰："昨见众宾至门，未为有礼。"俄顷送博具出，因以与之。

焘又遣人云："魏主致意安北，程天祚一介常人，诚知非宋朝之美，近于汝阳身被九创，落在殿外，我手牵而出之。凡人骨肉分张，而思集聚，辄已语之，但其弟苦辞。今令与来使相见。"程天福谓使人曰："兄受命汝阳，不能死节，各在一国，何烦相见。"焘又送毡各一领，盐各九种，并胡豉："凡此诸盐，各有所宜。白盐是魏主自所食。黑盐治腹胀气懑，细刮取六铢，以酒服之。胡盐治目痛。柔盐不食，治马脊创。赤盐、驳盐、臭盐、马齿盐四种，并不中食。胡豉亦中啖。黄甘幸彼所丰，可更见分。"又云："魏主致意太尉、安北，何不遣人来至我间。彼此之情，虽不可尽，要须见我小大，知我老少，观我为人。若诸佐不可遣，亦可使僮干来。"畅又宣旨答曰："魏主形状才力，久为来往所见。李尚书亲自衔命，不患彼此不尽，故不复遣使信。"又云："魏主恨向所送马，殊不称意。安北若须大马，当更送之，脱须蜀马，亦有佳者。"畅曰："安北不乏良驷，送自彼意，非此所求。"义恭饷焘炬烛十挺，世祖亦致锦一匹，曰："知更须黄甘，诚非所吝。但送不足周彼一军，向给魏主，未应便乏，故不复重付。"焘复求甘蔗、安石榴，畅曰："石榴出自邺下，亦当非彼所乏。"孝伯又曰："君南土膏粱，何为著屦。君而著此，使将士云何？"畅曰："膏粱之言，诚为多愧。但以不武，受命统军，戎阵之间，不容缓服。"孝伯又曰："长史，我是中州人，久处北国，自隔华风，相去步武，不得致尽，边皆是北人听我语者，长史当深得我。"孝伯又曰："永昌王，魏主从弟，自复常镇长安，今领精骑八万，直造淮南，寿春久闭门自固，不敢相御。向送刘康祖头，彼之所见。王玄谟甚是所悉，亦是常才耳。南国何意作如此任使，以致奔败。自人此境七百余里，主人竟不能一相拒逆。邹山之险，君家所凭，前锋始得接手，崔邪利便藏入穴，我间诸将倒曳脚而出之，魏主赐其生命，今从在此。复何以轻脱遣马文恭至萧县，使望风退挠邪。君家民人甚相怨愆，云清平之时，赋我租帛，至有急难，不能相拯。"畅曰："知永昌已过淮南，康祖为其所破，比有信使，无此消息。王玄谟南土偏将，不谓为才，但以人为前驱引导耳。大军未至而河冰向合，玄谟量宜反旆，未为失机，但因夜回师，致戎马小乱耳。我家玄谟斗战，陈宪小将，魏主倾国，累旬不克。胡盛之偏裨小帅，众无一旅，始济融水，魏国君臣奔迸，仅得免脱，滑台之师，无所多愧。邹山小戍，虽有微险，河畔之民，多是新附，始慕圣化，奸盗未息，亦使崔邪利抚之而已，今没房手，何损于国。魏主自以十万师而制一崔邪利，方复足言邪。闻萧、相百姓，并依山险，聊遣马文恭以十队示之耳。文恭谓前以三队出，还走后，大营稽玄敬以百骑至留城，魏军奔败。轻敌致此，亦非所岨。王境人民，列居河畔，二国交兵，当互加抚养，而魏师入境，肆行残虐，事生意外，由彼无道。官不负民，何怨人。知入境土，百无相拒，此自上由太尉神算，次在镇军圣略。经国之要，虽不豫闻，然用兵有机，间亦不容相语。"孝伯曰："魏主当不围此城，自率众军，直造瓜步。南事若办，彭城不待围；若不捷，彭城亦非所须也。我今当南饮江湖，以疗渴耳。"畅曰："去留之事，自适彼怀。若房马遂得饮江，便为无复天道。各应反命，迟复更悉。"畅便回还，孝伯追曰："长史深自爱敬，相去步武，恨不执手。"畅因复谓曰："善将爱，冀荡定有期，相见无远。君若得还宋朝，今为相识之始。"孝伯曰："待此未期。"焘又遣就二王借箜篌、琵琶、筝、笛等器及棋子，义恭答曰："受任戎行，不赍乐具。在此燕会，政使镇府命妓，有弦百条，是江南之美，今以相致。"世祖曰："任居方岳，初不此经虑，且乐人常器，又观前来诸王赠别，有此琵琶，今以相与。棋子亦付。"孝伯言辞辩赡，亦北土之美也。畅随宜应答，吐属如流，音韵详雅，风仪华润，孝伯及左右人并相视叹息。

房寻攻彭城南门，并放火，畅躬自前战，身先士卒。及焘自瓜步北走，经彭城下过，遣人语城内："食尽且去，须麦熟更来。"义恭大惧，闭门不敢追。房期又至，议欲芟麦剪苗，移民堡聚，众论并不同，复更会议。镇军录事参军王孝孙独曰："房不能复来，既自可保，如其更至，此议亦不可立。百姓闭在内城，饥馑日久，方春之月，野采自资，一入堡聚，饿死立至。民知必死，何可制邪？房若必来，芟麦无晚。"四坐默然，莫之敢对。畅曰："孝孙之议，实有可寻。"镇军府典签董元嗣侍世祖侧，进曰："王录事议不可夺，实如来论。"别驾王子夏因曰："此论诚然。"畅敛板白世祖曰："下官欲命孝孙弹子夏。"世祖曰："王别驾有何事邪?"畅曰："芟麦移民，可谓大议，一方安危，事系于此。子夏亲为州端，曾无同异，及闻元嗣之言，则欢笑酬答，阿意左右，何以事君。"子夏大惭，元嗣亦有惭色。义恭之议遂寝。太祖闻畅屡有正议，甚嘉之。世祖犹停彭城，召畅先反，并使履行盱眙城，欲立大镇。时房声云当出襄阳，故以畅为南谯王义宣司空长史、南郡太守。又欲畅代刘兴祖为青州及彭城都督，并不果。

三十年，元凶弑逆，义宣发哀之日，即便举兵，畅为元佐，居僚首，哀容俯仰，荫映当时。举哀毕，改服，著黄韦绮褶，出射堂简人，音姿容止，莫不瞩目，见之者皆愿为尽命。事平，征为吏部尚书，夷道县侯，食邑千户。义宣既有异图，蔡超等以畅民望，劝义宣留之，乃解南蛮校尉以授畅，加冠军将军，领丞相长史。畅遣门生荀僧宝下都，因颜竣陈义宣衅状。僧宝有私货停巴陵，不时下，会义宣起兵，津径断绝，僧宝遂不得去。义宣将为逆，遣嬖人翟灵宝谓畅："朝廷简练舟甲，意在西讨，今欲发兵自卫。"畅曰："必无此理，请以死保之。"灵宝知畅不回，劝义宣杀以徇众。即遣召畅，止于东斋，弥日不与相见，赖司马竺超民保持，故获全免。既而进号抚军，别立军部，以收民望。畅虽署文檄，而饮酒常醉，不省文书。随义宣东下，梁山战败，义宣奔走，畅于兵乱自归，为军人所掠，衣服都尽。值右将军王玄谟乘舆出营，畅已得败衣，排玄谟上舆，玄谟意甚不悦，诸将欲杀之，队主张世营救得免。送京师，下廷尉，削爵土，配左右尚方。寻见原。复起为都官尚书，转侍中，代子淹领太子右卫率。

孝建二年，出为会稽太守。大明元年，卒官，时年五十。颜竣表世祖："张畅遂不救疾。东南之秀，蚤树风范，闻问凄怆，深切常怀。"谥曰宣子。畅爱弟子辑，临终遗命与辑合坟。

子浩，官至义阳王昶征北谘议参军。浩弟淹，世祖南中郎主簿。世祖即立，为黄门郎，封广晋县子，食邑五百户。太子右卫率，东阳太守。逼郡吏烧臂照佛，民有罪使礼佛，动至数十拜。免官禁锢。起为光禄勋，临川内史。太宗泰始初，与晋安王子勋同逆，率众至鄱阳，军败见杀。

畅弟悦，亦有美称。历中书吏部郎，侍中，临海王子顼前军长史、南郡太守。晋安王子勋建伪号于寻阳，召为吏部尚书，与邓琬共辅伪政。事败，杀琬归降，事在《琬传》。复为太子庶子，仍除巴陵王休若卫军长史、襄阳太守。四年，即代休若为雍州刺史、宁远将军。复为休若征西长史、南郡太守。六年，太宗于巴郡置三巴校尉，以悦补之，加持节、辅师将军，领巴郡太守。未拜，卒。

何偃，字仲弘，庐江灊人，司空尚之中子也。州辟议曹从事，举秀才，除中军参军，临川王义庆平西府主簿。召为太子洗马，不拜。元嘉十九年，为丹阳丞，除庐陵王友，太子中舍人，中书郎，太子中庶子。时义阳王昶任东官，使偃行义阳国事。

二十九年，太祖欲更北伐，访之群臣，偃议曰："内干胡法宗宣诏，速问北伐。伏计贼审有残祸，犬羊易乱，奸殄非难，诚如天旨。今虽庙算无遗，而士未精习。缘边镇戍，充实者寡，边民流散，多未附业。控引所资，取给根本。亏根本以殉边患，宜动出万克。无虑往岁挫伤，续以内衅，侮亡取乱，诚为沛然。然淮、泗数州，实亦雕耗，流佣未归，创痍未起。且攻守不等，客主形异，薄之则势艰，围之则旷日，进退之间，奸虞互起。窃谓当今之弊易衂，方来之寇不深，宜含垢藏疾，以齐天道。"迁始兴王浚征北长史、南东海太守。

元凶弑立，以偃为侍中，掌诏诰。时尚之为司空、尚书令，偃居门下，父子并处权要，时为寒心；而尚之及偃善摄机宜，曲得时誉。会世祖即位，任遇无改，除大司马长史，迁侍中，领太子中庶子。时责百官谠言，偃以为："宜重农恤本，并官省事，考课以知能否，增俸以除吏奸。责成良守，久于其职。都督刺史，宜别其任。"

改领骁骑将军，亲遇隆密，有加旧臣。转吏部尚书。尚之去选未五载，偃复袭其迹，世以为荣。侍中颜竣至是始贵，与偃俱在门下，以文义赏会，相得甚欢。竣自谓任遇隆密，宜居重大，而位次与偃未殊，意稍不悦。及偃代竣领选，竣愈愤懑，与偃遂有隙。竣时势倾朝野，偃不自安，遂发心悸病，意虑乖僻，上表解职，告医不仕。世祖遇偃既深，备加治疗，名医上药，随所宜须，乃得瘥。时上长女山阴公主爱倾一时，配偃子戢。素好谈玄，注《庄子·消摇篇》传于世。

大明二年，卒官，时年四十六。世祖与颜竣诏曰："何偃遂成异世，美志长往。与之周旋，重以姻媾，临哭伤怨，良不能已。往矣如何! 宜赠散骑常侍、金紫光禄大夫，本官如故。"谥曰靖子。子戢，升明末，为相国左长史。

江智渊，济阳考城人，湘州刺史夷弟子。父僧安，太子中庶子。智渊初为著作郎，江夏王义恭太尉行参军，太子太傅主簿，随王诞后军参军。世父夷有盛名，夷又有清誉，父子并贵达，智渊父少无名问，湛礼敬甚简，智渊常以为恨，自非节岁，不入湛门。及为随王诞佐，在襄阳，诞待之甚厚。时谘议参军谢庄、府主簿沈怀文并与智渊友善。怀文每称之曰："人所应有尽有，人所应无尽无者，其江智渊乎!"元嘉末，除尚书库部郎。时高流官序，不为台郎，智渊门孤援寡，独有此选，意甚不说，固辞不肯拜。竟陵王诞复版为骠骑参军，转主簿，随府转司空主簿、记室参军，领南濮阳太守，迁从事中郎。诞将为逆，智渊悟其机，请假先反。诞事发，即除中书侍郎。

智渊爱好文雅，词采清赡，世祖深相知待，恩礼冠朝。上燕私甚数，多命群臣五三人游集，智渊常为其首。同侣未及前，辄独蒙引进，智渊每以越众为惭，未尝有喜色。每从游幸，与群僚相随，见传诏驰来，知当呼己，耸动愧恧，形于容貌，论者以此多之。

迁骁骑将军，尚书吏部郎。上每酣宴，辄诟辱群臣，并使自相嘲讦，以为欢笑。智渊素方退，渐不会旨。尝使以王僧朗嘲戏其子景文，智渊正色曰："恐不宜有此戏。"上怒曰："江僧安痴人，痴人自相惜。"智渊伏席流涕，由此恩宠大衰，出为新安王子鸾北中郎长史、南东海太守，加拜宁朔将军，行南徐州事。初，上宠姬宣贵妃殷氏卒，使群臣议谥，智渊上议曰"怀"。上以不尽嘉号，甚衔之。后车驾幸南山，乘马至殷氏墓，群臣皆骑从，上以马鞭指墓石柱谓智渊曰："此上不容有怀字！"智渊益惶惧。大明七年，以忧卒，时年四十六。

子季筠，太子洗马，早卒。后废帝即位，以后父，追赠金紫光禄大夫。季筠妻王，平望乡君。

智渊兄子概，早孤，养之如子。概历黄门吏部郎，侍中，武陵王北中郎长史、南东海太守，行南徐州事。后废帝元徽中，卒。

史臣曰：夫将帅者，御众之名；士卒者，一夫之用。坐谈兵机，制胜千里，安在乎蒙楯前驱，履肠涉血而已哉！山涛之称羊祜曰："大将虽不须筋力，军中犹宜强健。"以此为言，则叔子之干力弱矣。杜预文士儒生，身不能穿札，射未尝跨马，一朝统大众二十余万，为平吴都督。王戎把臂入林，亦受专征之寄。何必山西猛士，六郡良家，然后可受脤于朝堂，荷推毂之重。及房乐深入，徐服怔震，非张畅正言，则彭、汴危矣。岂其身捍飞镝，手折云冲，方足使穷堞假命，危城载安乎？仁者之有勇，非为臆说。

卷六十　　列传第二十

范泰　王淮之　王韶之　荀伯子

范泰，字伯伦，顺阳山阴人也。祖汪，晋安北将军、徐兖二州刺史。父宁，豫章太守。泰初为太学博士，卫将军谢安、骠骑将军会稽王道子二府参军。荆州刺史王忱，泰外弟也，请为天门太守。忱嗜酒，醉辄累旬，及醒，则俨然端肃。泰谓忱曰："酒虽会性，亦所以伤生。游处以来，常欲有以相戒，当卿沈湎，措言莫由，及今之遇，又无假陈说。"忱嗟叹久之，曰："见规者众矣，未有若此者也。"或问忱曰："范泰何如谢邈？"忱曰："茂度慢。"又问："何如殷觊？"忱曰："伯通易。"忱常有意立功，谓泰曰："今城池既立，军甲亦充，将欲扫除中原，以申宿昔之志。伯通意锐，当令拥戈前驱。以君持重，欲相委留事，何如？"泰曰："百年逋寇，前贤挫屈者多矣。功名虽贵，鄙生所不敢谋。"会忱病卒。召泰为骠骑谘议参军，迁中书侍郎。时会稽王世子元显专权，内外百官请假，不复表闻，唯签元显而已。泰建言以为非宜，元显不纳。父忧去职，袭爵阳遂乡侯。桓玄辅晋，使御史中丞祖台之奏泰及前司徒左长史王淮之、辅国将军司马珣之并居丧无礼，泰坐废徙丹徒。

义旗建，国子博士。司马休之为冠军将军、荆州刺史，以泰为长史、南郡太守。又除长沙相，散骑常侍，并不拜。入为黄门郎，御史中丞。坐议殷祠事谬，白衣领职。出为东阳太守。卢循之难，泰预发兵千人，开仓给禀，高祖加泰振武将军。明年，迁侍中，寻转度支尚书。时仆射陈郡谢混，后进知名，高祖尝从容问混："泰名辈可以比谁？"对曰："王元太一流人也。"徙为太常。

初，司徒道规无子，养太祖，及薨，以兄道怜第二子义庆为嗣。高祖以道规素爱太祖，又令居重。道规追封南郡公，应以先华容县公赐太祖。泰议曰："公之友爱，即心过厚。礼无二嗣，讳宜还本属。"从之。转大司马左长史，右卫将军，加散骑常侍。复为尚书，常侍如故。兼司空，与右仆射袁湛授宋公九锡，随军至洛阳。

高祖还彭城，与共登城，泰有足疾，特命乘舆。泰好酒，不拘小节，通率任心，虽在公坐，不异私室，高祖甚赏爱之。然拙于为治，故不得在政事之官。迁护军将军，以公事免。高祖受命，拜金紫光禄大夫，加散骑常侍。明年，议建国学，以泰领国子祭酒。泰上表曰：

臣闻风化兴于哲王，教训表于至世。至说莫先讲习，甚乐必寄朋来。古人成童入学，易子而教，寻师无远，负粮忘艰，安亲光国，莫不由此。若能出不由户，则斯道莫从。是以明诏爰发，已成涣汗，学制既下，远近遵承。臣之愚怀，少有未达。

今惟新告始，盛业初基，天下改观，有志景慕。而置生之制，取少停多，开不来之端，非一涂而已。臣以家推国，则知所聚不多，恐不足以宣大宋之风，弘济济之美。臣谓合选之家，虽制所未达，父兄欲其入学，理合开通；虽小违晨昏，所以大弘孝道。不知《春秋》，则所陷或大，故赵盾忠而书弑，许子孝而得罪，以斯为戒，可不惧哉！十五志学，诚有其文，若年降无几，而深有志尚者，何必限于一格，而不许其进邪！扬乌豫《玄》，实在弱齿；五十学《易》，乃无大过。

昔中朝助教，亦用二品。颍川陈载已辟太保掾，而国子取为助教，即太尉淮之弟。所贵在于得才，无系于定品。教学不明，奖厉不著，今有职闲而学优者，可以本官领之，门地二品，宜以朝请领助教，既可以甄其名品，斯亦敦学之一隅。其二品才堪，自依旧从事。会今生到有期，而学校未立。覆篑实望其速，回辙已淹其迟。事有似赊而宜急者，殆此之谓。古人重寸阴而贱尺璧，其道然也。

时学竟不立。时言事者多以钱货减少，国用不足，欲悉市民铜，更造五铢钱。泰又谏曰：

流闻将禁私铜，以充官铜。民虽失器，终于获直，国用不足，其利实多。臣愚意异，不宁寝默。臣闻治国若烹小鲜，拯敝莫若务本。百姓不足，君孰与足。未有民贫而国富，本不足而末有余者也。故橐漏贮中，识者不吝；反裘负薪，存毛实难。王者不言有无，诸侯不言多少，食禄之家，不与百姓争利。故拔葵所以明治，织蒲谓之不仁，是以贵贱有章，职分无爽。

今之所忧，在农民尚寡，仓廪未充，转运无已，资食者众，家无私积，难以御荒耳。夫货存贸易，不在少多，昔日之贵，今者之贱，彼此共之，其揆一也。但令官民均通，则无患不足。若使必资货广以收国用者，则龟贝之属，自古所行。寻铜之为器，在用也博矣。钟律所通者远，机衡所揆者大。夏鼎负《图》，实冠众瑞，晋铎呈象，亦启休征。器有要用，则贵贱同资；物有适宜，则家国共急。今毁必资之器，而为无施之钱，于货则功不补劳，在用则君民俱困，校之以实，损多益少。陛下劳谦终日，无倦庶务，以身率物，勤素成风，而颂声不作，板、渭不至者，良由基根未固，意在远略。伏愿思可久之道，赊欲速之情，弘山海之纳，择刍收之说，则嘉谋日陈，圣虑可广。其亡存心，然后苞桑可系。愚诚一至，用忘寝食。

景平初，加位特进。明年，致仕，解国子祭酒。少帝在位，多诸愆失，上封事极谏，曰：

伏闻陛下时在后园，颇习武备，鼓鞞在宫，声闻于外；黩武掖庭之内，喧哗省闼之间，不闻将帅之臣，统御之主，非徒不足以威四夷，祗生远近之怪。近者东寇纷扰，皆欲伺国瑕隙，今之吴会，宁过二汉关、河，根本既摇，于何不有。如水旱成灾，役夫不息，无寇而戒，为费渐多。河南非复国有，羯房难以理期，此臣所以用忘寝食，而干非其位者也。

陛下践阼，委政冢臣，实同高宗谅闇之美。而更亲狎小人，不免近习，惧非社稷之计，经世之道。王言如丝，其出如纶，下观而化，疾于影响。伏愿陛下思弘古道，式遵遗训，从理无滞，任贤勿疑，如此则天下归德，宗社惟永。《书》云："一人有庆，兆民赖之。"天高听卑，无幽不察，兴衰在人，成败易晓，未有政治在于上而人乱于下者也。

臣蒙先朝过遇，陛下殊私，实欲尽心竭诚，少报万分；而昏耄已及，百疾互生，便为永违圣颜，无复自尽之路，贪及视息，陈其狂瞽。陛下若能哀其所请，留心览察，则臣夕殒于地，无恨九泉。

少帝虽不能纳，亦不加谴。徐羡之、傅亮等与泰素不平，及庐陵王义真、少帝见害，泰谓所亲曰："吾观古今多矣，未有受遗顾托，而嗣君见杀，贤王婴戮者也。"元嘉二年，表贺元正，并陈旱灾，曰：

元正改律，品物惟新。陛下藉日新以畜德，仰乾元以履祚，吉祥集室，百福来庭。顷旱魃为虐，亢阳愆度，通川燥流，异井同竭。老弱不堪远汲，贫寡单于负水。租输既重，赋税无降，百姓怨咨。臣年过七十，未见此旱。阴阳并隔，则和气不交，岂惟凶荒，必生疾疫，其为忧虞，不可备序。

雩禜之典，以诚会事，巫祝常祈，罕能有感，上天之谴，不可不察。汉东海枉杀孝妇，亢旱三年；及祭其墓，澍雨立降，岁以有年。是以卫人伐邢，师兴而雨。伏愿陛下式遵远猷，思隆高构，推忠恕之爱，矜冤枉之狱，游心下民之瘼，厝思幽冥之纪。令谤木竖阙，谏鼓鸣朝，察刍牧之言，总御之要。如此，则苞桑可系，危几无兆。斯而灾害不消，未之有也。故夏禹引百姓之罪，殷汤甘万方之过，太戊资桑谷以进德，宋景藉荧惑以修善，斯皆因败以转成，往事之昭晰也。循末俗者难为风，就正路者易为雅。臣疾患日笃，夕不谋朝，会及岁庆，得一闻达，微诚少亮，无恨泉壤，永违圣颜，拜表悲咽。

遂轻舟游东阳，任心行止，不关朝廷。有司劾奏之，太祖不问也。时太祖虽出阳亲览，而羡之等犹秉重权，复上表曰："伏承庐陵王已复封爵，犹未加赠。陛下孝慈天至，友于过隆，伏揆圣心，已自有在。但司契以不唱为高，冤旅以因寄成用。臣虽言不足采，诚不亮时，但猥蒙先朝忘丑之眷，复沾庐陵矜顾之末，息晏委质，有兼常款，契阔戎阵，颠狈艰危，厚德无报，授令路绝，此老臣兼不能自已者也。朽谢越局，无所逃刑。"泰诸子禁之，表竟不奏。

三年，羡之等伏诛，进位侍中、左光禄大夫、国子祭酒，领江夏王师，特进如故。上以泰先朝旧臣，恩礼甚重，以有脚疾，起居艰难，宴见之日，特听乘舆到坐。累陈时事，上每优容之。其年秋，旱蝗，又上表曰：

陛下昧旦不显，求民之瘼，明断庶狱，无倦政事，理出群心，泽谣民口，百姓翕然，皆自以为遇其时也。灾变虽小，要有以致之。守宰之失，臣所不能究；上天之谴，臣所不敢诬。有蝗之处，县官多课民捕之，无益于枯苗，有伤于杀害。臣闻桑谷时亡，无假斤斧，楚昭仁爱，不祟有瘳，卓茂去无知之虫，宋均囚有异之虎，蝗生有由，非所宜杀。石不能言，星不自陨，《春秋》之旨，所宜详察。

礼，妇人有三从之义，而无自专之道；《周书》父子兄弟，罪不相及，女人被宥，由来尚矣。谢晦妇女，犹在尚方，始贵后贱，物情之所甚苦，匹妇一至，亦能有所感激。臣于谢氏，不容有情，蒙国重恩，寝处思报，伏度圣心，已当有在。

礼春夏教诗，无一而阙也。臣近侍坐，闻立学当在人年。陛下经略粗建，意存民食，人年则农功兴，农功兴则田里辟，入秋治庠序，入冬集远生，二涂并行，事不相害。夫事多以淹稽为戒，不远为患，任臣学官，竟无微绩，徒坠天施，无情自处。臣之区区，不望目睹盛化，窃慕子囊城郢之心，庶免苟偃不瞑之恨。臣比陈愚见，便是都无可采，徒烦天听，愧作反侧。

书奏，上乃原谢晦妇女。

时司徒王弘辅政，泰谓弘曰："天下务广，而权要难居；卿兄弟盈满，当深存降挹。彭城王，帝之次弟，宜征还入朝，共参朝政。"弘纳其言。

时旱灾未已，加以疾疫，泰又上表曰："顷亢旱历时，疾疫未已，方之常灾，实为过差，古以为王泽不流之征。陛下昧旦临朝，无懈治道，躬自菲薄，劳心民庶，以理而言，不应致此。意以为上天之于贤君，正自殷勤无已。陛下同规禹、汤引百姓之过，言动于心，道敷自远。桑谷生朝而殒，荧惑犯心而退，非唯消灾弭患，乃所以大启圣明；灵雨立降，百姓改瞻，应感之来，有同影响。陛下近当仰推天意,俯察人谋,升平之化,尚存旧典,顾思与不思,行与不行耳。大宋虽揖让受终,未积有虞之道,先帝登遐之日,便是道消之初。至乃嗣主被杀,哲藩婴祸,九服俳徊,有心丧气,佐命托孤之臣,俄为戎首。天下荡荡,王道已沦,自非神英,拨乱反正,则宗社非复宋有。革命之与随时,其义尤大。是以古今异用,循方必壅,大道隐于小成,欲速或未必达。深根固蒂之术,未洽于愚心,是用猖狂妄作而不能缄默者也。臣既顽且鄙,不达治宜,加之以笃疾,重之以昏耄,言或非言而复不能无言,陛下录其一毫之诚,则臣不知厝身之所。"

泰博览篇籍,好为文章,爱奖后生,孜孜无倦。撰《古今善言》二十四篇及文集,传于世。暮年事佛甚精,于宅西立祇洹精舍。五年,卒,时年七十四。追赠车骑将军,侍中、特进、王师如故。谥曰宣侯。

长子昂,早卒。次子亹,宜都太守。次晏,侍中、光禄大夫。次晔,太子詹事,谋反伏诛,自有传。少子广渊,善属文,世祖抚军谘议参军,领记室,坐晔事从诛。

王淮之,字元曾,琅邪临沂人。高祖彬,尚书仆射。曾祖彪之,尚书令。祖临之,父讷之,并御史中丞。彪之博闻多识,练悉朝仪,自是家世相传,并谙江左旧事,缄之青箱,世人谓之"王氏青箱学"。

淮之兼明《礼》《传》,赡于文辞。起家为本国右常侍,桓玄大将军行参军。玄篡位,以为尚书祠部郎。义熙初,又为尚书中兵郎,迁参高祖车骑中军军事,丹阳丞,中军太尉主簿,出为山阴令,有能名。预讨卢循功,封都亭侯。又为高祖镇西、平北、太尉参军,尚书左丞,本郡大中正。宋台建,除御史中丞,为僚友所惮。淮之父讷之、祖临之、曾祖彪之至淮之,四世居此职。淮之尝作五言,范泰嘲之曰:"卿唯解弹事耳。"淮之正色答:"犹差卿世载雄狐。"坐世子右卫率谢灵运杀人不举,免官。

高祖受命,拜黄门侍郎。永初二年,奏曰:"郑玄注《礼》,三年之丧,二十七月而吉,古今学者多谓得礼之宜。晋初用王肃议,祥禫共月,故二十五月而除,遂以为制。江左以来,唯晋朝施用;缙绅之士,多遵玄义。夫先王制礼,以大顺群心。丧也宁戚,著自前训。今大宋开泰,品物遂理。愚谓宜同即物情,以玄义为制,朝野一礼,则家无殊俗。"从之。

迁司徒左长史,出为始兴太守。元嘉二年,为江夏王义恭抚军长史、历阳太守,行州府之任,绥怀得理,军民便之。寻入为侍中。明年,徙为都官尚书,改领吏部。性峭急,颇失缙绅之望。出为丹阳尹。淮之究识旧仪,问无不对,时大将军彭城王义康录尚书事,每叹曰:"何须高论玄虚,正得如王淮之两三人,天下便治矣。"然寡乏风素,不为时流所重。撰《仪注》,朝廷至今遵用之。十年,卒,时年五十六。追赠太常。子兴之,征虏主簿。

王韶之,字休泰,琅邪临沂人也。曾祖廙,晋骠骑将军。祖羡之,镇军掾。父伟之,本国郎中令。韶之家贫,父为乌程令,因居县境。好史籍,博涉多闻。初为卫将军谢琰行参军。伟之少有志尚,当世诏命表奏,辄自书写。泰元、隆安时事,小大悉撰录之,韶之因此私撰《晋安帝阳秋》。既成,时人谓宜居史职,即除著作佐郎,使续后事,讫义熙九年。善叙事,辞论可观,为后代佳史。迁尚书祠部郎。晋帝自孝武以来,常居内殿,武官主书于中通呈,以省官一人管司诏诰,任在西省,因谓之西省郎。傅亮、羊徽相代,领西省事。转中书侍郎。安帝之崩也,高祖使韶之与帝左右密加鸩毒。恭帝即位,迁黄门侍郎,领著作郎,西省如故。凡诸诏奏,皆其辞也。

高祖受禅,加骁骑将军、本郡中正,黄门如故,西省职解,复掌宋书。有司奏东冶士朱道民禽三叛士,依例放遣,韶之启曰:"尚书金部奏事如右,斯诚检忘一时权制,俱非经国弘本之令典。臣寻旧制,以罪补士,凡有十余条,虽同异不絫,而轻重实殊。至于诈列父母死,诬罔父母淫乱,破义反逆,此四条,实穷乱抵逆,人理必尽。虽复殊刑过制,犹不足以塞莫大之罪。既获全首领,大造已隆,宁可复遂拔徒隶,缓带当年,自同编户,列齿齐民乎?臣惧此制永行,所亏实大。方今圣化惟新,崇本弃末,一切之令,宜加详改。愚谓此四条不合加赎罪之恩。"侍中褚淡之同韶之三条,却宜仍旧。诏可。又驳员外散骑侍郎王实之请假事曰:"伏寻旧制,群臣家有情事,听并急六十日。太元中改制,年赐假百日。又居在千里外,听并请来年限,合为二百日。此盖一时之令,非经通之旨。会稽虽途盈千里,未为足难,百日归休,于事自足。若私理不同,便应自表陈解,岂宜名班朝列,而久淹私门?臣等参议,谓不合开许。或家在河、洛及岭、沔、汉者,道阻且长,犹宜别有条品,请付尚书详为其制。"从之。坐玺封谬误,免黄门,事在《谢晦传》。

韶之为晋史,序王珣货殖,王廞作乱。珣子弘,廞子华,并贵显,韶之惧为所陷,深结徐羡之、傅亮等。少帝即位,迁侍中,骁骑如故。景平元年,出为吴兴太守。羡之被诛,王弘入为相,领扬州刺史。弘虽与韶之不绝,诸弟未相识者,皆不复往来。韶之在郡,常虑为弘所绳,夙夜勤厉,政绩甚美,弘亦抑其私憾。太祖两嘉之。在任积年,称为良守,加秩中二千石。十年,征为祠部尚书,加给事中。坐去郡长取送故,免官。十二年,又出为吴兴太守。其年卒,时年五十六。七庙歌辞,韶之制也。文集行于世。子晔,尚书驾部外兵郎,临贺太守。

荀伯子,颍川颍阴人也。祖羡,骠骑将军。父猗,秘书郎。伯子少好学,博览经传,而通率好为杂戏,遨游闾里,故以此失清涂。解褐为驸马都尉,奉朝请,员外散骑侍郎。著作郎徐广重其才学,举伯子及王韶之并为佐郎,助撰晋史及著桓玄等传。迁尚书祠部郎。

义熙九年,上表曰:"臣闻咎繇亡后,臧文以为深叹,伯氏夺邑,管仲所以称仁。功高可百世不泯,滥赏无崇朝宜许。故太傅巨平侯祜,明德通贤,宗臣莫二,勋参佐命,功成平吴,而后嗣阙然,蒸尝莫寄。汉以萧何元功,故绝世辄绍。愚谓巨平之封,宜同酂国。故太尉广陵公陈准,党翼孙秀,祸加淮南,窃飨大国,因罪为利。值西朝政刑失裁，中兴复因而不夺。今王道惟新，岂可不大判臧否？谓广陵之国，宜在削除。故太保卫瓘，本爵萧阳县公，既被横祸，及进弟秩，始赠兰陵，又转江夏。中朝公辅，多非理终，瓘功德不殊，亦无缘独受偏赏，宜复本封，以正国章。"诏付门下。

前散骑常侍江夏公卫玙上表自陈曰："臣乃祖故太保瓘，于魏咸熙之中，太祖文皇帝为元辅之日，封萧阳侯；大晋受禅，进爵为公。历位太保，总录朝政。于时贾庶人及诸王用事，忌瓘忠节，故楚王玮矫诏致祸。前朝以瓘秉心忠正，加以伐蜀之勋，故追封兰陵郡公。永嘉之中，东海王越食兰陵，换封江夏，户邑如旧。臣高祖散骑侍郎璪，口之嫡孙，纂承封爵。中宗元皇帝以曾祖故右卫将军崇承袭，逮于臣身。伏闻祠部郎荀伯子表，欲贬降复封萧阳。夫赵氏之忠，宠延累叶，汉祖开封，誓以山河。伏愿陛下录既往之勋，垂罔极之施，乞出臣表，付外参详。"颍川陈茂先亦上表曰："祠部郎荀伯子表卫七世祖太尉淮祸加淮南，不应滥赏。寻先臣以剪除贾谧，封海陵公，事在淮南遇祸之前。后广陵虽在扰攘之际，臣祖乃始蒙殊遇，历位元、凯。后被远出，乃作平州，而犹不至除国。良以先勋深重，百世不泯故也。圣明御世，英辅系兴，曾无疑议，以为滥赏。臣以微弱，未齿人伦，加始勉视息，封爵兼嗣。伏愿陛下远录旧勋，特垂矜察。"诏皆付门下，并不施行。

伯子为世子征虏功曹，国子博士。妻弟谢晦荐达之，入为尚书左丞，出补临川内史。车骑将军王弘称之曰："沈重不华，有平阳侯之风。"伯子常自矜荫藉之美，谓弘曰："天下膏粱，唯使君与下官耳。宣明之徒，不足数也。"迁散骑常侍，本邑大中正。又上表曰："伏见百官位次，陈留王在零陵王上，臣愚窃以为疑。昔武王克殷，封神农之后于焦，黄帝之后于祝，帝尧之后于蓟，帝舜之后于陈，夏后于杞，殷后于宋。杞、陈并为列国，而蓟、祝、焦无闻焉。斯则褒崇所寄，优于远代之显验也。是以《春秋》次序诸侯，宋居杞、陈之上。考之近世，事亦有征。晋泰始元年，诏赐山阳公刘康子弟一人爵关内侯，卫公姬署、宋侯孔绍子一人驸马都尉。又泰始三年，太常上博士刘熹等议，称卫公署于大晋为三恪之数，应降称侯。臣以零陵王位宜在陈留之上。"从之。

迁太子仆，御史中丞，莅职勤恪，有匪躬之称；立朝正色，外内惮之。凡所奏劾，莫不深相谤毁，或延及祖祢，示其切直；又颇杂嘲戏，故世人以此非之。出补司徒左长史，东阳太守。元嘉十五年，卒官，时年六十一。文集传于世。

子赤松，为尚书左丞，以徐湛之党，为元凶所杀。伯子族弟昶，字茂祖，与伯子绝服五世。元嘉初，以文义至中书郎。昶子万秋，字元宝，亦用才学自显。世祖初，为晋陵太守。坐于郡立华林阁，置主书、主衣，下狱免。前废帝末，为御史中丞，卒官。

史臣曰：夫令问令望，诗人所以作咏；有礼有法，前谟以之垂美。荀、范、二王，虽以学义自显，而在朝之誉不弘，盖由才有余而智未足也，惜矣哉！

卷六十一　　列传第二十一

武　三　王

武帝七男：张夫人生少帝，孙修华生庐陵孝献王义真，胡婕妤生文皇帝，王修容生彭城王义康，袁美人生江夏文献王义恭，孙美人生南郡王义宣，吕美人生衡阳文王义季。义康、义宣别有传。

庐陵孝献王义真，美仪貌，神情秀彻。初封桂阳县公，食邑千户。年十二，从北征大军进长安，留守栢谷坞，除员外散骑常侍，不拜。及关中平定，高祖议欲东还，而诸将行役既久，咸有归愿，止留偏将，不足镇固人心，乃以义真行都督雍、凉、秦三州之河东、平阳、河北三郡诸军事、安西将军、领护西戎校尉、雍州刺史。太尉谘议参军京兆王修为长史，委以关中之任。高祖将还，三秦父老诣门流涕诉曰："残民不沾王化，于今百年矣。始睹衣冠，方仰圣泽。长安十陵，是公家坟墓，咸阳宫殿数千间，是公家屋宅，舍此欲何之？"高祖为之愍然，慰譬曰："受命朝廷，不得擅留。感诸君恋本之意，今留第二儿，令文武贤才共镇此境。"临还，自执义真手以授王修，令修执其子孝孙手以授高祖。义真寻除正，加节，又进督并东秦二州、司州之东安定、新平二郡诸军事，领东秦州刺史。时陇上流人，多在关中，望因大威，复得归本。及置东秦州，父老知无复经略陇右、固关中之意，咸共叹息。而佛佛虏寇逼交至。

沈田子既杀王镇恶，王修又杀田子。义真年少，赐与左右不节，修常裁减之，左右并怨。因是白义真曰："镇恶欲反，故田子杀之。修今杀田子，是又欲反也。"义真乃使左右刘乞等杀修。修字叔治，京兆灞城人也。初南渡见桓玄，玄知之，谓曰："君平世吏部郎才。"修既死，人情离骇，无相统一。

高祖遣将军朱龄石替义真镇关中，使义真轻兵疾归。诸将竞敛财货，多载子女，方轨徐行，虏追骑且至。建威将军傅弘之曰："公处分亟进，恐虏追击人也。今多将辎重，一日行不过十里；虏骑追至，何以待之？宜弃车轻行，乃可以免。"不从。贼追兵果至，骑数万匹。辅国将军蒯恩断后，不能禁；至青泥，后军大败，诸将及府功曹王赐悉被俘虏。义真在前，故得与数百人奔散。日暮，虏不复穷追。义真与左右相失，独逃草中。中兵参军段宏单骑追寻，缘道叫唤，义真识其声，出就之，曰："君非段中兵邪？身在此。"宏大喜，负之而归。义真谓宏曰："今日之事，诚无算略。然丈夫不经此，何以知艰难。"

初，高祖闻青泥败，未得义真审问，有前至者访之，并云"暗夜奔败，无以知存亡"。高祖怒甚，克日北伐，谢晦谏不从。及得宏启事，知义真已免，乃止。

义真寻都督司、雍、秦、并、凉五州诸军、建威将军、司州刺史，持节如故。以段宏为义真谘议参军，寻迁宋台黄门郎，领太子右卫率。宏，鲜卑人也，为慕容超尚书左仆射、徐州刺史。高祖伐广固，归降。太祖元嘉中，为征房将军、青冀二州刺史。追赠左将军。时义真将镇洛阳，而河南萧条，未及修理，改除扬州刺史，镇石头。

永初元年，封庐陵王，食邑三千户，移镇东城。高祖始践阼，义真意色不悦，侍读博士蔡茂之问其故，义真曰："安不忘危，休泰何可恃。"明年，迁司徒。高祖不豫，以为使持节、侍中、都督南豫、豫、雍、司、秦、并六州诸军事、车骑将军、开府仪同三司、南豫州刺史，出镇历阳。未之任而高祖崩。

义真聪明爱文义，而轻动无德业。与陈郡谢灵运、琅邪颜延之、慧琳道人并周旋异常，云得志之日，以灵运、延之为宰相，慧琳为西豫州都督。徐羡之等嫌义真与灵运、延之昵狎过甚，故使范晏从容戒之。义真曰："灵运空疏，延之隘薄，魏文帝云鲜能以名节自立者。但性情所得，未能忘言于悟赏，故与之游耳。"将之镇，列部伍于东府前，既有国哀，义真所乘舫单素，不及母孙修仪所乘者。义真与灵运、延之、慧琳等共视部伍，因宴舫内，使左右剔母舫函道以施己舫，而取其胜者。及至历阳，多所求索，羡之等每裁量不尽与，深怨执政，表求还都。而少帝失德，羡之等密谋废立，则次第应在义真，以义真轻吵，不任主社稷，因其与少帝不协，乃奏废之，曰：

臣闻二叔不咸，难结隆周，淮南悖纵，祸兴盛汉，莫不义以断恩，情为法屈。二代之事，殷鉴无远，仁厚之主，行之不疑。故共叔不断，几倾郑国；刘英容养，衅广难深。前事之不忘，后王之成鉴也。

案车骑将军义真，凶忍之性，爰自稚弱，咸阳之酷，丑声远播。先朝犹以年在纨绮，冀能改厉，天属之爱，想闻革心。自圣体不豫，以及大渐，臣庶忧惶，内外屏气。而纵博酣酒，日夜无辍，肆口纵言，多行无礼。先帝贻厥之谋，图虑经固，亲敕陛下，面诏臣等，若遂不悛，必加放黜；至言苦厉，犹在纸翰。而自兹迄今，日月增甚，至乃委弃藩屏，志还京邑，潜怀异图，希幸非冀，转聚甲卒，征召车马。陵坟未干，情事犹昨，遂蔑弃遗旨，显违成规，整棹浮舟，以示归志，肆心专己，无复谘承。圣恩低徊，深垂隐忍，屡遣中使，苦相敦释。而亲对散骑侍郎邢安泰、广武将军茅仲思，纵其悖骂，讪主谤朝，此久播于远近，暴于人听。

臣闻原火不扑，蔓草难除；青青不伐，终致寻斧。况忧深患著，社稷虑切。请一遵晋朝武陵旧典，使顾怀之旨，不坠于武庙；全宥之德，获申于昵亲。仰寻感恸，临启悲咽。

乃废义真为庶人，徙新安郡。前吉阳令堂邑张约之上疏谏曰：

臣闻仁义之在天下，若中原之有菽；理感之被万物，故不系于贵贱。是以考叔反悔誓于及泉，壶关复冤魂于湖邑。当斯之时，岂无尊卿贤辅，或以事迫心违，或以道壅谋屈，何尝不愿闻善于舆隶，药石于阿

氏哉！臣虽草芥，备充黔首，少不量力，颇高殉义之风，谓蹈善于朝闻，愈徒生于白首。用敢干禁忘戮，披叙丹愚。

伏惟高祖武皇帝诞兹神武，抚运龙兴，仰清天步，则齐德有虞，俯廓九州，则侔功大夏，故虔顺天人，享有万国。虽灵祚修长，圣躬弗永，陛下继明绍统，遐迩一心，藩王哲茂，四维宁谧，倾耳康哉之咏，企踵升平之风。

窃念庐陵王少蒙先皇优慈之遇，长受陛下睦爱之恩。故在心必言，所怀必亮，容犯臣子之道，致招骄恣之怨。至于天姿凤成，实有卓然之美。宜在容养，录善掩瑕，训尽义方，进退以渐。今猥加剥辱，幽徙远郡，上伤陛下棠棣之笃，下令远近恇然失图，士庶杜口，人为身计。臣伏思大宋之兴，虽协应符纬，而开基造次，根条未繁。宜广树藩戚，敦睦以道，使兄弟之美，比辉鲁、卫；龟策告同，祚均七百，岂不善哉！

陛下富于春秋，虑未重复，忽安危之远算，肆不忍于一朝。特愿留神允思，重加询采。上考前代兴亡之由，中存武皇缔构之业，下顾苍生颙颙之望，时开曲宥，反王都邑。选保傅于旧老，求四友于髦俊，引诱情性，导达聪明。凡人在苦，皆能自厉，况王质朗心聪，易加训范。且中贤之人，未能无过；过贵自改，罪愿自新。以武皇之爱子，陛下之懿弟，岂可以其一眚，长致沦弃哉！冒昧死诣阙，伏地以闻。惟愿丹诚，一经天听，退就斧锧，无愧地下矣。

书奏，以约之为梁州府参军，寻见杀。景平二年六月癸未，羡之等遣使杀义真于徙所，时年十八。元嘉元年八月，诏曰："前庐陵王灵柩在远，国封堕替，感惟拱恸，情若贯割。王体自至极，地戚属尊，岂可令情礼永沦，终始无寄。可追复先封，特遣奉迎，并孙修华、谢妃一时俱还。言增摧哽。"三年正月，诛徐羡之、傅亮等。是日诏曰："故庐陵王含章履正，英哲自然，道心内昭，徽风遐被。遭时多难，志匡权逼，天未悔祸，运钟屯险，群凶肆丑，专窃国柄，祸心潜构，衅生不图。朕每永念仇耻，含痛内结，遵养奸愿，情礼未申。今王道既亨，政刑始判，宣昭国体，于是乎在。可追崇侍中、大将军，王如故。为慰冤魂，少申悲愤。"又诏曰："乃者权臣陵纵，兆乱基祸，故吉阳令张约之抗疏矢言，至诚慷慨，遂事屈群丑，殒命遐疆，志节不申，感焉兼至。昔关老奏书，见纪汉策，阎纂献规，荷荣晋代。考其忠概，参迹前踪，宜加旌显，式扬义烈。可赠以一郡，赐钱十万，布百匹。"

义真无子，太祖以第五子绍字休胤为嗣。元嘉九年，袭封庐陵王。少而宽雅，太祖甚爱之。二十年，出为南中郎将、江州刺史，时年十二。二十二年，入朝，加棨戟，进都督江州、豫州之西阳、晋熙、新蔡三郡诸军事。在任七年，改授左将军、南徐州刺史，给鼓吹一部。未之镇，仍迁扬州刺史，将军如故。索虏至瓜步，绍从太子镇石头。二十九年，疾患解职。其年薨，时年二十一。遗令敛以时服，素棺周身，太祖从之。追赠散骑常侍、镇军将军、开

府仪同三司，刺史如故。

无子，南平王铄第三子敬先为嗣。本名敬秀，既出继而绍妃褚秀之孙女，故改焉。景和二年，为前废帝所害。追赠中书侍郎，谥曰恭王。无子，太宗泰始元年，以世祖第二十一子晋熙王子舆字文为绍嗣，封庐陵王。为辅国将军、南高平、临淮二郡太守，并未拜，为太宗所杀。三年，更以桂阳王休范第二子德嗣绍。为建威将军、淮陵、南彭城二郡太守。后废帝元徽二年，与休范俱伏诛。国复绝。三年，复以临澧忠侯袭第三子昺字渊华继绍。为给事中。顺帝升明元年，薨，谥曰元王。又无子，国除。

江夏文献王义恭，幼而明颖，姿颜美丽，高祖特所钟爱，诸子莫及也。饮食寝卧，常不离于侧。高祖为性俭约，诸子食不过五盏盘，而义恭爱宠异常，求须果食，日中无算，得未尝啖，悉以乞与傍人。庐陵诸王未尝敢求，求亦不得。

景平二年，监南豫、豫、司、雍、秦、并、六州诸军事、冠军将军、南豫州刺史，代庐陵王义真镇历阳，时年十二。元嘉元年，封江夏王，食邑五千户。加使持节，进号抚军将军，给鼓吹一部。三年，监南徐、兖二州、扬州之晋陵诸军事，徐州刺史，持节、将军如故。进监为都督，未之任。太祖征谢晦，义恭还镇京口。六年，改授散骑常侍、都督荆、湘、雍、益、梁、宁南北秦八州诸军事、荆州刺史，持节、将军如故。义恭涉猎文义，而骄奢不节，既出镇，太祖与书诫之曰：

汝以弱冠，便亲方任。天下艰难，家国事重，虽曰守成，实亦未易。隆替安危，在吾曹耳，岂可不感寻王业，大惧负荷。今既分张，言集无日，无由复得动相规诲，宜深自砥砺，思而后行。开布诚心，盾怀平当，亲礼国士，友接佳流，识别贤愚，鉴察邪正，然后能尽君子之心，收小人之力。

汝神意爽悟，有日新之美，而进德修业，未有可称，吾所以恨之而不能已者也。汝性褊急，袁太妃亦说如此。性之所滞，其欲必行，意所不在，从物回改，此最弊事。宜应慨然立志，念自裁抑。何至丈夫方欲赞世成名而无断者哉！今粗疏十数事，汝别时可省也。远大者岂可具言，细碎复非笔可尽。

礼贤下士，圣人垂训；骄佟矜尚，先哲所去。豁达大度，汉祖之德；猜忌褊急，魏武之累。《汉书》称卫青云："大将军遇士大夫以礼，与小人有恩。"西门、安于，矫性齐美；关羽、张飞，任偏同弊。行己举事，深宜鉴此。

若事异今日，嗣子幼蒙，司徒便当周公之事，汝不可不尽祗顺之理。苟有所怀，密自书陈。若形迹之间，深宜慎护。至于尔时安危，天下决汝二人耳，勿忘吾言。

今既进袁太妃供给，计足充诸用，此外一不须复有求取，近亦具白此意。唯脱应大饷致，而当时遇有所乏，汝可少多供奉耳。汝一月日用不可过三十万，若能省此，益美。

西楚殷旷，常宜早起，接对宾侣，勿使留滞。判急务讫，然后可入问讯，既睹颜色，审起居，便应即出，不须久停，以废庶事也。下日及夜，自有余闲。

府舍住止，园池堂观，略所谙究，计当无须改作。司徒亦云尔。若脱于左右之宜，须小小回易，当以始至一治为限，不烦纷纭，日求新异。

凡讯狱多决，当时难可逆虑，此实为难，汝复不习，殊当未有次第。讯前一二日，取讯簿密与刘湛辈共详，大不同也。至讯日，虚怀博尽，慎无以喜怒加人。能择善者而从之，美自归己。不可专意自决，以矜独断之明也。万一如此，必有大咎，非唯讯狱，君子用心，自不应尔。刑狱不可壅滞，一月可再讯。

凡事皆应慎密，亦宜豫敕左右，人有至诚，所陈不可漏泄，以负忠信之款也。古人言"君不密则失臣，臣不密则失身"。或相逸构，勿轻信受，每有此事，当善察之。

名器深宜慎惜，不可妄以假人。昵近爵赐，尤应裁量。吾于左右虽为少恩，如闻外论，不以为非也。以贵陵物物不服，以威加人人不厌，此易达事耳。

声乐嬉游，不宜令过，搏蒱渔猎，一切勿为。供用奉身，皆有节度；奇服异器，不宜长生。汝嫔侍左右，已有数人，既始至西，未可匆匆复有所纳。

又诫之曰：

宜数引见佐史，非唯臣主自应相见。不数，则彼我不亲。不亲则无因得尽人；人不尽，复何由知其众事。广引视听，既益开博，于言事者，又差有地也。

九年，征为都督南兖、徐、兖、青、冀、幽六州、豫州之梁郡诸军事、征北将军、开府仪同三司、南兖州刺史，镇广陵。时诏内外百官举才，义恭上表曰：

臣闻云和备乐，则繁会克谐，骅骝骋服，则致远斯效。陛下顺简贪化，文明在躬，玉衡既正，泰阶载一，而犹发虑英髦，垂情仄陋，幽谷空同，显著扬历。是以潜虬耸鳞，伫利见之期；翔凤弭翼，应来仪之感。

窃见南阳宗炳，操履闲远，思业贞纯，砥节丘园，息宾盛世，贫约而苦，内无改情，轩冕屡招，确尔不拔。若以蒲帛之聘，感以大伦之美，庶投竿释褐，翻然来仪，必能毗燮九官，宣赞百揆。

尚书金部郎臣徐豁之，臣府中直兵参军事臣王天宝，并局力允济，忠谅款诚。往年逆臣叛逸，华阳失守，豁之全境宁民，绩章危棘。前者经略伊、瀍，元戎丧旅，天宝北勤河朔，东据营丘，勋勇既昭，心事兼竭。虽蒙褒叙，未尽才宜，并可授以边藩，展其志力。

交趾辽邈，累丧藩将，政刑每阙，抚莅惟艰。南中夐远，风谣迥隔，蛮獠狡窃，边氓荼炭，实须练实，以绥其难。谓豁之可交州刺史，天宝可宁州刺史，庶足威怀荒表，肃清遐服。昔魏戊之贤，功存荐士；赵武之明，事彰管库。臣识愧前良，理谢先哲，率举所知，仰酬采访，退惧瞽言，无足甄奖。

十六年，进位司空。明年，大将军彭城王义康有罪出藩，征义恭为侍中、都督扬、南徐、兖三州诸军事、司徒、录尚书，领太子太傅，持节如故，给班剑二十人，置仗加兵。明年，解督南兖。二十一年，进太尉，领司徒，余如故。义恭既小心恭慎，且戒义康之失，虽为总录，奉行文书而已，故太祖安之。相府年给钱二千万，它物倍此，而义恭性奢，用常不足，太祖又别给钱年千万。二十六年，领国子祭酒。时有献五百里马者，以赐义恭。

二十七年春，索虏寇豫州，太祖因此欲开定河、洛。其秋，以义恭总统群帅，出镇彭城，解国子祭酒。虏遂深入，径至瓜步，义恭与世祖闭彭城自守。二十八年春，虏退走，自彭城北过，义恭震惧不敢追。其日，民有告："虏驱广陵民万余口，夕应宿安王陂，去城数十里。今追之，可悉得。"诸将并请，义恭又禁不许。经宿，太祖遣驿至，使悉力急追。义恭乃遣镇军司马檀和之向萧城。虏先已闻知，乃尽杀所驱广陵民，轻骑引去。初，虏深入，上虑义恭不能固彭城，备加诫敕。义恭答曰："臣未能临瀚海，济居延，庶免刘仲奔逃之耻。"及虏至，义恭果走，赖众议得停，事在《张畅传》。降义恭号骠骑将军、开府仪同三司，余悉如故。

鲁郡孔子旧庭有柏树二十四株，经历汉、晋，其大连抱。有二株先折倒，士人崇敬，莫之敢犯，义恭遣人伐取，父老莫不叹息。又以本官领南兖州刺史，增督南兖、豫、徐、兖、青、冀、司、雍、秦、幽、并十一州诸军事，并前十三州，移镇盱眙。修治馆宇，拟制东城。

二十九年冬，还朝，上以御所乘苍鹰船上迎之。遭太妃忧，改授大将军、都督扬、南徐二州诸军事、南徐州刺史，持节、侍中、录尚书、太子太傅如故。还镇东府。辞侍中，未拜。值元凶肆逆，其日劭召义恭。先是，诏召太子及诸王，各有常人，虑有诈妄致害者。至是义恭求常所遣传诏，劭遣之而后入。义恭请罢兵，凡府内兵仗，并送还台。进位太保，进督会州诸军事，服侍中服，又领大宗师。

世祖入讨，劭疑义恭有异志，使入住尚书下省，分诸子并住神虎门外侍中下省。劭闻世祖已次近路，欲悉力逆之，决战中道。义恭虑世祖船乘陋小，劭冢突中流，容能为患，乃进说曰："割弃南岸，栅断石头，此先朝旧法；以逸待劳，不忧不破也。"劭从之。世祖前锋至新亭，劭挟义恭出战，恒录在左右，故不能自拔。战败，使义恭于东堂简将。义恭先使人具船于东冶渚，因单马南奔。始济淮，追骑已至北岸，仍然得免。劭大怒，遣始兴王浚就西省杀义恭十二子。

世祖时在新林浦，义恭既至，上表劝世祖即位，曰："臣闻治乱无兆，倚伏相因，乾灵降祸，二凶极逆，深酷巨痛，终古未有。陛下忠孝自天，赫然电发，投袂泣血，四海顺轨，是以诸侯云赴，数均八百。义奋之旅，其会如林。神祚明德，有所底止，而冲居或跃，未登天祚，非所以严重宗社，绍延七百。昔张武抗辞，代王顺请；耿纯陈款，光武正位。况今罪逆无亲，恶盈衅满，阻兵安忍，戮善崇奸，履地戴天，毕命俄顷；宜早定尊号，以固社稷。景平之季，实惟乐推，王室之乱，天命有在，故抱拜兆于

压璧，赤龙表于霄征。伏惟大明无私，远存家国七庙之灵，近哀黔首荼炭之切，时陟帝祚，永慰群心。臣负衅婴罚，偷生人壤，幸及宽政，待罪有司，敢以漏刻视息，披露肝胆。"世祖即祚，授使持节、侍中、都督扬、南徐二州诸军事、太尉、录尚书六条事、南徐、徐二州刺史，给鼓吹一部，班剑二十人；又假黄钺。事宁，进位太傅，领大司马，增班剑数为三十人。以在藩所服玉环大绶赐之。增封二千户。

上不欲致礼太傅，讽有司奏曰："圣旨谦光，尊师重道，欲致拜太傅，斯诚弘兹远风，敦阐盛则。然周之师保，实称三吏，晋因于魏，特加其礼。帝道严极，既有常尊，考之史载，未见兹典。故卞壶、孙楚并谓人君无降尊之义。远稽圣典，近即群心，臣等参议谓不应有加拜之礼。"诏曰："暗薄纂统，实凭师范，思尽虔恭，以承道训。所奏稽诸往代，谓无拜礼，据文既明，便从所执。"世祖立太子，东宫文案，使先经义恭。

孝建元年，南郡王义宣、臧质、鲁爽等反，加黄钺，白直百人入六门。事平，以臧质七百里马赐义恭，又增封二千户。世祖以义宣乱逆，由于强盛，至是欲削弱王侯。义恭希旨，乃上表省录尚书，曰："臣闻天地设位，三极同序，皇王化则，九官咸事。时亮之绩，昭于《虞典》；论道之风，宣于周载。台辅之设，坐调阴阳，元、凯之置，起厘百揆。所以栾针矢言，侵官是诫；陈平抗辞，匪职罔答。汉承秦后，庶僚稍改。爵因时变，任与世移，总录之制，本非旧体，列代相沿，兹仍未革。今皇家中造，事遵前文，宜宪章先代，证文古则，停省条录，以依昔典。使物竟思存，人怀勤壹，则名实靡怨，庸节必纪。臣谬典国重，虚荷崇位，兴替宜知，敢不输尽。"上从其议。又与骠骑大将军竟陵王诞奏曰："臣闻俯悬有数，等级异仪，佩笏有制，卑高殊序。斯盖上哲之洪谟，范世之明训。而时至弥流，物无不弊，僭侈由俗，轨度非古。晋代东徙，旧法沦落，侯牧典章，稍与事广，名实一差，难以卒变，章服崇滥，多历年所。今枢机更造，皇风载新，耗弊未充，百用思约，宜备品式之律，以定损厌之条。臣等地居枝昵，位参台辅，遵正之首，请以爵先；致贬之端，宜从戚始。辄因暇日，共参愚怀，应加省易，谨陈九事。虽惧匪衷，庶竭微款。伏愿陛下听览之余，薄垂昭纳，则上下相安，表里和穆矣。"诏付外详。有司奏曰：

车服以庸，《虞书》茂典；名器慎假，《春秋》明诫。是以尚方所制，汉有严律，诸侯窃服，虽亲必罪。降于顷世，下僭滋极。器服装饰，乐舞音容，通于王公，达于众庶。上下无辨，民志靡壹。义恭所陈，实允礼度。九条之格，犹有未尽，谨共附益，凡二十四条：

听事不得南向坐，施帐并幡。藩国官，正冬不得跋登国殿，及夹侍国师传令及油戟；公主王妃传令，不得朱服；舆不得重枙；翣扇不得雉尾；剑不得鹿卢形；梁瓱不得孔雀白鹭；夹毂队不得绛袄。平乘诞马不得过二匹；胡伎不得彩衣；舞伎正冬著裌衣，不得装面；冬会不得铎舞、杯柈舞；长跷、透狭、舒

丸剑、博山、缘大橦、升五案，自非正冬会奏舞曲，不得舞；诸妃主不得著绲带；信幡非台省官悉用绛；郡县内史相及封内官长，于其封君，既非在三，罢官则不复追敬，不合称臣，宜止下官而已；诸镇常行，车前后不得过六队，白直夹毂，不在其限。刀不得过银铜为饰；诸王女封县主，诸王子孙袭封之王妃及封侯者夫人行，并不得卤簿；诸王子继体为王者，婚葬吉凶，悉依诸国公侯之礼，不得同皇弟皇子。车非辇车，不得油幢；平乘船皆下两头作露平形，不得拟象龙舟，悉不得朱油；帐钩不得作五花及竖笋形。

诏可。

是岁十一月，还镇京口。二年春，进督东、南兖二州。其冬，征为扬州刺史，余如故。加入朝不趋，赞拜不名，剑履上殿，固辞殊礼。又解持节、都督并侍中。

义恭撰《要记》五卷，起前汉迄晋太元，表上之，诏付秘阁。时西阳王子尚有盛宠，义恭解扬州以避之，乃进位太宰，领司徒。义恭常虑为世祖所疑，及海陵王休茂于襄阳为乱，乃上表曰：

古先哲王，莫不广植周亲，以屏帝宇，诸侯受爵，亦愿永固邦家。至有管蔡、梁燕，致祸周、汉，上乖显授之恩，下亡血食之业。夫善积庆深，宜享长久，而历代侯王，甚乎匹庶。岂异姓皆贤，宗室悉不贤。由生于深宫，不睹稼穑，左右近习，未值田苏，富贵骄奢，自然而至，聚毛折轴，遂乃危祸。汉之诸王，并置傅相，犹不得禁逆；七国连谋，实由强盛。晋氏列封，正足成永嘉之祸。尾大不掉，终古同疾，不有更张，则其源莫救。

日者庶人恃亲，殆倾王业。去岁西寇藉宠，几败皇基。不图襄楚，复生今衅，良以地胜兵勇，奖成凶恶。前事之不忘，后事之明兆。陛下大明绍祚，垂法万叶。臣年衰意塞，无所知解。忝皇族者长，惭慨内深，思表管见，裨崇万一。窃谓诸王贵重，不应居边，至于华州优地，时可暂出。既以有州，不须置府。若位登三事，止乎长史掾属。若宜镇御，别差理城大将。若情乐冲虚，不宜逼以戎事。若舍文好武，尤宜禁塞。僚佐文学，足充话言，游梁之徒，一皆勿许。文武从镇，以时休止，妻子室累，不烦自随。百僚修诣，宜遵晋令，悉须宣令齐到，备列宾主之则。衡泌之士，亦无烦干候贵王。器甲于私，为用盖寡，自金银装刀剑战具之服，皆应输送还本。曲突徙薪，防之有素，庶善者无惧，恶者止奸。

时世祖严暴，义恭虑不见容，乃卑辞曲意，尽礼祗奉，且便辩善附会，俯仰承接，皆有容仪。每有符瑞，辄献上赋颂，陈咏美德。大明元年，有三脊茅生石头西岸，累表劝封禅，上大悦。三年，省兵佐，加领中书监，以崇艺、昭武、永化三营合四百三十七户给府；更增吏僮千七百人，合为二千九百人。六年，解司徒府太宰府依旧辟召。又年给三千匹布。七年，从巡，兼尚书令，解中书监。八年闰月，又领太尉。其月，世祖崩，遗诏："义恭解尚书令，加中书监；柳元景领尚书令，入住城内。事无巨细，悉关二公；大事与沈庆之参决，若有军旅，可为总统。尚书中事委颜师伯。外监所统委王玄谟。"

前废帝即位，诏曰："总录之典，著自前代。孝建始年，虽暂并省，而因革有宜，理存济务。朕茕独在躬，未涉政道，百揆庶务，允归尊德。太宰江夏王义恭新除中书监、太尉，地居宗重，受遗阿衡，实深凭倚，用康庶绩，可录尚书事，本官监、太宰、王如故；侍中、骠骑大将军、南兖州刺史、巴东郡开国公、新除尚书令元景，同禀顾誓，翼辅皇家，赞业宣风，繄公是赖。可即本号开府仪同三司，领兵置佐，一依旧准，领丹阳尹、侍中、领公如故。"又增义恭班剑为四十人，更申殊礼之命。固辞殊礼。

义恭性嗜不恒，日时移变，自始至终，屡迁第宅。与人游款，意好亦多不终。而奢侈无度，不爱财宝，左右亲幸者，一日乞与，或至一二百万；小有忤意，辄逼夺之。大明时，资供丰厚，而用常不足，赊市百姓物，无钱可还，民有通辞求钱者，辄题后作"原"字。善骑马，解音律，游行或三五百里，世祖恣其所之。东至吴郡，登虎丘山，又登无锡县乌山以望太湖。大明中撰国史，世祖自为义恭作传。及永光中，虽任宰辅，而承事近臣戴法兴等，常若不及。

前废帝狂悖无道，义恭、元景等谋欲废立。永光元年八月，废帝率羽林兵于第害之，并其四子，时年五十三。断析义恭支体，分裂肠胃，挑取眼精，以蜜渍之，以为鬼目精。

太宗定乱，令书曰："故中书监、太宰、领太尉、录尚书事江夏王道性渊深，睿鉴通远，树声列藩，宣风铉德，位隆姬辅，任属负图，勤劳国家，方熙托付之重，尽心毗导，永融雍穆之化。而凶丑忌威，奄加冤害，夷戮有暴，殡岁无闻，愤达幽明，痛贯朝野。朕蒙险在难，含哀莫申，幸赖宗石之灵，克纂祈天之祚，仰惟勋戚，震怛于厥心。昔梁王征庸，警跸备礼；东平好善，黄屋在廷。况公德猷弘懋，彝典未殊者哉！可追赠使持节、侍中、都督中外诸军事、丞相、领太尉、中书监、录尚书事、王如故。给九旒鸾辂，虎贲班剑百人，前后部羽葆、鼓吹，辒辌车。"

泰始三年，又下诏曰："皇基肇建，《屯》、《剥》维难，弘启熙载，底绩忠勋，故从飨世祀，勋勚宗彝。世祖宁乱定业，实资翼亮。故使持节、侍中、都督中外诸军事、丞相、领太尉、中书监、录尚书事江夏文献王义恭，故使持节、侍中、都督南豫、江豫、三州军事、太尉、南豫州刺史巴东郡开国忠烈公元景，故侍中、司空始兴郡开国襄公庆之，故持节、征西将军、雍州刺史洮阳县开国肃侯恁，或体道冲玄，变化康世，或尽诚致效，庚难戡逆，宜式遵国典，陪祭庙庭。"

义恭长子朗，字元明，出继少帝，封南丰县王，食邑千户。为湘州刺史、持节、侍中，领射声校尉。为元凶所杀。世祖即位，追赠前将军、江州刺史。孝建元年，以宗室祗长子欹继封。祗伏诛，欹还本。泰始三年，更以宗室辊第二子铣继封。为秘书郎，与辊俱死。顺帝升明二年，复以宗室琨子绩继封。三年，薨。会齐受禅，国除。

朗弟睿，字元秀，太子舍人。为元凶所害。追赠侍中，谥宣世子。大明二年，追封安隆王。以第四皇子子绥字宝孙继封，食邑二千户。追谥睿曰宣王。以子绥为都督郢州诸军事、冠军将军、郢州刺史；进号后军将军，加持节。太宗泰始元年，进号征南将军，改封江夏王，食邑五千户。改睿为江夏宣王。子绥未受命，与晋安王子勋同逆，赐死。七年，太宗以第八子跻字仲升，继义恭为孙，封江夏王，食邑五千户。后废帝即位，督会稽、东阳、新安、临海、永嘉五郡诸军事、东中郎将、会稽太守，进号左将军。齐受禅，降为沙阳县公，食邑一千五百户。谋反，赐死。

睿弟韶，字元和，封新吴县侯，官至步兵校尉。追赠中书侍郎，谥曰烈侯。韶弟坦，字元度，平都怀侯。坦弟元谅，江安愍侯。元谅弟元粹，兴平悼侯。坦、元谅、元粹并追赠散骑侍郎。元粹弟元仁、元方、元旈、元淑、元胤与朗等凡十二人，并为元凶所杀。元胤弟伯禽，孝建三年生。义恭诸子既遇害，为朝廷所哀，至是世祖名之曰伯禽，以拟鲁公伯禽，周公旦之子也。官至辅国将军、湘州刺史。又为前废帝所杀，谥曰哀世子。又追赠江夏王，改谥曰愍。伯禽弟仲容，封永修县侯。为宁朔将军、临淮、济阳二郡太守。仲容弟叔子，封永阳县侯。叔子弟叔宝，及仲容、叔子，并为前废帝所杀。谥仲容、叔子并曰殇侯。

衡阳文王义季，幼而夷简，无鄙近之累。太祖为荆州，高祖使随往江陵，由是特为太祖所爱。元嘉元年，封衡阳王，食邑五千户。五年，为征虏将军。八年，领石头戍事。九年，迁使持节、都督南徐州诸军事、右将军、南徐州刺史。十六年，代临川王义庆都督荆、湘、雍、益、梁、宁、南北秦八州诸军事、安西将军、荆州刺史，持节如故，给鼓吹一部。先是，义庆在任，值巴蜀乱扰，师旅应接，府库空虚，义季躬行节俭，畜财省用，数年间，还复充实。队主续丰母老家贫，无以充养，遂断不食肉。义季哀其志，给丰母月白米二斛，钱一千，并制丰啖肉。义季素拙书，上听使余人书启事，唯自署名而已。二十年，加散骑常侍，进号征西大将军，领南蛮校尉。

义季素嗜酒，自彭城王义康废后，遂为长夜之饮，略少醒日。太祖累加诘责，义季引愆陈谢。上诏报之曰："谁能无过，改之为贵耳。此非唯伤事业，亦自损性命，世中比比，皆汝所谙。近长沙兄弟，皆缘此致故。将军苏徽，耽酒成疾，旦夕待尽，吾试禁断，并给药膳，至今能立。此自是可节之物，但嗜者不能立志裁割耳。晋元帝人主，尚能感王导之谏，终身不复饮酒。汝既有美尚，加以吾意殷勤，何至不能慨然深自勉厉，乃复须严相割裁，坐诸纷纭，然后少止者。幸可不至此，一门无此酣法，汝于何得之？临书叹塞。"义季虽奉此旨，酣纵如初，遂以成疾。上又诏之曰："汝饮积食少，而素羸多风，常虑至此，今果委顿。纵不能以家国为怀，近不复顾性命之重，可叹可恨，岂复一条。本望能以理自厉，未欲相苦耳。今遣孙道胤就杨佛等令晨夕视汝，并进止汤食，可开怀虚受，慎勿隐避。吾饱尝见人断酒，无它慊吸，盖是当时甘嗜罔已之意耳。今者忧怛，政在性命，未暇及美业，复何为吾煎毒至此邪！"义季终不改，以至于终。

二十一年，为都督南兖、徐、青、冀、幽六州诸军事、征北大将军、开府仪同三司、南兖州刺史，持节、常侍如故。登舟之日，帷帐器服，诸应随刺史者，悉留之，荆楚以为美谈。二十二年，进督豫州之梁郡。迁徐州刺史，持节、常侍、都督如故。明年，索房侵逼，北境扰动，义季惩义康祸难，不欲以功勤自业，无它经略，唯饮酒而已。太祖又诏之曰："杜骥、申怙，仓卒之际，尚以弱甲琐卒，徽寇作援。彼为元统，士马桓桓，既不怀奋发，连被意旨，犹复逡巡。岂唯大乖应赴之宜，实孤百姓之望。且匈奴轻汉，将自此而始。贼初起逸，未知指趋，故且装束，兼存观察耳。少日势渐可见，便应大有经略，何合安然，遂不敢动。遣军政欲乘际会，拯危急，以申威援，本无驱驰平原方幅争锋理。又山路易凭，何以畏首尾迥弱。若谓事理政应如此者，进大镇，聚甲兵，徒为烦耳。"

二十四年，义季病笃，上遣中书令徐湛之省疾，召还京师。未及发，薨于彭城，时年三十三。太尉江夏王义恭表解职迎丧，不许。上遣东海王祎北迎义季丧。追赠侍中、司空，持节、都督、刺史如故。

子恭王嶷，字子岐嗣。中书侍郎，太子中庶子。世祖大明七年，薨，追赠冠军将军、豫州刺史。子伯道嗣。顺帝升明三年，薨。其年，齐受禅，国除。

史臣曰：戒惧乎其所不睹，恐畏乎其所不闻，在于慎所忽也。江夏王，高祖宠子，位居上相，大明之世，亲典冠朝。屈体降情，盘辟于轩槛之上，明其为卑约亦已至矣。得使虐朝暴主，顾无猜色，历载逾十，以尊戚自保。及在永光，幼主南面，公旦之重，属有所归。自谓践冰之虑已除，泰山之安可恃，曾未云几，而磔体分肌。古人以隐微致戒，斯为笃矣。

卷六十二　　　列传第二十二

羊欣　张敷　王微

羊欣，字敬元，泰山南城人也。曾祖忱，晋徐州刺史。祖权，黄门郎。父不疑，桂阳太守。欣少靖默，无竞于人，美言笑，善容止。泛览经籍，尤长隶书。不疑初为乌程令，欣时年十二，时王献之为吴兴太守，甚知爱之。献之尝夏月入县，欣著新绢裙昼寝，献之书裙数幅而去。欣本工书，因此弥善。起家辅国参军，府解还家。隆安中，朝廷渐乱，欣优游私门，不复进仕。会稽王世子元显每使欣书，常辞不奉命，元显怒，乃以为其后军府舍人。此职本用寒人，欣意貌恬然，不以高卑见色，论者称焉。欣尝诣领军将军谢混，混拂席改服，然后见之。时混族子灵运在坐，退告族兄瞻曰："望蔡见羊欣，遂易衣改席。"欣由此益知名。

桓玄辅政，领平西将军，以欣为平西参军，仍转主簿，参预机要。欣欲自疏，时漏密事，玄觉其此意，愈重之，以为楚台殿中郎。谓曰："尚书政事之本，殿中礼乐所出。卿昔处股肱，方此为轻也。"欣拜职少日，称病自免，屏居里巷，十余年不出。

义熙中，弟徽被遇于高祖，高祖谓咨议参军郑鲜之曰："羊徽一时美器，世论犹在兄后，恨不识之。"即板欣补右将军刘藩司马，转长史，中军将军道怜咨议参军。出为新安太守。在郡四年，简惠著称。除临川王义庆辅国长史，庐陵王义真车骑咨议参军，并不就。太祖重之，以为新安太守，前后凡十三年，游玩山水，甚得适性。转在义兴，非其好也。顷之，又称病笃自免归。除中散大夫。

素好黄老，常手自书章，有病不服药，饮符水而已。兼善医术，撰《药方》十卷。欣以不堪拜伏，辞不朝觐，高祖、太祖并恨不识之。自非寻省近亲，不妄行诣，行必由城外，未尝入六关。元嘉十九年，卒，时年七十三。子俊，早卒。

弟徽，字敬猷，世誉多欣。高祖镇京口，以为记室参军掌事。八年，迁中书郎，直西省。后为太祖西中郎长史、河东太守。子瞻，元嘉末为世祖南中郎长史、寻阳太守，卒官。

张敷，字景胤，吴郡人，吴兴太守邵子也。生而母没。年数岁，问母所在，家人告以死生之分，敷虽童蒙，便有思慕之色。年十许岁，求母遗物，而散施已尽，唯得一画扇，乃缄录之，每至感思，辄开笥流涕。见从母，常悲感哽咽。性整贵，风韵甚高，好读玄书，兼属文论，少有盛名。高祖见而爱之，以为世子中军参军，数见接引。永初初，迁秘书郎。尝在省直，中书令傅亮贵宿权要，闻其好学，过候之；敷卧不即起，亮怪而去。

父邵为湘州，去官侍从。太祖版为西中郎参军。元嘉初，为员外散骑侍郎，秘书丞。江夏王义恭镇江陵，以为抚军功曹，转记室参军。时义恭就太祖求一学义沙门，比沙门求见发遣，会敷赴假还江陵，太祖谓沙门曰："张敷应西，当令相载。"及敷辞，上谓曰："抚军须一意怀道人，卿可以后舳载之，道中可得言晤。"敷不奉旨，曰："臣性不耐杂。"上甚不说。

迁正员郎。中书舍人狄当、周赳并管要务，以敷同省名家，欲诣之。赳曰："彼若不相容，便不如不往。讵可轻往邪？"当曰："吾等并已员外郎矣，何忧不得共坐。"敷先设二床，去壁三四尺，二客就席，酬接甚欢，既而呼左右曰："移我远客。"赳等失色而去。其自摽遇如此。善持音仪，尽详缓之致，与人别，执手曰："念相闻。"余响久之不绝。张氏后进至今慕之，其源流起自敷也。

迁黄门侍郎，始兴王浚后军长史，司徒左长史。未拜，父在吴兴亡，报以疾笃，敷往奔省，自发都至吴兴成服，凡十余日，始进水浆。葬毕，不进盐菜，遂毁瘠成疾。世父茂度每止譬之，辄更感恸，绝而复续。茂度曰："我冀譬汝有益，但更甚耳。"自是不复往。未期而卒，时年四十一。

琅邪颜延之书吊茂度曰："贤弟子少履贞规，长怀理要，清风素气，得之天然。言面以来，便申忘年之好，比虽艰隔成阻，而情问无睽。薄莫之人，冀其方见慰说，岂谓中年，奄为长往，闻问悼心，有兼恒痛。足下门教敦至，兼实家宝，一旦丧失，何可为怀。"其见重如此。世祖即位，诏曰："司徒故左长史张敷，贞心简立，幼树风规。居哀殒灭，孝道淳至，宜在追甄，于以报美。可追赠侍中。"于是改其所居称为孝张里。无子。

王微，字景玄，琅邪临沂人，太保弘弟子也。父孺，光禄大夫。微少好学，无不通览，善属文，能书画，兼解音律、医方、阴阳术数。年十六，州举秀才，衡阳王义季右军参军，并不就。起家司徒祭酒，转主簿，始兴王浚后军功曹记室参军，太子中舍人，始兴王友。父忧去官，服阕，除南平王铄右军咨议参军。微素无宦情，称疾不就。仍除中书侍郎，又拟南琅邪、义兴太守，并固辞。吏部尚书江湛举微为吏部郎，微与湛书曰：

弟心病乱度，非但塞翳而已，此处朝野所共知。驷会忽扣荜门，闾里咸以为祥怪，君多识前世之载，天植何其易倾。弟受海内骇笑，不过如燕石秃鹙邪，未知君何以自解于良史邪？今虽王道鸿邕，或有激朗于天表，必欲探援潜宝，倾海求珠，自可卜肆巫祠之间，马栈牛口之下，赏剧孟于博徒，拔卜式于刍牧。亦有西戎孤臣，东都戒士，上穷范驰之御，下尽诡遇之能，兼鳞杂袭者，必不乏于世矣。且庐于承明，署乎金马，皆明察之官，又贤于管库之末。何为劫勒通家疾病人，尘秽难堪之选，将以靖国，不亦益器乎。《书》云"任官惟贤才"。而君擢士先疹废，芃芃械朴，似不如此。且弟旷违乳姊，迄将十载，姊时归来，终不任奥曳入阁，兄守金城，永不堪扶抱就路，若不急疾，非性僻而何。比君日表里，无假长目飞耳也。

常谓生遭太公，将即华士之戮；幸遇管叔，必蒙僻儒之养。光武以冯衍才浮其实，故弃而不齿。诸葛孔明云："来敏乱群，过于孔文举。"况无古人之才概，敢干魏、汉之常刑。彼二三英贤，足为晓治与否？恐君逢此时，或亦不免高阁，乃复假名不知己者，岂欲自比卫赐邪？君欲高学山公，而以仲容见处，徒以捶提礼学，本不参选，鄙夫瞻彼，固不任下走，未知新沓何如州陵耳。而作不师古，坐乱官政，诬饰蚯蚓，冀招神龙，如复托以真素者，又不宜居华留名，有害风俗。君亦不至期人如此，若交以为人赐，举末以己劳，则商贩之事，又连所不忍闻也。岂谓不肖易擢，贪者可诱，凡此数者，君必居一焉。虽假天口于齐骈，藉鬼说于周季，公孙碎毛发之文，庄生纵潾养之极，终不能举其契，为之辞矣。子将明魂，必灵咍于万里，汝、颍余彦，将拂衣而不朝。浮华一开，风俗或从此而爽。鬼谷以揣情为最难。何君忖度之轻谬。

今有此书，非敢叨拟中散，诚不能顾影负心，纯盗虚声，所以绵络累纸，本不营尚书虎爪板也。成童便往来居舍，晨省复经周旋，加有诸甥，办何得顿绝庆吊。然生平之意，自于此都尽。君平公云："生我名者杀我身。"天爵且犹灭名，安用吏部郎哉！其举可陋,其事不经,非独搢绅者不道,仆妾皆将笑之。忽忽不乐,自知寿不得长,且使千载知弟不诈谖耳。微既为始兴王浚府吏,浚数相存慰,微奉答笺书,辄饰以辞采。微为文古甚,颇抑扬,衷淑见之,谓为诉屈。微因此又与从弟僧绰书曰:

吾虽无人鉴,要是早知弟,每共宴语,前言何尝不以止足为贵。且持盈畏满,自是家门旧风,何为一旦落漠至此,当局苦迷,将不然邪!讵容都不先闻,或可不知耳。衣冠胄胤,如吾者甚多,才能固不足道,唯不倾侧溢诈,士颇以此容之。至于规矩细行,难可详料。疹疾日滋,纵恣益甚,人道所贵,废不复修。幸值圣明兼容,置之教外,且旧恩所及,每蒙宽假。吾亦自揆疾疹重侵,难复支振,民生安乐之事,心死久矣。所以解日偷存,尽于大布粝粟,半夕安寝,便以自度,血气盈虚,不复稍道,长以大散为和羹,弟为不见之邪?疾废居然,且事一己,上不足败俗伤化,下不至毁辱家门,泊尔尸居,无方待化。凡此二三,皆是事实。吾与弟书,不得家中相欺也。州陵此举,为无所因,反覆思之,了不能解。岂见吾近者诸笺邪,良可怪笑。

吾少学作文,又晚节如小进,使君公欲民不偷,每加伪饰,酬对尊贵,不厌敬恭。且文词不怨思抑扬,则流澹无味。文好古,贵能连条可悲,一往视之,如似多意。当见居非求志,清论所排,便是通辞诉屈邪。尔之真可谓真素寡矣!其数旦见客小防,自来盈门,亦不烦独举吉也。此辈乃云语势所至,非其要也。弟无怀居今地,万物初不以相非,然鲁器齐虚,实宜书绅。今三署六府之人,谁表里此内,傥疑弟豫有力,于素论何如哉。则吾长厄不死,终误盛壮也。

江不过强吹拂吾,云是岩穴人。岩穴人情其高,吾得当此,则鸡鹜变作凤皇,何为干饰廉隅,秩秩见于面目,所惜者大耳。诸舍阁门皆蒙时私,此既未易陈道,故常因含声不言。至兄弟尤为叨窃,临海频烦二郡,谦亦越进清阶,吾高枕家巷,遂至中书郎,此足以阖棺矣。

又前年优旨,自弟所宣,虽夏后抚幸人,周宣及鳏寡,不足过也。语皆循检校迹,不为虚饰也。作人不阿谀,无缘头发见白,稍学谄诈。且吾何以为,足不能行,自不得出户;头不耐风,故不可扶曳。家本贫馁,至于恶衣疏食,设使盗跖居此,亦不能两展其足,妄意珍藏也。正令选官设作此举,于吾亦无剑戟之伤,所以勤勤畏人之多言也。管子晋贤,乃关人主之轻重,此何容易哉。州陵亦自言视明听聪,而返区区饰吾,何辩致而下英俊。夫奇士必龙泉深藏,与蛙虾为伍,放励其犯难之,林宗辈不足识也。似不肯眷眷奉笺记,雕琢献文章,居家近市廛,亲戚满城府,吾犹自知袁阳源辈当平此乎?饰诈之与直独,两不关吾心,又何所耿介。弟自宜以解塞群贤矣,兼悉怒此言自尔家任兄故能也。

日日望弟来,属病终不起,何意向与江书,粗布胸心,无人可写,比面乃具与弟。书便觉成,本以当半日相见,吾既恶劳,不得多语,枢机幸非所长,相见亦不胜读此书也。亲属欲见自可示,无急付手。时论者或云微之见举,庐江何偃亦豫其议,虑为微所咎,与书自陈。微报之曰:

卿昔称吾于义兴,吾常谓之见知,然复自怪鄙野,不参风流,未有一介熟悉于事,何用独识之也。近日何见绰送卿书,虽知如戏,知卿固不能相哀。苟相哀之未知,何相期之可论。

卿少陶玄风,淹雅修畅,自是正始中人。吾真庸性人耳,自然志操不倍王、乐。小儿时尤粗笨无识,常从博士读小小章句,竟无可得,口吃不能剧读,遂绝意于寻求。至二十七右,方复就观小说,往来者见床头有数帙书,便言学问,试就检,当何有哉。乃复持此拟议人邪。尚独愧笑扬子之褒赠,犹耻辞赋为君子,若吾篆刻,菲亦甚矣。卿诸人亦当尤以此见议。或谓言深博,作一段意气,鄙薄人世,初不敢然。是以每见世人文赋书论,无所是非,不解处即日借问,此其本心也。

至于生平好服上药,起年十二时病虚耳。所撰服食方中,粗言之矣。自此始信摄养有征,故门冬昌术,随时进被。寒温相补,欲以扶护危羸,见冀白首。家贫乏役,至于春秋令节,辄自将两三门生,入草采之。吾实倦游医部,颇晓和药,尤信《本草》,欲必行之,是以躬亲,意在取精。世人便言希仙好异,矫慕不羁,不同家颇有骂之者。又性知画绩,盖亦鸣鹄识夜之机,盘纡纠纷,或记心目,故兼山水之爱,一往迹求,皆仿像也。不好诣人,能忘荣以避权右,宜自密应对举止,因卷惭自保,不能勉其所短耳。由来有此数条,二三诸贤,因复架累,致之高尘,咏之清壑。瓦砾有资,不敢轻厕金银也。

而顷年婴疾,沉沦无已,区区之情,愒于生存,自恐难复,而先命猥加,魂气荥荥,常人不得作常自处疾苦,正亦卧思已熟,谓有记自论。既仰天光,不夭庶类,兼望诸贤,共相发体,而卿首唱诞言,布之翰墨,万石之慎,或未然邪。好尽之累,岂其如此。绰大骇叹,便是阖朝见病者。吾本仁人,加疹意惛,一旦闻此,便惶怖矣。五六日来,复苦心痛,引喉状如胸中悉肿,甚自忧。力作此答,无复条贯,贵布所怀,落漠不举。卿既不可解,立欲便别,且当笑。

微常住门屋一间,寻书玩古,如此者十余年。太祖以其善筮,赐以名蓍。弟僧谦,亦有才誉,为太子舍人,遇疾,微躬自处治,而僧谦服药失度,遂卒。微深自咎恨,发病不复自治,哀痛僧谦不能已,以书告灵曰:

弟年十五,始居宿于外,不为察慧之誉,独沉浮好书,聆琴闻操,辄有过目之能。讨测文典,斟酌传记,寒暑未交,便卓然可述。吾长病,或有小间,辄称引前载,不异旧学。自尔日就月将,著名邦党,方隆凤志,嗣美前贤,何图一旦冥然长往,酷痛烦冤,心如焚裂。

寻念平生，裁十年中耳。然非公事，无不相对，一字之书，必共咏读；一句之文，无不研赏，浊酒忘愁，图籍相慰，吾所以穷而不忧，实赖此耳。奈何罪酷，茕然独坐。忆往年散发，极目流涕，吾不舍日夜，又恒虑吾羸病，岂图奄忽，先归冥冥。反覆万虑，无复一期，音颜仿佛，触事历然，弟子何在，令吾悲穷。昔仕京师，分张六旬耳，其中三过误云今日何意不来，钟念悬心，无物能譬。方欲共营林泽，以送余年，念兹在何罪戾，见此夭酷，没于吾手，触事痛恨。吾素好医术，不使弟子得全，又寻思不精，致有枉过，念此一条，特复痛酷。痛酷奈何！吾罪奈何！

弟为志，奉亲孝，事兄顺，虽僮仆无所叱咄，可谓君子不失色于人，不失口于人。冲和淹通，内有皂白，举动尺寸，吾每咨之。常云："兄文骨气，可推英丽以自许。又兄为人矫介欲过，宜每中和。"道此犹在耳，万世不复一见，奈何！唯十纸手迹，封拆俨然，至于思恋不可怀。及闻吾病，肝心寸绝，谓当以幅巾薄葬之事累汝，奈何反相殡送！

弟由来意，谓"妇人虽无子，不宜践二庭。此风若行，便可家有孝妇"。仲长《昌言》，亦其大要。刘新妇以刑伤自誓，必留供养；殷太妃感柏舟之节，不夺其志。仆射笃顺，范夫人知礼，求得左率第五儿，庐位有主。此亦何益冥冥之痛，为是存者意耳。

吾穷疾之人，平生意志，弟实知之。端坐向窗，有何慰适，正赖弟耳。过中未来，已自竭望，今云何得立，自省昏毒，无复人理。比烦冤困急，不能作刻石文，若灵响有识，不得吾文，岂不为恨。傥意虑不遂谢能思之如狂，不知所告诉，明书此数纸，无复词理，略道阡陌，万不写一。阿谦！何图至此！谁复视我，谁复忧我！他日宝惜三光，割嗜好以祈年，今也唯速化耳。吾当复支，冥冥中竟复云何。弟怀随、和之宝，未及光诸文章，欲收所一集，不知忽忽当办此不？今已成服，吾临灵，取常共饮杯，酌自酿酒，宁有仿像不？冤痛！冤痛！

元嘉三十年，卒，时年三十九。僧谦卒后四旬而微终。遗令薄葬，不设辒辌鼓挽之属，施五尺床，为灵二宿便毁。以尝所弹琴置床上，何长史来，以琴与之。何长史者，偃也。无子。家人遵之。所著文集，传于世。世祖即位，诏曰："微栖志贞深，文行悼洽，生自华宗，身安隐素，足以贲兹丘园，悼是薄俗。不幸蚤世，朕甚悼之。可追赠秘书监。"

史臣曰：燕太子吐一言，田先生吞舌而死；安邑令戒屠者，闵仲叔去而之沛。良由内怀耿介，峻节不可轻干。袁淑笑谑之间，而王微吊词连牍，斯盖好名之士，欲以身为瑾瑜，敫敫然使尘玷之累，不能加也。

卷六十三　　列传第二十三

王华　王昙首　殷景仁　沈演之

王华，字子陵，琅邪临沂人，太保弘从祖弟也。祖荟，卫将军，会稽内史。父廞，太子中庶子，司徒左长史。居在吴，晋隆安初，王恭起兵讨王国宝，时廞丁母忧在家，恭檄令起兵，廞即聚众应之，以女为贞烈将军，以女人为官属。国宝既死，恭檄廞罢兵。廞起兵之际，多所诛戮，至是不复得已，因举兵以讨恭为名。恭遣刘牢之击廞，廞败走，不知所在。长子泰为恭所杀。华时年十三，在军中，与廞相失，随沙门释昙永逃窜。时牢之搜检觅华甚急，昙永使华提衣幞随后，津逻咸疑焉。华行迟，永呵骂云："奴子怠懈，行不及我！"以杖捶华数十，众乃不疑，由此得免。遇赦还吴。

少有志行，以父存亡不测，布衣蔬食不交游，如此十余年，为时人所称美。高祖欲收其才用，乃发廞丧问，使华制服。服阕，高祖北伐长安，领镇西将军、北徐州刺史，辟华为州主簿，仍转镇西主簿，治中从事史，历职著称。太祖镇江陵，以为西中郎主簿，迁咨议参军，领录事。太祖进号镇西，复随府转。太祖未亲政，政事悉委司马张邵。华性尚物，不欲人在己前；邵性豪，每行来常引夹毂，华出入乘牵车，从者不过二三以矫之。尝于城内相逢，华阳不知是邵，谓左右："此卤簿甚盛，必是殿下出行。"乃下牵车，立于道侧；及邵至，乃惊。邵白服登城，为华所纠，坐被征；华代为司马、南郡太守，行府州事。

太祖入奉大统，以少帝见害，疑不敢下。华建议曰："羡之等受寄崇重，未容便敢背德，废主若存，虑其将来受祸，致此杀害。盖由畏生情多，宁敢一朝顿怀逆志。且三人势均，莫相推伏，不过欲握权自固，以少主仰待耳。今日就征，万无所虑。"太祖从之，留华总后任。上即位，以华为侍中，领骁骑将军，未拜，转右卫将军，侍中如故。

先是，会稽孔宁子为太祖镇西咨议参军，以文义见赏，至是为黄门侍郎，领步兵校尉。宁子先为高祖太尉主簿，陈损益曰："隆化之道，莫先于官得其才；枚卜之方，莫若人慎其举。虽复因革不同，损益有物，求贤审官，未之或改。师锡佥曰，焕乎钦明之诰，拔茅征吉，著于幽《贲》之爻。晋师有成，瓜衍作赏，楚乘无入，芮贾不贺。今旧命惟新，幽人引领，《韶》之尽美，已备于振纲；《武》之未尽，或存于理国。虽九官之职，未可备举，亲民之选，尤宜在先。愚欲使天朝四品官，外及守牧，各举一人堪为二千石长吏者，以付选官，随缺叙用，得贤受赏，失举任罚。夫惟帝之难，岂庸识所易，然举尔所知，非求多人，因百官之明，孰与一识之见，执咎在己，岂容徇物之私。今非以选曹所铨，果于乖谬，众职所举，必也惟良，盖宜使求贤辟其广涂，考绩取其少殿。若才实拔群，进宜尚德，治阿之宰，不必计年，免徒之守，岂限资秩。自此以还，故当才均以资，资均以地。宰莅之官，诚曰吏职，然监观民瘼，翼化宣风，则隐厚之求，急于刀笔，能事之功，接于德心，以此论才，行之年岁，岂惟政无秕蠹，民庇手足而已，将使公路日清，私请渐塞。士多心竞，仁必由己，处士砥自求之节，仕子藏交驰之情。宁子庸微，不识治体，冒昧陈愚，退惧违谬。"

宁子与华并有富贵之愿，自羡之等秉权，日夜构之于太祖。宁子尝东归，至金昌亭，左右欲泊船，宁子命去之，曰："此弑君亭，不可泊也。"华每闲居讽咏，常诵王粲《登楼赋》曰："冀王道之一平，假高衢而骋力。"出入逢羡之等，每切齿愤咤，叹曰："当见太平时不？"元嘉二年，宁子病卒。三年，诛羡之等，华迁护军，侍中如故。

宋世惟华与南阳刘湛不为饰让，得官即拜，以此为常。华以情事异人，未尝预宴集，终身不饮酒，有燕不之诣。若宜有论者，乘车造门，主人出车就之。及王弘辅政，而弟昙首为太祖所任，与华相埒，华尝谓己力用不尽，每叹息曰："宰相顿有数人，天下何由得治！"四年，卒，时年四十三。追赠散骑常侍、卫将军。九年，上思诛羡之之功，追封新建县侯，食邑千户，谥曰宣侯。世祖即位，配飨太祖庙庭。

子定侯嗣，官至左卫将军，卒。子长嗣，太宗泰始二年，坐骂母夺爵，以长弟俊绍封。后废帝元徽三年，终上表乞以封还长，许之。齐受禅，国除。华从父弟鸿，五兵尚书，会稽太守。

王昙首，琅邪临沂人，太保弘少弟也。幼有业尚，除著作郎，不就。兄弟分财，昙首唯取图书而已。辟琅邪王大司马属，从府公修复洛阳园陵。与从弟球俱诣高祖，时谢晦在坐，高祖曰："此君并膏粱盛德，乃能屈志戎旅。"昙首答曰："既从神武之师，自使懦夫有立志。"晦曰："仁者果有勇。"高祖悦。行至彭城，高祖大会戏马台，豫坐者皆赋诗；昙首文先成，高祖览读，因问弘曰："卿弟何如卿？"弘答曰："若但如民，门户何寄。"高祖大笑。昙首有识局智度，喜愠不见于色，闺门之内，雍雍如也。手不执金玉，妇女不得为饰玩，自非禄赐所及，一毫不受于人。

太祖为冠军、徐州刺史，留镇彭城，以昙首为府功曹。太祖镇江陵，自功曹为长史，随府转镇西长史。高祖甚知之，谓太祖曰："王昙首，沈毅有器度，宰相才也。汝每事咨之。"景平中，有龙见西方，半天腾上，荫五彩云，京都远近聚观，太史奏曰："西方有天子气。"太祖入奉大统，上及议者皆疑不敢下，昙首与到彦之、从兄华同劝，上犹未许。昙首又固陈，并言天人符应，上乃下。率府州文武严兵自卫，台所遣百官众力，不得近部伍，中兵参军朱容子抱刀在平乘户外，不解带者数旬。既下在道，有黄龙负上所乘舟，左右皆失色，上谓昙首曰："此乃夏禹所以受天命，我何堪之。"及即位，又谓昙首曰："非宋昌独见，无以致此。"以昙首为侍中，寻领右卫将军，领骁骑将军。以朱容子为右军将军。诛徐羡之等，平谢晦，昙首及华之

力也。

元嘉四年，车驾出北堂，尝使三更竟开广莫门，南台云："应须白虎幡，银字棨。不肯开门。尚书左丞羊玄保奏免御史中丞傅隆以下，昙首继启曰："既无墨敕，又阙幡棨，虽称上旨，不异单刺。元嘉元年、二年，虽有再开门例，此乃前事之违。今之守旧，未为非礼。但既据旧史，应有疑却本末，曾无此状，犹宜反咎其不请白虎幡、银字棨，致门不时开，由尚书相承之失，亦合纠正。"上特无所问，更立科条。迁太子詹事，侍中如故。

晦平后，上欲封昙首等，会宴集，举酒劝之，因拊御床曰："此坐非卿兄弟，无复今日。"时封诏已成，出以示昙首，昙首曰："近日之事，衅难将成，赖陛下英明速断，故罪人斯戮。臣等虽得仰凭天光，效其毫露，岂可因国之灾，以为身幸。陛下虽欲私臣，当如直史何？"上不能夺，故封事遂寝。

时兄弘录尚书事，又为扬州刺史，昙首为上所亲委，任兼两宫。彭城王义康与弘并录，意常怏怏，又欲得扬州，形于辞旨。以昙首居中，分其权任，愈不悦。昙首固乞吴郡，太祖曰："岂有欲建大厦而遗其栋梁者哉？贤兄比屡称疾，固辞州任，将来若相申许者，此处非卿而谁？亦何吴郡之有。"时弘久疾，屡逊位，不许。义康谓宾客曰："王公久疾不起，神州讵合卧治。"昙首劝弘减府兵力之半以配义康，义康乃悦。

七年，卒。太祖为之恸，中书舍人周赳侍侧，曰："王家欲衰，贤者先殒。"上曰："直是我家衰耳。"追赠左光禄大夫，加散骑常侍，詹事如故。九年，以预诛羡之等谋，追封豫宁县侯，邑千户，谥曰文侯。世祖即位，配飨太祖庙庭。子僧绰嗣，别有传。少子僧虔，升明末，为尚书令。

殷景仁，陈郡长平人也。曾祖融，晋太常。祖茂，散骑常侍、特进、左光禄大夫。父道裕，蚤亡。景仁少有大成之量，司徒王谧见而以女妻之。初为刘毅后军参军，高祖太尉行参军。建议宜令百官举才，以所荐能否为黜陟。迁宋台秘书郎，世子中军参军，转主簿，又为骠骑将军道怜主簿。出补衡阳太守，入为宋世子洗马，仍转中书侍郎。景仁学不为文，敏有思致，口不谈义，深达理体；至于国典朝仪，旧章记注，莫不撰录，识者知其有当世之志也。高祖甚知之，迁太子中庶子。

少帝即位，入补侍中，累表辞让，又固陈曰："臣志干短弱，历著出处。值皇涂隆泰，身荷恩荣，阶牒推迁，日月频积，失在饕餮，患不自量。而奉闻今授，固守愚心者，窃惟殊次之宠，必归器望；喉唇之任，非才莫居。三省诸躬，无以克荷，岂可苟顺甘荣，不知进退，上亏朝举，下贻身咎，求之公私，未见其可。顾涯审分，诚难庶几，逾方越序，易以诚惧。所以俯仰周惶，无地宁处。若惠泽广流，兰艾同润，回改前旨，赐以降阶，虽实不敏，敢忘循命。臣连违之愆，既已屡积，宁当徒尚浮采，尘黩天听。丹情悾款，仰希照察。"诏曰："景仁退挹之怀，有不可改，除黄门侍郎，以申君子之请。"寻领射声。顷之，

转左卫将军。

太祖即位，委遇弥厚，俄迁侍中，左卫如故。时与侍中右卫将军王华、侍中骁骑将军王昙首、侍中刘湛四人，并时为侍中，俱居门下，皆以风力局干，冠冕一时，同升之美，近代莫及。元嘉三年，车驾征谢晦，司徒王弘入居中书下省，景仁长直，共掌留任。晦平，代到彦之为中领军，侍中如故。

太祖所生章太后早亡，上奉太后所生苏氏甚谨。六年，苏氏卒，车驾亲往临哭，下诏曰："朕夙罹偏罚，情事兼常，每思有以光隆懿戚，少申罔极之怀。而礼文遗逸，取正无所，监之前代，用否又殊，故惟疑累年，在心未遂。苏夫人奄至倾殂，情礼莫寄，追思远恨，与事而深，日月有期，将卜窀穸，便欲粗依《春秋》以贵之义，式遵二汉推恩之典。但动藉史笔，传之后昆，称心而行，或容未允。可时共详论，以求其中。执笔永怀，益增感塞。"景仁议曰："至德之感，灵启厥祥，文母俔天，实熙皇祚。主上聿遵先典，号极徽崇，以贵之义，礼尽于此。苏夫人阶缘戚属，情以事深，寒泉之思，实感圣怀，明诏爰发，询求厥中。谨寻汉氏推恩加爵，于时承秦之弊，儒术蔑如，自君作故，罔或前典，俱非盛明所宜轨蹈。晋监二代，朝政之所因，君举必书，哲王之所慎。体至公者，悬爵赏于无私；奉天统者，每屈情以申制。所以作孚万国，贻则后昆。臣豫蒙博逮，谨露庸短。"上从之。

丁母忧，葬竟，起为领军将军，固辞。上使纲纪代拜，遣中书舍人周赳舆载还府。九年，服阕，迁尚书仆射。太子詹事刘湛代为领军，与景仁素善，皆被遇于高祖，俱以宰相许之。湛尚居外任，会王弘、华、昙首相系亡，景仁引湛还朝，共参政事。湛既入，以景仁位遇本不逾己，而一旦居前，意甚愤愤。知太祖信仗景仁，不可移夺，乃深结司徒彭城王义康，欲倚宰相之重以倾之。

十二年，景仁复迁中书令，护军、仆射如故。寻复以仆射领吏部，护军如故。湛愈忿怒。义康纳湛言，毁景仁于太祖；太祖遇之益隆。景仁对亲旧叹曰："引之令人，入便噬人。"乃称疾解职，表疏累上，不见许，使停家养病。发诏遣黄门侍郎省疾。湛议遣人若劫盗者于外杀之，以为太祖虽知，当有以，终不能伤至亲之爱。上微闻之，迁景仁于西掖门外晋鄱阳主第，以为护军府，密迩宫禁，故其计不行。

景仁卧疾者五年，虽不见上，而密表去来，日中以十数；朝政大小，必以问焉，影迹周密，莫有窥其际者。收湛之日，景仁使拂拭衣冠，寝疾既久，左右皆不晓其意。其夜，上出华林园延贤堂召景仁，犹称脚疾，小床舆以就坐，诛讨处分，一皆委之。

代义І为扬州刺史，仆射领吏部如故。遣使者授印绶，主簿代拜，拜毕，便觉其理乖错。性本宽厚，而忽更苛暴，问左右曰："今年男婚多？女嫁多？"是冬大雪，景仁乘舆出听事观望，忽惊曰："当阁何得有人树？"既而曰："我误邪？"疾转笃。太祖谓不利在州司，使还住仆射下省，为州凡月余卒。或云见刘湛为祟。时年五十一，追赠侍中、司空，本官如故。谥曰文成公。

上与荆州刺史衡阳王义季书曰："殷仆射疾患少日，奄忽不救。其识具经远，奉国竭诚，周游缱绻，情兼常痛。民望国器，遇之为难，惋叹之深，不能已已。汝亦同不？往矣如何！"世祖大明五年，行幸经景仁墓，诏曰："司空文成公景仁德量渊正，风识明允，徽绩忠谟，夙达先照，惠政茂誉，实留民属。近瞻丘坟，感往兴悼，可遣使致祭。"

子道矜，幼而不慧，官至太中大夫。道矜子恒，太宗世为侍中，度支尚书，属父疾积久，为有司所奏。诏曰："道矜生便有病，无更横疾。恒因愚习惰，久妨清序，可降为散骑常侍。"

沈演之，字台真，吴兴武康人也。高祖充，晋车骑将军，吴国内史。曾祖劲，冠军陈祐长史，戍金墉城，为鲜卑慕容恪所陷，不屈节，见杀，追赠东阳太守。祖赤黔，廷尉卿。父叔任，少有干质，初为扬州主簿，高祖太尉参军，吴、山阴令，治皆有声。朱龄石伐蜀，为龄石建威府司马，加建威将军。平蜀之功，亚于元帅，即本号为西夷校尉、巴西梓潼郡太守，戍涪城。东军既反，二部强宗侯勋、罗奥聚众作乱，四面云合，遂至万余人，攻城急。叔任东兵不满五百，推布腹心，众莫不为用，出击大破之，逆党皆平。高祖讨司马休之，龄石遣叔任率军来会。时高祖领镇西将军，命为司马。及军还，以为扬州别驾从事史。以平蜀全涪之功，封宁新县男，食邑四百四十户。出为建威将军、益州刺史，以疾还都。义熙十四年，卒，时年五十。长子融之，蚤卒。

演之年十一，尚书仆射刘柳见而知之，曰："此童终为令器。"家世为将，而演之折节好学，读《老子》日百遍，以义理业尚知名。袭父别爵吉阳县五等侯。郡命主簿，州辟从事史，西曹主簿，举秀才，嘉兴令，有能名。入为司徒祭酒，南谯王义宣左军主簿，钱唐令，复有政绩。复为司徒主簿。丁母忧。起为武康令，固辞不免，到县百许日，称疾去官。服阕，除司徒左西掾，州治中从事史。

元嘉十二年，东诸郡大水，民人饥馑，吴义兴及吴郡之钱唐，升米三百。以演之及尚书祠部郎江邃并兼散骑常侍，巡行拯恤，许以便宜从事。演之乃开仓廪以赈饥民，民有生子者，口赐米一斗，刑狱有疑枉，悉制遣之，百姓蒙赖。转别驾从事史，领本郡中正，深为义康所待，故在府州前后十余年。后刘湛、刘斌等结党，欲排废尚书仆射殷景仁，演之雅仗正义，与湛等不同，湛因此谮之于义康。尝因论事不合旨，义康变色曰："自今而后，我不复相信！"演之与景仁素善，尽心于朝廷，太祖甚嘉之，以为尚书吏部郎。

十七年，义康出藩，诛湛等，以演之为右卫将军。景仁寻卒，乃以后军长史范晔为左卫将军，与演之对掌禁旅，同参机密。二十年，迁侍中，右卫将军如故。太祖谓之曰："侍中领卫，望实优显，此盖宰相便坐，卿其勉之。"上欲伐林邑，朝臣不同，唯广州刺史陆徽与演之赞成上意。及平，赐群臣黄金、生口、铜器等物，演之所得偏多。上谓之曰："庙堂之谋，卿参其力，平此远夷，未足多建茅土。廓清京都，鸣鸾东岱，不忧河山不开也。"二十一年,诏曰:"总司戎政,翼赞东朝,惟允之举,匪贤莫授。侍中领右卫将军演之,清业贞审,器思沈济。右卫将军晔,才应通敏,理怀清要。并美彰出内,诚亮在公,能克懋厥猷,树绩所莅。演之可中领军,晔可太子詹事。"晔怀逆谋,演之觉其有异,言之太祖,晔寻事发伏诛。迁领国子祭酒,本州大中正,转吏部尚书,领太子右卫率。虽未为宰相,任寄不异也。

素有心气,疾病历年,上使卧疾治事。性好举才,申济屈滞,而谦约自持,上赐女伎,不受。二十六年,车驾拜京陵,演之以疾不从。上还宫,召见,自勉到坐,出至尚书下省,暴卒,时年五十三。太祖痛惜之,追赠散骑常侍、金紫光禄大夫,谥曰贞侯。

演之昔与同使江邃字玄远,济阳考城人。颇有文义。官至司徒记室参军,撰《文释》,传于世。演之子睦,至黄门郎,通直散骑常侍。世祖大明初,坐要引上左右俞欣之访评殿省内事,又与弟西阳王文学勃忿阋不睦,坐徙始兴郡,勃免官禁锢。

勃好为文章,善弹琴,能围棋,而轻薄逐利。历尚书殿中郎。太宗泰始中,为太子右卫率,加给事中。时欲北讨,使勃还乡里募人,多受货贿。上怒,下诏曰:"沈勃琴书艺业,口有美称,而轻躁耽酒,幼多罪愆。比奢淫过度,妓女数十,声酣放纵,无复剂限。自恃吴兴土豪,比门义故,胁说士庶,告索无已。又辄听募将,委役还私,托注病叛,遂有数百。周旋门生,竞受财货,少者至万,多者千金,考计赃物,二百余万,便宜明罚敕法,以正典刑。故光禄大夫演之昔受深遇,忠绩在朝,寻远矜怀,能无弘律,可徙勃西垂,令一思愆悔。"于是徙付梁州。废帝元徽初,以例得还。结事阮佃夫、王道隆等,复为司徒左长史。为废帝所诛。顺帝即位,追赠本官。

勃弟统,大明中为著作佐郎。先是,五省官所给干僮,不得杂役,太祖世,坐以免官者,前后百人。统轻役过差,有司奏免。世祖诏曰:"自顷干僮,多不祗给,主可量听行杖。"得行干杖,自此始也。

演之兄融之子畅之,袭宁新县男。大明中,为海陵王休茂北中郎咨议参军,为休茂所杀,追赠黄门郎。子晔嗣,齐受禅,国除。

史臣曰:元嘉初,诛灭宰相,盖王华、孔宁子之力也。彼群公义虽往结,恩实今疏,而任即秉权,意非昔旧,居上六之穷爻,当来宠之要辙,颠覆所基,非待他衅,况于废杀之重,其隙易乘乎!夫杀人而取其璧,不知在己兴累,倾物而移其宠,不忌自我难持。若二子永年,亦未知来祸所止也。有能戒彼而悟此,则所望于来哲。

卷六十四　　列传第二十四

郑鲜之　裴松之　何承天

郑鲜之,字道子,荥阳开封人也。高祖浑,魏将作大匠。曾祖袭,大司农。父遵,尚书郎。袭初为江乘令,因居县境。鲜之下帷读书,绝交游之务。初为桓伟辅国主簿。先是,兖州刺史滕恬为丁零翟辽所没,尸丧不反,恬子羡仕宦不废,议者嫌之。桓玄在荆州,使群僚博议,鲜之议曰:

名教大极,忠孝而已,至乎变通抑引,每事辄殊,本而寻之,皆是求心而遗迹。迹之所乘,遭遇或异。故圣人或就迹以助教,或因迹以成罪,屈申与夺,难可等齐,举其阡陌,皆可略言矣。天可逃乎?而伊尹废君;君可胁乎?而鬻权见善;忠可愚乎?而箕子同仁。自此以还,殊实而齐声,异誉而等美者,不可胜言。而欲令百代之下,圣典所阙,正斯事于一朝,岂可易哉!

然立言明理,以古证今,当使理厌人情。如滕羡情事者,或终身隐处,不关人事;或升朝理务,无讥前哲。通滕者则以无讥为证,塞滕者则以隐处为美。折其两中,则异同之情可见矣。然无讥前哲者,厌情之谓也。若王陵之母,见烹于楚,陵不退身穷居,终为社稷之臣,非为荣也。鲍勋謇谔魏朝,亡身为效,观其志非贪爵也。凡此二贤,非滕之谕也。

夫圣人立教,犹云"有礼无时,君子不行"。有礼无时,政以事有变通,不可守一故耳。若滕以此二贤为证,则恐人人自贤矣;若不可人人自贤,何独许其证。讥者兼在于人,不但独证其事。汉、魏以来,记阙其典,寻而得者无几人。至乎大晋中朝及中兴之后,杨臻则七年不除丧,三十余年不关人事,温公则见逼于王命,庚左丞则终身不著袷,高世远则为王右军、何骠骑所劝割,无有如滕之易者也。若以缞麻非为哀之主,无所复言矣。文皇帝以东关之役,尸骸不反者,制其子弟,不废婚宦。明此,孝子已不自同于人伦,有识已审其可否矣。若其不尔,居宗辅物者,但当即圣人之教,何所复明制于其间哉!及至永嘉大乱之后,王敦复申东关之制于中兴,原此是为国之大计,非谓训范人伦,尽于此也。

何以言之?父仇明不同戴天日,而为国不可许复仇,此自以法夺情,即是东关、永嘉之喻也。何妨综理王务者,布衣以处之。明教者自谓世非横流,凡士君子之徒,无不可仕之理,而杂以情讥,谓宜在贬裁尔。若多引前事以为通证,则孝子可顾法而不复仇矣。文皇帝无所立制于东关,王敦无所明之于中兴。每至斯会,辄发之于宰物,是心可不喻乎!

且夫求理当先以远大,若沧海横流,家国同其沦溺,若不仕也,则人有余力;人有余力,则国可至乎亡,家可至乎灭。当斯时也,匹妇犹亡其身,况大丈夫哉!既其不然,天下之才,将无其理。滕但当尽《陟岵》之哀,拟不仕者之心,何为证喻前人,以自通乎?且名为大才之所假,而小才之所荣,荣与假乘常,已有惭德,无欣工进,何有情事乎?若其不然,则工进无欣,何足贵于千载之上邪!苟许小才荣其位,则滕不当顾常疑以自居乎?所谓柳下惠则可,我则不可也。

且有生之所宗者圣人,圣人之为教者礼法,即心而言,则圣人之法,不可改也。而秦以郡县治天下,莫之能变;汉文除肉刑,莫之能复。彼圣人之为法,犹见改于后王,况滕赖前人,而当必通乎?若人皆仕,未知斯事可俟后圣与不?况仕与不仕,各有其人,而不仕之所引,每感三年之下。见议者弘通情纪,每傍中庸,又云若许讥滕,则恐亡身致命之仕,以此而不尽。何斯言之过与!夫忠烈之情,初无计而后动。若计而后动,则惧法不尽命。若有不尽,则国有常法。故古人军败于外,而家诛于内。苟忠发自内,或惧法于外,复有踟蹰顾望之地邪!若有功不赏,有罪不诛,可致斯喻尔。无有名教翼其子弟,而子弟不致力于所天。不致力于所天,则王经忠不能救主,孝不顾其亲,是家国之罪人尔,何所而称乎?夫恩宥十世,非不隆也;功高赏厚,非不报也。若国宪无负于滕恬,则羡之通塞,自是名教之所及,岂是劝沮之本乎?

议者又以唐虞邈矣,孰知所归,寻言求意,将所负者多乎。后汉乱而不亡,前史犹谓数公之力。魏国将建,荀令君正色异议,董昭不得枕苏则之膝,贾充受辱于庾纯。以此而推,天下之正义,终自传而不没,何为发斯叹哉!若以时非上皇,便不足复言多者,则夷齐于奭、望,子房于四人,亦无所复措其言矣。至于陈平默顺避祸,以权济屈,皆是卫生免害,非为荣也。滕今生无所卫,鞭塞已冥,义安在乎?昔陈寿在丧,使婢丸药,见责乡闾;阮咸居哀,骑驴逐婢,身处王朝。岂可以阮获通于前世,便无疑于后乎!且贤圣抑引,皆是究其始终,定其才行。故虽事有惊俗,而理必获申。郗诜葬母后园,而身登宰,所以免责,以其孝也。日䃅杀儿无讥,以其忠也。今岂可以二事是忠孝之所为,便可许杀儿葬母后园乎?不可明矣。既其不可,便当究定滕之才行,无所多辩也。

滕非下官乡亲,又不周旋,才能非所能悉。若以滕谋能决敌,才能周用,此自追踪古人,非议所及。若是士流,故谓宜如子夏受曾参之词,可谓善矣,而子夏无不孝之称也。意之所怀,都尽于此,自非名理,何缘多其往复;如其折中,裁之居宗。

桓伟进号安西,转补功曹,举陈郡谢绚自代,曰:“盖闻知贤弗推,臧文所以窃位;宣子能让,晋国以之获宁。鲜之猥承人乏,谬蒙过眷,既恩以义隆,遂再叨非服。知进之难,屡以上请,然自退之志,未获暂申,夙夜怀冰,

敢忘其惧。伏见行参军谢绚,清悟审正,理怀通美,居以端右,虽未足舒其采章,升庸以渐,差可以位拟人。请乞愚短,甘充下列,授为贤牧,实副群望。”人为员外散骑侍郎,司徒左西属,大司马琅邪王录事参军,仍迁御史中丞。

性刚直,不阿强贵,明宪直绳,甚得司直之体。外甥刘毅,权重当时,朝野莫不归附,鲜之尽心高祖,独不屈意于毅,毅甚恨焉。义熙六年,鲜之使治书侍御史丘洹奏弹毅曰:“上言传诏罗道盛辄开笺,遂盗发密事,依法弃市,奏报行刑,而毅以道盛身有侯爵,辄复停有。按毅勋德光重,任居次相,既杀之非己,无缘生之自由。又奏之于先,而弗请于后,阃外出疆,非此之谓。中丞鲜之于毅舅甥,制不相纠,臣请免毅官。”诏无所问。

时新制长吏以父母疾去官,禁锢三年。山阴令沈叔任父疾去职,鲜之因此上议曰:“夫事有相权,故制有与夺,此有所屈,而彼有所申。未有理无所明,事无所获,而为永制者也。当以去官之人,或容诡托之事,诡托之事,诚或有之,岂可亏天下之大教,以末伤本者乎?且设法盖以众苞寡,而不以寡违众,况防杜去官而塞孝爱之实。且人情趋于荣利,辞官本非所防,所以为其制者,茬官不久,则奔竞互生,故杜其欲速之情,以申考绩之实。省父母之疾,而加以罪名,悖义理,莫此为大。谓宜从旧,于义为允。”从之。于是自二品以上父母没者,坟墓崩毁及疾病族属辄去,并不禁锢。

刘毅当镇江陵,高祖会于江宁,朝士毕集。毅素好樗蒲,于是会戏。高祖与毅敛局,各得其半,积钱隐人,毅呼高祖并之。先掷得雉,高祖甚不说,良久乃答。四坐倾瞩,既掷,五子尽黑,毅意色大恶,谓高祖曰:“知公不以大坐席与人!”鲜之大喜,徒跣绕床大叫,声声相续。毅甚不平,谓之曰:“此郑君何为者!”无复甥舅之礼。高祖少事戎旅,不经涉学,及为宰相,颇慕风流,时或言论,人皆依违之,不敢难也。鲜之难必切至,未尝宽假,要须高祖辞穷理屈,然后置之。高祖或有时惭恧,变色动容,既而谓人曰:“我本无术学,言义尤浅。比时言论,诸贤多见宽容,唯郑不尔,独能尽人之意,甚以此感之。”时人谓为“格佞”。

自中丞转司徒左长史,太尉咨议参军,俄而补侍中,复为太尉咨议。十二年,高祖北伐,以为右长史。鲜之曾祖墓在开封,相去三百里,乞求拜省,高祖以骑送之。宋国初建,转奉常。

佛佛虏陷关中,高祖复欲北讨,行意甚盛。鲜之上表谏曰:“伏思圣略深远,臣之愚管无所措其意。然臣愚见,窃有所怀。虏凶狡情状可见,自关中再败,皆是帅师违律,非是内有事故,致外有败伤。虏闻殿下亲御六军,必谓见伐,当重兵守潼关,其势然也。若陵威长驱,臣实见其未易;若舆驾顿洛,则不足上劳圣躬。如此,则进退之机,宜在熟虑。贼不敢乘胜过陕,远慑大威故也。今尽用兵之算,事从屈申,遣师扑讨,而南夏清晏,贼方惧将来,永不敢动。若舆驾造洛而反,凶丑更生揣量之心,必启边戎之患,此既必然。江南颙颙,倾注舆驾,忽闻远伐,不测

师之深浅，必以殿下大申威灵，未还，人情恐惧，事又可推。往年西征，刘钟危殆，前年劫盗破广州，人士都尽。三吴心腹之内，诸县屡败，皆由劳役所致。又闻处处大水，加远师民敝，败散，自然之理。殿下在彭城，劫盗破诸县，事非偶尔，皆是无赖凶慝。凡顺而抚之，则百姓思安；违其所愿，必为乱矣。古人所以救其烦秽，正在于斯。汉高身困平城，吕后受匈奴之辱，魏武军败赤壁，宣武丧师枋头，神武之功，一无所损。况偏师失律，无亏于庙堂之上者邪！即之事实，非败之谓，唯龄石等可念尔。若行也，或速其祸。反覆思惟，愚谓不烦殿下亲征小劫。西虏或为河、洛之患，今正宜通好北虏，则河南安。河南安，则济、泗静。伏愿圣鉴察臣愚怀。"

高祖践阼，迁太常，都官尚书。鲜之为人通率，在高祖坐，言无所隐，时人甚惮焉。而隐厚笃实，赡恤亲故。性好游行，命驾或不知所适，随御者所之。尤为高祖所狎，上尝于内殿宴饮，朝贵毕至，唯不召鲜之。坐定，谓群臣曰："郑鲜之必当自来。"俄而外启："尚书鲜之诣神虎门求启事。"高祖大笑引入，其被亲遇如此。

永初二年，出为丹阳尹，复入为都官尚书，加散骑常侍。以从征功，封龙阳县五等子。出为豫章太守，秩中二千石。元嘉三年，王弘入为相，举鲜之为尚书右仆射。四年，卒，时年六十四。追赠散骑常侍、金紫光禄大夫。文集传于世。子愔，位至尚书郎，始兴太守。

裴松之，字世期，河东闻喜人也。祖昧，光禄大夫。父珪，正员外郎。松之年八岁，学通《论语》、《毛诗》。博览坟籍，立身简素。年二十，拜殿中将军。此官直卫左右，晋孝武太元中革选名家以参顾问，始用琅邪王茂之、会稽谢辀，皆南北之望。舅庾楷在江陵，欲得松之西上，除新野太守，以事难不行。拜员外散骑侍郎。义熙初，为吴兴故鄣令，在县有绩。入为尚书祠部郎。

松之以世立私碑，有乖事实，上表陈之曰："碑铭之作，以明示后昆，自非殊功异德，无以允应兹典。大者道勋光远，世所宗推；其次节行高妙，遗烈可纪。若乃亮采登庸，绩用显著，敷化所莅，惠训融远，述咏所寄，有赖镌勒，非斯族也，则几乎僭黩矣。俗敝伪兴，华烦已久，是以孔悝之铭，行是人非；蔡邕制文，每有愧色。而自时厥后，其流弥多，预有臣吏，必为建立，勒铭寡取信之实，刊石成虚伪之常，真假相蒙，殆使合美者不贵，但论其功费，又不可称。不加禁裁，其敝无已。"以为"诸欲立碑者，宜悉令言上，为朝议所许，然后听之。庶可以防遏无征，显彰茂实，使百世之下，知其不虚，则义信于仰止，道孚于来叶。"由是并断。

高祖北伐，领司州刺史，以松之为州主簿，转治中从事史。既克洛阳，高祖敕之曰："裴松之廊庙之才，不宜久尸边务，今召为世子洗马，与殷景仁同，可令知之。"于时议立五庙乐，松之以妃臧氏庙乐亦宜与四庙同。除零陵内史，征为国子博士。

太祖元嘉三年，诛司徒徐羡之等，分遣大使，巡行天下。通直散骑常侍袁渝、司徒左司掾孔邈使扬州，尚书三公郎陆子真、起部甄法崇使荆州，员外散骑常侍范雍、司徒主簿庞遵使南兖州，前尚书右丞孔默使南北二豫州，抚军参军王歆之使徐州，冗从仆射车宗使青、兖州，松之使湘州，尚书殿中郎阮长之使雍州，前竟陵太守殷道鸾使益州，员外散骑常侍李耽之使广州，郎中殷斌使梁州、南秦州，前员外散骑侍郎阮园客使交州，驸马都尉、奉朝请潘思先使宁州，并兼散骑常侍。班宣诏书曰："昔王者巡功，群后述职，不然则有存省之礼，聘眺之规。所以观民立政，命事考绩，上下偕通，遐迩咸被，故能功昭长世，道历远年。朕以寡暗，属承洪业，贪畏在位，昧于治道，夕惕惟忧，如临渊谷。惧国俗陵颓，民风凋伪，旹厉违和，水旱伤业。虽躬勤庶事，思弘攸宜，而机务惟殷，顾循多阙，政刑乖谬，未获具闻。岂诚素弗孚，使群心莫尽，纳隍之愧，在予一人。以岁时多难，王道未壹，卜征之礼，废而未修，眷被氓庶，无忘钦恤。今使兼散骑常侍渝等申令四方，周行郡邑，亲见刺史二千石官长，申述至诚，广询治要，观察吏政，访求民隐，旌举操行，存问所疾。礼俗得失，一依周典，每各为书，还具条奏，俾朕昭然，若亲览焉。大夫君子，其各悉心敬事，无惰乃力。其有咨谋远图，谨言中诚，陈之使者，无或隐遗。方将敬纳良规，以补其阙。勉哉勖之，称朕意焉。"

松之反使，奏曰："臣闻天道以下济光明，君德以广运为极。古先哲后，因心溥被，是以文思在躬，则时雍自洽，礼行江汉，而美化斯远。故能垂大哉之休咏，廓造周之盛则。伏惟陛下神睿玄通，道契旷代，冕旒华堂，垂心八表。咨敬敷之未纯，虑明扬之靡畅。清问下民，哀此鳏寡，涣焉大号，周爱四达。远猷形于《雅》、《诰》，惠训播乎遐陬。是故率土仰咏，重译咸说，莫不讴吟踊跃，式铭皇风。或有扶老携幼，称欢路左，诚由亭毒既流，故忘其自至，千载一时，于是乎在。臣谬蒙铨任，忝厕显列，猥以短乏，思纯八表，无以宣畅圣旨，肃明风化，黜陟无序，搜扬寡闻，惭惧屏营，不知所措。奉二十四条，谨随事为牒。伏见癸卯诏书，礼俗得失，一依周典，每各为书，还具条奏。谨依事为书以系之后。"松之甚得奉使之议，论者美之。

转中书侍郎、司冀二州大中正。上使注陈寿《三国志》，松之鸠集传记，增广异闻，既成奏上。上善之，曰："此为不朽矣！"出为永嘉太守，勤恤百姓，吏民便之。入补通直常侍，复领二州大中正。寻出为南琅邪太守。十四年致仕，拜中散大夫，寻领国子博士。进太中大夫，博士如故。续何承天国史，未及撰述，二十八年，卒，时年八十。子骃，南中郎参军。松之所著文论及《晋纪》，骃注司马迁《史记》，并行于世。

何承天，东海郯人也。从祖伦，晋右卫将军。承天五岁失父，母徐氏，广之姊也，聪明博学，故承天幼渐训议，儒史百家，莫不该览。叔父肸为益阳令，随肸之官。

隆安四年，南蛮校尉桓伟命为参军。时殷仲堪、桓玄等互举兵以向朝廷，承天惧祸难未已，解职还益阳。义旗初，长沙公陶延寿以为其辅国府参军，遣通敬于高祖，因除浏阳令,寻去职还都。抚军将军刘毅镇姑孰,版为行参军。毅尝出行,而鄢陵县史陈满射鸟,箭误中直帅,虽不伤人,处法弃市。承天议曰:"狱贵情断,疑则从轻。昔惊汉文帝乘舆马者,张释之劾以犯跸,罪止罚金。何者？明其无心于惊马也。故不以乘舆之重,加以异制。今满意在射鸟,非有心于中人。按律过误伤人,三岁刑,况不伤乎？微罚可也。"出补宛陵令。赵惔为宁蛮校尉、寻阳太守,请为司马。寻去职。

高祖以为太尉行参军。高祖讨刘毅,留诸葛长民为监军。长民密怀异志,刘穆之屏人问承天曰:"公今行济否云何？"承天曰:"不忧西不时,别有一虑尔。公昔年自左里还入石头,甚脱尔,今还,宜加重复。"穆之曰:"非君不闻此言。顷日愿丹徒刘郎,恐不复可得也。"除太学博士。义熙十一年,为世子征虏参军,转西中郎中军参军,钱唐令。高祖在寿阳,宋台建,召为尚书祠部郎,与傅亮共撰朝仪。永初末,补南台治书侍御史。

谢晦镇江陵,请为南蛮长史。时有尹嘉者,家贫,母熊自以身贴钱,为嘉偿责。坐不孝当死。承天议曰:"被府宣令,普议尹嘉大辟事,称法吏葛滕签,母告子不孝,欲杀者许之。法云,谓违犯教令,敬恭有亏,父母欲杀,皆许之。其所告惟取信于所求而许之。谨寻事原心,嘉母辞自求质钱,为子言责。嘉虽亏犯教义,而熊无请杀之辞。熊求所以生之而今杀之,非随所求之谓。始以不孝为劾,终于和卖结刑,倚旁两端,母子俱罪,滕签法文,为非其条。嘉所存者大,理在难申,但明教爰发,矜其愚蔽。夫明德慎罚,文王所以恤下；议狱缓死,《中孚》所以垂化。言情则母为子隐,语敬则礼所不及。今舍乞宥之评,依请杀之条,责敬恭之节,于饥寒之隶,诚非罚疑从轻,宁失有罪之谓也。愚以谓降嘉之死,以普春泽之恩；赦熊之愆,以明子隐之宜。则蒲亭虽陋,可比德于盛明；豚鱼微物,不独遗于今化。"事未判,值赦,并免。

晦进号卫将军,转咨议参军,领记室。元嘉三年,晦将见讨,其弟黄门晢曒密信报之,晦问承天曰:"若果尔,卿令我云何？"承天曰:"以王者之重,举天下以攻一州,大小既殊,逆顺又异,境外求全,上计也。其次,以腹心领兵戌于义阳,将军率众于夏口一战,若败,即趋义阳以出北境,其次也。"晦良久曰:"荆楚用武之国,兵力有余,且当决战,走不晚也。"使承天造立表檄。晦以湘州刺史张邵必不同己,欲遣千人袭之；承天以为邵意趋未可知,不宜便讨。时邵兄茂度为益州,与晦素善,故晦止不遣兵。前益州刺史萧摹之、前巴西太守刘道产去职还江陵,晦将杀之,承天尽力营救,皆得全免。晦既下,承天留府不从。及到彦之至马头,承天自诣归罪,彦之以其有诚,宥之,使行南蛮府事。

七年,彦之北伐,请为右军录事。及彦之败退,承天以才非军旅,得免刑责。以补尚书殿中郎,兼左丞。吴兴余杭民薄道举为劫。制同籍期亲补兵。道举从弟代公、道生等并为大功亲,非应在补谪之例,法以代公等母存为期亲,则子宜随母补兵。承天议曰:"寻劫制,同籍期亲补兵,大功不在此例。妇人三从,既嫁从夫,夫死从子。今

道举为劫,若其叔尚存,制应补谪,妻子营居,固其宜也。但为劫之时,叔父已没,代公、道生并是从弟,大功之亲,不合补谪。今若以叔母为期亲,令代公随母补兵,既违大功不谪之制,又失妇人三从之道。由于主者守期亲之文,不辨男女之异,远嫌畏负,以生此疑,惧非圣朝恤刑之旨。谓代公等母子并宜见原。"故司徒掾孔邈奏事未御,邈已丧殡,议者谓不宜仍用邈名,更以见官奏之。承天又议曰:"既没之名不合奏者,非有它义,正嫌于近不祥耳。奏事一却,动经岁时,盛明之世,事从简易,曲嫌细忌,皆应荡除。"

承天为性刚愎,不能屈意朝右,颇以所长侮同列,不为仆射殷景仁所平,出为衡阳内史。昔在西与士人多不协,在郡又不公清,为州司所纠,被收系狱,值赦免。十六年,除著作佐郎,撰国史。承天年已老,而诸佐郎并名家年少,颖川荀伯子嘲之,常呼为奶母。承天曰:"卿当云凤凰将九子,奶母何言邪!"寻转太子率更令,著作如故。

时丹阳丁况等久丧不葬,承天议曰:"礼所云还葬,当谓荒俭一时,故许其称财而不求备。丁况三家,数年中,葬辄无棺椁,实由浅情薄恩,同于禽兽者耳。窃以为丁宝等同伍积年,未尝劝之以义,绳之以法。十六年冬,既无新科,又未申明旧制,有何严切,欻然相纠。或由邻曲分争,以兴此言。如闻在东诸处,此例既多,江西淮北尤为不少。若但谪此三人,殆无整肃。开其一端,则互相恐动,里伍县司,竞为奸利。财赂既逞,狱讼必繁,惧亏圣明烹鲜之美。臣愚谓况等三家,且可勿问,因此附定制旨,若民人葬不如法,同伍当即纠言,三年除服之后,不得追相告列,于事为宜。"

十九年,立国子学,以本官领国子博士。皇太子讲《孝经》,承天与中庶子颜延之同为执经。顷之,迁御史中丞。时索虏侵边,太祖访群臣威戎御远之略,承天上表曰:

伏见北藩上事,虏犯青、兖,天慈降鉴,矜此黎元,博逮群策,经纶戎政,臣以愚陋,预闻访及。窃寻猃狁告难,爰自上古,有周之盛,南仲出车,汉氏方隆,卫、霍宣力。虽饮马瀚海,扬旌祁连,事难役繁,天下骚动,委兴负海,赀及舟车。凶狡倔强,未肯受弱,得失报复,裁不相补。宣帝末年,值其乖乱,推亡固存,始获稽服。自晋丧中原,戎狄侵扰,百余年间,未暇以北虏为念。大宋启祚,两耀灵武,而怀德畏威,用自款纳。陛下临御以来,羁縻遵养,十余年中,贡译不绝。去岁三王出镇,思振远图,兽心易骇,遂生猜惧,背违信约,深构携隙。贪祸恣毒,无因自反,恐烽燧之警,必自此始。臣素庸懦,才不经武,率其管窥,谨撰《安边论》。意及浅末,惧无可采。若得询之朝列,辨核同异,庶或开引群虑,研尽众谋,短长毕陈,当否可见。其论曰:

汉世言备匈奴之策,不过二科,武夫尽征伐之谋,儒生讲和亲之约,课其所言,互有远志。加塞漠之外,胡敌掣肘,必未能摧锋引日,规自开张。当由往年冀土之民,附化者众,二州临境,三王出藩,经

略既张，宏图将举，士女延望，华、夷慕义。故昧于小利，且自矜侈，外示余力，内坚伪众。今若务存遵养，许其自新，虽未可羁致北阙，犹足镇静边境。然和亲事重，当尽庙算，诚非愚短，所能究言。若追踪卫、霍瀚海之志，时事不等，致功亦殊。寇虽习战未久，又全据燕、赵，跨带秦、魏，山河之险，终古如一。自非大田淮、泗，内实青、徐，使民有赢储，野有积谷，然后分命方、召，总率虎旅，精卒十万，使一举荡夷，则不足稍勤王师，以劳天下。何以言之？今遗黎习乱，志在偷安，非皆耻为左衽，远慕冠冕，徒以残害剥辱，视息无寄，故强负归国，先后相寻。虏既不能校胜循理，攻城略地，而轻兵掩袭，急在驱残，是其所以速怨召祸，灭亡之日。今若遣军追讨，报其侵暴，大蔚幽、冀，屠城破邑，则圣朝爱育黎元，方济之以道。若但欲抚其归附，伐罪吊民，则骏马奔走，不肯来征，徒兴巨费，无损于彼。复奇兵深入，杀敌破军，苟陵患未尽，则困兽思斗，报复之役，将遂无已。斯秦、汉之末策，轮台之所悔也。

安边固守，于计为长。臣以安边之计，备在史策，李牧言其端，严尤申其要，大略举矣。曹、孙之霸，才均智敌，江、淮之间，不居各数百里。魏舍合肥，退保新城，江陵移民南涘，濡须之戍，家停羡溪。及表陵之屯，民夷散杂，晋宣王以为宜从江南以北岸，曹爽不许，果亡沮中，此皆前代之殷鉴也。何者？斥候之郊，非畜牧之地，非耕桑之邑。故坚壁清野，以俟其来，整甲缮兵，以乘其敝。虽时有古今，势有强弱，保民全境，不出此涂。要而归之有四：一曰移远就近；二曰浚复城隍；三曰纂偶车牛；四曰计丁课仗。良守疆其土田，骁帅振其风略。搜猎宣其号令，俎豆训其廉耻。县爵以縻之，设禁以威之。徭税有程，宽猛相济。比及十载，民知义方。然后简将授奇，扬旌云朔，风卷河冀，电扫嵩恒，燕弧折却，代马摧足，秦首斩其右臂，吴蹄绝其左肩，铭功于燕然之阿，飨徒于金微之曲。

寇虽乱亡有征，昧弱易取，若天时人事，或未尽符，抑锐俟机，宜审其算。若边戍未增，星居布野，勤惰异教，贫富殊资，疆场之民，多怀彼此，虏在去就，不根本业，难可驱率，易在振荡。又狡虏之性，食肉衣皮，以驰骋为仪容，以游猎为南亩，非有车舆之安，宫室之卫。栉风沐雨，不以为劳，露宿草寝，维其常性；胜则竞利，败不羞走，彼来或骤，而此已奔疲。且今春逾济，既获其利，乘胜怵忕，未虞天诛，比及秋末，容更送死。猋骑蚁聚，轻兵鸟集，并践禾稼，焚爇闾井，虽边将多略，未审何以御之。若盛师连屯，废农必众，驰车奔驲，起役必迟，散金行赏，损费必大，换土客戍，怨慕必繁。孰若因民所居，并修农战，无动众之劳，有捍卫之实，其为利害，优劣相县也。

一曰移远就近，以实内地。今青、兖旧民，冀州新附，在界首者二万家，此寇之资也。今悉可内徙，青州民移东莱、平昌、北海诸郡，泰山以南，南至下邳，左沭右沂，田良野沃，西阻兰陵，北扼大岘，四塞之内，其号险固。民性重迁，暗于图始，无虏之时，喜生咨怨。今新被钞掠，余俱未息，若晓示安危，居以乐土，宜其歌抃就路，视迁如归。

二曰浚复城隍，以增阻防。旧秋冬收敛，民人入保，所以警备暴客，使防卫有素也。古之城池，处处皆有，今虽颓毁，犹可修治。粗计户数，量其所容，新徙之家，悉著城内，假其经用，为之闾伍，纳稼筑场，还在一处。妇子守家，长吏为师，丁夫匹妇，春夏佃牧。寇至之时，一城千室，堪战之士，不下二千，其余赢弱，犹能登陴鼓噪。十则围之，兵家旧说，战士二千，足抗群虏三万矣。

三曰纂偶车牛，以饰戎械。计千家之资，不下五百耦牛，为车五百两。参合钩连，以卫其众。设使城不可固，平行趋险，贼所不能干。既已族居，易可检括。号令先明，民知凤戒。有急征发，信宿可聚。

四曰计丁课仗，勿使有阙。千家之邑，战士二千，随其便能，各自有仗，素所服习，铭刻由己，还保输之于库，出行请以自卫。弓干利铁，民不办得者，官以渐充之，数年之内，军用粗备矣。

臣闻军国异容，施于封畿之内；兵农并修，在于疆场之表。攻守之宜，皆因其习，任其怯勇。山陵川陆之形，寒暑温凉之气，各由本性，易则害生。是故戍申作师，远屯清济，功费既重，嗟怨亦深。以臣料之，未若即用彼众之易也。管子治齐，寄令在民；商君为秦，设以耕战。终申威定霸，行其志业，非苟任强，实由有数。梁用走卒，其邦自灭；齐用技击，厥众亦离。汉、魏以来，兹制渐绝，搜田非复先王之礼，治兵徒逞耳目之欲，有急之日，民不知战，至乃广延赏募，奉以厚秩，发遽奔救，天下骚然。方伯刺史，拱手坐听，自无经略，唯望朝廷遣军，此皆忘战之害，不教之失也。

今移民实内，浚治城隍，族居聚处，课其骑射，长吏简试，差品能不，甲科上第，渐就优别，明其勋才，表言州郡。如此则屯部有常，不迁其业。内护老弱，外通官涂，朋曹素定，同忧等乐，情由习亲，艺因事著，昼战见貌足相识，夜战闻声足相救，斯教战之一隅，先哲之遗术。论者必以古城荒毁，难可修复。今不谓顿便加功，整丽如旧，但欲先定民，营其闾术，墉壑存者，因而即之，其有毁缺，权时栅断。足以御彼轻兵，防遏游骑，假以方将，渐就兀立。车牛之赋，课仗之宜，攻守所资，军国之要，今因民所利，导而率之。耕农之器，为府库之宝，田蚕之氓，兼城之用，千家总倍旅之兵，万户具全军之众，兵强而敌不戒，国富而民不劳，比于优复队伍，坐食廪粮者，不可同年而校矣。

今承平未久，边令弛纵，弓竿利铁，既不都断，往岁弃甲，垂二十年，课其所住，理应消坏。谓宜申明旧科，严加禁塞，诸商贾往来，幢队挟藏者，皆以军法治之。又界上严立关候，杜废间蹊。城保之境，诸所课仗，并加雕镌，别造程式。若有遗镞亡刃，及私为窃盗者，皆可立验，于事为长。又钜野湖泽广大，南通洙、泗，北连青、齐，有旧县城，正在泽内。宜立式修复旧堵，利其埭遏，给轻舰百艘。寇若入境，引舰出战，左右随宜应接，据其师津，毁其航漕。此以利制车，运我所长，亦微彻敌之要也。

承天素好弈棋，颇用废事。太祖赐以局子，承天奉表陈谢，上答："局子之赐，何必非张武之金邪！"承天又能弹筝，上又赐银装筝一面。承天与尚书左丞谢元素不相善，二人竞伺二台之违，累相纠奏。太尉江夏王义恭岁给资费钱三千万，布五万匹，米七万斛。义恭素奢侈，用常不充，二十一年，逆就尚书换明年资费。而旧制出钱二十万，布五百匹以上，并应奏闻，元辄命议以钱二百万给太尉。事发觉，元乃使令史取仆射孟顗命。元时新除太尉咨议参军，未拜，为承天所纠。上大怒，遣元长归田里，禁锢终身。元时又举承天卖茭四百七十束与官属，求贵价。承天坐白衣领职。元字有宗，陈郡阳夏人，临川内史灵运从祖弟也。以才学见知，卒于禁锢。

二十四年，承天迁廷尉，未拜，上欲以为吏部，已受密旨，承天宣漏之，坐免官。卒于家，年七十八。先是，《礼论》有八百卷，承天删减并合，以类相从，凡为三百卷，并《前传》、《杂语》、《纂文》、论并传于世。又改定《元嘉历》，语在《律历志》。

史臣曰：治边之术，前世言之详矣。夫戎夷狡黠，飘迅难虞，必宜完其障塞，谨其烽柝，使来径可防，去涂易梗，然后乃能禁暴止奸，养威攘寇。汉世案秦旧迹，严塞以限外夷，吴、魏交战，亦以江、淮为疆场，莫不先凭地险，却保民和，且守且耕，伺隙乘衅。高祖受命，王略未远，虽绵河作守，而兵孤援阔，盛衰既兆，用启戎心。盖由王业始基，经创多阙，先内后外，以至于此乎。自兹以降，分青置境，无围守之宜，阙耕战之略，恃寇不来，遂无其备。周、汉二策，在宋顿匕，遂致胡马横行，曾不藩落之固，使士民跼苍天，踏厚地，系虏俘囚，而无所控告，哀哉！承天《安边论》，博而笃矣，载之云尔。

卷六十五　　列传第二十五

吉翰　刘道产　杜骥　申恬

吉翰，字休文，冯翊池阳人也。初为龙骧将军道怜参军，随府转征虏左军参军，员外散骑侍郎。随道怜北征广固，赐爵建城县五等男。转道怜骠骑中兵参军，从事中郎。为将佐十余年，清谨刚正，甚为高祖所知赏。永初三年，转道怜太尉司马。

太祖元嘉元年，出督梁、南秦二州诸军事、龙骧将军、西戎校尉、梁、南秦二州刺史。三年，仇池氏杨兴平遣使归顺，并儿弟为质，翰遣始平太守庞咨据武兴。仇池大帅杨玄遣弟难当率众拒咨，又遣将强鹿皮向白水。咨击破，难当等乃退走。其年，徙督益、宁二州、梁州之巴西、梓潼、宕渠、南汉中、秦州之安固、怀宁六郡诸军事、益州刺史，将军如故。在益州著美绩，甚得方伯之体，论者称之。六年，以老疾征还，除彭城王义康司徒司马，加辅国将军。

时太祖经略河南，以翰为持节、监司、雍、并三州诸军事、司州刺史，将军如故。会前锋诸军到彦之等败退，明年，复为司徒司马，将军如故。其年，又假节、监徐、兖二州、豫州之梁郡诸军事、徐州刺史，将军如故。时有死罪囚，典签意欲活之，因翰入关赍呈其事。翰省讫，语"今且去，明可便呈"。明旦，典签不敢复入，呼之乃来，取昨所呈事视讫，谓之曰："卿意当欲有此囚死命。昨于斋坐见其事，亦有心活之。但此囚罪重，不可全贷，既欲加恩，卿便当代任其罪。"因命左右收典签付狱杀之，原此囚生命。其刑政如此，其下畏服，莫敢犯禁。明年卒官，时年六十。追赠征虏将军，持节、监、刺史如故。

刘道产，彭城吕人，太尉咨议参军简之子也。简之事在弟子《康祖传》。道产初为辅国参军，无锡令，在县有能名。高祖版为中军行参军，又为道怜骠骑参军，袭父爵晋安县五等侯。广州群盗因刺史谢道欣死为寇，攻没州城，道怜加道产振武将军南讨，会始兴谦之已平广州，道产未至而反。

元年，除宁远将军、巴西、梓潼二郡太守。郡人黄公生、任肃之、张石之等并谯纵余烬，与姻亲侯揽、罗奥等招引白水氏，规欲为乱。道产诛公生等二十一家，宥其余党。还为彭城王义康骠骑中兵参军。元嘉三年，督梁、南秦二州诸军事、宁远将军、西戎校尉、梁、南秦二州刺史。在州有惠化，关中流民，前后出汉川归之者甚多。六年，道产表置陇西、宋康二郡以领之。七年，征为后军将军。明年，迁竟陵王义宣左将军咨议参军，仍为持节、督雍、梁、南秦三州、荆州之南阳、竟陵、顺阳、襄阳、新野、随六郡诸军事、宁远将军、宁蛮校尉、雍州刺史、襄阳太守。善于临民，在雍部政绩尤著，蛮夷前后叛戾不受化者，并皆顺服，悉出缘沔为居。百姓乐业，民户丰赡，由此有《襄阳乐歌》，自道产始也。

十三年，进号辅国将军。十九年卒，追赠征虏将军，谥曰襄侯。道产惠泽被于西土，及丧还，诸蛮皆备衰绖，号哭追送，至于沔口。荆州刺史衡阳王义季启太祖曰："故辅国将军刘道产患背痈，疾遂不救。道产自镇汉南，境接凶寇，政绩既著，威怀兼举。年时犹可，方宣其用，奄至殒殁，伤怨特深。伏惟圣怀，愍惜兼至。"长子延孙，别有传。延孙弟延熙，因延孙之荫，大明中，为司徒右长史，黄门郎，临海、义兴太守。泰始初，与四方同反，伏诛。

道产弟道锡，巴西、梓潼二郡太守。元嘉十八年，为氐寇所攻，道锡保城退敌，太祖嘉之。下诏曰："前者兵寇攻逼，边情波骇，广威将军、巴西、梓潼二郡太守刘道锡，将率文武，尽心固守，保全之绩，厥效可书。可冠军、咨议参军、前建威将军、晋寿太守申坦，孤城弱众，厉志致果，死伤参半，壮气不衰，虽力屈陷没，在诚宜甄。可建威将军、巴西、梓潼二郡太守。"初，氐寇至，城内众寡，道锡募吏民守城，复租布二十年。及贼退，朝议："贼虽攻城，一战便走，听依本要，于事为优。"右卫将军沈演之、丹阳尹羊玄保、后军长史范晔并谓："宜随功劳裁量，不可全用本誓，多者不得过十年。"从之。二十一年，迁扬烈将军、广州刺史。二十七年，坐贪纵过度，自杖治中荀齐文垂死，乘舆出城行，与阿尼同载，为有司所纠。值赦，明年散征。又以赦后余赃，收下廷尉，被宥病卒。

杜骥，字度世，京兆杜陵人也。高祖预，晋征南将军。曾祖耽，避难河西，因仕张氏。苻坚平凉州，父祖始还关中。兄坦，颇涉史传。高祖征长安，席卷随从南还。太祖元嘉中，任遇甚厚，历后军将军，龙骧将军，青、冀二州刺史，南平王铄右将军司马。晚度北人，朝廷常以伧荒遇之，虽复人才可施，每为清涂所隔，坦以此慨然。尝与太祖言及史籍，上曰："金日磾忠孝淳深，汉朝莫及，恨今世无复如此辈人。"坦曰："日磾之美，诚如圣旨。假使生乎今世，养马不暇，岂办见知。"上变色曰："卿何量朝廷之薄也。"坦曰："请以臣言之。臣本中华高族，亡曾祖晋氏丧乱，播迁凉土，世叶相承，不殒其旧。直以南度不早，便以荒伧赐隔。日磾胡人，身为牧圉，便超入内侍，齿列名贤。圣朝虽复拔才，臣恐未必能也。"上默然。

北土旧法，问疾必遣子弟。骥年十三，父使候同郡韦华。华子玄有高名，见而异之，以女妻焉。桂阳公义真镇长安，辟为州主簿，后为义真车骑行参军，员外散骑侍郎，江夏王义恭抚军刑狱参军，尚书都官郎，长沙王义欣后军录事参军。

元嘉七年，随到彦之入河南，加建武将军。索虏撤河南戍悉归河北，彦之使骥守洛阳。洛阳城不治既久，又乏粮食，及彦之败退，骥欲弃城走，虑为太祖所诛。初，高祖平关洛，致钟虡旧器南还，一大钟坠洛水。至是太祖遣将姚耸夫领千五百人迎致之。时耸夫政率所领牵钟于洛水，骥乃诳之曰："虏既南渡，洛城势弱，今修理城池，并已坚固，军粮又足，所乏者人耳。君率众见就，共守此城，大功既立，取钟无晚。"耸夫信之，率所领就骥。既至，见城不可守，又无粮食，于是引众去。骥亦委城南奔，白太祖曰："本欲以死固守，姚耸夫及城便走，人情沮败，不可复禁。"上大怒，使建威将军郑顺之杀耸夫于寿阳。耸夫，吴兴武康人。勇果有气力，宋世偏裨小将莫及。始随到彦之北伐，与虏遇，耸夫手斩托跋焘叔父英文特勒首，焘以马百匹赎之。

以骥为通直郎，射声校尉，世祖征虏咨议参军。十七年，出督青、冀二州、徐州之东莞、东安二郡诸军事、宁远将军、青、冀二州刺史。在任八年，惠化著于齐土。自义熙至于宋末，刺史唯羊穆之及骥，为吏民所称咏。二十四年，征左军将军，兄坦代为刺史，北土以为荣焉。坦长子琬为员外散骑侍郎，太祖尝有函诏敕坦，琬辄开视。信未发又追取之，敕函已发，大相推检。丞都答云："诸郎开视。"上遣主书诘责，骥答曰："开函是臣第四子季文，伏待刑坐。"上特原不问。二十七年，卒，时年六十四。

长子长文，早卒。第五子幼文，薄于行。太宗初，以军功为骁骑将军，封邵阳县男，食邑三百户。寻坐巧佞夺爵。后以发太尉庐江王祎谋反事，拜黄门侍郎。出为辅国将军、梁、南秦二州刺史。废帝元徽中，为散骑常侍。幼文所莅贪横，家累千金，女伎数十人，丝竹昼夜不绝，与沈勃、孙超之居止接近，常相从，又并与阮佃夫厚善。佃夫死，废帝深疾之。帝微行夜出，辄在幼文门墙之间，听其弦管，积久转不能平，于是自率宿卫兵诛幼文、勃、超之等。幼文兄叔文为长水校尉，及诸子侄在京邑方镇者并诛。唯幼文兄季文、弟希文等数人，逃亡得免。

申恬，字公休，魏郡魏人也。曾祖钟，为石虎司徒。高祖平广固，恬父宣、宣从父永皆得归国，并以干用见知。永历青、兖二州刺史。高祖践祚，拜太中大夫。宣，太祖元嘉初，亦历兖、青二州刺史。恬兄谟，与朱修之守滑台，为虏所没，后得叛还。元嘉中，为竟陵太守。

恬初为骠骑道怜长兼行参军。高祖践祚，拜东宫殿中将军，度还台。直省十载，不请休息。转员外散骑侍郎，出为绥远将军、下邳太守。转在北海，加宁远将军。所至皆有政绩。又为北谯、梁二郡太守，将军如故。郡境边接任榛，屡被寇抄。恬到，密知贼来，仍伏兵要害，出其不意，悉皆禽殄。元嘉十二年，迁督鲁、东平、济北三郡军事、泰山太守，将军如故。惠威兼著，吏民便之。临川王义庆镇江陵，为平西中兵参军、河东太守。衡阳王义季代义庆，又度安西府，加宁朔将军。召拜太子屯骑校尉，母忧去职。

二十一年，冀州移镇历下，以恬督冀州、青州之济南、乐安、太原三郡诸军事、扬烈将军、冀州刺史，明年，加济南太守。时又迁换诸郡守，恬上表曰："伏闻朝恩当加臣济南太守，仰惟优旨，荒心散越。臣殃咎之余，遭蒙逾忝，宠私罔已，复兼今授，岂其愚迷，所能上答。臣近至止，即履行所统，究其形宜。河、济之间，置立戍捍，其中四处，急须修立，瓮口故城，又是要所，宜移太原，委以边事。缘山诸逻，并得除省，防卫绥怀，利便非一。吕绰诚效益著，深同臣意，百姓闻者，咸皆附说，急有同异，二三未宜。但房绍之莅郡经年，军民粗狎，改以带臣，有乖永事。远牵太原，于民为苦。而瓮口之计，复成交互，人情非乐，容有不安。疆场威刑，患不开广，若得依先处分，公私允缉。"上从之。诏有司曰："恬所陈当是事宜，近诸除授可悉停。"

北虏入寇，恬摧击之，为虏所破，被征还都。二十七年，起为通直常侍。是岁，索虏南寇，其武昌王向青州。遣恬援东阳，因与辅国司马、齐郡太守庞秀之保城固守。萧斌遣青州别驾解荣之率垣护之还援恬等，仍傍南山得入。贼朝来胁战，日晚辄退。城内乃出车北门外，环堑为营，欲挑战，贼不敢逼。停五日，东过抄略清河郡及驿道南数千家，从东安、东莞出下邳。下邳太守垣阆闭城距守，保全二千余家。虏退，以恬为宁朔将军、山阳太守。善于治民，所莅有绩。世祖践阼，迁青州刺史，将军如故。寻加督徐州之东莞、东安二郡诸军事。明年，又督冀州。齐地连岁兴兵，百姓凋弊，恬初防卫边境，劝课农桑，二三年间，遂皆优实。性清约，频处州郡，妻子不免饥寒，世以此称之。进号辅国将军。

孝建二年，迁督豫州军事、宁朔将军、豫州刺史。明年，疾病征还，于道卒，时年六十九。死之日，家无遗财。子实，南谯郡太守，早卒。

谟子元嗣，海陵、广陵太守。元嗣弟谦，太始初，以军功历军校，官至辅国将军、临川内史。永子坦，自巴西、梓潼迁梁、南秦二州刺史。元嘉二十六年，为世祖镇军咨议参军，与王玄谟围滑台不克，免官。青州刺史萧斌板行建威将军、济南、平原二郡太守，复攻确磝，败退，下历城。萧思话起义讨元凶，假坦辅国将军，为前锋。世祖至新亭，坦亦进克京城。孝建初，为太子右卫率、宁朔将军、徐州刺史。大明元年，虏寇兖州，世祖遣太子卫率薛安都、新除东阳太守沈法系北讨，至兖州，虏已去。坦建议："任榛亡命，屡犯边民，军出无功，宜因此蘱扑。"上从之。亡命先已闻知，举村逃走，安都与法系坐白衣领职，坦弃市。群臣为之请，莫能得。将行刑，始兴公沈庆之入市抱坦恸哭曰："卿无罪，为朝廷所枉诛，我入市亦当不久。"市官以白上，乃原生命，系尚方。寻被宥，复为骁骑将军，病卒。

子令孙，前废帝景和中，为永嘉王子仁左军司马、广陵太守。太宗以为宁朔将军、徐州刺史，讨薛安都。行至淮阳，即与安都合。弟阐，时为济阴太守，戍睢陵城，奉顺不同安都，安都攻阐不能克。会令孙至，遣往睢陵令说阐降，阐既降，杀之，令孙亦见杀。先是，清河崔谭亦以将吏见知高祖，永初末，为振威将军、东莱太守。少帝初，亡命司马灵期、司马顺之千余人围东莱，谭击之，斩灵期等三十级。太祖元嘉中，至青州刺史。

史臣曰：汉之良吏，居官者或长子孙，孙、曹之世，善职者亦二三十载，皆敷政以尽民和，兴让以存旧久。及晚代风烈渐衰，非才有起伏，盖所遭之时异也。刘道产之在汉南，历年逾十，惠化流于樊沔，颇有前世遗风，故能树绩垂名，斯为美矣！

卷六十六　　列传第二十六

王敬弘　何尚之

王敬弘，琅邪临沂人也。与高祖讳同，故称字。曾祖廙，晋骠骑将军。祖胡之，司州刺史。父茂之，晋陵太守。敬弘少有清尚，起家本国左常侍，卫军参军。性恬静，乐山水，为天门太守。敬弘妻，桓玄姊也。敬弘之郡，玄时为荆州，遣信要令过。敬弘至巴陵，谓人曰："灵宝见要，正当欲与其姊集聚耳，我不能为桓氏赘婿。"乃遣别船送妻往江陵。妻在桓氏，弥年不迎。山郡无事，恣其游适，累日不回，意甚好之。转桓伟安西长史、南平太守。去官，居作唐县界。玄辅政及篡位，屡召不下。

高祖以为车骑从事中郎，徐州治中从事史，征西将军道规咨议参军。时府主簿宗协亦有高趣，道规并以事外相期。尝共酣饮致醉，敬弘因醉失礼，为外司所白，道规即更引还，重申初宴。召为中书侍郎，始携家累自作唐还京邑。久之，转黄门侍郎，不拜。仍除太尉从事中郎，出为吴兴太守。旧居余杭县，悦是举也。寻征为侍中。高祖西讨司马休之，敬弘奉使慰劳，通事令史潘尚于道疾病，敬弘单船送还郡，存亡不测，有司奏免官，诏可。未及释朝服，值赦复官。宋国初建，为度支尚书，迁太常。

高祖受命，补宣训卫尉，加散骑常侍。永初三年，转吏部尚书，常侍如故。敬弘每被除召，即便袛奉，既到宜退，旋复解官，高祖嘉其志，不苟违也。复除庐陵王师，加散骑常侍，自陈无德，不可师范今王，固让不拜。又除秘书监，金紫光禄大夫，加散骑常侍，本州中正，又不就。太祖即位，又以为散骑常侍、金紫光禄大夫，领江夏王师。

元嘉三年，为尚书仆射。关署文案，初不省读。尝豫听讼，上问以疑狱，敬弘不对。上变色，问左右："何故不以讯牒副仆射？"敬弘曰："臣乃得讯牒读之，政自不解。"上甚不悦。六年，迁尚书令，敬弘固让，求还东，上不能夺。改授侍中、特进、左光禄大夫，给亲信二十人。让侍中、特进，求减亲信之半，不许。及东归，车驾幸冶亭饯送。

十二年，征为太子少傅。敬弘诣京师上表曰："伏见诏书，以臣为太子少傅，承命震惶，喜惧交悸。臣抱疾东荒，志绝荣观，不悟圣恩，猥复加宠。东宫之重，四海瞻望，非臣薄德，所可居之。今内外英秀，应选者多，且板筑之下，岂无高逸，而近私愚朽，污辱清朝。呜呼微臣，永非复大之一物矣。所以牵曳阙下者，实瞻望圣颜，贪《系》表之旨。臣如此而归，夕死无恨。"诏不许。表疏屡上，终以不拜。东归，上时不豫，自力见焉。

十六年，以为左光禄大夫、开府仪同三司，侍中如故，又诣京师上表曰："臣比自启闻，谓诚心已达，天鉴玄邈，未蒙在宥，不敢宴处，牵曳载驰。臣闻君子行道，忘其为身，三复斯言，若可庶勉，顾惜昏耄，志与愿违。礼年七十，老而传家，家道犹然，况于在国。伏愿陛下矜臣西夕，憋臣一至，特回圣恩，赐反其所，则天道下济，愚心尽矣。"竟不拜，东归。二十三年，重申前命，又表曰："臣躬耕南澧，不求闻达。先帝拔臣于蛮荆之域，赐以国士之遇。陛下嗣徽，特蒙眷齿，由是感激，委质圣朝。虽怀犬马之诚，遂无尘露之益。年向九十，生理殆尽，永绝天光，沦没丘壑。谨冒奉表，伤心久之。"

明年，薨于余杭之舍亭山，时年八十八。追赠本官。顺帝升明二年诏曰："夫涂秘兰幽，贞芳载越，徽猷沈远，懋礼弥昭。故侍中、左光禄大夫、开府仪同三司敬弘，神韵冲简，识宇标峻，德敷象魏，道蔼丘园。高挹荣冕，凝心尘外,清光粹范,振俗淳风。兼以累朝延赏,声华在咏,而嘉篆阙文,猷策韬裏,尚想遥芬,兴怀寝寤。便可详定辉谥,式旌典。"于是谥为文贞公。

敬弘形状短小,而坐起端方,桓玄谓之"弹棋八势"。所居舍亭山,林涧环周,备登临之美,时人谓之王东山。太祖尝问为政得失,敬弘对曰:"天下有道,庶人不议。"上高其言。左右常使二老婢,戴五綵五辫,著青纹袴襦,饰以朱粉。女适尚书仆射何尚之弟述之,敬弘尝往何氏看女,值尚之不在,寄斋中卧。俄顷,尚之还,敬弘使二卑守阁不听尚之入,云"正热,不堪相见,君可且去"。尚之于是移于它室。子恢之被召为秘书郎,敬弘为求奉朝请,与恢之书曰:"秘书有限,故有竟。朝请无限,故无竟。吾欲使汝处于不竟之地。"太祖嘉而许之。敬弘见儿孙岁中不过一再相见,见辄克日。恢之尝请假还东定省,敬弘克日见之,至日辄不果,假日将尽,恢之乞求奉辞,敬弘呼前,既至阁,复不见。恢之于阁外拜辞,流涕而去。

恢之至新安太守,中大夫。恢之弟瓒之,世祖大明中,吏部尚书,金紫光禄大夫,谥曰贞子。瓒之弟升之,都官尚书。升之子延之,升明末,为尚书左仆射,江州刺史。

何尚之,字彦德,庐江灊人也。曾祖准,高尚不应征辟。祖恢,南康太守。父叔度,恭谨有行业,姨适沛郡刘璩,与叔度母情爱甚笃,叔度母亡卒,奉姨有若所生。姨亡,朔望必往致哀,并设奠奠,食并珍新,躬自临视。若朔望应有公事,则先遣送祭,皆手自料简,流涕对之。公事毕,即往致哀,以此为常,至三年服竟。

义熙五年,吴兴武康县民王延祖为劫,父睦以告官。新制,凡劫身斩刑,家人弃市。睦既自告,于法有疑。时叔度为尚书,议曰:"设法止奸,本于情理,非谓一人为劫,阖门应刑。所以罪及同产,欲开其相告,以出为恶之身。睦父子之至,容可悉共逃亡,而割其天属,还相缚送,蠆毒在手,解腕求全,于情可愍,理亦宜宥。使凶人不容于家,逃刑无所,乃大绝根源也。睦既纠送,则余人无应复告,并全之。"后为金紫光禄大夫,吴郡太守,加秩中二千石。太保王弘称其清身洁己。元嘉八年,卒。

尚之少时颇轻薄,好摴蒱,既长折节蹈道,以操立见称。为陈郡谢混所知,与之游处。家贫,起为临津令。高祖领征南将军,补府主簿。从征长安,以公事免,还都。因患劳疾积年,饮妇人乳,乃得差。以从征之劳,赐爵都乡侯。少帝即位,为庐陵王义真车骑咨议参军。义真与司徒徐羡之、尚书令傅亮等不协,每有不平之言,尚之谏戒,不纳。义真被废,入为中书侍郎。太祖即位,出为临川内史,入为黄门侍郎,尚书吏部郎,左卫将军,父忧去职。服阕,复为左卫,领太子中庶子。尚之雅好文义,从容赏会,甚为太祖所知。十二年,迁侍中,中庶子如故。寻改领游击将军。

十三年,彭城王义康欲以司徒左长史刘斌为丹阳尹,上不许。乃以尚之为尹,立宅南郭外,置玄学,聚生徒。东海徐秀、庐江何昙、黄回、颍川荀子华、太原孙宗昌、王延秀、鲁郡孔惠宣,并慕道来游,谓之南学。女适刘湛子黯,而湛与尚之意好不笃。湛欲领丹阳,乃徙尚之为祠部尚书,领国子祭酒。尚之甚不平。湛诛,迁吏部尚书。时左卫将军范晔任参机密,尚之察其意趣异常,白太祖宜出为广州,若在内衅成,不得不加以铁钺,屡诛大臣,有亏皇化。上曰:"始诛刘湛等,方欲超升后进。晔事迹未彰,便豫相黜斥,万方将谓卿等不能容才,以我为信受谗说。但使共知如此,不忧致大变也。"晔后谋反伏诛,上嘉其先见。国子学建,领国子祭酒。又领建平王师,乃徙中书令,中护军。

二十三年,迁尚书右仆射,加散骑常侍。是岁造玄武湖,上欲于湖中立方丈、蓬莱、瀛洲三神山,尚之固谏乃止。时又造华林园,并盛暑役人工,尚之又谏,宜加休息,上不许,曰:"小人常自暴背,此不足为劳。"时上行幸,还多侵夕,尚之又表谏曰:"万乘宜重,尊不可轻,此圣心所鉴,岂假臣启。舆驾比出,还多冒夜,群情倾侧,实有未宁。清道而动,帝王成则,古今深诫,安不忘危。若值汲黯、辛毗,必将犯颜切谏,但臣等碌碌,每存顺默耳。伏愿少采愚诚,思垂省察,不以人废,适可以慰四海之望。"亦优诏纳之。

先是,患货重,铸四铢钱,民间颇盗铸,多翦凿古钱以取铜,上患之。二十四年,录尚书江夏王义恭建议,以一大钱当两,以防翦凿,议者多同。尚之议曰:"伏鉴明命,欲改钱制,不劳采铸,其利自倍,实救弊之弘算,增货之良术。求之管浅,犹有未譬。夫泉贝之兴,以估货为本,事存交易,岂假数多。数少则币轻,数多则物重,多少虽异,济用不殊。况复以一当两,徒崇虚价者邪!凡创制改法,宜从民情,未有违众矫物而可久也。泉布废兴,口口骤议,前代赤仄白金,俄而罢息,六货愦乱,民泣于市。良由事不画一,难用遵行,自非急病权时,宜守久长之业。烦政曲杂,致远常泥。且货偏则民病,故先王立井田以一之,使富不淫侈,贫不过匮。虽兹法久废,不可顿施,要宜而近,粗相放拟。若今制遂行,富人赍货自倍,贫者弥增其困,惧非所以欲均之意。又钱之形式,大小多品,直云大钱,则未知其格。若止于四铢五铢,则文皆古篆,既非下走所识,加或漫灭,尤难分明,公私交乱,争讼必起,此最是其深疑者也。命旨兼虑翦凿日多,以至消尽;鄙意复谓殆无此嫌。民巧虽密,要有踪迹,且用钱货铜,事可寻检,直由属所忽纵,纠察不精,致使立制以来,发觉者寡。今虽有悬金之名,竟无酬与之实,若申明旧科,禽获即报,畏法希赏,不日自定矣。愚者之议,智者择焉,猥参访逮,敢不输尽。"

吏部尚书庾炳之,侍中太子左卫率萧思话、中护军赵伯符、御史中丞何承天、太常郗敬叔并同尚之议。中领军沈演之以为:"龟贝行于上古,泉刀兴自有周,皆所以阜财通利,实国富民者也。历代虽远,资用弥便,但采铸久废,兼丧乱累仍,糜散湮灭,何可胜计。晋迁江南,疆境未廓,或土习其风,钱不普用,其数本少,为患尚轻。今王略开广,声教遐暨,金锱所布,爰逮荒服,昔所不及,悉已流行之矣。用弥旷而货愈狭,加复竞窃翦凿,销毁滋繁,刑禁虽重,奸避方密,遂使岁月增贵,贫室日剧,譬作肆力之氓，徒勤不足以赡。诚由货贵物贱，常调未革，弗思厘改，为弊转深，斯实亲教之时，通变之嘉会。愚谓若以大钱当两，则国传难朽之宝，家赢一倍之利，不俟加宪，巧源自绝，施一令而众美兼，无兴造之费，莫盛于兹矣。"上从演之议，遂以一钱当两，行之经时，公私非便，乃罢。

二十五年，迁左仆射，领汝阴王师，常侍如故。二十八年，转尚书令，领太子詹事。二十九年，致仕，于方山著《退居赋》以明所守，而议者咸谓尚之不能固志。太子左卫率袁淑与尚之书曰："昨遣修问，承丈人已晦志山田，虽曰年礼宜遵，亦事难斯贵，俾疏、班、邴、魏，通美于前策，龚、贡、山、卫，沦惭乎曩篇。规迫休告，雪涤素怀，冀寻幽之欢，毕口玄之适。但淑逸操偏迥，野性瞢滞，果兹冲寂，必沈乐忘归。然而已议涂闻者，谓丈人徽明未耗，誉业方籍，傥能屈事康道，降节殉务，舍南濑之操，淑此行永决矣。望眷有积，约日无误。"尚之宅在南涧寺侧，故书云"南濑"，《毛诗》所谓"于以采苹，南涧之濒"也。诏书敦劝，上又与江夏王义恭诏曰："今朝贤无多，且羊、孟尚不得告谢，尚之任遇有殊，便未宜申许邪。"义恭答曰："尚之清忠贞固，历事唯允，虽年在悬车，而体犹克壮，未相申许，下情所同。"尚之复摄职。羊即羊玄保，孟即孟顗，字彦重，本昌安丘人。兄昶贵盛，顗不就征辟。昶死后，起家为东阳太守，遂历吴郡、会稽、丹阳三郡，侍中，仆射，太子詹事，复为会稽太守，卒官，赠左光禄大夫。子勋，尚太祖第十六女南郡公主，女适彭城王义康、巴陵哀王休若。

尚之既还任事，上待之愈隆。是时复遣军北伐，资给戎旅，悉以委之。元凶弑立，进位司空，领尚书令。时三方兴义，将佐家在都邑，劭悉欲诛之，尚之诱说百端，并得免。世祖即位，复为尚书令，领吏部，迁侍中、左光禄大夫，领护军将军。寻辞护军，加特进。复以本官领尚书令。丞相南郡王义宣、车骑将军臧质反，义宣司马竺超民、臧质长史陆展兄弟并应从诛，尚之上言曰："刑罚得失，治乱所由，圣贤留心，不可不慎。竺超民为贼既遁走，一夫可禽，若反覆昧利，即当取之，非唯免愆，亦可要不义之赏，而超民曾无此意，微足观过知仁。且为官保全城府，谨守库藏，端坐待缚。今戮及兄弟，与向始末无论者复成何异。陆展尽质复灼然，便同之巨逆，于事为重。臣豫蒙顾待，自殊凡隶，苟有所怀，不敢自默。"超民坐者由此得原。

时欲分荆州置郢州，议其所居。江夏王义恭以为宜在巴陵，尚之议曰："夏口在荆、江之中，正对沔口，通接雍、梁，实为津要，由来旧镇，根基不易。今分取江夏、武陵、天门、竟陵、随五郡为一州，镇在夏口，既有见城，浦大容舫。竟陵出道取荆州，虽水路，与去江夏不异，诸郡至夏口皆从流，并为利便。湘州所领十一郡，其巴陵边带长江，去夏口密迩，既分湘中，乃更成大，亦可割巴陵属新州，于事为允。"上从其议，荆、扬二州，户口半天下，江左以来，扬州根本，委荆以阃外，至是并分，欲以削臣下之权，而荆、扬并因此虚耗。尚之建言复合二州，上不许。

大明二年，以为左光禄、开府仪同三司，侍中如故。尚之在家常著鹿皮帽，及拜开府，天子临轩，百僚陪位，沈庆之于殿廷戏之曰："今日何不著鹿皮冠？"庆之累辞爵命，朝廷敦劝甚笃，尚之谓曰："主上虚怀侧席，讵宜固辞。"庆之曰："沈公不效何公，去而复还也。"尚之有愧色。爰尚文义，老而不休，与太常颜延之议论往反，传于世。立身简约，车服率素，妻亡不娶，又无姬妾。秉衡当朝，畏远权柄，亲戚故旧，一无荐举，既以致怨，亦以此见称。复以本官领中书令。四年，疾笃，诏遣侍中沈怀文、黄门侍郎王钊问疾。薨于位，时年七十九。追赠司空，侍中、中书令如故。谥曰简穆公。子偃，别有传。

尚之弟悠之，义兴太守，侍中，太常。与琅邪王徽相善。悠之卒，徽与偃书曰："吾与义兴，直恨相知之晚，每惟君子知我。若夫嘉我小善，矜余不能，唯贤叔耳。"悠之弟愉之，新安太守。愉之弟翌之，都官尚书。悠之子顗之，尚太祖第四女临海惠公主。太宗世，官至通直常侍。

史臣曰：江左以来，树根本于扬越，任推毂于荆楚。扬土自庐、蠡以北，临海而极大江，荆部则包括湘、沅，跨巫山而掩邓塞。民户境域，过半于天下。晋世幼主在位，政归辅臣，荆、扬ول牧，事同二陕。宋室复受命，权不能移，二州之重，咸归密戚。是以义宣藉西楚强富，因十载之基，嫌隙既树，遂规问鼎。而建郢分扬，矫枉立直，藩城既剖，盗实人单，阃外之寄，于斯而尽。若长君南面，威刑自出，至亲在外，事不患强。若运经盛衰，时艰主弱，虽近臣怀祸，止有外惮，吕宗不竞，实由齐、楚，兴丧之源，于斯尤著。尚之言并合，可谓识治也矣！

卷六十七　　　列传第二十七

谢灵运

谢灵运，陈郡阳夏人也。祖玄，晋车骑将军。父瑍，生而不慧，为秘书郎，蚤亡。灵运幼便颖悟，玄甚异之，谓亲知曰："我乃生瑍，瑍那得生灵运！"

灵运少好学，博览群书，文章之美，江左莫逮。从叔混特知爱之，袭封康乐公，食邑三千户。以国公例，除员外散骑侍郎，不就。为琅邪王大司马行参军。性奢豪，车服鲜丽，衣裳器物，多改旧制，世共宗之，咸称谢康乐也。抚军将军刘毅镇姑孰，以为记室参军。毅镇江陵，又以为卫军从事中郎。毅伏诛，高祖版为太尉参军，入为秘书丞，坐事免。

高祖伐长安，骠骑将军道怜居守，版为咨议参军，转中书侍郎，又为世子中军咨议，黄门侍郎。奉使慰劳高祖于彭城，作《撰征赋》。其序曰：

盖闻昏明殊位，贞晦异道，虽景度回革，乱多治寡,是故升平难于恒运,剥丧易以横流。皇晋□□河汾,来迁吴楚,数历九世,年逾十纪,西秦无一援之望,东周有三厚之愤,可谓积祸缠衅,固以久矣。况乃陵茔幽翳,情敬莫遂,日月推谢,帝弋弥远。庆灵将升,时来不爽,相国宋公,得一居贞,回乾运轴,内匡寰表,外清遐陬。每以区宇未ός,侧席盈虑。值天祚攸兴,昧弱授机,龟筮元谋,符瑞景征。于是仰祗俯协,顺天从兆,兴止戈之师,躬暂劳之讨。以义熙十有二年五月丁西,敬戒九伐,申命六军,治兵于京畿,次师于汲上。灵樯千艘,雷辎万乘,羽骑盈途,飞旍蔽日。别命群帅,诲谟惠策,法奇于《三略》,义秘于《六韬》。所以钩棘未耀,殒前禽于金埔,威弧始毂,走钦隼于滑台。曾不逾月,二方献捷。宏功懋德,独绝古今。天子感《东山》之勋劳,庆格天之光大,明发兴于鉴寐,使臣遵于原隰。余摄官承乏,谬充殊役,《皇华》愧于先《雅》,糜盬顿于征人。以仲冬就行,分春反命。涂经九守,路逾千里。沿江乱淮,溯薄泗、汳,详观城邑,周览丘坟,眷言古迹,其怀已多。昔皇祖作蕃,受命淮、徐,道固苞桑,勋由仁积。年月多历,市朝已改,永为洪业,缠衅清历。于是采访故老,寻履往迹,而远感深慨,痛心殒涕。遂写集闻见,作赋《撰征》,俾事运迁谢,托此不朽。其词曰:

系烈山之洪绪,承火正之明光。立熙载于唐后,申赞事于周王。畴庸命而顺位,锡宝圭以彻疆。历尚代而平显,降中叶以繁昌。业服道而德徽,风行世而化扬。投前踪以永冀,省辖质以远伤。睽谋始于著蔡,违用舍于行藏。

庇常善之罔弃,凭曲成之不遗。昭在幽而偕煦,赏弥久而愈私。顾晚草之薄弱,仰青春之葳蕤。引蔓颖于松上,擢纤枝于兰逵。施隆贷而有渥,报涓尘而无期。欢太阶之休明,穆皇道之缉熙。

惟王建国,辨方定隅,内外既正,华夷有殊。惟昔《小雅》,逮于班书,戎蛮孔炽,是殄是诛。所以宣王用棘于猃狁,高帝方事于匈奴。然侵镐至泾,自塞及平。窥郊伺鄢,□□□□慕携王之矫虔,阶丧乱之未宁。窃强秦之三辅,陷隆周之两京。雄峭、渑以制险,据绕霤而作局。家永怀于故壤,国愿言于先茔。俟太平之旷期,属应运之圣明。坤寄通于四渎,乾假照于三辰。水润土以显比,火炎天而同人。惟上相之睿哲,当草昧而经纶。总九流以贞观,协五才而平分。时来之机,悟先于介石,纳陧之诚,一援于生民。龟筮允臧,人鬼同情。顺天行诛,司典详刑。树牙选徒,秉钺抗旍。弧矢罄楚孝之心智,戈棘殚吴子之精灵。

迅三翼以鱼丽,裹两服以雁逝。阵未列于都甸,威已振于秦、蓟。洒严霜于渭城,被和风于洛汭。就终古以比猷,考坟册而莫契。昔西怨于东徂,今北伐而南悲。岂朝野之恒情,动万乘之幽思。歌零雨于《豳风》,兴《采薇》于周诗。庆金埔之凯定,眷戎车之迁时。伫千里而感远,涉弦望而怀期。诏微臣以劳问,奉王命于河湄。夕饮饯以儗装,旦出宿而言辞。岁既晏而繁虑,日将迈而恋乖。阙敬恭于桑梓,谢履长于庭阶。冒沈云之晻蔼,迎素雪之纷霏。凌结渚而凝清,风矜籁以扬哀。情在本而易阜,物虽末而难怀。眷余勤以就路,苦忧来其城颊。

尔乃经雄门,启浮梁,眺岩岩,越查塘。览永嘉之紊维,寻建武之缉纲。于时内慢神器,外侮戎狄。君子横流,庶萌分析。主晋有祀,福禄来格。明两降览,三七辞厄。元诞德以膺纬,肇回光于阳宅。明思服于下武,兴继代以消逆。简文因心以秉道,故冲用而刑废。孝武舍己以杖贤,亦宁外而治内。观日化而就损,庶雍熙之可对。闵隆安之致寇,伤龟玉之毁碎。漏妖凶于沧洲,缠衅难而盈纪。时焉依于晋、郑,国有蹙于百里。赖英谟之经营,弘兼济以忘己。主寰内而缓虞,澄海外以渍滓。至如昏禖蔽景,鼎祚倾基。《黍离》有叹,《鸿雁》无期。瞻天命之贞符,秉顺动而履机。率骏民之思效,普邦国而同归。荡积霾之秽氛,启披阴之光晖。反平陵之杳蔼,复七庙之依稀。务役简而农劝,每劳赏而忠甄。燮时雍于祖宗,□□□□□□。扫逋丑于汉渚,涤僭逆于岷山。羁巢处于西木,引鼻饮于源渊。惠要襋而思韔,援冠弁而来虔。

视冶城而北属,怀文献之收扬。匪元首之康哉,执股肱之惟良。譬观曲而识节,似缀组以成章。业弥缠而弥微,事愈有而莫伤。次石头之双岸,究孙氏之初基。幸汉庶之漏网,凭江介以抗维。初鹊起于富春,果鲸跃于川湄。匪三世而国盛,历五伪而宗夷。察成败之相仍,犹唇亡而齿寒。载十二而谓纪,岂曼灭而吴安。众咸昧于谋兆,羊独悟于理端。请广武以诲情,树襄阳以作蕃。拾建业其如遗,沿万里而谁难。疾鲁荒之诐辞,恶京陵之谮言。责当朝之惮贬,对囊籍而兴叹。

敦怙宠而判违,敌既勍而国圮。彼问鼎而何阶,必先贼于君子。原性分之异托,虽殊涂而归美。或卷舒以愚智,或治乱其如矢。谢昧迹而托规,卒安身以全里。周显节而犯逆,抱正情而丧己。

薄四望而尤眄,叹王路之中鲠。蠢于越之妖烬,敢凌蹈于五岭。崩双岳于中流,拟凶威于荆郢。隐雷霆于帝坐,飞芒鏃于宫省。于时朝有迁都之议,人无守死之志。师旅痛于久勤,城墉阙于素备。安危势在不佯,众寡形于见事。于赫渊谋,研其神策。缓辔待机,追奔蹑迹。遇雷池而振曜,次彭蠡而歼涤。穆京甸以清晏,撤多垒而宁役。

造白石之祠坛,怼二竖之无君。践掖庭以幽辱,凌桃社而火焚。憨文康之罪己,嘉忠武之立勋。道有屈于灾蚀,功无谢于如仁。讯落星之飨旅,索旧栖于吴余。迹阶陀而不见,横榛卉以荒除。彼生成之乐辰,亦犹今之在余。慨齐吟于爽鸠,悲唐歌于《山枢》。

吊伪孙于徐首,率君臣以奉疆。时运师以伐罪,偏投书于武王。迄西北之落纽,乏东南以振纲。诚巨平之先觉,实中兴之后祥。据左史之攸征,胡影迹之可量。过江乘而责始,知遇雄之无谋。厌紫微之宏凯,甘陵波而远游。越云梦而南溯,临浙河而东浮。縠连弩于川上,候蛟龙于中流。

爰薄方与,乃届欧阳。入夫江都之域,次乎广陵之乡。易千里之曼曼,溯江流之汤汤。㳺赤坻以经复,越二门而起涨。眷北路以兴思,看东山而怡目。林丛薄,路逶迤,石参差,山盘曲。水激濑而骏奔,日映石而知旭。审兼照之无偏,怨归流之难灌。羡轻鲂之涵泳,观翔鸥之落啄。在飞沈其顺从,顾微躬而缅邈。

于是抑怀荡虑,扬搉易难。利涉以吉,天险以艰。于敌伊阻,在国期便。勾践行霸于琅邪,夫差争长于黄川。葛相发叹而思正,曹后愧心于千乘。登高堞以详览,知吴濞之衰盛。戒东南之逆气,成刘后之缄圣。藉盐铁之殷阜,临淮楚之飘轻。盛几杖而弭心,怨抵局而遂争。忿爰盎之扶祸,惜徒伤于家令。匪条侯之忠毅,将七国之陵正。褒汉藩之治民,并访贤以招明。侯文辨其谁在,曰邹阳与枚生。据忠辞于吴朝,执义说于梁庭。敷高才于兔园,虽正言而免刑。阙里既已千载,深儒流于末学。钦仲舒之晬容,遵缝掖于前躅。对园囿而不窥,下帷幕以论属。相端、非之两骄,遭弘、偃之双蹙。恨有道之无时,步险涂以侧足。

闻宣武之大阅,反师旅于此廛。自皇运之都东,始昌业以济难。抗素旄于秦岭,扬朱旗于巴川。惧帝系之坠绪,故黜昏而崇贤。嘉收功以垂世,嗟在嗣而覆祅。德非陟而继宰,衅逾禹其必颠。

造步丘而长想,钦太傅之遗武。思嘉遁之余风,绍素履之落绪。民志应而愿税,国屯难而思抚。譬乘舟之待楫,象提钓之假缕。总出入于和就,兼仁用于默语。弘九流以拮四维,复先陵而清旧宇。却西州之成功,指东山之归予。惜图南之启运,恨鹏翼之未举。

发津潭而迥迈,逗白马以憩舲。贯射阳而望邗沟,济通淮而薄甬城。城坡陀兮淮惊波,平原远兮路交过。面芜野兮悲桥梓,溯急流兮苦礚沙。复千里而无山,缅百谷而有居。被宿莽以迷径,睹生烟而知墟。□□□□□,谓信美其可娱。身少长于乐土,实长叹于荒余。□□□□具瘁,值岁寒之穷节。视层云之崔巍,聆悲飙之掩屑。弥昼夜而滞淫,怨凝阴之方结。望新晴于落日,起明光于跻月。眷转蓬之辞根,悼朔雁之赴越。披微物而疚情,此思心其可悦。问徭役其几时,骇阅景于兴没。感曰归于《采薇》,予来思于雨雪。岂初征之惧对,冀鹳鸣之在垤。

□□□□逾宿,弩吾楫于邳乡。奚车正以事夏,怃左相以辅汤。绵三代而享邑,厕践土之一匡。嗟仲几之宠侮,遂舍存以征亡。喜薛宰之善对,美士弥之能纳。升曲垣之逶迤,访淮阴之所都。原人跨之达耻,矦遭时以远图。舍西楚以择木,追南汉以定谟。乱孟津而魏灭,攀井陉而赵徂。播灵威于齐横,振余猛于龙且。观让通而告狶,曷始智而终愚。

迄沂上而停栰,登高坯而不进。石幽期而知贤,张揣景而示信。本文成之素心,要王子于云仞。岂无累于清霄,直有慨于贞吝。始熙绩于武关,卒敷功于皇胤。处夷险以解挫,弘忧虞以时顺。矜若华之翳暑,哀飞骖之落骏。伤粒食而兴念,眷逸翮而思振。

庚臣山而东顾,美相公之前代。嗟残虏之将糜,炽余焱于海济。驱鲐稚于淮曲,暴鳏孤于泗滋。托末命□□云,冀灵之北阅。惟授首之在晨,当盛暑而选徒。肃严威以振响,渐温泽而沾胦。既云撤于朐城,遂席卷于齐都。曩四关其冥阻,道一变而是乎。

伤炎季之崩弛,长逆布之滔天。假父子以诈爱,借兄弟以伪恩。相魏武以谲狂,亢谟奋于东藩。柠未噪于东郭,身已贼于楼门。审贡牧于前说,证所作于旧徐。聆泗川之浮磬,玩夷水之蜄珠。草渐苞于炽壤,桐孤干于峄隅。慨禹迹于尚世,惠遗文于《夏书》。

纷征迈之淹留,弥怀古于旧章。商伯文于故服,咸征名于彭、殇。眺灵壁之曾峰,投吕县之迅梁。想蹈水之行歌,虽齐汨其何伤。启仲尼之嘉问,告性命以依方。岂苟然于迂论,聆寓言于达庄。

于是滥石桥,登戏台。策马钧渚,息辔城隅。永感四山,零泪双渠。怨物华之推驿,慨舟壑之递迁。谓徂岁之悠阔,结幽思之方根。感皇祖之徽德,爰识冲而量渊。降俊明以镜鉴,回风猷以昭宣。道既底于国难,惠有覃于黎元。士颂歌于政教,民谣咏于涯恩。兼《采苢》之致美,协《汉广》之发言。强虎氏之搏翼,属云网于所禁。驱黔萌以蕴崇,取园陵而湮沈。锡残落于河西,序沦胥于汉阴。攻方城而折肩,扰谯颍其谁任。世阙才而贻乱,时得贤而兴治。救祖考之邦壤,在幽人而枉志。体飞书之远情,悟犒师之通识。迨明达之高览,契古今而同事。拔渊谟于潜机,骋神锋于云旆。驱斥泽而风靡,蹙坑谷而鸟窜。中华免夫左衽,江表此焉缓带。既克黜于肥六,又作镇于彭沛。晏皇涂于国内,震天威于河外。扫东齐而已宁,指西崤而将泰。值乘均而代谢,实大业之兴废。心无忝于乐生,事有像于燕惠。抱明哲之不伐,奉宏勋而是税。捐七州以爰来,归五湖以投袂。屈盛绩于平生,申远期于暮岁。

访曩载于宋酃,采《阳秋》于鲁经。晋申好于东吴,郑凭威于南荆。故反师于曹门,将以塞于夷庚。纳五叛以长寇,伐三邑以侵彭。美西锄之忠辞,快韩厥之奇兵。追项王之故台,迹霸楚之遗端。挺宏志于总角,奋英势于弱冠。气盖天而倒日,力拔山而倾湍。始飙起于勾越,中电激于衡关。兴偏虑于攸吝,忘即易于所难。忌陈锦而莫照,思反乡而有叹。且夫杀义害婴,而犹丰疑,缧贤不策,失位谁持。迨理屈而愈闭,方怨天而怀悲。对骏雅以发愤,伤虞姝于末词。陟亚父之故营,谅谋始之非托。遭衰嬴之崩纲,值威炎之结络。迄皓首于阜陵，犹谬觉于然诺。视一人于三杰，岂在己之庸弱。置丰沛而不举，故自同于俎锾。发卞口而游历，迄西山而弭辔。观终古之幽愤，怀元王之冲粹。丁战国之权争，方恬心于道肆。学浮丘以就德，友三儒以成类。洁流始于初源，累仁基于前美。拨楚族之休烈，传芳素于来祀。强见誉于清虚，德致称于千里。或避宠以辞姻，或遗荣而不仕。政直言以安身，骏绝才以丧己。驱信道之成终，表昧世之亏始。悟介焉之已差，则不俟于终日。既防萌于未著，虽念德其何益。

尔乃孟陬发节，雷隐蛰惊。散叶荑柯，芳花饰萌。麦萋萋于旄丘，柳依依于高城。相睢鸠之集河，观鸣鹿之食苹。沂泗远兮清川急，秋冬近兮绪风袭。风流蕙兮水增澜，诉愁衿兮鉴戚颜。愁盈根而蕴际，戚发条而成端。嗟我行之弥日，待征迈而言旋。荷庆云之优渥，周双七于此年。陶逸豫于京甸，违险难于行川。转归弦而眷恋，望修樯而流涟。愿关邺之遄清，迟华銮之凯旋。穆淳风于六合，溥洪泽于八埏。颁贤愚于大小，顺规矩于方圆。固四民之获所，宜税稷于莱田。苦邯郸之难步，庶行迷之易痊。长守朴以终稔，亦拙者之政焉。

仍除宋国黄门侍郎，迁相国从事中郎，世子左卫率。坐辄杀门生，免官。高祖受命，降公爵为侯，食邑五百户。起为散骑常侍，转太子左卫率。灵运为性褊激，多愆礼度，朝廷唯以文义处之，不以应实相许。自谓才能宜参权要，既不见知，常怀愤愤。庐陵王义真少好文籍，与灵运情款异常。少帝即位，权在大臣，灵运构扇异同，非毁执政，司徒徐羡之等患之，出为永嘉太守。郡有名山水，灵运素所爱好，出守既不得志，遂肆意游遨，遍历诸县，动逾旬朔，民间听讼，不复关怀。所至辄为诗咏，以致其意焉。在郡一周，称疾去职，从弟晦、曜、弘微等并与书止之，不从。

灵运父祖并葬始宁县，并有故宅及墅，遂移籍会稽，修营别业，傍山带江，尽幽居之美。与隐士王弘之、孔淳之等纵放为娱，有终焉之志。每有一诗至都邑，贵贱莫不竞写，宿昔之间，士庶皆遍，远近钦慕，名动京师。作《山居赋》并自注，以言其事。曰：

古巢居穴处曰岩栖，栋宇居山曰山居，在林野曰丘园，在郊郭曰城傍，四者不同，可以理推。言心也，黄屋实不殊于汾阳；即事也，山居良有异乎市廛。抱疾就闲，顺从性情，敢率所乐，而以作赋。扬子云云："诗人之赋丽以则。"文体宜兼，以成其美。今所赋既非京都宫观游猎声色之盛，而叙山野草木水石谷稼之事，才乏昔人，心放俗外，咏于文则可勉而就之，求丽邈以远矣。览者废张、左之艳辞，寻台、皓之深意，去饰取素，傥值其心耳。意实言表，而书不尽，遗迹索意，托之有赏。其辞曰：

谢子卧疾山顶，览古人遗书，与其意合，悠然而笑曰：夫道可重，故物为轻；理宜存，故事斯忘。古今不能革，质文咸其常。合宫非缙云之馆，衢室岂放

勋之堂。迈深心于鼎湖，送高情于汾阳。嗟文成之却粒，愿追松以远游。嘉陶朱之鼓棹，乃语种以免忧。判身名之有辨，权荣素其无留。孰如牵犬之路既寡，听鹤之途何由哉！（理以相得为适，古人遗书，与其意合，所以为笑。孙权亦谓周瑜"公瑾与孤意合"。夫能重道则轻物，存理则忘事，古今质文可谓不同，而此处不异。缙云、放勋不以天居为所乐，故合宫、衢室，皆非淹留，鼎湖、汾阳，乃是所居。口文成、张良，却粒弃人间事，从赤松子游。陶朱、范蠡，临去之际，亦语文种云云。谓二贤既权荣素，故身名有判也。牵犬，李斯之叹；听鹤，陆机领成都众大败后，云"思闻华亭鹤唳，不可复得"。）

若夫巢穴以风露贻患，则《大壮》以栋宇祛弊；宫室以瑶璇致美，则白贲以丘园殊世。惟上口于岩壑，幸兼善而罔滞。虽非市朝而寒暑均和，虽是筑构而饬朴两逝。（《易》云，上古穴居野处，后世圣人易之以宫室，上栋下宇，以蔽风雨，盖取诸《大壮》。璇堂自是素，故曰白贲最是上爻也。此堂世界矣。谓岩壑道深于丘园，而不为巢穴，斯免口口得寒暑之适，虽是筑构，无妨非朝市云云。）

昔仲长愿言，流水高山；应璩作书，邙卓洛川。势有偏侧，地阙周员。铜陵之奥，卓氏充钐槻之端；金谷之丽，石子致音徽之观。徒形域之荟蔚，惜事异于栖盘。至若凤、丛二台，云梦、青丘，漳渠、淇园，橘林、长洲，虽千乘之珍苑，孰嘉遁之所游。且山川之未备，亦何议于兼求。（仲长子云："欲使居有良田广宅，在高山流川之畔。沟池自环，竹木周布，场圃在前，果园在后。"应璩与程文信书云："故求道田，在关之西，南临洛水，北据邙山，托崇岫以为宅，因茂林以为荫。"谓二家山居，不得周员之美。扬雄《蜀都赋》云："铜陵衍。"卓王孙采山铸铜，故《汉书·货殖传》云："卓氏之临邛，公擅山川。"扬雄《方言》："梁、益之间裁木为器曰钐，裂帛为衣曰槻。"金谷，石季伦之别庐，在河南界，有山川林木池沼水碓。其镇下邳时，过游赋诗，一代盛集。谓二地虽珍丽，然制作非栖盘之意也。风台，秦穆公时秦女所居，以致箫史。丛台，赵之崇馆。张衡谓赵筑丛台于前，楚建章华于后。楚之云梦，大中口居《长饮赋》；楚灵王游云梦之中，息于荆台之上。前方淮之水，左洞庭之波，右顾彭蠡之涛，南望巫山之阿，遂造章华之台。亦见诸史。淮南青丘，齐之海外，皆猎所。司马相如云："秋田乎青丘，彷徨乎海外。"漳渠，史起为魏文侯所起，溉水之所。淇园，卫之竹园，在淇水之澳，《诗》人所载。橘林，蜀之园林，扬子云《蜀都赋》亦云橘林。左太冲谓户有橘柚之园。长洲，吴之苑囿，左亦谓长洲之茂苑，因江海洲渚以为苑囿口。口口口口口口口故口表此园之珍静。千乘宴嬉之所，非口憩止之口，且山川亦不能兼茂，随地势所遇耳。）

览明达之抚运，乘机缄而理默。指岁暮而归休，咏宏徽于刊勒。狭三闾之丧江，矜望诸之去国。选自然之神丽，尽高栖之意得。（余祖车骑建大功淮、肥，江左得免横流之祸。后及太傅既薨，建图已辍，于是便求解驾东归，以避君侧之乱。废兴隐显，当是贤达之心，故选神丽之所，以申高栖之意。经始山川，实基于此。）

仰前哲之遗训，俯性情之所便。奉微躯以宴息，保自事以乘闲。愧班生之夙悟，惭尚子之晚研。年与

疾而偕来，志乘拙而俱旋。谢平生于知游，栖清旷于山川。（谓经始此山，遗训于后也。性情各有所便，山居是其宜也。《易》云："向晦入宴息。"庄周云："自事其心。"此二是其所处。班嗣本不染世，故曰凤悟；尚平未能去累，故曰晚研。想迟二人，更以年衰疾至。志寡求拙曰乘，并可山居。日与知游别，故曰谢平生；就山川，故曰栖清旷。）

其居也，左湖右江，往渚还汀。面山背阜，东阻西倾。抱含吸吐，款跨纡萦。绵联邪亘，侧直齐平。（枚乘曰："左江右湖，其乐无有。"此吴客说楚公子之词。当谓江都之野，彼虽有江湖而乏山岩，此忆江湖左右与之同，而山岳形势，池城所无也。往渚还汀，谓四面有水；面山背阜，亦谓东西有山，便是四水之里也。抱含吐吸，谓中央复有川。款跨纡萦，谓边背相连带。迂回处谓之邪亘，平正处谓之侧直。）

近东则上田、下湖、西溪、南谷、石塸、石滂、闵硎、黄竹。决飞泉于百仞，森高薄于千麓。写长源于远江，派深悫于近渎。（上田在下湖之水口，名为田口。下湖在田之下下处，并有名山川。西溪、南谷分流，谷郫水歓入田口。西溪水出始宁县西谷郫，是近山之最高峰者，西溪便是口之背。入西溪之里，得石塸，以石为阻，故谓为塸。石滂在西溪之东，从县南入九里，两面峻峭数十丈，水自上飞下。比至外溪，封壁十数里，皆飞流迅激，左右岩壁绿竹。闵硎，在石滂之东溪，逶迤下注良田。黄竹与其连，南界莆中也。）

近南则会以双流，萦以三洲。表里回游，离合山川。崿崩飞于东峭，盘傍薄于西阡。拂青林而激波，挥白沙而生涯。（双流，谓剡江及小江，此二水同会于山南，便合流注下。三洲在二水之口，排沙积厚，成此洲涨。表里合，是其貌状也。崿，谓剡江岑，在其山居之南界，有石跳出，将崩江中，行者莫不骇悚。盘者，是县故治之所，在江之口用盘石竟渚，并带青林而连白沙也。）

近西则杨、宾接峰，唐皇连纵。室、壁带溪，曾、孤临江。竹缘浦以被绿，石照涧而映红。月隐山而成阴，木鸣柯以起风。（杨中、元宾，并小江之近处，与山相接也。唐皇便从北出。室、石室，在小江口南岸。壁，小江北岸。并在杨中之下。壁高四十丈，色赤，故曰照涧而映红。曾山之西，孤山之南，王子所始，并临江，皆被以绿竹。山高月隐，便谓为阴，鸟集柯鸣，便谓为风也。）

近北则二巫结湖，两智通汀。横、石判尽，休、周分表。引修堤之逶迤，吐泉流之浩漾。山岰下而回泽，濑石上而开道。（大小巫湖，中隔一山。外智周回，在圻西北。边浦出江，并是美处。义熙中，王穆之居大巫湖，经始处所犹在。两智皆长溪，外智出入之后四五里许，里智亦隔一山，出新塸。横山，野舍之北面。常石，野舍之西北。巫湖旧唐，故曰修堤。长溪甚远，故曰泉流。常石岰□□□故曰下岰而回泽。里智漫石数里，水从上过，故曰濑石上而开道。休山东北，周里山在休之南，并是北边。）

远东则天台、桐柏，方石、太平，二韭、四明，五奥、三菁。表神异于纬牒，验感应于庆灵。凌石桥之莓苔，越栖溪之纤萦。（天台、桐柏，七县余地，南带海。二韭、四明、五奥，皆相连接，奇地所无，高于五岳，便是海中三山之流。韭以菜为名。四明，方石，四面

自然开窗也。五奥者，昙济道人、蔡氏、郗氏、谢氏、陈氏各有一奥，皆相椅角，并是奇地。三菁，太平之北。太平，天台之始。方石，直上万丈，下有长溪，亦是缙云之流云。此诸山并见图纬，神仙所居。往来要径石桥，过栖溪，人迹之艰，不复过此也。）

远南则松箴、栖鸡、唐嵫、漫石。崃、嵊对岭，崰、孟分隔。入极浦而遭回，迷不知其所适。上嵌崎而蒙笼，下深沉而浇激。（栖鸡，在保口之上，别浦入其中，周回甚深，四山之里。松箴在栖鸡之上，缘江。唐嵫入太平水路，上有瀑布数百丈。漫石在唐嵫下，郗景兴经始精舍，亦是名山之流。崃、嵊与分界，去山八十里，故曰远南。前岭鸟道，正上五十里高，左右所无，就下地形高，乃当不称。远望崰山甚奇，谓白烁尖者最高，下有良田，王敬弘经始精舍。昙济道人住孟山，名曰孟埭，芋薯之晬田。清溪秀竹，回开巨石，有趣之极。此中多诸浦涧，傍依茂林，迷不知所通，嵌崎深沉，处处皆然，不但一处。）

远西则（下阙。）远北则长江永归，巨海延纳。昆涨缅旷，岛屿绸杳。山纵横以布护，水回沉而萦洄。信荒极之绵眇，究风波之腾合。（江从山北流，穷上虞界，谓之三江口，便是大海。老子谓海为百谷王，以其善处下也。海人谓孤山为昆。薄州有山，谓之岛屿，即洲也。涨者，沙始起将欲成屿，纵横无常，于一处回沉相萦扰也。大荒东极，故为荒极。风波不恒，为腾合也。）

徒观其南术之□□□生岘□□成衍□岸测深，相渚知浅。洪涛满则曾石没，清澜减则沉沙显。及风兴涛作，水势奔壮。于岁春秋，在月朔望。汤汤惊波，滔滔骇浪。电激雷崩，飞流洒漾。凌绝壁而起岑，横中流而连薄。始迅转而腾天，终倒底而见壑。此楚贰心醉于吴客，河灵怀惭于海若。（南术是其临江旧宅，门前对江，三转曾山，路穷四江，对岸西面常石。此二山之间，西南角岸孤山，此二山皆是狭处，故曰生岘。勇门以南上便大阆，故曰成衍。岸高测深，渚下知浅也。江中有孤石沉沙，随水增减，春秋朔望，是其盛时。故枚乘云，楚太子有疾，吴客问之，举松涛之美，得以瘳病。太子，国之储贰，故曰楚贰。河灵，河伯居河，所谓河灵。惧于海若，事见庄周《秋水篇》。）

尔其旧居，曩宅今园，枌□□槿尚援，基井具存。曲术周乎前后，直陌亘其东西。岂伊临溪而傍沼，乃抱阜而带山。考封域之灵异，实兹境之最然。茸骈梁于岩簏，栖孤栋于江源。敞南户以对远岭，辟东窗以瞩近田。田连冈而盈畴，岭枕水而通阡。（茸室在宅里山之东簏。东窗瞩田，兼见江山之美。三间故谓之骈梁。门前一栋，枕岰上，存江之岭，南对江上远岭。此二馆属望，殆无优劣也。）

阡陌纵横，塍埒交经。导渠引流，脉散沟并。蔚蔚丰秋，芝芝香秔。送夏蚕秀，迎秋晚成。兼有陵陆，麻麦粟菽。候时觇节，递艺递孰。供粒食与浆饮，谢工商与衡牧。生何待于多资，理取足于满腹。（许由云："偃鼠饮河，不过满腹。"谓人生食足，则欢有余，何待多须邪！工商衡牧，似多须者，若少私寡欲，充命则足。但非田无以立耳。）

自园之田，自田之湖。泛滥川上，缅邈水区。浚潭涧而窈窕，除菰洲之纤余。慭温泉于春流，驰寒波

而秋徂。风生浪于兰渚，日倒景于椒涂。飞渐榭于中沚，取水月之欢娱。且延阴而物清，夕栖芬而气敷。顾情交之永绝，觊云客之暂如。(此皆湖中之美，但患言不尽意，万不写一耳。诸涧出源入湖，故曰浚潭洞。洞长是以窈窕。除菰以作洲，言所以纡余也。)

水草则萍藻蕰菼，藋蒲芹苏，蒹菰苹繁，荏荇菱莲。虽备物之偕美，独扶渠之华鲜。播绿叶之郁茂，含红敷之缤翻。怨清香之难留，矜盛容之易阑。必充给而后擎，岂蕙草之空残。卷《叩弦》之逸曲，感《江南》之哀叹。秦筝倡而溯游往，《唐上》奏而旧爱还。(擎出《离骚》。《叩弦》是《采菱歌》。《江南》是《相和曲》，云江南采莲。秦筝倡《蒹茄篇》，《唐上》奏《蒲生》诗，皆感物致赋。鱼藻苹繁荇亦有诗人之咏，不复具叙。)

《本草》所载，山泽不一。雷、桐是别，和、缓是悉。参核六根，五华九实。二冬并称而殊性，三建异形而同出。水香送秋而擢茜，林兰近雪而扬猗。卷柏万代而不殒，伏苓千岁而方知。映红葩于绿蒂，茂素蕤于紫枝。既住年而增灵，亦驱妖以斥疵。(《本草》所出药处，于今不复依，随土所生耳。此境出药甚多，雷公、桐君，古之采药。医缓，古之良工，故曰别悉。参核者，双核桃杏仁也。六根者，苟七根、五茄根、葛根、野葛根、口口根也。五华者，堇华、芫华、櫰华、菊华、旋覆华也。九实者，连前实、槐实、柟实、兔丝实、女贞实、蛇床实、蔓荆实、蓼实、口口也。二冬者，天门、麦门冬。三建者，附子、天雄、乌头。水香、兰草、林兰、支子。卷柏、伏苓，并皆仙物。凡此众药，事悉见于《神农》。)

其竹则二箭殊叶，四苦齐味。水石别谷，巨细各汇。既修竦而便娟，亦萧森而蓊蔚。露夕沾而悽阴，风朝振而清气。捎玄云以拂杪，临碧潭而挺翠。蒙上林与淇澳，验东南之所遗。企山阳之游践，迟鸾鹭之栖托。忆昆园之悲调，慨伶伦之哀籥。卫女行而思归咏，楚客放而防露作。(二箭，一者苦箭，大叶；一者笋箭，细叶。四苦，青苦、白苦、紫苦、黄苦。水竹，依水生，甚细密，吴中以为宅援。石竹，本科丛大，以充屋楝，巨者竿挺之属，细者无箸之流也。修竦、便娟、萧森、蓊蔚，皆竹貌也。上林，关中之禁苑，淇澳，卫地之竹园，方此皆不如。东南会稽之竹箭，唯此地最富焉。山阳，竹林之游。鸾鹭，栖食之所。昆山之竹任为笛，黄帝时，伶伦斩其厚均者吹之，为黄钟之宫。卫女思归，作《竹竿》之诗，楚人放逐，东方朔感江潭而作《七谏》。)

其木则松柏檀栎，口口桐榆，槃柘榖栋，楸梓柽楟。刚柔性异，文脆质殊。卑高沃埆，各随所如。干合抱以隐岑，杪千仞而排虚。凌冈上而乔竦，荫涧下而扶疏。沿长谷以倾柯，攒积石以插衢。华映水而增光，气结风而回敷。当严劲而葱情，承和煦而芬腴。送坠叶于秋晏，迟含尊于春初。(皆木之类，选其美者载之。山脊曰冈。冈上涧下，长谷积石，各随其方。《离骚》云："青春受谢。白日昭只。"《诗》云"尊不韡韡"也。)

植物既载，动类亦繁。飞泳骋透，胡可根源。观貌相音，备列山川。寒燠顺节，随宜匪敦。(草、木、竹、植物。鱼、鸟、兽、动物。兽有数种，有腾者，有走者。走者骋，腾者透。谓种类既繁，不可根源，但观其貌状，相其音声，则知山川之好。兴节随宜，自然之数，非可敦戒也。)

鱼则鮋鳢鲋鲐，鳟鲩鲢鳊，魴鲔鲨鳜，鳘鲤鯔鳣。辑采杂色，锦烂云鲜。喙藻戏浪，泛荇流渊。或鼓鳃而湍跃，或掉尾而波旋。鲈紫乘时以入浦，鳡鲲沿濑以出泉。(鮋音优。鳢音礼。鲋音附。鲐音叙。鳟音寸交反。鲩音皖。鲢音连。鳊音愍仙反。魴音房。鲔音洧。鲨音沙。鳜音居缀反。鳘音上羊反。鯔音比之反。鳣音竹介反。皆《说文》、《字林》音。《诗》云："锦衾有烂。"故云锦烂。鲈紫一时鱼。鳡音感。鲲音迅。皆出溪中石上，恒以为玩。)

鸟则鹍鸿鸱鹄，鹜鹭鸧鹒。鸡鹁绣质，鹳鹳绶章。晨凫朝集，时鷷山梁。海鸟违风，朝禽避凉。鷁生归北，霜降客南。接响云汉，侣宿江潭。聆清哇以下听，载王子而上参。薄回涉以弁翰，映明鑾而自耽。(鹍音昆。鸿音洪。鸱音溢。《左传》云："六鹍退飞，"字如此。鹄音下竺反。鹜音秋。鹭音路。鸧音偶。鹒音相。唐公之马，与此鸟色同，故谓为鹒，音相。鸡鹁鹳鹳，见张茂先《博物志》。鹳音翟，亦雉之美者，此四鸟并美采质。凫音符，野鸭也，常待晨而飞。鷷音已消反，长尾雉也。《论语》云："山梁雌雉，时哉时哉！"海鸟爱居，臧文仲不知其鸟，以为神也。事见《左传》。朝禽，雁也，寒月转往衡阳。《礼记》，霜始降，雁来宾。岁莫云，雁北向。政是阳初生时，鷁生归北，霜降客南。山鸡映水自玩其羽仪者。)

山上则猨狖貍獾，犴猱猱猛。山下则熊羆豺虎，麠鹿麐麋。挪飞枝于穷崖，蹄空绝于深砜。蹲谷底而长啸，攀木杪而哀鸣。(猨音袁。狖音魂。貍音力之反。獾音火丸反。犴音五悬反。猱音曼，似獾而长，狼之属，一曰貙。猱音安黠反。猛音弋生反，貍之黄黑者，一曰似汾。豺音在皆反。麠音元，野羊大角。麐音鬼珉反。麋音京，能蹄挪。虎长啸，猿哀鸣，鸣声可玩。)

缗纶不投，置罗不披。磻弋靡用，蹄筌谁施。鉴虎狼之有仁，伤遂欲之无崖。顾弱龄而涉道，悟好生之咸宜。率所由以及物，谅不远之在斯。抚鸥鲛而悦豫，杜林心于林池。(八种皆是鱼猎之具。自少不杀，至乎白首，故在山中，而此欢永度。庄周云，虎狼仁兽，岂不父子相亲。世云虎狼暴虐者，政以其如禽兽，而人物不自悟其毒害，而言虎狼可疾之甚，苟其遂欲，岂复崖限。自弱龄奉法，故得免杀生之事。苟此悟万物好生之理。《易》云："不远复，无只悔。"庶乘此得以入道。庄周云，海人有机心，鸥鸟舞而不下。今无害彼之心，各说豫于林池也。)

敬承圣诰，恭窥前经。山野昭旷，聚落瞻腥。故大慈之弘誓，拯群物之沦倾。岂寓地而空言，必有货以善成。钦鹿野之华苑，羡灵鹫之名山。企坚固之贞林，希庵罗之芳园。虽粹容之缅邈，谓哀音之恒存。建招提于幽峰，冀振锡之息肩。庶镫王之赠席，想香积之惠餐。事在微而思通，理匪绝而可温。(贾谊《吊屈》云："恭承嘉惠。"敬承，亦此之流。聚落是墟邑，谓歌哭诤讼，有诸喧哗，不及山野为僧居止也。经教欲令在山中，皆有成文。老子云："善贷且善成。"此道惠物也。鹿苑，说《四真谛》处。灵鹫山，说《般若法华》处。坚固林，说泥洹处。庵罗园，说不思议处。今旁林艺园制苑，仿佛在昔,依然托想,虽粹容缅邈,哀音若存也。招提,谓僧不能常住者,可持作坐处也。所谓息肩。镫王、香积,事出《维摩经》。《论语》云:"温故知新。"理既不绝,更宜复温,则可待为己之日用也。)

爰初经略,杖策孤征。入涧水涉,登岭山行。陵顶不息,穷泉不停。栉风沐雨,犯露乘星。研其浅思,罄其短规。非龟非筮,择良选奇。蒯榛开径,寻石觅崖。四山周回,双流逶迤。面南岭,建经台;倚北阜,筑讲堂。傍危峰,立禅室;临浚流,列僧房。对百年之高木,纳万代之芬芳。抱终古之泉源,美膏液之清长。谢丽塔于郊郭,殊世间于城傍。欣见素以抱朴,果甘露于道场。(云初经略,躬自履行,备诸苦辛也。罄其浅短,无假于龟筮,贫者既不以丽为美,所以即安茅茨而已。是以谢郊郭而殊城傍。然清虚寂寞,实是得道之所也。)

苦节之僧,明发怀抱。事绍人徒,心通世表。是游是憩,倚石构草。寒暑有移,至业莫矫。观三世以其梦,抚六度以取道。乘恬知以寂泊,含和理之窈窕。指东山以冥期,实西方之潜兆。虽一日以千载,犹恨相遇之不早。(谓昙隆、法流二法师也。二公辞恩爱,弃妻子,轻举入山,外缘都绝,鱼肉不入口,粪扫必在体,物见之绝叹,而法师处之夷然。诗人西发不胜造道者,其亦如此。往石门瀑布中路高栖之游,昔告离之始。期生东山,没存西方。相遇之欣,实以一日为千载,犹慨恨不早。)

贱物重己,弃世希灵。骇彼促年,爰是长生。冀浮丘之诱接,望安期之招迎。甘松桂之苦味,夷皮褐以颓形。羡蝉蜕之匪日,抚云蜺其若惊。陵名山而屡憩,过岩室而披情。虽未阶于至道,且缅绝于世缨。指松菌而兴言,良未齐于殇彭。(此一章叙仙学者虽未及佛道之高,然出于世表矣。浮丘公是王子乔师,安期先生是马明生师,二事出《列仙传》。《洞真经》云:"今学仙者亦明师以自发悟,故不辞苦味颓形也。"庄周云:"和以天倪。"倪者,崖也。数经历名山,遇余岩室,披露其情性,且获长生。方之松菌殇彭,邈矣有间也。)

山作水役,不以一牧。资待各徒,随节竞逐。陟岭刊木,除榛伐竹。抽笋自篁,擿箬于谷。杨胜所拮,秋冬蕰获。野有蔓草,猎涉蘷蓂。亦酝山清,介尔景福。苦以术成,甘以捵熟。慕椹高林,剥芨岩椒。掘茜阳崖,擷撰阴摽。昼见挲茅,宵见索绹。芰菰蕑蒲,以荐以茭。既坯既挺,品收不一。其灰其炭,咸各有律。六月采蜜,八月朴栗。备物为繁,略载靡悉。(此一章谓山水采拾诸事也。然渔猎之事皆不载。杨,杨桃也。山间谓之木子。蕰音覆,字出《字林》。《诗》人云:"六月食郁及薁。"猎涉字出《尔雅》。术,术酒,味苦。捵,捵酒,味甘,并至美,兼以疗病。捵治痈核,术治痰冷。椹音甚,味似菰菜而胜,刊木而作之,谓之藀。芨音及,采以为纸。茜音倩,采以为漯。撰音鲜,采以为饮。采蜜朴栗,各随其月也。)

若乃南北两居,水通陆阻。观风瞻云,方知厥所。(两居谓南北两处,各有居止。峰崿阻绝,水道通耳。观风瞻云,然后知其处所。)南山则夹渠二田,周岭三苑。九泉别涧,五谷异嶽。群峰参差出其间,连岫复陆成其坂。众流溉灌以环近,诸堤拥抑以接远。远堤兼陌,近流开湍。凌阜泛波,水往步还。还回往匝,枉渚员峦。呈美表趣,胡可胜单。抗北顶以茸馆,殷南峰以启轩。罗曾崖于户里,列镜澜于窗前。因丹霞以颁楣,附碧云以翠椽。视奔星之俯驰,顾□□之未牵。鹍鸿翻翥而莫及,何但燕雀之翩翾。氿泉傍出,潺溪于东檐;桀壁对峙,硱硊于西霤。修竹葳蕤以翳荟,灌木森沉以蒙茂。萝曼延以攀援,花芬薰以媚秀。日月投光于柯间,风露披清于崀岫。夏凉寒燠,随时取适。阶基回互,橑棁棻隔。此焉卜寝,玩水弄石。迩即回眺,终岁冈致。伤美物之遂化,怨浮龄之如借。眇遁逸于人群,长寄心于云霓。(南山是开创卜居之处也。从江楼步路,跨越山岭,绵亘田野,或升或降,当三里许。涂路所经见也,则乔木茂竹,缘畛弥阜,横波疏石,侧道飞流,以为寓目之美观。及至所居之处,自西山开道,迄于东山,二里有余。南悉连岭叠郭,青翠相接,云烟霄路,殆无倪际。从径入谷,凡有三口。方壁西南石门世□南、池东南,皆别载其事。缘路初入,行于竹径,半路阔,以竹渠涧。既入东南傍渠,展转幽奇,半处同美。路北东西路,因山为鄣。正北狭处,践湖为池。南山相对,皆有崖岩。东北枕壑,下则清川如镜,倾柯盘石,被 映渚。西岩带林,去潭可二十丈许,葺基构宇,在岩林之中,水卫石阶,开窗对山,仰眺曾峰,俯镜浚壑。去岩半岭,复有一楼。回望周眺,既得远趣,还顾西馆,望对窗户。缘崖下者,密竹蒙径,从北直南,悉是竹园。东西百丈,南北百五十五丈。北倚近峰,南眺远岭,四山周回,溪涧交过,水石林竹之美,岩岫隈曲之好,备尽之矣。刊翦开筑,此焉居处,细趣密玩,非可具记,故较言大势耳。越山列其表侧傍缅□□为异观也。)

因以小湖,邻于其隈。众流所凑,万泉所回。氿滥异形,首甚空肥。别有山水,路邈缅归。(氿滥、肥忧,皆是泉名,事见于《诗》。云此万泉所凑,各有形势。)

求归其路,乃界北山。栈道倾亏,蹬阁连卷。复有水径,缭绕回圆。祢弥平湖,泓泓澄渊。孤岸竦秀,长洲芊绵。既瞻既眺,旷矣悠然。及其二川合流,异源同口。赴隘入险,俱会山首。濑排沙以积丘,峰倚渚以起阜。石倾澜而捎岩,木映波而结数。径南潜以横前,转北崖而掩后。隐丛灌故悉晨暮,托星宿以知左右。(往反经过,自非岩涧,便是水径,洲岛相对,皆有趣也。)

山川涧石,州岸草木。既标异于前章,亦列同于后胺。山匪岨而是岵,川有清而无浊。石傍林而插岩,泉协涧而下谷。渊转渚而散芳,岸靡沙而映竹。草迎冬而结葩,树凌霜而振绿。向阳则在寒而纳煦,面阴则当暑而含雪。连冈则积岭以隐嶙,举峰则群竦以巇嶫。浮泉飞流以写空,沈波潜溢于洞穴。凡此皆异所而咸善,殊节而俱悦。(土山载石曰岨,山有林曰岵。此章谓山川众美,亦不必有,故总叙其最。居山之后事,亦皆有寻求也。)

春秋有待,朝夕须资。既耕以饭,亦桑贸衣。艺菜当肴,采药救颓。自外何事,顺性靡违。法音晨听,放生夕归。研书赏理,敷文奏怀。凡厥意谓,扬较以挥。且列于言，诚特此推。（谓寒待绵纩，暑待绨绤，朝夕餐饮，设此诸业以待之。药以疗疾，又在其外，事之相推，自不得不然。至于听讲放生，研书敷文，皆其所好。韩非有《扬榷》，班固亦云"扬榷古今"，其义一也。左思曰："为左右扬榷而陈之。"）

北山二园，南山三苑。百果备列，乍近乍远。罗行布株，迎早候晚。猗蔚溪涧，森疏崖巘。杏坛、榛园，橘林、栗圃。桃李多品，梨枣殊所。枇杷林檎，带谷映渚。椹梅流芬于回峦，椑柿被实于长浦。（庄周云："渔父见孔子杏坛之上。"《维摩诘经》榛树园。扬雄《蜀都赋》云橘林。左太冲亦云："户有橘柚之园。"桃李所殖甚多，枣梨事出北河、济之间，淮、颍诸处，故云殊所也。）

畦町所艺，含蕊藉芳，蓼蕺荽荠，葧菲苏姜。绿葵眷节以怀露，白蘘感时而负霜。寒葱摽倩以陵阴，春藿吐苕以近阳。（葧菲见《诗·柏舟》中。管子曰："北伐山戎，得寒葱。"庾阐云，寒葱挺园。灌蔬自供，不待外求者也。）

弱质难恒，颓龄易丧。抚鬓生悲，视颜自伤。承清府之有术，冀在衰之可壮。寻名山之奇药，越灵波而憩辕。采石上之地黄，摘竹下之天门。撷曾岭之细辛，拔幽涧之溪荪。访钟乳于洞穴，讯丹阳于红泉。（此皆驻年之药，即往山之所出，有采拾，欲以消病也。）

安居二时，冬夏三月。远僧有来，近众无阙。法鼓朗响，颂偈清发。散华霏蕤，流香飞越。析旷劫之微言，说像法之遗旨。乘此心之一豪，济彼生之万理。启善趣于南倡，归清畅于北机。非独惬于予情，谅金感于君子。山中兮清寂，群纷兮自绝。周听兮匪多，得理兮俱悦。寒风兮摇屑，面阳兮常热。炎光兮隆炽，对阴兮霜雪。↑曷曾台兮陟云根，坐涧下兮越风穴。在兹城而谐赏，传古今之不灭。（众僧冬夏二时坐，谓之安居，辄九十日。众近聚萃，法鼓、颂偈、华、香四种，是斋讲之事。析说是斋讲之议。乘此之心，可济彼之生。南倡者都讲，北机者法师。山中静寂，实是讲说之处。兼有林木，可随寒暑，恒得清和，以为适也。）

好生之笃，以我而观。惧命之尽，吝景之欢。分一往之仁心，拔万族之险难。招惊魂于殆化，收危形于将阑。漾水性于江流，吸云物于天端。睹腾翰之颃颉，视鼓鳃之往还。驰骋者傥能狂愈，猜害者或可理攀。（云物皆好生，但以我而观，便可知彼之情。吝景惧命，是好生事也。能放生者，但一往之仁心，便可拔万族之险难。水性云物，各寻其生。老子云，驰骋田猎，令人心发狂。猜害者恒以忍害为心，见放生之理，或可得悟也。）

哲人不存，怀抱谁ової。糟粕犹在，启滕剖帙。见柱下之经二，睹濠上之篇七。承未散之全朴，救已颓于道术。嗟夫！六艺以宣圣教，九流以判贤徒。国史以载前纪，家传以申世模。篇章以陈美刺，论难以核有无。兵技医日，龟策筮梦之法，风角冢宅，算数律历之书。或平生之所流览，并于今而弃诸。验前识之丧道，抱一德而不渝。（庄周云"轮扁语齐桓公，公之所读书，圣人之糟粕。"滕者，《金縢》之流也。柱下，老子。濠上，庄子。二、七，是篇数也。云此二书，最有理，过

此以往，皆是圣人之教，独往者所弃。）

伊昔韶比，实爱斯文。援纸握管，会性通神。诗以言志，赋以敷陈。箴铭诔颂，咸各有伦。爰暨山栖，弥历年纪。幸多暇日，自求诸己。研精静虑，贞观厥美。怀秋成章，含笑奏理。（谓少好文章，及山栖以来，别缘既阙，寻虑文咏，以尽暇日之适。便可得通神会性，以永终朝。）

若乃乘摄持之告，评养达之篇。畏绝迹之不远，惧行地之多艰。均上皇之自昔，忌下衰之在游。投吾心于高人，落宾名于圣贤。广灭景于崆峒，许逭音于箕山。愚假驹以表谷，涓隐岩以搴芳。□□□□□□□□莱庇蒙以织畚。皓栖商而颐志，卿寝茂而敷词。□□□□□，郑别谷而永逝。梁去霸而之会，□□□□□。高居唐而胥宇，台依崖而穴壤。咸自得以穷年，眇贞思于所遗。（老子云："善摄生者。"庄子云，谓之不善摄生者。又云，养生有无崖，达生者不务生之所无，奈何。绝迹，上皇，宾名，义亦皆出庄周。广成子在崆峒之上，黄帝之师也。许由隐于箕山，尧以天下让而不取。愚公居于驹阜，齐桓公逐鹿入山，见之。涓子隐于宕山，好饵术，告伯阳《琴心》三篇。庚桑楚得老子之道，居嵎碧之山。楚狂接舆，楚王闻其贤，使使者聘之，于是遂游诸名山，在蜀峨眉山上。徐无鬼岩栖，魏侯劳之，问："先生苦山林矣，乃肯见寡人。"无鬼问："君啸啭欲，屏好恶，则耳目察矣。"常采苹果。老莱子耕于蒙山之阳，著书十五篇，言道家之事，织畚为业。四皓避秦乱，入商洛深山，汉祖召不能出。司马长卿高才，而处世不乐预公卿大事，□□□□□□遂与弟子别于山阿，终身不反。梁伯鸾隐霸陵山中，耕织以自娱，后复入会稽山。台孝威居武安山下，依崖上土室，采药自给。高文通居西唐山，从容自娱也。）

暨其窈窕幽深，寂漠虚远。事与情乖，理与形反。既耳目之靡端，岂足迹之所践。蕴终古于三季，俟通明于五眼。权近虑以停笔，抑浅知而绝简。（谓此既非人迹所求，更待三明五通，然后可践履耳。故停笔绝简，不复多云，冀夫赏音悟夫此旨也。）

太祖登祚，诛徐羡之等，征为秘书监，再召不起，上使光禄大夫范泰与灵运书敦奖之，乃出就职。使整理秘阁书，补足阙文。以晋氏一代，自始至终，竟无一家之史，令灵运撰《晋书》，粗立条流；书竟不就。寻迁侍中，日夕引见，赏遇甚厚。灵运诗书皆兼独绝，每文竟，手自写之，文帝称为二宝。既自以名辈，才能应参时政，初被召，便以此自许；既至，文帝唯以文义见接，每侍上宴，谈赏而已。王昙首、王华、殷景仁等，名位素不逾之，并见任遇，灵运意不平，多称疾不朝直。穿池植援，种竹树堇，驱课公役，无复期度。出郭游行或一日百六七十里，经旬不归，既无表闻，又不请急。上不欲伤大臣，讽旨令自解。灵运乃上表陈疾，上赐假东归。将行，上书劝伐河北，曰：

自中原丧乱，百有余年，流离寇戎，湮没殊类。先帝聪明神武，哀济群生，将欲荡定赵魏，大同文轨，使久凋反于正化，偏俗归于华风。运谢事乖，理违愿绝，仰德抱悲，恨存生尽。况陵茔未几，凶房伺隙，

预在有识,谁不愤叹。而景平执事,并非其才,且遘纷京师,岂虑托付。遂使孤城穷陷,莫肯极。忠烈囚朔漠,绵河三千,翻为寇有。晚遣镇戍,皆先朝之所开拓,一旦沦亡,此国耻宜雪,被于近事者也。又北境自染逆虏,穷苦备罹,征调赋敛,靡有止已,所求不获,辄致诛殚,身祸家破,阖门比屋,此亦仁者所为伤心者也。

咸云西虏舍末,远师陇外,东虏乘虚,呼可掩袭。西军既反,得据关中,长围咸阳,还路已绝,虽遣救援,停住河东,遂乃远讨大城,欲为首尾。而西寇深山重阻,根本自固,徒弃巢窟,未足相拯。师老于外,国虚于内,时来之会,莫复过此。观兵耀威,实在兹日。若相持未已,或生事变,忽值新起之众,则异于今,苟乖其时,难为经略,虽兵食倍多,则万全无必矣。又历观前代,类以兼弱为本,古今圣德,未之或殊。岂不以天时人事,理数相得,兴亡之度,定期居然。故古人云:"既见天殃,又见人灾,乃可以谋。"昔魏氏之强,平定荆、冀,乃乘衰、刘之弱;晋世之盛,拓开吴、蜀,亦因葛、陆之衰。此皆前世成事,著于史策者也。自羌平之后,天下亦谓虏当俱灭,长驱滑台,席卷下城,夺气丧魄,指日就尽。

但长安违律,潼关失守,用缓天诛,假延岁月,日来至今,十有二载,是谓一纪,曩有前言。况五胡代数奔世,虏期余命,尽于来年。自相攻伐,两取其困,卞庄之形,验之今役。仰望圣泽,有若渴饥,注心南云,为日已久。来苏之冀,实归圣明,此而弗乘,后则未兆。即日府藏,诚无素储,然凡造大事,待国富兵强,不必乘会,于我为易,贵在得时。器械既充,众力粗足,方于前后,乃当有优。常议损益,久证冀州口数,百万有余,田赋之沃,著自《贡》典,先才经创,基趾犹存,澄流引源,桑麻蔽野,强富之实,昭然可知。为国长久之计,孰若一往之费邪!

或惩关西之败,而谓河北难守。二境形势,表里不同,关西杂居,种类不一,昔在前汉,屯军霸上,通火甘泉。况乃远戍之军,值新故交代之际者乎!河北悉是旧户,差无杂人,连岭判阻,三关作隘。若游骑长驱,则沙漠风靡;若严兵守塞,则冀方山固。昔陇西伤破,晁错兴言;匈奴慢侮,贾谊愤叹。方于今日,皆为赊矣。

晋武中主耳,值孙皓虐乱,天祚其德,亦由钜平奉策,荀、贾折谋,故能业崇当年,区宇一统。况今陛下聪明圣哲,天下归仁,文德与武功并震,霜威共鉴风俱举,协以宰辅贤明,诸王美令,岳牧宣烈,虎臣盈朝,而天或远命,亦何敌不灭,刿伊顽虏,假日而已哉。伏惟深机志务,久定神谟。臣卑贱侧陋,窜景岩穴,实仰希太平之道,倾睹岱宗之封,虽乏相如之笔,庶免史谈之愤,以此谢病京师,万无恨矣。久欲上陈,惧在触置,蒙赐恩假,暂违禁省,消渴十年,常虑朝露,抱此愚志,昧死以闻。

灵运以疾东归,而游娱宴集,以夜续昼,复为御史中丞傅隆所奏,坐以免官。是岁,元嘉五年。灵连既东还,与族弟惠连、东海何长瑜、颍川荀雍、泰山羊璿之,以文章赏会,共为山泽之游,时人谓之四友。惠连幼有才悟,而轻薄不为父方明所知。灵运去永嘉还始宁,时方明为会稽郡。灵运尝自始宁至会稽造方明,过视惠连,大相知赏。时长瑜教惠连读书,亦在郡内,灵运又以为绝伦,谓方明曰:"阿连才悟如此,而尊作常儿遇之。何长瑜当今仲宣,而饴以下客之食。尊既不能礼贤,宜以长瑜还灵运。"灵运载之而去。

荀雍,字道雍,官至员外散骑郎。璿之,字曜璠,临川内史,为司空竟陵王诞所遇,诞败坐诛。长瑜文才之美,亚于惠连,雍、璿之不及也。临川王义庆招集文士,长瑜自国侍郎至平西记室参军。尝于江陵寄书与宗人何勖,以韵语序义庆州府僚佐云:"陆展染鬓发,欲以媚侧室。青青不解久,星星行复出。"如此者五六句,而轻薄少年遂演而广之,凡厥人士,并为题目,皆加剧言苦句,其文流行。义庆大怒,白太祖除为广州所统曾城令。及义庆薨,朝士诣第叙哀,何勖谓袁淑曰:"长瑜便可还也。"淑曰:"国新丧宗英,未宜便以流人为念。"庐陵王绍镇寻阳,以长瑜为南中郎行参军,掌书记之任。行至板桥,遇暴风溺死。

灵运因父祖之资,生业甚厚。奴僮既众,义故门生数百,凿山浚湖,功役无已。寻山陟岭,必造幽峻,岩嶂千重,莫不备尽。登蹑常著木履,上山则去前齿,下山去其后齿。尝自始宁南山伐木开径,直至临海,从者数百人。临海太守王琇惊骇,谓为山贼,徐知是灵运乃安。又要琇更进,琇不肯,灵运赠琇诗曰:"邦君难地险,旅客易山行。"在会稽亦多徒众,惊动县邑。太守孟顗事佛精恳,而为灵运所轻,尝谓顗曰:"得道应须慧业文人,生天当在灵运前,成佛必在灵运后。"顗深恨此言。

会稽东郭有回踵湖,灵运求决以为田,太祖令州郡履行。此湖去郭近,水物所出,百姓惜之,顗坚执不与。灵运既不得回踵,又求始宁岯崲湖为田,顗又固执。灵运谓顗非存利民,正虑决湖多害生命,言论毁伤之,与顗遂构仇隙。因灵运横恣,百姓惊扰,乃表其异志,发兵自防,露板上言。灵运驰出京都,诣阙上表曰:"臣自抱疾归山,于今三载,居非郊郭,事乖人间,幽栖穷岩,外缘两绝,守分养命,庶毕余年。忽以去月二十八日得会稽太守臣顗二十七日疏云:'比日异论嚣嗒,此虽相了,百姓不许寂默,今微为其防。'披疏骇惋,不解所由,便星言奔驰,归骨陛下。及经山阴,防卫彰赫,彭排马枪,断截衢巷,侦逻纵横,戈甲竟道。不知微臣罪为何事。及见顗,虽曰见亮,而装防如此,唯有罔惧。臣昔忝近侍,豫蒙天恩,若其罪迹炳明,文字有证,非但显戮司败,以正国典,普天之下,自无容身之地。今虚声为罪,何酷如之。夫自古谗谤,圣贤不免,然致谤之来,要有由趣。或轻死重气,结党聚群,或勇冠乡邦,剑客驰э。未闻俎豆之学,欲为逆节之罪;山栖之士,而构陵上之衅。今影迹无端,假谤空设,终古之酷,未之或有。匪吝其生,实悲其痛。诚复内省不疚,而抱理莫申。是以牵曳疾病,束骸归款。仰凭陛下天鉴曲临，则死之日，犹生之年也。臣忧怖弥日，羸疾发动，尸存恍惚，不知所陈。"

太祖知其见诬，不罪也。不欲使东归，以为临川内史，赐秩中二千石。在郡游放，不异永嘉，为有司所纠。司徒遣使随州从事郑望生收灵运，灵运执录望生，兴兵叛逸，遂有逆志。为诗曰："韩亡子房奋，秦帝鲁连耻。本自江海人，忠义感君子。"追讨禽之，送廷尉治罪。廷尉奏灵运率部众反叛，论正斩刑。上爱其才，欲免官而已。彭城王义康坚执谓不宜恕，乃诏曰："灵运罪衅累仍，诚合尽法。但谢玄勋参微管，宜宥及后嗣，可降死一等，徙付广州。"

其后，秦郡府将宗齐受至涂口，行达桃墟村，见有七人下路乱语，疑非常人，还告郡县，遣兵随齐受掩讨，遂共格战，悉禽付狱。其一人姓赵名钦，山阳县人，云："同村薛道双先与谢康乐共事，以去九月初，道双因同村成国报钦云：'先作临川郡、犯事徙送广州谢，给钱令买弓箭刀楯等物，使道双要合乡里健儿，于三江口篡取谢。若得志，以后之，功劳是同。'遂合部党要谢，不及。既还饥馑，缘路为之劫盗。"有司又奏依法收治，太祖诏于广州行弃市刑。临死作诗曰："龚胜无余生，李业有终尽。嵇公理既迫，霍生命亦殒。凄凄凌霜叶，网网冲风菌。邂逅竟几何，修短非所愍。送心自觉前，斯痛久已忍。恨我君子志，不获岩上泯。"诗所称龚胜、李业，犹前诗子房、鲁连之意也。时元嘉十年，年四十九。所著文章传于世。子凤，蚤卒。

史臣曰：民禀天地之灵，含五常之德，刚柔迭用，喜愠分情。夫志动于中，则歌咏外发。六义所因，四始攸系，升降讴谣，纷披风什。虽虞夏以前，遗文不睹，禀气怀灵，理无或异。然则歌咏所兴，宜自生民始也。周室既衰，风流弥著，屈平、宋玉，导清源于前，贾谊、相如，振芳尘于后，英辞润金石，高义薄云天。自兹以降，情志愈广。王褒、刘向、扬、班、崔、蔡之徒，异轨同奔，递相师祖。虽清辞丽曲，时发乎篇，而芜音累气，固亦多矣。若夫平子艳发，文以情变，绝唱高踪，久无嗣响。至于建安，曹氏基命，二祖陈王，咸蓄盛藻，甫乃以情纬文，以文被质。自汉至魏，四百余年，辞人才子，文体三变。相如巧为形似之言，班固长于情理之说，子建、仲宣以气质为体，并标能擅美，独映当时。是以一世之士，各相慕习，原其飚流所始，莫不同祖《风》、《骚》。徒以赏好异情，故意制相诡。降及元康，潘、陆特秀，律异班、贾，体变曹、王，缛旨星稠，繁文绮合。缀平台之逸响，采南皮之高韵，遗风余烈，事极江右。有晋中兴，玄风独振，为学穷于柱下，博物止乎七篇，驰骋文辞，义单乎此。自建武暨乎义熙，历载将百，虽缀响联辞，波属云委，莫不寄言上德，托意玄珠，遒丽之辞，无闻焉尔。仲文始革孙、许之风，叔源大变太元之气。爰逮宋氏，颜、谢腾声。灵运之兴会标举，延年之体裁明密，并方轨前秀，垂范后昆。若夫敷衽论心，商榷前藻，工拙之数，如有可言。夫五色相宣，八音协畅，由乎玄黄律吕，各适物宜。欲使宫羽相变，低昂互节，若前有浮声，则后须切响。一简之内，音韵尽殊；两句之中，轻重悉异。妙达此旨，始可言文。至于先士茂制，讽高历赏，子建函京之作，仲宣霸岸之篇，子荆零雨之章，正长朔风之句，并直举胸情，非傍诗史，正以音律调韵，取高前式。自《骚》人以来，而此秘未睹。至于高言妙句，音韵天成，皆暗与理合，匪由思至。张、蔡、曹、王，曾无先觉，潘、陆、谢、颜，去之弥远。世之知音者，有以得之，知此言之非谬。如曰不然，请待来哲。

卷六十八　　　列传第二十八

武　二　王

彭城王义康　　南郡王义宣

彭城王义康，年十二，宋台除督豫、司、雍、并四州诸军事，冠军将军、豫州刺史。时高祖自寿阳被征入辅，留义康代镇寿阳。又领司州刺史，进督徐州之钟离、荆州之义阳诸军事。永初元年，封彭城王，食邑三千户，进号右将军。二年，徙监南豫、豫、司、雍、并五州诸军事、南豫州刺史，将军如故。三年，迁使持节、都督南徐、兖二州扬州之晋陵诸军事、南徐州刺史，将军如故。

太祖即位，增邑二千户，进号骠骑将军，加散骑常侍，给鼓吹一部。寻加开府仪同三司。元嘉三年，改授都督荆、湘、雍、梁、益、宁、南北秦八州诸军事、荆州刺史，给班剑三十人，持节、常侍、将军如故。义康少而聪察，及居方任，职事修理。六年，司徒王弘表义康宜还入辅，征侍中、都督扬、南徐、兖三州诸军事、司徒、录尚书事，领平北将军、南徐州刺史，持节如故。二府并置佐领兵，与王弘共辅朝政。弘既多疾，且每事推谦，自是内外众务，一断之义康。太子詹事刘湛有经国才，义康昔在豫州，湛为长史，既素经情款，至是意委特隆，人物雅俗，举动事宜，莫不咨访之。故前后在藩，多有善政，为远近所称。九年，弘薨，又领扬州刺史。其年，太妃薨，解侍中，辞班剑。十二年，又领太子太傅，复加侍中、班剑。

义康性好吏职，锐意文案，纠剔是非，莫不精尽。既专总朝权，事决自己，生杀大事，以录命断之。凡所陈奏，人无不可，方伯以下，并委义康授用，由是朝野辐凑，势倾天下。义康亦自强不息，无有懈倦。府门每旦常有数百乘车，虽复位卑人微，皆被引接。又聪识过人，一闻必记，常所暂遇，终生不忘，稠人广席，每标所忆以示聪明，人物益以此推服之。爱惜官爵，未尝以阶级私人，凡朝士有才用者，皆引入己府，无施及忤旨，即度为台官。自下乐为竭力，不敢欺负。太祖有虚劳疾，寝顿积年，每意所想，便觉心中痛裂，属纩者相系。义康医药，尽心卫奉，汤药饮食，非口所尝不进；或连夕不寐，弥日不解衣；内外众事，皆专决施行。十六年，进位大将军，领司徒，辟召掾属。

义康素无术学，暗于大体，自谓兄弟至亲，不复存君臣形迹，率心径行，曾无猜防。私置僮部六千余人，不以言台。四方献馈，皆以上品荐义康，而以次者供御。上尝冬月啖柑，叹其形味并劣，义康在坐曰："今年甘殊有佳者。"遣人还东府取甘，大供御者三寸。尚书仆射殷景仁为太祖所宠，与太子詹事刘湛素善，而意好晚衰。湛常欲因宰辅之权以倾之，景仁为太祖所保持，义康屡言不见用，湛愈愤。南阳刘斌，湛之宗也，有涉俗才用，为义康所知，自司徒右长史擢为左长史。从事中郎琅邪王履、主簿沛郡刘敬文、祭酒鲁郡孔胤秀，并以倾侧自入，见太祖疾笃，皆谓宜立长君。上疾尝危殆，使义康具顾命诏。康还省，流涕以告湛及殷景仁，湛曰："天下艰难，讵是幼主所御。"义康、景仁并不答，而胤秀等辄就尚书议曹索晋咸康末立康帝旧事，义康不知也。及太祖疾豫，微闻之。而斌等既为义康所宠，其威权尽在宰相，常欲倾移朝廷，使神器有归。遂结为朋党，伺察省禁，若有尽忠奉国，不与己同志者，必构造怨衅，加以罪黜。每采拾景仁短长，或虚造异同以告湛。自是主相之势分，内外之难结矣。

义康欲以斌为丹阳尹，言次启太祖，陈其家贫。上觉其旨，义康言未卒，上曰："以为吴郡。"后会稽太守羊玄保求还，义康又欲以斌代之，又启太祖曰："羊玄保欲还，不审以谁为会稽？"上时未有所属，仓卒曰："我已用王鸿。"自十六年秋，不复幸东府。上以嫌隙既成，将致大祸。十七年十月，乃收刘湛付廷尉，伏诛。又诛斌及大将军录事参军刘敬文、贼曹参军孔邵秀、中兵参军邢怀明、主簿孔胤秀、丹阳丞孔文秀、司空从事中郎司马亮、乌程令盛昙泰等。徙尚书库部郎何默子、余姚令韩景之、永兴令颜遥之、湛弟黄门侍郎素、斌弟给事中温于广州，王履废于家。胤秀始以书记见任，渐预机密，文秀、邵秀，皆其兄也。司马亮，孔氏中表，并由胤秀而进。怀明、昙泰为义康所遇。默子、景之、遥之，刘湛党也。

其日敕义康入宿，留止中书省，其夕分收湛等。青州刺史杜骥勒兵殿内，以备非常。遣人宣旨告以湛等罪衅，义康上表逊位曰："臣幼荷国灵，爵遇逾等。陛下推恩睦亲，以隆棠棣，爰忘其鄙，宠授遂崇，任总内外，位兼台辅。不能正身率下，以肃庶僚，暱近失所，渐不自觉，致令毁誉违实，赏罚谬加，由臣才弱任重，以及倾挠。今虽罪人即戮，王猷载静，养衅贻垢，实由于臣。鞠躬栗悚，若堕溪壑，有何心颜，而安斯宠，辄解所职，待罪私第。"改授都督江州诸军事、江州刺史，持节、侍中、将军如故，出镇豫章。

停省十余日，桂阳侯义融、新喻侯义宗、秘书监徐湛之往来慰视。于省奉辞，便下渚。上唯对之恸哭，余无所言。上又遣沙门释慧琳视之，义康曰："弟子有还理不？"慧琳曰："恨公不读数百卷书。"征虏司马萧斌，昔为义康所暱，刘斌等害其宠，逸斥之。乃以斌为谘议参军，领豫章太守，事无大小，皆以委之。司徒主簿谢综，素为义康所狎，以为记室参军，左右爱念者，并听随至豫章。辞州，见许，增督广、交二州、湘州之始兴诸军事。资奉优厚，信赐相系，朝廷大事，皆报示之。义康未败，东府听事前井水忽涌溢，野雉江鸥并飞入所住斋前。

龙骧参军巴东扶令育诣阙上表曰：

盖闻哲王不逆切旨之谏，以博闻为道；人臣不忌歼夷之罚，以尽言为忠。是故周昌极谏，冯唐面折，孝惠所以克固储嗣，魏尚所以复任云中。彼二臣岂好逆主干时，犯颜违色者哉！又爰盎之谏孝文曰："淮南王若道遇疾死，则陛下有杀弟之名，奈何？"文帝不用，追悔无及。臣草莽微臣，窃不自揆，敢抱葵藿倾阳之心，仰慕《周易》匪躬之志，故不远六千里，愿言命侣，谨贡丹愚，希垂察纳。

伏惟陛下躬执大象，首出万物，王化咸通，三才必理，辟天人之路，开大道之门，搜殊逸于岩穴，招奇英于侧陋，穷谷无白驹之倡，乔岳无遗宝之嗟，岂特罗飞翮于垂天，网沈鳞于溟海。况于彭城王义康，先朝之爱子，陛下之次弟哉！一旦黜削，远送南服，恩绝于内，形隔于远，躬离明主，身放圣世，草莱黔首，皆为陛下痛之。

臣追惟景平、元嘉之衅，几于危殆，三公托以兴废之宜，密怀不臣之计，台辅伺隙于京甸，强楚窥窬于上流，或苞恶而窥国或显逆而陵主，有生之所惴恐，神只之所忿忌也。赖宗社灵长，庙算流远，洒涤尘埃，歼鲠丑类，氛雾时靖，四门载清。当尔之时，义康岂不预参皇谋，均此休否哉。且陛下旧楚形胜，非亲勿居，遂以骠骑之号，任以藩夏之重，抚政南郢，绥民遏寇，播皇宋之泽，以洽幽荒。陛下之润，被之九有，岂直南荆之民沾渥而已焉。遂召之以宰辅，又寄之以和味，既居三事，又牧徐、扬，所以幽显欢忻，人神同忭。莫不言陛下授之为得，义康受之为是也。今如何信疑貌之似，阙兄弟之恩乎？若有迷谬之愆，可责之罪，正可数之以善恶，导之以义方。且庐陵王往事，足以知今，此乃陛下前车之殷鉴，后乘之灵龟也。夫曾子之不杀，忠臣之笃譬；三告而犹织，仁王之令范。故《诗》云"无信人之言，人实不信"。又云兄弟具闵，不废亲也。《尚书》曰："克明俊德，以亲九族。"九族既睦，可以亲百姓，兄弟安可弃乎！

臣伏愿陛下上寻往代黜废之祸，下惟近者谗言之衅；庐陵王既申冤魂于后土，彭城王亦弭疑怨于宋京，岂徒皇代当今之计，盖乃良史万代之美也。且谄谀难辨，是非易默，福始祸先，古人所畏。故爱身之士，自为己计，莫不结舌杜口，孰肯冒忌干主哉！臣以顽昧，独献微管，所以勤勤恳恳，必诉丹诚者，实恐义康年穷命尽，奄忽于南，遂令陛下有弃弟之责。臣虽微贱，窃为陛下羞之。况书言记事，史岂能屈典谟而讳哉？脱如臣虑，陛下恨之何益。扬子云曰："获福之大，莫先于和穆；遘祸之深，莫过于内难。"每服斯言，以为警戒。矧今睹王室大事，岂得韬笔默尔而已哉。臣将恐天下风靡，离间是惧，遂令宇内迁观，民庶革心，欲致康哉，实为难也。

陛下徒云恶枝之宜伐，岂悟伐柯之伤树，乃往古之所悲，当今所宜改也。陛下若荡以平听，屏此猜情，垂讯刍荛之谋，曲察狂瞽之计，一发非意之诏，逮访博古之士，速召义康返于京甸，兄弟协和，君臣缉穆，息宇内之讥，绝多言之路，如是则四海之望塞，逸说之道消矣。何必司徒公、扬州牧，然后可以安彭城王哉！若臣所启违宪，于国为非，请即伏诛，以谢陛下。虽复分形赴镬，煮体烹尸，始愿所甘，岂不幸甚！

表奏，即收付建康狱，赐死。

会稽长公主，于兄弟为长，太祖至所亲敬。义康南上后，久之，上尝就主宴集甚欢，主起再拜稽颡，悲不自胜。上不晓其意，自起扶之。主曰："车子岁暮，必不为陛下所容，今特请其生命。"因恸哭。上流涕，举手指蒋山曰："必无此虑。若违此誓，便负初宁陵。"即封所饮酒赐义康，并书曰："会稽姊饮宴忆弟，所余酒今封送。"车子，义康小字也。

二十二年，太子詹事范晔等谋反，事逮义康，事在《晔传》。有司上曰："义康昔擅国权，恣心凌上，结朋树党，苞纳凶邪。重衅彰著，事合明罚。特遭陛下仁爱深至，敦惜周亲，封社不削，爵宠无贬。四海之心，朝野之议，咸谓皇德虽厚，实挠典刑。而义康曾不思此大造之德，自出南服，诡饰情貌，外示知惧，内实不悛。穷奢极欲，干请无度。圣慈含弘，每不折旧，矜释屡加，恩畴已往。而阴教行李，方启交通之谋，潜资左右，以要死士之命。崎岖伺隙，不忘窥窬。时犹隐忍，罚止仆侍。狂疾之性，永不惩革，凶心遂成，悖谋仍构。远群群丑，千里相结，再议宗社，重窥鼎祚。赖陛下至诚感神，宋历方永，故奸事昭露，罪人斯得。周公上圣，不辞同气之刑；汉文仁明，无隐从兄之恶。况义康衅深二叔，谋过淮南，背亲反道，自弃天地。臣等参议，请下有司削义康王爵，收付廷尉法狱治罪。"诏特宥大辟。于是免义康及子泉陵侯允、女始宁、丰城、益阳、兴平四县主为庶人，绝属籍，徙付安成郡。以宁朔将军沈邵为安成公相，领兵防守。义康在安成读书，见淮南厉王长事，废书叹曰："前代乃有此，我得罪为宜也。"

二十四年，豫章胡诞世、前吴平令袁恽等谋反，袭杀豫章太守桓隆、南昌令诸葛智之，聚众据郡，复欲奉戴义康。太尉录尚书江夏王义恭等奏曰："投畀之言，义著《雅》篇，流殛之教，事在《书》典。庶人义康负衅深重，罪不容戮。圣仁不忍，屡加迟回，宥其大辟，迁迳近甸，斯乃至爱发天，超邈终古。曾不遇怨甘引，而逸言门众，悢悖徼幸，每形辞色，内宣家人，外动民听，不逞之族，因以生心。胡诞世假窃名号，构成凶逆。杜渐除微，古今所务，况祸机骤发，庸可忽乎！臣等参议，宜徙广州远郡，放之边表，庶有防绝。"奏可，仍以安成公相沈邵为广州事。未行，值邵病卒，索虏来寇瓜步，天下扰动。上虑异志者或奉义康为乱，世祖时镇彭城，累启宜为之所，太子及尚书左仆射何尚之并以为言。二十八年正月，遣中书舍人严龙赍药赐死。义康不肯服药，曰："佛教自杀不复得人身，便随宜见处分。"乃以被掩杀之，时年四十三，以侯礼葬安成。

六子：允、肱、珣、昭、方、昙辩。允初封泉陵县侯，食邑七百户。昭、方并早夭。允等留安成，元凶得志，遣杀之。

世祖大明四年，义康女玉秀等露板辞曰："父凶灭无状，孤负天明，存荷优养，没蒙加礼，明罚羽山，未足敕法。乌鸟微心，昧死上诉，乞反葬旧茔，糜骨乡壤。"诏听，并加资给。前废帝永光元年，太宰江夏王义恭表曰："臣闻忝祖远支，犹或虑亲，降霍省序，义重令戚。故严道疾终，嗣启方宇，阜陵愆屏，身逻晚恩。窃惟故庶人刘义康昔昧奸回，自贻非命，沈魂漏籍，垂诚来典。运革三朝，岁盈三纪，天地改朔，日月再升，陶形赋气，咸蒙更始。义康妻息漂没，早违盛化，众女孤弱，永沦黔首。即情原衅，本非己招，感事哀茕，俯增伤咽。敢缘陛下圣化融泰，春泽覃被，慈育群生，仁被泉草。实希洗宥，还齿帝宗，则施及陈菱，荣施朽壤。臣特凭国私，冒以诚表，尘触灵威，伏纸悲悸。"诏曰："太宰表如此，公缘情追远，览以憎慨。昔淮、楚推恩，胙流支胤，抑法弘亲，古今成准。使以公表付外，依旨奉行。故泉陵侯允横贷凶虐，可特为置后。"太宗泰始四年，复绝属籍，还为庶人。

南郡王义宣，生而舌短，涩于言论。元嘉元年，年十二，封竟陵王，食邑五千户。仍拜右将军，镇石头。七年，迁使持节、都督徐、兖、青、冀、幽五州诸军事、徐州刺史，将军如故。犹戍石头。八年，又改都督南兖、兖州刺史，当镇山阳，未行。明年，迁中书监，进号中军将军，加散骑常侍，给鼓吹一部。时竟陵群蛮大斥，役刻民散，改封南谯王，又领石头戍事。十三年，出都督江州、豫州之西阳、晋熙、新蔡三郡诸军事、镇南将军、江州刺史。

初，高祖以荆州上流形胜，地广兵强，遗诏诸子次第居之。谢晦平后，以授彭城王义康。义康入相，次江夏王义恭。又以临川王义庆宗室令望，且临川武烈王有大功于社稷，义庆又居之。其后应在义宣。上以义宣人才素短，不堪居上流。十六年，以衡阳王义季代义庆，而以义宣代义季为南徐州刺史，都督南徐州军事、征北将军，持节如故。加散骑常侍。而会稽公主每以为言，上迟回久之。二十一年，乃以义宣都督荆、雍、益、梁、宁、南北秦七州诸军事、车骑将军、荆州刺史，持节、常侍如故。先赐中诏曰："师护以在西久，比表求还，出内左右，自是经国常理，亦何必其应于一往。今欲听许，以汝代之。护虽无殊绩，洁己节用，通怀期物，不恣群下。此信未易，非唯声著西土，朝野以为美谈。在彼已有次第，为士庶所安，论者乃谓未议迁之，今之回换，更在欲为汝耳。汝与护年时一辈，各有其美，物议亦互有少劣。若今向事脱一减之者，既于西夏交有巨碍，迁代之讥，必归责于吾矣。复当为护怨，非但一诮而已也。如此则公私俱损，为不可不先共善详。此事亦易勉耳，无为使人动生评论也。"师护，义季小字也。

义宣至镇，勤自课厉，政事修理。白皙，美须眉，长七尺五寸，腰带十围，多畜嫔媵，后房千余，尼媪数百，男女三十人。崇饰绮丽，费用殷广。进位司空，改侍中，领南蛮校尉。二十七年，索虏南侵，义宣虑寇至，欲奔上明。及虏退，太祖诏之曰："善修民务，不须营潜逃计也。"

三十年，迁司徒、中军将军、扬州刺史，侍中如故。未及就征，值元凶弑立，以义宣为中书监、太尉，领司徒、侍中如故。义宣闻之，即时起兵，征聚甲卒，传檄近远。会世祖入讨，义宣遣参军徐遗宝率众三千，助为前锋。世祖即位，以义宣为中书监，都督扬、豫二州、刺史，加羽葆、鼓吹，给班剑四十人，持节、侍中如故。改封南郡王，食邑万户。进谥义宣所生为献太妃，封次子宜阳侯恺为南谯王，食邑千户。义宣固辞内任，及恺王爵。于是改授都督荆、湘、雍、益、梁、宁、南北秦八州诸军事、荆、湘二州刺史，持节、侍中、丞相如故。降恺为宜阳县王。义宣将佐以下，并加赏秩。长史张畅，事在本传。谘议参军蔡超专掌书记并参谋，除尚书吏部郎，仍为丞相谘议参军、南郡内史，封汝南县侯，食邑千户。司马竺超民为黄门侍郎，仍除丞相司马、南平内史。其余各有差。

义宣在镇十年，兵强财富，既首创大义，威名著天下，凡所求欲，无不必从。朝廷所下制度，意所不同者，一不遵承。尝献世祖酒，先自酌饮，封送所余，其不识大体如此。初，臧质阴有异志，以义宣凡弱，易可倾移，欲假手为乱，以成其奸。自襄阳往江陵见义宣，便尽礼，事在《质传》。及至江州，每密信说义宣，以为"有大才，负大功，挟震主之威，自古鲜有全者，宜在人前，蚤有处分。且万姓莫不系心于公，整众入朝，内外孰不欣戴。不尔，一旦受祸，悔无所及。"义宣阴纳质言。而世祖闺庭无礼，与义宣诸女淫乱，义宣因此发怒，密治舟甲，克孝建元年秋冬举兵。报豫州刺史鲁爽、兖州刺史徐遗宝使同。爽狂酒失旨，其年正月便反。遣府户曹送版，以义宣补天子，并送天子羽仪；遗宝亦勒兵向彭城。义宣及质狼狈起兵，二月二十六日，加都督中外诸军事，置左右长史、司马，使僚佐悉称名。遣传奉表曰：

臣闻博陆毗汉，获疑宣后；昌国翼燕，见猜惠王。常谓异姓震主，嫌隙易构；葭莩淳戚，昭亮可期。臣虽庸懦，少希忠谨。值巨逆滔天，忘家殉国，虽历算有归，微绩不树，竭诚尽愚，贯之幽显。而微疑莫监，积毁日闻；投杼之声，纷纭溢听。谅缘奸臣交乱，成是贝锦。夫浇俗之季，少贞节之臣；冰霜竞至，靡后雕之木。并寝处凶世，甘荣伪朝，皆缨冕之所弃，投畀之所取。至乃位超昔宠，任参大政，恶直丑勋，妄生邪说，疑惑明主，诬罔视听。又南从郡僚，劳不足纪，横叨天功，以为己力，同弊相扇，图倾宗社。臧质去岁忠节，勋高古贤；鲁爽协同大义，志契金石，此等猜毁，必欲祸陷。昔汲黯尚存，刘安寝志；孔父既逝，华督纵逆。臣虽不武，绩著艰难，复肆谗狡，规见诱召。宗祀之危，缀旒非所。

臣托体皇基，连晖日月，王室颠坠，咎在微躬，敢忘抵鼠之忌，甘受犯埴之责。辄征召甲卒，分命众藩，使忠勤申愤，义夫效力，戮此凶丑，谢怨阙廷，则进不负七庙之灵，退无愧二朝之遇。临表感愧，辞不自宣。

上诏答曰：

皇帝敬问。朕以不天，招罹屯难，家国阽危，剪焉将及。所以身先八百，雪清冤耻，远凭高算，共济艰难。遂登寡暗，嗣奉洪祀，尊戚酬勋，实表心事，秕政阙职，所愿匡拯。而嘉言蔑闻，末德先著，勤王之绩未终，毁冕之图已及。臧质崄躁无行，见弃人伦，以此不识，志在问鼎，凶意将逞，先借附从，扇诱欺炽，成此乱阶。如使群逆并济，众邪竞逐，将恐瞻乌之命，未识所止，构怨连祸，孰知其极。公明有不照，背本崇奸，迷昵谗丑，还谋社稷，虽履霜有日，喧议纠纷。朕以至道无私，杜遏疑议，信理推诚，暴于遐迩。不虞物变难筹，丑言遂验，是用悼心失图，忽忘寝食。

今便亲御六师，广命群牧，告灵誓众，直造柴桑，枭辇元恶，以谢天下。然后警跸清江，鸣銮郢路，投戈袭衮，面禀规勖。有宋不造，家祸仍缠，昔岁事宁，方承远训，冀以虚薄，永弭厥艰。岂谓曾未期稔，复睹斯衅，二祖之业，将坠于渊，仰瞻鸿基，但深感恸。

太傅江夏王义恭又与义宣书曰：

顷闻之道路云，二鲁背叛，致之有由，谓不然之言，绝于智者之耳。忽览来表，将兴晋阳之甲，惊愕骇惋，未譬所由。若主幼臣强，政移冢宰，或时昏下纵，在上畏逼，然后贤藩忠构，睹难赴机。未闻圣主御世，百辟顺轨，称兵于言兴之初，扶危于既安之日。以此取济，窃为大弟忧之。

昔岁二凶构逆，四海同奋。弟协宣忠孝，奉戴明主，元功盛德，既已昭著；皇朝钦嘉，又亦优渥。丞相位极人臣，江左罕授，一门两王，举世希有。表倍推诚，彰于见事，出纳之宜，唯意所欲。哀升进益，方省后命，一旦弃之，可谓运也。

吾等荷先帝慈育，得及人群，思报厚恩，昊天冈极，竭力尽诚，犹惧无补。奈何妄听邪说，轻造祸难。国靡流言，遽归怨于二叔；世无晁错，仍袭辙于七藩。弃汉苍之令范，遵齐冏之败迹。

往时仲堪假兵灵宝，旋害其族；孝伯授之刘牢，忠诚逝踵。皆囊代之成事，当今之殷鉴也。臧质少无美行，弟所具悉，凭恃末戚，并有微勤，承乏推迁，遂超伦伍，藉西楚强力，图济其私。凶谋若果，恐非复池中物。鲁宗父子，世为国冤，太祖方弘遐略，故爽等均雍齿之封。令据有五州，虎兕出于匣，是须为刘渊耳。徐遗宝是垣护之妇弟，前因护之归于吾，苦求北出，不乐远西。近磐桓湖陆，示遣刘雍，其意见可。雍是徐冲舅，适有密信，誓倒戈。自虏侵境以来，公私雕弊，安以抚之，庶可宁静，弟复随而扰乱，吾恐边鄙皆为禾黍。宜远寻高祖创业艰难，近念家国比者祸衅，时息兵戈，共安社稷。责躬谢过，诛除险佞，追保前勋，传美竹帛。昔梁孝悔罪，景帝垂恩，阜、质改过，肃宗降泽。忠焉之诲，聊希往言；祸福之机，明者是察。

主上神武英断，群策如林，忠臣发愤，虎士投袂，雄骑布野，舳舻盖川。吾以不才，忝权节钺，总督群帅，首戒戎先，指晨电举，式清南服。所以积行缓期，冀弟不远而悟。如其遂溺奸说者，天实为之。临书慨憼，不识次第。

义宣移檄诸州郡，加进号位。遣参军刘谌之、尹周之等率军下就臧质。雍州刺史朱修之起兵奉顺。义宣二月十一日率众十万发自江津，舳舻数百里。是日大风，船垂覆没，仅得入中夏口。以第八子恺为辅国将军，留镇江陵。遣鲁秀、朱昙韶万余人北讨朱之。秀初至江陵，见义宣，既出，拊膺曰："阿兄误人事，乃与痴人共作贼，今年败矣！"义宣至寻阳，与质俱下，质为前锋。至鹊头，闻徐遗宝败，鲁爽于小岘授首，相视失色。世祖使镇北大将军沈庆之送爽首示义宣，并与书："仆荷任一方，而衅生所统。近聊率轻师，指往翦扑，军锋裁交，贼爽授首。公情契异常，或欲相见，及其可识，指送相呈。"义宣、质并骇惧。

上先遣豫州刺史王玄谟舟师顿梁山洲内，东西两岸为却月城，营栅甚固。义宣屡与玄谟书，要令降。玄谟书报曰：

频奉二诲，伏对战骇。先在彭、泗，闻诸将皆云必有今日之事，以鄙意量，谓无此理。去年九月，故遣参军先僧瑗修书表心，并密陈入相之计，欲使周旦之美，复见于今。岂意理数难推，果至于此。昔因幸会，蒙国士之顾，思报厚德，甘赴泉壤，岂谓一旦事与愿违。公崇长奸回，自放西服，信邪细之说，忘大节之重，溺流狡之志，灭君亲之恩，狎玩极宠，越希非觊，祖宗世祀，自图颠覆，瞑目行事，未有如斯之甚者也，乃复枉罩书檄，远示见招。此则丹心微款，未亮于高鉴，赤诚幽志，虚感于平日，环念周回，始悟知己之为难也。

公但念提职在昔，不思善教有本，徒见徐、鲁去就，未知仗义有人，岂不惜哉！有臣则欲其忠，诱人而导诸逆，君子忠恕，其如是乎？苟不忠恕，则择木之翰，有所不集矣。夫挑妾者爱其易，求妻则敬其难。若承命如响，将焉用之。原毂存舆，无礼必及，窃恐荆郢之士，已当潜贰其怀，非皇都陋臣，秉义不徙。公虽心迷迹往，犹愿勉建良图。抑抚军忠壮慷慨，亮诚有素，新亭之勋，莫与为等，而妄信奸虚，坐相贬谤，不亦惑哉！

幸承人乏，凤诚前驱，精甲几次近路，镇军骆驿继发，太傅、骠骑嗣董元戎；乘舆亲御六师，威灵遐振。人百其气，慕义如林，舟骑云回，赫弈千里。辄属鞭秉锐，与执事周旋，授命当仁，理无所让。夫君道既尽，民礼亦绝，执笔裁答，感慨交怀。

抚军柳元景据姑孰为大统，偏帅郑琨、武念戍南浦。质径入梁山，去玄谟一里许结营，义宣屯芜湖。五月十九日，西南风猛，质乘风顺流攻玄谟西垒，冗从仆射胡子友等战失利，弃垒渡就玄谟。质又遣将庞法起数千兵从洲外趋南浦，仍使自后掩玄谟。与琨、念相遇，法起战大败，赴水死略尽。二十一日，义宣至梁山，质上出军东岸攻玄谟。玄谟分遣游击将军垣护之、竟陵太守薛安都等出垒奋击，大败质军，军人一时投水。护之等因风纵火，焚其舟乘，风势猛盛，烟焰覆江。义宣时屯西岸，延火烧营殆尽。诸将乘风火之势，纵兵攻之，众一时奔溃。

义宣与质相失，各单舸进走，东人士庶并归顺，西人与义宣相随者，船舸犹有百余。女先适臧质子，过寻阳，入城取女，载以西奔。至江夏，闻巴陵有军，被抄断，回入径口，步向江陵。众散且尽，左右唯十许人，脚痛不复能行，就民僦露车自载。无复食，缘道求告。至江陵郭外，遣人报竺超民，超民具羽仪兵众迎之。时外犹自如旧，带甲尚万余人。义宣既入城，仍出听事见客，左右翟灵宝诫使抚慰众宾，以"臧质违指授之宜，用致失利，今治兵缮甲，更为后图；昔汉高百败，终成大业"。而义宣忘灵宝之言，误云"项羽千败"，众咸掩口而笑。鲁秀、竺超民等犹为之爪牙，欲收合余烬，更图一决，而义宣悒垫无复神守，入内不复出。左右腹心，相率奔叛。鲁秀北走，义宣不复自立，欲随秀去，乃于内戎服，縢囊盛粮，带佩刀，携息恺及所爱妾五人，皆著男子服相随。城内扰乱，白刃交横，义宣大惧落马，仍便步地，超民送城外，更以马与之，超民因还守城。义宣冀及秀，望诸将送北入虏。即失秀所在，未出郭，将士逃散尽，唯余恺及五妾两黄门而已。夜还向城，入南郡空廨，无床，席地至旦。遣黄门报超民，超民遣故车一乘，载送刺奸。义宣送止狱户，坐地叹曰："臧质老奴误我。"始与五妾俱入狱，五妾寻被遣出，义宣号泣语狱吏曰："常日非苦，今日分别始是苦。"

大司马江夏王义恭诸公王八座与荆州刺史朱修之书曰："义宣反道叛恩，自陷极逆。大义灭亲，古今同准。无将之诛，犹或囚杀，况丑文悖志，宣灼遐迹，锋指绛阙，兵缠近郊，衅逼忧深，臣主旰食。赖朝略震明，祖宗灵庆，罪人斯得，七庙弗骞。司刑定罚，典辟攸在。而皇慈逮下，愍其愚迷，抑法申情，屡奏不省，人神悚遑，省心震惕。义宣自绝于天，理无容受。社稷之虑，臣子责深。便宜专行大戮，以纾国难。但加诸斧钺，有伤圣仁，示以弘恩，使自为所，上全天德，下一洪宪。临书悲慨，不复多云。"书未达，修之至江陵，已于狱尽焉。时年四十。世祖听还葬。

义宣子悰、恺、恢、憬、惔、㑥、悼、恺、伯实、业、悉达、法导、僧喜、慧正、慧知、明弥房、妙觉、宝明凡十八人；恺、恢、惔、悼并于江宁墓所赐死，㑥、悉达早卒，余并与义宣俱为朱修之所杀。蔡超及谘议参军颜乐之、徐寿之等诸同恶，并伏诛。超，济阳考城人。父茂之，侍庐陵王义真读书，官至彭城王义康骠骑从事中郎，始兴太守。超少有才学，初为兖州主簿，时令百官举才，超与前始宁令同郡江淳之、前征南参军会稽贺道养并为兴安侯义宾所表荐。竺超民，青州刺史竺夔子也。

恢，字景度，既嫡长，少而辩慧，义宣甚爱重之。年十一，拜南谯王世子，除给事中。义宣为荆州，常停都邑。太祖欲令还西，乃以为河东太守，加宁朔将军。顷之，征为黄门侍郎。元凶弑立，恢为侍中。义宣起义，劭收恢及弟恺、惔、悰、憬、㑥系于外，散骑郎沈焕防守之。焕密有归顺意，谓恢等曰："祸福与诸郎同之，愿勿忧。"及臧质自下上趋广莫门，劭令焕杀恢等。焕乃解其桎梏，率所领数十人与恢等向广莫门欲出。门者拒之，焕曰："臧公已至，凶人走矣。此司空诸郎，并能与诸君得富贵，非徒免祸而已，勿相留。"亦值质至，因以得出。恢至新亭，即除侍中。俄迁侍中、散骑常侍、西中郎将、湘州刺史。义宣并领湘州，转恢侍中，领卫尉。晋氏过江，不置城门校尉及卫尉官，世祖欲重城禁，故复置卫尉卿。卫尉之置，自恢始也。转右卫将军，侍中如故。义宣举兵反，恢与兄弟姊妹一时逃亡。恢藏江宁民陈铣家，有告之者，录付廷尉。恢子善藏，与恢俱死。

恺，字景穆，生而养于宫内，宠均皇子。十岁，封宜阳县侯。仍为建威将军、南彭城、沛二郡太守。迁步兵校尉，转黄门侍郎，太子中庶子，领长水校尉。元凶以恺为散骑常侍。世祖以为秘书监。未拜，迁辅国将军、南彭城、下邳二郡太守。其年，转五兵尚书，进爵为王。义宣反问至，恺于尚书寺内，著妇人衣，乘闶讯车，投临汝公盖诩。诩于妻室内为地窟藏之，事觉，收付廷尉，诩伏诛。怿封临武县侯，年十八卒，谥曰悼侯。惊封湘南县侯。憬封祁阳县侯。

徐遗宝，字石俊，高平金乡人。初以新亭战功，为辅国将军、卫军司马、河东太守，不之官。迁兖州刺史，将军如故，戍湖陆。封益阳县侯，食邑二千五百户。义宣既叛，遣使以遗宝为征虏将军、徐州刺史，率军出瓜步。遗宝遣长史刘雍之袭彭城，宁朔司马明胤击破之。更遣高平太守王玄楷与雍之复逼彭城。时徐州刺史萧思话未之镇，因诏安北司马夏侯祖权率五百人驰往助胤，既至，击玄楷斩之，雍之还湖陆。遗宝复遣使人檀休祖应玄楷，闻败，亦溃散。遗宝弃城奔鲁爽，爽败，逃东海郡界，土人斩送之，传首京邑。

夏侯祖权，谯人也。以功封祁阳县子，食邑四百户。大明中，为建武将军、兖州刺史，卒官。谥曰烈子。

史臣曰：襄阳庞公谓刘表曰："若使周公与管、蔡处茅屋之下，食藜藿之羹，岂有若斯之难。"夫天伦由子，共气分形，宠爱之分虽同，富贵之情则异也。追味尚长之言，以为太息。

卷六十九　　　列传第二十九

刘湛　范晔

刘湛，字弘仁，南阳涅阳人也。祖耽，父柳，并晋左光禄大夫、开府仪同三司。湛出继伯父淡，袭封安众县五等男。少有局力，不尚浮华。博涉史传，谙前世旧典，弱年便有宰世情，常自比管夷吾、诸葛亮，不为文章，不喜谈议。本州辟主簿，不就。除著作佐郎，又不拜。高祖以为太尉行参军，赏遇甚厚。高祖领镇西将军、荆州刺史，以湛为功曹，仍补治中别驾从事史，复为太尉参军，世子征虏西中郎主簿。父柳亡于江州，州府送故甚丰，一无所受，时论称之。服终，除秘书丞，出为相国参军。谢晦、王弘并称其有器干。

高祖入受晋命，以第四子义康为冠军将军、豫州刺史，留镇寿阳。以湛为长史、梁郡太守。义康弱年未亲政，府州军事悉委湛。府进号右将军，仍随府转。义康以本号徙为南豫州，湛改领历阳太守。为人刚严用法，好吏犯赃百钱以上，皆杀之，自下莫不震肃。庐陵王义真出为车骑将军、南豫州刺史，湛又为长史，太守如故。义真时居高祖忧，使帐下备膳，湛禁之，义真乃使左右索鱼肉珍羞，于斋内别立厨帐。会湛入，因命臑酒炙鳌，湛正色曰："公当今不宜有此设。"义真曰："且甚寒，一碗酒亦何伤！长史事同一家，望不为异。"酒既至，湛因起曰："既不能以礼自处，又不能以礼处人。"

景平元年，召入，拜尚书吏部郎，迁右卫将军。出督广、交二州诸军事、建威将军、平越中郎将、广州刺史。嫡母忧去职。服阕，为侍中。抚军将军江夏王义恭镇江陵，以湛为使持节、南蛮校尉、领抚军长史，行府州事。时王弘辅政，而王华、王昙首任事居中，湛自谓才能不后之，不愿外出；是行也，谓为弘等所斥，意甚不平，常曰："二王若非代邸之旧，无以至此，可谓遭遇风云。"

湛负其志气，常慕汲黯、崔琰为人，故名长子曰黯字长孺，第二子曰琰字季圭。琰于江陵病卒，湛求自送丧还都，义恭亦为之陈请。太祖答义恭曰："吾亦得湛启事，为之酸怀，乃不欲苟违所请。但汝弱年，新涉庶务，八州殷旷，专断事重，畴谘委仗，不可不得其人，量算二三，未获便相顺许。今答湛启，权停彼葬。顷朝臣零落相系，寄怀转寡，湛实国器，吾乃欲引其令还，直以西夏任重，要且停此事耳。汝庆赏黜罚，豫关失得者，必宜悉相委寄。"

义恭性甚狷隘，年又渐长，欲专政事，每为湛所裁，主佐之间，嫌隙遂构。太祖闻之，密遣使诘让义恭，并使深加谐缉。义恭具陈湛无居下之礼，又自以年长，未得行意，虽奉诏旨，颇有怨言。上友于素笃，欲加酬顺，乃诏之曰："事至于此，甚为可叹。当今乏才，委授已尔，宜尽相弥缝，取其可取，弃其可弃。汝疏云'泯然无际'，如此甚佳。彼多猜，不可令万一觉也。汝年已长，渐更事物，且群情瞩望，不以幼昧相期，何由故如十岁时，动止谘问。但当今所专，必是小事耳。亦恐量此轻重，未必尽得，彼之疑怨，兼或由此邪。"

先是，王华既亡，昙首又卒，领军将军殷景仁以时贤零落，白太祖征湛。八年，召为太子詹事，加给事中、本州大中正，与景仁并被任遇。湛常云："今世宰相何难，此政可当我南阳郡汉世功曹耳。"明年，景仁转尚书仆射，领选、护军将军，湛代为领军将军。十二年，又领詹事。湛与景仁素款，又以其建议征之，甚相感说。及俱被时遇，猜隙渐生，以景仁专管内任，谓为间己。

时彭城王义康专秉朝权，而湛昔为上佐，遂以旧情委心自结，欲因宰相之力以回主心，倾黜景仁，独当时务。

义康屡构之于太祖,其事不行。义康僚属及湛诸附隶潜相约勒,无敢历殷氏门者。湛党刘敬文父成未悟其机,诣景仁求郡,敬文遽往谢湛曰:"老父悖耄,遂就殷铁干禄。由敬文暗浅,上负生成,合门惭惧,无地自处。"敬文之奸谄无愧如此。

义康擅势专朝,威倾内外,湛愈推崇之,无复人臣之礼,上稍不能平。湛初入朝,委任甚重,日夕引接,恩礼绸缪。善论治道,并谙前世故事,叙致铨理,听者忘疲。每入云龙门,御者便解驾,左右及羽仪随意分散,不夕不出,以此为常。及至晚节,驱煽义康,凌轹朝廷,上意虽内离,而接遇不改。上尝谓所亲曰:"刘班初自西还,吾与语,常看日早晚,虑其当去。比入,吾亦看日早晚,虑其不去。"湛小字班虎,故云班也。迁丹阳尹,金紫光禄大夫,加散骑常侍,詹事如故。

十七年,所生母亡。时上与义康形迹既乖,衅难将结,湛亦知无复全地。及至丁艰,谓所亲曰:"今年必败。常日正赖口舌争之,故得推迁耳。今既穷毒,无复此望,祸至其能久乎!"十月,诏曰:"刘湛阶籍门荫,少叨荣位,往佐历阳,奸诐凤著。谢晦之难,潜使告诉,求心即事,久宜诛屏。朕所以弃罪略瑕,庶收后效,宠秩优悆,逾越伦匹。而凶忍忌克,刚愎慘厉,无君之心,触类斯发。遂乃合党连群,构扇同异,附下蔽上,专弄威权,荐子树亲,互为表里,邪附者荣曜九族,乘理者推陷必至。旋观奸慝,为日已久,犹欲弘纳遵养,冀或俊革。自迩以来,凌纵滋甚,悖言怼容,罔所顾忌,险谋潜计,睥睨两宫。岂唯彰暴国都,固亦达于四海。比年七曜违度,震蚀表灾,侵阳之征,事符幽显。搢绅含愤,义夫兴叹。昔齐、鲁不纲,祸顷邦国;昭、宣电断,汉祚方延。便收付廷尉,肃明刑典。"于狱伏诛,时年四十九。

子黯,大将军从事中郎。黯及二弟亮、俨并从诛。湛弟素,黄门侍郎,徙广州。湛初被收,叹曰:"便是乱邪。"仍又曰:"不言无我应乱,杀我自是乱法耳。"入狱见素,曰:"乃复及汝邪?相劝为恶,恶不可为;相劝为善,正见今日。如何!"湛生女辄杀之,为士流所怪。

范晔,字蔚宗,顺阳人,车骑将军泰少子也。母如厕产之,额为砖所伤,故以砖为小字。出继从伯弘之,袭封武兴县五等侯。少好学,博涉经史,善为文章,能隶书,晓音律。年十七,州辟主簿,不就。高祖相国掾,彭城王义康冠军参军,随府转右军参军,入补尚书外兵郎,出为荆州别驾从事史。寻召为秘书丞,父忧去职。服终,为征南大将军檀道济司马,领新蔡太守。道济北征,晔惮行,辞以脚疾,上不许,使由水道统载器仗部伍。军还,为司徒从事中郎。倾之,迁尚书吏部郎。

元嘉元年冬,彭城太妃薨,将葬,祖夕,僚故并集东府。晔弟广渊,时为司徒祭酒,其日在直。晔与司徒左西属王深宿广渊许,夜中酣饮,开北牖听挽歌为乐。义康大怒,左迁晔宣城太守。不得志,乃删众家《后汉书》为一家之作。在郡数年,迁长沙王义欣镇军长史,加宁朔将军。兄皓为宜都太守,嫡母随皓在官。十六年,母亡,报之以

疾,晔不时奔赴;及行,又携妓妾自随,为御史中丞刘损所奏。太祖爱其才,不罪也。服阕,为始兴王浚后军长史,领南下邳太守。及浚为扬州,未亲政事,悉以委晔。寻迁左卫将军、太子詹事。

晔长不满七尺,肥黑,秃眉须。善弹琵琶,能为新声。上欲闻之,屡讽以微旨,晔伪若不晓,终不肯为上弹。上尝宴饮欢适,谓晔曰:"我欲歌,卿可弹。"晔乃奉旨。上歌既毕,晔亦止弦。

初,鲁国孔熙先博学有纵横才志,文史星算,无不兼善。为员外散骑侍郎,不为时所知,久不得调。初熙先父默之为广州刺史,以赃货得罪下廷尉,大将军彭城王义康保持之,故得免。及义康被黜,熙先密怀报效,欲要朝廷大臣,未知谁可动者,以晔意志不满,欲引之。而熙先素不为晔所重,无因进说。晔外甥谢综,雅为晔所知,熙先尝经相识,乃倾身事综,与之结厚。熙先藉岭南遗财,家甚富足,始与综诸弟共博,故为拙行,以物输之。综等诸年少,既屡得物,遂日夕往来,情意稍款。综乃引熙先与晔为数,晔又与戏,熙先故为不敌,前后输晔物甚多。晔既利其财宝,又爱其文艺。熙先素有词辩,尽心事之,遂相与异常,申莫逆之好。始以微言动晔,晔不回,熙先乃极辞譬说。晔素有闺庭议论,朝野所知,故门胄虽华,而国家不与姻娶。熙先因以此激之曰:"丈人若谓朝廷相待厚者,何故不与丈人婚,为是门户不得邪?人作犬豕相遇,而丈人欲为之死,不亦惑乎?"晔默然不答,其意乃定。

时晔与沈演之并为上所知待,每被见多同。晔若先至,必待演之俱入;演之先至,尝独被引,晔又以此为怨。晔累经义康府佐,见待素厚。及宣城之授,意好乖离。综为义康大将军记室参军,随镇豫章。综还,申义康意于晔,求解晚隙,复敦往好。晔既有逆谋,欲探时旨,乃言于上曰:"臣历观前史二汉故事,诸蕃王政以诉诅幸灾,便正大逆之罚。况义康奸心衅迹,彰著遐迩,而至今无恙,臣窃惑焉。且大梗常存,将重阶乱,骨肉之际,人所难言。臣受恩深重,故冒犯披露。"上不纳。

熙先素善天文,云:"太祖必以非道晏驾,当由骨肉相残。江州应出天子。"以为义康当之。综父述亦为义康所遇,综妇约又是义康女夫,故太祖使综随从南上,既为熙先所奖说,亦有酬报之心。广州人周灵甫有家兵部曲,熙先以六十万钱与之,使于广州合兵。灵甫一去不反。大将军府史仲承祖,义康旧所信念,屡衔命下都,亦潜结腹心,规有异志。闻熙先有诚,密相结纳。丹阳尹徐湛之,素为义康所爱,虽为舅甥,恩过子弟,承祖因此结事湛之,告以密计。承祖南下,申义康意于萧思话及晔,云:"本欲与萧结婚,恨始意不果。与范本情不薄,中间相失,傍人为之耳。"

有法略道人,先为义康所供养,粗被知待;又有王国寺法静尼亦出入义康家内,皆感激旧恩,规相拯接,并与熙先往来。使法略罢道,本姓孙,改名景玄,以为臧质宁远参军。熙先善于治病,兼能诊脉。法静尼妹夫许耀,领队在台,宿卫殿省。尝有病,因法静尼就熙先乞治,为合

汤一剂，耀疾即损。耀自往酬谢，因成周旋。熙先以耀胆干可施，深相待结，因告逆谋，耀许为内应。豫章胡遵世，藩之子也，与法略甚款，亦密相酬和。法静南上，熙先遣婢采藻随之，付以笺书，陈说图谶。法静还，义康饷熙先铜匕、铜镊、袍段、棋枰等物。熙先虑事泄，鸩采藻杀之。湛之又谓晔等："臧质见与异常，岁内当还，已报质，悉携门生义故，其亦当解人此旨，故应得健儿数百。质与萧思话款密，当仗要之，二人并受大将军眷遇，必无异同。思话三州义故众力，亦不减质。郡中文武，及合诸处侦逻，亦当不减千人。不忧兵力不足，但当勿失机耳。"又略相署置，湛之为抚军将军、扬州刺史，晔中军将军、南徐州刺史，熙先左卫将军，其余皆有选拟。凡素所不善及不附义康者，又有别簿，并入死目。熙先使弟休先为为檄文曰：

夫休否相乘，道无恒泰，狂狡肆逆，明哲是殪。故小白有一匡之勋，重耳有翼戴之德。自景平肇始，皇室多故，大行皇帝天诞英姿，聪明睿哲，拔自藩国，嗣位统天，忧劳万机，垂心庶务，是以邦内安逸，四海同风。而比年以来，奸竖乱政，刑罚乖淫，阴阳违舛，致使衅起萧墙，危祸萃集。贼臣赵伯符积怨含毒，遂纵奸凶，肆兵犯跸，祸流储宰，崇树非类，倾坠皇基。罪百泆、癹，过十玄、莽，开辟以来，未闻斯比。率土叩心，华夷泣血，咸怀亡身之诚，同思糜躯之报。

湛之、晔与行中领军萧思话、行护军将军臧质、行左卫将军孔熙先、建威将军孔休先，忠贯白日，诚著幽显，义痛其心，事伤其目，投命奋戈，万殒莫顾，即日斩伯符首，及其党与。虽豺狼即戮，王道惟新，而普天无主，群萌莫系。彭城王体自高祖，圣明在躬，德格天地，勋溢区宇，世路威夷，勿用南服，龙潜凤栖，于兹六稔，苍生饥德，亿兆渴化，岂唯东征有《鸱鸮》之歌，陕西有勿翦之思哉！灵祇告征祥之应，谶记表帝者之符，上答天心，下惬民望，正位辰极，非王而谁？

今遣行护军将军臧质等，赍皇帝玺绶，星驰奉迎。百官备礼，骆驿继进，并命群帅，镇戍有常。若干挠义徒，有犯无贷。昔年使反，湛之奉赐手敕，逆诚祸乱，预睹斯萌，令宣示朝贤，共拯危溺，无断谋事，失于后机，遂使圣躬滥酷，大变奄集，哀恨崩裂，抚心摧哽，不知何地，可以厝身。辄督厉尫顿，死而后已。

熙先以既为大事，宜须义康意旨，晔乃作义康与湛之书，宣示同党曰：

吾凡人短才，生长富贵，任情用己，有过不闻，与物无恒，喜怒违实，致使小人多怨，士类不归。祸败已成，犹不觉悟，退自寻省，方知自招，刻肌刻骨，何所复补。然至于尽心奉上，诚贯幽显，拳拳谨慎，惟恐不及，乃可恃宠骄盈，实不敢故为期罔也。岂苞藏逆心，以招灰灭，所以推诚自信，不复防闲异同，率意信心，不顾万物议论，遂致佞巧潜构，众恶归集。甲奸险好利，负吾事深；乙凶愚不齿，扇长无赖；丙、丁趋走小子，唯知谄进，伺求长短，共造虚说，致令祸陷骨肉，诛戮无辜。凡在过衅，竟有何征，而刑罚所加，同之元恶，伤和枉理，感彻天地。

吾虽幽逼日苦，命在漏刻，义慨之士，时有音信。每知天文人事，及外间物情，土崩瓦解，必在朝夕。是为衅起群贤，滥延国家，夙夜愤踊，心复交战。朝之君子及士庶白黑义秉理者，宁可不识时运之会，而坐待横流邪。除君侧之恶，非唯一代，况此等狂乱罪骶，终古所无，加之剪戮，易于摧朽邪。可以吾意宣示众贤，若能同心奋发，族裂逆党，岂非功均创业，重造宋室乎！但兵凶战危，或致侵滥，若有一豪犯顺，诛及九族。处分之要，委之群贤，皆当谨奉朝廷，动止闻启。往日嫌怨，一时豁然，然后吾当谢罪北阙，就戮有司。苟安社稷，瞑目无恨。勉之，勉之！

二十二年九月，征北将军衡阳王义季、右将军南平王铄出镇，上于武帐冈祖道，晔等期以其日为乱，而差互不得发。于十一月，徐湛之上表曰："臣与范晔，本无素旧，中忝门下，与之邻省，屡来见就，故渐成周旋。比年以来，意态转见，倾动险忌，富贵情深，自谓任遇未高，遂生怨望。非唯攻伐朝士，讥谤圣时，乃上议朝廷，下及藩辅，驱扇同异，恣口肆心，如此之事，已具上闻。近员外散骑侍郎孔熙先忽令大将军府吏仲承祖腾晔及谢综等意，欲收合不逞，规有所建。以臣昔蒙义康接盼，又去岁群小为臣妄生风尘，谓必嫌惧，深见劝诱。兼云人情乐乱，机不可失，谶纬天文，并有征验。晔寻自来，复具陈此，并说臣论议转恶，全身为难。即以启闻，被敕使相酬引，究其情状。于是悉出檄书、选事、及同恶人名、手墨翰迹，谨封上呈，凶悖之甚，古今罕比。由臣暗于交士，闻此逆谋，临启震惶，荒情无措。"诏曰："湛之表如此，良可骇惋。晔素无行检，少负瑕衅，但以才艺可施，故收其所长，频加荣爵，遂参清显。而险利之性，有过溪壑，不识恩遇，犹怀怨愤。每存容养，冀能悛革，不谓同恶相济，狂悖至此。便可收掩，依法穷诘。"

其夜，先呼晔及朝臣集华林东阁，止于客省。先已于外收综及熙先兄弟，并皆款服。于时上在延贤堂，遣使问晔曰："以卿犕有文翰，故相任擢，名爵期待，于例非少。亦知卿意难厌满，正是无理怨望，驱扇朋党而已，云何乃有异谋？"晔仓卒怖惧，不即首款。上重遣问曰："卿与谢综、徐湛之、孔熙先谋逆，并已答款，犹尚未死，征据见存，何不依实。"晔对曰："今宗室磐石，蕃岳张跱，设使窃发侥幸，方镇便来讨伐，几何而不诛夷。且臣位任过重，一阶两级，自然必至，如何以灭族易此。古人云：'左手据天下之图，右手刎其喉，愚夫不为。'臣虽泥下，朝廷许其犕有所及，以理而察，臣不容有此。"上复遣问曰："熙先近在华林门外，宁欲面辨之乎？"晔辞穷，乃曰："熙先苟诬引臣，臣当如何！"熙先闻晔不服，笑谓殿中将军沈邵之曰："凡诸处分，符檄书疏，皆范晔所造及治定。云何于今方作如此抵突邪！"上示以墨迹，晔乃具陈本末，曰："久欲上闻，逆谋未著。又冀其事消弭，故推迁至今。负国罪重，分甘诛戮。"

其夜，上使尚书仆射何尚之视之，问曰："卿事何得至此?"晔曰:"君谓是何?"尚之曰:"卿自应解。"晔曰:"外人传庾尚书见憎,计与之无恶。谋逆之事,闻孔熙先说此,轻犯小儿,不以经意。今忽受责,方觉是罪。君方以道佐世,使天下无冤。弟就死之后,犹望君照此心也。"明日,仗士送晔付廷尉,入狱,问徐丹阳所在,然后知为湛之所发。熙先望风吐款,辞气不桡,上奇其才,遣人慰劳之曰:"以卿之才,而滞于集书省,理应有异志。此乃我负卿也。"又诘责前吏部尚书何尚之曰:"使孔熙先年将三十作散骑郎,那不作贼。"熙先于狱中上书曰:"囚小人猖狂,识无远概,徒狗意气之小感,不料逆顺之大方。与第二弟休先首为奸谋,干犯国宪,錾脍脯醢,无补尤戾。陛下大明含弘,量苞天海,录其一介之节,猥垂优逮之诏。恩非望始,没有遗荣,终古以来,未有斯比。夫盗马绝缨之臣,怀璧投书之士,其行至贱,其过至微,由识不世之恩,以尽躯命之报,卒能立功齐、魏,致勋秦、楚。囚虽身陷祸逆,名节俱丧,然少也慷慨,窃慕烈士之遗风。但坠崖之木,事绝升跻,覆盆之水,理乖收汲。方当身膏铁钺,诒诚方来,若使魂而有灵,结草不远。然区区丹抱,不负夙心,贪及视息,少得申畅。自惟性爱群书,心解数术,智之所周,力之所至,莫不穷揽,究其幽微。考论既往,诚多审验。谨条陈所知,条牒如故别状,愿且勿遗弃,存之中书。若囚死之后,或可追存,庶九泉之下,少塞衅责。"所陈并天文占候,谶上有骨肉相残之祸,其言深切。

晔在狱,与综及熙先异处,乃称疾求移考堂,欲近综等。见听,与综等果得隔壁。遥问综曰:"始被收时,疑谁所告?"综云:"不知。"晔曰:"乃是徐童。"童,徐湛之小名仙童也。在狱为诗曰:"祸福本无兆,性命归有极。必至定前期,谁能延一息。在生已可知,来缘惘无识。好丑共一丘,何足异枉直。岂论东陵上,宁辨首山侧。虽无嵇生琴,庶同夏侯色。寄言生存子,此路行复即。"晔本意谓入狱便死,而上穷治其狱,遂经二旬,晔更有生望。狱吏因戏之曰:"外传詹事或当长系。"晔闻之惊喜,综、熙先笑之曰:"詹事当前共畴昔事时,无不攘袂瞋目。及在西池射堂上,跃马顾盼,自以为一世之雄。而今扰攘纷纭,畏死乃尔。设令今时赐以性命,人臣图主,何颜可以生存?"晔谓卫狱将曰:"惜哉!蕴如此人。"将曰:"不忠之人,亦何足惜。"晔曰:"大将言是也。"

将出市,晔最在前,于狱门顾谓综曰:"今日次第,当以位邪?"综曰:"贼帅为先。"在道语笑,初无暂止。至市,问综曰:"时欲至未?"综曰:"势不复久。"晔既食,又苦劝综,综曰:"此异病笃,何事强饭。"晔家人悉至市,监刑职司问:"须相见不?"晔问曰:"家人以来,幸得相见,将不暂别。"综曰:"别与不别,亦何所存。来必当号泣,正足乱人意。"晔曰:"号泣何关人,向见道边亲故相瞻望,亦殊胜不见。吾意故欲相见。"于是呼前。晔妻先下抚其子,回骂晔曰:"君不为百岁阿家,不感天子恩遇,身死固不足塞罪,奈何枉杀子孙。"晔干笑云罪至而已。晔所生母泣曰:"主上念汝无极,汝曾不能感恩,又不念我老,今日奈何?"仍以手击晔颈及颊,晔颜色不怍。妻云:"罪人,阿家莫念。"妹及妓妾来别,晔悲涕流涟,

综曰:"舅殊不同夏侯色。"晔收泪而止。综母以子弟自蹈逆乱,独不出视。晔语综曰:"姊今不来,胜人多也。"晔转醉,子蔼亦醉,取地土及果皮以掷晔,呼晔为别驾数十声。晔问曰:"汝恚我邪?"蔼曰:"今日何缘复恚,但父子同死,不能不悲耳。"晔常谓死者神灭,欲著《无鬼论》;至是与徐湛之书,云"当相讼地下"。其谬乱如此。又语人:"寄语何仆射,天下决无佛虫。若有灵,自当相报。"收晔家,乐器服玩,并皆珍丽,妓妾亦盛饰,母住止单陋,唯有一厨盛樵薪,弟子冬无被,叔父单布衣。晔及子蔼、遥、叔蒌、孔熙先及弟休先、景先、思先、熙先子桂甫、桂甫子白民、谢综及弟约、仲承祖、许耀,诸所连及,并伏诛。晔时年四十八。晔兄弟子父已亡者及谢综弟纬,徙广州。蔼子鲁连,吴兴昭公主外孙,请全生命,亦得远徙,世祖即位得还。

晔性精微有思致,触类多善,衣裳器服,莫不增损制度,世人皆法学之。撰《和香方》,其序之曰:"麝本多忌,过分必害;沈实易和,盈斤无伤。零藿虚燥,詹唐粘湿。甘松、苏合、安息、郁金、榇多、和罗之属,并被珍于外国,无取于中土。又枣膏昏钝,甲煎浅俗,非唯无助于馨烈,乃当弥增于尤疾也。"此序所言,悉以比类朝士:"麝本多忌",比庾炳之;"零藿虚燥",比何尚之;"詹唐粘湿",比沈演之;"枣膏昏钝",比羊玄保;"甲煎浅俗",比徐湛之;"甘松、苏合",比慧琳道人;"沈实易和",以自比也。晔狱中与诸甥侄书以自序曰:

吾狂衅覆灭,岂复可言,汝等皆当以罪人弃之。然平生行己任怀,犹应可寻。至于能不,意中所解,汝等或不悉知。吾少懒学问,晚成人,年三十许,政始有向耳。自尔以来,转为心化,推老将至者,亦当未已也。往往有微解,言乃不能自尽。为性不寻注书,心气恶,小苦思,便愤闷;口机又不调利,以此无谈功。至于所通解处,皆自得之于胸怀耳。文章转进,但才少思难,所以每于操笔,其所成篇,殆无全称者。常耻作文士。文患其事尽于形,情急于藻,义牵其旨,韵移其意。虽时有能者,大较多不免此累,政可类工巧图绩,竟无得也。常谓情志所托,故当以意为主,以文传意。以意为主,则其旨必见;以文传意,则其词不流。然后抽其芬芳,振其金石耳。此中情性旨趣,千条百品,屈曲有成理。自谓颇识其数,尝为人言,多不能赏,意或异故也。

性别宫商,识清浊,斯自然也。观古今文人,多不全了此处,纵有会此者,不必从根本中来。言之皆有实证,非为空谈。年少中,谢庄最有其分,手笔差易,文不拘韵故也。吾思乃无定方,特能济难适轻重,所禀之分,犹当未尽。但多公家之言,少于事外远致,以此为恨,亦由无意于文名故也。

本未关史书,政恒觉其不可解耳。既造《后汉》,转得统绪,详观古今著述及评论,殆少可意者。班氏最有高名,既任情无例,不可甲乙辨。后赞于理近无所得,唯志可推耳。博赡不可及之,整理未必愧也。吾杂传论,皆有精意深旨,既有裁味,故约其词句。

至于《循吏》以下及《六夷》诸序论，笔势纵放，实天下之奇作。其中合者，往往不减《过秦》篇。尝共比方班氏所作，非但不愧之而已。欲遍作诸志，前汉所有者悉令备。虽事不必多，且使见文得尽。又欲因事就卷内发论，以正一代得失，意复未果。赞自是吾文之杰思，殆无一字空设，奇变不穷，同合异体，乃自不知所以称之。此书行，故应有赏音者。纪、传例为举其大略耳，诸细意甚多。自古体大而思精，未有此也。恐世人不能尽之，多贵古贱今，所以称情狂言耳。

吾于音乐，听功不及自挥，但所精非雅声，为可恨。然至于一绝处，亦复何异邪。其中体趣，言之不尽，弦外之意，虚响之音，不知所从而来。虽少许处，而旨态无极。亦尝以授人，士庶中未有一毫似者。此永不传矣。吾书虽小小有意，笔势不快，余竟不成就，每愧此名。

晔《自序》并实，故存之。蔼幼而整洁，衣服竟岁未尝有尘点。死时年二十。晔少时，兄晏常云："此儿进利，终破门户。"终如晏言。

史臣曰：古之人云："利令智昏。"甚矣，利害之相倾。刘湛识用才能，实苞经国之略，岂不知移弟为臣，则君臣之道用，变兄成主，则兄弟之义殊乎。而义康数怀奸计，苟相崇说，与夫推长戟而犯魏阙，亦何以异哉！

卷七十　　列传第三十

袁　淑

袁淑，字阳源，陈郡阳夏人，丹阳尹豹少子也。少有风气，年数岁，伯湛谓家人曰："此非凡儿。"至十余岁，为姑夫王弘所赏。不为章句之学，而博涉多通，好属文，辞采遒艳，纵横有才辩。本州命主簿，著作佐郎，太子舍人，并不就。彭城王义康命为军司祭酒。义康不好文学，虽外相礼接，意好甚疏。刘湛，淑从母兄也，欲其附己，而淑不以为意，由是大相乖失，以久疾免官。补衡阳王义季右军主簿，迁太子洗马，以脚疾不拜。卫军临川王义庆雅好文章，请为谘议参军。顷之，迁司徒左西属。出为宣城太守，入补中书侍郎，以母忧去职。服阕，为太子中庶子。

元嘉二十六年，迁尚书吏部郎。其秋，大举北伐，淑侍坐从容曰："今当鸣銮中岳，席卷赵、魏，检玉岱宗，今其时也。臣逢千载之会，愿上《封禅书》一篇。"太祖笑曰："盛德之事，我何足以当之。"出为始兴王征北长史、南东海太守。淑始到府，浚引见，谓曰："不意舅遂垂屈佐。"淑答曰："朝廷道下官，本以光公府望。"还为御史中丞。时索虏南侵，遂至瓜步，太祖使百官议防御之术，

淑上议曰：

臣闻函车之兽，离山必毙；绝波之鳞，宕流则枯。羯寇遗丑，趋致畿甸，蚁萃蚕集，闻已崩踬。天险岩旷，地限深邈，故全魏戢其图，盛晋辍其议，情屈力殚，气挫勇竭，谅不虞于来临，本无忧于能济矣。乃者銮定携远，阻违授律，由将有弛拙，故士少斗志。围溃之众，匪寇倾沦，攻制之师，空自班散，济西劲骑，急战蹴旅，淮上训军，简备靡旗。是由绥整寡衷，戎昭多昧，遂使栲潞入患，泉伊来扰，纷珍姬风，泯毒禹绩，腾书于渭阴之迫，悬烽均咸阳之警。然而切揣虚实，伏匿先彰，校索伎能，谲诡既显。绵地千里，弥行阻深，表里踬硋，后先介逼。舍陵衍之习，竞湍沙之利。今虹见萍生，土膏泉动，津陆陷溢，店祸并兴，刍稿已单，米粟莫系，水宇衿带，进必倾殒，河隘扁固，退亦堕灭。所谓栖鸟于烈火之上，养鱼于丛棘之中。

或谓损缓江右，宽缮淮内。窃谓拯扼闽城，旧史为允，弃远凉士，前言称非。限此要荒，犹弗委割。况联被京国，咫尺神甸，数州摧扫，列邑歼瘵，山渊反覆，草木涂地。今丘赋千乘，井算万集，肩摩倍于长安，缔袂百于临淄，什一而籍，实慊氓愿，履亩以税，既协农和。户竞战心，人含锐志，皆欲赢粮请奋，释纬乘城。谓宜悬金铸印，要壮果之士，重币甘辞，招摧决之将，举荐板筑之下，抽登台皂之间，赏之以焚书，报之以相爵，俄而昭才贺阙，异能间至。

戎贪而无谋，肆而不整，迷乎向背之次，谬于合散之宜，犯军志之极害，触兵家之甚讳。咸畜愤矣，金策战矣，称愿影从，谣言缉命。宜选敢悍数千，鸷行潜掩，偃旗裹甲，钳马衔枚，桧稽而起，晨压未阵，旌噪乱举，火鼓四临，使景不暇移，尘不及起，无不禽铩兽奰，冰解雾散，扫洗哨类，漂卤浮山。如有决孥漏网，逡窠逃穴，命淮、汝戈船，遏其还径，充部劲卒，梗其归涂。必剪元雄，悬首麾下，乃将只轮不反，战辖无旋矣。于是信臣腾威，武士缮力，缇组接阴，鞞柝联响。

若其伪逎赢张，出没无际，楚言汉旆，显默如神，固已日月蔽亏，川谷荡贸。负塞残孽，阻山烬党，收险窃命，凭城借土，则当因威席卷，乘机芟剿。泗、汴秀士，星流电烛，徐、阜严兵，雨凑云集，瞰乱桑溪之北，摇溃浣海以南，绝其心根，勿使能植，衔索之枯，几何不蠹。是由涸泽而渔，焚林而狩，若浚风之僄轻箨，杲日之拂浮霜。既而尉洽荷掠之余，望吊网悲之鬼。然后天行枢运，焱举烟升，青盖西巡，翠华东幸，经启州野，涤一轸策，俾高阙再勒，燕然后铭。方乃窦山沉河，创礼辑策，阐耀炎、昊之遗则，贯轶商、夏之旧文。

今众贾拳勇，而将术疏怯，意者稔泰日积，承平岁久，邑无惊赴之急，家缓馈战之勤，阙阅训之礼，简参属之饰，且亦荐采之法，庸未蔇钦。若乃邦造里选，擢论深切，躬摆尽幽，斩带寻远，设有沉明能照，

俊伟自宣,诚感泉雨,流通金石,气慑飞、贲,知穷苴、起,审邪正顺逆之数,达昏明益损之宜,能睽合民心,愚睿物性,登丹墀而敷策,蹑青蒲而扬谋,上说辰鉴,下弭素言,足以安民纾国,救灾恤患。则宜拔过宠贵之上,褒升戚旧之右,别其旃章,荣其班禄,出得专誉,使不禀命。降席折节,同广武之请;设坛致礼,均淮阴之授。必有要盟之功,窃符之捷。

夷裔暴狠,内外侮弃,始附之众,分茷无序,盅以威利,势必携离,首顺之徒,靡然自及。今涞绎故典,灗土缨绫,剪焉幽播,折首凶狡。是犹眇者愿明,痿之思步,动商遘会,功终易感。劫晋在于善馉,全郑实寄良谍,多纵反间,汩惑心耳,发险易之前,抵兴丧之术,冲其猜伏,拂其嫌嗜,汩以连率之贵,饵以析壤之资。馨笔端之用,展辞锋之锐,振辩则坚围可解,驰羽而岩邑易倾。必府蒿土崩,枝干瓦裂,故燕、乐梅衔,项、范交疑矣。

或乃言约功深,事迩应广,齐圉反驾,赵养还君,尽舆诵之道,毕能事之效。臣幸得出内层禁,游心明代,泽与身泰,恩随年行,无以逢迎昌运,润饰鸿法。今涂有遗镞,蛮未息蜂,敢思凉识,少酬闲施。但坐幕既乏昭文,免胄不能致果,窃观都护之边论,属国之兵谟,终、晁之抗辞,杜、耿之言事,咸云及经之棘,犹阙上算,烛郢之敬,裁收下策。自耻懦木,智不综微,敢露昧见,无会昭采。

淑喜为夸诞,每为时人所嘲。始兴王浚尝送钱三万饷淑,一宿复遣追取,谓使人谬误,欲以戏淑。淑与浚书曰:"袁司直之视馆,敢寓书于上国之宫尹。日者猥枉泉赋,降委弊邑。弊邑敬事是遑,无或违贰。俱非郊赠之礼,觏飨之资,不虞君王惠之于是也,是有慆焉。弗图旦夕发咫尺之记,籍左右而请,以为胥授失旨,爰速先币。曾是附庸臣委末学孤闻者,如之何勿疑。且亦闻之前志曰,七年之中,一与一夺,义士犹或非之。况密迩旬次,何其哀益之亟也。藉恐二三诸侯,有以观大国之政。是用敢布心腹。弊室弱生,砥节清廉,好是洁直,以不邪之故,而贫闻天下。宁有昧夫嗟金者哉。不腆供赋,束马先璧以俟命。唯执事所以图之。"

迁太子左卫率。元凶将为弑逆,其夜淑在直,二更许,呼淑及萧斌等流涕谓曰:"主上信谗,将见罪废。内省无过,不能受枉。明旦便当行大事,望相与戮力。"淑及斌并曰:"自古无此,愿加善思。"劭怒变色,左右皆动。斌惧,乃曰:"臣昔忝伏事,常思效节,况忧迫如此,辄当竭身奉令。"淑叱之曰:"卿便谓殿下真有是邪?殿下幼时尝患风,或是疾动耳。"劭愈怒,因问曰:"事当克不?"淑曰:"居不疑之地,何患不克。但既克之后,为天地之所不容,大祸亦旋至耳。愿急息之。"劭左右引淑等袴褶,又就主衣取锦,截三尺为一段,又中破,分斌、淑及左右,使以缚袴。淑出环省,绕床行,至四更乃寝。劭将出,已与萧斌同载,呼淑甚急,淑眠终不起。劭停车奉化门,催之相续。徐起至车后,劭使登车,又辞不上。劭因命左右:"与手刃。"见杀于奉化门外,时年四十六。劭即位,追赠太常,赐赗甚厚。

世祖即位,使颜延之为诏曰:"夫轻道重义,亟闻其教;世弊国危,希遇其人。自非达义之至,识正之深者,孰能抗心卫主,遗身固节者哉!故太子左卫率淑,文辩优洽,秉尚贞悫。当要逼之切,意色不桡,厉辞逆谠,气震凶党。虐刃交至,取毙不移。古之怀忠陨难,未云出其右者。兴言嗟悼,无废乎心。宜在加礼,永旌宋有臣焉。可赠侍中、太尉,谥曰忠宪公。"又诏曰:"袁淑以身殉义,忠烈邈古。遗孤在疚,特所矜怀。可厚加赐恤,以慰存亡。"淑及徐湛之、江湛、王僧绰、卜天与四家,于是长给禀禄。文集传于世。

子几、觊、楞、凝、标。觊,世祖步兵校尉。凝,太宗世御史中丞,出为晋陵太守。太宗初与四方同反,兵败归降,以补刘湛冠军府主簿。淑诸子并早卒。

史臣曰:天长地久,人道则异于斯。蕣华朝露,未足以言也。其间夭邃,曾何足云。宜任心去留,不以存没婴心。徒以灵化悠远,生不再来,虽天行路险,而未之斯遇,谓七尺常存,百年可保也。所以据洪图而轻天下,吝寸阴而败尺璧。若乃义重乎生,空炳前诰,投躯殉主,世罕其人。若无阳源之节,丹青何贵焉尔!

卷七十一　　列传第三十一

徐湛之　江湛　王僧绰

徐湛之,字孝源,东海郯人。司徒羡之兄孙,吴郡太守佩之弟子也。祖钦之,秘书监。父逵之,尚高祖长女会稽公主,为振威将军、彭城、沛二郡太守。高祖诸子并幼,以逵之姻戚,将大任之,欲先令立功。及讨司马休之,使统军为前锋,配以精兵利器,事克,当即授荆州。休之遣鲁宗之子轨击破之,于阵见害。追赠中书侍郎。

湛之幼孤,为高祖所爱,常与江夏王义恭寝食不离于侧。永初三年,诏曰:"永兴公主一门嫡长,早罹辛苦。外孙湛之,特所钟爱。且致节之胤,情实兼常。可封枝江县侯,食邑五百户。"年数岁,与弟淳之共车行,牛奔车坏,左右驰来赴之。湛之先令取弟,众咸叹其幼而有识。及长,颇涉大义,善自位待。事祖母及母,并以孝谨闻。

元嘉二年,除著作佐郎,员外散骑侍郎,并不就。六年,东宫始建,起家补太子洗马,转国子博士,迁奋威将军、南彭城、沛二郡太守,徙黄门侍郎。祖母年老,辞以朝直,不拜。复授二郡,加辅国将军,迁秘书监,领右军将军,转侍中,加骁骑将军。复为秘书监,加散骑常侍,骁骑如故。

会稽公主身居长嫡,为太祖所礼,家事大小,必咨而后行。西征谢晦,使公主留止台内,总摄六宫。忽有不得意,辄号哭,上甚惮之。初,高祖微时,贫陋过甚,尝自往新洲伐荻，有纳布衫袄等衣，皆敬皇后手自作；高祖既贵，以此衣付公主，曰："后世若有骄奢不节者，可以此衣示之。"湛之为大将军彭城王义康所爱，与刘湛等颇相附协。及刘湛得罪，事连湛之，太祖大怒，将致大辟。湛之忧惧无计，以告公主。公主即日入宫，既见太祖，因号哭下床，不复施臣妾之礼。以锦囊盛高祖纳衣，掷地以示上曰："汝家本贫贱，此是我母为汝父作此纳衣。今日有一顿饱食，便欲残害我儿子！"上亦号哭，湛之由此得全也。迁中护军，未拜，又迁太子詹事，寻加侍中。

湛之善于尺牍，音辞流畅。贵戚豪家，产业甚厚。室宇园池，贵游莫及。伎乐之妙，冠绝一时。门生千余人，皆三吴富人之子，姿质端妍，衣服鲜丽。每出入行游，途巷盈满，泥雨日，悉以后车载之。太祖嫌其侈纵，每以为言。时安成公何勖，无忌之子也，临汝公孟灵休，昶之子也，并各奢豪，与湛之共以肴膳、器服、车马相尚。京邑为之语曰："安成食，临汝饰。"湛之二事之美，兼于何、孟。勖官至侍中，追谥荒公。灵休善弹棋，官至秘书监。

湛之迁冠军将军、丹阳尹，进号征虏将军，加散骑常侍，以公主忧不拜。过葬，复授前职，湛之表启固辞，又诣廷尉受罪；上诏狱官勿得受，然后就命。固辞常侍，许之。二十二年，范晔等谋逆，湛之始与之同，后发其事，所陈多不尽，为晔等款辞所连，乃诣廷尉归罪，上慰遣令还郡。湛之上表曰：

贼臣范晔、孔熙先等，连结谋逆，法静尼宣分往还，与大将军臣义康共相唇齿，备于鞫对。伏寻仲承祖始达熙先等意，便极言奸状。而臣儿女近情，不识大体，上闻之初，不务指斥，纸翰所载，尤复漫略者，实以凶计既表，逆事归露；又仰缘圣慈，不欲穷尽，故言势依违，未敢缕陈。情旨无隐，已昭天鉴。及群凶收禽，各有所列，晔等口辞，多见诬谤；承祖丑言，纷纭特甚。乃云臣与义康宿有密契，在省之言，期以为定，潜通奸意，报示天文。末示熙先县指必同，以诳于晔，或以智勇见称，或以愚懦为目。既美其信怀可履，复骇其动止必启。凡诸诡妄，还自违伐，多举事端，不究源统，赍传之信，无有主名，所征之人，又已死没，首尾乖互，自为矛楯。即臣诱引之辞，以为始谋之证，衔臣纠告，并见怨咎，纵肆狂言，必规祸陷。伏自探省，亦复有由。

昔义康南出之始，敕臣入相伴慰，晨夕观对，经逾旬日。逆图成谋，虽无显然，怨容异意，颇形言旨。遗臣利刃，期以际会，臣苦相谏譬，深加拒塞。以为怨愤所至，不足为虑，便以关启，惧成虚妄，思量反覆，实经愚心，非为纳受，曲相蔽匿。又令申情范晔，释中间之憾，致怀萧思话，恨婚意未申，谓此侥幸，亦不宣达。

陛下敦惜天伦，彰于四海，藩禁优简，亲理咸通，又昔蒙眷顾，不容自绝，音翰信命，时相往来。或言少意多，旨深文浅，辞色之间，往往难测。臣每惧异闻，皆略而不答。惟心无邪悖，故不稍以自嫌。悾悾丹实，具如此启。至于法静所传，及熙先等谋，知

实不早，见关之日，便即以闻。虽晨光幽烛，曲昭穷款，裁以正义，无所逃刑。束骸北阙，请罪司寇，乾施含宥，未加治考，中旨频降，制使还往，仰荷恩私，哀惶失守。

臣殃积罪深，丁罹酷罚，久应屏弃，永谢人理。况奸谋所染，忠孝顿阙，智防愚浅，暗于祸萌，士类未明其心，群庶谓之同恶，朝野侧目，众议沸腾，专信仇隙之辞，不复稍相申体。臣虽驽下，情非木石。岂不知丑点难婴，伏剑为易。而靦然视息，忍此余生，实非苟度微命，假延漏刻。诚以负戾灰灭，贻恶方来，贪及视息，少自披诉；冀幽诚丹款，倘或昭然，虽复身膏草土，九泉无恨。显居官次，垢秽朝班，厚颜何地，可以自处。乞蒙瀌放，伏待铁锧。

上优诏不许。二十四年，服阕，转中书令，领太子詹事。出为前军将军、南兖州刺史。善于为政，威惠并行。广陵城旧有高楼，湛之更加修整，南望钟山。城北有陂泽，水物丰盛。湛之更起风亭、月观，吹台、琴室，果竹繁茂，花药成行，招集文士，尽游玩之适，一时之盛也。时有沙门释惠休，善属文，辞采绮艳，湛之与之甚厚。世祖命使还俗。本姓汤，位至扬州从事史。二十六年，复入为丹阳尹，领太子詹事，将军如故。二十七年，索虏至瓜步，湛之领兵置佐，与皇太子分守石头。二十八年春，鲁爽兄弟率部曲归顺，爽等，鲁轨子也。湛之以为庙算远图，特所奖纳，不敢苟申私怨。乞屏居田里，不许。

转尚书仆射，领护军将军。时尚书令何尚之以湛之国戚，任遇隆重，欲以朝政推之。凡诸辞诉，一不料省。湛之亦以《职官记》及令文，尚书令敷奏出内，事无不总，令缺则仆射总任。又以事归尚之，互相推委。御史中丞袁淑并奏免官，诏曰："令仆治务所寄，不共求体当，而互相推委，纠之是也。然故事残舛，所以致兹疑执，特无所问，时详正之。"乃使湛之与尚之并受辞诉。尚之虽为令，而朝事悉归湛之。

初，刘湛伏诛，殷景仁卒，太祖委任沈演之、庾炳之、范晔等，后又有江湛、何瑀之。晔诛，炳之免，演之、瑀之并卒，至是江湛为吏部尚书，与湛之并居权要，世谓之江、徐焉。

上每有疾，湛之辄入侍医药。二凶巫蛊事发，上欲废劭，赐浚死。而世祖不见宠，故累出外蕃，不得停京辇。南平王铄、建平王宏并为上所爱，而铄妃即湛妹，劝上立之。元嘉末，征铄自寿阳入朝，既至，又失旨，欲立宏，嫌其非次，是以议久不决。与湛之屏人共言论，或连日累夕。每夜常使湛之自秉烛，绕壁检行，虑有窃听者。劭入弑之旦，其夕，上与湛之屏人语，至晓犹未灭烛。湛之惊起趣北户，未及开，见害。时年四十四。世祖即位，追赠司空，加散骑常侍，本官如故，谥曰忠烈公。又诏曰："徐湛之、江湛、王僧绰门户荼酷，遗孤流寓，言念既往，感痛兼深。可令归居本宅，厚加恤赐。"于是三家长给廪。

三子：聿之、谦之，为元凶所杀。恒之嗣侯，尚太祖第十五女南阳公主，蚤卒，无子。聿之子孝嗣绍封，齐受禅，国除。

江湛，字徽渊，济阳考城人，湘州刺史夷子也。居丧以孝闻。爱好文义，喜弹棋鼓琴，兼明算术。初为著作佐郎，迁彭城王义康司徒行参军，南谯王义宣左军功曹。复为义康司徒主簿，太子中舍人。司空檀道济为子求湛妹婚，不许。义康有命，又不从。时人重其立志。义康欲引与日夕，湛固求外出，乃以为武陵内史，还为司徒从事中郎，迁太子中庶子，尚书吏部郎。随王诞为北中郎将、南徐州刺史，以湛为长史、南东海太守，政事委之。

元嘉二十五年，征为侍中，任以机密，领本州大中正，迁左卫将军。时改选学职，以太尉江夏王义恭领国子祭酒，湛及侍中何攸之领博士。二十七年，转吏部尚书。家甚贫约，不营财利，饷馈盈门，一无所受，无兼衣余食。尝为上所召，值浣衣，称疾经日，衣成然后赴。牛饿，驭人求草，湛良久曰："可与饮。"在选职，颇有刻核之讥，而公平无私，不受请谒，论者以此称焉。

上大举北代，举朝为不可，唯湛赞成之。索虏至瓜步，领军将军刘遵考率军出江上，以湛兼领军，军事处分，一以委焉。虏遣使求婚，上召太子劭以下集议，众并谓宜许，湛曰："戎狄无信，许之无益。"劭怒，谓湛曰："今三王在厄，讵宜苟执异议。"声色甚厉。坐散俱出，劭使班剑及左右推之，殆将侧倒。劭又谓上曰："北伐败辱，数州沦破，独有斩江湛，可以谢天下。"上曰："北伐自我意，江湛但不异耳。"劭后燕集，未尝命湛。常谓上曰："江湛佞人，不宜亲也。"上乃为劭长子伟之娉湛第三女，欲以和之。

上将废劭，使湛具诏草。劭之入弑也，湛直上省，闻叫噪之声，乃匿傍小屋中。劭遣收之，舍吏绐云："不在此。"兵士即杀舍吏，乃得湛。湛据窗受害，意色不挠。时年四十六。湛五子恁、恕、愍、愁、法寿，皆见杀。初，湛家数见怪异，未败少日，所眠床忽有数升血。世祖即位，追赠左光禄大夫、开府仪同三司，加散骑常侍，本官如故，谥曰忠简公。长子恁，尚太祖第九女淮阳长公主，为著作佐郎。

王僧绰，琅邪临沂人，左光禄大夫昙首子也。幼有大成之度，弱年众以国器许之。好学有理思，练悉朝典。年十三，太祖引见，下拜便流涕哽咽，上亦悲不自胜。袭封豫章县侯，尚太祖长女东阳公主。初为江夏王义恭司徒参军，转始兴王文学，秘书丞，司徒左长史，太子中庶子。元嘉二十六年，徙尚书吏部郎，参掌大选。究识流品，谙悉人物，拔才举能，咸得其分。二十八年，迁侍中，任以机密。僧绰沈深有局度，不以才能高人。先是，父昙首与王华并为太祖所任，华子嗣人才既劣，位遇亦轻。僧绰尝谓中书侍郎蔡兴宗曰："弟名位应与新建齐，超至今日，盖由姻戚所致也。"新建者，嗣之封也。及为侍中，时年二十九。始兴王浚尝问其年，僧绰自嫌蚤达，逡巡良久乃答，其谦虚自退若此。

元嘉末，太祖颇以后事为念，以其年少，方欲大相付托，朝政小大，皆与参焉。从兄微，清介士也，惧其太盛，劝令损抑。僧绰乃求吴郡及广州，上并不许。会二凶巫蛊事泄，上独先召僧绰具言之。及将废立，使寻求前朝旧典。劭于东宫夜飨将士，僧绰密以启闻，上又令撰汉魏以来废诸王故事。撰毕，送与江湛、徐湛之。湛之欲立随王诞，江湛欲立南平王铄，太祖欲立建平王宏，议久不决。延妃即湛之女，铄妃即湛妹。太祖谓僧绰曰："诸人各为身计，便无与国家同忧者。"僧绰曰："建立之事，仰由圣怀。臣谓唯宜速断，不可稽缓。当断不断，反受其乱。愿以义割恩，略小不忍。不尔，便应坦怀如初，无烦疑论。淮南云：'以石投水，吴越之善没取之。'事机虽密，易致宣广，不可使难生虑表，取笑千载。"上曰："卿可谓能断大事。此事重，不可不殷勤三思。且庶人始亡，人将谓我无复慈爱之道。"僧绰曰："臣恐千载之后，言陛下唯能裁弟，不能裁儿。"上默然。江湛同侍坐，出阁，谓僧绰曰："卿向言，将不大伤切直。"僧绰曰："弟亦恨君不直。"

及劭弑逆，江湛在尚书上省，闻变，叹曰："不用僧绰言，以至于此。"劭既立，转为吏部尚书，委以事任，事在《二凶传》。顷之，劭料检太祖巾箱及江湛家书疏，得僧绰所启飨士并废诸王事，乃收害焉，时年三十一。因此陷北第诸王侯，以为与僧绰有异志，并杀僧绰门客太学博士贾匪之、奉朝请司马文颖、建平国常侍司马仲秀等。世祖即位，追赠散骑常侍、金紫光禄大夫，谥曰愍侯。

初，太社西空地一区，吴时丁奉宅，孙晧流徙其家。江左初为周顗、苏峻宅，其后为袁悦宅，又为章武王司马秀宅，皆以凶终。后给臧焘，亦颇遇丧祸，故世称为凶地。僧绰常以正达自居，谓宅无吉凶，请以为第。始就造筑，未及居而败。

子俭嗣，升明末，为齐国尚书右仆射。

史臣曰：甚矣，宋氏之家难也，仇衅所钟，亲地兼极，虽复倾天灭道，迹非嫌路，而灾隙内兆，邪蛊外兴，天性既离，爱敬同尽，探雀请熊，非无前衅，猜防之道，有未足乎。世祖弱年轻躁，夙无朝宠，累任边外，未尝居中。当璧之重，将由爱立，臣主回疑，事无蚤断。若使守器以长，命不待贤，则密祸自销，危机可免。圣哲之训，岂欺我哉！昔山涛举羊祜为太子太傅，盖欲以后事委之，而羊公短世。僧绰绸缪主心，将任以国重，而宫车晏驾。二臣并以道德谦冲，名高两代。胙未中年，功谢成日，惜矣哉！

卷七十二　　　　列传第三十二

文　九　王

文帝十九男：元皇后生劭，潘淑妃生浚，路淑媛生孝武帝，吴淑仪生南平王铄，高修仪生庐陵昭王绍，殷修华生竟陵王诞，曹婕妤生建平宣简王宏，陈修容生东海王祎，谢容华生晋熙王昶，江修仪生武昌王浑，沈婕妤生明帝，杨修仪生建安王休仁，邢美人生晋平王休祐，蔡美人生海陵王休茂，董美人生鄱阳哀王休业，颜美人生临庆冲王休倩，陈美人生新野怀王夷父，荀美人生桂阳王休范，罗美人生巴陵哀王休若。劭、浚、诞、祎、浑、休茂、休范别有传。绍出继庐陵孝献王义真。

南平穆王铄，字休玄，文帝第四子也。元嘉十七年，都督湘州诸军事、冠军将军、湘州刺史，不之镇，领石头戍事。二十二年，迁使持节、都督南豫、豫、司、雍、秦、并六州诸军事、南豫州刺史。时太祖方事外略，乃罢南豫并寿阳，即以铄为豫州刺史，寻领安蛮校尉，给鼓吹一部。二十六年，进号平西将军，让不拜。

索房大帅托跋焘南侵陈、颍，遂围汝南悬瓠城。行汝南太守陈宪保城自固，贼昼夜攻围之，宪且守且战，矢石无时不交。房多作高楼，施弩以射城内，飞矢雨下，城中负户以汲。又毁佛浮图，取金像以为大钩，施之冲车端，以牵楼堞。城内有一沙门，颇有机思，辄设奇以应之。贼多作虾蟆车以填堑，肉薄攻城。宪督厉将士，固女墙而战。贼之死者，尸与城等，遂登尸以陵城，短兵相接；宪锐气愈奋，战士无不一当百，杀伤万计，汝水为之不流。相拒四十余日，铄遣安蛮司马刘康祖与宁朔将军臧质救之，房烧攻具走。

二十七年，大举北伐，诸蕃并出师。铄遣中兵参军胡盛之出汝南、上蔡，向长社，长社戍主鲁爽委城奔走。即克长社，遣幢主王阳儿、张略等进据小索。伪豫州刺史仆兰于大索率步骑二千攻阳儿，阳儿击大破之。到坦之等进向大索，劳杨氏郑德玄、张和各起义以应坦之，仆兰奔虎牢。会王阳儿等至，即据大索，因向虎牢，铄又遣安蛮司马刘康祖继坦之。房永昌王宜勤仁库真救虎牢，坦之败走。房乘胜径进，于尉氏津逢康祖，康祖战败见杀。贼进胁寿阳，因东过与焘会于江上。

二十八年夏，房荆州刺史鲁爽及弟秀等，率部曲诣铄归顺。其年七月，铄所生吴淑仪薨，铄归京师，葬毕，还摄本任。时江夏王义恭领南兖州刺史，镇盱眙。丁母忧，还京师。上以兖土雕荒，罢南兖并南徐州，当别置淮南都督住盱眙，开创屯田，应接远近，欲以授铄。既而改授散骑常侍、抚军将军，领兵戍石头。

元凶弑立，以为中军将军、护军、常侍如故。世祖入讨，劭屯兵京邑，使铄巡行抚劳。劭还立南兖，以铄为使持节、都督南兖、徐、兖、青、冀、幽六州诸军事、征北将军、开府仪同三司、南兖州刺史，常侍如故。柳元景至新亭，劭亲自攻之，挟铄自随。江夏王义恭南奔，使铄守东府，以腹心防之。进授侍中、骠骑将军、录尚书事，余如故。劭迎蒋侯神于宫内，疏世祖年讳，厌祝祈请，假授位号，使铄造策文。及义军入宫，铄与浚俱归世祖，浚即伏法，上迎铄入营。当时仓卒失国玺，事宁，更铸给之。进侍中、司空，领兵置佐，以国哀未阕，让侍中。

铄素不推事世祖，又以元凶所任，上乃以药内食中毒杀之，时年二十三，追赠侍中、司徒。三子：敬猷、敬渊、敬先。敬猷嗣，官至黄门郎。敬渊初封南安县侯，官至后军将军。敬先继庐陵王绍。前废帝景和末，召铄妃江氏入宫，使左右于前逼迫之，江氏不受命。谓曰："若不从，当杀汝三子。"江氏犹不肯。于是遣使于第杀敬猷、敬渊、敬先，鞭江氏一百。其夕废帝亦殒。太宗即位，追赠敬猷侍中，谥曰怀王。追赠敬渊黄门侍郎，谥曰悼侯。改封孝武帝第十八子临贺王子产字孝仁为南平王，继铄后，未拜，被杀。泰始五年，立晋平王休祐第七子宣曜为南平王继铄。休祐死，宣曜被废还本。后废帝元徽元年，立衡阳恭王嶷第二子伯玉为南平王继铄，后官至给事中。升明二年，谋反诛，国除。

建平宣简王宏，字休度，文帝第七子也。早丧母。元嘉二十一年，年十一，封建平王，食邑二千户。少而闲素，笃好文籍。太祖宠爱殊常，为立第于鸡笼山，尽山水之美。建平国职，高他国一阶。二十四年，为中护军，领石头戍事。出为征房将军、江州刺史。二十八年，征为中书令，领骁骑将军。元凶弑立，以宏为左将军、丹阳尹。又以为散骑常侍、镇军将军、江州刺史。世祖入讨，劭录宏殿内。世祖先尝以一手板与宏，宏遣左右亲信周法道赍手板诣世祖。事平，以为尚书左仆射，使奉迎太后，还加中军将军、中书监，仆射如故。臧质为逆，宏以伎士五十人入六门。

为人谦俭周慎，礼贤接士，明晓政事，上甚信仗之。时普责百官谠言，宏议曰：

臣闻建国之道咸殊，兴王之政不一。至于开谏致宁，防口取祸，固前王同轨，后主共则。秦、殷之败，语戮刺亡；周、汉之盛，谤升箴显。陛下以至德神临，垂精思治，进儒礼而崇宽教，哀狱法而黜严刑，表忠行而举贞节，辟处士而求贤异，修废官而出滞赏，撤天膳而重农食，禁贵游而弛榷酤，通山泽而易关梁，固已海内仰道，天下知德。今复开不讳之涂，奖直辞之路，四海希风，普天幸甚。举蒙采问，敢不悉心，谨条鄙见，置陈如左。辞理违谬，伏用震詟。

夫用兵之道，自古所慎。顷干戈未戢，战备宜修，而卒不素练，兵非夙习。且戎卫之职，多非其才，或以资厚素加，或以禄薄带帖，或宠由权门，恩自私假，既无将领，虚尸荣禄。至于边城举燧，羽驿交驰，而望其攘甲推锋，立功阃外，譬缘木求鱼，不可得矣。常谓临难命师，皆出仓卒，驱乌合之众，隶造次之主，貌疏情乖，有若胡、越，岂能使其同力，拔危济难！故奔北相望，覆败继有。

今欲改选将校，皆得其人，分台见将，各以配给，领、护二军，为其总统。令抚养士卒，使恩信先加，农隙校猎，以习其事，三令五申，以齐其心，使动止应规，进退中律，然后畜锐观衅，因时而动，摧敌陷坚，折冲于外。孙子曰："视卒如赤子，故可与之共死。"所以张耸效争先之心，吮痈致必尽之命，岂不由恩著者士轻其生，令明者卒毕其力。考心迹事，如或有在，妄陈肤知，追惧乖谬。

转尚书令，加散骑常侍，将军如故；给鼓吹一部，寻进号卫将军，中书监、尚书令如故。

宏少而多病，大明二年疾动，求解尚书令，以本号开府仪同三司，加散骑常侍，中书监如故。未拜，其年薨，时年二十五。追赠侍中、司徒，中书监如故，给班剑二十人。上痛悼甚至，每朔望辄出临灵，自为墓志铭并序。与东扬州刺史颜竣诏曰："宏凤情业尚，素心令绩，虽年未及壮，愿言兼申。谓天道可倚，辅仁无妄，虽寝患淹时，虑不至祸。岂图祐善虚设，一旦永谢，惊惋摧怆，五内交殒。平生未远，举目如昨，而赏对游娱，缅同千载，哀酷缠绵，实增痛切。卿情均休戚，重以周旋，乖拆少时，奄成今古，闻问伤惋，当何可言。"五年，益诸弟国各千户，先薨者不在其例，唯宏追益。

子景素，少爱文义，有父风。大明四年，为宁朔将军、南济阴太守，徙历阳、南谯二郡太守，将军如故。中书侍郎，不拜。监南豫、豫二州诸军事、辅国将军、南豫州刺史，又不拜。太宗初，太子中庶子，领步兵校尉，太子左卫率，加给事中，冠军将军、南兖州刺史，丹阳尹，吴兴太守，使持节、监湘州诸军事、湘州刺史，将军并如故。进号左将军。泰始六年，都督荆、湘、雍、益、梁、宁、南北秦八州诸军事、左将军、荆州刺史，持节如故。征为散骑常侍、后将军、太常，未拜。授使持节、都督南徐、南兖、兖、徐、青、冀六州诸军事、镇军将军、南徐州刺史。桂阳王休范为逆，景素虽纂集兵众，以赴朝廷为名，而阴怀两端。及事平，进号镇北将军。齐王为南兖州，景素解都督。

时太祖诸子尽殂，众孙唯景素为长，建安王休祐诸子并废徙，无在朝者。景素好文章书籍，招集才义之士，倾身礼接，以收名誉。由是朝野翕然，莫不属意焉。而后废帝狂凶失道，内外皆谓景素宜当神器，唯废帝所生陈氏亲戚疾忌之。而杨运长、阮佃夫并太宗旧隶，贪幼少以久其权，虑景素立，不见容于长主，深相忌惮。元徽三年，景素防阁将军王季符失景素旨，怨恨，因单骑奔京邑，告运长、佃夫云"景素欲反"。运长等便欲遣军讨之，齐王及卫将军袁粲以下并保持之，谓为不然也。景素亦驰遣世子延龄还都，具自申理。运长等乃徙季符于梁州，又夺景素征北将军、开府仪同三司。

自是废帝狂悖日甚，朝野并属心景素，陈氏及运长等弥相猜疑。景素因此稍为自防之计，与司马庐江何季穆、录事参军陈郡殷沵、记室参军济阳蔡履、中兵参军略阳垣庆延、左右贺文超等谋之。以参军沈颙、毋丘文子、左暄、州西曹王潭等为爪牙。季穆荐从弟之为参军。景素遣豫之、潭、文超等去来京邑，多与金帛，要结才力之士。由是冠军将军黄回、游击将军高道庆、辅国将军曹欣之、前军韩道清、长水校尉郭兰之、羽林监垣祗祖，并皆响附，其余武人失职不得志者，莫不归之。

时废帝单马独出，游走郊野，曹欣之谋据石头，韩道清、郭兰之欲说齐王使同，若不回者图之。候废帝出行，因众作难，事克奉景素。景素每禁驻之，未欲匆匆举动。运长密遣伧人周天赐伪投景素，劝为异计；景素知为运长所遣，即斩之，遣司马孙谦送首还台。

元徽四年七月，垣祗祖率数百人奔景素，云京邑已溃乱，劝令速入。景素信之，即便举兵，负戈至者数千人。运长等常疑景素有异志，及闻祗祖叛走，便纂严备办。齐王出屯玄武湖，冠军将军任农夫、黄回、左军将军李安民各领步军，右军将军张保率水军，并北讨。冠军将军、南豫州刺史段佛荣为都统，其余众军相继进。冠军将军齐王世子镇东府城。齐王知黄回有异图，故使安民、佛荣俱行以防之。

景素欲断据竹里，以拒台军。垣庆延、祗祖、沈颙曰："今天时旱热，台军远来疲困，引之使至，以逸待劳，可一战而克也。"殷沵等争不能。农夫等既至，放火烧市邑，而垣庆延等各相顾望，并无斗志。景素本乏威略，惶扰不知所为。时张保水军泊西渚，景素左右勇士数十人，并荆楚快手，自相要结，击水军，应时摧陷，斩张保，而诸将不相应赴，复为台军所破。台军既薄城池，颙先众叛走，垣祗祖次之，其余诸军相系奔败。左暄骁果有胆力，欲为景素尽节，而所配兵力甚弱，犹力战不退，于万岁楼下横射台军，不能禁，然后退散。右卫殿中将军张倪奴、前军将军周盘龙攻陷京城，倪奴禽景素斩之，时年二十五，即葬京口。垣庆延、祗祖、左暄、贺文超并伏诛；殷沵、蔡履徙梁州；何季穆先迁官，故不及祸；其余皆逃亡，值赦得免。

景素即败，曹欣之反告韩道清、郭兰之之谋，道清等并诛。黄回、高道庆等，齐王抚之如旧。景素子延龄及二少子，并从诛。其年冬，封长沙成王义欣子飌第三子恬为秭归县侯，食邑千户，继宏后。顺帝升明二年，卒，国除。张倪奴以禽景素功，封筑阳县侯，食邑千户。

景素败后，故记室参军王蠋、故主簿何昌禹并上书讼景素之冤。齐受禅，建元初，故景素秀才刘班又上书曰：

臣闻曾子孝于其亲而沈乎水，介生忠于其主而焚于火，何则？仁也不必可依，信也不必可恃。昔者墨翟议云梯于荆台之下，宋人逐之；夷叔为卫军隐难于晋，公子殪之；李牧北逝强胡之旗，南拒全秦之卒；赵王不图其功，赐以利剑；陈蕃白首固义，忘生事主；汉灵不明其忠，卒被刑戮。彼数子者，皆身栖青云之上，而困于泥尘之里，诚以危行不容于衰世，孤立聚尤于众人，加谗谄蛆蛊其中，谤隙蜂飞而至故也。臣闻浸润之行，骨肉离绝，疑似一至，君臣易心，此中山所以欷歔奏乐，孟博所以慷慨囊头者也。臣每惟故举将宋建平王之祸，悲彻骨髓，气凝霜霰。今璇鼎启运，人神改物，生罪尚宥，死冤必申。臣诚不忍王之负谤而不雪，故敢明言其理。

臣闻孝悌为志者，不以犯上，曾子不逆薪而爨，知其不为暴也；秦仁获麑，知其可为傅也。臣闻王之事献太妃也，朝夕不违养，甘苦不见色。帐下进珍馔，太妃未食，王投箸辍饭。太妃起居有不安，王傍行蓬发。臣闻求忠臣者于孝子之门，安有孝如王而不忠者乎？其可明一也。

当泰始、元徽中，王公贵人无谒景宁陵者，王独抗情而行，不以趋时含义，出镇入朝，必俯拜陵所。王尚不弃先君，岂背今君乎？其可明二也。

王博闻而容众,与谏而爱士,与人言呴呴若有伤。闻人之善,誉而进之;见人之恶,掩而诲之。李蔚之,蓬庐之寒素也,王枉驾而讯之;何季穆等,宣简王之旧也,王提挈以升之。王虚己以厚天下之士,尚不欲伤一人之心,何乃亲戚图相菹脍乎?其可明三也。

臣昔以法曹参军,奉讯于听朝之末。王每断狱,降声辞,和颜色,以待士女之讼。时见夏伯以童子缧絷,王怆然改貌,用不加刑。徐州尝岁饥,王散秩粟俸帛,以断民之乏。蠲理冤疑,咸息徭务,所在皆有爱于民。臣闻善人,国之纪也。安有仁于民庶,而虐其宗国者乎?其可明四也。

王修身洁行,言无近杂,内去声酌之娱,外无田弋之好。每所临践,不加穿筑,直卫不繁,第宅无改。荆州高斋,刻楹柏构,王废而不处。昔朝廷欲赐王东陵甲第,又辞而不当。两宫所遗珍玩,尘于笥箧。无它壁私,不耽内宠,姬嫱数人,皆诏令所赐。王身食不逾一肉,器用布瓦素,时有献镂玉器,王顾谓何昌宇曰:"我持此安所用哉?"乃谢而反之。王恭己蹈义若此。其可明五也。

王之在荆州也,时献太妃初薨,宋明帝新弃天下,京畿诸王又相继非命,王乃征入为太常,楚下人士并劝乃下,王谓:"为臣而距先皇之命,不忠;为子不奉亲之窆穸,不孝。"于是弃西州之重,而匍伏北阙。王果志欲倔强,便应高枕江汉,何为屈折而受制于人乎?其可明六也。

王名高海内,义重太山,耆幼怀仁,士庶慕德。故从昏者忌明,同枉者毁正,搦弦为钩,张一作百,行坐咳嚏,皆生风尘。会王季符负罪流谤,事容逸人之心,权丑相扇,鸱枭奋翼。王虽遭愍离凶,而诚分弥款,散情中孚,挥斥满素。虞玩之衔使归旋,世子入质京邑,续留徐州,请身东第,后求会稽,降阶外抚。虞玩、殷焕实为诠译,诚心殷勤,备留圣听。王若俛张跋扈,何事若斯?其可明七也。

自是以后,日同殊论,苍梧之衰德既彰,群小之奸慝弥广,下盈其毒,上不可依。时长王并见诛锄,公卿如蹈虎尾,众人兪兪,莫不注仰于王。厢阁诸人,同谋异志,王心不从利,忠不背本,执周天赐而斩之,以距王宜与等,遣司马孙谦归款朝廷。王若欲拟非觊,宁当如此乎?其可明八也。

又是年五月以后,道路皆谓阮佃夫等欲潜图宫禁,因兵北袭,而黄回、高道庆等传构其事,武人奖乱,更相恐胁。至六月而京师征赋车徒,将述众北垒,都鄙疑骇,金言蜚作。垣袛祖因民情嚣荡,扬声北奔,绐辞惑众,穷乱极祸。会州人自都还,说:"掖门已闭,殊不知台中安不?"王既素籍异论,谓为信然,爰率疲弱,志在投散,冰炭在怀,但恐迟后。何图兵以顺出,翻为逆动乎?夫往来之人,喧哗幻惑,皆出荤毂,非从徐州起也。且台以六月晦夜无何呼北兵已至,皆登陴抽刃,而朱方七月朔犹缓带从容,其晚闻京都变乱,始乃鸠兵简甲耳。王岂先造祸哉!其可明九也。

王闻京室有难,坐不安,食不甘,言及太后,未尝不交巾掩泣。又临危之际,抚楹而叹曰:"吾恐三才于斯绝矣。"兹岂不诚在本朝,以天下为忧乎?自非深忠远概,孰能身灭之不恤,独眷眷国家安危哉?其可明十也。

夫王起兵之日,止在匡救昏难,放殄奸盗,非它故也。请较言之。当时君臣之道,治乱云何?杨运长、阮佃夫为有罪邪?为无罪邪?若其无罪,何故为戮?若其有罪,讨之何辜?王岂不知君亲之无将乎?顾以救火之家,岂违先白丈人,非不恭也,徒以运属陵丧,智力无所用之,蹉跌倾覆,此乃时也,岂谓反乎?果然今日王亡,明日宋亡,王何负于社稷,何愧于天下哉!

臣闻武王克商,未及下车,而封王子之墓;汉高定天下,过大梁,蹑燕、代,修信陵之祀,存望诸之裔;晋世受命,亦追王凌之冤,而诏其孙为郎。夫比干,殷辛之罪人也;无忌,魏之疑臣也;乐毅,燕之逃将也;彦云,齐之贼而晋害也。适逢圣明之君,革运创制,昭功诚,荡嫌怨,清议以天下之善也。或殊世而相明,故四贤咸济其令问,三后驰光于万叶,君子荣其辉,小人服其义。

今陛下尊英雄之高轨,振逸世之奇声,何至仍衰世之异议,以掩贤人之名哉!若王之中外不明,终始悟德,臣惧方今之人,不复为善矣。且世之兴衰,何代无有,今齐苗裔万世之后,其能无污隆乎?苟前良可废,何以劝后之能者。伏愿上同周、汉、西晋之如彼,下为来胤垂范之如此。傥能降明诏,笺枉道,使往王得洗谤议,拯冥魂,赐以王礼反葬,则民之从义,犹若回风之卷草也。臣闻鹳鸣皋垤,则降阴吐雨;腾蛇耸跃,而沈云郁冥。但伤臣言轻落毛,身如横芥,神高听邈,终焉莫省,直欲内不负心,庶将来知王之意耳。

又不省。至今上即位,乃下诏曰:"宋建平王刘景素,名父之子,少敦清尚。虽末路失图,而原心有本。年流运改,宜弘优泽,可听以王礼还葬旧墓。"

晋熙王昶,字休道,文帝第九子也。元嘉二十二年,年十岁,封义阳王,食邑二千户。二十七年,为辅国将军、南彭城、下邳二郡太守。元凶弒立,加散骑常侍。世祖践祚,迁太常,出为东中郎将、会稽太守,寻监会稽、东阳、临海、永嘉、新安五郡诸军事。孝建元年,立东扬州,拜昶为刺史,东中郎将如故,进号后将军。

大明元年,征为秘书监,领骁骑将军,加散骑常侍,迁中军将军、南彭城、下邳二郡太守。又出为都督江州、郢州之西阳、豫州之新蔡、晋熙三郡诸军事、前将军、江州刺史。三年,征为护军将军,给鼓吹一部,增邑千户。转中书令,中军将军,寻以本号开府仪同三司,加散骑常侍,太常。从世祖南巡,坐斥皇太后龙舟,免开府,寻又以加授。前废帝即位，出为使持节、都督徐、兖、南兖、青、冀、幽六州、豫州之梁郡诸军事、征北将军、徐州刺史，加散骑常侍，开府如故。

昶轻吵褊急，不能祗事世祖，大明中常被嫌责；民间喧然，常云昶当有异志。永光、景和中，此声转甚。废帝既诛群公，弥纵狂悖，常语左右曰："我即大位来，遂未尝戒严，使人邑邑。"江夏王义恭诛后，昶表入朝，遣典签蘧法生衔使。帝谓法生曰："义阳与太宰谋反，我正欲讨之，今知求还，甚善。"又屡诘问法生："义阳谋反，何故不启？"法生惧祸，叛走还彭城。帝因此北讨，亲率众过江。法生既至，昶即聚众起兵。统内诸郡，并不受命，斩昶使。将佐文武，悉怀异心。昶知其不捷，乃夜与数十骑开门北奔索虏，弃母妻，唯携爱妾一人，作丈夫服，亦骑马自随。昶家还都，二妾各生一子。时太宗已即位，名长者曰思远，小者曰怀远，寻并卒。追封怀远为池阳县侯，食邑千户。

泰始六年，以第六皇子燮字仲绥继昶，改昶封为晋熙王。燮袭爵，食邑三千户。太宗既以燮继昶，乃下诏曰："夫虎狼护子，猴猨负孙，毒性薄情，亦有仁爱，故识念气类，尚均群品，况在人伦，可忘天属。晋熙太妃谢氏，沈刻无亲，物理罕比，征北公虽孝道无替，而遭此不慈，自少及长，阙恩鞠之口，乃至休否莫关，寒温不访，晨昏屏塞，定省麾因。事无违忤，动致消责，毒句发口，人所难闻，加恶备苦，过于仇隙，遂事愤于宗姻，义伤于行路。公故妃郗氏，妇礼无违，逢此严酷，遂以忧卒，用夭盛年。又谢氏食则丰珍，衣则文丽，奉己之余，播覃群下；而诸孙纩不温体，食不充饥，付于姆奶之手，纵以任军之路。遇其所生，弃若粪土，缧缕比于重囚，穷困过于下使。诚皇规方远，沙塞将一，公修短不讳，亦难豫图。兼妾女累弱，一第领主，防闲之道，人理斯急。朕所已诏第六子燮奉公为胤，欲以毗整一门，为公继绍。但谢氏待骨肉至亲，尚相弃蔑，况以义合，免ება之苦。患萌防渐，危机须断，便可还其本家，削绝蕃秩。"先是，改谢氏为射氏。

时主幼时艰，宗室寡弱。元徽元年，燮年四岁，以为使持节、监郢州、豫州之西阳、司州之义阳二郡诸军事、征虏将军、郢州刺史，以黄门郎王奂为长史，总府州之任。明年，太尉、江州刺史桂阳王休范举兵逼朝廷，燮遣中兵参军冯景祖袭寻阳，休范留中兵参军毛惠连、州别驾程罕之居守，开门诣景祖降。进燮号安西将军，加督江州诸军事，复昶所生谢氏为晋熙国太妃。四年，又进燮镇西将军，加鼓吹一部。

顺帝即位，征为使持节、都督扬、南徐二州诸军事、抚军将军、扬州刺史。先是，齐世子为燮安西长史，行府州事，时亦被征为左卫将军，与燮俱下。会荆州刺史沈攸之举兵反，世子因奉燮镇寻阳之盆城，据中流，为内外形援。攸之平，燮还京邑。齐王为南徐州，燮解督南徐，进督南豫、江州诸军事，进号中军将军、开府仪同三司，迁司徒。齐受禅，解司徒，降封阴安县侯，食邑千五百户。谋反，赐死。

始安王休仁，文帝第十二子也。元嘉二十九年，年十岁，立为建安王，食邑二千户。孝建三年，为秘书监，领步兵校尉。寻都督南兖、徐二州诸军事、冠军将军、南兖州刺史。大明元年，入为侍中，领右军将军。四年，出为湘州刺史，加散骑常侍，加号平南将军。八年，迁使持节、督江州、南豫州之晋熙、新蔡、郢州之西阳三郡诸军事、安南将军、江州刺史。未拜，徙为散骑常侍、太常，又不拜。仍为护军将军，常侍如故。

前废帝永光元年，迁领军将军。常侍如故。景和元年，又迁使持节、都督雍、梁、南北秦四州诸军事、安西将军、宁蛮校尉、雍州刺史，未之任，留为散骑常侍、护军将军，又加特进、左光禄大夫，给鼓吹一部。

时废帝狂悖无道，诛害群公，忌惮诸父，并囚之殿内，殴捶凌曳，无复人理。休仁及太宗、山阳王休祐，形体并肥壮，帝乃以竹笼盛而称之，以太宗尤肥，号为"猪王"，号休仁为"杀王"，休祐为"贼王"。以三王年长，尤所畏惮，故常录以自近，不离左右。东海王祎凡劣，号为"驴王"，桂阳王休范、巴陵王休若年少，故并得从容。尝以木槽盛饭，内诸杂食，搅令和合，掘地为坑阱，实之泥水，裸太宗内坑中，和槽置食前，令太宗以口就槽中食，用之为欢笑。欲害太宗及休仁、休祐前后以十数，休仁多计数，每以笑调佞谀悦之，故得推迁。常于休仁前使左右淫逼休仁所生杨太妃，左右并不得已顺命，以至右卫将军刘道隆，道隆欢以奉旨，尽诸丑状。时廷尉刘矇妾孕，临月，迎入后宫，冀其生男，欲立为太子。太宗尝忤旨，帝怒，乃裸之，缚其手脚，以杖贯手脚内，使人担付太官，曰："即日屠猪。"休仁笑谓帝曰："猪今日未应死。"帝问其故，休仁曰："待皇太子生，杀猪取其肝肺。"帝意乃解，曰："且付廷尉。"一宿出之。

帝将南游荆、湘二州，明旦欲杀诸父便发。其夕，太宗克定祸难，殡帝于华林园。休仁即日推崇太宗，便执臣礼。明旦，休仁出住东府。时南平、庐陵敬猷兄弟，为废帝所害，犹未殡殓，休仁、休祐同载临之，开帷欢笑，奏鼓吹往反，时人咸非焉。

先是，废帝进休仁为骠骑大将军、开府仪同三司，常侍如故。未拜，太宗令书以为使持节、侍中、都督扬、南徐二州诸军事、司徒、尚书令、扬州刺史，加班剑二十人，给三望十五乘。时刘道隆为护军，休仁请求解职，曰："臣不得与此人同朝。"上乃赐道隆死。寻诸方逆命，休仁都督征讨诸军事，增班剑三十人。出据虎槛，进据赭圻。寻领太子太傅，总统诸军，随宜应接。中流平定，休仁之力也。初行，与苏侯神结为兄弟，以求神助。及事平，太宗与休仁书曰："此段殊得苏侯兄弟力。"增休仁邑四千户，固辞，乃受千户。上流虽平，薛安都据彭城，招引索虏，复都督北讨诸军事，又增邑三千户，不受。时豫州刺史殷琰据寿阳，未平。晋平王休祐先督征讨诸军事，休祐出领江陵，休仁代督西讨诸军事。泰始五年，进都督豫、司二州。

休仁年与太宗邻亚，俱好文籍，素相爱友。及废帝世，同经危难，太宗又资其权谲之力。泰始初，四方逆命，兵至近畿，休仁亲当矢石，大勋克建，任总百揆，亲寄甚隆。朝野四方，莫不辐辏。上渐不悦。休仁悟其旨，其冬，表解扬州，见许。六年，进位太尉，领司徒，固让，又加漆轮车、剑履。

太宗末年，多忌讳，猜害稍甚，休仁转不自安。及杀晋平王休祐，忧惧弥切。其年，上疾笃，与杨运长等为身后之计，虑诸弟强盛，太子幼弱，将来不安。运长又虑帝宴驾后，休仁一旦居周公之地，其辈不得秉权，弥赞成之。上疾尝暴甚，内外莫不属意于休仁，主书以下，皆往东府休仁所亲信，豫自结纳，其或直不得出者，皆恐惧。上既宿怀此意，至是又闻物情向之，乃召休仁入见。既而又谓曰："夕可停尚书下省宿，明可早来。"其夜，遣人赍药赐休仁死，时年三十九。

上寝疾久，内外隔绝，虑人情有同异，自力乘舆出端门。休仁死后，乃诏曰："夫无将之诛，谅惟通典，知咎自引，实有偏介。刘休仁地属密亲，位居台重，朕友寄特深，宠秩兼茂。不能弘赞国献，袵宣政道，而自处相任，妄生猜嫌，侧纳群小之说，内怀不逞之志，晦景蔽迹，无事阳愚。因近疾患沉笃，内外忧惕，休仁规逼禁兵，谋为乱逆。朕曲推天伦，未忍明法，申诏诰砺，辨核事原。休仁惭恩惧罪，遽自引决。追寻悲痛，情不自胜，思屈法科，以申矜悼。可宥其二子，并全封爵。但家国多虞，衅起台辅，永寻既往，感慨追深。"

有司奏曰："臣闻明罚无亲，情屈于司纲，国典有经，威申于义灭。是以梁、赵之诛，跌出称过，来言之罚，克人致动。谨案刘休仁苞蓄祸迹，事蔽于天明，窜匿沉奸，情宣于民听。自以属居戚近，早延恩睦，异礼殊义，望越常均。往岁授钺南讨，本非才命，启行浓湖，特以亲摄，仰遵庙略，俯藉众效，属承泰运，窃附成励，而亟叨天功，多自臧伐。既圣明御宇，躬览万机，百司有纪，官方无越，而休仁论勋怙贵，自谓应总朝权，遂妄生疑难，深自猜外。故司空晋平刺王休祐，少无令业，长滋贪暴，苞任陕荆，毒流西夏，编户嗟散，列邑雕虚，圣泽含弘，未明正宪。亟与休仁论其愆迹，辞意既密，不宜传广，遂饰容旨，反相劝激。休祐以休仁位居朝右，任遇优崇，必能乙己力援，故深相党结。休祐于是输金荐宝，承颜接意，造膝之间，必论朝政，遂无日不俱行，无时不同宿，声酣聚集，密语清闲。休仁含奸扇惑，善于计数，说休祐使外托专慎之法，密行贪诈之心，谓朝廷不觉，人莫之悟。休祐遂乃外积怨惧，内协祸心，既得赞激，凶愚转炽，与休仁共为奸谋，潜伺机隙，图造衅变，规肆凶狡。休仁致殒仓卒，实维天诛，而晋平国太妃邢不能追惭子恶，上感曲恩，更怀不逞，巫蛊咒诅。休仁因圣躬不和，狠谋奸逆，灭道反常，莫斯为甚，殒肆朝市，庶申国刑，而法网未加，自引厥命。天慈矜厚，减法崇恩，赐全二息，及其爵封，斯诚弘风旷德，贯绝通古，然非所以弃恶流衅，惩惧杌臣者也。臣等参议，谓宜追降休仁为庶人，绝其属籍，见息悉徙远郡。休祐愆谋始露，亦宜裁黜，徙削之科，一同旧准。收邢付狱，依法穷治。"诏曰："邢匹妇狂愚，不足与计。休仁知衅自引，情有追伤，可特为降始安县王，食邑千户，并停

伯融等流徙，听袭封爵。伯猷先绍江夏国，令还本，赐爵乡侯。"

上既杀休仁，虑人情惊动，与诸方镇及诸大臣诏曰：

休仁致殒，卿未具悉，事之始末，今疏以相示。休祐贪恣非政，法网之所不容。昔汉梁孝王、淮南厉王无它衅悖，正以越汉制度耳。况休祐吞嚼聚敛，为西数州之蝗，取与鄙虐，无复人情。屡得王景文、褚渊、沈攸之等启，陈其罪恶，转不可容。吾笃兄弟之恩，不欲致之以法，且每恨大明兄弟情薄，亲见休祐屯苦之时，始得宽宁，弥不忍问。所以改授徐州，冀其去朝廷近，必应能自俊革。及拜徐州，未及之任，便征动万端，暴浊愈甚，既每为民蠹，不可复全。

休仁身粗有知解，兼为宰相；又吾与其兄弟情昵，特复异常，颇与休仁论休祐衅状。休祐以休仁为吾所亲，必应知吾意；又云休仁言对，能为损益。遂多与财赂，深相结事，乃寝必同宿，行必共车。休仁性软，易说说，遂成缱绻，共为一家，是吾所吐密言，一时倒写。

吾与休仁，少小异常，唯虚心信之，初不措疑。虽尔犹虑清闲之时，非意脱有闻者，吾近向休祐推情，戒训严切，休祐更不复致疑。休祐死后，吾将其内外左右，问以情状，方知言语漏泄并具之由，弥日懊惋，心神萎蕺。休仁又说休祐云："汝但作佞，此法自足安。我常秉许为家，从来颇得此力。但试用，看有验不？"休祐从之，于是大有献奉，言多乖实，积恶既不可恕。

自休祐殒亡之始，休仁款曲共知。休仁既无罪衅，主相本若一体，吾之推意，初无有间。休祐贪愚，为天下所疾，致殒之本，为民除患，兄弟无复多人，弥应思吊不咸，益相亲信。休祐平生，狠抗无赖，吾虑休仁往哭，或生祟祸。且吾尔日本办仗往哭，晚定不行。吾所以为设方便，呼入在省。而休仁得吾召入，大自惊疑，遂入辞杨太妃，颜色状意，甚与常异。既至省，杨太妃骤遣监子去来参察。从此日生嫌惧，而吾之推情，初不疑觉。从休祐死后，吾再幸休仁第，饮啖极日，排阁入内，初无猜防，休仁坐生嫌畏。

一日，吾春中多期射雉，每休仁清闲，多往雉场中，或敕使陪辇，及不行日，多不见之。每值宵，休仁辄语左右云："我已复得今一日。"及在房内见诸妓妾，恒语："我去不知朝夕见底，若一旦死去作鬼，亦不取汝，取汝正足乱人耳。"休祐死时，日已三晡，吾射雉，始从雉场出，休仁从骑在右，伏野中，吾遣人召之，称云："腹痛，不堪骑马。"尔时诸王车皆停在朱雀门里，日既暝，不暇远呼车，吾衣书车近在离门里，敕呼来，下油幢络，拟以载之。吾由来谙悉其体有冷患，闻腹痛，知必是冷，乃敕太医上省送供御高梁姜饮以赐之。休仁得饮，忽大惊，告左右称："败今日了。"左右答曰："此饮是御师名封题。"休仁乃令左右先饮竟，犹不甚信，乃俛俯噬之，裁进一合许。妄生嫌贰，事事如是。由来十五日，一就问太

妃。自休祐死后，每吾诏，必先至杨太妃问，如分别状。休仁由来自营府国兴生文书，二月中，史承祖赍文书呈之，忽语承祖云："我得许那，何烦将来。"吾虚心如旧，不复见信，既怀不安，大自嫌恐，惟以情理，不容复有善心。

　　休仁既经南讨，与宿卫将帅经习狎共事相识者，布满外内。常日出入，于厢下经过，与诸相识将帅，都不交言。及吾前者积日失适，休仁出入殿省，诸卫主帅裁相悉者，无不和颜厚相抚劳。尔时吾既甚恶，意不欲见外人，悠悠所传，互言差剧。休仁规欲闻知方便，使昙度道人及劳彦远屡求启，阚觇吾起居。及其所启，皆非急事，吾意亦不屑疑。吾与休仁，亲情实异，年少以来，恒相追随，情向大趣，亦往往多同，难否之日，每共契阔。休仁南讨为都统，既有勋绩，状之于心，亦何极已。但休仁于吾，望既不轻，小人无知，亦多挟背向，既生猜贰，不复自宁。夫祸难之由，皆意所不悟，如其意趣，人莫能测，事不获已，反覆思惟，不得不有近日处分。夫于兄弟之情，不能无厚薄。休祐之亡，虽复悼念，犹可以理割遣；及休仁之殒，悲慼特深，千念不能已，举言伤心。事之细碎，既不可曲载诏文，恐物不必即解，兼欲存其儿子，不欲穷法。为诏之辞，不得不云有兵谋，非事实也。故相报卿知。

　　上与休仁素厚，至于相害，虑在后嗣不安。休仁既死，痛悼甚至，谓人曰："我与建安年时相邻，少便狎从。景和、泰始之间，勋诚实重。事计交切，不得不相除。痛念之至，不能自已。今有一事不如与诸侯共说，欢适之方，于今尽矣。"因流涕不自胜。

　　子伯融，妃殷氏所生。殷氏，吴兴太守冲女也。范阳祖翻有医术，姿貌又美，殷氏有疾，翻入视脉，说之，遂通好。事泄，遣还家赐死。伯融历南豫州刺史、琅邪、临淮二郡太守，宁朔将军，广州刺史，不之职。废徙丹杨县。后废帝元徽元年，还京邑，袭封始兴王。弟伯猷，初出继江夏愍王伯禽，封江夏王，邑二千户。休仁死后还本，与伯融俱徙丹杨县。后废帝元徽元年，赐爵都乡侯。建平王景素为逆，杨运长等畏忌宗室，称诏赐伯融等死。伯融时年十九，伯猷年十一。

　　晋平剌王休祐，文帝第十三子也。孝建三年，年十一，封山阳王，食邑二千户。大明元年，为散骑常侍，领长水校尉，寻迁东扬州刺史。未拜，徙湘州刺史，加号征虏将军。四年，还为秘书监，领右军将军，增邑千户。迁侍中，又迁左中郎将，都官尚书；又为秘书监，领骁骑将军。出为使持节、都督豫、司二州、南豫州之梁郡诸军事、右将军、豫州刺史。景和元年，入朝，进号镇西大将军，仍迁散骑常侍，镇军大将军，开府仪同三司。

　　太宗定乱，以为使持节、都督荆、湘、雍、益、梁、宁、南北秦八州诸军事、骠骑大将军、荆州刺史，开府、常侍如故。又改都督江、郢、雍、湘五州、江州刺史；又改都督江南豫司州、南豫州刺史，改都督豫、江、司三州、

豫州刺史。时豫州刺史殷琰据寿阳反叛，休祐出镇历阳，督刘勔等讨琰，琰未平，勔筑长围守之。休祐复徙都督荆、湘、雍、益、梁、宁、南北秦八州诸军事、荆州刺史，持节、常侍、将军、开府并如故，增封二千户，受五百户。以山阳荒敝，改封晋平王。

　　休祐素无才能，强梁自用，大明之世，年尚少，未得自专，至是贪淫，好财色。在荆州，裒刻所在，多营财货。以短钱一百赋民，田登，就求白米一斛，米粒皆令彻白，若有破折者，悉删简不受。民间籴此米，一升一百。至时又不受米，评米责钱。凡诸求利，皆悉如此，百姓嗷然，不复堪命。泰始六年，征为都督南徐、南兖、徐、兖、青、冀六州诸军事、南徐州刺史，加侍中、持节、将军如故。上以休祐贪虐不可莅民，留之京邑，遣上佐行府州事。

　　休祐狠戾强梁，前后忤上非一。在荆州时，左右苑景达善弹棋，上召之，休祐留不遣。上怒，诘责之曰："汝刚戾如此，岂为下之义！"积不能平。且虑休祐将来难制，欲方便除之。七年二月，车驾于岩山射雉，有一雉不肯入场，日暮将反，令休祐射之。语云："不得雉，勿归。"休祐时从在黄麕内，左右从者并在部伍后，休祐便驰去，上遣左右数人随之。上既还，前驱清道，休祐人从悉分散，不复相得，上因遣寿寂之等诸将追之。日已欲暗，与休祐相及，逼令坠马。休祐素勇壮有气力，奋拳左右排击，莫得近。有一人后引阴，因顿地，即共殴拉杀之。乃遣人驰白上，行唱："骠骑落马。"上曰："骠骑体大，落马殊不易。"即遣御医络驿相系。顷之，休祐左右人至，久已绝。去车脚，舆以还第，时年二十七。追赠司空，持节、侍中、都督、刺史如故，给班剑二十人，三望车一乘。

　　时巴陵王休若在江陵，其日即驰信报休若曰："吾与骠骑南山射雉，骠骑马惊，与直阁夏文秀马相蹠，文秀堕地，骠骑失鞚，马惊，触松树堕地，落砰中，时顿闷，不识人，故驰报弟。"其年五月，追免休祐为庶人。

　　长子仕荟，早卒。次子宣朔为世子，为宁朔将军、湘州刺史，未拜，免废。次士弘，继鄱阳哀王休业。袭封，被废还本。次宣彦，封原丰县侯，为宁朔将军、彭城太守，未拜，免废。次宣谅。次宣曜，出继南平穆王铄封，被废还本。次宣景，次宣梵，次宣觉，次宣受，次宣则，次宣直，次宣季，凡十三子，并徙晋平郡。太宗寻病，见休祐为祟，乃遣前中书舍人刘休至晋平抚慰宣朔等，上遂崩。后废帝元徽元年，听宣朔等还都。顺帝升明三年，谋反，并赐死。

　　鄱阳哀王休业，文帝第十五子也。孝建二年，年十一，封鄱阳王，食邑二千户。三年，薨，追赠太常。大明六年，以山阳王休祐次子士弘嗣封。被废还本，国除。

　　临庆冲王休倩，文帝第十六子也。孝建元年，年九岁，疾笃，封东平王，食邑二千户，未拜，薨。

　　大明七年，立第二十七皇子子嗣为东平王，绍休倩后。太宗泰始二年还本，国绝。六年，以第五皇子智井为东平王，继休倩，未拜，薨。其年，追改休倩为临庆王，

以临贺郡为临庆国，立第八皇子跻为临庆王，食邑二千户，继休倩后。明年，还本国。休倩，太祖所爱，故前后屡加绍门嗣。

新野怀王夷父，文帝第十七子也。元嘉二十九年，薨，时年六岁。太宗泰始五年，追加封谥。

巴陵哀王休若，文帝第十九子也。孝建三年，年九岁，封巴陵王，食邑二千户。大明二年，为冠军将军、南琅邪、临淮二郡太守，徙南彭城、下邳二郡太守，将军如故。四年，出为都督徐州诸军事、徐州刺史，将军如故，增督豫州之梁郡，增邑千户。明年，征为散骑常侍、左右郎将、吴兴太守。复征为散骑常侍、太常。未拜，前废帝永光元年，迁左卫将军。

太宗泰始元年，迁散骑常侍、中书令，领卫尉。未拜，复为左卫将军，常侍、卫尉如故。又未拜，出为使持节、都督会稽、东阳、永嘉、临海、新安五郡诸军事、领安东将军、会稽太守，率众东讨。进督吴、吴兴、晋陵三郡。寻加散骑常侍，进号卫将军，给鼓吹一部。又进晋安、□□二郡诸军事。二年，迁梁、雍、南北秦四州、荆州之竟陵、随二郡诸军事、宁蛮校尉、雍州刺史，持节、常侍、将军如故，增邑二千户，受三百户。

前在会稽，录事参军陈郡谢沈以谄佞事休若，多受贿赂。时内外戒严，普著袴褶，沈居母丧。被起，声乐酣饮，不异吉人，衣冠既无殊异，并不知沈居丧，尝自称孤子，众乃骇愕。休若坐与沈亵黩，致有奸私，降号镇西将军。又进卫将军。典签夏宝期事休若无礼，系狱，启太宗杀之，虑不被许，启未报，辄于狱行刑，信反果锢送，而宝期已死。上大怒，与休若书曰："孝建、大明中，汝敢行此邪？"休若母加杖三百，降号左将军，贬使持节都督为监，行雍州刺史，使宁蛮校尉，削封五百户。四年，迁使持节、都督湘州诸军事、行湘州刺史，将军如故。六年，荆州刺史晋平王休祐入，以休若监荆州事，进号征南将军、湘州刺史。仍为都督荆、湘、雍、益、梁、宁、南北秦八州诸军事、征西将军、荆州刺史如故。寻加散骑常侍，又进号征西大将军、开府仪同三司。

七年，晋平王休祐被杀，建安王休仁见疑。京邑讹言休若有至贵之表，太宗以言报之，休若内甚忧惧。会被征，代休祐为都督南徐、南兖、徐、兖、青、冀六州诸军事、征北大将军、南徐州刺史，持节、常侍、开府如故。休若腹心将佐咸谓还朝必有大祸，中兵参军京兆王敬先固陈不宜入，劝割据荆楚以距朝廷，休若伪许之。敬先既出，执录，驰使白太宗，敬先坐诛死。休若至京口，建安王休仁又见害，益怀危惧。上以休若和善，能谐缉物情，虑将来倾幼主，欲遣使杀之。虑不奉诏，征入朝，又恐猜骇，乃伪迁休若为都督江郢、司、广、交、豫州之西阳、新蔡、晋熙、湘州之始兴四郡诸军事、车骑大将军、江州刺史，持节、常侍、开府如故。征还召拜，手书殷勤，使赴七月七日，即于第赐死，时年二十四。赠侍中、司空，持节、都督、刺史如故，给班剑二十人，三望车一乘。

休若既死，上与骠骑大将军桂阳王休范书曰：

外间有一师，姓徐名绍之，状如狂病，自云为涂步郎所使。去三月中，忽云："神语道巴陵王应作天子，汝使巴陵王密知之。"于是师便访觅休若左右人，不能得。东宫典书姓何者相识，数去来，师解神语，东宫典书具道神语，东宫典书答云："我识巴陵间一左右，当为汝向道。"数日，东宫典书复来语师云："我已为汝语巴陵左右，道因达巴陵，巴陵具知，云莫声但听。"

又顷者史官奏天文占候，颇云休若应挟异端。神道芒昧，乃不可全信，然前后相准，略亦不无仿佛。且帖肆间，自大明以来有"若好"之谣，于今未止。诏若百重章句，皆配以美辞美事，诸不逞之徒，咸云必是休若。休若且知道路有异音，里巷有"若好"之谣，在西已奇惧，致王敬先吐猖狂之言。近休祐、休仁被诛，休若弥不自安，又左右多是不相当负罪之徒，恒说以道路之言叩动之，相与唱云："万民之心，属在休若"，感激其意。

寻休若从来心迹，殊有可嫌。刘亮问高次祖，汝一应识此人，当给休若。休若在东纵恣群下无本末，还朝被贬，爵位已退，次祖被亮使归，过问讯，大泣，语次祖云："我东行是一段功，在郡横为群小辈过失，大被贬降，我实愤怨，不解刘辅国何意不作。"次祖答云："刘辅国蒙朝廷生成之恩，岂容有此理。"推此已是有奇意。吾使诸王在藩，正令优游而已，本不以武事，而休若在西，广召弓马健儿，都不启闻。又戾道明等，昔亲为贼，罪应万死，休若至西，大信遇之，乃潜将往不启京。吾知汝意谓休若处奉因事事何如，心迹既不复可测，因其还朝在第与书，事事诘消于内，许密自引分，状如暴疾致故，差得于其名位及见子悉得全也。休若既是汝弟，使其狼心得申者，汝得守冶城边作太尉公邪？非但事关计，亦于汝甚切，汝可密白荀太妃令知。

庐江王祎，昔在西州，故上云冶城边也。休若子冲始袭封。顺帝升明三年，薨。会齐受禅，国除。

史臣曰：《诗》云"不自我先，不自我后。"古人畏乱世也。太宗晚途，疑隙内成，寻斧所加，先自至戚。晋剌以犷暴摧躯，巴哀由和良鸩体，保身之路，未知攸适。昔之戒子，慎勿为善，将远有以乎！

卷七十三　　列传第三十三

颜延之

颜延之，字延年，琅邪临沂人也。曾祖含，右光禄大夫。祖约，零陵太守。父显，护军司马。延之少孤贫，居负郭，室巷甚陋。好读书，无所不览，文章之美，冠绝当时。饮酒不护细行，年三十，犹未婚。妹适东莞刘宪之，穆之子也。穆之既与延之通家，又闻其美，将仕之；先欲相见，延之不往也。后将军、吴国内史刘柳以为行参军，因转主簿，豫章公世子中军行参军。

义熙十二年，高祖北伐，有宋公之授，府遣一使庆殊命，参起居；延之与同府王参军俱奉使至洛阳，道中作诗二首，文辞藻丽，为谢晦、傅亮所赏。宋国建，奉常郑鲜之举为博士，仍迁世子舍人。高祖受命，补太子舍人。雁门人周续之隐居庐山，儒学著称，永初中，征诣京师，开馆以居之。高祖亲幸，朝彦毕至，延之官列犹卑，引升上席。上使问续之三义，续之雅仗辞辩，延之每折以简要。既连挫续之，上又使还自敷释，言约理畅，莫不称善。徙尚书仪曹郎，太子中舍人。

时尚书令傅亮自以文义之美，一时莫及，延之负其才辞，不为之下，亮甚疾焉。庐陵王义真颇好辞义，待接甚厚；徐羡之等疑延之为同异，意甚不悦。少帝即位，以为正员郎，兼中书，寻徙员外常侍，出为始安太守。领军将军谢晦谓延之曰："昔荀勗忌阮咸，斥为始平郡，今卿又为始安，可谓二始。"黄门郎殷景仁亦谓之曰："所谓俗恶俊异，世疵文雅。"延之之郡，道经汨潭，为湘州刺史张邵祭屈原文以致其意，曰：

恭承帝命，建旂旧楚。访怀沙之渊，得捐佩之浦。
弭节罗潭，舣舟汨渚，敬祭楚三闾大夫屈君之灵：
兰薰而摧，玉贞则折。物忌坚芳，人讳明洁。曰若先生，逢辰之缺。温风迨时，飞霜急节。赢、芊遘纷，昭、怀不端。谋折仪、尚，贞蔑椒、兰。身绝郢阙，迹遍湘干。比物荃荪，连类龙鸾。声溢金石，志华日月。如彼树芬，实颖实发。望汨心欷，瞻罗思越。藉用可尘，昭忠难阙。

元嘉三年，羡之等诛，征为中书侍郎，寻转太子中庶子。顷之，领步兵校尉，赏遇甚厚。延之好酒疏诞，不能斟酌当世，见刘湛、殷景仁专当要任，意有不平，常云："天下之务，当与天下共之，岂一人之智所能独了！"辞甚激扬，每犯权要。谓湛曰："吾名器不升，当由作卿家吏。"湛深恨焉，言于彭城王义康，出为永嘉太守。延之甚怨愤，乃作《五君咏》以述竹林七贤，山涛、王戎以贵显被黜，咏嵇康曰："鸾翮有时铩，龙性谁能驯。"咏阮籍曰："物故不可论，途穷能无恸。"咏阮咸曰："屡荐不入官，一麾乃出守。"咏刘伶曰："韬精日沉饮，谁知非荒宴。"此四句，盖自序也。湛及义康以其辞旨不逊，大怒。时延之已拜，欲黜为远郡，太祖与义康诏曰："降延之为小邦不政，有谓其在都邑，岂动物情，罪过彰著，亦士庶共悉，直欲选代，令思愆里闾。犹复不悛，当驱往东土。乃志难怨，自可随事录治。殷、刘意咸无异也。"乃以光禄勋车仲远代之。

延之与仲远世素不协，屏居里巷，不豫人间者七载。中书令王球名公子，遗务事外，延之慕焉；球亦爱其材，情好甚款。延之居常罄匮，球辄赡之。晋恭思皇后葬，应须百官，湛之取义熙元年除身，以延之兼侍中。邑吏送札，延之醉，投札于地曰："颜延之未能事生，焉能事死！"闲居无事，为《庭诰》之文。今删其繁辞，存其正，著于篇。曰：

《庭诰》者，施于闺庭之内，谓不远也。吾年居秋方，虑先草木，故遽以未闻，诰尔在庭。若立履之方，规鉴之明，已列通人之规，不复续论。今所载咸其素畜，本乎性灵，而致之心用。夫选言务一，不尚烦密，而至于备议者，盖以网诸情非。古语曰得鸟者罗之一目，而一目之罗，无时得鸟矣。此其积意之方。

道者识之公，情者德之私。公通，可以使神明加向；私塞，不能令妻子移心。是以昔之善为士者，必捐情反道，合公屏私。

寻尺之身，而以天地为心；数纪之寿，常以金石为量。观夫古先垂戒，长老余论，虽用细制，每以不朽见铭；缮筑末迹，咸以可久承志。况树德立义，收族长家，而不思经远乎。曰用行不足遗之后人。欲求子孝必先慈，将责弟悌务为友。虽孝不待慈，而慈固植孝；悌非期友，而友亦立悌。

夫和之不备，或应以不和；犹信不足焉，必有不信。倪知恩意相生，情理相出，可使家有参、柴，人皆由、损。夫内居德本，外夷民誉，言高一世，处之逾默；器重一时，体之滋冲。不以所能干众，不以所长议物，渊泰入道，与天为人者，士之上也。若不能遗声，欲人出已，知柄在虚求，不可校得，敬慕谦通，畏避矜踞，思广监择，从其远猷，文理精出，而言称未达，论问宣茂，而不以居身，此其亚也。若乃闻实之为贵，以辩画所克，见声之取荣，谓争夺可获，言不出于户牖，自以为道义久立，才未信于仆妾，而自我有以过人，于是感苟锐之志，驰倾欹之望，岂悟已挂有识之裁，入修家之诫乎！记所云"千人所指，无病自死"者也。行近于此者，吾不愿闻之矣。

凡有知能，预有文论，不练之庶士，校之群言，通才所归，前流所与，焉得以成名乎。若呻吟于墙室之内，喧嚣于党辈之间，窃议以迷寡闻，姐语以敌要说，是短算所出，而非长见所上。适值尊朋临座，稠览博论，而言不入于高听，人见弃于众视，则慌若迷涂失偶，厉如深夜撤烛，衔声茹气，腆默而归，岂识向之夸慢，祇足以成今之沮丧邪！此固少壮之废，尔其戒之。

夫以怨诽为心者，未有达无心救得丧，多见消耳。此盖藏狭之为，岂识量之为事哉！是以德声令气，愈上每高，忿言怼议，每下愈发。有尚于君子者，宁可不务勉邪！虽曰恒人，情不能素尽，故当以远理胜之，么算除之，岂可不务自异，而取陷庸品乎。

富厚贫薄，事之悬也。以富厚之身，亲贫薄之人，非一时同处。然昔有守之无怨，安之不闷者，盖有理焉。夫既有富厚，必有贫薄，岂其证然，时乃天道。若人皆厚富，是理无贫薄。然乎？必不然也。若谓富厚在我，则宜贫薄在人。可乎？又不可矣。道在不然，义在不可，而横意去就，谬生希幸，以为未达至分。

蚕温农饱,民生之本,躬稼难就,止以仆役为资,当施其情愿,庀其衣食,定其当治,递其优剧,出之休飨,后之捶责,虽有劝恤之勤,而无沾曝之苦。务前公税,以远吏让,无急傍费,以息流议,量时发敛,视岁穰俭,省赡以奉己,损散以及人,此用天之善,御生之得也。

率下多方,见情为上;立长多术,晦明为懿。虽及仆妾,情见则事通;虽在畎亩,明晦则功博。若夺其常然,役其烦务,使威烈雷霆,犹不禁其欲;虽弃其大用,穷其细瑕,或明灼日月,将不胜其邪。故曰:"屠焉则差,旳焉则暗。"是以礼道尚优,法意从刻。优则人自为厚,刻则物相为薄。耕收诚鄙,此用不忒,所谓野陋而不以居心也。

含生之氓,同祖一气,等级相倾,遂成差品,遂使业习移其天识,世服没其性灵。至夫废欲情嗜,宜无间殊,或役人而养给,然是非大意,不可侮也。隈奥有灶,齐侯蔑寒,犬马有秩,管、燕轻饥。若能服温厚而知穿弊之苦,明周之德;厌滋旨而识寡嗛之急,仁恕之功。岂与夫比肌肤于草石,方手足于飞走者,同其意用哉!罚慎其滥,惠戒其偏。罚滥则无以为罚,惠偏则不如无惠,虽尔眣末,犹扁庸保之上,事思反己,动类念物,则其情得,而人心塞矣。

扑博蒱塞,会众之事,谐调哂谑,适坐之方,然失敬致侮,皆此之由。方其克瞻,弥丧端严,况遭非鄙,虑将丑折。岂若拒其容而简其事,静其气而远其意,使言必净厌,宾友清耳;笑不倾妩,左右悦目。非鄙无因而生,侵侮何从而入,此亦持德之管籥,尔其谨哉。

嫌惑疑心,诚亦难分,岂唯厚貌蔽智之明,深情怯刚之断而已哉。必使猜怨愚贤,则謦笑入庆,期变犬马,则步顾成妖。况动容窃斧,束装滥金,又何足论。是以前王作典,明慎议狱,而僭滥易意;朱公论璧,光泽相如,而倍薄异价。此言虽大,可以戒小。

游道虽广,交义为长。得在可久,失在轻绝。久由相敬,绝由相狎。爱之勿劳,当扶其正性;忠而勿诲,必藏其枉情。辅以艺业,会以文辞,使亲不可亵,疏不可间,每存大德,无挟小怨。率此往也,足以相终。

酒酏之设,可乐而不可嗜,嗜而非病者希,病而遂眚者几。既眚既病,将蔑其正。若存其正性,纾其妄发,其唯善戒乎?声乐之会,可简而不可违,违而不背者鲜矣,背而非弊者反矣。既弊既背,将受其毁。必能通其碍而节其流,意可为和中矣。

善施者岂唯发自人心,乃出天则。与不待积,取无谋实,并散千金,诚不可能。赡人之急,虽乏必先,使施如王丹,受如杜林,亦可与言交矣。

浮华怪饰,灭质之具;奇服丽食,弃素之方。动人劝慕,倾人顾盼,可以远识夺,难用近欲从。若睹其淫怪,知生之无心,为见奇丽,能致诸非务,则不抑自贵,不禁自止。

夫数相者,必有之征,既闻之术人,又验之吾身,理可得而论也。人者兆气二德,禀体五常。二德有奇偶,五常有胜杀,及其为人,宁无叶沴。亦犹生有好丑,死有夭寿,人皆知其悬天;至于丁年乖遇,中身迍合者,岂可易地哉!是以君子道命愈难,识道愈坚。

古人耻以身为溪壑者,屏欲之谓也。欲者,性之烦浊,气之蓊蒸,故其为害,则熏心智,耗真情,伤人和,犯天性。虽生必有之,而生之德,犹火含烟而妨火,桂怀蠹而残桂,然则火胜则烟灭,蠹壮则桂折。故性明者欲简,嗜繁者气昏,去明即昏,难以生矣。其以中外群圣,建言所黜,儒道众智,发论是除。然有之者不患误深,故药之者恒苦术浅,所以毁道多而于义寡。顿尽诚难,每指可易,能易每指,亦明之末。

廉嗜之性不同,故畏慕之情或异,从事于人者,无一人我之心,不以己之所善谋人,为有明矣。不以人之所务失我,能有守矣。己所谓然,而彼定不然,弈棋之蔽;悦彼之可,而忘我不可,学瞽之蔽。将求去蔽者,念通作介而已。

流言谤议,有道所不免,况在阙薄,难用算防。接应之方,言必出己。或信不素积,嫌间所袭,或性不和物,尤怨所聚,有一于此,何处逃毁。苟能反悔在我,而无责于人,必有达鉴,昭其情远,识迹其事。日省吾躬,月料吾志,宽默以居,洁静以期,神道必在,何恤人言。

谚曰,富则盛,贫则病矣。贫之病也,不唯形色粗粝,或亦神心沮废;岂但交友疏弃,必有家人诮让。非廉深识远者,何能不移其植。故欲蠲忧患,莫若悬古。怀古之志,当自同古人,见通则忧浅,意远则怨浮,昔有琴歌于编蓬之中者,用此道也。

夫信不逆彰,义必出隐,交赖相尽,明有相照。一面见旨,则情固丘岳;一言中志,则意入渊泉。以此事上,水火可蹈,以此托友,金石可弊。岂待充其荣实,乃将议报,厚之篚筐,然后图终。如或与立,茂思无忽。

禄利者受之易,易则人之所荣;蚕稿者就之艰,艰则物之所鄙。艰易既有勤倦之情,荣鄙又间否背之意,此二涂所为反也。以劳定国,以功施人,则役徒属而擅丰丽;自埋于民,自事其生,则督妻子而趋耕织。必使陵侮不作,悬企不萌,所谓贤鄙处宜,华野同泰。

人以有惜为质,非假严刑;有恒为德,不慕厚贵。有惜者,以理葬;有恒者,与物终。世有位去则情尽,斯无惜矣。又有务谢则心移,斯不恒矣。又非徒若此而已,或见人休事,则勤薪结纳,及闻否论,则处彰离贰,附会以从风,隐窃以成衅,朝吐面誉,暮行背毁,昔同稽款,今犹叛戾,斯为甚矣。又非唯若此而已,或凭人惠训,藉人成立,与人余论,依人扬声,曲存禀仰,甘赴尘轨。衰没畏远,忌闻影迹,又蒙之,毁之无度,心短彼能,私树己拙,自崇恒辈,罔顾高识,有人至此,实蠹大伦。每思防避,无通闱伍。

睹惊异之事,或无涉传;遭卒迫之变,反思安顺。若异从已发,将尸谤人,迫而又迁,愈使失度。能夷异如裴楷,处逼如裴遐,可称深士乎。

喜怒者有性所不能无,常起于褊量,而止于弘识。然喜过则不重,怒过则不威,能以恬漠为体,宽愉为器者,大喜荡心,微抑则定,甚怒烦性,小忍即歇。故动无怨容,举无失度,则物将自慰,人将自止。习之所变亦大矣,岂唯蒸性染身,乃将移智易虑。故曰:"与善人居,如入芝兰之室,久而不闻其芬。"与之化矣。"与不善人居,如入鲍鱼之肆,久而不知其臭"。与之变矣。是以古人慎所与处。唯夫金真玉粹者,乃能尽而不污尔。故曰:"丹可灭而不能使无赤,石可毁而不可使无坚。"苟无丹石之性,必慎浸染之由。能以怀道为人,必存从理之心。道可怀而理可从,则不议贫,议所乐尔。或云:"贫何由乐?"此未求道意。道者,瞻富贵同贫贱,理固得而齐。自我丧之,未为通议,苟议不丧,夫何不乐。

或曰,温饱之贵,所以荣生,饥寒在躬,空曰从道,取诸其身,将非笃论,此又通理所用。凡养生之具,岂闻定实,或以膏腴夭性,有以菽藿登年。中散云,所足与,不由外。是以称体而食,贫岁愈谦;量腹而炊,丰家余馨。非粒实息耗,意有盈虚尔。况心得复劣,身获仁富,明白入素,气志如神,虽十旬九饭,不能令饥,业席三属,不能为寒。岂不信然!

且以己为度者,无以自通彼量。浑四游而干五纬,天道弘也。振河海而载山川,地道厚也。一情纪而合流贯,人灵茂也。昔之通乎此数者,不为剖判之行,必广其风度,无挟私殊,博其交道,无怀曲异。故望尘请友,则义士轻身,一遇拜亲,则仁人投分。此伦序通允,礼俗平一,上获其用,下得其和。

世务虽移,前休未远,人之适主,吾将反本。三人至生,暂有之识,幼壮骤过,衰耗驾及。其间夭郁,既难胜言,假获存遂,又云无几。柔丽之身,亟委土木,刚清之才,遽为丘壤,回遑顾慕,虽纪之中尔。以此持荣,曾不可留,以此服道,亦何能平。进退我生,游观所达,得贵为人,将在含理。含理之贵,惟神与交,幸有心灵,义无自恶,偶信天德,逝不上惭。欲使人沈来化,志符往哲,勿谓是赊,日凿斯密。著通此意,吾将忘老,如固不然,其谁与归。值怀所撰,略布众修;若备举情见,顾未书一。赡身之经,别在田家节政;奉终之纪,自著燕居毕义。

刘湛诛,起延之为始兴王浚后军谘议参军,御史中丞。在任纵容,无所举奏。迁国子祭酒、司徒左长史,坐启买人田,不肯还直。尚书左丞荀赤松奏之曰:"求田问舍,前贤所鄙。延之唯利是视,轻冒陈闻,依傍诏恩,拒捍余直,垂及周年,犹不毕了,昧利苟得,无所顾忌。延之昔坐事屏斥,复蒙抽进,而曾不悛革,怨诽无已。交游阗茸,沈迷曲糵,横兴讥谤,诋毁朝士。仰窃过荣,增愤薄之性;私恃顾盼,成强梁之心。外示寡求,内怀奔竞,干禄祈迁,不知极已,预燕班觞,肆骂上席。山海含容,每存遵养,爱兼雕虫,未忍遐弃,而骄放不节,日月弥著。臣闻声问过情,孟轲所耻,况声非外来,问由己出,虽心智薄劣,而高自比拟,客气虚张,曾无愧畏,岂可复弼亮五教,增曜台阶。请以延之讼田不实,妄干天听,以强凌弱,免所居官。"诏可。

复为秘书监,光禄勋,太常。时沙门释慧琳,以才学为太祖所赏爱,每召见,常升独榻,延之甚疾焉。因醉白上曰:"昔同子参乘,袁丝正色。此三台之坐,岂可使刑余居之。"上变色。延之性既褊激,兼有酒过,肆意直言,曾无遏隐,故论者多不知云。居身清约,不营财利,布衣蔬食,独酌郊野,当其为适,傍若无人。

二十九年,上表自陈曰:"臣闻行百里者半于九十,言其末路之难也。愚心常谓为虚,方今乃知其信。臣延之人薄宠厚,宿尘国言,而雪效无从,荣牒增广,历尽身雕,日叨官次,虽容载有途,而妨秽滋积。早欲启请余算,屏蔽丑老。但时制行及,归慕无赊,是以腆冒怨非,简息干黩耗歇难支,质用有限,自去夏侵暑,入此秋变,头齿眩疼,根痼渐剧,手足冷痹,左胛尤甚。素不能食,顷向减半。本犹赖服,比倦悸晚,年疾所催,顾景引日。臣班叨首卿,位尸封典,肃祗朝校,尚恧匪任,而陵庙众事,有以疾忌,宫府觐慰,转阙躬亲。息奭庸微,过宰近邑,回泽爱降,实加将监,乞解所职,随就药养。伏愿圣慈,特垂矜许。裹恩明世,负报冥暮,仰企商闱,上恋罔极。"不许。明年致事。元凶弑立,以为光禄大夫。

先是,子竣为世祖南中郎谘议参军。及义师入讨,竣参定密谋,兼造书檄。劭召延之,示以檄文,问曰:"此笔谁所造?"延之曰:"竣之笔也。"又问:"何以知之?"延之曰:"竣笔体,臣不容不识。"劭又曰:"言辞何至乃尔。"延之曰:"竣尚不顾老父,何能为陛下。"劭意乃释,由是得免。

世祖登阼,以为金紫光禄大夫,领湘东王师。子竣既贵重,权倾一朝,凡所资供,延之一无所受,器服不改,宅宇如旧。常乘羸牛笨车,逢竣卤簿,即屏往道侧。又好骑马,遨游里巷,遇知旧辄据鞍索酒,得酒必颓然自得。常语竣曰:"平生不喜见要人,今不幸见汝。"竣起宅,谓曰:"善为之,无令后人笑汝拙也。"表解师职,加给亲信三十人。

孝建三年,卒,时年七十三。追赠散骑常侍、特进、金紫光禄大夫如故。谥曰宪子。延之与陈郡谢灵运俱以词彩齐名,自潘岳、陆机之后,文士莫及也,江左称颜、谢焉。所著并传于世。

竣别有传。竣弟测,亦以文章见知,官至江夏王傅义恭大司徒录事参军,蚤卒。太宗即位,诏曰:"延之昔师训朕躬,情契兼款。前记室参军、济阳太守奭伏勤蕃朝,绸缪恩旧。可擢为中书侍郎。"奭,延之第三子也。

史臣曰:出身事主,虽义在忘私,至于君亲两事,既无同济,为子为臣,各随其时可也。若夫驰文道路,军政恒仪,成败所因,非系乎此。而据笔数罪,陵仇犯逆,余彼慈亲,垂之虎吻,以此为忠,无闻前诰。夫自忍其亲,必将忍人之亲;自忘其孝,期以申人之孝。食子放麑,断可识矣。《记》云:"八十者一子不从政,九十者家不从政。"岂不以年薄桑榆,忧患将及,虽有职王朝,许以辞事,况颠沛之道,虑在未测者乎!自非延年之辞允而义惬,夫岂或免。

卷七十四　　列传第三十四

臧质　鲁爽　沈攸之

　　臧质,字含文,东莞莒人。父熹,字义和,武敬皇后弟也。与兄焘并好经籍。隆安初,兵革屡起,熹乃习骑射,志在立功。尝至溧阳,溧阳令阮崇与熹共猎,值虎突围,猎徒并奔散,熹直前射之,应弦而倒。高祖入京城,熹族子穆斩桓修。进至京邑,桓玄奔走,高祖使熹入宫收图书器物,封闭府库。有金饰乐器,高祖问熹:"卿得无欲此乎?"熹正色曰:"皇上幽逼,播越非所。将军首建大义,劬劳王家。虽复不肖,无情于乐。"高祖笑曰:"聊以戏卿尔。"行参高祖镇军事,员外散骑侍郎,重参军军事,领东海太守。以建义功封始兴县五等侯。又参高祖车骑、中军军事。高祖将征广固,议者多不同。熹从容言曰:"公若凌威北境,拯其涂炭,宁一六合,未为无期。"高祖曰:"卿言是也。"及行,熹求从,不许,以为建威将军、临海太守。郡经兵寇,百不存一,熹绥缉纲纪,招聚流散,归之者千余家。孙季高海道袭广州,路由临海,熹资给发遣,得以无乏。征拜散骑常侍,母忧去职。顷之,讨刘毅,起为宁朔将军,从征。事平,高祖遣朱龄石统大众伐蜀,命熹奇兵出中水,以本号领建平、巴东二郡太守。蜀主谯纵遣大将谯抚之万余人屯牛脾,又遣迹小苟重兵塞打鼻。熹至牛脾,抚之战败退走,追斩之。小苟闻抚之死,即便奔散。成都既平,熹遇疾。义熙九年,卒于蜀郡牛脾县,时年三十九。追赠光禄勋。

　　质少好鹰犬,善蒱博意钱之戏。长六尺七寸,出面露口,秃顶拳发。年未二十,高祖以为世子中军行参军。永初元年,为员外散骑侍郎,从班例也。母忧去职。服阕,为江夏王义恭抚军,以轻薄无检,为太祖所知,徙为给事中。会稽宣长公主每为之言,乃出为建平太守,甚得蛮楚心。南蛮校尉刘湛还朝,称为良守。迁宁远将军、历阳太守。仍迁竟陵、江夏内史,复为建武将军、巴东、建平二郡太守,吏民便之。

　　质年始出三十,屡居名郡,涉猎史籍,尺牍便敏,既有气干,好言兵权。太祖谓可大任,欲以为益州,事未行,征为使持节、都督徐兖二州诸军事、宁远将军、徐兖二州刺史。在镇奢费,爵命无章,为有司所纠,遇赦。与范晔、徐湛之等厚善,晔谋反,量质必与之同,会事发,复为建威将军、义兴太守。元嘉二十六年,太祖谒京陵,质朝丹徒,与何勗、檀和之并功臣子,时共上礼。太祖设燕尽欢,赐布千匹。

　　二十七年春,迁南谯王义宣司马、宁朔将军、南平内史。未之职,会索虏大帅拓跋焘围汝南,汝南戍主陈宪固守告急。太祖遣质轻往寿阳,即统彼军,与安蛮司马刘康祖等救宪。虏退走,因使质伐汝南西境刁壁等山蛮,大破之,获万余口,迁太子左卫率。坐前伐蛮,枉杀队主严祖,又纳面首生口,不以送台,免官。是时上大举北讨,质白衣与骠骑司马王方回等率军出许、洛,安北司马王玄谟攻滑台,不拔,质请乘驿代将,太祖不许。

　　虏侵徐、豫,拓跋焘率大众数十万遂向彭城,以质为辅国将军、假节、置佐,率万人北救。始至盱眙,焘已过淮,冗从仆射胡崇之领质府司马,崇之副太子积弩将军毛熙祚亦受统于质。盱眙城东有高山,质虑虏据之,使崇之、澄之二军营于山上,质营城南。虏攻崇之、澄之二营,崇之等力战不敌,众散,并为虏所杀。虏又攻熙祚,熙祚所领悉北府精兵,幢主李灌率厉将士,杀贼甚多。队主周胤之、外监方生又率射贼,贼垂退,会熙祚被创死,军遂散乱。其日质案兵不敢救,故二营一时覆没。

　　初,仇池之平也,以崇之为龙骧将军、北秦州刺史,宋白顷,行至浊水,为索虏所克,举军败散;崇之及将佐以下,皆为虏所执,后得叛还,至是又为虏所败焉。熙祚,司州刺史修之兄子也。崇之、熙祚并赠正员郎;澄之事在祖父焘传。

　　三营既败,其夕质军亦奔散,弃辎重器甲,单七百人投盱眙。盱眙太守沈璞完为守战之备,城内有实力三千,质大喜,因共守。虏初南出,后无资粮,唯以百姓为命。及过淮,食平越、石鳖二屯谷,至是抄掠无所,人马饥困,闻盱眙有积粟,欲以为归路之资。既破崇之等,一攻城不拔,便引众南向。城内增修守备,莫不完严。二十八年正月初,焘自广陵北返,便悉力攻盱眙,就质求酒,质封溲便与之。焘怒甚,筑长围,一夜便合,开攻道,趣城东北,运东山土石填之。虏又恐城内水路通走,乃引大船,欲于君山作浮桥,以绝淮道。城内乘舰逆战,大破之。明旦,贼更方舫为桁,桁上各严兵自卫。城内更击不能禁,遂于军山立桁,水陆路并断。

　　焘与质书曰:"吾今所遣斗兵,尽非我国人,城东北是丁零与胡,南是三秦氐、羌。设使丁零死者,正可减常山、赵郡贼;胡死,正减并州贼;氐、羌死,正减关中贼。卿若杀丁零、胡,无不利。"质答书曰:"省示,具悉奸怀。尔自恃四脚,屡犯国疆,诸如此事,不可具说。王玄谟退于东,梁坦散于西,尔谓何以不闻童谣言邪:'虏马饮江水,佛狸死卯年。'此期未至,以二军开饮江之径尔,冥期使然,非复人事。寡人受命相灭,期之白登,师行未远,尔自送死,岂容复令生全,飨考桑乾哉!但尔往攻此城,假令寡人不能杀尔,尔由我而死。尔若有幸,得为乱兵所杀。尔若不幸,则生相剿缚,载以一驴,直送都市。我本不图全,若天地无灵,力屈于尔,斋之粉之,屠之裂之,如此未足谢本朝。尔识智及众力,岂能胜符坚邪!顷年展尔陆梁者,是尔未饮江,太岁未卯年故尔。斛兰昔深入彭城，值少日雨，只马不返，尔岂忆邪？即时春雨已降，四方大众，始就云集，尔但安意攻城莫走。粮食阙乏者告之，当出廪相饴。得所送剑刀，欲令我挥之尔身邪！甚苦，人附反，各自努力，无烦多云。"是时虏中童谣曰："轺车北来如穿雉，不意虏马饮江水。虏北归石济死，虏欲渡江天不徙。"故质答引之。焘大怒，乃作铁床，于其上施铁镞，云破城得质，当坐之此上。质又与虏众书曰："示诏虏中诸士庶：狸伐见与书别，等正朔之民，何为力自取如此。大丈夫岂可不知转祸为福邪！今写台格如别书，自思之。"时购斩焘封开国县侯，食邑一万户，赐布绢各万匹。

虏以钩车钩垣楼，城内系以驱纼，数百人叫唤引之，车不能退。既夜，以木桶盛人，悬出城外，截其钩获之。明日，又以冲车攻城，城土坚密，每至，颓落不过数升。虏乃肉薄登城，分番相代，坠而复升，莫有退者，杀伤万计，虏死者与城平。又射杀高梁王。如此三旬，死者过半。焘闻彭城断其归路，京邑遣水军自海入淮，且疾疫死者甚众。二月二日，乃解围遁走。上嘉质功，以为使持节、监雍、梁、南北秦四州诸军事、冠军将军、宁蛮校尉、雍州刺史，封开国子，食邑五百户。明年，太祖又北伐，使质率所统见力向潼关，质顿兵近郊，不肯时发，独遣司马柳元景屯兵境上，不时进军。质又顾恋嬖妾，弃营单马还城，散用台库见钱六七百万，为有司所纠，上不问也。

元凶弑立，以质为丹阳尹，加征虏将军。质家遣门生师颛报质，具太祖崩问。质疏颛所言，驰告司空义宣，又遣州祭酒从事田颖起衔命报世祖，率众五千，驰下讨逆，自阳口进江陵义宣。质诸子在都邑，闻质举义，并逃亡。劭欲相慰悦，乃下书曰："臧敦等无因自骇，急便窜逸，迷昧过甚，良可怪叹。质国戚勋臣，忠诚笃亮，方当显位，赞翼京辇，而子弟波迸，伤其乃怀。可遣宣譬今还，咸复本位。"劭寻录得敦，使大将军义恭行训杖三十，厚给赐之。义宣得质报，即日举兵，驰信报世祖，板进质号征北将军。质径赴寻阳，与世祖同下。

世祖至新亭即位，以质为都督江州诸军事、车骑将军、开府仪同三司、江州刺史，加散骑常侍，持节如故。使质率所领自白下步上，直至广莫门，门者不守。薛安都、程天祚等亦自南掖门入，与质同会太极殿，生禽元凶。仍使质留守朝堂，甲仗百人自防。封始兴郡公，食邑三千户。之镇，舫千余乘，部伍前后百余里，六平乘并施龙子幡。

时世祖自揽威柄，而质以少主遇之，是事专行，多所求欲。及至寻阳，刑政庆赏，不复谘禀朝廷。盆口、钩圻米，辄散用之，台符屡加检诘，质渐猜惧。自谓人才足为一世英杰，始闻国祸，便有异图，以义宣凡暗，易可制勒，欲外相推奉，以成其志。及至江陵，便致拜称名。质于义宣虽为兄弟，而年大近十岁，义宣惊曰："君何意拜弟？"质曰："事中宜然。"时义宣已推崇世祖，故其计不行。质每虑事泄，及至新亭，又拜江夏王义恭，义恭愕然，问质所以。质曰："天下屯危，礼异常日，前在荆州，亦拜司空。"会义宣有憾于世祖，事在《义宣传》。质因此密信说诱，陈朝廷得失。又谓："震主之威，不可持久，主相势

均，事不两立。今专据阃外，地胜兵强，持疑不决，则后机致祸。"质女为义宣子采妻，谓质无复异同，纳其说。且义宣腹心咸佐蔡超民之徒，咸有富贵之情，愿义宣得，欲倚质威名，以成其业，又劝奖义宣。义宣时未受丞相，质子敦为黄门侍郎，奉诏敦劝，道经寻阳，质令敦具更譬说，并言世祖短长，义宣乃定计。驰报豫州刺史鲁爽，期孝建元年秋同举。爽失旨，即便起兵。遣人至京邑报弟瑜，瑜席卷奔叛。瑜弟弘为质府佐，世祖遣报质，质于是执台使，狼狈举兵。上表曰：

臣闻执药随亲，非情谬于甘苦，挥斤斩毒，岂忘痛于肌肤。盖以先疑后顺，忠焉必往；忍小存大，虽爱必从。丞相臣义宣，育哲台铉，拊声联系，定主勤王之业，勋越乎齐、晋；宗戚懿亲之寄，望崇于鲁、卫。而恶直丑正，实繁有党，或染凶作伪，疾害元功，或藉劳挟宠，乘成纵戾。自知愆深衅重，必贻剿戮，乃成紫毁朱，交间忠辅。崇树私徒，招聚群恶，念旧爱老，无一而存，岂不由凶丑相扇，志肆逸惑。陛下垂慈狎达，不稍惟疑，遂令负辰席图，蔽于流议，投杼市虎，成于十夫。鉴古揆今，实怀危逼，故投袂樊、叶，立节于本朝；挥戈晋阳，务清于君侧。臣诚庸懦，奉教前朝，虽恧《缁衣》好贤之美，敢希《巷伯》恶恶之情，固已藉风听而宵愤，抚短策而驰念。况乃宏命爰格，诚系宗社，今奉旨前迈，星言启行。

臣本凡琐，少无远概，因缘际会，遂班槐鼎，素望既盈，悛心实足，岂应徼功非冀，更希异宠，直以蔓草难除，去恶宜速，是以无顾夷险，虑不及身。仰恃天眷，察亮丹款，苟血诚不照，甘心罪戮。

伏愿陛下先鉴元辅匪躬茂节，末录庸琐奉国微诚，不遂潢忍之情，以失四海之望，昭戮马剑，显肆市朝，则结旌向国，全锋凯归，九流凝序，三光并耀，斯则仰说宗庙，俯惬兆民。裁表感慨，涕言无已。加鲁弘辅国将军，下戍大雷。驰报义宣，义宣遣谘议参军刘谌之万人就弘。世祖遣抚军将军柳元景统豫州刺史王玄谟等水军，屯梁山洲中，两岸筑偃月垒，水陆待之。殿中将军沈灵赐领百舸，破其前军于南陵，生禽军主徐庆安、军副王僧，质至梁山，亦夹阵两岸。元景檄书宣告曰：

夫革道应运，基命之洪符；嗣业兴邦，绍历之明算。自非瑞积神衷，德充民极，孰能升临宝位，景属天居。大宋启期，理高中世，皇根帝叶，永流无疆。夷陂递来，遘兹凶难，国祸冤深，人纲郁灭。主上圣略聪武，孝感通神，义变草木，哀动精纬，躬幸南郢，亲扫大逆，道援横流，德模灵造，三光重照，七庙载兴。

臧质少负疵衅，衣冠不齿，昧利诬天，著于触事。受任述职，不以宣效为心；专方莅民，惟以侵剥为务。官自贿至，族以货倾。是以康周陀覆命屠宗，冤达苍昊；郭伯、西门遗出自皂隶，宠越州朝。往莅东守，赙爵三千。率卒西讨，窃俘取酬。荷恩彭、泗，贪虐以逞，坑戮边氓，忽若草芥，倾渴仓庾，割没军粮。作牧汉南，公盗府蓄，矫易文簿，专行欺妄。及受命

北伐,惮役缓期,师出有辰,顾怀私爱,匹马弃众,宵行独返,遂复携嫔拥姬,淫宴军幕。孔、范之变,显于逆辞。凡此诸衅,皆彰著于宪简,振曝于观听。

去岁义举,虽豫诚款,而淹留西楚,私相崇戴,奉书致命,形于心迹。新亭之捷,大难已夷,凶命假存,悬在暑刻,广莫之军,曾无遗矢,重关自开,伪众已溃,质犹复盘桓衢巷,后骑陈师。劳不足甄,定于朝议,而虚张功伐,扇动怨辞,自谓斯举,勋莫己若。初践殿守,忘犬马之情,奔趣帑藏,顿倾天府。山海弘量,苞荒藏疾,录其一介之心,掩其不逞之衅。遂爵首元等,职班盛级,优荣溢宠,莫与为畴。自恣丑薄,罔知涯涘,干谒陈闻,曾无纪极,请乐穷太子之英,求器尽官府之选。徐司空匪躬王室,遭罹凶祸,质与之少长,亲交兼常,曾无抚孤之仁,惟陵侮之酷,尺田寸宝,靡有孑遗。及受命南徂,临路滋甚,逼夺妻嫔,略市金帛,怨动京邑,丑闻都鄙。弃逐旧故,委蔑忠勤,鲁尚期、尹周之徒,心腹所倚,泣诉于御筵;袁同、连子敬之畴,爪牙所杖,一逝而不反。虽上旨频烦,屡求劳朕,质但称伐在己,不逮僚隶,托咎朝廷,归罪有司,国士解心,有识莫附。何文敬趋走厮养,天性愚狡,质迷其奸谄,置怀委仗,遂自擅威刑,内游房室。质生与衅俱,不可详究,擢发数罪,曾何足言!

丞相威重位尊,任居分陕,宗国倚赖,义兼恒情,而不及谦冲之涂,弗见逆顺之训,蔽同谷至,理乖范蠡。遂乃远忽世祀,近受欺构,杖纳奸疏,还谋社稷。日者宴安上流,坐观成败,示遣疲卒,众裁三千,戎马不供,军粮靡献。皇朝直以亲秩之重,酬宠兼极,近渐别子,礼越常均,苟识无所守,功弗由己,必为义不全,终于败德。今兹放命,恨心于本,推诸昔岁,迹是诚非矣。且家国夷险,情事异常,豫是臣子,孰不星赴,而玩寇忘哀,曾无奔拪。面蕃十稔,惠政蔑闻,重赃深掠,纵欲已甚,姬妾百房,尼僧千计,败道伤俗,悖乱人神,民怨盈涂,国谤弥岁。又贼劲未禽,凶威犹强,将毁其私坟,戮其诸子,图成骇机,垂赖义举,捷果云速,不日告平,释怨毒之心,解倒悬之急,论恩叙德,造育为重。援人自助,弃人快逸,怙乱疑功,未闻其比。

仆以不肖,过蒙荣私,荷佩升越,光绝伦伍。家本北边,志存慷慨,常甘投生,以殉艰棘,惟恩思难,激气冲襟,故以眺三湘而永慨,望九江而遐愤。若使身死国康,誓在殒命,况仰禀圣略,俯鞠义徒,万全之形,愚夫所照。夫薛竟陵控率突骑,陆道步驰,檀右卫、申右率、垣游击整勒锐师,飞轮构路。王豫州方舟缮甲,久已前驱。仆训卒利兵,凌波电进。沈镇军、萧安南接舳连旌,首尾风合。骠骑竟陵王懿亲令誉,问望攸归,大司马江夏王道略明远,徽猷茂世,并旌钺临涂,云驱齐引。群兵竞迈,秘驾徐启。八銮摇响,五牛舒旆。千乘雷动,万舳云回。腾威发号,星流汉转。以上临下,易于转圆。加以三谋协从,七

纬告庆,幽显同心,昭然易睹。

诸君或世荷恩幸,或身闻教义,当知君臣大节,誓不可犯,冠屦至悬,难用倒设。履安奉顺,声泰事全,孰与附逆居危,身害名丑,慈亲垂白受戮,弱子婴孩就诛。所以有诏迟回,未震雷霆者,正为诸君身拘寇手,或怀乃心。吉凶由人,无谓为远,今而不变,后悔何及。授檄之日,心驰贼庭。

义宣亦相次系至。江夏王与义宣书曰:"昔桓玄借兵于仲堪,有似今日。"义宣由此与质相疑。质进计曰:"今以万人取南州,则梁山中绝,万人缀玄谟,必不敢动。质浮舟外江,直向石头,此上略也。"义宣将从之,腹心刘谌之曰:"质求前驰,此志难测。不如尽锐攻梁山,事克然后长驱,万安之计也。"质遣将尹周之攻胡子反、柳叔政于西垒,时子反渡东岸就玄谟计事,闻贼至,驰归。周之攻垒甚急,刘季之水军殊死战,贼势盛,求救于玄谟。玄谟不遣,崔勋之固争,乃遣勋之救之。比至,城已陷,勋之战死,季之收众而退。子反、叔政军还东岸,玄谟斩子反军副李文仲。

质欲仍攻东城,义宣党颜乐之说义宣曰:"质若复拔东城,则大功尽归之矣。宜遣麾下自行。"义宣遣刘谌之就质,陈军城南。玄谟留羸弱守城,悉精兵出战,薛安都骑军前出,垣护之督诸将继之。战良久,贼阵小拔,骑得入。刘季之、宗越又陷其西北,众军乘之,乃大溃。因风放火,船舰悉见焚烧,延及西岸。质求义宣欲一计事,密已出走矣。质不知所为,亦走,众悉降散。质至寻阳,焚烧府舍,载妓妾西奔。使所宠何文敬领兵居前,至西阳。西阳太守鲁方平,质之党也,至是怀贰,谩文敬曰:"传诏宣敕,唯捕元恶一人,余并无所问。"文敬弃众而走。

质先以妹夫羊冲为武昌郡,质往投之。既至,冲已为郡丞胡庇之所杀。无所归,乃入南湖逃窜,无食,摘莲啖之。追兵至,窘急,以荷覆头,自沈于水,出鼻。军主郑俱儿望见,射之中心,兵刃乱至,肠胃缠萦水草,队主裘应斩质首,传京都,时年五十五。录尚书江夏王臣义恭、左仆射臣宏等奏曰:"臧质底弃下才,而藉遇深重,穷愚悖常,构煽凶逆,变至滔天,志图泯夏,违恩叛德,罪过恒科。枭首之宪,有国通典,惩戾思永,去恶宜深。臣等参议,须辜日限意,使依汉王莽事例,漆其头首,藏于武库。庶为鉴戒,昭示将来。"诏可。

质初下,义宣以质子敦为征虏将军、雍州刺史。质留子敞为监军,将敦自随,至是并为武昌郡所执送。敦官至黄门郎。敦弟敷,司徒属。敷弟敞,太子洗马。敞弟敳,敦子仲璋,质之二子二孙未有名,同诛。

质之起兵也,豫章太守任荟之、临川内史刘怀之、鄱阳太守杜仲儒并为尽力,发遣郡丁,并送粮运,伏诛。任荟之,字处茂,乐安人也。历世祖、南平王铄抚军右军司马、长史行事。太祖称之曰:"望虽不足,才能有余。"杜仲儒,杜骥兄子也。豫章望蔡子相孙冲之起义拒质,质遣将郭会肤、史山夫讨之,为冲之所破。世祖发诏,以为尚书都官曹郎中。冲之,太原中都人,晋秘书监盛曾孙也。官至右军将军,巴东太守。后事在《刘琬传》。沈灵赐以

破质前军于南陵功，封南平县男，食邑三百户。赠崔勋之通直郎。大司马参军刘天赐亦梁山战亡，追赠给事中。

鲁爽，小名女生，扶风郿人也。祖宗之，字彦仁，晋孝武太元末，自乡里出襄阳，历官至南郡太守。义熙元年起义，袭伪雍州刺史桓蔚，进向江陵。以功为辅国将军、雍州刺史，封霄城县侯，食邑千五百户。桓谦、荀林逼江陵，宗之率众驰赴，事在《临川烈武王道规传》。进号平北将军。高祖讨刘毅，与宗之同会江陵，进号镇北将军，封南阳郡公，食邑二千五百户。子轨，一名象齿，爽之父也。便弓马，筋力绝人，为竟陵太守。宗之自以非高祖旧隶，屡建大功，有自疑之心。会司马休之见讨，猜惧，遂与休之北奔。善于抚御，士民皆为尽力，卫送出境，尽室入羌，顷之病卒。高祖定长安，轨为宁南将军、荆州刺史、襄阳公，镇长社。世祖镇襄阳，轨遣亲人程整奉书，规欲归顺，自拔致诚，以昔杀刘康祖、徐湛之父，故不归。太祖累遣招纳，许以为司州刺史。

爽少有武艺，虏主拓跋焘知之，常置左右。元嘉二十六年，轨死，爽为宁南将军、荆州刺史、襄阳公，镇长社。幼染殊俗，无复华风。粗中使酒，数有过失，焘将诛之。爽有七弟秀，小字天念，颇有意略，才力过爽。焘以充宿卫，甚知待之。伪高梁王阿叔泥为芮芮所围甚急，使秀往救，焘自率大众继其后。焘未及至，秀已击破之，拔阿叔泥而反。焘壮其功，以为中书郎，封广陵侯。或告焘，邺民欲据城反，复遣检察，并烧石虎残宫殿。秀常乘驿往反，是时病迟，为焘所诘让，秀复恐惧。焘寻南寇，因从渡河。

先是，程天祚为虏所没，焘引置左右，与秀口宽，劝令归降，秀纳之。天祚，广平人，为殿中将军，有武力。元嘉二十七年，助戍彭城，会世祖遣府刘泰之轻军袭虏于汝阳，天祚督战，战败被创，为虏所获。天祚妙善针术，焘深加爱赏，或与同舆，常不离于侧，封为南安公。焘北还蕃，天祚因其沈醉，伪若受使督切后军者，所至轻罚。天祚为焘所爱，群虏并畏之，莫敢问，因得逃归，后为山阳太守。太宗初，与四方同反，事在《薛安都传》。

焘始南行，遣爽随永昌王库仁真向焘阳，与弟瑜共破刘祖于尉武，仍至瓜步，始得与秀定归南之谋。焘还至湖陆，爽等请曰："奴与南有仇，每兵来，常虑祸及坟墓，乞共迎丧，还葬国都。"虏群下于其主称奴，犹中国称臣也。焘许之。长社诸虏有六七百人，爽谲之曰："南更有军，可遣三百骑往界上参听。"骑去，爽率腹心夜击余虏，尽杀之，驰入虎牢。

爽唯第三弟在北，余家属悉自随，率部曲及愿从合千余家奔汝南。遣秀从许昌还寿阳，奉辞于南平王铄曰："爽、秀得罪晋朝，负衅三世，生长绝域，远身胡虏，兄弟阋门，沦点伪授，殒命不可，还国无因。近系南云，倾属东日，盖犹痿人思步，盲者愿明。嵩、霍咫尺，江、河匪远，夷庚壅塞，隔同天地，痛心疾首，书慨宵悲。虏主猖狂，豺豕其志，虐遍华、戎，怨结幽显。自盱眙旋罕，亡蹶过半，昏酣沈湎，恣性肆身。爽、秀等因民之愤，藉将旅之愿，齐契义奋，枭贼丑徒，冯恃皇威，肃清遘秽，牢、洛诸城，指期克定。规以涓尘，微雪凤负，方当束骸北阙，待戮司寇，懦节未申，伏心边表。明大王殿下以睿茂居蕃，文武兼姿，远迩钦倾，承风闻德，愿垂援拯，以慰虔望。老弱百口，先遣归庇。逼逼丹心，仰希怀远。谨遣同义颖川聂元初奉词陈闻。"铄驰驿以闻，上大说，下诏曰："伪宁南将军鲁爽、中书郎鲁秀，志干列到，忠诚久著，抚兹福先，阖节效款，招集义锐，枭剪獯丑，肃定边城，献馘象魏。虽宣孟之去翟归晋，颓当之出胡人汉，方之此日，曾何足云。朕实嘉之，宜即授任，逞其忠略。爽可督司州、陈留、东郡、济阴、濮阳五郡诸军事、征虏将军、司州刺史。秀可辅国将军、荥阳、颖川二郡太守。其诸子弟及同契士庶，委征虏府以时申言，详加酬叙。"爽至汝南，加督豫州之义阳、宋安二郡军事，领义阳内史，将军、刺史如故。秀参右将军南平王铄军事，汝阴内史，将军如故。余弟侄并授官爵，赏赐资给甚厚。爽北镇义阳。北来部曲凡六千八百八十三人，是岁二十八年也。虏毁其坟墓。

明年四月入朝，时焘已死，上更谋经略。五月，遣爽、秀、程天祚等率步骑并荆州军甲士四万，出许、洛。八月，虏长社戍主永平公秃发幡乃同弃城走。进向大索戍，戍主伪豫州刺史豉仆兰曰："爽勇而无防，我今出城，必轻来据之，设伏檀山，必可禽也。"爽果夜进，秀谏不止，驰往继之。比晓，虏骑夹发，赖秀纵兵力战，虏乃退还虎牢。爽因进攻之，本期舟师入河，断其水门。王玄谟攻确石敷不拔，败退，水军不至，爽亦收众南还。转斗数百里，至曲强，虏候其饥疲，尽锐来攻，爽身自奋击，虏乃退走。

三十年，元凶弑逆，南谯王义宣起兵入讨，爽即受命，率部曲至襄阳，与雍州刺史臧质俱诣江陵。义宣进爽号平北将军，领巴陵太守，度支校尉，本官如故。留爽停江陵，事平，以爽为使持节、督豫、司、雍、秦、并五州诸军事、左将军、豫州刺史。爽至寿阳，便曲意宾客，爵命士人，蓄仗聚马，如寇将至。元凶之为逆也，秀在京师，谓秀曰："我为卿诛徐湛之矣，方相委任。"以为右军将军，配精兵五千，使攻新亭垒。将战，秀命டி退军鼓，因此归顺。世祖即位，以为左军将军，出督司州豫州之新蔡、汝南、汝阳、颖川、义阳、弋阳六郡诸军事、辅国将军、司州刺史，领汝南太守。

爽与义宣及质相结已久，义宣亦欲资其勇力，情契甚至。孝建元年二月，义宣报爽，秋当同举。爽狂酒诳谬，即日便起兵，驰信报弟瑜，将家奔叛，皆得西出。爽使其众载黄标，称建平元年，窃造法服，登坛自号。疑长史韦处穆、中兵参军杨元驹、治中庚腾之不与己同，杀之。义宣、质闻爽已处分，便狼狈反，进爽号征北将军。爽于是送所造舆服诣江陵，版义宣及臧质等并起。征北府户曹版文曰："丞相刘补天子，名义宣，车骑臧今补丞相，名质，平西朱今补车骑，名修之，皆版到奉行。"义宣骇愕。爽所送法物，并留竟陵县不听进。

爽直出历阳，自采石济军，与质水陆俱下。爽遣弟瑜守蒙茏，历阳太守张幼绪请击瑜，世祖配以兵力。遣左军将薛安都步骑为前驱，别遣水军入渊，分路并会。安都进次大岘，爽已立营。世祖以贼强垒固，未可轻拔，使量宜进止。幼绪便引军退还，下狱。更遣骁骑将军垣护之代幼绪据历阳。镇军将军沈庆之系安都进军，与爽相遇于小岘。爽亲自前，将战，而饮酒过醉，安都刺爽倒马，左右范双斩首，传送京都。瑜亦为部下所斩送，进平寿阳，子弟并伏诛。

义宣初举兵，召秀加节，进号征虏将军，当继谌之俱下。雍州刺史朱修之起兵奉顺，更遣秀击修之。王玄谟闻之，喜曰："鲁秀不来，贼质易与耳。"秀至襄阳，大败而反。会益州刺史刘秀之遣军袭江陵，秀击破之。义宣还江陵，秀与共北走，众叛且尽。秀向城，上射之，中箭，赴水死，军人宗敬叔、康僧念斩首，传京邑。

赠韦处穆、杨元驹给事中，庚腾之员外散骑侍郎。爽初南归，秀以爽武人，不闲吏职，白太祖请处穆为长史以辅爽，太祖以补司马，后转长史云。

沈攸之，字仲达，吴兴武康人，司空庆之从父兄子也。父叔仁，为衡阳王义季征西长史，兼行参军，领队，又随义季镇彭城，度征北府。攸之少孤贫，元嘉二十七年，索虏南寇，发三吴民丁，攸之亦被发。既至京都，诣领军将军刘遵考，求补白丁队主。遵考谓之曰："君形陋，不堪队主。"因随庆之征讨。二十九年，征西阳蛮，始补队主。巴口建义，南中郎府板长史，兼行参军。新亭之战，身被重创，事宁，为太尉行参军，封平洛县五等侯。随府转大司马行参军。晋世京邑二岸，扬州旧置都部从事，分掌二县非违，永初以后罢省，孝建三年，复置其职。攸之掌北岸，会稽孔璪掌南岸，后又罢。攸之迁员外散骑侍郎。又随庆之征广陵，屡有功，被箭破骨。世祖以其善战，配以仇池步稍。事平，当加厚赏，为庆之所抑，迁太子旅贲中郎，攸之甚恨之。七年，遭母忧，葬毕，起为龙骧将军、武康令。

前废帝景和元年，除豫章王子尚车骑中兵参军，直阁，与宗越、谭金等并为废帝所宠，诛戮群公，攸之等皆为之用命。封东兴县侯，食邑五百户。寻迁右军将军，增邑百户。太宗即位，以例削封。宗越、谭金等谋反，攸之复召入直阁，除东海太守。未拜，会四方反叛，南贼已次近道，以攸之为宁朔将军、寻阳太守，率军据虎槛。时王玄谟为大统，未发。前锋有五军在虎槛，五军后又络驿继至，每夜各立姓号，不相禀受。攸之谓军吏曰："今众军姓号不同，若有耕夫渔父，夜相呵叱，便致骇乱，取败之道也。"乃就一军请号，众咸从之。殷孝祖为前锋都督，而大失人情，攸之内抚将士，外谐群帅，众以倚赖之。时南贼前锋钟冲之、薛常宝等屯据赭圻，殷孝祖率众军攻之，为流矢所中死，军主范潜率五百人投贼，人情震骇，并谓攸之宜代孝祖为统。时建安王休仁屯虎槛，总统众军，闻孝祖死，遣宁朔将军江方兴、龙骧将军刘灵遗各率三千人赴赭圻。攸之以为孝祖既死，贼有乘胜之心，明日若不更攻，则示之以弱。方兴名位相亚，必不为己下，军政不一，致败之由。乃率诸军主诣方兴，谓之曰："四方并反，

国家所保，无复百里之地。唯有殷孝祖为朝廷所委赖，锋镝裁交，舆尸而反，文武丧气，朝野危心。事之济否，唯在明旦一战，战若不捷，则大事去矣。诘朝之事，诸人咸谓吾应统之，自卜懦薄，干略不办及卿，今辄相推为统。但当相与戮力尔。"方兴甚悦。攸之既出，诸军主并尤之，攸之曰："卿忘廉、蔺、寇、贾之事邪？吾本以济国活家，岂计彼此之升降。且我能下彼，彼必不能下我，共济艰难，岂可自厝同异！"明旦进战，自寅讫午，大破贼于赭圻城外，追奔至姥山，分遣水军乘势进讨；又破其水军，拔胡白二城。

寻假攸之节，进号辅国将军，代孝祖督前锋诸军事。薛常宝在赭圻食尽，南贼大帅刘胡屯浓湖，以囊盛米系流查及船腹，阳覆船，顺风流下，以饷赭圻。攸之疑其有异，遣人取船及流查，大得囊米。攸之从子怀宝，为贼将帅，在赭圻，遣亲人杨公赞赍密书招诱攸之，攸之斩公赞，封怀宝书呈太宗。寻克赭圻，迁使持节、督雍、梁、南北秦四州郢州之竟陵诸军事、冠军将军、领宁蛮校尉、雍州刺史。

袁𫖮复率大众来人鹊尾，相持既久，军主张兴世越鹊尾上据钱溪，刘胡自攻之。攸之率诸将攻浓湖，𫖮遣人传唱钱溪已平，众并惧。攸之曰："不然。若钱溪实败，万人中应有逃亡得还者。必是彼战失利，唱空声以惑众耳。"勒军中不得妄动。钱溪信寻至，果大破贼。攸之悉以钱溪所送胡军耳鼻示之，𫖮骇惧，急追胡还。攸之诸军悉力进攻，多所斩获，日暮引归。鹊尾食尽，遣千人往南陵迎米，为台军所破，烧其资实，胡于是弃众而奔，𫖮亦叛走。赭圻、浓湖之平也，贼军委弃资财，珍货殷积，诸军各竞收敛，以强弱为多少。唯攸之、张兴世约勒所部，不犯秋毫，诸将以此多之。攸之进平寻阳，徙临郢州诸军事、前将军、郢州刺史，持节如故。不拜，迁中领军，封贞阳县公，食邑二千户。

时四方皆已平定，徐州刺史薛安都据彭城请降，上虽相酬许，而辞旨简略。攸之前军，置佐吏，假节，与镇军将军张永以重兵征安都。安都惧，要引索虏；索虏引大众援之。攸之等米船在吕梁，又遣军主王穆之上民口；穆之为虏攻覆米船，又破运车于武原，攸之等引退，为虏所乘，又值寒雪，士众堕指十二三。留长水校尉王玄载守下邳，积射将军沈韶守彭豫，睢陵、淮阳亦置戍，攸之还淮阴。免官，以公领职。复求进讨，上不听，人朝面陈，又不许，复归淮阴。三年六月，自率运送米下邳，并凿四周深堑，遣龙骧将军垣护之领民口还淮阴。

时军主陈显达当领千兵守下邳，攸之留待显达至，虏遣清泗间人诈告攸之云："安都欲降，求军迎接。"攸之副吴喜纳其说，咸谓宜遣千人参之，既而来者转多，喜将执弥固。攸之乃集来者告之，语曰："薛徐州早宜还朝，今能尔，深副本望。但遣子弟一人来，便当遣大军相接。君诸人既有志心，若能与薛子弟俱来者，皆即假君以本乡县，唯意所欲；如其不尔，无为空劳往还。"自此一去不反。

其年秋，太宗复令攸之进围彭城。攸之以清泗既干，

粮运不继，固执以为非宜，往反者七。上大怒，诏攸之曰："卿春中求伐彭城，吾恐军士疲劳，且去冬奔散，人心未宜复用，不许卿所启。今便不肯为吾行邪？卿若不行，便可使吴喜独去。"攸之惧，乃奉旨进军。行至迟墟，上悔，追军令反。攸之还至下邳，而陈显达于睢口为房所破，龙骧将军姜产之、司徒参军高遵世战没。房追攸之甚急，因交战，被稍创，会暮，引军入显达垒，夕众散，八月十八日也。攸之弃众南奔。

初，吴兴丘幼弼、丘隆先、沈诞、沈荣守、吴陆道量，并以文记之才随攸之，及张永北讨，永一奔，攸之再败，幼弼等并皆陷没。攸之还淮阴，以为持节、假冠军将军、行南兖州刺史。追赠姜产之左军将军，高遵世屯骑校尉。

四年，征攸之为吴兴太守，辞不拜。乃除左卫将军，领太子中庶子。五年，出为持节、监郢州诸军、郢州刺史。为政刻暴，或鞭士大夫，上佐以下有忤意，辄面加詈辱。将吏一人亡叛，同籍符伍充代者十余人。而晓达吏事，自强不息，士民畏惮，人莫敢欺。闻有虎，辄自围捕，往无不得，一日或得两三。若逼暮不获禽，则宿昔围守，须晓自出。赋敛严苦，征发无度，缮治船舸，营造器甲。自至夏口，便有异图。六年，进监豫州之西阳、司州之义阳二郡军事，进号镇军将军。

泰豫元年，太宗崩，攸之与蔡兴宗在外藩，同豫顾命，进号安西将军，加散骑常侍，给鼓吹一部。未拜，会巴西民李承明反，执太守张澹，蜀土骚扰。时荆州刺史建平王景素被征，新除荆州刺史蔡兴宗未之镇，乃遣攸之权行荆州事。攸之既至，会承明已平，乃以攸之都督荆、湘、雍、益、梁、宁、南北秦八州诸军事，镇西将军，荆州刺史，持节、常侍如故。至荆州，政治如在夏口，营造舟甲，常如敌至。时幼主在位，群公当朝，攸之渐怀不臣之迹，朝廷制度，无所遵奉。

江州刺史桂阳王休范密有异志，以微旨动攸之，使道士陈公昭作天公书一函，题云"沈丞相"，送付攸之之门者；攸之不开书，推得公昭，送之朝廷。后废帝元徽二年，休范举兵袭京邑，攸之谓僚佐曰："桂阳今反朝廷，必声云与攸之同。若不颠沛勤王，必增朝野之惑。"于是遣军主孙同、沈怀奥兴军驰下，受郢州刺史晋熙王燮节度。同等始过夏口，会休范平，还。进攸之号征西大将军、开府仪同三司，固让开府。

攸之自擅阃外，朝廷疑惮之，累欲征入，虑不受命，乃止。群公称皇太后令，遣中使问攸之曰："久劳于外，宜还京辇，然任寄之重，换代殊为未易，还止之宜，一以相委。"欲以观察其意。攸之答曰："荷国重恩，名器至此，自惟凡陋，本无廊庙之姿。至如戍防一蕃，扑讨蛮蜓，可强充斯任。虽自上如此，岂敢厝心去留，归还之事，伏听朝旨。"朝廷逾慑惮，征议遂息。四年，建平王景素据京城反，攸之复应朝廷；景素寻平。

初元嘉中，巴东、建平二郡，军府富实，与江夏、竟陵、武陵并为名郡。世祖于江夏置郢州，郡罢军府，竟陵、武陵亦并残坏，巴东、建平为峡中蛮所破，至是民人流离，存者无几。其年春，攸之遣军入峡讨蛮帅田五郡等。及景素反，攸之急追峡中军，巴东太守刘攘兵、建平太守刘道欣并疑攸之自有异志，阻兵断峡，不听军下。时攘兵元子天赐为荆州西曹，攸之遣天赐譬说之，令其解甲，一无所问。攘兵见天赐，知景素实反，乃释甲谢愆，攸之待之如故，后以攘兵为府司马。刘道欣坚守建平，攘兵譬说不回，乃与伐蛮军攻之，破建平，斩道欣。

台直阁高道庆家在江陵，攸之初至州，道庆时在家，牒其亲戚十余人，求州从事西曹，攸之为用三人。道庆大怒，自入州取教，毁之而去。及还都，不诣攸之别。道庆至都，云："攸之聚众缮甲，奸逆不久。"杨运长等常相疑畏，乃与道庆密遣刺客，赍废帝手诏，以金饼赐攸之州府佐吏，进其阶级。时有象三头至江陵城北数里，攸之自出格杀之，忽有流矢集攸之马障泥，其后刺客事发。

废帝既殒，顺帝即位，进攸之号车骑大将军、开府仪同三司，加班剑二十人。遣攸之长子司徒左长史元琰赍废帝剖研之具以示攸之。元琰既至江陵，攸之便有异志，腹心议有不同，故其事不果。其年十一月，乃发兵反叛。攸之素蓄士马，资用丰积，至是战士十万，铁马二千。遣使要雍州刺史张敬儿、梁州刺史范伯年、司州刺史姚道和、湘州行事庾佩玉、巴陵内史王文和等。敬儿、文和斩其使，驰表以闻；伯年、道和、佩玉怀两端，密相应和。

十二月十二日，攸之遣其辅国将军、中兵参军、督前锋军事孙同，率宁朔将军中兵参军武宝、龙骧将军骑兵参军朱君拔、宁朔将军沈慧真、龙骧将军中兵参军王道起；又遣司马、冠军将军刘攘兵，率宁朔将军外兵参军公孙方平、龙骧将军骑兵参军朱灵宝、龙骧将军骑兵参军沈僧敬、龙骧将军高茂；又遣辅国将军中兵参军王灵秀、辅国将军中兵参军丁珍东，率宁朔将军中兵参军王珍之、宁朔将军外兵参军杨景穆，相继俱下。攸之自率辅国将军录事参军兼司马武茂宗、辅国将军中兵参军沈韶、宁朔将军中兵参军皇甫贤、宁朔将军中兵参军胡钦之、龙骧将军中兵参军东门道顺，闰十二月四日至夏口。攸之将发江陵，使沙门释僧楔筮之，曰："不至京邑，当自郢州回还。"意甚不悦。初，江津有云气，状如尘雾，从西北来，正盖军上。至沌口，云："当问讯安西，暂泊黄金浦。"既登岸，郢城出军击之。攸之闻齐王世子据盆口，震慑不敢下，因攻郢城。时齐王辅政，遣众军西讨。尚书符征西府曰：

尊冠贱屦，君臣之位，奉顺忌逆，成败斯兆，未有凭陵我郊圻，侵轶我河县，而不焚师殪甲，靡旗乱辙者也。沈攸之少长庸贱，擢自閽伍，邀百战之运，乘一捷之功，镌山裂地，腰金拖紫，穷贵于国，极富于家。拥旄蕃伯，便无北面之礼；受督志屏，即专征之畔。橘柚不荐，璆瑶罕入，箕赋深敛，毒被南鄙，枉绳矫墨，害著西荆，饕餮其心，溪壑其性，从始至终，沿壮得老。今遂驱迫妖党，缮集尪卒，结衅外城，送死中甸，是而可忍，孰不要怀！

今遣新除使持节督郢州之义阳诸军事平西将军郢州刺史闻喜县开国侯黄回、员外散骑常侍冠军骁骑将军南临淮太守重安县开国子军主王敬则、辅国将军屯骑校尉长寿县开国男王宜与、辅国将军南高平太守军主陈承叔、辅国将军左军将军南濮阳太守葛阳县开国男军主彭文之、龙骧将军骠骑行参军主召宰，精甲二万，前锋云腾。又遣散骑常侍领游击将军湘南县开国男新除使持节督湘州诸军事征虏将军湘州刺史军主吕安国、屯骑校尉宁朔将军崔慧景、辅国将军军主任候伯、辅国将军骁骑将军军主萧顺之、辅国将军游击将军军主垣崇祖、宁朔将军虎贲中郎将军主尹略、屯骑校尉南城令曹虎头，舳舻二万，骆驿继迈。又遣辅国将军后军将军右军中兵参军事军主苟元宾、宁朔将军抚军中兵参军事军主郭文孝、龙骧将军抚军中兵参军事军主程隐隽，轻艓一万，截其津要。新除持节督广交越宁湘州之广兴诸军事领平越中郎将征虏将军广州刺史统马军主沌阳县开国子周盘龙、辅国将军后军统马军主张文憘、龙骧将军军主薛道渊、冠军将军游击将军并州刺史南清河太守太原公军主王敕勤、龙骧将军射声校尉王洪范、龙骧将军冗从仆射军主成置等，铁马五千，龙骧后陈。凡此诸帅，莫不勇力动天，劲志驾日，接冲拔距，鹰瞵鹗视，顾盼则前后风生，喑呜则左右电起，以此攻城，何城不克，以此赴敌，何陈能坚。然后銮戎薄临，龙虎百万，六军齐轨，五辂舒旆，丹檻发照，素甲生波，楼烦白羽，投鞍成岳，渔阳墨骑，浴铁为群，芝艾同焚，悔将何及。

符到之日，幸加三省。其锋陈营壁之主，驱逼寇手之人，若有投命军门，一无所问。或能囘罪立绩，终不尔欺，斩裾射敌，唯功是与。能斩送攸之首，封三千户县公，赐布绢各五千匹。信如河海，皎然无贰。飞火军摄文书，千里驿行。齐王出顿新亭，驰檄数攸之罪恶，曰：

夫弯弓射天，未见能至；挥戈击地，多力安施。何则？逆顺之势定殊，祸福之验易原也。是以违乎天者，鬼神不能使其成；会乎人者，圣哲不能令其毁。故刘濞赖七国连兵之势，隗嚣恃跨河据陇之资，毋丘俭伐其逾海越岛之功，诸葛诞矜其待士爱民之德，彼四子者，皆以世雄杰，以犯顺取祸，覆窟倾巢，为竖子笑。况乎行陈凡才，斗筲小器，而怀问鼎之志，敢构无君之逆哉！

逆贼沈攸之，出自莱亩，寂寥累世，故司空沈公以从父宗荫，爱之若子，卵翼吹嘘，得升官秩。废帝昏悖，猜畏柱臣，攸之贪竞乘机，凶忍趋利，躬行反噬，请衔诛旨。又攸之与谭金、童太壹等并受宠任，朝为牙爪，同功共体，世号三侯，当时亲昵，情过管鲍。遭仰革运，凶党惧戮，攸之狡猾用数，图全卖祸，既杀从父，又害良朋。虽吕布贩君，郦寄卖友，方之斯人，未足为酷。此其不信不义，言诈翻覆，诸夏之所未有，夷狄之所不为也。泰始开辟，网漏吞舟，略其凶险，取其搏噬，故得阶乱获全，因祸保福。攸之空浅，躁而无谋，浓湖崩挫，本非己力；及北伐彭泗，望贼宵奔；重讨下邳，一鼓而遁；再鄽王师，又应肆法。先帝英圣，量深河海，宥其回溪之败，冀收曲崤

之捷，故得推迁幸会，顿升崇显，内端戎禁，外临方牧。圣灵鼎湖，远颁顾命，托寄崇深，义感金石。而攸之始奉国讳，喜见于容，普天同哀，己以为庆。此其乐祸幸灾，大逆之罪一也。

又攸之累登蕃兵，自郢迁荆，晋熙殿下以皇弟代镇，地尊望重，攸之肆情陵侮，断割候迎，料择士马，简算器甲，精器锐士，并取自随，郢城所留，十不遗一，专擅略房，罔顾国典。此其苞藏祸志，不恭不虔，大逆之罪二也。

又攸之践荆以来，恒用奸数，既欲兴兵，宜有因假，遂乃蹙迫群蛮，骚扰山谷，扬声讨伐，尽户发上，蚁聚郢邑，伺国盛衰，从来积年，永不解甲。遂使四野百县，路无男人；耕田载租，皆驱女弱。自古酷虐，未闻有此。其侮蔑朝廷，大逆之罪三也。

去昔桂阳奇兵口起，京师内奰，宗庙阽危。攸之任居上流，兵强地广，救援颠沛，实宜悉力。国家倒悬，方思享虑，威遣弱卒三千，并皆羸老，使就郢州，禀受节度，欲令判否之日，委罪晋熙。何其平日韜张，实轻周、邵，尔时恭谨，虚重皇戚。此其伏慝藏诈，持疑两端，大逆之罪四也。

又攸之累据方州，跋扈滋甚，招诱轻狡，往者咸纳；羁绊行侣，过境必留。仕子穷困，不得归其乡；商人毕命，无由还其土。叛亡入境，辄加拥护；逃遁出界，必遣穷追。此其大逆之罪五也。

又攸之自任专恣，恃行惨酷，视吏若仇，遇民如草。峻太半之赋，暴参夷之刑。鞭捶国士，全用房法；一人逃亡，阖宗补代。毒遍婴孩，虐加斑白。狱囚恒满，市血常流。男不得耕，女不得织。奔驰道路，号哭动天。皇朝赦令，初不遵奉，欲杀欲击，故旷荡之泽，长隔彼州。此其无君陵上，大逆之罪六也。

苍梧狂凶，衅深桀、纣，猜贰外蕃，鸱目西顾。留其长息元琰，以为交质；父子分张，弥积年稔。赖社稷灵长，独夫遄戮，攸之豫禀心灵，宜同欢幸。遂迷惑颠倒，深相嗟惜。举言哀桀，扬声吠尧。此其不辨是非，罔识善恶，违情背理，大逆之罪七也。

废昏立明，先代盛典，交、广先到，梁、秦蚤及，而攸之密迹内畿，川涂弗远，驿书至止，晏若不闻，末遣章表，奄积旬朔。防风后至，夏典所诛，此其大逆之罪八也。

升明肇历，恩深泽远，申其父子之情，矜其骨肉之恩，驰遣元琰，衔使西归，并加崇授，宠贵重叠。元琰达西，便应反命，攸之得此集聚，蒙谁之恩？不荷盛德，反生仇衅，此其大逆之罪九也。

攸之以溪壑之性，含枭鸩之肠，直置天壤，已称丑秽。况乃举兵内侮，逞肆奸回，斯实恶熟罪成之辰，决痈溃疽之日。幕府以荷朝寄，义百常愤，董司元戎，龚行天罚。今皇上圣明，将相仁厚，约法三章，轻刑缓赋，年登岁稔，家给人足，上有惠和之泽，下无乐乱之心。攸之不识天时，妄图奸逆，举无名之师，驱怨仇之党。是以朝野审其易取，含识判其成禽。熊罴

厉爪，蓄攫裂之心；虎豹摩牙，起吞噬之愤。鼓怒则冰原激电，奋发则霜野奔雷，以此定乱，岂移晷刻。虽复众徒梗陆，举郡阻川，何足以抗沸海之涛，当烧山之焰。

彼土士民，罹毒日久，逃窜无路，常所悯然。今复相逼，起接锋刃，交战之日，兰艾难分。土崩倒戈，宜为蚕计，无使一人迷昧，而九族就祸也。弘宥之典，有如皎日。

攸之尽锐攻郢州，行事柳世隆随宜距应，屡摧破之。攸之与武陵王赞笺曰："江陵一总八州，地居形胜，镇抚之重，宜以上归。本欲仰移节盖，改临荆部，所以未具上闻者，欲待至止，面自咨申。不图重关击柝，觐接莫由。若使匡朝之诚，终蔽于圣察，袭远之举，近拥于郢都，则无以谢烈士之心，何用塞义夫之志，便不犯关陵汉，期一接奉。若夫斩蛟陷石之卒，裂骼卷铁之将，烟腾飙迅，容或惊动左右，苟不获已，敢不先布下情。"又曰："下官位重分陕，富兼金穴，子弟胜衣，爵命已及，亲党辨菽，抽序便加，耳倦弦歌，口厌粱肉，布衣若此，复欲何求？岂不知俯眉苟安，保养余齿，何为不计百口，甘冒危难。诚感历朝之遇，欲报之于皇家尔。昧理之徒，谓下官怀无厌之愿，既贯诚于白日，不复明心于殿下。若使天必丧道，忠节不立，政复阖门碎灭，百死无恨。但高祖王业艰难，太祖勋劳日昃，卜世不尽七百之期，宗社已成他人之有。家国之事，未审于圣心何如？"

攸之遣中兵参军公孙方平马步三千向武昌，太守臧涣弃郡投西阳太守王毓，奔于盆口，方平因据西阳。建宁太守张谟率二守千人攻之，方平破走。攸之攻郢城久不决，众心离沮。升明二年正月十九日夜，刘攘兵烧营入降郢城，众于是离散，不可复制。将晓，攸之斩刘天赐，率大众过江，至鲁山，诸军因此散走。还向江陵，未百余里，闻城已为雍州刺史张敬儿所据，无所归，乃与第三子中书侍郎文和至华容界，为封人所斩送。

攸之初下，留元琰守江陵，张敬儿克城，元琰逃走。第五子幼和、幼和弟灵和、元琰子法先、懿子□□、文和子法征、幼和子法茂，并为敬儿所禽，伏诛。初，文和尚齐王女义兴宪公主，公主早薨，有二女，至是齐王迎还第内。今皇帝即位，听攸之及诸子丧还葬墓。攸之第二子懿，太子洗马，先攸之卒。攸之弟登之，新安太守，去职在家，为吴兴太守沈文季所收斩。登之弟雍之，鄱阳太守，先攸之卒。诏以雍之孙僧照为义兴公主后。雍之与攸之异生，诸弟中最为谨，尤见亲爱。攸之性俭吝，子弟不得妄用财物，唯恣雍之所须，辄取斋中服饰，分与亲旧，以此为常。雍之弟荣之，尚书库部郎，亦先攸之卒。

攸之晚好读书，手不释卷，《史》、《汉》事多所谙忆，常叹曰："早知穷达有命，恨不十年读书。"及攻郢城，夜遇风浪，米船沉没，仓曹参军崔灵凤女幼适柳世隆子，攸之正色谓曰："当今军粮最急，而卿不以在意，将由与城内婚姻邪？"灵凤答曰："乐广有言，下官岂以五男易一女。"攸之欢然意解。

初，攸之招集才力之士，随郡人双泰真有干力，召不肯来。后泰真至江陵卖买，有以告攸之者，攸之因留之，补队副，厚加料理。泰真无停志，少日叛走，攸之遣二十人被甲追之，逐讨甚急。泰真杀数人，余者不敢近。欲过家将母去，事迫不获，单身走入蛮；追者既失之，录其母而去。泰真既失母，乃出自归，攸之不罪，曰："此孝子也。"赐钱一万，转补队主，其矫情任算皆如此。

初，攸之之贱时，与吴郡孙超之、全景文共乘小船出京都，三人共上引埭，有一人止而相之曰："君三人皆当至方伯。"攸之曰："岂有三人俱有此相？"相者曰："骨法如此，若有不验，便是相书误耳。"其后攸之为郢、荆二州，超之广州，景文豫州刺史。攸之初至郢州，有顺流之志。府主簿宗俨之劝攻郢城，功曹臧寅以为："攻守势异，非旬日所拔，若不时举，挫锐损威。今顺流长驱，计日可捷，既倾根本，则郢城岂能自固。"攸之不从，既败，诸将帅皆奔散，惟寅曰："我委质事人，岂可苟免。我之不负公，犹公之不负朝廷也。"乃投水死。寅，字士若，东莞莒人也。

先是，攸之在郢州，州从事辄与府录事鞭，攸之免从事官，而更鞭录事五十。谓人曰："州官鞭府职，诚非体要，由小人凌侮士大夫。"仓曹参军事边荣为府录事所屠，攸之自为荣鞭杀录事。攸之自江陵下，以荣为留府司马，守城。张敬儿将至，人或说之使诣敬儿降，荣曰："受沈公厚恩，共如此大事，一朝缓急，便改易本心，不能行也。"城败，见敬儿，敬儿问曰："边公何不早来？"荣曰："沈公见留守城，而委城求活，所不忍也。本不蕲生，何须见问。"敬儿曰："死何难得。"命斩之，欢笑而去，容无异色。泰山程邕之者，素依随荣，至是抱持荣曰："与边公周游，不忍见边公前死，乞见杀。"兵不得行戮，以告敬儿，敬儿曰："求死甚易，何为不许。"先杀邕之，然后及荣。三军莫不垂泣，曰："奈何一日杀二义士。"比之臧洪及陈容。荣，金城人也。

废帝之殒也，攸之欲起兵，问其知星人葛珂之。珂之曰："自古起兵，皆候太白。太白见则成，伏则败。昔桂阳以太白伏时举兵，一战授首，此近世明验。今萧公废昏立明，政值太白伏时，此与天合也。且太白寻出东方，东方利用兵，西方不利。"故攸之止不反。及后举兵，珂之又曰："今岁星守南斗，其国不可伐。"攸之不从。凡同逆丁珍东、孙同、裴茂仲、武、宗俨之并伏诛。攸之表檄文疏，皆俨之词也。臧涣诣盆城自归，今皇帝命斩之。余同恶或为乱军所杀，或遇赦得原。

史臣曰：臧质虽贪虐凶树，问望多阙，奉义治流，本无吞噬之志也。徒欲以幼君弱政，期之于世祖，据有中流，嗣桓、庾之业。既主异穆、哀，臣皆代党，虽礼秩外厚，而疑防内深，功高位重，终非自安之地，至于陵天犯顺，其出于此乎！攸之伺隙西郢，年逾十载，擅命专威，无君已积。及天厌宋道，鼎运将离，不识代德之纪，独迷乐推之数，公休既覆其族，攸之亦屠厥身。夫以衅乱自终，固异代如一也。

卷七十五　　　列传第三十五

王僧达　颜竣

王僧达，琅邪临沂人，太保弘少子。兄锡，质讷乏风采。太祖闻僧达蚤慧，召见于德阳殿，问其书学及家事，应对闲敏，上甚知之，妻以临川王义庆女。

少好学，善属文。年未二十，以为始兴王浚后军参军，迁太子舍人。坐属疾，于杨列桥观斗鸭，为有司所纠，原不问。性好鹰犬，与闾里少年相驰逐，又躬自屠牛。义庆闻如此，令周旋沙门慧观造而观之。僧达陈书满席，与论文义，慧观酬答不暇，深相称美。与锡不协，诉家贫，求郡，太祖欲以为秦郡，吏部郎庾炳之曰："王弘子既不宜作秦郡，僧达亦不堪莅民。"乃止。寻迁太子洗马，母忧去职。兄锡罢临海郡还，送故及奉禄百万以上，僧达一夕令奴辇取，无复所余。服阕，为宣城太守。性好游猎，而山郡无事，僧达肆意驰骋，或三五日不归，受辞讼多在猎所。民或相逢不识，问府君所在，僧达曰："近在后。"元嘉二十八年春，索虏寇逼，都邑危惧，僧达求入卫京师，见许。贼退，又除宣城太守，顷之，徙任义兴。

三十年，元凶弑立，世祖入讨，普檄诸州郡；又符郡发兵，僧达未知所从。客说之曰："方今衅逆滔天，古今未有，为君计，莫若承义师之檄，移告傍郡，使工言之士，明示祸福，苟在有心，谁不响应，此策上也。如其不能，可躬率向义之徒，详择水陆之便，致身南归，亦其次也。"僧达乃自候道南奔，逢世祖于鹊头，即命为长史，加征虏将军。初，世祖发寻阳，沈庆之谓人曰："王僧达必来赴义。"人问其所以，庆之曰："虏马饮江，王出赴难，见在先帝前，议论开张，执would明决，以此言之，其至必也。"

上即位，以为尚书右仆射，寻出为使持节、南蛮校尉，加征虏将军。时南郡王义宣求留江陵，南蛮不解，不成行。仍补护军将军。僧达自负才地，谓当时莫及。上初践阼，即居端右，一二年间，便望宰相。及为护军，不得志，乃启求徐州，曰：

臣衰索余生，逢辰藉业，先帝追念功臣，眷及遗贱，饰短捐陋，布策稠采，从官委褐，十有一载。早凭庆泰，脱亲盛明，而有志于学，无独见之敏，有务在身，无偏鉴之识，固不足建言世治，备辨时宜。窃以天恩不可终报，尸素难可久处，故猖狂芜谬，每陈所怀。

陛下孝诚发衷，义顺动物，自龙飞以来，实应九服同欢，三光再朗。而臣假视巷里，借听民谣，黎氓口口，未缔其感，远近风议，不获稍进，臣所用风宵疾首，寤寐疚心者也。臣取之前载，譬之于今。当汉文之时，可谓藉已成之业，据既安之运，重以布衣菲食，忧勤治道，而贾谊披露乃诚，犹有叹哭之谏。况今承颠沛，万机惟始，恩未及普，信未遑周。臣又闻前达有言，天下，重器也，一安不可卒危，一危亦不可卒安。陛下神思渊通，亦当鉴之圣虑。

窃谓当今之务，惟在万有为己，家国同忧，允彼庶心，从民之欲。民有咨瘝之声，君表纳隍之志。下有怨弊之苦，上无侈豫之情。又应官酌其才，爵畴其望，与失不赏，宁失不刑。至若枢任重司，藩捍要镇，治乱攸寄，动静所闲，百度惟新，或可因而弗革，事在适宜，无或定其出处。天下多才，在所用之。

臣非惟寄观世路，谬识其难，即之于身，详见其弊。何者？臣虽得免墙面，书不入于学伍，行无怨庆，自无近于才能，直以荫托门世，夙列荣齿。且近虽奔进江路，归命南阙，竟何功效，可以书赏。而频出内宠，陛下绸缪数旬之中，累发明诏。自非才略有素，声实相任，岂可闻而弗惊，履而无惧。固宜退省身分，识恩之厚，不知报答，当在何期。夫见危致命，死而后已，皆殷勤前诰，重其忘生。臣感先圣格言，思在必效之地，使生获其志，死得其所。如使臣享厚禄，居重荣，衣狐坐熊，而无事于世者，固所不能安也。

今四夷犹警，国未忘战，辫发凶诡，尤宜裁防。间者天兵未获，已肆其轻汉之心，恐戎狄贪惏，犹怀匪逊。脱以神州暂扰，中夏兵饥，容或游魂塞内，重窥边垒。且高秋在节，胡马兴威，宜图其易，蚤为之所。臣每一日三省，志在报效，远近小大，顾其所安，受效偏方，得司者则虑之所办，情有不疑。若首统军政，董勒天兵，既才所不周，实诚亦非愿。陛下矜谅已厚，愿复曲体此心。护军之任，臣不敢处，彭城军府，即时过立。且臣本在驱驰，非希崇显，轻智小号，足以自安。愿垂鉴恕，特赐申奖，则内外荣荷，存没铭分。

上不许。僧达三启固陈，上甚不说。以为征虏将军、吴郡太守。期岁五迁，僧达弥不得意。吴郭西台寺多富沙门，僧达求须不称意，乃遣主簿顾旷率门义劫寺内沙门竺法瑶，得数百万。荆、江反叛，加僧达置佐领兵，台符听置千人，而辄立三十队，队八十人。又立宅于吴，多役公力。坐免官。

初，僧达为太子洗马，在东宫，爱念军人朱灵宝，及出为宣城，灵宝已长，僧达诈列死亡，寄宣城左永之籍，注以为己子，改名元序，启太祖以为武陵国典卫令，又以补竟陵国典书令，建平国中军将军。孝建元年春，事发，又加禁锢。上表陈谢云："不能因依左右，倾意权贵。"上愈怒。僧达族子确年少，美姿容，僧达与之私款。确叔父休为永嘉太守，当将确之郡，僧达欲逼留之，确知其意，避不复往。僧达大怒，潜于所住屋后作大坑，欲诱确来别，因杀而埋之。从弟僧虔知其谋，禁呵乃止。御史中丞刘瑀奏请收治，上不许。

孝建三年，除太常，意尤不悦。顷之，上表解职，曰：

臣自审庸短，少阙宦情，兼宿抱重疾，年月稍甚，生平素念，愿闲衡庐。先朝追远之恩，早见荣齿。曩者以亲贫须养，黾勉从禄，解褐后府，十有余旬。俄迁舍人,殆不朝直。实无缘坐阅宸宠,尸爵家庭,情计二三,屡经闻启,终获允亮,赐反初服。还私未用,又擢为洗马,意旨优隆,其令且拜,许有郡缺,当务处置。会琅邪迁改,即蒙敕往反神翰,慈诱殷勤,令装成即自随。灵宝往年沦覆长溪,因彼散失,仰感沉恩,俯铭浮宠。臣蝉积祸并,仍丁艰罚,聊及视息,即蒙逮问,具启以奉营情事,负举猥多。赐莅宣城,极其穷踬。仲春移任,方冬便值房南侵。臣忝同肺腑,情为义动,苦求还都,侍卫辇毂。至止之日,戎旗已寨。在郡虽浅,而贪得分了,方拂农衣,还事耕牧,宣城民庶,诣阙见请。尔时敕亡从兄僧绰宣见留之旨。暗疾寡任,野心素积,仍附启苦乞且旋任。还务未期,亡兄臣锡奄见弃背,启解奔赴,赐带郡还都,曾未淹积,复除义兴。

臣自天飞海泳,岂假鳞翼,徒思横施,与日而深。自处官以来,未尝有涓毫之积,羸疾暗疾,又无人一诺。而性狎林水,偏爱禽鱼,议其所托,动乖治要。故收崖敛分,无忘俄顷,实由有待难供,上装未立,东郡奉轻,西陕禄重。具陈蕲恳,备执初愿,气置江、湘远郡,一二年中,庶反耕之日,粮药有寄。即蒙亮许,当赐矜擢。

遭逢厄运,天地崩离,世蒙圣朝门情之顾,及在臣身,复荷殊识,义虽君臣,恩犹父子。臣诚庸蔽,心过草木,奉讳之日,不觉捐身。单躯弱嗣,千里共气,继罹凶涂,动临危尽,生微朝露,不察如丝,信顺所扶,得获全济,再见天地,重睹三光。于时兄子僧亮等幽寄丑逆,尽室狱户,山川险阻,吉凶路塞,悠远之思,谁能勿劳。尝胆濡足,是其公愿,分心挂腹,实亦私苦。

幸属圣武,克复大业,宇宙廓清,四表靖晏。臣父子叔侄,同获泰辰,造情追寻,归骨之本,欲以死明心,误有余辰;情愿已展,避逆向顺,终古常节,智力无效,有何勋庸,而频烦荣宠,动逾分次。但忽病之日,不敢固辞,故吞诉于鹊渚,饮愧于新亭。及元凶既殄,人神获乂,端右之授,即具陈请。天慈优渥,每越常伦,南蛮、护军,旬月私授。臣三省非分,必致孤负,居常轻任,尚惧网墨,况参要内职,承宠外畿,其取覆折,不假识见。故披诚自诉,表疏相属,或乞轻高就卑,或愿以闲易要,言誓致苦,播于辞牍,诚知固陋,当触明科。去岁往年,累犯刑禁,理无申可,罪有恒典,虚秽朝序,惭累家业,臣甘其终,物议其尽。陛下弃其身瑕,矜其贵戚,迁略法宪,曲相全养。臣一至之感,口此何忘。利伊恩升,加以今位,当时震惊,收是失所,本忘闲情,不敢闻命。内虑于己,外访于亲,以为天地之仁,施不期报,再造之恩,不可妄属。故洗拂灰壤,登沐膏露,上处圣泽,下更生辰,合芳离蜕,遐迩改观。但偷荣托幸,忽移此岁,自见妨久,转不可宁,宜其沈放,志事俱尽。

伏愿陛下承太始之德,加成物之恩,及臣狂蔽未至,得于荣次自引,圣朝厚终始之惠,孤臣保不泯之泽。夫让功为高,臣无功而让;专素为美,臣荣采已积。以是求退,诚亦可愍。又妻子为居,更无余累,婢仆十余,粗有田入,岁时是课,足继朝昏。兼比日眩瞀更甚,风虚渐剧,腠理合闭,荣卫惛底,心气忡弱,神志衰散,念此根疵,不支岁月。公私诚愿,宜蒙谅许,乞徇余辰,以终琐运。白水皎日,不足为譬,愿垂矜鉴,哀申此请。

僧达文旨抑扬,诏付门下。侍中何偃以其词不逊,启付南台,又坐免官。顷之,除江夏王义恭太傅长史、临淮太守,又徙太宰长史,太守如故。大明元年,迁左卫将军,领太子中庶子。以归顺功,封宁陵县五等侯。二年,迁中书令。

先是,南彭城蕃县民高阇、沙门释昙标、道方等共相诳惑,自言有鬼神龙凤之瑞,常闻箫鼓音,与秣陵民蓝宏期等谋为乱。又要结殿中将军苗允、员外散骑侍郎严欣之、司空参军阚千纂、太宰府将程农、王恬等,谋克二年八月一日夜起兵攻宫门,晨掩太宰江夏王义恭,分兵袭杀诸大臣,以阇为天子。事发觉,凡党与死者数十人。

僧达屡经狂逆,上以其终无悛心,因高阇事陷之,下诏曰:"王僧达余庆所钟,早登荣观,轻险无行,暴于世谈。值国道中艰,尽室愿效,甄其薄诚,贳其鸿愆,爵遍外内,身穷荣宠。曾无在泮,食椹怀音,乃协规西楚,志扰东区,公行剽掠,显夺凶党,倚结群恶,诬乱视听。朕每容隐,思加荡雪,曾无犬马感恩之志,而炎火成燎原之势,涓流兆江河之形,遂唇齿高阇,契规苏宝,搜详妖图,觇察象纬。逮贼长临枭,余党就鞫,咸布辞狱牒,宣言虚市,犹欲隐忍,法为情屈。小丑纷纭,人扇方甚,矫构风尘,志希非觊,固已达诸公卿,彰于朝野。朕焉得轻宗社之重,行匹夫之仁。殄山诛邪,圣典所同,戮讽翦律,汉法攸尚。便可收付延尉,肃正刑书。故太保华容文昭公弘契阔历朝,绸缪眷遇,岂容忘兹勋德,忽其世祀,门爵国姻,一不贬绝。"于狱赐死,时年三十六。

子道琰,徙新安郡。前废帝即位,得还京邑。后废帝元徽中,为庐陵国内史,未至郡,卒。苏宝者,名宝生,本寒门,有文义之美。元嘉中立国子学,为《毛诗》助教,为太祖所知,官至南台侍御史,江宁令。坐知高阇反不即启闻,与阇共伏诛。

颜竣,字士逊,琅邪临沂人,光禄大夫延之子也。太祖问延之:"卿诸子谁有卿风?"对曰:"竣得臣笔,测得臣文,㚟得臣义,跃得臣酒。"

竣初为太学博士,太子舍人,出为世祖抚军主簿,甚被爱遇,竣亦尽心补益。元嘉中,上不欲诸王各立朋党,将召竣补尚书郎。吏部尚书江湛以为竣在府有称,不宜回改,上乃止。遂随府转安北、镇军、北中郎府主簿。二十八年,虏自彭城北归,复求互市,竣议曰:"愚以为与虏和亲无益,已然之明效。何以言其然? 夷狄之欲侵暴,正苦力之不足耳。未尝拘制信义,用辍其谋。昔年江上之役,乃是和亲之所招。历稔交聘,遂求国婚,朝廷羁縻之义,依违不绝,既积岁月,渐不可诬,兽心无厌,重以忿怒,故至于深入。幸今因兵交之后,华、戎隔判,若言互市,则复开囊敝之萌。议者不过言互市之利在得马，今弃此所重，得彼下驷，千匹以上，尚不足言，况所得之数，裁不十百邪。一相交关，卒难闭绝。寇负力玩胜，骄黠已甚，虽云互市，实觇国情，多赡其求，则桀骜罔已，通而为节，则必生边虞。不如塞其端渐，杜其觊望，内修德化，外经边事，保境以观其衅，于是为长。"

初，沙门释僧含粗有学义，谓竣曰："贫道粗见谶记，当有真人应符，名称次第，属在殿下。"竣在彭城尝向亲人叙之，言遂宣布，闻于太祖。时元凶巫蛊事已发，故上不加推治。世祖镇寻阳，迁南中郎记室参军。三十年春，以父延之致仕，固求解职，不许。赐假未发，而太祖崩问至，世祖举兵入讨。转谘议参军，领录事，任总外内，并造檄书。世祖发寻阳，便有疾，领录事自沈庆之以下，并不堪相见，唯竣出入卧内，断决军机。时世祖屡经危笃，不任咨稟，凡厥众事，竣皆专断施行。世祖践阼，以为侍中，俄迁本卫将军，加散骑常侍，辞常侍，见许。封建城县侯，食邑二千户。

孝建元年，转吏部尚书，领骁骑将军。留心选举，自强不息，任遇既隆，奏无不可。其后谢庄代竣领选，意多不行。竣容貌严毅，庄风姿甚美，宾客喧诉，常欢笑答之。时人为之语曰："颜竣嗔而与人官，谢庄笑而不与人官。"

南郡王义宣、臧质等反，以竣普领军。义宣、质诸子藏匿建康、秣陵、湖熟、江宁县界，世祖大怒，免丹阳尹褚湛之官，收四县官长，以竣为丹阳尹，加散骑常侍。先是，竣未有子，而大司马江夏王义恭诸子为元凶所杀，至是并各产男，上自为制名，名义恭子为伯禽，以比鲁公伯禽，周公子之子也；名竣子为辟强，以比汉侍中张良之子。

先是，元嘉中，铸四铢钱，轮郭形制，与五铢同，用费损，无利，故百姓不盗铸。及世祖即位，又铸孝建四铢。三年，尚书右丞徐爰议曰："贵货利民，载自五政，开铸流圜，法成九府，民富国实，教立化光。及时移俗易，则通变适用，是以周、汉俶迁，随世轻重。降及后代，财丰用足，因条前宝，无复改创。年历既远，丧乱屡经，埋焚剪毁，日月销减，货薄民贫，公私俱困，不有革造，将至大乏。谓应式遵古典，收铜缮铸，纳赎刊刑，著在往策，今宜以铜赎刑，随罚为品。"诏可。铸钱形式薄小，轮廓不成。于是民间盗铸者云起，杂以铅锡，并不牢固。又剪凿古钱，以取其铜，钱转薄小，稍违官式。虽重制严刑，民吏官长坐死免者相系，而盗铸弥甚，百物踊贵，民人患苦。乃立品格，薄小无轮郭者，悉加禁断。

始兴郡公沈庆之立议曰："昔秦币过重，高祖是患，普令民铸，改造榆荚，而货轻物重，又复乖时。太宗放铸，贾谊致讥，诚以采山术存，铜多利重，耕战之器，曩时所用，四民竞造，为害或多。而孝文弗纳，民铸遂行，故能朽贯盈府，天下殷富。况今耕战不用，采铸废久，熔冶所资，多因成器，功艰利薄，绝吴、邓之资，农民不习，无释末之患。方今中兴开运，圣化惟新，虽复偃甲销戈，而仓库未实，公私所乏，唯钱而已。愚谓宜听民铸钱，郡县开置钱署，乐铸之家，皆居署内，平其杂式，去其

官敛轮郭，藏之以为永宝。去春所禁新品，一时施用，今铸悉依此格。万税三千，严检盗铸，并禁剪凿。数年之间，公私丰赡，铜尽事息，奸伪自止。且禁铸则铜转成器，开铸则器化为财，靡华利用，于事为益。"

上下其事公卿，太宰江夏王义恭议曰："伏见沈庆之议，'听民私铸，乐铸之室，皆入署居。平其准式，去其杂伪'。愚谓百姓不乐与官相关，由来甚久。又多是人土，盖不愿入署。凡盗铸为利，利在伪杂，伪杂既禁，乐入必寡。云'敛取轮郭，藏为永宝'。愚谓上之所贵，下必从之，百姓闻官敛轮郭，轮郭之价百倍，大小对易，谁肯为之。强制使换，则状似逼夺。又'去春所禁新品，一时施用'。愚谓此条在可开许。又云'今铸宜依此格，万税三千'。又云'严检盗铸，不得更造'。愚谓禁制之设，非惟一旦，昧利犯宪，群庶常情，不患制轻，患在冒犯。今入署必万输三千，私铸无十三之税，逐利犯禁，居然不断。又云'铜尽事息，奸伪自禁'。愚谓赤县内铜，非可卒尽，比及铜尽，奸伪已积。又云'禁铸则铜转成器，开铸则器化为财'。然顷所患，患于形式不均，加以剪凿，口铅锡众诉越耳。若止于盗铸铜者，亦无须苦禁。"

竣议曰："泉货利用，近古所同，轻重之议，定于汉世，魏、晋以降，未之能改。诚以物货既均，改之伪生故也。世代渐久，弊运顿至，因革之道，宜有其术。今云开署放铸，诚所欣同。但虑采山事绝，器用日耗，铜既转少，器亦弥贵。设器直一千，则铸之减半，为之无利，虽令不行。又云'去春所禁，一时施用'。是欲使天下丰财。若细物必行，而不从公铸，利己既深，情伪无极，私铸剪凿，尽不可禁。五铢半两之属，不盈一年，必至于尽。财货未赡，大钱已竭，数岁之间，悉为尘土，岂可令取弊之道，基于皇代。今百姓之货，虽为转少，而市井之民，未有嗟怨，此新禁初行，品式未一，须臾自止，不足以垂圣虑。唯府藏空匮，实为重忧。今纵行细钱，官无益赋之理，百姓虽赡，无解官乏。唯简费去华，设在节俭，求赡之道，莫此为贵。然钱有定限，而消失无方；剪铸虽息，终致穷尽者。亡应官开取铜之署，绝器用之涂，定其品式，日月渐铸，岁久之后，不为世患耳。"

时议者又以铜转难得，欲铸二铢钱。竣又议曰："议者将为官藏空虚，宜更改铸，天下铜少，宜减钱式，以救交弊，赈国利民。愚以为不然。今铸二铢，恣行新细，于官无解于乏，而民奸巧大兴，天下之货，将靡碎至尽。空立严禁，而利深难绝，不过一二年间，其弊不可复救。其甚不可一也。今熔铸有顿码一二亿理，纵复得此，必待弥年。岁暮税登，财币暂革，日用之费，不赡数月。虽权征助，何解于邪？徒使奸民意骋，而贻厥怨谋。此又甚不可二也。民征大钱之改，兼役近日新禁，市井之间，必生喧扰。远利未闻，切患猥及，富商得志，贫民困窘。此又甚不可三也。若使交益深重，尚不可行，况又未见其利，而众弊如此，失算当时，取诮百代乎！"

前废帝即位，铸二铢钱，形式转细。官钱每出，民间即模效之，而大小厚薄，皆不及也。无轮郭，不磨镱，如今之剪凿者，谓之耒子。景和元年，沈庆之启通私铸，由

是钱货乱败，一千钱长不盈三寸，大小称此，谓之鹅眼钱。劣于此者，谓之綖环钱。入水不沉，随手破碎，市井不复料数，十万钱不盈一掬，斗米一万，商货不行。太宗初，唯禁鹅眼、綖环，其余皆通用。复禁民铸，官署亦废工，寻复并断，唯用古钱。

竣自散骑常侍、丹阳尹，加中书令，丹阳尹如故。表让中书令曰："虚窃国灵，坐招禁要，闻命惭惶，形魂震越。臣东州凡鄙，生微于时，长自间阎，不窥官辙，门无富贵，志绝华伍。直以委身垄亩，饥寒交切，先朝陶均庶品，不遗贱贫，得免耕税之勤，厕仕进之末。陛下盛德居蕃，总揽英异，越以不才，超尘清轨，奉躬历稔，劳效莫书，仰恃曲成之仁，毕愿守宰之秩。岂期天地中闚，殷忧启圣，倚附兴运，擢景神涂，云飞海泳，冠绝伦等，曾未三期，殊命八萃。详料彝典，则臣不应科；瞻言勤良，则臣与侔贵。方欲诉款皇朝，降阶盛序，微已国言，少彻身谤，而制书猥下，爵树弥隆。臣小人也，不及远谋，宠利之来，何能居约，徒以上渎天明，下泪舆议，灾谪之兴，惧必在迩。今之过授，以先微身，苟曰非据，危辱将及，十手所指，谕等膏肓，所以瘠瘵兢遽，维萦苦疾者也。伏愿陛下察其丹诚，矜其疾愿，绝会收恩，以全愚分，则造化之施，方兹为薄。"见许。时岁旱民饥，竣上言禁饧一月，息米近万斛。复代谢庄为吏部尚书，领太子左卫率，未拜，丁忧。起为右将军，丹阳尹如故。

竣藉蕃朝之旧，极陈得失。上自即吉之后，多所兴造，竣谏争恳切，无所回避，上意甚不说，多不见从。竣自谓才足干时，恩旧莫比，当赞务居中，永执朝政，而所陈多不被纳，疑上欲疏之，乃求外出，以占时旨。大明元年，以为东扬州刺史，将军如故。所求既许，便忧惧无计。至州，又丁母艰，不许去职，听送丧还都，恩待犹厚，竣弥不自安。每对亲故，颇怀怨愤，又言朝事违谬，人主得失。及王僧达被诛，谓为竣所逷构，临死陈竣前后忿怼，每恨言不见从。僧达所言，颇有相符据。上乃使御史中丞庾徽之奏之曰：

臣闻人臣之奉主，毁家光国，竭情无私；若乃无礼陵人，怙富卑上，是以王叔作戒，子晳为戮。未有背本塞原，好利忘义，而得自容盛世，溷乱清流者也。右将军、东扬州刺史建城县开国侯颜竣，因附风云，谬蒙翼长，天地更造，拔以非次。圣朝亲揽，万务一归，而窥觎国柄，潜图秉执。受任选曹，驱扇滋甚；出尹京辇，形势弥放。传诏犯宪，旧须启闻，而竣以通诉忤己，辄加鞭辱，罔顾威灵，莫此为甚。严诏屡发，当官责效，竣权恣不行，怨怼弥起，怀挟奸数，苞藏阴慝。预闻中旨，罔不宣露，罚则委上，恩必归己，荷遇之门，即加谤辱，受谴之室，曲相哀抚。翻戾朝纪，狡惑视听，朋惧上宰，激动闾阎。末上虑闻，内怀猜惧，伪请东牧，以卜天旨。既获出蕃，怨詈方肆，反唇腹诽，方己轻。且时有启奏，必协奸私，宣示亲朋，动作群小。

前冬母亡，诏赐还葬，事毕不去，盘桓经时。方构间勋贵，造立同异。又表示危惧，深营身观，曲访

大臣，虑不全立，遂以已被斥外，国道将颠，衅积怀抱，恶穷辞色。兼行阙于家，早负世议，逮身居崇宠，奉兼万金，荣以夸亲，禄不充养。宿憾母弟，恃贵辄戮，天伦怨毒，亲交震骇。凡所莅任，皆阙政刑，辄开丹阳库物，贷借吏下。多假资礼，解为门生，充朝满野，殆将千计。骄放佉下，妨公害私，取监解见钱，以供帐下。宾旅酬歌，不异平日，街谈道说，非复风声。

竣代都文吏，特荷天私，弃瑕录用，豫参要重，劳无汗马，赏班河、山，出内宠灵，逾越伦伍。山川之性，日月弥滋，溪壑之心，在盈弥奢，虎冠狼贪，未足为譬。今皇明开耀，品物咸亨，伤俗点化，实唯害焉，宜加显戮，以彰盛化。请以见事免竣所居官，下太常削爵土，须事御收付廷尉法狱录罪。

上未欲便加大戮，且止免官。竣频启谢罪，并乞性命。上愈怒，诏答曰："宪司所奏，非宿昔所以相期。卿受荣遇，故当极此，讪讦怨愤，已孤本望，乃复过烦思虑，惧不自全，岂为下事上诚节之至邪！"及竟陵王诞为逆，因此陷之。召御史中丞庾徽之于前为奏，奏成，诏曰："竣孤负恩养，乃可至此。于狱赐死，妻息宥之以远。"子辟强徙送交州，又于道杀之。竣文集行于世。

史臣曰：世祖弱岁监蕃，涵道未广，披胸解带，义止宾僚。及运钟倾陂，身危虑切，擢胆抽肝，犹患言未尽也。至于冯玉负扆，威行万物，欲有必从，事无暂失。既而忧欢异日，甘苦变心，主挟今情，臣追昔款，宋昌之报，上赏已行；同舟之虑，下望愈结。嫌怨既萌，诛责自起。竣之取衅于世，盖由此乎？为人臣者，若能事主而捐其私，立功而忘其报，虽求颠陷，不可得也。

卷七十六　　列传第三十六

朱修之　宗悫　王玄谟

朱修之，字恭祖，义阳平氏人也。曾祖焘，晋平西将军。祖序，豫州刺史。父谌，益州刺史。修之自州主簿迁司徒从事中郎，文帝谓曰："卿曾祖昔为王导丞相中郎，卿今又为王弘中郎，可谓不忝尔祖矣。"后随到彦之北伐。彦之自河南回，留修之戍滑台，为虏所围，数月粮尽，将士熏鼠食之，遂陷于虏。初，修之母闻其被围既久，常忧之，忽一旦乳汁惊出，母号泣告家人曰："吾今已老，忽复有乳汁，斯不祥矣。吾儿其不利乎！"后问至，修之果以此日陷没。

托跋焘嘉其守节，以为侍中，妻以宗室女。修之潜谋南归，妻疑之，每流涕问其意，修之深嘉其义，竟不告也。后鲜卑冯弘称燕王，治黄龙城，托跋焘伐之，修之与同没人邢怀明并从。又有徐卓者，复欲率南人窃发，事泄被诛。

修之、怀明惧奔冯弘，弘不礼。留一年，会宋使传诏至，修之名位素显，传诏见即拜之。彼国敬传诏，谓为"天子边人"，见其致敬于修之，乃始加礼。时魏屡伐弘，或说弘遣人修之归求救，遂遣之。泛海至东莱，遇猛风柂折，垂以长索，船乃复正。海师望见飞鸟，知其近岸，须臾至东莱。

元嘉九年，至京邑，以为黄门侍郎，累迁江夏内史。雍州刺史刘道产卒，群蛮大动，修之为征西司马讨蛮，失利。孝武初，为宁蛮校尉、雍州刺史，加都督。修之在政宽简，士众悦附。及荆州刺史南郡王义宣反，檄修之举兵；修之伪与之同，而遣使陈诚于帝。帝嘉之，以为荆州刺史，加都督。义宣闻修之不与己同，乃以鲁秀为雍州刺史，击襄阳。修之命断马鞍山道，秀不得前，乃退。及义宣败于梁山，单舟南走，修之率众南定遗寇。时竺超民执义宣，修之至，乃杀之，以功封南昌县侯。

修之治身清约，凡所赠贶，一无所受。有饷，或受之，而旋与佐吏赌之，终不入己，唯以抚纳群蛮为务。征为左民尚书，转领军将军。去镇，秋毫不犯，计在州然油及牛马谷草，以私钱十六万偿之。然性俭克少恩情，姊在乡里，饥寒不立，修之未尝供赡。尝往视姊，姊欲激之，为设菜羹粗饭，修之曰："此乃贫家好食。"致饱而去。先是，新野庾彦达为益州刺史，携姊之镇，分禄秩之半以供赡之，西土称焉。

修之后坠车折脚，辞尚书，领崇宪太仆，仍加特进、金紫光禄大夫。以脚疾不堪独行，特给扶侍。卒，赠侍中、特进如故。谥贞侯。

宗悫，字元干，南阳人也。叔父炳，高尚不仕。悫年少时，炳问其志，悫曰："愿乘长风破万里浪。"炳曰："汝不富贵，即破我家矣。"兄泌娶妻，始入门，夜被劫。悫年十四，挺身拒贼，贼十余人皆披散，不得入室。

时天下无事，士人并以文义为业，炳素高节，诸子群从皆好学，而悫独任气好武，故不为乡曲所称。江夏王义恭为征北将军、南兖州刺史，悫随镇广陵。时从兄绮为征北府主簿，绮尝入直，而给吏牛泰与绮妾私通，悫杀泰，绮壮其意，不责也。

元嘉二十二年，伐林邑，悫自奋请行。义恭举悫有胆勇，乃除振武将军，为安西参军萧景宪军副，随交州刺史檀和之围区粟城。林邑遣将范毗沙达来救区粟，和之遣偏军拒之，为贼所败。又遣悫，悫乃分军为数道，偃旗潜进，讨破之，拔区粟，入象浦。林邑王范阳迈倾国来拒，以具装被象，前后无际，士卒不能当。悫曰："吾闻师子威服百兽。"乃制其形，与象相御，象果惊奔，众因溃散，遂克林邑。收其异宝杂物，不可胜计。悫一无所取，衣栉萧然，文帝甚嘉之。

后为随郡太守，雍州蛮屡为寇，建威将军沈庆之率悫及柳元景等诸将，分道攻之，群蛮大溃。又南新郡蛮帅田彦生率部曲反叛，焚烧郡城，屯据白杨山。元景攻之未能下，悫率其所领先登，众军随之，群蛮由是畏服。二十年，孝武伐元凶，以悫为南中郎谘议参军，领中兵。孝武即位，

以为左卫将军，封洮阳侯，功次柳元景。孝建中，累迁豫州刺史，监五州诸军事。先是，乡人庾业，家甚富豪，方丈之膳，以待宾客；而悫至，设以菜菹粟饭，谓客曰："宗军人，惯啖粗食。"悫致饱而去。至是业为悫长史，带梁郡，悫待之甚厚，不以前事为嫌。

大明三年，竟陵王诞据广陵反，悫表求赴讨，乘驿诣都，面受节度；上停舆慰勉，悫耸跃数十，左右顾眄，上壮之。及行，隶车骑大将军沈庆之。初，诞诳其众云："宗悫助我。"及悫至，跃马绕城呼曰："我宗悫也！"事平，入为左卫将军。五年，从猎堕马，脚折不堪朝直，以为光禄大夫，加金紫。悫有佳牛堪进御，官买不肯卖，坐免官。明年，复职。废帝即位，为宁蛮校尉、雍州刺史，加都督。卒，赠征西将军，谥曰肃侯。泰始二年，诏以悫配食孝武庙。子罗云，卒，子元宝嗣。

王玄谟，字彦德，太原祁人也。六世祖宏，河东太守，绵竹侯，以从叔司徒允之难，弃官北居新兴，仍为新兴、雁门太守，其自叙云尔。祖牢，仕慕容氏为上谷太守，陷慕容德，居青州。父秀，早卒。

玄谟幼而不群，世父蕤有知人鉴，常笑曰："此儿气概高亮，有太尉彦云之风。"武帝临徐州，辟为从事史，与语异之。少帝末，谢晦为荆州，请为南蛮行参军、武昌太守。晦败，以非大帅见原。元嘉中，补长沙王义欣镇军中兵将军，领汝阴太守。时虏攻陷滑台，执朱修之以归。玄谟上疏曰："王途始开，随复沦塞，非惟天时，抑亦人事。虎牢、滑台，岂惟将之不良，抑亦本之不固。本之不固，皆由民惮远役。臣请以西阳之鲁阳，襄阳之南乡，发甲卒，分为两道，直趣潊、滍，征士无远徭之思，吏士有屡休之歌。若欲以东国之众，经营牢、洛，道途既远，独克实难。"玄谟每陈北侵之策，上谓殷景仁曰："闻王玄谟陈说，使人有封狼居意。"后为兴安侯义宾辅国司马、彭城太守。义宾薨，玄谟上表，以彭城要兼水陆，请以皇子抚临州事，乃以孝武出镇。

及大举北征，以玄谟为宁朔将军，前锋入河，受辅国将军萧斌节度。玄谟向确磝，戍主奔走，遂围滑台，积旬不克。虏主拓跋焘率大众号百万，鞞鼓之声，震动天地。玄谟军众亦盛，器械甚精，而玄谟专依所见，多行杀戮。初围城，城内多茅屋，众求以火箭烧之，玄谟恐损亡军实，不从。城中即撤坏之，空地以为窟室。及魏救将至，众请发车为营，又不从。将士多离怨，又营货利，一匹布责人八百梨，以此倍失人心。及拓跋焘军至，乃奔退，麾下散亡略尽。萧斌将斩之，沈庆之固谏曰："佛狸威震天下，控弦百万，岂玄谟所能当。且杀战以自弱，非良计也。"斌乃止。初，玄谟始将见杀，梦人告曰："诵《观音经》千遍，则免。"既觉，诵之得千遍，明日将刑，诵之不辍，忽传呼停刑。遣代守确磝，江夏王义恭为征讨都督，以为确磝不可守，召令还，为魏军所追，大破之，流矢中臂。二十八年正月，还至历城，义恭与玄谟书曰："闻因败为成，臂上金疮，得非金印之征也。"

元凶弑立，玄谟为益州刺史。孝武伐逆，玄谟遣济南

太守垣护之将兵赴义。事平，除徐州刺史，加都督。及南郡王义宣与江州刺史臧质反，朝庭假玄谟辅国将军，拜豫州刺史，与柳元景南讨。军屯梁山，夹岸筑偃月垒，水陆待之。义宣遣刘谌之就臧质，陈军城南，玄谟留老弱守城，悉精兵接战，贼遂大溃。加都督、前将军，封曲江县侯。中军司马犹冲之白孝武，言："玄谟在梁山，与义宣通谋。"上意不能明，使有司奏玄谟多取宝货，虚张战簿，与徐州刺史垣护之并免官。

寻复为豫州刺史。淮上亡命司马黑石推立夏侯方进为主，改姓李名弘，以惑众，玄谟讨斩之。迁宁蛮校尉、雍州刺史，加都督。雍土多侨寓，玄谟请土断流民，当时百姓不愿属籍，罢之。其年，玄谟又令九品以上租，使贫富相通，境内莫不嗟怨。民间讹言玄谟欲反，时柳元景当权，元景弟僧景为新城太守，以元景之势，制令南阳、顺阳、上庸、新城诸郡并发兵讨玄谟。玄谟令内外晏然，以解众惑，驰启孝武，具陈本末。帝知其虚，驰遣主书吴喜公抚慰之，又答曰："梁山风尘，初不介意，君臣之际，过足相保，聊复为笑，伸卿眉头。"玄谟性严，未尝妄笑，时人言玄谟眉头未曾伸，故帝以此戏之。后为金紫光禄大夫，领太常。及建明堂，以本官领起部尚书，又领北选。

孝武狎侮群臣，随其状貌，各有比类，多须者谓之羊。颜师伯缺齿，号之曰齴。刘秀之俭吝，呼为老悭。黄门侍郎宗灵秀体肥，拜起不便，每至集会，多所赐与，欲其瞻谢倾踣，以为欢笑。又刻木作灵秀父光禄勋叔献像，送其家厅事。柳元景、垣护之并北人，而玄谟独受"老伧"之目。凡所称谓，四方书疏亦如之。尝为玄谟作四时诗曰："堇荼供春膳，粟浆充夏飧。饱酱调秋菜，白醝解冬寒。"又宠一昆仑奴子，名曰主。常在左右，令以杖击群臣，自柳元景以下，皆罹其毒。

玄谟寻迁平北将军、徐州刺史，加都督。时北土饥馑，乃散私谷十万斛、牛千头以振之。转领军将军。孝武崩，与柳元景等俱受顾命，以外监委玄谟。时朝政多门，玄谟以严直不容，徙青、冀二州刺史，加都督。少帝既诛颜师伯、柳元景等，狂悖益甚，以领军征玄谟。子侄咸劝称疾，玄谟曰："吾受先帝厚恩，岂可畏祸苟免。"遂行。及至，屡表谏诤，又流涕请缓刑法杀，以安元元。少帝大怒。

明帝即位，礼遇甚优。时四方反叛，以玄谟为大统，领水军南讨，以脚疾，听乘舆出入。寻除车骑将军、江州刺史，副司徒建安王于赭圻，赐以诸葛亮筒袖铠。顷之，为左光禄大夫、开府仪同三司，领护军。迁南豫州刺史，加都督。玄谟性严克少恩，而将军宗越御下更苛酷，军士谓之语曰："宁作五年徒，不逢王玄谟。玄谟犹自可，宗越更杀我。"年八十一薨，谥曰庄公。子深早卒，深子缵嗣。

史臣曰：修之、宗悫，皆以将帅之材，怀廉洁之操，有足称焉。玄谟虽苛克少恩，然观其大节，亦足为美。当少帝失道，多所杀戮，而能冒履不测，倾心辅弼，斯可谓忘身徇国者欤！

卷七十七　　列传第三十七

柳元景　颜师伯　沈庆之

柳元景，字孝仁，河东解人也。曾祖卓，自本郡迁于襄阳，官至汝南太守。祖恬，西河太守。父凭，冯翊太守。元景少便弓马，数随父伐蛮，以勇称。寡言有器质。荆州刺史谢晦闻其名，要之，未及往而晦败。雍州刺史刘道产深爱其能，元景时居父忧，未得加命。会荆州刺史江夏王义恭召之，道产谓曰："久规相屈。今贵王有召，难辄相留，乖意以为惘惘。"服阕，补江夏王国中军将军，迁殿中将军。复为义恭司空行参军，随府转司徒太尉城局参军，太祖见又嘉之。

先是，刘道产在雍州有惠化，远蛮悉归怀，皆出缘沔为村落，户口殷盛。及道产死，群蛮大为寇暴。世祖西镇襄阳，义恭以元景为将帅，即以为广威将军、随郡太守。既至，而蛮断驿道，欲来攻郡。郡内少粮，器杖又乏，元景设方略，得六七百人，分五百人屯驿道。或曰："蛮逼城，不宜分众。"元景曰："蛮闻郡遭重戍，岂悟城内兵少。且表里合攻，于计为长。"会蛮垂至，乃使驿道为备，潜出其后，戒曰："火举驰进。"前后俱发，蛮众惊扰，投郧水死者千余人，斩获数百，郡境肃然，无复寇抄。朱修之讨蛮，元景又与之俱，后又副沈庆之征郧山，进克太阳。除世祖安北府中兵参军。

随王诞镇襄阳，为后军中兵参军。及朝廷大举北讨，使诸镇各出军。二十七年八月，诞遣振威将军尹显祖出资谷，奋武将军鲁方平、建武将军薛安都、略阳太守庞法起入卢氏，广威将军田义仁入鲁阳，加元景建威将军，总统群帅。后军外兵参军庞季明年已七十三，秦之冠族，羌人多附之，求入长安，招怀关、陕。乃自资谷入卢氏，卢氏人赵难纳之，弘农强门先有内附意，故委季明投之。十月，鲁方平、薛安都、庞法起进次白亭，时元景犹未发。法起率方平、安都诸军前入，自修阳亭出熊耳山。季明前达高门木城，值永昌王入弘农，乃回，还卢氏，据险自固。顷之，招卢氏少年进入宜阳荀公谷，以扇动义心。元景以其月率军继进。闰月，法起、安都、方平诸军入卢氏，斩县令李封，以赵难为卢氏令，加奋武将军。难驱率义徒，以为众军乡导。法起等度铁岭山，次开方口，季明出自木城，与法起相会。元景大军次曰口，以前锋深入，悬军无继，驰遣尹显祖入卢氏，以为军援。元景以军食不足，难可旷日相持，乃束马悬车，引军上百丈崖，出温谷，以入卢氏。

法起诸军进次方伯堆，去弘农城五里。贼遣兵二千余人觇候，法起纵兵夹射之，贼骑退走。诸军造攻具，进兵城下，伪弘农太守李初古拔婴城自固，法起、安都、方平诸军鼓噪以陵城，季明、赵难并率义徒相继而进，冲车四临，数道俱攻，士皆殊死战，莫不奋勇争先。时初古拔父子据南门，督其处距战，弘农人之在城内者三千余人，于北楼竖白幡，或射无金箭。安都军副谭金、薛系孝率众先登，生禽李初古拔父子二人，鲁方平入南门，生禽伪郡丞，百姓皆安堵。

元景引军度熊耳山，安都顿军弘农，法起进据潼关，季明率方平、赵难军向陕西七里谷。殿中将军邓盛、幢主刘骖乱使人入荒田，招宜阳人刘宽纠率合义徒二千余人，共攻金门坞，屠之。杀戍主李买得，古拔子也，为虏永昌王长史，勇冠戎类。永昌闻其死，若失左右手。诞又遣长流行参军姚范领三千人向弘农，受元景节度。十一月，元景率众至弘农，营于开方口。仍以元景为弘农太守，置吏佐。

初，安都留住弘农，而诸军已进陕，元景既到，谓安都曰："无为坐守空城，而令庞公深入，此非计也。宜急进军，可与祖并兵就之。吾须督租毕，寻后引也。"众并造陕下，即入郭城，列营于城内以逼之，并大造攻具。贼城临河为固，恃险自守，季明、安都、方平、显祖、赵难诸军，频三攻未拔。虏洛州刺史地河公张是连提众二万，度崤来救，安都、方平各列阵城南以待之，显祖勒精卒以为后柱。季明率高明、宜阳义兵当南门而阵，赵难领卢氏乐从少年，与季明为掎角。贼兵大合，轻骑挑战。安都瞋目横矛，单骑突阵，四向奋击，左右皆辟易不能当，杀伤不可胜数，于是众军并鼓噪俱前，士皆殊死战。虏初纵突骑，众军患之。安都怒甚，乃脱兜鍪，解所带铠，唯著绛衲两当衫，马亦去具装，驰奔以入贼阵，猛气咆勃，所向无前，当其锋者，无不应刃而倒。贼忿之，夹射不能中，如是者数四，每一入，众无不披靡。

初，元景令将鲁元保守函谷关，贼众既盛，元保不能自固，乃率所领作函箱阵，多列旗帜，缘险而还。正会安都诸军与贼交战，虏三郎将见元保军从山下，以为元景大众至，日且暮，贼于是奔退，骑多得入城。

贼之将至也，方平遣驿骑告元景，时诸军粮尽，各余数日食。元景方督义租，并上驴马，以为运粮之计。而方平信至，元景遣军副柳元怙简步骑二千，以赴陕急，卷甲兼行，一宿而至。诘朝，贼众又出，列阵于城外。方平诸军并成列，安都并领马军，方平悉勒步卒，左右掎角之，余诸义军并于城西南列陈。方平谓安都曰："今勍敌在前，坚城在后，是吾取死之日。卿若不进，我当斩卿；我若不进，卿当斩我也。"安都曰："善，卿言是也。我岂惜身命乎！"遂合战。时元怙方至，悉偃旗鼓，士马皆衔枚，潜师伏甲而进，贼未之觉也。方平等方与虏交锋，而元怙勒众从城南引函道直出，北向结陈，旌旗甚盛，彭噪而前，出贼不意，虏众大骇。元怙与幢主宗越，率手下猛骑，以冲贼陈，一军皆驰之。安都、方平等督诸军一时齐奋，士卒无不用命。安都不堪其愤，横身直前，出入贼陈，杀伤者甚多，流血凝肘，矛折，易之复入。军副谭金率骑从而奔之。自诘旦而战，至于日昃，虏众大溃，斩张是提，又斩三千余级，投河赴堑死者甚众，面缚军门者二千余人。

元景轻骑晨至，虏兵之面缚者多河内人，元景诰之曰："汝等怨王泽不浃，请命无所，今并为虏尽力，便是本无善心。顺附者存抚，从恶者诛灭，欲知王师正如此尔。"皆曰："虐虏见驱，后出赤族，以骑蹙步，未战先死，此亲将军所见，非敢背中国也。"诸将欲尽杀之，元景以为不可，曰："今王旗北扫，当令仁声先路。"乃悉释而遣之，家在关里者，符守关诸军听出，皆称万岁而去。诞以崤、陕既定，其地宜抚，以弘农刘宽虮行东弘农太守。给元景鼓吹一部。

法起率众次于潼关，先是，建义将军华山太守刘槐纠合义兵攻关城，拔之，力少不固。顷之，又集众以应王师，法起次潼关，槐亦至。贼关城戍主娄须旗奔溃，虏众溺于河者甚众。法起与槐即据潼关。虏蒲城镇主遣伪帅何难于封陵堆列三营以拟法起。法起长驱入关，行王、檀故垒。虏谓直向长安，何难率众欲济河以截军后，法起回军临河，纵兵射之，贼退散。关中诸义徒并处处锋起，四山羌、胡咸皆请奋。诞又遣扬武将军康元抚领二千人出上洛，受元景节度，援方平于函谷。元景去，贼众向关。时军中食尽，元景回据白杨岭，贼定未至，更下山进弘农，入湖关口，虏蒲阪戍主沃州刺史杜道生率众二万至阌乡水，去湖关一百二十里。元景募精勇一千人，夜斫贼营，迷失道，天晓而反。道生率手下骁锐纵兵射，锋刃既交，虏又奔散。

时北讨诸军王玄谟等败退，虏遂深入。太祖以元景不宜独进，且令班师。元景乃率诸将自湖关度白杨岭，出于长洲，安都断后，宗越副之。法起自潼关向商城，与元景会；季明亦从胡谷南归，并有功地形，士马旌旗甚盛。诞登城望之，以鞍下马迎见元景。除宁朔将军、京兆、广平二郡太守，于樊城立府舍，率所领居之，统行北蛮事。庞季明为定蛮长，薛安都为后军行参军，鲁方平为宁蛮参军。臧质为雍州，除元景为冠军司马、襄阳太守，将军如故。鲁爽向虎牢，复使元景率安都等北出至关城，关城弃戍走，即据之。元景至洪关，欲进与安都济河攻杜道生于蒲阪，会爽退，复还。再出北讨，威信著于境外。又使率所领进西阳，会伐五水蛮。

世祖入讨元凶，以为谘议参军，领中兵，加冠军将军，太守如故。配万人为前锋，宗悫、薛安都等十三军皆隶焉。元景与朝士书曰："国祸冤深，凶人肆逆，民神崩愤，若无天地。南中郎亲率义师，剪讨元恶，司徒、臧冠军并同大举，舳舻千里，购赏之利备之。元景不武，忝任行间，总勒精勇，先锋道路，势乘上流，众兼百倍。诸贤弈世忠义，身为国良，皆受遇先朝，荷荣日久，而拘逼寇廷，莫由申效，想闻今问，悲庆兼常。大行届道，廓清惟始，企迟面对，展雪哀情。"

时义军船率小陿，虑水战不敌，至芜湖，元景大喜，倍道兼行，闻石头出战舰，乃于江宁步上，于板桥立栅以自固。进据阴山，遣薛安都率马军至南岸，元景潜至新亭，依山建垒，东西据险。世祖复遣龙骧将军、行参军程天祚率众赴之。天祚又于东南据高丘，屯寨栅。凡归顺来奔者，皆劝元景速进，元景曰："不然。理顺难恃，同恶相济，轻进无防，实启寇心。当倚我之不可胜，岂幸寇之不攻哉！"元景垒营未立，为龙骧将军詹叔儿觇知之，劝劲出战，不许。经日，乃水陆出军，劭自登朱雀门督战。军至瓦官寺，与义军游逻相逢，游逻退走，贼遂薄垒。劭以元景垒堑未立，可得平地决战，既至，柴栅已坚，仓卒无攻具，便使肉薄攻之。元景宿令军中曰："鼓繁气易衰，叫数力易竭。但各衔枚疾战，一听吾营鼓音。"贼步将鲁秀、王罗汉、刘简之、骑将常伯与等及其士卒，皆殊死战。刘简之先攻西南，频得烧草舫，略渡人。程天祚柴未立，亦为所摧。王罗汉等攻全北门，贼舰亦至。元景水陆受敌，意气弥强，麾下勇士悉遣出战，左右唯留数人宣传。分军助程天祚，天祚还得固柴，因此破贼。元景察贼衰竭，乃命开垒，鼓噪以奔之，贼众大溃，透淮死者甚多。劭更率余众自来攻垒，复大破之，其所杀伤，过于前战。劭手斩退者不能禁，奔还宫，仅以身免，萧斌被创。简之收兵而止，陈犹未散。元景复出薄之，乃走，竞投死马涧，涧为之满，斩简之及军主姚叔艺、王江宝、朱明智、诸葛逸之等，水军主褚湛之、副刘道存并来归顺。

上至新亭即位，以元景为侍中，领左卫将军，转使持节、监雍、梁、南北秦四州、荆州之竟陵、随二郡诸军事、前将军、宁蛮校尉、雍州刺史。上在巴口，问元景："事平，何所欲？"对曰："若有过恩，愿还乡里。"故有此授。初，臧质起义，以南谯王义宣暗弱易制，欲相推奉，潜报元景，使率所领西还。元景即以质书呈世祖，语其使曰："臧冠军当是未知殿下义举尔。方应伐逆，不容西还。"质以此恨之。及元景为雍州刺史，质虑其为荆、江后患，建议爪牙不宜远出。上重违其言，更以元景为护军将军，领石头戍事，不拜。徙领军将军，加散骑常侍，曲江县公，食邑三千户。

孝建元年正月，鲁爽反，遣左卫将军王玄谟讨之，加元景抚军，假节置佐，后玄谟。复以为都督雍、梁、南北秦四州、荆州之竟陵、随二郡诸军事、抚军将军、领宁蛮校尉、雍州刺史，持节如故。臧质、义宣并反，玄谟南据梁山，夹江为垒，垣护之、薛安都渡据历阳，元景出屯采石。玄谟闻贼盛，遣司马管法济求益兵，上使元景进屯姑孰。元景使将武念前进，质遣庞法起袭姑孰，值念至，击破之，法起单船走。质攻陷玄谟西垒，玄谟使垣护之告元景曰："今余东岸万人，贼军数倍，强弱不敌，谓宜还就节下协力当之。"元景谓护之曰："师有常刑，不可先退。贼众虽多，猜而不整，今当卷甲赴之。"护之曰："逆徒皆云南州有三万人，而麾下裁十分之一，若往造贼，虚实立见，则贼气成矣。"元景纳其言，悉遣精兵助玄谟，以羸弱居守。所遣军多张旗帜，梁山望之如数万人，皆曰："京师兵悉至。"于是克捷。

上遣丹阳尹颜竣宣旨慰劳，与沈庆之俱以本号开府仪同三司，封晋安郡公，邑如故。固让开府仪同，复为领军、太子詹事，加侍中。寻转骠骑将军、本州大中正，领军、侍中如故。大明二年，复加开府仪同三司，又固让。明年，迁尚书令，太子詹事、侍中、中正如故。以封在岭南，秋输艰远，改封巴东郡公。五年，又命左光禄大夫、开府仪同三司，侍中、令、中正如故。又让开府，乃与沈庆之俱依晋密陵侯郑袤不受司空故事，事在《庆之传》。六年，进司空，侍中、令、中正如故，又固让，乃授侍中、骠骑将军、南兖州刺史，留京京师。世祖晏驾，与太宰江夏王义恭、尚书仆射颜师伯并受遗诏辅幼主。迁尚书令，领丹阳尹，侍中、将军如故，给班剑二十人，固辞班剑。

元景起自将帅，及当朝理务，虽非所长，而有弘雅之美。时在朝勋要，多事产业，唯元景独无所营。南岸有数十亩菜园，守园人卖得钱二万送还宅，元景曰："我立此园种菜，以供家中啖尔。乃复卖菜以取钱，夺百姓之利邪！"以钱乞守园人。

世祖严暴异常，元景虽荷宠遇，恒虑及祸。太宰江夏王义恭与诸大臣，莫不重足屏气，未尝敢私往来。世祖崩，义恭、元景等并相谓曰："今日始免横死。"义恭与义阳等诸王，元景与颜师伯等，常相驰逐，声乐酣酒，以夜继昼。

前废帝少有凶德，内不能平，杀戴法兴后，悖情转露。义恭、元景等忧惧无计，乃与师伯等谋废帝立义恭，日夜聚谋，而持疑不能速决。永光年夏，元景迁使持节、督南豫之宣城诸军事，即本号开府仪同三司、南豫州刺史，侍中、令如故。未拜，发觉，帝亲率宿卫兵自出讨之。先称诏召元景，左右奔告兵刃非常，元景知祸至，整朝服，乘车应召。出门逢弟车骑司马叔仁，戎服率左右壮士数十人欲拒命，元景苦禁之。既出巷，军士大至，下车受戮，容色恬然，时年六十。

长子庆宗，有干力，而情性不伦，世祖使元景送还襄阳，于道中赐死。次子嗣宗，豫章王子尚车骑从事中郎。嗣宗弟绍宗、茂宗、孝宗、文宗、仲宗、成宗、秀宗。叔仁弟卫军咨议参军僧珍等诸弟侄在京邑及襄阳从死者数十人。元景少子承宗，及嗣宗子纂，并在孕获全。太宗即位，令曰："故侍中、尚书令、骠骑大将军、巴东郡开国公、新除开府仪同三司、南豫州刺史元景，风度弘简，体局深沈，正义亮时，恭素范物。幽明道尽，则首赞孝图，盛运升历，则毗爕皇化。方任孚汉辅，业懋殷衡，而蜂豺肆滥，显加祸毒，冤动勋烈，悲深朝贯。朕承七庙之灵，纂临宝业，情典既申，痛悼弥轸，宜崇赍徽册，以旌忠懿。可追赠使持节、都督南豫、江二州诸军事、太尉、侍中、刺史、国公如故。给班剑三十人，羽葆、鼓吹一部，谥曰忠烈公。"

叔仁为梁州刺史，黄门郎。以破臧质功，封宜阳侯，食邑八百户。元景从兄元怙，大明末，代叔仁为梁州，与晋安王子勋同逆，事败，归降。元景从父弟先宗，大明初，为竟陵王诞司空参军，诞作乱，杀之，追赠黄门侍郎。元景从祖弟光世，先留乡里，索虏以为折冲将军、河北太守，封西陵男。光世姊夫伪司徒崔浩，虏之相也。元嘉二十七年，虏主拓跋焘南寇汝、颍，浩密有异图，光世为河北义士为浩应。浩谋泄被诛，河东大姓坐连谋夷灭者甚众，光世南奔得免。太祖以为振武将军。前废帝景和中，左将军，直阁。太宗定乱，光世参谋，以为右卫将军，封开国县侯，食邑千户。既而四方反叛，同阁宗越、谭金又诛，光世乃北奔薛安都，安都使守下邳城。及安都招引索虏，光世率众归降，太宗宥之，以为顺阳太守。子欣慰谋反，光世赐死。

颜师伯,字长渊,琅邪临沂人,东扬州刺史竣族兄也。父邵,刚正有局力,为谢晦所知。晦为领军,以为司马,废立之际,与之参谋。晦镇江陵,请为谘议参军,领录事,军府之务悉委焉。邵虑晦将有祸,求为竟陵太守,未及之郡,值晦见讨,晦与邵谋起兵距朝廷,邵饮药死。

师伯少孤贫,涉猎书传,颇解声乐。刘道产为雍州,以为辅国行参军。弟师仲,妻臧质女也。质为徐州,辟师伯为主簿。衡阳王义季代质为徐州,质荐师伯于义季,义季即命为征西行参军。兴安侯义宾代义季,世祖代义宾,仍为辅国、安北行参军。王景文时为谘议参军,爱其谐敏,进之世祖。师伯因求杖节,乃以为徐州主簿。善于附会,大被知遇。及去镇,师伯以主簿送故。世祖镇寻阳,启太祖请为南中郎府主簿。太祖不许,谓典签曰:"中郎府主簿那得用颜师伯。"世祖启为长流正佐,太祖又曰:"朝廷不能除之,卿可自板,亦不宜署长流。"世祖乃板为参军事,署刑狱。及入讨元凶,转主簿。

世祖践阼,以为黄门侍郎,随王诞骠骑长史、南郡太守。改为骠骑大将军长史、南濮阳太守、御史中丞。臧质反,出为宁远将军、东阳太守,领兵置佐,以备东道。事宁,复为黄门侍郎,领步兵校尉,改领前军将军,徙御史中丞,迁侍中。上以伐逆宁乱,事资群谋,大明元年,下诏曰:"昔岁国难方结,疑惮者众,故散骑常侍、太子右率庞秀之履崄能贞,首畅义节,用使狡状先闻,军备夙固,丑逆时珍,颇有力焉。追念厥诚,无忘于怀。侍中祭酒颜师伯、侍中领射声校尉袁愍孙、豫章太守王谦之、太子前中庶子领右卫率张淹,爱始入讨,预参义谋,契阔大难,宜蒙殊报。秀之可封乐安县伯,食邑六百户,师伯平都县子,愍孙兴平县子,谦之石阳县子,淹广晋县子,食邑各五百户。"

师伯迁右卫将军,母忧去职。二年,起为持节、督青冀二州、徐州之东安、东莞、兖州之济北三郡诸军事、辅国将军、青冀二州刺史。其年,索虏拓跋浚遣伪散骑常侍、镇西将军天水公拾贲敕文率众寇清口,清口戍主振威将军傅乾爱率前员外将军周盘龙等大破之。世祖遣虎贲主庞孟虬、积射将军殷孝祖等讨付,受师伯节度。师伯遣中兵参军苟思达与孟虬合力。行达沙沟,虏窟环公、五军公等马步数万,迎军拒战。孟虬等奋击尽日,孟虬手斩五军公,虏于是大奔。孝祖又斩窟环公,赴水死者千计。虏又遣河南公、黑水公、济州公、青州刺史张怀之等屯据济岸,师伯又遣中兵参军江方兴就傅乾爱击破之,斩河南公树兰等。虏别帅它门又遣万余人攻清口戍城,乾爱、方兴出城拒战,即斩它门,余众奔走。虏天水公又率二万人复来逼城,乾爱等出战,又破之,追奔至赤龙门,杀贼甚众。上嘉其功,诏曰:"虏驱率犬羊,规暴边塞,辅国将军、青冀二州刺史师伯宣略命师,合变应机,济成奋怒,一月四捷,支军异部,骋勇齐效,频枭名王,大歼群丑。朕用嘉叹,良深于怀。可遣使慰劳,并符辅国府详考功最,以时言上。"

苟思达、庞孟虬等又追虏至杜梁,虏众多,四面俱合,平南参军童太一及苟思达等并单骑出荡,应手披靡。孟虬等继至,虏乃散走,透河死者甚多。既而虏更合众大至,孟虬等又破之。世祖又遣司空参军卜天生助师伯。张怀之据縻沟城,师伯遣天生等破之,怀之出城逆战,天生率军主刘怀珍、白衣客朱士义、殿中将军孟继祖等击之。怀之败走入城,仅以身免。继祖于阵遇害,追赠郡守。又虏陇西王等屯据申城,背济向河,三面险固,天生又率众攻之,朱士义等贯甲先登,贼赴河死者无算,即日陷城。虏天水公又攻乐安城,建威将军、平原乐安二郡太守分武都与卜天生等拒击,大破之,虏乃奔退,追战克捷,直至清口。虏攻围傅乾爱,乾爱随方拒对,孝祖等既至,虏彻围遁走。师伯进号征虏将军。

三年,竟陵王诞反,师伯遣长史嵇玄敬率五千人赴难。四年,征为侍中,领右军将军,亲幸隆密,群臣莫二。迁吏部尚书,右军如故。上不欲威柄在人,亲览庶务,前后领选者,唯奉行文书,师伯专情独断,奏无不可。迁侍中,领右卫将军。七年,补尚书右仆射。时分置二选,陈郡谢庄、琅邪王昙生并为吏部尚书。师伯子举周旋寒人张奇为公车令,上以奇资品不当,使兼市买丞,以蔡道惠代之。令史潘道栖、褚道惠、颜祎之、元从夫、任澹之、石道儿、黄难、周公选等抑道惠敕,使奇先到公车,不施行奇兼市买丞事。师伯坐以子预职,庄、昙生免官,道栖、道惠弃市。祎之等六人鞭杖一百。师伯寻领太子中庶子,虽被黜挫,受任如初。

世祖临崩,师伯受遗诏辅幼主,尚书中事,专以委之。废帝即位,复还即真,领卫尉。师伯居权日久,天下辐辏,游其门者,爵位莫不逾分。多纳货贿,家产丰积,伎妾声乐,尽天下之选,园池第宅,冠绝当时,骄奢淫恣,为衣冠所嫉。又迁尚书仆射,领丹阳尹。废帝欲亲朝政,发诏转师伯为左仆射,加散骑常侍,以吏部尚书王景文为右仆射。夺其京尹,又分台任,师伯至是始惧。寻与太宰江夏王义恭、柳元景同诛,时年四十七。六子并幼,皆见杀。

弟师仲,中书郎,晋陵太守。师叔,司徒主簿,南康相。太宗即位,诏曰:"故散骑常侍、仆射、领丹阳尹、平都县子师伯,昔逢代运,豫班荣赏。遭罹厄会,陨命淫刑,宗嗣殄绝,良用矜悼。但其心渎货,宜贬赠典,可绍封社,以慰冤魂。谥曰荒子。"师仲子干继封。齐受禅,国除。

沈庆之,字弘先,吴兴武康人也。兄敞之,为赵伦之征虏参军、监南阳郡,击蛮有功,遂即真。

庆之少有志力。孙恩之乱也,遣人寇武康,庆之未冠,随乡族击之,由是以勇闻。荒扰之后,乡邑流散,庆之躬耕垄亩,勤苦自立。年三十,未知名,往襄阳省兄,伦之见而赏之。伦之子伯符时为竟陵太守,伦之命伯符版为宁远中兵参军。竟陵蛮屡为寇,庆之为设规略,每击破之,伯符由此致将帅之称。伯符去郡,又别讨西陵蛮,不与庆之相随,无功而反。

永初二年,庆之除殿中员外将军,又随伯符隶到彦之北伐。伯符病归,仍隶檀道济。道济还白太祖,称庆之忠谨晓兵,上使领队防东掖门,稍得引接,出入禁省。出戍钱唐新城，及还，领淮陵太守。领军将军刘湛知之，欲相引接，谓之曰："卿在省年月久，比当相论。"庆之正色曰："下官在省十年，自应得转，不复以此仰累。"寻转正员将军。及湛被收之夕，上开门召庆之，庆之戎服履袜缚绔入。上见而惊曰："卿何意乃尔急装？"庆之曰："夜半唤队主，不容缓服。"遣收吴郡太守刘斌，杀之。迁始兴王浚后军行参军，员外散骑侍郎。

元嘉十九年，雍州刺史刘道产卒，群蛮大动，征西司马朱修之讨蛮失利，以庆之为建威将军，率众助修之。修之失律下狱，庆之专军进讨，大破缘沔诸蛮，禽生口七千人。进征湖阳，又获万余口。迁广陵王诞北中郎中兵参军，领南东平太守，又为世祖抚军中兵参军。世祖以本号为雍州，随府西上。时蛮寇大甚，水陆梗碍，世祖停大堤不得进。分军遣庆之掩讨，大破之，降者二万口。世祖至镇，而驿道蛮反杀深式，还庆之又讨之。王玄谟领荆州，王方回领台军并会，平定诸山，获七万余口。郧山蛮最强盛，鲁宗之屡讨不能克，庆之剪定之，禽三万余口。还京师，复为广陵王诞北中郎中兵参军，加建威将军、南济阴太守。

雍州蛮又为寇，庆之以将军、太守复与随王诞入沔。既至襄阳，率后军中兵参军柳元景、随郡太守宗悫、振威将军刘顗、司空参军鲁尚期、安北参军顾彬、马文恭、左军中兵参军萧景嗣、前青州别驾崔月连、安蛮参军刘雍之、奋威将军王景式等二万余人伐沔北诸山蛮，宗悫自新安道入太洪山，元景从均水据五水岭，文恭出蔡阳口取赤系邬，景式由延山下向赤圻阪，月连、尚期诸军八道俱进，庆之取五渠，顿破邬以为众军节度。前后伐蛮，皆山下安营以迫之，故蛮得据山为阻，于矢石有用，以是屡无功。庆之乃会诸军于茹丘山下，谓众曰："今若缘山列旃以攻之，则士马必损。去岁蛮田大稔，积谷重岩，未有饥弊，卒难禽剪。今令诸军各率所领以营于山上，出其不意，诸蛮必恐，恐而乘之，可不战而获也。"于是诸军并斩山开道，不与蛮战，鼓噪上山，冲其腹心，先据险要，诸蛮震扰，因其惧而围之，莫不奔溃。自冬至春，因粮蛮谷。

顷之，南新郡蛮帅田彦生率部曲十封六千余人反叛，攻围郡城，庆之遣元景率五千人赴之。军未至，郡已被破，焚烧城内仓储及廨舍荡尽，并驱略降户，屯据白杨山。元景追之至山下，众军悉集，围山数重。宗悫率其所领先登，众军齐力急攻，大破，威震诸山，群蛮皆稽颡。庆之患头风，好著狐皮帽，群蛮恶之，号曰"苍头公"。每见庆之军，辄畏惧曰："苍头公已复来矣！"庆之引军自茹丘山出梭城，大破诸山，斩首三千级，虏生蛮二万八千余口，降蛮二万五千口，牛马七百余头，米粟九万余斛。随王诞筑纳降、受俘二城于白楚。

庆之复率众军讨幸诸山犬羊蛮，缘险筑重城，施门橹，甚峻。山多木石，积以为垒。立部曲，建旌旗，树长帅，铁马成群。庆之连营山中，开门相通。又命诸军各穿池于营内，朝夕不外汲，兼以防蛮之火。顷之风甚，蛮夜下山，人提一炬以烧营。营内多幔屋及草庵，火至辄以池水灌灭，诸军多出弓弩夹射之，蛮散走。庆之令诸军斩山

开道攻之，而山高路险，暑雨方盛，乃置东冈、蜀山、宜民、西柴、黄徽、上奁六戍而还。蛮被围守日久，并饥乏，自后稍出归降。庆之前后所获蛮，并移京邑，以为营户。

二十七年，迁太子步兵校尉。其年，太祖将北讨，庆之谏曰："马步不敌，为日已久矣。请舍远事，且以檀、到言之。道济再行无功，彦之失利而返。今料王玄谟等未逾两将，六军之盛，不过往时。将恐重辱王师，难以得志。"上曰："小丑窃据，河南修复，王师再屈，自别有以；亦由道济养寇自资，彦之中涂疾动。虏所恃唯马，夏水浩汗，河水流通，泛舟北指，则确磝必走，滑台小戍，易可覆拔。克此二戍，馆谷吊民，虎牢、洛阳，自然不固。比及冬间，城守相接，虏马过河，便成禽也。"庆之又固陈不可。丹阳尹徐湛之、吏部尚书江湛并在坐，上使湛之等难庆之。庆之曰："治国譬如治家，耕当问奴，织当访婢。陛下今欲伐国，而与白面书生辈谋之，事何由济！"上大笑。

及北讨，庆之副玄谟向确磝，戍主弃城走。玄谟围滑台，庆之与萧斌留确磝，仍领斌辅国司马。玄谟攻滑台，积旬不拔。虏主拓跋焘率大众南向，斌遣庆之率五千人救玄谟。庆之曰："玄谟兵疲众老，虏寇已逼，各军营万人，乃可进耳；少年轻往，必无益也。"斌固遣令去，会玄谟退，斌将斩之，庆之固谏乃止。太祖后问："何故谏斌杀玄谟？"对曰："诸将奔退，莫不惧罪，自归而死，将至逃散。且大兵新，未宜自弱，故以攻为便耳。"

萧斌以前驱败绩，欲死固确磝。庆之曰："夫深入寇境，规求所欲，退败如此，何可久住。今青、冀虚弱，而坐守穷城，若虏众东过，青东非国家有也。确磝孤绝，复作朱修之滑台耳。"会诏使至，不许退，诸将并谓宜留，斌复问计于庆之。庆之曰："阃外之事，将所得专，诏从远来，事势已异。节下有一范增而不能用，空议何施。"斌及坐者并笑曰："沈公乃更学问。"庆之厉声曰："众人虽见古今，不如下官耳学也。"玄谟自以退败，求戍确磝，斌乃还历城，申坦、垣护之共据清口。庆之乘驿驰归，未至，上驿诏止之，使还救玄谟。会虏已至彭城，不得向北，太尉江夏王义恭留领府中兵参军。拓跋焘至卵山，义恭遣庆之率三千拒之，庆之以为虏众强，往必见禽，不肯行。太祖后谓之曰："河上处分，皆合事宜，惟恨不弃确磝耳。卿在左右久，偏解我意，正复违诏济事，亦无嫌也。"

二十七年，使庆之自彭城徙流民数千家于瓜步，征北参军程天祚徙江西流民于南州，亦如之。二十九年，复更北伐，庆之固谏不从，以立议不同，不使北出。是时亡命司马黑石、庐江叛吏夏侯方进在西阳五水，诳动群蛮，自淮、汝至于江沔，咸罹其患。十月，遣庆之督诸将讨之，诏豫、荆、雍并遣军，受庆之节度。三十年正月，世祖次五洲，总统群帅，庆之从巴水出至五洲，谘受军略。会世祖典签董元嗣自京师还，陈元凶弑逆，世祖遣庆之还山引诸军。庆之谓腹心曰："萧斌妇人不足数，其余将帅，并是所悉，皆易与耳。东宫同恶不过三十人，此外屈逼，必不为用力。今辅顺讨逆，不忧不济也。"众军既集，假庆之征虏将军、武昌内史，领府司马。世祖还至寻阳，庆之及柳元景等并以天下无主，劝世祖即大位，不许。贼劭遣

庆之门生钱无忌赍书说庆之解甲，庆之执无忌白世祖。

世祖践阼，以庆之为领军将军，加散骑常侍，寻出为使持节、督南兖、豫、徐、兖四州诸军事，镇军将军、南兖州刺史，常侍如故，镇盱眙。上伐逆定乱，思将帅之功，下诏曰："朕以不天，有生罔二，泣血千里，志复深逆，鞠旅伐罪，义气云踊，群帅仗节，指难如归。故曾未积旬，宗社载穆，遂以眇身，猥纂大统。永念茂庸，思崇徽锡。新除使持节、散骑常侍、都督南兖、豫、徐、兖四州诸军事、镇军将军、南兖州刺史沈庆之，新除散骑常侍、领军将军柳元景，新除散骑常侍、右卫将军宗悫，督兖州诸军事、辅国将军、兖州刺史徐遗宝，宁朔将军、始兴太守沈法系，骠骑谘议参军顾彬之，或尽诚谋初，宣综戎略；或受命元帅，一战宁乱；或禀奇军统，协规效捷，偏师奉律，势振东南。皆忠国忘身，义高前烈，功载民听，诚简朕心。定赏策勋，兹焉攸在，宜列土开邑，永蕃皇家。庆之可封南昌县公，元景曲江县公，并食邑三千户。悫洮阳县侯，食邑二千户。遗宝益阳县侯，食邑一千五百户。法系平固县侯，彬之阳新县侯，并食邑千户。"又特临轩召拜。又使庆之自盱眙还镇广陵。

孝建元年正月，鲁爽反，上遣左卫将军王玄谟讨之，军溯淮向寿阳，总统诸将。寻闻荆、江二州并反，征庆之入朝，率所领屯武帐岗，甲仗五十人入六门。鲁爽先遣弟瑜进据蒙茏，历阳太守张幼绪率军讨瑜，值爽至，众散而反。乃遣庆之济江讨爽。爽闻庆之至，连营稍退，自留断后。庆之与薛安都等进与爽战，安都临阵斩爽。进庆之号镇北大将军，进督青、冀、幽三州，给鼓吹一部。前军破贼，转位等后至追蹑一阶。寻与柳元景俱开府仪同三司，辞。改封始兴郡公，户邑如故。

庆之以年满七十，固请辞事，上嘉其意，许之。以为侍中、左光禄大夫、开府仪同三司，又固让，上不许。表疏数十上，又面陈曰："张良名贤，汉高犹许其退；臣有何用，必为圣朝所须。"乃至稽颡自陈，言辄泣涕。上不能夺，听以郡公罢就第，月给钱十万，米百斛，卫史五十人。大明元年，又申前命，复固辞。

三年，司空竟陵王诞据广陵反，复以庆之为使持节、都督南兖、徐、兖三州诸军事、车骑大将军、开府仪同三司、南兖州刺史，率众讨之。至欧阳，诞遣客庆之宗人沈道愍赍书说庆之，饷以玉钚刀，庆之遣道愍反，数以罪恶。庆之至城下，诞登楼谓之曰："沈君白首之年，何为来？"庆之曰："朝廷以君狂愚，不足劳少壮，故使仆来耳！"上虑诞北奔，使庆之断其走路。庆之移营白土，去城十八里，夕进新亭，诞果出走，不得去，还城，事在《诞传》。

庆之进营洛桥西，焚其东门，值雨不克。庆之兄子僧荣，时为兖州刺史，镇瑕丘，遣子怀明率数百骑诣受庆之节度。庆之塞堑，造攻道，立行楼土山，并诸攻具。时夏雨，不得攻城，上使御史中丞庾徽之奏免庆之官以激之，诏无所问。诞饷庆之食，挈挈者百余人，出自北门，庆之不问，悉焚之。诞于城上授函表，倩庆之为送，庆之曰："我奉诏讨贼，不得为汝送表。汝必欲归死朝廷，自应开门遣使，吾为汝送护之。"每攻城，辄身先士卒。上戒之

曰："卿为统任，今当令处分有方，何蒙楯城下，身受矢石邪。脱有伤挫，为损不少。"自四月至于七月，乃屠城斩诞。进庆之司空，又固让。于是与柳元景并依晋密陵侯郑袤故事，朝会庆之位次司空，元景在从公之上，给恤吏五十人，门施行马。

四年，西阳五水蛮复为寇，庆之以郡公统诸军讨之，攻战经年，皆悉平定，获生口数万人。居清明门外，有宅四所，室宇甚丽。又有园舍在娄湖，庆之一夜携子孙徙居之，以宅还官。悉移亲戚中表于娄湖，列门同闬焉。广开田园之业，每指地示人曰："钱尽在此中。"身享大国，家素富厚，产业累万金，奴僮千计。再献钱千万，谷万斛。以始兴优近，求改封南海郡，不许。妓妾数十人，并美容工艺。庆之优游无事，尽意欢愉，非朝贺不出门。每从游幸及校猎，据鞍陵厉，不异少壮。太子妃上世祖金镂匕箸及杅杓，上以赐庆之，曰："卿辛勤匪懈，欢宴宜等，且觞酌之赐，宜以大夫为先也。"上尝欢饮，普令群臣赋诗，庆之手不知书，眼不识字，上逼令作诗，庆之曰："臣不知书，请口授师伯。"上即令颜师伯执笔，庆之口授之曰："微命值多幸，得逢时运昌。朽老筋力尽，徒步还南岗。辞荣此圣世，何愧张子房。"上甚悦，众坐称其辞意之美。

世祖晏驾，庆之与柳元景等并受顾命，遗诏若有大军旅及征讨，悉使委庆之。前废帝即位，加庆之几杖，给三望车一乘。庆之每朝贺，常乘猪鼻无幌车，左右从者不过三五人。骑马履行园田，政一人视马而已。每农桑剧月，或时无人，遇之者不知三公也。及加三望车，谓人曰："我每游履田园，有人时与马成三，无人则与马成二。今乘此车，安所之乎。"及赐几杖，并固让。

废帝狂悖无道，众并劝庆之废立，及柳元景等连谋，以告庆之。庆之与江夏王义恭素不厚，发其事，帝诛义恭、元景等，以庆之为侍中、太尉，封次子中书郎文季建安县侯，食邑千户。义阳王昶反，庆之从帝度江，总统众军。少子文耀，年十余岁，善骑射，帝爱之。又封永阳县侯，食邑千户。帝凶暴日甚，庆之犹尽言谏争，帝意稍不说。及诛何迈，虑庆之不同，量其必至，乃闭清溪诸桥以绝之。庆之果往，不得度而还。帝乃遣庆之从子攸之赍药赐庆之死，时年八十。是年初，庆之梦有人以两匹绢与之，谓曰："此绢足度。"谓人曰："老子今年不免。两匹，八十尺也。足度，无盈余矣。"及死，赐与甚厚，追赠侍中，太尉如故，给鸾辂辒辌车，前后羽葆、鼓吹，谥曰忠武公。未及葬，帝败。太宗即位，追赠侍中、司空，谥曰襄公。

长子文叔，历中书黄门郎，景和末，为侍中。庆之死也，不肯饮药，攸之被掩杀之。文叔密取药藏录。或劝文叔逃避，文叔见帝断截江夏王义恭支体，虑奔亡之日，帝怒，容致义恭之变，乃饮药自杀。子秘书郎昭明，亦自缢死。泰始七年，改封苍梧郡公。元年，还复先封。时改始兴为广兴，昭明子昙亮，袭广兴郡公。齐受禅，国除。

庆之弟劭之，元嘉中，为庐陵王绍南中郎行参军，讨建安、揭阳诸贼，病卒。

兄子僧荣，敞之之子也。孝建初，为安成相。荆、江

反叛,发兵拒臧质,质遣其安成相臧眇之讨僧荣,击破之。大明中,为兖州刺史。景和中,征为黄门郎,未还,卒。子怀明,太宗泰始初,居父忧,起为建威将军,东征南讨有功,封吴兴县子,食邑四百户。历位黄门侍郎,再为南兖州刺史。元徽初,丁母艰,去职。桂阳王休范为逆,起为冠军将军,统水军防固石头,朱雀失守,怀明委军奔走,顷之忧卒。

庆之从弟法系,字体先,亦有将用。初为赵伯符将佐,后随庆之征五水蛮。世祖伐逆,以为南中郎参军,加宁朔将军,领三千人前发,与柳元景旦至新亭。元景居中营,宗悫居西营,法系居东营。东营据岗,贼攻元景,法系临射之,所杀甚众。法系堑外树伐之令倒,贼劝来攻,缘树以进,彭排多开隙,选善射手,的发无不中,死者交横。事平,以为宁朔将军、始兴太守,讨萧简于广州。闻台军将至,简诳其众曰:"台军是贼劝所遣。"并信之。前征北参军顾迈被贼徙在城内,善天文,云"荆、江有大兵。"城内由此固守。初,世祖先遣邓琬围简,唯治一攻道,法系至,曰:"宜四面并攻,若守一道,何时可拔"琬虑功不在己,不从。法系曰:"更相申五十日。"日尽又不克,乃从之。八道俱攻,一日即拔,斩萧简,广州平。封库藏付邓琬而还。官至骁骑将军、寻阳太守,新安王子鸾北中郎司马。

勋之子文秀,别有传。庆之群从姻戚,由之在列位者数十人。

史臣曰:张释之云,用法一偏,天下狱皆随轻重。县衡于上,四海共禀其平,法乱于朝,民无所措手足。师伯藉宠代臣,势震朝野,倾意嶽台,情以货结,自选都至于局曹,莫不从风而靡。曲徇私请,因停诏敕,天震赏怒,仆者相望,师伯任用无改,而王、谢免职。君子谓是举也,岂徒失政刑而已哉!

卷七十八　　列传第三十八

萧思话　刘延孙

萧思话,南兰陵人,孝懿皇后弟子也。父源之,字君流,历中书黄门郎,徐、兖二州刺史,冠军将军、南琅邪太守。永初元年卒,追赠前将军。

思话年十许岁,未知书,以博诞游遨为事,好骑屋栋,打细腰鼓,侵暴邻曲,莫不患毒之。自此折节,数年中,遂有令誉。好书史,善弹琴,能骑射。高祖一见,便以国器许之。年十八,除琅邪王大司马行参军,转相国参军,父忧去职。服阕,拜羽林监,领石头戍事,袭爵封阳县侯,转宣威将军、彭城、沛二郡太守。涉猎书传,颇能隶书,解音律,便弓马。元嘉元年,谢晦为荆州,欲请为司马,思话拒之。

五年,迁中书侍郎,仍督青州、徐州之东莞诸军事,振武将军、青州刺史,时年二十七。亡命司马朗之、元之、可之兄弟,聚党于东莞发干县,谋为寇乱。思话遣北海太守萧汪之讨斩之,余党悉平。八年,除竟陵王义宣左军司马、南沛郡太守。未及就征,索虏南寇,檀道济北伐,既而回师,思话惧虏大至,乃弃镇奔平昌。思话先使参军刘振之戍下邳,闻思话奔,亦委城走。虏定不至,而东阳积聚,已为百姓所焚,由是征下廷尉,仍系尚方。初在青州,常所用铜斗,覆在药厨下,得二死雀,思话曰:"斗覆而双雀殒,其不祥乎!"既而被系。

九年,仇池大饥,益、梁州丰稔,梁州刺史甄法护在任失和,氐帅杨难当因此寇汉中。乃自徒中起思话督梁、南秦二州诸军事、横野将军、梁、南秦二州刺史。既行,闻法护已委镇北奔西城,遣司马、建威将军、南汉中太守萧承之五百人前进;又遣西戎长史萧汪之系之。承之缘路收合士众,得精兵千人。十年正月,进据磝头。难当焚掠汉中,引众西还,留其辅国将军、梁秦二州刺史赵温守梁州,魏兴太守薛健据黄金。承之进屯磝头,遣阴平太守萧坦赴黄金,薛健副姜宝据铁城,铁城与黄金相对,去一里,斫树塞道。坦进攻二戍,拔之。二月,赵温又率薛健及其宁朔将军、冯翼太守蒲早子来攻坦营,坦急击,大破之。坦被创,贼退保西水。承之司马锡文祖进据黄金,萧汪之步骑五百相继而至。平西将军临川王义庆遣龙骧将军裴方明三千人赴,承之等进黄金,早子、健等退保下桃。思话先遣行参军王灵济率偏军出洋川,因向南城。伪陵江将军赵英坚守险,灵济击破之,生禽英。南城空虚,因资无所,复引军还与承之合。

三月,承之率众军进据峨公固。难当遣其子和率赵温、蒲早子及左卫将军吕平、宁朔将军司马飞龙,步骑万余,跨汉津结柴,其间立浮桥,悉力攻承之,合围数十重,短兵接战,弓矢无复用。贼悉衣犀革,戈矛所不能加。承之乃截稍长数尺,以大斧椎之,一稍辄贯十余贼。贼不能当,因大败,烧柴奔走,退据大桃。闰月,承之及方明 台军至,龙骧将军杨平兴、幢主殿中将军梁坦直入角弩追之,贼又败走,杀伤虏获甚多。汉中平,悉收没地,置戍葭萌水。

先是,桓玄篡晋,以桓希为梁州。希败走,氐杨盛据有汉中,刺史范元之、傅歆悉治魏兴,唯得魏兴、上庸、新城三郡。其后索邈为刺史,乃治南城。为贼所焚烧不可固,即思话北镇南域,加节,进号宁朔将军,征承之为太子屯骑校尉。法护,中山无极人,过江寓居南郡。弟法崇,元嘉十年,自少府为益州刺史。法护委镇之罪,统府所收,于狱赐死。太祖以法崇受任一方,令狱官言法护病卒。太祖使思话上平定汉中本末,下之史官。

十四年,迁使持节、临川王义庆平西长史、南蛮校尉。太祖赐以弓琴,手敕曰:"丈人顷何所作? 事务之暇,故以琴书为娱耳,所得不日义邪! 春想常不忘情,想亦同之。前得此琴,云是旧物,亦有名京邑,今以相借。因是戴颙意于弹抚,响韵殊 胜,直尔嘉也。并往桑弓一张,材理乃快,先所常用,既久废射,又多病,略不能制之,便成老公,令人叹息。良材美器,宜在尽用之地,丈人真无所与让也。"

十六年，衡阳王义季代义庆，又除安西长史，余如故。十九年，征为侍中，领前军将军，未就征，复先职。明年，迁持节、监雍州、梁、南北秦四州、荆州之南阳、竟陵、顺阳、襄阳、新野、随六郡诸军事、宁蛮校尉、雍州刺史、襄阳太守。二十二年，除侍中，领太子右率。二十四年，改领左卫将军。尝从太祖登钟山北岭，中道有磐石清泉，上使于石上弹琴，因赐以银钟酒，谓曰："相赏有松石间意。"又领南徐州大中正。明年，复监雍、梁、南北秦四州、荆州之竟陵、随二郡诸军事、右将军、宁蛮校尉、雍州刺史如故。

二十六年，征为吏部尚书。诏思话曰："沈尚书暴病不救，其体业贞审，立朝尽公，年时尚可，方相委任，奄忽不永，痛惋特深。铨管要机，通塞所寄，丈人才用体国，二三惟允。"思话以去州无复事力，倩府军身九人，太祖戏之曰："丈人终不为田父于里闾，何应无人使邪？"未拜，二十七年，迁护军将军。

是年春，房攻悬瓠，太祖将大举北讨，朝士佥同，莫或异议。思话固谏，不从。乃领精甲三千，助镇彭城。房退，即代世祖为持节、监徐、兖、青冀四州、豫州之梁郡诸军事、抚军将军，兖徐二州刺史。

二十九年，统扬武将军、冀州刺史张永众军围确磝。初，镇军谘议参军申坦与王玄谟围滑台，不克，免官。青州刺史萧斌板坦行建威将军、济南平原二郡太守，守历城，令任仲仁又为坦副，并前锋入河。五月，发沿口，永司马崔训、建武将军齐郡太守胡景世率青州军来会。七月，思话及众军并至确磝，治三攻道。太祖遣员外散骑侍郎徐爰宣旨督战。张永、胡景世当东攻道，申坦、任仲仁西攻道，崔训南攻道。贼夜地道出，烧崔训楼及蝦车，又烧胡景世楼及攻具，寻又毁崔训攻道，城不可拔。思话驰来，退师。攻城凡十八日，解围还历下。崔训以楼见烧，又不能固攻道，被诛于确磝；永、坦并系狱。诏曰："得抚军将军思话启事，确磝不拔，士卒疲劳，且班师清济，更图进讨。此镇山川严阻，控临河朔，形胜之要，擅名自古，宜寇其授，足以允望实。思话可解徐州为冀州，余如故。彭城文武，复量分配，即镇历城。"寻为江夏王义恭所奏，免官。

元凶弑立，以为使持节、监徐、青、兖、冀四州、豫州之梁郡诸军事、徐兖二州刺史，将军如故。思话即率部曲还彭城，起义以应世祖。遣使奉笺曰："下官近在历下，始奉国讳，所承使人，不知阔狭，既还在路，渐有所闻，犹谓人伦无容有此，私怀感慨，未敢在言。奉being今教，果出虑表，重增哀惋，不能自胜。此实天地所不覆载，人神所不容忍，率土民氓，莫不愤咽，况下官蒙荷荣渥，义兼常志。此月五日，被驿使追命骑还朝，切齿拊心，辄五钟疾，虽百口在都，一非所顾。正欲遣启受规略，会奉今旨，悲惧兼情。伏承司徒英图电发，殿下神武霜断，臧质忠义并到，不谋同时，仗顺沿流，席卷江甸，前驱风迈，已应在近。下官复练始集，遣辅国将军申坦、龙骧将军梁坦二军，分配精甲五千，申坦为统，便以即日水陆齐下。下官悉率文武，骆驿继发。凭威策懦，势同振朽，开泰有期，悲欣交集。"世祖至新亭，坦亦进克京口。

上即位，征为散骑常侍、尚书左仆射，固辞，不受拜。改为中书令，丹阳尹，常侍如故。时京邑多有劫掠，二旬中十七发，引咎陈逊，不许。明年，出为使持节、都督徐兖、青、冀、幽五州、豫州之梁郡诸军事、安北将军、徐州刺史，加鼓吹一部。未行而江州刺史臧质反，复以为使持节、都督江州、豫州之西阳、晋熙、新蔡三郡诸军事、江州刺史。事平，分荆、江、豫三州置郢州，复都督郢湘二州诸军事、镇西将军、郢州刺史，持节、常侍如故，镇夏口。

孝建二年卒，时年五十。追赠征西将军、开府仪同三司，持节、常侍、都督、刺史如故，谥曰穆侯。思话宗戚令望，蚤见任待，凡历州十二，杖节监都督九焉。所至虽无皦皦清节，亦无秽黩之累。爱才好士，人多归之。

长子惠开嗣，别有传。次子惠明，亦有世誉，历黄门郎，御史中丞，司徒左长史，吴兴太守。后废帝元徽末，卒官。第四子惠基，顺帝升明末，为侍中。

源之从父弟蓁之，丹阳尹，追赠征虏将军。子斌，亦为太祖所遇。彭城王义康镇豫章，以为大将军谘议参军、豫章太守。历南蛮校尉，侍中，辅国将军、青冀二州刺史。

元嘉二十七年，统王玄谟等众军北伐。斌遣将军崔猛攻房青州刺史张淮之于乐安，淮之弃城走。先是，猛与斌参军傅融分取乐安及确磝，乐安水道不通，先并定确磝，至是又克乐安。既而攻围滑台，不拔。斌追这历下，事在《王玄谟传》。二十八年，亡命司马顺则诈称晋室近属，自号齐王，聚众据梁邹城。又有沙门自称司马百年，号安定王，亡命秦凯之、祖元明等各据村屯以应顺则。初，梁邹戍主、宣威将军、乐安、渤海二郡太守崔勋之出州，故顺则因虚窃据。勋之司马曹敬会拒战不敌，出走。斌即遣勋之率行建威将军济南、平原二郡太守申坦、长流参军罗文昌等诸军讨顺则，攻之不克。勋之等始谓城内出于逼附，军至即应奔逃，而并为贼坚守，杀伤官军甚多。斌又遣府司马、建武将军、齐郡太守庞秀之总诸军。祖元明又据安丘城，斌更遣振武将军刘武之及军主刘回精兵千人，讨司马百年，斩之。顺则既失据，众稍离阻。文昌遣道连伪投贼，贼信纳之，潜以官赏格示众，城内贼党李继叔等并有归顺心。道连谋泄，为贼所杀，继叔逾城出降，贼党于是大离。乃四面进攻，冲车所冲，辄三五丈崩落。时南门楼上掷下一级，并垂绳钓取外人，外人上，贼并放仗，云向已斩顺则，所投首是也。秦凯之走河北。斌坐滑台退败，免官。久之，复起为南平王铄右军长史。其后事迹在《二凶传》。

斌弟简，历位长沙内史。广陵王诞为广州，未之镇，以简为安南谘议参军、南海太守，行府州事。东海王祎代诞，简仍为前军谘议，太守如故。世祖入讨元凶，遣辅国将军、南海太守刘琬讨简，固守经时，城陷伏诛。斌、简诸子并诛灭。

庞秀之，河南人也。以斌故吏，贼劭甚加信委，以为游击将军。奔世祖于新亭。时劭诸将未有降者，唯秀之先至，事平，以为梁州刺史。秀之子弟为劭所杀者将十人，而酣燕不废，坐免官。后又为徐州刺史，太子右卫率。孝建元年，卒，追赠本官，加散骑常侍。子弥之，顺帝升明末，广兴公相。秀之弟况之，太宗世，亦为始兴相。

刘延孙，彭城吕人，雍州刺史道产子也。初为徐州主簿，举秀才，彭城王义康司徒行参军，尚书都官郎，为钱唐令，世祖抚军、广陵王诞北中郎中兵参军、南清河太守。世祖为徐州，补治中从事史。时索虏围县瓠，分军送所掠民口在汝阳，太祖诏世祖遣军袭之，议者举延孙为元帅，固辞无将用，举刘泰之自代。泰之既行，太祖大怒，免延孙官。为世祖镇军北中郎中兵参军，南中郎谘议参军，领录事。世祖伐逆，府缺上佐，转补长史、寻阳太守，行留府事。

世祖即位，以为侍中，领前军将军。下诏曰："朕藉群能之力，雪莫大之耻，以眇眇之身，托于王公之上，思所以策勋树良，永宁世烈。新除侍中、领前军将军延孙率怀忠敏，器局沈正，协赞义初，诚力俱尽。左卫将军竣立志开亮，理思清要，茂策忠谟，经纶惟始，俾积基更造，咸有勤焉。宜显授龟社，大启邦家。延孙可封东昌县侯，竣建城县侯，食邑各二千户。"其年，侍中改领卫尉。

孝建元年，迁丹阳尹。臧质反叛，上深以东土为忧，出为冠军将军、吴兴太守，置佐史。事平，征为尚书右仆射，领徐州大中正。遣至江陵，分判枉直，行其诛赏。三年，又出为南兖州刺史，加散骑常侍。仍徙为使持节、监雍、梁、南北秦四州、郢州之竟陵、随二郡诸军事、镇军将军、宁蛮校尉、雍州刺史，以疾不行。留为侍中、护军，又领徐州大中正。素有劳患，其年增笃，诏遣黄门侍郎宣旨问疾。

大明元年，除金紫光禄大夫，领太子詹事，中正如故。其年，又出为镇军将军、南徐州刺史。先是，高祖遗诏，京口要地，去都邑密迩，自非宗室近戚，不得居之。延孙与帝室虽同是彭城人，别属吕县。刘氏居彭城者，又分为三里，帝室居绥舆里，左将军刘秀肃居安上里，豫州刺史刘怀武居丛亭里，及吕县凡四刘。虽同出楚元王，由来不序昭穆。延孙于帝室本非同宗，不应有此授。时司空竟陵王诞为徐州，上深相畏忌，不欲使居京口，迁之于广陵。广陵与京口对岸，欲使腹心为徐州，据京口以防诞，故以南徐授延孙，而与之合族，使诸王序亲。

三年，南兖州刺史竟陵王诞有罪，不受征，延孙驰遣中兵参军杜幼文率兵起讨。既至，诞已闭城自守，乃还。诞遣使刘公泰赍书要之，延孙斩公泰，送首京邑。复遣幼文率军渡江，受沈庆之节度。其年，进号车骑将军，加散骑常侍，给鼓吹一部。

五年，诏延孙曰："旧京树亲，由来常准。卿前出所有别议，今此防久弭，当以还授小儿。"征延孙为侍中、尚书左仆射，领护军将军。延孙疾病，不任拜起，上使于五城受封版，乘船自青溪至平昌门，仍入尚书下舍。又欲以代朱修之为荆州，事未行，明年，卒，时年五十二。上甚惜之，下诏曰："故侍中尚书左仆射、领护军将军东昌县

开国侯延孙，风局简正，体识沈明，绸缪心膂，自蕃升朝，契ům唯旧，几将二纪。灵业中圮，则首赞宏图；义令既举，则任均萧、寇。器允栋干，勋实佐时。及累司马两官，出内尹牧，惠政文课，著自民听，忠谟令节，简乎朕心。方燮和台阶，永毗国道，奄至薨殒，震恸兼深。考终定典，宜尽哀敬。可赠司徒，给班剑二十人，侍中、仆射，侯如故。"有司奏谥忠穆，诏为文穆。又诏曰："故司徒文穆公延孙，居身寡约，家素贫虚，每念清美，良深凄叹。葬送资调，固当阙乏，可赐钱三十万，米千斛。"

子质嗣，太宗泰始中，有罪，国除。延孙弟延熙，义兴太守，在《孔觊传》。

史臣曰：延孙接款蕃日，固出颜、袁矣。风飚局力，又无等级可言，而隆名盛宠，必择而后授，何哉？良以休运甫开，沈疾方被，虽宿恩内积，而安私外简。夫悔因事狎，敬由近疏，疏必相思，狎必相厌，厌思一殊，荣礼自隔，遂得与一世宗臣，盖由此也。子曰："事君数，斯疏矣。"然乎！然乎！

卷七十九　　　列传第三十九

文　五　王

竟陵王诞　庐江王祎　武昌王浑　海陵王休茂
桂阳王休范

竟陵王诞，字休文，文帝第六子也。元嘉二十年，年十一，封广陵王，食邑二千户。二十一年，监南兖州诸军事、北中郎将、南兖州刺史，出镇广陵。寻以本号徙南徐州刺史。二十六年，出为都督雍、梁、南北秦四州、荆州之竟陵、随二郡诸军事，后将军、雍州刺史。

以广陵雕弊，改封随郡王。上欲大举北讨，以襄阳外接关、河，欲广其资力，乃罢江州军府，文武悉配雍州，湘州人台税租杂物，悉给襄阳。及大举北伐，命诸蕃并出师，莫不奔败；唯诞中兵参军柳元景先克弘农、关、陕三城，多获首级，关、洛震动，事在《元景传》。会诸方并败退，故元景引还。征诞还京师，迁都督广交二州诸军事、安南将军、广州刺史，当镇始兴，未行；改授都督会稽、东阳、新安、临海、永嘉五郡诸军事、安东将军、会稽太守，给鼓吹一部。

元凶弑立，以扬州浙江西属司隶校尉，浙江东五郡立会州，以诞为刺史。世祖入讨，遣沈庆之兄子僧荣间报诞，又遣宁朔将军顾彬之自鲁显东入，受诞节度。诞遣参军刘季之与彬之并势，自顿西陵，以为后继。劭遣将华钦、庚导东讨，与彬之弟相逢于曲阿之奔牛塘，路甚狭，左右皆悉入菰封，彬之军人多赍篮屐，于菰薜中夹射之，钦等大败。事平，征诞为持节、都督荆、湘、雍、益、宁、梁、

南北秦八州诸军事、卫将军、开府仪同三司、荆州刺史。诞以位号正与浚同，恶之，请求回改。乃进号骠骑将军，加班剑二十人，余如故。南谯王义宣不肯就征，以诞为侍中、骠骑大将军、扬州刺史，开府如故。改封竟陵王，食邑五千户。顾彬之以奔牛之功，封阳新县侯，食邑千户，季之零阳县侯，食邑五百户。

明年，义宣举兵反，有荆、江、兖、豫四州之力，势震天下。上即位日浅，朝野大惧；上欲奉乘舆法物，以迎义宣，诞固执不可，然后处分。加诞节，仗士五十人，出入六门。上流平定，诞之力也。初讨元凶，与上同举兵，有奔牛之捷，至是又有殊勋。上性多猜，颇相疑惮。而诞造立第舍，穷极工巧，园池之美，冠于一时。多聚才力之士，实之第内，精甲利器，莫非上品，上意愈不平。孝建二年，乃出为使持节、都督南徐、兖二州诸军事、太子太傅、南徐州刺史，侍中如故。上以京口去都密迩，犹疑之。大明元年秋，又出为都督南兖、南徐、兖、青、冀、幽六州诸军事、南兖州刺史，余如故。诞既见猜，亦潜为之备，至广陵，因索虏寇边，修治城隍，聚粮治仗。嫌隙既著，道路常云诞反。

三年，建康民陈文绍上书曰："私门有幸，亡大姑元嘉中蒙入台六宫，薄命早亡，先朝赐赠美人，又听大姑二女出入问讯。父饶，司空诞取为府史，恒使入山图画道路，勤剧备至，不敢有辞，不复听归，消息断绝。姑二女去年冒启归诉，蒙陛下圣恩，赐敕解饶吏名。诞见符至，大怒，唤饶入交问：'汝欲死邪？诉台求解。'饶即答：'官比不听通家信，消息断绝。若是姊为启闻，所不知。'诞因问饶：'汝那得入台？'饶被问，依实启答。既出，诞主衣庄庆、画师王强语饶：'汝今年败，汝姊误汝。官云小人辈敢持台家逼我。'饶因叛走归，诞即遣王强将数人逐，突入家内缚录，将还广陵。至京口客舍，乃陷死井中，托云'饶悸罪自杀'。抱痛怀冤，冒死归诉。"吴郡民刘成又诣阙上书，告诞谋反，称："息道龙昔伏事诞，亲见奸状。又见诞在石头城内，修乘舆法物，习倡警跸。道龙私独忧惧，向伴侣言之，语颇漏泄，诞使大吏令监内执道龙，道龙逸走，诞怒鞭杀监，又捕杀道龙。"豫章民陈谈之上书诉枉，称："弟咏之昔蒙诞采录，随从历镇；大驾南下，为诞奉送笺书，经涉危险，时得上闻。圣明登阼，恩泽周普，回改小人，使命微勤，赐署台位。咏之恒见诞与左右小人庄庆、傅元祀潜图奸逆，言词丑悖，每云：'天下方是我家有，汝等不忧不富贵。'又常疏陛下年纪姓讳，往巫郑师怜家祝诅。咏之既闻此语，又不见其事，恐一旦事发，横罹其罪，密以告建康右尉黄宣达，并有启闻，希以自免。元祀弟知咏之与宣达来往，自嫌言语漏泄，即具以告诞。诞大怒，令左右饮咏之酒，逼使大醉，因言咏之乘酒骂詈，遂被害。自顾冤枉，事有可哀。"其年四月，上乃使有司奏曰：

> 臣闻神极尊明，大仪所以贞观；皇天峻邈，玄化所以幽宣。故能经纬岷俗，大庇黔首。庶directed被八纮，不遗疏贱之赏；威格天区，岂漏亲贵之罚。此不刊之鸿则，古今之恒训。

谨按元嘉之末，天纲崩褫，人神哀愤，含生丧气。司空竟陵王诞义兼臣子，任居藩维。进不能泣血提戈，忘身徇节；退不能闭关拒险，焚符斩使。遂至拜受伪爵，欣承荣宠，沈沦奸逆，肆于昏放。以妻故司空臣湛之女，诛亡余类，单舟遁遗，披猖千里，事哀行路，贼忍无亲，莫此为甚。

故山阴傅僧祐，诚亮国朝，义均休戚。重门峻卫，不能拒折简之使；岩险千里，不能庇匹夫之身。乃更助虐凭凶，抽兵勒刃，遂使顿仆牢井，死不旋踵，妻子播流，庭筵莫立，见之者流涕，闻之者含叹。及神锋首路，櫬枪东指，风卷四岳，电埽三江。诞犹持疑两端，阴规进退。陛下频遣书檄，告警殷勤，方改奸图，末乃奉顺。分遣弱旅，永塞符文，宴安所苞，身不越境，悖礼忘情，不顾物议，弯弧跃马，务是畋游，致奔牛有崩碎之陈，新亭无独克之术。假威义锐，乞命皇旅，竟有何劳，而论止伐。既妖祲廓清，大明升曜，幽显宅心，远迩云集。诞忽星行之悲，违开泰之庆，迟回顾望，淹逾旬朔。逆党陈叔儿等，泉宝钜亿，赀货不赀，诞收籍所得，不归天府，辞称天军，实入私室。又太官车传，旧有献御，丧乱既平，犹加断遏，珍羞庶品，回充私膳。于号讳之辰，遽甘滋之品，当惟新之始，绝苞苴之贡，忠孝两忘，敬爱俱尽。乃征引巫史，潜考图纬，自谓体应符相，富贵可期，悖意丑言，不可胜载。遂复遥讽朝廷，占求官爵，侮蔑宗室，诋毁公卿，不义不昵，人道将尽。荷任神州，方怀奸慝，每窥向宸御，妄生规幸；多树淫祀，显肆袄诅，遂在石头，潜修法物；传警称跸，拟则天行，皆已骇暴观听，彰布朝野。

昔内难甫宁，珍玮散佚，有御刀利刃，擅价诸夏，天府禁器，历代所珍。诞密加购赏，顿藏私室。贼义宣初平，余党逃命，诞念纵罔忌，私窃招纳，名工细巧，悉匿私第。又引义宣故将裴兴为己腹心，事既彰露，犹执欺罔，公文面启，矫称拒隶。加以营干制馆，僭拟天居，引石征材，专擅兴发，驱迫士族，役同舆皂，弹木土之姿，穷吞并之势。故会稽宣长公主受遇二祖，礼级尊崇，臣湛之亡身徇国，追荣典军。诞以广拓宅宇，地妨艺植，辄逼遗孤，顿相驱徙。遂令神主宵迁，改卜委巷，宗戚含伤，行路掩涕。又缘溪两道，积代通衢，诞拓宇开垣，擅断其一。致使径涂拥隔，川陆阻碍，神怒民怨，毒遍幽显。

故丞相临川烈武王臣道规，名德茂亲，勋光常策，异礼殊荣，受自先旨者。嗣王臣义庆受任西夏，灵寝暂移，先帝亲枉銮舆，拜辞路左，恩冠终古，事绝常班。诞又以庙居宅前，固请毁换，诏旨不许，怨怼弥极。

有靦面目，豺狼为性，规牧江都，希广兵力，天德尚弘，甫申所请，仍谓应住东府，宜为中台，贪冒无厌，人莫与比。虽圣慈全救，每垂容纳，而虐戾不悛，奸诐弥甚。受命还镇，猜怨愈深，忠规正谏，必加鸩毒，谄渎肤躁，是与比周。又矫称符敕，设榜开募，事发辞寝，委罪自下。及录事徐灵寿以常署受坐，将就囚执，訚韩近恭、中护军遣吏夏嗣伯密相属请，求宽桎梏。且王僧达临刑之启事，高阇即戮之辞，皆称潜驿往来，遥相要契，丑声秽问，宣著遐迩，含识能言，孰不愤叹。又获吴郡民刘成、豫章民陈谈之、建康民陈文绍等并如诉状，则奸情猜恶，岁月增积。

昔周德初升，公旦有流言之衅；鲁道方泰，季子断涂泉之诛。近则淮厉覆车于前，义康袭轨于后，变发柴奇，祸成范、谢，亦皆以义夺亲，情为宪屈。况乃上悖天经，下诬政道，结衅于无妄之辰，希幸于文明之日，皇穹所不覆，厚土所不容。夫无礼之诫，臣子所宜服膺；干纪之刑，有国所应慎守。

臣等参议，宜下有司，绝诞属籍，削爵土，收付廷尉法狱治罪。诸所连坐，别下考论。伏愿远寻宗周之重，近监兴亡之由，割恩弃私，俯顺群议，则卜世灵根，于兹克固，鸿勋盛烈，永永无穷。陛下如复隐忍，未垂三思，则覆皇基于七百，挤生民于涂炭。此臣等所以夙夜危惧，不敢避铁钺之诛者也。

上不许，有司又固请，乃贬爵为侯，遣令之国。上将诛诞，以义兴太守垣阆为兖州刺史，配以羽林禁兵，遣给事中戴明宝随阆袭诞，使阆以之镇为名。阆至广陵，诞未悟也。明宝夜报诞典签蒋成，使明晨开门为内应。成以告府舍人许宗之，宗之奔入告诞。诞惊起，呼左右及素所畜养数百人，执蒋成，勒兵自卫。明旦将晓，明宝与阆率精兵数百人卒至，天明而门不开，诞已列兵登陴，自在门上斩蒋成，焚兵籍，赦作部徒系囚，开门遣腹心壮士击明宝等，破之。阆即遇害，明宝奔逃，自海陵界得还。

上乃遣车骑大将军沈庆之率大众讨诞。诞焚烧郭邑，驱居民百姓，悉使入城，分遣书檄，要结近远。时山阳内史梁旷家在广陵，诞执其妻子，遣使要旷，旷使拒之。诞怒，灭其家。诞奉表投之城外，曰："往年元凶祸逆，陛下入讨，臣背凶赴顺，可谓常节。及丞相构难，臧、鲁协从，朝野恍惚，咸怀忧惧，陛下欲百官羽仪，星驰推奉，臣前后固执。方赐允俞，社稷获全，是谁之力？陛下接遇殷勤，累加荣宠，骠骑、扬州，旬月移授，恩秩频加，复赐徐、兖，仰屈皇储，远相饯送。臣一遇之感，感此何忘，庶希偕老，永相娱慰。岂谓陛下信用逸言，遂令无名小人来相掩袭，不任枉酷即加诛剪。雀鼠贪生，仰违诏敕。今亲勒部曲，镇捍徐、兖。先经何福，同生皇家；今有何愆，便成胡、越？陵锋奋戈，万没岂顾，荡定人期，冀在旦夕。右军、宜兰、爰及武昌，皆以无罪，并遇枉酷，臣有何过，复致于此。陛下宫帏之丑，岂可三缄？临纸悲塞，不知所言。"世祖忿诞，左右复心同籍期亲并诛之，死者以千数。或有家人已死，方自城内叛出者。

车驾出顿宣武堂，内外纂严。庆之进广陵，诞幢主韩道元来降。豫州刺史宗悫、徐州刺史刘道隆率众来会。诞中兵参军柳光宗、参军何康之、刘元迈、幢主索智朗谋开城北门归顺，未期而康之所镇队主石贝子先众出奔，康之惧事泄，夜与智朗斩关而出。诞禽光宗杀之。光宗，柳元景从弟也。康之母在城内，亦为诞所杀。

诞见众军大集，欲弃城北走，留中兵参军申灵赐居守，自将骑步数百人，亲信并随，声云出战，邪趋海陵道。诞将周丰生驰告庆之，庆之遣龙骧将军武念追蹑。诞行十余里，众并不欲去，请诞还城。诞曰："我还，卿能为我尽力不？"众皆曰："愿尽力。"左右杨承伯牵诞马曰："死生且还保城，欲持此安之？速还尚得人，不然，败矣。"庆之所遣将戴宝之单骑前至，刺诞殆获，诞惧，乃驰还。武念去诞远，未及至，故诞得向城。既至，曰："城上白须，非沈公邪？"左右曰："申中兵。"诞乃入。以灵赐为骠骑府录事参军，王珣之为中军长史，世子景粹为中军将军，州别驾范义为中军长史，其余府州文武，皆加秩。

先是，右卫将军垣护之、左军将军崔道固、屯骑校尉庞番虬、太子旅贲中郎将殷孝祖破索虏还，至广陵，上并使受庆之节度。司州刺史刘季之，诞故佐也，骁果有膂力，梁山之役，又有战功，增邑五百户。在州贪残，司马翟弘业谏争甚苦，季之积忿，置毒药食中杀之。少年时，宗悫共蒱戏，曾手侮加悫，悫深衔恨。至是悫为豫州刺史，都督司州，季之虑悫为祸，乃委官间道欲归朝廷。会诞反，季之至盱眙，盱眙太守郑瑗以季之素与诞所遇，疑其同逆，因邀道杀之，送首诣道隆。时诞亦遣间信要季之，及季之首至，沈庆之送以示诞。季之缺齿，垣护之亦缺，诞谓众曰："此垣护之头，非刘季之也。"

太宗初即位，郑瑗为山阳王休祐骠骑中兵参军。豫州刺史殷琰与晋安王子勋同逆，休祐遣瑗及左右邢龙符说琰，琰不受。郑氏，寿阳强族。瑗即使琰镇军。子勋责琰举兵迟晚，琰欲自解释，乃杀龙符送首，瑗固争不能得。及寿阳城降，瑗随辈同出，龙符兄僧憼时在城外，谓瑗构杀龙符，辄杀瑗。即为刘勔所录，后见原。僧憼寻击虏于淮西战死。此四人者，并由横杀，旋受身祸，论者以为有天道焉。

诞幢主公孙安期率兵队出降。诞初闭城拒使，记室参军贺弼固谏再三，诞怒，抽刃向之，乃止。或劝弼出降，弼曰："公举兵向朝廷，此事既不可从；荷公厚恩，又义无违背，唯当死明心耳。"乃服药自杀。弼字仲辅，会稽山阴人也。有文才。赠车骑将军、山阳、海陵二郡太守，长史如故。幢主王珣之赏募数百人，从东门出攻龙骧将军程天祚营，断其弩弦，天祚击破之，即走还城。诞又加申灵赐南徐州刺史。军主马元子逾城归顺，追及杀之，乃于城内建列立坛誓，诞将歃血，其所署辅国将军孟玉秀曰："陛下亲歃。"群臣皆称万岁。

初，诞使黄门吕昙济与左右素所信者，将世子景粹藏于民间，谓曰："事若济，斯命全脱，如其不免，可深埋之。"分以金宝，齐送出门，并各散走。唯昙济不去，携负景粹，十余日，乃为沈庆之所捕得，斩之。

诞所署平南将军虞季充又出降书。上使庆之于桑里置烽火三所。诞又遣千余人自北门攻强弩将军苟思达营，龙骧将军宗越击破之。开东门挑攻刘道隆营，复为殷孝祖及员外散骑侍郎沈攸之所破。诞又加申灵赐左长史，王珣之右长史，范义左司马、左将军，孟玉秀右司马、右将军。范义母妻子并在城内，有劝义出降，义曰："我人吏也，且岂能作何康活邪！"义字明休，济阳考城人也。早有世誉。

五月十九日夜，有流星大如斗杆，尾长十余丈，从西北来坠城内，是谓天狗。占曰："天狗所坠，下有伏尸流血。"诞又遣二百人出东门攻刘道产营，别遣疑兵二百人出北门。沈攸之于东门奋短兵接战，大破之。门者又为苟思达所破。诞又遣数百人出东门攻宁朔司马刘勔营，攸之又破之。广陵城旧不开南门，云开南门者，不利其主，至诞乃开焉。彭城邵领宗在城内，阴结死士，欲袭诞。先欲布诚于庆之，乃说诞求为间谍，见许。领宗既出，致诚毕，复还城内，事泄，诞鞭二百，考问不服，遂支解之。

上遣送章二纽，其一曰竟陵县开国侯，食邑一千户，募赏禽诞；其二曰建兴县开国男，三百户，募赏先登。若克外城，举一烽；克内城，举两烽；禽诞，举三烽。上又遣屯骑校尉谭金、前虎贲中郎将郑景玄率羽林兵隶庆之。诞复遣三百人自南门攻刘勔土山，为勔所破。

庆之填堑治攻道，值夏雨，不得攻城。上每玺书催督之，前后相继。及晴，再怒，使太史择发日，将自济江。太宰江夏王义恭上表谏曰："诞素无才略，畜养又寡，自拒王命，士庶离散。城内乏粮，器械不足，徒赖免兵仓头三四百人，造次相附，恩怨夙结。臣始短虑，谓一旬可殄，而假恩流迁，七十余日。上将受律，群帅岳峙，锐卒精旅，动以万计，大威所震，未有成功。臣虽凡怯，犹怀愤踊。陛下内翦封豕，出讨长蛇，兵不血刃，再兴七百。而蕞尔小丑，遂延暑漏，致皇赫斯怒，将动乘舆。此实臣下素食驽钝之责，行留百司，莫不忸怩俯愧。今盛暑被甲，日费千金，天威一麾，孰不幸甚。臣伏寻晋文王征淮南，淹师出二百日，方能制寇。今诞糇粮垂易，背逆者多；庆之等转悟迟重之非，渐见乘机之利。且成旨频降，必应旦夕夷殄。愚又以广陵涂迥，人信易达，虽为江水，约示不难。且睹理者寡，暗塞者众，忽见云旗移次，京都既当祇悚，四方之志，必有未达。臣愚伏重思计，今宁不当行小丑，省生命，以安遐迩之情。又以长江险阔，风波难期，王者尚不乘危，况乃泛不测之水。昔魏文济江，遂有遗州之名，今虽先天不违，动干休庆，龙舟所幸，理必利涉，然居安虑危，不可不惧。私诚款款，冒启赤心，追用悚汗，不自宜尽。"

七月二日，庆之率众军进攻，克其外城，乘胜而进，又克小城。诞闻军入，与申灵赐走趋后园。队主沈胤之、义征客周满、胡思祖驰至，诞执玉柄刀与左右数人散走，胤之等追及诞于桥上，诞举刀自卫，胤之伤诞面，因坠水，引出杀之，传首京邑。时年二十七，因葬广陵，贬姓留氏。同党悉诛，杀城内男为京观，死者数千，女口为军赏。诞母殷、妻徐，并自杀。追赠殷长宁园淑妃。嘉梁旷诚节，擢为后将军。封周满山阳县侯，食邑四百五十户，胤之莱阳子，食邑三百五十户。胡思祖高平县男食邑二百户。临川内羊璲之以先协附诞，伏诛。

诞为南徐州刺史，在京，夜大风飞落屋瓦，城门鹿床倒覆，诞心恶之。及迁镇广陵，入城，冲风暴起扬尘，昼晦。又中夜闲坐，有赤光照室，见者莫不怪愕。左右侍直，眠中梦人告之曰："官须发为稍耗。"既觉，已失髻矣，如此者数十人，诞甚怪惧。大明二年，发民筑治广陵城，诞循行，有人于舆扬声大骂曰："大兵寻至，何以辛苦百姓！"诞执之，问其本末，答曰："姓夷名孙，家在海陵。天公去年与道佛共议，欲除此间民人，道佛苦谏得止。大祸将至，何不立六慎门。"诞问："六慎门云何？"答曰："古时有言，祸不入六慎门。"诞以其言狂悖，杀之。又五音士忽狂易见鬼，惊怖啼哭曰："外军围城，城上张白布帆。"诞执录二十余日，乃赦之。城陷之日，云雾晦暝，白虹临北门，亘属城内。

八年，前废帝即位，义阳王昶为征北将军、徐州刺史，道经广陵，上表曰："窃闻淮南中雾，眷求遗绪；楚英流殄，爱存丘墓。并难结两臣，义开二主，法虽事断，礼或情申。伏见故贼刘诞，称戈犯节，自贻逆命，膏斧婴戮，在宪已彰。但寻属忝皇枝，位叨列辟，一以罪终，魂骸莫赦。生均宗籍，死同匹竖，旅空委杂，封树不修。今岁月愈迈，怨流衅往，践境兴怀，感事伤目。陛下继明升运，咸与惟新，大德方临，哀矜未及。夫栾布哭市，义犯雷霆；田叔钳赭，志于夷戮。况在天伦，何独无感。伏愿稽若前准，降申丹志，乞薄改福衬，微表窀穸。则朽骨知荣，穷泉识荷。临纸哽恸，辞不自宣。"诏曰："征北表如此。省以慨然。诞及妻女，并可以庶人礼葬，并置守卫。"太宗泰始四年，又更改葬，祭以少牢。

庐江王祎，字休秀，文帝第八子也。元嘉二十二年，年十岁，封东海王，食邑二千户。二十六年，以为侍中、后军将军，领石头戍事。迁冠军将军、南彭城、下邳二郡太守、散骑常侍，领戍如故。出为会稽太守，将军如故。二十九年，迁使持节、都督广交二州荆州之始兴临安二郡诸军事、车骑将军、平越中郎将、广州刺史。

元凶弑立，进号安南将军，未之镇。世祖践阼，复为会稽太守，加抚军将军。明年，征为秘书监，加散骑常侍。寻出为抚军将军、江州刺史，进号平南将军，置吏。大明二年，征为散骑常侍、中书令，领骁骑将军，给鼓吹一部，常侍如故。又出为南豫州刺史，常侍、将军如故。以本号开府仪同三司，领国子祭酒，常侍如故。五年，诏曰："昔韩、卫异姓，宗周之明宪；三封殊级，往晋之令典。唯皇家创典，尽弘斯义。朕应天命，光宅四海，思所以宪章前式，崇建懿亲，永垂画一，著于甲令。诸弟国封，并可增益千户。"七年，进司空，常侍、祭酒如故。前废帝即位，加中书监。太宗践阼，进太尉，加侍中、中书监，给班剑二十人。改封庐江王。

太祖诸子，祎尤凡劣，诸兄弟蚩鄙之。南平王铄薨，铄子敬渊婚，祎往视之，白世祖借伎。世祖答曰："婚礼不举乐，且敬渊等孤苦，倍非宜也。"至是太宗与建安王休仁诏曰："人既不比数西方公，汝便为诸王之长。"时祎住西州，故谓之西方公也。泰始五年，河东柳欣慰谋反，欲立祎，祎与相酬和。欣慰要结征北谘议参军杜幼文、左军参军宋祖珍、前郡令王隆伯等。祎使左右徐虎儿以金合一枚饷幼文，铜钵二枚饷祖珍、隆伯。幼文具奏其事。上乃下诏曰：

昔周室既盛，二叔流言，汉祚方隆，七蕃迷叛，斯实事彰往代，难兴自古。虽圣贤御极，宇内纡患。太尉庐江王藉庆皇枝，叨升宠树，幼无立德，长缺修声，淡薄亲情，厚结行路，狎昵群细，疏涩人士。

自朕拨乱定宇，受命应天，实尚敦睦，克敷友于，故崇殊爵，超居上台。而公常怀不平，表于事迹。公若德深望重，宜膺大统，朕初平暴乱，岂敢当璧，自然推符奉玺，天祚有归。且朕虽居尊极，不敢自恃，宗室之事，无不谘公。不虞志欲难满，妄生窥怨，积愿在衿，遂谋社稷。

曩者四方遘祸，兵斥畿甸，搢绅忧惶，亲贤同愤。唯公独幸厥灾，深抃时难，昼则从禽游肆，夜则纵酒弦歌，侧耳视阴，企贼休问。司徒休仁等并各令弟，事兼家国，推锋履险，各伐一方，蒙霜践棘，辛勤已甚。况身被矢石，否泰难虞，悠悠之人，尚有信分。公未曾有一函之使，遗半纸之书，志弃五弟，以饵仇贼。自谓身非勋烈，义不参谋，必期凶逆道申，以图辅相。及皇威既震，群凶肃荡，九有同庆，万国含欣。而公容气更沮，下帷晦迹，每觇天察宿，怀协左道，咒诅祷请，谨事邪巫，常被发跣足，稽首北极，遂图画朕躬，勒以名字，或加以矢刃，或烹之鼎镬。

公在江州，得一汉女，云知吉凶，能行厌咒，大设供养，朝夕拜伏，衣装严整，敬事如神；令其祝诅孝武，并及崇宪，祈皇室危弱，统天称亿；巫称神旨，必得如愿，后事发觉，委罪所生，侥幸敕区，仅得自免。近又有道士张宝，为公见信，事既彰露，肆之于法。公不知惭惧，犹加营理，遣左右二人，主掌殡舍。显行邪志，罔顾吏司。又挟阉竖陈道明交关不逞，传驿音意，投金散宝，以为信誓。又使府史徐虎儿招引边将，要结禁旅，规害台辅，图犯宫掖。

公受性不仁，才非治用，昔忝江州，无称被征，前莅会稽，以罪左黜。公稽古寡闻，严而无理，言不畅寒暑，惠不及帷房，朝野所轻，搢绅同侮，岂堪辅相之地，宁任莅民之职，非唯一朝，有自来矣。

大明之世，迄于永光，公常留中，未尝外抚，何以在今，方起嫌怨。公少即长人，情无哀戚，侍拜长宁，从祀宗庙，颜无戚状，泪不垂脸，兄弟长幼，靡有爱心。昔因孝武御筵置酒，心诚不著，于时义阳念遇本薄，遭公此谮，益被猜嫌。朕当时狼狈，不暇自理，赖崇宪太后譬解百端，少蒙申亮，得免殃责。景和狂主，丑毒横流，初诛宰辅，豺志方扇。于建章宫召朕兄弟，逼酒使醉，公因酒势，遂肆苦言，云朕及休仁，与太宰亲数，往必清闲，赠贶丰厚。朕当时惶骇，五内崩坠，于其语次，劣得小止。往又经在寻阳长公主第，兄弟共集，忽中坐忿怨，厉色见指，以朕行止出入，每不能同，若得称心，规肆忿憾。惟公此旨，蚤欲见灭，而天道爱善，朕获南面，不长恶逆，挫公毒心。

自大明积费，国弊民凋，加景和奢虐，府藏罄尽。朕在位甫尔，恤义具瞻，仍值终阻蜂起，日耗万金，公卿庶民，倾产归献。积受台奉，资畜优广。朕践阼之初，公请故太宰东传余钱，见入数百万，内不充养，外不助国，散赐诡谀，遍惠趋隶。推心考行，事类斯比。群小交构，遂生异图，籍籍之义，转盈民口。公若地居衡寄，任专八柄，德育于民，勋高于物，势不自安，于事为可。公既才均栎木，牵以曲全，因高无民，得守虚静，而坐作凶咎，自口深衅。由朕诚感无素，爰至于此，永寻多难，愧慨实深。

凡人所行，各有本志。朕博爱尚仁，为日已久，尚能含仇恕罪，著于触事，岂容于公，不相隐忍。但祸萌易渐，去恶宜疾，负荷之重，宁得坐观。且蔓草难除，燎火须扑，狡扇之徒，宜时诛剪。已诏司戮，肃正典刑。公身居戚长，情礼兼至，准之常科，顾有恻怛，宜少申国宪，以吊不臧。今以淮南、宣城、历阳三郡还立南豫州，降公为车骑将军、开府仪同三司、南豫州刺史，削邑千户，侍中、王如故。

出镇宣城，上遣腹心杨运长领兵防卫。同党柳欣慰、徐虎儿、陈道明、宁敬之、闾丘邈之、樊平祖、孟敬祖并伏诛。明年六月，上又令有司奏："祎忿怼有怨言，请免官，削爵土，付宛陵县狱，依法穷治。"不许。乃遣大鸿胪持节，兼宗正为副奉诏责祎，逼令自杀，时年三十五，即葬宣城。

子充明，辅国将军、南彭城、东莞二郡太守。废徙新安歙县。后废帝即位，听还京邑。顺帝升明二年卒，时年二十八，无子。

武昌王浑，字休渊，文帝第十子也。元嘉二十四年，年九岁，封汝阴王，食邑二千户。为后军将军，加散骑常侍。索虏南寇，破汝阴郡，徙浑为武昌王。少而凶戾，尝出石头，怨左右人，援防身刀斫之。元凶弑立，以为中书令。山陵夕，裸身露头，往散骑省戏，因弯弓射通直郎周朗，中其枕，以为笑乐。世祖即位，授征虏将军、南彭城、东海二郡太守，出镇京口。

孝建元年，迁使持节、监雍、梁、南北秦四州、荆州之竟陵随二郡诸军事、宁蛮校尉、雍州刺史，将军如故。浑至镇，与左右人作文檄，自号楚王，号年为永光元年，备置百官，以为戏笑。长史王翼之得其手迹，封呈世祖。上使有司奏免为庶人，下太常，绝其属籍，徙付始安郡。

上遣员外散骑侍郎戴明宝诘浑曰："我与汝亲则同气，义则君臣，遣任西蕃，以同盘石，云何一旦反欲见图？文檄处分，事迹炳然，不忠不义，乃可至此。岂唯天道助顺，逆志难充，如其凶图获逞，天下谁当相容？前事不远，足为鉴戒。加以频岁衅难，非起外人，唯应相与厉精，以固百节。汝忽复构此，良可悲惋。国虽有典，我亦何忍极法，好自将养，以保松、乔之寿。"逼令自杀，即葬襄阳，时年十七。大明四年，听还葬母江太妃墓次。太宗即位，追封为武昌县侯。

王翼之，字季弼，琅邪临沂人，晋黄门侍郎徽之孙也。官至御史中丞，会稽太守，广州刺史。谥曰肃子。

海陵王休茂,文帝第十四子也。孝建二年,年十一,封海陵王,食邑二千户。大明二年,以为使持节、都督雍、梁、南北秦四州、郢州之竟陵、随二郡诸军事、北中郎将、宁蛮校尉、雍州刺史。进号左将军,增邑千户。时司马庾深之行府事,休茂性急疾,欲自专,深之及主帅每禁之,常怀忿怒。左右张伯超至所亲爱,多罪过,主帅常加呵责,伯超惧罪,谓休茂曰:"主帅密疏官罪过,欲以启闻,如此,恐无好。"休茂曰:"为何计?"伯超曰:"唯当杀行事及主帅,且举兵自卫。此去都数千里,纵大事不成,不失入房中为王。"休茂从之。夜挟伯超及左右黄灵期、蔡捷世、滕穆之、王宝龙、来承道、彭叔儿、魏公子、陈伯儿、张驷奴、杨兴、刘保、余双等,率夹毂队,于城内杀典签杨庆,出金城,杀司马庾深之、典签戴双。集征兵众,建牙驰檄,使佐吏上车骑大将军、开府仪同三司,加黄钺。侍读博士荀铣谏争,见杀。伯超专任军政,杀害自己。休茂左右曹万期挺身斫休茂,被创走,见杀。休茂出城行营,谘议参军沈畅之等率众闭门拒之。休茂驰还,不得入。义成太守薛继考为休茂尽力攻城,杀伤甚众,畅之不能自固,遂得入城,斩畅之及同谋数十人。

其日,参军尹玄庆起义,攻休茂,生禽之,将出中门斩首,时年十七。母妻皆自杀,同党悉伏诛。城中挠乱,无相统领。时尚书右仆射刘秀之弟恭之为休茂中兵参军,众共推行府州事。继考以兵胁恭之,使作启事云立义,自乘驿还都,上以为永嘉王子仁北中郎谘议参军、河南太守,封冠军县侯,食邑四百户。寻事泄,伏诛。恭之坐系尚方。以玄庆为射声校尉。有司奏绝休茂属籍,贬姓为留,上不许。即葬襄阳。

庾深之,字彦静,新野人也。以事先朝见知。元嘉二十九年,自辅国长史为长沙内史。南郡王义宣为荆、湘二州,加深之宁朔将军,督湘州七郡。明年,义宣为逆,深之据巴陵拒之。转休茂司马。见害之旦,子孙亦死。追赠深之冠军将军、雍州刺史,荀铣员外散骑侍郎,曹万期始平太守。

桂阳王休范,文帝第十八子也。孝建三年,年九岁,封顺阳王,食邑二千户。大明元年,改封桂阳王。为冠军将军、南彭城、下邳太守。三年,出为江州刺史,寻加征虏将军,邑千户。入为秘书监,领前军将军。七年,迁左卫将军,加给事中。前废帝永光元年,转中护军,领崇宪卫尉。

太宗定乱,以为使持节、都督南徐、徐、南兖、兖四州诸军事、镇北将军、南徐州刺史,给鼓吹一部。时薛安都据彭城反叛,遣从子索儿南侵,休范进据广陵,督北讨诸军事,加南兖州刺史,进征北大将军,加散骑常侍,还京口,解兖州,增邑二千户,受五百户。泰始五年,征为中书监、中军将军、扬州刺史,常侍如故。明年,出为使持节、都督江、郢、司、广、交五州豫州之西阳、新蔡、晋熙、湘州之始兴四郡诸军事、征南大将军、江州刺史。寻加开府仪同三司,未拜,改授都督南徐、徐、南兖、兖、青、冀六州诸军事、骠骑大将军、南徐州刺史,持节、常侍、开府如故。未拜,以骠骑大将军还为江州,进督越州诸军事,给三望车一乘。太宗遗诏,进位司空,改常侍为侍中,加班剑三十人。

休范素凡讷,少知解,不为诸兄所齿遇。太宗常指左右人谓王景文曰:"休范人才不及we,以我弟故,生便富贵。释氏愿生王家,良有以也。"及太宗晚年,晋平王休祐以狠戾致祸,建安王休仁以权逼不见容,巴陵王休若素得人情,又以此见害。唯休范谨涩无才能,不为物情所向,故得自保;而常怀忧惧,恒虑祸及。

及太宗晏驾,主幼时艰,素族当权,近习秉政,休范自谓宗戚莫二,应居宰辅,事既不至,怨愤弥结。招引勇士,缮治器械,行人经过寻阳者,莫不降意折节,重加问遗,口口留则倾身接引,厚相资给。于是远近同应,从者如归。朝廷知其有异志,密相防御,虽未表形迹,而衅难已成。母荀太妃薨,葬庐山,以示不还之志。解侍中。

时夏口阙镇,朝议以居寻阳上流,欲权置腹心,重其兵力。元徽元年,乃以第五皇弟晋熙王燮为郢州刺史,长史王奂行府州事,配以资力,出镇夏口。虑为休范所拨留,自太子洑去,不过寻阳。休范大怒,欲举兵袭朝廷,密与典签新蔡人许公舆谋之。表治城池,修起楼堞,多解榜板,拟以备用。其年,进位太尉。明年五月,遂举兵反。虏发百姓船乘,使军队称力请受,付以榜解板,合手装治,二三日间,便悉整办。率众二万,铁骑数百匹,发自寻阳,昼夜取道。书与袁粲、褚渊、刘秉曰:

夫治政任贤,宜亲疏相辅,得其经纬,则结绳可及;失其规矩,则危亡可期。汉承战国之余,伤周室衰弥,立磐石之宗,而致七国之乱。魏革汉典,创于前失,遂使诸王绝朝聘之礼,是以根疏叶枯,政移异族。今宗室衰微,自昔未有,泰宁之世,足以为譬。孤子忝枝皇族,预关兴毁,虽欲忘言,其可得乎!

高祖武皇帝升睿三光,涤纷四表。太祖文皇帝钦明冠古,资乾承厉,秉钺西服,鸣銮东京,搜贤选能,纳奇赏异。孝武皇帝歧嶷天纵,先机雷发,陵波静乱,宏业中兴,储嗣不胤,遂贻祸难。于时建安王以家难频遭,宜立长主,明皇帝恢郎渊懿,仁润含远,奉戴南面,允合天人。而太尉以年长居卑,怨心形色,柳欣慰等规行不轨,事迹披狙。骠骑以忤颜丧旨,应对不顺,在藩刻削,怨结人鬼。先帝明于号令,岂枉法为亲,二王之衅,实自由己。但司徒巴陵王劳谦为国,中流事难,有不世之勋,奉时如天,事兄犹父,非唯令友,信为国器。唐叔之忠,而受管、蔡之罪,亲戚哀愤,行路嗟叹。王地籍光洁,德厌民望,并无寸罪,受戮逸邪。先帝穆于友于,留心亲戚,去昔事平之后,面受诏诲,礼则君臣,乐则兄弟,升级赐赏,动不移年,抚慰孜孜,恒如不足,岂容一旦阋墙,致此祸害,良有由也。

先帝寝疾弥年,体疲膳少,虽神照无亏,而虑有失德,补阙拾遗,责在左右。于时出入卧内,唯有运长、道隆,群细无状,因疾遭祸,见上不和,知无瘳拯,虑晏驾之日,长王作辅,夺其宠柄,不得自专。是以内假帝旨,外托朝议,谀辞诡貌,万类千端,升进奸回,屠斥贤哲,外矫天则,内诬人鬼。是以星纪违常,义望失度。昔魏颗择命,《春秋》美之;秦穆殉良,《诗》有明刺。臣子之节,得失必书,不及匡谏,犹以为罪。交间苍蝇,驱扇祸戮,爵以货重,才由贫轻,先帝旧人,无罪黜落,荐致乡亲,遍布朝省。谄谀亲狎者,飞荣玉除;静立贞粹者,柴门生草。事先关己,虽非必行;若不谘询,虽是必抑。海内远近,人谁不知,未解执事,不加斧钺,遂致先帝有杀弟之名,丑声遗于君父,格以古义,岂得为忠!先帝崩殂,若无天地,理痛常情,便应赴泣。但兄弟生酷,已陷逸细,孤子已下,复触奸机。是以望陵坟而摧裂,想盗旗而抽恸。虽复寸违奇宠,而地属负荷,顾命之辰,曾不见及。分崩之际,诏出两竖,天诱其衷,得居乎外。若受制群邪,则玉石同碎矣!以宇宙之基,一旦受制卑琐,刘氏家国,使小人处分,终古以来,未有斯酷。昔石显、曹节,方今为优,而望之、仲举,由以致弊。至于遭逢丑慝,岂有古今者乎!

诸贤青籍冠冕,世历忠贞,位非恩树,勋岂宠结,忧国勤王,社稷之镇,岂可含纵谗凶,坐观倾覆。自惟宋室未殒,得以推移者,正内赖诸贤,防勒奸轨;外有孤子,跨据中流。而人非金石,何能支久,使一亏落,则本根莫庇。当今主上冲幼,宜明典章,征庸之镇,不见慰省,逆旅往来,尚有顾呴,骨肉何仇,逼使离隔。禽兽之心,横生疑贰,经由此者,每加约截,同恶相求,有若市贾。以孤子知其情状,恒恐以此乘之,钳勒州郡,过见防御。近遣西南二使,统内宣传,不容恐惧,即遣启并有别书。若以孤子有过,便应鸣鼓见伐;如其不尔,宜令各有所归。与杀不辜,宪有常辟,三公之使,无罪而斩,鄙虽不肖,天子之季父,卑小主者,敢不如是乎!孤子承奉今上,如事先朝,夙宵恭谨,散心云日,晦望表驿,相从江衢,有何亏违,顿至于此。既已甘心,其可再乎!如往来所说,以孤子纳士为尤,此辈惧其身罪,岂为国计。

在昔四豪,列国公子,犹博引广纳,门客三千。况孤子位居鼎司,捍卫畿甸,且今与昔异,咸所知也。狡虏陵掠,江、淮侵逼,主上年稚,宗室衰微,邪僭用命,亲贤结舌,疆场婴涂炭之苦,征夫有勤役之劳,瓜时不代,齐犹致祸,况长淮戍卒,历年怨思,不务拓远强边,而先事国君亲戚,以此求心,何事非乱。又以缮治盆垒,复致器声。自晋、宋之交,积贮百万,孤子到镇,曾不数千里,且修城池,整郭邑,为治常理,复何足致嫌邪?若以中流清荡,则任农夫不应实力强兵,作镇姑孰,俱防寇害,岂得独嫌于此。昔成王之明,而为流言致惑,若使金縢不开,则周公无以自保。乐毅归赵,不忍谋燕,况孤子礼则君臣,恩犹父子者乎!所以枕戈泣血,只以兄弟之仇尔。观其不逞之意,岂可限量。设使遂其虐志,诸君欲安坐得乎!唇亡齿寒,理不难见。桂蠹必除,人邪必翦,枉突徙

薪,何劳多力。望便执录二竖,以谢冤魂,则先帝不失顺悌之名,宋世无枉笔之史。

此州地居形要,路枕九江,控弦跨马,越关而至。重气轻死,排数竞出,练甲照水,总戈成林,剿此纤隶,何患不克。但千钧之弩,不为鼷鼠发机,欲使薰莸内辨,晋阳外息尔。功有所归,不亦可乎!便当投命有司,谢罪天阙,同奉温清,齐心庶事,伊、霍之任,非君而谁;周、邵之职,颇以自许。左提右挈,无愧古人。昔平、勃刚断,产、禄蚤诛;张、温赵趄,文台扼腕。事之枢机,得失俄顷,往车今辙,庶无惑焉。近持此意,申之沈攸,其愤难不解诸王致此!既知祸原,锐然奋发,蓄兵历卒,以俟同举。张兴世发都日,受制凶党,扬帆直逝,遂不见遇,孤子近遣信中述奸祸,方大惆怅,追恨前迷,比者信使,每申勤款。王奂佐郢,兵权在握,厥督屠枉,朝骨嗟痛,犹父之怨,宁可与之比肩。孤子此举,增其慷慨,义之所劝,其应犹响。诸君或未得此意,故先告怀。徙倚一隅,迟及委问。孤子哀疾尪毁,穷尽无日,庶规史鳅,死不忘本。临纸荒哽,言不诠第。

大雷戍主杜道欣驰下告变。道欣至一宿,休范已至新林,朝廷震动。平南将军齐王出次新亭垒,领军将军刘勔、前兖州刺史沈怀明据石头,征北将军张永屯白下,卫将军袁粲、中军褚渊、尚书左仆射刘秉等入卫殿省。时事起仓卒,不暇得更处分,开南北二武库,随将士意取。

休范于新林步上,及新亭垒,自临城南,于临沧口上,以数十人自卫。屯骑校尉黄回见其可乘,乃伪往请降,并宣齐王意旨,休范大悦,以二子德宣、德嗣付回与为质,至即斩之。回与越骑校尉张敬儿直前斩休范首,持还,左右并奔散。

初,休范自新林分遣同党杜耳、丁文豪、杜墨蠡等,直向朱雀。休范虽死,墨蠡等不相知闻。王道隆率羽林兵在朱雀门内,闻贼至,急召刘勔。勔自石头来赴,仍进桁南,战败,死之。墨蠡等乘胜直入朱雀门,王道隆为乱兵所杀。墨蠡等唱:"太尉至。"休范之死也,齐王遣队主陈灵宝赍首诣台,道逢贼,弃首于水,挺身得达。虽唱云已平,而无以为据,众愈疑惑。张永弃众于白下,沈怀明于石头奔散,抚军典签茅恬开东府纳贼。墨蠡径至杜姥宅,中书舍人孙千龄开口明门出降,宫省恇扰,无复固志。时库藏赏赐已尽,皇太后、太妃剔取宫内金银器物以充用。羽林监陈显达率所领于杜姥宅与墨蠡战,破之。至宣阳御道,诸贼一时奔散,斩墨蠡、文豪及同党姜伯玉、柳中虔、任天助等。许公舆走还新茶,村民斩送之。晋熙王燮自夏口遣军平寻阳,德嗣弟青牛、智藏并伏诛。诏建康、秣陵二县收敛诸军死者,并杀贼尸,并加藏埋。

史臣曰:语有之,投鼠而忌器,信矣。阮佃夫、王道隆专用主命,臣行君道,识义之徒,咸思戮以马剑。休范驰兵象魏,矢及君屋,忠臣义士,莫不衔胆争先。夫以邪附君,犹或自免,况于仗正顺以争主哉!

卷八十　　　列传第四十

孝武十四王

孝武帝二十八男：文穆皇后生废帝子业、豫章王子尚，陈淑媛生晋安王子勋，阮容华生安陆王子绥；徐昭容生皇子子深；何淑仪生松滋侯子房；史昭华生临海王子顼；殷贵妃生始平孝敬王子鸾；次永嘉王子仁，与皇子子深同生。何婕妤生皇子子凤，谢昭容生始安王子真；江婕妤生皇子子玄；史昭仪生邵陵王子元；次齐敬王子羽，与始平孝敬王子鸾同生。江美人生皇子子衡；杨婕妤生淮南王子孟；次皇子子况，与皇子子玄同生。次南平王子产，与永嘉王子仁同生。次晋陵孝王子云，次皇子子文，并与始平孝敬王子鸾同生。次庐陵王子舆，与淮南王子孟同生。次南海哀王子师，与始平孝敬王子鸾同生。次淮阳思王子霄，与皇子子玄同生。次皇子子雍，与始安王子真同生。次皇子子趋，与皇子子凤同生，次皇子子期，与皇子子衡同生。次东平王子嗣，与始安王子真同生。杜容华生皇子子悦。安陆王子绥、南平王子产、庐陵王子舆并出继。皇子子深、子凤、子玄、子衡、子况、子文、子雍未封，早夭。子趋、子期、子悦未封，为明帝所杀。

豫章王子尚，字孝师，孝武帝第二子也。孝建三年，年六岁，封西阳王，食邑二千户。仍都督南徐、兖二州诸军事、北中郎将、南兖州刺史。其年，迁扬州刺史。

大明二年，加抚军将军。三年，分浙江西立王畿，以浙江东为扬州，命王子尚都督扬州江州之鄱阳、晋安、建安三郡诸军事、扬州刺史，将军如故，给鼓吹一部。五年，改封豫章王，户邑如先，领会稽太守。七年，加使持节，进号车骑将军。其年，又加散骑常侍，以本号开府仪同三司。时东土大旱，鄞县多旷田，世祖使子尚上表至鄞县劝农。又立左学，召生徒，置儒林祭酒一人，学生师敬，位比州治中；文学祭酒一人，比西曹；劝学从事二人，比祭酒从事。前废帝即位，罢王畿复旧，征子尚都督扬、南徐二州诸军事，领尚书令，解督东扬州，余如故。

初孝建中，世祖以子尚太子母弟，上甚留心。后新安王子鸾以母幸见爱，子尚之宠稍衰。既长，人才凡劣，凶慝有废帝风。太宗殒废帝，称太皇后令曰："子尚顽凶极悖，行乖天理。楚玉淫乱纵慝，义绝人经。并可于第赐尽。"子尚时年十六。

楚玉，山阴公主也。废帝改封为会稽郡长公主，食汤沐邑二千户，给鼓吹一部，加班剑二十人。未及拜受，而废帝败。楚玉肆情淫纵，以尚书吏部郎褚渊貌美，请自侍十日，废帝许之。渊虽承旨而行，以死自固，楚玉不能制也。

晋安王子勋，字孝德，孝武帝第三子也。大明四年，年五岁，封晋安王，食邑二千户。仍都督南兖州、徐州之东海诸军事、征虏将军、南兖州刺史。七年，改督江州、南豫州之晋熙、新蔡、郢州之西阳三郡诸军事、前将军、江州刺史。八年，迁使持节、都督雍、梁、南北秦四州、郢州之竟陵、随二郡诸军事，镇军将军、宁蛮校尉、雍州刺史。未拜而世祖崩，以镇军将军还为江州，本官如故。眼患风，为世祖所不爱。景和元年，加使持节。

时废帝狂凶，多所诛害。前抚军谘议参军何迈少好武，颇招集才力之士。迈先尚太祖女新蔡公主，帝诈云主薨，杀宫人代之，显加殡葬，而纳主于后宫。深忌迈，迈虑祸及，谋因帝出行为变，迎立子勋。事泄，帝自率宿卫兵诛迈，使八座奏子勋与迈通谋。又手诏子勋曰："何迈杀我立汝，汝有计孰若孝武邪？可自为其所。"遣左右朱景云送药赐子勋死。景云至盆口，停不进，遣信使报长史邓琬。琬等因奉子勋起兵，以废立为名。

太宗定乱，进子勋号车骑将军、开府仪同三司。琬等不受命，传檄京邑。泰始二年正月七日，奉子勋为帝，即伪位于寻阳城，年号义嘉元年，备置百官，四方并响应，威震天下。是岁四方贡计，并诣寻阳。遣左卫将军孙冲之等下据赭圻，又遣豫州刺史刘胡率大众来屯鹊尾，又遣安北将军袁顗总统众军。台军屯据前溪断顗等粮援，胡遣将攻之，大败，于是焚营遁走。顗闻胡去，亦弃众南奔。沈攸之诸军至寻阳，诛子勋及其母，同逆皆夷灭。子勋死时，年十一，即葬寻阳庐山。

松滋侯子房，字孝良，孝武帝第六子也。大明四年，年五岁，封寻阳王，食邑二千户。仍为冠军将军、淮南、宣城二郡太守。五年，迁豫州刺史，将军、淮南太守如故。六年，改领宣城太守。七年，进号右将军，解宣城，余如故。前废帝永光元年，迁东扬州刺史，将军如故。景和元年，罢东扬州，子房以本号督会稽、东阳、新安、临海、永嘉五郡诸军事、会稽太守。

太宗即位，改督为都督，进号安东将军，太守如故。又征为抚军，领太常。长史孔凯不受命，举兵反，应晋安王。子勋即伪位，进子房号车骑将军、开府仪同三司。三吴、晋陵并受命于凯。太宗遣卫将军巴陵王休若督讨将吴喜等东讨，战无不捷，以次平定。上虞令王晏起兵杀凯，囚子房，送还京都，上宥之，贬为松滋县侯，食邑千户。

司徒建安王休仁以子房兄弟终为祸难，劝上除之。乃下诏曰："不虞之衅，著自终古，情为法屈，圣达是遵。朕扫秽定倾，再全宝业，远惟鸿基，狠当负荷。思弘治道，务尽敦睦，而妖坚遘扇，妄造异图。自西南阻兵，东夏侵斥，都邸群凶，密相唇齿。路休之兄弟，专作谋主，规兴祸乱，令舍人严龙觇觎宫省，以羽林出讨，宿卫单罄，候隙伺间，将谋窃发。刘祗在蕃，规相应援，通言北寇，引令过淮。顷休范济江，潜欲拒捍，赖卜祚灵长，奸回弗逞。阴慝已露，宜尽宪辟，实以方难未夷，曲加遵养。今王化怗泰，宜辨忠邪，涓流不壅，燎火难灭。便可委之有司，肃正刑典。松滋侯子房等沦陷逆徒，协同丑悖，遂与签帅群小，潜通南衅，连结祇等，还图朕躬。虽咎戾已彰，在法无宥,犹子之情,良所未忍。可废为庶人,徙付远郡。"于是并杀之,房时年十一。

路休之等以崇宪太后既崩,自虑将来不立,不自安。刘祗在南兖州,有志为逆。严龙,太祖元嘉中,已为中书舍人、南台御史,世祖又以为舍人,甚见委信。景和、泰始之际,至越骑校尉,右军将军。至是怀异端,故及于诛。

临海王子顼,字孝列,孝武帝第七子也。大明四年,年五岁,封历阳王,食邑二千户。仍为冠军将军、吴兴太守。五年,改封临海王,户邑如先。其年,迁使持节、都督广交二州、湘州之始兴、始安、临贺三郡诸军事、征房将军、平越中郎将、广州刺史。未之镇,徙荆州刺史,将军如故。八年,进号前将军。

前废帝即位,以本号都督荆、湘、雍、益、梁、宁、南北秦八州诸军事,刺史如故。明帝即位,解督雍州,以为镇军将军、丹阳尹。寻留本任,进督雍州,又进号平西将军。长史孔道存不受命,举兵反,以应晋安王子勋。子勋即伪位,进号卫将军、开府仪同三司。鹊尾奔败,吴喜、张兴世等军至,子顼赐死,时年十一。葬巴陵。

始平孝敬王子鸾,字孝羽,孝武帝第八子也。大明四年,年五岁,封襄阳王,食邑二千户。仍为东中郎将、吴郡太守。其年,改封新安王,户邑如先。五年,迁北中郎将、南徐州刺史,领南琅邪太守。母殷淑仪,宠倾后宫,子鸾爱冠诸子,凡为上所盼遇者,莫不入子鸾之府、国。及为南徐州,又割吴郡以属之。

六年,丁母忧。追进淑仪为贵妃,班亚皇后,谥曰宣。葬给辒辌车,虎贲、班剑,銮辂九旒,黄屋左纛,前后部羽葆、鼓吹。上自临南掖门,临过丧车,悲不自胜,左右莫不感动。上痛爱不已,拟汉武《李夫人赋》,其词曰:

朕以亡襄弃日,阅览前王词苑,见《李夫人赋》,凄其有怀,亦以嗟咏久之,因感而会焉。巡灵周之残册,略鸿汉之遗篆。吊新宫之奄映,嗟璧台之芜践。赋流波之谣思,诏河济以崇典。虽媛德之有载,竟滞悲其何遣。访物运之荣落,讯云霞之舒卷。念桂枝之秋实,惜瑶华之春翦。桂枝折兮沿» «倾,瑶华碎兮思联情。彤殿闭兮素尘积,翠所芜兮紫苔生。宝罗睍兮春幌垂,珍簟空兮夏帱局。秋台恻兮碧烟凝,冬宫洌兮朱火清。流律有终,深心无歇。徙倚云日,裴回风月。思玉步于凤墀,想金声于鸾阙。竭方池而飞伤,损园渊而流咽。端夤朝之晨罢,泛辇路之晚清。辒南陆,跸闺阖,轸北津,警承明。面缟馆之酸素,造松帐之葱青。俯众胤而恸兴,抚藐女而悲生。虽哀终其已切,将何慰于尔灵。存飞荣于景路,没申藻于服除。垂葆旄于昭术,竦鸾剑于清都。朝有俪于征准,礼无替于粹图。闵瑶光之密陛,宫虚梁之余阴。俟玉羊之晨照,正金鸡之夕临。升云蘩以引思,锵鸿钟以节音。文七星于霜野,旗二耀于寒林。中云枝之夭秀,寓坎泉之曾岑。屈封嬴之自古,申反周于在今。遣双灵兮达孝思,附孤魂兮展慈心。伊鞠报之必至,谅显晦之

同深。予弃西楚之齐化,略东门之遥襟。沦涟两拍之伤,奄抑七萃之箴。

又讽有司曰:"典礼云,天子有后,有夫人。《檀弓》云,舜葬苍梧,二妃不从。《昏义》云,后立六宫,有三夫人。然则三妃则三夫人也。后之有三妃,犹天子之有三公也。按《周礼》,三公八命,诸侯七命。三公既尊于列国诸侯,三妃亦贵于庶邦夫人。据《春秋传》,仲子非鲁惠公之元嫡,尚得考彼别宫;今贵妃盖天秩之崇班,理应创立新庙。"尚书左丞徐爱之又议:"宣贵妃既加殊命,礼绝五宫,考之古典,显有成据。庙堂克构,宜选将作大匠卿。"

葬毕,诏子鸾摄职,以本官兼司徒,进号抚军、司徒,给鼓吹一部,礼仪并依正公。又加都督南徐州诸军事。八年,加中书令,领司徒。前废帝即位,解中书令,领司徒,加持节之镇。帝素疾子鸾有宠,既诛群公,乃遣使赐死,时年十岁。子鸾临死,谓左右曰:"愿身不复生王家。"同生弟妹并死,仍葬京口。

太宗即位,诏曰:"夫纾冤申痛,虽往必追,缘情恻爱,感事弥远。故使持节、都督南徐州诸军事、抚军将军、南徐州刺史新安王子鸾,凤表成器,蚕延殊宠,方树美业,克光蕃维。而凶心肆忌,奄罹横祸,兴言永伤,有兼常怀,宜旀夭秀,以雪沈魂。可赠使持节、侍中、都督南徐、兖二州诸军事、司徒、南徐州刺史,王如故。第十二皇女、第二皇子子师,俱婴谬酷,有增酸悼。皇女可赠县公主,子师复先封为南海王,并加徽谥。"又曰:"哀枉追远,仁道所弘,兴灭继绝,盛典斯贵。朕务古思治,恩礼必敷,异族犹敦,况在近戚。故新除使持节、侍中、都督南徐、兖二州诸军事、司徒、南徐州刺史新安王子鸾,年虽冲弱,性识早茂,钟慈世祖,冠宠列蕃。值景和凶虐,横罹酷祸,国胤无主,冤祀莫寄,寻念痛悼,凤轸于怀。可以建平王景素息延年为嗣。"追改子鸾封为始平王,食邑千户,改葬秣陵县龙山。

延年,字德冲,泰始四年薨,时年四岁,谥曰冲王。明年,复以长沙王纂子延之为始平王,绍子鸾后。顺帝升明三年薨,国除。

永嘉王子仁,字孝和,孝武帝第九子也。大明五年,年五岁,监雍、梁、南北秦四州、郢州之竟陵、随二郡诸军事、北中郎将、宁蛮校尉、雍州刺史,封永嘉王,食邑二千户。仍迁东中郎将、吴郡太守。六年,又迁丹阳尹。七年,兼卫尉。前废帝即位,加征虏将军,领卫尉,丹阳尹如故。寻出为左将军、南兖州刺史。景和元年,迁徐州刺史,将军如故。泰始元年,又迁中军将军,领太常。未拜,徙护军将军。四方平定,以为使持节、都督湘、广、交三州诸军事、平南将军、湘州刺史。

太宗遣主书赵扶公宣旨于子仁曰:"汝一家门户不建,几覆社稷。天未亡宋,景命集我。上流迷愚相扇,四海同恶,若非我修德御天下,三祖基业,一朝坠地,汝辈便应沦于异族之手。我昔兄弟近二十人,零落相继,存者无几。唯司徒年长,令德作辅,皇家门户所凭,唯我与司

徒二人而已，尚未能厌百姓奸心，余诸王亦未堪赞治。我惟有太子一人，司徒世子，年又幼弱，桂阳、巴陵并未有继体，正赖汝辈兄弟，相倚为强，庶使天下不敢窥觎王室。汝辈始十余岁，裁知俯仰，当今诸舍细弱，殆不免人轻陵。若非我为主，刘氏不办今日。汝诸兄弟冲眇，为群凶所逼误，遂与百姓还图骨肉，于汝在心，不得无愧。即日四海就宁，恩化方始，方今处汝湘州。汝年渐长，足知善恶，当每思刻厉，奉朝廷为心，爵秩自然与年俱进。我垂犹子之情，著于万物；汝亦当知好，忆我敕旨。"时司徒建安王休仁南讨犹未还，既还，白上，以将来非社稷计，宜并为之所。未拜，赐死，时年十岁。

始安王子真，字孝贞，孝武帝第十一子。大明五年，年五岁，封始安王，食邑二千户。仍为辅国将军、吴兴太守。七年，迁使持节、监广交二州始兴、始安、临贺三郡诸军事、平越中郎将、广州刺史，将军如故，不之镇。迁征虏将军、南彭城太守，领石头戍事。景和元年，为丹阳尹，将军如故。寻复为南兖州刺史，将军如故。泰始二年，迁左将军、丹阳尹。未拜，赐死，时年十岁。

邵陵王子元，字孝善，孝武帝第十三子也。大明六年，年五岁，封邵陵王，食邑二千户。八年，以为度支校尉、秦、南沛二郡太守。仍为冠军将军、南琅邪、泰山二郡太守。景和元年，出为湘州刺史，将军如故，未之镇。至寻阳，值晋安王勋为逆，留不之镇。进号抚军将军。事平，赐死，时年九岁。

齐敬王子羽，字孝英，孝武帝第十四子也。大明二年生，三年卒，追加封谥。

淮南王子孟，字孝光，孝武帝第十六子也。大明七年，年五岁，封淮南王，食邑二千户。时世祖改豫州之南梁郡为淮南国，罢南豫州之淮南郡并宣城。前废帝即位，二郡并复旧，子孟仍国名度食淮南郡。景和元年，为冠军将军、南琅邪、彭城二郡太守。泰始二年，改封安成王，户邑如先。未拜，赐死，时年八岁。

晋陵孝王子云，字孝举，孝武帝第十九子也。大明六年，年四岁，封晋陵王，食邑二千户。未拜，其年薨。

南海哀王子师，字孝友，孝武帝第二十二子也。大明七年，年四岁，封南海王，食邑二千户。未拜，景和元年，为前废帝所害，时年六岁。太宗即位，追谥。

淮阳思王子霄，字孝云，孝武帝第二十三子也。大明五年生，八年薨，追加封谥。

东平王子嗣，字孝叔，孝武帝第二十七子也。大明七年生，仍封东平王，食邑二千户。继东平冲王休倩。休倩母颜性理严酷，泰始二年，子嗣所生母景宁园昭容谢上表曰："故东平冲王休倩托荄璇极，岐嶷凤表，降年弗永，遗胤莫传。孝武皇帝敕妾子臣子嗣出继为后，既承国祀，方奉烝荐，庶覃遐庆，式延于远。而妾颜训养非恩，抚导乖理，情阙引进，义违负螟。昔世祖平日，诡申慈爱；崩背未几，真性便发，犹虑畏崇宪，少欲藏掩。自兹以后，专纵严酷，实显布宗戚，宣灼宫闱，用伤人伦，爰恻行路。妾天属冥至，感切实深，伏愿乾渥广临，曲垂照赐，复改命还依本属，则妾母子虽陨之辰，犹生之年。"许之。其年赐死，时年四岁。

武陵王赞，字仲敷，明帝第九子也。泰始六年生。其年，诏曰："世祖孝武皇帝虽恃尊堕惠，勋狭政弛，乐饮无餍，事因于宁泰，任威纵费，义缘于务寡。故以积怨动天，流殃胤嗣，景和肇衅，义嘉成祸，世祖继体，陷宪无遗。昔皇家中圮，含生俱灭，赖英孝感奋，扫雪冤耻，勋缵坠历，拯兹穷氓。继绝追远，礼训攸尚，况既帝且兄，而缺斯典。今以第九子智随奉世祖为子，武陵郡大明之世，事均代邦，可封智随武陵王，食邑五千户。寻世祖一门女累不少，既无厘总，义须防闲，诸侯虽不得祖称天子，而事有一家之切。且归宁有所，疹疾相营，得失是任，闺房有禀。朕应天在位，恩深九族，庶此足申追睦之怀，敷爱之旨。"

后废帝元徽四年，出为使持节、督南徐、兖、青、冀五州诸军事、北中郎将、南徐州刺史。顺帝升明元年，迁持节、督郢州、司州之义阳诸军事、前将军、郢州刺史。二年，为沈攸之所围，徙都督荆、湘、雍、益、梁、宁、南北秦八州诸军事、安西将军、荆州刺史，持节如故。攸之平，乃之镇。其年薨，时年九岁，国除。

史臣曰：晋安诸王，提挈群下，以成其衅乱，遂至九域沸腾，难结天下，而世祖之胤亦歼焉。强不如弱，义在于此也。

卷八十一　　　　列传第四十一

刘秀之　顾琛　顾觊之

刘秀之，字道宝，东莞莒人，司徒刘穆之从兄子也，世居京口。祖爽，尚书郎官郎，山阴令。父仲道，高祖克京城，以补建武参军，与孟昶留守，事定，以为余姚令，卒官。

秀子少孤贫，有志操。十许岁时，与诸儿戏于前渚，忽有大蛇来，势甚猛，莫不颠沛惊呼，秀之独不动，众并异焉。东海何承天雅相知器，以女妻之。兄钦之为朱龄石右军参军，随龄石败没，秀之哀戚，不欢宴者十年。景平二年，除驸马都尉、奉朝请。家贫，求为广陵郡丞。仍除抚军江夏王义恭、平北彭城王义康行参军，出为无锡、阳羡、乌程令，并著能名。

元嘉十六年，迁建康令，除尚书中兵郎，重除建康。性纤密，善纠摘微隐，政甚有声。吏部尚书沈演之每称之于太祖。世祖镇襄阳，以为抚军录事参军、襄阳令。襄阳有六门堰，良田数千顷，堰久决坏，公私废业。世祖遣秀之修复，雍部由是大丰。改领广平太守。二十五年，除督梁、南北秦三州诸军事、宁远将军、西戎校尉、梁、南秦二州刺史。时汉川饥俭，境内骚然，秀之善于为政，躬自俭约。先是，汉川悉以绢为货，秀之限令用钱，百姓至今受其利。

二十七年，大举北伐，遣辅国将军杨文德、巴西、梓潼二郡太守刘弘宗受秀之节度，震荡汧、陇。秀之遣建武将军锡千秋二千人向子午谷南口，府司马竺宗之三千人向骆谷南口，威远将军梁寻千人向斜谷南口。氐贼杨高为寇，秀之讨之，斩高兄弟。元凶弑逆，秀之闻问，即日起兵，求率众赴襄阳，司空南谯王义宣不许。事宁，迁使持节、督益宁二州诸军事、宁朔将军、益州刺史。折留俸禄二百八十万，付梁州镇库，此外萧然。梁、益二州土境丰富，前后刺史，莫不营聚畜，多者致万金。所携宾僚，并京邑贫士，出为郡县，皆以苟得自资。秀之为治整肃，以身率下，远近安悦焉。

南谯王义宣据荆州为逆，遣参军王曜征兵于秀之，秀之即日斩曜戒严。遣中兵参军韦山松万人袭江陵，出峡。竺超民遣将席天生逆之，山松一战，即枭其首。进至江陵，为鲁爽所败，山松见杀。其年，进号征虏将军，改督为监，持节、刺史如故，以起义功，封康乐县侯，食邑六百户。明年，迁监郢州诸军事、郢州刺史，将军如故。未就。

大明元年，征为右卫将军。明年，迁丹阳尹。先是，秀之从叔穆之为丹阳，与子弟于厅事上饮宴，秀之亦与焉。厅事柱有一穿，穆之谓子弟及秀之曰："汝等试以栗遥掷此柱，若能入穿，后必得此郡。"穆之诸子并不能中，唯秀之独入焉。时赊市百姓物，不还钱，市道嗟怨，秀之以为非宜，陈之甚切，虽纳其言，竟不从用。广陵王诞为逆，秀之入守东城。其年，迁尚书右仆射。四年，改定制令，疑民杀长史科，议者谓值赦宜加徙送，秀之以为："律文虽不显民杀官长之旨，若值赦但止徙送，便与悠悠杀人曾无一异。民敬官长，比之父母，行害之身，虽遇赦，谓宜长付尚方，穷其天命，家口令补兵。"从之。明年，领太子右卫率。

五年，雍州刺史海陵王休茂反，为土人所诛，遣秀之以本官慰劳，分别善恶。事毕还都，出为使持节、散骑常侍、都督雍、梁、南北秦四州、郢州之竟陵、随二郡诸军事、安北将军、宁蛮校尉、雍州刺史。上车驾幸新亭，视秀之发引，将征为左仆射，事未行，八年卒，时年六十八。上甚痛惜之，诏曰："秀之识局明远，才应通敏，诚著蕃朝，绩宣累岳。往岁逆臣交构，首义万里，及职司端尹，赞戎两宫，嘉谋征誉，实彰朝野。汉南法繁民嗷，属佇良牧，故暂辍心膂，外弘风规，出未逾期，德庇西服。详考古烈，旅观终始，淳心忠概，无以尚兹。方式亮皇猷，入卫根本，奄至薨逝，震恸于朕心。生荣之典，未穷宠数，哀终之礼，宜尽崇饰。兼履谦守约，封殖弗广，兴言悼往，益增痛恨。可赠侍中、司空，持节、都督、刺史、校尉如故，并增封邑为千户。谥为忠成公。"秀之野率无风采，而心力坚正。上以其莅官清洁，家无余财，赐钱二十万，布三百匹。

子景远嗣，官至前军将军。景远卒，子俊，齐受禅，国除。秀之弟粹之，晋陵太守。

顾琛，字弘玮，吴郡吴人也。曾祖和，晋司空。祖履之，父惔，并为司徒左西掾。

琛谨确不尚浮华，起家州从事，驸马都尉，奉朝请。少帝景平中，太皇太后崩，除大匠丞。彭城王义康右军骠骑参军，晋陵令，司徒参军，尚书库部郎，本邑中正。元嘉七年，太祖遣到彦之经略河南，大败，悉委弃兵甲，武库为之空虚。后太祖宴会，有荒外归化人在坐，上问琛："库中仗犹有几许？"琛诡答："有十万人仗。"旧武库仗秘不言多少，上既发问，追悔失言，及琛诡对，上甚喜。

尚书寺门有制，八座以下门生随入者各有差，不得杂以人士。琛以宗人顾硕头寄尚书张茂度门名，而与硕头同席坐。明年，坐遣出，免中正。凡尚书官，大罪则免，小罪则遣出。遣出者，百日无代人，听还本职。琛仍为彭城王义康所请，补司徒录事参军，山阴令，复为司徒录事，迁少府。十五年，出为义兴太守。初，义康请琛入府，欲委以腹心，琛不能承审刘湛，故寻见斥外。十九年，徙东阳太守，欲使琛防守大将军彭城王义康，固辞忤旨，废黜还家积年。

二十七年，索虏南至瓜步，权假琛建威将军。寻除东海王祎冠军司马，行会稽郡事。随王诞代祎，复为诞安东司马。元凶弑立，分会稽五郡置会州，以诞为刺史，即以琛为会稽太守，加五品将军，置将佐。诞起义，加冠军将军。事平，迁吴兴太守。孝建元年，征为五兵尚书。未拜，复为宁朔将军、吴郡太守。以起义功，封永新县五等侯。大明元年，吴县令张闿坐居母丧无礼，下廷尉。钱唐令沈文秀判劾违谬，应坐被弹。琛宣言于众："闿被劾之始，屡相申明。"又云："当启文秀留县。"世祖闻之大怒，谓琛卖恶归上，免官。琛母老，仍停家。

琛及前西阳太守张牧，并司空竟陵王诞故佐，诞待琛等素厚。三年，诞据广陵反，遣客陆延稔赍书板琛为征南将军，牧为安东将军，琛子前尚书郎宝素为谘议参军，宝素弟前司空参军宝先为从事中郎，牧兄前吴郡丞济为冠军将军，从弟前司空主簿晏为谘议参军。

时世祖以琛素结事诞，或有异志，遣使到吴郡太守王昙生诛琛父子。会延稔先至，琛等即执斩之，遣二子送延稔首启世祖曰："刘诞猖狂，遂构衅逆，凡在含齿，莫不骇惋，臣等预荷国恩，特百常愤。忽以今月二十四日中获贼诞疏，欲见邀诱。臣即共执录伪使，并得诞与抚军长史沈怀文、扬州别驾孔道存、抚军中兵参军孔璪、前司兵参军孔桓之、前司空主簿张晏书，具列本郡太守王昙生。臣即日便应星驰归骨辇毂，臣母年老，身在侍养，辄遣息宝素、宝先束骸诣阙。"世祖所遣诛琛使其日亦至，仅而获免。上嘉之，召琛出，以为西阳王子尚抚军司马，牧为抚军中兵参军。琛母孔氏，时年百余岁。晋安帝隆安初，琅邪王廞于吴中为乱，以女为贞烈将军，悉以女人为官属，以孔氏为司马。及孙恩乱后，东土饥荒，人相食，孔氏散家粮以赈邑里，得活者甚众，生子皆以孔为名焉。

琛仍为吴兴太守。明年，坐郡民多翦钱及盗铸，免官。六年，起为大司农，都官尚书，新安王子鸾北中郎司马、东海太守、行南徐州事，随府转抚军司马，太守如故。前废帝即位，复为吴郡太守。太宗泰始初，与四方同反，兵败，奉母奔会稽。台军既至，归降。宝素与琛相失，自杀。琛寻丁母忧，服阕，起为员外常侍、中散大夫。后废帝元徽三年，卒，时年八十六。

宝先大明中为尚书水部郎。先是，琛为左丞荀万秋所劾，及宝先为郎，万秋犹在职，自陈不拜。世祖诏曰："敕违纠慢，宪司之职，若理有不公，自当更有厘正。而自顷刻无轻重，辄致私绝。此风难长，主者严为其科。宝先盖依附世准，不足问。"

先是，宋世江东贵达者，会稽孔季恭，季恭子灵符，吴兴丘渊之及琛，吴音不变。渊之字思玄，吴兴乌程人也。太祖从高祖北伐，留彭城，为冠军将军、徐州刺史，渊之为长史。太祖即位，以旧恩历显官，侍中、都官尚书、吴郡太守。卒于太常，追赠光禄大夫。

顾觊之，字伟仁，吴郡吴人也。高祖谦，字公让，晋平原内史陆机姊夫。祖崇，大司农。父黄老，司徒左西掾。觊之初为郡主簿。谢晦为荆州，以为南蛮功曹，仍为晦卫军参军。晦爱其雅素，深相知待。王弘辟为扬州主簿，仍为弘卫军参军，盐官令，衡阳王义季右军主簿，尚书都官郎，护军司马。时大将军彭城王义康秉权，殷、刘之隙已著，觊之不欲与殷景仁久接事，乃辞脚疾自免归。在家每夜常于床上行脚，家人窃异之，而莫晓其意。后义康徙废，朝廷多以异同受祸。复为东迁、山阴令。山阴民户三万，海内剧邑，前后官长，昼夜不得休，事犹不举。觊之理繁以约，县用无事，昼日垂帘，门阶闲寂。自宋世为山阴，务简而绩修，莫能尚也。还为扬州治中从事史、广陵王诞、庐陵王绍北中郎左司马，扬州别驾从事史、尚书吏部郎。尝于太祖坐论江左人物，言及顾荣，袁淑谓觊之曰："卿南人怯懦，岂办作贼。"觊之正色曰："卿乃复以忠义笑人！"淑有愧色。

元凶弑立，朝士无不移任，唯觊之不徙官。世祖即位，迁御史中丞。孝建元年，出为义阳王昶东中郎长史、宁朔将军、行会稽郡事。寻征为右卫将军，领本邑中正。明年，出为湘州刺史，善于莅民，治甚有绩。大明元年，征守度支尚书，领本州中正。二年，转吏部尚书。四年，致仕，不许。

时沛郡相县唐赐往比村朱起母彭家饮酒还，因得病，吐蛊虫十余枚。临死语妻张，死后剖腹出病。后张手自破视，五藏悉糜碎。郡县以张忍行剖，赐子副又不禁驻，事起赦前，法不能决。律伤死人，四岁刑；妻伤夫，五岁刑；子不孝父母，弃市，并非科例。三公郎刘勰议："赐妻痛往遵言，儿识谢及理，考事原心，非存忍害，谓宜哀矜。"觊之议曰："法移路尸，犹为不道，况在妻子，而忍行凡人所不行。不宜曲通小情，当以大理为断，谓副为不孝，张同不道。"诏如觊之议。加左军将军，出为吴郡太守。

八年，复为吏部尚书，加给事中，未拜，欲以为会稽，不果。还为吴郡太守。幸臣戴法兴权倾人主，而觊之未尝降意。左光禄大夫蔡兴宗与觊之善，嫌其风节过峻。觊之曰："辛毗有云：孙、刘不过使吾不为三公耳！"及世祖晏驾，法兴遂以觊之为光禄大夫，加金章紫绶。

太宗泰始初，四方同反，觊之家寻阳，寻阳王子房加以位号，觊之不受，曰："礼年六十不服戎，以其筋力衰谢，非复军旅之日，况年将八十，残生无几，守尽家门，不敢闻命。"孔觊等不能夺。时普天叛逆，莫或自免，唯觊之心迹清全，独无所与。太宗甚嘉之，东土既平，以为左将军、吴郡太守，加散骑常侍。泰始二年，复为湘州刺史，常侍、将军如故。三年卒，时年七十六。追赠镇军将军，常侍、刺史如故。谥曰简子。

觊之家门雍睦，为州乡所重。五子：约、缉、绰、缜、绲。绰私财甚丰，乡里士庶多负其责，觊之每禁之，不能止。及后为吴郡，诱绰曰："我常不许汝出责，定思贫薄亦不可居。民间与汝交关有几许不尽，及我在郡，为汝督之。将来岂可得。凡诸券书皆何在？"绰大喜，悉出诸文券一大厨与觊之，觊之悉焚烧，宣语远近："负三郎责，皆不须还，凡券书悉烧之矣。"绰懊叹弥日。

觊之常谓秉命有定分，非智力所移，唯应恭己守道，信天任运，而暗者不达，妄求侥幸，徒亏雅道，无关得丧。乃以其意命弟子愿著《定命论》，其辞曰：

仲尼云："道之将行，命也；道之将废，命也。"丘明又称："天之所支不可坏，天之所坏不可支。"卜商亦曰："死生有命，富贵在天。"孟轲则以不遇鲁侯为辞。斯则运命奇偶，生数离合，有自来矣。马迁、刘向、扬雄、班固之徒，著书立言，咸以为首，世之论者，多有不同。尝试申之曰：

夫生之资气，清浊异原；命之禀数，盈虚乖致。是以心貌诡贸，性运舛殊，故有邪正昏明之差，修夭荣枯之序，皆理定于万古之前，事征于千代之外，冲神寂鉴，一以贯之。至乃卜相末技，巫史贱术，犹能豫题兴亡，逆表成败。祸福指期，识照不能徙；吉凶素著，威卫不能防。若夏氓宅生于帝宫，岂蠲残伤之祟；汉臣衍货于天府，宁免喂彘之魂。且又善恶之理虽详，而祸福之验常昧；逆顺之体诚分，而吉凶之效常隐。智络天地，犹罹沈膑之灾；明照日月，必婴深匡之难。增信积德，离患于长饥，席义枕仁，徵祸于促算。何则？理运苟其必至，圣明其犹病诸。况乃蠹迹流惑之徒，投心颛蒙之域，而欲役虑以揣利害，策情以算穷通，其为重伤，岂不惑甚。是以通人君子，闲泰其神，冲缓其度，不矫俗以延声，不依世以期荣。审乎无假，自求多福，荣辱修夭，夫何为哉！

问曰：夫《书》称惠迪贻吉，《易》载履信逢祐，前哲余议，亦以将迎有会，沦塞无兆，宣摄有方，夭阏无命。善游销魂于深梁，工骑烬生于旷野，明珠招骇于暗至，蟠木取悦于先容。是以罕、乐以阳施长世；景、惠以阴德遐纪。彭、窦以缮卫延命；盈、忌以荒湎促龄。陈、张称台鼎之崇；严、辛衍宰司之盛。若乃游恶蹈凶，处逆践祸，宣昭史策，易以研正。至如神仙所序，天竺所书，事虽难征，理未易诘，留滞倾光，思闻通裁。

对曰：子可谓扶绳而辨，循刻而议。若乃宣摄有方，岂非吉运所属；将迎有会，实亦凶数自挺。若夫阳施阴德，长世遐年，揆厥所原，孰往非命。研复来旨，仇校往说，起予惟商，未识所异。资生禀运，参差万殊，逆顺吉凶，理数不一。原夫餐椒非养生之术，咀剑岂卫性之经。命之所延，人肉其骨，而含嚼膏粱，时或婴患。深涧乖徼宠之津，空谷绝探荣之辙，运之所集，物稊其枯，而俯仰竿挺，终然离沮。尔乃跻、跖横行；曾、原窘步。汤、周延世，谞、邑绝绪。吉凶征应，纠缪若兹。毕万保躯，宓贱丧领，梁野之言，岂不或妄。谷南、鲁北，甘此促生；彭翁、窦叟，将以何术。晋平、赵敬，淫放已该；汉主、魏相，奚独伤夭。同异若斯，是非孰正。至如雷滨凝分，挫志远图；棘津阴拱，振功高世。樊生冲矫，镌旌善之文，华子高抗，铭惩非之策，皆士衡所云"同川而异归"者也。殊涂均致，实繁有征。即理易推，在言可略。昔两都全盛，六合殷昌，雾集贵宠之间，云动权豪之术，钧贸贻谈，岂唯陈、张而已。观夫二子，才未越众，而此以藉荣挥价，彼独摈景沦声，通否之运，断可知矣。严、辛不安时任命，而委罪亮直，亦地脉之徒欤。若神仙所序，显明修习，齐强燕平，厥验未著，李覃董芬，其效安在。乔、松之侣，云飞天居，夷、列之徒，风行水息，良由理数悬挺，实乃钟兹景命。天竺遗文，星华方策，因造前定，果报指期，贫豪莫差，修夭无爽，有允琐辞，无愆鄙说，统而言之，孰往非命。冥期前定，各从所归，善恶无所矫其趋，愚智焉能殊其理。若乃得议其工，失喏其拙，操之则栗，舍之则悲，斯固染情于近累，岂不贻诮于通识。

问曰：清论光心，英辩溢目，求诸鄙怀，良有未尽。若动止皆运，险易自天，理定前期，靡非暗至。玉门犁丘，睿识弗免。岂非圣愚齐致，仁虐同功。昏明之用，将何施而可？

对曰：夫圣人怀虚以涵育，凝明以洞照。惟虚也，故无往而不通；惟明也，故无来而不烛。洄海流金，弗染温凉之岨；严兵猛兕，无累爪刃之灾。忘生而生愈全，遗神而神弥畅。若玉门犁丘，盖同迹于人，故同人有患，然而均心于天，亦均天无害。大贤则体备形器，虑尽藏假，静默以居否，深拱以违磷，皆数在清全，故钟兹妙识。是以禀仲尼之道，不在奔车之上；资伯夷之运，不处覆舟之下。若乃越难趋险，逡巡弗获，履危践机，黾勉从事，愚之所司，圣亦何

为。及中下之流，驰心妄动，是非舜干，倚伏移贸，故北宫意逆而功顺，东门已晦而迹明；宣应遗筮而逢吉，张松协数而遘祸。且智防有纪，患累无方。尔乃猲狗逐而华子奔，腐鼠遗而虞氏灭，匣猿逸而林木残，椟珠亡而池水竭。凡厥条流，曲难备详，摇形役思，其效安征。岂若澡雪灵府，洗练神宅，据道为心，依德为虑，使迹穷则义斯畅，身泰则理兼通，岂不美哉！何必遗此而取彼。

问曰：夫建极开化，树声贻则，典防之兴，由来尚矣。必乃幽符悬兆，冥数指期，善恶前征，是非素定，名教之道，不亦几乎息哉！

对曰：天生蒸民，树之物则，教义所禀，岂非冥数。何则？形气之具，必有待而存；颛蒙之伦，岂无因而立。必假纤纨以安生，藉梁豢以延祀，资信礼以缮性，秉廉义以劲情。圣人聪明深懿，履道测化，通体天地，同情日月，仰观俯察，抚运裁风。于是乎昭日星之纪，正霜雨之度，张云霞之明，衍风露之渥，浮舟翼滞，腾驾振幽。又乃甄理三才，辨综五德，弘铺七体之端，宣昭八经之绪。是以时雍在运，群方自通，抱德炀和，全真保性。故信食相资，代为唇齿，富教相假，递成辅车。今弛养纤纨，损绝梁豢，必云徼生委命，岂不已晓其迷。至乎湮斥廉义，屏黜信礼，责以祈存推数，遂乃未辨其惑；连类若斯，乖妄滋甚。然则教义之道，生运所资，宠辱荣枯，常由此作。斯固命中之一物，非所以为难也。

问曰：循复前旨，既以理命县兆，生数冥期。研覆后文，又云依杖名教，帅循训范。若藉数任天，则放情荡思；拘训驯范，则防虑检丧。函矢殊用，矛戈异适，双美之谈，岂能两遂。

对曰：夫性运乖舛，心貌诡殊，请布末怀，略言其要。若吉命所钟，纵情蹈道，训性而顺，因心则灵。凶数所挺，率由践逆，闻言不信，长恶无悛。此愚智不移，声训所遗者也。其有见善如不及，从谏如顺流，是则命待教全，运须化立。譬以良医之室，病者所存，至如澄神清魂，平心实气，无妄之痾，勿药有喜，所谓纵情蹈道，无假隐括。若膏肓之疾，长桑不治，体府之病，阳庆弗理，此则率由践逆，自绝调御。至乃赵储之命宜永，须扁鹊而后全，齐后之数必延，待文挚而后济。亦犹运钟循奖，彝范所兴，善恶无主，唯运所集而异。膏粱方丈，沈疾弗顾，瑶碧盈尺，贴危弗存。夫静躁之容，造次必于是；曲直之性，颠沛不可移。是以夷、惠均圣而异方，遵、竦齐通而殊事。虽复钳桎羿、奡，思服巢、许之情；摇勒曾、史，言鹰跻、跖之虑。不然之事，断可知也。必幽符钻仰，冥数修习，虽存陵惰，其可得乎！故运属波流，势无防拖，命徼山立，理无放情。用殊函矢，双美奚踬；谈异矛戈，两济何伤。

问曰：夫君臣恩深，师资义固，所以沾荣涂施，提饰荷声。故刳心流肠，捐生以亢节；火妻灰子，霾名以偿义。若幽期天兆，则明扬可遗；冥数自宾，则

感效宜绝。岂其然乎？

对曰：论之所明，原本以为理，难之所疑，即末以为用。盖阴闭之巧不传，萌渐之调长绝。故知妄言赏理，古人所难。吾所谓命，固以绵络古今，弥贯终始，爰及君臣父子，师友夫妻，皆天数冥合，神运玄至，逮乎睽爱离会，既命之所甄，昏爽顺戾，亦运之所渐。尔乃松柳异质，荠荼殊性，故疾风知劲草，严霜识贞木，何异忠孝之质，资行凤昭。至于刻志酬生，题诚复施，殉节投命，驯义忘己。亦由石虽可毁，坚不可销，丹虽可磨，赤不可灭。因斯而言，君臣师资，既幽期自宾，心力感效，亦冥数天兆。夫独何怪哉！

愿字子恭，父渊之，散骑侍郎。愿好学，有文辞于世。大明中，举秀才，对策称旨，擢为著作佐郎，太子舍人。早卒。

史臣曰：孝建启基，西楚放命，难连淮、济，势盛江服。朱修之著节汉南，刘秀之推锋万里，并诚载艰一，忠惟帝念。而逾岘之锋，战有独克，出硖之师，舟无只反。虽霜霰并时，而计功则异也。及定终之命，等数相悬，盖由义结蕃朝，故恩有厚薄。虽故旧不遗，闻之前训，隆名爽实，亦无取焉！

卷八十二　　列传第四十二

周朗　沈怀文

周朗，字义利，汝南安城人也。祖文，黄门侍郎。父淳，宋初贵达，官至侍中、太常。兄峤，尚高祖第四女宣城德公主。二女适建平王宏、庐江王祎。以贵戚显官，元嘉末，为吴兴太守。贼劭弑立，随王诞举义于会稽，劭加峤冠军将军，诞檄又至。峤素惧怯，回惑不知所从，为府司马丘珍孙所杀。朝庭明其本心，国婚如故。

朗少而爱奇，雅有风气，与峤志趣不同，峤甚疾之。初为南平王铄冠军行参军，太子舍人，司徒主簿，坐请急不待对，除名。又为江夏王义恭太尉参军。元嘉二十七年春，朝议当遣义恭出镇彭城，为北讨大统。朗闻之解职。及义恭出镇，府主簿羊希从行，与朗书戏之，劝令献奇进策。朗报书曰：

羊生足下：岂当适使人进哉，何卿才之更茂也。宅生结意，可复佳耳，属华比彩，何更工邪！视已反覆，慰亦无已。观诸纸上，方审卿复逢知己。动以何术，而能每降恩明，不为足下欣邪，然更忧不知卿死所处耳。

夫匈奴之不诛有日，皇居之亡辱旧矣。大下孰不愤心悲肠，以忿胡人之患，麾衣偷食，以望国家之师。自智士钳口，雄人蓄气，不得议图边之事者，良淹岁纪。今天子以炎、轩之德，冢辅以姬、吕之贤，故赫然发怒，将以匈奴衅旗，恻然动仁，欲使余氓被惠。及取士之令朝发，宰士暮登英豪；调兵之诏夕行，主公旦升雄俊。延贤人者，固非一日，况复加此焉。

夫天下之士，砥行磨名，欲不辱其志气；选奇蓄异，将进善于所天。非但有建国之谋不及，安民之论不与，至反以孝洁生讥于乡曲，忠烈起谤于君采。身不继王臣之箓，名不厕通人之班。颠倒国门，湮销丘里者，自数十年以往，岂一人哉！若吾身无他伎，而出值明君，变官望主，岁增恩价，竟不能柔心饰带，取重左右。校于向士，则荣已多；料于今职，则笑亦广。而足下方复广吾以驰志之时，求予以安边之术，何足下不知言也。若以贤未登，则今之登贤如此；以才应进，则吾之非才若是。岂可欲以殒海之鳖，望鼓鳃于竖鳞之肆；坠风之羽，觊振翮于轩毳之间。其不能俱陪渌水，并负青天，可无待于明见。若乃阙奇谋深智之术，无悦主狎俗之能，亦不可复稍为卿说。但观以上国再毁之臣，望府一逐之吏，当复是天下才否，此皆足下所亲知。

吾虽疲冗，亦尝听君子之余论，岂敢忘之。凡士之置身有三耳：一则云户岫寝，栾危桂荣，秣芝浮霜，蓊松沈雪，怜肌蓄髓，宝气爱魂，非但土石侯卿，腐鸩梁锦，实乃仵意天后，睨目羽人。次则刲心扫智，剖命驱生，横议于云台之下，切辞于宣室之上，衍王德而批民患，进贞白而鸩奸猾，委玉人而齐声礼，揭金出而烹勋寇，使车轨一风，甸道共德，令功日济而己无迹，道日富而君难名，致诸侯敛手，天子改观。其末则餍粘而出，望旆而入，结冤两宫之下，鼓袖六王之间，俯眉胁肩，言天下之道德，瞋目扼腕，陈从横于四海，理有泰则止而进，调觉迅则反而还，闲居违官，交造顿罢，捐慕遗忧，夷毁销誉，呼吸以补其气，缮嚼以辅其生。凡此三者，皆志士仁人之所行，非吾之所能也。

若吾幸病不及死，役不至身，蓬藜既满，方杜长者之辙；谷稼是谘，自绝世豪之顾。尘生床帷，苔积阶月，又檐中山木，时华月深，池上海草，岁荣日蔓。且室间轩左，幸有陈书十箧，席隅奥右，颇得宿酒数壶。按弦拭徽，雒方校石，时复陈局露初，奠爵星晚，欢然不觉是羲、轩后也。近春田三顷，秋园五畦，若此无灾，山装可具。候振饮之罢，俟封勒之毕，当敬观邠、鄷，萧寻伊、鄗，傍眺燕、陇，邪履辽、卫，觊我周之轸迹，吊他贤之忧天。当其少涉，未休此欲，但理实诡固，物好交加，或征势而笑其言，或观谋而害其意。夫杨朱以此，犹见嗤于梁人，况才减杨子之器，物甚魏君之意者哉！若如汉宗之言李广，此固许天下之有才，又知天下之时非也。岂若党巷闾里之间，忌见贞士之遭遇，便谓是臧获庸人之徒耳。士固愿呈心于其主，露奇于所归。卿相，末事也。若广者，何用侯为。至乃复有致谒于为乱之日，被讪于害正之徒，心奇而无由露，事直而变为枉，岂不痛哉！岂不痛哉！

若足下可谓冠负日月，籍践渊海，心支身首，无不通照。今复出入燕、河，交关姬、卫，整笏振豪，已议于帷筵之上，提鞭鸣剑，复呵于军场之间，身超每深恩之所集，心动必明主之所亮。可不直议正身，辅人君之过误。明目张胆，谋军家之得失，操志勇之将，荐俊正之士，此乃足下之所以报也。不尔，便擐甲修戈，徘徊左右，卫君王之身，当马首之镝，关必固之垒，交死进之战，使身分而主豫，寇灭而兵全，此亦报之次也。如是，则系匈奴于北阙无日矣。亡但默默，窥宠而坐。谓子有心，敢书薄意。

朗之辞意倜傥，类皆如此。复起为通直郎。世祖即位，除建平王宏中军录事参军。时普责百官谠言，朗上书曰：

昔仲尼有言："治天下若置诸掌。"岂徒言哉！方策之政，息举在人，盖当世之君不为之耳。况乃运钟浇暮，世膺乱余，重以宫庙遭不更之酷，江服被未有之痛，千里连死，万井共泣。而秦、汉余敝，尚行于今，魏、晋遗谬，犹布于民，是而望国安于今，化崇于古，却行及前之言，积薪待然之譬，臣不知所以方。然陛下既基之以孝，又申之以仁，民所疾苦，敢不略荐。

凡治者何哉？为教而已。今教衰已久，民不知则，又随以刑逐之，岂为政之道欤！欲为教者，宜二十五家选一长，百家置一师，男子十三至十七，皆令学经；十八至二十，尽使修武。训以书记图律，忠孝仁义之礼，廉让勤恭之则；授以兵经战略，军部舟骑之容，挽强击刺之法。官长皆月至学所，以课其能。习经者五年有立，则言之司徒；用武者三年善艺，亦升之司马。若七年而经不明，五年而勇不达，则更求其言政置谋，迹其心术行履，复不足取者，虽公卿子孙，长归农亩，终身不得为吏。其国学则宜详考占数，部定子史，令书不烦行，习无糜力。凡学，虽凶荒不宜废也。

农桑者，实民之命，为国之本，有一不足，则礼节不兴。若重之，宜罢金钱，以谷帛为赏罚。然愚民不达其权，议者好增其异。凡自淮以北，万匹为市；从江以南，千斛为货，亦不患其难也。今且听市至千钱以还者用钱，余皆以绢布及米，其不中度者坐之。如此，则垦田自广，民资必繁，盗铸者罢，人死必息。又田非胶水，皆播麦菽，地堪滋养，悉艺纻麻，荫巷缘藩，必树桑柘，列庭接宇，唯植竹栗。若此令既行，而善其事者，庶民则叙之以爵，有司亦从而加赏。若田在草间，木物不植，则挞之而伐其余树，在所以次坐之。

又取税之法，宜计人为输，不应以赀。云何使富者不尽，贫者不蠲。乃令桑长一尺，围以为价，田进一亩，度以为钱，屋不得瓦，皆责赀实。民以此，树不敢种，土畏妄垦，栋焚榱露，不敢加泥。岂有刻善害民，禁衣恶食，若此苦者。方今若重斯农，则宜务削兹法。

凡为国，不患威之不立，患恩之不下；不患土之不广，患民之不育。自华、夷争杀，戎、夏竞威，破国则积尸竟邑，屠将则覆军满野，海内遗生，盖不余半。重以急政严刑，天灾岁疫，贫者但供吏，死者弗望瘗，鳏居有不愿娶，生子每不敢举。又戍淹徭久，妻老嗣绝，及淫奔所孕，皆复不收。是杀人之日有数途，生人之岁无一理，不知复百年间，将尽以草木为世邪？此最是惊心悲魂恸哭太息者。法虽有禁杀子之科，设畜婺之令，然触刑罪，忍悼痛而为之，岂不有酷甚处邪！今宜家宽其役，户减其税。女子十五不嫁，家人坐之。特雄可以娉妻妾，大布可以事舅姑，若待足而行，则有司加纠。凡宫中女隶，必择不复字者。庶家内役，皆令各有所配。要使天下不得有终独之生，无子之老。所谓十年存育，十年教训，如此，则二十年间，长户胜兵，必数倍矣。

又亡者乱郊，馑人盈甸，皆是不为其存计，而任之迁流，故饥寒一至，慈母不能保其子，欲其不为寇盗，岂可得邪？既御之使然，复止之以杀，彼于有司，何酷至是！且草树既死，皮叶皆枯，是其梁肉尽矣。冰霜已厚，苦盖难资，是其衣裘败矣。比至阳春，生其余几。今自江以南，在所皆穰，有食之处，须官兴役，宜募远近能食五十口一年者，赏爵一级。不过千家，故近食十万口矣。使其受食者，悉令就佃淮南，多其长帅，给其粮种。凡公私游手，岁发佐农，令堤湖尽修，原陆并起。仍量家立社，计地设间，检其出入，督其游惰。须待大熟，可移之复旧。淮以北悉使南过江，东旅客尽令西归。

故毒之在体，必割其缓处，函、渭灵区，阒为荒窟，伊、洛神基，蔚成茂草，岂可不怀软？历下、泗间，何足独恋。议者必以为胡衰不足避，而不知我之病甚于胡矣！若谓民之既徙，狄必就之，若其来从，我之愿也。胡若能来，必非其种，不过山东杂汉，则是国家由来所欲覆育。既华得坐实，戎空自远，其为来，利固善也。今空守孤城，徒费财役，亦行见淮北必非境服有矣，不亦重辱丧哉！使虏但发轻骑三千，更互出入，春来犯麦，秋至侵禾，水陆漕输，居然复绝。于贼不劳，而边已困，不至二年，卒散民尽，可跂足而待也。设令胡灭，则中州必有兴者，决不能有奉土地、率民人以归国家矣。诚如此，则徐、齐终逼，亦不可守。

且夫战守之法，当恃人之不敢攻。顷年兵之所以败，皆反此也。今人知不以羊追狼，蟹捕鼠，而令重车弱卒，与肥马悍胡相逐，其不能济，固宜矣。汉之中年能事胡者，以马多也；胡之后服汉者，亦以马少也。既兵不可去，车骑应蓄。今宜募天下使养马一匹者，蠲一人役。三匹者，除一人为吏。自此以进，阶赏有差，边亭徼驿，一无发动。

又将者，将求其死也。自能执干戈，幸而不亡，筋力尽于戎役，其于望上者，固已深矣。重有澄风扫雾之勤，驱波涤尘之力，此所自矜，尤复为甚。近所功赏，人知其浓，然似颇谬虚实，怨怒实众。垂臂而反唇者，往往为部，耦语而呼望者，处处成群。凡武人意气，特易崩沮，设一旦有变，则向之怨者皆为敌也。今宜国财与之共竭，府粟与之同罄，去者应遣，浓加宠爵，发所在禄之，将秩未充，余费宜阙，他事负辇，长不应与，唯可教以搜狩之礼，习以钲鼓之节。若假勇以进，务黜其身。老至而罢，赏延于嗣。

又缘淮城垒，皆宜兴复，使烽鼓相达，兵食相连。若边民请师，皆宜莫许。远夷贡至，止于报答，语以国家之未暇，示以何事而非君。须内教既立，徐料寇形，办骑卒四十万，而国中不扰，取役支二十岁，而远邑不惊，然后越淮穷河，跨陇出漠，亦何适而不可。

又教之不敦，一至于是。今士大夫以下，父母在而兄弟异计，十家而七矣。庶人父子殊产，亦八家而五矣。凡甚者，乃危亡不相知，饥寒不相恤，又嫉谤逸害，其间不可称数。宜明其禁，以革其风，先有善于家者，即务其赏；自今不改，则没其财。

又三年之丧，天下之达丧，以其哀并衷出，故制同外兴；日久均痛，故愈迟齐典。汉氏节其臣则可矣，薄其子则乱也。云何使衰苴之容尽，鸣号之音息。夫佩玉启旒，深情弗忍，冕珠视朝，不亦甚乎！凡法有变于古而刻于情，则莫能顺焉。至乎败于礼而安于身，必邃而奉之，何乃厚于恶，薄于善欤！今陛下以大孝始基，宜反斯谬。

且朝享临御，当近自身始，妃主典制，宜渐加矫正。凡举天下以奉一君，何患不给。或帝有集皂之陋，后有帛布之鄙，亦无取焉。且一体炫金，不及百两，一岁美衣，不过数袭，而必收宝连楼，集服累笥，目岂常视，身未时亲，是为楼带宝，笥著衣，空散国家之财，徒奔天下之货。而主以此惰礼，妃以此傲家，是何縻蠹之剧，惑鄙之甚！逮至婢竖，皆无定科，一婢之身，重婢以使，一竖之家，列竖以役。瓦金皮绣，浆酒藿肉者，故不可称纪。至有列骈以游遨，饰兵以驱叱，不亦重甚哉！若禁行赐薄，不容致此。且细作始并，以为俭节，而市造华怪，即传于民。如此，则迁也，非罢也。凡天下得治者以实，而治天下者常虚，民之耳目，既不可诳，治之盈耗，立亦随之。故凡厥庶民，制度日侈，商贩之室，饰等王侯，佣卖之身，制均妃后。凡一袖之大，足断为两，一裾之长，可分为二；见车马不辨贵贱，视冠服不知尊卑。尚方今造一物，小民明已睥睨。宫中朝制一衣，庶家晚已裁学。侈丽之原，实先宫闱。又妃主所赐，不限高卑，自今以去，宜为节也。金魄翟玉，锦绣縠罗，奇色异章，小民既不得服，在上亦不得赐。若工人复造奇伎淫器，则皆焚之，而重其罪。

又置官者，将以燮天平气，赞地成功，防奸御难，治烦理剧，使官称事立，人称官置，无空树散位，繁进冗人。今高卑贸实，大小反称，名之不定，是谓官邪。而世废姬公之制，俗传秦人之法，恶明君之典，好暗主之事，其憎圣爱愚，何其甚矣。今则宜先省事，从而并官，置位以周典为式，变名以适时为用，秦

汉末制，何足取也。当使德厚者位尊，位尊者禄重；能薄者官贱，官贱者秩轻。缨冕绂佩，称官以服；车骑容卫，当职以施。

又寄土州郡，宜通废罢，旧地民户，应更置立。岂吴邦而有徐邑，扬境而宅兖民，上渎辰纪，下乱畿甸。其地如朱方者，不宜置州，土如江都者，应更建邑。

又民少者易理，君近者易归，凡吏皆宜每详其能，每厚其秩，为县不得复用恩家之贫，为郡不得复选势族之老。

又王侯识未堪务，不应强仕，须合冠而启封，能政而议爵。且帝子未官，人谁谓贱。但宜详置宾友，选择正人，亦何必列长史、参军、别驾、从事，然后为贵哉！又世有先后，业有难易，明帝能令其儿不匹光武之子，马贵人能使其家不比阴后之族。盛矣哉，此于后世不可忘也。至当舆抑碎首之念，陛殿延辟戟之威，此亦复不可忘也。

内外之政，实不可杂。若妃主为人请官者，其人宜终身不得为官；若请罪者，亦终身不得赦罪。

凡天下所须者才，而才诚难知也。有深居而言寡，则蕴学而无由知；有卑处而事隔，则怀奇而无由进。或复见忌于亲故，或亦遭逸于贵党，其欲致车右而动御席，语天下而辨治乱，焉可得哉！漫言举贤，则斯人固未得矣。宜使世之所称通经达史、辨词精数、吏能将谋、偏术小道者，使猎缨危膝，博求其用。制内外官与官之远近及仕之类，令各以所能而造其室，降情以诱之，卑身以安之。然后察其擢唇吻，树颊胲，动精神，发意气，语之所至，意之所执，不过数四间，不亦尽可知哉！若忠孝廉清之比，强正惇柔之伦，难以检格立，不可须臾定。宜使乡部求其行，守宰察其能，竟皆见之于选贵，呈之于相主，然后处其职宜，定其位用。如此，故应愚鄙尽捐，贤明悉举矣。又俗好以毁沈人，不知察其所以致毁；以誉进人，不知测其所以致誉。毁徒鄙鄙，则宜擢其毁者；誉党悉庸，则宜退其誉者。如此，则毁誉不妄，善恶分矣。又既谓之才，则不宜以阶级限，不应以年齿齐。凡贵者好疑人少，不知其少于人矣。老者亦轻人少，不知其不及少矣。

自释氏流教，其来有源，渊检精测，固非深矣。舒引容润，既亦广矣。然习慧者日替其修，束诫者月繁其过，遂至废散锦帛，侈饰车从。复假精医术，托杂卜数，延妹满室，置酒溟堂，寄夫托妻者不无，杀子乞儿者继有。而犹倚灵假像，背亲傲君，欺费疾老，震损宫邑，是乃外刑之所不容戮，内教之所不悔罪，而横天地之间，莫不纠察。人不得然，岂其鬼欤！今宜申严佛律，裨重国令，其疵恶显著者，悉皆罢遣，余则随其艺行，各为之条，使禅义经诵，人能其一，食不过蔬，衣不出布。若应更度者，则令先习义行，本其神心，必能草腐人天，竦精以往者，虽侯王家子，亦不宜拘。

凡鬼道惑众，妖巫破俗，触木而言怪者不可数，寓采而称神者非可算。其原本是乱男女，合饮食，因之而以祈祝，从之而以报请，是乱不诛，为害未息。凡一苑始立，一神初兴，淫风辄以之而甚。今修堤以北，置园百里，峻山以右，居灵十房，糜财败俗，其可称限。又针药之术，世寡复修，诊脉之伎，人鲜能达。民因是益征于鬼，遂弃于医，重令耗惑不反，死夭复半。今太医宜男女习教，在所应遣吏受业。如此，故当愈于媚神之愚，征正膝理之蔽矣。

凡无世不有言事，未时不有令下，然而升平不至，昏危是继，何哉？盖设令之本非实也。又病言不出于谋臣，事不便于贵党，轻者抵訾呵骇，重者死压穷摈，故西京有方调之诛，东郡有党锢之戮。陛下若欲申常令，循末典，则群臣在焉；若欲改旧章，兴王道，则微臣存矣。敢昧死以陈，唯陛下察之。

书奏，忤旨，自解去职。又除太子中舍人，出为庐陵内史。郡后荒芜，频有野兽，母薛氏欲见猎，朗乃合围纵火，令母观之。火逸烧郡廨，朗悉以秩米起屋，偿所烧之限，称疾去官，遂为州司所纠。还都谢世祖曰："州司举臣愆失，多有不允。臣在郡，虎三食人，虫鼠犯稼，以此二事上负陛下。"上变色曰："州司不允，或可有之。虫虎之灾，宁关卿小物。"朗寻丁母艰，有孝性，每哭必恸，其余颇不依居丧常节。大明四年，上使有司奏其居丧无礼，请加收治。诏曰："朗悖礼利口，宜令翦戮，微物不足乱典刑，特锁付边郡。"于是传送宁州，于道杀之，时年三十六。子仁昭，顺帝升明末，为南海太守。

沈怀文，字思明，吴兴武康人也。祖寂，晋光禄勋。父宣，新安太守。怀文少好玄理，善为文章，尝为楚昭王二妃诗，见称于世。初州辟从事，转西曹，江夏王义恭司空行参军，随府转司徒参军事，东阁祭酒。丁父忧，新安郡送故丰厚，奉终礼毕，余悉班之亲戚，一无所留。太祖闻而嘉之，赐奴婢六人。服阕，除尚书殿中郎。隐士雷次宗被征居钟山，后南还庐岳，何尚之设祖道，文义之士毕集，为连句诗，怀文所作尤美，辞高一座。以公事例免，同辈皆失官，怀文乃独留。随王诞镇襄阳，出为后军主簿，与谘议参军谢庄共掌辞令，领义成太守。元嘉二十八年，诞当为广州，欲以怀文为南府记室，先除通直郎，怀文固辞南行，上不悦。

弟怀远纳东阳公主养女王鹦鹉为妾。元凶行巫蛊，鹦鹉预之，事泄，怀文因此失调，为治书侍御史。元凶弑立，以为中书侍郎。世祖入讨，劭呼之使作符檄，怀文固辞，劭大怒，投笔于地曰："当今艰难，卿欲避事邪！"旨色甚切。值殷冲在坐，申救得免。托疾落马，间行奔新亭。以为竟陵王诞卫军记室参军、新兴太守。又为诞骠骑录事参军、淮南太守。时国哀未释，诞欲起内斋，怀文以为不可，乃止。寻转扬州治中从事史。

时议省录尚书，怀文以为非宜，上议曰："昔天官正纪，六典序职，载师掌均，七府成务，所以翼平辰衡，经赞邦极。故总属之原，著夫官典，和统之要，昭于国言。夏因虞礼，有深冢司之则；周承殷法，无损掌邦之仪。用乃调佐王均，缉亮帝度。而式宪之轨，弘正汉庭；述章之范，崇明魏室。虽条录之名，立称于中代，总厘之实，不愆于自古，比代相沿，历朝罔贰。及乎爵以事变，级以时改，皆兴替之道，无害国章，八统元任，靡或省革。按台辅之职，三曰礼典，以和邦国，以统百官。四曰政典，以平邦国，以正百官。郑康成云'冢宰之于庶僚，无所不总也。'考于兹义，备于典文，详古准今，不宜虚废。"不从。迁别驾从事史，江夏王义恭迁，西阳王子尚为扬州，居职如故。

时荧惑守南斗，上乃废西州旧馆，使子尚移居东城以厌之。怀文曰："天道示变，宜应之以德。今虽空西州，恐无益也。"不从，而西州竟废矣。大明二年，迁尚书吏部郎。时朝议欲依古制置王畿，扬州移治会稽，犹以星变故也。怀文曰："周制封畿，汉置司隶，各因时宜，非存相反，安民宁国，其揆一也。苟民心所安，天亦从之，未必改今追古，乃致平壹。神州旧壤，历代相承，异于边州，或罢或置，既物情不说，容亏化本。"又不从。三年，子尚移镇会稽，迁抚军长史，行府州事。时囚系甚多，动经年月，怀文到任，讯五郡九百三十六狱，众咸称平。

入为侍中，宠待隆密，将以为会稽，其事不行。竟陵王诞据广陵反，及城陷，士庶皆裸身鞭面，然后加刑，聚所杀人首于石头南岸，谓之髑髅山。怀文陈其不可，上不纳。扬州移会稽，上忿浙江东人情不和，欲贬其劳禄，唯西州旧人不改。怀文曰："扬州徙治，既乖民情，一州两格，尤失大体。臣谓不宜有异。"上又不从。

怀文与颜竣、周朗素善，竣以失旨见诛，朗亦以忤意得罪，上谓怀文曰："竣若知我杀之，亦当不敢如此。"怀文默然。尝以岁夕与谢庄、王景文、颜师伯被敕入省，未及进，景文因言次称竣、朗人才之美，怀文与相酬和，师伯后因语次白上，叙景文等此言。怀文屡经犯忤，至此上倍不说。上又坏诸郡士族，以充将吏，并不服役，至悉逃亡，加以严制不能禁。乃改用军法，得便斩之，莫不奔窜山湖，聚为盗贼。怀文又以为言。斋库上绢，年调钜万匹，绵亦称此。期限严峻，民间买绢一匹，至二三千，绵一两亦三四百，贫者卖妻儿，甚者或自缢死。怀文具陈民困，由是绵绢薄有所减，俄复旧。子尚诸皇子皆置邸舍，逐什一之利，为患遍天下。怀文又言之曰："列肆贩卖，古人所非，故卜式明不雨之由，弘羊受致旱之责。若以用度不充，顿止为难者，故宜量加减省。"不听。

孝建以来，抑黜诸弟，广陵平后，复欲更峻其科。怀文曰："汉明不使其子比光武之子，前史以为美谈。陛下既明管、蔡之诛，愿崇唐、卫之寄。"及海陵王休茂诛，欲遂前议，太宰江夏王义恭探得密旨，先发议端，怀文固谓不可，由是得息。

时游幸无度，太后及六宫常乘副车在后，怀文与王景文每陈不宜亟出。后同从坐松树下，风雨甚骤。景文曰："卿可以言矣。"怀文曰："独言无系，宜相与陈之。"江智渊卧草侧，亦谓言之为善。俄而被召俱入雉场，怀文曰："风雨如此，非圣躬所宜冒。"景文又曰："怀文所启宜从。"

智渊未及有言，上方注弩，作色曰："卿欲效颜竣邪？何以恒知人事。"又曰："颜竣小子，恨不得鞭其面！"上每宴集，在坐者咸令沈醉，怀文素不饮酒，又不好戏调，上谓故欲异己。谢庄尝诫怀文曰："卿每与人异，亦何可久。"怀文曰："吾少来如此，岂可一朝而变。非欲异物，性所得耳。"

五年，乃出为晋安王子勋征虏长史、广陵太守。明年，坐朝正，事毕，被遣还北，以女病求申。临辞，又乞停三日，讫犹不去。为有司所纠，免官，禁锢十年，既被免，买宅欲还东。上大怒，收付廷尉，赐死，时年五十四。三子：淡、渊、冲。

弟怀远，为始兴王浚征北长流参军，深见亲待。坐纳王鹦鹉为妾，世祖徙之广州，使广州刺史宗悫于南杀之。会南郡义宣反，怀远颇闲文笔，悫起义，使造檄书，并衔命至始兴，与始兴相沈法系论起义事。事平，悫具为陈请，由此见原；终世祖世不得还。怀文虽亲要，屡请终不许。前废帝世，流徙者并听归本，官至武康令。撰《南越志》及怀文文集，并传于世。

史臣曰：昔娄敬戍卒，委辂而迁帝都；冯唐老贱，片词以悟明主。素无王公卿士之贵，非有积誉取信之资，徒以一言合旨，仰感万乘。自此山墅草莱之人，布衣韦带之士，莫不踵阙上书，烟霏雾集。自汉至魏，此风未爽。暨于晋氏，浮伪成俗，人怀独善，仕贵遗务。降及宋祖，思反前失，虽革薄捐华，抑扬名教，而辟聪之路未启，采言之制不弘。至于贱隶卑臣，义合朝算，徒以事非己出，知允莫从。昔之开之若彼，今之塞之若此，非为徐乐、严安，偏富汉世，东方、主父，独阙宋时，盖由用与不用也。徒置乞言之旨，空下不讳之令，慕古饰情，义非侧席，文士因斯，各存炫藻。周朗辩博之言，多切治要，而意在摛词，文实忤主。文词之为累，一至此乎！

卷八十三　　列传第四十三

宗越　吴喜　黄回

宗越，南阳叶人也。本河南人，晋乱，徙南阳宛县，又土断属叶。本为南阳次门，安北将军赵伦之镇襄阳，襄阳多杂姓，伦之使长史范觊之条次氏族，辨其高卑，觊之点越为役门。出身补郡吏。父为蛮所杀，杀其父者尝出郡，越于市中刺杀之，太守夏侯穆嘉其意，擢为队主。蛮有为寇盗者，常使越讨伐，往辄有功。家贫无以市马，常刀楯步出，单身挺战，众莫能当。每一捷，郡将辄赏钱五千，因此得市马。后被召，出州为队主。世祖镇襄阳，以为扬武将军，领台队。

元嘉二十四年，启太祖求复次门，移户属冠军县，许之。二十七年，随柳元景北伐，领马幢，隶柳元怙，有战功，事在元景传。还补后军参军督护，随王诞戏之曰："汝何人，遂得我府四字。"越答曰："佛狸未死，不忧不得谘议参军。"诞大笑。

随元景伐西阳蛮，因值建义，转南中郎长兼行参军，新亭有战功。世祖即位，以为江夏王义恭大司马行参军，济阳太守，寻加龙骧将军。臧质、鲁爽反，越率军据历阳。爽遣将军郑德玄前据大岘，德玄分遣偏师杨胡兴、刘蜀马步三千，进攻历阳。越以步骑五百于城西十余里拒战，大破斩胡兴、蜀等。爽平，又率所领进梁山拒质，质败走，越战功居多。因追奔至江陵。时荆州刺史朱修之未至，越多所诛戮。又逼略南郡王义宣子女，坐免官系尚方。寻被宥，复本官，追论前功，封筑阳县子，食邑四百户。迁西阳王子尚抚军中兵参军，将军如故。大明三年，转长水校尉。

竟陵王诞据广陵反，越领马军隶沈庆之攻诞。及城陷，世祖使悉杀城内男丁，越受旨行诛，躬临其事，莫不先加捶挞，或有鞭其面者，欣欣然若有所得，所杀凡数千人。四年，改封始安县子，户邑如先。八年，迁新安王子鸾抚军中兵参军，加辅国将军。其年，督司州、豫州之汝南、新蔡、汝阳、颍川四郡诸军事、宁朔将军、司州刺史，寻领汝南、新蔡二郡太守。

前废帝景和元年，召为游击将军，直阁。顷之，领南济阴太守，进爵为侯，增邑二百户。又加冠军将军，改领南东海太守，游击如故。帝凶暴无道，而越及谭金、童太壹并为之用命，诛戮群公及何迈等，莫不尽心竭力。故帝凭其爪牙，无所忌惮。赐与越等美女金帛，充牣其家。越等武人，粗强识不及远，咸一往意气，皆无复二心。帝将欲南巡，明旦便发，其夕悉听越等出外宿，太宗因此定乱。明晨，越等并入，上抚接甚厚，越改领南济阴太守，本官如故。

越等既为废帝尽力，虑太宗不能容之，上接待虽厚，内并怀惧。上亦不欲使其居中，从容谓之曰："卿等遭罹暴朝，勤劳日久，苦乐宜更，应得自养之地。兵马大郡，随卿等所择。"越等素已自疑，及闻此旨，皆相顾失色，因谋作难。以告沈攸之，攸之具白太宗，即日收越等下狱死。越时年五十八。

越善立营阵，每数万人止顿，越自骑马前行，使军人随其后，马止营合，未尝参差。及沈攸之代殷孝祖为南讨前锋，时孝祖新死，众并惧，攸之叹曰："宗公可惜，故有胜人处。"而御众严酷，好行刑诛，睚眦之间，动用军法。时王玄谟御下亦少恩，将士为之语曰："宁作五年徒，不逐王玄谟。玄谟尚可，宗越杀我。"

谭金，荒中伧人也。在荒中时，与薛安都有旧，后出新野，居牛门村。及安都归国，金常随征讨。自北入峟陕，及巴口建义，恒副安都，排坚陷阵，气力兼人，平元凶及梁山破臧质，每有战功。稍至建平王宏中军参军事，加建武将军，寻转龙骧将军、南下邳太守，参军如故。孝建三年，迁屯骑校尉、直阁，领南清河太守。景和元年，前废帝诛群公，金等并为之用。帝下诏曰："屯骑校尉南清河太守谭金、强弩将军童太壹、车骑中兵参军沈攸之，诚略沈果,忠干勇鸷,消荡氛翳,首制鲸凶,宜裂河山,以酬勋义。金可封平都县男,太壹宜阳县男,攸之东兴县男,食邑各三百户。"金迁骁骑将军,增邑百户。太壹,东莞人也。自强弩迁左军将军,增邑百户。金、太壹并与宗越俱死。

越州里刘胡、武念、佼长生、蔡那、曹欣之,并以将帅显。刘胡事在《邓琬传》。

武念,新野人也。本三五门,出身郡将。萧思话为雍州,遣土人庞道符统六门田,念为道符随身队主。后大府以念有健名,且家富有马,召出为将。世祖临雍州,念领队奉迎。时沔中蛮反,世祖之镇,缘道讨伐,部伍至大堤岩洲,蛮数千人忽至,乘高矢射雨下。念驰赴奋击,应时摧退,即擢为参军督护。其后每军旅,常有战功。世祖孝建中,为建威将军、桂阳太守。竟陵王诞反,念以江夏王义恭太宰参军、龙骧将军,隶沈庆之攻广陵城。诞出城走,既而复还,念追之不及,坐免官。复以冗从仆射,出为龙骧将军、南阳太守。前废帝景和中,为右军将军、直阁,封开国县男,食邑三百户。太宗初即位,四方反叛,遣念乘驿还雍州,绥慰西土,因以为南阳太守。念既至,人情并向之,刘胡遣腹心数骑诈诣念降,于坐缚念,袁顗斩之,送首诣晋安王子勋。念党袁处珍逃亡至寿阳,为逆党刘顺所得,考楚备至,秉义不移,后得叛奔刘勔;太宗嘉之,以为奉朝请。追赠念冠军将军、南阳、新野二郡太守,封绥安县侯,食邑四百户。泰始四年,绥安县省,改封邵陵县。

佼长生,广平人也。出身为县将,大府以其有膂力,召为府将。朱修之拒鲁秀于岘南,长生有战功,稍见任使。太宗初,为建安王休仁司徒中兵参军,加宁朔将军。南讨有功,封迁陵县侯,食邑八百户。后为张悦宁远司马,宁蛮校尉。泰始五年,卒,追赠征虏将军、雍州刺史。

蔡那,南阳冠军人也。家素富,而那兄局善接待宾客,客至无少多,皆资给之,以此为郡县所优异,蠲其调役。那始为建福戍主,渐至大府将佐。太宗初,为建安王休仁司徒中兵参军,南讨。那子弟皆在襄阳,为刘胡所执,胡每战辄悬之城外,那进战愈猛。以功封平阳县侯,食邑五百户。稍至刘韫抚军司马、宁蛮校尉,加宁朔将军。泰豫元年,以本号为益州刺史、宋宁太守。未拜,卒,追赠辅师将军,余如故,谥曰平侯。

曹欣之,新野人也。积勤劳,后废帝元徽初,为军主。以平桂阳王休范功,封新市县子,食邑五百户。为左军骁骑将军,加辅国将军。元徽四年,以本号为徐州刺史、钟离太守,进号冠军将军。顺帝升明二年,征为散骑常侍、骁骑将军。三年,卒。

吴喜,吴兴临安人也。本名喜公,太宗减为喜。初出身为领军府白衣吏。少知书,领军将军沈演之使写起居注,所写既毕,暗诵略皆上口。演之尝作让表,未奏,失本,喜经一见,即便写赴,无所漏脱,演之甚知之。因此涉猎《史》、《汉》,颇见古今。演之门生朱重民入为主书,荐喜为主书书史,进为主图令史。太祖尝求图书,喜开卷倒进之,太祖怒,遣出。

会太子步兵校尉沈庆之征蛮,启太祖请喜自随,使命去来,为世祖所知赏。世祖于巴口建义,喜遇病,不堪随庆之下。事平,世祖以喜为主书,稍见亲遇,擢为诸王学官令,左右尚方令,河东太守,殿中御史。大明中,黟、歙二县有亡命数千人,攻破县邑,杀害官长。豫章王子尚为扬州,在会稽,再遣主帅,领三千人水陆讨伐;遂再往,失利。世祖遣喜将数十人至二县,诱说群贼,贼即日归降。

太宗初即位,四方反叛,东兵尤急。喜请得精兵三百,致死于东,上大说,即假建武将军,简羽林勇士配之。议者以喜刀笔主者,不尝为将,不可遣。中书舍人巢尚之曰:"喜昔随沈庆之,屡经军旅,性既勇决,又习战阵,若能任之,必有成绩。诸人纷纷,皆是不别才耳。"喜乃率员外散骑侍郎竺超之、殿中将军杜敬真马步东讨。既至永世,得庾业、刘延熙书,送寻阳王子房檄文。与喜书曰:"知统戎旅,已次近路,卿所在著名,今日何为立忠于彼邪?想便倒戈,共受河、山之赏。"喜报书曰:"前驱之人,忽获来翰,披寻狂惑,良深怅骇。圣主以神武拨乱,德盛勋高,群逆交扇,灭在晷刻。君等勋义之烈,世荷国恩,事愧鸣鸮,不怀食椹。今练勒所部,星言进迈,相见在近,不复多陈。"喜,孝武世见驱使,常充使命,性宽厚,所至人并怀之。及东讨,百姓闻吴河东来,便望风降散,故喜所至克捷,事在《孔觊传》。

迁步兵校尉,将军如故。封竟陵县侯,食邑千户。东土平定,又率所领南讨,迁辅国将军、寻阳太守。南贼退走,喜追讨平定荆州,迁前军将军,增邑三百户。泰始四年,改封东兴县侯,户邑如先。仍除使持节、督交州、广州之郁林、宁浦二郡诸军事、辅国将军、交州刺史。不行,又除右军将军、淮陵太守,假辅师将军,兼太子左卫率。

五年,转骁骑将军,假号、太守、兼率如故。其年,房冠豫州,喜统诸军出讨,大破房于翻亭,伪长社公遁走,戍主帛乞奴归降。军还,复以本位兼左卫将军。六年,又率军向豫州拒索虏,加节、督豫州诸军事,假冠军将军,骁骑、太守如故。明年,还京都。

初,喜东征,白太宗得寻阳王子房及诸贼帅,即于东枭斩。东土既平,喜见南贼方炽,虑后翻覆受祸,乃生送子房还都;凡诸大主帅顾琛、王昙生之徒,皆被全活。上以喜新立大功,不问也,而内密衔之。及平荆州,恣意剽房,赃私万计;又尝对宾客言汉高、魏武本是何人,上闻之,益不说。其后诛寿寂之,喜内惧,因启乞中散大夫,上尤疑骇。至是会上有疾,为身后之虑,以喜素得人情,疑其将来不能事幼主,乃赐死,时年四十五。喜将死之日,上召入内殿与共言谑,酬接甚款。既出,赐以名馔,并金银御器,敕将命者勿使食器宿喜家。上素多忌讳,不欲令食器停凶祸之室故也。喜未死一日,上与刘勔、张兴世、齐王诏曰:

吴喜出自卑寒,少被驱使,利口任诈,轻狡万端。自元嘉以来,便充刀笔小役,卖弄威恩,苟取物情,处处交结,皆为党与,众中常以正直为词,而内实阿媚。每仗计数,运其佞巧,甘言说色,曲以事人,不忠不平，彰于触事。从来作诸署，主意所不协者，觅罪委顿之，以示清直；而余人恣意为非，一不检问，故甚得物情。

昔大明中，黟、歙二县有亡命数千人，攻破县邑，杀害官长。刘子尚在会稽，再遣为主帅，领三千精甲水陆讨伐，再往失利。孝武以喜将数十人至二县说诱群贼，贼即归降。诡数幻惑，乃能如此，故每像驱驰，穷诸狡匿。及泰始初东讨，正有三百人，直造三吴，凡再经薄战，而自破冈以东至海十郡，无不清荡。百姓闻吴河东来，便望风自退，若非积取三吴人情，何以得弭伏如此。其统军宽慢无章，放恣诸将，无所裁检，故部曲为之致力。观其意趣，止在贼平之后，应力为国计。

喜初东征发都，指天画地，云得刘子房即当屏除，袁标等皆加斩戮，使略无生口。既平之后，缓兵施恩，纳罪人之货，诱诸贼帅，令各逃藏，受赂得物，不可纪。听诸贼帅假称为降，而拥卫子房遂得生归朝庭。收罗群逆，皆作爪牙，抚接优密，过于义士。推此意，正是闻南贼大盛，殷孝祖战亡，人情大恶，虑逆徒得志，规以自免。喜善为奸变，每以计数自将，于朝廷则三吴首献庆捷，于南贼则不杀其党，颇著阴诚。当云东人怯怯，望风自散，皆是彼无处分，非其苦相逼迫，保全子房及顾琛等，足表丹诚，进退二涂，可以无患。

南贼未平，唯以军粮为急，西南及北道断不通，东土新平，商运稀简，朝廷乃至鬻官卖爵，以救灾困，斗斛收敛，犹有不充。喜在楮圻，军主者顿偷一百三十斛米，初不问罪；诸军主皆公宜治，喜不获让，止与三十鞭，又不责备，凡所曲意，类皆如此。

喜至荆州，公私殷富，钱物无复孑遗。喜乘兵威之盛，诛求推检，凡所课责，既无定科，又严令驱蹙，皆使立办。所使之人，莫非奸猾。因公行私，迫胁在所。入官之物，侵窃过半。纳资请托，不知厌巳。西难既殄，便应还朝，而解故盘停，托云捍蜀。实由货易交关，事未回展。又遣人入蛮，矫诏慰劳，贱伐所得，一以入私。又遣部下将吏，兼因土地富人，往襄阳或蜀、汉，属托郡县，侵官害民，兴生求利，千端万绪。从西还，大舶小舸，爰及草舫，钱米布绢，无船不满。自喜以下，迨至小将，人人重载，莫不兼资。

喜本小人，多被使役，经由水陆，州郡殆遍；所至之处，辄结物情，妄窃善称。声满天下，密怀奸恶，人莫之知。喜军中诸将，非劫便贼，唯云："贼何须杀，但取之，必得其用。"虽复羸弱，亦言："健儿可惜，天下未平，但令以功赎罪。"处遇料理，反胜劳人，此辈所感唯喜，莫云恩由朝廷。凶恶不革，恒出丑声，劳人义士，相与叹息，并云："我等不爱性命，击擒此贼，朝廷不肯杀去，反与我齐。今天下若更有贼，我不复能击也。"此等既随喜行，多无功效，或隐在众后，或在幔屋中眠。贼即破散，与劳人同受爵赏。既被诘问，辞白百端，云："此辈既见原宥，击

贼有功，那得不依例加赏。"褚渊往南选诸将卒，喜为军中经为贼者，就渊求官，倍于义士。渊以喜最前献捷，名位已通，又为统副，难相违拒，是以得官受赏，反多义人。义人虽忿喜不平，又怀其宽弛。

往岁竺超之闻四方反叛，人情畏贼，无敢求为朝廷行者，乃慨然攘步，随喜出征，为其军副。身经临敌，自东还，失喜意。说超之多酒，不堪驱使，遂相委弃。高敬祖年虽少宿，气力实健，其有处分，为军中所称，喜薄其衰老，云无所施。正以二人忠清，与己异行，超之为人，乃多饮酒，计喜军中主帅，岂无饮酒者？特是不利超之，故以酒致言耳。敬祖既无余事，直云年老，托为乞郡，潜相遣斥。其余主帅，并贪浊谄媚之流，皆提携东西，不相离舍。喜闻天壤间有罪人死或应系者，必启以入军，皆得官爵，厚被处遇。应入死之人，缘己得活，非唯得活，又复如意。人非木石，何能不感！设令吾攻喜门，此辈谁不致力，但是喜不敢生心耳。喜军中人皆是喜身爪牙，岂关于国。

喜自得军号以来，多置吏佐，是人加板，无复限极。为兄弟子侄及其同堂群从，乞东名县，连城四五，皆灼然巧盗，侵官夺民。亡命罪人，州郡不得讨；崎岖蔽匿，必也党护。台州符旨，殆不复行。船车牛犊，应为公家所假借者，托之于喜，吏司便不敢问。它县奴婢，入界便略。百姓牛犊，辄索杀啖。州郡应及役者，并入喜家。喜兄茹公等悉下取钱，盈村满里。诸吴姻亲，就人间征求，无复纪极，百姓嗷然，人人悉苦。喜具知此，初不禁呵。

索惠子罪不甚江忿，既已被恩，得免宪辟，小小忤意，辄加刑斩。张悦贼中大帅，逼迫归降，沈攸之录付喜，云："杀活当由朝廷。"将帅征伐，既有常体，自应执归之有司。喜即便打锁，解襦与著，对膝围棋，仍造重义，私惠招物，触事如斯。张灵度凶愚小人，背叛之首，喜在西辄恕其罪，私积下都，与之周旋，情若同体。狼子野心，独怀毒性，遂与柳欣慰等谋立刘祎。吾使喜录之，而喜密报令去，去未得远，为建康所录。喜背国亲恶，乃至于是。

初从西反，图兼右丞，贪因事物，以行私诈。吾患其诣曲，抑而不许，从此怨怼，意用不平。喜西救汝阴，纵肆兵将，掠暴居民，奸人妇女，逼夺鸡犬，房略纵横，缘路官长，莫敢呵问。脱误有缚录一人，喜辄大怒。百姓呼嗟，人人失望。近段佛荣求还，乃欲用喜代之。西人闻其当来，皆欲叛走，云："吴军中人皆是生劫，若作刺史，吾等岂有活路。既无他计，正当叛投房耳。"夫伐罪吊民，用清国道。岂有残虐无辜，剥夺为务，害政妨国，罔上附下，罪衅若此，而可久容！臧文仲有云："见有善于其君，如孝子之养父母；见有恶于君，若鹰鹯之逐鸟雀"。耿弇不以贼遗君父，前史以为美谈。而喜军中五千人，皆亲经反逆，携养左右，岂有奉上之心！

喜意志张大，每称汉高、魏武，本是何人。近忽

通启，求解军任，乞中散大夫。喜是何人，乃敢作此举止！且当今边疆未宁，正是喜输蹄领之日，若以自处之宜，当节俭廉慎，静扫闭门，不兴外物交关；专心奉上，何得以其蜼螭，高自比拟。当是自顾愆衅，事宜遐迩，又见寿寂之流徒，施修林被击，物恶伤类，内怀忧恐，故兴此计，图欲自安。

朝廷之士及大臣藩镇，喜殆无所畏者，畏者唯吾一人耳。人生修短，不可豫量，若吾寿百年，世间无喜，何所亏损。若使吾四月中疾患不得治力，天下岂可有喜一人。寻喜心迹，不可奉守文之主，岂可遭国家间隙，有可乘之会邪！世人多云，"时可畏，国政严"。历观有天下，御亿兆，仗威齐众，何代不然。故上古象刑，民淳不犯；后圣征伪，易以劓墨。唐尧至仁，不赦四凶之罪；汉高大度，而急三杰之诛。且太公为治，先华士之刑；宣尼作宰，肆少正之戮。自昔力安社稷，功济苍生，班剑引前，箫鼓陪后，不能保此者，历代无数。养之以福，十分有一耳。至若喜之深罪，其得免乎？

夫富之与贵，虽以功绩致之，必由道德守之。故善始者未足称奇，令终者乃可重耳。凡置官养士，本在利国，当其为利，爱之如赤子；及其为害，畏之若仇雠，岂暇远寻初功，而应忍受终敝耳。将之为用，譬如饵药，当人羸冷，资散石以全身；及热势发动，去坚积以止患。岂忆始时之益，不计后日之损，存前者之赏，抑当今之罚。非忘其功，势不获已耳。喜罪衅山积，志意难容，虽有功效，不足自补，交为国患，焉得不除。且欲防微杜渐，忧在未萌，不欲方幅露其罪恶，明当严诏切之；令自为其所。卿诸人将相大臣，股肱所寄，赏罚事重，应与卿等论之，卿意并谓云何？

及喜死，发诏赙赐。子徽民，袭爵。齐受禅，国除。

黄回，竟陵郡军人也。出身充郡府杂役，稍至传教。臧质为郡，转斋帅，及去职，将回自随。质为雍州，回复为斋帅。质讨元凶，回随从有功，免军户。质在江州，擢领白直队主。随质于梁山败走向豫章，为台军主谢承祖所录，付江州作部，遇赦得原。回因下都，于宣阳门与人相打，诈称江夏王义恭马客，鞭二百，付右尚方。会中书舍人戴明宝被系，差回为户伯，性便辟勤紧，奉事明宝，竭尽心力。明宝寻得原赦，委任如初，启免回，以领随身队，统知宅及江西墅事。性有功艺，触类多能，明宝甚任之。

回拳捷果劲，勇力兼人，在江西与诸楚子相结，屡为劫盗。会太宗初即位，四方反叛，明宝启太宗使回募江西楚人，得快射手八百，假回宁朔将军、军主，隶刘勔西讨。于死虎破杜叔宝军，除山阴王休祐骠骑行参军、龙骧将军。攻合肥，破之，累迁至将校，以功封葛阳县男，食邑二百户。

后废帝元徽初，桂阳王休范为逆，回以屯骑校尉领军隶齐王，于新亭创诈降之计，事在《休范传》。回见休范可乘，谓张敬儿曰："卿可取之，我誓不杀诸王。"敬儿即日斩休范。事平，转回骁骑将军，加辅师将军，进爵为侯，改封闻喜县，增邑千户。四年，迁冠军将军、南琅邪、济阳二郡太守。建平王景素反，回又率军前讨，假节。城平之日，回军先入，又以景素让张倪奴，回增邑五百户，进号征虏将军，加散骑常侍，太守如故。明年，迁右卫将军，常侍如故。

沈攸之反，以回为使持节、督郢州、司州之义阳诸军事、平西将军、郢州刺史，给鼓吹一部，率众出新亭为前锋。未发，而袁粲据石头为乱，回与新亭诸将帅任候伯、彭文之、王宜兴、孙昙瓘等谋应粲。粲事发，候伯等并乘船赴石头，唯昙瓘先至得入，候伯等至，而粲已平。回本期诘旦率所领从御道直向台门，攻齐王于朝堂，事既不果，齐王抚之如旧。回与宜兴素不协，虑或反告，因其不从处分，斩之。宜兴，吴兴人也。形状短小，而果劲有胆力。少年时为劫，不须伴，郡讨逐围绕数十重，终莫能擒。太宗泰始中，为将，在寿阳间击索虏，每以少制多，挺身深入，无所畏惮，虏众值宜兴，皆引避不敢当。稍至宁朔将军，羽林监。以平建平王景素功，封长寿县男，食邑三百户。至是，为屯骑校尉，加辅国将军。

回进军未至郢州，而沈攸之败走。回至镇，进号镇西将军，改督为都督。回不乐停郢州，固求南兖，遂率部曲辄还。改封安陆郡公，增邑二千户，并前三千七百户。改都督南兖、徐、兖、青、冀五州诸军事、镇北将军、南兖州刺史，加散骑常侍，持节如故。

齐王以回终为祸乱，乃上表曰："黄回出自厮伍，本无信行，仰值泰始，谬被驱驰，阶藉风云，累叨显任。及沈攸之作逆，事切戎机，臣暗于知人，冀其搏噬，遣统前锋，竟不挥刃。军至郢城，乘威迫肋，陵掠所加，必先尊贵。武陵王马器服咸被虏夺，城内文武，剥剔靡遗。及至还都，纵恣弥甚，先朝御服，犹有二舆，弓剑遗思，尚在车府。回遂启求，以拟私用，僭侮无厌，罔顾天极。又广纳逋亡，多受劫盗，亲信此等，并为爪牙。观其凶狡，忧在不测，恶积罪著，非可含忍，应加铲除，以明国宪。寻其衅状，实宜极法，但尝经将帅，微有尘露，罪疑从轻，事炳前策，请在降减，特原余嗣。臣过荷隆寄，言必罄诚，谨陈管穴，式遵弘典，伏愿圣明，特垂允鉴。臣思不出位，诚昧甄才，追言既往，伏增惭恶。"诏曰："黄回擢自凡竖，风负疵衅，贳以宪纲，收基搏噬。虽勤效累著，而屡怀干纪。新亭背叛，投拜寇场，异规既扇，庙律几殒，幸得张敬儿提戈直奋，元恶受戮。及景素结连，履霜岁久，乃密通音译，潜送器杖，氛沴克霁，狡谋方显。每存容掩，冀能悛革，故裂茅升爵，均荣勋宠。凶讹有本，险愚滋深，构诱敬儿，志相攻陷，悖图未遂，很戾弥基。近军次郢镇，劫逼府主，兼挟私计，多所征索，主局咨疑，便加捶楚，专肆暴慢，罔顾彝则。臀牧西蕃，徽贲惟厚，曾不知感，犹怀怨怨。李安民述任河、济，星管未周，贪据襟要，苦祈回夺。默谒弗已，叨侈无度，遂请求御舆，僭拟私饰。又招萃贼党，初不启闻，伤风蠹化，莫此之甚。宜明绳裁，肃正刑书，便收付廷尉，依法穷治。"

回死时，年五十二。子僧念，尚书左民郎，竟陵相，未发，从诛。

回既贵，祗事戴明宝甚谨，言必自名。每至明宝许，屏人独进，未尝敢坐。躬至帐下及入内，料检有无，随乏供送，以此为常。

先是，王蕴为湘州，颍川庾佩玉为蕴宁朔府长史、长沙内史。蕴去职，南中郎将、湘州刺史南阳王翙未之任，权以佩玉行府州事。先遣中兵参军、临湘令韩幼宗领军戍防湘州，与佩玉共事，不美。及沈攸之为逆，佩玉、幼宗各不相信，幼宗密图，佩玉知其谋，袭杀幼宗。回至郢州，遣辅国将军任候伯行湘州事，候伯以佩玉两端，辄杀之。湘州刺史吕安国之镇，齐王使安国诛候伯。

彭文之，泰山人也。以军功稍至龙骧将军。讨建平王景素功，封葛阳县男，食邑三百户。顺帝初，为辅国将军、左军将军、南濮阳太守、直阁，领右细杖荡主。沈攸之平后，齐王收之下狱，赐死。

孙昙瓘，吴郡富阳人也。骁果有气力，以军功稍进，至是为宁朔将军、越州刺史。于石头叛走，逃窜经时，后于秣陵县禽获，伏诛。

回同时为将者，临淮任农夫，沛郡周宁民，南郡高道庆，并以武用顾。农夫稍至强弩将军。太宗初，以东讨功，封广晋县子，食邑五百户。东土平定，仍又南讨，增邑二百户。历射声校尉，左军将军。时桂阳王休范在江州，有异志，朝廷虑其下，以农夫为辅师将军、淮南太守，戍姑孰以防之。休范寻率众向京邑，奄至近道，农夫弃戍还都。休范平，以战功改封屠陵县侯，增邑千户，并前千七百户。出为辅师将军、豫州刺史，寻进号冠军将军。明年，入为骁骑将军，加通直散骑常侍。前世加官，唯散骑常侍，无通直员外之文。太宗以来，多因军功至大位，资轻加常侍者，往往通直员外焉。五年，加征虏将军，改通直为散骑常侍，骁骑如故。其年卒，追赠左将军，常侍如故，谥曰贞肃。候伯，即农夫弟也。

周宁民于乡里起义讨薛安都，亦以军功至军校。泰始初，封赣县男，食邑三百户。官至宁朔将军、徐州刺史，钟离太守。

高道庆亦至军校骁游，以平桂阳王休范功，封乐安县男，食邑三百户。建平王景素反，道庆领军北讨，而与景素通谋。及事平，自启求增邑五百户，诏加二百，并前五百户。道庆凶险暴横，求欲无已，有失其意，辄加捶拉，往往有死者，朝廷畏之如虎狼。齐王与袁粲等议，收付廷尉，赐死。

史臣曰：夫竖人匹夫，济其身业，非世乱莫由也。以乱世之情，用于治日，其得不亡，亦为幸矣！

卷八十四　　列传第四十四

邓琬　袁顗　孔觊

邓琬，字元琬，豫章南昌人也。高祖混，曾祖玄，并为晋尚书吏部郎。祖潜之，镇南长史。父胤之，世祖征虏长史，吏部郎，彭城王义康大将军长史、豫章太守，光禄勋。琬初为州西曹主簿，南谯王义宣征北行参军，转参军事，又随府转车骑参军，仍转府主簿，江州治中从事史。世祖起义，版琬为辅国将军、南海太守，率军伐萧简于广州，攻围逾年，乃克。以臧质反，为江州刺史宗悫所执，值赦原。琬弟璩，与臧质同逆，质败从诛；琬弟环亦坐诛。琬在远，又有功，免死远徙，仍停广州。久之，得还，除给事中，尚书库部郎，都水使者，丹阳丞，本州大中正。大明七年，车驾幸历阳，追思在藩之旧，下诏曰："故光禄勋、前征虏长史邓胤之体局沈隐，累任著绩。朕昔当藩重，首先佐务，心力款尽，弗忘于怀。往岁息璩凶悖，自取诛翦，沿恩及琬，特免衅戮。今可擢为给事黄门侍郎，以旌胤之宿诚。"

明年，出为晋安王子勋镇军长史、寻阳内史，行江州事。前废帝狂悖无道，以太祖、世祖并第数居三以登极位，子勋次第既同，深构嫌隙，因何迈之谋，乃遣使赍药赐子勋死。使至，子勋典签谢道遇、斋帅潘欣之、侍书褚灵嗣等驰以告琬，泣涕请计。琬曰："身南土寒士，蒙եւ殊恩，以爱子见托，岂得惜门户百口，其当以死报效。幼主暴虐，社稷危殆，虽曰天子，事犹独夫。今便指率文武，直造京邑，与群公卿士，废昏立明。"景和元年十一月十九日，称子勋教，即日戒严。子勋戎服出听事，集僚佐，使潘欣之口宣旨曰："少主昏狂悖戾，并是诸君所见闻。顾命重臣，悉皆诛戮。驱逼王公，幽辱太后。不逞之徒，共成其衅。京师诸王，并见囚逼，委厄虎口，思奋莫因。身义兼家国，岂可坐视横流！今便欲举九江之众，驰檄远近，以谋王室。于诸君何如？"四座未答，录事参军陶亮曰："少主昏狂，丑毒已积。伊、霍行之于古，殿下当之于今。郢州士子，世习忠节，况属千载之会，请效死前驱。"众并奉旨。文武普进位一阶。转亮为谘议参军事，领中兵，加宁朔将军，总统军事。功曹张沈为谘议参军，统作舟舰。参军事顾昭之、沈伯玉、荀道林等参管书记。南阳太守沈怀宝、岷山太守薛常宝之郡，始至寻阳，与新蔡太守韦希真并为谘议参军，领中兵，及彭泽令陈绍宗并为将帅。

初，废帝使荆州录送前军长史、荆州行事张悦下至盆口，琬称子勋命，释其桎梏，迎以所乘之车，上以为司马，加征虏将军。加琬冠军将军，二人共掌内外众事。遣将军俞伯奇率五百人出断大雷，禁绝商旅，及公私使命。遣使上诸郡民丁，收敛器械。十日之内，得甲士五千人，出顿大雷，于两岸筑垒。巴东、建平二郡太守孙冲之之郡，始至孤石,琬以冲之为子勋谘议参军,领中兵,加辅国将军,与陶亮并统前军。使记室参军荀道林造檄文,驰告远近。

会太宗定乱,进子勋号车骑将军、开府仪同三司。令书至,诸佐吏并喜,造琬曰:"暴乱既除,殿下又开黄阁,实为公私大庆。"琬以子勋次第居三,又以寻阳起事,有符世祖,理必万克。乃取令书投地曰:"殿下当开端门,黄阁是吾徒事耳!"众并骇愕。琬与陶亮等缮治器甲,征兵四方。郢州刺史安陆王子绥、荆州刺史临海王子顼、会稽太守寻阳王子房、雍州刺史袁顗、梁州刺史柳元怙、益州刺史萧惠开、广州刺史袁昙远、徐州刺史薛安都、青州刺史沈文秀、冀州刺史崔道固、湘州行事何慧文、吴郡太守顾琛、吴兴太守王昙生、晋陵太守袁标、义兴太守刘延熙并同叛逆。

先是,废帝以邵陵王子元为冠军将军、湘州刺史,中兵参军沈仲玉为道路行事。至鹊头,闻寻阳兵起,停住,白太宗进止之宜。太宗以子勋起兵,本在幼主,虽疑其不即解甲,不欲先彰同异,敕令进道。信未报,琬闻子元停鹊头不进,遣数百人劫迎之。乃建牙于桑尾,传檄京师曰:

阳六数艰,云雷相袭。高皇受历,时乘云辔,顿于促路。文祖定祥,系昭睿化,翦于中年。二凶纵祸,三纲理灭,宗王俯首,姑息逆朝,枕戈无闻,偷荣有秩。孝武皇帝释位泣血,纠义人讨,投袂戎首,亲戮鲸鲵,九服还辉,两仪更造。而穹旻不惠,弃离万国,皇运重替,嗣王荒淫。孤以不才,任居藩长,大惧宗稷,歼寝待日。故招徒楚郢,飞檄京甸,志遵前典,黜幽陟明,庶七庙复安,海昏有绍。岂图宋未悔祸,弑乱奄臻,遂矫害明茂,篡窃天宝,反道效尤,蔑我皇德,干我昭穆,寡我兄弟,恣鸱鸮之心,蹈伦、颖之志,覆移鼎祚,诬罔天人。藐孤同气,犹有十三,圣灵何辜,而当乏飨。

昔隆周弛御,晋、郑是依;盛汉中陵,居、章抗节。支苗轻属,犹或忘驱,况孤忝惟臣子,情地兼切,号感一隅,心与事痛。是用饮血衽金,誓复宗祀。今遣辅国将军谘议领中直兵孙冲之、龙骧将军陈绍宗,率螭虎之士,组甲二万,沿流电发,径取白下。龙骧将军领中直兵薛常宝、建威将军领中直兵沈怀宝,长戟万刃,羽骑千群,径出南州,直造朱雀。宁朔将军谘议领中直兵陶亮、龙骧将军焦度,总中黄之旅,枭雄三万,风掩江介,云临石头。建威将军张洌、龙骧将军何休明,提育、获之徒,劲悍之卒,邪趋金陵,北指闾阖。龙骧将军张系伯、龙骧将军陈庆,勒轻锐五千,强弩一万,飞锋班浃,齐会西明。冠军将军、寻阳内史邓琬,撮湘、雍之兵,勇敢四万,授律总威,飙集京邑。征房将军领府司马张悦,苍兕千艘,水军五万,大董群校,络绎继道。冠军将军豫章内史刘衍、宁朔将军武昌太守刘弼、宁朔将军西阳太守谢稚、建威将军领中直兵晋熙太守阎湛之,皆扫境胜兵,荐诚请效。后将军、郢州刺史安陆王子绥怀恩缠慕,鞠旅先辰。冠军将军、湘州刺史邵陵王子元席帆陵波,整众遄至。前将军、荆州刺史临海王子顼练甲陕西,献

徒万数。辅国将军、冠军长史、长沙内史何惠文,见拔先皇,诚深投袂。冠军将军、雍州刺史袁顗,不谋同契,雷发汉南。建武将军、顺阳太守刘道宪,怀忠抱慨,不远三千。梁、益、青、徐、兖、豫、吴、会,皆密介归诚,誓为表里。孤亲总烝徒,十有余万,白羽咽川,霜锋照野,金声振谷,鸣鼙聒天。凡诸将帅,皆忠无匿情,智无遗计,果干刚鸷,谲略多奇。水陆长驱,数道并进,发舟逾阽,背水争先。以此众战,孰能斯御,推此义锐,沧海可塱。诸君或荷宠前朝,感恩旧日;或弈世贞淳,见危授命。而逼迫寇手,效节莫由。今大军密迩,形援已接,见几而作,岂俟终日!便宜转祸趣福,因变立功。夫旦、奭与三监并时,金、霍与上官共主,邪正粗杂,何世无之!但绩亮则名播,奸骋则道消耳。纪季入齐,陈平归汉,身尊誉远,明誓是衷,成范全规,殷监匪远。若玩咎惟休,告舍罔悟,则诛及五族,有殄无遗。军科爵赏,信如皦日,巫山既燎,芝艾共烟,幸遵良涂,无守毁辙。檄到宣告,咸使闻知。

购太宗万户侯,布绢二万匹,金银五百斤,其余各有差。太宗遣荆州典签邵宰乘驿还江陵,经过襄阳,袁顗驰书报琬,劝勿解甲,并奉表劝子勋即位。郢州承子勋初檄,及闻太宗定大事,即解甲下标。继闻寻阳不息,而顗又响应,郢府行事录事参军荀卞之大惧,虑为琬所咎责,即遣谘议领中兵参军郑景玄率军驰下,并送军粮。琬乃称说符瑞,造乘舆御服,云松滋县生豹自来,柴桑县送竹有"来奉天子"字,又云青龙见东淮,白鹿出西冈。令顾昭之撰为《瑞命记》。立宗庙,设坛场,矫作崇宪太后玺,令群僚上伪号于子勋。泰始二年正月七日,即位于寻阳城,改景和二年为义嘉元年。以安陆王子绥为司徒、骠骑将军、扬州刺史,寻阳王子房车骑将军,临海王子顼卫将军,并开府仪同三司,邵陵王子元抚军将军。其日云雨晦合,行礼忘称万岁。取子勋所乘车,除脚以为辇,置伪殿之西。其夕,有鸠栖其中,鸮集其幌;又有秃鹙集城上。子绥拜司徒日,雷电晦冥,震其黄阁柱,鸱尾堕地;又有鸥栖其帐上。以邓琬为左将军、尚书右仆射,张悦领军将军、吏部尚书,征房将军如故;进袁顗号安北将军,加尚书左仆射。临川内史张淹为侍中。府主簿顾昭之、武昌太守刘弼并为黄门侍郎。庐江太守王子仲委郡奔寻阳,亦为黄门侍郎。鄱阳内史丘景先、庐陵内史废损、西阳太守谢稚、后军府记室参军孙诜、长沙内史孔灵产、参军事沈伯玉、荀道林并为中书侍郎。荀卞之为尚书左丞,府主簿江乂为右丞,府主簿萧宝欣为通直郎。琬大息粹、悦息洵并正员郎,粹领卫尉,洵弟洌司徒主簿。建武将军、领军主、晋熙太守阎湛之加宁朔将军。庐陵内史王僧胤为秘书丞。桂阳太守刘卷为尚书殿中郎。褚灵嗣、潘欣之、沈光祖,中书通事舍人。余诸州郡,并加爵号。

琬性鄙暗,贪吝过甚,财货酒食,皆身自量校。至是父子并卖官鬻爵,使婢仆出市道贩卖,酣歌博奕,日夜不休。大自矜遇,宾客到门者,历旬不得前。内事悉委褚灵嗣等三人,群小横恣,竞为威福,士庶忿怨,内外离心矣。

太宗遣散骑常侍、领军将军王玄谟领水军南讨，吴兴太守张永为其后继；又遣宁朔将军寻阳内史沈攸之、宁朔将军江方兴、龙骧将军刘灵遗率众屯虎槛。时东贼甚急，张永、江方兴回军东讨。尚书下符曰：

夫晦明递运，崇替相沿，帝宋之基，懋业维永，圣祖重光，氤氲上业。狂昏承祀，国维以紊，毒流九县，蛘秽三灵，搢绅戮辱，黔庶涂炭，人神同愤，朝野泣血。圣上明睿在躬，膺符握曜，眷怀家国，夙夜劬劳，惧社稷湮芜，彝伦左衽。天威雷发，氛沴冰消，殄凶灌门，不俟鸣条之旅；歼虐牧野，无劳孟津之钺。华、夷即晏，暑纬还光，铿锵闻于管弦，趋翔被于冠冕，同轨仰化，异域怀风。刘子勋昏世称兵，义同蕞恶，明朝不载，罔识邪正。窥窬畿甸，逼遏两江，陵上无君，暴于遐迩。王赫斯怒，兴言讨违，命彼上将，治兵薄伐。

今遣宁朔将军、寻阳内史沈攸之，轻锐七千，飞舟先迈。龙骧将军刘灵遗，羽林虎旅，连锋继造。假节、督南讨前锋诸军事、冠军将军、兖州刺史殷孝祖，驱济、河劲卒，电击雷动。使持节、车骑将军、江州刺史曲江县开国侯王玄谟，悉徒五万，革统前师。使持节、侍中、司徒、扬州刺史建安王休仁，拥神州之众，总督群帅。龙骧将军刘勔、宁朔将军刘怀珍，步骑五千，直指大雷。宁朔将军柳伦、司州刺史庞孟虬，淮、颍突骑，邪趣西阳。使持节、骠骑大将军、豫州刺史山阳王休祐，总勒师旅，连旗百万，河舟代马，遒骛江渍，越棘吴钩，交曜畿服，箫鼓动坤维，金甲震云汉，掎角相望，水陆俱发。冠军将军武念，率雍、司之锐，已据樊、沔。徐州刺史申令孙，提彭、宋剽勇，陆涂焱奋。皇上当亲驭六师，降临汇服，旌旆掩云，舳舻咽海。

昔吴、楚连衡，燕、淮劲悍，尘扰区内，声沸秦中，雾散块灭，岂非先鉴。而婴彼孤城，以待该天之网，迴此乌合，以抗络宇之师。云罗四掩，霜锋交集，犹劲飙之拂细草，烈火之扫寒原，燋卷之形，昭然已著。朝廷恻愍我僚吏，哀矜我士民，并亦何幸，拘误迷党。故加宣示，令得自新。如其沦惑不改，抵冒王威，同焚既至，虽悔奚补。奉诏以四王幼弱，不幸陷难，兵交之日，不得妄加侵犯，若有逼损，诛罚无贷。左右主帅，严相卫奉，讳误之罪，一无所问。

瑑遣孙冲之率陈绍宗、胡灵秀、薛常宝、张继伯、焦度等前锋一万，来据赭圻。冲之于道与子勋书曰："舟楫已办，器械亦整，三军踊跃，人争效命，便欲沿流挂飒，直取白下。愿速遣陶亮众军，兼行相接，分据新亭、南州，则一麾定矣。"乃加冲之左卫将军，以陶亮为右卫将军，统诸州兵俱下。郢州军主郑景玄、荆州军主刘亮、湘州军主何昌、梁州军主柳登、雍州军主宗庶等合二万人，一时俱下。亮本无干略，闻建安王休仁自上，殷孝祖又至，不敢进，屯军鹊洲。

时瑑遣阎湛之来寇庐江，台军主、龙骧将军段佛荣受命讨之。更使佛荣领铁骑一千，回军南讨。三月三日，水陆攻赭圻，亮等率众来救，殷孝祖为流矢所中死，军主朱辅之、申谦之、张灵符并失利，辅之副正员将军皇甫仲远、谦之副虎贲中郎将徐稚宾并没。孝祖支军主范潜率五百人投亮。时东军已捷，江方兴复还虎槛，建安王休仁遣方兴、刘灵遗各领三千人助赭圻，以方兴领孝祖军，沈攸之代孝祖为前锋都督。冲之谓陶亮曰："孝祖枭将，一战便死。天下事定矣，不须复战，便当直取京都。"亮不从。太宗遣员外散骑侍郎王道隆至赭圻督战。孝祖死之明日，建安王休仁又遣军主郭季之马步三千就攸之，攸之乃率季之及辅国将军步兵校尉杜幼文、宁朔将军屯骑校尉垣恭祖、龙骧将军朱辅之、员外散骑侍郎高遵世、马军主龙骧将军顿生、段佛荣等三万人，诘旦进战，奋击，大破之，斩获数千，追奔至姥山而反。冲之等于湖、白口筑二城，为军主张兴世所拔。陶亮闻湖、白二城陷没，大惧，急呼冲之还鹊尾，留薛常宝代冲之守赭圻。先于姥山及诸冈分立营寨，亦悉败还，共保浓湖。浓湖即在鹊尾。

时军旅大起，国用不足，募民上米二百斛，钱五万，杂谷五百斛，同赐荒县除。上米三百斛，钱八万，杂谷千斛，同赐四品正令史；满报，若欲署四品在家，亦听。上米四百斛，钱十二万，杂谷一千三百斛，同赐四品正令史；满报，若欲署三品在家，亦听。上米五百斛，钱十五万，杂谷一千五百斛，同赐三品令史；满报，若欲署内监在家，亦听。上米七百斛，钱二十万，杂谷二千斛，同赐荒郡除；若欲署诸王国三令在家，亦听。

瑑又遣辅国将军、豫州刺史刘胡率众三万，铁骑二千，来屯鹊尾。胡宿将，屡有战功，素多狡诈，为众推伏，攸之等甚惮之。时胡乡人蔡那、佼长生、张敬儿各领军隶攸之在赭圻，胡以书招之，那等并拒绝。胡因要那等共语，陈说平生，那等诘诮，说令归顺。胡回军入鹊尾，无他权略。辅国将军吴喜平定三吴，率所领五千人，并运资实，至于赭圻，于战鸟山筑垒，分遣千人，乘轻舸二百，与佼长生为游军。

薛常宝粮尽，告胡求援。三月二十九日，胡率步卒一万，夜斫山开道，以布囊运米，来饷赭圻。平旦至城下，犹隔小堑，未能得入。沈攸之率众军攻之，军主郭季之、荀僧韶、幢主韩欣宗等，率众三千，为攸之势援。胡发所由桥道，僧韶等接楯行战，复桥得渡。军主刘沙弥轻骑深入，至胡麾下，遂见杀。攸之策马陷陈，回还，为追骑所刺；马军主段佛荣、武保敳之得免。并殊死战，多所伤杀。胡众大败，舍粮弃甲，缘山遁走。乘胜追之，斩获甚众。胡被创，仅得还营。常宝惶惧无计，遣信告胡，欲突围奔出。四月四日，胡自率数千人迎之，常宝等开城突围走。攸之率辅国将军沈怀明，军主周普孙、江方兴、申谦之等诸军悉力击之。吴喜率众来赴，为胡别军所围，甚急。有人来捉喜马，将蔡保以刀斫之，断手，然后得免。正员将军幢主卜伯宗、江夏国侍郎军主张涣力战陷陈。伯宗，益州刺史天与子也。攸之、喜等苦战移日，常宝、张继伯、胡灵秀、焦度等皆被重创，走还胡军。赭圻城陷，斩伪宁朔将军南阳太守沈怀宝、伪奉朝请中舍人督战谢道遇，纳降数千。陈绍宗单舸奔西岸，与其部曲俱还鹊尾。建安王休仁自虎槛进据赭圻。刘胡遣陈绍宗、陈庆率轻艓二百，大舰五十，出鹊外挑战，吴喜、张兴世、佼长生等击之。喜支军主吴献之飞舸冲突，所向摧陷，斩获及投水死甚多，追至鹊里而还。太宗虑胡等或于步路向京邑，使宁朔将军、广德令王蕴千人防鲁显。

时胡等兵众强盛，远近疑惑。太宗欲绥慰人情，遣吏部尚书褚渊至虎槛选用将帅以下，申谦之、杜幼文因此求黄门郎，沈怀明、刘亮求中书郎。建安王休仁即使褚渊拟选，上不许，曰："忠臣殉国，不谋其报，临难以干朝典，岂臣下之节邪？"

始安内史王职之、建安内史赵道生、安成太守刘袭，并举郡奉顺。琬遣龙骧将军廖琰率数千人，并发庐陵白丁攻袭。袭与郡丞檀玢拒战，大败，玢临陈见杀，袭弃郡走，据险自守。琰虏掠而退，袭复出据郡。

时齐王率众东北征讨，而齐王世子为南康赣令，琬遣使收世子；世子腹心萧欣祖、桓康等数十人，奉世子长子奔窜草泽，召募得百余人，攻郡出世子。世子自号宁朔将军，与南康相沈用之、前南海太守何昙直、晋康太守刘绍祖、北地傅浩、东莞童禽等，据郡起义。琬征始兴相殷孚为御史中丞，并令率郡人俱下。孚众盛，世子避之于揭阳山。琬遣武昌戴凯之为南康相，世子率众攻之，凯之战败遁走。世子遣幢主檀文起千人戍西昌，与袭相应。琬又遣廖琰与其中兵参军胡昭等筑垒于西昌，坚壁相守。琬召豫章太守刘衍以为右将军、中护军，殷孚代为豫章太守，督上流五郡，以防袭等。

衡阳内史王应之率郡文武五百许人，起义兵袭何慧文于长沙，径至城下。慧文率左右出城与战，应之勇气奋发，击杀数人，遂与慧文交手战，斫慧文八创，慧文斫应之断足，遂杀之。时湘东国侍郎虞洽为太宗督国秩，在湘东，劝太守颜跃发兵应朝廷，跃不从。洽乃投桂阳，收募得数百人，还欲攻跃，跃俱求和，许之；有众二千。时琬征慧文率众下寻阳，发长沙，已行数百里，闻洽起兵，乃回还攻洽，洽寻战败奔走。

殷孚既去始兴，以郡五官掾谭伯初留知郡事。士人刘嗣祖等斩伯初，据郡起义。琬遣始兴太守韦希真、鹰扬将军杨弘之领众一千讨嗣祖。嗣祖亦遣众出南康，与齐王世子合。希真等以义徒强盛，住庐陵不敢进。广州刺史袁昙远闻始兴起义，遣李万周、陈伯绍率众讨嗣祖。嗣祖遣兵戍浈阳，万周亦筑垒相守。嗣祖遣人诳万周曰："寻阳已平，台遣刘勔为广州，垂至。"万周信之，便回还袭番禺，夜以长梯入城；昙远怯弱无防，闻万周反，便徒跣奔，万周追斩之于城内。交州刺史檀翼被代还至广州，资货钜万，万周诬以为逆，袭而杀之。遂劫掠公私银帛，藉略袁、檀珍宝，悉以自入。

袁顗率雍州之众，来赴寻阳。时孔道存为卫军长史，行荆州事。琬以黄门侍郎刘道宪代之，以道存为侍中，行雍州事。柳元景之诛也，元景弟子世隆为上庸太守，民吏共藏匿之。顗起兵，召世隆，不至。顗既下，世隆乃合率蛮、宋二千余人，起义于上庸，来袭襄阳。道存遣将王式民、康元隆等迎击于万山，世隆大败，还郡自守。

沈攸之等与刘胡相持久不决，上又遣强弩将军任农夫、振武将军武会仓、冗从仆射全景文、军主刘伯符等领兵继至。攸之缮治船舸，材板不周，计无所出。会琬送五千片榜供胡军用，俄而风潮奔迅，榜排突栅出江，胡等力不能制，自撞船舰，杀没数十人，赴流而下，来泊攸之等营，于是材板大足。

琬进袁顗都督征讨诸军事，给鼓吹一部。六月十八日，顗率楼船千艘，来入鹊尾，张兴世建议越鹊尾上据钱溪，断其粮道。胡累攻之，不能克，事在《兴世传》。刘亮率所领至胡寨下，胡遣其副孙犀及张灵、焦度铁骑五匹，越硐取亮，不能得，犀回马去，亮使左右善射者夹身之，坠马，斩犀首。张继伯副马可率所领来降。刘亮营寨，深入贼地，袁顗畏惮之，曰："贼入我肝脏里，何由得活！"刘胡率轻舸四百，由鹊头内路，欲攻钱溪。既而谓其长史王念叔曰："吾少习步战，未闲水斗。若步战，恒在数万人中，水战在一舸之上，舸舸各进，不复相关，正在三十人中取，此非万全之计，吾不为也。"乃托疟疾，住鹊头不进。遣龙骧将军陈庆领三百舸向钱溪，戒庆不须战："张兴世、武会仓，吾之所悉，自当走耳。"陈庆至钱溪，不敢攻。越钱溪，于梅根立寨。胡别遣将王起领百舸攻兴世，兴世击，大破之。胡率其余舸驰还，谓顗曰："兴世营寨已立，不可卒攻，昨日小战，未足为损。陈庆已与南陵、大雷诸军共遏其上，大军在此，鹊头诸将又其下流，已堕围中，不足复虑。"顗怒胡不战，谓曰："粮运梗塞，当如此何？"胡曰："彼尚得溯流越我而上，此运何以不得沿流越彼而下邪！"顗更使胡率步卒二万，铁马一千，往攻兴世。休仁因此命沈攸之、吴喜、佼长生、刘灵遗、刘伯符等进攻浓湖，造皮舰十乘，拔其营栅，苦战移日，大破之。顗被攻既急，驰信召胡令还。

张兴世既据钱溪，江路岨断，胡军乏食，琬大送资粮，畏兴世不敢下。胡遣将迎之，为钱溪所破，资实覆没都尽，烧米三十万斛，胡众骇惧。胡副张喜来降，说胡欲叛。八月二十四日，胡诳顗云："更率步骑二万，上取兴世，兼下大雷余饩。"令顗悉度马配之，其夜，委顗奔走，径趣梅根。先令薛常宝办船舸，悉拨南陵诸军，烧大雷诸城而走。顗闻胡走，亦弃众西奔，至青林见杀。

胡率数百舸二万人向寻阳，报子勋诈云："袁顗已降，军皆散，唯己率所领独反。宜速处分，为一战之资，当停据盆城，誓死不贰。"乃于江外夜取洎口。琬闻胡去，惶扰无复计，呼褚灵嗣等谋之，并不知所出，唯云更集兵力，加赏五阶，或云三阶者。张悦始发兄子浩丧，乃称疾呼琬计事，令左右伏甲帐后，戒之："若闻索酒，便出。"琬既至，悦曰："卿首唱此谋，今事已急，计将安出？"琬曰："正当斩晋安王，封府库，以谢罪耳。"悦曰："今日宁可卖殿下求活邪？"因呼求酒，再呼，左右震慑不能应。第二子洵提刀走出，余人续至，即斩琬。琬死时，年六十。时中护军刘顺在座，惊起抱悦，左右人欲杀之，悦顾曰："无关护军。"乃止。

潘欣之闻琬死，勒兵而至，悦使人语之曰："邓琬谋反，即已枭戮。"欣之乃回还，取琬儿并杀之。悦因单舸赍琬首驰下，诣建安王休仁降。蔡那子道渊，以父为太宗效力，被系作部，因乱脱锁入城，执子勋囚之。沈攸之诸军至江州，斩子勋于桑尾牙下，传首京都。刘顺及余同逆，并伏诛。吴喜、张兴世进向荆州，沈怀明向郢州，刘亮、张敬儿向雍州，孙超之向湘州，沈思仁、任农夫向豫章，所至皆平定。

刘胡走入沔，众稍散，比至石城，裁余数骑。竟陵郡丞陈怀真，宪子也，闻胡经过，率数十人断道邀之。胡人马既疲，自度不免，因随怀真入城，告渴，与之酒，胡饮酒毕，引佩刀自刺，不死，斩首送京邑。张兴世弟僧产追胡，未至石城数十里，逢送胡首信，将还竟陵，杀怀真，窃有其功。郢州行事张沈，伪竟陵太守丘景先闻败，变形为沙门逃走，追擒伏诛。

荆州闻浓湖平，议欲更遣军与郢州合势，又欲断据巴陵，经日不决。乃遣将赵道始于江津筑垒，任演成沙桥，诸门津要，皆有屯兵。人情转离，将士渐逃散。更议奉子顼奔益州，就萧惠开，典签阮道预、邵宰不同，曰："近奉别诏，诸藩若改迷归顺者，悉复本爵。且任叔儿已断白帝，杨僧嗣据梁州，虽复欲西，岂可得至。"道预、邵宰即与刘道宪解遣白丁，遣使归罪。荆州治中宗景、土人姚俭等勒兵入城，杀道宪、预、记室参军鲍照，劫掠府库，无复孑遗，执子顼以降。

初，邓琬征兵巴东，巴东太守罗宝称辞以郡接凶蛮，兵力不足分。巴东人任叔儿聚徒起义，遣信要宝称，宝称持疑未决，暴疾死。叔儿乃自号辅国将军，引兵据白帝，杀宝称二子，阻守三陕。萧惠开遣费欣寿等五千人攻叔儿，叔儿与战，大破之，斩欣寿。子顼又遣中兵参军何康之领宜都太守，讨叔儿。军至陕口，为夷帅向子通所破，挺身走还。叔儿遂固白帝。

孔道存知寻阳已平，遣使归顺。寻闻柳世隆、刘亮当至，众悉奔逃，道存及三子同时自杀。何慧文始谋同逆，其母禁之不从，母乃携女归江陵，遽嫁之。慧文才兼武吏，干略有施，虽害王应，上特加原宥，吴喜宣旨赦之。慧文曰："既陷逆节，手害忠义，天网虽复恢恢，何面目以见天下之士。"和药将饮，门生覆之，乃不食而死。

颜跃虑虞洽还都，说其始时同逆，密使人杀之。

初，淮南定陵人贾袭宗本县已为刘胡所得，率二十人投沈攸之。攸之言之建安王休仁，休仁版为司徒参军督护，使还乡里招集，为胡所禽，以火炙之，问台军消息，一无所言，瞋目谓胡曰："君称兵内侮，窥觎神器，未闻奇谋远略，而为炮烙之刑。仆本以身奉义，死亦何有。"胡乃斩之。前军典签范道兴志不同逆，为琬所诛，其余奉顺见害者，并为上所愍。诏曰："前镇军参军督护范道兴，朕之旧隶，经从北藩，徒役南畿，遭离命会，抱恩固节，受害群凶，言念纯诚，良有悯怆。可赠员外散骑侍郎。南城令鲍法度、后军典签冯次民、永新令应生、新建令库延宝、上饶令黄难等，违逆识顺，同被诛灭，言念既往，宜在追荣。可赠生奉朝请，法度南台御史，次民、延宝、难并员外将军。"

有司奏："宁朔将军、督豫州之梁郡诸军事、豫州刺史、领南梁郡太守竟陵张兴世，都统水军，屡战克捷，仍进断贼上流钱溪，贵口苦战，平定凶逆，今封南平郡作唐县开国侯，食邑一千户。宁朔将军、参司徒中直兵军事广平佼长生，同统水军屡战，及兴世上据钱溪，长生独距贼冲要，功次兴世，今封武陵郡迁陵县开国侯，食邑八百户。宁朔将军试守西阳太守吴兴全景文、尚书比部郎吴县孙超之、假辅国将军右卫将军南彭城刘亮等三人，并经晋陵苦战，景文、超之仍又北讨破釜，水军断贼粮运，及经葛冢、石梁二处破贼，亮南伐经大战，又最处险剧。景文今封西阳郡孝宁县，超之封长沙郡罗县，亮封顺阳县，并开国侯，食邑各六百户。假辅国将军骠骑司马刘灵遗、宁朔将军右军蔡那、宁朔将军屯骑校尉段佛荣等三人，统治攻道，并经苦战，灵遗今封新野郡新野县，那封始平郡平阳县，佛荣封湘东郡临蒸县，并开国伯，食邑各五百户。假辅国将军左军吴兴沈怀明、龙骧将军积射将军东平周盘龙、司徒参军南彭城李安民等三人，怀明经晋陵破贼，又水军南伐，统治攻道，盘龙虽不统军，并经大战，先登陷陈，安民又随张兴世遏断钱溪，别统军贵口破贼，今封怀明建安郡吴兴县，盘龙封晋安郡晋安县，安民封建安郡邵武县，并开国子，食邑各四百户。假辅国将军游击将军彭城杜幼文、龙骧将军羽林监太原王穆之、龙骧将军羽林监济北顿生、龙骧将军羽林监沛郡周普孙、员外散骑侍郎朱重恩等五人，幼文经晋陵破贼，在军统攻道，南伐浓湖，普孙副沈攸之都统众军，穆之、生、重恩并南伐有功。今封幼文邵陵郡邵阳县，穆之封衡阳郡衡山县，生封始平郡武功县，普孙封顺阳郡清水县，重恩封南海郡龙川县，并开国男，食邑各三百户。"

江方兴以战功为太子左卫率，贼未平，病卒，追封武当县侯，食邑五百户。方兴，济阳考城人，衣冠之旧也。龙骧将军、虎贲中郎将董凯之，随张兴世破胡、白城，先登，封河隆县子，食邑四百户。军主张灵符，东南征讨有功，封上饶县男，食邑三百户。前征北长兼行参军杨覆，以贵口有功，封绥城县男，食邑二百户。追赠虞洽、檀玢给事中。以李万周为步兵校尉。陈怀真以斩刘胡功，追封永丰县男，食邑三百户。

刘胡，南阳涅阳人也，本名坳胡，以其颜面坳黑似胡，故以为名。及长，以坳胡难道，单呼为胡。出身郡将，捷口，善处分，稍至队主，讨伐诸蛮，往无不捷，蛮甚畏惮之。太祖元嘉二十八年，为振威将军，率步骑三千，讨上如、南山就溪蛮，大破之。孝建元年，朱修之为雍州，以胡为西外兵参军、宁朔将军、建昌太守。击鲁秀有功，除建武将军、东平阳平二郡太守。入为江夏王义恭太宰参军，加龙骧将军。前废帝景和中，建安王休仁尝为雍州，以胡为休仁安西中兵参军、冯翊太守，将军如故，仍转谘议参军。太宗即位，除越骑校尉。蛮至今畏之，小儿啼，语之云"刘胡来！"便止。

段佛荣，京兆人也。泰始五年，自游击将军为辅师将军、豫州刺史，莅任清谨，为西土所安。后废帝元徽二年，征为散骑常侍，领长水校尉。明年，迁卫尉，领右军将军，未拜，复出为冠军将军、南豫州刺史、历阳太守。四年，卒，追赠前将军，改封云杜县，谥曰烈侯。

刘灵遗，襄阳人也。元徽元年，自辅国将军、淮南太守，为南豫州刺史、历阳太守，将军如故。明年，征为散骑常侍，领步兵校尉、南兰陵太守。病卒，谥曰壮侯。

袁顗，字景章，陈郡阳夏人，太尉淑兄子也。父洵，吴郡太守。顗初为豫州主簿，举秀才，不行。后补始兴王浚后军行参军，著作佐郎，庐陵王绍南中郎主簿，世祖征虏、抚军主簿，庐江太守，尚书都官郎，江夏王义恭骠骑记室参军，汝阴王文学，太子洗马。时顗父为吴郡，顗随父在官。值元凶弑立，安东将军随王诞举兵入讨，板顗为谘议参军。事宁，除正员郎，晋陵太守。遭父忧，服阕，为中书侍郎，又除晋陵太守，袭南昌县五等子。大明二年，除东海王祎平南司马、寻阳太守，行江州事。复为义阳王昶前军司马，太守如故。昶寻罢府，司马职解，加宁朔将军，改太守为内史。复为寻阳王子房冠军司马，将军如故，行淮南、宣城二郡事。五年，召为太子中庶子，御史中丞，领本州大中正。七年，迁侍中。明年，除晋安王子勋镇军长史、襄阳太守，加辅国将军。未行，复为永嘉王子仁左军长史、广陵太守，将军如故。未拜，复为侍中，领前军将军。

大明末，新安王子鸾以母嬖有盛宠，太子在东宫多过失，上微有废太子立子鸾之意，从容颇言之。顗盛称太子好学，有日新之美。世祖又以沈庆之才用不多，言论颇相蛊毁，顗又陈庆之忠勤有干略，堪当重任。由是前废帝深感顗，庆之亦怀其德。景和元年，诛群公，欲引进顗，任以朝政，迁为吏部尚书。又下诏曰："宗社多故，衅因冢司，景命未沦，神祚有义，自非忠谋密契，岂伊克济。侍中祭酒、领前军将军、新除吏部尚书顗，游击将军、领著作郎、兼尚书左丞徐爰，诚心内款，参闻嘉策，匡赞之效，实监朕怀。宜甄茅社，以奖义概。顗可封新隆县子，爰可封吴平县子，食邑各五百户。"俄而意趣乖异，宠待顿衰。始令顗与沈庆之、徐爰参知选事，寻复反以为罪，使有司纠奏，坐白衣领职。从幸湖熟，往反数日，不被唤召。

顗虑及祸，诡辞求出，沈庆之为顗固陈，乃见许。除建安王休仁安西长史、襄阳太守，加冠军将军。休仁不行，即以顗为使持节、督雍、梁、南北秦四州、郢州之竟陵、随二郡诸军事、领宁蛮校尉、雍州刺史，将军如故。顗舅蔡兴宗谓之曰："襄阳星恶，岂可冒邪？"顗曰："白刃交前，不救流矢，事有缓急故也。今者之行，本愿生出虎口。且天道辽远，何必皆验，如其有征，当修德以禳之耳。"于是狼狈上路，恒虑见追，行至寻阳，喜曰："今始免矣！"与邓琬款狎相过，常请间，必尽日穷夜。顗与琬人地本殊，众知其有异志矣。

既至襄阳，便与刘胡缮修兵械，纂集士卒。会太宗定大事，进顗号右将军。以荆州典签邵宰乘驿还江陵，道由襄阳。顗反意已定，而粮仗未足，且欲奉表于太宗。顗子秘书丞戬曰："一奉表疏，便为彼臣，以臣伐君，于义不可。"顗从之。顗诈云被太皇太后令，使其起兵。便建牙驰檄，奉表劝晋安王子勋即大位，与琬书，使勿解甲。子勋即位，进顗号安北将军，加尚书左仆射。

太宗使朝士与顗书曰：

夫夷陂相因，兴革递数，或多难而固其国，或殷忧而启圣明，此既著于前史，亦彰于闻见。王室不造，昏凶肆虐，神鼎将沦，宗稷几泯，幸天未亡宋，乾历有归。主上体自圣文，继明作睿，而辱均牖里，屯逾夏台。既天地俱愤，义勇同奋，克殄鲸鲵，三灵更造，应天顺民，爰集宝命，四海属息肩之欢，华戎见来苏之泰。吾等获免刀锯，仅全首领，复身奉惟新，命亨运，缓带谈笑，击壤圣世。

汝虽勋劳于外，迹阻京师，然心期所寄，江、汉何远。自九江告变，皆谓邓氏狂惑，比日国言藉藉，颇尘吾子。道路之议，岂其或然，闻此之日，能无骇愧。

凶人反道败德，日夜滋深，昵近狡慝，取谋豺虎，非惟毒流外物，恶积中朝，乃欲毁陵邑，虐崇宪，烧宗庙，卤御物，然后荡覆京都，必使兰茝俱尽。自非圣上庙算灵图，俯眉逊避，维持内外，拥卫臣下，则赤县为戎，百姓其鱼矣。此事此理，宁可孰念！

既天道辅顺，讴歌有奉，高祖之孙，文皇之子，德洞九幽，功贯三曜，匡拯家国，提毓黔首，若不子民南面，将使神器何归。而群小构慝，妄生窥觊，成轸惑燕，贯高乱赵，逸人罔极，自古有之。汝中京冠冕，儒雅世袭，多见前载，县鉴忠邪，何远遗郎中之清轨，近忘太尉之纯概。相与，或群从舅甥，或姻娅周款，一旦胡、越，能无怅恨。若疑诳所至，邪守无穷，汝当誓众奋戈，蕲此朝食。若自延过听，迷途未远，圣上临物以仁，接下以爱，岂直雍齿先封，乃当射钩见相矣！当由力窘迹屈，丹诚未亮邪。跂予南服，寤寐延首，若反棹沿流，归诚凤阙，锡珪开宇，非尔而谁。吾等并过荷曲慈，俱叨非服，纡金拖玉，改观蓬门，入奉舜、禹之渥，出见羲、唐之化，雍容揄扬，信白驹空谷之时也。奈何毁掷先基，自蹈凶灾，山门萧瑟，松庭谁扫，言念楚路，岂不思父母之邦。幸纳恶石，以蠲美疹。裁书表意，尔其图之。

时尚书右仆射蔡兴宗是顗舅，领军将军袁粲是顗从父弟，故旧云群从舅甥也。

子勋征顗下寻阳，遣侍中孔道存行雍州事。顗乃率众驰下，使子戬领家累俱还。时刘胡屯鹊尾，久不决。泰始二年夏，加顗都督征讨诸军事，给鼓吹一部，率楼船千艘，战士二万，来入鹊尾。顗本无将略，性又怯挠，在军中未尝戎服，语不及战陈，唯赋诗谈义而已。不能抚循诸将，刘胡每论事，酬对甚简，由此大失人情，胡常切齿恚恨。胡以南运未至，军士匮乏，就顗换襄阳之资。顗答曰："都下两宅未成，亦应经理，不可损彻。"又信往来之言，京师米贵，斗至数百，以为不劳攻伐，行自离散，于是拥甲以待之。太宗使顗旧门生徐硕奉手诏譬顗曰："卿历观古今，崄之与强，何尝可恃。自朕践阼，涂路梗塞，卿无由奉表，未经为臣。今追踪窦融，犹未为晚也。"

及刘胡叛走，不告颛，颛至夜方知，大怒骂曰："今年为小子所误！"呼取飞燕，谓其众曰："我当自出追之。"因又遁走。至鹊头，与戍主薛伯珍及其所领数千人步取青林，欲向寻阳。夜止山间宿，杀马劳将士，颛顾谓伯珍曰："我举八州以谋王室，未一战而散，岂非天邪！非不能死，当欲草间求活，望一至寻阳，谢罪主上，然后自刎耳。"因慷慨叱左右索节，无复应者。及旦，伯珍请以间言，乃斩颛首诣钱溪马军主襄阳俞湛之。湛之因斩伯珍，并送首以为己功。颛死时年四十七。太宗忿颛违叛，流尸于江，弟子象微服求访，四十一日乃得，密致丧瘗于石头后冈，与一旧奴，躬共负土。后废帝即位，方得改葬。

颛子戢为伪黄门侍郎，加辅国将军，戍盆城。寻阳败，戢弃城走，讨禽伏诛。

孔觊，字思远，会稽山阴人，太常琳之孙也。父邈，扬州治中。觊少骨梗有风力，以是非为己任。口吃，好读书，早知名。初举扬州秀才，补主簿，长沙王义欣镇军功曹，衡阳王义季安西主簿，户曹参军，领南义阳太守，转署记室，奉笺固辞，曰："记室之局，实惟华要，自非文行秀敏，莫或居之。觊逊业之举，无闻于乡部；惰游之贬，有编于疲农。直山渊藏引，用不遐弃，故得抃风舞润，凭附弥年。今日之命，非所敢冒。昔之学优艺富，犹尚斯难，兄觊能薄质鲁，亦何容易。觊闻居方辨物，君人所以官才；陈力就列，自下所以奉上。觊虽不敏，常服斯言。今宠藉惟旧，举非尚德，恐无以提衡一隅，允视听者也。伏愿天明照其心请，乞改今局，授以闲曹，则凫鹤从方，所忧去矣。"又曰："夫以记室之要，宜须通才敏忠，加性情勤密者。觊学不综贯，性又疏惰，何可以属知秘记，秉笔文闱。假吹之尤，方斯非滥。觊少沦常检，本无远植，荣进之愿，何能忘怀。若实有萤爝，增晖光景，固其腾声之日，飞藻之辰也，岂敢自求从容，保其淡逸。伏愿矜其鲁拙，业之有地，则曲成之施，终始优渥。"义季不能夺，遂得免。召为通直郎，太子中舍人，建平王友，秘书丞，中书侍郎，随王诞安东谘议参军，领记室，黄门侍郎，建平王宏中军长史。复为黄门，临海太守。

初，晋世散骑常侍选望甚重，与侍中不异，其后职任闲散，用人渐轻。孝建三年，世祖欲重其选，诏曰："散骑职为近侍，事居规纳，置任之本，实惟亲要，而顷选常侍，陵迟未允，宜简授时良，永置清辙。"于是吏部尚书颜竣奏曰："常侍华选，职任俟才，新除临海太守孔觊意业闲素，司徒左长史王彧怀尚清理，并任为散骑常侍。"世祖不欲威权在下，其后分吏部尚书置二人，以轻其任。侍中蔡兴宗谓人曰："选曹要重，常侍闲淡，改之以名而不以实，虽主意欲为轻重，人心岂可变邪！"既而常侍之选复卑，选部之贵不异。

觊领本州大中正。大明元年，改太子中庶子，领翊军校尉，转秘书监。欲以为吏部郎，不果。迁廷尉卿，御史中丞，坐鞭令史，为有司所纠，原不问。六年，除义兴太守，未之任，为寻阳王子房冠军长史，加宁朔将军，行淮南、宣城二郡事。其年，复除安陆王子绥冠军长史、江夏内史，复随府转后军长史如故。

为人使酒仗气，每醉辄弥日不醒，僚类之间，多所凌忽，尤不能曲意权幸，莫不畏而疾之。不治产业，居常贫罄，有无丰约，未尝关怀。为二府长史，典签谘事，不呼不敢前，不令去不敢去。虽醉日居多，而明晓政事，醒时判决，未尝有壅。众咸云："孔公一月二十九日醉，胜他人二十九日醒也。"世祖每欲引见，先遣人觇其醉醒。性真素，不尚矫饰，遇得宝玩，服用不疑，而他物粗败，终不改易。时吴郡顾觊之亦尚俭素，衣裘器服，皆择其陋者。宋世言清约，称此二人。觊弟道存，从弟徽，颇营产业。二弟请假东还，觊出渚迎之，辎重十余船，皆是绵绢纸席之属。觊见之，伪喜，谓曰："我比困乏，得其甚乎。"因命上置岸侧，既而正色谓道存等曰："汝辈忝预士流，何至还东作贾客邪！"命左右取火烧之，烧尽乃去。先是，庾徽之为御史中丞，性豪丽，服玩甚华，觊代之，衣冠体用，莫不粗ecanic。兰台令史并三吴富人，咸有轻之之意，觊蓬首缓带，风貌清严，皆重迹屏气，莫敢欺犯。庾徽之，字景猷，颍川鄢陵人也。自中丞出为新安王子鸾北中郎长史、南东海太守，卒官。

八年，觊自郢州行真，征为右卫将军，未拜，徙司徒左长史；道存代觊为后军长史、江夏内史。时东土大旱，都邑米贵，一斗将百钱。道存谘觊甚乏，遣吏载五百斛米饷之。觊呼吏谓之曰："我在彼三载，去官之日，不办有路粮。二郎至彼未几，那能便得此米邪？可载米还彼。"吏曰："自古以来，无有载米上水者，都下米贵，乞于此货之。"不听，吏乃载米而去。永光元年，迁侍中，未拜，复为江夏王义恭太宰长史，复出为寻阳王子房右军长史，加辅国将军，行会稽郡事。

太宗即位，召觊为太子詹事，遣故佐平西司马庾业为右军司马，代觊行会稽郡事。时上流反叛，上遣都水使者孔璪入东慰劳。璪至，说觊以："废帝侈费，仓储耗尽，都下罄匮，资用已竭。今南北并起，远近离叛，若拥五郡之锐，招动三吴，事无不克。"觊然其言，遂发兵驰檄。觊子长公，璪二子淹、玄并在都，驰信密报。泰始二年正月，并叛逃东归。遣书要吴郡太守顾琛，琛以母年笃老，又密迩京邑，与长子宝素谋议，未叛。少子宝先时为山阴令，驰书报琛，以南师已近，朝廷孤弱，不时顺从，必有覆灭之祸。觊前锋军已渡浙江，琛遂据郡反。吴兴太守王昙生、义兴太守刘延熙、晋陵太守袁标，一时响应。庾业既东，太宗即以代延熙为义兴，加建威将军，以延熙为巴陵王休若镇东长史。业至长塘湖，即与延熙合。

太宗遣建威将军沈怀明东讨，尚书张永系进，镇东将军巴陵王休若董统东讨诸军事。移檄东土曰：

盖闻衅集有兆，祸至无门，倚伏之来，实惟人致。故器、述贪乱，终殄宗祀；昌、宪构氛，旋润斧钺。斯则昭章记牒，炯戒今古者也。

白国步时艰，三纲道尽，神歇灵绎，璇业缀旒。皇上仁雄集瑞，英睿应历，凤仪熛升，龙辉电举。荡秽紫枢，不俟鸣条之誓，凝政中宇，不肆漂杵之威。是以坠维再造，亏天重构，幽明裁纪，标配斯光。而群凶恣虐,协扇童孺,蕞尔东垂,复沦丑迹,邪回从愚,蜂动蚁附。圣图霆发,神威四临,羽旄所届,义旅云属,櫼钺所麾,逆徒冰泮,胜负之效,皎然已显。

司徒建安王英猷冠世,董率元戎。骠骑山阳王风略夙昭,抚厉中陈。或振霜江、蠡,或腾焱荆、河,金甲烛天庭,嚻声震海浦。前将军、吴兴太守张永,东南标秀,协赞戎机。建威将军沈怀明、镇东中兵参军刘亮、武卫将军寿寂之,霜锐五千,熊腾虎步。龙骧将军王穆之、龙骧将军顿生,铁骑连群,风驱电迈。右军将军齐王、射声校尉姚道和,楼舰千艘,覆川盖汜。左军垣恭祖、步兵校尉杜幼文、冗从仆射全景文、员外散骑侍郎孙超之,并率虎旅,骆驿云趋。殿中将军杜敬真、殿中将军陆攸之、建武将军吴喜,甲楯一万,分趣义兴。予猥承人乏,总司戎统,耸剑东驰,申愤曲南。喷气则白日尽晦,刷马则清江倒流。以此伐叛,何勍不剿,以此柔服,何顺不怀。愍彼群迷,弗辨尧、桀,蝼龟微命,拟雷霆之冲;已枯之叶,当霜飙之队。尺竖所为寒心,匹妇所为叹息。夫因祸致庆,资败为成,前监不忘,后事明筮。若能相率归顺,投兵效款,则福钟当年,祉覃来裔,孰如身輵宗屠,鬼喂魂泣者哉!详镜安危,自求多福。

购生禽觊千五百户开国县侯;生擒琛千户开国县侯。斩送者半赏。时将士多是东人,父兄子弟皆已附逆,上因送军普加宣示曰:"朕方务德简刑,使四罪不相及,助顺同逆者,一以所从为断。卿等当深达此怀,勿以亲戚为虑也。"众于是大悦。

觊所遣孙昙瓘等军,顿晋陵九里,部陈甚盛。怀明至奔牛,所领寡弱,乃筑垒自固。张永至曲阿,未知怀明安否,百姓惊扰,将士咸欲离散。永退还延陵,就休若;诸将帅咸劝退保破冈。其日大寒,风雪甚猛,塘埭决坏,众无固心。休若宣令:"敢有言退者,斩!"众小定,乃筑垒息甲。寻得怀明书,贼定未进。军主刘亮又继至,兵力转加,人情乃安。

时永世令孔景宣复反,栅县西江岘山,断遏津径,刘延熙加其宁朔将军。杜敬真、陆攸之、溧阳令刘休文攻景宣别寨,斩其中兵参军史览之等十五人。永世人徐崇之率乡里起义,攻县斩景宣。吴喜至,板崇之领县事。太宗嘉休文等诚效,除休文宁朔将军,县如故;崇之殿中将军,行永世县事,并赐侯爵。喜、敬真及员外散骑侍郎竺超之等至国山界,遇东军于虎槛村,击大破之。自国山进吴城,去义兴十五里。刘延熙遣杨玄、孙矫之、沈灵秀、黄泰四军拒喜。喜等兵力甚弱,众寡势悬,交战尽日,临陈斩杨玄、孙矫之、黄泰,余众一时奔走,因进义兴南郭外。延熙屯军南射堂,喜遣步骑击之,即退还水北,乃栅断长桥,保郡自守。喜筑垒与之相持。庾业于长塘湖口夹岸筑城,有众七千余人,器甲甚盛,与延熙遥相掎角。沈怀明、张永与晋陵军相持,久不决。

太宗每遣军,辄多所求须,不时上道。外监朱幼举司徒参军督护任农夫,骁果有胆力,性又简率,资给甚易,乃以千人配之,使助东讨。时庾业兵盛,农夫于延陵出长塘,虽云千兵,至者裁四百。未至数十里,遣人参候,云:"贼筑城犹未合。"农夫率广武将军高志之、永兴令徐崇之驰往攻之。因其城垒未立,农夫亲持刀楯,赴城入陈,大破之,庾业弃城走义兴。先是,龙骧将军阮佃夫募得蜀人数百,多壮勇便战,皆著犀皮铠,执短兵。本应就佃夫向晋陵,未发,会农夫须人,分以配之。及战,每先登,东人并畏惮,又怪其形饰殊异,旧传狐獠食人,每见之,辄奔走。农夫收其船杖,与高志之进义兴援吴喜。二月一日,喜乃度水攻郡,分兵击诸垒栅。农夫虽至,众力尚少,兵势不敌。喜乃与数骑登高东西指麾,若招引四面俱至者。东军大骇,诸营一时奔散,唯龙骧将军孔睿一栅未拔。喜以杀伤者多,乃开围缓之。其夜,庾业、孔睿相率奔走,义兴平。刘延熙投水死,有人告之,乃斩尸,传首京邑。义兴诸县唯绥安令巢邃秉节不移,不受伪爵。

时齐王率军东讨,与张永、刘亮、杜幼文、沈怀明等于晋陵九里西结营,与东军相持。义兴军既为吴喜等所破,奔散者多投晋陵,东军震恐。上又遣积射将军江方兴、南台御史王道隆至晋陵视贼形势。贼帅孙昙瓘、程捍宗、陈景远凡有五城,互相连带;捍宗城犹未固。其月三日,道隆与齐王、张永共议:"捍宗城既未立,可以籍手。上副圣旨,下成众气。"道隆便率所领急攻之,俄顷城陷,斩捍宗首。刘亮果劲便刀楯,朝士先不相悉,上亦弗闻,唯尚书左丞徐爰知之,白太宗,称其骁敢。至是,每战以刀楯直荡,往辄陷决,张永嫌其过锐,不令居前。贼连栅周亘,塘道迫狭,将士力不得展,亮乃负楯而进,直入重栅,众军因之,即皆摧破。袁标遣千人继至,齐王与永等乘胜驰击,又大破之,屠其两城。昙瓘率余数百,鼓噪而至,标又遣千人继之,众军骇俱,将欲散矣。江方兴率勇士迎射之,应弦倒者相继,昙瓘因此败走。

吴喜军至义乡,伪辅国将军、车骑司马孔璪屯吴兴南亭,太守王昙生诣璪计事,会信还,云:"台军已近。"璪大惧,堕床,曰:"悬赏所购,唯我而已,今不遁走,将为人禽。"左右闻之,并各散走。璪与昙生焚烧仓库,东奔钱塘。喜至吴兴,顿置郡城,仓廪遇雨不然,无所损失。初,昙生遣宁朔将军沈灵宠率八千人向黄鹄崎,欲从候道出芜湖,迎接南军。广德令王蕴发兵据岨,灵宠不得进,屯住故郡。昙生既走,灵宠乃与弟灵昭、军副姚天覆率偏裨以下十七军归顺。太宗嘉之,擢为镇东参军事,因率所领东讨。喜分遣军主沈思仁、吴系公追蹑璪等。

陆攸之、任农夫自东迁进向吴郡,台遣军主张灵符到晋陵。其月四日,齐王急攻之。其夜,孙昙瓘、陈景远一时奔溃。诸军至晋陵,袁标弃郡东走。晋陵既平,吴中震动。吴兴军又将至,顾琛与子宝素携其老母泛海奔会稽,海盐令王孚邀讨不及。

太宗以四郡平定,留吴喜统全景文、沈怀明、刘亮、孙超之、寿寂之等东平会稽,追齐王、张永、姚道和、杜幼文、垣恭祖、张灵符北讨,王穆之、顿生、江方兴南伐。其月九日,喜等至钱唐,钱唐令顾昱及孔璪、王昙生等奔渡江东。喜仍进军柳浦,诸暨令傅琰率家归顺。喜遣镇北参军沈思仁、强弩将军任农夫、龙骧将军高志之、南台御史阮佃夫、扬武将军卢僧泽等率军向黄山浦。东军据岸结寨，农夫等攻破之，乘风举帆，直趣定山，破其大帅孙会之，于陈斩首。自定山进向渔浦，戍主孔睿率千余人据垒拒战。佃夫使队主阚法炬射杀楼上弩手，睿众惊骇，思仁纵兵攻之，斩其军主孔奴，于是败散。其月十九日，吴喜使刘亮由盐官海渡，直指同浦；寿寂之济自渔浦，邪趣永兴；喜自柳浦渡，趣西陵。西陵诸军皆悉散溃，斩庚业、顾法直、吴恭，传首京都。东军主卜道济、督战许天赐请降。庚业，新野人也。父彦达，以干局为太祖所知，为益州刺史。世祖世，官至豫章太守，太常卿。刘亮、全景文、孙超之进次永兴同市，遇觊所遣陆孝伯、孔豫两军，与战破之，斩孝伯、豫首。

会稽闻西军稍近，将士多奔亡，觊不能复制。二十日，上虞令王晏起兵攻郡，觊以东西交逼，忧遽不知所为。其夕，率千余人声云东讨，实趣石潀。先已备船海浦，值潮涸不得去，众叛都尽，门生载以小船，窜于嵯山村。伪车骑从事中郎张绥先遣人于钱唐诣喜归诚，及觊走，绥闭封仓库，以待王师。二十一日，晏至郡，入自北门，囚绥付作部，其夜杀之。执寻阳王子房于别署，纵兵大掠，府库空尽。若邪村民录送伪龙骧将军、车骑中兵参军主孔睿，将斩之。睿曰："吾年已过立，未沾官伍，蒙知之顾，以身许之。今日就死，亦何所恨！"含笑就戮。孔璪叛投门生陆林夫，林夫斩首送之。二十二日，嵯山民缚觊送诣晏，晏谓之曰："此事孔璪所为，无豫卿事。可作首辞，当相为申上。"觊曰："江东处分，莫不由身，委罪求活，便是君辈行意耳！"晏乃斩之东阁外。临死求酒，曰："此是平生所好。"时年五十一。顾琛、王昙生、袁标等并诣喜归罪，喜皆宥之。琛子宝素与父相失，自缢死。东军主凡七十六人，于陈斩十七人，其余皆原宥。初，遣庚业向会稽，追使奉朝请孙长度送伎与之，并令召募。行达晋陵，袁标就其求伎，长度不与，为标所杀。追赠给事中。

先是，邓琬遣临川内史张淹自南路出东阳，淹遣龙骧将军桂遑、征西行参军刘越绪屯据阳白。巴陵王休若遣沈思仁讨之，思仁遣军主崔公烈攻其营，斩幢主朱伯符首，桂遑、刘越绪诸军并奔逸。晋安太守刘瞻据郡同逆，建安内史赵道生起义讨之，聚徒未合。七月，思仁遣军主姚宏祖、鲍伯奋、应寄生等讨破瞻，斩之于罗江县。

邓琬先遣新安太守阳伯子及军主任献子袭黟县，县令吴茹公固守，力不敌，弃城走，伯子等屯据县城。茹公与台军主丘敬文、李灵赐、萧柏寿等攻围弥时，八月乃克，斩伯子、献子首。张淹屯军上饶县，闻刘朗败，军副鄱阳太守费昙欲图之，诈云："得邓琬信，急宜谘论。"欲因此斩淹。淹素事佛，方礼佛，不得时进。昙复谘云捕虎，借大鼓及仗士二百人，淹信而与之。昙因率众入山，飨士约誓，扬言虎走城西，鸣鼓大呼，直来趣城；城门守卫，悉委仗观之，昙率众突入，淹正礼佛，闻难走出，因斩首。

史臣曰：自江左以来，举干戈以图宗国，十有一焉，其能克振者，四而已矣。元皇外守虚器，政由王氏；苏峻事虽暂申，旋受屠磔；桓玄宣武之子，运属横流；世祖仗

顺入讨，民无异望。其余皆漆颊夷宗，作戒于后，何哉？夫胜败之数，实由众心，社庙尊严，民情所系，安以义动，犹或称难，况长戟指阙，志在陵暴者乎！泰始交争，逆顺未辨，太宗身剪悖乱，事惟拯溺，国道屯诐，宜立长君，太祖之昭，义无不可。子勋体自世祖，家运已绝，当璧之命，属有所归。曲直二途，未知攸适。徒以据有神甸，擅资天府，宗稷之重，威临四方，以中制外，故能式清区宇。夫帝王所居，目以众大之号，名曰京师，其义趣远有以也。

卷八十五　　列传第四十五

谢庄　王景文

谢庄，字希逸，陈郡阳夏人，太常弘微子也。年七岁，能属文，通《论语》。及长，韶令美容仪，太祖见而异之，谓尚书仆射殷景仁、领军将军刘湛曰："蓝田出玉，岂虚也哉！"初为始兴王浚后军法曹行参军，转太子舍人，庐陵王文学，太子洗马，中舍人，庐陵王绍南中郎谘议参军。又转随王诞后军谘议，并领记室。分左氏《经传》，随国立篇，制木方丈，图山川土地，各有分理，离之则州别郡殊，合之则宇内为一。元嘉二十七年，索虏寇彭城，虏遣尚书李孝伯来使，与镇军长史张畅共语，孝伯访问庄及王徽，其名声远布如此。二十九年，除太子中庶子。时南平王铄献赤鹦鹉，普诏群臣为赋。太子左卫率袁淑文冠当时，作赋毕，赍以示庄；庄赋亦竟，淑见而叹曰："江东无我，卿当独秀。我若无卿，亦一时之杰也。"遂隐其赋。

元凶弑立，转司徒左长史。世祖入讨，密送檄书与庄，令加改治宣布。庄遣腹心门生具庆奉启事密诣世祖曰："贼劭自绝于天，裂冠毁冕，穷狱极逆，开辟未闻，四海泣血，幽明同愤。奉三月二十七日檄，圣迹昭然，伏读感庆。天祚王室，睿哲重光。殿下文明在岳，神武居陕，肃将乾威，龚行天罚，涤社稷之仇，雪华夷之耻，使弛坠之构，更获缔造，垢辱之氓，复得明旦。伏承所命，柳元景、司马文恭、宗悫、沈庆之等精甲十万，已次近道。殿下亲董锐旅，授律继进。荆、鄢之师，岷、汉之众，舳舻万里，旌旆亏天，九土冥符，群后毕会。今独夫丑类，曾不盈旅，自相暴殄，省闼横流，百僚屏气，道路以目。檄至，辄布之京邑，朝野同欣，里巷途歌，室家相庆，莫不望景耸魂，瞻云仁足。先帝以日月之光，照临区宇，风泽所渐，无幽不洽。况下官世荷宠灵，叨恩逾量，谢病私门，幸免虎口，虽志在投报，其路无由。今大军近次，永清无远，欣悲踊跃，不知所裁。"

世祖践阼，除侍中。时索虏求通互市，上诏群臣博议。庄议曰："臣愚以为獯猃弃义，唯利是视，关市之请，或以觇国，顺之示弱，无明柔远，距而观衅，有足表强。且汉文和亲，岂止彭阳之寇；武帝修约，不废马邑之谋。故有余则经略，不足则闭关。何为屈冠带之邦，通引弓之俗，

树无益之轨，招尘点之风。交易爽议，既应深杜；和约诡论，尤宜固绝。臣庸管多蔽，岂识国仪，恩诱降逮，敢不披尽。"时骠骑将军竟陵王诞当为荆州，征丞相、荆州刺史南郡王义宣入辅，义宣固辞不入，而诞便克日下船。庄以："丞相既无入志，骠骑发便有期，如似欲相逼切，于事不便。"世祖乃申诞发日，义宣竟亦不下。

上始践阼，欲宣弘风则，下节俭诏书，事在《孝武本纪》。庄虑此制不行，又言曰："诏云'贵戚竞利，兴货廛肆者，悉皆禁制'。此实允惬民听。其中若有犯违，则应依制裁纠；若废法申恩，便为令有屈。此处分伏愿深思，无缘明诏既下，而声实乖爽。臣愚谓大臣在禄位者，尤不宜与民争利，不审可得在此诏不？拔葵去织，实宜深弘。"

孝建元年，迁左卫将军。初，世祖尝赐庄宝剑，庄以与豫州刺史鲁爽送别。爽后反叛，世祖因宴集，问剑所在，答曰："昔以与鲁爽别，窃为陛下杜邮之赐。"上甚说，当时以为知言。于时搜才路狭，乃上表曰：

臣闻功照千里，非特烛车之珍；德柔邻国，岂徒秘璧之贵，故《诗》称珍悴，《誓》述荣怀，用能道臻无积，化至恭己。伏惟陛下膺庆集图，缔宇开县，夕爽选政，昃旦调风，采言斯舆，观谣仄远，斯实辰阶告平，颂声方制。臣窃惟隆陂所渐，治乱之由，何尝不兴资得才，替因失士。故楚书以善人为宝，《虞典》以则哲为难。进选之轨，既弛中代，登造之律，未闻当今。必欲崇本康务，庇民济俗，匪更恧懑，奚取九成。升历中阳，英贤起于徐、沛；受箓白水，茂异出于荆、宛。宁二哲智之所产，七陕愚之所集，实遇与不遇，用与不用耳。

今大道光亨，万务俟德，而九服之旷，九流之艰，提钧悬衡，委之选部。一人之鉴易限，而天下之才难原；以易限之鉴，镜难原之才，使国罔遗授，野无滞器，其可得乎？昔公叔与偯同升，管仲取臣于盗，赵文非亲士疏嗣，祁奚岂诎仇比子，茹茅以汇，作范前经，举尔所知，式昭往牒。且自古任荐，赏罚弘明，成子举三哲而身致魏辅，应侯任二士而己捐秦相，臼季称冀缺而畴于田采，张勃进陈汤而坐以褫爵。此先事之盛准，亦后王之彝鉴。如臣愚见，宜普命大臣，各举所知，以付尚书，依分铨用。若任得其才，举主延赏；有不称职，宜及其坐。重者免黜，轻者左迁，被举之身，加以禁锢，年数多少，随愆议制。若犯大辟，则任者刑论。

又政平讼理，莫先亲民，亲民之要，实归守宰。故黄霸治颍川累稔，杜畿居河东历载，或就加恩秩，或入崇辉宠。今莅民之职，自非公私必应代换者，宜遵六年之制，进获章明庸堕，退得民不勤扰。如此则下无浮谬之愆，上靡弃能之累，考绩之风载泰，樀薪之歌克昌。臣生属亨路，身渐鸿渥，遂得奉诏左右，陈露于侧，敢露刍言，惧忝恒典。

有诏庄表如此，可付外详议，事不行。其年，拜吏部尚书。庄素多疾，不愿居选部，与大司马江夏王义恭笺自陈，曰：

下官凡人，非有达概异识，俗外之志，实因羸疾，常恐奄忽，故少来无意于人间，岂当有心于崇达邪。顷年乘事回薄，遂果饕非次，既足贻诮明时，又亦取愧朋友。前以圣道初开，未遑引退，及此诸夏事宁，方陈微请。款志未伸，仍荷今授，被恩之始，具披寸心，非惟在己知尤，实俱尘秽彝序。

禀生多病，天下所悉，两胁癖疾，殆与生俱，一月发动，不减两三，每至一恶，痛来逼心，气余如缍。利患数年，遂成痼疾，吸吸惙惙，常如行尸。恒居死病，而不复道者，岂是疾痊，直以荷恩深重，思答殊施，牵课尫疗，以综所忝。眼患五月便不复得夜坐，恒闭帷避风日，昼夜愍憎，为此不复得朝谒诸王，庆吊亲旧，唯被敕见，不容停耳。此段不堪见宾，已数十日，持此苦生，而使铨综九流，应对无方之诉，实由圣慈罔已，然当之信自苦剧。若才堪事任，而体气休健，承宠异之遇，处自效之途，岂苟欲思闲辞事邪！家素贫弊，宅舍未立，儿息不免粗粝，而安之若命，宁复是能忘微禄，正以复有切于此处，故无复他愿耳。今之所希，唯在小闲。下官微命，于天下至轻，在己不能不重。屡经披请，未蒙哀恕，良由诚浅辞讷，不足上感。

家世无年，亡高祖四十，曾祖三十二，亡祖四十七，下官新岁便三十五，加以疾患如此，当复几时见圣世，就其中煎恹若此，实在可矜。前时曾启愿三吴，敕旨云"都不须复议外出"。莫非过恩，然亦是下官生运，不应见一闲逸。今不敢复言此，当付之来生耳。但得保余年，无复物务，少得养病，此便是志愿永毕。在衡门下有所怀，动止必闻，亦无假居职，患于不能裨补万一耳。识浅才常，羸疾如此，孤负主上擢授之恩，私心实自哀愧。人年便当更申前请，以死自固。但庸近所诉，恐未能仰彻。公恩盼弘深，粗照诚恳，愿侍坐言次，赐垂拯助，则苦诚至心，庶获哀允。若不蒙降祐，下官当于何希冀邪？仰凭愍察，愿不垂吝。

三年，坐辞疾多，免官。大明元年，起为都官尚书，奏改定刑狱，曰：

臣闻明慎用刑，厥存姬典；哀矜折狱，实晖吕命。罪疑从轻，既前王之格范；宁失弗经，亦列圣之恒训。用能化致升平，道臻恭己。逮汉文伤不辜之罚，除相坐之令，孝宣倍深文之吏，立鞫讯之法，当是时也，号令刑存。陛下践位，亲临听讼，亿兆相贺，以为无冤民矣。而比囹圄未虚，颂声尚缺。臣窃谓五听之慈，弗宣于宰物；三宥之泽，未洽于民谣。顷年军旅余弊，劫掠犹繁，监司计获，多非其实。或规免咎，不虑国患，楚对之下，鲜不诬滥。身遭铁锁之诛，家婴孥戮之痛，比伍同闻，莫不及罪。是则一人罚谬，坐者数十。昔齐女告天，临淄台殒；教妇冤戮，东海愆阳，此皆符变灵祇，初咸景纬。臣近兼讯，见重囚八人，旋观其初，死有余罪，详察其理，实并无辜。恐此等不少，诚可怵惕也。

旧官长竟囚毕，郡遣督邮案验，仍就施刑。督邮贱吏，非能异于官长，有案验之名，而无研究之实。

愚谓此制宜革。自今入重之囚，县考正毕，以事言郡，并送囚身，委二千石亲临核辩，必收声吞卉，然后就戮。若二千石不能决，乃度廷尉。神州统外，移之刺史；刺史有疑，亦归台狱。必令死者不怨，生者无恨。庶鹭棺之谚，辍叹于终古；两造之察，流咏于方今。臣学暗申、韩，才寡治术，轻陈庸管，惧乖国宪。

上时亲览朝政，常虑权移臣下，以吏部尚书选举所由，欲轻其势力。二年，下诏曰："八柄驭下，以爵为先；九德咸事，政典居首。铨衡治枢，兴替攸寄。顷世以来，转失厥序，徒秉国钧，终贻权谤。今南北多士，勋勤弥积，物情善否，实系斯任。官人之咏，维圣克允；则哲之美，粤帝所难。加浇季在俗，让议成风，以一人之识，当群品之诮，望沈浮自得，庸可致乎！吏部尚书可依郎分置，并详省闲曹。"又别诏太宰江夏王义恭曰：

分选诏旦出，在朝论者，亦有同异。诚知循常甚易，改旧生疑。但吏部尚书由来与录共选，良以一人之识，不办洽通，兼与夺威权，不宜专一故也。前述宜先旨，敬从来奏，省录作则，永贻后昆。自此选举之要，唯由元、凯一人。若通塞乖衷，而诉达者鲜，且违令与物，理至隔阂。前王盛主，犹或难之，况在寡暗，尤见其短。又选官裁病，即嗟诮满道，人之四体，会盈有虚，旬日之间，便自怨詈，况实有假托，不由寝顿者邪！一诣不前，贫苦交困，则两边致患，互不相体，校之以实，并有可哀。若职置二人，则无此弊。兼选曹枢要，历代斯重，人经此职，便成贵涂，己心外议，咸不自限，故范晔、鲁爽，举兵灭门。以此言之，实由荣厚势驱，殷繁所至。设可拟议此授，唯有数人，本积岁月，稍加引进，而理无前期，多生虑表；或婴艰抱疾，事至回移。官人之任，决不可阙，一来一去，向人已周，非有黜责，已贵难贱；既成妨长，置之无所，盛衰递袭，便是一段世臣相处之方。臣主生疑，所以弥觉此职，宜在降阶。监令端右，足处时望，无人则阙，异于九流。今但直铨选部，有减前资。物情好猜，横立别解，本旨向意，终不外宣。唯有从郎分置，视听自改。选既轻先，民情已变，有堪其任，大展迁回。兼常之宜，以时稍进，本职非复重官可得，不须带帖数过，居之尽无诒怪。

自中分荆、扬，于时便有意于此，正讶改革不少，容生骇惑。尔来多年，欲至岁下处分，会何偃致故，应有亲人，故近因此施行。本意诏文不得委悉，故复纸墨具陈。

于是置吏部尚书二人，省五兵尚书，庄及度支尚书顾觊之并补选职。迁右卫将军，加给事中。时河南献舞马，诏群臣为赋，庄所上其词曰：

天子驭三光，总万宇，把云经之留宪，裁河书之遗矩。是以德泽上昭，天下漏泉，符瑞之庆咸属，荣怀之应必集。月暑呈祥，乾维效气，赋景河房，承灵天驷，陵原郊而渐影，跃采渊而泳质，辞水空而南儀，去轮台而东泊，乘玉塞而归宝，奄芝庭而献秘。及其养安骐校，进驾龙涓，辉大驭于国皂，贲上襄于帝闲，超益野而逾绿地，轶兰池而轹紫燕。五王晦其术，十氏憳其玄，东门岂或状，西河不能传。既秣苞以均性，又佩蘅以崇躅，卷雄神于绮文，蓄奔容于帷烛，蕴竺云之锐景，戢追电之逸足，方叠熔于丹缟，亦联规于朱驳。观其双璧应范，三封中图，玄骨满，燕室虚，阳理竟，潜策纡，汗飞赭，沫流朱。至于《肆夏》已升，《采齐》既荐，始徘徊而龙俯，终沃若而鸾昢，迎调露于飞钟，赴承云于惊箭，写秦坰之弥尘，状吴门之曳练，穷虞庭之蹈蹀，究遗野之环袨。若夫蹠实之态未卷，凌远之气方摅，历岱野而过碣石，跨沧流而轶姑余，朝送日于西坂，夕归风于北都，寻琼宫于倏瞬，望银台于须臾。

若乃日宣重光，德星昭衍，国称梁、岱仁跸，史言坛场望践。鄗上之瑞彰，江间之祯闿，荣镜之运既臻，会昌之历已辨，感五繇之程符，鉴群后之荐典。圣主将有事于东岳，礼也。于是顺斗极，乘次躔，戒悬日于昭旦，命月题于上年。骓骓翼翼，泛修风而浮庆烟，肃肃雍雍，引八神而诏九仙。下齐郊而掩配林，集赢里而降祊田，蒲轩次巘，琯璧承宰，金检兹发，玉牒斯刊，盛节之义洽，升中之礼殚，亿兆悦，精祇欢，聆万岁于曾岫，烛神光于紫坛。是以击辕之蹈，抚埃之舞，相与而歌曰："夆朝盖兮泛晨霞，灵之来兮云汉华。山有寿兮松有茂，祚神极兮觊皇家。"然后悟圣朝之绩，号庆荣之烈，比盛乎天地，争明乎日月，茂实冠于胥、庭，鸿名迈于勋、发。业底于告成，道臻乎报谒，巍巍乎，荡荡乎，民无得而称焉。

又使庄作《舞马歌》，令乐府歌之。五年，又为侍中，领前军将军。于时世祖出行，夜还，敕开门。庄居守，以棨信或虚，执不奉旨，须墨诏乃开。上后因酒宴从容曰："卿欲效邳君章邪？"对曰："臣闻蒐巡有度，郊祀有节，盘于游田，著之前诫。陛下今蒙犯尘露，晨往宵归，容恐不逞之徒，妄生矫诈。臣是以伏须神笔，乃敢开门耳。"改领游击将军，又领本州大中正，晋安王子勋征虏长史、广陵太守，加冠军将军。改为江夏王义恭太宰长史，将军如故。六年，又为吏部尚书，领国子博士，坐选公车令张奇免官，事在《颜师伯传》。

时北中郎将新安王子鸾有盛宠，欲令招引才望，乃使子鸾板庄为长史，府寻进号抚军，仍除长史、临淮太守。未拜，又除吴郡太守。庄多疾，不乐去京师，复除前职。前废帝即位，以为金紫光禄大夫。初，世祖宠姬殷贵妃薨，庄为诔云："赞轨尧门。"引汉昭帝母赵婕妤尧母门事，废帝在东宫，衔之。至是遣人诘责庄曰："卿昔作殷贵妃诔，颇知有东宫不？"将诛之。或说帝曰："死是人之所同，政复一往之苦，不足为深困。庄少长富贵，今且系之尚方，使知天下苦剧，然后杀之未晚也。"帝然其言，系于左尚方。太宗定乱，得出。及即位，以庄为散骑常侍、光禄大夫，加金章紫绶，领寻阳王师。顷之，转中书令，常侍、王师如故。寻加金紫光禄大夫，给亲信二十人，本官并如故。泰始二年，卒，时年四十六，追赠右光禄大夫，常侍如故，谥曰宪子。所著文章四百余首，行于世。长子飐，晋平太守。女为顺帝皇后，追赠金紫光禄大夫。

　　王景文，琅邪临沂人也。名与明帝讳同。祖穆，临海太守。伯父智，少简贵，有高名，高祖甚重之，常云："见王智，使人思仲祖。"与刘穆之谋讨刘毅，而智在焉。它日，穆之白高祖曰："伐国，重事也，公云何乃使王智知？"高祖笑曰："此人高简，岂闻此辈论议。"其见知如此。为太尉谘议参军，从征长安，留为桂阳公义真安西将军司马、天水太守。还为宋国五兵尚书，晋陵太守，加秩中二千石，封建陵县五等子，追赠太常。父僧朗，亦以谨实见知。元嘉中，为侍中，勤于朝直，未尝违惰。太祖嘉之，以为湘州刺史。世祖大明末，为尚书左仆射。太宗初，以后父为特进、左光禄大夫，又进开府仪同三司，固让，乃加侍中、特进。寻薨，追赠开府，谥曰元公。

　　景文出继智，幼为从叔球所知。美风姿，好言理，少与陈郡谢庄齐名。太祖甚相钦重，故为太宗娶景文妹，而以景文名与太宗同。高祖第五女新安公主先适太原王景深，离绝，当以适景文，固辞以疾，故不成婚。起家太子太傅主簿，转太子舍人，袭爵建陵子。出为江夏王义恭、始兴王浚征北后军二府主簿，武陵王文学，世祖抚军记室参军，南广平太守，转谘议参军，仍度安北、镇军府，出为宣城太守。

　　元凶弑立，以为黄门侍郎，未之就，世祖入讨，景文遣间使归款。以父在都邑，不获致身，及事平，颇见嫌责，犹以旧恩，除南平王铄司空长史，不拜。出为东阳太守，入为御史中丞，秘书监，领越骑校尉，不拜，迁司徒左长史。上以散骑常侍旧与侍中俱掌献替，欲高其选，以景文及会稽孔觊俱南北之望，并以补之。寻复为左长史。坐姊墓开不临赴，免官。大明二年，复为秘书监，太子右卫率，侍中。五年，出为安陆王子绥冠军长史、辅国将军、江夏内史，行郢州事。又征为侍中，领射声校尉，右卫将军，加给事中，太子中庶子，右卫如故。坐与奉朝请毛法因捕戏，得钱百二十万，白衣领职。寻复为侍中，领中庶子，未拜。前废帝嗣位，徙秘书监，侍中如故。以父老自解，出为江夏王义恭太宰长史，辅国将军，南平太守。永光初，为吏部尚书。景和元年，迁右仆射。

　　太宗即位，加领左卫将军。时六军戒严，景文仗士三十人入六门。诸将咸云："平殄小贼，易于拾遗。"景文曰："敌固无小，蜂虿有毒，何可轻乎？诸军当临事而惧，好谋而成，先为不可胜，乃制胜之术耳。"寻迁丹阳尹，仆射如故；遭父忧，起为冠军将军，尚书左仆射，丹阳尹，固辞仆射，改授散骑常侍、中书令、中军将军，尹如故，又辞不拜。仍出为使持节、散骑常侍、都督江州郢州之西阳豫州之新蔡晋熙三郡诸军事、安南将军、江州刺史。让常侍，服阕乃受。

　　太宗翦除暴主，又平四方，欲引朝望以佐大业，乃下诏曰："夫良图宣国，赏崇彝命；殊绩显朝，策勤王府。安南将军、江州刺史景文，风度淹粹，理怀清畅，体兼望实，诚备夷岨。宝历方启，密赞义机，妖徒干纪，预毗庙略。宜登茅社，永传厥祚。朕澄氛宁枢，实资多士，疏爵畴庸，实膺徽烈。尚书右仆射、领卫尉兴宗，识怀详正，思局通敏。吏部尚书、领太子左卫率渊，器情闲茂，风业韶远。并谋参军政，绩亮时艰，拓宇开邑，实允勋典。景文可封江安县侯，食邑八百户，兴宗可始昌县伯，渊可南城县伯，食邑五百户户。"景文固让，不许，乃受五百户。进号镇南将军，寻给鼓吹一部。后以江州当徙镇南昌，领豫章太守，余如故；州不果迁。顷之，征为尚书左仆射，领吏部，扬州刺史，加太子詹事，常侍如故。不愿还朝，求为湘州刺史，不许。

　　时又谓景文在江州，不能洁己。景文与上幸臣王道龙书曰："吾虽寡于行己，庶不负心，既愧殊效，誓不上欺明主。窃闻有为其贝锦者，云营生乃至巨万，素无此能，一旦忽致异术，必非平理。唯乞平心精检，若此言不虚，便宜肆诸市朝，以正风俗。脱其妄作，当赐思冈昧之由。吾逾忝转深，足以致谤，念此惊惧，何能自测。区区所怀，不愿望风容贷。吾自了不作偷，犹如不作贼。故以密白，想为申启。"景文屡辞内授，上手诏譬之曰："尚书左仆射，卿已经此任，东宫詹事，用人虽美，职次正可中书令耳。庶姓作扬州，徐干木、王休元、殷铁并处之不辞。卿清令才望，何愧休元？毗赞中兴，岂谢干木；绸缪相与，何后殷铁邪？司徒以宰相不应带神州，远遵先旨，京口乡基义重，密迩畿内，又不得不用骠骑，陕西任要，由来用宗室。骠骑既去，巴陵理应居之，中流虽曰闲地，控带三江，通接荆、郢，经涂之要，由来有重镇。如此，则扬州自成阙刺史，卿若有辞，更不知谁应处之。此选大备，与公卿畴怀，非聊尔也。"固辞詹事领选，徙为中书令，常侍、仆射、扬州如故。又进中书监，领太子太傅，常侍、扬州如故。景文固辞太傅，上遣新除尚书右仆射褚渊宣旨，以古来比例六事诘难之，不得已，乃受拜。

　　时太子及诸皇子并小，上稍为身后之计，诸将帅吴喜、寿寂之之徒，虑其不能奉幼主，并杀之；而景文外戚贵盛，张永累经军旅，又疑其来难信，乃自为谣言曰："一士不可亲，弓长射杀人。"一士，王字；弓长，张字也。景文弥惧，乃自陈求解扬州，曰：

　　臣凡狠下劣，方圆无算，特逢圣私，频叨不次，乘非其任，理宜覆折。虽加恭谨，无补横至，凤夜燋战，无地容处。六月中，得臣外甥女殷恒妻蔡疏，欲令其儿启闻乞禄，求臣署入，云凡外人通启，先经臣署。于时惊怖，即欲封疏上呈；更思此家落漠，庶非通谤，且广听察，幸无复所闻。比日忽得兖州都送迎西曹解季逊板云是臣属，既不识此人，即问郗颙，方知虚托。比十七日晚，得征南参军事谢俨口信，云臣使人略夺其婢。臣遣李武之问俨元由，答云"使人谬误"。误之与实，虽所不知，闻此之日，唯有忧骇。

　　臣之所知，便有此三变，臣所不觉，尤不可思。若守爵散辈，宁当招此，诚由暗拙，非复可防。自窃州任，倏已七月，无德而禄，其殃将至。且傅职清峻，亢礼储极，以臣凡走，岂可暂安。荷恩俱罪，不敢执固，焦魂襯气，忧迫失常。况臣发丑人群，病绝力效，秽朝点列，顾无与等，独息易骇，惭惧难持。伏愿薄回矜愍，全臣身计，大夫之俸，足以自周，久怀欣羡，未敢干请，仰希慈宥，照臣款诚。

上诏答曰：

去五月中，吾病始差，未堪劳役，使卿等看选牒，署竟，请救施行。此非密事，外间不容都不闻。然传事好讹，由来常患。殷恒妻，匹妇耳，闺阁之内，传闻事作一两倍落漠，兼谓卿是亲故，希卿署，不必云选事独关卿也。恒妻虽是传闻之僻，大都非可骇异。且举元荐凯，咸由畴谘，可谓唐尧不明，下干其政邪？悠悠好诈贵人及在事者，属卿偶不悉耳，多是其周旋门生辈，作其属托，贵人及在事者，永无由知。非徒止于京师，乃至州郡县中，或有诈作书疏，灼然有文迹者。诸舍人右丞辈，及亲近驱使人，虑有作其名，载禁物，求停检校，强卖猥物与官，仍求交直，或属人求乞州郡资powers，希蠲呼召及房发船车，并启班下在所，有即驻录。但卿贵人，不容有此启。由来有是，何故独惊！

人居贵要，但问心若为耳。大明之世，巢、徐、二戴，位不过执戟，权亢人主；颜师伯白衣仆射，横行尚书中。令袁粲作仆射领选，而人往往不知有粲。粲迁为令，居之不疑。今既省录，令便居昔之录任，置省事及干童，并依录格。粲作令来，亦不异为仆射。人情向粲，淡淡然亦复不改常。以此居贵位要任，当有致忧兢理不？卿今虽作扬州，太子傅位虽贵，而不关朝政，可安不惧，差于粲也。想卿虚心受荣，而不为累。

贵高有危殆之惧，卑贱有沟壑之忧，张、单双灾，木雁两失，有心于避祸，不如无心于任运。夫千仞之木，既摧于斧斤；一寸之草，亦瘁于践蹋。高崖之修干，与深谷之浅条，存亡之要，巨细一揆耳。晋毕万七战皆获，死于牖下；蜀相费祎从容坐谈，毙于刺客。故甘心于履危，未必逢祸；纵意于处安，不必全福。但贵者自惜，故每忧其身；贱者自轻，故易忘其己。然为教者，每诫贵不诫贱，言其贵满好自恃也。凡名位贵达，人以在怀，泰则触人改容，不则行路嗟愕。至如贱者，否泰不足以动人，存亡不足以绥数，死于沟渎，死于涂路者，天地之间，亦复无限，人不以系意耳。

以此而推，贵何必难处，贱何必易安。但人生也自应卑慎为道，行己用心，务思谨惜。若乃吉凶大期，正应委之理运，遭随参差，莫不由命也。既非圣人，不能见吉凶之先，正是依俙于理，言可行而为之耳。得吉者是其命吉，遇不吉者是其命凶。以近事论之，景和之世，晋平庶人从寿阳归乱朝，人皆为之战栗，而乃遇中兴之运；袁颛图避祸于襄阳，当时皆爱之，谓之陵霄驾凤，遂与义嘉同灭。骆宰见幼主，语人云："越王长颈鸟喙，可与共患，不可与共乐。范蠡去而全身，文种留而遇祸。今主上口颈，颇有越王之状，我在尚书中久，不去必危。"遂求南江小县。诸都令史住京师者，皆遭中兴之庆，人人蒙爵级；宰值义嘉

染罪，金木缠身，性命几绝。卿耳眼所闻见，安危在运，何可预图邪！

时上既有疾，而诸弟并已见杀，唯桂阳王休范人才本劣，不见疑，出为江州刺史。虑一旦晏驾，皇后临朝，则景文自然成宰相，门族强盛，藉元舅之重，岁暮不为纯臣。泰豫元年春，上疾笃，乃遣使送药赐景文死，手诏曰："与卿周旋，欲全卿门户，故有此处分。"死时年六十。追赠车骑将军、开府仪同三司，常侍、中书监、刺史如故，谥曰懿侯。

长子绚，字长素。年七岁，读《论语》至"周监于二代"，外祖何尚之戏之曰："耶耶乎文哉。"绚即答曰："草翁风必偃。"少以敏惠见知。及长，笃志好学，官至秘书丞。年二十四，先景文卒，谥曰恭世子。子姥袭封，齐受禅，国除。

景文兄子蕴，字彦深。父楷，太中大夫，人才凡劣，故蕴不为群从所礼，常怀耻慨。家贫，为广德令，会太宗初即位，四方叛逆，蕴遂感激为将，假宁朔将军，建安王休仁司徒参军，令如故。景文甚不悦，语之曰："阿益，汝必破我门户。"阿益者，蕴小字也。事宁，封吉阳县男，食邑三百户。为中书、黄门郎，晋陵、义兴太守，所莅并贪纵。在义兴应见收治，以太后故，止免官。

废帝元徽初，复为黄门郎，东阳太守。未之郡，值桂阳王休范逼京邑，蕴领兵于朱雀门战败被创，事平，除侍中，出为宁朔将军、湘州刺史。蕴轻躁，薄于行业，时沈攸之为荆州刺史，密有异志，蕴与之结厚。及齐王辅朝政，蕴、攸之便连谋为乱，会遭母忧，还都，停巴陵十余日，更与攸之成谋。时齐王世子为郢州行事，蕴至郢州，谓世子必下慰之，欲因此为变，据夏口，与荆州连横。世子觉其意，称疾不往，又严兵自卫，蕴计不得行，乃下。及攸之为逆，**蕴密与司徒袁粲等结谋，事在《粲传》**。事败，走斗场，追禽，斩于秣陵市。

景文弟子孚，大明末，为海盐令。泰始初，天下反叛，唯孚独不同逆，官至司徒记室参军。

史臣曰：王景文弱年立誉，声芳籍甚，荣贵之来，匪由势至。若泰始之朝，身非外戚，与袁粲群公方骖并路，倾覆之灾，庶几可免。庾元规之让中书令，义在此乎！

卷八十六　　　列传第四十六

殷孝祖　刘勔

殷孝祖，陈郡长平人也。曾祖羡，晋光禄勋。父祖并不达。孝祖少诞节，好酒色，有气干。太祖元嘉末，为奉朝请，员外散骑侍郎。世祖以其有武用，除奋武将军、济北太守。入为积射将军。大明初，索虏寇青州，上遣孝祖北援，受刺史颜师伯节度，累与虏战，频大破之，事在《师

伯传》。还授太子旅贲中郎将，加龙骧将军。竟陵王诞据广陵为逆，孝祖隶沈庆之攻诞，又有战功，迁西阳王子尚抚军、宁朔将军、南济阴太守。出为盱眙太守，将军如故。还为虎贲中郎将，仍除宁朔将军、阳平东平二郡太守。又迁济南、南郡，将军如故。

前废帝景和元年，以本号督兖州诸军事、兖州刺史。太宗初即位，四方反叛，孝祖外甥司徒参军颍川葛僧韶建议衔命征孝祖入朝，上遣之。时徐州刺史薛安都遣薛索儿等屯据津径，僧韶间行得至，说孝祖曰："景和凶狂，开辟未有，朝野危极，假命漏刻。主上圣德天挺，神武在躬，曾不浃辰，夷凶翦暴，更造天地，未足为言。国乱朝危，宜立长生，公卿百辟，人无异议，泰平之隆，非旦则夕。而群小相煽，构造无端，贪利幼弱，竟怀希望。使天道助逆，群凶事申，则主幼时艰，权柄不一，兵难互起，岂有自容之地。舅少有立功之志，长以气节成名，若便能控济，河义勇，还奉朝廷，非唯匡主静乱，乃可以垂名竹帛。"孝祖具问朝廷消息，僧韶随方酬譬，并陈兵甲精强，主上欲委以前驱之任。孝祖即日弃妻子，率文武二千人随僧韶还都。

时普天同逆，朝廷唯保丹阳一郡，而永世县寻又反叛。义兴贼垂至延陵，内外忧危，咸欲奔散。孝祖忽至，众力不少，并伧楚壮士，人情于是大安。进孝祖号冠军，假节、督前锋诸军事，遣向虎槛，拒对南贼。御仗先有诸葛亮筒袖铠帽，二十五石弩射之不能入，上悉以赐孝祖。孝祖负其诚节，凌轹诸将，台军有父子兄弟在南者，孝祖并欲推治。由是人情乖离，莫乐为用。进使持节、都督兖州青冀幽四州诸军事、抚军将军，刺史如故。时贼据赭圻，孝祖将进攻之，与大统王玄谟别，悲不自胜，众并骇怪。泰始二年三月三日，与贼合战，常以鼓盖自随，军中人相谓曰："殷统军可谓死将矣。今与贼交锋，而以羽仪自标显，若善射者十士攒射，欲不毙，得乎？"是日，于阵为矢所中死，时年五十二。追赠散骑常侍、征北将军，持节、都督如故。封秭归县侯，食邑千户。四年，追改封建安县，谥曰忠侯。孝祖子悉为薛安都所杀，以从兄子慧达继封。齐受禅，国除。

刘勔，字伯猷，彭城人也。祖怀义，始兴太守。父颖之，汝南、新蔡二郡太守，征林邑，遇疾卒。勔少有志节，兼好文义。家贫，为广州增城令，广州刺史刘道锡引为扬烈府主簿。元嘉二十七年，索房南侵，道锡遣勔奉使诣京都，太祖引见之，酬对称旨，除宁远将军、绥远太守。元嘉末，萧简据广州为乱，勔起义讨之，烧其南门。广州刺史宗悫又命为军府主簿，以功封大亭侯。除员外散骑侍郎。孝建初，荆、江反叛，宗悫以勔行宁朔将军、湘东内史，领军出安陆。会事平，以本号为晋康太守，又徙郁林太守。大明初还都，徐州刺史刘道隆请为宁朔司马。竟陵王诞据广陵为逆，勔随道隆受沈庆之节度，事平，封金城县五等侯。除西阳王子尚抚军参军，入直阁。先是，遣费沈伐陈檀，不克，乃除勔龙骧将军、西江督护、郁林太守。勔既至，率军进讨，随宜翦定，大致名马，并献珊瑚连理树，上甚悦。还除新安王子鸾抚军中兵参军，遭母忧，不拜。前废帝即位，起为振威将军、屯骑校尉，入直阁。

太宗即位，加宁朔将军，校尉如故。江州刺史晋安王子勋为逆，四方响应，勔以本官领建平王景素辅国司马，进据梁山。会豫州刺史殷琰反叛，征勔还都，假辅国将军，率众讨琰，甲仗三十人入六门。复兼山阳王休祐骠骑司马，余如故。破琰将刘顺于宛唐，杜叔宝于横塘，事在《琰传》。除辅国将军、山阳王休祐骠骑谘议参军、梁郡太守、假节，不拜。琰婴城固守，自始春至于末冬，薛道标、庞孟虬并向寿阳，勔内攻外御，战无不捷。善抚将帅，以宽厚为众所依。将军王广之求勔所自乘马，诸将帅并忿广之叨冒，劝勔以法裁之，勔欢笑，即时解马与广之。复除使持节、督广交二州诸军事、平越中郎将、广州刺史，将军如故，不拜。及琰开门请降，勔约令三军，不得妄动。城内士民，秋毫无所失，百姓感悦，咸曰来苏。百姓生为立碑。改督益宁二州诸军事，益州刺史，持节、将军如故，又不拜。还京都，拜太子左卫率，封邵阳县侯，食邑千户。

琰初求救索虏，虏大众屯据汝南。泰始三年，以勔为征虏将军、督豫讨前锋诸军事，假节、置佐、本官如故。先是，常珍奇据汝南，与琰为逆，琰降，因据戍降虏，事在《琰传》。至是引虏西河公、长社公攻围辅国将军、汝阴太守张景远。景远与军主杨文苌拒击，大破之。景远寻病卒，太宗嘉其功，追赠冠军将军、豫州刺史，追封含洭县男，食邑三百户，以文苌代为汝阴太守。除勔右卫将军，仍以为使持节、都督豫司二州诸军事、征虏将军、豫州刺史，余如故。四年，除侍中，领射声校尉，又不受。进号右将军。其年，虏遣汝阳司马赵怀仁步骑五百，寇武津县。勔遣龙骧将军曲元德轻兵进讨，虏众惊散。虏子都公阕于拔又率三百人防运车口口千两，于汝阳台东水上结营。元德单骑直入，斩拔首，因进攻汝阳台，即陷外垒，获车一千三百乘，斩首一百五十级。勔又使司徒参军孙昙瓘督弋阳以西，会虏寇义阳，昙瓘大破之。虏上其北豫州租，有车二千两，勔招荒人，邀击于许昌，虏众奔散，焚烧米谷。

淮西人贾元友上书太宗，劝北攻悬瓠，可收陈郡、南顿、汝南、新蔡四郡之地。上以所陈示勔，使具条答。勔对曰：

元友称："虏主幼弱，奸伪竞起，内外规乱，天亡有期。"臣以为獯丑纵纵，乘藉王境，盘据州郡，百姓残亡。去冬众军失耕，今春连城围逼，国家复境之略，实有不遑，灭虏未及。元友又云："有七千余家，谷米丰积，可供二万人数年资储。"臣又以为二万人岁食米四十八万斛，五年合须米二百四十万斛，既理不容有，恐事难称言。元友又云："虏于悬瓠开驿保，虏已先据，若不足恃，此不须口。"俱是攻城，便应先图悬瓠，何更越先取鄢，以受腹背之灾。且七千余家丰积，而虏犹当远运为粮，是威不制民，民非异计。元友又云："虏欲水陆运粮，以救军命，可袭之机，在于今日。"臣又以为开立驿道，据守坚城，观其形候，不似蹙弱。可乘之机，恐为难验。元友又云："四郡民人，遭虏二十七年之毒，皆欲雪仇报耻，伏待朝威。"臣又以为垣式宝等受国重恩，今犹驱略车营，翻还就贼，盖是恋本之情深，非报怨之宜，何可轻试。元友又云："请敕荆、雍两州，遣二千精兵，从义阳依西山北下，直据郦城。"臣又以为郦城是贼驿路要戍，且经蛮接险，数百里中，裹粮潜进，方出平地，攻贼坚城，自古名将，未有能以此济者。假其克捷，不知足南抗悬瓠，北捍长社与不？且贼拥据数城，水陆通便，而今使官以二千断其资运，于事为难。元友又云："虏围逼汝阴，游魂二岁，为张景远所挫，不敢渡淮。"臣又以为景远兵力寡弱，不能自固，远遣救援，方得少克。今定是为贼所畏不？景远前所摧伤，裁至数百，虏步骑四万，犹不敢前，而今必以国家以轻兵远讨，指掌可克，言理相背，莫复过此。元友又云："龙山雉水、鲁奴、王景直等并受朝爵，马步万余。进讨之宜，唯须敕命。"臣以为鲁奴与虏交关，弥历年世，去岁送诚朝廷，誓欲立功。自蒙荣爵，便即逃遁，殊类奸猾，岂易暗期。兼王景直是一亡命，部曲不过数十人，既不可言，又未足恃。万余之言，似不近实。元友又云："四郡恨忿此非类，车营连结，废田二载，生业已尽，贼无所资，粮储已罄。断其运道，最是要略。"臣以断运须兵，兵应资食，而当此过悬瓠二百里中，使兵食兼足，何处求办？

臣窃寻元嘉以来，伧荒远人，多干国议，负儋归阙，皆劝讨伐。鲁爽诞说，实挫国威，徒失兵力，虚费金宝。凡此之徒，每规近说，从来信纳，皆诒后悔。界上之人，唯视强弱，王师至境，必壶浆候涂，裁见退军，便抄截蜂起。首领回师，何尝不为河畔所弊。

太宗纳之，元友议遂寝。勔与常珍奇书，劝令反虏，珍奇乃与子超越、羽林监式宝，于谯杀虏子都公费拔等凡三千余人。勔驰驿以闻，太宗大喜，以珍奇为使持节、都督司北豫二州诸军事、平北将军、司州刺史，汝南新蔡县侯，食邑千户；超越辅国将军、北豫州刺史，颍川汝阳口口三郡太守，安阳县男；式宝辅国将军、陈南顿二郡太守，真阳县男，食邑三百户。珍奇为虏所攻，引军南出，虏追击破之，珍奇走依山，得至寿阳，超越、式宝为人所杀。

五年，汝阴太守杨文苌又频破虏于荆亭及戍西。诏进勔号平西将军、豫州刺史，余如故，不拜。其年，征拜散骑常侍、中领军。勔以世路纠纷，有怀止足，求东阳郡。上以勔启遍示朝臣，自尚书仆射袁粲以下，莫不称赞，咸谓宜许。上曰："巴陵、建平二王，并有独往之志。若世道宁晏，皆当申其所请。"勔经始钟岭之南，以为栖息，聚石蓄水，仿佛丘中，朝士爱素者，多往游之。六年，改常侍为侍中。其年，南兖州刺史齐王出镇淮阴，以勔为使持节、都督南兖兖青冀口五州诸军事、平北将军，侍中、中领军如故，出镇广陵。固辞侍中、军号，许之，以为假平北将军。七年，解都督、假号、并节。太宗临崩，顾命以为守尚书右仆射，中领军如故，给鼓吹一部。废帝即位，加兵五百人。

元徽初，月犯右执法，太白犯上将，或劝勔解职。勔曰："吾执心行己，无愧幽明。若才轻任重，灾眚必及，天道密微，避岂得免。"桂阳王休范为乱，奄至京邑，加勔使持节、领军，置佐史，镇捍石头。既而贼众屯朱雀航南，右军王道隆率宿卫向朱雀，闻贼已至，急信召勔。勔至，命闭航，道隆不听，催勔渡航进战。率所领于航南战败，临陈死之，时年五十七。事平，诏曰："夫义实天经，忠惟人则，篆素流采，金石宣辉，自非识洞情灵，理感生极，岂有捐躯卫主，舍命匡朝者哉！故持节、镇军将军、守尚书右仆射、中领军鄱阳县开国侯勔，思怀亮粹，体业淹明，弘勋树绩，誉洽华野。绸缪顾托，契阔屯夷，方倚谋猷，翌康帝道。逆蕃扇祸，逼抗京甸，援桴誓旅，奉律行师。身与事灭，名随操远。朕用伤悼，震恸于厥心。昔王允秉诚，卞壸峻节，均风往德，归茂先轨。泉途终永，冤逝无追，思崇徽策，式光惇史。可赠散骑常侍、司空，本官、侯如故，谥曰忠昭公。"

子悛嗣，顺帝升明末，为广州刺史。齐受禅，国除。勔弟敳，泰始中，为宁朔将军、交州刺史，于道遇病卒。先有都乡侯爵，谥曰质侯。

史臣曰：吴汉平蜀，城内流血沾踝，而其后无闻于汉；陆抗定西陵，步氏祸及婴孩，而机、云为戮上国。刘勔克寿春，士民无遗刍委粒之叹；莫不扶老携幼，歌唱而出重围，美矣！

卷八十七　　列传第四十七

萧惠开　殷琰

萧惠开，南兰陵人，征西将军思话子也。初名慧开，后改慧为惠。少有风气，涉猎文史，家虽贵戚，而居服简素。初为秘书郎，著作并名家年少。惠开意趣与人多不同，比肩或三年不共语。外祖光禄大夫沛郡刘成戒之曰："汝恩戚家子，当应将迎时俗，缉外内之欢。如汝自业，将无小伤多异，以取天下之疾患邪？"惠开曰："人间宜相缉和，甚如慈旨。但不幸耿介，耻见作凡人，画龙未成，故遂至于多忤耳。"转太子舍人。与汝南周朗同官友善，以偏奇相尚。转尚书水部郎，始兴王浚征北府主簿，南徐州治中从事史，徙汝阴王友；又为南徐州别驾，中书侍郎，江夏王义恭大将军大司马从事中郎。

孝建元年，自太子中庶子转黄门侍郎，与侍中何偃争积射将军徐冲之事。偃任遇甚隆，惠开不为之屈，偃怒，使门下推弹之。惠开乃上表解职曰："陛下未照臣愚，故引参近侍。臣以职事非长，故委能何偃，凡诸当否，不敢参议。窃见积射将军徐冲之为偃命所黜，臣愚所谓有可申，故聊设微异。偃恃恩使贵，欲使人靡二情，便诃胁主者。手定文案,割落臣议,专载己辞。虽天照广临,竟未见察臣理,违颜咫尺,致兹壅滥,则臣之受劾,盖何足悲。但不顺侍中,臣有其咎,当而行之,不知何过。且议之不允,未有弹科,省心揆天,了知在宥。臣不能谢忿右职,改意重臣,刺骨铄金,将在朝夕。乞解所忝,保拙私庭。"时偃宠方隆,由此忤旨,别敕有司以属疾多,免惠开官。思话素恭谨,操行与惠开不同,常以其峻异,每加嫌责。及见惠开自解表,自叹曰:"儿子不幸与周朗周旋,理应如此。"杖之二百。寻重除中庶子。

丁父艰,居丧有孝性,家素事佛,凡为父起四寺,南岸南冈下,名曰禅冈寺;曲阿旧乡宅,名曰禅乡寺;京口墓亭,名曰禅亭寺;所封封阳县,名曰禅封寺。谓国僚曰:"封秩盖鲜,而兄弟甚多,若使全关一人,则在我所让。若使人人等分,又事可悲耻。寺众既立,自宜悉供僧众。"由此国秩不复下均。服除,除司徒左长史。大明二年,出为海陵王休茂北中郎长史、宁朔将军、襄阳太守,行雍州府事。善于为政,威行禁止。袭封封阳县侯。还为新安王子鸾冠军长史,行吴郡事。惠开妹当适桂阳王休范,女又当适世祖子,发遣之资,应须二千万。乃以为豫章内史,听其肆意聚纳,由是在郡著贪暴之声。入为尚书吏部郎,不拜,徙御史中丞。世祖与刘秀之诏曰:"今以萧惠开为宪司,冀当称职。但一往服领,已自殊有所震。"及在任,百僚畏惮之。

八年,入为侍中。诏曰:"惠开前在宪司,奉法直绳,不阿权威,朕甚嘉之。可更授御史中丞。"母忧去职。起为持节、督青冀二州诸军事、辅国将军、青冀二州刺史,不行。改督益宁二州刺史,持节、将军如故。惠开素有大志,至蜀,欲广树经略,善于述事,对宾僚及士人说收牂牁、越巂以为内地,绥讨蛮、濮,辟地征租;闻其言者,以为大功可立。太宗即位,进号冠军将军,又进平西将军,改督为都督。晋安王子勋反,惠开乃集将佐谓之曰:"湘东太祖之昭,晋安世祖之穆,其于当璧,并无不可。但景和虽昏,本是世祖之嗣,不任社稷,其次犹多。吾奉武、文之灵,兼荷世祖之眷,今便当投袂万里,推奉九江。"乃遣巴郡太守费欣寿领二千人东下,为巴东人任叔儿起义所邀,欣寿败没,陕口道不复通。更遣州治中程法度领三千人步出梁州,又为氐贼杨僧嗣所断。

先是,惠开为治,多任刑诛,蜀土咸怀猜怨。及闻欣寿没,法度又不得前,晋原一郡遂反,于是诸郡悉应之,并来围城。城内东兵不过二千,凡蜀人惠开疑之,皆悉遣出。子勋寻平,蜀人并欲屠城,以望厚赏。惠开每遣军出战,未尝不捷,前后所摧破杀伤不可胜计。外众逾合,胜兵者十余万人。时天下已平,太宗以蜀土险远,赦其诛责,遣惠开弟惠基步道慰蜀,具宣朝旨。惠基既至涪,而蜀人志在屠城,不欲使王命远达,遏留惠基不听进。惠基率部曲破其渠帅马兴怀,然后得前。惠开奉旨归顺,城围得解。

时太宗遣惠开宗人宝首水路慰劳益州,宝首欲以平蜀为功。更奖说蜀人,于是处处蜂起,凡诸离散者,一时还合。渠帅赵燕、句文章等,与宝首屯军于上,去成都六十里,众号二十万人。惠开欲遣击之,将佐咸曰:"攻破蜀贼,诚不为难。但慰劳使至,未获奉受,而遣兵相距,何以自明本心。"惠开曰:"今水陆四断,表启路绝,宝首或相诬陷,谓我不奉朝旨。我之欲战,本在通使;使若得通,则诚心达矣。"乃作启事,具陈事情,使腹心二人带启,戒之曰:"须贼破路开,便跃马驰去。"遣永宁太守萧惠训、别驾费欣业万兵并进,与战,大破之,生禽宝首,囚于成都县狱。所遣使至,上使执送宝首,除惠开晋平王休祐骠骑长史、南郡太守,不拜。泰始四年,还至京师。

初,惠开府录事参军到希微负蜀人债将百万,为责主所制,未得俱还。惠开与希微共事不厚,以为随其同上,不能携接得还,意耻之。厩内凡有马六十匹,悉以乞希微偿责,其意趣不常皆如是。先刘瑀为益州,张悦代之,瑀去任,凡所携将佐有不乐反者,必逼制还。语人曰:"随我上,岂可为张悦作西门客邪!"惠开自蜀还,资财二千余万,悉散施道路,一无所留。

五年,又除桂阳王休范征北长史、南东海太守。其年,会稽太守蔡兴宗之郡,而惠开自京口请假还都,相逢于曲阿。惠开先与兴宗名位略同,又经情款,自以负衅摧屈,虑兴宗不能诣己,戒勒部下:"蔡会稽部伍若借问,慎不得答。"惠开素严,自下莫敢违犯。兴宗见惠开舟力甚盛,不知为谁,遣人历舫讯,惠开有舫十余,事力二三百人,皆低头直去,无一人答者。

复为晋平王休祐骠骑长史,太守如故。六年,除少府,加给事中。惠开素刚,至是益不得志,寺内所住斋前,有向种花草甚美,惠开悉划除,列种白杨树。每谓人曰:"人生不得行胸怀,虽寿百岁,犹为夭也。"发病欧血,吐如肝肺者甚多。除巴陵王休若征西长史、宁朔将军、南郡太守,未拜。七年,卒,时年四十九。子睿嗣,齐受禅,国除。惠开与诸弟并不睦,惠基使益州,遂不相见。与同产弟惠明亦著嫌隙云。

殷琰,陈郡长平人也。父道鸾,衡阳王义季右军长史。琰少为太祖所知,见遇与琅邪王景文相埒。初为江夏王义恭征北行参军,始兴王浚后军主簿,出为鄱阳、晋熙太守,豫州治中从事史,庐陵内史。臧质反,弃郡奔北皖。琰性有计数,欲进退保全,故不还郡邑。事平,坐系尚方,顷之被宥。除海陵王国郎中令,不拜。临海王子顼为冠军将军、吴兴太守,以琰为录事参军,行郡事。复为豫州别驾,太宰户曹属,丹阳丞,尚书左丞,少府,寻阳王子房冠军司马,行南豫州,随府转右军司马,又徙巴陵王休若左军司马。

前废帝永光元年,除黄门侍郎,出为山阳王休祐右军长史、南梁郡太守。休祐入朝,琰仍行府州事。太宗泰始元年,以休祐为荆州,欲以吏部郎张岱为豫州刺史。会晋安王子勋反,即以琰督豫司二州南豫州之梁郡诸军事、建武将军、豫州刺史,以西汝阴太守庞道隆为琰长史,殿中将军刘顺为司马。顺劝琰同子勋。琰家累在京邑。意欲奉顺,而土人前右军参军杜叔宝、前陈南顿二郡太守皇甫道烈、道烈从弟前马头太守景度、前汝南颍川二郡太守庞天生、前睢阳令夏侯季子等，并劝琰同逆。琰素无部曲，门义不过数人，无以自立，受制于叔宝等。太宗遣冗从仆射柳伦领军助，骠骑大将军山阳王休祐又遣中兵参军郑瑗说琰令还。二人至，即与叔宝合。叔宝者，杜坦之子，既土豪乡望，内外诸军事并专之。

弋阳太守卜天生据郡同逆，断梁州献马得百余匹。边城令宿僧护起义斩天生，传首京邑。太宗嘉之，以为龙骧将军，封建兴县侯，食邑三百户。时绥戎将军、汝南新蔡二郡太守周矜起义于悬瓠，收兵得千余人。袁顗遣信诱矜司马汝南人常珍奇，以金铃为信。珍奇即日斩矜，送首诣顗，顗以珍奇为汝南、新蔡二郡太守。太宗追赠矜本官，以义阳内史庞孟虬为司州刺史，领随郡太守。孟虬不受命，起兵同子勋。子勋召孟虬出寻阳，而以孟虬子定光行义阳郡事。

太宗知琰逼迫士人，事不获已，犹欲羁縻之。以琰兄前中书郎瑗为司徒右长史，子邈为山阳王休祐骠骑参军。子勋遣使以琰为辅国将军、梁郡太守，后又加豫州，假节督南豫数郡。杜叔宝求琰上佐，庞道隆虑其为祸，乃请奉表使寻阳。琰即以叔宝为长史、梁郡太守。休祐步入朝，家内犹分停寿阳，琰资给供赡，事尽丰厚。

二年正月，太宗遣辅国将军刘勔率宁朔将军吕安国西讨，休祐出镇历阳，为诸军总统。时徐州刺史薛安都亦据彭城反，募能生禽琰、安都，封千户县侯，赐布绢各二千匹。二月，勔进军小岘。初，合肥戍主、南汝阴太守薛元宝委郡奔子勋，前太守朱辅之据城归顺。琰遣攻辅之，辅之败走。琰以前右军参军裴季之为南汝阴太守，季又归顺，太宗即而授之。琰所用象县令许道莲亦率二百人归降，太宗以为马头太守。三月，上又遣宁朔将军刘怀珍、段僧爱、龙骧将军姜产之马步三军，助勔讨琰。义军主黄回募江西楚人千余，斩子勋所置马头太守王广元，以回为龙骧将军。淮西人前奉朝请郑墨率子弟部曲及淮右郡起义于陈郡城，有众一万，太宗以为司州刺史。后房寇淮西，战败见杀，追赠冠军将军。

是月，刘顺、柳伦、皇甫道烈、庞天生等马步八千人，东据宛唐，去寿阳三百里。勔率众军并进，去顺数里立营。在道遇雨，旦始至，垒堑未立，顺欲击之。时琰所遣诸军并受节度，而以皇甫道烈、土豪柳伦，台之所遣，顺本卑微，不宜统督，唯二军不受命。至是道烈、伦不同，顺不能独进，乃止。既而勔营垒渐立，不可复攻，因相持守。四月，勔录事参军王起、前部贼曹参军甄澹等五人委勔奔顺，顺因此出军攻勔。顺幢主樊僧整与台马军主骠骑中兵参军段僧爱交矟斗，僧整刺僧爱，杀之，追赠屯骑校尉。僧爱勇冠三军，军中并惧。太宗又遣太尉司马垣阆率军来会，步兵校尉庞沈之助裴季成合肥。初，淮南人周伯符说休祐求起义兵，休祐不许，固请，乃遣之。杖策单行，至安丰，收得八百余人，于淮西为游军。珍奇所置弋阳太守郭确遣将军郭慈孙击伯符于金丘，琰又遣中兵参军杜叔宝助之。慈孙等为伯符所败，并投水死。太宗以伯符为骠骑参军。

叔宝本谓台军停住历阳不办进，顺等至，无不瓦解，唯赍一月日粮。既与勔相持，军食尽，报叔宝送食；叔宝乃发车千五百乘，载米饷顺，自以五千精兵防送之。勔闻之，军副吕安国曰："刘顺精甲八千，而我众不能居半，相持既久，强弱殊异，苟复推迁，则无以自立，所赖在彼粮将竭，我食有余耳。若使叔宝米至，非唯难可复图，我亦不能持久。今唯有间道袭其米车，出彼不意。若能制之，将不战走矣。"勔以为然，乃以疲弱守营，简选千百精手，配安国及军主黄回等，间路出顺后，于横塘抄之。安国始行，计叔宝寻至，止赍二日熟食，食尽，叔宝不至，将士并欲还。安国曰："卿等旦已一食，今晚米车不容不至。若其不至，夜去不晚。"叔宝果至，以米车为函箱阵，叔宝于外为游军，幢主杨仲怀领五百人居前，与安国、回等相会。仲怀部曲并欲退就叔宝，并力击安国。仲怀曰："贼至不击，复欲何待？且统军在后，政三二里间，比吾交手，何忧不至。"即便前战，回所领并淮南楚子，天下精兵，众力既倍，合战，便破之。于阵杀仲怀，仲怀所领五百人死尽。叔宝至，而仲怀及士卒伏尸蔽野，回等欲乘胜击之，安国曰："彼将自走，不假复击。"退军三十里止宿，夜遣骑参候，叔宝果弃米车奔走。安国即复夜往，烧米车，驱牛二千头而还。刘顺闻米车见烧，叔宝又走，五月一日夜，众溃，奔还寿阳，仍走淮西就常珍奇。勔于是方轨而进。

叔宝敛居民及散卒，婴城自守。勔与诸军分营城外，黄回立航渡肥水。叔宝遣马步三千，欲破航，并栅断小岘埭，回击大破之，焚其船栅。

休祐与琰书曰："君本文弱，素无武干，是远近所悉，且名器清显，不应复有分外希觊。近者之事，当是劫于凶竖，不能守节。今大军长驱，已造城下，势孤援绝，祸败交至，顾昔情款，犹有恻然。圣上垂天地之仁，开不世之泽，好生恶杀，遐迩所闻。顾琛、王昙生等皆军败迸走，披草乞活，尚蒙恩掖，晏处私门。今神锋所临，前无横陈，况穷城弱众，残伤之余，而欲自固乎！若开门归顺，自可不失富贵；将佐小大，并保荣爵。何故苟困士民，自求齑脍，身膏斧镬，妻息并尽，老兄垂白，东市受刑邪！幸自思之。信言不爽，有如皎日。"上又遣王道隆赍诏宥琰罪。

勔又与琰书曰："昔景和凶悖，行绝人伦，昏虐险秽，谏诤杜塞，遂残毁庙庭，芟刈百僚，纵毒穷凶，靡有纪极。于时人神回遑，莫能自保，中外士庶，咸愿一匡。予职在直卫，目所备睹。主上神机天发，指麾克定，横流涂炭，一朝太平，扶危拯急，实冠终古。而四方持疑，成此乖逆，资斧所临，每从偃简。足下以衣冠华胄，信概凤昭，附庚从违，犹见容养。贤兄长史，阶升清列；贤子参军，亦塞国网。间者进军宛唐，计由刘顺，退众闭城，当时未了。过蒙朝恩，谬充将帅，蚕承风素，情有依然。今皇威远申，三方蹙弱，胜败之势，皎然可览。王御史昨至，主上敕、骠骑教、贤兄贤子书，今悉遣送。百代以来，未有弘恩曲宥，乃至于此。且朝廷方宣示大义，惟新王道，何容摽虚辞于士女，失国信于一州。以足下明识渊见，想必不俟终日。如其孤背亭毒，弗忌屠陷者，便当穷兵肆武，究法极刑。将恐贵门无复祭祀之主，坟垄乏扫洒之望。进谢忠臣，退惭孝子，名实两丧，没有余责。扶力略白，幸加研览。"琰本无反心，事由力屈，叔宝等有降意，前后屡遣送诚笺，而众心持疑，莫能相一，故归顺之计，每多怨塞，婴城愈固。弋阳西山蛮田益之起义，攻郭确于弋阳，以益之为辅国将军，督弋阳西山事。六月，勔筑长围始合。田益之率蛮众万余人攻庞定光于义阳，定光遣从兄文生拒之，为益之所破，见杀，遂围其城。定光求救于子勋，子勋以定光父孟虬为司州刺史，率精兵五千救义阳，并解寿阳之围。常珍奇又自悬瓠遣三千人援定光，屯军柳水。益之不战，望风奔散。孟虬乘胜进军向寿阳。初，常珍奇遣周当、垣式宝率数百人送伏与琰。式宝骁勇绝众，因留守北门，乃率所领，开门掩袭勔，入其营；勔逃避得免，式宝得勔衣帽而去。勔于是乃竖长围，治攻道于东南角，并填堑。东南角有高楼，队主赵法进计曰："外若进攻，必先攻楼，楼颓落，既伤ος士，又使人情沮坏，不如先自毁之。"从其言。勔用草茅苞土，掷以塞堑。掷者如云，城内乃以火箭射之，草未及燃，后土续至，一二日，堑便欲满。赵法进复献计，以铁珠子灌之。珠子流滑，悉缘隙得入，草于是火燃，二日间草尽，堑中土不过二三寸。勔乃作大虾蟆车载土，牛皮蒙之，三百人推以塞堑。琰户曹参军虞挹之造确车，击之以石，车悉破坏。

初，庐江太守王子仲弃郡奔寻阳，庐江人起义，休祐遣员外散骑侍郎陆悠之助之。刘胡遣其辅国将军薛道标渡江煽动群蛮，规自庐江掩袭历阳，悠之众弱，退保谯城。司徒建安王休仁遣谘议参军沈灵宠驰驱庐江，道标后一日方至，悠之自谯城来会，因与道标相持。七月，庞孟虬至弋阳，勔遣吕安国、垣闳、龙骧将军陈显达、骠骑参军孟次阳拒之。孟虬军副吕兴寿与安国有旧，率所领降。安国进军，破孟虬于蓼潭，义军主陈脍又破之于汝水，孟虬走向义阳；义阳已为王玄谟子昙善起义所据，乃逃于蛮中。淮西人郑叔举起义击常珍奇，以为北豫州刺史。

八月，皇甫道烈、柳伦等二十一人闻孟虬败，并开门出降。勔因此又与琰书曰："柳伦来奔，具相申述，方承足下迹缠秽乱，心秉忠诚，悯默穷愁，不亲戎政。去冬开天之始，愚迷者多，如足下流比，进非社稷宗臣，退无顾命寄托，朝廷既不偏相嫌责，足下亦复无所独愧。程天祚已举城归顺，庞孟虬又继迹奔亡，刘胡困于钱溪，袁顗欲战不得，推理揆势，亦安能久。且南方初起，连州十六，拥徒百万，仲春以来，无战不北，摧陷殄灭，十无一二。南凭袁顗弱卒，北恃足下孤城，以兹定业，恐万无一理。方今国网疏略，示举宏维，比日相白，想亦己具矣。且伦等皆是足下腹心牙爪，所以携手相舍，非有怨恨也，了知事不可济，祸害已及故耳。夫拥数千乌合，抗天下之兵，倾覆之状，岂不易晓。假令六蔽之人，犹当不为其事，况复足下少祖名教，疾没世无称者邪。所以复有此白者，实惜华州重镇，鞠为茂草，兼伤贵门一日屠灭。足下若能封府库，开四门，宣语文武，示以祸福，先遣咫尺之书，表达诚款，然后素车白马，来诣辕门，若令足下发肤不全，儿侄雕耗者，皇天后土，实闻此言。至薛不华，宁复多白。"

薛道标犹在庐江，刘胡又分兵扬声向寿阳及合肥。

勔遣许道莲驰赴合肥，助裴季文，又遣黄回、孟次阳乃屯骑校尉段佛荣、武卫将军王广之继之。道标率其党薛元宝等攻合肥，勔所遣诸军未至，为道标所陷，季文及武卫将军叶庆祖力战死之。勔驰遣垣闳总统诸军攻合肥。是月，刘胡败走，寻阳平定。太宗遣叔宝从父弟季文至琰城下，与叔宝语，说四方已定，劝令时降。叔宝曰："我乃信汝，恐为人所诳耳！"叔宝闭绝子勋败问，有传者即杀之。时琰子邈东在京邑，系建康，太宗送邈与琰，令说南贼已平之问，自建康出，便防送就道。议者以为宜听邈与伯父瑗私相见，不尔无以解城内之惑，不从。邈至，叔宝等果疑，守备方固。十月，薛道标突围，与十余骑走奔淮西，投常珍奇，薛元宝归降。

先是，晋熙太守阎湛之据郡同逆，至是沈灵宠自庐江攻之。湛之未知寻阳已败，固守不降。灵宠乃取诸将破刘胡文书置车中，攻城伪败，弃车而走。湛之得书大骇，其夜奔逃。十一月，常珍奇乞降，虑不见纳，又求救于索虏。太宗即以珍奇为司州刺史，领汝南、新蔡二郡太守。虏亦遣伪帅张穷奇骑万匹救之。十二月，虏至汝南，珍奇开门纳虏，淮西七县民并连营南奔，刘顺亦弃虏归顺。

南贼降者，太宗并送琰城下，令与城内交言，由是人情沮丧。琰将降，先送休祐内人出城，然后开门。时琰有疾，以板自舆，与诸将帅面缚请罪。勔并抚宥，无所诛戮，自将帅以下，财物资货，皆以还之，纤毫无所失。虏骑救琰，至师水，闻城陷，乃破义阳，杀掠数千人而去。垣式宝寻复反叛，投常珍奇。以平琰功，刘怀珍封艾县侯，食邑四百户，垣闳乐乡县侯，孟次阳攸县子，王广之蒲圻县子，陈显达彭泽县子，吕安国钟武县子，食邑各三百户，黄回葛阳县男，食邑二百户。送琰及伪节还京都。

久之，为王景文镇南谘议参军，兼少府。泰豫元年，除少府，加给事中。后废帝元徽元年，卒，时年五十九。琰性和雅静素，寡嗜欲，谙前世旧事，事兄甚谨，少以名行见称。在寿阳被攻围积时，为城内所怀附。扬州刺史王景文、征西将军蔡兴宗、司空褚渊，并与之友善云。

史臣曰：夫求忠臣必于孝子之门，盖以类得之也。昔启方说主，迹表遗亲，邓攸淳行，爱兼犹子，虽禀分参差，情纪难一，而均薄等厚，未之或偏。惠开亲礼虽笃，弟隙尤著，方寸之内，孝友异情，险于山川，有验于此也。

卷八十八　　列传第四十八

薛安都　沈文秀　崔道固

薛安都，河东汾阴人也。世为强族，同姓有三千家。父广，为宗豪，高祖定关、河，以为上党太守。安都少以勇闻，身长七尺八寸，便弓马。索虏使助秦州刺史北贺汨击反胡白龙子，灭之。由是为伪雍、秦二州都统，州各有刺史，都统总其事。元嘉二十一年，索虏主拓跋焘击芮芮大败，安都与宗人薛永宗起义，永宗营汾曲，安都袭得弘农。会北地人盖吴起兵，遂连衡相应。焘自率众击永宗，灭其族，进击盖吴。安都料众寡不敌，率壮士辛灵度等，弃弘农归国。太祖夙见之，求北还构扇河、陕，招聚义众。上许之，给锦百匹，杂缯三百匹。复袭弘农，虏已增戍，城不可克，盖吴又死，乃退还上洛。世祖镇襄阳，板为扬武将军、北弘农太守。虏渐强盛，安都乃归襄阳。从叔沈亦同归国，官至绥远将军、新野太守。

二十七年，随王诞版安都为建武将军，随柳元景向关、陕，率步骑居前，所向克捷，事在《元景传》。军还，诞版为后军行参军。二十九年，除始兴王浚征北行参军，加建武将军。鲁爽向虎牢，安都复随元景北出，即据关城，期俱济河取蒲坂。会爽退，安都复率所领随元景引还。仍伐西阳五水蛮。

世祖伐逆，转参军事，加宁朔将军，领马军，与柳元景俱发。四月十四日，至朱雀航，横矛瞋目，叱贼将皇甫安民等曰："贼弑君父，何心事之！"世祖践阼，除右军将军。五月四日，率所领骑为前锋，直入殿庭。贼尚有数百人，一时奔散。以功封南乡县男，食邑五百户。安都从征关、陕，至白口，梦仰头视天，正见天门开，谓左右曰："汝见天门开不？"至是叹曰："梦天开，乃中兴之象邪！"

从弟道生，亦以军功为大司马参军。犯罪，为秣陵令庾淑之所鞭。安都大怒，乃乘马从数十人，令左右执梢，欲往杀淑之。行至朱雀航，逢柳元景。元景遥问："薛公何处去？"安都跃马至车后曰："小子庾淑之鞭我从弟，今诣往刺杀之。"元景虑其不可驻，乃绐之曰："小子无宜适，卿往与手，甚快。"安都既回马，复追呼之："别宜与卿有所论。"令下马入车。既入车，因责让之曰："卿从弟服章言论，与寒细不异，虽复人士，庾淑之亦何由得知？且人身犯罪，理应加罚，卿为朝廷勋臣，宜崇奉法宪，云何放恣，辄欲于都邑杀人？非唯科律所不容，主上亦无辞以相宥。"因载之俱归，安都乃止。其年，以悼直免官。

孝建元年，复除左军将军。二月，鲁爽反叛，遣安都及冗从仆射胡子反、龙骧将军宗越率步骑据历阳。爽遣将郑德玄戍大岘，德玄使前锋杨胡与轻兵向历阳。安都遣宗越及历阳太守程天祚逆击破之，斩胡与及其军副。德玄复使其司马梁严屯岘东，安都幢主周文恭晨往侦候，因而袭之，悉禽；贼未敢进。世祖诏安都留三百人守历阳，渡还采石，迁辅国将军、竟陵内史。四月，鲁爽使弟瑜率三千人出小岘，爽寻以大众阻大岘。又遣安都步骑八千度江，与历阳太守张幼绪等讨爽。安都军副建武将军谭金率数十骑挑战，斩其偏帅。幼绪怯怯，辄引军退还，安都复还历阳。臧质久不至，世祖复遣沈庆之济江督统诸军。爽军食少，引退，庆之使安都率轻骑追之；四月丙戌，及爽于小岘，爽自与腹心壮骑继后。谭金先薄之，不能入，安都望见爽，便跃马大呼，直往刺之，应手而倒，左右范双斩爽首。爽累世枭猛，生习战陈，咸云万人敌。安都单骑直入，斩之而反，时人皆云关羽之斩颜良，不是过也。进爵为侯，增邑五百户，并前千户。

时王玄谟距南郡王义宣、臧质于梁山，安都复领骑为支军。贼有水步营在芜湖，安都遣将吕兴寿率数十骑袭之，贼众惊乱，斩首及赴水死者甚众。义宣遣将刘湛之及质攻玄谟，玄谟命众军击之，使安都引骑出贼阵右。谭金三历贼陈，乘其隙纵骑突之，诸将系进。是朝，贼马军发芜湖，欲来会战，望安都骑甚盛，隐山不敢出。贼阵东南犹坚，安都横击陷之，贼遂大溃。安都队主刘元儒于舰中斩湛之首。转太子左卫率。大明元年，虏向无盐，东平太守刘胡出战失利。二月，遣安都领马军北讨，东阳太守沈法系水军向彭城，并受徐州刺史申坦节度。上戒之曰："贼若可及，便尽力殄之。若度已回，可过河耀威而反。"时虏已去，坦求回军讨任榛，见许。安都当向左城，左城去滑台二百余里，安都以去虏镇近，军少不宜分行。至东坊城，遇任榛三骑，讨擒其一，余两骑得走。任榛闻知，皆得逃散。时天旱，水泉多竭，人马疲困，不能远追。安都、法系并白衣领职，坦系尚方。任榛大抵在任城界，积世通叛所聚，所在皆棘榛深密，难以用师，故能久自保藏，屡为民患。安都明年复职，改封武昌县侯，加散骑常侍。七年，又加征虏将军，为太子左卫率十年，终世祖世不转。

前废帝即位，迁右卫将军，加给事中。永光元年，出为使持节、督兖州诸军事、前将军、兖州刺史。景和元年，代义阳王昶督徐州豫州之梁郡诸军事、平北将军、徐州刺史。太宗即位，进号安北将军，给鼓吹一部。安都不受命，举兵同晋安王子勋。初，安都从子索儿，前废帝景和中，为前军将军，直阁，从诛诸公，封武安县男，食邑三百户。太宗即位，以为左将军，直阁如故。安都将为逆，遣密信报之，又遣数百人至瓜步迎接。时右卫将军柳光世亦与安都通谋。

泰始二年正月，索儿、光世并在省，安都信催令速去，二人俱自省逃出，携安都诸子及家累，席卷北奔。青州刺史沈文秀、冀州刺史崔道固并皆同反。文秀遣刘弥之、张灵庆、崔僧琁三军，道固遣子景征、傅灵越领众，并应安都。弥之等南出下邳，灵越自泰山道向彭城。时济阴太守申阐据睢陵城起义，索儿率灵越等攻之。安都使同党裴祖隆守下邳城，弥之等至下邳，改计归顺，因进军攻祖隆，僧琁不同，率所领归安都。索儿闻弥之有异志，舍睢陵驰赴下邳，弥之等未战溃散，并为索儿所执，见杀。

时太宗以申令孙为徐州，代安都。令孙进据淮阳，密有反志，遣人告索儿曰："欲相从顺，而百口在都。可进军见攻，若战败被执，家人可得免祸。"索儿乃遣灵越向淮阳，令孙出城，为相距之形，既而奔散，北投索儿。索儿使令孙说阐令降，阐既降，索儿执阐及令孙，并杀之。索儿因引军渡淮，军粮不给，掠奔百姓谷食。太宗遣齐王率前将军张永、宁朔将军垣山宝、王宽、员外散骑侍郎张罝震、萧顺之、龙骧将军张季和、黄文玉等诸军北讨。其年五月，军次平原，索儿等率马步五千，列陈距战，击大破之。索儿又房掠民谷，固守石梁，齐王又率镇北参军赵昙之、吕湛之击之。索儿军无资实，所资野掠，既见攻逼，无以为守，于是奔散；又追破之于葛家白鹄。索儿走向乐平县界，为申令孙子孝叔所斩。安都子道智、大将范双走时武卫将军王广之领军隶刘勔,攻殷琰于寿阳。傅灵越奔逃,为广之军人所生禽,厉声曰:"我傅灵越也。汝得贼何不即杀。"生送诣勔,勔躬自慰劳,诘其叛逆。对曰:"九州唱义,岂独在我。"勔又问:"四方阻逆,无战不禽,主上皆加以旷荡,即其才用。卿何不早归天阙,乃逃命草间乎?"灵越答曰:"薛公举兵淮北,威震天下,不能专任智勇,委付子侄,致败之由,实在于此。然事之始末,备皆参豫,人生归于一死,实无面求活。"勔壮其意,送还京师。太宗欲加原宥,灵越辞对如一,终不回改,乃杀之。灵越,清河人也。时辅国将军、山阳内史程天祚据郡同安都,攻围弥时,然后归顺。

子勋平定,安都遣驾从事史毕众爱、下邳太守王焕等奉启书诣太宗归款,曰:"臣庸隶荒萌,偷生上国,过蒙世祖孝武皇帝过常之恩,犬马有心,实感恩遇。是以晋安始唱,投诚孤往,不期生荣,实存死报。今天命大归,群迷改属,辄率领所部,束骸待诛,违拒之罪,伏听汤镬。"索儿之死也,安都使柳光世守下邳,至是亦率所领归降。太宗以四方已平,欲示威于淮外,遣张永、沈攸之以重军迎之。安都谓既已归顺,不应遣重兵,惧不免罪,乃遣信要引索房。三年正月,索房遣博陵公尉迟苟人、城阳公孔伯恭二万骑救之。永等引退,安都开门纳房,房即授安都徐州刺史、河东公。四年三月,召还桑乾。五年,死于房中,时年六十。

初,安都起兵,长史兰陵俨密欲图之,见杀。安都未向桑乾,前军将军裴祖隆谋杀苟人,举彭城归顺,事泄,见诛。员外散骑侍郎孙耿之击索儿战死,及刘弥之、张灵庆皆战败见杀,并为太宗所哀,追赠俨光禄勋,祖隆宁朔将军、兖州刺史,耿之羽林监,弥之辅国将军、青州刺史,灵庆宁朔将军、冀州刺史。

安都子伯令、环龙,亡命梁、雍二州之间。三年,率亡命数千人袭广平,执太守刘冥虬,攻顺阳,克之,略有义成、扶风,置立守宰。雍州刺史巴陵王休若遣南阳太守张敬儿、新野太守刘攘兵击破之,并禽。先是,东安、东莞二郡太守张谠守团城,在彭城东北。始同安都,未亦归顺,太宗以为东徐州刺史,复为房所没。

沈文秀,字仲远,吴兴武康人,司空庆之弟子也。父劭之,南中郎行参军。文秀初为郡主簿,功曹史,庆之贵后,文秀起家为东海王祎抚军行参军;又度义阳王昶东中郎府,东迁钱唐令,西阳王子尚抚军参军,武康令,尚书库部郎,本邑中正,建康令。坐于寻阳王鞭杀私奴,免官,加杖一百;寻复官。前废帝即位,为建安王休仁安南录事参军,射声校尉。

景和元年,迁督青州之东莞东安二郡诸军事、建威将军、青州刺史。时帝狂悖无道,内外忧危,文秀将之镇,部曲出屯白下,说庆之曰:"主上狂暴如此,土崩将至,而一门受其宠任,万物皆谓与之同心。且此人性情无常,猜忌特甚,将来之祸,事又难测。今因此众力,图之易于反掌,千载一时,万不可失。"庆之不从。文秀固请非一,言

辄流涕,终不回。文秀既行,庆之果为帝所杀。庆之死后,帝遣直阁江方兴领兵诛文秀,方兴未至,太宗已定乱,驰驿驻之。方兴既至,为文秀所执。寻见释,遣还京师。

时晋安王子勋据寻阳反叛,六师外讨,征兵于文秀。文秀遣刘弥之、张灵庆、崔僧琁三军赴朝廷。时徐州刺史薛安都已同子勋,遣使报文秀,以四方齐举,劝令同逆,文秀即令弥之等回应安都。弥之等行归顺,事在《安都传》。弥之青州强姓,门族甚多,诸宗从相合率奔北海,据城以拒文秀。平原、乐安二郡太守王玄默据琅邪,清河、广川二郡太守王玄邈据盘阳城,高阳、勃海二郡太守刘乘民据临济城,并起义。文秀司马房文庆谋应之,为文秀所杀。文秀遣军主解彦士攻北海陷之,乘民从弟伯宗合率乡兵,复克北海,因率所领向青州所治东阳城。文秀拒之,伯宗战败被创,弟天爱扶持将去,伯宗曰:"丈夫当死战场,以身殉国,安能归死儿女手中乎!弟可速去,无为两亡。"乃见杀,追赠龙骧将军、长广太守。

太宗遣青州刺史明僧皓、东莞东安二郡太守李灵谦率军伐文秀。玄邈、乘民、僧皓等并进军攻城,每战辄为文秀所破,离而复合,如此者十余。泰始二年八月,寻阳平定,太宗遣尚书度支郎崔元孙慰劳诸义军,随僧皓战败见杀,追赠宁朔将军、冀州刺史。上遣文秀弟文炳诏文秀曰:"皇帝前问督青州徐州之东莞东安二郡诸军事、建威将军、青州刺史,朕去岁拨乱,功振普天,于卿一门,特有殊泽,卿得延命至今,谁之力邪?何故背国负恩,远同逆竖。今天下已定,四方宁一,卿独守穷城,何所归奉?且卿百口在都,兼有坟墓,想情非木石,犹或顾怀。故指遣文炳具相宣示。凡诸逆郎,亲为戎首,一不加罪,文炳所具。卿独何人,而能自立。便可速率部曲,同到军门,别诏有司,一无所问。如其不尔,国有常刑,非惟戮及弟息,亦当夷卿坟垄,既以谢齐土百姓,亦以劳将士之心。故有今诏。"三年二月,文秀归命请罪,即安本任。

先是,冀州刺史崔道固亦据历城同逆,为土人起义所攻,与文秀俱遣信引房;房遣将慕舆白曜率大众援之,文秀已受朝命,乃乘房无备,纵兵掩击,杀伤甚多。房乃进军围城,文秀善于抚御,将士咸为尽力,每与房战,辄摧破之,掩击营寨,往无不捷。太宗进文秀号辅国将军。其年八月,房蜀郡公拔式等马步数万人入西郭,直至城下。文秀使辅国将军垣谌击破之。九月,又逼城东。十月,进攻南郭。文秀使员外散骑侍郎黄弥之等邀击,斩获数千。四年,又进文秀号右将军,封新城县侯,食邑五百户。房青州刺史王隆显于安丘县又为军主高崇仁所破,死者数百人。房围青州积久,太宗所遣救兵并不敢进,乃以文秀弟征北中兵参军文静为辅国将军,统高密、北海、平昌、长广、东莱五郡军事,从海道救青州。文静至东莱之不其城,为房所断遏,不得进,因保城自守,又为房所攻,屡战辄克,太宗加其东青州刺史。四年,不其城为房所陷,文静见杀。

文秀被围三载,外无援军,士卒为之用命,无离叛者,日夜战斗,甲胄生虮虱。五年正月二十四日,遂为房所陷。城败之日,解释戎衣,缓服静坐,命左右取所持节。房既

人，兵刃交至，问曰："青州刺史沈文秀何在？"文秀厉声曰："身是。"因执之，牵出听事前，剥取衣服。时白曜在城西南角楼，裸缚文秀至曜前，执之者令拜。文秀曰："各二国大臣，无相拜之礼。"曜命还其衣，为设酒食，锁送桑乾。其余为乱兵所杀，死者甚众。太宗先遣尚书功论郎何如真选青州文武，亦为虏所杀。文秀在桑乾凡十九年，齐之永明四年，病死，时年六十一。

崔道固，清河人也。世祖世，以干用见知，历太子屯骑校尉，左军将军。大明三年，出为齐、北海二郡太守。民焦恭破古冢，得玉铠，道固检得，献之，执系恭。入为新安王子鸾北中郎谘议参军，永嘉王子仁左军司马。景和元年，出为宁朔将军、冀州刺史，镇历城。泰始二年，进号辅国将军，又进号征虏将军。时徐州刺史薛安都同逆，上即还道固本号为徐州代之。道固不受命，遣子景微、军主傅灵越率众赴安都。既而为土人起义所攻，屡战失利，闭门自守。会四方平定，上遣使宣慰，道固奉诏归顺。先是与沈文秀共引虏，虏既至，固守距之，因被围逼。虏每进，辄为道固所摧。三年，以为都督冀青兖幽并五州诸军事、前将军、冀州刺史，加节，又进号平北将军。其年，为虏所陷，被送桑乾，死于虏中。

史臣曰：《春秋》列国大夫得罪，皆先致其邑而后去，唯邾、莒三臣，书以叛人之目，盖重地也。安都勤王之略，义阙于藩屏，以地外奔，罪同于三叛。《诗》云："谁生厉阶，至今为梗。"其此之谓乎？

卷八十九　　列传第四十九

袁　粲

袁粲，字景倩，陈郡阳夏人，太尉淑兄子也。父濯，扬州秀才，蚤卒。祖母哀其幼孤，名之曰愍孙。伯叔并当世荣显，而愍孙饥寒不足。母琅邪王氏，太尉长史诞之女也，躬事绩纺，以供朝夕。愍孙少好学，有清才，有欲与从兄颛婚者，伯父洵即颛父，曰："颛不堪，政可与愍孙婚耳。"时愍孙在坐，流涕起出。蚤以操立志行见知。初为扬州从事，世祖安北、镇军、北中郎行参军，侍中郎主簿。世祖伐逆，转记室参军。及即位，除尚书吏部郎，太子右卫率，侍中。孝建元年，世祖率群臣并于中兴寺八关斋，中食竟，愍孙别与黄门郎张淹更进鱼肉食。尚书令何尚之奉法素谨，密以白世祖，世祖使御史中丞王谦之纠奏，并免官。二年，起为廷尉，太子中庶子，领右军将军。出为辅国将军、西阳王子尚北中郎长史、广陵太守，行兖州事。仍为永嘉王子仁冠军长史，将军、太守如故。

大明元年，复为侍中，领射声校尉，封兴平县子，食邑五百户，事在《颜师伯传》。三年，坐纳山阴民丁象文

货，举为会稽郡孝廉，免官。寻为西阳王子尚抚军长史，又为中庶子，领左军将军。四年，出补豫章太守，加秩中二千石。五年，复还为侍中，领长水校尉，迁左卫将军，加给事中。七年，转吏部尚书，左卫如故。其年，皇太子冠，上临宴东宫，愍孙劝颜师伯酒；师伯不饮，愍孙因相裁辱。师伯见宠于上，上常嫌愍孙以寒素凌之，因此发怒，出为海陵太守。前废帝即位，除御史中丞，不拜。复为吏部尚书。永光元年，徙右卫将军，加给事中。景和元年，复入为侍中，领骁骑将军。太宗泰始元年，转司徒左长史，冠军将军，南东海太守。

愍孙清整有风操，自遇甚厚，常著《妙德先生传》以续嵇康《高士传》以自况，曰：

有妙德先生，陈国人也。气志渊虚，姿神清映，性孝履顺，栖冲业简，有舜之遗风。先生幼凤多疾，性疏懒，无所营尚，然九流百氏之言，雕龙谈天之艺，皆泛识其大归，而不以成名。家贫尝仕，非其好也。混其声迹，晦其心用，故深交或疏，俗察罔识。所处席门常掩，三径裁通，虽扬子寂漠，严叟沈冥，不是过也。修道遂志，终无得而称焉。

又尝谓周旋人曰："昔有一国，国中一水，号曰狂泉。国人饮此水，无不狂，唯国君穿井而汲，独得无恙。国人既并狂，反谓国主之不狂为狂。于是聚谋，共执国主，疗其狂疾。火艾针药，莫不毕具。国主不任其苦，于是到泉所酌水饮之，饮毕便狂。君臣大小，其狂若一，众乃欢然。我既不狂，难以独立，比亦欲试饮此水。"

愍孙幼慕荀奉倩之为人，白世祖，求改名为粲，不许。至是言于太宗，乃改为粲，字景倩焉。二年，迁领军将军，仗士三十人入六门。其年，徙中书令，领太子詹事，增封三百户，固辞不受。三年，转尚书仆射，寻领吏部。五年，加中书令，又领丹阳尹。六年，上于华林园茅堂讲《周易》，粲为执经。又知东宫事，徙为右仆射。七年，领太子詹事，仆射如故。未拜，迁尚书令，丹阳尹如故。坐前选武卫将军江柳为江州刺史，柳有罪，降为守尚书令。

太宗临崩，粲与褚渊、刘勔并受顾命，加班剑二十人，给鼓吹一部。后废帝即位，加兵五百人。帝未亲朝政，下诏曰："比元序愆度，留熏耀昏，有伤秋稼，方贻民瘼。朕以眇疾，未弘政道，囹圄尚繁，柱滞犹积，晨兢夕厉，每恻于怀。尚书令可与执法以下，就讯众狱，使冤讼洗遂，困弊昭苏。颁下州郡，咸令无壅。"元徽元年，丁母忧，葬竟，摄令亲职，加卫将军，不受。敦逼备至，中使相望，粲终不受。性至孝，居丧毁甚，祖日及祥变，常发诏卫军断客。

二年，桂阳王休范为逆，粲扶曳入殿，诏加兵自随，府置佐史。时兵难危急，贼已至南掖门，诸将意沮，咸莫能奋。粲慷慨谓诸将帅曰："寇贼已逼，而众情离沮。孤子受先帝顾托，本以死报，今日当与褚护军同死社稷！"因命左右被马，辞色哀壮。于是陈显达等感激出战，贼即平殄。事宁，授中书监，即本号开府仪同三司，领司徒，以扬州解为府，固不肯移。

三年，徙尚书令，卫军、开府如故，并固辞，服终乃

受。加侍中，进爵为侯，又不受。时粲与齐王、褚渊、刘秉入直，平决万机，时谓之"四贵"。粲闲默寡言，不肯当事，主书每往谘决，或高咏对之，时立一意，则众莫能改。宅宇平素，器物取给。好饮酒，善吟讽，独酌园庭，以此自适。居负南郭，时杖策独游，素寡往来，门无杂客。及受遗当权，四方辐凑，闲居高卧，一无所接，谈客文士，所见不过一两人。

顺帝即位，迁中书监，司徒、侍中如故。时齐王居东府，故使粲镇石头。粲素静退，每有朝命，多不即从，逼切不得已，然后方就。及诏移石头，即便顺旨。有周旋人解望气，谓粲曰："石头气甚乖，往必有祸。"粲不答。又给油络通幰车，仗士五十人入殿。时齐王功高德重，天命有归，粲自以身受顾托，不欲事二姓，密有异图。丹阳尹刘秉，宋代宗室；前湘州刺史王蕴，太后兄子，素好武事，并虑不见容于齐王，皆与粲相结。将帅黄回、任候伯、孙昙瓘、王宜兴、彭文之、卜伯兴等，并与粲合。

升明元年，荆州刺史沈攸之举兵，齐王自诣粲，粲称疾不见。粲宗人通直郎袁达以为不宜示异同，粲曰："彼若以主幼时艰，与桂阳时不异，劫我入台，便无辞以拒。一如此，不复得出矣。"时齐王入屯朝堂，秉从父弟领军将军韫入直门下省，伯兴为直阁，黄回诸将皆率军出新亭。粲谋克日矫太后令，使韫、伯兴率宿卫兵攻齐王于朝堂，回率军来应。秉、候伯等并赴石头，本期夜发。其日秉怔扰不知所为，晡后便束装，未暗，载妇女席卷就粲，由此事泄。先是，齐王遣将薛渊、苏烈、王天生等领兵戍石头，云以助粲，实御之也。又令腹心王敬则为直阁，与伯兴共总禁兵。王蕴闻秉已奔，叹曰："今年事败矣！"时齐王使蕴募人，已得数百，乃狼狈率部曲向石头。本期开南门，时已暗夜，薛渊等据仗射之，蕴谓粲已败，即便散走。齐王以报敬则，率所领收蕴杀之，并诛伯兴。又遣军主戴僧静向石头助薛渊，自仓门得入。时粲与秉等列兵登东门，僧静分兵攻府西门。粲与秉欲还赴府，既下城，列烛自照，僧静挺身暗往，粲子最觉有异人，以身卫粲，僧静直前斩之，父子俱殒，左右各分散。粲死时，年五十八。任候伯等其夜并乘轻舸，自新亭赴石头，闻粲败，乃驰还；其后并诛。秉事在《宗室传》。

齐永明元年，诏曰："昔魏矜袁绍，恩给丘坟；晋亮两王，荣覃余裔。斯盖怀旧流仁，原心兴宥，二代弘义，前载美谈。袁粲、刘秉，并与先朝同奖宋室；沈攸之于景和之世，特有乃心，虽末节不终，而始诚可录。岁月弥往，宜沾优隆。粲、秉前年改葬，茔兆未修，材官可为经略，粗合周礼。攸之及其诸子丧柩在西，可符荆州以时致送，还反旧墓，在所营葬事。"

史臣曰：辟运创基，非机变无以通其务；世及继体，非忠贞无以守其业。辟运之君，千载一有，世及之主，无乏于时，□□须机变之用短，资忠贞之路长也。故汉室□□，文举不屈曹氏；魏鼎将移，夏侯义不北面。若悉以二子为心，则两代宜不亡矣。袁粲清标简贵，任属负图，朝野之望虽隆，然未以大节许之。及其赴危亡，审存灭，岂所谓义重于生乎！虽不达天命，而其道有足怀者。昔王经被旌于晋世，粲等亦改葬于圣朝，盛代同符，美矣！

卷九十　　　　列传第五十

明 四 王

明帝十二子：陈贵妃生后废帝，谢修仪生皇子法良，陈昭华生顺帝，徐婕妤生第四皇子，郑修容生皇子智井，次晋熙王燮，与皇子法良同生。泉美人生邵陵殇王友；次江夏王跻，与第四皇子同生。徐良人生武陵王赞，杜修华生随阳王翙。次新兴王嵩，与武陵王赞同生。又泉美人生始建王禧。智井、燮、跻、赞并出继。法良未封，第四皇子未有名，早夭。

邵陵殇王友，字仲贤，明帝第七子也。后废帝元徽二年，太尉、江州刺史桂阳王休范反诛，皇室寡弱，友年五岁，出为使持节、督江州豫州之西阳新蔡晋熙三郡诸军事、南中郎将、江州刺史，封邵陵王，食邑二千户。府州文案及臣吏不讳有无之有。顺帝即位，进号左将军，改督为都督。升明元年，徙都督南豫豫司三州诸军事、安南将军、南豫州刺史、历阳太守。三年，薨，无子，国除。

随阳王翙，字仲仪，明帝第十子也。元徽四年，年六岁，封南阳王，食邑二千户。升明元年，为使持节、督郢州司州之义阳诸军事、西中郎将、郢州刺史。未拜，徙督湘州诸军事、南中郎将、湘州刺史，持节如故。未之镇，进号前将军。二年，以南阳荒远，改封随阳王，以本号停京师。齐受禅，降封舞阴县公，食邑千五百户。谋反，赐死。

新兴王嵩，字仲岳，明帝第十一子。元徽四年，年六岁，封新兴王，食邑二千户。齐受禅，降封定襄县公，食邑千五百户。谋反，赐死。

始建王禧，字仲安，明帝第十二子也。元徽四年，年六岁，封始建王，食邑二千户。齐受禅，降封荔封县公，食邑千五百户。谋反，赐死。

史臣曰：太宗负螟之庆，事非己出，枝叶不茂，岂能庇其本根。侯服于周，斯为幸矣。

卷九十一　　列传第五十一

孝　义

《易》曰："立人之道，曰仁与义。"夫仁义者，合君亲之至理，实忠孝之所资。虽义发因心，情非外感，然企及之旨，圣哲诒言。至于风漓化薄，礼违道丧，忠不树国，孝亦怨家，而一世之民，权利相引；仕以势招，荣非行立，乏翱翔之感，弃舍生之分；霜露未改，大痛已忘于心，名节不变，戎车遽为其首。斯并轨训之理未弘，汲引之途多阙。若夫情发于天，行成乎己，损躯舍命，济主安亲，虽乘理暗至，匪由劝赏，而宰世之人，曾微诱激。乃至事隐间阎，无闻视听，故可以昭被图篆，百不一焉。今采缀湮落，以备阙文云尔。

龚颖，遂宁人也。少好学，益州刺史毛璩辟为劝学从事。璩为谯纵所杀，故佐吏并逃亡，颖号哭奔赴，殡送以礼。纵后设宴延颖，不获已而至。乐奏，颖流涕起曰："北面事人，亡不能死，何忍闻举乐，蹈迹逆乱乎！"纵大将谯道福引出，将斩之。道福母即颖姑，跣出救之，故得免。纵既僭号，备礼征，又不至。乃收颖付狱，胁以兵刃，执志弥坚，终无回改。至于蜀平，遂不屈节。

其后刺史至，辄加辟引，历府参军，州别驾从事史。太祖元嘉二十四年，刺史陆徽上表曰："臣闻运缠明夷，则艰贞之节显；时属栋桡，则独立之操彰。昔之元兴，皇纲弛紊，谯纵乘衅，肆虐巴、庸，害杀前益州刺史毛璩，窃据蜀土，涪、岷士庶，怵迫受职。璩故吏袭颖，独秉身贞白，抗志不挠，殡送旧君，哀敬尽礼，全操九载，不染伪朝。纵虽残凶，犹重义概，遂延以旌命，劫以兵威。颖忠诚奋发，辞色方壮，虽桎梏在身，践危愈信其节；白刃临颈，见死不更其守。若王蠋之抗辞燕军，周苛之肆詈楚王，方之于颖，蔑以加焉。诚当今之忠壮，振古之遗烈。而名未登于王府，爵犹齿于乡曹，斯实边氓远土，所为于邑。臣过叨恩私，宣风万里，志存砥竭，有怀必闻，故率愚悫，举其所知。追惧纰妄，伏增悚栗。"颖遂不被朝命，终于家。

刘瑜，历阳人也。七岁丧父，事母至孝。年五十二，又丧母，三年不进盐酪，号泣昼夜不绝声。勤身运力，以营葬事。服除后，二十余年布衣蔬食，言辄流涕。常居墓侧，未尝暂违。太祖元嘉初，卒。

贾恩，会稽诸暨人也。少有志行，为乡曲所推重。元嘉三年，母亡，居丧过礼。未葬，为邻火所逼，恩及妻桓氏号哭奔救，邻近赴助，棺榇得免。恩及桓俱见烧死。有司奏改其里为孝义里，蠲租布三世。追赠天水郡显亲县左尉。

郭世道，会稽永兴人也。生而失母，父更娶，世道事父及后母，孝道淳备。年十四，又丧父，居丧过礼，殆不胜丧。家贫，无产业，佣力以养继母。妇生一男，夫妻共议曰："勤身供养，力犹不足，若养此儿，则所费者大。"乃垂泣瘗之。母亡，负土成坟，亲戚咸共赙助，微有所受。葬毕，佣赁倍还先直。服除后，哀戚思慕，终身如丧者，以为追远之思，无时去心，故未尝释衣帻。仁厚之风，行于乡党，邻村小大，莫有呼其名者。尝与人共于山阴市货物，误得一千钱，当时不觉，分背方悟。请其伴求以此钱追还本主，伴大笑不答。世道以己钱充数送还之，钱主惊叹，以半直与世道，世道委之而去。元嘉四年，遣大使巡行天下，散骑常侍袁愉表其淳行，太祖嘉之，敕郡榜表闾门，蠲其税调，改所居独枫里为孝行焉。太守孟顗察孝廉，不就。

子原平，字长泰，又禀至行，养亲必己力。性闲木功，佣赁以给供养。性谦虚，每为人作匠，取散夫价。主人设食，原平自以家贫，父母不办有肴味，唯飧盐饭而已。若家或无食，则虚中竟日，义不独饱；要须日暮作毕，受直归家，于里中买籴，然后举爨。父抱笃疾弥年，原平衣不解带，口不尝盐菜者，跨积寒暑；又未尝睡卧。父亡，哭踊恸绝，数日方苏。以为奉终之义，情礼所毕，营圹凶功，不欲假人。本虽智巧，而不解作墓，乃访邑中有营墓者，助人运力，经时展勤，久乃闲练。又自卖十夫，以供众费。窀穸之事，俭而当礼，性无术学，因心自然。葬毕，诣所买主，执役无懈，与诸奴分务。每让逸取劳，主人不忍使，每遣之，原平服勤，未曾暂替。所余私夫，佣赁养母，有余聚以自赎。本性智巧，既学构冢，尤善其事，每至吉岁，求者盈门。原平所赴，必自贫始，既取贱价，又以夫日助之。父丧既终，自起两间小屋，以为祠堂。每至节岁烝尝，于此数日中，哀思，绝饮粥。父服除后，不复食鱼肉。于母前，示有所啖，在私室，未曾妄尝。自此迄终，三十余载。高阳许瑶之居在永兴，罢建安郡丞还家，以绵一斤遗原平。原平不受，送而复反者前后数十。瑶之乃自往曰："今岁过寒，而建安绵好，以此奉尊上下耳。"原平乃拜而受之。及母终，毁瘠弥甚，仅乃免丧。墓前有数十亩田，不属原平，每至农月，耕者恒裸袒，原平不欲使人慢其坟墓，乃贩质家资，贵买此田。三农之月，辄束带垂泣，躬自耕垦。每出市卖物，人问几钱，裁言其半，如此积时，邑人皆共识悉，辄加本价与之。彼此相让，欲买者稍稍减价，要使微贱，然后取直。居宅下湿，绕宅为沟，以通淤水。宅上种少竹，春月夜有盗其笋者，原平偶起见之，盗者奔走坠沟。原平自以不能广施，至使此人颠沛，乃于所植竹处沟上立小桥，令足通行，又采笋置篱外。邻曲惭愧，无复取者。

太祖崩，原平号哭致恸，日食麦料一枚，如此五日。人或问之曰："谁非王民，何独如此？"原平泣而答曰："吾家见异先朝，蒙褒赞之赏，不能报恩，私心感恸耳。"又以种瓜为业。世祖大明七年大旱，瓜渎不复通船，县官刘僧秀愍其穷老,下淡水与之。原平曰:"普天大旱,百姓俱困,岂可减溉田之水,以通运瓜之船。"乃步从他道往钱唐货卖。每行来,见人牵埭未过,辄迅楫助之;已自引船,不假旁力。若自船已渡,后人未及,常停住须待,以此为常。尝于县南郭凤埭助人引船,遇有相斗者,为吏所录,闻者逃散,唯原平独住。吏执以送县,县令新到,未相谙悉,将加严罚。原平解衣就罪,义无一言。左右小大咸稽颡请救,然后得免。由来不谒官长,自此以后,乃修民敬。

太守王僧郎察教廉,不就。太守蔡兴宗临郡,深加贵异,以私米馈原平及山阴朱百年妻,教曰:"秩年之脱,著自国书,饩贫之典,有闻甲令。况高柴穷老,莱妇屯暮者哉。永兴郭原平世禀孝德,洞业储灵,深仁绝操,追风旷古,栖贞处约,华耇方严。山阴朱百年道终物表,妻孔鬐齿孀居,婆迫残日,钦风抚事,嗟慨满怀。可以帐下米,各饷百斛。"原平固让频烦,誓死不受。人或问曰:"府君嘉君淳行,敏君贫老,故加此赡,岂宜 必辞。"原平曰:"府君若以吾义行邪,则无一介之善,不可滥荷此赐。若以其贫老邪,鳏齿甚多,屡空比室,非吾一人而已。"终不肯纳。百年妻亦辞不受。

会稽贵重望计及望孝,盛族出身,不减秘、著。太宗泰始七年,兴宗欲举山阴孔仲智长子为望计,原平次息为望孝。仲智会土高门,原平一邦至行,欲以相敌。会太宗别敕用人,故二选并寝。泰豫元年,兴宗征还京师,表其殊行,宜举拔显选,以劝风俗。举为太学博士。会兴宗薨,事不行。明年,元徽元年,卒于家。原平少长交物,无忤辞于人,与其居处者数十年,未尝见喜愠之色。三子一弟,并有门行。长子伯林,举孝廉,次子灵馥,儒林祭酒,皆不就。

严世期,会稽山阴人也。好施慕善,出自天然。同里张迈三人,妻各产子,时岁饥俭,虑不相存,欲弃而不举。世期闻之,驰往拯救,分食解衣,以赡其乏,三子并得成长。同县俞阳妻庄年九十,庄女兰七十,并各老病,单孤无所依,世期衣饴之二十余年,死并殡葬。宗亲严弘、乡人潘伯等十五人,荒年并饿死,露骸不收,世期买棺器殡埋,存育孩幼。山阴令何曼之表言之。元嘉四年,有司奏榜门曰:"义行严氏之间",复其身徭役,蠲租税十年。

吴逵,吴兴乌程人也。经荒饥馑,系以疾疫,父母兄弟嫂及群从小功之亲,男女死者十三人。逵时病困,邻里以苇席裹之,埋于村侧。既而逵疾得瘳,亲属皆尽,唯逵夫妻获全。家徒壁立,冬无被绔,昼则庸赁,夜则伐木烧砖,此诚无有懈倦。逵夜行遇虎,虎辄下道避之。期年中,成七墓,葬十三棺。邻里嘉其志义,葬日悉出赴助,送终之事,亦俭而周礼。逵时逆取邻人夫直,葬毕,众悉以施之;逵一无所受,皆佣力报答焉。太守张崇之三加礼命,太守王韶之擢补功曹史,逵以门寒,固辞不就,举为孝廉。

潘综,吴兴乌程人也。孙恩之乱,妖党攻破村邑,综与父骠共走避贼。骠年老行迟,贼转逼,骠语综:"我不能去,汝走可脱,幸勿俱死。"骠困乏坐地,综迎贼叩头曰:"父年老,乞赐生命。"贼至,骠亦请贼曰:"儿年少,自能走,今为老子不走去。老子不惜死,乞活此儿。"贼因斫骠,综抱父于腹下,贼斫综头面,凡四创,综当时闷绝。有一贼从傍来,相谓曰:"卿欲举大事,此儿以死救父,云何可杀。杀孝子不祥。"贼良久乃止,父子并得免。

综乡人秘书监丘继祖、廷尉沈赤黔以综异行,廉补左民令史,除遂昌长,岁满还家。太守王韶之临郡,发教曰:"前被符,孝廉之选,必审其人,虽四科难该,文质寡备,必能孝义迈俗,拔萃著闻者,便足以显应明旨,允将符旨。乌程潘综守死孝道,全亲济难。乌程吴逵义行纯至,列坟成行。咸精诚内淳,休声外著,可并察孝廉,并列上州台,陈其行迹。"及将行,设祖道,赠以四言诗曰:

东宝惟金,南木有乔。发辉曾崖,竦干重霄。美哉兹土,世载英髦。育翮幽林,养音九皋。(其一)

唐后明勋,汉宗蒲轮。我皇降鉴,思乐怀人。群臣竞荐,旧章惟新。余亦奚贡,曰义与仁。(其二)

仁义伊在,惟吴惟潘。心积纯挚,事著艰难。投死如归,淑问若兰。吴实履仁,心力借单。固此苦节,易彼岁寒。霜雪虽厚,松柏丸丸。(其三)

人亦有言,无善不彰。二子徽猷,弥久弥芳。拔丛出类,景行朝阳。谁谓道遐,弘之则光。咨尔庶士,无然息荒。(其四)

江革奉挚,庆禄是荷。姜诗入贡,汉朝咨嗟。勖哉行人,敬尔休嘉。俾是下国,照辉京华。(其五)

伊余朽骀,窃服俱盗。无能礼乐,岂暇声教。顺彼康夷,懿德是好。聊缀所怀,以赠二孝。(其六)

元嘉四年,有司奏改其里为纯孝里,蠲租布三世。

张进之,永嘉安固人也。为郡大族。少有志行,历郡五官主簿,永宁、安固二县领校尉。家世富足,经荒年散其财,救赡乡里,遂以贫罄,全济者甚多。进之为太守王味之吏,味之有罪当见收,逃避投进之家,供奉经时,尽其诚力。以本村浅近,移入池溪,味之堕水沈没,进之投水拯救,相与沈沦,危而得免。时劫掠充斥,每入村抄暴,至进之门,辄相约勒,不得侵犯,其信义所感如此。元嘉初,诏在所蠲其徭役。孙恩之乱,永嘉太守司马逸之被害,妻子并死,兵寇之际,莫敢收藏。郡吏俞佥以家财买棺敛逸之等六丧,送致还都,葬毕乃归乡里。元嘉中,老病卒。

王彭,盱眙直渎人也。少丧母。元嘉初,父又丧亡,家贫力弱,无以营葬,兄弟二人,昼则佣力,夜则号感。乡里并哀之,乃各出夫力助作砖。砖须水而天旱,穿井数十丈,泉不出;墓处去淮五里,荷檐远汲,困而不周。彭号天自诉,如此积日。一旦大雾,雾歇,砖灶前忽生泉水,乡邻助之者,并嗟叹神异,县邑近远,悉往观之。葬事既蒋恭，义兴临津人也。元嘉中，晋陵蒋崇平为劫见禽，云与恭妻弟吴晞张为侣。晞张先行不在，本村遇水，妻息五口避水移寄恭家，讨录晞张不获，收恭及兄协付狱治罪。恭、协并款舍住晞张家口，而不知劫情。恭列晞张妻息是妇之亲，亲兄有罪，恭身甘分，求遣兄协。协列协是户主，延制所由，有罪之日，关协而已，救遣弟恭。兄弟二人，争求受罪，郡县不能判，依事上详。州议之曰："礼让本以义为先，自厚者以利为上，末世俗薄，靡不自私。伏膺圣教，犹或不逮，况在野夫，未达诰训，而能互发天伦之忧，甘受莫测之罪，若斯情义，实为殊特。蔑尔恭、协，而能行之，兹乃终古之所希，盛世之嘉事。二子乘舟，无以过此。岂宜拘执宪文，加以罪戮！且晞张封筒远行，他界为劫，造衅自外，赃不还家，所寓村伍，容有不知，不合加罪。"勒县遣之，还复民伍。乃除恭义成令，协义怡令。

　　徐耕，晋陵延陵人也。自令史除平原令。元嘉二十一年，大旱民饥，耕诣县陈辞曰："今年亢旱，禾稼不登。氓黎饥馁，采掇存命，圣上哀矜，已垂存拯。但馑罄来久，困殆者众，米谷转贵，籴索元所。方涉春夏，日月悠长，不有微救，永无济理。不惟凡琐，敢忧身外，《鹿鸣》之求，思同野草，气类之感，能不伤心。民粲得少米，资供朝夕。志欲自竭，义存分飧，今以千斛，助官赈贷。此境连年不熟，今岁尤甚，晋陵境特为偏祐。此郡虽弊，犹有富室，承陂之家，处处是也，并皆保熟，所失盖微。陈积之谷，皆有巨万，旱之所弊，实钟贫民，温富之家，各有财宝。谓此等并宜助官，得过俭月，所损至轻，所济甚重。今敢自励，为劝造之端。实愿掘水扬尘，崇益山海。"县为言上。当时议者以耕比汉卜式，诏书褒美，酬以县令。大明八年，东土饥旱，东海严成、东莞王道盖各以谷五百斛助官赈恤。

　　孙法宗，吴兴人也。父遇乱被害，尸骸不收，母兄并饿死。法宗年小流迸，至年十六，方得还。单身勤苦，霜行草宿，营办棺椁，造立冢墓，葬送母兄，俭而有礼。以父丧不测，于部境之内，寻求枯骨，刺血以灌之，如此者十余年不获，乃缘经。终身不娶，馈遗无所受。世祖初，扬州辟为文学从事，不就。

　　范叔孙，吴郡钱唐人也。少而仁厚，固穷济急。同里范法先父母兄弟七人，同时疫死，唯余法先，病又危笃，丧尸经月不收。叔孙悉备棺器，亲为殡埋。又同里施渊夫疾病，父母死不殡；又同里范苗父子并亡；又同里危敬宗家口六人俱得病，二人丧没，亲邻畏远，莫敢营视。叔孙并殡葬，躬恤病者，并皆得全。乡曲贵其义行，莫有呼其名者。世祖孝建初，除竟陵王国中军将军，不就。

　　义兴吴国夫，亦有义让之美。人有窃其稻者，乃引还，为设酒食，以米送之。

　　卜天与，吴兴余杭人也。父名祖，有勇干，徐赤将为余杭令，祖依随之。赤将死，高祖闻其有干力，召补队主，从征伐，封关中侯，历二县令。天与善射，弓力兼倍，容貌严正，笑不解颜。太祖以其旧将子，便教皇子射。居累年，以白衣领东掖防关队。元嘉二十七年，臧质救悬瓠，刘兴祖守白石，并率所领随之，虏退罢。迁领辇后第一队，抚恤士卒，甚得众心。二十九年，以为广威将军，领左细仗，兼带营禄。

　　元凶入弑，事变仓卒，旧将罗训、徐罕皆望风屈附，天与不暇被甲，执刀持弓，疾呼左右出战。徐罕曰："殿下入，汝欲何为？"天与骂曰："殿下常来，云何即时方作此语。只汝是贼。"手射贼劭于东堂，几中。逆徒击之，臂断倒地，乃见杀。其队将张泓之、朱道钦、陈满与天与同出拒战，并死。世祖即位，诏曰："日者逆竖犯跸，衅变卒起，广威将军关中侯卜天与提戈赴难，挺身奋节，斩殪凶党，而旋遭虐刃。勇冠当时，义侔古烈，言念追悼，伤痛于心。宜加甄赠，以旌忠节。可赠龙骧将军、益州刺史，谥曰壮侯。"车驾临哭。泓之等各赠郡守，给天与家长禀。

　　子伯宗，殿中将军。太宗泰始初，领幢，击南贼于赭圻，战没。伯宗弟伯兴，官至前将军、南平昌太守，直阁，领细仗主。顺帝升明元年，与袁粲同谋，伏诛。

　　天与弟天生，少为队将，十人同火。屋后有一大坑，广二丈余，十人共跳之皆渡，唯天生坠坑。天生乃取实中苦竹，刿其端使利，交横布坑内，更呼等类共跳，并畏惧不敢。天生曰："我向已不渡，今者必坠此坑中。丈夫跳此不渡，亦何须活。"乃复跳之，往反十余，曾无留碍，众并叹服。以兄死节，为世祖所留心，稍至西阳王子尚抚军参军，加龙骧将军。隶沈庆之攻广陵城，天生推车塞堑，率数百人先登西北角，径至城上。贼为重栅断攻道，苦战移日，不拔，乃还。诏曰："天生始受戎任，甫造寇垒，而投轮越堑，率果先腾，骁壮之气，嘉叹无已。可且赐布千匹，以厉众校。"大明末，为弋阳太守。太宗泰始初，与殷琰同逆，边城令宿僧护起义讨斩之。

　　许昭先，义兴人也。叔父肇之，坐事系狱，七年不判。子侄二十许人，昭先家最贫薄，专独料诉，无日在家。饷馈肇之，莫非珍新，家产既尽，卖宅以充之。肇之诸子倦息，昭先无有懈息，如是七载。尚书沈演之嘉其操行，肇之事由此得释。昭先舅夫妻并疫病死亡，家贫无以殡送，昭先卖衣物以营殡葬。舅子三人并幼，赡护皆得成长。昭先父母皆老病，家无僮役，竭力致养，甘旨必从，宗党嘉其孝行。雍州刺史刘真道板为征房参军，昭先以亲老不就。本邑补主簿，昭先以叔未仕，又固辞。元嘉初，西阳董阳五世同财，为乡邑所美。会稽姚吟，事亲至孝，孝建初，扬州辟文学从事，不就。

　　余齐民，晋陵晋陵人也。少有孝行，为邑书吏。父殖，大明二年，在家病亡，家人以父病报之。信未至，齐民谓人曰："比者肉痛心烦，有若割截，居常违骇，必有异故。"信寻至，便归，四百余里，一日而至。至门，方详父死，号踊恸绝，良久乃苏。问母："父所遗言。"母曰："汝父临终，恨不见汝。"曰："相见何难。"于是号叫殡所，须臾便绝。州郡上言，有司奏曰："收贤旌善，万代无殊，心至自天，古今岂异。齐民至性由中，情非外感，淳情凝至，深心天彻，跪讯遗旨，一恸殒亡。虽迹异参、柴，而诚均丘、赵。方今圣务彪被，移革华夏，实乃风淳以礼，治本惟孝，灵祥归应，其道先彰。齐民越自氓隶，行贯生品，旌闾表墓，允出在兹。"改其里为孝义里，蠲租布，赐其母谷百斛。

孙棘，彭城彭城人也。世祖大明五年，发三五丁，弟萨应充行，坐违期不至。依制，军法，人身付狱。未及结竟，棘诣郡辞："不忍令当一门之苦，乞以身代萨。"萨又辞列："门户不建，罪应至此，狂愚犯法，实是萨身，自应依法受戮。兄弟少孤，萨三岁失父，一生恃赖，唯在长兄；兄虽可垂愍，有何心处世。"太守张岱疑其不实，以棘、萨各置一处，语棘云："已为谘详，听其相代。"棘颜色甚悦，答云："得尔，且则为不死。"又语萨，亦欣然曰："死自分甘，但令兄免，萨有何恨！"棘妻许又寄语属棘："君当门户，岂可委罪小郎。且大家临亡，以小郎属君，竟未妻娶，家道不立，君已有二儿，死复何恨。"岱依事表上，世祖诏曰："棘、萨氓隶，节行可甄，特原罪。"州加辟命，并赐许帛二十匹。

先是，新蔡徐元妻许，年二十一，丧夫，子甄年三岁，父揽愍其年少，以更适同县张买。许自誓不行，父逼载送买。许自经气绝，家人奔赴，良久乃苏。买知不可夺，夜送还揽。许归徐氏，养元父季。元嘉中，年八十余，卒。

太宗泰始二年，长城奚庆思杀同县钱仲期。仲期子延庆属役在都，闻父死，驰还，于庚浦埭逢庆思，手刃杀之，自系乌程县狱。吴兴太守郗颙表不加罪，许之。

何子平，庐江灊人也。曾祖楷，晋侍中。祖友，会稽王道子骠骑谘议参军。父子先，建安太守。子平世居会稽，少有志行，见称于乡曲。事母至孝。扬州辟从事史，月俸得白米，辄货市粟麦。人或问曰："所利无几，何足为烦？"子平曰："尊老在东，不办常得生米，何心独飨白粲。"每有赠鲜肴者，若不可寄致其家，则不肯受。

母本侧庶，籍注失实，年未及养，而籍年已满，便去职归家。时镇军将军顾觊之为州上纲，谓曰："尊上年实未八十，亲故所知。州中差有微禄，当启相留。"子平曰："公家正取信黄籍，籍年既至，便应扶侍私庭，何容以实年未满，苟冒荣利。且归养之愿，又切微情。"觊之又劝令以母老求县，子平曰："实未及养，何假以希禄。"觊之益重之。既归家，竭身运力，以给供养。

元嘉三十年，元凶弑逆，安东将军随王诞入讨，以为行参军。子平以凶逆灭理，普天同奋，故废己受职，事宁，自解。又除奉朝请，不就。末除吴郡海虞令，县禄唯以养母一身，而妻子不犯一毫。人或疑其俭薄，子平曰："希禄本在养亲，不在为己。"问者惭而退。母丧去官，哀毁逾礼，每至哭踊，顿绝方苏。值大明末，东土饥荒，继以师旋，八年不得营葬，昼夜号绝擗踊，不阕俄顷，叫慕之音，常如袒括之日。冬不衣絮，暑避清凉，日以数合米为粥，不进盐菜。所居屋败，不蔽雨日，兄子伯兴采伐茅竹，欲为葺治，子平不肯，曰："我情事未申，天地一罪人耳，屋何宜覆。"蔡兴宗为会稽太守，甚加旌赏。泰始六年，为营家椁。子平居丧毁甚，困瘠逾久，及至免丧，支体殆不相属。幼持操检，敦厉名行，虽处暗室，如接大宾。学义坚明，处之以默，安贫守善，不求荣进，好退之士，弥以贵之。顺帝升明元年，卒，时年六十。

史臣曰：汉世士务治身，故忠孝成俗，至乎乘轩服冕，非此莫由。晋、宋以来，风衰义缺，刻身厉行，事薄膏腴。若夫孝立闺庭，忠被史策，多发沟畎之中，非出衣簪之下。以此而言声教，不亦卿大夫之耻乎！

卷九十二　　　列传第五十二

良　吏

高祖起自匹庶，知民事艰难，及登庸作宰，留心吏职，而王略外举，未遑内务。奉师之费，日耗千金，播兹宽简，虽所未暇，而绌华屏欲，以俭抑身，左右无幸遏之私，闺房无文绮之饰，故能戎车岁驾，邦甸不忧。太祖幼而宽仁，入纂大业，及难兴陕方，六戎薄伐，命将动师，经略司、兖，费由府实，役不及民。自此区宇宴安，方内无事，三十年间，氓庶蕃息，奉上供徭，止于岁赋，晨出莫归，自事而已。守宰之职，以六期为断，虽没世不徙，未及曩时，而民有所系，吏无苟得。家给人足，即事虽难，转死沟渠，于时可免。凡百户之乡，有市之邑，歌谣舞蹈，触处成群，盖宋世之极盛也。暨元嘉二十七年，北狄南侵，戎役大起，倾资扫蓄，犹有未供，于是深赋厚敛，天下骚动。自兹至于孝建，兵连不息，以区区之江东，地方不至数千里，户不盈百万，荐之以师旅，因之以凶荒，宋氏之盛，自此衰矣。

晋世诸帝，多处内房，朝宴所临，东西二堂而已。孝武末年，清暑方构，高祖受命，无所改作，所居唯称西殿，不制嘉名；太祖因之，亦有合殿之称。及世祖承统，制度奢广，犬马余菽粟，土木衣绨绣，追陋前规，更造正光、玉烛、紫极诸殿。雕栾绮节，珠窗网户，嬖女幸臣，赐倾府藏，竭四海不供其欲，单民命未快其心。太宗继祚，弥笃浮侈，恩不恤下，以至横流。莅民之官，迁变岁属，灶不得黔，席未暇暖，蒲、密之化，事未易阶。岂徒吏不及古，民伪于昔，盖由为上所扰，致治莫从。今采其风迹粗著者，以为《良吏篇》云。

王镇之,字伯重,琅邪临沂人,征士弘之兄也。曾祖虞,晋骠骑将军。祖耆之,中书郎。父随之,上虞令。镇之初为琅邪王卫军行参军,出补剡、上虞令,并有能名。内史谢輶请为山阴令,复有殊绩。迁卫军参军,本国郎中令,加宁朔将军。桓玄辅晋,以为大将军录事参军。时三吴饥荒,遣镇之衔命赈恤,而会稽内史王愉不奉符旨,镇之依事纠奏。愉子绥,玄之外甥,当时贵盛,镇之为所排抑,以母老求补安成太守。及玄败,玄将苻宏寇乱郡境,镇之拒战弥月,子弟五人,并临阵见杀。母忧去职,在官清洁,妻子无以自给,乃弃家致丧还上虞旧基。毕,为子标之求安复令,随子之官。服阕,为征西道规司马、南平太守。徐道覆逼江陵,加镇之建威将军,统檀道济、到彦之等讨道覆,以不经将帅,固辞,不见听。既而前军失利,白衣领职,寻复本官。以讨道覆功,封华容县五等男,征廷尉。晋穆帝何皇后山陵,领将作大匠。迁御史中丞,秉正不挠,百僚惮之。

出为使持节、都督交广二州诸军事、建威将军、平越中郎将、广州刺史。高祖谓人曰:"王镇之少著清绩,必将继美吴隐之。岭南之弊,非此不康也。"在镇不受俸禄,萧然无所营。去官之日,不异始至。高祖初建相国府,以为谘议参军,领录事。善于吏职,严而不残。迁宋台祠部尚书。高祖践阼,镇之以脚患自陈,出为辅国将军、琅邪太守,迁宣训卫尉,领本州大中正。永初三年,卒官,时年六十六。弟弘之,在《隐逸传》。

杜慧度,交趾朱䜌人也。本属京兆。曾祖元,为宁浦太守,遂居交趾。父瑗,字道言,仕州府为日南、九德、交趾太守。初,九真太守李逊父子勇壮有权力,威制交土,闻刺史滕遁之当至,分遣二子断遏水陆津要。瑗收众斩逊,州境获宁。除龙骧将军。遁之在州十余年,与林邑累相攻伐。遁之将北还,林邑王范胡达攻破日南、九德、九真三郡,遂围州城。时遁之去已远,瑗与第三子玄之悉力固守,多设权策,累战,大破之。追讨于九真、日南。连捷,故胡达走还林邑。乃以瑗为龙骧将军、交州刺史。义旗进号冠军将军。卢循窃据广州,遣使通好,瑗斩之。义熙六年,年八十四,卒,追赠右将军,本官如故。

慧度,瑗第五子也。初为州主簿,流民督护,迁九真太守。瑗卒,府州纲佐以交土接寇,不宜旷职,共推慧度行州府事,辞不就。七年,除使持节、督交州诸军事、广武将军、交州刺史。诏书未至,其年春,卢循袭破合浦,径向交州。慧度乃率文武六千人距循于石碕,交战,禽循长史孙建之。循虽败,余党犹有三千人,皆习练兵事。李子逊李弈、李脱等奔窜石碕,盘结俚、獠,各有部曲。循知弈等与杜氏有怨,遣使招之,弈等引诸俚帅众五六千人,受循节度。六月庚子,循晨造南津,命三军入城乃食。慧度悉出宗族私财,以充劝赏。弟交趾太守慧期、九真太守章民并督率水步军,慧度自登高舰,合战,放火箭雉尾炬,步军夹两岸射之。循众舰俱燃,一时散溃,循中箭赴水死。斩循及父嘏,并循二子,亲属录事参军阮静、中兵参军罗农夫、李脱等,传首京邑。封慧度龙编县侯,食邑千户。

高祖践阼,进号辅国将军。其年,率文武万人南讨林邑,所杀过半,前后被抄略,悉得还本。林邑乞降,输生口、大象、金银、古贝等,乃释之。遣长史江悠奉表献捷。慧度布衣蔬食,俭约质素,能弹琴,颇好《庄》、《老》。禁断淫祀,崇修学校。岁荒民饥,则以私禄赈给。为政纤密,有如治家,由是威惠沾洽,奸盗不起,乃至城门不夜闭,道不拾遗。少帝景平元年,卒,时年五十,追赠左将军。

以慧度长子员外散骑侍郎弘文为振威将军、刺史。初,高祖北征关、洛,慧度板弘文为鹰扬将军,流民督护,配兵三千,北系大军。行至广州,关、洛已平,乃归。统府板弘文行九真太守。及继父为刺史,亦以宽和得众,袭爵龙编侯。太祖元嘉四年,以廷尉王徽为交州刺史,弘文就征。会得重疾,牵以就路,亲旧见其患笃,劝表待病愈。弘文曰:"吾世荷皇恩,杖节三世,常欲投躯帝庭,以报所荷。况亲被征命,而可宴然者乎!如其颠沛,此乃命也。"弘文母既年老,见弘文舆疾就路,不忍分别,相与俱行。到广州,遂卒。临死,遣弟弘猷诣京,朝廷甚哀之。

徐豁,字万同,东莞姑幕人也,中散大夫广兄子。父邈,晋太子左卫率。豁晋安帝隆安末为太学博士。桓玄辅政,为中外都督,豁议:"致敬唯内外武官,太宰、司徒,并非军职,则琅邪王不应加敬。"玄讽中丞免豁官。玄败,以为秘书郎,尚书仓部郎,右军何无忌司曹,仍为镇南参军;又祠部,永世令,建武司马,中军参军,尚书左丞。永初初,为徐羡之镇军司马,尚书左丞,山阴令。历二丞三邑,精练明理,为一世所推。

元嘉初,为始兴太守。三年,遣大使巡行四方,并使郡县各言损益。豁因此表陈三事,其一曰:"郡大田,武吏年满十六,便课米六十斛,十五以下至十三,皆课米三十斛,一户内随丁多少,悉皆输米。且十三岁儿,未堪田作,或是单迥,无相兼通,年及应输,便自逃逸,既遏接蛮、俚,去就益易。或乃断截支体,产子不养,户口岁减,实此之由。谓宜更量课限,使得存立。今若减其米课,虽有交损,考之将来,理有深益。"其二曰:"郡领银民三百余户,凿坑采砂,皆二三丈。功役既苦,不顾崩压,一岁之中,每有死者。官司检切,犹致逋违,老少相随,永绝农业;千有余口,皆资他食,岂唯一夫不耕,或受其饥而已。所以岁有不稔,便致甚困。寻台邸用米,不异于银,谓宜准银课米,即事为便。"其三曰:"中宿县俚民课银,一子丁输南称半两。寻此县自不出银,又俚民皆巢居鸟语,不闲货易之宜,每至买银,为损已甚。又称两受入,易生奸巧,山俚愚怯,不辨申人,官所课甚轻,民以所输为剧。今若听计丁课米,公私兼利。"

在郡著绩,太祖嘉之。下诏曰:"始兴太守豁,洁己退食,恪居在官,政事修理,惠泽沾被。近岭南荒弊,郡境尤甚,拯恤有方,济厥饥馑,虽古之良守,蔑以尚焉。宜蒙褒贲,以旌清绩,可赐绢二百匹,谷千斛。"五年,以为持节、督广交二州诸军事、宁远将军、平越中郎将、广州刺史。未拜,卒,时年五十一。太祖又下诏曰:"豁廉清勤恪,著称所司,故擢授南服,申其才志。不幸丧殒,朕甚悼之。可赐钱十万,布百匹,以营葬事。"

陆徽,字休猷,吴郡吴人也。郡辟命主簿,仍除卫军、车骑二府参军,扬州主簿,王弘卫将军主簿,除尚书都官郎,出补建康令。清平无私,为太祖所善,迁司徒左西掾。元嘉十四年,为始兴太守。明年,仍除使持节、交广二州诸军事、绥远将军、平越中郎将、广州刺史。清名亚王镇之,为士民所爱咏。上表荐士曰:"臣闻陵雪褒颖,贞柯必振;尊风赏流,清原斯挹。是以衣襄挥誉于西京,折辕延高于东帝。伏见广州别驾从事史朱万嗣,年五十三,字少豫,理业冲夷,秉操纯白,行称私庭,能著官政。虽氏非世禄,宦无通贵,而随牒南服,位极僚首,九综州纲,三端府职,频掌蕃机,屡绩符守。年暨知命,廉尚愈高,冰心与贪流争激,霜情与晚节弥茂。历宰金山,家无宝镂之饰;连组珠海,室靡珩玮之珍。确然守志,不求闻达,实足以澄革污吏,洗镜贪氓。臣谬忝司牧,任专万里,虽情祗慎擢,才阙豪露,敢搴愚陋,举其所知。如得提名礼闱,抗迹朝省,抟岭表之清风,负冰宇之洁望,则恩融一臣,而施光万物。敢缘天泽云行,时德雨施,每甄外州,荣加远国。是以献其瞽言,希垂听览。"

二十一年,征以为南平王铄冠军司马、长沙内史,行湘州府事。母忧去职。寻寻,赵广为乱于益州,兵寇之余,政荒民扰。二十三年,乃追徽为持节、督益宁二州诸军事、宁朔将军、益州刺史。隐恤有方,威惠兼著,寇盗静息,民物殷阜,蜀土安悦,至今称之。二十九年,卒,时年六十二。身亡之日,家无余财。太祖甚痛惜之,诏曰:"徽厉志廉洁,历任恪勤,奉公尽诚,克己无倦。褒荣未申,不幸凤殒,言念在怀,以为伤恨。可赠辅国将军,本官如故。"赐钱十万,米二百斛。谥曰简子。子睿,正员外郎。弟展,臧质车骑长史、寻阳太守,质败,从诛。

阮长之,字茂景,陈留尉氏人也。祖思旷,金紫光禄大夫。父普,骠骑谘议参军。长之年十五丧父,有孝性,哀感傍人。服除,疏食者犹积载。闲居笃学,未尝有惰容。初为诸府参军,除员外散骑侍郎。母老,求补襄垣令,督邮无礼,鞭之,去职。寻补庐陵王义真车骑行正参军,平越长史,东莞太守。入为尚书殿中郎,出为武昌太守。时王弘为江州,雅相知重,引为车骑从事中郎。入为太子中舍人,中书侍郎,以母老,固辞朝直,补彭城王义康平北谘议参军。元嘉九年,迁临川内史,以南土卑湿,母年老,非所宜,辞不就。十一年,复除临海太守。至郡少时而母亡,葬毕,不胜忧,十四年,卒,时年五十九。

时郡县田禄,芒种为断,此前去官者,则一年秩禄皆入前人;此后去官者,则一年秩禄皆入后人。始以元嘉末改此科,计月分禄。长之去武昌郡,代人未至,以芒种前一日解印绶。初发京师,亲故或以器物赠别,得便缄录,后归,悉以还之。在中书省直,夜往邻省,误著履出阁,依事自列门下;门下以暗夜人不知,不受列。长之固遣送之,曰:"一生不侮暗室。"前后所莅官,皆有风政,为后

人所思。宋世言善治者,咸称之。子师门,原乡令。

江秉之,字玄叔,济阳考城人也。祖迪,晋太常。父纂,给事中。秉之少孤,弟妹七人,并皆幼稚,抚育姻娶,罄其心力。初为刘穆之丹阳前军府参军。高祖督徐州,转主簿,仍为世子中军参军。宋受禅,随例为员外散骑侍郎,补太子詹事丞。少帝即位,入为尚书都官郎,出为永世、乌程令,以善政著名东土。征建康令,为治严察,京邑肃然。殷景仁为领军,请为司马。复出为山阴令,民户三万,政事烦扰,讼诉дрожь,阶庭常数百人,秉之御繁以简,常得无事。宋世唯顾觊之亦以省务著绩,其余虽复刑政修理,而未能简事。以在县有能,迁补新安太守。

元嘉十二年,转在临海,并以简约见称。所得禄秩,悉散之亲故,妻子常饥寒。人有劝其营田者,秉之正色曰:"食禄之家,岂可与农人竞利!"在郡作书案一枚,及去官,留以付库。十七年,卒,时年六十。

子徽,尚书都官郎,吴令。元凶杀徐湛之,徽以党与见诛。子谧,升明末为尚书吏部郎。元嘉初,太祖遣大使巡行四方,兼散骑常侍孔默之、王歆之等上言:"宣威将军、陈南顿二郡太守李元德,清勤均平,奸盗止息。彭城内史魏恭子,廉恪修慎,在公忘私,安约守俭,久而弥固。前宋县令成浦,治政宽济,遗咏在民。前铜阳令李熙国,在事有方,民思其政。山桑令何道,自少清廉,白首弥厉。应加褒赏,以劝于后。"乃进元德号宁朔将军,恭子赐绢五十匹,谷五百斛;浦、熙国、道各赐绢三十匹,谷二百斛。

王歆之,字叔道,河东人也。曾祖愆期,有名晋世,官至南蛮校尉。祖寻之,光禄大夫。父肇之,豫章公相。歆之被遇于太祖,历显宦左民尚书,光禄大夫,卒官。元嘉九年,豫州刺史长沙王义欣上言:"所统威远将军、北谯梁二郡太守关中侯申季历,自奉职邦畿,于兹五年,信惠并宣,威化兼著,外清奸暴,内辑民黎,役赋均平,闾井齐肃,绥穆初附,招携荒远,郊境之外,仰泽怀风,爵赏之授,绩能是显,宜升阶秩,以崇奖劝。"进号宁朔将军。

其后晋寿太守郭启玄亦有清节,卒官。元嘉二十八年,诏曰:"故绥远将军、晋寿太守郭启玄往衔命房庭,秉意不屈,受任白水,尽勤靡懈,公奉私气,纤毫弗纳,布衣蔬食,饬躬惟俭。故超授显邦,以甄廉绩。而介诚苦节,终始匪贰,身死之日,妻子冻馁,志操殊俗,良可哀悼。可赐其家谷五百斛。"

时有北地傅僧祐、颍川陈珉、高平张祐,并以吏才见知。僧祐事在《臧焘传》。珉为吴令,善发奸伏,境内以为神明。祐祖父湛,晋孝武世,以才学为中书侍郎,光禄勋。祐历临安、武康、钱塘令,并著能名,宋世言长吏者,以三人为首。元嘉中,高平太守潘词,有清节。子亮为昌虑令,亦著廉名,大明中,为徐州刺史刘道隆所表。世祖世,吴郡陆法真历官有清节,尝为刘秀之安北录事参军。泰山羊希与安北谘议参军孙诜书曰:"足下同僚似有陆录

事者，此生东南名地，又张玄外孙，持身至清，雅有志节。年高官下，秉操不衰，计当日夕相与申意。"太宗初，为南海太守，卒官。

太宗世，琅邪王悦，亦莅官清正见知。悦字少明，晋右将军羲之曾孙也。父靖之，官至司徒左长史。靖之为刘穆之所厚，就穆之求侍中，如此非一。穆之曰："卿若不求，久自得也。"遂不果。悦泰始中，为黄门郎，御史中丞。上以其廉介，赐良田五顷。迁尚书吏部郎，侍中，在门下，尽其心力。五年，卒官，追赠太常。初，悦为侍中，检校御府、太官、太医诸署，得奸巧甚多。及悦死，众咸谓诸署讯诅之，上乃收典掌者十余人，桎梏云送淮阴，密令渡瓜步江，投之中流。

史臣曰：夫善政之于民，犹良工之于埴也。用功寡而成器多。汉世户口殷盛，刑务简阔，郡县治民，无所横扰，劝赏威刑，事多专断，尺一诏书，希经邦邑，龚、黄之化，易以有成。降及晚代，情伪繁起，民减昔时，务多前世，立绩垂风，艰易百倍。若以上古之化，治此世之民，今吏之良，抚前代之俗，则武城弦歌，将有未暇；淮阳卧治，如或可勉。未必今才陋古，盖化有淳薄也。

卷九十三　　　列传第五十三

隐　逸

《易》曰："天地闭，贤人隐。"又曰："遁世无闷。"又曰："高尚其事。"又曰："幽人贞吉。"《论语》"作者七人"，表以逸民之称。又曰："子路遇荷蓧丈人，孔子曰：隐者也。"又曰："贤者避地，其次避言。"又曰："虞仲、夷逸，隐居放言。"品目参差，称谓非一，请试言之：夫隐之为言，迹不外见，道不可知之谓也。若夫千载寂寥，圣人不出，则大贤自晦，降夷凡品。止于全身远害，非必穴处岩栖，虽藏往得二，邻亚宗极，而举世莫窥，万物不睹。若此人者，岂肯洗耳颍滨，馘馘然显出俗之志乎！遁世避言，即贤人也。夫何适非世，而有避世之因，固知义惟晦道，非曰藏身。至于巢父之名，即是见称之号，号曰袋公，由有可传之迹。此盖荷蓧之隐，而非贤人之隐也。贤人之隐，义深于自晦，荷蓧之隐，事止于违人。论迹既殊，原心亦异也。身与运闭，无可知之情，鸡黍宿宾，示高世之美。运闭故隐，为隐之迹不见；违人故隐，用致隐者之目。身隐故称隐者，道隐故曰贤人。或曰："隐者之异乎隐，既闻其说，贤者之同于贤，未知所异？"应之曰："隐身之于晦道，名同而义殊，贤人之于贤者，事穷于亚圣，以此为言，如或可辨。若乃高尚之与作者，三避之与幽人，及逸民隐居，皆独往之称，虽复汉阴之氏不传，河上之名不显，莫不激贪厉俗，秉自异之姿，犹负揭日月，鸣建鼓而趋也。"陈郡袁淑集古来无名高士，以为《真隐传》，格以斯谈，去真远矣。贤人在世，事不可诬，今为《隐逸篇》，虚置贤隐之位，其余夷心俗表者，盖逸而非隐云。

戴颙，字仲若，谯郡铚人也。父逵，兄勃，并隐遁有高名。颙年十六，遭父忧，几于毁灭，因此长抱羸患。以父不仕，复修其业。父善琴书，颙并传之，凡诸音律，皆能挥手。会稽剡县多名山，故世居剡下。颙及兄勃，并受琴于父。父没，所传之声，不忍复奏，各造新弄，勃五部，颙十五部。颙又制长弄一部，并传于世。中书令王绥常携宾客造之，勃等方进豆粥，绥曰："闻卿善琴，试欲一听。"不答，绥恨而去。

桐庐县又多名山，兄弟复共游之，因留居止。勃疾患，医药不给。颙谓勃曰："颙随兄得闲，非有心于默语。兄今疾笃，无可营疗，颙当干禄以自济耳。"乃告时求海虞令，事垂行而勃卒，乃止。桐庐僻远，难以养疾，乃出居吴下。吴下士人共为筑室，聚石引水，植林开涧，少时繁密，有若自然。乃述庄周大旨，著《逍遥论》，注《礼记·中庸》篇。三吴将守及郡内衣冠要其同游野泽，堪行便往，不为矫介，众论以此多之。

高祖命为太尉行参军，琅邪王司马属，并不就。宋国初建，令曰："前太尉参军戴颙、辟士韦玄，秉操幽通，守志不渝，宜加旌引，以弘止退。并可散骑侍郎，在通直。"不起。太祖元嘉二年，诏曰："新除通直散骑侍郎戴颙、太子舍人宗炳，并志托丘园，自求衡荜，恬静之操，久而不渝。颙可国子博士，炳可通直散骑侍郎。"东宫初建，又征太子中庶子。十五年，征散骑常侍，并不就。

衡阳王义季镇京口，长史张邵与颙姻通，迎来止黄鹄山。山北有竹林精舍，林涧甚美。颙憩于此涧，义季亟从之游，颙服其野服，不改常度。为义季鼓琴，并新声变曲，其三调《游弦》、《广陵》、《止息》之流，皆与世异。太祖每欲见之，尝谓黄门侍郎张敷曰："吾东巡之日，当晏戴公山也。"以其好音，长给正声伎一部。颙合《何尝》、《白鹄》二声，以为一调，号为清旷。自汉世始有佛像，形制未工，逵特善其事，颙亦参焉。宋世子铸丈六铜像于瓦官寺，既成，面恨瘦，工人不能治，乃迎颙看之。颙曰："非面瘦，乃臂胛肥耳。"既错减臂胛，瘦患即除，无不叹服焉。

十八年，卒，时年六十四。无子。景阳山成，颙已亡矣。上叹曰："恨不得使戴颙观之。"

宗炳，字少文，南阳涅阳人也。祖承，宜都太守。父繇之，湘乡令。母同郡师氏，聪辩有学义，教授诸子。炳居丧过礼，为乡闾所称。刺史殷仲堪、桓玄并辟主簿，举秀才，不就。高祖诛刘毅，领荆州，问毅府咨议参军申永曰："今日何施而可？"永曰："除其宿衅，倍其惠泽，贯叙门次，显擢才能，如此而已。"高祖纳之，辟炳为主簿，不起。问其故，答曰："栖丘饮谷，三十余年。"高祖善其对。妙善琴书，精于言理，每游山水，往辄忘归。征西长史王敬弘每从之，未尝不弥日也。乃下入庐山，就释慧远考寻文义。兄臧为南平太守,逼与俱还,乃于江陵三湖立宅,闲居无事。高祖召为太尉参军,不就。二兄蚤卒,孤累甚多,家贫无以相赡,颇营稼穑。高祖数致饩赉,其后子弟从禄,乃悉不复受。

高祖开府辟召,下书曰:"吾忝大宠,思延贤彦,而《兔罝》潜思,《考盘》未臻,侧席丘园,良增虚伫。南阳宗炳、雁门周续之,并植操幽栖,无闷巾褐,可下辟召,以礼屈之。"于是并辟太尉掾,皆不起。宋受禅,征为太子舍人;元嘉初,又征通直郎;东宫建,征为太子中舍人,庶子,并不应。妻罗氏,亦有高情,与炳协趣。罗氏没,炳哀之过甚,既而辍哭寻理,悲情顿释。谓沙门释慧坚曰:"死生不分,未易可达,三复至教,方能遣哀。"衡阳王义季在荆州,亲至炳室,与之欢宴,命为咨议参军,不起。

好山水,爱远游,西陟荆、巫,南登衡、岳,因而结宇衡山,欲怀尚平之志。有疾还江陵,叹曰:"老疾俱至,名山恐难遍睹,唯当澄怀观道,卧以游之。"凡所游履,皆图之于室,谓人曰:"抚琴动操,欲令众山皆响。"古有《金石弄》,为诸桓所重,桓氏亡,其声遂绝,惟炳传焉。太祖遣乐师杨观就炳受之。

炳外弟师觉授亦有素业,以琴书自娱。临川王义庆辟为祭酒,主簿,并不就,乃表荐之,会病卒。元嘉二十年,炳卒,时年六十九。衡阳王义季与司徒江夏王义恭书曰:"宗居士不救所病,其清履肥素,终始可嘉,为之恻怆,不能已已。"子朔,南谯王义宣车骑参军。次绮,江夏王义恭司空主簿。次昭,郢州治中。次说,正员郎。

周续之,字道祖,雁门广武人也。其先过江居豫章建昌县。续之年八岁丧母,哀戚过于成人,奉兄如事父。豫章太守范宁于郡立学,招集生徒,远方至者甚众。续之年十二,诣宁受业。居学数年,通《五经》并《纬候》,名冠同门,号曰"颜子"。既而闲居读《老》、《易》,入庐山事沙门释慧远。时彭城刘遗民遁迹庐山,陶渊明亦不应征命,谓之"寻阳三隐"。以为身不可遣,余累宜绝,遂终身不娶妻,布衣蔬食。

刘毅镇姑孰,命为抚军参军,征太学博士,并不就。江州刺史每相招请,续之尚节峻,颇从之游。常以嵇康《高士传》得出处之美,因为之注。高祖之北讨,世子居守,迎续之馆于安乐寺,延入讲礼,月余,复还山。江州刺史刘柳荐之高祖,曰:"臣闻恢懿和肆,必在兼城之宝;翼亮崇本,宜纡高世之逸。是以渭滨佐周,圣德广运,商洛匡汉,英业乃昌。伏惟明公道迈振古,应天继期,游外畅于冥内,体远形于应近,虽汾阳之举,辍驾于时艰;明扬之旨,潜感于穷谷矣。窃见处士雁门周续之,清真贞素,思学钩深,弱冠独往,心无近事,性之所遣,荣华与饥寒俱落,情之所慕,岩泽与琴书共远。加以仁心内发,义怀外亮,留爱昆卉,诚著桃李。若升之宰府,必鼎味斯和;濯缨儒官,亦王猷遐缉。臧文不知,失在降贤;言偃得人,功由升士。愿照其丹款,不以人废言。"俄而辟为太尉掾,不就。

高祖北伐,还镇彭城,遣使迎之,礼赐甚厚。每称之曰:"心无偏吝,真高士也。"寻复南还。高祖践阼,复召之,乃尽室俱下。上为开馆东郭外,招集生徒。乘舆降幸,并见诸生,问续之《礼记》"傲不可长"、"与我九龄"、"射于矍圃"三义,辨析精奥,称为该通。续之素患风痹,不复堪讲,乃移病钟山。景平元年卒,时年四十七。通《毛诗》六义及《礼论》、《公羊传》,皆传于世。无子。兄子景远有续之风,太宗泰始中,为晋安内史,未之郡,卒。

王弘之,字方平,琅邪临沂人,宣训卫尉镇之弟也。少孤贫,为外祖征士何准所抚育。从叔献之及太原王恭,并贵重之。晋安帝隆安中,为琅邪王中军参军,迁司徒主簿。家贫,而性好山水,求为乌程令,寻以病归。桓玄辅晋,桓谦以为卫军参军。时琅邪殷仲文还姑孰,祖送倾朝,谦要弘之同行,答曰:"凡祖离送别,必在有情,下官与殷风马不接,无缘扈从。"谦贵其言。每随兄镇之之安成郡,弘之解职同行,荆州刺史桓伟请为南蛮长史。

义熙初,何无忌又请为右军司马。高祖命为徐州治中从事史,除员外散骑常侍,并不就。家在会稽上虞。从兄敬弘为吏部尚书,奏曰:"圣明司契,载德惟新,垂鉴仄微,表扬隐介,默语仰风,荒遐倾首。前员外散骑常侍琅邪王弘之,恬漠丘园,放心居逸。前卫将军参军武昌郭希林,素履纯洁,嗣徽前武。并击壤圣朝,未蒙表饰,宜加旌聘,赍于丘园,以彰止逊之美,以祛动求之累。臣愚谓弘之可太子庶子,希林可著作郎。"即征弘之为庶子,不就。太祖即位,敬弘为左仆射,又陈:"弘之高行表于初筮,苦节彰于暮年。今内外晏然,当修太平之化,宜招空谷,以敦冲退之美。"元嘉四年,征为通直散骑常侍,又不就。敬弘尝解貂裘与之,即着以采药。

性好钓,上虞江有一处名三石头,弘之常垂纶于此。经过者不识之,或问:"渔师得鱼卖不?"弘之曰:"亦自不得,得亦不卖。"日夕载鱼入上虞郭,经亲故门,各以一两头置门内而去。始宁汰川有佳山水,弘之又依岩筑室。谢灵运、颜延之并相钦重,灵运与庐陵王义真笺曰:"会境既丰山水,是以江左嘉遁,并多居之。但季世纂荣,幽栖者寡,或复才为时将,弗获从志。至若王弘之拂衣归耕,逾历三纪;孔淳之隐约穷岫,自始迄今;阮万龄辞事就闲,纂成先业;浙河之外,栖迟山泽,如斯而已。既远同羲、唐,亦激贪厉竞。殿下爱素好古,常若布衣,每忆昔闻,虚想岩穴,若遣一介,有以相存,真可谓千载盛美也。"

弘之四年卒,时年六十三。颜延之欲为作诔,书与弘之子昙生曰:"君家高世之节,有识归重,豫染豪翰,所应载述。况仆托慕末风,窃以叙德为事,但恨短笔不足书美。"诔竟不就。昙生好文义,以谦和见称。历显位,吏部尚书,太常卿。大明末,为吴兴太守。太宗初,四方同逆,战败奔会稽,归降被宥,终于中散大夫。

阮万龄,陈留尉氏人也。祖思旷,左光禄大夫。父宁,黄门侍郎。万龄少知名,自通直郎为孟昶建威长史。时袁豹、江夷相系为昶司马,时人谓昶府有三素望。万龄家在会稽剡县，颇有素情。永初末，自侍中解职东归，征为秘书监，加给事中，不就。寻除左民尚书，复起应命，迁太常，出为湘州刺史，在州无政绩。还为东阳太守，又被免。复为散骑常侍、金紫光禄大夫。元嘉二十五年卒，时年七十二。

孔淳之，字彦深，鲁郡鲁人也。祖愉，尚书祠部郎。父粲，秘书监征，不就。淳之少有高尚，爱好坟籍，为太原王恭所称。居会稽剡县，性好山水，每有所游，必穷其幽峻，或旬日忘归。当游山，遇沙门释法崇，因留共止，遂停三载。法崇叹曰："缅想人外，三十年矣，今乃公倾盖于兹，不觉老之将至也。"及淳之还反，不告以姓。除著作佐郎，太尉参军，并不就。

居丧至孝，庐于墓侧。服阕，与征士戴颙、王弘之及王敬弘等共为人外之游。敬弘以女适淳之子尚。会稽太守谢方明苦要入郡，终不肯往。茅室蓬户，庭草芜径，唯床上有数卷书。元嘉初，复征为散骑侍郎，乃逃于上虞县界，家人莫知所之。弟默之为广州刺史，出都与别。司徒王弘要淳之集冶城，即日命驾东归，遂不顾也。元嘉七年，卒，时年五十九。默之儒学，注《谷梁春秋》。默之子熙先，事在《范晔传》。

刘凝之，字志安，小名长年，南郡枝江人也。父期公，衡阳太守。兄盛公，高尚不仕。凝之慕老莱、严子陵为人，推家财与弟及兄子，立屋于野外，非其力不食，州里重其德行。州三礼辟西曹主簿，举秀才，不就。妻梁州刺史郭铨女也，遣送丰丽，凝之悉散之亲属。妻亦能不慕荣华，与凝之共安俭苦。夫妻共乘薄笨车，出市买易，周用之外，辄以施人。为村里所诬，一年三输公调，求辄与之。有人尝认其所著屐，笑曰："仆著之已败，今家中觅新者备君也。"此人后田中得所失屐，送还之，不肯复取。

元嘉初，征为秘书郎，不就。临川王义庆、衡阳王义季镇江陵，并遣使存问。凝之答书顿首称仆，不修民礼，人或讥焉。凝之曰："昔老莱向楚王称仆，严陵亦抗礼光武，未闻巢、许称臣尧、舜。"时戴颙与衡阳王义季书，亦称仆。荆州年饥，义季虑凝之馁毙，饷钱十万。凝之大喜，将钱至市门，观有饥色者，悉分与之，俄顷立尽。性好山水，一旦携妻子泛江湖，隐居衡山之阳。登高岭，绝人迹，为小屋居之，采药服食，妻子皆从其志。元嘉二十五年，卒，时年五十九。

龚祈，字孟道，武陵汉寿人也。从祖玄之，父黎民，并不应征辟。祈年十四，乡党举为州迎西曹，不行。谢晦临州，命为主簿；彭城王义康举秀才，除奉朝请；临川王义庆平西参军，皆不就。风姿端雅，容止可观，中书郎范述见而叹曰："此荆楚仙人也。"衡阳王义季临荆州，发教以祈及刘凝之、师觉授不应征召，辟其三子。祈又征太子舍人，不起。时或赋诗，言不及世事。元嘉十七年，卒，时年四十二。

翟法赐，寻阳柴桑人也。曾祖汤，汤子庄，庄子矫，并高尚不仕，逃避征辟。矫生法赐。少守家业，立屋于庐山顶，丧亲后，便不复还家。不食五谷，以兽皮结草为衣，虽乡亲中表，莫得见也。州辟主簿，举秀才，右参军，著作佐郎，员外散骑侍郎，并不就。后家人至石室寻求，因复远徙，违避征聘，遁迹幽深。寻阳太守邓文子表曰："奉诏书征郡民新除著作佐郎南阳翟法赐，补员外散骑侍郎。法赐隐迹庐山，于今四世，栖身幽岩，人罕见者。如当逼以王宪，束以严科，驰山猎草，以期禽获，虑致颠殒，有伤盛化。"乃止。后卒于岩石之间，不知年月。

陶潜，字渊明，或云渊明，字元亮，寻阳柴桑人也，曾祖侃，晋大司马。潜少有高趣，尝著《五柳先生传》以自况，曰：

> 先生不知何许人，不详姓字，宅边有五柳树，因以为号焉。闲静少言，不慕荣利。好读书，不求甚解，每有会意，欣然忘食。性嗜酒，而家贫不能恒得。亲旧知其如此，或置酒招之。造饮辄尽，期在必醉，既醉而退，曾不吝情去留。环堵萧然，不蔽风日，短褐穿结，箪瓢屡空，晏如也。尝著文章自娱，颇示己志，忘怀得失，以此自终。

其自序如此，时人谓之实录。亲老家贫，起为州祭酒，不堪吏职，少日，自解归。州召主簿，不就。躬耕自资，遂抱羸疾，复为镇军、建威参军。谓亲朋曰："聊欲弦歌，以为三径之资，可乎？"执事者闻之，以为彭泽令。公田悉令吏种秫稻。妻子固请种粳，乃使二顷五十亩种秫，五十亩种粳。郡遣督邮至，县吏白应束带见之。潜叹曰："我不能为五斗米折腰向乡里小人。"即日解印绶去职。赋《归去来》，其词曰：

> 归去来兮，园田荒芜胡不归。既自以心为形役，奚惆怅而独悲。悟已往之不谏，知来者之可追。实迷途其未远，觉今是而昨非。舟遥遥以轻飏，风飘飘而吹衣。问征夫以前路，恨晨光之希微。
>
> 乃瞻衡宇，载欣载奔。僮仆欢迎，稚子候门。三径就荒，松菊犹存。携幼入室，有酒停尊。引壶觞而自酌，眄庭柯以怡颜。倚南窗而寄傲，审容膝之易安。园日涉而成趣，门虽设而常关。策扶老以流憩，时矫首而遐观，云无心以出岫，鸟倦飞而知还。景翳翳其将入，抚孤松而盘桓。
>
> 归去来兮，请息交而绝游，世与我以相遗，复驾言兮焉求。说亲戚之情话，乐琴书以消忧。农人告余以上春，将有事于西畴。或命巾车，或棹扁舟。既窈窕以穷壑，亦崎岖而经丘。木欣欣以向荣，泉涓涓而始流。善万物之得时，感吾生之行休。
>
> 已矣乎，寓形宇内复几时，奚不委心任去留，胡为遑遑欲何之。富贵非吾愿，帝乡不可期。怀良辰以孤往，或植杖而耘耔。登东皋以舒啸，临清流而赋诗。聊乘化以归尽，乐夫天命复奚疑。

义熙末，征著作佐郎，不就。江州刺史王弘欲识之，不能致也。潜尝往庐山，弘令潜故人庞通之赍酒具于半道栗里要之。潜有脚疾，使一门生二儿舆篮舆，既至，欣然便共饮酌，俄顷弘至，亦无忤也。先是，颜延之为刘柳后军功曹，在寻阳，与潜情款。后为始安郡，经过，日日造潜，每往必酣饮致醉。临去，留二万钱与潜，潜悉送酒家，稍就取酒。尝九月九日无酒，出宅边菊丛中坐久，值弘送酒至，即便就酌，醉而后归。潜不解音声，而畜素琴一张，无弦，每有酒适，辄抚弄以寄其意。贵贱造之者，有酒辄设，潜若先醉，便语客："我醉欲眠，卿可去。"其真率如此。郡将候潜值其酒熟，取头上葛巾漉酒，毕，还复著之。

潜弱年薄官，不洁去就之迹。自以曾祖晋世宰辅，耻复屈身后代，自高祖王业渐隆，不复肯仕。所著文章，皆题其年月，义熙以前，则书晋氏年号；自永初以来，唯云甲子而已。与子书以言其志，并为训戒曰：

　　天地赋命，有往必终，自古贤圣，谁能独免。子夏言曰："死生有命，富贵在天。"四友之人，亲受音旨，发斯谈者，岂非穷达不可妄求，寿夭永无外请故邪。吾年过五十，而穷苦荼毒，家贫弊，东西游走。性刚才拙，与物多忤，自量为己，必贻俗患，俛俛辞世，使汝幼而饥寒耳。常感孺仲贤妻之言，败絮自拥，何惭儿子。此既一事矣。但恨邻靡二仲，室无莱妇，抱兹苦心，良独罔罔。

　　少年来好书，偶爱闲静，开卷有得，便欣然忘食。见树木交荫，时鸟变声，亦复欢尔有喜。尝五六月北窗下卧，遇凉风暂至，自谓是羲皇上人。意浅识陋，日月遂往，缅求在昔，眇然如何。疾患以来，渐就衰损，亲旧不遗，每以药石见救，自恐大分将有限也。恨汝辈稚小，家贫无役，柴水之劳，何时可免，念之在心，若何可言。然虽不同生，当思四海皆弟兄之义。鲍叔、敬仲，分财无猜；归生、伍举，班荆道旧，遂能以败为成，因丧立功。他人尚尔，况共父之人哉！颍川韩元长，汉末名士，身处卿佐，八十而终，兄弟同居，至于没齿。济北汜稚春，晋时操行人也，七世同财，家人无怨色。《诗》云："高山仰止，景行行止。"汝其慎哉！吾复何言。

又为《命子诗》以贻之曰：

　　悠悠我祖，爰自陶唐。邈为虞宾，历世垂光。御龙勤夏，豕韦翼商。穆穆司徒，厥族以昌。纷纭战国，漠漠衰周。凤隐于林，幽人在丘。逸虬挠云，奔鲸骇流。天集有汉，眷予愍侯。于赫愍侯，运当攀龙。抚剑风迈，显兹武功。参誓山河，启土开封。亹亹丞相，允迪前踪。浑浑长源，蔚蔚洪柯。群川载导，众条载罗。时有默语，运固隆污。在我中晋，业融长沙。桓桓长沙，伊勋伊德。天子畴我，专征南国。功遂辞归，临宠不惑。孰谓斯心，而可近得。肃矣我祖，慎终如始。直方二台，惠和千里。于皇仁考，淡焉虚止。寄迹风运，冥兹愠喜。嗟余寡陋，瞻望靡及。顾惭华鬓，负景只立。三千之罪，无后其急。我诚念哉，呱闻尔泣。卜云嘉日，占尔良时。名尔曰俨，字尔求思。温恭朝夕，念兹在兹。尚想孔伋，庶其企而。厉夜生子，遽而求火。凡百有心，奚待于我。既见其生，实

欲其可。人亦有言，斯情无假。日居月诸，渐免于孩。福不虚至，祸亦易来。夙兴夜寐，愿尔斯才。尔之不才，亦已焉哉。

潜元嘉四年卒，时年六十三。

宗彧之，字叔粲，南阳涅阳人，炳从父弟也。蚤孤，事兄恭谨，家贫好学，虽文义不逮炳，而真澹过之。州辟主簿，举秀才，不就。公私馈遗，一无所受。高祖受禅，征著作佐郎，不至。元嘉初，大使陆子真观采风俗，三诣彧之，每辞疾不见出。告人曰："我布衣草莱之人，少长垄亩，何柱轩冕之客。"子真还，表荐之，征员外散骑侍郎，又不就。元嘉八年，卒，时年五十。

沈道虔，吴兴武康人也。少仁爱，好《老》、《易》，居县北石山下。孙恩乱后饥荒，县令庾肃之迎出县南废头里，为立小宅，临溪，有山水之玩。时复还石山精庐，与诸孤兄子共釜庾之资，困不改节。受琴于戴逵，王敬弘深敬之。郡州府凡十二命，皆不就。

有人窃其园莱者，还见之，乃自逃隐，待窃者取足去后乃出。人拔其屋后笋，令人止之，曰："惜此笋欲令成林，更有佳者相与。"乃令人买大笋送与之。盗者惭不取，道虔使置其门内而还。常以捃拾自资，同捃者争穟，道虔谏之不止，悉以其所得与之，争者愧恧。后每争，辄云："勿令居士知。"冬月无复衣，戴颙闻而迎之，为作衣服，并与钱一万。既还，分身上衣及钱，悉供诸兄弟子无衣者。乡里年少，相率受学。道虔常无食，无以立学徒。武康令孔欣之厚相资给，受业者咸得有成。太祖闻之，遣使存问，赐钱三万，米二百斛，悉以嫁娶孤兄子。征员外散骑侍郎，不就。累世事佛，推父祖旧宅为寺。至四月八日，每请像。请像之日，辄举家感恸焉。道虔年老，菜食，恒无经日之资，而琴书为乐，孜孜不倦。太祖敕郡县令，随时资给。元嘉二十六年，卒，时年八十二。子慧锋，修父业，辟从事，皆不就。

郭希林，武昌武昌人也。曾祖翻，晋世高尚不仕。希林少守家业，征州主簿，秀才，卫军参军，并不就。元嘉初，吏部尚书王敬弘举王弘之为太子庶子，希林为著作佐郎。后又征员外散骑侍郎，并不就。十年，卒，时年四十七。子蒙，亦隐居不仕。泰始中，郢州刺史蔡兴宗辟为主簿，不就。

雷次宗，字仲伦，豫章南昌人也。少入庐山，事沙门释慧远，笃志好学，尤明《三礼》、《毛诗》，隐退不交世务。本州辟从事，员外散骑侍郎征，并不就。与子侄书以言所守，曰：

　　夫生之修短，咸有定分，定分之外，不可以智力求，但当于所禀之中，顺而勿率耳。吾少婴羸患，事钟养疾，为性好闲，志栖物表，故虽在童稚之年，已怀远迹之意。暨于弱冠，遂托业庐山，逮事释和尚。于时师友渊源，务训弘道，外慕等夷，内怀悱发，于

是洗气神明，玩心坟典，勉志勤躬，夜以继日。爰有山水之好，悟言之欢，实足以通理辅性，成夫亹亹之业，乐以忘忧，不知朝日之晏矣。自游道餐风，二十余载，渊匠既倾，良朋凋索，续以衅逆违天，备尝荼蓼，畴昔诚愿，顿尽一朝，心虑荒散，情意衰损，故遂与汝曹归耕垄畔，山居谷饮，人理久绝。

日月不处，忽复十年，犬马之齿，已逾知命。崦嵫将迫，前涂几何，实远想尚子五岳之举，近谢居室琐琐之勤。及今毫未至悟，衰不及顿，尚可厉志于所期，纵心于所托，栖诚来生之津梁，专气莫年之摄养，玩岁日于良辰，偷余乐于将除，在心所期，尽于此矣。汝等年各成长，冠娶已毕，修惜衡泌，吾复何忧。但顾守全所志，以保令终耳。自今以往，家事大小，一勿见关，子平之言，可以为法。

元嘉十五年，征次宗至京师，开馆于鸡笼山，聚徒教授，置生百余人。会稽朱膺之、颍川庾蔚之并以儒学，监总诸生。时国子学未立，上留心艺术，使丹阳尹何尚之立玄学，太子率更令何承天立史学，司徒参军谢元立文学，凡四学并建。车驾数幸次宗学馆，资给甚厚。又除给事中，不就。久之，还庐山，公卿以下，并设祖道。

二十五年，诏曰："前新除给事中雷次宗，笃尚希古，经行明修，自绝招命，守志隐约。宜加升引，以旌退素。可散骑侍郎。"后又征诣京邑，为筑室于钟山西岩下，谓之招隐馆，使为皇太子诸王讲《丧服》经。次宗不入公门，乃使自华林东门入延贤堂就业。二十五年，卒于钟山，时年六十三。太祖与江夏王义恭书道次宗亡，义恭答曰："雷次宗不救所疾，甚可痛念。其幽栖穷数，自宾圣朝，克己复礼，始终若一。伏惟天慈弘被，亦垂矜愍。"子肃之，颇传其业，官至豫章郡丞。

朱百年，会稽山阴人也。祖恺之，晋右卫将军。父涛，扬州主簿。百年少有高情，亲亡服阕，携妻孔氏入会稽南山，以伐樵采箬为业。每以樵箬置道头，辄为行人所取，明旦亦复如此。人稍怪之，积久方知是朱隐士所卖，须者随其所堪多少，留钱取樵箬而去。或遇寒雪，樵箬不售，无以自资，辄自榜船送妻还孔氏，天晴复迎之。有时出山阴为妻买缯彩三五尺，好饮酒，遇酣或失之。颇能言理，时为诗咏，往往有高胜之言。郡命功曹，州辟从事，举秀才，并不就。隐迹避人，唯与同县孔觊友善，觊亦嗜酒，相得辄酣，对饮尽欢。百年家素贫，母以冬月亡，衣并无絮，自此不衣绵帛。尝寒时就觊宿，衣悉夹布，饮酒醉眠，觊以卧具覆之，百年不觉也。既觉，引卧具去体，谓觊曰："绵定奇温。"因流涕悲恸，觊亦为之伤感。

除太子舍人，不就。颜竣为东扬州，发教饷百年谷五百斛，不受。时山阴又有寒人姚吟，亦有高趣，为衣冠所重。义阳王昶临州，辟为文学从事，不起。竣饷吟米二百斛，吟亦辞之。百年孝建元年卒山中，时年八十七。蔡兴宗为会稽太守，饷百年妻米百斛，百年妻遣婢诣郡门奉辞固让，时人美之，以比梁鸿妻。

王素，字休业，琅邪临沂人也。高祖翘之，晋光禄大夫。素少有志行，家贫母老。初为庐陵国侍郎，母忧去职。服阕，庐陵王绍为江州，亲旧劝素修完旧居，素不答，乃轻身往东阳，隐居不仕，颇营田园之资，得以自立。爱好文义，不以人俗累怀。世祖即位，欲搜扬隐退，下诏曰："济世成务，咸达隐微，轨俗兴让，必表清节。朕昧旦求善，思惇薄风，琅邪王素、会稽朱百年，并廉约贞远，与物无竞，自足皋亩，志在不移。宜加褒引，以光难进。并可太子舍子。"大明中，太宰江夏王义恭开府辟召，辟素为仓曹属；太宗泰始六年，又召为太子中舍人，并不就。素既屡被征辟，声誉甚高。山中有蚑虫，声清长，听之使人不厌，而其形甚丑，素乃为《蚑赋》以自况。七年，卒，时年五十四。

时又有宋平刘睦之、汝南州韶、吴郡褚伯玉，亦隐身求志。睦之居交州，除武平太守，不拜。韶字伯和，黄门侍郎文孙也。筑室湖孰之方山，征员外散骑侍郎、征北行参军，不起。伯玉居剡县瀑布山三十余载，扬州辟议曹从事，不就。

关康之，字伯愉，河东杨人。世居京口，寓属南平昌。少而笃学，姿状丰伟。下邳赵绎以文义见称，康之与之友善。特进颜延之见而知之。晋陵顾悦之难王弼《易》义四十余条，康之申王难顾，远有情理。又为《毛诗义》，经籍疑滞，多所论释。尝就沙门支僧纳学，妙尽其能。竟陵王义宣自京口迁镇江陵，要康之同行，距不应命。元嘉中，太祖闻康之有学义，除武昌国中军将军，蠲除租税。江夏王义恭、广陵王诞临南徐州，辟为从事、西曹，并不就。弃绝人事，守志闲居。弟双之臧质车骑参军，与质俱下，至赭圻病卒，瘗于水滨。康之其春得疾困笃，小差，牵以迎丧，因成虚劳病，寝顿二十余年。时有闲日，辄卧论文义。世祖即位，遣大使陆子真巡行天下，使反，荐康之"业履恒贞，操勖清固，行信间党，誉延邦邑，栖志希古，操不可渝，宜加征聘，以洁风轨。"不见省。太宗泰始初，与平原明僧绍俱征为通直郎，又辞以疾。顺帝升明元年，卒，时年六十三。

史臣曰：夫独往之人，皆禀偏介之性，不能摧志屈道，借誉期通。若使值见信之主，逢时来之运，岂其放情江海，取逸丘樊。盖不得已而然故也。且岩壑闲远，水石清华，虽复崇门八袭，高城万雉，莫不苞壤开泉，仿佛林泽。故知松山桂渚，非止素玩，碧涧清潭，翻成丽瞩。挂冠东都，夫何难之有哉！

卷九十四　　列传第五十四

恩　幸

夫君子小人，类物之称。蹈道则为君子，违之则为小人。屠钓，卑事也；版筑，贱役也，太公起为周师，傅说去为殷相。非论公侯之世，鼎食之资，明扬幽仄，唯才是与。逮于二汉，兹道未革，胡广累世农夫，伯始致位公相；黄宪牛医之子，叔度名重京师。且任子居朝，咸有职业，虽七叶珥貂，见崇西汉，而侍中身奉奏事，又分掌御服。东方朔为黄门侍郎，执戟殿下。郡县掾史，并出豪家，负戈宿卫，皆由势族，非若晚代，分为二途者也。汉末丧乱，魏武始基，军中仓卒，权立九品。盖以论人才优劣，非为世族高卑。因此相沿，遂成成法。自魏至晋，莫之能改，州都郡正，以才品人，而举世人才，升降盖寡。徒以凭藉世资，用相陵驾，都正俗士，斟酌时宜，品目少多，随事俯仰，刘毅所云"下品无高门，上品无贱族"者也。岁月迁讹，斯风渐笃，凡厥衣冠，莫非二品，自此以还，遂成卑庶。周、汉之道，以智役愚，台隶参差，用成等级；魏晋以来，以贵役贱，士庶之科，较然有辨。夫人君南面，九重奥绝，陪奉朝夕，义隔卿士，阶闼之任，宜有司存。既而恩以幸生，信由恩固，无可惮之姿，有易亲之色。孝建、泰始，主威独运，官置百司，权不外假，而刑政纠杂，理难遍通，耳目所寄，事归近习。赏罚之要，是谓国权，出内王命，由其掌握，于是方途结轨，辐凑同奔。人主谓其身卑位薄，以为权不得重。曾不知鼠凭社贵，狐藉虎威，外无逼主之嫌，内有专用之功，势倾天下，未之或悟。挟朋树党，政以贿成，铁钺创痏，构于筵第之曲，服冕乘轩，出乎言笑之下。南金北毳，来悉方舻，素缣丹魄，至皆兼两，西京许、史，盖不足云，晋朝王、庾，未或能比。及太宗晚运，虑经盛衰，权幸之徒，慑惮宗戚，欲使幼主孤立，永窃国权，构造同异，兴树祸隙，帝弟宗王，相继屠剿。民忘宋德，虽非一途，宝祚夙倾，实由于此。呜呼！《汉书》有《恩泽侯表》，又有《佞幸传》。今采其名，列以为《恩幸篇》云。

戴法兴，会稽山阴人也。家贫，父硕子，贩纻为业。法兴二兄延寿、延兴并修立，延寿善书，法兴好学。山阴有陈载者，家富，有钱三千万，乡人咸云："戴硕子三儿，敌陈载三千万钱。"

法兴少卖葛于山阴市，后为吏传署，入为尚书仓部令史。大将军彭城王义康为尚书中觅了了令史，得法兴等五人，以法兴为记室令史。义康败，仍为世祖征虏、抚军记室掾。上为江州，仍补南中郎典签。上于巴口建义，法兴与典签戴明宝、蔡闲俱转参军督护。上即位，并为南台侍御史，同兼中书通事舍人。法兴等专管内务，权重当时。

孝建元年，加建武将军、南鲁郡太守，解舍人，侍太子于东宫。大明二年，三典签并以南下预密谋，封法兴吴昌县男，明宝湘乡县男，闲高昌县男，食邑各三百户。闲时已卒，追加爵封。法兴转员外散骑侍郎，给事中，太子旅贲中郎将，太守如故。

世祖亲览朝政，不任大臣，而腹心耳目，不得无所委寄。法兴颇知古今，素见亲待，虽出侍东宫，而意任隆密。鲁郡巢尚之，人士之末，元嘉中，侍始兴王浚读书，亦涉猎文史，为上所知。孝建初，补东海国侍郎，仍兼中书通事舍人。凡选授迁转诛赏大处分，上皆与法兴、尚之参怀，内外诸杂事，多委明宝。

上性严暴，睚眦之间，动至罪戮，尚之每临事解释，多得全免，殿省甚赖之。而法兴、明宝大通人事，多纳货贿，凡所荐达，言无不行，天下辐凑，门外成市，家产并累千金。明宝骄纵尤甚，长子敬为扬州从事，与上争买御物。六宫尝出行，敬盛服骑马于车左右，驰骤去来。上大怒，赐敬死，系明宝尚方，寻被原释，委任如初。

世祖崩，前废帝即位，法兴迁越骑校尉。时太宰江夏王义恭录尚书事，任同总己，而法兴、尚之执权日久，威行内外，义恭相录畏服，至是慑惮尤甚。废帝未亲万机，凡诏敕施为，悉决法兴之手；尚书中事无大小，专断之。颜师伯、义恭守空名而已。废帝年已渐长，凶志转成，欲有所为，法兴每相禁制，每谓帝曰："官所为如此，欲作营阳耶？"帝意稍不能平。所爱幸阉人华愿儿有盛宠，赐与金帛无算，法兴常加裁减，愿儿甚恨之。帝常使愿儿出入市里，察听风谣，而道路之言，谓法兴为真天子，帝为应天子。愿儿因此告帝曰："外间云宫中有两天子，官是一人，戴法兴是一人。官在深宫中，人物不相接；法兴与太宰、颜、柳一体，吸习往来，门客恒有数百，内外士庶，莫不畏服。法兴是孝武左右，复久在宫闱，今将他人作一家，深恐此坐席非复官许。"帝遂发怒，免法兴官，遣还田里，仍复徙付远郡，寻又于家赐死，时年五十二。法兴临死，封闭库藏，使家人谨录钥牡。死一宿，又杀其二子，载法兴棺，焚之，籍没财物。法兴能为文章，颇行于世。

死后，帝敕巢尚之曰："吾纂承洪基，君临万国，推心勖旧，著于遐迩。不谓戴法兴恃遇负恩，专怀威福，冒宠黩货，号令自由，积衅累怨，遂至于此。卿等忠勤在事，吾乃具悉，但道路之言，异同纷纠，非唯人情骇愕，亦玄象违度，委付之旨，良失本怀。吾今日亲览万机，留心庶事，卿等宜竭诚尽力，以副所期。"尚之时为新安王子鸾抚军中兵参军、淮陵太守。乃解舍人，转为抚军谘议参军，太守如故。

太宗泰始二年，诏曰："故越骑校尉吴昌县开国男戴法兴，昔从孝武，诚勤左右，人定社稷，预誓河山。及出侍东储，竭尽心力，婴害凶悖，朕甚愍之。可追复削注，还其封爵。"有司奏以法兴孙灵珍袭封。又诏曰："法兴小人，专权豪恣，虽虐主所害，义由国讨，不宜复贪人之封，封爵可停。"太宗初，复以尚之兼中书通事舍人、南清河太守。二年，迁中书侍郎，太守如故。未拜，改除前军将军,太守如故,侍太子于东宫。晋安王子勋平后,以军守管内,封邵陵县男,食邑四百户,固辞不受。转黄门侍郎,出为新安太守,病卒。

戴明宝,南东海丹徒人也。亦历员外散骑侍郎,给事中。世祖世,带南清河太守。前废帝即阼,权任悉归法兴,而明宝轻矣,以为宣威将军、南东莞太守。景和末,增邑百户。太宗初,天下反叛,军务烦扰,以明宝旧人,屡经戎事,复委任之,以为前军将军。事平,迁宣威将军、晋陵太守,进爵为侯,增邑四百户。泰始三年,坐参掌戎事,多纳贿货,削增封官爵,系尚方,寻被宥。复为安陆太守,加宁朔将军,游击、骁骑将军,武陵内史,宣城太守,顺帝骠骑司马。升明初,年老,拜太中大夫,病卒。

武陵国典书令董元嗣,与法兴、明宝等俱为世祖南中郎典签。元嘉三十年,奉使还都,值元凶弑立,遣元嗣南还,报上于徐湛之等反。上时在巴口,元嗣具言弑状。上遣元嗣下都,奉表于劭。既而上举义兵,劭责元嗣,元嗣答曰:"始下,未有反谋。"劭不信,备加考掠,不服,遂死。世祖事克,追赠员外散骑侍郎,使文士苏宝生为之诔焉。

大明中,又有奚显度者,南东海郯人也。官至员外散骑侍郎。世祖常使主领人功,而苛虐无道,动加捶扑,暑雨寒雪,不听暂休,人不堪命,或有自经死者。人役闻配显度,如就刑戮。时建康县多囚,或用方材压额及踝胫,民间谣曰:"宁得建康压额,不能受奚度拍。"又相戏曰:"勿反顾,付奚度。"其酷暴如此。前废帝尝戏云:"显度刻虐,为百姓所疾,比当除之。"左右因倡"诺"。即日宣旨杀焉。时人比之孙皓杀岑昏。

徐爰,字长玉,南琅邪开阳人也。本名瑗,后以与傅亮父同名,改为爰。初为晋琅邪王大司马府中典军,从北征。微密有意理,为高祖所知。少帝在东宫,入侍左右。太祖初,又见亲任,历治吏劳,遂至殿中侍御史。元嘉十二年,转南台侍御史,始兴王浚后军。复侍太子于东宫,迁员外散骑侍郎。太祖每出军行师,常悬授兵略。二十九年,重遣王玄谟等北伐,配爰五百人,随军向确磝,衔中旨,临时宣示。

世祖至新亭,大将军江夏王义恭南奔,爰时在殿内,谙劭追义恭,因得南走。时世祖将即大位,军府造次,不晓朝章。爰素谙其事,既至,莫不喜说,以兼太常丞,撰立仪注。孝建初,补尚书水部郎,转为殿中郎,兼右丞。

孝建三年,索虏寇边,诏问群臣防御之策,爰议曰:

诏旨"虏犯边塞,水陆辽远,孤城危棘,复不可置。"臣以戎虏猖狂,狡焉滋广,列卒拟候,伺觇间隙,不劳大举,终莫永宁。然连于千里,费固巨万,而中兴造创,资储未积,是以齐斧徘徊,朔气稽扫。今皇运洪休,灵威遐慑,蠢尔遗烬,惧在诛剪,思肆蜂虿,以表有余,虽不敢深入济、沛,或能草窃边塞。羽林鞭长,太仓遥阻,救援之日,势不相及。且当使缘边诸戍,练卒严城,凡诸督统,聚粮蓄田,筹计资力,足相抗拟。小镇告警,大督电赴,坞壁邀断,州郡犄角,傥有自送,可使匹马不反。

诏旨"胡骑倐忽,抄暴无渐,出耕见虏,野粒资寇,比及少年,军实无拟,江东根本,不可俱竭,宜立何方,可以相赡?"臣以为方镇所资,实宜且田且守,若使坚壁而春垦辍耕,清野而秋登莫拟,私无生业,公成虚罄,远引根本,二三非宜。救之之术,唯在尽力防卫,来必拒战,去则邀蹑,据险保隘,易为首尾。胡马既退,则民丰稟实,比及三载,可以长驱。

诏旨"贼之所向,本无前谋,兵之所进,亦无定所。比岁戎戍,仓库多虚,先事聚众,则消费粮粟,敌至仓卒,又无以相应。"臣以为推锋前讨,大须资力,据本应末,不俟多众。今寇无倾国冢突,列城势足唇齿,养卒得勇,所任得才,临事而惧,应机无失,岂烦空聚兵众,以待未然。

诏旨"戎狄贪婪,唯利是规,不挫凶图,奸志岁结。"臣以为不击则必侵掠,侵掠不已,则民失农桑;农桑不收,则王戍不立,为立之方,击之为要。

诏旨"若令边地岁惊,公私失业,经费困于遥输,远图决无遂事,寝弊赞略,逆应有方"。臣以为威虏之方,在于积粟塞下。若使边民失业,列镇寡储,非唯无以远图,亦不能制其侵抄。今当使小戍制其始寇,大镇赴其入境,一被毒手,便自吹齑鸟逝矣。

寻即真,迁左丞。先是元嘉中,使著作郎何承天草创国史。世祖初,又使奉朝请山谦之、南台御史苏宝生踵成之。六年,又以爰领著作郎,使终其业。爰虽因前作,而专为一家之书。上表曰:

臣闻虞史炳图,原光被之美,夏载昭策,先随山之勤。天飞虽王德所至,终陟固有资田跃,神宗始于俾乂,上日兆于纳揆。其在《殷颂》、《长发》玄王,受命作周,实唯雍伯,考行之盛则,振古之弘轨。降逮二汉,亦同兹义,基帝创乎丰郊,绍祚本于昆邑。魏以武命《国志》,晋以宣启《阳秋》,明黄初非更姓之本,泰始为造物之末,又近代之令准,式远之鸿规。典谟缅邈,纪传成准,善恶具书,成败毕见。然余分紫色,滔天泯夏,亲所芟夷,而不序于始传,涉、圣、卓、绍,烟起云腾,非所诛灭,而显冠乎首述,岂不以事先归之前录,功借著之后撰。

伏惟皇宋承金行之浇季,钟经纶之屯极,拥玄光以凤翔,秉神符而龙举,剥定鲸鲵,天人伫属。晋禄数终,上帝临宋,便应奄膺纮宇,对越神工,而恭服勤于三分,让德迈于不嗣,其为巍巍荡荡,赫赫明明,历观逖闻,莫或斯等。宜依衔书改文,登舟变号,起元义熙,为王业之始,载序宣力,为功臣之断。其伪玄篡窃,同于新莽,虽灵武克殄,自详之晋录。及犯命干纪,受戮霸朝,虽揖禅之前,皆著之宋策。国典体大,方垂不朽,请外详议,伏须遵承。

于是内外博议,太宰江夏王义恭等三十五人同爰议,宜以义熙元年为断。散骑常侍巴陵王休若、尚书金部郎檀道鸾二人谓宜以元兴三年为始。太学博士虞和谓宜以开国为宋公元年。诏曰："项籍、圣公，编录二汉，前史已有成例。桓玄传宜在宋典，余如爱议。"

七年，爱迁游击将军。其年，世祖北巡，权以本官兼尚书左丞，车驾还宫，罢。明年，又兼左丞，著作兼如故。世祖崩，营景宁陵，爱以本官兼将作大匠。爱便僻善事人，能得人主微旨，颇涉书传，尤悉朝仪。元嘉初便入侍左右，预参顾问，既长于附会，又饰以典文，故为太祖所任遇。大明世，委寄尤重，朝廷大体仪注，非爱议不行。虽复当时硕学所解过人者，既不敢立异议，所言亦不见从。世祖崩，公除后，晋安王子勋侍读博士咨爱宜习业与不？爱答："居丧读丧礼，习业何嫌。"少日，始安王子真博士又咨爱，爱曰："小功废业，三年丧何容读书。"其专断乖谬皆如此。

前废帝凶暴无道，殿省旧人，多见罪黜，唯爱巧于将迎，始终无迕。诛群公后，以爱为黄门侍郎，领射声校尉，著作如故。封吴平县子，食邑五百户。宠待隆密，群臣莫二。帝每出行，常与沈庆之、山阴公主同辇，爱亦预焉。太宗即位，例削封，以黄门侍郎改领长水校尉，兼尚书左丞。明年，除太中大夫，著作并如故。

爱秉权日久，上昔在藩，素所不说。及景和世，屈辱卑约，爱礼敬甚简，益衔之。泰始三年，诏曰：

夫事君无礼，教道弗容；讪上炫己，人伦所弃。太中大夫徐爱拔迹斯猥，推斥饔逄，遂官参时望，门伍豪族，迁位转荣，莫非超荷。而诐侧轻险，与性自俱，利口逸妄，自少及长，奉公在事，厘毫蔑闻，初无愧满，常有窥进。先朝尝以刍荛之中，粗有学解，故得渐蒙驱策，出入两宫。太初伪立，尽心佞事，义师已震，方得南奔。及孝武居统，唯极诌谀，附会承旨，专恣厥性，致使治政苛纵，兴造乖法，损德害民，皆由此竖。景和悖险，深相赞协，苟取偷存，罔顾节义，任算设数，取合人主，崎岖奸矫，所志必从，故历事七朝，白首全贵。自以体含德厚，识鉴机先，迷涂遂深，罔知革悟。

朕拨乱反正，勋济天下，灵祇助顺，群逆必夷，况爱恩养，而无输效，遂内挟异心，著于形迹，阳愚杜口，罔所陈闻，惰事缓文，庶申诡略。当今朝列贤彦，国无佞邪，而秉心弗纯，累蠹时政。以其自告之辰，用赐归老之职，荣礼优崇，宁非号饔过。不谓潜怨斥外，进竞不已，勤言托意，触遇斯发。小人之情，虽所先照，犹许其当改，未忍加法。遂恃朕仁弘，必永容贷。昨因觞宴，肆意讥毁，谓制诏所为，皆资傍说。又宰辅无断，朝要非才，恃老与旧，慢戾斯甚。比边难未静，安众以惠，戎略是务，政网从简，故得使此小物，乘宽自纵。乃合界豺虎，以清王猷，但朽悴将尽，不足穷法，可特原罪，徙付交州。

爱既行，又诏曰："八议缓罪，旧在一条；五刑所抵，耆必加贷。徐爱前后衅迹，理无可申，废弃海埵，实允国宪。但畜蒙朕识，曲矜愚朽，既经大宥，思沾殊渥。可特除广州统内郡。"有司奏以为宋隆太守。除命既下，爱已至交州，值刺史张牧病卒，土人李长仁为乱，悉诛北来流寓，无或免者。长仁素闻爱名，以智计诳诱，故得无患。

久之听还，仍除南康郡丞。太宗崩，还京都，以爱为南济阴太守，复除中散大夫。元徽三年，卒，时年八十二。

阮佃夫，会稽诸暨人也。元嘉中，出身为台小史。太宗初出阁，选为主衣。世祖召还左右，补内监。永光中，太宗又请为世子师，甚见信待。景和末，太宗被拘于殿内，住在秘书省，为帝所疑，大祸将至，惶惧计无所出。佃夫与王道隆、李道儿及帝左右琅邪淳于文祖谋共废立。时直阁将军柳光世亦与帝左右兰陵缪方盛、丹阳周登之有密谋，未知所奉。登之与太宗有旧，方盛等乃使登之结佃夫，佃夫大说。先是，帝立皇后，普暂彻诸王奄人，太宗左右钱蓝生亦在其例。事毕，未被遣，密使蓝生候帝，虑事泄，蓝生不欲自出，帝动止辄以告淳于文祖，令文祖报佃夫。

景和元年十一月二十九日晡时，帝出幸华林园，建安王休仁、山阳王休佑、山阴公主并侍侧。太宗犹在秘书省，不被召，益忧惧。佃夫以告外监典事东阳朱幼，又告主衣吴兴寿寂之、细铠主南彭城姜产之，产之又语所领细铠将临淮王敬则，幼又告中书舍人戴明宝，并响应。明宝、幼欲取其日向晓，佃夫等劝取开鼓后。幼缘约勒内外，使钱蓝生密报建安王休仁等。时帝欲南巡，腹心直阁将军宋越等其夕并听出外装束，唯有队主樊僧整防华林阁，是柳光世乡人，光世要之，僧整即受命。姜产之又要队阳平聂庆及所领壮士会稽富灵符、吴郡俞道龙、丹阳宋逴之、阳平田嗣，并聚于省内。佃夫虑力少不济，更欲招合，寿寂之曰："谋广或泄，不烦多人。"

时巫觋云："后堂有鬼。"其夕，帝于竹林堂前，与巫共射之。建安王休仁等山阴主并从。帝素不说寂之，见辄切齿。寂之既与佃夫成谋，又虑祸至，抽刀前入；姜产之随其后，淳于文祖、缪方盛、周登之、富灵符、聂庆、田嗣、王敬则、俞道龙、宋逴之又继进。休仁闻行声甚疾，谓休祐曰："事作矣。"相随奔景阳山。帝见寂之至，引弓射之，不中，乃走，寂之追而殒之。事定，宣令宿卫曰："湘东王受太后令，除狂主。今已平定。"太宗即位，论功行赏，寿寂之封应城县侯，食邑千户；姜产之汝南县侯，佃夫建城县侯，食邑八百户。王道隆吴平县侯，淳于文祖阳城县侯，食邑各五百户。李道儿新涂县侯，缪方盛刘阳县侯，周登之曲陵县侯，食邑各四百户。富灵符惠怀县子，聂庆建阳县子，田嗣将乐县子，王敬则重安县子，俞道龙茶陵县子，宋逴之零陵县子，食邑各三百户。

佃夫迁南台侍御史。薛索儿渡淮为寇，山阳太守程天祚又反，佃夫与诸军讨之，破索儿，降天祚。迁龙骧将军、司徒参军，率所领南助赭圻，转太子步兵校尉、南鲁郡太守，侍太子于东宫。太始四年，以破薛索儿功，增封二百户，并前千户；以本官兼游击将军，假宁朔将军，与辅国将军兼骁骑将军孟次阳与二卫员直。次阳字崇基，平昌安丘人也。泰始初，为山阳王休祐骠骑参军。薛安都子道标攻合肥，次阳击破之，以功封攸县子，食邑三百户。历右军、骠骑参军；六年，出为辅师将军、兖州刺史，戍淮阴。立北兖州，自此始也。进号冠军将军。元徽四年，卒。

时佃夫、王道隆、杨运长并执权柄，亚于人主。巢、戴大明之世方之蔑如也。尝值正旦应合朔，尚书奏迁元会，佃夫曰："元正庆会，国之大礼，何不迁合朔日邪？"其不稽古如此。大通货贿，凡事非重赂不行。人有饷绢二百匹，嫌少，不答书。宅舍园池，诸王邸第莫及。妓女数十，艺貌冠绝当时，金玉锦绣之饰，宫掖不逮也。每制一衣，造一物，京邑莫不法效焉。于宅内开渎，东出十许里，塘岸整洁，泛轻舟，奏女乐。中书舍人刘休尝诣之，值佃夫出行，中路相逢，要休同反；就席，便命施设，一时珍羞，莫不毕备。凡诸火剂，并皆始熟，如此者数十种。佃夫尝作数十人馔，以待宾客，故造次便办，类皆如此，虽晋世王、石，不能过也。泰始初，军功既多，爵秩无序，佃夫仆从附隶，皆受不次之位。捉车人虎贲中郎，傍马者员外郎。朝士贵贱，莫不自结，而矜傲无所降意，入其室者，唯吴兴沈勃、吴郡张澹数人而已。

泰豫元年，除宁朔将军、淮南太守，迁骁骑将军，寻加淮陵太守。太宗晏驾，后废帝即位，佃夫权任转重，兼中书通事舍人，加给事中、辅国将军，余如故。欲用张澹为武陵郡，卫将军袁粲以下皆不同，而佃夫称敕施行，粲等不敢执。元徽三年，迁黄门侍郎，领右卫将军，太守如故。明年，改领骁骑将军。其年，迁使持节、督南豫州诸军事、冠军将军、南豫州刺史、历阳太守，犹管内任。以平建平王景素功，增邑五百户。

时废帝猖狂，好出游走，始出宫，犹整羽仪，引队仗；俄而弃部伍，单骑与数人相随，或出郊野，或入市廛，内外莫不惧忧。佃夫密与直阁将军申伯宗、步兵校尉朱幼、于天宝谋共废帝，立安成王。五年春，帝欲往江乘射雉。帝每北出，常留队仗在乐游苑前，弃之而去。佃夫欲称太后令唤队仗还，闭城门，分人守石头、东府，遣人执帝废之，自为扬州刺史辅政。与幼等已成谋，会帝不成向江乘，故其事不行。于天宝因以其谋告帝，帝乃收佃夫、幼、伯宗于光禄外部，赐死。佃夫、幼罪止身，其余无所问。佃夫时年五十一。

幼，泰始初为外监，配张永诸军征讨，有济办之能，遂官涉三品，为奉朝请、南高平太守，封安浦县侯，食邑二百户。于天宝，其先胡人，预竹林堂功。元徽中，自陈功劳，求加封爵，乃封为鄂县子，食邑二百户。发佃夫之谋，以为清河太守、右军将军。升明元年，出为山阳太守。齐王以其反覆，赐死。

寿寂之，泰始初，以军功增邑二百户。为羽林监，迁太子屯骑校尉，寻加宁朔将军、南泰山太守。多纳货贿，请谒无穷，有一不从，切齿骂詈，常云："利刀在手，何忧不办。"鞭尉吏，斫逻夫。七年，为有司所奏，徙送越州，行至豫章，谋欲逃叛，乃杀之。

姜产之，泰始初，以军功增邑二百户。为晋平王休祐骠骑中兵参军，龙骧将军、南济阴太守。三年北伐，与虏战，军败见杀。追赠左军将军，太守如故。

李道儿，临淮人。本为湘东王师，稍至湘东国学官令。太宗即位，稍进至员外散骑侍郎，淮陵太守。泰始二年，兼中书通事舍人，转给事中。四年，病卒。

王道隆，吴兴乌程人。兄道迄，涉学善书，形貌又美，吴兴太守王韶之谓人曰："有子弟如王道迄，无所少。"始兴王浚以为世子师。以书补中书令史。道隆亦知书，为主书书吏，渐至主书。世祖使传命，失旨，遣出，不听复入六门。太宗镇彭城，以补典签，署内监。及即位，为南台侍御史，稍至员外散骑侍郎，南兰陵太守。泰始二年，兼中书通事舍人。以破晋陵功，增邑百户，并前六百户。五年，出侍东宫，复兼中书通事舍人。后废帝即位，自太子翊军校尉迁右军将军，太守、兼舍人如故。道隆为太宗所委，过于佃夫，和谨自保，不妄毁伤人。执权既久，家产丰积，豪丽虽不及佃夫，而精整过之。

元徽二年，太尉桂阳王休范奄至新亭，佃夫留守殿内，而道隆领羽林精兵向朱雀门。时贼已至航南，道隆忽召镇军将军刘勔于石头，勔至，命开航，道隆怒曰："贼至但当急击，宁可开航自弱邪！"勔不敢复言。催勔进战，勔度航便败，贼乘胜径进，道隆弃众走向台，所乘马连 蹇踢不肯前，遂为贼兵及，见杀。事平，车驾临哭，赠辅国将军、益州刺史。子法贞嗣。齐受禅，国除。

杨运长，宣城怀安人。初为宣城郡吏，太守范晔解吏名。素善射，太宗初为皇子，出运长为射师。性谨悫，为太宗所委信。及即位，亲遇甚厚，与佃夫、道隆、李道儿等并执权要，稍至员外散骑侍郎，南平昌太守。泰始七年，出侍东宫。后废帝即位，与佃夫俱兼通事舍人，加龙骧将军，转给事中。以平桂阳王休范功，封南城县子，食邑八百户。元徽三年，自安成王车骑中兵参军，迁后军将军，兼舍人如故。

运长质木廉正，治身甚清，不事园宅，不受饷遗，而凡鄙无识知，唯与寒人潘智、徐文盛厚善，动止施为，必与二人量议。文盛为奉朝请，预平桂阳王休范，封广晋县男，食邑四百户。顺帝即位，出运长为宁朔将军、宣城太守，寻去郡还家。沈攸之反，运长有异志，齐王遣骠骑司马崔文仲讨诛之。

史臣曰：竭忠尽节，仕子恒图；随方致用，明君盛典。旧非本旧，因新以成旧者；狎非不狎，因疏以成狎者也。而任隔疏情，殊涂一致，权归近狎，异世同规。虽复汉高之简易，光武之谨厚，犹丰、沛多显，白水先华，况世祖之泥滞鄙近，太宗之拘挛爱习，欲不纷惑床笫，岂可得哉！

卷九十五　　列传第五十五

索虏

　　索头虏姓托跋氏，其先汉将李陵后也。陵降匈奴，有数百千种，各立名号，索头亦其一也。晋初，索头种有部落数万家在云中。惠帝末，并州刺史东嬴公司马腾于晋阳为匈奴所围，索头单于猗驰遣军助腾。怀帝永嘉三年，驰弟卢率部落自云中入雁门，就并州刺史刘琨求楼烦等五县，琨不能制，且欲倚卢为援，乃上言："卢兄驰有救腾之功，旧勋宜录，请移五县民于新兴，以其地处之。"琨又表封卢为代郡公。愍帝初，又进卢为代王，增食常山郡。其后卢国内大乱，卢死，子又幼弱，部落分散。卢孙什翼鞬勇壮，众复附之，号上洛公，北有沙漠，南据阴山，众数十万。其后为苻坚所破，执还长安，后听北归。鞬死，子开字涉珪代立。

　　先是，鲜卑慕容垂僭号中山。晋孝武太元二十一年，垂死，开率十万骑围中山。明年四月，克之，遂王有中州，自称曰魏，号年天赐。元年，治代郡桑乾县之平城。立学官，置尚书曹。开颇有学问，晓天文。其俗以四月祠天，六月末率大众至阴山，谓之却霜。阴山去平城六百里，深远饶树木，霜雪未尝释，盖欲以暖气却寒也。死则潜埋，无坟垄处所，至于葬送，皆虚设棺柩，立冢椁，生时车马器用皆烧之以送亡者。开暴虐好杀，民不堪命。先是，有神巫诫开当有暴祸，唯诛清河杀万民，乃可以免。开乃灭清河一郡，常手自杀人，欲令其数满万。或乘小辇，手自执剑击檐辇人脑，一人死，一人代，每一行，死者数十。夜恒变易寝处，人莫得知，唯爱妾名万人知其处。万人与开子清河王私通，虑事觉，欲杀开，令万人为内应。夜伺开独处，杀之。开临死，曰："清河、万人之言，乃汝等也。"是岁，安帝义熙五年。开次子齐王嗣字木末，执清河王，对之号哭，曰："人生所重者父，云何相反逆。"逼令自杀，嗣代立，谥开道武皇帝。

　　十三年，高祖西伐长安，嗣先娶姚兴女，乃遣十万骑屯结河北以救之，大为高祖所破，事在朱超石等传。于是遣使求和，自是使命岁通。高祖遣殿中将军沈范、索季孙报使，反命已至河，未济，嗣闻高祖崩问，追执范等，绝和亲。太祖即位，方遣范等归。

　　永初三年十月，嗣自率众至方城，遣郑兵将军扬州刺史山阳公达奚斤、吴兵将军广州刺史苍梧公公孙表、尚书滑稽，领步骑二万余人，于滑台西南东燕县界石济南渡，辎重弱累自随。滑台戍主、宁远将军、东郡太守王景度驰告冠军将军、司州刺史毛德祖，戍虎牢，遣司马翟广率参军庞谐、上党太守刘谈之等步骑三千拒之。军次卷县土楼，虏徙营滑台城东二里，造攻具，日往胁城。德祖以滑台戍少，使翟广募军中壮士，遣宁远将军刘芳之率领，助景度守。芳之将八十余人，突得入城。德祖又遣讨虏将军、弘农太守窦应明领五百人，建武将军窦霸领二百五十人，并以水军相继发，咸受翟广节度。

　　初，亡命司马楚之等常藏窜陈留郡界，虏既南渡，驰相要结，驱扇疆场，大为民患。德祖遣长社令王法政率五百人据邵陵，将刘怜领二百骑至雍丘以防之。楚之于白马县袭怜，为怜所破。会台送军资至，怜往迎之，而酸枣民王玉知怜南，驰以告虏；虏将滑稽领千乘袭仓垣，兵吏悉逾城散走。陈留太守严慢为虏所获，虏即用王玉为陈留太守，给兵守仓垣。十一月，虏悉力攻滑台城，城东北崩坏，王景度出奔；景度司马阳瓒坚守不动，众溃，抗节不降，为虏所杀。窦应明击虏辎重于石济，破之，杀贼五百余人，斩其戍主甘连内头、张索儿等。应明自石济赴滑台，闻城已没，遂进屯尹卯，窦霸驰就翟广。虏既克滑台，并力向广等，力不敌，引退，转斗而前，二日一夜，裁行十件里。虏步军续至，广等矢尽力竭，大败，广、霸、谈之等各单身逃还。

　　虏乘胜遂至虎牢，德祖出步骑欲击之，虏退屯土楼，又退还滑台。长安、魏昌、蓝田三县民居在虎牢下，德祖皆使入城。虏别遣黑矟公率三千人至河阳，欲南渡取金墉。德祖遣振威将军、河阴令窦晃五百人戍小垒，缑氏令王瑜四百人据监仓，巩令臣琛五百人固小平，参军督护张季五百人屯牛兰，又遣将领马队，与洛阳令杨毅合二百骑，缘河上下，随机赴接。十二月，虏置守于洛川小垒，德祖遣翟广驰往击之，虏退走。广安立守防，修治城坞，复还虎牢。豫州刺史刘粹遣治中高道瑾领步骑五百据项，又遣司马徐琼继之，台遣将辅伯遗、姚珍、杜坦、梁灵宰等水步诸军绩进。徐州刺史王仲德率军次湖陆。黑矟公遣长史将千人逼窦晃、杨毅，晃等逆击，禽之，生获二百人。其后郑兵将军五千骑掩袭晃等，黑矟公与并力，四面攻垒，晃等力少众散，晃、毅皆被重创。虏将安平公鹅青二军七千人南渡，于确磝东下，至泗渎口，去尹卯百许里。兖州刺史徐琰委军镇走，于是泰山诸郡并失守。

　　郑兵与公孙表及宋兵将军、交州刺史交阯侯普几万五千骑，复向虎牢，于城东南五里结营，分步骑自成皋开向虎牢外郭西门。德祖逆击，杀伤百余人，虏退还保营。镇北将军檀道济率水军北救，车骑将军庐陵王义真遣龙骧将军沈叔狸三千人就豫州刺史刘粹，量宜赴援。少帝景平元年正月，郑兵分军向洛，攻小垒，小垒守将窦晃拒战，陷没，河南太守王涓之弃金墉出奔。自虏分军向洛，德祖每战辄破之。嗣自率大众至邺。郑兵既克金墉，复还虎牢，德祖于城内穴城，入七丈，二道，出城外，又分作六道，出虏阵后。募敢死之士四百人，参军范道基率二百人为前驱，参军郭王符、刘规等以二百人为后系，出贼围外，掩袭其后。虏阵扰乱，斩首数百级，焚烧攻具。虏虽退散，随复更合。

　　虏又遣楚兵将军徐州刺史安平公涉归幡能健、越兵将军青州刺史临菑侯薛道千、陈兵将军淮州刺史寿张子张模东击青州，所向城邑皆奔走。冠军将军、青州刺史竺夔镇东阳城，闻虏将至，敛众固守。龙骧将军、济南太守垣苗率二府郡文武奔就夔。夔与将士盟誓，居民不入城者，使移就山阳，烧除禾稼，令虏至无所资。虏众向青州，前后济河凡六万骑。三月，三万骑前追胁。城内文武一千五百人，而半是羌蛮流杂，人情骇惧。竺夔夜遣司马车宗领五百人出城掩击，虏众披退。间二日，虏步骑悉至，绕城四围，列阵十余里。至晡退还安水结营，去城二十里，大治攻具，日日分步骑常来逼城。夔夜使殿中将军竺宗之、参军贾元龙等领百人，于杨水口两岸设伏。虏将阿伏斤领三百人晨渡水，两岸伏发，虏骑四进，杀伤数十人，枭阿伏斤首。虏又进营水南，去城西北四里。

嗣自邺遣兵益虎牢，增围急攻，郑兵于虎牢率步骑三千，攻颍川太守李元德于许昌。车骑参军王玄谟领千人，助元德守，与元德俱散败。虏即用颍川人庾龙为颍川太守，领骑五百，并发民丁以戍城。德祖出军击公孙表，大战，从朝至晡，杀虏数百。会郑兵军从许昌还，合围，德祖大败，失甲士千余人，退还固城。嗣又于邺遣万余人从白沙口过河，于濮阳城南寒泉筑垒。朝议以：“项城去虏不远，非轻军所抗，使刘粹召高道瑾还寿阳。若沈叔狸已进，亦宜且退。”粹以虏攻虎牢，未复南向，若便摄军舍项城，则淮西诸郡，无所凭依。沈叔狸已顿肥口，又不宜便退。时李元德率散卒二百人至项，刘粹使助高道瑾戍守，请有其奔败之罪，朝议并许之。

檀道济至彭城，以青、司二州并急，而所领不多，不足分赴，青州道近，竺夔兵弱，先救青州。竺夔遣人出城作东西南堑，虏于城北三百余步凿长围。夔遣参军闾茂等领善射五十人，依墙射虏，虏骑数百驰来围墙，墙内纳射，固墙死战。虏下马步进，短兵接，城上弓弩俱发，虏乃披散。虏遂填外堑，引高楼四所，虾蟆车二十乘，置长围内。夔先凿城北作三地道，令通外堑，复凿里堑，内去城二丈作子堑，遣三百余人出地道，欲烧虏攻具。时回风转焰，火不得燃，虏兵矢横下，士卒多伤，敛众还入。虏填三堑尽平，唯余子堑，虾蟆车所不及。虏以橦攻城，夔募人力，于城上系大磨石堆之；又出于子堑中，用大麻绁张骨骨，攻车近城，从地道中多人力挽令折。虏复于城南掘长围，进攻逾急。夔能持重，垣苗有胆干，故能坚守移时。然被攻日久，城转毁坏，战士多死伤，余众困乏，旦暮且陷，檀道济、王仲德兼行赴之。

刘粹遣李元德袭许昌，庾龙奔进，将余晃追蹑，斩龙首。元德因留绥抚，并上租粮。虏悦勃大肥率三千余骑，破高平郡所统高平、方与、任城、金乡、亢父等五县，杀略二千余家，杀其男子，驱虏女弱。兖州刺史郑顺之戍湖陆，以兵卒不敢出。冠军将军申宣戍彭城，去高平二百余里，惧虏至，移郭外居民，并诸营署，悉入小城。

嗣又遣并州刺史伊楼拔助郑兵攻虎牢，填塞两堑。德祖随方抗拒，颇杀虏，而将士稍零落。四月壬申，虏闻道济将至，焚烧器械，弃青州走。竺夔上言东阳城被攻毁坏，不可守，移镇长广之不其城。夔以固守功，进号前将军，封建陵县男，食邑四百户。夔字祖季，东莞人也。官至金紫光禄大夫。

嗣率大众至虎牢，停三日，自督攻城，不能下，回军向洛阳，留三千人益郑兵。停洛数日，渡河北归。虏安平公等诸军从青州退还，径趋滑台；檀道济、王仲德步军乏粮，追虏不及。道济于泰山分遣仲德向尹卯，道济停军湖陆。仲德未至尹卯，闻虏已远，还就道济，共装治水军。虏安平公诸军就滑台，西就郑兵，共攻虎牢。虎牢被围二百日，无日不战，德祖劲兵战死殆尽，而虏增兵转多。虏撞外堑，德祖于内更筑三重，仍旧为四，贼撞三城已毁，德祖唯保一城，昼夜相拒，将士眼皆生疮，死者太半。德祖恩德素结，众无离心。德祖昔在北，与虏将公孙表有旧，表有权略，德祖患之，乃与交通音问，密遣人说郑兵，云表与之连谋，每答表书，辄多所治定。表以书示郑兵，郑兵倍疑之，言于嗣，诛表。虏众盛，檀道济诸救军并不敢进。刘粹据项城，沈叔狸屯高桥。

二十一日，虏作地道偷城内井，井深四十丈，山势峻峭，不可得防。至其月二十三日，人马渴乏饥疫，体皆干燥，被创者不复出血。虏因急攻，遂克虎牢。自德祖及翟广、窦霸，凡诸将佐及郡守在城内者，皆见执囚，唯上党太守刘谈之、参军范道基将二百人突围南adecer走。城将溃，将士欲扶德祖出奔，德祖曰：“我与此城并命，义不使此城亡而身在也。”嗣重其固守之节，勒众军生致之，故得不死。司空徐羡之、尚书傅亮、领军将军谢晦表曰：“去年逆虏纵肆，陵暴河南，司州刺史臣德祖竭诚尽力，抗对强寇，孤城独守，将涉期年，救师淹缓，举城沦没，圣怀垂悼，远近嗟伤。陛下殷忧谅暗，委政自下，臣等谋猷浅蔽，托付无成，遂令致节之臣，抱忠倾覆，将士歼辱，王略亏挫，上坠先规，下贻国耻。稽之朝典，无所辞责。虽有司挠笔，未加准绳，岂宜尸禄，昧安殊宠，乞蒙屏固，以申国法。”不许。

德祖，荥阳南武阳人也。晋末自乡里南归。初为冠军参军、辅国将军，道规为荆州，德祖为之将佐。复为高祖太尉参军。高祖北伐，以为王镇恶龙骧司马；加建武将军。为镇恶前锋，斩贼宁朔将军赵玄石于柏谷，破弘农太守尹雅于梨城，又破贼大帅姚难于泾水，斩其镇北将军姚强。镇恶克立大功，盖德祖之力也。长安平定，以为龙骧将军、扶风太守，仍迁秦州刺史，将军如故。时佛佛虏为寇，复以德祖为王镇恶征虏司马，寻复为桂阳公义真安西参军、南安太守，将军如故。复徙冯翊太守。

高祖东还，以德祖督司州之河东平阳二郡诸军、辅国将军、河东太守，代并州刺史刘遵考戍蒲坂。长安不守，合部曲还彭城，除世子中兵参军，将军如故。又除督司州之河东平阳河北雍州之京兆豫州之颍川兖州之陈留九郡军事、荥阳太守，将军如故，又加京兆太守。高祖践阼，进号冠军。论前后功，封观阳县男，食邑四百户。又除督司雍并三州豫州之颍川兖州之陈留诸军事、司州刺史，将军如故。太祖元嘉六年，死于虏中，时年六十五。世祖大明元年，以德祖弟子熙祚第二息诩之绍德祖封。

虏既克虎牢，留兵居守，余众悉北归。少帝曰：“故宁远司马、濮阳太守阳瓉，滑台之逼，厉诚固守，投命均节，在危无挠，古之忠烈，无以加之。可追赠给事中，并存恤遗孤，以慰存亡。”尚书令傅亮议瓉家在彭城，宜即以人台绢一百匹,粟三百斛赐给。文士颜延之为诔焉。龙骧将军兖州刺史徐琰、东郡太守王景度并坐失守,钳髡居作,琰五岁,景度四岁。

时宣威将军、颍川太守李元德戍许昌,仍除荥阳太守,督二郡军事。其年十一月,房遣军并招集亡命,攻逼许昌城,以土人刘远为荥阳太守。李元德欲出战,兵仗少,至夜,悉排女墙散溃,元德复奔还项城。房又围汝阳,太守王公度将十余骑突围奔项城。房又破邵陵县,残害二千余家,尽杀其男丁,驱略妇女一万二千口。刘粹遣将姚耸夫率军助守项城,又遣司马徐琼五百人继之。房掘破许昌城,又毁坏钟离城,以立疆界而还。

嗣死,谥曰明元皇帝,子焘字佛狸代立。母杜氏,冀州人,入其宫内,生焘。焘年十五六,不为嗣所知,遇之如仆隶。嗣初立慕容氏女为后,又娶姚兴女,并无子,故焘得立。壮健有筋力,勇于战斗,忍虐好杀,夷、宋畏之。攻城临敌,皆亲贯甲胄。元嘉五年,使大将吐伐斤西伐长安,生禽赫连昌于安定,封昌为公,以妹妻之。昌弟赫连定在陇上,吐伐斤乘胜以骑三万讨定;定设伏于陇山弹筝谷破之,斩吐伐斤,尽坑其众。定率众东还,后克长安,焘又自攻不克,乃分军戍大城而还。焘常使昌侍左右,常共单马逐鹿,深入山涧。昌素有勇名,诸将咸谓昌不可亲,焘曰:"天命有在,亦何所惧。"亲遇如初。复攻长安,克之,定西走,为吐谷浑慕瓌所禽。

赫连氏有名卫臣者,种落在朔方塞外,部落千余户,朔方以西,西至上郡,东西千余里,汉世徙谪民居之,土地良沃。苻坚时,卫臣入塞寄田,春来秋去。坚云中护军贾雍掠其田者,获生口马牛羊,坚悉以还之,卫臣感恩,遂称臣入居塞内,其后渐强盛。卫臣死,子佛佛骁猛有谋算,远近杂种皆附之。姚兴与相抗,兴覆军丧众,前后非一,关中为之伤残。高祖入长安,佛佛震慑不敢动。高祖东还,即入寇北地。安西将军义真之归也,佛佛遣子昌破之青泥,俘囚诸将帅,遂有关中,自称尊号,号年曰真兴元年。

京兆人韦玄隐居养志,有高名,姚兴备礼征,不起;高祖辟为相国掾,宋台通直郎,又并不就。佛佛召为太子庶子,玄应命。佛佛大怒,曰:"姚兴及刘公相征召,并不起,我有命即至,当以我殊类,不可理其故耶!"杀之。元嘉二年,佛佛死,昌立,至是为焘所兼。焘西定陇右,东灭黄龙,海东诸国,并遣朝贡。

太祖践阼,便有志北略。七年三月,诏曰:"河南,中国多故,湮没非所,遗黎荼炭,每用矜怀。今民和年丰,方隅无事,宜时经理,以固疆场。可简甲卒五万,给右将军到彦之,统安北将军王仲德、兖州刺史竺灵秀舟师入河;骁骑将军段宏精骑八千,直指虎牢;豫州刺史刘德武劲勇一万,以相掎角;后将军长沙王义欣可权假节,率见力三万,监征讨诸军事。便速备办,月内悉发。"先遣殿中将军田奇衔命告焘:"河南旧是宋土,中为彼所侵,今当修复旧境,不关河北。"焘大怒,谓奇曰:"我生头发未燥,便闻河南是我家地,此岂可得河南。必进军,今权当敛戍相避,须冬行地净,河冰合,自更取之。"

后将军长沙王义欣出镇彭城,总统群帅,告司、兖二州曰:

夫王者之兵,以义德相济,非徒疆理土地,恢广经略,将以大庇苍生,保全黎庶。是以蒙践霜雪,逾历险难,匡国宁民,肃清四表。昔我高祖武皇帝,诞膺明命,爰造区夏,内夷篡逆,外宁寇乱,灵武纷纭,雷动风举,响斩龙堆,声浮云、朔,陵天振地,拔山荡海。于是华域肃清,讴歌允集,王纲帝典,焕哉惟文,太和烟煴,流泽洋溢。中叶谅闇,委政冢宰,黠房乘衅,侵侮上国。遂令司、兖良民,复蹈非所,周、郑遗黎,重隔王化。

圣皇践阼,重光开朗,明哲柔远,以隆中兴,退夷慕义,云腾波涌。方将蹈德履信,被艺袭文,增修业统,作规于后,勤施洽于三方,惠和雍于北狄。夫养鱼者除其狷獭,育禽者去其豺狼,故智士研其虑,勇夫厉其节,嘉谋动苍天,精气贯纬纬。幕府忝任,禀承庙算,剪爪明衣,誓不顾命,提吴、楚之劲卒,总八州之锐士,红旗绛天,素甲夺日,虎步中原,龙超河渚。兴云散雨,慰大旱之思,吊民伐罪,积后己之情。师以顺动,何征而不克,况乎遵养昏昧,绥复境土而已哉!

昔淮、泗初开,狡徒纵逸,王旅入关,群竖飙扇,襄邑之战,素旗授首,半城之役,伏尸蔽野,支解体分,羽翼摧挫。加以构难西房,结怨黄龙,控弦熠灭,首尾逼畏,蜂屯蚁聚,假息旦夕,岂复能超蹈长河,以当堂堂之陈哉!夫顺从贵速,归德恶晚,赏褒先附,威加后服。是以秦、赵羁旅,披棒委诚,提绂乘轩,剖符州郡。慕容、姚泓,恃强作祸,提挈万里,卒婴铁钺。皆目前之诚验,往世之所知也。圣上明发爱恤,以道怀二州士民,若能审决安危,翻然革面,率其支党,归投军门者,当表言天台,随才叙用。如其迷心不悛,窜首巢穴,长围既周,临冲四至,虽欲壶浆厥筐,其可得乎?幸加三思,详择利害。

彦之进军,房悉敛河南一戍归河北。太祖以前征房司马、南广平太守尹冲为督司雍并三州豫州之颍川兖州之陈留二郡诸军事、奋威将军、司州刺史,戍虎牢。十一月,房大众南渡河,彦之败退,洛阳、滑台、虎牢诸城并为房所没。尹冲及司马荥阳太守崔模抗节不降,投堑死。冲字子顺,天水冀人也。先为姚兴吏部郎,与兴子广平公弼结党,欲倾兴太子泓;泓立,冲与弟弘俱逃叛南归。至是追赠前将军。太祖与江夏王义恭书曰:"尹冲诚节志概,继踪古烈,以为伤惋,不能已已。"

上以滑台战守弥时,遂至陷没,乃作诗曰:

逆房乱疆场,边将婴寇仇。坚城效贞节,攻战无暂休。覆沈不可拾,离机难复收。势谢归涂单,于焉见幽囚。烈烈制邑守,舍命蹈前修。忠臣表年暮,贞柯见严秋。楚庄投袂起,终然报强仇。去病辞高馆,卒获舒国忧。戎事谅未殄,民患焉得瘳。抚剑怀感激,志气若云浮。愿想凌扶摇,弭旆拂中州。爪牙申威灵,帷幄骋良筹。华裔混殊风,率土浃王猷。惆怅惧迁逝,北顾涕交流。

其后，焘又遣使通好，并求婚姻，太祖每依违之。十七年，焘号太平真君元年。十九年，虏镇东将军武昌王宜勒库莫提移书益、梁二州，往伐仇池，侵其附属，而移书越诣徐州曰：

我大魏之兴，德配二仪，与造化并立。夏、殷以前，功业尚矣，周、秦以来，赫赫堂堂，垂耀先代。逮我烈祖，重之圣明，应运龙飞，廓清燕、赵。圣朝承王业之资，奋神武之略，远定三秦，西及葱岭，东平辽碣，海隅服从，北暨钟山，万国纳贡，威风所扇，想彼朝野，备闻威德。往者刘、石、苻、姚，递据三郡，司马琅邪，保守扬、越，绵绵连连，绵历年纪。数穷运改，宋氏受终，仍晋之旧，远通聘享。故我朝庭解甲，息心东南之略，是为不欲违先故之大信也。而彼方君臣，苞藏祸心，屡为边寇。去庚午年，密结赫连，侵我牢、洛，致师徒丧败，举军囚俘。

我朝庭仁弘，不穷人之非，不遂人之过，与彼交和，前好无改。昔南秦王杨玄识达天运，于大化未及之前，度越赫连，远归忠款。玄既即世，弟难当忠节愈固，上请纳女，连婚宸极，任土贡珍，自比内郡，汉南白雉，登俎御羞，朝庭嘉之，授以专征之任。不图彼朝计疆场之小疵，不相关移，窃兴师旅，亡我宾属。难当将其妻子，及其同义，告败关下。圣朝忧然，顾谓群臣曰："彼之违信背和，与牢、洛为三，一之为甚，其可再乎。是若可忍，孰不可忍！"是以分命吾等磐声之臣，助难当报复。

使持节、侍中、都督雍秦二州诸军事、安西将军、建兴公吐奚爱弼，率南秦王杨难当自祁山南出，直冲建安，令南秦自遣信臣，招集旧户。使持节、侍中、都督雍梁益三州诸军事、安西将军、开府仪同三司、淮阴公皮豹子、员外散骑常侍、平南将军、南益州刺史、建德公库拔阿浴河引出斜谷，厄白马之险。散骑常侍、安南将军、雍州刺史、南平公娥后延出自骆谷，直截汉水。冠军将军、南蛮校尉、荆州刺史、建平公宗睒，使持节、员外散骑常侍、冠军将军、梁州刺史、顺阳公刘买德，平远将军、永安侯若干内亦千出自子午，东袭梁、汉。使持节、侍中、都督荆梁南雍三州诸军事、领护南蛮校尉、征南大将军、开府仪同三司、荆州刺史故晋谯王司马文思，宁远将军、荆州刺史、襄阳公鲁轨南趣荆州。使持节、都督洛豫州及河内诸军事、镇南大将军、开府仪同三司、淮南王直勒它大翰为其后继。使持节、侍中、都督梁益宁三州诸军事、领护西戎校尉、镇西大将军、开府仪同三司、扬州刺史晋琅邪王司马楚之南趣寿春。使持节、侍中、都督扬豫兖徐四州诸军事、征南将军、徐兖二州刺史、东安公刁雍东趣广陵，南至京口。使持节、侍中、都督青、兖、徐三州诸军事、征东将军、青徐二州刺史、东海公故晋元显子司马天助直趣济南。十道并进，连营五千，步骑百万，隐隐桓桓。以此屠城，何城不溃，以此奋击，何坚不摧！邵陵、践土，区区齐、晋，尚能克胜强楚，以致一匡，况大魏以沙漠之突骑，兼咸、夏之劲卒哉！

若众军就临，将令南海北泛，江湖南溢，高岸垫为浦泽，深谷积为丘陵。晋余黎民，将云集雾聚，仇池之师，敪𠜲山谷之中，何能自固。彼之所谓肆忿于目前之小得，以至于败亡之大失也。昔信陵君济穷鸠之危，义士归之，故我朝廷欲救难当投命之诚，为此举动。既而爱惜前好，犹复沈吟，多杀生民，在之一亡十，仁者之所不为。吾等别爱后自驰檄相譬书。若摄兵还反，复南秦之国，则诸军同罢，好穆如初；若距我义言，很愎遂往，败国亡身，必成噬齐之悔。望所列上彼朝，惠以报告。

徐州答移曰：

知以杨难当投命告败，比之穷鸠，欲动众以相存拯。救危恤难，有国者之所用心。虽然，移书之言，亦已过矣。何者？杨氏先世以来，受晋爵号，修职守藩，为我西服。十载之中，再造逆乱，号年建义，猖狂妄作，为臣不忠，宜加诛讨。又知难当称臣彼国，宜是顾畏首尾，两属求全。果是纯臣，服事于魏，何宜与人和亲，而听臣下纵逸。

昔景平之末，国祚中微，彼乘我内难，侵我司、兖，是以七年治兵，义在经略，三帅涉河，秋豪不犯。但崇此信誓，不负约言耳。彼伺我军，仍相掩袭，俘我甲士，朝我边民，是彼有两曲，我有二直也。司马楚、文思亡命窜伏，鲁轨、刁雍实为蛋尾，而拥其逋逃，开其疆场。元显无子，焉得天助，谬称假托，何足以云。又讥窃兴师旅，不相关移，若如来言，又非所受。黄龙国王受我正朔，且渠茂虔父子归款，彼皆残灭俘馘，岂有先言。况仇池奉晋十世，事宋三叶，九伐所加，何伤于彼。仆闻师曲为老，义作乱雄，言贵称情，不在夸大。移书本诣梁、益，而谬来鄙府，大人不远，幸无过谈。

二十年，焘以国授其太子，下书曰："朕承祖宗重光之绪，思阐洪基，恢隆万世。自经营天下，平暴除逆，扫清不顺，武功既昭，而文教未阐，非所以崇太平之治也。今者域内安逸，百姓富昌，军国异容，宜定制度，为万世之法。夫阴阳有往复，四时有代序，授子任贤，安全相附，所以休息疲劳，式固长久，成其禄福，古今不易之典也。诸朕功臣，勤劳日久，皆当致仕归第，雍容高爵，颐神养寿，朝请随时，飨宴朕前，论道陈谋而已，不须复亲有司苦剧之职。其令皇太子嗣理万机，总统百揆，更举贤良，以被列职，皆取后进明能，广启选才之路，择人授任而黜陟之。故孔子曰：'后生可畏，焉知来者之不如今。'主者明为科制，宜敕施行。"于是王公以下上书太子皆称臣，首尾与表同，唯以白纸为异。是岁，焘伐芮芮虏，大败而还，死者十六七。不听死家发哀，犯者诛之。

二十三年，虏安南平南府又移书兖州，以南国侨置州，不依城土，多滥北境名号，又欲游猎具区。兖州答移曰：

夫皇极肇建，实膺神明之符，生民初载，实禀冲和之气。故司牧之功，宜于上代，仁义之道，兴自诸华。在昔有晋，混一区宇，九译承风，遐戎向附。永嘉失御，天网圮裂，石、容、苻、姚，递乘非据，或栖息赵、魏，或保聚邠、岐。我皇宋属当归历，受终晋氏，北临河、济，西尽咸、汧，吊民代罪，流泽五都。魏尔时祇德悔祸，思用和辑，交通使命，以祇天衷。来移所谓分疆画境，其志久定者也。俄而不恒其信，虞我国忧，侵牢及洛，至于清济。往岁入河，且欲绥理旧城，是以顿兵南濆，秋毫无犯。军师不能奉遵庙算，保有成功，回旆之日，重失司、兖。

来移云："不因土立州，招引亡命。"夫古有分土，而无分民，德之休明，四方强负。昔周道方隆，灵台初构，民之附化，八十万家。彼不思弘善政，而恐人之弃己，纵威肆虐，老弱无遗。详观今古，略听舆诵，未有穷凶以延期，安忍而怀众者也。若必宜因土立州，则彼立徐、扬，岂有其地？

往年贵主献书云："强者为雄。"斯则弃德任力，逆行倒施，有一于此，何以能振。复加欲"游猎具区，观化南国"。今治道方融，远人必至，开馆饰邸，则有司存。来岁元辰，天人协庆，鸾旗省方，东巡稽岭。若欲邀恩，宜赴兹会，怀德贵赉，无或后期。又称："驰猎积年，野无飞伏。"此邦解网舍俘，矜蜫育縠，七泽八薮，禽兽丰硕，虞候搜算，义非所吝。三代肆觐，其典虽缺，呼韩入汉，厥仪犹全，馈饩之秩，每存丰厚。

先是，虏中谣言："灭虏者吴也。"焘甚恶之。二十三年，北地卢水人盖吴，年二十九，于杏城天台举兵反虏，诸戎夷普并响应，有众十余万。焘闻吴反，恶其名，累遣军击之，辄败。吴上表归顺，曰：

自灵祚南迁，祸缠神土，二京失统，豺狼纵毒，苍元蹈犬噬之悲，旧都哀荼蓼之痛。臣以庸鄙，杖义因机，乘寇虏天亡之期，藉二州思奋之愤，故创迹天台，爰暨咸、雍。义风一鼓，率土咸同，威声既张，士卒效勇，师不崇朝，群狄震裂，殄逆鳞于函关，扫凶迹于秦土，非仰协宋灵，俯允群愿，焉能若斯者哉！

今平城遗虐，连兵大坛，东西狼顾，威形莫接，长安孤危，河、洛不戍，平阳二蘖，世连土宇，拥率部落，控弦五万，东屯潼塞，任质军门。私署安西将军常山白广平练甲高平，进师汧、陇。北漠护军结驷连骑，提戈载驱。胡兰洛生等部曲数千，拟击伪镇，阖境颙颙，仰望皇泽。伏愿陛下给一旅之众，北临河、陕，赐臣威仪，兼给戎械，进可以厌捍凶寇，覆其巢窟，退可以宣国威武，镇御旧京。使中都有鸣鸾之响，荒余怀来苏之德。谨遣使人赵绾驰表丹诚。

焘遣军屡败，乃自率大众攻之。吴又上表曰：

臣闻天无二日，地无二主。昔中都失统，九域分崩，群凶丘列于天邑，飞鸮鸥目于四海。先皇慈怀内发，愍及戎荒，翦伪乞于长安，雪黎民之荼炭，政教既被，民始宁苏。天未忘难，祸乱仍起，猃狁侏张，侵暴中国，使长安为豺狼之墟，邺、洛为蜂蛇之薮，纵毒生民，虐流兆庶，士女能言，莫不叹愤。倾首东望，仰希拯接，咸同旱苗之待天泽，赤子之望慈亲。

臣仰恩天时，以义伐暴，辄东西结连，南北树党，五州同盟，迭相要契。仰冯威灵，千里云集，冀廓除棒莽，以待王师，义夫始臻，莫不瓦解。虏主二月四日倾资倒库，与臣连营，接刃交锋，无日不战，获贼过半，伏尸蔽野。伏愿特遣偏师，赐垂拯接。若天威既震，足使奸房溃亡，遗民小大，咸蒙生造。

太祖诏曰："北地盖吴，起众秦川，华戎响附，奋其义勇，频烦克捷，屡遣表疏，远效忠款，志枭逆虏，以立勋绩。宜加爵号，褒奖乃诚，可以为使持节、都督关陇诸军事、安西将军、雍州刺史、北地郡公。使雍、梁遣军界上，以相援接。"

焘攻吴大小数十战，不能克。太祖遣使送雍、秦二州所统郡及金紫以下诸将印合一百二十一纽与吴，使随宜假授。屠各反叛，吴自攻之，为流矢所中，死。吴弟吾生率余众入木面山，皆寻破散。其年，太原民颜白鹿私行入荒，为虏所录，相州刺史欲杀之，白鹿诈云"青州刺史杜骥使其归诚"。相州刺史送白鹿至桑乾，焘喜曰："我外家也。"使其司徒崔浩作书与骥，使其司徒祭酒王琦赍书随白鹿南归。遣从弟高梁王以重军延骥，入太原界，攻冀州刺史申恬于历城，恬击破之。杜骥遣其宁朔府司马夏侯祖欢、中兵参军吉渊驰往赴援，虏破略太原，得四千余口，牛六千余头。寻又寇兖、青、冀三州，遂及清东，杀略甚众。太祖思弘经略，诏群臣曰：

吾少览篇籍，颇爱文义，游玄玩采，未能息卷。自缨绂世务，情兼家国，徒存日昃，终有惭德。而区宇未一，师旅代有，永言斯瘼，弥干其虑。加疲疾稍增，志随时往，属思之功，与事而废。残虐游魂，齐民涂炭，乃眷北顾，无忘弘拯。思总群谋，扫清逋逆，感慨之来，遂成短韵。卿等体国情深，亦当义笃其怀也。诗曰：季父鉴祸先，辛生识机始。崇替非无征，兴废要有以。自昔沦中畿，倏焉盈百祀。不睹南云阴，但见胡风起。乱极治必形，涂泰由积否。方欲涤遗氛，矧乃秽边鄙。眷言悼斯民，纳隍良在己。逝将振宏罗，一麾同文轨。时乎岂再来？河清难久俟。骍駠安局步，骐骥志千里。梁傅畜夸心，伊相抱深耻。赏契将谁寄，要之二三子。无令齐晋朝，取愧邹鲁上。

时疆场之民，多相侵盗。二十五年，虏宁南将军、豫州刺史北井侯若库辰树兰移书豫州曰：

仆以不德，荷国荣宠，受任边州，经理民物，宣播政化，鹰扬万里，虽尽节奉命，未能令上化下布，而下情上达也。比者以来，边民扰动，互有反逆，无复为害，自取诛夷。死亡之余，雄菟逃窜，南入宋界，聚合逆党，频为寇掠，杀害良民，略取资财，大为民患。此之界局，与彼通连，两民之居，烟火相接，来往不绝，情伪繁兴。是以南奸北入，北奸南叛，以类推之，日月弥甚。奸宄之人，数得侵盗之利，虽加重法，不可禁止。仆常申令境局，料其奸源，而彼国牧守，纵不禁御，是以遂至滋蔓，寇扰疆场。譬犹蚕虱疥癣，虽为小疴，令人终岁不安。

当今上国和通，南北好合，唯边境民庶，要约不明。自古列国，封疆有畔，各自禁断，无复相侵，如是可以保之长久，垂之永世。故上表台阁，驰书明晓，自今以后，魏、宋二境，宜使人迹不过。自非聘使行人，无得南北。边境之民，烟火相望，鸡狗之声相闻，至老死不相往来，不亦善乎！又能此亡彼归，彼亡此致，则自我国家所望于仁者之邦也。

右将军、豫州刺史南平王铄答移曰：

知以边氓扰动，多有叛逆，欲杜绝奸究，两息民患；又欲迭送奔亡，禁其来往。申告嘉贶，实获厥心。但彼和好以来，矢言每缺，侵轶之弊，屡违义举，任情背畔，专肆暴略，岂唯窃犯王黎，乃害及行使。顷诛讨蛮髳，事止畿服，或有狐奔鼠窜，逃首北境，而辄便苞纳，待之若旧，资其粮仗，纵为寇贼。往岁擅兴戎旅，祸加孩耄，罔顾善邻之约，不惟疆域之限。来示所云，彼并行之，虽丰辞盈观，即事违实，兴嫌长乱，实彼之由，反以为言，将违躬厚之义。

疆场之民，有自来矣，且相期有素，本不介怀。若于本欲消奸弭暴，永存匪石，宜先谨封守，斥遣诸亡，惊蹄逸镞，不妄入境，则边城之下，外户不闭。王制严明，岂当独负来信。若亡命奔越，侵盗彼民，期固刑之所取，无劳远及。自荷阃外，思阐皇猷，每申敕守宰，务敦义让。往诚未布，能不愧怍，当重约示，以副至怀。

二十七年，焘自率步骑十万寇汝南。初，焘欲为边寇，声云猎于梁川。太祖虑其侵犯淮、泗，乃敕戍曰："小寇至，则坚守拒之；大众来，则拔民户归寿阳。"诸戍侦候不明，虏奄来入境，宣威将军陈南顿二郡太守郑绲，绥远将军汝南颍川二郡太守郭道隐并弃城奔走。虏掠抄淮西六郡，杀戮甚多。攻围悬瓠城，城内战士不满千人。先是，汝南、新蔡二郡太守徐遵之去郡，南平王铄时镇寿阳，遣左军行参军陈宪行郡事。宪婴城固守，焘尽锐以攻之，宪自登郭城督战。起楼临城，飞矢雨集，冲车攻破南城，宪于内更筑捍城，立栅以补之。虏肉薄攻城，死者甚众，宪将士死伤亦过半。焘唯恐寿阳有救兵，不以彭城为虑。

焘遣从弟永昌王库仁真步骑万余，将所略六郡口，北屯汝阳。时世祖镇彭城，太祖遣队主吴香炉乘驿敕世祖，遣千骑，赍三日粮袭之。世祖发百里内马，得千五百匹。众议举驾刘延孙为元帅，延孙辞不肯行，举参军刘泰之自代。世祖以问司马王玄谟、长史张畅，畅等并赞成之。乃分为五军，以泰之为元帅，与安北骑兵行参军垣谦之、田曹行参军臧肇之、集曹行参军尹定、武陵国左常侍杜幼文五人，各领其一。谦之领泰之军嗣殿中将军程天祚督战，至谯城，更简阅人马，得精骑千一百匹，直向汝阳。虏不意奇兵从北来，大营在汝阳北，去城三里许。泰之等至，虏都不觉，驰入袭之，杀二千余人，烧其辎重。营内有数区毡屋，屋中皆有帐，器仗甚精，食具皆是金银，帐内诸大主帅，悉杀之。诸亡口悉得东走，大呼云："官军痛与手。"虏众一时奔散，因追之，行已经日，人马疲倦，引还汝南。城内有房一幢，马步可五百，登城望知泰之无后继，又有别帅钜鹿公余嵩自虎牢至，因引出击泰之。泰之军未食，旦战已疲劳，结阵未及定，垣谦之先退，因是惊乱，弃仗奔走。行迷道趋溵水，水深岸高，人马悉走水争渡，泰之独不去，曰："丧败如此，何面复还。"下马坐地，为虏所杀。肇之溺水死，天祚为虏所执，谦之、定、幼文及将士免者九百余人，马至者四百匹。世祖降安北之号为镇军将军，玄谟、延孙免官，畅免所领沛郡，谦之伏诛，定、幼文付尚方。

焘初闻汝阳败，又传彭城有系军，大惧，谓其众曰："但闻淮南遣军，乃复有奇兵出。今年将堕人计中。"即烧攻具，欲走。会泰之死问续至，乃停寿阳。遣刘康祖救悬瓠，焘亦遣任城公拒康祖，与战破之，斩任城。焘攻城四十二日不拔，死者甚多，任城又死，康祖救军渐进，乃委罪大将，多所斩戮，倍道奔走。太祖嘉宪固守，诏曰："右军行参军、行汝南新蔡二郡军事陈宪，尽力捍御，全城摧寇，忠敢之效，宜加显擢，可龙骧将军、汝南新蔡二郡太守。"又以布万匹委宪分赐汝南城内文武吏民战守勤劳者。

焘虽不克悬瓠，而房掠甚多，南师屡无功，为焘所轻侮。与太祖书曰：

彼前使间谍，诇略奸人，窃闻朱修之、申谟，近复得胡崇之，败军之将，国有常刑，乃皆用为方州，虞我之隙，以自慰庆。得我普钟蔡一竖子，何所损益，无异得我举国之民，厚加奉养。禽我卑将卫拔，非其身，各便锁腰苦役以辱之。观此所行，足知彼之大趣，辨校以来，非一朝一夕也。

顷关中盖吴反逆，扇动陇右氐、羌，彼复使人就而诱劝之。丈夫遗以弓矢，妇人遗以环钏，是曹正欲谲诳取略，岂有远相顺从。为大丈夫之法，何不自来取之，而以货诇引诱我边民，募往者复除七年，是赏奸人也。我今来至此土，所得多少，孰与彼前后得我民户邪。彼今若欲保全社稷，存刘氏血食者，当割江以北输之，摄守南度，如此释江南使彼居之。不然，可善敕方镇、刺史、守宰，严供张之具，来秋当往取扬州，大势已至，终不相纵。顷者往索真珠珰，略不相与，今所咸截髑髅，可当几许珠珰也。

彼往日北通芮芮，西结赫连、蒙逊、吐谷浑，东连冯弘、高丽。凡此数国，我皆灭之。以此而观，彼岂能独立！芮芮吴提以死，其子菟害真袭其凶迹，以今年二月复死。我今北征，先除有足之寇。彼若不从命，来秋当复往取。以彼无足，故不先致讨。诸方已定，不复相释。

我往之日，彼作何方计，为轻城自守，为筑垣以自鄣也。彼土小雨，水便追浃，彼能水中射我也。我显然往取扬州，不若彼瞥行窃步也。彼来侦谍，我已禽之放还，其人目所尽见，委曲善问之。彼前使裴方明取仇池，既得，疾其勇功，不能容。有臣如此，尚杀之，乌得与我校邪！彼非敌也。彼常愿欲共我一过交战，我亦不痴，复不是待坚。何时与彼交战，昼则遣骑围绕，夜则离彼百里宿去，彼人民好，降我者驱来，不好者尽刺杀之。近有谷米，我都唉尽，彼军复欲食唉何物，能过十日邪？彼吴人正有斫营伎，我亦知彼情，离彼百里止宿，虽彼军三里安逻，使首尾相次，募人裁五十里，天自明去，此募人头何得不输我也。彼谓我攻城日，当掘堑围守，欲出来斫营，我亦不近城围彼，止筑堤引水，灌城取之。彼扬州城南北门有两江水，此二水引用，自可如人意也。知彼公时旧臣，都已杀尽，彼臣若在，年几虽老，犹有智策，今已杀尽，岂不天资我也。取彼亦不须我兵刃，此有能祝婆罗门，使鬼缚彼送来也。

此后复求通和，闻太祖有北伐意，又与书曰："彼此和好，居民连接，为日已久，而彼无厌，诱我边民，其有往者，复之七年。去春南巡，因省我民，即使驱还。自天地启辟已来，争天下者，非唯我二人而已。今闻彼自来，设能至中山及桑乾川，随意而行，来亦不迎，去亦不送。若厌其区宇者，可来平城住，我往扬州住，且可博其土地。伧人谓换易为博。彼年已五十，未尝出户，虽自力而来，如三岁婴儿，复何知我鲜卑常马背中领上生活。更无余物可以相与，今送猎白鹿马十二匹并毡药等物。彼来马力不足，可乘之。道里来远，或不服水土，药自可疗。"其年，大举北讨，下诏曰：

房近虽摧挫，兽心靡革，驱逼遗氓，复规窃暴。比得河朔秦雍华戎表疏，归诉困棘，跂望绥拯，潜相纠结，以候王师。并陈芮芮此春因其来掠，掩袭巢窟，种落畜牧，所亡太半，连岁相持，于今未解。又猜虐互发，亲党诛残，根本危敝，自相残疹。芮芮间使适至，所说并符，远输诚款，誓为犄角。遐迩注情，既宜赴奖，且水雨丰澍，舟楫流通，经略之会，实在兹日。

可遣宁朔将军王玄谟率太子步兵校尉沈庆之、镇军谘议参军申坦等，戈船一万，前驱入河。使持节、督青冀幽三州徐州之东安东莞二郡诸军事、辅国将军、青冀二州刺史宵城侯萧斌，推三齐之锋，为之统帅。持节、都督徐兖冀幽五州豫州之梁郡诸军事、镇军将军、徐兖二州刺史武陵王骏，总四州之众，水陆并驱。太子左卫始兴县五等侯臧质勒东宫禁兵，统骁骑将军安复县开国侯王方回、建武将军安蛮司马新康县开国男刘康祖、右军参军事梁坦步骑十万，径造许、洛。使持节、督豫司雍秦并五州诸军事、右将军、豫州刺史、领安蛮校尉南平王铄悉荆、河之师，方轨继进。东西齐举，宜有董一，使持节、侍中、都督扬南徐二州诸军事、太尉、领司徒、录尚书、太子太傅、国子祭酒江夏王义恭，德望兼崇，风略遐被，即可三府文武，并被以中仪精卒，出次徐方，为众军节度。别府司空府使所督诸镇，各遣虎旅，数道争先。督梁南北秦三州诸军事、绥远将军、西戎校尉、梁南北秦三州刺史秀之，统辅国将军杨文德、宣威将军巴西梓潼二郡太守刘弘宗，连旗深入，震荡沔、陇。护军将军、封阳县开国侯萧思话，部龙骧将军杜坦、宁

远将军竟陵太守南城县开国侯刘德愿，籍荆雍之劲，揽群师之锐，宜由武关，棱威震澛。指授之宜，委司空义宣议量。

是岁，军旅大起，王公妃主及朝士牧守，各献金帛等物，以助国用，下及富室小民，亦有献私财至数十万者。又以兵力不足，尚书左仆射何尚之参议发南兖州三五民丁，父祖伯叔兄弟仕州居职从事、及仕北徐兖为皇弟皇子从事、庶姓主簿、诸皇弟皇子府参军督护国三令以上相府舍者，不在发例，其余悉倩暂行征。符到十日装束，缘江五郡集广陵，缘淮三郡集盱眙。又募天下弩手，不问所从，若有马步众艺武力之士应科者，皆加厚赏。有司又奏军用不充，扬、南徐、兖、江四州富有之民，家资满五十万，僧尼满二十万者，并四分换一，过此率讨，事息即还。

历城建武府司马申元吉率马步口余人向确磝，取泗溱口。房确磝戍主、济州刺史王买德凭城拒战，元吉破之。买德弃城走，获奴婢一百四十口，马二百余匹，驴骡二百，牛羊各千余头，毡七百领，粗细车三百五十乘，地仓四十二所，粟五十余万斛，城内居民私储又二十万斛，房田五谷三百顷，铁三万斤，大小铁器九千余口，余器仗杂物称此。

玄谟攻滑台不克，焘自率大众渡河，玄谟败走。焘从弟永昌王库仁真发关西兵趋汝、颍，从弟高梁王阿斗垩自青州道，焘自确磝，并南出。诸镇悉敛兵保城。其十一月至邹山，邹山戍主、宣威将军、鲁阳平二郡太守崔邪利败没。焘登邹山，见秦始皇刻石，使人排倒之。遣楚王树洛真、南康侯杜道隽进军清西，至萧城；步尼公进军清东，至留城。世祖遣参军马文恭至萧城，江夏王义恭遣军主稽玄敬至留城，并为觇候。萧城房偃旗旐，文恭斥候不明，卒与相遇，乃舍汴趣南山；东至山而房围合，文恭战败，仅以身免。玄敬亦与留城房相值，幢主华钦继其后，房望玄敬后有军，引去，趋苞桥。至，欲渡清西，沛县民烧苞桥，夜于林中击鼓。房谓官军大至，争渡苞水，水深，溺死殆半。

先是，焘遣员外散骑侍郎王老寿乘驿就太祖乞黄甘，太祖饷甘十簏，甘蔗千挺。并就求马，曰："自顷岁成民阜，朝野无虞，春末当东巡吴、会，以尽游瞭。临沧海，探禹穴，陟姑苏之台，搜长洲之苑，舟楫虽盛，寡于良驷，想能惠以逸足，令及此行。"老寿反命，未出境，房兵深入，乃录还。

房又破尉武戍，执戍主左军长兼行参军王罗汉。先是，南平王铄以三百人配罗汉出戍，而尉武东北有小垒，因据之。或曰："贼盛不足自固，南依卑林，寇至易以免。"罗汉以受命来此，不可辄去。是日房攻之，矢尽力屈，遂没。房法，获生将，付其三郎大帅，连锁锁颈后。罗汉夜断三郎头，抱锁亡走，得入盱眙城。永昌王破刘康祖于尉武，引众向寿阳，自青冈屯孙叔敖冢，胁寿阳城，又焚掠马头、钟离。南平王铄保城固守。

焘自彭城南出，十二月，于盱眙渡淮，破胡崇之等军。留尚书韩元兴数千人守盱眙，自率大众南向，中书郎鲁秀出广陵，高梁王阿斗垩出山阳，永昌王于寿阳出横江。凡

所经过，莫不残害。焘至瓜步，坏民屋宇，及伐蒹苇，于滁口造箄筏，声欲渡江。太祖大具水军，为防御之备。

初，领军将军刘遵考率军向彭城，至小岘，虏已断道，召还，与左军将军尹弘守横江，少府刘兴祖守白下，建威将军、黄门侍郎萧元邕守𥟑洲，羽林左监孟宗嗣守新洲上，建武将军泰容守新洲下，征北中兵参军事向柳子贵洲，司马到元度守蒜山，谘议参军沈昙庆守北固，尚书褚湛之先行京陵，仍守西津，徐州从事史萧尚之守练壁，征北参军管法祖守谯山，徐州从事武仲河守博落，尚书左丞刘伯龙守采石。

寻迁建武将军、淮南太守，仍总守事。游逻上接于湖，下至蔡洲，陈舰列营，周亘江畔，自采石至于暨阳，六七百里，船舰盖江，旗甲星烛。皇太子出戍石头城，前将军徐湛之守石头仓城，都水使者乐询、尚书水部郎刘渊之并以装冶失旨，付建康。乘舆数幸石头及莫府山，观望形势。购募斩佛狸伐头者，封八千户开国县公，赏布绢各万匹，金银各百斤；斩其子及弟、伪相、大军主，封四百户开国县侯，布绢各五千匹；自此以下各有差。又募人赍冶葛酒置空村中，欲以毒虏，竟不能伤。

焘凿瓜步山为盘道，于其顶设毡屋。焘不饮河南水，以骆驼负河北水自随，一骆驼负三十斗。遣使饷太祖骆驼名马，求和请婚。上遣奉朝请田奇饷以珍羞异味。焘得黄甘，即啖之，并大进郫酒，左右有耳语者，疑食中有毒，焘不答，以手指天，而以孙儿示奇曰："至此非唯欲为功名，实是贪结姻援，若能酬酢，自今不复侵犯秋毫。"又求嫁女与世祖。二十八年正月朔，焘会于山上，并及土人。会竟，掠民户，烧邑屋而去。虏初缘江举烽火，尹弘曰："六夷如此必走。"正月二日，果退。

初，太祖闻虏寇逆，焚烧广陵城府船乘，使广陵、南沛二郡太守刘怀之率人民一时渡江。虏以海陵多陂泽，不敢往。山阳太守萧僧珍亦敛居民及流奔百姓，悉入城。台送粮仗给盱眙，贼遗，分留山阳。又有数万人攻具，当往滑台，亦留付郡。城内垂万家，战士五千余人。有白米陂，去郡数里，僧珍运下诸处水，注令满，须贼至，决以灌之。虏既至，不敢停，引去。自广陵还，因攻盱眙，尽锐攻城，三十日不能克，乃烧攻具退走。焘凡破南兖、徐、兖、豫、青、冀六州，杀略不可称计，而其士马死伤过半，国人并尤之。

是岁，焘病死，谥为太武皇帝。初，焘有六子，长子晃，字天真，为太子。次曰晋王，焘所住屠苏为疾雷击，屠苏倒，见厌殆死，左右皆号泣，晋王不悲，焘怒赐死。次曰秦王乌弈肝，与晃对掌国事，晃疾之，诉其贪暴，焘鞭之二百，遣镇桴罕。次曰燕王。次曰吴王，名可博真。次曰楚王，名树洛真。焘至汝南瓜步，晃私遣取诸营，卤获甚众。焘归闻知，大加搜检。晃惧，谋杀焘，焘乃诈死，使其近习召晃迎丧，于道执之，及国，罩以铁笼，寻杀之。以乌弈肝有武用，以为太子。会焘死，使嬖人宗爱立博真为后，宗爱、博真恐为弈肝所危，矫杀之而自立，号年承平。博真懦弱，不为国人所附，晃子浚字乌雷直勤，素为焘所爱，燕王谓国人曰："博真非正，不宜立，直勤嫡孙，应立耳。"乃杀博真及宗爱，而立浚为主，号年为正平。

先是，虏宁南将军鲁爽兄弟率众归顺。二十九年，太祖更遣张永、王玄谟及爽等北伐，青州刺史刘兴祖建议伐河北，曰："河南阻饥，野无所掠，脱意外固守，非旬月可拔，稽留大众，转输方劳。伐罪吊民，事存急速，今伪帅新死，兼逼暑时，国内猜扰，不暇远赴，关内之众，裁足自守。愚谓宜长驱中山，据其关要。冀州已北，民人尚丰，兼麦已向熟，资因为易。向义之徒，必应响赴，若中州震动，黄河以南，自当消溃。臣城守之外，可有二千人，今更发三千兵，假别驾崔勋之振威将军，领所发队，并二州望族，从盖柳津直冲中山。申坦率历城之众，可有二千，骆驿俱进。较略二军，可七千许人，既入其心腹，调租发车，以充军用。若前驱乘胜，张永及河南众军，便宜一时济河，使声实兼举。愚计谬允，宜并建司牧，抚柔初附。定州刺史取大岭，冀州刺史向井陉，并州刺史屯雁门，幽州刺史塞军都，相州刺史备大行，因事指麾，随宜加授。畏威欣宠，人百其怀，济河之日，请大统版假。常忿将率惮于深远，勋之等慷慨之诚，誓必死效。若能成功，清一可待；若不克捷，不为大伤。并催促集束，伏听敕旨。"上意止存河南，不纳。玄谟攻确磝，不克退还。

世祖即位，索虏求互市，江夏王义恭、竟陵王诞、建平王宏、何尚之、何偃以为宜许；柳元景、王玄谟、颜竣、谢庄、檀和之、褚湛之以为不宜许。时遂通之。大明二年，虏寇青州，为刺史颜师伯所破，退走。前废帝永光元年，浚死，谥文成皇帝。子弘之字第豆胤代立。景和中，北讨徐州刺史义阳王昶，昶单骑奔虏。太宗泰始初，江州刺史晋安王子勋为逆，四方反，徐州刺史薛安都、青州刺史沈文秀、冀州刺史历城镇主崔道固等，亦各举兵。虏谋欲纳昶，下书曰：

《易》称"利用行师"，《书》云"恭行天罚"，必观时而后施，因机而后举。故夏伐有扈，四海以平，晋定吴会，万方以壹。今宗室衰微，凶难洊起，国有杀君之逆，邦罹崩离之难，起自萧墙，衅流合境。伪使持节、散骑常侍、都督徐南北兖青冀幽七州豫州之梁郡诸军事、征北将军、仪同三司、徐州刺史义阳王昶，踵微子之踪，蹈项伯之迹，知机体运，归款阙庭，朕锡以显爵，班同亲旧。昶弟湘东王进不能扶危定倾，退不能降身高谢，阻兵安忍，篡位自立，既无阃闺静乱之功，而有无知悖礼之变，急弃三正，慢易天常，覆败之征既兆，危亡之应已著。伪江州刺史晋安王复称大号，自立一隅。荆郢二州刺史安陆临海王刘子绥、子顼大擅威令，不相抵伏。徐州刺史彭城镇主薛安都、青州刺史沈文秀、冀州刺史历城镇主崔道固等，皆彼之要藩，惧及祸难，拥众独据，各无定主。仰观天象，俯察人谋，六军蒐伐之期，率土同轨之日。

朕承休烈，属当泰运，思播灵武，廓宁九服，岂可得临万乘之机，遵时来之遇，而不计其仇逆，振其艰患哉！今可分命诸军，以行九伐。使持节征东大将军安定王直勤伐伏玄、侍中尚书左仆射安西大将军平北公直勤美晨、散骑常侍殿中尚书平北将军山阳公吕罗汉，领陇右之众五万，沿汉而东，直指襄阳。使持节征南大将军勃海王直勤天赐、侍中尚书令安东大将军始平王直勤渴言侯、散骑常侍殿中尚书令安西将军西阳王直勤盖户千，领幽、冀之众七万，滨海而南，直指东阳。使持节征南大将军京兆王直勤子、侍中司徒安南大将军新建王独孤侯尼须、散骑常侍西平公韩道人，领江、雍之众八万，出洛阳，直至寿阳。使持节征南大将军宜阳王直勤新成、侍中太尉征东大将军直勤驾头拔、羽直征东将军北平公拔敦及义阳王刘昶，领定、相之众十万，出济、兖，直造彭城，与诸军克期同到，会于秣陵。纳昶反国，定其社稷，使荆、阳沾德义之风，江、汉被来苏之惠。边疆将吏，不得因宋衰乱，有所侵损，以伤我国家存救之义。主者明宣所部，咸使闻知，称朕意焉。

既而晋安王子勋事平，太宗遣张永、沈攸之北讨，薛安都大惧，遣使引房。房遣万骑救之，永、攸之败退；房攻青、冀二州，并克，执沈文秀、崔道固。又下书：

朕承天序，临御兆民，思阐皇风，以隆治道。而荆吴僭傲，跨跱一方，天降其殃，以罚有罪，篡戮发于萧墙，毒害婴于群庶。徐州刺史薛安都、司州刺史常珍奇，深体逆顺，归诚献款。遭难已久，饥馑荐臻，或以糊口之功，私力窃盗；或不识王命，藏窜山薮；或为囚徒，先被执系，元元之命，甚可哀愍。其曲赦淮北三州之民，自天安二年正月三十日壬寅昧爽以前，诸犯死罪以下，系囚见徒，一切原遣。唯子杀父母、孙杀祖父母、弟杀兄、妻杀夫、奴杀主，不从赦例。若亡命山泽，百日不首，复其初罪。

今阳春之初，东作方兴，三州之民，各安其业，以就农桑。有饥穷不自存，通其市粜之路，镇统之主，勤加慰纳，遵用轻典，以茈新化。若绥导失中，令民逃亡，加罪无纵。其普宣下，咸使闻知朕意焉。

此后房复和亲，信饷岁至，朝庭亦厚相报答。泰豫元年，房狭石镇主白虎公、安阳镇主莫索公、贞阳镇主鹅落生、襄阳王桓天生等，引山蛮马步二万余人，攻围义阳县义阳戍。司州刺史王赡遣从弟司空行参军思远、抚军行参军王叔瑜击大破之，房退走。

自索房破慕容，蛮马二万余人攻围义阳，据有中国，而芮芮房有其故地，盖汉世匈奴之北庭也。芮芮一号大檀，又号檀檀，亦匈奴别种。自西路通京师，三万余里。僭称大号，部众殷强，岁时遣使诣京师，与中国亢礼，西域诸国焉耆、鄯善、龟兹、姑墨东道诸国，并役属之。无城郭，逐水草畜牧，以毡帐为居，随所迁徙。其土地深山则当夏积雪，平地则极望数千里，野无青草。地气寒凉，马牛龁枯唼雪，自然肥健。国政疏简，不识文书，刻木以记事，其后渐知书契，至今颇有学者。去北海千余里，与丁零相接。常南击索房，世为仇雠，故朝庭每羁縻之。其东有盘盘国、赵昌国，渡流沙万里，又有粟特国。太祖世，并奉表贡献。粟特大明中遣使献生狮子、火浣布、汗血马，道中遇寇，失之。

史臣曰：久矣，匈奴之与中国并也。自汉氏以前，绵跨年世，纷梗外区，惊震中宇。周无上算，汉收下策。魏代分离，种落迁散，数十年间，外郡无风尘之警，边城早开晚闭，胡马不敢南临。至于晋始，奸黠渐著，密迩畿封，窥候疆场，俘民略畜者，无岁月而阙焉。元康以后，《风》《雅》雕丧，五胡递袭，翦覆诸华。及涉珪以铁马长驱，席卷赵、魏，负其众力，遂与上国争衡矣。

高祖宏图盛略，欲以苞括宇宙为念，建于悬旗清洛，饮马长泾，北狄恤锐挫锋，闭重崄而自固。于时戎车外动，王命相属，裳冕委蛇，轺轩继路，旧老怀思古之情，行人或为之殒涕。自是关、河响动，表里壹壹。宫车甫晏，戎心外骇，覆我牢、滑，翦我伊、瀍，是以太祖忿之，开定司、兖，而兵无胜略，弃师陨众，委甲横原，捐州亘水，荆、吴锐卒，逸气未摅，偏城孤将，衔冤就房，遂蹙境延寇，仅保清东。自是兵摧势弱，边隙稍广，壮骑陵突，鸣镝日至，刍牧年伤，禾麦岁犯。小则囚房吏民，大则俘执长守，羽书继涂，奔命相属，青、徐、兖、冀之间萧然矣。而自木末以来，并有贤才狡诈，妙识兵权，深通战术，属鞭凌厉，气冠百夫，故能威服华甸，志雄群房。至于狸伐篡伪，弥煽凶威，英图武略，事驾前古，虽冒顿之鸷勇，檀石之骁强，不能及也。遂西吞河右，东举龙碣，总括戎荒，地兼万里。虽裂土分区，不及魏、晋，而华氓戎落，众力兼倍。至乃连骑百万，南向而斥神华，胡旆映江，穹帐遵渚，京邑荷檐，士女喧惶。天子内镇群心，外御群寇，役竭民徭，费殚府实，举天下以攘之，而力犹未足也。既而房纵归师，歼累邦邑，剪我淮州，俘我江县，喋喋黔首，踽高天、蹐厚地，而无所控告。强者为转尸，弱者为系房，自江、淮至于清、济，户口数十万，自免湖泽者，百不一焉。村井空荒，无复鸣鸡吠犬。时岁唯暮春，桑麦始茂，故老遗氓，还号旧落，桓山之响，未足称哀。六州荡然，无复余蔓残构，至于乳燕赴时，衔泥靡托，一枝之间，连巢十数，春雨裁至，增巢已倾。虽事舛吴宫，而歼亡匪异，甚矣哉，覆败之至于此也。

太祖惩祸未深，复兴外略，顿兵坚城，弃甲河上，是我有再败，敌有三胜也。自此以后，通互市，纳和亲，而侵疆轶戍，于岁连属。逮泰始构纷，边将外叛，致夷引寇，亡我四州。高祖勉劳日昃，思一区宇，旄旗卷舒，仅而后克。后主守文，刑德不树，一举而弃司、兖，再举而丧徐方，华服萧条，鞠为茂草，岂直天时，抑由人事。夫地势有便习，用兵有短长。胡负骏足，而平原悉车骑之地；南习水斗，江湖固舟楫之乡。代马胡驹，出自冀北；梗枏豫章，植乎中土，盖天地所以分区域也。若谓毡裘之民，可以决胜于荆、越，必不可矣；而曰楼船之夫，可以争锋于燕、冀，岂或可乎！虞诩所谓"走不逐飞"，盖以我徒而彼骑也。因此而推胜负，殆可以一言蔽之。

卷九十六　　　列传第五十六

鲜卑吐谷浑

阿柴虏吐谷浑，辽东鲜卑也。父弈洛韩，有二子，长曰吐谷浑，少曰若洛廆。若洛廆别为慕容氏，浑庶长，廆正嫡。父在时，分七百户与浑。浑与廆二部俱牧马，马斗相伤，廆怒，遣信谓浑曰："先公处分，与兄异部，牧马何不相远，而致斗争相伤？"浑曰："马是畜生，食草饮水，春气发动，所以致斗。斗在于马，而怒及人邪？乖别甚易，今当去汝万里。"于是拥马西行，日移一顿，顿八十里。经数顿，廆悔悟，深自咎责，遣旧父老及长史乙那楼追浑，令还。浑曰："我乃祖以来，树德辽右，又卜筮之言，先公有二子，福祚并流子孙。我是卑庶，理无并大，今以马致别，殆天所启。诸君试拥马令东，马若还东，我当相随去。"楼喜拜曰："处可寒。"虏言"处可寒"，宋言尔官家也。即使所从二千骑共遮马令回，不盈三百步，欻然悲鸣突走，声若颓山。如是者十余辈，一向一远。楼力屈，又跪曰："可寒，此非复人事。"浑谓其部落曰："我兄弟子孙，并应昌盛，廆当传子及曾孙玄孙，其间可百余年，我乃玄孙间始当显耳。"于是遂西附阴山。遭晋乱，遂得上陇。后廆追思浑，作《阿干之歌》。鲜卑呼兄为"阿干"。廆子孙窃号，以此歌为辇后大曲。

浑既上陇，出罕开、西零。西零，今之西平郡；罕开，今桴罕县。自桴罕以东千余里，暨甘松，西至河南，南界昂城、龙涸。自洮水西南，极白兰，数千里中，逐水草，庐帐居，以肉酪为粮。西北诸杂种谓之为阿柴虏。

浑年七十二死，有子六十人，长吐延嗣。吐延身长七尺八寸，勇力过人，性刻暴，为昂城羌酋姜聪所刺；剑犹在体，呼子叶延，语其大将绝拔渥曰："吾气绝，棺敛讫，便远去保白兰。白兰地既崄远，又土俗懦弱，易为控御。叶延小，意乃欲授与余人，恐仓卒终不能相制。今以叶延付汝，汝竭股肱之力以辅之，孺子得立，吾无恨矣！"抽剑而死。嗣位十三年，年三十五，有子十二人。

叶延少而勇果，年十岁，缚草为人，号曰姜聪，每旦辄射之，射中则喜，不中则号叫泣涕。其母曰："仇贼诸将已屠脍之，汝年小，何烦朝朝自苦如此！"叶延呜咽不自胜。答母曰："诚知无益，然叶延罔极之心，不胜其痛耳。"性至孝，母病，三日不能食，叶延亦不食。颇视书传，自谓曾祖弈洛韩始封昌黎公，曰："吾为公孙之子，案礼，公孙之子，得氏王父字。"命姓为吐谷浑氏。嗣立二十三年，年三十三。有子四人。

长子碎奚立。碎奚性纯谨，三弟专权，碎奚不能制，诸大将共诛之。碎奚忧哀不复摄事，遂立子视连为世子，委之事，号曰："莫贺郎。""莫贺"，宋言父也。碎奚遂以忧死。在位二十五年，年四十一。有子六人。子视连以父忧卒，不游娱，不酣宴。在位十五年，年四十二。有子二人，长曰视罴，次乌纥提。视罴嗣立十一年，年四十二；子树洛干等并小，弟乌纥提立。纥提立八年，年三十五。视罴子树洛干立，自称车骑将军，义熙初也。

树洛干死，弟阿豺自称骠骑将军。谯纵乱蜀，阿豺遣其从子西强公吐谷浑敕来泥拓土至龙涸、平康。少帝景平中，阿豺遣使上表献方物。诏曰："吐谷浑阿豺介在遐表，慕义可嘉，宜有宠任。今酬其来款，可督塞表诸军事、安西将军、沙州刺史、浇河公。"未及拜受，太祖元嘉三年，又诏加除命。未至而阿豺死，弟慕璝立。六年，表曰："大宋应运，四海宅心，臣亡兄阿豺慕义天朝，款情素著。去年七月五日，谒者董湛至，宣传明诏，显授荣爵，而臣私门不幸，亡兄见背。臣以懦弱，负荷后任，然天恩所报，本在臣门，若更反覆，惧停信命。辄拜受宠任，奉遵上旨，伏愿详处，更授章策。"七年，诏曰："吐谷浑慕璝兄弟慕义，至诚可嘉，宜授策爵，以甄忠款。可督塞表诸军事、征西将军、沙州刺史、陇西公。"

先是晋末，金城东允街县胡人乞伏乾归拥部众据洮河、罕开，自号陇西公。乾归死，子炽磐立，遣使诣晋朝归顺，以为使持节、都督陇西诸军事、平西将军，公如故。高祖即位，进号安西大将军。炽磐死，子茂蔓立。慕璝前后屡遣军击，茂蔓率部落东奔陇右，慕璝据有其地。是岁，赫连定于长安为索房拓跋焘所攻，拥秦户口十余万西次罕开，欲向凉州。慕璝距击，大破之，生擒定。焘遣使求，慕璝以定与之。九年，慕璝遣司马赵叙奉贡献，并言二万人捷。太祖加其使持节、散骑常侍、都督西秦河沙三州诸军事、征西大将军、西秦河二州刺史、领护羌校尉，进爵陇西王。弟慕延为平东将军，慕璝兄树洛干子拾寅为平北将军，阿豺子炜代镇军将军。诏慕璝国将士，昔没在佛佛者，并悉致。慕璝遣送朱昕之等五十五户，一百五十四人。

慕璝死，弟慕延立，遣使奉表。十五年，除慕延使持节、散骑常侍、都督西秦河沙三州诸军事、征西大将军、领护羌校尉、西秦河二州刺史、陇西王。十六年，改封河南王。其年，以拾虔弟拾寅为平西将军，慕延庶长子繁昵为抚军将军，慕延嫡子瑛为左将军、河南王世子。十九年，追赠阿豺本号安西、秦沙三州诸军事、沙州刺史、领护羌校尉、陇西王。索房拓跋焘遣军击慕延，大破之，慕延率部落西奔白兰，攻破于阗国。虏房复至，二十七年，遣使上表云："若不自固者，欲率部曲入龙涸越嶲门。"并求牵车，献乌丸帽、女国金酒器、胡王金钏等物。太祖赐以牵车，若房至不自立，听入越嶲。房竟不至也。

慕延死，拾寅自立。二十九年，以拾寅为使持节、督西秦河沙三州诸军事、安西将军、领护羌校尉、西秦河二州刺史、河南王。拾寅东破索房，加开府仪同三司。世祖大明五年，拾寅遣使献善舞马，四角羊。皇太子、王公以下上《舞马歌》者二十七首。太宗泰始三年，进号征西大将军。五年，拾寅奉表献方物，以弟拾皮为平西将军、金城公。前废帝又进号车骑大将军。其国西有黄沙，南北一百二十里，东西七十里，不生草木，沙州因此为号。屈真川有盐池，甘谷岭北有雀鼠同穴，或在山岭，或在平地，雀色白，鼠色黄，地生黄紫花草，便有雀鼠穴。白兰土出黄金、铜、铁。其国虽随水草，大抵治慕贺川。

　　史臣曰：吐谷浑逐草依泉，擅强塞表，毛衣肉食，取资佃畜，而锦组缯纨，见珍殊俗，徒以商译往来，故礼同北面。自昔哲王，虽存柔远，要荒回隔，礼文弗被，大不过子，义著《春秋》。晋、宋垂典，不修古则，遂爵班上等，秩拟台光。辫发称贺，非尚簪冕，言语不通，宁敷衮职。虽复苞筐岁臻，事惟贾道，金罂毡眊，非用斯急，送迓烦扰，获不如亡。若令肃慎年朝，越裳岁飨，固不容以异见书，取高前策。圣人谓之荒服，此言盖有以也。

卷九十七　　列传第五十七

夷　蛮

　　南夷、西南夷，大抵在交州之南及西南，居大海中洲上，相去或三五千里，远者二三万里，乘舶举帆，道里不可详知。外国诸夷虽言里数，非定实也。

　　南夷林邑国，高祖永初二年，林邑王范阳迈遣使贡献，即加除授。太祖元嘉初，侵暴日南、九德诸郡，交州刺史杜弘文建牙聚众欲讨之，闻有代，乃止。七年，阳迈遣使自陈与交州不睦，求蒙恕宥。八年，又遣楼船百余寇九德，入四会浦口，交州刺史阮弥之遣队主相道生三千人赴讨，攻区粟城不克，引还。林邑欲伐交州，借兵于扶南王，扶南不从。十年，阳迈遣使上表献方物，求领交州，诏答以道远，不许。十二、十五、十六、十八年，频遣贡献，而寇盗不已，所贡亦陋薄。

　　太祖忿其违傲，二十三年，使龙骧将军、交州刺史檀和之伐之，遣太尉府振武将军宗悫受和之节度。和之遣府司马萧景宪为前锋，悫仍领景宪军副。阳迈闻将见讨，遣使上表，求还所略日南民户，奉献国珍。太祖诏和之："阳迈果有款诚，许其归顺。"其年二月，军至朱梧戍，遣府户曹参军日南太守姜仲基、前部贼曹参军蛴弘民随传诏毕愿、高精奴等宣扬恩旨，阳迈执仲基、精奴等二十八人，遣弘民反命，外言归款，猜防愈严。景宪等乃进军向区粟城，阳迈遣大帅范扶龙大戍区粟，又遣水步军径至。景宪破其外救，尽锐致城。五月，克之，斩扶龙大首，获金银杂物不可胜计。乘胜追讨，即克林邑，阳迈父子并挺身奔逃，所获珍异，皆是未名之宝。上嘉统帅之功，诏曰："林邑介恃遐险，久稽王诛。龙骧将军、交州刺史檀和之忠果到列，思略经济，禀命致讨，万里推锋，法命肃齐，文武毕力，洁己奉公，以身率下，故能立勋海外，震服殊俗。宜加褒饰，参管近侍，可黄门侍郎，领越骑校尉、行建武将军。龙骧司马萧景宪协赞军首，勤捷显著，总勒前驱，克殄巢穴，必能威服荒夷，抚怀民庶。可持节、督交州、广州之郁林、宁浦二郡诸军事、建威将军、交州刺史。龙骧司马童林之、九真太守傅蔚祖战死，并赠给事中。"

　　世祖孝建二年，林邑又遣长史范龙跋奉使贡献，除龙跋扬武将军。大明二年，林邑王范神成又遣长史范流奉表献金银器及香布诸物。太宗泰豫元年，又遣使献方物。初，檀和之被征至豫章，值豫章民胡诞世等反，因讨平之，并论林邑功，封云杜县子，食邑四百户。和之，高平金乡人，檀凭子也。太祖元嘉二十七年，自太子左卫率为世祖镇军司马、辅国将军、彭城太守。元凶弑立，以为西中郎将、雍州刺史。世祖入讨，加辅国将军，统豫州戍事，因出南奔。世祖即位，以为右卫将军。孝建二年，除辅国将军、豫州刺史，不行，复为右卫，加散骑常侍。三年，出为南兖州刺史，坐酣饮黩货，迎狱中女子入内，免官禁锢。其年卒，追赠左将军。谥曰襄子。

　　广州诸山并俚、僚，种类繁炽，前后屡为侵暴，历世患苦之。世祖大明中，合浦大帅陈檀归顺，拜龙骧将军。四年，檀表乞官军征讨未附，乃以檀为高兴太守，将军如故。遣前朱提太守费沈、龙骧将军武期率众南伐，并通朱崖道，并无功，辄杀檀而反，沈下狱死。

　　扶南国，太祖元嘉十一、十二、十五年，国王持黎跋摩遣使奉献。

　　西南夷诃罗陀国，元嘉七年，遣使奉表曰：

　　伏承圣主，信重三宝，兴立塔寺，周满国界。城郭庄严，清净无秽，四衢交通，广博平坦。台殿罗列，状若众山，庄严微妙，犹如天宫。圣王出时，四兵具足，导从无数，以为守卫。都人士女，丽服光饰，市廛丰富，珍贿无量，王法清整，无相侵夺。学徒游集，三乘竞进，敷演正法，云布雨润。四海流通，万国交会，长江眇漫，清净深广，有生咸资，莫能销秽，阴阳调和，灾厉不行。谁有斯美，大宋扬都，圣王无伦，临覆上国。有大慈悲，子育万物，平等忍厚，怨亲无二，济乏周穷，无所藏积，靡不照达，如日之明，不受乐，犹如净月。宰辅贤良，群臣贞洁，尽忠奉上，心无异想。

　　伏惟皇帝，是我真主。臣是诃罗驼国王，名曰坚铠，今敬稽首圣王足下，惟愿大王知我此心久矣，非适今也。山海阻远，无缘自达，今故遣使，表此丹诚。所遣二人，一名毗纱，一名婆田，今到天子足下。坚铠微蔑，谁能知者，是故今遣二人，表此微心，此情既果，虽死犹生。仰惟大国，藩守旷远，我即边方藩守之一。上国臣民，普蒙慈泽，愿垂恩逮，等彼仆臣。臣国先时人众殷盛，不为诸国所见陵迫，今转衰弱，邻国竞侵。伏愿圣王，远垂覆护，并市易往反，不为禁闭。若见哀念，愿时遣还，令此诸国，不见轻侮，亦令大王名声普闻，扶危救弱，正是今日。今遣二人，是臣同心，有所宣启，诚实可信。愿敕广州时遣舶还，不令所在有所陵夺。愿自今以后，赐年年奉使。今奉微物，愿垂哀纳。

呵罗单国，治阇婆洲。元嘉七年，遣使献金刚指钚、赤鹦鹉鸟、天竺国白叠古贝、叶波国古贝等物。十年，呵罗单国王毗沙跋摩奉表曰：

常胜天子陛下：诸佛世尊，常乐安隐，三达六通，为世间道，是名如来，应供正觉，遗形舍利，造诸塔像，庄严国土，如须弥山，村邑聚落，次第罗匝，城郭馆宇，如忉利天宫，宫殿高广，楼阁庄严，四兵具足，能伏怨敌，国土丰乐，无诸患难。奉承先王，正法治化，人民良善，庆无不利，处雪山阴，雪水流注，百川洋溢，八味清净，周匝屈曲，顺趣大海，一切众生，咸得受用。于诸国土，殊胜第一，是名震旦，大宋扬都，承嗣常胜大王之业，德合天心，仁荫四海，圣智周备，化无不顺，虽人是天，护世降生，功德宝藏，大悲救世，为我尊主常胜天子。是故忠诚五体敬礼。呵罗单国王毗沙跋摩稽首问讯。

其后为子所篡夺。十三年，又上表曰：

大吉天子足下：离淫怒痴，哀愍群生，想好具足，天龙神等，恭敬供养，世尊威德，身光明照，如水中月，如月初口间自豪，普照十方，其白如雪，亦如月光，清净如华，颜色照耀，威仪殊胜，诸天龙神之所恭敬，以正法宝，梵行众僧，庄严国土，人民炽盛，安隐快乐。城阁高峻，如乾他山，众多勇士，守护此城，楼阁庄严，道巷平正，著种种衣，犹如天服，于一切国，为最殊胜吉。扬州城无忧天主，愍念群生，安乐民人，律仪清净，慈心深广，正法治化，共养三宝，名称远至，一切并闻。民人乐见，如月初生，譬如梵王，世界之主，一切人天，恭敬作礼。呵罗单跋摩以顶礼足，犹如现前，以体布地，如殿陛道，供养恭敬，如奉世尊，以顶著地，曲躬问讯。

忝承先业，嘉庆无量，忽为恶子所见争夺，遂失本国。今唯一心归诚天子，以自存命。今遣毗纫问讯大家，意欲自往，归诚宣诉，复畏大海，风波不达。今命得存，亦由毗纫此人忠志，其恩难报。此是大家国，今为恶子所夺，而见驱摈，意颇忿惋，规欲雪复。伏愿大家听毗纫买诸铠仗袍袄及马，愿为料理毗纫使得时还。前遣阇邪仙婆罗诃，蒙大家厚赐，悉恶子夺去，启大家使知。今奉薄献，愿垂纳受。

此后又遣使。二十六年，太祖诏曰："呵罗单、媻皇、媻达三国，频越遐海，款化纳贡，远诚宜甄，可并加除授。"乃遣使策命之曰："惟汝慕义款化，效诚荒遐，恩之所洽，殊远必甄，用敷典章，显兹策授。尔其钦奉凝命，永固厥职，可不慎欤。"二十九年，又遣长史婆和沙弥献方物。

媻皇国，元嘉二十六年，国王舍利媻罗跋摩遣使献方物四十一种，太祖策命之为媻皇国王曰："惟尔仰政边城，率贡来庭，皇泽凯被，无幽不洽。宜班典策，授兹嘉命。尔其祇顺礼度，式保厥终，可不慎欤。"二十八年，复贡献。世祖孝建三年，又遣长史竺那媻智奉表献方物。以那媻智为振威将军。大明三年，献赤白鹦鹉。大明八年、太宗泰始二年，又遣使贡献。太宗以其长史竺须罗达、前长史振威将军竺那媻智并为龙骧将军。

媻达国，元嘉二十六年，国王舍利不陵伽跋摩遣使献方物。太祖策命之为媻达国王曰："惟尔仰化怀诚，驰慕声教，皇风遐暨，荒服来款，是用加兹显策，式甄义顺。尔其祇顺宪典，永终休福，可不慎欤。"二十六年、二十八年，复遣使献方物。

阇婆婆达国，元嘉十二年，国王师黎婆达驮阿罗跋摩遣使奉表曰：

宋国大主大吉天子足下：敬礼一切种智安隐，天人师降伏四魔，成等正觉，转尊法轮，度脱众生，教化已周，入于涅盘，舍利流布，起无量塔，众宝庄严，如须弥山，经法流布，如日照明，无量净僧，犹如列宿。国界广大，民人众多，宫殿城郭，如忉利天宫。名大宋扬州大国大吉天子，安处其中，绍继先圣，王有四海，阎浮提内，莫不来服。悉以兹水，普饮一切，我虽在远，亦沾灵润，是以虽隔巨海，常遥臣属，愿照至诚，垂哀纳受。若蒙听许，当年遣信，若有所须，惟命是献，伏愿信受，不生异想。今遣使主佛大驼婆、副使葛抵奉宣微诚，稽首敬礼大吉天子足下，驼婆所启，愿见信受，诸有所请，唯愿赐听。今奉微物，以表微心。

师子国，元嘉五年，国王刹利摩诃南奉表曰：

谨白大宋明主，虽山海殊隔，而音信时通。伏承皇帝道德高远，覆载同于天地，明照齐乎日月，四海之外，无往不伏，方国诸王，莫不遣信奉献，以表归德之诚。或泛海三年，陆行千日，畏威怀德，无远不至。我先王以来，唯以修德为正，不严而治，奉事三宝，道济天下，欣人为善，庆若在己，欲与天子共弘正法，以度难化。故托四道人遣二白衣送牙台像以为信誓，信还，愿垂音告。

至十二年，又复遣使奉献。

天竺迦毗黎国，元嘉五年，国王月爱遣使奉表曰：

伏闻彼国，据江傍海，山川周固，众妙悉备，庄严清净，犹如化城，宫殿庄严，街巷平坦，人民充满，欢娱安乐。圣王出游，四海随从，圣明仁爱，不害众生，万邦归仰，国富如海。国中众生，奉顺正法，大王仁圣，化之以道，慈施群生，无所遗惜。帝修净戒，轨道不及，无上法船，济诸沈溺，群僚百官，受乐无怨，诸天拥护，万神侍卫，天魔伏，莫不归化。王身庄严，如日初出，仁泽普润，犹如大云，圣贤承业，如日月天，于彼真丹，最为殊胜。

臣之所住，名迦毗河，东际于海，其城四边，悉紫绀石，首罗天护，令国安隐。国干相承，未尝断绝，国中人民，率皆修善，诸国来集，共遵道法，诸寺舍子，皆七宝形像，众妙供具，如先王法。臣自修检，不犯道禁，臣名月爱，弃世王种。

惟愿大王圣体和善，群臣百官，悉自安隐。今以此国群臣吏民，山川珍宝，一切归属，五体归诚大王足下。山海遐隔，无由朝觐，宗仰之至，遣使下承。使主父名天魔悉达，使主名尼驼达，此人由来良善忠信，是故今遣奉使表诚。大王若有所须，珍奇异物，悉当奉送，此之境土，便是王国，王之法令，治国善道，悉当承用。愿二国信使往来不绝，此反使还，愿赐一使，具宣圣命，备敕所宜。款至之诚，望不空反，所白如是，愿加哀愍。

奉献金刚指环、摩勒金环诸宝物、赤白鹦鹉各一头。太宗泰始二年，又遣使贡献，以其使主竺扶大、竺阿弥并为建威将军。

元嘉十八年，苏摩黎国王那邻那罗跋摩遣使献方物。世祖孝建二年，斤驼利国王释婆罗那邻驼遣长史竺留驼及多献金银宝器。后废帝元徽元年，婆黎国遣使贡献。凡此诸国，皆事佛道。

佛道自后汉明帝，法始东流，自此以来，其教稍广，自帝王至于民庶，莫不归心。经诰充积，训义深远，别为一家之学焉。元嘉十二年，丹阳尹萧摩之奏曰："佛化被于中国，已历四代，形像塔寺，所在千数，进可以击心，退足以招劝。而自顷以来，情敬浮末，不以精诚为至，更以奢竞为重。旧宇颓弛，曾莫之修，而各务造新，以相姱尚。甲第显宅，于兹殆尽，材竹铜彩，糜损无极，无关神祇，有累人事。建中越制，宜加裁检，不为之防，流道未息。请自今以后，有欲铸铜像者，悉诣台自闻；兴造塔寺精舍，皆先诣在所二千石通辞，郡依事列言本州；须许报，然后就功。其有辄造寺舍者，皆依不承用诏书律，铜宅林苑，悉没入官。"诏可。又沙汰沙门，罢道者数百人。

世祖大明二年，有昙标道人与羌人高阇谋反，上因是下诏曰："佛法讹替，沙门混杂，未足扶济鸿教，而专成逋薮。加奸心频发，凶状屡闻，败乱风俗，人神交怨。可付所在，精加沙汰，后有违犯，严加诛坐。"于是设诸条禁，自非戒行精苦，并使还俗。而诸寺尼出入宫掖，交关妃后，此制竟不能行。

先是，晋世庾冰始创议，欲使沙门敬王者，后桓玄复述其义，并不果行。大明六年，世祖使有司奏曰："臣闻邃宇崇居，非期宏峻，拳跪盘伏，非止敬恭，将以施张四维，缔制八宇。故虽儒法枝派，名墨条分，至于崇亲严上，厥由靡爽。唯浮图为教，逖自龙堆，反经提传，训遐事远，练生莹识，恒俗称难，宗旨缅谢，微言沦隔，拘文蔽道，在末弥扇。遂乃陵越典度，偃倨尊戚，失随方之眇迹，迷制化之渊义。夫佛法以谦俭自牧，忠虔为道，不轻比丘，遭道人斯拜，目连桑门，过长则礼，宁有屈膝四辈，而简礼二亲，稽颡耆腊，而直体万乘者哉。故咸康创议，元兴载述，而事屈偏党，道挫余分。今鸿源遥洗，群流仰镜，九仙尽宝，百神耸职，而畿辇之内，舍弗臣之氓，陛席之间，延抗体之客，惧非所以澄一风范，详示景则者也。臣等参议，以为沙门接见，比当尽虔礼敬之容，依其本俗，则朝徽有序，乘方兼遂矣。"诏可。前废帝初，复旧。

世祖宠姬殷贵妃薨，为之立寺，贵妃子子鸾封新安王，故以新安为寺号。前废帝杀子鸾，乃毁废新安寺，驱斥僧徒，寻又毁中兴、天宝诸寺。太宗定乱，下令曰："先帝建中兴及新安诸寺，所以长世垂范，弘宣盛化。顷遇昏虐，法像残毁，师徒奔迸，甚以矜怀。妙训渊谟，有扶名教。可招集旧僧，普各还本，并使材官，随宜修复。"

宋世名僧有道生。道生，彭城人也。父为广戚令。生出家为沙门法大弟子。幼而聪悟，年十五，便能讲经。及长，有异解，立顿悟义，时人推服之。元嘉十一年，卒于庐山。沙门慧琳为之诔。

慧琳者，秦郡秦县人，姓刘氏。少出家，住冶城寺，有才章，兼外内之学，为庐陵王义真所知。尝著《均善论》，其词曰：

有白学先生，以为中国圣人，经纶百世，其德弘矣，智周万变，天人之理尽矣；道无隐旨，教罔遗筌，聪睿迪哲，何负于殊论哉。有黑学道士陋之，谓不照幽冥之途，弗及来生之化，虽尚虚心，未能虚事，不逮西域之深也。于是白学访其所以不逮云尔。

白曰："释氏所论之空，与老氏所言之空，无同异乎？"黑曰："异。释氏即物为空，空物为一。老氏有无两行，空有为异，安得同乎！"白曰："释氏空物，物信空邪？"黑曰："然。空又空，不翅于空矣。"白曰："三仪灵长于宇宙，万品盈生于天地，孰是空哉？"黑曰："空其自性之有，不害因假之体也。今构群材以成大厦，罔专寝之实，积一毫以致合抱，无檀木之体，有生莫俄顷之留，泰山蔑累息之固，兴灭无常，因缘无主，所空在于性理，所难据于事用，吾以为误矣。"白曰："所言实相，空者其如是乎？"黑曰："然。"白曰："浮变之理，交于目前，视听者之所同了邪？解之以登道场，重之以轻异学，诚未见其渊深。"黑白："斯理若近，求之实远。夫情之所重者虚，事之可重者实。今虚其真实，离其浮伪，爱欲之惑，不得不去。爱去而道场不登者，吾不知所以相晓也。"白曰："今析豪空树，无口乘荫之茂，离材虚室，不损轮奂之美，明无常增其愒荫之情，陈若偏笃其竞辰之虑。贝锦以繁采发辉，和羹以盐梅致旨，齐侯追爽鸠之乐，燕王无延年之术，恐和合之辩，危脆之教，正足恋其嗜好之欲，无以倾其爱竞之惑也。"黑曰："斯固理绝于诸华，坟素莫之及也。"白曰："山高累卑之辞，川树积小之咏，舟壑火传之谈，坚白唐肆之论，盖盈于中国矣，非理之奥，故不举以为教本耳。子固以遗情遗累，虚心为道，而据事剖析者，更由指掌之间乎！"黑曰："周、孔为教，正及一世，不见来生无穷之缘，积善不过子孙之庆，累恶不过余殃之罚，报效止于荣禄，诛责极于穷贱，视听之外，冥然不知，良可悲矣。释迦关无穷之业，拔重关之险，陶方寸之虑，宇宙不足盈其明，设一慈之救，群生不足胜其化，叙地狱则民惧其罪，敷天堂则物欢其福，指泥洹以长归，乘法身以遐览，神变无不周，灵泽靡不覃，先觉翻翔于上世，后悟腾翥而不绍，坎井之局，何以识大方之家乎！"白曰："固能大其言矣，今效神光无径寸之明，验灵变罔纤介之异,勤诚者不睹善救之貌,笃学者弗克陵虚之实,徒称无量之寿,孰见期颐之叟,咨嗟金刚之固,安觌不朽之质。苟于事不符,宜寻立言之指,遗其所寄之说也。且要天堂以就善,曷若服义而蹈道,惧地狱以敕身,孰与从理以端心。礼拜以求免罪,不由祗肃之意,施一以徼百倍,弗乘无吝之情。羡泥洹之乐,生耽逸之虑,赞法身之妙,肇好奇之心,近欲未弭,远利又兴,虽言菩萨无欲,群生固以有欲矣。甫救交敝之氓,永开利竞之俗,澄神反道,其可得乎?"黑曰:"不然。若不示以来生之欲,何以权其当生之滞。物情不能顿至,故积渐以诱之。夺此俄顷,要彼无穷,若弗勤春稼,秋墙何期。端坐井底,而息意庶虑者,长沦于九泉之下矣。"白曰:"异哉!何所务之乖也。道在无欲,而以有欲要之,北行求郢,西征索越,方长迷于幽都,永谬滞于昧谷。辽辽闽、楚,其可见乎!所谓积渐者,日损之谓也。当先遗其所轻,然后忘其所重,使利欲日去,淳白自生耳。岂得以少要多,以粗易妙,俯仰之间,非利不动,利之所荡,其有极哉!乃丹青眩媚彩之目,土木夸好壮之心,兴糜费之道,单九服之财,树无用之事,割群生之急,致营造之计,成私树之权,务权化之业,结师党之势,苦节以要厉精之誉,护法以展陵竞之情,悲矣!夫道其安寄乎?是以周、孔敦俗,弗关视听之外;老、庄陶风,谨守性分而已。"黑曰:"三游本于仁义,盗跖资于五善,圣迹之敝,岂有内外。且黄、老之家,符章之伪,水祝之诬,不可胜论。子安于彼,骇于此,玩于浊水,违于清渊耳。"白曰:"有迹不能不敝,有术不能无伪,此乃圣人所以桎梏也。今所惜在作法于贪,遂以成俗,不正其敝,反以为高耳。至若淫妄之徒,世自近鄙,源流蔑然,因不足论。"黑曰:"释氏之教,专救夷俗,便无取于诸华邪?"白曰:"曷为其然。为则开端,宜怀属绪,爱物去杀,尚施周人,息心遗荣华之愿,大士布兼济之念,仁义玄一者,何以尚之。惜乎幽旨不亮,末流为累耳。"黑曰:"子之论善殆同矣,便事尽于生乎?"白曰:"幽冥之理,固不极于人事矣。周、孔疑而不辨,释迦辨而不实,将宜废其显晦之迹,存其所要之旨。请尝言之。夫道之以仁义者,服理以从化;帅之以劝戒者,循利而迁善。故甘辞兴于有欲,而灭乎悟理,淡说行于天解,而息于贪伪。是以示来生者,蔽亏于道、释不得已,杜幽暗者,冥符于姬、孔闭其兑。由斯论之,言之者未必远,知之者未必得,不知者未必失,但知六度与五教并行,信顺与慈悲齐立耳。殊涂而同归者,不得守其发轮之辙也。"

论行于世。旧僧谓其贬黜释氏,欲加摈斥。太祖见论赏之,元嘉中,遂参权要,朝廷大事,皆与议焉。宾客辐凑,门车常有数十两,四方赠赂相系,势倾一时。注《孝经》及《庄子逍遥篇》,文论,传于世。

又有慧严、慧议道人,并住东安寺,学行精整,为道俗所推。时斗场寺多禅僧,京师为之语曰:"斗场禅师窟,东安谈义林。"世祖大明四年,于中兴寺设斋。有一异僧,众莫之识,问其名,答言名明慧,从天安寺来,忽然不见。天下无此寺名,乃改中兴曰天安寺。大明中,外国沙门摩诃衍苦节有精理,于京都多出新经,《胜鬘经》尤见重内学。

东夷高句骊国,今治汉之辽东郡。高句骊王高琏,晋安帝义熙九年,遣长史高翼奉表献赭白马。以琏为使持节、都督营州诸军事、征东将军、高句骊王、乐浪公。高祖践阼,诏曰:"使持节、都督营州诸军事、征东将军、高句骊王、乐浪公琏,使持节、督百济诸军事、镇东将军、百济王映,并执义海外,远修贡职。惟新告始,宜荷国休,琏可征东大将军,映可镇东大将军。持节、都督、王、公如故。"三年,加琏散骑常侍,增督平州诸军事。

少帝景平二年,琏遣长史马娄等诣阙献方物,遣使慰劳之。曰:"皇帝问使持节、散骑常侍、都督营平二州诸军事、征东大将军、高句骊王、乐浪公,纂戎东服,庸绩继轨,厥惠既彰,款诚亦著,逾辽越海,纳贡本朝。朕以不德,忝承鸿绪,永怀先踪,思覃遗泽。今遣谒者朱邵伯、副谒者王邵子等,宣旨慰劳。其茂康惠政,永隆厥功,式昭往命,称朕意焉。"

先是,鲜卑慕容宝治中山,为索虏所破,东走黄龙。义熙初,宝弟熙为其下冯跋所杀,跋自立为主,自号燕王,以其治黄龙城,故谓之黄龙国。跋死,子弘立,屡为索虏所攻,不能下。太祖世,每岁遣使献方物。元嘉十二年,赐加除授。十五年,复为索虏所攻,弘败走,奔高骊北丰城,表求迎接。太祖遣使王白驹、赵次兴迎之,并令高骊料理资遣;琏不欲使弘南,乃遣将孙漱、高仇等袭杀之。白驹等率所领七千余人掩讨漱等,生禽漱,杀高仇等二人。琏以白驹等专杀,遣使执送之,上以远国,不欲违其意,白驹等下狱,见原。

琏每岁遣使。十六年,太祖欲北讨,诏琏送马,琏献马八百匹。世祖孝建二年,琏遣长史董腾奉表慰国哀再周,并献方物。大明三年,又献肃慎氏楛矢石砮。七年,诏曰:"使持节、散骑常侍、督平营二州诸军事、征东大将军、高句骊王、乐浪公琏,世事忠义,作藩海外,诚系本朝,志剪残险,通译沙表,克宣王献。宜加褒进,以旌纯节。可车骑大将军、开府仪同三司,持节、常侍、都督、王、公如故。"太宗泰始、后废帝元徽中,贡献不绝。

百济国,本与高骊俱在辽东之东千余里,其后高骊略有辽东,百济略有辽西。百济所治,谓之晋平郡晋平县。义熙十二年,以百济王余映为使持节、都督百济诸军事、镇东将军、百济王。高祖践阼,进号镇东大将军。少帝景平二年,映遣长史张威诣阙贡献。元嘉二年,太祖诏之曰:"皇帝问使持节、都督百济诸军事、镇东大将军、百济王。累叶忠顺,越海效诚,远王纂戎,聿修先业,慕义既彰,厥怀赤款,浮桴骊水,献贽执贽,故嗣位方任,以藩东服,勉勖所莅,无坠前踪。今遣兼谒者闾丘恩子、兼副谒者丁敬子等宣旨慰劳称朕意。"其后,每岁遣使奉表,献方物。

七年，百济王余毗复修贡职，以映爵号授之。二十七年，毗上书献方物，私假台使冯野夫西河太守，表求《易林》、《式占》、腰弩，太祖并与之。

毗死，子庆代立。世祖大明元年，遣使求除授，诏许。二年，庆遣使上表曰："臣国累叶，偏受殊恩，文武良辅，世蒙朝爵。行冠军将军右贤王余纪等十一人，忠勤宜在显进，伏愿垂愍，并听赐除。"仍以行冠军将军右贤王余纪为冠军将军。以行征虏将军左贤王余昆、行征虏将军余量并为征虏将军。以行辅国将军余都、余乂并为辅国将军。以行龙骧将军沐衿、余爵并为龙骧将军。以行宁朔将军余流、麋贵并为宁朔将军。以行建武将军于西、余娄并为建武将军。太宗泰始七年，又遣使贡献。

倭国，在高骊东南大海中，世修贡职。高祖永初二年，诏曰："倭赞万里修贡，远诚宜甄，可赐除授。"太祖元嘉二年，赞又遣司马曹达奉表献方物。赞死，弟珍立，遣使贡献。自称使持节、都督倭百济新罗任那秦韩慕韩六国诸军事、安东大将军、倭国王。表求除正，诏除安东将军、倭国王。珍又求除正倭隋等十三人平西、征虏、冠军、辅国将军号，诏并听。二十年，倭国王济遣使奉献，复以为安东将军、倭国王。二十八年，加使持节、都督倭新罗任那加罗秦韩慕韩六国诸军事，安东将军如故。并除所上二十三人军、郡。济死，世子兴遣使贡献。世祖大明六年，诏曰："倭王世子兴，奕世载忠，作藩外海，禀化宁境，恭修贡职。新嗣边业，宜授爵号，可安东将军、倭国王。"兴死，弟武立，自称使持节、都督倭百济新罗任那加罗秦韩慕韩七国诸军事、安东大将军、倭国王。

顺帝升明二年，遣使上表曰："封国偏远，作藩于外，自昔祖祢，躬擐甲胄，跋涉山川，不遑宁处。东征毛人五十五国，西服众夷六十六国，渡平海北九十五国，王道融泰，廓土遐畿，累叶朝宗，不愆于岁。臣虽下愚，忝胤先绪，驱率所统，归崇天极，道遥百济，装治船舫，而句骊无道，图欲见吞，掠抄边隶，虔刘不已，每致稽滞，以失良风。虽曰进路，或通或不。臣亡考济实忿寇仇，壅塞天路，控弦百万，义声感激，方欲大举，奄丧父兄，使垂成之功，不获一篑。居在谅闇，不动兵甲，是以偃息未捷。至今欲练甲治兵，申父兄之志，义士虎贲，文武效功，白刃交前，亦所不顾。若以帝德覆载，摧此强敌，克靖方难，无替前功。窃自假开府仪同三司，其余咸各假授，以劝忠节。"诏除武使持节、都督倭新罗任那加罗秦韩慕韩六国诸军事、安东大将军、倭王。

荆、雍州蛮，盘瓠之后也。分建种落，布在诸郡县。荆州置南蛮，雍州置宁蛮校尉以领之。世祖初，罢南蛮并大府，而宁蛮如故。蛮民顺附者，一户输谷数斛，其余无杂调，而宋民赋役严苦，贫者不复堪命，多逃亡入蛮。蛮无徭役，强者又不供官税，结党连群，动有数百千人，州郡力弱，则起为盗贼，种类稍多，户口不可知也。所在多深险，居武陵者有雄溪、楠溪、辰溪、酉溪、舞溪，谓之五溪蛮。而宜都、天门、巴东、建平、江北诸郡蛮，所居皆深山重阻，人迹罕至焉。前世以来，屡为民患。

少帝景平二年，宜都蛮帅石宁等一百一十三人诣阙上献。太祖元嘉六年，建平蛮张雍之等五十人，七年，宜都蛮田生等一百一十三人，并诣阙献见。其后沔中蛮大动，行旅殆绝。天门溇中令宗侨之徭赋过重，蛮不堪命。十八年，蛮田向求等为寇，破溇中，虏略百姓。荆州刺史衡阳王义季遣行参军曹孙念讨破之，获生口五百余人，免侨之官。二十四年，南郡临沮当阳蛮反，缚临沮令傅僧骥。荆州刺史南谯王义宣遣中兵参军王谌讨破之。

先是，雍州刺史刘道产善抚诸蛮，前后不附官者，莫不顺服，皆引出平土，多缘沔为居。及道产亡，蛮又反叛。及世祖出为雍州，群蛮断道，击大破之。台遣军主沈庆之连年讨蛮，所向皆平殄，事在《庆之传》。二十八年正月，龙山雉水蛮寇抄涅阳县，南阳太守朱昙韶遣军讨之，失利，杀伤三百余人；昙韶又遣二千人系之，蛮乃散走。是岁，㵲水诸蛮因险为寇，雍州刺史随王诞遣使说之曰："顷威怀所被，覃自遐远，顺化者宠禄，逆命者无遗，此亦尔所知也。圣朝今普天肆眚，许以自新，便宜各还旧居，安堵复业，改过革心，于是乎始。"

先是，蛮帅鲁奴子据龙山，屡为边患。鲁轨在长社，奴子归之，轨言于虏主，以为四山王。轨子爽归国，奴子亦求内附，随王诞又遣军讨沔北诸蛮，袭浊山、如口、蜀松三柴，克之，又围升钱、柏义诸柴，蛮悉力距战。军以具装马夹射，大破之，斩首二百级，获生蛮千口，牛马八十头。

世祖大明中，建平蛮向光侯寇暴峡川，巴东太守王济、荆州刺史朱修之遣军讨之，光侯走清江。清江去巴东千余里。时巴东、建平、宜都、天门四郡蛮为寇，诸郡民户流散，百不存一。太宗、顺帝时尤甚，虽遣攻伐，终不能禁，荆州为之虚敝。

大明中，桂阳蛮反，杀荔令晏珍之，临贺蛮反，杀关建令邢伯儿，振武将军萧冲之讨之，获少费多，抵罪。

豫州蛮，廪君后也。盘瓠及廪君事，并具前史。西阳有巴水、蕲水、希水、赤亭水、西归水，谓之五水蛮，所在并深岨，种落炽盛，历世为盗贼。北接淮、汝，南极江、汉，地方数千里。元嘉二十八年，西阳蛮杀南川令刘台，并其家口。二十九年，新蔡蛮二千余人破大雷戍，略公私船舫，悉引入湖。有亡命司马黑石在蛮中，共为寇盗。太祖遣太子步兵校尉沈庆之率江、荆、雍、豫诸州军讨之。世祖大明四年，又遣庆之讨西阳蛮，大克获而反。司马黑石徒党三人，其一人名智，黑石号曰"太公"，以为谋主；一人名安阳，号谯王；一人名续之，号梁王。蛮文小罗讨禽续之，为蛮世财所篡，小罗率相斩世财父子六人。豫州刺史王玄谟遣殿中将军郭元封慰劳诸蛮，使缚送亡命，蛮乃执智黑石、安阳二人送诣玄谟。世祖使于寿阳斩之。

太宗初即位，四方反叛，及南贼败于鹊尾，西阳蛮田益之、田义之、成邪财、田光兴等起义攻郢州，克之。以益之为辅国将军，都统四山军事，又以蛮户立宋安、光城二郡，以义之为宋安太守，光兴为龙骧将军、光城太守。封益之边城县王，食邑四百一十一户，成邪财阳城县王，食邑三千户。益之征为虎贲中郎将，将军如故。

　　顺帝升明初，又转射声校尉、冠军将军。成邪财死，子婆思袭爵，为辅国将军、武骑常侍。晋熙蛮梅式生亦起义，斩晋熙太守阎湛之，晋安王子勋典签沈光祖，封高山侯，食所统牛岗、下柴二村三十户。

　　史臣曰：汉世西译遐通，兼途累万，跨头痛之山，越绳度之险，生行死径，身往魂归。晋氏南移，河、陇复隔，戎夷梗路，外域天断。若夫大秦、天竺，迥出西溟，二汉衔役，特艰斯路，而商货所资，或出交部，泛海陵波，因风远至。又重峻参差，氏众非一，殊名诡号，种别类殊，山琛水宝，由兹自出，通犀翠羽之珍，蛇珠火布之异，千名万品，并世主之所虚心，故舟舶继路，商使交属。太祖以南琛不至，远命师旅，泉浦之捷，威震沧溟，未名之宝，入充府实。夫四夷孔炽，患深自古，蛮、獠殊杂，种众特繁，依深傍岨，充积畿甸，咫尺华氓，易兴狡毒，略财据土，岁月滋深。自元嘉将半，寇愍弥广，遂组结数州，摇乱邦邑。于是命将出师，恣行诛讨，自江汉以北，庐江以南，搜山荡谷，穷兵罄武，系颈囚俘，盖以数百万计。至于孩年齓齿，执讯所遗，将卒申好杀之愤，干戈穷酸惨之用，虽云积怨，为报亦甚。张奂所云："流血于野，伤和致灾。"斯固仁者之言矣。

卷九十八　　列传第五十八

氐　胡

　　略阳清水氐杨氏，秦、汉以来，世居陇右，为豪族。汉献帝建安中，有杨腾者，为部落大帅。腾子驹，勇健多计略，始徙仇池。仇池地方百顷，因以百顷为号，四面斗绝，高平地方二十余里，羊肠蟠道，三十六回。山上丰水泉，煮土成盐。驹后有名千万者，魏拜为百顷氐王。千万子孙名飞龙，渐强盛，晋武假征西将军，还居略阳。无子，养外甥令狐氐子为子，名戊搜。晋惠帝元康六年，避齐万年之乱，率部落四千家，还保百顷，自号辅国将军、右贤王。关中人士奔流者多依之，戊搜延纳抚接，欲去者则卫护资遣之。愍帝以为骠骑将军、左贤王。时南阳王保在上邽，又以戊搜子难敌为征南将军。建兴五年，戊搜卒，难敌袭位。与坚头分部曲，难敌号左贤王，屯下辩，坚头号右贤王，屯河池。元帝太兴四年，刘曜伐难敌，与坚头俱奔晋寿，臣于李雄，曜退，复还仇池。

　　成帝咸和九年，难敌卒，子毅立，自号使持节、龙骧将军、左贤王、下辩公。以坚头子盘为使持节、冠军将军、右贤王、河池公。咸康元年，遣使称蕃于晋，以毅为征南、盘征东将军。三年，毅族兄初袭杀毅，并有其众，自立为

仇池公，臣于石虎。后遣使称蕃于穆帝。永和三年，以初为使持节、征南将军、雍州刺史、平羌校尉、仇池公。初子国为镇东将军、武都太守。十年，改封initial天水公。十一年，毅小弟宋奴使姑子梁式王因侍直手刃杀初，子国率左右诛式王及宋奴，复自立。征西将军桓温表国为镇北将军、秦州刺史、平羌校尉，国子安为振威将军、武都太守。十二年，国从父杨俊复杀国自立，安奔苻生，俊遣使归顺。

　　升平三年，以俊为平西将军、平羌校尉、仇池公。四年，俊卒，子世立，复以为冠军将军、平羌校尉、武都太守、仇池公，海西公太和三年，迁征西将军、秦州刺史，以世弟统为宁东将军、武都太守。五年，世卒，统废世子纂自立。纂一名德，聚党杀统，遣使诣简文帝自陈，复以纂为平羌校尉、秦州刺史、仇池公。咸安元年，苻坚遣杨安、苻雅等讨纂克之，徙其民于关中，空百顷之地。纂后为杨安所杀。

　　宋奴之死也，二子佛奴、佛狗奔逃关中，苻坚以佛奴为右将军，佛狗为抚夷护军。后以女妻佛奴子定，以定为尚书、领军将军。孝武帝太元八年，苻坚败于淮南，关中扰乱，定尽力奉坚。坚死，乃将家奔陇右，徙治历城，城在西县界，去仇池百二十里。置仓储于百顷。招合夷、晋，得千余家，自号龙骧将军、平羌校尉、仇池公，称蕃于晋孝武帝，孝武帝即以其自号假之。求割天水之西县、武都之上禄为仇池郡，见许。十五年，又以定为辅国将军、秦州刺史，定已自署征西将军。又进持节、都督陇右诸军事、辅国大将军、开府仪同三司，校尉、刺史如故。其年，进平天水略阳郡，遂有秦州之地，自号陇西王。至十九年，攻陇西虏乞佛乾归，定军败见杀。无子，佛狗子盛先为监国，守仇池，袭位，自号使持节、征西将军、秦州刺史、平羌校尉、仇池公。谥定为武王。分诸四山氐、羌为二十部护军，各为镇戍，不置郡县。

　　安帝隆安三年，遣使称蕃，奉献方物。安帝以盛为辅国将军、平羌校尉、仇池公。元兴三年，桓玄辅晋，进盛平北将军、凉州刺史、西戎校尉。义熙元年，姚兴伐盛，盛惧，遣子难当为质。兴遣将王敏攻城，因梁州别驾吕莹，求救于盛，盛遣军次浕口，敏退。以盛为都督陇右诸军事、征西大将军、开府仪同三司。时益州刺史毛璩讨桓玄所置梁州刺史桓希，败走，汉中空虚，盛遣兄子平南将军抚守汉中。三年，又假盛使持节、北秦州刺史。盛又遣将苻宁行梁州刺史代抚。九年，梁州刺史索邈镇南城，宁乃还。高祖践阼，进盛车骑大将军，加侍中。永初三年，改封武都王，以长子玄为武都王世子，加号前将军，难当为冠军将军，抚为安南将军。盛嗣位三十年，太祖元嘉二年六月卒，时年六十二，私谥曰惠文王。

　　玄字黄眉，自号使持节、都督陇右诸军事、征西大将军、开府仪同三司、平羌校尉、秦州刺史、武都王。虽为蕃臣，犹奉义熙之号。善待士，为流、旧所怀。安南将军抚有文武智略，玄不能容，三年，因其子杀人，并诛之。明帝即以玄为使持节、征西将军、平羌校尉、北秦州刺史、武都王。乃改义熙之号，奉元嘉正朔。初，盛谓玄曰："吾年已老，当为晋臣，汝善事宋帝。"故玄奉焉。追赠盛

骠骑大将军，余如故。六年六月，玄卒，私谥曰孝昭王。

弟难当废玄子保宗，一名羌奴而自立，号使持节、都督雍凉诸军事、秦州刺史、平羌校尉、武都王。太祖以为冠军将军、秦州刺史、武都王。九年，进号征西将军，加持节、都督、校尉之号。难当拜保宗为镇南将军，镇宕昌；以次子顺为镇东将军、秦州刺史，守上邽。保宗谋袭难当，事泄，收系之。先是，四方流民有许穆之、郝惔之二人投难当，并改姓为司马。穆之自云名飞龙，惔之自云名康之。云是晋室近戚，康之寻为人所杀。十年，难当以益州刺史刘道济失蜀土人情，以兵力资飞龙，使入蜀为寇，道济击斩之。时梁州刺史甄法护刑法不理，太祖遣刺史萧思话代任。难当因思话未至，法护将军下，举兵袭梁州，破白马，获晋昌太守张范。法护遣参军鲁安期、沈法慧等拒之，并各奔退。难当又遣建忠将军赵进攻葭萌，获晋寿太守范延郎。其年十一月，法护委镇奔洋川，难当遂有汉中之地。以氐苻粟持为梁州刺史，又以其凶悍，杀之，以司马赵温代为梁州。十年正月，思话使司马萧承之先驱进讨，所向克捷，遂平梁州，事在《思话传》。四月，难当遣使奉表谢罪，曰：

臣闻生成之德，含气同系，而荣悴殊涂，遭遇异兆，至于恩降自然，诚无答谢。夫以狂圣道隔，犹存克念之诚，况君亲莫二，不期自感者哉！每思自竭，奉遵光训，丹诚未谅，大谤已臻。梁州刺史甄法护诬臣遣司马飞龙扰乱西蜀，诸所谮引，言非一事，长涂万里，无路自明，风尘之声，日有滋甚。与其逆生，宁就清灭，文武同愤，制不自由。遣参军姚道贤赍书诣梁州刺史萧思话，寻续又遣诣台归罪。道贤至西城，为守兵所杀，行李蔽拥，日月莫照。法护恇扰，望风奔逃，臣即回军，秋毫无犯，权留少守，以俟会通。其后数旬，官军寻至，守兵单弱，惧不自免，续遣轻兵，共相迎接。值秦流民，怀土及本，行将既旋，不容禁制，由臣约防无素，以致斯阙。

臣本历代守蕃，世荷殊宠，王化始基，顺天委命，要名期义，不在今日，岂可假托妖妄，毁败成功，如此之形，灼然易见，仰恃圣明，必垂鉴察。但臣微心不达，迹违忠顺，至乃声闻朝庭，劳烦师旅，负辱之深，罪当诛责。远隔遐荒，告谢无地，谨遣兼长史齐亮听命有司，并奉送所授第十一符策，伏待天旨。

太祖以其边裔，下诏曰："杨难当表如此，悔谢前愆，可特恕宥，并特还章节。"十二年，难当释保宗，遣镇童亭。保宗奔，索虏主拓跋焘以为都督陇西诸军事、征西大将军、开府仪同三司、平羌校尉、南秦王，遣袭上邽。难当子顺失守，退，以为雍州刺史，守下辩。十三年三月，难当自立为大秦王，号年曰建义，立妻为王后，世子为太子，置百官，具拟天朝；然犹奉朝庭，贡献不绝。十七年，其国大旱，多灾异，降大秦王复为武都王。

十八年十月，倾国南寇，规有蜀土，虑汉中军出，遣建忠将军苻冲出东洛以防之。梁州刺史刘道真击斩冲。十一月，难当克葭萌，获晋寿太守申坦，遂围涪城。巴西太守刘道锡婴城固守，难当攻之十余日，不克，乃还。十九年正月，太祖遣龙骧将军裴方明、太子左积弩将军刘康祖、后军参军梁坦甲士三千人，又发荆、雍二州兵讨难当，受刘道真节度。五月，方明等至汉中，长驱而进。道真到武兴，攻伪建忠将军苻隆，克之。安西参军韦俊、建武将军姜道盛向下辩，道真又遣司马夏侯穆季西取白水，难当子雍州刺史顺、建忠将军杨亮拒之，并望风奔走。闰月，方明至兰皋，难当镇北将军苻义德、建节将军苻弘祖万余人列阵拒战，方明击破之，斩弘祖，杀二千余人，义德遁去。天水任愈之率部曲归顺。难当世子抚军大将军和据修城，方明又遣军率愈之攻和，大破之。于是难当将妻子奔索虏，死于虏中。安西参军鲁尚期追难当出寒峡，生禽建节将军杨保炽、安昌侯杨虎头。初，难当遣第二子虎为镇南将军、益州刺史，守阴平。闻父走，逃还，至下辩。方明使子肃之要之，生禽虎，传送京师，斩于建康市。

仇池平。以辅国司马胡崇之为龙骧将军、秦州刺史、平羌校尉，守仇池。索虏拓跋焘遣安西大将军吐奚弼、平北将军拓跋齐等二万人邀崇之。二十年二月，崇之至浊水，去仇池八十里，遇齐等，战败没，余众奔还汉中。

三月，前镇东司马苻达、征西从事中郎任朏等举义，立保宗弟文德为主。拓跋齐闻兵趋遁走，达追击斩齐，因据白崖，分平诸戍。文德自号使持节、都督秦河凉三州诸军事、征西大将军、秦河凉三州牧、平羌校尉、仇池公，遣露板驰告朝廷。太祖诏曰："近者校尉仇池公表虏纵逸，寇窃仇池，将士挫伤，民萌涂炭，眷言西顾，矜慨在怀。杨文德世笃忠顺，诚感家国，纠率义徒，奋殄凶丑，锋旗所向，奸溃无遗，氛祲澄清，蕃境宁一，念功惟事，良有欣嘉。便可遣使慰劳，宣示朝旨，并敕梁州刺史申坦随宜应援。"又诏曰："显录勋效，盖惟国典，施赏务速，无或逾时。杨文德志气果到，文武兼全，乘机潜奋，殊功仍集，告捷归诚，献俘万里，朝无暂土，树难自肃，休烈昭著，朕甚嘉焉。杨氏世祖西劳，方忠累叶，宜绍先绪，膺受宠荣。可使持节、散骑常侍、都督北秦雍二州诸军事、征西大将军、平羌校尉、北秦州刺史，封武都王。"任朏祖父岐，伯父祚，父综，并仕杨氏，为谘议从事中郎。朏有志干，文德以为左司马。

文德既受朝命，进戍茄芦城。二十五年，为索虏所攻，奔于汉中。时世祖镇襄阳，执文德归之于京师，以失守，免官，削爵土。二十七年，王师北讨，起文德为辅国将军，率军自汉中入，摇动沔、陇。文德宗人杨高率阴平、平武群氏，据唐鲁桥以拒文德，文德水陆俱攻，大破之，众并奔散。高遁走奔羌，文德追之至黎加岭，高单身投羌仇阿弱家，追斩之，阴平、平武悉平。又遣文德伐唊提氏，不克，梁州刺史刘秀之执送荆州，使文德从祖兄头戍茄芦。荆州刺史南郡王义宣反，文德不同见杀，世祖追赠征虏将军、秦州刺史。

孝建二年，以保宗子元和为征虏将军，以头为辅国将军。元和继杨氏正统，群氏欲相宗推，年小才弱，不能绥御所部，头母妻子弟并为索虏所执，头至诚奉顺，无所顾怀。朝廷既不正元和号位，部落未有定主，雍州刺史王玄谟上表曰："被敕令臣遣使与杨元和、杨头相闻，并致信饷。即遣中军行参军吕智宗赍书并信等，亦自遣使随智宗。及头语智宗，顷破家为国，母妻子弟并坠没房中，不顾孝道，陈力边捍，竭忠尽诚，未为朝廷所识。若以元和承统，宜授王爵；若以其年小未堪大任，则应别有所委。顷来公私纷纭，华、戎交构，皆此之由。臣伏寻头元嘉以来，实有忠诚于国，弃亲遗爱，诚在可嘉。氐、羌负远，又与房咫尺，急之则反，缓之则怨。观头使人言语，不敢便望仇池公，所希政在西秦州假节而已。如臣愚见，蕃捍汉川，使无虑患，头实有力，四千户荒州，殆不足吝。元和小弱，若未可专委。复数年之后，必堪嗣业，用之不难。若才用不称，则应出头。若茹芦不守，汉川亦无立理。"上不许。其后立元和为武都王，治白水，不能自立，复走奔索房。

元和从弟僧嗣，复自立，还成茹芦，以为宁朔将军、仇池太守。太宗泰始二年，诏曰："僧嗣远守西疆，世笃忠款，宜加旌显，以甄义概。可冠军将军、北秦州刺史、武都王，太守如故。"三年，加持节、都督北秦雍二州诸军事，进号征西将军、校尉，刺史如故。僧嗣卒，从弟文度复自立。泰豫元年，以为龙骧将军、略阳太守，封武都王，又改龙骧为宁朔将军。

后废帝元徽四年，加督北秦州诸军事、平羌校尉、北秦州刺史、将军如故。文度遣弟龙骧将军文弘伐仇池，破成兵于兰皋。顺帝升明元年，诏曰："茂赏有章，实昭国度，畴庸斯炳，载宣史册。督北秦州诸军事、宁朔将军、平羌校尉、北秦州刺史、武都王文度门乘辉宠，世荣边邑，忠果既亮，才劲兼彰。龙骧将军杨文弘肃协成规，躬提桴鼓，申棱百顷，席卷兰皋，功烈之美，并足嘉叹，宜膺爵授，以酬勋绪。文度可使持节、都督北秦雍二州诸军事、征西将军，刺史、校尉悉如故。文弘辅国将军、略阳太守。"其年，房破茹芦，文度见杀，追赠本官，加散骑常侍。以文弘督北秦州诸军事、平羌校尉、北秦州刺史，袭封武都王，将军如故。退治武兴。

大且渠蒙逊，张掖临松卢水胡人也。匈奴有左且渠、右且渠之官，蒙逊之先为此职，羌之酋豪曰大，故且渠以位为氏，而以大冠之。世居卢水为酋豪。蒙逊高祖晖仲归，曾祖遮，皆雄健有勇名。祖祁复延，封狄地王。父法弘袭爵，苻氏以为中田护军。

蒙逊代父领部曲，有勇略，多计数，为诸胡所推服。吕光自王于凉州，使蒙逊自领营人配箱直，又以蒙逊叔父罗仇为西平太守。安帝隆安三年春，吕光遣子镇东将军纂率罗仇伐秃罕房乞佛乾归，为乾归所败，光委罪罗仇，杀之。四月，蒙逊求还葬罗仇，因聚万余人叛光，杀临松护军，屯金山。五月，光挥纂击破蒙逊，蒙逊六七人，逃山中，家户悉亡散。时蒙逊兄男成将兵西守晋昌，闻蒙逊反，引军还，杀酒泉太守叠滕，推建康太守段业为主。业自号龙骧大将军、凉州牧、建康公，以男成为辅国将军。男成及晋昌太守王德围张掖，克之，业因据张掖。蒙逊率部曲投业。业以蒙逊为镇西将军、临池太守，王德为酒泉太守。寻以蒙逊领张掖太守。

三年四月，业使蒙逊将万人攻光弟子纯于西郡，经旬不克，乃引水灌城，窘急乞降，执之以归。时王德叛业，自称河州刺史。业使蒙逊西讨，德焚城，将部曲走投晋昌太守唐瑶；蒙逊追德至沙头，大破之，虏其妻子部落而还。转西安太守，将军如故。四年五月，蒙逊与男成谋杀业，男成不许，蒙逊反潜男成于业，业杀男成。蒙逊乃谓其部曲曰："段公无道，枉杀辅国。吾为辅国报仇。"遂举兵攻张掖，杀段业，自称车骑大将军，建号永安元年。

是月，敦煌太守李皓亦起兵，自号冠军大将军、西胡校尉、沙州刺史，太守如故。称庚子元年，与蒙逊相抗。其冬，皓遣唐瑶及鹰扬将军宋繇攻酒泉，获太守大且渠益生，蒙逊从叔也。

吕光死，子纂立。元年，为从弟隆所篡。姚兴攻凉州，隆称臣请降，蒙逊亦遣使诣兴，兴以为镇西将军、沙州刺史、西海侯。二年二月，蒙逊与西平房秃发傉檀共攻凉州，为隆所破。十月，傉檀复攻隆。三年三月，隆以蒙逊、傉檀交逼，遣弟超诣姚兴求迎。七月，兴遣齐难迎隆，隆说难伐蒙逊，蒙逊惧，遣弟为质，献宝货于难，乃止，以武卫将军王尚行凉州刺史而还。

义熙元年正月，李皓改称大将军、大都督、凉州牧、护羌校尉、凉公；五月，移据酒泉。姚兴假傉檀凉州刺史，代王尚屯姑臧。二年九月，蒙逊袭李皓，至安弥，去城六十里，皓乃觉。引军出战，大败，退还，闭城自守，蒙逊亦归。六年，蒙逊攻破傉檀，傉檀走屯乐都。武威人焦朗入姑臧，自号骠骑大将军，臣于李皓。八年，蒙逊攻焦朗，杀之。据姑臧，自号大都督、大将军、河西王，改称玄始元年，立子正德为世子。

十三年五月，李皓死，子歆立。六月，歆伐蒙逊，至建康，蒙逊拒之，歆退走，追到西支涧，蒙逊大败，死者四千余人，乃收余众，增筑建康城，置兵戍而还。

十四年，蒙逊遣使诣晋，奉表称蕃，以蒙逊为凉州刺史。高祖践阼，以歆为使持节、都督高昌敦煌晋昌酒泉西海玉门堪泉七郡诸军事、护羌校尉、征西大将军、酒泉公。

永初元年七月，蒙逊东略浩亹，李歆乘虚攻张掖；蒙逊回军西归，歆退走，追至临泽，斩歆兄弟三人，进攻酒泉，克之。歆弟敦煌太守恂据郡，自称大将军。十月，蒙逊遣世子正德攻恂，不下。三年正月，蒙逊自往筑长堤引水灌城，数十日，又不下。三月，恂武卫将军宋丞、广武将军弘举城降，恂自杀，李氏由是遂亡。于是鄯善王比龙入朝，西域三十六国皆称臣贡献。

高祖以蒙逊为使持节、散骑常侍、都督凉州诸军事、镇军大将军、开府仪同三司、凉州刺史、张掖公。十二月，晋昌太守唐契反，复遣正德攻契。景平元年三月，克之，契奔伊吾。八月，芮芮来抄，蒙逊遣正德距之，正德轻骑进战，军败见杀。乃以次子兴国为世子。是岁，进蒙逊侍中、都督凉秦河沙四州诸军事、骠骑大将军、领护匈奴中郎将、西夷校尉、凉州牧、河西王，开府、持节如故。

太祖元嘉元年，孛罕房乞佛炽盘出貂渠谷攻河西白草岭，临松郡皆没，执蒙逊从弟成都、从子日踏、颇罗等而去。三年，改骠骑为车骑。世子与国遣使奉表，请《周易》及子集诸书，太祖并赐之，合四百七十五卷。蒙逊又就司徒王弘求《搜神记》，弘写与之。六年，蒙逊征桴罕，时乞佛炽盘死矣，子茂蔓大破蒙逊，生禽兴国，杀三千杀人。蒙逊赎兴国，遂谷三十万斛，竟不遣。蒙逊乃立兴国母弟菩提为世子，朝廷未知也。七年，以兴国为冠军将军、河西王世子。其年夏四月，西房赫连定为索房拓跋焘所破，奔上邽。十一月，茂蔓闻定败，将家户及兴国东征，欲移居上邽。八年正月至南安，定率众御茂蔓，大破之，杀茂蔓，执兴国而还。四月，定避拓跋焘，欲渡河西击蒙逊。五月，率部曲至治城峡口，渡河，济未半，为吐谷浑慕瑱所邀，见获，兴国被创数日死。

九年，以菩提为冠军将军、河西王世子。十年四月，蒙逊卒，时年六十六。私谥曰武宣王。菩提年幼，蒙逊第三子茂虔时为酒泉太守，众议推茂虔为主，袭蒙逊位号。十一年，茂虔上表曰："臣闻功加以济物为高，非竹帛无以述德，名以当实为美，非谥号无以休终。先臣蒙逊西复凉城，泽憺昆裔，芟夷群暴，清洒区夏。暨运钟有道，备大宋之宗臣，爵班九服，享惟永之不祚，功名昭著，克固贞节。考终由正，而请名之路无阶，懿迹虽弘，而述叙之美有缺。臣子痛感，咸用不安。谨案谥法，克定祸乱曰武，善闻周达曰宣。先臣廓清河外，勋光天府，标榜称迹，实兼斯义。辄上谥为武宣王。若允天听，垂之史笔，则幽显荷荣，始终无恨。"诏曰："使持节、侍中、都督秦河沙凉四州诸军事、车骑大将军、开府仪同三司、领护匈奴中郎将、西夷校尉、凉州牧河西王蒙逊，才兼文武，勋济西服，爱自万里，款诚夙著，方伎忠果，翼宣远略，奄至薨陨，凄悼于怀。便遣使吊祭，并加显谥。嗣子茂虔，纂戎前轨，乃心弥彰，宜蒙宠授，绍兹蕃业。可持节、散骑常侍、都督凉秦河沙四州诸军事、征西大将军、领护匈奴中郎将、西夷校尉、凉州刺史、河西王。"

河西人赵㲉善历算。十四年，茂虔奉表献方物，并献《周生子》十三卷、《时务论》十二卷、《三国总略》二十卷、《俗问》十一卷、《十三州志》十卷、《文检》六卷、《四科传》四卷、《敦煌实录》十卷、《凉书》十卷、《汉皇德传》二十五卷、《亡典》七卷、《魏驳》九卷、《谢艾集》八卷、《古今字》二卷、《乘丘先生》三卷、《周髀》一卷、《皇帝王历三合纪》一卷、《赵㲉传》并《甲寅元历》一卷、《孔子赞》一卷，合一百五十四卷。茂虔又求晋、赵《起居注》诸杂书数十件，太祖赐之。

十六年闰八月，拓跋焘攻凉州，茂虔兄子万年为房内应，茂虔见执。茂虔弟安弥县侯无讳先为征西将军、沙州刺史、都督建康以西诸军事、酒泉太守，第六弟武兴县侯仪德为征东将军、秦州刺史、都督丹岭以西诸军事、张掖太守。焘既获茂虔，遣军击仪德，弃城奔无讳。于是无讳、仪德拥家户西就从弟敦煌太守唐儿。焘使将守武威、酒泉、张掖而还。十七年正月，无讳使唐儿守敦煌，自与仪德伐酒泉，三月，克之。攻张掖、临松，得四万余户，还据酒泉。

十八年五月，唐儿反，无讳留从弟天周守酒泉，复与仪德讨唐儿。唐儿将万余人出战，大败，执唐儿杀之，复据敦煌。七月，拓跋焘遣军围酒泉。十月，城中饥，万余口皆饿死，天周杀妻以食战士；食尽，城乃陷，执天周至平城，杀之。于时房兵甚盛，无讳众饥，惧不自立，欲引众西行。十一月，遣弟安周五千人伐鄯善，坚守不下。十九年四月，无讳自率万余家弃敦煌，西就安周，未至而鄯善王比龙率四千余家走，因据鄯善。初，唐契自晋昌奔伊吾，是年攻高昌，高昌城主阚爽告急。八月，无讳留从子丰周守鄯善，自将家户赴之。未至，而芮芮遣军救高昌，杀唐契，部曲奔无讳。九月，无讳遣将卫衷夜袭高昌，爽奔芮芮，无讳复据高昌。

遣常侍氾俊奉表使京师，献方物。太祖诏曰："往年狡房纵逸，侵害凉土，西河王茂虔遂至不守，沦陷寇逆，累世著诚，以为矜悼。次弟无讳克绍遗业，保据方隅，外结邻国，内辑民庶，系心阙庭，践修贡职，宜加朝命，以褒笃勋。可持节、散骑常侍、都督凉河沙三州诸军事、征西大将军、领护匈奴中郎将、西夷校尉、凉州刺史、河西王。"

无讳卒，弟安周立。二十一年，诏曰："故征西大将军、河西王无讳弟安周，才略沈到，世笃忠慎，统承遗业，民众归怀。虽亡士丧师，孤立异所，而能招率残寡，攘寇自今，宜加荣授，垂轨先烈。可使持节、散骑常侍、都督凉河沙三州诸军事、领西域戊己校尉、凉州刺史、河西王。"世祖大明三年，安周奉献方物。

史臣曰：氏藉世业之资，胡因倔起之众，结根百顷，跨有河西，虽戎夷猾夏，自擅荒服，而财力雄富，颇尚礼文。杨氏兵精地险，境接华汉，伺隙边关，首鼠疆场，遂西入白马，东出黄金，乘晋焘之捷，构围涪之衅，规吞黑水，志倾井络，纪、郢之势方危，樊、邓之心屡骇。天子听朝不怡，有怀辛、李之将，而齐之宣皇，率偏旅数百，定命先驱，推锋直指，势逾风电，云彻席卷，致届南城，逐北追奔，全胜万里，敌人皆裹骨舆尸，越至险而自窜，其余皆膏身山野，委骸川泽。既而裴、刘二将，藉其威声，故使浊水靡旗，兰皋失险，氏族转徙奔亡，遗烬不灭者若线，梁土获乂，以迄于今。由此而言，功烈可谓盛矣！

卷九十九　　　列传第五十九

二　凶

元凶劭，字休远，文帝长子也。帝即位后生劭，时上犹在谅闇，故秘之。三年闰正月，方云劭生。自前代以来，未有人君即位后皇后生太子，唯殷帝乙既践阼，正妃生纣，至是又有劭焉。体元居正，上甚喜悦。

年六岁，拜为皇太子，中庶子二率入直永福省。更筑宫，制度严丽。年十二，出居东宫，纳黄门侍郎殷淳女为妃。十三，加元服。好读史传，尤爱弓马。及长，美须眉，大眼方口，长七尺四寸。亲览宫事，延接宾客，意之所欲，上必从之。东宫置兵，与羽林等。十七年，劭拜京陵，大将军彭城王义康、竟陵王诞、尚书桂阳侯义融并从，司空江夏王义恭自江都来会京口。

二十七年，上将北伐，劭与萧思话固谏，不从。索虏至瓜步，京邑震骇。劭出镇石头，总统水军。善于抚御。上登石头城，有忧色，劭曰："不斩江湛、徐湛之，无以谢天下。"上曰："北伐自我意，不关二人也。"

上时务在本业，劝课耕桑，使宫内皆蚕，欲以讽厉天下。有女巫严道育，本吴兴人，自言通灵，能役使鬼物。夫为劫，坐没入奚官。劭姊东阳公主应阁婢王鹦鹉白公主云："道育通灵有异术。"主乃白上，托云善蚕，求召入，见许。道育既入，自言服食，主及劭并信惑之。始兴王浚素佞事劭，与劭并多过失，虑上知，使道育祈请，欲令过不上闻。道育辄云："自上天陈请，必不泄露。"劭等敬事，号曰天师。后遂为巫蛊，以玉人为上形像，埋于含章殿前。

初，东阳主有奴陈天兴，鹦鹉养以为子，而与之淫通。鹦鹉、天兴及宁州所献黄门庆国并预巫蛊事。劭以天兴补队主。东阳主薨，鹦鹉应出嫁，劭虑言语难密，与浚谋之。时吴兴沈怀远为浚府佐，见待异常，乃嫁鹦鹉与怀远为妾，不以启上，虑后事泄，因临贺公主微言之。上后知天兴领队，遣阉人奚承祖诘让劭曰："临贺公主南第先有一下人欲嫁，又闻此下人养他人奴为儿，而汝用为队主，抽拔何乃速。汝间用主、副，并是奴邪？欲嫁置何处？"劭答曰："南第昔属天兴，求将驱使，臣答云：'伍郎可得，若能击贼者，可入队。'当时盖戏言耳，都不复忆。后天兴道上通辞乞位，追存往为者，不忍食言，呼视见其形容粗健，堪充驱使，脱尔使监礼兼队副。比用人虽取劳旧，亦参用有气干者。谨条牒人口名上呈。下人欲嫁者，犹未有处。"时鹦鹉已嫁怀远矣。劭惧，驰书告浚，并使报临贺主："上若问嫁处，当言未有定所。"浚答书曰："奉令，伏深惶怖，启此事多日，今始来问，当是有感发之者，未测源由尔。计临贺故当不应翻覆言语，自生寒热也。此姥由来挟两端，难可孤保，正尔自问临贺，冀得审实也。其若见问，当作依违答。天兴先曾佞人府位，不审监上当无此簿领尔。急宜犍之。殿下已见王未？宜依此具令严自躬上启闻。彼人若为不已，可正促其余命，或是大庆之渐。"凡劭、浚相与书疏类如此，所言皆为名号，谓上为"彼人"，或以为"其人"；以太尉江夏王义恭为"佞人"；东阳主第在西掖门外，故云"南第"，王即鹦鹉姓，躬上启闻者，令道育上天白天神也。

鹦鹉既适怀远，虑与天兴私通事泄，请劭杀之。劭密使人害天兴。庆国谓宣传往来，唯有二人，天兴既死，虑将见及，乃具以其事白上。上惊惋，即遣收鹦鹉，封籍其家，得劭、浚书数百纸，皆咒诅巫蛊之言，得所埋上形像于宫内。道育叛亡，讨捕不得。上大怒，穷治其事，分遣中使入东诸郡搜讨，遂不获。上诘责劭、浚，劭、浚惶惧无辞，唯陈谢而已。道育变服为尼，逃匿东宫，浚往京口，又载以自随，或出止民张旿家。

江夏王义恭自盱眙还朝，上以巫蛊告之，曰："常见典籍有此，谓之书传空言，不意遂所亲睹。劭虽所行失道，

未必便亡社稷，南面之日，非复我及汝事。汝儿子多，将来遇此不幸尔。"

先是二十八年，彗星起毕、昴，入太微，扫帝座端门，灭翼、轸。二十九年，荧惑逆行守氐，自十一月霖雨连雪，太阳罕曜。三十年正月，大风飞霰且雷。上忧有窃发，辄加劭兵众，东宫实甲万人。车驾出行，劭入守，使将白直队自随。

其年二月，浚自京口入朝，当镇江陵，复载道育还东宫，欲将西上。有告上云："京口民张旿家有一尼，服食出入征北内，似是严道育。"上初不信，试使掩录，得其二婢，云："道育随征北还都。"上谓劭、浚已当斥遣道育，而犹与往来，惆怅惋骇。乃使京口以船送道育二婢，须至检核，废劭、赐浚死，以语浚母潘淑妃，淑妃具以告浚。浚驰报劭，劭因是异谋，每夜辄飨将士，或亲自行酒，密与腹心队主陈叔儿、詹叔儿、斋帅张超之、任建之谋之。

道育婢将至，其月二十一日夜，诈上诏云："鲁秀谋反，汝可平明守阙，率众入。"因使超之等集素所畜养兵士二千余人，皆使被甲，召内外幢队主副，豫加部勒，云有所讨。宿召前中庶子、右军长史萧斌，夜呼斌及左卫率袁淑、中舍人殷仲素、左积弩将军王正见，并入宫，告以大事，自起拜斌等，因流涕，众并惊愕，语在淑传。明旦未开鼓，劭以朱服加戎服上，乘画轮车，与萧斌同载，卫从如常入朝之仪，守门开，从万春门入。旧制，东宫队不得入城，劭与门卫云："受敕，有所收讨。"令后队速来，张超之等数十人驰入云龙、东中华门及斋阁，拔刀径上合殿。上其夜与尚书仆射徐湛之屏火语，至旦烛犹未灭，直卫兵尚寝。超之手行弑逆，并杀湛之。劭进至合殿中阁，太祖已崩，出坐东堂，萧斌执刀侍直。呼中书舍人顾嘏，嘏震惧不时出，既至，问曰："欲共见废，何不蚤启？"未及答，即于前斩之。遣人于崇礼闼杀吏部尚书江湛。太祖左细杖主卜天与攻劭于东堂，见杀。又使人从东阁入杀潘淑妃，又杀太祖亲信左右数十人。急召始兴王浚，率众屯中堂。又召太尉江夏王义恭、尚书令何尚之。

劭即伪位，为书曰："徐湛之、江湛弑逆无状，吾勒兵入殿，已无所及，号恸崩恸，肝心破裂。今罪人斯得，元凶克殄，可大赦天下。改元嘉三十年为太初元年。文武并赐位二等，诸科一依丁卯。"初，使萧斌作诏，斌辞以不文，乃使侍中王僧绰为之。使改元为太初，劭素与道育所定。斌曰："旧逾年改元。"劭以问僧绰，缯绰曰："晋惠帝即位，便改号。"劭喜而从之。百僚至者裁数十人，劭便遽即位。即位毕，称疾还入永福省，然后迁大行皇帝升太极前殿。是日，以萧斌为散骑常侍、尚书仆射、领军将军；何尚之为司空；前右卫率檀和之戍石头；侍中营道侯义綦为征虏将军、晋陵南下邳二郡太守，镇京城；尚书殷仲景为侍中、中护军。大行皇帝大敛，劭辞疾不敢出。先给诸王及诸处兵杖，悉收还武库。杀徐湛之、江湛亲党新除始兴内史荀赤松、新除尚书左丞臧凝之、山阴令傅僧祐、吴令江徽、前征北行参军诸葛诩、右卫司马江文纲。以殷仲素为黄门侍郎，王正见为左军将军，张超之及诸同逆闻人文子、徐兴祖、詹叔儿、陈叔儿、任建之等，并将

校以下龙骧将军带郡,各赐钱二十万。遣人谓鲁秀曰:"徐湛之常欲相危,我已为卿除之矣。"使秀与屯骑校尉庞秀之对掌军队。以侍中王僧绰为吏部尚书,司徒左长史何偃为侍中。成服日,劭登殿临灵,号恸不自持。博访公卿,询求治道,薄赋轻徭,损诸游费。田苑山泽,有可弛者,假与贫民。

三月,遣大使分行四方,分浙以东五郡为会州,省扬州立司隶校尉,以殷冲补之。以大将军江夏王义恭为太保,司徒南谯王义宣为太尉,卫将军、荆州刺史始兴王浚进号骠骑将军。王僧绰以先预废立,见诛。长沙王瑾、瑾弟楷、临川王烨、桂阳侯觊、新谕侯球,并以宿恨下狱死。礼官希旨,谥太祖不敢尽美称,上谥曰中宗景皇帝。以雍州刺史臧质为丹阳尹,进世祖号征南将军,加散骑常侍,抚军将军南平王铄中军将军,会稽太守随王诞会州刺史。江夏王义恭以太保领大宗师,谘禀之科,依晋扶风王故事。

世祖及南谯王义宣、随王诞诸方镇并举义兵。劭闻义师大起,悉聚诸王及大臣于城内,移江夏王义恭住尚书下舍,义恭诸子住侍中下省。自永初元年以前,相国府入斋、传教、给使、免军户,属南彭城薛县。劭下书,以中流起兵,当亲率六师,观变江介,悉召下番将吏。加三吴太守军号,置佐领兵。四月,立妻殷氏为皇后。世祖檄京邑曰:

夫运不常隆,代有莫大之衅。爰自上叶,或因多难以成福,或阶昏虐以兆乱,咸由君臣义合,理悖恩离。故坚冰之渐,每钟浇末,未有以道御世,教化明厚,而当枭镜反噬,难发天属者也。先帝圣德在位,功格区宇,明照万国,道洽无垠,风之所被,荒隅变识;仁之所动,木石开心。而贼劭乘藉冢嫡,凤蒙宠树,正位东朝,礼绝君后,凶慢之情,发于韶龀,猜忍之心,成于几立。贼浚险躁无行,自幼而长,交相倚附,共逞奸回。

先旨以王室不造,家难亟结,故含蔽容隐,不彰其衅,训诱启告,冀能革音。何悟狂慝不悛,同恶相济,肇乱巫蛊,终行弑逆,圣躬离荼毒之痛,社稷有蒂坠之哀,四海崩心,人神泣血,生民以来,未闻斯祸。奉讳惊号,肝脑涂地,烦冤膈臆,容身无所。大将军、诸王幽囹穷省,存亡未测。徐仆射、江尚书、袁左率,皆当世标秀,一时忠贞,或正色立朝,或闻逆弗顺,并横分阶闼,悬首都市。宗党夷灭,岂伊一姓,祸毒所流,未知其极。

昔周道告难,齐、晋勤王,汉历中圮,虚、牟立节,异姓末属,犹或亡躯,况幕府职同昔人,义兼臣子。所以枕戈尝胆,苟全视息,志枭元凶,少雪仇耻。今命冠军将军领谘议中直兵柳元景、宁朔将军领中直兵马文恭等,统劲卒三万,风驰径造石头,分趋白下;辅国将军领谘议中直兵宗悫等,勒甲楯二万,征虏将军领司马武昌内史沈庆之等,领壮勇五万,相寻就路;支军别统,或焚舟破釜,步自姑孰;或迅楫芜湖,入据云阳。凡此诸帅,皆英果权奇,智略深赡,名震中土,勋畅遐疆。幕府亲董精悍一十余万,授律

枕戈,骆驿继迈。司徒睿哲渊谟,赫然震发,征甲八州,电起荆郢;冠军将军臧质忠烈协举,雷动汉阴;冠军将军朱修之诚节亮款,悉力请奋。荆、雍百万,稍次近涂,蜀、汉之卒,续已出境。又安东将军诞、平西将军遵考、前抚军将军萧思话、征房将军鲁爽、前宁朔将军王玄谟,并密信俱到,不契同期,传檄三吴,驰军京邑,远近俱发,扬旍万里。楼舰腾川,则沧江雾咽;锐甲赴野,则林薄摧根。谋臣智士,雄夫毅卒,畜志须时,怀愤待用。先圣灵泽,结在民心,逆顺大数,冥发天理,无父之国,天下无之。羽檄既驰,华素响会,以此众战,谁能抗御,以此义动,何往不捷! 况逆丑无亲,人鬼所背,计其同恶,不盈一旅,崇极群小,是与此周,哲人君子,必加积忌。倾海注萤,颓山压卵,商、周之势,曾何足云。

诸君或奕世贞贤,身口皇渥,或勋烈肺腑,休否攸同。拘逼凶势,俯眉寇手,含愤茹戚,不可为心。大军近次,威声已接,便宜因变立功,洗雪滓累;若事有不获,能背逆归顺,亦其次也;如有守迷遂往,党一凶类,刑兹无赦,戮及五宗。赏罚之科,信如日月。原火一燎,异物同灰,幸求多福,无贻后悔。书到宣告,咸使闻知。

劭自谓素习武事,语朝士曰:"卿等但助我理文书,勿措意戎陈。若有寇难,吾当自出,唯恐贼虏不敢动尔。"司隶校尉殷冲掌综文符,左卫将军尹弘配衣军旅,萧斌总众事,中外戒严。防守世祖子于侍中下省,南谯王义宣诸子于太仓空屋。劭使浚与世书曰:"闻弟忽起狂檄,阻兵反噬,缙绅愤叹,义夫激怒。古来陵上内侮,谁不夷灭,弟洞览坟籍,岂不斯具。今主上天纵英圣,灵武宏发,自登宸极,威泽兼宣,人怀甘死之志,物竞舍生之节。弟蒙眷遇,著自少长,东宫之欢,其来如昨,而信惑奸邪,忘兹恩友,此之不义,人鬼同疾。今水步诸军悉已备办,上亲御六师,太保又乘钺统领,吾与乌羊,相寻即道。所以淹霆缓电者,犹冀弟迷而知返尔。故略示怀,言不尽意,主上圣恩,每厚法师,今在殿内住,想弟欲知消息,故及。"乌羊者,南平王铄;法师,世祖世子小名也。

劭欲杀三镇士庶家口,江夏王义恭、何尚之说之曰:"凡举大事者,不顾家口。且多是驱逼,今忽诛其余累,正足坚彼意耳。"劭谓为然,乃下书一无所问。使褚湛之戍石头,刘思考镇东府。浚及萧斌劝劭勒水军自上决战,若不尔,则保据梁山。江夏王义恭虑义兵仓卒,船舫陋小,不宜水战。乃进策曰:"骏少年未习军旅,远来疲弊,宜以逸待之。今远出梁山,则京都空弱,东军乘虚,容能为患。若分力两赴,则兵散势离。不如养锐待期,坐而劾衅。"劭善其议,萧斌厉色曰:"南中郎二十年少,业能建如此大事,岂复可量。三方同恶,势据上流,沈庆之甚练军事,柳元景、宗悫屡尝立功。形势如此,实非小敌。唯宜及人情未离,尚可决力一战。端坐台城,何由得久。主相咸无战意,此自天也。"劭不纳。疑朝廷旧臣悉不为己用,厚接王罗汉、鲁秀,悉以兵事委之,多赐珍玩美色,以悦其意。罗汉先为南平王铄右军参军,劭以其有将用,故以心

瞀委焉。或劝劭保石头城者，劭曰："昔人所以固石头，侯诸侯勤王尔。我若守此，谁当见救。唯应力战决之，不然不克。"日日自出行军，慰劳将士，亲督郡水治船舰，焚南岸，驱百姓家悉渡水北。使有司奏立子伟之为皇太子，以褚湛之为后将军、丹阳尹，置佐史，骠骑将军始兴王浚为侍中、中书监、司徒、录尚书六条事，中军将军南平王铄为使持节、都督南兖充青徐冀五州诸军事、征北将军、开府仪同三司、南兖州刺史，新除左将军、丹阳尹建平王宏为散骑常侍、镇军将军、江州刺史。

庞秀之自石头先众南奔，人情由是大震。以征虏将军营道侯义綦即本号为湘州刺史，辅国将军檀和之为西中郎将、雍州刺史。十九日，义军至新林，劭登石头烽火楼望之。二十一日，义军至新亭。时鲁秀屯白石，劭召秀与王罗汉共屯朱雀门。萧斌统步军，褚湛之统水军。二十二日，使萧斌率鲁秀、王罗汉等精兵万人攻新亭垒，劭登朱雀门躬自督率，将士怀劭重赏，皆为之力战。将克，而秀敛军遽止，为柳元景等所乘，故大败。劭又率腹心同恶自来攻垒，元景复破之；劭走还朱雀门，萧斌臂为流矢所中。褚湛之携二子与檀和之同共归顺。劭骇惧，走还台城。其夜，鲁秀又南奔。时江夏王义恭据石头，会劭已令浚及萧斌备守。劭并焚京都军籍，置立郡县，悉属司隶为民。以前军将军、辅国将军王罗汉为左卫将军，辅国如故，左军王正见为太子左卫率。二十五日，义恭单马南奔，自东掖门出，于冶渚过淮。东掖门队主吴道兴是臧质门人，冶渚军主原稚孙是世祖故史，义恭得免。劭遣骑追讨，骑至冶渚，义恭始得渡淮。义恭佐史义故二千余人，随从南奔，多为追兵所杀。遣浚杀义恭诸子。以辇迎蒋侯神像于宫内，启颡乞恩，拜为大司马，封钟山郡王，食邑万户，加节钺。苏侯为骠骑将军。使南平王铄为祝文，罪状世祖。

加浚使持节、都督南徐会二州诸军事、领太子太傅、南徐州刺史，给班剑二十人；征北将军、南兖州刺史南平王铄进号骠骑将军，与浚并录尚书事。二十七日，临轩拜息伟之为太子，百官皆戎服，劭独衮衣。下书大赦天下，唯世祖、刘义恭、义宣、诞不在原例，余党一无所问。先遣太保参军庾道、员外散骑侍郎朱和之，又遣殿中将军燕钦东拒诞。五月，世祖所遣参军顾彬之及诞前军，并至曲阿，与道相遇，与战，大破之。劭遣人焚烧都水西装及左尚方，决破柏岗方山埭以绝东军。又悉以上守家之丁巷居者，缘淮竖舶船为楼，多设大弩。又使司隶治中监琅邪郡事羊希栅断班渎、白石诸水口。于时男丁既尽，召妇女亲役。

其月三日，鲁秀等募勇士五百人攻大航，钩得一舻。王罗汉副杨恃德命使复航，罗汉昏酣作伎，闻官军已渡，惊惧放仗归降。缘渚幢队，以次奔散，器仗鼓盖，充塞街衢。是夜，劭闭守六门，于门内凿堑立栅，以露车为楼，城内沸乱，无复纲纪。丹阳尹尹弘、前将军孟宗嗣等人及将吏，并逾城出奔。劭使詹叔儿烧辇及衮冕服。萧斌闻大航不守，惶窘不知所为，宣令所统，皆使解甲，自石头遣息约诣阙请罪，寻戴白幡来降，即于军门伏诛。四日，太尉江夏王义恭登朱雀门，总群帅，遣鲁秀、薛安都、程

天祚等直趣宣阳门。劭军主徐兴祖、罗训、虞丘要儿等率众来降。劭先遣龙骧将军陈叔儿东讨，事急，召还。是日，始入建阳门，遥见官军，所领并弃仗走。劭腹心白直同诸逆先屯闾阖门外，并走还入殿。天祚与安都副谭金因而乘之，即得俱人。安都及军主武念、宋越等相继进，臧质大军从广莫门入，同会太极殿前，即斩太子左卫率王正见。建平、东海等七王并号哭俱出。劭穿西垣入武库井中，队副高禽执之。浚率左右数十人，与南平王铄于西明门出，俱共南奔。于越城遇江夏王义恭，浚下马曰："南中郎今何所作？"义恭曰："四海无统，百司固请，上已俯顺群心，君临万国。"又曰："虎头来得无晚乎？"义恭曰："殊当恨晚。"又曰："故当不死耶？"义恭曰："可诣行阙请罪。"又曰："未审犹能赐一职自效不？"义恭又曰："此未可量。"勒与俱归，于道斩首。

浚字休明，将产之夕，有鹍鸟鸣于屋上。元嘉十三年，年八岁，封始兴王。十六年，都督湘州诸军事、后将军、湘州刺史。仍迁使持节、都督南豫豫司雍并五州诸军事、南豫州刺史，将军如故。十七年，为扬州刺史，将军如故，置佐领兵。十九年，罢府。二十一年，加散骑常侍，进号中军将军。

明年，浚上言："所统吴兴郡，衿带重山，地多污泽，泉流归集，疏决迟壅，时雨未过，已至漂没。或方春辍耕，或开秋沈稼，田家备苦，防遏无方。彼邦奥区，地沃民阜，一岁称稔，则穰被京城；时或水潦，由数郡为灾。顷年以来，俭多丰寡，虽赈赉周给，倾耗国储，公私之弊，方在未已。州民姚峤比通便宜，以为二吴、晋陵、义兴四郡，同注太湖，而松江沪渎壅噎不利，故处处涌溢，浸渍成灾。欲从武康纻溪开漕谷湖，直出海口，一百余里，穿渠泠必无阂滞。自去践行量度，二十许载。去十一年大水，已诣前刺史臣义康欲陈此计，即遣主簿盛昙泰随峤周行，互生疑难，议遂寝息。既事关大利，宜加研尽，登遣议曹从事庾长孙与吴兴太守孔山士同共履行，准望地势，格评高下，其川源由历，莫不践校，图画形便，详加算考，如所较量，决谓可立。寻四郡同患，非独吴兴，若此洽获通，列邦蒙益。不有暂劳，无由永晏。然兴创事大，图始当难。今欲且开小漕，观试流势，辄差乌程、武康、东迁三县近民，即时营作。若宜更增广，寻更列言。昔郑国敌将，史起毕忠，一开其说，万世为利。峤之所建，虽侧刍荛，如或非妄，庶几可立。"从之；功竟不立。

二十三年，给鼓吹一部。二十六年，出为使持节、都督南徐兖二州诸军事、征北将军、开府仪同三司、南徐兖二州刺史，常侍如故。二十八年，遣浚率众戍瓜步山，解南兖州。三十年，徙都督荆雍益梁宁南北秦七州诸军事、卫将军、开府仪同三司、荆州刺史、领护南蛮校尉，持节、常侍如故。

浚少好文籍，姿质端妍。母潘淑妃有盛宠，时六宫无主，潘专总内政。浚人才既美，母又至爱，太祖甚留心。建平王宏、侍中王僧绰、中书侍郎蔡兴宗并以文义往复。初，元皇后性忌，以潘氏见幸，遂以恚恨致崩，故劭深疾

潘氏及浚。浚虑将来受祸，乃曲意事劭，劭与之遂善。多有过失，屡为上所诘让，忧惧，乃与劭共为巫蛊。及出镇京口，听将扬州文武二千人自随，优游外藩，甚为得意。在外经年，又失南兖，于是复愿还朝。庐陵王绍以疾患解扬州，时江夏王义恭外镇，浚谓州任自然归己，而上以授南谯王义宣，意甚不悦。乃因员外散骑侍郎徐爱求镇江陵，又求助于尚书仆射徐湛之。而尚书令何尚之等咸谓浚太子次弟，不宜远出。上以上流之重，宜有至亲，故以授浚。时浚入朝，遣还京，为行留处分。至京数日而巫蛊事发，时二十九年七月也。上惋叹弥日，谓潘淑妃曰："太子图富贵，更是一理。虎头复如北，非复思虑所及。汝母子当可一日无我耶！"浚小名虎头。使左右朱法瑜密责让浚，辞甚哀切，并赐书曰："鹦鹉事想汝已闻，汝亦何至迷惑乃尔。且沈怀远何人，其讵能为汝隐匿耶？故使法瑜口宣，投笔怃慨。"浚惭惧，不知所答。浚还京，本暂去，上怒，不听归。其年十二月，中书侍郎蔡兴宗问建平王宏曰："岁无复几，征北何当至？"宏叹息良久曰："年内何必还。"在京以沈怀远为长流参军，每夕辄开便门为微行。上闻，杀其嬖人杨承先。明年正月，荆州事方行，二月，浚还朝。十四日，临轩受拜。其日，臧严道育事发，明旦浚入谢，上容色非常。其夕，即加诘问，浚唯谢罪而已。潘淑妃抱持浚，泣涕谓曰："汝始咒诅事发，犹冀刻已思愆，何意忽藏严道育耶？上责汝深，至我叩头乞恩，意永不释。今日用活何为，可送药来，当先自取尽，不忍见汝祸败。"浚奋衣而去，曰："天下事寻自当判，愿小宽忧煎，必不上累。"

劭入弑之旦，浚在西州，府舍人朱法瑜奔告浚曰："台内叫唤，宫门皆闭，道上传太子反，未测祸变所至。"浚阳惊曰："今当奈何？"法瑜劝入据石头。浚未得劭信，不知事之济不，骚扰未知所为。将军王庆曰："今宫内有变，未知主上安危，预在臣子。当投袂赴难。凭城已守，非臣节也。"浚不听，乃从南门出，径向石头，文武从者千余人。时南平王铄守石头，兵士亦千余人。俄而劭遣张超之驰马召浚，浚屏人问状，即为服乘马而去。朱法瑜固止浚，浚不从。出至中门，王庆又谏曰："太子反逆，天下怨愤。明公但当坚闭城门，坐食积粟，不过三日，凶党自离。公情事如此，今岂宜去。"浚曰："皇太子令，敢有复言者斩！"既入，见劭，劝杀荀赤松等。劭谓浚曰："潘淑妃遂为乱兵所害。"浚曰："此是下情由来所愿。"其悖逆乃如此。

及劭将败，劝劭入海，辇珍宝缯帛下船，与劭书曰："船故未至，今晚期当于此下物今毕，愿速敕谢赐出船舰。尼已入台，愿与之明日决也。臣犹谓车驾应出，不尔无以镇物情。"人情离散，故行计不果。浚书所云尼，即严道育也。及劭入井，高禽于井中牵出之。劭问禽曰："天子何在？"禽曰："至尊近在新亭。"将劭至殿前，臧质见之恸哭，劭曰："天地所不覆载，丈人何为见哭？"质因辨其逆状，答曰："先朝当见枉废，不能作狱中囚，问计于萧斌，斌劝乃如此。"又语质曰："可得为启，乞远徙不？"质答曰："主上近在航南，当有处分。"缚劭于马上，防送军门。既至牙下，据鞍顾望，太尉江夏王义恭与诸王皆共临视之。义恭诘劭曰："我背逆归顺，有何大罪，顿杀我家十二儿？"劭答曰："杀诸弟，此事负阿父。"江湛妻庾氏乘车骂之，庞秀之亦加诮让，劭厉声曰："汝辈复何烦尔！"先杀其四子，谓南平王铄曰："此何有哉。"乃斩劭于牙下。临刑叹曰："不图宗室一至于此。"

劭、浚及劭四子伟之、迪之、彬之、其一未有名；浚三子长文、长仁、长道，并枭首大航，暴尸于市。劭妻殷氏赐死于廷尉，临死，谓狱丞江恪曰："汝家骨肉相残害，何以枉杀天下无罪人。"恪曰："受拜皇后，非罪而何？"殷氏曰："此权时尔，当以鹦鹉为后也。"浚妻褚氏，丹阳尹湛之女，湛之南奔之始，即见离绝，故免于诛。其余子女妾媵，并于狱赐死。投劭、浚尸首于江，其余同逆，及王罗汉等，皆伏诛。张超之闻兵入，遂走至合殿故基，正于御床之所，为乱兵所杀。割肠剔心，脔剖其肉，诸将生啖之，焚其头骨。当时不见传国玺，问劭，云："在严道育处。"就取得之。道育、鹦鹉并都街鞭杀，于石头四望山下焚其尸，扬灰于江。毁劭东宫所住斋，污潴其处。

封高禽新阳县男，食邑三百户。追赠潘淑妃长宁园夫人，置守冢。伪司隶校尉殷冲，丹阳尹尹弘，并赐死。冲为劭草立符文，又妃叔父也。弘二月二十一日平旦入直，至西掖门，闻宫中有变，率城内御兵至阁道下。及闻劭入，惶怖通启，求受处分，又为劭简配兵士，尽其心力。弘，天水冀人，司州刺史冲弟也。为太祖所委任。元嘉中，历太子左右卫率、左右卫将军，口人官爵高下，皆以委之。

史臣曰：甚矣哉，宋氏之家难也。自赫胥以降，立号皇王，统天南面，未闻斯祸。唯荆、莒二国，弃夏即戎，武灵胡服，亦背华典，戎贼之衅，事起肌肤，而因心之重，独止此代。难兴天属，秽流床笫，爱敬之道，顿灭一时，生民得无左衽，亦为幸矣！

卷一百　　列传第六十

自　　序

昔少暤金天氏有裔子曰昧，为玄冥师，生允格、台骀。台骀能业其官，宣汾、洮，障大泽以处太原，帝颛顼嘉之，封诸汾川。其后四国，沈、姒、蓐、黄。沈子国，今汝南平舆沈亭是也。春秋之时，列于盟会。定公四年，诸侯会召陵伐楚，沈子不会，晋使蔡伐沈，灭之，以沈子嘉归。其后，因国为氏。自兹以降，谱谍罔存。秦末有沈逞，征丞相，不就。汉初逞曾孙保，封竹邑侯。保子遵，自本国迁居九江之寿春，官至齐王太傅，敷德侯。遵子达，骠骑将军。达子乾，尚书令。乾子弘，南阳太守。弘子勖，河内守。勖子奋，御史中丞。奋子恪，将作大匠。恪子谦，尚书、关内侯。谦子靖，济阴太守。靖子戎，字威卿，仕州为从事,说降剧贼尹良,汉光武嘉其功,封为海昏县侯,辞不受。因避地徙居会稽乌程县之余不乡,遂世家焉。顺帝永建元年,分会稽为吴郡,复为吴郡人。灵帝初平五年,分乌程、余杭为永安县,吴孙皓宝鼎二年,分吴郡为吴兴郡,复为郡人,虽邦邑屡改,而筑室不迁。晋武帝平吴后,太康二年,改永安为武康县,史臣七世祖延始居县东乡之博陆里余乌村。王父从官京师,义熙十一年,高祖赐馆于建康都亭里之运巷。

戎子鄑,字圣通,零陵太守,致黄龙芝草之瑞。第二子浒,字仲高,安平相。少子景,河间相,演之、庆之、昙庆、怀文其后也。浒子鸾,字建光,少有高名,州举茂才,公府辟州别驾从事史。时广陵太守陆稠,鸾之舅也,以义烈政绩,显名汉朝,复以女妻鸾。年二十三,早卒。子直,字伯平,州举茂才,亦有清名,年二十八卒。

子仪,字仲则,少有至行,兄瑜十岁,仪九岁而父亡,居丧过礼,毁瘠过于成人。外祖会稽盛孝章,汉末名士也,深加忧伤,每抚慰之,曰:"汝并黄中冲爽,终成奇器,何为逾制,自取殄灭邪!"三年礼毕,殆至灭性,故兄弟并以孝著。瑜早卒。仪笃学有雄才,以儒素自业。时海内大乱,兵革并起,经术道弛,士少全行,而仪淳深隐默,守道不移,风操贞整,不妄交纳,唯与族子仲山、叔山及吴郡陆公纪友善。州郡礼请,二府交辟,公车征,并不屈,以寿终。

子宪,字元礼,左中郎、新都都尉、定阳侯,才志显于吴朝。子矫,字仲桓,以节气立名,仕为立武校尉、偏将军,封列侯,建威将军、新都太守。孙皓时,有将帅之称。吴平后,为郁林、长沙太守,并不就。太康末卒。子陵,字景高,太傅东海王越辟为从事。元帝之为镇东将军,命参军事。徐馥作乱,杀吴兴太守袁琇,陵讨平之。子延,字思长,桓温安西参军、颍川太守。子贺,字子宁,桓冲南中郎参军,围袁真于寿阳,遇疾卒。

子警,字世明,惇笃有行业,学通《左氏春秋》。家世富殖,财产累千金,仕郡主簿,后将军谢安命为参军,甚相敬重。警内足于财,为东南豪士,无仕进意,谢病归。安固留不止,乃谓警曰:"沈参军,卿有独善之志,不亦高乎!"警曰:"使君以道御物,前所以怀德而至,既无用佐时,故遂饮啄之愿尔。"还家积载,以素业自娱。前将军、青兖二州刺史王恭镇京口,与警有旧好,复引为参军,手书殷勤,苦相招致,不得已而应之,寻复谢职。

子穆,夫字彦和,少好学,亦通《左氏春秋》。王恭命为前军主簿,与警书曰:"足下既执不拔之志,高卧东南,故屈贤子共事,非以吏职婴之也。"初,钱唐人杜子恭通灵有道术,东土豪家及京邑贵望,并事之为弟子,执在三之敬。警累世事道,亦敬事子恭。子恭死,门徒孙泰、泰弟子恩传其业,警复事之。隆安三年,恩于会稽作乱,自称征东将军,三吴皆响应。穆夫时在会稽,恩以为前部参军、振武将军、余姚令。其年十二月二十八日,恩为刘牢之所破,辅国将军高素于山阴回踵埭执穆夫及伪吴郡太守陆瑰、吴兴太守丘尪,并见害,函首送京邑,事见《隆安故事》。先是,宗人沈预素无士行,为警所疾,至是

警闻穆夫预乱,逃藏将免矣,预以告官,警及穆夫、弟仲夫、任夫、预夫、佩夫并遇害;唯穆夫子渊子、云子、田子、林子、虔子获全。

渊子,字敬深,少有志节,随高祖克京城,封繁畤县五等侯。参镇军、车骑中军事,又为道规辅国、征西参军,领宁蜀太守。与刘基共斩蔡猛于大簿,还为太尉参军,从征司马休之,与徐逵之同没。时年三十五。

子正,字元直,淹详有器度,美风姿,善容止,好老、庄之学。弱冠,州辟从事。宗人光禄大夫演之称之曰:"此宗中千里驹也。"出为始宁、乌伤、娄令,母忧去职。服阕,为随王诞后军安南行参军。诞镇会稽,复为安东军事。元嘉三十年,元凶弑立,分江东为会州,以诞为刺史。诞将受命,正说司马顾琛曰:"国家此祸,开辟未闻,今以江东义锐之众,为天下倡始,若驰一介,四方讵不响应。以此雪朝廷冤耻,大明臣子之节,岂可北面凶逆,使殿下受其伪宠。"琛曰:"江东忘战日久,士不习兵。虽云逆顺不同,然强弱又异,当须四方有义举者,然后应之,不为晚也。"正曰:"天下若有无父之国,则可矣。苟其不尔,宁可自安仇耻,而责义于余方。今正从弑逆冤丑,义不同戴,举兵之日,岂求必全耶!冯衍有言,大汉之贵臣,将不如荆、齐之贱士乎!况殿下义兼臣子,事实家国者哉。"琛乃与正俱入说诞,诞犹预未决。会寻阳义兵起,世祖使至,诞乃加正宁朔将军,领军继刘季之。诞入为骠骑大将军,正为中兵参军,迁长水校尉。孝建元年,移青州镇历城,临淄地空,除宁朔将军、齐北海二郡太守,委以全齐之任。未拜,二年卒,时年四十三。正生好乐,厚自奉养,既终之后,家无余财。

渊子弟云子,元嘉中,为晋安太守。云子子焕,字士蔚,少为驸马都尉、奉朝请。元凶之入弑也,焕时兼中庶子,直坊,逼从入台。劭既自立,以为羽林监,辞不拜,拜员外散骑侍郎,使防南谯王义宣诸子,事在《义宣传》。仍除丞相行参军,员外散骑侍郎,南昌令,有能名。晋平王休祐骠骑中兵记室参军,同僚皆以谄进,焕独不。顷之,记室参军周敬祖等为太宗所责得罪,转焕谘议参军。后废帝元徽中,以为宁远将军、交州刺史,未至镇,病卒,时年四十五。

田子,字敬光,云子弟也。从高祖克京城,进平京邑,参镇军军事,封营道县五等侯。义熙五年,高祖北伐鲜卑。田子领偏师,与龙骧将军孟龙符为前锋。慕容超屯临朐以距大军,龙符战没,田子力战破之。及卢循逼京邑,高祖遣田子与建威将军孙季高由海道袭广州,加振武将军。循党徐道覆还保始兴,田子复与右将军刘藩同共攻讨。循寻还广州围季高,田子虑季高孤危,谓藩曰:"广州城虽险固,本是贼之巢穴。今循还围之,或有内变。且季高众力寡弱,不能持久。若使贼还据此,凶势复振。下官与季高同履艰难,泛沧海,于万死之中,克平广州,岂可坐视危逼,不相拯救。"于是率军南还,比至,贼已收其散卒,还围广州。季高单守危迫,闻田子忽至,大喜。田子乃背水结陈,身率先士卒,一战破之。于是推锋追讨,又破循于苍梧、郁林、宁浦。还至广州,而季高病死。既兵荒之后,

山贼竞出，攻没城郭，杀害长吏。田子随宜讨伐，旬日平殄。刺史褚升度至，乃还京师。除太尉参军、振武将军、淮陵内史，赐爵都乡侯。复参世子征虏军事，将军、内史如故。八年，从讨刘毅。十一年，复从讨司马休之，领别军，与征虏将军赵伦之，参征虏军事、振武将军、扶风太守。

十二年，高祖北伐，田子与顺阳太守傅弘之各领别军，从武关入，屯据青泥。姚泓欲自御大军，虑田子袭其后，欲先平田子，然后倾国东出。乃率步军数万，奄至清泥。田子本为疑兵，所领裁数百，欲击之。傅弘之曰："彼众我寡，难可与敌。"田子曰："师贵用奇，不必在众。"弘之犹固执，田子曰："众寡相倾，势不两立。若使贼围既固，人情丧沮，事便去矣。及其未整，薄之必克，所谓先人有夺人之志也。"便独率所领鼓而进。合围数重，田子抚慰士卒曰："诸君捐亲戚，弃坟墓，出矢石之间，正希今日耳。封侯之业，其在此乎！"乃弃粮毁舍，躬勒士卒，前后奋击，所向摧陷。所领江东勇士，便习短兵，鼓噪奔之，贼众一时溃散，所杀万余人，得泓伪乘舆服御。高祖表言曰："参征虏军事、振武将军、扶风太守沈田子，率领劲锐，背城电激，身先士卒，勇冠戎陈，奋寡对众，所向必摧，自辰及未，斩馘千数。泓丧旗弃众，奔还霸西，咸阳空尽，义徒四合，清荡余烬，势在跂踵。"天子慰劳高祖曰："遘寇阻险，晏安假日，举斧函谷，规延王诛，群师勤王，将离寒暑。公躬秉铁钺，棱威首涂，戎略载脂，则郊垒叠卷，峭陕甫践，则潼塞开扃。姚泓窘逼，弃城送死，蓝田偏师，覆之霸川，甲首成林，俘获蔽野，伪首奔进，华、戎云集，积纪逋寇，旦夕夷殄。"长安既平，高祖燕于文昌殿，举酒赐田子曰："咸阳之平，卿之功也。"即以咸阳相赏。田子谢曰："咸阳之平，此实圣略所振，武臣效节，田子何力之有。"即授咸阳、始平二郡太守。大军既还，桂阳公义真留镇长安，以田子为安西中兵参军、龙骧将军、始平太守。时佛佛来寇，田子与安西司马王镇恶俱出北地御之。初，高祖将还，田子及傅弘之等并以镇恶家在关中，不可保信，屡言之高祖。高祖曰："今留卿文武健将精兵万人。彼若欲为不善，正足自灭耳。勿复多言。"及俱出北地，论者谓镇恶欲尽杀诸南人，以数千人送义真南还，因据关中反叛。田子与弘之谋，矫高祖令诛之，并力破佛佛，安关中，然后南还谢罪。田子宗人沈敬仁骁果有勇力，田子于弘之营内请镇恶计事，使敬仁于坐杀之，率左右数十人自归义真。长史王修收杀田子于长安稿仓门外，是岁，义熙十四年正月十五日也。时年三十六。田子初以功应封，因此事寝。高祖表天子，以田子卒发狂易，不深罪也。无子，弟林子第二子亮为后。

亮，字道明，清操好学，善属文。未弱冠，州辟从事。会稽太守孟顗在郡不法，亮纠劾免官，又言灾异，转西曹主簿。时三吴水淹，谷贵民饥，刺史彭城王义康使立议以救民急，亮议以："东土灾荒，民凋谷踊，富民蓄米，日成其价。宜班下所在，隐其虚实，令积蓄之家，听留一年储，余皆勒使粜货，为制平价，此所谓常道行于百世，权宜可用于一时也。又缘淮岁丰，邑富地穰，麦既已登，黍粟

行就，可析其估赋，仍就交市，三吴饥民，即以贷给，使强壮转运，以赡老弱。且酒有喉唇之利，而非餐饵所资，尤宜禁断，以息游费。"即并施行。

世祖出镇历阳，行参征虏军事。民有盗发冢者，罪所近村民，与符伍遭劫不赴救同坐。亮议曰：

> 寻发冢之情，事止窃盗，徒以侵亡犯死，故同之严科。夫穿掘之侣，必衔枚以晦其迹；劫掠之党，必欢呼以威其事。故起凶赫者易，应潜密者难。且山原为无人之乡，丘垄非恒途所践，至于防救，不得比之村郭。督实效名，理与劫异，则符伍之坐，居宜降矣。又结罚之科，虽有同符伍之限，而无远近之断。夫冢无村界，当以比近坐之。若不域之以界，则数步之内，与十里之外，便应同罹其责。防民之禁，不可顿去，止非之宪，宜当ि律。愚谓相去百步同赴告不时者，一岁刑，自此以外，差不及罚。

又启太祖陈府事曰："伏见西府兵士，或年几八十，而犹伏隶；或年始七岁，而已从役。衰耗之体，气用湮微，儿弱之躯，肌肤未实，而使伏勤昏稚，弩苦晚行，理既薄，为益实轻。书制休老以六十为限，役少以十五为制，若力不周务，故当粗存优减。"诏曰："前已令卿兄改革，寻值迁回，竟不施行耶，今更敕西府也。"时营创城府，功课严促，亮又陈之曰："经始城宇，莫非造创，基筑既广，夫课又严，不计其劳，苟务其速，以岁月之事，求不日之成。比见役人未明上作，闭鼓乃休，呈课既多，理有不逮。至于息日，拘备关限，方涉暑雨，多有死病，顷日所承，亦颇有逃逸。窃惟此既内藩，事殊外镇，抚莅之宜，无系早晚。若得少宽其工课，稍均其优剧，徒隶既苦，易以悦加，考其卒功，废阙无几。臣闻不居其职，不谋其事，庖割有主，尸不越樽，岂臣疏小，所当预议。但臣泳恩岁厚，服义累世，苟是所怀，忘其常体。"诏答曰："启之甚佳。此亦由来常患，比屡敕之，犹复如此，甚为无理。近复令孟休宣旨，想当不同，卿比可密观其优剧也。"始兴王浚临扬州，复为主簿、秣陵令，善擿奸伏，有非公禽。太祖称其能，入为尚书都官郎。

襄阳地接边关，江左来未有皇子重镇。元嘉二十二年，世祖出为抚军将军、雍州刺史。天子甚留心，以旧宛比接二关，咫尺峭、陕，盖襄阳之北捍，且表里强蛮，盘带疆场，以亮为南阳太守，加扬武将军。边蛮畏服，皆纳赋调，有数村狡猾，亮悉诛之。遣吏巡行诸县，孤寡老疾不能自存者，皆就赡养，耆年老齿，岁时有饩。时儒学崇建，亮开置庠序，训授生徒。民多发冢，并婚嫁违法，皆严为条禁。郡界有古时石堨，芜废岁久，亮笺世祖修治之，曰："施生兴业，首教农亩，立民崇政，训本播稿，故能殷邦康俗，礼节用成。顷北洛侵芜，南宛雕毁，狨狁肆凶。犬夷充疆，远肃烽驿，近虞郊闾，遂使沃衍弗井，巨防莫修，窭力辍耕，阙于分地，凶荒无待，流冗及今。礼化孚内，威禁清外，斯实去盗修畎，昭农绪稼之时，弘图广务，拓土祈年之日。殿下降心育物，振民复古，且方提封榛棘，绶入殊荒。窃见郡境有旧石堨，区野腴润，实为神皋，而芜决稍积，久废其利，凡管所见，谓宜创立。

昔文翁守官，起沃成产，伟连抚民，开奥增业，惠昭二邦，庸列两汉。虽效政图功，不见所绝，联事惟悆，忧同职同。"□□□□□□□□□□□□又修治马人陂，民获其利。在任四年，迁南谯王义宣司空中兵参军。诏曰："陕西心膂须才，故授卿此职。"随王诞镇襄阳，复为后军中兵，领义成太守。亮莅官清约，为太祖所嘉，赐以车马服玩，前后累积。每远方贡献绝国勋器，辄班赉焉。又赐书二千卷。二十七年，卒官，时年四十七。所著诗、赋、颂、赞、三言、诔、哀辞、祭告请雨文、乐府、挽歌、连珠、教记、白事、笺、表、签、议一百八十九首。

林子，字敬士，田子弟也。少有大度，年数岁，随王父在京口。王恭见而奇之，曰："此儿王子师之流也。"与众人共见遗宝，咸争趋之，林子直去不顾。年十三，遇家祸，时虽逃窜，而哀号昼夜不绝声。王母谓之曰："汝当忍死强视，何为空自殄绝。"林子曰："家门酷横，无复假日之心，直以至仇未复，故且苟存尔。"一门既陷妖党，兄弟并应从诛，逃伏草泽，常虑及祸，而沈预家甚强富，志相陷灭。林子与诸兄昼藏夜出，即货所居宅，营墓葬父祖诸叔，凡六丧，俭而有礼。时生业已尽，老弱甚多，东土饥荒，易子而食，外迫国网，内畏强仇，沈伏山草，无所投厝。时孙恩屡出会稽，诸将东讨者相继，刘牢之、高素之放纵其下，虏暴纵横，独高祖军政严明，无所侵犯。林子乃自归曰："妖贼扰乱，仆一门悉被驱逼，父祖诸叔，同罹祸难，犹复偷生天壤者，正以仇雠未复，亲老漂寄尔。今日见将军伐恶旌善，是有道之师，谨率老弱，归罪请命。"因流涕哽咽，三军为之感动。高祖甚奇之，谓曰："君既是国家罪人，强仇又在乡里，唯当见随还京，可得无恙。"乃载以别船，遂尽室移京口，高祖分宅给焉。博览众书，留心文义，从高祖克京城，进平都邑。时年十八，身长七尺五寸。沈预虑林子为害，常被甲持戈。至是林子与兄田子还东报仇。五月夏节日至，预正大集会，子弟盈堂，林子兄弟挺身直入，斩预首，男女无长幼悉屠之，以预首祭父、祖墓。仍为本郡所命，毅又板为冠军参军，并不就。林子以家门荼蓼，无复仕心，高祖敦逼，至弥年不起。及高祖为扬州，辟为从事，谓曰："卿何由遂得不仕。顷年相申，欲令万物见卿此心尔。"固辞不得已，然后就职，领建熙令，封资中县五等侯，时年二十一。

义熙五年，从伐鲜卑，行参镇军事。大军于临朐交战，贼遣虎班突骑驰军后，林子率精勇东西奋击，皆大破之。慕容超退守广固，复与刘敬宣攻其西隅。广固既平，而卢循奄至。初，循之下也，广固未拔，循潜遣使结林子及宗人叔长。林子即密白高祖，叔长不以闻，反以循旨动林子。叔长素骁果，高祖以超未平，隐之，还至广固，乃诛叔长。谓林子曰："昔魏武在官渡，汝、兖之士，多怀贰心，唯李通独挺大义，古今一也。"循至蔡洲，贵游之徒，皆议还徙，唯林子请移家京邑，高祖怪而问之，对曰："耿纯尽室从戎，李典举宗居魏。林子虽才非古人，实受恩深重。"高祖称善久之。

林子时领别军于石头，屡战摧寇。循每战无功，乃伪扬声当悉众于白石步上，而设伏于南岸，故大军初起白石，留林子与徐赤将断拒查浦。林子乃进计曰："此言妖诈，未必有实，宜深为之防。"高祖曰："石头城险，且淮栅甚固，留卿在后，足以守之。"大军既去，贼果上，赤特将击之。林子曰："贼声往白石，而屡来挑战，其情状可知矣。贼养锐待期，而吾众不盈二旅，难以有功。今距守此险，足以自固。若贼伪计不立，大军寻反，君何患焉？"赤特曰："今贼悉众向白石，留者必皆赢老，以锐卒击之，无不破也。"便鼓噪而出，贼伏兵齐发，赤特军果败，弃军奔北岸；林子率军收赤特散兵，进战，摧破之。徐道覆乃更上锐卒，沿塘数里。林子策之曰："贼沿塘结阵，战者不过一队。今我据其津而厄其要，彼虽锐师数里，不敢过而东必也。"于是乃断塘而斗。久之，会朱龄石救至，与林子并势，贼乃散走。大军至自白石，杀赤特以殉，以林子参中军军事。

从征刘毅，转参太尉军事。十一年，复从讨司马休之。高祖每征讨，林子辄摧锋居前，虽有营部，至于宵夕，辄敕还内侍。贼党郭亮之招集蛮众，屯据武陵，武陵太守王镇恶出奔，林子率军讨之，斩亮之于七里涧，纳镇恶。武陵既平，复讨鲁轨于石城，轨弃众奔襄阳，复追蹑之。襄阳既定，权留守江陵。十二年，高祖领平北将军，林子以太尉参军，复参平北军事。其冬，高祖伐羌，复参征西军事，悉署三府中兵，加建武将军，统军为前锋，从汴入河。

时襄邑降人董神虎有义兵千余人，高祖欲绥怀初附，即板为太尉参军，加扬武将军，领兵从戎。林子率神虎攻仓垣，克之，神虎伐其功，径还襄邑。林子军次襄邑，即杀神虎而抚其众。时伪建威将军、河北太守薛帛先据解县，林子至，驰往袭之，帛弃军奔关中，林子收其兵粮。伪并州刺史、河东太守尹昭据蒲坂，林子于陕城与冠军檀道济同攻蒲坂，龙骧王镇恶攻潼关。姚泓闻大军至，遣伪东平公姚绍争据潼关。林子谓道济曰："今蒲坂城坚池深，不可旬日而克，攻之则士卒伤，守之则引日久，不如弃之，还援潼关。且潼关天阻，所谓形胜之地，镇恶孤军，势危力屈。若使姚绍据之，则难图也。及其未至，当并力争之。若潼关事捷，尹昭可不战而服。"道济从之。既至，绍举关右之众，设重围围林子及道济、镇恶等。

时悬师深入，粮输艰远，三军疑阻，莫有固志。道济议欲渡河避其锋，或欲弃捐辎重，还赴高祖。林子按剑曰："相公勤王，志清六合，许、洛已平，关右将定，事之济否，所系前锋。今舍已捷之形，弃垂成之业，大军尚远，贼众方盛，虽欲求还，岂可复得。下官受命前驱，誓在尽命，今日之事，自为将军办之。然二三君子，或同业艰难，或荷恩罔极，以此退挠，亦何以见相公旗鼓耶！"塞井焚舍，示无全志，率麾下数百人犯其西北。绍众小靡，乘其乱而薄之，绍乃大溃，俘虏以千数，悉获绍器械资实。时诸将破贼，皆多其首级，而林子献捷书至，每以实闻，高祖问其故，林子曰："夫王者之师，本有征无战，岂可复增张虚获，以自夸诞。国渊以事实见赏，魏尚以盈级受罚，此亦前事之师表，后乘之良辙也。"高祖曰："乃所望于卿也。"

初，绍退走，还保定城，留伪武卫将军姚鸾精兵守险。

林子衔枚夜袭，即屠其城，剽鸢而坑其众。高祖赐书曰："频再破贼，庆快无譬。既屡摧破，想不复久尔。"绍复遣抚军将军姚赞将兵屯河上，绝水道。赞垒堑未立，林子邀击，连破之，赞轻骑得脱，众皆奔败。绍又遣长史领军将军姚伯子、宁朔将军安鸾、护军姚默骡、平远将军河东太守唐小方率众三万，屯据九泉，凭河固险，以绝粮援。高祖以通津阻要，兵粮所急，复遣林子争据河源。林子率太尉行参军严纲、竺灵秀卷甲进讨，累战，大破之，即斩伯子、默骡、小方三级，所俘馘及驴马器械甚多。所虏获三千余人，悉以还绍，使知王师之弘。兵粮兼储，三军鼓行而西矣。或曰："彼去国远斗，其锋不可当。"林子白高祖曰："姚绍气盖关右，而力以势屈，外兵屡败，衰亡协兆，但恐凶命先尽，不得以衅齐斧尔。"寻绍忽死，可谓天诛。于是赞统后事，鸠集余众，复袭林子。林子率师御之，旗鼓未交，一时披溃，赞轻骑遁走。既连战皆捷，士马旌旗甚盛，高祖赐书劝勉，并致缣帛肴浆。

高祖至阌乡，姚泓扫境内之民，屯兵尧柳。时田子自武关北入，屯军蓝田，泓自率大众攻之。高祖虑众寡不敌，遣林子步自秦岭，以相接援。比至，泓已摧破，兄弟复共追讨，泓乃举众奔霸西。田子欲穷追，进取长安，林子止之，曰："往取长安，如指掌尔。复克贼城，便为独平一国，不赏之功也。"田子乃止。复参相国事，总任如前。林子威声远闻，三辅震动，关中豪右，望风请附。西州人李焉等并求立功，孙姐羌夷及姚泓亲属，尽相率归林子。高祖以林子绥略有方，频赐书褒美，并令深慰纳之。长安既平，残羌十余万口，西奔陇上，林子追讨至寡妇水，转斗达于槐里，克之，俘获万计。

大军东归，林子领水军于石门，以为声援。还至郡，高祖器其才智，不使出也。故出仕以来，便管军要，自非戎军所指，未尝外典焉。后太祖出镇荆州，议以林子及谢晦为蕃佐，高祖曰："吾不可顿无二人，林子行则晦不宜出。"乃以林子为西郎中兵参军，领新兴太守。林子思议弘深，有所陈画，高祖未尝不称善。大军还至彭城，林子以行役既久，士有归心，深陈事宜，并言："圣王所以戒慎祇肃，非以崇威立武，实乃经国长民，宜广建蕃屏，崇严宿卫。"高祖深相训纳。俄而谢翼谋反，高祖叹曰："林子之见，何其明也。"太祖进号镇西，随府转，加建威将军、河东太守。时高祖以二虏侵扰，复欲亲戎，林子固谏，高祖答曰："吾辄当不复自行。"

高祖践阼，以佐命功，封汉寿县伯，食邑六百户，固让，不许。傅亮与林子书曰："班爵畴勋，历代常典，封赏之发，简自帝心。主上委寄之怀，实参休否，诚心期期，同国荣戚，政复是卿诸人共弘建内外尔。足下虽存抱退，岂得独为君子邪！"除府谘议参军，将军、太守如故。寻召暂下，以中兵局事副录事参军王华。上以林子清公勤俭，赏赐重叠，皆散于亲故。家无余财，未尝问生产之事，中表孤贫悉归焉。遭母忧，还东葬，乘舆躬幸，信使相望。葬毕，诏曰："军国多务，内外须才，前镇西谘议、建威将军、河东太守沈林子，不得遂其情事，可起辅国将军。"林子固辞，不许，赐墨诏，朔望不复还朝，每军国大事，

辄询问焉。时领军将军谢晦任当国政，晦每疾宁，辄摄林子代之。林子居丧至孝，高祖深相忧愍。顷之有疾，上以林子孝性，不欲使哭泣减损，逼与入省，日夕抚慰。敕诸公曰："其至性过人，卿等数慰视之。"小差乃出。上寻不豫，被敕入侍医药，会疾动还外。

永初三年，薨，时年四十六。群公知上深相矜重，恐以实启，必有损恸，每见呼问，辄答疾病还家，或有中旨，亦假为其答。高祖寻崩，竟不知也。赐东园秘器，朝服一具，衣一袭，钱二十万，布二百匹。诏曰："故辅国将军沈林子，器怀真审，忠绩允著，才志未遂，伤悼在怀。可追赠征虏将军。"有司率常典也。元嘉二十五年，谥曰怀伯。

林子简泰廉靖，不交接世务，义让之美，著于闺门，虽在戎旅，语不及军事。所著诗、赋、赞、三言、箴、祭文、乐府、表、笺、书记、白事、启事、论、老子一百二十一首。太祖后读林子集，叹息曰："此人作作，应继王太保。"子邵嗣。

邵，字道辉，美风姿，涉猎文史。袭爵，驸马都尉、奉朝请。太祖以旧恩召见，入拜，便流涕，太祖亦悲不自胜。会强弩将军缺，上诏录尚书彭城王义康曰："沈邵人身不恶，吾与林子周旋异常，可以补选。"（事见宋文帝中诏）于是拜强弩将军。出为钟离太守，在郡有惠政，夹淮人民慕其化，远近莫不投集。郡先无市，时江夏王义恭为南兖州，启太祖置立焉（事见宋文帝中诏）。义恭又启太祖曰："盱眙太守刘显真求自解说，邵往莅任有绩，彰于民听，若重授盱眙，足为良二千石。"上不许，曰："其愿还经年，方复作此流迁，必当大罔罔也。"（事见宋文帝中诏）上敕州辟邵弟亮，邵从弟正孟孤，乞移恩于正，上嘉而许之。在任六年，入为衡阳王义季右军中兵参军。始兴王浚初开后军府，又为中兵。义季在江陵，安西府中兵久缺，启太祖求人，上答："称意才难得。沈邵虽未经军事，既是腹心，作钟离郡，及在后军府，房中修理，或欲遣之。"其事不果（事见宋文帝中诏）。入为通直郎。

时上多行幸，还或侵夜，邵启事陈论，即为简出。前后密陈政要，上皆纳用之，深相宠待，晨夕兼侍，每出游，或敕同辇。时车驾祀南郊，特诏邵兼侍中负玺，代真官陪乘。大将军彭城王义康出镇豫章，申谟为中兵参军，掌城防之任，庐陵王绍为江州，以邵为南中郎府录事参军，行府州事，事未行，会谟丁艰，邵代谟为大将军中兵，加宁朔将军（事见宋文帝中诏）。邵南行，上遂相任委，不复选代，仍兼录事，领城局。后义康被废，邵改为庐陵王绍南中郎参军，将军如故。义康徙安成，邵复以本号为安成相。在郡以宽和恩信，为南土所怀。郡民王孚有学业，志行见称州里，邵莅任未几，而孚卒，邵赠以孝廉，板教曰："前文学主簿王孚，行洁业淳，弃华息竞，志学修道，老而弥笃。方授右职，不幸暴亡，可假孝廉檄，荐以特牲。缅想延陵，以遂本怀。"邵慰恤孤老，劝课农桑，前后累蒙赏赐。邵疾病，使命累续，遣御医上药，异味远珍，金帛衣裳，相望不绝。元嘉二十六年，卒，时年四十三。上

甚相痛悼。

子侃嗣，官至山阳王休祐骠骑中兵参军、南沛郡太守。侃卒，子整应袭爵，齐受禅，国除。

璞，字道真，林子少子也。童孺时，神意闲审，有异于众。太祖问林子："闻君小儿器质不凡，甚欲相识。"林子令璞进见，太祖奇璞应对，谓林子曰："此非常儿。"年十许岁，智度便有大成之姿，好学不倦，善属文，时有忆识之功。尤练究万事，经耳过目，人莫能欺之。居家精理，姻族资赖。弱冠，吴兴太守王韶之再命，不就。张邵临郡，又命为主簿，除南平王左常侍。太祖引见，谓曰："吾昔以弱年出蕃，卿家以亲要见辅，今日之授，意在不薄。王家之事，一以相委，勿以国官乖清涂为罔罔也。"

元嘉十七年，始兴王浚为扬州刺史，宠爱殊异，以为主簿。时顺阳范晔为长史，行州事。晔性颇疏，太祖召璞谓曰："神畿之政，既不易理。浚以弱年临州，万物皆属耳目，赏罚得失，特宜详慎。范晔性疏，必多不同。卿腹心所寄，当密以在意。彼虽行事，其实委卿也。"璞以任遇既深，乃夙夜匪懈，其有所怀，辄以密启，每至施行，必从中出。晔正谓圣明留ول，故深更恭慎，而莫见其际也。在职八年，神州大治，民无谤黩，璞有力焉。

二十二年，范晔坐事诛，于时浚虽日亲览，州事一以付璞。太祖从容谓始兴王曰："沈璞奉时无纤介之失，在家有孝友之称，学优才赡，文义可观，而沉深守静，不求名誉，甚佳。汝但应委之以事，乃宜引与晤对。"浚既索加赏遇，又敬奉此旨。璞尝作《旧宫赋》，久而未毕，浚与璞疏曰："卿常有速藻，《旧宫》何其淹耶？想行就尔。"璞因事陈答，辞义可观。浚重教曰："卿沈思淹日，向聊相敦问，还白斐然，遂兼纸翰。昔曹植有言，下笔成章，良谓逸才赡藻，夸其辞说，以今况之，方知其信。执省踌躇，三复不已。吾远惭楚元，门盈申、白之宾，近愧梁孝，庭列枚、马之客，欣忽交至，谅唯深矣。薄因末牒，以代一面。"又与主簿顾迈、孔道存书曰："沈璞淹思逾岁，卿研虑数旬，瑰丽之美，信同在昔。向聊问之，而远答累翰，辞藻艳逸，致慰良多。既欣股肱备此髦楚，还惭予躬无德而称。复裁少字，宣志于璞，聊因尺纸，使卿等具知厥心。"（此书真本犹存）浚年既长，璞固求辞事，上虽听许，而意甚不悦。以璞为浚始兴国大农，寻除秣陵令。

时天下殷实，四方辐辏，京邑二县，号为难治。璞以清严制下，端平待物，奸吏敛手，猾民知惧。其间里少年，博徒酒客，或财利争斗，更相诬引，前后不能判者，璞皆知其名姓，及巧诈缘由，探摘是非，各标证据，或辨甲有以知乙，或验东而西事自显，莫不厌伏，有如神明。以疾去职。太祖厚加存问，赏赐甚厚。浚出为南徐州，谓璞曰："浚既出蕃，卿故当卧而护之。"与浚诏曰："沈璞累年主簿，又经国卿，虽未尝为行佐，今故当正参军耶？若尔，正当署余曹，兼房任，不尔便宜行佐正署中兵，恐于选体如不多耳。"（事见宋文帝中诏）乃为正佐。

俄迁宣威将军、盱眙太守。时王师北伐，彭、汴无虞。璞以强寇对阵，事未可测，郡首淮隅，道当冲要，乃修城垒，浚重隍，聚材石，积盐米，为不可胜之算。众咸不同，朝旨亦谓为过。俄而贼大越逸，索虏大帅托跋焘自率步骑数十万，陵践六州，京邑为之骚惧，百守千城，莫不奔骇。腹心劝璞还京师，璞曰："若贼大众，不盼小城，故无所惧。若肉薄来攻，则成禽也。诸军何尝见数十万人聚在一处，而不败者。昆阳、合肥，前事之明验。此是吾报国之秋，诸军封侯之日。"众既见璞神色不异，老幼在焉，人情乃定。收集得二千精手，谓诸将曰："足矣。但恐贼不过尔。"贼既济淮，诸军于帅毛遐祚、胡崇之、臧澄之等，为虏所覆，无不殄尽，唯辅国将军臧质挺身走，收散卒千余人来向城。众谓璞曰："若不攻则无所事众，若其来也，城中止可容恕力尔，地狭人多，鲜不为患。且敌众我寡，人所共知，虽云攻守不同，故当粗量强弱，知难而退，亦用兵之要。若以今众法能退敌完城者，则全功不在我，若宜避贼归都，会资舟楫，则更相蹂践，正足为患。今闭门勿受，不亦可乎！"璞叹曰："不然。贼不能登城，为诸君保之。舟楫之计，固已久息。贼之残害，古今之未有，屠剥之刑，众所共见，其中有福者，不过得驱还北国作奴婢尔。彼虽乌合，宁不惮此耶！所谓'同舟而济，胡、越不患异心'也。今人多则退速，人少则退迟，吾宁欲专功缓贼乎！"乃命开门纳质。质见城隍阻固，人情辑和，鲑米丰盛，器械山积，大喜，众皆称万岁。及贼至，四面蚁集攻城，璞与质随宜应拒，攻守三旬，殄兵太半，焘乃遁走。有议欲追之者，璞曰："今兵士不多，又非素附，虽固守有余未可以言战也。但可整舟舻，示若欲渡岸者，以速其走计，不须实行。"咸以为然。

臧质以璞城主，使自上露板。璞性谦虚，推功于质。既不自上，质露板亦不及焉。太祖嘉璞功效，遣中使深相褒美。太祖又别诏曰："近者险急，老弱殊当忧迫耶。念卿尔时，难为心想。百姓流转已还，此遣部运寻至，委卿量所赡济也。"始兴王浚亦与璞书曰："狁虏狂凶，自送近服，伪将即毙，酋长伤残，实天威所丧，卿诸人忠勇之效也。吾式遏无素，致境芜民瘵，负乘之愧，允当其责。近乞退谢愆，不蒙垂许，故以报卿。"宣城太守王僧达书与璞曰："足下何如，想馆舍正安，士马无恙。离析有时，音旨无日，忧咏沈吟，增其劳望。间者猃狁扈横，掠剥边鄙，邮贩绝尘，坰介靡达，瞻江盼淮，眇然千里。吾闻泾阳梗棘，伊渭荐逃，鸟集弦绝，患深自古。承知乃昔寇苦城境，胜肯朝餐，伍甲宵舍，烽鼓交警，羽镝骤合。而足下砥兵砺伍，总厉豪彦，师请一奋，氓无贰情。遂能固孤城，覆严对，陷死地，觌生光，古之田、孙，何以尚兹。商驿始通，粗知梗概，崇赞胆智，嘉贺文猛，甚善甚善。吾近以戎暴横斥，规效情命，收龟落管，星舍京里，既狁邋至，胡马卷迹，支离沾德，复继前绪，《行苇》之欢，实协初虑。但乖涂重隔，顾增慨涕，比恒疾卧，忧委兼叠，裁书送想，无斁久怀。"

征还，淮南太守，赏赐丰厚，日夕宴见。朝士有言璞功者，上曰："臧质姻戚，又年位在前，盱眙元功，当以归之。沈璞每以谦自牧，唯恐赏之居前，此士燮之意也。"时中书郎缺，尚书令何尚之领吏部，举璞及谢庄、陆展，事不行。（事见文帝中诏。凡中诏今悉在台，犹法书典书也。）

三十年，元凶弑立，璞乃号泣曰："一门蒙殊常之恩，而逢若斯之运，悠悠上天，此何人哉！"日夜忧叹，以至动疾。会二凶逼令送老弱还都，璞性笃孝，寻闻尊老应幽执，辄哽咽不自胜，疾遂增笃，不堪远迎，世祖义军至界首，方得致身。先是，琅邪颜竣欲与璞交，不酬其意，竣以致恨。及世祖将至都，方有谗说以璞奉迎之晚，横罹世难，时年三十八。所著赋、颂、赞、祭文、诔、七、吊、四五言诗、笺、表，皆遇乱零失，今所余诗笔杂文凡二十首。璞有子曰囗。

伯玉，字德润，虔子子也。温恭有行业，能为文章。少除世祖武陵国侍郎，转右常侍，南中郎行参军，自国入府，以文义见知，文章多见世祖集。世祖践阼，除员外散骑郎，不拜。左卫颜竣请为司马。出补句容令，在县有能名。复为江夏王义恭太宰行参军，与奉朝请谢超宗、何法盛校书东宫，复为余姚令，还为卫尉丞。世祖旧ží故佐，普皆升显，伯玉自守私门，朔望未尝问讯。颜师伯、戴法兴等并有蕃邸之旧，一不造问，由是官次不进。上以伯玉容状似画图仲尼像，常呼为孔丘。旧制，车驾出行，卫尉丞直门，常戎服。张永谓伯玉曰："此职乖卿志。"王景文亦与伯玉有旧，常陪辇出，指伯玉白上："孔丘奇形容。"上于是特听伯玉直门服玄衣。出为晋安王子勋前军行参军，侍子勋读书。随府转镇军行佐。

前废帝时，王景文领选，谓子勋典签沈光祖曰："邓琬一旦为长史行事，沈伯玉先帝在蕃旧佐，今犹不改，民生定不应佳。"戴法兴闻景文此言，乃转伯玉为参军事。子勋初起兵，转府功曹。及即伪位，以为中书侍郎。初，伯玉为卫尉丞，太宗为卫尉，共事甚善。及子勋败，伯玉下狱，见原，犹以在南无诚，被责，除南台御史，寻转武陵国詹事，又转大农，母老解职。贫薄理尽，闲卧一室，自非吊省亲旧，不尝出门。司徒袁粲、司空褚渊深相知赏，选为永世令，转在永兴，皆有能名。后废帝元徽三年，卒，时年五十七。伯玉性至孝，奉亲有闻，未尝妄取于人，有物辄散之知故。温雅有风味，和而能辨，与人共事，皆为深交。

弟仲玉，泰始末，为宁朔长史、蜀郡太守。益州刺史刘亮卒，仲玉行府州事。巴西李承明为乱，仲玉遣司马王天生讨平之。废帝诏以为安成王抚军中兵参军，加建威将军。沈攸之请为征西谘议，未拜，卒。

史臣年十三而孤，少颇好学，虽弃日无功，而伏膺不改。常以晋氏一代，竟无全书，年二十许，便有撰述之意。泰始初，征西将军蔡兴宗为启明帝，有敕赐许，自此迄今，年逾二十，所撰之书，凡一百二十卷。条流虽举，而采掇未周，永明初，遇盗失第五帙。建元四年未终，被敕撰国史。永明二年，又忝兼著作郎，撰次起居注。自兹王役，无暇搜撰。五年春，又被敕撰《宋书》。六年二月毕功，表上之，曰：

臣约言：臣闻大禹刊木，事炳虞书，西伯戡黎，功焕商典。伏惟皇基积峻，帝烈弘深，树德往朝，立勋前代，若不观风唐世，无以见帝妫之美，自非睹乱秦余，何用知汉祖之业。是以掌言未记，爰动天情，曲诏史官，追述大典。臣实庸妄，文史多阙，以兹不才。对扬盛旨，是用夕惕载怀，忘其寝食者也。

臣约顿首死罪：窃惟宋氏南面，承历统天，虽世穷八主，年减百载，而兵车亟动，国道屡屯，垂文简牍，事数繁广。若夫英主启基，名臣建绩，拯世夷难之功，配天光宅之运，亦足以勒铭钟鼎，昭被方策。及虐后暴朝，前王罕二，国衅家祸，旷古未书，又可以式规万叶，作鉴于后。

宋故著作郎何承天始撰《宋书》，草立纪传，止于武帝功臣，篇牍未广。其所撰志，唯《天文》、《律历》，自此外，悉委奉朝请山谦之。谦之，孝建初，又被诏撰述，寻值病亡，仍使南台侍御史苏宝生续造诸传，元嘉名臣，皆其所撰。宝生被诛，大明中，又命著作郎徐爰踵成前作。爰因何、苏所述，勒为一史，起自义熙之初，讫于大明之末。至于臧质、鲁爽、王僧达诸传，又皆孝武所造。自永光以来，至于禅让，十余年内，阙而不续，一代典文，始末未举。且事属当时，多非实录，又立传之方，取舍乖衷，进由时旨，退傍世情，垂之方来，难以取信。臣以谨更创立，制成新史，始自义熙肇号，终于升明三年。桓玄、谯纵、卢循、马、鲁之徒，身为晋贼，非关后代。吴隐、谢混、郗僧施，义止前朝，不宜滥入宋典。刘毅、何无忌、魏咏之、檀㤗之、孟昶、诸葛长民，志在兴复，情非造宋，今并刊除，归之晋籍。

臣远愧南、董，近谢迁、固，以间阎小才，述一代盛典，属辞比事，望古惭良，鞠躬踧踖，觍汗亡厝。本纪列传，缮写已毕，合志表七十卷，臣今谨奏呈。所撰诸志，须成续上。谨条目录，诣省拜表奉书以闻。臣约诚惶诚恐，顿首顿首！死罪死罪！

南齐书

梁·萧子显撰

亞森羅蘋

南齐书目录

卷一　本纪第一
　　高帝上 …………………………………………… 1
卷二　本纪第二
　　高帝下 …………………………………………… 6
卷三　本纪第三
　　武帝 ……………………………………………… 8
卷四　本纪第四
　　郁林王 …………………………………………… 12
卷五　本纪第五
　　海陵王 …………………………………………… 13
卷六　本纪第六
　　明帝 ……………………………………………… 14
卷七　本纪第七
　　东昏侯 …………………………………………… 16
卷八　本纪第八
　　和帝 ……………………………………………… 19
卷九　志第一
　　礼上 ……………………………………………… 19
卷十　志第二
　　礼下 ……………………………………………… 27
卷十一　志第三
　　乐 ………………………………………………… 29
卷十二　志第四
　　天文上 …………………………………………… 35
卷十三　志第五
　　天文下 …………………………………………… 38
卷十四　志第六
　　州郡上 …………………………………………… 41
卷十五　志第七
　　州郡下 …………………………………………… 46
卷十六　志第八
　　百官 ……………………………………………… 51
卷十七　志第九
　　舆服 ……………………………………………… 54
卷十八　志第十
　　祥瑞 ……………………………………………… 57
卷十九　志第十一
　　五行 ……………………………………………… 60
卷二十　列传第一
皇后
　　宣孝陈皇后 ……………………………………… 64
　　高昭刘皇后 ……………………………………… 64
　　武穆裴皇后 ……………………………………… 64
　　韩兰英 …………………………………………… 64

　　文安王皇后 ……………………………………… 64
　　郁林王何妃 ……………………………………… 64
　　海陵王王妃 ……………………………………… 64
　　明敬刘皇后 ……………………………………… 64
　　东昏褚皇后 ……………………………………… 65
　　和帝王皇后 ……………………………………… 65
卷二十一　列传第二
　　文惠太子 ………………………………………… 65
卷二十二　列传第三
　　豫章文献王 ……………………………………… 66
　　　子子廉 ………………………………………… 69
　　　　子操 ………………………………………… 70
　　　孙元琳 ………………………………………… 70
卷二十三　列传第四
　　褚渊 ……………………………………………… 70
　　　子贲 …………………………………………… 71
　　　蓁 ……………………………………………… 71
　　　弟澄 …………………………………………… 71
　　徐嗣 ……………………………………………… 71
　　王俭 ……………………………………………… 72
　　　弟逊 …………………………………………… 73
卷二十四　列传第五
　　柳世隆 …………………………………………… 73
　　张瑰 ……………………………………………… 75
卷二十五　列传第六
　　垣崇祖 …………………………………………… 75
　　张敬儿 …………………………………………… 76
卷二十六　列传第七
　　王敬则 …………………………………………… 79
　　陈显达 …………………………………………… 81
卷二十七　列传第八
　　刘怀珍 …………………………………………… 83
　　　子灵哲 ………………………………………… 84
　　李安民 …………………………………………… 84
　　王玄载 …………………………………………… 85
　　　从子瞻 ………………………………………… 85
　　　瞻兄宽 ………………………………………… 85
　　玄载弟玄邈 ……………………………………… 85
　　　族人文和 ……………………………………… 85
卷二十八　列传第九
　　崔祖思 …………………………………………… 86
　　　宗人文仲 ……………………………………… 87
　　刘善明 …………………………………………… 87
　　　从弟僧副 ……………………………………… 88

苏侃 ·················· 88
 弟烈 ················ 88
垣荣祖 ················ 88
 从父闳 ·············· 89
 从弟历生 ············ 89

卷二十九　列传第十
吕安国 ················ 89
 全景文 ·············· 90
周山图 ················ 90
周盘龙 ················ 90
 子奉叔 ·············· 91
 世雄 ················ 91
王广之 ················ 91

卷三十　列传第十一
薛渊 ·················· 92
戴僧静 ················ 92
 陈胤叔 ·············· 93
桓康 ·················· 93
 尹略 ················ 93
焦度 ·················· 93
曹虎 ·················· 93

卷三十一　列传第十二
江谧 ·················· 94
荀伯玉 ················ 95

卷三十二　列传第十三
王琨 ·················· 96
张岱 ·················· 96
褚炫 ·················· 97
何戢 ·················· 97
王延之 ················ 97
 子伦之 ·············· 97
阮韬 ·················· 97

卷三十三　列传第十四
王僧虔 ················ 98
 子寂 ················ 99
张绪 ················· 100

卷三十四　列传第十五
虞玩之 ··············· 100
 孔逿 ··············· 101
何宪 ················· 101
刘休 ················· 101
沈冲 ················· 102
庾杲之 ··············· 102
王谌 ················· 102

卷三十五　列传第十六
高帝十二王
 临川献王映 ········· 103
  子子晋 ··········· 103
   子游 ········· 103
 长沙威王晃 ········· 103
 武陵昭王晔 ········· 104
 安成恭王暠 ········· 104
 鄱阳王锵 ··········· 104
 桂阳王铄 ··········· 104
 始兴简王鉴 ········· 104
 江夏王锋 ··········· 105
 南平王锐 ··········· 105
 宜都王铿 ··········· 105
 晋熙王銶 ··········· 105
 河东王铉 ··········· 105

卷三十六　列传第十七
谢超宗 ··············· 105
刘祥 ················· 106
 从兄彪 ············· 107

卷三十七　列传第十八
到㧑 ················· 107
 弟贲 ··············· 108
  坦 ············· 108
刘悛 ················· 108
虞悰 ················· 109
 从弟炎 ············· 109
胡谐之 ··············· 109

卷三十八　列传第十九
萧景先 ··············· 110
 子毅 ··············· 110
萧赤斧 ··············· 110
 子颖胄 ············· 111

卷三十九　列传第二十
刘瓛 ················· 113
 弟珊 ··············· 113
陆澄 ················· 114
 王摛 ··············· 115

卷四十　列传第二十一
武十七王
 竟陵文宣王子良 ····· 115
  子昭胄 ··········· 118
 庐陵王子卿 ········· 118
 鱼复侯子响 ········· 118
 安陆王子敬 ········· 119
 晋安王子懋 ········· 119
 随郡王子隆 ········· 119
 建安王子真 ········· 120
 西阳王子明 ········· 120
 南海王子罕 ········· 120
 巴陵王子伦 ········· 120
 邵陵王子贞 ········· 120
 临贺王子岳 ········· 120
 西阳王子文 ········· 120
 衡阳王子峻 ········· 120
 南康王子琳 ········· 120

湘东王子建	120
南郡王子夏	120

卷四十一　列传第二十二

张融	120
周颙	122

卷四十二　列传第二十三

王晏	123
弟诩	124
萧谌	124
兄诞	125
弟诔	125
萧坦之	125
江祏	125
弟祀	126
刘暄	126

卷四十三　列传第二十四

江敩	126
何昌宇	127
谢㶸	127
王思远	128

卷四十四　列传第二十五

徐孝嗣	128
沈文季	129
兄子昭略	130
昭光	130

卷四十五　列传第二十六

宗室

衡阳元王道度	131
子钧	131
孙子珉	131
始安贞王道生	131
子遥光	131
遥欣	132
遥昌	132
安陆昭王缅	132
子宝晊	132

卷四十六　列传第二十七

王秀之	133
宗人僧祐	133
王慈	133
蔡约	134
陆慧晓	134
顾宪之	134
萧惠基	135
弟惠休	135
惠朗	135

卷四十七　列传第二十八

王融	136
谢朓	137

卷四十八　列传第二十九

袁彖	138
孔稚珪	139
刘绘	140
弟瑱	140

卷四十九　列传第三十

王奂	141
女婿殷睿	142
睿族父恒	142
从弟缋	142
张冲	142

卷五十　列传第三十一

文二王

巴陵王昭秀	143
桂阳王昭粲	143

明七王

巴陵隐王宝义	143
江夏王宝玄	143
庐陵王宝源	143
鄱阳王宝夤	143
邵陵王宝攸	144
晋熙王宝嵩	144
桂阳王宝贞	144

卷五十一　列传第三十二

裴叔业	144
崔慧景	145
张欣泰	147

卷五十二　列传第三十三

文学

丘灵鞠	147
檀超	148
卞彬	148
丘巨源	148
王智深	149
陆厥	149
崔慰祖	150
王逸之	150
从弟珪之	150
祖冲之	150
贾渊	151

卷五十三　列传第三十四

良政

傅琰	152
虞愿	152
刘怀慰	153
裴昭明	153
从祖弟颛	153
沈宪	153
丘仲起	153
李珪之	153

| 毛惠素 | 154 |
| 孔琇之 | 154 |

卷五十四 列传第三十五
高逸
褚伯玉	154
明僧绍	154
顾欢	155
卢度	156
臧荣绪	156
关康之	157
何求	157
弟点	157
胤	157
刘虬	157
庾易	157
宗测	157
宗人尚之	157
杜京产	158
沈驎士	158
吴苞	158
徐伯珍	158

卷五十五 列传第三十六
孝义
崔怀慎	159
公孙僧远	159
吴欣之	159
韩系伯	159
孙淡	159
华宝	159
韩灵敏	160
封延伯	160
吴达之	160
王文殊	160
朱谦之	160
萧睿明	161
乐颐	161
弟预	161
解仲恭	161
江泌	161
杜栖	161
陆绛	161

卷五十六 列传第三十七
幸臣
纪僧真	162
杨法持	162
刘系宗	162
茹法亮	162
吕文显	163
吕文度	163

卷五十七 列传第三十八
| 魏虏 | 163 |

卷五十八 列传第三十九
| 蛮 | 167 |
| 东南夷 | 168 |

卷五十九 列传第四十
芮芮虏	170
河南	171
氐	171
羌	172

附录
| 南齐书序 | 172 |

南 齐 书

卷一　　　　　　本纪第一

高　帝　上

太祖高皇帝讳道成，字绍伯，姓萧氏，小讳斗将，汉相国萧何二十四世孙也。何子酇定侯延生侍中彪，彪生公府掾章，章生皓，皓生仰，仰生御史大夫望之，望之生光禄大夫育，育生御史中丞绍，绍生光禄勋闳，闳生济阴太守阐，阐生吴郡太守永，永生中山相苞，苞生博士周，周生蛇丘长矫，矫生州从事逵，逵生孝廉休，休生广陵府丞豹，豹生太中大夫裔，裔生淮阴令整，整生即丘令俊，俊生辅国参军乐子，宋升明二年九月赠太常，生皇考。

萧何居沛，侍中彪免官居东海兰陵县中都乡中都里。晋元康元年，分东海为兰陵郡。中朝乱，淮阴令整字公齐，过江居晋陵武进县之东城里。寓居江左者，皆侨置本土，加以南名，于是为南兰陵兰陵人也。

皇考讳承之，字嗣伯。少有大志，才力过人，宗人丹阳尹摹之、北兖州刺史源之并见知重。初为建威府参军。义熙中，蜀贼谯纵初平，皇考迁扬武将军、安固汶山二郡太守，善于绥抚。元嘉初，徙为威烈将军、济南太守。七年，右将军到彦之北伐大败，虏乘胜破青部诸郡国。别帅安平乙旃眷寇济南，皇考率数百人拒战，退之。虏众大集，皇考使偃兵开城门。众谏曰："贼众我寡，何轻敌之甚！"皇考曰："今日悬守穷城，事已危急，若复示弱，必为所屠，惟当见强待之耳。"虏疑有伏兵，遂引去。青州刺史萧思话欲委镇保险，皇考固谏不从，思话失据溃走。

明年，征南大将军檀道济于寿张转战班师，滑台陷没，兖州刺史竺灵秀抵罪。宋文帝以皇考有全城之功，手书与都督长沙王义欣曰："承之理民直亦不在武干后，今拟为兖州刺史，檀征南详之。"皇考与道济无素故，事遂寝。迁辅国镇北中兵参军、员外郎。

十年，萧思话为梁州刺史，皇考为其横野府司马、汉中太守。氐帅杨难当寇汉川，梁州刺史甄法护弃城走，思话至襄阳不进。皇考轻军前行，攻氐伪魏兴太守薛健于黄金山，克之。黄金山，张鲁旧戍，南接汉川，北枕驿道，险固之极。健既溃散，皇考即据之。氐伪梁、秦二州刺史赵温先据州城，闻皇考至，退据小城，薛健退屯下桃城，立柴营。皇考引军与对垒，相去二里。健与伪冯翊太守蒲早子悉力出战，皇考大破之。健等闭营自守不敢出，思话继至，贼乃稍退。皇考进至峨公山，为左卫将军、沙州刺史吕平大众所围积日，建武将军萧汪之、平西督护段虬等至，表里奋击，大破之。难当又遣息和领步骑万余人，夹汉水两岸，援赵温，攻逼皇考。相拒四十余日。贼皆衣犀甲，刀箭不能伤。皇考命军中断槊长数尺，以大斧捶其后，贼不能当，乃焚营退。皇考追至南城，众军自后而进，连战皆捷，梁州平。诏曰："承之禀命先驱，蒙险深入，全军屡克，奋其忠果，可龙骧将军。"随府转宁朔司马，太守如故。入为太子屯骑校尉。文帝以平氐之劳，青州缺，将欲授用。彭城王义康秉政，皇考不附，乃转为江夏王司徒中兵参军、龙骧将军、南泰山太守，封晋兴县五等男，邑三百四十户。迁右军将军。元嘉二十四年殂，年六十四。梁土民思之，于峨公山立庙祭祀。升明二年，赠散骑常侍、金紫光禄大夫。

太祖以元嘉四年丁卯岁生。姿表英异，龙颡钟声，鳞文遍体。儒士雷次宗立学于鸡笼山，太祖年十三，受业，治《礼》及《左氏春秋》。十七年，宋大将军彭城王义康被黜，镇豫章，皇考领兵防守，太祖舍业随行。十九年，竟陵蛮动，文帝遣太祖领偏军讨沔北蛮。二十一年，伐索虏，至丘槛山，并破走。二十三年，雍州刺史萧思话镇襄阳，启太祖自随，戍沔北，讨樊、邓诸山蛮，破其聚落。初为左军中兵参军。二十七年，索虏围汝南戍主陈宪，台遣宁朔将军臧质、安蛮司马刘康祖救之。文帝使太祖宣旨，授节度。闻虏主拓跋焘向彭城，质等回军救援。至盱眙，太祖与质别军主胡宗之等五军，步骑数千人前驱。焘已潜过淮，卒相遇于莞山下。合战败绩，缘淮奔退，宗之等皆陷没。太祖还就质固守，为虏所攻围，甚危急。事宁，二十九年，领偏军征仇池。梁州西界旧有武兴戍，晋隆安中没属氐；武兴西北有兰皋戍，去仇池二百里。太祖击二垒，皆破之。遂从谷口入关，未至长安八十里，梁州刺史刘秀之遣司马马注助太祖攻谈堤城，拔之，虏伪河间公奔走。虏救兵至，太祖力疲少，又闻文帝崩，乃烧城还南郑。袭爵晋兴县五等男。孝建初，除江夏王大司马参军，随府转太宰，迁员外郎、直阁中书舍人、西阳王抚军参军、建康令。新安王子鸾有盛宠，简选僚佐，为北中郎中兵参军。陈太后忧，起为武烈将军，复为建康令，中兵如故。景和世，除后军将军。值明帝立，为右军将军。

时四方反叛，会稽太守寻阳王子房及东诸郡皆起兵。明帝加太祖辅国将军，率众东讨。至晋陵，与贼前锋将程捍、孙昙瓘等战，一日破贼十二垒。分军定诸县，晋陵太守袁摽弃城走，东境诸城相继奔散。

徐州刺史薛安都反彭城，从子索儿寇淮阴，山阳太守程天祚举城叛，徐州刺史申令孙又降，征太祖讨之。时太祖平东贼还，又将南讨，出次新亭，前军已发，而索儿自睢陵渡淮，马步万余人，击杀台军主孙耿，纵兵逼前军张永营，告急。明帝闻贼渡，遽追太祖往救之，屯破釜。索儿向钟离，永遣宁朔将军王宽据盱眙，遏其归路。索儿击破台军主高道庆，走之于石鳖，将西归。王宽与军主任农夫先据白鹄涧，张永遣太祖驰督宽，索儿东要击太祖，使不得前。太祖鼓行结阵，直入宽垒，索儿望见不敢发。经数日，索儿引军顿石梁，太祖追之至葛冢，候骑还云贼至，太祖乃顿军引管，分两马军夹营外以待之。俄顷，贼马步奄至，又推火车数道攻城。相持移日，乃出轻兵攻贼西，使马军合击其后，贼众大败，追奔获其器仗。进屯石梁涧北。索儿夜遣千人来斫营，营中惊，太祖卧不起，宣令左右案部不得动，须臾贼散。太祖议欲于石梁西南高地筑垒通南道，断贼走路，索儿果来争之。太祖率军击破之，贼马自相践藉死。索儿走向钟离，太祖追至黯黮而还。除骁骑将军，封西阳县侯，邑六百户。迁巴陵王卫军司马，随镇会稽。

江州刺史晋安王子勋遣临川内史张淹自鄱阳峤道入三吴，台军主沈思仁与伪龙骧将军任皇、镇西参军刘越绪各据险相守。明帝遣太祖领三千人讨之。时朝廷器甲皆充南讨，太祖军容寡阙，乃编棕皮为马具装，析竹为寄生，夜举火进军。贼望见恐惧，未战而走。还除桂阳王征北司马、南东海太守、行南徐州事。

初，明帝遣张永、沈攸之众喻降薛安都，谓太祖曰："吾今因此北讨，卿意以为何如？"太祖对曰："安都才识不足，狡猾有余。若长辔缓御，则必遣子入朝；今以兵逼之，彼将惧而为计，恐非国之利也。"帝曰："众军猛锐，何往不克！卿每杖策，幸勿多言。"安都见兵至，果引索虏，永等败于彭城。淮南孤弱，以太祖为假冠军将军、持节、都督北讨前锋诸军事，镇淮阴。

泰始三年，沈攸之、吴喜北败于睢口。诸城戍大小悉奔归，虏遂进至淮北，围角城，戍主贾法度力弱不敌。诸将劝太祖渡岸救之，太祖不许；遣军主高道庆将数百张弩浮舰淮中，遥射城外虏；弩一发数百箭俱去，虏骑相引避之，乃命进战，城围即解。迁督南兖徐二州诸军事、南兖州刺史，持节、假冠军、督北讨如故。五年，进督兖、青、冀三州。六年，除黄门侍郎，领越骑校尉，不拜。复授冠军将军。留本任。

明帝常嫌太祖非人臣相，而民间流言，云"萧道成当为天子"，明帝愈以为疑。遣冠军将军吴喜以三千人北使，令喜留军破釜，自持银壶酒封赐太祖。太祖戎衣出门迎，即酌饮之。喜还，帝意乃悦。七年，征还京师；部下劝勿就征，太祖曰："诸卿暗于见事。主上自诛诸弟，为太子稚弱，作万岁后计，何关佗族。惟应速发，事缓必见疑。今骨肉相害，自非长久之运，祸难将兴，方与卿等戮力耳。"拜散骑常侍、太子左卫率。时世祖以功当别封赣县，太祖以一门二封，固辞不受，诏许之。加邑二百户。明帝崩，遗诏为右卫将军，领卫尉，加兵五百人。与尚书令袁粲、护军褚渊、领军刘勔共掌机事。又别领东北选事。寻解卫尉，加侍中，领石头戍军事。

明帝诛戮蕃戚，江州刺史桂阳王休范以人凡获全。及苍梧王立，更有窥觎之望，密与左右阉人于后堂习驰马，招聚亡命。元徽二年五月，举兵于寻阳，收略官民，数日便办，众二万人，骑五百匹。发盆口，悉乘商旅船舫。大雷戍主杜道欣、鹊头戍主刘旵骑告变，朝廷惶骇。太祖与护军褚渊、征北张永、领军刘勔、仆射刘秉、游击将军戴明宝、骁骑将军阮佃夫、右军将军王道隆、中书舍人孙千龄、员外郎杨运长集中书省计议，莫有言者。太祖曰："昔上流谋逆，皆因淹缓，至于覆败。休范必远惩前失，轻兵急下，乘我无备。今应变之术，不宜念远，若偏师失律，则大沮众心。宜顿新亭、白下，坚守宫掖、东府、石头以待。贼千里孤军，后无委积，求战不得，自然瓦解。我请顿新亭以当其锋；征北可以见甲守白下；中堂旧是置兵地，领军宜屯宣阳门为诸军节度；诸贵安坐殿中，右军诸人不须竞出。我自前驱，破贼必矣。"因索笔下议，并注同。

中书舍人孙千龄与休范有密契，独曰："宜依旧遣军据梁山、鲁显间，右卫若不出白下，则应进顿南州。"太祖正色曰："贼今已近，梁山岂可得至！新亭既是兵冲，所以欲死报国耳。常日乃可屈曲相从，今不得也。"座起，太祖顾谓刘勔曰："领军已同鄙议，不可改易。"乃单车白服出新亭。加太祖使持节、都督征讨诸军、平南将军，加鼓吹一部。

治新亭城垒未毕，贼前军已至。太祖方解衣高卧，以安众心，乃索白虎幡，登西垣。使宁朔将军高道庆、羽林监陈显达、员外郎王敬则浮舸与贼水战，自新林至赤岸，大破之，烧其船舰，死伤甚众。贼步上新林，太祖驰使报刘勔，急开大小桁，拨淮中船舫，悉渡北岸。休范乘肩舆率众至垒南，上遣宁朔将军黄回、马军主周盘龙将步骑出垒对阵。休范分兵攻垒东，短兵接战，自巳至午，众皆失色。太祖曰："贼虽多而乱，寻破也。"杨运长领三齐射手七百人，引强命中，故贼不得逼城。未时，张敬儿斩休范首。太祖遣队主陈灵宝送首还台，灵宝路中遇贼军，埋首道侧。台军不见休范首,愈疑惧。贼众亦不知休范已死,别率杜黑蠡急攻全冬;司空主簿萧惠朗数百人突入东门,叫噪至堂下,城上守门兵披退。太祖挺身上马,率数百人出战;贼皆推楯而前,相去数丈,分兵横射。太祖引满将发,左右将戴仲绪举楯捍之,箭应手饮羽,伤百余人。贼死战不能当,乃却。众军复得保城,与黑蠡拒战,自晡达明旦,矢石不息。其夜大雨,鼓叫不复相闻,将士积日不得寝食,军中马夜惊,城内乱走,太祖秉烛正坐,厉声呵止之,如此者数四。

贼帅丁文豪设伏破台军于皂荚桥,直至朱雀桁,刘勔欲开桁,王道隆不从,勔及道隆并战没。初,勔高尚其意,托造园宅,名为"东山",颇忽世务。太祖谓之曰:"将军以顾命之重,任兼内外;主上春秋未几,诸王并幼冲,上流声议,遐迩所闻。此是将军艰难之日,而将军深尚从容,废省羽翼,一朝事至,虽悔何追!"勔竟不纳。贼进至杜姥宅,车骑典签茅恬开东府纳贼,冠军将军沈怀明于石头奔散,张永溃于白下,宫内传新亭亦陷。太后执苍梧王手泣曰:"天下败矣!"太祖遣军主陈显达、任农夫、张敬儿、周盘龙等,从石头济淮,间道从承明门入卫宫阙。

休范即死,典签许公与诈称休范在新亭,士庶惶惑,诣垒投名者千数,太祖随得辄烧,乃列兵登城北,谓曰:"刘休范父子先昨皆已即戮,尸在南冈下。身是萧平南,诸君善见观。君等名皆已焚除,勿有惧也。"台分遣众军击杜姥宅、宣阳门诸贼,皆破平之。太祖振旅凯入,百姓缘道聚观,曰:"全国家者此公也。"

太祖与袁粲、褚渊、刘秉引咎解职,不许。迁散骑常侍、中领军、都督南兖徐青冀五州军事、镇军将军、南兖州刺史,持节如故。进爵为公,增邑二千户。太祖欲分其功,请益粲等户,更日入直决事,号为"四贵"。秦时有太后、穰侯、泾阳、高陵君,称为"四贵",至是乃复有焉。四年,加太祖尚书左仆射,本官如故。

休范平后,苍梧王渐行凶暴。南徐州刺史建平王景素少有令誉,朝野归心。景素亦潜为自全之计,布款诚于太祖,太祖拒而不纳。七月,羽林监袁祗奔景素,便举兵。太祖出屯玄武湖,遣众军北讨,事平乃还。太祖威名既重,苍梧王深相猜忌,几加大祸。陈太妃骂之曰:"萧道成有功于国,今若害之,后谁复为汝办力者?"乃止。

太祖密谋废立。五年七月戊子,帝微行出北湖,常单马先走,羽仪禁卫随后追之,于堤塘相蹈藉。左右张互儿马坠湖,帝怒,取马置光明亭前,自驰骑刺杀之,因共屠割,与左右作羌胡伎为乐。又于蛮冈赌跳。际夕乃还仁寿殿东阿毡屋中寝。语左右杨玉夫:"伺织女度,报我。"时杀害无常,人怀危惧。玉夫与其党陈奉伯等二十五人同谋,于毡屋中取千牛刀杀苍梧王,称敕,使厢下奏伎,因将首与王敬则,敬则送太祖。太祖夜从承明门乘常所骑赤马入,殿内惊怖,即知苍梧王死,咸称万岁。及太祖践阼,号此马为"龙骧将军",世谓为"龙骧赤"。

明日,太祖戎服出殿庭槐树下,召四贵集议。太祖谓刘秉曰:"丹阳国家重威,今日之事,属有所归。"秉让不当。太祖次让袁粲,粲又不受。太祖乃下议,备法驾诣东城,迎立顺帝。于是长刀遮粲、秉等,各失色而去。甲午,太祖移镇东府,与袁粲、褚渊、刘秉各甲仗五十人入殿。丙申,进位侍中、司空、录尚书事、骠骑大将军,持节、都督、刺史如故,封竟陵郡公,邑五千户,给油幢络车,班剑三十人。太祖固辞上命,即骠骑大将军、开府仪同三司。庚戌,进督南徐州刺史。封杨玉夫等二十五人爵邑各有差。十月戊辰,又进督豫、司二州。

初,荆州刺史沈攸之与太祖于景和世同直殿省,申以欢好,以长女义兴公主妻攸之第三子元和。攸之为郢州,值明帝晚运,阴有异图,自郢州迁为荆州,聚敛兵力,使吏逃亡,辄讨质邻伍。养马至二千余匹,皆分赋戍逻将士,使耕田而食,廪财悉充仓储。荆州作部岁造数千人仗,攸之割留,簿上供讨四山蛮。装治战舰数百千艘,沈之灵溪里,钱帛器械巨积,朝廷畏之。高道庆家在华容,假还过江陵。道庆素便马,攸之与宴饮,于听事前合马槊,道庆槊中破攸之马鞍,攸之怒,索刃槊,道庆驰马而出。还都,说攸之反状,请三千人袭之。朝议虑其事难济,太祖又保持不许。太祖既废立,遣攸之子司徒左长史元琰赍苍梧王诸虐害器物示之,攸之未得印起兵,乃上表称庆,并与太祖书推功。攸之有素书十数行,常韬在裲裆角,云是明帝与己约誓。十二月,遂举兵。其妻崔氏、许氏谏攸之曰:"官年已老,那不为百口计!"攸之指裲裆角示之,称太后今召己下都。京师恐惧。乙卯,太祖入居朝堂,命诸将西讨,平西将军黄回为都督前驱。

前湘州刺史王蕴,太后兄子,少有胆力,以父楷名臣不达,欲以将途自奋。每抚刀曰:"龙渊、太阿,汝知我者。"叔父景文诚之曰:"阿答,汝灭我门户!"蕴曰:"答与童乌贵贱觉异。"童乌,景文子仲绚小字;答,蕴小字也。蕴遭母丧罢任,还至巴陵,停舟一月,日与攸之密相交构。时攸之未便举兵,蕴乃下达郢州。世祖为郢州长史,蕴期世祖出吊,因作乱据郢城,世祖知之,不出。蕴还至东府前,又期太祖出,太祖又不出吊,再计不行,外谋愈固。

司徒袁粲、尚书令刘秉见太祖威权稍盛,虑不自安,与蕴及黄回等相结举事,殿内宿卫主帅,无不协同。攸之反问初至,太祖往石头与粲议,粲称疾不相见。克壬申夜起兵据石头,刘秉恇怯,晡时,从丹阳郡载妇女入石头,朝廷不知也。其夜,丹阳丞王逊告变,秉从弟领军韫及直阁将军卜伯兴等严兵为内应。太祖命王敬则于宫内诛之。遣将攻石头,王韫将数百精手带甲赴粲,城门已闭,官军又至,乃散。众军攻石头,斩粲。刘秉走雒檐湖,蕴逃斗场,并擒斩之。粲位任虽重,无经世之略,疏放好酒。步屧白杨郊野间,道遇一士大夫,便呼与酣饮。明日,此人谓被知顾,到门求通,粲曰:"昨饮酒无偶,聊相要耳。"竟不与相见。尝作五言诗云:"访迹虽中字,循寄乃沧州。"盖其志也。刘秉少以宗室清谨见知。孝武世,秉弟遐坐通嫡母殷氏养女,殷亡口中血出,众疑有毒害,孝武使秉从弟祗讽秉启证其事。秉曰:"行路之人,尚不应尔,今日乃可一门同尽,无容奉敕。"众以此称之,故为明帝所任。苍梧废,秉出集议,于路逢弟韫,韫开车迎问秉曰:"今日之事,固当归兄邪?"秉曰:"吾等已让领军矣。"韫槌胸曰："君肉中讵有血！"粲典签莫嗣祖知粲谋，太祖召问嗣祖："袁谋反，何不启闻？"嗣祖曰："事主义无二心，虽死不敢泄也。"蕴躄人张承伯藏匿蕴。太祖并赦而用之。黄回顿新亭，闻石头鼓噪，率兵来赴之，朱雀舸有戍军，受节度，不听夜过，会石头已平，因称救援。太祖知而不言，抚之愈厚，遣回西上，流涕告别。

太祖屯阅武堂，驰结军旅。闰月辛丑，诏假黄钺，率大众出屯新亭中兴堂，治严筑垒。教曰："河南称慈，谅由掩胔，广汉流仁，实存殡朽。近袤制兹营，崇沟浚堑，古墟曩隧，时有湮移，深松茂草，或致刊薙。凭轩动怀，巡隍增怆。宜并为收改葬，并设薄祀。"

二年正月，沈攸之攻郢城不克，众溃，自经死，传首京邑。丙子，太祖旋镇东府。二月癸未，进太祖太尉，增封三千户，都督南徐、南兖、徐、兖、青、冀、司、豫、荆、雍、湘、郢、梁、益、广、越十六州诸军事。太祖解骠骑，辞都督，不许，乃表送黄钺。三月己酉，增班剑为四十人、甲仗百人入殿。丙子，加羽葆鼓吹，余并如故。

辛卯，太祖诛镇北将军黄回。

大明、泰始以来，相承奢侈，百姓成俗。太祖辅政，罢御府，省二尚方诸饰玩。至是，又上表禁民间华伪杂物：不得以金银为箔，马乘具不得金银度，不得织成绣裙，道路不得著锦履，不得用红色为幡盖衣服，不得剪彩帛为杂花，不得以绫绵杂服饰，不得作鹿行锦及局脚柽柏床、牙箱笼杂物、彩帛为屏鄣、锦缘荐席，不得私作器仗，不得以七宝饰乐器又诸杂漆物，不得以金银为花兽，不得辄铸金铜为像。皆须墨敕，凡十七条。其中宫及诸王服用，虽依旧例，亦请详衷。

九月丙午，进位假黄钺、都督中外诸军事、太傅、领扬州牧，剑履上殿，入朝不趋，赞拜不名。置左右长史、司马、从事中郎、掾、属各四人，使持节、太尉、骠骑大将军、录尚书、南徐州刺史如故。固辞，诏遣敦劝，乃受黄钺，辞殊礼。甲寅，给三望车。

三年正月，乙巳，太祖表蠲百姓逋负。丙辰，加前部羽葆鼓吹。丁巳，命太傅府依旧辟召。丁卯，给太祖甲仗五百人，出入殿省。甲午，重申前命，剑履上殿，入朝不趋，赞拜不名。三月甲辰，诏进位相国，总百揆，封十郡为齐公，备九锡之礼，加玺绂远游冠，位在诸侯王上，加相国绿绨绶，其骠骑大将军、扬州牧、南徐州刺史如故。太祖三让，公卿敦劝固请，乃受。甲寅，策相国齐公曰：

天地变通，莫大乎炎凉；悬象著明，莫崇乎日月。严冬播气，贞松之操自高；光景时昏，若华之映弥显。是故英睿当乱不移，忠贤临危而尽节。自景和昏虐，王纲弛紊，太宗受命，绍开中兴，运属屯难，四郊多垒。萧将军震威华戎，实资义烈，康国济民，于是乎在。朕以不造，凤罹闵凶。嗣君失德，书契未纪。威侮五行，虔刘九县，神厌灵绎，海水群飞。葬器已尘，宗禋谁主？缀旒之殆，未足为譬，岂直《小宛》兴刺，《黍离》作歌而已哉！天赞皇宋，实启明宰，爰登寡昧，纂承大业，鸿绪再维，闵基重造，高勋至德，振古绝伦。昔保衡翼殷，博陆匡汉，方斯蔑如也。今将授公典礼，其敬听朕命。

乃者，袁邓构祸，实繁有徒；子房不臣，称兵协乱。跨蹈五湖，凭陵吴、越，浮桴亏岁，沈氛晦景，桴鼓振于王畿，锋镝交乎天邑。顾瞻宫掖，将成茂草，言念邦国，靦为仇雠。当此之时，人无固志。公投袂殉难，超然奋发，执金板而先驰，登寅车而戒路，军政端严，卒乘辑睦，麾钺一临，凶党冰泮。此则霸业之基，勤王之始也。

安都背叛，窃据徐方，敢率犬羊，陵虐淮浒；索儿愚悖，同恶相济，天祚无象，背顺归逆；北鄙黔黎，奄坠涂炭，均人废职，边师告警。公受命宗祊，精贯朝日，拥节和门，气逾霄汉，破釜之捷，斩馘蔽野，石梁之战，禽其渠帅，保境全民，江阳即序。此又公之功也。

张淹迷昧，弗顾本朝，爰自南区，志图东夏，潜军间人，窃觊不虞。于时江服未夷，皇涂荐阻。公忠诚慷慨，在险弥亮，深识九变，妙察五色，以寡制众，所向风偃。朝廷无东顾之忧，闽越有来苏之庆。此又公之功也。

匈奴野心，侵掠疆场，前师失律，王旅崩挠，洒血成川，伏尸千里。丑羯俶张，势振彭、泗，乘胜长驱，窥觇京甸，冠带之轨将湮，被发之容行及。公奉辞伐罪，戒旦晨征，兵车始交，氛祲时荡，吊死抚伤，弘宣皇泽，俾我淮、肥，复沾盛化。此又公之功也。

自兹厥后，猃犹孔炽，封豕长蛇，重窥上国。而世故相仍，师出日老。战士无临阵之心，戎卒有怀归之思。是以下邳精甲，望风振恐，角城高垒，指日沦陷。公眷言王事，发愤忘食，躬擐甲胄，视险若夷。短兵才接，巨猾鸟散，分疆画界，开创青、兖。此又公之功也。

泰始之末，入参禁旅，任兼军国，事同顾命。桂阳负众，轻问九鼎，裂冠毁冕，拔本塞源，入兵万乘之国，顿戟象魏之下，烈火焚于王城，飞矢集乎君屋。机变倏忽，终古莫二，群后忧惶，元戎无主。公按剑凝神，则奇谋贯世；秉旄指麾，则懦夫成勇。曾不崇朝，新亭献捷；信宿之间，宣阳底定。云雾廓清，区宇康乂。此又公之功也。

皇室多难，岫起戚蕃。邗、晋、应、韩，翻为雠敌，建平失图，兴兵内侮。公又指授六师，义形乎色，役未逾旬，朱方宁晏。此又公之功也。

苍梧肆虐，诸夏糜沸，淫刑以逞，谁则无罪？火炎昆冈，玉石俱焚，黔首相悲，朝不谋夕。高祖之业已沦，文、明之轨谁嗣？公远稽殷、汉之义，近遵魏、晋之典，狠以眇身，入奉宗祐，七庙清谧，九区反政。此又公之功也。

袁粲无质，刘秉携贰，韫、述相扇，成此乱阶；丑图潜构，危机窃发，据有石头，志犯应、路。公神谋内运，霜锋外举，妖沴载澄，国涂悦穆。此又公之功也。

沈攸之苞祸，岁月滋彰，蜂目豺声，阻兵安忍。哀彼荆汉，独为匪民，乃眷西顾，缅同异域。而经纶维始，九伐未申，长恶不悛，遂逞凶逆。驱合奸回，势过虓虎，朝野忧疑，三军沮气。公秉钺出关，凝威江甸，正情与皦日同亮，明略与秋云竞爽。至义所感，人百其心，䫀鼓一麾，夏首宁谧，云梯未举，鲁山克定。积年逋诛，一朝显戮，沮浦安流，章台顺轨。此又公之功也。

公有济天下之勋，重之以明哲，道庇生民，志匡宇宙，戮力肆心，劬劳王室，自东徂西，靡有宁晏，险阻艰难，备尝之矣。若乃缔构宗稷之勤，造物资始之泽，云布雾散，光被六幽，弼予一人，永清四海。是以秬鬯腾芳于郊园，景星垂晖于清汉，遐方款关而慕义，荒服重译而来庭。往哉邈乎！无得而名焉。

朕闻畴庸表德，前王盛典，崇树侯伯，有国攸同。所以文命成功，玄珪显锡；姬旦秉哲，曲阜启蕃。或改玉以弘风，或胙土以宣化。礼绝常班，宠冠群辟，爰逮桓文，车服异数。惟公勋业超于先烈，而褒赏阙于旧章。古今之道，何其爽欤？静言钦叹，良有缺然。

今进授相国，以青州之齐郡，徐州之梁郡，南徐州之兰陵、鲁郡、琅邪、东海、晋陵、义兴，扬州之吴郡、会稽，凡十郡，封公为齐公。锡兹玄土，苴以白茅，定尔邦家，用建家社。斯实尚父故蕃，世作盟主，纪纲侯甸，率由旧则。往者周、邵建国，师保兼任；毛、毕执珪，入作卿士，内外之宠，同规在昔。今命使持节、兼太尉、侍中、中书监、司空、卫将军、零都县开国侯渊授公相国印绶，齐公玺绂；持节、兼司空副、守尚书令僧虔授齐公茅土，金虎符第一至第五左，竹使符第一至第十左。相国位总百辟，秩逾三事，职以礼移，号随事革。其以相国总百揆，去录尚书之称。送所假节、侍中貂蝉、中外都督太傅太尉印绶、竟陵公印策。其骠骑大将军、扬州牧、南徐州刺史如故。又加公九锡，其敬听后命：以公执礼弘律，仪刑区宇，遐迩一体，民无异业，是用锡公大辂、戎辂各一，玄牡二驷。公崇修南亩，所宝惟谷，王府充实，百姓繁阜，是用锡公衮冕之服，赤舄副焉。公居身以谦，导物以义，熔钧庶品，罔不和悦，是用锡公轩县之乐，六佾之舞。公翼赞王猷，声教远洽，蛮夷竭欢，回首内附，是用锡公朱户以居。公明鉴人伦，澄辨泾渭，官方与能，英乂克举，是用锡公纳陛以登。公保佑皇朝，厉身化下，杜渐防萌，含生寅式，是用锡公虎贲之士三百人。公御充以刑，御奸以德，君亲无将，将而必诛，是用锡公鈇钺各一。公风举四维，龙骞八表，威灵所振，异域同文，是用锡公彤弓一，彤矢百，玈弓十，玈矢千。公明发载怀，肃恭禋祀，孝敬之重，义感灵祇，是用锡公秬鬯一卣，珪瓒副焉。齐国置丞相以下，一遵旧式。往钦哉！其祇服朕命，经纶乾坤，宏亮洪业，茂昭尔大德，阐扬我高祖之休命。

太祖三让，公卿敦劝固请，乃受之。

丁巳，下令赦国内殊死以下；今月十五日昧爽以前，一皆原赦；鳏寡孤独不能自存者，赐谷五斛，府州所领，亦同荡然。

宋帝诏齐公十郡之外，随宜除用。以齐国初建，给钱五百万，布五千匹，绢五千匹。四月癸酉，诏进齐公爵为王，以豫州之南梁、陈郡、颍川、陈留，南兖州之盱眙、山阳、秦郡、广陵、海陵、南沛十郡增封。使持节、司空、卫将军褚渊奉策授玺绂，金虎符第一至第五左，竹使符第一至第十左，锡兹玄土，苴白茅，改立王社。相国、扬州牧、骠骑大将军、南徐州刺史如故。丙戌，命齐王冕十有二旒，建天子旌旗，出警入跸，乘金根车，驾六马，备五时副车，置旄头云罕，乐僎八佾，设钟虡宫县。王世子为太子，王女王孙爵命一如旧仪。

辛卯，宋帝禅位，下诏曰：

惟德动天，玉衡所以载序；穷神知化，亿兆所以归心。用能经纬乾坤，弥纶宇宙，阐扬鸿烈，大庇生民。晦往明来，积代同轨，前王踵武，世必由之。

宋德湮微，昏毁相袭。景和骋悖于前，元徽肆虐于后，三光丧曛，七庙将坠。璇极委驭，含识知泯，我文、武之祚，眇焉如缀。静惟此稔，夕惕疚心。

相国齐王，天诞睿圣，河岳炳灵，拯倾提危，澄氛静乱，匡济艰难，功均造物。宏谋霜照，秘筹云回，旌旆所临，一麾必捷；英风所拂，无思不偃，表里清夷，遐迩讠䜣谧。既而光启宪章，弘宣礼教，奸宄之类，睹隆威而隔情，慕善之俦，仰徽猷而增厉。道迈于重华，勋超乎文命，荡荡乎无得而称焉。是以辫发左衽之酋，款关请吏；木衣卉服之长，航海来庭。岂惟肃慎献楛，越裳荐翚而已哉！故四奥载宅，六府克和，川陆效珍，祯祥鳞集；卿烟玉露，旦夕扬藻，嘉穟芝英，晷刻呈茂。革运斯炳，代终弥亮，负扆握枢，允归明哲，固以狱讼去宋，讴歌适齐。

昔金政既沦，水德缔构，天之历数，皎焉攸徵。朕虽寡昧，暗于大道，稽览隆替，为日已久，敢忘列代遗则，人神至愿乎？便逊位别宫，敬禅于齐，一依唐虞、魏晋故事。

是日宋帝逊于东邸。备羽仪，乘画轮车，出东掖门，问今日何不奏鼓吹，左右莫有答者。壬辰，策命齐王曰：

伊太古初陈，万物纷纶，开耀灵以鉴品物，立元后以驭蒸人。若夫容成、大庭之世，宓羲、五龙之辰，靡得而详焉。自轩黄以降，坟素所纪，略可言者，莫崇乎尧舜。披金绳而握天镜，开玉匣而总地维，德之休明，宸居灵极，期运有终，归禅与能。所以大唐逊位，谠然兴歌，有虞揖让，卿云发采。亮符命之攸臻，坦至公以成务，怀生载怿，灵祇效祉，遗风馀烈，光被无垠。汉魏因循，弗敢失坠，爰逮晋氏，亦遵前仪。惟我祖宗英睿，勋格幽显，从天人而齐七政，凝至德而抚四维。末叶不造，仍世多故，日蚀星陨，山沦川竭。

惟王圣哲渊明，荣镜宇宙，体望日之威，资就云之泽，临下以简，御众以宽，仁育群生，义征不譓，国涂荐阻，弘五虑而乂宁，皇绪将湮，秉六术以匡济。及至权臣内侮，蕃屏陵上，兵革云翔，万邦震骇，裁之以武风，绥之以文化，遐迩清夷，表里肃穆。戢琱戈而事黼黻，委旌门而恭儒馆，声化远洎，荒服无尘，殊类同规，华戎一揆。是以五光来仪于轩庭，九穗含芳于郊牧。象纬昭澈，布新之符已显；图谶彪炳，受终之义既彰。灵祇乃眷，兆民引领。朕闻至道深微，惟人是弘，天命无常，惟德是与。所以仰鉴玄情，俯察群望，敬禅神器，授帝位于尔躬。四海困穷，天禄永终。於戏！王其允执厥中，仪刑前式，以副率土之欣望。命司裘而谒苍昊，奏《云门》而升圆丘。时膺大礼，永保洪业，岂不盛欤！

再命玺书曰：

皇帝敬问相国齐王。大道之行，与三代之英，朕虽暗昧，而有志焉。夫昏明相袭，晷景之恒度；春秋递运，时岁之常序。求诸天数，犹且隆替，矧伊在人，能无终谢？是故勋华表风于上叶，汉魏垂式于后昆。

昔我高祖，钦明文思，振民育德，皇灵眷命，奄有四海。晚世多难，奸宄实繁，藨鼓宵闻，元戎旦警，亿兆夷人，启处靡厝。加以嗣君荒迷，敷虐万方，神鼎将迁，宝策无主，实赖英圣，匡济艰危。惟王体天则地，舍弘光大，明并日月，惠均云雨。国步斯梗，则棱威外发，王猷不造，则渊谟内昭。重构闽、吴，再宁淮、济，静九江之洪波，卷海沂之氛浸。放斥凶昧，存我宗祀，旧物惟新，三光改照。逮至宠臣裂冠，则裁以庙略，荆汉反噬，则震以雷霆。麾旆所临，风行草靡；神算所指，龙举云属。诸夏廓清，戎翟思虑，兴文偃武，阐扬洪烈。明保冲昧，翱翔礼乐之场；抚柔黔首，咸跻仁寿之域。自霜露所坠，星辰所经，正朔不通，人迹罕至者，莫不逾山越海，北面称蕃，款关重译，修其职贡。是以祯祥发采，左史载其奇；玄象垂文，保章审其度。风书表肆类之运，龙图显班瑞之期。重以珠衡日角，神资特挺，君人之义，在事必彰。《书》不云乎，"皇天无亲，惟德是辅"。民心无常，惟惠之怀。神祇之眷如彼，苍生之愿如此。笙管变声，钟石改调。朕所以拥璇持衡，倾伫明哲。

昔金德既沦，而传祚于我有宋，历数告终，实在兹日，亦以水德而传于齐。式遵前典，广询群议，王公卿士，咸曰惟宜。今遣使持节、兼太保、侍中、中书监、司空、卫将军、雩都县侯渊，兼太尉、守尚书令僧虔奉皇帝玺绶，受终之礼，一依唐虞故事。王其允副幽明，时登元后，宠绥八表，以酬昊天之休命。

太祖三辞，宋帝王公以下固请。兼太史令、将作匠陈文建奏符命曰："六，亢位也。后汉自建武至建安二十五年，一百九十六年而禅魏；魏自黄初至咸熙二年，四十六年而禅晋；晋自太始至元熙二年，一百五十六年而禅宋；宋自永初元年至升明三年，凡六十年。咸以六终六受。六，亢位也。验往揆今，若斯昭著。敢以职任，备陈管穴。伏愿顺天时，应符瑞。"二朝百辟又固请。尚书右仆射王俭奏："被宋诏逊位，臣等参议，宜克日舆驾受禅，撰立仪注。"太祖乃许焉。

史臣曰：案《太一九宫占》推汉高五年，太一在四宫，主人与客俱得吉，计先举事者胜，是岁高祖破楚。晋元兴二年，太一在七宫，太一为帝，天目为辅佐，迫胁太一，是年安帝为桓玄所逼出宫。大将在一宫，参相在三宫，格太一。经言，格者，已立政事，上下格之，不利有为，安居之世，不利举动。元兴三年，太一在七宫，宋武破桓玄。元嘉元年，太一在六宫，不利有为，徐、傅废营阳王。七年，太一在八宫，关囚恶岁，大小将皆不得立，其年到彦之北伐，初胜后败，客主俱不利。十八年，太一在二宫，客主俱不利，是岁氐杨难当寇梁、益，来年仇池破。十九年，大小将皆见关不立，凶，其年裴方明伐仇池，克百顷，明年失之。泰始元年，太一在二宫，为大小将奄击之，其年景和废。二年，太一在三宫，不利先起，主人胜，其年晋安王子勋反。元徽二年，太一在六宫，先起败，是岁桂阳王休范反，并伏诛。四年，太一在七宫，先起者客，西北走，其年建平王景素败。升明元年，太一在七宫，不利为客，安居之世，举事为主人，应发为客，袁粲、沈攸等反，伏诛。是岁太一在杜门，临八宫，宋帝禅位，不利为客，安居之世，举事为主人，禅代之应也。

卷二　　本纪第二

高帝下

建元元年夏，四月，甲午，上即皇帝位于南郊，设坛柴燎告天曰："皇帝臣道成敢用玄牡，昭告皇皇后帝。宋帝陟鉴乾序，钦若明命，以命于道成。夫肇自生民，树以司牧，所以阐极则天，开元创物，肆兹大道。天下惟公，命不于常。昔在虞、夏，受终上代，粤自汉、魏，揖让中叶，咸炳诸典谟，载在方册。水德既微，仍世多故，实赖道成匡拯之功，以弘济于厥艰。大造颠坠，再构区宇，宣礼明刑，缔仁缉义。昙纬凝象，川岳表灵，诞惟天人，罔弗和会。乃仰协归运，景属与能，用集大命于兹。辞德匪嗣，至于累仍，而群公卿士，庶尹御事，爰及黎献，至于百戎，金曰'皇天眷命，不可以固违，人神无托，不可以旷主'。畏天之威，敢不祗从鸿历？敬简元辰，虔奉皇符，升坛受禅，告类上帝，以永答民衷，式敷万国。惟明灵是飨！"

礼毕，大驾还宫，临太极前殿。诏曰："五德更绍，帝迹所以代昌；三正迭隆，王度所以改耀。世有质文，时或因革，其资元膺历，经道振民，固以异术同揆，殊流共贯者矣。朕以寡昧，属值艰季，推肆勤之诚，藉乐治之数，贤能悉心，士民致力，用获拯溺戡暴，一匡天下。业未古，功殆侔昔。宋氏以陵夷有微，历数攸及，思弘乐推，永鉴崇替，爰集天禄于朕躬。惟志菲薄，辞弗获昭，遂钦从天人，式飨景命，祇月正于文祖，升禋鬯于上帝。猥以寡德，光宅四海，篡革代之踪，托王公之上，若涉渊水，罔知所济。宝祚初启，洪庆惟新，思俾利泽，宜被亿兆，可大赦天下。改升明三年为建元元年。赐民爵二级，文武进位二等，鳏寡孤独不能自存者谷人五斛。逋租宿债勿复收。有犯乡论清议，赃污淫盗，一皆荡涤，洗除先注，与之更始。长徒敕系之囚，特皆原遣。亡官失爵，禁锢夺劳，一依旧典。"

封宋帝为汝阴王，筑宫丹阳县故治，行宋正朔，车旗服色，一如故事，上书不为表，答表不称诏。降宋晋熙王燮为阴安公，江夏王跻为沙阳公，随王翙为舞阴公，新兴王嵩为定襄公，建安王禧为荔浦公，郡公主为县君，县公主为乡君。诏曰："继世象贤，列代盛典，畴庸嗣美，前载令图。宋氏通侯，乃宜随运省替。但钦德怀义，尚表坟间，况功济区夏，道光民俗者哉？降差之典，宜遵往制。南康县公华容县公可为侯，萍乡县侯可为伯，减户有差，以继刘穆之、王弘、何无忌后。"

以司空褚渊为司徒，吴郡太守柳世隆为南豫州刺史。诏曰："宸运肇创，实命惟新，宜弘庆宥，广敷蠲汰。劫贼余口没在台府者，悉原放。诸负衅流徙，普听还本土。"以齐国左卫将军陈显达为中护军，中领军王敬则为南兖州刺史，左卫将军李安民为中领军。戊戌，以荆州刺史嶷为尚书令、骠骑大将军、开府仪同三司、扬州刺史，冠军将军映为荆州刺史，西中郎将晃为南徐州刺史，冠军将军垣崇祖为豫州刺史，骠骑司马崔文仲为徐州刺史。

断四方上庆礼。己亥，诏曰："自庐井毁制，农桑易业，盐铁妨民，货鬻伤治，历代成俗，流蠹岁滋。援拯遗弊，革末反本，使公不专利，氓无失业。二宫诸王，悉不得营立屯邸，封略山湖。太官池篽，宫停税入，优量省置。"

庚子，诏"宋帝后蕃王诸陵，宜有守卫。"有司奏帝陵各置长一人，兵有差，王陵五人，妃嫔三人。

五月，丙午，进河南王吐谷浑拾寅号骠骑大将军。诏曰："宸运革命，引爵改封，宋氏第秩，虽宜省替，其有预效屯夷、宣力齐业者，一仍本封，无所减降。有司奏留襄阳郡公张敬儿等六十二人，除广兴郡公沈昙亮等百二十人。改《元嘉历》为《建元历》，木德盛卯终未，以正月卯祖，十二月未腊。丁未，诏曰："设募取将，悬赏购士，盖出权宜，非曰恒制。顷世艰险，浸以成俗，且长逋逸，开罪山湖。是为黥刑不辱，亡窜无咎。自今以后，可断募算。"壬子，诏封佐命文武功臣新除司徒褚渊等三十一人，进爵增户各有差。乙卯，河南王吐谷浑拾寅奉表贡献。丙辰，诏遣大使分行四方，谴兼散骑常侍十二人巡行。以交宁道远，不遣使。己未，汝阴王薨，追谥为宋顺帝，终礼依魏元、晋恭帝故事。辛酉，阴安公刘燮等伏诛。追封谥上兄道度为衡阳元王，道生为始安贞王。丙寅，追尊皇考曰宣皇帝，皇妣为孝皇后，妃为昭皇后。

六月，辛未，诏"相国骠骑中军三府职，可依资劳度二官，若职限已盈，所余可赐满。"壬申，以游击将军周山图为兖州刺史。乙亥，诏曰："宋末频年兵寇，兼灾疾凋损，或枯骸不收，毁榇莫掩，宜速宣下埋藏营恤。若标题犹存，姓字可识，可即运载，致还本乡。"有司奏遣外监典事四人，周行离门外三十五里为限。其余班下州郡。无棺器标题者，属所以台钱供市。庚辰，七庙主备法驾即于太庙。诏"诸家及客，戮力艰难，尽勤直卫，其从还宫者，普赐位一阶。"辛巳，罢荆州刺史。甲申，立皇太子赜。断诸州郡礼庆。见刑人重者，降一等，并申前赦恩百日。立皇子嶷为豫章王，映为临川王，晃为长沙王，晔为武陵王，暠为安成王，锵为鄱阳王，铄为桂阳王，鉴为广陵王，皇孙长懋为南郡王。乙酉，葬宋顺帝于遂宁陵。

秋，七月，丁未，诏曰："交阯北景，独隔书朔，斯乃前运方季，负海不朝，因迷遂往，归款莫由。曲赦交州部内李叔献一人即抚南土，文武详才选用。并遣大使宣扬朝恩。"以试守武平太守行交州府事李叔献为交州刺史。丙辰，以虏伪茄芦镇主阴平公杨广香为沙州刺史。丁巳，诏"南兰陵桑梓本乡，长蠲租布；武进王业所基，复十年。"

九月，辛丑，诏"二吴、义兴三郡遭水，减今年田租。"乙巳，以新除尚书令、骠骑将军豫章王嶷为荆、湘二州刺史，平西将军临川王映为扬州刺史。丙午，司空褚渊领尚书令。戊申，车驾幸宣武堂宴会，诏诸王公以下赋诗。

冬，十月，丙子，立彭城刘胤为汝阴王，奉宋帝后。己卯，车驾殷祠太庙。辛巳，诏曰："朕夔缀世务，三十余岁，险阻艰难，备尝之矣。末路屯夷，戎车岁驾，诚藉时来之运，实资士民之力。宋元徽二年以来，诸从军得官者，未悉蒙禄，可催速下访，随正即给。才堪余任者，访洗量序。若四州士庶，本乡沦陷，簿籍不存，寻校无所，可听州郡保押，从实除奏。荒远阙中正者，特许据军簿奏除。或戍捍边役，末由旋反，听与同军各立五保，所隶有司，时为言列。"汝阴太妃王氏薨，追赠为宋恭皇后。

十一月，庚子，以太子左卫率萧景先为司州刺史。辛亥，立皇太子妃裴氏。甲申，封功臣骠骑长史江谧等十人爵户各有差。

二年春，正月，戊戌朔，大赦天下。以司空、尚书令褚渊为司徒，中军将军张敬儿为车骑将军，中领军李安民为领军将军，中护军陈显达为护军将军。辛丑，车驾亲祠南郊。癸卯，诏索虏寇淮、泗，遣众军北伐，内外纂严。二月，丁卯，虏寇寿阳，豫州刺史垣崇祖破走之。置巴州。壬申，以三巴校尉明慧昭为巴州刺史。戊子，以宁蛮校尉萧赤斧为雍州刺史，南蛮长史崔惠景为梁、南秦二州刺史。辛卯，诏西境献捷，解严。癸巳，遣大使巡慰淮、肥、徐、豫边民尤贫遘难者，刺史二千石量加赈恤。甲午，诏"江西北民避难流徙者，制遣还本，蠲今年租税。单贫及孤老不能自存者，即听番籍，郡县押领。"三月，丁酉，以侍中西昌侯鸾为郢州刺史。戊戌，以护军将军陈显达为南兖州刺史，吴郡太守张岱为中护军。己亥，车驾幸乐游苑宴，王公以下赋诗。辛丑，以征虏将军崔祖思为青、冀二州刺史。夏，四月，丙寅，进高丽王乐浪公高琏号骠骑大将军。五月，立六门都墙。六月，癸未，诏"昔岁水旱，曲赦丹阳、二吴、义兴四郡遭水尤剧之县，元年以前，三调未充，虚列已毕，官长局吏应共偿备外，详所除宥。"秋，七月，甲寅，以辅国将军卢绍之为青、冀二州刺史。戊午，皇太子妃裴氏薨。闰月辛巳,遣领军将军李安民行淮、泗。庚寅,索虏攻朐山,青、冀二州刺史卢绍之等破走之。冬,十一月,戊子,以氐杨后起为秦州刺史。十二月,戊戌,以司空褚渊为司徒。乙巳,车驾幸中堂听讼。壬子,以骠骑大将军豫章王嶷为司空,扬州刺史、前将军临川王映为荆州刺史。

三年春,正月,壬戌朔,诏王公卿士荐谠言。丙子,以平北将军陈显达为益州刺史,贞阳公柳世隆为南兖州刺史,皇子锋为江夏王。领军将军李安民等破虏于淮阳。夏,四月,以宁朔将军沈景德为广州刺史。六月,壬子,大赦。逋租宿债,除减有差。秋七月,以冠军将军垣荣祖为徐州刺史。冬,十月,戊子,以河南王世子吐谷浑度易侯为西秦、河二州刺史,河南王。

四年,春,正月,壬戌,诏曰:"夫胶庠之典,彝伦攸先,所以招振才端,启发性绪,弘字黎氓,纳之轨义,是故五礼之迹可传,六乐之容不泯。朕自膺历受图,志阐经训,且有司群僚,奏议咸集,盖以戎车时警,文教未宜,思乐泮宫,永言多慨。今关燧无虞,时和岁稔,远迩同风,华夷慕义。便可式遵前准,修建敩学,精选儒官,广延国胄。"以江州刺史王延之为右光禄大夫。癸亥,诏曰:"比岁申威西北,义勇争先,殒气寇场,命尽王事。战亡蠲复,虽有恒典,主者遵用,每伤简薄。建元以来战亡,赏蠲租布二十年,杂役十年。其不得收尸,主军保押,亦同此例。"以后将军长沙王晃为护军将军,中军将军南郡王长懋为南徐州刺史,冠军将军安成王暠为江州刺史。二月,乙未,以冠军将军桓康为青、冀二州刺史。上不豫,庚戌,诏原京师囚系有差,元年以前逋责皆原除。三月,庚申,召司徒褚渊、左仆射王俭诏曰:"吾本布衣素族,念不到此,因藉时来,遂隆大业。风道沾被,升平可期。遘疾弥留,至于大渐。公等奉太子如事吾,柔远能迩,缉和内外,当令太子敦穆亲戚,委任贤才,崇尚节俭,弘宣简惠,则天下之理尽矣。死生有命,夫复何言!"壬戌,上崩于临光殿,年五十六。四月,庚寅,上谥曰太祖高皇帝。奉梓宫于东府前渚升龙舟。丙午,窆武进泰安陵。

上少沈深有大量,宽严清俭,喜怒无色。博涉经史,善属文,工草隶书,弈棋第二品。虽经纶夷险,不废素业。从谏察谋,以威重得众。即位后,身不御精细之物,敕中书舍人桓景真曰:"主衣中似有玉介导,此制始自大明末,后泰始尤增其丽。留此置主衣,政是兴长疾源,可即时打碎。凡复有可异物,皆宜随例也。"后宫器物栏槛以铜为饰者,皆改用铁,内殿施黄纱帐,宫人著紫皮履,华盖除金花爪,用铁回钉。每日:"使我治天下十年,当使黄金与土同价。"欲以身率天下,移变风俗。上姓名骨体及期运历数,并远应图谶数十百条,历代所未有,臣下撰录,上抑而不宣,盛矣。

史臣曰:孙卿有言:"圣人之有天下,受之也,非取之也。"汉高神武骏圣,观秦氏东游,盖是雅多大言,非始自知天命;光武闻少公之论谶,亦特一时之笑语;魏武初起义兵,所期"征西"之墓;晋宣不内迫曹爽,岂有定霸浮桥?宋氏崛起匹夫,兵由义立:咸皆一世推雄,卒开鼎祚。宋氏正位八君,卜年五纪,四绝长嫡,三称中兴,内难边虞,兵革世动。太祖基命之初,武功潜用,泰始开运,大拯时艰,龙德在田,见猜云雨之迹。及苍梧暴虐,衅结朝野,百姓懔懔,命悬朝夕。权道既行,兼济天下。元功振主,利器难以假人,群才戮力,实怀尺寸之望。岂其天厌水行,固已人希木德。归功与能,事极乎此。虽至公于四海,而运实时来;无心于黄屋,而道随物变。应而不为,此皇齐所以集大命也。

赞曰:於皇太祖,有命自天,同度宇宙,合量山渊。宋德不绍,神器虚传。宁乱以武,黜暴资贤。庸发西疆,功兴北翰,偏师独克,孤旅霆断。援旆东夏,职司静乱,指斧徐方,时惟伐叛;抗威京辇,坐围江汉。文艺在躬,芳尘渊塞。用下以才,镇民以德。端己雄眸,君临尊默。苞括四海,大造家国。

卷三　　本纪第三

武　　帝

世祖武皇帝讳赜,字宣远,太祖长子也。小讳龙儿。生于建康青溪宅,其夜陈孝后、刘昭后同梦龙据屋上,故字上焉。初为寻阳国侍郎,辟州西曹书佐,出为赣令。江州刺史晋安王子勋反,上不从命。南康相沈肃之絷上于郡狱。族人萧欣祖、门客桓康等破郡迎出上。肃之率将吏数百人追击,上与左右拒战,生获肃之,斩首百余级,遂率部曲百余人举义兵。始兴相殷孚将万兵赴子勋于寻阳,或劝上击之,上以众寡不敌,避屯揭阳山中,聚众至三千人。子勋遣其将戴凯之为南康相,及军主张宗之千余人助之。上引兵向郡,击凯之别军主程超数百人于南康口,又进击宗之,破斩之,遂围郡城。凯之以数千人固守,上亲率将士尽日攻之,城陷,凯之奔走,杀伪赣令陶冲之。上即据郡城,遣军主张应期、邓惠真三千人袭豫章。子勋遣军主谈秀之等七千人,与应期相拒于西昌,筑营垒,交战不能决。闻上将下,秀之等退散。事平,征为尚书库部郎、征北中兵参军、西阳县子,带南东莞太守、越骑校尉、正员郎、刘韫抚军长史、襄阳太守。别封赣县子,邑三百户,固辞不受。转宁朔将军、广兴相。桂阳王休范反,上遣军袭寻阳,至北峤,事平,除晋熙王安西谘议,不拜,复还郡。转司徒右长史、黄门郎。沈攸之在荆楚,宋朝密为之备。元徽四年,以上为晋熙王镇西长史、江夏内史、行郢州事。顺帝立,征晋熙王燮为抚军、扬州刺史,以上为左卫将军,辅燮俱下。沈攸之事起,未得朝廷处分,上以中流可以待敌,即据盆口城为战守之备。太祖闻之,喜曰:"此真我子也!"上表求西讨,不许,乃遣偏军援郢。平西将军黄回等皆受上节度。加上冠军将军、节亭。升明二年,事平,转散骑常侍,都督江州、豫州之新蔡、晋熙二郡军事，征虏将军，江州刺史，持节如故。封闻喜县侯，邑二千户。其年，征侍中、领军将军。给鼓吹一部。府置佐史。领石头戍军事。寻又加持节、督京畿诸军事。三年，转散骑常侍、尚书仆射、中军大将军、开府仪同三司，进爵为公，持节、都督、领军如故。给班剑二十人。齐国建，为齐公世子，改加侍中、南豫州刺史，给油络车，羽葆鼓吹，增班剑为四十人。以石头为世子宫，官置二率以下，坊省服章，一如东宫。进爵王太子。太祖即位，为皇太子。

建元四年三月，壬戌，太祖崩，上即位，大赦。征镇州郡令长军屯营部，各行丧三日，不得擅离任，都邑城守防备幢队，一不得还。乙丑，称先帝遗诏，以司徒褚渊录尚书事，尚书左仆射王俭为尚书令，车骑将军张敬儿为开府仪同三司。诏曰："丧礼虽有定制，先旨每存简约，内官可三日一还临，外官间日一还临。后有大丧皆如之。"丁卯，以右卫将军吕安国为司州刺史。庚午，以司空豫章王嶷为太尉。癸酉，诏曰："城直之制，历代宜同，顷岁逋弛，遂以万计。虽在宪宜惩，而原心可亮。积年逋城，可悉原荡。自兹以后，申明旧科，有违斜裁。"庚辰，诏曰："比岁未稔，贫穷不少，京师二岸，多有其弊。遣中书舍人优量赈恤。"夏，四月，丙午，以辅国将军张倪为兖州刺史。辛卯，追尊穆妃为皇后。五月，乙丑，以丹阳尹闻喜公子良为南徐州刺史。甲戌，以新除左卫将军垣崇祖为豫州刺史。癸未，诏曰："顷水雨频降，潮流荐满，二岸居民，多所淹溃。遣中书舍人与两县官长优量赈恤。"六月，甲申，立皇太子长懋。诏申壬戌赦恩百日。乙酉，以鄱阳王锵为雍州刺史，临汝公子卿为郢州刺史。甲午，以宁朔将军臧灵智为越州刺史。丙申，立皇太子妃王氏。进封闻喜公子良为竟陵王，临汝公子卿为庐陵王，应城公子敬为安陆王，江陵公子懋为晋安王，枝江公子隆为随郡王，皇子子真为建安王，皇孙昭业为南郡王。戊戌，诏曰："水潦为患，星纬乖序。京都囚系，可克日讯决；诸远狱委刺史以时察判。建康、秣陵二县贫民加赈赐，必令周悉。吴兴、义兴遭水县，蠲除租调。"癸卯，以司徒褚渊为司空、骠骑将军。秋，七月，庚申，以卫尉萧顺之为豫州刺史。壬戌，以冠军将军垣荣祖为青、冀二州刺史。八月，癸卯，司徒褚渊薨。九月，丁巳，以国哀故，罢国子学。己巳，以前军将军姜伯起为秦州刺史。辛未，以征南将军王僧虔为左光禄大夫、开府仪同三司，尚书右仆射王奂为湘州刺史。冬，十二月，己丑，诏曰："缘淮戍将，久处边劳，三元行始，宜沾恩庆。可遣中书舍人宣旨临会。后每岁皆如之。"庚子，以太子左卫率戴僧静为徐州刺史。

永明元年春，正月，辛亥，车驾祠南郊，大赦，改元。壬子，诏内外群僚各举朕违，肆心规谏。又诏王公卿士，各举所知，随方登叙。诏曰："经邦之寄，实资莅民，守宰禄俸，盖有恒准。往以边虞告警，故沿时损益；今区宇宴晏，庶绩咸熙，念勤简能，宜加优奖。郡县丞尉，可还田秩。"太尉豫章王嶷领太子太傅，护军将军长沙王晃为南徐州刺史，镇北将军竟陵王子良为南兖州刺史。庚申，以侍中萧景先为中领军。壬戌，立皇弟锐为南平王，铿为宜都王，皇子子明为武昌王，子罕为南海王。甲子，为筑青溪旧宫，诏梁仗瞻履。二月，辛巳，以征虏将军杨炅为沙州刺史。辛丑，以陇西公宕昌王梁弥机为河、凉二州刺史，东羌王像舒彭为西凉州刺史。三月，癸丑，诏曰："宋德将季，风轨陵迟，列宰庶邦，弥失其序，迁谢遒速，公私凋弊。泰运初基，草昧惟始，思述先范，永隆治根。莅民之职，一以小满为限。其有声绩克举，厚加甄异；理务无庸，随时代黜。"丙辰，诏曰："朕自丁荼毒，奄便周忌，瞻言负荷，若坠渊壑。而远图尚葺，政刑未理，星纬失序，阴阳愆度。思播先泽，兼酬天眷，可申辛亥赦恩五十日，以期迄为始。京师囚系，悉皆原宥。三署军徒，优量降遣。都邑鳏寡尤贫，详加赈恤。"戊寅，诏"四方见囚，罪无轻重，及劫贼余口长徒敕系，悉原赦。逋负督赃，建元四年三月以前，皆特除。"夏，四月，壬午，诏曰："魏矜袁绍，恩洽丘墓；晋亮两王，荣覃余裔。二代弘义，前载美谈。袁粲、刘秉与先朝同奖宋室，沈攸之于景和之世，特有乃心，虽末节不终，而始诚可录。岁月弥往，宜特优降。粲、秉前年改葬茔兆，未修材椁，可为经理，令粗足周礼。攸之及其诸子丧柩在西者，可符荆州送反旧墓，在所为营葬事。"五月，丁酉，车骑将军张敬儿伏诛。六月，丙寅，诏"凡坐事应覆治者，在建元四年三月已前，皆原宥。"秋，七月，戊戌，新除左光禄大夫王僧虔加特进。九月，己卯，以荆州刺史临川王映为骠骑将军，冠军将军庐陵王子卿为荆州刺史，吴郡太守安陆侯缅为郢州刺史。

二年春，正月，乙亥，以司州刺史吕安国为南兖州刺史，征北将军竟陵王子良为护军将军兼司徒，征北长史刘悛为司州刺史。丙子，以右光禄大夫王延之为特进。三月，乙亥，以吴兴太守张岱为南兖州刺史，前将军王奂为江州刺史，平北将军吕安国为湘州刺史。戊寅，以少府赵景翼为广州刺史。夏，四月，甲辰，诏"扬、南徐、南兖、徐、兖五州统内诸狱，并、豫、江三州府州见囚，江州寻阳、新蔡两郡系狱，并部送还台，须候克日断枉直。缘江远郡及诸州，委刺史详察讯。"己巳，以宁朔将军程法勤为宁州刺史。六月，癸卯，车驾幸中堂听讼。乙巳，以安陆王子敬为南兖州刺史。戊申，以黄门侍郎崔平仲为青、冀二州刺史。秋，七月，癸未，诏曰："夫乐所自生，先哲垂诰，礼不忘本，积代同风。是以汉光迟回于南阳，魏文殷勤于谯国。青溪宫体天含晖，则地栖宝，光定灵源，允集符命。在昔期运初开，经纶方远，缔筑之劳，我则未暇。时流事往，永惟哽咽。朕以寡薄，嗣奉鸿基，思存缔构，式表王迹。考星创制，揆日兴功，子来告毕，规摹昭备。宜申衅落之礼，以畅感慰之怀，可克日小会。"甲申，立皇子子伦为巴陵王。八月，丙午，车驾幸旧宫小会，设金石乐，在位者赋诗。诏申"京师狱及三署见徒，量所降宥。领宫职司，详赐币帛"。戊申，车驾幸玄武湖讲武。甲子，诏曰："窀穸掩骼，义重前诰，恤老哀癃，实惟令典。朕永思民瘼，弗忘鉴寐。声憯未敷，物多乖所。京师二县，或有久坟毁发，可随宜掩埋。遗骸未椟，并加敛瘗。疾病穷困不能自存者，详为条格，并加沾赉。"冬，十月，丁巳，以桂阳王铄为南徐州刺史。十一月，丁亥，以始兴王鉴为益州刺史。

三年春,正月,丙辰,以大司农刘楷为交州刺史,安西谘议参军崔庆绪为梁、南秦二州刺史。甲申,以晋安王子懋为南豫州刺史。辛卯,车驾祀南郊,大赦。都邑三百里内罪应入重者,降一等,余依赦制。劾系之身,降遣有差。赈恤二县贫民。又诏曰:"《春秋国语》云'生民之有学斅,犹树木之有枝叶。'果行育德,咸必由兹。在昔开运,光宅华夏,方弘典谟,克隆教思,命彼有司,崇建庠塾。甫就经始,仍离屯故,仰瞻徽猷,岁月弥远。今遇迩一体,车轨同文,宜高选学官,广延胄子。"又诏"守宰亲民之要,刺史案部所先,宜严课农桑,相土揆时,必穷地利。若耕蚕殊众,足厉浮堕,所在即便列奏。其违方骄矜,侵事妨农,亦以名闻。将明赏罚,以劝勤怠。校核殿最,岁竟考课,以申黜陟。"二月,辛丑,车驾祠北郊。夏,四月,戊戌,以新除右卫将军豫章王世子子响为豫州刺史,辅国将军桓敬为兖州刺史。五月,乙未,诏曰:"氓俗凋弊,于兹永久,虽年谷时登,而歉乏比室。凡单丁之身及茕独而秩ершь养孤者,并蠲今年田租。"是月,省总明观。六月,庚戌,进河南王度易侯为车骑将军。秋,七月,辛丑,诏"丹阳所领及余二百里内见囚,同集京师;自此以外,委郡郡决断。"甲戌,左光禄大夫、开府仪同三司王僧虔薨。丁亥,以骠骑中兵参军董仲舒为宁州刺史。八月,乙未,车驾幸中堂听讼。丁巳,以行宕昌王梁弥颉为河、凉二州刺史。戊午,以尚书令王俭领太子少傅,太子詹事萧顺之为领军将军。冬,十月,壬戌,诏曰:"皇太子长懋讲学,当释奠,王公以下可悉往观礼。"十一月,乙丑,以冠军将军王文仲为青、冀二州刺史。十二月,丁酉,诏曰:"九谷之重,八材为末,是故洁粢丰盛,祝史无愧于辞,不籍千亩,周宣所以贻谏。昔期运初启,庶政草昧,三推之典,我则未暇。朕嗣奉鸿基,思隆先轨,载耒躬亲,率由旧式。可以开春发岁,敬简元辰,鸣青鸾于东郊,冕朱紘而莅事。仰荐宗祧,俯勖黔皂,将使囷庾内充,遗秉外牣。既富而教,兹焉攸在。"是夏,琅邪郡旱。百姓芟除枯苗,至秋擢颖大熟。

四年春,正月,甲子,以南琅邪、彭城二郡太守随郡王子隆为江州刺史,征虏长史张瑰为雍州刺史,征虏将军薛渊为徐州刺史,护军将军兼司徒竟陵王子良进号车骑将军。富阳人唐宇之反,聚众桐庐,破富阳、钱塘等县,害东阳太守萧崇之。遣宿卫兵出讨,伏诛。丁酉,冠军将军、马军主陈天福坐讨唐宇之烧掠百姓,弃市。辛卯,车驾幸中堂策秀才。闰月癸巳,立皇子子贞为邵陵王,皇孙昭文为临汝公。丁未,以武都王杨集始为北秦州刺史。辛亥,车驾籍田。诏曰:"夫耕籍所以表敬,亲载所以率民。朕景行前规,躬执良耜,千畛咸事,六稔可期,教义克宣,诚感兼畅。重以天符灵贶,岁月鳞萃,宝鼎开玉匣之祥,嘉禾发同穗之颖,甘露凝晖于垧牧,神爵骞翥于兰囿。斯乃宗稷之庆,岂寡薄所臻!思俾休和,覃兹黔皂,见刑罪殊死以下,悉原宥。诸通负在三年以前尤穷弊者,一皆蠲除。孝悌力田,详授爵位,孤老贫穷,赐谷十石。凡欲附农而粮种阙乏者,并加给贷,务在优厚。"癸丑,以始兴

内史刘勃为广州刺史。甲寅,以籍田礼毕,车驾幸阅武堂劳酒小会,诏赐王公以下在位者帛有差。戊午,车驾幸宣武堂讲武。诏曰:"今亲阅六师,少长有礼,领驭群帅,可量班赐。"二月,己未,立皇弟铄为晋熙王,铉为河东王。庚寅,以光禄大夫王玄载为兖州刺史。三月,辛亥,国子讲《孝经》,车驾幸学,赐国子祭酒、博士、助教绢各有差。夏,四月,丁亥,以尚书左仆射柳世隆为湘州刺史。临沂县麦不登,刈为马刍,至夏更苗秀。五月,癸巳,诏"扬、南徐二州,今年户租三分二取见布,一分取钱。来岁以后,远近诸州输钱处,并减布直,匹准四百,依旧折半,以为永制。"丙午,以吴兴太守西昌侯鸾为中领军。秋,八月,辛酉,以镇南长史萧惠休为广州刺史。九月,甲寅,以征虏将军王广之为徐州刺史。冬,十二月,乙亥,以东中郎司马崔惠景为司州刺史。

五年春,正月,戊子,以太尉豫章王嶷为大司马,车骑将军竟陵王子良为司徒,骠骑将军临川王映、卫将军王俭、中军将军王敬则并本号开府仪同三司,都官尚书沈文季为郢州刺史,左将军安陆王子敬为荆州刺史,征虏将军晋安王子懋为南兖州刺史,辅国将军建安王子真为南豫州刺史。辛卯,诏曰:"朕昧爽丕显,思康民瘼。虽年谷亟登,而饥馑代有。今履端肇运,阳和告始,宜协时休,覃兹黎庶。诸孤老贫病,并赐粮饩,遣使亲赋,每存均普。"雍、司二州蛮虏屡动,丁酉,遣丹阳尹萧景先出平阳,护军将军陈显达出宛、叶。三月,戊子,车驾幸芳林园禊宴。丁未,以护军将军陈显达为雍州刺史。夏,四月庚午,车驾殷祠太庙。诏"系囚见徒四岁刑以下,悉原遣,五年减为三岁,京邑罪身应入重,降一等。"六月,辛酉,诏曰:"比霖雨过度,水潦洊溢,京师居民,多离其弊。遣中书舍人、二县官长随宜赈赐。"秋,七月,戊申,诏"丹阳属县建元四年以来至永明三年所通田租,殊为不少。京甸之内,宜加优贷。其非中赀者,可悉原停。"八月,乙亥,诏"今夏雨水,吴兴、义兴二郡田农多伤,详蠲租调。"九月,己丑,诏曰:"九日出商飙馆登高宴群臣。"辛卯,车驾幸商飙馆。馆,上所立,在孙陵岗,世呼为"九日台"者也。丙午,诏曰:"善为国者,使民无伤,而农益劝。是以十一而税,周道克隆,开建常平,汉载惟穆。岱畎丝枲,浮汶来贡,杞梓皮革,必缘楚往。自水德将谢,丧乱弥多,师旅岁兴,饥馑代有。贫室尽于课调,泉贝倾于绝域。军国器用,动资四表,不因厥产,咸用九赋,虽有交贸之名,而无润私之实。民咨涂炭,实此之由。昔在开运,星纪未周,余弊尚重。农桑不殷于曩日,粟帛轻贱于当年。工商罕兼金之储,匹夫多饥寒之患。良由圜法久废,上弊稍寡。所谓民失其资,能无匮乎?凡下贫之家,可蠲三调二年。京师及四方出钱亿万,籴米谷丝绵之属,其和价以优黔首。远邦尝市杂物,非土俗所产者,皆悉停之。必是岁赋攸宜,都邑所乏,可见直和市,勿使逋刻。"冬,十月,甲申,以中领军西昌侯鸾为豫州刺史,侍中安陆侯缅为中领军。初起新林苑。

六年春,正月,壬午,以祠部尚书安成王暠为南徐州刺史。诏"二百里内狱同集京师,克日听览,自此以外,

委州郡讯察。三署徒隶，详所原释。"三月，己亥，以豫章王世子子响为巴东王。癸卯，以光禄大夫周盘龙为行兖州刺史。五月甲午，以宕昌王梁弥承为河、凉二州刺史。六月，甲寅，以散骑常侍沈景德为徐州刺史。丙子，以始兴太守房法乘为交州刺史。秋，七月，乙巳，都官尚书吕安国为领军将军。八月，乙卯，诏"吴兴、义兴水潦，被水之乡，赐痼疾笃癃口二斛，老疾一斛，小口五斗。"九月，壬寅，车驾幸琅邪城讲武，习水步军。冬，十月，庚申，立冬，初临太极殿读时令。辛酉，以祠部尚书武陵王晔为江州刺史。闰月乙卯，诏曰："北兖、北徐、豫、司、青、冀八州，边接疆场，民多悬罄，原永明以前所逋租调。"辛卯，以尚书仆射王奂为领军将军。十一月，乙卯，以羽林监费延宗为越州刺史。庚申，以后将军、晋安王子懋为湘州刺史，西阳王子明为南兖州刺史。

七年春，正月，丙午，以中军将军王敬则为豫州刺史，中军将军阴智伯为梁、南秦二州刺史。戊申，诏曰："雍州频岁戎役，兼水旱为弊，原四年以前逋租。"辛亥，车驾祀南郊，大赦。京邑贫民，普加赈赐。又诏曰："春颁秋敛，万邦所以惟怀，柔远能迩，兆民所以允殖。郑泽宰邑，因姓立名，王濬剖符，户口殷盛。今产子不育，虽炳常禁，比闻所在，犹或有之。诚复礼以贫杀，抑亦情由俗淡。宜节以严威，敦以惠泽。主者寻旧制，详量附定，蠲恤之宜，务存优厚。"壬戌，骠骑将军、开府仪同三司临川王映薨。戊辰，诏曰："诸大夫年秩隆重，禄力殊薄，岂所谓下车惟旧，趋桥敬老？可增俸，详给见役。"二月，丙子，以左卫将军、巴东王子响为中护军。己丑，诏曰："宣尼诞敷文德，峻极自天，发辉七代，陶钧万品，英风独举，素王谁匹！功隐于当年，道深于日月。感麟厌世，缅邈千祀，川竭谷虚，丘夷渊塞，非但洙泗湮沦，至乃飨尝乏主。前王敬仰，崇修寝庙，岁月亟流，鞠为茂草。今学敩兴立，实禀洪规，抚事怀人，弥增钦属。可改筑宗祊，务在爽垲。量给祭秩，礼同诸侯。奉圣之爵，以时绍继。"壬寅，以丹阳尹王晏为江州刺史。癸卯，以巴陵王子伦为豫州刺史。三月，丁未，以太子右卫率王玄邈为兖州刺史。庚戌，以中护军、巴东王子响为江州刺史，中书令、随郡王子隆为中护军。甲寅，立皇子子岳为临贺王，子峻为广汉王，子琳为宣城王，子珉为义安王。夏，四月，戊寅，诏曰："婚礼下达，人伦攸始，《周官》设媒氏之职，《国风》兴及时之咏。四爵内陈，义不期侈，三鼎外列，事岂存奢！晚俗浮丽，历兹永久，每思惩革，而民未知禁。乃闻同牢之费，华泰尤甚；膳羞方丈，有过王侯。富者扇其骄风，贫者耻躬不逮。或以供帐未具，动致推迁，年不再来，盛时忽往。宜为节文，颁之士庶。并可拟则公朝，方检供设，合卺之礼无亏，宁俭之义斯在。如故有违，绳之以法。"五月，乙巳，尚书令、卫将军、开府仪同三司王俭薨。甲子，以新除尚书左仆射柳世隆为尚书令。六月，丁亥，车驾幸琅邪。秋，八月，庚子，以左卫将军建安王子真为中护军。冬，十月，己丑，诏曰："三季浇浮，旧章陵替，吉凶奢靡，动违矩则。或裂锦绣以竞车服之饰，涂金镂石以穷茔域之丽。至班白不婚，露棺累叶，苟相夸

衒，罔顾大典。可明为条制，严勒所在，悉使画一。如复违犯，依事纠奏。"十二月，己亥，以中护军、建安王子真为郢州刺史，江州刺史、巴东王子响为荆州刺史，前安西司马垣荣祖为兖州刺史。

八年，春，正月，庚子，征西大将军王敬则进号骠骑大将军，左将军沈文季为领军将军，丹阳尹、鄱阳王锵为江州刺史。诏放遣隔城虏俘，听还本土。二月，壬辰，零陵王司马药师薨。夏，四月，戊辰，诏"公卿已下各举所知，随才授职。进得其人，受登贤之赏；荐非其才，获滥举之罚。"秋，七月，辛丑，以会稽太守安陆侯缅为雍州刺史。癸卯，诏曰："阴阳舛和，纬象愆度，储胤婴患，淹历旬暑。思仰祗天戒，俯纾民瘼，可大赦天下。"癸亥，诏"司、雍二州，比岁不稔，雍州八年以前、司州七年以前逋租悉原。汝南一郡复限更申五年。"八月，丙寅，诏"京邑霖雨既过，居民泛滥，遣中书舍人、二县官长赈恤。"乙酉，以行河南王世子休留代为秦、河二州刺史。壬辰，以左卫将军、随郡王子隆为荆州刺史。巴东王子响有罪，遣丹阳尹萧顺之率军讨之，子响伏诛。冬，十月，丁丑，诏"吴兴水淹过度，开所在仓赈赐。"癸巳，原建元以前逋租。十一月，乙卯，以建武将军伏登之为交州刺史。十二月，乙丑，以振威将军陈僧授为越州刺史。戊寅，诏"尚书丞郎职事繁剧，恤俸未优，可量增赐禄。"己卯，皇子子建为湘东王。癸巳，以监青冀二州军、行刺史事张冲为青、冀二州刺史。

九年春，正月，甲午，以侍中、江夏王锋为南徐州刺史，冠军将军刘悛为益州刺史。辛丑，车驾祠南郊，诏"京师见囚系，详量原遣。"三月，乙卯，以南中郎司马刘楷为司州刺史。辛丑，以太子左卫率刘绘为广州刺史。夏，四月，乙亥，有司奏："旧格一年两过行陵，三月十五日曹郎以下小行，九月十五日司空以下大行。今长停小行，唯二州一大行。"诏曰："可。"六月，甲戌，以尚书左仆射王奂为雍州刺史。秋，九月，戊辰，车驾幸琅邪城讲武，观者倾都，普颁酒肉。

十年春，正月，戊午，诏"诸责负众逋七年以前，悉原除。高赀不在例。孤老六疾，人谷五斛。内外有务众官增禄俸。"以左民尚书、南平王锐为湘州刺史，司徒、竟陵王子良领尚书令，右卫将军王玄邈为北徐州刺史，中军将军、庐陵王子卿进号车骑将军，北中郎将、南海王子罕为兖州刺史，辅国将军、临汝公昭文为南豫州刺史，冠军将军王文和为北兖州刺史。二月，壬寅，镇军将军陈显达领中领军。夏，四月，辛丑，大司马豫章王嶷薨。五月，己巳，司徒、竟陵王子良为扬州刺史。秋，八月，丙申，以新城太守郭安明为宁州刺史。冬，十月，乙丑，车驾幸玄武湖讲武。甲午，车驾殷祠太庙。十一月，戊午，诏曰："顷者霖雨，樵粮稍贵，京邑居民，多离其弊。遣中书舍人、二县官长赈赐。"

十一年春，正月，癸丑，诏"京师见系囚，详所原遣。"以骠骑大将军王敬则为司空，江州刺史、鄱阳王锵为领军将军，镇军大将军陈显达为江州刺史，右卫将军崔慧景为豫州刺史。丙子，皇太子长懋薨。二月，壬午，以车骑将

军、庐陵王子卿为骠骑将军、南豫州刺史，抚军将军、安陆王子敬进号车骑将军。己丑，辅国将军曹虎为梁、南秦二州刺史。癸卯，以新除中书监、晋安王子懋为雍州刺史。丙午，以冠军将军王文和为益州刺史。三月，乙亥，雍州刺史王奂伏诛。夏，四月，壬午，诏"东宫文武臣僚，可悉度为太孙官属。"甲午，立皇太孙昭业、太孙妃何氏。诏"赐天下为父后者爵一级，孝子顺孙义夫节妇粟帛各有差。"癸卯，以骁骑将军刘灵哲为兖州刺史。五月，戊辰，诏曰："水旱成灾，谷稼伤弊，凡三调众逋，可同申至秋登。京师二县、朱方、姑熟，可权断酒。"庚午，以辅国将军萧惠休为徐州刺史。丙子，以左民尚书、宜都王铿为南豫州刺史。六月，壬午，诏"霖雨既过，遣中书舍人、二县官长赈赐京邑居民。"秋，七月，丁巳，诏曰："顷风水为灾，二岸居民多离其患，加以贫病六疾，孤老稚弱，弥足矜念。遣中书舍人履行沾恤。"又诏曰："水旱为灾，实伤农稼。江淮之间，仓廪既虚，遂草窃充斥，互相侵夺，依阻山湖，成此逋逃。曲赦南兖、兖、豫、司、徐五州，南豫州之历阳、谯、临江、庐江四郡，三调众逋宿债，并同原除。其缘淮及青、冀新附侨民，复除已讫，更申五年。"是月，上不豫，徙御延昌殿，乘舆始登阶，而殿屋鸣咤，上恶之。房侵边，戊辰，遣江州刺史陈显达镇雍州樊城。上虑朝野忧惶，乃力疾召乐府奏正声伎。戊寅，大渐。诏曰："始终大期，贤圣不免，吾行年六十，亦复何恨。但皇业艰难，万机事重，不能无遗虑耳。太孙进德日茂，社稷有寄。子良善相毗辅，思弘治道；内外众事，无大小悉与鸾参怀，共下意。尚书中是职务根本，悉委王晏、徐孝嗣。军旅捍边之略，委王敬则、陈显达、王广之、王玄邈、沈文季、张瑰、薛渊等。百辟庶僚，各奉尔职，谨事太孙，勿有懈怠。知复何言。"又诏曰："我识灭之后，身上著夏衣，画天衣，纯乌犀导，应诸器悉不得用宝物及织成等，唯装复袷衣各一通。常所服身刀长短二口铁环者，随我入梓宫。祭敬之典，本在因心，东邻杀牛，不如西家禴祭。我灵上慎勿以牲为祭，唯设饼、茶饮、干饭、酒脯而已。天下贵贱，咸同此制。未山陵前，朔望设菜食。陵墓万世所宅，意尝恨休安陵未称，今可用东三处地最东边以葬我，名为景安陵。丧礼每存省约，不须烦民。百官停六时入临，朔望祖日可依旧。诸主六宫，并不须从山陵。内殿凤华、寿昌、耀灵三处，是吾所治制。夫贵有天下，富兼四海，宴处寝息，不容久陋，谓此为奢俭之中，慎勿坏去。显阳殿玉像诸佛及供养，具如别牒，可尽心礼拜供养之。应有功德事，可专在中。自今公私皆不得出家为道，及起立塔寺，以宅为精舍，并严断之。唯年六十，必有道心，听朝贤选序，已有别诏。诸小小赐乞，及阁内处分，亦有别牒。内外禁卫劳旧主帅左右，悉付萧谌优量驱使之，勿负吾遗意也。"是日上崩，年五十四。

上刚毅有断，为治总大体，以富国为先。颇不喜游宴、雕绮之事，言常恨之，未能顿遣。临崩又诏"凡诸游费，宜从休息。自今远近荐献，务存节俭，不得出界营求，相高奢丽。金粟缯纩，弊民已多，珠玉玩好，伤工尤重，严加禁绝，不得有违准绳。"九月，丙寅，葬景安陵。

史臣曰：世祖南面嗣业，功参宝命，虽为继体，事实艰难。御衮垂旒，深存政典，文武授任，不革旧章。明罚厚恩，皆由上出，义兼长远，莫不肃然。外表无尘，内朝多豫，机事平理，职贡有恒，府藏内充，民鲜劳役。宫室苑囿，未足以伤财，安乐延年，众庶所同幸。若夫割爱怀抱，同彼甸人，太祖群昭，位后诸穆。昔汉武留情晚悟，追恨戾园，魏文侯克中山，不以封弟，英贤心迹，臣所未详也。

赞曰：武帝丕显，徽号止戈。韶岭歇浸，彭派澄波。威承景历，肃御金科。北怀戎款，南献夷歌。市朝晏逸，中外宁和。

卷四　　　　本纪第四

郁　林　王

郁林王昭业，字元尚，文惠太子长子也。小名法身。世祖即位，封南郡王，二千户。永明五年十一月戊子，冠于东宫崇政殿。其日小会，赐王公以下帛各有差，给昭业扶二人。七年，有司奏给班剑二十人，鼓吹一部，高选友、学。十一年，给皂轮三望车。诏高选国官。文惠太子薨，立昭业为皇太孙，居东宫。世祖崩，太孙即位。八月，壬午，诏称先帝遗诏，以护军将军武陵王晔为卫将军，征南大将军陈显达即本号，并开府仪同三司，尚书左仆射西昌侯鸾为尚书令。太孙詹事沈文季为护军将军。癸未，以司徒竟陵王子良为太傅。诏曰："朕以寡薄，嗣膺宝政，对越灵命，钦若前图，思所以敬守成规，拱揖群后。哀荒在日，有懵大猷，宜育德振民，光昭睿范。凡逋三调及众责，在今年七月三十日前，悉同蠲除。其备偿封籍货鬻未售，亦皆还主。御府诸署池田邸冶，兴废沿事，本施一时，于今无用者，详所罢省。公宜权禁，一以还民，关市征赋，务从优减。"丙戌，诏曰："近北掠余口，悉充军实。刑故无小，罔或攸赦，抚辜兴仁，事深睿范。宜从荡宥，许以自新，可一同放遣，还复民籍。已赏赐者，亦皆为赎。"辛丑，诏曰："往岁蛮虏协谋，志扰边服，群帅授略，大歼凶丑。革城克捷，及舞阴固守，二处劳人，未有沾爵赏者，可分遣选部，往彼序用。"九月，癸丑，诏"东西二省府国，长老所积，财单禄寡，良以矜怀。选部可甄才品能，推校年月，邦守邑丞，随宜量处，以贫为先。"辛酉，追尊文惠皇太子为世宗文皇帝。冬，十月，壬寅，尊皇太孙太妃为皇太后，立皇后何氏。十一月，辛亥，立临汝公昭文为新安王，曲江公昭秀为临海王，皇弟昭粲为永嘉王。

隆昌元年春，正月，丁未，改元，大赦。加太傅、竟陵王子良殊礼，骁骑将军、晋熙王銶为郢州刺史，丹阳尹、安陆王子敬为南兖州刺史，征北大将军、晋安王子懋为江州刺史，临海王昭秀为荆州刺史，永嘉王昭粲为南徐州刺史，征南大将军陈显达进号车骑大将军，郢州刺史、建安王子真为护军将军。诏百僚极陈得失。又诏王公以下各举所知。戊申，以护军将军沈文季为领军将军。己酉，以前将军曹虎为雍州刺史，右卫将军薛渊为司州刺史。庚戌，以宁朔将军萧懿为梁、南秦二州刺史，辅国长史申希祖为交州刺史。辛亥，车驾祠南郊。诏曰："执艺暂忘，悬磬比室，秉机或惰，无褐终年。非怠非荒，虽由王道，不粮不莠，实赖民和。顷岁，多稼无爽，遗秉如积，而三登之美未臻，万斯之基尚远。且风土异宜，百民舛务，刑章治绪，未必同源。妨本害政，事非一揆，冤旒属念，无忘夙兴。可严下州郡，务滋耕殖，相亩辟畴，广开地利，深树国本，克阜民天。又询访狱市，博听谣俗，伤风损化，各以条闻，主者详为条格。"戊午，车驾拜景安陵。己巳，以新除黄门侍郎周奉叔为青州刺史。二月，辛卯，车驾祠明堂。夏，四月，辛巳，卫将军、开府仪同三司武陵王晔薨。戊子，太傅竟陵王子良薨。戊戌，以前沙州刺史杨炅为沙州刺史。丁酉，以骠骑将军庐陵王子卿为卫将军。尚书右仆射鄱阳王锵为骠骑将军，并开府仪同三司。闰月，乙丑，以南东海太守萧颖胄为青、冀二州刺史。丁卯，镇军大将军鸾即本号开府仪同三司。戊辰，以中军将军新安王昭文为扬州刺史。六月，丙寅，以黄门侍郎王思远为广州刺史。秋，七月，庚戌，以中书郎萧遥欣为兖州刺史，东莞太守臧灵智为交州刺史。癸巳，皇太后令曰："镇军、车骑、左仆射、前将军、领军、左卫、卫尉、八座：自我皇历启基，受终于宋，睿圣继轨，三叶重光。太祖以神武创业，草昧区夏，武皇以英明提极，经纬天人。文帝以上哲之资，体元良之重，虽功未被物，而德已在民。三灵之眷方永，七百之基已固。嗣主特钟沴气，爰表弱龄，险戾萌于绿车，愚固彰于崇正。狗马是好，酒色方湎。所务唯鄙事，所疾唯善人。世祖慈爱曲深，每加容掩，冀木志稍改，立守神器。自入纂鸿业，长恶滋甚。居丧无一日之哀，缞绖为欢宴之服。昏酣长夜，万机斯壅，发号施令，莫知所从。阉竖徐龙驹专总枢密，奉叔、珍之互执权柄，自以为任得其人，表里缉穆，迈萧、曹而愈信、布，倚太山而坐平原。于是恣情肆意，阁阙天显，二帝姬嫔，并充宠御，二宫遗服，皆纳玩府。内外混漫，男女无别。丹屏之北，为酷鬻之所，青蒲之上，开桑中之肆。又微服潜行，信次忘反，端委以朝虚位，交戟而守空宫积旬矣。宰辅忠贤，尽诚奉主，诛锄群小，冀能悛革，曾不克己，更深怨慑。公卿股肱，以异己置戮，文武昭穆，以德誉见猜。放肆丑言，将行屠脍，社稷危殆，有过缀旒。昔太宗克光于汉世，简文代兴于晋氏，前事之不忘，后人之师也。镇军居正体道，家国是赖，伊霍之举，实寄渊漠，便可详依旧典，以礼废黜。中军将军新安王，体自文皇，睿哲天秀，宜入嗣鸿业，永宁四海。外即以礼奉迎。未亡人属此多难，投笔增慨。"

昭业少美容止，好隶书，世祖敕皇孙手书不得妄出，以贵重之。进对音吐，甚有令誉。王侯五日一问讯，世祖常独呼昭业至腥座，别加抚问，呼为法身，钟爱甚重。文惠皇太子薨，昭业每临哭，辄号咷不自胜，俄尔还内，欢笑极乐。在世祖丧，哭泣竟，入后宫，尝列胡妓二部夹阁迎奏。为南郡王时，文惠太子禁其起居，节其用度，昭业谓豫章王妃庾氏曰："阿婆，佛法言，有福德生帝王家。今日见作天王，便是大罪，左右主帅，动见拘执，不如作市边屠酤富儿百倍矣。"及即位，极意赏赐，动百数十万。每见钱，辄曰："我昔时思汝一文不得，今得用汝未？"期年之间，世祖斋库储钱亿万垂尽。开主衣库与皇后宠姬观之，给阉人竖子各数人，随其所欲，恣意挈取；取诸宝器以相剖击破碎之，以为笑乐。居尝裸袒，著红縠裈，杂采袒服。好斗鸡，密买鸡至数千价。世祖御物甘草杖，宫人寸断用之。毁世祖招婉殿，乞阉人徐龙驹为斋。龙驹尤亲幸，为后阁舍人，日夜在六宫房内。昭业与文帝幸姬霍氏淫通，龙驹劝长留宫内，声云度霍氏为尼，以余人代之。尝以邪谄自进，每谓人曰："古时亦有监作三公者。"皇后亦淫乱，斋阁通夜洞开，内外淆杂，无复分别。中书舍人綦母珍之、朱隆之，直阁将军曹道刚、周奉叔，并为帝羽翼。高宗屡谏不纳，先启诛龙驹，次诛奉叔及珍之，帝并不能违。既而尼媪外入，颇传异语，乃疑高宗有异志。中书令何胤以皇后从叔见亲，使直殿省，尝随后呼胤为三父，与胤谋诛高宗，令胤受事，胤不敢当，依违杜谏，帝意复止。乃谋出高宗于西州，中敕用事，不复关谘。高宗虑变，定谋废帝。二十二日壬辰，使萧谌、坦之等于省诛曹道刚、朱隆之等，率兵自尚书入云龙门，戎服加朱衣于上。比入门，三失履。王晏、徐孝嗣、萧坦之、陈显达、王广之、沈文季系进。帝在寿昌殿，闻外有变，使闭内殿诸房阁，令阉人登兴光楼望，还报云："见一人戎服，从数百人，急装，在西钟楼下。"须臾，萧谌领兵先入宫，截寿昌阁，帝走向爱姬徐氏房，拔剑自刺不中，以帛缠颈，舆接出延德殿。谌初入殿，宿卫将士皆操弓盾欲拒战，谌谓之曰："所取自有人，卿等不须动！"宿卫信之，及见帝出，各欲自奋，帝竟无一言。出西弄，杀之，时年二十一，舆尸出徐龙驹宅，殡葬以王礼。余党亦见诛。

史臣曰：郁林王风华外美，众所同惑。伏情隐诈，难以貌求。立嫡以长，未知瑕衅，世祖之心，不变周道。既而怨鄙内作，兆自宫闱，虽为害未远，足倾社稷。《春秋》书梁伯之过，言其自取亡也。

赞曰：十愆有一，无国不失。郁林负荷，弃礼亡律。

卷五　　　　　　本纪第五

海　陵　王

海陵恭王昭文，字季尚，文惠太子第二子也。永明四年，封临汝公，邑千五百户。初为辅国将军、济阳太守。十年，转持节、督南豫州诸军事、南豫州刺史，将军如故。十一年，进号冠军将军。文惠太子薨，还都。郁林王即位，为中军将军，领兵置佐。封新安王，邑二千户。隆昌元年，为使持节、都督扬南徐二州诸军事、扬州刺史,将军如故。其年,郁林王废,尚书令西昌侯鸾议立昭文为帝。

延兴元年秋,七月,丁酉,即皇帝位。以尚书令、镇军大将军、西昌侯鸾为骠骑大将军、录尚书事、扬州刺史、宣城郡公。诏曰:"太祖高皇帝英谋光大,受命作齐;世祖武皇帝宏猷冠世,继晖下武;世宗文皇帝清明懿铄,四海宅心;并德漏下泉,功昭上象,声教所罩,无思不洽。洪基式固,景祚方融,而天步多阻,运钟否剥。嗣君昏忍,暴戾滋多,弃侮天经,悖灭人纪。朝野重足,遐迩侧视,民怨神恫,宗祧如缀。赖忠谟肃举,霄汉廓清,俾三后之业,绝而更纽,七百之庆,危而复安。猥以冲人,入纂乾绪,载怀驭朽,若坠诸渊,思与黎元,共绥戬福。"大赦,改元。文武赐位二等。八月,甲辰,以新除卫尉萧谌为中领军,司空王敬则进位太尉,新除车骑大将军陈显达为司空,尚书左仆射王晏为尚书令,左卫将军王广之为豫州刺史,骠骑大将军鄱阳王锵为司徒。诏遣大使巡行风俗。丁未,诏曰:"新安国五品以上,悉与满叙;自此以下,皆听解遣。其欲仕者,适其所乐。"以骁骑将军河东王铉为南徐州刺史,西中郎将临海王昭秀为车骑将军,南徐州刺史永嘉王昭粲为荆州刺史。戊申,以辅国将军王诩为广州刺史,中书郎萧遥欣为兖州刺史。庚戌,以车骑板行参军李庆综为宁州刺史。辛亥,以安西将军王玄邈为中护军,新除后军司马萧诞为徐州刺史。壬子,以冠军司马臧灵智为交州刺史。乙卯,申明织成、金薄、彩花、锦绣履之禁。九月,癸酉,诏曰:"顷者以淮关徭役,勤瘁于行役,故罩以荣阶,薄酬厥劳。勋状淹留,未集王府,非所以急舍爵之典,趣报功之旨。便可分遣使部,往彼铨用。"辛巳,以前九真太守宋慈明为交州刺史。癸未,诛新除司徒鄱阳王锵、中军大将军随郡王子隆。遣平西将军王广之诛南兖州刺史安陆王子敬。于是江州刺史晋安王子懋起兵,遣中护军王玄邈讨之。乙未,骠骑大将军鸾假黄钺,内外纂严。又诛湘州刺史南平王锐、郢州刺史晋熙王銶、南豫州刺史宜都王铿。丁亥,以卫将军庐陵王子卿为司徒,抚军将军桂阳王铄为中军将军、开府仪同三司。冬,十月,癸巳,诏曰:"周设媒官,趣及时之制,汉务轻徭,在休息之典,所以布德弘教,宽俗阜民。朕君制八纮,志敷九德,而习俗之风,为弊未改,静言多媿,无忘昏民。督劝婚嫁,宜严更申明,必使禽币以时,摽梅息怨。正厨诸役,旧出州郡,征吏民以应其数,公获二旬,私累数朔。又广陵年常递出千人以助淮戍,劳抚为烦,抑亦苞苴是育。今并可长停,别量所出。诸县使村长路都防城直吏,为剧尤深,亦宜禁断。"丁酉,解严。进骠骑大将军、扬州刺史宣城公鸾为太傅,领大将军、扬州牧,加殊礼,进爵为王。戊戌,诛新除中军将军桂阳王铄、抚军将军衡阳王钧、侍中秘书监江夏王锋、镇军将军建安王子真、左将军巴陵王子伦。癸卯,以宁朔将军萧遥欣为豫州刺史,新除黄门郎萧遥昌为郢州刺史,辅国将军萧诞为司州刺史。宣城王辅政,帝起居皆谘而后行。思食蒸鱼菜,太官令答无录公命,竟不与。辛亥,皇太后令曰:"司空、后将军、丹阳尹、右仆射、中领军、八座:夫明晦迭来,屯平代有,上灵所以

眷命,亿兆所以归怀。自皇家淳耀,列圣继轨,诸侯官方,百神受职。而殷忧启时,多难荐臻,隆昌失德,特紊人鬼,非徒四海解体,乃亦九鼎乘移。赖天纵英辅,大匡社稷,崩基重造,坠典再兴。嗣主幼冲,庶政多昧,且早婴尫疾,弗克负荷,所以宗正内侮,戚藩外叛,觇天视地,人各有心。虽三祖之德在民,而七庙之危行及。自非树以长君,镇以渊器,未允天人之望,宁息奸宄之谋!太傅宣城王胤体宣皇,钟慈太祖,识冠生民,功高造物,符表凤著,讴颂有在,宜入承宝命,式宁宗祐。帝可降封海陵王,吾当归老别馆。昔宣帝中兴汉室,简文重延晋祀,庶我鸿基,于兹永固。言念家国,感庆载怀。"

建武元年,诏"海陵王依汉东海王强故事,给虎贲、旄头、画轮车,设钟虡宫县,供奉所须,每存隆厚。"十一月,称王有疾,数遣御师占视,乃殒之。给温明秘器,衣一袭,敛以衮冕之服。大鸿胪监护丧事。葬给辒辌车,九旒大辂,黄屋左纛,前后部羽葆鼓吹,挽歌二部,依东海王故事。谥曰恭王。年十五。

史臣曰:郭璞称永昌之名,有二日之象,而隆昌之号亦同焉。案汉中平六年,献帝即位,便改元为光熹,张让、段珪诛后,改元为昭宁,董卓辅政,改元为永汉,一岁四号也。晋惠帝太安二年,长沙王乂事败,成都王颖改元为永安;颖自邺夺,河间王颙复改元为永兴,一岁三号也。隆昌、延兴、建武,亦三改年号。故知丧乱之轨迹,虽千载而必同矣。

赞曰:穆穆海陵,因亡代兴。不先不后,遭命是膺。

卷六　　　　　　本纪第六

明　　帝

高宗明皇帝讳鸾,字景栖,始安贞王道生子也。小讳玄度。少孤,太祖抚育,恩过诸子。宋泰豫元年,为安吉令,有严能之名。补武陵王左常侍,不拜。元徽二年,为永世令。升明二年,为邵陵王安南记室参军,未拜,仍迁宁朔将军、淮南宣城二郡太守。寻进号辅国将军。太祖践阼,迁侍中,封西昌侯,邑千户。建元二年,为持节、督郢州司州之义阳诸军事、冠军将军、郢州刺史,进号征虏将军。世祖即位,转度支尚书,领右军将军。永明元年,迁侍中,领骁骑将军。王子侯旧乘缠帷车,高宗独乘下帷,仪从如素士。公事混挠,贩食人担火误烧牛鼻,豫章王白世祖,世祖笑焉。转为散骑常侍、左卫将军,清道而行,上甚悦。二年,出为征虏将军、吴兴太守。四年,迁中领军,常侍如故。五年,为持节、监豫州郢州之西阳司州之汝南二郡军事、右将军、豫州刺史。七年,为尚书右仆射。八年,加领卫尉。十年,转左仆射。十一年,领右卫将军。世祖遗诏为侍中、尚书令,寻加镇军将军,给班剑

二十人。隆昌元年，即本号为大将军，给鼓吹一部，亲兵五百人。寻又加中书监、开府仪同三司。郁林王废，海陵王立，为使持节、都督扬南徐二州军事、骠骑大将军、录尚书事、扬州刺史，开府如故，增班剑为三十人，封宣城郡公，二千户。镇东府城。给兵五千人，钱二百万，布千匹。九江作难，假黄钺，事宁，表送之。寻加黄钺、都督中外诸军事、太傅，领大将军、扬州牧，增班剑为四十人，给幢络三望车，前后部羽葆鼓吹，剑履上殿，入朝不趋，赞拜不名，置左右长史、司马、从事中郎、掾、属各四人，封宣城王，邑五千户，持节、侍中、中书监、录尚书并如故。未拜，太后令废海陵王，以上入纂太祖之第三子，群臣三请，乃受命。

建武元年冬，十月，癸亥，即皇帝位。诏曰："皇齐受终建极，握镜临宸，神武重辉，钦明懿铄，七百攸长，盘石斯固。而王度中塞，天阶荐阻，嗣命多违，蕃衅孔棘，宏图景历，将坠诸渊。宣德皇后远鉴崇替，宪章旧典，畴咨台揆，允定灵策，用集宝命于予一人。猥以虚薄，缵承大业，仰系鸿丕，顾临兆民，永怀先构，若履春冰，寅忧夕惕，罔识攸济，思与万国播此惟新。大赦天下，改元。宿卫身普转一阶，其余文武，赐位二等。逋租宿责，换负官物，在建武元年以前，悉原除。劫贼余口在台府者，可悉原放。负衅流徙，并还本乡。"太尉王敬则为大司马，司空陈显达为太尉，尚书令王晏加骠骑大将军，中领军萧谌为领军将军、南徐州刺史，皇子宝义为扬州刺史，中护军王玄邈为南兖州刺史，新除右将军张瑰为右光禄大夫，平北将军王广之为江州刺史。乙丑，诏断远近上礼。丁卯，诏"自今雕文篆刻，岁时光新，可悉停省。蕃牧守宰，或有荐献，事非任土，严加禁断。"追赠安陆昭侯缅为安陆王。己巳，以安陆侯子宝晊为湘州刺史。诏曰："顷守职之吏，多违旧典，存私害公，实兴民蠹。今商旅税石头后渚及夫卤借倩，一皆停息。所在凡厥公宜，可即符断。主曹详为其制，宪司明加听察。"十一月，癸酉，以西中郎长史始安王遥光为扬州刺史，晋寿太守王洪范为青、冀二州刺史，尚书令王晏领太子少傅。甲戌，大司马寻阳公王敬则等十三人进爵邑各有差。诏省新林苑，先是民地，悉以还主，原责本直。庚辰，立皇子宝义为晋安王，宝玄为江夏王，宝源为庐陵王，宝寅为建安王，宝融为随郡王，宝攸为南平王。甲申，诏曰："邑宰禄薄俸微，不足代耕，虽任土恒贡，亦为劳费，自今悉断。"又诏"宣城国五品以上，悉与满叙。自此以下，皆听解遣。其欲仕，适所乐。"乙酉，追尊始安贞王为景皇，妃为懿后。丙戌，以辅国将军闻喜公遥欣为荆州刺史，宁朔将军丰城公遥昌为豫州刺史。丁亥，诏"细作中署、材官、车府、凡诸工，可悉开番假，递令休息。"戊子，立皇太子宝卷，赐天下为父后者爵一级，孝子顺孙、义夫节妇，普加甄赐明扬。表其衡闾，赉以束帛。己丑，诏"东宫肇建，远近或有庆礼，可悉断之。"壬辰，以新除征虏将军江夏王宝玄为郢州刺史。永明中，御史中丞沈渊表百官年登七十，皆令致仕，并穷困私门。庚子，诏曰："日者百司耆齿，许以自陈，东西二省，犹沾微俸，辞事私庭，荣禄兼谢，兴言爱老，实有矜怀。自缙绅年及，可一遵永明七年以前铨叙之科。"上辅政所诛诸王，是月复属籍，各封子为侯。十二月，壬子，诏曰："上览易遗，下情难达，是以甘棠见美，肺石流咏。自月一视黄辞，如有含枉不申、怀直未举者，莅民之司，并任厥失。"

二年春，正月，辛未，诏"京师系囚殊死，可降为五岁刑，三署见徒五岁以下，悉原散。王公以下，各举所知。随王公卿士，内外群僚，各举朕违，肆心极谏。"索虏寇司、豫、徐、梁四州。壬申，遣镇南将军王广之督司州征讨，左卫将军萧坦之督徐州征讨，尚书右仆射沈文季督豫州征讨。己卯，诏京师二县有毁发坟垄，随宜修理。又诏曰："食惟民天，义高姬载，蚕实生本，教重轩经。前哲盛范，后王茂则，布令审端，咸必由之。朕肃辰岩廊，思弘风训，深务八政，永鉴在勤，静言日昃，无忘寝兴。守宰亲民之主，牧伯调俗之司，宜严课农桑，罔令游惰，撰景肆力，必穷地利，固修堤防，考校殿最。若耕蚕殊众，具以名闻；游惰害业，即便列奏。主者详为条格。"乙未，虏攻钟离，徐州刺史萧惠休破之。丙申，加太尉陈显达使持节、都督西北征讨诸军事。丁酉，内外纂严。三月，戊申，诏"南徐州侨旧民丁，多充戎旅，蠲今年三课。"己未，司州刺史萧诞与众军击虏，破之。诏"雍、豫、司、南兖、徐五州遇寇之家，悉停今年税调。其与虏交通，不问往罪。"丙寅，停青州麦租。虏自寿春退走。甲申，解严。夏，四月，己亥朔，诏"三百里内狱讼，同集京师，克日听览。此以外委州郡讯察。三署徒隶，原遣有差。"索虏围汉中，梁州刺史萧懿拒退之。己未，以新除黄门郎裴叔业为徐州刺史。五月，甲午，寝庙成，诏"监作长帅，可赐位一等，役身遣假一年，非役者蠲租同限岁。"六月，壬戌，诛领军将军萧谌、西阳王子明、南海王子罕、邵陵王子贞。乙丑，以右卫将军萧坦之为领军将军。秋，七月，辛未，以右将军晋安王宝义为南徐州刺史。壬申，以冠军将军梁王为司州刺史。辛卯，以氐杨馥之为北秦州刺史、仇池公。八月，丁未，以右将军庐陵王宝源为南兖州刺史。庚戌，以新除辅国将军申希祖为兖州刺史。九月，己丑，改封南平王宝攸为邵陵王，蜀郡王子文为西阳王，广汉王子峻为衡阳王，临海王昭秀为巴陵王，永嘉王昭粲为桂阳王。冬，十一月，丁卯，诏曰："轨世去奢，事殷哲后，训物以俭，理镜前王。朕属流弊之末，袭浇浮之季，虽恭已弘化，刻意隆平，而礼让未兴，侈华犹竞。永览玄风，竞言集愧，思所以还淳改俗，反古移民。可罢东田，毁兴光楼。"并诏水衡量省御乘。己卯，纳皇太子妃褚氏，大赦。王公已下，班赐各有差。断四方上礼。十二月，丁酉，诏曰："旧国都邑，望之怅然。况乃自经南面，负扆宸居，或功济当时，德覃一世，而茔垅槚秽，封树不修，岂直嗟深牧竖、悲甚信陵而已哉？昔中京沦覆，鼎玉东迁，晋元缔构之始，简文遗咏在民，而松门夷替，埏路榛芜。虽年代殊往，抚事兴怀。晋帝诸陵，悉加修理，并增守卫。吴、晋陵二郡失稔之乡，蠲三调有差。"

三年春，正月，丁卯，以阴平王杨炅子崇祖为沙州刺史，封阴平王。北中郎将建安王宝寅为江州刺史。己巳，诏申明守长六周之制。乙酉,诏"去岁索虏寇边,缘边诸州郡将士有临阵及疾病死亡者,并送还本土。"三月,壬午,诏"车府乘舆有金银饰校者,皆剔除。"夏,四月,虏寇司州,戍兵击破之。五月,己巳,以征虏将军萧懿为益州刺史,前军将军阴广宗为梁、南秦二州刺史,前新除宁州刺史李庆宗为宁州刺史。秋,九月,辛酉,以冠军将军徐玄庆为兖州刺史。冬十月,以辅国将军申希祖为司州刺史。闰十二月,戊寅,皇太子冠,赐王公以下帛各有差,为父后者赐爵一级。断远近上礼。又诏"今岁不须光新,可以见钱为百官供给。"

四年春,正月,庚午,大赦。诏曰:"嘉肴停俎,定方旨于必甘;良玉在攻,表圭璋于既就。是以陶钧万品,务本为先;经纬九区,学斅为大。往因时康,崇建庠序,屯虞荐有,权从省废,讴诵寂寥,倏移年稔,永言古昔,无忘旰昃。今华夏乂安,要荒慕向,缔修东序,实允适时。便可式依旧章,广延国胄,弘敷景业,光被后昆。"壬寅,诏"民产子者,蠲其父母调役一年,又赐米十斛。新婚者,蠲夫役一年"。丙辰,尚书令王晏伏诛。二月,甲子,以左仆射徐孝嗣为尚书令,征虏将军萧季敞为广州刺史。三月,乙未,右仆射沈文季领护军将军。秋,八月,追尊景皇所生王氏为恭太后。索虏寇沔北。冬,十月,又寇司州。甲戌,遣太子中庶子梁王、右军司马张稷讨之。十一月,丙辰,以氐杨灵珍为北秦州刺史、仇池公、武都王。丁亥,诏"所在结课屋宅田桑,可详减旧价。"十二月,甲子,以冠军将军裴叔业为豫州刺史,冠军将军徐玄庆为徐州刺史,宁朔将军左兴盛为兖州刺史。丁丑,遣度支尚书崔慧景率众救雍州。

永泰元年春,正月,癸未朔,大赦。逋租宿债在四年之前,皆悉原除。中军大将军徐孝嗣即本号,开府仪同三司。沔北诸郡为虏所侵,相继败没。乙巳,遣太尉陈显达持节救雍州。丁未,诛河东王铉、临贺王子岳、西阳王子文、衡阳王子峻、南康王子琳、永阳王子珉、湘东王子建、南郡王子夏、桂阳王昭粲、巴陵王昭秀。二月,癸丑,遣左卫将军萧惠休假节援寿阳。辛未,豫州刺史裴叔业击虏于淮北,破之。辛巳,平西将军萧遥欣领雍州刺史。三月,丙午,蠲雍州遇虏之县租布。戊申,诏曰:"仲尼明圣在躬,允光上哲,弘厥雅道,大训生民,师范百王,轨仪千载。立人斯仰,忠孝攸出,玄功潜被,至德弥阐。虽反袂遐旷,而桃荐靡阙,时祭旧品,秩比诸侯。顷岁以来,祀典陵替,俎豆寂寥,牲奠莫举,岂所以克昭盛烈,永隆风教者哉!可式循旧典,详复祭秩,使牢饩备礼,钦飨兼申。"夏,四月,甲寅,改元,赦三署囚系原除各有差。文武赐位二等。丙戌,以镇军将军萧坦之为侍中、中领军。己未,立武陵昭王子子坦为衡阳王。丙寅,以西中郎长史刘暄为郢州刺史。丁卯,大司马会稽太守王敬则举兵反。五月,壬午,遣辅国将军刘山阳率军东讨。乙酉,斩敬则,传首。曲赦浙东、吴、晋陵七郡。以后军长史萧颖胄为南兖州刺史。丁酉,以北中郎将司马元和为兖州刺史。秋,七月,以辅国将军王珍国为青、冀二州刺史。癸卯,以太子中庶子梁王为雍州刺史,太尉陈显达为江州刺史。己酉,帝崩于正福殿,年四十七。遗诏曰:"徐令可重申八命。中书监本官悉如故,沈文季可左仆射,常侍护军如故,江祏可右仆射,江祀可侍中,刘暄可卫尉。军政大事委陈太尉。内外众事,无大小委徐孝嗣、遥光、坦之、江祏,其大事与沈文季、江祏、刘暄参怀。心膂之任可委刘悛、萧惠休、崔惠景。"葬兴安陵。

帝明审有吏才,持法无所借。制御亲幸,臣下肃清。驱使寒人不得用四幅伞,大存俭约。罢世祖所起新林苑,以地还百姓;废文帝所起太子东田,斥卖之;永明中舆辇舟乘,悉剔取金银还主衣库。太官进御食,有裹蒸,帝曰:"我食此不尽,可四片破之,余充晚食。"而世祖掖庭中宫殿服御,一无所改。性猜忌多虑,故亟行诛戮。潜信道术,用计数,出行幸,先占利害,南出则唱云西行,东游则唱云北幸。简于出入,竟不南郊。上初有疾,无辍听览,秘而不传。及寝疾甚久,敕台省府署文簿求白鱼以为治,外始知之。身衣绛衣,服饰皆赤,以为厌胜。巫觋云:"后湖水头经过宫内,致帝有疾。"帝乃自至太官行水沟。左右启:"太官若无此水则不立。"帝决意塞之,欲南引淮流。会崩,事寝。

史臣曰:高宗以支庶篡历,据犹子而为论,一朝到此,诚非素心,遗寄所当,谅不获免。夫戕夷之事,怀抱多端,或出自雄忍,或生乎畏慑。令同财之亲,在我而先弃;进引之爱,量物其必违。疑怯既深,猜似外人,流涕行诛,非云义举,事苟求安,能无内愧?既而自树本根,枝胤孤弱,贻厥不昌,终覆宗社。若令压纽之徵,必委天命,盘庚之祀,亦继阳甲,杖运推公,夫何讥尔!

赞曰:高宗傍起,宗国之庆。慕名俭德,垂文法令。兢兢小心,察察吏政。沔阳失土,南风不竞。

卷七　　本纪第七

东昏侯

东昏侯宝卷,字智藏,高宗第二子也。本名明贤,高宗辅政后改焉。建武元年,立为皇太子。

永泰元年七月,己酉,高宗崩,太子即位。八月,丁巳,诏雍州将士与虏战死者,复除有差。又诏辨括选序,访搜贫屈。庚申,镇北将军晋安王宝义进号征北大将军、开府仪同三司。南中郎将建安王宝寅为郢州刺史。冬,十月,己未,诏删省科律。十一月,戊子,立皇后褚氏,赐王公以下钱各有差。

永元元年春,正月,戊寅,大赦,改元。诏研策秀才,考课百司。辛卯,车驾祀南郊。诏三品清资官以上应食禄者,有二亲或祖父母年登七十,并给见钱。癸卯,以冠军将军南康王宝融为荆州刺史。二月,癸丑,以北中郎将邵陵王宝攸为南兖州刺史。是月,太尉陈显达败绩于马圈。

夏，四月，己巳，立皇太子诵，大赦，赐民为父后爵一级。甲戌，以宁朔将军柳忱为梁、南秦二州刺史。五月癸亥，以抚军大将军始安王遥光为开府仪同三司。六月，己酉，新除右卫将军崔惠景为护军将军。癸亥，以始兴内史范云为广州刺史。甲子，诏原雍州今年三调。秋，七月，丁亥，京师大水，死者众，诏赐死者材器，并赈恤。八月，乙巳，蠲京邑遇水资财漂荡者今年调税。又诏为马圈战亡将士举哀。丙午，扬州刺史始安王遥光据东府反。诏曲赦京邑，中外戒严。尚书令徐孝嗣以下屯卫宫城。遣领军将军萧坦之率六军讨之。戊午，斩遥光，传首。己未，以征北大将军晋安王宝玄为南徐、兖二州刺史。己巳，尚书令徐孝嗣为司空，右卫将军刘暄为领军将军。闰月，丙子，以江陵公宝览为始安王。虏伪东徐州刺史沈陵降，以为北徐州刺史。九月，丁未，以辅国将军裴叔业为兖州刺史，征虏长史张冲为豫州刺史。壬戌，以频诛大臣，大赦天下。辛未，以太子詹事王莹为中领军。冬，十月，乙未，诛尚书令、新除司空徐孝嗣，右仆射、新除镇军将军沈文季。乙巳，以始兴内史颜翻为广州刺史，征虏将军沈陵为越州刺史。十一月，丙辰，太尉、江州刺史陈显达举兵于寻阳。乙丑，护军将军崔慧景加平南将军、督众军南讨事。丙寅，以冠军将军王鸿为徐州刺史。十二月，癸未，以前辅国将军杨集始为秦州刺史。甲申，陈显达至京师，宫城严警，六军固守。乙酉，斩陈显达，传首。丁亥，以征虏将军邵陵王宝攸为江州刺史。

二年春，正月，壬子，以辅国将军张冲为南兖州刺史。庚午，诏讨豫州刺史裴叔业。二月，癸未，以黄门郎萧寅为司州刺史。丙戌，以卫尉萧懿为豫州刺史，征寿春。己丑，裴叔业病死，兄子植以寿春降虏。三月，癸卯，以辅国将军张冲为司州刺史。乙卯，遣平西将军崔慧景率众军伐寿春。丁未，以新除冠军将军张冲为南兖州刺史。崔慧景于广陵举兵袭京师。壬子，右卫将军左兴盛督京邑水步众军。南徐州刺史江夏王宝玄以京城纳慧景。乙卯，遣领军王莹率众军屯北篱门。壬戌，慧景至，莹等败绩。甲子，慧景入京师，宫内据城拒守。豫州刺史萧懿起义救援。夏四月，癸酉，慧景弃众走，斩首。诏曲赦京邑、南徐兖二州。乙亥，以新除尚书右仆射萧懿为尚书令。丙子，以晋熙王宝嵩为南豫州刺史，王肃为豫州刺史。戊申，以桂阳王宝贞为中护军。己酉，江夏王宝玄伏诛。壬子，大赦。乙丑，曲赦京邑、南徐兖二州。戊辰，以始安王宝览为湘州刺史。六月，庚寅，车驾于乐游苑内会，如三元，京邑女人放观。戊戌，以新除冠军将军张冲为郢州刺史，守五兵尚书陆慧晓为南兖州刺史。秋，七月，甲辰，以骠骑司马张稷为北徐州刺史。八月，丁酉，以新除骠骑司马陈伯之为豫州刺史。甲申夜，宫内火。冬，十月，己卯，害尚书令萧懿。十一月，辛丑，以宁朔将军张稷为南兖州刺史。甲寅，西中郎长史萧颖胄起义兵于荆州。十二月，雍州刺史梁王起兵于襄阳。戊寅，以冠军长史刘绘为雍州刺史。

三年春，正月，丙申朔，合朔时加寅漏上八刻，事毕，宫人于阅武堂元会，皇后正位，阉人行仪，帝戎服临视。

丁酉，以骠骑大将军晋安王宝义为司徒，新除抚军将军建安王宝寅为车骑将军、开府仪同三司。甲辰，以宁朔将军王珍国为北徐州刺史。辛亥，车驾祠南郊，诏大赦天下，百官陈谠言。二月，丙寅，乾和殿西厢火。壬午，诏遣羽林兵征雍州，中外纂严。乙酉，以威烈将军胡元进为广州刺史。三月，己亥，以骠骑将军沈徽孚为广州刺史。甲辰，以辅国将军张欣泰为雍州刺史。丁未，南康王宝融即皇帝位于江陵。癸丑，遣平西将军陈伯之西征。六月，京邑雨水，遣中书舍人、二县官长赈赐有差。萧颖胄弟颖孚起兵庐陵。戊子，曲赦江州安成、庐陵二郡。秋，七月，癸巳，曲赦荆、雍二州。甲午，雍州刺史张欣泰、前南谯太守王灵秀率石头文武奉建安王宝寅向台，至杜姥宅，宫门闭，乃散走。己未，以征虏长史程茂为郢州刺史，骁骑将军薛元嗣为雍州刺史。是日，元嗣以郢城降义师。八月，丁卯，以辅国将军申冑监豫州事。辛巳，光禄大夫张瑰镇石头。辛未，以太子左率李居士总督西讨诸军事，屯新亭城。九月，甲辰，以居士为江州刺史，新除冠军将军王珍国为雍州刺史，车骑将军建安王宝寅为荆州刺史。以辅国将军申冑监郢州，龙骧将军马仙琕监豫州，骁骑将军徐元称监徐州。是日，义军至南州，申冑军二万人于姑熟奔归。戊申，以后军参军萧遗为司州刺史，前辅国将军鲁休烈为益州刺史，辅国长史赵越尝为梁、南秦二州刺史。丙辰，李居士与义军战于新亭，败绩。冬，十月，甲戌，王珍国与义军战于朱雀桁，败绩。戊寅，宁朔将军徐元瑜以东府城降。青、冀二州刺史桓和入卫，屯东宫，己卯，以众降。光禄大夫张瑰弃石头还宫。于是闭宫城门自守。庚辰，以骁骑将军胡虎牙为徐州刺史，左军将军徐智勇为益州刺史，游击将军牛平为梁、南秦二州刺史。李居士以新亭降，琅邪城主张木亦降。义师筑长围守宫城。十二月，丙寅，新除雍州刺史王珍国、侍中张稷率兵入殿废帝，时年十九。

帝在东宫便好弄，不喜书学，高宗亦不以为非，但勖以家人之行。令太子求一日再入朝，发诏不许，使三日一朝。尝夜捕鼠达旦，以为笑乐。高宗临崩，属以后事，以隆昌为戒，曰："作事不可在人后！"故委任群小，诛诸宰臣，无不如意。性重涩少言，不与朝士接，唯亲信阉人及左右御刀应敕等，自江祏、始安王遥光诛后，渐便骑马。日夜于后堂戏马，与亲近阉人倡伎鼓叫。常以五更就卧，至晡乃起。王侯节朔谒见，晡后方前，或际暗遣出。台阁案奏，月数十日乃报，或不知所在。二年元会，食后方出，朝贺裁竟，便还殿西序寝。自巳至申，百僚陪位，皆僵仆菜色。比起就会，匆遽而罢。陈显达事平，渐出游走，所经道路，屏逐居民，从万春门由东宫以东至于郊外，数十百里，皆空家尽室。巷陌悬幔为高障，置仗人防守，谓之"屏除"。或于市肆左侧过亲幸家，环回宛转，周遍京邑。每三四更中，鼓声四出，幡戟横路，百姓喧走相随，士庶莫辨。出辄不言定所，东西南北，无处不驱人。高障之内，设部伍羽仪。复有数部，皆奏鼓吹羌胡伎，鼓角横吹。夜出昼反，火光照天。拜爱姬潘氏为贵妃，乘卧舆，帝骑马从后。著织成袴褶，金薄帽，执七宝缚槊，戎服急装，不变寒暑，陵冒雨雪，不避坑阱。驰骋渴乏，辄下马解取腰边蠡器酌水饮之，复上马驰去。马乘具用锦绣处，患为雨所沾湿，织杂彩珠为覆蒙，备诸雕巧。教黄门五六十人为骑客，又选无赖小人善走者为逐马，左右五百人，常以自随，奔走往来，略不暇息。置射雉场二百九十六处，翳中帷帐及步鄣，皆袷以绿红锦，金银镂弩牙，瑇瑁帖箭。郊郭四民皆废业，樵苏路断，吉凶失时；乳妇婚姻之家，移产寄室，或舆病弃尸，不得殡葬。有弃病人于青溪边者，吏惧为监司所问，推置水中，泥覆其面，须臾便死，遂失骸骨。后宫遭火之后，更起仙华、神仙、玉寿诸殿，刻画雕彩，青䂓金口带，麝香涂壁，锦幔珠帘，穷极绮丽。繁役工匠，自夜达晓，犹不副速，乃剔取诸寺佛刹殿藻井仙人骑兽以充足之。世祖兴光楼上施青漆，世谓之"青楼"。帝曰："武帝不巧，何不纯用琉璃。"潘氏服御，极选珍宝。主衣库旧物，不复周用，贵市民间金银宝物，价皆数倍。虎魄钏一只，直百七十万。京邑酒租，皆折使输金，以为金涂。犹不能足，下扬、南徐二州桥桁塘埭丁计功为直，敛取见钱，供太乐主衣杂费。由是所在塘渎，多有隳废。又订出雉头鹤氅白鹭缞。亲幸小人因缘为奸利，课一输十，郡县无敢言者。三年夏，于阅武堂起芳乐苑。山石皆涂以五采；跨池水立紫阁诸楼观，壁上画男女私亵之像。种好树美竹，天时盛暑，未及经日，便就萎枯；于是征求民家，望树便取，毁彻墙屋以移致之。朝栽暮拔，道路相继，花药杂草，亦复皆然。又于苑中立市，太官每旦进酒肉杂肴，使宫人屠酤。潘氏为市令，帝为市魁，执罚，争者就潘氏决判。

帝有膂力，能担白虎幢。自制杂色锦伎衣，缀以金花玉镜众宝，逞诸意态。所宠群小党与三十一人，黄门十人。初任新蔡人徐世檦为直阁骁骑将军，凡有杀戮，皆其用命。杀徐孝嗣后，封为临汝县子。陈显达事起，加辅国将军。虽用护军崔慧景为都督，而兵权实在世檦。及事平，世檦谓人曰："五百人军主，能平万人都督。"世檦亦知帝昏纵，密谓其党茹法珍、梅虫儿曰："何世天子无要人，但阿侬货主恶耳。"法珍等争权，以白帝。帝稍恶其凶强，以二年正月，遣禁兵杀之，世檦拒战而死。自是法珍、虫儿用事，并为外监，口称诏救；中书舍人王咺之与相唇齿，专掌文翰。其余二十余人，皆有势力。崔慧景平后，法珍封徐干县男，虫儿封竟陵县男。及义师起，江、郢二镇已降，帝游骋如旧，谓茹法珍曰："须来至白门前，当一决。"义师至近郊，乃聚兵为固守之计。召王侯朝贵分置尚书都座及殿省。又信鬼神，崔慧景事时，拜蒋子文神为假黄钺、使持节、相国、太宰、大将军、录尚书、扬州牧、钟山王。至是又尊为皇帝，迎神像及诸庙杂神皆入后堂，使所亲巫朱光尚祷祀祈福。以冠军将军王珍国领三万人据大桁，莫有斗志，遣左右直长阁竖王宝孙督战，呼为"王长子"。宝孙切骂诸将帅，直阁将军席豪发愤突阵死。豪，骁将，既毙，众军于是土崩，军人从朱雀观上自投及赴淮死者无数。于是闭城自守，城内军事委王珍国。兖州刺史张稷入卫京师。以稷为副，实甲犹七万人。帝乌帽袴褶，备羽仪，登南披门临望。又虚设铠马斋仗千人，皆张弓拔白，出东披门，称蒋王出荡。素好斗军队，初使宫人为军，后乃用黄门。亲自临陈，诈被创，使人舆将去。至是于阅武堂设牙门军顿，每夜严警。帝于殿内骑马从凤庄门入徽明门，马被银莲叶具装铠，杂羽孔翠寄生，逐马左右卫从，昼眠夜起如平常。闻外鼓叫声，被大红袍登景阳楼屋上望，弩几中之。众皆怠怨，不为致力。募兵出战，出城门数十步，皆坐甲而归。虑城外有伏兵，乃烧城傍诸府署，六门之内皆荡尽。城中阁道西披门内，相聚为市，贩死牛马肉。帝初与群小计议，陈显达一战便败，崔慧景围城退走，谓义师远来，不过旬日，亦应散去，敕太仓办樵米为百日粮而已。大桁败后，众情凶惧，法珍等恐人众惊走，故闭城不复出军。既而义师长围既立，堑栅严固；然后出荡，屡战不捷。帝尤惜金钱，不肯赏赐。法珍叩头请之，帝曰："贼来独取我邪？何为就我求物！"后堂储数百具榜，启为城防；帝云拟作殿，竟不与。又催御府细作三百人精仗，待围解以拟屏除。金银雕镂杂物，倍急于常。王珍国、张稷惧祸及，率兵入殿，分军又从西上阁入后宫断之，御刀丰勇之为内应。是夜，帝在含德殿吹笙歌作《女儿子》。卧未熟，闻兵人，趋出北户，欲还后宫。清曜阁已闭，阉人禁防黄泰平以刀伤其膝，仆地。顾曰："奴反邪？"直后张齐斩首送梁王。

宣德太后令曰："皇室受终，祖宗齐圣，太祖高皇帝肇基骏命，膺录受图，世祖武皇帝应明下武，高宗明皇帝重隆景业，咸降年不永，宫车早晏。皇祚之重，允属储元；而禀质凶愚，发于稚齿。爰自保姆，迄至成童，忍戾昏顽，触途必著。高宗留心正嫡，立嫡惟长，辅以群才，间以贤戚，内外维持，冀免多难，未及期稔，便遘屠戮。密戚近亲，元勋良辅，覆族歼门，旬月相系。凡所任仗，尽厮穷奸，皆营伍屠贩，容状险丑，身秉朝权，手断国命，诛戮无辜，纳其财产，睚眦之间，屠覆比屋。身居元首，好是贱事，危冠短服，坐卧以之。晨出夜反，无复已极，驱斥氓庶，巷无居人。老细奔遑，置身无所。东迈西屏，北出南驱，负疾舆尸，填街塞陌。兴筑缮造，日夜不穷，晨构夕毁，朝穿暮塞。络以随珠，方斯已陋；饰以璧珰，曾何足道！时暑赫曦，流金铄石，移竹艺果，匪日伊夜，根未及植，叶已先枯，舂錀纷纭，勤倦无已。散费国储，专事浮饰，逼夺民财，自近及远，兆庶恓恓，流窜道路。府帑既竭，肆夺市道，工商裨贩，行号道泣。屈此万乘，躬事角抵，昂首翘肩，逞能橦木，观者如堵，曾无作容！芳乐、华林，并立阛阓，踞肆鼓刀，手铨轻重。干戈鼓噪，昏晓靡息，无戎而城，岂足云譬！至于居丧淫宴之忽，三年载弄之丑，反道违常之衅，牝鸡晨鸣之愆，于事已细，故可得略而略也。罄楚、越之竹，未足以言，校辛、癸之君，岂或能匹！征东将军忠武奋发，投袂万里，光奉明圣，翊成中兴。乘胜席卷，扫清京邑，而群小靡识，婴城自固，缓戮稽诛，倏弥旬月。宜速剿定，宁我邦家！可潜遣间介，密宣此旨，忠勇齐奋，遄加荡扑，放斥昏凶，卫送外第。未亡人不幸，骤此百罹，感念存没，心焉如割。奈何！奈何！"又令依汉海昏侯故事，追封东昏侯。茹法珍、梅虫儿、王咺之等伏诛。丰勇之原死。

史臣曰：汉宣帝时，南郡获白虎，获之者张武，言武张而猛服也。东昏侯亡德横流，道归拯乱，躬当剪戮，实启太平。推阉竖之名字，亦天意也。

赞曰：东昏慢道，匹癸方辛。乃隳典则，乃弃彝伦，玩习兵火，终用焚身。

卷八　本纪第八

和　帝

和帝讳宝融，字智昭，高宗第八子也。建武元年，封随郡王，邑二千户。三年，为冠军将军，领石头戍军事。永元元年，改封南康王，为持节，督荆、雍、益、宁、梁、南北秦七州军事，西中郎将，荆州刺史。

二年十一月，甲寅，长史萧颖胄杀辅国将军、巴西梓潼二郡太守刘山阳，奉梁王举义。乙卯，教纂严。又教曰："吾躬率晋阳，翦此凶孽，戎事方勤，宜覃泽惠。所领内系囚见徒，罪无轻重，殊死已下，皆原遣。先有位署，即复本职。将吏转一阶。从征身有家口停镇，给廪食。凡诸杂役见在诸军带甲之身，克定之后，悉免为民。其功效赏报，别有科条。"丙辰，以雍州刺史梁王为使持节、都督前锋诸军事、左将军。丁巳，以萧颖胄为右将军、都督行留诸军事。戊午，梁王上表劝进。十二月，乙亥，群僚劝进，并不许。壬辰，骁骑将军夏侯亶自京师至江陵，称宣德太后令："西中郎将南康王宜纂承皇祚，光临亿兆。方俟清宫，未即大号，可且封宣城、南琅邪、南东海、东阳、临海、新安、寻阳、南郡、竟陵、宜都十郡为宣城王，相国、荆州牧，加黄钺，置僚属，选百官，西中郎府南康国并如故。须车次近路，主者详依旧典，法驾奉迎。"

三年正月，乙巳，王受命，大赦，唯梅虫儿、茹法珍等不在赦例。右将军萧颖胄为左长史，进号镇军将军，梁王进号征东将军。甲戌，以冠军将军杨公则为湘州刺史。甲寅，建牙于城南。二月，乙丑，以冠军长史王茂先为江州刺史，冠军将军曹景宗为郢州刺史，右将军邵陵王宝攸为荆州刺史。己巳，群僚上尊号，立宗庙及南北郊。甲申，梁王率大众屯沔口，郢州刺史张冲拒守。三月，丁酉，张冲死，骠骑将军薛元嗣等固城。

中兴元年春，三月，乙巳，即皇帝位，大赦，改元。文武赐位二等；鳏寡孤独不能自存者谷，人五斛。即永元三年也。以相国左长史萧颖胄为尚书令，晋安王宝义为司空，庐陵王宝源为车骑将军、开府仪同三司，建安王宝寅为徐州刺史，散骑常侍夏侯详为中领军，领军将军萧伟为雍州刺史。丙午，有司奏封庶人宝卷为零阳侯，诏不许。又奏为涪陵王，诏可。乙酉，尚书令萧颖胄行荆州刺史，假梁王黄钺。壬子，以征虏将军柳忱为益、宁二州刺史。己未，以冠军将军庄丘黑为梁、南秦二州刺史，冠军将军邓元起为广州刺史。夏，四月，戊辰，诏曰："荆、雍义举所基，实始王迹。君子劳心，细人尽力，宜加酬奖，副其乃诚。凡东讨众军及诸向义之众，可普复除。"五月，乙卯，车驾幸竹林寺禅房宴群臣。巴西太守鲁休烈、巴东太守萧惠训子贲拒义军。秋，七月，东军主吴子阳十三军救郢州，屯加湖。丁酉，征虏将军王茂先击破之。辛亥，以茂先为中护军。丁卯，鲁山城主孙乐祖以城降。己未，郢城主薛元嗣降。八月，丙子，平西将军陈伯之降。乙卯，以伯之为江州刺史，子虎牙为徐州刺史。九月，乙未，诏梁王若定京邑，得以便宜从事。冬，十一月，乙未，以辅国将军李元履为豫州刺史。壬寅，尚书令、镇军将军萧颖胄卒，以黄门郎萧滗行荆州府州事。丁巳，萧贲、鲁休烈降。十二月，丙寅，建康城平。己巳，皇太后令以梁王为大司马、录尚书事、骠骑大将军、扬州刺史，封建安郡公，依晋武陵王遵承制故事，百僚致敬。壬申，改封建安王宝寅鄱阳王。癸酉，以司徒、扬州刺史晋安王宝义为太尉，领司徒。甲戌，给大司马钱二千万，布绢各五千匹。乙酉，以辅国将军萧宏为中护军。

二年春，正月，戊戌，宣德太后临朝，入居内殿。大司马梁王解承制，致敬如先。己亥，以宁朔将军萧昺监南兖州。壬寅，以大司马都督中外诸军事，加殊礼。己酉，以大司马长史王亮为守尚书令。甲寅，诏大司马梁王进位相国，总百揆，扬州牧，封十郡为梁公，备九锡之礼，加远游冠，位在诸王上，加相国绿绶绂。己未，以新除右将军曹景宗为郢州刺史。二月，壬戌，湘东王宝晊伏诛。戊辰，诏进梁公爵为梁王，增封十郡。三月，乙未，皇太后令给梁国钱五百万，布五千匹，绢千匹。辛丑，鄱阳王宝寅奔虏，邵陵王宝攸、晋熙王宝嵩、桂阳王宝贞伏诛。甲午，命梁王冕十有二旒，建天子旌旗，出警入跸，乘金根，驾六马，备五时副车，置旄头云罕，乐舞八佾，设钟簴宫悬。王子王女爵命一如旧仪。庚戌，以冠军长史萧秀为南徐州刺史，新除中领军蔡道恭为司州刺史。车驾东归至姑熟。丙辰，禅位梁王。丁巳，庐陵王宝源薨。夏，四月，辛酉，禅诏至，皇太后逊外宫。丁卯，梁王奉帝为巴陵王，宫于姑熟，行齐正朔，一如故事。戊辰，薨，年十五。追尊为齐和帝，葬恭安陵。

史臣曰：夏以桀亡，殷随纣灭，郊天改朔，理无延世。而皇符所集，重兴西楚，神器暂来，虽有冥数，徽名大号，斯为幸矣。

赞曰：和帝晚隆，扫难清宫。达机睹运，高颂永终。

卷九　志第一

礼　上

礼仪繁博，与天地而为量。纪国立君，人伦攸始。三代遗文，略在经诰，盖秦余所亡逸也。汉初叔孙通制汉礼，而班固之志不载。及至东京，太尉胡广撰《旧仪》，左中郎蔡邕造《独断》，应劭、蔡质咸缀识时事，而司马彪之书不取。魏氏籍汉末大乱，旧章殄灭，侍中王粲、尚书卫觊集创朝仪，而鱼豢、王沈、陈寿、孙盛并未详也。吴则太史令丁孚拾遗汉事，蜀则孟光、许慈草建众典。晋初司空荀𫖮因魏代前事，撰为《晋礼》，参考今古，更其节文，羊祜、任恺、庾峻、应贞并共删集，成百六十五篇。后挚虞、傅咸缵续此制，未及成功，中原覆没，今虞之《决疑注》是遗事也。江左仆射刁协、太常荀崧，补缉旧文，光禄大夫蔡谟又踵修辑斯故。宋齐因循改革，事系群儒，其前史所详，并不重述。永明二年，太子步兵校尉伏曼容表定礼乐。于是诏尚书令王俭制定新礼，立治礼乐学士及职局，置旧学四人，新学六人，正书令史各一人，干一人，秘书省差能书弟子二人。因集前代，撰治五礼，吉、凶、宾、军、嘉也。文多不载。若郊庙庠序之仪，冠婚丧纪之节，事有变革，宜录时事者，备今志。其舆辂旗常，与往代同异者，更立别篇。

建元元年七月，有司奏："郊殷之礼，未详郊在何年？复以何祖配郊？殷复在何时？未郊得先殷与不？明堂亦应与郊同年而祭不？若应祭者，复有配与无配？不祀者，堂殿职僚毁置云何？"八座丞郎通关博士议。曹郎中裴昭明、仪曹郎中孔逿议："今年七月宜殷祠，来年正月宜南郊明堂，并祭而无配。"殿中郎司马宪议："南郊无配，飨祠如旧；明堂无配，宜应废祀。其殷祠同用今年十月。"

右仆射王俭议："案《礼记·王制》，天子先祫后时祭，诸侯先时祭后祫。《春秋》鲁僖二年祫，明年春禘，自此以后，五年再殷。《礼纬·稽命徵》曰：'三年一祫，五年一禘。'《经》《记》所论禘祫与时祭，其言详矣，初不以先殷后郊为嫌。至于郊配之重，事由王迹，是故杜林议云'汉业特起，不因缘尧，宜以高帝配天'。魏高堂隆议以舜配天。蒋济云'汉时奏议，谓尧已禅舜，不得为汉祖，舜亦已禅禹，不得为魏之祖。今宜以武皇帝配天'。晋、宋因循，即为前式。又案《礼》及《孝经援神契》并云：'明堂有五室。天子每月于其室听朔布教，祭五帝之神，配以有功德之君。'《大戴礼记》曰：'明堂者，所以明诸侯尊卑也'。许慎《五经异义》曰：'布政之宫，故称明堂。明堂，盛貌也。'《周官·匠人职》称明堂有五室。郑玄云：'周人明堂五室，帝一室也。'初不闻有文王之寝。《郑志》赵商问云：'说者谓天子庙制如明堂，是为明堂即文庙邪？'郑答曰：'明堂主祭上帝，以文王配耳，犹如郊天以后稷配也。'袁孝尼云：'明堂法天之宫，本祭天帝，而以文王配，配其父于天位则可，牵天帝而就人鬼，则非义也。'太元十三年，孙耆之议，称'郊以祀天，故配之以后稷；明堂以祀帝，故配之以文王。由斯言之，郊为皇天之位，明堂即上帝之庙'。徐邈谓'配之为言，必有神主；郊为天坛，则堂非文庙'。《史记》云赵绾、王臧欲立明堂，于时亦未有郊祀。汉又祀汾阴五时，即是五帝之祭，亦未有郊配。'议者或谓南郊之日，已旅上帝，若以无配而特祀明堂，则一日再祭，于义为黩。案，古者郊本不共日。蔡邕《独断》曰：'祠南郊。祀毕，次北郊，又次明堂、高庙、世祖庙，谓之五供。'马融云：'郊天之祀，咸以夏正，五气用事，有休有王，各以其时，兆于方郊，四时合岁，功作相成，亦以此月总旅明堂。'则南郊、明堂各日之证也。近代从省，故与郊同日，犹无烦黩之疑。何者？其为祭虽同，所以致祭则异。孔晁云，言五帝佐天化育，故有从祀之礼，旅上帝是也。至于四郊明堂，则是本祀之所，譬犹功臣从飨，岂复废其私庙？且明堂有配之时，南郊亦旅上帝，此则不疑于共日，今何故致嫌于同辰？又《礼记》'天子祭天地、四方、山川、五祀，岁遍'。《尚书·洛诰》'咸秩无文'。《诗》云'昭事上帝，聿怀多福'。据此诸义，则四方、山川，犹必享祀，五帝大神，义不可略。魏文帝黄初二年正月，郊天地明堂，明帝太和元年正月，以武皇帝配天，文皇帝配上帝，然则黄初中南郊、明堂，皆无配也。又郊日及牲色，异议纷然。《郊特牲》云：'郊之用辛，周之始郊日也。'卢植云'辛之为言自新絜也'。郑玄云：'用辛日者，为人当斋戒自新絜也'。汉魏以来，或丁或己，而用辛常多。考之典据，辛日为允。《郊特牲》又云，郊牲币宜以正色。缪袭据《祭法》，云天地骍犊，周家所尚；魏以建丑为正，牲宜尚白。《白虎通》云，三王祭天，一用夏正，所以然者，夏正得天之数也。魏用异朔，故牲色不同。今大齐受命，建寅创历，郊庙用牲，一依晋、宋。谓宜以今年十月殷祀宗庙。自此以后，五年再殷。来年正月上辛，有事南郊。宜以共日，还祭明堂。又用次辛，飨祀北郊。而并无配。牺牲之色，率由旧章。"

诏："可。明堂可更详"。

有司又奏："明堂寻礼无明文，唯以《孝经》为正。窃寻设祀之意，盖以文王有配则祭，无配则止。愚谓既配上帝，则以帝为主。今虽无配，不应阙祀。徐邈近代硕儒，每所折衷，其云'郊为天坛，则堂非文庙'，此实明据。内外百司立议已定，如更询访，终无异说。傍儒依史，竭其管见。既圣旨惟疑，群下所未敢详，废置之宜，仰由天鉴。"诏"依旧"。

建元四年，世祖即位。其秋，有司奏："寻前代嗣位，或仍前郊年，或别更始，晋、宋以来，未有画一。今年正月已郊，未审明年应南北二郊祀明堂与不？"依旧通关八座丞郎博士议。尚书令王俭议："案秦为诸侯，杂祀诸畤，始皇并天下，未有定祠。汉高受命，因雍四时而起北畤，始祠五帝，未定郊丘。文帝六年，新垣平议初起渭阳五帝庙。武帝初至雍郊见五畤，后常三岁一郊祠雍。元鼎四年，始立后土祠于汾阴，明年，立太一祠于甘泉，自是以后，二岁一郊，与雍更祠。成帝初即位，丞相匡衡于长安定南北郊。哀、平之际，又复甘泉、汾阴祠。平帝元始五年，王莽奏依匡衡议还复长安南北二郊。光武建武二年，定郊祀兆于洛阳。魏、晋因循，率由汉典，虽时或参差，而类多间岁。至于嗣位之君，参差不一，宜有定制。检晋明帝太宁三年南郊，其年九月崩，成帝即位，明年改元即郊；简文咸安二年南郊，其年七月崩，孝武即位，明年改元亦郊；宋元嘉三十年正月南郊，其年二月崩，孝武嗣位，明年改元亦郊。此则二代明例，差可依放。谓明年正月宜飨祀二郊，虔祭明堂，自兹厥后，依旧间岁。"尚书领国子祭酒张绪等十七人并同俭议。诏"可"。

永明元年当南郊,而立春在郊后,世祖欲迁郊。尚书令王俭启:"案《礼记·郊特牲》云:'郊之祭也,迎长日之至也,大报天而主日也。'《易说》'三王之郊,一用夏正。'卢植云:'夏正在冬至后,《传》曰启蛰而郊,此之谓也。'然则圜丘与郊各自行,不相害也。郑玄云:'建寅之月,昼夜分而日长矣。'王肃曰:'周以冬祭天于圜丘,以正月又祭天以祈谷。'《祭法》称'燔柴太坛',则圜丘也。《春秋传》云'启蛰而郊,则祈谷也。谨寻《礼》、《传》二文,各有其义,卢、王两说,有若合符。中朝省二丘以并二郊,即今之郊礼,义在报天,事兼祈谷,既不全以祈农,何必俟夫启蛰?史官唯见《传》义,未达《礼》旨。又寻景平元年正月三日辛丑南郊,其月十一日立春;元嘉十六年正月六日辛未南郊,其月八日立春。此复是近世明例,不以先郊后春为嫌。若或以元日合朔为碍者,则晋成帝咸康元年正月一日加元服,二日亲祠南郊。元服之重,百僚备列,虽在致斋,行之不疑。今斋内合朔,此即前准。若垒心过恭,宁在严絜,合朔之日,散官备防,非预斋之限者,于止车门外别立幔省,若日色有异,则列于省前。望实为允,谓无烦迁日。"从之。

永明二年,祠部郎中蔡履议:"郊与明堂,本宜异日。汉东京《礼仪志》'南郊礼毕,次北郊、明堂、高庙、世祖庙,谓之五供'。蔡邕所据亦然。近世存省,故郊堂共日。来年郊祭,宜有定准。"

太学博士王祐议:"来年正月上辛,宜祭南郊,次辛,有事明堂,后辛,飨祀北郊。"

兼博士刘蔓议:"汉元鼎五年,以辛巳行事,自后郊日,略无违异。元封元年四月癸卯,登封泰山,坐明堂。五年甲子,以高祖配。汉家郊祀,非尽天子之县,故祠祭之月,事有不同。后汉永平以来,明堂兆于国南,而郊以上丁,故供修三祀,得并在初月。虽郊有常日,明堂犹无定辰。何则?郊丁社甲,有说则从,经礼无文,难以意造,是以必算良辰,而不祭寅丑。且礼之奠祭,无同共者,唯汉以朝日合于报天尔。若依《汉书》五供,便应先祭北郊,然后明堂。则是地先天食,所未可也。"

兼太常丞蔡仲熊议:"《郑志》云'正月上辛,祀后稷于南郊,还于明堂,以文王配。'故宋氏创立明堂,郊还即祭,是用《郑志》之说也。盖为《志》者失,非玄意也。玄之言曰:'未审周明堂以何月,于《月令》则以季秋。'案玄注《月令》'季秋大飨帝'云'大飨,遍祭五帝'。又云'大飨于明堂,以文武配'。其时秋也,去启蛰远矣。又《周礼·大司乐》'凡大祭祀,宿县'。寻宿县之旨,以日出行事故也;若日暗而后行事,则无假预县。果日出行事,何得方俟郊还?东京《礼仪志》不记祭之时日,而《志》云:'天郊夕牲之夜,夜漏未尽八刻进熟;明堂夕牲之夜,夜漏未尽七刻进熟。'寻明堂之在郊前一刻,而进献奏乐,方待郊还。魏高堂隆表'九日南郊,十日北郊,十一日明堂,十二日宗庙'。案隆此言,是审于时定制,是则《周礼》、二汉及魏,皆不共日矣。《礼》以辛郊,《书》以丁祀,辛丁皆合,宜临时详择。"

太尉从事中郎顾宪之议:"《春秋传》以正月上辛郊祀,《礼记》亦云郊之用辛,《尚书》独云丁巳用牲于郊。先儒以为先甲三日辛,后甲三日丁,可以接事天神之日。后汉永平二年正月辛未,宗祀光武皇帝于明堂。辛既是常郊之日。郊又在明堂之前,无容不郊而堂,则理应郊堂。"

司徒西阁祭酒梁王议:"《孝经》郑玄注云'上帝亦天别名'。如郑旨,帝与天亦言不殊。近代同辰,良亦有据。魏太和元年正月丁未,郊祀武皇帝以配天,宗祀文皇帝于明堂以配上帝,此则已行之前准。"

骁骑将军江淹议:"郊旅上天,堂祀五帝,非为一日再黩之谓,无俟厘革。"

尚书陆澄议:"遗文余事,存乎旧书,郊宗地近,势可共日。不共者,义在必异也。元始五年正月六日辛未,郊高皇帝以配天,二十二日丁亥,宗祀孝文于明堂配上帝。永平二年正月辛未,宗祀五帝于明堂,光武皇帝配。章帝元和二年,巡狩岱宗,柴祭,翌日,祠五帝于明堂。柴山祠地,尚不共日,郊堂宜异,于例益明。陈忠《奏事》云'延光三年正月十三日南郊,十四日北郊,十五日明堂,十六日宗庙,十七日世祖庙'。仲远五祀,绍统五供,与忠此奏,皆为相符。高堂隆表,二郊及明堂宗庙各一日,挚虞《新礼》议明堂南郊间三兆,禋天飨帝共日之证也。又上帝非天,昔人言之已详。今明堂用日,宜依古在北郊后。汉唯南郊备大驾,自北郊以下,车驾十省其二。今祀明堂,不应大驾。"

尚书令王俭议:"前汉各日,后汉亦不共辰,魏、晋故事,不辨同异,宋立明堂,唯据自郊徂宫之义,未达祀天旅帝之旨。何者?郊坛旅天,甫自诘朝,还祀明堂,便在日昃,虽与祭有由,而烦黩斯甚,异日之议,于理为弘。《春秋感精符》云'王者父天母地',则北郊之祀,应在明堂之先。汉、魏北郊,亦皆亲奉,晋泰宁有诏,未及遵遂。咸和八年,甫得营缮,太常顾和秉议亲奉。康皇之世,已经遵用。宋氏因循,未遑厘革。今宜亲祠北郊,明年正月上辛祠昊天,次辛瘗后土,后辛祀明堂,御并亲奉。车服之仪,率遵汉制。南郊大驾,北郊、明堂降为法驾。衮冕之服,诸祠咸用。"诏"可"。

建武二年,通直散骑常侍庾昙隆启:"伏见南郊坛员兆外内,永明中起瓦屋,形制宏壮。检案经史,无所准据。寻《周礼》,祭天于圜丘,取其因高之义,兆于南郊,就阳位也。故以高敞,贵在上昭大明,旁流气物。自秦、汉以来,虽郊祀参差,而坛域中间,并无更立宫室。其意何也?政是质诚尊天,不自崇树,兼事通旷,必务开远。宋元嘉南郊,至时权作小陈帐以为退息,泰始薄加修广,永明初弥渐高丽,往年工匠遂自立瓦屋。前代帝皇,岂于上天之祀而昧营构,所不为者,深有情意。《记》称'扫地而祭,于其质也,器用陶匏,天地之性也'。故'至敬无文','以素为贵'。窃谓郊事宜拟休偃,不俟高大,以明谦恭肃敬之旨。庶或仰允太灵,俯惬群望。"诏"付外详"。

国子助教徐景嵩议:"伏寻《三礼》,天地两祀,南北二郊,但明祭取牺牲,器用陶匏,不载人君偃处之仪。今栋瓦之构虽殊，俱非千载成例，宜务因循。"太学博士贺㻛议："《周礼》'王旅上帝，张毡案，设皇邸'。国有故而祭，亦曰旅。毡案，以毡为床于幄中，不闻郊所置宫宇。"兼左丞王摛议，扫地而祭于郊，谓无筑室之议。并同昙隆。

骁骑将军虞炎议，以为"诚悫所施，止在一坛。汉之郊祀，飨帝甘泉，天子自竹宫望拜，息殿去坛场既远，郊奉礼毕，旋幸于此。瓦殿之与帷宫，谓无简格"。祠部郎李扬议："《周礼》'凡祭祀张其旅幕，张尸次'。尸则有幄。仲师云'尸次，祭祀之尸所居更衣帐也'。凡祭之文，既不止于郊祀，立尸之言，理应关于宗庙。古则张幕，今也房省。宗庙旅幕，可变为栋宇；郊祀毡案，何为不转制檐甍？"昙隆议不行。

建武二年旱，有司议雩祭依明堂。祠部郎何佟之议曰："《周礼·司巫》云'若国大旱，则帅巫而舞雩。'郑玄云：'雩，旱祭也。天子于上帝，诸侯以下于上公之神。'又《女巫》云'旱暵则舞雩'。郑玄云：'使女巫舞旱祭，崇阴也。'郑众云：'求雨以女巫'。《礼记·月令》云：'命有司为民祈祀山川百原，乃大雩帝，用盛乐。乃命百县雩祀百辟卿士有益于民者，以祈谷实。'郑玄云：'阳气盛而恒旱。山川百原，能兴云致雨者也。众水所出为百原，必先祭其本。雩，吁嗟求雨之祭也。雩帝，谓之坛南郊之旁，祭五精之帝，配以先帝也。自黈鼗至枳敔为盛乐，他雩用歌舞而已。百辟卿士，古者上公以下，谓勾龙、后稷之类也。《春秋传》曰龙见而雩，雩之正当以四月。'王肃云：'大雩，求雨之祭也。传曰龙见而雩，谓四月也。若五月六月大旱，亦用雩，《礼》于五月著雩义也。'晋永和中，中丞启，雩制在国之南为坛，祈上帝百辟，舞童八列六十四人，歌《云汉》诗，皆以孟夏，得雨报太牢。于时博士议，旧有坛，汉、魏各自讨寻。《月令》云'命有司祈祀山川百原，乃大雩'。又云'乃命百县雩祀百辟卿士'。则大雩所祭，唯应祭五精之帝而已。勾芒等五神，既是五帝之佐，依郑玄说，宜配食于庭。郑玄云'雩坛在南郊坛之旁'，而不辨东西。寻地道尊右，雩坛方郊坛为轻，理应在左。宜于郊坛之东、营域之外筑坛。既祭五帝，谓坛宜员。寻雩坛高广，《礼》、《传》无明文，案《觐礼》设方明之祀，为坛高四尺，用圭璋等六玉，礼天地四方之神，王者率诸侯亲礼，为所以教尊尊也。雩祭五帝，粗可依放。谓今筑坛宜崇四尺，其广轮仍以四为度，径四丈，周员十二丈而四阶也。设五帝之位，各依其方，如在明堂之仪。皇齐以世祖配五精于明堂，今亦宜配飨于雩坛矣。古者，孟春郊祀祈嘉谷，孟夏常雩祈甘雨，二祭虽殊，而所为者一。礼唯有冬至报天，初无得雨赛帝：今虽阙冬至之祭，而南郊兼祈报之礼，理不容别有赛荅之事也。礼祀帝于郊，则所尚省费，周祭灵威仰若后稷，各用一牲；今祀五帝、世祖，亦宜各用一犊，斯尽悉如南郊之礼也。武皇遏密未终，自可不奏盛乐。至于旱祭舞雩，盖是吁嗟之义，既非存欢乐，谓此不涉嫌。其余祝史称辞，仰祈灵泽而已。礼舞童乃使无阙，今之女巫，并不习歌舞，方就教试，恐不应速。依晋朝之议，使童子，或时取舍之宜也。司马彪《礼仪志》云雩祀著皂衣，盖是崇阴之义。今祭服皆缁，差无所革。其所歌之诗，及诸供须，辄勒主者申摄备辨。"从之。

隆昌元年，有司奏，参议明堂，咸以世祖配。国子助教谢昙济议："案《祭法》禘郊祖宗，并列严祀。郑玄注义，亦据兼飨。宜祖宗两配，文、武双祀。"助教徐景嵩、光禄大夫王逡之谓宜以世宗文皇帝配。祠部郎何佟之议："周之文、武，尚推后稷以配天，谓文皇宜推世祖以配帝。虽事施于尊祖，亦义章于严父焉。"左仆射王晏议，以为"若用郑玄祖宗通称，则生有功德，没垂尊称，历代配帝，何止于郊邪？今殷荐上帝，允属世祖，百代不毁，其文庙乎！诏"可"。

至永元二年，佟之又建议曰："案《祭法》'有虞氏禘黄帝而郊喾，祖颛顼而宗尧'，'周人禘喾而郊稷，祖文王而宗武王'，郑玄云'禘郊祖宗，谓祭祀以配食也。此禘谓祀昊天于圜丘。祭上帝于南郊曰郊，祭五帝五神于明堂曰祖宗'，'郊祭一帝，而明堂祭五帝，小德配寡，大德配众'。王肃云'祖宗是庙不毁之名'。果如肃言，殷有三祖三宗，并应不毁，何故止称汤、契？且王者之后存焉，舜宁立尧、顼之庙，传世祀之乎？汉家以高祖配泰畤，至武帝立明堂，复以高祖配食，一人两配，有乖圣典。自汉明以来，未能反者。故明堂无兼配之祀。窃谓先皇宜列二帝于文祖，尊新庙为高宗，并世祖而泛配，以申圣主严父之义。先皇于武皇，伦则第为季，义则经为臣，设配飨之坐，应在世祖之下，并列，俱西向。"

国子博士王摛议："《孝经》'周公郊祀后稷以配天，宗祀文王于明堂以配上帝'。不云武王。又《周颂》'《思文》，后稷配天也'。'《我将》，祀文王于明堂也'。武王之文，唯《执竞》云'祀武王'。此自周庙祭武王诗，弥知明堂无矣。"

佟之又议："《孝经》是周公居摄时礼，《祭法》是成王反位后所行。故《孝经》以文王为宗，《祭法》以文王为祖。又孝莫大于严父配天，则周公其人也。寻此旨，宁施成王乎？若《孝经》所说，审是成王所行，则为严祖，何得云严父邪？且《思文》是周公祀后稷配天之乐歌，《我将》是祀文王配明堂之乐歌。若如摛议，则此二篇，皆应在复子明辟之后。请问周公祀后稷、文王，为何所歌？又《国语》云'周人禘喾郊稷，祖文王，宗武王'。韦昭云'周公时，以文王为宗，其后更以文王为祖，武王为宗'。寻文王以文治而为祖，武王以武定而为宗，欲明文亦有大德，武亦有大功，故郑注《祭法》云'祖宗通言耳'。是以《诗》云'昊天有成命，二后受之'。注云'二后，文王、武王也'。且明堂之祀，有单有合。故郑云'四时迎气于郊，祭一帝，还于明堂，因祭一帝，则以文王配'。明一宾不容两主也。'享五帝于明堂，则泛配文、武'。泛之为言，无的之辞。其礼既盛，故祖宗并配。"参议以佟之为允。诏"可"。

太祖为齐王，依旧立五庙。即位，立七庙，广陵府君、太中府君、淮阴府君、即丘府君、太常府君、宣皇帝、昭皇后为七庙。建元二年，太祖亲祀太庙六室，如仪，拜伏竟，次至昭后室前，仪注应倚立，上以为疑，欲使庙僚行事,又欲以诸王代祝令於昭后室前执爵。以问彭城丞刘瓛。瓛对谓:"若都不至昭后坐前,窃以为薄。庙僚即是代上执爵馈奠耳,祝令位卑,恐诸王无容代之。旧庙仪诸王得兼三公亲事,谓此为便。"从之。及太子穆妃薨,卒哭,祔于太庙阴室。永明十一年,文惠太子薨,卒哭,祔于太庙阴室。太祖崩,毁广陵府君。郁林即位追尊文帝,又毁太中主,止淮阴府君。明帝立,复旧。及崩,祔庙,与世祖为兄弟,不为世数。

史臣曰:先儒说宗庙之义,据高祖已下五世亲尽,故亲庙有四。周以后稷始祖,文、武二祧,所以云王立七庙也。禹无始祖,汤不先契,夏五殷六,其数如之。汉立宗庙,违经背古。匡衡、贡禹、蔡邕之徒,空有迁毁之议,亘年四百,竟无成典。魏氏之初,亲庙止乎四叶,吴、蜀享祭,失礼已多。晋用王肃之谈,以文、景为共世,上至征西,其实六也。寻其此意,非以兄弟为后,当以立主之义,可相容于七室。及杨元后崩,征西之庙不毁,则知不以元后为世数。庙有七室,数盈八主。江左贺循立议以后,弟不继兄,故世必限七,主无定数。宋台初立五庙,以藏后为世室。就礼而求,亦亲庙四矣。义反会郑,非谓从王。自此以来,因仍旧制。夫妻道合,非世叶相承,譬由下祭殇嫡,无关庙数,同之祖曾,义未可了。若据伊尹之言,必及七世,则子昭孙穆,不列妇人。若依郑玄之说,庙有亲称,妻者言齐,岂或滥享?且閟宫之德,周七非数,杨元之祀,晋八无伤。今谓之七庙,而上唯六祀,使受命之君,流光之典不足。若谓太祖未登,则昭穆之数何继?斯故礼官所宜详也。

宋泰豫元年,明帝崩。博士周洽议:"权制:谅暗之内,不亲奉四时祠。"建元四年,尚书令王俭采晋中朝《谅暗议》奏曰:"权典既行,丧礼斯夺,事兴汉世,而源由甚远。殷宗谅暗,非有服之称,周王即吉,唯宴乐为讥。《春秋》之义,嗣君逾年即位,则预朝会聘享焉。《左氏》云'凡君即位,卿出并聘,践修旧好'。又云'诸侯即位,小国聘焉,以继好结信,谋事补阙,礼之大者'。至于谅暗之内而图婚,三年未终而吉禘,齐归之丧不废搜,杞公之卒不彻乐,皆致讥贬,以明鉴戒。自斯而谈,朝聘蒸尝之典,卒哭而备行;婚禘搜乐之事,三载而后举。通塞兴废,各有由然。又案《大戴礼记》及《孔子家语》并称武王崩,成王嗣位,明年六月既葬,周公冠成王而朝于祖,以见诸侯,命祝雍作颂。襄十五年十一月'晋侯周卒',十六年正月'葬晋悼公'。平公既即位,'改服修官,烝于曲沃'。《礼记·曾子问》'孔子曰,天子崩,国君薨,则祝取群庙之主而藏诸祖庙,礼也。卒哭成事,而后主各反其庙'。《春秋左氏传》'凡君卒哭而祔,祔而后特祀于主,蒸尝禘于庙'。先儒云'特祀于主者,特以丧礼奉新亡者主于寝,不同于吉。蒸尝禘于庙者,卒哭成事,群庙之主,各反其庙。则四时之祭,皆同吉也。三年丧毕,吉禘于庙,跻群主以定新主也'。凡此诸文,皆著在经诰,昭乎方册,所以晋、宋因循,同规前典,卒哭公除,亲奉蒸尝,率礼无违,因心允协。爰至泰豫元年,礼官立议,不宜亲奉,乃引'三年之制自天子达'。又据《王制》称'丧三年不祭,唯祭天地社稷,越绋而行事'。曾不知'自天子达',本在至情,即葬释除,事以权夺,委衰袭衮,孝享宜申;越绋之旨,事施未葬,卒哭之后,何绋可越?复依范宣之难杜预,谯周之论士祭,并非ငྷ据。晋武在丧,每欲存宁戚之怀,不全依谅暗之典;至于四时蒸尝,盖以哀疾未堪,非便顿改旧式。江左以来,通儒硕学所历多矣,守而弗革,义岂徒然?又且即心而言,公卿大夫则负扆亲临,三元告始则朝会万国,虽金石辍响,而簠簋充庭,情深于恒哀,而迹降于凡制,岂曰能安,国家故也。宗庙蒸尝,孝敬所先,宁容吉事备行,斯典独废!就令必宜废祭,则应三年永阙,乃复同之他故,有司摄礼,进退二三,弥乖典衷。谓宜依旧亲奉。"从之。

永明九年正月,诏太庙四时祭,荐宣帝面起饼、鸭臛;孝皇后笋、鸭卵、脯酱、炙白肉;高皇帝荐荠肉脍、俎羹;昭皇后茗、粣、炙鱼:皆所嗜也。先是世祖梦太祖曰:"宋氏诸帝尝在太庙,从我求食。可别为吾祠。"上乃敕豫章王妃庾氏四时还青溪宫旧宅,处内合堂,奉祠二帝二后,牲牢服章,用家人礼。

史臣曰:汉氏之庙,遍在郡国,求祀已渎,缘情又疏。重檐閟寝,不可兼建,故前儒抗议,谓之迁毁。光武入纂,南顿君已上四世,别祠舂陵。建武三年幸舂陵园庙是也。张衡《南都赋》曰"清庙肃以微微"。明帝至于章、和,每幸章陵,辄祠旧宅。建安末,魏氏立宗庙,皆在邺都。魏文黄初二年,洛庙未成,亲祠武帝于建始殿,用家人礼。世祖发汉明之梦,肇祀故宫,孝享既申,义合前典,亦一时之盛也。

永明六年,太常丞何諲之议:"今祭有生鱼一头,干鱼五头。《少牢馈食礼》云'司士升鱼腊肤鱼,用鲋十有五'。上既云'腊',下必是'鲜',其数宜同。称'肤'足知鳞革无毁。《记》云'槁鱼曰商祭,鲜曰脡祭'。郑注'商,量;脡,直也'。寻'商'旨裁截,'脡'义在全。贺循《祭义》犹用鱼十五头。今鲜顿删约,槁皆全用。谓宜鲜、槁各二头,槁微断首尾,示存古义。"国子助教桑惠度议:"《记》称尚玄酒而俎腥鱼。玄酒不容多,鲜鱼理宜约。干鱼五头者,以其既加人功,可法于五味,以象酒之五齐也。今欲鲜、槁各双,义无所法。"諲之议不行。

十年,诏故太宰褚渊、故太尉王俭、故司空柳世隆、故骠骑大将军王敬则、故镇东大将军陈显达、故镇东将军李安民六人,配飨太祖庙庭。祠部郎何諲之议:"功臣配飨,累行宋世,检寻遗事,题列坐位,具书赠官爵谥及名,文不称主,便是设板也。《白虎通》云'祭之有主,孝子以系心也'。撰斯而言,升配庙廷,不容有主。宋时板度,既不复存,今之所制,大小厚薄如尚书召板,为得其衷。"有司摄太庙旧人亦云见宋功臣配飨坐板,与尚书召板相似,事见《仪注》。

十一年,右仆射王晏、吏部尚书徐孝嗣、侍中何胤奏:"故太子祔太庙,既无先准。检宋元后故事,太尉行礼,太子拜伏与太尉俱。臣等参议,依拟前典。太常主庙位,太尉执礼祔,太孙拜伏,皆与之俱。正礼既毕,阴室之祭,太孙宜亲自进奠。"诏"可"。

建武二年,有司奏景懿后迁登新庙车服之仪。祠部郎何佟之议曰:"《周礼》王之六服,大裘为上,衮冕次之。五车,玉辂为上,金辂次之。皇后六服,袆衣为上,揄翟次之。首饰有三,副为上,编次之。五车,重翟为上,厌翟次之。上公无大裘玉辂,而上公夫人有副及袆衣,是以《祭统》云'夫人副袆立于东房'也。又郑云'皇后六服,唯上公夫人亦有袆衣'。《诗》云'翟茀以朝'。郑以翟茀为厌翟,侯伯夫人入庙所乘。今上公夫人副袆既同,则重翟或不殊矣。况景皇懿后礼崇九命,且晋朝太妃服章之礼,同于太后,宋代皇太妃唯无五牛旗为异。其外侍官则有侍中、散骑常侍、黄门侍郎、散骑侍郎各二人,分从前后部,同于王者,内职则有女尚书、女长御各二人,荣引同于太后。又魏朝之晋王,晋之宋王,并置百官,拟于天朝。至于晋文王终犹称蘁,而太上皇称崩,则是礼加于王矣。故前议景皇后悉依近代皇太妃之仪,则侍卫陪乘并不得异,后乘重翟,亦谓非疑也。寻齐初移庙,宣皇神主乘金辂,皇帝亲奉,亦乘金辂,先往行礼毕,仍从神主至新庙,今所宜依准也。"从之。

永泰元年,有司议应庙见不。尚书令徐孝嗣议:"嗣君即位,并无庙见之文;蕃支纂业,乃有虔谒之礼。"左丞萧琛议:"窃闻祇见厥祖,义著《商书》,朝于武宫,事光晋册。岂有正位居尊,继业承天,而不虔觐祖宗,格于太室?《毛诗·周颂》篇曰:'《烈文》,成王即政,诸侯助祭也。'郑注云:'新王即政,必以朝享之礼祭于祖考,告嗣位也。'又篇曰'《闵予小子》,嗣王朝庙也'。郑注云:'嗣王者,谓成王也。除武王之丧,将始即政,朝于庙也。'则隆周令典,焕炳经记,体嫡居正,莫若成王。又二汉由太子而嗣位者,西京七主,东都四帝,其昭、成、哀、和、从五君,并皆谒庙,文存汉史;其惠、景、武、元、明、章六君,前史不载谒事,或是偶有阙文,理无异说。议者乃云先在储宫,已经致敬,卒哭之后,即亲奉时祭,则是庙见,故无别谒之礼。窃以为不然。储后在宫,亦从郊祀,若谓前虔可兼后敬,开元之始,则无假复有配天之祭矣。若亲奉时祭,仍为庙见者,自汉及晋,支庶嗣位,并皆谒庙,既同有蒸尝,何为独修繁礼?且晋成帝咸和元年改号已谒庙,咸康元年加元服,又更谒。夫时非异主,犹不疑二礼相因,况位隔君臣,而追以一谒兼敬。宜远纂周、汉之盛范,近黜晋、宋之乖义,展诚一庙,骏奔万国。"奏可。

永明元年十二月,有司奏:"今月三日,腊祠太社稷。一日合朔,日蚀既在致斋内,未审于社祠无疑不?曹检未有前准。"尚书令王俭议:"《礼记·曾子问》'天子尝禘郊社五礼之祭,簠簋既陈',唯大丧乃废。至于当祭之日,火及日蚀则停。寻伐鼓用牲,由来尚矣,而簠簋初陈,问所不及。据此而言,致斋初日,仍值薄蚀,则不应废祭。又初平四年,士孙瑞议以日蚀废冠而不废郊,朝议从之。王者父天亲地,郊社不殊,此则前准,谓不宜废。"诏"可"。

永明十一年,兼祠部郎何佟之议:"案《礼记·郊特牲》:'社祭土而主阴气也,君南向于北墉下,答阴之义

也。'郑玄云'答犹对也'。'北墉,社内北墙也'。王肃云:'阴气北向,故君南向以答。答之为言是相对之称。'知古祭社,北向设位,斋官南向明矣。近代相承,帝社南向,太社及稷并东向,而斋官位在帝社坛北,西向,于神背后行礼;又名稷为稷社,甚乖礼意。乃未知失在何时,原此理当未久。窃以皇齐改物,礼乐惟新,中国之神,莫贵于社,若遂仍前谬,惧亏盛典。谓二社,语其义则殊,论其神则一,位并宜北向。稷若北向,则成相背。稷是百谷之总神,非阴气之主,宜依先东向。斋官立社坛东北,南向立,东为上,诸执事西向立,南为上。稷依礼无兼称,今若欲尊崇,正可名为太稷耳,岂得谓为稷社邪?腊祠太社日近,案奏事御,改定仪注。"

仪曹称治礼学士议曰:"《郊特牲》又云'君之南向,答阳也,臣之北向,答君也。'若以阳气在南,则位应向北,阴气在北,则位宜向南。今南北二郊,一限南向,皇帝黑瓒阶东西向,故知坛墠无兼于阴阳,设位宁拘于南北?群神小祠,类皆限南面,荐飨之时,北向行礼,盖欲申灵祇之尊,表求幽之义。魏世秦静使社稷别营,称自汉以来,相承南向。汉之于周,世代未远,鄗上颓基,商丘余树,犹应尚存,迷方失位,未至于此,通儒达识,不以为非。庚蔚之昔已有此议,后徐爰、周景远并不同,仍旧不改。"

佟之议:"来难引君南向答阳,臣北向答君。敢问答之为言,为是相对?为是相背?相背则社位南向,君亦南向,可如来议。《郊特牲》云'臣之北向以答君',复是君背臣。今言君南臣北,向相称答,则君南不得称答矣。《记》何得云祭社君南向以答阴邪?社果同向,则君亦宜西向,何故在社南向?在郊西向邪?然则不然,《记》云,君之南向答阳,此明朝会之时,盛阳在南,故君南向对之,犹圣人南面而听,向明而治之义耳,宁是祈祀天地之日乎?知祭社北向,君答故南向,祀天南向,君答宜北向矣。今皇帝黑瓒阶东西向者,斯盖始入之别位,非接对之时也。案《记》云'社所以神地之道也'。又'社祭土而主阴气'。又云'不用命,戮于社'。孔安国云'社主阴,阴主杀'。《传》曰'日蚀,伐鼓于社'。杜预云'责群阴也'。社主阴气之盛,故北向设位,以本其义耳。余祀虽亦地祇之贵,而不主此义,故位向不同。不得见余阴祀不北向,便谓社应南向也。案《周礼》祭社南向,君求幽,宜北向,而《记》云社南向,答阴之义,求幽之论不乖欤?魏权汉社,社稷同营共门,稷坛在社坛北,皆非古制。后移宫南,自当如礼。如静此言,乃是显汉社失周法,见汉世旧事。尔时祭社南向,未审出何史籍。就如议者,静所言是祭社位向仍汉旧法,汉又袭周成规,因而不改者,则社稷三座,并应南向,今何改帝社南向,泰社及稷并东向邪?"

治礼又难佟之,凡三往反。至建武二年,有司议:"治礼无的然显据。"佟之议乃行。

建武二年,祠部郎何佟之奏:"案《周礼·大宗伯》'以苍璧礼天,黄琮礼地'。郑玄又云'皆有牲币,各放其器之色'。知礼天圜丘用玄犊,礼地方泽用黄牲矣。《牧

人》云'凡阳祀用骍牲，阴祀用黝牲'。郑玄云'骍，赤；黝，黑也。阳祀，祭天南郊及宗庙。阴祀，祭地北郊及社稷'。《祭法》云'燔柴于泰坛，祭天也。瘗埋于泰折，祭地也。用骍犊'。郑玄'地，阴祀，用黝牲，与天俱用犊，故连言之耳'。知此祭天地即南北郊矣。今南北两郊同用玄牲，又明堂、宗庙、社稷俱用赤，有违昔典。又郑玄云'祭五帝于明堂，勾芒等配食'。自晋以来，并圜丘于南郊，是以郊坛列五帝、勾芒等。今明堂祀五精，更阙五神之位，北郊祭地祇，而设重黎之坐，二三乖舛，惧亏盛则。"

前军长史刘绘议："《语》云'犁牛之子骍且角，虽欲勿用，山川其舍诸'。未详山川合为阴祀不？若在阴祀，则与黝乖矣。"

佟之又议：《周礼》以天地为大祀，四望为次祀，山川为小祀。周人尚赤，自四望以上牲色各依其方者，以其祀大，宜从本也。山川以下，牲色不见者，以其祀小，从所尚也。则《论》、《礼》二说，岂不合符？"参议为允。从之。

永元元年，步兵校尉何佟之议曰："盖闻圣帝明王之治天下也，莫不尊奉天地，崇敬日月，故冬至祀天于圜丘，夏至祭地于方泽，春分朝日，秋分夕月，所以训民事君之道，化下严上之义也。故礼云'王者必父天母地，兄日姊月'。《周礼·典瑞》云'王搢大圭，执镇圭，藻藉五采五就以朝日'。马融云'天子以春分朝日，秋分夕月'。《觐礼》'天子出，拜日于东门之外'。卢植云'朝日以立春之日也'。郑玄云'端当为冕，朝日春分之时也'。《礼记·朝事议》云'天子冕而执镇圭，尺有二寸，率诸侯朝日于东郊，所以教尊敬也'。故郑知此端为冕也。《礼记·保傅》云'三代之礼，天子春朝朝日，秋暮夕月，所以明有敬也'。而不明所用之定辰。马、郑云用二分之时，卢植云用立春之日。佟之以为日者太阳之精，月者太阴之精。春分阳气方永，秋分阴气向长。天地至尊用其始，故祭以二至，日月礼次天地，故朝以二分，差有理据，则融、玄之言得其义矣。汉世则朝朝日，暮夕月。魏文帝诏曰：'《觐礼》天子拜日东门之外，反祀方明。《朝事议》曰天子冕而执镇圭，率诸侯朝日于东郊。以此言之，盖诸侯朝，天子祀方明，因率朝日也。汉改周法，群公无四朝之事，故不复朝于东郊，得礼之变矣。然旦夕常于殿下东向拜日，其礼太烦。今采周春分之礼，损汉日夕之仪，又无诸侯之事，无所出东郊，今正殿即亦朝会行礼之庭也。宜常以春分于正殿之庭拜日，其夕月文不分明。其议奏。'魏秘书监薛循请论之：'旧事朝日以春分，夕月以秋分。案《周礼》朝日无常日，郑玄云用二分，故遂施行。秋分之夕，月多东潜，而西向拜之，背实远矣。谓朝日宜用仲春之朔，夕月宜用仲秋之朔。'淳于睿驳之，引《礼记》云'祭日于东，祭月于西，以端其位'。《周礼》秋分夕月，并行于上世。西向拜月，虽如背实，亦犹月在天而祭之于坎，不复言背月也。佟之案《礼器》云'为朝夕必放日月'。郑玄云'日出东方，月出西方'；又云'大明生于东，月生于西，此阴阳之分，夫妇之位也'。郑玄云'大明，日也'。朝日东向，夕月西向，斯盖各本其位之所在耳。犹如天子东西游幸，朝堂之官及拜官者犹北向朝拜，宁得以背实为疑邪？佟之谓魏世所行，善得与夺之衷。晋初弃圜丘方泽，于两郊二至辍礼，至于二分之朝，致替无义。江左草创，旧章多阙，宋氏因循，未能反古。窃惟皇齐应天御极，典教惟新，谓宜使盛典行之盛代，以春分朝于殿庭之西，东向而拜日，秋分于殿庭之东，西向而拜月，此即所谓必放日月以端其位之义也。使四方观化者，莫不欣欣而颂美。旒藻之饰，盖本天之至质也，朝日不得同昊天至质之礼，故玄冕三旒也。近代祀天，著衮十二旒，极文章之美，则是古今礼之变也。礼天朝日，既服宜有异，顷世天子小朝会，著绛纱袍、通天金博山冠，斯即今朝之服次衮冕者也。窃谓宜依此拜日月，甚得差降之宜也。佟之任非礼局，轻奏大典，实为侵官，伏追惭震。"从之。

永明三年，有司奏："来年正月二十五日丁亥，可祀先农，即日舆驾亲耕。"宋元嘉、大明以来，并用立春后亥日，尚书令王俭以为亥日藉田，经记无文，通下详议。

兼太学博士刘蔓议："《礼》，孟春之月，立春迎春，又于是月以元日祈谷，又择元辰躬耕帝藉。卢植说礼通辰日，日，甲至癸也，辰，子至亥也。郊天，阳也，故以日。藉田，阴也，故以辰。阴礼卑后，必居其末，亥者辰之末，故《记》称元辰，注曰吉亥。又据五行之说，木生于亥，以亥日祭先农，又其义也。"

太常丞何谭之议："郑注云'元辰，盖郊后吉亥也'。亥，水辰也，凡在垦稼，咸存洒润。五行说十二辰为六合，寅与亥合，建寅月东耕，取月建与日辰合也。"

国子助教桑惠度议："寻郑玄以亥为吉辰者，阳生于子，元起于亥，取阳之元以为生物，亥又为水，十月所建，百谷赖兹沾润毕熟也。"

助教周山文议："卢植云'元，善也。郊天，阳也，故以日。藉田，阴也，故以辰'。蔡邕《月令章句》解元辰云'日，干也。辰，支也。有事于天，用日。有事于地，用辰'。"

助教何佟之议："《少牢馈食礼》云'孝孙某，来日丁亥，用荐岁事于皇祖伯某'。注云'丁未必亥也，直举一日以言之耳'。禘太庙礼日用丁亥，若不丁亥，则用己亥、辛亥，苟有亥可也'。郑又云'必用丁、己者，取其令名，自丁宁自变改，皆为谨敬'。如此，丁亥自是祭祀之日，不专施于先农。汉文用此日耕藉祠先农，故后王相承用之，非有别义。"

殿中郎顾暠之议："郑玄称先郊后吉辰，而不说必亥之由。卢植明子亥为辰，亦无常辰之证。汉世躬藉，肇发汉文，诏云'农，天下之本，其开藉田'。斯乃草创之令，末睹亲载之吉也。昭帝癸亥耕于钩盾弄田，明帝癸亥耕下邳，章帝乙亥耕定陶，又辛丑耕怀，魏之烈祖实书辛未，不系一辰，征于两代矣。推晋之革魏，宋之因晋，政是服膺康成，非有异见者也。班固序亥位云'阴气应亡射，该藏万物，而杂阳闳申'。且亥既水辰，含育为性，播厥取吉，其在兹乎？固序丑位云'阴大旅，助黄钟宣气而牙物'。序未位云'阴气受任，助蕤宾君主种物，使长大茂盛'。是汉朝迭选，魏室所迁，酌旧用丑，实兼有据。"参议奏用丁亥。诏"可"。

建元四年正月,诏立国学,置学生百五十人。其有位乐人者五十人。生年十五以上,二十以还,取王公已下至三将、著作郎、廷尉正、太子舍人、领护诸府司马谘议经除敕者、诸州别驾治中等见居官及罢散者子孙。悉取家去都二千里为限。太祖崩,乃止。

永明三年正月,诏立学,创立堂宇,召公卿子弟下及员外郎之胤,凡置生二百人。其年秋中悉集。有司奏:"宋元嘉旧事,学生到,先释奠先圣先师,礼又有释菜,未详今当行何礼?用何乐及礼器?"尚书令王俭议:"《周礼》'春入学,舍菜合舞'。《记》云'始教,皮弁祭菜,示敬道也'。又云'始入学,必祭先圣先师'。中朝以来,释菜礼废,今之所行,释奠而已。金石俎豆,皆无明文。方之七庙则轻,比之五礼则重。陆纳、车胤谓宣尼庙宜依亭侯之爵;范宁欲依周公之庙,用王者仪,范宣谓当其为师则不臣之,释奠日,备帝王乐。此则车、陆失于过轻,二范伤于太重。喻希云'若至王者自设礼乐;则肆赏于至敬之所;若欲嘉美先师,则所况非备'。寻其此说,守附情理。皇朝屈尊弘教,待以师资,引同上公,即事惟允。元嘉立学,裴松之议应舞六佾,以郊乐未具,故权奏登歌。今金石已备,宜设轩县之乐,六佾之舞,牲牢器用,悉依上公。"其冬,皇太子讲《孝经》,亲临释奠,车驾幸听。

建武四年正月,诏立学。永泰元年,东昏侯即位,尚书符依永明旧事废学。领国子助教曹思文上表曰:"古之建国君民者,必教学为先,将以节其邪情而禁其流欲,故能化民裁俗,习与性成也。是以忠孝笃焉,信义成焉,礼让行焉,尊教宗学,其致一也。是以成均焕于古典,虎门炳于前经。陛下体睿淳神,缵承鸿业,今制书既下,而废学先闻,将恐观国之光者,有以拟议也。若以国讳故宜废,昔汉成立学,爰泊元始,百余年中,未尝暂废,其间有国讳也。且晋武之崩,又其学犹存,斯皆先代不以国讳而废学之明文也。永明以无太子故废,斯非古典也。寻国之有学,本以兴化致治也,天子于以谘谋焉,于以行礼焉。《记》云'天子出征,受命于祖,受成于学。执有罪反,释奠于学'。又云'食三老五更于太学,天子袒而割牲,执爵而酳,以教诸侯悌也'。于斯学,是天子有国之基,教也或以之。所言皆太学事也,今引太学不非证也。据臣所见,今之国学,即古之太学。晋初太学生三千人,既多猥杂,惠帝时欲辩其泾渭,故元康三年始立国子学,官品第五以上得入国学。天子去太学入国学,以行礼也。太子去太学入国学,以齿让也。太学之与国学,斯是晋世殊其士庶,异其贵贱耳。然贵贱士庶,皆须教成,故国学太学两存之也,非有太子故立也。然系废兴于太子者,此永明之巨失也。汉崇儒雅,几致刑厝,而犹道谢三、五者,以其致教之术未笃也。古之教者,家有塾,党有庠,术有序,国有学,以讽诵相摩。今学非唯不宜废而已,乃宜更崇尚其道,望古作规,使郡县有学,乡闾立教。请付尚书及二学详议。"有司奏。从之。学竟不立。

永明五年十月,有司奏:"南郡王昭业冠,求仪注未有前准。"尚书令王俭议:"皇孙冠事,历代所无。礼虽有嫡子无嫡孙,然而地居正体,下及五世。今南郡王体自储晖,实惟国裔,元服之典,宜异列蕃。案《士冠礼》'主人玄冠朝服,宾加其冠,赞者结缨'。郑玄云'主人,冠者之父兄也'。寻其言父及兄,则明祖在,父不为主也。《大戴礼记·公冠篇》云公冠自为主,四加玄冕,以卿为宾。此则继体之君及帝之庶子不得称子者也。《小戴礼记·冠义》云'冠于阼,以著代也。醮于客位,三加弥尊,加有成也'。注称'嫡子冠于阼,庶子冠于房'。《记》又云'古者重冠,故行之于庙,所以自卑而尊先祖也'。据此而言,弥与郑注《仪礼》相会。是故中朝以来,太子冠则皇帝临轩,司徒加冠,光禄赞冠。诸王则郎中加冠,中尉赞冠。今同于储皇则重,依于诸王则轻。又《春秋》之义,'不以父命辞王父命'。《礼》'父在斯为子,君在斯为臣'。皇太子居臣子之节,无专用之道。南郡虽处蕃国,非支庶之列,宜禀天朝之命,微申冠阼之礼。晋武帝诏称汉、魏遣使冠诸王,非古正典。此盖谓庶子封王,合依公冠自主之义,至于国之长孙,遣使惟允。宜使太常持节加冠,大鸿胪为赞;醮酒之仪,亦归二卿;祝醮之辞,附准经记,别更撰立,不依蕃国常体。国官陪位拜贺,自依旧章。其日内外二品清官以上,诣止车集贺,并诣东宫南门通笺。别日上礼,宫臣亦诣门称贺,如上台之仪。既冠之后,克日谒庙,以弘尊祖之义。此既大典,宜通关八座丞郎并下二学详议。"仆射王奂等十四人议并同,并撰立赞冠、醮酒二辞。诏"可"。祝辞曰:"皇帝使给事中、太常、武安侯萧惠基加南郡王冠。"祝曰:"筮日筮宾,肇加元服。弃尔幼志,从厥成德。亲贤使能,克隆景福。"醮酒辞曰:"旨酒既清,嘉荐既盈。兄弟具在,淑慎仪形。永届眉寿,于穆斯宁。"

永明中,世祖以婚礼奢费,敕诸王纳妃,上御及六宫依礼止枣栗腶脩,加以香泽花粉,其余衣物皆停。唯公主降嫔,则止遗舅姑也。永泰元年,尚书令徐孝嗣议曰:"夫人伦之始,莫重冠婚,所以尊表成德,结欢两姓。年代污隆,古今殊则,繁简之仪,因时或异。三加废于士庶,六礼限于天朝,虽因习未久,事难顿改,而大典之要,深宜损益。案《士冠礼》,三加毕,乃醴冠者,醴则唯一而已,故醴辞无二。若不醴,则每加辄醮以酒,故醮辞有三。王肃云'醴本古味,其礼重;酒用时味,其礼轻故也'。或醴或醮,二三之义,详于经文。今皇王冠毕,一酌而已,即可拟古设醴;而犹用醮辞,实为乖衷。寻婚礼实筐以四爵,加以合卺,既崇尚质之理,又象泮合之义。故三饭卒食,再酳用卺。先儒以礼成好合,事终于三,然后用卺之仪注先酳卺,以再以三,有违旨趣。又《郊特牲》曰'三王作牢用陶匏'。言太古之时,无共牢之礼,三王作之,用太古之器,重夫妇之始也。今虽以方樏示约,而弥乖昔典。又连卺以锁,盖出近俗。复别有牢烛,雕费采饰,亦亏囊制。方今圣政日隆,声教惟穆,则古昔以敦风,存饩羊以爱礼,沿袭之规,有切治要,嘉礼实重,宜备旧章。谓自今王侯已下冠毕一酌醴,以遵古之义。醴即用旧文,于事为允。婚亦依古,以卺酌终酳之酒,并除金银连锁,自余杂器,悉用埏陶。堂人执烛,足充燕燎,牢烛华侈,亦宜停省。庶斵雕可期，移俗有渐。"参议并同。奏可。

晋武太始二年，有司奏，故事皇后讳与帝讳俱下。诏曰：礼，内讳不出宫，近代讳之也。建元元年，太常上朝堂讳训。仆射王俭议曰："后讳依旧不立训。礼，天子诸侯讳群祖，臣隶既有从敬之义，宜为太常府君讳。至于朝堂榜题，本施至极，既追尊所不及，礼降于在三，晋之京兆，宋之东安，不列榜题。孙毓议称京兆列在正庙，臣下应讳，而不上榜。宋初博士司马道敬议东安府君讳宜上榜，何承天执不同，即为明据。"其有人名地名犯太常府君及帝后讳者，皆改。宣帝讳同。二名不偏讳。所以改承明门为北掖，以榜有"之"字与"承"并。东宫承华门亦改为宣华云。

汉末，蔡邕立汉《朝会志》，竟不就。秦人以十月旦为岁首，汉初习以大飨会，后用夏正，飨会犹未废十月旦会也。东京以后，正旦夜漏未尽七刻，鸣钟受贺，公侯以下执贽来庭，二千石以上升殿称万岁，然后作乐宴飨。张衡赋云"皇舆夙驾，登天光于扶桑"。然则虽云夙驾，必辨色而行事矣。魏武都邺，正会文昌殿，用汉仪，又设百华灯。后魏文修洛阳宫室，权都许昌，宫殿狭小，元日于城南立毡殿，青帷以为门，设乐飨会。后还洛阳，依汉旧。晋武帝初，更定朝会仪，夜漏未尽十刻，庭燎起火，群臣集。博玄《朝会赋》云"华灯若乎火树，炽百枝之煌煌"。此则因魏仪与庭燎并设也。漏未尽七刻，群臣入白贺，未尽五刻，就本位，至漏尽，皇帝出前殿，百官上贺，如汉仪。礼毕罢入，群臣坐，谓之辰贺。昼漏上三刻更出，百官奉寿酒，大飨作乐，谓之昼会。别置女乐三十人于黄帐外，奏《房中之歌》。江左多虞，不复晨贺，夜漏未尽十刻，开宣阳门，至平旦始开殿门；昼漏上五刻，皇帝乃出受贺。宋世至十刻乃受贺。其余升降拜伏之仪，及置立后妃王公已下祠祀夕牲拜授吊祭，皆有仪注，文多不载。

三月三日曲水会，古祓祭也。汉《礼仪志》云"季春月上巳，官民皆絜濯于东流水上，自洗濯袚除去宿疾为大絜"。不见东流为何水也。晋中朝云，卿已下至于庶民，皆禊洛水之侧，事见诸《禊赋》及《夏仲御传》也。赵王伦篡位，三日，会天渊池诛张林。怀帝亦会天渊池赋诗。陆机云"天渊池南石沟，引御沟水，池西积石为禊堂。跨水，流杯饮酒"。亦不言曲水。元帝又诏罢三日弄具。今相承为百戏之具，雕弄技巧，增损无常。

史臣曰：案禊与曲水，其义参差。旧言阳气布畅，万物讫出，姑洗絜之也。巳者祉也，言祈介祉也。一说，三月三日，清明之节，将修事于水侧，祷祓以祈丰年。应劭云："禊者，絜也，言自絜濯也。或云汉世有郭虞者，以三月上辰生二女，上巳又生一女，二日中频生皆死，时俗以为大忌，民人每至其日，皆适东流水祈袚自絜濯，浮酌清流，后遂为曲水。"案高后被霸上，马融《梁冀西第赋》云"西北戍亥，玄石承输。虾蟆吐写，庚辛之域"。即曲水之象也。今据禊为曲水事，应在永寿之前已有，袚除则不容在高后之后。祈农之说，于事为当。

九月九日马射。或说云，秋金之节，讲武习射，像汉立秋之礼。

史臣曰：案晋中朝元会，设卧骑、倒骑、颠骑，自东华门驰往神虎门，此亦角抵杂戏之流也。宋武为宋公，在彭城，九日出项羽戏马台，至今相承，以为旧准。

卷十　志第二

礼　下

建元四年，高帝山陵，昭皇后应迁祔。祠部疑有祖祭及遣启诸奠九饭之仪不。左仆射王俭议："奠如大敛。贺循云'从墓之墓皆设奠，如将葬庙朝之礼'。范宁云'将窆而奠'。虽不称为祖，而不得无祭。"从之。有司又奏："昭皇后神主在庙，今迁祔葬，庙有虞以安神，神既已处庙，改葬出灵，岂应虞祭？郑注改葬云'从庙之庙，礼宜同从墓之墓'。事何容异！前代谓应无虞。"左仆射王俭议："范宁云'葬必有魂车'。若不为其归，神将安舍？世中改葬，即墓所施灵设祭，何得不祭而毁耶？贺循云'既窆，设奠于墓，以终其事'。虽非正虞，亦粗相似。晋氏修复五陵，宋朝敬后改葬，皆有虞。今设虞非疑。"从之。

建元二年，皇太子妃薨，前宫臣疑所服。左仆射王俭议："《礼记·文王世子》'父在斯为子，君在斯为臣。'且汉魏以来，宫僚充备，臣隶之节，具体在三。昔庾翼妻丧，王允、滕弘谓府吏宜有小君之服，况臣节之重邪？宜依礼为旧君妻齐衰三月，居官之身，并合属假，朝晡临哭悉系东宫。今臣之未从官在远者，于居官之所，属宁二日半，仍行丧成服，遣笺表，不得奔赴。"从之。

太子妃斩草乘黄，议建铭旌。仆射王俭议："礼，既涂棺，祝取铭置于殡东，大敛毕，便应建于西阶之东。"宋大明二年，太子妃薨，建九旒。有司又议："斩草日建旒与不？若建旒，应几旒？及画龙升降云何？又用几翣？仆射王俭议："旒本是命服，无关于凶事。今公卿以下，平存不能备礼，故在凶乃建耳。东宫秩同上公九命之仪，妃与储君一体，义不容异，无缘未同常例，别立凶旒。大明旧事，是不经详议，率尔便行耳。今宜考以礼典，不得效尤从失。吉部伍自有桁輅，凶部别有铭旌，若复立旒，复置何处？翣自用八。"从之。

有司奏："大明故事，太子妃玄宫中有石志。参议墓铭不出礼典。近宋元嘉中，颜延作王球石志。素族无碑策，故以纪德。自尔以来，王公以下，咸共遵用。储妃之重，礼殊恒列，既有哀策，谓不须石志。"从之。

有司奏："穆妃卒哭后，灵还在道，遇朔望，当须设祭不？"王俭议："既虞卒哭，祭之于庙，本是祭序昭穆耳，未全同卒吉四时之祭也，所以有朔望殷事。蕃国不行权制，宋江夏王妃卒哭以后，朔望设祭。帝室既以卒哭除丧，无缘方有朔望之祭。灵筵虽未升庙堂，而舫中即成行庙，犹如桓玄及宋高祖长沙、临川二国，并有移庙之礼。岂复谓灵筵在途，便设殷事耶？推此而言，朔望不复俟祭。宋懿后时旧事不及此，益可知时议。"从之。

建元三年，有司奏："皇太子穆妃以去年七月薨，其年闰九月。未审当月数闰？为应以闰附正月？若用月数数闰者，南郡王兄弟便应以此四月晦小祥，至于祥月，不为有疑不？"左仆射王俭议："三百六旬，尚书明义，文公纳币，春秋致讥。《谷梁》云'积分而成月'。《公羊》云'天无是月'。虽然，左氏谓告朔为得礼。是故先儒咸谓三年期丧，岁数没闰，大功以下，月数数闰。夫闰者，盖是年之余日，而月之异朔，所以吴商云'含闰以正期，允协情理'。今杖期之丧，虽以十一月而小祥，至于祥缟，必须周岁。凡厌屈之礼，要取象正服。祥缟相去二月，厌降小祥，亦以则之。又且求之名义，则小祥本以年限，考于伦例，则相去必应二朔。今以厌屈而先祥，不得谓此事之非期，事既同条，情无异贯，没闰之理，固在言先。设令祥在此晦，则去缟三月，依附准例，益复为碍。谓应须五月晦乃祥。此国之大典，宜共精详。并通关八座丞郎，研尽同异。"

尚书令褚渊难俭议曰："厌屈之典，由所尊夺情，故祥缟备制，而年月不申。今以十一月而祥，从期可知。既计以月数，则应数闰以成典。若犹含之，何以异于缟制？疑者正以祥之当闰，月数相县。积分余闰，历象所弘。计月者数闰，故有余月，计年者苞含，故致盈积。称理从制，有何不可？"

俭又答渊难曰："含闰之义，通儒所难。但祥本应期，屈而不遂。语事则名体具存，论哀则情无以异。迹虽数月，义实计年，闰是年之归余，故宜总而苞之。期而两祥，缘尊故屈，祥则没闰，象年所申，屈申兼著，二途具举。经记之旨，其在兹乎？如使五月小祥，六月乃闰，则祥之去缟，事成二月，是为十一月以象前期，二朔以放后岁，名有区域，不得相参。鲁襄二十八年'十二月乙未楚子卒'。唯书上月，初不言闰，此又附上之明义也。郑、射、王、贺唯云期则没闰，初不复区别杖期之中祥，将谓不俟言矣。成休甫云'大祥后禫，有闰别数之'，明杖期之祥，不得于于浸缟之末。即恩如彼，就例如此。"渊又据旧义难俭十余问，俭随事解释。

祠部郎中王珪之议，谓"丧以闰施，功衰以下小祥值闰，则略而不言。今虽厌屈，祥名犹存，异于余服。计月为数，屈追慕之心，以远为迹。日既余分，月非正朔，含而全制，于情唯允。仆射俭议，理据详博，谨所附同。今司徒渊始虽疑难，再经往反，未同俭议。依旧八座丞郎通共博议为允。以来五月晦小祥，其祥禫自依常限。奏御，班下内外。"诏"可"。

皇太子穆妃服，尚书左丞兼著作郎王逡问左仆射王俭："中军南郡王小祥，应待闻喜不？穆妃七月二十四日薨，闻喜公八月发哀，计十一月之限，应在六月。南郡王为当同取六月，则大祥复申一月，应用八月，非复正月，在存亲之义，若各自为祥，庐垩相间，玄素杂糅，未审当有此疑不？"俭曰："送往有已，复生有节，罔极非服制所申，祥缟明示终之断。相待之义，经记无闻。世人多以庐

室衰麻，不宜有异，故相去一二月者，或申以俱除。此所谓任情径行，未达礼旨。昔撰《丧记》，已尝言之。远还之人，自有为而未祭，在家之子，立何辞以不变？礼有除丧而归者，此则经记之遗文，不待之明据。假使应待，则相去弥年，亦宜必待，乃为衰绖永服以穷生，吉蠲长绝于宗庙，斯不可矣。苟曰非宜，则旬月之间，亦不容申。何者？礼有伦序，义无徒设。今远则不待，近必相须，礼例既乖，即心无取。若疑兄弟同居，吉凶舛杂，则古有异宫之义。设无异宫，则远还之子，自应开立别门，以终丧事。灵筵祭奠，随在家之人，再期而毁。所以然者，《奔丧礼》云'为位不奠'，郑玄云'以其精神不存乎此也'。闻哀不时，实缘在远。为位不奠，益有可安。此自有为而然，不关嫡庶。庶子在家，亦不待嫡矣。而况储妃正体王室，中军长嫡之重，天朝又行权制，进退弥复非疑。谓不应相待。中军祥缟之日，闻喜致哀而已，不受吊慰。及至忌辰变除，昆弟亦宜相就写情而不对客。此国之大典，宜通关八座丞郎，共尽同异，然后奏御。"司徒褚渊等二十人并同俭议为允，请以为永制。诏"可"。

建元三年，太子穆妃薨，南郡王闻喜公国臣疑制君母服。俭又议："《礼》'庶人为国君齐衰'。先儒云'庶人在官，若府史之属是也'。又诸侯之大夫妻为大人服繐衰七月，以此轻微疏远，故不得尽礼。今皇孙自是蕃国之王公，太子穆妃是天朝之嫡妇。宫臣得申小君之礼，国官岂敢为夫人之敬？当单衣白帢素带哭于中门外，每临辄入，与宫官同。"

永明十一年，文惠太子薨，右仆射王晏等奏："案《丧服经》'为君之父、长子，同齐衰期'。今至尊既不行三年之典，止服期制，群臣应降一等，便应大功。九月功衰，是兄弟之服，不可以服尊。臣等参议，谓宜重其衰裳。减其月数，同服齐衰三月。至于太孙三年既申，南郡国臣，宜备齐衰期服。临汝、曲江既非正嫡，不得祢先储，二公国臣，并不得服。"诏依所议。

又奏："案《丧服经》虽有'妾为君之长子从君而服'。二汉以来，此礼久废，请因循前准，不复追行。"诏曰："既久废，停便。"

又奏："伏寻御服文惠太子期内不奏乐，诸王虽本服期，而储皇正体宗人，服者一同，释服、奏乐、姻娶，便应通施。窃谓二等诚俱是嘉礼，轻重有异：娶妇思嗣，事非全吉，三日不乐，礼有明文。宋世丧降在大功者，婚礼废乐，以申私戚，通以前典。"诏"依议"。

又奏："案礼，详除皆先于今夕易服，明旦乃设祭。寻比世服临然后改服，与礼为乖。今东宫公除日，若依例，皇太孙服临方易服。臣等参议，谓先哭临竟而后祭之。应公除者，皆于府第变服，而后入临，行奉慰之礼。"诏"可"。

建武二年，朝会，时世祖謁密未终，朝议疑作乐不。祠部郎何佟之议："昔舜受终文祖，义非胤尧，及放勋徂落，遏密三祀。近代晋康帝继成帝，于时亦不作乐。怀帝永嘉元年，惠帝丧制未终，于时江充议云，古帝王相承，虽世及有异，而轻重同礼。"从之。

建武二年正月，有司以世宗文皇帝今二年正月二十四日再忌日，二十九日大祥，三月二十九日祥禫，至尊及群臣泄哀之仪，应定准。下二学八座丞郎，博士陶韶以为"名立义生，自古之制。文帝正号祖宗，式序昭穆，祥忌禫日，皇帝宜服祭服，出太极泄哀。百僚亦祭服陪位"。太常丞李撝议曰："寻尊号既追，重服宜正，但已从权制，故苴杖不说。至于钻燧既同，天地亦变，容得无感乎？且晋景献皇后崩，群臣备小君之服。追尊之后，无违后典，追尊之帝，固宜同帝礼矣。虽臣子一例，而礼随时异。至尊龙飞中兴，事非嗣武，理无深衣之变。但王者体国，亦应吊服出正殿举哀，百寮致恸，一如常仪。"给事中领国子助教谢昙济议："夫丧礼一制，限节两分。虞衬追亡之情，小祥抑存之礼，斯盖至爱可申，极痛宜屈耳。文皇帝虽君德早凝，民化未洽，追崇尊极，实缘于性。今言臣则无实，论己则事虚。圣上驭宇，更奉天眷，祇礼七庙，非从三后，周忌祥禫，无所依设。"太学博士崔愄同陶韶议，太常沈俀同李撝议，国子博士刘警等同谢昙济议。

祠部郎何佟之议曰："《春秋》之旨，臣子继君亲，虽恩义有殊，而其礼则一，所以敦资敬之情，笃方丧之义。主上虽仰嗣高皇，尝经北面，方今圣历御宇，垂训无穷，在三之恩，理不容替。窃谓世宗祥忌，至尊宜吊服升殿，群臣同致哀感，事毕，百官诣宣德宫拜表，仍致哀陵园，以弘追远之慕。"尚事令王晏等十九人同佟之议。诏"可"。

海陵王薨，百官会哀。时纂严，朝议疑戎服临会。祠部郎何佟之议："羔裘玄冠不以吊，理不容以兵服临丧。宋泰始二年，孝武大祥之日，于时百寮入临，皆于宫门变戎服，著衣帻，入临毕，出外，还袭戎衣。"从之。

赞曰：姬制孔作，训范百王。三千有数，四维是张。损益彝典，废举宪章。戎祀军国，社庙郊庠。冠婚朝会，服纪凶丧。存为盛德，戒在先亡。

卷十一　　　志第三

乐

南郊乐舞歌辞，二汉同用，见《前汉志》，五郊互奏之。魏歌舞不见，疑是用汉辞也。晋武帝泰始二年，郊祀明堂，诏礼遵用周室肇称殷祀之义，权用魏仪。后使傅玄造《祠天地五郊夕牲歌》诗一篇，《迎神歌》一篇。宋文帝使颜延之造《郊天夕牲》、《迎送神》、《飨神歌》诗三篇，是则宋初又仍晋也。建元二年，有司奏，郊庙雅乐歌辞旧使学士博上撰，搜简采用，请敕外，凡肄学者普令立。参议："太庙登歌宜用司徒褚渊，余悉用黄门郎谢超宗辞。"超宗所撰，多删颜延之、谢庄辞以为新曲，备改乐名。永明二年，太子步兵校尉伏曼容上表，宜集英儒，删纂雅乐。诏付外详，竟不行。

群臣出入，奏《肃咸之乐》：

寅承宝命，严恭帝绪。奄受敷锡，升中拓宇。亘地称皇，罄天作主。月域来宾，日际奉土。开元首正，礼交乐举。六典联事，九官列序。此下除四句。皆颜辞。

牲出入，奏《引牲之乐》：

皇乎敬矣，恭事上灵。昭教国祀，肃肃明明。有牲在涤，有絷在俎。以荐王衷，以答神祐。此上四句，颜辞。陟配在京，降德在民。奔精望夜，高燎忾晨。荐豆呈毛血，奏《嘉荐之乐》：

我恭我享，惟孟之春。以孝以敬，立我蒸民。青坛奄霭，翠幕端凝。嘉俎重荐，兼籍再升。设业设虡，展容玉庭。肇禋配祀，克对上灵。此一篇增损谢辞。

右夕牲歌，并重奏。

迎神，奏《昭夏之乐》：

惟圣飨帝，惟孝飨亲。此下除二句。礼行宗祀，敬达郊禋。金枝中树，广乐四陈。此下除八句。月御案节，星驱扶轮。遥兴远驾，曜曜振振。告成大报，受釐元神。

皇帝入坛东门，奏《永至之乐》：

紫坛望灵，翠幕伫神。率天奉赞，罄地来宾。神觋并介，泯祇合祉。恭昭鉴享，肃光孝祀。威蔼四灵，洞曜三光。皇德全被，大礼流昌。

皇帝升坛，奏登歌辞：

报惟事天，祭实尊灵。史正嘉兆，神宅崇祯。五时昭邕，六宗彝序。介丘望尘，皇轩肃举。

皇帝初献，奏《文德宣烈之乐》：

营泰畤，定天衷。思心绪，谋筮从。此下除二句。田烛置，爟火通。大孝昭，国礼融。此一句改，馀皆颜辞，此下又除二十二句。

次奏《武德宣烈之乐》：

功烛上宙，德耀中天。风移九域，礼饰八埏。四灵晨炳，五纬宵明。膺历缔运，道茂前声。

太祖高皇帝配飨，奏《高德宣烈之乐》。此章永明二年造奏。尚书令王俭辞。

飨帝严亲，则天光大。鸟弈前古，荣镜无外。日月宣华，卿云流霭。五汉同休，六幽咸泰。

皇帝饮福酒，奏《嘉胙之乐》：

邕嘉礼，承休锡。盛德符景纬，昌华应帝策。圣蔼耀昌基，融祉晖世历。声正涵月轨，书文腾日迹。宝瑞昭神图，灵熨流瑞液。我皇崇晖祚，重芬冠往籍。

送神，奏《昭夏之乐》：

荐飨洽，礼乐该。神娱展，辰旆回。洞云路，拂璇阶。紫氛蔼，青霄开。眷皇都，顾玉台。留昌德，结圣怀。

皇帝就燎位，奏《昭远之乐》：

天以德降，帝以礼报。牲樽俯陈，柴币仰燎。事展司采，敬达瑄芬。烟赞青昊，霙扬紫场。陈馨示策，肃志宗禋。礼非物备，福唯诚陈。

皇帝还便殿，奏《休成之乐》。重奏。

昭事上祀，飨荐具陈。回銮转翠，拂景翔宸。缀县敷畅，锺石昭融。羽炫深昬，籥喧行风。肆序辍度，肃礼停文。四金耸卫，六驭齐轮。
右南郊歌辞

北郊乐歌辞，案《周颂·昊天有成命》，郊祀天地也。是则周、汉以来，祭天地皆同辞矣。宋颜延之《飨地神辞》一篇，余与南郊同。齐北郊，群臣入奏《肃咸乐》；牲入，奏《引牲》；荐豆毛血，奏《嘉荐》；皇帝入坛东门，奏《永至》；饮福酒，奏《嘉胙》；还便殿，奏《休成》：辞并与南郊同。迎送神《昭夏》登歌异。

迎地神，奏《昭夏之乐》：

诏礼崇营，敬飨玄祇。灵正丹帷，月肃紫壃。展荐登华，风县凝锵。神惟戾止，郁葆遥庄。昭望岁芬，环游辰太。穆哉尚礼，横光秉蔼。

皇帝升坛登歌：

仁灵敬享，禋肃彝文。县动声仪，荐絜牲芬。阴祇以觌，昭司式庆。九服熙度，六农祥正。

皇帝初献，奏《地德凯容之乐》：

缮方丘，端国阴，掩圭瓒，仰灵心。诏源委，遍丘林。此下除八句礼献物，乐荐音。此下除二十二句余皆颜辞。

次奏《昭德凯容之乐》：

庆图浚邈，蕴祥秘瑶。俒天炳月，嫔光紫霄。邦化灵懋，阆则风调。俪德方仪，徽载以昭。

送神，奏《昭夏之乐》：

荐神升，享序楸。淹玉俎，停金奏。宝旆转，旐驾旋。溢素景，郁紫躔。灵心顾，留辰眷。洽外瀛，瑞中县。

瘗埋，奏《隶幽之乐》：

后皇嘉庆，定祇玄祇。承帝休图，祇敷灵祉。筐罥周序，轩朱凝会。牲币芬坛，精明仁盖。调川瑞昌，警岳祥泰。

右北郊歌辞。

明堂歌辞，祠五帝。汉郊祀歌皆四言，宋孝武使谢庄造辞，庄依五行数，木数用三，火数用七，土数用五，金数用九，水数用六。案《鸿范》五行，一曰水，二曰火，三曰木，四曰金，五曰土。《月令》木数八，火数七，土数五，金数九，水数六。蔡邕云："东方有木三土五，故数八；南方有火二土五，故数七；西方有金四土五，故数九；北方有水一土五，故数六。"又纳音数，一言得土，三言得火，五言得水，七言得金，九言得木。若依《鸿范》木数用三，则应水一火二金四也。若依《月令》金九水六，则应木八火七也。当以《鸿范》一二之数，言不成文，故有取舍，而使两义并违，未详立言为何依据也。《周颂·我将》祀文王，言皆四，其一句五，一句七。谢庄歌宋太祖亦无定句。建元初，诏黄门郎谢超宗造明堂夕牲等辞，并采用庄辞。建武二年，雩祭明堂，谢朓造辞，一依谢庄，唯世祖四言也。

宾出入，奏《肃咸乐》歌辞二章：

彝承孝典，恭事严圣。浃天奉煦，罄壤齐庆。司仪且序，羽容凤章。芬枝扬烈，黼构周张。助宝尊轩，酎珍充庭。璆县凝会，琱朱仁声。先期选礼，肃若有承。祇对灵祉，皇庆昭膺。

尊事威仪，辉容昭序。迅恭明神，絜盛牲俎。肃肃严宫，薆薆崇基。皇灵降止，百祇具司。戒诚望夜，端烈承朝。依微昭旦，物色轻霄。

《青帝歌》：

参映夕，驷昭晨。灵乘震，司青春。雁将向，桐始蕤。和风舞，暄光迟。萌动达，万品亲。润无际，泽无垠。

《赤帝歌》：

龙精初见大火中，朱光北至圭景同。帝在在离实司衡，雨水方降木菫荣。庶物盛长咸殷阜，恩泽四溟被九有。

《黄帝歌》：

履艮宅中宇，司绳总四方。裁化遍寒燠，布政司炎凉。此以下除八句。至分乘经暑，闭启集恒度。帝晖缉万有，皇灵澄国步。

《白帝歌》：

百川若镜天地爽且明。云冲气举盛德在素精。此下除四句。庶类收成岁功行欲宁。浃地奉渥馨宇承帝灵。

《黑帝歌》：

岁既暮日方驰。灵乘坎德司规。玄云合晦鸟蹊。白云繁亘天崖。此下除四句。晨晷促夕漏延。大阴极微阳宣。此下除二句。皇帝还东壁，受福酒，奏《嘉

皇帝还东壁，受福酒，奏《嘉胙乐》歌辞太庙同用：

礼荐洽，福祚昌。圣皇膺嘉佑，帝业凝休祥。居极乘景运，宅德瑞中王。澄明临四奥，精华延八乡。洞海同声惠，澈宇丽乾光。灵庆缠世祉，鸿烈永无疆。

送神，奏《昭夏乐》歌辞宋谢庄辞：

蕴礼容，余乐度。灵方留，景欲暮。开九重，肃五达。风参差，龙已秣。云既动，河既梁。万里照，四空香。神之车，归清都。璇庭寂，玉殿虚。鸿化凝，孝风炽。顾灵心，结皇思。鸿庆遐邕，嘉荐令芳。并帝明德，永祚深光增四句。

牲出入，奏《引牲乐》歌诗：

惟诚絜飨，维孝尊灵。敬芳黍稷，敬涤牺牲。骍茧在豢，载溢载丰。以承宗祀，以肃皇衷。萧芳四举，华火周传。神鉴孔昭，嘉足参悛。

荐豆呈毛血，奏《嘉荐乐》歌诗二章：

肇禋戒祀，礼容咸举。六典饰文，九司炤序。牲柔既昭，牺刚既陈。恭涤惟清，敬事惟神。加笾再御，兼俎兼荐。节动轩越，声流金县。

奕奕閟幄，亶亶严闱。絜诚夕鉴，端服晨晖。圣灵戾止，翊我皇则。上绥四宇，下洋万国。永言孝飨，孝飨有容。俟僚赞列，肃肃雍雍。

右夕牲辞

迎神，奏《昭夏乐》歌辞：

地纽谧，乾枢回。华盖动，紫微开。旌蔽日，车若云。驾六气，乘烟熅。烨帝景，耀天邑。圣祖降，五云集。此下除八句。懋粢盛，絜牲牷。百礼肃，群

司虔。皇德远，大孝昌。贯九幽，洞三光。神之安，解玉銮。昌福至，万宇欢。皆谢庄辞。
皇帝升明堂。奏登歌辞：

雍台辩朔，泽宫选辰。挈火夕照，明水朝陈。六瑚贡室，八羽华庭。昭事先圣，怀濡上灵。肆夏式敬，升歌发德。永固洪基，以绥万国。皆谢庄辞。
初献，奏《凯容宣烈乐》歌辞太庙同：

酾醴具登，嘉俎咸荐。飨洽诚陈，礼周乐遍。祝辞罢祼，序容辍县。跸动端庭，銮回严殿。神仪驻景，华汉澄虚。八灵案卫，三祇解途。翠盖澄耀，罿帝凝晨。玉虡息节，金铬怀音。戒诚达孝，底心肃感。追冯皇鉴，思承渊范。神锡懋祉，四纬昭明。仰福帝徽，俯齐庶生。

右祠明堂歌辞。建元、永明中奏。
雩祭歌辞：

清明畅，礼乐新。候龙景，选贞辰。阳律亢，阴暑伏。耗下土，荐穑稼。震仪警，王度乾。嗟云汉，望昊天。张盛乐，奏《云舞》。集五精，延帝祖。雩有讽，禜有秩。肯邑芬，圭瓒瑟。灵之来，帝阖开。车煜耀，吹徘徊。停龙牺，遍观此。冻雨飞，祥风靡。坛可临，奠可歆。对氓祉，鉴皇心。

右迎神歌辞。依汉来郊歌三言。宋明堂迎神八解。

濬哲维祖，长发其武。帝出自震，重光御宇。七德攸宣，九畴咸叙。静难荆舒，凝威蠡浦。昧旦不承，夕惕刑政。化一车书，德香粢盛。昭星夜景，非云晓庆。衢室咸阴，璧水如镜。礼充玉帛，乐被管弦。于铄在咏，陟配于天。自宫徂兆，靡爱牲牷。我将我享，永祚丰年。

右歌世祖武皇帝依庙歌四言

营翼日，鸟殷宵。凝冰泮，玄蛰昭。景阳阳，风习习。女夷歌，东皇集。奠春酒，秉青圭。命田祖，渥群黎。

右歌青帝木生数三

惟此夏德德恢台，雨龙既御炎精来。火景方中南讹秩，靡草云黄含桃实。族云蓊郁温风煽，兴雨祁祁黍苗遍。

右歌赤帝火成数七

禀火自高明，毓金挺刚克。凉燠资成化，群方载厚德。阳季勾萌达，炎徂溽暑融。商暮凌阴冲。皇流疏已清，原隰甸已平。咸言祚惟亿，敦民保高京。

右歌黄帝土成数五

帝悦于兑执矩司藏。百川收潦精景应徂商。嘉树离披榆禀命宾鸟。夜月如霜秋风夋夋。商阴肃杀万宝咸亦遒。劳哉望岁场功冀可收。

右歌白帝金成数九

白日短、玄夜深。招摇转、移太阴。霜锺鸣、冥陵起。星回天、月穷纪。听严风、来不息。望玄云、黝无色。曾冰洌、积羽幽。飞雪至、天山侧。关梁闭、方不巡。合国吹、飨蜡宾。充微阳、究终始。百礼洽、万祚臻。

右歌黑帝水成数六

敬如在，礼将周。神之驾，不少留。蹑龙镳，转金盖。纷上驰，云之外。警七曜，诏八神。排阊阖，渡天津。有渹兴，肸寸积。雨冥冥，又终夕。俾栖粮，惟万箱。皇情畅，景命昌。

右送神歌辞

太庙乐歌辞，《周颂·清庙》一篇，汉《安世歌》十七章是也。

永平三年，东平王苍造光武庙登歌一章二十六句，其辞称述功德。

建安十八年，魏国初建，侍中王粲作登歌《安世诗》，说神灵鉴飨之意。明帝时，侍中缪袭奏："《安世诗》本故汉时歌名，今诗所歌，非往诗之文。袭案《周礼》志云，《安世乐》犹周房中乐也。往昔议者，以房中歌后妃之德，宜改《安世》名《正始之乐》，后读汉《安世歌》，亦说神来宴飨，无有后妃之言。思惟往者谓房中乐为后妃歌，恐失其意。方祭祀娱神，登歌先祖功德，下堂咏宴享，无事歌后妃之化也。"于是改《安世乐》曰《飨神歌》。散骑常侍王肃作宗庙诗颂十二篇，不入于乐。

晋泰始中，傅玄造《庙夕牲昭夏》歌一篇，《迎送神肆夏》歌诗一篇，登歌七庙七篇。玄云："登歌歌盛德之功烈，故庙异其文。至于飨神，犹《周颂》之《有瞽》及《雍》，但说祭飨神明礼乐之盛，七庙飨神皆用之。"夏侯湛又造宗庙歌十三篇。

宋世王韶之造七庙登歌七篇。升明中，太祖为齐王，令司空褚渊造太庙登歌二章。建元初，诏黄门侍郎谢超宗造庙乐歌诗十六章。

永明二年，尚书殿中曹奏："太祖高皇帝庙神室奏《高德宣烈之舞》，未有歌诗，郊应须歌辞。穆皇后庙神室，亦未有歌辞。案傅玄云：'登歌庙异其文，飨神七室同辞。'此议为允。又寻汉世歌篇多少无定，皆称事立文，并多八句，然后转韵。时有两三韵而转，其例甚寡。张华、夏侯湛亦同前式。傅玄改韵颇数，更伤简节之美。近世王韶之、颜延之并四韵乃转，得赊促之中。颜延之、谢庄作三庙歌，皆各三章章八句，此于序述功业详略为宜，今宜依之。郊配之日，改降尊作主，礼殊宗庙；穆后母仪之化，事异经纶。此二歌为一章八句，别奏事御奉行。"诏"可"。尚书令王俭造太庙二室及郊配辞。

群臣出入，奏《肃咸乐》歌辞：

絜诚底孝，孝感烟霜。宾仪饰序，肃礼绵张。金华树藻，肃哲腾光。殷殷升奏，严严阶庠。匪椒匪玉，是降是将。懋分神衷，朔佑传昌。

牲出入，奏《引牲乐》歌辞：

肇祀严灵，恭礼尊国。达敬敷典，结孝陈则。芬涤既肃，牺牷既整。衾诚流思，端仪选景。肆礼仁夜，绵乐望晨。崇席皇鉴，用飨明神。

荐豆呈毛血，奏《嘉荐乐》歌辞：

清思眇眇，闷寝微微。恭言载感，肃若有希。芬俎具陈,嘉荐兼列。凝馨烟飏,分照星晰。睿灵式降,协我帝道。上澄五纬,下陶八表。
　　　　　右夕牲歌辞
迎神,奏《昭夏乐》歌辞:
　　涓辰选气,展礼恭祇。重闱月洞,层牖烟施。载虚玉瓒,载受金枝。天歌折飏,云舞馨仪。神惟降止,泛景凝羲。帝华永蔼,泯藻方撷。
皇帝入庙北门,奏《永至乐》歌辞:
　　戏繇惟则,姬经式序。九司联事,八方承宇。銮迴静陈,缦乐具举。疏若慕,倾璜载仁。振振璇卫,穆穆礼容。载蔼皇步,式敷帝踪。
太祝祼地,奏登歌辞:
　　清明既郁,大孝乃熙。天仪晬怆,皇心俨思。既芬房豆,载絷牷牲。郁裸升礼,鉶玉登声。茂对幽严,式奉徽灵。以享以祀,惟感惟诚。
皇祖广陵丞府君神室奏《凯容乐》歌辞:
　　国昭惟茂,帝穆惟崇。登祥纬远,缔世景融。纷纶睿绪,奄飨王风。明进厥始,浚哲文终。
皇祖太中大夫府君神室奏《凯容乐》歌辞:
　　璇条贪蔚,琼源浚照。懋矣皇烈,载挺明劭。永言敬思,式恭惟教。休途良义,荣光有耀。
皇祖淮阴令府君神室奏《凯容乐》歌辞:
　　严宗正典,崇飨肇禋。九章既饰,三清既陈。昭恭皇祖,承假徽神。贞佑伊协,卿蔼是邻。
皇曾祖即丘令府君神室奏《凯容乐》歌辞:
　　肃惟敬祀,絜事参芗。环祛像缋,缅密丝簧。明明烈祖,尚锡龙光。粤《雅》于姬,伊《颂》在商。
皇祖太常卿府君神室奏《凯容乐》歌辞:
　　神宫懋邺,明寝昌基。德凝羽缀,道邕容辞。假我帝绪,懿我皇维。昭大之载,国齐之祺。
皇考宣皇神室奏《宣德凯容乐》歌辞:
　　道闳期运,义开藏用。皇矣睿祖,至哉攸纵。循规烈照,袭矩重芬。德溢轩羲,道懋炎云。
昭皇后神室奏《凯容乐》歌辞:
　　月灵诞庆,云瑞开祥。道茂渊柔,德表徽章。粹训宸中,仪形宙外。容蹈凝华,金羽传蔼。
皇帝还东壁上福酒,奏《永祚乐》歌辞:
　　构宸抗宇,合轸齐文。万灵载溢,百礼以殷。朱弦绕风,翠环停云。桂樽既涤,瑶俎既薰。升荐惟诚,昭礼惟芬。降祉遥斋,集庆氤氲。
送神,奏《肆夏乐》歌辞:
　　礼既升,乐以愉。昭序溢,幽飨余。人祇邕,敬教敷。申光动,灵驾翔。芬九垓,镜八乡。福无届,祚无疆。
皇帝诣便殿,奏《休成乐》歌辞:
　　睿孝式邕,飨敬爱遍。谛容辍序,佾文静县。辰仪耸跸,宵卫浮銮。旒帘云舒,翠华景抟。恭惟尚烈,休明再缠。国猷远蔼,昌图聿宣。
太庙登歌辞二章:
　　惟王建国,设庙凝灵。月荐流典,时祀晖经。瞻

辰侵思,雨露追情。简曰筮暮,闷寞升文。金罍浮桂,冲幄舒薰。备僚肃列,驻景开云。
　　至飨攸极,睿孝惇礼。具物咸絜,声香合体。气昭扶幽,眇慕缠远。迎丝惊促,迭佾留晚。圣衷践候,节改增怆。妙感崇深,英徽弥亮。
太祖高皇帝神室奏《高德宣烈乐》歌辞:
　　悠悠草昧,穆穆经纶。乃文乃武,乃圣乃神。动龛危乱,静比斯民。诞应休命,奄有八寅。握机肇运,光启禹服。义满天渊,礼昭地轴。泽靡不怀,威无不肃。戎夷竭欢,象来致福。偃风裁化,晅日敷祥。信星含曜,秬草流芳。七庙观德,六乐宣章。惟先惟敬,是飨是将。
穆皇后神室奏《穆德凯容之乐》歌辞:
　　大姒嫔周,涂山俪禹。我后嗣徽,重规叠矩。肃肃闷宫,翔翔《云舞》。有飨德馨,无绝终古。
高宗明皇帝神室奏《明德凯容之乐》歌辞:
　　多难固业,殷忧启圣。帝宗缵武,惟时执竞。起柳献祥,百堵兴咏。义虽祀夏,功符受命。远无不怀,迩无不肃。其仪济济,其容穆穆。赫矣君临,昭哉嗣服。允王维后,膺此多福。礼以昭事,乐以感灵。八簋陈室,六舞充庭。观德在庙,象德在形。四海来祭,万国咸宁。
藉田歌辞,汉章帝元和元年,玄武司马班固奏用《周颂·载芟》祠先农。晋傅玄作《祀先农先蚕夕牲歌诗》一篇八句,《迎送神》一篇,飨社稷、先农、先圣、先蚕诗三篇,前一篇十二句,中一篇十六句,后一篇十二句,辞皆叙田农事。胡道安《先农飨神诗》一篇,并八句。乐府相传旧歌三章。永明四年藉田,诏骁骑将军江淹造《藉田歌》。淹制二章,不依胡、傅,世祖口敕付太乐歌之。
祀先农迎送神升歌:
　　羽銮从动,金驾时游。教腾义镜,乐缀礼修。率先丹耦,躬造绿畴。灵之圣之,岁殷泽柔。
飨神歌辞:
　　琼斝既饰,绣篚以陈。方燮嘉种,永毓宵民。
元会大飨四厢乐歌辞,晋泰始五年太仆傅玄撰。正旦大会行礼歌诗四章,寿酒诗一章,食举东西厢乐十三章,黄门郎张华作。上寿食举行礼诗十八章,中书监荀勖、侍郎成公绥,言数各异。宋黄门郎王韶之造《肆夏》四章,行礼一章,上寿一章,登歌三章,食举十章,前后舞歌一章。齐微改革,多仍旧辞。其前后舞二章新改。其临轩乐,亦奏《肆夏·于铄》四章。
《肆夏乐》歌辞:
　　於铄我皇,体仁苞元。齐明日月,比景乾坤。陶甄百王,稽则黄轩。訏谟定命,辰告四蕃。
　　右一曲,客入,四厢奏。
　　将将蕃后,翼翼群僚。盛服待晨,明发来朝。飨以八珍,乐以《九韶》。仰祇天颜,厥猷孔昭。
　　右一曲,皇帝当阳,四厢奏。皇帝入变服,四厢并奏前二曲。
　　法章既设,初筵长舒。济济列辟,端委皇除。饮

和无盈，威仪有余。温恭在位，敬终如初。

九功既歌，六代惟时。被德在乐，宣道以诗。穆矣大和，品物咸熙。庆积自远，告成在兹。

右二曲，皇帝入变服，黄钟太蔟二厢奏。

大会行礼歌辞：

大哉皇齐，长发其祥：祚隆姬夏，道迈虞唐。德之克明，休有烈光。配天作极，辰居四方。

皇矣我后，圣德通灵：有命自天，诞授休祯。龙飞紫极，造我齐京；光宅宇宙，赫赫明明。

右二曲，姑洗厢奏。

上寿歌辞：

献寿爵，庆圣皇。灵祚穷二仪，休明等三光。

右一曲，黄钟厢奏。

殿前登歌辞：

明明齐国，缉熙皇道。则天垂化，光定天保。天保既定，肆觐万方。礼繁乐富，穆穆皇皇。

沔彼流水，朝宗天池。洋洋贡职，抑抑威仪。既习威仪，亦闲礼容。一人有则，作孚万邦。

烝哉我皇，实灵诞圣。履端惟始，对越休庆。如天斯崇，如日斯盛。介兹景福，永固洪命。

右三曲，别用金石，太乐令跪奏。

食举歌辞：

晨仪载焕，万物咸睹。嘉庆三朝，礼乐备举。元正肇始，典章徽明。万方来贺，华夷充庭。多士盈九德，俯仰观玉声。徇徇俯仰，载烂其晖。钟鼓震天区，礼容塞皇闱。思乐穷休庆，福履同所归。

五玉既献，三帛是荐。尔公尔侯，鸣玉华殿。皇皇圣后，降礼南面。元首纳嘉礼，万邦同钦愿。休哉休哉，君臣熙宴。建五旗，列四县。乐有文，礼无倦。融皇风，穷一变。

礼至和，感阴阳。德无不柔，系休祥。瑞征辟，应嘉锺。舞云凤，跃潜龙。景星见，甘露坠。木连理，禾同穗。玄化洽，仁泽敷。极祯瑞，穷灵符。

怀荒远，绥齐民。荷天佑，靡不宾。靡不宾，长世盛。昭明有融，繁嘉庆。繁嘉庆，熙帝载。含气感和，苍生欣戴。三灵协瑞，惟新皇代。

王道四达，流仁德。穷理咏乾元，垂训从帝则。灵化俟四时，幽诚通玄默。德泽被八紘，礼章轨万国。皇猷缉，咸熙泰。礼仪焕帝庭，要荒服遐外。被发袭缨冕，左衽回衿带。天覆地载，泽流汪涉。声教布濩，德光大。

开元辰，毕来王。奉贡职，朝后皇。鸣珩佩，观典章。乐王庆，悦徽芳。陶盛化，游大康。惟昌明，永克昌。

惟建元，德丕显。齐七政，敷五典。舞伦序，洪化阐。

王泽流，太平始。树灵祇，恭明祀。介景祚，膺嘉祉。礼有容，乐有仪。金石陈，干羽施。迈《武》《濩》，均《咸池》。歌《南风》，德永称。文明焕，颂声兴。

王道纯，德弥淑。宁八表，康九服。导礼让，移风俗。移风俗，永克融。歌盛美，告成功。咏休烈，邈无穷。

右黄钟先奏《晨仪》篇，太蔟奏《五玉》篇，余八篇二厢更奏之。

《前舞》阶步歌辞新辞：

天挺圣哲，三方维纲。川岳伊宁，七耀重光。茂育万物，众庶咸康。道用潜通，仁施遐扬。德厚巛极，功高昊苍。舞象盛容，德以歌章。八音既节，龙跃凤翔。皇基永树，二仪等长。

《前舞凯容》歌诗旧辞：

於赫景命，天鉴是临。乐来伊阳，礼作惟阴。歌自德富，舞由功深。庭列宫县，陛罗瑟琴。翾籥繁会，笙磬谐音。《箫韶》虽古，九奏在今。导志和声，德音孔宣。光我帝基，协灵配乾。仪形六合，化穆自宣。如彼云汉，为章于天。熙熙万类，陶和当年。击辕中韶，永世弗骞。

《后舞》阶步歌辞新辞：

皇皇我后，绍业盛明。涤拂除秽，宇宙载清。允执中和，以苾苍生。玄化远被，兆世轨形。何以崇德，乃作九成。妍步恂恂，雅曲芬馨。八风清鼓，应以祥祯。泽浩天下，功齐百灵。

《后舞凯容》歌辞旧辞：

假乐圣后，实天诞德。积美自中，王猷四塞。龙飞在天，仪形万国。钦明惟神，临朝渊默。不言之化，品物咸得。告成于天，铭勋是勒。翼翼厥猷，亹亹其仁。从命创制，因定和神。海外有截，九国无尘。冕旒司契，垂拱临民。乃舞《凯容》，钦若天人。纯嘏孔休，万载弥新。

《宣烈舞》，执干戚。郊庙奏，平冕，黑介帻，玄衣裳，白领袖，绛领袖中衣，绛合幅袴，绛袜。朝廷，则武冠，赤帻，生绛袍单衣，绢领袖，皂领袖中衣，虎文画合幅袴，白布袜，皆黑韦緹。周《大武舞》，秦改为《五行》。汉高造《武德舞》，执干戚，象天下乐己除乱。案《礼》云"朱干玉戚，冕而舞《大武》"，是则汉放此舞而立也。魏文帝改《五行》还为《大武》，而《武德》曰《武颂舞》。明帝改造《武始舞》。晋世仍旧。傅玄六代舞歌有《武》辞，此《武舞》非一也。宋孝建初，朝议以《凯容舞》为《韶舞》，《宣烈舞》为《武舞》。据《韶》为言，《宣烈》即是古之《大武》，非《武德》也。今世谚呼为武王伐纣。其冠服，魏明帝世尚书所奏定《武始舞》服，晋、宋承用，齐初仍旧，不改宋舞名。其舞人冠服，见魏尚书奏，后代相承用之。

《凯容舞》，执羽籥。郊庙，冠委貌，服如前。朝廷，进贤冠，黑介帻，生黄袍单衣，白合幅袴，余如前。本舞《韶舞》，汉高改曰《文始》，魏复曰《大韶》。又造《咸熙》为《文舞》。晋傅玄六代舞有《虞韶舞》辞。宋以《凯容》继《韶》为《文舞》。相承用魏咸熙冠服。

《前舞》、《后舞》，晋泰始九年造《正德大豫舞》，傅玄、张华各为歌辞。宋元嘉中，改《正德》为《前舞》，

《大豫》为《后舞》。

右朝会乐辞

舞曲，皆古辞雅音，称述功德，宴享所奏。傅玄歌辞云："获罪于天，北徙朔方，坟墓谁扫，超若流光。"如此十余小曲，名为舞曲，疑非宴乐之辞。然舞曲总名起此矣。

《明君》辞：

明君创洪业，盛德在建元。受命君四海，圣皇应灵乾。五帝继三皇，三皇世所归。圣德应期运，天地不能违。仰之弥已高，犹天不可阶。将复结绳化，静拱天下齐。

右一曲，汉章帝造《鼙舞歌》，云"关东有贤女"。魏明帝代汉曲云，"明明魏皇帝"。傅玄代魏曲作晋《洪业篇》云："宣文创洪业，盛德存泰始。圣皇应灵符，受命君四海。"今前四句错综其辞，从"五帝"至"不可阶"六句全玄辞，后二句本云"将复御龙氏，凤皇在庭栖"，又改易焉。

《圣主曲》辞：

圣主受天命，应期则虞唐。升牖综万机，端辰驭八方。盈虚自然数，揖让归圣明。北化陵河塞，南威越沧溟。广德齐七政，敷教腾三辰。万宇必承庆，百福咸来臻。圣皇应福始，昌德洞佑先。

《明君》辞：

明君御四海，总鉴尽人灵。仰成恩已洽，竭忠身必荣。圣泽洞三灵，德教被八乡。草木变柯叶，川岳洞嘉祥。愉乐盛明运，舞蹈升太时。微霜永昌命，轨心长欢怡。

《铎舞》歌辞：

黄《云门》，唐《咸池》，虞《韶舞》，夏《夏》殷《濩》，列代有五。振铎鸣金，延《大武》。清歌发唱，形为主。声和八音，协律吕。身不虚动，手不徒举。应节合度，周期序。时奏宫角，杂之以徵羽。乐以移风，礼相辅，安有出其所！

右一曲，傅玄辞，以代魏《太和时》。"徵羽"下除"下厌众目，上从钟鼓"二句。

《白鸠》辞：

翩翩白鸠，再飞再鸣。怀我君德，来集君庭。

右一曲，《舞叙》云："《白符》或云《白符鸠舞》"，出江南，吴人所造。其辞意言患孙皓虐政，慕政化也。其诗本云'平平白符，思我君惠，集我金堂'。言白者金行，符，合也，鸠亦合也。符鸠虽异，其义是同。"

《济济》辞：

畅飞畅舞，气流芳。追念三五，大绮黄。

右一曲，晋《济济舞歌》，六解，此是最后一解。

《独禄》辞：

独禄独禄，水深泥浊。泥浊尚可，水深杀我！

右一曲，晋《独鹿舞歌》，六解，此是前一解。古辞《明君曲》后云："勇安乐无慈，不问清与浊。清与无时浊，邪交与独禄。"《伎禄》云："求禄

求禄，清白不浊。清白尚可，贪污杀我！"晋歌为鹿字，古通用也。疑是风刺之辞。

《碣石》辞：

东临碣石，以观沧海。水河淡淡，山岛竦峙。树木丛生，百草丰茂。秋风萧瑟，洪波涌起。日月之行，若出其中。星汉粲烂，若出其里。幸甚至哉！歌以言志。

右一曲，魏武帝辞，晋以为《碣石舞歌》。诗四章，此是中一章。

《淮南王》辞：

淮南王，自言尊，百尺高楼与天连。我欲渡河河无梁，愿作双黄鹄，还故乡。

右一曲，晋《淮南王舞歌》。六解，前是第一，后是第五。

《齐世昌》辞：

齐世昌，四海安乐齐太平。人命长，当结久。千秋万岁，皆老寿。

右一曲，晋《杯槃歌》。十解，第三解云："舞杯槃，何翩翩，举坐翻覆寿万年。"干宝云："太康中有此舞。杯槃翻覆，至危之像。言晋世之士，苟贪饮食，智不及远。"其第一解首句云"晋世宁"，宋改为"宋世宁"。恶其杯槃翻覆，辞不复取。齐改为"齐世昌"。余辞同后一。

《公莫》辞：

吾不见公莫时　吾何婴公来　婴姥时吾　思君去时　吾何零　子以耶　思君去时　思来婴　吾云时母那　何去吾。

右一曲，晋《公莫舞歌》，二十章，无定句。前是第一解，后是第十九、二十解。杂有三句，并不可晓解。建武初，明帝奏乐至此曲，言是似《永明乐》，流涕忆世祖云。

《白纻》辞：

阳春白日风花香，趋步明月舞瑶裳。情发金石媚笙簧，罗袿徐转红袖扬。清歌流响绕凤梁，如惊若思凝且翔。转昐流精艳辉光，将流将引双雁行。欢来何晚意何长，明君驭世永歌昌。

右五曲，尚书令王俭造。《白纻歌》，周处《风土记》云："吴黄龙中童谣云'行白者君追汝句骊马'。后孙权征公孙渊，浮海乘舶，舶，白也。今歌和声犹云'行白纻'焉。"

《俳歌》辞：

俳不言不语，呼俳嗽所。俳适一起，狼率不止。生拔牛角，摩断肤耳。马无悬蹄，牛无上齿。骆驼无角，奋迅两耳。

右侏儒导舞人自歌之。古辞俳歌八曲，此是前一篇。二十二句，今侏儒所歌，摘取之也。

角抵、像形、杂伎，历代相承有也。其增损源起，事不可详，大略汉世张衡《西京赋》是其始也。魏世则事见陈思王乐府《宴乐篇》，晋世则见傅玄《元正篇》、《朝会赋》。江左咸康中，罢紫鹿、跂行、鳖食、笮鼠、齐王卷

衣、绝倒、五案等伎，中朝所无，见《起居注》，并莫知所由也。太元中，苻坚败后，得关中檐橦胡伎，进太乐，今或有存亡，案此则可知矣。

永明六年，赤城山云雾开朗，见石桥瀑布，从来所罕睹也。山道士朱僧标以闻，上遣主书董仲民案视，以为神瑞。太乐令郑义泰案孙兴公赋造天台山伎，作莓苔、石桥、道士扪翠屏之状，寻又省焉。

皇齐启运从瑶玑。灵凤衔书集紫微。和乐既洽神所依。超商卷夏耀英辉。永世寿昌声华飞。

右《凤皇衔书伎歌辞》，盖鱼龙之流也。元会日，侍中于殿前跪取其书。宋世辞云"大宋兴隆膺灵符。凤鸟感和衔素书。嘉乐之美通玄虚。惟新济济迈唐虞。巍巍荡荡道有余"。齐初诏中书郎江淹改。

《永平乐歌》者，竟陵王子良与诸文士造奏之。人为十曲。道人释宝月辞颇美，上常被之管弦，而不列于乐官也。

赞曰：综采六代，和平八风。殷荐宴享，舞德歌功。

卷十二　　　　志第四

天　文　上

《易》曰："圣人仰观象于天，俯观法于地。"天文之事，其来已久。太祖革命受终，膺集期运。

宋升明三年，太史令将作匠陈文建陈天文，奏曰："自孝建元年至升明三年，日蚀有十，亏上有七。占曰'有亡国失君之象。'一曰'国命绝，主危亡'。孝建元年至升明三年，太白经天五。占曰'天下革，民更王，异姓兴'。孝建元年至升明三年，月犯房心四，太白犯房心五。占曰'其国有丧，宋当之'。孝建元年至永光元年，奔星出入紫宫有四。占曰'国去其君，有空国徙王'。大明二年至元徽四年，天再裂。占曰'阳不足，白虹贯日，人君恶之'。孝建二年至大明五年，月入太微；泰豫元年至升明三年，月又入太微；孝建元年至元徽二年，太白入太微各八，荧惑入太微六。占曰'七耀行不轨道，危亡之象。贵人失权势，主亦衰，当有王人为主'。孝建二年至升明二年，太白、荧惑经羽林各三。占曰'国残更世'。孝建二年四月十三日，荧惑守南斗，成句己。占曰'天下易正更元'。孝建三年十二月一日，填星、荧惑、辰星合于南斗，占曰'改立王公'。大明二年十二月二十六日，太白犯填星于斗；六年十一月十五日，太白、填星合于危。占曰'天子失土'。景和元年十月八日，荧惑守太微，成句己。占曰'王者恶之，主命无期，有徙主，若主王，天下更纪'。泰始三年正月十七日，白气见西南，东西半天，名曰长庚；六年九月二十七日，白气又见东南，长二丈，并形状长大，猛过彗星。占曰'除旧布新易主之象，远期一纪'。至升明三年，一纪讫。泰始四年四月二十四日，太白犯填星于胃。占曰'主命恶之'。泰始七年六月十七日，太白、岁星、填星合于东井。占曰'改立王公'。元徽四年至升明二年三月，日有频食。占曰'社稷将亡，王者恶之'。元徽四年十月十日，填星守太微宫，逆及行历四年。占曰'有亡君之戒，易世立王'。元徽五年七月一日，荧惑、太白、辰星合于翼。占曰'改立王公'。升明二年六月二十日，岁星守斗建。阴阳终始之门，大赦升平之所起，律历七政之本源，德星守之，天下更年，五礼更兴，多暴贵者。升明二年十月一日，荧惑守舆鬼；三年正月七日，荧惑守两戒间，成句己。占曰'尊者失朝，必有亡国去王'。升明三年正月十八日，辰星孟效西方。占曰'天下更王'。升明三年四月，岁星在虚危，俳徊玄枵之野，则齐国有福厚，为受庆之符。"

今所记三辰七曜之变，起建元讫于隆昌，以续宋史。建武世，太史奏事，明帝不欲使天变外传，并秘而不出，自此阙焉。

日蚀

建元二年九月甲午朔，日蚀。

三年七月己未朔，日蚀。

永明元年十二月乙巳朔，日蚀。

十年十二月癸未朔，加时在午之半度，到未初见日始蚀，亏起西北角，蚀十分之四，申时光色复还。

隆昌元年五月甲戌合朔，巳时日蚀三分之一，午时光复还。

月蚀

建元四年七月戊辰，月在危宿蚀。

永明二年四月丁巳，月在南斗宿蚀。

三年十一月戊寅，月入东井旷中，因蚀三分之一。

五年三月庚子，月在氐宿蚀。九月戊戌，月在胃宿蚀。

六年九月癸巳，月蚀在娄宿九度，加时在寅之少弱，亏起东北角，蚀十五分之十一。十五日子时，蚀从东北始，至子时末都既，到丑时光色还复。

七年八月丁亥，月在奎宿蚀。十月庚辰，月奄蚀荧惑。

八年六月庚寅，月奄蚀毕左股第一星。

十年十二月丁酉，月蚀在柳度，加时在酉之少弱，到亥时，月蚀起东角七分之二，至子时光色还复。

永泰元年四月癸亥，月蚀，色赤如血。三日而大司马王敬则举兵，众以为敬则裋烈所感。

永元元年八月己未，月蚀尽，色皆赤。是夜，始安王遥光伏诛。

史臣曰：日月代照，实重天行。上交下蚀，同度相掩。案旧说曰"日有五蚀"，谓起上下左右中央是也。交会旧术，日蚀不从东始，以月从其西，东行及日。于交中，交从外入内者，先会后交，亏东南角；先交后会，亏西北角。交从内出者，先会后交，亏西北角；先交后会，亏西南角。日正在交中者，则亏于西，故不尝蚀东也。若日中有亏，名为黑子，不名为蚀也。汉尚书令黄香曰："日蚀皆从西，月蚀皆从东，无上下中央者。"《春秋》鲁桓三年日蚀，贯中下上竟黑。疑者以为日月正等，月何得小而见日中？郑玄云："月正掩日，日光从四边出，故言从中起也。"王逸以为："月若掩日，当蚀日西，月行既疾，须臾应过西崖既，复次食东崖。今察日蚀，西崖缺而光已复，过东崖而独不掩。"逸之此意，实为巨疑。先儒难"月以望蚀，去日极远，谁蚀月乎"？说者称"日有暗气，天有虚道，常与日衡相对。月行在虚道中，则为气所弇，故月为蚀也。虽时加夜半，日月当子午，正隔于地，犹为暗气所蚀，以天体大而地形小故也。暗虚之气，如以镜在日下，其光耀魄，乃见于阴中，常与日衡相对，故当星星亡，当月月蚀。"今问之曰："星月同体，俱兆月耀，当月之蚀，星不必亡。若更有所当，星未尝蚀。同禀异亨，其故何也？"答曰："月为阴主，以当阳位，体敌势交，自招盈损。星虽同类，而精景陋狭，小毁皆亡，无有受蚀之地，纤光可满，亦不与弦望同形。"又难曰："日之夜蚀，验于夜星之亡；昼蚀既尽，昼星何故反不见？"答之曰："夫言光有所冲，则有不冲之光矣；言有所当，亦有所不当矣。夜食度远，与所当而同没；昼食度近，由非冲而得明。"又问："太白经天，实缘远日。今度近更明，于何取喻？"答曰："向论二蚀之体，周冲不同，经与不经，自由星迟疾。难蚀引经，恐未得也。"

日光色

建元四年十一月午时，日色赤黄无光，至暮，在箕宿。

二年闰正月乙酉，日黄赤无光，至暮。

永明五年十一月丁亥，日出高三竿，朱色赤黄，日晕，虹抱珥直背。

建元元年十二月未时，日晕，匝黄白色，至申乃消散。

永明二年正月丁酉，日交晕再重。

三年二月丁卯，日有半晕，晕上生一珥。

四年五月丙午，日晕再重，仍白虹贯日，在东井度。

六年三月甲申，日于兰云中薄半晕，须臾过匝，日东南晕外有一直，并黄色。壬辰，日晕，须臾，日西北生虹贯日中。

八年十一月己亥，日半晕，南面不匝；日东西带晕，各生珥，长三尺，白色，珥各长十丈许，正冲日，久久消散，背因成重晕，并青绛色。

九年正月甲午，日半晕，南面不匝；北带晕生一抱，东西各生一珥；抱北又有半晕，抱珥并黄色；北又生白虹贯日，久久消散。

建元元年六月甲申，日南北两珥，西有抱，黄白色。

永明二年十一月辛巳，日东北有一背。

三年十一月庚寅，日西北有一背。

四年正月辛巳，日南北各生一珥，又生一背。十二月辛未，日西北生一直，黄白色，戊寅，日北生一背，青绛色。

五年八月己卯，日东南生一珥，并青绛色。

六年二月丁巳，日东北生黄色，北有一珥，黄赤色，久久并散。庚申，日西有一背，赤青色，东西生一直，南北各生一珥，并黄白色。

七年十月癸未，日东北生一背，青赤色，须臾消。

八年六月戊寅，日于苍白云中南北各生一珥，青黄绛杂色，泽润，并长三尺许，至巳午消。

隆昌元年正月壬戌，日于兰云中晕，南北带晕各生一直，同长一丈，须臾消。

永元元年十二月乙酉，日中有三黑子。

月晕犯

建元四年十月庚寅，月晕五车及参头。

永明元年正月壬辰，是日至十五日，月三晕太微及荧惑。三月庚申至十三日，月三晕太微及荧惑。

五年二月乙未，自九日至是日，月三晕太微。

六年二月壬戌甲夜、十三日甲夜、十五日甲夜，月并晕太微。

永明元年十一月己未，月南北各生一珥，又有一抱。

月犯列星

建元元年七月丁未，月犯心大星北一寸，丁卯，月入轩辕中犯第二星。十月丙申，月在心大星西北七寸。十一月壬戌，月在氐东南星五寸。十二月乙酉，月犯太微西蕃南头第一星。庚寅，月行房道中，无所犯，癸巳，月入南斗魁中，无所犯。

二年三月癸卯，月犯心大星，又犯后星。五月庚戌，月入南斗。七月己巳，月入南斗。

三年二月癸巳，月犯太微上将。

四年二月乙亥，月犯舆鬼西北星。丙子，月犯南斗魁第二星。辛未，月犯心大星，又犯后星。四月壬辰，月犯轩辕左民星。庚子，月犯箕东北星。五月丙寅，月犯心后星。戊寅，月掩昴西北星。六月乙未，月犯箕东北星。七月癸亥，月行南斗魁中，无所犯。庚辰，月犯轩辕女主。八月庚子，月犯昴西南星。壬寅，月犯五车东南星。壬申，月犯轩辕少民星。九月丁巳，月犯箕东北星。壬辰，月在营室度，入羽林中。二十日，月入舆鬼，犯积尸。十一月甲戌，月犯五车南星。十二月丁酉，月犯轩辕女主星，又掩女御。

永明元年正月己亥，月犯心后星。三月乙未，月犯轩辕女主星。六月癸酉，月犯舆鬼西南星。八月乙丑，月犯南斗第四星，又犯舆鬼星。九月庚辰，月犯太白左蕃度。癸巳，月犯东井北辕西头第一星。十二月丁卯，月犯心前星，又犯大星。己巳，月犯南斗第五星。

二年二月甲子，月犯南斗第四星，又犯第三星。三月丁丑，月犯东井北辕西头第一星。四月戊申，月犯轩辕右角。六月丙寅，月犯东井辕头第一星。八月丙午，月掩心大星。戊申，月犯南斗第三星。戊子，月犯东井北辕西头第一星。十一月庚辰，月犯昴星。丙戌，月犯轩辕左角。十二月壬戌，月犯心前星，又犯大星。

三年二月己未，月犯南斗第五星。三月壬申，月在东井，无所犯。六月丙午，月掩心前星。八月丙辰，月犯东井北辕第二星。九月癸未，月犯东井南辕西头第一星。

四年正月癸酉，月入东井，无所犯。乙亥，月犯舆鬼。闰月辛亥，月犯房。二月丁卯，月犯东井钺。三月乙未，月入东井，无所犯。七月辛亥，月犯东井。八月戊寅，月犯东井。九月辛卯，月与太白于尾合宿。丙午，月入东井。

十一月辛丑，月入東井旷中。辛亥，月犯房北頭第二星。十二月己巳，月犯東井北轅東頭第二星。辛巳，月犯南斗第六星。

五年正月丙午，月犯房鉤鈐。二月癸亥，月犯東井南轅西頭第二星。三月癸卯，月犯南斗第二星。六月乙丑，月犯南斗第六星，在南斗七寸。丙寅，月犯西建星北一尺。

史臣曰：《月令》昏明中星，皆二十八宿。箕斗之間，微為疏闊。故仲春之與孟秋，建星再用，與宿度並列，亟經陵犯，灾之所主，未有舊占。《石氏星經》云："斗主爵禄，襃賢進士。故置建星以為輔。若犯建之异，不與斗同。"則據文求義，亦宰相之占也。

七月丁未，月行入東井旷中，無所犯。八月壬申，月在畢，犯左股第二星西北三寸。九月戊子，月在填星北二尺八寸，為合宿。十月戊寅，月入氐犯東南星西北一尺餘。十一月戊寅，月入氐。十二月戊午，月在東壁度，在熒惑北，相去二尺七寸，為合宿。甲子，月在東壁度東南九寸，為犯。癸酉，月在歲星南七寸，為犯。

六年正月戊戌，月在角星南，相去三寸。二月丁卯，月在氐西南六寸。三月乙未，月入氐中，在歲星南一尺一寸，為合宿。四月癸丑，月犯東井南轅西頭第二星。壬戌，月在氐西南星東南五寸，為犯。漸入氐中，與歲星同在氐度，為合宿。癸亥，月行在房北頭第一星西南一尺，為犯。六月乙卯，月在角星東一寸，為犯。丁巳，月行入氐，無所犯。在歲星東三寸，為合宿。七月乙酉，月入房北頭第二次相星西北八寸，為犯。庚寅，月在牽牛中星南二寸，為犯。庚子，月行在畢左股第一星七寸，為犯，又進入畢。八月壬子，月在歲星東二尺八寸，同在氐中，為合宿。九月庚辰，月在房北頭第一上相星東北一尺，為犯。又掩犯鍵閉星。丁酉，月行入東井。甲辰，月在左角星西北九寸，為犯。又在熒惑西南一尺六寸，為合宿。十月癸酉，月入氐中，在西南星東北三寸，為犯。閏月壬辰，月行入東井。十一月丙戌，月行入羽林中，無所犯。乙未，月行在東井南轅西頭第二星南一尺，為犯。丙寅，月在左角北八寸，為犯。辛未，月行在太白東北一尺五寸，同在箕度，為合宿。十二月甲申，月行在畢左股第二星北七寸，為犯。乙未，月行入氐西南星東北一尺，為犯。丙申，月在房北頭上相星北一尺，為犯。

七年正月甲寅，月入東井旷中，無所犯。戊辰，月掩犯牽牛中星。二月辛巳，月掩犯東井北轅東頭第一星。三月庚申，月在歲星西北三尺，同在箕度，為合宿。四月乙酉，月入氐中，無所犯。丙戌，月犯房星北頭第一上相星北一尺，在鍵閉西北四寸，為犯。六月乙酉，月犯牽牛中星。乙未，月入畢，在左股第二星東八寸，為犯。七月丁未，月入氐中，無所犯。戊申，在鍵閉星東北一尺，為犯。八月甲戌，月入氐，在西南星東北一尺，為犯。庚寅，月在畢右股第一星東北一尺，為犯。九月丁巳，月掩犯畢右股第一星。庚申，月在東井北轅東頭第一星西北八寸，為犯。十月甲申，月行掩畢左股第三星。丁酉，月行在鍵閉星西北八寸，為犯。十二月壬午，月在東井北轅東頭第一星北八寸，為犯。

八年正月丁巳，月在亢南頭第二星南七寸，為犯。二月己巳，月行在畢右股第一星東北六寸，為犯。六月甲戌，月在亢南頭第二星西南七寸，為犯。八月乙亥，月在牽牛中星南九寸，為犯。辛卯，月在軒轅女御南八寸，為犯。九月辛酉，月在太微左執法星南四寸，為犯。十月壬午，月入東井旷中，無所犯。戊子，月在太微右執法星東南六寸，為犯。十一月戊戌，月行在填星北二尺二寸，為合宿。乙卯，月行在太微右執法星南二寸，為犯。十二月庚辰，月行在軒轅右角星南二寸，為犯。癸未，月掩犯太微右執法。

九年正月辛丑，月在畢躍西星六寸，為犯。庚申，月在歲星西北二尺五寸，同在須女度，為合宿。二月辛未，月入東井旷中，無所犯。壬申，月行東井北轅東頭第一星北九寸，為犯。三月丙申，月入畢，在左股第二星東北六寸，又掩大星。四月庚午，月在軒轅女御星南八寸，為犯。癸酉，月在太微東南頭上相星南八寸，為犯。癸未，月在歲星北，為犯，在危度。五月庚子，月行掩犯太微，在執法。丁未，月掩犯東建西星。七月癸巳，月在太白東五寸，為犯。乙未，月在太微東蕃南頭上相星西南五寸，為犯。壬寅，月掩犯東建星。癸卯，月在牽牛南星北五寸，為犯。乙巳，月在歲星北六寸，為犯。閏七月辛酉，月在軒轅女御星西南三寸，為犯。八月，月在軒轅左民星東八寸，為犯。九月乙丑，月掩牽牛南星。癸未，月入太微，在右執法東北四寸，為犯。甲申，月掩太微東蕃南頭上相星。十月甲午，月行在填星西北八寸，為犯，在虛度。戊申，月在軒轅女主星南四寸，掩女御，並為犯。辛亥，月入太微左執法東北七寸，為犯。十一月壬戌，月行掩犯歲星。己巳，月在畢右股大星東一寸，為犯。辛未，月在東井南轅西頭第二星南八寸，為犯。又入東井旷中。丙子，月入軒轅左民星東北七寸，為犯。丁丑，月行在太微西蕃上將星南五寸，為犯。十二月庚寅，月行在歲星東南八寸，為犯。丙午，月掩犯太微東蕃南頭上相星。

十年正月庚午，月在軒轅右角大民星南八寸，為犯。二月己亥，月行太微，在右掖門。甲辰，月行入氐中，掩犯東北星。壬子，月行入羽林。三月己卯，月行入羽林，在填星東北七寸，為犯。在危四度。四月甲午，月行入太微，在右掖門內。丙午，月行在危度，入羽林。五月己巳，月掩南斗第三星。甲戌，月行在危度，入羽林。六月戊子，月在張度，在熒惑東三寸，為犯。己丑，月行入太微，在右掖門。丁酉，月掩西建星西。丁未，月行入畢，犯右股大赤星。七月甲戌，月行在畢躍星西北六寸，為犯。丁丑，月在東井北轅東頭第二星西南九寸，為犯。八月辛卯，月行西建星東一尺，又在東星西四寸，為犯。壬寅，月行在畢右股大赤星東北四寸，為犯。甲辰，月行入東井旷中，無所犯。戊申，月行在軒轅女主星西九寸，為犯。辛亥，月入太微，在左執法星北二尺七寸，為犯。九月癸亥，月行掩犯填星一寸，在危度。十月辛卯，月在危度，入羽林，無所犯。癸亥，月入東井旷中，無所犯。十一月甲子，月入畢，進右股大赤星西北五寸，為犯。壬申，月入太微，在右執法星東北一尺三寸，無所犯。丁丑，月入氐，無所犯。十二月甲午，月入东井旷中，又进北辕东头第二星四寸，为犯。庚子，月入太微，在右执法星东北三尺，无所犯。

十一年正月辛酉，月入东井旷中，无所犯。乙丑，月在轩辕女主星北八寸，为犯。壬申，月行在氐星东北九寸，为犯。二月甲午，月行入太微，在上将星东北一尺五寸，无所犯。壬寅，月行掩犯南斗第六星。癸卯，月掩犯西建中星，又掩东星。四月乙丑，月入太微，在右执法西北一尺四寸，无所犯。壬寅，月行在危度，入羽林，无所犯。五月丁巳，月行入太微左执法星北三尺，无所犯。甲子，月行在南斗第二星西七寸，为犯。乙丑，月掩犯西建中星。又犯东星六寸。六月辛丑，月行掩犯毕左股第三星。壬寅，月入毕。七月壬子，月入太微，在左执法东三尺，无所犯。丙辰，月行入氐，在东北星西南六寸，为犯。己未，月行南斗第六星南四寸，为犯。庚申，月行在西建星东南一寸，为犯。九月庚寅，月行在哭星西南六寸，为犯。壬辰，月行在营室度，入羽林，无所犯。丁酉，月入毕，在右股大赤星西北六寸，为犯。己亥，月入东井旷中，无所犯。乙巳，月行太微，当右掖门内，在屏星西南六寸，为犯。十月壬午，月行在东建中星九寸，为犯。十一月壬子，月在哭星南五寸，为犯。辛酉，月行在东井钺星南八寸，又在东井南辕西头第一星南八寸，并为犯。进入井中。丁卯，月入太微。壬申，月入氐，无所犯。十二月辛巳，月入羽林，又入东井旷中，又入东井北辕东头第二星南六寸，为犯。乙未，月入太微，在右执法星东北二尺，无所犯。乙亥，月入氐，无所犯。

隆昌元年正月辛亥，月入毕，在左股第一星东南一尺，为犯。三月辛亥，月在东井北辕西头第二星东七寸，为犯。甲申，月入太微，在屏星南九寸，为犯。六月乙丑，月入毕，在右股第一星东北五寸，为犯。又在岁星东南一尺，为犯。丁卯，月入东井南辕东头第一星东北七寸，为犯。

永元元年七月，月掩心中星。

卷十三　　　　志第五

天　文　下

史臣曰：天文设象，宜备内外两宫。但灾之所躔，不必遍行景纬，五星精曜与二曜而为七，妖祥是主，历数攸司，盖有殊于列宿也。若北辰不移，据之杠轴，众星动流，实系天体，五星从伏，非关二义，故徐显思以五星为非星，虞喜论之详矣。

五星相犯列宿杂灾

建元元年八月辛亥，太白犯轩辕大星。九月癸丑，太白从行于轸犯填星。

二年六月丙子，太白昼见。

四年二月丙戌，太白昼见在午上。六月辛卯，太白昼见午上。庚子，太白入东井，无所犯。七月己未，太白有光影。八月戊子，太白从轩辕犯女主星。甲辰，太白从行犯轩辕少民星。九月己卯，太白从行犯太微西蕃上将。辛酉，太白从行入太微，在右执法星西北一尺。戊辰，太白从行犯太微左执法。十二月壬子，太白从行犯填星，在氐度。丙辰，太白从行犯房北头第一星。丁卯，太白犯楗闭星。

永明元年六月己酉，太白行犯太微上将星。辛酉，太白行犯太微左执法。八月甲申，太白犯南斗第四星。九月乙酉，太白犯南斗第三星。壬辰，太白、荧惑合同在南斗度。十月丁卯，太白犯哭星。

二年正月戊戌，太白昼见当午上。三月甲戌，太白从行人羽林。四月丙申，太白从行犯东井钺星。六月戊辰，太白、荧惑合同在舆鬼度。己巳，太白从行舆鬼度犯岁星。

三年四月丁未，太白昼见。癸亥，太白昼见当午上。五月戊子，太白犯少民星。八月丁巳，太白昼见当午上。十一月壬申，太白从行入氐。十二月己酉，太白填星合在箕度。

四年九月壬辰，太白昼见当午。丙午，太白犯南斗。十一月庚子，太白入羽林，又犯天关。

五年五月丁酉，太白昼见当午上。庚子，太白三犯毕左股第一星西南一尺。六月甲戌，太白犯东井北辕第三星，在西一尺。八月甲寅，太白从行入轩辕，在女主星东北一尺二寸，不为犯。戊辰，太白从在太微西蕃上将星西南五寸。辛巳，太白从在太微左执法星西北四寸。

六年四月辛酉，太白从在荧惑北三寸，为犯，并在东井度。五月癸卯，太白昼见当午上。六月己巳，太白从在太微西蕃右执法星东南四寸，为犯。七月癸巳，太白在氐角星东北一尺，为犯。八月乙亥，太白从行在房南第二左股次将星西南一尺，为犯。闰八月甲午，太白昼见当午。十一月戊午，太白从在岁星西北四尺，同在尾度。又在荧惑东北六尺五寸，在心度，合宿。十二月壬寅，太白从行在填星西南二尺五寸斗度。

七年二月辛卯，太白从行入羽林。十月癸酉，太白在岁星南，相去一尺六寸，从在箕度为合。十一月丁卯，太白从行入羽林。

八年正月丁未，太白昼见当午上。六月戊子，太白从行入东井。己丑，太白昼见当午。八月庚辰，太白从在轩辕女主星南七寸，为犯。九月丙申，太白从行在太微西蕃上将星西南一尺，为犯。丁未，太白从行入太微。辛酉，太白从行在进贤西五寸，为犯。十月乙亥，太白从行在亢南第二星西南一尺，为犯。甲申，太白从行入氐。十一月戊戌，太白从行在房北头第二星东北一寸，又在楗闭星西南七寸，并为犯。又在荧惑西北二尺，为合宿。癸卯，太白从行在荧惑东北一尺，为犯。

九年四月癸未，太白从历，夕见西方，从疾参宿一度。比来多阴，至己丑开除，已见在日北，当西北维上，薄昏不见宿星，则为先历而见。六月丙子，太白昼见当午上。七月辛卯，太白从行入太微，在西蕃上将星北四寸，为犯。

九月乙亥，太白从行在南斗第四星北二寸，为犯。丁卯，太白在南斗第三星西一寸，为犯。

十年二月甲辰，太白从行入羽林。五月辛巳，太白从行入东井，在轩辕西第一星东六寸，为犯。七月乙丑，太白从行在轩辕大星东八寸，为犯。

十一年正月戊辰，太白从行在岁星西北六寸，为犯，在奎度。二月丁丑，太白从行东井北辕西头第一星东北一尺，为犯。四月戊子，太白在五诸侯东第二星西北六寸，为犯。辛丑，太白从行入舆鬼，在东北星西南四寸，为犯。五月戊午，太白昼见当午，名为经天。癸亥，太白从行入轩辕大星北一尺二寸，无所犯。九月己酉，太白昼见当午上。十月丙戌，太白行在进贤星西南四寸，为犯。十一月戊戌，太白从行入氐。丁卯，太白从行在楗闭星西北六寸，为犯。十二月壬辰，太白从行在南斗第六星东南一尺，为犯。辛丑，太白从行在西建东星西南一尺，为犯。

建元元年五月己未，荧惑犯太微西蕃上将，又犯东蕃上将。

二年十月辛酉，荧惑守太微。

四年六月戊子，荧惑从行入东井，无所犯。戊戌，荧惑在东井度，形色小而黄黑不明。丁丑，荧惑、太白同在东井度。七月甲寅，荧惑从行入舆鬼，犯积尸。十月癸未，荧惑从行犯太微西蕃上将星。丙戌，荧惑从入太微。十一月丙辰，荧惑从行在太微，犯右执法。

永明元年正月己亥，荧惑逆犯上相。辛亥，荧惑守角。庚子，荧惑逆入太微。三月丁卯，荧惑守太白。六月戊申，荧惑从犯亢。己巳，荧惑从行犯氐东南星。七月戊寅，荧惑、填星同在氐度。丁亥，荧惑行犯房北头第二星。八月乙丑，荧惑从行犯天江。甲戌，荧惑犯南斗第五星。十一月丙申，荧惑入羽林。

二年八月庚午，荧惑犯太微西蕃上将。癸未，荧惑犯太微右执法。丁酉，荧惑犯太微右执法。十月庚申，荧惑犯进贤。十一月壬辰，荧惑犯亢南第二星。丙申，荧惑犯亢南星。十二月乙卯，荧惑入氐。

三年二月乙卯，荧惑在房北头第一星西北一尺，徘徊守房。四月戊戌，荧惑犯。六月乙亥，荧惑犯房。癸亥，荧惑犯天江南头第二星。八月丁巳，荧惑犯南斗第五星。十一月丙戌，荧惑从行入羽林。

四年八月戊辰，荧惑入太微。癸酉，荧惑犯太微右执法。戊子，荧惑在太微。九月戊申，荧惑犯岁星。己酉，荧惑犯岁星，芒角相接。十月丁丑，荧惑犯亢南头第一星。十一月庚寅，荧惑犯氐西南星。十二月己未，荧惑犯房北头第一星。庚申，荧惑入房北犯钩钤星。

五年二月乙亥，荧惑、填星同在南斗度，为合宿。九月乙未，荧惑从行在哭星东，相去半寸。

六年四月癸丑，荧惑伏在参度，去太白二尺五寸，辰星去太白五尺，三星为合宿。甲戌，荧惑在辰星东南二尺五寸，俱从行，入东井旷中，无所犯。闰四月丁丑，荧惑从行在氐西南星北七寸，为犯。己卯，荧惑从行入氐，无所犯。乙巳，荧惑从行在房北头第一上将右骖南六寸，为犯。又在钩钤星西北五寸。十一月丙寅，荧惑从行在岁星西，相去四尺，同在尾度，为合宿。

七年二月丙子，荧惑从行在填星西，相去二尺，同在牵牛度，为合宿。三月戊午，荧惑从在泣星西北七寸。戊辰，荧惑从行入羽林。八月戊戌，荧惑逆入羽林。九月己丑，荧惑入羽林，成句己。

八年四月丙申，荧惑从行入舆鬼，在西北星东南二寸，为犯。十月乙亥，荧惑入氐。十一月乙未，荧惑从入北落门，在第一星东南，去钩钤三寸，为犯。

九年三月甲午，荧惑从在填星东七寸，在岁星南六寸，同在虚度，为犯，为合宿。四月癸亥，荧惑从行入羽林。闰七月辛酉，荧惑从行在毕左股星西北一寸，为犯。八月十四日，荧惑应伏在昴三度，前先历在毕度，二十一日始逆行北转，垂及玄冬荧惑囚死之时，而形色渐大于常。

十年二月庚子，荧惑从入东井北辕西头第一星西二寸，为犯。三月癸未，荧惑从行在舆鬼西北七寸，为犯。乙酉，荧惑从行入舆鬼。六月壬寅，荧惑从行入太微。

十一年二月庚戌，荧惑从在填星西北六寸，为犯，同在营室。五月戊午，荧惑从行在岁星西南六寸，为犯，同在娄度。八月辛巳，荧惑从行入东井，在南辕西第一星东北一尺四寸。十一月丁巳，荧惑逆行在五诸侯东星北四寸，为犯。

隆昌元年三月乙丑，荧惑从行入舆鬼西北星东一寸，为犯。癸酉，荧惑从行在舆鬼积尸星东北七寸，为犯。闰三月甲寅，荧惑从入轩辕。五月丁酉，荧惑从入太微，在右执法北二寸，为犯。

建元四年正月己卯，岁星、太白俱从行，同在娄度为合宿。六月丁酉，岁星昼见。

永明元年五月甲午，岁星入东井。七月壬午，岁星昼见。

三年五月丙子，岁星与太白合。六月辛丑，岁星与辰星合。十月己巳，岁星从入太微。十一月甲子，岁星从入太微，犯右执法。

四年闰二月丙辰，岁星犯太微上将。三月庚申，岁星犯太微上将。四月己未，岁星犯右执法。八月乙巳，岁星犯进贤，又与荧惑于轸度合宿。

五年二月癸卯，岁星犯进贤。六月甲子，岁星昼见在轸度。十月己未，岁星从在氐西南星北七寸，又辰星从入氐，在岁星西四尺五寸，又太白从在辰星东，相去一尺，同在氐度，三星为合宿。十二月甲戌，岁星昼见。

六年三月甲申，岁星逆行入氐宿。六月丙寅，岁星昼见在氐度。

八年三月庚申，岁星守牵牛。

九年二月壬午，岁星从在填星西七寸，同在虚度为合宿。闰七月辛酉，岁星在泣星北五寸，为犯，又守填星。九月辛卯，在泣星西一尺五寸，为合宿。

永明元年六月，辰星从行入太微，在太白西北一尺。

二年八月甲寅，辰星于翼犯太白。

九年六月丙子，辰星随太白于西方，在七星度，相去一尺四寸，为合宿。

十一年九月丙辰，辰星依历应夕见西方亢宿一度，至九月八日不见。

隆昌元年正月丙戌，辰星见危度，在太白北一尺，为犯。

建元三年十月癸丑，填星逆行守氐。

四年七月戊辰，填星从行入氐。

永明元年正月庚寅，填星守房心。三月甲子，填星逆行犯西咸星。

二年二月戊辰，填星犯东咸星。

四年十二月辛巳，填星犯建星。

七年十二月戊辰，填星在须女度，又辰星从行在填星西南一尺一寸，为合宿。

八年三月庚申，填星守哭星。

九年七月庚戌，填星逆在泣西星东北七寸，为犯。十月甲午，填星从行在泣星西北五寸，为犯。

流星灾

建元元年十月癸酉，有流星大如三升墖，色白，尾长五丈，从南河东北二尺出，北行历舆鬼西过，未至轩辕后星而没；没后余中央，曲如车轮，俄顷化为白云，久乃灭。流星自下而升，名曰飞星。

三年十月丙午，有流星大如月，赤白色，尾长七丈，西北行入紫宫中，光照墙垣。

四年正月辛未，有流星大如三升墖，赤色，从北极第二星北一尺出，北行一丈而没。九月壬子，流星如鹅卵，从柳北出，入轩辕。又一枚如瓜大，出西行没空中。

永明元年六月己酉，有流星如二升碗，从紫宫出，南行没氐。

二年三月庚辰，有流星如二升碗，从天市中出，南行在心后。

四年二月乙丑，有流星大如一升器。戊辰，有流星大如五升器。四月丁卯，有流星大如一升器，从南斗东北出，西行经斗入氐。六月丙戌，有流星大如鸭卵，从匏瓜南出，至虚而入。八月辛未，有流星大如三升墖，从觜星南出，西南行入天潢没。十一月戊寅，有流星大如二升墖，白色，从亢东北出，行入天市。十二月丁巳，有流星大如三升碗，白色，从天市帝座出，东北行一丈而没。

五年六月辛未，有流星大如三升器，没后有痕。九月丙申，有流星大如四升器，白色，有光照地。十二月甲子，西北有流星大如鸭卵，黄白色，尾长六尺，西南行一丈余没。

六年三月癸酉，有流星大如鸭卵，赤色，无尾。四月丙辰，北面有流星大如二升器，白色，北行六尺而没。七月癸巳，有流星大如鹅卵，从匏瓜南出，西南行一丈没空中。须臾，又有流星大如五升器，白色，从北河南出，东北行一丈三尺没空中。十月戊寅，南面有流星，大如鸡卵，赤色，在东南行没，没后如连珠。十二月壬寅，有流星大如鹅卵，黄白色，尾长三丈，有光，没后有痕从梗河出，西行一丈许，没空中。

七年正月甲寅，有流星如五升器，白色，尾长四尺，从坐旗星出，西行入五车而过，没空中。六月丁丑，流星大如二升器，黄赤色，有光，尾长六尺许，从亢南出，西行入翼中而没，没后如连珠。十月乙丑，有流星如三升器，赤黄色，尾长六尺，出紫宫内北极星，东南行三丈没空中。壬辰，流星如三升器，白色，有光，从五车北出，行入紫宫，抵北极第一第二星而过，落空中，尾如连珠，仍有音响似雷。太史奏名曰"天狗"。

八年四月癸巳，有流星如二升器，黄白色，有光，从心星南一尺许出，南行二丈没，没后如连珠。丁巳，流星如鹅卵，白色，长五丈许，从角星东北二尺出，西北行没太微西蕃上将星间。六月癸未，有流星如鸭卵，赤色，从紫宫中出，西南行未至大角五尺许没。七月戊申，有流星如五升器，赤白色，长七尺，东南行二丈，没空中。十月乙亥，有流星如鹅卵，白色，从紫宫中出，西北行三丈许，没空中。十一月乙未，有流星如鹅卵，赤白色，有光无尾，从氐北一丈出，南行入氐中没。辛丑，流星如鹅卵，白色，从参伐出，南行一丈没空中。又有一流星大如三升器，白色，从轸中出，东南行入娄中没。

九年五月庚子，有流星如鸡子，白色无尾，从紫宫里黄帝座星西二尺出，南行一丈没空中。丁未，流星如李子，白色无尾，从奎东北大星东二尺出，东北行至天将军而没。戊申，流星如鹅卵，黄白色，尾长二丈，从箕星东一尺出，南行四丈没。七月乙卯，西南有流星大如二升器，白色无尾，西南行一丈余没。戊午，有流星如二升器，黄白色，有光从天江星西出，东北经天过入参中而没，没后如连珠。闰七月戊辰，流星如鹅卵，赤色，尾长二尺，从文昌西行入紫宫没。己巳，西南有流星如二升器，白色，西南行一丈没。九月戊子，有流星大如鸡卵，白色，从少微星北头出，东行入太微，抵帝座星而过，未至东蕃次相一尺没，如散珠。

十年正月甲戌，有流星如五升器，白色，从氐中出，东南行经房道过，从心星南二尺没。三月癸未，有流星如鸡卵，青白色，尾长四尺，从牵牛南八寸出，南行一丈没空中。

十一年二月壬寅，东北有流星如一升器，白色，无尾，北行三丈而没。四月丙申，有流星如三升器，白色，有光，尾长一丈许，从箕星东北一尺出，行二丈许入斗度，没空中，临没如连珠。五月壬申，有流星大如鸡子，黄白色，从太微端门出，无所犯，西南行一丈许没，没后有痕。七月辛酉，有流星如鸡子，赤色，无尾，从氐中出，西行一丈五尺没空中。戊寅，有流星如鸡卵，黄白色，从紫宫东蕃内出，东北行一丈五尺，至北极第五星西北四尺没。九月乙酉，有流星如鸭卵，黄白色，从娄南一尺出，东行二丈没。十二月己丑，西南有流星如三升器，黄赤色，无尾，西南行三丈许没，散如遗火。

永元三年夜，天开黄色明照，须臾有物，绛色，如小瓮，渐渐大如仓廪，声隆隆如雷，坠太湖中，野雉皆雊，世人呼为"木殃"。史臣案：《春秋纬》："天狗如大奔星，有声，望之如火，见则四方相射。"汉史云："西北有三大星，如日状，名曰天狗。天狗出则人相食。"《天官》云："天狗状如大奔星。"又云："如大流星，色黄，有声。其止地类狗所坠。望之如火光，炎炎冲天，其上锐，其下圆，如数顷田。见则流血千里，破军杀将。"汉史又云："照明下为天狗，所下兵起血流。"昭明，星也。《洛书》云："昭明见而霸者出。"《运斗枢》云："昭明有芒角，兵徵也。"《河图》云："太白散为天狗。"汉史又云："有星出，其状赤白有光，即为天狗，其下小无足，所下国易政。"众说不同，未详孰是。推乱亡之运，此其必天狗乎？

　　老人星

建元元年十一月戊辰，老人星见南方丙上。八月癸卯，祠老人星。

永明三年八月丁酉，老人星见南方丙上。

六年八月壬戌，老人星见南方丙上。

七年七月壬戌，老人星见南方丙上。

九年闰七月戊寅，老人星见南方丙上。

十年八月乙酉，老人星见。

十一年九月丙寅，老人星见南方丙上。

　　白虹云气

建元四年二月辛卯，白虹贯日。

永明十年七月癸酉，西方有白虹，须臾灭。

十一年九月甲午，西方有白虹，南头指申，北头指戌上，久久消灭。

建元四年二月辛卯，黑气大小二枚，东至卯，西至酉，广五丈，久久消灭。

永明二年四月丁未，北斗第六第七星间有一白气。

四年正月辛未，黄白气长丈五尺许，入太微。

永明四年正月癸未，南面有阵云一丈许。

五年四月己巳，有云色黑，广五尺，东头指丑，西头指西，并至地。十一月乙巳，东南有阵云高一丈，北至卯，东南至巳，久久散漫。

六年二月癸亥，东西有一梗云，半天，曲向西，苍白色。三月庚辰，南面有梗云，黑色，广六寸。

七年十月辛未，有梗云，苍黑色，东头至寅，西头指酉，广三尺，贯紫宫，久久消没。

八年十一月乙未，有梗云，黑色，六尺许，东头至卯，西头至酉，久久散漫。

十二月庚辰，南面有阵云，黑色，高一丈许，东头至巳，西头至未，久久散漫。

十一年七月丙辰，东面有梗云，苍白色，广二尺三寸，南头指巳至地，北头指子至地，久久渐散漫。

赞曰：阳精火镜，阴灵水存。有禀有射，代为明昏。垂光满盖，列景周浑。具位臣辅，备象街门。灾生霄薄，祟起飞奔。弗忘人惧，瑜瑕辩论。若任天道，灶亦多言。

卷十四　　志第六

州　郡　上

扬　南徐　豫　南豫　南兖　北兖　北徐　青　冀　江　广　交　越

扬州，京辇神皋。汉、魏刺史镇寿春，吴置持节督州牧八人，不见扬州都督所治。晋太康元年，吴平，刺史周浚始镇江南。元帝为都督，渡江左，遂成帝畿，望实隆重。领郡如下：

丹阳郡

建康　秣陵　丹阳　溧阳　永世　湖熟　江宁　句容

会稽郡

山阴　永兴　上虞　余姚　诸暨　剡　鄞　始宁　句章　鄮

吴郡

吴　娄　海虞　嘉兴　海盐　钱唐　富阳　盐官　新城　建德　寿昌　桐庐

吴兴郡

乌程　武康　余杭　东迁　长城　於潜　临安　故鄣　安吉　原乡

东阳郡

长山　太末　乌伤　永康　信安　吴宁　丰安　定阳　遂昌

新安郡

始新　黟　遂安　歙　海宁

临海郡

章安　临海　宁海　始丰　乐安

永嘉郡

永宁　安固　松阳　横阳　乐成

南徐州，镇京口。吴置幽州牧，屯兵在焉。丹徒水道入通吴会，孙权初镇之。《尔雅》曰："绝高为京。"今京城因山为垒，望海临江，缘江为境，似河内郡，内镇优重。宋氏以来，桑梓帝宅，江左流寓，多出膏腴。领郡如下：

南东海郡

郯　祝其　襄贲　利成　西隰　丹徒　武进

晋陵郡

晋陵　无锡　延陵　曲阿　暨阳　南沙　海阳

义兴郡　永明二年，割属扬州，后复旧。

阳羡　临津　国山　义乡　绥安

南琅邪郡本治金城，永明徙治白下。

临沂　江乘　兰陵　承建武三年省谯建元二年，平阳郡流民在临江郡者，立宣祚县，寻改为谯。永明元年，省怀化一县并属。

临淮郡　自此以下，郡无实土。

海西　射阳　凌　淮阴　东阳　淮浦建武二年省。
淮陵郡
　　司吾　武阳建武三年,省泰山郡属。　甄城　阳乐
徐建武三年省
南东莞郡
　　东莞　莒　姑幕建武三年省。
南清河郡南徐州领冀州
　　东武城　清河　贝丘　绎幕建武二年省。
南彭城郡
　　彭城　武原　傅阳　蕃　薛　开阳　洨　僮　下邳建武三年省　吕建武四年省　杼秋建武四年省　北陵建武四年省
南高平郡宋太始五年侨置,初寄治淮阴,复徙淮南当涂二县侨属南豫,后属南徐。
　　金乡　高平
南济阴郡
　　城武　单父　城阳建武三年省。
南濮阳郡
　　廪丘　东燕　会　鄄城建武三年,省济阳郡度属。　榆次建武二年省
南鲁郡建武二年省
　　鲁　樊　西安建武二年省
南平昌郡　建武三年省
　　安丘　郡省,属东莞。新乐郡省,属东莞　东武　高密
南泰山郡　建武三年省
南城　郡省,度属平昌,寻又省。　广平
南济阳郡建武三年省
　　考城　郡省,度属鲁,寻又省。
豫州。晋元帝永昌元年,刺史祖约避胡贼,自谯还治寿春。寿春,淮南一都之会,地方千余里,有陂田之饶。汉、魏以来扬州刺史所治,北拒淮水,《禹贡》云"淮海惟扬州"也。咸和四年,祖约以城降胡,复以庾亮为刺史,治芜湖。芜湖,浦水南入,亦为险奥。刘备谓孙权曰:"江东先有建业,次有芜湖。"庾亮经略中原,以毛宝为刺史,治邾城,为胡所覆。荆州刺史庾翼领州,在武昌。诸郡失土荒民数千无佃业,翼表移西阳、新蔡二郡荒民就陂田于寻阳。穆帝永和五年,胡伪扬州刺史王浃以寿春降。而刺史或治历阳,进马头及谯,不复归旧镇也。哀帝隆和元年,袁真还寿春。真为桓温所灭,温以子熙为刺史,戍历阳。孝武宁康元年,桓冲移姑熟,以边寇未静,分割谯、梁二郡见民,置之浣川,立为南谯、梁郡。十二年,桓石虔还历阳。庾准为刺史,表省诸权置,皆还如本。义熙二年,刘毅复镇姑熟,上表曰:"忝任此州,地不为旷,西界荒余,密迩寇虏,北垂萧条,土气强犷,民不识义,唯战是习。逋逃不逞,不谋日会。比年以来,无月不战,实非空乏所能独抚。请辅国将军张畅领淮南、安丰、梁国三郡。"时豫州边荒,至乃如此。十二年,刘义庆镇寿春,后常为州治。抚接遐荒,捍御疆场。领郡如下:
南汝阴郡建元二年罢南陈左郡二县并
　　慎　汝阴　宋　安阳　和城　南顿　阳夏　宋丘《永元元年地志》无　樊《永元志》无　郑《永元志》无　东宋《永元志》无　南陈左县《永元志》无　边水《永元志》无
晋熙郡
　　新冶　阴安　怀宁　南楼烦　齐兴　太湖左县
颍川郡
　　临颍　邵陵　南许昌《永元志》无　曲阳
汝阳郡
　　武津　汝阳
梁郡《永元元年地志》,南梁郡领睢阳、新汲、陈、蒙、崇义五县。
　　北谯　梁　蒙　城父《永元志》属南谯
北陈郡
　　阳夏　西华　苌平　项
陈留郡
　　浚仪　小黄　雍丘
南顿郡《永元元年地志》无
　　和城　南顿
西南顿郡寄治州,《永元元年地志》无
　　西南顿　和城　谯　平乡
北梁郡《永元元年地志》无
　　北蒙　北陈
西汝阴郡
　　楼烦　汝阴　宋　陈《永元志》无　平豫《永元志》无　固始《永元志》无　新蔡《永元志》无　汝南《永元志》无　安城
北谯郡
　　宁陵　谯　蕲《永元志》属南谯
汝南郡《永元元年地志》无
　　瞿阳　安城　上蔡
北新蔡郡
　　鲖阳　新蔡　固始　苞信
弋阳郡
　　期思　南新息　弋阳　上蔡　平舆
陈郡
　　南陈　苌平《永元志》无　项《永元志》无　西华《永元志》无　阳夏《永元志》无
安丰郡
　　雩娄　新化　史水　扶阳　开化　边城　松滋《永元志》属北新蔡　安丰
光城左郡
　　乐安　光城　茹田
边城郡《永元元年地志》无
建宁郡
　　阳城　建宁
齐昌郡
　　阳塘　保城　齐昌　永兴
右三郡,永明四年割郢州属。
南豫州。晋宁康元年,豫州刺史桓冲始镇姑熟,后迁徙,见《晋书》。宋永初二年,分淮东为南豫州,治历阳,

而淮西为豫州。元嘉七年省并。大明元年复置，治姑熟。泰始二年治历阳，三年治宣城，五年省。淮西没虏，七年，复分淮东置南豫。建元二年，太祖以西豫吏民寡刻，分置两州，损费甚多，省南豫。左仆射王俭启："愚意政以江西连接汝、颍，土旷民希。匈奴越逸，唯以寿春为阳。若使州任得才，虏动要有声闻，豫设防御，此则不俟南豫。假令或虑一失，丑羯之来，声不先闻，胡马倏至，寿阳婴城固守不能断其路，朝廷遗军历阳，已当不得先机。戎车初戒，每事草创，孰与方镇常居，军府素正。临时配助，所益实少。安不忘危，古之善政。所以江左屡分南豫，意亦可求。如闻西豫力役尚复粗可，今得南谯等郡，民户益薄，于其实益，复何足云。"太祖不从。永明二年，割扬州宣城、淮南，豫州历阳、谯、庐江、临江六郡，复置南豫州。四年，冠军长史沈宪启："二豫分置，以桑堁子亭为断。颍川、汝阳在南谯、历阳界内，悉属西豫，庐江居晋熙、汝阴之中，属南豫。求以颍川、汝阳属南豫，庐江还西豫。"七年，南豫州别驾殷涤称："颍川、汝阳，荒残来久，流民分散在谯、历二境，多蒙复除，获有郡名，租输益微，府州绝无将吏，空受名领，终无实益。但寄治谯、历，于方断之宜，实应属南豫。二豫亟经分置，庐江属南豫，滨带长江，与南谯接境，民黎租帛，从流送州，实为便利，远逾西豫，非其所愿，郡领灊舒及始新左县，村竹产，府州采伐，为益不少。府州新创，异于旧藩。资役多阙，实希得庐江。请依昔分置。"尚书参议："往年虑边尘须实，故启回换。今淮、泗无虞，宜许所牒。"诏"可"。领郡如下：

淮南郡

于湖 永明八年，省角城、高平、下邳三县并。 繁昌 当涂 浚道 定陵 襄垣

宣城郡

广德 怀安 宛陵 广阳 石城 临城 宁国 宣城 建元 泾 安吴

历阳郡

历阳 龙亢 雍丘

南谯郡

山桑 蕲 北许昌《永元志》无 扶阳 曲阳 嘉平

庐江郡

舒 建元二年为郡治 灊 始新 和城《永元志》无 西华《永元志》无 吕亭左县 建元二年，割晋熙属。 谯 建元二年，割南谯属。

临江郡 建元二年，罢并历阳，后复置。

乌江 怀德 酇

南兖州，镇广陵，汉故王国。有江都浦水，魏文帝伐吴出此，见江涛盛壮，叹云："天所以限南北也。"晋元帝过江，建兴四年，扬声北讨，遣亳城公衰督徐、兖二州，镇广陵。其后或还江南，然立镇自此始也。时百姓遭难，流移此境，流民多庇大姓以为客。元帝太兴四年，诏以流民失籍，使条名上有司，为给客制度，而江北荒残，不可检实。明帝太宁三年，郗鉴为兖州，镇广陵，后还京口。是后兖州或治盱眙，或治山阳。桓玄以桓弘为青州，镇广陵。义熙二年，诸葛长民为青州，徙山阳。时鲜卑接境，长民表云："此蕃十载衅故相袭，城池崩毁，荒旧散伏，边疆诸戍，不闻鸡犬。且犬羊侵暴，抄掠滋甚。"乃还镇京口。晋末以广陵控接三齐，故青、兖同镇。宋永初元年，罢青并兖。三年，檀道济始为南兖州，广陵因此为州镇。土甚平旷，刺史每以秋月多出海陵观涛，与京口对岸，江之壮阔处也。永明元年，刺史柳世隆奏："尚书符下土断条格，并省侨郡县。凡诸流寓，本无定憇，十家五落，各自星处。一县之民，散在州境，西至淮畔，东届海隅。今专罢侨邦，不省荒邑，杂居舛止，与先不异。离为区断，无革游滥。谓应同省，随堺并帖。若乡屯里聚，二三百家，井甸可修，区域易分者，别详立。"于是济阴郡六县，下邳郡四县，淮阳郡三县，东莞郡四县，以散居无实土，官长无廨舍，寄止民村，及州治立，见省，民户帖属。领郡如下：

广陵郡 建元四年，罢北淮阳、北下邳、北济阴、东莞四郡并。

海陵 广陵 高邮 江都 齐宁 永明元年置

海陵郡

建陵 宁海 如皋 临江 蒲涛 临泽 齐昌 永明元年置 海安 永明五年罢新郡，并此县度属。

山阳郡

东城 山阳 盐城 左乡

盱眙郡

考城 盱眙 阳城 直渎 长乐

南沛郡

沛 萧 相

北兖州，镇淮阴。《地理志》云淮阴县属临淮郡，《郡国志》属下邳国，《晋太康地记》属广陵郡。穆帝永和中，北中郎将荀羡北讨鲜卑，云"淮阴旧镇，地形都要，水陆交通，易以观衅。沃野有开殖之利，方舟运漕，无他屯阻。"乃营立城池。宋泰始二年失淮北，于此立州镇。建元四年，移镇盱眙，仍领盱眙郡。旧北对清泗，临淮守险，有阳平石鳖，田稻丰饶。所领唯阳平一郡，永明七年，光禄大夫吕安国启："北兖州民戴尚伯六十人诉'旧壤幽隔，飘寓失所，今虽创置淮阴，而阳平一郡，州无实土，寄山阳境内。窃见司、徐、青三州，悉皆新立，并有实郡。东平既是望邦，衣冠所系。希于山阳、盱眙二界间割小户置此郡，始招集荒落，使本壤族姓，有所归依。'臣寻东平郡既是此州本领，臣贱族桑梓，愿立此邦。"见许。领郡如下：

阳平郡 寄治山阳

泰清 永阳 安宜 丰国

东平郡

寿张 割山阳官渎以西三百户置淮安直渎、破釜以东，淮阴镇下流杂一百户置。

高平郡

济北郡

泰山郡

新平郡

鲁郡

右荒。

北徐州，镇钟离。《汉志》锺离县属九江郡，《晋太康二年起居注》置淮南钟离，未详此前所省令。《晋地记》属淮南郡。宋泰始末年属南兖。元徽元年置，割为州治，防镇缘淮。永明元年，省北徐、谯、梁、魏、阳平、彭城五郡。领郡如下：

锺离郡

燕县 郡治　朝歌　虞 永明元年，割马头属。　零 永明元年，割马头属。

马头郡

已吾 永明元年，罢谯郡属。二年，刺史戴僧静又以济县并之。

济阴郡

顿丘 永明元年，罢定陶并。　睢陵　乐平 永明元年，割钟离属。　济安 永明元年，割钟离属。

新昌郡

顿丘　谷熟　尉氏

沛郡

相　萧　沛

青州，宋泰始初淮北没虏，六年，始治郁州上。郁州在海中，周回数百里，岛出白鹿，土有田畴鱼盐之利。刘善明为刺史，以海中易固，不峻城雉，乃累石为之，高可八九尺。后为齐郡治。建元初，徙齐郡治瓜步，以北海治齐郡故治，州治如旧。流荒之民，郡县虚置，至于分居土著，盖无几焉。建元四年，移镇朐山，后复旧。领郡如下：

齐郡 永明元年，罢秦郡并之，治瓜步。

临淄 永明二年，省华城县并　齐安永明元年罢　西安　宿豫　尉氏　平虏　昌国　泰　益都

北海郡

都昌 宋郁县，建元改用汉名也。　广饶　赣榆　胶东　剧　下密　平寿

东莞琅邪二郡 治朐山也

即丘　南东莞 永明元年，以流户置。　北东莞

冀州，宋元嘉九年分青州置。青州领齐、济南、乐安、高密、平昌、北海、东莱、太原、长广九郡，冀州领广川、平原、清河、乐陵、魏郡、河间、顿丘、高阳、勃海九郡。泰始初，遇虏寇，并荒没。今所存者，泰始之后更置立也。二州共一刺史。郡县十无八九，但有名存，案《宋志》自知也。建元初，以东海郡属冀州。全领一郡：

北东海郡 治连口

襄贲　僮　下邳　厚丘　曲城

江州，镇寻阳，中流衿带。晋元康元年，惠帝诏："荆、扬二州，疆土旷远。有司奏割扬州之豫章、鄱阳、庐陵、临川、南康、建安、晋安为新州。新安、东阳、宜城旧豫章封内，豫章之东北，相去悬远，可如故属扬州。又割荆州之武昌、桂阳、安成并十郡，可因江水之名为江州，宜治豫章。"庾亮领刺史，都督六州，云以荆、江为本，校二州户口，虽相去机事，实觉过半，江州实为根本。临终表江州宜治寻阳，以州督豫州新蔡、西阳二郡，治湓城，接近东江诸郡，往来便易。其后庾翼又还豫章。义熙后，还寻阳。何无忌表："竟陵去治辽远，去江陵正三百里，荆州所立绥安郡民户，参入此境，郡治常在夏口左右，欲资此郡助江滨戍防，以竟陵还荆州。又司州弘农、扬州松滋二郡，寄寻阳，人民杂居，宜并见督。"今九江在州镇之北，彭蠡在其东也。领郡如下：

寻阳郡

柴桑　彭泽

豫章郡

南昌　新淦　艾　建城　建昌　望蔡　新吴　永修　吴平　康乐　豫章　丰城

临川郡

南城　临汝　新建　永城　宜黄　南丰　东兴　安浦　西丰

庐陵郡

石阳　西昌　东昌　吉阳　巴丘　兴平　高昌　阳丰　遂兴

鄱阳郡

鄱阳　余干　葛阳　乐安　广晋　上饶

安成郡

平都　新喻　永新　萍乡　宜阳　广兴　安复

南康郡

赣　零都　南野　宁都　平固　陂阳　虔化 永明八年，罢安远县并。　南康

南新蔡郡

慎　苞信　阳唐左县　宋

建安郡

吴兴　建安　将乐　邵武　建阳　绥城　沙村

晋安郡

候官　罗江　原丰　晋安　温麻

广州，镇南海。滨际海隅，委输交部，虽民户不多，而俚獠猥杂，皆楼居山险，不肯宾服。西南二江，川源深远，别置督护，专征讨之。卷握之资，富兼十世。尉他余基，亦有霸迹，江左以其辽远，蕃戚未有居者，唯宋随王诞为刺史，领郡如下：

南海郡

番禺　熙安　博罗　增城　龙川　怀化　酉平　绥宁　新丰　罗阳　高要　安远　河源

东官郡

怀安　宝安　海安　欣乐　海丰　齐昌　陆安　兴宁

义安郡

绥安　海宁　义招　潮阳　程乡

新宁郡

博林　南兴　临沈　甘泉　新成　威平　单牒　龙潭　城阳　威化　归顺　初兴　抚纳　平乡

苍梧郡

广信　宁新　封兴　抚宁　遂城　丁留　怀熙　猛陵　广宁　荡康　侨宁　思安

高凉郡

安宁　罗州　莫阳　西巩　思平　禽乡　平定
永平郡
夫宁　安沂　畷安　卢平　员乡　苏平　逋宁　雷乡　开城　毗平　武林　丰城
晋康郡
威城　都城　夫阮　元溪　安遂　晋化　永始端溪　宾江　熙宁　乐城　武定　悦城　文招　义立
新会郡
盆允　新夷　封平　初宾　封乐　义宁　新熙　永昌　始康　招集　始成
广熙郡
龙乡　罗平　宾化　宁乡　长化　定昌　永熙　宝宁
宋康郡
广化　石门　化隆　遂度　威覃　单城　开宁　海邻　舆定　绥定
宋隆郡
平兴　招兴　崇化　建宁　熙穆　崇德
海昌郡
宁化　招怀　永建　始化　新建
绥建郡
新招　四会　化蒙　化注　化穆
乐昌郡
始昌　乐山　宋元　义立　安乐
郁林郡
布山　郁平　阿林　建安　始集　龙平　宾平　新林　绥宁　中胄　领方　怀安　归化　晋平　威化
桂林郡
武熙　腾溪　潭平　龙冈　临浦　中留　武丰　程安　威定　潭中　安远　安化　龙定
宁浦郡
安广　简阳　平山　宁浦　兴道　吴安
晋兴郡
晋兴　熙注　桂林　增翊　安广　广郁　晋城　郁阳
齐乐郡
希平　观宁　臻安　宋平　绥南　封陵
齐康郡
乐康
齐建郡
初宁　永城
齐熙郡

交州，镇交阯，在海涨岛中。杨雄《箴》曰："交州荒遭，水与天际。"外接南夷，宝货所出。山海珍怪，莫与为比。民恃险远，数好反叛。领郡如下：

九真郡
　移风　胥浦　松原　高安　建初　常乐　津梧　军安　吉庞　武宁
武平郡
　武定　封溪　平道　武兴　根宁　南移

新昌郡
　范信　嘉宁　封山　西道　临西　吴定　新道　晋化
九德郡
　九德　咸驩　浦阳　南陵　都浌　越常　西安
日南郡
　西卷　象林　寿冷　朱吾　比景　卢容　无劳
交阯郡
　龙编　武宁　望海　句漏　吴兴　西于　朱戠　南定　曲易　海平　赢陵
宋平郡
　昌国　义怀　绥宁
宋寿郡　建元二年，割越州属。
义昌郡　永元二年，改沃屯置。

越州，镇临漳郡，本合浦北界也。夷獠丛居，隐伏岩障，寇盗不宾，略无编户。宋泰始中，西江督护陈伯绍猎北地，见二青牛惊走入草，使人逐之不得，乃志其处，云"此地当有奇祥"。启立为越州。七年，始置百梁、陇苏、永宁、安昌、富昌、南流六郡，割广、交、朱戠三郡属。元徽二年，以伯绍为刺史，始立州镇，穿山为城门，威服俚獠。土有瘴气杀人。汉世交州刺史每暑月辄避处高，今交土调和，越瘴独甚。刺史常事戎马，唯以战伐为务。
临漳郡
　漳平　丹城　劳石　容城　长石　都并　缓端
合浦郡
　徐闻　合浦　朱卢　新安　晋始　荡昌　朱丰　宋丰　宋广
永宁郡
　杜罗　金安　蒙　廖简　留城
百梁郡
　百梁　始昌　宋西
安昌郡
　武桑　龙渊　石秋　抚林
南流郡
　方度
北流郡　永明六年立，无属县。
龙苏郡
　龙苏
富昌郡
　南立　义立　归明
高兴郡
　宋和　宁单　高兴　威成　夫罗　南安　归安　陈莲　高城　新建
思筑郡
盐田郡
　杜同
定川郡
　兴昌
隆川郡
　良国

齐宁郡 建元二年置，割郁林之新邑、建初二县并。
开城 建元二年置　延海　新邑　建初
越中郡
马门郡
钟吴　田罗　马陵　思宁
封山郡
安金
吴春俚郡 永明六年立，无属县。
齐隆郡 先属交州，中改为□□，永泰元年，改为齐隆，还属□州。

长宁　上黄
武宁郡
乐乡　长林
巴州，三峡险隘，山蛮寇贼，宋泰始三年，议立三巴校尉以镇之。后省，升明二年，复置。建元二年，分荆州巴东、建平，益州巴郡为州，立刺史，而领巴东太守，又割涪陵郡属。永明元年省，各还本属焉。
巴东郡
鱼复　朐䏰　南浦　聂阳　巴渠　新浦　汉丰
建平郡
巫　秭归　北井　秦昌　沙渠　新乡
巴郡
江州　枳　垫江　临江
涪陵郡
汉平　涪陵　汉玫

卷十五　　　志第七

州　郡　下

荆　巴　郢　司　雍　湘　梁　秦　益　宁

荆州，汉灵帝中平末刺史王睿始治江陵，吴时西陵督镇之。晋太康元年平吴，以为刺史治。愍帝建兴元年，刺史周顗避杜弢贼奔建康，陶侃为刺史，治沌口。王敦治武昌。其后或还江陵，或在夏口。桓温平蜀，治江陵。以临沮西界，水陆纡险，行迳裁通，南通巴、巫，东南出州治，道带蛮、蜑，田土肥美，立为汶阳郡，以处流民。属氐陷襄阳，桓冲避居上明，顿陆逊乐乡城上四十余里，以田地肥良，可以为军民资实，又接近三峡，无西疆之虞，故重戍江南，轻戍江北。苻坚败后，复得襄阳。太元十四年，王忱还江陵。江陵去襄阳步道五百，势同唇齿，无襄阳则江陵受敌，不立故也。自忱以来，不复动移。境域之内，含带蛮、蜑，土地辽落，称为殷旷。江左大镇，莫过荆、扬。弘农郡陕县，周世二伯总诸侯，周公主陕东，召公主陕西。故称荆州为陕西也。领郡如下：
南郡
江陵　华容　枝江　临沮　编　当阳
南平郡
孱陵　作唐　江安　安南
天门郡
零阳　澧阳　临澧　㜑中
宜都郡
夷道　佷山　夷陵　宜昌
南义阳郡
平氏　厥西
河东郡
闻喜　松滋　谯　永安
汶阳郡
僮阳　沮阳　高安
新兴郡
定襄　新丰　广牧
永宁郡

郢州，镇夏口，旧要害也。吴置督将为鲁口屯，对鲁山岸，因为名也。晋永嘉中，荆州刺史都督山简自襄阳避贼奔夏口，庾翼为荆州，治夏口，并依地险也。太元中，荆州刺史桓冲移镇上明，上表言："氐贼送死之日，旧郢以北，坚壁相望，待以不战。江州刺史桓嗣宜进屯夏口，据上下之中，于事为便。"义熙元年，冠军将军刘毅以为夏口二州之中，地居形要，控接湘川，边带淆沔，请并州刺史刘道规镇夏口。夏口城据黄鹄矶，世传仙人子安乘黄鹄过此上也。边江峻险，楼橹高危，瞰临沔、汉，应接司部，宋孝武置州于此，以分荆楚之势。领郡如下：
江夏郡
沙阳　蒲圻　濊阳　汝南　沌阳　惠怀
竟陵郡
竟陵　云杜　霄城　萇寿　新市　新阳
武陵郡
沅陵　临沅　零陵　辰阳　酉阳　沅南　汉寿　龙阳　潕阳　黚阳
巴陵郡
下隽　州陵　巴陵　监利
武昌郡
武昌　鄂　阳新　义宁寄治鄂　真阳《永明三年户口簿》无
西阳郡
西陵　蕲阳　西阳　孝宁　期思《永明三年户口簿》无　义安左县　希水左县　东安左县　蕲水左县
齐兴郡 永明三年置
绥怀　齐康　葺波　绥平　齐宁　上蔡《永明三年户口簿》无
东牂牁郡《永明三年户口簿》云"新置，无属县"。
宜　南平阳　西新市　南新市　西平阳　东新市
方城左郡
城阳　归义
北新阳郡
西新阳　安吉　长宁
义安左郡

绥安
南新阳左郡
南新阳　新兴　北新阳　角陵　新安
北遂安左郡《永明三年簿》云"五县皆缺"。
东城　绥化　富城　南城　新安
新平左郡
平阳　新市　安城
建安左郡
霄城
　　司州，镇义阳。宋景平初，失河南地，元嘉末，侨立州于汝南县瓠，寻罢。泰始中，立州于义阳郡。有三关之隘，北接陈、汝，控带许、洛。自此以来，常为边镇。泰始既迁，领义阳，侨立汝南，领三郡。元徽四年，又领安陆、随、安蛮三郡。领郡如下：
南义阳郡
孝昌　平舆　义昌　平阳　南安　平春
北义阳郡
平阳　义阳　保城　鄳　钟武　环水
随郡
随　永阳　阙西　安化
安陆郡　寄州治
安陆　应城　新市　新阳　宣化
汝南郡　寄州治
平舆　北新息　真阳　安城　南新息　安阳　临汝　汝南　上蔡
齐安郡
齐安　始安　义城　南安　义昌　义安
淮南郡
阁口　平氏
宋安左郡
仰泽　乐宁　襄城
安蛮郡
木兰　新化　怀　中聂阳　南聂阳　安蛮
永宁左郡
中曲陵　曲陵　孝怀　安德
东义阳左郡
永宁　革音　威清　永平
东新安左郡
第五　南平林　始平　始安　平林　义昌　固城　新化　西平
新城左郡
孝怀　中曲　南曲陵　怀昌
围山左郡
及刺　章平　北曲　洛阳　围山　曲陵
建宁左郡
建宁　阳城
北淮安左郡
高邑
南淮安左郡
慕化　柏源

北随安左郡
济山　油潘
东随安左郡
西随　高城　牢山
　　雍州，镇襄阳，晋中朝荆州都督所治也。元帝以魏该为雍州，镇酂城，襄阳别有重戍。庾翼为荆州，谋北伐，镇襄阳。自永嘉乱，襄阳民户流荒。咸康八年，尚书殷融言："襄阳、石城，疆场之地，对接荒寇。诸荒残寄治郡县，民户寡少，可并合之。"朱序为雍州，于襄阳立侨郡县，没苻氏。氏败，复还南，复用朱序。襄阳左右，田土肥良，桑梓野泽，处处而有。郗恢为雍州，于时旧民其少，新户稍多。宋元嘉中，割荆州五郡属，遂为大镇。疆蛮带沔，阻以重山，北接宛、洛，平涂直至，跨对樊、沔，为鄢郢门户。部领蛮左，故别置蛮府焉。领郡如下：
襄阳郡
襄阳　中庐　邔　建昌
南阳郡
宛　涅阳　冠军　舞阴　郦　云阳　许昌
新野郡
新野　山都　池阳　穰　交木　惠怀
始平郡
武当　武阳　始平　平阳
广平郡
酂　比阳　广平　阴
京兆郡
邓　新丰　杜　魏
扶风郡
筑阳　郿　汎阳
冯翊郡
郃　莲勺　高陆
河南郡
河南　新城　棘阳　襄乡　河阴
南天水郡
略阳　华阴　西
义成郡
万年　义成
建昌郡
永兴　安宁
华山郡
蓝田　华山　上黄
南上洛郡建武中，此以下郡皆没虏。
上洛　商
北河南郡
新蔡　汝阴　上蔡　缑氏　洛阳　新安　固始　苞信
弘农郡
邯郸　圈　卢氏
顺阳郡
南乡　槐里　清水　丹水　郑　顺阳
西汝南郡

北上洛郡
齐安郡
齐康郡
招义郡
　　右五郡，不见属县。宁蛮府领郡如下：
西新安郡
　　新安　汎阳　安化　南安
义宁郡
　　筑　义宁　汎阳　武当　南阳
南襄郡
　　新安　武昌　建武　武平
北建武郡
　　东蒉秋　霸　北菪　高罗　西蒉秋　平丘
蔡阳郡
　　乐安　东蔡阳　西蔡阳　新化　杨子　新安
永安郡
　　东安乐　新安　西安乐　劳泉
安定郡
　　思归　归化　皋亭　新安　士汉　士顷
怀化郡
　　怀化　编　遂城　精阳　新化　遂宁　新阳
武宁郡
　　新安　武宁　怀宁　新城　永宁
新阳郡
　　东平林　头章　新安　朗城　新市　新阳　武安　西林
义安郡
　　郊乡　东里　永明　山都　义宁　西里　义安　南锡　义清
高安郡
　　高安　新集
左义阳郡
南襄城郡
广昌郡
东襄城郡
北襄城郡
怀安郡
北弘农郡
西弘农郡
析阳郡
北义阳郡
汉广郡
中襄城郡
　　右十二郡没虏。
　　湘州，镇长沙郡。湘川之奥，民丰土闲。晋永嘉元年，分荆州置，荀眺为刺史。此后三省，辄复置。元嘉十六年置，至今为旧镇。南通岭表，唇齿荆区。领郡如下：
长沙郡
　　临湘　罗　湘阴　醴陵　浏阳　建宁　吴昌
桂阳郡

　　郴　临武　南平　耒阳　晋宁　汝城
零陵郡
　　泉陵　洮阳　零陵　祁阳　观阳　永昌　应阳
衡阳郡
　　湘西　益阳　湘乡　新康　衡山
营阳郡
　　营道　泠道　营浦　舂陵
湘东郡
　　茶陵　新宁　攸　临蒸　重安　阴山
邵陵郡
　　都梁　邵陵　高平　武刚　建兴　邵阳　扶
始兴郡
　　曲江　桂阳　仁化　阳山　令阶　含洭　灵溪　中宿　浈阳　始兴
临贺郡
　　临贺　冯乘　富川　封阳　谢沐　兴安　宁新　开建　抚宁
始安郡本名始建，齐改。
　　始安　荔浦　建陵左县　熙平　永丰　平乐
齐熙郡
　　梁州，镇南郑。魏景元四年平蜀所置也。晋永嘉元年，蜀贼没汉中，刺史张光治魏兴，三年，还汉中。建兴元年，又为氐杨难敌所没。桓温平蜀，复旧土。后为谯纵所没，纵平复旧。每失汉中，刺史辄镇魏兴。汉中为巴蜀捍蔽，故刘备得汉中，云"曹公虽来，无能为也"。是以蜀有难，汉中辄没。虽时还复，而户口残耗。宋元嘉中，甄法护为氐所攻，失守。萧思话复还汉中。后氐房数相攻击，关陇流民，多避难归化，于是民户稍实。州境与氐、胡相邻，亦为威御之镇。领郡如下：
汉中郡
　　南郑　城固　沔阳　西乡　西上庸
魏兴郡
　　西城　旬阳　兴晋　广昌　南广城《永元志》无　广城
新兴郡永元二年志无
　　吉阳　东关
南新城郡
　　房陵　绥阳　昌魏　祁乡　阇阳　乐平
上庸郡
　　上庸　武陵　齐安　北巫　上廉　微阳　新丰　新安　吉阳
晋寿郡
　　晋寿　邵欢　兴安　白水
华阳郡
　　宕渠　华阳　兴宋　嘉昌
新巴郡
　　新巴　晋城　晋安
北巴西郡
　　阆中　安汉　宋寿　南国　西国　平周　汉昌
巴渠郡

宣汉　晋兴　始兴　巴渠　东关　始安　下蒲
怀安郡
　怀安　义存
宋熙郡
　兴平　宋安　阳安　元寿　嘉昌《永元志》无
白水郡
　晋寿　新巴　汉德　益昌　兴安　平周
南上洛郡
　上洛　商　流民　北丰阳　渠阳　义阳
北上洛郡
　上洛　商　丰阳《永元志》无　流民　柜阳　阳亭　齐化　西丰阳　东邺阳　齐宁《永元志》无　京兆
新宁《永元志》无　新附
安康郡
　安康　宁都
南宕渠郡
　宕渠　汉安　宣汉　宋康
怀汉郡
　永丰　绥成　预德
北阴平郡
　阴平　平武
南阴平郡
　阴平　怀旧
齐兴郡
　齐兴《永元志》无　安昌《永元志》无　郧乡　锡　安富　略阳
晋昌郡
　安晋　宣汉　吉阳　莨寿　东关　新兴　延寿　安乐
东晋寿郡
右一郡，县邑事亡。
弘农郡
东昌魏郡
略阳郡
北梓潼郡
广长郡
三水郡
思安郡
宋昌郡
建宁郡
南泉郡
三巴郡
江陵郡
怀化郡
归宁郡
东槩郡
北宕渠郡
宋康郡
南汉郡
南梓潼郡

始宁郡
江阳郡
南部郡
南安郡
建安郡
寿阳郡
南阳郡
宋宁郡
归化郡
始安郡
平南郡
怀宁郡
新兴郡
南平郡
齐兆郡
齐昌郡
新化郡
宁章郡
邻溪郡
京兆郡
义阳郡
归复郡
安宁郡
东宕渠郡
宋安郡
齐安郡
凡四十五郡，荒或无民户。
秦州，晋武帝泰始五年置。旧土有秦之富，跨带垅坂。太康省。惠帝元康七年复置。中原乱，没胡。穆帝永和八年，胡伪秦州刺史王擢降，仍以为刺史，寻为苻健所破。十一年，桓温以氐王杨国为秦州刺史，未有民土。至太元十四年，雍州刺史朱序始督秦州，则孝武所置也。寄治襄阳，未有刺史，是后雍州刺史常督之。隆安二年，郭铨始为梁、南秦州刺史，州寄治汉中。四年，桓玄督七州，但云秦州。元兴元年，以苻坚子宏为北秦州刺史。自此荆州都督常督秦州，梁州常带南秦州刺史。义熙三年，以氐王杨国为北秦州刺史。十四年，置东秦州，刘义真为刺史。郭恭为梁州刺史，尹雅为秦州刺史。宋文帝为荆州都督，督秦州，又进督北秦州。州名杂出，省置不见。《永明郡国志》秦州寄治汉中南郑，不曰南北。《元嘉计偕》亦云秦州，而荆州都督常督二秦，梁、南秦一刺史。是则《志》所载秦州为南秦，氐为北秦。领郡如下：
武都郡
　下辩　上禄　陈仓
略阳郡
　略阳　临汉
安固郡
　安固　南桓陵
西扶风郡
　郿　武功

京兆郡
　杜　蓝田　鄠
南太原郡
　平陶
始平郡
　始平　槐里　宋熙
天水郡
　新阳　河阳
安定郡
　宋兴　朝那
南安郡
　桓道　中陶
金城郡
　金城　榆中　临洮　襄
冯翊郡
　莲勺　频阳　下邽　万年　高陵
陇西郡
　河关　狄道　首阳　大夏
仇池郡
　上辩　仓泉　白石　夷安
东宁郡
　西安　北地　南汉

益州，镇成都，起魏景元四年所治也。开拓夷荒，稍成郡县，如汉之永昌，晋之云山之类是也。蜀侯煇杜以来，四为偏据，故诸葛亮云"益州险塞，沃野天府"。刘颂亦谓"成都宜处亲子弟，以为王国"。故立成都王颖，竟不之国。三峡险阻，蛮夷孔炽。西通芮芮河南，亦如汉武威张掖，为西域之道也。方面疆镇，涂出万里，晋世以处武臣。宋世亦以险远，诸王不牧。泰始中，成都市桥忽生小洲，始康人邵硕有术数，见之曰："洲生近市，当有贵王临境。"永明二年，而始兴王镇为刺史。州土瑰富，西方之一都焉。领夷、齐诸郡如下：巴、涪陵二郡，见巴州：

蜀郡
　成都　郫　牛鞞　繁　永昌
广汉郡
　雒　什方　新都　蓼　伍城　阳泉
晋康郡
　江原　临邛　枞阳　晋乐　汉嘉
宁蜀郡
　广汉　升迁　广都　垫江
汶山郡
　都安　齐基　湿官
南阴平郡
　阴平　绵竹　南郑　南长乐
东遂宁郡
　巴兴　小汉　晋兴　德阳
始康郡
　康晋　谈　新成
永宁郡
　欣平　永安　宜昌

安兴郡
　南汉　建昌
犍为郡
　僰道　南安　资中　冶官　武阳
江阳郡
　江阳　常安　汉安　绵水
安固郡
　桓陵　临渭　兴固　南苞　清水　沔阳　南城固
怀宁郡
　万年　西平　怀道　始平
巴西郡
　阆中　安汉　西充国　南充国　汉昌　平州　益昌　晋兴　东关
梓潼郡
　涪　梓潼　汉德　新兴　万安　西浦
东江阳郡
　汉安　安乐　绵水
南晋寿郡
　南晋寿　白水　南兴
西宕渠郡
　宕渠　宣汉　汉初　东关
天水郡
　西　上邽　冀　宋兴
南新巴郡《永元志》，寄治阴平。
　新巴　晋熙　桓陵
北阴平郡
　阴平　南阳　北桓陵　扶风　慎阳　京兆　绥归
新城郡
　下辩　略阳　汉阳　安定
扶风郡见《永元三年志》
　武江　华阴　茂陵
南安郡见《永元三年志》
　南安　华阳　白水　乐安　桓道
东宕渠獠郡
　宕渠　平州　汉初
北部都尉
越巂獠郡
沈黎獠郡
　　蚕陵令，无户数。
甘松獠郡
始平獠郡
齐开左郡
齐通左郡
右二左郡，建武三年置。

宁州，镇建宁郡，本益州南中，诸葛亮所谓不毛之地也。道远土瘠，蛮夷众多，齐民甚少。诸爨、氏强族，恃远擅命，故数有土反之虞。领郡如下：

建平郡
　同乐　同瀨　牧麻　新兴　新定　味　同并　万安　昆泽　漏江　谈槁　毋单　存䭾

南广郡
南广　常迁　晋昌　新兴
南朱提郡
朱提　汉阳　堂狼　南秦
南牂牁郡
且兰　万寿　毋敛　晋乐　绥宁　丹南
梁水郡
梁水　西随　毋棳　胜休　新丰　建安　骠封
建宁郡
新安　永丰　绥云　遂安　麻雅　临江
晋宁郡
建伶　连然　滇池　俞元　谷昌　秦臧
双柏
云南郡
东古复　西古复　云平　邪龙
西平郡
西平　暖江　都阳　西宁　晋绥　新城
夜郎郡
夜郎　谈柏　谈乐　广谈
东河阳郡
东河阳　楪榆
西河阳郡
比苏　建安　成昌
平蛮郡
平蛮獠
兴古郡
西中　宛暖　律高　句町　漏卧　南兴
兴宁郡
青蛉　弄栋
西阿郡
楪榆　新丰　遂
平乐郡
益宁　安宁
北朱提郡
河阳　义城
宋昌郡
江阳　安上　犍为
永昌郡　有名无民曰空荒不立
永安　永　不建　犍瓆　雍乡　西城　博南
益宁郡　永明五年，刺史董仲舒启置，领二县，无民户，自此已后皆然也。
武阳　绵水
南犍为郡　永明二年置
西益郡
江阳郡
犍为郡
永兴郡
永宁郡
安宁郡
右六郡，隆昌元年置。

东朱提郡延兴元年立
安上郡建武三年，刺史郭安明启置。

　　赞曰：郡国既建，因州而剖。离过十三，合不逾九。分城列邑，名号殷阜。迁徙叛逆，代亡代有。

卷十六　　　　　志第八

百　官

　　建官设职，兴自炎昊，方乎隆周之册，表乎盛汉之书。存改回沿，备于历代，先贤往学，以之雕篆者众矣。若夫胡广《旧仪》，事惟简撮；应劭《官典》，殆无遗恨。王朗奏议，属霸国之初基；陈矫增曹，由军事而补阙。今则有《魏氏官仪》、鱼豢《中外官》也。山涛以意辩人，不□□□；荀勖欲去事烦，唯论省并。定制成文，本之《晋令》，后代承业，案为前准。肇域官品，区别阶资，蔚宗选簿梗概，钦明阶次详悉，虞通、刘寅因荀氏之作，矫旧增新，今古相校。齐受宋禅，事遵常典，既有司存，无所偏废。其余散在史注，多已筌拾，览者易知，不重述也。诸台府郎令史职吏以下，具见长水校尉王珪之《职仪》。
相国
　　萧、曹以来，为人臣极位。宋孝建用南谯王义宣。至齐不用人，以为赠，不列官。
太宰
　　宋大明用江夏王义恭，以后无人。齐以为赠。
太傅
　　太师、太保、太傅，周旧官。汉末，董卓为太师。晋惠帝初，卫瓘为太保。自后无太师，而太保为赠。齐唯置太傅。
大司马。
大将军。
　　宋元嘉用彭城王义康，后无人。齐以为赠。
太尉。
司徒。
司空。
　　三公，旧为通官。司徒府领天下州郡名数户口簿籍，虽无，常置左右长史、左西曹掾属、主簿、祭酒、令史以下。晋世王导为司徒，右长史干宝撰立官府《职仪》已具。
特进。
　　　　位从公。
诸开府仪同三司。
骠骑将军。
车骑将军。
卫将军。
镇军将军。
中军将军。

抚军将军。
四征将军。东、西、南、北。
四镇将军。
  凡诸将军加"大"字，位从公。开府仪同如公。
  凡公督府置佐：长史、司马各一人，谘议参军二人。诸曹有录事，功曹记室，户曹，仓曹，中、直兵，外兵，骑兵，长流贼曹，刑狱贼曹，城局，法曹，田曹，水曹，铠曹，车曹，土曹，集曹，右户，十八曹。城局曹以上署正参军，法曹以下署行参军，各一人。其行参军无署者，为长兼员。其府佐史则从事中郎二人，仓曹掾、户曹属、东西阁祭酒各一人，主簿舍人御属二人。加崇者，则左右长史四人，中郎掾事并增数。其未及开府，则置府亦有佐史，其数有减。小府无长流，置禁防参军。
四安将军。
四平将军。
左、右、前、后将军。
征虏将军。
四中郎将。
  晋世荀羡、王胡之并居此官。宋、齐以来，唯处诸王，素族无为者。
冠军将军。
辅国将军。
宁朔将军。
宁远将军。
龙骧将军。
凡诸小号，亦有置府者。
太常。
  府置丞一人，五官、功曹、主簿，九府九史皆然。领官如左：
  博士，谓之太学博士；
  国子祭酒一人，博士二人，助教十人；
  建元四年，有司奏置国学，祭酒准诸曹尚书，博士准中书郎，助教准南台御史。选经学为先。若其人难备，给事中以还明经者，以本位领。其下典学二人，三品，准太常主簿；户曹，仪曹各二人，五品；白簿治礼吏八人，六品；保学医二人，威仪二人。其夏，国讳废学，有司奏省助教以下。永明三年，立学，尚书令王俭领祭酒。八年，国子博士何胤单为祭酒，疑所服，陆澄等皆不能据，遂以玄服临试。月余日，博议定，乃服朱衣。
  总明观祭酒一人，
  右泰始六年，以国学废，初置总明观，玄、儒、文、史四科，科置学士各十人，正令史一人，书令史二人，干一人，门吏一人，典观吏二人。建元中，掌治五礼。永明三年，国学建，省。
  太庙令一人，丞一人；
  明堂令一人，丞一人；
  太祝令一人，丞一人；
  太史令一人，丞一人；
  廪牺令一人，丞一人；
    置令丞以下皆有职吏。
  太乐令一人，丞一人；
  诸陵令；
    永明末置，用二品三品勋。置主簿、户曹各一人，六品保举。
光禄勋。
  府置丞一人。领官如左：
  左右光禄大夫；
    位从公，开府置佐史如公。
  光禄大夫；
    皆银章青绶，诏加金章紫绶者，为金紫光禄大夫。乐安任遐为光禄，就王晏乞一片金，晏乃启转为金紫，不行。
  太中大夫；
  中散大夫。
    诸大夫官，皆处旧齿老年，重者加亲信二十人。
卫尉。
  府置丞一人。掌宫城管籥。张衡《西京赋》曰"卫尉八屯，警夜巡昼"。宫城诸却敌楼上本施鼓，持夜者以应更唱，太祖以鼓多惊眠，改以铁磬云。
廷尉。
  府置丞一人，正一人，监一人，评一人，律博士一人。
大司农。
  府置丞一人。领官如左：
  太仓令一人，丞一人；
  导官令一人，丞一人；
  籍田令一人，丞一人。
少府。
  府置丞一人。领官如左：
  左右尚方令各一人，丞一人；
  锻署丞一人；永明三年省，四年复置。
  御府令一人，丞一人；
  东冶令一人，丞一人；
  南冶令一人，丞一人；
  平准令一人，丞一人。
  上林令一人，丞一人。亦属尚书殿中曹。
将作大匠。
太仆。
大鸿胪。
  三卿不常置。将作掌宫庙土木。太仆掌郊礼执辔。鸿胪掌导护赞拜。有事权置兼官，毕乃省。
  乘黄令一人，
    掌五辂安车，大行凶器辒辌车；
  客馆令；
    掌四方宾客。
宣德卫尉、少府、太仆。
  郁林王立，文安太后即尊号，以宫名置之。
大长秋。
  郁林立皇后置。

录尚书。
尚书令。
　　总领尚书台二十曹，为内台主。行遇诸王以下，皆禁驻。左右仆射分道。无令，左仆射为台主，与令同。
左仆射：
　　领殿中主客二曹事，诸曹郊庙、园陵、车驾行幸、朝仪、台内非违、文官举补满叙疾假事。其诸吉庆瑞应众贺、灾异贼发众变、临轩崇拜、改号格制、莅官铨选，凡诸除署、功论、封爵、贬黜、八议、疑谳、通关案，则左仆射主，右仆射次经，维是黄案，左仆射右仆射署朱符见字，经都丞竟，右仆射横画成目，左仆射画，令画。右官阙，则以次并画。若无左右，则直置仆射在其中间，总左右事。
吏部尚书：
　　领吏部、删定、三公、比部四曹。
度支尚书：
　　领度支、金部、仓部、起部四曹。
左民尚书：
　　领左民、驾部二曹。
都官尚书：
　　领都官、水部、库部、功论四曹。
五兵尚书：
　　领中兵、外兵二曹。
祠部尚书：
　　右仆射通职，不俱置。
起部尚书：
　　兴立宫庙权置；事毕省。
左丞一人：
　　掌宗庙郊祀、吉庆瑞应、灾异、立作格制、诸案弹、选用除置、吏补满除遣注职。
右丞一人：
　　掌兵士百工补役死叛考代年老疾病解遣、其内外诸库藏谷帛、刑罪创业净讼、田地船乘、禀拘兵工死叛、考剔讨补、差分百役、兵器诸营署人领、州郡租布、民户移徙、州郡县并帖、城邑民户割属、刺史二千石令长丞尉被收及免赠、文武诸犯削官事。白案，右丞上署，左丞次署。黄案，左丞上署，右丞次署。诸立格制及详谳大事宗庙朝廷仪体，左丞上署，右丞次署。自令仆以下五尚书八座二十曹，各置郎中令史以下，又置都令史分领之。仆射掌朝轨，尚书掌谳奏，都丞任碎，在弹违诸曹缘常及外详谳事。应须命议相值者，皆郎先立意，应奏黄案及关事，以立意官为议主。凡辞诉有漫命者，曹缘咨如旧。若命有咨，则以立意者为议主。
武库令一人；
属库部。
车府令一人，丞一人；
属驾部。
公车令一人；
大官令一人，丞一人；
大医令一人，丞一人；

内外殿中监各一人；
内外骅骝厩丞各一人；
材官将军一人，司马一人；
属起部，亦属领军。
侍中祭酒。高功者称之。
侍中。
　　汉世为亲近之职。魏、晋选用，稍增华重，而大意不异。宋文帝元嘉中，王华、王昙首、殷景仁等，并为侍中，情在亲密，与帝接膝共语，貂拂帝手，拔貂置案上，语毕复手插之。孝武时，侍中何偃南郊陪乘，銮辂过白门阙，偃将匄，帝乃接之曰："朕乃陪卿。"齐世朝会，多以美姿容者兼官。永元三年，东昏南郊，不欲亲朝士，以主玺陪乘，前代未尝有也。侍中呼为门下。亦置令史。领官如左：
给事黄门侍郎：
　　亦管知诏令，世呼为小门下；
散骑常侍，通直散骑常侍，员外散骑常侍：
　　旧与侍中通官，其通直员外，用衰老人士，故其官渐替。宋大明虽华选比侍中，而人情久习，终不见重，寻复如初。
散骑侍郎，通直散骑侍郎，员外散骑侍郎；
给事中；
奉朝请；
驸马都尉；
　　集书省职，置正书、令史。朝散用衣冠之余，人数猥积。永明中，奉朝请至六百余人。
中书监一人，令一人，侍郎四人，通事舍人无员。
　　中书省职，置主书、令史、正书以下。
秘书监一人，丞一人。郎。著作佐郎。
　　晋秘书阁有令史，掌众书，见《晋令》。令亦置令史、正书及弟子，皆典教书画。
御史中丞一人。
　　晋江左中丞司隶分督百僚，傅咸所云"行马内外"是也。今中丞则职无不察，专道而行，驺辐禁呵，加以声色，武将相逢，辄致侵犯，若有卤簿，至相驱击。宋孝建二年制，中丞与尚书令分道，虽丞郎下朝相值，亦得断之，余内外众官，皆受停驻。
治书侍御史二人；
侍御史十人。
兰台置诸曹内外督令以下。
谒者仆射一人；
谒者十人。
谒者台，掌朝觐宾飨。
领军将军、中领军。
护军将军、中护军。
　　凡为中，小轻，同一官也。诸为将军官，皆敬领、护。诸王为将军，道相逢，则领、护让道。置长史、司马、五官、功曹、主簿。
左右二卫将军。
骁骑将军。
游击将军。

晋世以来，谓领、护至骁、游为六军。二卫置司马、次官、功曹、主簿以下。
左右二中郎将。
前军将军，后军将军，左军将军，右军将军，号四军。
屯骑，步兵，射声，越骑，长水：五校尉。
虎贲中郎将。
冗从仆射。
羽林监。
积射将军。
强弩将军。
殿中将军，员外殿中将军。
殿中司马督。
武卫将军。
武骑常侍。
自二卫、四军、五校已下，谓之"西省"，而散骑为"东省"。
丹阳尹。
　　位次九卿下。
太子太傅。
　　少傅：
　　府置丞、功曹、五官、主簿；
　　太子詹事；
　　府置丞一人以下；
　　太子率更令；
　　太子家令；
　　置丞；
　　太子仆；
　　太子门大夫；
　　太子中庶子；
　　太子中舍人；
　　太子洗马；
　　太子舍人；
　　太子左右卫率各一；
　　太子翊军步兵屯骑三校尉；
　　太子旅贲中郎将一人；
　　太子左右积弩将军；
　　太子殿中将军、员外殿中将军；
　　太子仓官令；
　　太子常从虎贲督。
　　　　右东宫职僚。
州牧、刺史。
　　魏、晋世州牧隆重，刺史任重者为使持节都督，轻者为持节督。起汉顺帝时，御史中丞冯赦讨九江贼，督扬、徐二州军事，而何、徐《宋志》云起魏武遣诸州将督军，王珪之《职仪》云起光武，并非也。晋太康中，都督知军事，刺史治民，各用人。惠帝末，乃并任，非要州则单为刺史。州朝置别驾、治中、议曹、文学祭酒、诸曹部从事史。
护南蛮校尉。
　　府置佐史。隶荆州。晋、宋末省。建元元年复置，三年省。延兴元年置，建武省。
护三巴校尉。
　　宋置。建元二年改为刺史。
宁蛮校尉。
　　府亦置佐史，隶雍州。
平蛮校尉。
　　永明三年置，隶益州。
镇蛮校尉。
　　隶宁州。
护西戎校尉。
护羌校尉。
　　右四校尉，亦置四夷。
平越中郎将。
　　府置佐史，隶广州。
郡太守、内史。
县令、相。
　　郡县为国者，为内史、相。
镇蛮护军。
安远护军。
　　晋世杂号，多为郡领之。
诸王师、友、文学各一人。
　　国官郎中令、中尉、大农为三卿，左右常侍、侍郎、上军、中军、下军三军，典书、典祠、学官、典卫四令，食官、厩牧长、谒者以下。公侯置郎中令一卿。

　　赞曰：百司分置，惟皇命职。云师鸟纪，各有其式。

卷十七　　志第九

舆　服

昔三皇乘祇车出谷口，夏氏以奚仲为车正，殷有瑞车，山车垂句是也。《周礼》匠人为舆，以象天地。汉武天汉四年，朝诸侯甘泉宫，定舆服制，班于天下。光武建武十三年，得公孙述葆车，舆辇始具。蔡邕创立此志，马彪勒成汉典，晋挚虞治礼，亦议五辂制度。江左之始，车服多阙，但有金戎，省充庭之仪。太兴中，太子临学，无高盖车，元帝诏乘安车。元、明时，属车唯九乘。永和中，石虎死后，旧工人奔叛归国，稍造车舆。太元中，苻坚败后，又得伪车辇，于是属车增为十二乘。义熙中，宋武平关、洛，得姚兴伪车辇。宋大明改修辇辂，妙尽时华，始备伪氏，复设充庭之制。永明中，更增藻饰，盛于前矣。案《周礼》以检《汉志》，名器不同，晋、宋改革，稍与世异，今记时事而已。

玉辂，汉金根也。漆画轮，金涂纵容后路受福輠。两厢上望板前优游，通缘金涂镂锲，碧绞罽，凿镂金薄帖。两厢外织成衣，两厢里上施金涂镂面钉，玳瑁帖。望板厢上金薄帖，金博山,登仙纽,松精。优游上,和鸾鸟立花跗衔铃,银带玳瑁筒瓦,金涂镂鍱,刀格,织成手匿金花钿锦衣。优游下,隐膝,里施金涂镂面钉,织成衣。优游横前,施玳瑁帖,金涂花钉。优游前,金涂倒龙,后梢凿银玳瑁龟甲,金涂花沓。望板,金涂受福望龙诸校饰。抗及诸末,皆螭龙首。龙形板,在车前,银带花兽,金涂受福,缘里边,镂鍱玳瑁织成衣。里,金涂镂面花钉。外,金涂博山、辟邪虎、凤皇衔花诸校饰。斗盖,金涂镂鍱,二十八爪支子花,黄绞斗衣,复碧绢柒布缘油顶,绛系绞,织成颜芼赭舌孔雀毛复锦,缘绞随阴,悬珠佩,金涂铃,云朱结,仙人缨,杂色真孔雀氅。一辕,漆画车衡,银花带,衡上金涂博山,四和鸾鸟立花跗衔铃,所谓"鸾鸟立衡"也。又龙首衔轭,叉髦插翟尾,上下花沓,绛缘系也,望绳八枚。旂十二旒,画升龙,竿首金涂龙衔火焰幡,真氅。柔戟,织成衣,金涂沓驻及受福,金涂雁镂鍱。漆案立床,在车中,锦复黄绞,为案立衣。锦复黄绞䩞泥。八幅,长九尺,缘红锦芼带,织成花芼的。

五辂,江左相承驾四马,左右騑为六。施绛系游御绳,其重毂贰辖飞軨幡,用赤油金,有紫真氅。左纛,置左騑马轭上。金镂金山冠,状如玉华"形",在马髦上。方釳,铁广数寸,有三孔,插翟尾其中。繁缨,金涂紫皮,紫真氅,横在马膺前。镂钖,刻金为马面当颅。皆如古制。世祖永明初,加玉辂为重盖,又作麒麟头,采画,以马首戴之。竟陵王子良启曰:"臣闻车旗有章,载自前史,器必依礼,服无舛法。凡盖员象天,轸方法地,上无二天之仪,下设两盖之饰,求之志录,恐为乖衷。又假为麟首,加乎马头,事不师古,鲜或可施。"建武中,明帝乃省重盖等。

金辂。制度校饰如玉辂,而稍减少,亦以金涂。

象辂。如金辂而制饰又减。

木辂。制饰如象辂而尤减。

革辂。如大辂。

建大麾。赤旗也。首施火焰幡。

宋升明三年,锡齐王大辂、戎辂各一。乘黄五辂,无大辂、戎辂。左丞王逡之议:"大辂,殷之祭车,故不登周辂之名,而《明堂位》云'大辂,殷辂也'。注云'大辂,木辂也'。《月令》'中央土,乘大辂'。注云'殷辂也'。《礼器》'大辂繁缨一就'。注云'大辂,殷之祭天车也'。《周礼》五路,玉路、金路、象路、革路、木路。则周之木辂,殷之大路也。周革路建大白,以即戎,此则戎路也。意谓国之大事,在祀与戎,故锡以殷祭天之车,与周之即戎之路。祀则以殷,戎必以周者,明郊天义远,建前代之礼,即戎事近,故以今世之制。《明堂位》云'鲁君孟春乘大路,载十有二旒日月之章,祀帝于郊'。天子以大辂以锡诸侯,良有以也。今木路,即大路也。"太尉左长史王俭议,宜用金辂九旒。时乘黄无副,借用五辂,大朝临轩,权列三辂。

玉、金辂,建碧旂。象木辂,建赤旂。永明初,太子步兵校尉伏曼容议,以为:"齐德尚青,五路五牛及五色幡旗,并宜以先青为次。军容戎事之所乘,牺牲茧握之所荐,并宜悉依尚色。三代服色,以姓音为尚,汉不识音,故还尚其行运之色。今既无善律,则大齐所尚,亦宜依汉道。若有善吹律者,便应还取其姓尚。"太子仆周颙议:"三代姓音,古无前记,裁音配尚,起自曼容。则是曼

善识姓声,不复方假吹律。何故能识远代之宫商而更迷皇朝之律吕,而云当今无知吹律以定所尚,宜附汉以从阙邪?皇朝本以行运为所尚,非关不定于音氏。如此,设有善律之知音,不宜遵声以为尚。"散骑常侍刘朗之等十五人并议驳之,事不行。

皇太子象辂。校饰如御,旂九旒降龙。

皇太后皇后重翟车,金涂校具,白地人马锦帖,厢隐膝后户,白牙帖,金涂面钉,漆画轮,铁钤,金涂纵容后辀,师子辖、抗檐皆施金涂螭头及神龙雀等诸饰。辀衡上施金博山,又金涂长角巴首。盖,金涂,爪支子花二十八,青油侠碧绢黄绞盖,漆布里。紫颜笔,黄绞紫绞随阴,碧毛。外上施绛紫系络。碧旂九旒,桨戟。宋元嘉《东宫仪记》云中宫仆御重翟金根车,未详得称为金银也。

皇太子妃厌翟车。如重翟,饰微减。

指南车。四周厢上施屋,指南人衣裙襦天衣,在厢中。上四角皆施龙子竿,县杂色真孔雀氅,乌布皂复幔,漆画轮,驾牛,皆铜校饰。

记里鼓车。制如指南,上施华盖子,繡衣漆画,鼓机皆在内。

辇车,如犊车,竹蓬。厢内凿镂金薄,碧纱为,织成芼,锦衣。厢里及仰"顶"隐膝后户,金涂镂面,玳瑁帖,金涂松精,登仙花纽,绿四缘,四望纱萌子,上下前后眉,镂鍱。辕枕长角龙,白牙兰,玳瑁金涂校饰。漆郭尘板在兰前,金银花兽獩天龙师子镂面,榆花细指子摩尼炎,金龙虎。扶辕,银口带,龙板头。龙辕枕上,金凤皇铃璖,银口带,星后梢,玳瑁帖,金涂香沓,银星花兽幰竿杖,金涂龙牵,纵横长裾,背花香柴兆床副。自辇以下,二宫御车,皆油绿幢,绛系络。御所乘,双栋。其公主则碧油幢云。《司马法》曰"夏后氏辇曰金车,殷曰胡奴车,周曰辎车",皆辇也。《汉书·叔孙通传》云"皇帝辇出房",成帝辇过后宫,此朝宴并用也。《舆服志》云"辇车具金银丹青采腰雕画蒲陶之文,乘人以行"。信阳侯阴就见井丹,左右人进辇,是为臣下亦得乘之。晋武帝给安平献王孚云母辇。晋中朝又有香衣辇,江左唯御所乘。

卧辇。校饰如坐辇,不甚服用。

漆画轮车,金涂校饰如辇,微有减降。金涂钤,纵容后辀师子副也。御为群公举哀临哭所乘。皇后、太子妃亦乘之。

漆画牵车,小形如舆车,金涂纵容后路师子辀,铁钤,锦衣。厢里隐膝后户,牙兰,辕枕梢,幰竿戌栋梁,皆金涂校饰。御及皇太子所乘,即古之羊车也。晋泰始中,中护军羊琇乘羊车,为司隶校尉刘毅所奏。武帝诏曰:"羊车虽无制,非素者所服,免官。"《卫玠传》云:"总角乘羊车,市人聚观。"今不驾羊,犹呼牵此车者为羊车云。

舆车,形如轺车,漆画,金校饰锦衣。两厢后户隐膝牙兰,皆玳瑁帖,刀格,镂面花钉。幰竿戌校栋梁。下施八杠,金涂沓,兆床副。人举之。一曰小舆,小行幸乘之。皇太子亦得于宫内乘之。

衣书十二乘,樏榆毂轮,箕子壁,绿油衣,厢外绿纱萌,油幢络,通幰,竿刺代栋梁,柮橘真形龙牵,支子花。辕后伏神抗、承泥、沓,金涂校具。古副车之象也。今亦曰五时副车。

青萌车,是谓掞幔车。

油络画安车,公主、王妃、三公特进夫人所乘。汉制,

皇后、贵人紫罽軿车。晋皇后乘云母油画安车，驾六，以两辕安车驾五为副。公主画安车驾六，以两辕安车驾三为副。公主画安车驾三，三夫人青交络安车驾三，皆以紫绛罽軿车驾三为副。九嫔世妇軿车驾二，王公妃特进夫人皂交络为副。汉贱辎车而贵軿车，晋贱輧辎而贵辎车，皆以礼所乘。

黄屋车，建碧旂九旒，九旒，鸾辂也。汉《舆服志》云："金根车，盖黄缯为里，谓之黄屋。"今金、玉辂皆以黄地锦，唯此车以黄缯。皆金涂校具，黄隐随阴，青毛羽，二十八爪支子花，绛系络。九命上公所乘。

青盖安车，朱轓漆班轮，驾一，左右騑，通幰车为副，诸王礼行所乘。凡车有轓者谓之轩。皂盖安车，朱轓漆班轮，驾一，通幰牛车为副，三公礼行所乘。

安车，黑耳皂盖马车，朱轓，驾一，牛车为副，国公列侯礼行所乘。

马车，驾一，九卿、领、护、二卫、骁游、四军、五校从郊陵所乘。

晋制，三公下至九卿，又各安车黑耳一乘，公驾三，特进驾二，卿驾一，复各辎车施黑耳后户皂轮一乘。

油络辎车，尚书令、仆射、中书监、令、尚书、侍中、常侍、中黄门、中书、散骑侍郎，皆驾一牛，朝直所乘。晋制，尚书令施黑耳后户皂轮，仆射、中书监、令直施后户皂轮，尚书无后户，皆漆轮毂，今犹然。

安车，赤屏，驾一；又辂车，施后户，为副，太子二傅礼行所乘。

四望车，通幰，油幢络，班漆轮毂。亦曰皂轮，以加礼贵臣。晋武诏给魏舒、阳燧四望小车。

三望车，制度如四望。或谓之夹望，亦以加礼贵臣。次四望。

油幢络车，制似三望而减。王公加礼者之为常乘，次三望。

平乘车，竹箕子壁仰，棂榆为轮，通幰，竿刺代栋梁，拙懦真形龙牵，金涂支子花钮，辕头有梢沓伏神承泥。庶人亦然，但不通幰。三公诸王所乘。自四望至平乘，皆铜校饰。

辒輬车，四轮，饰如金根。四角龙首，施组衔璧，垂五采，析羽葆流苏，前后云气错画帷裳，以索为池而黼黻。驾四白骆马，太仆执辔。贵臣薨，亦如之，羽饰驾御，微有减降。

《虞书》曰："予欲观古人之象，日、月、星辰、山、龙、华虫，作绘；宗彝、藻、火、粉米、黼、黻，絺绣，以五采章施于五色。"天子服备日、月以下，公山、龙以下，侯伯华虫以下，子男藻、火以下，卿大夫粉米以下。天子六冕，王后六服，著在《周官》。公侯以下，咸有名则，佩玉组绶，并具礼文，后代沿革，见《汉志》《晋服制令》，其冠十三品，见蔡邕《独断》，并不复具详。宋明帝泰始四年，更制五辂，议修五冕，朝会飨猎，各有所服，事见《宋注》。旧相承三公以下冕七旒，青玉珠，卿大夫以下五旒，黑玉珠。永明六年，太常丞何谞之议，案《周礼》命数，改三公八旒，卿六旒。尚书令王俭议，依汉三公服，山、龙九章，卿华虫七章。从之。

平冕，黑介帻，今谓平天冠。皂表，朱绿里，广七尺，长尺二寸，垂珠十二旒，以朱组为缨，如其绶色。衣皂上绛下，裳前三幅，后四幅。衣画而裳绣，为日、月、星辰、山、龙、华虫、藻、火、粉米、黼、黻十二章。素带广四寸，朱里，以朱绿裨饰其侧，要中以朱，垂以绿，垂三尺。中衣，以绛缘其领袖，赤皮韍，绛袴袜，赤舄，郊庙临朝所服也。汉世，冕用白玉珠为旒。魏明帝好妇人饰，改以珊瑚珠。晋初仍旧，后乃改。江左以美玉难得，遂用璻珠，世谓之白璇珠。

衮衣，汉世出陈留襄邑所织。宋末用绣及织成。建武中，明帝以织成重，乃采画为之，加饰金银薄，世亦谓为天衣。

史臣曰：黼黻之设，经纬为用，故五色六章十二衣还相为质也。历代龙衮，织以成文，今体不胜衣，变易旧法，岂致美黻冕之谓乎！

通天冠，黑介帻，金博山颜，绛纱袍，皂缘中衣，乘舆常朝所服。旧用駮犀簪导，东昏改用玉。其朝服，臣下皆同。

黑介帻，单衣，无定色，乘舆拜陵所服。其白帢单衣，谓之素服，以举哀临丧。

远游冠，太子诸王所冠。太子朱缨，翠羽矮珠节。诸王玄缨，公侯皆同。

平冕，各以组为缨，王公八旒，衣山、龙九章，卿七旒，衣华虫七章，并助祭所服。皆画皂绛缯为之。

进贤冠，诸开国公、侯、乡、亭侯，卿，大夫，尚书，关内侯，二千石，博士，中书郎，丞、郎，秘书监、丞、郎，太子中舍人、洗马、舍人，诸府长史，卿，尹，丞，下至六百石令长小吏，以三梁、二梁、一梁为差，事见《晋令》。

武冠，侍臣加貂蝉，余军校武职、黄门、散骑、太子中庶子、二率、朝散、都尉，皆冠之。唯武骑虎贲服文衣，插雉尾于武冠上。

史臣曰：应劭《汉官》释附蝉，及司马彪志并不见侍中与常侍有异，唯言左右珥貂而已。案项氏说云"汉侍中蝉，刻为蝉像，常侍但为珰而不蝉"，未详何代所改也。

法冠，廷尉等诸执法者冠之。

高山冠，谒者冠之。

樊哙冠，殿门卫士冠之。

黑介帻冠，文冠；平帻冠，武冠。尚书令、仆射、尚书纳言帻，后饰为异。

童子空顶帻，施假髻，贵贱同服。

救日蚀，文武官皆免冠，著赤介帻对朝服。赤帻，示威武也。

袴褶，车驾亲戎、中外纂严所服。黑冠，帽缀紫摽，以络带代鞶带。中官紫摽，外官绛摽。其纂严戎服不缀摽，行留悉同。校猎巡幸，从官戎服革带摽带，文官不缨，武官脱冠。

袆襡大衣，谓之袆衣，皇后谒庙所服。公主会见大首髻，其燕服则施严杂宝为佩瑞。袆襡用绣为衣，裳加五色，锁金银校饰。

绶，乘舆黄赤绶，黄赤摽绿绀五采。太子朱绶，诸王纁朱绶，皆赤黄縹绀四采。妃亦同。相国绿綟绶，三采，绿紫绀。郡公玄朱。侯伯青朱，子男素朱，皆三采。公世子紫，侯世子青，乡、亭、关内侯墨绶，皆二采。郡国太守、内史青，尚书令、仆、中书监、令、秘书监皆黑，丞皆黄，诸府丞亦黄。皇后与乘舆同赤，贵嫔、夫人、贵人紫，王太妃、长公主、封君亦紫绶，六宫青绶青白红，郡公、侯夫人青绶。

乘舆传国玺，秦玺也。晋中原乱，没胡。江左初无之，北方人呼晋家为"白板天子"。冉闵败，玺还南。别有行信等六玺，皆金为之，亦秦、汉之制也。皇后金玺，太子诸王金玺，皆龟钮。公侯五等金章，公世子金印，侯银印，贵嫔、夫人金章，公主、王太妃、封君金印，六宫以下公侯太夫人夫人银印。其公、将军金章，光禄大夫、卿、尹、太子傅、诸领护将军、中郎将、校尉、郡国太守内史、四品五品将军，皆银章，尚书令、仆、中书监、令、秘书监丞、太子二率、诸府长史、卿、尹、丞、尉、中丞、都水使者、诸州刺史，皆铜印。

三台五省二品文官，皆簪白笔。王公五等及武官不簪，加内侍乃簪。

百官执手板，尚书令、仆、尚书，手板头复有白笔，以紫皮裹之，名曰"笏"。汉末仲长统谓百官皆宜执之。其肩上紫裌囊，名曰"契囊"，世呼为"紫荷"。

佩玉，自乘舆以下，与晋、宋制同。建元四年，制王公侯卿尹珠水精，其余用牙体。太官宰人服离支衣，后定。

赞曰：文物煌煌，仪品穆穆。分别礼数，莫过舆服。
"漆画牵车"注"成栋梁"，一本"成"作"戈"。"舆车"注"成校栋梁"，一本"成校"作"戈杖"。"衣书车"注"刺代栋梁"，"平乘车"注"刺代栋梁"，并疑。

卷十八　　志第十

祥　瑞

天符瑞令，遐哉邈矣。灵篇秘图，固以蕴金匮而充石室，炳《契决》，陈《纬候》者，方策未书。启觉天人之期，扶奖帝王之运。三五圣业，神明大宝，二谋协赞，罔不由兹。夫流火赤雀，实纪周祚；雕云素灵，发祥汉氏光武中兴，皇符为盛；魏膺涂分之谶，晋有石瑞之文，史笔所详，亦唯旧矣。齐氏受命，事殷前典。黄门郎苏侃撰《圣皇瑞应记》，永明中庾温撰《瑞应图》，其余众品，史注所载。今详录去取，以为志云。

《老子河洛谶》曰："年历七七水灭绪，风云俱起龙麟举。"宋水德王，义熙十四年，元熙二年，永初三年，景平一年，元嘉三十年，孝建三年，大明八年，永光一年，泰始七年，泰豫一年，元徽四年，升明三年，凡七十七年，故曰七七也。《易》曰："云从龙，风从虎。"关尹云："龙

不知其乘风云而上天也。"

谶又曰："肃草成，道德怀书备出身，形法治吴出南京。"上即姓讳也。南京，南徐州治京口也。

谶又曰："壇堨河梁塞龙渊，消除水灾泄山川。"壇堨河梁，为路也，路即道也。渊塞者，譬路成也。即太祖讳也。消水灾，言除宋氏患难也。

谶又曰："上参南斗第一星，下立草屋为紫庭。神龙之冈梧桐生，凤鸟舒翼翔且鸣。"南斗第一星，吴分也。草屋，萧字也。又箫管之器，像凤鸟翼也。

谶又曰："箫为二士，天下大乐。"二士，主字也。

谶又曰："天子何在草中宿。"宿，肃也。

《尚书中候·仪明篇》曰："仁人杰出，握表之象，日角姓，合音之于。"苏侃云："萧，角姓也。又八音之器有箫管也。"

史臣曰：案晋光禄大夫何祯解"音之于"为曹字，谓魏氏也。王隐《晋书》云："卯金音于，亦为魏也。"《候》书章句，本无铨序，二家所称，即有前释，未详侃言为何推据。

《孝经钩命决》曰："谁者起，视名将。"君者群也，理物为雄，忧劣相次以期兴，将，太祖小讳也。征西将军萧思话见之曰："此我家讳也。"

王子年歌曰："金刀治世后遂苦。帝王昏乱天神怒。灾异屡见戒人主。三分二叛失州土。三王九江一在吴。余悉稚小早少孤。一国二主天所驱。"金刀，刘也；三分二叛，宋明帝世也；三王九江者，孝武于九江兴，晋安王子勋虽不终，亦称大号，后世祖又于九江基霸迹，此三王也；一在吴，谓齐氏桑梓，亦寄治南吴也；一国二主，谓太祖符运潜兴，为宋代驱除寇难。

歌又曰："三禾掺掺林茂挚，金刀利刃齐刘之。"刘，虇也。《诗》云："实始虇商。"

歌又曰："欲知其姓草肃肃。谷中最细低头熟。鳞身甲体永兴福。"谷，道；熟，成，又讳也。太祖体有龙鳞，斑驳成文，始谓是黑历，治之甚至而文愈明。伏羲亦鳞身也。

《金雄记》曰："铄金作刀在龙里，占睡上人相须起。"又云："当复有作肃入草。"萧字也。《易》云："圣人作之。"《记》又云："草门可怜乃当悴，建号不成易运沸。"《诗》云不时，时也。不成，成也。建号，建元号也。易运，革命也。

谶曰："周文王受命，千五百岁，河雒出圣人，受命于己未，至丙子为十八周。旅布六郡东南隅，四国安定可久留。"案周灭殷后七百八十年，秦四十九年，汉四百二十五年，魏四十五年，晋百五十年，宋六十年，至建元元年，千五百九年也。

武进县彭山，旧茔在焉。其山冈阜相属数百里，上有五色云气，有龙出焉。宋明帝恶之，遣相墓工高灵文占视，灵文先与世祖善，还，诡答云："不过方伯。"退谓世祖曰："贵不可言。"帝意不已，遣人于墓左右校猎，以大铁钉长五六尺钉墓四维，以为厌胜。太祖后改树表柱，柱忽龙鸣，响震山谷，父老咸志之云。

会稽剡县刻石山，相传为名，不知文字所在。升明末，县民儿袭祖行猎，忽见石上有文凡三处，苔生其上，字不可识。刊苔去之，大石文曰："此齐者，黄公之化气也。"立石文曰："黄天星，姓萧字某甲，得贤帅，天下太平。"小石文曰："刻石者谁？会稽南山李斯刻秦望之封也。"

益州齐后山，父老相传，其名亦不知所起。升明三年，有沙门玄畅于山丘立精舍，其日，太祖受禅日也。

嵩高山，升明三年四月，荥阳人尹午于山东南涧见天雨石，坠地石开，有玺在其中，方三寸。其文曰："戊丁之人与道俱，肃然入草应天符。"又曰："皇帝兴运。"午奉玺诣雍州刺史萧赤斧，赤斧表献之。

史臣案：昔大人见临洮而铜人铸，临洮生董卓而铜人毁。有卓而世乱，世乱而卓亡，如有似也。晋末嵩高山出玉璧三十二，宋氏以为受命之详。今此山出玺，而水德云谢，终始之征，亦有类也。

元徽四年，太祖从南郊，望气者陈安宝见太祖身上黄紫气属天。安宝谓亲人王洪范曰："我少来未尝见军上有如此气也。"

太祖年十七，梦乘青龙西行逐日，日将薄山乃止，觉而恐惧。家人问占者，云"至贵之象也"。苏侃云："青，木色。日暮者，宋氏末运也。"

泰始七年，明帝遣前淮南太守孙奉伯往淮阴监元会。奉伯与太祖同寝，梦上乘龙上天，于下捉龙脚不得。觉谓太祖曰："兖州当大庇生民，弟不见也。"奉伯卒于宋。

清河崔灵运为上府参军，梦天帝谓己曰："萧道成是我第十九子，我去年已授其天子位。"自三皇五帝至齐，受命君凡十九人也。

宋泰始中，童谣云"东城出天子"，故明帝杀建安王休仁。苏侃云："后顺帝自东城即位，论者谓应之，乃是武进县上所居东城里也。"熊襄云："上旧乡有大道，相传云秦始皇所经，呼为'天子路'，后遂为帝乡焉。"案顺帝实当援立，犹如晋之怀、愍，亦有征符。齐运既无巡幸，路名或是秦旧，疑不能详。

世祖年十三，梦举体生毛，发生至足。又梦人指上所践地曰"周文王之田"。又梦虚空中飞。又梦著孔雀羽衣。庾温云："雀，爵位也。"又梦凤皇从天飞下青溪宅斋前，两翅相去十余丈，翼下有紫云气。及在襄阳，梦著桑屐行度太极殿阶。庾温云："屐者，运应木也。"臣案，桑字为四十而二点，世祖年过此即帝位，谓著屐为木行也。屐有两齿有声，是为明两之齿至四十二而行即真矣，及在郢州，梦人从天下下，头插笔来画上衣两边，不言而去。庾温释云："画者，山、龙、华虫也。"

世祖宋元嘉十七年六月己未夜生，无火，婢吹灰而火自燃。

世祖于南康郡内作伎，有弦无管，于是空中有篪声，调节相应。

世祖为广兴相，岭下积旱，水涸，不通船，上部伍至，水忽暴长。庾温云："《易》利涉大川之义也。"

世祖顿盆城，城内无水，欲凿引江流，试掘井，得伏泉九处，皆涌出。

建元元年四月，有司奏："延陵令戴景度称，所领季子庙，旧有涌井二所，庙祝列云旧井北忽闻金石声，即掘，深三尺，得沸泉。其东忽有声铮铮，又掘得泉，沸涌若浪。泉中得一银木简，长一尺，广二寸，隐起文曰：'庐山道人张陵再拜谒诣起居。'简木坚白而字色黄。"谨案《瑞应图》："浪井不凿自成，王者清静，则仙人主之。"《孔氏世录》云："叶精帝道，孔书明巧，当在张陵。"宋均注云："张陵佐封禅。一云陵，仙人也。"

元徽三年，太祖在青溪宅，斋前池中忽扬波起浪，涌水如山，有金石响，须臾有青龙从池中出，左右皆见之。

升明元年，青龙见齐郡。

建元四年，青龙见顺阳郡清水县平泉湖中。

永明七年，黄龙见曲江县黄池中，一宿二日。

中兴二年，山上云障四塞，顷有玄黄五色如龙，长十余丈，从西北升天。

宋泰始末，武进旧茔有兽见，一角，羊头，龙翼，马足，父老咸见，莫之识也。

永明十年，鄱阳郡献一角兽，麟首，鹿形，龙鸾共色。《瑞应图》云："天子万福允集，则一角兽至。"

十一年，白象九头见武昌。

史臣曰：《记》云，升中于天，麟凤至而龟龙格。则凤皇巢乎阿阁，麒麟在乎郊薮，岂非驯之在庭，扰以成畜，其为瑞也如此！今观魏、晋已来，世称灵物不少，而乱多治少，史不绝书。故知来仪在沼，远非前事，见而不至，未辨其为祥也。

升明三年三月，白虎见历阳龙亢县新昌村。新昌村，嘉名也。《瑞应图》云："王者不暴白虎仁。"

建元四年三月，白虎见安蛮虔化县。

中兴二年二月，白虎见东平寿张安乐村。

升明二年，驺虞见安东县五界山，师子头，虎身，龙脚。《诗传》云："驺虞，义兽，白虎黑文，不食生物，至德则出。"

升明三年，太祖为齐王，白毛龟见东府城池中。

建元二年，休安陵获玄龟一头。永明五年，武骑常侍唐潜上青毛神龟一头。

七年六月，彭城郡田中获青毛龟一头。八月，延陵前泽畔获毫龟一枚。

八年四月，长山县王惠获六目龟一头，腹下有"万欢"字，并有卦兆。六月，建城县昌城田获四目龟一头，下有"万齐"字。

九年五月，长山县获神龟一头，腹下有巽、兑卦。

中兴二年正月，逻将潘道盖于山石穴中获毛龟一头。

升明三年，世祖遣人诣宫亭湖还福，船泊渚，有白鱼双跃入船。

永明五年，南豫州刺史建安王子真表献金色鱼一头。

建元元年八月，男子王约获白雀一头。九月，秫陵县获白雀一头。

二年四月，白雀集郢州府馆。五月，白雀见会稽永兴县。

永明元年五月，鄞州丁坡屯获白雀一头。

三年七月，安城王暠第获白雀一头。九月，南郡江陵县获白雀一头。

四年七月，白雀见临汝县。

七年六月，盐官县获白雀一头。

八年，天门临澧县获白雀一头。

九年七月，吴郡钱塘县获白雀一头。八月，豫州获白雀一头。

十年五月，齐郡获白雀一头。

建元元年五月，白乌见巴郡。

永明四年三月，三足乌巢南安中陶县庭。

八年四月，阳羡县获白乌一头。

隆昌元年四月，阳羡县获白乌一头。

建元二年，江陵县获白鼠一头。

永明六年，白鼠见芳林园。

十年九月，义阳郡获白鼠一头。

永明四年，丹阳县获白兔一头。

升明元年六月，庆云见益都。

建元元年，世祖拜皇太子日，有庆云在日边。

三年，华林园醴泉堂东忽有瑞云，周圆十许丈，高下与景云楼平，五色藻密，光彩映山，徘徊良久，行转南行，过长船入华池。

升明二年，宣城临成县于藉山获紫芝一枝。

永明八年五月，阳城县获紫芝一株。

隆昌元年正月，襄阳县获紫芝一茎。

升明二年四月，昌国县徐万年门下棠树连理。九月，豫州万岁涧广数丈，有树连理，隔涧腾枝相通，越壑跨水为一干。

建元二年九月，有司奏上虞县枫树连理，两根相去九尺，双株均耸，去地九尺，合成一干。

故鄣县枫树连理，两株相去七尺，大八围，去地一丈，仍相合为树，泯如一木。

山阳县界若邪村有一槻木，合为连理。

淮阴县建业寺梨树连理。

建康县梨树耀襄一本作耀攘五围，连理六枝。

永明元年五月，木连理生安成新喻县。又生南梁陈县。闰月，璇明殿外阁南槐树连理。八月，盐官县内乐村木连理。

二年七月，乌程县陈文则家槿树连理。七月，新冶县槐栗二木合生野根连理，去地数尺，中央小开，上复为一。

三年正月，安城县榆树二株连理。二月，安阳县梓树连理。九月，句阳县之谷山槿树连理，异根双挺，共杪为一。十二月，永宁左郡楠木连理。四年二月，秣陵县乔天明园中李树连理生，高三尺五寸，两枝别生，复高三尺，合为一干。

五年正月，秣陵县华僧秀园中四树连理。

六月四月，江宁县北界赖乡齐平里三成逻门外路东，太常萧惠基园楥树二株连理，其高相去二尺，南大北小，小者倾柯南附，合为一树，枝叶繁茂，圆密如盖。

七年，江宁县李树二株连理，两根相去一丈五尺。

八年，巴陵郡树连理四株。三月，武陵白沙戍槻木连理，相去五尺，俱高三尺，东西二枝，合而通柯。十二月，紫桑县陶委天家树连理。

永明五年，山阴县孔广家园柽树十二层。会稽太守随王子隆献之，种芳林园风光殿西。

九年，秣陵县斗场里安明寺有古树，众僧改架屋宇，伐以为薪，剖树，木里自然有"法大德"三字。

始兴郡本无櫰树，调味有阙。世祖在郡，堂屋后忽生一株。

升明二年十月，甘露降建康县。十一月，甘露降长山县。十二月，甘露降彭山松树，至九日止。

建元元年九月，甘露降淮南郡桃石榴二树。有司奏甘露降新汲县王安世园树。

永明二年四月，甘露降南郡桐树。

四年二月，甘露降临湘县李树。三月，甘露降南郡桐树。四月，甘露降睢阳县桃树。

五年四月，甘露降荆州府中阁外桐树。

六年，甘露降芳林园故山堂桐树。

九年八月，甘露降上定林寺佛堂庭，中天如雨，遍地如雪，其气芳，其味甘，耀日舞风，至晡乃止。尔后频降钟山松树，四十余日乃止。十月，甘露降泰安陵树。

中兴二年三月，甘露降茅山，弥漫数里。

元徽四年三月，醴泉出昌国白鹿山，其味甚甘。

永明元年正月，新蔡郡固始县获嘉禾，一茎五穗。八月，新蔡获嘉禾，二茎九穗，一茎七穗。十一月，固始县获嘉禾，一茎九穗。

二年八月，梁郡睢阳县界野田中获嘉禾，一茎二十三穗。

五年九月，莒县获嘉禾一株。

十年六月，海陵齐昌县获嘉禾，一茎六穗。

十一年九月，睢阳县田中获嘉禾一株。

升明二年九月，建宁县建昌村民采药于万岁山，忽闻涧中有异响，得铜钟一枚，长二尺一寸，边有古字。

建元元年十月，涪陵郡蜑民田健所往岩间，常留云气，有声响澈若龙吟，求之积岁，莫有见者。去四月二十七日，岩数里夜忽有双光，至明往，获古钟一枚，又有一器名淳于，蜑人以为神物，奉祠之。

永明四年四月，东昌县山自比岁以来，恒发异响，去二月十五日，有一岩褫落。县民方元泰往视，于岩下得古钟一枚。

五年三月，豫宁县长岗山获神钟一枚。

九年十一月，宁蜀广汉县田所垦地入尺四寸，获古钟一枚，形高三尺八寸，围四尺七寸，县柄长一尺二寸，合高五尺，四面各九孔。更于陶所瓦间见有白光，窥寻无物，自后夜夜辄复有光。既经旬日，村民张庆宣瓦作屋，又于屋间见光照内外，庆宣疑之，以告孔休先，乃共发视，获玉玺一钮，璧方八分，上有鼻，文曰"帝真"。

曲阿县民黄庆宅左有园，园东南广袤四丈。每种菜，辄鲜异，虽加采拔，随复更生。夜中恒有白光，皎质属天，状似县绢，私疑非常。请师卜候，道士傅德占使掘之，深三尺，获玉印一钮，文曰"长承万福"。

永明二年正月，冠军将军周普孙于石头北厢将堂见地有异光照城堞，往获玉玺一钮，方七分，文曰"明玄君。"十一月，虏国民齐详旧入灵丘关，闻殷然有声，仰视之，见山侧有紫气如云，众鸟回翔其间。详往气所，获玺方寸四分，兽钮，文曰"坤维圣帝永昌"。送与虏太后师道人惠度，欲献虏主。惠度睹其文，窃谓"当今衣冠正朔，在于齐国"。遂附道人惠藏送京师，因羽林监崔亮献之。

三年七月，始兴郡民龚玄宣云，去年二月，忽有一道人乞食，因探怀中出篆书真经一卷，六纸，又表北极一纸，又移付罗汉居士一纸，云从兜率天宫下，使送上天子，因失道人所在。今年正月，玄宣又称神人授皇帝玺，龟形，长五寸，广二寸，厚二寸五分，上有"天地"字，中央"萧"字，下"万世"字。

十年，兰陵民齐伯生于六合山获金玺一钮，文曰"年予主"。

世祖治盆城，得五尺刀一十口，永明年历之数。

升明三年，左里村人于宫亭湖得軶戟二枚，傍有古字，文远不可识。

泰始中，世祖于青溪宅得钱一枚，文有北斗七星双节。又有人形带剑。及治盆城，又得一大钱，文曰"太平百岁"。

永明七年，齐兴太守刘元宝治郡城，于埏中获钱百万，形极大，以献台为瑞，世祖班赐朝臣以下各有差。

十年，齐安郡民王摄掘地得四文大钱一万二千七百十枚，品制如一。

建元元年，鄞州监利县天井湖水色忽澄清，出绵，百姓采以为纩。

永明二年，护军府门外桑树一株，并有蚕丝绵被枝茎。

史臣案：汉光武时有野蚕成茧，百姓得以成衣服。今则浮波幕树，其亦此之类乎？

永明八年，始兴郡昌乐村获白鸠一头。

二年，彭泽县获白雉一头。

七年，郁林获白雉一头。

十年，青州沤液戍获白雉一头。

五年，望蔡县获白鹿一头。

九年，临湘获白鹿一头。

六年，蒲涛县亮野村获白獐一头。

七年，荆州获白獐一头。

八年，余干县获白獐一头。

九年，义阳安昌县获白獐一头。

十年，司州清激戍获白獐一头。

十一年，广陵海陵县获白獐一头。

七年，越州献白珠，自然作思惟佛像，长三寸。上起禅灵寺，置刹下。

七年，吴郡太守江敩于钱塘县获苍玉璧一枚以献。

七年，主书朱灵让于浙江得染石，十人举乃起，在水深三尺而浮。世祖亲投于天渊池试之，刻为佛像。

二年，从阳丹水县山下得古鼎一枚。

三年，越州南高凉俚人海中网鱼，获铜兽一头，铭曰"作宝鼎，齐臣万年子孙承宝"。

赞曰：天降地出，星见先吉。造物百品，详之载述。

卷十九　　　　　　　志第十一

五　　行

《木传》曰："东方。《易经》，地上之木为《观》。故木于人，威仪容貌也。木者，春生气之始，农之本也。无夺农时，使民岁不过三日，行什一之税，无贪欲之谋，则木气从。如人君失威仪，逆木行，田猎驰骋，不反宫室，饮食沈湎，不顾礼制，出入无度，多发繇役，以夺民时，作为奸诈，以夺民财，则木失其性矣。盖以工匠之为轮矢者多伤败，故曰木不曲直。"

宋泰豫元年，京师祇垣寺皂荚树枯死。升明末，忽更生花叶。《京房易传》曰："树枯冬生，不出二年，国丧，君子亡。"其占同。宋氏禅位。

建元元年，朱爵斻华表柱生枝叶。

建元初，李子生毛。

二年，武陵沅头都尉治有桑树，方冬生叶。《京房易传》曰："木冬生花，天下有丧。"其占同。后二年，宫车晏驾。

四年，巴州城西古楼脚柏柱数百年，忽生花。

永明六年，石子岗柏木长二尺四寸，广四寸半，化为石。时车驾数游幸，应本传"木失其性"也。

永明中，大舸一舶无故自沉，艚中无水。

隆昌元年，庐陵王子卿斋屋梁柱际无故出血。

建武初，始安王遥光治庙，截东安寺屋以直庙垣，截梁，水出如泪。

《貌传》曰："失威仪之制，怠慢骄恣，谓之狂，则不肃矣。下不敬，则上无威。天下既不敬，又肆其骄恣，肆之则不从。夫不敬其君，不从其政，则阴气胜，故曰厥罚常雨。"

永明八年四月，己巳起阴雨，昼或暂晴，夜时见星月，连雨积霖，至十七日乃止。

十一年四月辛巳朔，去三月戊寅起，而其间暂时晴，从四月一日又阴雨，昼或见日，夜乍见月，回复阴雨，至七月乃止。

永泰元年十二月二十九日雨，至永元元年五月二十一日乃晴。京房占曰："冬雨，天下饥。春雨，有小兵。"时虏寇雍州，余应本传。

《传》曰："大雨雪，犹庶征之常雨也，然有甚焉。雨，阴。大雨雪者，阴之畜积甚也。一日与大水同象，曰攻为雪耳。"

建元二年闰月己丑，雨雪。

三年十一月，雨雪，或阴或晦，八十余日，至四年二月乃止。

《传》曰："雷于天地为长子，以其首长万物，与之出入。故雷出万物出，雷入万物入。夫雷者，人君之象，入则除害，出则兴利。雷之微气以正月出，其有声者以二月出，以八月入，其余微者以九月入。冬三月雷无出者；若是阳不闭阴，则出涉危难而害万物也。"

建元元年十月壬午，夜电光，因雷鸣。

十一月庚戌，电光，有顷雷鸣，久而止。

永明五年正月戊申，夜西北雷声。

六年十月甲申，夜阴细雨，始闻雷鸣于西北上。

七年正月甲子，夜阴，雷鸣西南坤宫，隆隆一声而止。

八年正月庚戌，夜雷起坎宫水门，其音隆隆，一声而止。

九年二月丙子，西北有电光，因闻雷声隆隆，仍续十声而止。

十年二月庚戌，夜南方有电光，因闻雷声隆隆相续，丁亥止。十月庚子，电雷起西北。十一月丁丑，西南有光，因闻雷声隐隐，再声而止。西南坤宫。十二月甲申，阴雨，有电光，因闻西南及西北上雷鸣，频续三声。丙申，夜闻西北上雷频续二声。辛亥，雷雨。

《传》曰："雨雹，君臣之象也。阳之气专为雹，阴之气专为霰。阳专而阴胁之，阴盛而阳薄之。雹者，阴薄阳之象也。霰者，阳胁阴之符也。《春秋》不书霰者，犹月蚀也。"

建元四年五月戊午朔，雹。

永明元年九月乙丑，雹落大如蒜子，须臾乃止。

十一年四月辛亥，雹落大如蒜子，须臾灭。

《貌传》又曰："上失节而狂，下怠慢而不敬，上下失道，轻法侵制，不顾君上，因以荐饥。貌气毁，故有鸡祸也。""一曰水岁鸡多死及为怪，亦是也。上下不相信，大臣奸宄，民为寇盗，故曰厥极恶。""一曰民多被刑，或形貌丑恶，风俗狂慢，变节易度，则为轻剽奇怪之服，故曰时则有服妖。"

永明中，宫内服用射猎锦文，为骑射兵戈之象。至建武初，房大为寇。

永明中，萧谌开博风帽后裙之制，为破后帽。世祖崩后，谌建废立，诛灭诸王。

永明末，民间制倚劝帽。及海陵废，明帝之立，劝进之事，倚立可待也。

建武中，帽裙覆顶；东昏时，以为裙应在下，而今在上，不详，断之。群下反上之象也。

永元中，东昏侯自造游宴之服，缀以花采锦绣，难得详也。群小又造四种帽，帽因势为名：一曰山鹊归林者，《诗》云"《鹊巢》，夫人之德"，东昏宠嬖淫乱，故鹊归其林薮；二曰兔子度坑，天意言天下将有逐兔之事也；三曰反缚黄离喽，黄口小鸟也，反缚，面缚之应也；四曰凤皇度三桥，凤皇者嘉瑞，三桥，梁王宅处也。

《貌传》又曰："危乱端见，则天地之异生。木者青，故曰青眚，为恶祥。凡貌伤者，金沴木，木沴金，冲气相通。"

延兴元年，海陵王初立，文惠太子冢上有物如人，长数丈，青色，直上天，有声如雷。

火，南方，扬光辉，出炎燫为明者也。人君向明而治，盖取其象。以知人为分，逸佞既远，群贤在位，则为明而火气从矣。人君疑惑，弃法律，不诛逸邪，则逸口行，内间骨肉，外疏忠臣，至杀世子，逐功臣，以妾为妻，则火失其性，上灾宗庙，下灾府榭，内燔本朝，外燔阙观，虽兴师众，不能救也。

永明三年正月，甲夜西北有野火，光上生精。西北有四，东北有一，并长七八尺，黄赤色。

三月庚午，丙夜北面有野火，光上生精，长六尺；戊夜又有一枚，长五尺，并黄赤色。

四年正月丁亥，夜有火精三处。闰月丁巳，夜有火精四所。十二月辛酉，夜东南有野火精二枚。

五年十二月丙寅，夜西北有野火，火上生精，一枚，长三尺，黄白色。

六年十一月戊申，夜西南及北三面有野火，火上生精，九枚，并长二尺，黄赤色。

九年二月丙寅，甲夜北面有野火，火生精，二枚，西北又一枚，并长三尺，须臾消。

永元二年八月，宫内火，烧西斋璿仪殿及昭阳、显阳等殿，北至华林墙，西及秘阁北，屋三千余间。《京房易传》曰："君不思道，厥妖火烧宫。"秘阁与《春秋》宣榭火同，天意若曰，既无纪纲，何用典文为也！

二年冬，京师民间相惊云当行火灾，南岸人家往往于篱间得布火缠者，云公家以此禳之。

三年正月，豫章郡天火烧三千余家。京房《易》占曰："天火下烧民屋，是谓乱治杀兵作。"是年，台军与义师偏众相攻于南江诸郡。

三年二月，乾和殿西厢火，烧屋三十间。是时西斋既火，帝徙居东斋，高宗所住殿也。与烧宫占同。

《传》又曰："犯上者不诛，则草犯霜而不死。或杀不以时，事在杀生失柄，故曰草妖也。"一曰："草妖者，失众之象也。"

永元中，御刀黄文济家斋前种昌蒲，忽生花，光影照壁，成五采，其儿见之，余人不见也。少时，文济被杀。

刘歆《视传》有羽虫之孽，谓鸡祸也。班固案《易》鸡属《巽》，今以羽虫之孽之类是也，依歆说附《视传》云。

建武二年，有大鸟集建安，形如水粆子。其年，郡大水。

三年，大鸟集东阳郡，太守沈约表云："鸟身备五采，赤色居多。"案《乐纬叶图征》云："焦明鸟质赤，至则水之感也。"

永明二年四月，鸟巢内殿东鸱尾。

三年，大鸟集会稽上虞。其年，县大水。

《传》曰："维水沴火。"又曰："赤眚赤祥。"

建武四年，王晏子德元所居帷屏，无故有血洒之，少日而散。晏寻被诛。

《思心传》曰："心者，土之象也。思心不睿，其过在瞀乱失纪。风于阳则为君，于阴则为大臣之象，专恣而气盛，故罚常风。心为五事主，犹土为五行主也。"一曰："阴阳相薄，偏气阳多为风，其甚也常风。阴气多者，阴而不雨，其甚也常阴。"一曰："风宵起而昼晦，以应常阴同象也。"

建元元年十一月庚戌，风夜暴起，云雷合冥，从戌亥上来。

四年十一月甲寅，酉时风起小缺，至二更雪落，风转浪津。

永明四年二月丙寅，巳时风迅急。十一月己丑，戌时风迅急，从西北戌亥上来。

五年五月乙酉，子时风迅急，从西北戌亥上来。

七年正月丁卯，阳徵阴贼之日，时加子，风起迅急，从北方子丑上来，暴疾浪津，寅时止。

八年六月乙酉，时加子，风起迅急，暴疾浪津，发屋折木，尘沙，从西南未上来，因雷雨，须臾，风微雨止。

九年七月甲寅，阳羽廉贞之日，时加亥，风起迅急，从东方来，暴疾彭勃浪津，至乙卯阴贼时渐微，名羽动羽。

九月乙丑，时加未，雷，骤雨，风起迅急，暴疾浪津，从西北戌上来。

十月壬辰，阳羽奸邪之日，时加丑，风起从北方子丑上来，暴疾浪津，迅急，尘埃，五日寅时渐微，名羽动宫。

十年正月辛巳，阳商宽大之日，时加寅，风从西北上来，暴疾浪津，迅急，扬沙折木，酉时止。

二月甲辰，阳徵奸邪之日，时加辰，风起迅急，从西北亥上来，暴疾彭勃浪津，至酉时止。

三月丁酉，阳徵廉贞之日，时加未，风从北方子丑上来，迅急，暴疾浪津，戌时止。

七月庚申，阴角贪狼之日，时加午，风从东北丑上来，迅急浪津，至辛酉巳时渐微。

十一年二月庚寅，阳角廉贞之日，时加亥，风从西北亥上来，迅疾浪津，丑时渐微，为角动角。

七月甲寅，阳羽廉贞之日，时加巳，风从东北寅上来，迅疾浪津，发屋折木，戌夜渐微，为羽动徵。己巳，阳角宽大之日，时加未，风从戌上来，暴疾，良久止，为角动商及宫。

凡时无专恣，疑是阴阳相薄。

建武元年三月乙酉，未时风起，浪津暴急，从北方上来，应本传瞀乱。

建武二年、三年、四年，每秋七月、八月，辄大风，三吴尤甚，发屋折木，杀人。京房占："狱吏暴，风害人。"时帝严刻。

永元元年七月十二日，大风，京师十围树及官府居民屋皆拔倒，应本传。

《传》又曰："山之于地，君之象也。山崩者，君权损，京陵易处，世将变也。陵转为泽，贵将为贱也。"

建元二年夏，庐陵石阳县长溪水冲激山麓崩，长六七丈，下得柱千余口，皆十围，长者一丈，短者八九尺，头题有古文字，不可识。江淹以问王俭，俭云："江东不闲隶书，此秦汉时柱也。"后年宫车晏驾，世变之象也。

永明二年秋，始兴曲江县山崩，壅底溪水成陂。京房占："山崩，人主恶之。"

《传》又曰："雷电所击，盖所感也。皆思心有尤之所致也。"

建元二年闰六月丙戌，戌夜震电。

四年五月五日，雷雹暗都，雷震于乐游安昌殿，电火焚荡尽。

永明八年四月六日，雷震会稽山阴恒山保林寺，刹上四破，电火烧塔，下佛面窗户不异也。

永明中，雷震东宫南门，无所伤毁，杀食官一人。

十一年三月，震于东斋，栋崩。左右密欲治缮，竟陵王子良曰："此岂可治！留之志吾过，且旌天之爱我也。"明年，子良薨。

《传》又曰："土气乱者，木金水火乱之。"

建武二年二月丁巳，地震。

永元元年七月，地日夜十八震。

九月十九日，地五震。

金者，西方，万物既成，杀气之始也。其于王事，兵戎战伐之道也。王者兴师动众，建立旗鼓，仗旄把钺，以诛残贼，止暴乱，杀伐应义，则金气从。工冶铸化，革形成器也。人君乐侵陵，好攻战，贪城邑，轻百姓之命，人民不安，内外骚动，则金失其性。盖冶铸不化，冰滞固坚，故曰金不从革，又曰维木沴金。

建武四年，明帝出旧宫送豫章王第二女绥安主降嫔，还上辇，辇上金翅无故自折落地。

《言传》曰："言《易》之道，西方曰《兑》，为口。人君过差无度，刑法不一，敛从其重，或有师旅，炕阳之节，若动众劳民，是言不从。人君既失众，政令不从，孤阳持治，下畏君之重刑，阳气胜则旱象至，故曰厥罚常阳也。"

建元三年，大旱，时有房寇。

永民三年，大旱，明年，唐宇之起。

建武二年，大旱，时房寇方盛，皆动众之应也。

《言传》曰："下既悲苦君上之行，又畏严刑而不敢言，则必先发于歌谣。歌谣，口事也。口气逆则恶言，或有怪谣焉。"

宋泰始既失彭城，江南始传种消梨，先时所无，百姓争欲种植。识者曰："当有姓萧而来者。"十余年，齐受禅。

元徽中，童谣曰："襄阳白铜蹄，郎杀荆州儿。"后沈攸之反，雍州刺史张敬儿袭江陵，杀沈攸之之子元琰等。

永明元年元日，有小人发白虎樽，既醉，与笔札，不知所道，直云"忆高帝"。敕原其罪。

世祖起青溪旧宫，时人反之曰："旧宫者，穷厩也。"及上崩后，宫人出居之。

永明初，百姓歌曰："白马向城啼，欲得城边草。"后句间云"陶郎来"。白者金色，马者兵事。三年，妖贼唐宇之起，言唐来劳也。

世祖起禅灵寺初成，百姓纵观。或曰："禅者授也，灵非美名，所授必不得其人。"后太孙立，见废也。

永明中，宫内坐起御食之外，皆为客食。世祖以客家人名，改呼为别食，时人以为分别之象。少时，上晏驾。

文惠太子在东宫，作"两头纤纤"诗，后句云"磊磊落落玉山崩"，自此长王宰相相继薨徂，二宫晏驾。

文惠太子作七言诗，后句辄云"愁和谛"。后果有和帝禅位。

永明中，虏中童谣云："黑水流北，赤火入齐。"寻而京师人家忽生火，赤于常火，热小微，贵贱争取以治病。法以此火灸桃板七炷，七日皆差。敕禁之，不能断。京师有病瘿者，以火灸数日而差。邻人笑曰："病偶自差，岂火能为。"此人便觉颐间痒，明日瘿还如故。后梁以火德兴。

文惠太子起东田，时人反云："后必有癫童。"果由太孙失位。

齐宋以来，民间语云："扰攘建武上。"明帝初，诛害蕃戚，京师危骇。

永元元年，童谣曰："洋洋千里流，流翠东城头。乌马乌皮袴，三更相告诉。脚跛不得起，误杀老姥子。"千里流者，江祏也。东城，遥光也。遥光夜举事，垣历生者乌皮袴褶往奔之。跛脚，亦遥光。老姥子，孝字之象，徐孝嗣也。

永元中，童谣云："野猪虽嗃嗃，马子空间渠。不知龙与虎，饮食江南墟。七九六十三，广莫人无余。乌集传舍头，今汝得宽休。但看三八后，摧折景阳楼。"识者解云"陈显达属猪，崔慧景属马"，非也。东昏侯属猪，马子未详，梁王属龙，萧颖胄属虎。崔慧景攻台，顿广莫门死，时年六十三。乌集传舍，即所谓"瞻乌爰止，于谁之屋"。三八二十四，起建元元年，至中兴二年，二十四年也。摧折景阳楼，亦高台倾之意也。言天下将去，乃得休息也。

齐、宋之际，民间语云"和起"，言以和颜而为变起也。后和帝立。

崔慧景围台城，有一五色幡，飞翔在云中，半日乃不见，众皆惊怪，相谓曰："幡者，事寻当翻覆也。"数日而慧景败。

《言传》曰："言气伤则民多口舌，故有口舌之痾。金者白，故有白眚，若有白为恶祥。"

宋升明二年，飙风起建康县南塘里，吹帛一匹入云，风止，下御路。纪僧真启太祖当宋氏禅者，其有匹夫居之。

水，北方，冬藏万物，气至阴也，宗庙祭祀之象。死者精神放越不反，故为之庙以收其散，为之貌以收其魂神，而孝子得尽礼焉。敬之至，则神歆之，此则至阴之气从，则水气从沟渎随而流去，不为民害矣。人君不祷祀，简宗庙，废祭祀，逆天时，则雾水暴出，川水逆溢，坏邑轶乡，沉溺民人，故曰水不润下。

建元二年，吴、吴兴、义兴三郡大水。

二年夏，丹阳、吴二郡大水。

四年，大水。

永明五年夏，吴兴、义兴水雨伤稼。

六年，吴兴、义兴二郡大水。

建武二年冬，吴、晋陵二郡水雨伤稼。

永元元年七月，涛入石头，漂杀缘淮居民。应本传。

荆州城内有沙池，常漏水。萧颖胄为长史，水乃不漏，及颖胄亡，乃复竭。

《传》曰："极阴气动，故有鱼孽。鱼孽者，常寒罚之符也。"

永明九年，盐官县石浦有海鱼乘潮来，水退不得去，长三十余丈，黑色无鳞，未死，有声如牛。土人呼为海燕，取其肉食之。

永元元年四月，有大鱼十二头入会稽上虞江，大者近二十余丈，小者十余丈，一入山阴称蒲，一入永兴江，皆暍岸侧，百姓取食之。

《听传》曰："不聪之象见，则妖生于耳，以类相动，故曰有鼓妖也。"一曰，声属鼓妖。

永明元年十一月癸卯夜，天东北有声，至戊夜。

《传》曰："皇之不极，是谓不建，其咎在露乱失听，故厥咎露。思心之咎亦雾。天者，正万物之始，王者，正万事之始，失中则害天气，类相动也。天者转于下而运于上，云者起于山而弥于天，天气动则其象应，故厥罚常阴。王者失中，臣下盛强，而蔽君明，则云阴亦众多而蔽天光也。

建元四年十月丙午，日入后土雾勃勃如火烟。

永明二年十一月己亥，四面土雾入人眼鼻，至辛丑止。

二年十一月丙子，日出后及日入后，四面土雾勃勃如火烟。

六年十一月庚戌，丙夜土雾竟天，昏塞浓厚，至六日未时小开，到甲夜后仍浓密，勃勃如火烟，辛惨入人眼鼻。

八年十月壬申，夜土雾竟天，浓厚勃勃如火烟，气入人眼鼻，至九日辰时开除。

九年十月丙辰，昼夜恒昏雾勃勃如火烟，其气辛惨，入人眼鼻，兼日色赤黄，至四日甲夜开除。

十年正月辛酉，酉初四面土雾勃勃如火烟，其气辛惨，入人眼鼻。

《传》曰："《易》曰'乾为马'。逆天气，马多死，故曰有马祸。"一曰，马者，兵象也。将有寇戎之事，故马为怪。

建武四年，王晏出至草市，马惊走，鼓步从车而归，十余日，晏诛。

建武中，南岸有一兰马，走逐路上女子，女子窘急，走入人家床下避之，马终不置，发床食女子股脚间肉都尽。禁司以闻，敕杀此马，是后频有寇贼。

京房《易传》曰："生子二胸以上，民谋其主。三手以上，臣谋其主。二口以上，国见惊以兵。三耳以上，是谓多听，国事无定。二鼻以上，国主久病。三足三臂三上，天下有兵。"其类甚多，盖以象占之。

永明五年，吴兴东迁民吴休之家女人双生二儿，胸以下齐以上合。

京房《易传》曰："野兽入邑，其邑大虚。"又曰："野兽无故入邑朝廷门及宫府中者，邑逆且虚。"

永明中，南海王子罕为南兖州刺史，有獐入广陵城，投井而死，又有象至广陵，是后刺史安陆王子敬于镇被害。

建武四年春，当郊治圜丘，宿设已毕，夜虎攫伤人。

建武中，有鹿入景皇寝庙，皆为上崩及禅代也。凡无占者，皆为不应本传。

赞曰：木怪夔魍，火为水妃。土实载物，金作明威。形声异迹，影响同归。皆由象应，莫不类推。

卷二十　　　　　列传第一

皇　　后

六宫位号，汉、魏以来，因袭增置，世不同矣。建元元年，有司奏置贵嫔、夫人、贵人为三夫人，修华、修仪、修容、淑妃、淑媛、淑仪、婕妤、容华、充华为九嫔，美人、中才人、才人为散职。永明元年，有司奏贵妃、淑妃并加金章紫绶，佩于寘玉。淑妃旧拟九棘，以淑为温恭之称，妃为亚后之名，进同贵妃，以比三司。夫人之号，不殊蕃国。降淑媛以比九卿。七年，复置昭容，位在九嫔。建元三年，太子宫置三内职，良娣比开国侯，保林比五等侯，才人比驸马都尉。

宣孝陈皇后，讳道正，临淮东阳人，魏司徒陈矫後。父肇之，郡孝廉。后少家贫，勤织作。家人矜其劳，或止之，后终不改。嫁于宣帝，庶生衡阳元王道度、始安贞王道生，后生太祖。太祖年二岁，乳人乏乳，后梦人以两瓯麻粥与之，觉而乳大出，异而说之。宣帝从仕在外，后常留家治事教子孙。有相者谓后曰："夫人有贵子而不见也。"后叹曰："我三儿谁当应之！"呼太祖小字曰："正应是汝耳。"宣帝殂后，后亲自执勤，婢使有过误，恕不问也。太祖虽从官，而家业本贫，为建康令时，高宗等冬月犹无缊纩，而奉膳甚厚。后每撤去兼肉，曰："于我过足矣。"殂于县舍，年七十三。升明三年，追赠竟陵公国太夫人，蜜印，画青绶，祠以太牢；建元元年，追尊孝皇后。赠外祖父肇之金紫光禄大夫，谥曰敬侯。后母胡氏为永昌县靖君。

高昭刘皇后，讳智容，广陵人也。祖玄之，父寿之，并员外郎。后母桓氏梦吞玉胜生后，时有紫光满室，以告寿之，寿之曰："恨非是男。"桓曰："虽女，亦足兴家矣。"后每寝卧，家人常见上如有云气焉。年十余岁，归太祖，严正有礼法，家庭肃然。宋泰豫元年殂，年五十。归葬宣帝墓侧，今泰安陵也。门生王清与墓工始下锸，有白兔跳起，寻之不得，及坟成，兔还栖其上。升明二年，赠竟陵公国夫人；三年，赠齐国妃；印绶如太。建元元年，尊谥昭皇后。三年，赠后父金紫光禄大夫，母桓氏上虞都乡君；寿之子兴道司徒属，文蔚豫章内史，义徽光禄大夫，义伦通直郎。

武穆裴皇后，讳惠昭，河东闻喜人也。祖朴之，给事中。父玑之，左军参军。后少与豫章王庾氏为娣姒，庾氏勤女工，奉事太祖、昭后恭谨不倦，后不能及，故不为舅姑所重，世祖家好亦薄焉。性刚严，竟陵王子良妃袁氏布衣时有过，后加训罚。升明三年，为齐世子妃。建元元年，为皇太子妃。三年，后薨。谥穆妃，葬休安陵。世祖即位，追尊皇后。赠玑之金紫光禄大夫，后母檀氏余杭昌乡元君。

旧显阳、昭阳殿，太后、皇后所居也。永明中无太后、皇后，羊贵嫔居昭阳殿西，范贵妃居昭阳殿东，宠姬荀昭华居凤华柏殿。宫内御所居寿昌画殿南阁，置白鹭鼓吹二部，乾光殿东西头，置钟磬两厢，皆宴乐处也。上数游幸诸苑囿，载宫人从後车。宫内深隐，不闻端门鼓漏声，置钟于景阳楼上，宫人闻钟声，早起装饰。至今此钟唯应五鼓及三鼓也。车驾数幸琅邪城，宫人常从，早发至湖北埭，鸡始鸣。

吴郡韩蔺英，妇人有文辞。宋孝武世，献《中兴赋》，被赏入宫。宋明帝世，用为宫中职僚。世祖以为博士，教六宫书学，以其年老多识，呼为"韩公"。

文安王皇后，讳宝明，琅邪临沂人也。祖韶之，吴兴太守，父晔之，太宰祭酒。宋世，太祖为文惠太子纳后，桂阳贼至，太祖在新亭，传言已没，宅复为人所抄掠，文惠太子、竟陵王子良奉穆后、庾妃及后挺身送издat舅之家，事平乃出。建元元年，为南郡王妃。四年，为皇太子妃，无宠。太子为宫人制新丽衣裳及首饰，而后床帷陈设故旧，钗镊十余枚。永明十一年，为皇太孙太妃。郁林即位，尊为皇太后，称宣德宫。赠后父金紫光禄大夫，母桓氏丰安县君。其年十二月，备法驾谒太庙，高宗即位，出居鄱阳王故第，为宣德宫。永元三年，梁王定京邑，迎后入宫称制，至禅位。天监十一年，薨，年五十八。葬崇安陵。谥曰安后。兄晃义兴太守。

郁林王何妃，名婧英，庐江灊人，抚军将军戢之女也。永明二年，纳为南郡王妃。十一年，为皇太孙妃。郁林王即位，为皇后。嫡母刘氏为高昌县都乡君，所生母宋氏，为余杭广昌乡君。将拜，镜在床无故堕地。其冬，与太后同日谒太庙。后禀性淫乱，为妃时，便与外人奸通。在后宫，复通帝左右杨珉之，与同寝处如伉俪。珉之又与帝相爱亵，故帝恣之。迎后亲戚入宫，赏赐人百数十万。以世祖耀灵殿处后家属。帝被废，后贬为王妃。

海陵王王妃，名韶明，琅邪临沂人，太常慈女也。永明八年，纳为临汝公夫人。郁林即位，为新安王妃。延兴元年，为皇后。其年，降为海陵王妃。

明敬刘皇后，讳惠端，彭城人，光禄大夫道弘孙也。太祖为高宗纳之。建元三年，除西昌侯夫人。永明七年，卒，葬江乘县张山。延兴元年，赠宣城王妃；高宗即位，追尊为敬皇后。赠父通直郎景猷金紫光禄大夫，母王氏平阳乡君。永泰元年，高宗崩，改葬，祔于兴安陵。

东昏褚皇后，名令璩，河南阳翟人，太常澄女也。建武二年，纳为皇太子妃。明年，谒敬庙。东昏即位，为皇后。帝宠潘妃，后不被遇。黄淑仪生太子诵，东昏废，并为庶人。

和帝王皇后，名蕣华，琅邪临沂人，太尉俭孙也。初为随王妃。中兴元年，为皇后。帝禅位，后降为妃。

史臣曰：后妃之德，著自风谣，义起闺房，而道化天下。缫盆献种，罔非耕织，佩觿晨兴，与子同事，可以光熙阃业，作俪公侯。孝、昭二后，并有贤明之训，不得母临万国。宝命方昌，椒庭虚位，有妇人焉，空慕周兴，祯符显瑞，徒萃徽名。若使掖作同休，阴教远夑，则马、邓风流，复存乎此。太祖创命，宫禁贬约，毁宋明之紫极，革代之逾奢，衣不文绣，色无红采，永巷贫空，有同素室。世祖嗣位，运藉休平，寿昌前兴，凤华晚构，香柏文榱，花梁绣柱，雕金镂宝，颇用房帷，赵瑟《吴趋》，承闲奏曲，岁费傍贶，足使充牣，事由私蓄，无损国储。高宗仗数矫情，外行俭陋，内奉宫业，曾莫云改。东昏丧道，侈风大扇，销靡海内，以赡浮饰，哲妇倾城，同符殷、夏。呜呼！所以垂戒于方来也。

赞曰：宣武孝则，识有先知。高昭诞武，世载母仪。裴穆储闱，位亦从隮。明敬典册，配在宗枝。秋宫亦遽，轩景前亏。文安废主，百忧已离。中兴秉制，挹让弘规。

卷二十一　　　列传第二

文惠太子

文惠太子长懋，字云乔，世祖长子也。世祖年未弱冠而生太子，为太祖所爱。姿容丰润，小字白泽。宋元徽末，随世祖在郢。世祖还镇盆城拒沈攸之，使太子劳接将帅，亲侍军旅。除秘书郎，不拜。授辅国将军，迁晋熙王抚军主簿。事宁，世祖遣太子还都。太祖方创霸业，心存嫡嗣，谓太子曰："汝还，吾事办矣。"处之府东斋，令通文武宾客。敕荀伯玉曰："我出行日，城中军悉受长懋节度。我虽不行，内外直防及诸门甲兵，悉令长懋时时履行。"转秘书丞，以与宣帝讳同，不就，改除中书郎，迁黄门侍郎，未拜。升明三年，太祖将受禅，世祖已还京师，以襄阳兵马重镇，不欲处他族，出太子为持节、都督雍梁二州、郢州之竟陵、司州之随郡军事，左中郎将、宁蛮校尉、雍州刺史。

建元元年，封南郡王，邑二千户。江左未有嫡皇孙封王，始自此也。进号征虏将军。先是，梁州刺史范柏年诱降晋寿亡命李乌奴，讨氐贼杨城、苏道炽等，颇著威名。沈攸之事起，柏年遣子阴广宗领军出魏兴声援京师，而候望形势。事平，朝廷遣王玄邈代之。乌奴劝柏年据汉中不受命，柏年计未决，玄邈已至，柏年迟回魏兴不肯下。太子虑其为变，乃遣说柏年，许启为府长史，柏年乃进襄阳，因执诛之。柏年，梓潼人，徙居华阳，世为土豪，知名州里。宋泰始中，氐寇断晋寿道，柏年以仓部郎假节领数百人慰劳通路，自益州道报命。除晋寿太守。讨平氐贼，遂为梁州。柏年立，善言事，以应对为宋明帝所知。既被诛，巴西太守柳弘称启太祖，敕答曰："柏年幸可不尔，为之恨恨！"时襄阳有盗发古冢者，相传云是楚王冢，大获宝物玉屐、玉屏风、竹简书、青丝编。简广数分，长二尺，皮节如新。盗以把火自照，后人有得十余简，以示抚军王僧虔，僧虔云是科斗书《考工记》，《周官》所阙文也。是时州遣按验，颇得遗物，故有同异之论。会北房南侵，上虑当出樊、沔。二年，征为侍中、中军将军，置府，镇石头。

穆妃薨，成服日，车驾出临丧，朝议疑太子应出门迎。左仆射王俭曰："寻《礼记·服问》'君所主夫人妻、太子、嫡妇'，言国君为此三人为主丧也。今銮舆临降，自以主丧而至，虽因事抚慰，义不在吊，南郡以下不应出门奉迎。但尊极所临，礼有变革，权去杖绖，移立户外，足表情敬，无烦止哭。皇太子既一宫之主，自应以车驾幸宫，依常奉候。既当成服之日，吉凶不容相干，宜以衰帻行事。望拜止哭，率由旧章。尊驾不以临吊，奉迎则惟常体，求之情礼，如为可安。"解侍中。上以太子哀疾，不宜居石头山障，移镇西州。四年，迁使持节、都督南徐兖二州诸军事、征北将军、南徐州刺史。世祖即位，为皇太子。

初，太祖好《左氏春秋》，太子承旨讽诵，以为口实。即正位东储，善立名尚，礼接文士，畜养武人，皆亲近左右，布在省闼。永明三年，于崇正殿讲《孝经》，少傅王俭以摘句令太子仆周颙撰为义疏。

五年冬，太子临国学，亲临策试诸生，于坐问少傅王俭曰："《曲礼》云'毋不敬'。寻下之奉上，可以尽礼，上之接下，慈而非ేే。今总同敬名，将不为昧？"俭曰："郑玄云'礼主于敬'，便当是尊卑所同。"太子曰："若如来通，则忠惠可以一名，孝慈不须另称。"俭曰："尊卑号称，不可悉同，爱敬之名，有时相次。忠惠之异，诚以圣旨，孝慈互举，窃有征据。《礼》云'不胜丧比于不慈不孝'，此则其义。"太子曰："资敬奉君，资爱事亲，兼此二涂，唯在一极。今乃移敬接下。岂复在三之义？"俭曰："资敬奉君，必同至极，移敬逮下，不慢而已。"太子："敬名虽同，深浅既异，而文无差别，弥复增疑。"俭曰："繁文不可备设，略言深浅已见。《传》云'不忘恭敬，民之主也'；《书》云'奉先思孝，接下思恭'。此又经典明文，互相起发。"太子问金紫光禄大夫张绪，绪曰："愚谓恭敬是立身之本，尊卑所以并同。"太子曰："敬虽立身之本，要非接下之称。《尚书》云'惠鲜鳏寡'，何不言恭敬鳏寡邪？"绪曰："今别言之，居然有恭惠之殊，总开记首，所以共同斯称。"竟陵王子良曰："礼者敬而已矣。自上及下，愚谓非嫌。"太子曰："本不谓有嫌，正欲使言与事符，轻重有别耳。"临川王映曰："先举必敬，以明大体，尊卑事数，备列后章，亦当不以总略而碍。"太子又以此义问诸学生，谢几卿等十一人，并以笔对。

太子问王俭曰："《周易·乾卦》本施天位，而《说卦》云'帝出乎《震》'。《震》本非天，义岂相主？"俭曰："《乾》健《震》动，天以运动为德，故言'帝出《震》'。"太子曰："天以运动为德，君人体天居位，《震》雷为象，岂体天所出？"俭曰："主器者莫若长子，故受之以《震》。万物出乎《震》，故亦帝所与焉。"

俭又谘太子曰："《孝经》'仲尼居，曾子侍'。夫孝理弘深，大贤方尽其致，何故不授颜子，而寄曾生？"太子曰："曾生虽德惭体二，而色养尽礼，去物尚近，接引非隔，弘宣规教，义在于此。"俭曰："接引非隔，弘宣虽易，去圣转远，其事弥轻。既云'人能弘道'，将恐人轻道废。"太子曰："理既有在，不容以人废言，而况中贤之才，弘上圣之教，宁有壅塞之嫌？"临川王映谘曰："孝为德本，常是所疑。德施万善，孝由天性，自然之理，岂因积习？"太子曰："不因积习而至，所以可为德本。"映曰："率由斯至，不俟明德，大孝荣亲，众德光备，以此而言，岂得为本？"太子曰："孝有深浅，德有小大，因其分而为本，何所稍疑？"

太子以长年临学，亦前代未有也。

明年，上将讯丹阳所领囚，及南北二百里内狱，诏曰："狱讼之重，政化所先。太子立年作贰，宜时详览，此讯事委以亲决。"太子乃于玄圃园宣猷堂录三署囚，原有各有差。上晚年好游宴，尚书曹事亦分送太子省视。

太子与竟陵王子良俱好释氏，立六疾馆以养穷民。风韵甚和而性颇奢丽，宫内殿堂，皆雕饰精绮，过于上宫。开拓玄圃园，与台城北堑等，其中楼观塔宇，多聚奇石，妙极山水。虑上宫望见，乃傍门列修竹，内施高鄣，造游墙数百间，施诸机巧：宜须鄣蔽，须臾立成；若应毁撤，应手迁徙。善制珍玩之物，织孔雀毛为裘，光彩金翠，过于雉头矣。以晋明帝为太子时立西池，乃启世祖引前例，求东田起小苑，上许之。永明中，二宫兵力全实，太子使宫中将吏更番役筑，宫城苑巷，制度之盛，观者倾京师。

上性虽严，多布耳目，太子所为，无敢启者。后上幸豫章王宅，还过太子东田，见其弥亘华远，壮丽极目，于是大怒，收监作主帅；太子惧，皆藏匿之，由是见责。太子素多疾，体又过壮，常在宫内，简于遨游。玩弄羽仪，多所僭慕，虽咫尺宫禁，而上终不知。

十年，豫章王嶷薨，太子见上友于既至，造碑文奏之，未及镌勒。十一年春正月，太子有疾，上自临视，有忧色。疾笃，上表曰："臣地属元良，业微三善，光道树风，于焉盖阙，晨宵忄凶惧，有若临渊。摄生舛和，构离痾疾，大渐惟几，顾阴待谢。守器难永，视膳长违，仰恋慈颜，内怀感哽。窃惟死生定分，理不足悲，伏觉割无已之悼，损既往之伤，宝卫圣躬，同休七百，臣虽没九泉，无所遗恨。"时年三十六。

太子年始过立，久在储宫，得参政事；内外百司，咸谓旦暮继体。及薨，朝野惊惋焉。上幸东宫，临哭尽哀，诏敛以衮冕之服，谥曰文惠，葬崇安陵。世祖履行东宫，见太子服玩过制，大怒，敕有司随事毁除，以东田殿堂为崇虚馆。郁林立，追尊为文帝，庙称世宗。

初，太子内怀恶明帝，密谓竟陵王子良曰："我意色中殊不悦此人，当由其福德薄所致。"子良便苦救解。后明帝立，果大相诛害。

史臣曰：上古之世，父不哭子。寿夭悠悠，尚嗟恒事。况夫正体东储，方树年德；重基累叶，载茂皇家；守器之君，已知耕稼，虽温文具美，交弘盛迹，武运将终，先期凤殒，传之幼少，以速颠危。推此而论，亦有冥数矣。

赞曰：二象垂则，三星丽天。树嫡惟长，义匪求贤。方为守器，植命不延。

卷二十二　　　　列传第三

豫章文献王

豫章文献王嶷，字宣俨，太祖第二子。宽仁弘雅，有大成之量，太祖特钟爱焉。起家为太学博士、长城令，入为尚书左民郎、钱唐令。太祖破薛索儿，改封西阳，以先爵赐为晋寿县侯。除通直散骑侍郎，以偏忧去官。桂阳之役，太祖出顿新亭垒，板嶷为宁朔将军，领兵卫从。休范率士卒攻垒南，嶷执白虎幡督战，屡摧却之。事宁，迁中书郎。寻为安远护军、武陵内史。

时沈攸之责赕，伐荆州界内诸蛮，遂及五溪，禁断鱼盐。群蛮怒，西溪蛮王田头拟杀攸之使，攸之责赕千万，头拟输五百万，发气死。其弟娄侯篡立，头拟子田都走入獠中。于是蛮部大乱，抄掠平民，至郡城下。嶷遣队主张莫儿率将吏击破之。田都自獠中请立，而娄侯惧，亦归附。嶷诛娄侯于郡狱，命田都继其父，蛮众乃安。入为宋顺帝车骑谘议参军、府掾，转骠骑，仍迁从事中郎。诣司徒袁粲，粲谓人曰："后来佳器也。"

太祖在领军府，嶷居青溪宅。苍梧王夜中微行，欲掩袭宅内，嶷令左右舞刀戟于中庭，苍梧从墙间窥见，以为有备，乃去。太祖带南兖州，镇军府长史萧顺之在镇，忧危既切，期渡江北起兵。嶷谏曰："主上狂凶，人下不自保，单行道路，易以立功。外州起兵，鲜有克胜。物情疑惑，必先人受祸。今于此立计，万不可失。"苍梧王殒，太祖报嶷曰："大事已判，汝明可早入。"顺帝即位，转侍中，总宫内直卫。

沈攸之之难，太祖入朝堂，嶷出镇东府，加冠军将军。袁粲举兵夕，丹阳丞王逊告变，先至东府，嶷遣帐内军主戴元孙二千人随薛道渊等俱至石头，焚门之功，元孙预焉。先是王蕴荐部曲六十人助为城防，实以为内应也。嶷知蕴怀贰，不给其仗，散处外省。及难作搜检，皆已亡去。迁中领军，加散骑常侍。上流平后，世祖自寻阳还，嶷出为使持节、都督江州豫州之新蔡晋熙二郡军事、左将军、江州刺史，常侍如故。给鼓吹一部。以定策功，改封永安县公，千五百户。仍徙都督荆、湘、雍、益、梁、宁、南、北秦八州诸军事，镇西将军，荆州刺史，持节、常侍如故。

时太祖辅政，嶷务在省约，停府州仪迎物。初，沈攸之欲聚众，开民相告，士庶坐执役者甚众。嶷至镇，一日遣三千余人。见囚五岁刑以下不连台者，皆原遣。以市税重滥，更定枢格，以税还民。禁诸市调及苗籍。二千石官长不得与人为市，诸曹吏听分番假。百姓甚悦。禅让之间，世祖欲速定大业，嶷违其事，默无所言。建元元年，太祖即位，敕诏未至，嶷先下令蠲除部内升明二年以前逋负。迁侍中，尚书令，都督扬、南徐二州诸军事，骠骑大将军，开府仪同三司，扬州刺史，持节如故。封豫章郡王，邑三千户。仆射王俭笺曰："旧楚萧条，仍岁多故，荒民散亡，实须缉理。公临莅甫尔，英风惟穆，江、汉来苏，八州慕义。自庾亮以来，荆楚无复如此美政。古人期月有成，而公旬日致治，岂不休哉！"

会北虏动，上思为经略，乃诏曰："神牧总司王畿，诚为治要；荆楚领驭遐远，任寄弘隆。自顷公私凋尽，绥抚之宜，尤重恒日。"复以为都督荆、湘、雍、益、梁、宁、南、北秦八州诸军事，南蛮校尉，荆、湘二州刺史，持节、侍中、将军、开府如故。晋宋之际，刺史多不领南蛮，别以重人居之，至是有二府二州。荆州资费岁钱三千万，布万匹，米六万斛，又以江、湘二州米十万斛给镇府；湘州资费岁七百万，布三千匹，米五万斛；南蛮资费岁三百万，布万匹，绵千斤，绢三百匹，米千斛，近代莫比也。寻给油络𫘤望车。

二年春，虏寇司、豫二州，嶷表遣南蛮司马崔慧景北讨，又分遣中兵参军萧惠朗援司州，屯西关。虏军济淮攻寿春，分骑当出随、邓，众以为忧。嶷曰："虏入春夏，非动众时，令豫、司强守，遏其津要；彼见坚严，自当溃散，必不敢越二镇而南也。"是时纂严，嶷以荆州邻接蛮、蜑，虑其生心，令镇内皆缓服。既而虏竟不出樊、邓，于寿春败走。寻给班剑二十人。

其夏，于南蛮园东南开馆立学，上表言状。置生四十人，取旧族父祖位正佐台郎，年二十五以下十五以上补之；置儒林参军一人，文学祭酒一人，劝学从事二人，行释菜礼。以谷过贱，听民以米当口钱，优评斛一百。

义阳劫帅张群亡命积年，鼓行为贼，义阳、武陵、天门、南平四郡界，被其残破。沈攸之连讨不能禽，乃首用之。攸之起事，群下于邓，于路先叛，结寨于三溪，依据深险。嶷遣中兵参军虞欣祖为义阳太守，使降意诱纳之，厚为礼遗，于坐斩首，其党数百人皆散，四郡获安。

入为都督扬南徐二州诸军事、中书监、司空、扬州刺史，持节、侍中如故。加兵置佐。以前军临川王映府文武配司空府。嶷以将还都，修治廨宇及路陌，东归部曲不得赍府州物出城。发江津，士女观送数千人，皆垂泣。嶷发江陵感疾，至京师未瘳，上深忧虑，为之大赦，三年六月壬子赦令是也。疾愈，上幸东府设金石乐，敕得乘舆至宫六门。

太祖崩，嶷哀号，眼耳皆出血。世祖即位，进位太尉，置兵佐，解侍中，增班剑为三十人。建元中，世祖以事失旨，太祖颇有代嫡之意，而嶷事世祖恭悌尽礼，未尝违忤颜色，故世祖友爱亦深。永明元年，领太子太傅，解中书监，余如故。手启上曰："陛下以睿孝纂业，万宇惟新，诸弟有序。臣屡荷隆爱，叨授台首，不敢固辞。俯仰祗宠，心魂如失。负重量力，古今同规。臣禀生如浮，质操空素，任居鼎右，已移气序。自顷以来，宿疾稍缠，心虑恍惚，表于容状。视此根候，常恐命不胜恩；加以星纬屡见灾祥，虽修短有恒，能不耿介？比心欲从俗，启解千职，但厝辞为鄙，或贻物诮，所以息意缄嘿，一委时运，而可复加宠荣，增其颠坠？且储傅之重，实非恒选，遂使太子见臣必束带，宫臣皆再拜，二三之宜，何以当此！陛下同生十余，今唯臣而已，友爱之情，岂当独臣钟其隆遇！别奉启事，仰祈恩照。臣近亦侍言太子，告意子良，具因王俭申启，未知粗上闻未？福庆方隆，国祚未始，若天假臣年，得预人位，唯当请降貂珰，以饰微躯，永侍天颜，以惟毕世，此臣之愿也。服之不衷，犹为身灾，况宠爵乎！殊荣厚恩，必誓以命请。"上答曰："事中恐不得从所陈。"

宋氏以来，州郡秩俸及[杂]供给，多随土所出，无有定准。嶷上表曰："循革贵宜，损益资用，治在凤均，政由一典。伏寻郡县长尉俸禄之制，虽有定科，而其余资给，复由风俗。东北异源，西南各绪，习以为常，因而弗变。缓之则莫非通规，澄之则靡不入罪。殊非约法明章，先令后刑之谓也。臣谓宜使所在各条公用公田秩石迎送旧典之外，守宰相承，有何供调，尚书精加洗核，务令优衷。事在可通，随宜开许，损公侵民，一皆止却，明立定格，班下四方，永为恒制。"从之。

嶷不参朝务，而言事密谋，多见信纳。服阕，加侍中。二年，诏曰："汉之梁孝，宠异列藩，晋之文献，秩殊恒序。况乃地侔前准，勋兼往式！虽天伦有本，而因事增情。宜广田邑，用申恩礼。"增封为四千户。

宋元嘉世，诸王入斋阁，得白服裙帽见人主，唯出太极四厢，乃备朝服，自此以来，此事一断。上与嶷同生，相友睦，宫内曲宴，许依元嘉。嶷固辞不奉敕，唯车驾幸第，乃白服乌纱帽以侍宴焉。启自陈曰："臣自还朝，便省仪刀、捉刀，左右十余亦省，唯郊外远行，或复暂有，入殿亦省。服身今所牵仗，二侠毂，二白直，共七八十人。事无大小，臣必欲上启，伏度圣心脱未委曲，或有言其多少，不附事实，仰希即赐垂敕。"又启："扬州刺史旧有六白领合扇，二白拂，臣脱以为疑，不审此当云何？行园苑中乘舆，出篱门外乘舆鸣角，皆相仍如此，非止于带神州者，未审此当云何？方有行来，不可失衷。"上答曰："仪刀、捉刀，不应省也。侠毂、白直，乃可共百四五十以还正是耳。亦不曾闻人道此。吾自不使诸王无仗，况复汝耶？在私园苑中乘此非疑。郊外鸣角及合扇并拂，先乃有，不复施用，此来甚久。凡在镇自异还京师，先广州乃立鼓吹，交部遂有华事，随时而改，亦复有可得依旧者。汝若有疑，可与王俭诸人量衷，但令人臣之仪无失便行也。"

又启曰："臣拙知自处，暗于疑访，常见素姓扶诏或著布属，不意为异。臣在西朝拜王，仪饰悉依宋武陵事例，有二郸扇，仍此下都，脱不为疑；小儿奴子，并青布袴衫，臣斋中亦有一人，意谓外庶所服，不疑与羊车相类。曲荷慈旨，令悉改易。臣昔在边镇，不无羽卫，自归朝以来，便相分遣，侠毂、白直，格置三百许人，臣顷所引，不过一百。常谓京师诸王不烦牵仗，若郊外远行，此所不论。有仗者非臣一人，所以不容方幅启省，久因王俭备宣下情。臣出入荣显，礼容优泰，第宇华旷，事乖素约，虽宋之遗制，恩处有在，犹深非服之惭。威卫之请，仰希曲照。"上答曰："传诏台家人耳，不足涉嫌。郸扇，吾识及以来未见，故有敕耳。小儿奴子，本非嫌也。吾有所闻，岂容不敕汝知，令物致议耶？吾已有敕，汝一人不省侠毂，但牵之。吾昨不通仗事，俭已道，吾即令答，不烦有此启。须间言，自更一二。"

又启曰："违远侍宴，将逾一纪，忧苦间之，始得开颜。近频侍座，不胜悲喜。沾饮过量，实欲仰示恩狎，令自下知见，以杜游尘。陛下留恩子弟，此情何异，外物政自强生间节，声其厚薄。伏度或未上简。臣前在东田，承恩过醉，实思叹往秋之谤，故言启至切，亦令群物闻之，伏愿已照此心。前侍幸顺之宅，臣依常乘车至仗后，监伺不能示臣可否，便互竞启闻，云臣车逼突黄屋麾旌，如欲相中。推此用意，亦何容易！仰赖慈明，即赐垂敕；不尔，臣终不知暗贻此累。比日禁断整密，此自常理，外声乃云起臣在华林，辄捉御刀，因此更严。度情推理，必不容尔，为复上启知耳。但风尘易至，和会实难，伏愿犹忆臣石头所启，无生间缝。此闲侍无次，略附茹亮口宣。臣由来华素，已具上简，每欲有衷，意虑不周，或有乖常。且臣五十之年，为玩几时，为此亦复不能以理内自制。北第旧邸，本自甚华，臣改修正而已，小小制置，已自仰简。往岁收合得少杂材，并蒙赐故板，启荣内许作小眠斋，始欲成就，皆补接为办，无乖格制，要是柽柏之华，一时新净。东府又有斋，亦为华屋。而臣顿有二处住止，下情窃所未安。讯访东宫玄圃，乃有柏屋，制甚古拙，内中无此斋，臣乃欲坏取以奉太子，非但失之于前，且补接既多，不可见移，亦恐外物或为异论，不审可有垂许送东府斋理否？臣公家住止，率尔可安，臣之今启，实无识意，亦无言者，太子亦不知臣有此屋，政以东宫无，而臣自处之，体不宜尔尔。所启蒙允，臣便当敢成第屋，安之不疑。陛下若不照体臣心，便当永废不修。臣自谓今启非但是自处宜然，实为微臣往事，伏愿必垂降许。伏见诸王举贷，屡降严旨，少拙营生，已应上简。府州郡邸舍，非臣私有，今巨细所资，皆是公润，臣私累不少，未知将来罢州之后，或当不能以不试学营觅以自赡。连年恶疾余，顾影单回，无事畜聚，唯逐手为乐耳。"上答曰："茹亮今启汝所怀及见别纸，汝劳疾亦复那得不动，何意为作烦长启事！凡诸普敕，此意可寻，当不关汝一人也。宜有敕事，吾亦必道，顷见汝自更委悉，书不欲多。屋事慎勿强厝此意，白泽亦当不解何意尔。"

三年，文惠太子讲《孝经》毕，嶷求解太傅，不许。皇孙婚竟，又陈解，诏曰："公惟德惟行，无所厝辞。且鲁且卫，其谁与二？方式范当时，流声史籍，岂容屡秉揭谦，以乖期寄。"嶷常虑盛满，又因宫宴，求解扬州授竟陵王子良。上终不许，曰："毕汝一世，无所多言。"世祖即位后，频发诏拜陵，不果行。遣嶷拜陵，还过延陵季子庙，观沸井，有水牛突部伍，直兵执牛推问，不许，取绢一匹横系牛角，放归其家。为治存宽厚，故得朝野欢心。

四年，唐宇之贼起，启上曰："此段小寇，出于凶愚，天网宏罩，理不足论。但圣明御世，幸可不尔，比藉声听，皆云有由而然。岂得不仰启所怀，少陈心款？山海崇深，臣获保安乐，公私情愿，于此可见。齐有天下，岁月未久，泽沾万民，其实未多，百姓犹险，怀恶者众。陛下曲垂流爱，每存优旨。但顷小大士庶，每以小利奉公，不顾所损者大，搞籍检工巧，督恤简小塘，藏丁匿口，凡诸条制，实长怨府。此目前交利，非天下大计。一室之中，尚不可精，宇宙之内，何可周洗！公家何尝不知民多欺巧，古今政以不可细碎，故不为此，实非乖理。但识理者百有一，陛下弟儿大臣，犹不皆能体理，况复天下悠悠万品！怨积聚党，凶迷相类，止于一处，何足不除？脱复多所，便成纭纭。久欲上启，闲侍无因，谨陈愚管，伏愿特留神思。"上答曰："欺巧那可容！宋世混乱，以为是不？蚊蚁何足为忧，已为义勇所破，官军昨至，今都应散灭。吾政根其不办大耳，亦何时无亡命邪！"后乃诏听复籍注。五年，进位大司马。八年，给皂轮车。寻加中书监，固让。

嶷身长七尺八寸，善持容范，文物卫从，礼冠百僚，每出入殿省，皆瞻望严肃。自以地位隆重，深怀退素，北宅旧有园田之美，乃盛修理之。七年，启求还第，上令世子子廉代镇东府。上数幸嶷第。宋长宁陵隧道出第前路，上曰："我便是人他家墓内寻人。"乃徙其表阙骐驎于东岗上。骐驎及阙，形势甚巧，宋孝武于襄阳致之，后诸帝王陵皆模范而莫及也。永明末，车驾数游幸，唯嶷陪从。上出新林苑，同辇夜归，至宫门，嶷下辇辞出，上曰："今夜行，无使为尉司所呵也。"嶷对曰："京辇之内，皆属臣州，愿陛下不垂过虑。"上大笑。上谋北伐，以虏所献毡车赐嶷。每幸第清除，不复屏人。上敕外监曰："我往大司马第，是还家耳。"嶷妃庾氏常有疾，瘳，上幸嶷邸，后堂设金石乐，宫人毕至。每临幸，辄极日尽欢。嶷谓上曰："古来言愿陛下寿偕南山，或称万岁，此殆近貌言。如臣所怀，实愿陛下极寿百年亦足矣。"上曰："百年复何可得，止得东西一百，于事亦济。"

十年，上封嶷诸子，旧例千户，嶷欲五子俱封，启减人五百户。其年疾笃，表解职，不许，赐钱百万营功德。嶷又启曰："臣自婴今患，亟降天临，医走术官，泉开藏府，慈宠优渥，备极人臣。生年疾迫，遽阴无几。愿陛下审贤与善，极寿苍旻，强德纳和，为亿兆御。臣命违昌数，奄夺恩怜，长辞明世，伏涕呜咽。"薨，年四十九。其日，上再视疾，至薨，乃还宫。诏曰："嶷明哲至亲，勋高业始，德懋王朝，道光区县，奄至霣逝，痛酷抽割，不能自胜，奈何奈何！今便临哭。九命之礼，宜备其制。敛以衮冕之服，温明秘器，命服一具，衣一袭，丧事一依汉东平王故事，大鸿胪持节护丧事，大官朝夕送奠。大司马、太傅二府文武悉停过葬。"

竟陵王子良启上曰："臣闻《春秋》所以称王母弟者，以尊其所重故也。是以礼秩殊品，爵命崇异，在汉则梁王备出警入跸之仪，在晋则齐王具殊服九命之赠。江左以来，尊亲是阙，故衮章之典，废而不传，实由人缺其位，非礼亏省。齐王故事，与今不殊，缔构王业，功迹不异。凡有变革随时之宜者，政缘恩情有轻重，德义有厚薄。若事筹前规，礼无异则。且梁、齐阙令终之美，犹飨褒赠之荣；况故大司马仁和著于天性，孝悌终于立身，节义表于勤王，宽猛彰于御物，奉上无艰勋之貌，接下无毁伤之容！淡矣止于清贞，无喜愠之色；悠然栖于静默，绝驰竞之声。《诗》云'靡不有初，鲜克有终'。夫终之者，理实为难，在于令行，无废斯德。东平乐于小善，河间悦于诗书，勋绩无闻，艰危不涉，尚致卓尔不群，英光万代；况今协赞皇基，经纶霸始，功业高显，清誉逾彰，富贵隆重，廉洁弥峻，等古形今，孰类兹美！臣愚忖度，未有斯例！凡庶族同气，爱睦尚少，岂有仰睹陛下垂友之性若此者乎？共起布衣，俱登天贵；生平游处，何事不同？分甘均味，何珍不等？未常睹貌而天心不欢，见形而圣仪不悦。爰及临危舍命，亲瞻喘息，万分之际，没在圣目，号哭动乎天地，感恸惊乎鬼神，乃至撤膳移寝，坐泣迁旦，神仪损耗，隔宿改容，奉瞻圣颜，谁不悲悚！历古所未闻，记籍所不载。既有若斯之大德，实不可见典服之赠不彰。如其脱致亏忘，追改为烦，不令千载之下，物有遗恨！其德不具美者，尚荷嘉隆之命；况事光先烈者，宁可缺兹盛典！臣恐有识之人，容致此议。且庶族近代桓温、庾亮之类，亦降殊命，伏度天心，已当有在。"

又诏曰："宠章所以表德，礼秩所以纪功。慎终追远，前王之盛策，累行畴庸，列代之通诰。故使持节、都督扬南徐二州诸军事、大司马、领太子太傅、扬州刺史、新除中书监豫章王嶷，体道秉哲，经仁纬义，挺誉于弱龄，发韶风于早日，缔纶霸业之初，翼赞皇基之始，孝睦著于乡闾，忠谅彰乎邦邑。及秉德论道，总牧神甸，七教必荷，六府咸理。振风润雨，无愆于时候；恤民拯物，有笃于矜怀。雍容廊庙之华，仪形列郡之观，神凝自远，具瞻允集。朕友之深，情兼家国。方授以神图，委谘庙胜，缉颂九絃，陪禅五岳，天不慭遗，奄焉薨逝。哀痛伤惜，震恸乎厥心。今先远戒期，龟谋袭吉，宜加茂典，以协徽猷。可赠假黄钺、都督中外诸军事、丞相、扬州牧，绿綟绶，具九服锡命之礼，侍中、大司马、太傅、王如故。给九旒銮辂，黄屋左纛，虎贲班剑百人，辒辌车，前后部羽葆鼓吹，葬送仪依东平王故事。"

嶷临终，召子子廉、子恪曰："人生在世，本自非常，吾年已老，前路几何。居今之地，非心期所及。性不贪聚，自幼所怀，政以汝兄弟累多，损吾暮志耳。无吾后，当共相勉厉，笃睦为先。才有优劣，位有通塞，运有富贫，此自然理，无足以相陵侮。若天道有灵，汝等各自修立，灼然之分无失也。勤学行，守基业，治闺庭，尚闲素，如此足无忧患。圣主储皇及诸亲贤，亦当不以吾没易情也。三日施灵，唯香火、盘水、干饭、酒脯、槟榔而已。朔望菜食一盘，加以甘果，此外悉省。葬后除灵，可施吾常所乘舆扇伞。朔望时节，席地香火、盘水、酒脯、干饭、槟榔便足。虽才愧古人，意怀粗亦有在，不以遗财为累。主衣所余，小弟未婚，诸妹未嫁，凡应此用，本自茫然，当称力及时，率有为办。事事甚多，不复甲乙。棺器及墓中，勿用余物为后患也。朝服之外，唯下铁环刀一口。作冢勿令深，一一依格，莫过度也。后堂楼可安佛，供养外国二僧，余皆如旧。与汝游戏后堂船乘，吾所乘牛马，送二宫及司徒，服饰衣裘，悉为功德。"子廉等号泣奉行。

世祖哀痛特至，至冬乃举乐宴朝臣，上虚欷流涕。诸王邸不得起楼临瞰宫掖，上后登景阳，望见楼悲感，乃敕毁之。薨后，第库无见钱，世祖敕货杂物服饰得数万，起集善寺，月给第见钱百万，至上崩乃省。

嶷性泛爱，不乐闻人过失，左右有投书相告，置靴中，竟不视，取火焚之。斋库失火，烧荆州还贷，评直三千余万，主局各杖数十而已。群史中南阳乐蔼、彭城刘绘、吴郡张稷最被亲礼。蔼与竟陵王子良笺曰："道德以可久传声，风流以浸远腾称。虽复青简缔芳，未若玉石之不朽；飞翰图藻，岂伊雕篆之无沫。丞相冲粹表于天真，渊照殆乎机象。经邦纬民之范，体国成务之规，故以业茂惟贤，功高则哲。神辉眇邈，睿算不追，感缠奉车，恨百留滞。下官凤禀名节，恩义軫慕，望墴结哀，辄欲率荆、江、湘三州僚吏，建碑垄首，庶徽猷有述，茂则方存。昔子香淳德，留铭江介，鉅平遗烈，堕泪汉南，况道尊前往，惠积联绵者哉！下官今便反假，无由躬事刊斫，须至西州鸠集所资，托中书侍郎刘绘营办。"

蔼又与右率沈约书曰："夫道宣余烈，竹帛有时先朽；德孚遗事，金石更非后亡。丞相独秀生民，傍照日月。标胜丘园，素履穆于忠义；誉应华衮，功迹著于弼谐。无得而称，理绝照载。若夫日用阒寂，虽无取于锱铢；岁功宏达，谅有寄于衡石。窃承贵州士民，或建碑表，俾我荆南，阅感无地。且作纪江、汉，道基分陕，衣冠礼乐，咸被后昆。若其望碑尽礼，我州之旧俗，倾厢罢肆，鄙土之遗风，庶几弘规或不泯坠。荆、江、湘三州策名不少，并欲各率毫厘，少申景慕。斯文之托，历选惟疑，必待文蔚辞宗，德金茂履，非高明而谁？岂能骋无愧之辞，酬式瞻之望！吾西州穷士，一介寂寥，恩周荣誉，泽遍衣食。永惟道荫，日月就远，缅寻遗烈，触目崩心。常谓福齐南山，庆钟仁寿。吾侪小人，贻尘帷盖，岂图一旦，遂投此请。"约答曰："丞相风道弘旷，独秀生民，凝猷盛烈，方轨伊、旦。愁遗之感，朝野同悲。承当刊石纪功，传垂千载，宜须盛述，实允来谈。郭有道汉末之匹夫，非蔡伯喈不足以偶三绝，谢安石素族之台辅，时无丽藻，迄乃有碑无文。况文献王冠冕葬伦，仪形宇内，自非一世辞宗，难或与比。约间闲鄙人，名不入弟，欻酬今旨，便是以礼许人，闻命惭颜，已不觉汗之沾背也。"建武中，第二子子恪托约及太子詹事孔稚珪为文。

子廉字景蔼。初，嶷养鱼复侯子响为世子，子廉封永新侯，千户。子响还本，子廉为世子。除宁朔将军、淮陵太守，太子中舍人，前军将军。善抚诸弟子。十一年卒，赠侍中，谥哀世子。

第三子子操，泉陵侯。王侯出身官无定，准素姓三公长子一人为员外郎。建武中，子操解褐为给事中，自此齐末皆以为例。永泰元年，南康侯子恪为吴郡太守，避王敬则难奔归，以子操为宁远将军、吴郡太守。永元中，为黄门郎。义师围城，子操与弟宜阳侯子光卒于尚书都座。

第四子子行，洮阳侯，早卒。

子元琳嗣，今上受禅，诏曰："褒隆往代，义炳彝则。朕当此乐推，思弘前典。豫章王元琳、故巴陵王昭胄子同，齐氏宗国，高、武嫡胤，宜祚井邑，以传世祀。降新淦县侯，五百户。"

史臣曰：楚元王高祖亚弟，无功汉世，东平宪王辞位永平，未及光武之业，梁父惑于胜、诡，安平心隔晋运。蕃辅贵盛，地实高危，持满戒盈，鲜能全德。豫章宰相之器，诚有天真，因心无矫，率由远度，故能光赞二祖，内和九族，实同周氏之初，周公以来，则未知斯匹也。

赞曰：堂皇烈考，德迈前踪。移忠以孝，植友惟恭。帝载初造，我王奋庸。邦家有阙，我王弥缝。道深日用，事缉民雍。爰传余祀，声流景钟。

卷二十三　　列传第四

褚渊 渊弟澄 徐嗣　　王俭

褚渊，字彦回，河南阳翟人也。祖秀之，宋太常。父湛之，骠骑将军，尚宋武帝女始安哀公主。渊少有世誉，复尚文帝女南郡献公主，姑侄二世相继。拜驸马都尉，除著作佐郎，太子舍人，太宰参军，太子洗马，秘书丞。湛之卒，渊推财与弟，唯取书数千卷。袭爵都乡侯。历中书郎，司徒右长史，吏部郎。宋明帝即位，加领太子屯骑校尉，不受。迁侍中，知东宫事。转吏部尚书，寻领太子右卫率，固辞。

司徒建安王休仁南讨义嘉贼，屯鹊尾，遣渊诣军，选将帅以下勋阶得自专决。事平，加骁骑将军。薛安都以徐州叛虏，频寇淮、泗，遣渊慰劳北讨众军。渊还启帝言："盱眙以西，戎备单寡，宜更配衣。汝阴、荆亭并已围逼，安丰又已不守，寿春众力，止足自保。若使游骑扰寿阳，则江外危迫。历阳、瓜步、钟离、义阳皆须实力重戍，选有干用者处之。"

帝在藩，与渊以风素相善。及即位，深相委寄，事皆见从。改封雩都县伯，邑五百户。转侍中，领右卫将军，寻迁散骑常侍，丹阳尹。出为吴兴太守，常侍如故。增秩千石，固辞增秩。

明帝疾甚，驰使召渊，付以后事。帝谋诛建安王休仁，渊固谏，不纳。复为吏部尚书，领常侍、卫尉如故，不受，乃授右仆射，卫尉如故。渊以母年高羸疾，晨昏须养，固辞卫尉，不许。明帝崩，遗诏以为中书令、护军将军，加散骑常侍，与尚书令袁粲受命，辅幼主。渊同心共理庶事，当奢侈之后，务弘俭约，百姓赖之。接引宾客，未尝骄倨。王道隆、阮佃夫用事，奸赂公行，渊不能禁也。

遭庶母郭氏丧，有至性，数日中，毁顿不可复识。期年不盥栉，惟哭泣处乃见其本质焉。诏断哭，禁吊客。葬毕，起为中军将军，本官如故。

元徽二年，桂阳王休范反，渊与卫将军袁粲入卫宫省，镇集众心。渊初为丹阳，与从弟炤同载出，道逢太祖，渊举手指太祖车谓炤曰："此非常人也。"出为吴兴，太祖饷物别，渊又谓之曰："此人材貌非常，将来不可测也。"及顾命之际，引太祖豫焉。太祖既平桂阳，迁中领军，领南兖州，增户邑。太祖固让，与渊及卫军袁粲书曰："下官常人，志不及远。随推斥，妄践非涯，才轻任重，夙宵冰惕。近值国危，含气同奋，况在下官，宁吝身命！履冒锋炭，报效恒理，而褒嘉之典，偏见甄沐，贵登端戎，秩加爵土，瞻言霄衢，魂神震坠。下官奉上以诚，率性无矫，前后悉荷，未尝固让。至若今授，特深惶迫。实以衔恩先旨，义兼陵阙，识蔽防萌，宗戚构祸，引诮归咎，既已腼颜，乃复乘灾求幸，藉乱取贵，斯实国家之耻，非臣子所忍也。且荣不可滥，宠不可昧，乞蠲中候，请亭增邑，庶保止足，输效淮湄。如使伐匈奴，凯归反斾，以此受爵，不复固辞矣。"渊、粲答曰："来告颖亮，敬挹无已。谦贬居心，深承足饰，此诚此旨，久著物外；况复造席舒衿，迂翰绪意，推情顾己，信足书绅。但今之所宜商榷，必以轻重相推。世惟多难，事属雕弊，四维匡扰，边氓未安，国家费广，府藏须备，北狄侵边，忧虞交切。宇内含识，尚为天下危心，相与共荷任寄若此，当可稍修廉退不？求之怀抱，实谓不可。了其不可，理无固执。且勍寇穷凶，势过原燎，蚌逆仓卒，终古未闻。常时惧惑，当虑先定，结垒新亭，枕戈待敌：断决之策，实有由然。锋镝初交，元恶送首，总律制奇，判于此举。裂邑万户，登爵槐鼎，亦何足少酬勋劳，粗塞物听！今以近侍禁旅，进升中候，乘平陋隧，取此非叨。济、河昔所履牧，镇军秩不逾本，详校阶序，愧在未优，就加冲损，特亏朝制。奉职数载，同舟无几，刘领军峻节霜明，临危不顾，音迹未晞，奄成今古。迷途失偶，恸不及悲。戎谋内寄，恒务倍急，秉操辞荣，将复谁委？诚惟军柄所期。自增茂圭社，誓贯朝廷，匹夫里语，尚欲信厚，君令必行，逡巡何路！凡位居物首，功在众先，进退之宜，当与众共。苟殉独善，何以处物！受不自私，弥见至公，表里详究，无而不可。想体殊常，深思然纳。"太祖乃受命。

其年，渊加尚书令、侍中，给班剑二十人，固让令。三年，进爵为侯，增邑千户。服阕，改授中书监，侍中、护军如故，给鼓吹一部。明年，渊后嫡母吴郡公主薨，毁瘠如初，葬毕，诏摄职，固辞。又以期祭礼及，表解职，并不许。

苍梧酷暴稍甚，太祖与渊及袁粲言世事。粲曰："主上幼年微过易改，伊、霍之事，非季代所行，纵使功成，亦终无全地。"渊默然，归心太祖。及废苍梧，群公集议，袁粲、刘秉既不受任，渊曰："非萧公无以了此。"手取书授太祖。太祖曰："相与不肯，我安得辞！"事乃定。顺帝立，改号卫将军、开府仪同三司，侍中如故。甲仗五十人入殿。沈攸之事起，袁粲怀贰，太祖召渊谋议。渊曰："西夏衅难，事必无成。公当先备其内耳。"太祖密为其备。事平，进中书监、司空，本官如故。

齐台建，渊白太祖引何曾自魏司徒为晋丞相，求为齐官，太祖谦而不许。建元元年，进位司徒，侍中、中书监如故。封南康郡公，邑三千户。渊固让司徒。与仆射王俭书，欲依蔡谟事例。俭以非所宜言，劝渊受命，渊终不就。

渊美仪貌，善容止，俯仰进退，咸有风则。每朝会，百僚远国使莫不延首目送之。宋明帝尝叹曰："褚渊能迟行缓步，便持此得宰相矣。"寻加尚书令，本官如故。二年，重申前命为司徒，又固让。

是年旱动，上欲发王公已下无官者为军，渊谏以为无益实用，空致扰动，上乃止。朝廷机事，多与谘谋，每见从纳，礼遇甚重。上大宴集，酒后谓群臣曰："卿等并宋时公卿，亦当不言我应得天子。"王俭等未及答，渊敛板曰："陛下不得言臣不早识龙颜。"上笑曰："吾有愧文叔，知公为朱祐久矣。"

渊涉猎谈议，善弹琵琶。世祖在东宫，赐渊金镂柄银柱琵琶。性和雅有器度，不妄举动。宅尝失火，烟焰甚逼，左右惊扰，渊神色怡然，索舆来徐去。轻薄子颇以名节讥之，以渊眼多白精，谓之"白虹贯日"，言为宋氏亡征也。

太祖崩，遗诏以渊为录尚书事。江左以来，无单拜录者，有司疑立优策。尚书王俭议，以为："见居本官，别拜录，推理应有策书，而旧事不载。中朝以来，三公王侯，则优策并设，官品第二，策而不优。优者褒美，策者兼明委寄。尚书职居天官，政化之本，〔故〕尚书令品虽第三，拜必有策。录尚书品秩不见，而总任弥重，前代多与本官同拜，故不别有策。即事缘情，不容均之凡僚，宜有策书，用申隆寄。既异王侯，不假优文。"从之。寻增渊班剑为三十人，五日一朝。顷之寝疾。上相星连有变，渊忧之，表逊位。又因王俭及侍中王晏口陈于世祖，世祖不许。又启曰："臣顾惟凡薄，福过灾生，未能以正情自安，远惭彦辅。既内怀耿介，便觉晷刻难推。叨职未久，首岁便婴疾笃，尔来沈瘤，频经危殆，弥深忧震。陛下曲存迟回，或谓金议同异，此出于留慈每过，爱欲其荣。臣年四十有八，叨忝若此，以疾陈逊，岂骇听察！总录之任，江左罕授，上邻亚台，升降盖微。今受禄弗辞，退绌斯愿，于臣名器，非曰贬少。万物耳目，皎然共见，宁足仰延圣虑，稍垂矜惜。臣若内饰廉誉，外循谦后，此则宪书行劾，刑网是肃。臣赤诚不能行，亦幽明所不宥。区区寸心，归启以实。自吝寸阴，实愿万倍尧世。昔王弘固请，乃以司徒为卫将军，宋氏行之不疑，当时物无异议。以臣方之，曾何足说。伏愿恢阐宏猷，赐开亭造，则臣死之日，犹生之年。"乃改授司空，领骠骑将军，侍中、录尚书如故。

上遣侍中王晏、黄门郎王秀之问疾。薨，家无余财，负债至数十万。诏曰："司徒奄至薨逝，痛怛恸怀，比虽尫瘵，便力出临哭。给东园秘器，朝服一具，衣一袭，钱二十万，布二百匹，蜡二百斤。"时司空掾以渊未拜，疑应为吏敬不？王俭议："依《礼》，妇在涂，闻夫家丧，改服而入。今掾属虽未服勤，而吏节禀于天朝，宜申礼敬。"司徒府史又以渊既解职，而未恭后授，府犹应上服以不？俭又议："依中朝士孙德祖从乐陵迁于陈留，未入境，卒，乐陵郡吏依见君之服，陈留迎吏依娶女有吉日齐衰吊，司徒府史宜依居官制服。"

又诏曰："夫褒德所以纪民，慎终所以归厚。前王盛典，咸必由之。故侍中、司徒、录尚书事、新除司空、领骠骑将军、南康公渊，履道秉哲，鉴识弘旷。爰初弱龄，清风夙举；登庸应务，具瞻允集。孝友著于家邦，忠贞彰于亮采。佐命先朝，经纶王化，契阔屯夷，绸缪终始。总录机衡，四门惟穆，谅以同规往古，式范来今。谦光弥远，屡陈降挹，权从高旨，用亏大猷。将登上列，永翼声教。天不慭遗，奄焉薨逝。朕用震恸于厥心。其赠公太宰，侍中、录尚书、公如故。给节，加羽葆鼓吹，增班剑为六十人。葬送之礼，悉依宋太保王弘故事。谥曰文简。"

先是庶姓三公辒车，未有定格。王俭议官品第一，皆加幰络，自渊始也。又诏渊妻宋故巴西主埏隧暂启，宜赠南康郡公夫人。

长子贲，字蔚先。解褐秘书郎。升明中，为太祖太尉从事中郎，司徒右长史，太傅户曹属，黄门郎，领羽林监，齐世子中庶子，领翊军校尉。建元初，仍为宫官，历侍中。渊薨，服阕，见世祖，贲流涕不自胜。上甚嘉之，以为侍中，领步兵校尉，左民尚书、散骑常侍、秘书监，不拜。六年，上表称疾，让封与弟蓁。世以为贲恨渊失节于宋室，故不复仕。永明七年卒，诏赐钱三万，布五十匹。

蓁字茂绪。永明中，解褐为员外郎，出为义兴太守。八年，改封巴东郡侯。明年，表让封还贲子霁，诏许之。建武末，为太子詹事，度支尚书，领军将军。永元元年，卒，赠太常，谥穆。渊弟澄。

澄字彦道。初，湛之尚始安公主，薨，纳侧室郭氏，生渊；后尚吴郡公主，生澄。渊事主孝谨，主爱之。湛之亡，主表渊为嫡。澄尚宋文帝女庐江公主，拜驸马都尉。历官清显。善医术。建元中，为吴郡太守，豫章王感疾，太祖召澄为治，立愈。寻迁左民尚书。渊薨，澄以钱万一千就招提寺赎太祖所赐渊白貂坐褥，坏作裘及缨；又赎渊介帻犀导及渊常所乘黄牛。永明元年，为御史中丞袁彖所奏，免官禁锢，见原。迁侍中，领右军将军，以勤谨见知。其年卒。澄女为东昏皇后。永元元年，追赠金紫光禄大夫。

时东阳徐嗣，医术妙。有一伧父冷病积年，重茵累褥，床下设炉火，犹不差。嗣为作治，盛冬月，令伧父裸身坐石上，以百瓶水，从头自灌。初与数十瓶，寒战垂死，其子弟相守垂泣。嗣令满数。得七八十瓶后，举体出气如云蒸，嗣令彻床去被，明日，立能起行。云此大热病也。又春月出南篱门戏，闻篁屋中有呻吟声，嗣曰："此病甚重，更二日不治，必死。"乃往视。一姥称举体痛，而处处有黮黑无数，嗣还煮升余汤送令服之，姥服竟，痛愈甚，跳投床者无数，须臾，所黮黯处皆拔出钉长寸许，乃以膏涂诸疮口,三日而复,云此名钉疽也。事验甚多,过于澄矣。

王俭,字仲宝,琅琊临沂人也。祖昙首,宋右光禄。父僧绰,金紫光禄大夫。俭生而僧绰遇害,为叔父僧虔所养。数岁,袭爵豫宁侯,拜受茅土,流涕呜咽。幼有神彩,专心笃学,手不释卷。丹阳尹袁粲闻其名,言之于明帝,尚阳羡公主,拜驸马都尉。帝以俭嫡母武康公主同太初巫蛊事,不可以为妇姑,欲开冢离葬,俭因人自陈,密以死请,故事不行。解褐秘书郎,太子舍人,超迁秘书丞。上表求校坟籍,依《七略》撰《七志》四十卷,上表献之,表辞甚典。又撰定《元徽四部书目》。

母忧,服阕为司徒右长史。《晋令》,公府长史著朝服,宋大明以来著朱衣。俭上言宜复旧,时议不许。苍梧暴虐,俭忧惧,告袁粲求出,引晋新安主婿王献之为吴兴例,补义兴太守。还为黄门郎,转吏部郎。升明二年,迁长兼侍中,以父终此职,固让。

俭察太祖雄异,先于领府衣裾,太祖为太尉,引为右长史,恩礼隆密,专见任用。转左长史。及太傅之授,俭所唱也。少有宰相之志,物议咸相推许。时大典将行,俭为佐命,礼仪诏策,皆出于俭,褚渊唯为禅诏文,使俭参治之。齐台建,迁右仆射,领吏部,时年二十八。太祖从容谓俭曰:"我今日以青溪为鸿沟。"对曰:"天应民顺,庶无楚、汉之事。"建元元年,改封南昌县公,食邑二千户。明年,转左仆射,领选如故。

上坏宋明帝紫极殿,以材柱起宣阳门。俭与褚渊及叔父僧虔连名上表谏曰:"臣闻德者身之基,俭者德之舆。春台将立,晋卿秉议;北宫肇构,汉臣尽规。彼二君者,或列国常侯,或守文中主,尚使谏净在义即悦,况陛下圣哲应期,臣等职司隆重,敢藉前诰,窃乃有心!陛下登庸宰物,节省之教既诏;龙衮璀极,简约之训弥远。乾华外构,采椽不斫,紫极故材,为宣阳门,臣等未譬也。夫移心疾于股肱,非良医之美;畏影迹而驰骛,岂静处之方?且又三农在日,千轸咸事,辍望岁之勤,兴土木之役,非所以宣昭大猷,光示遐迩。若以门居宫南,重阳所属,年月稍久,渐就沦胥,自可随宜修理而合度。改作之烦,于是乎息。所启谬合,请付外施行。"上手诏酬纳。

宋世外六门设竹篱,是年初,有发白虎樽者,言"白门三重关,竹篱穿不完"。上感其言,改立都墙。俭又谏,上答曰:"吾欲令后世无以加也。"朝廷初基,制度草创,俭识旧事,问无不答。上叹曰:"《诗》云'维岳降神,生甫及申。'今亦天为我生俭也。"

其年,俭固请解选,表曰:"臣远寻往古,近察身事,遐恩幸藉,未见其伦。何者?子房之遇汉后,公达之逢魏君,史籍以为美谈,君子称其高义。二臣才堪王佐,理非曲私,两主专仗威武,有伤宽裕,岂与庸流之人,凭含弘之泽者同年而语哉!预在有心,胡宁无感!如使倾宗殒元,有益尘露,犹当毕志驱驰,仰酬万一,岂容稍在形饰,以徇常人!九流任要,风猷所先,玉石朱素,由斯而定。臣亦不谓文案之间都无微解,至于品裁臧否,特所未闲。虽存自勖,识不副意,兼窃而任,彼此俱塞,专情本官,庶几仿佛。且前代掌选,未必具在代来,何为于今,非臣不可?倾心奉国,匪躯退让之与;预同休戚,宁俟位任为亲。陛下若不以此理赐期,岂仰望于殊眷。频冒严威,分甘尤戾。"见许。加侍中,固让,复散骑常侍。

上曲宴群臣数人,各使效伎艺。褚渊弹琵琶,王僧虔弹琴,沈文季歌《子夜》,张敬儿舞,王敬则拍张。俭曰:"臣无所解,唯知诵书。"因跪上前诵相如《封禅书》。上笑曰:"此盛德之事,吾何以堪之!"后上使陆澄诵《孝经》,自"仲尼居"而起。俭曰:"澄所谓博而寡要,臣请诵之。"乃诵《君子之事上》章。上曰:"善!张子布更觉非奇也。"寻以本官领太子詹事,加兵二百人。

上崩,遗诏以俭为侍中、尚书令、镇军将军。世祖即位,给班剑二十人。永明元年,进号卫军将军。参掌选事。二年,领国子祭酒、丹阳尹,本官如故。给鼓吹一部。三年,领国子祭酒。叔父僧虔亡,俭表解职,不许。又领太子少傅,本州中正,解丹阳尹。旧太子敬二傅同,至是朝议接少傅以宾友之礼。是岁,省总明观,于俭宅开学士馆,悉以四部书充俭家,又诏俭以家为府。四年,以本官领吏部。俭长礼学,谙究朝仪,每博议,证引先儒,罕有其例。八座丞郎,无能异者。令史谘事,宾客满席,俭应接铨序,傍无留滞。十日一还学,监试诸生,巾卷在庭,剑卫令史仪容甚盛。作解散髻,斜插帻簪,朝野慕之,相与放效。俭常谓人曰:"江左风流宰相,唯有谢安。"盖自比也。世祖深委仗之,士流选用,奏无不可。

五年,即本号开府仪同三司,固让。六年,重申前命。先是诏俭三日一还朝,尚书令史出外谘事;上以往来烦数,复诏俭还尚书下省,月听十日出外。俭启求解选,不许。七年,乃上表曰:"臣比年辞选,具简天明,款言彰于侍接,丹诚布于朝野,物议不以为非,圣心未垂矜纳。臣闻知慧不如明时,求之微躬,实允斯义。妄庸之人,沈浮无取,命偶休泰,遂践康衢。秋叶辞条,不假风飙之力;太阳跻景,无俟萤爝之辉。晦往明来,五德递运,圣不独治,八元亮采。臣逢其时,而叨其位,常总端右,呕管铨衡,事涉两朝,岁绵一纪。盛年已老,孙孺巾冠。人物徂迁,逝者将半。三考无闻,九流寂寞。能官之咏,辍响于当时;《大车》之刺,方兴于来日。若夫珥貂衣衮之贵,四辅六教之华,诚知匪服,职务差简,端揆星重,犹可勉励。至于品藻之任,尤惧其阻。凤宵罄竭,屡试无庸。岁月之久,近世罕比。非唯悔吝在身,故乃惟尘及国。方今多士盈朝,群才竞爽,选众而授,古亦何人。冒陈微翰,必希天照。至敬无文,不敢烦黩。"见许。改领中书监,参掌选事。其年疾,上亲临视。薨,年三十八。

吏部尚书王晏启及俭丧,上答曰:"俭年德富盛,志用方隆;岂意暴疾,不展救护,便为异世。奄忽如此,痛酷弥深!其契阔艰运,义重常怀,言寻悲切,不能自胜。痛矣奈何!往矣奈何!"诏卫军文武及台所兵仗可悉停待葬。又诏曰:"慎终追远,列代通规,褒德纪勋,弥崚恒策。故侍中、中书令、太子少傅、领国子祭酒、卫军将军、开府仪同三司南昌公俭,体道秉哲,风宇渊旷,肇自弱龄,清猷自远;登朝应务,民望斯属。草昧皇基,协隆鼎祚。

宏谟盛烈，载铭彝篆。及赞朕躬，徽绩光茂。忠图令范，造次必彰。四门允穆，百揆时序。宗臣之重，情寄兼常。方正位论道，永厘衮职，弼兹景化，以赞隆平；天不慭遗，奄焉薨逝，朕用震恸于厥心。可追赠太尉，侍中、中书监、公如故。给节，加羽葆鼓吹，增班剑为六十人。葬礼依故太宰文简公褚渊故事。冢墓材官营办。谥文宪公。"

俭寡嗜欲，唯以经国为务，车服尘素，家无遗财。手笔典裁，为当时所重。少撰《古今丧服集记》并文集，并行于世。今上受禅，下诏为俭立碑，降爵为侯，千户。

俭弟逊，升明中为丹阳丞，告刘秉事，不蒙封赏。建元初为晋陵太守，有怨言。俭虑为祸，因褚渊启闻。中丞陆澄依事举奏。诏曰："俭门世载德，竭诚佐命，特降刑书，宥逊以远。"徙永嘉郡，道伏诛。

史臣曰：褚渊、袁粲，俱受宋明帝顾托，粲既死节于宋氏，而渊逢兴运，世之非责渊者众矣。臣请论之：夫汤、武之迹，异乎尧、舜，伊、吕之心，亦非稷、契。降此风规，未足为证也。自金、张世族，袁、杨鼎贵，委质服义，皆由汉氏，膏腴见重，事起于斯。魏氏君临，年祚短促，服褐前代，宦成后朝。晋氏登庸，与之从事，名虽魏臣，实为晋有，故主位虽改，臣任如初。自是世禄之盛，习为旧准，羽仪所隆，人怀羡慕，君臣之节，徒致虚名。贵仕素资，皆由门庆，平流进取，坐至公卿，则知殉国之感无因，保家之念宜切。市朝亟革，宠贵方来，陵阙虽殊，顾昵如一。中行、智伯，未有异谋。褚渊当泰始初运，清涂已显，数年之间，不患无位，既以民望而见引，亦随民望而去之。夫爵禄既轻，有国常选，恩非己独，责人以死，斯故人主之所同谬，世情之过差也。

赞曰：猗欤褚公，德素内充。民誉不爽，家称克隆。从容佐世，贻议匪躬。文宪济济，辅相之体。称述霸王，纲维典礼。期寄两朝，绸缪宫陛。

卷二十四　　列传第五

柳世隆　张瑰

柳世隆，字彦绪，河东解人也。祖凭，冯翊太守。父叔宗，早卒。世隆少有风器。伯父元景，宋大明中为尚书令，独赏爱之，异于诸子。言于孝武帝，得召见。帝曰："三公一人，是将来事也。"海陵王休茂为雍州，辟世隆为迎主簿。除西阳王抚军法曹行参军，出为虎威将军、上庸太守。帝谓元景曰："卿昔以虎威之号为随郡，今复以授世隆，使卿门世不绝公也。"元景为景和所杀，世隆以在远得免。

泰始初，诸州反叛，世隆以门祸获申，事由明帝，乃据郡起兵，遣使应朝廷。弘农人刘僧骜亦聚众应之。收合万人，奄至襄阳万山，为孔道存所破，众皆奔散，仅以身免，逃藏民间，事平乃出。还为尚书仪曹郎，明帝嘉其义心，发诏擢为太子洗马，出为宁远将军、巴西梓潼太守。还为越骑校尉，转建平王镇北谘议参军，领南泰山太守，转司马、东海太守，入为通直散骑常侍。寻为晋熙王安西司马，加宁朔将军。时世祖为长史，与世隆相遇甚欢。

太祖之谋渡广陵也，令世祖率众下，同会京邑，世隆与长流萧景先等戒严待期，事不行。是时朝廷疑惮沈攸之，密为之防，府州器械，皆以素蓄。世祖将下都，刘怀珍白太祖曰："夏口是兵冲要地，宜得其人。"太祖纳之，与世祖书曰："汝既入朝，当须文武兼资人与汝意合者，委以后事，世隆其人也。"世祖举世隆自代。转为武陵王前军长史、江夏内史、行郢州事。

升明元年冬，攸之反，遣辅国将军中兵参军孙同、宁朔将军中兵参军武宝、龙骧将军骑兵参军朱君拔、宁朔将军沈惠真、龙骧将军骑兵参军王道起三万人为前驱，又遣司马冠军刘攘兵领宁朔将军外兵参军公孙方平、龙骧将军骑兵参军朱灵真、沈僧敬、龙骧将军高茂二万人次之，又遣辅国将军王灵秀、丁珍东、宁朔将军中兵参军王弥之、宁朔将军外兵参军杨景穆二千匹骑分兵出夏口，据鲁山。攸之乘轻舸从数百人先大军下住白螺洲，坐胡床以望其军，有自骄色。既至郢，以郢城弱小不足攻，遣人告世隆曰："被太后令，当暂还都。卿既相与奉国，想得此意。"世隆使人答曰："东下之师，久承声问。郢城小镇，自守而已。"攸之将去，世隆遣军于西渚挑战，攸之果怒，令诸军登岸烧郢邑，筑长围攻道，顾谓人曰："以此攻城，何城不克！"昼夜攻战，世隆随宜拒应，众皆披却。

世祖初下，与世隆别，曰："攸之一旦为变，焚夏口舟舰沿流而东，则坐守空城，不可制也。虽留攻城，不可卒拔。卿为其内，我为其外，乃无忧耳。"至是，世祖遣军主桓敬、陈胤叔、苟元宾等八军据西塞，令坚壁以待贼疲。虑世隆危急，遣腹心胡元直潜使入郢城通援军消息，内外并喜。

尚书符曰：

沈攸之出自垅亩，寂寥累世，故司空沈公以从父宗荫，爱之若子，羽翼吹嘘，得升官次。景和昏悖，猜畏柱臣，而攸之凶忍，趣利乐祸，请衔诏旨，躬行反噬。又攸之与谭金、童泰壹等暴宠狂朝，并为心膂，同功共体，世号"三侯"，当时亲昵，情过管、鲍。仰遭革运，凶党俱戮，攸之反善图全，用得自免。既杀从父，又虐良朋，虽吕布贩君，郦寄卖友，方之斯人，未足为酷。

泰始开辟，网漏吞舟，略其凶险，取其搏噬，故阶乱获全，因祸兴福。

攸之禀性空浅，躁而无谋。浓湖土崩，本非己力；彭城、下邳，望旗宵遁，再弃王师，久应肆法。值先帝有其回溪之耻，冀有封崤之捷，故得幸会推迁，频烦显授，内端戎禁，外绥万里。圣去鼎湖，远颁顾命，托寄崇深，义感金石。而攸之始奉国讳，喜形于颜，普天同哀，己以为庆。

累登蕃岳，自郢迁荆。晋熙王以皇弟代镇，地尊望重,攸之断割候迎,肆意陵略。料择士马,简算器械,权拨精锐,并取自随。郢城所留,十不遗一。专恣卤夺,罔顾国典。

践荆已来,恒用奸数,既怀异志,兴造无端。乃蹙迫群蛮,骚扰山谷,扬声讨伐,尽户上丁;蚁聚郢邑,伺国衰盛,从来积年,求不解甲。遂四野百县,路无男人,耕田载租,皆驱女弱。自古酷虐,未闻于此。

昔岁桂阳内衅,宗庙阽危。攸之任官上流,兵强地广,勤王之举,实宜悉行;裁遣羸弱,不满三千,至郢州禀受节度,欲令判否之日,委罪晋熙。

招诱剑客,羁绊行侣,窜叛入境,辄加拥护,逋亡出界,必遣穷追。

视吏若仇,遇民如草,峻太半之赋,暴参夷之刑,鞭箠国士,全用虏法。一人逃亡,阖宗捕逮。皇朝赦令,初不遵奉,旷荡之泽,长隔彼州,人怀怨望,十室而九。

今乃举兵内侮,奸回外炽,斯实恶熟罪成之辰,决痈溃疽之日。幕府过荷朝寄,义百常愤,董御元戎,龚行天罚。

今遣新除使持节郢州司州之义阳诸军事平西将军郢州刺史闻喜县开国侯黄回、员外散骑常侍辅国将军骁骑将军重安县开国子军主王敬则、屯骑校尉长寿县开国男军主王宜与、屯骑校尉陈承叔、右军将军葛阳县开国男彭文之、骠骑行参军振武将军邵宰,精甲二万,冲其首筛。又遣散骑常侍游击将军湘南县开国男吕安国、持节宁朔将军越州刺史孙昙瓘、屯骑校尉宁朔将军崔慧景、宁朔将军左军将军新亭侯任候伯、龙骧将军虎贲中郎将军尹略、屯骑校尉南城令曹虎头、辅国将军骁骑将军萧顺之、新除宁朔将军游击将军下邳县开国子垣崇祖等,舳舻二万,骆驿继迈。又遣屯骑校尉袁元宾、抚军参军郭文考、抚军中兵参军程旋儁、奉朝请诸袭光等,轻艓一万,截其津要。骁骑将军周盘龙、后军将军成买、辅国将军王敕勤、屯骑校尉王洪范,铁骑五千,步道继进,先据陆路,断其走伏。持节、督雍梁二州郢州之竟陵司州之随郡诸军事、征虏将军、宁蛮校尉、雍州刺史、襄阳县开国侯、新除镇军将军张敬儿,志节慷慨,卷甲樊、邓,水步俱驰,破其巢窟。持节、督司州诸军事、征虏将军、司州刺史、领义阳太守、范阳县侯姚道和,义烈梗概,投袂方隅,风驰电掩,袭其辐重。万里建旆,四方飞斾,莫不总率众师,云翔雷动。人神同愤,远迩并心。

今皇上圣明,将相仁爱,约法三章,宽刑缓赋,年登岁阜,家给人足,上有惠民之泽,下无乐乱之心。攸之不识天时,妄图大逆,举无名之师,驱仇怨之众,是以朝野审其易取,含识判其成禽。

彼土士民,罹毒日久,今复相逼迫,投赴锋刃。交战之日,兰艾难分,去就在机,望思先晓。无使一人迷疑,而九族就祸也。弘宥之典,有如皎日。

郢城既不可攻,而平西将军黄回军至西阳,乘三层舰,作羌胡伎,溯流而进。攸之素失人情,本逼以威力,初发江陵,已有叛者,至是稍多。攸之日夕乘马历营抚慰,而去者不息。攸之大怒,召诸军主曰:"我被太后令,建义下都,大事若克,白纱帽共著耳;如其不振,朝廷自诛我百口,不关余人。比年人叛散,皆卿等不以为意。我亦不能问叛身,自今军中有叛者,军主任其罪。"于是一人叛,遣十人追,并去不反。莫敢发觉,咸有异计。刘攘兵射书与世隆许降,世隆开门纳之。攘兵烧营而去,火起乃觉。攸之怒,衔须咀之。收攘兵兄子天赐、女婿张平虏斩之。军旅大散。攸之渡鲁山岸,犹有数十匹骑自随。宣令军中曰:"荆州城中大有钱,可相与还取,以为资粮。"郢城未有追军,而散军畏蛮抄,更相聚结,可二万人,随攸之,将至江陵,乃散。世隆乃遣军副刘僧驎道追之。

攸之已死,征为侍中。仍迁尚书右仆射,封贞阳县侯,邑二千户。出为左将军、吴郡太守,加秩中二千石。丁母忧。太祖践阼,起为使持节、都督南豫司二州诸军事、平南将军、南豫州刺史,进爵为公。上手诏与司徒褚渊曰:"向见世隆毁瘠过甚,殆欲不可复识,非直使人恻然,实亦世珍国宝也。"渊答曰:"世隆至性纯深,哀过乎礼。事陛下在危尽忠,丧亲居忧,杖而后起,立人之本,二理同极。加荣增宠,足以厉俗敦风。"

建元二年,进号安南将军。是时虏寇寿阳,上敕世隆曰:"历阳城大,恐不可卒治,正宜断隔之,深为保固。处分百姓,若不将家守城,单身亦难可委信也。"寻又敕曰:"吾更历阳外城,若有贼至,即勒百姓守之,故应胜割弃也。"垣崇祖既破虏,上欲罢并二豫,敕世隆曰:"比思江西萧索,二豫两办为难。议者多云省一足一于事为便。吾谓非乃乖谬。卿以为云何?可具以闻。"寻授后将军、尚书右仆射,不拜。

世隆性爱涉猎,启太祖借秘阁书,上给二千卷。

三年,出为使持节、督南兖兖徐青冀五州军事、安北将军、南兖州刺史。江北畏虏寇,摇动不安。上敕世隆曰:"比有北信,贼犹治兵在彭城,年已垂尽,或当未必送死。然豺狼不可以理推,为备或不可懈。彼郭既无关要,用宜开除,使去金城三十丈政佳耳。发民治之,无嫌。若作三千人食者,已有几米?可指牒付信还。民间若有丁多而细口少者,悉令戍,非疑也。"又敕曰:"昨夜得北使启,钟离间贼已渡淮,既审送死,便当制加剿扑。卿好参候之,有急令诸小戍还镇,不可贼至不觉也。贼既过淮,不容迩退散,要应有处送死者,定攻寿阳,吾当遣援军也。"又遣军助世隆,并给军粮。虏退,上欲土断江北,又敕世隆曰:"吕安国近在西,土断郢、司二境上杂民,大佳,民始无惊恐。近又令垣豫州断其州内,商得崇祖启事,已竟,近无云云,殊称前代旧意。卿视兖部中可行此事不?若无所扰,春便就手也。"其见亲委如此。

世祖即位,加散骑常侍。世隆善卜,别龟甲,价至一万。永明建号,世隆题州斋壁曰"永明十一年",谓典签李党曰:"我不见也。"入为侍中、护军将军,迁尚书右仆射,领太子右率,雍州大中正,不拜,改授散骑常侍,尚书左仆射，中正如故。湘州蛮动，遣世隆以本官总督伐蛮众军，仍为使持节、都督湘州诸军事、镇南将军、湘州刺史，常侍如故。世隆至镇，以方略讨平之。在州立邸治生，为中丞庾杲之所奏，诏原不问。复入为尚书左仆射，领卫尉，不拜。仍转尚书令。

世隆少立功名，晚专以谈义自业。善弹琴，世称柳公双璅，为士品第一。常自云马矟第一，清谈第二，弹琴第三。在朝不干世务，垂帘鼓琴，风韵清远，甚获世誉。以疾逊位，改授侍中，卫将军，不拜，转左光禄大夫，侍中如故。

九年，卒，时年五十。诏给东园秘器，朝服一具，衣一袭，钱一十万，布三百匹，蜡三百斤。又诏曰："故侍中左光禄大夫贞阳公世隆，秉德居业，才兼经纬。少播清徽，长弘美誉。入参内禁，出赞西牧，专寄郢郊，克挫巨猾，超越前勋，功著一代。及总任方州，民颂宽德，翼教崇闳，朝称元正。忠谟嘉猷，简于朕心，雅志素履，邈不可逾。将登兹味，用燮鸿化，奄至薨殒，震恸良深。赠司空，班剑三十人，鼓吹一部，侍中如故。谥曰忠武。"上又敕吏部尚书王晏曰："世隆虽抱疾积岁，志气未衰，冀医药有效，痊差可期。不谓一旦便为异世，痛怛之深，此何可言。其昔在郢，诚心夙悃，全保一蕃，勋业克著。寻准契阔，增泣悲咽。卿同在情，亦当无已已耶！"

世隆晓数术，于倪塘创墓，与宾客践履，十往五往，常坐一处。及卒，墓正取其坐处焉。著《龟经秘要》二卷行于世。

长子悦，早卒。

张瓌，字祖逸，吴郡吴人也。祖裕，宋金紫光禄大夫。父永，右光禄大夫。晓音律，宋孝武问永以太极殿前钟声嘶，永答"钟有铜滓"。乃扣钟求其处，凿而去之，声遂清越。瓌解褐江夏王太尉行参军，署外兵，随府转为太傅五官，为义恭所遇。迁太子舍人，中书郎，骠骑从事中郎，司徒右长史。初，永拒桂阳贼于白下，溃散，阮佃夫等欲加罪，太祖固申明之，瓌由此感恩自结。转通直散骑常侍，骁骑将军。遭父丧，还吴持服。

升明元年，刘秉有异图，弟遐为吴郡，潜相影响。因沈攸之事难，聚众三千人，治攻具。太祖密遣殿中将军卞白龙令瓌取遐。诸张世有豪气，瓌宅中常有父时旧部曲数百。遐召瓌，瓌伪受旨，与叔恕领兵十八人入郡，与防郡队主强弩将军郭罗云进中斋取遐，遐逾窗而走，瓌部曲顾宪子手斩之，郡内莫敢动者。献捷，太祖以告领军张冲，冲曰："瓌以百口一掷，出手得卢矣。"即授辅国将军、吴郡太守，封瓌义成县侯，邑千户。太祖故以嘉名锡之。除冠军将军、东海东莞二郡太守，不拜。建元元年，增邑二百户。寻改封平都。迁侍中，加领步兵校尉。二年，迁都官尚书，领校尉如故。出为征虏将军、吴兴太守。三年，乌程令顾昌玄有罪，瓌坐不纠，免官。明年，为度支尚书。

世祖即位，为冠军将军、鄱阳王北中郎长史、襄阳相、行雍州府州事，随府转征虏长史。四年，仍为持节、督雍梁南北秦四州郢州之竟陵司州之随郡诸军事、辅国将军、雍州刺史，寻领宁蛮校尉。还为左民尚书，领右军将军，迁冠军将军、大司马长史。十年，转太常。自陈衰疾，愿从闲养。明年，转散骑常侍、光禄大夫。顷之，上欲复用瓌，乃以为后将军、南东海太守，秩中二千石，行南徐州府州事，又行河东王国事。到官，复称疾，还为散骑常侍、光禄大夫。

郁林即位，加金章紫绶。隆昌元年，给亲信二十人。郁林废，朝臣到宫门参承高宗，瓌托脚疾不至。海陵立，加右将军。高宗疑外蕃起兵，以瓌镇石头，督众军事。瓌见朝廷多难，遂恒卧疾。建武元年，转给事中、光禄大夫，亲信如故。月加给钱二万。二年，虏盛，诏瓌以本官假节督广陵诸军事、行南兖州事，虏退乃还。

瓌居室豪富，伎妾盈房，有子十余人，常云"其中要应有好者"。建武末，屡启高宗还吴，见许。优游自乐。或有讥瓌衰暮畜伎，瓌曰："我少好音律，老而方解。平生嗜欲，无复一存，唯未能遣此处耳。"

高宗疾甚，防疑大司马王敬则，以瓌素重干略，授平东将军、吴郡太守，以为之备。及敬则反，瓌遣将吏三千人迎拒于松江，闻敬则军鼓声，一时散走，瓌弃郡逃民间。事平，瓌复还郡，为有司所奏，免官削爵。永元初，为光禄大夫。寻加前将军，金章紫绶。三年，义师下，东昏假瓌节，戍石头。义师至新亭，瓌弃城走还宫。梁初复为光禄。天监四年卒。

史臣曰：文以附众，武以立威，元帅之才，称为国辅。沈攸之十年治兵，白首举事，荆楚上流，方江东下。斯驱除之巨难，帝王之大敌。柳世隆势居中夏，年浅位轻，首抗全师，孤城挑攻，临埤授策，曾无汗马。劲寇乖沮，力屈于高堞；乱辙争先，降奔郢路。陆逊之破玄德，不是过也。及世道清宁，出牧内佐，体之以风素，居之以雅德，固兴家之盛美也。

赞曰：忠武匡赞，实号兼资。庙堂析理，高垒搴旗。游艺善术，安弦拂龟。义成祚土，功立帝基。

卷二十五　　列传第六

垣崇祖　张敬儿

垣崇祖，字敬远，下邳人也。族姓豪强，石虎世，自略阳徙之于邺。曾祖敞，为慕容德伪吏部尚书。祖苗，宋武征广固，率部曲归降，仍家下邳，官至龙骧将军、汝南新蔡太守。父询之，积射将军，宋孝武世死事，赠冀州刺史。

崇祖年十四，有干略，伯父豫州刺史护之谓门宗曰："此儿必大成吾门，汝等不及也。"刺史刘道隆辟为主簿，厚遇之。除新安王国上将军。景和世，道隆求出为梁州，启转崇祖为义阳王征北行参军，与道隆同行，使还下邳召募。

明帝立，道隆被诛。薛安都反，明帝遣张永、沈攸之北讨，安都使将裴祖隆、李世雄据下邳。祖隆引崇祖共拒战，会青州援军主刘弥之背逆归降，祖隆士众沮败，崇祖与亲近数十人夜救祖隆，与俱走还彭城。虏既陷徐州，崇祖仍为虏将游兵琅邪间不复归，虏不能制。密遣人于彭城迎母，欲南奔，事觉，虏执其母为质。崇祖妹夫皇甫肃兄妇，薛安都之女，故虏信之。肃仍将家属及崇祖母奔朐山，崇祖因将部曲据之，遣使归命。太祖在淮阴，板为朐山戍主，送其母还京师，明帝纳之。

朐山边海孤险，人情未安。崇祖常浮舟舸于水侧，有急得以入海。军将得罪亡叛，具以告虏。虏伪圉城都将东徐州刺史成固公始得青州，闻叛者说，遣步骑二万袭崇祖，屯洛要，去朐山城二十里。崇祖出送客未归，城中惊恐，皆下船欲去。崇祖还，谓腹心曰："贼比拟来，本非大举，政是承信一说，易遣诳之。今若得百余人还，事必济矣。但人情一骇，不可敛集。卿等可急去此二里外大叫而来，唱'艾塘义人已得破虏，须戍军速往，相助逐退'。"船中人果喜，争上岸。崇祖引入据城，遣羸弱入岛，令人持两炬火登山鼓叫。虏参骑觇其军备甚盛，乃退。崇祖启明帝曰："淮北士民，力屈胡虏，南向之心，日夜之冀。崇祖父伯并为淮北州郡，门族布在北边，百姓所信，一朝啸咤，事功可立。第名位尚轻，不足威众，乞假名号，以示远近。"明帝以为辅国将军、北琅邪兰陵二郡太守。亡命司马从之谋袭郡，崇祖讨捕斩之。数陈计算，欲克复淮北。时虏声当寇淮南，明帝以问崇祖。崇祖因启："宜以轻兵深入，出其不意，进可立不世之勋，退可绝其窥觎之患。"帝许之。崇祖将数百人入虏界七百里，据南城，固蒙山，扇动郡县。虏率大众攻之，其别将梁湛母在虏，虏执其母，使湛告部曲曰："大军已去，独住何为！"于是众情离阻，一时奔退。崇祖谓左右曰："今若俱退，必不获免。"乃住后力战，大败追者而归。以久劳，封下邳县子。泰豫元年，行徐州事，徙戍龙沮，在朐山南。崇祖启断水注平地，以绝虏马。帝以问刘怀珍，云可立。崇祖率将吏塞之，未成。虏主谓伪彭城镇将平阳公曰："龙沮若立，国之耻也，以死争之。"数万骑掩至。崇祖马槊陷阵不能抗，乃筑城自守。会天雨十余日，虏乃退。龙沮竟不立。历旴眙、平阳、东海三郡太守，将军如故。转邵陵王南中郎司马，复为东海太守。

初，崇祖遇太祖于淮阴，太祖以其武勇，善待之。崇祖谓皇甫肃曰："此真吾君也！吾今逢主矣，所谓千载一时。"遂密布诚节。元徽末，太祖忧虑，令崇祖受旨即以家口托皇甫肃，勒数百人将入虏界，更听后旨。会苍梧废，太祖召崇祖领部曲还都，除游击将军。沈攸之事平，以崇祖为持节、督兖青冀三州诸军事，累迁冠军将军、兖州刺史。太祖践阼，谓崇祖曰："我新有天下，夷虏不识运命，必当动其蚁众，以送刘昶为辞。贼之所冲，必在寿春。能制此寇，非卿莫可。"徙为使持节、监豫司二州诸军事、豫州刺史，将军如故。封望蔡县侯，七百户。

建元二年，虏遣伪梁王郁豆眷及刘昶马步号二十万，寇寿春。崇祖召文武议曰："贼众我寡，当用奇以制之。当修外城以待敌，城既广阔，非水不固，今欲堰肥水却淹为三面之险，诸君意如何？"众曰："昔佛狸侵境，宋南平王士卒完盛，以郭大难守，退保内城。今日之事，十倍于前。古来相承，不筑肥堰，皆以地形不便，积水无用故也。若必行之，恐非事宜。"崇祖曰："卿见其一，不识其二。若舍外城，贼必据之，外修楼橹，内筑长围，四周无碍，表里受敌，此坐自为擒。守郭筑堰，是吾不谏之策也。"乃于城西北立堰塞肥水，堰北起小城，周为深堑，使数千人守之。崇祖谓长史封延伯曰："虏贪而少虑，必悉力攻小城，图破此堰。见堑狭城小，谓一往可克，当以蚁附攻之。放水一激，急逾三峡，事穷奔透，自然沈溺。此岂非小劳而大利邪？"虏众由西道集堰南，分军东路肉薄攻小城。崇祖著白纱帽，肩舆上城，手自转式。至日晡时，决小史埭。水势奔下，虏攻城之众，漂坠堑中，人马溺死数千人，众皆退走。初，崇祖在淮阴城上，便自比韩信、白起，咸不信，唯上独许之，崇祖再拜奉旨。及破虏启至，上谓朝臣曰："崇祖许为我制虏，果如其言。其恒自拟韩、白，今真其人也。"进为都督号平西将军，增封为千五百户。崇祖闻陈显达李安民皆增给军仪，启上求鼓吹横吹。上敕曰："韩、白何可不与众异！"给鼓吹一部。

崇祖虑虏复寇淮北，启徙下蔡戍于淮东。其冬，虏果欲攻下蔡，既闻内徙，乃扬声平除故城。众疑虏当于故城立戍，崇祖曰："下蔡去镇咫尺，虏岂敢置戍；实欲除此故城。政恐奔走杀之不尽耳。"虏军果夷掘下蔡城，崇祖自率众渡淮与战，大破之，追奔数十里，杀获千计。上遣使入关参虏消息还，敕崇祖曰："卿视吾是守江东而已邪？所少者食，卿但努力营田，自然平殄残丑。"敕崇祖修治芍陂田。

世祖即位，征为散骑常侍、左卫将军。俄诏留本任，加号安西。仍迁五兵尚书，领骁骑将军。初，豫章王有盛宠，世祖在东宫，崇祖不自附结。及破虏，诏使朝见，与共密议。世祖疑之，曲加礼待，酒后谓崇祖曰："世间流言，我已豁诸怀抱，自今已后，富贵见付也。"崇祖拜谢。崇祖去后，上复遣荀伯玉口敕，以边事受旨夜发，不得辞东宫。世祖以崇祖心诚不实，衔之。太祖崩，虑崇祖为异，便令内转。永明元年四月九日，诏曰："垣崇祖凶诉险躁，少无行业。昔因军国多虞，采其一夫之用。大运光启，频烦升擢，溪壑靡厌，浸以弥广。去岁在西，连谋境外，无君之心，已彰遏迹。特加遵养，庶由悛革。而猜贰滋甚，志兴乱阶，随与荀伯玉驱合不逞，窥觎非觊，构扇边荒，互为表里。宁朔将军孙景育究悉奸计，具以启闻。除恶务本，刑兹罔赦。便可收掩，肃明宪辟。"死时年四十四。子惠隆，徙番禺卒。

张敬儿，南阳冠军人也。本名苟儿，宋明帝以其名鄙，改焉。父丑，为郡将军，官至节府参军。敬儿年少便弓马，有胆气，好射虎，发无不中。南阳新野风俗出骑射，而敬儿尤多膂力，求入队为曲阿戍驿将，州差补府将，还为郡马队副，转队主。稍官宁蛮府行参军。随同郡人刘胡领军伐襄阳诸山蛮，深入险阻，所向皆破。又击湖阳蛮，官军引退，蛮贼追者数千人，敬儿单马在后，冲突贼军，数十合，杀数十人，箭中左腋，贼不能抗。平西将军山阳王休祐镇寿阳，求善骑射人。敬儿自占见宠，为长兼行参军，领白直队。泰始初，除宁朔将军，随府转参骠骑军事，署中兵。领军讨义嘉贼，与刘胡相拒于鹊尾州。启明帝乞本郡，事平，为南阳太守，将军如故。初，王玄谟为雍州，土断敬儿家属舞阴，敬儿至郡，复还冠军。三年，薛安都子柏令，环龙等窃据顺阳、广平，略义成、扶风界，刺史巴陵王休若遣敬儿及新野太守刘攘兵攻讨，合战，破走之。徙为顺阳太守，将军如故。南阳蛮动，复以敬儿为南阳太守。遭母丧还家。朝廷疑桂阳王休范，密为之备，乃起敬儿为宁朔将军、越骑校尉。

桂阳事起，隶太祖顿新亭。贼矢石既交，休范白服乘舆往劳楼下，城中望见其左右人兵不多，敬儿与黄回白太祖曰："桂阳所在，备防寡阙，若诈降而取之，此必可擒也。"太祖曰："卿若能办事，当以本州相赏。"敬儿相与出城南，放仗走，大呼称降。休范喜，召至舆侧，回阳致太祖密意，休范信之。回目敬儿，敬儿夺取休范防身刀，斩休范首，休范左右数百人皆惊散，敬儿驰马持首归新亭。除骁骑将军，加辅国将军。太祖以敬儿人位既轻，不欲便使为襄阳重镇。敬儿求之不已，乃微动太祖曰："沈攸之在荆州，公知其欲何所作？不出敬儿以防之，恐非公之利也。"太祖笑而无言，乃以敬儿为持节、督雍梁二州郢司二郡军事、雍州刺史，将军如故，封襄阳县侯，二千户。部伍泊沔口，敬儿乘舴艋过江，诣晋熙王燮。中江遇风船覆，左右丁壮者各泅走，余二小吏没舱下，叫呼"官"，敬儿两掖挟之，随船覆仰，常得水上，如此翻覆行数十里，方得迎接。失所持节，更给之。

沈攸之闻敬儿上，遣人伺觇。见雍州迎军仪甚盛，虑见掩袭，密自防备。敬儿至镇，厚结攸之，信馈不绝。得其事迹，密白太祖。攸之得太祖书翰，论选用方伯密事，辄以示敬儿，以为反间，敬儿终无二心。元徽末，襄阳大水，平地数丈，百姓资财皆漂没，襄阳虚耗。太祖与攸之书，令赈贷之，攸之竟不历意。敬儿与攸之司马刘攘兵情款，及苍梧废，敬儿疑攸之当因此起兵，密以问攘兵，攘兵无所言，寄敬儿马镫一双，敬儿乃为之备。升明元年冬，攸之反，遣使报敬儿，敬儿劳接周至，为设酒食，谓之曰："沈公那忽使君来，君殊可命。"乃列仗于厅事前斩之，集部曲侦攸之下，当袭江陵。

时攸之遗太祖书曰：

吾闻鱼相忘于江湖，人相忘于道术，彼我可谓通之矣。大明之中，谬奉圣主，忝同侍卫，情存契阔，义著断金，乃分帛而衣，等粮而食。值景和昏暴，心烂形燋，若斯之苦，宁可言尽。吾自分碎首于阁下，足下亦惧灭族于舍人。尔时磐石之心既固，义无贰计，蹙迫时难，相引求全。天道矜善，此理不空，结姻之始，实关于厚。及明帝龙飞，诸人皆为鬼矣。吾与足下，得蒙大造，亲过凤眷，遇若代臣，录其心迹，复忝驱使，临崩之日，吾豫在遗托，加荣授宠，恩深位高。虽复情谢古人，粗识忠节，誓心仰报，期之必死。此诚志竟未申遂，先帝登遐，微愿永夺。自尔已来，与足下言面殆绝，非唯分张形迹自然至此，脱枉一告，未常不对纸流涕，岂愿相诮于今哉？苟有所怀，不容不白。

初得贤子赜疏，云得家信，云足下有废立之事。安国宁民，此功巍巍，非吾等常人所能信也。俄奉皇太后假令，云足下潜构深略，独断怀抱，一何能壮。但冠虽弊，不可承足，盖共尊高故耳。足下交结左右，亲行杀逆，以免身患，卿当谓龙逢、比干痴人耳。凡废立大事，不可广谋，但袁、褚遗奇，刘又国之近戚，数臣地籍实为膏腴，人位并居时望，若此不与议，复谁可得共披心胸者哉？昏明改易，自古有之，岂独大宋中屯邪？前代盛典，焕盈篇史，请为足下言之。

群公共议，宜启太后，奉令而行，当以王礼出第。足下乃可不通大理，要听君子之言，岂中冈灭天理，一何若兹？《孝经》云"资于事父以事君"。纵为宗社大计，不尔，宁不识有君亲之意邪？乃复危以家危，唊以爵赏，小人无状，遂行弑害。吾虽寡识，窃求古比，岂有为臣而有近日之事邪？使一旦荼毒，身首分离，生自可恨，死者何罪？且有登斋之赏，此科出于何文？凡在臣隶，谁不愤骇！华夷扣心，行路泣血。乃至不殡，使流虫在户，自古以来，此例有几？卫国微小，故有弘演，不图我宋，独无其人。抚膺惆怅，不能自已。足下与向之杀者何异？人情易反，还成嗟悲，为子君者，无乃难乎！蹊田之譬，岂复有异？管仲有言，君善未尝不谏。足下谏诤不闻，甘崔杼之罪，何恶逆之苦！昔太甲还位，伊不自疑。昌邑之过，不可称数，霍光荷托，尚共议于朝班，然后废之。由有汤沐之施，论者不以劫主为名。桓温之心，未忘于篡，海西失道，人伦顿尽，废之以公，犹礼处之。当温强盛，谁能相抗，尚畏惧于形迹，四海不惬，未尝有乐推之者。伊尹、霍光，名高于臣节，桓氏亦得免于胁夺，凡是诸事，布于书策，若此易晓，岂待指掌！卿常言纪迹夷、叔，如何一旦行过桀、跖邪？

圣明启运，苍生重造，普天率土，谁不歌抃！实是披心罄节、奉公忘私之日，而卿大收宫妓，劫夺天藏，器械金宝，必充私室，移易朝旧，布置私党，被甲入殿，内外宫阁管籥，悉关家人。吾不知子孟、孔明遗训如此？王、谢、陶、庾行此举止？且朱方帝乡，非亲不授，足下非国戚也，一旦专纵自树，云是儿守台城，父居东府，一家两录，何以异此？知卿防固重复，猜畏万端，言以御远，实为防内。若德允物望，夷貉犹可推心共处；如其失理乖道，金城汤池无所用也。文长以戈戟自卫，何解灭亡。吴起有云"义礼不修，舟中之人皆仇也。"足下既无伍员之痛，苟怀贪悢而有贼宋之心，吾宁捐申包之节邪？

闻求忠臣者必出孝子之门，卿忠孝于斯尽矣。今窃天府金帛以行奸惠，盗国权爵以结人情，且授非其理，合我则赏，此事已复不可恒用，用之既讫，恐非忠策。且受者不感，识者不知，不能遏奸折谋，诚节慨惋。隔阂数千，无因自对，不能知复何情颜，当与足下叙平生旧款？吾闻前哲绝交，不出恶言，但此自陈名节于胸心，因告别于千载。放笔增叹，公私潜泪，想不深怪往言。然天下耳目，岂伊可诬！抑亦当自知投杖无疆，为必先及。

太祖出顿新亭，报攸之书曰：

辱足下诮书，交道不终，为耻已足。欲下便来，何故多罔君子？吾结发人仕，岂期远大，盖感子路之言，每不择官而宦。逮文帝之世，初被圣明鉴赏；及孝武之朝，复蒙英主顾眄。因此感激，未能自反。及与足下敛衽定交，款著分好，何尝不劝慕古人国士之心，务重前良忠贞之节？至于契阔杯酒，殷勤携袖，荐女成姻，志相然诺，义信之笃，谁与间之！又乃景和陵虐，事切忧畏，明帝正位，运同休显，启臆论心，安危岂贰！元徽之季，听高道庆邪言，欲相讨伐，发威施敕，已行外内。于时臣子钳口，道路以目。吾以分交义重，患难宜均，犯陵白刃，以相任保。悖主手敕，今封送相示。岂不畏威，念周旋之义耳。推此阴惠，何愧怀抱，不云足下猥含祸詖。前遣王思文所牒朝事，盖情等家国，共详衷否，虚心小大，必以先输。问张雍州迁代之日，将欲谁拟？本是逆论来事，非欲代张，乃封此示张，激使见怒。若张惑一言，果兴怨恨，事负雅素，君子所不可为，况张之奉国，忠亮有本，情之见与，意契不贰邪？又张雍州启事，称彼中蛮动，兼民遭水患，敕令足下思经拯之计。吾亦有白，论国如家，布情而往，每思虚达。事之相接，恒必猜离。反谓无故遣信，此乃觇察。平谅之襟，动则相阻，伤负心期，自谁作股？先时足下遣信，寻盟敦旧，厉以笃终，吾止附还白，申罄情本，契然远要，方固金石。今日举措，定是谁恶久言邪？

元徽末德，势亡禋祀，足下备闻，无待亟述。太后惟忧，式遵前诰，兴毁之略，事属鄙躬。黜昏树明，实惟前则，宁宗静国，何愧前修？废立有章，足下所允，冠弊之讥，将以何语？封为郡王，宁为失礼？景和无名，方之不愈乎？龙逢自匹夫之美，伊、霍则社稷之臣，同异相乘，非吾所受也。登斋有赏，寿寂已蒙之于前；同谋获功，明皇亦行之于昔。此则接踵成事，谁敢异之！谓其大收宫女，劫夺天藏，器械金宝，必充私室。必若虚据市虎，亦可不翅此言；若以此诈民，天下岂患无眼？心苟无瑕，非所欣介。甲仗之授，事既旧典，岂见有任镇邦家，勋经定主，而可得出入轻单，不资宠卫？斯之患虑，岂直身忧。祗奉此恩，职惟事理。朱方之牧，公卿佥意，吾亦谓微勋之次，无忝一州。且魏、晋旧事，帝乡蕃职，何尝豫州必曹，司州必马？折胶受柱，在体非愧。袁粲据石头，足下无不可；吾之守东府，来告便谓非。动容见疾，颇笑入戾，乃如是乎！

袁粲、刘秉，受遇深重，家国既安，不思抚镇，遂与足下表里潜规，据城之夜，岂顾社稷。幸天未长乱，宗庙有灵，即与褚卫军协谋义断，以时殄灭。想足下闻之，怅然孤沮。小儿忝侍中，代来之泽，遇直上台，便呼一家两录。发不择言，良以太甚。吾之方寸，古列共言，乃以陶、庾往贤，大见讥责，足下自省，讵得以此见贻邪？比纵夷、叔，论吾则可，行过桀、跖，无乃近诬哉！

谓吾不朝，此则良诲，朝之与否，想更问之。足下受先帝之恩施，拥戎西州，鼎湖之日，率土载奔，而宴安中流，酣饮自若，即怀狼望，陵侮皇朝。晋熙殿下以皇弟代镇，而断割候迎，罔蔑宗子，驱略士马，悉以西上，郢中所遗，仅余劣弱。昔征茅不入，犹动义师；况荆州物产，雍、嶲、交、梁之会，自足下为牧，荐献何品？良马劲卒，彼中不无，良皮美麖，商赂所聚，前后贡奉，多少何如？唯闻太官时纳饮食耳。桂阳之难，坐观成败，自以雍容汉南，西伯可拟。赖原即天世，非望亦消。又招集逋亡，断遏行侣。治舟试舰，恒以朝廷为旗的；秣马案剑，常愿天下有风尘。为人臣者，固若是邪？至乃不遵制书，敕下如空，国思莫行，命令拥隔，诏除郡县，辄自板代，罢官去职，禁还京师。凶人出境，无不千里寻踪，而反募台将，来必厚加给赏。太妃遣使市马，赍宝往蜀，足下悉皆断折，以为私财，此皆远迩共闻，暴于视听。主上睿明当璧，宇县同庆，绝域奉贽，万国通书，而盘桓百日，始有单骑，事存送往，于此可征。不朝如此，谁应受诮？反以见呵，非所反侧。今乃勒兵以窥象馆，长戟以指魏阙，不亦为忠臣孝子之所痛心疾首邪？贤子元琰获免虎口，及凌波西迈，吾所发遣。犹推素怀，不畏嗤嗤。

足下尚复灭君臣之纪，况乎布衣之交乎？遂事不谏，既往难咎。今六师西向，为足下忧之。

敬儿告变使至，太祖大喜，进号镇军将军，加散骑常侍，改为都督，给鼓吹一部。攸之于郢城败走，其子元琰与兼长史江乂、别驾傅宣等守江陵城。敬儿军至白水，元琰闻城外鹤唳，谓是叫声，心惧欲走。其夜，乂、宣开门出奔，城溃，元琰奔宠州，见杀。百姓竞相抄兑，敬儿至江陵，诛攸之亲党，没入其财物数十万，悉以入私。攸之于汤渚村自经死，居民送首荆州，敬儿使盾擎之，盖以青伞，徇诸市郭，乃送京师。进号往西将军，爵为公，增邑为四千户。

敬儿于襄阳城西起宅，聚财货。又欲移羊叔子堕泪碑，于其处立台，纲纪谏曰："羊太傅遗德，不宜迁动。"敬儿曰："太傅是谁？我不识也。"敬儿弟恭儿，不肯出官，常居上保村中，与居民不异。敬儿呼纳之甚厚，恭儿月一出视敬儿，辄复去。恭儿本名猪儿，随敬儿改名也。

初，敬儿既斩沈攸之，使报随郡太守刘道宗，聚众得千余人，立营顿。司州刺史姚道和不杀攸之使，密令道宗罢军。及攸之围郢，道和遣军顿堇城为郢援，事平，依例蒙爵赏。敬儿具以启闻。建元元年，太祖令有司奏道和罪，诛之。道和字敬邕，羌主姚兴孙也。父万寿，伪镇东大将军，降宋武帝，卒于散骑侍郎。道和出身为孝武安北行佐，有世名，颇读书史。常谇人云："祖天子，父天子，身经作皇太子。"元徽中为游击将军，随太祖新亭破桂阳贼有功，为抚军司马，出为司州，疑怯无断，故及于诛。

三年，征敬儿为护军将军，常侍如故。敬儿武将，不习朝仪，闻当内迁，乃于密室中屏人学揖让答对，空中俯仰，如此竟日，妾侍窃窥笑焉。太祖即位，授侍中、中军将军。以敬儿秩穷五等，一仍前封。建元二年，迁散骑常侍，车骑将军，置佐史。太祖崩，敬儿于家窃泣曰："官家大老天子，可惜！太子年少，向我所不及也。"遗诏加敬儿开府仪同三司，将拜，谓其妓妾曰："我拜后，应开黄阁。"因口自为鼓声。既拜，王敬则戏之，呼为褚渊。敬儿曰："我马上所得，终不能作华林阁勋也。"敬则甚恨。

敬儿始不识书，晚既为方伯，乃习学读《孝经》、《论语》。于新林慈姥庙为妾乞儿祝神，自称三公。然而意知满足，初得鼓吹，羞便奏之。

初娶前妻毛氏，生子道文。后娶尚氏，尚氏有美色，敬儿弃前妻而纳之。尚氏犹居襄阳宅不自随，敬儿虑不复外出，乃迎家口悉下至都。启世祖，不蒙劳问，敬儿心疑。及垣崇祖死，愈恐惧，妻谓敬儿曰："昔时梦手热如火，而君得南阳郡。元徽中，梦半身热，而君得本州。今复梦举体热矣。"有阉人闻其言，说之。事达世祖。敬儿又遣使与蛮中交关，世祖疑其有异志。永明元年，敕朝臣华林八关斋，于坐收敬儿。敬儿左右雷仲显知有变，抱敬儿而泣。敬儿脱冠貂投地曰："用此物误我。"少日，伏诛。诏曰："敬儿蠢兹边裔，昏迷不修。属值宋季多难，颇获野战之力。拔迹行伍，超登非分。而愚躁无已，矜伐滋深。往莅本州，久苞异志。在昔含弘，庶能惩革。位班三槐，秩穷五等，怀音靡闻，奸回屡构。去岁迄今，嫌贰滋甚。镇东将军敬则、丹阳尹安民每侍接之日，陈其凶狡，必图反噬。朕犹谓恩义所感，本质可移。顷者已来，衅戾遂著，自以子弟在西，足动殊俗，招扇群蛮，规扰樊、夏。假托妖巫，用相震惑，妄设征祥，潜图问鼎。履霜于开运之辰，坚冰于嗣业之世，此而可忍，孰不可容！天道祸淫，逆谋式露。建康民汤天恭商行入蛮，备睹奸计，信驿书翰，证验炳明。便可收掩，式正刑辟；同党所及，特皆原宥。"子道文，武陵内史，道畅，征房中曹，道固弟道休，并伏诛，少子道庆，见宥。后数年，上与豫章王嶷三日曲水内宴，舴艋船流至御坐前覆没，上由是言及敬儿，悔杀之。

恭儿官至员外郎。在襄阳闻敬儿败，将数十骑走入蛮中，收捕不得。后首出，上原其罪。

史臣曰：平世武臣，立身有术，若非愚以取信，则宜智以自免。心迹无阻，乃见优容。崇祖恨结东朝，敬儿情疑鸟尽，嗣运方初，委骨严宪。若情非发愤，事无感激，功名之间，不足为也。

赞曰：崇祖为将，志怀驰逐。规搔淮部，立勋豫牧。敬儿茌雍，深心防楚。岂不劬劳，实兴师旅。烹犬藏弓，同归异绪。

卷二十六　　　　列传第七

王敬则　陈显达

王敬则，晋陵南沙人也。母为女巫，生敬则而胞衣紫色，谓人曰："此儿有鼓角相。"敬则年长，两腋下生乳各长数寸。梦骑五色师子。年二十余，善拍张。补刀戟左右。景和使敬则跳刀，高与白虎幢等，如此五六，接无不中。补侠毂队主，领细铠左右。与寿寂之同弑景和。

明帝即位，以为直阁将军。坐捉刀入殿启事，系尚方十余日，乃复直阁。除奋武将军，封重安县子，邑三百五十户。敬则少时于草中射猎，有虫如乌豆集其身，摘去乃脱，其处皆流血。敬则恶之，诣道士卜，道士曰："不须忧，此封侯之瑞也。"敬则闻之喜，故出都自效，至是如言。

泰始初，以敬则为龙骧将军、军主，随宁朔将军刘怀珍征寿春。殷琰遣将刘从筑四垒于死虎，怀珍遣敬则以千人绕后，直出横塘，贼众惊退。除奉朝请，出补寿阳令。敬则初出都，至陆圭山下，宗侣十余船同发，敬则船独不进，乃令弟人水推之，见一乌漆棺。敬则曰："尔非凡器。若是吉善，使船速进。吾富贵，当改葬尔。"船须臾去。敬则既入县，收此棺葬之。军荒之后，县有一部劫逃紫山中为民患，敬则遣人致意劫帅，可悉出首，当相申论。治下庙神甚酷烈，百姓信之，敬则引神为誓，必不相负。劫帅既出，敬则于庙中设会，于座收缚，曰："吾先启神，若负誓，还神十牛。今不违誓。"即杀十牛解神，并斩诸劫，百姓悦之。迁员外郎。

元徽二年，随太祖拒桂阳贼于新亭，敬则与羽林监陈显达、宁朔将军高道庆乘舸艦于江中迎战，大破贼水军，焚其舟舰。事宁，带南泰山太守，右侠毂主，转越骑校尉，安成王车骑参军。

苍梧王狂虐，左右不自保，敬则以太祖有威名，归诚奉事。每下直，辄往领军府。夜著青衣，扶匐道路，为太祖听察苍梧去来。太祖命敬则于殿内伺机，未有定日。既而杨玉夫等危急殒帝，敬则时在家，玉夫将首投敬则，敬则驰诣太祖。太祖虑苍梧所诳，不开门。敬则于门外大呼曰："是敬则耳。"门犹不开。乃于墙上投进其首，太祖索水洗视，视竟，乃戎服出。敬则从入宫，至承明门，门郎疑非苍梧还，敬则虑人觇见，以刀环塞窒孔，呼开门甚急。卫尉丞颜灵宝窥见太祖乘马在外，窃谓亲人曰："今若不开内领军，天下会是乱耳。"门开，敬则随太祖入殿。明旦，四贵集议，敬则拔白刃在床侧跳跃曰："官应处分，谁敢作同异者！"

升明元年，迁员外散骑常侍、辅国将军、骁骑将军、领临淮太守，增封为千三百户，知殿内宿卫兵事。沈攸之事起，进敬则号冠军将军。太祖入守朝堂，袁粲起兵夕，领军刘韫、直阁将军卜伯兴等于宫内相应，戒严将发。敬则开关掩袭，皆杀之。殿内窃发尽平，敬则之力也。迁右卫将军，常侍如故。增封为二千五百户，寻又加五百户。又封敬则子元迁为东乡侯，邑三百七十户。齐台建，为中领军。太祖将受禅，材官荐易太极殿柱，顺帝欲避土，不肯出宫逊位。明日，当临轩，帝又逃宫内。敬则将舆入迎帝，启譬令出。帝拍敬则手曰："必无过虑，当饷辅国十万钱。"

建元元年，出为使持节、散骑常侍、都督南兖兖徐青冀五州军事、平北将军、南兖州刺史，封寻阳郡公，邑三千户。加敬则妻怀氏爵为寻阳国夫人。二年，进号安北将军。虏寇淮、泗，敬则恐，委镇还都，百姓皆惊散奔走，上以其功臣，不问，以为都官尚书、抚军。寻迁使持节、散骑常侍、安东将军、吴兴太守。郡旧多剽掠，有十数岁小儿于路取遗物，杀之以徇，自此道不拾遗，郡无劫盗。又录得一偷，召其亲属于前鞭之，令偷身长扫街路，久之乃令偷举旧偷自代，诸偷恐为其所识，皆逃走，境内以清。出行，从市过，见屠肉枅，叹曰："吴兴昔无此枅，是我少时在此所作也。"迁护军将军，常侍如故，以家为府。三年，以改葬去职，诏赠敬则母寻阳公国太夫人。改授侍中、抚军将军。太祖遗诏敬则以本官领丹阳尹。寻迁为使持节、散骑常侍、都督会稽东阳新安临海永嘉五郡军事、镇东将军、会稽太守。永明二年，给鼓吹一部。

会土边带湖海，民丁无士庶皆保塘役，敬则以功力有余，悉评敛为钱，送台库以为便宜，上许之。竟陵王子良启曰：

伏寻三吴内地，国之关辅，百度所资。民庶凋流，日有困殆，蚕农罕获，饥寒尤甚，富者稍增其饶，贫者转钟其弊，可为痛心，难以辞尽。顷钱贵物贱，殆欲兼倍，凡在触类，莫不如兹。稼穑难勤，斛直数十，机杼勤苦，匹裁三百。所以然者，实亦有由。年常岁调，既有定期，僮恤所上，咸是见直。东间钱多剪凿，鲜复完者，公家所受，必须员大，以两代一，困于所贸，鞭捶质系，益致无聊。臣昔忝会稽，粗闲物俗，塘丁所上，本不入官。良由陂湖宜壅，桥路须通，均夫订直，民自为用。若甲分毁坏，则年一修改；若乙限坚完，则终岁无役。今郡通课此直，悉以还台，租赋之外，更生一调。致令塘路崩芜，湖原泄散，害民损政，实此为剧。建元初，狡虏游魂，军用殷广。浙东五郡，丁税一千，乃有质卖妻儿以充此限。道路愁穷，不可闻见。所逋尚多，收上事绝，臣登具启闻，即蒙蠲原。而此年租课，三分逋一，明知徒足扰民，实自弊国。愚谓塘丁一条，宜还复旧，在所逋恤，优量原除。凡应受钱，不限大小，仍令在所，折市布帛。若民有杂物是军国所须者，听随价准直，不必一应送钱。于公不亏其用，在私实荷其渥。昔晋氏初迁，江左草创，绢布所直，十倍于今，赋调多少，因时增减。永初中，官布一匹，直钱一千，而民间所输，听为九百。渐及元嘉，物价转贱，私货则束直六千，官受则

匹准五百，所以每欲优民，必为降落。今入官好布，匹堪百余，其四民所送，犹依旧制。昔为刻上，今为刻下，氓庶空俭，岂由不之！救民拯弊，莫过减赋。时和岁稔，尚尔虚乏，傥值水旱，宁可熟念。且西京炽强，实基三辅，东都全固，实赖三河，历代所同，古今一揆。石头以外，裁足自供府州，方山以东，深关朝廷根本。夫股肱要重，不可不恤。宜蒙宽政，少加优养。略其目前小利，取其长久大益，无患民赀不殷，国财不阜也。宗臣重寄，咸云利国，窃如愚管，未见可安。

上不纳。

三年，进号征东将军。宋广州刺史王翼之子妾路氏，刚暴，数杀婢，翼之子法明告敬则，敬则付山阴狱杀之。路氏家诉，为有司所奏，山阴令刘岱坐弃市刑。敬则入朝，上谓敬则曰："人命至重，是谁下意杀之？都不启闻！"敬则曰："是臣愚意。臣知何物科法，见背后有节，便言应得杀人。"刘岱亦引罪，上乃赦之。敬则免官，以公领郡。

明年，迁侍中、中军将军。寻与王俭俱即本号开府仪同三司，俭既固让，敬则亦不即受。七年，出为使持节、散骑常侍、都督豫州郢州之西阳司州之汝南二郡军事、征西大将军、豫州刺史，开府如故。进号骠骑。十一年，迁司空，常侍如故。世祖崩，遗诏改加侍中。高宗辅政，密有废立意，隆昌元年，出敬则为使持节、都督会稽东阳临海永嘉新安五郡军事、会稽太守，本官如故，海陵王立，进位太尉。

敬则名位虽达，不以富贵自遇，危拱傍遑，略不矜裾，接士庶皆吴语，而殷勤周悉。初为散骑使虏，于北馆种杨柳，后员外郎虞长耀北使还，敬则问："我昔种杨柳树，今若大小？"长耀曰："虏中以为甘棠。"敬则笑而不答。世祖御座赋诗，敬则执纸曰："臣几落此奴度内。"世祖问："此何言？"敬则曰："臣若知书，不过作尚书都令史耳，那得今日？"敬则虽不大识书，而性甚警黠，临州郡，令省事读辞，下教判决，皆不失理。

明帝即位，进大司马，增邑千户。台使拜授日，雨大洪注，敬则文武皆失色，一客在傍曰："公由来如此，昔拜丹阳吴兴时亦然。"敬则大悦，曰："我宿命应得雨。"乃列羽仪，备朝服，道引出听事拜受，意犹不自得，吐舌久之，至事竟。

帝既多杀害，敬则自以高、武旧臣，心怀忧恐。帝虽外厚其礼，而内相疑备，数访问敬则饮食体干堪宜，闻其衰老，且以居内地，故得少安。三年中，遣萧坦之将斋仗五百人，行武进陵。敬则诸子在都，忧怖无计。上知之，遣敬则世子仲雄入东安慰之。仲雄善弹琴，当时新绝。江左有蔡邕焦尾琴，在主衣库，上敕五日一给仲雄。仲雄于御前鼓琴作《懊侬曲歌》曰："常叹负情侬，郎今果行诈！"帝愈猜愧。

永泰元年，帝疾，屡经危殆。以张瑰为平东将军、吴郡太守，置兵佐，密防敬则。内外传言当有异处分。敬则闻之，窃曰："东今有谁？祇是欲平我耳！"诸子怖惧，第五子幼隆遣正员将军徐岳密以情告徐州行事谢朓为计，

若同者，当往报敬则。朓执岳驰启之。敬则城局参军徐庶家在京口，其子密以报庶，庶以告敬则五官王公林。公林，敬则族子，常所委信。公林劝敬则急送启赐儿死，单舟星夜还都。敬则令司马张思祖草启，既而曰："若尔，诸郎在都，要应有信，且忍一夕。"其夜，呼像佐文武樗蒲赌钱，谓众曰："卿诸人欲令我作何计？"莫敢先答。防阁丁兴怀曰："官祇应作耳。"敬则不作声。明旦，召山阴令王询、台侍御史钟离祖愿，敬则横刀跂坐，问询等"发丁可得几人？传库见有几钱物？"询答"县丁卒不可上"。祖愿称"传物多未输入"。敬则怒，将出斩之。王公林又谏敬则曰："官是事皆可悔，惟此事不可悔！官讵不更思！"敬则唾其面曰："小子！我作事，何关汝小子！"乃起兵。

上诏曰："谢朓启事腾徐岳列如右。王敬则禀质凶猾，本谢人纲。直以宋季多艰，颇有膂力之用，驱奖所至，遂升荣显。皇运肇基，预闻末议，功非匡国，赏实震主。爵冠执圭，身登衣衮，固以《风雅》作刺，缙绅侧目。而溪谷易盈，鸱枭难改，猜心内骇，丑辞外布。永明之朝，履霜有渐，隆昌之世，坚冰将著，从容附会，朕有力焉。及景历惟新，推诚尽礼，中使相望，轩冕成阴。乃嫌迹愈兴，祸图兹构，收合亡命，结党聚群，外候边警，内伺国隙。元迁兄弟，中萃渊薮，奸契潜通，将谋窃发。朓即姻家，岳又邑子，取据匪他，昭然以信。方、邵之美未闻，韩、彭之衅已积。此而可容，孰寄刑典！便可即遣收掩，肃明国宪。大辟所加，其父子而已；凡诸诖误，一从荡涤。"收敬则子员外郎世雄、记室参军季哲、太子洗马幼隆、太子舍人少安等，于宅杀之。长子黄门郎元迁，为宁朔将军，领千人于徐州击虏，敕徐州刺史徐玄庆杀之。

敬则招集配衣，二三日便发，欲劫前中书令何胤还为尚书令，长史王弄璋、司马张思祖止之。乃率实甲万人过浙江，谓思祖曰："应须作檄。"思祖曰："公今自还朝，何用作此。"敬则乃止。朝廷遣辅国将军前军司马左兴盛、后军将军直阁将军崔恭祖、辅国将军刘山阳、龙骧将军直阁将军马军主胡松三千余人，筑垒于曲阿长冈，右仆射沈文季为持节都督，屯湖头，备京口路。

敬则以旧将举事，百姓担篙荷锸随逐之十余万众。至晋陵，南沙人范脩化杀县令公上延孙以应。敬则至武进陵口，恸哭乘肩舆而前。遇兴盛、山阳二砦，尽力攻之。兴盛使军人遥告敬则曰："公儿死已尽，公持许底作？"官军不敌欲退，而围不开，各死战。胡松领马军突其后，白丁无器仗，皆惊散，敬则军大败。敬则索马，再上不得上，兴盛军容袁文旷斩之，传首。是时上疾已笃，敬则仓卒东起，朝廷震惧。东昏侯在东宫，议欲叛，使人上屋望，见征虏亭失火，谓敬则至，急装欲走。有告敬则者，敬则曰："檀公三十六策，走是上计。汝父子唯应急走耳。"敬则之来，声势甚盛，裁少日而败，时年七十余。封左兴盛新吴县男，崔恭祖遂兴县男，刘山阳湘阴县男，胡松沙冠县男，各四百户，赏平敬则也。又赠公上延孙为射声校尉。

陈显达，南彭城人也。宋孝武世，为张永前军幢主。景和中，以劳历驱使。泰始初，以军主隶徐州刺史刘怀珍北征，累至东海王板行参军，员外郎。泰始四年，封彭泽县子，邑三百户。历马头、义阳二郡太守，羽林监，濮阳太守。

隶太祖讨桂阳贼于新亭垒，刘勔大桁败，贼进杜姥宅。及休范死，太祖欲还卫宫城，或谏太祖曰："桂阳虽死，贼党犹炽，人情难固，不可轻动。"太祖乃止。遣显达率司空参军高敬祖自查浦渡淮缘石头北道入承明门，屯东堂。宫中恐动，得显达至，乃稍定。显达出杜姥宅，大战破贼。矢中左眼，拔箭而镞不出，地黄村潘妪善禁，先以钉钉柱，妪禹步作气，钉即时出，乃禁显达目中镞出之。封丰城县侯，邑千户。转游击将军。寻为使持节、督广交越三州湘州之广兴军事、辅国将军、平越中郎将、广州刺史，进号冠军。

沈攸之事起，显达遣军援台。长史到遁、司马诸葛导谓显达曰："沈攸之拥众百万，胜负之势未可知。不如保境蓄众，分遣信驿，密通彼此。"显达于座手斩之，遣表疏归心太祖。进使持节、左将军。军至巴丘，而沈攸之平。除散骑常侍、左卫将军，转前将军、太祖太尉左司马。齐台建，为散骑常侍、左卫将军，领卫尉。太祖即位，迁中护军，增邑千六百户，转护军将军。显达启让，上答曰："朝廷爵人以序。卿忠发万里，信誓如期，虽屠城殄国之勋，无以相加。此而不赏，典章何在！若必未宜尔，吾终不妄授。于卿数士，意同家人，岂止于君臣邪？过明，与王、李俱祇召也。"上即位后，御膳不宰牲，显达上熊蒸一盘，上即以充饭。

建元二年，虏寇寿阳，淮南江北百姓摇动。上以显达为使持节、散骑常侍、都督南兖兖徐青冀五州诸军事、平北将军、南兖州刺史。之镇，虏退。上敕显达曰："虏经破散后，当无复犯关理。但国家边防，自应过存备豫。宋元嘉二十七年后，江夏王作南兖，徙镇盱眙，沈司空亦以孝建初镇彼，政当以淮上要于广陵耳。卿谓前代此处分云何？今金议皆云卿应据彼地，吾未能决。乃当以扰动文武为劳。若是公计，不得惮之。"事竟不行。

迁都督益宁二州军事、安西将军、益州刺史，领宋宁太守，持节、常侍如故。世祖即位，进号镇西。益部山险，多不宾服。大度村獠，前后刺史不能制，显达遣使责其租赕，獠帅曰："两眼刺史尚不敢调我！"遂杀其使。显达分部将吏，声将出猎，夜往袭之，男女无少长皆杀之。自此山夷震服。广汉贼司马龙驹据郡反，显达又讨平之。

永明二年，征为侍中、护军将军。显达累任在外，经太祖之忧，及见世祖，流涕悲咽，上亦泣，心甚嘉之。

五年，荒人桓天生自称桓玄宗族，与雍、司二州界蛮虏相扇动，据南阳故城。上遣显达假节，率征虏将军戴僧静等水军向宛、叶，雍、司众军受显达节度。天生率虏众万余人攻舞阴，舞阴戍主辅国将军殷公愍击杀其副张麒麟，天生被疮退走。仍以显达为使持节、散骑常侍、都督雍梁南北秦郢州之竟陵司州之随郡军事、镇北将军、领宁蛮校尉、雍州刺史。显达进据舞阳城，遣僧静等先进，与天生及虏再战，大破之，官军还。数月，天生复出攻舞阴，殷公愍破之，天生还窜荒中，遂城、平氏、白土三城贼稍稍降散。

八年，进号征北将军。其年，仍迁侍中、镇军将军，寻加中领军。出为使持节、散骑常侍、都督江州诸军事、征南大将军、江州刺史，给鼓吹一部。

显达谦厚有智计，自以人微位重，每迁官，常有愧惧之色。有子十余人，诫之曰："我本志不及此，汝等勿以富贵陵人！"家既豪富，诸子与王敬则诸儿，并精车牛，丽服饰。当世快牛称陈世子青，王三郎乌，吕文显折角，江瞿昙白鼻。显达谓其子曰："麈尾扇是王谢家物，汝不须捉此自逐。"

十一年秋，虏动，诏屯樊城。世祖遗诏，即本号开府仪同三司。隆昌元年，迁侍中、车骑将军，开府如故，置兵佐。豫废郁林之勋，延兴元年，为司空，进爵公，增邑千户，甲仗五十人入殿。高宗即位，进太尉，侍中如故，改封鄱阳郡公，邑三千户，加兵二百人，给油络车。建武二年，虏攻徐、司，诏显达出顿，往来新亭白下，以为声势。

上欲悉除高、武诸孙，微言问显达，答曰："此等岂足介虑。"上乃止。显达建武世心怀不安，深自贬匿，车乘朽故，导从卤簿，皆用羸小，不过十数人。侍宴，酒后启上曰："臣年已老，富贵已足，唯少枕枕死，特就陛下乞之。"上失色曰："公醉矣。"以年礼告退，不许。

是时虏频寇雍州，众军不捷，失沔北五郡。永泰元年，乃遣显达北讨。诏曰："晋氏中微，宋德将谢，蕃臣外叛，要荒内侮，天未悔祸，左衽乱华，巢穴神州，逆移年载。朕嗣膺景业，踵武前王，静言隆替，思乂区夏。但多难甫夷，恩化肇洽，兴师扰众，非政所先，用戢远图，权缓北略。冀戎夷知义，怀我好音。而凶丑剽狡，专事侵掠，驱扇异类，蚁纂西偏。乘彼自来之资，抚其天亡之会，军无再驾，民不重劳，传檄以定三秦，一麾而臣禹迹，在此举矣。且中原士庶，久望皇威，乞师请援，结轨驰道。信不可失，时当终朝。宜分命方岳，因兹大号。侍中太尉显达，可暂辍槐阴，指授群帅。"中外纂严。加显达使持节，向襄阳。

永元元年，显达督平北将军崔慧景众军四万，围南乡堺马圈城，去襄阳三百里，攻之四十。虏食尽，啖死人肉及树皮。外围既急，虏突走，斩获千计。官军竞取城中绢，不复穷逐。显达入据其城，遣军主庄丘黑进取南乡县，故顺阳郡治也。虏主元宏自领十余万骑奄至，显达引军渡水西据鹰子山筑城，人情沮败。虏兵甚急，军主崔恭祖、胡松以乌布幔盛显达，数人担之，迳道从分碛山出均水口，台军缘道奔退，死者三万余人。左军将张千战死，追赠游击将军。

显达素有威名，著于蛮虏，至是大损丧焉。御史中丞范岫奏免显达官，朝议优诏答曰："昔卫、霍出塞，往往无功，冯、邓入关，有时亏丧。况公规谟肃举，期寄兼深、见可知难，无损威略。方振远图，廓清朔土。虽执宪有常，非所得议。"显达表解职，不许，求降号，又不许。以显达为都督江州军事、江州刺史，镇盆城，持节本官如故。初，王敬则事起，始安王遥光启明帝虑显达为变，欲追军

还，事寻平，乃寝。显达亦怀危怖。及东昏立，弥不乐还京师，得此授，甚喜。寻加领征南大将军，给三望车。

显达闻京师大相杀戮，又知徐孝嗣等皆死，传闻当遣兵袭江州，显达惧祸，十一月十五日，举兵。令长史庾弘远、司马徐虎龙与朝贵书曰：

诸君足下：我太祖高皇帝睿哲自天，超人作圣，属彼宋季，纲纪自顿，应禅从民，遘此基业。世祖武皇帝昭略通远，克纂洪嗣，四关罢崄，三河静尘。郁林海陵，顿孤负荷。明帝英圣，绍建中兴。至乎后主，行悖三才，琴横块席，绣积麻筵，淫犯先宫，秽兴闺闼，皇陛为市廛之所，雕房起征战之门。任非华尚，宠必寒厮。

江仆射兄弟，忠言属荐，正谏繁兴，覆族之诛，于斯而至。故乃犴噬之刑，四剸于海路，家门之衅，一起于中都。萧、刘二领军，并升御座，共禀遗诏，宗戚之苦，谅不足谈，《渭阳》之悲，何辜至此。徐司空历叶忠荣，清简流世，匡翼之功未著，倾宗之罚已彰。沈仆射年在悬车，将念机杖，欢歌园数，绝影朝门，忽招陵上之罚，何万古之伤哉！遂使紫台之路，绝缙绅之俦；缥组之阁，罢金、张之胤。悲哉！蝉冕为贱宠之服，呜呼！皇陛列劫竖之坐。且天人同怨，乾象变错，往岁三州流血，今者五地自动。昔汉池异色，胥王因之见废；吴郡暂震，步生以为奸幸。况事隆于往怪，衅倍于前虑，此而未废，孰不可兴？

王仆射、王领军、崔护军，中维简正，逆念剖心。萧卫尉、蔡詹事、沈左卫，各负良家，共伤时侩。先朝遗旧，志在名节，同列丹书，要同义举。建安殿下秀德冲远，实允神器。昏明之举，往圣流言。今忝役戎驱，亟请乞路。须京尘一静，西迎大驾，歌舞太平，不亦佳哉！裴豫州宿遭诚言，久怀慷慨，计其劲节，已登淮路；申司州志节坚明，分见迎合，总勒偏率，殿我而进；萧雍州、房僧寄并已纂迈，旌鼓将及；南兖州司马崔恭祖壮烈超群，嘉驿屡至，伫听烽谍，共成唇齿；荆郢行事萧、张二贤，莫不案剑餐风，横戈待节。关畿蕃守之俦，孰非义侣！

我太尉公体道合圣，杖德修文，神武横于七伐，雄略震于九纲。是乃从彼英序，还抗社稷。本欲鸣箝细锡，无劳戈刃；但忠党有心，节义难遣。信次之间，森然十万。飞旍咽于九派，列舰迷于三川，此盖捧海浇萤，烈火消冻耳。吾子其择善而从之，无令竹帛空为后人笑也。

朝廷遣后军将军胡松、骁骑将军李叔献水军据梁山；左卫将军左兴盛假节，加征虏将军，督前锋军事，屯新亭；辅国将军骁骑将军徐世摽领兵屯社姥宅。显达率众数千人发寻阳，与胡松战于采石，大破之，京邑震恐。十二月十三日，显达至新林筑城垒，左兴盛率众军为拒战之计。其夜，显达多置屯火于岸侧，潜军渡取石头北上袭宫城，遇风失晓，十四日平旦，数千人登落星岗。新亭军望火，谓显达犹在，既而奔归赴救，宫城南。宫掖大骇，闭门守备。显达马稍从步军数百人，于西州前与台军战，再合，

大胜,手杀数人,稍折,官军继至,显达不能抗,退走至西州乌榜村,为骑官赵潭注悄刺落马,斩之于篱侧,血涌湔篱,似淳于伯之被刑也。时年七十二。显达在江州,遇疾不治,寻而自差,意甚不悦。是冬连大雪,枭首于朱雀,而雪不集之。诸子皆伏诛。

　　史臣曰:光武功臣所以能终其身名者,非唯不任职事,亦以继奉明、章,心尊正嫡,君安乎上,臣习乎下。王、陈拔迹奋飞,则建元、永明之运;身极鼎将,则建武、永元之朝。勋非往时,位逾昔等,礼授虽重,情分不交。加以主猜政乱,危亡虑及,举手捍头,人思自免。干戈既用,诚沦圯上之迹。敌国起于同舟,况又疏于此者也?

　　赞曰:纠纠敬则,临难不惑。功成殿寝,诛我螫贼。显达孤根,应义南蕃。威扬宠盛,鼎食高门。王亏河、兖,陈挫襄、樊。

卷二十七　　列传第八

刘怀珍　李安民　王玄载 弟玄邈

　　刘怀珍,字道玉,平原人,汉胶东康王寄后也。祖昶,宋武帝平齐,以为青州治中,至员外常侍。伯父奉伯,宋世为陈南顿二郡太守。怀珍幼随奉伯至寿阳,豫州刺史赵伯符出猎,百姓聚观,怀珍独避不视,奉伯异之,曰:"此儿方兴吾宗。"本州辟主簿。元嘉二十八年,亡命司马顺则聚党东阳,州遣怀珍将数千人掩讨平之。宋文帝召问破贼事状,怀珍让功不肯当,亲人怪问焉,怀珍曰:"昔国子尼耻陈河间之绖,吾岂能论邦域之捷哉!"时人称之。

　　江夏王义恭出镇盱眙,道遇怀珍,以应对见重,取为骠骑长兼墨曹行参军。寻除振武将军、长广太守。孝建初,为义恭大司马参军、直阁将军。怀珍北州旧姓,门附殷积,启上门生千人充宿卫。孝武大惊,召取青、冀豪家私附得数千人,土人怨之。随府转太宰参军。大明二年,虏围泗口城,青州刺史颜伯请援。孝武遣怀珍将步骑数千赴之,于糜沟湖与虏战,破七城。拜建武将军、乐陵河间二郡太守,赐爵广晋县侯。明年,怀珍启求还,孝武答曰:"边维须才,未宜陈请。"竟陵王诞反,郡豪民王弼劝怀珍应之,怀珍斩弼以闻。孝武大喜,除豫章王子尚车骑参军,加龙骧将军。

　　泰始初,除宁朔将军、东安东莞二郡太守,率龙骧将军王敬则、姜产步骑五千讨寿阳。庐江太守王仲子南奔,贼遣伪庐江太守刘道蔚五千人顿建武涧,筑三城。怀珍遣军主段僧爱等马步三百余人掩击斩之。引军至晋熙,伪太守阎湛拒守,刘子勋遣将王仲虬步卒万人救之,怀珍遣马步三千人袭击仲虬,大破之于莫邪山,遂进寿阳。又遣王敬则破殷琰将刘从等四垒于横塘死虎,怀珍等乘胜逐北,一顿寿春长逻只。宋明帝嘉其功,除羽林监、屯骑校尉,将军如故。怀珍请先平贼,辞让不受。建安王休仁浓湖与贼相持,久未决。明帝召怀珍还,拜前将军,加辅国将军,领军向青山助击刘胡,事平,除游击将军,辅国将军如故。

　　青州刺史沈文秀拒命,明帝遣其弟文炳宣喻,使怀珍领马步三千人随文炳俱行。未至,薛安都引房、徐、兖已没,张永、沈攸之于彭城大败。敕怀珍步从盱眙自淮阴济淮救永等,而官军为虏所逐,相继奔归,怀珍乃还。三年春,敕怀珍权镇山阳。先是明帝遣青州刺史明僧暠北征,僧暠遣将于王城筑垒,以逼沈文秀,堑壁未立,为文秀所破,仍进攻僧暠。帝使怀珍率龙骧将军王广之五百骑,步卒二千人沿海救援,至东海,而僧暠已退保东莱。怀珍进据朐城,众心恟惧,或欲且保郁州。怀珍谓众曰:"卿等传文秀厚赂胡师,规为外援,察其徒党,何能必就左衽。齐士庶见于名义积叶,声介一驰,东莱可飞书而下,何容阻军缓迈止于此邪?"遂进至黔陬。伪高密、平昌二郡太守溃走,怀珍达朝廷意,送致文炳,文秀终不从命,焚烧郭邑。百姓闻怀珍至,皆喜。伪长广太守刘桃根领数千人戍不其城,怀珍引军次洋水。众皆曰:"文秀今游骑满境内,宜坚壁伺隙。"怀珍曰:"今众少粮单,我悬彼固,政宜简精锐,掩其不备耳。"遣王广之将百骑袭陷其城,桃根走。伪东莱太守鞠延僧数百人据城,劫留高丽献使。怀珍又遣宁朔将军明庆符与广之击降延僧,遣高丽使诣京师。文秀闻诸城皆降,乃遣使张灵硕请降,怀珍乃还。

　　其秋,虏遂侵齐,围历城、梁邹二城,游骑至东阳,扰动百姓。冀州刺史崔道固、兖州刺史刘休宾告急。休宾,怀珍从弟也。朝廷以怀珍为使持节、都督徐兖二州军事、辅国将军、平胡中郎将、徐州刺史,封艾县侯,邑四百户,督水步四十余军赴救。二城既没,乃止。改授宁朔将军、竟陵太守,转巴陵王征西司马,领义阳太守。建平王景素为荆州,仍徙右军司马,迁南郡太守,加宁朔将军。明帝手诏怀珍曰:"卿性忠悫,平所仗赖。在彼与年少共事,不可深存受益。景素儿乃佳,但不能接物,颇亦堕事,卿每谏之。"怀珍奉旨。帝寝疾,又诏怀珍曰:"卿不应乃作景素佐,才旧所寄,今征卿参二卫直。"会帝崩,乃为安成王抚军司马,领南高平太守。

　　朝廷疑桂阳王休范,中书舍人王道隆宣旨,以怀珍为冠军将军、豫章太守。怀珍曰:"休范虽有祸萌,安敢便发,若终为寇,必请奉律吞之。今者赐使,恐成猜迫。"固请不就,乃除黄门郎,领虎贲中郎将、青州大中正。桂阳反,加怀珍前将军,守石头。为使持节、督豫司二州郢州之西阳军事、冠军将军、豫州刺史。建平王景素反,怀珍遣子灵哲领兵赴京师。升明元年,进号征虏将军。

　　沈攸之在荆楚,朝议疑惑,怀珍遣冗从仆射张护使郢,致诚于世祖,并陈计策。及攸之起兵,众谓当沿流直下,怀珍谓僚佐曰:"攸之矜躁凤著,虐加楚服,必当阻兵中流,声劫幼主。不敢长驱决胜明矣。"遣子灵哲领马步数千人卫京师。攸之遣使许天保说结怀珍,怀珍斩之,送首于太祖。太祖送示攸之。进号左将军,徙封中宿县侯,增邑六百户。攸之围郢城,怀珍遣建宁太守张谟、游击将军裴仲穆统蛮汉军万人出西阳,破贼前锋公孙方平军数千人，收其器甲。进平南将军，增督南豫、北徐二州，增邑为千户。

初，孝武世，太祖为舍人，怀珍为直阁，相遇早旧。怀珍假还青州，上有白骢马，啮人，不可骑，送与怀珍别。怀珍报上百匹绢。或谓怀珍曰："萧君此马不中骑，是以与君耳。君报百匹，不亦多乎？"怀珍曰："萧君局量堂堂，宁应负人此绢。吾方欲以身名托之，岂计钱物多少。"太祖辅政，以怀珍内资未多，二年冬，征之都官尚书，领前军将军，以第四子宁朔将军晃代为豫州刺史。或疑怀珍不受代，太祖曰："我布衣时，怀珍便推怀投款，况在今日，宁当有异？"晃发经日，而疑论不止。上乃遣军主房灵民领百骑追送晃，谓灵民曰："论者谓怀珍必有异同，我期之有素，必不应尔。卿是其乡里，故遣卿行，非唯卫新，亦以迎故也。"怀珍还，仍授相国右司马。建元元年，转左卫将军，加给事中，改宵城侯，增邑二百户。明年，加散骑常侍。虏寇淮、肥，以本官加平西将军，假节，西屯巢湖，为寿春势援，虏退乃还。

怀珍年老，以禁旅辛勤，求为闲职，转光禄大夫，常侍如故。其冬，虏寇朐山，授使持节、安北将军，本官如故，领兵救援。未至，事宁，解安北、持节。

四年，疾笃，上表解职，上优诏答许，别量所授。其夏，卒，年六十三。遗言薄葬。世祖追赠散骑常侍、镇北将军、雍州刺史，谥曰敬侯。

子灵哲，字文明。解褐王国常侍、行参军，尚书直郎，齐台步兵校尉。建元初，历宁朔将军、临川王前军谘议、庐陵内史、齐郡太守、前军将军。灵哲所生母尝病，灵哲躬自祈祷，梦见黄衣老公曰："可取南山竹笋食之，疾立可愈。"灵哲惊觉，如言而疾瘳。嫡母崔氏及兄子景焕，泰始中没虏，灵哲为布衣，不听乐。及怀珍卒，当袭爵，灵哲固辞以兄子在虏中，存亡未测，无容越当茅土，朝廷义之。灵哲倾产私赎嫡母及景焕，累年不能得。世祖哀之，令北使告虏主，虏主送以还南，袭怀珍封爵。灵哲永明初历护军长史，东中郎谘议，领中直兵，出为宁朔将军、巴西梓潼二郡太守、西阳王左军司马。隆昌元年，卒，年四十九。

李安民，兰陵承人也。祖嶷，卫军参军。父钦之，殿中将军，补薛令。安民随父之县，元嘉二十七年没虏，率部曲自拔南归。太初逆，使安民领支军。降义师，板建威将军，补鲁爽左军。及爽反，安民遹还京师，除领军行参军，迁左卫殿中将军。大明中，虏侵徐、兖，以安民为建威府司马、无盐令，除殿中将军，领军讨汉川互螯贼。

晋安王子勋反，明帝除安民武卫将军、领水军，补建安王司徒城局参军，击赭圻、湖白、荻浦、獭窟，皆捷，除积射将军、军主。张兴世战钱溪，粮尽，为贼所逼。安民率舟乘数百，越贼五城，送米与兴世。伪军主沈仲、王张引军自鳤口欲断江，安民进军合战破之。又击鹊尾、江城，皆有功。事平，明帝大会新亭，劳拔诸军主，樗蒲官赌，安民五掷皆卢，帝大惊，目安民曰："卿面方如田，封侯状也。"安民少时贫婆，有一人从门过，相之曰："君后当大富贵，与天子交手共戏。"至是安民寻此人，不知所在。从张永、沈攸之讨薛安都于彭城，军败，安民在后拒战，还保下邳。除宁朔将军，戍淮阳城。论鳤口功，封邵武县子，食邑四百户。复随吴喜、沈攸之击虏，达睢口，战败，还保宿豫。淮北既没，明帝敕留安民戍角城。除宁朔将军、冗从仆射。戍泗口，领舟军缘淮游防，至寿春。虏遣伪长社公连营十余里寇汝阴，豫州刺史刘勔击退之。虏荆亭戍主升乞奴弃城归降，安民率水军攻前，破荆亭，绝其津逑。迁宁朔将军、冠军司马、广陵太守、行南兖州事。

太祖在淮阴，安民遥相结事，明帝以为疑，徙安民为刘韫冠军司马、宁远将军、京兆太守，又除宁朔将军、司州刺史，领义阳太守，并不拜，重除本职，又不拜，改授宁朔将军、山阳太守。泰始末，淮北民起义欲南归，以安民督前锋军事，又请援接，不克，还。除越骑校尉，复为宁朔将军、山阳太守。三巴扰乱，太守张澹弃涪城走，以安民假节、都督宁蜀军事、辅师将军。五獠乱汉中，敕安民回军至魏兴，事宁，还至夏口。

元徽初，除督司州军事、司州刺史，领义阳太守，假节、将军如故。别敕安民曰："九江须防，边备宜重，今有此授，以增鄢郢之势，无所致辞也。"及桂阳王休范起事，安民出顿，遣军援京师。征授左将军，加给事中。建平王景素作难，冠军黄回、游击将军高道庆、辅国将军曹欣之等皆密遣致诚，而游击将军高道庆领众出讨，太祖虑其有变，使安民及南豫州刺史段佛荣行以防之。安民至京口，破景素军于葛桥。景素诛，留安民行南徐州事。城局参军王迥素为安民所亲，盗绢二匹，安民流涕谓之曰："我与卿契阔备尝，今日犯王法，此乃卿负我也。"于军门斩之，厚为敛祭，军府皆震服。授冠军将军、骁卫将军，不拜。转征虏将军、东中郎司马、行会稽郡事。

安民将东，太祖与别宴语，淹留日夜。安民密陈宋运将尽，历数有归。苍梧纵虐，太祖忧迫无计，安民白太祖欲于东奉江夏王跻起兵，太祖不许，乃止。苍梧废，太祖征安民为使持节督北讨军事、冠军将军、南兖州刺史。沈攸之反，太祖召安民以本官镇白下，治城隍，加征虏将军。进军西讨，又进前将军。行至盆城，沈攸之平，仍授督郢州司州之义阳诸军事、郢州刺史，持节、将军如故。升明三年，迁左卫将军，领卫尉。太祖即位，为中领军，封康乐侯，邑千户。

宋泰始以来，内外频有贼寇，将帅已下，各募部曲，屯聚京师。安民上表陈之，以为："自非淮北常备，其外余军，悉皆输遣。若亲近宜立随身者，听限人数。"上纳之，故诏断众募。时王敬则以勋诚见亲，至于家国密事，上唯与安民论议，谓安民曰："署事有卿名，我便不复细览也。"寻为领军将军。

虏寇寿春，至马头。诏安民出征，加鼓吹一部。虏退，安民沿淮进寿春。先是宋世亡命王元初聚党六合山，僭号，自云垂手过膝。州郡讨不能擒，积十余年。安民遣军侦候，生禽元初，斩建康市。加散骑常侍。其年，虏又南侵，诏安民持节履行缘淮清泗诸戍屯军。虏攻朐山、连口、角城，安民顿泗口，分军应赴。三年，引水步军入清，于淮阳与虏战，破之。虏退，安民知有伏兵，乃遣族弟马军主长文二百骑为前驱，自与军副周盘龙、崔文仲系其后，分军隐林。及长文至宿豫，虏见众少，数千骑遮之。长文且退且战，引贼向大军，安民率盘龙等趋兵至，合战于孙溪渚战父弯侧，虏军大败，赴清水死不可胜数。虏遣其茇头公送攻车材至布丘，左军将军孙文显击破走之，烧其车材。

淮北四州闻太祖受命，咸欲南归。至是徐州人桓摽之、兖州人徐猛子等，合义众数万砦险求援。太祖诏曰："青徐泗州，义举云集。安民可长辔遐驭，指授群帅。"安民赴救留迟，虏急兵攻摽之等皆没，上甚责之。

太祖崩，遗诏加侍中。世祖即位，迁抚军将军、丹阳尹。永明二年，迁尚书左仆射，将军如故。安民时屡启密谋见赏，又善结尚书令王俭，故世传俭启有此授。寻上表以年疾求退，改授散骑常侍、金紫光禄大夫，将军如故。四年，为安东将军、吴兴太守，常侍如故。卒官，年五十八。赗钱十万，布百匹。

吴兴有项羽神护郡听事，太守不得上。太守到郡，必须祀以轭下牛。安民奉佛法，不与神牛，著屐上听事。又于听上设八关斋。俄而牛死，葬庙侧，今呼为"李公牛冢"。及安民卒，世以神为祟。诏曰："安民历位内外，庸绩显著。忠亮之诚，每简朕心。敷政近畿，方申任寄。奄至殒丧，痛伤于怀。赠镇东将军，鼓吹一部，常侍、太守如故，谥曰肃侯。"

王玄载，字彦休，下邳人也。祖宰，伪北地太守。父蕤，东莞太守。玄载解褐江夏王国侍郎、太宰行参军。泰始初，为长水校尉。随张永征彭城，台军大败，玄载全军据下邳城拒虏，假冠军将军。官军新败，人情恐骇，以玄载士望，板为徐州刺史、持节、监徐州豫州梁郡军事、宁朔将军、平阳中郎将，寻又领山阳、东海二郡太守。五年，督青、兖二州刺史，将军、东海郡如故。七年，复为徐州，督徐兖二州、钟离太守，将军、郎将如故。迁左军将军。仍为宁朔将军、历阳太守，改持节、都督二豫、冠军将军、南豫州刺史，太守如故。迁抚军司马。出为持节、督梁南北秦三州军事、冠军将军、西戎校尉、梁秦二州刺史。进号征虏将军。寻徙督益宁二州、益州刺史、建宁太守，将军、持节如故。

沈攸之之难，玄载起义送诚，进号后军将军，封鄂县子。征散骑常侍，领后军，未拜，建元元年，为左民尚书，鄂县子如故。会虏动，南兖州刺史王敬则奔京师，上遣玄载领广陵，加平北将军、假节、行南兖州事，本官如故。事宁，为光禄大夫、员外散骑常侍。永明四年，为持节监兖州缘淮诸军事、平北将军、兖州刺史。六年，卒，时年七十六。谥烈子。

玄载夷雅好玄言，修士操，在梁益有清绩，西州至今思之。

从弟玄谟子瞻，宋明帝世为黄门郎，素轻世祖。世祖时在大床寝，瞻谓豫章王曰："帐中物亦复随人寝兴。"世祖衔之，未尝形色。建元元年，为冠军将军、永嘉太守，诣阙跪拜不如仪，为守寺所列。有司以启世祖，世祖召瞻入东宫，仍送付廷尉杀之。遣左右口启上曰："父辱子死，王瞻傲慢朝廷，臣辄以收治。"太祖曰："语郎，此何足计！"既闻瞻已死，乃默无言。

瞻兄宽，宋世与瞻并为方伯，至是瞻虽坐事，而宽位待如旧也。宽泰始初为随郡，值西方反，父玄谟在都，宽弃郡归，明帝加赏，使随张永讨薛安都。宽辞以母犹存，在西为贼所执，请得西行。遂袭破随郡，斩伪太守刘师念，拔其母。事平，明帝嘉之，使图画宽形。建元初，为散骑常侍、光禄大夫，领前军将军。永明元年，为太常。坐于宅杀牛，免官。后为光禄大夫。三年，卒。

玄载弟玄邈，字彦远。初为骠骑行军参军，太子左积弩将军，射声校尉。泰始初，迁辅国将军、清河广川二郡太守，幽州刺史。青州刺史沈文秀反，玄邈欲向朝廷，虑见掩袭，乃诣文秀求安军顿。文秀令顿城外。玄邈即立营垒，至夜拔军南奔赴义。比晓，文秀追不复及。明帝以为持节、都督青州、青州刺史，将军如故。

太祖镇淮阴，为帝所疑，遣书结玄邈。玄邈长史房叔安劝玄邈不相答和。罢州还，太祖以经途令人要之，玄邈虽许，既而严军直过，还都启帝，称太祖有异谋，太祖不恨也。升明中，太祖引为骠骑司马、冠军将军、太山太守，玄邈甚惧，而太祖待之如初。迁散骑常侍、骁骑将军，冠军如故。出为持节、都督梁南秦二州军事、征虏将军、西戎校尉、梁南秦二州刺史，兄弟同时为方伯。封河阳县侯。建元元年，进号右将军，侯如故。

亡命李乌奴作乱梁部，陷白马戍。玄邈率东从七八百人讨之，不克，虑不自保，乃使人伪降乌奴，告之曰："王使君兵众羸弱，弃伎妾于城内，携爱妾二人去已数日矣。"乌奴喜，轻兵袭州城，玄邈设伏击破之，乌奴挺身走。太祖闻之，曰："玄邈果不负吾意遇也。"还为征虏将军、长沙王后军司马、南东海太守。迁都官尚书。

世祖即位，转右将军、豫章王太尉司马，出为冠军将军、临川内史，秩中二千石。还为前军司徒司马、散骑常侍、太子右率。永明七年，为持节、都督兖州缘淮军事、平北将军、兖州刺史，未之任，转大司马，加后将军。八年，转太常，迁散骑常侍、右卫将军，出为持节、监徐州军事、平北将军、徐州刺史。十一年，建康莲华寺道人释法智与州民周盘龙等作乱，四百人夜攻州城西门，登梯上城，射杀城局参军唐颖，遂入城内。军主耿虎、徐思庆、董文定等拒战，至晓，玄邈率百余人登城便门，奋击，生擒法智、盘龙等。玄邈坐免官。郁林即位，授抚军将军，迁使持节、安西将军、历阳南谯二郡太守。延兴元年，加散骑常侍，寻转中护军。

高宗使玄邈往江州杀晋安王子懋，玄邈苦辞不行，及遣王广之往广陵取安陆王子敬，玄邈不得已奉旨。给鼓吹置佐。建武元年，迁持节、都督南兖充徐青冀五州军事、平北将军、南兖州刺史，转护军将军，加散骑常侍。四年，卒，年七十二。赠安北将军、雍州刺史。谥曰壮侯。

同族王文和，宋镇北大将军仲德兄孙也。景和中，为义阳王昶征北府主簿。昶于彭城奔虏,部曲皆散,文和独送至界上。昶谓之曰:"诸人皆去,卿有老母,何不去邪!"文和乃去。升明中,为巴陵内史。沈攸之事起,文和斩其使,驰白世祖告变,弃郡奔郢城。永明中,历青、冀、兖、益四州刺史,平北将军。

史臣曰:宋氏将季,离乱日兆,家怀逐鹿,人有异图。故蕃岳阻兵之机,州郡观衅之会。此数子皆宿将旧勋,与太祖比肩为方伯,年位高下,或为先辈,而荐诚君侧,奉义万里。以此知乐推之非妄,信民心之有归。玄载兄弟门从,世秉诚烈,不为道家所忌,斯今之耿氏也。

赞曰:霄城报马,分义先推。灵哲守让,方轨丁、韦。李佐东土,谋发天机。王为清政,其风不衰。玄邈简朕,早背同归。

卷二十八　　　　列传第九

崔祖思　刘善明　苏侃　垣荣祖

崔祖思,字敬元,清河东武城人,崔琰七世孙也。祖諲,宋冀州刺史。父僧护,州秀才。祖思少有志气,好读书史。初州辟主簿,与刺史刘怀珍于尧庙祀神,庙有苏侯像。怀珍曰:"尧圣人,而与杂神为列,欲去之,何如?"祖思曰:"苏峻今日可谓四凶之五也。"怀珍遂令除诸杂神。

太祖在淮阴,祖思闻风自结,为上辅国主簿,甚见亲待,参豫谋议。除奉朝请,安成王抚军行参军,员外正员郎,冀州中正。宋朝初议封太祖为梁公,祖思启太祖曰:"谶书云'金刀利刃齐刈之'。今宜称齐,实应天命。"从之。转为相国从事中郎,迁齐国内史。建元元年,转长兼给事黄门侍郎。

上初即位,祖思启陈政事曰:"《礼诰》者,人伦之襟冕,帝王之枢柄。自古开物成务,必以教学为先。世不习学,民罔志义,悖竞因斯而兴,祸乱为焉而作。故笃俗昌治,莫先道教,不得以夷险革虑,俭泰移业。今无员之官,空受禄力。三载无考绩之效,九年阙登黜之序。国储以之虚匮,民力为之凋散。能否无章,泾渭混流。宜大庙之南,弘修文序;司农以北,广开武校。台府州国,限外之职,问其所乐,依方课习,各尽其能。月供僮干,如先充给。若有废堕,遣还故郡。殊经奇艺,待以不次。士修其业,必有异等,民识其利,能无勉励?"

又曰:"汉文集上书囊以为殿帷,身衣弋绨,以韦带剑。慎夫人衣不曳地,惜中人十家之产,不为露台。刘备取帐钩铜铸钱以充国用。魏武遣女,皂帐,婢十人。东阿妇以绣衣赐死,王景兴以淅米见诮。宋武节俭过人,张妃房唯碧绡蚊幬,三齐苘席,五盏盘桃花米饭。殷仲文劝令畜伎,答云'我不解声'。仲文曰'但畜自解',又答'畏解,故不畜'。历观帝王,未尝不以约素兴,侈丽亡也。伏惟陛下,体唐城俭,踵虞为朴,寝殿则素木卑构,膳器则陶瓢омож御。琼簪玉箸,碎以为尘,珍裘绣服,焚之如草。斯实风高上代,民偃下世矣。然教信虽孚,氓染未革,宜加甄明,以速归厚。详察朝士,有柴车蓬馆,高以殊等;雕墙华轮,卑其称谓。驰禽荒色,长违清编,嗜音酣酒,守官不徙。物识义方,且惧且劝,则调风变俗,不俟终日。

又曰:"宪律之重,由来尚矣。故曹参去齐,唯以狱市为寄,余无所言。路温舒言'秦有十失,其一尚在,治狱之吏是也'。实宜清置廷尉,茂简三官,寺丞狱主,弥重其选,研习律令,删除繁苛。诏狱及两县,一月三讯,观貌察情,欺枉必达。使明慎用刑,无忝大《易》;宁失不经,靡愧《周书》。汉来治律有家,子孙并世其业,聚徒讲授,至数百人。故张、于二氏,絜誉文、宣之世;陈、郭两族,流称武、明之朝。决狱无冤,庆昌枝裔,槐衮相袭,蝉紫传辉。今廷尉律生,乃令史门户,族非咸、弘,庭缺于训。刑之不措,抑此之由。如详择笃厚之士,使习律令,试简有征,擢为廷尉僚属。苟官世其家而不美其绩,鲜矣;废其职而欲善其事,未之有也。若刘累传守其业,庖人不乏龙肝之馔,断可知矣。"

又曰:"乐者动天地,感鬼神,正情性,立人伦,其义大矣。案前汉编户千万,太乐伶官方八百二十九人,孔光等奏罢不合经法者四百四十一人,正乐定员,唯置三百八十八人。今户口不能百万,而太乐雅、郑,元徽时校试千有余人,后堂杂伎,不在其数,糜废力役,伤败风俗。今欲拨邪归道,莫若罢杂伎,王庭唯置钟虡、羽戚、登歌而已。如此,则官充给养,国反淳风矣。"

又曰:"论儒者以德化为本,谈法者以刻削为体。道教治世之梁肉,刑宪乱世之药石。故以教化比雨露,名法方风霜。是以有耻且格,敬让之枢纽;令行禁止,为国之关楗。然则天下治者,赏罚而已矣。赏不事丰,所病于不均;罚不在重,所困于不当。如令甲勋少,乙功多,赏甲而舍乙,天下必有不劝矣;丙罪重,丁眚轻,罚丁而赦丙,天下必有不悛矣。是赏罚空行,无当乎劝沮。将令见罚者宠习之臣,受赏者仇雠之士,戮一人而万国惧,赏匹夫而四海悦。"

又曰:"籍税以厚国,国虚民贫;广田以实廪,国富民赡。尧资用天之储,实拯怀山之数;汤凭分地之积,以胜流金之运。近代魏置典农而中都足食,晋开汝、颍而汴河委储。今将扫咸、华,题镂龙漠,宜简役敦农,开田广稼。时罢山池之威禁,深抑豪右之兼擅,则兵民优赡,可以出师。"

又曰:"古者左史记言,右史记事。故君举必书,尽直笔而不污,上无妄动,知如丝之成纶。今者著作之官,起居而已;述事之徒,褒讳为体。世无董狐,书法必隐;时阙南史,直笔未闻。"

又曰:"废谏官,则听纳靡依。虽课励朝僚,征访刍舆,莫若推举质直,职司其忧。夫越任于事,在言为难,当官而行,处辞则易。物议既以无言望己,己亦当以吞默惭人。中丞虽谢咸、玄,未有全废劾简;廷尉诚非释之,宁容都无讯牒!故知与其谬人,宁不废职,目前之明效也。汉征贡禹为谏大夫,矢言先策,夏侯胜狂直拘系,出补讽职,伐柯非遐,行之即善。"

又曰:"天地无心,赋气自均,宁得诞秀往古而独寂寥一代!将在知与不知,用与不用耳。夫有贤而不知,知贤而不用,用贤而不委,委贤而不信,此四者,古今之通患也。今诚重郭隗而招剧辛,任鲍叔以求夷吾,则天下之士,不待召而自至矣。"上优诏报答。

寻迁宁朔将军、冠军司马,领齐郡太守、本官如故。是冬,虏动,迁冠军将军、军主,屯淮上。二年,进号征虏将军,军主如故。仍迁假节、督青冀二州刺史,将军如故。少时,卒。上叹曰:"我方欲用祖思,不幸,可惜!"诏赙钱三万,布五十匹。

祖思宗人文仲,初辟州从事。泰始初,为薛安都平北主簿,拔难归国。元徽初,从太祖于新亭拒桂阳贼,著诚效,除游击将军。沈攸之事起,助豫章王镇东府,历骠骑谘议,出为徐州刺史。建元初,封建阳县子,三百户。二年,虏攻钟离,文仲击破之。又遣军主崔孝伯等过淮攻拔虏苩眉戍,杀戍主龙得侯及伪阳平太守郭杜祇、馆陶令张德、濮阳令王明。时虏攻杀马头太守刘从,上曰:"破苩眉,足相补。"文仲又遣军主陈靖攻虏竹邑戍主白仲都,又遣军主崔延叔攻伪淮阳太守梁恶,并杀之。三年,淮北义民桓磊礠于抱犊固与虏战,大破之。文仲驰启,上敕曰:"北间起义者众,深恐良会不再至,卿善奖沛中人,若能一时攘抉,当遣一佳将直入也。"文仲在政,为百姓所惮。除黄门郎,领越骑校尉,改封随县。尝献太祖缠须绳一枚,上为纳受。永明元年,为太子左率,累至征虏将军、冠军司马、汝阴太守。四年,卒。赠后将军、徐州刺史。谥襄子。

刘善明,平原人。镇北将军怀珍族弟也。父怀民,宋世为齐北海二郡太守。元嘉末,青州饥荒,人相食。善明家有积粟,躬食饘粥,开仓以救乡里,多获全济,百姓呼其家田为"续命田"。

少而静处读书,刺史杜骥闻名候之,辞不相见。年四十,刺史刘道隆辟为治中从事。父怀民谓善明曰:"我已知汝立身,复欲见汝立官也。"善明应辟。仍举秀才。宋孝武见其对策强直,甚异之。

泰始初,徐州刺史薛安都反,青州刺史沈文秀应之。时州治东阳城,善明家在郭内,不能自拔。伯父弥之诡说文秀求自效,文秀使领军主张灵庆等五千援安都。弥之出门,密谓部曲曰:"始免祸坑矣。"行至下邳,起义背文秀。善明从伯怀恭为北海太守,据郡相应。善明密契收集门宗部曲,得三千人,夜斩关奔北海。族兄乘民又聚众渤海以应朝廷。而弥之寻为薛安都所杀,明帝赠辅国将军、青州刺史。以乘民为宁朔将军、冀州刺史,善明为宁朔长史、北海太守,除尚书金部郎。乘民病卒,仍以善明为绥远将军、冀州刺史。文秀既降,除善明为屯骑校尉,出为海陵太守。郡境边海,无树木,善明课民种榆槚杂果,遂获其利。还为后军将军、直阁。

五年,青州没虏,善明母陷北,虏移置桑乾。善明布衣蔬食,哀戚如持丧。明帝每见,为之叹息,时人称之。转宁朔将军、巴西梓潼二郡太守。善明以母在虏中,不愿西行,涕泣固请,见许。朝廷多哀善明心事。元徽初,遣北使,朝议令善明举人,善明举州乡北平田惠绍使虏,赎得母还。

幼主新立,群公秉政,善明独结事太祖,委身归诚。二年,出为辅国将军、西海太守、行青冀二州刺史。至镇,表请北伐,朝议不同。

善明从弟僧副,与善明俱知名于州里。泰始初,虏暴淮北,僧副将部曲二千人东依海岛;太祖在淮阴,壮其所为,召与相见,引为安成王抚军参军。苍梧肆虐,太祖忧恐,常令僧副微行伺察声论。使僧副密告善明及东海太守垣崇祖曰:"多人见劝北固广陵,恐一旦动足,非为长算。今秋风行起,卿若能与垣东海微共动虏,则我诸计可立。"善明曰:"宋氏将亡,愚智所辨。故胡虏若动,反为公患。公神武世出,唯当静以待之,因机奋发,功业自定。不可远去根本,自贻狼蹶。"遣部曲健儿数十人随僧副还诣领府,太祖纳之。苍梧废,征善明为冠军将军、太祖骠骑谘议、南东海太守、行南徐州事。

沈攸之反,太祖深以为忧。善明献计曰:"沈攸之控引八州,纵情蓄敛,收众聚骑,营造舟仗,苞藏贼志,于兹十年。性既险躁,才非持重,而起逆累旬,迟回不进,岂应有所待也?一则暗于兵机,二则人情离怨,三则有掣肘之患,四则天夺其魄。本虑其剽勇,长于一战,疑其轻速,掩袭未备。今六师齐备,诸侯同举。昔谢晦失理,不斗自溃;卢龙乖道,虽众何施。且袁粲、刘秉,贼之根本,根本既灭,枝叶岂久?此是已笼之鸟耳。"事平,太祖召善明还都,谓之曰:"卿策沈攸之,虽复张良、陈平,适如此耳。"仍迁散骑常侍,领长水校尉,黄门郎,领后军将军、太尉右司马。

齐台建,为右卫将军,辞疾不拜。司空褚渊谓善明曰:"高尚之事,乃卿从来素意。今朝廷方相委待,讵得便学松、乔邪?"善明曰:"我本无宦情,既逢知己,所以戮力驱驰,愿在申志。今天地廓清,朝盈济济,鄙怀既申,不敢昧于富贵矣。"太祖践阼,以善明勋诚,欲与善明禄,召谓之曰:"淮南近畿,国之形势,自非亲贤,不使居之。卿为我卧治也!"代高宗为征虏将军、淮南宣城二郡太守,遣使拜授,封新涂伯,邑五百户。

善明至郡,上表陈事曰:"周以三圣相资,再驾乃就;汉值海内无主,累败方登;魏挟主行令,寔逾二纪;晋废立持权,遂历四世。景祚攸集,如此之难者也。陛下凝辉自天,照湛神极,睿周万品,道洽无垠。故能高啸闲轩,鲸鲵自翦,垂拱云帘,九服载晏,靡一战之劳,无半辰之棘,苞池江海,笼苑嵩岱,神祇乐推,普天归奉,二三年间,允膺宝命,胄临皇历,正位宸居。开辟以来,未有若斯之盛者也。夫常胜者无忧,恒成者好怠。故虽休勿休,姬旦作《诰》;安不忘危,尼父垂范。今皇运草创,万化始基,乘宋季叶,政多浇苛,亿北倒悬,仰齐苏振。臣早蒙殊养,志输肝血,徒有其诚,曾阙埃露。凤宵惭战,如坠渊谷，不识忌讳，谨陈愚管，瞽言刍议，伏待斧钺。"所陈事凡十一条：其一以为"天地开创，人神庆仰，宜存问远方，宜广慈泽"；其二以为"京师浩大，远近所归，宜遣医药，问其疾苦，年九十以上及六疾不能自存者，随宜量赐"；其三以为"宋氏赦令，蒙原者寡。愚谓今下赦书，宜令事实相副"；其四以为"匈奴未灭，刘昶犹存，秋风扬尘，容能送死，境上诸城，宜应严备，特简雄略，以待事机，资实所须，皆宜豫办"；其五以为"宜除宋氏大明泰始以来诸苛政细制，以崇简易"；其六以为"凡诸土木之费，且可权停"；其七以为"帝子王姬，宜崇俭约"；其八以为"宜诏百官及府州郡县，各贡谠言，以弘唐虞之美"；其九以为"忠贞孝悌，宜擢以殊阶，清俭苦节，应授以民政"；其十以为"革命惟始，天地大庆，宜时择才辨，北使匈奴"；其十一以为"交州险复要荒之表，宋末政苛，遂至怨叛。今大化创始，宜怀以恩德，未应远劳将士，摇动边氓，且彼土所出，唯有珠宝，实非圣朝所须之急。讨伐之事，谓宜且停"。

又撰《贤圣杂语》奏之，托以讽谏。上答曰："省所献《杂语》，并列圣之明规，众智之深轨。卿能宪章先范，纂镂情识，忠款既昭，渊诚肃著，当以周旋，无忘听览也"。又谏起宣阳门；表陈宜明守宰赏罚；立学校，制齐礼；广开宾馆，以接荒民。上又答曰："具卿忠谠之怀。夫赏罚以惩守宰，饰馆以待遐荒，皆古之善政，吾所宜勉。更撰新礼，或非易制；国学之美，已敕公卿；宣阳门今敕停。寡德多阙，思复有闻。"

善明身长七尺九寸，质素不好声色，所居茅斋斧木而已，床榻几案，不加刬削。少与崔祖思友善，祖思出为青、冀二州，善明遗书曰："昔时之游，于今邈矣。或携手春林，或负杖秋涧，逐清风于林杪，追素月于园垂，如何故人，徂落殆尽。足下方拥旄北服，吾剖竹南甸，相去千里，间以江山，人生如寄，来会何时！尝览书史，数千年来，略在眼中矣。历代参差，万理同异。夫龙虎风云之契，乱极必夷之几，古今岂殊，此实一揆。日者沈攸之拥长蛇于外，粲、秉复为异识所推，唯有京镇，创为圣基。遂乃擢吾为首佐，授吾以大郡，付吾关中，委吾留任。既不办有抽剑两城之用，横槊搴旗之能，徒以挈瓶小智，名参佐命，常恐朝露一下，深恩不酬。忧深责重，转不可据，还视生世，倍无次绪。藿羹布被，犹笃鄙好，恶色憎声，暮龄尤甚。出蕃不与台辅别，入国不与公卿游，孤立天地之间，无猜无托，唯知奉主以忠，事亲以孝，临民以洁，居家以俭。足下今鸣笳旧乡，衣绣故国，宋季荼毒之悲已蒙苏泰，河朔倒悬之苦方须救拔。遣游辩之士，为乡导之使，轻装启行，经营旧壤，令泗上归业，稷下还风，君欲谁让邪？聊送诸心，敬申贫赠。"

建元二年卒，年四十九，遗命薄殡。赠钱三万，布五十匹。又诏曰："善明忠诚凤亮，干力兼宣，豫经夷险，勤绩昭著。不幸殒丧，痛悼于怀。赠左将军、豫州刺史，谥烈伯。"子涤嗣。善明家无遗储，唯有书八千卷。太祖闻其清贫，赐涤家葛塘屯谷五百斛。

善明从弟僧副，官至前将军，封丰阳男，三百户。永明四年，为巴西、梓潼二郡太守，卒。

苏侃，字休烈，武邑人也。祖护，本郡太守。父端，州治中。侃涉猎书传，出身正员将军，补长城令。薛安都反，引侃为其府参军，使掌书记。安都降虏，侃自拔南归。除积射将军。遇太祖在淮上，便自委结。上镇淮阴，以侃详密，取为冠军录事参军。是时张永、沈攸之败后，新失淮北，始遣上北戍，不满千人。每岁秋冬间，边淮骚动，恒恐虏至。上广遣侦候，安集荒余，又营缮城府。上在兵中久，见疑于时，乃作《塞客吟》以喻志曰："宝纬紊宗，神经越序。德晦河、晋，力宣江、楚。云雷兆壮，天山縣武。直发指秦关，凝精越汉渚。秋风起，塞草衰，雕鸿思，边马悲。平原千里顾，但见转蓬飞。星严海净，月澈河明。清辉映幕，素液凝庭。金笳夜厉，羽辔晨征。幹晴潭而怅泗，枻松洲而悼情。兰涵风而泻艳，菊笼泉而散英。曲绕首燕之叹，吹鞳绝越之声。欷园琴之孤弄，想庭藿之余馨。青关望断，白日西斜。恬源靓雾，垄首辉霞。戒旋鹢，跃还波，情绵绵而方远，思袅袅而遂多。粤击秦中之筑，因为塞上之歌。歌曰：朝发兮江泉，日夕兮陵山。惊飙兮澜汩，淮流兮潺湲。胡埃兮云聚，楚斾兮星悬。愁埔兮思宇，恻怆兮何言。定襄中之逸鉴，审雕陵之迷泉。悟樊笼之或累，怅退心以栖玄。"侃达上旨，更自勤励。委以府事，深见知待。

元徽初，巴西人李承明作乱，太祖议遣侃衔使慰劳，还除羽林监，加建武将军。桂阳之难，上复以侃为平南录事，领军主，从顿新亭，使分金银赋赐诸将。事宁，除步兵校尉，出为绥虏将军、山阳太守，清修有治理，百姓怀之。进号龙骧将军，除前军将军。沈攸之事起，除侃游击将军，迁太祖骠骑谘议，领录事，除黄门郎，复为太祖太尉谘议。

侃事上既久，备悉起居，乃与丘巨源撰《萧太尉记》，载上征伐之功。以功封新建县侯，五百户。齐台建，为黄门郎，领射声校尉，任以心膂。上即位，侃撰《圣皇瑞命记》一卷奏之。建元元年，卒，年五十三。上惜之甚至，追赠辅国将军、梁南秦二州刺史，谥质侯。

弟烈，字休文。初为东莞令，张永镇军中兵，累至山阳太守、宁朔将军、游击将军。袁粲起事，太祖先遣烈助防城，仍随诸将平石头，封吉阳县男。建元中，为假节、督巴州军事、巴州刺史、巴东太守，宁朔将军如故。永明中，至平西司马、陈留太守，卒官。

垣荣祖，字华先，下邳人，五兵尚书崇祖从父兄也。父谅之，宋北中郎府参军。荣祖少学骑马及射，或谓之曰："武事可畏，何不学书？"荣祖曰："昔曹操、曹丕上马横槊，下马谈论，此于天下可不负饮食矣。君辈无自全之伎，何异犬羊乎！"宋孝建中，州辟主簿，为后军参军。伯父豫州刺史护之子袭祖为淮阳太守，宋孝武以事徙之岭南，护之不食而死。帝疾笃，又遣使杀袭祖。袭祖临死，与荣祖书曰："弟常劝我危行言逊，今果败矣。"

明帝初即位，四方反，除荣祖冗从仆射，遣还徐州说刺史薛安都曰："天之所废，谁能兴之。使君今不同八百诸侯，如民所见，非计中也。"安都曰："天命有在，今京都无百里地，莫论攻围取胜，自可拍手笑杀。且我不欲负孝武。"荣祖曰："孝武之行，足致余殃。今虽天下雷同，正是速死，无能为也。"安都曰："不知诸人云何，我不畏此。大蹄马在近，急便作计。"荣祖被拘不得还，因收集部曲，为安都将领。假署冠军将军。安都引房入彭城，荣祖携家属南奔朐山，房遣骑追之不及。荣祖惧得罪，乃逃遁淮上。太祖在淮阴，荣祖归附，上保持之。及明帝崩，太祖书送荣祖诣仆射褚渊，除宁朔将军、东海太守。渊谓之曰："萧公称卿干略，故以此郡相处。"

荣祖善弹，弹鸟毛尽而鸟不死。海鹄群翔，荣祖登城西楼弹之，无不折翅而下。

除晋熙王征房，安成王车骑中兵，左军将军。元徽末，太祖欲渡广陵，荣祖谏曰："领府去台百步，公走，人岂不知？若单行轻骑，广陵人一旦闭门不相受，公欲何之？公今动足下床，便恐即有扣台门者，公事去矣。"及苍梧废，除宁朔将军、淮南太守，进辅国将军、除游击将军、太祖骠骑谘议，辅国将军、西中郎司马、汝阴太守，除冠军将军，给事中，骁骑将军。豫佐命勋，封将乐县子，三百户，以其祖旧封封。出为持节、督青冀二州刺史，冠军如故。迁黄门郎。

永明二年，为冠军将军、寻阳相、南新蔡太守。作大形棺材盛仗，使乡人田天生、王道期载渡江北。监奴有罪，告之，有司奏免官削爵付东冶，案验无实见原。为安陆王平西谘议，带江陵令，仍迁司马、河东内史。迁持节、督缘淮诸军事、冠军将军、兖州刺史，领东平太守、兖州大中正。

巴东王子响事，方镇皆启称子响为逆，荣祖曰："此非所宜言。政应云刘寅等孤负恩奖，逼迫巴东，使至于此。"时诸启皆不得通，事平后，上乃省视，以荣祖为知言。九年，卒，年五十七。

从父闳，宋孝建初，为威远将军、汝南新蔡太守，据梁山拒丞相义宣贼，以功封西都子县。累迁龙骧将军、司州刺史。义嘉事起，明帝使闳出守盱眙，领兵北讨薛道标破之。封乐乡县男，三百户。升明初，为散骑常侍，领长水校尉，与豫章王对直殿省，迁右卫将军。太祖即位，以心诚封爵如旧，加给事中，领骁骑将军。累迁金紫光禄大夫。年七十六，永明五年，卒，谥定。

荣祖从弟历生，亦为骁骑将军。宋泰始初，薛安都反，以女婿裴祖隆为下邳太守，历生时请假还北，谋杀祖隆，举城应朝廷。事发奔走。历官太子右率。性苛暴，好行鞭捶。与始安王遥光同反，伏诛。

史臣曰：太祖作牧淮、兖，始基霸业，恩威北被，感动三齐。青、冀豪右，崔、刘望族，先睹人雄，希风结义。大谏江都之略，似任光之言，议不独兴，理成合契，盖帷幕之臣也。

赞曰：淮镇北州，获在崔、刘。献书上议，帝念忠谋。侃奉潜跃，皇瑞是鸠。垣方带砺，削免虚尤。

卷二十九　　　　　列传第十

吕安国 全景文　周山图
周盘龙　王广之

吕安国，广陵广陵人也。宋大明末，安国以将领见任，隐重有干局，为刘勔所称。泰始二年，勔征殷琰于寿春，安国以建威将军为勔军副。众军击破琰长史杜叔宝军于横塘，安国抄断贼粮道，烧其运车，多所伤杀。琰众奔退，勔遣安国追之，先至寿春。琰闭门自守，安国与辅国将军垣闳屯据城南，于是众军继至。安国勋第一，封彭泽县男，未拜，明年，改封钟武县，加邑为四百户。累至宁朔将军、义阳太守。四年，又改封湘南县男。房陷汝南，司州失守，以安国为督司州诸军事、宁朔将军、司州刺史。六年，义阳立州治，仍领义阳太守。稍迁右军将军，假辅师将军。元徽二年，为晋熙王征房司马，辅师将军如故。转游击将军。三年，出为持节、都督兖充冀三州缘淮前锋诸军事、辅师将军、兖州刺史。明年，进号冠军将军，还为游击将军，加散骑常侍、征房将军。

沈攸之事起，太祖以安国为湘州刺史，征房将军如故。先是王蕴罢州，南中郎将南阳王翙未之镇，蕴宁朔长史庾佩玉权行州事，朝廷先遣南中郎将中兵参军临湘令韩幼宗领军防州。沈攸之之难，二人各相疑阻，佩玉辄杀幼宗。平西将军黄回至郢州，遣军主任候伯行湘州事，又杀佩玉。候伯与回同卫将军袁粲谋石头事，回令候伯水军乘舰往赴，会众军已至，不得入。太祖令安国至镇，收候伯诛之。寻进号前将军。建元元年，进爵，增邑六百户。转右卫将军，加给事中。二年，房寇边，上遣安国出司州，安集民户。诏曰："郢、司之间，流杂繁广，宜并加区判，定其隶属。参详两州，事无专任，安国可暂往经理。"以本官使持节，总荆郢诸军北讨事，屯义阳西关。房未至，安国移屯沔口以俟应接。改封湘乡。

世祖即位，授使持节、散骑常侍、平西将军、司州刺史，领义阳太守。永明二年，徙都督南兖兖徐青冀五州诸军事、平北将军、南兖州刺史，仍为都督、湘州刺史。四年，湘川蛮动，安国督州兵讨之。有疾，征为光禄大夫，加散骑常侍。安国欣有文授，谓其子曰："汝后勿作袴褶驱使，单衣犹恨不称，当为朱衣官也。"上遣中书舍人茹法亮敕安国曰："吾恒忧卿疾病，应有所须，勿致难也。"明年，迁都官尚书，领太子左率。六年，迁领军将军。安国累居将率，在朝以宿旧见遇。寻迁散骑常侍、金紫光禄大夫、兖州中正，给扶。上又敕茹法亮曰："吾见吕安国疾状，自不宜劳，且脚中既恒恶，扶人至吾前，于礼望殊成有亏，吾难敕之。其人甚讳病，卿可作私意向，其若好差不复须扶人，依例人，幸勿牵勉。"八年，卒，年六十四。赠使持节、镇北将军、南兖州刺史，常侍如故。给鼓吹一部。谥肃侯。

时旧将帅又有吴郡全景文，字弘达。少有气力，与沈攸之同载出都，到奔牛埭，于岸上息，有人相之："君等皆方伯人，行当富贵也。"景文谓攸之曰："富贵或可一人耳，今言皆然，此殆妄言也。"景文仍得将领为军主。孝建初，为竟陵王骠骑行参军，以功封汉水侯。除员外郎，积射将军。泰始二年，为假节、宁朔将军、冗从仆射、军主。随前将军刘亮讨破东贼于晋陵，除长水校尉，假辅国将军。北讨薛索儿于破釜，领水军断贼粮运。仍随太祖于葛冢石梁，再战皆有功。南贼相持未决，敕景文隶刘亮拒刘胡，攻围力战，身被数十创，除前军将军，封孝宁县侯，邑六百户。除宁朔将军，游击将军，假辅师将军，高平太守，镇军、安西二府司马，骁骑将军。元徽末，出为南豫州刺史、历阳太守，辅国将军如故。迁征虏将军、南琅邪济阴二郡太守、军主，寻加散骑常侍。建元元年，以不预佐命，国除，授南琅邪太守，常侍、将军如故。迁光禄大夫，征虏将军、临川王征西司马、南郡太守。还，累迁为给事中，光禄大夫。永明九年，卒。

周山图，字季寂，义兴义乡人也。少贫微，佣书自业。有气干，为吴郡晋陵防郡队主。宋孝武伐太初，山图豫勋，赐爵关中侯。兖州刺史沈僧荣镇瑕丘，与山图有旧，以为己建武府参军。竟陵王诞据广陵反，僧荣遣山图领二百人诣沈庆之受节度，事平论勋，为中书舍人戴明宝所仰。泰始初，为殿中将军。四方反叛，仆射王彧举山图将领，呼与语，甚悦，使领百舸为前驱。与军主佼长生等攻破贼湖白、赭圻二城。除员外郎，加振武将军。豫平浓湖，追贼至西阳还，明帝赏之，赐苑西宅一区。镇军将军张永征薛安都于彭城，山图领二千人迎送至武原，为虏骑所追，合战，多所伤杀。虏围转急，山图据城自固，然后更结阵死战。突围出，虏披靡不能禁。众称其勇，呼为"武原将"。及永军大败，山图收散卒得千余人，守下邳城。还，除给事中、冗从仆射、直阁将军。

山图好酒多失，明帝数加怒诮，后遂自改。出为钱唐新城戍。是时豫州淮西地新没虏，更于历阳立镇，五年，以山图为龙骧将军、历阳令，领兵守城。

初，临海亡命田流自号"东海王"，逃窜会稽鄞县边海山谷中，立屯营，分布要害，官军不能讨。明帝遣直后闻人袭说降之，授流龙骧将军，流受命，将党与出，行达海盐，放兵大掠而反。是冬，杀鄞令耿猷，东境大震。六年，敕山图将兵屯浹口，广设购募。流为其副暨擎所杀，别帅杜连、梅洛生各拥众自守。至明年，山图分兵掩讨，皆平之。

豫章贼张凤，聚众康乐山，断江劫抄。台军主李双、蔡保数遣军攻之，连年不禽。至是军主毛寄生与凤战于豫章江，大败。明帝复遣山图讨之。山图至，先赢兵偃众，遣幢主庞嗣厚遗凤，要以会聚，听以兵自卫，凤信之。行至望蔡，山图设伏兵于水侧，击斩凤首，众百余人束首降。除宁朔将军，涟口戍主。山图遏涟水筑西城，断虏骑路，并以溉田。元徽三年，迁步兵校尉，加建武将军。转督淮平下邳淮阳淮西四郡诸军事、宁朔将军、淮南太守。盗发桓温冢，大获宝物。客窃取以遗山图，山图不受，簿以还官。迁左中郎将。

太祖辅政，山图密启曰："沈攸之久有异图，公宜深为之备。"太祖笑而纳之。武陵王赞为郢州，太祖令山图领兵卫送。世祖与晋熙王燮自郢下，以山图为后防。攸之事起，世祖为西讨都督，启山图为军副。世祖留据盆城，众议以盆城城小难固，不如还都。山图曰："今据中流，为四方势援，大众致力，川岳可为。城隍小事，不足难也。"世祖使城局参军刘皆、陈渊委山图以处分事。山图断取行旅船板，以造楼橹，立水栅，旬日皆办。世祖甚嘉之。授前军将军，加宁朔将军，进号辅国将军。攸之攻郢城，世祖令山图量其形势。山图曰："攸之见与邻乡，亟同征伐，悉其为人。性度险刻，无以结固士心。如顿兵坚城之下，适所以为离散之渐耳。"攸之既败，平西将军黄回乘轻舸从白服百余人在军前下缘流叫，盆城中恐，须臾知是回凯归乃安。世祖谓山图曰："周公前言，可谓明于见事矣。"

还都，太祖遣山图领部曲镇京城，镇戍诸军，悉受节度。迁游击将军，辅国如故。建元元年，封广晋县男，邑三百户。出为假节、督兖青冀三州徐州东海朐山军事、宁朔将军、兖州刺史，百姓附之。二年进号辅国将军。其秋，虏动，上策虏必不出淮阴，乃敕山图曰："知卿绥边抚戎，甚有次第，应变算略，悉以相委。恐列丑未必能送死，卿丈夫无可藉手耳。"虏果寇朐山，为玄元度、卢绍之所破。虏于淮阳。是时淮北四州起义，上使山图自淮入清，倍道应赴。敕山图曰："卿当尽相帅驭理，每存全重，天下事，唯同心力，山岳可摧。然用兵当使背后无忧虑；若后冷然无横来处，闭目痛打，无不摧碎。吾政应铸金，待卿成勋耳。若不藉此平四州，非丈夫也。努力自运，勿令他人得上功。"会义众已为虏所没，山图拔三百家还淮阳。表移东海郡治涟口，又于石鳖立阳平郡，皆见纳。

世祖践阼，迁竟陵王镇北司马，带南平昌太守，将军如故。以盆城之旧，出入殿省，甚见亲信。义乡县长风庙神姓邓，先经为县令，死遂发灵。山图启乞加神位辅国将军。上答曰："足狗肉便了事，何用阶级为？"转黄门郎，领羽林四厢直卫。山图于新林立墅舍，晨夜往还。上谓之曰："卿罢万人都督，而轻行郊外。自今往墅，可以仗身自随，以备不虞。"及疾，上手敕参问，遣医给药。永明元年，卒，年六十四。诏赐朝服一具，衣一袭。

周盘龙，北兰陵兰陵人也。宋世土断，属东平郡。盘龙胆气过人，尤便弓马。泰始初，随军讨赭圻贼，躬自斗战，陷阵先登。累至龙骧将军，积射将军，封晋安县子，邑四百户。元徽二年，桂阳贼起，盘龙时为冗从仆射、骑官主、领马军主，随太祖顿新亭，与屯骑校尉黄回出城南，与贼对阵，寻引还城中，合力拒战。事宁，除南东莞太守，加前军将军，稍至骁骑将军。升明元年，出为假节、督交广二州军事、征虏将军、平越中郎将、广州刺史，未之官，预平石头。二年，沈攸之平，司州刺史姚道和怀贰被征，以盘龙督司州军事、司州刺史，假节、将军如故。改封沌阳县。太祖即位，进号右将军。

建元二年，房寇寿春，以盘龙为军主、假节，助豫州刺史垣崇祖决水漂渍。盘龙率辅国将军张倪马步军于西泽中奋击，杀伤数万人，获牛马辎重。上闻之喜，诏曰："丑虏送死，敢寇寿春，崇祖、盘龙正勒义勇，乘机电奋，水陆斩击，填川蔽野。师不淹晨，西蕃克定。斯实将率用命之功，文武争伐之力。凡厥勋勤，宜时铨序，可符列上。"盘龙爱妾杜氏，上送金钗镊二十枚，手敕曰"饷周公阿杜"。转太子左率。改授持节，军主如故。

明年，房寇淮阳，围角城。先是上遣军主成买戍角城，谓人曰："我今作角城戍，我儿当得一子。"或问其故。买曰："角城与房同岸，危险具多，我岂能使房不敢南向？我若不没房，则应破房。儿不作孝子，便当作世子也。"至房围买数重，上遣领军将军李安民为都督救之。敕盘龙曰："角城涟口，贼始复进，西道便是无贼，卿可率马步下淮阴就安民军。钟离船少，政可致衣仗数日粮，军人扶淮步下也。"买与房拒战，手所伤杀无数，晨朝早起，手中忽见有数升血，其日遂战死。盘龙子奉叔单马率二百余人陷阵，房万余骑张左右翼围绕之，一骑走还，报奉叔已没。盘龙方食，弃箸，驰马奋矟，直奔房阵，自称"周公来！"房素畏盘龙骁名，即时披靡。时奉叔已大杀房，得出在外，盘龙不知，乃冲东击西，奔南突北，贼众莫敢当。奉叔见其父久不出，复跃马入阵。父子两匹骑，萦搅数万人，房众大败。盘龙父子由是名播北国。形甚羸讷，而临军勇果，诸将莫逮。

永明元年，迁征房将军、南琅邪太守。三年，迁右卫将军，加给事中。五年，转大司马，加征房将军、济阳太守。世祖数讲武，常令盘龙领马军，校骑骋矟。后以疾为光禄大夫。寻出为持节、都督兖州缘淮诸军事、平北将军、兖州刺史。进爵为侯。

角城戍将张蒲与房潜相构结，因大雾乘船入清中采樵，载房二十余人，藏伏芳下，直向城东门，防门不禁，仍登岸拔白争门。戍主皇甫仲贤率军主孟灵宝等三十余人于门拒战，斩三人，贼众被创赴水，而房军马步至城外已三千余人，阻堑不得进。淮阴军主王僧庆等领五百人赴救，房众乃退。坐为有司所奏，诏白衣领职。八座寻奏复位。加领东平太守。

盘龙表年老才弱，不可镇边，求解职，见许。还为散骑常侍、光禄大夫。世祖戏之曰："卿著貂蝉，何如兜鍪？"盘龙曰："此貂蝉从兜鍪中出耳。"十一年，病卒，年七十九。赠安北将军、兖州刺史。

子奉叔，勇力绝人，随盘龙征讨，所在为暴掠。世祖使领军东讨唐宇之，奉叔身上威严，检制部下，不敢侵斥。为东宫直阁。郁林在西州，奉叔密得自进。及即位，与直阁将军曹道刚为心膂。道刚骁骑将军，加冠军将军；奉叔游击将军，加辅国将军：并监殿内直卫。少日，仍迁道刚为黄门郎，高宗固谏不纳。奉叔善骑马，帝从其学骑射，尤见亲宠，得入后宫。寻加领淮陵太守、兖州中正。道刚加南濮阳太守。隆昌元年，除黄门郎，未拜，仍出为持节、都督青冀二州军事、冠军将军、青州刺史。时帝谋诛宰辅，故出奉叔为外援，除道刚中军司马、青冀二州中正，本官如故。奉叔就帝求千户侯，许之。高宗辅政，以为不可，封曲江县男，三百户，奉叔大怒，于众中攮刀厉目，高宗说喻之，乃受。奉叔辞毕之镇，部伍已出。高宗虑其一出不可复制，与萧谌谋，称敕召奉叔于省内杀之，勇士数人拳击久之乃死。启帝云"奉叔慢朝廷"。帝不获已，可其奏。高宗废帝之日，道刚直阁省，萧谌先入户，若欲论事，兵人随后奄进，以刀刺之，洞胸死，因进宫内废帝。

奉叔弟世雄，永元中为西江督护。陈显达事后，世雄杀广州刺史萧季敞，称季敞同逆，送首京师。广州刺史颜翻讨杀之。

王广之，字林之，沛郡相人也。少好弓马，便捷有勇力。初为马队主。宋大明中，以功补本县令，殿中，龙骧，强弩将军，骠骑中兵，南谯太守。泰始初，除宁朔将军、军主，隶宁朔将军刘怀珍征殷琰于寿春。琰将刘从筑垒拒守，台军相拒移日。琰遣长史杜叔宝领五千人运车五百乘援从。怀珍遣广之及军主辛庆祖、黄回、千道连等要击于横塘。宝结营拒战，广之等肉薄攻营，自晡至日没，大败之，杀伤千余人，遂退，烧其运车。从闻之，弃垒奔走。时合肥城反，官军前后受敌，都督刘勔召诸军主会议。广之曰："请得将军所乘马往平之。"勔以马与广之，广之去三日，攻克合肥贼。仍随怀珍讨淮北。

时明帝遣青州刺史明僧暠北征至三城，为沈文秀所攻。广之将步骑三千余人，缘海救之，俱引退。广之又进军袭文秀所置长广太守刘桃根，桃根弃城走。军还，封安蛮县子，三百户。寻改蒲坼。除建威将军、南阳太守，不之官。除越骑校尉、龙骧将军、钟离太守。迁为左军将军，加宁朔将军、高平太守。又除游击将军，宁朔如故。加给事中，冠军将军。讨宋建平，先登京口，改封宁都县子，五百户。太祖废苍梧，出广之为假节、督徐州军事、徐州刺史、钟离太守，冠军如故。

沈攸之事起，广之留京师，豫平石头，仍从太祖顿新亭，进号征房将军。太祖诛黄回。回弟驯及从弟马、兄子奴亡逸。太祖与广之书曰："黄回虽有微勋，而罪过转不可容。近遂启请御大小二舆为刺史服饰。吾乃不惜为其启闻，政恐得舆，复求画轮车。此外罪不可胜数，弟自悉之。今启依法。"令广之于江西搜捕驯等。建元元年，进爵为侯，食邑千户。转散骑常侍、左军将军。

北房动，明年，诏假广之节，出淮上。广之家在彭、沛，启上求招诱乡里部曲，北取彭城，上许之。以广之为使持节、都督淮北军事、平北将军、徐州刺史。广之引军过淮，无所克获，坐免官。寻除征房将军，加散骑常侍、太子右率。世祖即位，迁长沙王镇军司马，南东海太守，司徒司马，寻阳相，南新蔡太守，安陆王北中郎左军司马，广陵太守，将军如故。出为持节、都督徐州诸军事、徐州刺史，将军如故。还为光禄大夫、左将军、司徒司马。迁右卫将军，转散骑常侍，前将军。世祖见广之子珍国应堪大用，谓广之曰："卿可谓老蚌也。"广之曰："臣不敢辞。"上大笑。除游击将军，不拜。

十一年,虏动,假广之节,招募。隆昌元年,迁给事中、左卫将军。时豫州刺史崔慧景密与虏通,有异志。延兴元年,以广之为持节、督豫州郢州之西阳司州之汝南二郡军事、平西将军、豫州刺史。预废郁林勋,增封三百户。高宗诛害诸王,遣广之征安陆王子敬于江阳,给鼓吹一部。事平,仍改授使持节、散骑常侍、都督江州诸军事、镇南将军、江州刺史。进封应城县公,食邑二千户。建武二年,虏围司州,遣广之持节督司州征讨解围。广之未至百余里,虏退,乃还。明年,迁侍中、镇军将军,给扶。四年,卒。年七十三。追赠散骑常侍、车骑将军,谥曰壮公。

史臣曰:公侯,捍城,守国之所资也。必须久习兵事,非一战之力。安国等致效累朝,声勤克举,并识时变,咸知附托。盘龙骁勇,独冠三军,匈奴之惮飞将,曾不若也。壮矣哉!

赞曰:安国旧将,协同迁社,同裨九江,翊从中夏。盘龙杀敌,洞开胡马。广之末年,旌旄骤把。

卷三十　　　　列传第十一

薛渊　戴僧静　桓康 尹略
焦度　曹虎

薛渊,河东汾阴人也。宋徐州刺史安都从子。本名道渊,避太祖偏讳改。安都以彭城降虏,亲族皆入北。太祖镇淮阴,渊遁来南,委身自结。果干有气力,太祖使领部曲,备卫帐内,从征伐。元徽末,以勋官至辅国将军、右军将军,骁骑将军、军主,封竟陵侯。

沈攸之难起,太祖入朝堂,豫章王嶷代守东府,使渊领军屯司徒左府,分备京邑。袁粲据石头,豫章王嶷夜登西门遥呼渊,渊惊起,率军赴难,先至石头焚门攻战。事平,明旦众军还集杜姥宅,街路皆满,宫门不开,太祖登南掖门楼处分众军各还本顿,至食后城门开,渊方得入见太祖,且喜且泣。太祖即位,增邑为二千五百户。除淮陵太守,加宁朔将军,骁骑将军如故。寻为直阁将军、冠军将军。仍转太子左率。

虏遣伪将薛道摽寇寿春,太祖以道摽渊之亲近,敕齐郡太守刘怀慰曰:"闻道摽分明来,其儿妇并在都,与诸弟无复同生者,凡此类,无为不多方误之,纵不全信,足使豺狼偏惑。"令为渊书与道摽示购之之意,虏得书,果追道摽,遣他将代之。

世祖即位,迁左卫将军。

初,渊南奔,母索氏不得自拔,改嫁长安杨氏,渊私遣购赎。梁州刺史崔慧景报渊云:"索在界首,遣信拘引,已得拔难。"渊表求解职至界上迎之,见许。改授散骑常侍、征虏将军。渊母南归事竟无实。永明元年,渊上表解职送貂蝉。诏曰:"远隔殊方,声问难审。渊忧迫之深,固辞朝列。昔东关旧典,犹通婚宦;况母出有差,音息时至,依附前例,不容申许,便可断表,速还章服。"渊以赎母既不得,又表陈解职,诏不许。后虏使至,上为渊致与母书。

车驾幸安乐寺,渊从驾乘虏桥。先是敕羌虏桥不得入仗,为有司所奏,免官,见原。四年,出为持节、督徐州诸军事、徐州刺史,将军如故。明年迁右军司马,将军如故,转大司马、济阳太守,将军如故。七年,为给事中、右卫将军,以疾解职。归家,不能乘车,去车脚,使人舆之而去,为有司所纠,见原。八年,为右将军、大司马,领军讨巴东王子响。子响军主刘超之被捕急,以眠褥杂物十余种赂渊自逃,渊匿之军中,为有司所奏,诏原。十年,为散骑常侍,将军如故。

世祖崩,朝廷虑虏南寇,假渊节,军主、本官如故。寻加骁骑将军,假节、本官如故。隆昌元年,出为持节、督司州军事、司州刺史,右将军如故。延兴元年,进号平北将军,未拜,卒。明帝即位,方有诏赙钱五万,布五百匹,克日举哀。

戴僧静,会稽永兴人也。祖饰,宋景平中,与富阳孙法先谋叛伏法,家口徙青州。僧静少有胆力,便弓马。事刺史沈文秀,俱没虏。后将家叛还淮阴,太祖抚畜之,常在左右。僧静于都载锦出,为欧阳戍所得,系兖州狱,太祖遣薛渊饷僧静酒食,以刀子置鱼腹中。僧静与狱吏饮酒,既醉,以刀刻械,手自折锁发屋而出。归,太祖匿之斋内。以其家贫,年给谷千斛。虏围角城,遣僧静战,荡数捷,补帐内军主。随还京师,励阶至积射将军、羽林监。

沈攸之事起,太祖入朝堂,僧静为军主从。袁粲据石头,太祖遣僧静将腹心先至石头。时苏烈据仓城,僧静射书与烈,夜缒入城。粲登城西南门,列烛火处分,台军至,射之,火乃灭,回登东门。其党辅国将军孙昙瓘骁勇善战,每荡一合,辄大杀伤,官军死者百余人。军主王天生殊死拒战,故得相持。自亥至丑,有流星赤色照地坠城中,僧静率力攻仓门,身先士卒,众溃,僧静手斩粲,于是外军烧门入。初,粲大明中与萧惠开、周朗同车行,逢大桁开,驻车共语。惠开取镜自照曰:"无年可仕。"朗执镜良久曰:"视死如归。"粲最后曰:"当至三公而不终也。"僧静以功除前军将军、宁朔将军。将士战亡者,太祖为敛祭焉。

升明二年,除游击将军。沈攸之平,论封诸将,以僧静为兴平县侯,邑千户。太祖即位,增邑千二百户。除南济阴太守,本官如故。除辅国将军,改封建昌。建元二年,迁骁骑将军,加员外常侍,转太子左卫率。

世祖践阼,出为持节、督徐州诸军事、冠军将军、北徐州刺史。买牛给贫民令耕种,甚得荒情。迁给事中、太子右率。寻加通直常侍。永明五年,隶护军陈显达,讨荒贼桓天生于比阳。僧静与平西司马韩孟度、华山太守康元隆前进,未至比阳四十里,顿深桥。天生引虏步骑十万奄至,僧静合战,大破之,杀获万计。天生退还比阳,僧静进围之。天生军出城外,僧静又击破之。天生闭门不复出,僧静力疲乃退。除征虏将军、南中郎司马、淮南太守。

八年，巴东王子响杀僚佐，世祖召僧静使领军向江陵，僧静面启上曰："巴东王年少，长史捉之太急，忿不思难故耳。天子儿过误杀人，有何大罪！官忽遣军西上，人情惶惧，无所不至，僧静不敢奉敕。"上不答而心善之。徙为庐陵王中军司马、高平太守，将军如故。九年，卒。诏曰："僧静志怀贞果，诚著艰难。克殄西埭，勋彰运始。奄致殒丧，恻怆伤怀。赙钱五万，布百匹。谥壮侯。"

僧静同郡余姚人陈胤叔，本名承叔，避宣帝讳改。强辩果捷，便刀楯。初为左夹毂队将。泰始初，随太祖东讨，遂归身随从征伐。小心慎事，以功见赏，封当阳县子，官至太子左率。启世祖以锻箭鏃用铁多，不如铸作。东冶令张候伯以铸鏃钝，不合用，事不行。永明三年，卒。

桓康，北兰陵承人也。勇果骁悍。宋大明中，随太祖为军容。从世祖在赣县。泰始初，世祖起义，为郡所絷，众皆散。康装担，一头贮穆后，一头贮文惠太子及竟陵王子良，自负置山中。与门客萧欣祖、杨珎之、皋分喜、潜三奴、向思奴四十余人相结，破郡狱出世祖。郡追兵急，康等死战破之。随世祖起义，摧坚陷阵，膂力绝人。所经村邑，恣行暴害。江南人畏之，以其名怖小儿，画其形以辟疟，无不立愈。见擢为世祖冠军府参军，除殿中将军，武骑常侍，出补襄贲令。桂阳事起，康弃县还都就太祖，会事平，除员外郎。

元徽五年七月六日夜，少帝微行至领军府，帝左右人曰："一府人皆眠，何不缘墙入。"帝曰："我今夕欲一处作适，待明日夜。"康与太祖所养健儿卢荒、向黑于门间听得其语。明夕，王敬则将帝首至，扣门，康谓是变，与荒、黑晓下，拔白刃欲出。仍随入宫。太祖镇东府，除康武陵王中兵、宁朔将军，带兰陵太守，常卫左右。

太祖诛黄回，回时将为南兖州，部曲数千，欲收，恐为乱。召入东府，停外斋，使康将数十人数回罪，然后杀之。回初与屯骑校尉王宜与同石头之谋，太祖隐其事，犹以重兵付回而配以腹心。宜与拳捷，善舞刀楯，回尝使十余人以水交洒，不能著。既虑宜反己，乃先撤其军将，宜与不与，回发怒，不从处分，擅斩之。诸将因此白太祖，以回握强兵，必遂反覆。康请独往刺之，太祖曰："卿等何疑甚，彼无能为也。"及回被召上车，爱姬见赤光冠其头至足，苦捉留，回不肯止。时人为之语曰："欲伺舟张，问桓康。"除后军将军，直阁将军，南濮阳太守，宁朔如故。建元元年，封吴平县伯，五百户。转辅国将军，左军将军，游击将军，太守如故。

太祖谓康曰："卿随我日久，未得方伯，亦当未解我意，政欲与卿先共灭虏耳。"虏动，遣康行，假节。寻进冠军将军。三年春，于淮阳与虏战，大破之，进兵攻陷虏樊谐城。太祖喜，敕康迎淮北义民，不克。明年，以康为持节、督青冀二州东徐之东莞琅邪二郡朐山戍北徐之东海涟口戍诸军事、青冀二州刺史，冠军如故。世祖即位，转骁骑将军，复前军郡。其年，卒。诏曰："康昔预南勋，义兼常怀，倍深恻怆。凶事所须，厚加料理。"年五十七。

淮南人尹略，少伏事太祖，晚习骑射，以便捷见使为将。升明中，为虎贲中郎、越骑校尉。建元初，封平固男，三百户。永明八年，为游击将军，讨巴东王子响，见害。赠辅国将军、梁州刺史。

焦度，字文绩，南安氐人也。祖文珪，避难至襄阳。宋元嘉中，侨立天水郡略阳县，乃属焉。度以归国，补北馆客。孝武初，青州刺史颜师伯出镇，台差度领幢主送之。索虏寇青州，师伯遣度领军与虏战于沙沟杜梁，度身破阵，大捷。师伯板为己辅国府参军。虏遣清水公拾贲敕文寇清口，度又领军救援，刺虏骑将豹皮公堕马，获其具装铠矟，手杀数十人。师伯启孝武称度力力弓马并绝人，帝召度还充左右。见度身形黑壮，谓师伯曰："真健物也。"除西阳王抚军长兼行参军，补晋安王子勋夹毂队主，随镇江州。

子勋起兵，以度为龙骧将军，领三千人为前锋，屯赭圻。每与台军战，常自排突，所向无不胜。事败，逃宫亭湖中为寇贼。朝廷闻其勇，甚忧患之，使江州刺史王景文诱降度等，度将部曲出首，景文以为己镇南参军，寻领中直兵，厚待之。随景文还都，常在府州内。景文被害夕，度大怒，劝景文拒命，景文不从。明帝不知也。以度武勇，补晋熙王燮防阁，除征虏铠曹行参军，随镇夏口。武陵王赞代燮为郢州，度仍留镇，为赞前军参军。

沈攸之事起，转度中直兵，加宁朔将军、军主。太祖又遣使假度辅国将军、屯骑校尉。攸之大众至夏口，将直下都，留偏兵守郢城而已。度于城楼上肆言骂辱攸之，至自发露形体秽辱之，故攸之怒，改计攻城。度亲力战，攸之众蒙楯将登，度令投以秽器，贼众不能冒，至今呼此楼为"焦度楼"。事宁，度功居多，转后军将军，封东昌县子，东宫直阁将军。为人朴涩，欲就太祖求州，比及见，意色甚变，竟不得一语。太祖以其不闲民事，竟不用。建元四年，乃除淮陵太守，本官如故。度见朝廷贵戚，说郢城事，宣露如初。好饮酒，醉辄暴怒。上常使人节之。年虽老，而气力如故。寻除游击将军。永明元年，卒，年六十一。赠辅国将军、梁秦二州刺史。

子世荣，永明中为巴东王防阁。子响事，世荣避奔雍州，世祖嘉之，以为始兴中兵参军。

曹虎，字士威，下邳下邳人也，本名虎头。宋明帝末，为直厢。桂阳贼起，随太祖出新亭垒出战，先斩一级持还，由是识太祖。太祖为领军，虎诉勋，补防殿队主，直西斋。苍梧废，明日，虎欲出外避难，遇太祖在东中华门，问虎何之。虎因曰："故欲仰觅明公耳。"仍留直卫。太祖镇东府，以虎与戴僧静各领白直三百人。累至屯骑校尉，带南城令。豫平石头，封罗江县男，除前军将军。上受禅，增邑为四百户。直阁将军，领细仗主。寻除宁朔将军、东莞太守。建元元年冬，虎启乞度封侯官，尚书奏侯官户数殷广，乃改封监利县。二年，除游击将军，本官如故。及彭、沛义民起，遣虎领六千人人涡。沈攸之横吹一部，京邑之绝，虎启以自随。义民久不至，虎乃攻虏别营破之。将士贪取俘执，反为虏所败，死亡二千人。

世祖即位，除员外常侍，迁南中郎司马，加宁朔将军、南新蔡太守。永明元年徙为安成王征虏司马，余官如故。明年，江州蛮动，敕虎领兵戍寻阳，板辅国将军，伐蛮军主。又领寻阳相。寻除游击将军，辅国、军主如故。世祖以虎头名醜，敕改之。

六年四月，荒贼桓天生复引虏出据隔城，遣虎督数军讨之。虎令辅国将军朱公恩领骑百匹及前行踏伏，值贼游军，因合战破之。遂进至隔城。贼党拒守，虎引兵围栅，绝其走路。须臾，候骑还报房援已至，寻而天生率马步万余人迎战，虎奋击大败之，获二千余人。明日，遂攻隔城拔之，斩伪虎威将军襄城太守帛乌祝，复杀二千余人，贼弃平氏城退走。七年，迁冠军将军，骁骑如故。明年，迁太子左率，转西阳王冠军司马、广陵太守。上敕虎曰："广陵须心腹，非吾意可委者，不可得处此任。"随郡王子隆代巴东王子响为荆州，备军容西上，以虎为辅国将军、镇西司马、南平内史。十一年，收雍州刺史王奂，敕领步骑数百，步道取襄阳。仍除持节、督梁南北秦沙四州诸军事、西戎校尉、梁南秦二州刺史，将军如故。寻进号征虏将军。郁林即位，进号前将军。隆昌元年，迁督雍州郢州之竟陵司州之随郡军事、冠军将军、雍州刺史。建武元年，进号右将军。二年，进督为监，进号平北将军，爵为侯，增邑三百户。

四年，虏寇沔北，虎聚军襄阳，与南阳太守房伯玉不协，不急赴救，末乃移顿樊城。虏主元宏遗虎书曰："皇帝谨伪雍州刺史：神运兆中，皇居阐洛。化总元天，方融八表。而南有未宾之吴，治为两主之隔。幽显含嗟，人灵雍阏。且汉北江边，密尔乾县，故先动风驾，整我神邑。卿进无陈平归汉之智，退阙关羽殉节之忠，婴闭穷城，忧顿长沔，机勇两缺，何其嗟哉！朕比乃欲造卿，逼冗未果，且还新都，飨厥六戎，入彼春月，迟迟扬斾，善修尔略，以俟义临。"虎使人答书曰："自金精失道，皇居徙县，乔木空存，茂草方郁。七狄交侵，五胡代起，顾瞻中原，每用吊焉。知弃皋兰，随水瀍涧，伊川之象，爰在兹日。古人有云：'匪宅是卜，而邻是卜。'樊、汉无幸，咫尺殊风，折胶入塞，乘秋犯边，亲属穷于斩杀，士女困于虔刘。与彼蠢左，共为唇齿，仁义弗闻，苛暴先露。乃复改易毡裘，妄自尊大。我皇开运，光宅区夏，而式乱逋逃，弃同即异。每欲出车鞠旅，以征不庭，所冀千戚两阶，叛命来格，遂复游魂不戢，乾没孔炽。孤怂连率，任属方邵，组甲十万，雄戟千群，以此戡难，何往不克。主上每矜率土，哀彼民黎，使不战屈敌，兵无血刃。故部勒小戍，闭壁清野，抗威遵养，庶能怀音。若遂迷复，知进忘退，当金钲戒路，云旗北扫，长驱燕代，并羁名王，使少卿忽诸，头曼不祀。兵交无远，相为悯然。"

永泰元年，迁给事中、右卫将军，持节、隶都督陈显达停襄阳伐虏。度支尚书崔慧景于邓地大败，虏追至沔北。元宏率十万众，从羽仪华盖，围樊城。虎闭门固守。虏去城数里立营顿，设毡屋，复再围樊城，临沔水，望襄阳岸乃去。虎遣军主田安之等十余军出逐之，颇相伤杀。

东昏即位，迁前将军、镇军司马。永元元年，始安王遥光反，虎领军屯青溪中桥。事宁，转散骑常侍、右卫将军。

虎形干甚毅，善于诱纳，日食荒客常数百人。晚节好货贿，吝啬，在雍州得见钱五千万，伎女食酱菜，无重肴。每好风景，辄开库拍张向之。帝疑虎旧将，兼利其财，新除未及拜，见杀，时年六十余。和帝中兴元年，追赠安北将军、徐州刺史。

史臣曰：解厄鸿门，资舞阳之气；纳降缒旅，仗虎侯之力。观兹猛毅，藉以风威，未必投车挟輈，然后胜敌。故桓康之声，所以震慑江蠡也。

赞曰：薛辞亲爱，归身淮汶。戴类千秋，兴言帝子。桓勇焦壮，爪牙之士。虎守西边，功亏北鄙。

卷三十一　　　　列传第十二

江谧　荀伯玉

江谧，字令和，济阳考城人也。祖秉之，临海太守，宋世清吏。父徽，尚书都官郎，吴令，为太初所杀。谧系尚方，孝武平京邑，乃得出。解褐奉朝请，辅国行参军，于湖令，强济称职。宋明帝为南豫州，谧倾身奉之，为帝所亲待。即位，以为骠骑参军。弟蒙貌丑，帝常召见狎侮之。谧转尚书度支郎，俄迁右丞兼比部郎。

泰始四年，江夏王义恭第十五女卒，年十九，未笄。礼官议从成人服，诸王服大功。左丞孙夐重奏：《礼记》女子十五而笄，郑云应年许嫁者也。其未许嫁者，则二十而笄。射慈云十九犹为殇。礼官违越经典，于礼无据。"博士太常以下结免赎论；谧坐杖督五十，夺劳百日，谧又奏："夐先不研辨，混同谬议。准以事例，亦宜及咎。"夐又结免赎论。诏"可"。

出为建平王景素冠军长史、长沙内史，行湘州事。政治苛刻。僧遵道人与谧情款，随谧莅郡，犯小事，饿系部狱，僧遵裂三衣食之，既尽而死。为有司所奏，征还。明帝崩，遇赦得免。为正员郎、右军将军。

太祖领南兖州，谧为镇军长史、广陵太守，入为游击将军。性流俗，善趋势利。元徽末，朝野咸属意建平王景素，谧深自委结，景素事败，仅得免祸。苍梧王废后，物情尚怀疑惑，谧独竭诚归事太祖，以本官领尚书左丞。升明元年，迁黄门侍郎，左丞如故。沈攸之事起，议加太祖黄钺，谧所建也。事平，迁吏部郎，稍被亲待。迁太尉谘议，领录事参军。齐台建，为右卫将军。建元元年，迁侍中。出为临川王平西长史、冠军将军、长沙内史、行湘州留事，先遣之镇，既而骠骑豫章王嶷领湘州，以谧为长史、将军、内史、知州留事如故。封永新县伯，四百户。三年，为左民尚书。诸皇子出阁用文武主帅，皆以委谧。寻敕曰："江谧寒士，诚当不得竞等华侪。然甚有才干，堪为委遇，可迁掌吏部。"

谧才长刀笔，所在事办。太祖崩，谧称疾不入，众颇疑其怨不豫顾命也。世祖即位，谧又不迁官，以此怨望。时世祖不豫，谧诣豫章王嶷请问曰："至尊非起疾，东宫又非才，公今欲作何计？"世祖知之，出谧为征虏将军、镇北长史、南东海太守。未发，上使御史中丞沈冲奏谧前后罪曰："谧少怀轻躁，长习谄薄，交无义合，行必利动。特以奕世更局，见擢宋朝，而阿谀内外，货赂公行，答盈宪简，戾彰朝听，舆金辇宝，取容近习。以沈攸之地胜兵强，终当得志，委心托身，岁暮相结；以刘景素亲属望重，物应乐推，献诚荐子，窥觎非望。时艰网漏，得全首领。太祖匡饬天地，方弘远图，薄其难洗之瑕，许其革音之效，加以非分之宠，推以不次之荣，列迹勋良，比肩朝德。以往者微勤，刀笔小用，赏厕河山，任忝出入。轻险之性，在贵弥彰；贪昧之情，虽富无满。重莅湘部，显行断盗；及居铨衡，肆意受纳。连席同乘，皆诐黩旧侣；密筵闲宴，必货贿常客。理合升进者，以为己惠；事宜贬退者，并称中旨。谓贩鬻威权，奸自不露，欺主罔上，谤议可掩。先帝寝疾弥留，人神忧震。谧托病私舍，曾无变容。国讳经旬，甫暂入殿，参访遗诏，觇伺时旨。以身列朝流，宜蒙兼带，先顾不逮，旧位无加，遂崇饰恶言，肆丑纵悖，讥诽朝政，讪毁皇献，遍蛊忠贤，历诋台相。至于蕃岳入授，列代恒规，勋戚出抚，前王彝则，而谧妄发枢机，坐构谣诼。复敢贬谤储后，不顾辞端，毁折宗王，每穷舌杪。皆云诰誓乖礼，崇树失宜，仰指天，俯画地，希幸灾故，以申积愤。犯上之迹既彰，反噬之情已著。请免官削爵土，收送廷尉狱治罪。"诏赐死，时年五十二。

子介，建武中，为吴令，治亦深切。民间榜死人髑髅为谧首，介弃官而去。

荀伯玉，字弄璋，广陵人也。祖永，南谯太守。父阐之，给事中。伯玉少为柳元景抚军板行参军，南徐州祭酒，晋安王子勋镇军行参军。泰始初，子勋举事，伯玉友人孙冲为将帅，伯玉隶其驱使，封新亭侯。事败，伯玉还都卖卜自业。建平王景素闻而招之，伯玉不往。

太祖镇淮阴，伯玉归身结事，为太祖冠军刑狱参军。太祖为明帝所疑，及征为黄门郎，深怀忧虑。伯玉劝太祖遣数十骑入虏界，安置标榜，于是虏游骑数百履界上，太祖以闻，犹惧不得留，令伯玉卜，伯玉断卦不成行，而明帝诏果复太祖本任，由是见亲待。从太祖还都，除奉朝请。令伯玉看宅，知家事。世祖罢广兴还，立别宅，遣人于大宅掘树数株，伯玉不与，驰以闻。太祖曰："卿执之是也。"转太祖平南府、晋熙王府参军。太祖为南兖州，伯玉转为上镇军中兵参军，带广陵令。除羽林监，不拜。

初，太祖在淮南，伯玉假还广陵，梦上广陵城南楼上，有二青衣小儿语伯玉云："草中肃，九五相追逐。"伯玉视城下人头上皆有草。泰始七年，伯玉又梦太祖乘船在广陵北渚，见上两掖下有翅不舒。伯玉问何当舒，上曰："却后三年。"伯玉梦中自谓是咒师，向上唾咒之，凡六咒，有六龙出，两掖下翅皆舒，还而复敛。元徽二年而太祖破桂阳，威名大震；五年而废苍梧。太祖谓伯玉曰："卿时乘之梦，今且效矣。"

升明初，仍为太祖骠骑中兵参军，除步兵校尉，不拜。仍带济阳太守，中兵如故。霸业既建，伯玉忠勤尽心，常卫左右。加前军将军。随太祖太尉府转中兵，将军、太守如故。建元元年，封南丰县子，四百户。转辅国将军，武陵王征虏司马，太守如故。徙为安成王冠军司马，转豫章王司空谘议，太守如故。

世祖在东宫，专断用事，颇不如法。任左右张景真，使领东宫主衣食官谷帛，赏袴什物，皆御所服用。景真于南涧寺舍身斋，有元徽紫皮袴褶，余物称是。于乐游设会，伎人皆著御衣。又度丝锦与昆仑舶营货，辄使传令防送过南州津。世祖拜陵还，景真白服乘画舴艋，坐胡床，观者咸疑是太子。内外祗畏，莫敢有言。伯玉谓亲人曰："太子所为，官终不知，岂得顾死蔽官耳目！我不启闻，谁应启者？"因世祖拜陵后密启之。上大怒，检校东宫。世祖还至方山，日暮将泊。豫章王于东府乘飞鹢东迎，具白上怒之意。世祖夜归，上亦停灯篝待之，二更尽，方入宫。上明日遣文惠太子、闻喜公子良宣敕，以景真罪状示世祖。称太子令，收景真杀之。世祖忧惧，称疾月余日。上怒不解。昼卧太阳殿，王敬则直入，叩头启上曰："官有天下日浅，太子无事被责，人情恐惧，愿官往东宫解释之。"太祖乃幸宫，召诸王以下于玄圃园为家宴，致醉乃还。

上嘉伯玉尽心，愈见亲信，军国密事，多委使之。时人为之语曰："十敕五令，不如荀伯玉命。"世祖深忿伯玉。上临崩，指伯玉谓世祖曰："此人事我忠，我身后，人必为其作口过，汝勿信也。可令往东宫长侍白泽，小却以南兖州处之。"

伯玉遭父忧，除冠军将军、南濮阳太守，未拜，除黄门郎，本官如故。世祖转为豫章王太尉谘议，太守如故。俄迁散骑常侍，太守如故。伯玉忧惧无计，上闻之，以其与垣崇祖善，虑相扇为乱，加意抚之，伯玉乃安。永明元年，垣崇祖诛，伯玉并伏法。

初，善相墓者见伯玉家墓，谓其父曰："当出暴贵而不久也。"伯玉后闻之，曰："朝闻道，夕死可矣。"死时年五十。

史臣曰：君老不事太子，义烈之遗训也。欲夫专心所奉，在节无贰，虽人子之亲，尚宜自别，则偏党为论，岂或傍启！察江、荀之行也，虽异术而同亡。以古道而居今世，难乎免矣。

赞曰：谧口祸门，荀言亟尽。时清主异，并合同殒。

卷三十二　　　列传第十三

王琨　张岱　褚炫　何戢　王
延之　阮韬

王琨，琅邪临沂人也。祖荟，晋卫将军。父怿，不慧，侍婢生琨，名为昆仑。怿后娶南阳乐玄女，无子，改琨名，立以为嗣。琨少谨笃，为从伯司徒谧所爱。宋永初中，武帝以其娶桓脩女，除郎中，驸马都尉，奉朝请。元嘉初，从兄侍中华有权宠，以门户衰弱，待琨如亲，数相称荐。为尚书仪曹郎，州治中。累至左军谘议，领录事，出为宣城太守，司徒从事中郎，义兴太守。历任皆廉约。还为北中郎长史，黄门郎，宁朔将军，东阳太守。孝建初，迁廷尉卿，竟陵王骠骑长史，加临淮太守，转吏部郎。吏曹选局，贵要多所属请，琨自公卿下至士大夫，例为用两门生。江夏王义恭尝属琨用二人，后复遣属琨，答不许。

出为持节、都督广交二州军事、建威将军、平越将军、平越中郎将、广州刺史。南土沃实，在任者常致巨富，世云"广州刺史但经城门一过，便得三千万"也。琨无所取纳，表献禄俸之半。州镇旧有鼓吹，又启输还。及罢任，孝武知其清，问还资多少？琨曰："臣买宅百三十万，余物称之。"帝悦其对。为廷尉，加给事中，转宁朔将军长史、历阳内史。上以琨忠实，徙为宠子新安王东中郎长史，加辅国将军，迁右卫将军，度支尚书。出为永嘉王左军、始安王征虏二府长史，加辅国将军、广陵太守，皆孝武诸子。泰始元年，迁度支尚书，寻加光禄大夫。

初，从兄华孙长袭华爵为新建侯，嗜酒多愆失。琨上表曰："臣门侄不休，从孙长是故左卫将军嗣息，少资常猥，犹冀晚进。顷更昏酗，业身无检。故卫将军华忠肃奉国，善及世祀；而长负衅承封，将倾基绪。嗣小息佟闲立保退，不乖素风，如蒙拯立，则存亡荷荣，私禄更构。"出为冠军将军、吴郡太守，迁中领军。坐在郡用朝舍钱三十六万营饷二宫诸王及作绛袄奉献军用，左迁光禄大夫，寻加太常及金紫，加散骑常侍。廷尉虞龢议社稷合为一神，琨案旧纠驳。时龢深被亲宠，朝廷多琨强正。

明帝临崩，出为督会稽东阳新安临海永嘉五郡军事、左军将军、会稽太守，常侍如故。坐误竟囚，降号冠军。元徽中，迁金紫光禄，弘训太仆，常侍如故。本州中正，加特进。顺帝即位，进右光禄大夫，常侍余如故。顺帝逊位，琨陪位及辞庙，皆流涕。

太祖即位，领武陵王师，加侍中，给亲信二十人。时王俭为宰相，属琨用东海郡迎吏。琨谓信人曰："语郎，三台五省，皆是郎用人；外方小郡，当乞寒贱，省官何容复夺之。"遂不过其事。

琨性既古慎，而俭啬过甚，家人杂事，皆手自操执。公事朝会，必夙夜早起，简阅衣裳，料数冠帻，如此数四，

世以此笑之。寻解王师。

建元四年，太祖崩，琨闻国讳，牛不在宅，去台数里，遂步行入宫。朝士皆谓琨曰："故宜待车，有损国望。"琨曰："今日奔赴，皆应尔。"遂得病，卒。赠左光禄大夫，余如故。年八十四。

张岱，字景山，吴郡吴人也。祖敞，晋度支尚书。父茂度，宋金紫光禄大夫。岱少与兄太子中舍人寅、新安太守镜、征北将军永、弟广州刺史辨俱知名，谓之张氏五龙。镜少与光禄大夫颜延之邻居，颜谈议饮酒，喧呼不绝；而镜静嘿无言声。后延之于篱边闻其与客语，取胡床坐听，辞义清玄，延之心服，谓宾客曰："彼有人焉。"由此不复酬叫。寅、镜名最高，永、辨、岱不及也。

郡举岱上计掾，不行，州辟从事。累迁南平王右军主簿，尚书水部郎。出补东迁令。时殷冲为吴兴，谓人曰："张东迁亲贫须养，所以栖迟下邑。然名器方显，终当大至。"随王诞于会稽起义，以岱为建威将军，辅国长史，行县事。事平，为司徒左西曹。母年八十，籍注未满，岱便去官从实还养，有司以岱违制，将欲纠举。宋孝武曰："观过可以知仁，不须案也。"累迁抚军谘议参军，领山阴令，职事闲理。

巴陵王休若为北徐州，未亲政事，以岱为冠军谘议参军，领彭城太守，行府、州、国事。后临海王为征虏广州，豫章王为车骑扬州，晋安王为征虏南兖州，岱历为三府谘议、三王行事，与典签主帅共事，事举而情得。或谓岱曰："主王既幼，执事多门，而每能缉和公私，云何致此？"岱曰："古人言一心可以事百君。我为政端平，待物以礼，悔吝之事，无由而及。明暗短长，更是才用之多少耳。"入为黄门郎，迁骠骑长史，领广陵太守。新安王子鸾以盛宠为南徐州，割吴郡属焉。高选佐史，孝武帝召岱谓之曰："卿美效凤著，兼资宦已多。今欲用卿为子鸾别驾，总刺史之任，无谓小屈，终当大伸也。"帝崩，累迁吏部郎。

明帝初，四方反，帝以岱堪干旧才，除使持节、督西豫州诸军事、辅国将军、西豫州刺史。寻徙为冠军将军、北徐州刺史，都督北讨诸军事，并不之官。泰始末，为吴兴太守。元徽中，迁使持节、督益宁二州军事、冠军将军、益州刺史。数年，益土安其政。征侍中，领长水校尉，度支尚书，领左军，迁吏部尚书。王俭为吏部郎，时专断曹事，岱每相违执，及俭为宰相，以此颇不相善。

兄子瑰、弟恕诛吴郡太守刘遐，太祖欲以恕为晋陵郡，岱曰："恕未闲从政，美锦不宜滥裁。"太祖曰："恕为人，我所悉。且又与瑰同勋，自应有赏。"岱曰："若以家贫赐禄，此所不论，语功推事，臣门之耻。"寻加散骑常侍。建元元年，出为左将军、吴郡太守。太祖知岱历任清直，至郡未几，手敕岱曰："大邦任重，乃未欲回换，但总戎务殷，宜须望实，今用卿为护军。"加给事中。岱拜竟，诏以家为府。陈疾，明年，迁金紫光禄大夫，领鄱阳王师。

世祖即位，复以岱为散骑常侍、吴兴太守，秩中二千石。岱晚节在吴兴，更以宽恕著名。迁使持节、监南兖兖

徐青冀五州诸军事、后将军、南兖州刺史，常侍如故。未拜，卒。年七十一。岱初作遗命，分张家财，封置箱中，家业张减，随复改易，如此十数年。赠本官，谥贞子。

褚炫，字彦绪，河南阳翟人也。祖秀之，宋太常。父法显，鄱阳太守。兄炤，字彦宣，少秉高节，一目眇，官至国子博士，不拜。常非从兄渊身事二代，闻渊拜司徒，叹曰："使渊作中书郎而死，不当是一名士邪？名德不昌，遂令有期颐之寿。"炫少清简，为从舅王景文所知。从兄渊谓人曰："从弟廉胜独立，乃十倍于我也。"宋义阳王昶为太常，板炫补五官，累迁太子舍人，抚军车骑记室，正员郎。

从宋明帝射雉，至日中，无所得。帝甚猜羞，召问侍臣曰："吾旦来如皋，遂空行，可笑。"座者莫答。炫独曰："今节候虽适，而云雾尚凝，故斯翚之禽，骄心未警。但得神驾游豫，群情便为载欢。"帝意解，乃于雉场置酒。迁中书侍郎，司徒右长史。

升明初，炫以清尚，与刘俣、谢朏、江斅入殿侍文义，号为"四友"。迁黄门郎，太祖骠骑长史，迁侍中，复为长史。齐台建，复为侍中，领步兵校尉。以家贫，建元初，出补东阳太守，加秩中二千石。还，复为侍中，领步兵。凡三为侍中。出为竟陵王征北长史，加辅国将军，寻徙为冠军长史、江夏内史，将军如故。

永明元年，为吏部尚书。炫居身清立，非吊问不杂交游，论者以为美。及在选部，门庭萧索，宾客罕至。出行，左右捧黄纸帽箱，风吹纸剥殆尽。罢江夏还，得钱十七万，于石头并分与亲族，病无以市药。表自陈解，改授散骑常侍，领安成王师。国学建，以本官领博士，未拜，卒，无以殡敛。时年四十一。赠太常，谥曰贞子。

何戢，字慧景，庐江灊人也。祖尚之，宋司空。父偃，金紫光禄大夫，被遇于宋武。选戢尚山阴公主，拜驸马都尉。解褐秘书郎，太子中舍人，司徒主簿，新安王文学，秘书丞，中书郎。

景和世，山阴主就帝求吏部郎褚渊入内侍己，渊见拘逼，不肯从，与戢同居止月余日，由是特申情好。明帝立，迁司徒从事中郎，从建安王休仁征赭圻，板转戢司马，除黄门郎，出为宣威将军、东阳太守，吏部郎。元徽初，褚渊参朝政，引戢为侍中，时年二十九。戢以年未三十，苦辞内侍，表疏屡上，时议许之。改授司徒左长史。

太祖为领军，与戢来往，数置欢宴。上好水引饼，戢令妇女躬自执事以设上焉。久之，复为侍中，迁安成王车骑长史，加辅国将军、济阴太守，行府、州事。出为吴郡太守，以疾归。为侍中，秘书监，仍转中书令，太祖相国左长史。建元元年，迁散骑常侍，太子詹事，寻改侍中，詹事如故。上欲转戢领选，问尚书令褚渊，以戢资重，欲加常侍。渊曰："宋世王球从侍中中书令单作吏部尚书，资与戢相似，顷选职乃昔小轻，不容顿加常侍。圣旨每以蝉冕不宜过多，臣与王俭既已左珥，若复加戢，则八座便有三貂。若帖以骁、游亦为不少。"乃以戢为吏部尚书，加骁骑将军。戢美容仪，动止与褚渊相慕，时人呼为"小褚公"。家业富盛，性又华侈，衣被服饰，极为奢丽。三年，出为左将军、吴兴太守。

上颇好画扇，宋孝武赐戢蝉雀扇，善画者顾景秀所画。时陆探微、顾宝先皆能画，叹其巧绝。戢因王晏献之，上令晏厚酬其意。四年，卒。时年三十六。赠散骑常侍、抚军，太守如故。谥懿子。女为郁林王后，又赠侍中、光禄大夫。

王延之，字希季，琅邪临沂人也。祖裕，宋左光禄仪同三司。父升之，都官尚书。延之出继伯父秀才粲之。延之少而静默，不交人事。州辟主簿，不就。举秀才。除北中郎法曹行参军。转署外兵尚书外兵部，司空主簿，并不就。除中军建平王主簿、记室，仍度司空、北中郎二府，转秘书丞，西阳王抚军谘议，州别驾，寻阳王冠军、安陆王后军司马，加振武将军，出为安远护军，武陵内史，不拜。宋明帝为卫军，延之转为长史，加宣威将军。司徒建安王休仁征赭圻，转延之为左长史，加宁朔将军。

延之清贫，居宇穿漏。褚渊往候之，见其如此，具启明帝，帝即敕材官为起三间斋屋。迁侍中，领射声校尉，未拜，出为吴郡太守。罢郡还，家产无所增益。除吏部尚书，侍中，领右军，并不拜。复为吏部尚书，领骁骑将军，出为后军将军、吴兴太守。迁都督浙东五郡、会稽太守。转侍中，秘书监，晋熙王师。迁中书令，师如故。未拜，转右仆射。升明二年，转左仆射。

宋德既衰，太祖辅政，朝野之情，人怀彼此。延之与尚书令王僧虔中立无所去就，时人为之语曰："二王持平，不送不迎。"太祖以此善之。三年，出为使持节、都督江州豫州之新蔡晋熙二郡诸军事、安南将军、江州刺史。建元二年，进号镇南将军。

延之与金紫光禄大夫阮韬，俱宋领军刘湛外甥，并有早誉。湛甚爱之，曰："韬后当为第一，延之为次也。"延之甚不平。每致饷下都，韬与朝士同例。太祖闻其如此，与延之书曰："韬云卿未尝有别意，当缘刘家月旦故邪？"在州禄俸以外，一无所纳，独处斋内，吏民罕得见者。

四年，迁中书令，右光禄大夫，本州大中正。转左仆射，光禄、中正如故。寻领竟陵王师。永明二年，陈疾解职，世祖许之。转特进，右光禄大夫，王师、中正如故。其年卒，年六十四。追赠散骑常侍，右光禄大夫，特进如故。谥简子。

延之家训方严，不妄见子弟，虽节岁问讯，皆先克日。子伦之，见儿子亦然。永明中，为侍中。世祖幸琅邪城，伦之与光禄大夫全景文等二十一人坐不参承，为有司所奏。诏伦之亲为陪侍之职，而同外惰慢，免官，景文等赎论。建武中，至侍中，领前军将军，都官尚书，领游击将军，卒。

阮韬，字长明，陈留人，晋金紫光禄大夫裕玄孙也。韬少历清官，为南兖州别驾，刺史江夏王刘义恭逆求资费钱，韬曰："此朝廷物。"执不与。

宋孝武选侍中四人,并以风貌。王彧、谢庄为一双,韬与何偃为一双。常充兼假。泰始末,为征南江州长史。桂阳王休范在镇,数出行游,韬性方峻,未尝随从。至散骑常侍,金紫光禄大夫,领始兴王师。永明二年,卒。

史臣曰:内侍枢近,世为华选。金珰颍耀,朝之丽服,久忘儒艺,专授名家。加以简择少姿,簪貂冠冕,基荫所通,后才先貌,事同谒者,以形骸为官,斯违旧矣。辟强之在汉朝,幼有妙察;仲宣之处魏国,见贬容陋。何戢之让,虽未能深识前古之美,与夫尸官醒服者,何等级哉!

赞曰:万石祗慎,琨既为伦。五龙一氏,张亦继荀。炫清褚族,戬遗何姻。延之居简,名峻王臣。

卷三十三　　列传第十四

王僧虔　张绪

王僧虔,琅邪临沂人也。祖珣,晋司徒。伯父太保弘,宋元嘉世为宰辅。宾客疑所讳,弘曰:"身家讳与苏子高同。"父昙首,右光禄大夫。昙首兄弟集会诸子孙,弘子僧达下地跳戏,僧虔年数岁,独正坐采蜡烛珠为凤凰。弘曰:"此儿终当为长者。"僧虔弱冠,弘厚,善隶书。宋文帝见其书素扇,叹曰:"非唯迹逾子敬,方当器雅过之。"除秘书郎,太子舍人。退默少交接,与袁淑、谢庄善。转义阳王文学,太子洗马,迁司徒左西属。

兄僧绰,为太初所害,亲宾咸劝僧虔逃。僧虔涕泣曰:"吾兄奉国以忠贞,抚我以慈爱,今日之事,苦不见及耳。若同归九泉,犹羽化也。"孝武初,出为武陵太守。兄子俭于中途得病,僧虔为废寝食。同行客慰喻之。僧虔曰:"昔马援处儿侄之间一情不异,邓攸于弟子更逾所生,吾实怀其心,诚未异古。亡兄之胤,不宜忽诸。若此儿不救,便当回舟谢职,无复游宦之兴矣。"还为中书郎,转黄门郎,太子中庶子。

孝武欲擅书名,僧虔不敢显迹。大明世,常用拙笔书,以此见容。出为豫章王子尚抚军长史,迁散骑常侍,复为新安王子鸾北中郎长史、南东海太守,行南徐州事,二蕃皆帝爱子也。寻迁豫章内史。入为侍中,迁御史中丞,领骁骑将军。甲族向来多不居宪台,王氏以分枝居乌衣者,位官微减,僧虔为此官,乃曰:"此是乌衣诸郎坐处,我亦可试为耳。"复为侍中,领屯骑校尉。泰始中,出为辅国将军、吴兴太守,秩中二千石。王献之善书,为吴兴郡,及僧虔工书,又为郡,论者称之。

徙为会稽太守,秩中二千石,将军如故。中书舍人阮佃夫家在会稽,请假东归。客劝僧虔以佃夫要幸,宜加礼接。僧虔曰:"我立身有素,岂能曲意此辈。彼若见恶,当拂衣去耳。"佃夫言于宋明帝,使御史中丞孙夐奏:"僧虔前莅吴兴,多有谬命,检到郡至迁,凡用功曹五官主簿至二礼吏署三传及度与弟子,合四百四十八人。又听民何系先等一百十家为旧门。委州检削。"坐免官。寻以白衣兼侍中,出监吴郡太守,迁使持节、都督湘州诸军事、建武将军、行湘州事,仍转辅国将军、湘州刺史。所在以宽惠著称。巴峡流民多在湘土,僧虔表割益阳、罗、湘西三县缘江民立湘阴县,从之。

元徽中,迁吏部尚书。高平檀珪罢沅南令,僧虔以为征北板行参军,诉僧虔求禄不得,与僧虔书曰:"五常之始,文武为先,文则经纬天地,武则拨乱定国。仆一门虽谢文通,乃忝武达。群从姑叔,三媾帝室,祖兄二世,縻躯奉国,而致子侄饿死草壤。去冬今春,频荷二敕,既无中人,屡见嗟夺。经涉五朔,逾历四晦,书牍十二,接觐六七,遂不荷润,反更曝鳃。九流绳平,自不宜独苦一物,蝉腹龟肠,为日已久。饥虎能呀,人遽与肉;饿麟不噬,谁为落毛?去冬乞豫章丞,为马超所争;今春蒙救南昌县,为史偃所夺。二子勋荫人才,有何见胜?若以贫富相夺,则分受不如。身虽孤微,百世国士,姻媾位宦,亦不后物。尚书同堂姊为江夏王妃,檀珪同堂姑为南谯王妃;尚书妇是江夏王女,檀珪祖姑嫔长沙景王;尚书伯为江州,檀珪祖亦为江州;尚书从兄出身为后军参军,檀珪父释褐亦为中军参军。仆于尚书,人地本悬,至于婚宦,不至殊绝。今通塞虽异,犹忝气类,尚书何事乃尔见苦?泰始之初,八表同逆,一门二世,粉骨卫主,殊勋异绩,已不能甄,常阶旧途,复见侵抑。"僧虔报书曰:"征北板比岁处遇小优,殷主簿从此府入崇礼,何仪曹即代殷,亦不见诉为苦。足下积屈,一朝超升,政自小难。泰始初勤苦十年,自未见其赏,而顿就求称,亦何可遂。吾与足下素无怨憾,何以相侵苦,直是意有佐佑耳。"珪又书曰:"昔荀公达汉之功臣,晋武帝方爵其玄孙;夏侯惇魏氏勋佐,金德司融,亦始就甄显,方赏其孙,封树近族。羊叔子于晋泰始中建策伐吴,至咸宁末,方加褒宠,封其兄子;卞望之以咸和初殒身国难,至兴宁末,方崇礼秩,官其子孙;蜀郡主簿田混,黄初末死故君之难,咸康中方擢其子孙。似不以代远而被弃,年世疏而见遗。檀珪百罹六极,造化罕比,五丧停露,百口悬命,存亡披迫,本希小禄,无意阶无。自古以来有沐食侯,近代有王官。府佐非沐食之职,参军非王官之谓。质非鲍瓜,实羞空悬。殷、何二生,或是府主情味,或是朝廷意旨,岂与悠悠之人同口而语!使仆就此职,尚书能以郎见转不?若使П得五升禄,则不耻执鞭。"僧虔乃用为安城郡丞。珪,宋安南将军韶孙也。

僧虔寻加散骑常侍,转右仆射。升明元年,迁尚书仆射,寻转中书令,左仆射。二年,为尚书令。僧虔好文史,解音律,以朝廷礼乐多违正典,民间竞造新声杂曲,时太祖辅政,僧虔上表曰:"夫悬钟之器,以雅为用;凯容之礼,八佾为仪。今总章羽佾,音服舛异。又歌钟一肆,克谐女乐,以歌为务,非雅器也。大明中,即以宫悬合和《鞞》、《拂》,节数虽会,虑乖《雅》体,将来知音,或讥圣世。若谓钟舞已谐,重违成宪,更立歌钟,不悉旧例。四县所奏,谨依《雅》条,即义沿理,如或可附。又今《清商》,实由铜爵,三祖风流,遗音盈耳,京洛相高,江左弥贵。谅以金石干羽，事绝私室，桑濮郑卫，训隔绅冕，中庸和雅，莫复于斯。而情变听移，稍复销落，十数年间，亡者将半。自顷家竞新哇，人尚谣俗，务在嚎杀，不顾音纪，流宕无崖，未知所极，排斥正曲，崇长漏淫。士有等差，无故不可去乐，礼有攸序，长幼不可共闻。故喧丑之制，日盛于廛里；风味之响，独尽于衣冠。宜命有司，务勤功课，缉理遗逸，迭相开晓，所经漏忘，悉加补缀。曲全者禄厚，艺妙者位优。利以动之，则人思刻厉。反本还源，庶可跂踵。"事见纳。

建元元年，转侍中，抚军将军，丹阳尹。二年，进号左卫将军，固让不拜。改授左光禄大夫，侍中、尹如故。郡县狱相承有上汤杀囚，僧虔上疏言之曰："汤本以救疾，而实行冤暴，或以肆忿。若罪必人重，自有正刑；若去恶宜疾，则应先启。岂有死生大命，而潜制下邑。愚谓治下囚病，必先刺郡，求职司与医对共诊验；远县，家人省视，然后处理。可使死者不恨，生者无怨。"上纳其言。

僧虔留意雅乐，升明中所奏，虽微有厘改，尚多遗失。是时上始欲通使，僧虔与兄子俭书曰："古语云'中国失礼，问之四夷'。计乐亦如。苻坚败后，东晋始备金石乐，故知不可全诬也。北国或有遗乐，诚未可便以补中夏之阙，且得知其存亡，亦一理也。但《鼓吹》旧有二十一曲，今所能者十一而已，意谓北使会有散役，得令乐署一人粗别同异者，充此使限。虽复延州难追，其得知所知，亦当不同。若谓有此理者，可得申吾意上闻否？试为思之。"事竟不行。

太祖善书，及即位，笃好不已。与僧虔赌书毕，谓僧虔曰："谁为第一？"僧虔曰："臣书第一，陛下亦第一。"上笑曰："卿可谓善自为谋矣。"示僧虔古迹十一帙，就求能书人名。僧虔得民间所有帙中所无者——吴大皇帝、景帝、归命侯书，桓玄书，及王丞相导、领军洽、中书令珉、张芝、索靖、卫伯儒、张翼十二卷奏之。又上羊欣所撰《能书人名》一卷。

其年冬，迁持节、都督湘南诸军事、征南将军、湘州刺史，侍中如故。清简无所欲，不营财产，百姓安之。世祖即位，僧虔以风疾欲陈解，会迁侍中、左光禄大夫、开府仪同三司。僧虔少时群从宗族并会，客有相之者云："僧虔年位最高，仕当至公，余人莫及也。"及授，僧虔谓兄子俭曰："汝任重于朝，行当有八命之礼，我若复此授，则一门有二台司，实可畏惧。"乃固辞不拜，上优而许之。改授侍中、特进、左光禄大夫。客问僧虔固让之意，僧虔曰："君子所忧无德，不忧无宠。吾衣食周身，荣位已过，所惭庸薄无以报国，岂容更受高爵，方贻官谤邪！"兄子俭为朝宰，起长梁斋，制度小过，僧虔视之不悦，竟不入户，俭即毁之。

永明三年，薨。僧虔颇解星文，夜坐见豫章分野当有事故，时僧虔子慈为豫章内史，虑其有公事。少时，僧虔薨，慈弃郡奔赴。僧虔时年六十。追赠司空，侍中如故。谥简穆。

其论书曰："宋文帝书，自云可比王子敬，时议者云'天然胜羊欣，功夫少于欣'。王平南廙，右军叔，过江之前以为最。亡曾祖领军书，右军云'弟书遂不减吾'。变古制，今唯右军、领军；不尔，至今犹法钟、张。亡从祖中书令珉，子敬云'弟书如骑骡，骎骎恒欲度骅骝前'。庾征西翼书，少时与右军齐名，右军后进，庾犹不分，在荆州与都下人书云'小儿辈贱家鸡，皆学逸少书，须吾下，当比之'。张翼，王右军自书表，晋穆帝令翼为题后答，右军当时不别，久后方悟，云'小人几欲乱真'。张芝、索靖、韦诞、钟会、二卫并得名前代，无以辨其优劣，唯见其笔力惊异耳。张澄当时亦呼有意。郗愔章草亚于右军。郗嘉宾草亚于二王，紧媚过其父。桓玄自谓右军之流，论者以比孔琳之。谢安亦入能书录，亦自重，为子敬书嵇康诗。羊欣书见重一时，亲受子敬，行书尤善，正乃不称名。孔琳之书天然放纵，极有笔力，规矩恐在羊欣后。丘道护与羊欣俱面受子敬，故当在欣后。范晔与萧思话同师羊欣，后小叛，既失故步，为复小有意耳。萧思话书，羊欣之影，风流趣好，殆当不减，笔力恨弱。谢综书，其舅云紧生起，是得赏也，恨少媚于谢。谢灵运乃不伦，遇其合时，亦得入流。贺道力书亚丘道护。庾昕学右军，亦欲乱真矣。"又著《书赋》传于世。

第九子寂，字子玄，性迅动，好文章，读《范滂传》，未常不叹息。王融败后，宾客多归之。建武初，欲献《中兴颂》，兄志谓之曰："汝膏粱年少，何患不达？不镇之以静，将恐贻讥。"寂乃止。初为秘书郎，卒，年二十一。

僧虔宋世尝有书诫子曰：

知汝恨吾不许汝学，欲自悔厉，或以阖棺自欺，或更择美业，且得有慨，亦慰穷生。但亟闻斯唱，未睹其实。请从先师听言观行，冀此不复虚身。吾未信汝，非徒然也。往年有意于史，取《三国志》聚置床头，百日许，复徙业就玄，自当小差于史，犹未近彷佛。曼倩有云："谈何容易。"见诸玄，志为之逸，肠为之抽，专一书，转诵数十家注，自少至老，手不释卷，尚未敢轻言。汝开《老子》卷头五尺许，未知辅嗣何所道，平叔何所说，马、郑何所异，《指例》何所明，而便盛于麈尾，自呼谈士，此最险事。设令袁令命汝言《易》，谢中书挑汝言《庄》，张吴兴叩汝言《老》，端可复言未尝看邪？谈故如射，前人得破，后人应解，不解即输赌矣。且论注百氏，荆州《八帙》，又《才性四本》、《声无哀乐》，皆言家口实，如客至之有设也。汝皆未经拂耳瞥目，岂有庖厨不脩，而欲延大宾者哉？就如张衡思侔造化，郭象言类悬河，不自劳苦，何由至此？汝曾未窥其题目，未辨其指归——六十四卦，未知何名；《庄子》众篇，何者内外；《八帙》所载，凡有几家；《四本》之称，以何为长——而终日欺人，人亦不受汝欺也。由吾不学，无以为训。然重华无严父，放勋无令子，亦各由己耳。汝辈窃议亦当云："阿越不学，在天地间可嬉戏，何忽自课谪？幸及盛时逐岁暮，何必有所减？"汝见其一耳，不全尔也。设令吾学如马、郑，亦必甚胜；复倍不如今，亦必大减。致之有由，从身上来也。汝今壮年，自勤数倍许胜，劣及吾耳。世中比例举眼是，汝足知此，不复具言。

　　吾在世,虽乏德素,要复推排人间数十许年,故是一旧物,人或以比数汝等耳。即化之后,若自无调度,谁复知汝事者?舍中亦有少负令誉弱冠越超清级者,于时王家门中,优者则龙凤,劣者犹虎豹,失荫之后,岂龙虎之议?况吾不能为汝荫,政应各自努力耳。或有身经三公,蔑尔无闻;布衣寒素,卿相屈体。或父子贵贱殊,兄弟声名异。何也?体尽读数百卷书耳。吾今悔无所及,欲以前车诫尔后乘也。汝年入立境,方应从官,兼有室累,牵役情性,何处复得下帷如王郎时邪?为可作世中学,取过一生耳。试复三思,勿讳吾言。犹捶挞志辈,冀脱万一,未死之间,望有成就者,不知当有益否?各在尔身已切,岂复关吾邪?鬼唯知爱深松茂柏,宁知子弟毁誉事!因汝有感,故略叙胸怀。

　　张绪,字思曼,吴郡吴人也。祖茂度,会稽太守。父寅,太子中舍人。绪少知名,清简寡欲,叔父镜谓人曰:"此儿,今之乐广也。"州辟议曹从事,举秀才。建平王护军主簿,右军法曹行参军,司空主簿,抚军、南中郎二府功曹,尚书仓部郎。都令史谘郡县米事,绪萧然直视,不以经怀。除巴陵王文学,太子洗马,北中郎参军,太子中舍人,本郡中正,车骑从事中郎,中书郎,州治中,黄门郎。

　　宋明帝每见绪,辄叹其清淡。转太子中庶子,本州大中正,迁司徒左长史。吏部尚书袁粲言于帝曰:"臣观张绪有正始遗风,宜为宫职。"复转中庶子,领翊军校尉,转散骑常侍,领长水校尉,寻兼侍中,迁吏部郎,参掌大选。元徽初,东宫罢,选曹拟舍人王俭格记室,绪以俭人地兼美,宜转秘书丞,从之。绪又迁侍中,郎如故。

　　绪忘情荣禄,朝野皆贵其风。尝与客闲言,一生不解作诺。时袁粲、褚渊秉政,有人以绪言告粲、渊者,即出绪为吴郡太守,绪初不知也。迁为祠部尚书,复领中正,迁太常,加散骑常侍,寻领始安王师。升明二年,迁太祖太傅长史,加征虏将军。齐台建,转散骑常侍,世子詹事。建元元年,转中书令,常侍如故。

　　绪善言,素望甚重,太祖深加敬ས。仆射王俭谓人曰:"北士中觅张绪,过江未有人,不知陈仲弓、黄叔度能过之不耳?"车驾幸庄严寺听僧达道人讲,座远,不闻绪言,上难移徙,乃迁僧达以近之。寻加骁骑将军。欲用绪为右仆射,以问王俭,俭曰:"南士由来少居此职。"褚渊在座,启上曰:"俭年少,或不尽忆。江左用陆玩、顾和,皆南人也。"俭曰:"晋氏衰政,不可以为准则。"上乃止。四年,初立国学,以绪为太常卿,领国子祭酒,常侍、中正如故。绪既迁官,上以王延之代绪为中书令,时人以此选为得人,比晋朝之用王子敬、王季琰也。

　　绪长于《周易》,言精理奥,见宗一时。常云何平叔所不解《易》中七事,诸卦中所有时义,是其一也。

　　世祖即位,转吏部尚书,祭酒如故。永明元年,迁金紫光禄大夫,领太常。明年,领南郡王师,加给事中,太常如故。三年,转太子詹事,师、给事如故。绪每朝见,世祖目送之。谓王俭曰:"绪以位尊我,我以德贵绪也。"迁散骑常侍,金紫光禄大夫、师如故。给亲信二十人。复领中正。长沙王晃属选用吴兴闻人邕为州议曹,绪以资籍不当,执不许。晃遣书佐固请之,绪正色谓晃信曰:"此是身家州乡,殿下何得见逼!"七年,竟陵王子良领国子祭酒,世祖敕王晏曰:"吾欲令司徒辞祭酒以授张绪,物议以为云何?"子良竟不拜,以绪领国子祭酒,光禄、师、中正如故。

　　绪口不言利,有财辄散之。清言端坐,或竟日无食。门生见绪饥,为之辨餐,然未尝求也。卒时年六十八。遗命作芦蓙輼车,灵上置杯水香火,不设祭。从弟融敬重绪,事之如亲兄,赍酒于绪灵前酌饮,恸哭曰:"阿兄风流顿尽!"追赠散骑常侍、特进、金紫光禄大夫。谥简子。

　　子克,苍梧世正员郎,险行见宠,坐废锢。

　　克弟允,永明中安西功曹,淫通杀人,伏法。

　　允兄充,永明元年为武陵王友,坐托与尚书令王俭,辞旨激扬,为御史中丞到撝所奏,免官禁锢。论者以为有恨于俭也。

　　案建元初,中诏序朝臣,欲以右仆射拟张岱。褚渊谓"得此过优,若别有忠诚,特进升引者,别是一理,仰由裁照。"诏"更量"。说者既异,今两记焉。

　　史臣曰:王僧虔有希声之量,兼以艺业。戒盈守满,屈己自容,方轨诸公,实平世之良相。张绪凝衿素气,自然标格,搢绅端委,朝宗民望。夫如绪之风流者,岂不谓之名臣!

　　赞曰:简穆长者,其义恢恢;声律草隶,燮理三台。思曼廉静,自绝风埃;游心交系,物允清才。

卷三十四　　　　列传第十五

虞玩之　刘休　沈冲　庾杲之　王谌

　　虞玩之,字茂瑶,会稽余姚人也。祖宗,晋库部郎。父玫,通直常侍。玩之少闲刀笔,泛涉书史,解褐东海王行参军,乌程令。路太后外亲朱仁弥犯罪,依法录治。太后怨诉孝武,坐免官。泰始中,除晋熙国郎中令,尚书起部郎,通直郎。元徽中,为右丞。时太祖参政,与玩之曰:"张华为度支尚书,事不徒然。今漕藏有阙,吾贤居右丞,已觉金粟可积也。"玩之上表陈府库钱帛,器械役力,所悬转多,兴用渐广,虑不支岁月。朝议优报之。迁安成王车骑录事,转少府。

　　太祖镇东府,朝野致敬,玩之犹蹑屐造席。太祖取屐视之,讹黑斜锐,莫断,以芒接之。问曰:"卿此屐已几载?"玩之曰:"初释褐拜征北行佐买之,著已二十年,贫土竟不办易。"太祖善之，引为骠骑谘议参军。霸府初开，宾客辐凑，太祖留意简接，玩之与乐安任遐，俱以应对有席上之美，齐名见遇。遐字景远，好学，有义行，兼与太祖素游，褚渊、王俭并见亲爱。官至光禄大夫，永元初卒。

玩之迁骁骑将军，黄门郎，领本部中正。上患民间欺巧，及即位，敕玩之与骁骑将军傅坚意检定簿籍。建元二年，诏朝臣曰："黄籍，民之大纪，国之治端。自顷氓俗巧伪，为日已久，至乃窃注爵位，盗易年月，增损三狀，贸袭万端。或户存而文书已绝，或人在而反托死叛，停私而云隶役，身强而称六疾。编户齐家，少不如此。皆政之巨蠹，教之深疵。比年虽却籍改书，终无得实。若约之以刑，则民伪已远；若绥之以德，则胜残未易。卿诸贤并深明治体，可各献嘉谋，以振浇化。又台坊访募，此制不近，优刻素定，闲剧有常。宋元嘉以前，兹役恒满，大明以后，乐补稍ези。或缘寇难频起，军萌易多，民庶从利，投坊者寡。然国经未变，朝纪恒存，相挽而言，隆替何速！此急病之洪源，暑景之切患，以何科算，革斯弊邪？"

玩之上表曰："宋元嘉二十七年八条取人，孝建元年书籍，众巧之所始也。元嘉中，故光禄大夫傅隆，年出七十，犹手自书籍，躬加隐校。隆何必有石建之慎，高柔之勤，盖以世属休明，服道修身故耳。今陛下旰忘食，未明求衣，诏逮幽愚，谨陈妄说。古之共治天下，唯良二千石，今欲求治取正，其在勤明令长。凡受籍，县不加检合，但封送州，州检得实，方却归县。吏贪其赂，民肆其奸，奸弥深而却弥多，赂愈厚而答愈缓。自泰始三年至元徽四年，扬州等九郡四号黄籍，共却七万一千余户。于今十一年矣，而所正者犹未四万。神州奥区，尚或如此，江、湘诸部，倍不可念。愚谓宜以元嘉二十七年籍为正。民惰法既久，今建元元年书籍，宜更立明科，一听首悔，迷而不反，依制必戮。使官长审自检校，必令明洗，然后上州，永以为正。若有虚昧，州县同咎。今户口多少，不减元嘉，而板籍顿阙，弊亦有以。自孝建以来，入勋者众，其中操干戈卫社稷者，三分殆无一焉。勋簿所领而诈注辞籍，浮游世要，非官长所拘录，复为不少。寻苏峻平后，庾亮就温峤求勋簿，而峤不与，以为陶侃所上，多非实录。寻物之怀私，无世不有，宋末落纽，此巧尤多。又将位既众，举恤为禄，实润甚微，而人领数万，如此二条，天下合役之身，已据其太半矣。又有改注籍状，诈人仕流，昔为人役者，今反役人。又生不长发，便谓为道人，填街溢巷，是处皆然。或抱子并居，竟不编户，迁徙去来，公违土断。属役无满，流亡不归，宁丧终身，疾病长卧。法令必行，自然竞反。又四镇戍将，有名寡实，随才部曲，无辨勇懦，署位借给，巫媪比肩，弥山满海，皆是私役。行货求位，其涂甚易，募役卑剧，何为补？坊吏之所以尽，百里之所以单也。今但使募制明信，满复有期，民无逐路，则坊可立表而盈矣。为治不患无制，患在不行，不患不行，患在不久。"

上省玩之表，纳之。乃别置板籍官，置令史，限人一日得数巧，以防懈怠。于是货赂因缘，籍注虽正，犹强推却，以充程限。至世祖永明八年，谪巧者戍缘淮各十年，百姓怨望。世祖乃诏曰："夫简贵贱，辨尊卑者，莫不取信于黄籍。岂有假器滥荣，窃服非分。故所以澄革虚妄，式允旧章。然岬起前代，过非近失，既往之愆，不足追咎。自宋升明以前，皆听复注。其有谪役边疆，各许还本。此后有犯，严加翦治。"

玩之以久宦衰疾，上表告退，曰："臣闻负重致远，力穷则困，竭诚事君，智尽必倾，理固然也。四十仕进，七十悬车，壮则驱驰，老宜休息。臣生于晋，长于宋，老于齐，世历三代，朝市再易。臣以宋元嘉二十八年为王府行佐，于兹三十年矣。自顷以来，衰耗渐笃。为性不懒惰，而倦怠顿来。耳目本聪明，而聋瞶转积。脚不支身，喘不绪气。景刻不推，朝昼不保。大功兄弟，四十有二人，通塞寿夭，唯臣独存。朝露未光，宁堪长久！且知足不厚，臣已足矣。禀命饥寒，不求富贵，铜山由命，臣何恨焉。久甘之矣。直道事人，不免缧绁，属遇圣明，知其非罪，臣之幸厚矣。授命于道消之晨，效节于百揆之日，臣忠之效也。降庆于文明之初，荷泽于天飞之运，臣命之偶也。不谋巧宦而位至九卿，德惭李陵而忝居门下。尧舜无穷，臣亦通矣。年过六十，不为夭矣。荣期之三乐，东平之一善，臣俱尽之矣。经昏践乱，涉艰履危，仰圣德以求全，凭贤辅以申节，未尝厌屈于勋权，畏溺于狐鼠，臣立身之本，于斯不亏。在其壮也，当官不让；及其衰矣，豪露靡因。伏愿慈临，赐臣骸骨。非为希高慕古，爱好泉林，特以丁运孤贫，养礼多阙，风树之感，凤自缠心。庶天假其辰，得二三年间，扫守丘墓，以此归全，始终之报遂矣。"上省玩之表，许之。

玩之于人物好臧否。宋末，王俭举员外郎孔逷使虏，玩之言论不相饶，逷、俭并恨之。至是玩之东归，俭不出送，朝廷无祖饯者。玩之归家起大宅，数年卒。其后员外郎孔瑄就俭求会稽五官，俭方盥，投皂荚于地，曰："卿乡俗恶。虞玩之至死烦人。"

孔逷字世远，玩之同郡人，好典故学。与王俭至交。升明中为齐台尚书仪曹郎，太祖谓之曰："卿仪曹才也。"俭为宰相，逷尝谋议帷幕，每及选用，颇失乡曲情。俭从容启上曰："臣有孔逷，犹陛下之有臣也。"永明中为太子家令，卒。时人呼孔逷、何宪为王俭三公。

宪字子思，庐江人也。以强学见知。母镇北长史王敷之女，聪明有训识。宪为本州别驾。永明十年，使于虏中。

刘休，字弘明，沛郡相人也。祖徽，正员郎。父超，九真太守。休初为驸马都尉，奉朝请，宋明帝湘东国常侍。好学谙忆，不为帝所知。袭祖封南乡侯。友人陈郡谢俨同丞相义宣反，休坐匿之，被系尚方七年，孝武崩，乃得出。随弟钦为罗县。泰始初，诸州反，休筮明帝当胜，静处不预异谋。数年，还投吴喜为辅师府录事参军。喜称其才，进之明帝，得在左右。板桂阳王征北参军。

帝颇有好尚，尤嗜饮食。休多艺能，爱及鼎味，问无不解。后宫孕者，帝使筮其男女，无不如占。帝素肥，痿不能御内，诸王妃妾怀孕，使密献入宫，生子之后，闭其母于幽房，前后十数。顺帝，桂阳王休范子也。苍梧王亦非帝子,陈太妃先为李道儿妾,故苍梧微行,尝自称为李郎焉。帝憎妇人妒,尚书右丞荣彦远以善棋见亲,妇妒伤其面,帝曰:"我为卿治之,何如?"彦远率尔应曰:"听圣旨。"其夕,遂赐药杀其妻。休妻王氏亦妒,帝闻之,赐休妾,敕与王氏二十杖。令休于宅后开小店,使王氏亲卖扫帚皂荚以辱之。其见亲如此。

寻除员外郎,领辅国司马、中书通事舍人,带南城令。除尚书中兵郎,给事中、舍人、令如故。除安成王抚军参军,出为都水使者,南康相。休善吏治体,而在郡无异绩。还为正员郎,邵陵王南中郎录事、建威将军、新蔡太守。随转左军府,加镇蛮护军,将军、太守如故。迁谘议,司马,进宁朔将军,镇蛮护军、太守如故。徙寻阳太守,将军、司马如故。后迁长史。沈攸之难,世祖挟晋熙邵陵二王军府镇盆城,休承奉军费,事宁,仍迁邵陵王安南长史,除黄门郎,宁朔将军,前军长史,齐台散骑常侍。

建元初,为御史中丞。顷之,休启曰:"臣自尘荣南宪,星晷交春,谬闻弱奏,劾无空月。岂唯不能使蕃邦敛手,豪右屏气,乃遣听已暴之辜,替网触罗之鸟。而犹以此,里失乡党之和,朝绝比肩之顾,覆背腾其喉唇,武人厉其觜吻。怨之所聚,势难久堪;议之所裁,孰怀其允?臣窃寻宋世载祀六十,历职斯任者五十有三,校其年月,不过盈岁。于臣叨滥,宜请骸骨。"上曰:"卿职当国司,以威裁为本,而忽悝世消。卿便应辞之事始,何可获惰晚节邪?"

宋末,上造指南车,以休有思理,使与王僧虔对共监试。元嘉世,羊欣受子敬正隶法,世共宗之,右军之体微古,不复见贵。休始好此法,至今此体大行。四年,出为豫章内史,加冠军将军。卒,年五十四。

沈冲,字景绰,吴兴武康人也。祖宣,新安太守。父怀文,广陵太守。冲解褐尉五官,转扬州主簿。宋大明中,怀文有文名,冲亦涉猎文义。转西阳王抚军法曹参军,寻举秀才,还为抚军正佐,兼记室。及怀文得罪被系,冲兄弟行谢,情哀貌苦,见者伤之。柳元景欲救怀文,言于帝曰:"沈怀文三子涂炭不可见,愿陛下速正其罪。"帝竟杀之。元景为之叹息。冲兄弟以此知名。

泰始初,以母老家贫,启明帝得为永兴令。迁巴陵王主簿,除尚书殿中郎。元徽中,出为晋安王安西记室参军,还为司徒主簿,山阴令,转司徒录事参军。世祖为江州,冲为征虏长史、寻阳太守,甚见委遇。世祖还都,使冲行府、州事。迁领军长史。建元初,转骠骑谘议参军,领录事,未及到任,转黄门郎,仍迁太子中庶子。世祖在东宫,待以恩旧。及即位,转御史中丞,侍中。冠军庐陵王子卿为郢州,以冲为长史、辅国将军、江夏内史,行府、州事。随府转为安西长史、南郡内史,行荆州府事,将军如故。永明四年,征为五兵尚书。

冲与兄淡、渊名誉有优劣,世号为"腰鼓兄弟"。淡、渊并历御史中丞,兄弟三人皆为司直,晋、宋未有也。中丞案裁之职,被宪者多结怨。渊永明中弹吴兴太守袁彖,建武中象从弟昂为中丞,到官数日,奏弹渊子缋父在傲白

轞车,免官禁锢。冲母孔氏在东,邻家失火,疑为人所焚爇,大呼曰:"我三儿皆作御史中丞,与人岂有善者!"

世祖方欲任冲,冲西下至南州而卒。时年五十一。上甚惜之。丧还,诏曰:"冲丧柩至止,恻怆良深。以其昔在南蕃,特兼悯悼。"车驾出临冲丧,诏曰:"冲贞详闲理,志局渊正。诚著蕃朝,绩彰出守。不幸早世,朕甚悼之。"追赠太常,谥曰恭子。

庾杲之,字景行,新野人也。祖深之,雍州刺史。父粲,司空参军。杲之少而贞立,学涉文义。起家奉朝请,巴陵王征西参军。郢州举秀才,除晋熙王镇西外兵参军,世祖征虏府功曹,尚书驾部郎。清贫自业,食唯有韭菹、瀹韭、生韭杂菜,或戏之曰:"谁谓庾郎贫,食鲑常有二十七种。"言三九也。仍为世祖抚军中军记室,迁员外散骑常侍,正员郎,迁中书郎,领荆、湘二州中正。转尚书左丞,常侍、领中正如故。出为王俭卫军长史,时人呼入俭府为芙蓉池。俭谓人曰:"昔袁公作卫军,欲用我为长史,虽不获就,要是意向如此。今亦应须如我辈人也。"乃用杲之。迁黄门郎,兼御史中丞,寻即正。

杲之风范和润,善音吐。世祖令对虏使,兼侍中。上每叹其风器之美,王俭在座,曰:"杲之为蝉冕所照,更生风采。陛下故当与其即真。"帝意未用也。永明中,诸王年少,不得妄与人接,敕杲之与济阳江淹五日一诣诸王,使申游好。寻又迁庐陵王中军长史,迁尚书吏部郎,参大选事。转太子右卫率,加通直常侍。

九年,卒。临终上表曰:"臣昨夜及旦,更增气疾,自省绵痼,顷刻危殆,无容复卧。任居隆显,玷尘明世,乞解所忝,待终私庭。臣以凡庸,谬徽昌运,奖擢之厚,千载难逢。且年逾知命,志事荣显,修夭有分,无所厝言。若天鉴微诚,暂借余历,倾宗殒元,陈力无远。仰违庭闱,伏枕鲠恋。送貂蝉及章。"诏不许。杲之历在上府,以文学见遇。上造崇虚馆,使为碑文。卒时年五十一,上甚惜之。谥曰贞子。

时会稽孔广,字淹源,亦美姿制。历州治中,卒。

王谌,字仲和,东海郯人也。祖万庆,员外常侍。父元闵,护军司马。宋大明中,沈昙庆为徐州,辟谌为迎主簿,又为州迎从事,湘东王国常侍,镇北行参军,州、国、府主皆宋明帝也。除义阳王征北行参军,又除度明帝卫军府。谌有学义,累为帝蕃佐。及即位,除司徒参军,带薛令,兼中书舍人,见亲遇,常在左右。谌见帝所行惨僻,屡谏不从,请退,坐此见怒,系尚方,少日出。寻除尚书殿中郎,徙记室参军,正员郎,薛令如故。迁兼中书郎,晋平王骠骑板谘议,出为湘东太守,秩中二千石,未拜,坐公事免。复为桂阳王骠骑府谘议参军,中书郎。

明帝好围棋,置围棋州邑,以建安王休仁为围棋州都大中正,谌与太子右率沈勃、尚书水部郎庾珪之、彭城丞王抗四人为小中正,朝请褚思庄、傅楚之为清定访问。

出为临川内史,还为尚书左丞。寻以本官领东观祭酒,即明帝所置总明观也。迁黄门,转正员常侍,辅国将

军，江夏王右军长史，冠军将军。转给事中，廷尉卿，未拜。建元中，武陵王晔为会稽，以谌为征房长史行事，冠军如故。永明初，迁豫章王太尉司马，将军如故。世祖与谌相遇于宋明之世，欲委任，为辅国将军、晋安王南中郎长史、淮南太守，行府、州事。五年，除黄门郎，领骁骑将军，迁太子中庶子，骁骑如故。谌贞正和谨，朝廷称为善人，多与之厚。八年，转冠军将军、长沙王车骑长史，徙庐陵王中军长史，将军如故。西阳王子明在南兖州，长史沈宪去职，上复徙谌为征房长史，行南兖府、州事，将军如故。谌少贫，尝自纺绩，及通贵后，每为人说之，世称其志达。九年，卒。年六十九。

史臣曰：鹑居鷇饮，裁树司牧，板籍之起，尚未分民，所以爱字之义深，纳隍之意重也。季世以后，务尽民力，量财品赋，以自奉养。下穷而上不恤，世浇而事愈变。故有窃名簿阀，忍贼肌肤，生滥死乖，趋避绳网。积虚累谬，已数十年，欺蔽相容，官民共有，为国之道，良宜矫革。若令优役轻徭，则斯诈自弭；明纠群吏，则兹伪不行。空阅旧文，徒成民幸。是以崔琰之讥魏武，谢安之论京师。断民之难，岂直远在周世哉？

赞曰：玩之止足，为论未光。刘休善筮，安卧南湘。冲获时誉，呆信圭璋。谌惟旧序，并用兴王。

卷三十五　　列传第十六

高帝十二王

高帝十九男：昭皇后生武帝、豫章文献王嶷；谢贵嫔生临川献王映、长沙威王晃；罗太妃生武陵昭王晔；任太妃生安成恭王暠；陆修仪生鄱阳王锵、晋熙王銶；袁修容生桂阳王铄；何太妃生始兴简王鉴、宜都王铿；区贵人生衡阳王钧；张淑妃生江夏王锋、河东王铉；李美人生南平王锐；第九、第十三、第十四、第十七皇子早亡。衡阳王钧出继元王后。

临川献王映，字宣光，太祖第三子也。宋元徽四年，解褐著作佐郎，迁抚军行参军，南阳王文学。沈攸之事难，太祖时领南徐州，以映为宁朔将军，镇京口。事宁，除中军谘议、从事中郎、辅国将军、淮南宣城二郡太守，并不拜。仍为假节、督南兖兖徐青冀五州诸军事、行南兖州刺史，将军如故。寻除给事黄门侍郎，领前军将军，仍复为冠军将军、南兖州刺史，假节督，复为监军，督五州如故。

齐台建，宋帝诏封映及弟晃、晔、暠、锵、铄、鉴并为开国县公，各千五百户，未及定土宇，而太祖践阼。以映为使持节、都督荆湘雍益梁宁南北秦八州诸军事、平西将军、荆州刺史。封临川王，食邑例二千户。又领湘州刺史。豫章王嶷既留镇陕西，映亦不行。改授散骑常侍、都督扬南徐二州诸军事、前将军、扬州刺史，持节如故。国家初创，映以年少临神州，吏治聪敏，府州曹局皆重足以奉禁令，自宋彭城王义康以后未之有也。

出为都督荆湘雍益梁巴宁南北秦九州诸军事、镇西将军、荆州刺史，持节、常侍如故。给鼓吹一部。以国忧解散骑常侍，进号征西。永明元年入为侍中、骠骑将军。二年，给油络车。五年，即本号开府仪同三司。七年，薨。

映善骑射，解声律，工左右书左右射，应接宾客，风韵韶美，朝野莫不惋惜焉。时年三十二。诏赐东园秘器，朝服一具，衣一袭。赠司空。九子皆封侯。

长子子晋，历东阳、吴兴二郡太守，秘书监，领后军将军。永元初，为侍中，迁左民尚书。坐从妹祖日不拜，为有司所奏，事留中，子晋遂不复拜。梁王定京邑，犹服侍中服。入梁为辅国将军、高平太守。第二子子游，州陵侯。解褐员外郎，太子洗马，历琅邪、晋陵二郡太守，黄门侍郎。好音乐，解丝竹杂艺。梁初坐闺门淫秽及杀人，为有司所奏，请议禁锢。子晋谋反，兄弟并伏诛。

长沙威王晃，字宣明，太祖第四子也。少有武力，为太祖所爱。宋世解褐秘书郎邵陵王友，不拜。升明二年，代兄映为宁朔将军、淮南宣城二郡太守。初，沈攸之事起，晃便弓马，多从武容，熏赫都街，时人为之语曰："焕焕萧四伞。"其年，迁为持节、监豫司二州郢州之西阳诸军事、西中郎将、豫州刺史。

太祖践阼，晃欲陈政事，辄为典签所裁，晃执杀之。上大怒，手诏赐杖。寻迁使持节、都督南徐兖二州诸军事、后将军、南徐州刺史。世祖为皇太子，拜武进陵，于曲阿后湖斗队，使晃御马军，上闻之，又不悦。入为侍中、护军将军，以国忧，解侍中，加中军将军。太祖临崩，以晃属世祖，处以辇毂近蕃，勿令远出。永明元年，上迁南徐州刺史竟陵王子良为南兖州，以晃为使持节、都督南徐兖二州诸军事、镇军将军、南徐州刺史。入为散骑常侍，中书监。

诸王在京都，唯置捉刀左右四十人。晃爱武饰，罢徐州还，私载数百人仗还都，为禁司所觉，投之江水。世祖禁诸王畜私仗，闻之大怒，将纠以法。豫章王嶷于御前稽首流涕曰："晃罪诚不足宥。陛下当忆先朝念白象。"白象，晃小字也。上亦垂泣。太祖大渐时，诫世祖曰："宋氏若不骨肉相图，他族岂得乘其衰弊，汝深戒之。"故世祖终无异意。然晃亦不见亲宠。当时论者以世祖优于魏文，减于汉明。

寻加晃镇军将军，转丹阳尹，常侍、将军如故。又为侍中、护军将军，镇军如故。寻进号车骑将军，侍中如故。给油络车，鼓吹一部。八年，薨，年三十一。赐东园秘器，朝服一具，衣一袭。即本号，赠开府仪同三司。

世祖尝幸钟山，晃从驾，以马矟刺道边枯蘖，上令左右数人引之，银缠皆卷聚，而矟不出。乃令晃复驰马拔之，应手便去。每远州献骏马，上辄令晃于华林中调试之。太祖常曰："此我家任城也。"世祖缘此意，故谥曰威。

武陵昭王晔，字宣照，太祖第五子也。母罗氏，从太祖在淮阴，以罪诛，晔年四岁，思慕不异成人，故每见爱。初除冠军将军，转征虏将军。晔刚颖俊出，工弈棋，与诸王共作短句，诗学谢灵运体，以呈上，报曰："见汝二十字，诸儿作中最为优者。但康乐放荡，作体不辨有首尾，安仁、士衡深可宗尚，颜延之抑其次也。"建元三年，出为持节、都督会稽东阳新安永嘉临海五郡军事、会稽太守，将军如故。上遣儒士刘瓛往郡，为晔讲《五经》。

世祖即位，进号左将军，入为中书令，将军如故。转散骑常侍，太常卿。又为中书令，迁祠部尚书，常侍并如故。

晔无宠于世祖，未尝处方岳，数以语言忤旨。世祖幸豫章王嶷东田宴诸王，独不召晔。嶷曰："风景殊美，今日甚忆武陵。"上乃呼之。晔善射，屡发命中，顾谓四坐曰："手如何？"上神色甚怪。嶷曰："阿五常日不尔，今可谓仰藉天威。"帝意乃释。后于华林赌射，上敕晔叠破，凡放六箭，五破一皮，赐钱五万。又于御席上举酒劝晔，晔曰："陛下尝不以此处许臣。"上回面不答。

久之，出为江州刺史，常侍如故。上以晔方出外镇，求晔宅给诸皇子。晔曰："先帝赐臣此宅，使臣歌哭有所。陛下欲以州易宅，臣请不以宅易州。"至镇百余日，典签赵渥之启晔得失，于是征还为左民尚书。俄转前将军，太常卿，累不得志。冬节问讯，诸王皆出，晔独后来，上已还便殿，闻晔至，引见问之。晔称牛羸，不能取路。上敕车府给副御牛一头。敕主客："自今诸王来不随例者，不得复为通。"

以公事还诣竟陵王子良宅，冬月道逢乞人，脱襦与之。子良见晔衣单，荐襦于晔。晔曰："我与向人亦复何异！"尚书令王俭诣晔，晔留俭设食，栟中菘菜鲍鱼而已。又名后堂山为"首阳"，盖怨贫薄也。

寻为丹阳尹，常侍、将军如故。始不复行事，得自亲政。转侍中，护军将军。给油络车。又给扶二人。世祖临崩，遗诏为卫将军，开府仪同三司，给鼓吹一部。

大行在殡，竟陵王子良在殿内，太孙未立，众论喧疑。晔众中言曰："若立长则应在我，立嫡则应在太孙。"郁林即立，甚见凭赖。隆昌元年，年二十八，薨。赐东园秘器，朝服。赠司空，侍中如故。给节，班剑二十人。

安成恭王暠，字宣曜，太祖第六子也。建元二年，除冠军将军，镇石头戍，领军事。四年，出为使持节、督江州豫州之晋熙诸军事、南中郎将、江州刺史。永明元年，进号征虏将军。明年，为左卫将军。寻迁侍中，领步兵校尉。转中书令。五年，迁祠部尚书，领骁骑将军。六年，出为南徐州刺史。九年，迁散骑常侍，秘书监，领石头戍事。暠性清和多疾，其夏薨，年二十四。赠抚军将军，常侍如故。

鄱阳王锵，字宣韶，太祖第七子也。建元四年，世祖即位，以锵为使持节、督雍梁南北秦四州郢州之竟陵司州之随郡军事、北中郎将、宁蛮校尉、雍州刺史。永明二年，进号征虏将军。四年，为左卫将军，迁侍中，领步兵校尉。七年，转征虏将军，丹阳尹。寻加散骑常侍，进号抚军。出为江州刺史，常侍如故。九年，始亲府、州事。加使持节、督江州诸军事、安南将军，置佐史，常侍如故。先是二年省江州府，至是乃复。十一年，为领军，常侍如故。

锵和悌美令，有宠于世祖，领军之授，齐室诸王所未为。锵在官理事无壅，当时称之。车驾游幸，常甲仗卫从，恩待次豫章王嶷。其年，给油络车。隆昌元年，转尚书右仆射，常侍如故。俄迁侍中、骠骑将军、开府仪同三司，领兵置佐。

锵雍容得物情，为郁林王所依信。郁林心疑高宗，诸王问讯，独留锵谓之曰："公闻鸾于法身何如？"锵曰："臣鸾于宗戚最长，且受寄先帝。臣等年皆尚少，朝廷之干，唯鸾一人，愿陛下无以为虑。"郁林退谓徐龙驹曰："我欲与公共计取鸾，公既不同，我不能独办，且复小听。"及郁林废，锵竟不知。

延兴元年，进位司徒，侍中、骠骑如故。高宗镇东府，权势稍异，锵每往，高宗常屣履至车迎锵。语及家国，言泪俱下，锵以此推信之。而宫台内属意于锵，劝锵入宫发兵辅政。制局监谢粲说锵及随王子隆曰："殿下但乘油壁车入宫，出天子置朝堂，二王夹辅号令，粲等闭城门上仗，谁敢不同？东城人政共缚送萧令耳。"子隆欲定计，锵以上台兵力既悉在东府，且虑事难捷，意甚犹豫。马队主刘巨，世祖时旧人，诣锵请间，叩头劝锵立事。锵命驾将入，复回还内与母陆太妃别，日暮不成行。数日，高宗遣二千人围锵宅害锵，谢粲等皆见杀。锵时年二十六。凡诸王被害，皆以夜遣兵围宅，或斧关排墙叫噪而入，家财皆见封籍焉。

桂阳王铄，字宣朗，太祖第八子也。永明二年，出为南徐州刺史，镇京口。历代镇府，铄出蕃，始省军府。四年，加散骑常侍。六年，迁中书令，度支尚书。七年，中书令，加散骑常侍。时鄱阳王锵好文章，铄好名理，时人称为"鄱桂"。十年，迁太常，常侍如故。铄清羸有冷疾，常枕卧。世祖临视，赐床帐衾褥。隆昌元年，加前将军。给油络车，并给扶二人。海陵立，转侍中、抚军将军，领兵置佐。

鄱阳王见害，铄迁中军将军，开府仪同三司。铄不自安，至东府诣高宗还，谓左右曰："向录公见接殷勤，流连不能已，而貌有惭色，此必欲杀我。"三更中，兵至见害。时年二十五。

始兴简王鉴，字宣彻，太祖第十子也。初封广兴王，后国随郡改名。永明二年，世祖始以鉴为持节、都督益宁二州军事、前将军、益州刺史。广汉什邡民段祖以錞于献鉴，古礼器也。高三尺六寸六分，围二尺四寸，圆如筒，铜色黑如漆，甚薄。上有铜马，以绳县马，令去地尺余，灌之以水，又以器盛水于下，以芒茎当心跪注錞于，以手振芒，则其声如雷，清响良久乃绝。古所以节乐也。五年，鉴献龙角一枚，长九尺三寸，色红，有文。八年，进号安西将军。

明年，为散骑常侍，秘书监，领石头戍事。上以与鉴久别，车驾幸石头宴会赏赐。寻迁左卫将军，未拜，遇疾。上为南康王子琳起青阳巷第新成，车驾与后宫幸第乐饮，其日鉴疾甚，上遣骑问疾相继，为之诏止乐。薨，年二十一。遣赠中军将军，本官新除悉如故。

江夏王锋，字宣颖，太祖第十二子。永明五年，为辅国将军，南彭城、平昌二郡太守。转散骑常侍。七年，迁左卫将军，仍转侍中，领石头戍事。九年，出为徐州刺史。郁林即位，加散骑常侍。隆昌元年，入为侍中，领骁骑将军，寻加秘书监。

锋好琴书，有武力。高宗杀诸王，锋遗书诮责，左右不为通，高宗深惮之。不敢于第收锋，使兼祠官于太庙，夜遣兵庙中收之。锋出登车，兵人欲上车防勒，锋以手击却数人，皆应时倒地，于是敢近者遂逼害之。时年二十。

南平王锐，字宣毅，太祖第十五子也。永明七年，为散骑常侍，寻领骁骑将军。明年，为左民尚书。朝直勤谨，未尝属疾，上嘉之。十年，出为持节、都督湘州诸军事、南中郎将、湘州刺史，以此赏锐。郁林即位，进号前将军。

延兴元年，害诸王，遣裴叔业平寻阳，仍进湘州。锐防阁周伯玉劝锐拒叔业，而府州力弱不敢动，锐见害，年十九。伯玉下狱诛。

宜都王铿，字宣严，太祖第十六子也。初除游击将军。永明十年，迁左民尚书。十一年，为持节、都督南豫司二州军事、冠军将军、南豫州刺史，镇姑熟。时有盗发晋大司马桓温女冢，得金蚕银茧及圭璧等物。铿使长史蔡约自往修复，纤毫不犯。郁林即位，进号征虏将军。延兴元年见害，年十八。

晋熙王銶，字宣攸，太祖第十八子也。永明十一年，除骁骑将军。隆昌元年，出为持节、督郢司二州军事、冠军将军、郢州刺史。延兴元年，进号征虏将军。寻见害，年十六。

河东王铉，字宣胤，太祖第十九子也。隆昌元年，为骁骑将军。出为徐州刺史，迁中书令。高宗诛诸王，以铉年少才弱，故未加害。建武元年，转为散骑常侍，镇军将军，置兵佐。

建武之世，高、武子孙忧危，铉每朝见，常鞠躬俯偻，不敢平行直视。寻迁侍中、卫将军。铉年稍长。四年，诛王晏，以谋立铉为名，免铉官，以王还第，禁不得与外人交通。永泰元年，上疾暴甚，遂害铉，时年十九。二子在孩抱，亦见杀。太祖对诸王，铉独无后，众窃冤之。乃使扬州刺史始安王遥光、临川王子晋、竟陵王昭胄、太尉陈显达、尚书令徐孝嗣、右仆射沈文季、尚书沈渊、沈约、王亮奏论铉，帝答不许，再奏，乃从之。

史臣曰：陈思王表云："权之所存，虽疏必重；势之所去，虽亲必轻。"若夫六代之兴亡，曹冏论之当矣。分圭命社，实寄宗城。就国之典，既随世革，卿士入朝，作贵蕃辅。皇王托体，同禀尊极，仕无常资，秩有恒数，礼地兼隆，易生猜疑。世祖顾命，情深尊嫡，渊图远算，意在无遗。岂不以群王少弱，未更多难，高宗清谨，同起布衣，故韬末命于近亲，寄重权于疏戚，子弟布列，外有强大之势，疏亲中立，可息觊觎之谋，表里相维，足固家国。曾不虑机能运衡，权可制众，宗族歼灭，一至于斯。曹植之言信之矣。

赞曰：高十二王，始建封植。献、昭机警，威、江才力。恭、简恬和，鄱、桂清识。四王少盛，同规谨敕。

卷三十六　　　　列传第十七

谢超宗　刘祥

谢超宗，陈郡阳夏人也。祖灵运，宋临川内史。父凤，元嘉中坐灵运事，同徙岭南，早卒。超宗元嘉末得还。与慧休道人来往，好学，有文辞，盛得名誉。解褐奉朝请。新安王子鸾，孝武帝宠子，超宗以选补王国常侍。王母殷淑仪卒，超宗作诔奏之，帝大嗟赏，曰："超宗殊有凤毛，恐灵运复出。"转新安王抚军行参军。

泰始初，为建安王司徒参军事，尚书殿中郎。三年，都令史骆宰议策秀才考格，五问并得为上，四、三为中，二为下，一不合与第。超宗议以为"片辞折狱，寸言挫众，鲁史褒贬，孔《论》兴替，皆无俟繁而后秉裁。夫表事之渊，析理之会，岂必委牍方切治道。非患对不尽问，患以恒文弗奇。必使一通峻正，宁劣五通而常；与其俱奇，必使一亦", 宜采。"诏从宰议。

迁司徒主簿，丹阳丞。建安王休仁引为司徒记室，正员郎，兼尚书左丞中郎。以直言忤仆射刘康，左迁通直常侍。太祖为领军，数与超宗共属文，爱其才翰。卫将军袁粲闻之，谓太祖曰："超宗开亮迥悟，善可与语。"取为长史、临淮太守。粲既诛，太祖以超宗为义兴太守。升明二年，坐公事免。诣东府门自通，其日风寒惨厉，太祖谓四座曰："此客至，使人不衣自暖矣。"超宗既坐，饮酒数瓯，辞气横出，太祖对之甚欢。板为骠骑谘议。及即位，转黄门郎。

有司奏撰立郊庙歌，敕司徒褚渊、侍中谢朏、散骑侍郎孔稚珪、太学博士王𫷷之、总明学士刘融、何法岊、何曇秀十人并作，超宗辞独见用。

为人仗才使酒，多所陵忽。在直省常醉，上召见，语及北方事，超宗曰："虏动来二十年矣，佛出亦无如何！"以失仪出为南郡王中军司马。超宗怨望，谓人曰："我今日政应为司驴。"为省司所奏，以怨望免官，禁锢十年。司徒褚渊送湘州刺史王僧虔，阁道坏，坠水；仆射王俭尝牛惊,跌下车。超宗抚掌笑戏曰:"落水三公,堕车仆射。"前后言消,稍布朝野。

世祖即位,使掌国史,除竟陵王征北谘议参军,领记室,愈不得志。超宗娶张敬儿女为子妇,上甚疑之。永明元年,敬儿诛,超宗谓丹阳尹李安民曰:"往年杀韩信,今年杀彭越,尹欲何计?"安民具启之。上积怀超宗轻慢,使兼中丞袁彖奏曰:

风闻征北谘议参军谢超宗,根性浮险,率情躁薄,仕近声权,务先诡狎。人裁疏黜,亟便诋贱;卒然面誉,旋而背毁。疑间台贤,每穷诡舌;讪贬朝政,必声凶言。腹诽口谤,莫此之甚;不敬不讳,罕与为二。

辄摄白从王永先到台辨问"超宗有何罪过,诣诸贵皆有不逊言语,并依事列对"。永先列称:"主人超宗恒行来诣诸贵要,每多触忤,言语怨怼。与张敬儿周旋,许结姻好,自敬儿死后,怅叹忿慨。今月初诣李安民,语论'张敬儿不应死'。安民道:'敬儿书疏,墨迹炳然,卿何忽作此语?'其中多有不逊之言,小人不悉尽罗缕诸忆。"如其辞列,则与风闻符同。超宗罪自已彰,宜附常准。

超宗少无士行,长习民嚚。狂狡之迹,联代所疾;迷忄敖之衅,累朝兼触。刬容扫辙,久埋世表。属圣明广爱,忍祸舒慈,舍之宪外,许以改过。野心不悛,在宥方骄;才性无亲,处恩弥戾。遂遘扇非端,空生怨怼,恣器毒于京辅之门,扬凶悖于卿守之席。此而不翦,国章何寄?此而可贷,孰不可容?请以见事免超宗所居官,解领记室。辄勒外收付廷尉法狱治罪。

超宗品第未入简奏,臣辄奉白简以闻。

世祖虽可其奏,以彖言辞依违,大怒,使左丞王逡之奏曰:

臣闻行父尽忠,无礼斯疾;农夫去草,见恶必耘。所以振缨称良,登朝著绩,未有尸位存私而能保其荣名者也。

今月九日,治书侍御史臣司马侃启弹征北谘议参军事谢超宗,称"根性昏动,率心险放,悖议爽真,嚣辞犯实,亲朋忍闻,衣冠掩facts,辄收付廷尉法狱治罪"。处劾虽重,文辞简略,事入主书,被却还外。其晚,兼御史中丞臣袁彖改奏白简,始粗详备。厥初隐卫,实彖之由。

寻超宗植性险戾,禀行凶詖,豺狼野心,久暴遐迩。张敬儿潜图反噬,罚未塞愆,而称怨痛枉,形于言貌。协附奸邪,疑间勋烈,构扇异端,讥议时政,行路同忿,有心咸疾。而阿昧苟容,轻文略奏。又弹事旧体,品第不简,而衅戾殊常者,皆命议亲奏,以彰深愆。况超宗罪逾四凶,过穷南竹,虽下辄收,而文止黄案,沈浮互见,轻重相乖,此而不纠,宪纲将替。

彖才识疏浅,质干无闻,凭戚升荣,因慈荷任。不能克己厉情,少酬恩奖,挠法容非,用申私惠。何以纠正邦ست,式明王度?臣等参议,请以见事免彖所居官,解兼御史中丞,辄摄曹依旧下禁止视事如故。

治书侍御史臣司马侃虽承禀有由,而初无疑执,亦合及咎。请杖督五十,夺劳百日。令史卑微,不足申尽,启可奉行。

侃奏弹之始,臣等并即经见加推纠,案入主书,方被却检,疏谬之愆,伏追震悚。

诏曰:"超宗衅同大逆,罪不容诛。彖匿情欺国,爱朋罔主,事合极法,特原收治,免官如案,禁锢十年。"

超宗下廷尉,一宿发白皓首。诏徙越州,行至豫章,上敕豫章内史虞悰曰:"谢超宗令于彼赐自尽,勿伤其形骸。"

明年,超宗门生王永先又告超宗子才卿死罪二十余条。上疑其虚妄,以才卿付廷尉辨,以不实见原。永先于狱自尽。

刘祥,字显征,东莞莒人也。祖式之,吴郡太守。父孕,太宰从事中郎。祥宋世解褐为巴陵王征西行参军,历骠骑中军二府,太祖太尉东阁祭酒,骠骑主簿。建元中,为冠军征虏功曹,为府主武陵王晔所遇。除正员外。

祥少好文学,性韵刚疏,轻言肆行,不避高下。司徒褚渊入朝,以腰扇鄣日,祥从侧过,曰:"作如此举止,羞面见人,扇鄣何益?"渊曰:"寒士不逊。"祥曰:"不能杀袁、刘,安得免寒士?"永明初,迁长沙王镇军,板谘议参军,撰《宋书》,讥斥禅代,尚书令王俭密以启闻,上衔而不问。历鄱阳王征虏,豫章王大司马谘议,临川王骠骑从事中郎。

祥兄整为广州,卒官,祥就整妻求还资,事闻朝廷。于朝士多所贬忽。王奂为仆射,祥与奂子融同载,行至中堂,见路人驱驴,祥曰:"驴!汝好为之,如汝人才,皆已令仆。"著《连珠》十五首以寄其怀。辞曰:

盖闻兴教之道,无尚必门;拯俗之方,理贵祛弊。故揖让之礼,行乎尧舜之朝;干戈之功,盛于殷周之世。清风以长物成春,素霜以凋严戒节。

盖闻鼓叠怀音,待扬桴以振响;天地涵灵,资昏明以垂位。是以俊乂之臣,借汤、武而隆;英达之君,假伊、周而治。

盖闻悬饥在岁,式羡藜藿之饱;重炎灼体,不念狐白之温。故才以偶时为劭;道以调俗为尊。

盖闻习数之功,假物可寻;探索之明,循时则缺。故班匠日往,绳墨之伎不衰;大道常存,机神之智永绝。

盖闻理定于心,不期俗赏;情贯于时,无悲世辱。故芬芳各性;不待汨渚之哀;明白为宝,无假荆南之哭。

盖闻百仞之台,不挺陵霜之木,盈尺之泉,时降夜光之宝。故理有大而乖权;物有微而至道。

盖闻忠臣赴节,不必在朝;列士匡时,义存则干。故包胥垂涕,不荷肉食之谋;王歜投身,不主庙堂之算。

盖闻智出乎身,理无或困;声系于物,才有必穷。故陵波之羽,不能净浪;盈岫之木,无以辍风。

盖闻良宝遇拙，则奇文不显；达士逢谗，则英才灭耀。故坠叶垂荫，明月为之隔辉；堂宇留光，兰灯有时不照。

盖闻迹慕近方，必势遗于远大；情系驱驰，固理忘于肥遁。是以临川之士，时结羡网之悲；负肆之氓，不抱屠龙之叹。

盖闻数之所隔，虽近则难；情之所符，虽远则易。是以陟岵流霜，时获感天之诚；泣血从刑，而无悟主之智。

盖闻妙尽于识，神远则遗；功接于人，情微则著。故钟鼓在堂，万夫倾耳；大道居身，有时不遇。

盖闻列草深岫，不改先冬之悴；植松涧底，无夺后凋之荣。故展禽三黜，而无下愚之誉；千秋一时，而无上智之声。

盖闻希世之宝，违时则贱；伟俗之器，无圣必沦。故鸣玉黜于楚岫，章甫穷于越人。

盖闻听绝于聪，非疾响所达；神闭于明，非盈光所烛。故破山之雷，不发聋夫之耳；朗夜之辉，不开瞢叟之目。

有以祥《连珠》启上者，上令御史中丞任遐奏曰："祥少而狡异，长不悛徙，请谒绝于私馆，反唇彰于公庭，轻议乘舆，历贬朝望，肆丑无避，纵言自若。厥兄浮槎，天伦无一日之悲，南金弗获，嫂侄致其轻绝，孤舟夐反，存没相捐，遂令暴客掠夺骸枢，行路流叹，有识伤心。摄祥门生孙狼儿列'祥顷来饮酒无度，言语阑逸。道说朝廷，亦有不逊之语，实不避左右，非可称纸墨。兄整先为广州，于职丧亡，去年启求迎丧，还至大雷，闻祥与整妻孟争计财物阗忿，祥仍委croc前还，未至鹊头，其夜遭劫，内人并为凶人所淫辱'。如所列与风闻符同，请免官付廷尉。"

上别遣敕祥曰："卿素无行检，朝野所悉。轻弃骨肉，侮蔑兄嫂，此是卿家行不足，乃无关他人。卿才识所知，盖何足论。位涉清途，于分非屈。何意轻肆口哨，衹目朝士，造席立言，必以贬裁为口实？冀卿年齿已大，能自感厉，日望悛革。如此所闻，转更增甚，谊议朝廷，不避尊贱，肆口极辞，彰暴物听。近见卿影《连珠》，寄意悖慢，弥不可长。卿不见谢超宗，其才地二三，故在卿前，事殆是百分不一。我当原卿性命，令卿万里思愆。卿若能改革，当令卿得还。"狱鞠祥辞。祥对曰："被问'少习狡异，长而不悛，顷来饮酒无度，轻议乘舆，历贬朝望，每肆丑言，无避尊贱'，迁答奉旨。囚出身入官，二十余年，沈悴草莱，无明天壤。皇运初基，便蒙抽擢，祭酒主簿，并皆先朝相府。圣明御宇，荣渥弥隆，谘议中郎，一年再泽。广筵华宴，必参末列，朝半问讯，时奉天辉。囚虽顽愚，岂不识恩？有何怨望，敢生讥议？囚历府以来，伏事四王：武陵功曹，凡涉二载；长沙谘议，故经少时；奉隶大司马，并被恩拂，骠骑中郎，亲职少日；临川殿下不遗虫蚁，赐参辞华。司徒殿下文德英明，四海倾属。囚不涯卑远，随例问讯，时节拜觐，亦沾眄议。自余令王，未经衹拜，既不经伏节，理无厚薄。敕旨制书，令有疑则启。囚以天日悬远，未敢尘秽。私之疑事，卫将军臣俭，宰辅

圣朝，令望当世，囚自断才短，密以谘俭，俭为折衷，纸迹犹存。未解此理云何敢为'历贬朝望'。云囚'轻议乘舆'，为向谁道？若向人道，则应有主甲，岂有事无仿佛，空见罗谤？囚性不耐酒，亲知所悉，强进一升，便已迷醉。"其余事事自申。乃徙广州。祥至广州，不得意，终日纵酒，少时病卒，年三十九。

祥从祖兄彪，祥曾祖穆之正胤。建元初，降封南康县公，虎贲中郎将。永明元年，坐庙墓不脩削爵。后为羽林监。九年，又坐与亡弟母杨别居，不相料理，杨死不殡葬，崇圣寺尼慧首剃头为尼，以五百钱为买棺材，以泥洹舆送葬刘墓。为有司所奏，事寝不出。

史臣曰：魏文帝云"文人不护细行"，古今之所同也。由自知情深，在物无竞，身名之外，一概可蔑。既徇斯道，其弊弥流，声裁所加，取忤人世。向之所以贵身，翻成害已。故通人立训，为之而不恃也。

赞曰：超宗蕴文，祖构余芬。刘祥慕异，言亦不群。违朝失典，流放南溃。

卷三十七　　列传第十八

到㧑　刘悛　虞悰　胡谐之

到㧑，字茂谦，彭城武原人也。祖彦之，宋骠骑将军。父仲度，骠骑从事中郎。㧑袭爵建昌公。起家为太学博士，除奉车都尉，试守延陵令，非所乐，去官。除新安王北中郎行参军，坐公事免。除新安王抚军参军，未拜，新安王子鸾被杀，仍除长兼尚书左民郎中。明帝立，欲收物情，以㧑功臣后，擢为太子洗马。除王景文安南谘议参军。

㧑资籍豪富，厚自奉养，宅宇山池京师第一，妓妾姿艺，皆穷上品。才调流赡，善纳交游，庖厨丰腴，多致宾客。爱妓陈玉珠，明帝遣求，不与，逼夺之，㧑颇怨望。帝令有司诬奏㧑罪，付廷尉，将杀之。㧑入狱，数宿须鬓皆白。免死，系尚方，夺封与弟贲。㧑由是屏斥声玩，更以贬素自立。帝除㧑为羊希恭宁朔府参军，徙刘韫辅国、王景文镇南参军，并辞疾不就。寻板假明威将军，仍除桂阳王征南参军，转通直郎，解职。帝崩后，弟贲表让封还㧑，朝议许之。迁司徒在西属，又不拜。居家累年。

弟遁，元徽中为宁远将军、辅国长史、南海太守，在广州。升明元年，沈攸之反，刺史陈显达起兵以应朝廷，遁以犹预见杀。遁家人在都，从野夜归，见两三人持耍刷其家门，须臾灭，明日而遁死问至。㧑遑惧，诣太祖谢，即板为世祖中军谘议参军。建元初，迁司徒右长史，出为永嘉太守，为黄门郎，解职。

世祖即位，迁太子中庶子，不拜。又除长沙王中军长史、司徒左长史。宋世，上数游会㧑家，同从明帝射雉

郊野，渴倦，揭得早青瓜，与上对剖食之。上怀其旧德，意眄良厚。至是一岁三迁。

永明元年，加辅国将军，转御史中丞。车驾幸丹阳郡宴饮，撝恃旧，酒后狎侮同列，言笑过度，为左丞庾杲之所纠，赎论。三年，复为司徒左长史，转左卫将军。随王子隆带彭城郡，撝问讯，不修民敬，为有司所举，免官。久之，白衣兼御史中丞。转临川王骠骑长史，司徒左长史，迁五兵尚书，出为辅国将军、庐陵王中军长史。母忧去官，服未终，八年，卒，年五十八。

弟贲，初为卫尉主簿，奉车都尉。升明初，为中书郎，太祖骠骑谘议。建元中，为征虏司马。卒。

贲弟坦，解褐本州西曹。升明二年，亦为太祖骠骑参军。历豫章王镇西骠骑二府谘议。坦美须髯。与世祖、豫章王有旧。坦仍随府转司空太尉参军。出为晋安内史，还又为大司马谘议，中书郎，卒。

刘悛，字士操，彭城安上里人也。彭城刘同出楚元王，分为三里，以别宋氏帝族。祖颖之，汝南新蔡二郡太守。父勔，司空。

刘延孙为南徐州，初辟悛从事。随父勔征竟陵王诞于广陵，以功拜驸马都尉。转宗悫宁蛮府主簿，建安王司徒骑兵参军。复随父勔征殷琰于寿春，于横塘、死虎累战皆胜。历迁员外郎，太尉司徒二府参军，代世祖为尚书库部郎。迁振武将军、蜀郡太守，未之任，复从父勔征讨，假宁朔将军，拜鄱阳县侯世子。转桂阳王征北中兵参军，与世祖同直殿内，为明帝所亲待，由是与世祖款好。

迁通直散骑侍郎，出为安远护军、武陵内史。郡南江古堤，久废不缮。悛修治未毕，而江水忽至，百姓弃役奔走，悛亲率厉之，于是乃立。汉寿人邵荣兴六世同爨，表其门闾。悛强济有世调，善于流俗。蛮王田僮在山中，年垂百余岁，南谯王义宣为荆州，僮出谒。至是又出谒悛。明帝崩，表奔赴，敕带郡还都。吏民送者数千人，悛人人执手，系以涕泣，百姓感之，赠送甚厚。

仍除散骑侍郎。桂阳难，加宁朔将军，助守石头。父勔于大桁战死，悛时疾病，扶伏路次，号哭求勔尸。勔尸项后伤缺，悛割发补之。持丧墓侧，冬月不衣絮。太祖代勔为领军，素与勔善，书譬悛曰："承至性毁瘵，转之危虑，深以酸怛。终哀全生，先王明轨，岂有去缞纩，撤温席，以此悲号，得终其孝性邪？当深顾往旨，少自抑勉。"

建平王景素反，太祖总众军出顿玄武湖。悛初免丧，太祖欲使领支军，召见悛兄弟，皆羸削改貌，于是乃止。除中书郎，行宋南郡八王事，转南阳王南中郎司马、长沙内史，行湘州事。未发，霸业初建，悛先致诚节。沈攸之事起，加辅国将军。世祖镇盆城，上表西讨，求悛自代。世祖既不行，悛除黄门郎，行吴郡事。寻转晋熙王抚军中军二府长史，行扬州事。出为持节、督广州、广州刺史，将军如故。袭爵鄱阳县侯。世祖自寻阳还，遇悛于舟渚间，欢宴叙旧，停十余日乃下。遣文惠太子及竟陵王子良摄衣履，修父友之敬。

太祖受禅，国除。进号冠军将军。平西记室参军夏侯恭叔上书，以柳元景中兴功臣，刘勔殒身王事，宜存封爵。诏曰："与运隆替，自古有之，朝议已定，不容复厝意也。"初，苍梧废，太祖集议中华门，见悛，谓之曰："君昨直耶？"悛答曰："仆昨乃正直，而言急在外。"至是上谓悛曰："功名之际，人所不忘。卿昔于中华门答我，何其欲谢世事？"悛曰："臣世受宋恩，门荷齐眷，非常之勋，非臣所及。进不远怨前代，退不孤负圣明，敢不以实仰答。"迁太子中庶子，领越骑校尉。

时世祖在东宫，每幸悛坊，闲言至夕，赐屏风帷帐。世祖即位，改领前军将军，中庶子如故。征北竟陵王子良带南兖州，以悛为长史，加冠军将军、广陵太守。转持节、都督司州诸军事、司州刺史，将军如故。悛父勔讨殷琰，平寿阳，无所犯害，百姓德之，为立碑祀。悛步道从寿阳之镇，过勔碑，拜敬泣涕。初，义阳人夏伯宜杀刚陵戍主叛渡淮，房以为义阳太守。悛设计购诱之，房口州刺史谢景杀伯宜兄弟、北襄城太守李荣公归降。悛于州治下立学校，得古礼器铜罍、铜甑、山罍樽、铜豆钟各二口，献之。

迁长兼侍中。车驾数幸悛宅。宅盛治山池，造瓮牖。世祖著鹿皮冠，被悛菟皮衾，于牖中宴乐，以冠赐悛，至夜乃去。后悛从驾登蒋山，上数叹曰："贫贱之交不可忘，糟糠之妻不下堂。"顾谓悛曰："此况卿也。世言富贵好改其素情，吾虽有四海，今日与卿尽布衣之适。"悛起拜谢。迁冠军将军，司徒左长史。寻以本官行北兖州缘淮诸军事。徙始兴王前军长史、平蛮校尉、蜀郡太守，将军如故，行益州府、州事。郡寻改为内史。随府转安西。悛治事严办，以是会旨。

宋代太祖辅政，有意欲铸钱，以禅让之际，未及施行。建元四年，奉朝请孔觊上《铸钱均货议》，辞证甚博。其略以为"食货相通，理势自然。李悝曰：籴甚贵伤民，甚贱伤农。'民伤则离散，农伤则国贫。甚贱与甚贵，其伤一也。三吴国之关阃，比岁被水潦而籴不贵，是天下钱少。非谷穰贱，此不可不察也。铸钱之弊，在轻重屡变。重钱患难用，而难用为累轻；轻钱弊盗铸，而盗铸为祸深。民所盗铸，严法不禁者，由上铸钱惜铜爱工也。惜铜爱工者，谓钱无用之器，以通交易，务欲令轻而数多，使省工而易成，不详虑其为患也。自汉铸五铢钱，至宋文帝，历五百余年，制度世有废兴，而不变五铢钱者，明其轻重可法，得货之宜。以为宜开置泉府，方收贡金，大兴熔铸。钱重五铢，一依汉法。府库已实，国用有储，乃量奉禄，薄赋税，则家给民足。顷盗铸新钱者，皆效作翦凿，不铸大钱也。摩泽淄染，始皆类故；交易之后，渝变还新。良民弗皆淄染，不复行矣。所鬻卖者，皆徒失其物。盗铸者，复贱买新钱，淄染更用，反覆生诈，循环起奸，此明主尤所宜禁而不可长也。若官铸已布于民，便严断翦凿：小轻破缺无周郭者，悉不得行；官钱细小者，称合铢两，销以为大。利贫良之民，塞奸巧之路。钱货既均，远近若一，百姓乐业，市道无争，衣食滋殖矣。"时议者多以钱货转少，宜更广铸，重其铢两，以防民奸。太祖使诸州郡大市铜炭，会晏驾，事寝。

永明八年，俊启世祖曰：“南广郡界蒙山下，有城名蒙城，可二顷地，有烧炉四所，高一丈，广一丈五尺。从蒙城渡水南百许步，平地掘土深二尺，得铜。又有古掘铜坑，深二丈，并居宅处犹存。邓通，南安人，汉文帝赐严道县铜山铸钱，今蒙山近青衣水南，青衣左侧并是故秦之严道地。青衣县又改名汉嘉。且蒙山去南安二百里，案此必是通所铸。近唤蒙山獠出，云‘甚可经略’。此议若立，润利无极。”并献蒙山铜一片，又铜石一片，平州铁刀一口。上从之，遣使入蜀铸钱，得千余万，功费多，乃止。

俊仍代始兴王鉴为持节、监益宁二州诸军事、益州刺史，将军如故。俊既藉旧恩，尤能悦附人主，承迎权贵。宾客闺房，供费奢广。罢广、司二州，倾资贡献，家无留储。在蜀作金浴盆，余金物称是。罢任，以本号还都，欲献之，而世祖晏驾。郁林新立，俊奉献减少，郁林知之，讽有司收俊付廷尉，将加诛戮。高宗启救之，见原，禁锢终身。虽见废黜，而宾客日至。俊妇弟王法显同宋桂阳事，遂启别居，终身不复见之。

海陵王即位，以白衣除兼左民尚书，寻除正。高宗立，加领骁骑将军，复故官，驸马都尉。建武二年，虏主侵寿阳，诏俊以本官假节出镇巢湖，迁散骑常侍、右卫将军。虏寇既盛，俊又以本官出屯新亭。

俊历朝皆见恩遇。太祖为鄱阳王锵纳俊妹为妃，高宗又为晋安王宝义纳俊女为妃，自此连姻帝室。王敬则反，俊出守琅邪城，转五兵尚书，领太子左卫率。未拜，明帝崩，东昏即位，改授散骑常侍，领骁骑将军，尚书如故。卫送山陵，卒，年六十一。赠太常，常侍、都尉如故。谥曰敬。

虞悰，字景豫，会稽余姚人也。祖啸父，晋左民尚书。父秀之，黄门郎。悰少而谨敕，有至性。秀之于都亡，悰东出奔丧，水浆不入口。州辟主簿，建平王参军，尚书仪曹郎，太子洗马，领军长史，正员郎，累至州治中，别驾，黄门郎。

初，世祖始从官，家尚贫薄。悰推国士之眷，数相分与；每行，必呼上同载。上甚德之。升明中，世祖为中军，引悰为谘议参军，遣吏部郎江谧持手书谓悰曰：“今因江吏郎有白，以君情顾，意欲相屈。”建元初，转太子中庶子，迁后军长史，领步兵校尉，镇北长史、宁朔将军、南东海太守。寻为豫章内史，将军如故。悰治家富殖，奴婢无游手，虽在南土，而会稽海味无不毕致焉。迁辅国将军、始兴王长史、平蛮校尉、蜀郡太守。转司徒司马，将军如故。

悰善为滋味，和齐皆有方法。豫章王嶷盛馔享宾，谓悰曰：“今日肴羞，宁有所遗不？”悰曰：“恨无黄颔臛，何曾《食疏》所载也。”

迁散骑常侍，太子右率。永明八年，大水，百官戎服救太庙，悰朱衣乘车卤簿，于宣阳门外行马内驱打人，为有司所奏，见原。

上以悰布衣之旧，从容谓悰曰：“我当令卿复祖业。”转侍中，朝廷咸惊其美拜。迁祠部尚书。世祖幸芳林园，就悰求扁米粣。悰献粣及杂肴数十舆，太官鼎味不及也。上就悰求诸饮食方，悰秘不肯出。上醉后体不快，悰乃献醒酒鲭鲊一方而已。出为冠军将军，车骑长史，转度支尚书，领步兵校尉。

郁林立，改领右军将军，扬州大中正，兼大匠卿。起休安陵，于陵所受局下牛酒，坐免官。隆昌元年，以白衣领职。郁林废，悰窃叹曰：“王、徐遂缚袴废天子，天下岂有此理邪？”延兴元年，复领右军。明帝立，悰称疾不陪位。帝使尚书令王晏赍废立事示悰，以悰旧人，引参佐命。悰谓晏曰：“主上圣明，公卿戮力，宁假朽老以匡赞惟新乎？不敢闻命。”朝议欲纠之，仆射徐孝嗣曰：“此亦古之遗直。”众议乃止。

悰称疾笃还东，上表曰：“臣族陋海区，身微稽土，猥属兴运，荷窃稠私，徒越星纪，终惭报答。卫养乖方，抱疾婴固，寝瘵以来，倏逾旬朔，频加医治，曾未瘳损。惟此朽顿，理难振复，乞解所职，尽疗余辰。”诏赐假百日。转给事中，光禄大夫，寻加正员常侍。永元元年，卒。时年六十五。

悰性敦实，与人知识，必相存访，亲疏皆有终始，世以此称之。

从弟羲，矢志不仕。王敬则反，取羲监会稽郡，而军事悉付寒人张灵宝，郡人攻郡杀灵宝，羲不豫事得全。

胡谐之，豫章南昌人也。祖廉之，治书侍御史。父翼之，州辟不就。谐之初辟州从事主簿，临贺王国常侍，员外郎，抚军行参军，晋熙王安西中兵参军，南梁郡太守。以器局见称。徙邵陵王南中郎中兵，领汝南太守，不拜。除射声校尉，州别驾。除左军将军，不拜，仍除邵陵王左军谘议。

世祖顿盆城，使谐之守寻阳城，及为江州，复以谐之为别驾，委以事任。文惠太子镇襄阳，世祖以谐之心腹，出为北中郎征虏司马、扶风太守，爵关内侯。在镇毗赞，甚有心力。建元二年，还为给事中，骁骑将军，本州中正，转黄门郎，领羽林监。永明元年，转守卫尉，中正如故。明年，加给事中。三年，迁散骑常侍，太子右率。五年，迁左卫将军，加给事中，中正如故。

谐之风形瑰润，善自居处，兼以旧恩见遇，朝士多与交游。六年，迁都官尚书。上欲迁谐之，尝从容谓谐之曰：“江州有几侍中邪？”谐之答曰：“近世唯有程道惠一人而已。”上曰：“当令有二。”后以语尚书令王俭，俭意更异，乃以为太子中庶子，领左卫率。

谐之兄谟之亡，谐之上表曰：“臣私门罪衅，早备荼苦。兄弟三人，共相抚鞠，婴孩抱疾，得及成人。长兄臣谌之，复早殒没，与亡第二兄臣谟之衔戚家庭，得蒙训长，情同极荫。何图一旦奄见弃放，吉凶分违，不获临奉，乞解所职。”诏不许。改卫尉，中庶子如故。

八年，上遣谐之率禁兵讨巴东王子响于江陵，兼长史行事。台军为子响所败，有司奏免官，权行军事如故。复为卫尉，领中庶子，本州中正。谐之有识计，每朝廷官缺及应迁代,密量上所用人,皆如其言,虞惊以此称服之。十年,转度支尚书,领卫尉。明年,卒,年五十一。赠右将军、豫州刺史。谥曰肃。

史臣曰:送钱赢两,言此无忘。一筥之怀,报以都尉。千金可失,贵在人心。夫谨而信,泛爱众,其为利也博矣。况乎先觉潜龙,结厚于布素?随才致位,理固然也。
赞曰:到藉豪华,晚怀虚素。虞生富厚,侈不违度。刘实朝交,胡乃蕃故,颉颃亮采,康衢骋步。

卷三十八　　列传第十九

萧景先　萧赤斧子颖胄

萧景先,南兰陵兰陵人,太祖从子也。祖爱之,员外郎。父敬宗,始兴王国中军。

景先少遭父丧,有至性,太祖嘉之。及从官京邑,常相提携。解褐为海陵王国上军将军,补建陵令,还为新安王国侍郎,桂阳国右常侍。太祖镇淮阴,景先以本官领军主自随,防卫城内,委以心腹。除后军行参军,邛县令,员外郎。与世祖款昵,世祖为广兴郡,启太祖求景先同行,除世祖宁朔府司马,自此常相随逐。世祖为镇西长史,以景先为镇西长流参军,除宁朔将军,随府转抚军中兵参军,寻除谘议,领中兵如故。升明初,为世祖征虏府司马,领新蔡太守,随上镇盆城。沈攸之事平,还都,除宁朔将军,骁骑将军,仍为世祖抚军中军二府司马,兼左卫将军。建元元年,迁太子左卫率,封新吴县伯,邑五百户。景先本名道先,乃改避上讳。

出为持节、督司州军事、宁朔将军、司州刺史,领义阳太守。是冬,虏出淮、泗,增司部边戍兵。义阳人谢天盖与虏相构扇,景先言于督府,骠骑豫章王遣辅国将军中兵参军萧惠朗二千人助景先。惠朗依山筑城,断塞关隘,讨天盖党与。虏寻遣伪南部尚书颓跋屯汝南,洛州刺史昌黎王冯莎屯清丘。景先严备待敌。豫章王又遣宁朔将军王僧炳、前军将军王应之、龙骧将军庄明三千人屯义阳关外,为声援。虏退,进号辅国将军。

景先启称上德化之美。上答曰:"风沦俗败,二十余年,以吾当之,岂得顿扫。幸得数载尽力救苍生者,必有功于万物也。治天下者,虽圣人犹须良佐,汝等各各自竭,不忧不治也。"

世祖即位,征为侍中,领左军将军,寻兼领军将军。景先事上尽心,故恩宠特密。初西还,上坐景阳楼召景先语故旧,唯豫章王一人在席而已。转中领军。车驾射雉郊外行游,景先常甲仗从,廉察左右。寻进爵为侯。领太子詹事,本官如故。遭母丧,诏超起为领军将军。迁征虏将军、丹阳尹。五年,荒人桓天生引蛮虏于雍州界上,司部以北人情骚动。上以景先谙究司土,诏曰:"得雍州刺史张瑰启事,蛮虏相扇,容或侵轶。蜂虿有毒,宜时剿荡。可遣征虏将军丹阳尹景先总率步骑,直指义阳。可假节,司州诸军皆受节度。"景先至镇,屯军城北,百姓乃安,牛酒来迎。

军未还,遇疾,遗言曰:"此度疾病,异于前后,自省必无起理。但夙荷深恩,今谬充戎寄,暗弱每事不称,上惭慈旨。便长违圣世,悲哽不知所言。可为作启事,上谢至尊,粗申愚心。毅虽成长,素阙训范。贞等幼稚,未有所识。方以仰累圣明,非残息所能陈谢。自丁荼毒以来,妓妾已多分张,所余丑猥数人,皆不似事。可以明月、佛女、桂支、佛儿、玉女、美玉上台,美满、艳华奉东宫。私马有二十余匹,牛数头,可简好者十匹、牛二头上台,马五匹、牛一头奉东宫,大司马、司徒各奉二匹,骠骑、镇军各奉一匹。应私仗器,亦悉输台。六亲多未得料理,可随宜温恤,微申素意。所赐宅旷大,恐非毅等所居,须丧服竟,可输还台。刘家前宅,久闻其货,可合率市之,直若短少,启官乞足。三处田勤作,自足供衣食。力少,更随宜买粗猥奴婢充使。不须余营生。周旋部曲还都,理应分张,其久旧劳勤者,应料理,随宜启闻乞恩。"卒,时年五十。上伤惜之,诏曰:"西信适至,景先奄至丧逝,悲怀切割,自不胜任。今便举哀。赙钱十万。布二百匹。"景先丧还,诏曰:"故假节征虏将军丹阳尹新吴侯景先,器怀开亮,干局通敏。绸缪少长,义兼勋戚。诚著夷险,绩茂所司。方升宠荣,用申任寄。奄至丧逝,悲痛良深。可赠侍中、征北将军、南徐州刺史。给鼓吹一部。假节、侯如故。谥曰忠侯。"

子毅,以勋戚子,少历清官:太子舍人,洗马,随王友,永嘉太守,大司马谘议参军,南康太守,中书郎。建武初,为抚军司马,迁北中郎司马。虏动,领军守琅邪城。毅性奢豪,好弓马,为高宗所疑忌。王晏事败,并陷诛之。遣军围宅,毅时会宾客奏伎,闻变,索刀不得,收人突进,挟持毅人与母别,出便杀之。

萧赤斧,南兰陵人,太祖从祖弟也。祖隆子,卫军录事参军。父始之,冠军中兵参军。赤斧历官为奉朝请,以和谨为太祖所知。宋大明初,竟陵王诞反广陵,赤斧为军主,隶沈庆之。围广陵城,攻战有勋,事宁,封永安亭侯,食邑三百七十户。除车骑行参军,出补晋陵令,员外郎,丹阳令,还除晋熙王抚军中兵参军,出为建威将军、钱唐令。迁正员郎。赤斧治政为百姓所安,吏民请留之,时议见许,改除宁朔将军。

太祖辅政,以赤斧为辅国将军、左军会稽司马,辅镇东境。迁黄门郎,淮陵太守。顺帝逊位,于丹阳故治立宫,上令赤斧辅送,至薨乃还。建元初,迁武陵王冠军长史,骠骑司马,南东海太守,辅国将军并如故。迁长兼侍中,祖母丧去职。起为冠军将军、宁蛮校尉。出为持节、督雍梁南北秦四州郢州之竟陵司州之随郡军事、雍州刺史,本官如故。在州不营产利,勤于奉公。迁散骑常侍,左卫军。世祖亲遇与萧景先相比。封南丰县伯,邑四百户。迁给事中,太子詹事。

赤斧夙患渴利，永明三年会，世祖使甲仗卫三厢，赤斧不敢辞，疾甚，数日卒，年五十六。家无储积，无绢为衾，上闻之，愈加惋惜。诏赙钱五万，上材一具，布百匹，蜡二百斤。追赠金紫光禄大夫。谥曰懿伯。子颖胄袭爵。

颖胄字云长，弘厚有父风。起家秘书郎。太祖谓赤斧曰："颖胄轻朱被身，觉其趋进转美，足慰人意。"迁太子舍人。遭父丧，感脚疾，数年然后能行。世祖有诏慰勉，赐医药。除竟陵王司徒外兵参军，晋熙王文学。

颖胄好文义，弟颖基好武勇。世祖登烽火楼，诏群臣赋诗。颖胄诗合旨，上谓颖胄曰："卿文弟武，宗室便不乏才。"除明威将军、安陆内史。迁中书郎。上以颖胄勋戚子弟，除左将军，知殿内文武事，得入便殿。出为新安太守，吏民怀之。隆昌元年，永嘉王昭粲为南徐州，以颖胄为南东海太守，行南徐州事。转持节、督青冀二州军事、辅国将军、青冀二州刺史。不行，除黄门郎，领四厢直。迁卫尉。

高宗废立，颖胄从容不为同异，乃引颖胄预功。建武二年，进爵侯，增邑为六百户。赐颖胄以常所乘白輸牛。

上慕俭约，欲铸坏太官元日上寿银酒枪，尚书令王晏等咸称盛德。颖胄曰："朝廷盛礼，莫过三元。此一器既是旧物，不足为侈。"帝不悦，后预曲宴，银器满席。颖胄曰："陛下前欲坏酒枪，恐宜移在此器也。"帝甚有惭色。

冠军江夏王宝玄镇石头，以颖胄为长史，行石头戍事。复为卫尉。出为冠军将军、庐陵王后军长史、广陵太守、行南兖州府州事。是年虏动，扬声当饮马长江。帝惧，敕颖胄移居民入城，百姓惊恐，席卷欲南渡。颖胄以贼势尚远，不即施行，虏亦寻退。仍为持节、督南兖兖徐青冀五州诸军事、辅国将军、南兖州刺史。

和帝为荆州，以颖胄为冠军将军、西中郎长史、南郡太守、行荆州府、州事。东昏侯诛戮群公，委任厮小，崔、陈败后，方镇各怀异计。永元二年十月，尚书令临湘侯萧懿及弟卫尉畅见害。先遣辅国将军、巴西梓潼二郡太守刘山阳领三千兵受旨之官，就颖胄共袭雍州。雍州刺史梁王将起义兵，虑颖胄不识机变，遣使王天虎诣江陵，声云山阳西上，并袭荆、雍。书与颖胄，劝同义举。颖胄意犹未决。初，山阳出南州，谓人曰："朝廷以白虎幡追我，亦不复还矣。"席卷妓妾，尽室而行。至巴陵，迟回十余日不进。梁王复遣天虎赍书与颖胄，陈设其略。是时或云山阳谋杀颖胄，以荆州同义举，颖胄乃与梁王定契，斩王天虎首，送示山阳。发百姓车牛，声云起步军征襄阳。十一月十八日，山阳至江津，单车白服，从左右数十人，诣颖胄，颖胄使前汶阳太守刘孝庆、前永平太守刘熙晔、铠曹参军萧文照、前建威将军陈秀、辅国将军孙末伏兵城内。山阳入门，即于车中乱斩之。副军主李元履收余众归附。遣使蔡道猷驰驿送山阳首于梁王，乃发教纂严，分部购募。东昏闻山阳死，发诏讨荆、雍。赠山阳宁朔将军、梁州刺史。

颖胄有器局，既唱大事，虚心委己，众情归之。加颖胄右将军，都督行留诸军事，置佐史，本官如故。西中郎司马夏侯详加征虏将军。遣宁朔将军王法度向巴陵。颖胄献钱二十万，米千斛，盐五百斛。谘议宗塞、别驾宗夬献谷二千斛，牛二头。换借富赀，以助军费。长沙寺僧业富，沃铸黄金为龙数千两，埋土中，历相传付，称为下方黄铁，莫有见者，乃取此龙，以充军实。

十二月，移檄：

西中郎府长史、都督行留诸军事、右军将军、南郡太守、南丰县开国侯萧颖胄，司马、征虏将军、新兴太守夏侯详告京邑百官，诸州郡牧守：

夫运不常夷，有时而陂；数无恒剥，否极则亨。昔商邑中微，彭、韦投袂；汉室方昏，虚、牟效节。故风声永树，卜世长久者也。昔我太祖高皇帝德范生民，功格天地，仰纬彤云，俯临紫极。世祖嗣兴，增光前业，云雨之所沾被，日月之所出入，莫不举踵来王，交臂纳贡。郁林昏迷，颠覆厥序，俾我大齐之祚，蔑焉将坠。高宗明皇帝建道德之盛轨，垂仁义之至踪，绍二祖之鸿基，继三五之绝业。昧旦丕显，不明求衣，故奇士盈朝，异人辐凑。若乃经礼纬乐之文，定鼎作洛之制，非公如醴之详，白质黑章之瑞，谅以则天比大，无德称焉。

而嗣主不纲，穷肆暴暴，十愆毕行，三风咸袭。丧初而无哀貌，在戚而有喜容。酣酒嗜音，罔惩其侮；逸贼狂邪，是与比周。遂令亲贤婴荼毒之诛，宰辅受菹醢之戮。江仆射，萧、刘领军，徐司空，沈仆射，曹右卫，或外戚懿亲，或皇室令德，或时宗民望，或国之虎臣，并勋彰中兴，功比周、邵，秉钧赞契，受遗先朝。咸以名重见疑，正直贻毙，害加党族，虐及婴孺。曾无《渭阳》追远之情，不顾本枝歼落之痛。信必见疑，忠而获罪，百姓业业，罔知攸暨。崔慧景内逼淫刑，外不堪命，驱土崩之民，为免死之计，倒戈回刃，还指宫阙。城无完守，人有异图。赖萧令君勋济宗祐，业拯苍氓，四海蒙一匡之德，亿兆凭再造之功。江夏王拘迫威强，牵制巨力，迹居当时，乃心可亮，竟不能内恕探情，显加鸩毒。萧令君自以亲惟族长，任实宗臣，至诚苦言，朝夕献入，逸丑交构，渐见疏疑，浸润成灾，奄离怨酷。用人之功，以宁社稷，刘人之身，以骋淫滥。

台辅既诛，奸小竞用。梅虫儿、茹法珍妖忍愚戾，穷纵丑恶，贩鬻主威，以为家势，营惑嗣主，恣其妖虐。宫女千余，裸服宣淫，孽臣数十，祖祸相逐。帐饮闾肆之间，宵游街陌之上，提挈群竖，以为欢笑。

刘山阳潜受凶旨，规肆狂逆，天诱其衷，即就枭翦。

夫天生蒸民，树之以君，使司牧之，勿使失性。岂有尊临宇县，毒遍黔首，绝亲戚之恩，无君臣之义，功重者先诛，勋高者速毙。九族内离，四夷外叛，封境日蹙，戎马交驰，帑藏既空，百姓已竭，不恤不忧，慢游是好。民怨于下，天谴于上，故荧惑袭月，孽火烧宫，妖水表灾，震蚀告沴。七庙阽危，三才莫纪，大惧我四海之命，永沦于地。

南康殿下体自高宗，天挺英懿。食叶之征，著于弱年，当璧之祥，兆乎绮岁。亿兆颙颙，咸思戴奉。且势居上游，任总连帅，家国之否，宁济是当。莫府身备皇宗，忝荷顾托，忧深责重，誓清时难。今命冠军将军、西中郎谘议、领中直兵参军、军主杨公则，宁朔将军、领中兵参军、军主王法度，冠军将军、谘议参军、军主庞翙，辅国将军、谘议参军、领别驾、军主宗夬，辅国将军、谘议参军、军主乐蔼等，领劲卒三万，陵波电迈，迳造秣陵。冠军将军、领谘议、中直兵参军、军主蔡道恭，辅国将军、中直兵参军、右军府司马、军主席阐文，辅国将军、中直兵参军、军主任漾之，宁朔将军、中直兵参军、军主韩孝仁，宁朔将军、中直兵参军、军主朱斌，中直兵参军、军主宗冰之，建威将军、中直兵参军、军主朱景舒，宁朔将军、中直兵参军、军主庾域，宁远将军、军主庾略等，被甲二万，直指建业。辅国将军、武宁太守、军主邓元起，辅国将军、前军将军、军主王世兴等，铁骑一万，分趋白下。征虏将军、领司马、新兴太守夏侯详，宁朔将军、谘议参军、军主柳忱，宁朔将军、领中兵参军、军主刘孝庆，建威将军、军主、江陵令江诠等，帅组甲五万，骆驿继发。

雄剑高麾，则五星从流；长戟远指，则云虹变色。天地为之焘皇，山渊以之崩沸。莫府亲贯甲胄，授律中权，董帅熊罴之士十有五万，征鼓枌沓，雷动荆南。宁朔将军、南康王及萧颖达领虎旅三万，抗威后拒。萧雍州勋业盖世，谋猷渊肃，既痛家祸，兼愤国难，泣血枕戈，誓雪怨酷，精卒十万，已出汉川。张郢州节义慷慨，悉力齐奋。江州邵陵王、湘州张行事、王司州皆远近悬契，不谋而同，并勒骁猛，指景风驱。舟舰鱼丽，万里盖水，车骑云屯，平原雾塞。以同心之士，伐倒戈之众，盛德之师，救危亡之国，何征而不服，何诛而不克哉！

今兵之所指，唯在梅虫儿、茹法珍二人而已。诸君德载累世，勋著先朝，属无妄之时，居道消之运，受迫群竖，念有危惧。大军近次，当各思拔迹，来赴军门。檄到之日，有能斩送虫儿、法珍首者，封二千户开国县侯。若迷惑凶党，敢拒军锋，刑兹无赦，戮及宗族。赏罚之信，有如暾日，江水在此，余不食言。

遣冠军将军杨公则向湘州。王法度不进军，免官。公则进克巴陵，仍向湘州。遣宁朔将军刘坦行湘州事。

颖胄遣人谓梁王曰："时月未利，当须来年二月。今便进兵，恐非良策。"梁王曰："今坐甲十万，粮用自竭，况藉以义心，一时骁锐。且太白出西方，仗义而动，天时人谋，无有不利。昔武王伐纣，行逆太岁，岂复待年月邪？"颖胄乃从。遣西中郎参军邓元起率众向夏口。

三年正月，和帝为相国，颖胄领左长史，进号镇军将军。于是始选用方伯。梁王屡表劝和帝即尊号，梁州刺史柳忱、竟陵太守曹景宗并劝进。颖胄使别驾宗夬撰定礼仪，上尊号，改元，于江陵立宗庙、南北郊，州府城门悉依建康宫，置尚书五省，以城南射堂为兰台，南郡太守为

尹。建武中，荆州大风雨，龙入柏斋中，柱壁上有爪足处，刺史萧遥欣恐畏，不敢居之。至是以为嘉祐殿。中兴元年三月，颖胄为侍中、尚书令，假节、都督如故。寻领吏部尚书，监八州军事，行荆州刺史，本官如故。左丞乐蔼奏曰："敕旨以军旅务殷，且停朝直。窃谓匪懈于位，义昭夙兴，国容旧典，不可顿阙。与兼右丞江诠等参议，八座丞郎以下宜五日一朝，有事郎坐侍下鼓，无事许从实还外。"奏可。

梁王义师出沔口，郢州刺史张冲据城拒守。杨公则定湘州，行事张宝积送江陵，率军会夏口。巴西太守鲁休烈、巴东太守萧惠训遣子璝拒义师。颖胄遣汶阳太守刘孝庆进峡口，与巴东太守任漾之、宜都太守郑法绍御之。时军旅之际，人情未安，颖胄府长史张炽从绛衫左右三十余人入千秋门，城内惊恐，疑有同异。御史中丞奏弹炽，诏以赎论。

颖胄弟颖孚在京师，庐陵人修灵祐窃将南上，于西昌县山中聚兵二千人，袭郡，内史谢篡奔豫章。颖孚、灵祐据郡求援，颖胄遣宁朔将军范僧简入湘州南道援之。僧简进克安成，仍以为辅国将军、安成内史。拜颖孚为冠军将军、庐陵内史。合二郡兵，出彭蠡口。

东昏侯遣军主彭盆、刘希祖三千人受江州刺史陈伯之节度，南讨二郡义兵，仍进取湘州。南康太守王丹保郡应盆等。颖孚闻兵至，望风奔走。前内史谢篡复还郡。刘希祖至安成，攻战七日，城陷，范僧简见杀。希祖仍为安成内史。颖孚收散卒据西昌，谢篡又遣军攻之，众败，奔湘州。以颖孚为督湘东衡阳零陵桂阳营阳五郡、湘东内史、假节、将军如故。寻病卒。后修灵祐又合余众攻篡，篡复败走豫章，刘希祖亦以郡降。

湘东内史王僧粲亦拒义，自称平西将军、湘州刺史，以南平镇军主周敷为长史，率前军袭湘州，去州百余里。杨公则长史刘坦守州城，遣军主尹法略拒之，屡战不胜。及闻建康城平，僧粲散走，乃斩之。南康太守王丹亦为郡人所杀。

郢城降，义师众军东下。八月，鲁休烈、萧璝破汶阳太守刘孝庆等于峡口，巴东太守任漾之见杀，遂至上明，江陵大震。颖胄恐，驰告梁王："刘孝庆为萧璝所败，宜遣杨公则还援根本。"梁王曰："公则今溯流上荆，鞭长之义耳。萧璝、鲁休烈乌合之众，寻自退散。政须荆州少时持重。良须兵力，两弟在雍，指遣往征，不为难至。"颖胄乃追赠任漾之辅国将军、梁州刺史。遣军主蔡道恭假节屯上明拒萧璝。

时梁王已平郢、江二镇。颖胄辅帝出居上流，有安重之势。素能饮酒，啖白肉鲙至三升，既闻萧璝等兵相持不决，忧虑感气，十二月壬寅夜，卒。遗表曰："臣疹患数日，不谓便至困笃，气息绵微，待尽而已。臣虽庸薄，忝籍葭莩，过受先朝殊常之眷，循宠砺心，誓生以死。属皇业中否，天地分崩，总率诸侯，翼奉明圣。赖社稷灵长，大明在运，故兵之所临，无思不服。今四维垂平，干戈行戢，方希陪翠华，奉法驾，反东都，观旧物。不幸遘疾，奄辞明世，怀此深恨，永结泉壤。窃惟王业至重，万机甚

大，登之实难，守之未易。陛下富于春秋，当远寻祖宗创业艰难，殷鉴季末颠覆厥绪，思所以念始图终，康此兆庶。征东大将军刘衍，元勋上德，光赞天下，陛下垂拱仰成，则风流日化，臣虽万没，无所遗恨。"时年四十。和帝出临哭。诏赠侍中、丞相，本官如故。前后部羽葆鼓吹，班剑三十人。辒辌车，黄屋左纛。

梁王围建康城，住在石头，和帝密诏报颖胄凶问，秘不发丧。及城平，识者闻之，知天命之有在矣。

梁天监元年，诏曰："念功惟德，历代所同，追远怀人，弥与事笃。齐故侍中、丞相、尚书令颖胄，风格峻远，器宇渊邵，清猷盛业，问望斯归。缔构义始，肇基王迹，契阔屯夷，载形心事。朕膺天改命，光宅区宇，望岱瞻河，永言增恸。可封巴东郡公，邑三千户，本官如故。"丧还，今上车驾临哭渚次。诏曰："齐故侍中、丞相、尚书令颖胄葬送有期，前代所加殊礼，依晋王导、齐豫章王故事，可悉给。谥曰献武。"范僧简赠交州刺史。

史臣曰：魏氏基于用武，夏侯诸曹，并以戚族而为将相。夫股肱为义，既有常然，肺腑之重，兼存宗寄。丰沛之间，贵人满市，功臣所出，多在南阳。夫贞干所以成务，非虚言也。

赞曰：新吴事武，简在帝心。南丰立政，迹显亡衾。镇军茂绩，机识弘深，荆南立王，向义汉阴。

卷三十九　　列传第二十

刘瓛弟琎　陆澄

刘瓛，字子珪，沛国相人，晋丹阳尹恢六世孙也。祖弘之，给事中。父惠，治书御史。瓛初州辟祭酒主簿。宋大明四年，举秀才；兄璲亦有名，先应州举。至是别驾东海王元曾与瓛父惠书曰："比岁贤子充秀，州闾可谓得人。"除奉朝请，不就。

少笃学，博通《五经》。聚徒教授，常有数十人。丹阳尹袁粲于后堂夜集，瓛在座，粲指庭中柳树谓瓛曰："人谓此是刘尹时树，每想高风；今复见卿清德，可谓不衰矣。"荐为秘书郎，不见用。除邵陵王郡主簿，安陆王国常侍，安成王抚军行参军，公事免。瓛素无宦情，自此不复仕。除车骑行参军，南彭城郡丞，尚书祠部郎，并不拜。袁粲诛，瓛微服往哭，并致赗助。

太祖践阼，召瓛入华林园谈语，谓瓛曰："吾应天革命，物议以为何如？"瓛对曰："陛下诚前轨之失，加之以宽厚，虽危可安；若循其覆辙，虽安必危矣。"既出，帝顾谓司徒褚渊曰："方直乃尔！学士故自过人。"敕瓛使数入，而瓛自非诏见，未尝到宫。上欲用瓛为中书郎，使吏部尚书何戢喻旨。戢谓瓛曰："上意欲以凤池相处，恨君资轻，可且就前除，少日当转国子博士，便即后授。"瓛曰："平生无荣进意，今闻得中书郎而拜，岂本心哉！"后以母老阙养，重拜彭城郡丞，谓司徒褚渊曰："自省无廊庙之才，所愿唯保彭城丞耳。"上又以瓛兼总明观祭酒，除豫章王骠骑记室参军，丞如故，瓛终不就。武陵王晔为会稽太守，上欲令瓛为晔讲，除会稽郡丞，学徒从之者转众。

永明初，竟陵王子良请为征北司徒记室。瓛与张融、王思远书曰："奉教使恭召，会当停公事，但念生平素抱，有乖恩顾。吾性拙人间，不习仕进，昔尝为行佐，便以不能及公事免黜，此皆耆者所共知也。量己审分，不敢期荣。夙婴贫困，加以疏懒，衣裳容发，有足骇者。中以亲老供养，褰裳徒步，脱尔逮今，二代一纪。先朝使其更自修正，勉厉于阶级之次，见其绁缕，或复赐以衣裳，袁、褚诸公咸加劝励，终不能自反也。一不复为，安可重为哉？昔人有以冠一免不重加于首，每谓此得进止之仪。古者以贤制爵，或有秩满而辞老，以庸制禄，或有身病而求归者，永瞻前良，在己何若。又上下年尊，益不愿居官次，废晨昏也。先朝为此，曲申从许，故得连年不拜荣授，而带帖薄禄。既习此岁久，又齿长疾侵，岂宜摄斋河间之听，厕迹东平之僚？本无绝俗之操，亦非能偃蹇为高，此又诸贤所当深察者也。近奉初教，便自希得托迹于客游之末，而固辞荣级，其故何耶？以古之王侯大人，或以此延四方之士，甚美者则有辐凑燕路，慕君王之义，骧镳魏阙，高公子之仁，继有追申、白而入楚，羡邹枚而游梁，吾非敢叨夫曩贤，庶欲从九九之遗踪。既已闻道集泮不殊，而幸无职司拘碍，可得奉温清，展私计，志在此尔。"除步兵校尉，并不拜。

瓛姿状纤小，儒学冠于当时，京师士子贵游莫不下席受业。性谦率通美，不以高名自居。游诣故人，唯一门生持胡床随后，主人未通，便坐问答。住在檀桥，瓦屋数间，上皆穿漏。学徒敬慕，不敢指斥，呼为青溪焉。竟陵王子良亲往修谒。七年，表世祖为瓛立馆，以扬烈桥故主第给之，生徒皆贺。瓛曰："室美为人灾，此华宇岂吾宅邪？幸可诏作讲堂，犹恐见害也。"未及徙居，遇病，子良遣从瓛学者彭城刘绘、顺阳范缜将厨于瓛宅营斋。及卒，门人受学者并吊服临送。时年五十六。

瓛有至性，祖母病痈经年，手持膏药，渍指为烂。母孔氏甚严明，谓亲戚曰："阿称便是今世曾子。"阿称，瓛小名也。年四十余，未有婚对。建元中，太祖与司徒褚渊为瓛娶王氏女。王氏穿壁挂履，土落孔氏床上，孔氏不悦，瓛即出其妻。及居父丧，不出庐，足为之屈，杖不能起。今上天监元年，下诏为瓛立碑，谥曰贞简先生。所著文集，皆是《礼》义，行于世。

初，瓛讲《月令》毕，谓学生严植曰："江左以来，阴阳律数之学废矣。吾今讲此，曾不得其仿佛。"时济阳蔡仲熊礼学博闻，谓人曰："凡钟律在南，不容复得调平。昔五音金石，本在中土；今既来南，土气偏陂，音律乖爽。"瓛亦以为然。仲熊历安西记室，尚书左丞。瓛弟琎。

琎字子璥。方轨正直。宋泰豫中，为明帝挽郎。举秀才，建平王景素征北主簿，深见礼遇。邵陵王征虏安南行参军。建元初，为武陵王晔冠军征虏参军。晔与僚佐饮，自割鹅炙。玭曰："应刃落俎，膳夫之事，殿下亲执鸾刀，下官未敢安席。"因起请退。与友人孔澈同舟入东，澈留目观岸上女子，玭举席自隔，不复同坐。豫章王太尉板行佐。兄瓛夜隔壁呼玭共语，玭不答，方下床著衣立，然后应。瓛问其久，玭曰："向束带未竟。"其立操如此。文惠太子召玭入侍东宫，每上事，辄削草。寻署中兵，兼记室参军大司马军事。射声校尉，卒官。

陆澄，字彦渊，吴郡吴人也。祖邵，临海太守。父瑗，州从事。澄少好学，博览无所不知，行坐眠食，手不释卷。起家太学博士，中军卫军府行佐，太宰参军，补太常丞，郡主簿，北中郎行参军。

宋泰始初为尚书殿中郎，议皇后讳及下外，皆依旧称姓。左丞徐爰案司马孚议皇后不称姓，《春秋》逆王后于齐。澄不引典据明，而以意立议，坐免官，白衣领职。郎官旧有坐杖，有名无实。澄在官积前后罚，一日并受千杖。转通直郎，兼中书郎，寻兼左丞。

泰始六年，诏皇太子朝贺服衮冕九章，澄与仪曹郎丘仲起议："服冕以朝，实著经文。秦除六冕，汉明还备。魏晋以来，不欲令臣下服衮冕，故位公者加侍官。今皇太子礼绝群后，宜遵圣王盛典，革近代之制。"寻转著作正员郎，兼官如故。除安成太守，转刘韫抚军长史，加绥远将军、襄阳太守，并不拜。仍转刘秉后军长史、东海太守，迁御史中丞。

建元元年，骠骑谘议沈宪等坐家奴客为劫，子弟被劾，宪等晏然。左丞任遐奏澄不纠，请免澄官。澄上表自理曰：

周称旧章，汉言故事，爰自河雒，降逮淮海，朝之宪度，动尚先准。若乃任情违古，率意专造，岂谓酌诸故实，择其茂典？

案遐启弹新除谘议参骠骑大将军军事沈宪、太子庶子沈旷并弟息，敕付建康，而宪被使，旷受假，俱无归罪事状。臣以不纠宪等为失。伏寻晋、宋左丞案奏，不乏于时，其及中丞者，从来殆无。王献之习达朝章，近代之宗，其为左丞，弹司徒属王濛惮罚自解，属疾游行，初不及中丞。桓秘不奔山陵，左丞郑袭不弹秘，直弹中丞孔欣时，又云别摄兰台检校，此径弹中丞之谓。唯左丞庾登之奏镇北檀道济北伐不进，致虎牢陷没，蕃岳宰臣，引咎谢愆，而责帅之劾，曾莫奏闻，请收治道济，免中丞何万岁。夫山陵情敬之极，北伐专征之大，秘霸季之贵，道济元勋之盛，所以咎及南司，事非常宪，然秘事犹非及中丞也。今若以此为例，恐人之贵贱，事之轻重，物有其伦，不可相方。

左丞江奥弹段景文，又弹裴方明；左丞甄法崇弹萧珍，又弹杜骥，又弹段国，又弹范文伯；左丞羊玄保又弹萧汪；左丞殷景熙弹张仲仁；兼左丞何承天弹吕万龄。并不归罪，皆为重劾。凡兹十弹，差是宪、旷之比，悉无及中丞之议。左丞荀万秋、刘藏、江谧弹王僧朗、王云之、陶宝度，不及中丞，最是近例之明者。谧弹在今兔罢之后，事行圣照。远取十奏，近征二案，自宜依以为体，岂得舍而不遵？

臣窃此人乏，谬奉国宪。今遐所纠，既行一时，若默而不言，则向为来准，后人被绳，方当追请，素餐之责，贻尘千载。所以备举显例，弘通国典，虽有愚心，不在微躬。请出臣表付外详议。若所陈非谬，裁由天鉴。

诏委外详议。尚书令褚渊奏："宋世左丞荀伯子弹彭城令张道欣等，坐界劫累发不禽，免道欣等官；中丞王准不纠，亦免官。左丞羊玄保弹豫州刺史管义之谯梁群盗，免义之官；中丞傅隆不纠，亦免隆官。左丞羊玄保又弹兖州刺史郑从之滥上布及加课租绵，免从之官；中丞傅隆不纠，免隆官。左丞陆展弹建康令丘珍孙、丹阳尹孔山士劫发不禽，免珍孙、山士官；中丞何勖不纠，亦免勖官。左丞刘矇弹青州刺史刘道隆失火烧府库，免道隆官；中丞萧惠开不纠，免惠开官。左丞羊爰弹右卫将军薛安都属疾不直，免安都官；中丞张永结免。澄覩闻肤见，贻挠后昆，上掩皇明，下笼朝识，请以见事免澄所居官。"诏曰："澄表据多谬，不足深劾，可白衣领职。"

明年，转给事中，秘书监，迁吏部。四年，复为秘书监，领国子博士。迁都官尚书。出为辅国将军、镇北镇军二府长史，廷尉，领骁骑将军。永明元年，转度支尚书。寻领国子博士。时国学置郑王《易》，杜服《春秋》，何氏《公羊》，麋氏《谷梁》，郑玄《孝经》。澄谓尚书令王俭曰："《孝经》，小学之类，不宜列在帝典。"乃与俭书论之曰：

《易》近取诸身，远取诸物，弥天地之道，通万物之情。自商瞿至田何，其间五传。年未为远，无讹杂之失；秦所不焚，无崩坏之弊。虽有异家之学，同以象数为宗。数百年后，乃有王弼。王济云弼所悟者多，何必能顿废前儒。若谓《易》道尽于王弼，方须大论，意者无乃仁智殊见。且《易》道无体不可以一体求，屡迁不可以一迁执也。晋太兴四年，太常荀崧请置《周易》郑玄注博士，行乎前代，于时政由王、庾，皆俊神清识，能言玄远，舍辅嗣而用康成，岂其妄然。太元立王肃《易》，当以在玄、弼之间。元嘉建学之始，玄、弼两立。逮颜延之为祭酒，黜郑置王，意在贵玄，事成败儒。今若不大弘儒风，则无所立学。众经皆儒，惟《易》独玄，玄不可弃，儒不可缺。谓宜并存，所以合无体之义。且弼于注经中已举《系辞》，故不复别注。今若专取弼《易》，则《系》说无注。

《左氏》太元取服虔，而兼取贾逵《经》，由服传无《经》，虽在注中，而《传》又有无《经》者故也。今留服而去贾，则《经》有所阙。案杜预注《传》，王弼注《易》，俱是晚出，并贵后生。杜之异古，未如王之夺实，祖述前儒，特举其违。又《释例》之作，所弘惟深。

《谷梁》太元旧有麋信注，颜益以范宁，麋犹如故。颜论闻分范注，当以同我者亲。常谓《谷梁》劣，

《公羊》为注者又不尽善。竟无及《公羊》之有何休，恐不足两立。必谓范善，便当除糜。

世有一《孝经》，题为郑玄注，观其用辞，不与注书相类。案玄自序所注众书，亦无《孝经》。

俭答曰："《易》体微远，实贯群籍，施、孟异闻，周、韩殊旨，岂可专据小王，便为该备？依旧存郑，高同来说。元凯注《传》，超迈前儒，若不列学官，其可废矣。贾氏注《经》，世所罕习，《谷梁》小书，无俟两注，存糜略范，率由旧式。凡此诸义，并同雅论。疑《孝经》非郑所注，仆以此书明百行之首，实人伦所先，《七略》《艺文》并陈之六艺，不与《苍颉》《凡将》之流也。郑注虚实，前代不嫌，意谓可安，仍旧立置。"

俭自以博闻多识，读书过澄。澄曰："仆年少来无事，唯以读书为业。且年已倍令君，令君少便鞅掌王务，虽复一览便谙，然见卷轴未必多仆。"俭集学士何宪等盛自商略，澄待俭语毕，然后谈所遗漏数百千条，皆俭所未睹，俭乃叹服。俭在尚书省，出巾箱几案杂服饰，令学士隶事，事多者与之，人人各得一两物；澄后来，更出诸人所不知复各数条，并夺物将去。

转散骑常侍，秘书监，吴郡中正，光禄大夫。加给事中，中正如故。寻领国子祭酒。以竟陵王子良得古器，小口方腹而底平，可将七八升，以问澄，澄曰："此名服匿，单于以与苏武。"子良后详视器底，有字仿佛可识，如澄所言。隆昌元年，以老疾，转光禄大夫，加散骑常侍，未拜，卒。年七十。谥靖子。

澄当世称为硕学，读《易》三年不解文义，欲撰《宋书》竟不成。王俭戏之曰："陆公，书厨也。"家多坟籍，人所罕见。撰地理书及杂传，死后乃出。

澄弟鲜，得罪宋世，当死。澄于路见舍人王道隆，叩头流血，以此见原。扬州主簿顾测以两奴就鲜质钱，鲜死，子晖诬为卖券。澄为中丞，测与书相往反，后又笺与太守萧缅云："澄欲遂子弟之非，未近义方之训，此趋贩所不为，况搢绅领袖，儒宗胜达乎？"测遂为澄所排抑，世以此少之。

时东海王摛，亦史学博闻，历尚书左丞。竟陵王子良校试诸学士，唯摛问无不对。永明中，天忽黄色照地，众莫能解。摛云是荣光。世祖大悦，用为永阳郡。

史臣曰：儒风在世，立人之正道；圣哲微言，百代之通训。洙泗既往，义乖七十；稷下横论，屈服千人。自后专门之学兴，命氏之儒起，石渠朋党之事，白虎同异之说，《六经》五典，各信师言，嗣守章句，期乎勿失。西京儒士，莫有独擅；东都学术，郑贾先行。康成生炎汉之季，训义优洽，一世孔门，褒成并轨，故老以为前修，后生未之敢异。而王肃依varphi辞辩理，与硕相非，爰兴《圣证》，据用《家语》，外戚之尊，多行晋代。江左儒门，参差互出，虽于时不绝，而罕复专家。晋世以玄言方道，宋氏以文章闲业，服膺典艺，斯风不纯，二代以来，为教衰矣。建元肇运，戎警未夷，天子少为诸生，端拱以思儒业，载戢干戈，遽诏庠序。永明纂袭，克隆均校，王俭为辅，长于经

礼，朝廷仰其风，胄子观其则，由是家寻孔教，人诵儒书，执卷欣欣，此焉弥盛。建武继立，因循旧绪，时不好文，辅相无术，学校虽设，前轨难追。刘瓛承马、郑之后，一时学徒以为师范。虎门初辟，法驾亲临，待问无五更之礼，充庭阙蒲轮之御，身终下秩，道义空存，斯故进贤之责也。其余儒学之士，多在卑位，或隐世辞荣者，别见他篇云。

赞曰：儒宗义肆，纷纶子珪。升堂受业，事越关西。班居暗室，立操无携。彦渊书史，疑问穷稽。

卷四十　　列传第二十一

武十七王

武帝二十三男：穆皇后生文惠太子、竟陵文宣王子良；张淑妃生卢陵王子卿、鱼复侯子响；周淑仪生安陆王子敬、建安王子真；阮淑媛生晋安王子懋、衡阳王子峻；王淑仪生随郡王子隆；蔡婕妤生西阳王子明；乐容华生南海王子罕；傅充华生巴陵王子伦；谢昭仪生邵陵王子贞；江淑仪生临贺王子岳；庾昭容生西阳王子文；荀昭华生南康王子琳；颜婕妤生永阳王子珉；宫人谢生湘东王子建；何充华生南郡王子夏；第六、十二、十五、二十二皇子早亡。子珉建武中继衡阳元王后。

竟陵文宣王子良，字云英，世祖第二子也。初，沈攸之难，随世祖在盆城，板宁朔将军。仍为宋邵陵王左军行参军，转主簿，安南记室参军，邵陵王友，王名友。不废此官。迁安南长史。升明三年，为使持节、都督会稽东阳临海永嘉新安五郡、辅国将军、会稽太守。

宋世元嘉中，皆责成郡县；孝武征求急速，以郡县迟缓，始遣台使，自此公役劳扰。太祖践阼，子良陈之曰：

前台使督迫切调，恒闻相望于道。及臣至郡，亦殊不疏。凡此辈使人，既非详慎勤顺，或贪险崎岖，要求此役。朝辞禁门，情态即异；暮宿村县，威福便行。但令朱鼓裁完，鈹槊微具，顾眄左右，叱咤自专。摛宗断族，排轻斥重，胁遏津埭，恐喝传邮。破岗水逆，商旅半引，逼令到下，先过己船。浙江风猛，公私畏渡，脱舫在前，驱令俱发。呵麾行民，固其常理；侮折守宰，出变无穷。既瞻郭望境，便飞下严符，但称行台，未显所督。先诃强寺，却摄群曹，开亭正榻，便振荆革。其次绛标寸纸，一日数至；征村切里，俄刻十催。四乡所召，莫辨枉直，孩老士庶，具令付狱。或尺布之逋，曲以当匹，百钱余税，且增为千。或诳应质作尚方，寄系东冶，万姓骇迫，人不自固。遂漂衣败力，竟致兼浆。值今夕酒谐肉饫，即许附申赦格；明日礼轻货薄，便复不入恩科。筐贡微阙，总箠挞肆情，风尘毁谤，随忿而发。及其独蒜转积，鹅栗渐盈，远则分鬻他境，近则托贸吏民。反请郡邑，助民

申缓,回刺言台,推信在所。如闻顷者令长守牧,离此每实,非复近岁。愚谓凡诸检课,宜停遣使。密畿州郡,则指赐敕令,遥外镇宰,明下条源。既各奉别旨,人竞自馨。虽复台使盈凑,会取正属所办,徒相疑偫,反更淹懈。凡预衣冠,荷恩盛世,多以暗缓贻愆,少以欺猾入罪。若类以宰牧乖政,则触事难委,不容课通上纲,偏觉非才。但赊促差降,各限一期,如乃事速应缓,自依违纠坐之。坐之之科,不必须重,但令必行,期在可肃。且两装之船,充拟千绪;三坊寡役,呼订万计。每一事之发,弥晨方办,粗计近远,率遣一部,职散人领,无减二十,舟船所资,皆复称是。长江万里,费固倍之。较略一年,脱得省者,息船优役,实为不少。兼折奸减窃,远近暂安。

封闻喜县公,邑千五百户。

子良敦义爱古。郡民朱百年有至行,先卒,赐其妻米百斛,蠲一民给其薪苏。郡阁下有虞翻旧床,罢任还,乃致以归。后于西邸起古斋,多聚古人器服以充之。夏禹庙盛有祷祀,子良曰:"禹泣辜表仁,菲食旌约,服玩果粽,足以致诚。"使岁献扇簟而已。

建元二年,穆妃薨,去官。仍为征虏将军、丹阳尹。开私仓赈属县贫民。明年,上表曰:"京尹虽居都邑,而境壤兼跨,广袤周轮,几将千里。萦原抱隰,其处甚多,旧遏古塘,非唯一所。而民贫业废,地利久芜。近启遣五官殷沵、典签刘僧瑗到诸县循履,得丹阳、溧阳、永世等四县解,并村耆辞列,堪垦之田,合计荒熟有八千五百五十四顷;修治塘遏,可用十一万八千余夫,一春就功,便可成立。"上纳之。会迁官,事寝。

是年,始制东宫官僚以下官敬子良。

世祖即位,封竟陵郡王,邑二千户。为使持节、都督南徐兖二州诸军事、镇北将军、南徐州刺史。永明元年,徙为侍中、都督南兖兖徐青冀五州、征北将军、南兖州刺史,持节如故。给油络车。明年,入为护军将军,兼司徒,领兵置佐,侍中如故。镇西州。三年,给鼓吹一部。四年,进号车骑将军。

子良少有清尚,礼才好士,居不疑之地,倾意宾客,天下才学皆游集焉。善立胜事,夏月客至,为设瓜饮及甘果,著之文教。士子文章及朝贵辞翰,皆发教撰录。

是时上新亲政,水旱不时。子良密启曰:

臣思水潦成患,良田沃壤变为污泽。农政告祥,因高肆务,播植既周,继以旱虐。黔庶呼嗟,相视槪气。夫国资于民,民资于食,匪食匪民,何以能政?臣每一念此,寝不便席。本始中,郡国大旱,宣帝下诏除民租。今闻所在逋余尚多,守宰严期,兼夜课切,新税力尚无从,故调于何取给?政当相驱为盗耳。愚谓通租宜皆原除,少降停恩,微纾民命。

自宋道无章,王风陵替,窃官假号,骈门连室。今左民所检,动以万数,渐渍之来,非复始适,一朝洗正,理致沸腾。小人之心,罔思前恩,董之以威,反怨后罚。兽穷则触,事在匪轻。齐有天下日浅,恩洽未布,一方或饥,当加优养。愚谓自可依源削除,

未宜便充猥役。且部曹检校,诚存精密;令史奸黠,鲜不容情。情既有私,理或枉谬。耳目有限,群狡无极。变易是非,居然可见。详而后取,于事未迟。

明诏深矜狱圄,恩文累坠。今科网严重,称为峻察。负罪离愆,充积牢户。暑时郁蒸,加以金铁。聚忧之气,足感天和。民之多怨,非国福矣。

顷土木之务,甚为殷广,虽役未及民,勤费已积。炎旱致灾,或由于此。皇明载远,书轨未一,缘淮带江,数州地耳。以魏方汉,犹一郡之譬,以今比古,复为远矣。何得不爱其民,缓其政,救其危,存其命哉?

湘区奥密,蛮寇炽强,如闻南师未能挫戮。百姓齐民,积年涂炭,疽食侵淫,边虞方重。交州复绝一垂,实惟荒服,恃远后宾,固亦恒事。自青德启运,款关受职,置之度外,不足硅言。今县军远伐,经途万里,众寡事殊,客主势异,以逸待劳,全胜难必。又缘道调兵,以足军力,民丁乌合,事乖习锐。广州积岁无年,越州兵粮素乏,加以发借,必致恇扰。愚谓叔献所请,不宜听从;取乱侮亡,更俟后会。虽缓岁月,必有可禽之理,差息发动费役之劳。刘楷见甲以助湘中,威力既举,蚁寇自服。

诏折租布,二分取钱。子良又启曰:

臣一月入朝,六登玫陛,广殿稠人,裁奉颜色,纵有所怀,岂敢自达。比天眚亟见,地孽亟臻,民下妖讹,好生嚾嗻。谷价虽和,比室饥嗛,缯纩虽贱,骈门裸质。臣一念此,每入心骨。三吴奥区,地惟河、辅,百度所资,罕不自出,宜在蠲优,使其全富。而守宰相继,务在哀克,围桑品屋,以准赀课,致令斩树发瓦,以充重赋,破民财产,要利一时。东郡使民,年无常限,在所相承,准令上直。每至州台使命,切求悬急,应充猥役,必由穷困。乃有畏失严期,自残躯命;亦有斩绝手足,以避徭役。生育弗起,殆为恒事。守长不务先富民而唯言益国,岂有民贫于下,而国富于上邪?

又泉铸岁远,类多剪凿,江东大钱,十不一在。公家所受,必须轮郭完全,遂买本一千,加子七百,犹求请无地,棰革相继。寻完者为用,既不兼两,回复迁贸,会非委积,徒令小民每婴困苦。且钱帛相半,为制永久,或闻长宰须令输直,进违旧科,退容奸利。

八属近县,既在京畿,发借征调,实烦他邑。民特尤贫,连年失稔,草衣藿食,稍有流亡。今农政就兴,宜蒙赈给;若逋课未上,许以申原。充豫二藩,虽曰旧镇,往展兵虞,累弃乡土。密迩寇庭,下无安志。编草结庵,不违凉暑。扶淮聚洛,靡有生向。俱禀人灵,独绝温饱,而赋敛多少,尚均沃实。谓凡在荒民,应加蠲减。

又司市之要,自昔所难。顷来此役,不由才举,并条其重赏,许以贾衒。前人增估求侠,后人加税请代,如此轮回,终何纪极?兼复交关津要,共相唇齿,愚野未闲,必加陵诳,罪无大小,横没赀载。凡求试

谷帛，类非廉谨，未解在事所以开容？

夫狱讼惟平，画一在制。虽恩家得罪，必宜申宪；鼎姓贻愆，最合从网。若罚典惟加贱下，辟书必蠲世族，惧非先王立理之本。

尚书列曹，上应乾象。如闻命议所出，先谘于都，都既下意，然后付郎，谨写关行。愚谓郎官尤宜推择。

宋运告终，戎车屡驾，寄名军牒，动窃数等。故非分充职，资奉殷积。广、越邦宰，梁、益郡邑，参差调补，实允事机。且此徒冗杂，罕遵王宪，严加廉视，随违弹斥，一二年间，可减太半。

五年，正位司徒，给班剑二十人，侍中如故。移居鸡笼山邸，集学士抄《五经》、百家，依《皇览》例为《四部要略》千卷。招致名僧，讲语佛法，造经呗新声。道俗之盛，江左未有也。

世祖好射雉，子良谏曰：

銮举动动，天跸屡巡，陵犯风烟，驱驰野泽。万乘至重，一羽其微。从甚微之欢，忽至重之诫。顷郊郭以外，科禁严重，匪直刍牧事罢，遂乃窀掩殆废。且田月向登，桑时告至，士女呼嗟，易生喧议，弃民从欲，理未可安。曩时巡幸，必尽威防，领军景先、詹事赤斧坚甲利兵，左右屯卫。今驰骛外野，交侍疏阔，晨出晚还，顿遗清道，此实愚臣最所震迫。

狡穴玩威，甫获款关，二汉全富，犹加曲待。如闻使臣频亦怨望，前会东宫，遂形言色。昔宋氏遣使，旧列阶下，刘缵衔使，始登朝殿。今既反命，宜赐优礼。

伏谓中堂云构，实惟峻绝，檐陛深严，事隔凉暑，而别为一室，如或有疑。边带广途，讹言孔炽，毁立之易，过于转圜，若依旧制通敞，实允观听。

顷市司驱扇，租估过刻，吹毛求瑕，廉察相继，被以小罪，责以重备。愚谓宜敕有司，更详优格。

臣年方朝贤，齿未相及，以管窥天，犹知失得，廊庙之士，岂暗非是？未闻一人开一说为陛下忧国家，非但面从，亦畏威耳。臣若不启，陛下于何闻之？先是六年，左卫、殿中将军邯郸超上书谏射雉，世祖为止。久之，超竟被诛。永明末，上将射雉。子良谏曰：

忽闻外议，伏承当更射雉。臣下情震越，心怀忧悚，犹谓疑妄，事不必然。伏度陛下以信心明照，所以倾金宝于禅灵，仁爱广洽，得使禽鱼养命于江泽，岂惟国庆民欢，乃以翱翔治乐。夫卫生保命，人兽不殊；重躯爱体，彼我无异。故《礼》云："闻其声不食其肉，见其生不忍其死。"且万乘之尊，降同匹夫之乐，夭杀无辜，伤仁害福之本。菩萨不杀，寿命得长。施物安乐，自无恐怖。不恼众生，身无患苦。臣见功德有此果报，所以日夜劬勤，厉身奉法，实愿圣躬康御若此。每至寝梦，脱有异见，不觉身心立就燋烂。陛下常自舍财修福，臣私心颠颠，尚恨其少，岂可今日有见此事？一损福业，追悔便难。臣此启闻，私心实切。若是大事，不可易改，亦愿陛下照臣此诚，曲垂三思；况此嬉游之间，非关当否，而动辄伤生，

实可深慎！

臣闻子孝奉君，臣忠事主，莫不灵祇通感，征祥证登。臣近段仰启，赐希受戒，天心洞远，诚未达胜善之途，而圣恩迟疑，尚未垂履曲降尊极，岂可今月复随此事？臣不隐心，即实上启。

虽不尽纳，而深见宠爱。

又与文惠太子同好释氏，甚相友悌。子良敬信尤笃，数于邸园营斋戒，大集朝臣众僧，至于赋食行水，或躬亲其事，世颇以为失宰相体。劝人为善，未尝厌倦，以此终致盛名。

寻代王俭领国子祭酒，辞不拜。八年，给三望车。九年，京邑大水，吴兴偏剧，子良开仓赈救，贫病不能立者于第北立廨收养，给衣及药。十年，领尚书令。寻为使持节、都督扬州诸军事、扬州刺史，本官如故。寻解尚书令，加中书监。

文惠太子薨，世祖检行东宫，见太子服御羽仪，多过制度，上大怒。以子良与太子善，不启闻，颇加嫌责。

世祖不豫，诏子良甲仗入延昌殿侍医药。子良启进沙门于殿前诵经，世祖为感梦见优昙钵华。子良按佛经宣旨使御府以铜为华，插御床四角。日夜在殿内，太孙间日入参承。世祖暴渐，内外惶惧，百僚皆已变服，物议疑立子良，俄顷而苏，问太孙所在，因召东宫器甲皆入。遗诏使子良辅政，高宗知尚书事。子良素仁厚，不乐世务，乃推高宗。诏云："事无大小，悉与鸾参怀。"子良所志也。

太孙少养于子良妃袁氏，甚著慈爱，既惧前不得立，自此深忌子良。大行出太极殿，子良居中书省，帝使虎贲中郎将潘敞领二百人仗屯太极西阶防之。成服后，诸王皆出，子良乞停至山陵，不许。进位太傅，增班剑为三十人，本官如故。解侍中。隆昌元年，加殊礼，剑履上殿，入朝不趋，赞拜不名。进督南徐州。其年疾笃，谓左右曰："门外应有异。"遣人视，见淮中鱼万数，皆浮出水上向城门。寻薨，时年三十五。

帝常虑子良有异志，及薨，甚悦，诏给东园温明秘器，敛以衮冕之服。东府施丧位，大鸿胪持节监护，太官朝夕送祭。又诏曰："褒崇明德，前王令典，追远尊亲，沿情所隆。故使持节、都督扬州诸军事、中书监、太傅、领司徒、扬州刺史、竟陵王、新除督南徐州，体睿履正，神鉴渊邈。道冠民宗，具瞻允集。肇自弱龄，孝友光备。爰及赞契，协升景业。燮曜台阶，五教克宣。敷奏朝端，百揆惟穆。寄重先顾，任均负图。谅与齐晖《二南》，同规往哲。方凭保佑，永翼雍熙。天不憖遗，奄焉薨逝。哀慕抽割，震于厥心。今龟谋袭吉，先远戒期。宜崇嘉制，式弘风烈。可追崇假黄钺、侍中、都督中外诸军事、太宰、领大将军、扬州牧，绿綟绶，备九服锡命之礼。使持节、中书监、王如故。给九旒銮辂，黄屋左纛，辒辌车，前后部羽葆鼓吹，挽歌二部，虎贲班剑百人，葬礼依晋安平王孚故事。"

初，豫章王嶷葬金牛山，文惠太子葬夹石，子良临送，望祖硎山，悲感叹曰："北瞻吾叔，前望吾兄，死而有知，请葬兹地。"既薨，遂葬焉。

所著内外文笔数十卷,虽无文采,多是劝戒。建武中,故吏范云上表为子良立碑,事不行。子昭胄嗣。

昭胄字景胤。泛涉有父风。永明八年,自竟陵王世子为宁朔将军、会稽太守。郁林初,为右卫将军,未拜,迁侍中,领右军将军。建武三年,复为侍中,领骁骑将军,转散骑常侍,太常。以封境边房,永元元年,改封巴陵王。

先是王敬则事起,南康侯子恪在吴郡,高宗虑有同异,召诸王侯入宫,晋安王宝义及江陵公宝览等住中书省,高、武诸孙住西省,敕人各两左右自随,过此依军法,孩抱者乳母随人。其夜太医煮药,都水办数十具棺材,须三更当悉杀之。子恪奔归,二更达建阳门刺启。时刻已至,而帝眠不起,中书舍人沈徽孚与帝所亲左右单景隽共谋少留其事。须臾帝觉,景隽启子恪已至,惊问曰:"未邪?"景隽具以事答。明日悉遣王侯还第。建武以来,高、武王侯居常震怖,朝不保夕,至是尤甚。

及陈显达起事,王侯复入宫,昭胄惩往时之惧,与弟永新侯昭颖逃奔江西,变形为道人。崔慧景举兵,昭胄兄弟出投之。慧景事败,昭胄兄弟首出投台军主胡松,各以王侯还第。不自安,谋为身计。子良故防阁桑偃为梅虫儿军副,结前巴西太守萧寅,谋立昭胄。昭胄许事克用寅为尚书左仆射、护军将军。以寅有部曲,大事皆委之。时胡松领军在新亭,寅遣人说之云:"须昏人出,寅等便率兵奉昭胄入台,闭城号令。昏人必还就将军,将军但闭垒不应,则三公不足得也。"松又许诺。会东昏新起芳乐苑,月许日不复出游,偃等议募健儿百余人从万春门入突取之,昭胄以为不可。偃同党王山沙虑事久无成,以事告御刀徐僧重。寅遣人杀山沙于路,吏于麋鹿中得其事迹,昭胄兄弟与同党皆伏诛。

昭颖官至宁朔将军、彭城太守。梁王定京邑,追赠昭胄散骑常侍、抚军将军,昭颖黄门郎。梁受禅,降封昭胄子同监利侯。

庐陵王子卿,字云长,世祖第三子也。建元元年,封临汝县公,千五百户。兄弟四人同封。世祖即位,为持节、都督郢州司州之义阳军事、冠军将军、郢州刺史。永明元年,徙都督荆湘益宁梁南北秦七州、安西将军、荆州刺史,持节如故。始兴王鉴为益州,子卿解督。

子卿在镇,营造服饰,多违制度。上敕之曰:"吾前后有敕,非复一两过,道诸王不得作乖体格服饰,汝何意都不忆吾敕邪?忽作璚瑁乘具,何意?已成不须坏,可速送下。纯银乘具,乃复可尔,何以作镫亦是银?可即坏之。忽用金薄裹箭脚,何意?亦速坏去。凡诸服章,自今不启吾知复专辄作者,后有所闻,当复得痛杖。"又曰:"汝比在都,读学不就,年转成长。吾日冀汝美,勿得敕如风过耳,使吾失气。"

五年,入为侍中、抚军将军,未拜,仍为中护军,侍中如故。六年,迁秘书监,领右卫将军,寻迁中军将军,侍中并如故。十年,进号车骑将军。俄迁使持节、都督南豫豫司三州军事、骠骑将军、南豫州刺史,侍中如故。子卿之镇,道中戏部伍为水军,上闻之,大怒,杀其典签,遣宜都王铿代之。子卿还第,至崩,不与相见。

郁林即位,复为侍中、骠骑将军。隆昌元年,转卫军、开府仪同三司,置兵佐。鄱阳王锵见害,以子卿代为司徒,领兵置佐。寻复见杀,时年二十七。

鱼复侯子响,字云音,世祖第四子也。豫章王嶷无子,养子响,后有子,表留为嫡。世祖即位,为辅国将军、南彭城临淮二郡太守,见诸王不致敬。子响勇力绝人,挽弓四斛力,数在园池中帖骑驰走竹树下,身无伤。既出继,车服异诸王,每入朝,辄忿怒,拳打车壁。世祖知之,令车服与皇子同。

永明三年,迁右卫将军。仍出为使持节、都督豫州郢州之西阳司州之汝南二郡军事、冠军将军、豫州刺史。明年,进号右将军。进督南豫州之历阳、淮南、颍川、汝阳四郡。入为散骑常侍,右卫将军。六年,有司奏:"子响体自圣明,出继宗国。大司马臣嶷昔未有胤,所以因心鞠养。陛下弘天伦之爱,臣嶷深犹子之恩,遂乃继体扶疏,世祚垂改,茅蒋奄蔚,冢嗣莫移。诚欣惇睦之风,实亏立嫡之教。臣等参议,子响宜还本。"乃封巴东郡王,迁中护军,常侍如故。寻出为江州刺史,常侍如故。

七年,迁使持节、都督荆湘雍梁宁南北秦七州军事、镇军将军、荆州刺史。子响少好武,在西豫时,自选带仗左右六十人,皆有胆干。至镇,数在内斋杀牛置酒,与之聚乐。令内人私作锦袍绛袄,欲饷蛮交易器仗。长史刘寅等连名密启,上敕精检。寅等惧,欲秘之。子响闻台使至,不见敕,召寅及司马席恭穆、谘议参军江愈、殷昙粲、中兵参军周彦、典签吴修之、王贤宗、魏景渊于琴台下诘问之。寅等无言。修之曰:"既以降敕旨,政应方便答塞。"景渊曰:"故应先检校。"子响大怒,执寅等于后堂杀之。以启无江愈名,欲释之,而用命者已加戮。

上闻之怒,遣卫尉胡谐之、游击将军尹略、中书舍人茹法亮领斋仗数百人,检捕群小,敕:"子响若束首自归,可全其性命。"谐之等至江津,筑城燕尾洲,遣传诏石伯儿入城慰劳。子响曰:"我不作贼,长史等见负,今政当受杀人罪耳。"乃杀牛具酒馔,饷台军。而谐之等疑畏,执录其吏。子响怒,遣所养数十人收集府州器仗,令二千人从灵溪西渡,克明旦与台军对阵南岸。子响自与百余人袍骑,将万钧弩三四张,宿江堤上,明日,凶党与台军战,子响于堤上放弩,亡命王冲天等蒙楯陵城,台军大败,尹略死之,官军引退。上又遣丹阳尹萧顺之领兵继至,子响部下恐惧,各逃散。

子响乃白服降,赐死。时年二十二。临死,启上曰:"刘寅等入斋检杖,具如前启。臣罪既山海,分甘斧钺。奉敕遣胡谐之、茹法亮赐重劳,其等至,竟无宣旨,便建旗入津,对城南岸筑城守。臣累遣书信唤法亮渡,乞白服相见,其永不肯,群小惧怖,遂致攻战,此臣之罪也。臣此月二十五日束身投军,希还天阙,停宅一月,臣自取尽,可使齐代无杀子之讥,臣免逆父之谤。既不遂心,今便命尽,临启哽塞,知复何陈。"

有司奏绝子响属籍,削爵土,收付廷尉法狱治罪。赐为蛸氏。诸所连坐，别下考论。赠刘寅侍中，席恭穆辅国将军、益州刺史，江愈、殷昙粲黄门郎，周彦骁骑将军。寅字景蕤，高平人也。有文义而学不闲世务。席恭穆，安定焉氏人，关陇豪族。

上怜子响死，后游华林园，见猿对跳子鸣啸，上留目久之，因呜咽流涕。豫章王嶷上表曰："臣闻将而必戮，炳自《春秋》，罄于甸人，著于《经礼》，犹怀不忍之言，尚有如伦之痛。岂不事因法往，情以恩留。故庶人蛸子响，识怀靡树，见沦不遑，肆愤一朝，取陷凶德，遂使迹邻非孝，事近无君，身膏草野，未云塞衅。但蟣矢倒戈，归罪司戮，即理原心，亦既迷而知返。衅骨不收，辜魂莫赦，抚事惟往，载伤心目。昔闵荣伏瘐，怆动坟园；思荆就辟，侧怀丘墓。皆两臣衅结于明时，二主议加于盛世，积代用之为美，历史不以云非。伏愿一下天矜，爰诏蛸氏，使得安兆末郊，旋窆余麓，微列苇輤之容，薄申中封树之礼。岂伊穷骸被德，实且天下归仁。臣属忝皇枝，偏留友睦，以臣继别未安，子响言承出命，提携鞠养，俯见成人，虽辍胤蕃条，归体琁尊，循执之念不移，傅训之怜何已。敢冒宸严，布此悲乞。"上不许。先是贬为鱼复侯。

安陆王子敬，字云端，世祖第五子也。初封应城县公。永明二年，出为持节、监南兖兖徐青冀五州、北中郎将、南兖州刺史。四年，进号右军。明年，徙都督荆湘梁雍南北秦六州军事、平西将军、荆州刺史，持节如故。寻进号安西将军。七年，征侍中、护军将军。十年，转散骑常侍、抚军将军、丹阳尹。十一年，进车骑将军。寻给鼓吹一部。隆昌元年，迁使持节、都督南兖兖徐青冀五州、征北大将军、南兖州刺史。延兴元年，加侍中。高宗除诸蕃王，遣中护军王玄邈征九江，王广之袭杀子敬，时年二十三。

晋安王子懋，字云昌，世祖第七子也。初封江陵公。永明三年，为持节、都督南豫豫司三州、南中郎将、南豫州刺史。鱼复侯子响为豫州，子懋解督。四年，进号征虏将军。南豫新置，力役寡少，加子懋领宣城太守。明年，为监南兖兖徐青冀五州军事、后将军、南兖州刺史，持节如故。六年，徙监湘州、平南将军、湘州刺史。明年，加持节、都督。八年，进号镇南将军。撰《春秋例苑》三十卷奏之，世祖嘉之，敕付秘阁。九年，亲府州事。十年，入为侍中，领右卫将军。十一年，迁散骑常侍，中书监。未拜，仍为使持节、都督雍梁南北秦四州郢州之竟陵司州之随郡军事、征北将军、雍州刺史，给鼓吹一部。豫章王丧服未毕，上以边州须威望，许得奏之。

郁林即位，即本号为大将军。子懋见幼主新立，密怀自全之计，令作部造器杖。陈显达时为征虏，屯襄阳，欲胁取以为将帅。显达密启，高宗征显达还。隆昌元年，迁子懋为都督江州刺史，留西楚部曲助镇襄阳，单将白直侠毂自随。显达入别，子懋谓曰："朝廷令身单身而反，身是天王，岂可过尔轻率。今犹欲将二三千人自随，公意何如？"显达曰："殿下若不留部曲，便是大违敕旨，其事不轻。且此间人亦难可收用。"子懋默然，显达因辞出便发去，子懋计未立，还镇寻阳。

延兴元年，加侍中。闻鄱阳、随郡二王见杀，欲起兵赴难。母阮在都，遣书欲密迎上，阮报其兄子瑶之为计，瑶之驰告高宗。于是篡严，遣平西将军王广之南北讨，使军主裴叔业与瑶之先袭寻阳，声云为郢州行司马。子懋知之，遣三百人守盆城。叔业溯流直上，至夜间下袭盆城。城局参军乐贲开门纳之。子懋率府州兵力，先已具船于稽亭渚，闻叔业得盆城，乃据州自卫。子懋部曲多雍土人，皆踊跃愿奋，叔业畏之，遣于瑶之说子懋曰："今还都，必无过忧，政当作散官，不失富贵也。"子懋既不出兵攻叔业，众情稍沮。中兵参军于琳之，瑶之兄也，说子懋重赂叔业，子懋使琳之往。琳之因说叔业请取子懋。叔业遣军主徐玄庆将四百人随琳之入州城，僚佐皆奔散，琳之从二百人拔刃入斋。子懋骂曰："小人何忍行此事！"琳之以袖鄣面，使人害之。时年二十三。

初，子懋镇雍，世祖敕以边略曰："吾比连得诸处启，所说不异，虏必无敢送死理，然为其备，不可暂懈。今秋犬羊辈越逸者，其亡灭之征。吾今亦行密纂集，须有分明指的，便当有大处分。今普敕镇守，并部偶民丁，有事即便应接运，已敕更遣，想行有至者，汝共诸人量觅，可使人数南阳舞阴诸要处参觇。粮食最为根本，更不忧人仗，常行视驿亭马，不可有废阙。申约语诸州，当其界皆尔，不如法，即问事。"又曰："吾敕荆、郢二镇各作五千人阵，本拟应接彼耳。贼若送死者，更即呼取之。已敕子真，鱼继宗、殷公愍至镇，可以公愍为城主，三千人配之便足。汝可好以阶级在意，勿得人求，或超五三阶级。及文章诗笔，乃是佳事，然世务弥为根本，可常忆之。汝所启仗，此悉是吾左右御仗也，云何得用之。品格不可乖，吾自当以量觅送。"先是启求所好书，上又曰："知汝常以书读在心，足为深欣也。"赐子懋杜预手所定《左传》及《古今善言》。

随郡王子隆，字云兴，世祖第八子也。有文才。初封枝江公。永明三年，为辅国将军、南琅邪彭城二郡太守。明年，迁江州刺史，未拜，唐宇之贼平，迁为持节、督会稽东阳新安临海永嘉五郡、东中郎将、会稽太守。迁长兼中书令。

子隆娶尚书令王俭女为妃，上以子隆能属文，谓俭曰："我家东阿也。"俭曰："东阿重出，实为皇家蕃屏。"未及拜，仍迁中护军，转侍中、左卫将军。八年，代鱼复侯子响为使持节、都督荆雍梁宁南北秦六州、镇西将军、荆州刺史，给鼓吹一部。其年，始兴王鉴罢益州，进号督益州。九年，亲府、州事。十一年，晋安王子懋为雍州，子隆复解督。郁林立，进号征西将军。隆昌元年，为侍中、抚军将军，领兵置佐。延兴元年，转中军大将军，侍中如故。

子隆年二十一，而体过充壮，常服芦茹丸以自销损。高宗辅政，谋害诸王，世祖诸子中，子隆最以才貌见惮，故与鄱阳王锵同夜先见杀。文集行于世。

建安王子真，字云仙，世祖第九子也。永明四年，为辅国将军、南琅邪彭城二郡太守。迁持节、督南豫司二州军事、冠军将军、南豫州刺史，领宣城太守。进号南中郎将。六年，以府州稍实，表解领郡。七年，进号右将军，迁丹阳尹，将军如故。转左卫将军。七年，迁中护军，仍出为持节、都督郢司二州军事、平西将军、郢州刺史。郁林立，进号安西将军。隆昌元年，为散骑常侍、护军将军。延兴元年，转镇军将军，领兵置佐，常侍如故。其年见杀，年十九。

西阳王子明，字云光，世祖第十子也。永明元年，封武昌王。三年，失国玺，改封西阳。六年，为持节、都督南兖兖徐青冀五州军事、冠军将军、南兖州刺史。八年，进号征虏将军。十年，进左将军，仍为督会稽东阳临海永嘉新安五郡军事、会稽太守。将军如故。子明风姿明净，士女观者，咸嗟叹之。

郁林初，进号平东将军。隆昌元年，为右将军、中书令。延兴元年，迁侍中，领骁骑将军，右军如故。建武元年，转抚军将军，领兵置佐。二年，诛萧谌，诬子明及弟子罕、子贞与谌同谋，见害。年十七。

南海王子罕，字云华，世祖第十一子也。永明六年，为北中郎将、南琅邪彭城二郡太守。上初以白下地带江山，徙琅邪郡自金城治之，子罕始镇此城。十年，为持节、都督南兖兖徐青冀五州军事、征虏将军、南兖州刺史。郁林即位，进号后将军。隆昌元年，迁散骑常侍、右卫将军。建武元年，转护军将军。二年，见杀。年十七。

巴陵王子伦，字云宗，世祖第十三子也。永明七年，为持节、都督南豫司二州军事、南中郎将、南豫州刺史。十年，迁北中郎将、南琅邪彭城二郡太守。郁林即位，以南彭城禄力优厚，夺子伦与中书舍人綦母珍之，更以南兰陵代之。隆昌元年，迁散骑常侍、左将军。延兴元年，遣中书舍人茹法亮杀子伦，子伦正衣冠出受诏，曰："鸟之将死，其鸣也哀；人之将死，其言也善。先朝昔灭刘氏，今日之事，理数固然。君是身家旧人，今衔此使，当由事不获已。"法亮不敢答而退。年十六。

邵陵王子贞，字云松，世祖第十四子也。永明十年，为东中郎将、吴郡太守。郁林即位，进号征虏将军，还为后将军。建武二年，见诛。年十五。

临贺王子岳，字云峤，世祖第十六子也。永明七年封。高宗诛世祖诸子，唯子岳及弟六人在后，世呼为七王。朔望入朝，上还后宫，辄叹息曰："我及司徒诸儿子皆不长，高、武子孙日长大。"永泰元年，上疾甚，绝而复苏。于是诛子岳等。

延兴建武中，凡三诛诸王，每一行事，高宗辄先烧香火，鸣咽涕泣，众以此辄知其夜当相杀戮也。子岳死时，年十四。

西阳王子文，字云儒，世祖第十七子也。永明七年，封蜀郡王。建武中，改封西阳王。永泰元年，见杀。年十四。

衡阳王子峻，字云嵩，世祖第十八子也。永明七年，封广汉郡王。建武中，改封。永泰元年，见杀。年十四。

南康王子琳，字云璋，世祖第十九子也。母荀氏，盛宠。子琳钟爱。永明七年，封宣城王。明年，上改南康公褚蓁以封子琳。永泰元年，见杀。年十四。

湘东王子建，字云立，世祖第二十一子也。母谢氏，无宠，世祖度为尼。高宗即位，使还母。子建，永泰元年见杀，年十三。

南郡王子夏，字云广，世祖第二十三子也。上春秋高，子夏最幼，宠爱过诸子。初，世祖梦金翅鸟下殿庭，搏食小龙无数，乃飞上天。永泰元年，子夏诛。年七岁。

史臣曰：民之劳逸，随所遭遇，习以成性，有识斯同。帝王子弟，生长尊贵，薪禽之道未知，富厚之图已极。韶年稚齿，养器深宫，习趋拜之仪，受文句之学，坐蹑搢绅，傍绝交友，情伪之事，不经耳目，忧惧之道，未涉胸衿。虽卓尔天悟，自得怀抱，孤寡为识，所陋犹多。朝出闽闱，暮司方岳，帝子临州，亲民尚小。年序次第，宜屏皇家，防骄剪逸，积代恒典，平允之情，操揎贻虑。故辅以上佐，简自帝心，劳旧左右，用为主帅。州国府第，先令后行，饮食游居，动应闻启。端拱守禄，遵承法度，张弛之要，莫敢厝言。行事执其权，典签掣其肘，苟利之义未申，专违之咎已及。处地虽重，行己莫由，威不在身，恩未接下，仓卒一朝，艰难总集，望其释位扶危，不可得矣。路温舒云："秦有十失，其一尚存。"斯宋氏之余风，在齐而弥弊也。

赞曰：武十七王，文宣令望，爱才悦古，仁信温良。宗英是寄，遗惠未忘。庐陵犯色，安陆括囊。晋安早悟，随郡雕章。建贺湘海，二陵二阳，幼蕃盛宠，南郡南康。

卷四十一　　列传第二十二

张融　周颙

张融，字思光，吴郡吴人也。祖祎，晋琅邪王国郎中令。父畅，宋会稽太守。融年弱冠，道士同郡陆修静以白鹭羽麈尾扇遗融，曰："此既异物，以奉异人。"宋孝武闻融有早誉，解褐为新安王北中郎参军。孝武起新安寺，僚佐多儭钱帛，融独儭百钱。帝曰："融殊贫，当序以佳禄。"出为封溪令。从叔永出后渚送之，曰："似闻朝旨，汝寻当还。"融曰："不患不还，政恐还而复去。"广越嶂岭，獠贼执融，将杀食之，融神色不动，方作洛生咏，贼异之而不害也。浮海至交州，于海中作《海赋》曰：

盖言之用也，情矣形乎，使天形寅内敷，情敷外寅者，言之业也。吾述职荒官，将海得地，行关入浪，宿渚经波，傅怀树现，长满期夕，东西无里，南北如天，反覆悬乌，表里菀色。壮哉水之奇也，奇哉水之壮也。故古人以之颂其所见，吾问翰而赋之焉。当其济兴绝感，岂觉人在我外。木生之作，君自君矣。

分浑始地，判气初天，作成万物，为山为川。总川振会，导海飞门。尔其海之状也，之相也，则穷区没渚，万里藏岸，控会河、济，朝总江、汉。回混浩溃，巅倒发涛，浮天振远，灌日飞高。拟粗江撞则八紘摧颓，鼓怒则九纽折裂。

拾于活长风以举波，𨷖音郭夺天地而为势。澄音盐泽于及澝音沓洽音合，来往相拿粗合。汨于突𥥁音突𥥆音尉于渤渤，窜纤状石成窟，西冲虞渊之曲，东振汤谷之阿。若木于是乎倒覆，折扶桑而为渣在牙。濩泺音乐门音门浑，泪于官和于和磶于磊雍，渤非勃泽音卒沦音仑湾音尊，兰浅垄㪍于拱。湍转则日月似惊，浪动而星河如覆。既烈太山与昆仑相压而共溃，又盛雷车震汉破天以折毂。

𦢶卷于员涟涴于卵濑于于懒，辗转纵横。扬珠起玉，流镜飞明。是其回堆曲浦，欹关弱渚之形势也。沙屿相接，洲岛相连。东西南北，如满于天。梁禽楚兽，胡木汉草之所生焉。长风动路，深云暗道之所经焉。若苕蒂蒂，寰寰翳翳。晨乌宿音秀于东隅，落河浪其西界。茫沉于刚氵河，汨于突䰟于磊漫无官桓。旁踞委岳，横𬳿危峦。重彰发发，攒岭聚立。崔吕兀礳音窟崟吕令嶔嶔，架石相阴。朗崸徒崥陁陁，横出旁入。嵬嵬支罪磊磊，若相追而下及。峰势纵横，岫形参错。或如前而未进，乍非迁而已却。天抗晖于东曲，日倒丽于西阿。岭集雪以怀镜，岩照春而自华。

江泽许江泊伯伯百，㿿子曷岩拍芬百岭。触山礳石，污㳚于各㵂音寒况于朗。磶于磊㳿于朗㵂阿音鸣，流柴磍五感反岘五磵。顿浪低波，蓉苦降砍苦交砈苦江，折岭挫峰，窄浪磎音郎掊，崩山相礳苦合。万里蔼蔼，极路天外。电战雷奔，倒地相礒。兽门象逸，鱼路鲸奔。水遽龙魄，陆振虎魂。却瞻无后，向望何前。长寻高眺，唯水与天。若乃山横蹴浪，风倒摧波。礌若惊山竭岭以𬳿石，郁若飞烟奔云以振霞。连瑶光而交彩，接玉绳以通华。

尔乎夜满深雾，昼密长云，高河灭景，万里无文。山门幽暖，岫户荵荵。九天相掩，玉地交氛。汪汪横横鬯皇，沆沆于刚浩浩音害。漳粗贵溃大人之表，泱于朗荡君子之外。风沫相排，日闭云开。浪散波合，岳起山陨。

若乃漉沙构白，熬波出素。积雪中春，飞霜暑路。尔其奇名出录，诡物无书。高岸乳鸟，横门产鱼。则

何䍥音罗鱊音容鲇音诣，鮍音非鱽人音人鳡音果鰣音滑。哄日吐霞，吞河漱月。气开地震，声动天发。喷洒𢕇于月臆于戒，流雨而扬云。乔骨壮脊，架岳而飞坟。䟸音挺动崩五山之势，䀠矣简䀠矣舷焕七曜之文。蠕蝙瑁蚌，绮贝绣螺。玄珠互彩，绿紫相华。游风秋濑，泳景登春。伏鳞渍彩，升鲂洗文。

若乃春代秋绪，岁去冬归。柔风丽景，晴云积晖。起龙涂于灵步，翔螭道之神飞。浮微云之如薈，落轻雨之依依。触巧涂而礤去绁远，抵栾木以激扬。浪相礴傍各而起千状，波独涌乎惊万容。蘋藻留映，荷芰提阴。扶容曼彩，秀远华深。明藕移玉，清莲代金。昐芬芳于遥渚，泛灼烁于长浔。浮舻杂轴，游舶交艘。帷轩帐席，方远连高。入惊波而箭绝，振排天之雄飙。越汤谷以逐景，渡虞渊以追月。遍万里而无时，浃天地于挥忽。雕隼飞而未半，鲲龙赵贪教而不逮。舟人未及复其喘，已周流宇宙之外矣。

阴鸟阳禽，春毛秋羽。远翅风游，高翮云举。翔归栖去，连阴日路。澜涨波渚，陶玄浴素。长絃四断，平表九绝。雉薷成霞，鸿飞起雪。合声鸣侣，并翰翻群。飞关溢绣，流浦照文。

尔夫人微亮气，小白如淋。凉空澄远，增汉无阴。照天容于鲜渚，镜河色于秒浔。括盖余以进广，浸夏洲以洞深。形每惊而义维静，迹有事而道无心。于是乎山海藏阴，云尘入岫。天英遍华，日色盈秀。则若士神中，琴高道外。袖轻羽以衣风，逸玄裾于云带。筵秋月于源潮，帐春霞于秀濑。晒蓬莱之灵岫，望方壶之妙阙。树遇日以飞柯，岭回峰以蹴月。空居无俗，素馆何尘。谷门风道，林路石真。

若乃幽崖阻于夹陆仓夹，限隩之穷，骏波虎浪之气，激势之所不攻。有卉有木，为灌为丛。络糅网杂，结叶相笼。通云交拂，连阴共风。荡洲礤去角岸，而千里若崩；冲崖沃岛，其万国如战。振骏气以摆雷，飞雄光以倒电。

若夫增云不气，流风敛声。澜文复动，波色还惊。明月何远，沙里分星。至其积珍全远，架宝谕深。琼池玉壑，珠岫珂岑。合日开夜，舒月解阴。珊瑚开绩，琉璃𬳿华。丹文镜色，杂照冰霞。洪洪溃溃，浴于日月。淹汉星墟，渗河天界。风何本而自生，云无从而空灭。笼丽色以拂烟，镜悬晖以照雪。

尔乃方员去我，混然落情。气喧而浊，化静自清。心无终故不滞，志不败而无成。既覆舟而载舟，固以死而以生。弘刍狗于人兽，导至本以充形。虽万物之日用，谅何纬其何经。道湛天初，机茂形外。亡有所以而有，非胶有于生末。亡无所以而无，信无心以入太。不动动是使山岳相崩，不声声故能天地交泰。行藏虚于用舍，应感亮于圆会。仁者见之谓之仁，达者见之谓之达。䛥者几于上善，吾信哉其为大矣。

融文辞诡激，独与众异。后还京师，以示镇军将军顾觊之，觊曰："卿此赋实超玄虚，但恨不道盐耳。"融即求笔注之曰："漉沙构白，熬波出素。积雪中春，飞霜暑路。"此

觊之与融兄有恩好，觊之卒，融身负坟土。在南与交阯太守卞展有旧，展于岭南为人所杀，融挺身奔赴。

举秀才，对策中第，为尚书殿中郎，不就，为仪曹郎。泰始五年，明帝取荆、郢、湘、雍四州射手，叛者斩亡身及家长者，家口没奚官。元徽初，郢州射手有叛者，融议家人家长罪所不及，亡身刑五年。

寻请假奔叔父丧，道中罚干钱敬道鞭杖五十，寄系延陵狱。大明五年制，二品清官行僮干杖，不得出十。为左丞孙缅所奏，免官。寻复位，摄祠、仓部二曹。领军刘勔战死，祠曹议"上应哭勔不"，融议"宜哭"。于是始举哀。仓曹又以"正月俗人所忌，太仓为可开不"，融议"不宜拘束小忌"。寻兼掌正厨。融见宰杀，回车径去，自表解职。为安成王抚军仓曹参军，转南阳王友。

融父畅先为丞相长史，义宣事难，畅为王玄谟所录，将杀之。玄谟子瞻为南阳王前军长史，融启求去官，不许。

融家贫愿禄，初与从叔征北将军永书曰："融昔称幼学，早训家风，虽则不敏，率以成性。布衣苇席，弱年所安；箪食瓢饮，不觉不乐。但世业清贫，民生多待，榛栗枣脩，女贽既长，束帛禽鸟，男礼已大。勉身就官，十年七仕，不欲代耕，何至此事。昔求三吴一丞，虽属舛错，今闻南康缺守，愿得为之。融不知阶级，阶级亦可不知，融政以求丞不得，所以求郡，求郡不得，亦可复求丞。"

又与吏部尚书王僧虔书曰："融，天地之逸民也。进不辨贵，退不知贱，兀然造化，忽如草木。实以家贫累积，孤寡伤心，八侄俱孤，二弟颇弱，抚之而感，古人以悲。岂能山海陋禄，申融情累。阮籍爱东平土风，融亦欣晋平闲外。"时议以融非治民才，竟不果。

辟太祖太傅掾，历骠骑豫章王司空谘议参军，迁中书郎，非所好，乞为中散大夫，不许。融风止诡越，坐常危膝，行则曳步，翘身仰首，意制甚多。随例同行，常稽迟不进。太祖素奇爱融，为太尉时，时与融款接，见融常笑曰："此人不可无一，不可有二。"即位后，手诏赐融衣曰："见卿衣服粗故，诚乃素怀有本；交尔蓝缕，亦亏朝望。今送一通故衣，意谓虽故，乃胜新也。是吾所著，已令裁减称卿之体。并履一量。"

融与吏部尚书何戢善，往诣戢，误通尚书刘澄。融下车入门，乃曰："非是。"至户外，望澄，又曰："非是。"既造席，视澄曰："都自非是。"乃去。其为异如此。

又为长沙王镇军、竟陵王征北谘议，并领记室，司徒从事中郎。

永明二年，总明观讲，敕朝臣集听。融扶入就榻，私索酒饮之，难问既毕，乃长叹曰："呜呼！仲尼独何人哉！"为御史中丞到㧑所奏，免官，寻复。

融形貌短丑，精神清澈。王敬则见融革带垂宽，殆将至髂，谓之曰："革带太急。"融曰："既非步吏，急带何为？"

融假东出，世祖问融住在何处？融答："臣陆处无屋，舟居非水。"后日上以问融从兄绪，绪曰："融近东出，未有居止，权牵小船于岸上住。"上大笑。房中闻融名，上

使融接北使李道固，就席，道固顾之而言曰："张融是宋彭城长史张畅子不？"融颔蹙久之，曰："先君不幸，名达六夷。"豫章王大会宾僚，融食炙始行毕，行炙人便去，融欲求盐蒜，口终不言，方摇食指，半日乃息。出入朝廷皆拭目惊观之。八年，朝臣贺众瑞公事，融扶入拜起，复为有司所奏，见原。迁司徒右长史。

竟陵张欣时为诸暨令，坐罪当死。欣时父兴世宋世讨南谯王义宣，官军欲杀融父畅，兴世以袍覆畅而坐之，以此得免。兴世卒，融著高履负土成坟。至是融启竟陵王子良，乞代欣时死。子良答曰："此乃是长史美事，恐朝有常典，不得如长史所怀。"迁黄门郎，太子中庶子，司徒左长史。

融有孝义，忌月三旬不听乐，事嫂甚谨。宋丞相义宣起事，父畅以不同将见杀，司马竺超民谏免之。畅临终谓诸子曰："昔丞相事难，吾缘竺司马得活，尔等必报其子弟。"后超民孙微冬月遭母丧，居贫，融往吊之，悉脱衣以为赙，披牛被而反。常以兄事微。豫章王嶷、竟陵王子良甍，自以身经佐吏，哭辄尽恸。

建武四年，病卒。年五十四。遗令建白旐无旒，不设祭，令人捉麈尾登屋复魂曰："吾生平所善，自当凌云一笑。"三千买棺，无制新衾。左手执《孝经》、《老子》，右手执小品《法华经》。妾二人，哀事毕，各遣还家。又曰："以吾平生之风调，何至使妇人行哭失声，不须暂停闺阁。"

融玄义无师法，而神解过人，白黑谈论，鲜能抗拒。永明中，遇疾，为《门律自序》曰："吾文章之体，多为世人所惊，汝可师耳以心，不可使耳为心师也。夫文岂有常体，但以有体为常，政当使常有其体。丈夫当删《诗》《书》，制礼乐，何至因循寄人篱下！且中代之文，道体阙变，尺寸相资，弥缝旧物。吾之文章，体亦何异，何尝颠温凉而错寒暑，综哀乐而横歌哭哉？政以属辞多出，比事不羁，不阡不陌，非途非路耳。然其传音振逸，鸣节竦韵，或当未极，亦已极其所矣。汝若复别得体者，吾不拘也。吾义亦如文，造次乘我，颠沛非物。吾无师无友，不文不句，颇有孤神独逸耳。义之为用，将使性人清波，尘洗犹沐。无得钓声同利，举价如高，俾是道场，险成军路。吾昔嗜僧言，多肆法辩，此尽游乎言笑，而汝等无幸。"又云："人生之口，正可论道说义，惟饮与食。此外如树网焉。吾每以不尔为恨，尔曹当振纲也。"

临卒，又戒其子曰："手泽存焉，父书不读！况父音情，婉在其韵。吾意不然，别遗尔音。吾文体英绝，变而屡奇，既不能远至汉魏，故无取嗟晋宋。岂吾天挺，盖不隤家声。汝若不看，父祖之意欲汝见也。可号哭而看之。"融自名集为《玉海》。司徒褚渊问《玉海》名，融答："玉以比德，海崇上善。"文集数十卷行于世。

张氏知名，前有敷、演、镜、畅，后有充、融、卷、稷。

周颙，字彦伦，汝南安城人。晋左光禄大夫顗七世孙也。祖虎头，员外常侍。父恂，归乡相。

颙少为族祖朗所知。解褐海陵国侍郎。益州刺史萧惠开赏异颙,携入蜀,为厉锋将军,带肥乡、成都二县令。转惠开辅国府参军,将军、令如故。仍为府主簿。常谓惠开性太险峻,每致谏,惠开不悦,答颙曰:"天险地险,王公设险,但问用险何如耳。"随惠开还都。

宋明帝颇好言理,以颙有辞义,引入殿内,亲近宿直。帝所为惨毒之事,颙不敢显谏,辄诵经中因缘罪福事,帝亦为之小止。转安成王抚军行参军。元徽初,出为剡令,有恩惠,百姓思之。还历邵陵王南中郎三府参军。

太祖辅政,引接颙。颙善尺牍,沈攸之送绝交书,太祖口授令颙裁答。转齐台殿中郎。

建元初,为长沙王参军,后军参军,山阴令。县旧订滂民,以供杂使。颙言之于太守闻喜公子良曰:"窃见滂民之困,困实极矣。役命有常,只应转竭,蹙迫驱催,莫安其所。险者或窜避山湖,困者自经沟渎尔。亦有摧臂研手,苟自残落,贩佣贴子,权赴急难。每至滂使发动,遵赴常促,辄有桓杖被录,稽颡阶垂,泣涕告哀,不知所振。下官未尝不临食罢箸,当书偃笔,为之久之,怆不能已。交事不济,不得不就加捶罚,见此辛酸,时不可过。山阴邦治,事倍余城;然略闻诸县,亦处处皆跧。唯上虞以百户一滂,大为优足,过此列城,不无凋罄。宜应为普救倒县,设流开便,则转患为功,得之何远。"还为文惠太子中军录事参军,随府转征北。文惠在东宫,颙还正员郎,始兴王前军谘议。直侍殿省,复见赏遇。

颙音辞辩丽,出言不穷,宫商朱紫,发口成句。泛涉百家,长于佛理。著《三宗论》。立空假名,立不空假名。设不空假名难空假名,设空假名难不空假名。假名空难二宗,又立假名空。西凉州智林道人遗颙书曰:"此义旨趣似非始开,妙声中绝六七十载。贫道年二十时,便得此义,窃每欢喜,无与共之。年少见长安耆老,多云关中高胜乃旧有此义,当法集盛时,能深昧斯趣者,本无多人。过江东略是无一。贫道捉麈尾来四十余年,东西讲说,谬重一时,余义颇见宗录,唯有此涂白黑无一人得者,为之发病。非意此音猥来入耳,始是真实行道第一功德。"其论见重如此。

颙于钟山西立隐舍,休沐则归之。转太子仆,兼著作,撰起居注。迁中书郎,兼著作如故。常游侍东宫。少从外氏车骑将军臧质家得卫恒散隶书法,学之甚工。文惠太子使颙书玄圃茅斋壁,国子祭酒何胤以倒薤书求就颙换之,颙笑而答曰:"天下有道,丘不与易也。"

每宾友会同,颙虚席晤语,辞韵如流,听者忘倦。兼善《老》、《易》,与张融相遇,辄以玄言相滞,弥日不解。清贫寡欲,终日长蔬食。虽有妻子,独处山舍。卫将军王俭谓颙曰:"卿山中何所食?"颙曰:"赤米白盐,绿葵紫蓼。"文惠太子问颙:"菜食何味最胜?"颙曰:"春初早韭,秋末晚菘。"时何胤亦精信佛法,无妻妾。太子又问颙:"卿精进何如何胤?"颙曰:"三涂八难,共所未免。然各有其累。"太子曰:"所累伊何?"对曰:"周妻何肉。"其言辞应变,皆如此也。

转国子博士,兼著作如故。太学诸生慕其风,争事华辩。后何胤言断食生,犹欲食白鱼、鲔脯、糖蟹,以为非见生物。疑食蚶蛎,使学生议之。学生钟岏曰:"鲔之就脯,骤于屈伸;蟹之将糖,躁扰弥甚。仁人用意,深怀如怛。至于车螯蚶蛎,眉目内阙,惭浑沌之奇,矿壳外缄,非金人之慎。不悴不荣,曾草木之不若;无馨无臭,与瓦砾其何算。故宜长充庖厨,永为口实。"竟陵王子良见岏议,大怒。

胤兄点,亦遁节清信。颙与书,劝令菜食。曰:"丈人之所以未极遐蹈,或在不近全菜邪?脱洒离析之讨,鼎俎网罟之兴,载之简策,其来实远,谁敢干议?观圣人之设膳脩,仍复为之品节,盖以茹毛饮血,与生民共始,纵而勿裁,将无厌畔。善为士者,岂不以恕己为怀?是以各静封疆,罔相陵轶。况乃变之大者,莫过死生;生之所重,无逾性命。性命之于彼极切,滋味之在我可赊,而终身朝晡,资之以永岁,彼就冤残,莫能自列,我业久长,吁哉可畏。且区区微卵,脆薄易矜,歘彼弱麛,顾步宜愍。观其饮啄飞行,人应怜悼,况可心心扑褫,加复恣忍吞嚼。至乃野牧盛群,闭豢重圈,量肉揣毛,以俟枝剥,如土委地,金谓常理,可为怆息,事岂一涂。若云三世理诬,则幸矣良快。如使此果然,而受形未息,则一往一来,一生一死,轮回是常事。杂报如家,人天如客,遇客日鲜,在家日多,吾侪信业,未足长免,则伤心之惨,行亦自及。丈人于血气之类,虽无身践,至于晨鬼夜鲤,不能不取备屠门。财贝之一经盗手,犹为廉士所弃;生性之一启鸾刀,宁复慈心所忍!驺虞虽饥,非自死之草不食,闻其风岂不使人多愧者!众生之禀此形质,以畜肌骨,皆由其积壅痴迷,沈流莫反,报受秽浊,历苦酸长,此甘与肥,皆无明之报聚也。何至复引此滋腴,自污肠胃。丈人得此有素,聊寄寸言发起耳。"

颙卒官时,会王俭讲《孝经》未毕,举昙济自代,学者荣之。官为给事中。

史臣曰:弘毅存容,至仁表貌,汲黯刚戆,崔琰声姿,然后能不惮雄桀,亟成讥犯。张融标心托旨,全等尘外,吐纳风云,不论人物,而事君会友,敦义纳忠,诞不越检,常在名教。若夫奇伟之称,则虞翻、陆绩不得独擅于前也。

赞曰:思光矫矫,万里千仞。升同应谐,黜同解摈。务在连衡,不谋销印。彦伦辞辩,苦节清韵。白马横擒,云梯独振。

张融《海赋》文多脱误,诸本同。

卷四十二　　列传第二十三

王晏　萧谌　萧坦之　江祏

王晏,字士彦,琅邪临沂人也。祖弘之,通直常侍。

父普曜,秘书监。宋大明末,晏起家临贺王国常侍,员外郎,巴陵王征北板参军,安成王抚军板刑狱,随府转车骑。晋熙王燮为郢州,晏为安西主簿。世祖为长史,与晏相遇。府转镇西,板晏记室谘议。

沈攸之事难,镇西职僚皆随世祖镇盆城。上时权势虽重,而众情犹有疑惑,晏便专心奉事,军旅书翰皆委焉。性甚便僻,渐见亲侍。乃留为上征虏抚军府板谘议,领记室。从还都,迁领军司马,中军从事中郎。常在上府,参议机密。建元初,转太子中庶子。世祖在东宫,专断朝事,多不闻启,晏虑及罪,称疾自疏。寻领射声校尉,不拜。世祖即位,转长兼侍中,意任如旧。

永明元年,领步兵校尉,迁侍中祭酒,校尉如故。遭母丧,起为辅国将军、司徒左长史。晏父普曜藉晏势宦,多历通官。晏寻迁左卫将军,加给事中,未拜,而普曜卒,居丧有称。起冠军将军,司徒左长史、济阳太守,未拜,迁卫尉,将军如故。四年,转太子詹事,加散骑常侍。六年,转丹阳尹,常侍如故。晏位任亲重,朝夕进见,言论朝事,自豫章王嶷、尚书令王俭皆降意以接之,而晏每以疏漏被上呵责,连称疾久之。上以晏须禄养,七年,转为江州刺史。晏固辞不愿出外,见许,留为吏部尚书,领太子右卫率。终以旧恩见宠。时尚书令王俭虽贵而疏,晏既领选,权行台阁,与俭颇不平。俭卒,礼官议谥,上欲依王导谥为"文献",晏启上曰:"导乃得此谥,但宋以来,不加素族。"出谓亲人曰:"平头宪事已行矣。"八年,改领右卫将军,陈疾自解。上欲以高宗代晏领选,手敕问之。晏启曰:"鸾清干有余,然不谙百氏,恐不可居此职。"上乃止。明年,迁侍中,领太子詹事,本州中正,又以疾辞。十年,改授散骑常侍、金紫光禄大夫,给亲信二十人,中正如故。十一年,迁右仆射,领太孙右卫率。

世祖崩,遗旨以尚书事付晏及徐孝嗣,令久于其职。郁林即位,转左仆射,中正如故。隆昌元年,加侍中。高宗谋废立,晏便响应推奉。延兴元年,转尚书令,加后将军,侍中、中正如故。封曲江县侯,邑千户。给鼓吹一部,甲仗五十人入殿。高宗与晏宴于东府,语及时事,晏抵掌曰:"公常言晏怯,今定何如?"建武元年,进号骠骑大将军,给班剑二十人,侍中、令、中正如故。又加兵百人,领太子少傅,进爵为公,增邑为二千户。以虏动,给兵千人。

晏为人笃于亲旧,为世祖所称。至是自谓佐命惟新,言论常非薄世祖故事,众始怪之。高宗虽即以事际须晏,而心相疑斥,料简世祖中诏,得与晏手敕三百余纸,皆是论国家事,以此愈猜薄之。初即位,始安王遥光便劝诛晏,帝曰:"晏于我有勋,且未有罪。"遥光曰:"晏尚不能为武帝,安能为陛下?"帝默然变色。时帝常遣心腹朱右陈世范等出涂巷采听异言,由是以晏为事。晏轻浅无防虑,望开府,数呼相工自视,云当大贵。与宾客语,好屏人清间,上闻之,疑晏欲反,遂有诛晏之意。伧人鲜于文粲与晏子德元往来,密探朝旨,告晏有异志。世范等又启上云:"晏谋因四年南郊,与世祖故旧主帅于道中窃发。"会虎犯郊坛,帝愈惧。未郊一日,敕停行。元会毕,乃召晏于华

林省诛之。下诏曰:"晏间阎凡伍,少无持操,阶缘人乏,班齿官途。世祖在藩,搜扬擢用,弃略疵瑕,遂升要重。而轻跳险锐,在贵弥著,猜忌反覆,触情多端。故以两宫所弗容,十手所共指。既内愧于心,外惧宪牒,掩迹陈疴,多历年载。频授藩任,辄辞请不行,事似谦虚,情实诡伏。隆昌以来,运集艰难,匡赞之功,颇有心力。乃爵冠通侯,位登元辅,绸缪恩寄,朝莫均焉。溪壑可盈,无厌将及。视天画地,遂怀异图。广求卜相,取信巫觋。论荐党附,遍满台府。令大息德元渊数亡命,同恶相济,剑客成群。弟谞凶愚,远相唇齿,信驿往来,密通要契。去岁之初,奉朝请鲜于文粲备告奸谋。朕以信必由己,义无与贰,推诚委任,觊能悛改。而长恶易流,构扇弥大,与北中郎司马萧毅、台队主刘明达等克期窃发。以河东王铉识用微弱,可为其主,得志之日,当守以虚器。明达诸辞列,炳然具存。昔汉后以反唇致讨,魏臣以虬须为戮,况无君之心既彰,陵上之迹斯著!此而可容,谁置刑辟!并可收付廷尉,肃明国典。"

晏未败数日,于北山庙答赛,夜还,晏既醉,部伍人亦饮酒。羽仪错乱,前后十余里中,不复相禁制。识者云"此势不复久也"。

晏子德元,有意尚。车骑长史。德元初名湛,世祖谓晏曰:"刘湛、江湛,并不善终,此非佳名也。"晏乃改之。至是与弟晋安王友诚和俱被诛。

晏弟谞,永明中为少府卿。六年,敕位未登黄门郎,不得畜女妓。谞与射声校尉阴玄智坐畜妓免官,禁锢十年。敕特原谞禁锢。后出为辅国将军、始兴内史。广州刺史刘缵为奴所杀,谞率郡兵讨之。延兴元年,授谞持节广州刺史。谞亦笃旧。晏诛,上又遣南中郎司马萧季敞袭谞杀之。

萧谌,字彦孚,南兰陵兰陵人也。祖道清,员外郎。父仙伯,桂阳国参军。谌初为州从事,晋熙国侍郎,左常侍。谌于太祖为绝服族子,元徽末,世祖在郢州,欲知京邑消息,太祖遣谌就世祖宣传谋计,留为腹心。升明中,为世祖中军刑狱参军,东莞太守。以勋勤封安复县男,三百户。建元初,为武陵王冠军、临川王前军参军,除尚书都官郎,建威将军,临川王镇西中兵。

世祖在东宫,谌领宿卫。太祖杀张景真,世祖令谌口启乞景真命,太祖不悦,谌惧而退。世祖即位,出谌为大末令,未之县,除步兵校尉,领射阳令,转带南濮阳太守,领御仗主。永明二年,为南兰陵太守,建威将军如故。复除步兵校尉,太守如故。世祖斋内兵仗悉付之,心膂密事,皆使参掌。除正员郎,转左中郎将,后军将军,太守如故。世祖卧疾延昌殿,敕谌在左右宿直。上崩,遗敕谌领殿内事如旧。

郁林即位,深委信谌,谌每请急出宿,帝通夕不得寐,谌还乃安。转卫军司马,兼卫尉,加辅国将军。丁母忧,敕还复本任,守卫尉。高宗辅政,有所匡谏,帝既在后宫不出,唯遣谌及萧坦之遥进,乃得闻达。谌回附高宗,劝行废立,密召诸王典签约语之,不许诸王外接人物。谌

亲要日久，众皆惮而从之。郁林被废日，初闻外有变，犹密为手敕呼谌，其见信如此。谌性险进无计略，及废帝日，领兵先入后宫，斋内仗身素隶服谌，莫有动者。

海陵立，转中领军，进爵为公，二千户。甲仗五十人。入直殿内，月十日还府。

建武元年，转领军将军，左将军，南徐州刺史，给扶，进爵衡阳郡公，食邑三千户。高宗初许事克用谌为扬州，及有此授，谌恚曰："见炊饭熟，推以与人。"王晏闻之曰："谁复为萧谌作瓯箸者。"谌恃勋重，干豫朝政，诸有选用，辄命议尚书使为申论。上新即位，遣左右要人于外听察，具知谌言，深相疑阻。

二年六月，上幸华林园，宴谌及尚书令王晏等数人尽欢。坐罢，留谌晚出，至华林阁，仗身执人还省，上遣左右莫智明数谌曰："隆昌之际，非卿无有今日。今一门二州，兄弟三封，朝廷相报，政可极此。卿恒怀怨望，乃云炊饭已熟，合甑与人邪？今赐卿死。"谌谓智明曰："天去人亦复不远，我与至尊杀高、武诸王，是君传语来去。我今死，还取卿。"于省杀之。至秋而智明死，见谌为祟。诏曰："萧谌擢自凡庸，识用轻险，因藉幸会，早预驱驰。永明之季，曲颁恩纪。郁林昏悖，颇立诚效。宠灵优渥，期遇兼隆，内总戎柄，外畅蕃威，兄弟荣贵，震灼朝野。曾不感佩殊荷，少答万一，自以勋高伊、霍，事均难赏，才冠当时，耻居物后。矫制王权，与夺由己。空怀疑惧，坐构嫌猜。觇候宫掖，希觊非望。蔽上罔下之心，诬君不臣之迹，固以彰暴民听，喧哗遐迩。遂潜散金帛，招集不逞，交结禁卫，互为唇齿，密契戚邸，将肆奸逆。朕以其任寄既重，爵列河山，每加弥缝，弘以大信，庶能怀音，翻然俊改。而豺狼其性，凶谋滋甚。夫无将必戮，《阳秋》明义，况衅积祸盈，若斯之大。可收付廷尉，速正刑书。罪止元恶，余无所问。"

谌好左道，吴兴沈文猷相谌云："相不减高帝。"谌喜曰："感卿意，无为人言也。"至是文猷伏诛。

谌兄诞，字彦伟，初为殿中将军。永明中为建康令，与秣陵令司马迪之同乘行，车前导四卒，左丞沈昭略奏："凡有卤簿官，共乘不得兼列驺寺。请免诞等官。"诏赎论。延兴元年，自辅国徐州为持节督冀州刺史，将军如故。明帝立，封安德侯，五百户。进号冠军。建武二年春，虏攻司州，诞尽力拒守，虏退，增封四百户。征为卫将军。上欲杀谌，以诞在边镇拒虏，故未及行。虏退六旬，谌诛，遣黄门郎梁王为司州别驾，使诛诞，束身受戮，家口系尚方。

谌弟诔，与谌同豫废立，为宁朔将军、东莞太守，转西中郎司马。建武初，封西昌侯，千户。转太子左率。领军解司州围还，同伏诛。

谌伯父仙民，官至太中大夫，卒。

萧坦之，南兰陵兰陵人也。祖道济，太中大夫。父欣祖，有勋于世祖，至武进令。坦之与萧谌同族。初为殿中将军，累至世祖中军板刑狱参军。以宗族见驱使。除竟陵王镇北征北参军，东宫直阁，以勤直为世祖所知。除给事中，淮陵令，又除兰陵令，给事中如故。尚书起部郎，司徒中兵参军。世祖崩，坦之随太孙文武度上台，除射声校尉，令如故。未拜，除正员郎、南鲁郡太守。

少帝以坦之世祖旧人，亲信不离，得入内见皇后。帝于宫中及出后堂杂戏狡狯，坦之皆得在侧。或值醉后裸袒，坦之辄扶持谏喻。见帝不可奉，乃改计附高宗，密为耳目。除晋安王征北谘议。隆昌元年，追录坦之父勋，封临汝县男，食邑三百户。徙征南谘议。

高宗谋废少帝，既与萧谌及坦之定谋。帝腹心直阁将军曹道刚疑外间有异，密有处分，谌未能发。始兴内史萧季敞、南阳太守萧颖基迁都尉并应还都，谌欲待二萧至，藉其势力以举事。高宗虑事变，以告坦之，坦之驰谓谌曰："废天子古来大事。比闻曹道刚、朱隆之等转已猜疑。卫尉明日若不就事，无所复及。弟有百岁母，岂能坐听祸败，政应作余计耳！"谌惶遽，明日遂废帝，坦之力也。

海陵即位，除黄门郎、兼卫尉卿，进爵伯，增邑为六百户。建武元年，迁散骑常侍，右卫将军，进爵侯，增邑为千五百户。明年，虏动，假坦之节，督徐州征讨军事。虏围钟离，春断淮洲，坦之击破之。还加领太子中庶子，未拜，迁领军将军。永泰元年，为侍中、领军。

东昏立，为侍中、领军将军。永元元年，遭母丧，起复职，加右将军，置府。江祏兄弟欲立始安王遥光，密谓坦之，坦之曰："明帝取天下，已非次第，天下人至今不服。今若复作此事，恐四海瓦解。我其不敢言。"持丧还宅。宅在东府城东，遥光起事，遣人夜掩取坦之，坦之科头著裈逾墙走，从东冶儳渡南渡，间道还台，假节督众军讨遥光，屯湘宫寺。事平，迁尚书右仆射，丹阳尹，右将军如故。进爵公，增邑千户。

坦之肥黑无须，语声嘶，时人号为"萧痖"。刚狠专执，群小畏而憎之。遥光事平二十余日，帝遣延明主帅黄文济领兵围坦之宅，杀之。子赏，秘书郎，亦伏诛。

坦之从兄翼宗为海陵郡，将发。坦之谓文济曰："从兄海陵宅故应无他？"文济曰："海陵宅在何处？"坦之告，文济曰："应得罪。"仍遣收之。检家赤贫，唯有质钱贴子数百，还以启帝，原死，系尚方。

和帝中兴元年，追赠坦之中军将军、开府仪同三司。

江祏，字弘业，济阳考城人也。祖遵，宁朔参军。父德邻，司徒右长史。祏姑为景皇后，少为高宗所亲，恩如兄弟。宋末解褐晋熙国常侍，太祖徐州西曹，员外郎，高宗冠军参军，带溧阳令，竟陵王征北参军，尚书水部郎。高宗为吴兴，以祏为郡丞，加宣威将军。庐陵王中军功曹记室，安陆王左军谘议，领录事，带京兆太守。除通直郎，补南徐州别驾。高宗辅政，委以心腹。隆昌元年，自正员郎补丹阳丞，中书郎。高宗为骠骑，镇东府，以祏为谘议参军，领南平昌太守，与萧谋对直东府省内。

时新立海陵，人情未服，高宗胛上有赤志，常秘不传。祏劝帝出以示人。晋寿太守王洪范罢任还，上祏示之，曰："人皆谓此是日月相。卿幸无泄言。"洪范曰："公日月之相在躯，如何可隐。转当言之公卿。"上大悦。会直后张伯、尹瓒等屡谋窃发，祏、诔忧虞无计，每夕辄托事外出。及入纂议定，加祏宁朔将军。高宗为宣城王，太史密奏图纬云"一号当得十四年"。祏入，帝喜以示祏曰："得此复何所望。"及即位，迁守卫尉，将军如故。封安陆县侯，邑千户。祏祖遵，以后父赠金紫光禄大夫；父德邻，以帝舅亦赠光禄大夫。

建武二年，迁右卫将军，掌甲仗廉察。四年，转太子詹事。祏以外戚亲要，势冠当时，远致饷遗，或取诸王第名书好物。然家行甚睦，待子侄有恩意。

上寝疾，永泰元年，转祏为侍中、中书令，出入殿省。上崩，遗诏转右仆射，祏弟卫尉祀为侍中，敬皇后弟刘暄为卫尉。东昏即位，参掌选事。高宗虽顾命群公，而意寄多在祏兄弟。至是更直殿内，动止关谘。永元元年，领太子詹事。刘暄迁散骑常侍，右卫将军。祏兄弟与暄及始安王遥光、尚书令徐孝嗣、领军萧坦之六人，更日帖敕，时呼为"六贵"。

帝稍欲行意，孝嗣不能夺，坦之虽时有异同，而祏坚意执制，帝深忿之。帝失德既彰，祏议欲立江夏王宝玄。刘暄初为宝玄郢州行事，执事过刻。有人献马，宝玄欲看之，暄曰："马何用看。"妃索煮肫，帐下谘暄，暄曰："旦已煮鹅，不烦复此。"宝玄恚曰："舅殊无《渭阳》之情。"暄闻之亦不悦。至是不同祏议，欲立建安王宝夤，密谋于遥光。遥光自以年长，属当鼎命，微旨劝祏。祏弟祀以少主难保，劝祏立遥光。暄以遥光若立，已失元舅之望，不肯同。故祏迟疑久不决。遥光大怒，遣左右黄昙庆于清溪桥道中刺杀暄，昙庆见暄部伍人多，不敢发。事觉，暄告祏谋，帝处分收祏兄弟。祀时直在内殿，疑有异，遣信报祏曰："刘暄似有异谋，今作何计？"祏曰："政当静以镇之耳。"俄而召祏入见，停中书省。初，直斋袁文旷以王敬则勋当封，祏执不与。帝使文旷取祏，以刀环筑其心曰："复能夺我封否？"祏、祀同日见杀。

祀字景昌，初为南郡王国常侍，历高祖骠骑东阁祭酒，秘书丞，晋安王镇北长史，南东海太守，行府、州事。治下有宣尼庙，久废不修，祀更开扫构立。

祀弟禧，居丧早卒。有子欨，字伟卿，年十二，闻收至，谓家人曰："伯既如此，无心独存。"赴井死。

后帝于后堂骑马致适，顾谓左右曰："江祏若在，我当复能骑此不？"

暄字士穆，出身南阳国常侍。遥光起事，以讨暄为名。事平，暄迁领军将军，封平都县侯，千户。其年，又见杀。和帝中兴元年，赠祏卫将军，暄散骑常侍、抚军将军，并开府仪同三司，祀散骑常侍、太常卿。

史臣曰：士死知己，盖有生所共情，虽愚智之品有二，而逢迎之运唯一。夫怀可知之才，受知人之晤，无惭外物，此固天理，其犹藏在中心，衔恩念报。况乎义早蓄僚，道同遇合，逾越胜己，顾迈先流，弃子如遗，曾微旧德。使狗之喻，人致前讥，惭包疚心，我无其事。呜呼！陆机所以赋《豪士》也。

赞曰：王萧提挈，世祖基之。乐羊食子，里克无辞。江、刘后戚，明嗣是维。废兴异论，终用乖疑。

卷四十三　　　列传第二十四

江敩　何昌宇　谢瀹　王思远

江敩，字叔文，济阳考城人也。祖湛，宋左光禄大夫，仪同三司。父恁，著作郎，为太子劭所杀。敩母，文帝女淮阳公主。幼以戚属召见，孝武谓谢庄曰："此小儿方当为名器。"少有美誉。桂阳王休范临州，辟迎主簿，不就。尚孝武女临汝公主，拜驸马都尉。除著作郎，太子舍人，丹阳丞。时袁粲为尹，见敩叹曰："风流不坠，政在江郎。"数与宴赏，留连日夜。迁安成王抚军记室，秘书丞，中书郎。敩庶祖母王氏老疾，敩视膳尝药，七十余日不解衣。及累居内官，每以侍养陈请，朝廷优其朝直。寻转安成王骠骑从事中郎。初，湛娶褚秀之女，被遣，褚渊为卫军，重敩为人，先通音意，引为长史。加宁朔将军。顺帝立，随府转司空长史，领临淮太守，将军如故。转太尉从事中郎。

齐台建，为吏部郎。太祖即位，敩以祖母久疾连年，台阁之职，永废温清，启乞自解。初，宋明帝敕敩出继从叔恁，为从祖淳后。于是仆射王俭启："礼无后小宗之文，近世缘情，皆由父祖之命，未有既孤之后，出继宗族也。虽复臣下一揆，而义非天属。江忠简胤嗣所寄，唯敩一人，傍无眷属，敩宜还本。若不欲江瑟绝后，可以敩小儿继恁为孙。"尚书参议，谓"间世立后，礼无其文。荀颐无子立孙，坠礼之始；何琦又立此论，义无所据。"于是敩还本家，诏使自量立后者。出为宁朔将军、豫章内史，还，除太子中庶子，领骁骑将军。未拜，门客通贿利，世祖遣信捡核，敩藏此客而躬自引答，上甚有怪色。王俭从容启上曰："江敩若能治郡，此便是具美耳。"上意乃释。

永明初，仍为豫章王太尉谘议，领录事，迁南郡王友，竟陵王司徒司马。敩好文辞，围棋第五品，为朝贵中最。迁侍中，领本州中正。司徒左长史，中正如故。五年，迁五兵尚书。明年，出为辅国将军、东海太守，加秩中二千石，行南徐州事。七年，徙为侍中，领骁骑将军，寻转前官尚书，领骁骑将军。王晏启世祖曰："江敩今重登礼阁，兼掌六军，慈渥所覃，实有优忝。但语其事任，殆同闲辈。天旨既欲升其名位，愚谓以侍中领骁骑，望实清显，有殊纳言。"上曰："敩常启吾，为其鼻中恶。今既以何胤、王莹还门下，故有此回换耳。"

郁林即位，迁掌吏部。隆昌元年，为侍中，领国子祭酒。郁林废，朝臣皆被召入宫，敩至云龙门，托药醉吐车中而去。明帝即位，改领秘书监，又改领晋安王师。

建武二年，卒，年四十四。遗令俭约葬，不受赗赠。诏赙钱三万，布百匹。子蒨启遵敩令，让不受。诏曰："敩贻厥之训，送终以俭，立言归善，益有嘉伤，可从所请。"赠散骑常侍、太常，谥曰敬子。

何昌㝢，字俨望，庐江灊人也。祖叔度，吴郡太守。父佟之，太常。昌㝢少而淹厚，为伯父司空尚之所遇。宋建安王休仁为扬州，辟昌㝢州主簿。迁司徒行参军，太傅五官，司徒东阁祭酒，尚书仪曹郎。建平王景素为征北南徐州，昌㝢又为府主簿，以风素见重。母老求禄，出为湘东太守，加秩千石。为太祖骠骑功曹。昌㝢在郡，景素被诛，昌㝢痛之。至是启太祖曰：

伏寻故建平王，因心自远，忠孝基性。徽和之誉，早布国言；胜素之情，凤洽民听。世祖绸缪，太宗眷异，朝中贵人，野外贱士，虽闻见有殊，谁不悉斯事者？元徽之间，政关群小，构扇异端，共令倾覆。殷勤之非，古人所悼，况苍梧将季，能无衔惑？一年之中，藉者再三，有必巅之危，无暂立之安，行路寒心，往来踟蹰。而王夷虑坦然，委之天命，惟谦惟敬，专诚奉国；闱无执戟之卫，门阙衣介之夫，此五尺童子所见，不假阔曲言也。一沦疑似，身名顿灭，冤结渊泉，酷贯穹昊。时经隆替，岁改三元，旷荡之惠亟申，被枉之泽未流。俱沐温光，独酸霜露。

明公铺天地之施，散云雨之润，物无巨细，咸被庆渥。若今日不蒙照涤，则为万代冤魂。昌㝢非敢慕慷慨之士，激扬当世；实义切于心，痛人骨髓。沥肠纾愤，仰希神照。辩明枉直，亮王素行，使还名帝籍，归灵旧茔，死而不泯，岂忘德于黄垆！分躯碎首，不足上谢。

又与司空褚渊书曰：

天下之可哀者有数，而埋冤于黄泉者为甚焉。何者？百年之寿，同于朝露，挥忽去留，宁足道哉！政欲阖棺之日，不陨令名，竹帛传芳烈，钟石纪清英。是以昔贤甘心于死所者也。若怀忠抱义而负枉冥冥之下，时主未之矜，卿相不为言，良史濡翰，将被以恶名，岂不痛哉！岂不痛哉！

窃寻故建平王，地属亲贤，德居物望，道心惟冲，睿性天峻。散情风云，不以尘务婴衿；明发怀古，惟以琴书娱志。言忠孝，行竹慎，二公之所深鉴也。前者阮、杨连党，构此纷纭，虽被明于朝贵，愈结怨于群丑。觇察继踪，疑防重著，小人在朝，诗史所叹，少一句清识饮涕。王每永言终日，气泪交横。既推信以期物，故曰去其备卫，朱门萧条，示存典刑而已。求解徐州，以避北门要任；苦乞会稽，贪处东瓯闲务。此并彰于事迹。与公道味相求，期心有素，方共经营家国，勋劳王室，何图时不我与，契阔昏晨，忠诚弗亮，罹此百殃！

岁朔亟流，已经四载。皇命惟新，人沾天泽，而幽然深酷，未蒙照明。封殡卑杂，穷魂莫寄，昭穆不序，松柏无行。事伤行路，痛结幽显。吾等叩心泣血，实有望于圣时。公以德佐世，欲物得其所，岂可令建平王枉直不分邪？田叔不言梁事，袁丝谏止淮南，以两国衅祸，尚回帝意，岂非亲亲之义，宁从敦厚？而今疑以未辨，为世大戮。若使王心迹得申，亦示海内理冤枉，明是非。夫存亡国，继绝世，周汉之通典，有国之所急也。昔叔向之理，恃祁大夫而获亮；庆太子之冤，资车丞相而见察。幽灵有知，岂不眷眷于明顾？碎首抽胁，自谓不殒。

渊答曰："追风古人，良以嘉叹。但事既昭晦，理有逆从。建平初阻，元徽未悖，专欲委咎阮、杨、弥所致疑。于时正亦谬参此机，若审如高论，其愧特深。"太祖嘉其义，转为记室，迁司徒左西、太尉户曹属，中书郎，王俭卫军长史。俭谓昌㝢曰："后任朝事者，非卿而谁？"

永明元年，竟陵王子良表置文、学官，以昌㝢为竟陵王文学，以清信相得，意好甚厚。转扬州别驾，豫章王又善之。迁太子中庶子，出为临川内史。除庐陵王中军长史，未拜，复为太子中庶子，领屯骑校尉。迁吏部郎，转侍中。临海王昭秀为荆州，以昌㝢为西中郎长史、辅国将军、南郡太守，行荆州事。明帝遣徐玄庆西上害蕃镇诸王，玄庆至荆州，欲以便宜从事。昌㝢曰："仆受朝廷意寄，翼辅外蕃，何容以殿下付君一介之使！若朝廷必须殿下还，当更听后旨。"昭秀以此得还京师。

建武二年，为侍中，领长水校尉，转吏部尚书。复为侍中，领骁骑将军。四年，卒。年五十一。赠太常，谥简子。

昌㝢不杂交游，通和泛爱，历郡皆清白。士君子多称之。

谢瀹，字义洁，陈郡阳夏人也。祖弘微，宋太常。父庄，金紫光禄大夫。瀹四兄飏、朏、颢，揆，世谓谢庄名儿为风、月、景、山、水。颢字仁悠，少简静。解褐秘书郎，累至太祖骠骑从事中郎。建元初，为吏部郎，至太尉从事中郎。永明初，高选友、学，以颢为竟陵王友。至北中郎长史。卒。

瀹年七岁，王彧见而异之，言于宋孝武。孝武召见于稠人广众之中，瀹举动闲详，应对合旨，帝甚悦，诏尚公主，值景和败，事寝。仆射褚渊闻瀹年少，清正不恶，以女结婚，厚为资送。解褐车骑行参军，迁秘书郎，司徒祭酒，丹阳丞，抚军功曹。世祖为中军，引为记室。

齐台建，迁太子中舍人。建元初，转桂阳王友。以母老须养，出为安成内史。还为中书郎。卫军王俭引为长史，雅相礼遇。除黄门郎，兼掌吏部。寻转太子中庶子，领骁骑将军，转长史兼侍中。瀹以晨昏有废，固辞不受。世祖敕令速拜，别停朝直。

迁司徒左长史，出为吴兴太守。长城县民卢道优家遭劫，诬同县殷孝悌等四人为劫，瀹收付县狱考正。孝悌母骆诣登闻诉称孝悌为道优所诽谤，横劾为劫，一百七十三人连名保证，在所不为申理。瀹闻孝悌母诉，乃启建康狱覆，道优理穷款首，依法斩刑。有司奏免瀹官。瀹又使典药吏煮汤，失火，烧郡外斋南厢屋五间。又辄鞭除身，为有司所奏，诏并赎论，在郡称为美绩。母丧去官。服阕，为吏部尚书。

高宗废郁林，领兵入殿，左右惊走报瀹。瀹与客围棋，每下子，辄云"其当有意"。竟局，乃还斋卧，竟不问外事也。明帝即位，瀹又属疾不视事。后上宴会，功臣上酒，尚书令王晏等兴席，瀹独不起，曰："陛下受命，应天顺民，王晏妄叨天功以为己力。"上大笑解之。座罢，晏呼瀹共载还令省，欲相抚悦，瀹又正色曰："君巢窟在何处？"晏初得班剑，瀹谓之曰："身家太傅裁得六人。君亦何事一朝至此。"晏甚惮之。

加领右军将军。兄胐在吴兴，论启公事稽晚，瀹辄代为启，上见非其手迹，被问，见原。转侍中，领太子中庶子，豫州中正。永泰元年，转散骑常侍，太子詹事。其年卒，年四十五。赠金紫光禄大夫。谥简子。

初，兄胐为吴兴，瀹于征虏渚送别，胐指瀹口曰："此中唯宜饮酒。"瀹建武之初专以长酣为事，与刘瑱、沈昭略以觞酌交饮，各至数斗。

世祖尝问王俭，当今谁能为五言诗？俭对曰："谢胐得父膏腴，江淹有意。"上起禅灵寺，敕瀹撰碑文。

王思远，琅邪临沂人。尚书令晏从弟也。父罗云，平西长史。思远八岁，父卒，祖弘之及外祖新安太守羊敬元，并栖退高尚，故思远少无仕心。宋建平王景素辟为南徐州主簿，深见礼遇。景素被诛，左右离散，思远亲视殡葬，手种松柏。与庐江何昌宇、沛郡刘琎上表理之，事感朝廷。景素女废为庶人，思远分衣食以相资赡，年长，为备笄总，访求素对，倾家送遣。

除晋熙王抚军行参军，安成王车骑参军。建元初，为长沙王后军主簿，尚书殿中郎，出补竟陵王征北记室参军，府迁司徒，仍为录事参军。迁太子中舍人。文惠太子与竟陵王子良寮好士，并蒙赏接。思远求出为远郡，除建安内史。长兄思玄卒，思远友于甚至，表乞自解，不许。及详日，又固陈，世祖乃许之。除中书郎，大司马谘议。

世祖诏举士，竟陵王子良荐思远及吴郡顾暠之、陈郡殷睿。邵陵王子贞为吴郡，世祖除思远为吴郡丞，以本官行郡事，论者以为得人。以疾解职，还为司徒谘议参军，领录事，转黄门郎。出为使持节、都督广交越三州诸军事、宁朔将军、平越中郎将、广州刺史。高宗辅政，不之任，仍迁御史中丞。临海太守沈昭略赃私，思远依事劾奏，高宗及思远从兄晏、昭略叔父文季请止之，思远不从，案事如故。

建武中，迁吏部郎。思远以从兄晏为尚书令，不欲并居内台权要之职，上表固让。曰："近频烦归启，实有微概。陛下矜遇之厚，古今罕俦。臣若孤恩，谁当戮力！既自誓轻躯命，不复以尘点为疑，正以臣与晏地惟密亲，必不宜俱居显要。^十蝼蚁丹赤，守之以死。臣实庸鄙，无足奖进。陛下甄拔之旨，要是许其一节。臣果不能以理自固，有乖则哲之明。犯冒之尤，诛责在己，谬赏之私，惟尘圣鉴。权其轻重，宁守褊心。且亦缘陛下以德御下，故臣可得以礼进退。伏愿思垂拯宥，不使零坠。今若祇膺所忝，三公不足为泰，犯忤之后，九泉未足为剧。而臣苟求刑戮，自弃富荣，愚夫不为，臣亦庶免。此心此志，可怜可矜。如其上命必行，请罪非理，圣恩方置之通涂，而臣固求挨

压，自憨自悼，不觉涕流。谨冒铁钺，悉心以请。穷则呼天，仰祈一照。"上知其意，乃改授司徒左长史。

初，高宗废立之际，思远与晏闲言，谓晏曰："兄荷世祖厚恩，今一旦赞人如此事，彼或可以权计相须，未知兄将来何以自立。若及此引决，犹可不失后名。"晏不纳。及拜骠骑，集会子弟，谓思远兄思微曰："隆昌之末，阿戎劝吾自裁。若从其语，岂有今日？"思远遽应曰："如阿戎所见，犹未晚也。"及晏败，故得无他。

思远清修，立身简洁。衣服床筵，穷治素净。宾客来通，辄使人先密视，衣服垢秽，方便不前，形仪新楚，乃与促膝。虽然，既去之后，犹令二人交帚拂其坐处。上从祖弟季敞性甚豪纵，上心非之，谓季敞曰："卿可数诣王思远。"

上既诛晏，迁为侍中，掌优策及起居注。永元二年，迁度支尚书。未拜，卒，年四十九。赠太常，谥贞子。

思远与顾暠之友善。暠之卒后家贫，思远迎其儿子，经恤甚至。

暠之，字士明，少孤，好学有义行。初举秀才，历官府阁。永明末，为太子中舍人，兼尚书左丞。隆昌初，为安西谘议，兼著作，与思远并属文章。建武初，以疾归家，高宗手诏与思远曰："此人殊可惜。"就拜中散大夫。卒，年四十九。

思微，永元中为江州长史，为陈伯之所杀。

史臣曰：德成为上，艺成为下。观夫二三子之治身，岂直清体雅业，取隆基构，行礼蹈义，可以勉物风规云。君子之居世，所谓美矣！

赞曰：江蓦世业，有闻时陂。何申旧主，辞出乎义。谢献寿觞，载色载刺。思远退食，冲心笃寄。

卷四十四　　列传第二十五

徐孝嗣　沈文季

徐孝嗣，字始昌，东海郯人也。祖湛之，宋司空；父聿之，著作郎；并为太初所杀。孝嗣在孕得免。幼而挺立，风仪端简。八岁，袭爵枝江县公，见宋孝武，升阶流涕，迄于就席。帝甚爱之。尚康乐公主。泰始二年，西讨解严，车驾还宫，孝嗣登殿不著帻，为治书御史蔡准所奏，罚金二两。拜驸马都尉，除著作郎，母丧去官。为司空太尉二府参军，安成王文学。孝嗣姑适东莞刘舍，舍兄藏为尚书左丞，孝嗣往诣之。藏退语舍曰："徐郎是令仆人，三十余可知矣。汝宜善自结。"

升明中，迁太祖骠骑从事中郎，带南彭城太守，随府转为太尉谘议参军，太守如故。齐台建，为世子庶子。建元初，国除，出为晋陵太守，还为太子中庶子，领长水校尉，未拜，为宁朔将军、闻喜公子良征虏长史，迁尚书吏

部郎，太子右卫率，转长史。善趋步，闲容止，与太宰褚渊相埒。世祖深加待遇。尚书令王俭谓人曰："徐孝嗣将来必为宰相。"转充御史中丞。世祖问俭曰："谁可继卿者？"俭曰："臣东都之日，其在徐孝嗣乎！"出为吴兴太守，俭赠孝嗣四言诗曰："方轨叔茂，追清彦辅。柔亦不茹，刚亦不吐。"时人以比蔡子尼之行状也。在郡有能名。会王俭亡，上征孝嗣为五兵尚书。

其年，上敕仪曹令史陈淑、王景之、朱玄真、陈义民撰江左以来仪典，令谘受孝嗣。明年，迁太子詹事。从世祖幸方山。上曰："朕经始此山之南，复为离宫之所。故应有迈灵丘。"灵丘山湖，新林苑也。孝嗣答曰："绕黄山，款牛首，乃盛汉之事。今江南未广，民亦劳止，愿陛下少更留神。"上竟无所修立。竟陵王子良甚善之。子良好佛法，使孝嗣及庐江何胤掌知斋讲及众僧。转吏部尚书。寻加右军将军，转领太子左卫率。台阁事多以委之。

世祖崩，遗诏转右仆射。隆昌元年，迁散骑常侍、前将军、丹阳尹。高宗谋废郁林，以告孝嗣，孝嗣奉旨无所厘赞。高宗入殿，孝嗣戎服随后。郁林既死，高宗须太后令，孝嗣于袖中出而奏之，高宗大悦。以废立功，封枝江县侯，食邑千户。给鼓吹一部，甲仗五十人入殿。转左仆射，常侍如故。明帝即位，加侍中、中军大将军。定策勋，进爵为公，增封二千户。给班剑二十人，加兵百人。旧拜三公乃临轩，至是帝特诏与陈显达、王晏并临轩拜授。

北虏动，诏孝嗣假节顿新亭。时王晏为令，民情物望，不及孝嗣也。晏诛，转尚书令，领本州中正，余悉如故。孝嗣爱好文学，赏托清胜。器量弘雅，不以权势自居，故见容建武之世。恭己自保，朝野以此称之。

初，孝嗣在率府，昼卧斋北壁下，梦两童子遽云"移公床"。孝嗣惊起，闻壁有声，行数步而壁崩压床。建武四年，即本号开府仪同三司。孝嗣闻有诏，敛容谓左右曰："吾德惭古人，位登衮职，将何以堪之。明君可以理夺，必当死请。若不获命，正当角巾丘园，待罪家巷耳。"固让不受。

是时连年虏动，军国虚乏。孝嗣表立屯田曰："有国急务，兵食是同，一夫辍耕，于事弥切。故井陌疆里，长毂盛于周朝，屯田广置，胜戈富于汉室。降此以还，详略可见。但求之自古，为论则赊；即以当今，宜有要术。窃寻缘淮诸镇，皆取给京师，费引既殷，漕运艰涩。聚粮待敌，每苦不周，利害之基，莫此为急。臣比访之故老及经彼宰守，淮南旧田，触处极目，陂遏不修，咸成茂草。平原陆地，弥望尤多。今边备既严，戍卒增众，远资馈运，近废良畴，士多饥色，可为嗟叹。愚欲使刺史二千石躬自履行，随地垦辟。精寻灌溉之源，善商肥确之异。州郡县戍主帅以下，悉分番616农。今水田虽晚，方兴菽麦，菽麦二种，益是北土所宜，彼人便之，不减粳稻。开创之利，宜在及时。所启允合，请即使至徐、兖、司、豫，爰及荆、雍，各当境规度，勿有所遗。别立主曹，专司其事。田器耕牛，台详所给。岁终言殿最，明其刑赏。此功克举，庶有弘益。若缘边足食，则江南自丰。权其所饶，略不可计。"事御见纳。时帝已寝疾，兵事未已，竟不施行。

帝疾甚，孝嗣入居禁中，临崩受遗托，重申开府之命。加中书监。永元初辅政，自尚书下省出住宫城南宅，不得还家。帝失德稍彰，孝嗣不敢谏净。及江祐见诛，内怀忧恐，然未尝表色。始安王遥光反，众情遑惑，见孝嗣入，宫内乃安。然群小用事，亦不能制也。进位司空，固让。求解丹阳尹，不许。

孝嗣文人，不显异同，名位虽大，故得未及祸。虎贲中郎将许准有胆力，领军隶孝嗣，陈说事机，劝行废立。孝嗣迟疑久之，谓必无用干戈理，须少主出游，闭城门召百僚集议废之，虽有此怀，终不能决。群小亦稍憎孝嗣，劝帝召百僚集议，因诛之。冬，召孝嗣入华林省，遣茹法珍赐药，孝嗣容色不异，少能饮酒，药至斗余，方卒。乃下诏曰："周德方熙，三监迷叛，汉历载昌，宰臣构戾，皆身膏斧钺，族同烟烬。殷鉴上代，垂戒后昆。徐孝嗣凭藉世资，早蒙殊遇，阶缘际会，遂登台铉。匡翼之诚无闻，诡黩之迹屡著。沈文季门世。此下缺

沈文季，字仲达，吴兴武康人。父庆之，宋司空。文季少以宽雅正直见知。孝建二年，起家主簿，征秘书郎。以庆之勋重，大明五年，封文季为山阳县五等伯。转太子舍人，新安王北中郎主簿，西阳王抚军功曹，江夏王太尉东曹掾，迁中书郎。庆之为景和所杀，兵仗围宅，收捕诸子。文季长兄文叔谓文季曰："我能死，尔能报。"遂自缢。文季挥刀驰马去，收者不敢追，遂得免。

明帝立，起文季为宁朔将军，迁太子右卫率，建安王司徒司马。赭圻平，为宣威将军、庐江王太尉长史。出为宁朔将军、征北司马、广陵太守。转黄门郎，领长水校尉。明帝宴会朝臣，以南台御史贺咸为柱下史，纠不醉者。文季不肯饮酒，被驱下殿。

晋平王休祐为南徐州，帝问褚渊须干事人为上佐，渊举文季。转宁朔将军、骠骑长史、南东海太守。休祐被杀，虽用蒉礼，僚佐多不敢至，文季独往省墓展哀。出为临海太守。元徽初，迁散骑常侍，领后军将军，转秘书监。出为吴兴太守。文季饮酒至五斗，妻王氏，王锡女，饮酒亦至三斗。文季与对饮竟日，而视事不废。

升明元年，沈攸之反，太祖加文季为冠军将军，督吴兴钱塘军事。攸之先为景和衔使杀庆之。至是文季收杀攸之弟新安太守登之，诛其宗族。加持节，进号征虏将军，改封略阳县侯，邑千户。明年，迁丹阳尹，将军如故。

齐国初建，为侍中，领秘书监。建元元年，转太子右卫率，侍中如故。改封西丰县侯，食邑千二百户。

文季风采棱岸，善于进止。司徒褚渊当世贵望，颇以门户裁之，文季不为之屈。世祖在东宫，于玄圃宴会朝臣。文季数举酒劝渊，渊甚不平，启世祖曰："沈文季谓渊经为其郡，数加渊酒。"文季曰："惟桑与梓，必恭敬止。岂如明府亡国失土，不识枌榆。"遂言及虏动，渊曰："陈显达、沈文季当今将略，足委以边事。"文季讳称将门，因是发怒，启世祖曰："褚渊自谓是忠臣，未知身死之日，何面目见宋明帝？"世祖笑曰："沈率醉也。"中丞刘休举其事，见原。后豫章王北宅后堂集会，文季与渊并善琵琶，

酒阑,渊取乐器为《明君曲》。文季便下席大唱曰:"沈文季不能作伎儿。"豫章王嶷又解之曰:"此故当不损仲容之德。"渊颜色无异,曲终而止。

文季寻除征虏将军,侍中如故,迁散骑常侍,左卫将军,征虏如故。世祖即位,转太子詹事,常侍如故。永明元年,出为左将军、吴郡太守。三年,进号平东将军。四年,迁会稽太守,将军如故。

是时连年检籍,百姓怨望。富阳人唐宇之侨居桐庐,父祖相传图墓为业。宇之自云其家墓有王气,山中得金印,转相诳惑。三年冬,宇之聚党四百人于新城水断商旅,党与分布近县。新城令陆赤奋、桐庐令王天愍弃县走。宇之向富阳,抄略人民,县令何洵告鱼浦子逻主从系公,发鱼浦村男丁防县。永兴遣西陵戍主夏侯昙羡率将吏及戍左右埭界人起兵赴救。宇之遂陷富阳。会稽郡丞张思祖遣台使孔矜、王万岁、张繇等配以器仗东白丁,防卫永兴等十属。文季亦遣器仗将吏救援钱塘。宇之至钱塘,钱塘令刘彪、戍主聂僧贵遣队主张旰于小山拒之,力不敌,战败。宇之进抑浦登岸,焚郭邑,彪弃县走。文季又发吴、嘉兴、海盐、盐官民丁救之。贼分兵当诸县,盐官令萧元蔚、诸暨令陵琚之并逃走,余杭令乐琰战败乃奔。是春,宇之于钱塘僭号,置太子,以新城戍为天子宫,县廨为太子宫。弟绍之为扬州刺史。钱塘富人柯隆为尚书仆射、中书舍人,领太令令,献铤数千口为宇之作杖,加领尚方令。分遣其党高道度徐寇东阳,东阳太守萧崇之、长山令刘国重拒战见害。崇之字茂敬,太祖族弟。至是临难,贞正果烈。追赠冠军将军,太守如故。贼遂据郡。又遣伪会稽太守孙泓取山阴。时会稽太守王敬则朝正,故宇之谓乘虚可袭。泓至浦阳江,郡丞张思祖遣浃口成主汤休武拒战,大破之。上在乐游苑,闻宇之贼,谓豫章王嶷曰:"宋明初,九州同反,鼠辈日作,看萧公雷汝头。"遣禁兵数千人,马数百匹东讨。贼众乌合,畏马。官军至钱塘,一战便散,禽斩宇之,进兵平诸郡县。

台军乘胜,百姓颇被抄夺。军还,上闻之,收军主前军将军陈天福弃市,左军将军中宿县子刘明彻免官削爵付东冶。天福,上宠将也,既伏诛,内外莫不震肃。天福善马矟,至今诸将法之。

御史中丞徐孝嗣奏曰:"风闻山东群盗,剽掠列城,虽匪日而殄,要暂干王略。郡县阙攻守之宜,仓府多侵秏之弊,举善惩恶,应有攸归。吴郡所领盐官令萧元蔚、桐庐令王天愍、新城令陆赤奋等,县为首劫破掠,并不经格战,委职散走。元蔚、天愍还台,赤奋不知所在。又钱塘令刘彪、富阳令何洵,乃率领吏民拒战不敌,未委归台。余建德、寿昌在劫断上流,不知被劫掠不?吴兴所领余杭县被劫破,令乐琰乃率吏民径战不敌,委走出都。会稽所领诸暨县,为劫所破,令陵琚之不经格战,委城奔走,不知所在。案元蔚等妄藉天私,作宰近服,昧斯隐愍,职启虔刘。会稽郡丞张思祖谬因承乏,总任是尸,涓诚勺效,终焉无纪。平东将军吴郡太守文季、征虏将军吴兴太守西昌侯鸾,任属关、河,威怀是寄,辄下禁止彪、琰、洵、思祖、文季视事如故,鸾等结赎论。"诏元蔚等免,思祖、鸾、文

季原。

文季固让会稽之授,转都官尚书,加散骑常侍。出为持节、督郢州司州之义阳诸军事、左将军、郢州刺史,还为散骑常侍,领军将军。世祖谓文季曰:"南士无仆射,多历年所。"文季对曰:"南风不竞,非复一日。"文季虽不学,发言必有辞采,当世称其应对。尤善篸及弹棋,篸用五子。

以疾迁金紫光禄大夫,加亲信二十人,常侍如故。转侍中,领太子詹事,迁中护军,侍中如故。以家为府。隆昌元年,复为领军将军,侍中如故。豫废郁林,高宗欲以文季为江州,遣左右单景隽宣旨,文季口自陈让,称年老不愿外出,因问右执法有人未,景隽还具言之。延兴元年,迁尚书右仆射。

明帝即位,加领太子詹事,增邑五百户。尚书令王晏尝戏文季为吴兴仆射。文季答曰:"琅邪执法,似不出卿门。"寻加散骑常侍,仆射如故。建武二年,虏寇寿春,豫州刺史丰城公遥昌婴城固守,数遣轻兵相抄击,明帝以为忧,诏文季领兵镇寿春。文季入城,止游兵不听出,洞开城门,严加备守,虏寇寻退,百姓无所伤损。增封为千九百户。寻加护军将军,仆射、常侍如故。

王敬则反,诏文季领兵屯湖头,备京路。永元元年,转侍中、左仆射,将军如故。始安王遥光反,其夜,遣三百人于宅掩取文季,欲以为都督,而文季已还台。明日,与尚书令徐孝嗣守卫宫城,戎服共坐南掖门上。时东昏已行杀戮,孝嗣深怀忧虑,欲与文季论世事,文季辄引以他辞,终不得及。事宁,加镇军将军,置府。侍中、仆射如故。

文季见世方昏乱,托以老疾,不豫朝机。兄子昭略谓文季曰:"阿父年六十为员外仆射,欲求自免,岂可得乎?"文季笑而不答。同孝嗣被害。其日先被召见,文季知败,举动如常,登车顾曰:"此行恐往而不反也。"于华林省死,时年五十八。朝野冤之。中兴元年,赠侍中、司空,谥忠宪。

兄子昭略,有刚气。升明末为相国西曹掾,太祖赏之,及即位,谓王俭曰:"南士中有沈昭略,何职处之?"俭曰:"臣已有拟。"奏转前军将军,上不欲违,可其奏。寻迁为中书郎。永明初,历太尉大司马从事中郎,骠骑司马,黄门郎。南郡王友、学华选,以昭略为友,寻兼左丞。元年,出为临海太守,御史中丞。昭略建武世尝酣酒以自晦,与谢瀹善。累任侍中,冠军将军,抚军长史。永元元年,始安王遥光起兵东府,执昭略于城内。昭略潜自南出,济淮还台。至是与文季俱被召入华林省。茹法珍等进药酒,昭略怒骂徐孝嗣曰:"废昏立明,古今令典。宰相无才,致有今日。"以瓯掷面破,曰"作破面鬼"。死时年四十余。

弟昭光,闻收至,家人劝逃去,昭光不忍舍母,遂见获,杀之。中兴元年,赠昭略太常,昭光廷尉。

史臣曰:为邦之训,食惟民天,足食足兵,民信之矣。屯田之略,实重战守。若夫充国耕殖,用珍羌戎,韩浩、枣祗,亦建华夏置典农之官,兴大佃之议。金城布险,峻

垒绵疆，飞刍挽粒，事难支继。一夫不耕，或钟饥馁，缘边戍卒，坐甲千群。故宜尽收地利，因兵务食。缓则躬耕，急则从战。岁有余粮，则红食可待。前世达治，言之已详。江左以来，不暇远策，王旅外出，未尝宿饱，四郊婴守，惧等松心。县兵所救，经岁引日，凌风汗水，转漕艰长。倾窖底之储，尽仓庾之粟，流马木牛，尚深前弊，田积之要，唯在江淮。郡国同兴，远不周急。故吴氏列戍南滨，屯农水右，魏世淮北大佃，而石横前漕，皆辅车相资，易以待敌。孝嗣当蹙境之晨，荐希行之计，王无外略，民困首领，观机而动，斯议殆为空陈，惜矣！

赞曰：文忠作相，器范先标。有容有业，可以立朝。丰城历仕，音仪孔昭。为舟等溺，在运同消。

卷四十五　　　列传第二十六

宗　室
衡阳元王道度　始安贞王道生
子遥光　遥欣　遥昌　安陆昭王缅

衡阳元王道度，太祖长兄也。与太祖俱受学雷次宗。宣帝问二儿学业，次宗答曰："其兄外朗，其弟内润，皆良璞也。"随宣帝征伐，仕至安定太守，卒于宋世。建元二年，追加封谥。无子，太祖以第十一子钧继道度后。

钧字宣礼。永明四年为江州刺史，加散骑常侍。母区贵人卒，居丧尽礼。六年，迁为征虏将军。八年，迁骁骑将军，常侍如故，仍转左卫将军。钧有好尚，为世祖所知。兄弟中意遇次鄱阳王锵。十年，转中书令，领石头戍事。迁散骑常侍，秘书监，领骁骑如故。不拜。隆昌元年，改加侍中，给扶。海陵立，转抚军将军，侍中如故。寻遇害，年二十二。

明帝即位，以永阳王子珉仍本国，继元王为孙。

子珉，字云琁，世祖第二十子也。永明七年，封义安王，后改永阳，永泰元年见害，年十四。复以武陵昭王晔第三子子坦奉元王后。

始安贞王道生，字孝伯，太祖次兄也。宋世为奉朝请，卒。建元元年，追封谥。建武元年，追尊为景皇，妃江氏为后。立寝庙于御道西，陵曰修安。生子凤、高宗、安陆昭王缅。凤字景慈，官至正员郎。卒于宋世，谥靖世子。明帝建武元年，赠侍中、骠骑将军，开府仪同三司，始安靖王。改华林凤庄门为望贤门，太极东堂书画凤鸟，题为神鸟，而改鸾鸟为神雀。子遥光嗣。

遥光字元晖。生有躄疾，太祖谓不堪奉拜祭祀，欲封其弟，世祖谏，乃以遥光袭爵。初为员外郎，转给事郎、太孙洗马，转中书郎，豫章内史，不拜。高宗辅政，遥光好天文候道，密怀规赞。隆昌元年，除骁骑将军、冠军将军、南东海太守，行南徐州事；仍除南彭城太守，将军如故；又除辅国将军、吴兴太守。高宗废郁林，又除冠军将军、南蛮校尉、西平中郎长史、南郡太守。一岁之内频五除，并不拜。是时高宗欲即位，诛赏诸事唯遥光共谋议。

建武元年，以为持节、都督扬南徐二州诸军事、前将军、扬州刺史。晋安王宝义为南徐州，遥光求解督，见许。二年，进号抚军将军，加散骑常侍，给通幰车鼓吹。遥光好吏事，称为分明。颇多惨害。足疾不得同朝列，常乘舆自望贤门入。每与上久清闲，言毕，上索香火，明日必有所诛杀。上以亲近单少，憎忌高、武子孙，欲并诛之，遥光计画参议，当以次施行。永泰元年，即本位为大将军，给油络车。帝不豫，遥光数入侍疾，帝渐甚，河东王铉等七王一夕见杀，遥光意也。

帝崩，遗诏加遥光侍中、中书令，给扶。永元元年，给班剑二十人，即本号开府仪同三司。遥光既辅政，见少主即位，潜与江祏兄弟谋自树立。弟遥欣在荆楚，拥兵居上流，密相影响。遥光当据东府号令，使遥欣便星速急下。潜谋将发，而遥欣病死。江祏被诛，东昏侯召遥光入殿，告以祏罪。遥光惧，还省便阳狂号哭，自此称疾不复入台。先是遥光行还入城，风飘仪伞出城外。

遥光弟遥昌先卒寿春，豫州部曲皆归遥光；及遥欣丧还葬武进，停东府前渚，荆州众力送者甚盛。帝诛江祏后，虑遥光不自安，欲转为司徒还第，召入喻旨。遥光虑见杀，八月十二日晡时，收集二州部曲，于东府门聚人众，街陌颇怪其异，莫知指趣也。遥光召亲人丹阳丞刘沨及诸伦楚，欲以讨刘暄为名。夜遣数百人破东冶出囚，尚方取仗。又召骁骑将军垣历生，历生随信便至，劝遥光令率城内兵夜攻台，爇荻烧城门，曰："公但乘舆随后，反掌可得。"遥光意疑不敢出。天稍晓，遥光戎服出听事，停舆处分上仗登城行赏赐。历生复劝出军，遥光不肯，望台内自有变。

至日中，台军稍至，尚书符遥光曰："逆顺之数，皎然有征，干纪乱常，刑兹冈赦。萧遥光宗室蛊庸，才行鄙薄，缇裙可望，天路何阶。受遇自昔，恩加犹子，礼绝帝体，宠越皇季。旗章车服，穷千乘之尊；闉隍爽闿，逾百雉之制。及圣后在天，亲受顾托，话言在耳，德音犹存，侮蔑天明，罔畏不义，无君之心，履霜有日，遂乃称兵内犯，窃发京畿，自古巨衅，莫斯为甚。今便命分六师，弘宣九伐。皇上当亲御戎轩，弘此庙略。信赏必罚，有如大江。"于是戒严，曲赦京邑。领军萧坦之屯湘宫寺，镇军司马曹虎屯清溪大桥，太子右卫率左兴盛屯东府东篱门。

众军围东城三面，烧司徒二府。遥光遣垣历生从西门出战，台军屡北，杀军主桑天爱。初，遥光起兵，问谘议参军萧畅，畅正色拒折不从，十五日，畅与抚军长史沈昭略潜自南出，济淮还台，人情大沮。十六日，垣历生从南门出战，因弃矟降曹虎军，虎命斩之。遥光大怒，于床上自辣踊，使杀历生儿。

其晚，台军射火箭烧东北角楼，至夜城溃。遥光还小斋，帐中著衣帢坐，秉烛自照，令人反拒，斋阁皆重关。左右并逾屋散出。台军主刘国宝、时当伯等先入。遥光闻外兵至，吹灭火，扶匐下床。军人排阁入，于暗中牵出斩首,时年三十二。遥光未败一夕,城内皆梦群蛇缘城四出,各各共说之,咸以为异。台军入城,焚烧屋宇且尽。

遥光府佐司马端为掌书记,曹虎谓之曰:"君是贼非?"端曰:"仆荷始安厚恩,今死甘心。"虎不杀,执送还台,徐世㯿杀之。刘沨遁走还家园,为人所杀。端,河内人。沨,南阳人,事继母有孝行,弟谦事沨亦谨。

诏敛葬遥光尸,原其诸子。追赠奉天爱辅国将军、梁州刺史。以江陵公宝览为始安王,奉靖王后。永元二年,为持节、督湘州、辅国将军、湘州刺史。

遥欣字重晖。宣帝兄西平太守奉之无后,以遥欣继为曾孙。除秘书郎,太子舍人,巴陵王文学,中书郎。延兴元年,高宗树置,以遥欣为持节、督兖州缘淮军事、宁朔将军、兖州刺史。仍为督豫州郢州之西阳司州之汝南二郡、辅国将军、豫州刺史,持节如故。未之任。建武元年,进号西中郎将,封闻喜县公。迁使持节、都督荆雍益宁梁南北秦七州军事、右将军、荆州刺史。改封曲江公。高宗子弟弱小,晋安王宝义有废疾,故以遥光为扬州居中,遥欣居陕西在外,权势并在其门。遥欣好勇,聚畜武士,以为形援。四年,进号平西将军。永泰元年,以雍州房寇,诏遥欣以本官领刺史,宁蛮校尉,移镇襄阳,房退不行。永元元年卒,年三十一。赠侍中、司空,谥康公。葬用王礼。

遥昌字季晖。解褐秘书郎,太孙舍人,给事中,秘书丞。延兴元年,除黄门侍郎,未拜,仍为持节、督郢司二州军事、宁朔将军、郢州刺史。建武元年,进号冠军将军。封丰城县公,千五百户。未之镇,徙督豫州郢州之西阳司州之汝南二郡军事、征虏将军、豫州刺史,持节如故。

二年,房主元宏寇寿春,遣使呼城内人。遥昌遣参军崔庆远、朱选之诣宏。庆远曰:"旄盖飘摇,远涉淮、泗、风尘惨烈,无乃上劳?"宏曰:"六龙腾跃,倏忽千里,经途未远,不足为劳。"庆远曰:"川境既殊,远劳轩驾。屈完有言:'不虞君之涉吾地也,何故?'"宏曰:"故当有故。卿欲使我含瑕依违,为欲指斥其事?"庆远曰:"君包荒之德,本施北政,未承来议,无所含瑕。""朕本欲有言,会卿来问。齐主废立,有其例不?"庆远曰:"废昏立明,古今同揆。中兴克昌,岂唯一代?主上与先武帝,非唯昆季,有同鱼水。武皇临崩,托以后事。嗣孙荒迷,废为郁林,功臣固请,爰立圣明。上逼太后之严令,下迫群臣之稽颡,俯从亿兆,践登皇极。未审圣旨独何疑怪?"宏曰:"闻卿此言,殊解我心。但哲妇倾城,何足可用?果如所言,武帝子今皆何在?"庆远曰:"七王同恶,皆伏管、蔡之诛,其余列蕃二十余国,内升清阶,外典方牧。哲妇之戒,古人所惑;然十乱盈朝,实唯文母。"宏曰:"如我所闻,靡有孑遗。卿言美而乖实。未之全信。"宏又曰:"云罗所掩,六合宜一。故往年与齐武有书,言今日之事,书似未达齐主。命也。南使既反,情有怆然,朕亦休兵。此段犹是本意,不必专为问罪。若如卿言,便可释然。"庆远曰:"见可而进,知难而退,圣人奇兵。今旨欲宪章圣人,不失旧好,岂不善哉!"宏曰:"卿为欲朕和亲?为欲不和?"庆远曰:"和亲则二国交欢,苍生再赖;不和则二国交怨,苍生涂炭。和与不和,裁由圣衷。"宏曰:"朕来为复游行盐境,北去洛都,率尔便至。亦不攻城,亦不伐坞,卿勿以为虑。"

宏设酒及羊炙杂果,又谓庆远曰:"听卿主克黜凶嗣,不违忠孝。何以不立近亲,如周公辅成王,而苟欲自取?"庆远答曰:"成王有亚圣之贤,故周公得辅而相之。今近蕃虽无悖德,未有成王之贤。霍光亦舍汉蕃亲而远立宣帝。"宏曰:"若尔,霍光向自立为君,当复得为忠臣不?"庆远曰:"此非其类,乃可言宣帝立与不立义当云何。皇上岂得与霍光为匹?若尔,何以不言'武王伐纣,何意不立微子而辅之,苟贪天下'?"宏大笑。明日引军向城东,遣道登道人进城内施众僧绢五百匹,庆远、选之各袴褶络带。

遥昌,永泰元年卒。上爱遥昌兄弟如子,甚痛惜之。赠车骑将军、仪同三司。帝以问徐孝嗣,孝嗣曰:"丰城本资尚轻,赠以班台,如为小过。"帝曰:"卿乃欲存万代准则,此我孤兄子,不得与计。"谥宪公。

安陆昭王缅,字景业。善容止。初为秘书郎,宋邵陵王文学,中书郎。建元元年,封安陆侯,邑千户。转太子中庶子,迁侍中。世祖即位,迁五兵尚书,领前军将军,仍出为辅国将军、吴郡太守,少时大著风绩。竟陵王子良与缅书曰:"窃承下风,数十年来未有此政。"世祖嘉其能,转持节、都督郢州司州之义阳军事、冠军将军、郢州刺史。永明五年,还为侍中,领骁骑将军,仍迁中领军。明年,转散骑常侍,太子詹事。出为会稽太守,常侍如故。迁使持节、都督雍梁南北秦四州荆州之竟陵司州之随郡军事、左将军、宁蛮校尉、雍州刺史。缅留心辞讼,亲自隐恤,劫抄度口,皆赦遣许以自新,再犯乃加诛,为百姓所畏爱。

九年,卒。诏赙钱十万,布二百匹。丧还,百姓缘沔水悲泣设祭,于岘山为立祠。赠侍中、卫将军,持节、都督、刺史如故。给鼓吹一部。谥昭侯。年三十七。高宗少相友爱,时为仆射,领卫尉,表求解卫尉,私第展哀,诏不许。每临缅灵,辄恸哭不成声。建武元年,赠侍中、司徒、安陆王,邑二千户。

子宝晊嗣,为持节、督湘州军事、辅国将军、湘州刺史。弟宝览为江陵公,宝宏汝南公,邑各千五百户。二年,宝晊进号冠军将军。三年,宝宏改封宵城。永元元年,以安陆郡边房,宝晊改封湘东王,进号征虏将军。二年,为左卫将军。高宗兄弟一门皆尚吏事,宝晊粗好文章。义师下,宝晊在城内,东昏废,宝晊望物情归己,坐待法驾,既而城内送首诣梁王。宣德太后临朝,以宝晊为太常。宝晊不自安,谋反,兄弟皆伏诛。

史臣曰:太祖膺期御世,二昆夙殒,庆命傍流,追序蕃胙。安陆王缅以宗子戚属,弱年进仕,典郡临州,去有余迹,遗爱在民。盖因情而可感,学以从政,夫岂必然。

赞曰:太祖二昆,追树双蕃。元托继胤,贞兴子孙。并用威福,自取亡存。安陆称美,事表西魂。

卷四十六　　　列传第二十七

王秀之　王慈　蔡约
陆慧晓 顾宪之　萧惠基

　　王秀之，字伯奋，琅邪临沂人也。祖裕，宋左光禄大夫、仪同三司。父瓒之，金紫光禄大夫。秀之幼时，裕爱其风采。起家著作佐郎，太子舍人。父卒，为庵舍于墓下持丧，服阕复职。吏部尚书褚渊见秀之正洁，欲与结婚，秀之不肯，以此频转为两府外兵参军。迁太子洗马，司徒左西属，桂阳王司空从事中郎。秀之知休范将反，辞疾不就。出为晋平太守。至郡期年，谓人曰："此邦丰壤，禄俸常充。吾山资已足，岂可久留以妨贤路。"上表请代，时人谓"王晋平恐富求归"。

　　还为安成王骠骑谘议，转中郎。又为太祖骠骑谘议。升明二年，转左军长史，寻阳太守，随府转镇西长史、南郡太守。府主豫章王嶷既封王，秀之迁为司马、河东太守，辞郡不受。加宁朔将军，改除黄门郎，未拜，仍迁豫章王骠骑长史。王于荆州立学，以秀之领儒林祭酒。迁宁朔将军、南郡王司马。复为黄门郎，领羽林监。迁长沙王中军长史。世祖即位，为太子中庶子，吏部郎，出为义兴太守，迁侍中祭酒，转都官尚书。

　　初，秀之祖裕性贞正，徐羡之、傅亮当朝，裕不与来往。及致仕隐吴兴，与子瓒之书曰："吾欲使汝处不竞之地。"瓒之历官至五兵尚书，未尝诣一朝贵。江湛谓何偃曰："王瓒之今便是朝隐。"及柳元景、颜师伯令仆贵要，瓒之竟不候。至秀之为尚书，又不与令王俭款接。三世不事权贵，时人称之。

　　转侍中，领射声校尉。出为辅国将军、随王镇西长史、南郡内史。州西曹苟平遗秀之交知书，秀之拒不答。平乃遗书曰："仆闻居《谦》之位，既刊于《易》；傲不可长，《礼》明其文。是以信陵致夷门之义，燕丹收荆卿之节，皆以礼而然矣。丈夫处世，岂可寂漠恩荣，空为后代一丘土？足下业润重光，声居朝右，不修高世之绩，将何隔于愚夫？仆耿介当年，不通群品，饥寒白首，望物嗟来。成人之美，《春秋》所善。荐我寸长，开君尺短，故推风期德，规于相益，实非碌碌有求于平原者也。仆与足下，同为四海国士。夫盛衰迭代，理之恒数。名位参差，运之通塞，岂品德权行为之者哉？第五之号，既无易于骠骑；西曹之名，复何推于长史？足下见答书题久之，以君若此非典，何宜施之于国士？如其循礼，礼无不答，谨以相还，亦何犯于逆鳞哉？君子处人以德不以位，相如不见屈于渑池，毛遂安受辱于郢门，造次临事，仆必先于二子。未知足下之贵，足下之威，孰若秦、楚两王？仆以德为宝，足下以位为宝，各宝其宝，于此敬宜。常闻古人交绝，不泄恶言，仆谓之鄙。无以相贻，故荐贫者之赠。"平，颍川人。豫章王嶷为荆州时，平献书令减损奢丽，豫章王优教酬答。尚书令王俭当世，平又与俭书曰："足下建高世之名而不显高世之迹，将何以书于齐史哉？"至是南郡纲纪启随王子隆请罪平，平上书自申。

　　秀之寻征侍中，领游击将军。未拜，仍为辅国将军、吴兴太守。秀之常云位至司徒左长史，可以止足矣。吴兴郡隐业所在，心愿为之。到郡修治旧山，移置辎重。隆昌元年，卒官，年五十三。谥曰简子。

　　秀之宗人僧祐，太尉俭从祖兄也。父远，光禄勋。宋世为之语曰："王远如屏风，屈曲从俗，能蔽风露。"而僧祐负气不群，俭常候之，辞不相见。世祖数阅武，僧祐献《讲武赋》，俭借观，僧祐不与。竟陵王子良闻僧祐善弹琴，于座取琴进之，不肯从命。永明末，为太子中舍人，在直属疾，代人未至，僧祐委出，为有司所奏，赎论。官至黄门郎。时卫军掾孔逭亦抗直，著《三吴决录》，不传。

　　王慈，字伯宝，琅邪临沂人，司空僧虔子也。年八岁，外祖宋太宰江夏王义恭迎之内斋，施宝物恣听所取，慈取素琴石研，义恭善之。少与从弟俭共书学。除秘书郎，太子舍人，安成王抚军主簿，转记室。迁秘书丞，司徒左西属，右长史，试守新安太守，黄门郎，太子中庶子，领射声校尉，安成王冠军，豫章王司空长史，司徒左长史，兼侍中。出为辅国将军、豫章内史，父忧去官。起为建武将军、吴郡太守。迁宁朔将军，大司马长史，重除侍中，领步兵校尉。

　　慈以朝堂讳榜，非古旧制，上表曰："夫帝后之德，绸缪天地，君人之亮，蝉联日月。至于名族不著，昭自方策，号谥聿宣，载伊篇籍。所以魏臣据中以建议，晋主依经以下诏。朝堂榜志，讳字悬露，义非绵古，事殷中世，空失资敬之情，徒乖严配之道。若лен式功鼎臣，赞庸元吏，或以勋荣，或由姓表。故孔悝见铭，谓标叔舅，子孟应图，称题霍氏。况以处一之重，列尊名以止仁；无二之贵，贪冲文而止敬。昔东平即世，孝章巡宫而洒泣；新野云终，和熹见似而流涕。感循旧类，尚或深心；矧观徽迹，能无恻隐？今扃禁嶷邃，动延车盖，若使銮驾纡览，四时临阅，岂不重增圣虑，用感哀衷？愚谓空标简策，无益于匪躬；直述朝堂，宁亏于夕惕。伏惟陛下保合万国，齐圣群生，当删前基之弊轨，启皇齐之孝则。"诏付外详议。

　　博士李揭议："据《周礼》，凡有新令，必奋铎以警众，乃退以宪之于王宫。注'宪，表悬之也'。太常丞王偘之议："尊极之名，宜率土同讳。目可得睹，口不可言。口不可言，则知之者绝，知之者绝，则犯触必众。"仪曹郎任昉议："揭取证明之文，偘之即情惟允。直班讳之典，爰自汉世，降及有晋，历代无爽。今之讳榜，兼明义训，'邦'之字'国'，实为前事之征。名讳之重，情敬斯极，故悬诸朝堂，搢绅所聚，将使起伏晨昏，不违耳目，禁避之道，昭然易从。此乃敬恭之深旨，何情典之或废？尊称霍氏，理例乖方。居下以名，故以不名为重；在上必讳，故以班讳为尊。因心则理无不安，即事则习行已久，谓宜式遵，无所创革。"慈议不行。

慈患脚，世祖敕王晏曰："慈在职未久，既有微疾，不堪朝，又不能骑马，听乘车在仗后。"江左来少例也。以疾从闲任，转冠军将军、司徒左长史。慈妻刘秉女。子观，尚世祖长女吴县公主，修妇礼，姑未尝交答。江夏王锋为南徐州，妃，慈女也，以慈为冠军将军、东海太守，加秩中二千石，行南徐州府事。还为冠军将军、庐陵王中军长史，未拜，永明九年，卒。年四十一。

谢超宗尝谓慈曰："卿书何当及虔公？"慈曰："我之不得仰及，犹鸡之不及凤也。"时人以为名答。追赠太常，谥懿子。

蔡约，字景揽，济阳考城人也。祖廓，宋祠部尚书。父兴宗，征西、仪同。约少尚宋孝武女安吉公主，拜驸马都尉，秘书郎，不拜。顺帝车骑骠骑行参军，通直郎，不就。迁太祖司空东阁祭酒，太尉主簿。齐台建，为世子中舍人，仍随度东宫。转鄱阳王友，竟陵王镇北征北谘议，领记室，中书郎，司徒右长史，黄门郎，领本州中正。出为新安太守，复为黄门郎，领射声校尉，通直常侍，领骁骑将军，太子中庶子，领屯骑校尉。永明八年八月合朔，约脱武冠，解剑，于省眠，至下鼓不起，为有司所奏，贱论。太孙立，领校尉郎如故。

出为宜都王冠军长史、淮南太守，行府州事。世祖谓约曰："今用卿为近蕃上佐，想副我所期。"约曰："南豫密迩京师，不治自理。臣亦何人，爝火不息。"时诸王行事多相裁割，约在任，主佐之间穆如也。

迁司徒左长史。高宗为录尚书辅政，百僚躧履到席，约蹑履不改。帝谓江祐曰："蔡氏故是礼度之门，故自可悦。"祐曰："大将军有揖客，复见于今。"建武元年，迁侍中。明年，迁西阳王抚军长史，加冠军将军，徙庐陵王右军长史，将军如故。转都官尚书，迁邵陵王师，加给事中，江夏王车骑长史，加征虏将军，并不拜。好饮酒，夷淡不与世杂。迁太子詹事。永明元二年，卒。年四十四。赠太常。

陆慧晓，字叔明，吴郡吴人也。祖万载，侍中。父子真，元嘉中为海陵太守。时中书舍人秋当亲幸，家在海陵，假还葬父，子真不与相闻。当请发民治桥，又以妨农不许。彭城王义康闻而赏焉。自临海太守眼疾归，为中散大夫，卒。

慧晓清介正立，不杂交游。会稽内史同郡张畅见慧晓童幼，便嘉异之。张绪称之曰："江东裴、乐也。"初应州郡辟，举秀才，卫尉史，历诸府行参军。以母老还家侍养，十余年不仕。太祖辅政，除为尚书殿中郎。邻族来相贺，慧晓举酒曰："陆慧晓年逾三十，妇父领选，始作尚书郎，卿辈乃复以为庆邪？"

太祖表禁奢侈，慧晓撰答诏草，为太祖所赏，引为太傅东阁祭酒。建元初，仍迁太子洗马。武陵王晔守会稽，上为精选僚吏，以慧晓为征虏功曹，与府参军沛国刘琎同从述职。行至吴，琎谓人曰："吾闻张融与陆慧晓并宅，其间有水，此水必有异味。"遂往，酌而饮之。庐江何点

荐慧晓于豫章王嶷，补司空掾，加以恩礼。转长沙王镇军谘议参军。安陆侯缅为吴郡，复礼异慧晓，慧晓求补缅府谘议参军。迁始兴王前将军安西谘议，领冠军录事参军，转司徒从事中郎，迁右长史。时陈郡谢朓为左长史，府公竟陵王子良谓王融曰："我府二上佐，求之前世，谁可为比？"融曰："两贤同时，便是未有前例。"子良于西邸抄书，令慧晓参知其事。

寻迁西阳王征虏、巴陵王后军、临汝公辅国三府长史，行府州事。复为西阳王左军长史，领会稽郡丞，行郡事。隆昌元年，徙为晋熙王冠军长史、江夏内史，行郢州事。

慧晓历辅五政，治身清肃，僚佐以下造诣，辄起送之。或谓慧晓曰："长史贵重，不宜妄自谦屈。"答曰："我性恶人无礼，不容不以礼处人。"未尝卿士大夫，或问其故，慧晓曰："贵人不可卿，而贱者可卿。人生何容立轻重于怀抱！"终身常呼人位。

建武初，除西中郎长史，行事、内史如故。俄征黄门郎，未拜，迁吏部郎。尚书令王晏选门生补内外要局，慧晓为用数人而止，晏恨之。送女妓一人，欲与申好，慧晓不纳。吏曹都令史历政以来，谘执选事，慧晓任己独行，未尝与语。帝遣左右单景俊以事消问，慧晓谓景俊曰："六十之年，不复能谘都令史为吏部郎也。上若谓身不堪，便当拂衣而退。"帝甚惮之。后欲用为侍中，以形短小，乃止。出为辅国将军、晋安王镇北司马、征北长史、东海太守，行府州事。入为五兵尚书，行扬州事。崔惠景事平，领右军将军，出监南徐州，少时，仍迁持节、督南兖兖徐青冀五州军事、辅国将军、南兖州刺史。至镇俄尔，以疾归，卒。年六十二。赠太常。

同郡顾宪之，字士思，宋镇南将军凯之孙也。性尤清直。永明六年，为随王东中郎长史、行会稽郡事。时西陵戍主杜元懿启："吴兴无秋，会稽丰登，商旅往来，倍多常岁。西陵牛埭税，官格是三千五百，元懿如即所见，日可一倍，盈缩相兼，略计年长百万。浦阳南北津与柳浦四埭，乞为官领摄，一年格外长四百许万。西陵戍前检税，无妨戍事，余三埭自举腹心。"世祖敕示会稽郡："此讵是事宜？可访察即启。"宪之议曰：

寻始立牛埭之意，非苟逼僦以纳税也，当以风涛迅险，人力不捷，屡致胶溺，济急利物耳。既公私是乐，所以输直无怨，京师航渡，即其例也。而后之监领者不达其本，各务己功，互生理外——或禁遏别道，或空税行江，或扑船倍价，或力周而犹责，凡如此类，不经埭烦牛者上详，被报格外十条，并蒙停寝。从来喧诉，始得暂弭。案吴兴频岁失稔，今兹尤馑，去乏从丰，良由饥棘。或征货贸粒，还拯亲累；或提携老弱，陈力糊口。埭司责税，依格弗降。旧格新减，尚未议登，格外加倍，将以何术？皇慈恤隐，振廪蠲调，而元懿幸灾权利，重增困瘼。人而不仁，古今共疾。且比见加格置市者前后相属，非惟新加无赢，并皆旧格犹阙。愚恐元懿今启，亦当不殊。若事不副言，惧贻遣诘，便百方侵苦，为公贾怨。元懿禀性苛刻，

已彰往效，任以物土，譬以狼将羊，其所欲举腹心，亦当虎而冠耳。书云"与其有聚敛之臣，宁有盗臣"。此言盗公为损盖微，敛民所害乃大也。今雍熙在运，草木含泽，其非事宜，仰如圣旨。然掌斯任者，应简廉平，廉则不窃于公，平则无害于民矣。愚又以便宜者，盖谓便于公，宜于民也。窃见顷之言便宜者，非能于民力之外用天分地者也，率皆即日不宜于民，方来不便于公。名与实反，有乖政体。凡如此等，诚宜深察。

山阴一县，课户二万，其民赀不满三千者，殆将居半，刻又刻之，犹且三分余一。凡有赀者，多是士人复除。其贫极者，悉皆露户役民。三五属官，盖惟分定，百端输调，又则常然。比众局检校，首尾寻续，横相质累，亦复不少。一人被摄，十人相追；一绪裁萌，千蘖互起。蚕事弛而农业废，贱取庸而贵举责，应公赡私，日不暇给，欲无为非，其可得乎？死且不惮，矧伊刑罚；身且不爱，何况妻子。是以前检未穷，后巧复滋，网辟徒峻，犹不能梭。窃寻民之多伪，实由宋季军旅繁兴，役赋殷重，不堪勤剧，倚巧祈优，积习生常，遂迷忘反。四海之大，黎庶之众，心用参差，难卒澄一。化宜以渐，不可疾责。诚存不扰，藏疾纳污，实增崇旷，务详宽简，则稍自归淳。又被符简，病前后年月久远，具事不存，符旨既严，不敢暗信。县简送郡，郡简呈使，殊形诡状，千变万源。闻者忽不经怀，见者实足伤骇。兼亲属里伍，流离道路，时转寒涸，事方未已。其士人妇女，弥难厝衷。不简则疑其有巧，欲简复未知所安。愚谓此条，宜委县简保，举其纲领，略其毛目，乃囊漏，不出贮中，庶婴疾沈痼者，重荷生造之恩也。

又永兴、诸暨离唐宇之寇扰，公私残烬，弥复特甚。傥值水旱，实不易念。俗谚云"会稽打鼓送恤，吴兴步檐令史。"会稽旧称沃壤，今犹若此；吴兴本是埆土，事在可知。因循余弊，诚宜改张。沿元懿今启，敢陈管见。

世祖并从之。由是深以方直见委，仍行南豫、南兖二州事，签典咨事，未尝与色，动遵法制。历黄门郎，吏部郎。永元中，为豫章内史。

萧惠基，南兰陵兰陵人也。祖源之，宋前将军。父思话，征西将军、仪同三司。

惠基幼以外戚见江夏王义恭，叹其详审，以女结婚。解褐著作佐郎，征北行参军，尚书水部、左民郎。出为湘东内史。除奉车都尉，抚军车骑主簿。

泰始初，兄益州刺史惠开拒命，明帝遣惠基奉使至蜀，宣旨慰劳。惠开降而益州土人反，引氐贼围州城。惠基于外宣示朝廷威赏，于是氐人邵虎、郝天赐等斩贼帅马兴怀以降。还为太子中舍人。惠基西使千余部曲并欲论功，惠基毁除勋簿，竟无所用。或问其此意，惠基曰："我若论其此劳，则驱驰无已，岂吾素怀之本邪？"

出为武陵内史，中书黄门郎。惠基善隶书及弈棋，太祖与之情好相得，早相器遇。桂阳之役，惠基姊为休范妃，太祖谓之曰："卿家桂阳遂复作贼。"太祖顿新亭垒，以惠基为军副，惠基弟惠朗亲为休范攻战，惠基在城内了不自疑。出为豫章太守。还为吏部郎，迁长兼侍中。袁粲、刘秉起兵之夕，太祖以秉是惠基妹夫，时直在侍中省，遣王敬则观其指趣，见惠基安静不与秉相知，由是益加恩信。讨沈攸之，加惠基辅国将军，徙顿新亭。事宁，解军号，领长水校尉。母忧去官。太祖即位，为征虏将军，卫尉。惠基就职少时，累表陈解，见许。服阕，为征虏将军、东阳太守，加秩中二千石。凡历四郡，无所蓄聚。还为都官尚书，转掌吏部。永明三年，以久疾徙为侍中，领骁骑将军。尚书令王俭朝宗贵望，惠基同在礼阁，非公事不私觌焉。五年，迁太常，加给事中。

自宋大明以来，声伎所尚，多郑卫淫俗，雅乐正声鲜有好者。惠基解音律，尤好魏三祖曲及《相和歌》，每奏，辄赏悦不能已。当时能棋人琅邪王抗第一品，吴郡褚思庄、会稽夏赤松并第二品。赤松思速，善于大行；思庄思迟，巧于斗棋。宋文帝世，羊玄保为会稽太守，帝遣思庄入东与玄保戏，因制局图，还于帝覆之。太祖使思庄与王抗交赌，自食时至日暮，一局始竟。上倦，遣还省，至五更方决。抗睡于局后，思庄达晓不寐。世或云："思庄所以品第致高，缘其用思深久，人不能对也。"抗、思庄并至给事中。永明中，敕抗品棋，竟陵王子良使惠基掌其事。

初，思话先于曲阿起宅，有闲旷之致。惠基常谓所亲曰："须婚嫁毕，当归老旧庐。"立身退素，朝廷称为善士。明年卒，年五十九。追赠金紫光禄大夫。

弟惠休，永明四年为广州刺史，罢任，献奉倾资。上敕中书舍人茹法亮曰："可问萧惠休。吾先使卿宣敕答其勿以私禄足充献奉，今殊觉其下情厚于前后人。问之，故当不侵私邪？吾欲分受之也。"十一年，自辅国将军、南海太守为徐州刺史。郁林即位，进号冠军将军。建武二年，虏围钟离，惠休拒守。虏遣使仲长文真谓城中曰："圣上方修文德，何故完城拒命？"参军羊伦答曰："猃狁孔炽，我是用急。"虏攻城，惠休拒战破之。迁侍中，领步兵校尉，封建安县子，五百户。永元元年，徙吴兴太守。征为右仆射。吴兴郡项羽神旧酷烈，世人云："惠休事神神谨，故得美迁。"二年，卒。赠金紫光禄大夫。

惠休弟惠朗，善骑马，同桂阳贼叛，太祖赦之，复加序用。永明九年为西阳王征虏长史，行南兖州事。典签何益孙赃罪百万，弃市，惠朗坐免官。

史臣曰：长揖上宰，廷折公卿，古称遗直，希之未过。若夫根孤地危，峻情不屈，则其道虽行，其身永废。故多借路求容，逊辞自贬。高流世业，不待旁通，直謇扬镳，莫能天阕。王秀之世守家风，不降节于权辅，美矣哉！

赞曰：秀处邦朝，清心直己。伯宝世族，荣家为美。约守先业，观进知止。慧晓贞亮，斯焉君子。惠基惠和，时之选士。

卷四十七　　列传第二十八

王融　谢朓

王融，字元长，琅邪临沂人也。祖僧达，中书令，曾高并台辅。僧达答宋孝武云："亡父亡祖，司徒司空。"父道琰，庐陵内史。母临川太守谢惠宣女，悼敏妇人也。教融书学。融少而神明警惠，博涉有文才。举秀才。晋安王南中郎板行参军，坐公事免。竟陵王司徒板法曹行参军，迁太子舍人。融以父官不通，弱年便欲绍兴家业，启世祖求自试曰："臣闻春庚秋蝉，集候相悲，露木风荣，临年共悦。夫唯动植且或有心，况在生灵而能无感？臣自奉望宫阙，沐浴恩私，拔迹庸庶，参名盛列，缨剑紫复，趋步丹墀，岁归日来，夸荣邑里。然无勤而官，昔贤曾议；不任而禄，有识必讥。臣所用慷慨愤懑，不遑自晏。诚以深恩鲜报，圣主难逢，蒲柳先秋，光阴不待，贪及明时，展悉愚效，以酬陛下不世之仁。若微诚获信，短才见序，文武吏法，唯所施用。夫君道含弘，臣术无隐，翁归乃居中自见，充国曰'莫若老臣'。窃景前修，敢蹈轻节，以冒不媒之鄙，式罄奉公之诚。抑又唐尧在上，不参二八，管夷吾耻之，臣亦耻之。愿陛下裁览。"迁秘书丞。

从叔俭，初有仪同之授，融赠诗及书，俭其奇惮之，笑谓人曰："穰侯印讵便可解？"寻迁丹阳丞，中书郎。虏使遣求书，朝议欲不与。融上疏曰：

臣侧闻金议，疑给虏书，如臣愚情，切有未喻。夫虏人面兽心，狼猛蜂毒，暴悖天经，亏违地义，逋窜烛幽，去来幽朔，绵周、汉而不悛，历晋、宋其逾梗。岂有爱敬仁智，恭让廉修，惭犬马之驯心，同鹰虎之反目！设稿秸有储，筋竿足用，必以草窃关燧，寇扰边疆；宁容款塞卑辞，承衣请朔。陛下存孝遵养，不时侮亡，许其膜拜之诚，纳裘之赆，况复愿同文轨？傥见款遣，思奉声教；方致猜拒，将使旧邑遗逸，未知所置，衰胡余喙，或能自推。一令蔓草难锄，涓流泛酌，岂直疥痒轻疴，容为心腹重患。

抑孙武之言也，困则数罚，窘则多赏，先暴而后畏其众者，虏之谓乎？前中原士庶，虽沦慑殊俗，至于婚葬之晨，犹巾褠为礼。而禁令苛刻，动加诛靮。于时獯粥初迁，犬羊尚结，即心徒怨，困惧成逃。自其将卒奔离，资峙销阙，北畏勍蠕，西逼南胡，民背如崩，势绝防断。于是曲从物情，伪窃章服，历年将绝，隐蔽无闻。既南向而泣者，日夜以觊；北顾而辞者，江淮相属。凶谋岁窘，浅虑无方，于是稽颡郊门，问礼求乐。若来之以文德，赐之以副书，汉家轨仪，重临畿辅，司隶传节，复入关河，无待八百之师，不期十万之众，固其提浆伫俟，挥戈愿倒，三秦大同，六汉一统。

又虏前后奉使，不专汉人，必介以匈奴，备诸觇获。且设官分职，弥见其情，抑退旧苗，扶任种戚。师保则后族冯晋国，总录则韦姓直勒渴侯，台鼎则丘颓、苟仁端，执政则目凌、钳耳。至于东都羽仪，西京簪带，崔孝伯、程虞虬久在著作，李元和、郭季祐上于中书，李思冲饰虏清官，游明根泛居显职。今经典远被，诗史北流，冯、李之徒，必欲遵尚；直勒等类，居致乖阻。何则？匈奴以毡骑为帷床，驰射为粮糗，冠方帽则犯沙陵雪，服左衽则风骧鸟逝。若衣以朱裳，戴之玄颀，节其揖让，教以翔趋，必同艰桎梏，等惧冰渊，婆娑蹀躞，困而不能前已。及夫春草水生，阻散马之适，秋风木落，绝驱禽之欢，息沸唇于桑墟，别醍乳于冀俗，听《韶雅》如聃聪，临方丈若爰居，冯、李之徒，固得志矣，虏之凶族，其如病何？于是风土之思深，愎戾之情动，拂衣者连裾，抽锋者七镞，部落争于下，酋渠危于上，我一举而兼吞，下庄之势必也。且棘宝荐虞，晋疆弥盛，大钟出智，宿氏以亡。帝略远乎，无思不服，鉴光幸岱，匪暮斯朝。臣请收籍伊潓，兹书复掌，犹取之内府，藏之外箴，于理有愜，即事何损。若狂言足采，请决敕施行。

世祖答曰："吾意不异卿。今所启，比相见更委悉。"事竟不行。

永明末，世祖欲北伐，使毛惠秀画《汉武北伐图》，使融掌其事。融好功名，因此上疏曰：

臣闻情悟自中，事符则感，象构于始，机动斯彰。庄敬之道可宗，会揖让其弥肃；勇烈之士足贵，应鼙铎以增思。肇植生民，厥详既缅，降及兴运，维道有征，莫不有所因循而升皇业者也。若夫膏腴既称，天乙知五方之富；皮币已列，帝刘测四海之尊。异封禅之文，则升中之典攸兴；叹舆地之图，乃席卷之庸是立。

伏惟陛下穷神尽圣，总极居中，偶化两仪，均明二耀，拯玄纲于颓绝，反至道于浇淳，可谓区宇仪形，齐民先觉者也。臣亦遭逢，生此嘉运，凿饮耕食，自幸唐年。而识用昏霾，经术疏浅，将茁且轴，岂蕺与薇。皇鉴烛幽，天高听下，赏片言之或善，矜一物之失时，湎拂尘蒙，沾饰光价，拔足草庐，厕身朝行，复得拜贺夙时，瞻望日月，于臣心愿，曾已毕矣。但千祀一逢，休明难再，思策䰄驽，乐陈涓揭。窃习战阵攻守之术，农桑牧艺之书，申、商、韩、墨之权，伊、周、孔、孟之道。常愿待诏朱阙，俯对青蒲，请闲宴之私，谈当世之务。位贱人微，徒深倾款。

方今九服清怡，三灵和晏，木有附枝，轮无异辙，东鞮献舞，南辫传歌，羌、爨逾山，秦、屠越海，舌象玩委体之勤，輶译厌瞻巡之数，固将开桂林于凤山，创金城于西守。而蠢尔獯狄，敢仇大邦，假息关河，窃命函谷，沧故京之爽塏，变旧邑而荒凉，息反坫之儒衣，久伊川之被发。北地残氓，东都遗老，莫不茹泣吞悲，倾耳戴目，翘心仁政，延首王风。若试驰咫尺之书，具甄戎旅之卒，徇其堕城，纳其降虏，可弗劳弦镞，无待干戈。真皇王之兵，征而不战者也。臣乞以执殳先迈，式道中原，澄浒渚之恒流，扫狼山之积雾，系单于之颈，屈左贤之膝，习呼韩之旧仪，拜銮舆之巡幸。然后天移云动，勒封岱宗，咸五登三，追踪七十，百神肃警，万国具僚，璜弁星离，玉帛云聚，集三烛于兰席，聆万岁之祯声，岂不盛哉！岂不韪哉！

昔桓公志在伐莒，郭牙审其幽趣；魏后心存去汉，德祖究其深言。臣愚昧，忖诚不足以知微，然伏揆圣心，规模弘远，既图载其事，必克就其功。臣不胜欢喜。

图成，上置琅邪城射堂壁上，游幸辄观视焉。

九年，上幸芳林园，禊宴朝臣，使融为《曲水诗序》，文藻富丽，当世称之。

上以融才辩，十一年，使兼主客，接虏使房景高、宋弁。弁见融年少，问主客年几？融曰："五十之年，久逾其半。"因问："在朝闻主客作《曲水诗序》。"景高又云："在北闻主客此制，胜于颜延年，实愿一见。"融乃示之。后日，宋弁于瑶池堂谓融曰："昔观相如《封禅》，以知汉武之德；今览王生《诗序》，用见齐王之盛。"融曰："皇家盛明，岂直比踪汉武！更惭鄙制，无以远匹相如。"上以虏献马不称，使融问曰："秦西冀北，实多骏骥，而魏主所献良马，乃驽骀之不若。求名检事，殊为未孚。将旦信誓，有时而爽，駉駉之牧，不能复嗣？"宋弁曰："不容虚伪之名，当是不习土地。"融曰："周穆马迹遍于天下，若骐骥之性，因地而迁，则造父之策，有时而踬。"弁曰："王主客何为勤勤于千里？"融曰："卿国既异ми优劣，聊复相访。若千里日至，圣上当驾軿车。"弁曰："向意既须，必不能驾鼓车也。"融曰："买死马之骨，亦以郭隗之故。"弁不能答。

融自恃人地，三十内望为公辅。直中书省，夜叹曰："邓禹笑人。"行逢朱衣开，喧湫不得进。又叹曰："车前无八驺卒，何得称为丈夫！"

朝廷讨雍州刺史王奂，融复上疏曰：

臣每览史传，见共怀国忘家、捐生报德者，未曾不抚卷叹息，以为今古共情也。然或以片言微感，一餐小惠，参国士之晤，同布素之游耳。岂有如臣，独拔无闻之伍，过超非分之位，名器双假，荣禄两升，而宴安昃罢之晨，优游旰食之日。所以敢布丹愚，仰闻宸听。

今议者或以西夏为念，臣窃谓之不尔。其故何哉？陛下圣明，群臣悉力，顺以制逆，上而御下，指开赏黜之言，微示生死之路，方域之人，皆相为敌。既兵威远临，人不自保，虽穷鸟必啄，固等命于梁鹞；困兽斯惊，终并悬于厨鹿。凯师劳饮，固不待晨。臣之寸心，独有微愿。

自检犹荐食，荒侮伊瀍，天道祸淫，危亡日至，母后内难，粮力外虚，谣言物情，属当今会。若藉巫汉之归师，骋士卒之余愤，取函谷如反掌，陵关塞若摧枯。但士非素蓄，无以即用，不教民战，是实弃之。特希私集部曲，豫加习校。若蒙垂许，乞隶监省拘食人身，权备石头防卫之数。臣少重名节，早习军旅，若试而无绩，伏受面欺之诛；用且有功，仰酬知人之哲。

会房动，竟陵王子良于东府募人，板融宁朔将军、军主。融文辞辩捷，尤善仓卒属缀，有所造作，援笔可待。子良特相友好，情分殊常。晚节大习骑马。才地既华，兼藉子良之势，倾意宾客，劳问周款，文武贪习辐凑之。招集江西伧楚数百人，并有干用。

世祖疾笃暂绝，子良在殿内，太孙未入，融戎服绛衫，于中书省阁口断东宫仗不得进，欲立子良。上既苏，太孙入殿，朝事委高宗。融知子良不得立，乃释服还省。叹曰："公误我。"郁林深忿疾融，即位十余日，收下廷尉狱，然后使中丞孔稚珪倚为奏曰："融姿性刚险，立身浮竞，动迹惊群，抗言异类。近塞外微尘，苦求将领，遂招纳不逞，扇诱荒伧。狡筭声势，专行权利，反覆唇齿之间，倾动颊舌之内。威福自己，无所忌惮，诽谤朝政，历毁王公。谓己才流，无所推下。事曝远近，使融依源据答。"融辞曰："因实顽蔽，触行多怨，但夙禀门素，得奉教君子。爰自总发，将欲立年，州闾乡党，见许愚慎，朝廷衣冠，谓无鲜咎。过蒙大行皇帝奖育之恩，又荷文皇帝识擢之重，司徒公赐预士林，安陆王曲垂昵接。既身被国慈，必欲以死自效，前启陈伐虏之计，亦仰简先朝。今假犬羊忤扰，纪僧真奉宣先敕，赐语北边动静，令囚草撰符诏，于时即因启闻，希侍銮舆。及司徒宣敕招募，同例非一，实以戎事不小，不敢承教。续蒙军号，赐使招集，衔敕而行，非敢虚扇。且格取亡叛，不限伧楚，'狡筭声势'，应有形迹；'专行权利'，又无赃贿；'反覆唇齿之间'，未审悉与谁言？'倾动颊舌之内'，不容都无主此。但圣主膺教，实所沐浴，自上《甘露颂》及《银瓮启》、《三日诗序》、《接房使语辞》，竭思称扬，得非'诽谤'？且王公百司，唯贤是与，高下之敬，等秩有差，不敢逾滥，岂应'訾毁'？因才分本劣，谬被策用，悚怍之情，凤宵兢惕，未尝夸示里闾，彰曝远迹，自循自省，并愧流言。良由缘浅寡虞，致贻器谤。伏惟明皇临宇，普天蒙泽，戊寅赦恩，轻重必宥。百日旷期，始蒙旬日，一介罪身，独婴宪劾。若事实有征，爰对有在，九死之日，无恨泉壤。"诏于狱赐死。时年二十七。临死叹曰："我若不为百岁老母，当吐一言。"融意欲指斥帝在东宫时过失也。

融被收，朋友部曲参问北寺，相继于道。融请救于子良，子良忧惧不敢救。融文集行于世。

谢朓，字玄晖，陈郡阳夏人也。祖述，吴兴太守。父纬，散骑侍郎。朓少好学，有美名，文章清丽。解褐豫章王太尉行参军，历随王东中郎府，转王俭卫军东阁祭酒，太子舍人、随王镇西功曹，转文学。

子隆在荆州，好辞赋，数集僚友，朓以文才，尤被赏爱，流连晤对，不舍日夕。长史王秀之以朓年少相动，密以启闻。世祖敕曰："侍读虞云自宜恒应侍接。朓可还都。"朓道中为诗寄西府曰："常恐鹰隼击，秋菊委严霜。寄言蔚罗者，寥廓已高翔。"迁新安王中军记室。朓笺辞子隆曰："朓闻潢污之水，思朝宗而每竭；驽蹇之乘，希沃若而中疲。何则？皋壤摇落，对之惆怅；岐路东西，或以鸣悒。况乃服义徒拥，归志莫从，邈若坠雨，飘似秋蒂。朓实庸流，行能无算，属天地休明，山川受纳，褒采一介，搜扬小善，舍耒场圃，奉笔菟园。东泛三江，西浮七泽，契阔戎旃，从容宴语。长裾日曳，后乘载脂，荣立府廷，恩加颜色。沐发晞阳，未测涯涘；抚臆论报，早誓肌骨。不悟沧溟未运，波臣自荡；渤澥方春，旅翮先谢。清切蕃房，寂寥旧革，轻舟反溯，吊影独留，白云在天，龙门不见。去德滋永，思慕滋深。唯待青江可望，候归艎于春渚；朱邸方开，效蓬心于秋实。如其簪履或存，衽席无改，虽复身填沟壑，犹望妻子知归。揽涕告辞，悲来横集。"

寻以本官兼尚书殿中郎。隆昌初，敕朓接北使，朓自以口讷，启让不当，见许。高宗辅政，以朓为骠骑谘议，领记室，掌霸府文笔。又掌中书诏诰，除秘书丞，未拜，仍转中书郎。出为宣城太守，以选复为中书郎。

建武四年，出为晋安王镇北谘议、南东海太守，行南徐州事。启王敬则反谋，上甚嘉赏之。迁尚书吏部郎。朓上表三让，中书疑朓官未及让，以问祭酒沈约。约曰："宋元嘉中，范晔让吏部，朱修之让黄门，蔡兴宗让中书，并三表诏答，具事宛然。近世小官不让，遂成恒俗，恐此有乖让意。王蓝田、刘安西并贵重，初自不让，今岂可慕此不让邪？孙兴公、孔觊并让记室，今岂可三署皆让邪？谢吏部今授超阶，让别有意，岂关官之大小？挹谦之美，本出人情，若大官必让，便与诣阙章表不异。例既如此，谓都自非疑。"朓又启让，上优答不许。

朓善草隶，长五言诗，沈约常云"二百年来无此诗也。"敬皇后迁祔山陵，朓撰哀策文，齐世莫有及者。

东昏失德，江祏欲立江夏王宝玄，未更回惑，与弟祀密谓朓曰："江夏年少轻脱，不堪负荷神器，不可复行废立。始安年长入纂，不乖物望。非以此要富贵，政是求安国家耳。"遥光又遣亲人刘沨密致意于朓，欲以为肺腑。朓自以受恩高宗，非沨所言，不肯答。少日，遥光以朓兼知卫尉事，朓惧见引，即以祏等谋告左兴盛，兴盛不敢发言。祏闻，以告遥光，遥光大怒，乃称敕召朓，仍回车付廷尉，与徐孝嗣、祏、暄等连名启诛朓曰："谢朓资性险薄，大彰远近。王敬则往构凶逆，微有诚效，自尔升擢，超越伦伍。而溪壑无厌，著于触事。比遂扇动内外，处处奸说，妄贬乘舆，窃论宫禁，间谤亲贤，轻议朝宰，丑言异计，非可具闻。无君之心既著，共弃之诛宜及。臣等参议，宜下北里，肃正刑书。"诏："公等启事如此，朓资性轻险，久彰物议。直以雕虫薄伎，见齿衣冠。昔在渚宫，构扇蕃邸，日夜纵诶，仰窥俯画。及还京师，翻自宣露，江、汉无波，以为己功。素论于兹而尽，缙绅所以侧目。去夏之事，颇有微诚，赏擢曲加，逾迈伦序，感悦未闻，陵竞弥著。遂复矫构风尘，妄惑朱紫，诋贬朝政，疑间亲贤。巧言利口，见丑前志。涓流纤孽，作戒远图。

宜有少正之刑，以申去害之义。便可收付廷尉，肃明国典。"又使御史中丞范岫奏收朓，下狱死。时年三十六。

朓初告王敬则，敬则女为朓妻，常怀刀欲报朓，朓不敢相见。及为吏部郎，沈昭略谓朓曰："卿人地之美，无忝此职。但恨今日刑于寡妻。"朓临败叹曰："我不杀王公，王公由我而死。"

史臣曰：晋世迁宅江表，人无北归之计，英霸作辅，芟定中原，弥见金德之不竟也。元嘉再略河南，师旅倾覆，自此以来，攻伐寝议。虽有战争，事存保塞。王融生遇永明，军国宁息，以文敏才华，不足进取，经略心旨，殷勤表奏。若使宫车未晏，有事边关，融之报效，或不易限。夫经国体远，许久为难，而立功立事，信居物右，其贾谊、终军之流亚乎！

赞曰：元长颖脱，拊翼将飞。时来运往，身没志违。高宗始业，乃顾玄晖。逢昏属乱，先蹈祸机。

卷四十八　　列传第二十九

袁彖　孔稚珪　刘绘

袁彖，字伟才，陈郡阳夏人也。祖洵，吴郡太守。父觊，武陵太守。彖少有风气，好属文及玄言。举秀才，历诸王府参军，不就。觊临终与兄顗书曰："史公才识可嘉，足慰先基矣。"史公，彖之小字也。服未阕，顗在雍州起事见诛，宋明帝投顗尸江中，不听敛葬。彖与旧奴一人，微服潜行求尸，四十余日乃得，密瘗石头后岗，身自负土。怀其文集，未尝离身。明帝崩后，乃改葬顗。从叔司徒粲、外舅征西将军蔡兴宗并器之。

除安成王征虏参军，主簿，尚书殿中郎，出为庐陵内史，豫州治中，太祖太傅相国主簿，秘书丞。议驳国史，檀超以《天文志》纪纬序位度，《五行志》载当时详渗，二篇所记，事用相悬，日蚀为灾，宜居《五行》。超欲立处士传。彖曰："夫事关业用，方得列其名行。今栖遁之士，排斥皇王，陵轹将相，此偏介之行，不可长风移俗，故迁书未传，班史莫编。一介之善，无缘顿略，宜列其姓业，附出他篇。"

迁始兴王友，固辞。太祖使吏部尚书何戢宣旨令就。迁中书郎，兼太子中庶子。又以中书兼御史中丞。转黄门郎，兼中丞如故。坐弹谢超宗简奏依违，免官。寻补安西谘议、南平内史。除黄门，未拜，仍转长史、南郡内史，行荆州事。还为太子中庶子。本州大中正。出为冠军将军、监吴兴郡事。

彖性刚，尝以微言忤世祖，又与王晏不协。世祖在便殿，用金柄刀子治瓜，晏在侧曰："外间有金刀之言，恐不宜用此物。"世祖愕然，穷问所以。晏曰："袁彖为臣说之。"上衔怒良久，彖到郡，坐过用禄钱，免官付东冶。世祖游孙陵，望东冶，曰："中有一好贵囚。"数日，车驾与朝臣幸冶，履行库藏，因宴饮，赐囚徒酒肉，敕见象与语，明日释之。寻白衣行南徐州事，司徒谘议，卫军长史，迁侍中。

象形体充腴，有异于众。每从车驾射雉在郊野，数人推扶乃能徒步。幼而母卒，养于伯母王氏，事之如亲。闺门中甚有孝义。隆昌元年，卒。年四十八。谥靖子。

孔稚珪，字德璋，会稽山阴人也。祖道隆，位侍中。父灵产，泰始中罢晋安太守。有隐遁之怀，于禹井山立馆，事道精笃，吉日于静屋四向朝拜，涕泗滂沲。东出过钱塘北郭，辄于舟中遥拜杜子恭墓，自此至都，东向坐，不敢背侧。元徽中，为中散、太中大夫。颇解星文，好术数。太祖辅政，沈攸之起兵，灵产密白太祖曰："攸之兵众虽强，以天时冥数而观，无能为也。"太祖验其言，擢迁光禄大夫。以篚盛灵产上灵台，令其占候。饷灵产白羽扇、素隐几，曰："君性好古，故遗君古物。"

稚珪少学涉，有美誉。太守王僧虔见而重之，引为主簿。州举秀才。解褐宋安成王车骑法曹行参军，转尚书殿中郎。太祖骠骑，以稚珪有文翰，取为记室参军，与江淹对掌辞笔。迁正员郎，中书郎，尚书左丞。父忧去官，与兄仲智还居父山舍。仲智妾李氏骄妒无礼，稚珪白太守王敬则杀之。服阕，为司徒从事中郎，州治中，别驾，从事史，本郡中正。

永明七年，转骁骑将军，复领左丞。迁黄门郎，左丞如故。转太子中庶子，廷尉。江左相承用晋世张、杜律二十卷，世祖留心法令，数讯囚徒，诏狱官详正旧注。先是七年，尚书删定郎王植撰定律章表奏之，曰："臣寻《晋律》，文简辞约，旨通大纲，事之所质，取断难释。张斐、杜预同注一章，而生杀永殊。自晋泰始以来，唯斟酌参用。是则吏挟威福之势，民怀不对之怨，所以温舒献辞于失政，绛侯忼慨而兴叹。皇运革祚，道冠前王，陛下绍兴，光开帝业。下车之痛，每恻上仁，满堂之悲，有矜圣思。爰发德音，删正刑律，敕臣集定张杜二注。谨砺愚蒙，尽思详撰，削其烦害，录其允衷。收张注七百三十一条，杜注七百九十一条。或二家两释，于义乃备者，又取一百七条。其注相同者，取一百三条。集为一书。凡一千五百三十二条，为二十卷。请付外详校，摘其违谬。"从之。于是公卿八座参议，考正旧注。有轻重处，竟陵王子良下意，多使从轻。其中疑议不能断者，制旨平决。至九年，稚珪上表曰：

臣闻匠万物者以绳墨为正，驭大国者以法理为本。是以古之圣王，临朝思理，远防邪萌，深杜奸渐，莫不资法理以成化，明刑赏以树功者也。伏惟陛下蹑历登皇，乘图践帝，天地更筑，日月再张，五礼裂而复缝，六乐殰而爰缉。乃发德音，下明诏，降恤刑之文，申慎罚之典，敕臣与公卿八座共删注律。谨奉圣旨，谘审司徒臣子良，禀受成规，创立条绪。使兼监臣宋躬、兼平臣王植等抄撰同异，定其去取。详议八座，裁正大司马臣巇。其中洪疑大议，众论相背者，圣照玄览，断自天笔。始就成立《律文》二十卷，《录叙》一卷，凡二十一卷。今以奏闻，请付外施用，宜下四海。

臣又闻老子、仲尼曰："古之听狱者，求所以生之；今之听狱者，求所以杀之。""与其杀不辜，宁失有罪。"是则断狱之职，自古所难矣。今律文虽定，必须用之；用失其平，不异无律。律书精细，文约例广，疑似相倾，故误相乱，一乖其纲，枉滥横起。法吏无解，既多谬僻，监司不习，无以知断，则法书徒明于帙里，冤魂犹结于狱中。今府州郡县千有余狱，如令一狱岁枉一人，则一年之中，枉死千余矣。冤毒之死，上干和气，圣明所急，不可不防。致此之由，又非但律吏之咎，列邑之宰亦乱其经。或以军勋余力，或以劳吏暮齿，犷情浊气，忍并生灵，昏心狠态，吞剥氓物，虐理残其命，曲文被其罪，冤积之兴，复缘斯发。狱吏虽良，不能为用。使于公哭于边城，孝妇冤于遐外。陛下虽欲宥之，其已血溅九泉矣。

寻古之名流，多有法学。故释之、定国，声光汉台；元常、文惠，绩映魏阁。今之士子，莫肯为业，纵有习者，世议所轻。良由空勤永岁，不逢一朝之赏，积学当年，终为闲伍所蚩。将恐此书永坠于地矣。今若弘其爵赏，开其劝慕，课业宦流，班习胄子；拔其精究，使处内局，简其才良，以居外仕；方岳咸选其能，邑长并擢其术：则皋繇之谟，指掌可致；杜郑之业，郁焉何远！然后奸邪无所逃其刑，恶吏不能藏其诈，如身手之相驱，若弦栝之相接矣。

臣以疏短，谬当大理。陛下发自圣衷，忧矜刑网，御廷奉训，远照民瘼。臣谨仰述天官，伏奏云陛。所奏缪允者，宜写律上，国学置律学助教，依《五经》例，国子生有欲读者，策试上过高第，即便擢用，使处法职，以劝士流。

诏报从纳，事竟不施行。

转御史中丞，迁骠骑长史，辅国将军。建武初，迁冠军将军、平西长史、南郡太守。稚珪以虏连岁南侵，征役不息，百姓死伤。乃上表曰：

匈奴为患，自古而然，虽三代智勇，两汉权奇，算略之要，二涂而已。一则铁马风驰，奋威沙漠；二则轻车出使，通驿虏庭。权而言之，优劣可睹。今之议者，咸以丈夫之气耻居物下，况我天威，宁可先屈？吴、楚劲猛，带甲百万，截彼鲸鲵，何往不碎？请和示弱，非国计也。臣以为戎狄兽性，本非人伦，鸱鸣狼踞，不足喜怒，蜂目虿尾，何关美恶。唯宜胜之以深权，制之以远筭，弘之以大度，处之以蛰贼。岂足肆天下之忿，捐苍生之命，发雷电之怒，争虫鸟之气！百战百胜，不足称雄，横尸千里，无益上国。而蚁聚蚕攒，穷诛不尽，马足毛群，难与竞逐。汉高横威海表，窘迫长围；孝文国富刑清，事屈陵辱；宣帝抚纳安静，朔马不惊；光武卑辞厚礼，寒山无霭。是两京四主，英济中区，输宝货以结和，遣宗女以通好，长辔远驭，子孙是赖，岂不欲战，惜民命也。唯汉武藉五世之资，承六合之富，骄心奢志，大事匈奴。遂连兵积岁，转战千里，长驱瀚海，饮马龙城，虽斩获名王，屠走凶羯，而汉之器甲十亡其九。故卫霍出关，千队不反，贰师入漠，百旅顿踣，李广败于前锋，李陵没于后阵，其余奔北，不可胜数。遂使国储空悬，户口减半。好战之功，其利安在？战不及和，相去何若？

自西朝不纲，东晋迁鼎，群胡沸乱，羌狄交横，荆棘攒于陵庙，豺虎咆于宫闱，山渊反覆，黔首涂地，逼迫崩腾，开辟未有。是时得失，略不稍陈。近至元嘉，多年无事，末路不量，复挑强敌。遂乃连城覆徙，房马饮江，青、徐之际，草木为人耳。建元之初，胡尘犯塞；永明之始，复结通和，十余年间，边候且息。

陛下张天造历，驾日登皇，声雷宇宙，势压河岳。而封豕残魂，未屠剑首，长蛇余喘，偷窥外甸，烽亭不静，五载于斯。昔岁蚁坏，瘵食樊、汉，今兹虫毒，浸淫未已。兴师十万，日费千金，五岁之费，宁可赀计。陛下何惜匹马之驿，百金之略，数行之诏，诱此凶顽，使河塞息肩，关境全命，蓄甲养民，以观彼弊？我策若行，则为不世之福；若不从命，不过如战失一队耳。或云"遣使不受，则为辱命"。夫以天下为量者，不计细耻；以四海为任者，宁顾小节？一城之没，尚不足惜；一使不反，曾何取惭？且我以权取贵，得我略行，何嫌其耻？所谓尺蠖之屈，以求伸也。臣不言遣使必得和，自有可和之理；犹如欲战不必胜，而有可胜之机耳。今宜早发大军，广张兵势，征犀甲于岷峨，命楼船于浦海。使自青徂豫，候骑星罗，沿江入汉，云阵万里。据险要以夺其魂，断粮道以折其胆，多设疑兵，使精销而计乱，固列金汤，使神茹而虑屈。然后发衷诏，驰轻驿，辩辞重币，陈列吉凶。北房顽而爱奇，贪而好货，畏我之威，喜我之赂，畏威喜赂，愿和必矣。陛下用臣之启，行臣之计，何忧玉门之下，而无款塞之胡哉？

彼之言战既殷勤，臣之言和亦慷阔。伏愿察两涂之利害，检二事之多少，圣照玄省，灼然可断。所表谬奏，希下之朝省，使同博议。臣谬荷殊恩，奉佐侯岳，敢肆謇直，伏奏千里。

帝不纳。征侍中，不行，留本任。

稚珪风韵清疏，好文咏，饮酒七八斗。与外兄张融情趣相得，又与琅邪王思远、庐江何点、点弟胤并款交。不乐世务，居宅盛营山水，凭几独酌，傍无杂事。门庭之内，草莱不剪，中有蛙鸣，或问之曰："欲为陈蕃乎？"稚珪笑曰："我以此当两部鼓吹，何必期效仲举。"

永元元年，为都官尚书，迁太子詹事，加散骑常侍。三年，稚珪疾，东昏屏除，以床舆走，因此疾甚，遂卒。年五十五。赠金紫光禄大夫。

刘绘，字士章，彭城人，太常悛弟也。父勔，宋末权贵，门多人客，使绘与之共语，应接流畅。勔喜曰："汝后若束带立朝，可与宾客言矣。"解褐著作郎，太祖太尉行参军。太祖见而叹曰："刘公为不亡也。"

豫章王嶷为江州，以绘为左军主簿，随镇江陵，转镇西外兵曹参军、骠骑主簿。绘聪警有文义，善隶书，数被赏召，进对华敏，僚吏之中，见遇莫及。琅邪王诩为功曹，以吏能自进。嶷谓僚佐曰："吾虽不能得应嗣陈蕃，然阁下自有二骥也。"复为司空记室录事，转太子洗马，大司马谘议，领录事。时豫章王嶷与文惠太子以年秩不同，物论谓宫、府有疑，绘苦求外出，为南康相。郡事之暇，专意讲说。上左右陈洪请假南还，问绘在郡何似？既而间之曰："南康是三州喉舌，应须治干。岂可以年少讲学处之邪？"征还为安陆王护军司马，转中书郎，掌诏诰。敕助国子祭酒何胤撰治礼仪。

永明末，京邑人士盛为文章谈义，皆凑竟陵王西邸。绘为后进领袖，机悟多能。时张融、周颙并有言工，融音旨缓韵，颙辞致绮捷，绘之言吐，又顿挫有风气。时人为之语曰："刘绘贴宅，别开一门。"言在二家之中也。

鱼复侯子响诛后，豫章王嶷欲厚葬之，召绘言其事，使为表。绘求纸笔，须臾便成。嶷惟足八字，云"提携鞠养，俯见成人。"乃叹曰："祢衡何以过此。"后北房使来，绘以辞辩，敕接房使。事毕，当撰《语辞》。绘谓人曰："无论润色未易，但得我语亦难矣。"

事兄悛恭谨，与人语，呼为"使君"。隆昌中，悛坐罪将见诛，绘伏阙请代兄死，高宗辅政，救解之。引为镇军长史，转黄门郎。高宗为骠骑，以绘为辅国将军，谘议，领录事，典笔翰。高宗即位，迁太子中庶子，出为宁朔将军、抚军长史。

安陆王宝晊为湘州，以绘为冠军长史、长沙内史，行湘州事，将军如故。宝晊妃，悛女也。宝晊爱其侍婢，绘夺取，具以启闻，宝晊以为恨，与绘不协。

遭母丧去官。有至性，持丧墓下三年，食粗粝。服阕，为宁朔将军、晋安王征北长史、南东海太守，行南徐州事。绘虽豪侠，常恶武事，雅善博射，未尝跨马。兄悛之亡，朝议赠平北将军、雍州刺史，诏书已出，绘请尚书令徐孝嗣改之。

及梁王义师起，朝廷以绘为持节、督雍梁南北秦四州郢州之竟陵司州之随郡诸军事、辅国将军、领宁蛮校尉、雍州刺史。固让不就。众以朝廷昏乱，为之寒心，绘终不受，东昏改用张欣泰。绘转建安王车骑长史，行府国事。义师围城，南兖州刺史张稷总城内军事，与会情款异常，将谋废立，闲语累夜。东昏殒，城内遣绘及国子博士范云等送首诣梁王于石头，转大司马从事中郎。中兴二年，卒。年四十五。绘撰《能书人名》，自云善飞白，言论之际，颇好矜诩。

弟瑱，字士温。好文章，饮酒奢逸，不吝财物。荥阳毛惠远善画马，瑱善画妇人，世并为第一。官至吏部郎。先绘卒。

史臣曰：刑礼相望，劝戒之道。浅识言治，莫辩后先，故宰世之堤防，御民之羁绊。端简为政，贵在画一，轻重屡易，手足无从。律令之本，文约旨旷，据典行罚，各用情求。舒惨之意既殊，宽猛之利亦异，辞有出没，义生增损。旧尹之事，政非一途，后主所是，即为成用。张弛代积，稍至迁讹。故刑开二门，法有两路，刀笔之态深，舞弄之风起。承喜怒之机隙，挟千金之奸利，剪韭复生，宁失有罪，抱木牢户，未必非冤。下吏上司，文簿从事，辩声察色，莫用矜府，申枉理谳，急不在躬，案法随科，幸无咎悔。至于郡县亲民，百务萌始，以情矜过，曾不待狱，以律定罪，无细非愆。盖由网密宪烦，文理相背。夫惩耻难穷，盗贼长有，欲求猛胜，事在或然，扫墓高门，为利孰远。故永明定律，多用优宽，治物不患仁心，见累于弘厚；为令贵在必行，而恶其舛杂也。

赞曰：袁徇厥戚，犹子为情。稚珪夷远，奏谏罢兵。士章机悟，立行砥名。

卷四十九　　列传第三十

王奂从弟缋　张冲

王奂，字彦孙，琅邪临沂人也。祖僧朗，宋左光禄、仪同。父粹，黄门郎。奂出继从祖中书令球，故字彦孙。解褐著作佐郎，太子舍人，安陆王冠军主簿，太子洗马，本州别驾，中书郎，桂阳王司空谘议，黄门郎。元徽元年为晋熙王征虏长史、江夏内史，迁侍中，领步兵校尉。复出为晋熙王镇西长史，加冠军将军、江夏武昌太守。征祠部尚书，转掌吏部。

升明初，迁冠军将军、丹阳尹。

初，王晏父普曜为沈攸之长史，常虑攸之举事，不得还。时奂为吏部，转普曜为内职，晏深德之。及晏仕世祖府，奂从弟蕴反，世祖谓晏曰："王奂宋家外戚，王蕴亲同逆党，既其群从，岂能无异意。我欲具以启闻。"晏叩头曰："王奂修谨，保无异志。奂父母在都，请以为质。"世祖乃止。

出为吴兴太守，秩中二千石，将军如故。寻进号征虏将军。建元元年，进号左将军。明年，迁太常，领鄱阳王师，仍转侍中，秘书监，领骁骑将军。又迁征虏将军、临川王镇西长史、领南蛮校尉、南郡内史。奂一岁三迁，上表固让南蛮曰："今天地初辟，万物载新，荆蛮来威，巴濮不扰。但使边民乐业，有司修务，本府旧州，日就殷阜。臣昔游西土，较见盈虚，兼日者戎燧之后，瘠毁难复。虽复缉以善政，未及来苏。今复割撤大府，制置偏校，崇望不足以助强，语实安能以相弊？且资力既分，职司增广，众劳务倍，文案滋烦。非独臣见其难，窃以为国计非允。"见许。于是罢南蛮校尉官。进号前将军。

世祖即位，征右仆射。仍转使持节、监湘州军事、前将军、湘州刺史。永明二年，徙为散骑常侍、江州刺史。初省江州军府。四年，迁右仆射，本州中正。奂无学术，以事干见处。迁尚书仆射，中正如故。校籍郎王植属吏部郎孔琇之以校籍令史俞公喜求进署，矫称奂意，植坐免官。

六年，迁散骑常侍，领军将军。奂欲请车驾幸府。上晚信佛法，御膳不宰牲。使王晏谓奂曰："吾前去年为断杀事，不复幸诣大臣已判，无容欻尔也。"王俭卒，上用奂为尚书令，以问王晏。晏位遇已重，与奂不能相推，答上曰："柳世隆有重望，恐不宜在奂后。"乃转为左仆射，加给事中，出为使持节、散骑常侍、都督雍梁南北秦四州郢州之竟陵司州之随郡军事、镇北将军、雍州刺史。上谓王晏曰："奂于释氏，实自专至。其在镇或以此妨务，卿相见言次及之，勿道吾意也。"上以行北诸戍士卒多褴缕，送袴褶三千具，令奂分赋之。

十一年，奂辄杀宁蛮长史刘兴祖，上大怒，使御史中丞孔稚珪奏其事曰：

雍州刺史王奂启录小府长史刘兴祖，虚称"兴祖扇动山蛮，规生逆谋，诞言诽谤，言辞不逊"。敕使送兴祖下都，奂虑所启欺妄，于狱打杀兴祖，诈启称自经死。止今体伤楚苍瞭，事暴闻听。

摄兴祖门生刘倪等到台辨问，列"兴祖与奂共事，不能相和。自去年朱公恩领军征蛮失利，兴祖启闻，以启呈奂，奂因此便极嫌恨。若云兴祖有罪，便应事在民间；民间恬然，都无事迹。去十年九月十八日，奂使仗身三十人来，称敕录兴祖付狱。安定郡蛮先在郡赃私，兴祖既知其取与，即牒启，奂不问。兴祖后执录，奂仍令蛮领仗身于狱守视。兴祖未死之前，于狱以物画漆柈子中出密报家，道无罪，令启乞出都一辨，万死无恨。"又云："奂驻兴祖严禁信使，欲作方便，杀以除口舌。"又云："奂意乃可。奂第三息彪随奂在州，凡事是非皆干豫，扇构密除兴祖。"又云："兴祖家饷糜，中下药，食两口便觉，回乞狱子，食者皆大利。兴祖大叫道：'糜中有药！'近狱之家，无人不闻。"又云："奂治著兴祖日急，判无济理。十一月二十一日，奂使狱吏来报兴祖家，道兴祖于狱自经死。尸出，家人共洗浴之，见兴祖颈下有伤，肩胛乌瞭，阴下破碎，实非兴祖自经死。家人及门义共见，非是一人。"重摄检雍州都留田文喜，列与倪符同状。

兴祖在狱，嗛苦望下，既蒙降旨，欣愿始遂，岂容于此，方复自经？敕以十九日至，兴祖以二十一日死，推理检迹，灼然矫假。寻敕使送下，奂辄拒诏，所谤诸条，悉出奂意。毁故丞相若陈显达，诽讪朝事，莫此之深。彪私随父之镇，敢乱王法，罪并合穷戮。上遣中书舍人吕文显、直阁将军曹道刚领斋仗五百人收奂。敕镇西司马曹虎从江陵步道会襄阳。

奂子彪素凶剽，奂不能制。女婿殷睿惧祸，谓奂曰："曹、吕今来，既不见真敕，恐为奸变，政宜录取，驰启闻耳。"奂纳之。彪辄令率州内得千余人，开镇库，取仗，配衣甲，出南堂陈兵，闭门拒守。奂门生郑羽叩头启奂，乞出城迎台使。奂曰："我不作贼，欲先遣启自申。政恐曹、吕辈小人相陵藉，故且闭门自守耳。"彪遂出与虎军战，其党范虎领二百人降台军，彪败走归。土人起义攻州西门，彪登门拒战，却之。奂司马黄瑶起、宁蛮长史裴叔业于城内起兵攻奂。奂闻兵入，还内礼佛，未及起，军人遂斩之。年五十九，执彪及弟爽、弼、殷睿，皆伏诛。

诏曰："逆贼王奂，险诐之性，自少及长。外饰廉勤，内怀凶慝，贻虐乡伍，取弃衣冠。拔其文笔之用，擢以显任，出牧樊阿，政刑弛乱。第三息彪矫弄威权，父子均势。故宁蛮长史刘兴祖忠于奉国，每事匡执，奂忿其异己，诬以讪谤，肆怒因录，然后奏闻。朕察奂愚诈，诏送兴祖还都，乃惧奸谋发露，潜加杀害。欺罔既彰，中使辩核，遂授兵登陴，逆捍王命。天威电扫，义夫咸奋，曾未浃辰，罪人斯获，方隅克殄，汉南肃清。自非犯官兼预同逆谋，为一时所驱逼者，悉无所问。"

奂长子太子中庶子融，融弟司徒从事中郎琛，于都弃市。余孙皆原宥。

殷睿字文子，陈郡人，晋太常融七世孙也。宋元嘉末，祖元素坐染太初事诛。睿遗腹亦当从戮，外曾祖王僧朗启孝武救之，得免。睿解文义，有口才，司徒褚渊甚重之，谓之曰："诸殷自荆州以来，无出卿右者。"睿敛容答曰："殷族衰悴，诚不如昔，若此旨为虚，故不足降；此旨为实，弥不可闻。"奂为雍州，启睿为府长史。

睿族父恒，字昭度，与睿同承融后。宋司空景仁孙也。恒及父道矜，并有古风，以是见蚩于世，其事非一。恒，宋泰始初为度支尚书，坐属家疾及身疾多，为有司所奏。明帝诏曰："殷道矜有生便病，比更无横疾。恒因愚习惰，久妨清叙。左迁散骑常侍，领校尉。"恒历官清显，至金紫光禄大夫。建武中卒。

奂弟伷女为长沙王晃妃，世祖诏曰："奂自陷逆节，长沙王妃男女并长，且奂又出继，前代或当有准，可特不离绝。"奂从弟缋。

缋字叔素，宋车骑将军景文子也。弱冠，为秘书郎、太子舍人，转中书舍人。景文以此授超阶，令缋经年乃受。景文封江安侯，缋袭其本爵，为始平县五等男。迁秘书丞、司徒右长史。元徽末，除宁朔将军、建平王征北长史、南东海太守、黄门郎、宁朔将军、东阳太守。世祖为抚军，吏部尚书张岱选缋为长史，呈选牒。太祖笑谓岱曰："此可谓素望。"迁散骑常侍、骁骑将军。出补乌兴太守，辄录郡吏陈伯喜付阳羡狱，欲杀之。县令孔逭不知何罪，不受缋教，为有司所奏，缋坐白衣领职。迁太子中庶子，领骁骑，转长史兼侍中。世祖出射雉，缋信佛法，称疾不从驾。转左民尚书，以母老乞解职，改授宁朔将军、大司马长史、淮陵太守。出为宣城太守，秩中二千石。隆昌元年，迁辅国将军、太傅长史，不拜。仍为冠军将军、豫章内史。进号征虏。又坐事免官。除冠军将军、司徒左长史、散骑常侍，随王师。除征虏将军、骠骑长史，迁散骑常侍、太常。永元元年卒，年五十三。谥靖子。

缋女适安陆王子敬，世祖宠子。永明三年纳妃，修外舅姑之敬。世祖遣文惠太子相随往缋家置酒设乐，公卿皆冠冕而至，当世荣之。

张冲，字思约，吴郡吴人。父柬，通直郎。冲出继从伯侍中景胤，小名查；父邵，小名梨。宋文帝戏景胤曰："查何如梨？"景胤答曰："梨是百果之宗，查何敢及。"

冲亦少有至性，辟州主簿，随从叔永为将帅，除绥远将军、盱眙太守。永征彭城，遇寒雪，军人足胫冻断者十七八，冲足指皆堕。除尚书驾部郎，桂阳王征南中兵，振威将军。历骠骑太尉南中郎参军，不拜。迁征西从事中郎，通直郎，武陵王北中郎直兵参军，长水校尉，除宁朔将军，本官如故。迁左军将军，加宁朔将军，辅国将军。冲少从戎事，朝廷以干力相待，故历处军校之官。出为马头太守，徙盱眙太守，辅国将军如故。永明六年，迁西阳王冠军司马。八年，为假节、监青冀二州刺史事，将军如故。冲父初卒，遗命曰："祭我必以乡土所产，无用牲物。"冲在镇，四时还吴园中取果菜，流涕荐焉。仍转刺史。

郁林即位，进号冠军将军。明帝即位，以晋寿太守王洪范代冲。除黄门郎，加征虏将军。建武二年，虏寇淮泗，假冲节，都督青冀二州北讨诸军事，本官如故。虏并兵攻司州徐青，诏出军分其兵势。冲遣军主桑系祖由渣口攻拔虏建陵、驿马、厚丘三城，多所杀获。又与洪轨范遣军主崔季延袭虏纪城，据之。冲又遣军主杜僧护攻拔虏虎坑、冯时、即丘三城，驱生口辎重还。至溢沟，虏救兵至，缘道要击，僧护力战，大破之。

其年，迁庐陵王北中郎司马、加冠军将军，未拜，丰城公遥昌为豫州，上虑寇难未已，徙冲为征虏长史、南梁郡太守。永泰元年，除江夏王前军长史。东昏即位，出为建安王征虏长史、辅国将军、江夏内史，行郢州府州事。永元元年，迁持节、督豫州军事、豫州刺史，代裴叔业。竟不行。明年，迁督南兖兖徐青冀五州、辅国将军、南兖州刺史，持节如故。会司州刺史申希祖卒，以冲为督司州军事、冠军将军、司州刺史。裴叔业以寿春降虏，又迁冲为督南兖兖徐青冀五州、南兖州刺史，持节、将军如故。并未拜。崔慧景事平，征建安王宝寅还都，以冲为督郢司二州、郢州刺史，持节、将军如故。一岁之中，频授四州，至此受任。其冬，进征虏将军。封定襄侯，食邑千户。

梁王义师起，东昏遣骁骑将军薛元嗣、制局监暨荣伯领兵及粮运百四十余船送冲，使拒西师。元嗣等惩刘山阳之败，疑冲不敢进，停住夏口浦。闻义师将至，元嗣、荣伯相率入郢城。时竟陵太守房僧寄被代还至郢，东昏敕僧寄留守鲁山，除骁骑将军。僧寄谓冲曰："臣虽未荷朝廷深恩，实蒙先帝厚泽。荫其树者不折其枝，实欲微立尘效。"冲深相许诺，共结盟誓。乃分部拒守，遣军主孙乐祖数千人助僧寄据鲁山岸立城垒。

明年二月，梁王出沔口，围鲁山城。遣军主曹景宗等过江攻郢城，未及尽济，冲遣中兵参军陈光静等开门出击，为义师所破，光静战死，冲固守不出。景宗于是据石桥浦，连军相续，下至加湖。东昏遣军主巴西梓潼二郡太守吴子阳、光子衿、李文钊、陈虎牙等十三军援郢，至加湖不得进，乃筑城举烽，城内亦举火应之。而内外各自保，不能相救。

冲病死，元嗣、荣伯与冲子孜及长史江夏内史程茂固守。东昏诏赠冲散骑常侍、护军将军。假元嗣、子阳节。

江水暴长，加湖城淹溃，义师乘高舰攻之，子阳等大败散。鲁山城乏粮，军人于矶头捕细鱼供食，密治轻船，将奔夏口。梁王命偏军断其取路，防备越逸。房僧寄病死，孙乐祖窘，以城降。

郢城被围二百余日，士庶病死者七八百家。鲁山既败，程茂及元嗣等议降，使孜为书与梁王。冲故吏青州治中房长瑜谓孜曰："前使君忠贯昊天，操逾松竹。郎君但当端坐画一，以荷析薪。若天运不与，幅巾待命，以下从使君。今若随诸人之计，非唯郢州士女失高山之望，亦恐彼所不取也。"鲁山陷后二日，元嗣等以郢城降。

东昏以程茂为督郢司二州、辅国将军、郢州刺史，元嗣为督雍梁南北秦四州郢州之竟陵司州之随郡、冠军将军、雍州刺史，并持节。时郢鲁二城已降，死者相积，竟无叛散。时以冲及房僧寄比臧洪之被围也。赠僧寄益州刺史。

时新蔡太守席谦，永明中为中书郎王融所荐。父恭穆，镇西司马，为鱼复侯所害。至是谦镇盆城，闻义师东下，曰："我家世忠贞，殒死不二。"为陈伯之所杀。

史臣曰：石碏弃子，弘灭亲之戒；鲍永晚降，知事新之节。王奂诚在麾贰，迹允严科；张冲未达天心，守迷义运。致危之理异，为亡之事一也。

赞曰：王居北牧，子未克家。终成干纪，覆此胄华。张垒穷守，死如乱麻。为悟既晚，辩见方赊。

卷五十　　列传第三十一

文二王　明七王

文惠太子四男：安皇后生郁林王昭业；宫人许氏生海陵恭王昭文；陈氏生巴陵王昭秀，褚氏生桂阳王昭粲。

巴陵王昭秀，字怀尚，太子第三子也。永明中封曲江公，千五百户。十年，为宁朔将军、济阳太守。郁林即位，封临海郡王，二千户。隆昌元年，为使持节、都督荆雍益宁梁南北秦七州军事、西中郎将、荆州刺史。延兴元年，征为车骑将军，卫京师，以永嘉王昭粲代之。

明帝建武二年，通直常侍庾昙隆启曰："周定雒邑，天子置畿内之民；汉都咸阳，三辅为社稷之卫。中晋南迁，事移威弛，近郡名邦，多有国食。宋武创业，依拟古典，神州部内，不复别封。而孝武末年，分树宠子，苟申私爱，有乖训准。隆昌之元，特开母党之贵，窃谓非古。圣明御宇，礼旧为先，畿内限断，宜遵昔制，赐茅授土，一出外州。"诏付尚书详议。其冬，改封昭秀为巴陵王。永泰元年见杀，年十六。

桂阳王昭粲，太子第四子也。郁林立，以皇弟封永嘉郡王，南徐州刺史。延兴元年，出为使持节、都督荆雍益宁梁南北秦七州军事、西中郎将、荆州刺史。明帝立，欲以闻喜公遥欣为荆州，转昭粲为右将军、中书令。建武二年，改封桂阳王。四年，迁太常，将军如故。永泰元年见杀，年八岁。

明帝十一男：敬皇后生东昏侯宝卷、江夏王宝玄、鄱阳王宝夤、和帝；殷贵嫔生巴陵隐王宝义、晋熙王宝嵩；袁贵妃生庐陵王宝源；管淑妃生邵陵王宝攸；许淑媛生桂阳王宝贞。余皆早夭。

巴陵隐王宝义，字智勇，明帝长子也。本名明基。建武元年，为持节、都督扬南徐州军事、前将军、扬州刺史。封晋安郡王，三千户。宝义少有废疾，不堪出人间，故止加除授，仍以始安王遥光代之。转宝义为右将军，领兵置佐，镇石头。二年，出为使持节、都督南徐州军事、镇北将军、南徐州刺史。东昏即位，进征北大将军，开府仪同三司，给仗。永元元年，给班剑二十人。始安王遥光诛，为都督扬南徐二州军事、骠骑大将军、扬州刺史，持节如故。东府被兵火，屋宇烧残，帝方营宫殿，不暇修葺。宝义镇西州。三年，进位司徒。和帝西台建，以为侍中、司空，使持节、都督、刺史如故。梁王定京邑，宣德太后令以宝义为太尉，领司徒。诏云："不言之化，形于自远。"时人皆云此实录也。梁受禅，封谢沐县公，寻封巴陵郡王，奉齐后。天监中薨。

江夏王宝玄，字智深，明帝第三子也。建武元年，为征虏将军，领石头戍事，封江夏郡王。仍出为持节、都督郢司二州军事、西中郎将、郢州刺史。永泰元年，还为前将军，领石头戍事。未拜，东昏即位，进号镇军将军。永元元年，又进车骑将军，代晋安王宝义为使持节、都督南徐兖二州军事、南徐兖二州刺史，将军如故。宝玄娶尚书令徐孝嗣女为妃，孝嗣被诛离绝，少帝送少姬二人与之，宝玄恨望，密有异计。明年，崔慧景举兵，还至广陵，遣使奉宝玄为主。宝玄斩其使，因是发吏防城。帝遣马军主戚平、外监黄林夫助镇京口。慧景将渡江，宝玄密与相应，杀司马孔矜、典签吕承绪及平、林夫，开门纳慧景。使长史沈佚之、谘议柳憕分部军众，乘八扛舆，手执绛麾幡，随慧景至京师，住东城，百姓多往投集。慧景败，收得朝野投宝玄及慧景军名，帝令烧之，曰："江夏尚尔，岂复可罪余人。"宝玄逃奔数日乃出。帝召入后堂，以步鄣裹之，令群小数十人鸣鼓角驰绕其外，遣人谓宝玄曰："汝近围我亦如此。"少日乃杀之。

庐陵王宝源，字智渊，明帝第五子也。建武元年，为北中郎将，镇琅邪城，封庐陵郡王。迁右将军，领石头戍事，乃出为使持节、都督南兖兖徐青冀五州军事、后将军、南兖州刺史。王敬则伏诛，徙宝源为都督会稽东阳临海永嘉新安五郡军事、会稽太守，将军如故。永元元年，进号安东将军。和帝即位，以为侍中、车骑将军、开府仪同三司，都督、太守如故。未拜，中兴二年薨。

鄱阳王宝夤，字智亮，明帝第六子也。建武初，封建安郡王。二年，为北中郎将，镇琅邪城。明年，出为持节、都督江州军事、南中郎将、江州刺史。东昏即位，为使持节、都督郢司二州军事、征虏将军、郢州刺史。寻进号前将军。永元二年，征为抚军，领石头戍事，未拜。三年，为车骑将军、开府仪同三司，镇石头。其秋，雍州刺史张欣泰等谋起事于新亭，杀台内诸主帅，事在《欣泰传》。难作之日，前南谯太守王灵秀奔往石头，率城内乘吏见力去车脚载宝寅向台城，百姓数千人皆空手随后，京邑骚乱。宝寅至杜姥宅，日已欲暗，城门闭，城上人射之，众弃宝寅逃走。宝寅逃亡三日，戎服诣草市尉，尉驰以启帝，帝迎宝寅入宫问之。宝寅涕泣称：“尔日不知何人逼使上车，仍将去，制不自由。”帝笑，乃复爵位。和帝立，西台以宝寅为使持节、都督南徐兖二州军事、卫将军、南徐州刺史。少帝以为使持节、都督荆益宁雍梁南北秦七州军事、荆州刺史，将军如故。宣德太后临朝，梁王为建安公，改封宝贞为鄱阳王。中兴二年谋反，奔魏。

邵陵王宝攸，字智宣，明帝第九子也。建武元年，封南平郡王。二年，改封。三年，为北中郎将，镇琅邪城。永元元年，为持节、都督南北徐南兖青冀五州军事、南兖州刺史，郎将如故。未拜，迁征虏将军，领石头戍事。丹阳尹，戍事如故。陈显达事平，出为持节、督江州军事、左将军、江州刺史。以本号还京师，授中军将军，秘书监。中兴二年谋反，宣德太后令赐死。

晋熙王宝嵩，字智靖，明帝第十子也。永元二年，为冠军将军、丹阳尹。仍迁持节、都督南徐兖二州军事、南徐州刺史，将军如故。中兴元年，和帝以为中书令。明年，谋反伏诛。

桂阳王宝贞，明帝第十一子也。永元二年，为中护军、北中郎将，领石头戍事。中兴二年谋反，伏诛。

史臣曰：《春秋》书“郑伯克段于鄢”，兄弟之恩离，君臣之义正。夫逆顺有势，况亲兼一体，道穷数尽，或容触啄。而宝玄自寻干戈，欣受家难。曾不悟执柯所指，跗萼相从，以此而图万全，未知其仿佛也。

赞曰：文惠二王，于嗟夭殇。明子七国，终亦衰亡。

卷五十一　　　列传第三十二

裴叔业　崔慧景　张欣泰

裴叔业，河东闻喜人，晋冀州刺史徽后也。徽子游击将军黎，遇中朝乱，子孙没凉州，仕于张氏。黎玄孙先福，义熙末还南，至荥阳太守。叔业父祖晚渡。少便弓马，有武干。宋元徽末，累官为羽林监，太祖骠骑行参军。建元元年，除屯骑校尉。虏侵司豫二州，以叔业为军主征讨，本官如故。上初即位，群下各献谠言。二年，叔业上疏曰：“成都沃壤，四塞为固，古称一人守险，万夫莫赴。雍、齐乱于汉世，谯、李寇于晋代，成败之迹，事载前史。顷世以来，绥驭乖术，地惟形势，居者异姓，国实武用，镇之者无兵，致寇掠充斥，赋税不断。宜遣帝子之尊，临抚巴蜀，总益、梁、南秦为三州刺史。率文武万人，先启岷汉，分遣郡戍，皆配精力，搜荡山源，纠虏奸蠹。威令既行，民夷必服。”除宁朔将军，军主如故。永明四年，累至右军将军，东中郎谘议参军。

高宗为豫州，叔业为右军司马，加建威将军、军主，领陈留太守。七年，为王敬则征西司马，将军、军主如故。随府转骠骑。在寿春为佐数年。九年，为宁蛮长史、广平太守。雍州刺史王奂事难，叔业率部曲于城内起义。上以其有干用，仍留于晋安王征北谘议，领中兵，扶风太守，迁晋熙王冠军司马。延兴元年，加宁朔将军，司马如故。叔业早与高宗接事，高宗辅政，厚任叔业以为心腹，使领军掩袭诸蕃镇，叔业尽心用命。

建武二年，虏围徐州，叔业以军主隶右卫将军萧坦之救援。叔业攻虏淮栅外二城，克之，贼众赴水死甚众。除黄门侍郎。上以叔业有勋诚，封武昌县伯，五百户。仍为持节、督徐州军事、冠军将军、徐州刺史。四年，虏主寇沔北，上令叔业援雍州。叔业启：“北人不乐远行，唯乐侵伐虏界，则雍司之贼，自然分张，无劳动民向远也。”上从之。叔业率军攻虹城，获男女四千余人。徙督豫州、辅国将军、豫州刺史，持节如故。

永泰元年，叔业领东海太守孙令终、新昌太守刘思效、马头太守李僧护等五万人围涡阳，虏南兖州所镇，去彭城百二十里。伪兖州刺史孟表固守拒战，叔业攻围之，积所斩级高五丈，以示城内。又遣军主萧璝、成宝真分攻龙亢戍，即虏马头郡也。虏闭城自守。伪徐州刺史广陵王率二万人、骑五千匹至龙亢，璝等拒战不敌。叔业三万余人助之，数道攻虏。虏新至，营未立，于是大败。广陵王与数十骑走，官军追获其节。虏又遣伪将刘藻、高聪继至，叔业率军迎击破之，再战，斩首万级，获生口三千人，器仗驴马绢布千万计。虏主闻广陵王败，遣伪都督王肃、大将军杨大眼步骑十余万救涡阳，叔业见兵盛，夜委军遁走。明日，官军奔溃，虏追之，伤杀不可胜数，日暮方止。叔业还保涡口，上遣使慰劳。

高宗崩，叔业还镇。少主即位，诛大臣，京师屡有变发。叔业登寿春城北望肥水，谓部下曰：“卿等欲富贵乎？我言富贵亦可办耳。”永元元年，徙督南兖兖徐青冀五州军事、南兖州刺史，将军、持节如故。叔业见时方乱，不乐居近蕃，朝廷疑其欲反，叔业亦遣使参察京师消息，于是异论转盛。叔业兄子植、飏并为直阁，殿内驱使。虑祸至，弃母奔寿阳，说叔业以朝廷必见掩袭。徐世檦等虑叔业外叛，遣其宗人中书舍人裴长穆宣旨，许停本任。叔业犹不自安，而植等说之不已，叔业忧惧，问计于梁王，梁王令遣家还都，自然无患。叔业乃遣子芬之等还质京师。明年，进号冠军将军。传叔业反者不已，芬之愈惧，复奔寿春。于是发诏讨叔业，遣护军将军崔慧景、征虏将军豫州刺史萧懿督水陆众军西讨，顿军小岘。叔业病困，植请救魏虏，送芬之为质。叔业寻卒，虏遣大将军李丑、杨大眼二千余骑入寿春。初，虏主元宏建武二年至寿春，其下劝攻城。宏曰：“不须攻，后当降也。”植等皆还洛阳。

崔慧景，字君山，清河东武城人也。祖构，奉朝请。父系之，州别驾。慧景初为国子学生。宋泰始中，历位至员外郎，稍迁长水校尉，宁朔将军。太祖在淮阴，慧景与宗人祖思同时自结。太祖欲北渡广陵，使慧景具船于陶家后渚，事虽不遂，以此见亲。除前军。沈攸之事平，仍出为武陵王安西司马、河东太守，使防捍陕西。升明三年，豫章王为荆州，慧景留为镇西司马，兼谘议，太守如故。太祖受禅，封乐安县子，三百户。豫章王遣慧景奉表称庆还京师，太祖召见，加意劳接。转平西府司马、南郡内史。仍迁为南蛮长史，加辅国将军，内史如故。先是蛮府置佐，资用甚轻，至是始重其选。

建元元年，虏动，豫章王遣慧景三千人顿方城，为司州声援。虏退，梁州贼李乌奴未平，以慧景为持节、都督梁南北秦沙四州军事、西戎校尉、梁南秦二州刺史，将军如故。敕荆州资给发遣，配以实甲千人，步道从襄阳之镇。初，乌奴屡为官军所破，走氐中，乘间出，扰动梁、汉，据关城。遣使诣荆州请降，豫章王不许。遣中兵参军王图南率益州军从剑阁掩讨，大摧破之，乌奴还保武兴。慧景发汉中兵众，进顿白马。遣支军与图南腹背攻击，乌奴大败，遂奔于武兴。

世祖即位，进号冠军将军。在州蓄聚，多获珍货。永明三年，以本号还。迁黄门郎，领羽林监。明年，迁随王东中郎司马，加辅国将军。出为持节、督司州军事、冠军将军、司州刺史。母丧，诏起复本任。慧景每罢州，辄倾资献奉，动数百万，世祖以此嘉之。九年，以本号征还，转太子左率，加通直常侍。明年，迁右卫将军，加给事中。

是时虏将南侵，上出慧景为持节、督豫州郢州之西阳司州之汝南二郡诸军事、冠军将军、豫州刺史。郁林即位，进号征虏将军。慧景以少主新立，密与虏交通，朝廷疑惧。高宗辅政，遣梁王至寿春安慰之，慧景遣密启送诚劝进，征还，为散骑常侍，左卫将军。建武二年，虏寇徐、豫，慧景以本官假节向钟离，受王玄邈节度。寻加冠军将军。四年，迁度支尚书，领太子左率。

冬，虏主攻沔北五郡，假慧景节，率众二万，骑千匹，向襄阳。雍州众军并受节度。永泰元年，慧景至襄阳，五郡已没。加慧景平北将军，置佐史，分军助戍樊城。慧景顿涡口村，与太子中庶子梁王及军主前宁州刺史董仲民、刘山阳、裴飈、傅法宪等五千余人进行邓城。前参骑还，称虏军且至。须臾，望数万骑俱来，慧景指南门，梁王据北门，令诸军上城上。时慧景等蓐食轻行，皆有饥惧之色。军中北馆客三人走投虏，具告之。虏伪都督中军大将军彭城王元勰分遣伪武卫将军元蚪趣城东南，断慧景归路，伪司马孟斌向城东，伪右卫将军播正屯城北，交射城内。梁王欲出战，慧景曰："虏不夜围人城，待日暮自当去也。"既而虏众转盛，慧景于南门拔军，众军不相知，随后奔退。虏军从北门入，刘山阳与部曲数百人断后死战，慧景遣铠马百余匹突取山阳，山阳使射手射之，三人倒马，手杀十余人，不能禁，且战且退。慧景南出过闹沟，军人蹈藉，桥皆断坏，虏军夹路射之，军主傅法宪见杀，赴沟死者相枕。山阳取袄杖填沟，乘之得免。虏主率大众追之，晡时，虏

主至沔北，围军主刘山阳，山阳据城苦战，至暮，虏乃退。众军恐惧，其夕皆下船还襄阳。

东昏即位，改领右卫将军，平北、假节如故。未拜。永元元年，迁护军将军，寻加侍中。陈显达反，加慧景平南将军，都督众军事，屯中堂。时辅国将军徐世檦专势号令，慧景备员而已。帝既诛戮将相，旧臣皆尽，慧景自以年宿位重，转不自安。明年，裴叔业以寿春降虏，改授慧景平西将军，假节、侍中、护军如故，率军水路征寿阳。军顿白下，将发，帝长围屏除出琅邪里送之。帝戎服坐城楼上，召慧景单骑进围内，无一人自随者。裁交数言，拜辞而去。慧景既得出，甚喜。子觉为直阁将军，慧景密与期。四月慧景至广陵，觉便出奔。

慧景过广陵数十里，召会诸军主曰："吾荷三帝厚恩，当顾托之重。幼主昏狂，朝廷坏乱，危而不扶，责在今日。欲与诸君共建大功，以安宗社，何如？"众皆响应。于是回军还广陵，司马崔恭祖守广陵城，开门纳之。帝闻变，以征虏将军右卫将军左兴盛假节，督京邑水陆众军。慧景停二日，便收众济江集京口。江夏王宝玄又为内应，合二镇兵力，奉宝玄向京师。

台遣骁骑将军张佛护、直阁将军徐元称、屯骑校尉姚景珍、西中郎参军徐景智、游荡军主董伯珍、骑官桓灵福等据竹里为数城。宝玄遣信谓佛护曰："身自还朝，君何意苦相断遏？"佛护答曰："小人荷国重恩，使于此创立小戍。殿下还朝，但自直过，岂敢干断。"遂射慧景军，因合战。慧景子觉及崔恭祖领前锋，皆伦楚善战；又轻行不蓐食。以数舫缘江载酒肉为军粮。每见台军城中烟火起，辄尽力攻击，台军不复得食，以此饥困。元称等议欲降，佛护不许。十二日，恭祖等复攻之，城陷，佛护单马走，追得斩首，徐元称降，余军主皆死。慧景至临沂，令李玉之发桥断路，慧景收杀之。

台遣中领军王莹都督众军，据湖头筑垒，上带蒋山西岩，实甲数万。慧景至查硎，竹塘人万副儿善射猎，能捕虎，投慧景曰："今平路皆为台军所断，不可议进。唯宜从蒋山龙尾上，出其不意耳。"慧景从之，分遣千余人鱼贯缘山，自西岩夜下，鼓叫临城中。台军惊恐，即时奔散。帝又遣右卫将军左兴盛率台内三万人拒慧景于北篱门，望风退走。慧景引军入乐游苑，恭祖率轻骑十余匹突进北掖门，乃复出，宫门皆闭。慧景引众围之。于是东府、石头、白下、新亭诸城皆溃。左兴盛走，不得入宫，逃淮渚获舫中，慧景擒杀之。宫中遣兵出荡，不克。慧景烧兰台府署为战场，守卫尉萧畅屯南掖门处分城内，随应击，众心以此稍安。

慧景称宣德太后令，废帝为吴王。时巴陵王昭胄先逃民间，出投慧景，慧景意更向之，故犹豫未知所立。竹里之捷，子觉与恭祖争勋，慧景不能决。恭祖劝慧景射火箭烧北掖楼，慧景以大事垂定，后若更造，费用功力，不从其计。性好谈义，兼解佛理，顿法轮寺，对客高谈。恭祖深怀怨望。

先是卫尉萧懿为征虏将军、豫州刺史，自历阳步道征寿阳。帝遣密使告之，懿率军主胡松、李居士等数千人自

采石济岸，顿越城，举火，台城中鼓叫称庆。恭祖先劝慧景遣二千人断西岸军，令不得渡，慧景以城旦夕降，外救自然应散。至是恭祖请击义师，又不许。乃遣子觉将精手数千人渡南岸。义师昧旦进战，数合，士皆致死，觉大败，赴淮死者二千余人，觉单马退，开桁阻淮。其夜，崔恭祖与骁将刘灵运诣城降，慧景众情离坏，乃将腹心数人潜去，欲北渡江，城北诸军不知，犹为拒战。城内出荡，杀数百人。义军渡北岸，慧景余众皆奔。慧景围城凡十二日，军旅散在京师，不为营垒。及走，众于道稍散，单马至蟹浦，为渔父所斩，以头内鰍鱼篮，担送至京师，时年六十三。

追赠张佛护为司州刺史，左兴盛豫州刺史，并征虏将军，徐景智、桓灵福屯骑校尉，董伯珍员外郎，李玉之给事中，其余有差。

恭祖者，慧景宗人，骁果便马稍，气力绝人，频经军阵，讨王敬则，与左兴盛军容袁文旷争敬则首，诉明帝曰："恭祖秃马绛衫，手刺倒贼，故文旷得斩其首。以死易勋，而见枉夺。若失此勋，要当刺杀左兴盛。"帝以其勇健，使谓兴盛曰："何容令恭祖与文旷争功。"遂封二百户。慧景平后，恭祖系尚方，少时杀之。

觉亡命为道人，见执伏法。临刑与妹书曰："舍逆旅，归其家，以为大乐；况得从先君游太清乎！古人有力扛周鼎，而有立锥之叹，以此言死，亦复何伤！平生素心，士大夫皆知之矣。既不得附骥尾，安得施名于后世？慕古竹帛之事，今皆亡矣。"慧景妻女亦颇知佛义。

觉弟偃，为始安内史，藏窜得免。和帝西台立，以为宁朔将军。中兴元年，诣公车门上书曰："臣窃惟太祖、高宗之孝子忠臣，而昏主之贼臣乱子者，江夏王与陛下，先臣与镇军是也。臣闻尧舜之心，常以天下为忧，而不以位为乐。彼孑然之舜，垄亩之人，犹尚若此；况祖业之重，家国之切？江夏既行之于前，陛下又蹈之于后，虽成败异术，而所由同方也。陛下初登至尊，与天合符。天下纤介之屈，尚望陛下申之，丝发之冤，尚望陛下理之，况先帝之子，陛下之兄，所行之道，即陛下所由哉？如此尚弗恤，其余何觊也？陛下德侔造化，仁育群生，虽在昆虫草木，有不得其所者，觉而伤焉，而况乎友爱天至，孔怀之深！夫岂不怀，将以事割。此实左右不明，未之或详。惟陛下公听并观，以询之刍荛。群臣有以臣言为不可，乞使臣廷辩之，则天人之意塞，四海之疑释。必若不然，幸小民之无识耳。使其晓然知此，相聚而逃陛下，以责江夏之冤，朝廷将何以应之哉？若天听沛然回光，发恻怆之诏，而使东牟朱虚东я仪父之节，则荷戈之士，谁不尽死？愚戆之言，万一上合，事乞留中。"

事寝不报。偃又上疏曰：

"近冒陈江夏之冤，定承圣诏，已有襃赠，此臣狂疏之罪也。然臣所以谘问者，不得其实，罪在万没，无所复云。但愚心所恨，非敢以父子之亲，骨肉之间，而侥幸曲陛下之法，伤至公之义。诚不晓圣朝所以然之意。若以狂主虽狂，而实是天子，江夏虽贤，实是人臣，先臣奉人臣逆人君，以为不可申明诏，得矣；然未审陛下亦是人臣不？而镇军亦复奉人臣逆人君，今之严兵劲卒，方指于象魏者，其故何哉？臣所不死，苟存视息，非有他故，所以待皇运之开泰，申冤魂之枉屈。今皇运既已开泰矣，而死于社稷尽忠，反以为贼，臣何用此生陛下世矣。

臣闻王臣之节，竭智尽公以奉其上；居股肱之任者，申理冤滞，荐达群贤。凡此众臣，夙兴夜寐，心未尝须臾之间而不在公。故万物无不得其理，而颂声作焉。臣谨案镇军将军臣颖胄，宗室之亲，股肱之重，身有伊、霍之功，荷陛下稷、旦之任。中领军臣详，受帷幄之寄，副宰相之尊。皆所以栋梁朝廷，社稷之臣，天下所当，遑遑匪懈，尽忠竭诚，欲使万物得理，而颂声大兴者，岂复宜逾此哉？而同如先臣股肱江夏，匡济王室，天命未遂，王亡与亡，而不为陛下譬然一言。知而不言，是不忠之臣，不知而言，乃不智之臣，此而不知，将何所知？如以江夏心异先臣，受制臣力，则江夏同致死毙，听可昏政淫刑，见残无道。然江夏之异，以何为明，孔、吕二人，谁以为戮？手御麾幡，言辄任公，同心共志，心若胶漆，而以为异，臣窃惑焉。如以先臣遣使，江夏斩之，则征东之驿，何为见戮？陛下斩征东之使，实诈山阳；江夏违先臣之请，实谋孔秘。天命有归，故事业不遂耳。夫唯圣人，乃知天命，守忠之臣，唯知尽死，安顾成败。诏称江夏遭时屯故，迹屈行令，内恕探情，无玷纯节。今兹之旨，又何以处镇军哉？

臣所言毕矣，乞就汤镬。然臣虽万没，犹愿陛下必申先臣。何则？恻怆而申之，则天下伏；不恻怆而申，天下之人北面而事陛下者，徒以力屈耳。先臣之忠，有识所知，南史之笔，千载可期，亦何待陛下屈申而为襃贬。然小臣惓惓之愚，为陛下计耳。臣之所言，非孝于父，实忠于君。唯陛下熟察，少留焉。

臣频触宸严，而不彰露，所以每上封事者，非自为戆地，犹以《春秋》之义有隐讳之意也。臣虽浅薄，然今日之事，斩足断头，残身灭形，何所不能？为陛下耳。臣闻生人之死，肉人之骨，有识之士，未为多感。公听并观，申人之冤，秉德任公，理人之屈，则普天之人，争为之死。何则？理之所不可以已也。陛下若引冤冤，免臣兄之罪，收往失，发恻怆之诏，怀可报之意，则桀之犬实可吠尧，跖之客实可刺由，又何况由之犬，尧之客？臣非吝生，实为陛下重此名于天下。已成之基，可惜之宝，莫复是加。寖明寖昌，不可不循，寖微寖灭，不可不慎。惟陛下熟察，详择其衷。

若陛下犹以为疑，镇军未之允决，乞下征东共详可否。无以向隅之悲，而伤陛下满堂之乐。何则？陛下昏主之弟，江夏亦昏主之弟；镇军受遗托之恩，先臣亦荷顾命之重。情节无异，所为皆同，殊者唯以成败仰资圣朝耳。臣不胜愚忠，请使群臣廷辩者，臣乞专令一人，精赐本语，侥幸万一，天听昭然，则轲沈七族，离燔妻子，人以为难，臣岂不易！诏报曰："具卿冤切之怀。卿门首义，而旌德未彰，亦追以慨然。今当显加赠谥。"偃寻下狱死。

张欣泰，字义亨，竟陵人也。父兴世，宋左卫将军。欣泰少有志节，不以武业自居，好隶书，读子史。年十余，诣吏部尚书褚渊，渊问之曰："张郎弓马多少？"欣泰答曰："性怯畏马，无力牵弓。"渊甚异之。辟州主簿，历诸王府佐。元徽中，兴世在家，拥雍州还资，见钱三千万。苍梧王自领人劫之，一夜垂尽，兴世忧惧感病卒。欣泰兄欣华时任安成郡，欣泰悉封余财以待之。

建元初，历官宁朔将军，累除尚书都官郎。世祖与欣泰早经款遇，及即位，以为直阁将军，领禁旅。除豫章王太尉参军，出为安远护军、武陵内史。还复为直阁，步兵校尉，领羽林监。欣泰通涉雅俗，交结多是名素。下直辄游园池，著鹿皮冠，衲衣锡杖，挟素琴。有以启世祖者，世祖曰："将家儿何敢作此举止！"后从车驾出新林，敕欣泰甲仗廉察，欣泰停仗，于松树下饮酒赋诗。制局监吕文度过见，启世祖。世祖大怒，遣出外，数日，意稍释，召还，谓之曰："卿不乐为武职驱使，当处卿以清贯。"除正员郎。

永明八年，出为镇军中兵参军、南平内史。巴东王子响杀僚佐，上遣中庶子胡谐之西讨，使欣泰为副。欣泰谓谐之曰："今太岁在西南，逆岁行军，兵家深忌，不可见战，战必见危。今段此行，胜既无名，负诚可耻。彼凶狡相聚，所以为其用者，或利赏逼威，无由自溃。若且顿军夏口，宣示祸福，可不战而擒也。"谐之不从，进屯江津，尹略等见杀。事平，欣泰徙为随王子隆镇西中兵，改领河东内史。子隆深相爱纳，数与谈宴，州府职局，多使关领，意遇与谢朓相次。典签密以启闻，世祖怒，召还都。屏居家巷，置宅南冈下，面接松山。欣泰负弩射雉，恣情闲放。众伎杂艺，颇多闲解。

明帝即位，为领军长史，迁谘议参军。上书陈便宜二十条，其一条言宜毁废塔寺。帝并优诏报答。

建武二年，虏围钟离城。欣泰为军主，随崔慧景救援。欣泰移虏广陵侯曰："闻攻钟离是子之深策，可无谬哉！《兵法》云：'城有所不攻，地有所不争。'岂不闻之乎？我国家舟舸百万，覆江横海，所以桉甲于今不至，欲以边城疲魏士卒。我且千里运粮，行留俱弊，一时霖雨，川谷涌溢，然后乘帆渡海，百万齐进，子复奚以御之？乃令魏主以万乘之重，攻此小城，是何谓欤？攻而不拔，谁之耻邪？假令能拔，子守之，我将连舟千里，舳舻相属，西过寿阳，东接沧海，仗不再请，粮不更取，士卒偃卧，起而接战，乃鱼鳖不通，飞鸟断绝，偏师淮左，其不能守，皎可知矣。如其不拔，吾将假法于魏之有司，以请子之过。若挫兵夷众，攻不卒下，驱士填隍，拔而不能守，则魏朝名士，其当别有深致乎？吾所未能量。昔魏之太武佛狸，倾一国之众，攻十雉之城，死亡太半，仅以身返。既智屈于金墉，亦虽拔而不守，皆算失所为，至今为笑。前鉴未远，已忘之乎？和门邑邑，戏载往意。"

虏既为徐州军所挫，更欲于邵阳洲筑城。慧景虑为大患。欣泰曰："虏所以筑城者，外示骄大，实惧我蹑其后耳。今若说之以彼此各愿罢兵，则其患自息。"慧景从之。遣欣泰至虏城下具述此意。及虏引退，而洲上余兵万人，求输五百匹马假道，慧景欲断路攻之。欣泰说慧景曰："归师勿遏，古人畏之。死地之兵，不可轻也。胜之既不足为武，败则徒丧前功。不如许之。"慧景乃听虏过。时领军萧坦之亦援钟离，还启明帝曰："邵阳洲有死贼万人，慧景、欣泰放而不取。"帝以此皆不加赏。

四年，出为永阳太守。永元初，还都。崔慧景围城，欣泰入城内，领军守备。事宁，除辅国将军、庐陵王安东司马。义师起，以欣泰为持节、督雍梁南北秦四州郢州之竟陵司州之随郡军事、雍州刺史，将军如故。时少帝昏乱，人情咸伺事隙。欣泰与弟前始安内史欣时密谋结太子右率胡松、前南谯太守王灵秀、直阁将军鸿选、含德主帅苟励、直后刘灵运等十余人，并同契会。

帝遣中书舍人冯元嗣监军救郢，茹法珍、梅虫儿及太子右率李居士、制局监杨明泰等十余人相送中兴堂。欣泰等使人怀刀于座斫元嗣，头坠果槃中，又斫明泰，破其腹，虫儿伤刺数疮，手指皆堕。居士逾墙得出，茹法珍亦散走还台。灵秀仍往石头迎建安王宝寅，率文武数百，唱警跸，至杜姥宅。欣泰初闻事发，驰马入宫，冀法珍等在外，城内处分，必尽见委，表里相应，因行废立。既而法珍得反，处分闭门上仗，不配欣泰兵，鸿选在殿内亦不敢发。城外众寻散。少日事觉，诏收欣泰、胡松等，皆伏诛。

欣泰少时有人相其当得三公，而年裁三十。后屋瓦堕伤额，又问相者，云"无复公相，年寿更增，亦可得方伯耳"。死时年四十六。

史臣曰：崔慧景宿将老臣，忧危昏运，回萑御之威，举晋阳之甲，乘机用权，内袭少主，因乐乱之民，藉淮楚之剽，骁将授首，群帅委律，鼓鼙讙于宫寝，戈戟跨于城隍，陵埤负户，士衰气竭，屡发铜虎之兵，未有释位之援，势等易京，鱼烂待尽。征虏将军投袂以先国急，束马旅师，横江竞济，风驱电扫，制胜转丸。越城之战，旗获蔽野，津舸之捷，献俘象魏。瞻尘望烽，穷垒重辟，戮带定襄，曾未及此。盛矣哉，桓文异世也。

赞曰：叔业外叛，淮肥失险。慧景倒戈，宫门昼掩。欣泰仓卒，霜刃不染。实起时昏，坚冰互渐。

卷五十二　　　列传第三十三

文　学

丘灵鞠　檀超　卞彬　丘巨源　王智深
陆厥　崔慰祖　王逡之　祖冲之　贾渊

丘灵鞠，吴兴乌程人也。祖系，秘书监。灵鞠少好学，善属文。与上计,仕郡为吏。州辟从事,诣领军沈演之。演之曰:"身昔为州职,诣领军谢晦,宾主坐处,政如今日,卿将来或复如此也。"举秀才,为州主簿。累迁员外郎。

宋孝武殷贵妃亡,灵鞠献挽歌诗三首,云"云横广阶暗,霜深高殿寒"。帝擿句嗟赏。除新安王北中郎参军,出为剡乌程令,不得志。泰始初,坐东贼党锢数年。褚渊为吴兴,谓人曰:"此郡才士,唯有丘灵鞠及沈勃耳。"乃启申之。明帝使著《大驾南讨纪论》。久之,除太尉参军,转安北记室,带扶风太守,不就。为尚书三公郎,建康令,转通直郎,兼中书郎。

升明中,迁正员郎,领本郡中正,兼中书郎如故。时方禅让,太祖使灵鞠参掌诏策。建元元年,转中书郎,中正如故,敕知东宫手笔。寻又掌知国史。明年,出为镇南长史、寻阳相,迁尚书左丞。世祖即位,转通直常侍,寻领东观祭酒。灵鞠曰:"人居官愿数迁,使我终身为祭酒,不恨也。"

永明二年,领骁骑将军。灵鞠不乐武位,谓人曰:"我应东掘顾荣冢。江南地方数千里,士子风流,皆出此中。顾荣忽引诸伧渡,妨我辈涂辙,死有余罪。"改正员常侍。

灵鞠好饮酒,臧否人物,在沈渊座见王俭诗,渊曰:"王令文章大进。"灵鞠曰:"何如我未进时?"此言达俭。灵鞠宋世文名甚盛,入齐颇减。蓬发弛纵,无形仪,不治家业。王俭谓人曰:"丘公仕宦不进,才亦退矣。"迁长沙王车骑长史,太中大夫,卒。著《江左文章录序》,起太兴,讫元熙。文集行于世。

檀超,字悦祖,高平金乡人也。祖弘宗,宋南琅邪太守。超少好文学,放诞任气,解褐мш西曹。尝与别驾庾惠开共事,不为之下。谓惠开曰:"我与卿俱起一老姥,何足相夸?"萧太后,惠开之祖姑;长沙王道怜妃,超祖姑也。举秀才。孝建初,坐事徙梁州,板宣威府参军。孝武闻超有文章,敕还直东宫,除骠骑参军、宁蛮主簿,镇北谘议。累佐蕃职,不得志,转尚书度支郎,车骑功曹,桂阳内史。入为殿中郎,兼中书郎,零陵内史,征北骠骑记室,国子博士,兼左丞。

超嗜酒,好言咏,举止和靡,自比晋郤超为高平"二超"。谓人曰:"犹觉我为优也。"太祖赏爱之。迁骁骑将军,常侍,司徒右长史。

建元二年,初置史官,以超与骠骑记室江淹掌史职。上表立条例,开元纪号,不取宋年。封爵各详本传,无假年表。立十志:《律历》、《礼乐》、《天文》、《五行》、《郊祀》、《刑法》、《艺文》依班固,《朝会》、《舆服》依蔡邕、司马彪,《州郡》依徐爰,《百官》依范晔,合《州郡》。班固五星载《天文》,日蚀载《五行》;改日蚀入《天文志》。以建元为始。帝女体自皇宗,立传以备甥舅之重,又立《处士》、《列女传》。诏内外详议。左仆射王俭议:"金粟之重,八政所先,食货通则国富民实,宜加编录,以崇务本。《朝会志》前史不书,蔡邕称先师胡广说《汉旧仪》,

此乃伯喈一家之意,曲碎小仪,无烦录。宜立《食货》,省《朝会》。《洪范》九畴,一曰五行。五行之本,先乎水火之精,是为日月五行之宗也。今宜宪章前轨,无所改革。又立《帝女传》,亦非浅识所安。若有高德异行,自当载在《列女》,若止于常美,则仍旧不书。"诏:"日月灾隶《天文》,余如俭议。"超史功未就,卒官。江淹撰成之,犹不备也。

时豫章熊襄著《齐典》,上起十代。其序云:"《尚书·尧典》,谓之《虞书》,则附所述,故通谓之齐,名为《河洛金匮》。"

卞彬,字士蔚,济阴冤句人也。祖嗣之,中领军。父延之,有刚气,为上虞令。彬才操不群,文多指刺。州辟西曹主簿,奉朝请,员外郎。宋元徽末,四贵辅政。彬谓太祖曰:"外间有童谣云:'可怜可念尸著服,孝子不在日代哭,列管暂鸣死灭族。'公颇闻不?"时王蕴居父忧,与袁粲同死,故云尸著服也。服者衣也,褚字边衣也,孝除子,以日代者,谓褚渊也。列管,萧也。彬退,太祖笑曰:"彬自作此。"齐台初建,彬又曰:"谁谓宋远,跂予望之。"太祖闻之,不加罪也。除右军参军。家贫,出为南康郡丞。

彬颇饮酒,摈弃形骸。作《蚤虱赋序》曰:"余居贫,布衣十年不制。一袍之缊,有生所托,资其寒暑,无与易之。为人多病,起居甚疏,萦寝败絮,不能自释。兼摄性懈惰,懒头皮肤,澡刷不谨,浣沐失时,四体毹毹,加以臭秽,故苇席蓬缨之间,蚤虱猥流。淫痒渭澳,无时恕肉,探揣护撮,日不替手。虱有谚言,朝生暮孙。若吾之虱者,无汤沐之虑,绝相吊之忧,宴聚乎久襟烂布之裳,服无改换,掐啮不能加,脱略缓懒,复不勤于捕讨,孙孙息息,三十五岁焉。"其略言皆实录也。

除南海王国郎中令,尚书比部郎,安吉令,车骑记室。彬性好饮酒,以瓠壶瓢勺枕枕皮为肴,著帛冠十二年不改易,以大瓠为火笼,什物多诸诡异,自称"卜田居",妇为"傅蚕室"。或谏曰:"卿都不持操,名器何由得升?"彬曰:"掷五木子,十掷辄鞋,岂复是掷子之拙。吾好掷,政极此耳。"永元中,为平越长史,绥建太守,卒官。

彬又目禽兽云:"羊性淫而狠,猪性卑而率,鹅性顽而傲,狗性险而出。"皆指斥贵势。其《虾蟆赋》云:"纡青拖紫,名为蛤鱼。"世谓比令仆也。又云:"科斗唯唯,群浮暗水。维朝继夕,辈役如鬼。"比令史谘事也。文章传于闾巷。

永明中,琅邪诸葛勖为国子生,作《云中赋》,指祭酒以下,皆有形似之目。坐系东冶,作《东冶徒赋》,世祖见,赦之。

又有陈郡袁嘏,自重其文。谓人云:"我诗应须大材迮之,不尔飞去。"建武末,为诸暨令,被王敬则所杀。

丘巨源,兰陵兰陵人也。宋初土断属丹阳,后属兰陵。巨源少举丹阳郡孝廉,为宋孝武所知。大明五年,敕助徐爰撰国史。帝崩,江夏王义恭取为掌书记。明帝即位,使参诏诰,引在左右。自南台御史为王景文镇军参军,宁丧还家。

元徽初，桂阳王休范在寻阳，以巨源有笔翰，遣船迎之，饷以钱物。巨源因太祖自启，敕板起巨源使留京都。桂阳事起，使于中书省撰符檄，事平，除奉朝请。巨源望有封赏，既而不获，乃与尚书令袁粲书曰：

民信理推心，暗于量事，庶谓丹诚感达，赏报屡期；岂虞寂寥，忽焉三稔？议者必云笔记贱伎，非杀活所待；开劝小说，非吝判所寄。然则先声后实，军国旧章，七德九功，将名当世。仰观天纬，则右将而左相，俯察人序，则西武而东文，固非胥祝之伦伍，巫匠之流匹矣。

去昔奇兵变起呼吸，虽凶渠即剿，而人情更迷。茅恬开城，千龄出叛，当此之时，心膂胡、越，奉迎新亭者，士庶填路，投名朱雀者，愚智空闾。人惑而民不惑，人畏而民不畏。其一可论也。

临机新亭，独能抽刃斩贼者，唯有张敬儿；而中书省独能奋笔顾者，唯有丘巨源。文武相方，诚有优劣，就其死亡以决成败，当崩天之敌，抗不测之祸，请问海内，此胆何如？其二可论也。

又尔时颠沛，普唤文士，黄门中书，靡不毕集，摛翰振藻，非为乏人，朝廷洪笔，何故假手凡贱？若以此贼强盛，胜负难测，群贤怯不染豪者，则民宜以勇获赏；若云羽檄之难，必须笔杰，群贤推能见委者，则民宜以才赐列。其三可论也。

窃见桂阳贼赏不赦之条凡二十五人，而李恒、钟爽同在此例，战败后出，罪并释然，而吴迈远族诛之。罚则操笔大祸而操戈无害，论以赏科，则武人超越而文人埋没，其四可论也。

且迈远置辞，无乃侵慢，民作符檄，肆言詈辱，放笔出手，即就齑粉。若使桂阳得志，民若不镤裂军门，则应腰斩都市。婴孩脯脍，伊可熟念。其五可论也。

往年戎旅，万有余甲，十分之中，九分冗隶，可谓众矣。攀龙附骥，翻焉云翔。至若民狂夫，可谓寡矣。徒关敕旨，空然泯沈。讵其荷廕尘末，皆是白起，操牍事始，必非鲁连邪？民傱，国算迅足，驰烽旆之机，帝择逸翰，赴尉罗之会。既能陵敌不殿，争先无负，宜其微赐存在，少沾饮酡。遂乃弃之沟间，如蜉如蚁，掷焉之言外，如土如灰。继隶帖战，无拳无勇，并随资峻级矣；凡豫台内，不文不武，已坐拱清阶矣。

抚骸如此，瞻例如彼，既非草木，何能弭声！

巨源竟不被申。

历佐诸王府，转羽林监。建元元年，为尚书主客郎，领军司马，越骑校尉。除武昌太守，拜竟，不乐江外行，世祖问之，巨源曰："古人云：'宁饮建业水，不食武昌鱼。'臣年已老，宁死于建业。"以为余杭令。

沈攸之事，太祖使巨源为尚书符荆州，巨源以此又望赏异，自此意常不满。高宗为吴兴，巨源作《秋胡诗》，有讥刺语，以事见杀。

王智深，字云才，琅邪临沂人也。少从陈郡谢超宗学属文。好饮酒，拙涩乏风仪。宋建平王景素为南徐州，作《观法篇》，智深和之，见赏，辟为西曹书佐，贫无衣，未到职而景素败。后解褐为州祭酒。太祖为镇军时，丘巨源荐之于太祖，板为府行参军，除豫章王国常侍，迁太学博士，豫章王大司马参军，兼记室。

世祖使太子家令沈约撰《宋书》，拟立《袁粲传》，以审世祖。世祖曰："袁粲自是宋家忠臣。"约又多载孝武、明帝诸鄙渎事，上遣左右谓约曰："孝武事迹不容顿尔。我昔经事宋明帝，卿可思讳恶之义。"于是多所省除。

又敕智深撰《宋纪》，召见芙蓉堂，赐衣服，给宅。智深告贫于豫章王，王曰："须卿书成，当相论以禄。"书成三十卷，世祖后召见智深于璇明殿，令拜表奏上。表未奏而世祖崩。隆昌元年，敕索其书，智深迁为竟陵王司徒参军，坐事免。江夏王锋、衡阳王钧并善待之。

初，智深为司徒袁粲所接，及撰《宋纪》，意常依依。粲幼孤，祖母名其为愍孙，后慕荀粲，自改名，会稽贺乔讥之，智深于是著论。

家贫无人事，尝饿五日不得食，掘荒根食之。司空王僧虔及子志分与衣食。卒于家。

先是陈郡袁炳，字叔明，有文学，亦为袁粲所知。著《晋书》未成，卒。

颍川庾铣，善属文，见赏豫章王，引至大司马记室参军，卒。

陆厥，字韩卿，吴郡吴人，扬州别驾闲子也。厥少有风概，好属文，五言诗体甚新奇。永明九年，诏百官举士，同郡司徒左西掾顾暠之表荐焉。州举秀才，王晏少傅主簿，迁后军行参军。

永明末，盛为文章。吴兴沈约、陈郡谢朓、琅邪王融以气类相推彀。汝南周颙善识声韵。约等文皆用宫商，以平上去入为四声，以此制韵，不可增减，世呼为"永明体"。沈约《宋书·谢灵运传》后又论宫商。厥与约书曰：

范詹事《自序》："性别宫商，识清浊，特能适轻重，济艰难。古今文人，多不全了斯处，纵有会此者，不必从根本中来。"沈尚书亦云："自灵均以来，此秘未睹。"或"暗与理合，匪由思至"。张蔡曹王，曾无先觉，潘陆颜谢，去之弥远。"大旨钧使"宫羽相变，低昂舛节。若前有浮声，则后须切响，一简之内，音韵尽殊，两句之中，轻重悉异。"辞既美矣，理又善焉。但观历代众贤，似不都暗此处，而云"此秘未睹"，近于诬乎？

案范云"不从根本中来"，尚书云"匪由思至"，斯可谓揣情谬于玄黄，摛句差其音律已。范又云"时有会此者"，尚书云"或暗与理合"，则美咏清讴，有辞章调韵者，虽有差谬，亦有会合，推此以往，可得而言。夫思有合离，前哲同所不免；文有开塞，即事不得无之。子建所以好人讥弹，士衡所以遗恨终篇。既曰遗恨，非尽美之作，理可诋诃。君子执其诋诃，便谓合理为暗。岂如指其合理而寄诋诃为遗恨邪？

自魏文属论，深以清浊为言，刘桢奏书，大明体势之致，岨峿妥怗之谈，操末续颠之说，兴玄黄于律吕，比五色之相宜，苟此秘未睹，兹论为何所指邪？故愚谓前英已早识宫徵，但未яз曲指的，若今论所申。至于掩瑕藏疾，合少谬多，则临淄所云"人之著述，不能无病"者也。非知之而不改，谓不改则不知，斯曹、陆又称"竭情多悔，不可力强"者也。今许以有病有悔为言，则必自知无悔无病之地；引其不了不合为暗，何独诬其一合一了之明乎？意者亦质文时异，古今好殊，将急在情物，而缓于章句。情物，文之所急，美恶犹且相半；章句，意之所缓，故合少而谬多。义兼于斯，必非不知明矣。

《长门》、《上林》，殆非一家之赋；《洛神》、《池雁》，便成二体之作。孟坚精正，《咏史》无亏于东主；平子恢富，《羽猎》不累于凭虚。王粲《初征》，他文未能称是；杨修敏捷，《暑赋》弥日不献。率意寡尤，则事促乎一日；翳翳愈伏，而理赊于七步。一人之思，迟速天悬；一家之文，工拙壤隔。何独宫商律吕，必责其如一邪？论者乃可言未穷其致，不得言曾无先觉也。

约答曰：

宫商之声有五，文字之别累万。以累万之繁，配五声之约，高下低昂，非思力所举。又非止若斯而已也。十字之文，颠倒相配，字不过十，巧历已不能尽，何况复过于此者乎？灵均以来，未经用之于怀抱，固无从得其仿佛矣。若斯之妙，而圣人不尚，何邪？此盖曲折声韵之巧无当于训义，非圣哲立言之所急也。是以子云譬之"雕虫篆刻"，云"壮夫不为"。

自古辞人岂不知宫羽之殊，商徵之别？虽知五音之异，而其中参差变动，所昧实多，故鄙意所谓"此秘未睹"者也。以此而推，则知前世文士便未悟此处。

若以文章之音韵，同弦管之声曲，则美恶妍蚩，不得顿相乖反。譬由子野操曲，安得忽有阐缓失调之声？以《洛神》比陈思他赋，有似异手之作。故知天机启，则律吕自调；六情滞，则音律顿舛也。

士衡虽云"炳若缛锦"，宁有濯色江波，其中复有一片是卫文之服？此则陆生之言，即复不尽者矣。韵与不韵，复有精粗，轮扁不能言，老夫亦不尽辨此。永元元年，始安王遥光反，厥父闲被诛，厥坐系尚方。寻有赦令，厥恨父不及，感恸而卒，年二十八。文集行于世。

会稽虞炎，永明中以文学与沈约俱为文惠太子所遇，意眄殊常。官至骁骑将军。

崔慰祖，字悦宗，清河东武城人也。父庆绪，永明中为梁州刺史。慰祖解褐奉朝请。父丧不食盐，母曰："汝既无兄弟，又未有子胤。毁不灭性，政当不进肴羞耳，如何绝盐！吾今亦不食矣。"慰祖不得已从之。父梁州之资，家财千万，散与宗族，漆器题为日字，日字之器，流乎远近。料得父时假贳文疏，谓族子纮曰："彼有，自当见还；彼无，吾何言哉！"悉火焚之。

好学，聚书至万卷，邻里年少好事者来从假借，日数十帙，慰祖亲自取与，未尝为辞。

为始安王抚军墨曹行参军，转刑狱，兼记室。遥光好棋，数召慰祖对戏，慰祖辄辞拙，非朔望不见也。建武中，诏举士，从兄慧景举慰祖及平原刘孝标，并硕学。帝欲试以百里，慰祖辞不就。

国子祭酒沈约、吏部郎谢朓尝于吏部省中宾友俱集，各问慰祖地理中所不悉十余事，慰祖口吃，无华辞，而酬据精悉，一座称服之。朓叹曰："假使班、马复生，无以过此。"

慰祖卖宅四十五万，买者云："宁有减不？"答曰："诚惭韩伯休，何容二价。"买者又曰："君但责四十六万，一万见与。"慰祖曰："是即同君欺人，岂是我心乎？"

少与侍中江祀款，及祀贵，常来候之，而慰祖不往也。与丹阳丞刘沨素善，遥光据东府反，慰祖在城内。城未溃一日，沨谓之曰："卿有老母，宜其出矣。"命门者出之。慰祖诣阙自首，系尚方，病卒。

慰祖著《海岱志》，起太公迄西晋人物为四十卷，半未成。临卒，与从弟纬书云"常欲更注迁、固二史，采《史》、《汉》所漏二百余事，在厨簏，可检写之，以存大意。《海岱志》良未周悉，可写数本，付护军诸从事人一通，及友人任昉、徐寅、刘洋、裴揆。"又令"以棺亲土，不须砖，勿设灵座"。时年三十五。

王逡之，字宣约，琅邪临沂人也。父祖皆为郡守。逡之少礼学博闻。起家江夏王国常侍，大司马行参军，章安令，累至始安内史。不之官，除山阳王骠骑参军，兼治书御史，安成国郎中，吴令。升明末，右仆射王俭重儒术，逡之以著作郎兼尚书左丞参定齐国仪礼。初，俭撰《古今丧服集记》，逡之难俭十一条。更撰《世行》五卷。转国子博士。国学久废，建元二年，逡之先上表立学，又兼著作，撰《永明起居注》。转通直常侍，骁骑将军，领博士、著作如故。出为宁朔将军、南康相，太中、光禄大夫，加侍中。逡之率素，衣裘不浣，机案尘黑，年老，手不释卷。建武二年卒。

从弟珪之，有史学，撰《齐职仪》。永明九年，其子中军参军颢上启曰："臣亡父故长水校尉珪之，籍素为基，依儒习性。以宋元徽二年，被敕使纂集古设官历代分职，凡在坟策，必尽详究。是以等级掌司，咸加编录。黜陟迁补，悉该研记。述章服之差，兼冠佩之饰。属值启运，轨度惟新。故太宰臣渊奉宣敕旨，使速洗正。刊定未毕，臣私门凶祸。不揆庸微，谨冒启上。凡五十卷，谓之《齐职仪》。仰希永升天阁，长铭秘府。"诏付秘阁。

祖冲之，字文远，范阳蓟人也。祖昌，宋大匠卿。父朔之，奉朝请。冲之少稽古，有机思。宋孝武使直华林学省，赐宅宇车服。解褐南徐州迎从事，公府参军。宋元嘉中用何承天所制历，比古十一家为密，冲之以为尚疏，乃更造新法。上表曰：

臣博访前坟，远稽昔典，五帝躔次，三王交分，《春秋》朔气，《纪年》薄蚀，谈、迁载述，彪、固列志，魏世注历，晋代《起居》，探录今古，观要华戎。书契以降，二千余稔，日月离会之征，星度疏密之验，专功耽思，咸可得而言也。加以亲量圭尺，躬察仪漏，目尽毫厘，心穷筹策，考课推移，又曲备其详矣。然而古历疏舛，类不精密，群氏纠纷，莫审其会。寻何承天所上，意存改革，而置法简略，今已乖远。以臣校之，三睹厥谬，日月所在，差觉三度，二至晷景，几失一日，五星见伏，至差四旬，留逆进退，或移两宿。分至失实，则节闰非正；宿度违天，则伺察无准。

臣生属圣辰，询逮在运，敢率愚瞽，更创新历。谨立改易之意有二，设法之情有三。

改易者一：以旧法一章，十九岁有七闰，闰数为多，经二百年辄差一日。节闰既移，则应改法，历纪屡迁，实由此条。今改章法三百九十一年有一百四十四闰，令却合周、汉，则将来永用，无复差动。其二：以《尧典》云"日短星昴，以正仲冬"。以此推之，唐世冬至日在今宿之左五十许度。汉代之初即用秦历，冬至日在牵牛六度。汉武改立《太初历》，冬至日在牛初。后汉四分法，冬至日在斗二十二。晋世姜岌以月蚀检日，知冬至在斗十七。今参以中星，课以蚀望，冬至之日在斗十一。通而计之，未盈百载，所差二度。旧法并令冬至日有定处，天数既差，则七曜宿度，渐与舛讹。乖谬既著，辄应改易。仅合一时，莫能通远。迁革不已，又由此条。今令冬至所在岁岁微差，却检汉注，并皆审密，将来久用，无烦屡改。

又设法者，其一：以子为辰首，位在正北，爻应初九升气之端，虚为北方列宿之中。元气肇初，宜在此次。前儒虞喜，备论其义。今历上元日度，发自虚一。其二：以日辰之号，甲子为先，历法设元，应在此岁。而黄帝以来，世代所用，凡十一历，上元之岁，莫值此名。今历上元岁在甲子。其三：以上元之岁，历中众条，并应以此为始。而《景初历》交会迟疾，元首有差。又承天法，日月五星，各自有元，交会迟疾，亦并置差，裁취朔气合而已，条序纷错，不及古意。今设法日月五纬交会迟疾，悉以上元岁首为始。群流共源，庶无乖误。

若夫测以定形，据以实效，悬象著明，尺表之验可推，动气幽微，寸管之候不忒。今臣所立，易以取信。但综核始终，大存缓密，革新变旧，有约有繁。用约之条，理不自惧，用繁之意，顾非谬然。何者？夫纪闰参差，数各有分，分之为体，非不细密，臣是用深惜毫厘，以求妙之准，不辞积累，以成永定之制，非为思而莫知，悟而弗改也。若所上万一可采，伏愿颁宜群司，赐垂详究。

事奏。孝武令朝士善历者难之，不能屈。会帝崩，不施行。出为娄县令，谒者仆射。

初，宋武平关中得姚兴指南车，有外形而无机巧，每行，使人于内转之。升明中，太祖辅政，使冲之追修古法。冲之改造铜机，圆转不穷，而司方如一，马均以来未有也。时有北人索驭獜者，亦云能造指南车，太祖使与冲之各造，使于乐游苑对共校试，而颇有差僻，乃毁焚之。永明中，竟陵王子良好古，冲之造欹器献之。

文惠太子在东宫，见冲之历法，启世祖施行，文惠寻薨，事又寝。转长水校尉，领本职。冲之造《安边论》，欲开屯田，广农殖。建武中，明帝使冲之巡行四方，兴造大业，可以利百姓者，会连有军事，事竟不行。

冲之解钟律，博塞当时独绝，莫能对者。以诸葛亮有木牛流马，乃造一器，不因风水，施机自运，不劳人力；又造千里船，于新亭江试之，日行百余里。于乐游苑造水碓磨，世祖亲自临视。又特善算。永元二年，冲之卒。年七十二。著《易》《老》《庄》义，释《论语》《孝经》，注《九章》，造《缀述》数十篇。

贾渊，字希镜，平阳襄陵人也。祖弼之，晋员外郎。父匪之，骠骑参军。世传谱学。孝武世，青州人发古冢，铭云"青州世子，东海女郎"。帝问学士鲍照、徐爰、苏宝生，并不能悉。渊对曰："此是司马越女，嫁荀晞儿。"检访果然。由是见遇。敕渊注郭子。泰始初，辟丹阳郡主簿，奉朝请，太学博士，安成王抚军行参军，出为丹徒令。升明中，太祖嘉渊世学，取为骠骑参军，武陵王国郎中令，补余姚令。未行，仍为义兴郡丞。永明初，转尚书外兵郎，历大司马司徒府参军。竟陵王子良使渊撰《见客谱》，出为句容令。

先是谱学未有名家，渊祖弼之广集百氏谱记，专心治业。晋太元中，朝廷给弼之令史书吏，撰定缮写，藏秘阁及左民曹。渊父及渊三世传学，凡十八州士族谱，合百帙七百余卷，该究精悉，当世莫比。永明中，卫军王俭抄次《百家谱》，与渊参怀撰定。

建武初，渊迁长水校尉。荒伧人王泰宝买袭琅邪谱，尚书令王晏以启高宗，渊坐被收，当极法，子栖长谢罪，稽颡流血，朝廷哀之，免渊罪。数年，始安王遥光板抚军谘议，不就，仍为北中郎参军。中兴元年，卒。年六十二。撰《氏族要状》及《人名书》，并行于世。

史臣曰：文章者，盖情性之风标，神明之律吕也。蕴思含毫，游心内运，放言落纸，气韵天成，莫不禀以生灵，迁乎爱嗜，机见殊门，赏悟纷杂。若子桓之品藻人才，仲治之区判文体，陆机辨于《文赋》，李充论于《翰林》，张视摘句褒贬，颜延图写情兴，各任怀抱，共为权衡。属文之道，事出神思，感召无象，变化不穷。俱五声之音响，而出言异句；等万物之情状，而下笔殊形。吟咏规范，本之雅什，流分条散，各以言区。若陈思《代马》群章，王粲《飞鸾》诸制，四言之美，前超后绝。少卿离辞，五言才骨，难与争鹜。桂林湘水，平子之华篇，飞馆玉池，魏文之丽篆，七言之作，非此谁先？卿、云巨丽，升堂冠冕，张、左恢廓，登高不继，赋贵披陈，未或加矣。显宗之述傅毅，简文之摘彦伯，分言制句，多得颂体。裴颋内侍，元规凤池，子章以来，章表之选。孙绰之碑，嗣伯喈之后；

谢庄之谍，起安仁之尘。颜延《杨瓒》，自比《马督》，以多称贵，归庄为允。王褒《僮约》，束皙《发蒙》，滑稽之流，亦可奇玮。五言之制，独秀众品。习玩为理，事久则渎，在乎文章，弥患凡旧。若无新变，不能代雄。建安一体，《典论》短长互出；潘、陆齐名，机、岳之文永异。江左风味，盛道家之言；郭璞举其灵变，许询极其名理；仲文玄气，犹不尽除；谢混情新，得名未盛。颜、谢并起，乃各擅奇，休、鲍后出，咸亦标世。朱蓝共妍，不相祖述。今之文章，作者虽众，总而为论，略有三体。一则启心闲绎，托辞华旷，虽存巧绮，终致迂回。宜登公宴，本非准的。而疏慢阐缓，膏肓之病，典正可采，酷不入情。此体之源，出灵运而成也。次则缉事比类，非对不发，博物可嘉，职成拘制。或全借古语，用申今情，崎岖牵引，直为偶说。唯睹事例，顿失精采。此则傅咸五经，应璩指事，虽不全似，可以类从。次则发唱惊挺，操调险急，雕藻淫艳，倾炫心魂。亦犹五色之有红紫，八音之有郑、卫。斯鲍照之遗烈也。三体之外，请试妄谈。若夫委自天机，参之史传，应思悱来，忽先构聚。言尚易了，文憎过意，吐石含金，滋润婉切。杂以风谣，轻唇利吻，不雅不俗，独中胸怀。轮扁斫轮，言之未尽，文人谈士，罕或兼工。非唯识有不周，道实相妨。谈家所习，理胜其辞，就此求文，终然翳夺。故兼之者鲜矣。

赞曰：学亚生知，多识前仁。文成笔下，芬藻丽春。

卷五十三　　列传第三十四

良　政

傅琰　虞愿　刘怀慰　裴昭明
沈宪　李珪之　孔琇之

太祖承宋氏奢纵，风移百城，辅立幼主，思振民瘼。为政未期，擢山阴令傅琰为益州刺史。乃捐华反朴，恭己南面，导民以躬，意存勿扰。以山阴大邑，狱讼繁滋，建元三年别置狱丞，与建康为比。永明继运，垂心治术。杖威善断，犹多漏网，长吏犯法，封刃行诛。郡县居职，三周为小满。水旱之灾，辄加赈恤。明帝自在布衣，晓达吏事，君临亿兆，专务刀笔，未尝枉法申恩，守宰以之肃震。

永明之世十许年中，百姓无鸡鸣犬吠之警，都邑之盛，士女富逸，歌声舞节，袨服华妆，桃花绿水之间，秋月春风之下，盖以百数。及建武之兴，虏难荐急，征役连岁，不遑启居，军国糜耗，从此衰矣。

齐世善政著名表绩无几焉，位次迁升，非直止乎城邑。今取其清察有迹者，余则随以附焉。

傅琰，字季珪，北地灵州人也。祖邵，员外郎。父僧佑，安东录事参军。琰美姿仪，解褐宁蛮参军，本州主簿，宁蛮功曹。宋永光元年，补诸暨武康令，广威将军，除尚书左民郎，又为武康令，将军如故。除吴兴郡丞。泰始六年，迁山阴令。山阴，东土大县，难为长官，僧佑在县有称，琰尤明察，又著能名。其年爵新亭侯。元徽初，迁尚书右丞。

遭母丧，居南岸，邻家失火，延烧琰屋，琰抱柩不动，邻人竞来赴救，乃得俱全。琰股髀之间，已被烟焰。服阕，除邵陵王左军谘议，江夏王录事参军。

太祖辅政，以山阴狱讼烦积，复以琰为山阴令。卖针卖糖老姥争团丝，来诣琰，琰不辨核，缚团丝于柱鞭之，密视有铁屑，乃罚卖糖者。二野父争鸡，琰各问"何以食鸡"。一人云"粟"，一人云"豆"，乃破鸡得粟，罪言豆者。县内称神明，无敢复为偷盗。琰父子并著奇绩，江左鲜有。世云诸傅有《治县谱》，子孙相传，不以示人。

升明二年，太祖擢为假节、督益宁二州军事、建威将军、益州刺史、宋宁太守。建元元年，进号宁朔将军。四年，征骁骑将军、黄门郎。永明二年，迁建威将军、安陆王北中郎长史，改宁朔将军。明年，徙庐陵王安西长史、南郡内史，行荆州事。五年，卒。琰丧西还，有诏出临。

临淮刘玄明亦有吏能，为山阴令，大著名绩。琰子翙问之，玄明曰："我临去当告卿。"将别，谓之曰："作县唯日食一升饭，而莫饮酒。"

虞愿，字士恭，会稽余姚人也。祖赉，给事中，监利侯。父望之，早卒。赉中庭橘树冬熟，子孙竞来取之，愿年数岁，独不取，赉及家人皆异之。元嘉末为国子生，再迁湘东王国常侍，转浔阳王府墨曹参军。明帝立，以愿儒吏学涉，兼蕃国旧恩，意遇甚厚。除太常丞，尚书祠部郎，通直散骑侍郎，领五郡中正，祠部郎如故。帝性猜忌，体肥憎风，夏月常著皮小衣，拜左右二人为司风令史，风起方面，辄先启闻。星文灾变，不信太史，不听外奏，敕灵台知星二人给愿，常直内省，有异先启，以相检察。

帝以故宅起湘宫寺，费极奢侈。以孝武庄严刹七层，帝欲起十层，不可立，分为两刹，各五层。新安太守巢尚之罢郡还，见帝，曰："卿至湘宫寺未？我起此寺，是大功德。"愿在侧曰："陛下起此寺，皆是百姓卖儿贴妇钱，佛若有知，当悲哭哀愍。罪高佛图，有何功德？"尚书令袁粲在坐，为之失色。帝乃怒，使人驱下殿，愿徐去无异容。以旧恩，少日中，已复召入。

帝好围棋，甚拙，去格七八道，物议共欺为第三品。与第一品王抗围棋，依品赌戏，抗每饶借之，曰："皇帝飞棋，臣抗不能断。"帝终不觉，以为信然，好之愈笃。愿又曰："尧以此教丹朱，非人主所宜好也。"虽数忤旨，而蒙赏赐犹异余人。迁兼中书郎。

帝寝疾，愿常侍医药。帝素能食，尤好逐夷，以银钵盛蜜渍之，一食数钵。谓扬州刺史王景文曰："此是奇味，卿颇足不？"景文曰："臣夙好此物，贫家致之甚难。"帝甚悦。食逐夷积多，胸腹痞胀，气将绝。左右启饮数升酢酒，乃消。疾大困，一食汁滓犹至三升，水患积久，药不复效。大渐日，正坐，呼道人，合掌便绝。愿以侍疾久，转正员郎。

出为晋平太守，在郡不治生产。前政与民交关，质录其儿妇，愿遣人于道夺取将还。在郡立学堂教授。郡旧出髯蛇胆，可为药，有饷愿蛇者，愿不忍杀，放二十里外山中，一夜蛇还床下。复送四十里外山，经宿，复还故处。愿更令远，乃不复归，论者以为仁心所致也。海边有越王石，常隐云雾。相传云"清廉太守乃得见"，愿往观视，清彻无隐蔽。后琅邪王秀之为郡，与朝士书曰："此郡承虞公之后，善政犹存，遗风易遵，差得无事。"以母老解职，除后军将军。褚渊常诣愿，不在，见其眠床上积尘埃，有书数帙。渊叹曰："虞君之清，一至于此。"令人扫地拂床而去。

迁中书郎，领东观祭酒。兄季为上虞令，卒，愿从省步还家，不待诏便归东。除骁骑将军，迁廷尉，祭酒如故。愿尝事宋明帝，齐初宋神主迁汝阴庙，愿拜辞流涕。建元元年卒，年五十四。愿著《五经论问》，撰《会稽记》，文翰数十篇。

刘怀慰，字彦泰，平原平原人也。祖奉伯，元嘉中为冠军长史。父乘民，冀州刺史。怀慰初为桂阳王征北板行参军。乘民死于义嘉事难，怀慰持丧，不食醯酱，冬月不絮衣。养孤弟妹，事寡叔母，皆有恩义。复除邵陵王南中郎参军，广德令，尚书驾部郎。怀慰宗从善明等为太祖心腹，怀慰亦豫焉。沈攸之有旧，令为书戒喻攸之，太祖省之称善。除步兵校尉。

齐国建，上欲置齐郡于京邑，议者以江右土沃，流民所归，乃治瓜步，以怀慰为辅国将军、齐郡太守。上谓怀慰曰："齐邦是王业所基，吾方以为显任。经理之事，一以委卿。"又手敕曰："有文事者，必有武备。今赐卿玉环刀一口。"怀慰至郡，修治城郭，安集居民，垦废田二百顷，决沈湖灌溉。不受礼谒，民有饷其新米一斛者，怀慰出所食麦饭示之，曰："旦食有余，幸不烦此。"因著《廉吏论》以达其意。太祖闻之，手敕褒赏。进督秦、沛二郡。妻子在都，赐米三百斛。兖州刺史柳世隆与怀慰书曰："胶东流化，颍川致美，以今方古，曾何足云。"在郡二年，迁正员郎，领青冀二州中正。

怀慰本名闻慰，世祖即位，以与舅氏名同，敕改之。出监东阳郡，为吏民所安。还兼安陆王北中郎司马。永明九年卒，年四十五。明帝即位，谓仆射徐孝嗣曰："刘怀慰若在，朝廷不忧无清吏也。"怀慰与济阳江淹、陈郡袁彖善，亦著文翰。永明初，献《皇德论》云。

裴昭明，河东闻喜人，宋太中大夫松之孙也。父骃，南中郎参军。昭明少传儒史之业，泰始中，为太学博士。有司奏："太子婚，纳征用玉璧虎皮，未详何所准据。"昭明议："礼纳征，俪皮为庭实，鹿皮也。晋太子纳妃注'以虎皮二'。太元中，公主纳征，虎豹皮各一。岂其谓婚礼不详？王公之差，故取虎豹文蔚以尊其事。虎豹虽文，而征礼所不言；熊罴虽古，而婚礼所不及；圭璋虽美，或用为各异。今宜准的经诰。凡诸僻谬，一皆详正。"于是有司参议，加圭璋，豹熊罴皮各二。

元徽中，出为长沙郡丞，罢任，刺史王蕴谓之曰："卿清贫，必无还资。湘中人士有须一礼之命者，我不爱也。"昭明曰："下官忝为邦佐，不能光益上府，岂以鸿都之事仰累清风。"历祠部通直郎。

永明三年使虏，世祖谓之曰："以卿有将命之才，使还，当以一郡相赏。"还为始安内史。郡民龚玄宣云神人与其玉印玉板书，不须笔，吹纸便成字，自称"龚圣人"，以此惑众。前后郡守敬事之，昭明付狱治罪。及还，甚贫罄。世祖曰："裴昭明罢郡还，遂无宅。我不谙书，不知古人中谁比？"迁射声校尉。九年，复遣北使。

建武初为王玄邈安北长史、广陵太守。明帝以其在事无所启奏，代还，责之。昭明曰："臣不欲竞执关楗故耳。"昭明历郡皆有勤绩，常谓人曰："人生何事须聚蓄，一身之外，亦复何须？子孙若不才，我聚彼散；若能自立，则不如一经。"故终身不治产业。中兴二年卒。

从祖弟颛，字彦齐。少有异操。泰始中于总明观听讲，不让刘秉席，秉用为参军。升明末，为奉朝请。齐台建，世子裴妃须外戚谱，颛不与，遂分籍。太祖受禅，上表诽谤，挂冠去，伏诛。

沈宪，字彦璋，吴兴武康人也。祖说道，巴西梓潼二郡太守，父璞之，北中郎行参军。宪初应州辟，为主簿。少有干局，历临首、余杭令，巴陵王府佐，带襄令，除驾部郎。宋明帝与宪棋，谓宪曰："卿，广州刺史才也。"补乌程令，甚著政绩。太守褚渊叹之曰："此人方员可施。"除通直郎，都水使者。长于吏事，居官有绩。除正员郎，补吴令，尚书左丞。

升明二年，西中郎将晃为豫州，太祖擢宪为晃长史，南梁太守，行州事。迁豫章王谘议，未拜，坐事免官。复除安成王冠军、武陵王征虏参军，迁少府卿。少府管掌市易，与民交关，有吏能者皆更此职。迁王俭镇军长史。

武陵王晔为会稽，以宪为左军司马。太祖以山阴户众难治，欲分为两县。世祖启曰："县岂不可治，但用不得其人耳。"乃以宪带山阴令，政声大著。孔稚珪请假东归，谓人曰："沈令料事特有天才。"加宁朔将军。王敬则为会稽，宪仍留为镇军长史，令如故。

迁为冠军长史，行南豫州事，晋安王后军长史、广陵太守。西阳王子明代为南兖州，宪仍留为冠军长史，太守如故，频行州府事。永明八年，子明典签刘道济取府州五十人役自给，又役子明左右，及船仗赃私百万，为有司所奏，世祖怒，赐道济死。宪坐不纠，免官。寻复为长史、辅国将军，以疾去官。除散骑常侍，未拜，卒。当世称为良吏。

宪同郡丘仲起，先是为晋平郡，清廉自立。褚渊叹曰："见可欲心能不乱，此杨公所以遗子孙也。"仲起字子震，少为宪从伯领军寅之所知。宋元徽中，为太子领军长史，官至廷尉。卒。

李珪之，字孔璋，江夏钟武人也。父祖皆为县令。珪之少辟州从事。宋泰始初，蔡兴宗为郢州，以珪之为安西府佐，委以职事，清治见知。迁镇西中郎谘议，右军将军，兼都水使者。珪之历职称为清能，除游击将军，兼使者如故。转兼少府，卒。

先是，四年，荥阳毛惠素为少府卿，吏才强而治事清刻。敕市铜官碧青一千二百斤供御画，用钱六十万。有谗惠素纳利者，世祖怒，敕尚书评贾，贵二十八万余，有司奏之，伏诛。死后家徒四壁，上甚悔恨。

孔琇之，会稽山阴人也。祖季恭，光禄大夫，父灵运，著作郎。琇之初为国子生，举孝廉。除卫军行参军，员外郎，尚书三公郎。出为乌程令，有吏能。还迁通直郎，补吴令。有小儿年十岁，偷刈邻家稻一束，琇之付狱治罪。或谏之，琇之曰："十岁便能为盗，长大何所不为？"县中皆震肃。

迁尚书左丞，又以职事知名。转前军将军，兼少府。迁骁骑将军，少府如故。出为宁朔将军、高宗冠军征虏长史、江夏内史。还为正员常侍，兼左民尚书、廷尉卿。出为临海太守，在任清约，罢郡还，献干姜二十斤，世祖嫌少，及知琇之清，乃叹息。除武陵王前军长史，未拜，仍出为辅国将军，监吴兴郡，寻转太守，治称清严。

高宗辅政，防制诸蕃，致密旨于上佐。隆昌元年，迁琇之为宁朔将军、晋熙王冠军长史，行郢州事，江夏内史。琇之辞，不许。未拜，卒。

史臣曰：琴瑟不调，必解而更张也。魏晋为吏，稍与汉乖，苟猛之风虽衰，而仁爱之情亦减。局以峻法，限以常条，以必世之仁未及宣理，而期月之望已求治术。先公后私，在己未易；割民奉国，于物非难；期之救过，所利苟免。且目见可欲，嗜好方流，贪以败官，取与违义，吏之不臧，罔非由此。擿奸辩伪，诚俟异识，垂名著绩，唯有廉平。今世之治民，未有出于此也。

赞曰：蒸蒸小民，吏职长亲。棼乱须理，恤隐归仁。枉直交督，宽猛代陈。伊何导物，贵在清身。

卷五十四　　列传第三十五

高　逸

褚伯玉　明僧绍　顾欢　臧荣绪
何求　刘虬　庾易　宗测
杜京产　沈骥士　吴苞　徐伯珍

《易》有君子之道四焉，语默之谓也。故有入庙堂而不出，徇江湖而永归，隐避纷纭，情迹万品。若道义内足，希微两亡，藏景穷岩，蔽名愚谷，解桎梏于仁义，示形神于天壤，则名教之外，别有风猷。故尧封有非圣之人，孔门谬鸡黍之客。次则揭独往之高节，重去就之虚名，激竞

违贪，与世为异。或虑全后悔，事归知殆；或道有不申，行吟山泽。咸皆用宇宙而成心，借风云以为戒。求志达道，未或非然；含贞养素，文以艺业。不然，与樵者之在山何殊别哉？故樊英就征，不称李固之望；冯恢下节，见陋张华之语。期之尘外，庶以弘多。若今十余子者，仕不求闻，退不讥俗，全身幽履，服道儒门，斯逸民之轨操，故缀为《高逸篇》云尔。

褚伯玉，字元璩，吴郡钱唐人也。高祖含，始平太守。父邃，征虏参军。伯玉少有隐操，寡嗜欲。年十八，父为之婚，妇入前门，伯玉从后门出。遂往剡，居瀑布山。性耐寒暑，时人比之王仲都。在山三十余年，隔绝人物。王僧达为吴郡，苦礼致之，伯玉不得已，停郡信宿，裁交数言而退。宁朔将军丘珍孙与僧达书曰："闻褚先生出居贵馆，此子灭景云栖，不事王侯，抗高木食，有年载矣。自非折节好贤，何以致之？昔文举栖冶城，安道入昌门，于兹而三焉。夫却粒之士，餐霞之人，乃可暂致，不宜久羁。君当思遂其高步，成其羽化。望其还策之日，暂纡清尘，亦愿助为譬说。"僧达答曰："褚先生从白云游旧矣。古之逸民，或留虑儿女，或使华阴成市。而此子索然，唯朋松石，介于孤峰绝岭者积数十载。近故要其来止，冀慰日夜。比谈讨芝桂，借访荔萝，若已窥烟液，临沧洲矣。知君欲见之，辄当申譬。"

宋孝建二年，散骑常侍乐询行风俗，表荐伯玉，加征聘本州议曹从事，不就。太祖即位，手诏吴、会二郡，以礼迎遣，又辞疾。上不欲违其志，敕于剡白石山立太平馆居之。建元元年卒，年八十六。常居一楼上，仍葬楼所。孔稚珪从其受道法，为于馆侧立碑。

明僧绍，字承烈，平原鬲人也。祖玩，州治中。父略，给事中。僧绍宋元嘉中再举秀才，明经有儒术。永光中，镇北府辟功曹，并不就。隐长广郡崂山，聚徒立学。淮北没虏，乃南渡江。明帝泰始六年，征通直郎，不就。

升明中太祖为太傅，教辟僧绍及顾欢、臧荣绪以蒲币之礼，征为记室参军，不至。僧绍弟庆符为青州，僧绍乏粮食，随庆符之郁洲，住弇榆山，栖云精舍，欣玩水石，竟不一入州城。建元元年冬，诏曰："朕侧席思士，载怀尘外。齐郡明僧绍标志高栖，耽情坟素，幽贞之操宜加贲饰。"征为正员郎，称疾不就。其后与崔祖思书曰："明居士标意可重，吾前旨竟未达邪？小凉欲有讲事，卿可至彼，具述吾意，令与庆符俱归。"又曰："不食周粟而食周薇，古犹发议。在今宁得谈邪？聊以为笑。"

庆符罢任，僧绍随归，住江乘摄山。太祖谓庆符曰："卿兄高尚其事，亦尧之外臣。朕虽不相接，有时通梦。"遗僧绍竹根如意，筍箨冠。僧绍闻沙门释僧远风德，往候定林寺，太祖欲出寺见之。僧远问僧绍曰："天子若来，居士若为相对？"僧绍曰："山薮之人，政当凿坏以遁。若辞不获命，便当依戴公故事耳。"永明元年，世祖敕召僧绍，称疾不肯见。诏征国子博士，不就，卒。子元琳，字仲璋，亦传家业。

僧绍长兄僧胤，能玄言。宋世为冀州刺史。弟僧暠，

亦好学，宋孝武见之，迎颂其名，时人以为荣。泰始初，为青州刺史。

庆符，建元初为黄门。

僧胤之惠照，元徽中为太祖平南主簿，从拒桂阳，累至骠骑中兵，与荀伯玉对领直。建元元年为巴州刺史，绥怀蛮蜓，上许为益州，未迁，卒。

顾欢，字景怡，吴郡盐官人也。祖赳，晋隆安末，避乱徙居。欢年六七岁书甲子，有简三篇，欢析计，遂知六甲。家贫，父使驱田中雀，欢作《黄雀赋》而归，雀食过半，父怒，欲挞之，见赋乃止。乡中有学舍，欢贫无以受业，于舍壁后倚听，无遗忘者。八岁，诵《孝经》、《诗》、《论》。及长，笃志好学。母年老，躬耕诵书，夜则燃糠自照。同郡顾恺之临县，见而异之，遣诸子与游，及孙宪之，并受经句。欢年二十余，更从豫章雷次宗谘玄儒诸义。母亡，水浆不入口六七日，庐于墓次，遂隐遁不仕。于剡天台山开馆聚徒，受业者常近百人。欢早孤，每读《诗》至"哀哀父母"，辄执书恸泣，学者由是废《蓼莪篇》不复讲。

太祖辅政，悦欢风教，征为扬州主簿，遣中使迎欢。及践阼，乃至。欢称"山谷臣顾欢"，上表曰："臣闻举网提纲，振裘持领，纲领既理，毛目自张。然则道德，纲也；物势，目也。上理其纲，则万机时序；下张其目，则庶官不旷。是以汤、武得势师道则祚延，秦、项忽道任势则身戮。夫天门开阖，自古有之，四气相新，缔裘代进。今火泽易位，三灵改宪，天树明德，对时育物，搜扬仄陋，野无伏言。是以穷谷愚夫，敢露偏管，谨删撰《老氏》，献《治纲》一卷。伏愿稽古圣王，斟酌时用，不以刍荛弃言，不以人微废道，则率土之赐也，微臣之幸也。幸赐一疏，则上下交泰，虽不求民而民悦，不祈天而天应。应天悦民，则皇基固矣。臣志尽幽深，无与荣势，自足云霞，不须禄养。陛下既远见寻求，敢不尽言。言既尽矣，请从此退。"

是时员外郎刘思效表陈谠言曰："宋自大明以来，渐见凋弊，征赋有增于往，天府尤贫于昔。兼军警屡兴，伤夷不复，戍役残丁，储已半菽，小民嗷嗷，无乐生之色。贵势之流，货室之族，车服伎乐，争相奢丽，亭池第宅，竞趣高华，至于山泽之人不敢采饮其水草。贫富相辉，捐源尚末。陛下宜发明诏，吐德音，布惠泽，禁邪伪，薄赋敛，省徭役，绝奇丽之赂，塞郑、卫之倡，变历运之化，应质文之用，不亦大哉！又彭、汴有鸱枭之巢，青丘为狐兔之窟，虐害逾纪，残暴日滋。鬼泣幽泉，人悲故壤，童孺视编发而惭生，耆老看左衽而耻没。陛下宜仰答天人引领之望，下吊氓黎倾首之勤，授钺卫、霍之将，遗策萧、张之师，万道俱前，穷山荡谷。此即恒山不足指而倾，渤海不足饮而竭，岂徒残寇尘灭而已哉！"

上诏曰："朕凤旦惟寅，思弘治道，伫梦岩滨，垂精管库，旰食萦怀，其勤至矣。吴郡顾欢、散骑郎刘思效，或至自丘园，或越在冗位，并能献书金门，荐辞凤阙，辨章治体，有协朕心。今出其表，外可详择所宜，以时敷奏。欢近已加旌赉，思效可付选铨序，以显谠言。"欢东归，上赐麈尾、素琴。

永明元年，诏征欢为太学博士，同郡顾黯为散骑郎。黯字长孺，有隐操，与欢俱不就征。

欢晚节服食，不与人通。每旦出户，山鸟集其掌取食。事黄老道，解阴阳书，为数术多效验。初元嘉末，出都寄住东府，忽题柱云："三十年二月二十一日。"因东归。后太初弑逆，果是此年月。自知将终，赋诗言志云："精气因天行，游魂随物化。"克死日，卒于剡山，身体柔软，时年六十四。还葬旧墓，木连理出墓侧，县令江山图表状。世祖诏欢诸子撰欢《文议》三十卷。

佛道二家，立教既异，学者互相非毁。欢著《夷夏论》曰：

夫辩是与非，宜据圣典。寻二教之源，故两标经句。道经云："老子入关之天竺维卫国，国王夫人名曰净妙，老子因其昼寝，乘日精入净妙口中，后年四月八日夜半时，剖左腋而生，坠地即行七步，于是佛道兴焉。"此出《玄妙内篇》。佛经云："释迦成佛，有尘劫之数。"出《法华无量寿》。或"为国师道士，儒林之宗，"出《瑞应本起》。

欢论之曰：五帝、三皇，莫不有师。国师道士，无过老、庄，儒林之宗，孰出周、孔？若孔、老非佛，谁则当之？然二经所说，如合符契。道则佛也，佛则道也。其圣则符，其迹则反。或和光以明近，或曜灵以示远。道济天下，故无方而不入；智周万物，故无物而不为。其人不同，其为必异。各成其性，不易其事。是以端委搢绅，诸华之容；剪发旷衣，群夷之服。擎跽磬折，侯甸之恭；狐蹲狗踞，荒流之肃。棺殡椁葬，中夏之制；火焚水沈，西戎之俗。全形守礼，继善之教；毁貌易性，绝恶之学。岂伊同人，爰及异物。鸟王兽长，往往是佛，无穷世界，圣人代兴。或昭五典，或布三乘。在鸟而鸟鸣，在兽而兽吼；教华而华言，化夷而夷语耳。虽舟车均于致远，而有川陆之节；佛道齐乎达化，而有夷夏之别。若谓其致既均，其法可换者，而车可涉川，舟可行陆乎？今以中夏之性，效西戎之法，既不全同，又不全异。下弃妻孥，上废宗祀。嗜欲之物，皆以礼伸；孝敬之典，独以法屈。悖礼犯顺，曾莫之觉。弱丧忘归，孰识其旧？且理之可贵者，道也；事之可贱者，俗也。舍华效夷，义将安取？若以道邪，道固符合矣；若以俗邪，俗则大乖矣。

屡见刻舷沙门，守株道士，交诤小大，互相弹射。或域道以为两，或混俗以为一。是牵异以为同，破同以为异。则乖争之由，淆乱之本也。寻圣道虽同，而法有左右。始乎无端，终乎无末。泥洹仙化，各是一术。佛号正真，道称正一。一归无死，真会无生。在名则反，在实则合。但无生之教赊，无死之化切；切法可以进谦弱，赊法可以退夸强。佛教文而博，道教质而精：精非粗人所信，博非精人所能。佛言华而引，道言实而抑：抑则明者独进，引则昧者竞前。佛经繁而显，道经简而幽：幽则妙门难见，显则正路易遵。

此二法之辨也。

圣匠无心，方圆有体，器既殊用，教亦异施。佛是破恶之方，道是兴善之术。兴善则自然为高，破恶则勇猛为贵。佛迹光大，宜以化物；道迹密微，利用为己。优劣之分，大略在兹。

夫蹲夷之仪，娄罗之辩，各出彼俗，自相聆解。犹虫喧鸟嘶，何足述效。

欢虽同二法，而意党道教。宋司徒袁粲托为道人通公驳之，其略曰：

白日停光，恒星隐照，诞降之应，事在老先，似非入关，方炳斯瑞。

又老、庄、周、孔，有可存者，依日末光，凭释遗法，盗牛窃善，反以成蠹。检究源流，终异吾党之为道耳。

西域之记，佛经之说，俗以膝行为礼，不慕蹲坐为恭，道以三绕为虔，不尚踞傲为肃。岂专戎土，爰亦兹方。襄童谒帝，膝行而进；赵王见周，三环而止。今佛法在华，乘者常安，戒善行交，蹈者恒通。文王造周，大伯创吴，革化戎夷，不因旧俗。岂若舟车，理无代用。佛法垂化，或因或革。清信之士，容衣不改；息心之人，服貌必变。变本从道，不遵彼俗，教风自殊，无患其乱。

孔、老、释迦，其人或同，观方设教，其道必异。孔、老治世为本，释氏出世为宗。发轸既殊，其归亦异。符合之唱，自由臆说。

又仙化以变形为上，泥洹以陶神为先。变形者白首还缁，而未能无死；陶神者使尘惑日损，湛然常存。泥洹之道，无死之地，乖诡若此，何谓其同？

欢答曰：

案道经之作，著自西周，佛经之来，始乎东汉，年逾八百，代悬数十。若谓黄老虽久，而滥在释前，是吕尚盗陈恒之齐，刘季窃王莽之汉也。

经云，戎气强犷，乃复略人颊车邪？又夷俗长躽，法与华异，翘左跂右，全是蹲踞。故周公禁之于前，仲尼戒之于后。又舟以济川，车以征陆，佛起于戎，岂非戎俗素恶邪？道出于华，岂非华风本善邪？今华风既变，恶同戎狄，佛来破之，良有以矣。佛道实贵，故戒业可遵；戎俗实贱，故言貌可弃。今诸华士女，民族弗革，而露首偏踞，滥用夷礼。云于翦落之徒，全是胡人，国有旧风，法不可变。

又若观风流教，其道必异，佛非东华之道，道非西戎之法，鱼鸟异渊，永不相关，安得老、释二教，交行八表？今佛既东流，道亦西迈，故知世有精粗，教有文质。然则道教执本以领末，佛教救末以存本。请问所异，归在何许？若以翦落为异，则胥靡剪落矣。若以立像为异，则俗巫立像矣。此非所归，归在常住。常住之象，常道孰异？

神仙有死，权便之说。神仙是大化之总称，非穷妙之至名。至名无名，其有名者二十七品，仙变成真，真变成神，或谓之圣，各有九品，品极则入空寂，无

为无名。若服食茹芝，延寿万亿，寿尽则死，药极则枯，此修考之士，非神仙之流也。

明僧绍《正二教论》以为："佛明其宗，老全其生。守生者蔽，明宗者通。今道家称长生不死，名补天曹，大乖老、庄立言本理。"

文惠太子、竟陵王子良并好释法。吴兴孟景翼为道士，太子召入玄圃园。众僧大会，子良使景翼礼佛，景翼不肯。子良送《十地经》与之。景翼造《正一论》，大略曰："《宝积》云'佛以一音广说法'。老子云'圣人抱一以为天下式'。'一'之为妙，空玄绝于有境，神化赡于无穷，为万物而无为，处一数而无数，莫之能名，强号为一。在佛曰实相，在道曰玄牝。道之大象，即佛之法身。以不守之守守法身，以不执之执执大象。但物有八万四千行，说有八万四千法。法乃至于无数，行亦逮于无央。等级随缘，须导归一。归一曰回向，向正即无邪。邪观既遣，亿善日新。三五四六，随用而施。独立不改，绝学无忧。旷劫诸圣，共遵斯一。老、释未始于尝分，迷者分之而未合。亿善遍修，修遍成圣，虽十号千称，终不能尽。终不能尽，岂可思议。"

司徒从事中郎张融作《门律》云："道之与佛，逗极无二。吾见道士与道人战儒墨，道人与道士辨是非。昔有鸿飞天首，积远难亮。越人以为凫，楚人以为乙，人自楚越，鸿常一耳。"以示太子仆周颙。颙难之曰："虚无法性，其寂虽同，位寂之方，其旨则别。论所谓'逗极无二'者，为逗极于虚无，当无二于法性耶？足下所宗之本一物为鸿乙耳。驱驰佛道，无免二末。未知高鉴缘何识本，轻而宗之，其有旨乎？"往复文多不载。

欢口不辩，善于著笔。著《三名论》，甚工，钟会《四本》之流也。又注王弼《易》二《系》，学者传之。

始兴人卢度，亦有道术。少随张永北征。永败，虏追急，阻淮水不得过。度心誓曰："若得免死，从今不复杀生。"须臾见两楯流来，接之得过。后隐居西昌三顾山，鸟兽随之。夜有鹿触其壁，度曰："汝坏我壁。"鹿应声去。屋前有池养鱼，皆名呼之，鱼次第来，取食乃去。逆知死年月，与亲友别。永明末，以寿终。

初，永明三年，征骠骑参军顾惠胤为司徒主簿。惠胤，宋镇军将军觊之弟子也。闲居养志，不应征辟。

臧荣绪，东莞莒人也。祖奉先，建陵令，父庸民，国子助教。荣绪幼孤，躬自灌园，以供祭祀。母丧后，乃著《嫡寝论》，扫洒堂宇，置筵席，朔望辄拜荐，甘珍未尝先食。纯笃好学，括东西晋为一书，纪、录、志、传百一十卷。隐居京口教授。南徐州辟西曹，举秀才，不就。太祖为扬州，征荣绪为主簿，不到。司徒褚渊少时尝命驾寻之，建元中启太祖曰："荣绪，朱方隐者。昔臧质在宋，以国戚出牧彭岱，引为行佐，非其所好，谢疾求免。蓬庐守志，漏湿是安，灌蔬终老。与友人康之沈深典素，追古著书，撰《晋史》十帙，赞论虽无逸才，亦足弥纶一代。臣岁时往京口，早与之遇。近报其取书，始方送出，庶得备录渠阁，采异甄善。"上答曰："公所道臧荣绪者，

吾甚志之。其有史翰，欲令入天禄，甚佳。"

荣绪惇爱《五经》，谓人曰："昔吕尚奉丹书，武王致斋降位，李、释教诫，并有礼敬之仪。"因甄明至道，乃著《拜五经序论》。常以宣尼生庚子日，陈《五经》拜之。自号"被褐先生。"又以饮酒乱德，言常为诫。永明六年卒，年七十四。

初，荣绪与关康之俱隐在京口，世号为"二隐"。康之字伯愉，河东人。世居丹徒。以坟籍为务。四十年不出门。不应州府辟。宋太始中，征通直郎，不就。晚以母老家贫，求为岭南小县。性清约，独处一室，稀与妻子相见。不通宾客。弟子以业传受。尤善《左氏春秋》。太祖为领军，素好此学，送《春秋五经》，康之手自点定，并得论《礼记》十余条。上甚悦，宝爱之。遗诏以经本入玄宫。宋末卒。

何求，字子有，庐江灊人也。祖尚之，宋司空。父铄，宜都太守。求元嘉末为宋文帝挽郎，解褐著作郎，中军卫军行佐，太子舍人，平南参军，抚军主簿，太子洗马，丹阳、吴郡丞。清退无嗜欲。又除征北参军事，司徒主簿，太子中舍人。泰始中妻亡，还吴葬旧墓。除中书郎，不拜。仍住吴，居波若寺，足不逾户，人莫见其面。明帝崩，出奔国哀，除为司空从事中郎，不就。乃除永嘉太守。求时寄住南涧寺，不肯诣台，乞于寺拜受，见许。一夜忽乘小船逃归吴，隐虎丘山，复除黄门郎，不就。永明四年，世祖以为太中大夫，又不就。七年卒，年五十六。

初，求母王氏为父所害，求兄弟以此无宦情。

求弟点，少不仕。宋世征为太子洗马，不就。隐居东离门下望之墓侧。性率到，鲜狎人物。建元中，褚渊、王俭为宰相，点谓人曰："我作《齐书》已竟，赞云：'渊既世族，俭亦国华。不赖舅氏，遑恤外家。'俭欲候之，知不可见，乃止。永明元年，征中书郎。豫章王命驾造门，点从后门逃去。竟陵王子良闻之，曰："豫章王尚不屈，非吾所议。"遗点嵇叔夜酒杯、徐景山酒鎗以通意。点常自得，遇酒便醉，交游宴乐不隔也。永元中，京师频有军寇，点尝结裘为袴，与崔慧景共论佛义，其语默之迹如此。

点弟胤，有儒术，亦怀隐遁之志。所居宅名为小山。隆昌中为中书令，以皇后从叔见亲宠。明帝即位，胤卖园宅，将遂本志。建武四年为散骑常侍、巴陵王师，闻吴兴太守谢朏致仕，虑后之，于是奉表不待报而去，隐会稽山。上大怒，令有司奏弹胤，然发优诏焉。永元二年，征散骑常侍，太常卿。

刘虬，字灵预，南阳涅阳人也。旧族，徙居江陵。虬少而抗节好学，须禄便隐。宋泰始中，仕至晋平王骠骑记室，当阳令。罢官归家，静处断谷，饵术及胡麻。建元初，豫章王为荆州，教辟虬为别驾，与同郡宗测、新野庾易并遣书礼请，虬等各修笺答而不应命。永明三年，刺史庐陵王子卿表虬及同郡宗测、宗尚之、庾易、刘昭五人，请加蒲车束帛之命。诏征为通直郎，不就。

竟陵王子良致书通意。虬答曰："虬四节卧病，三时营灌，畅余阴于山泽，托暮情于鱼鸟，宁非唐、虞重恩，周、邵宏施？虬进不研机入玄，无沫泗稷馆之辩；退不凝心出累，非冢间树下之节。远泽既洒，仁规先著。谨收樵牧之嫌，敬加轼蛙之义。"

虬精信释氏，衣粗布衣，礼佛长斋。注《法华经》，自讲佛义。以江陵西沙洲去人远，乃徙居之。建武二年，诏征国子博士，不就。其冬虬病，正昼有白云徘徊檐户之内，又有香气及磬声，其日卒。年五十八。

刘昭与虬同宗，州辟祭酒从事不就，隐居山中。

庾易，字幼简，新野新野人也。徙居属江陵。祖玫，巴郡太守。父道骥，安西参军。易志性恬隐，不交外物。建元元年，刺史豫章王聘为骠骑参军，不就。临川王映临州，独重易，上表荐之，饷麦百斛。易谓使人曰："民樵采麋鹿之伍，终其解毛之衣；驰骋日月之车，得保自耕之禄。于大王之恩，亦已深矣。"辞不受。永明三年，诏征太子舍人，不就。以文义自乐。安西长史袁彖钦其风，通书致遗。易以连理机竹翘书格报之。建武二年，诏复征为司徒主簿，不就。卒。

宗测，字敬微，南阳人，宋征士炳孙也。世居江陵。测少静退，不乐人间。叹曰："家贫亲老，不择官而仕，先哲以为美谈，余窃有惑。诚不能潜感地金，冥致江鲤，但当用天道，分地利。孰能食人厚禄，忧人重事乎？"

州举秀才，主簿，不就。骠骑豫章王征为参军，测答府召云："何为谬伤海鸟，横斥山木？"母丧，身负土植松柏。豫章王复遣书请之，辟为参军。测答曰："性同鳞羽，爱止山壑，眷恋松筠，轻迷人路。纵宕岩流，有若狂者，忽不知老至。而今鬓已白，岂容课虚责有，限鱼慕鸟哉？"永明三年，诏征太子舍人，不就。

欲游名山，乃写祖炳所画《尚子平图》于壁上。测长子官在京师，知父此旨，便求禄还为南郡丞，付以家事。刺史安陆王子敬、长史刘寅以下皆赠送之，测无所受。赍《老子》《庄子》二书自随。子孙拜辞悲泣，测长啸不视，遂往庐山，止祖炳旧宅。

鱼复侯子响为江州，厚遣赠遗。测曰："少有狂疾，寻山采药，远来至此。量腹而进松术，度形而衣薜萝，淡然已足，岂容当此横施！"子响命驾造之，测避不见。后子响不告而来，奄至所住，测不得已，巾褐对之，竟不交言，子响不悦而退。尚书令王俭饷测蒲褥。顷之，测送弟丧还西，仍留旧宅永业寺，绝宾友，唯与同志庾易、刘虬、宗人尚之等往来讲说。刺史随王子隆至镇，遣别驾宗哲致劳问，测笑曰："贵贱理隔，何以及此。"竟不答。建武二年，征为司徒主簿，不就。卒。

测善画，自图阮籍遇苏门于行障上，坐卧对之。又画永业佛影台，皆为妙作。颇好音律，善《易》《老》，续皇甫谧《高士传》三卷。又尝游衡山七岭，著衡山、庐山记。

尚之字敬文，亦好山泽。与刘虬俱以骠骑记室不仕。宋末，刺史武陵王辟赞府，豫章王辟别驾，并不就。永明中，与刘虬同征为通直郎，和帝中兴初，又征为谘议，并不就。寿终。

杜京产，字景齐，吴郡钱唐人。杜子恭玄孙也。祖运，为刘毅卫军参军。父道鞠，州从事，善弹棋，世传五斗米道，至京产及子栖。京产少恬静，闭意荣宦。颇涉文义，专修黄老。会稽孔觊，清刚有峻节，一见而为款交。郡召主簿，州辟从事，称疾去。除奉朝请，不就。与同郡顾欢同契，始宁东山开舍授学。建元中，武陵王晔为会稽，太祖遣儒士刘瓛入东为晔讲说，京产请瓛至山舍讲书，倾资供待，子栖躬自履屐，为瓛生徒下食，其礼贤如此。孔稚珪、周颙、谢瀹并致书以通殷勤。

永明十年，稚珪及光禄大夫陆澄、祠部尚书虞悰、太子右率沈约、司徒右长史张融表荐京产曰："窃见吴郡杜京产，洁静为心，谦虚成性，通和发于天挺，敏达表于自然。学遍玄、儒，博通史、子，流连文艺，沈吟道奥。泰始之朝，挂冠辞世，遁舍家业，隐于太平。茸宇穷岩，采芝幽涧，耦耕自足，薪歌有余。确尔不群，淡然寡欲，麻衣藿食，二十余载。虽古之志士，何以加之。谓宜释巾幽谷，结组登朝，则岩谷含欢，薜萝起抃矣。"不报。建武初，征员外散骑侍郎，京产曰："庄生持钓，岂为白璧所回。"辞疾不就。年六十四，永元元年卒。

会稽孔道徽，守志业不仕，京产与之友善。

永明中，会稽钟山有人姓蔡，不知名。山中养鼠数十头，呼来即来，遣去便去。言语狂易，时谓之"谪仙"。不知所终。

沈骁士，字云祯，吴兴武康人也。祖膺期，晋太中大夫。骁士少好学，家贫，织帘诵书，口手不息。宋元嘉末，文帝令尚书仆射何尚之抄撰《五经》，访举学士，县以骁士应选。尚之谓子偃曰："山薮故有奇士也。"少时，骁士称疾归乡，更不与人物通。养孤兄子，义著乡曲。或劝骁士仕，答曰："鱼县兽槛，天下一契，圣人玄悟，所以每履吉先。吾诚未能景行坐忘，何为不希企日损。"乃作《玄散赋》以绝世。太守孔山士辟，不应。宗人徐州刺史昙庆、侍中怀文、左率勃来候之，骁士未尝答也。隐居余干吴差山，讲经教授，从学者数十百人，各营屋宇，依止其侧。骁士重陆机《连珠》，每为诸生讲之。

征北张永为吴兴，请骁士入郡。骁士闻郡后堂有好山水，乃往停数月。永欲请为功曹，使人致意。骁士曰："明府德履冲素，留心山谷，民是以被褐负杖，忘其疲病。必欲饰浑沌以蛾眉，冠越客于文冕，走虽不敏，请附高节，有蹈东海而死尔。"永乃止。

升明末，太守王奂上表荐之，诏征为奉朝请，不就。永明六年，吏部郎沈渊、中书郎沈约又表荐骁士义行，曰："吴兴沈骁士，英风凤挺，峻节早树，贞粹禀于天然，综博生乎笃习。家世孤贫，藜藿不给，怀书而耕，白首无倦，挟琴采薪，行歌不辍。长兄早卒，孤侄数四，摄尪鞠稚，吞苦推甘。年逾七十，业行无改。元嘉以来，聘召仍叠。玉质逾洁，霜操日严。若使闻政王庭，服道槐掖，必能孚朝规于边鄙，播圣泽于荒垂。"诏又征为太学博士；建武二年，征著作郎；永元二年，征太子舍人；并不就。

骁士负薪汲水，并日而食，守操终老。笃学不倦，遭火，烧书数千卷，骁士年过八十，耳目犹聪明，手以反故抄写，灯下细书，复成二三千卷，满数十箧，时人以为养身静嘿之所致也。著《周易两系》《庄子内篇训》，注《易经》、《礼记》、《春秋》、《尚书》、《论语》、《孝经》、《丧服》、《老子要略》数十卷。以杨王孙、皇甫谧深达生死，而终礼矫伪，乃自作终制。年八十六，卒。

同郡沈俨之，字士恭，徐州刺史昙庆子，亦不仕。征太子洗马，永明元年，征中书郎。三年，又诏征前南郡国常侍沈顗为著作郎，建武二年。征太子舍人，永元二年，征通直郎。顗字处默，宋领军寅之兄孙也。

吴苞，字天盖，濮阳鄄城人也。儒学，善《三礼》及《老》、《庄》。宋泰始中，过江聚徒教学。冠黄葛巾，竹麈尾，蔬食二十余年。隆昌元年，诏曰："处士濮阳吴苞，栖志穷谷，秉操贞固，沈情味古，白首弥厉。征太学博士。"不就。始安王遥光、右卫江祏于蒋山南为立馆，自刘瓛卒后，学者咸归之。以寿终。

鲁国孔嗣之，字敬伯。宋世与太祖俱为中书舍人，并非所好，自庐陵郡去官，隐居钟山，朝廷以为太中大夫。建武三年卒。

徐伯珍，字文楚，东阳太末人也。祖父并郡掾史。伯珍少孤贫，书竹叶及地学书。山水暴出，漂溺宅舍，村邻皆奔走，伯珍累床而止，读书不辍。叔父璠之与颜延之友善，还祛蒙山立精舍讲授，伯珍往从学，积十年，究寻经史，游学者多依之。太守琅邪王昙生、吴郡张淹并加礼辟，伯珍应召便退，如此者凡十二焉。征士沈俨造膝谈论，申以素交。吴郡顾欢擿出《尚书》滞义，伯珍训答甚有条理，儒者宗之。

好释氏、老庄，兼明道术。岁常旱，伯珍筮之，如期雨澍。举动有礼，过曲木之下，趋而避之。早丧妻，晚不复重娶，自比曾参。宅南九里有高山，班固谓之九岩山，后汉龙丘苌隐处也。山多龙须柽柏，望之五采，世呼为妇人岩。二年，伯珍移居。门前生梓树，一年便合抱；馆东石壁夜忽有赤光洞照，俄尔而灭；白雀一双栖其户牖；论者以为隐德之感焉。永明二年，刺史豫章王辟议曹从事，不就。家甚贫婆，兄弟四人，皆白首相对，时人呼为"四皓"。建武四年卒，年八十四。受业生凡千余人。

同郡楼幼瑜，亦儒学。著《礼捃遗》三十卷。官至给事中。

又同郡楼惠明，有道术。居金华山，禽兽毒螫者皆避之。宋明帝闻之，敕出住华林园，除奉朝请，固乞不受，求东归。永明三年，忽乘轻舟向临安县，众不知所以。寻而唐宇之贼破郡。文惠太子呼出住蒋山，又求归，见许。世祖敕为立馆。

史臣曰：顾欢论夷夏，优老而劣释。佛法者，理寂乎万古，迹兆乎中世，渊源浩博，无始无边，宇宙之所不知，数量之所不尽，盛乎哉！真大士之立言也。探机扣寂，有感必应，以大苞小，无细不容。若乃儒家之教，仁义礼乐，仁爱义宜，礼顺乐和而已；今则慈悲为本，常乐为宗，施舍惟机，低举成敬。儒家之教，宪章祖述，引古证今，于学易悟；今树以前因，报以后果，业行交酬，连璎相袭。阴阳之教，占气步景，授民以时，知其利害；今则耳眼洞达，心智他通，身为奎井，岂俟甘石。法家之教，出自刑理，禁奸止邪，明用赏罚；今则十恶所坠，五及无间，刀树剑山，焦汤猛火，造受自贻，罔或差贰。墨家之教，遵上俭薄，磨踵灭顶，且犹非吝；今则肤同断瓠，目如井星，授子捐妻，在鹰庇鸽。从横之教，所贵权谋，天口连环，归乎适变；今则一音万解，无待户说，四辩三会，咸得吾师。杂家之教，兼有儒墨；今则五时所宜，于何不尽。农家之教，播植耕耘，善相五事，以艺九谷；今则郁单粳稻，已异阎浮，生天果报，自然饮食。道家之教，执一虚无，得性亡情，凝神勿扰；今则波若无照，万法皆空，岂有道之可名，宁余一之可得。道俗对校，真假将雠。释理奥藏，无往而不有也。能善用之，即真是俗。九流之设，用藉世教，刑名道墨，乖心异旨，儒者不学，无伤为儒；佛理玄旷，实智妙有，一物不知，不成圆圣。若夫神道应现之力，感会变化之奇，不可思议，难用言象。而诸张米道，符水先验，相传师法，祖自伯阳。世情去就，有此二学，僧尼道士，矛盾相非。非唯重道，兼亦殉利。详寻两教，理归一极。但迹有左右，故教成先后。广略为言，自生优劣。道本虚无，非由学至，绝圣弃智，已成有为。有为之无，终非道本。若使本末同无，曾何等级。佛则不然，具缚为种，转暗成明，梯愚入圣。途虽远而可践，业虽旷而有期。劝慕之道，物我无隔。而局情浅智，鲜能厍受。世途揆度，因果二门。鸡鸣为善，未必余庆；胁肉东陵，曾无厄祸。身才高妙，郁滞而靡达；器思庸卤，富厚以终生。忠反见遗，诡乃获申。观此而论，近无罪福，而业不有定，著自经文，三报分宗，斯疑顿晓。史臣服膺释氏，深信冥缘，谓斯道之莫贵也。

赞曰：含贞抱朴，履道敦学。惟兹潜隐，弃鳞养角。

卷五十五　　列传第三十六

孝义

崔怀慎　公孙僧远　吴欣之　韩系伯　孙淡
华宝　韩灵敏　封延伯　吴达之　王文殊
朱谦之　萧睿明　乐颐　江泌　杜栖　陆绛

子曰："父子之道，天性也，君臣之义也。"人之含孝禀义，天生所同，淳薄因心，非俟学至。迟遇为用，不谢始庶之法；骄慢之性，多惭水菽之享。夫色养尽力，行义致身，甘心垅亩，不求闻达，斯即孟氏三乐之辞，仲由负米之叹也。通乎神明，理缘感召。情浇世薄，方表孝慈。故非内德者所以寄心，怀仁者所以标物矣。埋名韫节，鲜或昭著，纪夫事行，以列于篇。

崔怀慎，清河东武城人也。父邪利，鲁郡太守，宋元嘉中没虏。怀慎与妻房氏笃爱，闻父陷没，即日遣妻，布衣蔬食，如居丧礼。邪利后仕虏中书，戒怀慎不许如此，怀慎得书更号泣。怀慎从叔模为荥阳太守，亦同没虏，模子虽居处改节，而不废婚宦。大明中，怀慎宗人冀州刺史元孙北使，虏问之曰："崔邪利、模并力屈归命，二家子侄，出处不同，义将安在？"元孙曰："王尊驱骥，王阳回车，欲令忠孝并弘，臣子两节。"泰始初，淮北陷没，界上流奔者多有去就，怀慎因此人北。至桑乾，邪利时已卒，怀慎绝疝后苏。载丧还青州，徒跣冰雪，土气寒酷，而手足不伤，时人以为孝感。丧毕，以弟在南，建元初又逃归，而弟亦已亡。怀慎孤贫独立，宗党哀之，日敛给其升米。永明中卒。

公孙僧远，会稽剡人也。治父丧至孝，事母及伯父甚谨。年谷饥贵，僧远省餐减食以供母及伯。弟亡，无以葬，身贩贴与邻里，供敛送之费。躬负土，手种松柏。兄姊未婚嫁，乃自卖为之成礼。名闻郡县。太祖即位，遣兼散骑常侍虞炎等十二部使行天下，建元三年，表列僧远等二十三人，诏并表门闾，蠲租税。

吴欣之，晋陵利城人也。宋元嘉末，弟尉之为武进县戍，随王诞起义，太初遣军主华钦讨之，吏民皆散，尉之独留，见执将死。欣之诣钦乞代弟命，辞泪哀切，兄弟皆见原。建元三年，有诏蠲表。

永明初，广陵民章起之二息犯罪争死，太守刘悛表以闻。

韩系伯，襄阳人也。事父母谨孝。襄阳土俗，邻居种桑树于界上为志，系伯以桑枝荫妨他地，迁界上开数尺，邻畔随复侵之，系伯辄更改种。久之，邻人惭愧，还所侵地，躬往谢之。建元三年，蠲租税，表门闾。以寿终。

孙淡，太原人也。居长沙，事母孝。母疾，不眠食，以差为期。母哀之，后有疾，不使知也。豫章王领湘州，辟骠骑行参军。建元三年，蠲租税，表门闾。卒于家。

华宝，晋陵无锡人也。父豪，义熙末戍长安，宝年八岁。临别，谓宝曰："须我还，当为汝上头。"长安陷虏，豪殁。宝年至七十，不婚冠，或问之者，辄号恸弥日，不忍答也。

同郡薛天生，母遭艰菜食，天生亦菜食，母未免丧而死，天生终身不食鱼肉。与弟有恩义。

又同郡刘怀胤与弟怀则，年十岁，遭父丧，不衣絮帛，不食盐菜。建元三年，并表门闾。

韩灵敏，会稽剡人也。早孤，与兄灵珍并有孝性。寻母又亡，家贫无以营凶，兄弟共种瓜半亩，朝采瓜子，暮已复生，以此遂办葬事。灵珍亡，无子，妻卓氏守节不嫁，虑家人夺其志，未尝告归，灵敏事之如母。

晋陵吴康之妻赵氏，父亡弟幼，值岁饥，母老病笃，赵诣乡里自卖，言辞哀切，乡里怜之，人人分升米相救，遂得免。及嫁康之，少时夫亡，家欲更嫁，誓死不贰。

义兴蒋隽之妻黄氏，夫亡不重嫁，逼之，欲赴水自杀，乃止。建元三年，诏蠲租赋，表门闾。

永明元年，会稽永兴吴翼之母丁氏，少丧夫，性仁爱。遭年荒，分衣食以贻里中饥饿者，邻里求借，未尝违。同里陈穰父母死，孤单无亲戚，丁氏收养之，及长，为营婚娶。又同里王礼妻徐氏，荒年客死山阴，丁为买棺器，自往敛葬。元徽末，大雪，商旅断行，村里比屋饥饿，丁自出盐米，计口分赋。同里左侨家露四丧，无以葬，丁为办冢椁。有三调不登者，代为输送。丁长子妇王氏守寡执志不再醮。州郡上言，诏表门闾，蠲租税。

又广陵徐灵礼妻遭火救儿，与儿俱焚死。太守刘悛以闻。

又会稽人陈氏，有三女，无男。祖父年八九十，老耄无所知，父笃癃病，母不安其室。值岁饥，三女相率于西湖采菱莼，更日至市货卖，未尝亏息。乡里称为义门，多欲取为妇，长女自伤茕独，誓不肯行。祖父母寻相继卒，三女自营殡葬，为庵舍墓侧。

又永兴概中里王氏女，年五岁，得毒病，两目皆盲。性至孝，年二十，父母死，临尸一叫，眼皆血出，小妹娥舐其血，左目即开，时人称为孝感。县令何昙秀以闻。

又诸暨东洿里屠氏女，父失明，母瘤疾，亲戚相弃，乡里不容。女移父母远住苎罗，昼樵采，夜纺绩，以供养。父母俱卒，亲营殡葬，负土成坟。忽闻空中有声云："汝至性可重，山神欲相驱使。汝可为人治病，必得大富。"女谓是妖魅，弗敢从，遂得病。积时，邻舍人有中溪蜮毒者，女试治之，自觉病便差，遂以巫道为人治疾，无不愈。家产日益，乡里多欲娶之，以无兄弟，誓守坟墓不肯嫁，为山贼劫杀。县令于琳之具言郡，太守王敬则以闻。

建武三年，吴兴乘公济妻姚氏生二男，而公济及兄公愿、乾伯并卒，各有一子欣之、天保，姚养育之，卖田宅为娶妇，自与二男寄止邻家。明帝诏为其二子婚，表门闾，复徭役。

吴郡范法恂妻褚氏，亦勤苦执妇业。宋升明中，孙昙瓘谋反亡命，褚谓其子僧简曰："孙越州先姑之姊子，与汝父亲则从母兄弟，交则义重古人。逃窜脱不免，汝宜收之。"昙瓘寻伏法，褚氏令僧简往敛葬。年七十余，永明中卒。僧简在都，闻病驰归，未至而褚已卒，将殡，举尸不起，寻而僧简至焉。

封延伯，字仲琏，渤海人也。有学行，不与世人交，事寡嫂甚谨。州辟主簿，举秀才，不就。后乃仕。垣崇祖为豫州，启太祖用为长史，带梁郡太守。以疾自免，侨居东海，遂不至京师。三世同财，为北州所宗附。豫章王辟中兵，不就，卒。

建元三年，大使巡行天下，义兴陈玄子四世一百七十口同居。武陵郡邵荣兴、文献叔八世同居。东海徐生之、武陵范安祖、李圣伯、范道根五世同居。零陵谭弘宝、衡阳何弘、华阳朱黑头疏从四世同居，并共衣食。诏表门闾，蠲租税。又蜀郡王续祖、华阳郝道福并累世同爨。建武三年，明帝诏表门闾，蠲调役。

吴达之，义兴人也。嫂亡无以葬，自卖为十夫客以营冢椁。从祖弟敬伯夫妻荒年被略卖江北，达之有田十亩，货以赎之，与之同财共宅。郡命为主簿，固以让兄。又让世业旧田与族弟，弟亦不受，田遂闲废。建元三年，诏表门闾。

河南辛普明侨居会稽，自少与兄共处一帐，兄亡，以帐施灵座，夏月多蚊，普明不以露寝见色。兄将葬，邻人嘉其义，赗助甚多，普明初受，后皆反之。赠者甚怪，普明曰："本以兄墓不周，故不逆来意。今何忍亡者余物以为家财。"后遭母丧，几至毁灭。扬州刺史豫章王辟为议曹从事。年五十卒。

又有何伯瑰，弟幼瑰，俱厉节操。养孤兄子，及长为婚，推家业尽与之。安贫枯槁，诲人不倦，乡里呼为人师。郡守下车，莫不修谒。永明十一年，伯瑰卒。幼瑰少好佛法，蔬落长斋，持行精苦。梁初卒。兄弟年并八十余。

王文殊，吴兴故鄣人也。父没虏，文殊思慕泣血，蔬食山谷三十余年。太守谢瀹板为功曹，不就。永明十一年，太守孔琇之表曰："文殊性挺五常，心符三教。以父没獯庭，抱终身之痛，专席恒居，衔罔极之恤。服缞缟以经年，饵蔬菽以俟命，婚义灭于天情，官序空于素抱。傥降甄异之恩，榜其闾里"。郁林诏榜门，改所居为"孝行里"。

朱谦之，字处光，吴郡钱唐人也。父昭之，以学解称于乡里，谦之年数岁，所生母亡，昭之假葬田侧，为族人朱幼方燎火所焚。同产姊密语之，谦之虽小，便哀戚如持丧。年长不婚娶。永明中，手刃杀幼方，诣狱自系。县令申灵勋表上，别驾孔稚珪、兼记室刘琎、司徒左西掾张融笺与刺史豫章王曰："礼开报仇之典，以申孝义之情；法断相杀之条，以表权时之制。谦之挥刃酬冤，既申私礼，系颈就死，又明公法。今仍杀之，则成当世罪人；宥而活之，即为盛朝孝子。杀一罪人，未足弘宪；活一孝子，实广风德。张绪、陆澄，是其乡旧，应具来由。融等与谦之并不相识，区区短见，深有恨然。"豫章王言之世祖，时吴郡太守王慈、太常张绪、尚书陆澄并表论其事，世祖嘉其义，虑相复报，乃遣谦之随曹虎西行。将发，幼方子恽于津阳门伺杀谦之，谦之兄选之又刺杀恽，有司以闻。世祖曰："此皆是义事，不可问。"悉赦之。吴兴沈颙闻而叹曰："弟死于孝，兄殉于义。孝友之节，萃此一门。"选之字处林，有志节，著《辩相论》。幼时顾欢见而异之，以女妻焉。官至江夏王参军。

萧睿明,南兰陵人。领军将军谌从祖兄弟也。父孝孙,左军。睿明初仕员外殿中将军,少有至性,奉亲谨笃。母病躬祷,夕不假寐,及亡,不胜哀而卒。永明五年,世祖诏曰:"龙骧将军、安西中兵参军、松滋令萧睿明,爱敬淳深,色养尽礼,丧过乎哀,遂致毁灭。虽未达圣教,而一至可愍。宜加荣命,以矜善人。可赠中书郎。"

乐颐,字文德,南阳涅阳人。世居南郡。少而言行和谨,仕为京府参军。父在郢州病亡,颐忽思父涕泣,因请假还,中路果得父凶问。颐便徒跣号咷,出陶家后渚,遇商人附载西上,水浆不入口数日。尝遇病,与母隔壁,忍痛不言,啮被至碎,恐母之哀己也。湘州刺史王僧虔引为主簿,以同僚非人,弃官去。吏部郎庾杲之尝伺候,颐为设食,枯鱼菜菹而已。杲之曰:"我不能食此。"母闻之,自出常膳鱼羹数种。杲之曰:"卿过于茅季伟,我非郭林宗。"仕至郢州治中,卒。

弟预亦孝,父临亡,执其手以托郢州行事王奂,预悲感闷绝,吐血数升,遂发病。官至骠骑录事。隆昌末,预谓丹阳尹徐孝嗣曰:"外传藉藉,似有伊周之事,君蒙武帝殊常之恩,荷托付之重,恐不得同人此举。人笑褚公,至今齿冷。"孝嗣心甚纳之。建武中为永世令,民怀其德。卒官。有一老妪行担斛薪叶将诣市,闻预死,弃担号泣。

雁门解仲恭,亦侨居南郡。家行敦睦,得纤毫财利,辄与兄弟平分。母病经时不差,入山采药,遇一老父语之曰:"得丁公藤,病立愈。此藤近在前山际高树垂下便是也。"忽然不见。仲恭如其言得之,治病,母即差。至今江陵人犹有识此藤者。

江泌,字士清,济阳考城人也。父亮之,员外郎。泌少贫,昼日斫屧,夜读书,随月光握卷升屋。性行仁义,衣弊,恐虱饥死,乃复取置衣中。数日间,终身无复虱。母亡后,以生阙供养,遇鲑不忍食。食菜不食心,以其有生意也。历仕南中郎行参军,所给募吏去役,得时病,莫有舍之者,吏扶杖投泌,泌亲自隐恤,吏死,泌为买棺。无僮役,兄弟共舆埋之。领国子助教。乘牵车至染乌头,见老翁步行,下车载之,躬自步去。世祖以为南康王子琳侍读。建武中,明帝害诸王后,泌忧念子琳,诣志公道人问其祸福。志公覆香炉灰示之曰:"都尽,无所余。"及子琳被害,泌往哭之,泪尽,继之以血。亲视殡葬,乃去。时广汉王侍读严桓之亦哭王尽哀。泌寻卒。泌族人兖州治中泌,黄门郎念子也。与泌同名。世谓泌为"孝江泌"以别之。

杜栖,字孟山,吴郡钱唐人,征士京产子也。同郡张融与京产相友,每相造言论,栖常在侧。融指栖曰:"昔陈太丘之召元方,方之为劣。以今方古,古人何贵。"栖出京师,从儒士刘瓛受学。善清言,能弹琴饮酒,名儒贵游多敬待。中书郎周颙与京产书曰:"贤子学业清标,后来之秀。嗟爱之怀,岂知云已。所谓人之英彦,若

己有之也。"刺史豫章王闻其名,辟议曹从事,仍转西曹佐。竟陵王子良数致礼接。国子祭酒何胤治礼,又重栖,以为学士,掌婚冠仪。以父老归养,怡情垄亩。栖肥白长壮,及京产疾,旬日间便皮骨自支。京产亡,水浆不入口七日,晨夕不罢哭,不食盐菜。每营买祭奠,身自看视,号泣不自持。朔望节岁,绝而复续,吐血数升。时何胤、谢朓并隐东山,遗书敦譬,诫以毁灭。至祥禫,暮梦见其父,恸哭而绝。初,胤兄点见栖叹曰:"卿风韵如此,虽获嘉誉,不永年矣。"卒时年三十六。当世咸嗟惜焉。

建武二年,剡县有小儿,年八岁,与母俱得赤斑病。母死,家人以小儿犹恶,不令其知。小儿疑之,问云:"母尝数问我病,昨来觉声羸,今不复闻,何谓也?"因自投下床,匍匐至母尸侧,顿绝而死。乡邻告之县令宗善才,求表庐,事竟不行。

陆绛,字魏卿,吴郡人也。父闲,字遐业,有风概,与人交,不苟合。少为同郡张绪所知,仕至扬州别驾。明帝崩,闲谓所亲曰:"宫车晏驾,百司将听于冢宰。主王地重才弱,必不能振,难将至矣。"乃感心疾,不复预州事。刺史始安王遥光反,事败,闲以纲佐被召至杜姥宅,尚书令徐孝嗣启闲不预逆谋,未及报,徐世檦令杀之。绛时随闲,抱闲颈乞代死,遂并见杀。

史臣曰:浇风一起,人伦毁薄,抑引之教徒闻,圭璋之璞罕就。若令事长移忠,傥非行举,姜桂辛酸,容迁本质。而旌闾变星,问伫存牢,不过鳏寡齐矜,力田等劝。其于扶奖名教,未为多也。

赞曰:孝为行首,义实因心。白华秉节,寒木齐心。

卷五十六　　列传第三十七

幸　臣

纪僧真　刘系宗　茹法亮
吕文显　吕文度

有天象,必有人事焉。幸臣一星,列于帝座。经礼立教,亦著近臣之服。亲幸之义,其来已久。爰自衰周,侯伯专命,桓、文霸主,至于战国,宠用近习,不乏于时矣。汉文幸邓通,虽钱遍天下,位止郎中。孝武韩嫣、霍去病,遂至侍中大司马。迄于魏、晋,世任权重,才位稍爽,而信幸唯均。

中书之职,旧掌机务。汉元以令仆用事,魏明以监令专权,及在中朝,犹为重寄。陈准归任上司,荀勖根于失职。《晋令》舍人位居九品,江左置通事郎,管司诏诰。其后郎还为侍郎,而舍人亦称通事。元帝用琅邪刘超,以谨慎居职。宋文世,秋当、周纠并出寒门。孝武以来,士庶杂选,如东海鲍照,以才学知名。又用鲁郡巢尚之,江夏

王义恭以为非选。帝遣尚书二十余牒，宣敕论辩，义恭乃叹曰："人主诚知人。"及明帝世，胡母颢、阮佃夫之徒，专为佞幸矣。

齐初亦用久劳，及以亲信。关谳表启，发署诏敕。颇涉辞翰者，亦为诏文，侍郎之局，复见侵矣。建武世，诏命殆不关中书，专出舍人。省内舍人四人，所直四省，其下有主书令史，旧用武官，宋改文吏，人数无员。莫非左右要密，天下文簿板籍，入副其省，万机严秘，有如尚书外司，领武官，有制局监，领器仗兵役，亦用寒人被恩幸者。今立《幸臣篇》，以继前史之末云。

纪僧真，丹阳建康人也。僧真少随逐征西将军萧思话及子惠开，皆被赏遇。惠开性苛，僧真以微过见罚，既而委任如旧。及罢益州还都，不得志，僧真事之愈谨。惠开临终叹曰："纪僧真方当富贵，我不见也。"乃以僧真托刘秉、周颙。初，惠开在益州，土反，被围危急，有道人谓之曰："城围寻解。檀越贵门后方大兴，无忧外贼也。"惠开密谓僧真曰："我子弟见在者，并无异才。政是道成耳。"僧真忆其言，乃请事太祖。随从在淮阴，以闲书题，令答远近书疏。自寒官历至太祖冠军府参军、主簿。僧真梦蒿艾生满江，惊而白之。太祖曰："诗人采萧，萧即艾也。萧生断流，卿勿广言。"其见亲如此。

元徽初，从太祖顿新亭，拒桂阳贼。萧惠朗突入东门，僧真与左右共拒战。贼退，太祖命僧真领亲兵，游逻城中。事宁，除南台御史、太祖领军功曹。上将废立，谋之袁粲、褚渊。僧真启上曰："今朝廷猖狂，人不自保，天下之望，不在袁、褚。明公岂得默己，坐受夷灭。存亡之机，仰希熟虑。"太祖纳之。

太祖欲度广陵起兵，僧真又启曰："主上虽复狂衅，虐加万民，而累世皇基，犹固盘石。今百口北度，何必得俱。纵得广陵城，天子居深宫施号令，目明公为逆，何以避此？如其不胜，则应北走胡中，窃谓此非万全策也。"上曰："卿顾家，岂能逐我行耶。"僧真顿首称无贰。升明元年，除员外郎，带东武城令。寻除给事中、邵陵王参军。

太祖坐东府高楼，望石头城，僧真在侧。上曰："诸将劝我诛袁、刘，我意不欲便尔。"及沈攸之事起，从太祖入朝堂。石头反夜，太祖遣众军掩讨。宫城中望石头火光及叫声甚盛，人怀不测。僧真谓众曰："叫声不绝，是必官军所攻。火光起者，贼不容自烧其城，此必官军胜也。"寻而石头平。

上出顿新亭，使僧真领千人在帐内。初，上在领军府，令僧真学上手迹下名，至是报答书疏，皆付僧真，上观之，笑曰："我亦不复能别也。"初，上在淮阴治城，得古锡趺，大数尺，下有篆文，莫能识者。僧真曰："何须辨此文字，此自久远之物，九锡之征也。"太祖曰："卿勿妄言。"及上将拜齐公，已克日，有杨祖之谋于临轩作难。僧真更请上选吉辰，寻而祖之事觉。上曰："无卿言，亦当致小狼狈，此亦何异呼沲之冰。"转齐国中书舍人。

建元初，带东燕令，封新阳县男，三百户。转羽林监，加建威将军，迁尚书主客郎，太尉中兵参军，令如故。复以本官兼中书舍人。太祖疾甚，令僧真典遗诏，永明元年，丁父丧，起为建威将军，寻除南泰山太守，又为舍人，本官如故。领诸王第事。

僧真容貌言吐，雅有士风。世祖尝目送之，笑曰："人何必计门户，纪僧真常贵人所不及。"诸权要中，最被盼遇。除越骑校尉，余官如故。出为建武将军，建康令。还除左右郎将，泰山太守。加先驱使。寻除前军将军，遭母丧，开冢得五色两头蛇。世祖崩，僧真号泣思慕。明帝以僧真历朝驱使，建武元年，除游击将军，兼司农，待之如旧。欲令僧真治郡，僧真启进其弟僧猛为镇蛮护军、晋熙太守。永泰元年，除司农卿，明帝崩，掌山陵事。出为庐陵内史，年五十五，卒。

宋世道人杨法持，与太祖有旧。元徽末，宣传密谋。升明中，以为僧正。建元初，罢道，为宁朔将军，封州陵县男，三百户。二年，虏围朐山，遣法持为军主，领支军救援。永明四年，坐役使将客，夺其鲑禀，削封。卒。

刘系宗，丹阳人也。少便书画，为宋竟陵王诞子景粹侍书。诞举兵广陵，城内皆死，敕沈庆之赦系宗，以为东宫侍书。泰始中为主书，以寒官累迁至勋品。元徽初为奉朝请，兼中书通事舍人，员外郎。封始兴南亭侯，食邑三百七十户。带秣陵令。

太祖废苍梧明旦，呼正直舍人虞整，醉不能起，系宗欢喜奉命。太祖曰："今天地重开，是卿尽力之日。"使写诸处分敕令及四方书疏。使主书十人书吏二十人配之，事皆称旨。除羽林监，转步兵校尉。仍除龙骧将军，出为海盐令。太祖即位，除龙骧将军、建康令。永明元年，除宁朔将军，令如故。寻转右军将军、淮陵太守，兼中书通事舍人。母丧自解，起为宁朔将军，复本职。

四年，白贼唐宇之起，宿卫兵东讨，遣系宗随军慰劳，遍至遭贼郡县。百姓被驱逼者，悉无所问，还复民伍。系宗还，上曰："此段有征无战，以时平荡，百姓安怗，甚快也。"赐系宗钱帛。上欲修治白下城，难于动役。系宗启谪役东民丁随宇之为逆者，上从之。后车驾讲武，上履行白下城，曰："刘系宗为国家得此一城。"

永明中，虏使书常令系宗题答，秘书书局皆隶之。再为少府，迁游击将军、鲁郡太守。郁林即位，除骁骑将军，仍除宁朔将军、宣城太守。系宗久在朝省，闲于职事。明帝曰："学士不堪治国，唯大读书耳。一刘系宗足持如此辈五百人。"其重吏事如此。建武二年，卒官，年七十七。

茹法亮，吴兴武康人也。宋大明中出身为小吏，历斋干扶侍。孝武末年作酒法，鞭罚过度，校猎江右，选白衣左右百八十人，皆面首富室，从至南州，得鞭者过半。法亮忧惧，因缘启出家得为道人。明帝初罢道，结事阮佃夫，用为兖州刺史孟次阳典签。累至太祖冠军府行参军。元徽初，除殿中将军，为晋熙王郢州典签，除长兼殿中御史。

世祖镇盆城，须旧驱使人，法亮求留为上江州典签，除南台御史，带松滋令。法亮便辟解事，善于承奉，稍见委信。从还石头。建元初，度东宫主书。除奉朝请，补东宫通事舍人。世祖即位，仍为中书通事舍人。除员外郎，带南济阴太守。永明元年，除龙骧将军。明年，诏曰："茹法亮近在盆城，频使衔命，内宣朝旨，外慰三军。义勇齐奋，人百其气。险阻艰难，心力俱尽。宜沾茅土，以甄忠绩。"封望蔡县男，食邑三百户。转给事中，羽林监。七年，除临淮太守，转竟陵王司徒中兵参军。

巴东王子响于荆州杀僚佐，上遣军西上，使法亮宣旨慰劳，安抚子响。法亮至江津，子响呼法亮，法亮疑畏不肯往。又求见传诏，法亮又不遣。故子响怒，遣兵破尹略军。事平，法亮至江陵，刑赏处分，皆称敕断决。军还，上悔诛子响，法亮被责。少时，亲任如旧。

郁林即位，除步兵校尉。延兴元年，为前军将军。延昌殿为世祖阴室，藏诸御服。二少帝并居西殿，高宗即位住东斋，开阴室出世祖白纱帽防身刀，法亮歔欷流涕。除游击将军。高武旧人鲜有存者，法亮以主署文事，故不见疑，位任如故。永泰元年，王敬则事平，法亮复受敕宣慰。出法亮为大司农。中书势利之职，法亮不乐去，固辞不受，既而代人已至，法亮垂涕而出。年六十四，卒官。

吕文显，临海人也。初为宋孝武斋干直长。升明初为太祖录尚书省事，累位至殿中侍御史，羽林监，带兰陵丞、令，龙骧将军，秣陵令。封刘阳县男。永明元年，除宁朔将军，中书通事舍人，本官如故。文显治事以刻核被知。三年，带南清河太守。与茹法亮等迭出入为舍人。并见亲幸。四方饷遗，岁有数百万，并造大宅，聚山开池。五年，为建康令，转长水校尉，历带南泰山、南谯太守，寻为司徒中兵参军，淮南太守，直舍人省。累迁左中郎将，南东莞太守，右军将军。高宗辅政，以文显守少府，见任使。历建武、永元之世，尚书右丞，少府卿。卒。

吕文度，会稽人，宋世为细作金银库吏，竹局匠。元徽中为射雉典事，随监莫修宗上郢。世祖镇盆城拒沈攸之，文度仍留伏事，知军队杂役，以此见亲。从还都，为石头城监，仍度东宫。世祖即位，为制局监，位至员外郎，带南濮阳太守。殿内军队及发遣外镇人，悉关之，甚有要势。故世传越州尝缺，上觅一直事人往越州，文度启其所知费延宗合旨，上即以为刺史。永明中，敕亲近不得辄有申荐，人士免官，寒人鞭一百。

上性尊严，吕文显尝在殿侧咳声高，上使茹法亮训诘之，以为不敬，故左右畏威承意，非所隶莫敢有言也。时茹法亮掌杂驱使簿，及宣通密敕；吕文显掌谷帛事；其余舍人无别任。虎贲中郎将潘敞掌监功作。上使造禅灵寺新成，车驾临视，甚悦。敞喜，要吕文显私登寺南门楼，上知之，系敞上方，而出文显为南谯郡，久之乃复。

济阳江瞿昙、吴兴沈徽孚等，以士流舍人通事而已，无权利。徽孚粗有笔札。建武中文诏多其辞也。官至黄门郎。

史臣曰：中世已来宰御天下，万机碎密，不关外司，尚书八座五曹各有恒任，系以九卿六府，事存副职。咸皆冠冕搢绅，任疏人贵，伏奏之务既寝，趋走之劳亦息。关宣所寄，属当有归，通驿内外，切自音旨。若夫环缨敛笏，俯仰晨昏，瞻幄座而竦躬，陪兰槛而高眄，探求恩色，习睹威颜，迁兰变鲍，久而弥信，因城社之固，执户壅之机。长主君世，振裘持领，赏罚事殷，能不逾漏，宫省咳唾，义必先知。故能窥盈缩于望景，获骊珠于龙睡。坐归声势，卧震都鄙。贿赂日积，苞苴岁通。富拟公侯，威行州郡。制局小司，专典兵力，云陛天居，互设兰锜，羽林精卒，重屯广卫。至于元戎启辙，式候还麾，遮迎清道，神行案辔，督察来往，驰骛华毂，驱役分部，亲承几案，领护所摄，示总成规。若征兵动众，大兴民役，行留之仪，请托在手；断割牢禀，卖弄文符，捕叛追亡，长戍远谪；军有千龄之寿，室无百年之鬼。害政伤民，于此为蠹。况乎主幼时昏，其为谗慝，亦何可胜纪也！

赞曰：恩泽而侯，亲幸为旧。便烦左右，既贵且富。

卷五十七　　列传第三十八

魏虏

魏虏，匈奴种也，姓托跋氏。晋永嘉六年，并州刺史刘琨为屠各胡刘聪所攻，索头猗卢遣子日利孙将兵救琨于太原，猗卢入居代郡，亦谓鲜卑。被发左衽，故呼为索头。猗卢孙什翼犍，字郁律游，后还阴山为单于，领匈奴诸部。太元元年，苻坚遣伪并州刺史苻洛伐犍，破龙庭，禽犍还长安，为立宅，教犍书学。分其部党居云中等四郡，诸部主帅岁终入朝，并得见犍，差税诸部以给之。

坚败，子珪，字涉圭，随舅慕容垂据中山，还领其部，后稍强盛。隆安元年，珪破慕容宝于中山，遂有并州，僭称魏，年号天赐。追谥犍烈祖平文皇帝。珪死，谥道武皇帝。子木末立，年号太常，死，谥明元皇帝。子焘，字佛狸，代立，年号太平真君。宋元嘉中，伪太子晃与大臣崔氏、寇氏不睦，崔、寇潜之。玄高道人有道术，晃使祈福七日七夜，佛狸梦其祖父并怒，手刃向之曰："汝何故信谗欲害太子！"佛狸惊觉，下伪诏曰："王者大业，纂承为重，储宫嗣绍，百王旧例。自今已往，事无巨细，必经太子，然后上闻。"晃后谋杀佛狸见杀。焘死，谥太武皇帝。立晃子浚，字乌雷直勤，年号和平。追谥晃景穆皇帝。浚死，谥文成皇帝。子弘，字万民，立，年号天安。景和九年，伪太子宏生，改年为皇兴。

什翼珪始都平城，犹逐水草，无城郭，木末始土著居处。佛狸破梁州、黄龙，徙其居民，大筑郭邑。截平城西为宫城，四角起楼，女墙，门不施屋，城又无堑。南门外立二土门，内立庙，开四门，各随方色，凡五庙，一世一间，瓦屋。其西立太社。佛狸所居云母等三殿，又立重屋，居其上。饮食厨名"阿真厨"，在西，皇后可孙恒出此厨求食。初，姚兴以塞外虏赫连勃勃为安北将军，领五部胡，屯大城，姚泓败后，入长安。佛狸攻破勃勃子昌，娶勃勃女为皇后。义熙中，仇池公杨盛表云"索虏勃勃，匈奴正胤"是也。可孙昔妾媵之。殿西铠仗库屋四十余间，殿北丝绵布绢库土屋一十余间。伪太子宫在城东，亦开四门，瓦屋，四角起楼。妃妾住皆土屋。婢使千余人，织绫锦贩卖，酤酒，养猪羊，牧牛马，种菜逐利。太官八十余窖，窖四千斛，半谷半米。又有悬食瓦屋数十间，置尚方作铁及木。其袍衣，使宫内婢为之。伪太子别有仓库。其郭城绕宫城南，悉筑为坊，坊开巷。坊大者容四五百家，小者六七十家。每南坊搜检，以备奸巧。城西南去白登山七里，于山边别立父祖庙。城西有祠天坛，立四十九木人，长丈许，白帻、练裙、马尾被，立坛上，常以四月四日杀牛马祭祀，盛陈卤簿，边坛奔驰奏伎为乐。城西三里，刻石写《五经》及其国记，于邺取石虎文石屋基六十枚，皆长丈余，以充用。

国中呼内左右为"直真"，外左右为"乌矮真"，曹局文书吏为"比德真"，檐衣人为"朴大真"，带仗人为"胡洛真"，通事人为"乞万真"，守门人为"可薄真"，伪台乘驿贱人为"拂竹真"，诸州乘驿人为"咸真"，杀人者为"契害真"，为主出受辞人为"折溃真"，贵人作食人为"附真"。三公贵人，通谓之"羊真"。佛狸置三公、太宰、尚书令、仆射、侍中，与太子共决国事。殿中尚书知殿内兵马仓库，乐部尚书知伎乐及角史伍柏，驾部尚书知牛马驴骡，南部尚书知南边州郡，北部尚书知北边州郡。又有侯勤地何，比尚书；莫堤，比刺史；郁若，比二千石；受别官比诸侯。诸曹府有仓库，悉置比官，皆使通胡、汉语，以为传驿。兰台置中丞御史，知城内事。又置九豆和官，宫城三里内民户籍不属诸军戍者，悉属之。

其车服，有大小辇，皆五层，下施四轮，三二百人牵之，四施絙索，备倾倒。轺车建龙旗，尚黑。妃后则施杂彩幰，无幢络。太后出，则妇女著铠骑马近辇左右。虏主及后妃常行，乘银镂羊车，不施帷幔，皆偏坐垂脚辕中，在殿上亦跂据。正殿施流苏帐，金博山，龙凤朱漆画屏风，织成幌。坐施氍毹褥。前施金香炉，琉璃钵，金碗，盛杂食器。设客长盘一尺，御馔圆盘广一丈。为四轮车，元会日六七十人牵上殿。蜡日逐除，岁尽，城门磔雄鸡，苇索桃梗，如汉仪。

自佛狸至万民，世增雕饰。正殿西筑土台，谓之白楼。万民禅位后，常游观其上。台南又有伺星楼。正殿西又有祠屋，琉璃为瓦。宫门稍覆以屋，犹不知为重楼。并设削泥采，画金刚力士。胡俗尚水，又规画黑龙相盘绕，以为厌胜。

泰始五年，万民禅位子宏，自称太上皇。宏立，号延兴元年。至六年，万民死，谥献文皇帝。改号为承明元年，是岁元徽四年也。祖母冯氏，黄龙人，助治国事。初，佛狸母是汉人，为木末所杀，佛狸以乳母为太后。自此以来，太子立，辄诛其母。一云冯氏本江都人，佛狸元嘉二十七年南侵，略得冯氏，浚以为妾，独得全焉。明年丁巳岁，改号太和。

宋明帝末年，始与虏和好。元徽升明之世，虏使岁通，

建元元年，伪太和三年也。宏闻太祖受禅，其冬，发众遣丹阳王刘昶为太师，寇司、豫二州。明年，诏遣众军北讨。宏遣大将郁豆眷、叚长命攻寿阳及钟离，为豫州刺史垣崇祖、右将军周盘龙、徐州刺史崔文仲等所破。宏又遣伪部尚书托跋等向司州，分兵出兖、青界，十万众围朐山，戍主玄元度婴城固守。青冀二州刺史卢绍之遣夌领兵助之。城中无食，绍之出顿州南石头亭，隔海运粮柴供给城内。虏围断海道，缘岸攻城，会潮水大至，虏漧溺，元度出兵奋击，大破之。台遣军主崔灵建、杨法持、房灵民万余人从淮入海，船舰至夜各举两火，虏众望见，谓是南军大至，一时奔退。

初，元度自云臂上有封侯志，宋世以示世祖，时世祖在东宫，书与元度曰："努力成臂上之相也。"虏退，上议加封爵，元度归功于绍之，绍之又让，故并见寝。上乃擢绍之为黄门郎。郁州呼石头亭为平虏亭。绍之字子绪，范阳人，自云卢谌玄孙。宋大明中，预攻广陵，劢上，绍之拔迹自投，上以为州治中，受心腹之任。官至光禄大夫。永明八年卒。

三年，领军将军李安民、左军将军孙文显与虏军战于淮阳，大败之。初，虏寇至，缘淮驱略，江北居民犹惩佛狸时事，皆惊走，不可禁止。乃于梁山置一军，南置三军，慈姥置一军，洌州置二军，三山置二军，白沙洲置一军，蔡州置五军，长芦置三军，菰浦置二军，徐浦置一军，内外悉班阶赏，以示威刑。

伪昌黎王冯莎向司州，荒人桓天生说莎云："诸蛮皆响应。"莎至，蛮竟不动。莎大怒，于淮边猎而去。及寿春摧败，朐山不拔，虏主出定州，大治道路。声欲南行，不敢进。乃与伪梁郡王计曰："兵出彭、泗间，无复斗志，要当一两战得还归。"既于淮阳被破，一时奔走。青、徐间赴义民，先是或抄虏运车，更相杀掠，往往得南归者数千家。

上未遑外略，以虏既摧破，且欲示以威怀，遣后军参军车僧朗北使。虏问僧朗曰："齐辅宋日浅，何故便登大位？"僧朗曰："虞、夏登庸，亲当革禅；魏、晋匡辅，贻厥子孙。岂二圣促促于天位，两贤谦虚以独善？时宜各异，岂得一揆？苟日事宜，故届己应物。"虏又问："齐主悉有何功业？"僧朗曰："主上圣性宽仁，天识弘远。少为宋文皇所器遇，入参禁旅。泰始之初，四方寇叛，东平刘子房、张淹，北讨薛索儿，兼掌宋国，豫司顾命。宋桂阳、建平二王阻兵内侮，一麾殄灭。苍梧王反道败德，有过桀、纣，远遵伊、霍，行废立之事。袁粲、刘秉、沈攸之同恶相济，又秉旄杖钺，大定凶党。戮力佐时，四十余载，经纶夷险，十五六年，此功此德，可谓物无异议。"虏又问："南国无复齐土，何故封齐？"僧朗曰："营丘表海，实为大国。宋朝光启土宇，谓是吕尚先封。今淮海之间，自有青、齐，非无地也。"又问："苍梧何故遂加斩戮？"僧朗曰："苍梧暴虐，书契未闻，武王斩纣，悬之黄钺，共是所闻，何伤于义？"升明中，北使殷灵诞、苟昭先在虏，闻太祖登极，灵诞谓虏典客曰："宋魏通好，忧患是同。宋今灭亡，魏不相救，何用和亲？"及虏寇豫州，灵诞因请为刘昶司马，

不获。僧朗至北,虏置之灵诞下,僧朗立席言曰:"灵诞昔是宋使,今成齐民。实希魏主以礼见处。"灵诞交言,遂相忿詈,调虏曰:"使臣不能立节本朝,诚自惭恨。"刘昶赂客解奉君于会刺杀僧朗,虏即收奉君诛之,殡敛僧朗,送丧随灵诞等南归,厚加赠赙。世祖践阼,昭先具以启闻,灵诞下狱死,赠僧朗散骑侍郎。

永明元年冬,遣骁骑将军刘缵、前军将军张谟使虏。明年冬,虏使李道固报聘,世祖于玄武湖水步军讲武,登龙舟引见之。自此岁使往来,疆场无事。

三年,初令邻里党各置一长,五家为邻,五邻为里,五里为党。四年,造户籍。分置州郡,雍州、凉州、秦州、沙州、泾州、华州、岐州、河州、西华州、宁州、陕州、洛州、荆州、郢州、北豫州、东荆州、南豫州、西兖州、东兖州、南徐州、东徐州、青州、齐州、济州二十五州在河南;相州、怀州、汾州、东雍州、肆州、定州、瀛州、朔州、并州、冀州、幽州、平州、司州十三州在河北。凡分魏、晋旧司、豫、青、兖、冀、并、幽、秦、雍、凉十州地,及宋所失淮北为三十八州矣。

明年,边人桓天生作乱,虏遣步骑万余人助之,至比阳,为征虏将军戴僧静等所破。荒人胡丘生起义悬瓠,为虏所击,战败奔齐。伪安南将军辽东公、平南将军上谷公又攻舞阴,舞阴戍主辅国将军殷公愍拒破之。六年,虏又遣众助桓天生,与辅国将军曹虎战,大败于隔城。至七年,遣使邢产、侯灵绍复通好。先是刘缵再使虏,太后冯氏悦而亲之。冯氏有计略,作《皇诰》十八篇,伪左仆射李思冲称史臣注解。是岁,冯氏死。八年,世祖还陋城所俘获二千余人。

佛狸已来,稍僭华典,胡风国俗,杂相揉乱。宏知谈义,解属文,轻果有远略。游河北至比干墓,作《吊比干文》云:"脱非武发,封墓谁因?呜呼介士,胡不我臣!"宏以己巳岁立圆丘、方泽,置三夫人、九嫔。平城南有干水,出定襄界,流入海,去城五十里,世号为索干都。土气寒凝,风砂恒起,六月雨雪。议迁都洛京。

九年,遣使李道固、蒋少游报使。少游有机巧,密令观京师宫殿楷式。清河崔元祖启世祖曰:"少游,臣之外甥,特有公输之思。宋世陷虏,处以大匠之官。今为副使,必欲模范宫阙。岂可令毡乡之鄙,取象天宫?臣谓且留少游,令使主反命。"世祖以非和通意,不许。少游,安乐人。虏宫室制度,皆从其出。

初,佛狸讨羯胡于长安,杀道人且尽。获道人,以铁笼盛之。后佛狸感恶疾,自是敬畏佛教,立塔寺浮图。宏父弘禅位后,黄冠素服,持戒诵经,居石窟寺。宏太和三年,道人法秀与苟儿王阿厚佩玉等谋反,事觉,囚法秀,加以笼头铁锁,无故自解脱,虏穿其颈骨,使咒之曰:"若复有神,当令穿肉不入。"遂穿而殉之,三日乃死。伪咸阳王复欲尽杀道人,太后冯氏不许。宏尤精信,粗涉义理,宫殿内立浮图。

宏既经古洛,是岁下伪诏尚书思慎曰:"夫覆载垂化,必由四气运其功,曦曜望舒,亦须五星助其晖。仰惟圣母,睿识自天,业高旷古,将稽详典范,日新皇度。不图罪逆招祸,奄丁穷罚,追惟罔极,永无逮及。思遵先旨,敕造明堂之样。卿所制体含六合,事越中古,理圆义备,可轨之千载。信是应世之材,先固之器也。群臣瞻见模样,莫不金然欲速造,朕以寡昧,亦思造盛礼。卿可即于今岁停宫城之作,营建此构。兴皇代之奇制,远成先志,近副朕怀。"又诏公卿参定刑律。又诏罢馔前傩,唯存一傩。又诏:"季冬朝贺,典无成文,以袴褶事非礼敬之谓,若置寒朝服,徒成烦浊,自今罢小岁贺,岁初一贺。"又诏:"王爵非庶姓所僭,伯号是五等常秩。烈祖之胄,仍本王爵,其余王皆为公,公转为侯,侯即为伯,子男如旧。虽名易于本,而品不异昔。公第一品,侯第二品,伯第三品,子第四品,男第五品。

十年,上遣司徒参军萧琛、范云北使。宏西郊,即前祠天坛处也。宏与伪公卿从二十余骑戎服绕坛,宏一周,公卿七匝,谓之蹋坛。明日,复戎服登坛祠天,宏又绕三匝,公卿七匝,谓之绕天。以绳相交络,纽木枝枨,覆以青缯,形制平圆,下容百人坐,谓之为伞,一云"百子帐"也。于此下宴息。次祠庙及布政明堂,皆引朝廷使人观视。每使至,宏亲相应接,申以言义。甚重齐人,常谓其臣下曰:"江南多好臣。"伪侍臣李元凯对曰:"江南多好臣,岁一易主;江北无好臣,而百年一主。"宏大惭,出元凯为雍州长史,俄召复职。

世祖初,治白下,谓人曰:"我欲以此城为上顿处。"后于石头造露车三千乘,欲步道取彭城,形迹颇著。先是八年北使颜幼明、刘思斅反命,伪南部尚书李思冲曰:"二国之和,义在庇民。如闻南朝大造舟车,欲侵淮、泗,推心相期,何应如此?"幼明曰:"主上方弘大信于天下,不失臣妾。既与辑和,何容二三其德?疆场之言,差不足信。且朝廷若必赫怒,使守在外,亦不近相淮渎。"思冲曰:"我国之强,经略淮东,何患不荡海东岳,政存于信誓耳。且和好既结,岂可复有不信?昔华元、子反,战伐之际,尚能以诚相告,此意良慕也。"幼明曰:"卿未有子反之急,讵求登床之请?"

是后宏亦欲南侵徐、豫,于淮、泗间大积马刍。十一年,遣露布并上书,称当南寇。世祖发扬、徐州民丁,广设召募。北地人支酉聚数千人,于长安城北西山起义。遣使告梁州刺史阴智伯。秦州人王度人起义应酉,攻获伪刺史刘藻,秦、雍间七州民皆响震,众至十万,各自保壁,望朝廷救其兵。宏遣弟伪河南王干、尚书卢阳乌击秦、雍义军,干大败。酉迎战,进至咸阳北浊谷,围伪司空长洛王缪老生,合战,又大破之,老生走还长安。梁州刺史阴智伯遣军主席德仁、张弘林等数千人应接酉等,进向长安,所至皆靡。

会世祖崩,宏闻关中危急,乃称闻丧退师。太和十七年八月,使持节、安南大将军、都督徐青齐三州诸军事、南中郎将、徐州刺史、广陵侯府长史、带淮阳太守鹿树生移齐兖州府长史府:"奉被行所尚书符腾诏:皇师电举,摇旆南指,誓清江裖,志廓衡霄。以去月下旬,济次河洛。会前使人邢峦等至,审知彼有大艾。以《春秋》之义,闻丧寝伐。爰敕有司,辍銮止轫,休马华阳,戢戈嵩北。便肇经周制，光宅中区，永皇基于无穷，恢盛业乎万祀。宸居重正，鸿化增新，四海承休，莫不铭庆。故以往示如律令。"并遣使吊国讳。遣伪大将杨大眼、张聪明等数万人攻酉，酉、广等并见杀。

隆昌元年，遣司徒参军刘斅、车骑参军沈宏报使至北。宏称字玄览。其夏，房平北将军鲁直清率众降，以为督洛州军事，领平戎校尉、征房将军、洛州刺史。是岁，宏徙都洛阳，改姓元氏。初，匈奴女名托跋，妻李陵，胡俗以母名为姓，故房为李陵之后，房甚讳之，有言其是陵后者，辄见杀，至是乃改姓焉。

宏闻高宗践阼非正，既新移都，兼欲大示威力，是冬，自率大众分寇豫、徐、司、梁四州。遣伪荆州刺史薛真度、尚书郗祁阿婆出南阳，向沙堨，筑垒开沟，为南阳太守房伯玉、新野太守刘思忌所破。

建武二年春，高宗遣镇南将军王广之出司州，右仆射沈文季出豫州，左卫将军崔慧景出徐州。宏自率众至寿阳，军中有黑毡行殿，容二十人坐，輂边皆三郎曷剌真，槊多白真毦，铁骑为群，前后相接。步军皆乌楯槊，缀接以黑虾蟆幡。牛车及驴、骆驼载军资妓女，三十许万人。不攻城，登八公山，赋诗而去。别围钟离城，徐州刺史萧惠休、辅国将军申希祖拒守，出兵奋击，宏众败，多赴淮死。乃分军据邵阳州，栅断水路，夹筑二城。右卫将军萧坦之遣军主裴叔业攻二城，拔之。惠休又募人出烧房攻城车，房力竭不能克。

王奂之诛，子肃奔房，宏以为镇南将军、南豫州刺史。遣肃与刘昶号二十万众，围义阳。司州刺史萧诞拒战，房筑围堑栅三重，烧居民净尽，并力攻城，城中负楯而立。王广之都督救援，房遣三万余人逆攻太子右率萧季敞于下梁，季敞战不利。司州城内告急，王广之遣军主黄门侍郎梁王间道先进，与太子右率萧诔、辅国将军徐玄庆、荆州军主鲁休烈据贤首山，出房不备。城内见援军至，萧诞遣长史王伯瑜及军主崔恭祖出攻房栅，因风放火，梁王等众军自外击之，昶、肃弃围引退，追击破之。

辅国将军桓和出西阴平，伪鲁郡公郊城戍主带莫楼、伪东海太守江道僧设伏路侧，和与合战，大败之。青、徐民降者百余家。青、冀二州刺史王洪范遣军主崔延攻房纪城，并拔之。宏先又遣伪尚书卢阳乌、华州刺史韦灵智攻赭阳城，北襄城太守成公期拒守。房攻城百余日，设以钩冲，不舍昼夜，期所杀伤数千人。台又遣军主垣历生、蔡道贵救援，阳乌等退，官军追击破之。夏，房又攻司州栎城二戍，戍主魏僧岷、朱僧起拒败之。

伪安南将军、梁州刺史魏郡王元英十万余人通斜谷，寇南郑。梁州刺史萧懿遣军主姜山安、赵超宗等数军万余人，分据角弩、白马、沮水拒战，大败。英进围南郑，土山冲车，昼夜不息。懿率东As 兵二千余人固守拒战，随手摧却。英攻城自春及夏六十余日不下，死伤甚众，军中粮尽，捣曲为食，畜菜叶直千钱。懿先遣军主韩嵩等征獠，回军援州城，至黄牛川，为房所破。懿遣氐人杨元秀还仇池，说氐起兵断房运道，氐即举众攻破房历城、罕兰、骆谷、仇池、平洛、苏勒六戍。伪尚书北梁州刺史辛黑末战死。英遣军副仇池公杨灵珍据泥公山，武兴城主杨集始遣弟集朗与归国氏杨馥之及义军主徐曜甫迎战于黄亘，大败奔归。时梁州土豪范凝、梁季群于家请英设会，伏兵欲杀英，事觉，英执季群杀之，凝窜走。英退保浊水，闻氏众盛，与杨灵珍复俱退入斜谷，会天大雨，军乏粮溃，截竹煮米，于马上持炬炊而食，英至下辨，灵珍弟婆罗阿卜珍反，袭击，英众散，射中英颊。伪陵江将军悦杨生领铁骑死战救之，得免。梁、汉平。武都太守杜灵瑗、奋武将军望法愔、宁朔将军望法泰、州治中皇甫耽并拒房战死。追赠灵瑗、法愔羽林监，法泰积射将军。

时伪洛州刺史贾异寇甲口，为上洛太守李静所破。三年，房又攻司州栎城，为戍主魏僧岷所拒破。秋，房遣军袭涟口，东海太守郑延祉弃西城走，东城犹固守，台遣冠军将军兖州刺史徐玄庆救援，房引退，延祉伏罪。

初，伪太后冯氏兄昌黎王冯莎二女，大冯美而有疾，为尼；小冯为宏皇后，生伪太子询。后大冯疾差，宏纳为昭仪。宏初徙都，询意不乐，思归桑乾。宏制衣冠与之，询窃毁裂，解发为编髪左衽。大冯有宠，日夜谮询。宏出邺城马射，询因是欲叛北归，密选宫中御马三千匹置河阴渚。皇后闻之，召执询，驰使告宏，宏徙询无鼻城，在河桥北二里，寻杀之，以庶人礼葬。立大冯为皇后，便立伪太子恪，是岁，伪太和二十年也。

伪征北将军恒州刺史钜鹿公伏鹿孤贺鹿浑守桑乾，宏从叔平阳王安寿戍怀栅，在桑乾西北。浑非宏任用中国人，与伪定州刺史冯翊公目邻、安乐公托跋阿干儿谋立安寿，分据河北。期久不遂，安寿惧，告宏。杀浑等数百人，任安寿如故。

先是伪荆州刺史薛真度、尚书郗祁阿婆为房伯玉所破，宏怒，以南阳小郡，誓取灭之。四年，自率军向雍州。宏先至南阳，房伯玉婴城拒守。宏从数万骑，罩黄伞，去城一里。遣伪中书舍人公孙云谓伯玉曰："我今荡一六合，与先行异。先行冬去春还，不为停久；今誓不有所克，终不还北，停此或三五年。卿此城是我六龙之首，无容不先攻取。远一年，中不过百日，近不过一月，非为难珍。若不改迷，当斩卿首，枭之军门。阖城无贰，幸可改祸为福。但卿有三罪，令令卿知。卿先事武帝，蒙在左右，不能尽节前主，而尽节今主，此是一罪。前岁遣偏师薛真度暂来此，卿遂破伤，此是二罪。武帝之胤悉被诛戮，初无报效，而反为主尽节，违天害理，此是三罪。不可容恕，听卿三思，勿令阖城受苦。"伯玉遣军副乐稚柔答曰："承欲见攻围，期于必克，卑微常人，得抗大威，真可谓获其死所。先蒙武帝采拔，赐预左右，犬马知恩，宁容无感。但隆昌、延兴，昏悖违常，圣明纂业，家国无殊。此则进不负心，退不愧幽。前岁薛真度导诱边氓，遂见陵突，既荷国恩，聊尔扑扫。回已而言，应略此责。"宏引军向城南寺前顿止，从东南角沟桥上过，伯玉先遣勇士数人著斑衣虎头帽，从伏窦中忽出，宏人马惊退，杀数人，宏呼善射者原灵度射之，应弦而倒。宏乃过。宏时大举内寇，伪咸阳王元憘、彭城王元勰、常侍王元嵩、宝掌王元丽、广陵侯元燮、都督大将军刘昶、王肃、杨大眼、奚康生、长孙稚等三十六军，前后相继，众号百万。其诸王军朱色鼓，公侯绿色鼓，伯子男黑色鼓，并有鼙角，吹唇沸地。

宏留伪咸阳王憘围南阳，进向新野，新野太守刘思忌亦拒守。台先遣军主直阁将军胡松助北襄城太守成公期守赭阳城，军主鲍举助西汝南、北义阳二郡太守黄瑶起戍舞阴城。宏攻围新野城，战斗不止。遣人谓城中曰："房伯玉已降，汝南为何独自取糜碎？"思忌令人对曰："城中兵食犹多，未暇从汝小房语也。"雍州刺史曹虎遣军至均口，不进。永泰元年，城陷，缚思忌，问之曰："今欲降未？"思忌曰："宁为南鬼，不为北臣。"乃死。赠冠军将军、梁州刺史。于是沔北大震，湖阳戍主蔡道福、赭阳城主成公期及军主胡松、舞阴城主黄瑶起及军主鲍举、顺阳太守席谦并弃城走。虏追军获瑶起，王肃募人脔食其肉。追赠冠军将军、兖州刺史。数日，房伯玉以城降。伯玉，清河人。既降，虏以为龙骧将军，伯玉不肯受。高宗知其志，月给其子希哲钱五千，米二十斛。后伯玉就虏求南边一郡，为冯翊太守。生子幼，便教其骑马，常欲南归。永元末，希哲入虏，伯玉大怒曰："我力屈至此，不能死节，犹望汝在本朝以报国恩。我若从心，亦欲间关求反。汝何为失计？"遂卒虏中。

虏得沔北五郡。宏自将二十万骑破太子率崔慧景等于邓城，进至樊城，临沔水而去。还洛阳，闻太府陈显达经略五郡，围马圈，宏复率大众南攻，破显达而死。丧还，未之洛四百余里，称宏诏，征伪太子恪会鲁阳。恪至，緦以宏伪法服衣之，始发丧。至洛，乃宣布州郡，举哀制服，谥孝文皇帝。

是年，王肃为虏制官品百司，皆如中国。凡九品，品各有二。肃初奔虏，自说其家被诛事状，宏为之垂涕。以第六妹伪彭城公主妻之。封肃平原郡公。为宅舍，以香涂壁。遂见信用。恪立，号景明元年，永元二年也。

豫州刺史裴叔业以寿春降虏。先是伪东徐州刺史沈陵率部曲降。陵，吴兴人，初以失志奔虏，大见任用，宏既死，故南归，频授徐、越二州刺史。时王肃为征南将军、豫州都督。朝廷既新失大镇，荒人往来，诈云肃欲归国。少帝诏以肃为使持节、侍中、都督豫徐司三州、右将军、豫州刺史，西丰公，邑二千户。

虏既得淮南，其夏，遣伪冠军将军南豫州刺史席法友攻北新蔡、安丰二郡太守胡景略于建安城，死者万余人，百余日，朝廷无救，城陷，虏执景略以归。其冬，虏又遣将桓道福攻随郡太守崔士招，破之。

后伪咸阳王憘以恪年少，与氐杨集始、杨灵祐、乞佛马居及房大将支虎、李伯尚等十余人，请会鸿池陂，因恪出北芒猎，袭杀之。憘犹豫不能发，欲更克日。马居说憘曰："殿下若不至北芒，便可回师据洛城，闭四门。天子闻之，必走向河北桑乾，仍断河桥，为河南天子。隔河而治，此时不可失也。"憘又不从。灵祐疑憘反己，即驰告恪。憘闻事败，欲走渡河，而天雨暗迷道，至孝义驿，恪已得洛城。遣弟广平王领数百骑先入宫，知无变，乃还。遣直卫三郎兵讨憘，执杀之。虏法，谋反者不得葬，弃尸北芒。王肃以疾卒。

史臣曰：齐、房分，江南为国历三代矣。华夏分崩，旧京幅裂，观衅阻兵，事兴东晋。二庾藉元舅之盛，自许专征，元规临邺城以覆师，稚恭至襄阳而反斾。褚裒以徐、兖劲卒，壹没于邹、鲁。殷浩驱杨、豫之众，大败于山桑。桓温弱冠雄姿，因平蜀之声势，步入咸关，野战洛、邺。既而鲜卑固于负海，羌、房割有秦、代，自为敌国，情险势分，宋武乘机，故能以次而行诛灭。及魏房兼并，河南失境，兵马土地，非复曩时。宋文虽得之知之，未能料敌，故师帅无功，每战必殆。泰始以边臣外叛，遂亡淮北，经略不振，乃议和亲。太祖创命，未及图远。戎尘先起，侵暴方牧，淮、豫克捷，青、海摧奔，以逸待劳，坐微百胜。自四州沦没，民恋本朝，国祚惟新，歌奉威德，提戈荷甲，人自为斗，深垒结防，想望南旗。天子习知边事，取乱而授兵律，若前师指日，远扫临、彭，而督将逗留，援接稽晚，向义之徒，倾巢尽室。既失事机，朝议北寝，偃武修文，更思后会。永明之世，据已成之策，职问往来，关禁宁静。疆场之民，并安堵而息窥觊，百姓附农桑而不失业者，亦由此而已也。夫荆棘所生，用武之弊，寇戎一犯，伤痍难复，岂非此之验乎？建武初运，獯雄南逼，豫、徐强镇，婴高城，蓄士卒，不敢与之校武。胡马蹋藉淮、肥，而常自战其地。梯冲之害，鼓掠所亡，建元以来，未之前有。兼以穿庐华徒，即礼旧都，雍、司北部，亲近许、洛，平涂数百，通驿车轨，汉世驰道，直抵章陵，镳案所骛，晨往暮返。房怀兼弱之威，挟广地之计，强兵大众，亲自凌殄，挤鼓弥年，矢石不息。朝规懦屈，莫能救御，故南阳覆垒，新野颓隍，民户垦田，皆为狄保。虽分遣将卒，俱出淮南，未解沔北之危，已深涡阳之败。征赋内尽，民命外殚，比屋骚然，不聊生矣。夫休颓之数，诚有天机，得失之迹，各归人事，岂不由将率相临，贪功昧赏，胜败之急，不相救护？号令不明，固中国之所短也。

赞曰：天立勍胡，窃有帝图。即安诸夏，建号称孤。齐民急病，并邑焚刭。

卷五十八　　列传第三十九

蛮　东南夷

蛮，种类繁多，言语不一，咸依山谷，布荆、湘、雍、郢、司等五州界。宋世封西阳蛮梅虫生为高山侯，田治生为威山侯，梅加羊为捍山侯。太祖即位，有司奏蛮封应在解例，参议以"戎夷疏爵，理章列代；酋豪世袭，事炳前叶。今宸历改物，旧册朽降，而梅生等保落奉政，事须绳总，恩命升赞，有异常品。谓宜存名以训殊俗"。诏特留。以治生为辅国将军、虎贲中郎，转建宁郡太守，将军、侯如故。

建元二年，虏侵豫、司，蛮中传虏已近，又闻官尽发民丁,南襄城蛮秦远以郡县无备,寇潼阳,县令焦文度战死。司州蛮引房攻平昌戍,戍主苟元宾击破之。秦远又出破临沮百方砦,杀略百余人。北上黄蛮文勉德寇汶阳,太守戴元孙孤城力弱,虑不自保,弃戍归江陵。荆州刺史豫章王遣中兵参军刘伾绪领千人讨勉德,至当阳,勉德请降,收其部落,使戍汶阳所治城子,令保持商旅,付其清通,远遂逃窜。

汶阳本临沮西界,二百里中,水陆迂狭,鱼贯而行,有数处不通骑,而水白田甚肥腴。桓温时割以为郡。西北接梁州新城,东北接南襄城,南接巴、巫二边,并山蛮凶盛,据险为寇贼。宋泰始以来,巴建蛮向宗头反,刺史沈攸之断其盐米,连讨不克。晋太兴三年,建平夷王向弘、向瑶等诣台求拜除,尚书郎张亮议"夷貊不可假以军号",元帝诏特以弘为折冲将军、当平乡侯,并亲晋王,赐以朝服。宗头其后也。太祖置巴州以威静之。

其武陵西溪蛮田思飘寇抄,内史王文和讨之,引军深入,蛮自后断其粮。豫章王遣中兵参军庄明五百人将湘州镇兵合千人救之,思飘与文和拒战,中弩矢死,蛮众以城降。

永明初,向宗头与黔阳蛮田豆渠等五千人为寇,巴东太守王图南遣府司马刘僧寿等斩山开道,攻其砦,宗头夜烧砦退走。

三年,湘川蛮陈双、李答寇掠郡县,刺史吕安国讨之不克。四年,刺史柳世隆督众征讨,乃平。

五年,雍、司州蛮与房通,助荒人桓天生为乱。

六年,除督护北遂安左郡太守田驷路为试守北遂安左郡太守,前宁朔将军田驴王为试守宜人左郡太守,田何代为试守新平左郡太守,皆郢州蛮也。

九年,安隆内史王僧旭发民丁,遣宽城戍主万民和助八百丁村蛮伐千二百丁村蛮,为蛮所败,民和被伤,失马及器仗,有司奏免官。

西阳蛮田益宗,沈攸之时以功劳得将领,遂为临川王防阁,叛投房,房以为东豫州刺史。建武三年,房遣益宗攻司州龙城戍,为戍主朱僧起所破。

蛮俗衣布徒跣,或椎髻,或剪发。兵器以金银为饰,虎皮衣褚,便弩射,皆暴悍好寇贼焉。

东夷高丽国,西与魏房接界。宋末,高丽王乐浪公高琏为使持节、散骑常侍、都督营平二州诸军事、车骑大将军、开府仪同三司。太祖建元元年,进号骠骑大将军。三年,遣使贡献,乘舶泛海,使驿常通,亦使魏房,然强盛不受制。

房置诸国使邸,齐使第一,高丽次之。永明七年,平南参军颜幼明、冗从仆射刘思敩使房。房元会,与高丽使相次。幼明谓伪主客郎裴叔令曰:"我等衔命上华,来造卿国。所为抗敌,在乎一魏。自余外夷,理不得望我镳尘。况东夷小貊,臣属朝廷,今日乃敢与我躧踵。"思敩谓伪南部尚书李思冲曰:"我圣朝处魏使,未尝与小国列,卿亦应知。"思冲曰:"实如此。但主副不得升殿耳。此间坐起甚高,足以相报。"思敩曰:"李道固昔使,正以衣冠致隔耳。魏国必缨冕而至,岂容见黜。"幼明又谓房主曰:"二国相亚,唯齐与魏。边境小狄,敢蹑臣踪!"

高丽俗服穷袴,冠折风一梁,谓之帻。知读《五经》。使人在京师,中书郎王融戏之曰:"服之不衷,身之灾也。头上定是何物?"答曰:"此即古弁之遗像也。"

高琏年百余岁卒。隆昌元年,以高丽王乐浪公高云为使持节、散骑常侍、都督营平二州诸军事、征东大将军、高丽王、乐浪公。建武三年,此下缺文报功劳勤,实存名烈。假行宁朔将军臣姐瑾等四人,振竭忠效,攘殄国难,志勇果毅,等威名将,可谓捍城,固蕃社稷,论功料勤,宜在甄显。今依例辄假行职。伏愿恩慈,听除所假。宁朔将军、面中王姐瑾,历赞时务,武功并列,今假行冠军将军、都将军、都汉王。建威将军、八中侯余古,弱冠辅佐,忠效夙著,今假行宁朔将军、阿错王。建威将军余历,忠款有素,文武烈显,今假行龙骧将军、迈卢王。广武将军余固,忠效时务,光宣国政,今假行建威将军、弗斯侯。

牟大又表曰:"臣所遣行建威将军、广阳太守、兼长史臣高达,行建威将军、朝鲜太守、兼司马臣杨茂,行宣威将军、兼参军臣会迈等三人,志行清亮,忠款夙著。往泰始中,比使宋朝,今任臣使,冒涉波险,寻其至效,宜在进爵,谨依先例,各假行职。且玄泽灵休,万里所企,况亲趾天庭,乃不蒙赖。伏愿天监特愍除正。达志效夙著,勤劳公务,今假行龙骧将军、带方太守。茂志行清壹,公务不废,今假行建威将军、广陵太守。迈执志周密,屡致勤效,今假行广武将军、清河太守。"诏可,并赐军号,除太守。为使持节、都督百济诸军事、镇东大将军。使兼谒者仆射孙副策命大袭亡祖父牟都为百济王。曰:"於戏!惟尔世袭忠勤,诚著遐表,沧路肃澄,要贡无替。式循彝典,用纂显命。往钦哉!其敬膺休业,可不慎欤! 制诏行都督百济诸军事、镇东大将军百济王牟大今以大袭祖父牟都为百济王,即位章绶等玉铜虎竹符四。王其拜受,不亦休乎!"

是岁,魏房又发骑数十万攻百济,入其界,牟大遣将沙法名、赞首流、解礼昆、木干那率众袭击房军,大破之。建武二年,牟大遣使上表曰:"臣自昔受封,世被朝荣,忝荷节钺,克攘列辟。往姐瑾等并蒙光除,臣庶咸泰。去庚午年,猃狁弗悛,举兵深逼。臣遣沙法名等领军逆讨,宵袭霆击,匈梨张惶,崩若海荡。乘奔追斩,僵尸丹野。由是摧其锐气,鲸暴韬凶。今邦宇谧静,实名等之略;寻其功勋,宜在褒显。今假沙法名行征房将军、迈罗王,赞首流为行安国将军、辟中王,解礼昆为行武威将军、弗中侯,木干那前有军功,又拔台舫,为行广威将军、面中侯。伏愿天恩特愍听除。"又表曰:"臣所遣行龙骧将军、乐浪太守兼长史臣慕遗,行建武将军、城阳太守兼司马臣王茂,兼参军、行振武将军、朝鲜太守臣张塞,行扬武将军陈明,在官忘私,唯公是务,见危授命,蹈难弗顾。今任臣使,冒涉波险,尽其至诚。实宜进爵,各假行署。伏愿圣朝特赐除正。"诏可,并赐军号。

加罗国,三韩种也。建元元年,国王荷知使来献。诏曰:"量广始登,远夷洽化。加罗王荷知款关海外,奉贽东遐。可授辅国将军、本国王。"

倭国，在带方东南大海岛中，汉末以来，立女王。土俗已见前史。建元元年，进新除使持节、都督倭·新罗·任那·加罗·秦韩·慕韩六国诸军事、安东大将军、倭王武号为镇东大将军。

南夷林邑国，在交州南，海行三千里，北连九德，秦时故林邑县也。汉末称王。晋太康五年始贡献。宋永初元年，林邑王范杨迈初产，母梦人以金席藉之，光色奇丽。中国谓紫磨金，夷人谓之"杨迈"，故以为名。杨迈死，子咄立，慕其父，复改名杨迈。

林邑有金山，金汁流出于浦。事尼乾道，铸金银人像，大十围。元嘉二十二年，交州刺史檀和之伐林邑，杨迈欲输金万斤，银十万斤，铜三十万斤，还日南地。大臣蒡僧达谏，不听。和之进兵破其北界犬戎区栗城，获金宝无算，毁其金人，得黄金数万斤，余物称是。和之后病死，见胡神为祟。孝建二年，始以林邑长史范龙跋为扬武将军。

杨迈子孙相传为王，未有位号。夷人范当根纯攻夺其国，篡立为王。永明九年，遣使贡献金箠等物。诏曰："林邑虽介在遐外，世服王化。当根纯乃诚款到，率其僚职，远缨克宣，良有可嘉。宜沾爵号，以弘休泽。可持节、都督缘海诸军事、安南将军、林邑王。"范杨迈子孙范诸农率种人攻当根纯，复得本国。十年，以诸农为持节、都督缘海诸军事、安南将军、林邑王。建武二年，进号镇南将军。永泰元年，诸农入朝，海中遭风溺死，以其子文款为假节、都督缘海军事、安南将军、林邑王。

晋建兴中，日南夷帅范稚奴文数商贾，见上国制度，教林邑王范逸起城池楼殿。王服天冠如佛冠，身被香缨络。国人凶悍，习山川，善斗。吹海蠡为角。人皆裸露。四时暄暖，无霜雪。贵女贱男，谓师君为婆罗门。群从相姻通，妇先遣娉求婿。女嫁者，迦蓝衣横幅合缝如井阑，首戴花宝。婆罗门牵婿与妇握手相付，咒愿吉利。居丧剪发，谓之孝。燔尸中野以为葬。远界有灵鹫鸟，知人将死，集其家食死人肉尽，飞去，乃取骨烧灰投海中水葬。人色以黑为美，南方诸国皆然。区栗城建八尺表。日影度南八寸。

自林邑西南三千余里，至扶南。

扶南国，在日南之南大海西湾中，广袤三千余里，有大江水西流入海。其先有女人为王，名柳叶。又有激国人混填，梦神赐弓一张，教乘舶入海。混填晨起于神庙树下得弓，即乘舶向扶南。柳叶见舶，率众欲御之。混填举弓遥射，贯船一面通中人。柳叶怖，遂降。混填娶以为妻。恶其裸露形体，乃叠布贯其首。遂治其国，子孙相传。至王盘况死，国人立其大将范师蔓。蔓病，姊子旃篡立，杀蔓子金生。十余年，蔓少子长袭杀旃，以刃镵旃腹曰："汝昔杀我兄，今为父兄报汝。"旃大将范寻又杀长，国人立以为王，是吴、晋时也。晋、宋世通职贡。

宋末，扶南王姓侨陈如，名阇耶跋摩，遣商货至广州。天竺道人那伽仙附载欲归国，遭风至林邑，掠其财物皆尽。那伽仙间道得达扶南，具说中国有圣主受命。永明二年，阇耶跋摩遣天竺道人释那伽仙上表称扶南国王臣侨陈如阇耶跋摩叩头启曰："天化抚育，感动灵祇，四气调适。伏愿圣主尊体起居康豫，皇太子万福，六宫清休，诸王妃主、内外朝臣普同和睦，邻境士庶万国归心，五谷丰熟，灾害不生，土清民泰，一切安稳。臣及人民，国土丰乐，四气调和，道俗济济，并蒙陛下光化所被，咸荷安泰。"又曰："臣前遣使赍杂物行广州货易，天竺道人释那伽仙于广州因附臣舶欲来扶南，海中风漂到林邑，国王夺臣货易，并那伽仙私财。具陈其从中国来此，仰序陛下圣德仁冶，详议风化。佛法兴显，众僧殷集，法事日盛，王威严整，朝望国轨，慈愍苍生，八方六合，莫不归伏。如听其所说，则化邻诸天，非可为喻。臣闻之，下情踊悦，若暂奉见尊足，仰慕慈恩，泽流小国，天垂所感，率土之民，并得皆蒙恩祐。是以臣今遣此道人释那伽仙为使，上表问讯奉贡，微献呈臣等赤心，并别陈下情。但所献轻陋，愧惧唯深。伏愿天慈曲照，鉴其丹款，赐不垂责。"又曰："臣有奴名鸠酬罗，委臣逸走，别在余处，构结凶逆，遂破林邑，仍自立为王。永不恭从，违恩负义，叛主之愆，天不容载。伏寻林邑昔为檀和之所破，久已归化。天威所被，四海弥伏，而今鸠酬罗守执奴凶，自专很强。且林邑、扶南邻界相接，亲又是臣奴，犹尚逆去，朝廷遥远，岂容遵奉。此国属陛下，故谨具上启。伏闻林邑顷年表献简绝，便欲永隔朝廷。岂有师子坐而安大鼠。伏愿遣军将伐凶逆，臣亦自效微诚，助朝廷剪扑，使边海诸国，一时归伏。陛下若欲别立余人为彼王者，伏听敕旨。脱未欲灼然兴兵伐林邑者，伏愿特赐敕在所，随宜以少军助臣，乘天之威，殄灭小贼，伐恶从善。平荡之日，上表献金五婆罗。今轻此使送臣丹诚，表所陈启，不尽下情。谨附那伽仙并其伴口具启闻。伏愿愍所启。并献金镂龙王坐像一躯，白檀像一躯，牙塔二躯，古贝二双，瑠璃苏鉝二口，瑇瑁槟榔柈一枚。"

那伽仙诣京师，言其国俗事摩醯首罗天神，神常降于摩耽山。土气恒暖，草木不落。其上书曰："吉祥利世间，感摄于群生。所以其然者，天感化缘明。仙山名摩耽，吉树敷嘉荣。摩醯首罗天，依此降尊灵。国土悉蒙祐，人民皆安宁。由斯恩被故，是以臣归情。菩萨行忍慈，本迹起凡基。一发菩提心，二乘非所期，历生积功业，六度行大悲。勇猛超劫数，财命舍无遗。生死不为厌，六道化有缘。具修于十地，遗果度人天。功业既已定，行满登正觉。万善智圆备，惠日照尘俗。众生感缘应，随机授法药。佛化遍十方，无不蒙济擢。皇帝圣弘道，兴隆于三宝。垂心览万机，威恩振八表。国土及城邑，仁风化清皎。亦如释提洹，众天中最超。陛下临万民，四海共归心。圣慈流无疆，被尼小国深。"诏报曰："具摩醯降灵，流施彼土，虽殊俗异化，遥深欣赞。知鸠酬罗于彼背叛，窃据林邑，聚凶肆掠，殊宜剪讨。彼虽介遐陬，旧修蓄贡，自宋季多难，海译致壅，皇化惟新，习迷未革。朕方以文德来远人，未欲便兴干戈。王既款列忠到，远请军威，今诏交部随宜应接。伐叛柔服，寔惟国典，勉立殊效，以副所期。那伽仙屡衔边译，颇悉中土阔狭，令其具宣。"上报以绛紫地黄碧绿纹绫各五匹。

扶南人黠惠知巧，攻略傍邑不宾之民为奴婢，货易金银彩帛。大家男子截锦为横幅，女为贯头，贫者以布自蔽，锻金环鐶银食器。伐木起屋，国王居重阁，以木栅为城。海边生大箬叶，长八九尺，编其叶以覆屋。人民亦为阁居。为船八九丈，广裁六七尺，头尾似鱼。国王行乘象，妇人亦能乘象。斗鸡及豨为乐。无牢狱，有讼者，则以金指环若鸡子投沸汤中，令探之，又烧锁令赤，著手上捧行七步，有罪者手皆燋烂，无罪者不伤。又令没水，直者入即不沈，不直者即沈也。有甘蔗、诸蔗、安石榴及橘，多槟榔，鸟兽如中国。人性善，不便战，常为林邑所侵击，不得与交州通，故其使罕至。

交州斗绝海岛，控带外国，故恃险数不宾。宋泰始初，刺史张牧卒，交趾人李长仁杀牧北来部曲，据交州叛。数年病死。从弟叔献嗣事，号令未行，遣使求刺史。宋朝以南海太守沈焕为交州刺史，以叔献为焕宁远司马、武平新昌二郡太守。叔献得朝命，人情服从，遂发兵守险不纳焕，焕停郁林病卒。太祖建元元年，仍以叔献为交州刺史，就安慰之。叔献受命，既而断割外国，贡献寡少。世祖欲讨之，永明三年，以司农刘楷为交州刺史，发南康、庐陵、始兴郡兵征交州。叔献闻之，遣使愿里申数年，献十二队纯银兜鍪及孔雀氉，世祖不许。叔献惧为楷所袭，间道自湘川还朝。

六年，以始兴太守房法乘代楷。法乘至镇，属疾不理事，专好读书。长史伏登之因此擅权，改易将吏，不令法乘知。录事房季文白之，法乘大怒，系登之于狱。十余日，登之厚赂法乘妹夫崔景叔得出，将部曲袭州执法乘，谓之曰："使君既有疾，不宜劳。"囚之别室。法乘无事，复就登之求书读，登之曰："使君静处犹恐动疾，岂可看书。"遂不与。乃启法乘心疾动，不任视事，世祖仍以登之为交州刺史。法乘还至岭而卒。法乘，清河人。升明中为太祖骠骑中兵，至左中郎将。性方简，身长八尺三寸，行出人上，常自俯屈。青州刺史明庆符亦长与法乘等，朝廷唯此二人。

史臣曰：书称蛮夷猾夏，盖总而为言矣。至于南夷杂种，分屿建国，四方珍怪，莫此为先。藏山隐海，瑰宝溢目。商舶远届，委输南州，故交、广富实，牣积王府。充斥之事差微，声教之道可被。若夫用德以怀远，其在此乎？

赞曰：司、雍分疆，荆及衡阳。参错州部，地有蛮方。东夷海外，碣石、扶桑。南域惨远，极泛溟沧。非要乃贡，并亦来王。

卷五十九　　　列传第四十

芮芮虏　河南　氐　羌

芮芮虏，塞外杂胡也，编发左衽。晋世什翼圭入塞内后，芮芮逐水草，尽有匈奴故庭，威服西域。土气早寒，所居为穹庐毡帐。刻木记事，不识文书。马畜丁肥，种众殷盛。常与魏虏为仇敌。

宋世其国相希利垔解星算数术，通胡、汉语，常言南方当有姓名齐者，其人当兴。升明二年，太祖辅政，遣骁骑将军王洪轨使芮芮，克期共伐魏虏。建元元年八月，芮芮主发三十万骑南侵，去平城七百里，魏虏拒守不敢战，芮芮主于燕然山下纵猎而归。上初践阼，不违出师。二年、三年，芮芮主频遣使贡献貂皮杂物。与上书欲伐魏虏，谓上"足下"，自称"吾"。献师子皮袴褶，皮如虎皮，色白毛短。时有贾胡在蜀见之，云此非师子皮，乃扶拔皮也。

国相邢基祇罗回奉表曰：

夫四象禀政，二仪改度，而万物生焉。斯盖亏盈迭袭，历数自然也。昔晋室将终，楚桓窃命，实赖宋武匡济之功，故能扶衰定倾，休否以泰。祚流九叶，而国嗣不继。今皇天降祸于上，宋室猜乱于下。臣虽荒远，粗窥图书，数难以来，星文改度，房心受变，虚危纳祉，宋灭齐昌，此其验也。水运遭屯，木德应运，子年垂刘，刘穆之记，峏岭有不衽之山，京房谶云："卯金十六，草肃应王。"历观图纬，休征非一，皆云庆钟萧氏，代宋者齐。会有使力法度及口此国使反，采访圣德，弥验天纵之姿。故能挟隆皇祚，光权定之业；翼亮天功，济悖主之难。树勋京师，威振海外。仗义之功，侔踪汤、武。冥绩既著，宝命因归，受终之历，归于有道。况夫帝无常族，有德必昌，时来之数，唯灵是与。陛下承乾启之机，因乘龙之运。计应符革祚，久已践极，荒裔倾戴，莫不引领。设未龙飞，不宜冲挹，上违天人之心，下乖黎庶之望。

皇芮承绪，肇自二仪，拓土载民，地越沧海，百代一族，大业天固。虽吴汉殊域，义同唇齿，方欲克期中原，龚行天罚。治兵缮甲，俟时大举。振精戈于并、代，鸣和铃于秦、赵，扫珍凶丑，枭剪元恶。然后皇舆迁幸，光复中华，永敦邻好，侔踪齐、鲁。使四海有奉，苍生咸赖，荒余归仰，岂不盛哉！

永明元年，王洪轨还京师，经途三万余里。洪轨，齐郡临淄人，为太祖所亲信，建武中为青冀二州刺史，私占丁侵虏界，奔败结气卒。

芮芮王求医工等物，世祖诏报曰："知须医及织成锦工、指南车、漏刻、并非所爱。南方治疾，与北土不同。织成锦工，并女人，不堪涉远。指南车、漏刻、此虽有其器，工匠久不复存，不副为误。"

自芮芮居匈奴故庭，十年，丁零胡又南攻芮芮，得其故地。芮芮稍南徙，魏虏主元宏以其侵逼，遣伪平元王驾鹿浑、龙骧将军杨延数十万骑伐芮芮，大寒雪，人马死者众。先是益州刺史刘悛遣使江景玄使丁零，宣国威德。道经鄯善、于阗，鄯善为丁零所破，人民散尽。于阗尤信佛法。丁零僭称天子，劳接景玄使，反命。

芮芮常由河南道而抵益州。

河南，匈奴种也。汉建武中，匈奴奴婢亡匿在凉州界杂种数千人，虏名奴婢为赀，一谓之"赀虏"。鲜卑慕容廆庶兄吐谷浑为氏王。在益州西北，亘数千里。其南界龙涸城，去成都千余里。大戍有四，一在清水川，一在赤水，一在浇河，一在吐屈真川，皆子弟所治。其王治慕驾川。多畜，逐水草，无城郭。后稍为宫屋，而人民犹以毡庐百子帐为行屋。地常风寒，人行平沙中，沙砾飞起，行迹皆灭。肥地则有雀鼠同穴，生黄紫花；瘦地辄有瘴气，使人断气，牛马得之，疲汗不能行。宋初始受爵命，至宋末，河南王吐谷浑拾寅为使持节、散骑常侍、都督西秦河沙三州诸军事、车骑大将军、开府仪同三司、领护羌校尉、西秦河二州刺史。

建元元年，太祖即本官进号骠骑大将军。宋遣武卫将军王世武使河南，是岁随拾寅使来献。诏答曰："皇帝敬问使持节、散骑常侍、都督西秦河沙三州诸军事、车骑大将军、开府仪同三司、领护羌校尉、西秦河二州刺史、新除骠骑大将军、河南王：宝命革授，爰集朕躬，猥当大业，祗惕兼怀，闻之增感。王世武至，得元徽五年五月二十一日表，夏中湿热，想比平安。又卿乃诚遥著，保宁遐疆。今诏升徽号，以酬忠款。遣王世武衔命拜授。又仍使王世武等往芮芮，想即资遣，使得时达。又奏所上马等物悉至，今往别牒锦绛紫碧绿黄青等纹各十匹。"

拾寅子易度侯好星文，尝求星书，朝议不给。寅卒，三年，以河南王世子吐谷浑易度侯为使持节、都督西秦河沙三州诸军事、镇西将军、领护羌校尉、西秦河二州刺史、河南王。永明三年，诏曰："易度侯守职西蕃，绥怀允绪，忠绩兼举，朕有嘉焉。可进号车骑大将军。"遣给事中丘冠先使河南道，并送芮芮使。至六年乃还。得玉长三尺二寸，厚一尺一寸。

易度侯卒，八年，立其世子休留茂为使持节、督西秦河沙三州诸军事、镇西将军、领护羌校尉、西秦河二州刺史。复遣振武将军丘冠先拜授，并行吊礼。冠先至河南，休留茂逼令先拜，冠先厉色不肯，休留茂耻其国人，执冠先于绝岩上推堕深谷而死。冠先字道玄，吴兴人，晋吏部郎杰六世孙也。上初遣冠先，示尚书令王俭，俭答上曰："此人不啻堪行。"乃再衔命。及死，世祖敕其子雄曰："卿父受使河南，秉忠守死，不辱王命，我甚赏惜。丧尸绝域，不可复寻，于卿后宦涂无妨，其有高比。"赐钱十万，布三十匹。

氐杨氏，与符氏同出略阳。汉世居仇池，地号百顷，建安中有百顷氐王是也。晋世有杨茂搜，后转强盛，事见前史。仇池四方壁立，自然有楼橹却敌状，高并数丈。有二十二道可攀缘而升，东西二门，盘道可七里，上有冈阜泉源。氐于上平地立宫室果园仓库，无贵贱皆为板屋土墙，所治处名洛谷。

宋元嘉十九年，龙骧将军裴方明等伐氐，克仇池，后为魏虏所攻，失地。氐王杨难当兄子文德聚众茄芦，宋世加以爵位。文德死，从弟僧嗣、文庆传代之。难当族弟广香先奔虏，元徽中，为虏攻杀文庆，以为阴平公、茄芦镇主。文庆从弟文弘为白水太守，屯武兴，朝议以为辅国将军、北秦州刺史、武都王、仇池公。

太祖即位，欲绥怀异俗。建元元年，诏曰："昔绝国入赞，美称前册，殊俗内款，声流往记。伪虏茄芦镇主、阴平郡公杨广香，怨结同族，衅起亲党，当宋之世，遂举地降敌。茄芦失守，华阳暂惊，诏单使先驰，宣扬皇威，广香等追其逝世之诚，仰我惟新之化，肉袒请附，复地千里，氐羌杂种，咸同归顺。宜时领纳，厚加优恤。广香翻迷反正，可特量所授。部曲酋豪，随名酬赏。"以广香为督沙州诸军事、平羌校尉、沙州刺史。寻进号征虏将军。

梁州刺史范柏年被诛，其亲将李乌奴惧奔叛，文弘纳之。乌奴率亡命千余人攻梁州，为刺史王玄邈所破，复走还氐中。荆州刺史豫章王嶷遣兵讨乌奴，檄梁州能斩送乌奴首，赏本郡，乌奴田宅事业悉赐之。与广香书曰：

夫废兴无谬，逆顺有恒，古今共贯。贤愚同察。梁州刺史范柏年怀挟诡态，首鼠两端，既已被伐，盘桓稽命。遂潜遣李乌奴叛。杨文弘扇诱边疆荒杂。柏年今已枭禽，乌奴频被摧破，计其余烬，行自消夷。今遣参军行晋寿太守王道宝、参军事行北巴西新巴二郡太守任湜之、行宕渠太守王安会领锐卒三千，遄涂风迈，浮川电掩。又命辅国将军三巴校尉明惠照、巴郡太守鲁休烈、南巴太守柳弘称、益州刺史傅琰，并简徒竞骛，选甲争驰。雍州水步，行次魏兴，并山东侨旧，会于南郑。或泛舟垫江，或飞旌剑道，腹背飚腾，表里震击。

文弘容纳叛戾，专为渊薮，外侮皇威，内凌国族。君奕世忠款，深识理顺，想即起义，应接大军，共为掎角，讨灭乌奴，克建忠勤，茂立诚节。沈攸之资十年之积，权百旅之众，师出无境而城溃，兵未战而自屠，朝廷无遗镞之费，士民靡伤痍之弊。况蕞尔小竖，方之蔑如，其取歼殄，岂延漏刻！忝以寡昧，分陕司蕃，清氛荡秽，谅惟任职。此府器械山积，戈旗林耸，士卒剽劲，蓄锐积威，除难剿寇，岂俟征集！但以剪伐萌菌，弗劳洪斧，扑彼蚊蚋，无假多力。皇上圣哲应期，恩泽广被，罪止首恶，余无所问。赏罚之科，具写如别。

使道宝步出魏兴，分军溯垫江，俱会晋寿。太祖以文弘背叛，进广香为持节、都督西秦州刺史。广香子北部镇将军郡事炅为征虏将军、武都太守。以难当正胤杨后起为持节、宁朔将军、平羌校尉、北秦州刺史、武都王，镇武兴，即文弘从兄子也。

三年，文弘归降，复以为征西将军、北秦州刺史。先是广香病死,氐众半奔文弘,半诣梁州刺史崔慧景。文弘遣从子后起进据白水。白水居晋寿上流,西接涪界,东带益路,北连阴平、茄芦,为形胜之地。晋寿太守杨公则启经略之宜,上答曰:"文弘罪不可恕,事中政应且加恩耳。卿若能袭破白水,必加厚赏。"

世祖即位,进后起号冠军将军。永明元年,以征虏将军炅为沙州刺史、阴平王,将军如故。二年,八座奏后起勤彰款塞,忠著边城。进号征虏将军。四年,后起卒,诏曰:"后起奄至殒逝,恻怆于怀。绥御边服,宜详其选。行辅国将军、北秦州刺史、武都王杨集始,干局沈亮,乃心忠款,必能缉境宁民、宣扬声教。可持节、辅国将军、北秦州刺史、平羌校尉、武都王。"后弟集后明为龙骧将军、白水太守。集始弟集朗为宁朔将军。五年,有司奏集始驱狐剪棘,仰化边服。母以子贵,宜加荣宠。除集始母姜氏为太夫人,假银印。九年,八座奏杨炅嗣勤西牧,驰款内昭,宜增戎章,用辉遐外。进号前将军。

十年,集始反,率氐、蜀杂众寇汉川,梁州刺史阴智伯遣军主宁朔将军桓卢奴、梁季群、宋□、王士隆等千余人拒之,不利,退保白马。贼众万余人纵兵火攻其城栅,卢奴拒守死战。智伯又遣军主阴仲昌等马步数千人救援。至白马城东千溪桥,相去数里,集始等悉力攻之,官军内外奋击,集始大败,十八营一时溃走,杀获数千人。集始奔入虏界。

隆昌元年,以前将军杨炅为使持节、督沙州诸军事、平西将军、平羌校尉、沙州刺史。

集始入武兴,以城降虏,氐人苻幼孙起义攻之。

建武二年,氐、虏寇汉中。梁州刺史萧懿遣前氐王杨后起弟子元秀收合义兵,氐众响应,断虏运道。虏亦遣伪南梁州刺史仇池公杨灵珍据泥功山以相拒格,元秀病死,苻幼孙领其众。高宗诏曰:"仇池公杨元秀,氐王苗胤,乃心忠勇,丑虏凶逼,血诚弥厉,宣播朝威,招诱戎种,万里齐契,响然归从。诚效显著,实有可嘉。不幸殒丧,凄怆于怀。夫死事加恩,《阳秋》明义。宜追覃荣典,以弘劝奖。赠仇池公。持归国。"

氐杨馥之聚义众屯沮水关,城白马北。集始遣弟集朗率兵迎拒州军于黄亘,战大败。集始走下辩,馥之据武兴。虏军寻退。馥之留弟昌之守武兴,自引兵据仇池。诏曰:"氐王杨馥之,世纂忠义,率厉部曲,树绩边城,克殄奸丑。复内禀朝律,外抚戎荒,款心式昭,朕甚嘉之。以为持节、督北秦雍二州诸军事、辅国将军、平羌校尉、北秦州刺史、仇池公。"

沙州刺史杨炅进号安西将军。三年,炅死,以炅子崇祖为假节、督沙州军事、征虏将军、平羌校尉、沙州刺史、阴平王。

四年,伪南梁州刺史杨灵珍与二弟婆罗、阿卜珍率部曲三万余人举城归附,送母及子双健、阿皮于南郑为质。梁州刺史阴广宗遣中兵参军猷王思考率众救援,为虏所得,婆罗、阿卜珍战死。灵珍攻集始于武兴,杀其二弟集同、集众。集始穷急,请降。以灵珍为持节、督陇右军事、征虏将军、北梁州刺史、仇池公、武都王。永元二年,复以集始为使持节、督秦雍二州军事、辅国将军、平羌校尉、北秦州刺史。灵珍后为虏所杀。

自虏陷仇池以后,或得或失。宋以仇池为郡,故以氐封焉。

宕昌,羌种也。各有酋豪,领部众汧、陇间。宋末,宕昌王梁弥机为使持节、督河凉二州军事、安西将军、东羌校尉、河凉二州刺史、陇西公。建元元年,太祖进号镇西将军。又征虏将军、西凉州刺史羌王像舒彭亦进为持节、平西将军。后叛降虏。永明元年,八座奏前使持节、都督河凉二州军事、镇西将军、东羌校尉、河凉二州刺史、陇西公、宕昌王梁弥机,前使持节、平北将军、西凉州刺史、羌王像舒彭,并著勤西垂,宁安边境,可复先官爵。诏又可以陇右都帅羌王刘洛羊为辅国将军。机卒,三年,诏曰:"行宕昌王梁弥颉,忠款内附、著绩西服,宜加爵命,式隆藩屏。可使持节、督河凉二州诸军事、安西将军、东羌校尉、河凉二州刺史、陇西公、宕昌王。"颉卒。六年,以行宕昌王梁弥承为使持节、督河凉二州诸军事、安西将军、东羌校尉、河凉二州刺史、宕昌王。使求军仪及伎杂书,诏报曰:"知须军仪等九种,并非所爱。但军器种甚多,致之未易。内伎不堪涉远。秘阁图书,例不外出。《五经集注》、《论语》今特敕赐王各一部。"俗重虎皮,以之送死,国中以为货。

史臣曰:氐、胡犷盛,乘运迭起,秦、赵僭差,相系覆灭,余类蠢蠢,被西疆而奄北阜。芮芮地穷幽都,戎马天隔。氐杨密迩华、夷,分民接境,侵犯汉、漾,浸逼狼狐,疆场之心,窥望威德,梁部多难,于斯为梗。残羌遗种,际运肇昌,尽陇凭河,远通南驿,据国称藩,并受职命。晋氏衰败,中朝沦覆,灭余四夷,庶言戎祸,授以兵杖,升进军麾,后代因仍,贪广声教,绥外怀远,先名后实。贸易有无,世开边利,羽毛齿革,无损于我。若夫九种之事,有阙二字至于此也。

赞曰:芮芮、河南,同出胡种。称王僭帝,擅强专统。氐、羌孽余,散出河、陇。来宾往叛,放命承宗。

附　录

《南齐书》序

《南齐书》,八纪,十一志、四十列传,合五十九篇,梁萧子显撰。始江淹已为十志,沈约又为《齐纪》,而子显自表武帝,别为此书。臣等因校正其讹谬,而叙其篇目,曰:

将以是非得失、兴坏理乱之故而为法戒,则必得其所托,而后能传于久,此史之所以作也。然而所托不得其人,则失其意,或乱其实,或析理之不通,或设辞之不善,故虽有殊功韪德非常之迹，将暗而不章，郁而不发，而梼杌嵬琐，奸回凶愿之形，可幸而掩也。

尝试论之，古之所谓良史者，其明必足以周万事之理，其道必足以适天下之用，其智必足以通难知之意，其文必足以发难显之情，然后其任可得而称也。何以知其然邪？昔者，唐虞有神明之性，有微妙之德，使由之者不能知，知之者不能名。以为治天下之本，号令之所布，法度之所设，其言至约，其体至备，以为治天下之具。而为二《典》者，推而明之，所记者，岂独其迹邪？并与其深微之意而传之。小大精粗，无不尽也；本末先后，无不白也。使诵其说者，如出乎其时；求其指者，如即乎其人。是可不谓明足以周万事之理，道足以适天下之用，智足以通难知之意，文足以发难显之情者乎？则方是之时，岂特任政者皆天下之士哉？盖执简操笔而随者，亦皆圣人之徒也。两汉以来为史者，去之远矣。司马迁从五帝三王既殁数千载之后，秦火之余，因散绝残脱之经，以及传记百家之说，区区掇拾，以集著其善恶之迹，兴废之端，又创己意以为本纪、世家、八书、列传之文，斯亦可谓奇矣。然而蔽害天下之圣法，是非颠倒而采摭谬乱者，亦岂少哉！是岂可不谓明不足以周万事之理，道不足以适天下之用，智不足以通难知之意，文不足以发难显之情者乎？夫自三代以后为史者如迁之文，亦不可不谓俊伟拔出之材、非常之士也，然顾以谓明不足以周万事之理，道不足以适天下之用，智不足以通难知之意，文不足以发难显之情者，何哉？盖圣贤之高致，迁固有不能纯达其情而见之于后者矣，故不得而与之也。迁之得失如此，况其他邪？至于宋、齐、梁、陈、后魏、后周之书，盖无以议为也。

子显之于斯文，喜自驰骋，其更改破析刻雕藻缋之变尤多，而其文益下，岂夫材固不可以强而有邪？数世之史既然，故其事迹暧昧，虽有随世以就功名之君，相与合谋之臣，未有赫然得倾动天下之耳目，播天下之口者也。而一时偷夺倾危悖理反义之人，亦幸而不暴著于世，岂非所托不得其人故邪？可不惜哉！盖史者所以明夫治天下之道也，故为之者亦必天下之材，然后其任可得而称也。岂可忽哉！岂可忽哉！

臣恂、臣宝臣、臣穆、臣藻、臣洙、臣觉、臣彦若、臣巩谨叙目录昧死上。

梁书

唐·姚思廉撰

梁书目录

卷一　本纪第一
　　武帝上 ································ 1
卷二　本纪第二
　　武帝中 ································ 8
卷三　本纪第三
　　武帝下 ································ 12
卷四　本纪第四
　　简文帝 ······························· 19
卷五　本纪第五
　　元帝 ·································· 20
卷六　本纪第六
　　敬帝 ·································· 25
卷七　列传第一
　　皇后
　　　太祖张皇后 ······················ 27
　　　　父穆之 ·························· 27
　　　高祖郗皇后 ······················ 28
　　　太宗王皇后 ······················ 28
　　　　父骞 ····························· 28
　　　高祖丁贵嫔 ······················ 28
　　　高祖阮修容 ······················ 29
　　　世祖徐妃 ························· 29
卷八　列传第二
　　昭明太子 ··························· 29
　　哀太子 ······························· 31
　　愍怀太子 ··························· 31
卷九　列传第三
　　王茂 ·································· 31
　　曹景宗 ······························· 32
　　柳庆远 ······························· 32
卷十　列传第四
　　萧颖达 ······························· 33
　　夏侯详 ······························· 34
　　蔡道恭 ······························· 34
　　杨公则 ······························· 35
　　邓元起 ······························· 35
卷十一　列传第五
　　张弘策 ······························· 36
　　庾域 ·································· 37
　　郑绍叔 ······························· 37
　　吕僧珍 ······························· 38
卷十二　列传第六
　　柳惔 ·································· 39
　　　弟忱 ······························· 39

　　席阐文 ······························· 39
　　韦睿 ·································· 39
　　　子正稜　黯 ····················· 40
　　　族弟爱 ···························· 41
卷十三　列传第七
　　范云 ·································· 41
　　沈约 ·································· 42
　　　子旋 ······························· 44
卷十四　列传第八
　　江淹 ·································· 44
　　任昉 ·································· 45
卷十五　列传第九
　　谢朏 ·································· 47
　　　弟子览 ···························· 48
卷十六　列传第十
　　王亮 ·································· 48
　　张稷 ·································· 49
　　王莹 ·································· 50
卷十七　列传第十一
　　王珍国 ······························· 50
　　马仙琕 ······························· 51
　　张齐 ·································· 51
卷十八　列传第十二
　　张惠绍 ······························· 51
　　冯道根 ······························· 52
　　康绚 ·································· 53
　　昌义之 ······························· 53
卷十九　列传第十三
　　宗夬 ·································· 54
　　刘坦 ·································· 54
　　乐蔼 ·································· 54
　　　子法才 ···························· 55
卷二十　列传第十四
　　刘季连 ······························· 55
　　陈伯之 ······························· 56
　　褚缉 ·································· 57
卷二十一　列传第十五
　　王瞻 ·································· 57
　　王志 ·································· 57
　　王峻 ·································· 58
　　王暕 ·································· 58
　　　子训 ······························· 58
　　王泰 ·································· 58
　　王份 ·································· 59

子琳 …… 59	鱼弘 …… 77
孙锡　金 …… 59	韦放 …… 77
张充 …… 59	卷二十九　列传第二十三
柳恽 …… 60	高祖三王
子偃 …… 60	南康王绩 …… 78
蔡撙 …… 60	子会理　通理　乂理 …… 78
江蒨 …… 61	庐陵王续 …… 78
卷二十二　列传第十六	邵陵王纶 …… 79
太祖五王	子坚　确 …… 80
临川王宏 …… 61	卷三十　列传第二十四
安成王秀 …… 62	裴子野 …… 80
子机　推 …… 63	顾协 …… 81
南平王伟 …… 63	徐摛 …… 81
子恭　恭子静 …… 63	鲍泉 …… 82
鄱阳王恢 …… 64	卷三十一　列传第二十五
子范　范子嗣 …… 64	袁昂 …… 82
始兴王憺 …… 64	子君正 …… 83
卷二十三　列传第十七	卷三十二　列传第二十六
长沙嗣王业 …… 65	陈庆之 …… 83
子孝俨 …… 65	子昕 …… 85
业弟藻 …… 65	兰钦 …… 85
永阳嗣王伯游 …… 66	卷三十三　列传第二十七
衡阳嗣王元简 …… 66	王僧孺 …… 85
桂阳嗣王象 …… 66	张率 …… 87
卷二十四　列传第十八	刘孝绰 …… 88
萧景 …… 66	子谅 …… 89
弟昌　昂　昱 …… 67	王筠 …… 89
卷二十五　列传第十九	卷三十四　列传第二十八
周舍 …… 68	张缅 …… 90
徐勉 …… 69	弟缵　绾 …… 92
子悱 …… 71	卷三十五　列传第二十九
卷二十六　列传第二十	萧子恪 …… 93
范岫 …… 71	弟子范　子范子滂　确　子显　子显子恺　子云
傅昭 …… 71	子云子特　子晖 …… 93
弟映 …… 72	卷三十六　列传第三十
萧琛 …… 72	孔休源 …… 95
陆杲 …… 72	江革 …… 96
弟煦 …… 73	子从简 …… 97
卷二十七　列传第二十一	卷三十七　列传第三十一
陆倕 …… 73	谢举 …… 97
到洽 …… 73	何敬容 …… 97
明山宾 …… 74	卷三十八　列传第三十二
殷钧 …… 74	朱异 …… 98
陆襄 …… 75	贺琛 …… 99
卷二十八　列传第二十二	卷三十九　列传第三十三
裴邃 …… 75	元法僧 …… 101
子之礼 …… 76	子景隆　景仲 …… 102
兄子之高　之平　之横 …… 76	元树 …… 102
夏侯亶 …… 76	子贞 …… 102
弟夔 …… 77	元愿达 …… 102

王神念 ……………………………… 102	武宁王大威 ……………………………… 114
杨华 ……………………………… 102	建平王大球 ……………………………… 114
羊侃 ……………………………… 102	义安王大昕 ……………………………… 114
子鹍 ……………………………… 103	绥建王大挚 ……………………………… 114
羊鸦仁 ……………………………… 104	世祖二子
卷四十　列传第三十四	忠壮世子方等 ……………………………… 114
司马褧 ……………………………… 104	贞惠世子方诸 ……………………………… 114
到溉 ……………………………… 104	**卷四十五　列传第三十九**
孙荛 ……………………………… 104	王僧辩 ……………………………… 115
刘显 ……………………………… 105	子颁 ……………………………… 118
刘之遴 ……………………………… 105	**卷四十六　列传第四十**
弟之亨 ……………………………… 106	胡僧祐 ……………………………… 118
许懋 ……………………………… 106	徐文盛 ……………………………… 118
卷四十一　列传第三十五	杜崱 ……………………………… 118
王规 ……………………………… 107	兄岸 ……………………………… 119
子褒 ……………………………… 107	弟幼安 ……………………………… 119
刘毂 ……………………………… 107	兄子龛 ……………………………… 119
宗懔 ……………………………… 108	阴子春 ……………………………… 119
王承 ……………………………… 108	**卷四十七　列传第四十一**
褚翔 ……………………………… 108	孝行
萧介 ……………………………… 109	滕昙恭 ……………………………… 120
从父兄洽 ……………………………… 109	徐普济 ……………………………… 120
褚球 ……………………………… 109	宛陵女子 ……………………………… 120
刘孺 ……………………………… 109	沈崇傃 ……………………………… 120
弟览　遵 ……………………………… 109	荀匠 ……………………………… 120
刘潜 ……………………………… 110	庾黔娄 ……………………………… 120
弟孝胜　孝威　孝先 ……………………………… 110	吉翂 ……………………………… 120
殷芸 ……………………………… 110	甄恬 ……………………………… 121
萧几 ……………………………… 110	韩怀明 ……………………………… 121
卷四十二　列传第三十六	刘昙静 ……………………………… 121
臧盾 ……………………………… 110	何炯 ……………………………… 121
弟厥 ……………………………… 111	庾沙弥 ……………………………… 121
傅岐 ……………………………… 111	江紑 ……………………………… 121
卷四十三　列传第三十七	刘霁 ……………………………… 121
韦粲 ……………………………… 111	褚修 ……………………………… 122
江子一 ……………………………… 112	谢蔺 ……………………………… 122
弟子四　子五 ……………………………… 112	**卷四十八　列传第四十二**
张嵊 ……………………………… 112	儒林
沈浚 ……………………………… 113	伏曼容 ……………………………… 122
柳敬礼 ……………………………… 113	何佟之 ……………………………… 122
兄仲礼 ……………………………… 113	范缜 ……………………………… 122
卷四十四　列传第三十八	严植之 ……………………………… 124
太宗十一王	贺玚 ……………………………… 124
浔阳王大心 ……………………………… 113	子革 ……………………………… 125
南海王大临 ……………………………… 113	司马筠 ……………………………… 125
南郡王大连 ……………………………… 113	卞华 ……………………………… 125
安陆王大春 ……………………………… 114	崔灵恩 ……………………………… 125
浏阳公大雅 ……………………………… 114	孔金 ……………………………… 126
新兴王大庄 ……………………………… 114	卢广 ……………………………… 126
西阳王大钧 ……………………………… 114	沈峻 ……………………………… 126

子文阿 126
　　　太史叔明 126
　　孔子祛 126
　　皇侃 126
卷四十九　列传第四十三
　　文学上
　　到沆 127
　　丘迟 127
　　刘苞 127
　　袁峻 127
　　庾於陵 127
　　　弟肩吾 127
　　刘昭 128
　　何逊 128
　　钟嵘 128
　　周兴嗣 129
　　吴均 129
卷五十　列传第四十四
　　文学下
　　刘峻 130
　　刘沼 131
　　谢几卿 131
　　刘勰 132
　　王籍 132
　　何思澄 132
　　宗夬子朗 133
　　刘杳 133
　　谢征 133
　　臧严 134
　　伏挺 134
　　庾仲容 135
　　陆云公 135
　　任孝恭 135
　　颜协 135
卷五十一　列传第四十五
　　处士
　　何点 136
　　　弟胤 137
　　阮孝绪 138
　　陶弘景 138
　　诸葛璩 139
　　沈颙 139
　　刘慧斐 139
　　范元琰 139
　　刘讦 139
　　刘歊 139
　　庾诜 140
　　　子曼倩 140
　　张孝秀 140
　　庾承先 140

卷五十二　列传第四十六
　　止足
　　顾宪之 141
　　陶季直 141
　　萧视素 142
卷五十三　列传第四十七
　　良吏
　　庾荜 142
　　沈瑀 143
　　范述曾 143
　　丘仲孚 143
　　孙谦 144
　　　从子廉 144
　　伏暅 144
　　何远 145
卷五十四　列传第四十八
　　诸夷
　　海南诸国
　　　林邑 145
　　　扶南 146
　　　盘盘 148
　　　丹丹 148
　　　干陁利 148
　　　狼牙修 148
　　　婆利 148
　　　中天竺 149
　　　师子 149
　　东夷
　　　高句骊 149
　　　百济 150
　　　新罗 150
　　　倭 150
　　　文身 151
　　　大汉 151
　　　扶桑 151
　　西北诸戎
　　　河南 151
　　　高昌 152
　　　滑 152
　　　周古柯 152
　　　呵跋檀 152
　　　胡蜜丹 152
　　　白题 152
　　　龟兹 152
　　　于阗 152
　　　渴盘陁 152
　　　末 152
　　　波斯 152
　　　宕昌 153
　　　邓至 153

武兴…………………………………… 153
　　芮芮…………………………………… 153
卷五十五　列传第四十九
　　豫章王综……………………………… 153
　　武陵王纪……………………………… 154
　　临贺王正德…………………………… 154
　　河东王誉……………………………… 155

卷五十六　列传第五十
　　侯景…………………………………… 155
　　王伟…………………………………… 162
附录
　　梁书序………………………………… 162

梁　书

卷一　　　　　　本纪第一

武　帝　上

高祖武皇帝，讳衍，字叔达，小字练儿，南兰陵中都里人，汉相国何之后也。何生鄴定侯延，延生侍中彪，彪生公府掾章，章生皓，皓生仰，仰生太子太傅望之，望之生光禄大夫育，育生御史中丞绍，绍生光禄勋闳，闳生济阴太守闾，闾生吴郡太守冰，冰生中山相苞，苞生博士周，周生蛇丘长矫，矫生州从事逵，逵生孝廉休，休生广陵郡丞豹，豹生太中大夫裔，裔生淮阴令整，整生济阴太守辖，辖生州治中副子，副子生南台治书道赐，道赐生皇考讳顺之，齐高帝族弟也。参预佐命，封临湘县侯。历官侍中，卫尉，太子詹事，领军将军，丹阳尹，赠镇北将军。

高祖以宋孝武大明八年甲辰岁生于秣陵县同夏里三桥宅。生而有奇异，两胯骈骨，顶上隆起，有文在右手曰"武"。帝及长，博学多通，好筹略，有文武才干，时流名辈咸推许焉。所居室常若云气，人或过者，体辄肃然。

起家巴陵王南中郎法曹行参军，迁卫将军王俭东阁祭酒。俭一见，深相器异，谓庐江何宪曰："此萧郎三十内当作侍中，出此则贵不可言。"竟陵王子良开西邸，招文学，高祖与沈约、谢朓、王融、萧琛、范云、任昉、陆倕等并游焉，号曰八友。融俊爽，识鉴过人，尤敬异高祖，每谓所亲曰："宰制天下，必在此人。"累迁隋王镇西咨议参军，寻以皇考艰去职。

隆昌初，明帝辅政，起高祖为宁朔将军，镇寿春。服阕，除太子庶子、给事黄门侍郎，入直殿省。预萧谌等定策勋，封建阳县男，邑三百户。建武二年，魏遣将刘昶、王肃帅众寇司州，以高祖为冠军将军、军主，隶江州刺史王广为援。距义阳百余里，众以魏军盛，趑趄莫敢前。高祖请为先启，广即分麾下精兵配高祖。尔夜便进，去魏军数里，迳上贤首山。魏军不测多少，未敢逼。黎明，城内见援至，因出军攻魏栅。高祖帅所领自外进战。魏军表里受敌，乃弃重围退走。军罢，以高祖为右军晋安王司马、淮陵太守。还为太子中庶子，领羽林监。顷之，出镇石头。

四年，魏帝自率大众寇雍州，明帝令高祖赴援。十月，至襄阳。诏又遣左民尚书崔慧景总督诸军，高祖及雍州刺史曹虎等并受节度。明年三月，慧景与高祖进行邓城，魏主帅十万余骑奄至。慧景失色，欲引退，高祖固止之，不从，乃狼狈自拔。魏骑乘之，于是大败。高祖独帅众距战，杀数十百人，魏骑稍却，因得结阵断后，至夕得下船。慧景军死伤略尽，惟高祖全师而归。俄以高祖行雍州府事。

七月，仍授持节、都督雍梁南北秦四州郢州之竟陵司州之随郡诸军事、辅国将军、雍州刺史。其月，明帝崩，东昏即位，扬州刺史始安王遥光、尚书令徐孝嗣、尚书右仆射江祏、右将军萧坦之、侍中江祀、卫尉刘暄更直内省，分日帖敕。高祖闻之，谓从舅张弘策曰："政出多门，乱其阶矣。《诗》云：'一国三公，吾谁适从？'况今有六，而可得乎！嫌隙若成，方相诛灭，当今避祸，惟有此地。勤行仁义，可坐作西伯。但诸弟在都，恐罹世患，须与益州图之耳。"

时高祖长兄懿罢益州还，仍行郢州事，乃使弘策诣郢，陈计于懿曰："昔晋惠庸主，诸王争权，遂内难九兴，外寇三作。今六贵争权，人握王宪，制主画敕，各欲专威，睚眦成憾，理相屠灭。且嗣主在东宫本无令誉，蝶近左右，蜂目忍人，一总万机，恣其所欲，岂肯虚坐主诺，委政朝臣。积相嫌贰，必大诛戮。始安欲为赵伦，形迹已见，蹇人上天，信无此理。且性甚猜狭，徒取乱机。所可当轴，惟有江、刘而已。祏怯而无断，暄弱而不才，折鼎覆悚，翘足可待。萧坦之胸怀猜忌，动言相伤，徐孝嗣才非柱石，听人穿鼻，若隙开衅起，必中外土崩。今得守外藩，幸图身计，智者见机，不俟终日。及今猜防未生，宜召诸弟以时聚集。后相防疑，拔足无路。郢州控带荆、湘，西注汉、沔；雍州士马，呼吸数万，虎视其间，以观天下。世治则竭诚本朝，时乱则为国剪暴，可得与时进退，此盖万全之策。如不早图，悔无及也。"懿闻之变色，心弗之许。弘策还，高祖乃启迎弟伟及憺。是岁至襄阳。于是潜造器械，多伐竹木，沉于檀溪，密为舟装之备。时所住斋常有五色回转，状若蟠龙，其上紫气腾起，形如伞盖，望者莫不异焉。

永元二年冬，懿被害。信至，高祖密召长史王茂、中兵吕僧珍、别驾柳庆远、功曹史吉士瞻等谋之。既定，以十一月乙巳召僚佐集于厅事，谓曰："昔武王会孟津，皆曰'纣可伐'。今昏主恶稔，穷虐极暴，诛戮朝贤，罕有遗育，生民涂炭，天命殛之。卿等同心疾恶，共兴义举，公侯将相，良在兹日，各尽勋效，我不食言。"是日建牙。于是收集得甲士万余人，马千余匹，船三千艘，出檀溪竹木装舰。

先是，东昏以刘山阳为巴西太守，配精兵三千，使过荆州就行事萧颖胄以袭襄阳。高祖知其谋，乃遣参军王天虎、庞庆国诣江陵，遍与府州书。及山阳西上，高祖谓诸将曰："荆州本畏襄阳人，加唇亡齿寒，自有伤弦之急，宁不暗同邪？我若总荆、雍之兵，扫定东夏，韩、白重出，不能为计。况以无算之昏主，役御刀应敕之徒哉？我能使山阳至荆，便即授首，诸君试观何如。"及山阳至巴陵，高祖复令天虎赍书与颖胄兄弟。去后，高祖谓张弘策曰："夫用兵之道，攻心为上，攻城次之，心战为上，兵战次之，今日是也。近遣天虎往州府，人皆有书。今段乘驿甚急，止有两封与行事兄弟，云'天虎口具'；及问天虎而口无所说，行事不得相闻，不容妄有所道。天虎是行事心膂，彼闻必谓行事与天虎共隐其事，则人人生疑。山阳惑于众口，判相嫌贰，则行事进退无以自明，必漏吾谋内。是驰两空函到一州矣。山阳至江安，闻之，果疑不上。颖胄大惧，乃斩天虎，送首山阳。山阳信之，将数十人驰入，颖胄伏甲斩之，送首高祖。仍以南康王尊号之议来告，且曰："时月未利，当须来年二月；遽便进兵，恐非庙算。"高祖答曰："今坐甲十万，粮用自竭，况所藉义心，一时骁锐，事事相接，犹恐疑怠；若顿兵十旬，必生悔吝。童儿立异，便大事不成。今太白出西方，仗义而动，天时人谋，有何不利？处分已定，安可中息？昔武王伐纣，行逆太岁，复须待年月乎？"

竟陵太守曹景宗遣杜思冲劝高祖迎南康王都襄阳，待正尊号，然后进军。高祖不从。王茂又私于张弘策曰："我奉事节下，义无进退，然今者以南康置人手中，彼便挟天子以令诸侯，而节下前去为人所使，此岂岁寒之计？"弘策言之，高祖曰："若使前途大事不捷，故自兰艾同焚；若功业克建，威慑四海，号令天下，谁敢不从！岂是碌碌受人处分？待至石城，当面晓王茂、曹景宗也。"于沔南立新野郡，以集新附。

三年二月，南康王为相国，以高祖为征东将军，给鼓吹一部。戊申，高祖发襄阳。留弟伟守襄阳城，总州府事，弟憺守垒城，府司马庄丘黑守樊城，功曹史吉士询兼长史，白马戍主黄嗣祖兼司马，郡令杜永兼别驾，小府录事郭俨知转漕。移檄京邑曰：

夫道不常夷，时无永化，险泰相沿，晦明非一，皆屯困而后亨，资多难以启圣。故昌邑悖德，孝宣聿兴，海西乱政，简文升历，并拓绪开基，绍隆宝命，理验前经，事昭往策。

独夫扰乱天常，毁弃君德，奸回淫纵，岁月滋甚。挺虐于髫剪之年，植险于髻丱之日。猜忌凶毒，触途而著，暴戾昏荒，与事而发。自大行告渐，喜容前见，梓宫在殡，觍无哀色，欢娱游宴，有过平常，奇服异衣，更极夸丽。至于选采妃嫔，姊妹无别，招侍巾栉，姑侄莫辨，掖庭有稗贩之名，姬姜被干没之服。至乃形体宣露，亵衣颠倒，斩斫其间，以为欢笑。骋肆淫放，驱屏郊邑。老弱波流，士女涂炭。行产盈路，舆尸竟道，母不及抱，子不遑哭。劫掠剽房，以日继夜。昼伏宵游，曾无休息。淫酗酋肆，酣歌垆邸。宠恣愚竖，乱惑妖孽。梅虫儿、茹法珍臧获斯小，专制威柄，诛剪忠良，屠灭卿宰。刘镇军舅氏之尊，尽忠奉国；江仆射外戚之重，竭诚事上；萧领军葭莩之宗，志存柱石；徐司空、沈仆射搢绅冠冕，人望攸归。或《渭阳》余感，或勋庸允穆，或诚著艰难，或勤劳王室，并受遗托，同参顾命，送往事居，俱竭心力。宜其庆溢当年，祚隆后裔；而一朝齑粉，孩稚无遗。人神怨结，行路嗟愤。

萧令君忠公干伐，诚贯幽显。往年寇贼游魂，南郑危逼，拔刃飞泉，孤城独振。及中流逆命，凭陵京邑，谋猷禁省，指授群帅，克剪鲸鲵，清我王度。崔慧景奇锋迅骇，兵交象魏，武力丧魂，义夫夺胆，投名送款，比屋交驰，负粮影从，愚智竞赴。复誓旅江甸，奋不顾身，奖厉义徒，电掩强敌，克歼大憝，以固皇基。功出桓、文，勋超伊、吕；而劳谦自己，事昭心迹，功遂身退，不祈荣满。敦赏未闻，祸酷遘及，预禀精灵，孰不冤悼！而群孽放命，蜂虿怀毒，乃遣刘山阳驱扇遁逃，招逼亡命，潜图密构，规见掩袭。萧右军、夏侯征房忠断凤举，义形于色，奇谋宏振，应手枭悬，天道祸淫，罪不容戮。至于悖礼违教，伤化虐人，射天弹路，比之犹善，刳胎斫胫，方之非酷，尽寓县之竹，未足纪其过，穷山泽之兔，不能书其罪。自草昧以来，图牒所记，昏君暴后，未有若斯之甚者也。

既人神乏主，宗稷贴危，海内沸腾，氓庶板荡，百姓懔懔，如崩厥角，苍生喁喁，投足无地。幕府荷眷前朝，义均休戚，上怀委付之重，下惟在原之痛，岂可卧薪引火，坐观倾覆！至尊体自高宗，特钟慈宠，明并日月，梓昭灵神，祥启元龟，符验当璧，作镇陕藩，化流西夏，讴歌攸奉，万有乐推。右军萧颖胄、征房将军夏侯详并同心翼戴，即宫旧楚，三灵再朗，九县更新，升平之运，此焉复始，康哉之盛，在乎兹日。然帝德虽彰，区宇未定，元恶未黜，天邑犹梗。仰禀宸规，率前启路。即日遣冠军、竟陵内史曹景宗等二十军主，长槊五万，骥骤为群，鹗视争先，龙骧并驱，步出横江，直指朱雀。长史、冠军将军、襄阳太守王茂等三十军主，戈船七万，乘流电激，推锋扼险，斜趣白城。南中郎咨议参军、军主萧伟等三十九军主,巨舰迅楫,冲波噬水,旗鼓八万,焱集石头。南中郎谘议参军、军主萧憺等四十二军主,熊罴之士,甲楯十万,沿波驰艓,掩据新亭。益州刺史刘季连、梁州刺史柳惔、司州刺史王僧景、魏兴太守裴帅仁、上庸太守韦叡、新城太守僧季,并肃奉明诏,袭行天罚。蜀、汉果锐,沿流而下;淮、汝劲勇,望波遄弩。幕府总率貔貅,骁勇百万,缮棱燕弧,屯兵冀马,拟金沸地,鸣鞞聒天,霜锋曜日,朱旗绛寓,方舟千里,骆驿系进。萧右军于谟上才,兼资文武,英略峻远,执钧匡世。拥荆南之众,督四方之师,宣赞中权,奉卫舆辇。旂麾所指,威棱无外,龙骧虎步,并集建业。黜放愚狡,均礼海昏,廓清神甸,扫定京宇。譬犹崩泰山而压蚁壤,决悬河而注燎烬,岂有不殄灭者哉!

今资斧所加,止梅虫儿、茹法珍而已。诸君咸世胄羽仪,书勋王府,皆俯眉奸党,受制凶威。若能因变立功,转祸为福,并誓河、岳,永纡青紫。若执迷不悟,距逆王师,大众一临,刑兹罔赦,所谓火烈高原,芝兰同泯。勉求多福,无贻后悔。赏罚之科,有如白水。

高祖至竟陵,命长史王茂与太守曹景宗为前军,中兵参军张法安守竟陵城。茂等至汉口,轻兵济江,逼郢城。其刺史张冲置阵据石桥浦,义师与战不利,军主朱僧起死之。诸将议欲并军围郢,分兵以袭西阳、武昌。高祖曰:"汉口不阔一里,箭道交至,房僧寄以重兵固守,为郢城人掎角。若悉众前进,贼必绝我军后,一朝为阻,则悔无所及。今欲遣王、曹诸军济江,与荆州军相会,以逼贼垒。吾自后围鲁山,以通沔、汉。郧城、竟陵间粟,方舟而下;江陵、湘中之兵,连旗继至。粮食既足,士众稍多,围守两城,不攻自拔,天下之事,卧取之耳。"诸将皆曰"善"。乃命王茂、曹景宗帅众济岸,进顿九里。其日,张冲出军迎战,茂等邀击,大破之,皆弃甲奔走。荆州遣冠军将军邓元起、军主王世兴、田安等数千人,会大军于夏首。高祖筑汉口城以守鲁山,命水军主王天绍、朱思远等游遏江中,绝郢、鲁二城信使。

三月,乃命元起进据南堂西陼,田安之顿城北,王世兴顿曲水故城。是时张冲死,其众复推军主薛元嗣及冲长史程茂为主。乙巳,南康王即帝位于江陵,改永元三年为中兴元年,遥废东昏为涪陵王。以高祖为尚书左仆射,加征东大将军、都督征讨诸军事,假黄钺。西台又遣冠军将军萧颖达领兵会于军。是日,元嗣军主沈难当率轻舸数千,乱流来战,张惠绍等并击破,尽擒之。四月,高祖出沔,命王茂、萧颖达等进军逼郢城。元嗣战颇疲,因不敢出。诸将欲攻之,高祖不许。五月,东昏遣宁朔将军吴子阳、军主光子衿等十三军救郢州,进据巴口。

六月,西台遣卫尉席阐文劳军,赍萧颖胄等议,谓高祖曰:"今顿兵两岸,不并军围郢,定西阳、武昌,取江州,此机已失;莫若请救于魏,与北连和,犹为上策。"高祖谓阐文曰:"汉口路通荆、雍,控引秦、梁,粮运资储,听此气息,所以兵压汉口,连络数州。今若并军城内,又分兵前进,鲁山必阻沔路,所谓扼喉。若粮运不通,自然离散,何谓持久?邓元起近欲以三千兵往定寻阳,彼若欢然悟机,一郾生亦足;脱距王师,故非三千能下。进退无据,未见其可。西阳、武昌,取便得耳,得便应镇守。守两城不减万人,粮储称是,卒无所出。脱贼军有上者,万人攻一城,两城势不得相救。若我分军应援,则首尾俱弱;如其不遣,孤城必陷。一城既没,诸城相次土崩,天下大事于是去矣。若郢州既拔,席卷沿流,西阳、武昌,自然风靡,何遽分兵散众,自贻其忧!且丈夫举动,言静天步;况拥数州之兵以诛群竖,悬河注火,奚有不灭?岂容北面请救,以自示弱!彼未必能信,徒贻我丑声。此之下计,何谓上策?卿为我白镇军:前途攻取,但以见付,事在目中,无患不捷,恃镇军靖镇之耳。"

吴子阳等进军武口,高祖乃命军主梁天惠、蔡道祐据渔湖城,唐修期、刘道曼屯白阳垒,夹两岸以待之。子阳又进据加湖,去郢三十里,傍山带水,筑垒栅以自固。鲁山城主房僧寄死,众复推助防孙乐祖代之。七月,高祖命王茂帅军主曹仲宗、康绚、武会超等潜师袭加湖,将逼子阳。水涸不通舰,其夜暴长,众军乘流齐进,鼓噪攻之,贼俄而大溃,子阳为窜走,众尽溺于江。王茂虏其余而旋。于是郢、鲁二城相视夺气。

先是,东昏遣冠军将军陈伯之镇江州,为子阳等声援。高祖乃谓诸将曰:"夫征讨未必须实力,所听威声耳。今加湖之败,谁不弭服。陈虎牙即伯之子,狼狈奔归,彼间人情,理当凶惧,我谓九江传檄可定也。"因命搜所获俘囚,得伯之幢主苏隆之,厚加赏赐,使致命焉。鲁山城主孙乐祖,郢城主程茂、薛元嗣相继请降。初,郢城之闭,将佐文武男女口十余万人,疾疫流肿死者十七八,及城开,高祖并加隐恤,其死者命给棺槥。

先是,汝南人胡文超起义于溾阳,求讨义阳、安陆等郡以自效,高祖又遣军主唐修期攻随郡,并克之。司州刺史王僧景遣子贞孙入质。司部悉平。

陈伯之遣苏隆之反命,求未便进军。高祖曰:"伯之此言,意怀首鼠,及其犹豫,急往逼之,计无所出,势不得暴。"乃命邓元起率众,即日沿流。八月,天子遣黄门郎苏回劳军。高祖登舟,命诸将以次进路,留上庸太守韦睿守郢城,行州事。邓元起将至寻阳,陈伯之犹猜惧,乃收兵退保湖口,留其虎牙守盆城。及高祖至,乃束甲请罪。九月,天子诏 高祖平定东夏,并以便宜从事。是月,留少府、长史郑绍叔守江州城。前军次芜湖,南豫州刺史申胄弃姑孰走,至是时大军进据之,仍遣曹景宗、萧颖达领马步进顿江宁。东昏遣征虏将军李居士率步军迎战,景宗击走之。于是王茂、邓元起、吕僧珍进据赤鼻逻,曹景宗、陈伯之为游兵。是日,新亭城主江道林率兵出战,众军擒之于阵。大军次新林,命王茂据越城,曹景宗据皂荚桥,邓元起据道士墩,陈伯之据篱门。道林余众退屯航南,义军迫之,因复散走,退保朱爵,凭淮以自固。时李居士犹据新亭垒,请东昏烧南岸邑屋以开战场。自大航以西、新亭以北,荡然矣。

十月,东昏石头军主朱僧勇率水军二千人归降。东昏又遣征虏将军王珍国率军主胡虎牙等列阵于航南大路，悉配精手利器，尚十余万人。阉人王伥子持白虎幡督诸军，又开航背水，以绝归路。王茂、曹景宗等掎角奔之，将士皆殊死战，无不一当百，鼓噪震天地。珍国之众，一时土崩，投淮死者，积尸与航等，后至者乘之以济，于是朱爵诸军望之皆溃。义师追至宣阳门，李居士以新亭垒、徐元瑜以东府城降，石头、白下诸军并宵溃。壬午，高祖镇石头，命众军围六门，东昏悉焚烧门内，驱逼营署、官府并入城，有众二十万。青州刺史桓和给东昏出战，因以其众来降。高祖命诸军筑长围。

初，义师之逼，东昏遣军主左僧庆镇京口，常僧景镇广陵，李叔献屯瓜步，及申胄自姑孰奔归，又使屯破墩以为东北声援。至是，高祖遣使晓喻，并率众降。乃遣弟辅国将军秀镇京口，辅国将军恢屯破墩，从弟宁朔将军景镇广陵。吴郡太守蔡夤弃郡赴义师。

十二月丙寅旦，兼卫尉张稷、北徐州刺史王珍国斩东昏，送首义师。高祖命吕僧珍勒兵封府库及图籍，收嬖妾潘妃及凶党王咺之以下四十一人属吏诛之。宣德皇后令废涪陵王为东昏侯，依汉海昏侯故事。授高祖中书监、都督扬、南徐二州诸军事、大司马、录尚书、骠骑大将军、扬州刺史，封建安郡公，食邑万户，给班剑四十人，黄钺、侍中、征讨诸军事并如故；依晋武陵王遵承制故事。

己卯，高祖入屯阅武堂。下令曰："皇家不造，遘此昏凶，祸挺动植，虐被人鬼，社庙之危，蠢焉如缀。吾身籍皇宗，曲荷先顾，受任边疆，推毂万里，眷言瞻乌，痛心在目，故率其尊主之情，厉其忘生之志。虽宝历重升，明命有绍，而独夫丑纵，方煽京邑。投袂援戈，克弭多难。虐政横流，为日既久，同恶相济，谅非一族。仰禀朝命，任在专征，思播皇泽，被之率土。凡厥负衅，咸与惟新。可大赦天下；唯王咺之等四十一人不在赦例。"

又令曰："夫树人司牧，非役物以养生；视民如伤，岂肆上以纵虐。废主弃常，自绝宗庙，穷凶极悖，书契未有。征赋不一，苛酷滋章。缇绣土木，菽粟犬马，征发闾左，以充缮筑。流离寒暑，继以疫疠，转死沟渠，曾莫救恤，朽肉枯骸，乌鸢是厌。加以天灾人火，屡焚宫掖，官府台寺，尺椽无遗，悲甚《黍离》，痛兼《麦秀》。遂使亿兆离心，疆徼侵弱，斯人何辜，离此涂炭！今明昏递运，大道公行，思治之氓，来苏兹日。猥以寡薄，属当大宠，虽运距中兴，艰同草昧，思阐皇休，与之更始。凡昏制、谬赋、淫刑、滥役，外可详检前源，悉皆除荡。其主守散失，诸所损耗，精立科条，咸从原例。"

又曰："永元之季，乾维斁纽。政实多门，有殊卫文之代；权移于下，事等昔齐之时。遂使阉尹有翁媪之称，高安有法尧之旨。鬻狱贩官，锢山护泽，开塞之机，奏成小丑。直道正义，拥屈弥年，怀冤抱谤，莫知谁诉。奸吏因之，笔削自己。岂直贾生流涕，许伯哭时而已哉！今理运惟新，政刑得所，矫革流弊，实在兹日。可通检尚书众曹，东昏时诸诉讼失理及主者淹停不时施行者，精加讯辨，依事议奏。"

又下令，以义师临阵致命及疾病死亡者，并加葬敛，收恤遗孤。又令曰："朱爵之捷，逆徒送死者，特许家人殡葬；若无亲属，或有贫苦，二县长尉即为埋掩。建康城内，不达天命，自取沦灭，亦同此科。"

二年正月，天子遣兼侍中席阐文、兼黄门侍郎乐法才慰劳京邑。追赠高祖祖散骑常侍左光禄大夫，考侍中丞相。

高祖下令曰："夫在上化下，草偃风从，世之浇淳，恒由此作。自永元失德，书契未纪，穷凶极悖，焉可胜言。既而琁室外构，倾宫内积，奇技异服，殚所未见。上慢下暴，淫侈竞驰。国命朝权，尽移近习。贩官鬻爵，贿货公行。并甲第旁衢，渐台广室。长袖低昂，等和戎之赐；珍羞百品，同伐冰之家。愚民因之，浸以成俗。骄艳竞爽，夸丽相高。至乃市井之家，貂狐在御；工商之子，缇绣是袭。日入之次，夜分未反，昧爽之朝，期之清旦。圣明肇运，厉精惟始，虽日缵戎，殆同创革。且淫费之后，继以兴师，巨桥、鹿台，凋罄不一。孤忝荷大宠，务在澄清，思所以仰述皇朝大帛之旨，俯厉微躬鹿裘之义，解而更张，斫雕为朴。自非可以奉粢盛，修绂冕，习礼乐之容，缮甲兵之备，此外众费，一皆禁绝。御府中署，量宜罢省。掖庭备御妾之数，大予绝郑卫之音。其中有可以率先卿士，准的甿庶，菲食薄衣，请自孤始。加群才并轨，九官咸事，若能人务退食，竞存约己，移风易俗，庶期月有成。昔毛玠在朝，士大夫不敢靡衣偷食。魏武叹曰："孤之法不如毛尚书。"孤虽德谢往贤，任重先达，实望多士得其此心。外可详为条格。"

戊戌，宣德皇后临朝，入居内殿。拜帝大司马，解承制，百僚致敬如前。诏进高祖都督中外诸军事，剑履上殿，入朝不趋，赞拜不名。加前后部羽葆鼓吹。置左右长史、司马、从事中郎、掾、属各四人，并依旧辟士，余并如故。

诏曰：夫日月丽天，高明所以表德；山岳题地，柔博所以成功。故能庶物出而资始，河海振而不泄。二象贞观，代之者人。是以七辅、四叔，致无为于轩、昊；韦、彭、齐、晋，靖衰乱于殷、周。

大司马攸纵自天，体兹齐圣，文洽九功，武苞七德。钦惟厥始，徽猷早树，诚著艰难，功参帷幄。锡赋开壤，式表厥庸。建武升历，边隙屡启，公释书辍讲，经营四方。司、豫悬切，樊、汉危殆，覆强寇于沔滨，僵胡马于邓汭。永元肇号，难结群丑，专威擅虐，毒被含灵，溥天惴惴，命悬晷刻。否终有期，神谟载挺，首建大策，惟新鼎作。投袂勤王，沿流电举，鲁城云撤，夏汭雾披，加湖群盗，一鼓殄拔。姑孰连旆，倏焉冰泮。取新垒其如拾芥，扑朱爵其犹拉尘。霆电外骇，省闼内倾，余丑纤蠢，蚯蠓必尽。援彼已溺，解此倒悬，涂歌里抃，自近及远。畿甸夷穆，方州肃宁，解兹虐网，被以宽政。积弊穷昏，一朝载廓，声教遐渐，无思不被。虽伊尹之执兹壹德，姬旦之光于四海，方斯蔑如也。

昔吕望翼佐圣君，犹享四履之命；文侯立功平后，尚荷二弓之锡，况于盛德元勋，超迈自古。黔首慄慄，待以为命，救其已然，拯其方剂，式闾表墓，未或能比;而大辂渠门,辍而莫授,眷言前训,无忘终食。便宜敬升大典,式允群望。其进位相国,总百揆,扬州刺史;封十郡为梁公,备九锡之礼,加玺绂远游冠,位在诸王上,加相国绿綟绶。其骠骑大将军如故。依旧置梁百司。

策曰:二仪寂寥,由寒暑而代行,三才并用,资立人以为宝,故能流形品物,仰代天工。允兹元辅,应期挺秀,裁成天地之功,幽协神明之德。拨乱反正,济世宁民,盛烈光于有道,大勋振于无外,虽伊陟之保乂王家,姬公之有此丕训,方之蔑如也。今将授公典策,其敬听朕命:

上天不造,难钟皇室,世祖以休明早崩,世宗以仁德不嗣,高宗袭统,宸居弗永,虽夙夜劬劳,而隆平不洽。嗣君昏暴,书契弗睹。朝权国柄,委之群孽。剿戮忠贤,诛残台辅,含冤抱痛,噍类靡余。实繁非一,并专国命。嚬笑致灾,睚眦及祸。严科毒赋,载离比屋,溥天熬熬,置身无所。冤颈引决,道树相望,无近无远,号天靡告。公藉昏明之期,因兆民之愿,援帅群后,朔成中兴。宗社之危已固,天人之望允塞,此实公纽我绝纲,大造皇家者也。

永明季年,边隙大启,荆河连率,招引戎荒,江、淮扰逼,势同履虎。公受言本朝,轻兵赴袭,縻以长算,制之环中。排危冒险,强柔递用,坦然一方,还成藩服。此又公之功也。在昔隆昌,洪基已谢,高宗虑深社稷,将行权道。公定策帷帐,激扬大节,废帝立王,谋猷深著。此又公之功也。建武阐业,厥猷虽远,戎狄内侵,凭陵关塞,司部危逼,沦陷指期。公治兵外讨,卷甲长骛,接距交绥,电激风扫,摧坚覆锐,咽水涂原,执俘象魏,献馘海渚,焚庐毁帐,号哭言归。此又公之功也。樊、汉贴切,羽书续至。公星言鞠旅,禀命徂征,而军机戎统,事非己出,善策嘉谋,抑而莫允。邓城之役,胡马卒至,元帅潜及,不相告报,弃甲捐师,饵之虎口。公南收散卒,北御雕骑,全众方轨,案路徐归,拯我边危,重获安堵。此又公之功也。汉南迥弱,咫尺勍寇,兵粮盖阙,器甲靡遗。公作藩爰始,因资靡托,整兵训卒,蒐狩有序,俾我危城,翻为强镇。此又公之功也。永元纪号,瞻乌已及,虽废昏有典,而伊、霍称难。公首建大策,爰立明圣,义逾邑纶,勋高代人,易乱以化,俾昏作明。此又公之功也。文王之风,虽被江、汉,京邑蠢动,湮为洪流,句吴、於越,巢幕匪喻。公投袂万里,事惟拯溺,义声所罩,无思不趋。此又公之功也。鲁城、夏汭,梗据中流,乘山置垒,萦川自固。公御此乌集,陵兹地险,顿兵坐甲,寒往暑移,我行永久,士忘归愿,经以远图,御以长策,费无遗矢,战未穷兵,践华之固,相望俱拔。此又公之功也。惟此群凶,同恶相济,缘江负险,蚁聚加湖。水陆盘据,规援夏首,桴鼓一临,应时崩溃。此又公之功也。奸孽震皇,复怀举斧,蓄兵九派,用拟勤王。公棱威直指,势逾风电,旌旆小临,全州稽服。此又公之功也。姑孰冲要,密迩京畿,凶徒炽聚,断塞津路。公偏师启涂,排方继上,兵威所震,望旗自骇,焚舟委壁,卷甲宵遁。此又公之功也。群竖猖狂,志在借一,豕突淮浃,武骑如云。公爰命英勇,因机骋锐,气冠版泉,势逾洹水,追奔逐北,奄有连津,熊耳比峻,未足云拟,睢水不流,曷其能及。此又公之功也。琅邪、石首,襟带岨固,新垒、东塘,金汤是埒。凭险作守,兵食兼资,风激电骇,莫不震叠,城复于隍,于是乎在。此又公之功也。独夫昏很,凭城靡俱,鼓钟鞺鞳,慨若有余。狎是邪孽,忌斯冠冕,凶狡因之,将逞孥戮。公奇谟密运,盛略潜通,忠勇之徒,得申厥效,白旗宣室,未之或比。此又公之功也。

公有拯亿兆之勋,重之以明德,爰初厉志,服道儒门,濯缨来仕,清猷映代。时运艰难,宗社危殆,岷岗已燎,玉石同焚。驱率貔貅,抑扬霆电,义等南巢,功齐牧野。若夫禹功寂漠,微管谁嗣,拯其将鱼,驱其被发,解兹乱网,理此梦丝,复礼衽席,反乐河海。永平故事,闻之者叹息,司隶旧章,见之者陨涕。请我民命,还之斗极。悃悃搢绅,重荷戴天之庆;哀哀黔首,复蒙履地之恩。德逾嵩、岱,功邻造物,超哉邈矣,越无得而言焉。

朕又闻之:畴庸命德,建侯作屏,咸用克固四维,永隆万叶。是以《二南》流化,九伯斯征,王道淳洽,刑措罔用。覆政弗兴,历兹永久,如毁既及,晋、郑靡依。惟公经纬天地,宁济区夏,道冠乎伊、稷,赏薄于桓、文,岂所以宪章齐、鲁,长辔宇宙。敬惟前烈,朕甚惧焉。今进授相国,改扬州刺史为牧,以豫州之梁郡历阳、南徐州之义兴、扬州之淮南宣城吴吴兴会稽新安东阳十郡,封公为梁公。锡兹白土,苴以白茅,爰定尔邦,用建冢社。在昔旦、奭,入居保佑,逮于毕、毛,亦作卿士,任兼内外,礼实宜之。今命使持节兼太尉王亮授相国扬州牧印绶,梁公玺绂;使持节兼司空王志授梁公茅土,金虎符第一至第五左,竹使符第一至第十左。相国位冠群后,任总百司,恒典彝数,宜与事革。其以相国总百揆,去录尚书之号,上所假节、侍中貂蝉、中书监印、中外都督大司马印绶,建安公印策,骠骑大将军如故。又加公九锡,其敬听后命:以公礼律兼修,刑德备举,哀矜折狱,罔不用情,是用锡公大辂、戎辂各一,玄牡二驷。公劳心稼穑,念在民天,丕崇本务,惟谷是宝,是用锡公衮冕之服,赤舄副焉。公熔钧所被,变风自雅,易俗陶民,载和邦国,是用锡公轩悬之乐,六佾之舞。公文德广覃,义声远洽,椎髻髽首,夷歌请吏,是用锡公朱户以居。公扬清抑浊,官方有序,多士聿兴,《棫朴》流咏,是用锡公纳陛以登。公正色御下,以身轨物,式遏不虞,折冲惟远,是用锡公虎贲之士三百人。公威同夏日,志清奸宄,放命圮族,刑兹罔赦,是用锡公铁、钺各一。公跨跞嵩溟,陵厉区宇,譬诸日月,容光必至,是用锡公彤弓一,彤矢百;卢弓十,卢矢千。公永言惟孝,至感通神,恭严祀典,祭有余敬，是用锡公秬鬯一卣，圭瓒副焉。梁国置丞相以下，一遵旧式。钦哉！其敬循往策，祗服大礼，对扬天眷，用膺多福，以弘我太祖之休命！

高祖固辞。府僚劝进曰："伏承嘉命，显至仁策。明公逡巡盛礼，斯实谦尊之旨，未穷远大之致。何者？嗣君弃常，自绝宗社，国命民主，羁为仇仇，折栋崩榱，压焉自及，卿士怀脯斮之痛，黔首惧比屋之诛。明公亮格天之功，拯水火之切，再蹠日月，重缀参辰，反龟玉于涂泥，济斯民于坑岸，使夫匹妇童儿，羞言伊、吕，乡校里塾，耻谈五霸。而位卑乎阿衡，地狭于曲阜，庆赏之道，尚其未洽。夫大宝公器，非要非距，至公至平，当仁谁让？明公宜祗奉天人，允膺大礼。无使后予之歌，同彼胥怨，兼济之人，翻为独善。"公不许。

二月辛酉，府僚重请曰："近以朝命蕴策，冒奏丹诚，奉被还令，未蒙虚受，搢绅颙颙，深所未达。盖闻受金于府，通人弘致，高蹈海隅，匹夫小节，是以履乘石而周公不以为疑，赠玉璜而太公不以为让。况世哲继轨，先德在民，经纶草昧，叹深微管。加以朱方之役，荆河是依，班师振旅，大造王室。虽复累茧救宋，重胝存楚，居今观古，曾何足云。而惑其盗钟，功疑不赏，皇天后土，不胜其酷。是以玉马骏奔，表微子之去；金板出地，告龙逢之冤。明公据鞍辍哭，厉三军之志，独居掩涕，激义士之心，故能使海若登祇，罄图效祉，山戎、孤竹，束马影从，伐罪吊民，一匡静乱。匪叨天功，实勤濡足。且明公本自诸生，取乐名教，道风素论，坐镇雅俗，不习孙、吴，遭兹神武。驱尽诛之氓，济必封之谷，龟玉不毁，谁之功与？独为君子，将使伊、周何地？"于是始受相国梁公之命。

是日，焚东昏淫奢异服六十二种于都街。湘东王宝晊谋反，赐死。诏追赠梁公故夫人为梁妃。

乙丑，南兖州队主陈文兴于桓城内凿井，得玉镂骐驎、金镂玉璧、水精环各二枚。又建康令羊瞻解称凤皇见县之桐下里。宣德皇后称美符瑞，归于相国府。

丙寅，诏："梁国初建，宜须综理，可依旧选诸要职，悉依天朝之制。"

高祖上表曰：臣闻以言取士，士饰其言，以行取人，人竭其行。所谓才生于世，穷达惟时；而风流遂往，驰骛成俗，媒孽夸炫，利尽锥刀，遂使官人之门，肩摩毂击。岂直暴盖露冠，不避寒暑，遂乃戢屦杖策，风雨必至。良由乡举里选，不师古始，称肉度骨，遗之管库。加以山河晷毕，阙舆征之恩；金、张、许、史，忘旧业之替。呼，可伤哉！且夫谱牒讹误，诈伪多绪，人物雅俗，莫肯留心。是以冒袭良家，即成冠族；妄修边幅，便为雅士；负俗深累，遽遭宠擢；墓木已拱，方被徽荣。故前代选官，皆立选簿，应在贯鱼，自有铨次。胄籍升降，行能臧否，或素定怀抱，或得之余论，故得简通宾客，无事扫门。顷代陵夷，九流乖失。其有勇退忘进，怀质抱真者，选部或以未经朝谒，难于进用。或有晦善藏声，自埋衡荜，又以名不素著，绝其阶绪。必须画刺投状，然后弹冠，则是驱迫廉掞，奖成浇竞。愚谓自今选曹宜精隐括，依旧立簿，使冠屦无爽，名实不违，庶人识崖涘，造请自息。

且闻中间立格，甲族以二十登仕，后门以过立试吏，求之愚怀，抑有未达。何者？设官分职，惟才是务。若八元立年，居皂隶而见抑；四凶弱冠，处鼎族而宜甄。是则世禄之家，无意为善；布衣之士，肆心为恶。岂所以弘奖风流，希向后进？此实巨蠹，尤宜刊革。不然，将使周人有路傍之泣，晋臣兴渔猎之叹。且俗长浮竞，人寡退情，若限岁登朝，必增年就宦，故貌实昏童，籍已逾立，滓秽名教，于斯为甚。

臣总司内外，忧责是任，朝政得失，义不容隐。伏愿陛下垂圣淑之姿，降听览之末，则彝伦自穆，宪章惟允。

诏依高祖表施行。

丙戌，诏曰：

嵩高惟岳，配天所以流称；大启南阳，霸德所以光阐。忠诚简帝，番君膺上爵之尊；勤劳王室，姬公增附庸之地。前王令典，布诸方策，长袜字旺，罔不由此。

相国梁公，体兹上哲，齐圣广渊。文教内洽，武功外畅。推毂作藩，则威怀被于殊俗；治兵教战，则霆雷赫于万里。道丧时昏，逸邪孔炽，岂徒宗社如缀，神器莫主而已哉！至于兆庶歼亡，衣冠殄灭，余类残喘，指命崇朝，含生业业，投足无所，遂乃山川反覆，草木涂地。与夫仁被行苇之时，信及豚鱼之日，何其辽复相去之远欤！公命师鞠旅，指景长骛。而本朝危切，樊、邓遐远，凶徒盘据，水陆相望，爰自姑孰，屯于夏首，严城劲卒，凭川为固。公沿汉浮江，电激风扫，舟徒水覆，地险云倾，藉兹义勇，前无强阵，拯危京邑，清我帝畿，扑既燎于原火，免将诛于比屋。悠悠兆庶，命不在天；茫茫六合，咸受其赐。匡俗正本，民不失职。仁信并行，礼乐同畅。伊、周未足方轨，桓、文远有惭德。而爵后藩牧，地终秦、楚，非所以式酬光烈，允答元勋。实由公履谦为本，形于造次，嘉数未申，晦朔增仁。便宜崇斯礼秩，允副遐迩之望。可进梁公爵为王。以豫州之南谯、卢江、江州之寻阳、郢州之武昌、西阳、南徐州之南琅邪、南东海、晋陵、扬州之临海、永嘉十郡，益梁国，并前为二十郡。其相国、扬州牧、骠骑大将军如故。

公固辞。有诏断表。相国左长史王莹等率百僚敦请。

三月辛卯，延陵县华阳迓主戴秀牒称云："十二月乙酉，甘露降茅山，弥漫数里。正月己酉，迓将潘道盖于山石穴中得毛龟一。二月辛酉，迓将徐灵符又于山东见白獐一。丙寅平旦，山上云雾四合，须臾有玄黄之色，状如龙形，长十余丈，乍隐乍显，久乃从西北升天。"丁卯，兖州刺史马元和签："所领东平郡寿张县见驺虞一。"

癸巳，受梁王之命。令曰："孤以虚昧，任执国钧，虽夙夜勤止，念在兴治，而育德振民，邈然尚远。圣朝永言旧式，隆此眷命。侯伯盛典，方轨前烈，嘉锡隆被，礼数昭崇。徒守愿节，终隔体谅。群后百司，重兹敦奖，勉兹厚颜，当此休祚。望昆、彭以长想，钦桓、文而叹息，思弘政涂，莫知津济。邦甸初启，藩宇惟新，思覃嘉庆，被之下国。国内殊死以下，今月十五日昧爽以前，一皆原赦。鳏寡孤独不能自存者，赐谷五斛。府州所统，亦同蠲荡。"

丙午，命王冕十有二旒，建天子旌旗，出警入跸，乘金根车，驾六马，备五时副车，置旄头云罕，乐舞八佾，设钟虡宫县。王妃王子王女爵命之号，一依旧仪。

丙辰，齐帝禅位于梁王。诏曰：

夫五德更始，三正迭兴，驭物资贤，登庸启圣，故帝迹所以代昌，王度所以改耀，革晦以明，由来尚矣。齐德沦微，危亡荐袭。隆昌凶虐，实违天地；永元昏暴，取紊人神。三光再沉，七庙如缀。鼎业几移，含识知泯。我高、明之祚，眇焉将坠。永惟屯难，冰谷载怀。

相国梁王，天诞睿哲，神纵灵武，德格玄祇，功均造物。止宗社之横流，反生民之涂炭。扶倾颓构之下，拯溺逝川之中。九区重缉，四维更纽。绝礼还纪，崩乐复张。文馆盈绅，戎亭息警。浃海宇以驰风，罄轮裳而禀朔。八表呈祥，五灵效祉。岂止鳞羽祯奇，云星瑞色而已哉！勋茂于百王，道昭乎万代，固以明配上天，光华日月者也。河狱表革命之符，图谶纪代终之运。乐推之心，幽显共积；歌颂之诚，华裔同著。昔水政既微，木德升绪，天之历数，实有所归，握镜琁枢，允集明哲。

朕虽庸蔽，暗于大道，永鉴崇替，为日已久，敢忘列代之高义，人祇之至愿乎！今便敬禅于梁，即安姑孰，依唐虞、晋宋故事。

四月辛酉，宣德皇后令曰：

"西诏至，帝宪章前代，敬禅神器于梁。明可临轩遣使，恭授玺绂，未亡人便归于别宫。"壬戌，策曰：

咨尔梁王：惟昔邃古之载，肇有生民，皇雄、大庭之辟，赫胥、尊卢之后，斯并龙图鸟迹以前，慌忽杳冥之世，固无得而详焉。洎乎农、轩、炎、皞之代，放勋、重华之主，莫不以大道君万姓，公器御八纮。居之如执朽索，去之若捐重负。一驾汾阳，便有窅然之志；暂适箕岭，即动让王之心。故知戴黄屋，服玉玺，非所以示贵称尊；乘大辂，建旗旌，盖欲令归趣有地。是故忘己而字兆民，殉物而君四海。及于精华内竭，畚橘外劳，则抚兹归运，惟能是与。况兼乎笙管革文，威图启瑞，摄提夜朗，荧光昼发者哉！四百告终，有汉所以高揖；黄德既谢，魏氏所以乐推。爰及晋、宋，亦弘斯典。我太祖握《河》受历，应符启运，二叶重光，三圣系轨。嗣君丧德，昏凶纪度，毁紊天纲，凋绝地纽。茫茫九域，剪为仇雠，溥天相顾，命县晷刻。斫涉刳孕，于事已轻；求鸡徵杖，曾何足譬。是以谷满川枯，山飞鬼哭，七庙已危，人神无主。

惟王体兹上哲，明圣在躬，禀灵五纬，明并日月。彝伦攸序，则端冕而协邕熙；时难孔棘，则推锋而拯涂炭。功逾造物，德济苍生，泽无不渐，仁无不被，上达苍昊，下及川泉。文教与鹏翼齐举，武功与日车并运。固以幽显宅心，讴讼斯属；岂徒桴鼓播地，卿云丛天而已哉！至如昼睹争明，夜飞枉矢，土沦昔刺，日既星亡，除旧之征必显，更姓之符允集。是以义师初践，芳露凝甘，仁风既被，素文自扰，北阙薰街之使，风车火徼之民，膜拜稽首，愿为臣妾。钟石毕变，事表于迁虞；蛟鱼并出，义彰于事夏。若夫长民御众，为之司牧，本同己于万物，乃因心于百姓。宝命无常主，帝王非一族。今仰祇乾象，俯藉人愿，敬禅神器，授帝位于尔躬。大祚告穷，天禄永终。於戏！王允执其中，式遵前典，以副昊天之望。禋上帝而临亿兆，格文祖而膺大业，以传无疆之祚，岂不盛欤！

又玺书曰：

夫生者天地之大德，人者含生之通称，并首同本，未知所以异也。而禀灵造化，贤愚之情不一；托性五常，强柔之分或舛。群后靡一，争犯交戈，是故建君立长，用相司牧。非谓尊骄在上，以天下为私者也。兼以三正迭改，五运相迁，绿文赤字，徵《河》表《洛》。在昔勋、华，深达兹义，眷求明哲，授以蒸民。迁虞事夏，本因心于百姓；化殷为周，实受命于苍昊。爰自汉、魏，罔不率由；降及晋、宋，亦遵斯典。我高皇所以格文祖而抚归运，畏上天而恭宝历者也。至于季世，祸乱荐臻，王度纷纠，奸回炽积。亿兆夷人，刀俎为命，然已之逼，若线之危，踢天蹐地，逃形无所。群凶挟煽，志逞残戮，将欲无殄衣冠，次移龟鼎。衡、保、周、召，并列宵人。巢幕累卵，方此非切。自非英圣远图，仁为己任，则鸱枭厉吻，剪焉已及。

惟王崇高则天，博厚仪地，熔铸六合，陶甄万有。锋刃交驰，振灵武以遐略；云雷方扇，鞠义旅以勤王。扬旃斾于远路，戮奸宄于魏阙。德冠往初，功无与二。弘济艰难，缉熙王道。怀柔万姓，经营四方。举直措枉，较如画一。待旦同乎殷后，日昃过于周文。风化肃穆，礼乐交畅。加以赦过宥罪，神武不杀，盛德昭于景纬，至义感于鬼神。若夫纳彼大麓，膺此归运，烈风不迷，乐推攸在。治五趾于已乱，重九鼎于既轻。自声教所及，车书所至，革面回首，讴吟德泽。九山灭祲，四渎安流。祥风扇起，淫雨静息。玄甲游于芳茎，素文驯于郊苑。跃九川于清汉，鸣六象于高岗。灵瑞杂沓，玄符昭著。至于星亨紫宫，水效孟月，飞鸿满野，长彗横天，取新之应既昭，革故之征必显。加以天表秀特，轩状尧姿；君临之符，谅非一揆。《书》云："天鉴厥德，用集大命。"《诗》云："文王在上，於昭于天。"所以二仪乃眷，幽明允叶，岂惟宅是万邦，缉兹讴讼而已哉！

朕是用拥琁沉首，属怀圣哲。昔水行告厌，我太祖既受命代终；在日天禄云谢，亦以木德而传于梁。远寻前典，降惟近代，百辟遐迩，莫违朕心。今遣使持节、兼太保、侍中、中书监、兼尚书令汝南县开国侯亮，兼太尉、散骑常侍、中书令新吴县开国侯志，奉皇帝玺绂。受终之礼，一依唐虞故事。王其陟兹元后,君临万方,式传洪烈,以答上天之休命!"

高祖抗表陈让,表不获通。于是,齐百官豫章王元琳等八百一十九人,及梁台侍中臣云等一百一十七人,并上表劝进,高祖谦让不受。是日,太史令蒋道秀陈天文符谶六十四条,事并明著。群臣重表固请,乃从之。

卷二　　　　　本纪第二

武帝中

天监元年夏四月丙寅,高祖即皇帝位于南郊。设坛柴燎,告类于天曰:"皇帝臣衍,敢用玄牡,昭告于皇天后帝:齐氏以历运斯既,否终则亨,钦若天应,以命于衍。夫任是司牧,惟能是授;天命不于常,帝王非一族。唐谢虞受,汉替魏升,爰及晋、宋,宪章在昔。咸以君德驭四海,元功子万姓,故能大庇氓黎,光宅区宇。齐代云季,世主昏凶,狡焉群慝,是崇是长,肆厥奸回暴乱,以播虐于我有邦,俾溥天惴惴,将坠于深壑。九服八荒之内,连率岳牧之君,蹶角顿颡,匡救无术,卧薪待然,援天靡诉。衍投袂星言,摧锋万里,厉其挂冠之情,用拯兆民之切。衍胆誓众,覆锐屠坚,建立人主,克剪昏乱。遂因时来,宰司邦国,济民康世,实有厥劳。而昏纬呈祥,川岳效祉,朝夕坰牧,日月郊畿。代终之符既显,革运之期已萃,殊俗百蛮,重译献款,人神远迩,罔不和会。于是群公卿士,咸致勲诚,并以皇乾降命,难以谦拒。齐帝脱屣万邦,授以神器。衍自惟匪德,辞不获许。仰追上玄之眷,俯惟亿兆之心,宸极不可久旷,民神不可乏主,遂藉乐推,膺此嘉祚。以兹寡薄,临御万方,顾求凤志,永言祇惕。敬简元辰,恭兹大礼,升坛受禅,告类上帝,克播休祉,以弘盛烈,式传厥后,用永保于我有梁。惟明灵是飨。"

礼毕,备法驾即建康宫,临太极前殿。诏曰:"五精递袭,皇王所以受命;四海乐推,殷、周所以改物。虽禅代相舛,遭会异时,而微明迭用,其流远矣。莫不振民育德,光被黎元。朕以寡暗,命不先后,宁济之功,属当期运,乘此时来,因心万物,遂振厥弛维,大造区夏,永言前踪,义均惭德。齐氏以代终有征,历数云改,钦若前载,集大命于朕躬。顾惟菲德,辞不获命,寅畏上灵,用膺景业。执禋柴之礼,当与能之祚,继迹百王,君临四海,若涉大川,罔知攸济。洪基初兆,万品权舆,思俾庆泽,覃被率土。可大赦天下。改齐中兴二年为天监元年。赐民爵二级;文武加位二等;鳏寡孤独不能自存者,人谷五斛。逋布、口钱、宿债勿复收。其犯乡论清议,赃污淫盗,一皆荡涤,洗除前注,与之更始。"

封齐帝为巴陵王,全食一郡。载天子旌旗,乘五时副车。行齐正朔。郊祀天地,礼乐制度,皆用齐典。齐宣德皇后为齐文帝妃,齐后王氏为巴陵王妃。

诏曰:"兴运升降,前代旧章。齐世王侯封爵,悉皆降省。其有效著艰难者,别有后命。惟宋汝阴王不在除例。"又诏曰:"大运肇升,嘉庆惟始,劫贼余口没在台府者,悉可蠲放。诸流徒之家,并听还本。"

追尊皇考为文皇帝,庙曰太祖;皇妣为献皇后。追谥妃郗氏为德皇后。追封兄太傅懿为长沙郡王,谥曰宣武;齐后军谘议敷为永阳郡王,谥曰昭;弟齐太常畅为衡阳郡王,谥曰宣;齐给事黄门侍郎融为桂阳郡王,谥曰简。

是日,诏封文武功臣新除车骑将军夏侯详等十五人为公侯,食邑各有差。以弟中护军宏为扬州刺史,封为临川郡王;南徐州刺史秀安成郡王;雍州刺史伟建安郡王;左卫将军恢鄱阳郡王;荆州刺史憺始兴郡王。

丁卯,加领军将军王茂镇军将军。以中书监王亮为尚书令、中军将军,相国左长史王莹为中书监、抚军将军,吏部尚书沈约为尚书仆射,长兼侍中范云为散骑常侍、吏部尚书。

诏曰:"宋氏以来,并恣淫侈,倾宫之富,遂盈数千。推算五都,愁穷四海,并婴罹冤横,拘逼不一。抚弦命管,良家不被蠲;织室绣房,幽厄犹见役。弊国伤和,莫斯为甚。凡后宫乐府,西解暴室,诸如此例,一皆放遣。若衰老不能自存,官给廪食。"

戊辰,车骑将军高句骊王高云进号车骑大将军。镇东大将军百济王馀大进号征东大将军。安西将军宕昌王梁弥颉进号镇西将军。镇东大将军倭王武进号征东大将军。镇西将军河南王吐谷浑休留代进号征西将军。巴陵王薨于姑孰,追谥为齐和帝,终礼一依故事。

己巳,以光禄大夫张瑰为右光禄大夫。庚午,镇南将军、江州刺史陈伯之进号征南将军。

诏曰:"观风省俗,哲后弘规;狩岳巡方,明王盛轨。所以重华在上,五品聿修;文命肇基,四载斯履。故能物色幽微,耳目屠钧,致王业于缉熙,被淳风于遐迩。朕以寡薄,昧于治方,藉代终之运,当符命之重,取监前古,懔若驭朽。思所以振民育德,去杀胜残,解网更张,置之仁寿;而明惭照远,智不周物,兼以岁之不易,未遑卜征,兴言夕惕,无忘鉴寐。可分遣内侍,周省四方,观政听谣,访贤举滞。其有田野不辟,狱讼无章,忘公殉私,侵渔是务者,悉随事以闻。若怀宝迷邦,蕴奇待价,蓄响藏真,不求闻达,并依名腾奏,罔或遗隐。使轺轩所届,如朕亲览焉。"

又诏曰:"金作赎刑,有闻自昔,入缣以免,施于中世,民悦法行,莫尚乎此。永言叔世,偷薄成风,婴恣入罪,厥涂匪一。断弊之书,日缠于听览;钳钛之刑,岁积于牢犴。死者不可复生,刑者不因自返,由此而望滋实,庸可致乎?朕夕惕思治,念崇政术,斟酌前王,择其令典,有可以宪章邦国,罔不由之。释愧心于四海,昭情素于万物。俗伪日久,禁网弥繁。汉文四百,邈焉已远。虽省事清心,无忘日用,而委衔废策,事未获从。可依周、汉旧典,有罪入赎,外详为条格,以时奏闻。"

辛未,以中领军蔡道恭为司州刺史。以新除谢沐县公萧宝义为巴陵王,以奉齐祀。复南兰陵武进县,依前代之科。征谢朓为左光禄大夫、开府仪同三司,何胤为右光禄大夫。改南东海为兰陵郡。土断南徐州诸侨郡县。

癸酉，诏曰："商俗甫移，遗风尚炽，下不上达，由来远矣。升中驭索，增其懔然。可于公车府谤木肺石傍各置一函。若肉食莫言，山阿欲有横议，投谤木函。若从我江、汉，功在可策，犀兕徒弊，龙蛇方县；次身才高妙，摈压莫通，怀傅、吕之术，抱屈、贾之叹，其理有齘然，受困包匦；夫大政侵小，豪门陵贱，四民已穷，九重莫达。若欲自申，并可投肺石函。"甲戌，诏断远近上庆礼。

又诏曰："礼闱文阁，宜率旧章，贵贱既位，各有差等，俯仰拜伏，以明王度，济济洋洋，具瞻斯在。顷因多难，治纲弛落，官非积及，荣由幸至。六军尸四品之职，青紫洿白簿之劳。振衣朝伍，长揖卿相，趋步广闼，并驱丞郎。遂冠履倒错，珪甒莫辨。静言疾怀，思返流弊。且玩法惰官，动成遁弛，罚以常科，终未惩革。夫榎楚申威，盖代断趾，笞捶有令，如或可从。外详共平议，务尽厥理。"

癸未，诏"相国府职吏，可依资劳度台；若职限已盈，所度之余，及骠骑府并可赐满。"

闰月丁酉，以行宕昌王梁弥邕为安西将军、河凉二州刺史，正封宕昌王。壬寅，以车骑将军夏侯详为右光禄大夫。

诏曰："成务弘风，肃厉内外，实由设官分职，互相惩纠。而顷壹拘常式，见失方奏，多容违惰，莫肯执咎，宪纲日弛，渐以为俗，今端右可以风闻奏事，依元熙旧制。"

五月乙亥夜，盗入南、北掖，烧神虎门、总章观，害卫尉卿张弘策。戊子，江州刺史陈伯之举兵反，以领军将军王茂为征南将军、江州刺史，率众讨之。六月庚戌，以行北秦州刺史杨绍先为北秦州刺史、武都王。是月，陈伯之奔魏，江州平。前益州刺史刘季连据成都反。八月戊戌，置建康三官。乙巳，平北将军、西凉州刺史象舒彭进号安西将军，封邓至王。丁未，诏中书监王莹等八人参定律令。是月，诏尚书曹郎依昔奏事。林邑、干陁利国各遣使献方物。冬十一月己未，立小庙。甲子，立皇子统为皇太子。十二月丙申，以国子祭酒张稷为护军将军。辛亥，护军将军张稷免。是岁大旱，米斗五千，人多饿死。

二年春正月甲寅朔，诏曰："三讯五听，著自圣典，哀矜折狱，义重前诰，盖所以明慎用刑，深戒疑枉，成功致治，罔不由兹。朕自藩部，常躬讯录，求理得情，洪细必尽。末运弛网，斯政又阙，牢犴沉壅，申诉靡从。朕属当期运，君临兆亿，虽复斋居宣室，留心听断；而九牧遐荒，无因临览。深惧怀冤就鞫，匪惟一方。可申敕诸州，月一临讯，博询择善，务在确实。"乙卯，以尚书仆射沈约为尚书左仆射；吏部尚书范云为尚书右仆射；前将军鄱阳王恢为南徐州刺史；尚书令王亮为左光禄大夫；右卫将军柳庆远为中领军。丙辰，尚书令、新除左光禄大夫王亮免。夏四月癸卯，尚书删定郎蔡法度上《梁律》二十卷、《令》三十卷、《科》四十卷。五月丁巳，尚书右仆射范云卒。乙丑，益州刺史邓元起克成都，曲赦益州。壬申，断诸郡县献奉二宫。惟诸州及会稽，职惟岳牧，许荐任土，若非地产，亦不得贡。六月丁亥，诏以东阳、信安、丰安三县水潦，漂损居民资业，遣使周履，量蠲课调。是夏多疠疫。以新除左光禄大夫谢朏为司徒、尚书令。甲午，以中书监王莹为尚书右仆射。秋七月，扶南、龟兹、中天竺国各遣使献方物。冬十月，魏寇司州。十一月乙卯，雷电大雨，晦。是夜又雷。乙亥，尚书左仆射沈约以母忧去职。

三年春正月戊申，后将军、扬州刺史临川王宏进号中军将军。癸丑，以尚书右仆射王莹为尚书左仆射，太子詹事柳惔为尚书右仆射，前尚书左仆射沈约为镇军将军。二月，魏陷梁州。三月，陨霜杀草。五月丁巳，以扶南国王㤭陈如阇耶跋摩为安南将军。六月丙子，诏曰："昔哲王之宰世也，每岁卜征，躬事巡省，民俗政刑，罔不必逮。末代风凋，久旷兹典。虽欲肆远忘劳，究临幽厌，而居今行古，事未易从，所以日晏跼蹐，情同再抚。总总九州，远近民庶，或川路幽遐，或贫羸老疾，怀冤抱理，莫由自申，所以东海匹妇，致灾邦国，西土孤魂，登楼请诉。念此于怀，中夜太息。可分将命巡行州部。其有深冤钜害，抑郁无归，听诣使者，依源自列。庶以矜隐之念，昭被四方，遐听远闻，事均亲览。"癸未，大赦天下。秋七月丁未，以光禄大夫夏侯详为车骑将军、湘州刺史，湘州刺史杨公则为中护军。甲子，立皇子综为豫章郡王。八月，魏陷司州，诏以南义阳置司州。九月壬子，以河南王世子伏连筹为镇西将军、西秦河二州刺史、河南王。北天竺国遣使献方物。冬十一月甲子，诏曰："设教因时，淳薄异政，刑以世革，轻重殊风。昔商俗未移，民散久矣，婴网陷辟，日夜相寻。若悉加正法，则赭衣塞路；并申弘宥，则难用为国，故使有罪入赎，以全元元之命。今遐迩知禁，囹犴稍虚，率斯以往，庶几刑措。金作权典，宜在蠲息。可除赎罪之科。"是岁多疾疫。

四年春正月癸卯朔，诏曰："今九流常选，年未三十，不通一经，不得解褐。若有才同甘、颜，勿限年次。"置《五经》博士各一人。以镇北将军、雍州刺史、建安王伟为南徐州刺史，南徐州刺史鄱阳王恢为郢州刺史，中领军柳庆远为雍州刺史。丙午，省《凤皇衔书伎》。戊申，诏曰："夫禋郊飨帝，至敬攸在，致诚尽恳，犹惧有违；而往代多令宫人纵观兹礼，帷宫广设，辎軿耀路，非所以仰虔苍昊，昭感上灵。属车之间，见讥前世，便可自今停止。"辛亥，舆驾亲祠南郊，赦天下。二月壬午，遣卫尉卿杨公则率宿卫兵塞洛口。壬辰，交州刺史李凯据州反，长史李畟讨平之。曲赦交州。戊戌，以前郢州刺史曹景宗为中护军。是月，立建兴苑于秣陵建兴里。夏四月丁巳，以行宕昌王梁弥博为安西将军、河凉二州刺史、宕昌王。是月，自甲寅至壬戌，甘露连降华林园。五月辛卯，建康县朔阴里生嘉禾，一茎十二穗。六月庚戌，立孔子庙。壬戌，岁星昼见。秋七月辛卯，右光禄大夫张瑰卒。八月庚子，老人星见。冬十月丙午，北伐，以中军将军、扬州刺史临川王宏都督北讨诸军事，尚书右仆射柳惔为副。是岁，以兴师费用，王公以下各上国租及田谷，以助军资。十一月辛未，以都官尚书张稷为领军将军。甲午，天晴朗，西南有电光，闻如雷声三。十二月，司徒、尚书令谢朏以所生母忧,去职。是岁大穰,米斛三十。

五年春正月丁卯朔,诏曰:"在昔周、汉,取士方国。顷代凋讹,幽仄罕被,人孤言绝,用隔听览,士操沦胥,因兹靡劝。岂其岳渎纵灵,偏有厚薄,实由知与不知,用与不用耳。朕以菲德,君此兆民,而兼明广照,屈于堂户,飞耳长目,不及四方,永言愧怀,无忘旦夕。凡诸郡国旧族,邦内无在朝位者,选官搜括,使郡有一人。"乙亥,以前司徒谢朏为中书监、司徒、卫将军,镇军将军沈约为右光禄大夫,豫章王综为南徐州刺史。丁丑,以尚书左仆射王莹为护军将军,仆射如故。甲申,立皇子纲为晋安郡王。丁亥,太白昼见。二月庚戌,以太常张充为吏部尚书。三月丙寅朔,日有蚀之。癸未,魏宣武帝从弟翼率其诸弟来降。辅国将军刘思效破魏青州刺史元系于胶水。丁亥,陈伯之自寿阳率众归降。夏四月丙申,庐陵高昌之仁山获铜剑二,始丰县获八目龟一。甲寅,诏曰:"朕昧旦斋居,惟刑是恤,三辟五听,寝兴载怀。故陈肺石于都街,增官司于诏狱,殷勤亲览,小大以情。而明慎未洽,囹圄尚壅,永言纳隍,在予兴愧。凡犴狱之所,可遣法官近侍,递录囚徒,如有枉滞,以时奏闻。"五月辛未,太子左卫率张惠绍克魏宿预城。乙亥,临川王宏前军克梁城。辛巳,豫州刺史韦睿克合肥城。丁亥,庐江太守裴邃克羊石城;庚寅,又克霍丘城。辛卯,太白昼见。六月庚子,青、冀二州刺史桓和前军克朐山城。秋七月乙巳,邓至国遣使献方物。八月戊戌,老人星见。辛酉,作太子宫。冬十一月甲子,京师地震。乙丑,以师出淹时,大赦天下。魏寇钟离,遣右卫将军曹景宗率众赴援。十二月癸卯,司徒谢朏薨。

六年春正月辛酉朔,诏曰:"径寸之宝,或隐沙泥;以人废言,君子斯戒。朕听朝晏罢,思阐政术,虽百辟卿士,有怀必闻,而蓄响边遐,未臻魏阙。或屈以贫陋,或间以山川,顿足延首,无因奏达。岂所以沉浮靡漏,远迩兼得者乎?四方士民,若有欲陈言刑政,益国利民,沦磨幽远,不能自通者,可各诠条布怀于刺史二千石。有可申采,大小以闻。"己卯,诏曰:"夫有天下者,义非以己。凶荒疾疠,兵革水火,有一于此,责归元首。今祝史请祷,继诸不善,以朕身当之。永使灾害不及万姓,俾兹下民,稍蒙宁息。不得为朕祈福,以增其过。特班远迩,咸令遵奉。"二月甲辰,老人星见。三月庚申朔,陨霜杀草。是月,有三象入京师。夏四月壬辰,置左右骁骑、左右游击将军官。癸巳,曹景宗、韦睿等破魏军于邵阳洲,斩获万计。癸卯,以右卫将军曹景宗为领军将军,徐州刺史。己酉,以江州刺史王茂为尚书右仆射,中书令安成王秀为平南将军、江州刺史。分湘广二州置衡州。丁亥,以中军将军、扬州刺史临川王宏为骠骑将军、开府仪同三司,抚军将军建安王伟为扬州刺史,右光禄大夫沈约为尚书左仆射,尚书左仆射王莹为中军将军。五月己未,以新除左骁骑将军长沙王深业为中护军。癸亥,以侍中袁昂为吏部尚书。己巳,置中卫、中权将军,改骁骑为云骑,游击为游骑。辛未,右将军、扬州刺史建安王伟进号中权将军。六月庚戌,以车骑将军、湘州刺史夏侯详为右光禄大夫,新除金紫光禄大夫柳忱为安南将军、湘州刺史。新吴县获四目龟一。秋七月甲子,太白昼见。丙寅,分广州置桂州。丁亥,以新除尚书右仆射王茂为中卫将军。八月戊子,赦天下。戊戌,大风折木。京师大水,因涛入,加御道七尺。九月,嘉禾一茎九穗,生江陵县。乙亥,改阅武堂为德阳堂,听讼堂为仪贤堂。丙戌,以左卫将军吕僧珍为平北将军、南兖州刺史,豫章内史萧昌为广州刺史。冬十月壬寅,以五兵尚书徐勉为吏部尚书。闰月乙丑,以骠骑将军、开府仪同三司临川王宏为司徒,行太子太傅,尚书左仆射沈约为尚书令,行太子少傅,吏部尚书袁昂为右仆射。戊寅,平西将军、荆州刺史始兴王憺进号安西将军。甲申,以右光禄大夫夏侯详为尚书右仆射。十二月丙辰,尚书左仆射夏侯详卒。乙丑,魏淮阳镇都军主常邕和以城内属。分豫州置霍州。

七年春正月乙酉朔,诏曰:"建国君民,立教为首。不学将落,嘉植靡由。朕肇基明命,光宅区宇,虽耕耘雅业,傍阐艺文,而成器未广,志本犹阙,非所以熔范贵游,纳诸轨度。思欲式敦让齿,自家刑国。今声训所渐,戎夏同风,宜大启庠斅,博延青子,务彼十伦,弘此三德,使陶钧远被,微言载表。"中卫将军、领太子詹事王茂进号车骑将军。戊戌,作神龙、仁虎阙于端门,大司马门外。壬子,以领军将军曹景宗为中卫将军,卫尉萧景兼领军将军。二月乙丑,庐江灊县获铜钟二。新作国门于越城南。乙丑,增置镇卫将军以下各有差。庚午,诏于州郡县置州望、郡宗、乡豪各一人,专掌搜荐。乙亥,以车骑大将军高丽王高云为抚东大将军、开府仪同三司,平北将军、南兖州刺史吕僧珍为领军将军。丙子,以中护军长沙王深业为南兖州刺史,兼领军将军萧景为雍州刺史,雍州刺史柳庆远为护军将军。夏四月乙卯,皇太子纳妃,赦大辟以下,颁赐朝臣及近侍各有差。辛未,秣陵县获灵龟一。戊寅,余姚县获古铜剑二。五月己亥,诏复置宗正、太仆、大匠、鸿胪,又增太府、太舟,仍先为十二卿。癸卯,以平南将军、江州刺史安成王秀为平西将军、荆州刺史,安西将军、荆州刺史始兴王憺为护军将军,中卫将军曹景宗为安南将军、江州刺史。六月辛酉,复建、修二陵周回五里内居民,改陵监为令。秋七月丁亥,月犯氐。八月癸丑,安南将军、江州刺史曹景宗卒。丁巳,赦大辟以下未结正者。甲戌,平西将军、荆州刺史安成王秀进号安西将军,云麾将军、郢州刺史鄱阳王恢进号平西将军。老人星见。九月丁亥,诏曰:"刍牧必往,姬文垂则,雉兔有刑,姜宣致贬。薮泽山林,毓材是出,斧斤之用,比屋所资。而顷世相承,并加封固,岂所谓与民同利,惠兹黔首?凡公家诸屯戍见封炲者,可悉开常禁。"壬辰,置童子奉车郎。癸巳,立皇子绩为南康郡王。己亥,月犯东井。冬十月丙寅,以吴兴太守张稷为尚书左仆射。丙子,魏阳关主许敬珍以城内附。诏大举北伐。以护军将军始兴王憺为平北将军,率众入淯;车骑将军王茂率众向宿预。丁丑,魏悬瓠镇军主白皂生、豫州刺史胡逊以城内属。以皂生为镇北将军、司州刺史,逊为平北将军、豫州刺史。十一月辛巳,鄢县言甘露降。

八年春正月辛巳，舆驾亲祠南郊，赦天下，内外文武各赐劳一年。壬辰，魏镇东参军成景俊斩宿预城主严仲宝，以城内属。二月壬戌，老人星见。夏四月，以北巴西郡置南梁州。戊申，以护军将军始兴王憺为中卫将军，司徒、行太子太傅临川王宏为司空、扬州刺史，车骑将军、领太子詹事王茂即本号开府仪同三司。丁卯，魏楚王城主李国兴以城内附。丙子，以中军将军、丹阳尹王莹为右光禄大夫。五月壬午，诏曰："学以从政，殷勤往哲，禄在其中，抑亦前事。朕思阐治纲，每敦儒术，轼闾辟馆，造次以之。故负帙成风，甲科间出，方当置诸周行，饰以青紫。其有能通一经，始末无倦者，策实之后，选可量加叙录。虽复牛监羊肆，寒品后门，并随才试吏，勿有遗隔。"秋七月癸巳，巴陵王萧宝义薨。八月戊午，老人星见。冬十月乙巳，以中军将军始兴王憺为镇北将军、南兖州刺史，南兖州刺史长沙王深业为护军将军。

九年春正月乙亥，以尚书令、行太子少傅沈约为左光禄大夫，行少傅如故，右光禄大夫王莹为尚书令，行中抚将军建安王伟领护军将军，镇北将军、南兖州刺史始兴王憺为镇西将军、益州刺史，太常卿王亮为中书监。丙子，以轻车将军晋安王纲为南兖州刺史。庚寅，新作缘淮塘，北岸起石头迄东冶，南岸起后渚篱门迄三桥。三月己丑，车驾幸国子学，亲临讲肆，赐国子祭酒以下帛各有差。乙未，诏曰："王子从学，著自礼经，贵游咸在，实惟前诰，所以式广义方，克隆教道。今成均大启，元良齿让，自斯以降，并宜肆业。皇太子及王侯之子，年在从师者，可令入学。"于阗国遣使献方物。夏四月丁巳，革选尚书五都令史用寒流。林邑国遣使献白猴一。五月己亥，诏曰："朕达听思治，无忘日昃。而百司群务，其途不一，随时适用，各有攸宜，若非总会众言，无以备兹亲览。自今台阁省府州郡镇戍应有职僚之所，时共集议，各陈损益，具以奏闻。"中书监王亮卒。六月癸丑，盗杀宣城太守朱僧勇。癸酉，以中抚将军、领护军建安王伟为镇南将军、江州刺史。闰月己丑，宣城盗转寇吴兴县，太守蔡抟讨平之。秋七月己巳，老人星见。冬十二月癸未，舆驾幸国子学，策试胄子，赐训授之司各有差。

十年春正月辛丑，舆驾亲祠南郊，大赦天下，居局治事赐劳二年。癸卯，以尚书左仆射张稷为安北将军、青冀二州刺史，郢州刺史鄱阳王恢为护军将军。甲辰，以南徐州刺史豫章王综为郢州刺史，轻车将军南康王绩为南徐州刺史。戊申，驺虞一，见荆州华容县。以左民尚书王暕为吏部尚书。辛酉，舆驾亲祠明堂。三月辛丑，盗杀东莞、琅邪二郡太守邓晰，以朐山引魏军，遣振远将军马仙琕讨之。是月，魏徐州刺史卢昶帅众赴朐山。夏五月癸酉，安丰县获一角玄龟。丁丑，领军吕僧珍卒。己卯，以国子祭酒张充为尚书左仆射，太子詹事柳庆远为领军将军。六月乙酉，嘉莲一茎三花生乐游苑。秋七月丙辰，诏曰："昔公卿面陈，载在前史，令仆陛奏，列代明文，所以厘彼庶绩，成兹群务。晋氏陵替，虚诞为风，自此相因，其失弥远。遂使武帐空劳，无汲公之奏，丹墀徒辟，阙郑生之履。三槐八座，应有务之百官，宜有所论，可入陈启，

庶藉周爱，少匡寡薄。"九月丙申，天西北隆隆有声，赤气下至地。冬十二月癸酉，山车见于临城县。庚辰，马仙琕大破魏军，斩馘十余万，克复朐山城。是岁，初作宫城门三重楼及开二道。宕昌国遣使献方物。

十一年春正月壬辰，诏曰："夫刑法悼夭，罪不收孥，礼著明文，史彰前事，盖所以申其哀矜，故罚有弗及。近代相因，厥网弥峻，髫年华发，同坐入愆。虽惩恶劝善，宜穷其制，而老幼流离，良亦可愍。自今谪谪之家及罪应质作，若年有老小，可停将送。"加左光禄大夫、行太子少傅沈约特进，镇南将军、江州刺史建安王伟仪同三司，司空、扬州刺史临川王宏进位为太尉，骠骑将军王茂为司空，尚书令、云麾将军王莹进号安左将军，安北将军、青冀二州刺史张稷进号镇北将军。二月戊辰，新昌、济阳二郡野蚕成茧。三月丁巳，曲赦扬、徐二州。筑西静坛于钟山。庚申，高丽国遣使献方物。四月戊子，诏曰："去岁朐山大歼丑类，宜为京观，用旌武功；但伐罪吊民，皇王盛轨，掩骼埋胔，仁者用心。其下青州悉使收藏。"百济、扶南、林邑国并遣使献方物。六月辛巳，以司空王茂领中权将军。九月辛亥，宕昌国遣使献方物。冬十一月乙未，以吴郡太守袁昂兼尚书右仆射。己酉，降太尉、扬州刺史临川王宏为骠骑将军、开府同三司之仪。癸丑，齐宣德太妃王氏薨。十二月丁未，以安西将军、荆州刺史安成王秀为中卫将军，护军将军鄱阳王恢为平西将军、荆州刺史。

十二年春正月辛卯，舆驾亲祠南郊，赦大辟以下。二月辛酉，以兼尚书右仆射袁昂为尚书右仆射。丙寅，诏曰："掩骼埋胔，义重周经，槥椟有加，事美汉策。朕向隅载怀，每勤造次，收葬之命，亟下哀矜；而寓县遐深，遵奉未洽，骸然路隅，往往而有，言憯沉枯，弥劳伤恻。可明下远近，各巡境界，若委骸不葬，或藁衣莫改，即就收敛，量给棺具。庶夜哭之魂斯慰，沾霜之骨有归。"辛巳，新作太极殿，改为十三间。三月癸卯，以湘州刺史王珍国为护军将军。闰月乙丑，特进、中军将军沈约卒。夏四月，京邑大水。六月癸巳，新作太庙，增基九尺。庚子，太极殿成。秋九月戊午，以镇南将军、开府仪同三司、江州刺史建安王伟为抚军将军，仪同如故；骠骑将军、开府同三司之仪、扬州刺史临川王宏为司空；领中权将军王茂为骠骑将军、开府同三司之仪、江州刺史。冬十月丁亥，诏曰："明堂地势卑湿，未称乃心。外可量就堆起，以尽诚敬。"

十三年春正月壬戌，以丹阳尹晋安王纲为荆州刺史。癸亥，以平西将军、荆州刺史鄱阳王恢为镇西将军、益州刺史。丙寅，以朔方将军安成王秀为安西将军、郢州刺史。二月丁亥，舆驾亲耕籍田，赦天下，孝悌力田赐爵一级。老人星见。三月辛亥，以新除中抚将军、开府仪同三司建安王伟为左光禄大夫。夏四月辛卯，林邑国遣使献方物。壬辰，以郢州刺史豫章王综为安右将军。五月辛亥，以通直散骑常侍韦睿为中护军。六月己亥，以南兖州刺史萧景为领军将军，领军将军柳庆远为安北将军、雍州刺史。秋七月乙亥，立皇子纶为邵陵郡王，绎为湘东郡王，纪为武陵郡王。八月癸卯，扶南、于阗国各遣使献方物。是岁作浮山堰。

十四年春正月乙巳朔，皇太子冠，赦天下，赐为父后者爵一级，王公以下班赍各有差，停远近上庆礼。丙午，安左将军、尚书令王莹进号中权将军。以镇西将军始兴王憺为中抚将军。辛亥，舆驾亲祠南郊。诏曰："朕恭祇明祀，昭事上灵，临竹宫而登泰坛，服衮冕而奉苍璧，柴望既升，诚敬克展，思所以对越乾元，弘宣德教，而缺于治道，政法多昧，实伫群才，用康庶绩。可班下远近，博采英异。若有确然乡党，独行州间，肥遁丘园，不求闻达，藏器待时，未加收采；或贤良、方正、孝悌、力田，并即腾奏，具以名上。当擢彼周行，试以邦邑，庶百司咸事，兆民无隐。又世轻世重，随时约法，前以劓墨，用代重辟，犹念改悔，其路已壅，并可省除。"丙寅，汝阴王刘胤薨。二月庚寅，芮芮国遣使献方物。戊戌，老人星见。辛丑，以中护军韦叡为平北将军、雍州刺史，新除中抚将军始兴王憺为荆州刺史。夏四月丁丑，骠骑将军、开府同三司之仪，江州刺史王茂薨。五月丁巳，以荆州刺史晋安王纲为江州刺史。秋八月乙未，老人星见。九月癸亥，以长沙王深业为护军将军。狼牙修国遣使献方物。

十五年春正月己巳，诏曰："观时设教，王政所先，兼而利之，实惟务本，移风致治，咸由此作。顷因革之令，随事必下，而张弛之要，未臻厥宜，民瘼犹繁，廉平尚寡，所以伫旒纩而载怀，朝玉帛而兴叹。可申下四方，政有不便于民者，所在具条以闻。守宰若清洁可称，或侵渔为蠹，分别奏上，将行黜陟。长吏劝课，躬履堤防，勿有不修，致妨农事。关市之赋，或有未允，外时量置，优减旧格。"三月戊辰朔，日有蚀之。夏四月丁未，以安右将军豫章王综兼护军。高丽国遣使献方物。五月癸未，以司空、扬州刺史临川王宏为中书监，骠骑大将军、刺史如故。六月丙申，改作小庙毕。庚子，以尚书令王莹为左光禄大夫、开府仪同三司，尚书右仆射袁昂为尚书左仆射，吏部尚书王暕为尚书右仆射。秋八月，老人星见。芮芮、河南遣使献方物。九月辛巳，左光禄大夫、开府仪同三司王莹薨。壬辰，赦天下。冬十月戊午，以丹阳尹长沙王深业为湘州刺史。十一月丁卯，以兼护军豫章王综为安前将军。交州刺史李畟斩交州反者阮宗孝，传首京师。曲赦交州。壬午，以雍州刺史韦叡为护军将军。

十六年春正月辛未，舆驾亲祠南郊，诏曰："朕当辰思治，政道未明，昧旦勤劳，亟移星纪。今太簇御气，句芒首节，升中就阳，禋敬克展，务承天休，布兹和泽。尤贫之家，勿收今年三调。其无田业者，所在量宜赋给。若民有产子，即依格优蠲。孤老鳏寡不能自存，咸加赈恤。班下四方。诸州郡县，时理狱讼，勿使冤滞，并若亲览。"二月庚戌，老人星见，甲寅，以安前将军豫章王综为南徐州刺史。三月丙子，河南王遣使献方物。夏四月甲子，初去宗庙牲。潮沟获白雀一。六月戊申，以庐陵王续为江州刺史。七月丁丑，以郢州刺史安成王秀为镇北将军、雍州刺史。八月辛丑，老人星见。扶南、婆利国各遣使献方物。冬十月，去宗庙荐脩，始用蔬果。

十七年春正月丁巳朔，诏曰："夫乐所自生，含识之常性；厚下安宅，驭世之通规。朕矜此庶氓，无忘待旦，亟弘生聚之略，每布宽恤之恩；而编户未滋，迁徙尚有，轻去故乡，岂其本志？资业殆阙，自返莫由，巢南之心，亦何能弭。今开元发岁，品物惟新，思俾黔黎，各安旧所。将使郡无旷土，邑靡游民，鸡犬相闻，桑柘交畛。凡天下之民，有流移他境，在天监十七年正月一日以前，可开恩半岁，悉听还本，蠲课三年。其流寓过远者，量加程日。若有不乐还者，即使著土籍为民，准旧课输。若流移之后，本乡无复居宅者，村司三老及余亲属，即为诣县，占请村内官地官宅，令相容受，使恋本者还有所托。凡坐为市埭诸职，割盗衰减，应被封籍者，其田宅车牛，是民生之具，不得悉以没入，皆优量分留，使得自止。其商贾富室，亦不得顿相兼并。逋叛之身，罪无轻重，并许首出，还复民伍。若有拘限，自还本役。并为条格，咸使知闻。"二月癸巳，镇北将军、雍州刺史安成王秀薨。甲辰，大赦天下。乙卯，以领石头戍事南康王绩为南兖州刺史。三月甲申，老人星见。丙申，改封建安王伟为南平王。夏五月戊寅，骠骑大将军、扬州刺史临川王宏免。己卯、干陁利国遣使献方物。以领军将军萧景为安右将军，监扬州。辛巳，以临川王宏为中军将军、中书监。六月乙酉，以益州刺史鄱阳王恢为领军将军。中军将军，中书监临川王宏以本号行司徒。癸卯，以国子祭酒蔡撙为吏部尚书。秋八月壬寅，老人星见。诏以兵驺奴婢，男年登六十，女年登五十，免为平民。冬十月乙亥，以中军将军、行司徒临川王宏为中书监、司徒。十一月辛亥，以南平王伟为左光禄大夫、开府仪同三司。

十八年春正月甲申，以领军将军鄱阳王恢为征西将军、开府仪同三司、荆州刺史，荆州刺史始兴王憺为中抚将军、开府仪同三司、领军。以尚书左仆射袁昂为尚书令，尚书右仆射王暕为尚书左仆射，太子詹事徐勉为尚书右仆射。辛卯，舆驾亲祠南郊，孝悌力田赐爵一级。二月戊午，老人星见。四月丁巳，大赦天下。秋七月甲申，老人星见。于阗、扶南国各遣使献方物。

卷三　　本纪第三

武帝下

普通元年春正月乙亥朔，改元，大赦天下。赐文武劳位，孝悌力田爵一级，尤贫之家，勿收常调，鳏寡孤独，并加赡恤。丙子，日有蚀之。己卯，以司徒临川王宏为太尉，扬州刺史，安右将军、监扬州萧景为安西将军、郢州刺史。尚书左仆射王暕以母忧去职，金紫光禄大夫王份为尚书左仆射。庚子，扶南、高丽国各遣使献方物。二月壬子，老人星见。癸丑，以高丽王世子安为宁东将军、高丽王。三月丙戌，滑国遣使献方物。夏四月甲午，河南王遣使献方物。六月丁未，以护军将军韦叡为车骑将军。秋七月己卯，江、淮、海并溢。辛卯，以信威将军邵陵王纶为江州刺史。八月庚戌，老人星见。甲子，新除车骑将军韦睿卒。九月乙亥，有星晨见东方，光烂如火。冬十月辛亥，以宣惠将军长沙王深业为护军将军。辛酉，以丹阳尹晋安王纲为平西将军、益州刺史。

二年春正月甲戌，以南徐州刺史豫章王综为镇右将军。新除益州刺史晋安王纲改为徐州刺史。辛巳，舆驾亲祠南郊。诏曰："春司御气，虔恭报祀，陶匏克诚，苍璧礼备，思随乾覆，布兹亭育。凡民有单老孤稚，不能自存，主者郡县咸加收养，赡给衣食，每令周足，以终其身。又于京师置孤独园，孤幼有归，华发不匮。若终年命，厚加料理。尤穷之家，勿收租赋。"戊子，大赦天下。二月辛丑，舆驾亲祠明堂。三月庚寅，大雪，平地三尺。夏四月乙卯，改作南北郊。丙辰，诏曰："夫钦若昊天，历象无违。躬执耒耜，尽力致敬，上协星鸟，俯训民时，平秩东作，义不在南。前代因袭，有乖礼制，可于震方，简求沃野，具兹千亩，庶允旧章。"五月癸卯，琬琰殿火，延烧后宫屋三千间。丁巳，诏曰："王公卿士，今拜表贺瑞，虽则百辟体国之诚，朕怀良有多愧。若其泽漏川泉，仁被动植，气调玉烛，治致太平，爰降嘉祥，可无惭德；而政道多缺，淳化未凝，何以仰叶辰和，远臻冥贶？此乃更彰寡薄，重增其尤。自今可停贺瑞。"六月丁卯，信威将军、义州刺史文僧明以州叛入于魏。秋七月乙酉，假大卿裴邃节，督众军北讨。甲寅，老人星见。魏荆州刺史桓叔兴帅众降。八月丁亥，始平郡中石鼓村地自开成井，方六尺六寸，深三十二丈。冬十一月，百济、新罗国各遣使献方物。十二月戊辰，以镇东大将军百济王餘隆为宁东大将军。

三年春正月庚子，以尚书令袁昂为中书监，吴郡太守王暕为尚书左仆射，尚书左仆射王份为右光禄大夫。庚戌，京师地震。己未，以宣毅将军庐陵王续为雍州刺史。三月乙卯，巴陵王萧屏薨。夏四月丁卯，汝阴王刘端薨。五月壬辰朔，日有蚀之，既。癸巳，赦天下。并班下四方，民所疾苦，咸即以闻，公卿百僚各上封事，连率郡国举贤良、方正、直言之士。秋八月辛酉，作二郊及籍田并毕，班赐工匠各有差。甲子，老人星见。婆利、白题国各遣使献方物。冬十月丙子，加中书监袁昂中卫将军。十一月甲午，抚军将军、开府仪同三司、领军将军始兴王憺薨。辛丑，以太子詹事萧渊藻为领军将军。

四年春正月辛卯，舆驾亲祠南郊，大赦天下。应诸穷疾，咸加赈恤，并班下四方，时理狱讼。丙午，舆驾亲祠明堂。二月庚午，老人星见。乙亥，躬耕籍田。诏曰："夫耕籍之义大矣哉！粢盛由之而兴，礼节因之以著，古者哲王咸用此作。眷言八政，致兹千亩，公卿百辟，恪恭其仪，九推毕礼，馨香麊替。兼以风云叶律，气象光华，属览休辰，思加奖劝。可班下远近，广辟良畴，公私畎亩，务尽地利。若欲附农，而粮种有乏，亦加贷恤，每使优遍。孝悌力田赐爵一级。颁耕之司，克日劳酒。"三月壬寅，以镇右将军豫章王综为平北将军、南兖州刺史。六月乙丑，分益州置信州，分交州置爱州，分广州置成州、南定州、合州、建州，分霍州置义州。秋八月丁卯，老人星见。冬

十月庚午，以中书监、中卫将军袁昂为尚书令，即本号开府仪同三司。己卯，护军将军昌义之卒。十一月癸未朔，日有蚀之。太白昼见。甲辰，尚书左仆射王暕卒。十二月戊午，始铸铁钱。狼牙脩国遣使献方物。

五年春正月，以左光禄大夫、开府仪同三司南平王伟为镇卫大将军，改领右光禄大夫，仪同三司如故。征西将军、开府仪同三司、荆州刺史鄱阳王恢进号骠骑大将军。太府卿夏侯亶为中护军。右光禄大夫王份为左光禄大夫，加特进。辛卯，平北将军、南兖州刺史豫章王综进号镇北将军。平西将军、雍州刺史晋安王纲进号安北将军。二月庚午，特进、左光禄大夫王份卒。丁丑，老人星见。三月甲戌，分扬州、江州置东扬州。夏四月乙未，以云麾将军南康王绩为江州刺史。六月乙酉，龙斗于曲阿王陂，因西行至建陵城。所经处树木倒折，开地数十丈。戊子，以会稽太守武陵王纪为东扬州刺史。庚子，以员外散骑常侍元树为平北将军、北青、兖二州刺史，率众北伐。秋七月辛未，赐北讨义客位一阶。八月庚寅，徐州刺史成景隽克魏童城。九月戊申，又克睢陵城。戊午，北兖州刺史赵景悦围荆山。壬戌，宣毅将军裴邃袭寿阳，入罗城，弗克。冬十月戊寅，裴邃、元树攻魏建陵城，破之。辛巳，又破曲木。扫房将军彭宝孙克琅邪。甲申，又克檀丘城。辛卯，裴邃破狄城。丙申，又克甓城，遂进屯黎浆。壬寅，魏东海太守韦敬欣以司吾城降。定远将军太守曹世宗破魏曲阳城。甲辰，又克秦墟。魏郿、潘溪守悉皆弃城走。十一月丙辰，彭宝孙克东莞城。壬戌，裴邃攻寿阳之安城，克之。丙寅，魏马头、安城并来降。十二月戊寅，魏荆山城降。乙巳，武勇将军李国兴攻平静关，克之。辛丑，信威长史杨法乾攻武阳关；壬寅，攻岘关：并克之。

六年春正月丙午，安北将军晋安王纲遣长史柳津破魏南乡郡，司马董当门破魏晋城。庚戌，又破马圈、彤阳二城。辛亥，舆驾亲祠南郊，大赦天下。庚申，魏镇东将军、徐州刺史元法僧以彭城内附。己巳，雍州前军克魏新蔡郡。诏曰："庙谟已定，王略方举。侍中、领军将军西昌侯渊藻，可便亲戎，以前启行；镇北将军、南兖州刺史豫章王综 董驭雄桀，风驰次迈；其余众军，计日差遣，初中后师，善得严办。朕当六军云动，龙舟济江。"癸酉，克魏郑城。甲戌，以魏镇东将军、徐州刺史元法僧为司空。二月丁丑，老人星见。庚辰，南徐州刺史庐陵王续还朝，禀承戎略。乙未，赵景悦下魏龙亢城。三月丙午，岁星见南斗。赐新附民复除，应诸罪失，一无所问。己酉，行幸白下城，履行六军顿所。乙丑，镇北将军、南兖州刺史豫章王综权顿彭城，总督众军，并摄徐州府事。己巳，以魏假平东将军元景隆为衡州刺史，魏征虏将军元景仲为广州刺史。夏五月己酉，筑宿预堰，又修曹公堰于济阴。太白昼见。壬子，遣中护军夏侯亶督寿阳诸军事，北伐。六月庚辰，豫章王综奔于魏，魏复据彭城。秋七月壬戌，大赦天下。八月丙子，以散骑常侍曹仲宗兼领军。壬午，老人星见。十二月戊子，邵陵王纶有罪，免官，削爵土。壬辰，京师地震。

七年春正月辛丑朔，赦殊死以下。丁卯，滑国遣使献

方物。二月甲戌，北伐众军解严。河南遣使献方物。丁亥，老人星见。三月乙卯，高丽国遣使献方物。夏四月乙酉，太尉临川王宏薨。南州津改置校尉，增加俸秩。诏在位群臣，各举所知，凡是清吏，咸使荐闻，州年举二人，大郡一人。六月己卯，林邑国遣使献方物。秋九月己酉，骠骑大将军、开府仪同三司、荆州刺史郡阳王恢薨。冬十月辛未，以丹阳尹、湘东王绎为荆州刺史。十一月庚辰，大赦天下。是日，丁贵嫔薨。辛巳，夏侯夔、胡龙牙、元树、曹世宗等众军克寿阳城。丁亥，放魏扬州刺史李宪还北。以寿阳置豫州，合肥改为南豫州。以中护军夏侯夔为豫、南豫二州刺史。平西将军、郢州刺史元树进号安西将军。魏新野太守以郡降。

大通元年春正月乙丑，以尚书左仆射徐勉为尚书仆射、中卫将军。诏曰："朕思利兆民，惟日不足，气象环回，每弘优简。百官俸禄，本有定数，前代以来，皆多评准，顷者因循，未遑改革。自今已后，可长给见钱，依时即出，勿令逋缓。凡散失官物，不问多少，并从原省。惟事涉军储，取公私见物，不在此例。"辛未，舆驾亲祠南郊。诏曰："奉时昭事，虔荐苍璧，思承天德，惠此下民。凡因事去土，流移他境者，并听复宅业，蠲役五年。尤贫之家，勿收三调。孝悌力田赐爵一级。"是月，司州刺史夏侯夔进军三关，所至皆克。三月辛未，舆驾幸同泰寺舍身。甲戌，还宫，赦天下，改元。以左卫将军萧渊藻为中护军。林邑、师子国各遣使献方物。

夏五月丙寅，成景隽克魏临潼竹邑。秋八月壬辰，老人星见。冬十月庚戌，魏东豫州刺史元庆和以涡阳内属。甲寅，曲赦东豫州。十一月丁卯，以中护军萧渊藻为北讨都督、征北大将军，镇涡阳。戊辰，加尚书令、中卫将军、开府仪同三司袁昂中书监。以涡阳置西徐州。高丽国遣使献方物。

二年春正月庚申，司空元法僧以本官领中军将军。中书监、尚书令、中卫将军、开府仪同三司袁昂进号中抚大将军。卫尉卿萧昂为中领军。乙酉，芮芮国遣使献方物。二月甲午，老人星见。是月，筑寒山堰。三月壬戌，以江州刺史南康王绩为安右将军。夏四月辛丑，魏郢州刺史元愿达以义阳内附，置北司州。时魏大乱，其北海王元颢、临淮王元彧、汝南王元悦并来奔；其北青州刺史元世儁、南荆州刺史李志亦以地降。六月丁亥，魏临淮王元彧求还本国，许之。冬十月丁亥，以魏北海王元颢为魏主，遣东宫直阁将军陈庆之卫送还北。魏豫州刺史邓献以地内属。

中大通元年正月辛酉，舆驾亲祠南郊，大赦天下，孝悌力田赐爵一级。甲子，魏汝南王元悦求还本国，许之。辛巳，舆驾亲祠明堂。二月甲申，以丹阳尹武陵王纪为江州刺史。辛丑，芮芮国遣使献方物。三月丙辰，以河南王阿罗真为宁西将军、西秦、河沙三州刺史。庚辰，以中护军萧渊藻为中权将军。夏四月癸未，以安西将军南康王绩为护军将军。癸巳，陈庆之攻魏梁城，拔之，进屠考城，擒魏济阴王元晖业。五月戊辰，克大梁。癸酉，克虎牢城。魏主元子攸弃洛阳，走河北。乙亥，元颢入洛阳。六月午午，大赦天下。辛亥，魏淮阴太守晋鸿以湖阳城内属。闰月己未，安右将军、护军南康王绩薨。己卯，魏尔朱荣攻杀元颢，复据洛阳。秋九月辛巳，朱雀航华表灾。以安北将军羊侃为青、冀二州刺史。癸巳，舆驾幸同泰寺，设四部无遮大会，因舍身，公卿以下，以钱一亿万奉赎。冬十月己酉，舆驾还宫，大赦，改元。十一月丙戌，加中抚大将军、开府仪同三司袁昂中书监。加镇卫大将军、开府仪同三司南平王伟太子少傅。加金紫光禄大夫萧琛、陆杲并特进。司空、中军将军元法僧进号车骑将军。中权将军萧渊藻为中护军将军。中领军萧昂为领军将军。戊子，魏巴州刺史严始欣以城降。十二月丁巳，盘盘国遣使献方物。

二年春正月戊寅，以雍州刺史晋安王纲为骠骑大将军、扬州刺史，南徐州刺史庐陵王续为平北将军、雍州刺史。癸未，老人星见。夏四月庚申，大雨雹。壬申，以河南王佛辅为宁西将军、西秦、河二州刺史。六月丁巳，遣魏太保汝南王元悦还北为魏主。庚申，以魏尚书左仆射范遵为安北将军、司州牧，随元悦北讨。林邑国遣使献方物。壬申，扶南国遣使献方物。秋八月庚戌，舆驾幸德阳堂，设丝竹会，祖送魏主元悦。山贼聚结，寇会稽郡所部县。九月壬午，假超武将军湛海珍节以讨之。

三年春正月辛巳，舆驾亲祠南郊，大赦天下，孝悌力田赐爵一级。丙申，以魏尚书仆射郑先护为征北大将军。二月辛丑，舆驾亲祠明堂。甲寅，老人星见。乙卯，特进萧琛卒。乙丑，以广州刺史元景隆为安右将军。夏四月乙巳，皇太子统薨。六月丁未，以前太子詹事萧渊猷为中护军。尚书仆射徐勉加特进、右光禄大夫。丹丹国遣使献方物。癸丑，立昭明太子子南徐州刺史华容公欢为豫章郡王，枝江公誉为河东郡王，曲阿公察为岳阳郡王。秋七月乙亥，立晋安王纲为皇太子。大赦天下，赐为父后者及出处忠孝文武清勤，并赐爵一级。乙酉，以侍中、五兵尚书谢举为吏部尚书。庚寅，诏曰："推恩六亲，义彰九族，班以侯爵，亦曰惟允。凡是宗戚有服属者，并可赐沐食乡亭侯，各随远近以为差次。其有昵亲，自依旧章。"壬辰，以吏部尚书何敬容为尚书右仆射。癸巳，老人星见。九月庚午，以太子詹事萧渊藻为征北将军、南兖州刺史。戊寅，狼牙修国奉表献方物。冬十月己酉，行幸同泰寺，高祖升法座，为四部众说《大般若涅盘经》义，讫于乙卯。前乐山县侯萧正则有罪流徙，至是招诱亡命，欲寇广州，在所讨平之。十一月乙未，行幸同泰寺，高祖升法座，为四部从说《摩诃般若波罗蜜经》义，讫于十二月辛丑。是岁，吴兴郡生野谷，堪食。

四年春正月丙寅朔，以镇卫大将军、开府仪同三司南平王伟进位大司马，司空元法僧进太尉，尚书令、中权大将军、开府仪同三司袁昂进位司空。立临川靖惠王宏子正德为临贺郡王。戊辰，以丹阳尹邵陵王纶为扬州刺史。太子右卫率薛法护为平北将军、司州牧，卫送元悦入洛。庚午，立嫡皇孙大器为宣城郡王。癸未，魏南兖州刺史刘世明以城降，改魏南兖州为谯州，以世明为刺史。二月壬寅，老人星见。新除太尉元法僧还北，为东魏主。以安右将军元景隆为征北将军、徐州刺史，云麾将军羊侃为安北将军、兖州刺史，散骑常侍元树为镇北将军。庚戌，新除扬州刺史邵陵王纶有罪，免为庶人。壬子，以江州刺史武陵王纪为扬州刺史，领军将军萧昂为江州刺史。丙辰，邵陵县获白鹿一。三月庚午，侍中、领国子博士萧子显上表置制旨《孝经》助教一人，生十人，专通高祖所释《孝经义》。夏四月壬申，盘盘国遣使献方物。秋七月甲辰，星陨如雨。八月丙子，特进陆杲卒。九月乙巳，以太子詹事南平王世子恪为领军将军，平北将军、雍州刺史庐陵王续为安北将军，西中郎将、荆州刺史湘东王绎为平西将军，司空袁昂领尚书令。十一月己酉，高丽国遣使献方物。十二月庚辰，以太尉元法僧为骠骑大将军、开府同三司之仪，郢州刺史。

五年春正月辛卯，舆驾亲祠南郊，大赦天下，孝悌力田赐爵一级。先是一日丙夜，南郊令解涤之等到郊所履行，忽闻空中有异香三随风至，及将行事，奏乐迎神毕，有神光满坛上，朱紫黄白杂色，食顷方灭。兼太宰武陵王纪等以闻。戊申，京师地震。己酉，长星见。辛亥，舆驾亲祠明堂。癸丑，以宣城王大器为中军将军。河南国遣使献方物。二月癸未，行幸同泰寺，设四部大会，高祖升法座，发《金字摩诃波若经》题，讫于己丑。老人星见。三月丙辰，大司马南平王伟薨。夏四月癸酉，以御史中丞臧盾兼领军。五月戊子，京邑大水，御道通船。六月己卯，魏建义城主兰宝杀魏东徐州刺史，以下邳城降。秋七月辛卯，改下邳为武州。八月庚申，以前徐州刺史元景隆为安右将军。老人星见。甲子，波斯国遣使献方物。甲申，中护军萧渊猷卒。九月己亥，以轻车将军、临贺王正德为中护军。甲寅，以尚书令、司空袁昂为特进、左光禄大夫，司空如故。盘盘国遣使献方物。冬十月庚申，以尚书右仆射何敬容为尚书左仆射，吏部尚书谢举为尚书右仆射，侍中、国子祭酒萧子显为吏部尚书。

六年春二月癸亥，舆驾亲耕籍田，大赦天下，孝悌力田赐爵一级。三月己亥，以行河南王可沓振为西秦、河二州刺史、河南王。甲辰，百济国遣使献方物。夏四月丁卯，荧惑在南斗。秋七月甲辰，林邑国遣使献方物。八月己未，以南梁州刺史武兴王杨绍先为秦、南秦二州刺史。冬十月丁卯，以信武将军元庆和为镇北将军，率众北伐。闰十二月丙午，西南有雷声二。

大同元年春正月戊申朔，改元，大赦天下。二月己卯，老人星见。辛巳，舆驾亲祠明堂。丁亥，舆驾躬耕籍田。辛丑，高丽国、丹丹国各遣使献方物。三月辛未，滑国王安乐萨丹王遣使献方物。夏四月庚子，波斯国献方物。辰，以魏镇东将军刘济为徐州刺史。壬戌，以安北将军庐陵王续为安南将军、江州刺史。秋七月乙卯，老人星见。辛卯，扶南国遣使献方物。冬十月辛卯，以前南兖州刺史萧渊藻为护军将军。十一月丁未，中卫将军、特进、右光禄大夫徐勉卒。壬戌，北梁州刺史兰钦攻汉中，克之，魏梁州刺史元罗降。癸亥，赐梁州归附者复除有差。甲子，雄勇将军、北益州刺史阴平王杨法深进号平北将军。月行左角星。十二月乙酉，以魏北徐州刺史羊徽逸为平北将军。戊戌，以平西将军、秦、南秦二州刺史武兴王杨绍先进号车骑将军、平北将军、北益州刺史阴平王杨法深进号

骠骑将军。辛丑，平西将军、荆州刺史湘东王绎进号安西将军。

二年春正月甲辰，以兼领军臧盾为中领军。二月乙亥，舆驾躬耕籍田。丙戌，老人星见。三月庚申，诏曰："政在养民，德存被物，上令如风，民应如草。朕以寡德，运属时来，拨乱反正，倏焉三纪。不能使重门不闭，守在海外，疆场多阻，车书未一。民疲转输，士劳边防。彻田为粮，未得顿止。治道不明，政用多僻，百辟无沃心之言，四聪阙飞耳之听，州辄刺举，郡忘共治。致使失理负谤，无由闻达。侮文弄法，因事生奸，肺石空陈，悬钟徒设。《书》不云乎：'股肱惟人，良臣惟圣。'实赖贤佐，匡其不及。凡厥在朝，各献谠言，政治不便于民者，可悉陈之。若在四远，刺史二千石长吏，并以奏闻。细民有言事者，咸为申达。朕将亲览，以纾其过。文武在位，举尔所知，公侯将相，随才擢用，拾遗补阙，勿复有隐。"夏四月乙未，以骠骑大将军、开府同三司之仪元法僧为太尉，领军师将军。先是，尚书右丞江子四上封事，极言政治得失。五月癸卯，诏曰："古人有言，屋漏在上，知之在下。朕所钟过，不能自觉。江子四等封事如上，尚书可时加检括，于民有蠹患者，便即勒停，宜速详启，勿致淹缓。"乙巳，以魏前梁州刺史元罗为征北大将军、青、冀二州刺史。六月丁亥，诏曰："南郊、明堂、陵庙等令，与朝请同班，于事为轻，可改视散骑侍郎。"冬十月乙亥，诏大举北伐。十一月己亥，诏北伐众班师。辛亥，京师地震。十二月壬申，魏请通和，诏许之。丁酉，以吴兴太守、驸马都尉、利亭侯张缵为吏部尚书。

三年春正月辛丑，舆驾亲祠南郊，大赦天下；孝悌力田赐爵一级。是夜，朱雀门灾。壬寅，天无云，雨灰、黄色。癸卯，以中书令邵陵王纶为江州刺史。二月乙酉，老人星见。丁亥，舆驾亲耕籍田。己丑，以尚书左仆射何敬容为中权将军，护军将军萧渊藻为安右将军、尚书左仆射。以尚书右仆射谢举为右光禄大夫。庚寅，以安南将军庐陵王续为中卫将军、护军将军。三月戊戌，立昭明太子子𧫚为武昌郡王，譬为义阳郡王。夏四月丁卯，以南琅邪、彭城二郡太守河东王誉为南徐州刺史。五月丙申，以前扬州刺史武陵王纪复为扬州刺史。六月，青州朐山境陨霜。秋七月癸卯，魏遣使来聘。己酉，义阳王譬薨。是月，青州雪，害苗稼。八月申，老人星见。辛卯，舆驾幸阿育王寺，赦天下。九月，南兖州大饥。是月，北徐州境内旅生稻稗二千许顷。闰月甲子，安西将军、荆州刺史湘东王绎进号镇西将军，扬州刺史武陵王纪为安西将军、益州刺史。冬十月丙辰，京师地震。是岁，饥。

四年春正月庚辰，以中军将军宣城王大器为中军大将军、扬州刺史。二月己亥，舆驾亲耕籍田。三月戊寅，河南国遣使献方物。癸未，芮芮国遣使献方物。五月甲戌，魏遣使来聘。秋七月己未，以南琅邪、彭城二郡太守岳阳王察为东扬州刺史。癸亥，诏以东冶徒李胤之降如来真形舍利，大赦天下。八月甲辰，诏"南兖、北徐、西徐、东徐、青、冀、南北青、武、仁、潼、睢等十二州，既经饥馑，曲赦通租宿责，勿收今年三调。"冬十二月丁亥，兼

国子助教皇侃表上所撰《礼记义疏》五十卷。

五年春正月乙卯,以护军将军庐陵王续为骠骑将军、开府仪同三司,安右将军、尚书左仆射萧渊藻为中卫将军、开府仪同三司。中权将军、丹阳尹何敬容以本号为尚书令,吏部尚书张缵为尚书仆射,都官尚书刘孺为吏部尚书。丁巳,御史中丞、参礼仪事贺琛奏:"今南北二郊及籍田往还并宜御辇,不复乘辂。二郊请用素辇,籍田往还乘常辇,皆以侍中陪乘,停大将军及太仆。"诏付尚书博议施行。改素辇名大同辇。昭祀宗庙乘玉辇。辛未,舆驾亲祠南郊,诏孝悌力田及州间乡党称为善人者,各赐爵一级,并勒属所以时腾上。三月己未,诏曰:"朕四听既阙,五识多蔽,画可外牒,或致纰缪。凡是政事不便于民者,州郡县即时皆言,勿得欺隐。如使怨讼,当境任失。而今而后,以为永准。"秋七月己卯,以骠骑将军、开府仪同三司庐陵王续为荆州刺史,湘东王绎为护军将军、安右将军。八月乙酉,扶南国遣使献生犀及方物。九月庚申,以都官尚书到溉为吏部尚书。冬十一月乙亥,魏遣使来聘。十二月癸未,以吴郡太守谢举为中书监,新除中书令鄱阳王范为中领军。

六年春正月庚戌朔,曲赦司、豫、徐、兖四州。二月己亥,舆驾亲耕籍田。丙午,以江州刺史邵陵王纶为平西将军、郢州刺史,云麾将军豫章王欢为江州刺史。秦郡献白鹿一。夏四月癸未,诏曰:"命世兴王,嗣贤传业,声称不朽,人代徂迁,二宾以位,三恪义在,时事浸远,宿草榛芜,望古兴怀,言念怆然。晋、宋、齐三代诸陵,有职司者勤加守护,勿令细民妄相侵毁。作兵有少,补使充足。前无守视,并可量给。"五月戊寅,以前青、冀二州刺史元罗为右光禄大夫。己卯,河南王遣使献马及方物。六月丁未,平阳县献白鹿一。秋七月丁亥,魏遣使来聘。八月戊午,赦天下。辛未,诏曰:"经国有体,必询诸朝,所以尚书置令、仆、丞、郎,旦旦上朝,以议时事,前共筹怀,然后奏闻。顷者不尔,每有疑事,倚立求决。古人有云,主非尧舜,何得发言便是。是故放勋之圣,犹咨四岳,重华之睿,亦待多士。岂朕寡德,所能独断。自今尚书中有疑事,前于朝堂参议,然后启闻,不得习常。其军机要切,前须谘审,自依旧典。"盘盘国遣使献方物。九月,移安州置定远郡,受北徐州都督,定远郡改属安州。始平太守崔硕表献嘉禾一茎十二穗。戊戌,特进、左光禄大夫、司空袁昂薨。冬十一月己卯,曲赦京邑。十二月壬子,江州刺史豫章王欢薨。以护军将军湘东王绎为镇南将军、江州刺史。置桂州于湘州始安郡,受湘州督;省南桂林等二十四郡,悉改属桂州。

七年春正月辛巳,舆驾亲祠南郊,赦天下,其有流移及失桑梓者,各还田宅,蠲课五年。辛丑,舆驾亲祠明堂。二月乙巳,以行宕昌王梁弥泰为平西将军、河凉二州刺史、宕昌王。辛亥,舆驾躬耕籍田。乙卯,京师地震。丁巳,以中领军、鄱阳王范为镇北将军、雍州刺史。三月乙亥,宕昌王遣使献马及方物。高丽、百济、滑国各遣使献方物。夏四月戊申,魏遣使来聘。五月癸己,以侍中南康王会理兼领军。秋九月戊寅,芮芮国遣使献方物。冬十月丙午,以侍中刘孺为吏部尚书。十一月丙子,诏停在所役使女丁。丁丑,诏曰:"民之多幸,国之不幸,恩泽屡加,弥长奸盗,朕亦知此之为病矣。如不优赦,非仁人之心。凡厥愆耗逋负,起今七年十一月九日昧爽以前,在民间无问多少,言上尚书,督所未入者,皆赦除之。"又诏曰:"用天之道,分地之利,盖先圣之格训也。凡是田桑废宅没入者,公创之外,悉以分给贫民,皆使量其所能以受田分。如闻顷者,豪家富室,多占取公田,贵价僦税,以与贫民,伤时害政,为蠹已甚。自今公田悉不得假与豪家;已假者特听不追。其若富室给贫民种粮共营作者,不在禁例。"己丑,以金紫光禄大夫臧盾为领军将军。十二月壬寅,诏曰:"古人云,一物失所,如纳诸隍,未是切言也。朕寒心消志,为日久矣,每当食投箸,方眠彻枕,独坐怀忧,愤慨申旦,非为一人,万姓故耳。州牧多非良才,守宰虎而傅翼,杨阜是故忧愤,贾谊所以流涕。至于民间诛求万端,或供厨帐,或供厩库,或遣使命,或待宾客,皆无自费,取给于民。又复多遣游军,称为遏防,奸盗不止,暴掠繁多,或求供设,或责脚步。又行劫纵,更相枉逼,良人命尽,富室财殚。此为怨酷,非止一事。亦频禁断,犹自未已,外司明加听采,随事举察。又复公私传、屯、邸、冶,爰至僧尼,当其地界,止应依限守视;乃至广加封固,越界分断,水陆采捕,及以樵苏,遂致细民措手无所。凡自今有越界禁断者,禁断之身,皆以军法从事。若是公家创内,止不得辄自立屯,与公竞作,以收私利。至百姓樵采以供烟爨者,悉不得禁。及以采捕,亦勿呵问。若不遵承,皆以死罪结正。"魏遣使来聘。丙辰,于宫城西立士林馆,延集学者。是岁,交州土民李贲攻刺史萧谘,谘输赂,得还越州。

八年春正月,安成郡民刘敬躬挟左道以反,内史萧说委郡东奔,敬躬据郡,进攻庐陵,取豫章,妖党遂至数万,前逼新淦、柴桑。二月戊戌,江州刺史湘东王绎遣中兵曹子郢讨之。三月戊辰,大破之,擒敬躬送京师,斩于建康市。是月,于江州新蔡、高塘立颁平屯,垦作蛮田。遣越州刺史陈侯、罗州刺史宁巨、安州刺史李智、爱州刺史阮汉,同征李贲于交州。

九年春闰月丙申,地震,生毛。二月甲戌,使江州民三十家出奴婢一户,配送司州。三月,以太子詹事谢举为尚书仆射。夏四月,林邑王破德州,攻李贲,贲将范修又破林邑王于九德,林邑王败走。冬十一月辛丑,安西将军、益州刺史武陵王纪进号征西将军、开府仪同三司。十二月壬戌,领军将军臧盾卒;以轻车将军河东王誉为领军将军。

十年春正月,李贲于交址窃位号,署置百官。三月午,舆驾幸兰陵,谒建宁陵。辛丑,至修陵。壬寅,诏曰:"朕自违桑梓,五十余载,乃眷东顾,靡日不思。今四方款关,海外有截,狱讼稍简,国务小闲,始获展敬园陵,但增感恸。故乡老少,接踵远至,情貌孜孜,若归于父,宜有以慰其此心。并可锡位一阶,并加颁赉。所经县邑,无出今年租赋。监所责民,蠲复二年。并普赉内外从官军主左右钱米各有差。"因作《还旧乡》诗。癸卯,诏园陵职司,恭事勤劳,并锡位一阶,并加颁赉。丁未,仁威将军、南徐州刺史临川王正义进号安东将军。己酉,幸京口城北固楼,改名北顾。庚戌,幸回宾亭,宴帝乡故老,及所经近县奉迎候者少长数千人,各赉钱二千。夏四月乙卯,舆驾至自兰陵。诏鳏寡孤独尤贫者赡恤各有差。五月丁酉,尚书令何敬容免。秋九月己丑,诏曰:"今兹远近,雨泽调适,其获已及,冀必万箱,宜使百姓因斯安乐。凡天下罪无轻重,已发觉未发觉,讨捕未擒者,皆赦宥之。侵割耗散官物,无问多少,亦悉原除。田者荒废、水旱不作、无当时文列,应追税者,并作田不登公格者,并停。各备台州以文最逋殿,罪悉从原。其有因饥逐食,离乡去土,悉听复业,蠲课五年。"冬十二月,大雪,平地三尺。

十一年春三月庚辰,诏曰:"皇王在昔,泽风未远,故端居玄扆,拱默岩廊。自大道既沦,浇波斯逝,劾竞日滋,情伪弥作。朕负扆君临,百年将半;宵漏未分,躬劳政事;白日西浮,不遑飨饭。退居犹于布素,含咀匪过藜藿。宁以万乘为贵,四海为富;唯欲亿兆康宁,下民安乂。虽复三思行事,而百虑多失。凡远近分置、内外条流、四方所立屯、传、邸、冶、市埭、桁渡、津税、田园,新旧守宰、游军戍逻,有不便于民者,尚书州郡各速条上,当随言除省,以舒民患。夏四月,魏遣使来聘。冬十月己未,诏曰:"尧、舜以来,便开赎刑,中年依古,许罪身入赎,吏下因此,不无奸猾,所以一日复敕禁断。川流难壅,人心惟危,既乖内典慈悲之义,又伤外教好生之德。《书》云:'与杀不辜,宁失不经。'可复开罪身,皆听入赎。"

中大同元年春正月丁未,曲阿县建陵隧口石骐驎动,有大蛇斗隧中,其一被伤奔走。癸丑,交州刺史杨瞟克交趾嘉宁城,李贲窜入屈獠洞,交州平。三月乙巳,大赦天下:凡主守割盗、放散官物,及以军粮刍甲,凡是赦所不原者,起十一年正月以前,皆悉从恩,十一年正月已后,悉原加责;其或为事逃叛流移,因饥以后亡乡失土,可听复业,蠲课五年,停其徭役;其被拘之身,各还本郡,旧业若在,皆悉还之。庚戌,法驾出同泰寺大会,停寺省,讲《金字三慧经》。夏四月丙戌,于同泰寺解讲,设法会。大赦,改元。孝悌力田为父后者赐爵一级,赉宿卫文武各有差。是夜,同泰寺灾。六月辛巳,竟天有声,如风雨相击薄。秋七月辛酉,以武昌王鬒为东扬州刺史。甲子,诏曰:"禽兽知母而不知父,无赖子弟过于禽兽,至于父母并皆不知。多触王宪,致及老人。耆幼禁执,大可伤愍。自今有犯罪者,父母祖父母勿坐。唯大逆不预今恩。"丙寅,诏曰:"朝四而暮三,众狙皆喜,名实未亏,而喜怒为用。顷闻外间多用九陌钱,陌减则物贵,陌足则物贱,非物有贵贱,是心有颠倒。至于远方,日更滋甚。岂直国有异政,乃至家有殊俗,徒乱王制,无益民财。自今可通用足陌钱。令书行后,百日为期,若犹有犯,男子谪运,女子质作,并同三年。"八月丁丑,东扬州刺史武昌王鬒薨。以安东将军、南徐州刺史临川王正义即本号东扬州刺史,丹阳尹邵陵王纶为镇东将军、南徐州刺史。甲午,谒般陁国遣使献方物。冬十月癸酉,汝阴王刘哲薨。乙亥,以前东扬州刺史岳阳王察为雍州刺史。

太清元年正月壬寅,骠骑大将军、开府仪同三司、荆州刺史庐陵王续薨;以镇南将军、江州刺史湘东王绎为镇西将军、荆州刺史。辛酉,舆驾亲祠南郊,诏曰:"天行弥纶,覆焘之功博;乾道变化,资始之德成。朕沐浴斋宫,虔恭上帝,祗事槱燎,高爌太一,大礼克遂,感庆兼怀,思与亿兆,同其福惠。可大赦天下,尤穷者无出即年租调;清议禁锢,并皆宥释;所讨逋叛,巧籍隐年,暗丁匿口,开恩百日,各令自首,不问往罪;流移他乡,听复宅业,蠲课五年;孝悌力田,赐爵一级;居局治事,赏劳二年。可班下远近,博采英异,或德茂州间,道行乡邑,或独行特立,不求闻达,咸使言上,以时招聘。"甲子,舆驾亲祠明堂。二月己卯,白虹贯日。庚辰,魏司徒侯景求以豫、广、颍、洛、阳、西扬、东荆、北荆、襄、东豫、南兖、西兖、齐等十三州内属。壬午,以景为大将军,封河南王,大行台,制承如邓禹故事。丁亥,舆驾躬耕籍田。三月庚子,高祖幸同泰寺,设无遮大会,舍身,公卿等以钱一亿万奉赎。甲辰,遣司州刺史羊鸦仁、兖州刺史桓和、仁州刺史湛海珍等应接北豫州。夏四月丁亥,舆驾还宫,大赦天下,改元,孝悌力田为父后者赐爵一级,在朝群臣宿卫文武并加颁赉。五月丁酉,舆驾幸德阳堂,宴群臣,设丝竹乐。六月戊辰,以前雍州刺史鄱阳王范为征北将军,总督汉北征讨诸军事。秋七月庚申,羊鸦仁入悬瓠城。甲子,诏曰:"二豫分置,其来久矣。今汝、颍克定,可依前代故事,以悬瓠为豫州,寿春为南豫,改合肥为合州,北广陵为淮州,项城为殷州,合州为南合州。"八月乙丑,王师北伐,以南豫州刺史萧渊明为大都督。诏曰:"今汝南新复,嵩、颍载清,瞻言遗黎,有劳鉴寐,宜覃宽惠,与之更始。应是缘边初附诸州内百姓,先有负罪流亡,逃叛入北,一皆旷荡,不问往愆。并不得挟以私仇而相报复。若有犯者,严加裁问。"戊子,以大将军侯景录行台尚书事。九月癸卯,王游苑成。庚戌,舆驾幸苑。冬十一月,魏遣大将军慕容绍宗等至寒山。丙午,大战,渊明败绩,及北兖州刺史胡贵孙等并陷魏。绍宗进围潼州。十二月戊辰,遣太子舍人元贞还北为魏主。辛巳,以前征北将军鄱阳王范为安北将军、南豫州刺史。

二年春正月戊戌,诏在位各举所知。己亥,魏陷涡阳。辛丑,以尚书仆射谢举为尚书令,守吏部尚书王克为尚书仆射。甲辰,豫州刺史羊鸦仁、殷州刺史羊思达,并弃城走,魏进据之。乙卯,以大将军侯景为南豫州牧,安北将军、南豫州刺史鄱阳王范为合州刺史。三月甲辰,抚东将军高丽王高延卒,以其息为宁东将军、高丽王、乐浪公。己未,以镇东将军、南徐州刺史邵陵王纶为平南将军、湘州刺史、同三司之仪,中卫将军、开府仪同三司萧渊藻为征东将军、南徐州刺史。是日,屈獠洞斩李贲,传首京师。夏四月丙子,诏在朝及州郡各举清人任治民者,皆以礼送京师。戊寅,以护军将军河东王誉为湘州刺史。五月辛丑,以新除中书令邵陵王纶为安前将军、开府仪同三司,前湘州刺史张缵为领军将军。辛亥,曲赦交、爱、德三州。癸丑,诏曰:"为国在于多士,宁下寄于得人。朕暗于行事,尤阙治道,孤立在上,如临深谷。凡尔在朝,咸思匡救,献替可否,用相启沃。班下方岳,傍求俊乂,穷其屠钓,尽其岩穴,以时奏闻。"是月,两月夜见。秋八月乙未,以右卫将军朱异为中领军。戊戌,侯景举兵反,擅攻马头、木栅、荆山等戍。甲辰,以安前将军、开府仪同三司邵陵王纶都督众军讨景。曲赦南豫州。九月丙寅,加左光禄大夫元罗镇右将军。冬十月,侯景袭谯州,执刺史萧泰。丁未,景进攻历阳,太守庄铁降之。戊申,以新除光禄大夫临贺王正德为平北将军,都督京师诸军,屯丹阳郡。己酉,景自横江济于采石。辛亥,景师至京,临贺王正德率众附贼。十一月辛酉,贼攻陷东府城,害南浦侯萧推、中军司马杨暾。庚辰,邵陵王纶帅武州刺史萧弄璋、前谯州刺史赵伯超等,入援京师,顿钟山爱敬寺。乙酉,纶进军湖头,与贼战,败绩。丙戌,安北将军鄱阳王范遣世子嗣、雄信将军裴之高等帅众入援,次于张公洲。十二月戊申,天西北中裂,有光如火。尚书令谢举卒。丙辰,司州刺史柳仲礼、前衡州刺史韦粲、高州刺史李迁仕、前司州刺史羊鸦仁等并帅军人援,推仲礼为大都督。

三年春正月丁巳朔,柳仲礼帅众分据南岸。是日,贼济军于青塘,袭破韦粲营,粲拒战死。庚申,邵陵王纶、东扬州刺史临成公大连等帅兵集南岸。乙丑,中领军朱异卒。丙寅,以司农卿傅岐为中领军。戊辰,高州刺史李迁仕、天门太守樊文皎进军青溪东,为贼所破,文皎死之。壬午,荧惑守心。乙酉,太白昼见。二月丁未南兖州刺史南康王会理、前青、冀二州刺史湘潭侯萧退帅江州之众,顿于兰亭苑。庚戌,安北将军、合州刺史鄱阳王范以本号开府仪同三司。三月戊午,前司州刺史羊鸦仁等进军东府北,与贼战,大败。己未,皇太子妃王氏薨。丁卯,贼攻陷宫城,纵兵大掠。己巳,贼矫诏遣石城公大款解外援军。庚午,侯景自为都督中外诸军事、大丞相、录尚书。辛未,援军全退散。丙子,荧惑守心。壬午,新除中领军傅岐卒。夏四月己丑,京师地震。丙申,地又震。己酉,高祖以所求不供,忧愤寝疾。是月,青、冀二州刺史明少遐、东徐州刺史湛海珍、北青州刺史王奉伯各举州附于魏。五月丙辰,高祖崩于净居殿,时年八十六。辛巳,迁大行皇帝梓宫于太极前殿。冬十一月,追尊为武皇帝,庙曰高祖。乙卯,葬于修陵。

高祖生知淳孝。年六岁,献皇太后崩,水浆不入口三日,哭泣哀苦,有过成人,内外亲党,咸加敬异。及丁文皇帝忧,时为齐随王谘议,随府在荆镇,仿佛奉闻,便投劾星驰,不复寝食,倍道就路,愤风惊浪,不暂停止。高祖形容本壮,及还至京都,销毁骨立,亲表士友,不复识焉。望宅奉讳,气绝久之,每哭辄欧血数升。服内不复尝米,惟资大麦,日止二溢。拜扫山陵,涕泪所洒,松草变色。及居帝位,即于钟山造大爱敬寺,青溪边造智度寺,又于台内立至敬等殿。又立七庙堂,月中再过,设净馔。每至展拜,恒涕泗滂沲,哀动左右。加以文思钦明,能事毕究,少而笃学,洞达儒玄。虽万机多务,犹卷不辍手,燃烛侧光,常至戊夜。造《制旨孝经义》,《周易讲疏》,及六十四卦、二《系》、《文言》、《序卦》等义,《乐社义》,《毛诗答问》,《春秋答问》,《尚书大义》,《中庸讲疏》,《孔子正言》,《老子讲疏》,凡二百余卷,并正先儒之迷,开古圣之旨。王侯朝臣皆奉表质疑,高祖皆为解释。修饰国学,增广生员,立五馆,置《五经》博士。天监初,则何佟之、贺玚、严植之、明山宾等覆述制旨,并撰吉凶军宾嘉五礼,凡一千余卷,高祖称制断疑。于是穆穆恂恂,家知礼节。大同中,于台西立士林馆,领军朱异、太府卿贺琛、舍人孔子祛等递相讲述。皇太子、宣城王亦于东宫宣猷堂及扬州廨讲,于是四方郡国,趋学向风,云集于京师矣。兼笃信正法,尤长释典,制《涅盘》、《大品》、《净名》、《三慧》诸经义记,复数百卷。听览余闲,即于重云殿及同泰寺讲说,名僧硕学,四部听众,常万余人。又造《通史》,躬制赞序,凡六百卷。天情睿敏,下笔成章,千赋百诗,直疏便就,皆文质彬彬,超迈今古。诏铭赞诔,箴颂笺奏,爰初在田,洎登宝历,凡诸文集,又百二十卷。六艺备闲,棋登逸品,阴阳纬候,卜筮占决,并悉称善。又撰《金策》三十卷。草隶尺牍,骑射弓马,莫不奇妙。勤于政务,孜孜无怠。每至冬月,四更竟,即敕把烛看事,执笔触寒,手为皴裂。纠奸擿伏,洞尽物情,常哀矜涕泣,然后可奏。日止一食,膳无鲜腴,惟豆羹粝食而已。庶事繁拥,日倦移中,便嗽口以过。身衣布袍,木绵皂帐,一冠三载,一被二年。常克俭于身,凡皆此类。五十外便断房室。后宫职司,贵妃以下,六宫祎褕三翟之外,皆衣不曳地,傍无锦绮。不饮酒,不听音声,非宗庙祭祀、大会飨宴及诸法事,未尝作乐。性方正,虽居小殿暗室,恒理衣冠,小坐押褥,盛夏暑月,未尝褰袒。不正容止,不与人相见,虽觌内竖小臣,亦如遇大宾也。历观古昔帝王人君,恭俭庄敬,艺能博学,罕或有焉。

史臣曰:齐季告终,君临昏虐,天弃神怒,众叛亲离。高祖英武睿哲,义起樊、邓,仗旗建号,濡足救焚,总苍兕之师,翼龙豹之阵,云骧雷骇,剪暴夷凶,万邦乐推,三灵改卜。于是御风历,握龙图,辟四门,弘招贤之路,纳十乱,引谅直之规。兴文学,修郊祀,治五礼,定六律,四聪既达,万机斯理,治定功成,远安迩肃。加以天祥地瑞,无绝岁时。征赋所及之乡,文轨傍通之地,南超万里,西拓五千。其中瑰财重宝,千夫百族,莫不充牣王府,蹶角阙庭。三四十年,斯为盛矣。自魏、晋以降,未或有焉。及乎耄年,委事群幸。然朱异之徒,作威作福,挟朋树党,政以贿成,服冕乘轩,由其掌握,是以朝经混乱,赏罚无章。"小人道长",抑此之谓也。贾谊有云"可为恸哭者矣"。遂使滔天揭寇,承间掩袭,鹜羽流王屋,金契辱乘舆,涂炭黎元,泰离宫室。呜呼!天道何其酷焉。虽历数斯穷,盖亦人事然也。

卷四　　　　　本纪第四

简　文　帝

太宗简文皇帝，讳纲，字世缵，小字六通，高祖第三子，昭明太子母弟也。天监二年十月丁未，生于显阳殿。五年，封晋安王，食邑八千户。八年，为云麾将军，领石头戍军事，量置佐吏。九年，迁使持节、都督南北兖、青、徐、冀五州诸军事，宣毅将军，南兖州刺史。十二年，入为宣惠将军、丹阳尹。十三年，出为使持节、都督荆、雍、梁、南北秦、益、宁七州诸军事，南蛮校尉、荆州刺史，将军如故。十四年，徙为都督江州诸军事、云麾将军、江州刺史，持节如故。十七年，征为西中郎将、领石头戍军事，寻复为宣惠将军、丹阳尹，加侍中。普通元年，出为使持节、都督益、宁、雍、梁、南北秦、沙七州诸军事、益州刺史；未拜，改授云麾将军、南徐州刺史。四年，徙为使持节、都督雍、梁、南北秦四州郢州之竟陵司州之随郡诸军事，平西将军、宁蛮校尉、雍州刺史。五年，进号安北将军。七年，权进都督荆、益、南梁三州诸军事。是岁，丁所生穆贵嫔丧，上表陈解，诏还摄本任。中大通元年，诏依先给鼓吹一部。二年，征为都督南扬、徐二州诸军事、骠骑将军、扬州刺史。三年四月乙巳，昭明太子薨。五月丙申，诏曰："非至公无以主天下，非博爱无以临四海。所以尧舜克让，惟德是与；文王舍伯邑考而立武王，格于上下，光于四表。今岱宗牢落，天步艰难，淳风犹郁，黎民未乂，自非克明克哲，允武允文，岂能荷神器之重，嗣龙图之尊。晋安王纲，文义生知，孝敬自然，威惠外宣，德行内敏，群后归美，率土宅心。可立为皇太子。"七月乙亥，临轩策拜，以修缮东宫，权居东府。四年九月，移还东宫。

太清三年五月丙辰，高祖崩。辛巳，即皇帝位。诏曰："朕以不造，夙丁闵凶。大行皇帝奄弃万国，攀慕号踊，厝身靡所。猥以寡德，越居民上，茕茕在疚，罔知所托，方赖藩辅，社稷用安。谨遵先旨，顾命遗泽，宜加亿兆。可大赦天下。"壬午，诏曰："育物惟宽，驭民惟惠，道著兴王，本非隶役。或开奉国，便致擒虏，或在边疆，滥被抄劫。二邦是竞，黎元何罪！朕以寡昧，创承鸿业，既临率土，化行宇宙，岂欲使彼独为匪民。诸州见在北人为奴婢者，并及妻儿，悉可原放。"癸未，追谥妃王氏为简皇后。六月丙戌，以南康嗣王会理为司空。丁亥，立宣城王大器为皇太子。壬辰，封当阳公大心为寻阳郡王，石城公大款为江夏郡王，宁国公大临为南海郡王，临城公大连为南郡王，西丰公大春为安陆郡王，新涂公大成为山阳郡王，临湘公大封为宜都郡王。秋七月甲寅，广州刺史元景仲谋应侯景，西江督护陈霸先起兵攻之，景仲自杀，霸先迎定州刺史萧勃为刺史。戊辰，以吴郡置吴州，以安陆王大春为刺史。庚午，以司空南康嗣王会理兼尚书令，南海王大临为扬州刺史，新兴王大庄为南徐州刺史。是月，九江大饥，人相食十四五。八月癸卯，征东大将军、开府仪同三司、南徐州刺史萧渊藻薨。冬十月丁未，地震。十二月，百济国遣使献方物。

大宝元年春正月辛亥朔，以国哀不朝会。诏曰："盖天下者，至公之神器，在昔三五，不获已而临莅之。故帝王之功，圣人之余事。轩冕之华，傥来之一物。太祖文皇帝含光大之量，启西伯之基。高祖武皇帝道洽二仪，智周万物。属齐季荐瘥，彝伦剥丧，同气离入苑之祸，元首怀无厌之欲，乃当乐推之运，因亿兆之心，承彼掎角，雪兹仇耻。事非为己，义实从民。故功成弗居，卑宫菲食，大慈之业普薰，汾阳之诏屡下。于兹四纪，无得而称。朕以寡昧，哀茕孔棘，生灵已尽，志不图全，俛俛视阴，企承鸿绪。悬旌履薄，未足云喻。痛甚愈迟，谅暗弥切。方当玄默在躬，栖心事外。即王道未直，天步犹艰，式凭宰辅，以弘庶政。履端建号，仰惟旧章。可大赦天下，改太清四年为大宝元年。"丁巳，天雨黄沙。己未，太白经天，辛酉乃止。西魏寇安陆，执司州刺史柳仲礼，尽没汉东之地。丙寅，月昼见。癸酉，前江都令祖皓起义，袭广陵，斩贼南兖州刺史董绍先。侯景自帅水步军击皓。二月癸未，景攻陷广陵，皓等并见害。丙戌，以安陆王大春为东扬州刺史。省吴州，如先为郡。诏曰："近东垂扰乱，江阳纵逸。上宰运谋，猛士雄奋，吴、会肃清，济、兖澄谧，京师畿内，无事戎衣。朝廷达官，斋内左右，并可解严。"乙巳，以尚书仆射王克为左仆射。是月，邵陵王纶自寻阳至于夏口，郢州刺史南平王恪以州让纶。丙午，侯景逼太宗幸西州。夏五月庚午，征北将军、开府仪同三司鄱阳嗣王范薨。自春迄夏，大饥，人相食，京师尤甚。六月辛巳，以南郡王大连行扬州事。庚子，前司州刺史羊鸦仁自尚书省出奔西州。秋七月戊辰，贼帅台任约寇江州，刺史寻阳王大心以州降约。是月，以南郡王大连为江州刺史。八月甲午，湘东王绎遣领军将军王僧辩率众逼郢州。乙亥，侯景自进位相国，封二十郡为汉王。邵陵王纶弃郢州走。冬十月乙未，侯景又逼太宗幸西州曲宴，自加宇宙大将军、都督六合诸军事。立皇子大钧为西阳郡王，大威为武宁郡王，大球为建安郡王，大昕为义安郡王，大挚为绥建郡王，大圜为乐梁郡王。壬寅，景害南康嗣王会理。十一月，任约进据西阳，分兵寇齐昌，执衡阳王献送京师，害之。湘东王绎遣前宁州刺史徐文盛督众军拒约。南郡王前中兵张彪起义于会稽若邪山，攻破浙东诸县。

二年春二月，邵陵王纶走至安陆董城，为西魏所攻，军败，死。三月，侯景自帅众西寇。丁未，发京师，自石头至新林，舳舻相接。四月，至西阳。乙亥，景分遣伪将宋子仙、任约袭郢州。丙子，执刺史萧方诸。闰月甲子，景进寇巴陵，湘东王绎所遣领军将军王僧辩连战不能克。五月癸未，湘东王驿遣游击将军胡僧祐、信州刺史陆法和援巴陵，景遣任约帅众拒援军。六月甲辰，僧祐等击破任约，擒之。乙巳，景解围宵遁，王僧辩帅众军追景。庚申，攻鲁山城，克之，获魏司徒张化仁、仪同门洪庆。辛酉，进围郢州，下之，获贼帅宋子仙等。鄱阳王故将侯瑱起兵，袭伪仪同庆于豫章，庆败走。秋七月丁亥，侯景还至京师。辛丑，王僧辩军次湓城，贼行江州事范希荣弃城走。八月丙午，晋熙人王僧振、郑宠起兵袭郡城，伪晋州刺史夏侯威生、仪同任延遁走。戊午，侯景遣卫尉卿彭俊、厢公王僧贵率兵入殿，废太宗为晋安王，幽于永福省。害皇太子大器、寻阳王大心、西阳王大钧、武宁王大威、建平王大球、义安王大昕及寻阳王诸子二十人。矫为太宗诏，禅于豫章嗣王栋，大赦改年。遣使害南海王大临于吴郡，南郡王大连于姑孰，安陆王大春于会稽，新兴王大庄于京口。冬十月壬寅，帝谓舍人殷不害曰："吾昨夜梦吞土，卿试为我思之。"不害曰："昔重耳馈块，卒还晋国。陛下所梦，得符是乎。"及王伟等进觞于帝曰："丞相以陛下忧愤既久，使臣上寿。"帝笑曰："寿酒，不得尽此乎？"于是并赍酒肴、曲项琵琶，与帝饮。帝知不免，乃尽酣，曰："不图为乐一至于斯！"既醉寝，伟乃出，俊进土囊，王修纂坐其上，于是太宗崩于永福省，时年四十九。贼伪谥曰明皇帝，庙称高宗。

明年，三月己丑，王僧辩率前百官奉梓宫升朝堂，世祖追崇为简文皇帝，庙曰太宗。四月乙丑，葬庄陵。

初，太宗见幽絷，题壁自序云："有梁正士兰陵萧世缵，立身行道，终始如一，风雨如晦，鸡鸣不已。弗欺暗室，岂况三光，数至于此，命也如何！"又为《连珠》二首，文甚凄怆。太宗幼而敏睿，识悟过人，六岁便属文，高祖惊其早就，弗之信也。乃于御前面试，辞采甚美。高祖叹曰："此子，吾家之东阿。"既长，器宇宽弘，未尝见愠喜。方颊丰下，须鬓如画，眄睐则目光烛人。读书十行俱下。九流百氏，经目必记；篇章辞赋，操笔立成。博综儒书，善言玄理。自年十一，便能亲庶务，历试蕃政，所在有称。在穆贵嫔忧，哀毁骨立，昼夜号泣不绝声，所坐之席，沾湿尽烂。在襄阳拜表北伐，遣长史柳津、司马董当门，壮武将军杜怀宝、振远将军曹义宗等众军进讨，克平南阳、新野等郡，魏南荆州刺史李志据安昌城降，拓地千余里。及居监抚，多所弘有，文案簿领，纤毫不可欺。引纳文学之士，赏接无倦，恒讨论篇籍，继以文章。高祖所制《五经讲疏》，尝于玄圃奉述，听者倾朝野。雅好题诗，其序云："余七岁有诗癖，长而不倦。"然伤于轻艳，当时号曰"宫体"。所著《昭明太子传》五卷、《诸王传》三十卷、《礼大义》二十卷、《老子义》二十卷、《庄子义》二十卷、《长春义记》一百卷、《法宝连璧》三百卷，并行于世焉。

史臣曰：太宗幼年聪睿，令问凤标，天才纵逸，冠于今古。文则时以轻华为累，君子所不取焉。及养德东朝，声被夷夏，洎乎继统，实有人君之懿矣。方符文、景，运钟《屯》、《剥》，受制贼臣，弗展所蕴，终罹怀、愍之酷，哀哉！

卷五　　本纪第五

元　帝

世祖孝元皇帝，讳绎，字世诚，小字七符，高祖第七子也。天监七年八月丁巳生。十三年，封湘东郡王，邑二千户。初为宁远将军、会稽太守，入为侍中、宣威将军、丹阳尹。普通七年，出为使持节、都督荆、湘、郢、益、宁、南梁六州诸军事、西中郎将、荆州刺史。中大通四年，进号平西将军。大同元年，进号安西将军。三年，进号镇西将军。五年，入为安右将军、护军将军，领石头戍军事。六年，出为使持节、都督江州诸军事、镇南将军、江州刺史。太清元年，徙为使持节、都督荆、雍、湘、司、郢、宁、梁、南、北秦九州诸军事、镇西将军、荆州刺史。三年三月，侯景寇没京师。四月，太子舍人萧韶至江陵宣密诏，以世祖为侍中、假黄钺、大都督中外诸军事、司徒承制，余如故。是月，世祖征兵于湘州，湘州刺史河东王誉拒不遣。六月丙午，遣世子方等帅众讨誉，战所败死。七月，又遣镇兵将军鲍泉代讨誉。九月乙卯，雍州刺史岳阳王察举兵反，来寇江陵，世祖婴城拒守。乙丑，察将杜崱与其兄弟及杨混，各率其众来降。丙寅，察遁走。鲍泉攻湘州不克，又遣左卫将军王僧辩代将。

大宝元年，世祖犹称太清四年。正月辛亥朔，左卫将军王僧辩获橘三十子共蒂，以献。二月甲戌，衡阳内史周弘直表言凤皇见郡界。夏五月辛未，王僧辩克湘州，斩河东王誉，湘州平。六月，江夏王大款、山阳王大成、宜都王大封自信安间道来奔。九月辛酉，以前郢州刺史南平王恪为中卫将军、尚书令、开府仪同三司，中抚军将军世子方诸为郢州刺史，左卫将军王僧辩为领军将军。改封大款为临川郡王，大成为桂阳郡王，大封为汝南郡王。是月，任约进寇西阳、武昌，遣左卫将军徐文盛、右卫将军阴子春、太子右卫率萧慧正、巂州刺史席文献等下武昌拒约。以中卫将军、尚书令、开府仪同三司南平王恪为荆州刺史，镇武陵。十一月甲子，南平王恪、侍中临川王大款、桂阳王大成、散骑常侍江安侯圆正、侍中左卫将军张绾、司徒左长史昙等府州国一千人奉笺曰：

窃以嵩岳既峻，山川出云；大国有蕃，申甫惟翰。岂非皇建斯极，以位为宝；圣教辨方，慎名与器。是知太尉佐帝，重华表黄玉之符，司空相土，伯禹降玄圭之锡。伏惟明公大王殿下，命世应期，挺生将圣。忠为令德，孝实天经，地切应、韩，寄深旦、奭，五品斯训，七政以齐，志存社稷，功济屯险。夷狄内侵，枕戈泣血，鲸鲵未扫，投袂勤王，能使游魂请盟以屈膝，丑徒衔璧而慴气。亲蕃外叛，衅均吴、楚，义讨申威，兵不血刃。湘波自息，非筑杜彀之垒；岘山离贰，不伐刘表之城。九江致梗，二别殊派，才命戈船，底定灊、霍。溯流穷讨,路绝窥窬,胡兵侵界,铁马雾合,神规独运,皆即枭悬,翻同翅折,遂修职贡。梁、汉合契,肆犀利之兵,巴、汉俱下,竭骁勇之阵。南通五岭,北出力原;东夷不怨,西戎即序。可谓上流千里,持戟百万,天下之至贵,四海之所推也。今海水飞云,昆山起嫁,魏文悲乐推之岁,韩宣叹成礼之日,阳台之下,独有冠盖相趋;梦水之傍,尚致车舆结辙。麰麦两穗,出于南平之邦;甘露泥枝,降乎当阳之境。野蚕自绩,何谢欧丝;闲田生稻,宁殊雨粟。莫非品物咸亨,是称文明光大,岂可徽号不彰于彝典,明试不陈乎车服者哉!昔晋、郑入周,尚作卿士;萧、曹佐汉,且居相国。宜崇兹盛礼,显答群望。恪等稽寻甲令,博询惇史,谨再拜上,进位相国,总百揆,竹使符一,别准恒仪。杖金斧以剪逆暴,乘玉辂而定社稷。傍罗丽于日月,贞明合于天地。扶危翼治,岂不休哉!恪等不通大体,自昧伏奏以闻。

世祖令答曰:"数钟阳九,时惟百六,鲸鲵未剪,瘠痊痛心。周粤天官,秦称相国,东至于海,西至于河,南次朱鸢,北渐玄塞。率兹小宰,弘斯大德。将何用继踪曲阜,拟迹桓、文,终建一匡,肃其五拜。虽义属随时,事无虚纪,传称皆让,《象》著鸣谦,瞻言前典,再怀哽怒。"

十二月壬辰,以定州刺史萧勃为镇南将军、广州刺史。遣护军将军尹悦、巴州刺史王珣、定州刺史杜多安帅众下武昌,助徐文盛。

大宝二年,世祖犹称太清五年。二月己亥,魏遣使来聘。三月,侯景悉兵西上,会任约军。闰四月丙午,景遣其将宋子仙、任约袭郢州,执刺史萧方诸。戊申,徐文盛、阴子春等奔归,王珣、尹悦、杜幼安并降贼。庚戌,领军将军王僧辩帅众屯巴陵。甲子,景进寇巴陵。五月癸未,世祖遣游击将军胡僧祐、信州刺史陆法和帅众下援巴陵。任约败,景遂遁走。以王僧辩为征东将军、开府仪同三司、尚书令,胡僧祐为领军将军,陆法和为护军将军,仍令僧辩率众军追景,所至皆捷。八月甲辰,僧辩下次湓城。辛亥,以镇南将军、湘州刺史萧方矩为中卫将军。司空、征南将军、南平王恪进号征南大将军。湘州刺史,余如故。九月己亥,以征东将军、开府仪同三司、尚书令王僧辩为江州刺史,余如故。盘盘国献驯象。冬十月辛丑朔,有紫云如车盖,临江陵城。是月,太宗崩。侍中、征东将军、开府仪同三司、江州刺史、尚书令、长宁县侯王僧辩等奉表曰:

众军薄伐,涂次九水,即日获临城县使人报称:侯景弑逐皇帝,贼害太子,宗室在寇庭者,并罹祸酷。六军恸哭,三辰改曜。哀我皇极,四海崩心。我大梁纂尧构绪,基商启祚。太祖文皇帝徇齐作圣,肇有六州。高祖武皇帝聪明神武,奄奄天下。依日月而和四时,履至尊而制六合。丽正居贞,大横固祉。四叶相系,三圣同基。蠢尔凶渠,遂凭天邑。闻阖受白登之辱,象魏致尧城之疑。云辰承华,一朝俱酷。金桢玉干,莫不同冤。悠悠彼苍,何其罔极!

臣闻丧君有君,《春秋》之茂典;以德以长,先王之通训。少康则牧众抚职,祀夏所以配天;平王则居正东迁,宗周所以卜世。汉光以能捕不道,故景历重昌;中宗以不违群议,故江东可立。倬今考古,更无二谋。伏惟陛下至孝通幽,英武灵断,当七九之厄,而应千载之期;启殷忧之明,而居百王之会。取威定霸,崄阻艰难,建社治兵,载循古道。家国之事,一至于斯。天祚大梁,必将有主。轩辕得姓,存者二人;高祖五王,代实居长。乘昆完而陈诸侯,拜子武而服大辂。功齐九有,道济生民。非奉圣明,谁嗣下武!

臣闻日月贞明,太阳不可以阙照;天地贞观,乾道不可以久惕。黄屋左纛,本为亿兆所尊;鸾辂龙章,盖以郊禋而贵。宝器存乎至重,介石慎于易差。黔首岂可少选无君,宗祧岂可一日无主。伏愿陛下扫地升中,柴天改物。事迫凶危,运钟扰攘,盖不劳宗正奉诏,博士择时,南面即可居尊,西向无所让德。四方既知有奉,八百始可同期。残寇潜居,器藏社处,乾象既倾,坤仪已覆。斩莽锐车,烧卓照市,廓清函夏,正为茔陵,开雪宫围,庶存钟鼎,彼黍离离,伊何可言。陛下继明阐祚,即宫旧楚。左庙右社之制,可以权宜;五礼六乐之容,岁时取备。金芝九茎,琼茅三脊。要卫率职,尉候相望。坐庙堂以朝四夷,登灵台而望云物,禅梁甫而封泰山,临东滨而礼日观。然后与三事大夫,更谋都鄙。左瀍右涧,夹雒可以为居,抗殿疏龙,惟王可以在镐,何必勤勤建业也哉!臣等不胜控款之至,谨拜表以闻。

世祖奉讳,大临三日,百官缟素。乃答曰:"孤以不德,天降之灾,枕戈饮胆,扣心泣血。风树之酷,万始不追;霜露之哀,百忧总萃。甫闻伯升之祸,弥切仲谋之悲。若封豕既殪,长蛇即戮,方欲追延陵之逸轨,继子臧之高让,岂资秋亭之坛,安事繁阳之石。侯景,项籍也;萧栋,殷辛也。赤泉未赏,刘邦尚曰汉王;白旗弗悬,周发犹称太子。飞龙之位,孰谓可跻;附凤之徒,既闻来议。群公卿士,其谕孤之志,无忽!"司空南平王恪率宗室五十余人,领军将军胡僧祐率群僚二百余人,江州别驾张伋率吏民三百余人,并奉笺劝进。世祖固让。

十一月乙亥,王僧辩又奉表曰:

紫宸旷位,赤县无主,百灵耸动,万国回皇。虽醉醒相扶,同归景亳,式歌且诵,总赴唐郊,犹惧陛下俯首清然,让德不嗣。传车在道,方慎宋昌之谋;法驾已陈,尚杜耿纯之劝。岳牧翘首,天民累息。臣闻星回日薄,击雷鞭电者之谓天;岳立川流,吐雾蒸云者之谓地。苞天地之混成,洞阴阳之不测,而以裁成万物者,其在圣人乎!故云"天地之大德曰生,圣人之大宝曰位。"黄屋庙堂之下,本非获已而居;明镜四衢之樽,盖由应物取训。伏惟陛下稽古文思,英雄特达。比以周旦,则文王之子;方之放勋,则帝挚之季。千年旦暮,可不在斯。庭阒泄亡,钟鼎沦覆,嗣膺景历,非陛下而谁?岂可使赤眉更立盆子,隗嚣托置高庙。陛下方复从容高让,用执谦光。展其矫行伪书,诬罔正朔,见机而作,断可识矣。匪疑何卜,无待蓍龟。日者，公卿失驭，祸缠霄极，侯景凭陵，奸臣互起，率戎伐颖，无处不然，劝明诛晋，侧足皆尔。刁斗夜鸣，烽火相照。中朝人士，相顾衔悲；凉州义徒，东望殒涕，慄慄黔首，将欲安归！陛下英略纬天，沉明内断，横剑泣血，枕戈尝胆，农山圮下之策，金匮玉鼎之谋，莫不定算辰帷，决胜千里。击灵鼍之鼓，而建翠华之旗，驱六州之兵，而总九伯之伐，四方虽虞，一战以霸。斩其鲸鲵，既章大戮，何校灭耳，莫匪奸回，史不绝书，府无虚月。自洞庭安波，彭蠡底定，文昭武穆，芳若椒兰，敌国降城，和如亲戚，九服同谋，百道俱进，国耻家怨，计期就雪，社稷不坠，繁在圣明。今也何时，而申帝启之避，凶危若此，方陈泰伯之辞。国有具臣，谁敢奉诏。天下者高祖之天下，陛下者万国之欢心，万国岂可无君，高祖岂可废祀。即日五星夜聚，八风通吹，云烟纷郁，日月光华，百官象物而动，军政不戒而备。飞舻巨舰，竟水浮川；铁马银鞍，陵山跨谷。英杰接踵，忠勇相顾，湛宗族以酬恩，焚妻子以报主。莫不覆盾衔威，提斧击众，风飞电耀，志灭凶丑。所待陛下昭告后土，虔奉上帝，广发明诏，师出以名，五行夕返，六军晓进，便当尽司寇之威，穷蚩尤之伐，执石赵而求玺，斩姚秦而取钟，修扫茔陵，奉迎宗庙。陛下岂得不仰存国计，俯从民请。汉宣嗣位之后，即遣蒲类之军；光武登极既竟，始有长安之捷。由此言之，不无前准。臣等或世受朝恩，或身荷重遇，同休等戚，自国刑家，苟有腹心，敢以死夺。不任悚愡之至，谨重奉表以闻。

世祖答曰：“省示，复具一二。孤闻天生蒸民而树之以君，所以对扬天休，司牧黔首。摄提、合雒以前，栗陆、骊连之外，书契不传，无得称也。自阪泉彰其武功，丹陵表其文德，有人民焉，有社稷焉，或歌谣所归，或惟天所相。孤遭家多难，大耻未雪，国贼则蚩尤弗剪，同姓则有扈不宾，卧而思之，坐以待旦，何以应宝历，何以嗣龙图。庶一戎既定，罪人斯得，祀夏配天，方申来议也。”是时巨寇尚存，未欲即位，而四方表劝，前后相属，乃下令曰：“《大壮》乘乾，《明夷》垂翼，璇度亟移，玉律屡徙，四岳频遭劝进，九棘比者表闻。谯、沛未复，埋陵永远，子居于处，瘅瘵疚怀，何心何颜，抚兹归运。自今表奏，所由并断，若有启疏，可写此令施行。”是日，贼司空、东南道大行台刘神茂率仪同刘归义、留异赴义，奉表请降。

大宝三年，世祖犹称太清六年。正月甲戌，世祖下令曰：“军国多虞，戎旃未静，青领虽炽，黔首宜安。时惟星鸟，表年祥于东秩；春纪宿龙，歌岁取于南暾。况三农务业，尚看夭桃敷水；四人有令，犹及落杏飞花。化俗移风，常在所急，劝耕且战，弥须自许。岂直燕垂寒谷，积黍自温，宁可堕此玄苗，坐飡红粒，不植燕颔，空候蝉鸣。可悉深耕穊种，安堵复业，无弃民力，并分地利。班勒州郡，咸使遵承。”以智武将军、南平内史王褒为吏部尚书。二月，王僧辩众军发自寻阳。世祖驰檄告四方曰：

夫剥极生灾，乃及龙战，师贞终吉，方制猃狁。岂不以侵阳荡薄，源之者乱阶；定鼋艰难，成之者忠义。故羿、浇灭于前，莽、卓诛于后。是故桓、文之勋，复兴于周代；温、陶之绩，弥盛于金行。粤若梁兴五十余载，平壹宇内，德惠悠长，仁育苍生，义征不服。左伊右瀍，咸皆仰化；浊泾清渭，靡不向风。建翠凤之旗，则六龙骧首；击灵鼍之鼓，则百神警肃。风、牧、方、邵之贤，卫、霍、辛、赵之将，羽林黄头之士，虎贲缇骑之夫，叱咤则风云兴起，鼓动则嵩、华倒拔。自桐柏以北，孤竹以南，碣石之前，流沙之后，延颈举踵，交臂屈膝。胡人不敢牧马，秦士不敢弯弓。叶和万邦，平章百姓，十尧九舜，曷足云也。贼臣侯景，匈奴叛臣，鸣镝余噍。悬瓠空城，本非国宝，寿春畿要，赏不逾月。开海陵之仓，赈常平之米，檄九府之费，锡三官之钱，冒于货贿，不知纪极。敢兴逆乱，梗我王畿。贼臣正德，阻兵安忍。日者结怨江芈，远适单于。简牒屡彰，彭生之魂未弭；聚敛无度，景卿之诮已及。为虎傅翼，远相招致。虔刘我生民，离散我兄弟。我是以董率皋貊，躬擐甲胄，霜戈照日，则晨离夺晖，龙骑蔽野，则平原掩色，信与江水同流，气与寒风俱愤。凶丑畏威，委命下吏，乞活淮、肥，苟存徐、兖。涣汗既行，丝纶爰被。我是以班师凯归，休牛息马。贼犹不悛。遂复矢流王屋，兵躔象魏。总章之观，非复听讼之堂；甘泉之宫，永乖避暑之地。坐召宪司，卧制朝宰，矫托天命，伪作符书。重增赋敛，肆意衰剥，生者逃窜，死者暴尸，道路以目，庶僚钳口。刑戮失衷，爵赏由心，老弱波流，士女涂炭。臧获之人，五宗及赏；搢绅之士，三族见诛。谷粟腾踊，自相吞噬。慄慄黔首，路有衔索之哀；蠢蠢黎民，家陨桓山之泣。偃师南望，无复储胥、露寒，河阳北临，或有穹庐毡帐。南山之竹，未足言其怨；西山之兔，不足书其罪。外监陈莹之至，伏承先帝登遐，宫车晏驾。奉讳惊号，五内摧裂，州冤本毒，无地容身。景阻饥既甚，民且狼顾，遂侵轶我彭蠡，凭凌我郢邑，穷据我江夏，掩袭我巴丘。我是以义勇争先，忠贞尽力。斩馘凶渠，不可称算，沙问赤岸，水若绛河。任约泥首于安南，化仁面缚于汉口，子仙乞活于鄱鄡，希荣败绩于柴桑。侯景奔窜，十鼠争穴，郭默清夷，晋熙附义，计穷力屈，反杀后主。毕、原、鄢、郓、并离祸患，凡、蒋、邢、茅，皆伏铁锧。是可忍也，孰不可容！幕府据有上流，实惟分陕，投袂荷戈，志在毕命。昔周依晋、郑，汉有虚、牟。彼惟末属，犹能如此；况朕华日月，天下不贱，为臣为子，兼国兼家者哉！咸以义旗既建，宜须总一，共推幕府，实用主盟。粤以不佞，谬董连率，远惟国艰，不遑宁处。中权后劲，袭行天罚，提戈蒙险，陨越以之。天马千群，长戟百万，驱贲获之士，资智勇之力，大楚逾荆山，浅原度彭蠡，舳舻泛水，以掎其南，辀轵委输，以冲其北。华夷百濮，赢粮影从。雷震风骇，直指建业。按剑而叱，江水为之倒流；抽戈而挥，皎日为之退舍。方驾长驱，百道俱入，夷山殄谷，充原蔽野。挟辀曳牛之侣，拔距礔石之夫，骑则逐日追风，弓则吟猿落雁。捧昆仑而压卵，倾渤海而灌荧。如驷马之载鸿毛，若奔牛之触鲁缟。以此众战，谁能御之！脱复蜂虿有毒，兽穷则斗。谓山盖高，则四郊多垒；谓地盖远，则三千弗违。如彼怒蛙，譬如鼹鼠，岂费万钧，无劳百溢。加以日临黄道，兵起绛宫，三门既启，五将咸发，举整整之旗，扫亭亭之气，故以临机密运，非贼所解，奉义而诛，何罪不服？今遣使持节、大都督、征东将军、开府仪同三司、江州刺史、尚书令、长宁县开国侯王僧辩率众十万，直扫金陵。鸣鼓聒天，拟金振地。朱旗夕建，如赤城之霞起，戈船夜动，若沧海之奔流。计其同恶，不盈一旅。君子在野，小人比周。何校灭耳，匪朝伊夕。春长狄之喉，系郅支之颈。今司寇明罚，质铁所诛，止侯景而已。黎元何辜，一无所问。诸君或世树贞，身荷宠爵，羽仪鼎族，书勋王府，俯眉猾竖，无由自效，岂不下惭泉壤，上愧皇天！失忠与义，难以自立。想诚南风，乃眷西顾，因变立功，转祸为福。有能缚侯景及送首者，封万户开国公，绢布五万匹。有能率动义众，以应官军，保全城邑，不为贼用，上赏方伯，下赏剖符，并裂山河，以纡青紫。昔由余入秦，礼同卿佐；日䃅降汉，且珥金貂。必有其才，何恤无位。若执迷不反，拒逆王师，大军一临，刑兹罔赦。孟诸焚燎，芝艾俱尽；宜房河决，玉石同沉。信赏之科，有如皎日；黜陟之制，事均白水。檄布远近，咸使知闻。

三月，王僧辩等平侯景，传其首于江陵。戊子，以贼平告明堂、太社。己丑，王僧辩等又奉表曰：

众军以今月戊子总集建康。贼景鸟伏兽穷，频击频挫，奸竭诈尽，深沟自固。臣等分勒武旅，百道同趣，突骑短兵，犀函铁楯，结队千群，持戟百万，止矧七步，围项三重，轰然大溃，群凶四灭。京师少长，俱称万岁。长安酒食，于此价高。九县云开，六合清朗，刿伊黎首，谁不载跃！伏惟陛下咀痛茹哀，婴愤忍酷。自紫庭绛阙，胡尘四起，襦垣好畤，冀马云屯，泣血治兵，尝胆誓众。而吴、楚一家，方与七国俱反；管、蔡流言，又以三监作乱。西凉义众，阻强秦而不通；并州遗民，跨飞狐而见泯。豺狼当路，非止一人，鲸鲵不枭，倏焉五载。英武克振，怨耻并雪，永寻霜露，如何可言！臣等辄依故实，奉修社庙，使者持节，分告茔陵。嗣后升遐，龙辒未殡，承华掩曜，梓宫莫测，并即随由备办，礼具凶荒。四海同哀，六军祖哭，圣情孝友，理当感恸。日者，百司岳牧，祈仰宸鉴。以锡珪之功，既归有道，当璧之礼，允属圣明；而优诏谦冲，窅然凝邈。飞龙可跻，而《乾》爻在四；帝阍云叫，而阊阖未开。讴歌再驰，是用翘首。所以越人固执，熏丹穴以求君；周民乐推，逾岐山而事主。汉王不即位，无以贵功臣；光武不止戈，岂谓绍宗庙。黄帝游于襄城，尚访治民之道；放勋入于姑射，犹使樽俎有归。伊此傥来，岂圣人所欲，帝王所应，不获已而然。伏读玺书，寻讽制旨，顾怀物外，未奉慈衷。陛下日角龙颜之姿，表于徇齐之日，彤云素气之瑞，基于应物之初。博览则大哉无所与名，深言则晔乎昭章之观。忠为令德，孝实动天。加以英威茂略，雄图武算，指麾则丹浦不战，顾眄则阪泉自荡。地维绝而重纽，天柱倾而更植。凿河津于孟门，百川复启；补穹仪以五石，万物再生。纵陛下拂衣而游广成，登崆山而去东土，群臣安得仰诉，兆庶何所归仁。况郊祀配天，曡筐礼旷，斋宫清庙，匏竹不陈，仰望銮舆，匪朝伊夕，瞻言法驾，载渴且饥。岂可久稽众议，有旷彝埸！旧郊既复，函、雒已平。高奴、栎阳，宫馆虽毁，浊河清渭，佳气犹存。皋门有伉，甘泉四敞，土圭测景，仙人承露。斯盖九州之赤县，六合之枢机。博士捧图书而稍还，太常定礼仪而已列。岂得不扬清驾而赴名都，具玉銮而游正寝！昔东周既迁，镐京遂其不复；长安一乱，郑、洛永以为居。夏后以万国朝诸侯，文王以六州匡天下。迹基百里，剑杖三尺。以残楚之地，抗拒九戎；一旅之师，剪灭三叛。坦然大定，御辇东归。解五牛于冀州，秣六马于谯郡。缅求前古，其可得欤？对扬天命，何所让德！有理存焉，敢重所奏。

相国答曰："省表，复具一二。群公卿士，亿兆夷人，咸以皇天眷命，归运所属，用集宝位于予一人。文叔金吾之官，事均往愿；孟德征西之位，且符前说。今淮海长鲸，虽云授首；襄阳短狐，未全革面。太平玉烛，尔乃议之。"辛卯，宣猛将军朱买臣密害豫章嗣王栋，及其二弟桥、樛，世祖志也。

四月乙巳，益州刺史、新除假黄钺、太尉武陵王纪僭位于蜀，改号天正元年。世祖遣兼司空萧泰、祠部尚书乐子云拜谒茔陵，修复社庙。丁巳，世祖令曰："军容不入国，国容不入军。虽子产献捷，戎服从事，亚夫弗拜，义止将兵。今凶丑歼夷，逆徒殄溃，九有既截，四海乂安。汉官威仪，方陈盛礼，卫多君子，寄是式瞻。便可解严，以时宣勒。"是月，以东阳太守张彪为安东将军。五月庚午，司空南平王恪及宗室王侯、大都督王僧辩等，复拜表上尊号，世祖犹固让不受。庚辰，以征南将军、湘州刺史、司空南平嗣王恪为镇东将军、扬州刺史，余如故。甲申，以尚书令、征东将军、开府仪同三司、江州刺史王僧辩为司徒、镇卫将军。乙酉，斩贼左仆射王伟、尚书吕季略、少卿周石珍、舍人严亹于江陵市。是日，世祖令曰："君子赦过，著在周经；圣人解网，闻之汤令。自猰㺄孔炽，长蛇荐食，赤县阽危，黔黎涂炭，终宵不寐，志在雪耻。元恶稽诛，本属侯景；王伟是其心膂，周石珍负背恩义，今并烹诸鼎镬，肆之市朝。但比屯遭寇扰，为岁已积，衣冠旧贵，被逼偷生，猛士勋豪，和光苟免，凡诸恶侣，谅非一族。今特阐以王泽，削以刑书，自太清六年五月二十日昧爽以前，咸使惟新。"是月，魏遣太师潘乐、辛术等寇秦郡，王僧辩遣杜崱帅众拒之。以陈霸先为征北大将军、开府仪同三司、南徐州刺史。是月，魏遣使贺平侯景。

八月，萧纪率巴、蜀大众连舟东下，遣护军陆法和屯巴峡以拒之。兼通直散骑常侍、聘魏使徐陵于邺奉表曰：

臣闻封唐有圣，还承帝喾之家；居代惟贤，终篡高皇之祚。无为称于革鸟，至治表于垂衣，而拨乱反正，非间前古。至如金行重作，源出东莞；炎运犹昌，枝分南顿。岂得掩显姓于轩辕，非才子于颛顼？莫不时因多难，俱继神宗者也。伏惟陛下，出《震》等于勋、华，明让同于旦、奭。握图执钺，将在御天，玉滕珠衡，先彰元后。神祇所命，非惟太室之祥；图画斯归，何止尧门之瑞。若夫大孝圣人之心，中庸君子之德，固以作训生民，贻风多士。一日二日，研览万机，允文允武，包罗群艺。拟兹三大，宾是四门，历试诸难，咸熙庶绩，斯无得而称也。自无妄兴暴，皇祚浸微，封豨修蛇，行灾中国，灵心所宅，下武其兴，望紫极而长号，瞻丹陵而殒恸。家冤将报，天赐黄鸟之旗；国害宜诛，神奉玄狐之策。滕公拥树，雄气方严；张绣交兵，风神弥勇。忠诚冠于日月，孝义感于冰霜。如霆如雷，如貔如虎，前驱效命，元恶斯殒。既挂胆于西州，方燃脐于东市。蚩尤三冢，宁谓严诛？王莽千刊，非云明罚。青羌赤狄，同赏豺狼，胡服夷言，咸为京观。邦畿济济，还见隆平；宗庙愔愔，方承多福。自氤氲浑沌之世，骊连、栗陆之君，卦起龙图，文因鸟迹。云师火帝，非无战阵之风，尧誓汤征，咸用干戈之道。星躔东井，时破嶲、潼；雷震南阳，初平寻、邑。未有援三灵之已坠，救四海之群飞，赫赫明明，龚行天罚，如当今之盛者也。于是卿云似盖，晨映姚乡；甘露如珠，朝华景寝。芝房感德，咸出铜池，蓂荚伺辰，无劳银箭。重以东渐玄菟，西逾白狼，高柳生风，扶桑盛日，莫不编名属国，归质鸿胪，荒服来宾，遐迩同福。其文昭武穆，跗萼也如彼；天平地成，功业也如此。久应旁求掌固，谘询天官，斟酌繁昌，经营高邑。宗王启霸，非劳阳武之侯；清跸无虞，何事长安之邸。正应扬銮旂以飨帝，仰凤辰也以承天，历数在躬，畴与为让！去月二十日，兼散骑常侍柳晖等至邺，伏承圣旨谦冲，为而弗宰，或云泾阳未复，函谷无泥，旋驾金陵，方膺天眷。愚谓大庭、少昊，非有定居；汉祖、殷宗，皆无恒宅。登封岱岳，犹置明堂；巡狩章陵，时行司隶。何必西瞻虎据，乃建王宫；南望牛头，方称天阙。抑又闻之：玄圭既锡，苍玉无陈，乃械朴之愆期，非苞茅之不贡。云和之瑟，久废甘泉；孤竹之管，无闻方泽。岂不惧欤！伏愿陛下因百姓之心，拯万邦之命。岂可逡巡固让，方求石户之农；高谢君临，徒引箕山之客！未知上德之不德，惟见圣人之不仁。率士翘翘，苍生何望！昔苏季、张仪，违乡负俗，尚复招三方以事赵，请六国以尊秦。况臣等显奉皇华，亲承朝命，珪璋特达，通聘河阳，貂珥雍容，寻盟漳水，加牢贬馆，随势污隆，瞻望乡关，诚均休戚。但轻生不造，命与时乖。忝一介之行人，同三危之远摈。承闲内殿，事绝耿弇之恩；封奏边城，私等刘琨之哭。不胜区区之至，谨拜表以闻。

九月甲戌，司空、镇东将军、扬州刺史南平王恪薨。

冬十月乙未，前梁州刺史萧循自魏至于江陵，以循为平北将军、开府仪同三司。戊申，执湘州刺史王琳于殿内，琳副将殷晏下狱死。辛酉，以子方略为湘州刺史。庚戌，琳长史陆纳及其将潘乌累等举兵反，袭陷湘州。是月，四方征镇，王公卿士复劝世祖即尊号，犹谦让未许。表三上，乃从之。

承圣元年冬十一月丙子，世祖即皇帝位于江陵。诏曰："夫树之以君，司牧黔首。帝尧之心，岂贵黄屋，诚弗获已而临莅之。朕皇祖太祖文皇帝积德岐、梁，化行江、汉，道映在田，具瞻斯属。皇考高祖武皇帝明并日月，功格区宇，应天从民，惟睿作圣。太宗简文皇帝地侔启、诵，方符文、景。羯寇凭陵，时难孔棘。朕大拯横流，克复宗社。群公卿士、百辟庶僚，咸以皇灵眷命，归运斯及，天命不可以久淹，宸极不可以久旷。粤若前载，宪章令范，畏天之威，算隆宝历，用集神器于予一人。昔虞、夏、商、周，年无嘉号，汉、魏、晋、宋，因循以久。朕虽云拨乱，且非创业，思得上系宗祧，下惠亿兆。可改太清六年为承圣元年。逋租宿责，并许弘贷；孝子义孙，可悉赐爵；长徒锁士，特加原宥；禁锢夺劳，一皆旷荡。"是日，世祖不升正殿，公卿陪列而已。丁丑，以平北将军、开府仪同三司萧循为骠骑将军、湘州刺史，余如故。己卯，立王太子方矩为皇太子，改名元良。立皇子方智为晋安郡王，方略为始安郡王。追尊所生姚修容为文宣太后。是月，陆纳遣将潘乌累等攻破衡州刺史丁道贵于渌口，道贵走零陵。十二月壬子，陆纳分兵袭巴陵，湘州刺史萧循击破之。是月，营州刺史李洪雅自零陵率众出空云滩，将下讨纳，纳遣将吴藏等袭破洪雅，洪雅退守空云城。

二年春正月乙丑，诏王僧辩率众军士讨陆纳。戊寅，以吏部尚书王褒为尚书右仆射，刘毂为吏部尚书。西魏遣大将尉迟迥袭益州。三月庚午，诏曰："食乃民天，农为治本，垂之千载，贻诸百王，莫不敬授民时，躬耕帝籍。是以稼穑为宝，《周颂》嘉其乐章；禾麦不成，鲁史书其方册。秦人有农力之科，汉氏开屯田之利。顷岁屯否，多难荐臻，干戈不戢，我则未暇。广田之令，无闻于郡国；载师之职，有陋于官方。今元恶殄歼，海内方一，其大庇黔首，庶拯横流。一廛旷务，劳心日仄；一夫废业，鸟卤无遗。国富刑清，家给民足。其力田之身，在所蠲免。外即宣勒，称朕意焉。"辛未，李洪雅以空云城降贼，贼执之而归。初，丁道贵走零陵投洪雅，洪雅使收余众。与之俱降。洪雅既降贼，贼乃害道贵。丙子，贼将吴藏等帅兵据车轮。庚寅，有两龙见湘州西江。夏四月丙申，僧辩军次车轮。五月甲子，众军攻贼，大破之。乙丑，僧辩军至长沙。甲戌，尉迟迥进逼巴西，潼州刺史杨虔运以城降，纳迥。己丑，萧纪军至西陵。六月乙卯，湘州平。是月，尉迟迥围益州。秋七月辛未，巴人苻升、徐子初斩贼城主公孙晃，举城来降。纪众大溃，遇兵死。乙未，王僧辩班师江陵，诏诸军各还所镇。八月戊戌，尉迟迥陷益州。庚子，诏曰："夫爱始居亳，不废先王之都；受命于周，无改旧邦之颂。顷戎旃既息，关柝无警。去鲁兴叹，有感宵分，过沛殒涕，实劳夕寐。仍以潇、湘作乱，庸、蜀阻兵，命将授律，指期克定。今八表乂清，四郊无垒，宜从青盖之典，言归白水之乡。江、湘委输，方船连舳，巴峡舟舰，精甲百万，先次建邺，行实京师，然后六军巡征，九旒扬斾，拜谒茔陵，修复宗社。主者详依旧典，以时宣勒。"九月庚午，司徒王僧辩旋镇。丙子，以护军将军陆法和为郢州刺史。乙酉，以晋安王方智为江州刺史。是月，魏遣郭元建治舟师于合肥，又遣大将邢杲远、步大汗萨、东方老率众之。冬十一月辛酉，僧辩次于姑孰，即留镇焉。遣豫州刺史侯瑱据东关垒，征吴兴太守裴之横帅众继之。戊戌，以尚书右仆射王褒为尚书左仆射，湘东太守张绾为尚书右仆射。十二月，宿预土民东方光据城归化，魏江西州郡皆起兵应之。

三年春正月甲午，加南豫州刺史侯瑱征北将军、开府仪同三司。陈霸先帅众攻广陵城。秦州刺史严超达自秦郡围泾州，侯瑱、张彪出石梁，为其声援。辛丑，陈霸先遣晋陵太守杜僧明率众助东方光。三月甲辰，以司徒王僧辩为太尉、车骑大将军。丁未，魏遣将王球率众七百攻宿预，杜僧明逆击，大破之。戊申，以护军将军、郢州刺史陆法和为司徒。夏四月癸酉，以征北大将军、开府仪同三司陈霸先为司空。六月壬午，魏复遣将步大汗萨率众救泾州。癸未，有黑气如龙，见于殿内。秋七月甲辰，以都官尚书宗懔为吏部尚书。九月辛卯，世祖于龙光殿述《老子》义，尚书左仆射王褒为执经。乙巳，魏遣其柱国万纽于谨率大众来寇。冬十月丙寅，魏军至于襄阳，萧察率众会之。丁卯，停讲，内外戒严，舆驾出行都栅。是日，大风拔木，丙子，征王僧辩等军。十一月，以领军胡僧祐都督城东城北诸军事，右仆射张绾为副；左仆射王褒都督城西城南诸军事，直殿省元景亮为副。王公朝士各有守备。丙戌，世祖遍行都栅，皇太子巡行城楼，使居民助运水石，诸要害所，并增兵备。丁亥，魏军至栅下。丙申，征广州刺史王琳入援。丁酉，大风，城内火。以胡僧祐为开府仪同三司，衡州刺史裴畿为领军将军。庚子，信州刺史 徐世谱、晋安王司马任约率众攻马头岸。戊申，胡僧祐、朱买臣等率兵出战，买臣败绩。己酉，降左仆射王褒为护军将军。辛亥，魏军大攻，世祖出枇杷门，亲临阵督战。胡僧祐中流矢薨。六军败绩。反者斩西门关以纳魏师，城陷于西魏。世祖见执，如萧察营，又迁还城内。十二月丙辰，徐世谱、任约退戍巴陵。辛未，西魏害世祖，遂崩焉，时年四十七。太子元良、始安王方略皆见害。乃选百姓男女数万口，分为奴婢，驱入长安；小弱者皆杀之。明年四月，追尊为孝元皇帝，庙曰世祖。

世祖聪悟俊朗，天才英发。年五岁，高祖问："汝读何书？"对曰："能诵《曲礼》。"高祖曰："汝试言之。"即诵上篇，左右莫不惊叹。初生患眼，高祖自下意治之，遂盲一目，弥加愍爱。既长好学，博综群书，下笔成章，出言为论，才辩敏速，冠绝一时。高祖尝问曰："孙策昔在江东，于时年几？"答曰："十七。"高祖曰："正是汝年。"贺革为府谘议，敕革讲《三礼》。世祖性不好声色，颇有高名，与裴子野、刘显、萧子云、张缵及当时才秀为布衣之交，著述辞章，多行于世。在寻阳，梦人曰："天下将

乱，王必维之。"又背生黑子，巫媪见曰："此大贵兆，当不可言。"初，贺革西上，意甚不悦，过别御史中丞江革，以情告之。革曰："吾尝梦主上遍见诸子，至湘东王，手脱帽授之。此人后必当璧，卿其行乎！"革从之。及太清之难，乃能克复，故遐迩乐推，遂膺宝命矣。所著《孝德传》三十卷，《忠臣传》三十卷，《丹阳尹传》十卷，《注汉书》一百一十五卷，《周易讲疏》十卷，《内典博要》一百卷，《连山》三十卷，《洞林》三卷，《玉韬》十卷，《补阙子》十卷，《老子讲疏》四卷，《全德志》、《怀旧志》、《荆南志》、《江州记》、《贡职图》、《古今同姓名录》一卷，《筮经》十二卷，《式赞》三卷，文集五十卷。

史臣曰：梁季之祸，巨寇凭垒，世祖时位长连率，有全楚之资，应身率群后，枕戈先路。虚张外援，事异勤王，在于行师，曾非百舍。后方歼夷大憝，用宁宗社，握图南面，光启中兴，亦世祖雄才英略，绍兹宝运者也。而禀性猜忌，不隔疏近，御下无术，履冰弗惧，故凤阙伺晨之功，火无内照之美。以世祖之神睿特达，留情政道，不伏邪说，徙跸金陵，左邻强寇，将何以作？是以天未悔祸，荡覆斯生，悲夫！

卷六　　本纪第六

敬　帝

敬皇帝，讳方智，字慧相，小字法真，世祖第九子也。太清三年，封兴梁侯。承圣元年，封晋安王，邑二千户。二年，出为平南将军、江州刺史。三年十一月，江陵陷，太尉扬州刺史王僧辩、司空南徐州刺史陈霸先定议，以帝为太宰、承制，奉迎还京师。四年二月癸丑，至自寻阳，入居朝堂。以太尉王僧辩为中书监、录尚书、骠骑将军、都督中外诸军事。加司空陈霸先班剑三十人。以豫州刺史侯瑱为江州刺史，仪同三司、湘州刺史萧循为太尉，仪同三司、广州刺史萧 勃为司徒，镇东将军张彪为郢州刺史。三月，齐遣其上党王高涣送贞阳侯萧渊明来主梁嗣，至东关，遣吴兴太守裴之横与战，败绩，之横死。太尉王僧辩率众出屯姑孰。四月，司徒陆法和以郢州附于齐，遣江州刺史侯瑱讨之。七月辛丑，王僧辩纳贞阳侯萧渊明，自采石济江。甲辰，入于京师，以帝为皇太子。九月甲辰，司空陈霸先举义，袭杀王僧辩，黜萧渊明。丙午，帝即皇帝位。

绍泰元年冬十月己巳，诏曰："王室不造，婴罹祸衅，西都失守，朝廷沦覆，先帝梓宫，播越非所，王基倾弛，率土罔戴。朕以荒幼，仍属艰难，泣血枕戈，志复仇逆。大耻未雪，凤宵鲠愤。群公卿尹，勉以大义，越登寡暗，嗣奉洪业。顾惟眇心，念不至此。庶仰凭先灵，傍资将相，克清元恶，谢冤陵寝。今坠命载新，宗祏更祀，庆流亿

兆,岂予一人。可改承圣四年为绍泰元年,大赦天下,内外文武赐位一等。"以贞阳侯渊明为司徒,封建安郡公,食邑三千户。壬子,以司空陈霸先为尚书令、都督中外诸军事、车骑将军、扬、南徐二州刺史,司空如故。震州刺史杜龛举兵,攻信武将军陈蒨于长城,义兴太守韦载据郡以应之。癸丑,进太尉萧循为太保,新除司徒建安公渊明为太傅,司徒萧勃为太尉。以镇南将军王琳为车骑将军、开府仪同三司。戊午,尊所生夏贵妃为皇太后。立妃王氏为皇后。镇东将军、扬州刺史张彪进号征东大将军。镇北将军、谯秦二州刺史徐嗣徽进号征北大将军。征南大将军、南豫州刺史任约进号征南大将军。辛未,诏司空陈霸先东讨韦载。丙子,任约、徐嗣徽举兵反,乘京师无备,窃据石头。丁丑,韦载降,义兴平。遣晋陵太守周文育率军援长城。十一月庚辰,齐安州刺史翟子崇、楚州刺史刘仕荣、淮州刺史柳达摩率众赴任约,入于石头。庚寅,司空陈霸先旋于京师。十二月庚戌,徐嗣徽、任约又相率至采石,迎齐援。丙辰,遣猛烈将军侯安都水军于江宁邀之,贼众大溃,嗣徽、约等奔于江西。庚申,翟子崇等请降,并放还北。

太平元年春正月戊寅,大赦天下,其与任约、徐嗣徽协契同谋,一无所问。追赠简文皇帝诸子。以故永安侯确子后袭封邵陵王,奉携王后。癸未,镇东将军、震州刺史杜龛降,诏赐死,曲赦吴兴郡。己亥,以太保、宜丰侯萧循袭封鄱阳王。东扬州刺史张彪围临海太守王怀振于剡岩。二月庚戌,遣周文育、陈蒨袭会稽,讨彪。癸丑,彪长史谢岐、司马沈泰、军主吴宝真等举城降,彪败走。以中卫将军临川王大款即本号开府仪同三司,中护军桂阳王大成为护军将军。丙辰,若耶村人斩张彪,传首京师,曲赦东扬州。己未,罢震州,还复吴兴郡。癸亥,贼徐嗣徽、任约袭采石戍,执戍主明州刺史张怀钧,入于齐。甲子,以东土经杜龛、张彪抄暴,遣大使巡省。三月丙子,罢东扬州,还复会稽郡。壬午,班下远近并杂用古今钱。戊戌,齐遣大将萧轨出栅口,向梁山,司空陈霸先、军主黄蒦逆击,大破之。轨退保芜湖。遣周文育、侯安都众军,据梁山拒之。夏四月丁巳,司空陈霸先诣梁山抚巡将帅。壬申,侯安都轻兵袭齐行台司马恭于历阳,大破之,俘获万计。五月癸未,太傅建安公渊明薨。庚寅,齐军水步入丹阳县。丙申,至秣陵故冶。敕周文育还顿方丘,徐度顿马牧,杜棱顿大桁。癸卯,齐军进据儿塘,舆驾出顿赵建故篱门,内外纂严。六月甲辰,齐潜军至蒋山龙尾,斜趋莫府山北,至玄武庙西北。乙卯,司空陈霸先授众军节度,与齐军交战,大破之,斩齐北兖州刺史杜方庆及徐嗣徽弟嗣宗,生擒徐嗣彦、萧轨、东方老、王敬宝、李希光、裴英起、刘归义等,皆诛之。戊午,大赦天下,军士身殒战场,悉遣敛祭,其无家属,即为瘗埋。辛酉,解严。秋七月丙子,车骑将军、司空陈霸先进位司徒,加中书监,余如故。丁亥,以开府仪同三司侯瑱为司空。八月己酉,太保鄱阳王循薨。九月壬寅,改元大赦,孝悌力田赐爵一级,殊才异行所在奏闻,饥难流移勒归本土。进新除司徒陈霸先为丞相、录尚书事、镇卫大将军、扬州牧,封义兴郡公。中权将军王冲即本号开府仪同三司。吏部尚书王通为尚书右仆射。丁巳,以郢州刺史徐度为领军将军。冬十一月乙卯,起云龙、神虎门。十二月壬申,进太尉、镇南将军萧勃为太保、骠骑将军。以新除左卫将军欧阳頠为安南将军、衡州刺史。壬午,平南将军刘法瑜进号安南将军。甲午,以前寿昌令刘睿为汝阴王,前镇西法曹、行参军萧纯为巴陵王,奉宋、齐二代后。

二年春正月壬寅,诏曰:"夫子降灵体哲,经仁纬义,允光素王,载阐玄功,仰之者弥高,诲之者不倦。立忠立孝,德被蒸民,制礼作乐,道冠群后。虽泰山颓峻,一篑不遗,而泗水余澜,千载犹在。自皇图屯阻,祀荐不修,奉圣之门,胤嗣殄灭,敬神之寝,簠簋寂寥。永言声烈,实兼钦怆。外可搜举鲁国之族,以为奉圣后;并缮庙堂,供备祀典,四时荐秩,一皆遵旧。"是日,又诏"诸州各置中正,依旧访举。不得辄承单状序官,皆须中正押上,然后量授。详依品制,务使精实。其荆、雍、青、兖虽暂为隔阂,衣冠多寓淮海,犹宜不废司存。会计罢州,尚为大郡,人士殷旷,可别置邑居。至如分割郡县,新号州牧,并系本邑,不劳兼置。其选中正,每求耆德,该悉以他官领之。"以车骑将军、开府仪同三司王琳为司空、骠骑大将军。分寻阳、太原、齐昌、高唐、新蔡五郡,置西江州,即于寻阳仍充州镇。又诏"宗室在朝开国承家者,今犹称世子,可悉听袭本爵。"以尚书右仆射王通为尚书左仆射。丁巳,镇西将军、益州刺史长沙王韶进号征南将军。二月庚午,领军将军徐度入东关。太保、广州刺史萧勃举兵反,遣伪帅欧阳頠、傅泰、勃从子孜为前军,南江州刺史余孝顷以兵会之。诏平西将军周文育、平南将军侯安都等率众军南讨。戊子,徐度至合肥,烧齐船三千艘。癸巳,周文育军于巴山生获欧阳頠。三月庚子,文育前军丁法洪于蹠口生俘傅泰。萧孜、余孝顷军退走。甲辰,以新除司空王琳为湘、郢二州刺史。甲寅,德州刺史陈法武、前衡州刺史谭世远于始兴攻杀萧勃。夏四月癸酉,曲赦江、广、衡三州;并督内为贼所拘逼者,并皆不问。己卯,铸四柱钱,一准二十。齐遣使请和。壬辰,改四柱钱一准十。丙申,复闭细钱。萧勃故主帅前直阁兰裴袭杀谭世远,裴仍为亡命夏侯明彻所杀。勃故记室李宝藏奉怀安侯萧任据广州作乱。戊戌,侯安都进军,余孝顷弃军走,萧孜请降,豫章平。五月乙巳,平西将军周文育进号镇南将军,侯安都进号镇北将军,并以本号开府仪同三司。丙午,以镇军将军徐度为南豫州刺史。戊辰,余孝顷遣使诣丞相府乞降。秋八月甲午,加丞相陈霸先黄钺,领太傅,剑履上殿,入朝不趋,赞拜不名,给羽葆、鼓吹。九月辛丑,崇丞相为相国,总百揆,封十郡为陈公,备九锡之礼,加玺绂远游冠,位在王公上。加相国绿綟绶。置陈国百司。冬十月戊辰,进陈公爵为王,增封十郡,并前为二十郡。命陈王冕十有二旒,建天子旌旂,出警入跸,乘金根车,驾六马,备五时副车,置旄头云罕,乐舞八佾,设钟虡宫县。王后王子女爵命之典,一依旧仪。辛未,诏曰:

五运更始,三正迭代,司牧黎庶,是属圣贤,用能经纬乾坤,弥纶区宇,大庇黔首,阐扬洪烈。革晦以明，积代同轨，百王踵武，咸由此则。梁德湮微，祸难荐发：太清云始，用困长蛇；承圣之年，又罹封豕；爰至天成，重窃神器。三光亟改，七庙乏祀，含生已泯，鼎命斯坠，我皇之祚，眇若缀旒，静惟《屯》、《剥》，夕惕载怀。相国陈王，有纵自天，降神惟岳，天地合德，晷曜齐明。拯社稷之横流，提亿兆之涂炭。东诛叛逆，北歼獯丑，威加四海，仁渐万国。复张崩乐，重纪绝礼，儒馆聿修，戎亭虚候。虽大功在舜，盛绩维禹，巍巍荡荡，无得而称。来献白环，岂直皇虞之世；入贡素雉，非止隆周之日。故效珍川陆，表瑞烟云，玉露醴泉，旦夕凝涌，嘉禾瑞草，孳植郊甸，道昭于悠代，勋格于皇穹。明明上天，光华日月，革故著于玄象，代德彰于谶图，狱讼有违，讴歌爰适，天之历数，实有攸在。朕虽庸藐，暗于古昔，永稽崇替，为日已久，敢忘列代之遗典，人祇之至愿乎！今便逊位别宫，敬禅于陈，一依唐虞、宋齐故事。

陈王践阼，奉帝为江阴王，薨于外邸，时年十六，追谥敬皇帝。

史臣曰：梁季横溃，丧乱屡臻，当此之时，天历去矣，敬皇高让，将同释负焉。

史臣侍中、郑国公魏征曰："高祖固天攸纵，聪明稽古，道亚生知，学为博物，允文允武，多艺多才。爰自诸生，有不羁之度，属昏凶肆虐，天伦及祸，收合义旅，将雪家冤。日纣可伐，不其而会，龙跃樊、汉，电击湘、郢，剪离德如振槁，取独夫如拾遗。其雄才大略，固无得而称矣。既悬白旗之首，方应皇天之眷，布德施惠，悦近来远，开荡荡之王道，革靡靡之商俗，大修文教，盛饰礼容，鼓扇玄风，阐扬儒业，介胄仁义，折冲樽俎，声振寰宇，泽流遐裔，干戈载戢，凡数十年。济济焉，洋洋焉，魏、晋已来，未有若斯之盛。然不能息末敦本，斫雕为朴，慕名好事，崇尚浮华，抑扬孔、墨，流连释、老。或经夜不寐，或终日不食，非弘道以利物，惟饰智以惊愚。且心未遗荣，虚厕苍头之伍；高谈脱屣，终恋黄屋之尊。夫人之大欲，在乎饮食男女，至于轩冕殿室，非有切身之急。高祖屏除嗜欲，眷忘轩冕，得其所难而滞于所易，可谓神有所不达，智有所不通矣。逮夫精华稍竭，凤德已衰，惑于听受，权在奸佞，储后百辟，莫得尽言。险躁之心，暮年愈甚。见利而动，愎谏违卜，开门揖盗，弃好即仇，衅起萧墙，祸成戎羯，身殒非命，灾被亿兆，衣冠敝锋镝之下，老幼粉戎马之足。瞻彼《黍离》，痛深周庙；永言《麦秀》，悲甚殷墟。自古以安为危，既成而败，颠覆之速，书契所未闻也。《易》曰：'天之所助者信，人之所助者顺。'高祖之遇斯屯剥，不得其死，盖动而之险，不由信顺，失天人之所助，其能免于此乎！

太宗聪睿过人，神彩秀发，多闻博达，富赡词藻。然文艳用寡，华而不实，体穷淫丽，义罕疏通，哀思之音，遂移风俗，以此而贞万国，异乎周诵、汉庄矣。我生不辰，载离多难，桀逆构扇，巨猾滔天，始自廧里之拘，终类望夷之祸。悠悠苍天，其可问哉！

昔国步初屯，兵缠魏阙，群后释位，投袂勤王。元帝以盘石之宗，受分陕之任，属君亲之难，居连率之长，不能抚剑尝胆，枕戈泣血，躬先士卒，致命前驱，遂乃拥众逡巡，内怀觊望，坐观时变，以为身幸。不急莽、卓之诛，先行昆弟之戮。又沉猜忌酷，多行无礼。骋智辩以饰非，肆忿戾以害物。爪牙重将，心膂谋臣，或顾眄以就拘囚，或一言而及葅醢。朝之君子，相顾懔然。自谓安若泰山，举无遗策，伏于邪说，即安荆楚。虽元恶克剪，社稷未宁，而西邻责言，祸败旋及。上天降鉴，此焉假手，天道人事，其可诬乎！其笃志艺文，采浮淫而弃忠信；戎昭果毅，先骨肉而后寇仇。虽口诵《六经》，心通百氏，有仲尼之学，有公旦之才，适足以益其骄矜，增其祸患，何补金陵之覆没，何救江陵之灭亡哉！

敬帝遭家不造，绍兹屯运，征伐有所自出，政刑不由于己，时无伊、霍之辅，焉得不为高让欤？"

卷七　　　　列传第一

太祖张皇后　　高祖郗皇后
太宗王皇后　　高祖丁贵嫔
高祖阮修容　　世　祖徐妃

《易》曰："有天地然后有万物，有万物然后有男女，有男女然后有夫妇。"夫妇之义尚矣哉！周礼，王者立后六宫，三夫人、九嫔、二十七世妇、八十一御妻，以听天下之内治。故《昏义》云："天子之与后，犹日之与月，阴之与阳，相须而成者也。"汉初因秦称号，帝母称皇太后，后称皇后，而加以美人、良人、八子、七子之属。至孝武制婕妤之徒凡十四等。降及魏、晋，母后之号，皆因汉法；自夫人以下，世有增损焉。高祖拨乱反正，深鉴奢逸，恶衣菲食，务先节俭。配德早终，长秋旷位，嫔嫱之数，无所改作。太宗、世祖出自储藩，而妃并先殂，又不建椒阃。今之撰录，止备阙云。

太祖献皇后张氏，讳尚柔，范阳方城人也。祖次惠，宋濮阳太守。后母萧氏，即文帝从姑。后，宋元嘉中嫔于文帝，生长沙宣武王懿、永阳昭王敷，次生高祖。

初，后尝于室内，忽见庭前昌蒲生花，光彩照灼，非世中所有。后惊视，谓侍者曰："汝见不？"对曰："不见。"后曰："尝闻见者当富贵。"因遽取吞之。是月产高祖。将产之夜，后见庭内若有衣冠陪列焉。次生衡阳宣王畅、义兴昭长公主令嫕。宋泰始七年，殂于秣陵县同夏里舍，葬武进县东城里山。天监元年五月甲辰，追上尊号为皇后。谥曰献。

父穆之，字思静，晋司空华六世孙。曾祖舆坐诛，徙兴古，未至召还。及过江，为丞相掾，太子舍人。穆之少方雅,有识鉴。宋元嘉中,为员外散骑侍郎。与吏部尚书江湛、太子左率袁淑善,淑荐之于始兴王浚,浚深引纳焉。穆之鉴其祸萌,思违其难,言于湛求外出。湛将用为东县,固乞远郡,久之,得为宁远将军、交址太守。治有异绩。会刺史死,交土大乱,穆之威怀循抚,境内以宁。宋文帝闻之嘉焉,将以为交州刺史,会病卒。子弘籍,字真艺,齐初为镇西参军,卒于官。高祖践阼,追赠穆之光禄大夫,加金章。又诏曰:"亡舅齐镇西参军,素风雅猷,夙肩名辈,降年不永,早世潜辉。朕少离苦辛,情地弥切,虽宅相克成,辒车靡赠,兴言永往,触目恸心。可追赠廷尉卿。"弘籍无子,从父弟弘策以第三子缵为嗣,别有传。

高祖德皇后郗氏,讳徽,高平金乡人也。祖绍,国子祭酒,领东海王师。父烨,太子舍人,早卒。

初,后母寻阳公主方娠,梦当生贵子。及生后,有赤光照于室内,器物尽明,家人皆怪之。巫言此女光采异常,将有所妨,乃于水滨被除之。

后幼而明慧,善隶书,读史传。女工之事,无不闲习。宋后废帝将纳为后;齐初,安陆王缅又欲婚:郗氏并辞以女疾,乃止。建元末,高祖始娉焉。生永兴公主玉姚,永世公主玉婉,永康公主玉嬛。

建武五年,高祖为雍州刺史,先之镇,后乃迎后。至州未几,永元元年八月殂于襄阳官舍,时年三十二。其年归葬南徐州南东海武进县东城里山。中兴二年,齐朝进高祖位相国,封十郡,梁公,诏赠后为梁公妃。高祖践阼,追崇为皇后。有司议谥,吏部尚书兼右仆射臣约议曰:"表号垂名,义昭不朽。先皇后应祥月德,比载坤灵,柔范阴化,仪形自远。伣天作合,义先造舟,而神兽凤掩,所隔升运。宜式遵景行,用昭大典。谨按《谥法》,忠和纯备曰德,贵而好礼曰德。宜崇曰德皇后。"诏从之。陵曰修陵。

后父烨,诏赠金紫光禄大夫。烨尚宋文帝女寻阳公主,齐初降封松滋县君。烨子泛,中军临川王记室参军。

太宗简皇后王氏,讳灵宾,琅邪临沂人也。祖俭,太尉、南昌文宪公。

后幼而柔明淑德,叔父暕见之曰:"吾家女师也。"天监十一年,拜晋安王妃。生哀太子大器,南郡王大连,长山公主妙碧。中大通三年十月,拜皇太子妃。太清三年三月,薨于永福省,时年四十五。其年,太宗即位,追崇为皇后,谥曰简。大宝元年九月,葬庄陵。先是诏曰:"简皇后窀穸有期。昔西京霸陵,因山为藏;东汉寿陵,流水而已。朕属值时艰,岁饥民弊,方欲以身率下,永示敦朴。今所营庄陵,务存约俭。"又诏金紫光禄大夫萧子范为哀策文。

父骞,字思寂,本名玄成,与齐高帝偏讳同,故改焉。以公子起家员外郎,迁太子洗马,袭封南昌县公,出为义兴太守。还为骠骑谘议,累迁黄门郎,司徒左长史。性凝简,不狎当世。尝从容谓诸子曰:"吾家门户,所谓素族,自可随流平进,不须苟求也。"永元末,迁侍中,不拜。高祖霸府建,引为大司马谘议参军,俄迁侍中,领越骑校尉。

高祖受禅,诏曰:"庭坚世祀,靡辍于宗周,乐毅锡壤,乃昭于洪汉。齐故太尉南昌公,含章履道,草昧兴齐,谟明朔赞,同符在昔。虽子房之蔚为帝师,文若之隆比王佐,无以尚也。朕膺历受图,惟新宝命,莘莘玉帛,升降有典。永言前代,敬惟徽烈,匪直懋勋,义兼怀树。可降封南昌公为侯,食邑千户。"骞袭爵,迁度支尚书。天监四年,出为东阳太守,寻徙吴郡。八年,入为太府卿,领后军将军,迁太常卿。十一年,迁中书令,加员外散骑常侍。

时高祖于钟山造大爱敬寺,骞旧墅在寺侧,有良田八十余顷,即晋丞相王导赐田也。高祖遣主书宣旨就骞求市,欲以施寺。骞答旨云:"此田不卖;若是敕取,所不敢言。"酬对又脱略。高祖怒,遂付市评田价,以直逼还之。由是忤旨,出为吴兴太守。在郡卧疾不视事。征还,复为度支尚书,加给事中,领射声校尉。以母忧去职。

普通三年十月卒,时年四十九。诏赠侍中、金紫光禄大夫,谥曰安。子规袭爵,别有传。

高祖丁贵嫔,讳令光,谯国人也,世居襄阳。贵嫔生于樊城,有神光之异,紫烟满室,故以"光"为名。相者云:"此女当大贵。"高祖临州,丁氏因人以闻。贵嫔时年十四,高祖纳焉。初,贵嫔生而有赤痣在左臂,治之不灭,至是无何忽失所在。事德皇后小心祗敬,尝于供养经案之侧,仿佛若见神人,心独异之。

高祖义师起,昭明太子始诞育,贵嫔与太子留在州城。京邑平,乃还京都。天监元年五月,有司奏为贵人,未拜;其年八月,又为贵嫔,位在三夫人上,居于显阳殿。及太子定位,有司奏曰:

礼,母以子贵。皇储所生,不容无敬。宋泰豫元年六月,议百官以吏敬敬帝所生陈太妃,则宋明帝时,百官未有敬。臣窃谓"母以子贵",义著《春秋》。皇太子副贰宸极,率土咸执吏礼,既尽礼皇储,则所生不容无敬。但帝王妃嫔,义与外隔,以理以例,无致敬之道也。今皇太子圣睿在躬,储礼凤备,子贵之道,抑有旧章。王侯妃主常得通信问者,及六宫三夫人虽与贵嫔同列,并应以敬皇太子之礼敬贵嫔。宋元嘉中,始兴、武陵国臣并以吏敬敬所生潘淑妃、路淑媛。贵嫔于宫臣虽非小君,其义不异,与宋泰豫朝议百官以吏敬敬帝所生,事义正同。谓宫闱施敬宜同吏礼,诣神虎门奉笺致谒;年节称庆,亦同如此。妇人无阃外之事,贺及问讯笺什,所由官报闻而已。夫妇人之道,义无自专,若不仰系于夫,则当俯系于子。荣亲之道,应极其所荣,未有子所行而所从不足者也。故《春秋》凡王命为夫人,则礼秩与子等。列国虽异于储贰,而从尊之义不殊。前代依准,布在旧事。贵嫔载诞元良,克固大业,礼同储君,实惟旧典。寻前代初置贵嫔,位次皇后,爵无所视;其次职者,位视相国,爵比诸侯王。此贵嫔之礼,已高朝列;况母仪春宫,义绝常算。且储妃作配,率由盛则;以妇逾姑，弥乖从序。谓贵嫔典章，一与太子不异。于是贵嫔备典章，礼数同于太子，言则称令。

贵嫔性仁恕，及居宫内，接驭自下，皆得其欢心。不好华饰，器服无珍丽，未尝为亲戚私谒。及高祖弘佛教，贵嫔奉而行之，屏绝滋腴，长进蔬膳。受戒日，甘露降于殿前，方一丈五尺。高祖所立经义，皆得其指归。尤精《净名经》。所受供赐，悉以充法事。

普通七年十一月庚辰薨，殡于东宫临云殿，年四十二。诏吏部郎张缵为哀策文曰：

敢涂既启，桂樽虚凝，龙帷已荐，象服将升。皇帝伤璧台之永闶，悼曾城之不践，罢乡歌乎燕乐，废彻齐于祀典。《风》有《采蘩》，化行南国，爰命史臣，俾流嫔德。其辞曰：

轩纬之精，江汉之英；归于君袂，生此离明。诞自厥初，时维载育；枢电绕郊，神光照屋。爰及待年，含章早穆；声被洽阳，誉宣中谷。龙德在田，聿恭兹祀；阴化代终，王风攸始。动容谘式，出言顾史；宜其家人，刑于国纪。膺斯眷命，从此宅心，狄缀采珩，珮动雅音。日中思戒，月满怀惊；如何不鹍，天高照临。玄纮莫修，祎章早缺；成物谁能，芳猷有烈。素魄贞明，紫宫照晰；逮于廱伤，恩贤罔蔽。躬俭则节，昭事惟虔；金玉无玩，筐笲不捐。祥流德化，庆表亲贤；甄昌轶启，孕鲁陶燕。方论妇教，明章闱席；玄池早扃，湘沅已罗。展衣委华，朱帱寝迹；慕结储闱，哀深蕃辟。呜呼哀哉！

令龟兆良，葆引迁祖；具僚次列，承华接武。日杳杳以霾春，风凄凄而结绪；去曾掖以依迟，饰新宫而延伫。呜呼哀哉！

启丹旗之星旆，振容车之黼裳；拟灵金而郁楚，泛凄管而凝伤。遗备物乎营寝，掩重闼于窒皇；椒风暖兮犹昔，兰殿幽而不阳。呜呼哀哉！

侧闻高义，彤管有怿；道变虞风，功参唐迹。婉如之人，休光赤舄；施诸天地，而无朝夕。呜呼哀哉！

有司奏谥曰穆。太宗即位，追崇曰穆太后。

太后父仲迁，天监初，官至兖州刺史。

高祖阮修容，讳令嬴，本姓石，会稽余姚人也。齐始安王遥光纳焉。遥光败，入东昏宫。建康城平，高祖纳为彩女。天监七年八月，生世祖。寻拜为修容，常随世祖出蕃。

大同六年六月，薨于江州内寝，时年六十七。其年十一月，归葬江宁县通望山。谥曰宣。世祖即位，有司奏追崇为文宣太后。

承圣二年，追赠太后父齐故奉朝请灵宝散骑常侍、左卫将军，封武康县侯，邑五百户；母陈氏，武康侯夫人。

世祖徐妃，讳昭佩，东海郯人也。祖孝嗣，太尉、枝江文忠公。父绲，侍中、信武将军。天监十六年十二月，拜湘东王妃。生世子方等、益昌公主含贞。太清三年五月，被遣死，葬江陵瓦官寺。

史臣曰：后妃道赞皇风，化行天下，盖取《葛覃》、《关雎》之义焉。至于穆贵嫔，徽华早著，诞育元良，德懋六宫，美矣。世祖徐妃之无行，自致殀灭，宜哉。

卷八　　　　列传第二

昭明太子　哀太子　愍怀太子

昭明太子统，字德施，高祖长子也。母曰丁贵嫔。初，高祖未有男，义师起，太子以齐中兴元年九月生于襄阳。高祖既受禅，有司奏立储副，高祖以天下始定，百度多阙，未之许也。群臣固请，天监元年十一月，立为皇太子。时太子年幼，依旧居于内，拜东宫官属文武，皆入直永福省。

太子生而聪睿，三岁受《孝经》、《论语》，五岁遍读五经，悉能讽诵。五年五月庚戌，始出居东宫。太子性仁孝，自出宫，恒思恋不乐。高祖知之，每五日一朝，多便留永福省，或五日三日乃还宫。八年九月，于寿安殿讲《孝经》，尽通大义。讲毕，亲临释奠于国学。十四年正月朔旦，高祖临轩，冠太子于太极殿。旧制，太子著远游冠，金蝉翠绥缨；至是，诏加金博山。

太子美姿貌，善举止。读书数行并下，过目皆忆。每游宴祖道，赋诗至十数韵。或命作剧韵赋之，皆属思便成，无所点易。高祖大弘佛教，亲自讲说；太子亦崇信三宝，遍览众经。乃于宫内别立慧义殿，专为法集之所。招引名僧，谈论不绝。太子自立三谛、法身义，并有新意。普通元年四月，甘露降于慧义殿，咸以为至德所感焉。

三年十一月，始兴王憺薨。旧事，以东宫礼绝傍亲，书翰并依常仪。太子意以为疑，命仆射刘孝绰议其事。孝绰议曰："案张镜撰《东宫仪记》，称'三朝发哀者，逾月不举乐；鼓吹寝奏，服限亦然'。寻傍绝之义，义在去服，服虽可夺，情岂无悲？铙歌辍奏，良亦为此。既有悲情，宜称兼慕，卒哭之后，依常举乐，称悲竟，此理例相符。谓犹应称兼慕，至卒哭。"仆射徐勉、左率周舍、家令陆襄并同孝绰议。太子令曰："张镜《仪记》云'依《士礼》，终服月称慕悼'。又云'凡三朝发哀者，逾月不举乐'。刘仆射议，云'傍绝之义，义在去服，服虽可夺，情岂无悲，卒哭之后，依常举乐，称悲竟，此理例相符'。寻情悲之说，非止卒哭之后，缘情为论，此自难一也。用张镜之举乐，弃张镜之称悲，一镜之言，取舍有异，此自难二也。陆家令止云'多历年所'，恐非事证；虽复累稔所用，意常未安。近亦常经以此问外，由来立意，谓犹应有慕悼之言。张岂不知举乐为大，称悲事小；所以用小而忽大，良亦有以。至如元止六佾，事为国章；虽情或未安，而礼不可废。铙吹军乐，比之亦然。书疏方之，事则成小，差可缘心。声乐自外，书疏自内，乐自他，书自己。刘仆射之议，即情未安。可令诸贤更共详衷。"司农卿明山宾、步兵校尉朱异议,称"慕悼之解,宜终服月"。于是令付典书遵用,以为永准。

七年十一月,贵嫔有疾,太子还永福省,朝夕侍疾,衣不解带。及薨,步从丧还宫,至殡,水浆不入口,每哭辄恸绝。高祖遣中书舍人顾协宣旨曰:"毁不灭性,圣人之制。《礼》,不胜丧比于不孝。有我在,那得自毁如此!可即强进饮食。"太子奉敕,乃进数合。自是至葬,日进麦粥一升。高祖又敕曰:"闻汝所进过少,转就羸瘵。我比更无余病,正为汝如此,胸中亦圮塞成疾。故应强加饘粥,不使我恒尔悬心。"虽屡奉敕劝逼,日止一溢,不尝菜果之味。体素壮,腰带十围,至是减削过半。每入朝,士庶见者莫不下泣。

太子自加元服,高祖便使省万机,内外百司,奏事者填塞于前。太子明于庶事,纤毫必晓,每所奏有谬误及巧妄,皆即就辩析,示其可否,徐令改正,未尝弹纠一人。平断法狱,多所全宥,天下皆称仁。

性宽和容众,喜愠不形于色。引纳才学之士,赏爱无倦。恒自讨论篇籍,或与学士商榷古今;闲则继以文章著述,率以为常。于时东宫有书几三万卷,名才并集,文学之盛,晋、宋以来未之有也。

性爱山水,于玄圃穿筑,更立亭馆,与朝士名素者游其中。尝泛舟后池,番禺侯轨盛称"此中宜奏女乐。"太子不答,咏左思《招隐诗》曰:"何必丝与竹,山水有清音。"侯惭而止。出宫二十余年,不畜声乐。少时,敕赐太乐女妓一部,略非所好。

普通中,大军北讨,京师谷贵,太子因命菲衣减膳,改常馔为小食。每霖雨积雪,遣腹心左右,周行闾巷,视贫困家,有流离道路,密加振赐。又出主衣绵帛,多作襦袴,冬月以施贫冻。若死亡无可以敛者,为备棺椁。每闻远近百姓赋役勤苦,辄敛容色。常以户口未实,重于劳扰。

吴兴郡屡以水灾失收,有上言当漕大渎以泻浙江。中大通二年春,诏遣前交州刺史王弁假节,发吴郡、吴兴、义兴三郡民丁就役。太子上疏曰:"伏闻当发王弁等上东三郡民丁,开漕沟渠,导泄震泽,使吴兴一境,无复水灾,诚矜恤之至仁,经略之远旨。暂劳永逸,必获后利。未萌难睹,窃有愚怀。所闻吴人累年失收,民颇流移。吴郡十城,亦不全熟。唯义兴去秋有稔,复非常役之民。即日东境谷稼犹贵,劫盗屡起,在所有司,不皆闻奏。今征戍未归,强丁疏少,此虽小举,窃恐难合,吏一呼门,动为民蠹。又出丁之处,远近不一,比得齐集,已妨蚕农。去年称为丰岁,公私未能足食;如复今兹失业,虑恐为弊更深。且军窃多伺候民间虚实,若善人从役,则抄盗弥增,吴兴未受其益,内地已罹其弊。不审可得权停此功,待优实以不?圣心垂矜黎庶,神量久已有在。臣意见庸浅,不识事宜,苟有愚心,愿得上启。"高祖优诏以喻焉。

太子孝谨天至,每入朝,未五鼓便守城门开。东宫虽燕居内殿,一坐一起,恒向西南面台。宿被召当入,危坐达旦。

三年三月,寝疾。恐贻高祖忧,敕参问,辄自力手书启。及稍笃,左右欲启闻,犹不许,曰"云何令至尊知我如此恶",因便呜咽。四月乙巳薨,时年三十一。高祖幸东宫,临哭尽哀。诏敛以衮冕。谥曰昭明。五月庚寅,葬安宁陵。诏司徒左长史王筠为哀册文曰:

屦辂俄轩,龙骖跼步;羽旄前驱,云旗北御。皇帝哀继明之寝耀,痛嗣德之殂芳;御武帐而凄恸,临甲观而增伤。式稽令典,载扬鸿烈;诏撰德于旌旐,永传徽于舞缀。其辞曰:

式载明两,实惟少阳;既称上嗣,且曰元良。仪天比峻,俪景腾光;奏祀延福,守器传芳。睿哲膺期,旦暮斯在;外弘庄肃,内含和恺。识洞机深,量苞瀛海;立德不器,至功弗宰。宽绰居心,温恭成性,循时孝友,率由严敬。咸有种德,惠和齐圣;三善递宣,万国同庆。

轩纬掩精,阴牺弛极;缠哀在疚,殷忧衔恤。孺泣无时,疏饘不溢;禫遵逾月,哀号未毕。实惟监抚,亦嗣郊禋;问安肃肃,视膳恂恂。金华玉璪,玄驷班轮;隆家干国,主祭安民。光奉成务,万机是理;矜慎庶狱,勤恤关市。诚存隐恻,容无愠喜;殷勤博施,绸缪恩纪。

爰初敬业,离经断句;莫爵崇师,卑躬待傅。宁资导习,匪劳审谕;博约是司,时敏斯务。辨究空微,思探几赜;驰神图纬,研精交画。沈吟典礼,优游方册;餍饫膏腴,含咀肴核。括囊流略,包举艺文;遍该缃素,殚极丘坟。滕峡充积,儒墨区分;瞻河阐训,望鲁扬芬。吟咏性灵,岂惟薄伎;属词婉约,缘情绮靡。字无点窜,笔不停纸,壮思泉流,清章云委。

总览时才,网罗英茂;学穷优洽,辞归繁富。或擅谈丛,或称文囿;四友推德,七子惭秀。望苑招贤,华池爱客;托乘同舟,连舆接席。摛文揉藻,飞觞泛醑;恩隆置醴,赏逾赐璧。徽风遐被,盛业日新;仁器非重,德辖易遵。泽流兆庶,福降百神;四方慕义,天下归仁。

云物告徵,祲沴褰象;星霣恒耀,山颓朽壤。灵仪上宾,德音长往;具僚无荫,谘承安仰。呜呼哀哉!

皇情悼愍,切心缠痛;胤嗣长号,跗萼增恸。慕结亲游,悲动氓众;忧若殄邦,惧同折栋。呜呼哀哉!

首夏司开,麦秋纪节;容卫徒警,菁华委绝。书幌空张,谈筵罢设;虚馈像像,孤灯翳翳。呜呼哀哉!

简辰请日,筮合龟贞;幽埏凤启,玄宫献成。武校齐列,文物增明;昔游漳滏,宾从无声;今归郊郭,徒御相惊。呜呼哀哉!

背绛阙以远徂,辚青门而徐转;指驰道而讵前,望国都而不践。陵修阪之威夷,溯平原之悠缅;骧蹀足以酸嘶,挽凄锵而流泫。呜呼哀哉!

混哀音于箫籁,变愁容于天日;虽夏木之森阴,返寒林之萧瑟。既将反而复疑,如有求而遂失;谓天地其无心,遽永潜于容质。呜呼哀哉!

即玄宫之冥漠,安神寝之清闷;传声华于懋典,观德业于徽谥。悬忠贞于日月,播鸿名于天地;惟小臣之纪言,实含毫而无愧。呜呼哀哉!

太子仁德素著,及薨,朝野惋愕。京师男女,奔走宫门,号泣满路。四方氓庶,及疆徼之民,闻丧皆恸哭。所著文集二十卷;又撰古今典诰文言,为《正序》十卷;五言诗之善者,为《文章英华》二十卷;《文选》三十卷。

哀太子大器,字仁宗,太宗嫡长子也。普通四年五月丁酉生。中大通四年,封宣城郡王,食邑二千户。寻为侍中、中卫将军,给鼓吹一部。大同四年,授使持节、都督扬、徐二州诸军事、中军大将军、扬州刺史,侍中如故。太清二年十月,侯景寇京邑,敕太子为台内大都督。三年五月,太宗即位。六月丁亥,立为皇太子。大宝二年八月,贼景废太宗,将害太子,时贼党称景命召太子。太子方讲《老子》,将欲下床,而列人掩至。太子颜色不变,徐曰:"久知此事,嗟其晚耳。"刑者欲以衣带绞之。太子曰:"此不能见杀。"乃指系帐竿下绳,命取绞之而绝,时年二十八。

太子性宽和,兼神用端嶷,在于贼手,每不屈意。初,侯景西上,携太子同行,及其败归,部伍不复整肃,太子所乘船居后,不及贼众,左右心腹并劝因此入北。太子曰:"家国丧败,志不图生;主上蒙尘,宁忍违离?吾今逃匿,乃是叛父,非谓避贼。"便涕泗鸣咽,令即前进。贼以太子有器度,每常惮之,恐为后患,故先及祸。承圣元年四月,追谥哀太子。

愍怀太子方矩,字德规,世祖第四子也。初封南安县侯,随世祖在荆镇。太清初,为使持节、督湘、郢、桂、宁、成、合、罗七州诸军事、镇南将军、湘州刺史。寻征为侍中、中卫将军,给鼓吹一部。世祖承制,拜王太子,改名元良。承圣元年十一月丙子,立为皇太子。及西魏师陷荆城,太子与世祖同为魏人所害。

太子聪颖,颇有世祖风,而凶暴猜忌。敬帝承制,追谥愍怀太子。

陈吏部书姚察曰:孟轲有言:"鸡鸣而起,孳孳为善者,舜之徒也。"若乃布衣韦带之士,在于畎亩之中,终日为之,其利亦已博矣。况乎处重明之位,居正体之尊,克念无怠,烝烝以孝。大舜之德,其何远之有哉!

卷九　　　　　　列传第三

王茂　曹景宗　柳庆远

王茂,字休远,太原祁人也。祖深,北中郎司马。父天生,宋末为列将,于石头克司徒袁粲,以勋至巴西、梓潼二郡太守,上黄县男。茂年数岁,为大父深所异,常谓亲识曰:"此吾家之千里驹,成门户者必此儿也。"及长,好读兵书,驳略究其大旨。性沈隐,不妄交游,身长八尺,洁白美容观。齐武帝布衣时,见之叹曰:"王茂年少,堂堂如此,必为公辅之器。"宋升明末,起家奉朝请,历后军行参军,司空骑兵,太尉中兵参军。魏将李乌奴寇汉中,茂受诏西讨。魏军退,还为镇南司马,带临湘令。入为越骑校尉。魏寇兖州,茂时以宁朔将军长史镇援北境,入为前军将军江夏王司马。又迁宁朔将军、江夏内史。建武初,魏围司州,茂以郢州之师救焉。高祖率众先登贤首山,魏将王肃、刘昶来战,茂从高祖拒之,大破肃等。魏军退,茂还郢,仍迁辅国长史、襄阳太守。

高祖义师起,茂私与张弘策劝高祖迎和帝,高祖以为不然,语在《高祖纪》。高祖发雍部,每遣茂为前驱。师次郢城,茂进平加湖,破光子衿、吴子阳等,斩馘万计,还献捷于汉川。郢、鲁既平,从高祖东下,复为军锋。师次秣陵,东昏遣大将王珍国,盛兵朱雀门,众号二十万,度航请战。茂与曹景宗等会击,大破之。纵兵追奔,积尸与航栏等,其赴淮死者,不可胜算。长驱至宣阳门。建康城平,以茂为护军将军,俄迁侍中、领军将军。群盗之烧神虎门也,茂率所领到东掖门应赴,为盗所射,茂跃马而进,群盗反走。茂以不能式遏奸盗,自表解职,优诏不许。加镇军将军,封望蔡县公,邑二千三百户。

是岁,江州刺史陈伯之举兵叛,茂出为使持节、散骑常侍、都督江州诸军事、征南将军、江州刺史,给鼓吹一部,南讨伯之。伯之奔于魏。时九江新罹军寇,民思反业,茂务农省役,百姓安之。四年,魏侵汉中,茂受诏西讨,魏乃班师。六年,迁尚书右仆射,常侍如故。固辞不拜,改授侍中、中卫将军,领太子詹事。七年,拜车骑将军,太子詹事如故。八年,以本号开府仪同三司、丹阳尹,侍中如故。时天下无事,高祖方信仗文雅,茂心颇怏怏,侍宴醉后,每见言色,高祖常宥而不之责也。十一年,进位司空,侍中、尹如故。茂辞京尹,改领中权将军。

茂性宽厚,居官虽无誉,亦为吏民所安。居处方正,在一室衣冠俨然,虽仆妾莫见其惰容。姿表瑰丽,须眉如画。出入朝会,每为众所瞻望。明年,出为使持节、散骑常侍、骠骑将军、开府同三司之仪、都督江州诸军事、江州刺史。视事三年,薨于州,时年六十。高祖甚悼惜之,赠钱三十万,布三百匹。诏曰:"旌德纪勋,哲王令轨;念终追远,前典明诰。故使持节、散骑常侍、骠骑将军、开府仪同三司、江州刺史茂,识度淹广,器宇凝正。爰初草昧,尽诚宣力,绸缪休戚,契阔屯夷。方赖谋猷,永隆朝寄;奄至薨殒,朕用恸于厥心。宜增礼数,式昭盛烈。可赠侍中、太尉,加班剑二十人,鼓吹一部。谥曰忠烈。"

初,茂以元勋,高祖赐以钟磬之乐。茂在江州,梦钟磬在格,无故自堕,心恶之。及觉,命奏乐。既成列,钟磬在格,果无故编皆绝,堕地。茂谓长史江诠曰:"此乐,天子所以惠劳臣也。乐既极矣,能无忧乎!"俄而病,少日卒。

子贞秀嗣,以居丧无礼,为有司奏,徙越州。后有诏留广州,乃潜结仁威府中兵参军杜景,欲袭州城,刺史萧昂讨之。景，魏降人，与贞秀同戮。

曹景宗，字子震，新野人也。父欣之，为宋将，位至征虏将军、徐州刺史。景宗幼善骑射，好畋猎。常与少年数十人泽中逐獐鹿，每众骑赴鹿，鹿马相乱，景宗于众中射之，人皆惧中马足，鹿应弦辄毙，以此为乐。未弱冠，欣之于新野遣出州，以匹马将数人，于中路卒逢蛮贼数百围之。景宗带百余箭，乃驰骑四射，每箭杀一蛮，蛮遂散走，因是以胆勇知名。颇爱史书，每读《穰苴》、《乐毅传》，辄放卷叹息曰："丈夫当如是！"辟西曹不就。宋元徽中，随父出京师，为奉朝请、员外，迁尚书左民郎。寻以父忧去职，还乡里。服阕，刺史萧赤斧板为冠军中兵参军，领天水太守。

时建元初，蛮寇群动，景宗东西讨击，多所擒破。齐鄱阳王锵为雍州，复以为征虏中兵参军，带冯翊太守督岘南诸军事，除屯骑校尉。少与州里张道门厚善。道门，齐车骑将军敬儿少子也，为武陵太守。敬儿诛，道门于郡伏法，亲属故吏莫敢收，景宗自襄阳遣人船到武陵，收其尸骸，迎还殡葬，乡里以此义之。

建武二年，魏主托跋宏寇赭阳，景宗为偏将，每冲坚陷阵，辄有斩获，以勋除游击将军。四年，太尉陈显达督众军北围马圈，景宗从之，以甲士二千设伏，破魏援托跋英四万人。及克马圈，显达论功，以景宗为后，景宗退无怨言。魏主率众大至，显达宵奔，景宗导入山道，故显达父子获全。五年，高祖为雍州刺史，景宗深自结附，数请高祖临其宅。时天下方乱，高祖亦厚加意焉。永元初，表为冠军将军、竟陵太守。及义师起，景宗聚众，遣亲人杜思冲劝先迎南康王于襄阳即帝位，然后出师，为万全计。高祖不从，语在《高祖纪》。高祖至竟陵，以景宗与冠军将军王茂济江，围郢城，自二月至于七月，城乃降。复帅众前驱至南州，领马步军取建康。道次江宁，东昏将李居士以重兵屯新亭，是日选精骑一千至江宁行顿，景宗始至，安营未立；且师行日久，器甲穿弊，居士望而轻之，因鼓噪前薄景宗。景宗被甲驰战，短兵裁接，居士弃甲奔走，景宗皆获之，因鼓而前，径至皂荚桥筑垒。景宗又与王茂、吕僧珍掎角，破王珍国于大航。茂冲其中坚，应时而陷，景宗纵兵乘之。景宗军士皆桀黠无赖，御道左右，莫非富室，抄掠财物，略夺子女，景宗不能禁。及高祖入顿新城，严申号令，然后稍息。复与众军长围六门。城平，拜散骑常侍、右卫将军，封湘西县侯，食邑一千六百户。仍迁持节、都督郢、司二州诸军事、左将军、郢州刺史。天监元年，进号平西将军，改封竟陵县侯。

景宗在州，黩货聚敛。于城南起宅，长堤以东，夏口以北，开街列门，东西数里，而部曲残横，民颇厌之。二年十月，魏寇司州，围刺史蔡道恭。时魏攻日苦，城中负板而汲，景宗望不出，但耀军游猎而已。及司州城陷，为御史中丞任昉所奏。高祖以功臣寝而不治，征为护军。既至，复拜散骑常侍、右卫将军。

五年，魏托跋英寇钟离，围徐州刺史昌义之。高祖诏景宗督众军援义之，豫州刺史韦睿亦预焉，而受景宗节

度。诏景宗顿道人洲，待众军齐集俱进。景宗固启，求先据邵阳洲尾，高祖不听。景宗欲专其功，乃违诏而进，值暴风卒起，颇有淹溺，复还守先顿。高祖闻之，曰："此所以破贼也。景宗不进，盖天意乎！若孤军独往，城不时立，必见狼狈。今得待众军同进，始大捷矣。"及韦睿至，与景宗进顿邵阳洲，立垒去魏城百余步。魏连战不能却，杀伤者十二三，自是魏军不敢逼。景宗等器甲精新，军仪甚盛，魏人望之夺气。魏大将杨大眼对桥北岸立城，以通粮运，每牧人过岸伐刍藁，皆为大眼所略。景宗乃募勇敢士千余人，径渡大眼城南数里筑垒，亲自举筑。大眼率众来攻，景宗与战破之，因得垒成。使裨将赵草守之，因谓为赵草城，是后恣刍牧焉。大眼时遣抄掠，辄反为赵草所获。先是，高祖诏景宗等逆装高舰，使与魏桥等，为火攻计。令景宗与睿各攻一桥，睿攻其南，景宗攻其北。六年三月，春水生，淮水暴长六七尺。睿遣其都督将冯道根、李文钊、裴邃、韦寂等乘舰登岸，击魏洲上军尽殪。景宗因使众军皆鼓噪乱登诸城，呼声震天地，大眼于西岸烧营，英自东岸弃城走。诸垒相次土崩，悉弃其器甲，争投水死，淮水为之不流。景宗令军士马广，蹑大眼至涉水上，四十余里，伏尸相枕。义之出逐英至洛口，英以匹马入梁城。缘淮百余里，尸骸枕藉，生擒五万余人，收其军粮器械，积如山岳，牛马驴骡，不可胜计。景宗乃搜军所得生口万余人，马千匹，遣献捷，高祖诏还本军，景宗振旅凯入，增封四百，并前为二千户，进爵为公。诏拜侍中、领军将军，给鼓吹一部。

景宗为人自恃尚胜，每作书，字有不解，不以问人，皆以意造焉。虽公卿无所推揖；惟韦睿年长，且州里胜流，特相敬重，同宴御筵，亦曲躬谦逊，高祖以此嘉之。景宗好内，妓妾至数百，穷极锦绣。性躁动，不能沉默，出行常欲塞车帷嫚，左右辄谏以位望隆重，人所具瞻，不宜然。景宗谓所亲曰："我昔在乡里，骑快马如龙，与年少辈数十骑，拓弓弦作霹雳声，箭如饿鸱叫。平泽中逐獐，数肋射之，渴饮其血，饥食其肉，甜如甘露浆。觉耳后风生，鼻头出火，此乐使人忘死，不知老之将至。今来扬州作贵人，动转不得，路行开车嫚，小人辄言不可。闭置车中，如三日新妇。遭此邑邑，使人无气。"为人嗜酒好乐，腊月于宅中，使作野虏逐除，遍往人家乞酒食。本以为戏，而部下多剽轻，因弄人妇女，夺人财货。高祖颇知之，景宗乃止。高祖数宴见功臣，共道故旧，景宗醉后谬忘，或误称下官，高祖故纵之，以为笑乐。

七年，迁侍中、中卫将军、江州刺史。赴任卒于道，时年五十二。诏赙钱二十万，布三百匹，追赠征北将军、雍州刺史、开府仪同三司。谥曰壮。子皎嗣。

柳庆远，字文和，河东解人也。伯父元景，宋太尉。庆远起家郢州主簿，齐初为尚书都官郎、大司马中兵参军、建武将军、魏兴太守。郡遭暴水，流漂居民，吏请徙民祀城。庆远曰："天降雨水，岂城之所知。吾闻江河不过三日，斯亦何虑。"命筑土而已。俄而水过，百姓服之。入为长水校尉，出为平北录事参军、襄阳令。

高祖之临雍州，问京兆人杜恽求州纲，恽举庆远。高祖曰："文和吾已知之，所问未知者耳。"因辟别驾从事史。齐方多难，庆远谓所亲曰："方今天下将乱，英雄必起，庇民定霸，其吾君乎？"因尽诚协赞。及义兵起，庆远常居帷幄为谋主。

中兴元年，西台选为黄门郎，迁冠军将军、征东长史。从军东下，身先士卒。高祖行营垒，见庆远顿舍严整，每叹曰："人人若是，吾又何忧。"建康城平，入为侍中，领前军将军，带淮陵、齐昌二郡太守。城内尝夜失火，禁中惊惧，高祖时居宫中，悉敛诸钥，问"柳侍中何在"。庆远至，悉付之。其见任如此。

霸府建，以为太尉从事中郎。高祖受禅，迁散骑常侍、右卫将军，加征虏将军，封重安侯，食邑千户。母忧去职，以本官起之，固辞不拜。天监二年，迁中领军，改封云杜侯。四年，出为使持节、都督雍、梁、南、北秦四州诸军事、征虏将军、宁蛮校尉、雍州刺史。高祖饯于新亭，谓曰："卿衣锦还乡，朕无西顾之忧矣。"

七年，征为护军将军，领太子庶子。未赴职，仍迁通直散骑常侍、右卫将军，领右骁骑将军。至京都，值魏宿预城请降，受诏为援，于是假节守淮阴。魏军退。八年，还京师，迁散骑常侍、太子詹事、雍州大中正。十年，迁侍中、领军将军，给扶，并鼓吹一部。十二年，迁安北将军、宁蛮校尉、雍州刺史。庆远重为本州，颇历清节，士庶怀之。明年春，卒，时年五十七。诏曰："念往笃终，前王令则；式隆宠数，列代恒规。使持节、都督雍、梁、南、北秦四州郢州之竟陵司州之随郡诸军事、安北将军、宁蛮校尉、雍州刺史、云杜县开国侯柳庆远，器识淹旷，思怀通雅。爰初草昧，预属经纶；自升平，契阔禁旅。重牧西藩，方弘治道，奄至殒丧，伤恸于怀。宜追荣命，以彰茂勋。可赠侍中、中军将军、开府仪同三司，鼓吹、侯如故。谥曰忠惠。赙钱二十万，布二百匹。"及丧还京师，高祖出临哭。子津嗣。

初，庆远从父兄卫将军世隆尝谓庆远曰："吾昔梦太尉以褥席见赐，吾遂亚台司，适又梦吾褥席与汝，汝必光我公族。"至是，庆远亦继世隆焉。

陈吏部尚书姚察曰：王茂、曹景宗、柳庆远虽世为将家，然未显奇节。梁兴，因日月末光，以成所志，配迹方、邵，勒勋钟鼎，伟哉！昔汉光武全爱功臣，不过朝请、特进，寇、邓、耿、贾咸不尽其器力。茂等迭据方岳，位终上将，君臣之际，迈于前代矣。

卷十　　　　　列传第四

萧颖达　夏侯详　蔡道恭　杨公则　邓元起

萧颖达，兰陵兰陵人，齐光禄大夫赤斧第五子也。少好勇使气，起家冠军。兄颖胄，齐建武末行荆州事，颖达亦为西中郎外兵参军，俱在西府。齐季多难，颇不自安。会东昏遣辅国将军刘山阳为巴西太守，道过荆州，密敕颖胄袭雍州。时高祖已为备矣。仍遣颖胄亲人王天虎以书疑之。山阳至，果不敢入城。颖胄计无所出，夜遣钱塘人朱景思呼西中郎城局参军席阐文、谘议参军柳忱闭斋定议。阐文曰："萧雍州蓄养士马，非复一日，江陵素畏襄阳人，人众又不敌，取之必不可制，制之，岁寒复不为朝廷所容。今若杀山阳，与雍州举事，立天子以令诸侯，则霸业成矣。山阳持疑不进，是不信我。今斩送天虎，则彼疑可释。至而图之，罔不济矣。"忱亦劝焉。颖达曰："善。"及天明，颖胄谓天虎曰："卿与刘辅国相识，今不得不借卿头。"乃斩天虎以示山阳。山阳大喜，轻将步骑数百到州。阐文勒兵待于门，山阳车逾限而门阖，因执斩之，传首高祖。且以奉南康王之议来告，高祖许焉。

和帝即位，以颖胄为假节、侍中、尚书令、领吏部尚书、都督行留诸军事、镇军将军、荆州刺史，留卫西朝。以颖达为冠军将军。及杨公则等率师随高祖，高祖围郢城，颖达会军于汉口，与王茂、曹景宗等攻郢城，陷之。随高祖平江州。高祖进江州，使与曹景宗先率马步进趋江宁，破东昏将李居士，又下东城。

初，义师之起也，巴东太守萧惠训子璝、巴西太守鲁休烈弗从，举兵侵荆州，败辅国将军任漾之于硖口，破大将军刘孝庆于上明，颖胄遣军拒之；而高祖已平江、郢，图建康。颖胄自以职居上将，不能拒制璝等，忧愧不乐，发疾数日而卒。州中秘之，使似其书者假为教命。及璝等闻建康将平，众惧而溃，乃始发丧，和帝赠颖胄丞相。

义师初，颖达弟颖孚自京师出亡，庐陵人循景智潜引与南归，至庐陵，景智及宗人灵祐为起兵，得数百人，屯西昌药山湖。颖达闻之，假颖孚节、督庐陵豫章临川南康安成五郡军事、冠军将军、庐陵内史。颖孚率灵祐等进据西昌，东昏遣安西太守刘希祖自南江入湖拒之。颖孚不能自立，以其兵由建安复奔长沙，希祖追之，颖孚缘山逾嶂，仅而获免。在道绝粮，后因食过饱而卒。

建康城平，高祖以颖达为前将军、丹阳尹。上受禅，诏曰："念功惟德，列代所同，追远怀人，弥与事笃。齐故侍中、丞相、尚书令颖胄，风格峻远，器寓深邵，清猷盛业，问望斯归。缔构义始，肇基王迹，契阔屯夷，载形心事。朕膺天改物，光宅区宇，望岵观河，永言号恸。可封巴东郡开国公，食邑三千户，本官如故。"赠颖孚右卫将军。加颖达散骑常侍,以公事免。及大论功赏,封颖达吴昌县侯,邑千五百户。寻为侍中,改封作唐侯,县邑如故。迁征房将军、太子左卫率。御史中丞任昉奏曰:

臣闻贪观所取,穷视不为。在于布衣穷居,介然之行,尚可以激贪历俗,悍此薄夫;况乎伐冰之家,争鸡豚之利;衣绣之士,受贾人之服。风闻征房将军臣萧颖达启乞鱼军税,辄摄颖达宅督彭难当到台辨问。列称'寻生鱼典税,先本是邓僧琰启乞,限讫今年五月十四日。主人颖达,于时谓非新立,仍启乞接代僧琰,即蒙降许登税,与史法论一年收直五十万。'如其列状,则与风闻符同,颖达即主。

臣谨案:征房将军、太子左卫率、作唐县开国侯臣颖达,备位大臣,预闻执宪,私谒亟陈,至公寂寞。屠中之志,异乎鲍肆之求;鱼飧之资,不俟潜有之数。遂复申兹文二,追彼十一,风体若兹,准绳斯在!陛下弘惜勋良,每为曲法;臣当官执宪,敢不直绳。臣等参议,请以见事免颖达所居官,以侯还第。

有诏原之。转散骑常侍、左卫将军。俄复为侍中,卫尉卿。出为信威将军、豫章内史,加秩中二千石。治任威猛,郡人畏之。迁使持节、都督江州诸军事、江州刺史,将军如故。顷之,征为通直散骑常侍、右骁骑将军。既处优闲,尤恣声色,饮酒过度,颇以此伤生。

九年,迁信威将军、右卫将军。是岁卒,年三十四。车驾临哭,给东园秘器,朝服一具,衣一袭,钱二十万,布二百匹。追赠侍中、中卫将军,鼓吹一部。谥曰康。子敏嗣。

颖胄子靡,袭巴东公,位至中书郎,早卒。

夏侯详,字叔业,谯郡人也。年十六,遭父艰,居丧哀毁。三年庐于墓,尝有雀三足,飞来集其庐户,众咸异焉。服阕,刺史殷琰召补主簿。宋泰始初,琰举豫州叛,宋明帝遣辅国将军刘勔讨之,攻守连月,人情危惧,将请救于魏。详说琰曰:"今日之举,本效忠节;若社稷有奉,便归身朝廷,何可屈身北面异域。且今魏氏之卒,近在淮次,一军未测去就,俱有异图。今若遣使归款,必厚相慰纳,岂止免罪而已。若谓不然,请充一介。"琰许之。详见勔曰:"将军严围峭垒,矢刃如霜,城内愚徒,实同困兽,士庶惧诛,咸欲投魏。仆所以逾城归德,敢布腹心。愿将军弘旷荡之恩,垂霈然之惠,解围退舍,则皆相率而至矣。"勔许之。详曰:"审尔,当如君言,而详请反命。"勔遣到城下,详呼城中人,语以勔辞,即日琰及众俱出,一州以全。勔为刺史,又补主簿。顷之,为新汲令,治有异绩,刺史段佛荣班下境内,为属城表。转治中从事史,仍迁别驾。历事八将,州部称之。

齐明帝为刺史,雅相器遇。及辅政,招令出都,将大用之。每引详与乡人裴叔业日夜与语,详辄末略不酬。帝以问叔业,叔业告详。详曰:"不为福始,不为祸先。"由此微有忤。出为征房长史、义阳太守。顷之,建安戍为魏所围,仍以详为建安戍主,带边城、新蔡二郡太守,并督光城、弋阳、汝阴三郡众赴之。详至建安,魏军引退。先是,魏又于淮上置荆亭戍,常为寇掠,累攻不能御,详率锐卒攻之,贼众大溃,皆弃城奔走。

建武末,征为游击将军,出为南中郎司马、南新蔡太守。齐南康王为荆州,迁西中郎司马、新兴太守,便道先到江阳。时始安王遥光称兵京邑,南康王长史萧颖胄并未至,中兵参军刘山阳先在州,山阳副潘绍欲谋作乱,详伪呼绍议事,即于城门斩之,州府乃安。迁司州刺史,辞不之职。

高祖义兵起,详与颖胄同创大举。西台建,以详为中领军,加散骑常侍、南郡太守。凡军国大事,颖胄多决于详。及高祖围郢城未下,颖胄遣卫尉席阐文如高祖军。详献议曰:"穷壁易守,攻取势难;顿甲坚城,兵家所忌。诚宜大弘经略,询纳群言。军主以下至于匹夫,皆令献其所见,尽其所怀,择善而从,选能而用,不以人废言,不以多罔寡。又须量我众力,度贼樵粮,窥彼人情,权其形势。若使贼人众而食少,故宜计日而守之;食多而力寡,故宜悉众而攻之。若使粮力俱足,非攻守所屈,便宜散金宝,纵反间,使彼智者不用,愚者怀猜,此魏武之所以定大业也。若三事未可,宜思变通,观于人情,计我粮谷。若德之所感,万里同符,仁之所怀,远迩归义,金帛素积,粮运又充,乃可以列围宽守,引以岁月,此王剪之所以克楚也。若围之不卒降,攻之未可下,间道不能行,金粟无人积,天下非一家,人情难可豫,此则宜更思变计矣。变计之道,实资英断,此之深要,难以纸宣,辄布言于席卫尉,特愿垂采。"高祖嘉纳焉。顷之,颖胄卒。时高祖弟始兴王憺留守襄阳,详乃遣使迎憺,共参军国。和帝加详禁兵,出入殿省,固辞不受。迁侍中、尚书右仆射。寻授使持节、抚军将军、荆州刺史。详又固让于憺。

天监元年,征为侍中、车骑将军,论功封宁都县侯,邑二千户。详累辞让,至于恳切,乃更授右光禄大夫,侍中如故。给亲信二十人,改封丰城县公,邑如故。二年,抗表致仕,诏解侍中,进特进。三年,迁使持节、散骑常侍、车骑将军、湘州刺史。详善吏事,在州四载,为百姓所称。州城南临水有峻峰,旧老相传,云"刺史登此山辄被代。"因是历政莫敢至。详于其地起台榭,延僚属,以表损挹之志。

六年,征为侍中、右光禄大夫,给亲信二十人,未至,授尚书左仆射、金紫光禄大夫,侍中如故。道病卒,时年七十四,上为素服举哀,赠右光禄。

先是,荆府城局参军吉士瞻役万人浚仗库防火池,得金革带钩,隐起雕镂甚精巧,篆文曰"锡尔金钩,既公且侯"。士瞻,详兄女婿也。女窃以与详,详喜佩之,期岁而贵矣。

蔡道恭,字怀俭,南阳冠军人也。父那,宋益州刺史。道恭少宽厚有大量。齐文帝为雍州,召补主簿,仍除员外散骑常侍。后累有战功,迁越骑校尉、后军将军。建武末,出为辅国司马、汝南令。齐南康王为荆州,荐为西中郎兵参军,加辅国将军。义兵起,萧颖胄以道恭旧将,素著威略,专相委任,迁冠军将军、西中郎谘议参军,仍转司马。中兴元年，和帝即位，迁右卫将军。巴西太守鲁休烈等自巴、蜀连兵寇上明，以道恭持节、督西讨诸军事。次土台，与贼合战，道恭潜以奇兵出其后，一战大破之，休烈等降于军门。以功迁中领军，固辞不受，出为使持节、右将军、司州刺史。

天监初，论功封汉寿县伯，邑七百户，进号平北将军。三年，魏围司州，时城中众不满五千人，食裁支半岁，魏军攻之，昼夜不息，道恭随方抗御，皆应手摧却。魏乃作大车载土，四面俱前，欲以填堑，道恭辄于堑内列艨冲斗舰以待之，魏人不得进。又潜作伏道以决堑水，道恭载土独塞之。相持百余日，前后斩获不可胜计。魏大造梯冲，攻围日急，道恭于城内作土山，厚二十余丈；多作大槊，长二丈五尺，施长刃，使壮士刺魏人登城者。魏军甚惮之，将退。会道恭疾笃，乃呼兄子僧愻、从弟灵恩及诸将帅谓曰："吾受国厚恩，不能破灭寇贼，今所苦转笃，势不支久，汝等当以死固节，无令吾没有遗恨。"又令取所持节谓僧愻曰："禀命出疆，凭此而已；即不得奉以还朝，方欲携之同逝，可与棺柩相随。"众皆流涕。其年五月卒。魏知道恭死，攻之转急。

先是，朝廷遣郢州刺史曹景宗率众赴援，景宗到凿岘，顿兵不前。至八月，城内粮尽，乃陷。诏曰："持节、都督司州诸军事、平北将军、司州刺史、汉寿县开国伯道恭器干详审，才志通烈。王业肇构，致力陕西。受任边垂，效彰所莅。寇贼凭陵，竭诚守御，奇谋间出，捷书日至。不幸抱疾，奄至殒丧，遗略所固，得移气朔。自非徇国忘已，忠果并至，何能身没守存，穷而后屈。言念伤悼，特兼常怀，追荣加等。抑有恒数。可赠镇西将军，使持节、都督、刺史、伯如故，并寻购丧榇，随宜资给。"八年，魏许还道恭丧，其家以女乐易之，葬襄阳。

子澹嗣，卒于河东太守。孙固早卒，国除。

杨公则，字君翼，天水西县人也。父仲怀，宋泰始初为豫州刺史殷琰将。琰叛，辅国将军刘勔讨琰，仲怀力战，死于横塘。公则随父在军，年未弱冠，冒阵抱尸号哭，气绝良久，勔命还仲怀首。公则殓毕，徒步负丧归乡里，由此著名。历官员外散骑侍郎。梁州刺史范柏年板为宋熙太守、领白马戍主。

氐贼李乌奴作乱，攻白马，公则固守经时，矢尽粮竭，陷于寇，抗声骂贼。乌奴壮之，更厚待焉，要与同事。公则伪许而图之，谋泄，单马逃归。梁州刺史王玄邈以事表闻，齐高帝下诏褒美。除晋寿太守，在任清洁自守。

永明中，为镇北长流参军。迁扶风太守，母忧去官。雍州刺史陈显达起为宁朔将军。复领太守。顷之，荆州刺史巴东王子响构乱，公则率师进讨。事平，迁武宁太守。在郡七年，资无担石，百姓便之。入为前军将军。南康王为荆州，复为西中郎中兵参军。领军将军萧颖胄协同义举，以公则为辅国将军、领西中郎谘议参军，中兵如故，率众东下。时湘州行事张宝积发兵自守，未知所附，公则军及巴陵，仍回师南讨。军次白沙，宝积惧，释甲以俟焉。公则到，抚纳之，湘境遂定。

和帝即位，授持节、都督湘州诸军事、湘州刺史。高祖勒众军次于沔口，鲁山城主孙乐祖、郢州刺史张冲各据城未下，公则率湘府之众会于夏口。时荆州诸军受公则节度，虽萧颖达宗室之贵亦隶焉。累进征虏将军、左卫将军，持节、刺史如故。

郢城平，高祖命众军即日俱下，公则受命先驱，径掩柴桑。江州既定，连旌东下，直造京邑。公则号令严明，秋毫不犯，所在莫不赖焉。大军至新林，公则自越城移屯领军府垒北楼，与南掖门相对，尝登楼望战。城中遥见麾盖，纵神锋弩射之，矢贯胡床，左右皆失色。公则曰："几中吾脚。"谈笑如初。东昏夜选勇士攻公则栅，军中惊扰，公则坚卧不起，徐命击之，东昏军乃退。公则所领多湘溪人，性怯懦，城内轻之，以为易与，每出荡，辄先犯公则垒。公则奖厉军士，克获更多。及平，城内出者或被剥夺，公则亲率麾下，列阵东掖门，卫送公卿士庶，故出者多由公则营焉。进号左将军，持节、刺史如故，还镇南蕃。

初，公则东下，湘部诸郡多未宾从，及公则还州，然后诸屯聚并散。天监元年，进号平南将军，封为宁都县侯，邑一千五百户。湘州寇乱累年，民多流散，公则轻刑薄敛，顷之，户口充复。为政虽无威严，然保己廉慎，为吏民所悦。湘俗单家以赂求州职，公则至，悉断之，所辟引皆州郡著姓，高祖班下诸州以为法。

四年，征中护军。代至，乘二舸便发，赍送一无所取。仍迁卫尉卿，加散骑常侍。时朝廷始议北伐，以公则威名素著，至京师，诏假节先屯洛口。公则受命遘疾，谓亲人曰："昔廉颇、马援以年老见遗，犹自力请用。今国家不以吾朽懦，任以前驱，方于古人，见知重矣。虽临途疾苦，岂可偃仰辞事。马革还葬，此吾志也。"遂强起登舟。至洛口，寿春士女归降者数千户。魏、豫州刺史薛恭度遣长史石荣等前锋接战，即斩石荣，逐北至寿春，去城数十里乃反。疾卒于师，时年六十一。高祖深痛惜之，即日举哀，赠车骑将军，给鼓吹一部。谥曰烈。

公则为人敦厚慈爱，居家笃睦，视兄子过于其子，家财悉委焉。性好学，虽居军旅，手不辍卷，士大夫以此称之。

子膘嗣，有罪国除。高祖以公则勋臣，特诏听庶长子朓嗣。朓固让，历年乃受。

邓元起，字仲居，南郡当阳人也。少有胆干，膂力过人。性任侠，好赈施，乡里年少多附之。起家州辟议曹从事史，转奉朝请。雍州刺史萧缅板为槐里令。迁弘农太守、平西军事。时西阳蛮荣率众缘江寇抄，商旅断绝，刺史萧遥欣使元起率众讨平之。迁武宁太守。

永元末，魏军逼义阳，元起自郡援焉。蛮帅田孔明附于魏，自号郢州刺史，寇掠三关，规袭夏口，元起率锐卒攻之，旬月之间，频陷六城，斩获万计，余党悉皆散走。仍戍三关。郢州刺史张冲督河北军事，元起累与冲书，求旋军。冲报曰："足下在彼，吾在此，表里之势，所谓金城汤池；一旦舍去，则荆棘生焉。"乃表元起为平南中兵参军事。自是每战必捷，勇冠当时，敢死之士乐为用命者万有余人。

义师起，萧颖胄与书招之。张冲待元起素厚，众皆惧冲；及书至，元起部曲多劝其郅。元起大言于众曰："朝廷暴虐，诛戮宰臣，群小用命，衣冠道尽。荆、雍二州同举大事，何患不克。且我老母在西，岂容背本。若事不成，政受戮昏朝，幸免不孝之罪。"即日治严上道。至江陵，为西中郎中兵参军，加冠军将军，率众与高祖会于夏口。高祖命王茂、曹景宗及元起等围城，结垒九里，张冲屡战，辄大败，乃婴城固守。

和帝即位，授假节、冠军将军、平越中郎将、广州刺史，迁给事黄门侍郎，移镇南堂西渚。中兴元年七月，郢城降，以本号为益州刺史，仍为前军，先定寻阳。及大军进至京邑，元起筑垒于建阳门，与王茂、曹景宗等合长围，身当锋镝。建康城平，进号征虏将军。天监初，封当阳县侯，邑一千二百户。又进号左将军，刺史如故，始述职焉。

初，义师之起，益州刺史刘季连持两端；及闻元起将至，遂发兵拒守。语在《季连传》。元起至巴西，巴西太守朱士略开门以待。先时蜀人多逃亡，至是出投元起，皆称起义应朝廷，师人新故三万余。元起在道久，军粮乏绝。或说之曰："蜀土政慢，民多诈疾，若俭巴西一郡籍注，因而罚之，所获必厚。"元起然之。涪令李膺谏曰："使君前有严敌，后无继援，山民始附，于我观德，若纠以刻薄，民必不堪，众心一离，虽悔无及，何必起疾，可以济师。膺请出图之，不患资粮不足也。"元起曰："善，一以委卿。"膺退，率富民上军资米，俄得三万斛。

元起先遣将王元宗等，破季连将李奉伯于新巴，齐晚盛于赤水，众进屯西平。季连始婴城自守。晚盛又破元起将鲁方达于斛石，士卒死者千余人，师众咸惧，元起乃自率兵稍进至蒋桥，去成都二十里，留辎重于郫。季连复遣奉伯、晚盛二千人，间道袭郫，陷之，军备尽没。元起遣鲁方达之众救之，败而反，遂不能克。元起舍郫，迳围州城，栅其三面而堑焉。元起出巡视围栅，季连使精勇掩之，将至麾下，元起下舆持楯叱之，众辟易不敢进。

时益部兵乱日久，民废耕农，内外苦饥，人多相食，道路断绝，季连计穷。会明年，高祖使赦季连罪，许之降。季连即日开城纳元起，元起送季连于京师。城开，郫乃降。斩奉伯、晚盛。高祖论平蜀勋，复元起号平西将军，增封八百户，并前二千户。

元起以乡人庾黔娄为录事参军，又得荆州刺史萧遥欣故客蒋光济，并厚待之，任以州事。黔娄甚清洁，光济多计谋，并劝为善政。元起之克季连也，城内财宝无所私，勤恤民事，口不论财色。性本能饮酒，至一斛不乱，及是绝之。蜀土禽然称之。元起舅子梁矜孙性轻脱，与黔娄志行不同，乃言于元起曰："城中称有三刺史，节下何以堪之！"元起由此疏黔娄、光济，而治迹稍损。

在州二年，以母老乞归供养，诏许焉。征为右卫将军，以西昌侯萧渊藻代之。是时，梁州长史夏侯道迁以南郑叛，引魏人，白马戍主尹天宝驰使报蜀，魏将王景胤、孔陵寇东西晋寿，并遣告急，众劝元起急救之。元起曰：

"朝廷万里，军不卒至，若寇贼侵淫，方须扑讨，董督之任，非我而谁？何事匆匆便救。"黔娄等苦谏之，皆不从。高祖亦假元起节，都督征讨诸军事，救汉中。比至，魏已攻陷两晋寿。渊藻将至。元起颇营还装，粮储器械，略无遗者。渊藻入城，甚望之，因表其逗留不忧军事。收付州狱，于狱自缢，时年四十八。有司追劾削爵土，诏减邑之半，乃更封松滋县侯，邑千户。

初，元起在荆州，刺史随王板元起为从事，别驾庾荜坚执不可，元起恨之。大军既至京师，荜在城内，甚惧。及城平，元起先遣迎荜，语人曰："庾别驾若为乱兵所杀，我无以自明。"因厚遣之。少时又尝至其西沮田舍，有沙门造之乞，元起问田人曰："有稻几何？"对曰："二十斛。"元起悉以施之。时人称其有大度。

元起初为益州，过江陵迎其母，母事道，方居馆，不肯出。元起拜请同行。母曰："贫贱家儿忽得富贵，讵可久保，我宁死不能与汝共人祸败。"元起之至巴东，闻蜀乱，使蒋光济筮之，遇《蹇》，喟然叹曰："吾岂邓艾而及此乎。"后果如筮。子铿嗣。

陈史部尚书姚察曰：永元之末，荆州方未有衅，萧颖胄悉全楚之兵，首应义举。岂天之所启，人悉之谋？不然，何其响附之决也？颖达叔侄庆流后嗣，夏侯、杨、邓咸享隆名，盛矣！详之谨厚，杨、蔡廉节，君子有取焉。

卷十一　　　列传第五

张弘策　庾域　郑绍叔　吕僧珍

张弘策，字真简，范阳方城人，文献皇后之从父弟也。幼以孝闻。母尝有疾，五日不食，弘策亦不食。母强为进粥，乃食母所余。遭母忧，三年不食盐菜，几至灭性。兄弟友爱，不忍暂离，虽各有室，常同卧起，世比之姜肱兄弟。起家齐邵陵王国常侍，迁奉朝请、西中郎江夏王行参军。

弘策与高祖年相辈，幼见亲狎，恒随高祖游处。每入室，常觉有云烟气，体辄肃然，弘策由此特敬高祖。建武末，弘策从高祖宿，酒酣，徙席星下，语及时事。弘策因问高祖曰："纬象云何？国家故当无恙？"高祖曰："其可言乎？"弘策因曰："请言其兆。"高祖曰："汉北有失地气，浙东有急兵祥。今冬初，魏必动；若动则亡汉北。帝今久疾，多异议，万一伺衅，稽部且乘机而作，是亦不成，徒自驱除耳。明年都邑有乱，死人过于乱麻，齐之历数，自兹亡矣。梁、楚、汉当有英雄兴。"弘策曰："英雄今何在？为已富贵，为在草茅？"高祖笑曰："光武有云：'安知非仆？'"弘策起曰："今夜之言，是天意也。请定君臣之分。"高祖曰："舅欲效邓晨乎？"是冬，魏军寇新野，高祖将兵为援，且受密旨，仍代曹虎为雍州。弘策闻之心喜，谓高祖曰："夜中之言，独当验矣。"高祖笑曰："且勿多言。"弘策从高祖西行，仍参帷幄，身亲军役，不惮辛苦。

五年秋，明帝崩，遗诏以高祖为雍州刺史，乃表弘策为录事参军，带襄阳令。高祖睹海内方乱，有匡济之心，密为储备，谋猷所及，惟弘策而已。时长沙宣武王罢益州还，仍为西中郎长史，行郢州事。高祖使弘策到郢，陈计于宣武王，语在《高祖纪》。弘策因说王曰："昔周室既衰，诸侯力争，齐桓盖中人耳，遂能一匡九合，民到于今称之。齐德告微，四海方乱，苍生之命，会应有主。以郢州居中流之要，雍部有戎马之饶，卿兄弟英武，当今无敌，虎据两州，参分天下，纠合义兵，为百姓请命，废昏立明，易于反掌。如此，则桓、文之业可成，不世之功可建。无为竖子所欺，取笑身后。雍州揣之已熟，愿善图之。"王颇不怿而无以拒也。

义师将起，高祖夜召弘策、吕僧珍入宅定议，旦乃发兵，以弘策为辅国将军、军主，领万人督后部军事。西台建，为步兵校尉，迁车骑谘议参军。及郢城平，萧颖达、杨公则诸将皆欲顿军夏口，高祖以为宜乘势长驱，直指京邑，以计语弘策，弘策与高祖意合。又访宁远将军庾域，域又同。乃命众军即日上道，沿江至建康，凡矶、浦、村落，军行宿次、立顿处所，弘策逆为图测，皆在目中。义师至新林，王茂、曹景宗等于大航方战，高祖遣弘策持节劳勉，众咸奋厉。是日，仍破朱雀军。高祖入顿石头城，弘策屯仗禁卫，引接士类，多全免。城平，高祖遣弘策与吕僧珍先入清宫，封检府库。于时城内珍宝委积，弘策申勒部曲，秋毫无犯。迁卫尉卿，加给事中。天监初，加散骑常侍，洮阳县侯，邑二千二百户。弘策尽忠奉上，知无不为，交友故旧，随才荐拔，搢绅皆趋焉。

时东昏余党初逢赦令，多未自安，数百人因运荻炬束仗，得入南北掖作乱，烧神虎门、总章观。前军司马吕僧珍直殿内，以宿卫兵拒破之，盗分入卫尉府，弘策方救火，盗潜后害之，时年四十七。高祖深恸惜焉。给第一区，衣一袭，钱十万，布百匹，蜡二百斤。诏曰："亡从舅卫尉，虑发所忽，殒身袄竖。其情理清贞，器识渊济，自藩升朝，契阔夷阻。加外氏凋衰，飧尝屡绝，兴感《渭阳》，情寄斯在。方赖忠勋，翼宣寡薄，报效无征，永言增恸。可赠散骑常侍、车骑将军。给鼓吹一部。谥曰愍。"

弘策为人宽厚通率，笃旧故。及居隆重，不以贵势自高。故人宾客，礼接如布衣时。禄赐皆散之亲友。及其遇害，莫不痛惜焉。子缅嗣，别有传。

庾域，字司大，新野人。长沙宣武王为梁州，以为录事参军，带华阳太守。时魏军攻围南郑，州有空仓数十所，域封题指示将士云："此中粟皆满，足支二年，但努力坚守。"众心以安。房退，以功拜羽林监，迁南中郎记室参军。永元末，高祖起兵，遣书招域。西台建，以为宁朔将军，领行选，从高祖东下。师次杨口，和帝遣御史中丞宗夬衔命劳军。域乃讽夬曰："黄钺未加，非所以总率侯伯。"夬反西台，即授高祖黄钺。萧颖胄既都督中外诸军事，论者谓高祖应致笺，域争不听，乃止。郢城平，域及张弘策议与高祖意合，即命众军便下。每献谋画，多被纳用。霸府初开，以为谘议参军。天监初，封广牧县子，后军司马。出为宁朔将军、巴西、梓潼二郡太守。梁州长史夏侯道迁举州叛降魏，魏骑将袭巴西，域固守百余日，城中粮尽，将士皆龁草食土，死者太半，无有离心。魏军退，诏增封二百户，进爵为伯。六年，卒于郡。

郑绍叔，字仲明，荥阳开封人也。世居寿阳。祖琨，宋高平太守。绍叔少孤贫。年二十余，为安丰令，居县有能名。本州召补主簿，转治中从事史。时刺史萧诞以弟谌诛，台遣收兵卒至，左右莫不惊散，绍叔闻难，独驰赴焉。诞死，侍送丧柩，众咸称之。到京师，司空徐孝嗣见而异之，曰："祖逖之流也。"

高祖临司州，命为中兵参军，领长流，因是厚自结附。高祖罢州还京师，谢遣宾客，绍叔独固请愿留。高祖谓曰："卿才幸自有用，我今未能相益，宜更思他涂。"绍叔曰："委质有在，义无二心。"高祖固不许，于是乃还寿阳。刺史萧遥昌苦引绍叔，终不受命。遥昌怒，将囚之，救解得免。及高祖为雍州刺史，绍叔间道西归，补宁蛮长史、扶风太守。

东昏既害朝宰，颇疑高祖。绍叔兄植为东昏直后，东昏遣至雍州，托以候绍叔，实潜使为刺客。绍叔知之，密以白高祖。植既至，高祖于绍叔处置酒宴之，戏植曰："朝廷遣卿见图，今日闲宴，是见取良会也。"宾主大笑。令植登临城隍，周观府署，士卒、器械、舟舻、战马，莫不富实。植退谓绍叔曰："雍州实力，未易图也。"绍叔曰："兄还，具为天子言之。兄若取雍州，绍叔请以此众一战。"送兄于南岘，相持恸哭而别。

义师起，为冠军将军，改骁骑将军，侍从东下江州，留绍叔监州事，督江、湘二州粮运，事无阙乏。天监初，入为卫尉卿。绍叔忠于事上，外所闻知，纤毫无隐。每为高祖言事，善则曰："臣愚不及，此皆圣主之策。"其不善，则曰："臣虑出浅短，以为其事当如是，殆以此误朝廷，臣之罪深矣。"高祖甚亲信之。母忧去职。绍叔有至性，高祖常使人节其哭。顷之，起为冠军将军、右军司马，封营道县侯，邑千户。俄复为卫尉卿，加冠军将军。以营道县户凋弊，改封东兴县侯，邑如故。初，绍叔少失父，事母及祖母以孝闻，奉兄恭谨。及居显要，禄赐所得及四方贡遗，悉归之兄室。

三年，魏军围合肥，绍叔以本号督众军镇东关，事平，复为卫尉。既而义阳为魏所陷，司州移镇关南。四年，以绍叔为使持节、征虏将军、司州刺史。绍叔创立城隍，缮修兵器，广田积谷，招纳流民，百姓安之。性颇矜躁，以权势自居，然能倾心接物，多所荐举，士类亦以此归之。

六年，征为左将军，加通直散骑常侍，领司、豫二州大中正。绍叔至家疾笃。诏于宅拜授，舆载还府，中使医药，一日数至。七年，卒于府舍，时年四十五。高祖将临其殡，绍叔宅巷狭陋，不容舆驾，乃止。诏曰："追往念功，前王所笃；在诚惟旧，异代同规。通直散骑常侍、右卫将军、东兴县开国侯绍叔，立身清正，奉上忠恪，契阅藩朝，情绩显著。爰及义始，实立茂勋，作牧疆境，效彰所莅。方申任寄，协赞心膂；奄至殒丧，伤痛于怀。宜加优典，隆兹宠命。可赠散骑常侍、护军将军，给鼓吹一部，东园秘器，朝服一具，衣一袭，凶事所须，随由资给。谥曰忠。"

绍叔卒后，高祖尝潸然谓朝臣曰："郑绍叔立志忠烈，善则称君，过则归己，当今殆无其比。"其见赏惜如此。子贞嗣。

吕僧珍，字元瑜，东平范人也。世居广陵。起自寒贱。始童儿时，从师学，有相工历观诸生，指僧珍谓博士曰："此有奇声，封侯相也。"年二十余，依宋丹阳尹刘秉，秉诛后，事太祖文皇为门下书佐。身长七尺五寸，容貌甚伟。在同类中少所褒狎，曹辈皆敬之。

太祖为豫州刺史，以为典签，带蒙令，居官称职。太祖迁领军，补主簿。妖贼唐㝢寇东阳，太祖率众东讨，使僧珍知行军众局事。僧珍宅在建阳门东，自受命当行，每日由建阳门道，不过私室，太祖益以此知之。为丹阳尹，复命为郡督邮。齐随王子隆出为荆州刺史，齐武以僧珍为子隆防阁，从之镇。永明九年，雍州刺史王奂反，敕遣僧珍隶平北将军曹虎西为典签，带新城令。魏军寇沔北，司空陈显达出讨，一见异之，因屏人呼上座，谓曰："卿有贵相，后当不见减，努力为之。"

建武二年，魏大举南侵，五道并进。高祖率师援义阳，僧珍从在军中。长沙宣武王时为梁州刺史。魏围守连月，间谍所不通，义阳与雍州路断。高祖欲遣使至襄阳，求梁州问，众皆惮，莫敢行，僧珍固请充使，即日单舸上道。既至襄阳，督遣援军，且获宣武王书而反，高祖甚嘉之。事宁，补羽林监。

东昏即位，司空徐孝嗣管朝政，欲与共事，僧珍揣不久安，竟弗往。时高祖已临雍州，僧珍固求西归，得补邛令。既至，高祖命为中兵参军，委以心膂。僧珍阴养死士，归之者甚众。高祖颇招武猛，士庶响从，会者万余人，因命按行城西空地，将起数千间屋，以为止舍，多伐材竹，沈于檀溪，积茅盖若山阜，皆不之用。僧珍独悟其旨，亦私具橹数百张。义兵起，高祖夜召僧珍及张弘策定议，明旦乃会众发兵，悉取檀溪材竹，装为舰舸，葺之以茅，并立办。众军将发，诸将果争橹，僧珍乃以先所具者，每船付二张，争者乃息。

高祖以僧珍为辅国将军、步兵校尉，出入卧内，宣通意旨。师及郢城，僧珍率所领顿偃月垒，俄又进据鱼城。郢州平，高祖进僧珍为前锋大将军。大军次江宁，高祖令僧珍与王茂率精兵先登赤鼻逻。其日，东昏将李居士与众来战，僧珍等要击，大破之。乃与茂进军于白板桥筑垒，垒立，茂移顿越城，僧珍独守白板。李居士密觇知众少，率锐卒万人，直来薄城。僧珍谓将士曰："今力既不敌，不可与战；亦勿遥射，须至堑里，当并力破之。"俄而皆越堑拔栅，僧珍分人上城，矢石俱发，自率马步三百人出其后，守隍者复逾城而下，内外齐击，居士应时奔散，获其器甲不可胜计。僧珍又进据越城。东昏大将王珍国列车为营，背淮而阵。王茂等众军击之，僧珍纵火车焚其营。即日瓦解。

建康城平，高祖命僧珍率所领先入清宫，与张弘策封检府库，即日以本官带南彭城太守，迁给事黄门侍郎，领虎贲中郎将。高祖受禅，以为冠军将军、前军司马，封平固县侯，邑一千二百户。寻迁给事中、右卫将军。顷之，转左卫将军，加散骑常侍，入直秘书省，总知宿卫。天监四年冬，大举北伐，自是军机多事，僧珍昼直中书省，夜还秘书。五年夏，又命僧珍率羽林劲勇出梁城。其年冬旋军，以本官领太子中庶子。

僧珍去家久，表求拜墓。高祖欲荣之，使为本州，乃授使持节、平北将军、南兖州刺史。僧珍在任，平心率下，不私亲戚。从父兄子先以贩葱为业，僧珍既至，乃弃业求州官。僧珍曰："吾荷国重恩，无以报效，汝等自有常分，岂可妄求叨越，但当速反葱肆耳。"僧珍旧宅在市北，前有督邮廨，乡人咸劝徙廨以益其宅。僧珍怒曰："督邮官廨也，置立以来，便在此地，岂可徙之益吾私宅！"姊适于氏，住在市西，小屋临路，与列肆杂处，僧珍常从卤簿到其宅，不以为耻。在州百日，征为领军将军，寻加散骑常侍，给鼓吹一部，直秘书省如故。

僧珍有大勋，任总心膂，恩遇隆密，莫与为比。性甚恭慎，当直禁中，盛暑不敢解衣。每侍御座，屏气鞠躬，果食未尝举箸。尝因醉后，取一柑食之。高祖笑谓曰："便是大有所进。"禄俸之外，又月给钱十万；其余赐赉不绝于时。

十年，疾病，车驾临幸，中使医药，日有数四。僧珍语亲旧曰："吾昔在蒙县，热病发黄，当时必谓不济，主上见语，'卿有富贵相，必当不死，寻应自差'，俄而果愈。今已富贵而复发黄，所苦与昔正同，必不复起矣。"竟如其言。卒于领军府舍，时年五十八。高祖即日临殡，诏曰："思旧笃终，前王令典；追荣加等，列代通规。散骑常侍、领军将军、平固县开国侯僧珍，器思淹通，识宇详济，竭忠尽礼，知无不为。与朕契阔，情兼屯泰。大业初构，茂勋克举。及居禁卫，朝夕尽诚。方参任台槐，式隆朝寄；奄致丧逝，伤恸于怀。宜加优典，以隆宠命。可赠骠骑将军、开府仪同三司，常侍、鼓吹、侯如故。给东园秘器，朝服一具，衣一袭，丧事所须，随由备办。谥曰忠敬侯。"高祖痛惜之，言为流涕。长子峻早卒，峻子淡嗣。

陈吏部尚书姚察曰：张弘策敦厚慎密，吕僧珍恪勤匪懈，郑绍叔忠诚亮荩，缔构王业，三子皆有力焉。僧珍之肃恭禁省，绍叔之造膝诡辞，盖识为臣之节矣。

卷十二　　　　列传第六

柳憕弟忱　**席阐文**　**韦睿**族弟爱

柳憕，字文通，河东解人也。父世隆，齐司空。憕年十七，齐武帝为中军，命为参军，转主簿。齐初，入为尚书三公郎，累迁太子中舍人，巴东王子响友。子响为荆州，憕随之镇。子响昵近小人，憕知将为祸，称疾还京。及难作，憕以先归得免。历中书侍郎，中护军长史。出为新安太守，居郡，以无政绩，免归。久之，为右军谘议参军事。

建武末，为西戎校尉、梁、南秦二州刺史。及高祖起兵，憕举汉中应义。和帝即位，以为侍中，领前军将军。高祖践阼，征为护军将军，未拜，仍迁太子詹事，加散骑常侍。论功封曲江县侯，邑千户。高祖因宴为诗以贻憕曰："尔实冠群后，惟余实念功。"又尝侍座，高祖曰："徐元瑜违命岭南，《周书》罪不相及，朕已宥其诸子，何如？"憕对曰："罚不及嗣，赏延于世，今复见之圣朝。"时以为知言。寻迁尚书右仆射。

天监四年，大举北伐，临川王宏都督众军，以憕为副。军还，复为仆射。以久疾，转金紫光禄大夫，加散骑常侍，给亲信二十人。未拜，出为使持节、安南将军、湘州刺史。六年十月，卒于州，时年四十六。高祖为素服举哀。赠侍中、抚军将军，给鼓吹一部。谥曰穆。憕著《仁政传》及诸诗赋，粗有辞义。子照嗣。

憕第四弟憘，亦有美誉，历侍中、镇西长史。天监十二年，卒，赠宁远将军、豫州刺史。

忱字文若，憕第五弟也。年数岁，父世隆及母阎氏时寝疾，忱不解带经年。及居丧，以毁闻。起家为司徒行参军，累迁太子中舍人，西中郎主簿，功曹史。

齐东昏遣巴西太守刘山阳由荆袭高祖，西中郎长史萧颖胄计未有定，召忱及其所亲席阐文等夜入议之。忱曰："朝廷狂悖，为恶日滋。顷闻京师长者，莫不重足累息；今幸在远，得假日自安。雍州之事，且藉以相毙耳。独不见萧令君乎？以精兵数千，破崔氏十万众，竟为群邪所陷，祸酷相寻。前事之不忘，后事之师也。若使彼凶心已逞，岂知使君不系踵而及？且雍州士锐粮多，萧使君雄姿冠世，必非山阳所能拟；若破山阳，荆州复受失律之责。进退无可，且深虑之。"阐文亦深劝同高祖。颖胄乃诱斩山阳，以忱为宁朔将军。

和帝即位，为尚书吏部郎，进号辅国将军、南平太守。寻迁侍中、冠军将军，太守如故。转吏部尚书，不拜。郢州平，颖胄议迁都夏口，忱复固谏，以为巴硖未宾，不宜轻舍根本，摇动民志。颖胄不从。俄而巴东兵至硖口，迁都之议乃息。论者以为见机。

高祖践阼，以忱为五兵尚书，领骁骑将军。论建义功，封州陵伯，邑七百户。天监二年，出为安西长史、冠军将军、南郡太守。六年，征为员外散骑常侍、太子右卫率。未发，迁持节、督湘州诸军事、辅国将军、湘州刺史。八年，坐辄放从军丁免。俄入为秘书监，迁散骑常侍，转祠部尚书，未拜遇疾，诏改授给事中、光禄大夫，疾笃不拜。十年，卒于家，时年四十一。追赠中书令，谥曰穆。子范嗣。

席阐文，安定临泾人也。少孤贫，涉猎书史。齐初，为雍州刺史萧赤斧中兵参军，由是与其子颖胄善。复历西中郎中兵参军，领城局。高祖之将起义也，阐文深劝之，颖胄同焉，仍遣田祖恭私报高祖，并献银装刀，高祖报以金如意。和帝称尊号，为给事黄门侍郎，寻迁卫尉卿。颖胄暴卒，州府骚扰，阐文以和帝幼弱，中流任重，时始兴王憺留镇雍部，用与西朝群臣迎王总州事，故赖以宁辑。高祖受禅，除都官尚书、辅国将军。封山阳伯，邑七百户。出为东阳太守，又改封湘西，户邑如故。视事二年，以清白著称，卒于官。诏赠钱三万，布五十匹。谥曰威。

韦睿，字怀文，京兆杜陵人也。自汉丞相贤以后，世为三辅著姓。祖玄，避吏隐于长安南山。宋武帝入关，以太尉掾征，不至。伯父祖征，宋末为光禄勋。父祖归，宁远长史。睿事继母以孝闻。睿兄纂、阐，并早知名。纂、睿皆好学，阐有清操。祖征累为郡守，每携睿之职，视之如子。时睿内兄王憕、姨弟杜恽，并有乡里盛名。祖征谓睿曰："汝自谓何如憕、恽？"睿谦不敢对。祖征曰："汝文章或小减，学识当过之；然而干国家，成功业，皆莫汝逮也。"外兄杜幼文为梁州刺史，要睿俱行。梁土富饶，往者多以贿败；睿时虽幼，独用廉闻。

宋永光初，袁顗为雍州刺史，见而异之，引为主簿。顗到州，与邓琬起兵，睿求出为义成郡，故免顗之祸。后为晋平王左常侍，迁司空桂阳王行参军，随齐司空柳世隆守郢城，拒荆州刺史沈攸之。攸之平，迁前军中兵参军。久之，为广德令。累迁齐兴太守、本州别驾、长水校尉、右军将军。齐末多故，不欲远乡里，求为上庸太守，加建威将军。俄而太尉陈显达、护军将军崔慧景频逼京师，民心遑骇，未有所定，西土人谋之于睿。睿曰："陈虽旧将，非命世才；崔颇更事，懦而不武。其取赤族也，宜哉！天下真人，殆兴于吾州矣。"乃遣其二子，自结于高祖。

义兵檄至，睿率郡人伐竹为筏，倍道来赴，有众二千，马二百匹。高祖见睿甚悦，抚几曰："他日见君之面，今日见君之心，吾事écoutes矣。"义师克郢、鲁，平加湖，睿多建谋策，皆见纳用。大军发郢，谋留守将，高祖难其人；久之，顾睿曰："弃骐骥而不乘，焉遑遑而更索？"即日以为冠军将军、江夏太守，行郢府事。初，郢城之拒守也，男女口垂十万，闭垒经年，疾疫死者十七八，皆积尸于床下，而生者寝处其上，每屋辄盈满。睿料简隐恤，咸为营理，于是死者得埋藏，生者反居业，百姓赖之。

梁台建，征为大理。高祖即位，迁廷尉，封都梁子，邑三百户。天监二年，改封永昌，户邑如先。东宫建，迁太子右卫率，出为辅国将军、豫州刺史、领历阳太守。三年，魏遣众来寇，率州兵击走之。

四年，王师北伐，诏睿都督众军。睿遣长史王超宗、梁郡太守冯道根攻魏小岘城，未能拔。睿巡行围栅，魏城中忽出数百人陈于门外，睿欲击之，诸将皆曰："向本轻来，未有战备，徐还授甲，乃可进耳。"睿曰："不然。魏城中二千余人，闭门坚守，足以自保，无故出人于外，必其骁勇者也，若能挫之，其城自拔。"众犹迟疑，睿指其节曰："朝廷授此，非以为饰，韦睿之法，不可犯也。"乃进兵。士皆殊死战，魏军果败走，因急攻之，中宿而城拔。遂进讨合肥。先是，右军司马胡略等至合肥，久未能下，睿按行山川，曰："吾闻'汾水可以灌平阳，绛水可以灌安邑'，即此是也。"乃堰肥水，亲自表率，顷之，堰成水通，舟舰继至。魏初分筑东西小城夹合肥，睿先攻二城。既而魏援将扬灵胤帅军五万奄至，众惧不敌，请表益兵。睿笑曰："贼已至城下，方复求军，临难铸兵，岂及马腹？且吾求济师，彼亦征众，犹如吴益巴丘，蜀增白帝耳。'师克在和不在众'，古之义也。"因与战，破之，军人少安。

初，肥水堰立，使军主王怀静筑城于岸守之，魏攻陷怀静城，千余人皆没。魏人乘胜至睿堤下，其势甚盛，军监潘灵祐劝睿退还巢湖，诸将又请走保三叉。睿怒曰："宁有此邪！将军死绥，有前无却。"因令取伞扇麾幢，树之堤下，示无动志。睿素羸，每战未尝骑马，以板舆自载，督厉众军。魏兵来凿堤，睿亲与争之，魏军少却，因筑垒于堤以自固。睿起斗舰，高与合肥城等，四面临之。魏人计穷，相与悲哭。睿攻具既成，堰水又满，魏救兵无所用。魏守将杜元伦登城督战，中弩死，城遂溃。俘获万余级，牛马万数，绢满十间屋，悉充军赏。睿每昼接客旅，夜算军书，三更起张灯达曙，抚循其众，常如不及，故投募之士争归之。所至顿舍修立，馆宇藩篱墙壁，皆应准绳。

合肥既平，高祖诏众军进次东陵。东陵去魏甓城二十里，将会战，有诏班师。去贼既近，惧为所蹑，睿悉遣辎重居前，身乘小舆殿后，魏人服睿威名，望之不敢逼，全军而还。至是迁豫州于合肥。

五年，魏中山王元英寇北徐州，围刺史昌义之于钟离，众号百万，连城四十余。高祖遣征北将军曹景宗，都督众军二十万以拒之。次邵阳洲，筑垒相守，高祖诏睿率豫州之众会焉。睿自合肥迳道由阴陵大泽行，值涧谷，辄飞桥以济。师人畏魏军盛，多劝睿缓行。睿曰："钟离今凿穴而处，负户而汲，车驰卒奔，犹恐其后，而况缓乎！魏人已堕吾腹中，卿曹勿忧也。"旬日而至邵阳。初，高祖敕景宗曰："韦睿，卿之乡望，宜善敬之。"景宗见睿，礼甚谨。高祖闻之，曰："二将和，师必济矣。"睿于景宗营前二十里，夜掘长堑，树鹿角，截洲为城，比晓而营立。元英大惊，以杖击地曰："是何神也！"明旦，英自率众来战，睿乘素木舆，执白角如意麾军，一日数合，英甚惮其强。魏军又夜来攻城，飞矢雨集，睿子黯请下城以避箭，睿不许。军中惊，睿于城上厉声呵之，乃定。魏人先于邵阳洲两岸为两桥，树栅数百步，跨淮通道。睿装大舰，使梁郡太守冯道根、庐江太守裴邃、秦郡太守李文钊等为水军。值淮水暴长，睿即遣之，斗舰竞发，皆临敌垒。以小船载草，灌之以膏，从而焚其桥。风怒火盛，烟尘晦冥，敢死之士，拔栅斫桥，水又漂疾，倏忽之间，桥栅尽坏。而道根等皆身自搏战，军人奋勇，呼声动天地，无不一当百，魏人大溃。元英见桥绝，脱身遁去。魏军趋水死者十余万，斩首亦如之。其余释甲稽颡，乞为囚奴，犹数十万。所获军实牛马，不可胜纪。睿遣报昌义，义之且悲且喜，不暇答语，但叫曰："更生！更生！"高祖遣中书郎周舍劳于淮上，睿积所获于军门，舍观之，谓睿曰："君此获复与熊耳山等。"以功增封七百户，进爵为侯，征通直散骑常侍、右卫将军。

七年，迁左卫将军，俄为安西长史、南郡太守，秩中二千石。会司州刺史马仙琕北伐还军，为魏人所蹑，三关扰动，诏睿督众军援焉。睿至安陆，增筑城二丈余，更开大堑，起高楼，众颇讥其示弱。睿曰："不然，为将当有怯时，不可专勇。"是时元英复追仙琕，将复邵阳之耻，闻睿至，乃退。帝亦诏罢军。明年，迁信武将军、江州刺史。九年，征员外散骑常侍、右卫将军，累迁左卫将军、太子詹事，寻加通直散骑常侍。十三年，迁智武将军、丹阳尹，以公事免。顷之，起为中护军。

十四年，出为平北将军、宁蛮校尉、雍州刺史。初，睿起兵乡中，客阴俊光泣止睿，睿还为州，俊光道候睿，睿笑谓之曰："若从公言，乞食于路矣。"饷耕牛十头。睿于故旧，无所遗惜，士大夫年七十以上，多与假板县令，乡里甚怀之。十五年，拜表致仕，优诏不许。十七年，征散骑常侍、护军将军，寻给鼓吹一部，入直殿省。居朝廷，恂恂未尝忤视，高祖甚礼敬之。性慈爱，抚孤兄子过于己子，历官所得禄赐，皆散之亲故，家无余财。后为护军，居家无事，慕张石、陆贾之为人，因画之于壁以自玩。时虽老，暇日犹课诸儿以学。第三子棱，尤明经史，世称其洽闻，睿每坐棱使说书，其所发擿，棱犹弗之逮也。高祖方锐意释氏，天下咸从风而化；睿自以信受素薄，位居大臣，不欲与俗俯仰，所行略如他日。

普通元年夏，迁侍中、车骑将军，以疾未拜。八月，卒于家，时年七十九。遗令薄葬，敛以时服。高祖即日临哭甚恸。赐钱十万，布二百匹，东园秘器，朝服一具，衣一袭，丧事取给于官，遣中书舍人监护。赠侍中、车骑将军、开府仪同三司。谥曰严。

初，邵阳之役，昌义之甚德睿，请曹景宗与睿会，因设钱二十万官赌之，景宗掷得雉，睿徐掷得卢，遽取一子反之，曰"异事"，遂作塞。景宗时与群帅争先启之捷，睿独居后，其不尚胜，率多如是，世尤以此贤之。子放、正、稜、黯，放别有传。

正字敬直，起家南康王行参军，稍迁中书侍郎，出为襄阳太守。初，正与东海王僧孺友善，及僧孺为尚书吏部郎，参掌大选，宾友故人莫不倾意，正独澹然。及僧孺摈废之后，正复笃素分，有逾曩日，论者称焉。历官至给事黄门侍郎。

棱字威直，性恬素，以书史为业，博物强记，当世之士，咸就质疑。起家安成王府行参军，稍迁治书侍御史、太子仆，光禄卿。著《汉书续训》三卷。

黯字务直，性强正，少习经史，有文词。起家太子舍人，稍迁太仆卿，南豫州刺史，太府卿。侯景济江，黯屯六门，寻改为都督城西面诸军事。时景于城外起东西二土山，城内亦作以应之，太宗亲自负土，哀太子以下躬执畚锸。黯守西土山，昼夜苦战，以功授轻车将军，加持节。卒于城内，赠散骑常侍、左卫将军。睿族弟爱。

爱字孝友，沈静有器局。高祖父广，晋后军将军、北平太守。曾祖轨，以孝武太元之初，南迁襄阳，为本州别驾，散骑侍郎。祖公循，宋义阳太守。父义正，早卒。

爱少而偏孤，事母以孝闻。性清介，不妄交游，而笃志好学，每虚室独坐，游心坟素，而埃尘满席，寂若无人。年十二，尝游京师，值天子出游南苑，邑里喧哗，老幼争观，爱独端坐读书，手不释卷，宗族见者，莫不异焉。及长，博学有文才，尤善《周易》及《春秋左氏》义。

袁颉为雍州刺史，辟为主簿。遭母忧，庐于墓侧，负土起坟。高祖临雍州，闻之，亲往临吊。服阕，引为中兵参军。义师之起也，以爱为壮武将军、冠军南平王司马，带襄阳令。时京邑未定，雍州空虚，魏兴太守颜僧都等据郡反，州内惊扰，百姓携贰。爱沉敏有谋，素为州里信伏，乃推心抚御，晓示逆顺；兼率募乡里，得千余人，与僧都等战于始平郡南，大破之，百姓乃安。

萧颖胄之死也，和帝征兵襄阳，爱从始兴王憺赴焉。先是，巴东太守萧璟、巴东太守鲁休烈举兵来逼荆州，及憺至，令爱书谕之，璟即日请降。

中兴二年，从和帝东下。高祖受禅，进号辅国将军，仍为骁骑将军，寻除宁蜀太守，与益州刺史邓元起西上袭刘季连，行至公安，道病卒，赠卫尉卿。子乾向，官至骁骑将军，征北长史，汝阴、钟离二郡太守。

陈吏部尚书姚察曰：昔窦融以河右归汉，终为盛族；柳惔举南郑响从，而家声弗寝，时哉！忱之谋画，亦用有成，智矣。韦睿起上庸以附义，其地比惔则薄，及合肥、邵阳之役，其功甚盛，推而弗有，君子哉！

卷十三　　列传第七

范云　沈约

范云，字彦龙，南乡舞阴人，晋平北将军汪六世孙也。年八岁，遇宋豫州刺史殷琰于涂，琰异之，要就席，云风姿应对，傍若无人。琰令赋诗，操笔便就，坐者叹焉。尝就亲人袁照学，昼夜不息。照抚其背曰："卿精神秀朗而勤于学，卿相才也。"少机警有识具，且善属文，便尺牍，下笔辄成，未尝定藁，时人每疑其宿构。父抗，为郢府参军，云随父在府，时吴兴沈约、新野庾杲之与抗同府，见而友之。

起家郢州西曹书佐，转法曹行参军。俄而沈攸之举兵围郢城，抗时为府长流，入城固守，留家属居外。云为军人所得，攸之召与语，声色甚厉，云容貌不变，徐自陈说。攸之乃笑曰："卿定可儿，且出就舍。"明旦，又召令送书入城。城内或欲诛之，云曰："老母弱弟，悬命沈氏，若违其命，祸必及亲，今日就戮，甘心如荠。"长史柳世隆素与云善，乃免之。

齐建元初，竟陵王子良为会稽太守，云始随王，王未之知也。会游秦望，使人视刻石文，时莫能识，云独诵之，王悦，自是宠冠府朝。王为丹阳尹，召为主簿，深相亲任。时进见齐高帝，值有献白乌者，帝问此为何瑞？云位卑，最后答曰："臣闻王者敬宗庙，则白乌至。"时谒庙始毕。帝曰："卿言是也。感应之理，一至此乎！"转补征北南郡王刑狱参军事，领主簿如故，迁尚书殿中郎。子良为司徒，又补记室参军事，寻授通直散骑侍郎、领本州大中正。出为零陵内史，在任洁己，省烦苛，去游费，百姓安之。明帝召还都，及至，拜散骑侍郎。复出为始兴内史。郡多豪猾大姓，二千石有不善者，谋共杀害，不则逐去。边带蛮俚，尤多盗贼，前内史皆以兵刃自卫。云入境，抚以恩德，罢亭候，商贾露宿，郡中称为神明。仍迁假节、建武将军、平越中郎将、广州刺史。初，云与尚书仆射江祏善，祏姨弟徐艺为曲江令，深以托云。有谭俨者，县之豪族，艺鞭之，俨以为耻，诣京诉云，云坐征还下狱，会赦免。永元二年，起为国子博士。

初，云与高祖遇于齐竟陵王子良邸，又尝接里闬，高祖深器之。及义兵至京邑，云时在城内。东昏既诛，侍中张稷使云衔命出城，高祖因留之，便参帷幄，仍拜黄门侍郎，与沈约同心翊赞。俄迁大司马谘议参军、领录事。梁台建，迁侍中。时高祖纳齐东昏余妃，颇妨政事，云尝以为言，未之纳也。后与王茂同入卧内，云又谏曰："昔汉祖居山东，贪财好色，及入关定秦，财帛无所取，妇女无所幸，范增以为其志大故也。今明公始定天下，海内想望风声，奈何袭昏乱之踪，以女德为累。"王茂因起拜曰："范云言是，公必以天下为念，无宜留惜。"高祖默然。云便疏令以余氏赍茂，高祖贤其意而许之。明日，赐云、茂钱各百万。

天监元年，高祖受禅，柴燎于南郊，云以侍中参乘。礼毕，高祖升辇，谓云曰："朕之今日，所谓懔乎若朽索之驭六马。"云对曰："亦愿陛下日慎一日。"高祖善之。是日，迁散骑常侍、吏部尚书；以佐命功封霄城县侯，邑千户。云以旧恩见拔，超居佐命，尽诚翊亮，知无不为。高祖亦推心任之，所奏多允。尝侍宴，高祖谓临川王宏、鄱阳王恢曰："我与范尚书少亲善，申四海之敬；今为天下主，此礼既革，汝宜代我呼范为兄。"二王下席拜，与云同车还尚书下省，时人荣之。其年，东宫建，云以本官领太子中庶子，寻迁尚书右仆射，犹领吏部。顷之，坐违诏用人，免吏部，犹为仆射。

云性笃睦，事寡嫂尽礼，家事必先谘而后行。好节尚奇，专趣人之急。少时与领军长史王晥善，晥亡于官舍，贫无居宅，云乃迎丧还家。躬营含殡。事竟陵王子良恩礼甚隆，云每献损益，未尝阿意。子良尝启齐武帝论云为郡。帝曰："庸人，闻其恒相卖弄，不复穷法，当宥之以远。"子良曰："不然。云动相规诲，谏书具存，请取以奏。"既至，有百余纸，辞皆切直。帝叹息，因谓子良曰："不谓云能尔。方使弼汝，何宜出守。"齐文惠太子尝出东田观获，顾谓众宾曰："刈此亦殊可观。"众皆唯唯。云独曰："夫三时之务，实为长勤。伏愿殿下知稼穑之艰难，无徇一朝之宴逸。"既出，侍中萧缅先不相识，因就车握云手曰："不图今日复闻谠言。"及居选官，任守隆重，书牒盈案，宾客满门，云应对如流，无所壅滞，官曹文墨，发擿若神，时人咸服其明赡。性颇激厉，少威重，有所是非，形于造次，士或以此少之。初，云为郡号称廉洁，及居贵重，颇通馈饷；然家无蓄积，随散之亲友。

二年，卒，时年五十三。高祖为之流涕，即日舆驾临殡。诏曰："追远兴悼，常情所笃；况问望斯在，事深朝寄者乎！故散骑常侍、尚书右仆射、霄城侯云，器范贞正，思怀经远，爱初立志，素履有闻。脱巾来仕，清绩仍著。爰务登朝，具瞻惟允。绸缪翊赞，义简朕心，虽勤非负靮，而旧同论讲。方骋远涂，永毗庶政；奄致丧殒，伤悼于怀。宜加命秩，式备徽典。可追赠侍中、卫将军，仆射、侯如故。并给鼓吹一部。"礼官请谥曰宣，敕赐谥文。有集三十卷。子孝才嗣，官至太子中舍人。

沈约，字休文，吴兴武康人也。祖林子，宋征虏将军。父璞，淮南太守。璞元嘉末被诛，约幼潜窜，会赦免。既而流寓孤贫，笃志好学，昼夜不倦。母恐其以劳生疾，常遣减油灭火。而昼之所读，夜辄诵之，遂博通群籍，能属文。起家奉朝请。济阳蔡兴宗闻其才而善之；兴宗为郢州刺史，引为安西外兵参军，兼记室。兴宗尝谓其诸子曰："沈记室人伦师表，宜善事之。"及为荆州，又为征西记室参军，带厥西令。兴宗卒，始为安西晋安王法曹参军，转外兵，并兼记室。入为尚书度支郎。

齐初为征虏记室，带襄阳令，所奉之王，齐文惠太子也。太子入居东宫，为步兵校尉，管书记，直永寿省，校四部图书。时东宫多士，约特被亲遇，每直入见，影斜方出。当时王侯到宫，或不得进，约每以为言。太子曰："吾生平懒起，是卿所悉，得卿谈论，然后忘寝。卿欲我夙兴，可恒早入。"迁太子家令，后以本官兼著作郎，迁中书郎，本邑中正，司徒右长史，黄门侍郎。时竟陵王亦招士，约与兰陵萧琛、琅邪王融、陈郡谢朓、南乡范云、乐安任昉等皆游焉，当世号为得人。俄兼尚书左丞，寻为御史中丞，转车骑长史。隆昌元年，除吏部郎，出为宁朔将军、东阳太守。明帝即位，进号辅国将军，征为五兵尚书，迁国子祭酒。明帝崩，政归冢宰，尚书令徐孝嗣使约撰定遗诏。迁左卫将军，寻加通直散骑常侍。永元二年，以母老表求解职，改授冠军将军、司徒左长史、征虏将军、南清河太守。

高祖在西邸，与约游旧，建康城平，引为骠骑司马，将军如故。时高祖勋业既就，天人允属，约尝扣其端，高祖默而不应。佗日又进曰："今与古异，不可以淳风期万物。士大夫攀龙附凤者，皆望有尺寸之功，以保其福禄。今童儿牧竖，悉知齐祚已终，莫不云明公其人也。天文人事，表革运之征，永元以来，尤为彰著。谶云'行中水，作天子'，此又历然在记。天心不可违，人情不可失，苟是历数所至，虽欲谦光，亦不可得已。"高祖曰："吾方思之。"对曰："公初仗兵樊、沔，此时应思，今王业已就，何所复思。昔武王伐纣，始入，民便曰吾君，武王不违民意，亦无所思。公自至京邑，已移气序，比于周武，迟速不同。若不早定大业，稽天人之望，脱有一人立异，便损威德。且人非金玉，时事难保。岂可以建安之封，遗之子孙？若天子还都，公卿在位，则君臣分定，无复异心。君明于上，臣忠于下，岂复有人方更同公作贼。"高祖然之。约出，高祖召范云告之，云对略同约旨。高祖曰："智者乃尔暗同，卿明早将休文更来。"云出语约，约曰："卿必待我。"云许诺，而约先期入，高祖命草其事。约乃出怀中诏书并诸选置，高祖初无所改。俄而云自外来，至殿门不得入，徘徊寿光阁外，但云"咄咄"。约出，问曰："何以见处？"约举手向左，云笑曰："不乖所望。"有顷，高祖召范云谓曰："生平与沈休文群居，不觉有异人处；今日才智纵横，可谓明识。"云曰："公今知约，不异约今知公。"高祖曰："我起兵于今三年矣，功臣诸将，实有其劳，然成帝业者，乃卿二人也。"

梁台建，为散骑常侍、吏部尚书，兼右仆射。高祖受禅，为尚书仆射，封建昌县侯，邑千户，常侍如故。又拜约母谢为建昌国太夫人。奉策之日，右仆射范云等二十余人咸来致拜，朝野以为荣。俄迁尚书左仆射，常侍如故。寻兼领军，加侍中。天监二年，遭母忧，舆驾亲出临吊，以约年衰，不宜致毁，遣中书舍人断客节哭。起为镇军将军、丹阳尹，置佐史。服阕，迁侍中、右光禄大夫，领太子詹事，扬州大中正，关尚书八条事，迁尚书令，侍中、詹事、中正如故。累表陈让，改授尚书左仆射、领中书令、前将军，置佐史，侍中如故。寻迁尚书令，领太子少傅。九年，转左光禄大夫，侍中、少傅如故，给鼓吹一部。

初，约久处端揆，有志台司，论者咸谓为宜，而帝终不用，乃求外出，又不见许。与徐勉素善，遂以书陈情于勉曰："吾弱年孤苦，傍无期属，往者将坠于地，契阔屯邅，因于朝夕，崎岖薄宦，事非己为，望得小禄，傍此东归。岁逾十稔，方忝襄阳县，公私情计，非所了具，以身资物，不得不任人事。永明末，出守东阳，意在止足；而建武肇运，人世胶加，一去不返，行之未易。及昏猜之始，王政多门，因此谋退，庶几可果，托卿布怀于徐令，想记未忘。圣道聿兴，谬逢嘉运，往志宿心，复成乖爽。今岁开元，礼云至，悬车之请，事由恩夺。诚不能弘宣风政，光阐朝猷，尚欲讨寻文簿，时议同异。而开年以来，病增虑切，当由生灵有限，劳役过差，总此凋竭，归之暮年，牵策行止，努力祗事。外观傍览，尚似全人，而形骸力用，不相综摄，常须过自束持，方可俛仰。解衣一卧，支体不复相关。上热下冷，月增日笃，取暖则烦，加寒必利，后差不及前差,后剧必甚前剧。百日数旬,革带常应移孔;以手握臂,率计月小半分。以此推算,岂能支久?若此不休,日复一日,将贻圣主不追之恨。冒欲表闻,乞归老之秩。若天假其年,还是平健,才力所堪,惟思是策。"勉为言于高祖,请三司之仪,弗许,但加鼓吹而已。

约性不饮酒,少嗜欲,虽时遇隆重,而居处俭素。立宅东田,瞩望郊阜。尝为《郊居赋》,其辞曰:

惟至人之非己,固物我而兼忘。自中智以下洎,咸得性以为场。兽因窟而获骋,鸟先巢而后翔。陈巷穷而业泰,婴居湫而德昌。侨栖仁于东里,风晦迹于西堂。伊吾人之褊志,无经世之大方。思依林而羽戢,愿托水而鳞藏。固无情于轮奂,非有欲于康庄。披东郊之寥廓,人蓬藋之荒茫。既从竖而横构,亦风除而雨攘。

昔西汉之标季,余播迁之云始。违利建于海昏,创惟桑于江汜。同河济之重世,逾班生之十纪。或辞禄而反耕,或弹冠而来仕。逮有晋之隆安,集艰虞于天步。世交争而波流,民失时而狼顾。延乱麻于井邑,曝如莽于衢路。大地旷而靡容,旻天远而谁诉。伊皇祖之弱辰,逢时艰之孔棘。违危邦而窘惊,访安土而移即。肇守宇于朱方,掩闲庭而晏息。值龙颜之郁起,乃凭风而矫翼。指皇邑而南辕,驾修衢以骋力。迁华扉而来启,张高衡而徙植。傍逸陌之修平,面淮流之清直。芳尘浸而悠远,世道忽其窳隆。绵四代于兹日,盈百祀于微躬。嗟弊庐之难保,若賨筭之从风。或诛茅而剪棘,或既西而复东。乍容身于白社,亦寄孥于伯通。

迹平生之耿介,实有心于独往。思幽人而轸念,望东皋而长想。本忘情于徇物,徒羁绁于天壤。应屡叹于牵丝,陆兴言于世网。事滔滔而未合,志悁悁而无爽。路将弹而弥峭,情薄暮而逾广。抱寸心其如兰,何斯愿之浩荡。咏归欤而踯躅,眷岩阿而抵掌。

逢时君之丧德,何凶昏之孔炽。乃战牧所未陈,实升陑所不记。彼黎元之喋喋,将垂兽而为饵。瞻穹昊而无归,虽非牢而被繫。始叹丝而未睹,终迫组而后值。寻贻爱乎上天,固非民其莫甚。授冥符于井翼,实灵命之所禀。当降监之初辰,值积恶之云稔。宁方割于下垫,廓重氛于上埝。躬靡暇于朝食,常求衣于夜枕。既牢笼于妫、夏,又驱驰乎轩、顼。德无远而不被,明无微而不烛。鼓玄泽于大荒,播仁风于遐俗。辟终古而遐念,信王猷其如玉。

值衔《图》之盛世,遇兴圣之嘉期。谢中涓于初日,叨光佐于此时。阙投石之猛志,无飞矢之丽辞。排阳鸟而命邑,方河山而启基。翼储光于三善,长王职于百司。兢鄙夫之易失,惧宠禄之难持。伊前世之贵仕,罕纡情于丘窟。譬丛华于楚、赵,每骄奢以相越。筑甲馆于铜驼,并高门于北阙。辟重扃于华闑,岂蓬蒿所能没。教传嗣于境壤,何安身于穷地。味先哲而为言,固余心之所嗜。不慕权于城市,岂邀名于屠肆。咏希微以考室,幸风霜之可庇。

尔乃傍穷野,抵荒郊;编霜茨,葺寒茅。构栖噪之所集,筑町疃之所交。因犯檐而刊树,由妨基而剪巢。决渟洿之汀濚,塞井甃之沦坳。蓺芳枳于北渠,树修杨于南浦。迁瓮牖于兰室,同肩墙于华堵。织宿楚以成门,籍外扉而为户。既取阴于庭槐,又因篱于芳杜。开阁室以远临,辟高轩而旁睹。渐沼沚于溜垂,周塍陌于堂下。其水草则苹萍芡荇,菁藻蒹菰;石衣海发,黄荇绿蒲。动红荷于轻浪,覆碧叶于澄湖。飡嘉实而却老,振羽服于清都。其陆卉则紫鳖绿葹,天著山韭;雁齿麋舌,牛唇羵首。布濩南池之阳,烂漫北楼之后。或幕渚而芘地,或萦窗而窥牖。若乃园宅殊制,田圃异区。李衡则橘林千树,石崇则杂果万株。并豪情之所侈,非俭志之所娱。欲令纷披葤郁,吐绿攒朱;罗窗映户,接溜承隅。开丹房以四照,舒翠叶而九衢。抽红英于紫带,衔素蕊于青跗。其林鸟则翻泊颉颃,遗音下上;楚雀多名,流嘤杂响。或班尾而绮翼,或绿衿而绛颡。好叶隐而枝藏,乍间关而来往。其水禽则大鸿小雁,天狗泽虞;秋鹥寒鶃,修鹕短凫。曳参差之弱藻,戏瀺灂之轻躯;翅抨流而起沫,翼鼓浪而成珠。其鱼则赤鲤青鲂,纤鲦钜鲅。碧鳞朱尾,修颅偃额。小则戏渚成文,大则喷流扬白。不兴羨于江海,聊相忘于余宅。其竹则东南独秀,九府擅奇。不迁植于淇水,岂分根于乐池。秋蜩吟叶,寒雀噪枝。来风南轩之下,负雪北堂之垂。访往涂之轸迹,观先识之情伪。每诛空而索有,皆指难以为易。不自已而求足,并尤物以兴累。亦昔士之所迷,而今余之所避也。

原农皇之攸始,讨厥播之云初。肇变腥以粒食,乃人命之所储。寻井田之往记,考阡陌于前书。颜箪食而乐在,郑高廉而空虚。顷四百而不足,亩五十而有余。抚幽衷而踽念,幸取给于庭庐。纬东菑之故耜,浸北亩之新渠。无寒氓于晓蓐,不抱怨于朝蔬。排外物以齐遣,独为累之在余。安事千斯之积,不羡汶阳之墟。

临巽维而骋目,即堆冢而流盻。虽兹山之培塿,乃文靖之所宴。驱四牡之低昂,响繁箾之清啭。罗方员而绮错,穷海陆而兼荐。冥一权之足伟,委千金其如线。试抚胠而为言,岂斯风之可扇。将通人之远旨,非庸情之所见。聊迁情而徙睇,识方阜于归津。带修汀于桂渚,肇举锤于强秦。路萦叟而款越,涂被海而通闽。怀三鸟以长念,伊故乡之可珍。实赛期于晚岁,非失步于方春。何东川之泝泝,独流涕于吾人。谬参贤于昔代,亟徒游于兹所。侍采旄而齐骛,陪龙舟而遵渚。或列席而赋诗,或班觞而宴语。缌帷一朝冥漠,西陵忽其葱楚。望商飙而永叹,每乐恺于斯观。始则钟石铿鋐,终以鱼龙澜漫。或升降有序,或浮白无算。贵则景、魏、萧、曹,亲则梁武、周旦。莫不共霜雾而歇灭,与风云而消散。眺孙后之墓田,寻雄霸之遗武。实接汉之后王,信开吴之英主。指衡岳而作镇,苞江汉而为宇。徒征言于石椁,遂延灾于金缕。忽芜秽而不修，同原陵之朊朊。宁知蝼蚁之与狐兔，无论樵苏之与牧竖。睇东岷以流目，心凄怆而不怡。盖昔储之旧苑，实博望之余基。修林则表以桂树，列草则冠以芳芝。风台累翼，月榭重栭。千栌捷嶪，百栱相持。皂辕林驾，兰枻水嬉。逾三龄而事往，忽二纪以历兹。咸夷漫以荡涤，非古今之异时。

回余眸于艮域，觌高馆于兹岭。虽混成以无迹，实遗训之可秉。始飡霞而吐雾，终陵虚而倒影。驾雌蜺之连卷，泛天江之悠永。指咸池而一息，望瑶台而高骋。匪爽言以自娇，冀神方之可请。惟钟岩之隐郁，表皇都而作峻，盖望秩之所宗，含风云而吐润。其为状也，则巍峨崇崒，乔枝拂日；峣嶷岩崿，坠石堆星。岑崟嶉屼，或坳或平；盘坚枕卧，诡状殊形。孤嶝横插，洞穴斜经；千丈万仞，三袭九成。亘绕州邑，款跨郊坰；素烟晚带，白雾晨萦。近循则一岩异色，远望则百岭俱青。

观二代之茔兆，睹摧残之余遂。成颠沛于虐竖，康敛衽于虚器；穆恭已于岩廊，简游情于玄肆；烈穷饮以致灾，安忘怀而受祟。何宗祖之奇杰，威横天而陵地。惟圣文之缵武，殆隆平之可至。余世德之所君，仰遗封而掩泪。神寝匪一，灵馆相距。席布骈驹，堂流桂酤。降紫皇于天阙，延二妃于湘渚。浮兰烟于桂栋，召巫阳于南楚。扬玉枹，握椒糈。㷉临风以浩唱，折琼茅而延伫。敬惟空路邈远，神踪遐阔。念甚惊飙，生犹聚沫。归妙轸于一乘，启玄廓于三达。欲息心以遣累，必违人而后豁。或结檩于岩根，或开桎于木末。室暗萝茑，檐梢松栝。既得理于兼谢，固忘怀于饥渴。或攀枝独远，或陵云高踔。因葺茨以结名，犹观空以表号。得忘己于兹日，岂期心于来报。天假余以大德，荷兹赐之无疆。受老夫之嘉称，班燕礼于上庠。无希骥之秀质，乏如圭之令望。邀昔恩于旧主，重匪服于今皇。仰休老之盛则，请微躯于夕阳。劳蒙司而获谢，犹奉职于春坊。时言归于陋宇，聊暇日以翱翔。栖余志于净国，归余心于道场。兽依堰而莫骇，鱼牣沼而不纲。旋迷涂于去辙，笃后念于徂光。晚树开花，初英落蕊。或异林而分丹青，乍因风而杂红紫。紫莲夜发，红荷晓舒。轻风微动，其芳袭余。风骚屑于园树，月笼连于池竹。蔓长柯于檐桂，发黄华于庭菊。冰悬垧而带坻，雪萦松而被野。鸭屯飞而不散，雁高翔而欲下。并时物之可怀，虽外来而非假。实情性之所留滞，亦志之而不能舍也。

伤余情之颓暮，瞿忧患其相溢。悲异轸而同归，叹殊方而并失。时复托情鱼鸟，归闲蓬荜。旁阙吴娃，前无赵瑟。以斯终老，于焉消日。惟以天地之恩不报，书事之官靡述；徒重于高门之地，不载于良史之笔。长太息其何言，羌愧心之非一。

寻加特进，光禄、侍中、少傅如故。十二年，卒官，时年七十三。诏赠本官，赙钱五万，布百匹，谥曰隐。

约左目重瞳子，腰有紫志，聪明过人。好坟籍，聚书至二万卷，京师莫比。少时孤贫，丐于宗党，得米数百斛，为宗人所侮，覆米而去。及贵，不以为憾，用为郡部传。尝侍宴，有妓师是齐文惠宫人。帝问识座中客不？曰："惟识沈家令。"约伏座流涕，帝亦悲焉，为之罢酒。约历仕三代，该悉旧章，博物洽闻，当世取则。谢玄晖善为诗，任彦昇工于文章，约兼而有之，然不能过也。自负高才，昧于荣利，乘时藉势，颇累清谈。及居端揆，稍弘止足。每进一官，辄殷勤请退，而终不能去，论者方之山涛。用事十余年，未尝有所荐达，政之得失，唯唯而已。

初，高祖有憾于张稷，及稷卒，因与约言之。约曰："尚书左仆射出作边州刺史，已往之事，何足复论。"帝以为婚家相为，大怒曰："卿言如此，是忠臣邪！"乃辇归内殿。约惧，不觉高祖起，犹坐如初。及还，未至床，而凭空顿于户下。因病，梦齐和帝以剑断其舌。召巫视之，巫言如梦。乃呼道士奏赤章于天，称禅代之事，不由己出。高祖遣上省医徐奘视约疾，还具以状闻。先此，约尝侍宴，值豫州献栗，径寸半，帝奇之，问曰："栗事多少？"与约各疏所忆，少帝三事。出谓人曰："此公护前，不让即羞死。"帝以其言不逊，欲抵其罪，徐勉固谏乃止。及闻赤章事，大怒，中使谴责者数焉，约惧遂卒。有司谥曰文，帝曰："怀情不尽曰隐。"故改为隐云。所著《晋书》百一十卷，《宋书》百卷，《齐纪》二十卷，《高祖纪》十四卷，《迩言》十卷，《谥例》十卷，《宋文章志》三十卷，文集一百卷：皆行于世。又撰《四声谱》，以为在昔词人，累千载而不寤，而独得胸衿，穷其妙旨，自谓入神之作，高祖雅不好焉。帝问周舍曰："何谓四声？"舍曰："天子圣哲"是也，然帝竟不遵用。

子旋，及约时已历中书侍郎，永嘉太守，司徒从事中郎，司徒右长史。免约丧，为太子仆，复以母忧去官，而蔬食辟谷。服除，犹绝粳粱。为给事黄门侍郎、中抚军长史。出为招远将军、南康内史，在部以清治称。卒官，谥曰恭侯。子实嗣。

陈吏部尚书姚察曰：昔木德将谢，昏嗣流虐，慄慄黔黎，命悬晷漏。高祖义拯横溃，志宁区夏，谋谟帷幄，实寄良、平。至于范云、沈约，参预缔构，赞成帝业；加以机警明赡，济务益时，约高才博洽，名亚迁、董，俱属兴运，盖一代之英伟焉。

卷十四　　　　列传第八

江淹　任昉

江淹，字文通，济阳考城人也。少孤贫好学，沉静少交游。起家南徐州从事，转奉朝请。宋建平王景素好士，淹随景素在南兖州。广陵令郭彦文得罪，辞连淹，系州狱。淹狱中上书曰：

昔者贱臣叩心，飞霜击于燕地；庶女告天，振风袭于齐台。下官每读其书，未尝不废卷流涕。何者？士有一定之论，女有不易之行。信而见疑，贞而为戮，是以壮夫义士伏死而不顾者此也。下官闻仁不可恃，善不可依，始谓徒语，乃今知之。伏愿大王暂停左右，少加怜鉴。

下官本蓬户桑枢之民，布衣韦带之士，退不饰《诗书》以惊愚，进不买名声于天下。日者谬得升降承明之阙，出入金华之殿，何尝不局影凝严，侧身局禁者乎？窃慕大王之义，为门下之宾，备鸣盗浅术之余，豫三五贱伎之末。大王惠以恩光，昫以颜色。实佩荆卿黄金之赐，窃感豫让国士之分矣。常欲结缨伏剑，少谢万一，剖心摩踵，以报所天。不图小人固陋，坐贻谤缺，迹坠昭宪，身限幽圄。履影吊心，酸鼻痛骨。下官闻亏名为辱，亏形次之，是以每一念来，忽若有遗。加以涉旬月，迫季秋，天光沉阴，左右无色。身非木石，与狱吏为伍。此少卿所以仰天搥心，泣尽而继之以血者也。下官虽乏乡曲之誉，然尝闻君子之行矣。其上则隐于帝肆之间，卧于岩石之下；次则结绶金马之庭，高议云台之上；次则房南越之君，系单于之颈：俱启丹册，并图青史。宁当争分寸之末，竞刀锥之利哉！然下官闻积毁销金，积谗糜骨。古则直生取疑于盗金，近则伯鱼被名于不义。彼之二才，犹或如此，况在下官，焉能自免。昔上将之耻，绛侯幽狱；名臣之羞，史迁下室，如下官尚何言哉！夫鲁连之智，辞禄而不反；接舆之贤，行歌而忘归。子陵闭关于东越，仲蔚杜门于西秦，亦良可知也。若使下官事非其虚，罪得其实，亦将钳口吞舌，伏匕首以殒身，何以见齐鲁奇节之人，燕赵悲歌之士乎？

方今圣历钦明，天下乐业，青云浮雒，荣光塞河。西洎临洮、狄道，北距飞狐、阳原，莫不浸仁沐义，照景饮醴。而下官抱痛圜门，含愤狱户，一物之微，有足悲者。仰惟大王少垂明白，则梧丘之魂，不愧于沉首，鹄亭之鬼，无恨于灰骨。不任肝胆之切，敬因执事以闻。此心既照，死且不朽。

景素览书，即日出之。寻举南徐州秀才，对策上第，转巴陵王国左常侍。景素为荆州，淹从之镇。少帝即位，多失德。景素专据上流，咸劝因此举事。淹每从容谏曰："流言纳祸，二叔所以同亡；抵局衔怨，七国于焉俱毙。殿下不求宗庙之安，而信左右之计，则复见麋鹿霜露栖于姑苏之台矣。"景素不纳。及镇京口，淹又为镇军参军事，领南东海郡丞。景素与腹心日夜谋议，淹知祸机将发，乃赠诗十五首以讽焉。

会南东海太守陆澄丁艰，淹自谓郡丞应行郡事，景素用司马柳世隆。淹固求之，景素大怒，言于选部，黜为建安吴兴令。淹在县三年。升明初，齐帝辅政，闻其才，召为尚书驾部郎、骠骑参军事。俄而荆州刺史沈攸之作乱，高帝谓淹曰："天下纷纷若是，君谓何如？"淹对曰："昔项强而刘弱，袁众而曹寡，羽号令诸侯，卒受一剑之辱，绍跨蹑四州，终为奔北之虏。此谓'在德不在鼎'。公何疑哉？"帝曰："闻此言者多矣，试为虑之。"淹曰："公雄武有奇略，一胜也；宽容而仁恕，二胜也；贤能毕力，三胜也；民望所归，四胜也；奉天子而伐叛逆，五胜也。彼志锐而器小，一败也；有威而无恩，二败也；士卒解体，三败也；搢绅不怀，四败也；悬兵数千里，而无同恶相济，五败也。故虽豺狼十万，而终为我获焉。"帝笑曰："君谈过矣。"是时军书表记，皆使淹具草。相国建，补记室参军事。建元初，又为骠骑豫章王记室，带东武令，参掌诏册，并典国史。寻迁中书侍郎。永明初，迁骁骑将军，掌国史。出为建武将军、庐陵内史。视事三年，还为骁骑将军，兼尚书左丞，寻复以本官领国子博士。少帝初，以本官兼御史中丞。

时明帝作相，因谓淹曰："君昔在尚书中，非公事不妄行，在官宽猛能折衷；今为南司，足以震肃百僚。"淹答曰："今日之事，可谓当官而行，更恐才劣志薄，不足以仰称明旨耳。"于是弹中书令谢朏，司徒左长史王缋、护军长史庾弘远，并以久疾不预山陵公事；又奏前益州刺史刘悛、梁州刺史阴智伯，并赃货巨万，辄收付廷尉治罪。临海太守沈昭略、永嘉太守庾昙隆，及诸郡二千石并大县官长，多被劾治，内外肃然。明帝谓淹曰："宋世以来，不复有严明中丞，君今日可谓近世独步。"

明帝即位，为车骑临海王长史。俄除廷尉卿，加给事中，迁冠军长史，加辅国将军。出为宣城太守，将军如故。在郡四年，还为黄门侍郎、领步兵校尉，寻为秘书监。永元中，崔慧景举兵围京城，衣冠悉投名刺，淹称疾不往。及事平，世服其先见。

东昏末，淹以秘书监兼卫尉，固辞不获免，遂亲职。谓人曰："此非吾任，路人所知，正取吾空名耳。且天时人事，寻当翻覆。孔子曰：'有文事者必有武备。'临事图之，何忧之有？"顷之，又副领军王莹。及义师至新林，淹微服来奔，高祖板为冠军将军，秘书监如故，寻兼司徒左长史。中兴元年，迁吏部尚书。二年，转相国右长史，冠军将军如故。

天监元年，为散骑常侍、左卫将军，封临沮县开国伯，食邑四百户。淹乃谓子弟曰："吾本素宦，不求富贵，今之忝窃，遂至于此。平生言止足之事，亦以备矣。人生行乐耳，须富贵何时。吾功名既立，正欲归身草莱耳。"其年，以疾迁金紫光禄大夫，改封醴陵侯。四年卒，时年六十二。高祖为素服举哀。赙钱三万，布五十匹。谥曰宪伯。

淹少以文章显，晚节才思微退，时人皆谓之才尽。凡所著述百余篇，自撰为前后集，并《齐史》十志，并行于世。

子芃袭封嗣，自丹阳尹丞为长城令，有罪削爵。普通四年，高祖追念淹功，复封芃吴昌伯，邑如先。

任昉，字彦升，乐安博昌人，汉御史大夫敖之后也。父遥，齐中散大夫。遥妻裴氏，尝昼寝，梦有彩旗盖四角悬铃，自天而坠，其一铃落入裴怀中，心悸动，既而有娠，生昉。身长七尺五寸。幼而好学，早知名。宋丹阳尹刘秉辟为主簿。时昉年十六，以气忤秉子。久之，为奉朝请,举兖州秀才,拜太常博士,迁征北行参军。

永明初,卫将军王俭领丹阳尹,复引为主簿。俭雅钦重昉,以为当时无辈。迁司徒刑狱参军事,入为尚书殿中郎,转司徒竟陵王记室参军,以父忧去职。性至孝,居丧尽礼。服阕,续遭母忧,常庐于墓侧,哭泣之地,草为不生。服除,拜太子步兵校尉、管东宫书记。

初,齐明帝既废郁林王,始为侍中、中书监、骠骑大将军、开府仪同三司、扬州刺史、录尚书事,封宣城郡公,加兵五千,使昉具表草。其辞曰:"臣本庸才,智力浅短。太祖高皇帝笃犹子之爱,降家人之慈;世祖武皇帝情等布衣,寄深同气。武皇大渐,实奉诏言。虽自见之明,庸近所蔽,愚夫一至,偶识量己,实不忍自固于缀衣之辰,拒违于玉几之侧,遂荷顾托,导扬末命。虽嗣君弃常,获罪宣德,王室不造,职臣之由。何者?亲则东牟,任惟博陆,徒怀子孟社稷之对,何救昌邑争臣之讥。四海之议,于何逃责?陵土未乾,训誓在耳,家国之事,一至于斯,非臣之尤,谁任其咎!将何以肃拜高寝,虔奉园寝?悼心失图,泣血待旦。宁容复徼荣于家耻,宴安于国危。骠骑上将之元勋,神州仪刑之列岳,尚书是称司会,中书实管王言。且虚饰宠章,委成御侮,臣知不惬,物谁谓宜。但命轻鸿毛,责重山岳,存没同归,毁誉一贯。辞一官不减身累,增一职已黩朝经。便当自同体国,不为饰让。至于功均一匡,赏同千室,光宅近甸,奄有全邦,殒越为期,不敢闻命,亦愿曲留降鉴,即垂听许。钜平之恳诚必固,永昌之丹慊获申,乃知君臣之道,绰有余裕,苟曰易昭,敢守难夺。"帝恶其辞斥,甚愠昉,由是终建武中,位不过列校。

昉雅善属文,尤长载笔,才思无穷,当世王公表奏,莫不请焉。昉起草即成,不加点窜。沈约一代词宗,深所推挹。明帝崩,迁中书侍郎。永元末,为司徒右长史。

高祖克京邑,霸府初开,以昉为骠骑记室参军。始高祖与昉遇竟陵王西邸,从容谓昉曰:"我登三府,当以卿为记室。"昉亦戏高祖曰:"我若登三事,当以卿为骑兵。"谓高祖善骑也。至是故引昉,符昔言焉。昉奉笺曰:"伏承以今月令辰,肃膺典策,德显功高,光副四海,含生之伦,庇身有地;况昉受教君子,将二十年,咳唾为恩,眄睐成饰,小人怀імом,顾知死所。昔承清宴,属有绪言,提挈之旨,形乎善谑,岂谓多幸,斯言不渝。虽情谬先觉,而迹沦骄饵,汤沐具而非吊,大厦构而相欣。明公道冠二仪,勋超遂古,将使伊周奉辔,桓文扶毂,神功无纪,化物何称。府朝初建,俊贤骧首,惟此鱼目,唐突瑜璠。顾己循涯,实知尘忝,千载一逢,再造难答。虽则殒越,且知非报。"

梁台建,禅让文诰,多昉所具。高祖践阼,拜黄门侍郎,迁吏部郎中,寻以本官掌著作。天监二年,出为义兴太守。在任清洁,儿妾食麦而已。友人彭城到溉,溉弟洽,从昉共为山泽游。及被代登舟,止有米五斛。既至无衣,镇军将军沈约遣裙衫迎之。重除吏部郎中,参掌大选,居职不称。寻转御史中丞、秘书监,领前军将军。自齐永元以来,秘阁四部,篇卷纷杂,昉手自雠校,由是篇

目定焉。

六年春,出为宁朔将军、新安太守。在郡不事边幅,率然曳杖,徒行邑郭,民通辞讼者,就路决焉。为政清省,吏民便之。视事期岁,卒于官舍,时年四十九。阖境痛惜,百姓共立祠堂于城南。高祖闻问,即日举哀,哭之甚恸。追赠太常卿,谥曰敬子。

昉好交结,奖进士友,得其延誉者,率多升擢,故衣冠贵游,莫不争与交好,坐上宾客,恒有数十。时人慕之,号曰任君,言如汉之三君也。陈郡殷芸与建安太守到溉书曰:"哲人云亡,仪表长谢。元龟何寄?指南谁托?"其为士友所推如此。昉不治产业,至乃居无室宅。世或讥其多乞贷,亦随复散之亲故。昉常叹曰:"知我亦以叔则,不知我亦以叔则。"昉坟籍无所不见,家虽贫,聚书至万余卷,率多异本。昉卒后,高祖使学士贺纵共沈约勘其书目,官所无者,就昉家取之。昉所著文章数十万言,盛行于世。

初,昉立于士大夫间,多所汲引,有善己者则厚其声名。及卒,诸子皆幼,人罕赡恤之。平原刘孝标为著论曰:

客问主人曰:"朱公叔《绝交论》,为是乎?为非乎?"主人曰:"客奚此之问?"客曰:"夫草虫鸣则阜螽跃,雕虎啸而清风起。故絪缊相感,雾涌云蒸;嘤鸣相召,星流电激。是以王阳登则贡公喜,罕生逝而国子悲。且心同琴瑟,言郁郁于兰茝,道叶胶漆,志婉娈于埙篪。圣贤以此镂金版而镌盘盂,书玉牒而刻钟鼎。若匠人辍成风之妙巧,伯牙息流波之雅引。范、张款款于下泉,尹、班陶陶于永夕。骆驿纵横,烟霏雨散,皆巧历所不知,心计莫能测。而朱益州汨彝叙,越黥训,捶直切,绝交游,视黔首以鹰鹯,媲人伦于豺虎。蒙有猜焉,请辨其惑。"

主人欣然曰:"客所谓抚弦徽音,未达燥湿变响;张罗沮泽,不睹鸿雁高飞。盖圣人握金镜,阐风烈,龙骧蠖屈,从道污隆。日月联璧,叹蕴䉤之弘致;云飞电薄,显棣华之微旨。若五音之变化,济九成之妙曲。此朱生得玄珠于赤水,谟神睿而为言。至夫组织仁义,琢磨道德,欢其愉乐,恤其陵夷。寄通灵台之下,遗迹江湖之上,风雨急而不辍其音,霜雪零而不渝其色,斯贤达之素交,历万古而一遇。逮叔世民讹,狙诈飙起,豀谷不能逾其险,鬼神无以究其变,竟毛羽之轻,趋锥刀之末。于是素交尽,利交兴,天下蚩蚩,鸟惊雷骇。然利交同源,派流则异,较言其略,有五术焉:

"若其宠钧董、石,权压梁、窦。雕刻百工,炉锤万物,吐漱兴云雨,呼吸下霜露,九域耸其风尘,四海叠其熏灼。靡不望影星奔,藉响川鹜,鸡人始唱,鹤盖成阴,高门旦开,流水接轸。皆愿摩顶至踵,隳胆抽肠,约同要离焚妻子,誓殉荆卿湛七族。是曰势交,其流一也。

"富埒陶、白,赀巨程、罗,山擅铜陵,家藏金穴,出平原而联骑,居里闬而鸣钟。则有穷巷之宾,绳枢之士,冀宵烛之末光,邀润屋之微泽,鱼贯凫踊,

飒沓鳞萃,分雁鹜之稻粱,沾玉斝之余沥。衔恩遇,进款诚,援青松以示心,指白水而旌信。是曰贿交,其流二也。

"陆大夫燕喜西都,郭有道人伦东国,公卿贵其籍甚,搢绅羡其登仙。加以颔颐蹙頞,涕唾流沫,骋黄马之剧谈,纵碧鸡之雄辩,叙温燠则寒谷成暄,论严枯则春丛零叶,飞沉出其顾指,荣辱定其一言。于是弱冠王孙,绮纨公子,道不埊于通人,声未遒于云阁,攀其鳞翼,丐其余论,附骐骥之髦端,轶归鸿于碣石。是曰谈交,其流三也。

"阳舒阴惨,生民大情,忧合欢离,品物恒性。故鱼以泉涸而呴沫,鸟因将死而悲鸣。同病相怜,缀河上之悲曲;恐惧置怀,昭《谷风》之盛典。斯则断金由于湫隘,刎颈起于苦盖。是以伍员濯溉于宰嚭,张王抚翼于陈相。是曰穷交,其流四也。

"驰骛之俗,浇薄之伦,无不操权衡,秉纤纩。衡所以揣其轻重,纩所以属其鼻息。若衡不能举,纩不能飞,虽颜、冉龙翰,凤鶵曾、史,兰薰雪白,舒、向金玉,渊海卿、云,黼黻河汉,视若游尘。遇同土梗,莫肯费其半菽,罕有落其一毛。若衡重锱铢,纩微飘撇,虽共工之蒐慝,驩兜之掩义,南荆之跋扈,东陵之巨猾,皆为匍匐委蛇,折枝舐痔,金膏翠羽将其意,脂韦便辟导其诚。故轮盖所游,必非夷、惠之室;苞苴所入,实行张、霍之家。谋而后动,芒毫寡忒。是曰量交,其流五也。

"凡斯五交,义同贾鬻,故桓谭譬之于阛阓,林回喻之于甘醴。夫寒暑递进,盛衰相袭,或前荣而后瘁,或始富而终贫,或初存而末亡,或古约而今泰,循环翻覆,迅若波澜。此则徇利之情未尝异,变化之道不得一。由是观之,张、陈所以凶终,萧、朱所以隙末,断焉可知矣。而翟公方规规然勒门以箴客,何所见之晚乎?

"然因此五交,是生三衅:败德殄义,禽兽相若,一衅也;难固易携,仇讼所聚,二衅也;名陷饕餮,贞介所羞,三衅也。古人知三衅之为梗,惧五交之速尤。故王丹威子以槚楚,朱穆昌言而示绝,有旨哉!

"近世有乐安任昉,海内髦杰,早绾银黄,夙招民誉。遒文丽藻,方驾曹、王;英特俊迈,联衡许、郭。类田文之爱客,同郑庄之好贤。见一善则盱衡扺腕,遇一才则扬眉抵掌。雌黄出其唇吻,朱紫由其月旦。于是冠盖辐凑,衣裳云合,辎軿击辖,坐客恒满。蹈其阃阈,若升阙里之堂;入其奥隅,谓登龙门之坂。至于顾盼增其倍价,剪拂使其长鸣,彯组云台者摩肩,趋走丹墀者叠迹。莫不缔恩狎,结绸缪,想惠、庄之清尘,庶羊、左之徽烈。及瞑目东越,归骸雒浦,缇帐犹悬,门罕渍酒之彦,坟未宿草,野绝动轮之宾。藐尔诸孤,朝不谋夕,流离大海之南,寄命瘴疠之地。自昔把臂之英,金兰之友,曾无羊舌下泣之仁,宁慕郈成分宅之德。呜呼!世路险巇,一至于此!太行孟门,宁云崭绝。是以耿介之士,疾其若斯,裂裳裹足,弃之长骛。独立高山之顶,欢与麋鹿同群,皭皭然绝其雰浊,诚耻之也,诚畏之也。"

昉撰《杂传》二百四十七卷,《地记》二百五十二卷,文章三十三卷。

昉第四子东里,颇有父风,官至尚书外兵郎。

陈史部尚书姚察曰:观夫二汉求贤,率先经术;近世取人,多由文史。二子之作,辞藻壮丽,允值其时。淹能沉静,昉持内行,并以名位终始,宜哉。江非先觉,任无旧恩,则上秩显赠,亦末由也已。

卷十五　　　　　列传第九

谢 朏 弟子览

谢朏,字敬冲,陈郡阳夏人也。祖弘微,宋太常卿,父庄,右光禄大夫,并有名前代。朏幼聪慧,庄器之,常置左右。年十岁,能属文。庄游土山赋诗,使朏命篇,朏揽笔便就。琅邪王景文谓庄曰:"贤子足称神童,复为后来特达。"庄笑,因抚朏背曰:"真吾家千金。"孝武帝游姑孰,敕庄携朏从驾,诏使为《洞井赞》,于坐奏之。帝曰:"虽小,奇童也。"起家抚军法曹行参军,迁太子舍人,以父忧去职。服阕,复为舍人,历中书郎,卫将军袁粲长史。粲性简峻,罕通宾客,时人方之李膺。朏谒既退,粲曰:"谢令不死。"寻迁给事黄门侍郎。出为临川内史,以贿见劾,案经袁粲,粲寝之。

齐高帝为骠骑将军辅政,选朏为长史,敕与河南褚炫、济阳江斅、彭城刘俣俱入侍宋帝,时号为天子四友。续拜侍中,并掌中书、散骑二省诏册。高帝进太尉,又以朏为长史,带南东海太守。高帝方图禅代,思佐命之臣,以朏有重名,深所钦属。论魏、晋故事,因曰:"晋革命时事久兆,石苞不早劝晋文,死方恸哭,方之冯异,非知机也。"朏答曰:"昔魏臣有劝魏武即帝位者,魏武曰:'如有用我,其为周文王乎!'晋文世事魏氏,将必身终北面;假使魏早依唐虞故事,亦当三让弥高。"帝不悦。更引王俭为左长史,以朏侍中,领秘书监。及齐受禅,朏当日在直,百僚陪位,侍中当解玺,朏佯不知,曰:"有何公事?"传诏云:"解玺授齐王。"朏曰:"齐自应有侍中。"乃引枕卧。传诏惧,乃使称疾,欲取兼人。朏曰:"我无疾,何所道。"遂朝服,步出东掖门,乃得车,仍还宅。是日遂以王俭为侍中解玺。既而武帝言于高帝,请诛朏。帝曰:"杀之则遂成其名,正应容之度外耳。"遂废于家。

永明元年,起家拜通直散骑常侍,累迁侍中,领国子博士。五年,出为冠军将军、义兴太守,加秩中二千石。在郡不省杂事,悉付纲纪,曰:"吾不能作主者吏,但能作太守耳。"视事三年,征都官尚书、中书令。隆昌元年,复为侍中，领新安王师。未拜，固求外出。仍为征虏将军、吴兴太守，受召便述职。时明帝谋人嗣位，朝之旧臣皆引参谋策。朏内图止足，且实避事。弟瀹，时为吏部尚书。朏至郡，致瀹数斛酒，遗书曰："可力饮此，勿豫人事。"朏居郡每不治，而常务聚敛，众颇讥之，亦不屑也。

建武四年，诏征为侍中、中书令，遂抗表不应召。遣诸子还京师，独与母留，筑室郡之西郭。明帝下诏曰："夫超然荣观，风流自远；蹈彼幽人，英华罕值。故长揖楚相，见称南国；高谢汉臣，取贵良史。新除侍中、中书令朏，早藉羽仪，夙标清尚，登朝树绩，出守驰声。遂敛迹康衢，拂衣林泚，抱箕颍之余芳，甘憔悴而无闷。抚事怀人，载留钦想。宜加优礼，用旌景概。可赐床帐褥席，俸以卿禄，常出在所。"时国子祭酒庐江何胤亦抗表还会稽。永元二年，诏征朏为散骑常侍、中书监，胤为散骑常侍、太常卿，并不屈。三年，又诏征朏为侍中、太子少傅，胤散骑常侍、太子詹事。时东昏皆下在所，使迫遣之，值义师已近，故并得不到。

及高祖平京邑，进位相国，表请朏、胤曰："夫穷则独善，达以兼济。虽出处之道，其揆不同，用舍惟时，贤哲是蹈。前新除侍中、太子少傅朏，前新除散骑常侍、太子詹事、都亭侯胤，羽仪世胄，徽猷冠冕，道业德声，康济雅俗；昔居朝列，素无宦情，宾客简通，公卿罕预，簪绂未褫，而风尘摆落。且文宗儒肆，互居其长；清规雅裁，兼擅其美。并达照深识，预睹乱萌，见庸质之如初，知贻厥之无寄，拂衣东山，眇绝尘轨。虽解组昌运，实避昏时。家膺鼎食，而甘兹橡艾；世袭青紫，而安此悬鹑。自浇风肇扇，用南成俗，淳流素轨，余烈颇存。谁其激贪，功归有道，康俗振民，朝野一致。虽在江海，而勋同魏阙。今泰运甫开，贱贫为耻；况乎久蕴瑚琏，暂厌承明，而可得求志海隅，永追松子。臣负荷殊重，参赞万机，实赖群才，共成栋干。思挹清源，取镜止水。愚欲屈居僚首，朝夕谘诹，庶足以翼宣寡薄，式是王度。请并补臣府军谘祭酒，朏加后将军。"并不至。

高祖践阼，征朏为侍中、左光禄大夫、开府仪同三司，胤散骑常侍、特进、右光禄大夫，又并不屈。仍遣领军司马王果宣旨敦譬。明年六月，朏轻舟出，诣阙自陈。既至，诏以为侍中、司徒、尚书令。朏辞脚疾不堪拜谒，乃角巾肩舆，诣云龙门谢。诏见于华林园，乘小车就席。明旦，舆驾出幸朏宅，宴语尽欢。朏固陈本志，不许；因请自还东迎母，乃许之。临发，舆驾复临幸，赋诗饯别。王人送迎，相望于道。到京师，敕材官起府于旧宅，高祖临轩，遣谒者于府拜授，诏停诸公事及朔望朝谒。

三年元会，诏朏乘小舆升殿。其年，遭母忧，寻有诏摄职如故。后五年，改授中书监、司徒、卫将军，并固让不受。遣谒者敦授，乃拜受焉。是冬薨于府，时年六十六。舆驾出临哭，诏给东园秘器，朝服一具，衣一袭，钱十万，布百匹，蜡百斤。赠侍中、司徒。谥曰靖孝。朏所著书及文章，并行于世。

子谖，官至司徒右长史，坐杀牛免官，卒于家。次子箊，颇有文才，仕至晋安太守，卒官。

览字景涤，朏弟瀹之子也。选尚齐钱唐公主，拜驸马都尉、秘书郎、太子舍人。高祖为大司马，召补东阁祭酒，迁相国户曹。天监元年，为中书侍郎，掌吏部事，顷之即真。

览为人美风神，善辞令，高祖深器之。尝侍座，受敕与侍中王暕为诗答赠。其文甚工。高祖善之，仍使重作，复合旨。乃赐诗云："双文既后进，二少实名家；岂伊止栋隆，信乃俱国华。"以母忧去职。服阕，除中庶子，又掌吏部郎事，寻除吏部郎，迁侍中。览颇乐酒，因宴席与散骑常侍萧琛辞相诋毁，为有司所奏。高祖以览年少不直，出为中权长史。顷之，敕掌东宫管记，迁明威将军、新安太守。

九年夏，山贼吴承伯破宣城郡，余党散入新安，叛吏鲍叙等与合，攻没黟、歙诸县，进兵击览。览遣郡丞周兴嗣于锦沙立坞拒战，不敌，遂弃郡奔会稽。台军平山寇，览复还郡，左迁司徒谘议参军、仁威长史、行南徐州事、五兵尚书。寻迁吏部尚书。览自祖至孙，三世居选部，当世以为荣。

十二年春，出为吴兴太守。中书舍人黄睦之家居乌程，子弟专横，前太守皆折节事之。览未到郡，睦之子弟来迎，览遂去其船，杖吏为通者。自是睦之家杜门不出，不敢与公私关通。郡境多劫，为东道患，览下车肃然，一境清谧。初，齐明帝及览父瀹、东海徐孝嗣，并为吴兴，号称名守，览皆欲过之。昔览在新安颇聚敛，至是遂称廉洁，时人方之王怀祖。卒于官，时年三十七。诏赠中书令。子罕，早卒。

陈吏部尚书姚察曰：谢朏之于宋代，盖忠义者欤？当齐建武之世，拂衣止足，永元多难，确然独善，其疏、蒋之流乎。洎高祖龙兴，旁求物色，角巾来仕，首陟台司，极出处之致矣！览终能善政，君子韪之。

卷十六　　　　　　　　　列传第十

王亮　张稷　王莹

王亮，字奉叔，琅邪临沂人，晋丞相导之六世孙也。祖偃，宋右光禄大夫、开府仪同三司。父攸，给事黄门侍郎。亮以名家子，宋末选尚公主，拜驸马都尉、秘书郎，累迁桂阳王文学，南郡王友，秘书丞。齐竟陵王子良开西邸，延才俊以为士林馆，使工图画其像，亮亦预焉。迁中书侍郎、大司马从事中郎，出为衡阳太守。以南土卑湿，辞不之官，迁给事黄门侍郎。寻拜晋陵太守，在职清公有美政。时齐明帝作相，闻而嘉之，引为领军长史，甚见赏纳。及即位，累迁太子中庶子，尚书吏部郎，诠序著称，迁侍中。建武末，为吏部尚书，是时尚书右仆射江祏管朝政，多所进拔，为士子所归。亮自以身居选部，每持异议。始亮未为吏部郎时，以祏帝之内弟，故深友祏，祏为之延誉，益为帝所器重；至是与祏情好携薄，祏昵之如初。及祏遇诛，群小放命，凡所除拜，悉由内宠，亮更弗能止。外若详审，内无明鉴，其所选用，拘资次而已，当世不谓为能。频加通直散骑常侍、太子右卫率，为尚书右仆射、中护军。既而东昏肆虐，淫刑已逞，亮倾侧取容，竟以免戮。

义师至新林，内外百僚皆道迎，其未能拔者，亦间路送诚款，亮独不遣。及城内既定，独推亮为首。亮出见高祖，高祖曰："颠而不扶，安用彼相。"而弗之罪也。霸府开，以为大司马长史、抚军将军、琅邪、清河二郡太守。梁台建，授侍中、尚书令，固让不拜，乃为侍中、中书监、兼尚书令。高祖受禅，迁侍中、尚书令、中军将军，引参佐命，封豫宁县公，邑二千户。天监二年，转左光禄大夫，侍中、中军如故。元日朝会万国，亮辞疾不登殿，设馔别省，而语笑自若。数日，诏公卿问讯，亮无疾色，御史中丞乐蔼奏大不敬，论弃市刑。诏削爵废为庶人。四年夏，高祖宴于华光殿，谓群臣曰："朕日昃听政，思闻得失。卿等可谓多士，宜各尽献替。"尚书左丞范缜起曰："司徒谢朏本有虚名，陛下擢之如此，前尚书令王亮颇有治实，陛下弃之如彼，是愚臣所不知。"高祖变色曰："卿可更馀言。"缜固执不已，高祖不悦。御史中丞任昉因奏曰：

臣闻息夫历诋，汉有正刑；白褒一奏，晋以明罚。况乎附下讪上，毁誉自口者哉。风闻尚书左丞臣范缜，自晋安还，语人云："我不诣余人，惟诣王亮；不饷余人，惟饷王亮。"辄收该白从左右万休到台辨问，与风闻符同。又今月十日，御饯梁州刺史臣珍国，宴私既洽，群臣并已谒退，时诏留侍中臣昂等十人，访以政道。缜不答所问，而横议沸腾，遂贬裁司徒臣朏，褒举庶人王亮。臣于时预奉恩留，肩随并立，耳目所接，差非风闻。窃寻王有游豫，亲御轩陛，义深推毂，情均《湛露》。酒阑宴罢，当辰正立，记事在前，记言在后，轸早朝之念，深求瘼之情，而缜言不逊，妄陈褒贬，伤济济之风，缺侧席之望。不有严裁，宪准将颓，缜即主。

臣谨案：尚书左丞臣范缜，衣冠绪余，言行舛驳，夸谐里落，喧诟周行。曲学谀闻，未知去代；弄口鸣舌，祇足饰非。乃者，义师近次，缜丁罹艰棘，曾不呼门，墨缞景附，颇同先觉，实奉龙颜。而今党协雒余，翻为矛楯，人而无恒，成兹奸诐。日者，饮至策勋，功微赏厚，出守名邦，入司管辖，苞篚罔遗，而假称折辕，衣裙所弊，逸激失所，许与疵瑕，廷辱民宗。自居枢宪，纠奏寂寞。顾望纵容，无至公之议；恶直丑正，有私许之谈。宜置之徽纆，肃正国典。臣等参议，请以见事免缜所居官，辄勒外收付廷尉法狱治罪。应诸连逮，委之狱官，以法制从事。缜位应黄纸，臣辄奉白简。

诏闻可。玺书诘缜曰："亮少乏才能，无闻时辈，昔经冒入群英，相与岂薄，晚节谄事江祏，为吏部，末协附梅虫儿、茹法珍，遂执昏政。比屋罹祸，尽家涂炭，四海沸腾，天下横溃，此谁之咎！食乱君之禄，不死于治世。亮协固凶党，作威作福，靡衣玉食，女乐盈房，势危事逼，自相吞噬。建石首题，启靡请罪。朕录其白旗之来，贳其既往之咎。亮反覆不忠，奸贿彰暴，有何可论！妄相谈述，具以状对。"所诘十条，缜答支离而已。亮因屏居闭扫，不通宾客。遭母忧，居丧尽礼。

八年，诏起为秘书监，俄加通直散骑常侍，数日迁太常卿。九年，转中书监，加散骑常侍。其年卒。诏赙钱三万，布五十匹。谥曰炀子。

张稷，字公乔，吴郡人也。父永，宋右光禄大夫。稷所生母区疾历时，稷始年十一，夜不解衣而养，永异之。及母亡，毁瘠过人，杖而后起。性疏率，朗悟有才略，与族兄充、融、卷等俱知名，时称之曰："充融卷稷，是为四张。"起家著作佐郎，不拜，频居父母忧，六载庐于墓侧。服除，为骠骑法曹行参军，迁外兵参军。

齐永明中，为剡县令，略不视事，多为山水游。会贼唐㝢之作乱，稷率厉县人，保全县境。入为太子洗马，大司马东曹掾，建安王友，大司马从事中郎。武陵王晔为护军，转护军司马，寻为本州治中。明帝领牧，仍为别驾。时魏寇寿春，以稷为宁朔将军、军主，副尚书仆射沈文季镇豫州。魏众称百万，围城累日，时经略处分，文季悉委稷焉。军退，迁平西司马、宁朔将军、南平内史。魏又寇雍州，诏以本号都督荆、雍诸军事。时雍州刺史曹虎度樊城岸，以稷知州事。魏师退，稷还荆州，就拜黄门侍郎，复为司马、新兴、永宁二郡太守。郡犯私讳，改永宁为长宁。寻迁司徒司马，加辅国将军。及江州刺史陈显达举兵反，以本号镇历阳、南谯二郡太守，迁镇南长史、寻阳太守、辅国将军、行江州事。寻征还，为持节、辅国将军、都督北徐州诸军事、北徐州刺史。出次白下，仍迁都督南兖州诸军事、南兖州刺史。俄进督北徐、徐、兖、青、冀五州诸军事，将军并如故。永元末，征为侍中，宿卫宫城。义师至，兼卫尉江淹出奔。稷为卫尉，副王莹都督城内诸军事。

时东昏淫虐，义师围城已久，城内思亡而莫有先发。北徐州刺史王珍国就稷谋之，乃使直阁张齐害东昏于含德殿。稷召尚书右仆射王亮等列坐殿前西钟下，谓曰："昔桀有昏德，鼎迁于殷；商纣暴虐，鼎迁于周。今独夫自绝于天，四海已归圣主，斯实微子去殷之时，项伯归汉之日，可不勉哉！"乃遣国子博士范云、舍人裴长穆等使石头城诣高祖，高祖总百揆，迁大司马左司马。梁台建，为散骑常侍、中书令。高祖受禅，以功封江安县侯，邑一千户。又为侍中、国子祭酒，领骁骑将军，迁护军将军、扬州大中正，以事免。寻为度支尚书、前将军、太子右卫率，又以公事免。俄为祠部尚书，转散骑常侍、都官尚书、扬州大中正，以本职知领军事。寻迁领军将军，中正、侯如故。

时魏寇青州，诏假节、行州事。会魏军退，仍出为散骑常侍、将军，吴兴太守，秩中二千石。下车存问遗老，引其子孙，置之右职，政称宽恕。进号云麾将军，征尚书左仆射。舆驾将欲幸稷宅，以盛暑，留幸仆射省，旧临幸供具皆酬太官馔直,帝以稷清贫,手诏不受。出为使持节、散骑常侍、都督青、冀二州诸军事、安北将军、青、冀二州刺史。会魏寇朐山,诏稷权顿六里,都督众军。还,进号镇北将军。

初郁洲接边陲,民俗多与魏人交市。及朐山叛,或与魏通,既不自安矣;且稷宽弛无防,僚吏颇侵渔之。州人徐道角等夜袭州城,害稷,时年六十三。有司奏削爵土。

稷性烈亮,善与人交。历官无蓄聚,俸禄皆颁之亲故,家无余财。初去吴兴郡,以仆射征,道由吴乡,候稷者满水陆。稷单装径还京师,人莫之识,其率素如此。

稷长女楚瑗,适会稽孔氏,无子归宗。至稷见害,女以身蔽刃,先父卒。稷子岷,别有传。

桊字令远,稷从兄也。少以知理著称,能清言,仕至都官尚书,天监初卒。

王莹,字奉光,琅邪临沂人也。父戬,光禄大夫、南乡僖侯。莹选尚宋临淮公主,拜驸马都尉,除著作佐郎,累迁太子舍人,抚军功曹,散骑侍郎,司徒左西属。齐高帝为骠骑将军,引为从事中郎。顷之,出为义兴太守,代谢超宗。超宗去郡,与莹交恶,既还,间莹于戬。戬言之于朝廷,以莹供养不足,坐失郡废弃。久之,为前军谘议参军,中书侍郎,大司马从事中郎,未拜,丁母忧。服阕,为给事黄门郎,出为宣城太守,迁骠骑长史。复为黄门侍郎、司马、太子中庶子,仍迁侍中,父忧去职。服阕,复为侍中,领射声校尉,又为冠军将军、东阳太守。居郡有惠政,迁吴兴太守。明帝勤忧庶政,莹频处二郡,皆有能名。甚见褒美。还为太子詹事、中领军。

永元初,政由群小,莹守职而不能有所是非。莹从弟亮既当朝,于莹素虽不善,时欲引与同事。迁尚书左仆射,未拜。会护军崔慧景自京口奉江夏王入伐,莹假节,率众拒慧景于湖头,夜为慧景所袭,众散,莹赴水,乘榜入乐游,因得还台城。慧景败,还居领军府。义师至,复假节,都督宫城诸军事。建康平,高祖为相国,引莹为左长史,加冠军将军,奉法驾迎和帝于江陵。帝至南州,逊位于别宫。高祖践阼,迁侍中、抚军将军,封建城县公,邑千户。寻迁尚书左仆射,侍中、抚军如故。顷之,为护军将军,复迁散骑常侍、中军将军、丹阳尹。视事三年,迁侍中、光禄大夫,领左卫将军。俄迁尚书令、云麾将军,侍中如故。累进号为中权将军,给鼓吹一部。莹性清慎,居官恭恪,高祖深重之。

天监十五年,迁左光禄大夫、开府仪同三司,丹阳尹、侍中如故。莹将拜,印工铸其印,六铸而龟六毁,既成,颈空不实,补而用之。居职六日,暴疾卒。赠侍中、左光禄大夫、开府仪同三司。

陈吏部尚书姚察曰:孔子称"殷有三仁:微子去之,箕子为之奴,比干谏而死。"王亮之居乱世,势位见矣。其于取舍,何与三仁之异欤?及奉兴王,蒙宽政,为佐命,固将愧于心。乃自取废败,非不幸也。《易》曰:"非所据而据之,身必危。"亮之进退,失所据矣。惜哉!张稷因机制变,亦其时也。王莹印章六毁,岂神之害盈乎?

卷十七　　　　列传第十一

王珍国　马仙琕　张齐

王珍国,字德重,沛国相人也。父广之,齐世良将,官至散骑常侍、车骑将军。珍国起家冠军行参军,累迁虎贲中郎将、南谯太守,治有能名。时郡境苦饥,乃发米散财,以拯穷乏。齐高帝手敕云:"卿爱人治国,甚副吾意也。"永明初,迁桂阳内史,讨捕盗贼,境内肃清。罢任还都,路经江州,刺史柳世隆临渚钱别,见珍国还装轻素,乃叹曰:"此真可谓良二千石也!"还为大司马中兵参军。武帝雅相知赏,每叹曰:"晚代将家子弟,有如珍国者少矣。"复出为安成内史。入为越骑校尉,冠军长史、钟离太守。仍迁巴东、建平二郡太守。还为游击将军,以父忧去职。

建武末,魏军围司州,明帝使徐州刺史裴叔业攻拔涡阳,以为声援,起珍国为辅国将军,率兵助焉。魏将杨大眼大众奄至,叔业惧,弃军走,珍国率其众殿,故不至大败。永泰元年,会稽太守王敬则反,珍国又率众距之。敬则平,迁宁朔将军、青、冀二州刺史,将军如故。

义师起,东昏召珍国以众还京师,入顿建康城。义师至,使珍国出屯朱雀门,为王茂军所败,乃入城。仍密遣郗纂奉明镜献诚於高祖,高祖断金以报之。时城中咸思从义,莫敢先发,侍中、卫尉张稷都督众军,珍国潜结稷腹心张齐要稷,稷许之。十二月丙寅旦,珍国引稷于卫尉府,勒兵入自云龙门,即东昏于内殿斩之,与稷会尚书仆射王亮等于西钟下,使中书舍人裴长穆等奉东昏首归高祖。以功授右卫将军,辞不拜;又授徐州刺史,固乞留京师。复赐金帛,珍国又固让。敕答曰:"昔田子泰固辞绢谷。卿体国情深,良在可嘉。"后因侍宴,帝问曰:"卿明镜尚存,昔金何在?"珍国答曰:"黄金谨在臣肘,不敢失坠。"复为右卫将军,加给事中,迁左卫将军,加散骑常侍。天监初,封滠阳县侯,邑千户。除都官尚书,常侍如故。

五年,魏任城王元澄寇钟离,高祖遣珍国,因问讨贼方略。珍国对曰:"臣常患魏众少,不苦其多。"高祖壮其言,乃假节,与众军同讨焉。魏军退,班师。出为使持节、都督梁、秦二州诸军事、征虏将军、南秦、梁二州刺史。会梁州长史夏侯道迁以州降魏,珍国步道出魏兴,将袭之,不果,遂留镇焉。以无功,累表请解,高祖弗许。改封宜阳县侯,户邑如前。征还为员外散骑常侍、太子右卫率,加后将军。顷之,复为左卫将军。九年,出为使持节、都督湘州诸军事、信武将军、湘州刺史。视事四年,征还为护军将军,迁通直散骑常侍、丹阳尹。十四年,卒。诏赠车骑将军,给鼓吹一部,赙钱十万,布百匹。谥曰威。子僧度嗣。

马仙琕，字灵馥，扶风郿人也。父伯鸾，宋冠军司马。仙琕少以果敢闻，遭父忧，毁瘠过礼，负土成坟，手植松柏。起家郢州主簿，迁武骑常侍，为小将，随齐安陆王萧缅。缅卒，事明帝。永元中，萧遥光、崔慧景乱，累有战功，以勋至前将军。出为龙骧将军、南汝阴、谯二郡太守。会寿阳新陷，魏将王肃侵边，仙琕力战，以寡克众，魏人甚惮之。复以功迁宁朔将军、豫州刺史。

义师起，四方多响应，高祖使仙琕故人姚仲宾说之，仙琕于军斩仲宾以徇。义师至新林，仙琕犹持兵于江西，日钞运漕，建康城陷，仙琕号哭经宿，乃解兵归罪。高祖劳之曰："射钩斩祛，昔人弗忌。卿勿以戮使断运，苟自嫌绝也。"仙琕谢曰："小人如失主犬，后主饲之，便复为用。"高祖笑而美之。俄而仙琕母卒，高祖知其贫，赙给甚厚。仙琕号泣，谓弟仲艾曰："蒙大造之恩，未获上报。今复荷殊泽，当与尔以心力自效耳。"

天监四年，王师北讨，仙琕每战，勇冠三军，当其冲者，莫不摧破。与诸将论议，口未尝自功。人问其故，仙琕曰："丈夫为时所знал，当进不求名，退不逃罪，乃平生愿也。何功可论！"授辅国将军、宋安、安蛮二郡太守，迁南义阳太守。累破山蛮，郡境清谧。以功封浛洭县伯，邑四百户，仍迁都督司州诸军事、司州刺史，辅国将军如故。俄进号贞威将军。

魏豫州人白皂生杀其刺史琅邪王司马庆曾，自号平北将军，推乡人胡逊为刺史，以悬瓠来降。高祖使仙琕赴之，又遣直阁将军武会超、马广率众为援。仙琕进顿楚王城，遣副将齐苟儿以兵二千助守悬瓠。魏中山王元英率众十万攻悬瓠，仙琕遣广、会超等守三关。十二月，英破悬瓠，执齐苟儿，遂进攻马广，又破广，生擒之，送雒阳。仙琕不能救。会超等亦相次退散，魏军遂进据三关。仙琕坐征还，为云骑将军。出为仁威司马，府主豫章王转号云麾，复为司马，加振远将军。

十年，朐山民杀琅邪太守刘晰，以城降魏，诏假仙琕节，讨之。魏徐州刺史卢昶以众十余万赴焉。仙琕与战，累破之，昶遁走。仙琕纵兵乘之，魏众免者十一二，收其兵粮牛马器械，不可胜数。振旅还京师，迁太子左卫率，进爵为侯，增邑六百户。十一年，迁持节、督豫、北豫、霍三州诸军事、信武将军、豫州刺史，领南汝阴太守。

初，仙琕幼名仙婢，及长，以"婢"名不典，乃以"玉"代"女"，因成"琕"云。自为将及居州郡，能与士卒同劳逸。身衣不过布帛，所居无帷幕衾屏，行则饮食与厮养最下者同。其在边境，常单身潜入敌庭，伺知壁垒村落险要处所，故战多克捷，士卒亦甘心为之用，高祖雅爱仗之。在州四年，卒。赠左卫将军。谥曰刚。子岩夫嗣。

张齐，字子响，冯翊郡人。世居横桑，或云横桑人也。少有胆气。初事荆府司马垣历生，历生酗酒，遇下严酷，不甚礼之。历生罢官归，吴郡张稷为荆府司马，齐复从之，稷甚相知重，以为心腹，虽家居细事，皆以任焉。齐尽心事稷，无所辞惮。随稷归京师。稷为南兖州，又擢为府中兵参军，始委以军旅。

齐永元中，义师起，东昏征稷归，都督宫城诸军事，居尚书省。义兵至，外围渐急，齐日造王珍国，阴与定计。计定，夜引珍国就稷造膝，齐自执烛以成谋。明旦，与稷、珍国即东昏于内殿，齐手刃焉。明年，高祖受禅，封齐安昌县侯，邑五百户，仍为宁朔将军、历阳太守。齐手不知书，目不识字，而在郡有清政，吏事甚修。

天监二年，还为虎贲中郎将。未拜，迁天门太守，宁朔将军如故。四年，魏将王足寇巴、蜀，高祖以齐为辅国将军救蜀。未至，足退走，齐进戍南安。七年秋，使齐置大剑、寒冢二戍，军还益州。其年，迁武旅将军、巴西太守，寻加征远将军。十年，郡人姚景和聚合蛮蜑，抄断江路，攻破金井。齐讨景和于平昌，破之。

初，南郑没于魏，乃于益州西置南梁州。州镇草创，皆仰益州取足。齐上夷獠义租，得米二十万斛。又立台传，兴冶铸，以应赡南梁。

十一年，进假节、督益州外水诸军。十二年，魏将傅竖眼寇南安，齐率众距之，竖眼退走。十四年，迁信武将军、巴西、梓潼二郡太守。是岁，葭萌人任令宗因众之患魏也，杀魏晋寿太守，以城归款。益州刺史鄱阳王遣齐帅众三万，督南梁州长史席宗范诸军迎令宗。十五年，魏东益州刺史元法僧遣子景隆来拒齐师，南安太守皇甫谌及宗范逆击之，大破魏军于葭萌，屠十余城，魏将丘突、王穆等皆降。而魏更增傅竖眼兵，复来拒战，齐兵少不利，军引还，于是葭萌复没于魏。

齐在益部累年，讨击蛮獠，身无宁岁。其居军中，能身亲劳辱，与士卒同其勤苦。自画顿舍城垒，皆委曲得其便，调给衣粮资用，人人无所乏。既为物情所附，蛮獠亦不敢犯，是以威名行于庸、蜀。巴西郡居益州之半，又当东道冲要，刺史经过，军府远涉，多所穷急。齐沿路聚粮食，种蔬菜，行者皆取给焉。其能济办，多此类也。

十七年，迁持节、都督南梁州诸军事、智武将军、南梁州刺史。普通四年，迁信武将军、征西鄱阳王司马、新兴、永宁二郡太守。未发而卒，时年六十七。追赠散骑常侍、右卫将军。赐钱十万，布百匹。谥曰壮。

陈吏部尚书姚察曰：王珍国、申冑、徐元瑜、李居士，齐末咸为列将，拥强兵，或面缚请罪，或斩关献捷；其能后服，马仙琕而已。仁义何常，蹈之则为君子，信哉！及其临边抚众，虽李牧无以加矣。张齐之政绩，亦有异焉。冑、元瑜、居士入梁事迹鲜，故不为之传。

卷十八　　　　列传第十二

张惠绍　冯道根　康绚　昌义之

张惠绍，字德继，义阳人也。少有武干。齐明帝时为直阁，后出补竟陵横桑戍主。永元初，母丧归葬于乡里。闻义师起，驰归高祖，板为中兵参军，加宁朔将军、军主。师次汉口，高祖使惠绍与军主朱思远游遏江中，断郢、鲁二城粮运。郢城水军主沈难当帅轻舸数十挑战，惠绍击破，斩难当，尽获其军器。义师次新林、朱雀，惠绍累有战功。建康城平，迁辅国将军、前军、直阁、左细仗主。高祖践阼，封石阳县侯，邑五百户。迁骁骑将军，直阁、细仗主如故。时东昏余党数百人，窃入南北掖门，烧神虎门，害卫尉张弘策。惠绍驰率所领赴战，斩首数十级，贼乃散走。以功增邑二百户。迁太子右卫率。

天监四年，大举北伐，惠绍与冠军长史胡辛生、宁朔将军张豹子攻宿预，执城主马成龙，送于京师。使部将蓝怀恭于水南立城为掎角。俄而魏援大至，败陷怀恭，惠绍不能守，是夜奔还淮阴，魏复得宿预。六年，魏军攻钟离，诏左卫将军曹景宗督众军为援，进据邵阳。惠绍与冯道根、裴邃等攻断魏连桥，短兵接战，魏军大溃。以功增邑三百户，还为左骁骑将军。寻出为持节、都督北兖州诸军事、冠军将军、北兖州刺史。魏豫预、淮阳二城内附，惠绍抚纳有功，进号智武将军，益封二百户。入为卫尉卿，迁左卫将军。出为持节、都督司州诸军事、信威将军、司州刺史、领安陆太守。在州和理，吏民亲爱之。

征还为左卫将军，加通直散骑常侍，甲仗百人，直卫殿内。十八年，卒，时年六十三。诏曰："张惠绍志略开济，干用贞果。诚勤义始，绩闻累任。爰居禁旅，尽心朝夕。奄至殒丧，恻怆于怀。宜追宠命，以彰勋烈。可赠护军将军，给鼓吹一部，布百匹，蜡二百斤。谥曰忠。"子澄嗣。

澄初为直阁将军，丁父忧，起为晋熙太守，随豫州刺史裴邃北伐，累有战功，与湛僧智、胡绍世、鱼弘并当时之骁将。历官卫尉卿、太子左卫率。卒官，谥曰愍。

冯道根，字巨基，广平酂人也。少失父，家贫，佣赁以养母。行得甘肥，不敢先食，必遽还以进母。年十三，以孝闻于乡里。郡召为主簿，辞不就。年十六，乡人蔡道斑为湖阳戍主，道斑攻蛮锡城，反为蛮所困，道根救之。匹马转战，杀伤甚多，道斑以免，由是知名。

齐建武末，魏主托跋宏寇没南阳等五郡，明帝遣太尉陈显达率众复争之。师入氵句口，道根与乡里人士以牛酒候军，因说显达曰："氵句水迅急，难进易退。魏若守隘，则首尾俱急。不如悉弃船舰于酂城，方道步进，建营相次，鼓行而前。如是，则立破之矣。"显达不听，道根犹以私属从军。及显达败，军人夜走，多不知山路；道根每及险要，辄停马指示之，众赖以全。寻为氵句口戍副。

永元中，以母丧还家。闻高祖起义师，乃谓所亲曰："金革夺礼，古人不避，扬名后世，岂非孝乎？时不可失，吾其行矣。"率乡人子弟胜兵者，悉归高祖。时有蔡道福为将从军，高祖使道根副之，皆隶于王茂。茂伐沔，攻郢城，克加湖，道根常为前锋陷陈。会道福卒于军，高祖令道根并领其众。大军次新林，随王茂于朱雀航大战，斩获尤多。高祖即位，以为骁骑将军，封增城县男，邑二百户。

领文德帅，迁游击将军。是岁，江州刺史陈伯之反，道根随王茂讨平之。

天监二年，为宁朔将军、南梁太守，领阜陵城戍。初到阜陵，修城隍，远斥候，有如敌将至者，众颇笑之。道根曰："怯防勇战，此之谓也。"修城未毕，会魏将党法宗、傅竖眼率众二万，奄至城下。道根堑垒未固，城中众少，皆失色。道根命广开门，缓服登城，选精锐二百人，出与魏军战，败之。魏人见意闲，且战又不利，因退走。是时魏分兵于大小岘、东桑等，连城相持。魏将高祖珍以三千骑军其间，道根率百骑横击破之，获其鼓角军仪。于是粮运既绝，诸军乃退。迁道根辅国将军。

豫州刺史韦睿围合肥，克之。道根与诸军同进，所在有功。六年，魏攻钟离，高祖复诏睿救之，道根率众三千为睿前驱。至徐州，建计据邵阳洲，筑垒掘堑，以逼魏城。道根能走马步地，计马足以赋功，城隍立办。及淮水长，道根乘战舰，攻断魏连桥数百丈，魏军败绩。益封三百户，进爵为伯。还，迁云骑将军、领直阁将军，改封豫宁男，户邑如前。累迁中权中司马、右游击将军、武旅将军、历阳太守。八年，迁贞毅将军、假节、督豫州诸军事、豫州刺史、领汝阴太守。为政清简，境内安定。十一年，征为太子右卫率。十三年，出为信武将军、宣惠司马、新兴、永宁二郡太守。十四年，征为员外散骑常侍、右游击将军，领朱衣直阁。十五年，为右卫将军。

道根性谨厚，木讷少言，为将能检御部曲，所过村陌，将士不敢虏掠。每所征伐，终不言功，诸将喧哗争竞，道根默然而已。其部曲或怨非之，道根喻曰："明主自鉴功之多少，吾将何事。"高祖尝指道根示尚书令沈约曰："此人口不论勋。"约曰："此陛下之大树将军也。"处州郡，和理清静，为部下所怀。在朝廷，虽贵显而性俭约，所居宅不营墙屋，无器服侍卫，入室则萧然如素士之贫贱者。当时服其清退，高祖亦雅重之。微时不学，既贵，粗读书，自谓少文，常慕周勃之器重。

十六年，复假节、都督豫州诸军事、信武将军、豫州刺史。将行，高祖引朝臣宴别道根于武德殿，召工视道根，使图其形像。道根踧踖谢曰："臣所可报国家，惟余一死；但天下太平，臣根无可死之地。"豫部重得道根，人皆喜悦。高祖每称曰："冯道根所在，能使朝廷不复忆有一州。"

居州少时，遇疾，自表乞还朝，征为散骑常侍、左军将军。既至疾甚，中使累加存问。普通元年正月，卒，时年五十八。是日舆驾春祠二庙，既出宫，有司以闻。高祖问中书舍人朱异曰："吉凶同日，今行乎？"异对曰："昔柳庄寝疾，卫献公当祭，请于尸曰：'有臣柳庄，非寡人之臣，是社稷之臣也，闻其死，请往。'不释祭服而往。遂以礼之。道根虽未为社稷之臣，亦有劳王室，临之，礼也。"高祖即幸其宅，哭之甚恸。诏曰："豫宁县开国伯、新除散骑常侍、领左军将军冯道根，奉上能忠，有功不伐，抚人留爱，守边难犯，祭遵、冯异、郭伋、李牧，不能过也。奄致殒丧，恻怆于怀。可赠信威将军、左卫将军，给鼓吹一部。赙钱十万，布百匹。谥曰威。"子怀嗣。

康绚，字长明，华山蓝田人也。其先出自康居。初，汉置都护，尽臣西域。康居亦遣侍子待诏于河西，因留为黔首，其后即以康为姓。晋时陇右乱，康氏迁于蓝田。绚曾祖因于苻坚太子詹事，生穆，穆为姚苌河南尹。宋永初中，穆举乡族三千余家，入襄阳之岘南。宋为置华山郡蓝田县，寄居于襄阳，以穆为秦、梁二州刺史。未拜，卒。绚世父元隆，父元抚，并为流人所推，相继为华山太守。

绚少俶傥有志气。齐文帝为雍州刺史，所辟皆取名家，绚特以才力召为西曹书佐。永明三年，除奉朝请。文帝在东宫，以旧恩引为直后，以母忧去职。服阕，除振威将军、华山太守。推诚抚循，荒余悦服。迁前军将军，复为华山太守。

永元元年，义兵起，绚举郡以应高祖，身率敢勇三千人，私马二百五十匹以从。除西中郎南康王中兵参军，加辅国将军。义师方围张冲于郢城，旷日持久，东昏将吴子阳壁于加湖，军锋甚盛，绚随王茂力攻屠之。自是常领游兵，有急应赴，斩获居多。天监元年，封南安县男，邑三百户。除辅国将军、竟陵太守。魏围梁州，刺史王珍国使请救，绚以郡兵赴之，魏军退。七年，司州三关为魏所逼，诏假绚节、武旅将军，率众赴援。九年，迁假节、督北兖州缘淮诸军事、振远将军、北兖州刺史。及朐山亡徒以城降魏，绚驰遣司马霍奉伯分军据岭。魏军至，不得越朐城。明年，青州刺史张稷为土人徐道角所杀，绚又遣司马茅荣伯讨平之。征骠骑临川王司马，加左骁骑将军，寻转朱衣直阁。十三年，迁太子右卫率，甲仗百人，与领军萧景直殿内。

绚身长八尺，容貌绝伦，虽居显官，犹习武艺。高祖幸德阳殿戏马，敕绚马射，抚弦贯的，观者悦之。其日，上使画工图绚形，遣中使持以问曰："卿识此图不？"其见亲如此。

时魏降人王足陈计，求堰淮水以灌寿阳。足引北方童谣曰："荆山为上格，浮山为下格，潼沱为激沟，并灌钜野泽。"高祖以为然，使水工陈承伯、材官将军祖暅视地形，咸谓淮内沙土漂轻，不坚实，其功不可就。高祖弗纳，发徐、扬人，率二十户取五丁以筑之。假绚节、都督淮上诸军事，并护堰作，役人及战士，有众二十万。于钟离南起浮山，北抵巉石，依岸以筑土，合脊于中流。十四年，堰将合，淮水漂疾，辄复决溃，众患之。或谓江、淮多有蛟，能乘风雨决坏崖岸，其性恶铁，因是引东西二冶铁器，大则釜鬵，小则锄锄，数千万斤，沉于堰所。犹不能合，乃伐树为井干，填以巨石，加土其上。缘淮百里内，冈陵木石，无巨细必尽，负担者肩上皆穿。夏日疾疫，死者相枕，蝇虫昼夜声相合。高祖愍役人淹久，遣尚书右仆射袁昂、侍中谢举假节慰劳之，并加赒复。是冬又寒甚，淮、泗尽冻，士卒死者十七八，高祖复遣赠以衣袴。十一月，魏遣将杨大眼扬声决堰，绚命诸军撤营露次以待之。遣其子悦挑战，斩魏咸阳王府司马徐方兴，魏军小却。十二月，魏遣其尚书仆射李昙定督众军来战，绚与徐州刺史刘思祖等距之。高祖又遣右卫将军昌义之、太仆卿鱼弘文、直阁曹世宗、徐元和相次距守。十五年四月，堰乃成。其长

九里，下阔一百四十丈，上广四十五丈，高二十丈，深十九丈五尺。夹之以堤，并树杞柳，军人安堵，列居其上。其水清洁，俯视居人坟墓，了然皆在其下。或人谓绚曰："四渎，天所以节宣其气，不可久塞。若凿湫东注，则游波宽缓，堰得不坏。"绚然之，开湫东注。又纵反间于魏曰："梁人所惧开湫，不畏野战。"魏人信之，果凿山深五丈，开湫北注，水日夜分流，湫犹不减。其月，魏军竟溃而归。水之所及，夹淮方数百里地。魏寿阳城戍稍徙顿于八公山，此南居人散就冈垄。

初，堰起于徐州界，刺史张豹子宣言于境，谓己必尸其事。既而绚以他官来监作，豹子甚惭。俄而敕豹子受绚节度，每事辄先谘焉，由是遂谮绚与魏交通，高祖虽不纳，犹以事毕征绚。寻以绚为持节、都督司州诸军事、信武将军、司州刺史，领安陆太守，增封二百户。绚还后，豹子不修堰，至其秋八月，淮水暴长，堰悉坏决，奔流于海，祖暅坐下狱。绚在州三年，大修城隍，号为严政。

十八年，征为员外散骑常侍，领长水校尉，与护军韦睿、太子右卫率周舍直殿省。普通元年，除卫尉卿，未拜，卒，时年五十七。舆驾即日临哭。赠右卫将军，给鼓吹一部。赙钱十万，布百匹。谥曰壮。

绚宽和少喜惧，在朝廷，见人如不能言，号为长厚。在省，每寒月见省官缊缕，辄遗以襦衣，其好施如此。子悦嗣。

昌义之，历阳乌江人也。少有武干。齐代随曹虎征伐，累有战功。虎为雍州，以义之补防阁，出为冯翊戍主。及虎代还，义之留事高祖。时天下方乱，高祖亦厚遇之。义师起，板为辅国将军、军主，除建安王中兵参军。时竟陵芊口有邸阁，高祖遣驱，每战必捷。大军次新林，随王茂于新亭，并朱雀航力战，斩获尤多。建康城平，以为直阁将军、马右夹毂主。天监元年，封永丰县侯，邑五百户。除骁骑将军。出为盱眙太守。二年，迁假节、督北徐州诸军事、辅国将军、北徐州刺史，镇钟离。魏寇州境，义之击破之。三年，进号冠军将军，增封二百户。

四年，大举北伐，扬州刺史临川王督众军军洛口，义之以州兵受节度，为前军，攻魏梁城，克之。五年，高祖以征役久，有诏班师，众军各退散，魏中山王元英乘势追蹑，攻没马头，城内粮储，魏悉移之归北。议者咸曰："魏送米北归，当无复南向。"高祖曰："不然，此必进兵，非其实也。"乃遣土匠修堑营钟离城，敕义之为战守之备。是冬，英果率其安乐王元道明、平东将军杨大眼等众数十万，来寇钟离。钟离城北阻淮水，魏人于邵阳洲西岸作浮桥，跨淮通道。英据东岸，大眼据西岸，以攻城。时城中众才三千人，义之督帅，随方抗御。魏军乃以车载土填堑，使其众负土随之，严骑自后蹙焉。人有未及回者，因以土进之，俄而堑满。英与大眼躬自督战，昼夜苦攻，分番相代，坠而复升，莫有退者。又设飞楼及冲车撞之，所值城土辄颓落。义之乃以泥补缺，冲车虽入而不能坏。义之善射，其被攻危急之处，辄驰往救之，每弯弓所向，莫不应弦而倒。一日战数十合，前后杀伤者万计，魏军死者与城

平。

六年四月，高祖遣曹景宗、韦睿帅众二十万救焉，既至，与魏战，大破之，英、大眼等各脱身奔走。义之因率轻兵追至洛口而还。斩首俘生，不可胜计。以功进号军师将军，增封二百户，迁持节、督青、冀二州诸军事、征虏将军、青、冀二州刺史。未拜，改督南兖、兖、徐、青、冀五州诸军事、辅国将军、南兖州刺史。坐禁物出藩，为有司所奏免。其年，补朱衣直阁，除左骁骑将军，直阁如故。迁太子右卫率，领越骑校尉，假节。八年，出为持节、督湘州诸军事、征远将军、湘州刺史。九年，以本号还朝，俄为司空临川王司马，将军如故。十年，迁右卫将军。十三年，徙为左卫将军。

是冬，高祖遣太子右卫率康绚督众军作荆山堰。明年，魏遣将李昙定大众逼荆山，扬声欲决堰，诏假义之节，帅太仆卿鱼弘文、直阁将军曹世宗、徐元和等救绚，军未至，绚等已破魏军。魏又遣大将李平攻峡石，围直阁将军赵祖悦，义之又率朱衣直阁王神念等救之。时魏兵盛，神念攻峡石浮桥不能克，故援兵不得时进，遂陷峡石。义之班师，为有司所奏，高祖以其功臣，不问也。

十五年，复以为使持节、都督湘州诸军事、信威将军、湘州刺史。其年，改授都督北徐州缘淮诸军事、平北将军、北徐州刺史。义之性宽厚，为将能抚御，得人死力，及居藩任，吏民安之。俄给鼓吹一部，改封营道县侯，邑户如先。普通三年，征为护军将军，鼓吹如故。四年十月，卒。高祖深痛惜之，诏曰："护军将军、营道县开国侯昌义之，干略沉济，志怀宽隐，诚著运始，效彰边服。方申爪牙，寄以禁旅；奄至殒丧，恻怆于怀。可赠散骑常侍、车骑将军，并鼓吹一部。给东园秘器，朝服一具。赙钱二万，布二百匹，蜡二百斤。谥曰烈。"子宝业嗣，官至直阁将军、谯州刺史。

陈吏部尚书姚察曰：张惠绍、冯道根、康绚、昌义之，初起从上，其功则轻。及群盗焚门，而惠绍以力战显；合肥、邵阳之逼，而道根、义之功多；浮山之役起，而康绚典其事：互有厥劳，宠进宜矣。先是镇星守天江而堰兴，及退舍而堰决，非徒人事，有天道矣。

卷十九　　　列传第十三

宗夬　刘坦　乐蔼

宗夬，字明敷，南阳涅阳人也，世居江陵。祖炳，宋时征太子庶子不就，有高名。父繁，西中郎谘议参军。夬少勤学，有局干。弱冠，举郢州秀才，历临川王常侍、骠骑行参军。齐司徒竟陵王集学士于西邸，并见图画，夬亦预焉。永明中，与魏和亲，敕夬与尚书殿中郎任昉同接魏使，皆时选也。

武帝嫡孙南郡王居西州，以夬管书记，夬既以笔札被知，亦以贞正见许，故任焉。俄而文惠太子薨，王为皇太孙，夬仍管书记。及太孙即位，多失德，夬颇自疏，得为秣陵令，迁尚书都官郎。隆昌末，少帝见诛，宠旧多罹其祸，惟夬及傅昭以清正免。

明帝即位，以夬为郢州治中，有名称职，以父老去官还乡里。南康王为荆州刺史，引为别驾。义师起，迁西中郎谘议参军，别驾如故。时西土位望，惟夬与同郡乐蔼、刘坦为州人所推信，故领军将军萧颖冑深相委仗，每事谘焉。高祖师发雍州，颖冑遣夬出自杨口，面禀经略，并护送军资，高祖甚礼之。中兴初，迁御史中丞，以父忧去职。起为冠军将军、卫军长史。天监元年，迁征虏长史、东海太守，将军如故。二年，征为太子右卫率。是冬，迁五兵尚书，参掌大选。三年，卒，时年四十九。子曜卿嗣。

夬从弟岳，有名行，州里称之，出于夬右。仕历尚书库部郎，郢州治中，北中郎录事参军事。

刘坦，字德度，南阳安众人也，晋镇东将军乔之七世孙。坦少为从兄虬所知。齐建元初，为南郡王国常侍，寻补屠陵令，迁南中郎录事参军，所居以干济称。南康王为荆州刺史，坦为西中郎中兵参军，领长流。义师起，迁谘议参军。时辅国将军杨公则为湘州刺史，帅师赴夏口，西朝议行州事者，坦谓众曰："湘境人情，易扰难信。若专用武士，则百姓畏侵渔；若遣文人，则威略不振。必欲镇静一州城，军民足食，则无逾老臣。先零之役，窃以自许。"遂从之。乃除辅国长史、长沙太守，行湘州事。坦尝在湘州，多旧恩，道迎者甚众。下车简选堪事吏，分诣十郡，悉发人丁，运稻米三十余万斛，致之义师，资粮用给。

时东昏遣安成太守刘希祖破西台所选太守范僧简于平都，希祖移檄湘部，于是始兴内史王僧粲应之。邵陵人逐其内史褚泲，永阳人周晖起兵攻始安郡，并应僧粲。桂阳人邵昙弄、邓道介报复私仇，因合党亦同焉。僧粲自号平西将军、湘州刺史，以永阳人周舒为谋主，师于建宁。自是湘部诸郡，悉皆蜂起；惟临湘、湘阴、浏阳、罗四县犹全。州人咸欲泛舟逃走，坦悉聚船焚之，遣将尹法略距僧粲，相持未决。前湘州镇军钟玄绍潜谋应僧粲，要结士庶数百人，皆连名定计，刻日反州城。坦闻其谋，伪为不知，因理讼至夜，而城门遂不闭，以疑之。玄绍未及发，明旦诣坦问其故。坦久留与语，密遣亲兵收其家书。玄绍在坐未起，而收兵已报具得其文书本末，玄绍即首伏，于坐斩之。焚其文书，其余党悉无所问，众愧且服，州部遂安。法略与僧粲相持累月，建康城平，公则还州，群贼始散。

天监初，论功封荔浦县子，邑三百户。迁平西司马、新兴太守。天监三年，迁西中郎长史，卒，时年六十二。子泉嗣。

乐蔼，字蔚远，南阳清阳人，晋尚书令广之六世孙，世居江陵。其舅雍州刺史宗悫，尝陈器物，试诸甥侄。蔼时尚幼，而所取惟书，悫由此奇之。又取史传各一卷授蔼等，使读毕，言所记。蔿略读具举，悫益善之。宋建平王景素为荆州刺史，辟为主簿。景素为南徐州，复为征北刑狱参军，迁龙阳相。以父忧去职，吏民诣州请之，葬讫起焉。时齐豫章王嶷为武陵太守，雅善蔿为政，及嶷为荆州刺史，以蔿为骠骑行参军、领州主簿，参知州事。嶷尝问蔿风土旧俗，城隍基跱，山川险易，蔿随问立对，若按图牒，嶷益重焉。州人嫉之，或谮蔿廨门如市，嶷遣觇之，方见蔿闭阁读书。嶷还都，以蔿为太尉刑狱参军，典书记，迁枝江令。还为大司马中兵参军，转署记室。

永明八年，荆州刺史巴东王子响称兵反，既败，焚烧府舍，官曹文书，一时荡尽。武帝引见蔿，问以西事，蔿上对详敏，帝悦焉。用为荆州治中，敕付以修复府州事。蔿还州，缮修廨署数百区，顷之咸毕，而役不及民。荆部以为自晋王悦移镇以来，府舍未之有也。

九年，豫章王嶷薨，蔿解官赴丧，率荆、湘二州故吏，建碑墓所。累迁车骑平西录事参军、步兵校尉，求助戍西归。南康王为西中郎，以蔿为谘议参军。义师起，萧颖胄引蔿及宗夬、刘坦，任以经略。梁台建，迁镇军司马、中书侍郎、尚书左丞。时营造器甲，舟舰军粮，及朝廷仪宪，悉资蔿焉。寻迁给事黄门侍郎，左丞如故。和帝东下，道兼卫尉卿。

天监初，迁骁骑将军、领少府卿；俄迁御史中丞，领本州大中正。初，蔿发江陵，无故于船得八车辐，如中丞健步避道者，至是果迁焉。蔿性公强，居宪台甚称职。时长沙宣武王将葬，而车府忽于库失油络，欲推主者。蔿曰："昔晋武库火，张华以为积油万石必然。今库若有灰，非吏罪也。"既而检之，果有积灰。时称其博物弘恕焉。

二年，出为持节、督广、交、越三州诸军、冠军将军、平越中郎将、广州刺史。前刺史徐元瑜罢归，道遇始兴人士反，逐内史崔睦舒，因掠元瑜财产。元瑜走归广州，借兵于蔿，托欲讨贼，而实谋袭蔿。蔿觉之，诛元瑜。寻进号征虏将军，卒官。

蔿姊适征士同郡刘虬，亦明识有礼训。蔿为州，迎姊居官舍，参分禄秩，西土称之。

子法才，字元备，幼与弟法藏俱有美名。少游京师，造沈约，约见而称之。齐和帝为相国，召为府参军，镇军萧颖胄辟主簿。梁台建，除起部郎。天监二年，蔿出镇岭表，法才留任京邑，迁金部郎，父忧去官。服阕，除中书通事舍人，出为本州别驾。入为通直散骑侍郎，复掌通事，迁尚书右丞。晋安王为荆州，重除别驾从事史。复征为尚书右丞，出为招远将军、建康令。不受俸秩，比去任，将至百金，县曹启输台库。高祖嘉其清节，曰："居职若斯，可以为百城表矣。"即日迁太府卿。寻除南康内史，耻以让俸受名，辞不拜。俄转云骑将军、少府卿。出为信武长史、江夏太守。因被代，表便道还乡。至家，割宅为寺，栖心物表。皇太子以法才旧臣，累有优令，召使东下，未及发而卒，时年六十三。

陈吏部尚书姚察曰：萧颖胄起大州之众以会义，当其时，人心未之能悟。此三人者，楚之镇也。经营缔构，盖有力焉。方面之功，坦为多矣；当官任事，蔿则兼之。咸登宠秩，宜乎！

卷二十　　　　　列传第十四

刘季连　陈伯之

刘季连，字惠续，彭城人也。父思考，以宋高祖族弟显于宋世，位至金紫光禄大夫。季连有名誉，早历清官。齐高帝受禅，悉诛宋室近属，将及季连等，太宰褚渊素善之，固请乃免。建元中，季连为尚书左丞。永明初，出为江夏内史，累迁平南长沙内史，冠军长史、广陵太守，并行府州事。入为给事黄门侍郎，转太子中庶子。建武中，又出为平西萧遥欣长史、南郡太守。时明帝诸子幼弱，内亲则仗遥欣兄弟，外亲则倚后弟刘暄、内弟江祏。遥欣之镇江陵也，意寄甚隆；而遥欣至州，多招宾客，厚自封殖，明帝甚恶之。季连族甥琅邪王会为遥欣谘议参军，美容貌，颇夕辩，遥欣遇之甚厚。会多所忄敫忽，于公座与遥欣竞侮季连，季连憾之，乃密表明帝，称遥欣有异迹。明帝纳焉，乃以遥欣为雍州刺史。明帝心德季连，四年，以为辅国将军、益州刺史，令据遥欣上流。季连父，宋世为益州，贪鄙无政绩，州人犹以义故，善待季连。季连下车，存问故老，抚纳新旧，见父时故吏，皆对之流涕。辟遂宁人龚㥾为府主簿。㥾，龚颖之孙，累世有学行，故引焉。

东昏即位，永元元年，征季连为右卫将军，道断不至。季连闻东昏失德，京师多故，稍自骄矜。本以文吏知名，性忌而褊狭，至是遂严愎酷狠，土人始怀怨望。其年九月，季连因聚会，发人丁三千人，声以讲武，遂遣中兵参军宋买率之以袭中水。穰人李托豫知之，设备守险，买与战不利，还州，郡县多叛乱矣。是月，新城人赵续伯杀五城令，逐始平太守。十月，晋原人乐宝称、李难当杀其太守，宝称自号南秦州刺史，难当益州刺史。十二月，季连遣参军崔茂祖率众二千讨之，赍三日粮。值岁大寒，群еств相聚，伐树塞路，军人水火无所得，大败而还，死者十七八。明年正月，新城人帛养逐遂宁太守谯希渊。三月，巴西人雍道晞率群贼万余逼巴西，去郡数里，道晞称镇西将军，号建义。巴西太守鲁休烈与涪令李膺婴城自守，季连遣中兵参军李奉伯率众五千救之。奉伯至，与郡兵破擒道晞，斩之涪市。奉伯因独进巴西之东乡讨余贼。李膺止之曰："卒惰将骄，乘胜履险，非良策也。不如小缓，更思后计。"奉伯不纳，悉众入山，大败而出，遂奔还州。六月，江阳人程延期反，杀太守何法藏。鲁休烈惧不自保，奔投巴东相萧慧训。十月，巴西人赵续伯又反，有众二万，出广汉，乘佛舆，以五彩裹青石，诳百姓云："天与我玉印，当王蜀。"愚人从之者甚众。季连进讨之，遣长史赵越常前驱。兵败，季连复遣李奉伯由涪路讨之。奉伯别军自漳亭与大军会于城，进攻其栅，大破之。

时会稽人石文安字守休，隐居乡里，专行礼让，代季连为尚书左丞，出为江夏内史，又代季连入为御史中丞，与季连相善。子仲渊字钦回，闻义师起，率乡人以应高祖。天监初，拜郢州别驾，从高祖平京邑。

明年春，遣左右陈建孙送季连弟通直郎子渊及季连二子使蜀，喻旨慰劳。季连受命，饬还装。高祖以西台将邓元起为益州刺史。元起，南郡人。季连为南郡之时，素薄元起。典签朱道琛者，尝为季连府都录，无赖小人，有罪，季连欲杀之，逃叛以免。至是说元起曰："益州乱离已久，公私府库必多耗失，刘益州临归空竭，岂办复能远遣候递。道琛请先使检校，缘路奉迎；不然，万里资粮，未易可得。"元起许之。道琛既至，言语不恭，又历造府州人士，见器物辄夺之，有不获者，语曰："会当属人，何须苦惜。"于是军府大惧，谓元起至必诛季连，祸及党与，竞言之于季连。季连亦以为然；又恶昔之不礼元起也，益愤懑。司马朱士略说季连，求为巴西郡，留三子为质，季连许之。顷之，季连遂召佐史，矫称齐宣德皇后令，聚兵复反，收朱道琛杀之。书报朱士略，兼召李膺。膺、士略并不受使。使归，元起收兵于巴西以待之，季连诛士略三子。

天监元年六月，元起至巴西，季连遣其将李奉伯等拒战。兵交，互有得失，久之，奉伯乃败退还成都。季连驱略居人，闭城固守。元起稍进围之。是冬，季连城局参军江希之等谋以城降，不果，季连诛之。蜀中丧乱已二年矣，城中食尽，升米三千，亦无所籴，饿死者相枕。其无亲党者，又杀而食之。季连食粥累月，饥窘无计。二年正月，高祖遣主书赵景悦宣诏降季连，季连肉袒请罪。元起迁季连于城外，俄而造焉，待之以礼。季连谢曰："早知如此，岂有前日之事。"元起诛李奉伯并诸渠帅，送季连还京师。季连将发，人莫之视，惟龚㥉送焉。

初，元起在道，惧事不集，无以为赏，士之至者，皆许以辟命，于是受别驾、治中檄者，将二千人。季连既至，诣阙谢，高祖引见之。季连自东掖门入，数步一稽颡，以至高祖前。高祖笑谓曰："卿欲慕刘备而曾不及公孙述，岂无卧龙之臣乎？"季连复稽颡谢。赦为庶人。四年正月，因出建阳门，为蜀人蔺道恭所害。季连在蜀，杀道恭父，道恭出亡，至是而报复焉。

陈伯之，济阴睢陵人也。幼有膂力。年十三四，好著獭皮冠，带刺刀，候伺邻里稻熟，辄偷刈之。尝为田主所见，呵之云："楚子莫动！"伯之谓田主曰："君稻幸多，一担何苦？"田主将执之，伯之因杖刀而进，将刺之，曰："楚子定何如！"田主皆反走，伯之徐担稻而归。及年长，在钟离数为劫盗，尝授面觇人船，船人斫之，获其左耳。后随乡人车骑将军王广之，广之爱其勇，每夜卧下榻，征伐尝自随。

齐安陆王子敬为南兖州，颇持兵自卫。明帝遣广之讨子敬，广之至欧阳，遣伯之先驱，因城开，独入斩子敬。又频有战功，以勋累迁为冠军将军、骠骑司马，封鱼复县伯，邑五百户。

义师起，东昏假伯之节、督前驱诸军事、豫州刺史，将军如故。寻转江州，据寻阳以拒义军。郢城平，高祖得伯之幢主苏隆之，使说伯之，即以为安东将军、江州刺史。伯之虽受命，犹怀两端，伪云"大军未须便下"。高祖谓诸将曰："伯之此答，其心未定，及其犹豫，宜逼之。"众军遂次寻阳，伯之退保南湖，然后归附。进号镇南将军，与众俱下。伯之顿篱门，寻进西明门。建康城未平，每降人出，伯之辄唤与耳语。高祖恐其复怀翻覆，密语伯之曰："闻城中甚忿卿举江州降，欲遣刺客中卿，宜以为虑。"伯之未之信。会东昏将郑伯伦降，高祖使过伯之，谓曰："城中甚忿卿，欲遣信诱卿以封赏。须卿复降，当生割卿手脚；卿若不降，复欲遣刺客杀卿。宜深为备。"伯之惧，自是无异志矣。力战有功。城平，进号征南将军，封丰城县公，邑二千户，遣还之镇。

伯之不识书，及还江州，得文牒辞讼，惟作大诺而已。有事，典签传口语，与夺决于主者。

伯之与豫章人邓缮、永兴人戴永忠并有旧，缮经藏伯之息英免祸，伯之尤德之。及在州，用缮为别驾，永忠记室参军。河南褚緭，京师之薄行者，齐末为扬州西曹，遇乱居间里；而轻薄互能自致，惟緭独不达。高祖即位，緭频造尚书范云，云不好緭，坚距之。緭益怒，私语所知曰："建武以后，草泽底下，悉化成贵人，吾何罪而见弃。今天下草创，饥馑不已，丧乱未可知。陈伯之拥强兵在江州，非代来臣，有自疑意；且荧惑守南斗，讵非为我出。今者一行，事若无成，入魏，何遽减作河南郡。"于是遂投伯之书佐王思穆，事之，大见亲狎。及伯之乡人朱龙符为长流参军，并乘伯之愚暗，恣行奸险，刑政通塞，悉共专之。

伯之子虎牙，时为直阁将军，高祖手疏龙符罪，亲付虎牙，虎牙封示伯之；高祖又遣代江州别驾邓缮，伯之并不受命。答高祖曰："龙符骁勇健儿，邓缮事有绩效，台所遣别驾，请以为治中。"緭于是日夜说伯之云："台家府库空竭，复无器仗，三仓无米，东境饥流，此万代一时也，机不可失。"緭、永忠等每赞成之。伯之谓緭："今段启卿，若复不得，便与卿共下使反。"高祖敕部内一郡处缮，伯之于是集府州佐史谓曰："奉齐建安王教，率江北义勇十万，已次六合，见使以江州见力运粮速下。我荷明帝厚恩，誓死以报。今便纂严备办。"使緭诈为萧宝寅书，以示僚佐。于厅事前为坛，杀牲以盟。伯之先饮，长史已下次第歃血。緭说伯之曰："今举大事，宜引众望，程元冲不与人同心；临川内史王观，僧虔之孙，人身不恶，便可召为长史，以代元冲。"伯之从之。仍以緭为寻阳太守，加讨逆将军；永忠辅义将军；龙符为豫州刺史，率五百人守大雷。大雷戍主沈慧休，镇南参军李延伯。又遣乡人孙邻、李景受龙符节度，邻为徐州，景为郢州。豫章太守郑伯伦起郡兵距守。程元冲既失职，于家合率数百人，使伯之典签吕孝通、戴元则为内应。伯之每旦常作伎，日晡辄卧，左右仗身皆休息。元冲因其解弛，从北门入，径至厅事前。伯之闻叫声，自率出荡，元冲力不能敌，走逃庐山。

初，元冲起兵，要寻阳张孝季，孝季从之。既败，伯之追孝季不得，得其母郎氏，蜡灌杀之。遣信还都报虎牙兄弟，虎牙等走盱眙，盱眙人徐安、庄兴绍、张显明邀击之，不能禁，反见杀。高祖遣王茂讨伯之。伯之闻茂来，谓缙等曰："王观既不就命，郑伯伦又不肯从，便应空手受困。今先平豫章，开通南路，多发丁力，益运资粮，然后席卷北向，以扑饥疲之众，不忧不济也。"乃留乡人唐盖人守城，遂相率趣豫章。太守郑伯伦坚守，伯之攻之不能下。王茂前军既至，伯之表里受敌，乃败走，间道亡命出江北，与子虎牙及褚缙俱入魏。魏以伯之为使持节、散骑常侍、都督淮南诸军事、平南将军、光禄大夫、曲江县侯。

天监四年，诏太尉、临川王宏率众军北讨，宏命记室丘迟私与伯之书曰：

    陈将军足下无恙，幸甚。将军勇冠三军，才为世出。弃燕雀之小志，慕鸿鹄以高翔。昔因机变化，遭逢明主，立功立事，开国承家，朱轮华毂，拥旄万里，何其壮也！如何一旦为奔亡之虏，闻鸣镝而股战，对穹庐以屈膝，又何劣耶？寻君去就之际，非有他故，直以不能内审诸己，外受流言，沉迷猖蹶，以至于此。圣朝赦罪论功，弃瑕录用，收赤心于天下，安反侧于万物，将军之所知，非假仆一二谈也。朱鲔涉血于友于，张绣剚刃于爱子，汉主不以为疑，魏君待之若旧。况将军无昔人之罪，而勋重于当世。

    夫迷涂知反，往哲是与；不远而复，先典攸高。主上屈法申恩，吞舟是漏。将军松柏不剪，亲戚安居；高台未倾，爱妾尚在。悠悠尔心，亦何可述。今功臣名将，雁行有序。怀黄佩紫，赞帷幄之谋；乘轺建节，奉疆埸之任。并刑马作誓，传之子孙。将军独靦颜借命，驱驰异域，宁不哀哉！

    夫以慕容超之强，身送东市；姚泓之盛，面缚西都。故知霜露所均，不育异类。姬汉旧邦，无取杂种。北虏僭盗中原，多历年所，恶积祸盈，理至燋烂。况伪孽昏狡，自相夷戮，部落携离，酋豪猜贰，方当系颈蛮邸，悬首藁街。而将军鱼游于沸鼎之中，燕巢于飞幕之上，不亦惑乎！

    暮春三月，江南草长，杂花生树，群莺乱飞。见故国之旗鼓，感平生于畴日，抚弦登陴，岂不怆恨。所以廉公之思赵将，吴子之泣西河，人之情也。将军独无情哉！想早励良图，自求多福。

伯之乃于寿阳拥众八千归。虎牙为魏人所杀。伯之既至，以为使持节、都督西豫州诸军事、平北将军、西豫州刺史，永新县侯，邑千户。未之任，复以为通直散骑常侍、骁骑将军，又为太中大夫。久之，卒于家。其子犹有在魏者。

褚缙在魏，魏人欲擢用之。魏元会，缙戏为诗曰："帽上著笼冠，袴上著朱衣，不知是今是，不知非昔非。"魏人怒，出为始平太守。日日行猎，堕马死。

史臣曰：刘季连之文吏小节，而不能以自保全，习乱然也。陈伯之小人而乘君子之器，群盗又诬而夺之，安能长久矣。

卷二十一　　　列传第十五

王瞻　王志　王峻　王暕子训
王泰　王份孙锡 金　张充
柳恽　蔡撙　江蒨

王瞻，字思范，琅邪临沂人，宋太保弘从孙也。祖柳，光禄大夫、东亭侯。父猷，廷尉卿。瞻年数岁，尝从师受业，时有伎经其门，同学皆出观，瞻独不视，习诵如初。从父尚书仆射僧达闻而异之，谓瞻父曰："吾宗不衰，寄之此子。"年十二，居父忧，以孝闻。服阕，袭封东亭侯。

瞻幼时轻薄，好逸游，为闾里所患。及长，颇折节有士操，涉猎书记，于棋射尤善。起家著作佐郎，累迁太子舍人、太尉主簿、太子洗马。顷之，出为鄱阳内史，秩满，授太子中舍人。又为齐南海王友，寻转司徒竟陵王从事中郎，王甚相宾礼。南海王为护军将军，瞻为长史。又出补徐州别驾从事史，迁骠骑将军王晏长史。晏诛，出为晋陵太守。瞻洁己为政，妻子不免饥寒。时大司马王敬则举兵作乱，路经晋陵，郡民多附敬则。军败，台执讨贼党，瞻言于朝曰："愚人易动，不足穷法。"明帝许之，所全活者万数。征拜给事黄门侍郎，抚军建安王长史、御史中丞。

高祖霸府开，以瞻为大司马相国谘议参军，领录事。梁台建，为侍中，迁左民尚书，俄转吏部尚书。瞻性率亮，居选部，所举多行其意。颇嗜酒，每饮或竟日，而精神益朗赡，不废簿领。高祖每称瞻有三术，射、棋、酒也。寻加左军将军，以疾不拜，仍为侍中，领骁骑将军，未拜，卒，时年四十九。谥康侯。子长玄，著作佐郎，早卒。

王志，字次道，琅邪临沂人。祖昙首，宋左光禄大夫、豫宁文侯；父僧虔，齐司空、简穆公：并有重名。志年九岁，居所生母忧，哀容毁瘠，为中表所异。弱冠，选尚孝武女安固公主，拜驸马都尉、秘书郎。累迁太尉行参军，太子舍人，武陵王文学。褚渊为司徒，引志为主簿。渊谓僧虔曰："朝廷之恩，本为殊特，所可光荣，在屈贤子。"累迁镇北竟陵王功曹史、安陆南郡二王友。入为中书侍郎。寻除宣城内史，清谨有恩惠。郡民张倪、吴庆争田，经年不决。志到官，父老乃相谓曰："王府君有德政，吾曹乡里乃有此争。"倪、庆因相携请罪，所讼地遂为闲田。征拜黄门侍郎，寻迁吏部侍郎。出为宁朔将军、东阳太守。郡狱有重囚十余人，冬至日悉遣还家，过节皆返，惟一人失期，狱司以为言。志曰："此自太守事，主者勿忧。"明旦，果自诣狱，辞以妇孕，吏民益叹服之。视事三年，齐永明二年，入为侍中，未拜，转吏部尚书，在选以和理称。崔慧景平，以例加右军将军，封临汝侯，固让不受，改领右卫将军。

义师至,城内害东昏,百僚署名送其首。志闻而叹曰:"冠虽弊,可加足乎?"因取庭中树叶挪服之,伪闷,不署名。高祖览笺无志署,心嘉之,弗以让也。霸府开,以志为右军将军、骠骑大将军长史。梁台建,迁散骑常侍、中书令。

天监元年,以本官领前军将军。其年,迁冠军将军、丹阳尹。为政清静,去烦苛。京师有寡妇无子,姑亡,举债以敛葬,既葬而无以还之。志愍其义,以俸钱偿焉。时年饥,每旦为粥于郡门,以赋百姓,民称之不容口。三年,为散骑常侍、中书令,领游击将军。志为中书令,及居京尹,便怀止足。常谓诸子侄曰:"谢庄在宋孝武世,位止中书令,吾自视岂可以过之。"因多谢病,简通宾客。迁前将军、太常卿。六年,出为云麾将军、安西始兴王长史、南郡太守。明年,迁军师将军、平西鄱阳郡王长史、江夏太守,并加秩中二千石。九年,迁为散骑常侍、金紫光禄大夫。十二年,卒,时年五十四。

志善草隶,当时以为楷法。齐游击将军徐希秀亦号能书,常谓志为"书圣"。

志家世居建康禁中里马蕃巷,父僧虔以来,门风多宽恕,志尤惇厚。所历职,不以罪咎劾人。门下客尝盗脱志车辖卖之,志知而不问,待之如初。宾客游其门者,专覆其过而称其善。兄弟子侄皆笃实谦和,时人号马蕃诸王为长者。普通四年,志改葬,高祖厚赗赐之。追谥曰安。有五子缉、休、谭、操、素,并知名。

王峻,字茂远,琅邪临沂人。曾祖敬弘,有重名于宋世,位至左光禄大夫、开府仪同三司。祖瓒之,金紫光禄大夫。父秀之,吴兴太守。峻少美风姿,善举止。起家著作佐郎,不拜,累迁中军庐陵王法曹行参军,太子舍人,邵陵王文学,太傅主簿。府主齐竟陵王子良甚相赏遇。迁司徒主簿,以父忧去职。服阕,除太子洗马,建安王友。出为宁远将军、桂阳内史。会义师起,上流诸郡多相惊扰,峻闭门静坐,一郡帖然,百姓赖之。

天监初,还,除中书侍郎。高祖甚悦其风采,与陈郡谢览同见赏擢。俄迁吏部,当官不称职,转征虏安成王长史,又为太子中庶子、游击将军。出为宣城太守,为政清和,吏民安之。视事三年,征拜侍中,迁度支尚书。又以本官兼起部尚书,监起太极殿。事毕,出为征远将军、平西长史、南郡太守。寻为智武将军、镇西长史、蜀郡太守。还为左民尚书,领步兵校尉。迁吏部尚书,处选甚得名誉。

峻性详雅,无趋竞心。尝与谢览约,官至侍中,不复谋进仕。览自吏部尚书出为吴兴郡,平心不畏强御,亦由处世之情既薄故也。峻为侍中以后,虽不退身,亦淡然自守,无所营务。久之,以疾表解职,迁金紫光禄大夫,未拜。普通二年,卒。时年五十六,谥惠子。

子琮、玩。琮为国子生,尚始兴王女繁昌县主,不慧,为学生所嗤,遂离婚。峻谢王,王曰:"此自上意,仆极不愿如此。"峻曰:"臣太祖是谢仁祖外孙,亦不藉殿下姻媾为门户。"

王暕,字思晦,琅邪临沂人。父俭,齐太尉,南昌文宪公。暕年数岁,而风神警拔,有成人之度。时文宪作宰,宾客盈门,见暕相谓曰:"公才公望,复在此矣。"弱冠,选尚淮南长公主,拜驸马都尉,除员外散骑侍郎,不拜,改授晋安王文学,迁庐陵王友、秘书丞。明帝诏求异士,始安王遥光表荐暕及东海王僧孺曰:"臣闻求贤暂劳,垂拱永逸,方之疏壤,取类导川。伏惟陛下道隐旒纩,信充符玺,白驹空谷,振鹭在庭;犹惧隐鳞卜祝,藏器屠保,物色关下,委裘河上。非取制于一狐,谅求味于兼采。而五声倦响,九工是询;寝议庙堂,借听舆皂。臣位任隆重,义兼邦家,实欲使名实不违,侥幸路绝。势门上品,犹当格以清谈;英俊下僚,不可限以位貌。窃见秘书丞琅邪王暕,年二十一,七叶重光,海内冠冕,神清气茂,允迪中和。叔宝理遣之谈,彦辅名教之乐,故以晖映先达,领袖后进。居无尘杂,家有赐书;辞赋清新,属言名远;室迩人旷,物疏道亲。养素丘园,台阶虚位;序序公朝,万夫倾首。岂徒荀令可想,李公不亡而已哉!乃东序之秘宝,瑚琏之茂器。"除骠骑从事中郎。

高祖霸府开,引为户曹属,迁司徒左长史。天监元年,除太子中庶子,领骁骑将军,入为侍中。出为宁朔将军、中军长史。又为侍中,领射声校尉,迁五兵尚书,加给事中,出为晋陵太守。征为吏部尚书,俄领国子祭酒。暕名公子,少致美称,及居选曹,职事修理;然世贵显,与物多隔,不能留心寒素,众颇谓为刻薄。迁尚书右仆射,寻加侍中。复迁左仆射,以母忧去官。起为云麾将军、吴郡太守。还为侍中、尚书左仆射,领国子祭酒。普通四年冬,暴疾卒,时年四十七。诏赠侍中、中书令、中军将军,给东园秘器,朝服一具,衣一袭,钱十万,布百匹。谥曰靖。有四子,训、承、穉、讦,并通显。

训字怀范,幼聪警有识量,征士何胤见而奇之。年十三,暕亡忧毁,家人莫之识。十六,召见文德殿,应对爽彻。上目送久之,顾谓朱异曰:"可谓相门有相矣。"补国子生,射策高第,除秘书郎,迁太子舍人、秘书丞。转宣城王文学、友、太子中庶子,掌管记。俄迁侍中,既拜入见,高祖从容问何敬容曰:"褚彦回年几为宰相?"敬容对曰:"少过三十。"上曰:"今之王训,无谢彦回。"

训美容仪,善进止,文章之美,为后进领袖。在春宫特被恩礼。以疾终于位,时年二十六。赠本官。谥温子。

王泰,字仲通,志长兄慈之子也。慈,齐时历侍中、吴郡,知名在志右。泰幼敏悟,年数岁时,祖母集诸孙侄,散枣栗于床上,群儿皆竞之,泰独不取。问其故,对曰:"不取,自当得赐。"由是中表异之。既长,通和温雅,人不见其喜愠之色。起家为著作郎,不拜,改除秘书郎,迁前将军、法曹行参军、司徒东阁祭酒、车骑主簿。

高祖霸府建,以泰为骠骑功曹史。天监元年,迁秘书丞。齐永元末,后宫火,延烧秘书,图书散乱殆尽。泰为丞,表校定缮写,高祖从之。顷之,迁中书侍郎。出为南徐州别驾从事史，居职有能名。复征中书侍郎，敕掌吏部郎事。累迁给事黄门侍郎、员外散骑常侍，并掌吏部如故，俄即真。自过江，吏部郎不复典大选，令史以下，小人求竞者辐凑，前后少能称职。泰为之不通关求，吏先至者即补，不为贵贱请嘱易意，天下称平。累迁廷尉，司徒左长史。出为明威将军、新安太守，在郡和理得民心。征为宁远将军，安右长史，俄迁侍中。寻为太子庶子、领步兵校尉，复为侍中。仍迁仁威长史、南兰陵太守，行南康王府、州、国事。王迁职，复为北中郎长史、行豫章王府、州、国事，太守如故。入为都官尚书。泰能接人士，士多怀泰，每愿其居选官。顷之，为吏部尚书，衣冠属望，未及选举，仍疾，改除散骑常侍、左骁骑将军，未拜，卒，时年四十五。谥夷子。

初，泰无子，养兄子祁，晚有子廓。

王份，字季文，琅邪人也。祖僧朗，宋开府仪同三司、元公。父粹，黄门侍郎。份十四而孤，解褐车骑主簿。出为宁远将军、始安内史。袁粲之诛，亲故无敢视者，份独往致恸，由是显名。迁太子中舍人，太尉属。出为晋安内史。累迁中书侍郎，转大司农。

份兄奂于雍州被诛，奂子肃奔于魏，份自拘请罪，齐世祖知其诚款，喻而遣之。属肃屡引魏人来侵疆埸，世祖尝因侍坐，从容谓份曰："比有北信不？"份敛容对曰："肃既近忘坟柏，宁远忆有臣。"帝亦以此亮焉。寻除宁朔将军、零陵内史。征为黄门侍郎，以父终于此职，固辞不拜，迁秘书监。

天监初，除散骑常侍、领步兵校尉、兼起部尚书。高祖尝于宴席问群臣曰："朕为有为无？"份对曰："陛下应万物为有，体至理为无。"高祖称善。出为宣城太守，转吴郡太守，迁宁朔将军、北中郎豫章王长史、兰陵太守，行南徐府州事。迁太常卿、太子右率、散骑常侍，侍东宫，除金紫光禄大夫。复为智武将军、南康王长史，秩中二千石。复入为散骑常侍、金紫光禄、南徐州大中正，给亲信二十人。迁尚书左仆射，寻加侍中。

时修建二郊，份以本官领大匠卿，迁散骑常侍、右光禄大夫，加亲信为四十人。迁侍中、特进、左光禄，复以本官监丹阳尹。普通五年三月，卒，时年七十九。诏赠本官，赙钱四十万，布四百匹，蜡四百斤，给东园秘器，朝服一具，衣一袭。谥胡子。

长子琳，字孝璋，举南徐州秀才，释褐征虏建安王法曹、司徒东阁祭酒，南平王文学。尚义兴公主，拜驸马都尉。累迁中书侍郎，卫军谢朏长史、员外散骑常侍。出为明威将军、东阳太守，征司徒左长史。

锡字公嘏，琳之第二子也。幼而警悟，与兄弟受业，至应休散，常独留不起。年七八岁，犹随公主入宫，高祖嘉其聪敏，常为朝士说之。精力不倦，致损右目。公主每节其业，为饰居宇。虽童稚之中，一无所好。十二，为国子生。十四，举清茂，除秘书郎，与范阳张伯绪齐名，俱为太子舍人。丁父忧，居丧尽礼。服阕，除太子洗马。时昭明尚幼，未与臣僚相接。高祖敕："太子洗马王锡、秘书郎张缵，亲表英华，朝中髦俊，可以师友事之。"以戚属封永安侯，除晋安王友，称疾不行，敕许受诏停都。王冠日，以府僚摄事。

普通初，魏始连和，使刘善明来聘，敕使中书舍人朱异接之，预宴者皆归化北人。善明负其才气，酒酣谓异曰："南国辩学如中书者几人？"异对曰："异所以得接宾宴者，乃分职是司。二国通和，所敦亲好；若以才辩相尚，则不容见使。"善明乃曰："王锡、张缵，北间所闻，云何可见？"异具启，敕即使于南苑设宴，锡与张缵、朱异四人而已。善明造席，遍论经史，兼以嘲谑，锡、缵随方酬对，无所稽疑，未尝访彼一事，善明甚相叹挹。佗日谓异曰："一日见二贤，实副所期，不有君子，安能为国！"

转中书郎，迁给事黄门侍郎、尚书吏部郎中，时年二十四。谓亲友曰："吾以外戚，谬被时知，多叨人爵，本非其志；兼比羸病，庶务难拥，安能舍其所好而徇所不能。"乃称疾不拜。便谢遣宾徒，拒绝宾客，掩扉覃思，室宇萧然。中大通六年正月，卒，时年三十六。赠侍中，给东园秘器，朝服一具，衣一袭。谥贞子。子泛、混。

金字公会，锡第五弟也。八岁丁父忧，哀毁过礼。服阕，召补国子生，祭酒袁昂称为通理。策高第，除长史兼秘书郎中，历尚书殿中郎，太子中舍人，与吴郡陆襄对掌东宫管记。出为建安太守。山贼方善、谢稀蒙徒依险，屡为民患，金港设方略，率众平之，有诏褒美，颁示州郡。除武威将军、始兴内史，丁所生母忧，固辞不拜。又除宁远将军、南康内史，属卢循作乱，复转金为安成内史，以镇抚之。还除黄门侍郎，寻为安西武陵王长史、蜀郡太守。金憚岨嶮，固以疾辞，因以黜免。久之，除戎昭将军、尚书左丞，复补黄门侍郎，迁太子中庶子，掌东宫管记。太清二年十二月，卒，时年四十五。赠侍中，给东园秘器，朝服一具，衣一袭。承圣三年，世祖追诏曰："贤而不伐曰恭，谥恭子。"

张充，字延符，吴郡人。父绪，齐特进、金紫光禄大夫，有名前代。充少时，不持操行，好逸游。绪尝请假还吴，始入西郭，值充出猎，左手臂鹰，右手牵狗，遇绪船至，便放绁脱韝，拜于水次。绪曰："一身两役，无乃劳乎？"充跪对曰："充闻三十而立，今二十九矣，请至来岁而敬易之。"绪曰："过而能改，颜氏子有焉。"及明年，便修身改节。学不盈载，多所该览，尤明《老》、《易》，能清言，与从叔稷俱有令誉。

起家抚军行参军，迁太子舍人、尚书殿中郎、武陵王友。时尚书令王俭当朝用事，武帝皆取决焉。武帝尝欲以充父绪为尚书仆射，访于俭，俭对曰："张绪少有清望，诚美选也；然东土士庶所执，绪诸子又多薄行，臣谓此宜详择。"帝遂止。先是充兄弟皆轻侠，充少时又不护细行，故俭言之。充闻而愠，因与俭书曰：

吴国男子张充致书于琅邪王君侯侍者：顷日路长，愁霖韬晦，凉暑未平，想无亏摄。充幸以鱼钓之闲,镰采之暇,时复以卷轴自娱,逍遥前史。从横万古,动默之路多端;纷纶百年,升降之途不一。故以圆行方止,器之异也;金刚水柔,性之别也。善御性者,不违金水之质;善为器者,不易方圆之用。所以北海挂簪带之高,河南降玺书之贵。充生平少偶,不以利欲干怀,三十六年,羞得以栖贫自澹。介然之志,峭耸霜崖;确乎之情,峰横海岸。影缨天阁,既谢廊庙之华;缀组云台,终惭衣冠之秀。所以摈迹江皋,阳狂陇畔者,实由气岸疏凝,情涂狷隔。独师怀抱,不见许于俗人;孤秀神崖,每遭回于在世。故君山直上,蹙压于当年,叔阳复举,辖轹乎千载。充所以长群鱼鸟,毕影松阿。半顷之田,足以输税;五亩之宅,树以桑麻。啸歌于川泽之间,讽味于渑池之上,泛滥于渔父之游,偃息于卜居之下。如此而已,充何谢焉。

若夫惊岩罩日,壮海逢天;竦石崩寻,分危落仞。桂兰绮靡,丛杂于山幽;松柏森阴,相缭于涧曲。元卿于是乎不归,伯休亦以兹长往。若乃飞竿钓渚,濯足沧洲;独浪烟霞,高卧风月。悠悠琴酒,岫远谁来?灼灼文谈,空罢方寸。不觉郁然千里,路阻江川。每至西风,何尝不奋?聊因疾隙,略举诸襟,持此片言,轻枉高听。

丈人岁路未强,学优而仕;道佐苍生,功横海望。入朝则协长倩之诚,出议则抗仲子之节。可谓盛德维时,孤松独秀者也。素履未详,斯旅尚眇。茂陵之彦,望冠盖而长怀;霸山之氓,伫车乘而耸叹。得无惜乎?若鸿装撰御,鹤驾轩空,则岸不辞枯,山被其润。奇禽异羽,或岩际而逢迎;弱雾轻烟,乍林端而奄蔼。东都不足奇,南山岂为贵。

充昆西之百姓,岱表之一民。蚕而衣,耕且食,不能事王侯,觅知己,造时人,骋游说,蓬转于屠博之间,其欢甚矣。丈人早遇承华,中逢崇礼。肆上之眷,望溢于早辰;乡下之言,谬延于造次。然举世皆谓充为狂,充亦何能与诸君道之哉?是以披闻见,扫心胸,述平生,论语默,所以通梦交魂,推衿送抱者,其惟丈人而已。

关山复隔,书罢莫因,傥遇樵者,妄尘执事。
俭言之武帝,免充官,废处久之。后为司徒谘议参军,与琅邪王思远、同郡陆慧晓等,并为司徒竟陵王宾客。入为中书侍郎,寻转给事黄门侍郎。明帝作相,以充为镇军长史。出为义兴太守,为政清静,民吏便之。寻以母忧去职,服阕,除太子中庶子,迁侍中。义师近次,东昏召百官入宫省,朝士虑祸,或往来酣宴,充独居侍中省,不出阁。城内既害东昏,百官集西钟下,召充不至。

高祖霸府开,以充为大司马谘议参军,迁梁王国郎中令,祠部尚书,领屯骑校尉,转冠军将军、司徒左长史。天监初,除大常卿。寻迁吏部尚书,居选称为平允。俄为散骑常侍、云骑将军。寻除晋陵太守,秩中二千石。征拜散骑常侍、国子祭酒。充长于义理,登堂讲说,皇太子以下皆至。时王侯多在学,执经以拜,充朝服而立,不敢当也。转左卫将军,祭酒如故。入为尚书仆射,顷之,除云麾将军、吴郡太守。下车恤贫老,故旧莫不欣悦。以疾自陈,征为散骑常侍,金紫光禄大夫,未及还朝,十三年,卒于吴,时年六十六。诏赠侍中、护军将军。谥穆子。子最嗣。

柳恽,字文畅,河东解人也。少有志行,好学,善尺牍。与陈郡谢瀹邻居,瀹深所友爱。初,宋世有嵇元荣、羊盖,并善弹琴,云传戴安道之法,恽幼从之学,特穷其妙。齐竟陵王闻而引之,以为法曹行参军,雅被赏狎。王尝置酒后园,有晋相谢安鸣琴在侧,以授恽,恽弹为雅弄。子良曰:"卿巧越嵇心,妙臻羊体,良质美手,信在今辰。岂止当世称奇,足可追踪古烈。"累迁太子洗马,父忧去官。服阕,试守郡阳相,听吏属,得尽三年丧礼,署之文教,百姓称焉。还除骠骑从事中郎。

高祖至京邑,恽候谒石头,以为冠军将军、征东府司马。时东昏未平,士犹苦战,恽上笺陈便宜,请城平之日,先收图籍,及遵汉祖宽大爱民之义,高祖从之。会萧颖胄薨于江陵,使恽西上迎和帝,仍除给事黄门侍郎,领步兵校尉,迁相国右司马。天监元年,除长史、兼侍中,与仆射沈约等共定新律。

恽立行贞素,以贵公子早有令名,少工篇什。始为诗曰:"亭皋木叶下,陇首秋云飞。"琅邪王元长见而嗟赏,因书斋壁。至是预曲宴,必被诏赋诗。尝奉和高祖《登景阳楼》中篇云:"太液沧波起,长杨高树秋。翠华承汉远,雕辇逐风游。"深为高祖所美。当时咸共传。

恽善弈棋,帝每敕侍坐,仍令定棋谱,第其优劣。二年,出为吴兴太守。六年,征为散骑常侍,迁左民尚书。八年,除持节、都督广、交、桂、越四州诸军事、仁武将军、平越中郎将、广州刺史。征为秘书监,领左军将军。复为吴兴太守六年,为政清静,民吏怀之。于郡感疾,自陈解任,父老千余人拜表陈请,事未施行。天监十六年,卒,时年五十三。赠侍中、中护军。

恽既善琴,尝以今声转弃古法,乃著《清调论》,具有条流。

少子偃,字彦游。年十二引见。诏问读何书,对曰《尚书》。又曰:"有何美句?"对曰:"德惟善政,政在养民。"众咸异之。诏尚长城公主,拜驸马都尉,都亭侯,太子舍人,洗马,庐陵、鄱阳内史。大宝元年,卒。

蔡撙,字景节,济阳考城人。父兴宗,宋左光禄大夫、开府仪同三司,有重名前代。撙少方雅退默,与兄寅俱知名。选补国子生,举高第,为司徒法曹行参军。齐左卫将军王俭高选府僚,以撙为主簿。累迁建安王文学,司徒主簿、左西属。明帝为镇军将军,引为从事中郎,迁中书侍郎,中军长史,给事黄门侍郎。丁母忧,庐于墓侧。齐末多难,服阕,因居墓所。除太子中庶子,太尉长史,并不就。梁台建,为侍中,迁临海太守,坐公事左迁太子中庶子。复为侍中,吴兴太守。

天监九年,宣城郡吏吴承伯挟妖道聚众攻宣城,杀太守朱僧勇。因转屠旁县，逾山寇吴兴，所过皆残破，众有二万，奄袭郡城。东道不习兵革，吏民恇扰奔散，并请搏避之。搏坚守不动，募勇敢固郡。承伯尽锐攻搏，搏命众出拒，战于门，应手摧破，临阵斩承伯，余党悉平。加信武将军。征度支尚书，迁中书令。复为信武将军、晋陵太守。还，除通直散骑常侍、国子祭酒。迁吏部尚书，居选，弘简有名称。又为侍中，领秘书监，转中书令，侍中如故。普通二年，出为宣毅将军、吴郡太守。四年，卒，时年五十七。追赠侍中、金紫光禄大夫、宣惠将军。谥康子。

子彦熙，历官中书郎，宣城内史。

江蒨，字彦标，济阳考城人。曾祖湛，宋左光禄、仪同三司；父敩，齐太常卿：并有重名于前世。

蒨幼聪警，读书过目便能讽诵。选为国子生，通《尚书》，举高第。起家秘书郎，累迁司徒东阁祭酒、庐陵王主簿。居父忧以孝闻，庐于墓侧，明帝敕遣舆伕二十人防墓所。服阕，除太子洗马，累迁司徒左西属，太子中舍人，秘书丞。出为建安内史，视事期月，义师下次江州，遣宁朔将军刘忱之为郡，蒨帅吏民据郡拒之。及建康城平，蒨坐系锢。俄被原，起为后军临川王外兵参军。累迁临川王友，中书侍郎，太子家令，黄门侍郎，领南兖州大中正。迁太子中庶子，中正如故。转中权始兴王长史。出为伏波将军、晋安内史。在政清约，务在宽惠，吏民便之。诏征为宁朔将军、南康王长史，行府、州、国事。顷之，迁太尉临川王长史，转尚书吏部郎，右将军。

蒨方雅有风格。仆射徐勉以权重自遇，在位者并宿士敬之，惟蒨及王规与抗礼，不为之屈。勉因蒨门客翟景为第七儿繇求蒨女婚，蒨不答，景再言之，乃杖景四十，由此与勉有忤。除散骑常侍，不拜。是时勉又为求蒨弟葺及王泰女，二人并拒之。葺为吏部郎，坐杖曹中干免官，泰以疾假出宅，乃迁散骑常侍，皆勉意也。初，天监六年，诏以侍中、常侍并侍帷幄，分门下二局入集书，其官品视侍中，而非华胄所悦，故勉斥泰为之。蒨寻迁司徒左长史。

初，王泰出阁，高祖谓勉云："江蒨资历，应居选部。"勉对曰："蒨有眼患，又不悉人物。"高祖乃止。迁光禄大夫。大通元年，卒，时年五十三。诏赠本官。谥肃子。

蒨好学，尤悉朝仪故事，撰《江左遗典》三十卷，未就，卒。文集十五卷。

子䌽、经，在《孝行传》。

史臣曰：王氏自姬姓已降，及乎秦汉，继有英哲。自东晋王茂弘经纶江左，时人方之管仲。其后蝉冕交映，台衮相袭，勒名帝籍，庆流子孙，斯为盛族矣。王瞻等承藉兹基，国华是贵，子有才行，可得而称。张充少不持操，晚乃折节，在于典选，实号廉平。柳恽以多艺称，蔡撙以方雅著，江蒨以风格显，俱为梁室名士焉。

卷二十二　　　列传第十六

太祖五王

太祖十男。张皇后生长沙宣武王懿、永阳昭王敷、高祖、衡阳宣王畅。李太妃生桂阳简王融。懿及融，齐永元中为东昏所害；敷、畅，建武中卒：高祖践阼，并追封郡王。陈太妃生临川靖惠王宏，南平元襄王伟。吴太妃生安成康王秀，始兴忠武王憺。费太妃生鄱阳忠烈王恢。

临川靖惠王宏，字宣达，太祖第六子也。长八尺，美须眉，容止可观。齐永明十年，为卫军庐陵王法曹行参军，迁太子舍人。时长沙王懿镇梁州，为魏所围，明年，给宏精兵千人赴援，未至，魏军退。迁骠骑晋安王主簿，寻为北中郎桂阳王功曹史。衡阳王畅，有美名，为始安王萧遥光所礼。及遥光作乱，逼畅入东府，畅惧祸，先赴台。高祖在雍州，常惧诸弟及祸，谓南平王伟曰："六弟明于事理，必先还台。"及信至，果如高祖策。

高祖义师下，宏至新林奉迎，拜辅国将军。建康平，迁西中郎将、中护军，领石头戍军事。天监元年，封临川郡王，邑二千户。寻为使持节、散骑常侍、都督扬、南徐州诸军事、后将军、扬州刺史，又给鼓吹一部。三年，加侍中，进号中军将军。

四年，高祖诏北伐，以宏为都督南北兖、北、徐、青、冀、豫、司、霍八州北讨诸军事。宏以帝之介弟，所领皆器械精新，军容甚盛，北人以为百数十年所未有。军次洛口，宏前军克梁城，斩魏将晁清。会征役久，有诏班师。六年夏，迁骠骑将军、开府仪同三司，侍中如故。其年，迁司徒，领太子太傅。八年夏，为使持节、都督扬、南徐二州诸军事、司空、扬州刺史，侍中如故。其年冬，以公事左迁骠骑大将军，开府同三司之仪，侍中如故。未拜，迁使持节、都督扬、徐二州诸军事、扬州刺史，侍中、将军如故。十二年，迁司空，使持节、侍中、都督、刺史、将军并如故。

十五年春，所生母陈太妃寝疾，宏与母弟南平王伟侍疾，并衣不解带，每二宫参问，辄对使涕泣。及太妃薨，水浆不入口者五日，高祖每临幸慰勉之。宏少而谨，齐之末年，避难潜伏，与太妃异处，每遣使参问起居。或谓宏曰："逃难须密，不宜往来。"宏衔泪答曰："乃可无我，此事不容暂废。"寻起为中书监、骠骑大将军、使持节、都督如故，固辞弗许。

十七年夏，以公事左迁侍中、中军将军、行司徒。其年冬，迁侍中、中书监、司徒。普通元年，迁使持节、都督扬、南徐州诸军事、太尉、扬州刺史，侍中如故。二年，改创南、北郊，以本官领起部尚书，事竟罢。

七年三月，以疾累表自陈，诏许解扬州，余如故。四月，薨，时年五十四。自疾至于薨，舆驾七出临视。及葬，诏曰："侍中、太尉临川王宏,器宇冲贵,雅量弘通。爰初弱龄,行彰素履;逮于应务,嘉猷载缉。自皇业启基,地惟介弟,久司神甸,历位台阶,论道登朝,物无异议。朕友之至,家国兼情,方弘燮赞,仪刑列辟。天不慭遗,奄焉不永,哀痛抽切,震恸于厥心。宜增礼秩,式昭懋典。可赠侍中、大将军、扬州牧、假黄钺,王如故。并给羽葆鼓吹一部,增班剑为六十人。给温明秘器,敛以衮服。谥曰靖惠。"宏性宽和笃厚,在州二十余年,未尝以吏事按郡县,时称其长者。

宏有七子:正仁,正义,正德,正则,正立,正表,正信。世子正仁,为吴兴太守,有治能。天监十年,卒,谥曰哀世子。无子,高祖诏以罗平侯正立为世子,由宏意也。宏薨,正立表让正义为嗣,高祖嘉而许之,改封正立为建安侯,邑千户。卒,子贲嗣。正义先封平乐侯,正德西丰侯,正则乐山侯,正立罗平侯,正表封山侯,正信武化侯,正德别有传。

安成康王秀,字彦达,太祖第七子也。年十二,所生母吴太妃亡,秀母弟始兴王憺时年九岁,并以孝闻,居丧,累日不进浆饮,太祖亲取粥授之。哀其早孤,命侧室陈氏并母二子。陈亦无子,有母德,视二子如亲生焉。秀既长,美风仪,性方静,虽左右近侍,非正衣冠不见也,由是亲友及家人咸敬焉。齐世,弱冠为著作佐郎,累迁后军法曹行参军,太子舍人。

永元中,长沙宣武王懿入平崔慧景,为尚书令,居端右;弟衡阳王畅为卫尉,掌管籥。东昏日夕逸游,出入无度。众颇劝懿因其出,闭门举兵废之,懿不听。帝左右既恶懿勋高,又虑废立,并间懿,懿亦危之,自是诸王侯咸为之备。及难作,临川王宏以下诸弟侄各得奔避。方其逃也,皆不出京师,而罕有发觉,惟桂阳王融及祸。

高祖义师至新林,秀与诸王侯并自拔赴军,高祖以秀为辅国将军。是时东昏弟晋熙王宝嵩为冠军将军、南徐州刺史,镇京口,长史范岫行府州事,遣使降,且请兵于高祖。以秀为冠军长史、南东海太守,镇京口。建康平,仍为使持节、都督南徐、兖二州诸军事、南徐州刺史,辅国将军如故。天监元年,进号征虏将军,封安成郡王,邑二千户。京口自崔慧景作乱,累被兵革,民户流散,秀招怀抚纳,惠爱大行。仍值年饥,以私财赡百姓,所济活甚多。二年,以本号征领石头戍事,加散骑常侍。三年,进号右将军。五年,加领军、中书令,给鼓吹一部。

六年,出为使持节、都督江州诸军事、平南将军、江州刺史。将发,主者求坚船以为斋舫。秀曰:"吾岂爱财而不爱士。"乃教所由,以牢舟给参佐,下者载斋物。既而遭风,斋舫遂破。及至州,闻前刺史取征士陶潜曾孙为里司。秀叹曰:"陶潜之德,岂可不及后世!"即日辟为西曹。时盛夏水泛长,津梁断绝,外司请依旧俭度,收其价直。秀教曰:"刺史不德,水潦为患,可利之乎!给船而已。"七年,遭慈母陈太妃忧,诏起视事。寻迁都督荆、湘、雍、益、宁、南、北梁、南、北秦州九州诸军事、平西将军、荆州刺史。其年,迁号安西将军。立学校,招隐逸,

下教曰:"夫鹓火之禽,不匿影于丹山;昭华之宝,乍耀采于蓝田。是以江汉有濯缨之歌,空谷著来思之咏,弘风阐道,靡不由兹。处士河东韩怀明、南平韩望、南郡庾承先、河东郭麻,并脱落风尘,高蹈其事。两韩之孝友纯深,庾、郭之形骸枯槁,或橡饭菁羹,惟日不足,或葭墙艾席,乐在其中。昔伯武贞坚,就仕河内,史云孤劭,屈志陈留。岂曰场苗,实惟攻玉。可加引辟,并遣喻意。既同魏侯致礼之请,庶无辟疆三缄之叹。"

是岁,魏悬瓠城民反,杀豫州刺史司马悦,引司州刺史马仙琕,仙琕笺荆州求应赴。众咸谓宜待台报,秀曰:"彼待我而为援,援之宜速,待救虽旧,非应急也。"即遣兵赴之。先是,巴陵马营蛮为缘江寇害,后军司马高江产以郢州军伐之,不克,江产死之,蛮遂盛。秀遣防阁文炽率众讨之,燔其林木,绝其蹊迳,蛮失其崄,期岁而江路清,于是州境盗贼遂绝。及沮水暴长,颇败民田,秀以谷二万斛赡之。使长史萧琛简府州贫老单丁吏,一日散遣五百余人,百姓甚悦。

十一年,征为侍中、中卫将军,领宗正卿、石头戍事。十三年,复出为使持节、散骑常侍、都督郢、司、霍三州诸军事、安西将军、郢州刺史。郢州当涂为剧地,百姓贫,至以妇人供役,其弊如此。秀至镇,务安之。主者或求召吏。秀曰:"不识救弊之术;此州凋残,不可扰也。"于是务存约己,省去游费,百姓安堵,境内晏然。先是夏口常为兵冲,露骸积骨于黄鹤楼下,秀祭而埋之。一夜,梦数百人拜谢而去。每冬月,常作襦裤以赐冻者。时司州叛蛮田鲁生,弟鲁贤、超秀,据蒙笼来降。高祖以鲁生为北司州刺史,鲁贤北豫州刺史,超秀定州刺史,为北境捍蔽。而鲁生、超秀互相谗毁,有去就心,秀抚喻怀纳,各得其用,当时赖之。

十六年,迁使持节、都督雍、梁、南、北秦四州郢州之竟陵司州之随郡诸军事、镇北将军、宁蛮校尉、雍州刺史,便道之镇。十七年春,行至竟陵之石梵,薨,时年四十四。高祖闻之,甚痛悼焉。遣皇子南康王绩缘道迎候。

初,秀之西也,郢州民相送出境,闻其疾,百姓商贾咸为请命。既薨,四州民裂裳为白帽,哀哭以迎送之。雍州蛮迎秀,闻薨,祭哭而去。丧至京师,高祖使使册赠侍中、司空,谥曰康。

秀有容观,每朝,百僚属目。性仁恕,喜愠不形于色。左右尝以石掷杀所养鹄,斋帅请治其罪。秀曰:"吾岂以鸟伤人。"在京师,旦临公事,厨人进食,误而覆之,去而登车,竟朝不饭,亦不之诮也。精意术学,搜集经记,招学士平原刘孝标,使撰《类苑》,书未及毕,而已行于世。秀于高祖布衣昆弟,及为君臣,小心畏敬,过于疏贱者,高祖益以此贤之。少偏孤,于始兴王憺尤笃。梁兴,憺久为荆州刺史,自天监初,常以所得俸中分与秀,秀称心受之,亦弗辞多也。昆弟之睦,时议归之。故吏夏侯亶等表立墓碑,诏许焉。当世高才游王门者,东海王僧孺、吴郡陆倕、彭城刘孝绰、河东裴子野,各制其文,古未之有也。世子机嗣。

机字智通，天监二年，除安成国世子。六年，为宁远将军、会稽太守。还为给事中。普通元年，袭封安成郡王，其年为太子洗马，迁中书侍郎。二年，迁明威将军、丹阳尹。三年，迁持节、督湘、衡、桂三州诸军事、宁远将军、湘州刺史。大通二年，薨于州，时年三十。机美姿容，善吐纳。家既多书，博学强记；然而好弄，尚力，远士人，近小人。为州专意聚敛，无治绩，频被案劾。及将葬，有司请谥，高祖诏曰："王好内怠政，可谥曰炀。"所著诗赋数千言，世« Collab»集而序之。子操嗣。

南浦侯推，字智进，机次弟也。少清敏，好属文，深为太宗所赏。普通六年，以王子例封。历宁远将军、淮南太守。迁轻车将军、晋陵太守，给事中，太子洗马，秘书丞。出为戎昭将军、吴郡太守。所临必赤地大旱，吴人号"旱母"焉。侯景之乱，守东府城，贼设楼车，尽锐攻之，推随方抗拒，频击挫之。至夕，东北楼主许郁华启关延贼，城遂陷，推握节死之。

南平元襄王伟，字文达，太祖第八子也。幼清警好学。齐世，起家晋安镇北法曹行参军府，迁骠骑，转外兵。高祖为雍州，虑天下将乱，求迎伟及始兴王儋来襄阳。俄闻已入沔，高祖欣然谓吏曰："吾无忧矣。"义师起，南康王承制，板为冠军将军，留行雍州州府事。义师发后，州内储备及人皆虚竭。魏兴太守裴师仁、齐兴太守颜僧都并据郡不受命，举兵将袭雍州，伟与始兴王儋遣兵于始平郡待师仁等，要击大破之，州境以安。

高祖既克邹、鲁，下寻阳，围建业，而巴东太守萧慧训子璝及巴西太守鲁休烈起兵逼荆州，屯军上明，连破荆州。镇军萧颖胄遣将刘孝庆等距之，反为璝所败，颖胄忧愤暴疾卒，西朝凶惧。尚书仆射夏侯详议征兵雍州，伟乃割州府将吏，配始兴王儋往赴之。儋既至，璝等皆降。和帝诏以伟为使持节、都督雍、梁、南、北秦四州郢州之竟陵司州之随郡诸军事、宁蛮校尉、雍州刺史，将军如故。寻加侍中，进号镇北将军。天监元年，加散骑常侍，进督荆、宁二州，余如故。封建安郡王，食邑二千户，给鼓吹一部。四年，徙都督南徐州诸军事、南徐州刺史，使持节、常侍、将军如故。五年，至都，改为抚军将军、丹阳尹，常侍如故。六年，迁使持节、都督扬、南徐二州诸军事、右军将军、扬州刺史。未拜，进号中权将军。七年，以疾表解州，改侍中、中抚军，知司徒事。九年，迁护军、石头戍军事，侍中、将军、鼓吹如故。其年，出为使持节、散骑常侍、都督江州诸军事、镇南将军、江州刺史，鼓吹如故。十一年，以本号加开府仪同三司。其年，复以疾陈解。十二年，征为抚军将军，仪同、常侍如故，以疾不拜。十三年，改为左光禄大夫。加亲信四十人，岁给米万斛，布绢五千匹，药直二百四十万，厨供月二十万，并二卫两营杂役二百人，倍先。置防阁白直左右职局一百人。伟末年疾浸剧，不复出藩，故俸秩加焉。

十五年，所生母陈太妃寝疾，伟及临川王宏侍疾，并衣不解带。及太妃薨，毁顿过礼，水浆不入口累日，高祖每临幸譬抑之。伟虽奉诏，而毁瘠殆不胜丧。

十七年，高祖以建安土瘠，改封南平郡王，邑户如故。迁侍中、左光禄大夫、开府仪同三司。普通四年，增邑一千户。五年，进号镇卫大将军。中大通元年，以本官领太子太傅。四年，迁中书令、大司马。五年，薨，时年五十八。诏敛以衮冕，给东园秘器。又诏曰："旌德纪功，前王令典；慎终追远，列代通规。故侍中、中书令、大司马南平王伟，器宇宏旷，鉴识弘简。爰在弱龄，清风载穆，翼佐草昧，勋高樊、沔，契阔艰难，勤劳任寄。及赞务论道，弘兹衮职。奄焉薨逝，朕用震悼于厥心。宜隆宠命，式昭茂典。可赠侍中、太宰，王如故。给羽葆鼓吹一部，并班剑四十人。谥曰元襄。"

伟少好学，笃诚通恕，趋贤重士，常如不及。由是四方游士，当世知名者，莫不毕至。齐世，青溪宫改为芳林苑，天监初，赐伟为第，伟又加穿筑，增植嘉树珍果，穷极雕丽，每与宾客游其中，命从事中郎萧子范为之记。梁世藩邸之盛，无以过焉。而性多恩惠，尤愍穷乏。常遣腹心左右，历访闾里人士，其有贫困吉凶不举者，即遣赠恤之。太原王曼颖卒，家贫无以殡敛，友人江革往哭之，其妻儿对革号诉。革曰："建安王当知，必为营理。"言未讫而伟使至，给其丧事，得周济焉。每祁寒积雪，则遣人载樵米，随乏绝者即赋给之。晚年崇信佛理，尤精玄学，著《二旨义》，别为新通。又制《性情》《几神》等论其义，僧宠及周舍、殷钧、陆倕并名精解，而不能屈。

伟四子：恪，恭，虔，祗。世子恪嗣。

恭字敬范。天监八年，封衡山县侯，以元襄功，加邑至千户。初，乐山侯正则有罪，敕让诸王，独谓元襄曰："汝儿非直无过，并有义方。"

恭起家给事中，迁太子洗马。出为督齐安等十一郡事、宁远将军、西阳、武昌二郡太守。征为秘书丞，迁中书郎，监丹阳尹，行徐、南徐州事，转衡州刺史，母忧去职。寻起为云麾将军、湘州刺史。

恭善解吏事，所在见称。而性尚华侈，广营第宅，重斋步櫩，模写宫殿。尤好宾友，酣宴终辰，座客满筵，言谈不倦。时世祖居藩，颇事声誉，勤心著述，厄酒未尝妄进。恭每从容谓人曰："下官历观世人，多有不好欢乐，乃仰眠床上，看屋梁而著书，千秋万岁，谁传此者。劳神苦思，竟不成名，岂如临清风，对朗月，登山泛水，肆意酣歌也。"寻以雍州蛮文道拘引魏寇，诏恭赴援，仍除持节、仁威将军、宁蛮校尉、雍州刺史，便道之镇。太宗少与恭游，特被赏狎，至是手令曰："彼士流肮脏，有关辅余风，黔首扞格，但知重剑轻死。降朝惟尚贪婪，边蛮不知敬让，怀抱不可皂白，法律无用所施。愿充实边戍，无数迁徙，谍候惟远，箱庾惟积，长以控短，静以制躁。早蒙爱念，敢布腹心。"恭至州，治果有声绩，百姓陈奏，乞于城南立碑颂德，诏许焉。

先高祖以雍为边镇，运数州之粟，以实储仓，恭后多取官米，赡给私宅，为荆州刺史庐陵王所启，由是免官削爵，数年竟不叙用。侯景乱，卒于城中，时年五十二。诏特复本封。世祖追赠侍中、左卫将军。谥曰僖。

世子静，字安仁，有美名，号为宗室后进。有文才，而笃志好学，既内足于财，多聚经史，散书满席，手自雠校。何敬容欲以女妻之，静忌其太盛，距而不纳，时论服焉。历官太子舍人、东宫领直。迁丹阳尹丞，给事黄门侍郎，深为太宗所爱赏。太清三年，卒，赠侍中。

鄱阳忠烈王恢，字弘达，太祖第九子也。幼聪颖，年七岁，能通《孝经》、《论语》义，发擿无所遗。既长，美风表，涉猎史籍。齐隆昌中，明帝作相，内外多虞，明帝就长沙宣武王懿求诸弟有可委以腹心者，宣武言恢焉。明帝以恢为宁远将军，甲仗百人卫东府，且引为骠骑法曹行参军。明帝即位，东宫建，为太子舍人，累迁北中郎外兵参军，前军主簿。宣武之难，逃在京师。

高祖义兵至，恢于新林奉迎，以为辅国将军。时三吴多乱，高祖命出顿破岗。建康平，还为冠军将军、右卫将军。天监元年，为侍中、前将军，领石头戍军事，封鄱阳郡王，食邑二千户。二年，出为使持节、都督南徐州诸军事、征虏将军、南徐州刺史。四年，改授都督郢、司二州诸军事、后将军、郢州刺史，持节如故。义兵初，郢城内疾疫死者甚多，不及藏殡，及恢下车，遣命埋掩。又遣四使巡行州部，境内大治。七年，进号云麾将军，进督霍州。八年，复进号平西将军。十年，征为侍中、护军将军、石头戍军事，领宗正卿。十一年，出为使持节、都督荆、湘、雍、益、宁、南、北梁、南、北秦九州诸军事、平西将军、荆州刺史，给鼓吹一部。十三年，迁散骑常侍、都督益、宁、南、北秦、沙七州诸军事、镇西将军、益州刺史，使持节如故，便道之镇。成都去新城五百里，陆路往来，悉订私马，百姓患焉，累政不能改。恢乃市马千匹，以付所订之家，资其骑乘，有用则以次发之，百姓赖焉。十七年，征为侍中、安前将军、领军将军。十八年，出为使持节、散骑常侍、都督荆、湘、雍、梁、益、宁、南、北秦八州诸军事、征西将军、开府仪同三司、荆州刺史。普通五年，进号骠骑大将军。七年九月，薨于州，时年五十一。诏曰："故使持节、散骑常侍、都督荆、湘、雍、梁、益、宁、南、北秦八州诸军事、骠骑大将军、开府仪同三司、荆州刺史鄱阳王恢，风度开朗，器情凝质。爰在弱岁，美誉克宣，洎于从政，嘉猷载缉。方入正论道，弘燮台阶，奄焉薨逝，朕用伤恸于厥心。宜隆宠命，以申朝典。可赠侍中、司徒，王如故。并给班剑二十人。谥曰忠烈。"遣中书舍人刘显护丧事。

恢有孝性，初镇蜀，所生费太妃犹停都，后于都下不豫，恢未之知，一夜忽梦还侍疾，既觉忧遑，便废寝食。俄而都信至，太妃已瘳。后又目有疾，久废视瞻，有北渡道人慧龙得治眼术，恢请之。既至，空中忽见圣僧，及慧龙下针，豁然开朗，咸谓精诚所致。

恢性通恕，轻财好施，凡历四州，所得俸禄随из而散。在荆州，常从容问宾僚曰："中山好酒，赵王好吏，二者孰愈？"众未有对者。顾谓长史萧琛曰："汉时王侯，藩屏而已，视事亲民，自有其职。中山听乐，可得任性；彭祖代吏，近于侵官。今之王侯，不守藩国，当佐天子临民，清白其优乎！"坐宾咸服。世子范嗣。

范字世仪，温和有器识。起家太子洗马、秘书郎，历黄门郎，迁卫尉卿。每夜自巡警，高祖嘉其劳苦。出为益州刺史，开通剑道，克复华阳，增邑一千户，加鼓吹。征为领军将军、侍中。

范虽无学术，而以筹略自命。爱奇玩古，招集文才，率意题章，亦时有奇致。复出为使持节、都督雍、梁、东益、南、北秦五州诸军事、镇北将军、雍州刺史。范作牧莅民，甚得时誉；抚循将士，尽获欢心。太清元年，大举北伐，以范为使持节、征北大将军、总督汉北征讨诸军事，进伐穰城。寻迁安北将军、南豫州刺史。侯景败于涡阳，退保寿阳，乃改范为合州刺史，镇合肥。时景已蓄奸谋，不臣将露，范屡启言之，朱异每抑而不奏。及景围京邑，范遣世子嗣与裴之高等入援，迁开府仪同三司，进号征北将军。京城不守，范乃弃合肥，出东关，请兵于魏，遣二子为质。魏人据合肥，竟不出师助范，范进退无计，乃溯流西上，军于枞阳，遣信告寻阳王。寻阳要还九江，欲治兵西上，范得书大喜，乃引军至湓城，以晋熙为晋州，遣子嗣为刺史。江州郡县，辄复改易，寻阳政令所行，惟存一郡，时论以此少之。既商旅不通，信使路绝，范数万之众，皆无复食，人多饿死。范恚，发背薨，时年五十二。

世子嗣，字长胤。容貌丰伟，腰带十围。性骁果有胆略，偶傥不护细行，而能倾身养士，皆得其死力。范之薨也，嗣犹据晋熙，城中食尽，士乏绝，景遣任约来攻，嗣躬擐甲胄，出垒距之。时贼势方盛，咸劝止之。嗣按剑叱之曰："今之战，何有退乎？此萧嗣效命死节之秋也。"遂中流矢，卒于阵。

始兴忠武王憺，字僧达，太祖第十一子也。数岁，所生母吴太妃卒，憺哀感傍人。齐世，弱冠为西中郎法曹行参军，迁外兵参军。义师起，南康王承制，以憺为冠军将军、西中郎谘议参军，迁相国从事中郎，与南平王伟留守。

和帝立，以憺为给事黄门侍郎。时巴东太守萧慧训子璝等及巴西太守鲁休烈举兵逼荆州，屯军上明，镇将军萧颖胄暴疾卒，西朝甚惧，尚书仆射夏侯祥议征兵州，南平王伟遣憺赴之。憺以书喻璝等，旬日皆请降。是冬，高祖平建业。明年春，和帝将发江陵，诏以憺为使持节、都督荆、湘、益、宁、南、北秦六州诸军事、平西将军、荆州刺史，未拜。天监元年，加安西将军，都督、刺史如故。封始兴郡王，食邑二千户。时军旅之后，公私空乏，憺厉精为治，广辟屯田，减省力役，存问兵死之家，供其穷困，民甚安之。憺自以少年始居重任，思欲开导物情。乃谓佐吏曰："政之不臧，士君子所宜共惜。言可用，用之可也；如不用，于我何伤？吾开怀矣，尔其无吝。"于是小人知恩，而君子尽意。民辞讼者，皆立前待符教，决于俄顷。曹无留事，下无滞狱，民益悦焉。三年，诏加鼓吹一部。

六年，州大水，江溢堤坏，憺亲率府将吏，冒雨赋丈尺筑治之。雨甚水壮，众皆恐，或请懿避焉。懿曰："王尊尚欲身塞河堤，我独何心以免。"乃刑白马祭江神。俄而水退堤立。邠州在南岸，数百家见水长惊走，登屋缘树，懿募人救之，一口赏一万，估客数十人应募救焉，州民乃以免。又分遣行诸郡，遭水死者给棺椁，失田者与粮种。是岁，嘉禾生于州界，吏民归美，懿谦让不受。

七年，慈母陈太妃薨，水浆不入口六日，居丧过礼，高祖优诏勉之，使摄州任。是冬，诏征以本号还朝。民为之歌曰："始兴王，民之爹。赴人急，如水火。何时复来哺乳我？"八年，为平北将军、护军将军、领石头戍事。寻迁中军将军、中书令，俄领卫尉卿。懿性劳谦，降意接士，常与宾客连榻而坐，时论称之。是秋，出为使持节、散骑常侍、都督南、北兖、徐、青、冀五州诸军事、镇北将军、南兖州刺史。

九年春，迁都督益、宁、南梁、南、北秦、沙六州诸军事、镇西将军、益州刺史。开立学校，劝课就业，遣子映亲受经焉，由是多向方者。时魏袭巴南，西围安南，南安太守垣季珪坚壁固守，懿遣军救之，魏人退走，所收器械甚众。十四年，迁都督荆、湘、雍、宁、南梁、南、北秦七州诸军事、镇右将军、荆州刺史。同母兄安成王秀将之雍州，薨于道。懿闻丧，自投于地，席稿哭泣，不饮不食者数日，倾财产赗送，部伍小大皆取足焉。天下称其悌。

十八年，征为侍中、中抚将军、开府仪同三司、领军将军。普通三年十一月，薨，时年四十五。追赠侍中、司徒、骠骑将军。给班剑三十人，羽葆鼓吹一部。册曰："咨故侍中、司徒、骠骑将军始兴王：夫忠为令德，武谓止戈，于以用之，载在前志。王有佐命之元勋，利民之厚德，契阔二纪，始终不渝，是用方轨往贤，稽择故训，鸿名美义，允臻其极。今遣兼大鸿胪程爽，谥曰忠武。魂而有灵，歆兹显号。呜呼哀哉！"

懿未薨前，梦改封中山王，策授如他日，意颇恶之，数旬而卒。世子亮嗣。

史臣曰：自昔王者创业，广植亲亲，割裂州国，封建子弟。是以大旗少帛，崇于鲁、卫，盘石凝脂，树斯梁、楚。高祖远遵前轨，藩屏懿亲。至于安成、南平、鄱阳、始兴，俱以名迹著，盖亦汉之间、平矣。

卷二十三　　　　列传第十七

长沙嗣王业 子孝俨　业弟藻
永阳嗣王伯游　衡阳嗣王元简
桂阳嗣王象

长沙嗣王业字静旷，高祖长兄懿之子也。懿字元达，少有令誉。解褐齐安南邵陵王行参军，袭爵临湘县侯。迁太子舍人、洗马、建安王友。出为晋陵太守，曾未期月，讼理人和，称为善政。入为中书侍郎。永明季，授持节、都督梁、南、北秦、沙四州诸军事、西戎校尉、梁、南秦二州刺史，加冠军将军。是岁，魏人入汉中，遂围南郑。懿随机拒击，伤杀甚多，乃解围遁去。懿又遣氏帅杨元秀攻魏历城、皋兰、骆谷、坑池等六戍，克之。魏人震惧，边境遂宁。进号征虏将军，增封三百户，迁督益、宁二州军事、益州刺史。入为太子右卫率、尚书吏部郎、卫尉卿。永元二年，裴叔业据豫州反，授持节、征虏将军、督豫州诸军事、豫州刺史，领历阳、南谯二郡太守，讨叔业。叔业惧，降于魏。既而平西将军崔慧景入寇京邑，奉江夏王宝玄围台城。齐室大乱，诏征懿。懿时方食，投箸而起，率锐卒三千人援城。慧景遣其子觉来拒，懿奔击，大破之，觉单骑走。乘胜而进，慧景众溃，追斩之。授侍中、尚书右仆射，未拜。仍迁尚书令、都督征讨水陆诸军事，持节、将军如故，增邑二千五百户。时东昏肆虐，茹法珍、王咺之等执政，宿臣旧将，并见夷灭，懿既立元勋，独居朝右，深为法珍等所惮，乃说东昏曰："懿将行隆昌故事，陛下命在晷刻。"东昏信之，将加酷害，而懿所亲知之，密具舟江渚，劝令西奔。懿曰："古皆有死，岂有叛走尚书令耶？"遂遇祸。中兴元年，追赠侍中、中书监、司徒。宣德太后临朝，改赠太傅。天监元年，追崇丞相，封长沙郡王，谥曰宣武。给九旒、鸾辂、辒辌车，黄屋左纛，前后部羽葆鼓吹，挽歌二部，虎贲班剑百人，葬礼一依晋安平王故事。

业幼而明敏，识度过人。仕齐为著作郎、太子舍人。宣武之难，与二弟藻、象俱逃匿。高祖既至，乃赴于军，以为宁朔将军。中兴二年，除辅国将军、南琅邪、清河二郡太守。天监二年，袭封长沙王，征为冠军将军，量置佐史，迁秘书监。四年，改授侍中。六年，转散骑常侍、太子右卫率，迁左骁骑将军，寻为中护军，领石头戍军事。七年，出为使持节、都督南兖、兖、徐、青、冀五州诸军事、仁威将军、南兖州刺史。八年，征为护军。九年，除中书令，改授安后将军、镇琅、邪彭城二郡，领南琅邪太守。十年，征为安右将军、散骑常侍。十四年，复为护军，领南琅邪、彭城，镇于琅邪。复征中书令，出为轻车将军、湘州刺史。

业性敦笃，所在留惠。深信因果，笃诚佛法，高祖每嘉叹之。普通三年，征为散骑常侍、护军将军。四年，改为侍中、金紫光禄大夫。七年，薨，时年四十八。谥曰元。有文集行于世。子孝俨嗣。

孝俨字希庄，聪慧有文才。射策甲科，除秘书郎、太子舍人。从幸华林园，于座献《相风乌》、《华光殿》、《景阳山》等颂，其文甚美，高祖深赏异之。普通元年，薨，时年二十三。谥曰章。子慎嗣。

藻字靖艺，元王弟也。少立名行，志操清洁。齐永元初，释褐著作佐郎。天监元年，封西昌县侯，食邑五百户。出为持节、都督益、宁二州诸军事、冠军将军、益州刺史。时天下草创，边徼未安，州民焦僧护聚众数万，据郫、繁作乱。藻年未弱冠，集僚佐议，欲自击之。或陈不可，藻大怒，斩于阶侧。乃乘平肩舆，巡行贼垒。贼弓乱射，矢下如雨，从者举楯御箭，又命除之，由是人心大安。贼乃夜遁，藻命骑追之，斩首数千级，遂平之。进号信威将军。九年，征为太子中庶子。十年，为左骁骑将军、领南琅邪太守。入为侍中。

藻性谦退，不求闻达。善属文辞，尤好古体，自非公宴，未尝妄有所为，纵有小文，成辄弃本。十一年，出为使持节、都督雍、梁、秦三州竟陵、随二郡诸军事、仁威将军、宁蛮校尉、雍州刺史。十二年，征为使持节、都督南兖、兖、徐、青、冀五州诸军事、兖州刺史，军号如故。频莅数镇，民吏称之。推善下人，常如弗及。征为太子詹事。普通三年，迁领军将军，加侍中。六年，为军师将军，与西丰侯正德北伐涡阳，辄班师，为有司所奏，免官削爵土。七年，起为宗正卿。八年，复封爵，寻除左卫将军，领步兵校尉。

大通元年，迁侍中、中护军。时涡阳始降，乃以藻为使持节、北讨都督、征北大将军，镇于涡阳。二年，为中权将军、金紫光禄大夫，置佐史，加侍中。中大通元年，迁护军将军，中权如故。三年，为中军将军、太子詹事，出为丹阳尹。高祖每叹曰："子弟并如迦叶，吾复何忧。"迦叶，藻小名也。入为安左将军、尚书左仆射，加侍中，藻固辞不就，诏不许。大同五年，迁中卫将军、开府仪同三司、中书令，侍中如故。

藻性恬静，独处一室，床有膝痕，宗室衣冠，莫不楷则。常以爵禄太过，每思屏退，门庭闲寂，宾客罕通，太宗尤敬爱之。自遭家祸，恒布衣蒲席，不食鲜禽，非在公庭，不听音乐。高祖每以此称之。出为使持节、督南徐州刺史。侯景乱，藻遣长子彧率兵入援，及城开，加散骑常侍、大将军。景遣其仪同萧воспи代之，据京口，藻因感气疾，不自疗。或劝奔江北，藻曰："吾国之台铉，位任特隆，既不能诛夷逆贼，正当同死朝廷，安能投身异类，欲保余生。"因不食累日。太清三年，薨，时年六十七。

永阳嗣王伯游，字士仁，高祖次兄敷之子。敷字仲达，解褐齐后将军、征虏行参军，转太子舍人，洗马，迁丹阳尹丞。入为太子中舍人，除建威将军、随郡内史。招怀远近，黎庶安之，以为前后之政莫之及也。进号宁朔将军，征为庐陵王谘议参军。建武四年，薨。高祖即位，追赠侍中、司空，封永阳郡王，谥曰昭。

伯游美风神，善言玄理。天监元年四月，诏曰："兄子伯游，虽年识未弘，意尚粗可。浙东奥区，宜须抚莅，可督会稽、东阳、新安、永嘉、临海五郡诸军事、辅国将军、会稽太守。"二年，袭封永阳郡王。五年，薨，时年二十三。谥曰恭。

衡阳嗣王元简，字熙远，高祖第四弟畅之子。畅仕齐至太常，封江陵县侯，卒。天监元年，追赠侍中、骠骑大将军、开府仪同三司。封衡阳郡王，谥曰宣。

元简三年袭封，除中书郎，迁会稽太守。十三年，入为给事黄门侍郎，出为持节、都督广、交、越三州诸军事、平越中郎将、广州刺史。还为太子中庶子，迁使持节、都督郢、司、霍三州诸军事、信武将军、郢州刺史。十八年正月，卒于州。谥曰孝。子俊嗣。

桂阳嗣王象，字世翼，长沙宣武王第九子也。初，叔父融仕齐至太子洗马。永元中，宣武之难，融遇害。高祖平京邑，赠给事黄门侍郎。天监元年，加散骑常侍、抚军大将军，封桂阳郡王。谥曰简。无子，乃诏象为嗣，袭封爵。

象容止闲雅，善于交游，事所生母以孝闻。起家宁远将军、丹阳尹。到官未几，简王妃薨，去职。服阕，复授明威将军、丹阳尹。象生长深宫，始亲庶政，举无失德，朝廷称之。出为持节、督司、霍、郢三州诸军事、征远将军、郢州刺史。寻迁湘、衡二州诸军事、轻车将军、湘州刺史。湘州旧多虎暴，及象在任，为之静息，故老咸称德政所感。除中书侍郎，俄以本官行石头戍军事，转给事黄门侍郎、兼领军，又以本官兼宗正卿。寻迁侍中、太子詹事，未拜，改授持节、督江州诸军事、信武将军、江州刺史。以疾免。寻除太常卿，加侍中，迁秘书监、领步兵校尉。大同二年，薨，谥曰敦。子慥嗣。

史臣曰：长沙诸嗣王，并承袭土宇，光有藩服。桂阳王象以孝闻，在于牧湘，猛虎息暴，盖德惠所致也。昔之善政，何以加焉。

卷二十四　　　列传第十八

萧景　弟昌　昂　昱

萧景，字子昭，高祖从父弟也。父崇之字茂敬，即光禄大夫道赐之子也。道赐三子：长子尚之，字茂先；次太祖文皇帝；次崇之。初，左光禄居于乡里，专行礼让，为众所推。仕历宋太尉江夏王参军，终于治书侍御史。齐末，追赠散骑常侍、左光禄大夫。尚之敦厚有德器，为司徒建安王中兵参军，一府称为长者；琅邪王僧虔尤善之，每事多与议决。迁步兵校尉，卒官。天监初，追谥文宣侯。尚之子灵钧，仕齐广德令。高祖义师至，行会稽郡事，顷之卒。高祖即位，追封东昌县侯，邑一千户。子謇嗣。崇之以干能显，为政尚严厉，官至冠军将军、东阳太守。永明中，钱唐唐㝢之反，别众破东阳，崇之遇害。天监初，追谥忠简侯。

景八岁随父在郡，居丧以毁闻。既长好学，才辩能断。齐建武中，除晋安王国左常侍，迁永宁令，政为百城最。永嘉太守范述曾居郡，号称廉平，雅服景为政，乃榜郡门曰："诸县有疑滞者，可就永宁令决。"顷之，以疾去官。永嘉人胡仲宣等千人诣阙，表请景为郡，不许。还为骠骑行参军。永元二年,以长沙宣武王懿勋,除步兵校尉。是冬,宣武王遇害,景亦逃难。高祖义师至,以景为宁朔将军、行南兖州军事。时天下未定,江北伧楚各据坞壁。景示以威信,渠帅相率面缚请罪,旬日境内皆平。中兴二年,迁督南兖州诸军事、辅国将军、监南兖州。高祖践阼,封吴平县侯,食邑一千户,仍为使持节、都督南、北兖、青、冀四州诸军事、冠军将军、南兖州刺史。诏景母毛氏为国太夫人,礼如王国太妃,假金章紫绶。景居州,清恪有威裁,明解吏职,文案无壅,下不敢欺,吏人畏敬如神。会年荒,计口赈恤,为饘粥于路以赋之,死者给棺具,人甚赖焉。

天监四年,王师北伐,景帅众出淮阳,进屠宿预。丁母忧,诏起摄职。五年,班师,除太子右卫率,迁辅国将军、卫尉卿。七年,迁左骁骑将军,兼领军将军。领军管天下兵要,监局官僚,旧多骄侈,景在职峻切,官曹肃然。制局监皆近幸,颇不堪命,以是不得久留中。寻出为使持节、督雍、梁、南、北秦、郢州之竟陵司州之随郡诸军事、信武将军、宁蛮校尉、雍州刺史。八年三月,魏荆州刺史元志率众七万寇潺沟,驱迫群蛮,群蛮悉渡汉水来降。议者以蛮累为边患,可因此除之。景曰:"穷来归我,诛之不祥。且魏人来侵,每为矛盾,若悉诛蛮,则魏军无碍,非长策也。"乃开樊城受降。因命司马朱思远、宁蛮长史曹义宗、中兵参军孟惠俊击志于潺沟,大破之,生擒长史杜景。斩首万余级,流尸盖汉水,景遣中兵参军崔绩率军士收而瘗焉。

景初到州,省除参迎羽仪器服,不得烦扰吏人。修营城垒,申警边备,理辞讼,劝农桑。郡县皆改节自励,州内清肃,缘汉水陆千余里,抄盗绝迹。十一年,征右卫将军、领石头戍军事。十二年,复为使持节、督南、北兖、北徐、青、冀五州诸军事、信威将军、南兖州刺史。十三年,征为领军将军,直殿省,知十州损益事,月加禄五万。

景为人雅有风力,长于辞令。其在朝廷,为众所瞻仰。于高祖属虽为从弟,而礼寄甚隆,军国大事,皆与议决。十五年,加侍中。十七年,太尉、扬州刺史临川王宏坐法免。诏曰:"扬州应须缉理,宜得其人。侍中、领军将军吴平侯景才任此举,可以安右将军监扬州,并置佐史,侍中如故,即宅为府。"景虽亲居扬州,辞让甚恳恻,至于涕泣,高祖不许。在州尤称明断,符教严整。有田舍老姥尝诉得符,还至县,县吏未即发,姥语曰:"萧监州符,火爁汝手,何敢留之!"其为人所畏敬如此。

十八年,累表陈解,高祖未之许。明年,出为使持节、散骑常侍、都督郢、司、霍三州诸军事、安西将军、郢州刺史。将发,高祖幸建兴苑饯别,为之流涕。既还宫,诏给鼓吹一部。在州复有能名。齐安、竟陵郡接魏界,多盗贼,景移书告示,魏即焚坞戍保境,不复侵略。普通四年,卒于州,时年四十七。诏赠侍中、中抚军、开府仪同三司。谥曰忠。子劢嗣。

昌字子建,景第二弟也。齐豫章末,为晋安王左常侍。天监初,除中书侍郎,出为豫章内史。五年,加宁朔将军。六年,迁持节、督广、交、越、桂四州诸军事、辅国将军、平越中郎将、广州刺史。七年,进号征远将军。九年,分湘州置衡州,以昌为持节、督广州之绥建湘州之始安诸军事、信武将军、衡州刺史,坐免。十三年,起为散骑侍郎,寻以本官兼宗正卿。其年,出为安右长史。累迁太子中庶子、通直散骑常侍,又兼宗正卿。昌为人亦明悟,然性好酒,酒后多过。在州郡,每醉辄径出入人家,或独诣草野。其于刑戮,颇无期度。醉时所杀,醒或求焉,亦无悔也。属为有司所劾,入留京师,忽忽不乐,遂纵酒虚悖。在石头东斋,引刀自刺,左右救之,不殊。十七年,卒,时年三十九。子伯言。

昂字子明,景第三弟也。天监初,累迁司徒右长史,出为轻车将军、监南兖州。初,兄景再为南兖,德惠在人,及昂来代,时人方之冯氏。征为琅邪、彭城二郡太守,军号如先。复以轻车将军出为广州刺史。普通二年,为散骑常侍、信威将军。四年,转散骑侍郎、中领军、太子中庶子,出为吴兴太守。大通二年,征为仁威将军、卫尉卿,寻为侍中,兼领军将军。中大通元年,为领军将军。二年,封湘阴县侯,邑一千户。出为江州刺史。大同元年,卒,时年五十三。谥曰恭。

昱字子真,景第四弟也。天监初,除秘书郎,累迁太子舍人,洗马,中书舍人,中书侍郎。每求自试,高祖以为淮南、永嘉、襄阳郡,并不就。志愿边州,高祖以其轻脱无威望,抑而不许。迁给事黄门侍郎。上表曰:"夏初陈启,未垂采照,追怀惭惧,实战胸心。臣闻暑雨祁寒,小人犹怨;荣枯宠辱,谁能忘怀!臣藉以往因,得预枝戚之重;缘报既杂,时逢坎壈之运。昔在齐季,义师之始,臣乃幼弱,粗有识虑,东西阻绝,归赴无由,虽未能负戈攘甲,实衔泪愤懑。潜伏东境,备履艰危,首尾三年,亟移数处,虽复饥寒切身,亦不以冻馁为苦。每涉惊疑,惶怖失魄,既乖致命之节,空有项领之忧,希望开泰,冀蒙共乐;岂期二十余年,功名无纪,毕此身骸,方填沟壑,丹诚素愿,溘至长夜,俯自哀怜,能不伤叹!夫自媒自衒,诚哉可鄙;自誉自伐,实在可羞。然量己揆分,自知者审,陈力就列,宁使空言?是以常愿一试,屡成干请。夫上应玄象,实不易叨;锦不轻裁,诚难其制。过去业郄,所以致乖算测。圣监既谓臣愚短,不可试用,岂容久居显禁,徒秽黄枢。忝窃稍积,恐招物议,请解今职,乞屏退私门。伏愿天照,特垂允许。臣虽叨荣两宫,报效无地,方违省闼,伏深恋悚。"高祖手诏答曰:"昱表如此。古者用人,必前明试,皆须绩用既立,乃可自退之高。昔汉光武兄子章、兴二人,并有名宗室,就欲习吏事,不过章为平阴令,兴为缑氏宰,政事有能,方迁郡守,非直政绩见称,即是光武犹子。昱之才地,岂得比类焉!往岁处以淮南郡,既不肯行;续用为招远将军、镇北长史、襄阳太守,又以边外致辞;改除招远将军、永嘉太守,复云内地非愿;复问晋安、临川,随意所择,亦复不行。解巾临郡,事不为薄,数有致辞,意欲何在?且昱诸兄递居连率,相继推毂,未尝缺岁。其同产兄景,今正居藩镇。朕岂厚于景而薄于昱,正是朝序物议,次第若斯,于其一门,差自无愧。无论今日不得如此;昱兄弟昔在布衣,以处成长,于何取立,岂得任情反道,背天违地。孰谓朝廷无有宪章,特是未欲致之于理。既表解职,可听如启。"坐免官。因此杜门绝朝觐,国家庆吊不复通。

普通五年,坐于宅内铸钱,为有司所奏,下廷尉,得免死,徙临海郡。行至上虞,有敕追还,且令受菩萨戒。昱既至,恂恂尽礼,改意蹈道,持戒又精洁,高祖甚嘉之,以为招远将军、晋陵太守。下车励名迹,除烦苛,明法宪,严于奸吏,优养百姓,旬日之间,郡中大化。俄而暴疾卒,百姓行坐号哭,市里为之喧沸,设祭奠于郡庭者四百余人。田舍有女人夏氏,年百余岁,扶曾孙出郡,悲泣不自胜。其惠化所感如此。百姓相率为立庙建碑,以纪其德。又诣京师求赠谥。诏赠湘州刺史。谥曰恭。

史臣曰:高祖光有天下,庆命傍流,枝戚属姓,咸被任遇。萧景之才辩识断,益政佐时,盖梁宗室令望者矣。

卷二十五　　　　列传第十九

周舍　徐勉

周舍,字升逸,汝南安城人,晋左光禄大夫颛之八世孙也。父颙,齐中书侍郎,有名于时。舍幼聪颖,颙异之,临卒谓曰:"汝不患不富贵,但当持之以道德。"既长,博学多通,尤精义理,善诵书,背文讽说,音韵清辩。起家齐太学博士,迁后行参军。建武中,魏人吴包南归,有儒学,尚书仆射江祏招包讲。舍造坐,累折包,辞理逍逸,由是名为口辩。王亮为丹阳尹,闻而悦之,辟为主簿,政事多委焉。迁太常丞。

梁台建,为奉常丞。高祖即位,博求异能之士。吏部尚书范云与颙素善,重舍才器,言之于高祖,召拜尚书祠部郎。时天下草创,礼仪损益,多自舍出。寻为后军记室参军、秣陵令。人为中书通事舍人,累迁太子洗马、散骑常侍、中书侍郎、鸿胪卿。时王亮得罪归家,故人莫有至者,舍独敦恩旧,及卒,身营殡葬,时人称之。迁尚书吏部郎、太子右卫率、右卫将军,虽居职屡徙,而常留省内,罕得休下。国史诏诰,仪体法律,军旅谋谟,皆兼掌之。日夜侍上,预机密,二十余年未尝离左右。舍素辩给,与人泛论谈谑,终日不绝口,而竟无一言漏泄机事,众尤叹服之。性俭素,衣服用品,居也床席,如布衣之贫者。每入官府,虽广厦华堂,闺阁重邃,舍居之则尘埃满积。以获为郭,坏亦不营。为右卫,母忧去职,起为明威将军、右骁骑将军。服阕,除侍中,领步兵校尉,未拜,仍迁员外散骑常侍、太子左卫率。顷之,加散骑常侍、本州大中正,迁太子詹事。

普通五年,南津获武陵太守白涡书,许遗舍面钱百万,津司以闻。虽书自外入,犹为有司所奏,舍坐免。迁右骁骑将军,知太子詹事。以其年卒,时年五十六。上临哭,哀恸左右。诏曰:"太子詹事、豫州大中正舍,奄至殒丧,恻怆于怀。其学思坚明,志行开敏,劬劳机要,多历岁年,才用未穷,弥可嗟恸。宜隆追远,以旌善人。可赠侍中、护军将军,鼓吹一部,给东园秘器,朝服一具,衣一袭,丧事随由资给。谥曰简子。"明年,又诏曰:"故侍中、护军将军简子舍,义该玄儒,博穷文史,奉亲能孝,事君尽忠,历掌机密,清贞自居。食不重味,身靡兼衣。终亡之日,内无妻妾,外无田宅,两儿单贫,有过古烈。往者,南司白涡之劾,恐外议谓朕有私,致此黜免,追愧若人一介之善。外可量加褒异,以旌善人。"二子:弘义,弘信。

徐勉,字修仁,东海郯人也。祖长宗,宋高祖霸府行参军。父融,南昌相。勉幼孤贫,早励清节。年六岁,时属霖雨,家人祈霁,率尔为文,见称耆宿。及长,笃志好学。起家国子生。太尉文宪公王俭时为祭酒,每称勉有宰辅之量。射策举高第,补西阳王国侍郎。寻迁太学博士,镇军参军,尚书殿中郎,以公事免。又除中兵郎、领军长史。琅邪王元长才名甚盛,尝欲与勉相识,每托人召之。勉谓人曰:"王郎名高望促,难可轻繄衣裾。"俄而元长及祸,时人莫不服其机鉴。

初与长沙宣武王游,高祖深器赏之。及义兵至京邑,勉于新林谒见,高祖甚加恩礼,使管书记。高祖践阼,拜中书侍郎,迁建威将军、后军谘议参军、本邑中正、尚书左丞。自掌枢宪,多所纠举,时论以为称职。天监二年,除给事黄门侍郎、尚书吏部郎,参掌大选。迁侍中。时王师北伐,候驿填委。勉参掌军书,劬劳夙夜,动经数旬,乃一还宅。每还,群犬惊吠。勉叹曰:"吾忧国忘家,乃至于此。若吾亡后,亦是传中一事。"六年,除给事中、五兵尚书,迁吏部尚书。勉居选官,彝伦有序,既闲尺牍,兼善辞令,虽文案填积,坐客充满,应对如流,手不停笔。又该综百氏,皆为避讳。常与门人夜集,客有虞皓求詹事五官,勉正色答云:"今夕止可谈风月,不宜及公事。"故时人咸服其无私。

除散骑常侍,领游击将军,未拜,改领太子右卫率。迁左卫将军,领太子中庶子,侍东宫。昭明太子尚幼,敕知宫事。太子礼之甚重,每事询谋。尝于殿内讲《孝经》,临川靖惠王、尚书令沈约备二傅,勉与国子祭酒张充为执经,王莹、张稷、柳憕、王暕为侍讲。时选极亲贤,妙尽时誉,勉陈让数四。又与沈约书,求换侍讲,诏不许,然后就职。转太子詹事,领云骑将军,寻加散骑常侍,迁尚书右仆射,詹事如故。又改授侍中,频表解宫职,优诏不许。

时人间丧事,多不遵礼,朝终夕殡,相尚以速。勉上疏曰:"《礼记问丧》云:'三日而后敛者,以俟其生也。三日而不生,亦不生矣。'自顷以来,不遵斯制。送终之礼,殡以期日,闰屋豪家,乃或半晷,衣衾棺椁,以速为荣,亲戚徒隶,各念休反。故属纩才毕,灰钉已具,忘狐鼠之顾步,愧燕雀之徊翔。伤情灭理,莫此为大。且人子承袭之时,志漕心绝,丧事所资,悉关他手,爱憎深浅,事实难原。如觍视或爽,存没违滥,使万有其一,怨酷已多。岂若缓其告敛之晨,申其望生之冀。请自今士庶,宜悉依古,三日大敛。如有不奉,加以纠绳。"诏可其奏。

寻授宣惠将军,置佐史,侍中、仆射如故。又除尚书仆射、中卫将军。勉以旧恩,越升重位,尽心奉上,知无不为。爰自小选,迄于此职,常参掌衡石,甚得士心。禁省中事,未尝漏泄。每有表奏,辄焚藁草。博通经史,多识前载。朝仪国典,婚冠吉凶,勉皆预图议。普通六年,上修五礼表曰:

臣闻"立天之道,曰阴与阳;立人之道,曰仁与义。"故称"导之以德,齐之以礼"。夫礼所以安上治民,弘风训俗,经国家,利后嗣者也。唐虞三代,咸必由之。在乎有周,宪章尤备,因殷革夏,损益可知。虽复经礼三百,曲礼三千,经文三百,威仪三千,其大归有五,即宗伯所掌典礼:吉为上,凶次之,宾次之,军次之,嘉为下也。故祠祭不以礼,则不齐不庄;丧纪不以礼,则背死忘生者众;宾客不以礼,则朝觐失其仪;军旅不以礼,则致乱于师律;冠婚不以礼,则男女失其时。为国修身,于斯攸急。

洎周室大坏,王道既衰,官守斯文,日失其序。礼乐征伐,出自诸侯,《小雅》尽废,旧章缺矣。是以韩宣适鲁,知周公之德;叔侯在晋,辨郊劳之仪。战国从横,政教愈泯;暴秦灭学,扫地无余。汉氏郁兴,日不暇给,犹命叔孙于外野,方知帝王之为贵。末叶纷纶,递有兴毁,或以武功锐志,或好黄老之言,礼义之式,于焉中止。及东京曹褒,南宫制述,集其散略,百有余篇,虽写以尺简,而终阙平奏。其后兵革相寻,异端互起,章句既沦,俎豆斯辍。方领矩步之容,事灭于旌鼓;兰台石室之文,用尽于帷盖。至乎晋初,爰定新礼,荀顗制之于前,挚虞删之于末。既而中原丧乱,罕有所遗;江左草创,因循而已。厘革之风,是则未暇。

伏惟陛下睿明启运,先天改物,拨乱惟武,经世以文。作乐在乎功成,制礼弘于业定。光启二学,皇枝等于贵游;辟兹五馆,草莱升以好爵。爰自受命,迄于告成,盛德形容备矣,天下能事毕矣。明明穆穆,无德而称焉。至若玄符灵贶之祥,浮溟栈山之赆,固亦日书左史,副在司存,今可得而略也。是以命彼群才,搜甘泉之法;延兹硕学,阐曲台之仪。淄上淹中之儒,连踪继轨;负笈怀铅之彦,匪旦伊夕。谅以化穆三雍,人从五典,秩宗之教,勃焉以兴。

伏寻所定五礼,起齐永明三年,太子步兵校尉伏曼容表求制一代礼乐,于时参议置新旧学士十人,止修五礼,诏禀卫将军丹阳尹王俭,学士亦分住郡中,制作历年,犹未克就。及文宪薨徂,遗文散逸,后又以事付国子祭酒何胤,经涉九载,犹复未毕。建武四年,胤还东山,齐明帝敕委尚书令徐孝嗣。旧事本末,随在南第。永元中,孝嗣于此遇祸,又多零落。当时鸠敛所余,权付尚书左丞蔡仲熊、骁骑将军何佟之,共掌其事。时修礼局住在国子学中门外,东昏之代,频有军火,其所散失,又逾太半。天监元年,佟之启审省置之宜,敕使外详。时尚书参详,以天地初革,庶务权舆,宜俟隆平,徐议删撰。欲且省礼局,并还尚书仪曹。诏旨云:"礼坏乐缺,故国异家殊,实宜以时修定,以为永准。但顷之修撰,以情取人,不以学进;其掌知者,以贵总人,不以稽古,所以历年不就,有名无实。此既经国所先,外可议其人,人定,便即撰次。"于是尚书仆射沈约等参议,请五礼各置旧学士一人,人各自举学士二人,相助抄撰。其中有疑者,依前汉石渠、后汉白虎,随源以闻,请旨断决。乃以旧学士右军记室参军明山宾掌吉礼,中军骑兵参军严植之掌凶礼,中军田曹行参军兼太常丞贺瑒掌宾礼,征虏记室参军陆琏掌军礼,右军参军司马褧掌嘉礼,尚书左丞何佟之总参其事。佟之亡后,以镇北谘议参军伏暅代之。后又以暅代严植之掌凶礼。暅寻迁官,以《五经》博士缪昭掌凶礼。复以礼仪深广,记载残缺,宜须博论,共尽其致,更使镇军将军丹阳尹沈约、太常卿张充及臣三人同参厥务。臣又奉别敕,总知其事。末又使中书侍郎周舍、庾于陵二人复豫参知。若有疑义,所掌学士当职先立议,通谘五礼旧学士及参知,各言同异,条牒启闻,决之制旨。疑事既多,岁时又积,制旨裁断,其数不少。莫不网罗经诰,玉振金声,义贯幽微,理入神契。前儒所不释,后学所未闻。凡诸奏决,皆载篇首,具列圣旨,为不刊之则。洪规盛范,冠绝百王;茂实英声,方垂千载。宁孝宣之能拟,岂孝章之足云。

五礼之职,事有繁简,及其列毕,不得同时。《嘉礼仪注》以天监六年五月七日上尚书,合十有二帙,一百一十六卷,五百三十六条;《宾礼仪注》以天监六年五月二十日上尚书,合十有七帙,一百三十三卷,五百四十五条;《军礼仪注》以天监九年十月二十九日上尚书,合十有八帙,一百八十九卷,二百四十条;《吉礼仪注》以天监十一年十一月十日上尚书,合二十有六帙,二百二十四卷,一千五条;《凶礼仪注》以天监十一年十一月十七日上尚书,合四十有七帙,五百一十四卷,五千六百九十三条;大凡一百二十帙,一千一百七十六卷,八千一十九条。又列副秘阁及《五经》典书各一通,缮写校定,以普通五年二月始获洗毕。

窃以撰正履礼,历代罕就,皇明在运,厥功克成。周代三千,举其盈数;今之八千,随事附益。质文相变,故其数兼倍,犹如八卦之爻,因而重之,错综成六十四也。昔文武二王,所以纲纪周室,君临天下,公旦修之,以致太平龙凤之瑞。自斯厥后,甫备兹日。孔子曰:"其有继周,虽百世可知。"岂所谓齐功比美者欤!臣以庸识,谬司其任,淹留历稔,允当斯责;兼勒成之初,未遑表上,实由才轻务广,思力不周,永言惭悚,无忘瘣瘵。自今春舆驾将亲六师,搜寻军礼，阅其条章，靡不该备。所谓郁郁文哉，焕乎洋溢，信可以悬诸日月，颁之天下者矣。愚心喜抃，弥思陈述；兼前后联官，一时皆逝，臣虽幸存，耄已将及，虑皇世大典，遂阙腾奏，不任下情，辄具载撰修始末，并职掌人、所成卷秩、条目之数，谨拜表以闻。

诏曰："经礼大备，政典载弘，今诏有司，案以行事也。"又诏曰："勉表如此。因革允厘，宪章孔备，功成业定，于是乎在。可以光被八表，施诸百代，俾万世之下，知斯文在斯。主者其按以遵行，勿有失坠。"寻加中书令，给亲信二十人。勉以疾自陈，求解内任。诏不许，乃令停下省，三日一朝，有事遣主书论决。脚疾转剧，久阙朝觐，固陈求解，诏乃赉假，须疾差还省。

勉虽居显位，不营产业，家无蓄积，俸禄分赡亲族之穷乏者。门人故旧或从容致言。勉乃答曰："人遗子孙以财，我遗之以清白。子孙才也，则自致辎𫐄；如其不才，终为他有。"尝为书诫其子崧曰：

吾家世清廉，故常居贫素，至于产业之事，所未尝言，非直不经营而已。薄躬遭逢，遂至今日，尊官厚禄，可谓备之。每念叨窃若斯，岂由才致，仰藉先代风范及以福庆，故臻此耳。古人所谓"以清白遗子孙，不亦厚乎！"又云："遗子黄金满籝，不如一经。"详求此言，信非徒语。吾虽不敏，实有本志，庶得遵奉斯义，不敢坠失。所以显贵以来，将三十载，门人故旧，亟荐便宜，或使创辟田园，或劝兴立邸店，又欲舳舻运致，亦令贷殖聚敛。若此众事，皆距而不纳。非谓拔葵去织，且欲息纷纭。

中年聊于东田间营小园者，非在播艺，以要利入，正欲穿池种树，少寄情赏。又以郊际闲旷，终可为宅，傥获悬车致事，实欲歌哭于斯。慧日、十住等，既应营婚，又须住止，吾清明门宅，无相容处。所以尔者，亦复有以；前割西边施宣武寺，既失西厢，不复方幅，意亦谓此逆旅舍耳，何事须华？常恨时人谓是我宅。古往今来，豪富继踵，高门甲第，连闼洞房，宛其死矣，定是谁室？但不能不为培塿之山，聚石移果，杂以花卉，以娱休沐，用托性灵。随便架立，不在广大，惟功德处，小以为好。所以内中逼促，无复房宇。近营东边儿孙二宅，乃藉十住南还之资，其中所须，犹为不少，既牵挽不至，又不可中涂而辍，郊间之园，遂不办保，货与韦黯，乃获百金，成就两宅，已消其半。寻园价所得，何以至此？由吾经始历年，粗已成立，桃李茂密，桐竹成阴，塍陌交通，渠畎相属，华楼迥榭，颇有临眺之美；孤峰丛薄，不无纠纷之兴，渎中并饶菰蒋，湖里殊富菱莲。虽云人外，城阙密迩，韦生欲之，亦雅有情趣。追述此事，非有吝心，盖是笔势所至耳。忆谢灵运《山家诗》云："中为天地物，今成鄙夫有。"吾此园有之二十载矣，今为天地物，物之与我，相校几何哉！此吾所余，今以分汝，营小田舍，亲累既多，理亦须此。且释氏之教，以财物谓之外命；儒典亦称"何以聚人曰财"。况汝曹常情，安得忘此。闻汝所买姑孰田地，甚为舄卤，

弥复何安。所以如此，非物竞故也。虽事异寝丘，聊可仿佛。孔子曰："居家理治，可移于官。"既已营之，宜使成立。进退两亡，更贻耻笑。若有所收获，汝自分赡内外大小，宜令得所，非吾所知，又复应沾之诸女耳。汝既居长，故有此及。

凡为人长，殊复不易，当使中外谐缉，人无间言，先物后已，然后可贵。老生云："后其身而身先。"若能尔者，更招巨利。汝当自勖，见贤思齐，不宜忽略以弃日也。非徒弃日，乃是弃身，身名美恶，岂不大哉！可不慎欤？今之所敕，略言此意。正谓为家已来，不事资产，既立墅舍，以乖旧业，陈其始末，无愧怀抱。兼吾年时朽暮，心力稍殚，牵课奉公，略不克举，其中余暇，裁可自休。或复冬日之阳，夏日之阴，良辰美景，文案间隙，负杖蹑屐，逍遥陋馆，临池观鱼，披林听鸟，浊酒一杯，弹琴一曲，求数刻之暂乐，庶居常以待终，不宜复劳家间细务。汝交关既定，此书又行，凡所资须，付给别别。自兹以后，吾不复言及田事，汝亦勿复与吾言之。假使尧水汤旱，吾岂知如何；若其满庾盈箱，尔之幸遇。如斯之事，并无俟乎吾知也。《记》云："夫孝者，善继人之志，善述人之事。"今且望汝全吾此志，则无所恨矣。

勉第二子悱卒，痛悼甚至，不欲久废王务，乃为《答客喻》。其辞曰：

普通五年春二月丁丑，余第二息晋安内史悱丧之问至焉，举家恸悼，心情若殒。二宫并降中使，相慰勖，亲游宾客，毕来吊问，辄恸哭失声，悲不自已，所谓父子天性，不知涕之所从来也。

于是门人虑其肆情所钟，容致委顿，乃敛衽而进曰："仆闻古往今来，理运之常数；春荣秋落，气象之定期。人居其间，譬诸逆旅，生寄死归，著于通论，是以深识之士，悠尔忘怀。东门归无之旨，见称往哲；西河丧明之过，取消友朋。足下受遇于朝，任居端右，忧深责重，休戚是均，宜其遗情下流，止哀加饭，上存奉国，俯示隆家。岂中纵此无益，同之儿女，伤神损识，或亏生务。门下窃议，咸为君侯不取也。"

余雪泣而答曰："彭殇之达义，延吴之雅言，亦常闻之矣；顾所以未能弭意者，请陈其说。夫植树阶庭，钦柯叶之茂；为山累仞，惜覆篑之功。故秀而不实，尼父为之叹息；析彼歧路，杨子所以留连。事有可深，圣贤靡抑。今吾所悲，亦以悱始逾立岁，孝悌之至，自幼而长，文章之美，得之天然，好学不倦，居无尘杂，多所著述，盈帙满筒，淡然得失之际，不见喜愠之容。及翰飞东朝，参伍盛列，其所游往，皆一时才俊，赋诗颂咏，终日忘疲。每从容谓吾以遭逢时来，位隆任要，当应推贤下士，先物后身，然后可以报恩明主，克保元吉。俾余二纪之中，悉窃若是，幸无大过者，繄此子之助焉。自出闽区，政存清静，冀其旋反，少尉衰暮，言念今日，眇然长往。加以阁棺千里之外，未知归骨之期，虽复无情之伦，庸讵不痛于昔！夷甫孩抱中物，尚尽恸以待宾；安仁未及七

旬，犹殷勤于词赋。况夫名立宦成，半途而废者，亦焉可已已哉。求其此怀，可谓苗实之义。诸贤既贻格言，喻以大理，即日辍哀，命驾修职事焉。"

中大通三年，又以疾自陈，移授特进、右光禄大夫、侍中、中卫将军，置佐史，余如故。增亲信四十人。两宫参问，冠盖结辙；服膳医药，皆资天府。有敕每欲临幸，勉以拜伏有亏，频启停出，诏许之，遂停舆驾。大同元年，卒，时年七十。高祖闻而流涕，即日车驾临殡，乃诏赠特进、右光禄大夫、开府仪同三司，余并如故。给东园秘器，朝服一具，衣一袭。赠钱二十万，布百匹。皇太子亦举哀朝堂。谥曰简肃公。

勉善属文，勤著述，虽当机务，下笔不休。尝以起居注烦杂，乃加删撰为《别起居注》六百卷；《左丞弹事》五卷；在选曹，撰《选品》五卷；齐时，撰《太庙祝文》二卷；以孔释二教殊途同归，撰《会林》五十卷。凡所著前后二集四十五卷，又为《妇人集》十卷，皆行于世。大同三年，故佐史尚书左丞刘览等诣阙陈勉行状，请刊石纪德，即降诏许立碑于墓云。

悱字敬业，幼聪敏，能属文。起家著作佐郎，转太子舍人，掌书记之任。累迁洗马、中舍人，犹管书记。出入宫坊者历稔，以足疾出为湘东王友，迁晋安内史。

陈吏部尚书姚察曰：徐勉少而厉志忘食，发愤修身，慎言行，择交游；加运属兴王，依光日月，故能明经术以绾青紫，出闾阎而取卿相。及居重任，竭诚事主，动师古始，依则先王，提衡端轨，物无异议，为梁宗臣，盛矣。

卷二十六　　　列传第二十

范岫　傅昭弟映　萧琛　陆杲

范岫，字懋宾，济阳考城人也。高祖宣，晋征士。父羲，宋兖州别驾。岫早孤，事母以孝闻，与吴兴沈约俱为蔡兴宗所礼。泰始中，起家奉朝请。兴宗为安西将军，引为主簿。累迁临海、长城二县令，骠骑参军，尚书删定郎，护军司马，齐司徒竟陵王子良记室参军。累迁太子家令。文惠太子之在东宫，沈约之徒以文才见引，岫亦预焉。岫文虽不逮约，而名行为时辈所与，博涉多通，尤悉魏晋以来吉凶故事。约常称曰："范公好事该博，胡广无以加。"南乡范云谓人曰："诸君进止威仪，当问范长头。"以岫多识前代旧事也。迁国子博士。

永明中，魏使至，有诏妙选朝士有词辩者，接使至界首，以岫兼淮阴长史迎焉。还迁尚书左丞，母忧去官，寻起摄职。出为宁朔将军、南蛮长史、南义阳太守，未赴职，迁右军谘议参军，郡如故。除抚军司马。出为建威将军、安成内史。入为给事黄门侍郎，迁御史中丞、领前军将军、南、北兖二州大中正。永元末，出为辅国将军、冠军晋安

王长史，行南徐州事。义师平京邑，承制征为尚书吏部郎，参大选。梁台建，为度支尚书。天监五年，迁散骑常侍、光禄大夫，侍皇太子，给扶。六年，领太子左卫率。七年，徙通直散骑常侍、右卫将军，中正如故。其年表致事，诏不许。八年，出为晋陵太守，秩中二千石。九年，入为祠部尚书，领右骁骑将军，其年迁金紫光禄大夫，加亲信二十人。十三年，卒官，时年七十五。赗钱五万，布百匹。

岫身长七尺八寸，恭敬俨恪，进止以礼。自亲丧之后，蔬食布衣以终身。每所居官，恒以廉洁著称。为长城令时，有梓材巾箱，至数十年，经贵遂不改易。在晋陵，惟作牙管笔一双，犹以为费。所著文集、《礼论》、《杂仪》、《字训》行于世。二子褒，伟。

傅昭，字茂远，北地灵州人，晋司隶校尉咸七世孙也。祖和之，父淡，善《三礼》，知名宋世。淡事宋竟陵王刘诞，诞反，淡坐诛。昭六岁而孤，哀毁如成人者，宗党咸异之。十一，随外祖于朱雀航卖历日。为雍州刺史袁顗客，顗尝来昭所，昭读书自若，神色不改。顗叹曰："此儿神情不凡，必成佳器。"司徒建安王休仁闻而悦之，因欲致昭，昭以宋氏多故，遂不往。或有称昭于廷尉虞愿，愿乃遣车迎昭。时愿宗人通之在坐，并当世名流，通之赠昭诗曰："英妙擅山东，才子倾洛阳。清尘谁能嗣，及尔遘遗芳。"太原王延秀荐昭于丹阳尹袁粲，深为所礼，辟为郡主簿，使诸子从昭受学。会明帝崩，粲造哀策文，乃引昭定其所制。每经昭户，辄叹曰："经其户，寂若无人，披其帷，其人斯在，岂非名贤！"寻为总明学士、奉朝请。齐永明中，累迁员外郎、司徒竟陵王子良参军、尚书仪曹郎。

先是御史中丞刘休荐昭于武帝，永明初，以昭为南郡王侍读。王嗣帝位，故时臣隶争求权宠，惟昭及南阳宗夬，保身守正，无所参人，竟不罹其祸。明帝践阼，引昭为中书通事舍人。时居此职者，皆势倾天下，昭独廉静，无所干豫。器服率陋，身安粗粝。常插烛于板床，明帝闻之，赐漆合烛盘等，敕曰："卿有古人之风，故赐卿古人之物。"累迁车骑临海王记室参军，长水校尉，太子家令，骠骑晋安王谘议参军。寻除尚书左丞、本州大中正。

高祖素悉昭能，建康城平，引为骠骑录事参军。梁台建，迁给事黄门侍郎，领著作郎，顷之，兼御史中丞、黄门、著作、中正并如故。天监三年，兼五兵尚书，参选事，四年，即真。六年，徙为左民尚书，未拜，出为建威将军、平南安成王长史，寻阳太守。七年，入为振远将军、中权长史。八年，迁通直散骑常侍，领步兵校尉，复领本州大中正。十年，复为左民尚书。

十一年，出为信武将军、安成内史。安成自宋已来兵乱，郡舍号凶。及昭为郡，郡内人夜梦见兵马铠甲甚盛，又闻有人云"当避善人"，军众相与腾虚而逝。梦者惊起。俄而疾风暴雨，倏忽便至，数间屋俱倒，即梦者所见军马践蹈之所也。自后郡舍遂安，咸以昭正直所致。郡溪无鱼，或有暑月荐昭鱼者，昭既不纳，又不欲拒，遂悮于门侧。

十二年，入为秘书监，领后军将军。十四年，迁太常卿。十七年，出为智武将军、临海太守。郡有蜜岩，前后

太守皆自封固，专收其利。昭以周文之囿，与百姓共之，大可喻小，乃教勿封。县令常饷粟，置绢于薄下，昭笑而还之。普通二年，入为通直散骑常侍、光禄大夫，领本州大中正，寻领秘书监。五年，迁散骑常侍、金紫光禄大夫，中正如故。

昭所莅官，常以清静为政，不尚严肃。居朝廷，无所请谒，不畜私门生，不交私利。终日端居，以书记为乐，虽老不衰。博极古今，尤善人物，魏晋以来，官宦簿伐，姻通内外，举而论之，无所遗失。性尤笃慎。子妇尝得家饷牛肉以进，昭召其子曰："食之则犯法，告之则不可，取而埋之。"其居身行己，不负暗室，类皆如此。京师后进，宗其学，重其道，人人自以为不逮。大通二年九月，卒，时年七十五。诏赗钱三万，布五十匹，即日举哀，谥曰贞子。长子谓，尚书郎，临安令。次子肱。

映字徽远，昭弟也。三岁而孤。兄弟友睦，修身厉行，非礼不行。始昭之守临海，陆倕饯之，宾主俱欢，日昏不反，映以昭年高，不可连夜极乐，乃自往迎候，同乘而归，兄弟并已斑白，时人美而服焉。及昭卒，映丧之如父，年逾七十，哀戚过礼，服制虽除，每言辄感恸。

映泛涉记传，有文才，而不以篇什自命。少时与刘绘、萧琛相友善，绘之为南康相，映时为府丞，文教多令具草。褚彦回闻而悦之，乃屈与子贲等游处。年未弱冠，彦回欲令仕，映以昭未解褐，固辞，须昭仕乃仕。

永元元年，参镇军江夏王军事，出为武康令。及高祖师次建康，吴兴太守袁昂自谓门世忠贞，固守诚节，乃访于映曰："卿谓时事云何？"映答曰："元嘉之末，开辟未有，故太尉杀身以明节，司徒当寄托之重，理无苟全，所以不顾夷险，以殉名义。今嗣主昏虐，狎近群小，亲贤诛戮，君子道消，外难屡作，曾无悛改。今荆、雍协举，乘据上流，背昏向明，势无不济。百姓思治，天人之意可知；既明且哲，忠孝之途无爽。愿明府更当雅虑，无袛悔也。"寻以公事免。天监初，除征虏鄱阳王参军，建安王中权录事参军，领军长史，乌程令。所受俸禄，悉归于兄。复为临川王录事参军，南台治书，安成王录事，太子翊军校尉，累迁中散大夫、光禄卿，太中大夫。大同五年，卒，年八十三。子弘。

萧琛，字彦瑜，兰陵人。祖僧珍，宋廷尉卿。父惠训，太中大夫。琛年数岁，从伯惠开抚其背曰："必兴吾宗。"

琛少而朗悟，有纵横才辩。起家齐太学博士。时王俭当朝，琛年少，未为俭所识，负其才气，欲候俭。时俭宴于乐游苑，琛乃著虎皮靴，策桃枝杖，直造俭坐，俭与语大悦。俭为丹阳尹，辟为主簿，举为南徐州秀才，累迁司徒记室。

永明九年，魏始通好，琛再衔命到桑乾，还为通直散骑侍郎。时魏遣李道固来使，齐帝宴之。琛于御筵举酒劝道固，道固不受，曰："公庭无私礼，不容受劝。"琛徐答曰："《诗》所谓'雨我公田，遂及我私'。"座者皆服，道固乃受琛酒。迁司徒右长史。出为晋熙王长史、行南徐州事。还兼少府卿、尚书左丞。

东昏初嗣立，时议以无庙见之典，琛议据《周颂·烈文》、《闵予》皆为即位朝庙之典，于是从之。高祖定京邑，引为骠骑谘议，录事，迁给事黄门侍郎。梁台建，为御史中丞。天监元年，迁庶子，出为宣城太守。征为卫尉卿，俄迁员外散骑常侍。三年，除太子中庶子、散骑常侍。九年，出为宁远将军、平西长史、江夏太守。

始琛在宣城，有北僧南度，惟赍一葫芦，中有《汉书序传》。僧曰："三辅旧老相传，以为班固真本。"琛固求得之，其书多有异今者，而纸墨亦古，文字多如龙举之例，非隶非篆，琛甚秘之。及是行也，以书饷鄱阳王范，范乃献于东宫。

琛寻迁安西长史、南郡太守，母忧去官，又丁父艰。起为信武将军、护军长史，俄为贞毅将军、太尉长史。出为信威将军、东阳太守，迁吴兴太守。郡有项羽庙，土民名为愤王，甚有灵验，遂于郡厅事安施床幕为神座，公私请祷，前后二千石皆于厅拜祠，而避居他室。琛至，徙神还庙，处之不疑。又禁杀牛解祀，以脯代肉。

琛频莅大郡，不治产业，有阙则取，不以为嫌。普通元年，征为宗正卿，迁左民尚书，领南徐州大中正，太子右卫率。徙度支尚书，左骁骑将军，领军将军，转秘书监、后军将军，迁侍中。

高祖在西邸，早与琛狎，每朝宴，接以旧恩，呼为宗老。琛亦奉陈昔恩，以"早簉中阳，凤忝同闲，虽迷兴运，犹荷洪慈。"上答曰："虽云早契阔，乃自非同志；勿谈兴运初，且道狂奴异。"

琛常言："少壮三好，音律、书、酒。年长以来，二事都废，惟书籍不衰。"而琛性通脱，常自解灶事，毕馂余，必陶然致醉。

大通二年，为金紫光禄大夫，加特进，给亲信三十人。中大通元年，为云麾将军、晋陵太守，秩中二千石。以疾自解，改授侍中、特进、金紫光禄大夫。卒，年五十二。遗令诸子，与妻同坟异藏，祭以蔬菜，葬日止车十乘，事存率素。乘舆临哭甚哀。诏赠本官，加云麾将军，给东园秘器，朝服一具，衣一袭，赙钱二十万，布百匹。谥曰平子。

陆杲，字明霞，吴郡吴人。祖徽，宋辅国将军、益州刺史。父睿，扬州治中。杲少好学，工书画，舅张融有高名，杲风韵举动，颇类于融，时称之曰："无对日下，惟舅与甥。"起家齐中军法曹行参军，太子舍人，卫军王俭主簿。迁尚书殿中曹郎，拜日，八座丞郎并到上省交礼，而杲至晚，不及时刻，坐免官。久之，以为司徒竟陵王外兵参军，迁征虏宜都王功曹史，骠骑晋安王谘议参军，司徒从事中郎。梁台建，以为骠骑记室参军，迁相国西曹掾。天监元年，除抚军长史，母忧去职。服阕，拜建威将军、中军临川王谘议参军，寻迁黄门侍郎，右军安成王长史。五年，迁御史中丞。

杲性婞直，无所顾望。山阴令虞肩在任，赃污数百万，杲奏收治。中书舍人黄睦之以肩事托杲，杲不答。高祖闻之，以问杲，杲答曰"有之"。高祖曰："卿识睦之不？"杲答曰："臣不识其人。"时睦之在御侧，上指示杲曰："此人是也。"杲谓睦之曰："君小人，何敢以罪人属南司？"睦之失色。领军将军张稷，是杲从舅，杲尝以公事弹稷，稷因侍宴诉高祖曰："陆杲是臣通亲，小事弹臣不贷。"高祖曰："杲职司其事，卿何得为嫌！"杲在台，号称不畏强御。

六年，迁秘书监，顷之为太子中庶子、光禄卿。八年，出为义兴太守，在郡宽惠，为民下所称。还为司空临川王长史、领扬州大中正。十四年，迁通直散骑侍郎，俄迁散骑常侍，中正如故。十五年，迁司徒左长史。十六年，入为左民尚书，迁太常卿。普通二年，出为仁威将军、临川内史。五年，入为金紫光禄大夫，又领扬州大中正。中大通元年，加特进，中正如故。四年，卒，时年七十四。谥曰质子。

杲素信佛法，持戒甚精，著《沙门传》三十卷。

弟煦，学涉有思理。天监初，历中书侍郎，尚书左丞，太子家令，卒。撰《晋书》未就。又著《陆史》十五卷，《陆氏骊泉志》一卷，并行于世。

子罩，少笃学，有文才，仕至太子中庶子、光禄卿。

史臣曰：范岫、傅昭，并笃行清慎，善始令终，斯石建、石庆之徒矣。萧琛、陆杲俱以才学著名。琛朗悟辩捷，加谙究朝典，高祖在田，与琛游旧，及践天历，任遇甚隆，美矣。杲性婞直，无所忌惮，既以执法宪台，纠绳不避权幸，可谓允兹正色。《诗》云："彼己之子，邦之司直。"杲其有焉。

卷二十七　　列传第二十一

陆倕　到洽　明山宾　殷钧　陆襄

陆倕，字佐公，吴郡吴人也。晋太尉玩六世孙。祖子真，宋东阳太守。父慧晓，齐太常卿。倕少勤学，善属文。于宅内起两间茅屋，杜绝往来，昼夜读书，如此者数载。所读一遍，必诵于口。尝借人《汉书》，失《五行志》四卷，乃暗写还之，略无遗脱。幼为外祖张岱所异，岱常谓诸子曰："此儿汝家之阳元也。"年十七，举本州秀才。刺史竟陵王子良开西邸延英俊，倕亦预焉。辟议曹从事参军、庐陵王法曹行参军。天监初，为右军安成王外兵参军，转主簿。

倕与乐安任昉友善，为《感知己赋》以赠昉，昉因此名以报之曰："信伟人之世笃，本侯服于陆乡。缅风流与道素，袭衮衣与绣裳。还伊人而世载，并三骏而龙光。过龙津而一息，望风条而曾翔。彼白玉之虽洁，此幽兰之信芳。思在物而取譬，非斗筲之能量。匹耸峙于东岳，比凝厉于秋霜。不一饭以妄过，每三钱以投渭。匪蒙袂之敢嗟，岂沟壑之能衣。既蕴藉其有余，又淡然而无味。得意同乎卷怀，违方似乎仗气。类平叔而靡雕，似子云之不朴。冠众善而贻操，综群言而名学。折高、戴于后台，异邹、颜乎董、偓。采三《诗》于河间，访九师于淮曲。术兼口传之书，艺广铿锵之乐。时坐睡而梁悬，裁枝梧而锥握。既文过而意深，又理胜而辞缛。咨余生之在苒，迫岁暮而伤情。测祖阴于堂下，听鸣钟于洛城。唯忘年之陆子，定一遇于班荆。余获田苏之价，尔得海上之名。信魄而无产，终长对于短生。饥虚表于徐步，逃责显于疾行。子比我于叔则，又方余于耀卿。心照情交，流言靡惑。万类暗求，千里悬得。言象可废，蹄筌自默。居非连栋，行则同车。冬日不足，夏日靡余。看核非饵，丝竹岂娱。我未舍驾，子已回舆。中饭相顾，怅然动色。邦壤既殊，离会莫测。存异山阳之居，没非要离之侧。似胶投漆中，离娄岂能识。"其为士友所重如此。

迁骠骑临川王东曹掾。是时礼乐制度，多所创革，高祖雅爱倕才，乃敕撰《新漏刻铭》，其文甚美。迁太子中舍人，管东宫书记。又诏为《石阙铭记》。奏之。敕曰："太子中舍人陆倕所制《石阙铭》，辞义典雅，足为佳作。昔虞丘辨物，邯郸献赋，赏以金帛，前史美谈，可赐绢三十匹。"迁太子庶子、国子博士，母忧去职。服阕，为中书侍郎，给事黄门侍郎，扬州别驾从事史，以疾陈解。迁鸿胪卿，入为吏部郎，参选事。出为云麾晋安王长史、寻阳太守、行江州府州事。以公事免，左迁中书侍郎、司徒司马、太子中庶子、廷尉卿。又为中庶子，加给事中、扬州大中正。复除国子博士、中庶子、中正并如故。守太常卿，中正如故。普通七年，卒，年五十七。文集二十卷，行于世。

第四子缵，早慧，十岁通经，为童子奉车郎，卒。

到洽，字茂沿，彭城武原人也。宋骠骑将军彦之曾孙。祖仲度，骠骑江夏王从事中郎。父坦，齐中书郎。洽年十八，为南徐州迎西曹行事。洽少知名，清警有才士行。谢朓文章盛于一时，见洽深相赏好，日引与谈论。每谓洽曰："君非直名人，乃亦兼资文武。"朓后为吏部，洽去职，朓欲荐之，洽睹世方乱，深相拒绝。除晋安王国左常侍，不就。遂筑室岩阿，幽居者积岁。乐安任昉有知人之鉴，与洽兄沼、溉并善。尝访洽于田舍，见之叹曰："此子日下无双。"遂申拜亲之礼。

天监初，沼、溉俱蒙擢用，洽尤见知赏，从弟沆亦相与齐名。高祖问待诏丘迟曰："到洽何如沆、溉？"迟对曰："正清过于沆，文章不减溉；加以清言，殆将难及。"即召为太子舍人。御华光殿，诏洽及沆、萧琛、任昉侍宴，赋二十韵诗，以洽辞为工，赐绢二十匹。高祖谓昉曰："诸到可谓才子。"昉对曰："臣常窃议，宋得其武，梁得其文。"

二年，迁司徒主簿，直待诏省，敕使抄甲部书。五年，迁尚书殿中郎。洽兄弟群从，递居此职，时人荣之。七年，迁太子中舍人，与庶子陆倕对掌东宫管记。俄为侍读，侍读省仍置学士二人，洽复充其选。九年，迁国子博士，奉敕撰《太学碑》。十二年，出为临川内史，在郡称职。十四年，入为太子家令，迁给事黄门侍郎，兼国子博士。十六年，迁太子中庶子。普通元年，以本官领博士。顷之，入为尚书吏部郎，请托一无所行。俄迁员外散骑常侍，复领博士，母忧去职。五年，复为太子中庶子，领步兵校尉，未拜，仍迁给事黄门侍郎，领尚书左丞。准绳不避贵戚，尚书省贿赂莫敢通。时銮舆欲亲戎，军国容礼，多自洽出。六年，迁御史中丞，弹纠无所顾望，号为劲直，当时肃清。以公事左降，犹居职。旧制，中丞不得入尚书下舍，洽兄溉为左民尚书，洽引服亲不应有碍，刺省详决。左丞萧子云议许入溉省，亦以其兄弟素笃，不能相别也。七年，出为贞威将军、云麾长史、寻阳太守。大通元年，卒于郡，时年五十一。赠侍中。谥曰理子。昭明太子与晋安王纲令曰：“明北兖、到长史遂相系凋落，伤悼悲惋，不能已已。去岁陆太常殂殁，今兹二贤长谢。陆生资忠履贞，冰清玉洁，文该四始，学遍九流，高情胜气，贞然直上。明公儒学稽古，淳厚笃诚，立身行道，始终如一，倘值夫子，必升孔堂。到子风神开爽，文义可观，当官莅事，介然无私。皆海内之俊乂，东序之秘宝。此之嗟惜，更复何论。但游处周旋，淹岁序，造膝忠规，岂可胜说，幸免祇悔，实二三子之力也。谈对如昨，音言在耳，零落相仍，皆成异物，每一念至，何时可言。天下之宝，理当恻怆。近张新安又致故，其人文笔弘雅，亦足嗟惜，随弟府朝，东西日久，尤当伤怀也。比人物零落，特可伤惋，属有今信，乃复及之。”

洽文集行于世。子伯淮、仲举。

明山宾，字孝若，平原鬲人也。父僧绍，隐居不仕，宋末国子博士征，不就。山宾七岁能言名理，十三博通经传，居丧尽礼。服阕，州辟从事史。起家奉朝请。兄仲璋婴痼疾，家道屡空，山宾乃行干禄。齐始安王萧遥光引为抚军行参军，后为广阳令，顷之去官。义师至，高祖引为相府田曹参军。梁台建，为尚书驾部郎，迁治书侍御史，右军记室参军，掌治吉礼。时初置《五经》博士，山宾首膺其选。迁北中郎谘议参军，侍皇太子读。累迁中书侍郎、国子博士、太子率更令、中庶子，博士如故。天监十五年，出为持节、督缘淮诸军事、征远将军、北兖州刺史。普通二年，征为太子右卫率，加给事中，迁御史中丞。以公事左迁黄门侍郎、司农卿。四年，迁散骑常侍，领青、冀二州大中正。东宫新置学士，又以山宾居之，俄以本官兼国子祭酒。

初，山宾在州，所部平陆县不稔，启出仓米以赡人。后刺史检州曹，失簿书，以山宾为耗阙，有司追责，籍其宅入官，山宾默不自理，更市地造宅。昭明太子闻筑室不就，有令曰：“明祭酒虽出抚大藩，拥旄推毂，珥金拖紫，而恒事屡空。闻构宇未成，今送薄助。”并贻诗曰：“平仲古称奇，夷吾昔擅美。令则挺伊贤，东秦固多士。筑室非道傍，置宅归仁里。庚桑方有系，原生今易拟。必来三径人，将招《五经》士。”

山宾性笃实，家中尝乏用，货所乘牛。既售受钱，乃谓买主曰：“此牛经患漏蹄，治差已久，恐后脱发，无容不相语。”买主遽追取钱。处士阮孝绪闻之，叹曰：“此言足使还淳反朴，激薄停浇矣。”

五年，又为国子博士，常侍、中正如故。其年以本官假节，权摄北兖州事。大通元年，卒，时年八十五。诏赠侍中、信威将军。谥曰质子。昭明太子为举哀，赙钱十万，布百匹，并使舍人王颛监护丧事。又与前司徒左长史殷芸令曰：“北兖信至，明常侍遂至殒逝，闻之伤悼。此贤儒术该通，志用稽古，温厚淳和，伦雅弘笃。授经以来，迄今二纪。若其上交不谄，造膝忠规，非显外迹，得之胸怀者，盖亦积矣。摄官连率，行当言归，不谓长往，眇成畴日。追忆谈绪，皆为悲端，往矣如何！昔经联事，理当酸怆也。”

山宾累居学官，甚有训导之益，然性颇疏通，接于诸生，多所狎比，人皆爱之。所著《吉礼仪注》二百二十四卷，《礼仪》二十卷，《孝经丧礼服义》十五卷。

子震，字兴道，亦传父业。历官太学博士，太子舍人，尚书祠部郎，余姚令。

殷钧，字季和，陈郡长平人也。晋太常融八世孙。父睿，有才辩，知名齐世，历官司徒从事中郎。睿妻王奂女。奂为雍州刺史、镇北将军，乃言于朝，以睿为镇北长史、河南太守。奂诛，睿并见害。钧时年九岁，以孝闻。及长，恬静简交游，好学有思理。善隶书，为当时楷法，南乡范云、乐安任昉，并称赏之。高祖与睿少旧故，以女妻钧，即永兴公主也。

天监初，拜驸马都尉，起家秘书郎、太子舍人、司徒主簿、秘书丞。钧在职，启校定秘阁四部书，更为目录。又受诏料检西省法书古迹，别为品目。迁骠骑从事中郎、中书郎、太子家令、掌东宫书记。顷之，迁给事黄门侍郎、中庶子、尚书吏部郎、司徒左长史，侍中。东宫置学士，复以钧为之。公事免。复为中庶子，领国子博士、左骁骑将军，博士如故。出为明威将军、临川内史。

钧体羸多疾，闭阁卧治，而百姓化其德，劫盗皆奔出境。尝禽劫帅，不加考掠，但和言消责。劫帅稽颡乞改过，钧便命遣之，后遂为善人。郡旧多山疟，更暑必动，自钧在任，郡境无复疟疾。母忧去职，居丧过礼，昭明太子忧之，手书诫喻曰：“知比诸德，哀顿为过，又所进殆无一溢，甚以酸耿。迥然一身，宗奠是寄，毁而灭性，圣教所不许。宜微自遣割，俯存礼制，馈粥果蔬，少加勉强。忧怀既深，指故有及，并令缪道臻口具。”钧答曰：“奉赐手令，并缪道臻宣旨，伏读感咽，肝心涂地。小人无情，动不及礼，但裹生尩劣，假推年岁，罪戾所钟，复加横疾。顷者绵微，守尽昼漏，目乱玄黄，心迷哀乐，惟救危苦，未能以远理自制。姜桂之滋，实闻前典，不避粱肉，复忝今慈，臣亦何人，降此忧愍。谨当循复圣言，思自补续，如脱申延，实由亭造。”服阕，迁五兵尚书，犹以顿瘵经时，不堪拜受，乃更授散骑常侍、领步兵校尉，侍东宫。寻改领中庶子。昭明太子薨，官属罢，又领右游击，除国子祭酒，常侍如故。中大通四年，卒，时年四十九。谥曰贞子。二子：构，湮。

陆襄，字师卿，吴郡吴人也。父闲，齐始安王遥光扬州治中。永元末，遥光据东府作乱，或劝闲去之。闲曰："吾为人吏，何所逃死。"台军攻陷城，闲见执，将刑，第二子绛求代死，不获，遂以身蔽刃，刑者俱害之。襄痛父兄之酷，丧过于礼，服释后犹若居忧。

天监三年，都官尚书范岫表荐襄，起家擢拜著作佐郎，除永宁令。秩满，累迁司空临川王法曹、外兵、轻车庐陵王记室参军。昭明太子闻襄业行，启高祖引与游处，除太子洗马，迁中舍人，并掌管记。出为扬州治中，襄父终此官，固辞职，高祖不许，听与府司马换廨居之。昭明太子敬耆老，襄母年将八十，与萧琛、傅昭、陆杲每月常遣存问，加赐珍羞衣服。襄母尝卒患心痛，医方须三升粟浆，是时冬月，日又逼暮，求索无所。忽有老人诣门货浆，量如方剂，始欲酬直，无何失之，时以襄孝感所致也。累迁国子博士，太子家令，复掌管记，母忧去职。襄年已五十，毁顿过礼，太子忧之，日遣使诫喻。服阕，除太子中庶子，复掌管记。中大通三年，昭明太子薨，官属罢，妃蔡氏别居金华宫，以襄为中散大夫、领步兵校尉、金华宫家令、知金华宫事。

七年，出为鄱阳内史。先是，郡民鲜于琛服食修道法，尝入山采药，拾得五色幡眊，又于地中得石玺，窃怪之。琛先与妻别室，望琛所处，常有异气，益以为神。大同元年，遂结其门徒，杀广晋令王筠，号上愿元年，署置官属。其党转相诳惑，有众万余人。将出攻郡，襄先已帅民吏修城隍，为备御，及贼至，连战破之，生获琛，余众逃散。时邻郡豫章、安成等守宰，案治党与，因求贿货，皆不得其实，或有善人尽室离祸，惟襄郡部枉直无滥。民作歌曰："鲜于平后善恶分，民无枉死，赖有陆君。"又有彭李二家，先因忿争，遂相诬告，襄引入内室，不加责诮，但和言解喻之，二人感恩，深自咎悔。乃为设酒食，令其尽欢，酒罢，同载而还，因相亲厚。民又歌曰："陆君政，无怨家，斗既罢，仇共车。"在政六年，郡中大治，民李眆等四百二十人诣阙拜表，陈襄德化，求于郡立碑，降敕许之。又表乞留襄，襄固求还，征为吏部郎，迁秘书监，领扬州大中正。太清元年，迁度支尚书，中正如故。

二年，侯景举兵围宫城，以襄直侍中省。三年三月，城陷，襄逃还吴。贼寻寇东境，没吴郡。景将宋子仙进攻钱塘，会海盐人陆黯举义，有众数千人，夜出袭郡，杀伪太守苏单于，推襄行郡事。时淮南太守文成侯萧宁逃贼入吴，襄遣迎宁为盟主，遣黯及兄子映公帅众拒子仙。子仙闻兵起，乃退还，与黯等战于松江，黯败走，吴下军闻之，亦各奔散。襄匿于墓下，一夜忧愤卒，时年七十。

襄弱冠遭家祸，终身蔬食布衣，不听音乐，口不言杀害五十许年。侯景平，世祖追赠侍中、云麾将军。以建义功，追封余干县侯，邑五百户。

陈吏部尚书姚察曰：陆倕博涉文理，到洽匪躬贞劲，明山宾儒雅笃实，殷钧静素恬和，陆襄淳深孝性，虽任遇有异，皆列于名臣矣。

卷二十八　　　　列传第二十二

裴邃 兄子之高 之平 之横
夏侯亶 弟夔 鱼弘附　　韦放

裴邃，字渊明，河东闻喜人，魏襄州刺史绰之后也。祖寿孙，寓居寿阳，为宋武帝前军长史。父仲穆，骁骑将军。邃十岁能属文，善《左氏春秋》。齐建武初，刺史萧遥昌引为府主簿。寿阳有八公山庙，遥昌为立碑，使邃为文，甚见称赏。举秀才，对策高第，奉朝请。

东昏践阼，始安王萧遥光为抚军将军、扬州刺史，引邃为参军。后遥光败，邃还寿阳，值刺史裴叔业以寿阳降魏，豫州豪族皆被驱掠，邃遂随众北徙。魏主宣武帝雅重之，以为司徒属，中书郎，魏郡太守。魏遣王肃镇寿阳，邃固求随肃，密图南归。天监初，自拔还朝，除后军谘议参军。邃求边境自效，以为辅国将军、庐江太守。时魏将吕颇率众五万奄来攻郡，邃率麾下拒破之，加右军将军。

五年，征邵阳洲，魏人为长桥断淮以济。邃筑垒逼桥，每战辄克，于是密作没突舰。会甚雨，淮水暴溢，邃乘舰径造桥侧，魏众惊溃，遂乘胜追击，大破之。进克羊石城，斩城主元康。又破霍丘城，斩城主甯永仁。平小岘，攻合肥。以功封夷陵县子，邑三百户。迁冠军长史、广陵太守。

邃与乡人共入魏武庙，因论帝王功业。其甥王篆之密启高祖，云"裴邃多大言，有不臣之迹。"由是左迁为始安太守。邃志欲立功边陲，不愿闲远，乃致书于吕僧珍曰："昔阮咸、颜延有'二始'之叹。吾才不逮古人，今为三始，非其愿也，将如之何！"未及至郡，会魏攻宿预，诏邃拒焉。行次直渎，魏众退。迁右军谘议参军，豫章王云麾府司马，率所领助守石头。出为竟陵太守，开置屯田，公私便之。迁为游击将军、朱衣直阁，直殿省。寻迁假节、明威将军、西戎校尉、北梁、秦二州刺史。复开创屯田数千顷，仓廪盈实，省息边运，民吏获安，乃相率饷绢千余匹。邃从容曰："汝等不应尔；吾又不可逆。"纳其绢二匹而已。还为给事中、云骑将军、朱衣直阁将军，迁大匠卿。

普通二年，义州刺史文僧明以州叛入于魏，魏军来援。以邃为假节、信武将军，督众军讨焉。邃深入魏境，从边道道，出其不意。魏所置义州刺史封寿据檀公岘，邃击破之，遂围其城，寿面缚请降，义州平。除持节、督北徐州诸军事、信武将军、北徐州刺史。未之职，又迁督豫州、北豫、霍三州诸军事、豫州刺史，镇合肥。

四年，进号宣毅将军。是岁，大军将北伐，以邃督征讨诸军事，率骑三千，先袭寿阳。九月壬戌，夜至寿阳，攻其郛，斩关而人，一日战九合，为后军蔡秀成失道不至，邃以援绝拔还。于是邃复整兵，收集士卒，令诸军各以服色相别。邃自为黄袍骑，先攻狄丘、甓城、黎浆等城，皆拔之。屠安成、马头、沙陵等戍。是冬，始脩芍陂。明年，复破魏新蔡郡,略地至于郑城,汝颍之间,所在响应。魏寿阳守将长孙稚、河间王元琛率众五万,出城挑战。邃勒诸将为四甄以待之,令直阁将军李祖怜伪遁以引稚,稚等悉众追之,四甄竞发,魏众大败。斩首万余级。稚等奔走,闭门自固,不敢复出。其年五月,卒于军中。追赠侍中、左卫将军,给鼓吹一部,进爵为侯,增邑七百户。谥曰烈。

邃少言笑,沉深有思略,为政宽明,能得士心。居身方正有威重,将吏惮之,少敢犯法。及其卒也,淮、肥间莫不流涕,以为邃不死,洛阳不足拔也。

子之礼,字子义,自国子生推第,补邵陵王国左常侍、信威行参军。王为南兖,除长流参军,未行,仍留宿卫,补直阁将军。丁父忧,服阕袭封,因请随军讨寿阳,除云麾将军,迁散骑常侍。又别攻魏广陵城,平之,除信武将军、西豫州刺史,加轻车将军,除黄门侍郎,迁中军宣城王司马。寻为都督北徐、仁、睢三州诸军事、信武将军、北徐州刺史。征太子左卫率,兼卫尉卿,转少府卿。卒,谥曰壮。子政,承圣中,官至给事黄门侍郎。江陵陷,随例入西魏。

之高字如山,邃兄中散大夫髦之子也。起家州从事、新都令、奉朝请,迁参军。颇读书,少负意气,常随叔父邃征讨,所在立功,甚为邃所器重,戎政咸以委焉。寿阳之役,邃卒于军所,之高隶夏侯夔,平寿阳,仍除平北豫章长史、梁郡太守,封都城县男,邑二百五十户。时魏汝阴来附,敕之高应接,仍除假节、飙勇将军、颍州刺史。士民夜反,逾城而入,之高率家僮与麾下奋击,贼乃散走。父忧还京。起为光远将军,合讨阴陵盗贼,平之,以为谯州刺史。又还为左军将军,出为南谯太守、监北徐州,迁员外散骑常侍。寻除雄信将军、西豫州刺史,余如故。侯景乱,之高率众入援,南豫州刺史、鄱阳嗣王范命之高总督江右援军诸军事,顿于张公洲。柳仲礼至横江,之高遣船舸二百余艘迎致仲礼,与韦粲等俱会青塘立营,据建兴苑。及城陷,之高还合肥,与鄱阳王范西上。稍至新蔡,众将一万,未有所属。元帝遣萧慧正召之,以为侍中、护军将军。到江陵,承制除特进、金紫光禄大夫。卒,时年七十三。赠侍中、仪同三司,鼓吹一部。谥曰恭。子幾,累官太子右卫率,隽州刺史。西魏攻陷江陵,幾力战死之。

之平字如原,之高第五弟。少亦随邃征讨,以军功封都亭侯。历武陵王常侍、扶风、弘农二郡太守,不行,除谯州长史、阳平太守。拒侯景,城陷后,迁散骑常侍、右卫将军、太子詹事。

之横字如岳,之高第十三弟也。少好宾游,重气侠,不事产业。之高以其纵诞,乃为狭被蔬食以激厉之。之横叹曰:"大丈夫富贵,必作百幅被。"遂与僮属数百人,于苕陂大营田墅,遂致殷积。太宗在东宫,闻而要之,以为河东王常侍、直殿主帅,迁直阁将军。侯景乱,出为贞威将军,隶鄱阳王范讨景。景济江,仍与范长子嗣入援。连营度淮,据东城。京都陷,退还合肥,与范溯流赴湓城。

景遣任约上逼晋熙,范令之横下援,未及至,范薨,之横乃还。

时寻阳王大心在江州,范副梅思立密要大心袭湓城,之横斩思立而拒大心。大心以州降景。之横率众与兄之高同归元帝,承制除散骑常侍、廷尉卿,出为河东内史。又随王僧辩拒侯景于巴陵,景退,迁持节、平北将军、东徐州刺史,中护军,封豫宁侯,邑三千户。又随僧辩追景,平郢、鲁、江、晋等州,恒为前锋陷阵。仍至石头,破景,景东奔,僧辩令之横与杜崱入守台城。及陆纳据湘州叛,又隶王僧辩南讨焉。于阵斩纳将李贤明,遂平之。又破武陵王于硖口。还除吴兴太守,乃作百幅被,以成其初志。

后江陵陷,齐遣上党王高涣挟贞阳侯攻东关,晋安王方智承制,以之横为使持节、镇北将军、徐州刺史,都督众军,给鼓吹一部,出守蕲城。之横营垒未周,而齐军大至,兵尽矢穷,遂于阵没,时年四十一。赠侍中、司空公,谥曰忠壮。子凤宝嗣。

夏侯亶,字世龙,车骑将军详长子也。齐初,起家奉朝请。永元末,详为西中郎南康王司马,随府镇荆州,亶留京师,为东昏听政主帅。及崔慧景作乱,亶以捍御功,除骁骑将军。及高祖起师,详与长史萧颖胄协同义举,密遣信下都迎亶,亶乃赍宣德皇后令,令南康王纂承大统,封十郡为宣城王,进位相国,置僚属,选百官。建康城平,以亶为尚书吏部郎,俄迁侍中,奉玺于高祖。天监元年,出为宣城太守。寻入为散骑常侍,领右骁骑将军。六年,出为平西始兴王长史、南郡太守,父忧解职。居丧尽礼,庐于墓侧,遗财悉推诸弟。八年,起为持节、督司州诸军事、信武将军、司州刺史,领安陆太守。服阕,袭封丰城县公。居州甚有威惠,为边人所悦服。十二年,以本号还朝,除都官尚书,迁给事中、右卫将军,领豫州大中正。十五年,出为信武将军、安西长史、江夏太守。十七年,入为通直散骑常侍、太子右卫率,迁左卫将军,领前军将军。俄出为明威将军、吴兴太守。在郡复有惠政,吏民图其像,立碑颂美焉。普通三年,入为散骑常侍,领右骁骑将军,转太府卿,常侍如故。以公事免,未几,优诏复职。五年,迁中护军。

六年,大举北伐。先遣豫州刺史裴邃帅谯州刺史湛僧智、历阳太守明绍世、南谯太守鱼弘、晋熙太守张澄,并世之骁将,自南道伐寿阳城,未克而邃卒。乃加亶使持节,驰驿代邃,与魏将河间王元琛、临淮王元彧等相拒,频战克捷。寻有密敕,班师合肥,以休士马,须堰成复进。七年夏,淮堰水盛,寿阳城将没,高祖复遣北道军元树叶彭宝孙、陈庆之等稍进,亶帅湛僧智、鱼弘、张澄等通清流涧,将入淮、肥。魏军夹肥筑城,出亶军后,亶与僧智还袭,破之。进攻黎浆,贞威将军韦放自北道会焉。两军既合,所向皆降下。凡降城五十二,获男女口七万五千人,米二十万石。诏以寿阳依前代置豫州,合肥镇改为南豫州,以亶为使持节、都督豫州缘淮南豫霍义定五州诸军事、云麾将军、豫、南豫二州刺史。寿春久罹兵荒,百姓多流散,亶轻刑薄赋,务农省役,顷之民户充复。大通二年，进号平北将军。三年，卒于州镇。高祖闻之，即日素服举哀，赠车骑将军。谥曰襄。州民夏侯简等五百人表请为亶立碑置祠，诏许之。

亶为人美风仪，宽厚有器量，涉猎文史，辩给能专对。宗人夏侯溢为衡阳内史，辞日，亶侍御坐，高祖谓亶曰："夏侯溢于卿疏近？"亶答曰："是臣从弟。"高祖知溢于亶已疏，乃曰："卿伧人，好不辨族从。"亶对曰："臣闻服属易疏，所以不忍言族。"时以为能对。

亶历为六郡三州，不修产业，禄赐所得，随散亲故。性俭率，居处服用，充足而已，不事华侈。晚年颇好音乐，有妓妾十数人，并无被服姿容。每有客，常隔帘奏之，时谓帘为夏侯妓衣也。

亶二子：谊，损。谊袭封丰城公，历官太子舍人，洗马。太清中，侯景入寇，谊与弟损帅部曲入城，并卒围内。

夔字季龙，亶弟也。起家齐南康王府行参军。中兴初，迁司徒属。天监元年，为太子洗马，中舍人，中书郎。丁父忧，服阕，除大匠卿，知造太极殿事。普通元年，为邵陵王信威长史，行府国事。其年，出为假节、征远将军，随机北讨，还除给事黄门侍郎。二年，副裴邃讨义州，平之。三年，代兄亶为吴兴太守，寻迁假节、征远将军、西阳、武昌二郡太守。七年，征为卫尉，未拜，改授持节、督司州诸军事、信武将军、司州刺史，领安陆太守。

八年，敕夔帅壮武将军裴之礼、直阁将军任思祖由义阳道，攻平静、穆陵、阴山三关，克之。是时谯州刺史湛僧智围魏东豫州刺史元庆和于广陵，入其郡。魏将元显伯率军赴援，僧智逆击破之，夔自武阳会僧智，断魏军归路。庆和于内筑栅以自固，及夔至，遂请降。夔让僧智，僧智曰："庆和志欲降公，不愿降僧智，今往必乖其意；且僧智所将为乌合募人，不可御之以法。公持军素严，必无犯令，受降纳附，深得其宜。"于是夔乃登城拔魏帜，建官军旗鼓，众莫敢妄动，庆和束兵以出，军无私焉。凡降男女口四万余人，粟六十万斛，余物称是。显伯闻之夜遁，众军追之，生擒二万余人，斩获不可胜数。诏以僧智领东豫州，镇广陵。夔引军屯安阳。夔又遣偏将屠楚城，尽俘其众，由是义阳北道遂与魏绝。

大通二年，魏郢州刺史元愿达请降，高祖敕郢州刺史元树往迎愿达，夔亦自楚城会之，遂留镇焉。诏改魏郢州为北司州，以夔为刺史，兼督司州。三年，迁使持节，进号仁威将军，封保城县侯，邑一千五百户。中大通二年，征为右卫将军，丁所生母忧去职。

时魏南兖州刺史刘明以谯城入附，诏遣镇北将军元树帅军应接，起夔为云麾将军，随机北讨。寻授使持节、督南豫州诸军事、南豫州刺史。六年，转使持节、督豫、淮、陈、颍、建、霍、义七州诸军事、豫州刺史。豫州积岁寇戎，人颇失业，夔乃帅军人于苍陵立堰，溉田千余顷。岁收谷百余万石，以充储备，兼赡贫人，境内赖之。夔兄亶先经此任，至是夔又居焉。兄弟并有恩惠于乡里，百姓歌之曰："我之有州，频仍夏侯；前兄后弟，布政优优。"在州七年，甚有声绩，远近多附之。有部曲万人，马二千

匹，并服习精强，为当时之盛。性奢豪，后房伎妾曳罗縠饰金翠者亦有百数。爱好人士，不以贵势自高，文武宾客常满坐，时亦以此称之。大同四年，卒于州，时年五十六。有诏举哀，赙钱二十万，布二百匹。追赠侍中、安北将军。谥曰桓。

子譔嗣，官至太仆卿。譔弟谱，少粗险薄行，常停乡里，领其父部曲，为州助防，刺史萧渊明引为府长史。渊明彭城战没，复为侯景长史。景寻举兵反，谱前驱济江，顿兵城西士林馆，破掠邸第及居人富室，子女财货，尽略有之。渊明在州有四妾，章、于、王、阮，并有国色。渊明没魏，其妾并还京第，谱至，破第纳焉。

鱼弘，襄阳人。身长八尺，白皙美姿容。累从征讨，常为军锋，历南谯、盱眙、竟陵太守。常语人曰："我为郡，所谓四尽：水中鱼鳖尽，山中獐鹿尽，田中米谷尽，村里民庶尽。丈夫生世，如轻尘栖弱草，白驹之过隙。人生欢乐富贵几何时！"于是恣意酣赏，侍妾百余人，不胜金翠，服玩车马，皆穷一时之绝。迁为平西湘东王司马、新兴、永宁二郡太守，卒官。

韦放，字元直，车骑将军睿之子。初为齐晋安王宁朔迎主簿，高祖临雍州，又召为主簿。放身长七尺七寸，腰带八围，容貌甚伟。天监元年，为盱眙太守，还除通直郎，寻为轻车晋安王中兵参军，迁镇右始兴王谘议参军，以父忧去职。服阕，袭封永昌侯，出为轻车南平王长史、襄阳太守。转假节、明威将军、竟陵太守。在郡和理，为吏民所称。六年，大举北伐，以放为贞威将军，与胡龙牙会曹仲宗进军。七年，夏侯亶攻黎浆不克，高祖复敕帅军自北道会寿春城。寻迁云麾南康王长史、寻阳太守。放累为藩佐，并著声绩。

普通八年，高祖遣兼领军曹仲宗等攻涡阳，又以放为明威将军，帅师会之。魏大将费穆帅众奄至，放军营未立，麾下止有二百余人。放从弟洵骁果有勇力，一军所仗，放令洵单骑击刺，屡折魏军，洵马亦被伤不能进，放胄又三贯流矢。众皆失色，请放突去。放厉声叱之曰："今日唯有死耳。"乃免胄下马，据胡床处分。于是士皆殊死战，莫不一当百。魏军遂退，放逐北至涡阳。魏又遣常山王元昭、大将军李奖、乞佛宝、费穆等众五万来援，放率所督将陈度、赵伯超等夹击，大破之。涡阳城主王纬以城降。放乃登城，简出降口四千二百人，器仗充牣；又遣降人三十，分报李奖、费穆等。魏人弃诸营垒，一时奔溃，众军乘之，斩获略尽。擒穆弟超，并王纬送于京师。还为太子右卫率，转通直散骑常侍。出为持节、督梁、南秦二州诸军事，信武将军、梁、南秦二州刺史。中大通二年，徙督北徐州诸军事、北徐州刺史，增封四百户，持节、将军如故。在镇三年，卒，时年五十九。谥曰宜侯。

放性弘厚笃实，轻财好施，于诸弟尤雍睦。每将远别及行役未还，常同一室卧起，时称为"三韦"。初，放与吴郡张率皆有侧室怀孕，因指为婚姻。其后各产男女，未及成长而率亡，遗嗣孤弱，放常赡恤之。及为北徐州，时

有势族请姻者,放曰:"吾不失信于故友。"乃以息岐娶率女,又以女适率子,时称放能笃旧。长子粲嗣,别有传。

史臣曰:裴邃之词采早著,兼思略沉深,夏侯亶之好学辩给,夔之奢豪爱士,韦放之弘厚笃行,并遇主逢时,展其才用矣。及牧州典郡,破敌安边,咸著功绩,允文武之任,盖梁室之名臣欤。

卷二十九　　列传第二十三

高祖三王

高祖八男:丁贵嫔生昭明太子统,太宗简文皇帝,庐陵威王续;阮修容生世祖孝元皇帝;吴淑媛生豫章王综;董淑仪生南康简王绩;丁充华生邵陵携王纶;葛修容生武陵王纪。综及纪别有传。

南康简王绩,字世谨,高祖第四子。天监八年,封南康郡王,邑二千户。出为轻车将军,领石头戍军事。十年,迁使持节、都督南徐州诸军事、南徐州刺史,进号仁威将军。绩时年七岁,主者有受货,洗改解书,长史王僧孺弗之觉,绩见而辄诘之,便即时首服,众咸叹其聪警。十六年,征为宣毅将军,领石头戍军事。十七年,出为使持节、都督南、北兖、徐、青、冀五州诸军事、南兖州刺史,在州著称。寻有诏征还,民曹嘉乐等三百七十人诣阙上表,称绩尤异一十五条,乞留州任,优诏许之,进号北中郎将。普通四年,征为侍中、云麾将军,领石头戍军事。五年,出为使持节、都督江州诸军事、江州刺史。丁董淑仪忧,居丧过礼,高祖手诏勉之,使摄州任,固求解职,乃征授安右将军,领石头戍军事,寻加护军。羸瘠弗堪视事。大通三年,因感病薨于任,时年二十五。赠侍中、中军将军、开府仪同三司,给鼓吹一部。谥曰简。

绩寡玩好,少嗜欲,居无侍妾,躬事约俭,所有租秩,悉寄天府。及薨后,府有南康国无名钱数千万。

子会理嗣,字长才。少聪慧,好文史。年十一而孤,特为高祖所爱,衣服礼秩与正王不殊。年十五,拜轻车将军、湘州刺史,又领石头戍军事。迁侍中,兼领军将军。寻除宣惠将军、丹阳尹,置佐史。出为使持节、都督南、北兖、北徐、青、冀、东徐、谯七州诸军事、平北将军、南兖州刺史。太清元年,督众军北讨,至彭城,为魏师所败,退归本镇。

二年,侯景围京邑,会理治严将入援,会北徐州刺史封山侯正表将应其兄正德,外托赴援,实谋袭广陵,会理击破之。方得进路,台城陷,侯景遣前临江太守董绍先以高祖手敕召会理,其僚佐咸劝距之。会理曰:"诸君心事,与我不同,天子年尊,受制贼虏,今有手敕召我入朝,臣子之心,岂得违背。且远处江北,功业难成,不若身赴京都,图之肘腋。吾计决矣。"遂席卷而行,以城输绍先。至京,景以为侍中、司空、兼中书令。虽在寇手,每思匡复,与西乡侯劝等潜布腹心,要结壮士。时范阳祖皓斩绍先,据广陵城起义,期以会理为内应。皓败,辞相连及,景矫诏免会理官,犹以白衣领尚书令。

是冬,景往晋熙,景师虚弱,会理复与柳敬礼谋之。敬礼曰:"举大事必有所资,今无寸兵,安可以动?"会理曰:"湖熟有吾旧兵三千余人,昨来相知,克期响集,听吾日定,便至京师。计贼守兵不过千人耳,若大兵外攻,吾等内应,直取王伟,事必有成。纵景后归,无能为也。"敬礼曰"善",因赞成之。于时百姓厌贼,咸思用命,自丹阳至于京口,靡不同之。后事不果,与弟祁阳侯通理并遇害。

通理字仲宣,位太子洗马,封祁阳侯。

通理弟乂理,字季英,会理第六弟也。生十旬而简王薨,至三岁而能言,见内人分散,涕泣相送,乂理问其故,或曰:"此简王宫人,丧毕去尔。"乂理便号泣,悲不自胜,诸宫人见之,莫不伤感,为之停者三人焉。服阕后,见高祖,又悲泣不自胜。高祖为之流涕,谓左右曰:"此儿大必为奇士。"大同八年,封安乐县侯,邑五百户。

乂理性慷慨,慕立功名,每读书见忠臣烈士,未尝不废卷叹曰:"一生之内,当无愧古人。"博览多识,有文才,尝祭孔文举墓,并为立碑,制文甚美。

太清中,侯景内寇,乂理聚宾客数百,轻装赴南兖州,随兄会理入援,恒亲当矢石,为士卒先。及城陷,又随会理还广陵,因人齐为质,乞师。行二日,会侯景遣董绍先据广陵,遂追会理,因为所获。绍先防之甚严,不得与兄弟相见,乃伪请先还京,得入辞母,谓其姊安固公主曰:"事既如此,岂可合家受毙。兄若至,愿为言之,善为计自勉,勿赐以为念也。家国阽危,虽死非恨,前途亦思立效,但未知天命何如耳!"至京师,以魏降人元贞立节忠正,可以托孤,乃以玉柄扇赠之。贞怪其故,不受。乂理曰:"后当见忆,幸勿推辞。"会祖皓起兵,乂理奔长芦,收军得千余人。其左右有应贼者,因间劫会理,其众遂骇散,为景所害,时年二十一。元贞始悟其前言,往收葬焉。

庐陵威王续,字世䜣,高祖第五子,天监八年,封庐陵郡王,邑二千户。十年,拜轻车将军、南彭城琅邪太守。十三年,转会稽太守。十六年,为都督江州诸军事、云麾将军、江州刺史。普通元年,征为宣毅将军,领石头戍军事。

续少英果,膂力绝人,驰射游猎,应发命中。高祖常叹曰:"此我之任城也。"尝与临贺王正德及胡贵通、赵伯超等驰射于高祖前,续冠于诸人,高祖大悦。三年,为使持节、都督雍、梁、秦、沙四州诸军事、西中郎将、雍州刺史。七年,加宣毅将军。中大通二年,又为使持节、都督雍、梁、秦、沙四州诸军事、平北将军、宁蛮校尉、雍州刺史,给鼓吹一部。续多聚马仗,畜养骁雄,金帛内盈,仓廪外实。四年，迁安北将军。大同元年，为使持节、都督江州诸军事、安南将军、江州刺史。三年，征为护军将军、领石头戍军事。五年，为骠骑将军、开府仪同三司。又出为使持节、都督荆、郢、司、雍、南、北秦、梁、巴、华九州诸军事，荆州刺史。中大同二年，薨于州，时年四十四。赠司空、散骑常侍、骠骑大将军，鼓吹一部，谥曰威。长子安嗣。

邵陵携王纶，字世调，高祖第六子也。少聪颖，博学善属文，尤工尺牍。天监十三年，封邵陵郡王，邑二千户。出为宁远将军、琅邪、彭城二郡太守，迁轻车将军、会稽太守。十八年，征为信威将军。普通元年，领石头戍军事，寻为江州刺史。五年，以西中郎将权摄南兖州，坐事免官夺爵。七年，拜侍中。大通元年，复封爵，寻加信威将军，置佐史。中大通元年，为丹阳尹。四年，为侍中、宣惠将军、扬州刺史。以侵渔细民，少府丞何智通以事启闻，纶知之，令客戴子高于都巷刺杀之。智通子诉于阙下，高祖令围纶第，捕子高，纶匿之，竟不出。坐免为庶人。顷之，复封爵。大同元年，为侍中、云麾将军。七年，出为使持节、都督郢、定、霍、司四州诸军事、平西将军、郢州刺史，迁为安前将军、丹阳尹。中大同元年，出为镇东将军、南徐州刺史。

太清二年，进位中卫将军、开府仪同三司。侯景构逆，加征讨大都督，率众讨景。将发，高祖诫曰："侯景小竖，颇习行阵，未可以一战即殄，当以岁月图之。"纶次钟离，景已度采石。纶乃昼夜兼道，游军入赴。济江中流，风起，人马溺者十一二。遂率宁远将军西丰公大春、新淦公大成等，步骑三万，发自京口。将军赵伯超曰："若从黄城大道，必与贼遇，不如径路直指钟山，出其不意。"纶从之。众军奋至，贼徒大骇，分为三道攻纶，纶与战，大破之，斩首千余级。翌日，贼又来攻，相持日晚，贼稍引却，南安侯骏以数十骑驰之。贼回拒骏，骏部乱。贼因逼大军，军遂溃。纶至钟山，众裁千人，贼围之，战又败，乃奔还京口。

三年春，纶复与东扬州刺史大连等入援，至于骠骑洲。进位司空。台城陷，奔禹穴。大宝元年，纶至郢州，刺史南平王恪让州于纶，纶不受，乃上纶为假黄钺、都督中外诸军事。纶于是置百官，改厅事为正阳殿。数有灾怪，纶甚恶之。时元帝围河东王誉于长沙既久，内外断绝，纶闻其急，欲往救，为军粮不继，遂止。乃与世祖书曰：

伏以先朝圣德，孝治天下，九亲雍睦，四表无怨，诚为国政，实亦家风。唯余与尔，同奉神训，宜敦旨喻，共承无改。且道之斯美，以和为贵，况天时地利，不及人和，岂可手足肱支，自相屠害。日者闻誉专情失训，以幼陵长，湘、峡之内，遂至交锋。方等身遇乱兵，毙于行阵，殒于吴局。方此非冤，闻问号恸，惟增摧愤，念以兼悼，当何可称。吾在州所居遥隔，虽知其状，未喻所然。及届此藩，备加觊访，咸云誉应接多替，兵粮闭壅；弟教亦不悛，故兴师以伐。誉未识大体，意断所行，虽存急难，岂知窃思。不能礼争，复以兵来。萧墙兴变，体亲成敌，一朝至此，能不呜呼。既有书问，云雨传流，嗼嗒其间，委悉无因详究。

方今社稷危耻，创巨痛深，人非禽虫，在知君父。即日大敌犹强，天仇未雪，余尔昆季，在外三人，如不匡难，安用臣子。唯应剖心尝胆，泣血枕戈，感誓苍穹，凭灵宗祀，昼谋夕计，共思匡复。至于其余小忿，或宜宽贷。诚复子憾符夷，将奈国冤未逞。正当轻重相推，小大易夺，遣无益之情，割下流之悼，弘豁以理，通识勉之。今已丧钟山，复诛犹子，将非扬汤止沸，吞冰疗寒。若以誉之无道，近远同疾，弟复效尤，攸非独罪。幸宽于众议，忍以事宁。如使外寇未除，家祸仍构，料今访古，未或弗亡。

夫征战之理，义在克胜；至于骨肉之战，愈胜愈酷，捷则非功，败则有丧，劳兵损义，亏失多矣。侯景之军所以未窥江外者，正为藩屏盘固，宗镇强密。若自相鱼肉，是代景行师。景便不劳兵力，坐致成效，丑徒闻此，何快如之！又自庄铁小竖作乱，久挟观宁、怀安二侯，以为名号，当阳有事克擎，殊废备境。第闻征伐，复致分兵，便是自于瓜州至于湘、雍，莫非战地，悉以劳师。侯景卒承虚藉衅，浮江豕突，岂不表裹成虞，首尾难救？可为寒心，其事已切。弟若苦陷洞庭，兵戈不戢，雍州疑迫，何以自安？必引进魏军，以求形援。侯景事等内痈，西秦外同瘤肿。直置关中，已为咽气，况复贪狼难测，势必侵吞。弟若不安，家国去矣。吾非有深鉴，独能弘理，正是采藉风谣，博参物论，咸以为疑，皆欲解体故耳。

自我国五十许年，恩格玄穹，德弥赤县，虽有逆难，未乱邕熙。溥天率土，忠臣愤慨，比屋罹祸，忠义奋发，无不抱甲负戈，冲冠裂眦，咸欲劘刃于侯景腹中，所须兵主唱耳。今人皆乐死，赴者如流。弟英略振远，雄伯当代，唯德唯艺，资文资武，拯溺济难，朝野咸属，一匡九合，非弟而谁？岂得自违物望，致招群蒉！其间患难，具如所陈。斯理皎然，无劳请箸，验之以实，宁须确引。吾所以间关险道，出自东川，政谓上游诸藩，必连师狎至，庶以残命，预在行间；及到九江，安北兄遂溯流更上，全由忾愤悬断，卒食半菽，阻以菜色，无因进取。侯景方延假息，复缓诛刑，信增号愤，启处无地。计潇湘谷粟，犹当红委，若阻弟严兵，唯事交切，至于运转，恐无暇发遣。即日万心慊望，唯在民天，若遂等西河，时事殆矣！必希令弟豁照兹途，解沮川之围，存社稷之计，使其运输粮储，应赡军旅，庶协力一举，指日宁泰。宗庙重安，天下清复，推弟之功，岂非幸甚。吾才懦兵寡，安能为役，所寄令弟，庶得申情，朝闻夕死，万殒何恨。聊陈闻见，幸无怪焉。临纸号迷，诸失绪。

世祖复书，陈河东有罪，不可解围之状。纶省书流涕曰："天下之事，一至于斯！"左右闻之，莫不掩泣。于是大修器甲，将讨侯景。元帝闻其强盛，乃遣王僧辩帅舟师一万以逼纶，纶将刘龙武等降僧辩，纶军溃，遂与子𬀩等十余人轻舟走武昌。

时纶长史韦质、司马姜律先在于外，闻纶败，驰往迎之。于是复收散卒，屯于齐昌郡，将引魏军共攻竟阳。侯景将任约闻之，使铁骑二百袭纶，纶无备，又败走定州。定州刺史田龙祖迎纶，纶以龙祖荆镇所任，惧为所执，复归齐昌。行至汝南，西魏所署汝南城主李素者，纶之故吏，闻纶败，开城纳之。纶乃修浚城池，收集士卒，将攻竟陵。西魏安州刺史马岫闻之，报于西魏，西魏遣大将军杨忠、仪同侯儿通率众赴焉。二年二月，忠等至于汝南，纶婴城自守。会天寒大雪，忠等攻不能克，死者甚众。后李素中流矢卒，城乃陷。忠等执纶，纶不为屈，遂害之。投于江岸，经日颜色不变，鸟兽莫敢近焉。时年三十三。百姓怜之，为立祠庙，后世祖追谥曰携。

长子坚，字长白。大同元年，以例封汝南侯，邑五百户。亦善草隶，性颇庸短。侯景围城，坚屯太阳门，终日蒲饮，不抚军政。吏士有功，未尝申理，疫疠所加，亦不存恤，士咸愤怨。太清三年三月，坚书佐董勋华、白昙朗等以绳引贼登楼，城遂陷，坚遇害。

弟确，字仲正。少骁勇，有文才。大同二年，封为正阶侯，邑五百户，后徙封永安。常在第中习骑射，学兵法，时人皆以为狂。左右或以进谏，确曰："听吾为国家破贼，使汝知之。"除秘书丞，太子中舍人。

钟山之役，确苦战，所向披靡，群虏惮之。确每临阵对敌，意气详赡。带甲据鞍，自朝及夕，驰骤往反，不以为劳，诸将服其壮勇。及侯景乞盟，确在外，虑为后患，启求召确入城。诏乃召确为南中郎将、广州刺史，增封二千户。确知此盟多贰，城必沦没，因欲南奔。携王闻之，逼确使人，确犹不肯。携王流涕谓曰："汝欲反邪！"时台使周石珍在坐，确谓石珍曰："侯景虽云欲去，而不解长围，以意而推，其事可见。今召我入，未见其益也。"石珍曰："敕旨如此，侯岂得辞？"确执意犹坚，携王大怒，谓赵伯超曰："谯州，卿为我斩之，当责首赴阙。"伯超挥刃昒确曰："我识君耳，刀岂识君？"确于是流涕而出，遂入城。及景背盟复围城，城陷，确排闼入，启高祖曰："城已陷矣。"高祖曰："犹可一战不？"对曰："不可。臣向者亲格战，势不能禁，自缒下城，仅得至此。"高祖叹曰："自我得之，自我失之，亦复何恨。"乃使确为慰劳文。

确既出见景，景爱其膂力，恒令在左右。后从景行，见天上飞鸢，群虏争射不中，确射之，应弦而落。贼徒忿嫉，咸劝除之。先是携王遣人密导确，确谓使者曰："侯景轻佻，可一夫力致，确不惜死，正欲手刃之；但未得其便耳。卿还启家王，愿勿以为念也。"事未遂而为贼所害。

史臣曰：自周、汉广树藩屏，固本深根；高祖之封建，将遵古制也。南康、庐陵并以宗室之贵，据磐石之重，绩以孝著，续以勇闻。纶聪警有才学，性险躁，屡以罪黜，及太清之乱，忠孝独存，斯可嘉矣。

卷三十　　　列传第二十四

裴子野　顾协　徐摛　鲍泉

裴子野，字几原，河东闻喜人，晋太子左率康八世孙。兄黎、弟楷、绰，并有盛名，所谓"四裴"也。曾祖松之，宋太中大夫。祖駰，南中郎外兵参军。父昭明，通直散骑常侍。子野生而偏孤，为祖母所养，年九岁，祖母亡，泣血哀恸，家人异之。少好学，善属文。起家齐武陵王国左常侍，右军江夏王参军，遭父忧去职。居丧尽礼，每之墓所，哭泣处草为之枯，有白兔驯扰其侧。天监初，尚书仆射范云嘉其行，将表奏之，会云卒，不果。乐安任昉有盛名，为后进所慕，游其门者，昉必相荐达。子野于昉为从中表，独不至，昉亦恨焉。久之，除右军安成王参军，俄迁兼廷尉正。时三官通署狱牒，子野尝不在，同僚辄署其名，奏有不允，子野从坐免职。或劝言诸有司，可得无咎。子野笑而答曰："虽惭柳季之道，岂因讼以受服。"自此免黜久之，终无恨意。

二年，吴平侯萧景为南兖州刺史，引为冠军录事，府迁职解。时中书范缜与子野未遇，闻其行业而善焉。会迁国子博士，乃上表让之曰："伏见前冠军府录事参军河东裴子野，年四十，字几原，幼禀至人之行，长厉国士之风。居丧有礼，毁瘠几灭，免忧之外，蔬水不进。栖迟下位，身贱名微，而性不亶亶，情无汲汲，是以有识嗟推，州闾叹服。且家传素业，世习儒史，苑囿经籍，游息文艺。著《宋略》二十卷，弥纶首尾，勒成一代，属辞比事，有足观者。且章句洽悉，训故可传。脱置之胶庠，以弘奖后进，庶一夔之辩可寻，三豕之疑无谬矣。伏惟皇家淳耀，多士盈庭，官人迈乎有妫，械朴越于姬氏，苟片善宜录，无论厚薄，一介可求，不由等级。臣历观古今人君，钦贤好善，未有圣朝孜孜若是之至也。敢缘斯义，轻陈愚瞽，乞以臣斯忝，回授子野。如此，则贤否之宜，各全其所，讯之物议，谁日不允。臣与子野虽未尝衔杯，访之邑里，差非虚谬，不胜惓娄微见，冒昧陈闻。伏愿陛下哀怜忄空款，鉴其愚实，干犯之愆，乞垂赦宥。"有司以资历非次，弗为通。寻除尚书比部郎，仁威记室参军。出为诸暨令，在县不行鞭罚，民有争者，示之以理，百姓称悦，合境无讼。

初，子野曾祖松之，宋元嘉中受诏续修何承天《宋史》，未及成而卒，子野常欲继成先业。及齐永明末，沈约所撰《宋书》既行，子野更删撰为《宋略》二十卷。其叙事评论多善，约见而叹曰："吾弗逮也。"兰陵萧琛、北地傅昭、汝南周舍咸称重之。至是，吏部尚书徐勉言之于高祖，以为著作郎，掌国史及起居注。顷之，兼中书通事舍人，寻除通直正员郎，著作、舍人如故。又敕掌中书诏诰。是时西北徼外有白题及滑国，遣使由岷山道入贡。此二国历代弗宾，莫知所出。子野曰："汉颍阴侯斩胡白题将一人。服虔《注》云：'白题，胡名也。'又汉定远侯击虏，八滑从之，此其后乎。"时人服其博识。敕仍使撰《方国使图》，广述怀来之盛，自要服至于海表，凡二十国。

子野与沛国刘显、南阳刘之遴、陈郡殷芸、陈留阮孝绪、吴郡顾协、京兆韦棱，皆博极群书，深相赏好，显尤推重之。时吴平侯萧励、范阳张缵，每讨论坟籍，咸折中于子野焉。普通七年，王师北伐，敕子野为喻魏文，受诏立成，高祖以其事体大，召尚书仆射徐勉、太子詹事周舍、鸿胪卿刘之遴、中书侍郎朱异，集寿光殿以观之，时并叹服。高祖目子野而言曰："其形虽弱，其文甚壮。"俄又敕为书喻魏相元叉，其夜受旨，子野谓可待旦方奏，未之为也。及五鼓，敕催令开斋速上，子野徐起操笔，昧爽便就。既奏，高祖深嘉焉。自是凡诸符檄，皆令草创。子野为文典而速，不尚丽靡之词。其制作多法古，与今文体异，当时或有诋诃者，及其末皆翕然重之。或问其为文速者，子野答云："人皆成于手，我独成于心，虽有见否之异，其于刊改一也。"

俄迁中书侍郎，余如故。大通元年，转鸿胪卿，寻领步兵校尉。子野在禁省十余年，静默自守，未尝有所请谒，外家及中表贫乏，所得俸悉分给之。无宅，借官地二亩，起茅屋数间。妻子恒苦饥寒，唯以教诲为本，子侄祗畏，若奉严君。末年深信释氏，持其教戒，终身饭麦食蔬。中大通二年，卒官，年六十二。

先是子野自克死期，不过庚戌岁。是年自省移病，谓同官刘之亨曰："吾其逝矣。"遗命俭约，务在节制。高祖悼惜，为之流涕。诏曰："鸿胪卿、领步兵校尉、知著作郎、兼中书通事舍人裴子野，文史足用，廉白自居，勋劳通事，多历年所。奄致丧逝，恻怆空怀。可赠散骑常侍，赙钱五万，布五十匹，即日举哀。谥曰贞子。"

子野少时，《集注丧服》、《续裴氏家传》各二卷，抄合后汉事四十余卷，又敕撰《众僧传》二十卷、《百官九品》二卷、《附益谥法》一卷、《方国使图》一卷，文集二十卷，并行于世。又欲撰《齐梁春秋》，始草创，未就而卒。子骞，官至通直郎。

顾协，字正礼，吴郡吴人也。晋司空和七世孙。协幼孤，随母养于外氏。外从祖宋右光禄张永尝携内外孙侄游虎丘山，协年数岁，永抚之曰："儿欲何戏？"协对曰："儿正欲枕石漱流。"永叹息曰："顾氏兴于此子。"既长，好学，以精力称。外氏诸张多贤达有识鉴，从内弟率尤推重焉。

起家扬州议曹从事史，兼太学博士。举秀才，尚书令沈约览其策而叹曰："江左以来，未有此作。"迁安成王国左常侍，兼廷尉正。太尉临川王闻其名，召掌书记，仍侍西丰侯正德读。正德为巴西、梓潼郡，协除所部安都令。未至县，遭母忧。服阕，出补西阳郡丞。还除北中郎行参军，复兼廷尉正。久之，出为庐陵郡丞，未拜。会西丰侯正德为吴郡，除中军参军，领郡五官，迁轻车湘东王参军事，兼记室。普通六年，正德受诏北讨，引为府录事参军，掌书记。

军还，会有诏举士，湘东王表荐协曰："臣闻贡玉之士，归之润山；论珠之人，出于枯岸。是以刍荛之言，择于廊庙者也。臣府兼记室参军吴郡顾协，行称乡闾，学兼文武，服膺道素，雅量邃远，安贫守静，奉公抗直，傍阙知己，志不自营，年方六十，室无妻子。臣欲言于官人，申其屈滞，协必苦执固退，立志难夺，可谓东南之遗宝矣。伏惟陛下未明求衣，思贤如渴，爰发明诏，各举所知。臣识非许、郭，虽无知人之鉴，若守固无言，惧贻蔽贤之咎。昔孔愉表韩绩之才，庾亮荐翟汤之德，臣虽未齿二臣，协实无惭两士。"即召拜通直散骑侍郎，兼中书通事舍人。累迁步兵校尉，守鸿胪卿，员外散骑常侍，卿、舍人并如故。大同八年，卒，时年七十三。高祖悼惜之，手诏曰："员外散骑常侍、鸿胪卿、兼中书通事舍人顾协，廉洁自居，白首不衰，久在省闼，内外称善。奄然殒丧，恻怛之怀，不能已已。傍无近亲，弥足哀者。大殓既毕，即送其丧柩还乡，并营冢椁，并皆资给，悉使周办。可赠散骑常侍，令便举哀。谥曰温子。"

协少清介有志操。初为廷尉正，冬服单薄，寺卿蔡法度谓人曰："我愿解身上襦与顾郎，恐顾郎难衣食者。"竟不敢以遗之。及为舍人，同官者皆润屋，协在省十六载，器服饮食，不改于常。有门生始来事协，知其廉洁，不敢厚饷，止送钱二千，协发怒，杖二十，因此事者绝于馈遗。自丁艰忧，遂终身布衣蔬食。少时将娉舅息女，未成婚而协母亡，免丧后不复娶。至六十余，此女犹未他适，协义而迎之。晚虽判合，卒无胤嗣。

协博极群书，于文字及禽兽草木尤称精详。撰《异姓苑》五卷，《琐语》十卷，并行于世。

徐摛，字士秀，东海郯人也。祖凭道，宋海陵太守。父超之，天监初仕至员外散骑常侍。摛幼而好学，及长，遍览经史。属文好为新变，不拘旧体。起家太学博士，迁左卫司马。会晋安王纲出戍石头，高祖谓周舍曰："为我求一人，文学俱长兼有行者，欲令与晋安游处。"舍曰："臣外弟徐摛，形质陋小，若不胜衣，而堪此选。"高祖曰："必有仲宣之才，亦不简其容貌。"以摛为侍读。后王出镇江州，仍补云麾府记室参军，又转平西府中记室。王移镇京口，复随府转为安北中录事参军，带郯令，以母忧去职。王为丹阳尹，起摛为秣陵令。普通四年，王出镇襄阳，摛固求随府西上，迁晋安王谘议参军。大通初，王总戎北伐，以摛兼宁蛮府长史，参赞戎政，教命军书，多自摛出。王入为皇太子，转家令，兼掌管记，寻带领直。

摛文体既别，春坊尽学之，"宫体"之号，自斯而起。高祖闻之怒，召摛加让，及见，应对明敏，辞义可观，高祖意释。因问《五经》大义，次问历代史及百家杂说，末论释教。摛商较纵横，应答如响，高祖甚加叹异，更被亲狎，宠遇日隆。领军朱异不说，谓所亲曰："徐叟出入内宫，渐来逼我，须早为之所。"遂承间白高祖曰："摛年老，又爱泉石，意在一郡，以自怡养。"高祖谓摛欲之，乃召摛曰："新安大好山水，任昉等并经为之，卿为我卧治此郡。"中大通三年，遂出为新安太守。至郡，为治清静，教民礼义，劝课农桑，期月之中，风俗便改。秩满，还为中庶子，加戎昭将军。

是时临城公纳夫人王氏，即太宗妃之侄女也。晋宋已来，初婚三日，妇见舅姑，众宾皆列观，引《春秋》义云"丁丑，夫人姜氏至。戊寅，公使大夫宗妇觌用币"。戊寅，丁丑之明日，故礼官据此，皆云宜依旧贯。太宗以问摛，摛曰："《仪礼》云'明明赞见妇于舅姑'。《杂记》又云'妇见舅姑，兄弟姊妹皆立于堂下'。政言妇是外宗，未审娴令，所以停坐三朝，观其七德。舅延外客，姑率内宾，堂下之仪，以备盛礼。近代妇于舅姑，本有戚属，不相瞻看。夫人乃妃侄女，有异他姻，觌见之仪，谓应可略。"太宗从其议。除太子左卫率。

太清三年，侯景攻陷台城，时太宗居永福省，贼众奔入，举兵上殿，侍卫奔散，莫有存者。摛独岿然侍立不动，徐谓景曰："侯公当以礼见，何得如此。"凶威遂折。侯景乃拜，由是常惮摛。太宗嗣位，进授左卫将军，固辞不拜。太宗后被幽闭，摛不获朝谒，因感气疾而卒，年七十八。长子陵，最知名。

鲍泉，字润岳，东海人也。父机，湘东王咨议参军。泉博涉史传，兼有文笔。少事元帝，早见擢任。及元帝承制，累迁至信州刺史。太清三年，元帝命泉征河东王誉于湘州，泉至长沙，作连城以逼之，誉争众攻泉，泉据栅坚守，誉不能克。泉因其弊出击之，誉大败，尽俘其众，遂围其城，久未能拔。世祖乃数泉罪，遣平南将军王僧辩代泉为都督。僧辩至，泉愕然，顾左右曰："得王竟陵助我经略，贼不足平矣。"僧辩既入，乃背泉而坐，曰："鲍郎有罪，令旨使我锁卿，卿勿以故意见期。"因出令示泉，锁之床下。泉曰："稽缓王师，甘罪是分，但恐后人更思鲍泉之愦愦耳。"乃为启谢淹迟之罪。世祖寻复其任，令与僧辩等率舟师东逼邵陵王于郢州。

郢州平，元帝以长子方诸为刺史，泉为长史，行府州事。侯景密遣将宋子仙、任约率精骑袭之。方诸与泉不恤军政，唯蒲酒自乐，贼骑至，百姓奔告，方诸与泉方双陆，不信，曰："徐文盛大军在东，贼何由得至？"既而传告者众，始令阖门。贼纵火焚之，莫有抗者，贼骑遂入，城乃陷。执方诸及泉送之景所。后景攻王僧辩于巴陵，不克，败还，乃杀泉于江夏，沉其尸于黄鹄矶。

初，泉之为南讨都督也，其友人梦泉得罪于世祖，觉而告之。后未旬，果见囚执。顷之，又梦泉著朱衣而行水上，又告泉曰："君勿忧，寻得免矣。"因说其梦，泉密记之，俄而复见任，皆如其梦。

泉于《仪礼》尤明，撰《新仪》四十卷，行于世。

陈吏部尚书姚察曰：阮孝绪常言，仲尼论四科，始乎德行，终乎文学。有行者多尚质朴，有文者少蹈规矩，故卫、石靡余论可传，屈、贾无立德之誉。若夫宪章游、夏，祖述回、骞，体兼文行，于裴几原见之矣。

卷三十一　　列传第二十五

袁　昂 子君正

袁昂，字千里，陈郡阳夏人。祖洵，宋征虏将军、吴郡太守，父颛，冠军将军、雍州刺史，泰始初，举兵奉晋安王子勋，事败诛死。昂时年五岁，乳媪携抱匿于庐山，会赦得出，犹徙晋安。至元徽中听还，时年十五。初，颛败，传首京师，藏于武库，至是始还之。昂号恸呕血，绝而复苏，从兄彖尝抚视抑譬，昂更制服，庐于墓次。后与彖同见从叔司徒粲，粲谓彖曰："其幼孤而能至此，故知名器自有所在。"

齐初，起家冠军安成王行参军，迁征虏主簿，太子舍人，王俭镇军府功曹史。俭时为京尹，经于后堂独引见昂，指北堂谓昂曰："卿必居此。"累迁秘书丞，黄门侍郎。昂本名千里，齐永明中，武帝谓之曰："昂昂千里之驹，在卿有之，今改卿名为昂。即千里为字。"出为安南鄱阳王长史、寻阳公相。还为太孙中庶子、卫军武陵王长史。

丁内忧，哀毁过礼。服未除而从兄卒。昂幼孤，为彖所养，乃制期服。人有怪而问之者，昂致书以喻之曰："窃闻礼由恩断，服以情申。故小功他邦，加制一等，同爨有缌，明之典籍。孤子凤以不天，幼倾乾荫，资敬未奉，过庭莫承。藐藐冲人，未达朱紫。从兄提养训教，示以义方，每假其谈价，虚其声誉，得及人次，实亦有由。兼开拓房宇，处以华旷，同财共有，恣其取足。尔来三十余年，怜爱之至，无异于己。姊妹孤侄，成就一时，笃念之深，在终弥固，此恩此爱，毕壤不追。既情若同生，而服为诸从，言心即事，实未忍安。昔马棱与弟毅同居，毅亡，棱为心服三年。由也之不除丧，亦缘情而致制，虽识不及古，诚怀感慕。常愿千秋之后，从服期齐；不图门衰，祸集一旦，草土残息，复罹今酷，寻惟恸绝，弥剧弥深。今以余喘，欲遂素志，庶寄其罔慕之痛，少申无已之情。虽礼无明据，乃事有先例，率迷而至，必欲行之。君问礼所归，谨以谘白。临纸号哽，言不识次。"

服阕，除右军邵陵王长史，俄迁御史中丞。时尚书令王晏弟诩为广州，多纳赇货，昂依事劾奏，不惮权豪，当时号为正直。出为豫章内史，丁所生母忧去职。以丧还，江路风浪暴骇，昂乃缚衣著枢，誓同沉溺。及风止，余船皆没，唯昂所乘船获全，咸谓精诚所致。葬讫，起为建武将军、吴兴太守。

永元末，义师至京师，州牧郡守皆望风降款，昂独拒境不受命。高祖手书喻曰："夫祸福无门，兴亡有数，天之所弃，人孰能匡？机来不再，图之宜早。顷藉听道路，承欲狼顾一隅，既未悉雅怀，聊申往意。独夫狂悖，振日未闻，穷凶极虐，岁月滋甚。天未绝齐，圣明启运，兆民有赖，百姓来苏。吾荷任前驱，扫除京邑，方拨乱反正，伐罪吊民，至止以来，前无横阵。今皇威四临，长围已合，遐迩毕集，人神同奋。锐卒万计，铁马千群，以此攻战，何往不克。况建业孤城，人怀离阻，面缚军门，日夕相继，屠溃之期，势不云远。兼荧惑出端门，太白入氐室，天文表于上，人事符于下，不谋同契，实在兹辰。且范岫、申胄，久荐诚款，各率所由，仍为掎角，沈法珝、孙眴、朱端，已先肃清吴会，而足下欲以区区之郡，御堂堂之师，根本既倾，枝叶安附？童儿牧竖，咸谓其非，求之明鉴，实所未达。今竭力昏主，未足为忠，家门屠灭，非所谓孝，忠孝俱尽，将欲何依？岂若翻然改图，自招多福，进则远害全身，退则长守禄位。去就之宜，幸加详择。若执迷遂往，同恶不悛，大军一临，诛及三族。虽贻后悔，宁复云补？欲布所怀，故致今白。"昂答曰："都史至，辱诲。承藉以众论，谓仆有勤王之举，兼蒙消责，独无送款，循复严旨，若临万仞。三吴内地，非用兵之所，况以偏隅一郡，何能为役？近奉敕，以此境多虞，见使安慰。自承麾旆届止，莫不膝祖军门，惟仆一人敢后至者，政以内揆庸素，文武无施，直是东国贱男子耳。虽欲献心，不增大师之勇；置其愚默，宁沮众军之威。幸藉将军含弘之大，可得从容以礼。窃以一飡微施，尚复投殒，况食人之禄，而顿忘一旦。非惟物议不可，亦恐明公鄙之，所以踌躇，未遑荐璧。遂以轻微，爰降重命，震灼于心，忘其所厝，诚推理鉴，犹惧威临。"建康城平，昂束身诣阙，高祖宥之不问也。

天监二年，以为后军临川王参军事。昂奉启谢曰："恩降绝望之辰，庆集寒心之日，焰灰非喻，黄枯未拟，抠衣聚足，颠狈不胜。臣遍历三坟，备详六典，巡校赏罚之科，调检生死之律，莫不严五辟于明君之朝，峻三章于圣人之世。是以涂山始会，致防风之诛；鄷邑方构，有崇侯之伐。未有缓宪于斫戮之人，赊刑于耐罪之族，出万死而一生如臣者也。推恩及罪，在臣实大，披心沥血，敢乞言之。臣东国贱人，学行何取，既殊鸣雁直木，故无结绶弹冠，徒藉羽仪，易农就仕。往年滥职，守秩东隅，仰属龚行，风驱电掩。当其时也，负鼎图者日至，执玉帛者相望。独在愚臣，顿昏大义，殉鸿毛之轻，忘同德之重。但三吴险薄，五湖交通，屡起田儋之变，每惧殷通之祸，空慕君鱼保境，遂失师涓抱器。后至者斩，臣甘斯戮。明刑徇众，谁曰不然。幸约法之弘，承解网之宥，犹当降等薪粲，遂乃顿释钳赭。敛骨吹魂，还编黔庶，濯疵荡秽，入楚游陈，天波既洗，云油遽沐。古人有言：'非死之难，处死之难。'臣之所荷，旷古不书；臣之死所，未知何地。"

高祖答曰："朕遗射钩，卿无自外。"俄除给事黄门侍郎。其年迁侍中。明年，出为寻阳太守，行江州事。六年，征为吏部尚书，累表陈让，徙为左民尚书，兼右仆射。七年，除国子祭酒，兼仆射如故，领豫州大中正。八年，出为仁威将军、吴郡太守。十一年，入为五兵尚书，复兼右仆射，未拜，有诏即真。寻以本官领起部尚书，加侍中。十四年，马仙琕破魏军于朐山，诏假昂节，往劳之。十五年，迁左仆射，寻为尚书令、宣惠将军。普通三年，为中书监、丹阳尹。其年进号中卫将军，复为尚书令，即本

号开府仪同三司，给鼓吹，未拜，又领国子祭酒。大通元年，加中书监，给亲信三十人。寻表解祭酒，进号中抚军大将军，迁司空、侍中、尚书令，亲信、鼓吹并如故。五年，加特进、左光禄大夫，增亲信为八十人。大同六年，薨，时年八十。诏曰："侍中、特进、左光禄大夫、司空昂，奄至薨逝，恻怛于怀。公器凝凑，志诚贞方，端朝燮理，嘉猷载缉。追荣表德，实惟令典。可赠本官，鼓吹一部，给东园秘器，朝服一具，衣一袭，钱二十万，绢布一百匹，蜡二百斤，即日举哀。"

初，昂临终遗疏，不受赠谥。敕诸子不得言上行状及立志铭，凡有所须，悉皆停省。复曰："吾释褐从仕，不期富贵，但官序不失等伦，衣食粗知荣辱，以此阖棺，无惭乡里。往忝吴兴，属在昏明之际，既暗于前觉，无识于圣朝，不知天命，甘贻显戮，幸遇殊恩，遂得全门户。自念负罪私门，阶荣望绝，保存性命，以为幸甚；不谓叨窃宠灵，一至于此。常欲竭诚酬报，申吾乃心，所以朝廷每兴师北伐，吾辄启求行，誓之丹款，实非矫言。既庸懦无施，皆不蒙许，虽欲罄命，其议莫从。今日瞑目，毕恨泉壤，若魂而有知，方期结草。圣朝遵古，知吾名品，或有追远之恩，虽是经国恒典，在吾无应致此，脱有赠官，慎勿祗奉。"诸子累表陈奏，诏不许。册谥曰穆正公。

子君正，美风仪，善自居处，以贵公子得当世名誉。顷之，兼吏部郎，以母忧去职。服阕，为邵陵王友、北中郎长史、东阳太守。寻征还都，郡民征士徐天祐等三百人诣阙乞留一年，诏不许，仍除豫章内史，寻转吴郡太守。侯景乱，率数百人随邵陵王赴援，及京城陷，还郡。

君正当官莅事有名称，而蓄聚财产，服玩靡丽。贼遣于子悦攻之，新城戍主戴僧易劝令拒守；吴陆映公等惧贼脱胜，略其资产，乃曰："贼军甚锐，其锋不可当；今若拒之，恐民心不从也。"君正性怯懦，乃送米及牛酒，郊迎子悦。子悦既至，掠夺其财物子女，因是感疾卒。

史臣曰：夫天尊地卑，以定君臣之位；松筠等质，无革岁寒之心。袁千里命属崩离，身逢厄季，虽独夫丧德，臣志不移；及抗疏高祖，无亏忠节，斯亦存夷、叔之风矣。终为梁室台鼎，何其美焉。

卷三十二　　　　列传第二十六

陈庆之　兰钦

陈庆之，字子云，义兴国山人也。幼而随从高祖。高祖性好棋，每从夜达旦不辍，等辈皆倦寐，惟庆之不寝，闻呼即至，甚见亲赏。从高祖东下平建邺，稍为主书，散财聚士，常思效用。除奉朝请。普通中，魏徐州刺史元法僧于彭城求入内附，以庆之为武威将军，与胡龙牙、成景

俊率诸军应接。还,除宣猛将军、文德主帅,仍率军二千,送豫章王综入镇徐州。魏遣安丰王元延明、临淮王元彧率众二万来拒,屯据陟□。延明先遣其别将丘大千筑垒浔梁,观兵近境。庆之进薄其垒,一鼓便溃。后豫章王弃军奔魏,众皆溃散,诸将莫能制止。庆之乃斩关夜退,军士得全。普通七年,安西将军元树出征寿春,除庆之假节、总知军事。魏豫州刺史李宪遣其子长钧别筑两城相拒。庆之攻之,宪力屈遂降,庆之入据其城。转东宫直阁,赐爵关中侯。

大通元年,隶领军曹仲宗伐涡阳。魏遣征南将军常山王元昭等率马步十五万来援,前军至驼涧,去涡阳四十里。庆之欲逆战,韦放以贼之前锋必是轻锐,与战若捷,不足为功,如其不利,沮我军势,兵法所谓以逸待劳,不如勿击。庆之曰:"魏人远来,皆已疲倦,去我既远,必不见疑,及其未集,须挫其气,出其不意,必无不败之理。且闻虏所据营,林木甚盛,必不夜出。诸君若疑惑,庆之请独取之。"于是与麾下二百骑奔击,破其前军,魏人震恐。庆之乃还与诸将连营而进,据涡阳城,与魏军相持。自春至冬,数十百战,师老气衰,魏之援兵复欲筑垒于军后,仲宗等恐腹背受敌,谋欲退师。庆之杖节军门曰:"共来至此,涉历一岁,糜费粮仗,其数极多。诸军并无斗心,皆谋退缩,岂是欲立功名,直聚为抄暴耳。吾闻置兵死地,乃可求生,须虏大合,然后与战。审欲班师,庆之别有密敕,今日犯者,便依明诏。"仲宗壮其计,乃从之。魏人掎角作十三城,庆之衔枚夜出,陷其四垒,涡阳城主王纬乞降。所余九城,兵甲犹盛,乃陈其俘馘,鼓噪而攻之,遂大奔溃,斩获略尽,涡水咽流,降城中男女三万余口。诏以涡阳之地置西徐州。众军乘胜前顿城父。高祖嘉焉,赐庆之手诏曰:"本非将种,又非豪家,觖望风云,以至于此。可深思奇略,善克令终。开朱门而待宾,扬声名于竹帛,岂非大丈夫哉!"

大通初,魏北海王元颢以本朝大乱,自拔来降,求立为魏主。高祖纳之,以庆之为假节、飚勇将军,送元颢还北。颢于涣水即魏帝号,授庆之使持节、镇北将军、护军、前军大都督,发自铚县,进拔荥城,遂至睢阳。魏将丘大千有众七万,分筑九城以相拒。庆之攻之,自旦至申,陷其三垒,大千乃降。时魏征东将军济阴王元晖业率羽林庶子二万人来救梁、宋,进屯考城,城四面萦水,守备严固。庆之命浮水筑垒,攻陷其城,生擒晖业,获租车七千八百辆。仍趋大梁,望旗归款。颢进庆之卫将军、徐州刺史、武都公。仍率众而西。

魏左仆射杨昱、西阿王元庆、抚军将军元显恭率御仗羽林宗子庶子众凡七万,据荥阳拒颢。兵既精强,城又险固,庆之攻未能拔。魏将元天穆大军复将至,先遣其骠骑将军尔朱吐没儿领胡骑五千,骑将鲁安于阵夏州步骑九千,援杨昱;又遣右仆射尔朱世隆、西荆州刺史王罴骑一万,据虎牢。天穆、吐没儿前后继至,旗鼓相望。时荥阳未拔,士众皆恐。庆之乃解鞍秣马,宣喻众曰:"吾至此以来,屠城略地,实为不少;君等杀人父兄,略人子女,又为无算。天穆之众,并是仇雠。我等才有七千,虏众三十余万,今

日之事,义不图存。吾以虏骑不可争力平原,及未尽至前,须平其城垒,诸君无假狐疑,自贻屠脍。"一鼓悉使登城,壮士东阳宋景休、义兴鱼天愍逾堞而入,遂克之。俄而魏阵外合,庆之率骑三千背城逆战,大破之,鲁安于阵乞降,元天穆、尔朱吐没儿单骑获免。收荥阳储实,牛马谷帛不可胜计。进赴虎牢,尔朱世隆弃城走。魏主元子攸惧,奔并州。其临淮王元彧、安丰王元延明率百僚,封府库,备法驾,奉迎颢入洛阳宫,御前殿,改元大赦。颢以庆之为侍中、车骑大将军、左光禄大夫,增邑万户。魏大将军上党王元天穆、王老生、李叔仁又率众四万,攻陷大梁,分遣老生、费穆兵二万,据虎牢,刁宣、刁双入梁、宋,庆之随方掩袭,并皆降款。天穆与十余骑北渡河。高祖复赐手诏称美焉。庆之麾下悉著白袍,所向披靡。先是洛阳童谣曰:"名师大将莫自牢,千兵万马避白袍。"自发铚县至于洛阳,十四旬平三十二城,四十七战,所向无前。

初,元子攸止单骑奔走,宫卫嫔侍无改于常。颢既得志,荒于酒色,乃日夜宴乐,不复视事。与安丰、临淮共立奸计,将背朝恩,绝宾贡之礼;直以时事未安,且资庆之之力用,外同内异,言多忌刻。庆之心知之,亦密为其计。乃说颢曰:"今远来至此,未伏尚多,若人知虚实,方更连兵,而安不忘危,须预为其策。宜启天子,更请精兵;并勒诸州,有南人没此者,悉须部送。"颢欲从之,元延明说颢曰:"陈庆之兵不出数千,已自难制;今增其众,宁肯复为用乎?权柄一去,动转听人,魏之宗社,于斯而灭。"颢由是致疑,稍成疏贰。虑庆之密启,乃表高祖曰:"河北、河南一时已定,唯尔朱荣尚敢跋扈,臣与庆之自能擒讨。今州郡新服,正须绥抚,不宜更复加兵,摇动百姓。"高祖遂诏众军皆停界首。洛下南人不出一万,羌夷十倍,军副马佛念言于庆之曰:"功高不赏,震主身危,二事既有,将军岂得无虑?自古以来,废昏立明,扶危定难,鲜有得终。今将军威震中原,声动河塞,屠颢据洛,则千载一时也。"庆之不从。颢前以庆之为徐州刺史,因固求之镇。颢心惮之,遂不遣。乃曰:"主上以洛阳之地全相任委,忽闻舍此朝寄,欲往彭城,谓君遽取富贵,不为国计,手敕频仍,恐成仆责。"庆之不敢复言。

魏天柱将军尔朱荣、右仆射尔朱世隆、大都督元天穆、骠骑将军尔朱吐没儿,荣长史高欢、鲜卑、芮芮,勒众号百万,挟魏主元子攸来攻颢。颢据洛阳六十五日,凡所得城,一时反叛。庆之渡河守北中郎城,三日中十有一战,伤杀甚众。荣将退,时有刘灵助者,善天文,乃谓荣曰:"不出十日,河南大定。"荣乃缚木为筏,济自硖石,与颢战于河桥,颢大败,走至临颍,遇贼被擒,洛阳陷。庆之马步数千,结阵东反,荣亲自来追,值嵩高山水洪溢,军人死散。庆之乃落须发为沙门,间行至豫州,豫州人程道雍等潜送出汝阴。至都,仍以功除右卫将军,封永兴县侯,邑一千五百户。

出为持节、都督缘淮诸军事、奋武将军、北兖州刺史。会有妖贼沙门僧强自称为帝,土豪蔡伯龙起兵应之。僧强颇知幻术,更相扇惑,众至三万,攻陷北徐州,济阴太守杨起文弃城走,钟离太守单希宝见害,使庆之讨焉。车驾

幸白下，临饯谓庆之曰："江、淮兵劲，其锋难当，卿可以策制之，不宜决战。"庆之受命而行。曾未浃辰，斩伯龙、僧强，传其首。

中大通二年，除都督南、北司、西豫、豫四州诸军事、南、北司二州刺史，余如故。庆之至镇，遂垦悬瓠。破魏颍州刺史娄起、扬州刺史是云宝于溱水，又破行台孙腾、大都督侯进、豫州刺史尧雄、梁州刺史司马恭于楚城。罢义阳镇兵，停水陆转运，江湖诸州并得休息。开田六千顷，二年之后，仓廪充实。高祖每嘉劳之。又表省南司州，复安陆郡，置上明郡。

大同二年，魏遣将侯景率众七万寇楚州，刺史桓和陷没，景仍进军淮上，贻庆之书使降。敕遣湘潭侯退、右卫夏侯夔等赴援，军至黎浆，庆之已击破景。时大寒雪，景弃辎重走，庆之收之以归。进号仁威将军。是岁，豫州饥，庆之开仓赈给，多所全济。州民李升等八百人表请树碑颂德，诏许焉。五年十月，卒，时年五十六。赠散骑常侍、左卫将军，鼓吹一部。谥曰武。敕义兴郡发五百丁会丧。

庆之性祗慎，衣不纨绮，不好丝竹，射不穿札，马非所便，而善抚军士，能得其死力。长子昭嗣。

第五子昕，字君章。七岁能骑射。十二随父入洛，于路遇疾，还京师。诣鸿胪卿朱异，访异北间形势，昕聚土画地，指麾分别，异甚奇之。大同四年，为邵陵王常侍、文德主帅、右卫仗主，敕遣助防义阳。魏豫州刺史尧雄，北间骁将，兄子宝乐，特为敢勇。庆之围悬瓠，雄来赴其难，宝乐求单骑校战，昕跃马直趣宝乐，雄即散溃，仍陷溱城。六年，除威远将军、小岘城主，以公事免。十年，妖贼王勤宗起于巴山郡，以昕为宣猛将军，假节讨焉。勤宗平，除阴陵戍主、北谯太守，以疾不之官。又除骠骑外兵，俄为临川太守。太清二年，侯景围历阳，敕召昕还，昕启云："采石急须重镇，王质水军轻弱，恐虑不济。"乃板昕为云骑将军，代质，未及下诸，景已渡江，仍遣率所领游防城外，不得入守。欲奔京口，乃为景所擒。景见昕殷勤，因留板饮，曰："我至此得卿，余人无能为也。"令昕收集部曲，将用之，昕誓而不许。景使其仪同范桃棒严禁之，昕因说桃棒令率所领归降，袭杀王伟、宋子仙为信。桃棒许之，遂盟约，射启城中，遣昕夜缒而入。高祖大喜，敕即受降，太宗迟疑累日不决，外事发泄，昕弗之知，犹依期而下。景邀得之，乃逼昕令更射书城中，云"桃棒且轻将数十人先入。"景欲裹甲随之。昕既不肯为书，期以必死，遂为景所害，时年三十三。

兰钦，字休明，中昌魏人也。父子云，天监中，军功官至云麾将军、冀州刺史。钦幼而果决，趫捷过人。随父北征，授东宫直阁。大通元年，攻魏萧城，拔之。仍破彭城别将郯仲，进攻拟山城，破其大都督刘属众二十万。进攻笼城，获马千余匹。又破其人将柴集及襄城太守高宣、别将范思念、郑承宗等。仍攻厥固、张龙、子城，未拔，魏彭城守将杨目遣子孝邕率轻兵来援，钦逆击走之。又破谯州刺史刘海游，还拔厥固，收其家口。杨目又遣都督范思念、别将曹龙牙数万众来援，钦与战，于阵斩龙牙，传首京师。

又假钦节，都督衡州三郡兵，讨桂阳、阳山、始兴叛蛮，至即平破之。封安怀县男，邑五百户。又破天漆蛮帅晚时得。会衡州刺史元庆和为桂阳人严容所围，遣使告急，钦往应援，破容罗溪，于是长乐诸洞一时平荡。又密敕钦向魏兴，经南郑，属魏将托跋胜寇襄阳，仍敕赴援。除持节、督南梁、南、北秦、沙四州诸军事、光烈将军、平西校尉、梁、南秦二州刺史，增封五百户，进爵为侯。破通生，擒行台元子礼、大将薛俊、张菩萨，魏梁州刺史元罗遂降，梁、汉底定。进号智武将军，增封二千户。俄改授持节、都督衡、桂二州诸军事、衡州刺史。未及述职，魏遣都督董绍、张献攻围南郑，梁州刺史杜怀瑶请救。钦率所领援之，大破绍、献于高桥城，斩首三千余，绍、献奔退，追入斜谷，斩获略尽。西魏相宇文黑泰致马二千匹，请结邻好。诏加散骑常侍，进号仁威将军，增封五百户，仍令述职。

经广州，因破俚帅陈文彻兄弟，并擒之。至衡州，进号平南将军，改封曲江县公，增邑五百户。在州有惠政，吏民诣阙请立碑颂德，诏许焉。征为散骑常侍、左卫将军，寻改授散骑常侍、安南将军、广州刺史。既至任所，前刺史南安侯密遣厨人置药于食，钦中毒而卒，时年四十二。诏赠侍中、中卫将军，鼓吹一部。

子夏礼，侯景至历阳，率其部曲邀击景，兵败死之。

史臣曰：陈庆之、兰钦俱有将略，战胜攻取，盖颇、牧、卫、霍之亚欤。庆之警悟，早侍高祖，既预旧恩，加之谨肃，蝉冕组珮，亦一世之荣矣。

卷三十三　　　　列传第二十七

王僧孺　张率　刘孝绰　王筠

王僧孺，字僧孺，东海郯人，魏卫将军肃八世孙。曾祖雅，晋左光禄大夫，仪同三司。祖准，宋司徒左长史。

僧孺年五岁，读《孝经》，问授者此书所载述，曰："论忠孝二事。"僧孺曰："若尔，常愿读之。"六岁能属文，既长好学。家贫，常佣书以养母，所写既毕，讽诵亦通。

仕齐，起家王国左常侍、太学博士。尚书仆射王晏深相赏好。晏为丹阳尹，召补郡功曹，使僧孺撰《东宫新记》。迁大司马豫章王行参军，又兼太学博士。司徒竟陵王子良开西邸招文学，僧孺亦游焉。文惠太子闻其名，召入东宫，直崇明殿。欲拟为宫僚，文惠薨，不果。时王晏子德元出为晋安郡，以僧孺补郡丞，除候官令。建武初，有诏举士，扬州刺史始安王遥光表荐秘书丞王暕及僧孺曰："前候官令东海王僧孺，年三十五，理尚栖约，思致悟敏，既笔耕为养，亦佣书成学。至乃照萤映雪，编蒲缉柳，先言往行，人物雅俗，甘泉遗仪，南宫故事，画地成图,抵掌可述;岂直鼪鼠有必对之辩,竹书无落简之谬,访对不休,质疑斯在。"除尚书仪曹郎,迁治书侍御史,出为钱唐令。

初,僧孺与乐安任昉遇竟陵王西邸,以文学友会,及是将之县,昉赠诗,其略曰:"惟子见知,惟余知子。观行视言,要终犹始。敬之重之,如兰如芷。形应影随,襄行今止。百行之首,立人斯著。子之有之,谁毁谁誉。修名既立,老至何遽。谁其执鞭,吾为子御。刘《略》班《艺》,虞《志》荀《录》,伊昔有怀,交相欣勖。下帷无倦,升高有属。嘉尔晨灯,惜余夜烛。"其为士友推重如此。

天监初,除临川王后军记室参军,待诏文德省。寻出为南海太守。郡常有高凉生口及海舶每岁数至,外国贾人以通货易。旧时州郡以半价就市,又买而即卖,其利数倍,历政以为常。僧孺乃叹曰:"昔人为蜀部长史,终身无蜀物,吾欲遗子孙者,不在越装。"并无所取。视事期月,有诏征还,郡民道俗六百人诣阙请留,不许。既至,拜中书郎,领著作,复直文德省,撰《中表簿》及《起居注》。迁尚书左丞,领著作如故。俄除游击将军,兼御史中丞。僧孺幼贫,其母鬻纱布以自业,尝携僧孺至市,道遇中丞卤簿,驱迫沟中。及是拜日,引驺清道,悲感不自胜。寻以公事降为云骑将军,兼职如故,顷之即真。是时高祖制《春景明志诗》五百字,敕在朝之人沈约已下同作,高祖以僧孺诗为工。迁少府卿,出监吴郡。还除尚书吏部郎,参大选,请谒不行。

出为仁威南康王长史,行府、州、国事。王典签汤道愍昵于王,用事府内,僧孺每裁抑之,道愍遂谤讼僧孺,逮诣南司。奉笺辞府曰:"下官不能避溺山隅,而正冠李下,既贻疵辱,方致徽绳,解篆收簪,且归初服。窃以董生伟器,止相骄王;贾子上才,爰傅卑土。下官生年有值,谬仰清尘,假翼西雍,窃步东阁,多惭祢服,取乱长裾,高橹相望,直居坐右,长阶如画,独在僚端。借其从容之词,假以宽和之色,恩礼远过申、白,荣望多厕应、徐。厚德难逢,小人易说。方谓离肠陨首,不足以报一言;露胆披诚,何能以酬屡顾。宁谓尉罗裁举,微禽先落;阊阖始吹,细草仍坠。一辞九眄,方去五云。纵天网是漏,圣恩可恃,亦复孰寄心骸,何施眉目。方当横潭乱海,就鱼鳖而为群;披榛扪树,从虺蛇而相伍。岂复仰听金声,式瞻玉色。顾步高轩,悲如霰委;踟蹰下席,泪若绠縻。"

僧孺坐免官,久之不调。友人庐江何炯犹为王府记室,乃致书于炯,以见其意。曰:

近别之后,将隔暄寒,思子为劳,未能忘弭。昔李叟入秦,梁生适越,犹怀怅恨,且或吟谣;况歧路之日,将离严网,辞无可怜,罪有不测。盖画地刻木,昔人所恶,丛棘既累,于何可闻,所以握手恋恋,离别珍重。弟爱同邹季,淫淫承睫,吾犹复抗手分背,羞学妇人。素钟肇节,金飚戒序,起居无恙,动静履宜。子云笔札,元瑜书记,信用既然,可乐为甚。且使目明,能祛首疾。甚善甚善。

吾无昔人之才而有其病,癫眩屡动,消渴频增,委化任期,故不复呼医饮药。但恨一旦离大厉,蹈明科,去皎皎而非自污,抱郁结而无谁告。丁年蓄积,与此销亡,徒窃高价厚名,横叨公器人爵,智能无所报,筋力未之酬,所以悲至抚膺,泣尽而继之以血。

顾惟不肖,文质无所底,盖困于衣食,迫于饥寒,依隐彖农,所志不过钟庾。久为尺板斗食之吏,以从皂衣黑绶之役,非有奇才绝学,雄略高谟,吐一言可以匡俗振民,动一议可以固邦兴国。全璧归赵,飞矢救燕,偃息藩魏,甘卧安郢,脑日逐,髓月支,拥十万而横行,提五千而深入,将能执圭裂壤,功勒景钟,锦绣为衣,朱丹被毂,斯大丈夫之志,非吾曹之所能及已。直以章句小才,虫篆末艺,含吐缃缥之上,翩跹樽俎之侧,委曲同之针缕,繁碎譬之米盐,孰致显荣,何能至到。加性疏涩,拙于进取,未尝去来许、史,邀游梁、窦,俯首胁肩,先意承旨。是以三叶靡遭,不与运并,十年未徙,孰非能薄。及除旧布新,清晷方旦,抱乐衔图,讼讴有主,而犹限一吏于岑石,隔千里于泉亭,不得奉板中涓,预衣裳之会,提戈后劲,厕龙豹之谋。及其投劾归来,恩均旧隶,升文石,登玉陛,一见而降颜色,再睹而接话言,非藉左右之容,无劳群公之助。又非同席共研之凤逢,箪饵卮酒之早识,一旦陪戎帐,仰文陛,备聘、佚之柱下,充严、朱之席上,入班九棘,出专千里,据操擨之雄官,参人伦之显职,虽古之爵人不次,取士无名,未有蹑影追风,奔骥之若此者也。

盖基薄墙高,途遥力踬,倾蹶必然,颠陨可俟。竟以福过灾生,人指鬼瞰,将均宥器,有验倾卮,是以不能早从曲影,遂乃取疑邪径。故司隶悚悚,思得应弦,譬县厨之兽,如离缴之鸟,将充庖鼎,以饵鹰鹯。虽事异钻皮,文非刺骨,犹复囚兹舌杪,成此笔端,上可以投畀北方,次可以论输左校,变为丹赭,充彼春薪。幸圣主留善贷之德,纡好生之施,解网祝禽,下车泣罪,愍兹爱诉,怜其觳觫,加肉朽骴,布叶枯株,辍薪止火,得不销烂。所谓还魂斗极,追气泰山,止复除名为民,幅巾家巷,此五十年之后,人君之赐焉。木石感阴阳,犬马识厚薄,员首方足,孰不戴天?而窃自有悲者,盖士无贤不肖,在朝见嫉;女无美恶,入宫见妒。家贫,无苞苴可以事朋类,恶其乡原,耻彼戚施,何以从人,何以徇物?外无奔走之友,内乏强近之亲。是以构市之徒,随相媒蘖。及一朝捐弃,以快怨者之心,吁!可悲矣。

盖先贵后贱,古富今贫,季伦所以发此哀音,雍门所以和其悲曲。又迫以严秋杀气,具物多悲,长夜展转,百忧俱至。况复霜销草色,风摇树影。寒虫夕叫,合轻重而同悲;秋叶晚伤,杂黄紫而俱坠。蜘蛛络幕,熠耀争飞,故无车辙马声,何闻鸣鸡吠犬。俯眉事妻子,举手谢宾游。方与飞走为邻,永用蓬蒿自没。忾其长息,忽不觉生之为重。素无一廛之田,而有数口之累。岂曰鲍而不食,方当长为佣保,糊口寄身,溘死沟渠,以实蝼蚁。悲夫!岂复得与二三士友,抱接膝之欢，履足差肩，摛绮縠之清文，谈希微之道德。唯吴冯之遇夏馥，范彧之值孔嵩，愍其留赁，怜此行乞耳。傥不以垢累，时存寸札，则虽先犬马，犹松乔焉。去矣何生，高树芳烈。裁书代面，笔泪俱下。
久之，起为安西安成王参军，累迁镇右始兴王中记室，北中郎南康王谘议参军，入直西省，知撰谱事。普通三年，卒，时年五十八。
僧孺好坟籍，聚书至万余卷，率多异本，与沈约、任昉家书相埒。少笃志精力，于书无所不睹。其文丽逸，多用新事，人所未见者，世重其富。僧孺集《十八州谱》七百一十卷，《百家谱集》十五卷，《东南谱集抄》十卷，文集三十卷，《两台弹事》不入集内为五卷，及《东宫新记》，并行于世。

张率，字士简，吴郡吴人。祖永，宋右光禄大夫。父瓌，齐世显贵，归老乡邑，天监初，授右光禄，加给事中。率年十二，能属文，常日限为诗一篇，稍进作赋颂，至年十六，向二千许首。齐始安王萧遥光为扬州，召迎主簿，不就。起家著作佐郎。建武三年，举秀才，除太子舍人。与同郡陆倕幼相友狎，常同载诣左卫将军沈约，适值任昉在焉，约乃谓昉曰："此二子后进才秀，皆南金也，卿可与定交。"由此与昉友善。迁尚书殿中郎。出为西中郎南康王功曹史，以疾不就。久之，除太子洗马。高祖霸府建，引为相国主簿。天监初，临川王已下并置友、学。以率为鄱阳王友，迁司徒谢朏掾，直文德待诏省。敕使抄乙部书，又使撰妇人事二十余条，勒成百卷。使工书人琅邪王深、吴郡范怀约、褚洵等缮写，以给后宫。率又为《待诏赋》奏之，甚见称赏。手敕答曰："省赋殊佳。相如工而不敏，枚皋速而不工，卿可谓兼二子于金马矣。"又侍宴赋诗，高祖别赐率诗曰："东南有才子，故能服官政。余虽惭古昔，得人今为盛。"率奉诏往返数首。其年，迁秘书丞，引见玉衡殿。高祖曰："秘书丞天下清官，东南胄望未有为之者，今以相处，足为卿誉。"其恩遇如此。
四年三月，禊饮华光殿。其日，河南国献舞马，诏率赋之，曰：
臣闻"天用莫如龙，地用莫如马。"故《礼》称騄骥，《诗》诵駉骆。先景遗风之美，世所得闻；吐图腾光之异，有时而出。洎我大梁，光有区夏，广运自中，员照无外，日人之所，浮琛委贽，风被之域，越险效珍，轹服乌号之骏，驹骖挛龙之名。而河南又献赤龙驹，有奇貌绝足，能拜善舞。天子异之，使臣作赋，曰：
维梁受命四载，元符既臻，协律之事具举，胶庠之教必陈，檀舆之用已偃，玉辂之御方巡。考帝文而率通，披皇图以大观。庆惟道而必先，灵匪圣其谁赞。见河龙之瑞唐，瞩天马之祯汉。既叶符而比德，且同条而共贯。询国美于斯今，迈皇王于囊昔。散大明以烛幽，扬义声而远斥。固施之于不穷，谅无所乎朝夕。并承流以请吏，咸向风而率职。纳奇贡于绝区，致龙媒于殊域。伊况古而赤文，爰在兹而朱翼。既效德于

炎运，亦表祥于尚色。资皎月而载生，祖河房而挺授。种北唐之绝类，嗣西宛之鸿胄。禀妙足而逸伦，有殊姿而特茂。善环旋于莽夏，知蹈踊于金奏。超六种于周闲，逾八品于汉厩。伊自然之有质，宁改观于肥瘦。岂徒服皂而养安，与进驾以驰骤。尔其挟尺县凿之辨，附蝉伏兔之别，十形五观之姿，三毛八肉之势，臣何得而称焉，固已详于前制。
徒观其神爽，视其豪异，轶跨野而忽逾轮，齐秀麒而并末驷。贬代盘而陋小华，越定单而少天骥。信无等于漏面，孰有取于决鼻。可以迹章、亥之所未游，逾禹、益之所未至。将不得而屈指，亦何暇以理辔。若迹遍而忘反，非我皇之所事。方润色于前古，迩深文而储思。
既而机事多暇，青春未移。时惟上巳，美景在斯。遵镐饮之故实，陈洛宴之旧仪。漕伊川而分派，引激水以回池。集国良于民俊，列树茂于皇枝。纷高冠以连袵，锵鸣玉而肩随。清辇道于上林，肃华台之金座。望发色于绿苞，伫流芬于紫裹。听磬镈之毕举，聆《韶》、《夏》之咸播。承六奏之既阕，及九变之已成。均仪禽于唐序，同舞兽于虞庭。怀夏后之九代，想陈王之紫骍。乃命涓人，效良骏，经周卫，入钩陈。言右牵之已来，宁执朴而后进。既倾首于律同，又躞足于鼓振。擢龙首，回鹿躯，睋两镜，蹙双凫。既就场而雅拜，时赴曲而徐趋。敏躁中于促节，捷繁外于惊桴。骐行骥动，虎发龙骧；雀跃燕集，鹄引凫翔。妍七盘之绰约，陵九剑之抑扬。岂借仪于榆袂，宁假器于髦皇。婉脊投颂，俯膺合雅。露沫歆红，沾汗流赭。乃却走于集灵，驯惠养于丰夏。郁风雷之壮心，思展足于南野。
若彼符瑞之富，可以臻介丘而昭卒业，搢绅群后，诚希未光，天子深穆之度，未之访也。何则？进让殊事，岂非帝者之弥文哉！今四卫外封，五岳内郡，宜弘下禅之规，增上封之训，背清都而日行，指云郊而玄运。将绝尘而弭辙，类飞鸟与坻骥。总三才而驱骛，按五御而超擸。翳卿云于华盖，翼条风于属车。无逸御于玉轸，不泛驾于金舆。饰中岳之绝轨，营奉高之旧墟。训厚况于人神，弘施育于黎献。垂景炎于长世，集繁祉于斯万，在庸臣之方刚，有从军之大愿。必自兹而展采，将同界于庖牺。悼长卿之遗书，悯周南之留恨。
时与到洽、周兴嗣同奉诏为赋，高祖以率及兴嗣为工。
其年，父忧去职。其父侍妓数十人，善讴者有色貌，邑子仪曹郎顾玩之求娉焉，讴者不愿，遂出家为尼。尝因斋会率宅，玩之乃飞书言与率奸，南司以事奏闻，高祖惜其才，寝其奏，然犹致世论焉。
服阕后，久之不仕。七年，敕召出，除中权建安王中记室参军，预长名问讯，不限日。俄有敕直寿光省，治丙丁部书抄。八年，晋安王戍石头，以率为云麾中记室。王迁南兖州，转宣毅谘议参军，并兼记室。王还都，率除中

书侍郎。十三年，王为荆州，复以率为宣惠谘议，领江陵令。府迁江州，以谘议领记室，出监豫章、临川郡。率在府十年，恩礼甚笃。还除太子仆，累迁招远将军、司徒右长史、扬州别驾。

率虽历居职务，未尝留心簿领，及为别驾奏事，高祖览牒问之，并无对，但奉答云"事在牒中"。高祖不悦。俄迁太子家令，与中庶子陆倕、仆刘孝绰对掌东宫管记，迁黄门侍郎。出为新安太守，秩满还都，未至，丁所生母忧。大通元年，服未阕，卒，时年五十三。昭明太子遣使赠赗，与晋安王纲令曰："近张新安又致故。其人才笔弘雅，亦足嗟惜。随弟府朝，东西日久，尤当伤怀也。比人物零落，特可湣慨，属有今信，乃复及之。"

率嗜酒，事事宽恕，于务尤忘怀。在新安，遣家僮载米三千石还吴宅，既至，遂耗太半。率问其故，答曰："雀鼠耗也。"率笑而言曰："壮哉雀鼠。"竟不研问。少好属文，而《七略》及《艺文志》所载诗赋，今亡其文者，并补作之。所著《文衡》十五卷，文集三十卷，行于世。子长公嗣。

刘孝绰，字孝绰，彭城人，本名冉。祖勔，宋司空忠昭公。父绘，齐大司马霸府从事中郎。孝绰幼聪敏，七岁能属文。舅齐中书郎王融深赏异之，常与同载适亲友，号曰神童。融每言曰："天下文章，若无我当归阿士。"阿士，孝绰小字也。绘，齐世掌诏诰。孝绰年未志学，绘常使代草之。父党沈约、任昉、范云等闻其名，并命驾先造焉，昉尤相赏好。范云年长绘十余岁，其子孝才与孝绰年并十四五，及云遇孝绰，便申伯季，乃命孝才拜之。天监初，起家著作佐郎，为《归沐诗》以赠任昉，昉报章曰："彼美洛阳子，投我怀秋作。诇慰謇嗟人，徒深老夫托。直史兼褒贬，辖司专疾恶。九折多美疢，匪报庶良药。子其崇锋颖，春耕励秋获。"其为名流所重如此。

迁太子舍人，俄以本官兼尚书水部郎，奉启陈谢，手敕答曰："美锦未可便制，簿领亦宜稍习。"顷之即真。高祖雅好虫篆，时因宴幸，命沈约、任昉等言志赋诗，孝绰亦见引。尝侍宴，于坐为诗七首，高祖览其文，篇篇嗟赏，由是朝野改观焉。

寻有敕知青、北徐、南徐三州事，出为平南安成王记室，随府之镇。寻补太子洗马，迁尚书金部侍郎，复为太子洗马，掌东宫管记。出为上虞令，迁除秘书丞。高祖谓舍人周舍曰："第一官当用第一人。"故以孝绰居此职。公事免。寻复除秘书丞，出为镇南安成王谘议，人以事免。起为安西记室，累迁安西骠骑谘议参军，敕权知司徒右长史事，迁太府卿、太子仆，复掌东宫管记。时昭明太子好士爱文，孝绰与陈郡殷芸、吴郡陆倕、琅邪王筠、彭城到洽等，同见宾礼。太子起乐贤堂，乃使画工先图孝绰焉。太子文章繁富，群才咸欲撰录，太子独使孝绰集而序之。迁员外散骑常侍，兼廷尉卿，顷之即真。

初，孝绰与到洽友善，同游东宫。孝绰自以才优于洽，每于宴坐，嗤鄙其文，洽衔之。及孝绰为廷尉卿，携妾入官府，其母犹停私宅。洽寻为御史中丞，遣令史案其事，遂劾奏之，云："携少妹于华省，弃老母于下宅。"高祖为隐其恶，改"妹"为"姝"。坐免官。孝绰诸弟，时随藩皆在荆、雍，乃与书论共诋不平者十事，其辞皆鄙到氏。又写别本封呈东宫，昭明太子命焚之，不开视也。

时世祖出为荆州，至镇，与孝绰书曰："君屏居多暇，差得肆意典坟，吟咏情性，比复稀数古人，不以委约而能不伎痒；且虞卿、史迁由斯而作，想摛属之兴，益当不少。洛地纸贵，京师名动，彼此一时，何其盛也。近在道务闲，微得点翰，虽无纪行之作，颇有怀旧之篇。至此已来，众诸屑役。小生之诮，恐取辱于庐江；遮道之奸，虑兴谋于从事。方且寨帷自厉，求瘼不休，笔墨之功，曾何暇豫。至于心乎爱矣，未尝有歇，思乐惠音，清风靡闻。譬夫梦想温玉，饥渴明珠，虽愧卞、随，犹为好事。新有所制，想能示之。勿等清虑，徒虚其请。无由赏悉，遣此代怀。数路计行，迟还芳札。"孝绰答曰："伏承自辞皇邑，爰至荆台，未劳刺举，且摛高丽。近虽预观尺锦，而不睹全玉。昔临淄词赋，悉与杨修，未殚宝笥，顾惭先哲。渚宫旧俗，朝衣多故，李固之荐二贤，徐璆之奏五郡，威怀之道，兼而有之。当欲使金石流功，耻用翰墨垂迹。虽乖知二，偶达圣心。爰自退居素里，却扫穷闱，比杨伦之不出，譬张挚之杜门。昔赵卿穷愁，肆言得失；汉臣郁志，广叙盛衰。彼此一时，拟非其匹。窃以文豹何辜，以文为罪。由此而谈，又何容易。故韬翰吮墨，多历寒暑，既阙子幼南山之歌，又微敬通渭水之赋，无以自同献笑，少酬褒诱。且才乖体物，不拟作于玄根；事殊宿诺，宁贻俱于朱亥。顾己反躬，载怀累息。但瞻言汉广，邈若天涯，区区一心，分宵九逝。殿下降情白屋，存问相寻，食椹怀音，矧伊人矣。"

孝绰免职后，高祖数使仆射徐勉宣旨慰抚之，每朝宴常引与焉。及高祖为《籍田诗》，又使勉示孝绰。时奉诏作者数十人，高祖以孝绰尤工，即日有敕，起为西中郎湘东王谘议。启谢曰："臣不能衔珠避罻，倾柯卫足，以兹疏幸，与物多忤。兼逢匿怨之友，遂居司隶之官，交构是非，用成萋斐。日月昭回，俯明枉直。狱书每御，辄鉴蒋济之冤；炙发见明，非关陈正之辩。遂漏斯密网，免彼严棘，得使还同士伍，比屋唐民，生死肉骨，岂伴其施。臣诚无识，孰不戴天。疏远宙陇，绝望高阙，而降其接引，优以旨喻，于臣微物，足为荣阴。况刚条落叶，忽沾云露；周行所置，复齿盛流。但雕朽杇粪，徒成延奖；捕影系风，终无效答。"又启谢东宫曰："臣闻之，先圣有'众恶之，必察焉；众好之，必察焉'。岂非孤特则积毁所归，比周则积誉斯信？知好恶之间，必待明鉴。故晏婴再为阿宰，而前毁后誉。后誉出于阿意，前毁由于直道。是以一犬所噬，旨酒贸其甘酸；一手所摇，嘉树变其生死。又邹阳有言，士无贤愚，入朝见嫉。至若臧文之下展季，靳尚之放灵均，绛侯之排贾生，平津之陷主父，自兹厥后，其徒实繁。曲笔短辞，不暇殚述，寸管所窥，常由切齿。殿下海道观书，俯同好学，前载枉直，备该神览。臣昔因立侍，亲承绪言，飘风贝锦，譬彼逸慝，圣旨殷勤，深以为叹。臣资愚履直，不能杜渐防微，曾未几何，逢讹罹难。虽吹毛洗垢，在朝而同嗟；而严文峻法，肆奸其必奏。不顾卖友，志欲要君，自非上帝运超己之光，昭陵阳之虐，舞文虚谤，不取信于宸明，在缧婴缲，幸得蠲于庸暗。裁下免黜之书，仍颁朝会之旨。小人未识通方，絷马悬车，息绝朝觐。方愿灭影销声，遂移林谷。不悟天听罔已，造次必彰，不以距违见疵，复使引籍云陛。降宽和之色，垂布帛之言，形之千载，所蒙已厚；况乃恩等特召，荣同起家，望古自惟，弥觉多忝。但未渝丹石，永藏轮轨，相彼工言，构兹媒讦。且款冬而生，已凋柯叶，空延德泽，无谢阳春。"

后为太子仆，母忧去职。服阕，除安西湘东王谘议参军，迁黄门侍郎，尚书吏部郎，坐受人绢一束，为饷者所讼，左迁信威临贺王长史。顷之，迁秘书监。大同五年，卒官，时年五十九。

孝绰少有盛名，而仗气负才，多所陵忽，有不合意，极言诋訾。领军臧盾、太府卿沈僧杲等，并被时遇，孝绰尤轻之。每于朝集会同处，公卿间无所与语，反呼驺卒访道途间事，由此多忤于物。

孝绰辞藻为后进所宗，世重其文，每作一篇，朝成暮遍，好事者咸讽诵传写，流闻绝域。文集数十万言，行于世。

孝绰兄弟及群从诸子侄，当时有七十人，并能属文，近古未之有也。其三妹适琅邪王叔英、吴郡张嵊、东海徐悱，并有才学；悱妻文尤清拔。悱，仆射徐勉子，为晋安郡，卒，丧还京师，妻为祭文，辞甚凄怆。勉本欲为哀文，既睹此文，于是阁笔。

孝绰子谅，字求信。少好学，有文才，尤博悉晋代故事，时人号曰"皮里晋书"。历官著作佐郎，太子舍人，王府主簿，功曹史，中城王记室参军。

王筠，字元礼，一字德柔，琅邪临沂人。祖僧虔，齐司空简穆公。父楫，太中大夫。筠幼警寤，七岁能属文。年十六，为《芍药赋》，甚美。及长，清静好学，与从兄泰齐名。陈郡谢览，览弟举，亦有重誉，时人为之语曰："谢有览举，王有养炬。"炬是泰，养即筠，并小字也。

起家中军临川王行参军，迁太子舍人，除尚书殿中郎。王氏过江以来，未有居郎署者，或劝逡巡不就，筠曰："陆平原东南之秀，王文度独步江东，吾得比踪昔人，何所多恨。"乃欣然就职。尚书令沈约，当世辞宗，每见筠文，咨嗟吟咏，以为不逮也。尝谓筠："昔蔡伯喈见王仲宣称曰：'王公之孙也，吾家书籍，悉当相与。'仆虽不敏，请附斯言。自谢朓诸贤零落已后，平生意好，殆将都绝，不谓疲暮，复逢于君。"约于郊居宅造阁斋，筠为草木十咏，书之于壁，皆直写文词，不加篇题。约谓人云："此诗指物呈形，无假题署。"约制《郊居赋》，构思积时，犹未都毕，乃要筠示其草，筠读至"雌霓连蜷"，约抚掌欣抃曰："仆尝恐人呼为霓。"次至"坠石碨星"，及"冰悬坎而带圮"。筠皆击节称赞。约曰："知音者希，真赏殆绝，所以相要，政在此数句耳。"筠又尝为诗呈约，即报书云："览所示诗，实为丽则，声和被纸，光影盈字。夔、牙接响，顾有余惭；孔翠群翔，岂不多愧。古情拙目，每仁新奇，烂然总至，权舆已尽。会昌昭发，兰挥玉振，克谐之义，宁比笙簧。思力所该，一至乎此，叹服吟研，周流忘念。昔时幼壮，颇爱斯文，含咀之间，倏焉疲暮。不及后进，诚非一人，擅美推能，实归吾子。迟比闲日，清觏乃申。"筠为文能压强韵，每公宴并作，辞必妍美。约常从容启高祖曰："晚来名家，唯见王筠独步。"

累迁太子洗马，中舍人，并掌东宫管记。昭明太子爱文学士，常与筠及刘孝绰、陆倕、到洽、殷芸等游宴玄圃，太子独执筠袖抚孝绰肩而言曰："所谓左把浮丘袖，右拍洪崖肩。"其见重如此。筠又与殷芸以方雅见礼焉。出为丹阳尹丞、北中郎谘议参军，迁中书郎。奉敕制《开善寺宝志大师碑文》，词甚丽逸。又敕撰《中书表奏》三十卷，及所上赋颂，都为一集。俄兼宁远湘东王长史，行府、国、郡事。除太子家令，复掌管记。

普通元年，以母忧去职。筠有孝性，毁瘠过礼，服阕后，疾废久之。六年，除尚书吏部郎，迁太子中庶子，领羽林监，又改领步兵。中大通二年，迁司徒左长史。三年，昭明太子薨，敕为哀策文，复见嗟赏。寻出为贞威将军、临海太守，在郡被讼，不调累年。大同初，起为云麾豫章王长史，迁秘书监。五年，除太府卿。明年，迁度支尚书。中大同元年，出为明威将军、永嘉太守，以疾固辞，徙为光禄大夫，俄迁云骑将军、司徒左长史。太清二年，侯景寇逼，筠时不入城。明年，太宗即位，为太子詹事。筠旧宅先为贼所焚，乃寓居国子祭酒萧子云宅，夜忽有盗攻之，惊惧坠井卒，时年六十九。家人十余人同遇害。

筠状貌寝小，长不满六尺。性弘厚，不以艺能高人，而少擅才名，与刘孝绰见重当世。其自序曰："余少好书，老而弥笃。虽偶见瞥观，皆即疏记，后重省览，欢兴弥深，习与性成，不觉笔倦。自年十三四，齐建武二年乙亥至梁大同六年，四十载矣。幼年读《五经》，皆七八十遍。爱《左氏春秋》，吟讽常为口实，广略去取，凡三过五抄。余经及《周官》、《仪礼》、《国语》、《尔雅》、《山海经》、《本草》并再抄。子史诸集皆一遍。未尝倩人假手，并躬自抄录，大小百余卷。不足传之好事，盖以备遗忘而已。"又与诸儿书论家世集云："史传称安平崔氏及汝南应氏，并累世有文才，所以范蔚宗云崔氏'世擅雕龙'。然不过父子两三世耳；非有七叶之中，名德重光，爵位相继，人人有集，如吾门世者也。沈少傅约语人云：'吾少好百家之言，身为四代之史，自开辟已来，未有爵位蝉联，文才相继，如王氏之盛者也。'汝等仰观堂构，思各努力。"筠自撰其文章，以一官为一集，自洗马、中书、中庶子、吏部佐、临海、太府各十卷，《尚书》三十卷，凡一百卷，行于世。

史臣陈吏部尚书姚察曰：王僧孺之巨学，刘孝绰之词藻，主非不好也，才非不用也，其拾青紫，取极贵，何难哉！而孝绰不拘言行，自踬身名，徒郁抑当年，非不遇也。

卷三十四　　列传第二十八

张缅 弟缵 绾

张缅，字元长，车骑将军弘策子也。年数岁，外祖中山刘仲德异之，尝曰："此儿非常器，为张氏宝也。"齐永元末，义师起，弘策从高祖入伐，留缅襄阳，年始十岁，每闻军有胜负，忧喜形于颜色。天监元年，弘策任卫尉卿，为妖贼所害，缅痛父之酷，丧过于礼，高祖遣戒喻之。服阕，袭洮阳县侯，召补国子生。起家秘书郎，出为淮南太守，时年十八。高祖疑其年少未闲吏事，乃遣主书封取郡曹文案，见其断决允惬，甚称赏之。还除太子舍人、云麾外兵参军。缅少勤学，自课读书，手不辍卷，尤明后汉及晋代众家。客有执卷质缅者，随问便对，略无遗失。殿中郎缺，高祖谓徐勉曰："此曹旧用文学，且居鹓行之首，宜详择其人。"勉举缅充选。顷之，出为武陵太守，还拜太子洗马、中舍人。缅母刘氏，以父没家贫，葬礼有阙，遂终身不居正室，不随子入官府。缅在郡所得禄俸不敢用，乃至妻子不易衣裳，及还都，并供其母赈赡亲属，虽累载所畜，一朝随尽，缅私室常阒然如贫素者。累迁北中郎谘议参军、宁远长史。出为豫章内史。缅为政任恩惠，不设钩距，吏人化其德，亦不敢欺，故老咸云"数十年未之有也"。

大通元年，征为司徒左长史，以疾不拜，改为太子中庶子，领羽林监。俄迁御史中丞，坐收捕人与外国使斗，左降黄门郎，兼领先职，俄复为真。缅居宪司，推绳无所顾望，号为劲直。高祖乃遣画工图其形于台省，以励当官。中太通三年，迁侍中，未拜，卒，时年四十二。诏赠侍中，加贞威将军，侯如故。赙钱五万，布五十匹。高祖举哀。昭明太子亦往临哭，与缅弟缵书曰："贤兄学业该通，荏事明敏，虽倚相之读坟典，郤縠之敦《诗》《书》，惟今望古，蔑以斯过。自列宫朝，二纪将及，义惟僚属，情实亲友。文筵讲席，朝游夕宴，何曾不同兹胜赏，共此言寄。如何长谢，奄然不追！且年甫强仕，方申才力，摧苗落颖，弥可伤恻。念天伦素睦，一旦相失，如何可言。言及增哽，揽笔无次。"

缅性爱坟籍，聚书至万余卷。抄《后汉》《晋书》，众家异同，为《后汉纪》四十卷，《晋抄》三十卷。又抄《江左集》，未及成。文集五卷。子傅嗣。

缵字伯绪，缅第三弟也，出后从伯弘籍。弘籍，高祖舅也，梁初赠廷尉卿。缵年十一，尚高祖第四女富阳公主，拜驸马都尉，封利亭侯，召补国子生。起家秘书郎，时年十七。身长七尺四寸，眉目疏朗，神采爽发。高祖异之，尝曰："张壮武云'后八叶有逮吾者'，其此子乎？"缵好学，兄缅有书万余卷，昼夜披读，殆不辍手。秘书郎有四员，宋、齐以来，为甲族起家之选，待次入补，其居职，例数十百日便迁任。缵固求不徙，欲遍观阁内图籍。尝执四部书目曰："若读此毕，乃可言优仕矣。"如此数载，方迁太子舍人，转洗马、中舍人，并掌管记。

缵与琅邪王锡齐名。普通初，魏遣彭城人刘善明诣京师请和，求识缵。缵时年二十三，善明见而嗟服。累迁太尉谘议参军，尚书吏部郎，俄为长史兼侍中，时人以为早达。河东裴子野曰："张吏部家在喉舌之任，已恨其晚矣。"子野性旷达，自云"年出三十，不复诣人。"初未与缵遇，便虚相推重，因为忘年之交。

大通元年，出为宁远华容公长史，行琅邪、彭城二郡国事。二年，仍迁华容公北中郎长史、南兰陵太守，加贞威将军，行府州事。三年，入为度支尚书，母忧去职。服阕，出为吴兴太守。缵治郡，省烦苛，务清静，民吏便之。大同二年，征为吏部尚书。缵居选，其后门寒素，有一介皆见引拔，不为贵要屈意，人士翕然称之。

五年，高祖手诏曰："缵外氏英华，朝中领袖，司空以后，名冠范阳。可尚书仆射。"初，缵与参掌何敬容意趣不协，敬容居权轴，宾客辐凑，有过诣缵者，辄距不前，曰："吾不能对何敬容残客。"及是迁，为表曰："自出守股肱，入尸衡尺，可以仰首伸眉，论列是非者矣。而寸衿所滞，近蔽耳目，深浅清浊，岂有能预。加以矫心饰貌，酷非所闲，不喜俗人，与之共事。"此言以指敬容也。缵在职，议南郊御乘素辇，适古今之衷；又议印绶官备朝服，宜并著缓，时并施行。

九年，迁宣惠将军、丹阳尹，未拜，改为使持节、都督湘、桂、东宁三州诸军事、湘州刺史。述职经涂，乃作《南征赋》。其词曰：

岁次娵訾，月惟中吕，余谒帝于承明，将述职于南楚。忽中川而反顾，怀旧乡而延伫；路漫漫以无端，情容容而莫与。乃弭节叹曰：人之寓于宇宙也，何夫栖蜗之争战，附蚋之游禽。而盈虚倚伏，俯仰浮沉，矜荣华于尺影，总万虑于寸阴。彼忘机于粹日，乃圣达之明箴。妙品物于贞观，曾何足而系心。抚余躬之末迹，属兴王之盛世；蒙三栾之休宠，荷通家之渥惠。登石渠之三阁，典校文乎六艺。振长缨于承华，眷储皇之上睿。居衔舻而接席，出方舟以同济。彼华坊与禁苑，常宵盘而昼憩。思德音其在耳，若清尘之未逝。经二纪以及兹，悲明离之永翳。惟平生之褊能，实有志于栖息。惭灭没之千里，谢韩哀于八极。如羹裘之代用，譬轮辕之曲直。愧周任之清规，谅无取于陈力。逢濯缨之嘉运，遇井汲之明时。怀君恩而未答，顾灵琐而依迟。总端揆以居副，长庶僚而称师。犹深泉之短绠，若高塘而无基。伊吾人之罪薄，岂斯满之能持。奉皇命以奏举，方驱传于衡疑。遵夕宿以言迈，戒晨装而永辞。行摇摇于南逝，心眷眷而西悲。

尔乃横济牵牛，傍瞻雉库；前观隐脉，却视云布。追晋氏之启戎，覆中州之鼎祚。鞠三川于茂草，沾两京于朝露。故黄旗紫盖，运在震方；金陵之兆，允符厥祥。及归命之衔璧，爰献玺于武王；启中兴之英主，宣十世而重光。观其内招人望，外攘干纪；草创江南，缔构基址。岂徒能布其德,主晋有祀,《云汉》作诗,《斯干》见美而已哉！乃得正朔相承,于兹四代；多历年所,二百余载。割疆场于华戎,拯生灵于宇内；不被发而左衽,繄明德其是赉。次临沧之层巇,寻叔宝之旧堰；蕴珠玉之余润,昭罗绮之遗妍。怀若人之远理,岂喜愠其能迁。虽魂埋于百世,犹映澈于九泉。经法王之梵宇,睹因时之或跃；从四海之宅心,故取乱而诛虐。在苍精之将季,剪洪柯以销落,既观蜴而逞刑,又施兽而为谴。候高燧以巧笑,俟长星而欢噱。何惵惵之黔首,思假命其无托。信人欲而天从,爰物睹而圣作。

我皇帝膺箓受图,聪明神武,乘衅而运,席卷三楚。师克在和,仁义必取；形犹积决,应若飚举。于是礼桑林之封豨,缴青丘之大风,戢干戈而耀德,肆《时夏》而成功。放流声于郑、卫,屏艳质于倾宫；配轩皇以迈迹,岂商、周之比隆。化致升平,于兹四纪；六夷膜拜,八蛮同轨。教穆于上庠,冤申于大理；显三光之照烛,降五灵之休祉。谅殊功于百王,固无得而称矣。

溯金牛之迅渚,睹灵山之雄壮,实江南之丘墟,平云霄之竦状。标素岭乎青壁,葺颜文于翠嶂；跳巨石以惊湍,批冲岩而骇浪。铲千寻之峭岸,濠万流之大壑；隐日月以蔽亏,抟风烟而回薄。崖映川而晃朗,水腾光而倏烁；积霜霰之往还,鼓波涛之前却。下流沫以洊险,上岑崟而将落；闻知命之是虞,故违风而靡托。讯会稽之诡状,云怒特之来奔。及渔人之垂饵,沉潜锁于洪源。鉴幽涂于忠武,驰四马之高轩。不语神以征怪,情存之而勿论。晒姑孰之旧朝,访遗迹兮宣武,挟仲谋之雄气,朝委裘而作辅。历祖宗之明君,犹负芒于盛主；势倾河以覆岱,威回天而震宇。虽明允之笃诚,在伊、稷而未举；剡有功而无志,岂季叶其能处。惧贻笑于文、景,忧象贤之覆馈；虽苞蘖以代兴,终夷宗而殄族。彼儋石之赢储,尚邀之而俟福；况神明之大宝,乃暗干于天禄。造扃键之候司,发传书于关尉,据辇辕乎伊洛,守衡津于河渭。无矫且以招宾,阙捐缛而待贵。宾祇敬于王典,怀鞘躬而屏气。惟函谷之襟带,疑武库之精兵。采风谣于往昔,闻乳虎于宁成。在当今而简易,止讥鉴其奸情；陋文仲之废职,鄙阍门之食征。

于是近睇箱岑,遥瞻鹊岸,岛屿苍茫,风云萧散。属时雨之新晴,观百川之浩汗；水泓澄以暗夕,山参差而辨旦。忽临睨于故乡,眇江天其无畔；逆洄流而右阻,遵长薄而左贯。独向风以舒情,骞芳洲其谁玩。息铜山而系缆,访裴文之灵宇；得旧名而犹存,皆攒芜而积楚。想夫君之令问,实有声于前古,拯巴汉之废业,爰配名于邹鲁。辨山精以息讼,对祠星而寤主。每抚事以怀人,非未学其能睹。嘉梅根之孝女,尚乘肥于滕姬,嗟吴人之重辟,忧峻网于将贻。彼沈瓜而显义,指沧波而为期；此浮履以明节,赴丹烟其何疑。信理感而情悼,实悽怅于余悲；空沈吟以遐想,愧

邯郸之妙词。望南陵以寓目,美牙门之守志；当晋师之席卷,岂藩篱而不庇。携老弱于穷城,犹区区乎一篑。虽挈瓶之小善,实君子之所识。……是谓事人之礼。

入雷池之长浦,想恭、岱之芳尘；临鱼官以辍膳,践寒蒲之抽筠。又有生为令德,没为明神。或捐家事主,携手拜亲；或正身殉义,哀感市人。所以家称纯孝,国号能臣。扬清徽于上列,并异世而为邻。发晓渚而溯风,苦神吴之难习。岸老舟而不进,水腾沙以惊急。天暗暗其垂阴,雨霏霏而来集；愍征夫之劳瘁,每骞帷而伫立。由江洢之派别,望彭汇之通津,涂未中乎之绛,日已盈于浃旬。

于是千流共归,万岭分状；倒影悬高,浮天沔壮。清江洗涤,平湖夷畅；翻光转彩,出没摇漾。岷山、嵫冢,悠远寂寥；青溢、赤岸,控汐引潮。望归云之翁翁,扬清风之飘飘；界飞流于翠薄,耿长虹于青霄。若夫灌莽川涯,层潭水府,游泳之所往还,喧鸣之所攒聚。群飞沙涨,掩薄草渚；奇甲异鳞,雕文缛羽。听寡鹤之偏鸣,闻孤鸿之慕侣；在客行而多思,独伤魂而悽悽。美中流之冲要,因习坎以守固。既固之而设险,又居之而务德。南通珠崖、夜郎,西款玉津、华墨。莫不内清奸宄,外弭苛慝,篱屏京师,事有均于齐德也。

眄匡岭之跨蹯,想霞裳于云仞；流姬娥之逸响,发王子之清韵。若夜光而可投,岂荣华之难摈。羡还丹其何术,伫一丸于来信。径遵途乎鄂渚,迹孙氏之霸基；陈利兵而蓄粟,抗十倍之锐师。在贤才之必用,宁推诚而忍欺；图富强以法立,属贞臣而日嬉。识余基于江畔,云钓台之旧址；方战国之多虞,犹从容而宴喜。钦辅吴之忠谅,叹仲谋之虚己；处君臣而并得,良致霸其有以。伊文侯之雅望,诚一代之伟人；祢观书以心服,玉比德而誉均。遭时雄之应运,方协义以经纶；名既逼而愈赏,言虽闻而弥亲。惜勤王于延献,俾汉京之惟新；何天命其弗与,悲盛业之未申。泛芦洲以延伫,闻伍员之所济；出怀珠而免仇,归投金以答惠。彼无求于万钟,唯长歌而鼓枻。慨斯诚之未感,乃沈躯以明誓。空负恨其何追,徒临飧而先祭；及旋师于郑国,美邀福于来裔。入郢都而抵掌,壮天险之难窥,允分荆之胜略,成百代之良规。贾生方于指大,应侯譬之木披。所以居宗振末,强本弱枝,闻古今之通制,历盛衰而不移,可不谓然与,美经国之远体也。

酌忠言于城郢,播终古之芳猷。忘我躬之匪阅,顾社稷而怀忧。服庄王之高义,乃征名于夏州；耻蹊田之过罚,纳申叔之嘉谋。观巫臣之献箴,鉴《周书》以明喻；何自谋其多僻,要桑中而迅赴。若葆申之诛丹,实匡君以成务；在两臣而优劣,居二主其并裕。临赤崖而慷忾,权雄图于魏武。乘战胜以长驱,志吞吴而并楚。总八州之毅卒,期姑苏而振旅；时有便乎建瓴,事无留于萧斧。霸孙赫其霆奋,杖迈俗之

英辅;裂宇宙而三分,诚决机乎一举。嗟玄德之矫矫,思兴复于旧京;招卧龙于当世,配管仲而称英。收散亡之余弱,结与国而连横,延五纪乎岷汉,绍四百于炎精。望巴丘以遭回,遵洞庭而敞恍,沉轻舟而不系,何灵胥之浩荡。眺君、褅之双峰,徒临风以增想;偿瑶觞而一酹,驾彩蜺而独往。

尔乃南奠衡、霍,北距沮、漳;包括沅、澧,汲引潇、湘。濎濎长迈,漫漫回翔,荡云沃日,吐霞含光。青碧潭屿,万顷澄澈;绮兰从风,素沙被雪。杂云霞以舒卷,间河洲而断绝;回晓厌于中川,起长飔而半灭。税遗构之旧浦,瞻汨罗以陨泗;岂怀宝而迷邦,犹殷勤而一致。蕴芳华以襞积,非党人之所媚;合《小雅》之怨辞,兼《国风》之美志。譬弹冠而振衣,犹自别于泥滓;且杀身以成义,宁露才而扬己?悲先生之不辰,逢椒、兰之妒美;有骅骝而不驭,焉违迩于千里。既践境以思人,弥流连其无已。修行潦之薄荐,敢凭诚于沼沚。谒黄陵而展敬,奠瑶席乎川湄。具兰香以膏沐,怀椒糈而要之。延帝子于三后,降夔、龙于九疑。腾河灵之水驾,下太一之灵旗。抚安歌以会僸,疏缓节而依迟。日徘徊以将暮,情眇默而无辞。愠秦皇之巡幸,尤土壤以加戮;昧天道之无亲,勤望祀以祈福。将人怨而神怒,故飞川而荡谷;推冥理以归愆,遂刊山而赭木。

于是下车入部,班条理务,砥课庸薄,夕惕兢惧。存问长老,隐恤氓庶,奉宣皇恩,宽徭省赋。远哉盛乎,斯邦之旧也。有虞巡方以托终,夏后开图而疏决,太伯让嗣以来游,□臣祈仙而齐洁。固是明王之尘轨,圣贤之踪辙也。若夫屈平《怀沙》之赋,贾子游湘之篇,史迁摘文以投吊,扬雄《反骚》而沉川。其风谣雅什,又是词人之所流连也。亦有仲宁、咸德,仍世相继,父子三台,缁衣改敝。古初抱于烈火,刘先高而忤世,蒋公琰之弘通,桓柏绪之匡济,邓攸时之绝述,谷思恭之藻丽,实川岳之精灵,常间出而无替也。至于殊庭之客,帝乡之贤,神奔鬼化,吐吸云烟。玉笥登之而却老,金人植杖以尊泉,苏生骑龙而出入,处静驾鹿以周旋。配北烛之神女,偶南荣之偓佺。时仿佛其遥见,亦往往而有焉。

尔乃历省府庭,周行衢术,山川远览,邑居近悉。割黔中以置守,献青阳而背质,邹生所谓还舟,楚王于焉乘驷。巡高山之累仞,褒吴文之为宰,彼非刘而八王,皆国亡而身醢。在长沙而著令,经五叶其未改;知天道之福谦,胜一时之经始。寻太傅之故宅,今筑室以安禅;邑无改于旧井,尚开流而冽泉。怀伊、管之政术,遇庸臣而见迁;终被知于时主,嗟汉宗之得贤。受齐君之远托,岂理谢而生全;哀怀王之不秀,遂抱恨而伤年。修定祀于北郭,对林野而幽蔼;庶无吐于馨香,祀琼茅而沃醑。景十三以启国,惟君王其能大;追炎正之中微,实斯藩而是赖。顾四阜之纡余,乍升高以游目;审山川之面带,将取名于衡麓。下弥漫以爽垲,上钦亏而重复;风瑟瑟以鸣松,水琤琤

响谷。低四照于若华,竦千寻于建木。冀嚣尘之可屏,登岩阿而寤宿。舍域中之常恋,慕游仙之灵族。是时凉风暮节,万实西成,华池迥远,飞阁凄明。嘉南州之炎德,爱兰蕙之秋荣。下名柑于曲榭,采芳菊于高城。树罗轩而并列,竹被岭而丛生。玩栖禽之夕返,送旅雁之晨征。悲去乡而远客,寄览物而娱情。惟传车之所骛,实鹰扬其是掌,或解组以立威,乍露服而加赏。遵圣主之恩刑,荷天地之厚德。沾河润于九里,泽自家而刑国。阙小道之可观,宁畏涂其克跻;眄高衢而愿骋,忧取累于长缰。闻因石之非据,承炯戒乎明则;愧寿陵之余子,学邯郸而匍匐也。

缵至州,停遣十郡慰劳,解放老疾吏役,及关市戍逻先所防人,一皆省并。州界零陵、衡阳等郡,有莫徭蛮者,依山险为居,历政不宾服,因此向化。益阳县人作田二顷,皆异亩同颖。缵在政四年,流人自归,户口增益十余万,州境大安。

太清二年,征为领军,俄改授使持节、都督雍、梁、北秦、东益、郢州之竟陵司州之随郡诸军事、平北将军、宁蛮校尉。缵初闻邵陵王纶当代己为湘州,其后定用河东王誉,缵素轻少王,州府候迎及资待甚薄,誉深衔之。及至州,遂托疾不见缵,仍检括州府庶事,留缵不遣。会闻侯景寇京师,誉饰装当下援,时荆州刺史湘东王赴援,军次郢州武城,缵驰信报曰:"河东已竖橹上水,将袭荆州。"王信之,便回军镇,荆、湘因构嫌隙。寻弃其部伍,单舸赴江陵,王即遣使责让誉,索缵部下。既至,仍遣缵向襄阳,前刺史岳阳王察推迁未去镇,但以城西白马寺处之。会闻贼陷京师,察因不受代。州助防杜岢谓缵曰:"观岳阳殿下必不容使君,使君素得物情,若走入西山,招聚义众,远近必当投集,又帅部下继至,以此义举,无往不克。"缵信之,与结盟约,因夜遁入山。岸反以告察,仍遣岸帅军追缵。缵众望岸军大喜,谓是赴期,既至,即执缵并其众,并俘送之。始被囚絷,寻又逼缵剃发为道人。其年,察举兵袭江陵,常载缵随后。及军退败,行至建水南,防守缵者虑追兵至,遂害之,弃尸而去,时年五十一。元帝承制,赠缵侍中、中卫将军、开府仪同三司。谥简宪公。

缵有识鉴,自见元帝,便推诚委结。及元帝即位,追思之,尝为诗,其《序》曰:"简宪之为人也,不事王侯,负才任气,见余则申旦达夕,不能已已。怀夫人之德,何日忘之。"缵著《鸿宝》一百卷,文集二十卷。

次子希,字子颜,早知名,选尚太宗第九女海盐公主。承圣初,官至黄门侍郎。

绾字孝卿,缵第四弟也。初为国子生,射策高第。起家长兼秘书郎,迁太子舍人,洗马,中舍人,并掌管记。累迁中书郎,国子博士。出为北中郎长史、兰陵太守,还除员外散骑常侍。时丹阳尹西昌侯萧渊藻以久疾未拜,敕绾权知尹事,迁中军宣城王长史,俄徙御史中丞。高祖遣其弟中书舍人绚宣旨曰:"为国之急,惟在执宪直绳,用人本不限升降。晋宋之世,周闵、蔡廓并台侍中为之,卿勿疑是左迁也。"时宣城王府望重,故有此旨焉。大同四

年元日，旧制仆射中丞坐位东西相当，时缅兄缵为仆射，及百司就列，兄弟导骑，分趋两陛，前代未有也，时人荣之。岁余，出为豫章内史。缅在郡，述《制旨礼记正言》义，四姓衣冠士子听者常数百人。

八年，安成人刘敬宫挟妖道，遂聚党攻郡，内史萧侃弃城走。贼转寇南康、庐陵，屠破县邑，有众数万人，进寇豫章新淦县。南中久不习兵革，吏民怛扰奔散。或劝缅宜避其锋，缅不从，仍修城隍，设战备，募召敢勇，得万余人。刺史湘东王遣司马王僧辩帅兵讨贼，受缅节度，旬月间，贼党悉平。

十年，复为御史中丞，加通直散骑常侍。缅再为宪司，弹纠无所回避，豪右惮之。是时城西开士林馆聚学者，缅与右卫朱异、太府卿贺琛递述《制旨礼记中庸》义。

太清二年，迁左卫将军。会侯景寇至，入守东掖门。三年，迁吏部尚书。宫城陷，缅出奔，外转至江陵。湘东王承制，授侍中、左卫将军、相国长史，侍中如故。出为持节、云麾将军、湘东内史。承圣二年，征为尚书右仆射，寻加侍中。明年，江陵陷，朝士皆俘入关，缅以疾免，后卒于江陵，时年六十三。

次子交，字少游，颇涉文学，选尚太宗第十一女安阳公主。承圣二年，官至太子洗马、秘书丞，掌东宫管记。

陈吏部尚书姚察曰：太清版荡，亲属离贰，缵不能叶和藩岳，成温陶之举，苟怀私怨，构隙潇湘，遂及祸于身，非由忠节；继以江陵沦覆，实萌于此。以缵之风格，卒为梁之乱阶，惜矣哉。

卷三十五　　列传第二十九

萧子恪 弟子范　子显　子云　子晖

萧子恪，字景冲，兰陵人，齐豫章文献王嶷第二子也。永明中，以王子封南康县侯。年十二，和从兄司徒竟陵王《高松赋》，卫军王俭见而奇之。初为宁朔将军、淮陵太守，建武中，迁辅国将军、吴郡太守。大司马王敬则会稽举兵反，以奉子恪为名，明帝悉召子恪兄弟亲从七十余人入西省，至夜当害之。会子恪弃郡奔归，是日亦至，明帝乃止，以子恪为太子中庶子。东昏即位，迁秘书监，领右军将军，俄为侍中。中兴二年，迁辅国谘议参军。天监元年，降爵为子，除散骑常侍，领步兵校尉，以疾不拜，徙为光禄大夫，俄为司徒左长史。

子恪与弟子范等，尝因事入谢，高祖在文德殿引见之，从容谓曰："我欲与卿兄弟有言。夫天下之宝，本是公器，非可力得。苟无期运，虽有项籍之力，终亦败亡。所以班彪《王命论》云：'所求不过一金，然终转死沟壑'。卿不应不读此书。宋孝武为性猜忌，兄弟粗有令名者，无不因事鸩毒，所遗唯有景和。至于朝臣之中，或疑有天命而致害者，枉滥相继，然而或疑有天命而不能害者，或不知有天命而不疑者，于时虽疑卿祖，而无如之何。此是疑而不得。又有不疑者，如宋明帝本为庸常被免，岂疑而得全？又复我于时已年二岁，彼岂知我应有今日？当知有天命者，非人所害，害亦不能得。我初平建康城，朝廷内外皆劝我云：'时代革异，物心须一，宜行处分。'我于时依此而行，谁谓不可！我政言江左以来，代谢必相诛戮，此是伤于和气，所以国祚例不灵长。所谓'殷鉴不远，在夏后之世。'此是一义。二者，齐梁虽曰革代，义异往时。我与卿兄弟虽复绝服二世，宗属未远。卿勿言兄弟是亲，人家兄弟自有周旋者，有不周旋者，况五服之属邪？齐业之初，亦是甘苦共尝，腹心在我。卿兄弟年少，理当不悉。我与卿兄弟，便是情同一家，岂当都不念此，作行路事。此是二义。我有今日，非是本意所求。且建武屠灭卿门，致卿兄弟涂炭。我起义兵，非惟自雪门耻，亦是为卿兄弟报仇。卿若能在建武、永元之世，拨乱反正，我虽起樊、邓，岂得不释戈推奉；其虽欲不已，亦是师出无名。我今为卿报仇，且时代革异，望卿兄弟尽节报我耳。且我自藉丧乱，代明帝家天下耳，不取卿家天下。昔刘子舆自称成帝子，光武言'假使成帝更生，天下亦不复可得，况子舆乎'。梁初，人劝我相诛灭者，我答之犹人以向孝武时事：彼若苟有天命，非我所能杀；若其无期运，何忽行此，政足示无度量。曹志亲是魏武帝孙，陈思之子，事晋武能为晋室忠臣，此即卿事例。卿是宗室，情义异他，方坦然相期，卿无复怀于外之意。小待，自当知我寸心。"又文献王时，内斋直帐阉人赵叔祖，天监初，入为台齐斋帅，在寿光省，高祖呼叔祖曰："我本识汝在北第，以汝旧人，故每驱使。汝比见北第诸郎不？"叔祖奉答云："比多在直，出外甚疏，假使暂出，亦不能得往。"高祖曰："若见北第诸郎，道我此意：我今日虽是革代，情同一家；但今磐石未立，所以未得用诸郎者，非惟在我未宜，亦是欲使诸郎得安耳。但闭门高枕，后自当见我心。"叔祖即出外具宣敕语。

子恪寻出为永嘉太守。还除光禄卿，秘书监。出为明威将军、零陵太守。十七年，入为散骑常侍、辅国将军。普通元年，迁宗正卿。三年，迁都官尚书。四年，转吏部。六年，迁太子詹事。大通二年，出为宁远将军、吴郡太守。三年，卒于郡舍，时年五十二。诏赠侍中、中书令。谥曰恭。

子恪兄弟十六人，并仕梁。有文学者，子恪、子质、子显、子云、子晖五人。子恪尝谓所亲曰："文史之事，诸弟备之矣，不烦吾复牵率，但退食自公，无过足矣。"子恪少亦涉学，颇属文，随弃其本，故不传文集。

子瑾，亦知名太清中，官至吏部郎，避乱东阳，后为盗所害。

子范字景则，子恪第六弟也。齐永明十年，封祁阳县侯，拜太子洗马。天监初，降爵为子，除后军记室参军，复为太子洗马，俄迁司徒主簿，丁所生母忧去职。子范有孝性，居丧以毁闻。服阕，又为司徒主簿，累迁丹阳尹丞，太子中舍人。出为建安太守，还除大司马南平王户曹属，从事中郎。王爱文学士，子范偏被恩遇，尝曰："此宗室奇才也。"使制《千字文》，其辞甚美，王命记室蔡薳注释之。自是府中文笔，皆使草之。王薨，子范迁宣惠谘议参军，护军临贺王正德长史。正德为丹阳尹，复为正德信威长史，领尹丞。历官十余年，不出藩府，常以自慨，而诸弟并登显列，意不能平，及是为到府笺曰："上藩首佐，于兹再忝，河南雌伏，自此重升。以老少异时，盛衰殊日，虽佩恩宠，还羞年鬓。"子范少与弟子显、子云才名略相比，而风采容止不逮，故宦途有优劣。每读《汉书》，杜缓兄弟"五人至大官，唯中弟钦官不至而最知名"，常吟讽之，以况己也。

寻复为宣惠武陵王司马，不就，仍除中散大夫，迁光禄、廷尉卿。出为戎昭将军、始兴内史。还除太中大夫，迁秘书监。太宗即位，召为光禄大夫，加金章紫绶，以逼贼不拜。其年葬简皇后，使与张缵俱制哀策文，太宗览读之，曰："今葬礼虽阙，此文犹不减于旧。"寻遇疾卒，时年六十四。贼平后，世祖追赠金紫光禄大夫。谥曰文。前后文集三十卷。

二子滂、确，并少有文章。太宗东宫时，尝与邵陵王数诸萧文士，滂、确亦预焉。滂官至尚书殿中郎，中军宣城王记室，先子范卒。确，太清中历官宣城王友，司徒右长史。贼平后，赴江陵，因没关西。

子显字景阳，子恪第八弟也。幼聪慧，文献王异之，爱过诸子。七岁，封宁都县侯。永元末，以王子例拜给事中。天监初，降爵为子。累迁安西外兵，仁威记室参军，司徒主簿，太尉录事。

子显伟容貌，身长八尺。好学，工属文。尝著《鸿序赋》，尚书令沈约见而称曰："可谓得明道之高致，盖《幽通》之流也。"又采众家《后汉》，考正同异，为一家之书。又启撰《齐史》，书成，表奏之，诏付秘阁。累迁太子中舍人，建康令，邵陵王友，丹阳尹丞，中书郎，守宗正卿。出为临川内史，还除黄门郎。中大通二年，迁长兼侍中。高祖雅爱子显才，又嘉其容止吐纳，每御筵侍坐，偏顾访焉。尝从容谓子显曰："我造《通史》，此书若成，众史可废。"子显对曰："仲尼赞《易》道，黜《八索》，述职方，除《九丘》，圣制符同，复在兹日。"时以为名对。三年，以本官领国子博士。高祖所制经义，未列学官，子显在职，表置助教一人，生十人。又启撰高祖集，并《普通北伐记》。其年迁国子祭酒，又加侍中，于学递述高祖《五经义》。五年，迁吏部尚书，侍中如故。

子显性凝简，颇负其才气。及掌选，见九流宾客，不与交言，但举扇一拂而已，衣冠窃恨之。然太宗素重其人，在东宫时，每引与促宴。子显尝起更衣，太宗谓坐客曰："尝闻异人间出，今日始知是萧尚书。"其见重如此。大同三年，出为仁威将军、吴兴太守，至郡未几，卒，时年四十九。诏曰："仁威将军、吴兴太守子显，神韵峻举，宗中佳器。分竹未久，奄到丧殒，恻怆于怀。可赠侍中、中书令。今便举哀。"及葬请谥，手诏"恃才傲物，宜谥曰骄"。

子显尝为《自序》，其略云："余为邵陵王友，忝还京师，远思前比，即楚之唐、宋，梁之严、邹。追寻平生，颇好辞藻，虽在名无成，求心已足。若乃登高自极，临水送归，风动春朝，月明秋夜，早雁初莺，开花落叶，有来斯应，每不能已也。前世贾、傅、崔、马、邯郸、缪、路之徒，并以文章显，所以屡上歌颂，自比古人。天监十六年，始预九日朝宴，稠人广坐，独受旨云：'今云物甚美，卿得不斐然赋诗。'诗既成，又降帝旨曰：'可谓才子。'余退谓人曰：'一顾之恩，非望而至。遂方贾谊何如哉？未易当也。'每有制作，特寡思功，须其自来，不以力构。少来所为诗赋，则《鸿序》一作，体兼众制，文备多方，颇为好事所传，故虚声易远。"

子显所著《后汉书》一百卷，《齐书》六十卷，《普通北伐记》五卷，《贵俭传》三十卷，文集二十卷。

二子序、恺，并少知名。序，太清中历官太子家令、中庶子，并掌管记。及乱，于城内卒。恺，初为国子生，对策高第，州又举秀才。起家秘书郎，迁太子中舍人，王府主簿，太子洗马，父忧去职。服阕，复除太子洗马，迁中舍人，并掌管记。累迁宣城王文学，中书郎，太子家令，又掌管记。恺才学誉望，时论以方其父，太宗在东宫，早引接之。时中庶子谢嘏出守建安，于宣猷堂宴饯，并召时才赋诗，同用十五剧韵，恺诗先就，其辞又美。太宗与湘东王令曰："王筠本自旧手，后进有萧恺可称，信为才子。"先是时太学博士顾野王奉令撰《玉篇》，太宗嫌其书详略未当，以恺博学，于文字尤善，使更与学士删改。迁中庶子，未拜，徙为吏部郎。太清二年，迁御史中丞。顷之，侯景寇乱，恺于城内迁侍中，寻卒官，时年四十四。文集并亡逸。

子云字景乔，子恪第九弟也。年十二，齐建武四年，封新浦县侯，自制拜章，便有文采。天监初，降爵为子。既长勤学，以晋代竟无全书，弱冠便留心撰著，至年二十六，书成，表奏之，诏付秘阁。子云性沈静，不乐仕进。年三十，方起家为秘书郎。迁太子舍人，撰《东宫新记》，奏之，敕赐束帛。累迁北中郎外兵参军，晋安王文学，司徒主簿，丹阳尹丞。时湘东王为京尹，深相赏好，如布衣之交。迁北中郎庐陵王谘议参军，兼尚书左丞。大通元年，除黄门郎，俄迁轻车将军，兼司徒左长史。二年，入为吏部。三年，迁长兼侍中。中大通元年，转太子卿。三年，出为贞威将军、临川内史。在郡以和理称，民吏悦之。还除散骑常侍，俄复为侍中。大同二年，迁员外散骑常侍，国子祭酒，领南徐州大中正。顷之，复为侍中、祭酒、中正如故。

梁初，郊庙未革牲牷，乐辞皆沈约撰，至是承用，子云始建言宜改。启曰："伏惟圣敬率由，尊严郊庙，得西邻之心，知周、孔之迹，载革牢俎，德通神明，秬稷苹藻，竭诚严配，经国制度，方悬日月，垂训百王，于是乎在。臣比兼职斋官，见伶人所歌，犹用未革牲牷前曲。圜丘视燎，尚言'式备牲牷'；北郊《诚雅》，亦奏'牲玉孔备'；清庙登歌，而称'我牲以洁'；三朝食举，犹咏'朱尾碧鳞'。声被鼓钟，未符盛制。臣职司儒训，意以为疑，未审应改定乐辞以不？"敕答曰："此是主者守株，宜急改也。"仍使子云撰定。敕曰："郊庙歌辞，应须典诰大语，不得杂用子史文章浅言；而沈约所撰，亦多舛谬。"子云答敕曰："殷荐朝飨，乐以雅名，理应正采《五经》，圣人成教。而汉来此制，不全用经典；约之所撰，弥复浅杂。臣前所изы约十曲，惟知牲牷既革，宜改歌辞，而犹承例，不嫌流俗乖体。既奉令旨，始得发蒙。臣凤本庸滞，昭然忽朗，谨依成旨，悉改约制。惟用《五经》为本，其次《尔雅》、《周易》、《尚书》、《大戴礼》，即是经诰之流，愚意亦取兼用。臣又寻唐、虞诸书，殷《颂》周《雅》，称美是一，而复各述时事。大梁革服，偃武修文，制礼作乐，义高三正；而约撰歌辞，惟浸称圣德之美，了不序皇朝制作事。《雅》、《颂》前例，于体为违。伏以圣旨所定《乐论》，钟律纬绪，文思深微，命世一出，方悬日月，不刊之典，礼乐之教，致治所成。谨一二采缀，各随事显义，以明制作之美。覃思累日，今始克就，谨以上呈。"敕并施用。

子云善草隶书，为世楷法。自云善效钟元常、王逸少而微变字体。答敕云："臣昔不能拔赏，随世所贵，规摹子敬，多历年所。年二十六，著《晋史》，至《二王列传》，欲作论语草隶法，言不尽意，遂不能成，略指论飞白一势而已。十许年来，始见敕旨《论书》一卷，商略笔势，洞澈字体；又以逸少之不及元常，犹子敬之不及逸少。自此研思，方悟隶式，始变子敬，全范元常。逮尔以来，自觉功进。"其书迹雅为高祖所重，尝论子云书曰："笔力劲骏，心手相应，巧逾杜度，美过崔实，当与元常并驱争先。"其见赏如此。

七年，出为仁威将军、东阳太守。中大同元年，还拜宗正卿。太清元年，复为侍中、国子祭酒，领南徐州大中正。二年，侯景寇逼，子云逃民间。三年三月，宫城失守，东奔晋陵，馁卒于显灵寺僧房，年六十三。所著《晋书》一百一十卷，《东宫新记》二十卷。

第二子特，字世达。早知名，亦善草隶。高祖尝谓子云曰："子敬之书，不及逸少。近见特迹，遂逼于卿。"历官著作佐郎，太子舍人，宣惠主簿，中军记室。出为海盐令，坐事免。年二十五，先子云卒。

子晖字景光，子云弟也。少涉书史，亦有文才。起家员外散骑侍郎，迁南中郎记室。出为临安令。性恬静，寡嗜好，尝预重云殿听制讲《三慧经》，退为《讲赋》奏之，甚见称赏。迁安西武陵王谘议，带新繁令，随府转仪同从事、骠骑长史，卒。

陈吏部尚书姚察曰：昔魏藉兵威而革汉运，晋因宰辅乃移魏历，昪乎古之禅授，以德相传，故抑前代宗枝，用绝民望。然刘晔、曹志，犹显于朝；及宋遂为废姓。而齐代，宋之戚属，一皆殄焉。其祚不长，抑亦由此。有梁革命，弗取前规，故子恪兄弟及群从，并随才任职，通贵满朝，不失于旧，岂惟魏幽晋显而已哉。君子以是知高祖之弘量，度越前代矣。

卷三十六　　　　列传第三十

孔休源　江革

孔休源，字庆绪，会稽山阴人也。晋丹阳太守冲之八世孙。曾祖遥之，宋尚书水部郎。父佩，齐庐陵王记室参军，早卒。

休源年十一而孤，居丧尽礼，每见父手所写书，必哀恸流涕，不能自胜，见者莫不为之垂泣。后就吴兴沈驎士受经，略通大义。建武四年，州举秀才，太尉徐孝嗣省其策，深善之，谓同坐曰："董仲舒、华令思何以尚此，可谓后生之准也。观其此对，足称王佐之才。"琅邪王融雅相友善，乃荐之于司徒竟陵王，为西邸学士。梁台建，与南阳刘之遴同为太学博士，当时以为美选。休源初到京，寓于宗人少府卿孔登元，曾以祠事入庙，侍中范云一与相遇，深加褒赏，曰："不期忽觏清颜，顿祛鄙吝，观天披雾，验之今日。"后云命驾到少府门，登便拂筵整带，谓当诣己，既而独造休源，高谈尽日，同载还家，登深以为愧。尚书令沈约当朝贵显，轩盖盈门，休源或时后来，必虚襟引接，处之坐右，商略文义。其为通人所推如此。

俄除临川王府行参军。高祖尝问吏部尚书徐勉曰："今帝业初基，须一人有学艺解朝仪者，为尚书仪曹郎。为朕思之，谁堪其选？"勉对曰："孔休源识具清通，谙练故实，自晋、宋《起居注》诵略上口。"高祖亦素闻之，即日除兼尚书仪曹郎中。是时多所改作，每䢖访前事，休源即以所诵记随机断决，曾无疑滞。吏部郎任昉常谓之为"孔独诵"。

迁建康狱正，及辨讼折狱，时罕冤人。后有选人为狱司者，高祖尚引休源以励之。除中书舍人，司徒临川王府记室参军，迁尚书左丞，弹肃礼闱，雅允朝望。时太子詹事周舍撰《礼疑义》，自汉魏至于齐梁，并皆搜采，休源所有奏议，咸预编录。除给事黄门侍郎，仍长兼御史中丞，正色直绳，无所回避，百僚莫不惮之。除少府卿，又兼行丹阳尹事。出为宣惠晋安王府长史、南郡太守、行荆州府州事。高祖谓之曰："荆州总上流冲要，义高分陕，今以十岁儿委卿，善匡翼之，勿惮周昌之举也。"对曰："臣以庸鄙，曲荷恩遇，方揣丹诚，效其一割。"上善其对，乃敕晋安王曰："孔休源人伦仪表，汝年尚幼，当每事师之。"寻而始兴王憺代镇荆州，复为憺府长史，南郡太守、行府州事如故。在州累政，甚有治绩，平心决断，请托不行。高祖深嘉之。除通直散骑常侍，领羽林监，转秘书监，迁明威将军，复为晋安王府长史、南兰陵太守，别敕专行南徐州事。休源累佐名藩，甚得民誉，王深相倚仗，军民机务，动止询谋。常于中斋别施一榻，云"此是孔长史坐"，人莫得预焉。其见敬如此。

征为太府卿，俄授都官尚书，顷之，领太子中庶子。普通七年，扬州刺史临川王宏薨，高祖与群臣议代王居州任者久之，于时贵戚王公，咸望迁授，高祖曰："朕已得人。孔休源才识通敏，实应此选。"乃授宣惠将军、监扬州。休源初为临川王行佐，及王薨而管州任，时论荣之。而神州都会，簿领殷繁，休源割断如流，傍无私谒。中大通二年，加授金紫光禄大夫，监扬州如故。累表陈让，优诏不许。在州昼决辞讼，夜览坟籍。每车驾巡幸，常以军国事委之。

昭明太子薨，有敕夜召休源入宴居殿，与群公参定谋议，立晋安王纲为皇太子。四年，遘疾，高祖遣中使候问，并给医药，日有十数。其年五月，卒，时年六十四。遗令薄葬，节朔荐蔬菲而已。高祖为之流涕，顾谓谢举曰："孔休源奉职清忠，当官正直，方欲共康治道，以隆王化。奄至殒殁，朕甚痛之。"举曰："此人清介强直，当今罕有，微臣窃为陛下惜之。"诏曰："慎终追远，历代通规；褒德畴庸，先王令典。宣惠将军、金紫光禄大夫、监扬州孔休源，风业贞正，雅量冲邈，升荣建礼，誉重搢绅。理务神州，化覃歌咏，方兴仁寿，穆是彝伦。奄然永逝，倍用悲恻。可赠散骑常侍、金紫光禄大夫，赗第一材一具，布五十匹，钱五万，蜡二百斤。克日举哀。丧事所须，随由资给。谥曰贞子。"皇太子手令曰："金紫光禄大夫孔休源，立身中正，行己清恪。昔岁西浮渚宫，东泊枌壤，毗佐蕃政，实尽厥诚。安国之详审，公仪之廉白，无以过之。奄至殒丧，情用恻怛。今须举哀，外可备礼。"

休源少孤，立志操，风范强正，明练治体。持身俭约，学穷文艺，当官理务，不惮强御，常以天下为己任。高祖深委仗之。累居显职，纤毫无犯。性慎密，寡嗜好。出入帷幄，未尝言禁中事，世以此重之。聚书盈七千卷，手自校治，凡奏议弹文，勒成十五卷。

长子云童，颇有父风，而笃信佛理，遍持经戒。官至岳阳王府谘议、东扬州别驾。

少子宗轨，聪敏有识度，历尚书都官郎，司徒左西掾，中书郎。

江革，字休映，济阳考城人也。祖齐之，宋尚书金部郎。父柔之，齐尚书仓部郎，有孝行，以母忧毁卒。革幼而聪敏，早有才思，六岁便解属文。柔之深加赏器，曰："此儿必兴吾门。"九岁丁父艰，与弟观同生少孤贫，傍无师友，兄弟自相训勖，读书精力不倦。十六丧母，以孝闻。服阕，与观俱诣太学，补国子生，举高第。齐中书郎王融、吏部谢朓雅相钦重。朓尝宿卫，还过候革，时大雪，见革弊絮单席，而耽学不倦，嗟叹久之，乃脱所著襦，并手割半毡与革充卧具而去。司徒竟陵王闻其名，引为西邸学士。弱冠举南徐州秀才。时豫章胡谐之行州事，王融与谐之书，令荐革。谐之方贡琅邪王泛，便以革代之。解褐奉朝请。仆射江祏深相引接，祏为太子詹事，启革为府丞。祏时权倾朝右，以革才堪经国，令参掌机务，诏诰文檄，皆委以具。革防杜形迹，外人不知。祏诛，宾客皆罹其罪，革独以智免。

除尚书驾部郎。中兴元年，高祖入石头，时吴兴太守袁昂据郡距义师，乃使革制书与昂，于坐立成，辞义典雅，高祖深赏叹之，因令与徐勉同掌书记。建安王为雍州刺史，表求管记，以革为征北记室参军，带中庐令。与弟观少长共居，不忍离别，苦求同行，乃以观为征北行参军，兼记室。时吴兴沈约、乐安任昉，并相赏重，昉与革书云："此段雍府妙选英才，文房之职，总卿昆季，可谓驭二龙于长途，骋骐骥于千里。"途次江夏，观遇疾卒。革时在雍，为府王所礼，款若布衣。王被征为丹阳尹，以革为记室，领五官掾，除通直散骑常侍，建康正。频迁秣陵、建康令。为治明肃，豪强惮之。入为中书舍人，尚书左丞，司农卿，复出为云麾晋安王长史，寻阳太守、行江州府事。徙仁威庐陵王长史，太守、行事如故，以清严为百城所惮。时少王行事多倾意于签帅，革以正直自居，不与签帅等同坐。俄迁左光禄大夫、南平王长史、御史中丞，弹奏豪权，一无所避。

除少府卿，出为贞威将军、北中郎南康王长史、广陵太守，改授镇北豫章王长史，将军、太守如故。时魏徐州刺史元法僧降附，革被敕随府王镇彭城。城既失守，革素不便马，乃泛舟而还，途经下邳，遂为魏人所执。魏徐州刺史元延明闻革才名，厚加接待。革称患脚不拜，延明将加害焉，见革辞色严正，更相敬重。时祖暅同被拘执，延明使暅作《欹器》、《漏刻铭》，革骂暅曰："卿荷国厚恩，已无报答，今乃为虏立铭，孤负朝廷。"延明闻之，乃令革作丈八寺碑并祭彭祖文，革辞以囚执既久，无复心思。延明逼之逾苦，将加箠扑。革厉色而言曰："江革行年六十，不能杀身报主，今日得死为幸，誓不为人执笔。"延明知不可屈，乃止。日给脱粟三升，仅余性命。值魏主讨中山王元略反北，乃放革及祖暅还朝。诏曰："前贞威将军、镇北长史、广陵太守江革，才思通赡，出内有闻，在朝正色，临危不挠，首佐台铉，实允佥谐。可太尉临川王长史。"

时高祖盛于佛教，朝贤多启求受戒，革精信因果，而高祖未知，谓革不奉佛教，乃赐革《觉意诗》五百字，云"惟当勤精进，自强行胜修；岂可作底突，如彼必死囚。以此告江革，并及诸贵游。"又手敕云："世间果报，不可不信，岂得底突如对元延明邪？"革因启乞受菩萨戒。

重除少府卿、长史、校尉。时武陵王在东州，颇自骄纵，上召革面敕曰："武陵王年少，臧盾性弱，不能匡正，欲以卿代为行事。非卿不可，不得有辞。"乃除折冲将军、东中郎武陵王长史、会稽郡丞、行府州事。革门生故吏，家多在东州，闻革应至，并赍缘道迎候。革曰："我通不受饷，不容独为故人筐篚。"至镇，惟资公俸，食不兼味。郡境殷广，辞讼日数百，革分判辨析，曾无疑滞。功必赏，过必罚，民安吏畏，百城震恐。琅邪王骞为山阴令，赃货狼藉，望风自解。府王惮之，遂雅相钦重。每至侍宴，言论必以《诗》《书》，王因此耽学好文。典签沈炽文以王所制诗呈高祖，高祖谓仆射徐勉曰："江革果能称职。"乃除都官尚书。将还，民皆恋惜之，赠遗无所受。送故依旧订舫，革并不纳，惟乘台所给一舸。舸艚偏敧，不得安卧。

或谓革曰："船既不平，济江甚险，当移徙重物，以迮轻艚。"革既无物，乃于西陵岸取石十余片以实之。其清贫如此。寻监吴郡。于时境内荒俭，劫盗公行。革至郡，惟有公给仗身二十人，百姓皆惧不能静寇；反省游军尉，民下逾恐。革乃广施恩抚，明行制令，盗贼静息，民吏安之。

武陵王出镇江州，乃曰："我得江革，文华清丽，岂能一日忘之，当与其同饱。"乃表革同行。又除明威将军、南中郎长史、寻阳太守。征入为度支尚书。好奖进闾阎，为后生延誉，由是衣冠士子，翕然归之。时尚书令何敬容掌选，序用多非其人。革性强直，每至朝宴，恒有褒贬，以此为权势所疾，乃谢病还家。除光禄大夫、领步兵校尉、南、北兖二州大中正，优游闲放，以文酒自娱。大同元年二月，卒，谥曰强子。有集二十卷，行于世。革历官八府长史，四王行事，三为二千石，傍无姬侍，家徒壁立，世以此高之。

长子行敏，好学有才俊，官至通直郎，早卒，有集五卷。

次子从简，少有文情，年十七，作《采荷词》以刺敬容，为当时所赏。历官司徒从事中郎。侯景乱，为任约所害。子兼叩头流血，乞代父命，以身蔽刃，遂俱见杀。天下莫不痛之。

史臣曰：高祖留心政道，孔休源以识治见知，既遇其时，斯为幸矣。江革聪敏亮直，亦一代之盛名欤。

卷三十七　　列传第三十一

谢举　　何敬容

谢举，字言扬，中书令览之弟也。幼好学，能清言，与览齐名。举年十四，尝赠沈约五言诗，为约称赏。世人为之语曰："王有养、炬，谢有览、举。"养、炬，王筠、王泰小字也。起家秘书郎，迁太子舍人，轻车功曹史，秘书丞，司空从事中郎，太子庶子，家令，掌东宫管记，深为昭明太子赏接。秘书任昉出为新安郡，别举诗云："讵念耋嗟人，方深老夫托。"其属意如此。尝侍宴华林园，高祖访举于览，览对曰："识艺过臣甚远，惟饮酒不及于臣。"高祖大悦。转太子中庶子，犹掌管记。

天监十一年，迁侍中。十四年，出为宁远将军、豫章内史，为政和理，甚得民心。十八年，复入为侍中，领步兵校尉。普通元年，出为贞毅将军、太尉临川王长史。四年，入为左民尚书。其年迁掌吏部，寻以公事免。五年，起为太子中庶子，领右军将军。六年，复为左民尚书，领步兵校尉。俄徙为吏部尚书，寻加侍中。出为仁威将军、晋陵太守。在郡清静，百姓化其德，境内肃然。罢郡还，吏民诣阙请立碑，诏许之。大通二年，入为侍中、五兵尚书，未拜，迁掌吏部，侍中如故。举祖庄，宋世再典选，至举又三为此职，前代未有也。

举少博涉多通，尤长玄理及释氏义。为晋陵郡时，常与义僧递讲经论，征士何胤自虎丘山赴之。其盛如此。先是，北渡人卢广有儒术，为国子博士，于学发讲，仆射徐勉以下毕至。举造坐，屡折广，辞理通迈。广深叹服，仍以所执麈尾荐之，以况重席焉。

四年，加侍中。五年，迁尚书右仆射，侍中如故。大同三年，以疾陈解，徙为右光禄大夫，给亲信二十人。其年，出为云麾将军、吴郡太守。先是，何敬容居郡有美绩，世称何吴郡。及举为政，声迹略相比。六年，入为侍中、中书监，未拜，迁太子詹事、翊左将军，侍中如故。举父瀹，齐世终此官，累表乞改授，敕不许，久之方就职。九年，迁尚书仆射，侍中、将军如故。举虽居端揆，未尝肯预时务，多因疾陈解。敕辄赐假，并手敕处方，加给上药。其恩遇如此。其年，以本官参掌选事。太清二年，迁尚书令，侍中、将军如故。是岁，侯景寇京师，举卒于围内。诏赠侍中、中卫将军、开府仪同三司，侍中、尚书令如故。文集乱中并亡逸。

二子禧、嘏，并少知名。嘏，太清中，历太子中庶子，出为建安太守。

何敬容，字国礼，庐江人也。祖攸之，宋太常卿；父昌寓，齐吏部尚书；并有名前代。敬容以名家子，弱冠选尚齐武帝女长城公主，拜驸马都尉。天监初，为秘书郎，历太子舍人，尚书殿中郎，太子洗马，中书舍人，秘书丞，迁扬州治中。出为建安内史，清公有美绩，民吏称之。还除黄门郎，累迁太子中庶子，散骑常侍，侍中，司徒左长史。普通二年，复为侍中，领羽林监，俄又领本州大中正。顷之，守吏部尚书，铨序明审，号为称职。四年，出为招远将军、吴郡太守，为政勤恤民隐，辨讼如神，视事四年，治为天下第一。吏民诣阙请树碑，诏许之。大通二年，征为中书令，未拜，复为吏部尚书，领右军将军，俄加侍中。中大通元年，改太子中庶子。

敬容身长八尺，白皙美须眉。性矜庄，衣冠尤事鲜丽，每公庭就列，容止出人。三年，迁尚书右仆射，参掌选事，侍中如故。时仆射徐勉参掌机密，以疾陈解，因举敬容自代，故有此授焉。五年，迁左仆射，加宣惠将军，置佐史，侍中、参掌如故。大同三年正月，朱雀门灾，高祖谓群臣曰："此门制卑狭，我始欲构，遂遭天火。"相顾未有答。敬容独曰："此所谓陛下'先天而天不违'。"时以为名对。俄迁中权将军、丹阳尹，侍中、参掌、佐史如故。五年，入为尚书令，侍中、将军、参掌、佐史如故。

敬容久处台阁，详悉旧事，且聪明识治，勤于簿领，诘朝理事，日旰不休。自晋、宋以来，宰相皆文义自逸，敬容独勤庶务，为世所嗤鄙。时萧琛子巡者，颇有轻薄才，因制卦名离合等诗以嘲之，敬容处之如初，亦不屑也。

十一年，坐妾弟费慧明为导仓丞，夜盗官米，为禁司所执，送领军府。时河东王誉为领军将军，敬容以书解慧明，誉即封书以奏。高祖大怒，付南司推劾。御史中丞张绾奏敬容挟私罔上，合弃市刑，诏特免职。初，天监中，有沙门释宝志者,尝遇敬容,谓曰:"君后必贵,然终是何败何耳"。及敬容为宰相,谓何姓当为其祸,故抑没宗族,无仕进者,至是竟为河东所败。

中大同元年三月,高祖幸同泰寺讲《金字三慧经》,敬容请预听,敕许之。又有敕听朔望问讯。寻起为金紫光禄大夫,未拜,又加侍中。敬容旧时宾客门生喧哗如昔,冀其复用。会稽谢郁致书戒之曰:"草莱之人,闻诸道路,君侯已得瞻望朝夕,出入禁门,醉尉将不敢呵,灰然不无其渐,甚休,甚休!敢贺于前,又将吊后。昔流言裁作,公旦东奔;燕书始来,子孟不入。夫圣贤被虚过以自斥,未有婴时衅而求亲者也。且曝鳃之鳞,不念杯杓之水;云霄之翼,岂顾笼樊之粮。何者?所托已盛也。昔君侯纳言加首,鸣玉在腰,回丰貂以步文昌,耸高蝉而趋武帐,可谓盛矣。不以此时荐才拔士,少报圣主之恩;今卒如爱丝之说,受责见过,方复欲更窥朝廷,觖望万分,窃不为左右取也。昔窦婴、杨恽亦得罪明时,不能谢绝宾客,犹交党援,卒无后福,终益前祸。仆之所吊,实在于斯。人人所以颇犹有踵君侯之门者,未必皆感惠怀仁,有灌夫、任安之义,乃戒翟公之大署,冀君侯之复用也。夫在思过之日,而挟复用之意,未可为智者说矣。君侯宜杜门念失,无有所通,筑茅茨于钟阜,聊优游以卒岁,见可怜之意,著待终之情。复仲尼能改之言,惟子贡更也之譬,少戢言于众口,微自救于竹帛,所谓'失之东隅,收之桑榆'。如此,令明主闻知,尚有冀也。仆东皋鄙人,入穴幸无衔窭,耻天下之士不为执事道之,故披肝胆,示情素,君侯岂能鉴焉。"

太清元年,迁太子詹事,侍中如故。二年,侯景袭京师,敬容自府移家台内。初,景于涡阳退败,未得审实,传者乃云其将暴显反,景身与众并没,朝廷以为忧。敬容寻见东宫,太宗谓曰:"淮北始更有信,侯景定得身免,不如所传。"敬容对曰:"得景遂死,深是朝廷之福。"太宗失色,问其故。敬容曰:"景翻覆叛臣,终当乱国。"是年,太宗频于玄圃自讲《老》、《庄》二书,学士吴孜时寄詹事府,每日入听。敬容谓孜曰:"昔晋代丧乱,颇由祖尚玄虚,胡贼殄覆中夏。今东宫复袭此,殆非人事,其将为戎乎?"俄而侯景难作,其言有征。三年正月,敬容卒于围内,诏赠仁威将军,本官如故。

何氏自晋司空充、宋司空尚之,世奉佛法,并建立塔寺;至敬容又舍宅东为伽蓝,趋势者因助财造构,敬容并不拒,故此寺堂宇校饰,颇为宏丽。时轻薄者因呼为"众造寺"焉。及敬容免职出宅,止有常用器物及囊衣而已,竟无余财货,时亦以此称之。

子毂,秘书丞,早卒。

陈吏部尚书姚察曰:魏正始及晋之中朝,时俗尚于玄虚,贵为放诞,尚书丞郎以上,簿领文案,不复经怀,皆成于令史。逮乎江左,此道弥扇,惟卜壶以台阁之务,颇欲综理,阮孚谓之曰:"卿常无闲暇,不乃劳乎?"宋世王敬弘身居端右,未尝省牒,风流相尚,其流遂远。望白署空,是称清贵;恪勤匪懈,终滞鄙俗。是使朝经废于上,职事隳于下。小人道长,抑此之由。呜呼!伤风败俗,曾莫之悟。永嘉不竞,戎马生郊,宜其然矣。何国礼之识治,见讥薄俗,惜哉!

卷三十八　　列传第三十二

朱异　　贺琛

朱异,字彦和,吴郡钱唐人也。父巽,以义烈知名,官至齐江夏王参军、吴平令。异年数岁,外祖顾欢抚之,谓异祖昭之曰:"此儿非常器,当成卿门户。"年十余岁,好群聚蒲博,颇为乡党所患。既长,乃折节从师,遍治《五经》,尤明《礼》、《易》,涉猎文史,兼通杂艺,博弈书算,皆其所长。年二十,诣都,尚书令沈约面试之,因戏异曰:"卿年少,何乃不廉?"异逡巡未达其旨。约乃曰:"天下唯有文义棋书,卿一时将去,可谓不廉也。"其年,上书言建康宜置狱司,比廷尉。敕付尚书详议,从之。旧制,年二十五方得释褐。时异适二十一,特敕擢为扬州议曹从事史。寻有诏求异能之士,《五经》博士明山宾表荐异曰:"窃见钱唐朱异,年时尚少,德备老成。在独无散逸之想,处暗有对宾之色,器宇弘深,神表峰峻。金山万丈,缘陟未登;玉海千寻,窥映不测。加以珪璋新琢,锦组初构,触响铿锵,值采便发。观其信行,非惟十室所稀,若使负重遥途,必有千里之用。"高祖召见,使说《孝经》、《周易》义,甚悦之,谓左右曰:"朱异实异。"后见明山宾,谓曰:"卿所举殊得其人。"仍召异直西省,俄兼太学博士。其年,高祖自讲《孝经》,使异执读。迁尚书仪曹郎,入兼中书通事舍人,累迁鸿胪卿,太子右卫率,寻加员外常侍。

普通五年,大举北伐,魏徐州刺史元法僧遣使请举地内属,诏有司议其虚实。异曰:"自王师北讨,克获相继,徐州地转削弱,咸愿归罪法僧,法僧惧祸之至,其降必非伪也。"高祖仍遣异报法僧,并敕众军应接,受异节度。既至,法僧遵承朝旨,如异策焉。中大通元年,迁散骑常侍。自周舍卒后,异代掌机谋,方镇改换,朝仪国典,诏诰敕书,并兼掌之。每四方表疏,当局簿领,谘询详断,填委于前。异属辞落纸,览事下议,纵横敏赡,不暂停笔,顷刻之间,诸事便了。

大同四年,迁右卫将军。六年,异启于仪贤堂奉述高祖《老子义》,敕许之。及就讲,朝士及道俗听者千余人,为一时之盛。时城西又开士林馆以延学士,异与左丞贺琛递日述高祖《礼记中庸义》,皇太子又召异于玄圃讲《易》。八年,改加侍中。太清元年,迁左卫将军,领步兵。二年,迁中领军,舍人如故。

高祖梦中原平,举朝称庆,且以语异,异对曰:"此宇内方一之征。"及侯景归降,敕召群臣议,尚书仆射谢举等以为不可,高祖欲纳之,未决;尝凤兴至武德阁,自言"我国家承平若此,今便受地,讵是事宜,脱致纷纭,悔无所及。"异探高祖微旨,应声答曰:"圣明御宇,上应苍玄,北土遗黎,谁不慕仰?为无机会,未达其心。今侯景分魏国太半,输诚送款,远归圣朝,岂非天诱其衷,人奖其计!原心审事,殊有可嘉。今若不容,恐绝后来之望。此诚易见,愿陛下无疑。"高祖深纳异言,又感前梦,遂纳之。及贞阳败没,自魏遣使还,述魏相高澄欲更申和睦。敕有司定议,异以和为允,高祖果从之。其年六月,遣建康令谢挺、通直郎徐陵使北通好。是时,侯景镇寿春,累启绝和,及请追使。又致书与异,辞意甚切,异但述敕旨以报之。八月,景遂举兵反,以讨异为名。募兵得三千人,及景至,仍以其众守大司马门。

初,景谋反,合州刺史鄱阳王范、司州刺史羊鸦仁并累有启闻,异以景孤立寄命,必不应尔,乃谓使者:"鄱阳王遂不许国家有一客!"并抑而不奏,故朝廷不为之备。及寇至,城内文武咸尤之。皇太子又制《围城赋》,其末章云:"彼高冠及厚履,并鼎食而乘肥,升紫霄之丹地,排玉殿之金扉,陈谋谟之启沃,宣政刑之福威,四郊以之多垒,万邦以之未绥。问豺狼其何者?访虺蜴之为谁?"盖以指异。异因惭愤,发病卒,时年六十七。诏曰:"故中领军异,器宇弘通,才力优赡,谋谟帷幄,多历年所。方赞朝经,永申寄任,奄先物化,恻悼兼怀。可赠侍中、尚书右仆射,给秘器一具。凶事所须,随由资办。"旧尚书官不以为赠,及异卒,高祖惜之,方议赠事。左右有善异者,乃启曰:"异秦历虽多,然平生所怀,愿得执法。"高祖因其宿志,特有此赠焉。

异居权要三十余年,善窥人主意曲,能阿谀以承上旨,故特被宠任。历官自员外常侍至侍中,四官皆珥貂,自右卫率至领军,四职并驱卤簿,近代未之有也。异及诸子自潮沟列宅至青溪,其中有台池玩好,每暇日与宾客游焉。四方所馈,财货充积。性吝啬,未尝有散施。厨下珍羞腐烂,每月常弃十数车,虽诸子别房亦不分赡。所撰《礼》、《易》讲疏及仪注、文集百余篇,乱中多亡逸。

长子肃,官至国子博士;次子闻,司徒掾。并遇乱卒。

贺琛,字国宝,会稽山阴人也。伯父玚,步兵校尉,为世硕儒。琛幼,玚授其经业,一闻便通理义。玚异之,常曰:"此儿当以明经致贵。"玚卒后,琛家贫,常往还诸暨,贩粟以自给。闲则习业,尤精《三礼》。初,玚于乡里聚徒教授,至是又依琛焉。

普通中,刺史临川王辟为祭酒从事史。琛始出都,高祖闻其学术,召见文德殿,与语悦之,谓仆射徐勉曰:"琛殊有世业。"仍补王国侍郎,俄兼太学博士,稍迁中卫参军事、尚书通事舍人,参礼仪事。累迁通直正员郎,舍人如故。又征西鄱阳王中录事,兼尚书左丞,满岁为真。诏琛撰《新谥法》,至今施用。时皇太子议,大功之末,可以冠子嫁女。琛驳之曰:

令旨以"大功之末可得冠子嫁女,不得自冠自嫁。"推以《记》文,窃犹致惑。案嫁冠之礼,本是父之所成,无父之人,乃可自冠。故称大功小功,并以冠子嫁子为文;非关惟得为子,己身不得也。小功之末,既得自嫁娶,而亦云"冠子娶妇",其义益明。故先列二服,每明冠子嫁子,结于后句,方显自娶之义。既明小功自娶,即知大功自冠矣,盖是约言而见旨。若谓缘父服大功,子服小功,小功服轻,故得为子冠嫁,大功服重,故不得自嫁自冠者,则小功之末,非明父子服殊,不应复云"冠子嫁子"也。若谓小功之文言己可娶,大功之文不言己冠,故知身有大功,不得自行嘉礼,但得为子冠嫁。窃谓有服不行嘉礼,本为吉凶不可相干。子虽小功之末,可得行冠嫁,犹应须父得为其冠嫁。若父于大功之末可以冠子嫁子,是于吉凶礼无碍;吉凶礼无碍,岂不得自冠自嫁?若自冠自嫁于事有碍,则冠子嫁子宁独可通?今许其冠子而塞其自冠,是琛之所惑也。

又令旨推"下殇小功不可娶妇,则服大功亦不得为子冠嫁"。伏寻此旨,若谓降服大功不可冠子嫁子,则降服小功亦不可自冠自娶,是为凡厌降服大功小功皆不得冠娶矣。《记》义应云降服则不可,宁得惟称下殇?今不言降服,的举下殇,实有其义。夫出嫁出后,或有再降,出后之身,于本姊妹降为大功;若是大夫服士,又以尊降,则成小功。其于冠嫁,义无以异。所以然者,出嫁则有受我,出后则有传重,并欲薄于此而厚于彼,此服虽降,彼服则降。昔实期亲,虽再降犹依小功之礼,可冠可嫁。若夫期降大功,大功降为小功,止是一等,降杀有伦,服未嫁冠,故无有异。惟下殇之服,特明不娶之义者,盖缘以幼稚之故。夭丧情深,既无受厚佗姓,又异传重彼宗,嫌其年稚服轻,顿成杀略,故特明不娶,以示本重之恩。是以凡厌降服,冠嫁不殊;惟在下殇,乃明不娶。其义若此,则不得言大功之降服,且《记》云"下殇小功",言下殇则不得通于中上,语小功则不得兼于大功。若实大小功降服皆不冠嫁,上中二殇亦不冠嫁者,《记》不得直云"下殇小功则不可"。恐非文意。此又琛之所疑也。

遂从琛议。

迁员外散骑常侍。旧尚书南坐,无貂;貂自琛始也。顷之,迁御史中丞,参礼仪事如先。琛家产既丰,买主第为宅,为有司所奏,坐免官。俄复为尚书左丞,迁给事黄门侍郎,兼国子博士,未拜,改为通直散骑常侍,领尚书左丞,并参礼仪事。琛前后居职,凡郊庙诸仪,多所创定。每见高祖,与语常移晷刻,故省中为之语曰:"上殿不下有贺雅。"琛容止都雅,故时人呼之。迁散骑常侍,参礼仪如故。

是时,高祖任职者,皆缘饰奸谄,深害时政,琛遂启陈事条封奏曰:

臣荷拔擢之恩,曾不能效一职;居献纳之任,又不能荐一言。窃闻"慈父不爱无益之子,明君不畜无益之臣",臣所以当食废飨,中宵而叹息也。辄言时事,列之于后。非谓谋猷,宁云启沃。独缄胸臆,不语妻子。辞无粉饰,削稿则焚。脱得听览,试加省鉴。

如不允合，亮其戆愚。

其一事曰：今北边稽服，戈甲解息，政是生聚教训之时，而天下户口减落，诚当今之急务。虽是处雕流，而关外弥甚，郡不堪州之控总，县不堪郡之裒削，更相呼扰，莫得治其政术，惟以应赴征敛为事。百姓不能堪命，各事流移，或依于大姓，或聚于屯封，盖不获已而窜亡，非乐之也。国家于关外赋税盖微，乃至年常租课，动致逋积，而民失安居，宁非牧守之过？东境户口空虚，皆由使命繁数。夫犬不夜吠，故民得安居。今大邦大县，舟舸衔命者，非惟十数；复穷幽之乡，极远之邑，亦皆必至。每有一使，属所摇扰；况复烦扰积理，深为民害。驽困邑宰，则拱手听其渔猎；桀黠长吏，又因之而为贪残。纵有廉平，郡犹掣肘。故邑宰怀印，类无考绩，细民弃业，流冗者多，虽年降复业之诏，屡下蠲赋之恩，而终不得反其居也。

其二事曰：圣主恤隐之心，纳隍之念，闻之遐迩，至于翾飞蠕动，犹且度脱，况在兆庶。而州郡无恤民之志，故天下颙颙，惟注仰于一人，诚所谓"爱之如父母，仰之如日月，敬之如鬼神，畏之如雷霆"。苟须应痛逗药，岂可不治之哉？今天下宰守所以皆尚贪残，罕有廉白者，良由风俗侈靡，使之然也。淫奢之弊，其事多端，粗举二条，言其尤者。夫食方丈于前，所甘一味。今之燕喜，相竞夸豪，积果如山岳，列肴同绮绣，露台之产，不周一燕之资，而宾主之间，裁取满腹，未及下堂，已同臭腐。又歌姬儛女，本有品制，二八之锡，良待和戎。今畜妓之夫，无有等秩，虽复庶贱微人，皆盛姬姜，务在贪污，争饰罗绮。故为吏牧民者，竞为剥削，虽致赀巨亿，罢归之日，不支数年，便已消散。盖由宴醑所费，既破数家之产；歌谣之具，必俟千金之资。所费事等丘山，为欢止在俄顷。乃更追恨向所取之少，今所费之多。如复傅翼，增其搏噬，一何悖哉！其余淫侈，著之凡百，习以成俗，日见滋甚，欲使人守廉隅，吏尚清白，安可得邪！今诚宜严为禁制，道之以节俭，贬黜雕饰，纠奏浮华，使众皆知，变其耳目，改其好恶。夫失节之嗟，亦民所自患，正耻不及群，故勉强而为之，苟力所不至，还受其弊矣。今若厘其风而正其失，易于反掌。夫论至治者，必以淳素为先，正雕流之弊，莫有过俭朴者也。

其三事曰：圣躬荷负苍生以为任，弘济四海以为心，不惮胼胝之劳，不辞癯瘦之苦，岂止日昃忘饥，夜分废寝。至于百司，莫不奏事，上息责下之嫌，下无逼上之咎，斯实道迈百王，事超千载。但斗筲之人，藻棁之子，既得伏奏帷扆，便欲诡竞求进，不说国之大体。不知当一官，处一职，贵使理其紊乱，匡其不及、心在明恕，事乃平章。但务吹毛求疵，擘肌分理，运挈瓶之智，徼分外之求，以深刻为能，以绳逐为务，迹虽似于奉公，事更成其威福。犯罪者多，巧避滋甚，旷官废职，长弊增奸，实由于此。今诚愿责其公平之效，黜其谗愚之心，则下安上谧，无侥幸之患矣。

其四事曰：自征伐北境，帑藏空虚。今天下无事，而犹日不暇给者，良有以也。夫国弊则省其事而息其费，事省则养民，费息则财聚，止五年之中，尚于无事，必能使国丰民阜。若积以岁月，斯乃范蠡灭吴之术，管仲霸齐之由。今应内省职掌，各检其所部。凡京师治、署、邸、肆应所为，或十条宜省其五，或三条宜除其一；及国容、戎备，在昔应多，在今宜少。虽于后应多，即事未须，皆悉减省。应四方屯、传、邸、治，或旧有，或无益，或妨民，有所宜除，除之；有所宜减，减之。凡厥兴造，凡厥费财，有非急者，有役民者；又凡厥讨召，凡厥征求，虽关国计，权事事宜，皆须息费休民。不息费，则无以聚财；不休民，则无以聚力。故蓄其财者，所以大用之也；息其民者，所以大役之也。若言小事不足害财，则终年不息矣；以小役不足妨民，则终年不止矣。扰其民而欲求生聚殷阜，不可得矣。耗其财而务赋敛繁兴，则奸诈盗窃弥生，是弊不息而其民不可使也，则难可以语富强而图远大矣。自普通以来，二十余年，刑役荐起，民力雕流。今魏氏和亲，疆场无警，若不及于此时大息四民，使之生聚，减省国费，令府库蓄积，一旦异境有虞，关河可扫，则国弊民疲，安能振其远略？事至方图，知不及矣。

书奏，高祖大怒，召主书于前，口授敕责琛曰：

謇謇有闻，殊称所期。但朕有天下四十余年，公车谠言，见闻听览，所陈之事，与卿不异，常欲承用，无替怀抱，每苦悾惚，更增昏惑。卿珥貂纡组，博问洽闻，不宜同于阘茸，止取名字，宣之行路。言"我能上事，明言得失，恨朝廷之不能用"。或诵《离骚》"荡荡其无人，遂不御乎千里"。或诵《老子》"知我者希，则我贵矣"。如是献替，莫不能言，正旦虎樽，皆其人也。卿可分别言事，启乃心，沃朕心。

卿云"今北边稽服，政是生聚教训之时，而民失安居，牧守之过"。朕无则哲之知，触向多弊，四聪不开，四明不达，内省责躬，无处逃咎。尧为圣主，四凶在朝；况乎朕也，能无恶人？但大泽之中，有龙有蛇，纵不尽善，不容皆恶。卿可分明出：某刺史横暴，某太守贪残，某官长凶虐；尚书、兰台，主书、舍人，某人奸猾，某人取与，明言其事，得以黜陟。向令舜但听公车上书，四凶终自不知，尧亦永为暗主。

卿又云"东境户口空虚，良由使命繁多"，但未知此是何使？卿云"驽困邑宰，则拱手听其渔猎；桀黠长吏，又因之而为贪残"，并何姓名？廉平掣肘，复是何人？朝廷思贤，有如饥渴，廉平掣肘，实为异事。宜速条闻，当更擢用。凡所遣使，多由民讼，或复军粮，诸所飚急，盖不获已而遣之。若不遣使，天下枉直云何综理？事实云何济办？恶人日滋，善人日蔽，欲求安卧，其可得乎！不遣使而得事理，此乃佳事。无足而行，无翼而飞，能到在所；不威而伏，岂不幸甚。卿既言之，应有深见，宜陈秘术，不可怀宝迷邦。

卿又云：守宰贪残，皆由滋味过度。贪残縻费，已如前答。汉文虽爱露台之产，邓通之钱布于天下，以此而治，朕无愧焉。若以下民饮食过差，亦复不然。天监之初，思之已甚。其勤力营产，则无不富饶；惰游缓事，则家业贫窭。勤修产业，以营盘案，自己营之，自己食之，何损于天下？无赖子弟，惰营产业，致于贫窭，无可施设，此何益于天下？且又意虽曰同富，富有不同：悭而富者，终不能设；奢而富者，于事何损？若使朝廷缓其刑，此事终不可断；若急其制，则曲屋密房之中，云何可知？若家家搜检，其细已甚，欲使吏不呼门，其可得乎？更相恐胁，以求财帛，足长祸萌，无益治道。若以此指朝廷，我无此事。昔之牲牢，久不宰杀，朝中会同，菜蔬而已，意粗得奢约之节。若复减此，必有《蟋蟀》之讥。若以为功德事者，皆是园中之所产育。功德之事，亦无多费，变一瓜为数十种，食一菜为数十味，不变瓜菜，亦无多种，以变故多，何损于事，亦豪芥不关国家。如得财如法而用，此不愧乎人。我自除公宴，不食国家之食，多历年稔，乃至宫人，亦不食国家之食，积累岁月。凡所营造，不关材官，及以国匠，皆资雇借，以成其事。近之得财，颇有方便，民得其利，国得其利，我得其利，营诸功德。或以卿之心度我之心，故不能得知。所得财用，暴于天下，不得曲辞辩论。

卿又云女妓越滥，此有司之责，虽然，亦有不同：贵者多畜妓乐，至于勋附若两掖，亦复不闻家有二八，多畜女妓者。此并宜具言其人，当令有司振其霜豪。卿又云："乃追恨所取为少，如复傅翼，增其搏噬，一何悖哉。"勇怯不同，贪廉各用，勇者可使进取，怯者可使守城，贪者可使捍御，廉者可使牧民。向使叔齐守于西河，岂能济事？吴起育民，必无成功。若使吴起而不重用，则西河之功废。今之文武，亦复如此。取其搏噬之用，不能得不重任，彼亦不为朝廷为之傅翼。卿以朝廷为悖，乃自甘之，当思致悖所以。卿云"宜导之以节俭"。又云"至治者必以淳素为先"。此言大善。夫子言"其身正，不令而行；其身不正，虽令不从"。朕绝房室三十余年，无有淫佚。朕颇自计，不与女人同屋而寝，亦三十余年。至于居处不过一床之地，雕饰之物不入于宫，此亦人所共知。受生不饮酒，受生不好音声，所以朝中曲宴，未尝奏乐，此群贤之所观见。朕三更出理事，随事多少，事少或中前得竟，或事多至日昃方得就食。日常一食，若昼若夜，无有定时。疾苦之日，或亦再食。昔要腹过于十围，今之瘦削裁二尺余，旧带犹存，非为妄说。为谁为之？救物故也。《书》曰："股肱惟人，良臣惟圣。"向使朕有股肱，故可得中主。今乃不免居九品之下，"不令而行"，徒虚言耳。卿今愎言，便罔知所答。

卿又云"百司莫不奏事，诡竞求进"。此又是谁？何者复是诡者？今不使外人呈事，于义可否？无人废职，职可废乎？职废则人乱，人乱则国安乎？以咽废

飧，此之谓也。若断呈事，谁尸其任？专委之人，云何可得？是故古人云："专听生奸，独任成乱。"犹二世之委赵高，元后之付王莽。呼鹿为马，卒有阎乐望夷之祸，王莽亦终移汉鼎。

卿云"吹毛求疵"，复是何人所吹之疵？"擘肌分理"，复是何人乎？事及"深刻""绳逐"，并复是谁？又云"治、署、邸、肆"，何者宜除？何者宜省？"国容戎备"，何者宜省？何者未须？"四方屯传"，何者无益？何者妨民？何处兴造而是役民？何处费财而是非急？若为"讨召"？若为"征赋"？朝廷从来无有此事，静息之方复何者？宜各出其事，具以奏闻。

卿云"若不及于时大息其民，事至方图，知无及也"。如卿此言，即时便是大役其民，是何处所？卿云"国弊民疲"，诚如卿言，终须出其事，不得空作漫语。夫能言之，必能行之。富国强兵之术，急民省役之宜，号令远近之法，并宜具列。若不具列，则是欺罔朝廷，空示颊舌。凡人有为，先须内省，惟无瑕者，可以戮人。卿不得历诋内外，而不极言其事。仁闻重奏，当复省览，付之尚书，班下海内，庶乱羊永除，害马长息，惟新之美，复见今日。

琛奉敕，但谢过而已，不敢复有指斥。

久之，迁太府卿。太清二年，迁云骑将军、中军宣城王长史。侯景举兵袭京师，王移入台内，留琛与司马杨暾守东府。贼寻陷城，放兵杀害，琛被枪未至死，贼求得之，轝至阙下，求见仆射王克、领军朱异，劝开城纳贼。克等让之，涕泣而止，贼复轝送庄严寺疗治之。明年，台城不守，琛逃归乡里。其年冬，贼进寇会稽，复执琛送出都，以为金紫光禄大夫。后遇疾卒，年六十九。

琛所撰《三礼讲疏》、《五经滞义》及诸仪法，凡百余篇。

子谒，太清初，自仪同西昌侯掾，出为巴山太守，在郡遇乱卒。

陈吏部尚书姚察云：夏侯胜有言曰："士患不明经术；经术明，取青紫如拾地芥耳。"朱异、贺琛并起微贱，以经术逢时，致于贵显，符其言矣。而异遂徼宠幸，任事居权，不能以道佐君，苟取容媚。及延寇败国，实异之由。祸难既彰，不明其罪，至于身死，宠赠犹殊。罚既弗加，赏亦斯滥，失于劝沮，何以为国？君子是以知太清之乱，能无及是乎。

卷三十九　　　列传第三十三

元法僧　元树　元愿达
王神念杨华 **羊侃**子鹍 **羊鸦仁**

元法僧，魏氏之支属也。其始祖道武帝。父钟葵，江

阳王。法僧仕魏，历光禄大夫，后为使持节、都督徐州诸军事、徐州刺史，镇彭城。普通五年，魏室大乱，法僧遂据镇称帝，诛锄异己，立诸子为王，部署将帅，欲议匡复。既而魏乱稍定，将讨法僧。法僧惧，乃遣使归款，请为附庸，高祖许焉，授侍中、司空，封始安郡公，邑五千户。及魏军既逼，法僧请还朝，高祖遣中书舍人朱异迎之。既至，甚加优宠。时方事招携，抚悦降附，赐法僧甲第女乐及金帛，前后不可胜数。法僧以在魏之日，久处疆场之任，每因寇掠，杀戮甚多，求兵自卫，诏给甲仗百人，出入禁闼。大通二年，加冠军将军。中大通元年，转车骑将军。四年，进太尉，领金紫光禄。其年，立为东魏主，不行，仍授使持节、散骑常侍、骠骑大将军、开府同三司之仪、郢州刺史。大同二年，征为侍中、太尉，领军师将军，薨，时年八十三。二子景隆、景仲，普通中随法僧入朝。

景隆封沌阳县公，邑千户，出为持节、都督广、越、交、桂等十三州诸军事、平南将军、平越中郎将、广州刺史。中大通三年，征侍中、安右将军。四年，为征北将军、徐州刺史，封彭城王，不行，俄除侍中、度支尚书。太清初，又为使持节、都督广、越、交、桂等十三州诸军事、征南将军、平越中郎将、广州刺史，行至雷首，遇疾卒，时年五十八。

景仲封枝江县公，邑千户，拜侍中、右卫将军。大通三年，增封，并前为二千户，仍赐女乐一部。出为持节、都督广、越等十三州诸军事、宣惠将军、平越中郎将、广州刺史。大同中，征侍中、左卫将军。兄景隆后为广州刺史。侯景作乱，以景仲元氏之族，遣信诱之，许奉为主。景仲乃举兵，将下应景。会西江督护陈霸先与成州刺史王怀明等起兵攻之，霸先徇其众曰："朝廷以元景仲与贼连从，谋危社稷，今使曲江公勃为刺史，镇抚此州。"众闻之，皆弃甲而散。景仲乃自缢而死。

元树，字君立，亦魏之近属也。祖献文帝。父偃，咸阳王。树仕魏为宗正卿，属尔朱荣乱，以天监八年归国，封为邺王，邑二千户，拜散骑常侍。普通六年，应接元法僧还朝，迁使持节、督邺、司、霍三州诸军事、云麾将军、郢州刺史，增封并前为三千户。讨南蛮贼，平之，加散骑常侍、安西将军，又增邑五百户。中大通二年，征侍中、镇右将军。四年，为使持节，镇北将军、都督北讨诸军事，加鼓吹一部以伐魏，攻魏谯城，拔之。会魏将独孤如愿来援，遂围树，城陷被执，发愤卒于魏，时年四十八。

子贞，大同中，求随梁使崔长谦至邺葬父，还拜太子舍人。太清初，侯景降，请元氏戚属，愿奉为主，诏封贞为咸阳王，以天子之礼遣还北，会景败而返。

元愿达，亦魏之支庶也。祖明元帝。父乐平王。愿达仕魏为中书令，郢州刺史。普通中，大军北伐，攻义阳，愿达举州献款，诏封乐平公，邑千户，赐甲第女乐。仍出为使持节、散骑常侍、都督湘州诸军事、平南将军、湘州刺史。中大通二年，征侍中、太中大夫、翊左将军。大同三年，卒，时年五十七。

王神念，太原祁人也。少好儒术，尤明内典。仕魏起家州主簿，稍迁颍川太守，遂据郡归款。魏军至，与家属渡江，封南城县侯，邑五百户。顷之，除安成内史，又历武阳、宣城内史，皆著治绩。还除太仆卿。出为持节、都督青、冀二州诸军事、信武将军、青、冀二州刺史。神念性刚正，所更州郡必禁止淫祠。时青、冀州东北有石鹿山临海，先有神庙，妖巫欺惑百姓，远近祈祷，糜费极多。及神念至，便令毁撤，风俗遂改。普通中，大举北伐，征为右卫将军。六年，迁使持节、散骑常侍、爪牙将军，右卫如故。遘疾卒，时年七十五。诏赠本官、衡州刺史，兼给鼓吹一部。谥曰壮。

神念少善骑射，既老不衰，尝于高祖前手执二刀楯，左右交度，驰马往来，冠绝群伍。时复有杨华者，能作惊军骑，并一时妙捷，高祖深叹赏之。

子尊业，仕至太仆卿。卒，赠信威将军、青、冀二州刺史，鼓吹一部。次子僧辩，别有传。

杨华，武都仇池人也。父大眼，为魏名将。华少有勇力，容貌雄伟，魏胡太后逼通之，华惧及祸，乃率其部曲来降。胡太后追思之不能已，为作《杨白华歌辞》，使宫人昼夜连臂蹋足歌之，辞甚悽惋焉。华后累征伐，有战功，历官太仆卿，太子左卫率，封益阳县侯。太清中，侯景乱，华欲立志节，妻子为贼所擒，遂降之，卒于贼。

羊侃，字祖忻，泰山梁甫人，汉南阳太守续之裔也。祖规，宋武帝之临徐州，辟祭酒从事、大中正。会薛安都举彭城降北，规由是陷魏，魏授卫将军、营州刺史。父祉，魏侍中、金紫光禄大夫。侃少而瑰伟，身长七尺八寸，雅爱文史，博涉书记，尤好《左氏春秋》及《孙吴兵法》。弱冠随父在梁州立功。魏正光中，稍为别将。时秦州羌有莫遮念生者，据州反，称帝，仍遣其弟天生率众攻陷岐州，遂寇雍州。侃为偏将，隶萧宝夤往讨之，潜身巡垒，伺射天生，应弦即倒，其众遂溃。以功迁使持节、征东大将军、东道行台，领泰山太守，进爵钜平侯。

初，其父每有南归之志，常谓诸子曰："人生安可久淹异域，汝等可归奉东朝。"侃至是将举河济以成先志。兖州刺史羊敦，侃从兄也，密知之，据州拒侃。侃乃率精兵三万袭之，弗克，仍筑十余城以守之。朝廷赏授，一与元法僧同。遣羊鸦仁、王弁率军应接，李元履运给粮仗。魏帝闻之，使授侃骠骑大将军、司徒、泰山郡公，长为兖州刺史，侃斩其使者以徇。魏人大骇，令仆射于晖率众十万，及高欢、尔朱阳都等相继而至，围侃十余重，伤杀甚众。栅中矢尽，南军不进，乃夜溃围而出，且战且行，一日一夜乃出魏境。至渣口，众尚万余人，马二千匹，将入南，士卒并竟夜悲歌。侃乃谢曰："卿等怀土，理不能见随，幸适去留，于此别异。"因各拜辞而去。

侃以大通三年至京师，诏授使持节、散骑常侍、都督瑕丘征讨诸军事、安北将军、徐州刺史，并其兄默及三弟忱、给、元，皆拜为刺史。寻以侃为都督北讨诸军事，出顿日城，会陈庆之失律，停进。其年，诏以为持节、云麾将军、青、冀二州刺史。中大通四年，诏为使持节、都督瑕丘诸军事、安北将军、兖州刺史，随太尉元法僧北讨。法僧先启云："与侃有旧，愿得同行。"高祖乃召侃问方略，侃具陈进取之计。高祖因曰："知卿愿与太尉同行。"侃曰："臣拔迹还朝，常思效命，然实未曾愿与法僧同行。北人虽谓臣为吴，南人已呼臣为虏，今与法僧同行，还是群类相逐，非止有乖素心，亦使匈奴轻汉。"高祖曰："朝廷今者要须卿行"。乃诏以为大军司马。高祖谓侃曰："军司马废来已久，此段为卿置之。"行次官竹，元树又于谯城丧师。军罢，入为侍中。五年，封高昌县侯，邑千户。六年，出为云麾将军、晋安太守。闽越俗好反乱，前后太守莫能止息，侃至讨击，斩其渠帅陈称、吴满等，于是郡内肃清，莫敢犯者。顷之，征太子左卫率。

大同三年，车驾幸乐游苑，侃预宴。时少府奏新造两刃矟成，长二丈四尺，围一尺三寸，高祖因赐侃马，令试之。侃执矟上马，左右击刺，特尽其妙，高祖善之，又制《武宴诗》三十韵以示侃，侃即席应诏，高祖览曰："吾闻仁者有勇，今见勇者有仁，可谓邹、鲁遗风，英贤不绝。"六年，迁司徒左长史。八年，迁都官尚书。时尚书令何敬容用事，与之并省，未尝游造。有宦者张僧胤候侃，侃曰："我床非阉人所坐。"竟不前之，时论美其贞正。九年，出为使持节、壮武将军、衡州刺史。

太清元年，征为侍中。会大举北伐，仍以侃为持节、冠军，监作韩山堰事，两旬堰立。侃劝元帅贞阳侯乘水攻彭城，不纳；既而魏援大至，侃频劝乘其远来可击，且日又劝出战，并不从，侃乃率所领出顿堰上。及众军败，侃结阵徐还。

二年，复为都官尚书。侯景反，攻陷历阳，高祖问侃讨景之策。侃曰："景反迹久见，或容家突，宜急据采石，令邵陵王袭取寿春。景进不得前，退失巢窟，乌合之众，自然瓦解。"议者谓景未敢便逼京师，遂寝其策，令侃率千余骑顿望国门。景至新林，追侃入副宣城王都督城内诸军事。时景既卒至，百姓竞入，公私混乱，无复次第。侃乃区分防拟，皆以宗室间之。军人争入武库，自取器甲，所司不能禁，侃命斩数人，方得止。及贼逼城，众皆恟惧，侃伪称得射书，云："邵陵王、西昌侯已至近路。"众乃少安。贼攻东掖门，纵火甚盛，侃亲自距抗，以水沃火，火灭，引弓射杀数人，贼乃退。加侍中、军师将军。有诏送金五千两、银万两、绢万匹，以赐战士，侃辞不受。部曲千余人，并私加赏赉。

贼为尖顶木驴攻城，矢石所不能制，侃作雉尾炬，施铁镞，以油灌之，掷驴上焚之，俄尽。贼又东西两面起土山，以临城，城中震骇，侃命为地道，潜引其土，山不能立。贼又作登城楼车，高十余丈，欲临射城内，侃曰："车高堑虚，彼来必倒，可卧而观之，不劳设备。"及车动果倒，众皆服焉。贼既频攻不捷，乃筑长围。朱异、张绾议欲出击之，高祖以问侃，侃曰："不可。贼多日攻城，既不能下，故立长围，欲引城中降者耳。今击之，出人若少，不足破贼，若多，则一旦失利，自相腾践，门隘桥小，必

大致挫衂，此乃示弱，非骋王威也。"不从，遂使千余人出战，未及交锋，望风退走，果以争桥赴水，死者太半。

初，侃长子鹔为景所获，执来城下示侃，侃谓曰："我倾宗报主，犹恨不足，岂复计此一子，幸汝早能杀之。"数日复持来，侃谓鹔曰："久以汝为死，犹复在邪？吾以身许国，誓死行阵，终不以尔而生进退。"因引弓射之。贼感其忠义，亦不之害也。景遣仪同傅士哲呼侃与语曰："侯王远来问讯天子，何为闭距，不时进纳？尚书国家大臣，宜启朝廷。"侃曰："侯将军奔亡之后，归命国家，重镇方寄，悬相任寄，何所患苦？忽致称兵？今驱乌合之卒，至王城之下，虏马饮淮，矢集帝室，岂有人臣而至于此？吾荷国重恩，当禀承庙算，以扫大逆耳，不能妄受浮说，开门揖盗。幸谢侯王，早自为所。"士哲又曰："侯王事君尽节，不为朝廷所知，正欲面启至尊，以除奸佞，既居戎旅，故带甲来朝，何谓作逆？"侃曰："圣上临四海将五十年，聪明睿哲，无幽不照，有何奸佞而得在朝？欲饰其非，宁无诡说。且侯王亲举白刃，以向城阙，事君尽节，正若是邪！"士哲无以应，乃曰："在北之日，久挹风猷，每恨平生，未获披叙，愿去戎服，得一相见。"侃为之免胄，士哲瞻望久之而去。其为北人所钦慕如此。

后大雨，城内土山崩，贼乘之垂入，苦战不能禁，侃乃令多掷火，为火城以断其路，徐于里筑城，贼不能进。十二月，遘疾卒于台内，时年五十四。诏给东园秘器，布绢各五百匹，钱三百万，赠侍中、护军将军，鼓吹一部。

侃少而雄勇，膂力绝人，所用弓至十余石。尝于兖州尧庙蹋壁，直上至五寻，横行得七迹。泗桥有数石人，长八尺，大十围，侃执以相击，悉皆破碎。

侃性豪侈，善音律，自造《采莲》、《棹歌》两曲，甚有新致。姬妾侍列，穷极奢靡。有弹筝人陆太喜，著鹿角爪长七寸。儛人张净琬，腰围一尺六寸，时人咸推能掌中儛。又有孙荆玉，能反腰帖地，衔得席上玉簪。敕赉歌人王娥儿，东宫亦赉歌者屈偶之，并妙尽奇曲，一时无对。初赴衡州，于两艖䑧，起三间通梁水斋，饰以珠玉，加之锦绣，盛设帷屏，陈列女乐，乘潮解缆，临波置酒，缘塘傍水，观者填咽。大同中，魏使阳斐，与侃在北尝同学，有诏令侃延斐同宴。宾客三百余人，器皆金玉杂宝，奏三部女乐，至夕，侍婢百余人，俱执金花烛。侃不能饮酒，而好宾客交游，终日献酬，同其醉醒。性宽厚，有器局，尝南还至涟口，置酒，有客张孺才者，醉于船中失火，延烧七十余艘，所燔金帛不可胜数。侃闻之，都不挂意，命酒不辍。孺才惭惧，自逃匿，侃慰喻使还，待之如旧。

第三子鹔。鹔字子鹏。随侃台内，城陷，窜于阳平。侯景呼还，待之甚厚。及景败，鹔密图之，乃随其东走。景于松江战败，惟余三舸，下海欲向蒙山。会景倦昼寝，鹔语海师："此中何处有蒙山！汝但听我处分。"遂直向京口。至胡豆洲，景觉，大惊，问岸上人，云"郭元建犹在广陵"，景大喜，将依之。鹔拔刀叱海师，使向京口。景欲透水，鹔抽刀斫之，景乃走入船中，以小刀抉船，鹔以矟入刺杀之。世祖以鹔为持节、通直散骑常侍、都督青、

冀二州诸军事、明威将军、青州刺史，封昌国县公，邑二千户，赐钱五百万，米五千石，布绢各一千匹，又领东阳太守。征陆纳，加散骑常侍。平峡中，除西晋州刺史。破郭元建于东关，迁使持节、信武将军、东晋州刺史。承圣三年，西魏围江陵，鸦赴援不及，从王僧愔征萧㧑于岭表。闻大尉僧辩败，乃还，为侯瑱所破，于豫章遇害，时年二十八。

羊鸦仁，字孝穆，太山钜平人也。少骁果有胆力，仕郡为主簿。普通中，率兄弟自魏归国，封广晋县侯。征伐青、齐间，累有功绩，稍迁员外散骑常侍、历阳太守。中大通四年，为持节、都督谯州诸军事、信威将军、谯州刺史。大同七年，除太子左卫率，出为持节、都督南、北司、豫、楚四州诸军事、轻车将军、北司州刺史。侯景降，诏鸦仁督士州刺史桓和之、仁州刺史湛海珍等精兵三万，趋悬瓠应接景，仍为都督豫、司、淮、冀、殷、应、西豫等七州诸军事、司、豫二州刺史，镇悬瓠。会侯景败于涡阳，魏军渐逼，鸦仁恐粮运不继，遂还北司，上表陈谢。高祖大怒，责之，鸦仁惧，又顿军于淮上。及侯景反，鸦仁率所部入援。太清二年，景既背盟，鸦仁乃与赵伯超及南康王会理共攻贼于东府城，反为贼所败。台城陷，鸦仁见景，为景所留，以为五兵尚书。鸦仁常思奋发，谓所亲曰："吾以凡流，受宠朝廷，竟无报效，以答重恩。社稷倾危，身不能死，偷生苟免，以至于今。若以此终，没有余愤。"因遂泣下，见者伤焉。三年，出奔江西，其故部曲数百人迎之，将赴江陵，至东莞，为故北徐州刺史荀伯道诸子所害。

史臣曰：高祖革命受终，光期宝运，威德所渐，莫不怀来，其皆殉难投身，前后相属。元法僧之徒入国，并降恩遇，位重任隆，击钟鼎食，美矣。而羊侃、鸦仁值太清之难，并竭忠奉国。侃则临危不挠，鸦仁守义殒命，可谓志等松筠，心均铁石，古之殉节，斯其谓乎！

卷四十　　列传第三十四

司马褧　到溉　刘显
刘之遴 弟之亨　许懋

司马褧，字元素，河内温人也。曾祖纯之，晋大司农高密敬王。祖让之，员外常侍。父燮，善《三礼》，仕齐官至国子博士。褧少传家业，强力专精，手不释卷，其礼文所涉书，略皆遍睹。沛国刘瓛为儒者宗，嘉其学，深相赏好。少与乐安任昉善，昉亦推重焉。初为国子生，起家奉朝请，稍迁王府行参军。天监初，诏通儒治五礼，有司举褧治嘉礼，除尚书祠部郎中。是时创定礼乐，褧所议多见施行。除步兵校尉，兼中书通事舍人。褧学尤精于事

数，国家吉凶礼，当世名儒明山宾、贺玚等疑不能断，皆取决焉。累迁正员郎、镇南谘议参军，兼舍人如故。迁尚书右丞。出为仁威长史、长沙内史。还除云骑将军，兼御史中丞，顷之即真。十六年，出为宣毅南康王长史、行府国并石头戍军事。褧虽居外官，有敕预文德、武德二殿长名问讯，不限日。十七年，迁明威将军、晋安王长史，未几卒。王命记室庾肩吾集其文为十卷，所撰《嘉礼仪注》一百一十二卷。

到溉，字茂灌，彭城武原人。曾祖彦之，宋骠骑将军。祖仲度，骠骑江夏王从事中郎。父坦，齐中书郎。溉少孤贫，与弟洽俱聪敏有才学，早为任昉所知，由是声名益广。起家王国左常侍，转后军法曹行参军，历殿中郎。出为建安内史，迁中书郎，兼吏部，太子中庶子。湘东王绎为会稽太守，以溉为轻车长史、行府郡事。高祖敕王曰："到溉非直为汝行事，足为汝师，间有进止，每须询访。"遭母忧，居丧尽礼，朝廷嘉之。服阕，犹蔬食布衣者累载。除通直散骑常侍，御史中丞，太府卿，都官尚书，郢州长史、江夏太守，加招远将军，入为左民尚书。

溉身长八尺，美风仪，善容止，所莅以清白自修。性又率俭，不好声色，虚室单床，傍无姬侍。自外车服，不事鲜华，冠履十年一易，朝服或至穿补，传呼清路，示有朝章而已。顷之，坐事左迁金紫光禄大夫，俄授散骑常侍、侍中、国子祭酒。

溉素谨厚，特被高祖赏接，每与对棋，从夕达旦。溉第山池有奇石，高祖戏与赌之，并《礼记》一部，溉并输焉，未进，高祖谓朱异曰："卿谓到溉所输可以送未？"溉敛板对曰："臣既事君，安敢失礼。"高祖大笑，其见亲爱如此。后因疾失明，诏以金紫光禄大夫、散骑常侍，就第养疾。

溉家门雍睦，兄弟特相友爱。初与弟洽常共居一斋，洽卒后，便舍为寺，因断腥膻，终身蔬食，别营小室，朝夕从僧徒礼诵。高祖每月三致净馔，恩礼甚笃。蒋山有延贤寺者，溉家世创立，故生平公俸，咸以供焉，略无所取。性又不好交游，惟与朱异、刘之遴、张绾同志友密。及卧疾家园，门可罗雀，三君每岁时常鸣驺枉道，以相存问，置酒叙生平，极欢而去。临终，托张、刘勒子孙以薄葬之礼，卒时年七十二。诏赠本官。有集二十卷行于世。时以溉、洽兄弟比之二陆，故世祖赠诗曰："魏世重双丁，晋朝称二陆，何如今两到，复似凌寒竹。"

子镜，字圆照，安西湘东王法曹行参军，太子舍人，早卒。

镜子荩，早聪慧，起家著作佐郎，历太子舍人，宣城王主簿，太子洗马，尚书殿中郎。尝从高祖幸京口，登北顾楼赋诗，荩受诏便就，上览以示溉曰："荩定是才子，翻恐卿从来文章假手于荩。"因赐溉《连珠》曰："研磨墨以腾文，笔飞毫以书信。如飞蛾之赴火，岂焚身之可吝。必耄年其已及，可假之于少荩。"其见知赏如此。除丹阳尹丞。太清乱，赴江陵卒。

刘显，字嗣芳，沛国相人也。父䫉，晋安内史。显幼而聪敏，当世号曰神童。天监初，举秀才，解褐中军临川王行参军，俄署法曹。显好学，博涉多通，任昉尝得一篇缺简书，文字零落，历示诸人，莫能识者，显云是《古文尚书》所删逸篇，昉检《周书》，果如其说，昉因大相赏异。丁母忧，服阕，尚书令沈约命驾造焉，于坐策显经史十事，显对其九。约曰："老夫昏忘，不可受策；虽然，聊试数事，不可至十也。"显问其五，约对其二。陆倕闻之叹曰："刘郎可谓差人，虽吾家平原诣张壮武，王粲谒伯喈，必无此对。"其为名流推赏如此。及约为太子少傅，乃引为五官掾，俄兼廷尉正。五兵尚书傅昭掌著作，撰国史，引显为佐。九年，始革尚书五都选，显以本官兼吏部郎，又除司空临川王外兵参军，迁尚书仪曹郎。尝为《上朝诗》，沈约见而美之，时约郊居宅新成，因命工书人题之于壁。出为临川王记室参军。建康平，复入为尚书仪曹侍郎，兼中书通事舍人。出为秣陵令，又除骠骑鄱阳王记室，兼中书舍人，累迁步兵校尉、中书侍郎，舍人如故。

显与河东裴子野、南阳刘之遴、吴郡顾协，连职禁中，递相师友，时人莫不慕之。显博闻强记，过于裴、顾，时魏人献古器，有隐起字，无能识者，显案文读之，无有滞碍，考校年月，一字不差，高祖甚嘉焉。迁尚书左丞，除国子博士。出为宣远岳阳王长史，行府国事，未拜，迁云麾邵陵王长史、寻阳太守。大同九年，王迁镇郢州，除平西谘议参军，加戎昭将军。其年卒，时年六十三。友人刘之遴启皇太子曰："之遴尝闻，夷、叔、柳惠，不逢仲尼一言，则西山饿夫，东国黜士，名岂施于后世。信哉！生有七尺之形，终为一棺之土。不朽之事，寄之题目，怀珠抱玉，有殁世而名不称者，可为长太息，孰过于斯。窃痛友人沛国刘显，韫椟艺文，研精覃奥，聪明特达，出类拔群。阖棺郢都，归魂上国，卜宅有日，须镌墓板。之遴已略撰其行事，今辄上呈。伏愿鸿慈，降兹睿藻，荣其枯骸，以慰幽魂。冒昧尘闻，战栗无地。"乃蒙令为志铭曰："繁弱挺质，空桑吐声，分器见重，播乐传名。谁其均之？美有髦士。礼著幼年，业明壮齿。厌饫典坟，研精名理。一见弗忘，过目则记。若访贾逵，如问伯始。颖脱斯出，学优而仕。议狱既佐，芸兰乃握。抟凤池水，推羊太学。内参禁中，外相藩岳。斜光已动，殒彼西浮。百川到海，还逐东流。营营返魄，泛泛虚舟。白马向郊，丹旐背巩。野埃兴伏，山云轻重。吕掩书坟，扬归玄冢。尔其戒行，途穷土垄。弱葛方施，丛柯日拱。㵝柳蕟春，禽寒敛龘。长空常暗，阴泉独涌。衬彼故茔，流芬相踵。"

显有三子：莠、荏、臻。臻早著名。

刘之遴，字思贞，南阳涅阳人也。父虬，齐国子博士，谥文范先生。之遴八岁能属文，十五举茂才对策，沈约、任昉见而异之。起家宁朔主簿。吏部尚书王瞻尝候任昉，值之遴在坐，昉谓瞻曰："此南阳刘之遴，学优未仕，水镜所宜甄identify。"瞻即辟为太学博士。时张稷新除尚书仆射，托昉为让表，昉令之遴代作，操笔立成。昉曰："荆南秀气，果有异才，后仕当过仆。"御史中丞乐蔼，即之遴舅，宪台奏弹，皆之遴草焉。迁平南行参军，尚书起部郎，延陵令，荆州治中。太宗临荆州，仍迁宣惠记室。之遴笃学明审，博览群籍。时刘显、韦稜并强记，之遴每与讨论，咸不能过也。

还除通直散骑侍郎，兼中书通事舍人。迁正员郎，尚书右丞，荆州大中正。累迁中书侍郎，鸿胪卿，复兼中书舍人。出为征西鄱阳王长史、南郡太守，高祖谓曰："卿母年德并高，故令卿衣锦还乡，尽荣养之理。"后转为西中郎湘东王长史，太守如故。初，之遴在荆府，尝寄居南郡廨，忽梦前太守袁彖谓曰："卿后当为折臂太守，即居此中。"之遴后果损臂，遂临此郡。丁母忧，服阕，征秘书监，领步兵校尉。出为郢州行事，之遴意不愿出，固辞，高祖手敕曰："朕闻妻子具，孝衰于亲；爵禄具，忠衰于君。卿既内足，理忘奉公之节。"遂为有司所奏免。久之，为太府卿，都官尚书，太常卿。

之遴好古爱奇，在荆州聚古器数十百种。有一器似瓯，可容一斛，上有金错字，时人无能知者。又献古器四种于东宫。其第一种，镂铜鸱夷榼二枚，两耳有银镂，铭云"建平二年造"。其第二种，金银错镂古樽二枚，有篆铭云"秦容成侯适楚之岁造"。其第三种，外国澡灌一口，铭云"元封二年，龟兹国献"。其第四种，古制澡盘一枚，铭云"初平二年造"。

时鄱阳嗣王范得班固所上《汉书》真本，献之东宫，皇太子令之遴与张缵、到溉、陆襄等参校异同。之遴具异状十事，其大略曰："案古本《汉书》称'永平十六年五月二十一日己酉，郎班固上'；而今本无上书年月日字。又案古本《叙传》号为中篇；今本称为《叙传》。又今本《叙传》载班彪事行；而古本云'稚生彪，自有传'。又今本纪及表、志、列传不相合为次，而古本相合为次，总成三十八卷。又今本《外戚》在《西域》后；古本《外戚》次《帝纪》下。又今本《高五子》、《文三王》、《景十三王》、《武五子》、《宣元六王》杂在诸传秩中；古本诸王悉次《外戚》下，在《陈项传》前。又今本《韩彭英卢吴》述云'信惟饿隶，布实黥徒，越亦狗盗，芮尹江湖，云起龙骧，化为侯王'；古本述云'淮阴毅毅，杖剑周章，邦之杰子，实惟彭、英，化为侯王，云起龙骧'。又古本第三十七卷，解音释义，以助雅诂，而今本无此卷。"

之遴好属文，多学古体，与河东裴子野、沛国刘显常共讨论书籍，因为交好。是时《周易》、《尚书》、《礼记》、《毛诗》并有高祖义疏，惟《左氏传》尚阙。之遴乃著《春秋大意》十科，《左氏》十科，《三传同异》十科，合三十事以上之。高祖大悦，诏答之曰："省所撰《春秋》义，比事论012，辞微旨远。编年之教，言闸义繁，丘明传洙泗之风，公羊禀西河之学，铎椒之解不追，瑕丘之说无取。继踵胡母，仲舒云盛，因循《谷梁》，千秋最笃。张苍之传《左氏》，贾谊之袭荀卿，源本分镳，指归殊致，详略纷然，其来旧矣。昔在弱年，乃经研味，一从遗置，迄将五纪。兼晚冬昏促，机事罕暇，夜分求衣，未遑搜括。须待夏景，试取推寻，若温故可求，别酬所问也。"

太清二年，侯景乱，之遴避难还乡，未至，卒于夏口，时年七十二。前后文集五十卷，行于世。

之亨字嘉会，之遴弟也。少有令名。举秀才，拜太学博士，稍迁兼中书通事舍人，步兵校尉，司农卿。又代兄之遴为安西湘东王长史、南郡太守。在郡有异绩。数年卒于官，时年五十。荆士至今怀之，不忍斥其名，号为"大南郡"、"小南郡"云。

许懋，字昭哲，高阳新城人，魏镇北将军允九世孙。祖珪，宋给事中，著作郎，桂阳太守。父勇惠，齐太子家令，冗从仆射。懋少孤，性至孝，居父忧，执丧过礼。笃志好学，为州党所称。十四入太学，受《毛诗》，且领师说，晚而覆讲，座下听者常数十百人，因撰《风雅比兴义》十五卷，盛行于世。尤晓故事，称为仪注之学。

起家后军豫章王行参军，转法曹，举茂才，迁骠骑大将军仪同中记室。文惠太子闻而召之，侍讲于崇明殿，除太子步兵校尉。永元中，转散骑侍郎，兼国子博士。与司马褧同志友善，仆射江祏甚推重之，号为"经史笥"。天监初，吏部尚书范云举懋参详五礼，除征西鄱阳王谘议，兼著作郎，待诏文德省。时有请封会稽禅国山者，高祖雅好礼，因集儒学之士，草封禅仪，将欲行焉。懋以为不可，因建议曰：

臣案舜幸岱宗，是为巡狩，而郑引《孝经钩命决》云"封于泰山，考绩柴燎，禅乎梁甫，刻石纪号"。此纬书之曲说，非正经之通义也。依《白虎通》云，"封者，言附广也；禅者，言成功相传也"。若以禅授为义，则禹不应传启至桀十七世也，汤又不应传外丙至纣三十七世也。又《礼记》云："三皇禅奕奕，谓盛德也。五帝禅亭亭，特立独起于身也。三王禅梁甫，连延不绝，父没子继也。"若谓禅奕奕为盛德者，古义以伏羲、神农、黄帝，是为三皇。伏羲封泰山，禅云云，黄帝封泰山，禅亭亭，皆不禅奕奕，而云盛德，则无所寄矣。若谓五帝禅亭亭，特立独起于身者，颛顼封泰山，禅云云，帝喾封泰山，禅云云，尧封泰山，禅云云，舜封泰山，禅云云，亦不禅亭亭，若合黄帝以为五帝者，少昊即黄帝子，又非独立之义矣。若谓三王禅梁甫，连延不绝，父没子继者，禹封泰山，禅云云，周成王封泰山，禅社首，旧书如此，异乎《礼说》，皆道听所得，失其本文。假使三王皆封泰山禅梁甫者，是为封泰山则有传世之义，禅梁甫则有揖让之怀，或欲禅位，或欲传子，义既矛盾，理必不然。

又七十二君，夷吾所记，此中世数，裁可得二十余主：伏羲、神农、女娲、大庭、柏皇、中央、栗陆、骊连、赫胥、尊卢、混沌、昊英、有巢、朱襄、葛天、阴康、无怀、黄帝、少昊、颛顼、高辛、尧、舜、禹、汤、文、武，中间乃有共工，霸有九州，非帝之数，云何得有七十二君封禅之事？且燧人以前至周之世，未有君臣，人心淳朴，不应金泥玉检，升中刻石。燧人、伏羲、神农三皇结绳而治，书契未作，未应有镌

文告成。且无怀氏，伏羲后第十六主，云何得在伏羲前封泰山禅云云？

夷吾又曰："惟受命之君然后得封禅。"周成王非受命君，云何而得封泰 山禅社首？神农与炎帝是一主，而云神农封泰山禅云云，炎帝封泰山禅云云，分为二人，妄亦甚矣！若是圣主，不须封禅；若是凡主，不应封禅。当是齐桓欲行此事，管仲知其不可，故举怪物以屈之也。

秦始皇登泰山中坂，风雨暴至，休松树下，封为五大夫，而事不遂。汉武帝宗信方士，广召儒生，皮弁搢绅，射牛行事，独与霍嬗俱上，既而子侯暴卒，厥足用伤。至魏明，使高堂隆撰其礼仪，闻隆没，叹息曰："天不欲成吾事，高生舍我亡也。"晋武泰始中欲封禅，乃至太康议犹不定，意不果行。孙皓遣兼司空董朝、兼太常周处至阳羡封禅国山。此朝君子，有何功德？不思古道而欲封禅，皆是主好名于上，臣阿旨于下也。

夫封禅者，不出正经，惟《左传》说"禹会诸侯于涂山，执玉帛者万国"，亦不谓为封禅。郑玄有参、柴之风，不能推寻正经，专信纬候之书，斯为谬矣。盖《礼》云"因天事天，因地事地，因名山升中于天，因吉土享帝于郊"。燔柴岱宗，即因山之谓矣。故《曲礼》云"天子祭天地"是也。又祈谷一，报谷一，礼乃不显祈报地，推义则有。《乐记》云："大乐与天地同和，大礼与天地同节；和故百物不失，节故祀天祭地。"百物不失者，天生之，地养之。故知地亦有祈报，是则一年三郊天，三祭地。《周官》有员丘方泽者，总为三事，郊祭天地。故《小宗伯》云"兆五帝于四郊"，此即《月令》迎气之郊也。《舜典》有"岁二月东巡狩，至于岱宗"，夏南，秋西，冬北，五年一周，若为封禅，何其数也！此为九郊，亦皆正义。至如大旅于南郊者，非常祭也。《大宗伯》"国有大故则旅上帝"，《月令》云"仲春玄鸟至，祀于高禖"，亦非常祭。故《诗》云"克禋克祀，以弗无子"。并有雩祷，亦非常祭。《礼》云"雩，崇水旱也"。是为合郊天地有三，特郊天有九，非常祀又有三。《孝经》云："宗祀文王于明堂，以配上帝。"雩祭与明堂虽是祭天，而不在郊，是为天祀有十六，地祭有三，惟大禘祀不在此数。《大传》云："王者禘其祖之所自出，以其祖配之。"异于常祭，以故云大于时祭。案《系辞》云："《易》之为书也，广大悉备。有天道焉，有地道焉，有人道焉，兼三才而两之，故六。六者非佗，三才之道也。"《乾·彖》云："大哉乾元，万物资始，乃统天。云行雨施，品物流形，大明终始，六位时成。"此则应六年一祭，坤元亦尔。诚敬之道，尽此而备。至于封禅，非所敢闻。

高祖嘉纳之，因推演懋议，称制旨以答，请者由是遂停。

十年，转太子家令。宋、齐旧仪，郊天祀帝，皆用衮冕，至天监七年，懋始请造大裘。至是，有事于明堂，仪

注犹云"服衮冕"。懔驳云："《礼》云'大裘而冕'，祀昊天上帝亦如之。'良由天神尊远，须贵诚质。今泛祭五帝，理不容文。"改服大裘，自此始也。又降敕问："凡求阴阳，应各从其类，今雩祭燔柴，以火祈水，意以为疑。"懔答曰："雩祭燔柴，经无其文，良由先儒不思故也。按周宣《云汉》之诗曰：'上下奠瘗，靡神不宗。'毛注云：'上祭天，下祭地，奠其币，瘗其物。'以此而言，为旱而祭天地，并有瘗埋之文，不见有燔柴之说。若以祭五帝必应燔柴者，今明堂之礼，又无其事。且《礼》又云'埋少牢以祭时'，时之功是五帝，此又是不用柴之证矣。昔雩坛在南方正阳位，有乖求神；而已移于东，实柴之礼犹未革。请停用柴，其牲牢等物，悉从坎瘗，以符周宣《云汉》之说。"诏并从之。凡诸礼仪，多所刊正。

以足疾出为始平太守，政有能名。加散骑常侍，转天门太守。中大通三年，皇太子召诸儒参录《长春义记》。四年，拜中庶子。是岁卒，时年六十九。撰《述行记》四卷，有集十五卷。

陈吏部尚书姚察曰：司马褧儒术博通，到溉文义优敏，显、懔之遴强学浃洽，并职经便繁，应对左右，斯盖严、朱之任焉。而溉之遴遂至显贵，亟拾青紫；然非遇时，焉能致此仕也。

卷四十一　　列传第三十五

王规 刘毅 宗懔　王承　褚翔
萧介 从父兄洽　褚球　刘孺 弟览 遵
刘潜 弟孝胜 孝威 孝先　殷芸　萧几

王规，字威明，琅邪临沂人。祖俭，齐太尉南昌文宪公。父骞，金紫光禄大夫南昌安侯。规八岁，以丁所生母忧，居丧有至性。太尉徐孝嗣每见必为之流涕，称曰孝童。叔父暕亦深器重之，常曰："此儿吾家千里驹也。"年十二，《五经》大义，并略能通。既长，好学有口辩。州举秀才，郡迎主簿。

起家秘书郎，累迁太子舍人、安右南康王主簿、太子洗马。天监十二年，改构太极殿，功毕，规献《新殿赋》，其辞甚工。拜秘书丞。历太子中舍人、司徒左西属、从事中郎。晋安王纲出为南徐州，高选僚属，引为云麾谘议参军。久之，出为新安太守，父忧去职。服阕，袭封南昌县侯，除中书黄门侍郎。敕与陈郡殷钧、琅邪王锡、范阳张缅同侍东宫，俱为昭明太子所礼。湘东王时为京尹，与朝士宴集，属规为酒令。规从容对曰："自江左以来，未有兹举。"特进萧琛、金紫傅昭在坐，并谓为知言。普通初，陈庆之北伐，克复洛阳，百僚称贺，规退曰："道家有云：非为功难，成功难也。羯寇游魂，为日已久，桓温得而复失，宋武竟无成功。我孤军无援，深入寇境，威势不接，

馈运难继，将是役也，为祸阶矣。"俄而王师覆没，其识达事机多如此类。

六年，高祖于文德殿饯广州刺史元景隆，诏群臣赋诗，同用五十韵，规援笔立奏，其文又美。高祖嘉焉，即日诏为侍中。大通三年，迁五兵尚书，俄领步兵校尉。中大通二年，出为贞威将军骠骑晋安王长史。其年，王立为皇太子，仍为吴郡太守。主书芮珍宗家在吴，前守宰皆倾意附之。是时珍宗假还，规遇之甚薄，珍宗还都，密奏规云"不理郡事"。俄征为左民尚书，郡吏民千余人诣阙请留，表三奏，上不许。寻以本官领右军将军，未拜，复为散骑常侍、太子中庶子，领步兵校尉。规辞疾不拜，于钟山宋熙寺筑室居焉。大同二年，卒，时年四十五。诏赠散骑常侍、光禄大夫，赙钱二十万，布百匹。谥曰章。皇太子出临哭，与湘东王绎令曰："威明昨宵奄复殂化，甚可痛伤。其风韵遒正，神峰标映，千里绝迹，百尺无枝。文辩纵横，才学优赡，跌宕之情弥远，濠梁之气特多，斯实俊民也。一尔过隙，永归长夜，金刀掩芒，长淮绝涸。去岁冬中，已伤刘子；今兹寒孟，复悼王生。俱往之伤，信非虚说。"规集《后汉》众家异同，注《续汉书》二百卷，文集二十卷。

子褒，字子汉，七岁能属文。外祖司空袁昂爱之，谓宾客曰："此儿当成吾宅相。"弱冠举秀才，除秘书郎、太子舍人，以父忧去职。服阕，袭封南昌侯，除武昌王文学、太子洗马，兼东宫管记，迁司徒属，秘书丞，出为安成内史。太清中，侯景陷京城，江州刺史当阳公大心举州附贼，贼转寇南中，褒犹据郡拒守。大宝二年，世祖命征褒赴江陵，既至，以为忠武将军、南平内史，俄迁吏部尚书、侍中。承圣二年，迁尚书右仆射，仍参掌选事，又加侍中。其年，迁左仆射，参掌如故。三年，江陵陷，入于周。

褒著《幼训》，以诫诸子。其一章云：

陶士衡曰："昔大禹不吝尺璧而重寸阴。"文士何不诵书，武士何不马射？若乃玄冬修夜，朱明永日，肃其居处，崇其墙仞，门无杂宾，坐阒号呶。以之求学，则仲尼之门人也；以之为文，则贾生之升堂也。古者盘盂有铭，几杖有诫，进退循焉，俯仰观焉。文王之诗曰："靡不有初，鲜克有终。"立身行道，终始若一。"造次必于是"，君子之言欤？

儒家则尊卑等差，吉凶降杀。君面而臣北面，天地之义也；鼎俎奇而笾豆偶，阴阳之义也。道家则堕支体，黜聪明，弃义绝仁，离形去智。释氏之义，见苦断习，证灭循道，明因辨果，偶凡成圣，斯虽为教等差，而义归汲引。吾始乎幼学，及于知命，既崇周、孔之教，兼循老、释之谈，江左以来，斯业不坠，汝能修之，吾之志也。

初，有沛国刘毅、南阳宗懔与褒俱为中兴佐命，同参幄幄。

刘毅，字仲宝，晋丹阳尹真长七世孙也。少方正有器局。自国子礼生射策高第，为宁海令，稍迁湘东王记室参军，又转中记室。太清中，侯景乱，世祖承制上流，书檄

多委毁焉，毁亦竭力尽忠，甚蒙赏遇。历尚书左丞、御史中丞。承圣二年，迁吏部尚书、国子祭酒，余如故。

宗懔，字元懔。八世祖承，晋宜都郡守，属永嘉东徙，子孙因居江陵焉。懔少聪敏好学，昼夜不倦，乡里号为"童子学士"。普通中，为湘东王府兼记室，转刑狱，仍掌书记。历临汝、建成、广晋等令，后又为世祖荆州别驾。及世祖即位，以为尚书郎，封信安县侯，邑一千户。累迁吏部郎中、五兵尚书、吏部尚书。承圣三年，江陵没，与毁俱入于周。

王承，字安期，仆射暕子。七岁通《周易》，选补国子生。年十五，射策高第，除秘书郎。历太子舍人、南康王文学、邵陵王友、太子中舍人。以父忧去职。服阕，复为中舍人，累迁中书黄门侍郎，兼国子博士。时膏腴贵游，咸以文学相尚，罕以经术为业，惟承独好之，发言吐论，造次儒者。在学训诸生，述《礼》、《易》义。中大通五年，迁长兼侍中，俄转国子祭酒。承祖俭及父暕尝为此职，三世为国师，前代未之有也，当世以为荣。久之，出为戎昭将军、东阳太守。为政宽惠，吏民悦之。视事未期，卒于郡，时年四十一。谥曰章子。

承性简贵有风格。时右卫朱异当朝用事，每休下，车马常填门。时有魏郡申英好危言高论，以忤权右，常指异门曰："此中辐辏，皆以利往。能不至者，惟有大小王东阳。"小东阳，即承弟稚也。当时惟承兄弟及褚翔不至异门，时以此称之。

褚翔，字世举，河南阳翟人。曾祖渊，齐太宰文简公，佐命齐室。祖蓁，太常穆子。父向，字景政。年数岁，父母相继亡没，向哀毁若成人者，亲表咸异之。既长，淹雅有器量。高祖践阼，选补国子生。起家秘书郎，迁太子舍人、尚书殿中郎。出为安成内史。还除太子洗马、中舍人，累迁太尉从事中郎、黄门侍郎、镇右豫章王长史。顷之，入为长兼侍中。向风仪端丽，眉目如点，每公庭就列，为众所瞻望焉。大通四年，出为宁远将军北中郎庐陵王长史。三年，卒官。外兄谢举为制墓铭，其略曰："弘治推华，子嵩惭量；酒归门下，风清琴上。"论者以为拟得其人。

翔初为国子生，举高第。丁父忧。服阕，除秘书郎，累迁太子舍人、宣城王主簿。中大通五年，高祖宴群臣乐游苑，别诏翔与王训为二十韵诗，限三刻成。翔于坐立奏，高祖异焉，即日转宣城王文学，俄迁为友。时宣城友、文学加它王二等，故以翔超为之，时论美焉。出为义兴太守。翔在政洁已，省繁苛，去浮费，百姓安之。郡之西亭有古树，积年枯死；翔至郡，忽更生枝叶，百姓咸以为善政所感。及秩满，吏民诣阙请之，敕许焉。寻征为吏部郎，去郡，百姓无老少追送出境，涕泣拜辞。

翔居小选公清，不为请属易意，号为平允。俄迁侍中，顷之转散骑常侍，领羽林监，侍东宫。出为晋陵太守，在郡未期，以公事免。俄复为散骑常侍，侍东宫。太清二年，迁守吏部尚书。其年冬，侯景围宫城，翔于围内丁母忧，以毁卒，时年四十四。诏赠本官。翔少有孝性。为侍中时，母疾笃，请沙门祈福。中夜忽见户外有异光，又闻空中弹指，及晓，疾遂愈。咸以翔精诚所致焉。

萧介，字茂镜，兰陵人也。祖思话，宋开府仪同三司、尚书仆射。父惠茜，齐左民尚书。介少颖悟，有器识，博涉经史，兼善属文。齐永元末，释褐著作佐郎。天监六年，除太子舍人。八年，迁尚书金部郎。十二年，转主客郎。出为吴令，甚著声绩。湘东王闻介名，思共游处，表请之。普通三年，乃以介为湘东王谘议参军。大通二年，除给事黄门侍郎。大同二年，武陵王为扬州刺史，以介为府长史，在职清白，为朝廷所称。高祖谓何敬容曰："萧介甚贫，可处以一郡。"敬容未对，高祖曰："始兴郡顷无良守，岭上民颇不安，可以介为之。"由是出为始兴太守。介至任，宣布威德，境内肃清。七年，征为少府卿，寻加散骑常侍。会侍中阙，选司举王筠等四人，并不称旨，高祖曰："我门中久无此职，宜用萧介为之。"介博物强识，应对左右，多所匡正，高祖甚重之。迁都官尚书，每军国大事，必先询访于介焉。高祖谓朱异曰："端右之材也。"中大同二年，辞疾致事，高祖优诏不许。终不肯起，乃遣谒者仆射魏祥就拜光禄大夫。

太清中，侯景于涡阳败走，入寿阳。高祖敕防主韦黯纳之，介闻而上表谏曰：

臣抱患私门，窃闻侯景以涡阳败绩，只马归命，陛下不悔前祸，复敕容纳。臣闻凶人之性不移，天下之恶一也。昔吕布杀丁原以事董卓，终诛董而为贼；刘牢反王恭以归晋，还背晋以构妖。何者？狼子野心，终无驯狎之性；养虎之喻，必见饥噬之祸。侯景兽心之种，鸣镝之类。以凶狡之才，荷高欢翼长之遇，位忝台司，任居方伯；然而高欢坟土未干，即还反噬。逆力不逮，乃复逃死关西；宇文不容，故复投身于我。陛下前者所以不逆细流，正欲以属国降胡以讨匈奴，冀获一战之效耳。今既亡师失地，直是境上之匹夫。陛下爱匹夫而弃与国之好，臣窃不取也。若国家犹待其更鸣之晨，岁暮之效，臣窃惟侯景必非岁暮之臣。弃乡国如脱屣，背君亲如遗芥，岂知远慕圣德，为江淮之纯臣！事迹显然，无可致惑。一隅尚其如此，触类何可具陈？

臣朽老疾侵，不应辄干朝政。但楚囊将死，有城郢之忠；卫鱼临亡，亦有尸谏之节。臣忝为宗室遗老，敢忘刘向之心？伏愿天慈，少思危苦之语。

高祖省表叹息，卒不能用。

介性高简，少交游，惟与族兄琛、从兄际素及洽、从弟淑等文酒赏会，时人以比谢氏乌衣之游。初，高祖招延后进二十余人，置酒赋诗。臧盾以诗不成，罚酒一斗，盾饮尽，颜色不变，言笑自若；介染翰便成，文无加点。高祖两美之曰："臧盾之饮，萧介之文，即席之美也。"年七十三，卒于家。

第三子允，初以兼散骑常侍聘魏，还为太子中庶子，洽，字宏称，介从父兄也。父惠基，齐吏部尚书，有重名前世。洽幼敏寤，年七岁，诵《楚辞》略上口。及长，好学博涉，亦善属文。齐永明中，为国子生，举明经。起家著作佐郎，迁西中郎外兵参军。天监初，为前军鄱阳王主簿、尚书口部郎，迁太子中舍人。出为南徐州治中，既近畿重镇，吏数千人，前后居之者皆致巨富。洽为之，清身率职，馈遗一无所受，妻子不免饥寒。还除司空从事中郎，为建安内史，坐事免。久之，起为护军长史、北中郎谘议参军，迁太府卿、司徒临川王司马。普通初，拜员外散骑常侍，兼御史中丞，以公事免。顷之，为通直散骑常侍。洽少有才思，高祖令制同泰、大爱敬二寺刹下铭，其文甚美。二年，迁散骑常侍。出为招远将军、临海太守。为政清平，不尚威猛，民俗便之。还拜司徒左长史，又敕撰《当涂堰碑》，辞亦赡丽。六年，卒官，时年五十五。有诏出举哀，赗钱二万，布五十匹。集二十卷，行于世。

褚球，字仲宝，河南阳翟人。高祖叔度，宋征虏将军、雍州刺史；祖暧，太宰外兵参军；父缋，太子舍人；并尚宋公主。球少孤贫，笃志好学，有才思。宋建平王景素，元徽中诛灭，惟有一女得存。其故吏何昌㝢、王思远闻球清立，以此女妻之，因为之延誉。仕齐，起家征虏行参军，俄署法曹，迁右军曲江公主簿。出为溧阳令，在县清白，资公俸而已。除平西主簿。

天监初，迁太子洗马、散骑侍郎，兼中书通事舍人。出为建康令，母忧去职，以本官起之，固辞不拜。服阕，除北中郎谘议参军，俄迁中书郎，复兼中书通事舍人。除云骑将军，累兼廷尉、光禄卿，舍人如故。迁御史中丞。球性公强，无所屈挠，在宪司称职。普通四年，出为北中郎长史、南兰陵太守；入为通直散骑常侍，领羽林监。七年，迁太府卿，顷之，迁都官尚书。中大同中，出为仁威临川王长史、江夏太守，以疾不赴职。改授光禄大夫，未拜，复为太府卿，领步兵校尉。俄迁通直散骑常侍、秘书监，领著作。迁司徒左长史，常侍、著作如故。自魏孙礼、晋荀组以后，台佐加貂，始有球也。寻出为贞威将军、轻车河东王长史、南兰陵太守；入为散骑常侍，领步兵。寻表致仕，诏不许。俄复拜光禄大夫，加给事中。卒官，时年七十。

刘孺，字孝稚，彭城安上里人也。祖勔，宋司空忠昭公。父悛，齐太常敬子。孺幼聪敏，七岁能属文。年十四，居父丧，毁瘠骨立，宗党咸异之。服阕，叔父瓛为义兴郡，携以之官，常置坐侧，谓宾客曰："此儿吾家之明珠也。"既长，美风采，性通和，虽家人不见其喜愠。本州召迎主簿。起家中军法曹行参军。时镇军沈约闻其名，引为主簿，常与游宴赋诗，大为约所嗟赏。累迁太子舍人、中军临川王主簿、太子洗马、尚书殿中郎。出为太末令，在县有清绩。还除晋安王友，转太子中舍人。

孺少好文章，性又敏速，尝于御坐为《李赋》，受诏便成，文不加点，高祖甚称赏之。后侍宴寿光殿，诏群臣赋诗，时孺与张率并醉，未及成，高祖取孺手板题戏之曰："张率东南美，刘孺雒阳才。揽笔便应就，何事久迟回？"其见亲爱如此。

转中书郎，兼中书通事舍人。顷之迁太子家令，余如故。出为宣惠晋安王长史，领丹阳尹丞。迁太子中庶子、尚书吏部郎。出为轻车湘东王长史，领会稽郡丞，公事免。顷之，起为王府记室散骑侍郎，兼光禄卿。累迁少府卿、司徒左长史、御史中丞，号为称职。大通二年，迁散骑常侍。三年，迁左民尚书，领步兵校尉。中大通四年，出为仁威临川王长史、江夏太守，加贞威将军。五年，为宁远将军、司徒左长史，未拜，改为都官尚书，领右军将军。大同五年，守吏部尚书。其年，出为明威将军、晋陵太守。在郡和理，为吏民所称。七年，入为侍中，领右卫。其年，复为吏部尚书，以母忧去职。居丧未期，以毁卒，时年五十九。谥曰孝子。

孺少与从兄苞、孝绰齐名。苞早卒，孝绰数坐免黜，位并不高，惟孺贵显。有文集二十卷。子刍，著作郎，早卒。孺二弟：览、遵。

览，字孝智，十六通《老》、《易》。历官中书郎，以所生母忧，庐于墓。再期，口不尝盐酪，冬必著单布。家人患其不胜丧，中夜窃置炭于床下，览因暖气得睡，既觉知之，号恸欧血。高祖闻其有至性，数省视之。服阕，除尚书左丞。性聪敏，尚书令史七百人，一见并记名姓。当官清正，无所私。姊夫御史中丞褚湮、从兄吏部郎孝绰，在职颇通赃货，览劾奏，并免官。孝绰怨之，尝谓人曰："犬噬行路，览噬家人。"出为始兴内史，治郡尤励清节。还复为左丞，卒官。

遵，字孝陵。少清雅，有学行，工属文。起家著作郎、太子舍人，累迁晋安王宣惠、云麾二府记室，甚见宾礼，转南徐州治中。王后为雍州，复引为安北谘议参军，带己阝县令。中大通二年，王立为皇太子，仍除中庶子。遵自随藩及在东宫，以旧恩，偏蒙宠遇，同时莫及。大同元年，卒官。皇太子深悼惜之，与遵从兄阳羡令孝仪令曰：

贤从中庶，奄至殒逝，痛可言乎！其ArrayList友淳深，立身贞固；内含玉润，外表澜清。美誉嘉声，流于士友；言行相符，终始如一。文史该富，琬琰为心；辞章博赡，玄黄成采。既以鸣谦表性，又以难进自居，未尝造请公卿，缔交荣利。是以新沓莫之举，社武弗之知。自阮放之官，野王之职，栖迟门下，已逾五载；同僚已陟，后进多升，而怡然清静，不以少多为念。确尔之志，亦何易得？西河观宝，东江独步，书籍所载，必不是过。

吾昔在汉南，连翩书记，及忝朱方，从容坐首。良辰美景，清风月夜，鹢舟乍动，朱鹭徐鸣，未尝一日而不追随，一时而不会遇。酒兰耳热，言志赋诗，校覆忠贤，榷扬文史，益者三友，此实其人。及弘道下邑，未申善政，而能使民结去思，野多驯雉，此亦威凤一羽，足以验其五德。比在春坊，载获申晤，博望无通宾之务，司成多节文之科。所赖故人，时相媲偶；而此子溘然，实可嗟痛。"惟与善人"，此为虚说；天之报施，岂若此乎！想卿痛悼之诚，亦当何已。往矣奈何，投笔恻怆。

吾昨欲为志铭，并为撰集。吾之劣薄，其生也不能揄扬吹歔，使得骋其才用，今者为铭为集，何益既往？故为痛惜之情，不能已已耳。

刘潜，字孝仪，秘书监孝绰弟也。幼孤，与兄弟相励勤学，并工属文。孝绰常曰"三笔六诗"，三即孝仪，六孝威也。天监五年，举秀才。起家镇右始兴王法曹行参军，随府益州，兼记室。王入为中抚军，转主簿，迁尚书殿中郎。敕令制《雍州平等金像碑》，文甚宏丽。晋安王纲出镇襄阳，引为安北功曹史，以母忧去职。王立为皇太子，孝仪服阕，仍补洗马，迁中舍人。出为戎昭将军、阳羡令，甚有称绩，擢为建康令。大同三年，迁中书郎，以公事左迁安西谘议参军，兼散骑常侍。使魏还，复除中书郎。顷之，权兼司徒右长史，又兼宁远长史、行彭城琅邪二郡事。累迁尚书左丞，兼御史中丞。在职弹纠无所顾望，当时称之。十年，出为伏波将军、临海太守。是时政网疏阔，百姓多不遵禁。孝仪下车，宣示条制，励精绥抚，境内翕然，风俗大革。中大同元年，入守都官尚书。太清元年，出为明威将军、豫章内史。二年，侯景寇京邑，孝仪遣子励帅郡兵三千人，随前衡州刺史韦粲入援。三年，宫城不守，孝仪为前历阳太守庄铁所逼，失郡。大宝元年，病卒，时年六十七。

孝仪为人宽厚，内行尤笃。第二兄孝能早卒，孝仪事寡嫂甚谨，家内巨细，必先谘决。与妻子朝夕供事，未尝失礼。世以此称之。有文集二十卷，行于世。

第五弟孝胜，历官邵陵王法曹、湘东王安西主簿记室、尚书左丞。出为信义太守，公事免。久之，复为尚书右丞，兼散骑常侍。聘魏还，为安西武陵王纪长史、蜀郡太守。太清中，侯景陷京师，纪僭号于蜀，以孝胜为尚书仆射。承圣中，随纪出峡口，兵败，被执下狱。世祖寻宥之，起为司徒右长史。

第六弟孝威，初为安北晋安王法曹，转主簿，以母忧去职。服阕，除太子洗马，累迁中舍人、庶子、率更令，并掌管记。大同九年，白雀集东宫，孝威上颂，其辞甚美。太清中，迁中庶子，兼通事舍人。及侯景寇乱，孝威于围城得出，随司州刺史柳仲礼西上，至安陆，遇疾卒。

第七弟孝先，武陵王法曹、主簿。王迁益州，随府转安西记室。承圣中，与兄孝胜俱随纪军出峡口，兵败，至江陵，世祖以为黄门侍郎，迁侍中。兄弟并善五言诗，见重于世。文集值乱，今不具存。

殷芸，字灌蔬，陈郡长平人。性倜傥，不拘细行。然不妄交游，门无杂客。励精勤学，博洽群书。幼而庐江何

宪见之，深相叹赏。永明中，为宜都王行参军。天监初，为西中郎主簿、后军临川王记室。七年，迁通直散骑侍郎，兼中书通事舍人。十年，除通直散骑侍郎，兼尚书左丞，又兼中书舍人，迁国子博士、昭明太子侍读、西中郎豫章王长史，领丹阳尹丞，累迁通直散骑常侍、秘书监、司徒左长史。普通六年，直东宫学士省。大通三年卒，时年五十九。

萧几，字德玄，齐曲江公遥欣子也。年十岁，能属文。早孤，有弟九人，并皆稚小，几恩爱笃睦，闻于朝野。性温和，与物无竞，清贫自立。好学，善草隶书。湘州刺史杨公则，曲江之故吏也。每见几，谓人曰："康公此子，可谓桓灵宝出。"及公则卒，几为之诔，时年十五，沈约见而奇之，谓其舅蔡撙曰："昨见贤甥杨平南诔文，不减希逸之作，始验康公积善之庆。"释褐著作佐郎、庐陵王文学、尚书殿中郎、太子舍人、掌管记，迁庶子、中书侍郎、尚书左丞。末年，专尚释教。为新安太守，郡多山水，特其所好，适性游履，遂为之记。卒于官。

子为，字元专，亦有文才。仕至太子舍人，永康令。

史臣曰：王规之徒，俱著名誉，既逢休运，才用各展，美矣。萧洽《当涂》之制，见伟辞人；刘孝仪兄弟，并以文章显。君子知梁代之有人焉。

卷四十二　　　　列传第三十六

臧盾 弟厥　傅岐

臧盾，字宣卿，东莞莒人也。高祖焘，宋左光禄大夫。祖潭之，左民尚书。父未甄，博涉文史，有才干，少为外兄汝南周颙所知。宋末，起家为领军主簿，所奉即齐武帝。入齐，历太尉祭酒、尚书主客郎、建安、庐陵二王府记室、前军功曹史、通直郎、南徐州中正、丹阳尹丞。高祖平京邑，霸府建，引为骠骑刑狱参军。天监初，除后军谘议中郎、南徐州别驾，入拜黄门郎，迁右军安成王长史、少府卿。出为新安太守，有能名。还为太子中庶子、司农卿、太尉长史。丁所生母忧，三年庐于墓侧。服阕，除廷尉卿。出为安成王长史、江夏太守，卒官。

盾幼从征士琅邪诸葛璩受《五经》，通章句。璩学徒常有数十百人，盾处其间，无所狎比。璩异之，叹曰："此生重器，王佐才也。"初为抚军行参军，迁尚书中兵郎。盾美风姿，善举止，每趋奏，高祖甚悦焉。入兼中书通事舍人，除安右录事参军，舍人如故。

盾有孝性，随父宿直于廷尉，母刘氏在宅，夜暴亡，左手中指忽痛，不得寝。及晓，宅信果报凶问，其感通如此。服制未终，父又卒，盾居丧五年，不出庐户，形骸枯悴，家人不复识。乡人王端以状闻，高祖嘉之，敕累遣抑

譬。服阕，除丹阳尹丞，转中书郎，复兼中书舍人，迁尚书左丞，为东中郎武陵王长史，行府州国事，领会稽郡丞。还除少府卿，领步兵校尉，迁御史中丞。盾性公强，居宪台甚称职。

中大通五年二月，高祖幸同泰寺开讲，设四部大会，众数万人。南越所献驯象，忽于众中狂逸，乘舆羽卫及会皆骇散，惟盾与散骑郎裴之礼嶷然自若，高祖甚嘉焉。俄有诏，加散骑常侍，未拜，又诏曰："总一六军，非才勿授。御史中丞、新除散骑常侍盾，志怀忠密，识用详慎，当官平允，处务勤恪，必能缉斯戎政。可兼领军，常侍如故。"大同二年，迁中领军。领军管天下兵要，监局事多。盾为人敏赡，有风力，长于拨繁，职事甚理。天监中，吴平侯萧景居此职，著声称。至是，盾复继之。

五年，出为仁威将军、吴郡太守，视事未期，以疾陈解。拜光禄大夫，加金章紫绶。七年，疾愈，复为领军将军。九年，卒，时年六十六。即日有诏举哀。赠侍中，领军如故。给东园秘器，朝服一具，衣一袭，钱布各有差。谥曰忠。

子长博，字孟弘，桂阳内史。次子仲博，曲阿令。盾弟厥。

厥，字献卿，亦以干局称。初为西中郎行参军、尚书主客郎。入兼中书通事舍人，累迁正员郎、鸿胪卿，舍人如故。迁尚书右丞，未拜，出为晋安太守。郡居山海，常结聚逃逸，前二千石虽募讨捕，而寇盗不止。厥下车，宣风化，凡诸凶党，皆缧负而出，居民复业，商旅流通。然为政严酷少恩，吏民小事必加杖罚，百姓谓之"臧虎"。还除骠骑庐陵王谘议参军，复兼舍人。迁员外散骑常侍，兼司农卿，舍人如故。大同八年，卒官，时年四十八。厥前后居职，所掌之局大事及兰台廷尉所不能决者，敕并付厥。厥辨断精详，咸得其理。厥卒后，有挝登闻鼓诉者，求付清直舍人。高祖曰："臧厥既亡，此事便无可付。"其见知如此。

子操，尚书三公郎。

傅岐，字景平，北地灵州人也。高祖弘仁，宋太常。祖琰，齐世为山阴令，有治能，自县擢为益州刺史。父翙，天监中，历山阴、建康令，亦有能名，官至骠骑谘议。

岐初为国子明经生，起家南康王宏常侍，迁行参军，兼尚书金部郎。母忧去职，居丧尽礼。服阕后，疾废久之。是时改创北郊坛，初起岐监知缮筑，事毕，除如新令。县民有因斗相殴而死者，死家诉郡，郡录其仇人，考掠备至，终不引咎，郡乃移狱于县。岐即命脱械，以和言问之，便即首服。法当偿死，会冬节至，岐乃放其还家，使过节一日复狱。曹掾固争曰："古者乃有此，于今不可行。"岐曰："其若负信，县令当坐，主者勿忧。"竟如期而反。太守深相叹异，遽以状闻。岐后去县，民无老小，皆出境拜送，啼号之声，闻于数十里。至都，除廷尉正，入兼中书通事舍人，迁宁远岳阳王记室参军，舍人如故。出为建康令，以公事免。俄复为舍人，累迁安西中记室、镇南谘议参军，兼舍人如故。

岐美容止，博涉能占对。大同中，与魏和亲，其使岁中再至，常遣岐接对焉。太清元年，累迁太仆、司农卿，舍人如故。在禁省十余年，机事密勿亚于朱异。此年冬，豫州刺史贞阳侯萧渊明率众伐彭城，兵败陷魏。二年，渊明遣使还，述魏人欲更通和好，敕有司及近臣定议。左卫朱异曰："高澄此意，当复欲继好，不爽前和；边境且得静寇息民，于事为便。"议者并然之。岐独曰："高澄既新得志，其势非弱，何事须和？此必是设间，故令贞阳遣使，令侯景自疑当以贞阳易景。景意不安，必图祸乱。今若许澄通好，正是堕其计中。且彭城去岁丧师，涡阳新复败退，令便就和，益示国家之弱。若如愚意，此和宜不可许。"朱异等固执，高祖遂从异议。及遣和使，侯景果有此疑，累启请追使，敕但依违报之。至八月，遂举兵反。十月，入寇京师，请诛朱异。三年，迁中领军，舍人如故。二月，景于阙前通表，乞割江右四州，安其部下，当解围还镇，敕许之。乃于城西立盟，求遣宣城王出送。岐固执宣城嫡嗣之重，不宜许，遣石城公大款送之。及与景盟讫，城中文武喜跃，望得解围。岐独言于众曰："贼举兵为逆，未遂求和，夷情兽心，不可必信，此和终为贼所诈也。"众并怨怪之。及景背盟，莫不叹服。寻有诏，以岐勤劳，封南丰县侯，邑五百户，固辞不受。宫城失守，岐带疾出围，卒于宅。

陈吏部尚书姚察曰：夫举事者定于谋，故万举无遗策，信哉是言也。傅岐识齐氏之伪和，可谓善于谋事。是时若纳岐之议，太清祸乱，固其不作。申子曰："一言倚，天下靡。"此之谓乎？

卷四十三　　　列传第三十七

韦粲　江子一 弟子四 子五
张嵊　沈浚　柳敬礼

韦粲，字长蒨，车骑将军睿之孙，北徐州刺史放之子也。有父风，好学仗气，身长八尺，容貌甚伟。初为云麾晋安王行参军，俄署法曹，迁外兵参军，兼中兵。时颍川庾仲容、吴郡张率，前辈知名，与粲同府，并忘年交好。及王迁镇雍州，随转记室，兼中兵如故。王立为皇太子，粲迁步兵校尉，入为东宫领直，丁父忧去职。寻起为招远将军，复为领直。服阕，袭爵永昌县侯，除安西湘东王谘议，累迁太子仆、左卫率，领直并如故。粲以旧恩，任寄绸密，虽居职屡徙，常留宿卫，颇擅威名，诞倨，不为时辈所平。右卫朱异尝于酒席厉色谓粲曰："卿何得已作领军面向人！"

中大同十一年，迁通直散骑常侍，未拜，出为持节、督衡州诸军事、安远将军、衡州刺史。皇太子出饯新亭，执粲手曰："与卿不为久别。"太清元年，粲至州。无几，便表解职。二年，征为散骑常侍。粲将至庐陵，闻侯景作逆，便简阅部下，得精卒五千，马百匹，倍道赴援。至豫章，奉命报云"贼已出横江"，粲即就内史刘孝仪共谋之。孝仪曰："必期如此，当有别敕。岂可轻信单使，妄相惊动，或恐不然。"时孝仪置酒，粲怒，以杯抵地曰："贼已渡江，便逼宫阙，水陆俱断，何暇有报？假令无敕，岂得自安？韦粲今日何情饮酒！"即驰马出，部分将发，会江州刺史当阳公大心遣使要粲，粲乃驰往见大心曰："上游藩镇，江州去京最近，殿下情计，实宜在前；但中流任重，当须应接，不可阙镇。今直且张声势，移镇湓城，遣偏将赐随，于事便足。"大心然之，遣中兵柳昕帅兵二千人随粲。粲悉留家累于江州，以轻舸就路。至南州，粲外弟司州刺史柳仲礼亦帅步骑万余人至横江，粲即送粮仗赡给之，并散私金帛以赏其战士。

先是，安北将军鄱阳王范亦自合肥遣西豫州刺史裴之高与其长子嗣，帅江西之众赴京师，屯于张公洲，待上流诸军至。是时，之高遣船渡仲礼，与合军进屯王游苑。粲建议推仲礼为大都督，报下流众军。裴之高自以年位耻居其下，乃云："柳节下是州将，何须我复鞭棰？"累日不决。粲乃抗言于众曰："今者同赴国难，义在除贼，所以推柳司州者，政以久捍边疆，先为侯景所惮；且上马精锐，无出其前。若论位次，柳在粲下；语其年齿，亦少于粲，直以社稷之计，不得复论。今日形势，贵在将和；若人心不同，大事去矣。裴公朝之旧齿，年德已隆，岂应复挟私情，以沮大计。粲请为诸君解释之。"乃单舸至之高营，切让之曰："前诸将之议，豫州意所未同，即二宫危逼，猾寇滔天，臣子当戮力同心，岂可自相矛盾！豫州必欲立异，锋镝便有所归。"之高垂泣曰："吾荷国恩荣，自应帅先士卒，顾恨衰老，不能效命，企望柳使君共平凶逆，谓众议已从，无俟老夫耳。若必有疑，当剖心相示。"于是诸将定议，仲礼方得进军。

次新亭，贼列阵于中兴寺，相持至晚，各解归。是夜，仲礼入粲营，部分众军，旦日将战，诸将各有据守，令粲顿青塘。青塘当石头中路，粲虑栅垒未立，贼必争之，颇以为惮，谓仲礼曰："下官才非御侮，直欲以身殉国。节下善量其宜，不可致有亏丧。"仲礼曰："青塘立栅，迫近淮渚，欲以粮储船乘尽就泊，此是大事，非兄不可。若疑兵少，当更差军相助。"乃使直阁将军刘叔胤师助粲，帅所部水陆俱进。时值昏雾，军人迷失道，比及青塘，夜已过半，垒栅至晓未合。景登禅灵寺门阁，望粲营未立，便率锐卒来攻。军副王长茂劝据栅待之，粲不从，令军主郑逸逆击之，命刘叔胤以水军截其后。叔胤畏懦不敢进，逸遂败。贼乘胜入营，左右牵粲避贼，粲不动，犹叱子弟力战，兵死略尽，遂见害，时年五十四。粲子尼及三弟助、警、构、从弟昂皆战死，亲戚死者数百人。贼传粲首阙下，以示城内，太宗闻之流涕曰："社稷所寄，惟在韦公，如何不幸，先死于阵。"诏赠护军将军。世祖平侯景，追谥曰忠贞，并追赠助、警、构及尼皆中书郎，昂员外散骑常侍。

粲长子臧，字君理。历官尚书三公郎、太子洗马、东宫领直。侯景至，帅兵屯西华门。城陷，奔江州，收旧部曲，据豫章，为其部下所害。

江子一，字元贞，济阳考城人，晋散骑常侍统之七世孙也。父法成，天监中奉朝请。子一少好学，有志操，以家贫阙养，因蔬食终身。起家王国侍郎、朝请。启求观书秘阁，高祖许之，有敕直华林省。其姑夫右卫将军朱异，权要当朝，休下之日，宾客辐凑，子一未尝造门，其高洁如此。稍迁尚书仪曹郎，出为遂昌、曲阿令，皆著美绩。除通直散骑侍郎，出为戎昭将军、南津校尉。

弟子四，历尚书金部郎。大同初，迁右丞。兄弟性并刚烈。子四自右丞上封事，极言得失，高祖甚善之，诏尚书详择施行焉。左民郎沈炯、少府丞顾玙尝奏事不允，高祖厉色呵责；子四乃趋前代炯等对，言甚激切，高祖怒呼缚之，子四据地不受，高祖怒亦止，乃释之。犹坐免职。

及侯景反，攻陷历阳，自横江将渡，子一帅舟师千余人，于下流欲邀之，其副董桃生家在江北，因与其党散走。子一乃退还南洲，复收余众，步道赴京师。贼亦寻至，子一启太宗曰："贼围未合，犹可出荡，若营栅一固，无所用武。"请与其弟子四、子五帅所领百余人，于开明门挑贼。许之。子一乃身先士卒，抽戈独进，群贼夹攻之，从者莫敢继。子四、子五见事急，相引赴贼，并见害。诏曰："故戎昭将军、通直散骑侍郎、南津校尉江子一，前尚书右丞江子四，东宫直殿主帅子五，祸故有闻，良以矜恻，死事加等，抑惟旧章。可赠子一给事黄门侍郎，子四中书侍郎，子五散骑侍郎。"侯景平，世祖又追赠子一侍中，谥义子；子四黄门侍郎，谥毅子；子五中书侍郎，谥烈子。

子一续《黄图》及班固"九品"，并辞赋文笔数十篇，行于世。

张嵊，字四山，镇北将军稷之子也。少方雅，有志操，能清言。父临青州，为土民所害，嵊感家祸，终身蔬食布衣，手不执刀刃。州举秀才。起家秘书郎，累迁太子舍人、洗马、司徒左西掾、中书郎。出为永阳内史，还除中军宣城王司马、散骑常侍。又出为镇南湘东王长史、寻阳太守。中大同元年，征为太府卿，俄迁吴兴太守。

太清二年，侯景围京城，嵊遣弟伊率郡兵数千人赴援。三年，宫城陷，御史中丞沈浚违难东归。嵊往见而谓曰："贼臣凭陵，社稷危耻，正是人臣效命之秋。今欲收集兵力，保据贵乡。若天道无ауж，忠节不展，虽复及死，诚亦无恨。"浚曰："鄙郡虽小，仗义拒逆，谁敢不从！"固劝嵊举义。于是收集士卒，缮筑城垒。时邵陵王东奔至钱唐，闻之，遣板授嵊征东将军，加秩中二千石。嵊曰："朝廷危迫，天子蒙尘，今日何情，复受荣号。"留板而已。贼行台刘神茂攻破义兴，遣使说嵊曰："若早降附，当还以郡相处，复加爵赏。"嵊命斩其使，仍遣军主王雄等帅兵于鳝渎逆击之，破神茂，神茂退走。侯景闻神茂败，乃遣其中军侯子鉴帅精兵二万人，助神茂以击嵊。嵊遣军主范智朗出郡西拒战，为神茂所败，退归。贼骑乘胜焚栅，栅内众军皆土崩。嵘乃释戎服，坐于听事，贼临之以刃，终不为屈。乃执嵘以送景，景刑之于都市，子弟同遇害者十余人，时年六十二。贼平，世祖追赠侍中、中卫将军、开府仪同三司。谥曰忠贞子。

沈浚，字叔源，吴兴武康人。祖宪，齐散骑常侍，齐史有传。浚少博学，有才干，历山阴、吴、建康令，并有能名。入为中书郎、尚书左丞。侯景逼京城，迁御史中丞。是时外援并至，侯景表请求和，诏许之。既盟，景知城内疾疫，复怀奸计，迟疑不去。数日，皇太子令浚诣景所，景曰："即已向热，非复行时。十万之众，何由可去，还欲立效朝廷，君可见为申闻。"浚曰："将军此论，意在得城。城内兵粮，尚支百日。将军储积内尽，国家援军外集，十万之众，将何所资？而反设此言，欲胁朝廷邪？"景横刃于膝，瞋目叱之。浚正色责曰："明公亲是人臣，举兵向阙，圣主曲恩赦过，已共结盟，口血未干，而有翻背。沈浚六十之年，且天子之使，死生有命，岂畏逆臣之刀乎！"不顾而出。景曰："是真司直也。"然密衔之。及破张嵘，乃求浚以害之。

柳敬礼，开府仪同三司庆远之孙。父津，太子詹事。敬礼与兄仲礼，皆少以勇烈知名。起家著作佐郎，稍迁扶风太守。侯景渡江，敬礼率马步三千赴援。至都，据青溪埭，与景频战，恒先登陷陈，甚著威名。台城没，敬礼与仲礼俱见于景，景遣仲礼经略上流，留敬礼为质，以为护军。景饯仲礼于后渚，敬礼密谓仲礼曰："景今来会，敬礼抱之，兄拔佩刀，便可斫杀，敬礼死亦无所恨。"仲礼壮其言，许之。及酒数行，敬礼目仲礼，仲礼见备卫严，不敢动，计遂不果。会景征晋熙，敬礼与南康王会理共谋袭其城，克期将发，建安侯萧贲知而告之，遂遇害。

史臣曰：若夫义重于生，前典垂诰，斯盖先哲之所贵也。故孟子称：生者我所欲，义亦我所欲，二事必不可兼得，宁舍生而取义。至如张嵘二三子之徒，捐躯殉节，赴死如归，英风劲气，笼罩今古，君子知梁代之有忠臣焉。

卷四十四　　列传第三十八

太宗十一王　世祖二子

太宗王皇后生哀太子大器、南郡王大连，陈淑容生浔阳王大心，左夫人生南海王大临、安陆王大春，谢夫人生浏阳公大雅，张夫人生新兴王大庄，包昭华生西阳王大钧，范夫人生武宁王大威，褚修华生建平王大球，陈夫人生义安王大昕，朱夫人生绥建王大挚。自余诸子，本书不载。

浔阳王大心，字仁恕。幼而聪朗，善属文。中大通四年，以皇孙封当阳公，邑一千五百户。大同元年，出为使持节、都督郢、南、北司、定、新五州诸军事、轻车将军、郢州刺史。时年十三，太宗以其幼，恐未达民情，戒之曰："事无大小，悉委行事，纤毫不须措怀。"大心虽不亲州务，发言每合于理，众皆惊服。七年，征为侍中、兼石头戍军事。太清元年，出为云麾将军、江州刺史。二年，侯景寇京邑。大心招集士卒，远近归之，众至数万，与上流诸军赴援宫阙。三年，城陷，上甲侯萧韶南奔，宣密诏，加散骑常侍，进号平南将军。大宝元年，封浔阳王，邑二千户。

初，历阳太守庄铁以城降侯景，既而又奉其母来奔，大心以铁旧将，厚为其礼，军旅之事，悉以委之，仍以为豫章内史。侯景数遣军西上寇抄，大心辄令铁击破之，贼不能进。时鄱阳王范率众弃合肥，屯于栅口，待援兵总集，欲俱进。大心闻之，遣要范西上，以溢城处之，廪饩甚厚，与戮力共除祸难。会庄铁据豫章反，大心令中兵参军韦约等将军击之，铁败绩，又乞降。鄱阳世子嗣先与铁游处，因称其人才略从横，且旧将也，欲举大事，当资其力，若降江州，必不全其首领，嗣请援之。范从之，乃遣将侯瑱率精甲五千往救铁，夜袭破韦约等营。大心闻之大惧，于是二藩衅起，人心离贰。景将任约略地至于溢城，大心遣司马韦质拒战，败绩。时帐下犹有勇士千余人，咸说曰："既无粮储，难以守固。若轻骑往建州，以图后举，策之上者也。"大心未决，其母陈淑容曰："即日圣御年尊，储宫万福，汝久奉违颜色，不念拜谒阙庭，且吾已老，而欲远涉险路，粮储不给，岂谓孝子？吾终不行。"因抚胸恸哭，大心乃止。遂与约和。二年秋，遇害，时年二十九。

南海王大临，字宜宣。大同二年，封宁国县公，邑一千五百户。少而敏慧。年十一，遭左夫人忧，哭泣毁瘠，以孝闻。后入国学，明经射策甲科，拜中书侍郎，迁给事黄门侍郎。十一年，为长兼侍中。出为轻车将军、琅邪、彭城二郡太守。侯景乱，为使持节、宣惠将军，屯新亭。俄又征还，屯端门，都督城南诸军事。时议者皆劝收外财物，拟供赏赐，大临独曰："物乃赏士，而牛可犒军。"命取牛，得千余头，城内赖以飨士。大宝元年，封南海郡王，邑二千户。出为使持节、都督扬、南徐二州诸军事、安南将军、扬州刺史。又除安东将军、吴郡太守。时张彪起义于会稽，吴人陆令公、颍川庾孟卿等劝大临走投彪。大临曰："彪若成功，不资我力；如其挠败，以我说焉。不可往也。"二年秋，遇害于郡，时年二十五。

南郡王大连，字仁靖。少俊爽，能属文，举止风流，雅有巧思，妙达音律，兼善丹青。大同二年，封临城县公，邑一千五百户。七年，与南海王俱入国学，射策甲科，拜中书侍郎。十年，高祖幸朱方，大连与兄大临并从。高祖问曰："汝等习骑不？"对曰："臣等未奉诏，不敢辄习。"敕各给马试之，大连兄弟据鞍往还，各得驰骤之节，高祖大悦，即赐所乘马。及为启谢，词又甚美。高祖佗日谓太宗曰："昨见大临、大连，风韵可爱，足以慰吾年老。"迁给事黄门侍郎，转侍中，寻兼石头戍军事。太清元年，出为使持节、轻车将军、东扬州刺史。侯景入寇京师，大连率众四万来赴。及台城没，援军散，复还扬州。三年，会稽山贼田领群聚党数万来攻，大连命中兵参军张彪击斩之。大宝元年，封为南郡王，邑二千户。景仍遣其将赵伯超、刘神茂来讨，大连设备以待之。会将留异以城应贼，大连弃城走，至信安，为贼所获。侯景以为轻车将军、行扬州事，迁平南将军、江州刺史。大连既迫寇手，恒思逃窜，乃与贼约曰："军民之事，吾不预焉。候我存亡，但听钟响。"欲简与相见，因得亡逸，贼亦信之。事未果。二年秋，遇害，时年二十五。

安陆王大春，字仁经。少博涉书记。天性孝谨，体貌瑰伟，腰带十围。大同六年，封西丰县公，邑一千五百户。拜中书侍郎。后为宁远将军，知石头戍军事。侯景内寇，大春奔京口，随邵陵王入援，战于钟山，为贼所获。京城既陷，大宝元年，封安陆郡王，邑二千户。出为使持节、云麾将军、东扬州刺史。二年秋，遇害，时年二十二。

浏阳公大雅，字仁风。大同九年，封浏阳县公，邑一千五百户。少聪警，美姿仪，特为高祖所爱。太清三年，京城陷，贼已乘城，大雅犹命左右格战，贼至渐众，乃自缒而下。因发愤感疾，薨，时年十七。

新兴王大庄，字仁礼。大同九年，封高唐县公，邑一千五百户。大宝元年，封新兴郡王，邑二千户。出为使持节、都督南徐州诸军事、宣毅将军、南徐州刺史。二年秋，遇害，时年十八。

西阳王大钧，字仁辅。性厚重，不妄戏弄。年七岁，高祖尝问读何书，对曰"学《诗》"。因命讽诵，音韵清雅，高祖因赐王羲之书一卷。大宝元年，封西阳郡王，邑二千户。出为宣惠将军、丹阳尹。二年，监扬州，将军如故。至秋遇害，时年十三。

武宁王大威，字仁容。美风仪，眉目如画。大宝元年，封武宁郡王，邑二千户。二年，出为信威将军、丹阳尹。其年秋，遇害，时年十三。

建平王大球，字仁玭。大宝元年，封建平郡王，邑二千户。性明慧夙成。初，侯景围京城，高祖素归心释教，每发誓愿，恒云："若有众生应受诸苦，悉衍身代当。"时大球年甫七岁，闻而惊谓母曰："官家尚尔，儿安敢辞？"乃六时礼佛，亦云："凡有众生应获苦报，悉大球代受。"其早慧如此。二年，出为轻车将军、兼石头戍军事。其年秋，遇害，时年十一。

义安王大昕，字仁朗。年四岁，母陈夫人卒，便哀慕毁悴，有若成人。及高祖崩，大昕奉慰太宗，呜咽不能自胜。左右见之，莫不掩泣。大宝元年，封义安郡王，邑二千户。二年，出为宁远将军、琅邪、彭城二郡太守，未之镇，遇害，时年十一。

绥建王大挚，字仁瑛。幼雄壮有胆气，及京城陷，乃叹曰："大丈夫会当灭虏属。"奶媪惊，掩其口曰："勿妄言，祸将及！"大挚笑曰："祸至非由此言。"大宝元年，封绥建郡王，邑二千户。二年，为宁远将军，遇害，时年十岁。

世祖诸男：徐妃生忠壮世子方等，王夫人生贞惠世子方诸，其愍怀太子方矩（本书不载所生，别有传），夏贤妃生敬皇帝。自余诸子，并本书无传。

忠壮世子方等，字实相，世祖长子也。母曰徐妃。少聪敏，有俊才，善骑射，尤长巧思。性爱林泉，特好散逸。尝著论曰："人生处世，如白驹过隙耳。一壶之酒，足以养性；一箪之食，足以怡形。生在蓬蒿，死葬沟壑，瓦棺石椁，何以异兹？吾尝梦为鱼，因化为鸟。当其梦也，何乐如之；及其觉也，何愧斯类；良由吾之不及鱼鸟者，远矣。故鱼鸟飞浮，任其志性；吾之进退，恒存掌握。举手惧触，摇足恐堕。若使吾终得与鱼鸟同游，则去人间如脱屣耳。"初，徐妃以嫉妒失宠，方等意不自安。世祖闻之，又恶方等，方等益惧，故述论以申其志焉。

会高祖欲见诸王长子，世祖遣方等入侍，方等欣然升舟，冀免忧辱。行至𣸣水，值侯景乱，世祖召之，方等启曰："昔申生不爱其死，方等岂顾其生？"世祖省书叹息，知无还意，乃配步骑一万，使援京都。贼每来攻，方等必身当矢石。宫城陷，方等归荆州，收集士马，甚得众和，世祖始叹其能。方等又劝修筑城栅，以备不虞。既成，楼雉相望，周回七十余里。世祖观之甚悦，入谓徐妃曰："若更有一子如此，吾复何忧！"徐妃不答，垂泣而退。世祖忿之，因疏其秽行，榜于大阁。方等入见，益以自危。时河东王为湘州刺史，不受督府之令，方等乃乞征之，世祖许焉。拜为都督，令帅精卒二万南讨。方等临行，谓所亲曰："吾此段出征，必死无二；死而获所，吾岂爱生？"及至麻溪，河东王率军逆战，方等击之，军败，遂溺死，时年二十二。世祖闻之，不以为戚。后追思其才，赠侍中、中军将军、扬州刺史，谥曰忠壮世子，并为招魂以哀之。

方等注范晔《后汉书》，未就；所撰《三十国春秋》及《静住子》，行于世。

贞惠世子方诸，字智相，世祖第二子。母王夫人。幼聪警博学，明《老》、《易》，善谈玄，风采清越，辞辩锋生，特为世祖所爱，母王氏又有宠。及方等败没，世祖谓之曰："不有所废，其何以兴。"因拜为中抚军以自副，又出为郢州刺史，镇江夏，以鲍泉为行事，防遏下流。时世祖遣徐文盛督众军，与侯景将任约相持未决。方诸恃文盛在近，不恤军政，日与鲍泉蒲酒为乐。侯景知之，乃遣其将宋子仙率轻骑数百，从间道袭之。属风雨晦冥，子仙至，百姓奔告，方诸与鲍泉犹不信，曰："徐文盛大军在下，虏安得来？"始命闭门，贼骑已入，城遂陷，子仙执方诸以归。王僧辩军至蔡洲，景遂害之。世祖追赠侍中、大将军。谥曰贞惠世子。

史臣曰：太宗、世祖诸子，虽开土宇，运属乱离；既拘寇贼，多殒非命。吁！可嗟矣。

卷四十五　　　列传第三十九

王　僧　辩

王僧辩，字君才，右卫将军神念之子也。以天监中随父来奔。起家为湘东王国左常侍。王为丹阳尹，转府行参军。王出守会稽，兼中兵参军事。王为荆州，仍除中兵，在限内。时武宁郡反，王命僧辩讨平之。迁贞威将军、武宁太守。寻迁振远将军、广平太守。秩满，还为王府中录事，参军如故。王被征为护军，僧辩兼府司马。王为江州，仍除云骑将军司马，守溢城。俄出安陆郡，无几而还。寻为新蔡太守，犹带司马，将军如故。王除荆州，为贞毅将军府谘议参军事，赐食千人，代柳仲礼为竟陵太守，改号雄信将军。属侯景反，王命僧辩假节，总督舟师一万，兼粮馈赴援。才至京都，宫城陷没，天子蒙尘。僧辩与柳仲礼兄弟及赵伯超等，先屈膝于景，然后入朝。景悉收其军实，而厚加绥抚。未几，遣僧辩归于竟陵，于是倍道兼行，西就世祖。世祖承制，以僧辩为领军将军。

及荆、湘疑贰，军师失律，世祖又命僧辩及鲍泉统军讨之，分给兵粮，克日就道。时僧辩以竟陵部下犹未尽来，意欲待集，然后上顿。谓鲍泉曰："我与君俱受命南讨，而军容若此，计将安之？"泉曰："既禀庙算，驱率骁勇，事等沃雪，何所多虑。"僧辩曰："不然。君之所言故是，文士之常谈耳。河东少有武干，兵刃又强，新破军师，养锐待敌，自非精兵一万，不足以制。我竟陵甲士，数经行阵，已遣召之，不久当及。虽期日有限，犹可重申，欲与卿共入言之，望相佐也。"泉曰："成败之举，系此一行，迟速之宜，终当仰听。"世祖性严忌，微闻其言，以为迁延不肯去，稍已含怒。及僧辩将入，谓泉曰："我先发言，君可见系。"泉又许之。及见世祖，世祖迎问曰："卿已办乎？何日当发？"僧辩具对，如向所言。世祖大怒，按剑厉声曰："卿惮行邪！"因起入内。泉震怖失色，竟不敢言。须臾，遣左右数十人收僧辩。既至，谓曰："卿拒命不行，是欲同贼，今唯有死耳。"僧辩对曰："僧辩食禄既深，忧责实重，今日就戮，岂敢怀恨。但恨不见老母。"世祖因斫之，中其左髀，流血至地。僧辩闷绝，久之方苏。即送付廷尉，并收其子侄，并皆系之。会岳阳王军袭江陵，人情搔扰，未知其备。世祖遣左右往狱，问计于僧辩，僧辩具陈方略，登即赦为城内都督。俄而岳阳奔退，而鲍泉力不能克长沙，世祖乃命僧辩代之。数泉以十罪，遣舍人罗重欢领斋仗三百人，与僧辩俱发。既至，遣通泉云："罗舍人被令，送王竟陵来。"泉甚愕然，顾左右曰："得王竟陵助我经略，贼不足平。"俄而重欢赍令书先入，僧辩从斋仗继进，泉方拂席，坐而待之。僧辩既入，背泉而坐，曰："鲍郎，卿有罪，令旨使我锁卿，勿以故意见待。"因语重欢出令，泉即下地，锁于床侧。僧辩仍部分将帅，并力攻围，遂平湘土。

还复领军将军。侯景浮江西寇，军次夏首。僧辩为大都督，率巴州刺史淳于量、定州刺史杜龛、宜州刺史王琳、郴州刺史裴之横等，俱赴西阳。军次巴陵，闻郢州已没，僧辩因据巴陵城。世祖乃命罗州刺史徐嗣徽、武州刺史杜崱并会僧辩于巴陵。景既陷郢城，兵众益广，徒党甚锐，将进寇荆州。乃使伪仪同丁和统兵五千守江夏，大将宋子仙前驱一万造巴陵，景悉凶徒水步继进。于是缘江戍逻，望风请服，贼拓逻至于隐矶。僧辩悉上江渚米粮，并沉公私船于水。及贼前锋次江口，僧辩乃分命众军，乘垠固守，偃旗卧鼓，安若无人。翌日，贼众济江，轻骑至城下，问："城内是谁？"答曰："是王领军。"贼曰："语王领军，事势如此，何不早降？"僧辩使人答曰："大军但向荆州，此城自当非碍。僧辩百口在人掌握，岂得便降。"贼骑既去，俄尔又来，曰："我王已至，王领军何为不出与王相见邪？"僧辩不答。顷之，又执王珣等至于城下，珣为书诱说城内。景帅船舰并集北寺，又分入港中，登岸治道，广设毡屋，耀军城东陇上，芟除草荐，开八道向城，遣五千兔头肉薄苦攻。城内同时鼓噪，矢石雨下，杀贼既多，贼乃引退。世祖又命平北将军胡僧祐率兵下援僧辩。是日，贼复攻巴陵，水步十处，鸣鼓吹唇，肉薄斫上。城上放木掷火爨礧石，杀伤甚多。午后贼退，乃更起长栅绕城，大列舸舰，以楼船攻水城西南角；又遣人渡洲岸，引犗柯推虾蟆车填堑，引障车临城，二日方止。贼又于舰上竖木桔榉，聚茅置火，以烧水栅，风势不利，自焚而退。既频战挫衄，贼帅任约又为陆法和所擒，景乃烧营夜遁，旋军夏首。世祖策勋行赏，以僧辩为征东将军、开府仪同三司、江州刺史，封长宁县公。

于是世祖命僧辩即率巴陵诸军，沿流讨景。师次郢城，步攻鲁山。鲁山城主支化仁，景之骁将也，率其党力战，众军大破之，化仁乃降。僧辩仍督诸军渡江攻郢，即入罗城。宋子仙蚁聚金城拒守，攻之未克。子仙使其党时灵护率众三千，开门出战，僧辩又大破之，生擒灵护，斩首千级。子仙众退据仓门，带江阻险，众军之，频战不克。景既闻鲁山已没，郢镇复失罗城，乃率余众倍道归建业。子仙等困蹙，计无所之，乞输郢城，身还就景。僧辩伪许之，命给船百艘，以老其意。子仙谓为信然，浮舟将发，僧辩命杜龛率精勇千人，攀堞而上，同时鼓噪，掩至仓门。水军主宋遥率楼船，暗江四面云合；子仙行战行走，至于白杨浦，乃大破之，生擒子仙送江陵。即率诸军进师九水。贼伪仪同范希荣、卢晖略尚据溢城，及僧辩军至，希荣等因挟江州刺史临城公弃城奔走。世祖加僧辩侍中、尚书令、征东大将军，给鼓吹一部。仍令僧辩且顿江州，须众军齐集，得时更进。

顷之，世祖命江州众军悉同大举，僧辩乃表皇帝凶问，告于江陵。仍率大将百余人，连名劝世祖即位；将欲进军，又重奉表。虽未见从，并蒙优答。事见本纪。

僧辩于是发自江州，直指建业，乃先命南兖州刺史侯瑱率锐卒轻舸，袭南陵、鹊头等戍，至即克之。先是，陈霸先率众五万，出自南江，前军五千，行至湓口。霸先倜傥多谋策，名盖僧辩，僧辩畏之。既至湓口，与僧辩会于白茅洲，登坛盟誓。霸先为其文曰："贼臣侯景，凶羯小胡，逆天无状，构造奸恶；违背我恩义，破掠我国家，毒害我生民，残毁我社庙。我高祖武皇帝灵圣聪明，光宅天下，劬劳兆庶，亭育万民，如我考妣，五十所载。哀景以穷见归，全景将戮之首，置景要害之地，崇景非次之荣。我高祖于景何薄？我百姓于景何怨？而景长戟强弩，陵蹙朝廷，锯牙郊甸，残食含灵。刳肝斫趾，不怿其快；曝骨焚尸，不谓为酷。高祖菲食卑宫，春秋九十，屈志凝威，愤终贼手。大行皇帝温严恭默，丕守鸿名，于景何有，复加忍毒。皇枝缅抱已上，缌功以还，穷刀极俎，既屠且鲙。岂有率土之滨，谓为王臣，食人之禾，饮人之水，忍闻此痛，而不悼心？况臣僧辩、臣霸先等，荷称国藩湘东王臣，绎泣血衔哀之寄，摩顶至足之恩，世受先朝之德，身当将帅之任；而不能沥胆抽肠，共诛奸逆，雪天地之痛，报君父之仇，则不可以禀灵含识，戴天履地！今日相国至孝玄感，灵祇斯发，已破残徒，获其元帅，止余景身，尚在京邑。臣僧辩与臣霸先协和将帅，同心共契，必诛凶竖，尊奉相国，嗣膺鸿业，以主郊祭。前途若有一功，获一赏，臣僧辩等不推己让物，先身帅众，则天地宗庙百神之灵，共诛共责。臣僧辩、臣霸先同心共事，不相欺负，若有违戾，明神殛之。"于是升坛歃血，共读盟文，皆泪下沾襟，辞色慷慨。

及王师次于南洲，贼帅侯子鉴等率步骑万余人于岸挑战，又以鵃䗀千艘并载士，两边悉八十棹，棹手皆越人，去来趣袭，捷过风电。僧辩乃麾细船，皆令退缩，悉使大舰夹泊两岸。贼谓水军欲退，争出趣之，众军乃棹大舰，截其归路，鼓噪大呼，合战中江，贼悉赴水。僧辩即督诸军沿流而下，进军于石头之斗城，作连营以逼贼。贼乃横岭上筑五城拒守，侯景自出，与王师大战于石头城北。霸先谓僧辩曰："丑虏游魂，贯盈已稔，谁诛送死，欲为一决。我众贼寡，且分其势。"即遣强弩二千张，攻贼西面两城，仍使结阵以当城。僧辩在后麾军而进，复大破之。卢晖略闻景战败，以石头城降，僧辩引军入据之。景之退也，北走朱方，于是景散兵走告僧辩，僧辩令众将入据台城。其夜，军人采棓生火，烧太极殿及东西堂等。时军人卤掠京邑，剥剔士庶，民为其执缚者，袒衣不免。尽驱逼居民以求购赎，自石头至于东城，缘淮号叫之声，震响京邑，于是百姓失望。

僧辩命侯瑱、裴之横率精甲五千，东入讨景。僧辩收贼党王伟等二十余人，送于江陵。伪行台赵伯超自吴松江降于侯瑱，瑱时送至僧辩。僧辩谓伯超曰："赵公，卿荷国重恩，遂复同逆。今日之事，将欲何如？"因命送江陵。伯超既出，僧辩顾坐客曰："朝廷昔唯知有赵伯超耳，岂识王僧辩？社稷既倾，为我所复；人之兴废，亦复何常。"宾客皆前称叹功德。僧辩瞿然，乃谬答曰："此乃圣上之威德，群帅之用命。老夫虽滥居戎首，何力之有焉？"于是逆寇悉平，京都克定。世祖即帝位，以僧辩功，进授镇卫将军、司徒，加班剑二十人，改封永宁郡公，食邑五千户，侍中、尚书令、鼓吹并如故。

是后湘州贼陆纳等攻破衡州刺史丁道贵于渌口，尽收其军实；李洪雅又自零陵率众出空灵滩，称助讨纳。朝廷未达其心，深以为虑，乃遣中书舍人罗重欢使僧辩上就骠骑将军宜丰侯循南征。僧辩因督杜崱等众军，发于建业，师次巴陵。诏僧辩为都督东上诸军事，霸先为都督西上诸军事。先时霸先让都督于僧辩，僧辩不受，故世祖分为东西都督，而俱南讨焉。时纳等下据车轮，夹岸为城，前断水势，士卒骁猛，皆百战之余。僧辩惮之，不敢轻进，于是稍作连城以逼贼。贼见不敢交锋，并怀懈怠。僧辩因其无备，命诸军水步攻之，亲执旗鼓，以诚进止。于是诸军竞出，大战于车轮，与骠骑循并力苦攻，陷其二城。贼大败，步走归保长沙，驱逼居民，入城拒守。僧辩追蹑，乃命筑全围之，悉令诸军广建围栅，僧辩出坐垒上而自临视。贼望，识僧辩，知不设备，贼党吴藏、李贤明等乃率锐卒千人，开门掩出，蒙楯直进，径趋僧辩。时杜崱、杜龛并侍左右，带甲卫者止百余人，因下遣人与贼交战。李贤明乘铠马，从者十骑，大呼冲突，僧辩尚据胡床，不为之动。于是指挥勇敢，遂获贤明，因即斩之。贼乃退归城内。初，陆纳阻兵内逆，以王琳为辞，云"朝廷若放王琳，纳等自当降伏。"于时众军并进，未之许也。而武陵王拥众上流，内外骇惧，世祖乃遣琳和解之。至是，湘州平。僧辩旋于江陵，因被诏会众军西讨，督舟师二万，舆驾出天居寺饯行。俄而武陵败绩，僧辩自枝江班师于江陵，旋镇建业。

是月，居少时，复回江陵。齐主高洋遣郭元建率众二万，大列舟舰于合肥，将谋袭建业，又遣其大将邢景远、步六汗萨、东方老等率众继之。时陈霸先镇建康，既闻此事，驰报江陵。世祖即诏僧辩次于姑孰，即留镇焉。先命豫州刺史侯瑱率精甲三千人筑垒于东关，以拒北寇；征吴郡太守张彪、吴兴太守裴之横会瑱于关；因与北军战，大败之，僧辩率众军振旅于建业。承圣三年二月甲辰，诏曰："赞俊遂贤，称于秦典；自上安下，闻之汉制。所以仰协台曜，俯佐弘图。使持节、侍中、司徒、尚书令、都督扬、南徐、东扬三州诸军事、镇卫将军、扬州刺史、永宁郡开国公僧辩，器宇凝深，风格详远，行为士则，言表身文，学贯九流，武该七略。顷岁征讨，自西徂东；师不疲劳，民无怨讟；王业艰难，实兼夷险。宜其燮此中台，膺兹上将；寄之经野，匡我朝猷。加太尉、车骑大将军，余悉如故。"

顷之，丁母太夫人忧，世祖遣侍中谒者监护丧事，策谥曰贞敬太夫人。夫人姓魏氏。神念以天监初董率徒众据东关，退保合肥渒湖西，因娶以为室，生僧辩。性甚安和，善于绥接，家门内外，莫不怀之。初，僧辩下狱，夫人流泪徒行，将入谢罪，世祖不与相见。时贞惠世子有宠于世祖,军国大事多关领焉。夫人诣阁,自陈无训,涕泗呜咽,众并怜之。及僧辩免出,夫人深相责励,辞色俱严,云:"人之事君,惟须忠烈,非但保佑当世,亦乃庆流子孙。"及僧辩克复旧京,功盖天下,夫人恒自谦损,不以富贵骄物。朝野咸共称之,谓为明哲妇人也。及既薨殒,甚见愍悼。且以僧辩勋业隆重,故丧礼加焉。灵柩将归建康,又遣谒者至舟渚吊敬。命尚书左仆射王褒为其文曰:"维尔世基武子,族懋阳元,金相比映,玉德齐温。既称女则,兼循妇言。书图镜览,辞章讨论。教贻俎豆,训及平原。楚发将兵,孟轲成德。尽忠资敬,自家刑国。显允其仪,惟民之则。反命师旅,既修我戎,补兹衮职,奄有龟、蒙。母由子贵,亶尔斯崇;嘉命允集,宠章所隆。居高能降,处贵思冲,庆资善始,荣兼令终。崦嵫既夕,蒹葭早秋;奔驷难返,冲涛讵留。背龙门而西顾,过夏首而东浮;越王宫之遐岳,经三江之派流。郁郁增岭,浮云蔽亏;滔滔江、汉,逝者如斯。铭旌故旐,宇毁遗碑。即虚舟而设奠,想徂魂之有知。呜呼哀哉!"

其年十月,西魏相宇文黑泰遣兵及岳阳王众合五万,将袭江陵。世祖遣主书李膺征僧辩于建业,为大都督、荆州刺史。别敕僧辩云:"黑泰背盟,忽便举斧。国家猛将,多在下流;荆陕之众,悉非劲勇。公宜率貔虎,星言就路,倍道兼行,赴倒悬也。"僧辩因命豫州刺史侯瑱等为前军,兖州刺史杜僧明等为后军。处分既毕,乃谓膺云:"泰兵骁猛,难与争锐,众军若集,吾便直指汉江,截其后路。凡千里馈粮,尚有饥色,况贼越数千里者乎?此孙膑克庞涓时也。"俄而京城陷没,宫车晏驾。及敬帝初即梁主位,僧辩预树立之功,承制进骠骑大将军、中书监、都督中外诸军事、录尚书,与陈霸先参谋讨伐。

时齐主高洋又欲纳贞阳侯渊明以为梁嗣,因与僧辩书曰:"梁国不造,祸难相仍,侯景倾荡建业,武陵弯弓巴、汉。卿志格玄穹,精贯白日,戮力齐心,芟夷逆丑。凡在有情,莫不嗟尚;况我邻国,缉事言前。而西寇承间,复相掩袭。梁主不能固守江陵,殒身宗祐。王师未及,便已降败;士民小大,皆毕寇虏。乃眷南顾,愤叹盈怀。卿臣子之情,念当鲠裂。如闻权立枝子,号令江阴,年甫十余,极为冲藐;梁衅未已,负茲谅难。祭则卫君,政由甯氏;干弱枝强,终古所忌。朕以天下为家,大道济物。以梁国沦灭,有怀旧好,存亡拯坠,义在今辰,扶危嗣事,非长伊德。彼贞阳侯,梁武犹子,长沙之胤,以年以望,堪保金陵,故置为梁主,纳于彼国。便诏上党王涣总摄群将,扶送江表,雷动风驰,助扫冤逆。清河王岳,前救荆城,军度安陆,既不相及,愤惋良深。恐及西寇乘流,复蹑江左。今转次汉口,与陆居士相会。卿宜协我良规,厉彼群帅,部分舟舻,迎接今王,鸠勒劲勇,并心一力。西羌乌合,本非勍寇,直是湘东怯弱,致此沦胥。今者之师,何往不克,善建良图,副朕所望也。"

贞阳承齐遣送,将届寿阳。贞阳前后频与僧辩书,论还国继统之意,僧辩不纳。及贞阳、高涣至于东关,散骑常侍裴之横率众拒战,败绩,僧辩因遂谋纳贞阳,仍定君臣之礼。启曰:"自秦兵寇陕,臣便营赴援,才及下船,荆城陷没,即遣刘周入国,具表丹诚,左右勋豪,初并同契。周既多时不还,人情疑阻;比册降中使,复遣诸处询谋,物论参差,未甚决定。始得侯瑱信,示西寇权景宣书,令以真迹上呈。观视将帅,恣欲同泰,若一朝仰违大国,臣不辞灰粉,悲梁祚永绝中兴。伏愿陛下便事济江,仰藉皇齐之威,凭陛下至圣之略,树君以长,雪报可期,社稷再辉,死且非吝。请押别使曹冲驰表齐都,续启事以闻,伏迟拜奉在促。"贞阳答曰:"姜嫄至,枉示具公忠义之怀。家国丧乱,于今积年。三后蒙尘,四海腾沸。天命元辅,匡救本朝。弘济艰难,建我宗祐。至于丘园板筑,尚想来仪;公室皇枝,岂在虚迟。闻孤还国,理会高怀,但近再命行人,或不宣具。公既询谋卿士,访逮藩维,沿溯往来,理淹旬月,使乎屈止,殊副所期。便是再立我萧宗,重兴我梁国。亿兆黎庶,咸蒙此恩;社稷宗祧,曾不相愧。近军次东关,频遣信裴之横处,示其可否。答对骄凶,殊骇闻瞩。上党王陈兵见卫,欲安危,无识之徒,忽然逆战。前旌未举,即自披猖,惊悼之情,弥以伤恻。上党王深自矜嗟,不传首级,更蒙封树,饰棺厚殡,务从优礼。齐朝大德,信感神民。方仰藉皇威,敬凭元宰,讨逆贼于咸阳,诛叛子于云梦,同心协力,克定邦家。览所示权景宣书,上流诸将,本有忠略,弃义向仇,庶当不尔,防奸定乱,终在于公。今且顿东关,更待来信,未知水陆何处见迎。夫建国立君,布在方策,入盟出质,有自来矣。若公之忠节,上感苍旻;群帅同谋,必匪携贰。则师反斾,义不陵江,如致爽言,誓以无克。韬旗侧席,迟复行人。曹冲奉表齐都,即押送也。渭桥之下,惟迟叙言;汜水之阳,预有号惧。"僧辩又重启曰:"员外常侍姜嫄还,奉敕伏具动止。大齐仁义之风,曲被邻国,恤灾救难,申此大猷。皇家枝戚,莫不荣荷;江东冠冕,俱知凭赖。今献不忘信,信实由衷,谨遣臣第七息显,显所生刘并弟子世珍,往彼充质;仍遣左民尚书周弘正至历阳奉迎。舻舳浮江,候一龙之渡;清宫丹陛,候六传之人。万国倾心,同荣晋文之反;三善克宣,方流宋昌之议。国祚既隆,社稷有奉。则群臣竭节,报厚施于大齐;戮力展愚,效忠诚于陛下。今遣吏部尚书王通奉启以闻。"僧辩因求以敬帝为皇太子。贞阳又答曰:"王尚书通至,复枉示,知欲遣贤弟世珍以表诚质,具悉忧国之怀。复以庭中玉树,掌内明珠,无累胸怀,志在匡救,岂非勍劳我社稷,弘济我邦家?惭叹之怀,用忘兴寝。晋安王东京贻厥之重,西都继体之贤,嗣守皇家,宁非民望。但世道丧乱,宜立长君,以其蒙孽,难可承业。成、昭之德,自古希俦;冲、质之危,何代无此。孤身当否运,志不图生。忽荷不世之恩,仍致非常之举。自惟虚薄,兢惧已深。若建承华,本归皇胄;心口相誓,惟拟晋安。如或虚言,神明所殛。览今所示,深遂本怀。戢慰之情,无寄言象。但公忧劳之重,既禀齐恩;忠义之情,复及梁贰。华夷兆庶,岂不怀风?宗庙明灵,岂不相感?正尔回斾,仍向历阳。所期质累,便望来彼。众军不渡,已著盟书。斯则大齐圣主之恩规,上党英王之然诺,得原失信,终不为也。惟迟相见,使在不赊。乡国非遥,触目号咽。"僧辩使送质于邺。贞阳求渡卫士三千,僧辩虑其为变，止受散卒千人而已，并遣龙舟法驾往迎。贞阳济江之日，僧辩拥楫中流，不敢就岸。后乃同会于江宁浦。

贞阳既践伪位，仍授僧辩大司马，领太子太傅、扬州牧，余悉如故。陈霸先时为司空、南徐州刺史，恶其翻覆，与诸将议，因自京口举兵十万，水陆俱至，袭于建康。于是水军到，僧辩处于石头城，是日正视事，军人已逾城北而入，南门又驰白有兵来。僧辩与其子颁遽走出阁，左右心腹尚数十人。众军悉至，僧辩计无所出，乃据南门楼乞命拜请。霸先因命纵火焚之，方共顾下就执。霸先曰："我有何辜，公欲与齐师赐讨？"又曰："何意全无防备？"僧辩曰："委公北门，何谓无备。"尔夜斩之。

长子颙，承圣初历官至侍中。初，僧辩平建业，遣霸先守京口，都无备防。颙屡以为言，僧辩不听，竟及于祸。西魏寇江陵，世祖遣颙督城内诸军事。荆城陷，颙随王琳入齐，为竟陵郡守。齐遣琳镇寿春，将图江左。陈既平淮南，执琳杀之。颙闻琳死，乃出郡城南，登高冢上号哭，一恸而绝。

颙弟颌，少有志节，恒随从世祖。及荆城陷覆，没于西魏。

史臣曰：自侯景寇逆，世祖据有上游，以全楚之兵委僧辩将率之任。及克平祸乱，功亦著焉，在乎策勋，当上台之赏。敬帝以高祖贻厥之重，世祖继体之尊，洎渚宫沦覆，理膺宝祚。僧辩位当将相，义存伊、霍，乃受胁齐师，傍立支庶。苟欲行夫忠义，何忠义之远矣？树国之道既亏，谋身之计不足，自致歼灭，悲矣！

卷四十六　　列传第四十

胡僧祐　徐文盛　杜崱兄岸 弟幼安　兄子龛　阴子春

胡僧祐，字愿果，南阳冠军人。少勇决，有武干。仕魏至银青光禄大夫，以大通二年归国，频上封事，高祖器之，拜假节、超武将军、文德主帅，使戍项城。城陷，复没于魏。中大通元年，陈庆之送魏北海王元颢入洛阳，僧祐又得还国，除南天水、天门二郡太守，有善政。性好读书，不解缉缀。然每在公宴，必强赋诗，文辞鄙俚，多被嘲谑，僧祐怡然自若，谓己实工，矜伐愈甚。

晚事世祖，为镇西录事参军。侯景乱，西沮蛮反，世祖令僧祐讨之，使尽诛其渠帅，僧祐谏，忤旨下狱。大宝二年，侯景寇荆陕，围王僧辩于巴陵，世祖乃引僧祐于狱，拜为假节、武猛将军，封新市县侯，令赴援。僧祐将发，谓其子曰："汝可开两门，一门拟朱，一门拟白。吉则由朱门，凶则由白门。吾不捷不归也。"世祖闻而壮之。至杨浦，景遣其将任约率锐卒五千，据白塔，遥以待之。僧祐由别路西上，约谓畏己而退，急追之，及于南安芋口，呼僧祐曰："吴儿，何为不早降？走何处去。"僧祐不与之言，潜引却，至赤砂亭，会陆法和至，乃与并军击约，大破之，擒约送于江陵。侯景闻之遂遁。世祖以僧祐为侍中、领军将军，征还荆州。承圣二年，进为车骑将军、开府仪同三司，余悉如故。西魏寇至，以僧祐为都督城东诸军事。魏军四面起攻，百道齐举，僧祐亲当矢石，昼夜督战，奖励将士，明于赏罚，众皆惮之，咸为致死，所向摧殄，贼莫敢前。俄而中流矢卒，时年六十三。世祖闻之，驰往临哭。于是内外惶骇，城遂陷。

徐文盛，字道茂，彭城人也。世仕魏为将。父庆之，天监初，率千余人自北归款，未至道卒。文盛仍统其众，稍立功绩，高祖甚优宠之。大同末，以为持节、督宁州刺史。先是，州在僻远，所管群蛮不识教义，贪欲财贿，劫篡相寻，前后刺史莫能制。文盛推心抚慰，示以威德，夷獠感之，风俗遂改。

太清二年，闻国难，乃召募得数万人来赴。世祖嘉之，以为持节、散骑常侍、左卫将军、督梁、南秦、沙、东益、巴、北巴六州诸军事、仁威将军、秦州刺史，授以东讨之略。于是文盛督众军东下，至武昌，遇侯景将任约，遂与相持。久之，世祖又命护军将军尹悦、平东将军杜幼安、巴州刺史王珣等会之，并受文盛节度。击任约于贝矶，约大败，退保西阳。文盛进据芦洲，又与相持。侯景闻之，乃率大众西上援约，至西阳。文盛不敢战。诸将咸曰："景水军轻进，又甚饥疲，可因此击之，必大捷。"文盛不许。文盛妻石氏，先在建邺，至是，景载以还之。文盛深德景，遂密通信使，都无战心，众咸愤怨。杜幼安、守簦等乃率所领独进，与景战，大破之，获其舟舰以归。会景密遣骑从间道袭陷郢州，军中凶惧，遂大溃。文盛奔还荆州，世祖仍以为城北面都督。又聚贼污甚多，世祖大怒，下令责之，数其十罪，除其官爵。文盛既失兵权，私怀怨望，世祖闻之，乃以下狱。时任约被擒，与文盛同禁。文盛谓约曰："汝何不早降，令我至此。"约曰："门外不见卿马迹，使我何遽得降？"文盛无以答，遂死狱中。

杜崱，京兆杜陵人也。其先自北归南，居于雍州之襄阳，子孙因家焉。祖灵启，齐给事中。父怀宝，少有志节，常邀际会。高祖义师东下，随南平王伟留镇襄阳。天监中，稍立功绩，官至骁猛将军、梁州刺史。大同初，魏梁州刺史元罗举州内附，怀宝复进督华州。值秦州所部武兴氏王杨绍反，怀宝击破之。五年，卒于镇。

崱即怀宝第七子也。幼有志气，居乡时以胆勇称。释褐庐江骠骑府中兵参军。世祖临荆州，仍参幕府，后为新兴太守。太清二年，随岳阳王来袭荆州，世祖以与之有旧，密邀之。崱乃与兄岸、弟幼安、兄子龛等夜归于世祖，世祖以为持节、信威将军、武州刺史。俄迁宣毅将军，领镇蛮护军、武陵内史，枝江县侯，邑千户。令随王僧辩东讨侯景。至巴陵，会景来攻，数十日不克而遁。加侍中、左卫将军，进爵为公，增邑五百户。仍随僧辩追景至石头，与贼相持横岭。及战，景亲率精锐，左右冲突，崱从岭后横截之，景乃大败，东奔晋陵，崱入据城。景平，加散骑常侍、持节、督江州诸军事、江州刺史，增邑千户。

是月，齐将郭元建攻秦州刺史严超远于秦郡，王僧辩令崱赴援。陈霸先亦自欧阳来会，与元建大战于士林，霸先令强弩射，元建却。崱因纵兵击，大破之，斩首万余级，生擒千余人，元建收余众而遁。时世祖执王琳于江陵，其长史陆纳等遂于长沙反，世祖征崱与王僧辩讨之。承圣二年，及纳等战于车轮，大败，陷其二垒，纳等走保长沙，崱等围之。后纳等降，崱又与王僧辩西讨武陵王于硖口，至即破平之。于是旋镇，遘疾卒。诏曰："崱，京兆旧姓，元凯苗裔。家传学业，世载忠贞。自驱传江渚，政号廉能。推毂浅原，实闻清静。奄致殒丧，恻怆于怀。可赠车骑将军，加鼓吹一部。谥曰武。"

崱兄弟九人，兄嵩、岑、岰、岌、嶷、巘、岸及弟幼安，并知名当世。

岸，字公衡。少有武干，好从横之术。太清中，与崱同归世祖，世祖以为持节、平北将军、北梁州刺史，封江陵县侯，邑一千户。岸因请袭襄阳，世祖许之。岸乃昼夜兼行，先往攻其城，不克。岳阳至，遂走依其兄巘于南阳，巘时为南阳太守。岳阳寻遣攻陷其城，岸及巘俱遇害。

幼安性至孝，宽厚，雄勇过人。太清中，与兄崱同归世祖，世祖以为云麾将军、西荆州刺史，封华容县侯，邑一千户。令与平南将军王僧辩讨河东王誉于长沙，平之。又命率精甲一万，助左卫将军徐文盛东讨侯景。至贝矶，遇景将任约来逆，遂与战，大败之。斩其仪同叱罗子通、湘州刺史赵威方等，传首江陵。乃进军大举口，与景相持。别攻武昌，拔之。景渡芦洲上流以压文盛等，幼安与众军攻之，景大败，尽获其舟舰。会景密遣袭陷郢州，执刺史方诸等以归，人情大骇，徐文盛由汉口遁归，众军大败，幼安遂降于景。景杀之，以其多反覆故也。

龛，崱第二兄岑之子。少骁勇，善用兵，亦太清中与诸父同归世祖，世祖以为持节、忠武将军、鄅州刺史，中庐县侯，邑一千户。与叔幼安俱随王僧辩讨河东王，平之。又随僧辩下，继徐文盛军至巴陵，闻侯景袭陷郢州，西上将至，乃与僧辩等守巴陵以待之。景至，围之数旬，不克而遁。迁太府卿、安北将军、督定州诸军事、定州刺史，加通直散骑常侍，增邑五百户。仍随僧辩追景至江夏，围其城。景将宋子仙弃城遁，龛追至杨浦，生擒之。大宝三年，众军至姑孰，景将侯子鉴逆战，龛与陈霸先、王琳等率精锐击之，大败子鉴，遂至于石头。景亲率其党会战，龛与众军奋击，大破景，景遂东奔。论功为最，授平东将军、东扬州刺史，益封一千户。

承圣二年，又与王僧辩讨陆纳等于长沙，降之。又征武陵王于西陵，亦平之。后江陵陷，齐纳贞阳侯以绍梁嗣，以龛为震州刺史、吴兴太守。又除镇南将军、都督南豫州诸军事、南豫州刺史、溧阳县侯，给鼓吹一部。又加散骑常侍、镇东大将军。会陈霸先袭陷京师，执王僧辩杀之。龛，僧辩之婿也，为吴兴太守。以霸先既非贵素，兵又猥杂，在军府日，都不以霸先经心；及为本郡，每以法绳其宗门，无所纵舍，霸先衔之切齿。及僧辩败，龛乃据吴兴以拒之，遣军副杜泰攻陈蒨于长城，反为蒨所败。霸先乃遣将周文育讨龛，龛令从弟北叟出距，又为文育所破，走义兴，霸先亲率众围之。会齐将柳达摩等袭京师，霸先恐，遂还与齐人连和。龛闻齐兵还，乃降，遂遇害。

阴子春，字幼文，武威姑臧人也。晋义熙末，曾祖袭，随宋高祖南迁，至南平，因家焉。父智伯，与高祖邻居，少相友善，尝入高祖卧内，见有异光成五色，因握高祖手曰："公后必大贵，非人臣也。天下方乱，安苍生者，其在君乎！"高祖曰："幸勿多言。"于是情好转密，高祖每有求索，如外府焉。及高祖践阼，官至梁、秦二州刺史。

子春，天监初，起家宣惠将军、西阳太守。普通中，累迁至明威将军、南梁州刺史；又迁信威将军、都督梁、秦、华三州诸军事、梁、秦二州刺史。太清二年，讨峡中叛蛮，平之。征为左卫将军，又迁侍中。属侯景乱，世祖令子春随领军将军王僧辩攻邵陵王于郢州，平之。又与左卫将军徐文盛东讨侯景，至贝矶，与景遇，子春力战，恒冠诸军，频败景。值郢州陷没，军遂退败。大宝二年，卒于江陵。

孙颢，少知名。释褐奉朝请，历尚书金部郎。后入周。撰《琼林》二十卷。

史臣曰：胡僧祐勇干有闻，搴旗破敌者数矣；及捐躯殉节，殒身王事，虽古之忠烈，何以加焉。徐文盛始立功绩，不能终其成名，为不义也。杜崱识机变之理，知向背之宜，加以身屡典军，频殄寇逆，勋庸显著，卒为中兴功臣。义哉！

卷四十七　　列传第四十一

孝行

滕昙恭　徐普济　宛陵女子　沈崇傃
荀匠　庾黔娄　吉翂　甄恬
韩怀明　刘昙净　何炯　庾沙弥
江紑　刘霁　褚修　谢蔺

经云："夫孝，德之本也。"此生民之为大，有国之所先欤！高祖创业开基，饬躬化俗，浇弊之风以革，孝治之术斯著。每发丝纶，远加旌表。而淳和比屋，罕要诡俗之誉，潜晦成风，俯列逾群之迹，彰于视听，盖无几焉。今采缀以备遗逸云尔。

滕昙恭，豫章南昌人也。年五岁，母杨氏患热，思食寒瓜，土俗所不产。昙恭历访不能得，衔悲哀切。俄值一桑门问其故，昙恭具以告。桑门曰："我有两瓜，分一相遗。"昙恭拜谢，因捧瓜还，以荐其母。举室惊异。寻访桑门，莫知所在。及父母卒，昙恭水浆不入口者旬日，感恸呕血，绝而复苏。隆冬不著茧絮，蔬食终身。每至忌日，思慕不自堪，昼夜哀恸。其门外有冬生树二株，时忽有神光自树而起，俄见佛像及夹侍之仪，容光显著，自门而入。昙恭家人大小，咸共礼拜，久之乃灭，远近道俗咸传之。太守王僧度引昙恭为功曹，固辞不就。王俭时随僧度在郡，号为滕曾子。天监元年，陆琏奉使巡行风俗，表言其状。昙恭有子三人，皆有行业。

时有徐普济者，长沙临湘人。居丧未及葬，而邻家火起，延及其舍，普济号恸伏棺上，以身蔽火。邻人往救之，焚炙已闷绝，累日方苏。

宣城宛陵有女子与母同床寝，母为猛虎所搏，女号叫拿虎，虎毛尽落，行十数里，虎乃弃之。女抱母还，犹有气，经时乃绝。太守萧琛赗焉，表言其状。有诏旌其闾。

沈崇傃，字思整，吴兴武康人也。父怀明，宋兖州刺史。崇傃六岁丁父忧，哭踊过礼。及长，佣书以养母焉。齐建武初，起家为奉朝请。永元末，迁司徒行参军。天监初，为前军鄱阳王参军事。三年，太守柳恽辟为主簿。崇傃从恽到郡，还迎其母。母卒。崇傃以不及侍疾，将欲致死，水浆不入口，昼夜号哭，旬日殆将绝气。兄弟谓之曰："殡葬未申，遽自毁灭，非全孝之道也。"崇傃之瘗所，不避雨雪，倚坟哀恸。每夜恒有猛兽来望之，有声状如叹息者。家贫无以迁窆，乃行乞经年，始获葬焉。既而庐于墓侧，自以初行丧礼不备，复以葬后更治服三年。久食麦屑，不啖盐酢，坐卧于单荐，因虚肿不能起。郡县举其至孝。高祖闻，即遣中书舍人慰勉之，乃下诏曰："前军沈崇傃，少有志行，居丧逾礼。窀制不终，未得大葬，自以行乞淹年，哀典多阙，方欲以永慕之晨，更为再期之始。虽即情可矜，礼有明断。可便令除释，擢补太子洗马。旌彼门闾，敦兹风教。"崇傃奉诏释服，而涕泣如居丧，固辞不受官，苦自陈让，经年乃得为永宁令。自以禄不及养，但恨愈甚，哀思不自堪，至县卒，时年三十九。

荀匠，字文师，颍阴人，晋太保勖九世孙也。祖琼，年十五，复父仇于成都市，以孝闻。宋元嘉末，渡淮赴武陵王义，为元凶追兵所杀，赠员外散骑侍郎。父法超，齐中兴末为安复令，卒于官。凶问至，匠号恸气绝，身体皆冷，至夜乃苏。既而奔丧，每宿江渚，商旅皆不忍闻其哭声。服未阕，兄斐起家为郁林太守，征俚贼，为流矢所中，死于阵。丧还，匠迎至豫章，望舟投水，傍人赴救，仅而得全。既至，家贫不得时葬。居父忧并兄服，历四年不出庐户。自括发后，不复栉沐，发皆秃落。哭无时，声尽则系之以泣，目眦皆烂，形体枯悴，皮骨裁连，虽家人

不复识。郡县以状言，高祖诏遣中书舍人为其除服，擢为豫章王国左常侍。匠虽即吉，毁悴逾甚。外祖孙谦诫之曰："主上以孝治天下，汝行过古人，故发明诏，擢汝此职。非唯君父之命难拒，故亦扬名后世，所显岂独汝身哉！"匠于是乃拜。竟以毁卒于家，时年二十一。

庾黔娄，字子贞，新野人也。父易，司徒主簿，征不至，有高名。

黔娄少好学，多讲诵《孝经》，未尝失色于人，南阳高士刘虬、宗测并叹异之。起家本州主簿，迁平西行参军。出为编令，治有异绩。先是，县境多虎暴。黔娄至，虎皆渡往临沮界，当时以为仁化所感。齐永元初，除孱陵令，到县未旬，易在家遘疾，黔娄忽然心惊，举身流汗，即日弃官归家，家人悉惊其忽至。时易疾始二日，医云："欲知差剧，但尝粪甜苦。"易泄痢，黔娄辄取尝之，味转甜滑，心逾忧苦。至夕，每稽颡北辰，求以身代。俄闻空中有声曰："征君寿命尽，不复可延，汝诚祷既至，止得申至月末。"及晦而易亡，黔娄居丧过礼，庐于冢侧。和帝即位，将起之，镇军萧颖胄手书敦譬，黔娄固辞。服阕，除西台尚书仪曹郎。

梁台建，邓元起为益州刺史，表黔娄为府长史、巴西、梓潼二郡太守。及成都平，城中珍宝山积，元起悉分与僚佐，惟黔娄一无所取。元起恶其异众，厉声曰："长史何独尔为！"黔娄示不违之，请书数箧。寻除蜀郡太守，在职清素，百姓便之。元起死于蜀，部曲皆散，黔娄身营殡殓，携持丧柩归乡里。还为尚书金部郎，迁中军表记室参军。东宫建，以本官侍皇太子读，甚见知重，诏与太子中庶子殷钧、中舍人到洽、国子博士明山宾等，递日为太子讲《五经》义。迁散骑侍郎、荆州大中正。卒，时年四十六。

吉翂，字彦霄，冯翊莲勺人也。世居襄阳。翂幼有孝性。年十一，遭所生母忧，水浆不入口，殆将灭性，亲党异之。天监初，父为吴兴原乡令，为奸吏所诬，逮诣廷尉。翂年十五，号泣衢路，祈请公卿，行人见者，皆为陨涕。其父理虽清白，耻为吏讯，乃虚自引咎，罪当大辟。翂乃挝登闻鼓，乞代父命。高祖异之，敕廷尉卿蔡法度曰："吉翂请死赎父，义诚可嘉；但其幼童，未必自能造意。卿可严加胁诱，取其款实。"法度受敕还寺，盛陈徽缠，备列官司，厉色问翂曰："尔求代父死，敕已相许，便应伏法。然刀锯至剧，审能死不？且尔童孺，志不及此，必为人所教。姓名是谁，可具列答。若有悔异，亦相听许。"翂对曰："囚虽蒙弱，岂不知死可畏惮？顾诸弟稚藐，唯囚为长，不忍见父极刑，自延视息。所以内断胸臆，上干万乘。今欲殉身不测，委骨泉壤，此非细故，奈何受人教邪！明诏听代，不异登仙，岂有回贰！"法度知翂至心有在，不可屈挠，乃更和颜诱语之曰："主上知尊侯无罪，行当释亮。观君神仪明秀，足称佳童，今若转辞，幸父子同济。奚以此妙年，苦求汤镬？"翂对曰："凡鲲鲡蝼蚁，尚惜其生；况在人斯，岂愿齑粉？但囚父挂深劾，必正刑书，故思殒仆，冀延父命。今瞑目引领，以听大戮，情殚意极，

无言复对。"玠初见囚，狱掾依法备加桎梏；法度矜之，命脱其二械，更令著一小者。玠弗听，曰："玠求代父死，死罪之囚，唯宜增益，岂可减乎？"竟不脱械。法度具以奏闻，高祖乃宥其父。丹阳尹王志求其在廷尉故事，并请乡居，欲于岁首，举充纯孝之选。玠曰："异哉王尹，何量玠之薄лиш！夫父辱子死，斯道固然。若玠有靦面目，当其此举，则是因父买名，一何甚辱！"拒之而止。年十七，应辟为本州主簿。出监万年县，摄官期月，风化大行。自雍还至郢，湘州刺史柳悦复召为主簿。后乡人裴俭、丹阳尹丞臧盾、扬州中正张仄连名荐玠，以为孝行纯至、明通《易》、《老》。敕付太常旌举。初，玠以父陷罪，因成悸疾，后因发而卒。

甄恬，字彦约，中山无极人也，世居江陵。祖钦之，长宁令。父标之，州从事。恬数岁丧父，哀感有若成人。家人矜其小，以肉汁和饭饲之，恬不肯食。年八岁，问其母，恨生不识父，遂悲泣累日，忽若有见，言其形貌，则其父也，时以为孝感。家贫，养母常得珍羞。及居丧，庐于墓侧，恒有鸟玄黄杂色，集于庐树，恬哭则鸣，哭止则止。又有白雀栖宿其庐。州将始兴王憺美其行状。诏曰："朕虚己钦贤，寤寐盈想。诏彼群岳，务尽搜扬。恬既孝行殊异，声著邦壤，敦风厉俗，弘益兹多。牧守腾闻，义同亲览。可旌表室闾，加以爵位。"恬官至安南行参军。

韩怀明，上党人也，客居荆州。年十岁，母患尸疰，每发辄危殆。怀明夜于星下稽颡祈祷，时寒甚切，忽闻香气，空中有人语曰："童子母须臾永差，无劳自苦。"未晓，而母豁然平复。乡里异之。十五丧父，几至灭性，负土成坟，赠助无所受。免丧，与乡人郭麐俱师事南阳刘虬。虬尝一日废讲，独居涕泣。怀明窃问其故，虬家人答云："是外祖亡日。"时虬母亦亡矣。怀明闻之，即日罢学，还家就养。虬叹曰："韩生无虞丘之恨矣。"家贫，常肆力以供甘脆，嬉怡膝下，朝夕不离母侧。母年九十一，以寿终，怀明水浆不入口一旬，号哭不绝声。有双白鸠巢其庐上，字乳驯狎，若家禽焉，服释乃去。既除丧，蔬食终身，衣衾无改。天监初，刺史始兴王憺表言之。州累辟不就，卒于家。

刘昙净，字元光，彭城莒人也。祖元真，淮南太守，居郡得罪；父慧镜，历诣朝士乞哀，恳恻甚至，遂以孝闻。昙净笃行有父风。解褐安成王国左常侍。父卒于郡，昙净奔丧，不食饮者累日，绝而又苏。每哭辄呕血。服阕，因毁瘠成疾。会有诏，士姓各举四科，昙净叔父慧斐举以应孝行，高祖用为海宁令。昙净以兄未为县，因以让兄，乃除安西行参军。父亡后，事母尤淳至，身营飧粥，不以委人。母疾，衣不解带。及母亡，水浆不入口者殆一旬。母丧，权瘗药王寺。时天寒，昙净衣单布，庐于瘗所，昼夜哭泣不绝声，哀感行路，未及期而卒。

何炯，字士光，庐江灊人也。父搏，太中大夫。炯年十五，从兄胤受业，一期并通《五经》章句。炯白皙，美容貌，从兄求、点每称之曰："叔宝神清，弘治肤清。今观此子，复见卫、杜在目。"炯常慕恬退，不乐进仕。从叔昌寓谓曰："求、点皆已高蹈，尔无宜复尔。且君子出处，亦各一途。"年十九，解褐扬州主簿。举秀才，累迁王府行参军、尚书兵、库部二曹郎。出为永康令，以和理称。还为仁威南康王限内记室，迁治书侍御史。以父疾经旬，衣不解带，头不栉沐，信宿之间，形貌顿改。及父卒，号恸不绝声，枕山藉地，腰虚脚肿，竟以毁卒。

庾沙弥，颍阴人也。晋司空冰六世孙。父佩玉，辅国长史、长沙内史，宋升明中坐沈攸之事诛，沙弥时始生。年至五岁，所生母为制采衣，辄不肯服。母问其故，流涕对曰："家门祸酷，用是何为！"既长，终身布衣蔬食。起家临川王国左常侍，迁中军田曹行参军。嫡母刘氏寝疾，沙弥晨昏侍侧，衣不解带，或应针灸，辄以身先试之。及母亡，水浆不入口累日，终丧不解衰经，不出庐户，昼夜号恸，邻人不忍闻。墓在新林，因有旅松百余株，自生坟侧。族兄都官尚书咏表言其状，应纯孝之举，高祖召见嘉之，以补歛令。还除轻车邵陵王参军事，随府会稽，复丁所生母忧。丧还都，济浙江，中流遇风，舫将覆没，沙弥抱柩号哭，俄而风静，盖孝感所致。服阕，除信威刑狱参军，兼丹阳郡□□□累迁宁远录事参军，转司马。出为长城令，卒。

江绂，字含洁，济阳考城人也。父蒨，光禄大夫。绂幼有孝性。年十三，父患眼，绂侍疾经期月，衣不解带。夜梦一僧云："患眼者，饮慧眼水必差。"及觉说之，莫能解者。绂第三叔禄与草堂寺智者法师善，往访之。智者曰："《无量寿经》云：慧眼见真，能渡彼岸。"蒨乃因智者启舍同夏县界牛屯里舍为寺，乞赐嘉名。敕答云："纯臣孝子，往往感应。晋世颜含，遂见冥中送药。近见智者，知卿第二息感梦，云饮慧眼水。慧眼则是五眼之一号，若欲造寺，可以慧眼为名。"及就创造，泄故井，井水清冽，异于常泉。依梦取水洗眼及煮药，稍觉有瘳，因此遂差。时人谓之孝感。南康王为南州，召为迎主簿。绂性静，好《老》、《庄》玄言，尤善佛义，不乐进仕。及父卒，绂庐于墓，终日号恸不绝声，月余卒。

刘霁，字士烜，平原人也。祖乘民，宋冀州刺史。父闻慰，齐工员郎。霁年九岁，能诵《左氏传》，宗党咸异之。十四居父忧，有至性，每哭辄呕血。家贫，与弟杳、歊相笃励学。既长，博涉多通。天监中，起家奉朝请，稍迁宣惠晋安王府参军，兼限内记室，出补西昌相。人为尚书主客侍郎。未期，除海盐令。霁前后宰二邑，并以和理著称。还为建康正，非所好。顷之，以疾免。寻除建康令，不拜。母明氏寝疾，霁年已五十，衣不解带者七旬，诵《观世音经》，数至万遍，夜因感梦，见一僧谓曰："夫人算尽，君精诚笃至，当相为申延。"后六十余日乃亡。霁庐于墓，哀恸过礼。常有双白鹤驯翔庐侧。处士阮孝绪致书抑臂,霁思慕不已,服未终而卒,时年五十二。著《释俗语》八卷,文集十卷。弟杳在《文学传》,歆在《处士传》。

褚修,吴郡钱唐人也。父仲都,善《周易》,为当时最。天监中,历官《五经》博士。修少传父业,兼通《孝经》、《论语》,善尺牍,颇解文章。初为湘东王国侍郎,稍迁轻车湘东府行参军,并兼国子助教。武陵王为扬州,引为宣惠参军、限内记室。修性至孝,父丧毁瘠过礼,因患冷气。及丁母忧,水浆不入口二十三日,气绝复苏,每号恸呕血,遂以毁卒。

谢蔺,字希如,陈郡阳夏人也。晋太傅安八世孙。父经,北中郎谘议参军。蔺五岁,每父母未饭,乳媪欲令蔺先饭,蔺曰:"既不觉饥。"强食终不进。舅阮孝绪闻之,叹曰:"此儿在家则曾子之流,事君则蔺生之匹。"因名之曰蔺。稍受以经史,过目便能讽诵。孝绪每曰"吾家阳元也"。及丁父忧,昼夜号恸,毁瘠骨立,母阮氏常自守视擘抑之。服阕后,吏部尚书萧子显表其至行,擢为王府法曹行参军,累迁外兵记室参军。时甘露降士林馆,蔺献颂,高祖嘉之,因有诏使制《北兖州刺史萧楷德政碑》,又奉令制《宣城王奉述中庸颂》。太清元年,迁散骑侍郎,兼散骑常侍,使于魏。会侯景举地入附,境上交兵,蔺母虑不得还,感气卒。及蔺还入境,尔夕梦不祥,旦便投劾驰归。既至,号恸呕血,气绝久之,水浆不入口。亲友虑其不全,相对悲恸,强劝以饮粥。蔺初勉强受之,终不能进,经月余日,因夜临而卒,时年三十八。蔺所制诗赋碑颂数十篇。

史臣曰:孔子称"毁不灭性",教民无以死伤生也,故制丧纪,为之节文。高柴、仲由伏膺圣教,曾参、闵损虔恭孝道,或水浆不入口,泣血终年,岂不知创钜痛深,《蓼莪》慕切?所谓先王制礼,贤者俯就。至如丘、吴,终于毁灭。若刘昙净、何炯、江紑、谢蔺者,亦二子之志欤。

卷四十八　　列传第四十二

儒　林

**伏曼容　何佟之　范缜　严植之
贺玚　子革　司马筠　卞华
崔灵恩　孔佥　卢广　沈峻**太史叔明
孔子祛　皇侃

汉氏承秦燔书,大弘儒训,太学生徒,动以万数,郡国黉舍,悉皆充满。学于山泽者,至或就为列肆,其盛也如是。汉末丧乱,其道遂衰。魏正始以后,仍尚玄虚之学,为儒者盖寡。时荀顗、挚虞之徒,虽删定新礼,改官职,未能易俗移风。自是中原横溃,衣冠殄尽;江左草创,日不暇给;以迄于宋、齐。国学时或开置,而劝课未博,建之不及十年,盖取文具,废之多历世祀,其弃也忽诸。乡里莫或开馆,公卿罕通经术。朝廷大儒,独学而弗肯养众;后生孤陋,拥经而无所讲习。三德六艺,其废久矣。

高祖有天下,深愍之,诏求硕学,治五礼,定六律,改斗历,正权衡。天监四年,诏曰:"二汉登贤,莫非经术,服膺雅道,名立行成。魏、晋浮荡,儒教沦歇,风节罔树,抑此之由。朕日昃罢朝,思闻俊异,收士得人,实惟酬奖。可置《五经》博士各一人,广开馆宇,招内后进。"于是以平原明山宾、吴兴沈峻、建平严植之、会稽贺玚补博士,各主一馆。馆有数百生,给其饩廪。其射策通明者,即除为吏。十数月间,怀经负笈者云会京师。又选遣学生如会稽云门山,受业于庐江何胤。分遣博士祭酒,到州郡立学。七年,又诏曰:"建国君民,立教为首,砥身砺行,由乎经术。朕肇基明命,光宅区宇,虽耕耘雅业,傍阐艺文,而成器未广,志本犹阙。非以熔范贵游,纳诸轨度;思欲式敦让齿,自家刑国。今声训所渐,戎夏同风。宜大启痒斅,博延胄子,务彼十伦,弘此三德,使陶钧远被,微言载表。"于是皇太子、皇子、宗室、王侯始就业焉。高祖亲屈舆驾,释奠于先师先圣,申之以宴语,劳之以束帛,济济焉,洋洋焉,大道之行也如是。其伏曼容、何佟之、范缜,有旧名于世;为时儒者,严植之、贺玚等首膺兹选。今并缀为《儒林传》云。

伏曼容,字公仪,平昌安丘人。曾祖滔,晋著作郎。父胤之,宋司空主簿。曼容早孤,与母兄客居南海。少笃学,善《老》、《易》,倜傥好大言,常云:"何晏疑《易》中九事。以吾观之,晏了不学也,故知平叔有所短。"聚徒教授以自业。为骠骑行参军。宋明帝好《周易》,集朝臣于清暑殿讲,诏曼容执经。曼容素美风采,帝恒以方嵇叔夜,使吴人陆探微画叔夜像以赐之。迁司徒参军。袁粲为丹阳尹,请为江宁令,入拜尚书外兵郎。升明末,为辅国长史、南海太守。齐初,为通直散骑侍郎。永明初,为太子率更令,侍皇太子讲。卫将军王俭深相交好,令与河内司马宪、吴郡陆澄共撰《丧服义》,既成,又欲与之定礼乐。会俭薨,迁中书侍郎、大司马谘议参军,出为武昌太守。建武中,入拜中散大夫。时明帝不重儒术,曼容宅在瓦官寺东,施高坐于听事,有宾客辄升高坐为讲说,生徒常数十人。梁台建,以曼容旧儒,召拜司马,出为临海太守。天监元年,卒官,时年八十二。为《周易》、《毛诗》、《丧服集解》、《老》、《庄》、《论语义》。子暅,在《良吏传》。

何佟之,字士威,庐江灊人,豫州刺史恽六世孙也。祖劭之,宋员外散骑常侍。父歆,齐奉朝请。佟之少好《三礼》,师心独学,强力专精,手不辍卷,读《礼》论三百篇，略皆上口。时太尉王俭为时儒宗，雅相推重。起家扬州从事，仍为总明馆学士，频迁司徒车骑参军事、尚书祠部郎。齐建武中，为镇北记室参军，侍皇太子讲，领丹阳邑中正。时步兵校尉刘瓛、征士吴苞皆已卒，京邑硕儒，唯佟之而已。佟之明习事数，当时国家吉凶礼则，皆取决焉，名重于世。历步兵校尉、国子博士，寻迁骠骑谘议参军，转司马。永元末，京师兵乱，佟之常集诸生讲论，孜孜不息。中兴初，拜骁骑将军。高祖践阼，尊重儒术，以佟之为尚书左丞。是时百度草创，佟之依《礼》定议，多所裨益。天监二年，卒官，年五十五。高祖甚悼惜，将赠之官；故事左丞无赠官者，特诏赠黄门侍郎，儒者荣之。所著文章、《礼义》百许篇。子：朝隐、朝晦。

范缜，字子真，南乡舞阴人也。晋安北将军汪六世孙。祖璩之，中书郎。父濛，早卒。缜少孤贫，事母孝谨。年未弱冠，闻沛国刘瓛聚众讲说，始往从之，卓越不群而勤学，瓛甚奇之，亲为之冠。在瓛门下积年，去来归家，恒芒屩布衣，徒行于路。瓛门多车马贵游，缜在其门，聊无耻愧。既长，博通经术，尤精《三礼》。性质直，好危言高论，不为士友所安。唯与外弟萧琛相善，琛名曰口辩，每服缜简诣。

起家齐宁蛮主簿，累迁尚书殿中郎。永明年中，与魏氏和亲，岁通聘好，特简才学之士，以为行人。缜及从弟云、萧琛、琅邪颜幼明、河东裴昭明相继将命，皆著名邻国。于时竟陵王子良盛招宾客，缜亦预焉。建武中，迁领军长史。出为宜都太守，母忧去职，归居于南州。义军至，缜墨绖来迎。高祖与缜有西邸之旧，见之甚悦。及建康城平，以缜为晋安太守，在郡清约，资公禄而已。视事四年，征为尚书左丞。缜去还，虽亲戚无所遗，唯饷前尚书令王亮。缜仕齐时，与亮同台为郎，旧相友，至是亮被摈弃在家。缜自迎王师，志在权轴，既而所怀未满，亦常怏怏，故私相亲结，以矫时云。后竟坐亮徙广州，语在亮传。

初，缜在齐世，尝侍竟陵王子良。子良精信释教，而缜盛称无佛。子良问曰："君不信因果，世间何得有富贵，何得有贫贱？"缜答曰："人之生譬如一树花，同发一枝，俱开一蒂，随风而堕，自有拂帘幌坠于茵席之上，自有关篱墙落于溷粪之侧。坠茵席者，殿下是也；落粪溷者，下官是也。贵贱虽复殊途，因果竟在何处？"子良不能屈，深怪之。缜退论其理，著《神灭论》曰：

或问予云："神灭，何以知其灭也？"答曰："神即形也，形即神也；是以形存则神存，形谢则神灭也。"

问曰："形者无知之称，神者有知之名。知与无知，即事有异，神之与形，理不容一，形神相即，非所闻也。"答曰："形者神之质，神者形之用；是则形称其质，神言其用；形之与神，不得相异也。"

问曰："神故非质，形故非用，不得为异，其义安在？"答曰："名殊而体一也。"

问曰："名既已殊，体何得一？"答曰："神之于质，犹利之于刀；形之于用，犹刀之于利；利之名非刀也，刀之名非利也。然而舍利无刀，舍刀无利。未闻刀没而利存，岂容形亡而神在？"

问曰："刀之与利，或如来说；形之与神，其义不然。何以言之？木之质无知也，人之质有知也；人既有如木之质，而有异木之知，岂非木有一、人有二邪？"答曰："异哉言乎！人若有如木之质以为形，又有异木之知以为神，则可如来论也。今人之质，质有知也；木之质，质无知也。人之质非木质也，木之质非人质也，安在有如木之质而复有异木之知哉！"

问曰："人之质所以异木质者，以其有知耳。人而无知，与木何异？"答曰："人无无知之质，犹木无有知之形。"

问曰："死者之形骸，岂非无知之质邪？"答曰："是无人质。"

问曰："若然者，人果有如木之质，而有异木之知矣。"答曰："死者有如木之质，而无异木之知；生者有异木之知，而无如木之质也。"

问曰："死者之骨骸，非生者之形骸邪？"答曰："生形之非死形，死形之非生形，区已革矣。安有生人之形骸，而有死人之骨骼哉？"

问曰："若生者之形骸，非死者之骨骼；非死者之骨骼，则应不由生者之形骸；不由生者之形骸，则此骨骼从何而至此邪？"答曰："是生者之形骸，变为死者之骨骼也。"

问曰："生者之形骸虽变为死者之骨骼，岂不因生而有死？则知死体犹生体也。"答曰："如因荣木变为枯木，枯木之质，宁是荣木之体！"

问曰："荣体变为枯体，枯体即是荣体；丝体变为缕体，缕体即是丝体，有何别焉？"答曰："若枯即是荣，荣即是枯，应荣时凋零，枯时结实也。又荣木不应变为枯木，以荣即枯，无所复变也。荣枯是一，何不先枯后荣？要先荣后枯，何也？丝缕之义，亦同此破。"

问曰："生形之谢，便应豁然都尽。何故方受死形，绵历未已邪？"答曰："生灭之体，要有其次故也。夫欻而生者必欻而灭，渐而生者必渐而灭。欻而生者，飘骤是也；渐而生者，动植是也。有欻有渐，物之理也。"

问曰："形即是神者，手等亦是邪？"答曰："皆是神之分也。"

问曰："若皆是神之分，神既能虑，手等亦应能虑也？"答曰："手等亦应能有痛痒之知，而无是非之虑。"

问曰："知之与虑，为一为异？"答曰："知即是虑。浅则为知，深则为虑。"

问曰："若尔，应有二虑；虑既有二，神有二乎？"答曰："人体惟一，神何得二。"

问曰："若不得二，安有痛痒之知，复有是非之虑？"答曰："如手足虽异，总为一人。是非痛痒虽复有异，亦总为一神矣。"

问曰:"是非之虑,不关手足,当关何处?"答曰:"是非之虑,心器所主。"

问曰:"心器是五藏之心,非邪?"答曰:"是也。"

问曰:"五藏有何殊别,而心独有是非之虑乎?"答曰:"七窍亦复何殊,而司用不均。"

问曰:"虑思无方,何以知是心器所主?"答曰:"五藏各有所司,无有能虑者,是以知心为虑本。"

问曰:"何不寄在眼等分中?"答曰:"若虑可寄于眼分,眼何故不寄于耳分邪?"

问曰:"虑体无本,故可寄之于眼分;眼自有本,不假寄于佗分也。"答曰:"眼何故有本而虑无本;苟无本于我形,而可遍寄于异地。亦可张甲之情,寄王乙之躯;李丙之性,托赵丁之体。然乎哉?不然也。"

问曰:"圣人形犹凡人之形,而有凡圣之殊,故知形神异矣。"答曰:"不然。金之精者能昭,秽者不能昭,有能昭之精金,宁有不昭之秽质。又岂有圣人之神而寄凡人之器,亦无凡人之神而托圣人之体。是以八采、重瞳、勋、华之容;龙颜、马口、轩、皞之状;形表之异也。比干之心,七窍列角;伯约之胆,其大若拳;此心器之殊也。是知圣人定分,每绝常区,非惟道革群生,乃亦形超万有。凡圣均体,所未敢安。"

问曰:"子云圣人之形必异于凡者。敢问阳货类仲尼,项籍似大舜;舜、项、孔、阳,智革形同,其故何邪?"答曰:"珉似玉而非玉,鸡类凤而非凤;物诚有之,人故宜尔。项、阳貌似而非实似,心器不均,虽貌无益。"

问曰:"凡圣之殊,形器不一,可也。圣人员极,理无二;而丘、旦殊姿,汤、文异状,神不俙色,于此益明矣。"答曰:"圣同于心器,形不必同也,犹马殊毛而齐逸,玉异色而均美。是以晋棘、荆和,等价连城;骅骝、騄骊,俱致千里。"

问曰:"形神不二,既闻之矣,形谢神灭,理固宜然。敢问经云'为之宗庙,以鬼飨之',何谓也?"答曰:"圣人之教然也。所以弭孝子之心,而厉偷薄之意,神而明之,此之谓矣。"

问曰:"伯有被甲,彭生豕见,坟素著其事,宁是设教而已邪?"答曰:"妖怪茫茫,或存或亡,强死者众,不皆为鬼。彭生、伯有,何独能然;乍为人豕,未必齐、郑之公子也。"

问曰:"《易》称'故知鬼神之情状,与天地相似而不违'。又曰:'载鬼一车。'其义云何?"答曰:"有禽焉,有兽焉,飞走之别也;有人焉,有鬼焉,幽明之别也。人灭而为鬼,鬼灭而为人,则未之知也。"

问曰:"知此神灭,有何利用邪?"答曰:"浮屠害政,桑门蠹俗。风惊雾起,驰荡不休。吾哀其弊,思拯其溺。夫竭财以赴僧,破产以趋佛,而不恤亲戚,不怜穷匮者何?良由厚我之情深,济物之意浅。是以圭撮涉于贫友,吝情动于颜色;千钟委于富僧,欢意畅于容发。岂不以僧有多余之期,友无遗秉之报,务施阙于周急,归德必于在己。又惑以茫昧之言,惧以阿鼻之苦,诱以虚诞之辞,欣以兜率之乐。故舍逢掖,袭横衣,废俎豆,列瓶钵;家家弃其亲爱,人人绝其嗣续。致使兵挫于行间,吏空于官府,粟罄于惰游,货殚于泥木。所以奸宄弗胜,颂声尚拥,惟此之故,其流莫已,其病无限。若陶甄禀于自然,森罗均于独化;忽焉自有,恍尔而无,来也不御,去也不追,乘夫天理,各安其性。小人甘其垄亩,君子保其恬素;耕而食,食不可穷也;蚕而衣,衣不可尽也;下有余以奉其上,上无为以待其下,可以全生,可以匡国,可以霸君,用此道也。"

此论出,朝野喧哗,子良集僧难之而不能屈。

缜在南累年,追还京。既至,以为中书郎、国子博士,卒官。文集十卷。

子胥,字长才。传父学,起家太学博士。胥有口辩,大同中,常兼主客郎,对接北使。迁平西湘东王谘议参军,侍宣城王读。出为鄱阳内史,卒于郡。

严植之,字孝源,建平秭归人也。祖钦,宋通直散骑常侍。植之少善《庄》、《老》,能玄言,精解《丧服》、《孝经》、《论语》。及长,遍治郑氏《礼》、《周易》、《毛诗》、《左氏春秋》。性淳孝谨厚,不以所长高人。少遭父忧,因菜食二十三载,后得风冷疾,乃止。

齐永明中,始起家为庐陵王国侍郎,迁广汉王国右常侍。王诛,国人莫敢视,植之独奔哭,手营殡殓,徒跣送丧墓所,为起冢,葬毕乃还,当时义之。建武中,迁员外郎、散骑常侍。寻为康乐侯相,在县清白,民吏称之。天监二年,板后军骑兵参军事。高祖诏求通儒治五礼,有司奏植之治凶礼。四年初,置《五经》博士,各开馆教授,以植之兼《五经》博士。植之馆在潮沟,生徒常百数。植之讲,五馆生必至,听者千余人。六年,迁中抚军记室参军,犹兼博士。七年,卒于馆,时年五十二。植之自疾后,便不受廪俸,妻子困乏。既卒,丧无所寄,生徒为市宅,乃得成丧焉。

植之性仁慈,好行阴德,虽在暗室,未尝怠也。少尝山行,见一患者,植之问其姓名,不能答,载与俱归,为营医药,六日而死。植之为棺殓殡之,卒不知何许人也。尝缘栅塘行,见患人卧塘侧,植之下车问其故,云姓黄氏,家本荆州,为人佣赁,疾既危笃,船主将发,弃之于岸。植之心恻然,载还治之,经年而黄氏差,请终身充奴仆以报厚恩。植之不受,遗以资粮,遣之。其义行多如此。撰《凶礼仪注》四百七十九卷。

贺玚,字德琏,会稽山阴人也。祖道力,善《三礼》,仕宋为尚书三公郎、建康令。玚少传家业。齐时,沛国刘瓛为会稽府丞,见玚深器异之。尝与俱造吴郡张融,指玚谓融曰:"此生神明聪敏,将来当为儒者宗。"瓛还,荐之为国子生。举明经,扬州祭酒,俄兼国子助教。历奉朝请、太学博士、太常丞,遭母忧去职。天监初,复为太常丞,有司举治宾礼,召见说《礼》义,高祖异之,诏朝朔望，预华林讲。四年初，开五馆，以玚兼《五经》博士，别诏为皇太子定礼，撰《五经义》。玚悉礼旧事。时高祖方创定礼乐，玚所建议，多见施行。七年，拜步兵校尉，领《五经》博士。九年，遇疾，遣医药省问，卒于馆，时年五十九。所著《礼》、《易》、《老》、《庄讲疏》、《朝廷博议》数百篇，《宾礼仪注》一百四十五卷。玚于《礼》尤精，馆中生徒常百数，弟子明经封策至数十人。

二子。革，字文明。少通《三礼》，及长，遍治《孝经》、《论语》、《毛诗》、《左传》。起家晋安王国侍郎、兼太学博士，侍湘东王读。敕于永福省为邵陵、湘东、武陵三王讲礼。稍迁湘东王府行参军，转尚书仪曹郎。寻除秣陵令，迁国子博士，于学讲授，生徒常数百人。出为西中郎湘东王谘议参军，带江陵令。王初于府置学，以革领儒林祭酒，讲《三礼》，荆楚衣冠听者甚众。前后再监南平郡，为民吏所德。寻加贞威将军、兼平西长史、南郡太守。革性至孝，常恨食禄代耕，不及养。在荆州历为郡县，所得俸秩，不及妻孥，专拟还乡造寺，以申感思。大同六年，卒官，时年六十二。弟季，亦明《三礼》，历官尚书祠部郎，兼中书通事舍人。累迁步兵校尉、中书黄门郎，兼著作。

司马筠，字贞素，河内温人，晋骠骑将军谯烈王承七世孙。祖亮，宋司空从事中郎。父端，齐奉朝请。筠孤贫好学，师事沛国刘瓛，强力专精，深为瓛所器异。既长，博通经术，尤明《三礼》。齐建武中，起家奉朝请，迁王府行参军。天监初，为本州治中，除暨阳令，有清绩。入拜尚书祠部郎。

七年，安成太妃陈氏薨，江州刺史安成王秀、荆州刺史始兴王憺，并以《慈母表》解职，诏不许，还摄本任；而太妃薨京邑，丧祭无主。舍人周舍议曰："贺彦先称'慈母之子不服慈母之党，妇又不从夫而服慈姑，小功服无从故也。'庾蔚之云：'非徒子不从母而服其党，孙又不从父而服其慈母。'由斯而言，慈祖母无服明矣。寻门内之哀，不容自同于常；按父之祥禫，子并受吊。今二王诸子，宜以成服日，单衣一日，为位受吊。"制曰："二王在远，诸子宜摄祭事。"舍又曰："《礼》云'缟冠玄武，子姓之冠'。则世子衣服宜异于常。可著细布衣，绢为领带，三年不听乐。又《礼》及《春秋》：庶母不世祭，盖谓无王命者耳。吴太妃既朝命所加，得用安成礼秩，则当祔庙，五世亲尽乃毁。陈太妃命数之重，虽则不异，慈孙既不从服，庙食理无传祀，子祭孙止，是会经文。"高祖因是敕礼官诣议皇子慈母之服。筠议："宋朝五服制，皇子训养母，依《礼》庶母慈己，宜从小功之制。按《曾子问》云：子游曰：'丧慈母如母，礼欤？'孔子曰：'非礼也。古者男子外有傅，内有慈母，君命所使教子也，何服之有？'郑玄注云：'此指谓国之子也。'若国君之子不服，则王者之子不服可知。又《丧服经》云'君子子为庶母慈己者'，《传》曰：'君子子者，贵人之子也。'郑玄引《内则》：三母止施于卿大夫。以此而推，则慈母之服，上不在五等之嗣，下不逮三士之息。倪其服者止卿大夫，寻诸侯之子尚无此服，况乃施之皇子。谓宜依《礼》刊除，以反前代之惑。"高祖以为不然，曰："《礼》言慈母，凡有三条：一则妾子之无母，使妾之无子者养之，命为母子，服以三年，《丧服齐衰章》所言'慈母如母'是也；二则嫡妻之子无母，使妾养之，慈抚隆至，虽均乎慈爱，但嫡妻之子，妾无为母之义，而恩深事重，故服以小功，《丧服小功章》所以不直言慈母，而云'庶母慈己'者，明异于三年之慈母也；其三则子非无母，正是择贱者视之，义同师保，而不无慈爱，故亦有慈母之名。师保既无其服，则此慈母亦无服矣。《内则》云'择于诸母与可者，使为子师；其次为慈母；其次为保母'，此其明文。此言择诸母，是择人而为此三母，非谓择取兄弟之母也。何以知之？若是兄弟之母其先有子者，则是长妾，长妾之礼，实有殊加，何容次妾生子，乃退成保母，斯不可也。又有多兄弟之人，于义或可；若始生之子，便应三母俱阙邪？由是推之，《内则》所言'诸母'，是谓三母，非兄弟之母明矣。子游所问，自是师保之慈，非三年小功之慈也，故夫子得有此对。岂非师保之慈母无服之证乎？郑玄不辨三慈，混为训释，引彼无服，以注'慈己'，后人致谬，实此之由。经言'君子子'者，此虽起于大夫，明大夫犹尔，自斯以上，弥应不异，故传云'君子子者，贵人之子也'。总言曰贵，则无所不包。经传互文，交相显发，则知慈加之义，通乎大夫以上矣。宋代此科，不乖《礼》意，便加除削，良是所疑。"于是筠等请依制改定：嫡妻之子，母没为父妾所养，服之五月，贵贱并同，以为永制。累迁王府谘议、权知左丞事，寻除尚书左丞。出为始兴内史，卒官。

子寿，传父业，明《三礼》。大同中，历官尚书祠部郎，出为曲阿令。

卞华，字昭丘，济阴冤句人也。晋骠骑将军忠贞公壸六世孙。父伦之，给事中。华幼孤贫好学。年十四，召补国子生，通《周易》。既长，遍治《五经》，与平原明山宾、会稽贺玚同业友善。起家齐豫章王国侍郎，累迁奉朝请、征西行参军。天监初，迁临川王参军事，兼国子助教，转安成王功曹参军，兼《五经》博士，聚徒教授。华博涉有机辩，说经析理，为当时之冠。江左以来，钟律绝学，至华乃通焉。迁尚书仪曹郎，出为吴令，卒。

崔灵恩，清河武城人也。少笃学，从师遍通《五经》，尤精《三礼》、《三传》。先在北仕为太常博士，天监十三年归国。高祖以其儒术，擢拜员外散骑侍郎，累迁步兵校尉，兼国子博士。灵恩聚徒讲授，听者常数百人。性拙朴无风采，及解经析理，甚有精致，京师旧儒咸称重之，助教孔佥尤好其学。灵恩先习《左传》服解，不为江东所行；及改说杜义，每文句常申服以难杜，遂著《左氏条义》以明之。时有助教虞僧诞义精杜学，因作《申杜难服》，以答灵恩，世并行焉。（僧诞，会稽余姚人，以《左氏》教授，听者亦数百人。其该通义例，当时莫及。）先是儒者论天，互执浑、盖二义，论盖不合于浑，论浑不合于盖。

灵恩立义，以浑、盖为一焉。出为长沙内史，还除国子博士，讲众尤盛。出为明威将军、桂州刺史，卒官。灵恩集注《毛诗》二十二卷，集注《周礼》四十卷，制《三礼义宗》四十七卷，《左氏经传义》二十二卷，《左氏条例》十卷，《公羊谷梁文句义》十卷。

孔佥，会稽山阴人。少师事何胤，通《五经》，尤明《三礼》、《孝经》、《论语》，讲说并数十遍，生徒亦数百人。历官国子助教，三为《五经》博士，迁尚书祠部郎。出为海盐、山阴二县令。佥儒者，不长政术，在县无绩。太清乱，卒于家。子俶玄，颇涉文学，官至太学博士。佥兄子元素，又善《三礼》，有盛名，早卒。

卢广，范阳涿人，自云晋司空从事中郎谌之后也。谌没死冉闵之乱，晋中原旧族，谌有后焉。广少明经，有儒术。天监中归国。初拜员外散骑侍郎，出为始安太守，坐事免。顷之，起为折冲将军，配千兵北伐，还拜步兵校尉，兼国子博士，遍讲《五经》。时北来人，儒学者有崔灵恩、孙详、蒋显，并聚徒讲说，而音辞鄙拙；惟广言论清雅，不类北人。仆射徐勉，兼通经术，深相赏好。寻迁员外散骑常侍，博士如故。出为信武桂阳嗣王长史、寻阳太守。又为武陵王长史，太守如故，卒官。

沈峻，字士嵩，吴兴武康人。家世农夫，至峻好学，与舅太史叔明师事宗人沈骑士门下积年。昼夜自课，时或睡寐，辄以杖自击，其笃志如此。骑士卒后，乃出都，遍游讲肆，遂博通《五经》，尤长《三礼》。初为王国中尉，稍迁侍郎，并兼国子助教。时吏部郎陆倕与仆射徐勉书荐峻曰："《五经》博士庾季达须换，计公家必欲详择其人。凡圣贤可讲之书，必以《周官》立义，则《周官》一书，实为群经源本。此学不传，多历年世，北人孙详、蒋显亦经听习，而音革楚、夏，故学徒不至；惟助教沈峻，特精此书。比日时开讲肆，群儒刘岩、沈宏、沈熊之徒，并执经下坐，北面受业，莫不叹服，人无间言。弟谓宜即用此人，命其专此一学，周而复始。使圣人正典，废而更兴，累世绝业，传于学者。"勉从之，奏峻兼《五经》博士。于馆讲授，听者常数百人。出为华容令，还除员外散骑侍郎，复兼《五经》博士。时中书舍人贺琛奉敕撰《梁官》，乃启峻及孔子祛补西省学士，助撰录。书成，入兼中书通事舍人。出为武康令，卒官。

子文阿，传父业，尤明《左氏传》。太清中，自国子助教为《五经》博士。传峻业者，又有吴郡张及、会稽孔子云，官皆至《五经》博士、尚书祠部郎。

太史叔明，吴兴乌程人，吴太史慈后也。少善《庄》、《老》，兼治《孝经》、《礼记》，其三玄尤精解，当世冠绝，每讲说，听者常五百余人。历官国子助教。邵陵王纶好其学，及出为江州，携叔明之镇。王迁郢州，又随府，所至辄讲授，江外人士皆传其学焉。大同十三年，卒，时年七十三。

孔子祛，会稽山阴人。少孤贫好学，耕耘樵采，常怀书自随，投闲则诵读。勤苦自励，遂通经术，尤明《古文尚书》。初为长沙嗣王侍郎，兼国子助教，讲《尚书》四十遍，听者常数百人。中书舍人贺琛受敕撰《梁官》，启子祛为西省学士，助撰录。书成，兼司文侍郎，不就。久之兼主客郎、舍人，学士如故。累迁湘东王国侍郎、常侍、员外散骑侍郎，又云麾庐江公记室参军，转兼中书通事舍人。寻迁步兵校尉，舍人如故。高祖撰《五经讲疏》及《孔子正言》，专使子祛检阅群书，以为义证。事竟，敕子祛与右卫朱异、左丞贺琛于士林馆递日执经。累迁通直正员郎，舍人如故。中大同元年，卒官，时年五十一。子祛凡著《尚书义》二十卷，《集注尚书》三十卷，续朱异《集注周易》一百卷，续何承天《集礼论》一百五十卷。

皇侃，吴郡人，青州刺史皇象九世孙也。侃少好学，师事贺玚，精力专门，尽通其业，尤明《三礼》、《孝经》、《论语》。起家兼国子助教，于学讲说，听者数百人。撰《礼记讲疏》五十卷，书成奏上，诏付秘阁。顷之，召入寿光殿讲《礼记义》，高祖善之，拜员外散骑侍郎，兼助教如故。性至孝，常日限诵《孝经》二十遍，以拟《观世音经》。丁母忧，解职还乡里。平西邵陵王钦其学，厚礼迎之。侃既至，因感心疾，大同十一年，卒于夏首，时年五十八。所撰《论语义》十卷，与《礼记义》并见重于世，学者传焉。

陈吏部尚书姚察曰：昔叔孙通讲论马上，桓荣精力凶荒；既逢平定，自致光宠；若夫崔、伏、何、严互有焉。曼容、佟之讲道于齐季，不为时改；贺玚、严植之之徒，遭梁之崇儒重道，咸至高官，稽古之力，诸子各尽之矣。范缜墨经侥幸，不遂其志，宜哉。

卷四十九　　　　列传第四十三

文　学　上

到沆　丘迟　刘苞　袁峻
庾於陵 弟肩吾　刘昭　何逊
钟嵘　周兴嗣　吴均

昔司马迁、班固书，并为《司马相如传》，相如不预汉廷大事，盖取其文章尤著也。固又为《贾邹枚路传》，亦取其能文传焉。范氏《后汉书》有《文苑传》，所载之人，其详已甚。然经礼乐而纬国家，通古今而述美恶，非الム莫可也。是以君临天下者，莫不敦悦其义，缙绅之学，咸贵尚其道，古往今来，未之能易。高祖聪明文思，光宅区宇，旁求儒雅，诏采异人，文章之盛，焕乎俱集。每所御幸，辄命群臣赋诗，其文善者，赐以金帛，诣阙庭而献赋颂者，或引见焉。其在位者，则沈约、江淹、任昉，并以文采妙绝当时。至若彭城到沆、吴兴丘迟、东海王僧孺、吴郡张率等，或入直文德，通宴寿光，皆后来之选也。约、淹、昉、僧孺，率别以功迹论。今缀到沆等文兼学者，至太清中人，为《文学传》云。

到沆，字茂瀣，彭城武原人也。曾祖彦之，宋将军。父㧑，齐五兵尚书。沆幼聪敏，五岁时，㧑于屏风抄古诗，沆请教读一遍，便能讽诵，无所遗失。既长勤学，善属文，工篆隶。美风神，容止可悦。齐建武中，起家后军法曹参军。天监初，迁征虏主簿。高祖初临天下，收拔贤俊，甚爱其才。东宫建，以为太子洗马。时文德殿置学士省，召高才硕学者待诏其中，使校定坟史，诏沆通籍焉。时高祖宴华光殿，命群臣赋诗，独诏沆为二百字，三刻使成。沆于坐立奏，其文甚美。俄以洗马管东宫书记，散骑省优策文。三年，诏尚书郎在职清能或人才高妙者为侍郎，以沆为殿中曹侍郎。沆从父兄溉、洽，并有才名，时皆相代为殿中，当世荣之。四年，迁太子中舍人。沆为人不自伐，不论人长短，乐安任昉、南乡范云皆与友善。其年，迁丹阳尹丞，以疾不能处职事，迁北中郎谘议参军。五年，卒官，年三十。高祖甚伤惜焉，诏赐钱二万，布三十匹。所著诗赋百余篇。

丘迟，字希范，吴兴乌程人也。父灵鞠，有才名，仕齐官至太中大夫。迟八岁便属文，灵鞠常言“气骨似我”。黄门郎谢超宗、征士何点并见而异之。及长，州辟从事，举秀才，除太学博士。迁大司马行参军，遭父忧去职。服阕，除西中郎参军。累迁殿中郎，以母忧去职。服除，复为殿中郎，迁车骑录事参军。高祖平京邑，霸府开，引为骠骑主簿，甚被礼遇。时劝进梁王及殊礼，皆迟文也。高祖践阼，拜散骑侍郎，俄迁中书侍郎，领吴兴邑中正，待诏文德殿。时高祖著《连珠》，诏群臣继作者数十人，迟文最美。天监三年，出为永嘉太守，在郡不称职，为有司所纠，高祖爱其才，寝其奏。四年，中军将军临川王宏北伐，迟为谘议参军，领记室。时陈伯之在北，与魏军来距，迟以书喻之，伯之遂降。还拜中书郎，迁司徒从事中郎。七年，卒官，时年四十五。所著诗赋行于世。

刘苞，字孝尝，彭城人也。祖勔，宋司空。父悛，齐太子中庶子。苞四岁而父终，及年六七岁，见诸父常泣。时伯、叔父悛、绘等并显贵，苞母谓其屏畏，怒之。苞对曰：“早孤不及有识，闻诸父多相似，故心中欲悲，无有他意。”因而歔欷，母亦恸甚。初，苞父母及两兄相继亡没，悉假瘗焉。苞年十六，始移墓所，经营改葬，不资诸父，未几皆毕，绘常叹服之。

少好学，能属文。起家为司徒法曹行参军，不就。天监初，以临川王妃弟故，自征虏主簿仍迁王中军功曹，累迁尚书库部侍郎、丹阳尹丞、太子太傅丞、尚书殿中侍郎、南徐州治中，以公事免。久之，为太子洗马，掌书记，侍讲寿光殿。自高祖即位，引后进文学之士，苞及从兄孝绰、从弟孺、同郡到溉，溉弟洽、从沆、吴郡陆倕、张率并以文藻见知，多预宴坐，虽仕进有前后，其赏赐不殊。天监十年，卒，时年三十。临终，呼友人南阳刘之遴托以丧事，务从俭率。苞居官有能名，性和而直，与人交，面折其非，退称其美，情无所隐，士友咸以此叹惜之。

袁峻，字孝高，陈郡阳夏人，魏郎中令涣之八世孙也。峻早孤，笃志好学，家贫无书，每从人假借，必皆抄写，自课日五十纸，纸数不登，则不休息。讷言语，工文辞。义师克京邑，鄱阳王恢东镇破冈，峻随王知管记事。天监初，鄱阳国建，以峻为侍郎，从镇京口。王迁郢州，兼都曹参军。高祖雅好辞赋，时献文于南阙者相望焉，其藻丽可观，或见赏擢。六年，峻乃拟扬雄《官箴》奏之。高祖嘉焉，赐束帛。除员外散骑侍郎，直文德学士省，抄《史记》、《汉书》各为二十卷。又奉敕与陆倕各制《新阙铭》，辞多不载。

庾於陵，字子介，散骑常侍黔娄之弟也。七岁能言玄理。既长，清警博学有才思。齐随王子隆为荆州，召为主簿，使与谢朓、宗夬抄撰群书。子隆代还，又以为送故主簿。子隆寻为明帝所害，僚吏畏避，莫有至者，唯於陵与夬独留，经理丧事。始安王遥光为抚军，引为行参军，兼记室。永元末，除东阳遂安令，为民吏所称。天监初，为建康狱平，迁尚书功论郎，待诏文德殿。出为湘州别驾，迁骠骑录事参军，兼中书通事舍人。俄领南郡邑中正，拜太子洗马，舍人如故。旧事，东宫官属，通为清选，洗马掌文翰，尤其清者。近世用人，皆取甲族有才望，时於陵与周舍并擢充职，高祖曰：“官以人而清，岂限以甲族。”时论以为美。俄迁散骑侍郎，改领荆州大中正。累迁中书黄门侍郎，舍人、中正并如故。出为宣毅晋安王长史、广陵太守，行府州事，以公事免。复起为通直郎，寻除鸿胪卿，复领荆州大中正。卒官，时年四十八。文集十卷。弟肩吾。

肩吾，字子慎。八岁能赋诗，特为兄於陵所友爱。初为晋安王国常侍，仍迁王宣惠府行参军。自是每王徙镇，肩吾常随府。历王府中郎、云麾参军，并兼记室参军。中大通三年，王为皇太子，兼东宫通事舍人，除安西湘东王录事参军，俄以本官领荆州大中正。累迁中录事谘议参军、太子率更令、中庶子。初，太宗在藩，雅好文章士，时肩吾与东海徐摛、吴郡陆杲、彭城刘遵、刘孝仪、仪弟孝威，同被赏接。及居东宫，又开文德省，置学士，肩吾子信、摛子陵、吴郡张长公、北地傅弘、东海鲍至等充其选。齐永明中，文士王融、谢朓、沈约文章始用四声，以为新变，至是转拘声韵，弥尚丽靡，复逾于往时。时太子与湘东王书论之曰：

吾辈亦无所游赏，止事披阅，性既好文，时复短咏。虽是庸音，不能阁笔，有惭伎痒，更同故态。比见京师文体,懦钝殊常,竞学浮疏,急为阐缓。玄冬修夜,思所不得,既殊比兴,正背《风》、《骚》。若夫六典三礼,所施则有地;吉凶嘉宾,用之则有所。未闻吟咏情性,反拟《内则》之篇;操笔写志,更摹《酒诰》之作;迟迟春日,翻学《归藏》;湛湛江水,遂同《大传》。

吾既拙于为文,不敢轻有掎摭。但以当世之作,历方古之才人,远则扬、马、曹、王,近则潘、陆、颜、谢,而观其遗辞用心,了不相似。若以今文为是,则古文为非;若昔贤可称,则今体宜弃。俱为盍各,则未之敢许。又时有效谢康乐、裴鸿胪文者,亦颇有惑焉。何者?谢客吐言天拔,出于自然,时有不拘,是其糟粕;裴氏乃是良史之才,了无篇什之美。是为学谢则不屈其精华,但得其冗长;师裴则蔑绝其所长,惟得其所短。谢故巧不可阶,裴亦质不宜慕。故胸驰臆断之侣,好名忘实之类,方分肉于仁兽,逞克于邯郸,入鲍忘臭,效尤致祸。决羽谢生,岂三千之可及;伏膺裴氏,惧两唐之不传。故玉徽金铣,反为拙目所嗤;《巴人下里》,更合郢中之听。《阳春》高而不和,妙声绝而不寻。竟不精讨锱铢,核量文质,有异《巧心》,终愧妍手。是以握瑜怀玉之士,瞻郑邦而知退;章甫翠履之人,望闽乡而叹息。诗既若此,笔又如之。徒以烟墨不言,受其驱染;纸札无情,任其摇襞。甚矣哉,文之横流,一至于此!

至如近世谢朓、沈约之诗,任昉、陆倕之笔,斯实文章之冠冕,述作之楷模。张士简之赋,周升逸之辩,亦成佳手,难可复遇。文章未坠,必有英绝;领袖之者,非君而谁。每欲论之,无可与语,思言子建,一共商榷。辩兹清浊,使如泾、渭;论兹月旦,类彼汝南。朱丹既定,雌黄有别,使夫怀鼠知惭,滥竽自耻。譬斯袁绍,畏见子将;同彼盗牛,遥羞王烈。相思不见,我劳如何。

太清中,侯景寇陷京都;及太宗即位,以肩吾为度支尚书。时上流诸蕃,并据州拒景,景矫诏遣肩吾使江州,喻当阳公大心,大心寻举州降贼。肩吾因逃入建昌界,久之,方得赴江陵,未几卒。文集行于世。

刘昭,字宣卿,平原高唐人,晋太尉实九世孙也。祖伯龙,居父忧以孝闻,宋武帝敕皇太子诸王并往吊慰,官至少府卿。父彪,齐征虏晋安王记室。昭幼清警,七岁通《老》、《庄》义。既长,勤学善属文,外兄江淹早相称赏。天监初,起家奉朝请,累迁征北行参军、尚书仓部郎,寻除无锡令。历为宣惠豫章王、中军临川王记室。初,昭伯父彤集众家《晋书》注干宝《晋纪》为四十卷,至昭又集《后汉》同异以注范晔书,世称博悉。迁通直郎,出为剡令,卒官。《集注后汉》一百八十卷,《幼童传》十卷,文集十卷。

子绍,字言明。亦好学,通《三礼》。大同中,为尚书祠部郎,寻去职,不复仕。绍弟缓,字含度,少知名。历官安西湘东王记室,时西府盛集文学,缓居其首。除通直郎,俄迁镇南湘东王中录事,复随府江州,卒。

何逊,字仲言,东海郯人也。曾祖承天,宋御史中丞。祖翼,员外郎。父询,齐太尉中兵参军。逊八岁能赋诗,弱冠,州举秀才。南乡范云见其对策,大相称赏,因结忘年交好。自是一文一咏,云辄嗟赏,谓所亲曰:"顷观文人,质则过儒,丽则伤俗;其能含清浊,中今古,见之何生矣。"沈约亦爱其文,尝谓逊曰:"吾每读卿诗,一日三复,犹不能已。"其为名流所称如此。

天监中,起家奉朝请,迁中卫建安王水曹行参军,兼记室。王爱文学之士,日与游宴,及迁江州,逊犹掌书记。还为安西安成王参军事,兼尚书水部郎,母忧去职。服阕,除仁威庐陵王记室,复随府江州,未几卒。东海王僧孺集其文为八卷。初,逊文章与刘孝绰并见重于世,世谓之"何刘"。世祖著论论之云:"诗多而能者沈约,少而能者谢朓、何逊。"

时有会稽虞骞,工为五言诗,名与逊相埒,官至王国侍郎。其后又有会稽孔翁归、济阳江避,并为南平王大司马府记室。翁归亦工为诗,避博学有思理,更注《论语》、《孝经》。二人并有文集。

钟嵘,字仲伟,颍川长社人,晋侍中雅七世孙也。父蹈,齐中军参军。嵘与兄岏、弟屿并好学,有思理。嵘,齐永明中为国子生,明《周易》,卫军王俭领祭酒,颇赏接之。举本州秀才。起家王国侍郎,迁抚军行参军,出为安国令。永元末,除司徒行参军。天监初,制度虽革,而日不暇给,嵘乃言曰:"永元肇乱,坐弄天爵,勋非即戎,官以贿就。挥一金而取九列,寄片札以招六校;骑都塞市,郎将填街。服既缨组,尚为臧获之事;职唯黄散,犹躬胥徒之役。名实淆紊,兹焉莫甚。臣愚谓军官是素族士人,自有清贯,而因斯受爵,一宜削除,以惩侥竞。若吏姓寒人,听极其门品,不当因军,遂滥清级。若侨杂伧楚,应在绥附,正宜严断禄力,绝其妨正,直乞虚号而已。谨竭愚忠,不恤众口。"敕付尚书行之。迁中军临川王行参军。衡阳王元简出守会稽,引为宁朔记室,专掌文翰。时居士何胤筑室若邪山,山发洪水,漂拔树石,此室独存。元简命嵘作《瑞室颂》以旌表之,辞甚典丽,选西中郎晋安王记室。

嵘尝品古今五言诗,论其优劣,名为《诗评》。其序曰:

气之动物,物之感人,故摇荡性情,形诸舞咏。欲以照烛三才,辉丽万有,灵祇待之以致飨,幽微藉之以昭告。动天地,感鬼神,莫近于诗。昔《南风》之辞,《卿云》之颂,厥义复矣。《夏歌》曰"郁陶乎予心",楚谣云"名余曰正则",虽诗体未全,然略是五言之滥觞也。逮汉李陵,始着五言之目。古诗眇邈,人代难详,推其文体,固是炎汉之制,非衰周之倡也。自王、扬、枚、马之徒,辞赋竞爽,而吟咏靡闻。从李都尉讫班婕妤,将百年间,有妇人焉,一人而已。诗人之风,顿已缺丧。东京二百载中,唯有班固《咏史》，质木无文致。降及建安，曹公父子，笃好斯文；平原兄弟，郁为文栋；刘桢、王粲，为其羽翼。次有攀龙托凤，自致于属车者，盖将百计。彬彬之盛，大备于时矣！尔后陵迟衰微，讫于有晋。太康中，三张二陆，两潘一左，勃尔复兴，踵武前王，风流未沫，亦文章之中兴也。永嘉时，贵黄、老，尚虚谈，于时篇什，理过其辞，淡乎寡味。爰及江表，微波尚传，孙绰、许询、桓、庾诸公，皆平典似《道德论》，建安之风尽矣。先是郭景纯用俊上之才，创变其体；刘越石仗清刚之气，赞成厥美。然彼众我寡，未能动俗。逮义熙中，谢益寿斐然继作；元嘉初，有谢灵运，才高辞盛，富艳难踪，固已含跨刘、郭，陵轹潘、左。故知陈思为建安之杰，公干、仲宣为辅；陆机为太康之英，安仁、景阳为辅；谢客为元嘉之雄，颜延年为辅：此皆五言之冠冕，文辞之命世。

夫四言文约意广，取效《风》、《骚》，便可多得，每苦文烦而意少，故世罕习焉。五言居文辞之要，是众作之有滋味者也，故云会于流俗。岂不以指事遣形，穷情写物，最为详切邪！故《诗》有六义焉，一曰兴，二曰赋，三曰比。文已尽而意有余，兴也。因物喻志，比也；直书其事，寓言写物，赋也。弘斯三义，酌而用之，干之风力，润之以丹采，使味之者无极，闻之者动心，是诗之至也。若专用比、兴，则患在意深，意深则辞踬。若但用赋体，则患在意浮，意浮则文散。嬉成流移，文无止泊，有芜漫之累矣。

若乃春风春鸟，秋月秋蝉，夏云暑雨，冬月祁寒，斯四候之感诸诗者也。嘉会寄诗以亲，离群托诗以怨。至于楚臣去境，汉妾辞宫；或骨横朔野，或魂逐飞蓬；或负戈外戍，或杀气雄边；塞客衣单，霜闺泪尽。又士有解佩出朝，一去忘反；女有扬蛾入宠，再盼倾国。凡斯种种，感荡心灵，非陈诗何以展其义，非长歌何以释其情？故曰："《诗》可以群，可以怨。"使穷贱易安，幽居靡闷，莫尚于诗矣。故辞人作者，罔不爱好。今之士俗，斯风炽矣。裁能胜衣，甫就小学，必甘心而驰骛焉。于是庸音杂体，各为家法。至于膏腴子弟，耻文不逮，终朝点缀，分夜呻吟，独观谓为警策，众视终沦平钝。次有轻荡之徒，笑曹、刘为古拙，谓鲍昭羲皇上人，谢朓今古独步；而师鲍昭终不及"日中市朝满"，学谢朓劣得"黄鸟度青枝"。徒自弃于高听，无涉于文流矣。

嵘观王公搢绅之士，每博论之余，何尝不以诗为口实，随其嗜欲，商榷不同。淄渑并泛，朱紫相夺，喧哗竞起，准的无依。近彭城刘士章，俊赏之士，疾其淆乱，欲为当世诗品，口陈标榜，其文未遂，嵘感而作焉。昔九品论人，《七略》裁士，校以宾实，诚多未值；至若诗之为技，较尔可知，以类推之，殆同博弈。方今皇帝资生知之上才，体沈郁之幽思，文丽日月，学究天人，昔在贵游，已为称首；况八纮既掩，风靡云蒸，抱玉者连肩，握珠者踵武。固以睨汉、魏而弗顾，吞晋、宋于胸中。谅非农歌辕议，敢致流别。

嵘之今录，庶周游于闾里，均之于谈笑耳。

顷之，卒官。

岍，字长岳，官至府参军、建康平。著《良吏传》十卷。屿，字季望，永嘉郡丞。天监十五年，敕学士撰《遍略》，屿亦预焉。兄弟并有文集。

周兴嗣，字思纂，陈郡项人，汉太子太傅堪后也。高祖凝，晋征西府参军、宜都太守。兴嗣世居姑孰。年十三，游学京师，积十余载，遂博通记传，善属文。尝步自姑孰，投宿逆旅，夜有人谓之曰："子才学迈世，初当见识贵臣，卒被知英主。"言终，不测所之。齐隆昌中，侍中谢朏为吴兴太守，唯与兴嗣谈文史而已。及罢郡还，因大相称荐。本州举秀才，除桂阳郡丞，太守王嵘素相赏好，礼之甚厚。高祖革命，兴嗣奏《休平赋》，其文甚美，高祖嘉之。拜安成王国侍郎，直华林省。其年，河南献儛马，诏兴嗣与待诏到沆、张率为赋，高祖以兴嗣为工。擢员外散骑侍郎，进直文德、寿光省。是时，高祖以三桥旧宅为光宅寺，敕兴嗣与陆倕各制寺碑。及成俱奏，高祖用兴嗣所制者。自是《铜表铭》、《栅塘碣》、《北伐檄》、《次韵王羲之书千字》，并使兴嗣为文；每奏，高祖辄称善，加赐金帛。九年，除新安郡丞，秩满，复为员外散骑侍郎，佐撰国史。十二年，迁给事中，撰文如故。兴嗣两手先患风疽，是年又染疠疾，左目盲，高祖抚其手，嗟曰："斯人也而有斯疾也！"手疏治疽方以赐之。其见惜如此。任昉又爱其才，常言曰："周兴嗣若无疾，旬日当至御史中丞。"十四年，除临川郡丞。十七年，复为给事中，直西省。左卫率周舍奉敕注高祖所制历代赋，启兴嗣助焉。普通二年，卒。所撰《皇帝实录》、《皇德记》、《起居注》、《职仪》等百余卷，文集十卷。

吴均，字叔庠，吴兴故鄣人也。家世寒贱，至均好学有俊才。沈约尝见均文，颇相称赏。天监初，柳恽为吴兴，召补主簿，日引与赋诗。均文体清拔有古气，好事者或效之，谓为"吴均体"。建安王伟为扬州，引兼记室，掌文翰。王迁江州，补国侍郎，兼府城局。还除奉朝请。先是，均表求撰《齐春秋》。书成奏之，高祖以其书不实，使中书舍人刘之遴诘问数条，竟支离无对，敕付省焚之，坐免职。寻有敕召见，使撰《通史》，起三皇，讫齐代，均草本纪、世家功已毕，唯列传未就。普通元年，卒，时年五十二。均注范晔《后汉书》九十卷，著《齐春秋》三十卷、《庙记》十卷、《十二州记》十六卷、《钱唐先贤传》五卷、《续文释》五卷，文集二十卷。

先是，有广陵高爽、济阳江洪、会稽虞骞，并工属文。爽，齐永明中赠卫军王俭诗，为俭所赏，及领丹阳尹，举爽郡孝廉。天监初，历官中军临川王参军。出为晋陵令，坐事系治，作《镬鱼赋》以自况，其文甚工。后遇赦获免，顷之，卒。洪为建阳令，坐事死。骞官至王国侍郎。并有文集。

卷五十　　列传第四十四

文　学　下

刘峻　刘沼　谢几卿　刘勰
王籍　何思澄　刘杳　谢征
臧严　伏挺　庾仲容　陆云公
任孝恭　颜协

　　刘峻，字孝标，平原平原人。父珽，宋始兴内史。峻生期月，母携还乡里。宋泰始初，青州陷魏，峻年八岁，为人所略至中山，中山富人刘实愍峻，以束帛赎之，教以书学。魏人闻其江南有戚属，更徙之桑乾。峻好学，家贫，寄人庑下，自课读书，常燎麻炬，从夕达旦，时或昏睡，爇其发，既觉复读，终夜不寐，其精力如此。齐永明中，从桑乾得还，自谓所见不博，更求异书，闻京师有者，必往祈借，清河崔慰祖谓之"书淫"。时竟陵王子良博招学士，峻因人求为子良国职，吏部尚书徐孝嗣抑而不许，用为南海王侍郎，不就。至明帝时，萧遥欣为豫州，为府刑狱，礼遇甚厚。遥欣寻卒，久之不调。天监初，召入西省，与学士贺踪典校秘书。峻兄孝庆，时为青州刺史，峻请假省之，坐私载禁物，为有司所奏，免官。安成王秀好峻学，及迁荆州，引为户曹参军，给其书籍，使抄录事类，名曰《类苑》。未及成，复以疾去，因游东阳紫岩山，筑室居焉。为《山栖志》，其文甚美。
　　高祖招文学之士，有高才者，多被引进，擢以不次。峻率性而动，不能随众沉浮，高祖颇嫌之，故不任用。乃著《辨命论》以寄其怀曰：
　　　　主上尝与诸名贤言及管辂，叹其奇才而位不达。时有在赤墀之下，预闻斯议，归以告余。余谓士之穷通，无非命也。故谨述天旨，因言其略云。
　　　　臣观管辂天才英伟，珪璋特秀，实海内之髦杰，岂日者卜祝之流。而官止少府丞，年终四十八，天之报施，何其寡欤？然则高才而无贵仕，饕餮而居大位，自古所叹，焉独公明而已哉？故性命之道，穷通之数，夭阏纷纶，莫知其辨。仲任蔽其源，子长闱其惑。至于鹖冠瓮牖，必以悬天有期；鼎贵高门，则曰唯人所召。诡诡谲咋，异端俱起。萧远论其本而不畅其流，子玄语其流而不详其本。尝试言之曰：夫道生万物，则谓之道；生而无主，谓之自然。自然者，物见其然，不知所以然；同焉皆得，不知所得。鼓动陶铸而不为功，庶类混成而非其力；生之无亭毒之心，死之岂虔刘之志；坠之渊泉非其怒，升之霄汉非其悦。荡乎大乎，万宝以之化；确乎纯乎，一化而不易。

化而不易，则谓之命。命也者，自天之命也。定于冥兆，终然不变。鬼神莫能预，圣哲不能谋；触山之力无以抗，倒日之诚弗能感；短则不可缓之于寸阴，长则不可急之于箭漏；至德未能逾，上智所不免。是以放勋之代，浩浩襄陵；天乙之时，燋金流石。文公蹠其尾，宣尼绝其粮；颜回败其丛兰，冉耕歌其芣苢；夷、叔毙淑媛之言，子舆困臧仓之诉。圣贤且犹若此，而况庸庸者乎！至乃伍员浮尸于江流，三闾沉骸于湘渚；贾大夫沮志于长沙，冯都尉皓发于郎署；君山鸿渐，铩羽仪于高云；敬通凤起，摧迅翮于风穴：此岂才不足而行有遗哉？
　　　　近代有沛国刘瓛、瓛弟琎，并一时之秀士也。瓛则关西孔子，通涉《六经》，循循善诱，服膺儒行。琎则志烈秋霜，心贞崐玉，亭亭高竦，不杂风尘。皆毓德于衡门，并驰声于天地。而官有微于侍郎，位不登于执戟，相继徂落，宗祀无飨。因斯两贤，以言古则：昔之玉质金相，英髦秀达，皆摈斥于当年，韫奇才而莫用，候草木以共凋，与麋鹿而同死。膏涂平原，骨填川谷，湮灭而无闻者，岂可胜道哉！此则宰衡之与皂隶，容、彭之与殇子，猗顿之与黔娄，阳文之与敦洽，咸得之于自然，不假道于才智。故曰"死生有命，富贵在天"，其斯之谓矣。然命体周流，变化非一，或先号后笑，或始吉终凶，或不召自来，或因人以济。交错纷纠，循环倚伏。非可以一理征，非可以一途验。而其道密微，寂寥忽慌，无形可以见，无声可以闻。必御物以效灵，亦凭人而成象，譬天王之冕旒，任百官以司职。而惑者睹汤、武之龙跃，谓龛乱在神功；闻孔、墨之挺生，谓英睿擅奇响；视彭、韩之豹变，谓鸷猛致人爵；见张、桓之朱绂，谓明经拾青紫。岂知有力者运之而趋乎？故言而非命，有六蔽焉。余请陈其梗概：
　　　　夫靡颜腻理，哆噅顣頞，形之异也；朝秀辰终，龟鹤千岁，年之殊也；闻言如响，智昏菽麦，神之辨也。固知三者定乎造化，荣辱之境，独由人也。是知二五而未识于十，其蔽一也。龙犀日角，帝王之表；河目龟文，公侯之相。抚镜知其将刑，压纽显其膺箓。星虹枢电，昭圣德之符；夜哭聚云，郁兴王之瑞。皆兆发于前期，涣汗于后叶。若谓驱貔虎，奋尺剑，入紫微，升帝道；则未达窅冥之情，未测神明之数，其蔽二也。空桑之里，变成洪川；历阳之都，化为鱼鳖。楚师屠汉卒，睢河鲠其流；秦人坑赵士，沸声若雷震。火炎昆岳，砾石与琬琰俱焚；严霜夜零，萧艾与芝兰共尽。虽游、夏之英才，伊、颜之殆庶，焉能抗之哉？其蔽三也。或曰，明月之珠，不能无颣；夏后之璜，不能无考。故亭伯死于县长，长卿卒于园令，才非不杰也，主非不明也，而碎结绿之鸿辉，残悬黎之夜色，抑尺之量有短哉？若然者，主父偃、公孙弘对策不升第，历说而不入，牧豕淄原，见弃州部。设令忽如过隙，溘死霜露，其为诟耻，岂崔、马之流乎？及至开东阁，列五鼎，电照风行，声驰海外，宁前愚而后智，先非而终是？将荣悴有定数，天命有至极，而谬生妍蚩？其蔽四也。夫虎啸风驰，龙兴云属，故重华立而元、凯升，辛受生而飞廉进。然则天下善人少，恶人多；暗主众，明君寡。而薰莸不同器，枭鸾不接翼。是使浑沌、梼杌，踵武云台之上；仲容、庭坚，耕耘岩石之下。横谟废兴在我，无系于天，其蔽五也。彼戎狄者，人面兽心，宴安鸩毒，以诛杀为道德，以蒸报为仁义。虽大风立于青丘，凿齿奋于华野，比其狼戾，曾何足逾。自金行不竞，天地版荡，左带沸唇，乘间电发。遂覆瀍、洛，倾五都；居先王之桑梓，窃名号于中县；与三皇竞其氓黎，五帝角其区宇。种落繁炽，充牣神州。呜呼！福善祸淫，徒虚言耳。岂非否泰相倾，盈缩递运，而汩之以人？其蔽六也。

然所谓命者，死生焉，贵贱焉，贫富焉，理乱焉，祸福焉，此十者天之所赋也。愚智善恶，此四者人之所行也。夫神非舜、禹，心异朱、均，才绝中庸，在于所习。是以素丝无恒，玄黄代起；鲍鱼芳兰，入而自变。故季路学于仲尼，厉风霜之节；楚穆谋于潘崇，成悖逆之祸。而商臣之恶，盛业光于后嗣；仲由之善，不能息其结缨。斯则邪正由于人，吉凶存乎命。或以鬼神害盈，皇天辅德。故宋公一言，法星三徙；殷帝自翦，千里来云。善恶无征，未洽斯义。且于公高门以待封，严母扫墓以望丧。此君子所以自强不息也。如使仁而无报，奚为修善立名乎？斯径廷之辞也。夫圣人之言，显而晦，微而婉，幽远而难闻，河汉而不极。或立教以进庸惰，或言命以穷性灵。积善余庆，立教也；凤鸟不至，言命也。今以其片言辩其要趣，何异乎夕死之类而论春秋之变哉？且荆昭德音，丹云不卷；周宣祈雨，珪璧斯罄。于叟种德，不逮勋、华之高；延年残孽，未甚东陵之酷。为善一，为恶均，而祸福异其流，废兴殊其迹。荡荡上帝，岂如是乎？《诗》云："风雨如晦，鸡鸣不已。"故善人为善，焉有息哉？

夫食稻粱，进刍豢，衣狐貉，袭冰纨，观窈眇之奇伟，听云和之琴瑟，此生人之所急，非有求而为也。修道德，习仁义，敦孝悌，立忠贞，渐礼乐之腴润，蹈先王之盛则，此君子之所急，非有求而为也。然而君子居正体道，乐天知命。明其无可奈何，识其不由智力。逝而不召，来而不距，生而不喜，死而不戚。瑶台夏屋，不能悦其神；土室编蓬，未足忧其虑。不充诎于富贵，不遑遑于所欲。岂有史公、董相《不遇》之文乎？

论成，中山刘沼致书以难之，凡再反，峻并为申析以答之。会沼卒，不见峻后报者，峻乃为书以序之曰："刘侯既有斯难，值余有天伦之戚，竟未之致也。寻而此君长逝，化为异物，绪言余论，蕴而莫传。或有自其家得而示余者，悲其音徽未沫，而其人已亡，青简尚新，而宿草将列，泫然不知涕之无从。虽隙驷不留，尺波电谢；而秋菊春兰，英华靡绝。故存其梗概，更酬其旨。若使墨翟之言无爽，宣室之谈有征。冀东平之树，望咸阳而西靡；盖山

之泉，闻弦歌而赴节。但悬剑空垄，有恨如何！"其论文多不载。

峻又尝为《自序》，其略曰："余自比冯敬通，而有同之者三，异之者四。何则？敬通雄才冠世，志刚金石；余虽不及之，而节亮慷慨，此一同也。敬通值中兴明君，而终不试用；余逢命世英主，亦摈斥当年，此二同也。敬通有忌妻，至于身操井臼；余有悍室，亦令家道轗轲，此三同也。敬通当更始之世，手握兵符，跃马食肉；余自少迄长，戚戚无欢，此一异也。敬通有一子仲文，官成名立；余祸同伯道，永无血胤，此二异也。敬通膂力方刚，老而益壮；余有犬马之疾，溘死无时，此三异也。敬通虽芝残蕙焚，终填沟壑，而为名贤所慕，其风流郁烈芬芳，久而弥盛；余声尘寂漠，世不吾知，魂魄一去，将同秋草，此四异也。所以自力为叙，遗之好事云。"峻居东阳，吴、会人士多从其学。普通二年，卒，时年六十。门人谥曰玄靖先生。

刘沼，字明信，中山魏昌人。六代祖舆，晋骠骑将军。沼幼善属文，既长博学。仕齐起家奉朝请，冠军行参军。天监初，拜后军临川王记室参军，秣陵令，卒。

谢几卿，陈郡阳夏人。曾祖灵运，宋临川内史；父超宗，齐黄门郎；并有重名于前代。几卿幼辩，当世号曰神童。后超宗坐事徙越州，路出新亭渚，几卿不忍辞诀，遂投赴江流，左右驰救，得不沉溺。及居父忧，哀毁过礼。服阕，召补国子生。齐文惠太子自临策试，谓祭酒王俭曰："几卿本长玄理，今可以经义访之。"俭承旨发问，几卿随事辨对，辞无滞者，文惠大称赏焉。俭诣人曰："谢超宗为不死矣。"

既长，好学，博涉有文采。起家豫章王国常侍，累迁车骑法曹行参军、相国祭酒。出为宁国令，入补尚书殿中郎、太尉晋安王主簿。天监初，除征虏鄱阳王记室、尚书三公侍郎，寻为治书侍御史。旧郎官转为此职者，世谓为南奔。几卿颇失志，多陈疾，台事略不复理。徙为散骑侍郎，累迁中书郎、国子博士、尚书左丞。几卿详悉故实，仆射徐勉每有疑滞，多询访之。然性通脱，会意便行，不拘朝宪。尝预乐游苑宴，不得醉而还，因诣道边酒垆，停车褰幔，与车前三驺对饮，时观者如堵，几卿处之自若。后以在省署，夜著犊鼻裈，与门生登阁道饮酒酣呼，为有司纠奏，坐免官。寻起为国子博士，俄除河东太守，秩未满，陈疾解。寻除太子率更令，迁镇卫南平王长史。普通六年，诏遣领军将军西昌侯萧渊藻督众军北伐，几卿启求行，擢为军师长史，加威戎将军。军至涡阳退败，几卿坐免官。

居宅在白杨石井，朝中交好者载酒从之，宾客满坐。时左丞庾仲容亦免归，二人意志相得，并肆情诞纵，或乘露车历游郊野，既醉则执铎挽歌，不屑物议。湘东王在荆镇，与书慰勉之。几卿答曰："下官自奉违南浦，卷迹东郊，望日临风，瞻言伫立。仰寻惠渥，陪奉游宴，漾桂棹于清池，席落英于曾岨。兰香兼御，羽觞竞集，侧听馀

论，沐浴玄流。涛波之辩，悬河不足譬；春藻之辞，丽文无以匹。莫不相顾动容，服心胜口，不觉春日为遥，更谓修夜为促。嘉会难常，抟云易远，言念如昨，忽焉索秋。恩光不遗，善谑迨降。因事罢归，岂云栖息。既匪高官，理就一尘。田家作苦，实符清诲。本乏金羁之饰，无假玉璧为资；徒以老使形疏，疾令心阻，沉滞床箪，弥历七旬。梦幻俄顷，忧伤在念，竟知无益，思自祛遣。寻理涤意，即以任命为膏酥，揽镜照形，翻以支离代萱树。故得仰慕徽猷，永言前哲；鬼谷深栖，接舆高举；逋名屠肆，发迹关市；其人缅邈，余流可想。若令亡者有知，宁不萦悲玄壤，怅隔芳尘；如其逝者可作，必当昭被光景，欢同游豫；使夫一介老圃，得篷虚心末席。去日已疏，来侍未屡；连剑飞凫，拟非其类；怀私茂德，窃用涕零。"

几卿虽不持检操，然于家门笃睦。兄才卿早卒，其子藻幼孤，几卿抚养甚至。及藻成立，历清官公府祭酒、主簿，皆几卿奖训之力也。世以此称之。几卿未及序用，病卒。文集行于世。

刘勰，字彦和，东莞莒人。祖灵真，宋司空秀之弟也。父尚，越骑校尉。勰早孤，笃志好学。家贫不婚娶，依沙门僧祐，与之居处，积十余年，遂博通经论，因区别部类，录而序之。今定林寺经藏，勰所定也。天监初，起家奉朝请、中军临川王宏引兼记室，迁车骑仓曹参军。出为太末令，政有清绩。除仁威南康王记室，兼东宫通事舍人。时七庙飨荐已用蔬果，而二郊农社犹有牺牲。勰乃表言二郊宜与七庙同改，诏付尚书议，依勰所陈。迁步兵校尉，兼舍人如故。昭明太子好文学，深爱接之。

初，勰撰《文心雕龙》五十篇，论古今文体，引而次之。其序曰：

夫文心者，言为文之用心也。昔涓子《琴心》，王孙《巧心》，心哉美矣夫，故用之焉。古来文章，以雕缛成体，岂取驺奭群言雕龙也。夫宇宙绵邈，黎献纷杂，拔萃出类，智术而已。岁月飘忽，性灵不居，腾声飞实，制作而已。夫肖貌天地，禀性五才，拟耳目于日月，方声气乎风雷，其超出万物，亦已灵矣。形甚草木之脆，名逾金石之坚，是以君子处世，树德建言，岂好辩哉？不得已也。

予齿在逾立，尝夜梦执丹漆之礼器，随仲尼而南行，旦而寤，乃怡然而喜。大哉圣人之难见也！乃小子之垂梦欤！自生人以来，未有如夫子者也。敷赞圣旨，莫若注经，而马、郑诸儒，弘之已精，就有深解，未足立家。唯文章之用，实经典枝条，五礼资之以成，六典因之致用，君臣所以炳焕，军国所以昭明。详其本源，莫非经典。而去圣久远，文体解散，辞人爱奇，言贵浮诡，饰羽尚画，文绣鞶帨，离本弥甚，将遂讹滥。盖《周书》论辞，贵乎体要；尼父陈训，恶乎异端。辞训之异，宜体于要。于是搦笔和墨，乃始论文。

详观近代之论文者多矣。至如魏文述《典》，陈思序《书》，应玚《文论》，陆机《文赋》，仲洽《流别》，弘范《翰林》，各照隅隙，鲜观衢路。或臧否当时之才，或铨品前修之文，或泛举雅俗之旨，或撮题篇章之意。魏《典》密而不周，陈《书》辩而无当，应《论》华而疏略，陆《赋》巧而碎乱，《流别》精而少功，《翰林》浅而寡要。又君山、公干之徒，吉甫、士龙之辈，泛议文意，往往间出，并未能振叶以寻根，观澜而索源。不述先哲之诰，无益后生之虑。

盖《文心》之作也，本乎道，师乎圣，体乎经，酌乎纬，变乎《骚》，文之枢纽，亦云极矣。若乃论文叙笔，则囿别区分，原始以表末，释名以章义，选文以定篇，敷理以举统；上篇以上，纲领明矣。至于割情析采，笼圈条贯，摛神性，图风势，苞会通，阅声字，崇替于《时序》，褒贬于《才略》，怊怅于《知音》，耿介于《程器》，长怀《序志》，以驭群篇；下篇以下，毛目显矣。位理定名，彰乎《大易》之数，其为文用，四十九篇而已。

夫铨叙一文为易，弥纶群言为难。虽复轻采毛发，深极骨髓，或有曲意密源，似近而远，辞所不载，亦不胜数矣。及其品评成文，有同乎旧谈者，非雷同也，势自不可异也；有异乎前论者，非苟异也，理自不可同也。同之与异，不屑古今，擘肌分理，唯务折衷。案辔文雅之场，而环络藻绘之府，亦几乎备矣。但言不尽意，圣人所难，识在瓶管，何能矩矱。茫茫往代，既洗予闻；眇眇来世，傥尘彼观。

既成，未为时流所称。勰自重其文，欲取定于沈约。约时贵盛，无由自达，乃负其书，候约出，干之于车前，状若货鬻者。约便命取读，大重之，谓为深得文理，常陈诸几案。然勰为文长于佛理，京师寺塔及名僧碑志，必请勰制文。有敕与慧震沙门于定林寺撰经证，功毕，遂启求出家，先燔鬓发以自誓，敕许之。乃于寺变服，改名慧地。未期而卒。文集行于世。

王籍，字文海，琅邪临沂人。祖远，宋光禄勋。父僧祐，齐骁骑将军。籍七岁能属文。及长，好学博涉，有气，乐安任昉见而称之。尝于沈约坐赋得《咏烛》，甚为约赏。齐末，为冠军行参军，累迁外兵、记室。天监初，除安成王主簿、尚书三公郎、廷尉正。历余姚、钱塘令，并以放免。久之，除轻车湘东王谘议参军，随府会稽。郡境有云门、天柱山，籍尝游之，或累月不反。至若邪溪赋诗，其略云："蝉噪林逾静，鸟鸣山更幽。"当时以为文外独绝。还为大司马从事中郎，迁中散大夫，尤不得志，遂徒行市道，不择交游。湘东王为荆州，引为安西府谘议参军，带作塘令。不理县事，日饮酒，人有讼者，鞭而遣之。少时，卒。文集行于世。

子碧，亦有文才，先籍卒。

何思澄，字元静，东海郯人。父敬叔，齐征东录事参军、余杭令。思澄少勤学，工文辞。起家为南康王侍郎，累迁安成王左常侍，兼太学博士，平南安成王行参军，兼记室。随府江州，为《游庐山诗》，沈约见之，大相称赏，自以为弗逮。约郊居宅新构阁斋，因命工书人题此诗于壁。傅昭常请思澄制《释奠诗》，辞义典丽。除廷尉正。天监十五年，敕太子詹事徐勉举学士入华林撰《遍略》，勉举思澄等五人以应选。迁治书侍御史。宋、齐以来，此职稍轻，天监初始重其选。车前依尚书二丞给三驺，执盛印青囊，旧事纠弹官印绶在前故也。久之，迁秣陵令，入兼东宫通事舍人。除安西湘东王录事参军，兼舍人如故。时徐勉、周舍以才具当朝，并好思澄学，常递日招致之。昭明太子薨，出为黟县令。迁除宣惠武陵王中录事参军，卒官，时年五十四。文集十五卷。初，思澄与宗人逊及子朗俱擅文名，时人语曰："东海三何，子朗最多。"思澄闻之，曰："此言误耳。如其不然，故当归逊。"思澄意谓宜在己也。

子朗，字世明，早有才思，工清言，周舍每与共谈，服其精理。尝为《败冢赋》，拟庄周马棰，其文甚工。世人语曰："人中爽爽何子朗。"历员外散骑侍郎，出为固山令。卒，时年二十四。文集行于世。

刘杳，字士深，平原平原人也。祖乘民，宋冀州刺史。父闻慰齐东阳太守，有清绩，在《齐书·良政传》。杳年数岁，征士明僧绍见之，抚而言曰："此儿实千里之驹。"十三，丁父忧，每哭，哀感行路。天监初，为太学博士、宣惠豫章王行参军。

杳少好学，博综群书，沈约、任昉以下，每有遗忘，皆访问焉。尝于约坐语及宗庙牺樽，约云："郑玄答张逸，谓为画凤皇尾娑娑然。今无复此器，则不依古。"杳曰："此言未必可按。古者樽彝，皆刻木为鸟兽，凿顶及背，以出内酒。顷魏世鲁郡地中得齐大夫子尾送女器，有牺樽作牺牛形；晋永嘉贼曹嶷于青州发齐景公冢，又得此二樽，形亦为牛象。二处皆古之遗器，知非虚也。"约大以为然。约又云："何承天《纂文》奇博，其书载张仲师及长颈王事，此何出？"杳曰："仲师长尺二寸，唯出《论衡》。长颈是毗骞王，朱建安《扶南以南记》云：古来至今不死。"约即取二书寻检，一如杳言。约郊居宅时新构阁斋，杳为赞二首，并以所撰文章呈约，约即命工书人题其赞于壁。仍报杳书曰："生平爱嗜，不在人中，林壑之欢，多与事夺。日暮涂殚，此心往矣；犹复少存闲远，征怀清旷。结宇东郊，匪云止息，政复颇寄凤心，时得休偃。仲长游居之地，休琏所述之美，望慕空深，何可仿佛。君爱素情多，惠以二赞。辞采妍富，事义毕举，句韵之间，光影相照，便觉此地，自然十倍。故知丽辞之益，其事弘多，辄当置之阁上，坐卧嗟览。别卷诸篇，并为名制。又山寺既为警策，诸贤从时复高奇，解颐愈疾，义兼乎此。迟此叙会，更共申析。"其为约所赏如此。又在任昉坐，有人饷昉槟酒而作栀字。昉问杳："此字是不？"杳对曰："葛洪《字苑》作木旁郃。"昉曰："酒有千日醉，当是虚言。"杳云："桂阳程乡有千里酒，饮之至家而醉，亦其例也。"昉大惊曰："吾自当遗忘，实不忆此。"杳云："出杨元凤所撰《置郡事》。元凤是魏代人，此书仍载其赋，云三重五品，商溪擦里。"时即检杨记，言皆不差。王僧孺被敕撰谱，访杳血脉所因。杳云："桓谭《新论》云：'太史《三代世表》，旁行邪上，并效周谱。'以此而推，当起周代。"僧孺叹曰："可谓得所未闻。"周舍又问杳："尚书官著紫荷囊，相传云'挈囊'，竟何所出？"杳答曰："《张安世传》曰'持囊簪笔，事孝武皇帝数十年'。韦昭、张晏注并云'囊，囊也。近臣簪笔，以待顾问'。"范岫撰《字书音训》，又访杳焉。其博识强记，皆此类也。

寻佐周舍撰国史。出为临津令，有善绩。秩满，县人三百余人诣阙请留，敕许焉。杳以疾陈解，还除云麾晋安王府参军。詹事徐勉举杳及顾协等五人入华林撰《遍略》，书成，以本官兼廷尉正，又以足疾解。因著《林庭赋》。王僧孺见之叹曰："《郊居》以后，无复此作。"普通元年，复除建康正，迁尚书驾部郎；数月，徙署仪曹郎，仆射勉以台阁文议专委杳焉。出为余姚令，在县清洁，人有馈遗，一无所受，湘东王发教褒称之。还除宣惠湘东王记室参军，母忧去职。服阕，复为王府记室，兼东宫通事舍人。大通元年，迁步兵校尉，兼舍人如故。昭明太子谓杳曰："酒非卿所好，而为酒厨之职，政为不愧古人耳。"俄有敕，代裴子野知著作郎事。昭明太子薨，新宫建，旧人例无停者，敕特留杳焉。仍注太子《徂归赋》，称为博悉。仆射何敬容奏转杳王府谘议，高祖曰："刘杳须先经中书。"仍除中书侍郎。寻为平西湘东王谘议参军，兼舍人、知著作如故。迁为尚书左丞。大同二年，卒官，时年五十。

杳治身清俭，无所嗜好。为性不自伐，不论人短长，及睹释氏经教，常行慈忍。天监十七年，自居母忧，便长断腥膻，持斋蔬食。及临终，遗命敛以法服，载以露车，还葬旧墓，随得一地，容棺而已，不得设灵筵祭醊。其子遵行之。

杳自少至长，多所著述。撰《要雅》五卷、《楚辞草木疏》一卷、《高士传》二卷、《东宫新旧记》三十卷、《古今四部书目》五卷，并行于世。

谢征，字玄度，陈郡阳夏人。高祖景仁，宋尚书左仆射。祖稚，宋司徒主簿。父璟，少与从叔朓俱知名。齐竟陵王子良开西邸，招文学，璟亦预焉。隆昌中，为明帝骠骑谘议参军，领记室。迁中书郎，晋安内史。高祖平京邑，为霸府谘议、梁台黄门郎。天监初，累迁司农卿、秘书监、左民尚书、明威将军、东阳太守。高祖用为侍中，固辞年老，求金紫，未序，会疾卒。

征幼聪慧，璟异之，常谓亲从曰："此儿非常器，所忧者寿；若天假其年，吾无恨矣。"既长，美风采，好学善属文。初为安西安成王法曹，迁尚书金部三公二曹郎、豫章王记室，兼中书舍人。迁除平北谘议参军，兼鸿胪卿，舍人如故。

征与河东裴子野、沛国刘显同官友善，子野尝为《寒夜直宿赋》以赠征，征为《感友赋》以酬之。时魏中山王元略还北，高祖饯于武德殿，赋诗三十韵，限三刻成。征二刻便就，其辞甚美，高祖再览焉。又为临汝侯渊猷制《放生文》，亦见赏于世。

中大通元年，以父丧去职，续又丁母忧。诏起为贞威将军，还摄本任。服阕，除尚书左丞。三年，昭明太子薨，高祖立晋安王纲为皇太子，将出诏，唯召尚书左仆射何敬容、宣惠将军孔休源及征三人与议。征时年位尚轻，而任遇已重。四年，累迁中书郎，鸿胪卿、舍人如故。六年，出为北中郎豫章王长史、南兰陵太守。大同二年，卒官，时年三十七。友人琅邪王籍集其文为二十卷。

臧严，字彦威，东莞莒人也。曾祖焘，宋左光禄。祖凝，齐尚书右丞。父稜，后军参军。严幼有孝性，居父忧以毁闻。孤贫勤学，行止书卷不离于手。初为安成王侍郎，转常侍。从叔未甄为江夏郡，携严之官，于涂作《屯游赋》，任昉见而称之。又作《七算》，辞亦富丽。性孤介，于人间未尝造请。仆射徐勉欲识之，严终不诣。

迁冠军行参军、侍湘东王读，累迁王宣惠轻车府参军，兼记室。严于学多所谙记，尤精《汉书》，讽诵略皆上口。王尝自执四部书目以试之，严自甲至丁卷中，各对一事，并作者姓名，遂无遗失，其博洽如此。王迁荆州，随府转西中郎安西录事参军。历监义阳、武宁郡，累任皆蛮左，前郡守常选武人，以兵镇之；严独以数门生单车入境，群蛮悦服，遂绝寇盗。王入为石头成军事，除安右录事。王迁江州，为镇南谘议参军，卒官。文集十卷。

伏挺，字士标。父暅，为豫章内史，在《良吏传》。挺幼敏寤，七岁通《孝经》、《论语》。及长，有才思，好属文，为五言诗，善效谢康乐体。父友人乐安任昉深相叹异，常曰："此子目下无双。"齐末，州举秀才，对策为当时第一。高祖义师至，挺迎谒于新林，高祖见之甚悦，谓曰"颜子"，引为征东行参军，时年十八。天监初，除中军参军事。宅居在潮沟，于宅讲《论语》，听者倾朝。迁建康正，俄以劾免。久之，入为尚书仪曹郎，迁西中郎记室参军，累为晋陵、武康令。罢县还，仍于东郊筑室，不复仕。

挺少有盛名，又善处当世，朝中势素，多与交游，故不能久事隐静。时仆射徐勉以疾假还宅，挺致书以观其意曰：

昔士德怀顾，恋兴数日；辅嗣思友，情劳一旬。故知深心所系，贵贱一也。况复恩隆世亲，义重知己，道庇生人，德弘覆盖。而朝野悬隔，山川邈殊，虽咳唾时沾，而颜色不觌。《东山》之叹，岂云旋复；西风可怀，孰能无思。加以静居廓处，顾影莫酬，秋风四起，园林易色，凉野寂寞，寒虫吟叫。怀抱不可直置，情虑不能无托，时因吟咏，动辄盈篇。扬生沉郁，且犹覆盎；惠子五车，弥多蹐驳。一日聊呈小文，不期过赏，还逮隆渥，累牍兼翰，纸缛字磨，诵复无已，徒恨许与过当，有伤准的。昔子建不欲妄赞陈琳，恐见嗤哂后代；今之过奢余论，将不有累清谈？

挺窜迹草莱，事绝闻见，藉以讴谣，得之舆牧。仰承有事砭石，仍成简通，娱肠悦耳，稍从摈落，宴处荣观，务在涤除。绮罗丝竹，二列顿遣；方丈员案，三杯仅存。故以道变区中，情冲域外；操彼弦诵，贲

兹观损。追留侯之却粒，念韩卿之辞荣；眷想东都，属怀南岳；钻仰来觊，有符下风。虽云幸甚，然则未喻。虽复帝道康宁，走马行却，《由庚》得所，寅亮有归。悠悠之人，展氏犹且攘袂；浩浩白水，甯叟方欲褰裳。是知君子拯物，义非徇己。思与赤松子游，谁其克遂。愿驱之仁寿，绥此多福。虽则不言，四时行矣。然后黔首有庇，荐绅靡夺；白驹不在空谷，屠羊豫蒙其赉。岂不休哉?岂不休哉?昔杜真自闭深室，郎宗绝迹幽野。难矣，诚非所希。井丹高洁，相如慢世，尚复游涉权门，雍容乡邑，常谓此道为泰，每窃慕之。方念拥帚延思，以陈侍者，请至农隙，无待邀求。

挺诚好属文，不会今世，不能促节άλ步，以应流俗。事等昌歜，谬彼偏嗜，是用不羞固陋，无惮龙门。昔敬通之赏景卿，孟公之知仲蔚，止乎通人，犹称盛美，况在时宗，弥为未易。近以蒲筴勿用，笔素多阙，聊效东方，献书丞相，须得善写，更请润诃，倪逢子侯，比复削牍。

勉报曰：

复览来书，累牍兼翰；事苞出处，言兼语默；事义周悉，意致深远；发函伸纸，倍增愤叹。卿雄州擢秀，弱冠升朝，穿综百家，佃渔六学；观眸表其韶慧，视色见其英朗，若鲁国之名驹，迈云中之白鹤。及占显邑，试吏腴壤，将有武城弦歌，桐乡谣咏，岂与卓鲁断断同年而语邪？方当见赏良能，有加宠授，饰兹簪带，置彼周行。而欲远暴卷舒，用怀愚智，既知益之为累，爱悟满则辞多，高蹈风尘，良所钦挹。况以金商戒节，素秋御序，萧条林野，无人相乐，偃卧坟籍，游浪儒玄，物我兼忘，宠辱谁滞？诚乃欢羡，用有殊同。今遽听傍求，兴怀痼宿，白驹空谷，幽人引领，贫贱为耻，鸟兽难群，故当捐此薜萝，出从鹓鹭，无乖隐显，不亦休哉！

吾智乏佐时，才惭济世，禀承朝则，不敢荒宁，力弱途遥，愧心非一。天下有道，尧人何事？得因疲病，念从闲逸。若使车书混合，尉候无警，作乐制礼，纪石封山，然后乃返服衡门，实为多幸。但夙有风咳，遘兹虚眩，瘵类士安，羸同长孺，簿领沉废，台阁未理，娱耳烂肠，因事而息，非关欲追松子，远慕留侯。若乃天假之年，自当靖恭所职；拟非伦匹，良觉辞费，览复循环，爽焉如失。清尘独远，白云飘荡，依然何极。

猥降书札，示之文翰，览复成诵，流连缛纸。昔仲宣才敏，藉中郎而表誉；正平颖悟，赖北海以腾声。望古料今，吾有惭德。傥成卷帙，力为称首。无令独耀随掌，空使辞人扼腕。式间愿见，宜事扫门。亦有来思，赴其悬榻。轻苕鱼网，别当以荐。城阙之叹，曷日无怀；所迟萱苏，书不尽意。

挺后遂出仕，寻除南台治书，因事纳贿，当被推劾。挺惧罪，遂变服为道人，久之藏匿，后遇赦，乃出大心寺。会邵陵王为江州，携挺之镇，王好文义，深被恩礼，挺因

此还俗。复随王迁镇郢州，征入为京尹，挺留夏首，久之还京师。太清中，客游吴兴、吴郡，侯景乱中卒。著《迩说》十卷，文集二十卷。

子知命，先随挺事邵陵王，掌书记。乱中，王于郢州奔败，知命仍上投侯景。常以其父宦途不至，深怨朝廷，遂尽心事景。景袭郢州，围巴陵，军中书檄，皆其文也。及景篡位，为中书舍人，专任权宠，势倾内外。景败被执，送江陵，于狱中幽死。挺弟㧑，亦有才名，先为邵陵王所引，历为记室、中记室、参军。

庾仲容，字仲容，颍川鄢陵人也。晋司空冰六代孙。祖徽之，宋御史中丞。父漪，齐邵陵王记室。仲容幼孤，为叔父泳所养。既长，杜绝人事，专精笃学，昼夜手不辍卷。初为安西法曹行参军。泳时已贵显，吏部尚书徐勉拟泳子晏婴为宫僚，泳垂泣曰：“兄子幼孤，人才粗可，愿以晏婴所忝回用之。”勉许焉，因转仲容为太子舍人。迁安成王主簿。时平原刘孝标亦为府佐，并以强学为王所礼接。迁晋安功曹史。历为永康、钱唐、武康令，治县并无异绩，多被劾。久之，除安成王中记室，当出随府，皇太子以旧恩，特降饯宴，赐诗曰：“孙生陟阳道，吴子朝歌县。未若樊林举，置酒临华殿。”时辈荣之。迁安西武陵王谘议参军。除尚书左丞，坐推纠不直免。

仲容博学，少有盛名，颇任气使酒，好危言高论，士友以此少之。唯与王籍、谢几卿情好相得，二人时亦不调，遂相追随，诞纵酣饮，不复存检操。久之，复为谘议参军，出为黟县令。及太清乱，客游会稽，遇疾卒，时年七十四。

仲容抄诸子书三十卷，众家地理书二十卷，《列女传》三卷，文集二十卷，并行于世。

陆云公，字子龙，吴郡人也。祖闲，州别驾。父完，宁远长史。云公五岁诵《论语》、《毛诗》，九岁读《汉书》，略能记忆。从祖倕、沛国刘显质问十事，云公对无所失，显叹异之。既长，好学有才思。州举秀才。累迁宣惠武陵王、平西湘东王行参军。云公先制《太伯庙碑》，吴兴太守张缵罢郡经途，读其文叹曰：“今之蔡伯喈也。”缵至都掌选，言之于高祖，召兼尚书仪曹郎，顷之即真，入直寿光省，以本官知著作郎事。俄除著作郎，累迁中书黄门郎，并掌著作。云公善弈棋，尝夜侍御坐，武冠触烛火，高祖笑谓曰：“烛烧卿貂。”高祖将用云公为侍中，故以此言戏之也。是时天渊池新制织鱼舟，形阔而短，高祖暇日，常泛此舟，在朝唯引太常刘之遴、国子祭酒到溉、右卫朱异，云公时年位尚轻，亦预焉。其恩遇如此。太清元年，卒，时年三十七。高祖悼惜之，手诏曰：“给事黄门侍郎、掌著作陆云公，风尚优敏，后进之秀。奄然殂谢，良以恻然。可克日举哀，赙钱五万、布四十匹。”

张缵时为湘州，与云公叔襄、兄晏子书曰：“都信至，承贤兄子贤弟黄门殒折，非唯贵门丧宝，实有识同悲，痛惋伤惜，不能已已。贤兄子贤弟神情早著，标令弱年，经目所睹，殆无再问。怀橘抱枣，禀自天情；倨坐列薪，非因外奖。学以聚之，则一箸能立；问以辩之，则师心独寤。始逾弱岁，辞艺通治，升降多士，秀也诗流。见与齿过肩随，礼殊拜绝，怀抱相得，忘其年义。朝游夕宴，一载于斯；玩古披文，终晨讫暮。平生知旧，零落稍尽，老夫记意，其数几何。至若此生，宁可多过，赏心乐事，所寄伊人。弟迁职潇、湘，维舟洛汭，将离之际，弥见情款。夕次帝郊，亟淹信宿，徘徊握手，忍分歧路。行役数年，羁病侵迫，识虑惛兑，久绝人世。凭几口授，素无其功；翰动若飞，弥有多愧。京洛游故，咸成云雨，唯有此生，音尘数嗣。形迹之外，不为远近隔情；襟素之中，岂以风霜改节？客游半纪，志切首丘，日望东归，更敦昔款。如何此别，永成异世！挥袂之初，人谁自保，但恐衰谢，无复前期。不谓华龄，方春掩质，埋玉之恨，抚事多情。想引进之情，怀抱素笃，友于之至，兼深家宝。奄有此恤，当何可言！临白增悲，言以无次。”

云公从兄才子，亦有才名，历官中书郎、宣成王友、太子中庶子、廷尉卿，先云公卒。才子、云公文集，并行于世。

任孝恭，字孝恭，临淮临淮人也。曾祖农夫，宋南豫州刺史。孝恭幼孤，事母以孝闻。精力勤学，家贫无书，常崎岖从人假借。每读一遍，讽诵略无所遗。外祖丘它，与高祖有旧，高祖闻其有才学，召入西省撰史。初为奉朝请，进直寿光省，为司文侍郎，俄兼中书通事舍人。敕遣制《建陵寺刹下铭》，又启撰高祖集序文，并富丽，自是专掌公家笔翰。孝恭为文敏速，受诏立成，若不留意，每奏，高祖辄称善，累赐金帛。孝恭少从萧寺云法师读经论，明佛理，至是，蔬食持戒，信受甚笃。而性颇自伐，以才能尚人，于时辈中多有忽略，世以此少之。

太清二年，侯景寇逼，孝恭启募兵，隶萧正德，屯南岸。及贼至，正德举众入贼，孝恭还赴台，台门已闭，因奔入东府，寻为贼所攻，城陷见害。文集行于世。

颜协，字子和，琅邪临沂人也。七代祖含，晋侍中、国子祭酒、西平靖侯。父见远，博学有志行。初，齐和帝之镇荆州也，以见远为录事参军，及即位于江陵，以为治书侍御史，俄兼中丞。高祖受禅，见远乃不食，发愤数日而卒。高祖闻之曰：“我自应天从人，何预天下士大夫事？而颜见远乃至于此也。”协幼孤，养于舅氏。少以器局见称。博涉群书，工于草隶。释褐湘东王国常侍，又兼府记室。世祖出镇荆州，转正记室。时吴郡顾协亦在蕃邸，与协同名，才学相亚，府中称为“二协”。舅陈郡谢暕卒，协以有鞠养恩，居丧如伯叔之礼，议者重焉。又感家门事义，不求显达，恒辞征辟，游于蕃府而已。大同五年，卒，时年四十二。世祖甚叹惜之，为《怀旧诗》以伤之。其一章曰：“弘都多雅度，信乃含宾实。鸿渐殊未升，上才淹下秩。”

协所撰《晋仙传》五篇、《日月灾异图》两卷，遇火湮灭。

有二子：之仪、之推，并早知名。之推，承圣中仕至正员郎、中书舍人。

陈吏部尚书姚察曰：魏文帝称古之文人，鲜能以名节自全。何哉？夫文者妙发性灵，独拔怀抱，易邈等夷，必兴矜露。大则凌慢侯王，小则傲蔑朋党；速忌离讹，启自此作。若夫屈、贾之流斥，桓、冯之摈放，岂独一世哉？盖恃才之祸也。群士值文明之运，摛艳藻之辞，无郁抑之虞，不遭向时之患，美矣。刘氏之论，命之徒也。命也者，圣人罕言欤，就而必之，非经意也。

卷五十一　　列传第四十五

处　士

何点 弟胤　阮孝绪　陶弘景
诸葛璩　沈颙　刘慧斐　范元琰
刘訏　刘歊　庾诜　张孝秀
庾承先

《易》曰："君子遁世无闷，独立不惧。"孔子称长沮、桀溺隐者也。古之隐者，或耻闻禅代，高让帝王，以万乘为垢辱，之死亡而无悔。此则轻生重道，希世间出，隐之上者也。或托仕监门，寄臣柱下，居易而以求其志，处污而不愧其色。此所谓大隐隐于市朝，又其次也。或裸体佯狂，盲暗绝世，弃礼乐以反道，忍孝慈而不恤。此全身远害，得大雅之道，又其次也。然同不失语默之致，有幽人贞吉矣。与夫没身乱世，争利干时者，岂同年而语哉！《孟子》曰："今人之于爵禄，得之若其生，失之若其死。"《淮南子》曰："人皆鉴于止水，不鉴于流潦。"夫可以扬清激浊，抑贪止竞，其惟隐者乎！古自帝王，莫不崇尚其道。虽唐尧不屈巢、许，周武不降夷、齐；以汉高肆慢而长揖黄、绮，光武按法而折意严、周；自兹以来，世有人矣！有梁之盛，继绍风猷。斯乃道德可宗，学艺可范，故以备《处士篇》云。

何点，字子晳，庐江灊人也。祖尚之，宋司空。父铄，宜都太守。铄素有风疾，无故害妻，坐法死。点年十一，几至灭性。及长，感家祸，欲绝婚宦，尚之强为之娶琅邪王氏。礼毕，将亲迎，点累涕泣，求执本志，遂得罢。容貌方雅，博通群书，善谈论。家本甲族，亲姻多贵仕。点虽不入城府，而遨游人世，不簪不带，或驾柴车、蹑草屧，恣心所适，致醉而归，士大夫多慕从之，时人号为"通隐"。兄求，亦隐居吴郡虎丘山。求卒，点菜食不饮酒，讫于三年，要带减半。

宋泰始末，征太子洗马。齐初，累征中书郎、太子中庶子，并不就。与陈郡谢瀹、吴国张融、会稽孔稚珪为莫逆友。从弟遹，以东篱门园居之，稚珪为筑室焉。园内有卞忠贞冢，点植花卉于冢侧，每饮必举酒酹之。初，褚渊、王俭为宰相，点谓人曰："我作《齐书赞》，云：'渊既世族，俭亦国华；不赖舅氏，遑恤国家'。"王俭闻之，欲候点，知不可见，乃止。豫章王嶷命驾造点，点从后门遁去。司徒、竟陵王子良欲就见之，点时在法轮寺，子良乃往请，点角巾登席，子良欣悦无已，遗点嵇叔夜酒杯、徐景山酒铛。

点少时尝患渴痢，积岁不愈。后在吴中石佛寺建讲，于讲所昼寝，梦一道人形貌非常，授丸一掬，梦中服之，自此而差，时人以为淳德所感。性通脱，好施与，远近致遗，一无所逆，随复散焉。尝行经朱雀门衢，有自车后点衣者，见而不言，傍有人擒盗与之，点乃以衣施盗，盗不敢受，点命告有司，盗惧，乃受之，催令急去。点雅有人伦识鉴，多所甄拔，知吴兴丘迟于幼童，称济阳江淹于寒素，悉如其言。

点既老，又娶鲁国孔嗣女，嗣亦隐者也。点虽婚，亦不与妻相见，筑别室以处之，人莫喻其意也。吴国张融少时兔官，而为诗有高尚之言，点答诗曰："昔闻东都日，不在简书前。"虽戏也，而融久病之。及点后婚，融始为诗赠点曰："惜哉何居士，薄暮遘荒淫。"点亦病之，而无以释也。

高祖与点有旧，及践阼，手诏曰："昔因多暇，得访逸轨，坐修竹，临清池，忘今语古，何其乐也。暂别丘园，十有四载，人事艰阻，亦何可言。自应运在天，每思相见，密迩物色，劳甚山阿。严光排九重，践九等，谈天人，叙故旧，有所不臣，何伤于高？文先以皮弁谒子桓，伯况以毂绡见文叔，求之往策，不无前例。今赐卿鹿皮巾等。后数日，望能入也。"点以巾褐引入华林园，高祖甚悦，赋诗置酒，恩礼如旧。仍下诏曰："前征士何点，高尚其道，志安容膝，脱落形骸，栖志音冥。朕日昃思治，尚想前哲；况亲得同时，而不与为政。喉唇任切，必俟邦良，诚望惠然，屈居献替。可征为侍中。"辞疾不赴。乃复诏曰："征士何点，居贞物表，纵心尘外，夷坦之风，率由自远。往因素志，颇申宴言，眷彼子陵，情兼惟旧。昔仲虞迈俗，受俸汉朝；安道逸志，不辞晋禄。此盖前代盛轨，往贤所同。可议加资给，并出在所，日费所须，太官别给。既人高曜卿，故事同垣下。"

天监三年，卒，时年六十八。诏曰："新除侍中何点，栖迟衡泌，白首不渝。奄至殒丧，倍怀伤恻。可给第一品材一具，赙钱二万、布五十匹。丧事所须，内监经理。"又敕点弟胤曰："贤兄征君，弱冠拂衣，华首一操。心游物表，不滞近迹；脱落形骸，寄之远理。性情胜致，遇兴弥高；文会酒德，抚际逾远。朕膺篆受图，思长声教。朝多君子，既贵成雅俗；野有外臣，宜弘此难进。方赖清徽，式隆大业。昔在布衣，情期早著，资以仲虞之秩，待以子陵之礼，听览暇日，角巾引见，窅然汾射，兹焉有托。一旦万古，良怀震悼。卿友于纯至，亲从凋亡，偕老之愿，致使反夺，缠绵永恨，伊何可任。永矣奈何！"点无子，宗人以其从弟耿子迟任为嗣。

胤，字子季，点之弟也。年八岁，居忧哀毁若成人。既长好学。师事沛国刘瓛，受《易》及《礼记》、《毛诗》，又入钟山定林寺听内典，其业皆通。而纵情诞节，时人未之知也，唯瓛与汝南周颙深器异之。

起家齐秘书郎，迁太子舍人。出为建安太守，为政有恩信，民不忍欺。每伏腊放囚还家，依期而返。入为尚书三公郎，不拜，迁司徒主簿。注《易》，又解《礼记》，于卷背书之，谓为《隐义》。累迁中书郎、员外散骑常侍、太尉从事中郎、司徒右长史、给事黄门侍郎、太子中庶子、领国子博士、丹阳邑中正。尚书令王俭受诏撰新礼，未就而卒。又使特进张绪续成之，绪又卒；属在司徒竟陵王子良，子良以让胤，乃置学士二十人，佐胤撰录。永明十年，迁侍中，领步兵校尉，转为国子祭酒。郁林嗣位，胤为后族，甚见亲待。累迁左民尚书、领骁骑、中书令、领临海、巴陵王师。

胤虽贵显，常怀止足。建武初，已筑室郊外，号曰小山，恒与学徒游处其内。至是，遂卖园宅，欲入东山，未及发，闻谢朏罢吴兴郡不还，胤恐后之，乃拜表辞职，不待报辄去。明帝大怒，使御史中丞袁昂奏收胤，寻有诏许之。胤以会稽山多灵异，往游焉，居若邪山云门寺。初，胤二兄求、点并栖遁，求先卒，至是胤又隐，世号点为大山；胤为小山，亦曰东山。

永元中，征太常、太子詹事，并不就。高祖霸府建，引胤为军谋祭酒，与书曰："想恒清豫，纵情林壑，致足欢也。既内绝心战，外劳物役，以道养和，履候无爽。若邪擅美东区，山川相属，前世嘉赏，是为乐土。仆推迁簿官，自东徂西，悟言素对，用成睽阔，倾首东顾，曷日无怀。畴昔欢遇，曳裾儒肆，实欲卧游千载，畋渔百氏，一行为吏，此事遂乖。属以世道威夷，仍离屯故，投袂数千，克黜屛祸。思得瞩卷谘款，寓情古昔，夫岂不怀，事与愿谢。君清襟素托，栖寄不近，中居人世，殆同隐沦。既俯拾青组，又脱屣无黻。但理存用舍，义贵随时，往识祸萌，实为先觉，超然独善，有识钦嗟。今者为邦，贫贱咸耻，好仁由己，幸无凝滞。比别具白，此未尽言。今遣候承音息，矫首还翰，慰其引领。"胤不至。

高祖践阼，诏为特进、右光禄大夫。手敕曰："吾猥当期运，膺此乐推，而顾己蒙蔽，昧于治道。虽复劬劳日昃，思致隆平，而先王遗范，尚蕴方策，自举之用，存乎其人。兼以世故浇暮，争诈繁起，改俗迁风，良有未易。自非以儒雅弘朝，高尚轨物，则沮劝所至，莫知其限。治人之与治身，独善之与兼济，得失去取，为用孰多。吾虽不学，颇好博古，尚想高尘，每怀击节。今世务纷乱，忧责是当，不得不屈道岩阿，共成世美。必望深达往怀，不吝濡足。今遣领军司马王果宣旨谕意，迟面在近。"果至，胤单衣鹿巾，执经立卷，下床跪受诏书，就席伏读。胤因谓果曰："吾昔于齐朝欲陈两三条事，一者欲正郊丘，二者欲更铸九鼎，三者欲树双阙。世传晋室欲立阙，王丞相指牛头山云：'此天阙也'，是则未明立阙之意。阙者，谓之象魏。县象法于其上，浃日而收之。象者，法也；魏者，当涂而高大貌也。鼎者神器，有国所先，故王孙满斥言，楚子顿尽。圆丘国郊，旧典不同。南郊祠五帝灵威仰之类，圆丘祠天皇大帝、北极大星是也。往代合之郊丘，先儒之巨失。今梁德告始，不宜遂因前谬。卿宜诣阙陈之。"果曰："仆之鄙劣，岂敢轻议国典？此当敬俟叔孙生耳。"胤曰："卿讵不遣传诏还朝拜表，留与我同游邪？"果愕然曰："古今不闻此例。"胤曰："《檀弓》两卷，皆言物始。自卿而始，何必有例。"果曰："今君遂当邈然绝世，犹有致身理不？"胤曰："卿但以事见推，吾年已五十七，月食四斗米不尽，何容得有宦情？昔荷圣王晌识，今又蒙旌贲，甚愿诣阙谢恩，但比腰脚大恶，此心不遂耳。"

果还，以胤意奏闻，有敕给白衣尚书禄，胤固辞。又敕山阴库钱月给五万，胤又不受。乃敕胤曰："顷者学业沦废，儒术将尽，闻阊揹绅，鲜闻好事。吾每思弘奖，其风未移，当辰兴言为叹。本欲屈卿暂出，开导后生，既属废业，此怀未遂，延仁之劳，载盈梦想。理舟虚席，须俟来秋，所望惠然，申其宿抱耳。卿门徒中经明行修，厥数有几？且欲瞻彼堂堂，置此周行。便可具以名闻，副其劳望。"又曰："比岁学者殊为寡少，良由无复聚徒，故明经斯废。每一念此，为之慨然。卿居儒宗，加以德素，当敕后进有意向者，就卿受业。想深思诲诱，使斯文载兴。"于是遣何子朗、孔寿等六人于东山受学。

太守衡阳王元简深加礼敬，月中常命驾式间，谈论终日。胤以若邪处势迫隘，不容生徒，乃迁秦望山。山有飞泉，西起学舍，即林成援，因岩为堵。别为小阁室，寝处其中，躬自启闭，僮仆无得至者。山侧营田二顷，讲隙从生徒游之。胤初迁，将筑室，忽见二人著玄冠，容貌甚伟，问胤曰："君欲居此邪？"乃指一处云："此中殊吉。"忽不复见，胤依其言而止焉。寻而山发洪水，树石皆倒拔，唯胤所居室岿然独存。元简乃命记室参军钟嵘作《瑞室颂》，刻石以旌之。及元简去郡，入山与胤别，送至都赐埭，去郡三里，因曰："仆自弃人事，交游路断，自非降贵山薮，岂容复望城邑？此埭之游，于今绝矣。"执手涕零。

何氏过江，自晋司空充并葬吴西山。胤家世年皆不永，唯祖尚之至七十二。胤年登祖寿，乃移还吴，作《别山诗》一首，言甚凄怆。至吴，居虎丘西寺讲经论，学徒复随之，东境守宰经途者，莫不毕至。胤常禁杀，有虞人逐鹿，鹿径来趋胤，伏而不动。又有异鸟如鹤，红色，集讲堂，驯狎如家禽焉。

初，开善寺藏法师与胤遇于秦望，后还都，卒于钟山。其死日，胤在殷若寺，见一僧授胤香奁并函札，云"呈何居士"，言讫失所在。胤开函，乃是《大庄严论》，世中未有。又于寺内立明珠柱，乃七日七夜放光，太守何远以状启。昭明太子钦其德，遣舍人何思澄致手令以褒美之。

中大通三年，卒，年八十六。先是胤疾，妻江氏梦神人告之曰："汝夫寿尽。既有至德，应获延期，尔当代之。"妻觉说焉，俄得患而卒，胤疾乃瘳。至是胤梦一神女并八十许人，并衣帢，行列至前，俱床床下，觉又见之，便命营凶具。既而疾动，因不自治。

胤注《百法论》、《十二门论》各一卷，注《周易》十卷、《毛诗总集》六卷、《毛诗隐义》十卷、《礼记隐义》二十卷、《礼答问》五十五卷。

子撰，亦不仕，庐陵王辟为主簿，不就。

阮孝绪，字士宗，陈留尉氏人也。父彦之，宋太尉从事中郎。孝绪七岁，出后从伯胤之。胤之母周氏卒，有遗财百余万，应归孝绪，孝绪一无所纳，尽以归胤之姊琅邪王晏之母，闻者咸叹异之。

幼至孝，性沉静，虽与儿童游戏，恒以穿池筑山为乐。年十三，遍通《五经》。十五，冠而见其父，彦之诫曰："三加弥尊，人伦之始。宜思自勖，以庇尔躬。"答曰："愿迹松子于瀛海，追许由于穹谷，庶保促生，以免尘累。"自是屏居一室，非定省未尝出户，家人莫见其面，亲友因呼为"居士"。外兄王晏贵显，屡至其门，孝绪度之必至颠覆，常逃匿不与相见。曾食酱美，问之，云是王家所得，便吐餐覆醢。及晏诛，其亲戚咸为之惧，孝绪曰："亲而不党，何坐之及？"竟获免。

义师围京城，家贫无以爨，僮妾窃邻人樵以继火。孝绪知之，乃不食，更令撤屋而炊。所居室唯有一鹿床，竹树绕之。天监初，御史中丞任昉寻其兄履之，欲造而不敢，望而叹曰："其室虽迩，其人甚远。"为名流所钦尚如此。

十二年，与吴郡范元琰俱征，并不到。陈郡袁峻谓之曰："往者，天地闭，贤人隐；今世路已清，而子犹遁，可乎？"答曰："昔周德虽兴，夷、齐不厌薇蕨；汉道方盛，黄、绮无闷山林。为仁由己，何关人世！况仆非往贤之类邪？"

后于钟山听讲，母王氏忽有疾，兄弟欲召之。母曰："孝绪至性冥通，必当自到。"果心惊而返，邻里嗟异之。合药须得生人参，旧传钟山所出，孝绪躬历幽险，累日不值。忽见一鹿前行，孝绪感而随后，至一所遂灭，就视，果获此草。母得服之，遂愈。时皆叹其孝感所致。

时有善筮者张有道谓孝绪曰："见子隐迹而心难明，自非考之龟蓍，无以验也。"及布卦，既揲五爻，曰："此将为《咸》，应感之法，非嘉遁之兆。"孝绪曰："安知后爻不为上九？"果成《遁卦》。有道叹曰："此谓'肥遁无不利。'象实应德，心迹并也。"孝绪曰："虽获《遁卦》，而上九爻不发，升遐之道，便当高谢许生。"乃著《高隐传》，上自炎、黄，终于天监之末，斟酌分为三品，凡若干卷。又著论云："夫至道之本，贵在无为；圣人之迹，存乎拯弊。弊拯由迹，迹用有乖于本，本既无为，为非道之至。然不垂其迹，则世无以平；不究其本，则道实交丧。丘、旦将存其迹，故宜权晦其本；老、庄但明其本，亦宜深抑其迹。迹既可抑，数子所以有余；本方见晦，尼丘是故不足。非得一之士，阙彼兼智；体二之徒，独怀鉴识。然圣已极照，反创其迹；贤未居宗，更言其本。良由迹须拯世，非圣不能；本实明理，在贤可照。若能体兹本迹，悟彼抑扬，则孔、庄之意，其过半矣。"

南平元襄王闻其名，致书要之，不赴。孝绪曰："非志骄富贵，但性畏庙堂。若使麋鹿可骖，何以异夫骥騄。"

初，建武末，青溪宫东门无故自崩，大风拔东宫门外杨树。或以问孝绪，孝绪曰："青溪皇家旧宅。齐为木行，东者木位，今东门自坏，木其衰矣。"

鄱阳忠烈王妃，孝绪之姊。王尝命驾，欲就之游，孝绪凿垣而逃，卒不肯见。诸甥岁时馈遗，一无所纳。人或怪之，答云："非我始愿，故不受也。"

其恒所供养石像，先有损坏，心欲治补，经一夜忽然完复，众并异之。大同二年，卒，时年五十八。门徒谥其德行，谥曰文贞处士。所著《七录》等书二百五十卷，行于世。

陶弘景，字通明，丹阳秣陵人也。初，母梦青龙自怀而出，并见两天人手执香炉来至其所，已而有娠，遂产弘景。幼有异操。年十岁，得葛洪《神仙传》，昼夜研寻，便有养生之志。谓人曰："仰青云，睹白日，不觉为远矣。"及长，身长七尺四寸，神仪明秀，朗目疏眉，细形长耳。读书万余卷。善琴棋，工草隶。未弱冠，齐高帝作相，引为诸王侍读，除奉朝请。虽在朱门，闭影不交外物，唯以披阅为务。朝仪故事，多取决焉。

永明十年，上表辞禄，诏许之，赐以束帛。及发，公卿祖之于征虏亭，供帐甚盛，车马填咽，咸云宋、齐以来，未有斯事。朝野荣之。于是止于句容之句曲山。恒曰："此山下是第八洞宫，名金坛华阳之天，周回一百五十里。昔汉有咸阳三茅君得道，来掌此山，故谓之茅山。"乃中山立馆，自号华阳隐居。始从东阳孙游岳受符图经法。遍历名山，寻访仙药。每经涧谷，必坐卧其间，吟咏盘桓，不能已已。时沈约为东阳郡守，高其志节，累书要之，不至。

弘景为人，圆通谦谨，出处冥会，心如明镜，遇物便了，言无烦舛，有亦辄觉。建武中，齐宜都王铿为明帝所害，其夜，弘景梦铿告别，因访其幽冥中事，多说秘异，因著《梦记》焉。

永元初，更筑三层楼，弘景处其上，弟子居其中，宾客至其下，与物遂绝，唯一家僮得侍其旁。特爱松风，每闻其响，欣然为乐。有时独游泉石，望见者以为仙人。性好著述，尚奇异，顾惜光景，老而弥笃。尤明阴阳五行，风角星算，山川地理，方图产物，医术本草。著《帝代年历》，又尝造浑天象，云"修道所须，非止史官是用"。义师平建康，闻议禅代，弘景援引图谶，数处皆成"梁"字，令弟子进之。高祖既早与之游，及即位后，恩礼逾笃，书问不绝，冠盖相望。

天监四年，移居积金东涧。善辟谷导引之法，年逾八十而有壮容。深慕张良之为人，云"古贤莫比"。曾梦佛授其菩提记，名为胜力菩萨。乃诣鄮县阿育王塔自誓，受五大戒。后太宗临南徐州，钦其风素，召至后堂，与谈论数日而去，太宗甚敬异之。大通初，令献二刀于高祖，其一名善胜，一名威胜，并为佳宝。大同二年，卒，时年八十五。颜色不变，屈申如恒。诏赠中散大夫，谥曰贞白先生，仍遣舍人监护丧事。弘景遗令薄葬，弟子遵而行之。

诸葛璩，字幼玫，琅邪阳都人，世居京口。璩幼事征士关康之，博涉经史。复师征士臧荣绪。荣绪著《晋书》，称璩有发摘之功，方之壶遂。

齐建武初，南徐州行事江祀荐璩于明帝曰："璩安贫守道，悦《礼》敦《诗》，未尝投刺邦宰，曳裾府寺，如其简退，可以扬清厉俗。请辟为议曹从事。"帝许之，璩辞不去。陈郡谢朓为东海太守，教曰："昔长孙东组，降龙丘之节；文举北辂，高通德之称。所以激贪立懦，式扬风范。处士诸葛璩，高风所渐，结辙前修。岂怀珠披褐，韬玉待价？将幽贞独往，不事王侯者邪？闻事亲有啜菽之婆，就养寡藜蒸之给，岂得独享万钟，而忘兹五秉？可饷谷百斛。"天监中，太守萧琛、刺史安成王秀、鄱阳王恢并礼异焉。璩丁母忧毁瘠，恢累加存问。服阕，举秀才，不就。

璩性勤于诲诱，后生就学者日至，居宅狭陋，无以容之，太守张友为起讲舍。璩处身清正，妻子不见喜愠之色。旦夕孜孜，讲诵不辍，时人益以此宗之。七年，高祖敕问太守王份，份即具以实对，未及征用，是年卒于家。璩所著文章二十卷，门人刘瞰集而录之。

沈颙，字处默，吴兴武康人也。父坦之，齐都官郎。颙幼清静有至行，慕黄叔度、徐孺子之为人。读书不为章句，著述不尚浮华。常独处一室，人罕见其面。颙从叔勃，贵显齐世，每还吴兴，宾客填咽，颙不至其门。勃就之，颙送迎不越于阃。勃叹息曰："吾乃今知贵不如贱。"

俄征为南郡王左常侍，不就。颙内行甚修，事母兄弟孝友，为乡里所称慕。永明三年，征著作郎；建武二年，征太子舍人，俱不赴。永元二年，又征通直郎，亦不赴。颙素不治家产，值齐末兵荒，与家人并日而食。或有馈其粱肉者，闭门不受。唯以樵采自资，怡怡然恒不改其乐。天监四年，大举北伐，订民丁。吴兴太守恽以颙从役，扬州别驾陆任以书责之，恽大惭，厚礼而遣之。其年卒于家。所著文章数十篇。

刘慧斐，字文宣，彭城人也。少博学，能属文，起家安成王法曹行参军。尝还都，途经寻阳，游于匡山，过处士张孝秀，相得甚欢，遂有终焉之志。因不仕，居于东林寺。又于山北构园一所，号曰离垢园，时人乃谓为离垢先生。

慧斐尤明释典，工篆隶，在山手写佛经二千余卷，常所诵者百余卷。昼夜行道，孜孜不息，远近钦慕之。太宗临江州，遗以几杖。论者云：自远法师没后，将二百年，始有张、刘之盛矣。世祖及武陵王等书问不绝。大同二年，卒，时年五十九。

范元琰，字伯珪，吴郡钱唐人也。祖悦之，太学博士征，不至。父灵瑜，居父忧，以毁卒。元琰时童孺，哀慕尽礼，亲党异之。及长好学，博通经史，兼精佛义。然性谦敬，不以所长骄人。家贫，唯以园蔬为业。尝出行，见人盗其菜，元琰遽退走，母问其故，具以实答。母问盗者为谁，答曰："向所以退，畏其愧耻。今启其名，愿不泄也。"于是母子秘之。或有涉沟盗其笋者，元琰因伐木为桥以渡之。自是盗者大惭，一乡无复草窃。居常不出城市，独坐如对严宾，见之者莫不改容正色。沛国刘瓛深加器异，尝表称之。齐建武二年，始征为安北参军事，不赴。天监九年，县令管慧辨上言义行，扬州刺史、临川王宏辟命，不至。十年，王拜表荐焉，竟未征。其年卒于家，时年七十。

刘𫖮，字彦度，平原人也。父灵真，齐武昌太守。𫖮幼称纯孝，数岁，父母继卒，𫖮居丧，哭泣孺慕，几至灭性，赴吊者莫不伤焉。后为伯父所养，事伯母及昆姊，孝友笃至，为宗族所称。自伤早孤，人有误触其讳者，未尝不感结流涕。长兄絜为之娉妻，克日成婚，𫖮闻而逃匿，事息乃还。本州刺史张稷辟为主簿，不就。主者檄召，𫖮乃挂檄于树而逃。

𫖮善玄言，尤精释典。曾与族兄刘歊听讲于钟山诸寺，因共卜筑宋熙寺东涧，有终焉之志。天监十七年，卒于歊舍，时年三十一。临终，执歊手曰："气绝便敛，敛毕即埋，灵筵一不须立，勿设飨祀，无求继嗣。"歊从而行之。宗人至友相与刊石立铭，谥曰玄贞处士。

刘歊，字士光，𫖮族兄也。祖乘民，宋冀州刺史；父闻慰，齐正员郎。世为二千石，皆有清名。歊幼有识慧，四岁丧父，与群儿同处，独不戏弄。六岁诵《论语》、《毛诗》，意所不解，便能问难。十一，读《庄子·逍遥篇》，曰："此可解耳。"客因问之，随问而答，皆有情理，家人每异之。及长，博学有文才，不娶不仕，与族弟𫖮并隐居求志，遨游林泽，以山水书籍相娱而已。常欲避人世，以母老不忍违离，每随兄罃、杳从宦。少时好施，务周人之急，人或遗之，亦不距也。久而叹曰："受人者必报，不则有愧于人。吾固无以报人，岂可常有愧乎？"

天监十七年，无何而著《革终论》。其辞曰：

死生之事，圣人罕言之矣。孔子曰："精气为物，游魂为变，知鬼神之情状，与天地相似而不违。"其言约，其旨妙，其事隐，其意深，未可以臆断，难得而精核，聊肆狂瞽，请试言之。

夫形虑合而为生，魂质离而称死；合则起动，离则休寂。当其动也，人皆知其神；及其寂也，物莫测其所趣。皆知则不言而义显，莫测则逾辩而理微。是以勋、华旷而莫陈，姬、孔抑而不说，前达往贤，互生异见。季札云："骨肉归于土，魂气无不之。"庄周云："生为徭役，死为休息。"寻此二说，如或相反。何者？气无不之，神有也；死为休息，神无也。原宪云："夏后氏用明器示民无知也；殷人用祭器，示人有知也；周人兼用之，示民疑也。"考之记籍，验之前志，有无之辩，不可历言。若稽诸内教，判乎释部，则诸子之言可寻，三代之礼无越。何者？神为生本，形为生具。死者神离此具，而即非彼具也。虽死者不可复反，而精灵递变，未尝灭绝。当其离此之日，识用廓然，故夏后明器，示其弗反。即彼之时，魂灵知灭，故殷人祭器，显其犹存。不反则合乎庄周，犹存则同乎季札，各得一隅，无伤厥义。设其实也，则亦无，故周人有兼用之礼，尼父发游魂之唱，不其然乎？若废偏携之论，探中途之旨，则不仁不智之讥，于是乎可息。

夫形也者，无知之质也；神也者，有知之性也。有知不独存，依无知以自立，故形之于神，逆旅之馆耳。及其死也，神去此而适彼也。神已去此，馆何用存？速朽得理也。神已适彼，祭何所祭？祭则失理。而姬、孔之教不然者，其有以乎！盖礼乐之兴，出于浇薄，俎豆缀兆，生于俗弊。施灵筵，陈棺椁，设馈奠，建丘陇，盖欲令孝子有追思之地耳，夫何补于已迁之神乎？故上古衣之以薪，弃之中野，可谓尊卢、赫胥、皇雄、炎帝蹈于失理哉？是以子羽沉川，汉伯方圹，文楚黄壤，士安麻索。此四子者，得理也，忘教也。若从四子而游，则平生之志得矣。

然积习生常，难卒改革，一朝肆志，傥不见从。今欲剪截烦厚，务存俭易；进不裸尸，退异常俗；不伤存者之念，有合至人之道。孔子云："敛首足形，还葬而无椁。"斯亦贫者之礼也，余何陋焉？且张奂止用幅巾，王肃唯盥手足，范冉殓毕便葬，奚珍无设筵几，文度故舟为椁，子廉牛车载柩，叔起诫绝坟陇，康成使无卜吉。此数公者，尚或如之；况于吾人，而当华泰！今欲仿佛景行，以为轨则，傥合中庸之道，庶免虚费之讥。气绝不须复魂，盥洗而敛。以一千钱市治棺、单故裙衫、衣巾枕履。此外送往之具，棺中常物，及余阁之祭，一不得有所施。世多信李、彭之言，可谓惑矣。余以孔、释为师，差无此惑。敛讫，载以露车，归于旧山，随得一地，地足为坎，坎足容棺，不须砖甓，不劳封树，勿设祭飨，勿置几筵，无用茅君之虚座，伯夷之杆水。其蒸尝继嗣，言象所绝，事止余身，无伤世教。家人长幼，内外姻戚，凡厥友朋，爰及寓所，咸愿成余之志，幸勿夺之。

明年疾卒，时年三十二。

歆幼时尝独坐空室，有一老公至门，谓歆曰："心力勇猛，能精死生；但不得久滞一方耳。"因弹指而去。歆既长，精心学佛。有道人释宝志者，时人莫测也，遇歆于兴皇寺，惊起曰："隐居学道，清净得佛。"如此三说。歆未死之春，有人为其庭中栽柿，歆谓兄子翕曰："吾不见此实，尔其勿言。"至秋而亡，人以为知命。亲故诔其行迹，谥曰贞节处士。

庾诜，字彦宝，新野人也。幼聪警笃学，经史百家无不该综，纬候书射，棋算机巧，并一时之绝。而性托夷简，特爱林泉。十亩之宅，山池居半。蔬食弊衣，不治产业。尝乘舟从田舍还，载米一百五十石，有人寄载三十石。既至宅，寄载者曰："君三十斛，我百五十石。"诜默然不言，恣其取足。邻人有被诬为盗者，被治劫，妄款，诜矜之，乃以书质钱二万，令门生诈为其亲，代之酬备。邻人获免，

谢诜，诜曰："吾矜天下无辜，岂期谢也。"其行多如此类。

高祖少与诜善，雅推重之。及起义，署为平西府记室参军，诜不屈。平生少所游狎，河东柳恽欲与之交，诜距而不纳。后湘东王临荆州，板为镇西府记室参军，不就。普通中，诏曰："明扬振滞，为政所先；旌贤求士，梦伫斯急。新野庾诜，止足栖退，自事却扫，经史文艺，多彼贯习；颍川庾承先，学通黄、老，该涉释教；并不竞不营，安兹枯槁，可以镇躁敦俗。诜可黄门侍郎，承先可中书侍郎。勒州县时加敦遣，庶能屈志，方冀盐梅。"诜称疾不赴。

晚年以后，尤遵释教。宅内立道场，环绕礼忏，六时不辍。诵《法华经》，每日一遍。后夜中忽见一道人，自称愿公，容止甚异，呼诜为上行先生，授香而去。中大通四年，因昼寝，忽惊觉曰："愿公复来，不可久住。"颜色不变，言终而卒，时年七十八。举室咸闻空中唱"上行先生已生弥陀净域矣"。高祖闻而下诏曰："旌善表行，前王所敦。新野庾诜，荆山珠玉，江陵杞梓，静侯南度，固有名德，独贞苦节，孤芳素履。奄随运往，恻怆于怀。宜谥贞节处士，以显高烈。"诜所撰《帝历》二十卷、《易林》二十卷、续伍端休《江陵记》一卷、《晋朝杂事》五卷、《总抄》八十卷，行于世。

子曼倩，字世华，亦早有令誉。世祖在荆州，辟为主簿，迁中录事。每出，世祖常目送之，谓刘之遴曰："荆南信多君子，虽美归田凤，清属桓阶，赏德标奇，未过此子。"后转谘议参军。所著《丧服仪》、《文字体例》、《庄老义疏》，注《算经》及《七曜历术》，并所制文章，凡九十五卷。

子季才，有学行。承圣中，仕至中书侍郎。江陵陷，随例入关。

张孝秀，字文逸，南阳宛人也。少仕州为治中从事史。遭母忧，服阕，为建安王别驾。顷之，遂去职归山，居于东林寺。有田数十顷，部曲数百人，率以力田，尽供山众，远近归慕，赴之如市。孝秀性通率，不好浮华，常冠谷皮巾，蹑蒲履，手执并桐皮麈尾。服寒食散，盛冬能卧于石。博涉群书，专精释典。善谈论，工隶书，凡诸艺能，莫不明习。普通三年，卒，时年四十二，室中皆闻有非常香气。太宗闻，甚伤悼焉，与刘慧斐书，述其贞白云。

庾承先，字子通，颍川鄢陵人也。少沉静有志操，是非不涉于言，喜愠不形于色，人莫能窥也。弱岁受学于南阳刘虬，强记敏识，出于群辈。玄经释典，靡不该悉；九流《七略》，咸所精练。郡辟功曹不就，乃与道士王僧镇同游衡岳。晚以弟疾还乡里，遂居于土台山。鄱阳忠烈王在州，钦其风味，要与游处。又令讲《老子》，远近名僧，咸来赴集，论难锋起，异端竞至，承先徐相酬答，皆得所未闻。忠烈王尤加钦重，征州主簿；湘东王闻之，亦板为法曹参军；并不赴。

中大通三年，庐山刘慧斐至荆州，承先与之有旧，往

从之。荆陕学徒，因请承先讲《老子》。湘东王亲命驾临听，论议终日，深相赏接。留连月余日，乃还山。王亲祖道，并赠篇什，隐者美之。其年卒，时年六十。

陈吏部尚书姚察曰：世之诬处士者，多云纯盗虚名而无适用，盖有负其实者。若诸葛璩之学术，阮孝绪之簿阅，其取进也岂难哉？终于隐居，固亦性而已矣。

卷五十二　　列传第四十六

止　足

顾宪之　陶季直　萧视素

《易》曰："亢之为言也，知进而不知退，知存而不知亡。知进退存亡而不失其正者，其唯圣人乎！"《传》曰："知足不辱，知止不殆。"然则不知夫进退，不达乎止足，殆辱之累，期月而至矣。古人之进也，以康世济务也，以弘道厉俗也。然其进也，光宠夷易，故愚夫之所干没；其退也，苦节艰贞，故庸曹之所忌惮。虽祸败危亡，陈乎耳目，而轻举高蹈，寡乎前史。汉世张良功成身退，病卧却粒，比于乐毅、范蠡至乎颠狈，斯为优矣。其后薛广德及二疏等，去就以礼，有可称焉。鱼豢《魏略·知足传》，方田、徐于管、胡，则其道本异。谢灵运《晋书·止足传》，先论晋世文士之避乱者，殆非其人；唯阮思旷遗荣好遁，远殆辱矣。《宋书·止足传》有羊欣、王微，咸其流亚。齐时沛国刘瓛，字子珪，辞禄怀道，栖迟养志，不戚戚于贫贱，不耽耽于富贵，儒行之高者也。梁有天下，小人道消，贤士大夫相招在位，其量力守志，则当世罔闻，时或有致事告老，或有寡志少欲，国史书之，亦以为《止足传》云。

顾宪之，字士思，吴郡吴人也。祖觊之，宋镇军将军、湘州刺史。宪之未弱冠，州辟议曹从事，举秀才，累迁太子舍人、尚书比部郎、抚军主簿。元徽中，为建康令。时有盗牛者，被主所认，盗者亦称己牛，二家辞证等，前后令莫能决。宪之至，覆其状，谓二家曰："无为多言，吾得之矣。"乃令解牛，任其所去，牛径还本主宅，盗者始伏其辜。发奸擿伏，多如此类，时人号曰神明。至于权要请托，长吏贪残，据法直绳，无所阿纵。性又清俭，强力为政，甚得民和。故京师饮酒者得醇旨，辄号为"顾建康"，言醋清且美焉。

迁车骑功曹、晋熙王友。齐高帝执政，以为骠骑录事参军，迁太尉西曹掾。齐台建，为中书侍郎。齐高帝即位，除衡阳内史。先是，郡境连岁疾疫，死者太半，棺木尤贵，悉裹以苇席，弃之路傍。宪之下车，分告属县，求其亲党，悉令殡葬。其家人绝灭者，宪之为出公禄，使纲纪营护之。又土俗，山民有病，辄云先人为祸，皆开冢剖棺，水洗枯骨，名为除祟。宪之晓喻，为陈生死之别，事不相由，风俗遂改。时刺史王奂新至，唯衡阳独无讼者，乃叹曰："顾衡阳之化至矣。若九郡率然，吾将何事！"

还为太尉从事中郎。出为东中郎长史、行会稽郡事。山阴人吕文度有宠于齐武帝，于余姚立邸，颇纵横。宪之至郡，即表除之。文度后还葬母，郡县争赴吊，宪之不与相闻。文度深衔之，卒不能伤也。迁南中郎巴陵王长史，加建威将军、行婺州事。时司徒、竟陵王于宣城、临成、定陵三县界立屯，封山泽数百里，禁民樵采，宪之固陈不可，言甚切直。王答之曰："非君无以闻此德音。"即命无禁。

迁给事黄门侍郎，兼尚书吏部郎中。宋世，其祖觊之尝为吏部，于庭植嘉树，谓人曰："吾为宪之种耳。"至是，宪之果为此职。出为征虏长史、行南兖州事，遭母忧。服阕，建武中，复除给事黄门侍郎，领步兵校尉。未拜，仍迁太子中庶子，领吴邑中正。出为宁朔将军、临川内史；未赴，改授辅国将军、晋陵太守。顷之遇疾，陈解还乡里。永元初，征为廷尉，不拜，除豫章太守。有贞妇万晞者，少孀居无子，事舅姑尤孝，父母欲夺而嫁之，誓死不许，宪之赐以束帛，表其节义。

中兴二年，义师平建康，高祖为扬州牧，征宪之为别驾从事史。比至，高祖已受禅，宪之风疾渐笃，固求还吴。天监二年，就家授太中大夫。宪之虽累经宰郡，资无担石。及归，环堵，不免饥寒。八年，卒于家，年七十四。临终为制，以敕其子曰：

夫出生入死，理均昼夜。生既不知所从来，死亦安识所往。延陵所云"精气上归于天，骨肉下归于地，魂气则无所不之"，良有以也。虽复茫昧难征，要若非妄。百年之期，迅若驰隙。吾今豫为终制，瞑目之后，念并遵行，勿违吾志也。

庄周、澹台，达生者也；王孙、士安，矫俗者也。吾进不及达，退无所矫。常谓中都之制，允理惬情。衣周于身，示不违礼；棺周于衣，足以蔽臭。入棺之物，一无所须。载以辒车，覆以粗布，为使人勿恶也。汉明帝天子之尊，犹祭以杅水脯糗；范史云烈士之高，亦奠以寒水干饭。况吾卑庸之人，其可不节衷也？丧易宁戚，自是亲亲之情；礼奢宁俭，差可得由吾意。不须常施灵筵，可止设香灯，使致哀者有凭耳。朔望祥忌，可权安小床，暂设几席，唯下素馔，勿用牲牢。蒸尝之祠，贵贱罔替。备物难办，多致疏怠。祠先人自有旧典，不可有阙。自吾以下，祠止用蔬食时果，勿同于上世也。示令子孙，四时不忘其亲耳。孔子云："虽菜羹瓜祭，必齐如也。"本贵诚敬，岂求备物哉？

所著诗、赋、铭、赞并《衡阳郡记》数十篇。

陶季直，丹阳秣陵人也。祖愍祖，宋广州刺史。父景仁，中散大夫。季直早慧，愍祖甚爱异之。愍祖尝以四函银列置于前,令诸孙各取,季直时甫四岁,独不取。人问其故,季直曰:"若有赐,当先父伯,不应度及诸孙,是故不取。"憨祖益奇之。五岁丧母,哀若成人。初,母未病,令于外染衣,卒后,家人始赎,季直抱之号恸,闻者莫不酸感。

及长,好学,淡于荣利。起家桂阳王国侍郎、北中郎镇西行参军,并不起,时人号曰"聘君"。父忧服阕,尚书令刘秉领丹阳尹,引为后军主簿、领郡功曹。出为望蔡令,顷之以病免。时刘秉、袁粲以齐高帝权势日盛,将图之,秉素重季直,欲与之定策。季直以袁、刘儒者,必致颠殒,固辞不赴。俄而秉等伏诛。

齐初,为尚书比部郎,时褚渊为尚书令,与季直素善,频以为司空司徒主簿,委以府事。渊卒,尚书令王俭以渊有至行,欲谥为文孝公,季直请曰:"文孝是司马道子谥,恐其人非具美,不如文简。"俭从之。季直又请俭为渊立碑,终始营护,甚有吏节,时人美之。

迁太尉记室参军。出为冠军司马、东莞太守,在郡号为清和。还除散骑侍郎,领左卫司马,转镇西谘议参军。齐武帝崩,明帝作相,诛锄异己,季直不能阿意,明帝颇忌之,乃出为辅国长史、北海太守。边职上佐,素士罕为之者。或劝季直造门致谢,明帝既见,便留之,以为骠骑谘议参军,兼尚书左丞。仍迁建安太守,政尚清静,百姓便之。还为中书侍郎,迁游击将军、兼廷尉。

梁台建,迁给事黄门侍郎。常称仕至二千石,始愿毕矣,无为务人间之事,乃辞疾还乡里。天监初,就家拜太中大夫。高祖曰:"梁有天下,遂不见此人。"十年,卒于家,时年七十五。季直素清苦绝伦,又屏居十余载,及死,家徒四壁,子孙无以殡敛,闻者莫不伤其志焉。

萧视素,兰陵人也。祖思话,宋征西仪同三司;父惠明,吴兴太守;皆有盛名。视素早孤贫,为叔父惠休所收恤。起家为司徒法曹行参军,迁著作佐郎、太子舍人、尚书三公郎。永元末,为太子洗马。梁台建,高祖引为中尉骠骑记室参军。天监初,为临川王友,复为太子中舍人、丹阳尹丞。初拜,高祖赐钱八万,视素一朝散之于亲友。又迁司徒左西属、南徐州治中。

性静退,少嗜欲,好学,能清言,荣利不关于口,喜怒不形于色。在人间及居职,并任情通率,不自矜高,天然简素,士人以此咸敬之。及在京口,便有终焉之志,乃于摄山筑室。会征为中书侍郎,遂辞不就,因还山宅,独居屏事,非亲戚不得至其篱门。妻,太尉王俭女,久与别居,遂无子。八年,卒。亲故迹其事行,谥曰贞文先生。

史臣曰:顾宪之、陶季直,引年者也,萧视素则宦情鲜焉。比夫怀禄耽宠,婆娑人世,则殊间矣。

卷五十三　　列传第四十七

良　　吏

庾荜　沈瑀　范述曾　丘仲孚
孙谦　伏暅　何远

昔汉宣帝以为"政平讼理,其惟良二千石乎!"前史亦云:"今之郡守,古之诸侯也。"故长吏之职,号为亲民,是以导德齐礼,移风易俗,咸必由之。齐末昏乱,政移群小,赋调云起,徭役无度。守宰多倚附权门,互长贪虐,掊克聚敛,侵愁细民,天下摇动,无所厝其手足。高祖在田,知民疾苦,及梁台建,仍下宽大之书,昏时杂调,咸悉除省,于是四海之内,始得息肩。逮践皇极,躬览庶事,日昃听政,求民之瘼。乃命轺轩以省方俗,置肺石以达穷民,务加隐恤,舒其奥病。元年,始去人赀,计丁为布;身服浣濯之衣,御府无文饰,宫掖不过绫彩,无珠玑锦绣,太官撤牢馔,每日膳菜蔬,饮酒不过三盏——以俭先海内。每选长吏,务简廉平,皆召见御前,亲勖治道。始擢尚书殿中郎到溉为建安内史,左民侍郎刘馺为晋安太守,溉等居官,并以廉洁著。又著令:小县有能,迁为大县;大县有能,迁为二千石。于是山阴令丘仲孚治有异绩,以为长沙内史;武康令何远清公,以为宣城太守。剖符为吏者,往往承风焉。若新野庾荜诸任职者,以经术润饰吏政,或所居流惠,或去后见思,盖后来之良吏也。缀为《良吏篇》云。

庾荜,字休野,新野人也。父深之,宋应州刺史。荜年十岁,遭父忧,居丧毁瘠,为州党所称。弱冠,为州迎主簿,举秀才,累迁安西主簿、尚书殿中郎、骠骑功曹史。博涉群书,有口辩。齐永明中,与魏和亲,以荜兼散骑常侍报使,还拜散骑侍郎,知东宫管记事。

郁林王即位废,掌中书诏诰,出为荆州别驾。仍迁西中郎谘议参军,复为州别驾。前后纲纪,皆致富饶。荜再为之,清身率下,杜绝请托,布被蔬食,妻子不免饥寒。明帝闻而嘉焉,手敕褒美,州里荣之。迁司徒谘议参军、通直散骑常侍。高祖平京邑,霸府建,引为骠骑功曹参军,迁尚书左丞。出为辅国长史、会稽郡丞、行郡府事。时承凋弊之后,百姓凶荒,所在谷贵,米至数千,民多流散,荜抚循甚有治理。唯守公禄,清节逾厉,至有经日不举火。太守、永阳王闻而馈之,荜谢不受。天监元年,卒,停尸无以殓,柩不能归。高祖闻之,诏赐绢百匹、米五十斛。

初,荜为西楚望族,早历显官,乡人乐蔼有干用,素与荜不平,互相陵竞。蔼事齐豫章王嶷,嶷薨,蔼仕不得志,自步兵校尉求助戍归荆州,时荜为州别驾,益忽蔼。

及高祖践阼,蒍以西朝勋为御史中丞,瑀始得会稽行事,既耻之矣;会职事微有谴,高祖以蒍其乡人也,使宣旨诲之,蒍大愤,故发病卒。

沈瑀,字伯瑜,吴兴武康人也。叔父昶,事宋建平王景素,景素谋反,昶先去之;及败,坐系狱,瑀诣台陈请,得免罪,由是知名。起家州从事、奉朝请。尝诣齐尚书右丞殷沵,沵与语及政事,甚器之,谓曰:"观卿才干,当居吾此职。"司徒、竟陵王子良闻瑀名,引入府参军,领扬州部传从事。时建康令沈徽孚恃势陵瑀,瑀以法绳之,众惮其强。子良甚相知赏,虽家事皆以委瑀。子良薨,瑀复事刺史、始安王遥光。尝被使上民丁,速而无怨。遥光谓同使曰:"尔何不学沈瑀所为?"乃令专知州狱事。湖熟县方山埭高峻,冬月,公私行侣以为艰难,明帝使瑀行治之。瑀乃开四洪,断行客就作,三日立办。扬州书佐私行,诈称州使,不肯就作,瑀鞭之三十。书佐归诉遥光,遥光曰:"沈瑀必不枉鞭汝。"覆之,果有诈。明帝复使瑀筑赤山塘,所费减材官所量数十万,帝益善之。永泰元年,为建德令,教民一丁种十五株桑、四株柿及梨栗,女丁半之,人咸欢悦,顷之成林。

去官还京师,兼行选曹郎。随陈伯之军至江州,会义师围郢城,瑀说伯之迎高祖。伯之泣曰:"余子在都,不得出城,不能不爱之。"瑀曰:"不然,人情匈匈,皆思改计,若不早图,众散难合。"伯之遂举众降,瑀从在高祖军中。

初,瑀在竟陵王家,素与范云善。齐末,尝就云宿,梦坐屋梁柱上,仰见天中有字曰"范氏宅"。至是,瑀为高祖说之。高祖曰:"云得不死,此梦可验。"及高祖即位,云深荐瑀,自暨阳令擢兼尚书右丞。时天下初定,陈伯之表瑀催促运转,军国获济,高祖以为能。迁尚书驾部郎,兼右丞如故。瑀荐族人沈僧隆、僧照有吏干,高祖并纳之。

以母忧去职,起为振武将军、余姚令。县大姓虞氏千余家,请谒如市,前后令长莫能绝。自瑀到,非讼所通,其有至者,悉立之阶下,以法绳之。县南又有豪族数百家,子弟纵横,递相庇荫,厚自封植,百姓甚患之。瑀召其老者为石头仓监,少者补县僮,皆号泣道路,自是权右屏迹。瑀初至,富吏皆鲜衣美服,以自彰别。瑀怒曰:"汝等下县吏,何自拟贵人耶?"悉使著芒屦粗布,侍立终日,足有蹉跌,辄加榜棰。瑀微时,尝自至此飨瓦器,为富人所辱,故因以报焉,由是士庶骇怨。然瑀廉白自守,故得遂行其志。

后王师北伐,征瑀为建威将军,督运漕,寻兼都水使者。顷之,迁少府卿。出为安南长史、寻阳太守。江州刺史曹景宗疾笃,瑀行府州事。景宗卒,仍为信威萧颖达长史,太守如故。瑀性屈强,每忤颖达,颖达衔之。天监八年,因入谘事,辞又激厉,颖达作色曰:"朝廷用君作行事耶?"瑀出,谓人曰:"我死而后已,终不能倾侧面从。"是日,于路为盗所杀,时年五十九,多以为颖达害焉。子续累讼之,遇颖达亦寻卒,事遂不穷竟。续乃布衣蔬食终其身。

范述曾,字子玄,吴郡钱唐人也。幼好学,从余杭吕道惠受《五经》,略通章句。道惠学徒常有百数,独称述曾曰:"此子必为王者师。"齐文惠太子、竟陵文宣王幼时,高帝引述曾为之师友。起家为宋晋熙王国侍郎。齐初,至南郡王国郎中令,迁尚书主客郎、太子步兵校尉,带开阳令。述曾为人謇谔,在宫多所谏争,太子虽不能全用,然亦弗之罪也。竟陵王深相器重,号为"周舍"。时太子左卫率沈约亦以述曾方汲黯。以父母年老,乞还就养,乃拜中散大夫。

明帝即位,除游击将军,出为永嘉太守。为政清平,不尚威猛,民俗便之。所部横阳县,山谷险峻,为逋逃所聚,前后二千石讨捕莫能息。述曾下车,开示恩信,凡诸凶党,缱负而出,编户属籍者二百余家。自是商贾流通,居民安业。在郡励志清白,不受馈遗,明帝闻甚嘉之,下诏褒美焉。征为游击将军。郡送故旧钱二十余万,述曾一无所受。始之郡,不将家属;及还,吏无荷担者。民无老少,皆出拜辞,号哭闻于数十里。

东昏时,拜中散大夫,还乡里。高祖践阼,乃轻舟出诣阙,仍辞还东。高祖诏曰:"中散大夫范述曾,昔在齐世,忠直奉主,往莅永嘉,治身廉约,宜加礼秩,以厉清操。可太中大夫,赐绢二十匹。"述曾生平得奉禄,皆以分施。及老,遂壁立无所资。以天监八年卒,时年七十九。注《易文言》,著杂诗赋数十篇。

丘仲孚,字公信,吴兴乌程人也。少好学,从祖灵鞠有人伦之鉴,常称为千里驹也。齐永明初,选为国子生,举高第,未调,还乡里。家贫,无以自资,乃结群盗,为之计画,劫掠三吴。仲孚聪明有智略,群盗畏而服之,所行皆果,故亦不发。太守徐嗣召补主簿,历扬州从事、太学博士、于湖令,有能名。太守吕文显当时幸臣,陵诋属县,仲孚独不为之屈。以父丧去职。

明帝即位,起为烈武将军、曲阿令。值会稽太守王敬则举兵反,乘朝廷不备,反自始至,而前锋已届曲阿。仲孚谓吏民曰:"贼乘胜虽锐,而乌合易离。今若收船舰,凿长岗埭,泄渎水以阻其路,得留数日,台军必至,则大事济矣。"敬则军至,值渎涸,果顿兵不得进,遂败散。仲孚以距守有功,迁山阴令,居职甚有声称,百姓为之谣曰:"二傅沈刘,不如一丘。"前世傅琰父子、沈宪、刘玄明,相继宰山阴,并有政绩,言仲孚皆过之也。

齐末政乱,颇有赃贿,为有司所举,将收,仲孚窃逃,径还京师诣阙,会赦,得不治。高祖践阼,复为山阴令。仲孚长于拨烦,善适权变,吏民敬服,号称神明,治为天下第一。

超迁车骑长史、长沙内史,视事未期,征为尚书右丞,迁左丞,仍擢为卫尉卿,恩任甚厚。初起双阙,以仲孚为大匠。事毕,出为安西长史、南郡太守。迁云麾长史、江夏太守,行郢州州府事,遭母忧,起摄职。坐事除名,复起为司空参军。俄迁豫章内史,在郡更励清节。顷之,卒,时年四十八。诏曰："豫章内史丘仲孚，重试大邦，责以后效，非直悔吝云亡，实亦政绩克举。不幸殒丧，良以伤恻。可赠给事黄门侍郎。"仲孚丧将还，豫章老幼号哭攀送，车轮不得前。

仲孚为左丞，撰《皇典》二十卷、《南宫故事》百卷，又撰《尚书具事杂仪》，行于世焉。

孙谦，字长逊，东莞莒人也。少为亲人赵伯符所知。谦年十七，伯符为豫州刺史，引为左军行参军，以治干称。父忧去职，客居历阳，躬耕以养弟妹，乡里称其敦睦。宋江夏王义恭闻之，引为行参军，历仕大司马、太宰二府。出为句容令，清慎强记，县人号为神明。

泰始初，事建安王休仁，休仁以为司徒参军，言之明帝，擢为明威将军、巴东、建平二郡太守。郡居三峡，恒以威力镇之。谦将述职，敕募千人自随。谦曰："蛮夷不宾，盖待之失节耳。何烦兵役，以为国费。"固辞不受。至郡，布恩惠之化，蛮獠怀之，竞饷金宝，谦慰喻而遣，一无所纳。及掠得生口，皆放还家。俸秩出吏民者，悉原除之。郡境禽然，威信大著。视事三年，征还为抚军中兵参军。元徽初，迁梁州刺史，辞不赴职，迁越骑校尉、征北司马府主簿。建平王将称兵，患谦强直，托事遣使京师，然后作乱。及建平诛，迁左军将军。

齐初，为宁朔将军、钱唐令，治烦以简，狱无系囚。及去官，百姓以谦在职不受饷遗，追载缣帛以送之，谦却不受。每去官，辄无私宅，常借官空车厩居焉。永明初，为冠军长史、江夏太守，坐被代辄去郡，系尚方。顷之，免为中散大夫。明帝将废立，欲引谦为心膂，使兼卫尉，给甲仗百人，谦不愿处际会，辄散甲士，帝虽不罪，而弗复任焉。出为南中郎司马。东昏永元元年，迁□□大夫。

天监六年，出为辅国将军、零陵太守，已衰老，犹强力为政，吏民安之。先是，郡多虎暴，谦至绝迹。及去官之夜，虎即害居民。谦为郡县，常勤劝课农桑，务尽地利，收入常多于邻境。九年，以年老，征为光禄大夫。既至，高祖嘉其清洁，甚礼异焉。每朝见，犹请剧职自效。高祖笑曰："朕使卿智，不使卿力。"十四年，诏曰："光禄大夫孙谦，清慎有闻，白首不怠，高年旧齿，宜加优秩。可给亲信二十人，并给扶。"

谦自少及老，历二县五郡，所在廉洁。居身俭素，床施蘧除屏风，冬则布被莞席，夏日无帱帐，而夜卧未尝有蚊蚋，人多异焉。年逾九十，强壮如五十者，每朝会，辄先众到公门。力于仁义，行己过人甚远。从兄灵庆常病寄于谦，谦出行还问起居。灵庆曰："向饮冷热不调，即时犹渴。"谦退遣其妻。有彭城刘融者，行乞疾笃无所归，友人舆送谦舍，谦开厅事以待之。及融死，以礼殡葬之。众咸服其行义。十五年，卒官，时年九十二。诏赙钱三万、布五十匹。高祖为举哀，甚悼惜之。

谦从子廉，便辟巧宦。齐时已历大县，尚书右丞。天监初，沈约、范云当朝用事，廉倾身奉之。及中书舍人黄睦之等，亦尤所结附。凡贵要每食，廉必日进滋旨，皆手自煎调，不辞勤剧，遂得为列卿、御史中丞、晋陵、吴兴太守。时广陵高爽有险薄才，客于廉，廉委以文记，爽尝有求不称意，乃为廋谜以喻廉曰："刺鼻不知嚏，蹋面不知瞋，啮齿作步数，持此得胜人。"讥其不计耻辱，以此取名位也。

伏暅，字玄耀，曼容之子也。幼传父业，能言玄理，与乐安任昉、彭城刘曼俱知名。起家齐奉朝请，仍兼太学博士，寻除东阳郡丞，秩满为鄞令。时曼容已致仕，故频以外职处暅，令其得养焉。齐末，始为尚书都官郎，仍为卫军记室参军。

高祖践阼，迁国子博士，父忧去职。服阕，为车骑谘议参军，累迁司空长史、中书侍郎、前军将军、兼《五经》博士，与吏部尚书徐勉、中书侍郎周舍，总知五礼事。出为永阳内史，在郡清洁，治务安静。郡民何贞秀等一百五十四人诣州言状，湘州刺史以闻。诏勘有十五事为吏民所怀，高祖善之，征为新安太守。在郡清恪，如永阳时。民赋税不登者，辄以太守田米助之。郡多麻苎，家人乃至无以为绳，其厉志如此。属县始新、遂安、海宁，并同时生为立祠。

征为国子博士，领长水校尉。时始兴内史何远累著清绩，高祖诏擢为黄门侍郎，俄迁信武将军、监吴郡。暅自以名辈素在远前，为吏俱称廉白，远累见擢，暅迁阶而已，意望不满，多托疾居家。寻求假到东阳迎妹丧，因留会稽筑宅，自表解，高祖诏以为豫章内史，暅乃出拜。治书侍御史虞暠奏曰：

臣闻失忠与信，一心之道以亏；貌是情非，两观之诛宜及。未有陵犯名教，要冒君亲，而可纬俗经邦者也。风闻豫章内史伏暅，去岁启假，以迎妹丧为解，因停会稽不去。入东之始，货宅卖车。以此而推，则是本无还意。暅历典二邦，少免贪浊，此自为政之本，岂得称功。常谓人才品望，居何远之右，而远以清公见擢，名位转隆，暅深诽怨，形于辞色，兴居叹咤，寤寐失图。天高听卑，无私不照。去年十二月二十一日诏曰："国子博士、领长水校尉伏暅，为政廉平，宜加将养，勿使恚望，致亏士风。可豫章内史。"岂有人臣奉如此之诏，而不亡魂破胆，归罪有司；擢发抽肠，少自论谢？而循奉怡然，了无异色。暅识见所到，足达此旨，而冒宠不辞，吝斯苟得，故以士流解体，行路沸腾，辩迹求心，无一可恕。窃以暅跟蹶落魄，三十余年，皇运勃兴，咸与维始，除旧布新，濯之江、汉，一纪之间，三世隆显。曾不能少怀感激，仰答万分，反覆拙谋，成兹巧罪，不忠不敬，于斯已及。请以暅大不敬论。以事详法，应弃市刑，辄收所近狱洗结，以法从事。如法所称，暅即主。

臣谨案：豫章内史臣伏暅，含疵表行，藉悖成心，语默一违，资敬兼尽。幸属昌时，擢以不次。溪壑可盈，志欲无满。要君东走，岂曰止足之归；负志解巾，异乎激处之致。甘此脂膏，孰非荼苦，佩兹龟组，岂殊缧绁。宜明风宪，肃正简书。臣等参议，请以见事免暅所居官，凡诸位任，一皆削除。

有诏勿治，昍遂得就郡。

视事三年，征为给事黄门侍郎，领国子博士，未及起。普通元年，卒于郡，时年五十九。尚书右仆射徐勉为之墓志，其一章曰："东区南服，爱结民胥，相望伏阙，继轨奏书。或卧其辙，或扳其车，或图其像，或式其闾。思耿借寇，曷以尚诸。"

初，昍父曼容与乐安任瑶皆匿于齐太尉王俭，瑶子昉及昍并见知。顷之，昉才遇稍盛，齐末，昉已为司徒右长史，昍犹滞于参军事；及其终也，名位略相俦。昍性俭素，车服粗恶，外虽退静，内不免心竞，故见讥于时。能推荐后来，常若不及，少年士子，或以此依之。

何远，字义方，东海郯人也。父慧炬，齐尚书郎。远释褐江夏王国侍郎，转奉朝请。永元中，江夏王宝玄于京口为护军将军崔慧景所奉，入围宫城，远豫其事。事败，乃亡抵长沙宣武王，王深保匿焉。远求得桂阳王融保藏之，既而发觉，收捕者至，远逾垣以免；融及远家人皆见执，融遂遇祸，远家属系尚方。远亡渡江，使其故人高江产共聚众，欲迎高祖义师，东昏党闻之，使捕远等，众复溃散。远因降魏，入寿阳，见刺史王肃，欲同义举，肃不能用，乃求迎高祖，肃许之。遣兵援送，得达高祖。高祖见远，谓张弘策曰："何远美丈夫，而能破家报旧德，未易及也。"板辅国将军，随军东下，既破朱雀军，以为建康令。高祖践阼，为步兵校尉，以奉迎勋封广兴男，邑三百户。迁建武将军、后军郡阳王恢录事参军。远与恢素善，在府尽其志力，知无不为，恢亦推心仗之，恩寄甚密。

顷之，迁武昌太守。远本倜傥，尚轻侠，至是乃折节为吏，杜绝交游，馈遗秋毫无所受。武昌俗皆汲江水，盛夏远患水温，每以钱买民井寒水；不取钱者，则挢水还之。其佗事率多如此。迹虽似伪，而能委曲用意焉。车服尤弊素，器物无铜漆。江左多水族，甚贱，远每食不过干鱼数片而已。然性刚严，吏民多以细事受鞭罚者，遂为人所讼，征下廷尉，被劾数十条。当时士大夫坐法，皆不受立，远度已无赃，就立三七日不款，犹以私藏禁仗除名。

后起为镇南将军、武康令。愈厉廉节，除淫祀，正身率职，民甚称之。太守王彬巡属县，诸县盛供帐以待焉，至武康，远独设糗水而已。彬去，远送至境，进斗酒只鹅为别。彬戏曰："卿礼有过陆纳，将不为古人所笑乎？"高祖闻其能，擢为宣城太守。自县为近畿大郡，近代未之有也。郡经寇抄，远尽心绥理，复著名迹。期年，迁树功将军、始兴内史。时泉陵侯渊朗为桂州，缘道剽掠，入始兴界，草木无所犯。

远在官，好开途巷，修葺墙屋，民居市里，城隍厩库，所过营家焉。田秩俸钱，并无所取，岁暮，择民尤穷者充其租调，以此为常。然其听讼犹人，不能过绝，而性果断，民不敢非，畏而惜之。所至皆生为立祠，表言治状，高祖每优诏答焉。天监十六年，诏曰："何远前在武康，已著廉平；复莅二邦，弥尽清白。政先治道，惠留民爱，虽古之良二千石，无以过也。宜升内荣，以显外绩。可给事黄门侍郎。"远即还，仍为仁威长史。顷之，出为信武将

军，监吴郡。在吴颇有酒失，迁东阳太守。远处职，疾强富如仇雠，视贫细如子弟，特为豪右所畏惮。在东阳岁余，复为受罚者所谤，坐免归。

远耿介无私曲，居人间，绝请谒，不造诣。与贵贱书疏，抗礼如一。其所会遇，未尝以颜色下人，以此多为俗士所恶。其清公实为天下第一。居数郡，见可欲终不变其心，妻子饥寒，如下贫者。及去东阳归家，经年岁口不言荣辱，士类益以此多之。其轻财好义，周人之急，言不虚妄，盖天性也。每戏语人云："卿能得我一妄语，则谢卿以一缣。"众共伺之，不能记也。后复起为征西谘议参军、中抚司马。普通二年，卒，时年五十二。高祖厚赠赐之。

陈吏部尚书姚察曰：前史有循吏，何哉？世使然也。汉武役繁奸起，循平不能，故有苛酷诛戮以胜之，亦多怨滥矣。梁兴，破觚为圆，斫雕为朴，教民以孝悌，劝之以农桑，于是桀黠化为由余，轻薄变为忠厚。淳风已洽，民自知禁。尧舜之民，比屋可封，信矣。若夫酷吏，于梁无取焉。

卷五十四　　　列传第四十八

诸　　夷

海南诸国　东夷　西北诸戎

海南诸国，大抵在交州南及西南大海洲上，相去近者三五千里，远者二三万里，其西与西域诸国接。汉元鼎中，遣伏波将军路博德开百越，置日南郡。其徼外诸国，自武帝以来皆朝贡。后汉桓帝世，大秦、天竺皆由此道遣使贡献。及吴孙权时，遣宣化从事朱应、中郎康泰通焉。其所经及传闻，则有百数十国，因立记传。晋代通中国者盖鲜，故不载史官。及宋、齐，至者有十余国，始为之传。自梁革运，其奉正朔，修贡职，航海岁至，逾于前代矣。今采其风俗粗著者，缀为《海南传》云。

林邑国者，本汉日南郡象林县，古越裳之界也。伏波将军马援开汉南境，置此县。其地纵广可六百里，城去海百二十里，去日南界四百余里，北接九德郡。其南界，水步道二百余里，有西国夷亦称王，马援植两铜柱表汉界处也。其国有金山，石皆赤色，其中生金。金夜则出飞，状如萤火。又出玳瑁、贝齿、吉贝、沉木香。吉贝者，树名也，其华成时如鹅毳，抽其纺纺之以作布，洁白与纻布不殊，亦染成五色，织为斑布也。沉木者，土人斫断之，积以岁年，朽烂而心节独在，置水中则沉，故名曰沉香。次不沉不浮者，曰筏香也。

汉末大乱，功曹区达，杀县令自立为王。传数世，其后王无嗣，立外甥范熊。熊死，子逸嗣。晋成帝咸康三年，

逸死，奴文篡立。文本日南西卷县夷帅范稚家奴，常牧牛于山涧，得鳢鱼二头，化而为铁，因以铸刀。铸成，文向石而咒曰："若斫石破者，文当王此国。"因举刀斫石，如断刍藁，文心独异之。范稚常使之商贾至林邑，因教林邑王作宫室及兵车器械，王宠任之。后乃谗王诸子，各奔余国。及王死无嗣，文伪于邻国迓王子，置毒于浆中而杀之，遂胁国人自立。举兵攻旁小国，皆吞灭之，有众四五万人。

时交州刺史姜庄使所亲韩戢、谢稚，前后监日南郡，并贪残，诸国患之。穆帝永和三年，台遣夏侯览为太守，侵刻尤甚。林邑先无田土，贪日南地肥沃，常欲略有之，至是，因民之怨，遂举兵袭日南，杀览，以其尸祭天。留日南三年，乃还林邑。交州刺史朱藩后遣督护刘雄戍日南，文复屠灭之。进寇九德郡，残害吏民。遣使告藩，愿以日南北境横山为界，藩不许，又遣督护陶绥、李衢讨之。文归林邑，寻复屯日南。五年，文死，子佛立，犹屯日南。征西将军桓温遣督护滕畯、九真太守灌邃帅交、广州兵讨之，佛婴城固守。邃令畯盛兵于前，邃帅劲卒七百人，自后逾垒而入，佛众惊溃奔走，邃追至林邑，佛乃请降。哀帝升平初，复为寇暴，刺史温放之讨破之。安帝隆安三年，佛孙须达复寇日南，执太守炅源，又进寇九德，执太守曹炳。交阯太守杜瑗遣都护邓逸等击破之，即以瑗为刺史。义熙三年，须达复寇日南，杀长史，瑗遣海逻督护阮斐讨破之，斩获甚众。九年，须达复寇九真，行郡事杜慧期与战，斩其息交龙王甄知及其将范健等，生俘须达息帛能，及虏获百余人。自瑗卒后，林邑无岁不寇日南、九德诸郡，杀荡甚多，交逐致虚弱。

须达死，子敌真立，其弟敌铠携母出奔。敌真追恨不能容其母弟，舍国而之天竺，禅位于其甥，国相藏驎固谏不从。其甥既立而杀藏驎，藏驎子又攻杀之，而立敌铠同母异父之弟曰文敌。文敌后为扶南王子当根纯所杀，大臣范诸农平其乱，而自立为王。诸农死，子阳迈立。宋永初二年，遣使贡献，以阳迈为林邑王。阳迈死，子咄立，慕其父，复曰阳迈。

其国俗：居处为阁，名曰干阑，门户皆北向；书树叶为纸；男女皆以横幅吉贝绕腰以下，谓之干漫，亦曰都缦；穿耳贯小镮；贵者著革屦，贱者跣行。自林邑、扶南以南诸国皆然也。其王著法服，加璎珞，如佛像之饰。出则乘象，吹螺击鼓，罩吉贝伞，以吉贝为幡旗。国不设刑法，有罪者使象踏杀之。其大姓号婆罗门。嫁娶必用八月，女先求男，由贱男而贵女也。同姓还相婚姻，使婆罗门引婿见妇，握手相付，咒曰"吉利吉利"，以为成礼。死者焚之中野，谓之火葬。其寡妇孤居，散发至老。国王事尼乾道，铸金银人像，大十围。

元嘉初，阳迈侵暴日南、九德诸郡，交州刺史杜弘文建牙欲讨之，闻有代乃止。八年，又寇九德郡，入四会浦口，交州刺史阮弥之遣队主相道生帅兵赴讨，攻区栗城不克，乃引还。尔后频年遣使贡献，而寇盗不已。二十三年，使交州刺史檀和之、振武将军宗悫伐之。和之遣司马萧景宪为前锋，阳迈闻之惧，欲输金一万斤，银十万斤，还所略日南民户，其大臣藟僧达谏止之，乃遣大帅范扶龙戍其北界区栗城。景宪攻城，克之，斩扶龙首，获金银杂物，不可胜计。乘胜径进，即克林邑。阳迈父子并挺身逃奔。获其珍异，皆是未名之宝。又销其金人，得黄金数十万斤。和之后病死，见胡神为祟。

孝武建元、大明中，林邑王范神成累遣长史奉表贡献。明帝泰豫元年，又遣使献方物。齐永明中，范文赞累遣使贡献。天监九年，文赞子天凯奉献白猴，诏曰："林邑王范天凯介在海表，乃心款至，远修职贡，良有可嘉。宜班爵号，被以荣泽。可持节、督缘海诸军事、威南将军、林邑王。"十年、十三年，天凯累遣使献方物。俄而病死，子弼毳跋摩立，奉表贡献。普通七年，王高式胜铠遣使献方物，诏以为持节、督缘海诸军事、绥南将军、林邑王。大通元年，又遣使贡献。中大通二年，行林邑王高式律陁罗跋摩遣使贡献，诏以为持节、督缘海诸军事、绥南将军、林邑王。六年，又遣使献方物。

扶南国，在日南郡之南海西大湾中，去日南可七千里，在林邑西南三千余里。城去海五百里。有大江广十里，西北流，东入于海。其国轮广三千余里，土地洿下而平博，气候风俗大较与林邑同。出金、银、铜、锡、沉木香、象牙、孔翠、五色鹦鹉。

其南界三千余里有顿逊国，在海崎上，地方千里，城去海十里。有五王，并羁属扶南。顿逊之东界通交州，其西界接天竺、安息徼外诸国，往还交市。所以然者，顿逊回入海中千余里，涨海无崖岸，船舶未曾得径过也。其市，东西交会，日有万余人。珍物宝货，无所不有。又有酒树，似安石榴，采其花汁停瓮中，数日成酒。

顿逊之外，大海洲中，又有毗骞国，去扶南八千里。传其王身长丈二，颈长三尺，自古来不死，莫知其年。王神圣，国中人善恶及将来事，王皆知之，是以无敢欺者。南方号曰长颈王。国俗，有室屋、衣服，啖粳米。其人言语，小异扶南。有山出金，金露生石上，无所限也。国法刑罪人，并于王前啖其肉。国内不受估客，有往者亦杀而啖之，是以商旅不敢至。王常楼居，不血食，不事鬼神。其子孙生死如常人，唯王不死。扶南王数遣使与书相报答，常遗扶南王纯金五十人食器，形如圆盘，又如瓦䀇，名为多罗，受五升，又如碗者，受一升。王亦能作天竺书，书可三千言，说其宿命所由，与佛经相似，并论善事。

又传扶南东界即大涨海，海中有大洲，洲上有诸薄国，国东有马五洲。复东行涨海千余里，至自然大洲。其上有树生火中，洲左近人剥取其皮，纺绩作布，极得数尺以为手巾，与焦麻无异而色微青黑；若小垢洿，则投火中，复更精洁。或作灯炷，用之不知尽。

扶南国俗本裸体，文身被发，不制衣裳。以女人为王，号曰柳叶。年少壮健，有似男子。其南有徼国，有事鬼神者字混填，梦神赐之弓，乘贾人舶入海。混填晨起即诣庙，于神树下得弓，便依梦乘船入海，遂入扶南外邑。柳叶人众见舶至，欲取之，混填即张弓射其舶，穿度一面，矢及侍者，柳叶大惧，举众降混填。混填乃教柳叶穿布贯头，形不复露，遂治其国，纳柳叶为妻，生子分王七邑。其后王混盘况以诈力间诸邑，令相疑阻，因举兵攻并之，乃遣子孙中分治诸邑，号曰小王。

盘况年九十余乃死，立中子盘盘，以国事委其大将范蔓。盘盘立三年死，国人共举蔓为王。蔓勇健有权略，复以兵威攻伐旁国，咸服属之，自号扶南大王。乃治作大船，穷涨海，攻屈都昆、九稚、典孙等十余国，开地五六千里。次当伐金邻国，蔓遇疾，遣太子金生代行。蔓姊子旃，时为二千人将，因篡蔓自立，遣人诈金生而杀之。蔓死时，有乳下儿名长，在民间，至年二十，乃结国中壮士袭杀旃，旃大将范寻又杀长而自立。更缮治国内，起观阁游戏之，朝旦至晡三四见客。民人以焦蔗龟鸟为礼。国法无牢狱。有罪者，先斋戒三日，乃烧斧极赤，令讼者捧行七步。又以金镮、鸡卵投沸汤中，令探取之，若无实者，手即焦烂，有理者则不。又于城沟中养鳄鱼，门外圈猛兽，有罪者，辄以喂猛兽及鳄鱼，鱼兽不食为无罪，三日乃放。鳄大者长二丈余，状如鼍，有四足，喙长六七尺，两边有齿，利如刀剑，常食鱼，遇獐鹿及人亦啖之，苍梧以南及外国皆有之。

吴时，遣中郎康泰、宣化从事朱应使于寻国，国人犹裸，唯妇人著贯头。泰、应谓曰："国中实佳，但人亵露可怪耳。"寻始令国内男子著横幅。横幅，今干漫也。大家乃截锦为之，贫者乃用布。

晋武帝太康中，寻始遣使贡献。穆帝升平元年，王竺旃檀奉表献驯象。诏曰："此物劳费不少，驻令勿送。"其后王侨陈如，本天竺婆罗门也。有神语曰"应王扶南"，侨陈如心悦，南至盘盘，扶南人闻之，举国欣戴，迎而立焉。复改制度，用天竺法。

侨陈如死，后王持梨陁跋摩，宋文帝世奉表献方物。齐永明中，王阇邪跋摩遣使贡献。天监二年，跋摩复遣使送珊瑚佛像，并献方物。诏曰："扶南王侨陈如阇邪跋摩，介居海表，世纂南服，厥诚远著，重译献琛。宜蒙酬纳，班以荣号。可安南将军、扶南王。"

今其国人皆丑黑，拳发。所居不穿井，数十家共一池引汲之。俗事天神，天神以铜为像，二面者四手，四面者八手，手各有所持，或小儿，或鸟兽，或日月。其王出入乘象，嫔侍亦然。王坐则偏踞翘膝，垂左膝至地，以白叠敷前，设金盆香炉于其上。国俗，居丧则剔除须发。死者有四葬：水葬则投之江流，火葬则焚为灰烬，土葬则瘗埋之，鸟葬则弃之中野。人性贪吝，无礼义，男女恣其奔随。

十年、十三年，跋摩累遣使贡献。其年死，庶子留陁跋摩杀其嫡弟自立。十六年，遣使竺当抱老奉表贡献。十八年，复遣使送天竺旃檀瑞像、婆罗树叶，并献火齐珠、郁金、苏合等香。普通元年、中大通二年、大同元年，累遣使珍献方物。五年，复遣使献生犀。又言其国有佛发，长一丈二尺，诏遣沙门释云宝随使往迎之。

先是，三年八月，高祖改造阿育王寺塔，出旧塔下舍利及佛爪发。发青绀色，众僧以手伸之，随手长短，放之则旋屈为蠡形。案《僧伽经》云："佛发青而细，犹如藕茎丝。"《佛三昧经》云："我昔在宫沐头，以尺量发，长一丈二尺，放已右旋，还成蠡文。"则与高祖所得同也。阿育王即铁轮王，王阎浮提，一天下，佛灭度后，一日一夜，役鬼神造八万四千塔，此即其一也。吴时有尼居其地，为小精舍，孙綝寻毁除之，塔亦同泯。吴平后，诸道人复于旧处建立焉。晋中宗初渡江，更修饰之。至简文咸安中，使沙门安法师程造小塔，未及成而亡，弟子僧显继而修立。至孝武太元九年，上金相轮及承露。

其后西河离石县有胡人刘萨何遇疾暴亡，而心下犹暖，其家未敢便殡，经十日更苏。说云："有两吏见录，向西北行，不测远近，至十八地狱，随报轻重，受诸楚毒。见观世音语云：'汝缘未尽，若得活，可作沙门。洛下、齐城、丹阳、会稽并有阿育王塔，可往礼拜。若寿终，则不堕地狱。'语竟，如堕高岩，忽然醒寤。"因此出家，名慧达。游行礼塔，次至丹阳，未知塔处，乃登越城四望，见长千里有异气色，因就礼拜，果是阿育王塔所，屡放光明。由是定知必有舍利，乃集众就掘之，入一丈，得三石碑，并长六尺。中一碑有铁函，函中有银函，函中又有金函，盛三舍利及爪发各一枚，发长数尺。即迁舍利近北，对简文所造塔西，造一层塔。十六年，又使沙门僧尚伽为三层，即高祖所开者也。初穿土四尺，得龙窟及昔人所舍金银镮钏钗镊等诸杂宝物。可深九尺许，方至石磉，磉下有石函，函内有铁壶，以盛银坩，坩内有金镂罂，盛三舍利，如粟粒大，圆正光洁。函内又有琉璃碗，内得四舍利及发爪，爪有四枚，并为沉香色。至其月二十七日，高祖又到寺礼拜，设无导大会，大赦天下。是日，以金钵盛水泛舍利，其最小者隐钵不出，高祖礼数十拜，舍利乃于钵内放光，旋回久之，乃当钵中而止。高祖问大僧正慧念："今日见不可思议事不？"慧念答曰："法身常住，湛然不动。"高祖曰："弟子欲请一舍利还台供养。"至九月五日，又于寺设无导大会，遣皇太子王侯朝贵等奉迎。是日，风景明和，京师倾属，观者百数十万人。所设金银供具等物，并留寺供养，并施钱一千万为寺基业。至四年九月十五日，高祖又至寺设无导大会，竖二刹，各以金罂，次玉罂，重盛舍利及爪发，内七宝塔中。又以石函盛宝塔，分入两刹下，及王侯妃主百姓富室所舍金、银、镮、钏等珍宝充积。十一年十一月二日，寺僧又请高祖于寺发《般若经》题，尔夕二塔俱放光明，敕镇东将军邵陵王纶制寺《大功德碑》文。

先是，二年，改造会稽鄮县塔，开旧塔出舍利，遣光宅寺释敬脱等四僧及舍人孙照暂迎还台，高祖礼拜竟，即送还县，入新塔下，此县塔亦是刘萨何所得也。

晋咸和中，丹阳尹高悝行至张侯桥，见浦中五色光长数尺，不知何怪，乃令人于光处摺视之，得金像，未有光跌。悝乃下车，载像还，至长干巷首，牛不肯进，悝乃令驭人任牛所之。牛径牵车至寺，悝因留像付寺僧。每至中夜，常放光明，又闻空中有金石之响。经一岁，捕鱼人张系世，于海口忽见有铜花趺浮出水上，系世取送县，县以送台，乃施像足，宛然合。会简文咸安元年，交州合浦人董宗之采珠没水，于底得佛光艳，交州押送台，以施像，又合焉。自咸和中得像，至咸安初，历三十余年，光趺始具。

初，高悝得像后，西域胡僧五人来诣悝，曰："昔于天竺得阿育王造像，来至邺下，值胡乱，埋像于河边，今寻觅失所。"五人尝一夜俱梦见像曰："已出江东，为高悝所得。"悝乃送此五僧至寺，见像嘘欷涕泣，像便放光，照烛殿宇。又瓦官寺慧邃欲模写像形，寺主僧尚虑亏损金色，谓邃曰："若能令像放光，回身西向，乃可相许。"慧邃便恳到拜请，其夜像即转坐放光，回身西向，明旦便许模之。像趺先有外国书，莫有识者，后有三藏邮求跋摩识之，云是阿育王为第四女所造也。及大同中，出旧塔舍利，敕市寺侧数百家宅地，以广寺域，造诸堂殿并瑞像周回阁等，穷于轮奂焉。其图诸经变，并吴人张繇运手。繇，丹青之工，一时冠绝。

盘盘国，宋文帝元嘉，孝武孝建、大明中，并遣使贡献。大通元年，其王使使奉表曰："扬州阎浮提震旦天子：万善庄严，一切恭敬，犹如天净无云，明耀满目；天子身心清净，亦复如是。道俗济济，并蒙圣王光化，济度一切，永作舟航，臣闻之庆善。我等至诚敬礼常胜天子足下，稽首问讯。今奉薄献，愿垂哀受。"中大通元年五月，累遣使贡牙像及塔，并献沉檀等香数十种。六年八月，复使送菩提国真舍利及画塔，并献菩提树叶、詹糖等香。

丹丹国，中大通二年，其王遣使奉表曰："伏承圣主至德仁治，信重三宝，佛法兴显，众僧殷集，法事日盛，威严整肃。朝望国执，慈愍苍生，八方六合，莫不归服。化邻诸天，非可言喻。不任庆善，若暂奉见尊足。谨奉送牙像及塔各二躯，并献火齐珠、吉贝、杂香药等。"大同元年，复遣使献金、银、琉璃、杂宝、香、药等物。

干陀利国，在南海洲上。其俗与林邑、扶南略同。出班布、吉贝、槟榔，槟榔特好，为诸国之极。宋孝武世，王释婆罗邮怜陁遣长史竺留陁献金银宝器。

天监元年，其王瞿昙修跋陁罗以四月八日梦见一僧，谓之曰："中国今有圣主，十年之后，佛法大兴。汝若遣使贡奉敬礼，则土地丰乐，商旅百倍；若不信我，则境土不得自安。"修跋陁罗初未能信，既而又梦此僧曰："汝若不信我，当与汝往观之。"乃于梦中来至中国，拜觐天子。既觉，心异之。陁罗本工画，乃写梦中所见高祖容质，饰以丹青，仍遣使并画工奉表赍玉盘等物。使人既至，模写高祖形以还其国，比本画则符同焉。因盛以宝函，日加礼敬。后跋陁死，子毗邪跋摩立。十七年，遣长史毗员跋摩奉表曰："常胜天子陛下：诸佛世尊，常乐安乐，六通三达，为世间尊，是名如来。应供正觉，遗形舍利，造诸塔像，庄严国土，如须弥山。邑居聚落，次第罗满，城郭馆宇，如忉利天宫。具足四兵，能伏怨敌。国土安乐，无诸患难，人民和善，受化正法，庆无不通。犹处雪山，流注雪水，八味清净，百川洋溢，周回曲曲，顺趋大海，一切众生，咸得受用。于诸国土，殊胜第一，是名震旦。大梁扬都天子，仁荫四海，德合天心，虽人是天，降生护世，功德宝藏，救世大悲，为我尊生，威仪具足。是故至诚敬礼天子足下，稽首问讯。奉献金芙蓉、杂香、药等，愿垂纳受。"普通元年，复遣使献方物。

狼牙修国，在南海中。其界东西三十日行，南北二十日行，去广州二万四千里。土气物产与扶南略同，偏多筏沉婆律香等。其俗男女皆祖而被发，以吉贝为干缦。其王及贵臣乃加云霞布覆胛，以金绳为络带，金镮贯耳。女子则被布，以璎珞绕身。其国累砖为城，重门楼阁。王出乘象，有幡毦旗鼓，罩白盖，兵卫甚设。国人说，立国以来四百余年，后嗣衰弱，王族有贤者，国人归之。王闻知，乃加囚执，其鏁无故自断，王以为神，因不敢害，乃斥逐出境，遂奔天竺，天竺妻以长女。俄而狼牙王死，大臣迎还为王。二十余年死，子婆伽达多立。天监十四年，遣使阿撒多奉表曰："大吉天子足下：离淫怒痴，哀愍众生，慈心无量。端严相好，身光明朗，如水中月，普照十方。眉间白毫，其白如雪，其色照曜，亦如月光。诸天善神之所供养，以垂正法宝，梵行众增，庄严都邑。城阁高峻，如乾陁山。楼观罗列，道途平正。人民炽盛，快乐安稳。著种种衣，犹如天服。于一切国，为极尊胜。天王愍念群生，民人安乐，慈心深广，律仪清净，正法化治，供养三宝，名称宣扬，布满世界，百姓听见，如月初生。譬如梵王，世界之主，人天一切，莫不归依。敬礼大吉天子足下，犹如现前，忝承先业，庆嘉无量。今遣使问讯大意。欲自往，复畏大海风波不达。今奉薄献，愿大家曲垂领纳。"

婆利国，在广州东南海中洲上，去广州二月日行。国界东西五十日行，南北二十日行。有一百三十六聚。土气暑热，如中国之盛夏。谷一岁再熟，草木常荣。海出文螺、紫贝。有石名蚶贝罗，初采之柔软，及刻削为物干之，遂大坚强。其国人披吉贝如帊，及为都缦。王乃用班丝布，以璎珞绕身，头著金冠高尺余，形如弁，缀以七宝之饰，带金装剑，偏坐金高坐，以银蹬支足。侍女皆为金花杂宝之饰，或持白毦拂及孔雀扇。王出，以象驾舆，舆以杂香为之，上施羽盖珠帘，其导从吹螺击鼓。王姓憍陈如，自古未通中国。问其先及年数，不能记焉，而言白净王夫人即其国女也。

天监十六年，遣使奉表曰："伏承圣王信重三宝，兴立塔寺，校饰庄严，周遍国土。四衢平坦，清净无秽；台殿罗列，状若天宫；壮丽微妙，世无与等。圣主出时，四兵具足，羽仪导从，布满左右。都人士女，丽服光饰。市廛丰富，充积珍宝。王法清整，无相侵夺。学徒皆至，三乘竞集。敷说正法，云布雨润。四海流通，交会万国。长江眇漫，清泠深广。有生咸资，莫能消秽。阴阳和畅，灾厉不作。大梁扬都圣王无等，临覆上国，有大慈悲，子育万民。平等忍辱，怨亲无二。加以周穷，无所藏积。靡不照烛，如日之明；无不受乐，犹如净月。宰辅贤良，群臣贞信，尽忠奉上，心无异想。伏惟皇帝是我真佛，臣是婆利国主，今敬稽首礼圣王足下，惟愿大王知我此心。此心久矣，非适今也。山海阻远，无缘自达，今故遣使献金席等，表此丹诚。"普通三年，其王频伽复遣使珠贝智贡白鹦鹉、青虫、兜鍪、琉璃器、吉贝、螺杯、杂香、药等数十种。

中天竺国，在大月支东南数千里，地方三万里，一名身毒。汉世张骞使大夏，见邛竹杖、蜀布，国人云，市之身毒。身毒即天竺，盖传译音字不同，其实一也。从月支、高附以西，南至西海，东至槃越，列国数十，每国置王，其名虽异，皆身毒也。汉时羁属月支，其俗土著与月支同，而卑湿暑热，民弱畏战，弱于月支。国临大江，名新陶，源出昆仑，分为五江，总名曰恒水。其水甘美，下有真盐，色正白如水精。土俗出犀、象、貂、鼦、玳瑁、火齐、金、银、铁、金缕织成金皮罽、细摩白叠、好裘、氍毹。火齐状如云母，色如紫金，有光耀，别之则薄如蝉翼，积之则如纱縠之重沓。其西与大秦、安息交市海中，多大秦珍物——珊瑚、琥珀、金碧珠玑、琅玕、郁金、苏合。苏合是合诸香汁煎之，非自然一物也。又云大秦人采苏合，先筰其汁以为香膏，乃卖其滓于诸国贾人，是以展转来达中国，不大香也。郁金独出罽宾国，华色正黄而细，与芙蓉华里被莲者相似。国人先取以上佛寺，积日香槁，乃粪去之；贾人从寺中征雇，以转卖与佗国也。

汉桓帝延熹九年，大秦王安敦遣使自日南徼外来献，汉世唯一通焉。其国人行贾，往往至扶南、日南、交趾，其南徼诸国人少有到大秦者。孙权黄武五年，有大秦贾人字秦论来到交趾，交趾太守吴邈遣送诣权。权问方土谣俗，论具以事对。时诸葛恪讨丹阳，获黝、歙短人，论见之曰："大秦希见此人。"权以男女各十人，差吏会稽刘咸送论，咸于道物故，论乃径还本国。汉和帝时，天竺数遣使贡献，后西域反叛，遂绝。至桓帝延熹二年、四年，频从日南徼外来献。魏、晋世，绝不复通。唯吴时扶南王范旃遣亲人苏物使其国，从扶南发投拘利口，循海大湾中正西北入历湾边数国，可一年余到天竺江口，逆水行七千里乃至焉。天竺王惊曰："海滨极远，犹有此人。"即呼令观视国内，仍差陈、宋等二人以月支马四匹报旃，遣物等还，积四年方至。其时吴遣中郎康泰使扶南，及见陈、宋等，具问天竺土俗，云："佛道所兴国也。人民敦厐，土地饶沃。其王号茂论。所都城郭，水泉分流，绕于渠堑，下注大江。其宫殿皆雕文镂刻，街曲市里，屋舍楼观，钟鼓音乐，服饰香华；水陆通流，百贾交会，奇玩珍玮，恣心所欲。左右嘉维、舍卫、叶波等十六大国，去天竺或二三千里，共尊奉之，以为在天地之中也。"

天监初，其王屈多遣长史竺罗达奉表曰："伏闻彼国据江傍海，山川周固，众妙悉备，庄严国土，犹如化城。宫殿庄饰，街巷平坦，人民充满，欢娱安乐。大王出游，四兵随从，圣明仁爱，不害众生。国中臣民，循行正法，大王仁圣，化之以道，慈悲群生，无所遗弃。常修戒行，式导不及，无上法船，沉溺以济。百官氓庶，受乐无恐。诸天护持，万神侍从，天魔降服，莫不归仰。王身端严，如日初出，仁泽普润，犹如大云；于彼震旦，最为殊胜。臣之所住国土，首罗天守护，令国安乐。王王相承，未曾断绝。国中皆七宝形像，众妙庄严，臣自修检，如化王法。

臣名屈多，奕世王种。惟愿大王，圣体和平。今以此国群臣民庶，山川珍重，一切归属，五体投地，归诚大王。使人竺达多由来忠信，是故今遣。大王若有所须珍奇异物，悉当奉送。此之境土，便是大王之国；王之法令善道，悉当承用。愿二国信使往来不绝。此信返还，愿赐一使，具宣圣命，备敕所宜。款至之诚，望不空返，所白如允，愿加采纳。今奉献琉璃唾壶、杂香、吉贝等物。"

师子国，天竺旁国也。其地和适，无冬夏之异。五谷随人所种，不须时节。其国旧无人民，止有鬼神及龙居之。诸国商贾来共市易，鬼神不见其形，但出珍宝，显其所堪价，商人依价取之。诸国人闻其土乐，因此竞至，或有停住者，遂成大国。

晋义熙初，始遣献玉像，经十载乃至。像高四尺二寸，玉色洁润，形制殊特，殆非人工。此像历晋、宋世在瓦官寺，寺先有征士戴安道手制佛像五躯，及顾长康维摩画图，世人谓为三绝。至齐东昏，遂毁玉像，前截臂，次取身，为嬖妾潘贵妃作钗钏。宋元嘉六年、十二年，其王刹利摩诃遣使贡献。

大通元年，后王伽叶伽罗诃梨邪使奉表曰："谨白大梁明主：虽山海殊隔，而音信时通。伏承皇帝道德高远，覆载同于天地，明照齐乎日月，四海之表，无有不从，方国诸王，莫不奉献，以表慕义之诚。或泛海三年，陆行千日，畏威怀德，无远不至。我先王以来，唯以修德为本，不严而治。奉事正法道天下，欣人为善，庆若己身，欲与大梁共弘三宝，以度难化。信还，伏听告敕。今奉薄献，愿垂纳受。"

东夷之国，朝鲜为大，得箕子之化，其器物犹有礼乐云。魏时，朝鲜以东马韩、辰韩之属，世通中国。自晋过江，泛海东使，有高句骊、百济，而宋、齐间常通职贡。梁兴，又有加焉。扶桑国，在昔未闻也。普通中，有道人称自彼而至，其言元本尤悉，故并录焉。

高句骊者，其先出自东明。东明本北夷橐离王之子。离王出行，其侍儿于后任娠，离王还，欲杀之。侍儿曰："前见天上有气如大鸡子，来降我，因以有娠。"王囚之，后遂生男。王置之豕牢，豕以口气嘘之，不死，王以为神，乃听收养。长而善射，王忌其猛，复欲杀之，东明乃奔走，南至淹滞水，以弓击水，鱼鳖皆浮为桥，东明乘之得渡，至夫余而王焉。其后支别为句骊种也。其国，汉之玄菟郡也，在辽东之东，去辽东千里。汉、魏世，南与朝鲜、秽貊，东与沃沮，北与夫余接。汉武帝元封四年，灭朝鲜，置玄菟郡，以高句骊为县以属之。

句骊地方可二千里，中有辽山，辽水所出。其王都于丸都之下，多大山深谷，无原泽，百姓依之以居，食涧水。虽土著，无良田，故其俗节食。好治宫室，于所居之左立大屋，祭鬼神，又祠零星、社稷。人性凶急，喜寇抄。其官，有相加、对卢、沛者、古邹加、主簿、优台、使者、皂衣、先人，尊卑各有等级。言语诸事，多与夫余同，其性气、衣服有异。本有五族，有消奴部、绝奴部、慎奴部、灌奴部、桂娄部。本消奴部为王，微弱，桂娄部代之。汉时赐衣帻、朝服、鼓吹，常从玄菟郡受之。后稍骄，不复诣郡，但于东界筑小城以受之，至今犹名此城为帻沟娄。"沟娄"者，句骊名"城"也。其置官，有对卢则不置沛者，有沛者则不置对卢。其俗喜歌儛，国中邑落男女，每夜群聚歌戏。其人洁清自喜，善藏酿，跪拜申一脚，行步皆走。以十月祭天大会，名曰"东明"。其公会衣服，皆锦绣金银以自饰。大加、主簿头所著似帻而无后；其小加著折风，形如弁。其国无牢狱，有罪者，则会诸加评议杀之，没入妻子。其俗好淫，男女多相奔诱。已嫁娶，便稍作送终之衣。其死葬，有椁无棺。好厚葬，金银财币尽于送死。积石为封，列植松柏。兄死妻嫂。其马皆小，便登山。国人尚气力，便弓矢刀矛。有铠甲，习战斗，沃沮、东濊皆属焉。

王莽初，发高骊兵以伐胡，不欲行，强迫遣之，皆亡出塞为寇盗。州郡归咎于句骊侯驺，严尤诱而斩之，王莽大悦，更名高句骊为下句骊，当此时为侯矣。光武八年，高句骊王遣使朝贡，始称王。至殇、安之间，其王名宫，数寇辽东，玄菟太守蔡风讨之不能禁。宫死，子伯固立。顺、和之间，复数犯辽东寇抄。灵帝建宁二年，玄菟太守耿临讨之，斩首虏数百级，伯固乃降属辽东。公孙度之雄海东也，伯固与之通好。伯固死，子伊夷摸立。伊夷摸自伯固时已数寇辽东，又受亡胡五百余户。建安中，公孙康出军击之，破其国，焚烧邑落，降胡亦叛伊夷摸，伊夷摸更作新国。其后伊夷摸复击玄菟，玄菟与辽东合击，大破之。

伊夷摸死，子位宫立。位宫有勇力，便鞍马，善射猎。魏景初二年，遣太傅司马宣王率众讨公孙渊，位宫遣主簿、大加将兵千人助军。正始三年，位宫寇西安平。五年，幽州刺史毌丘俭将万人出玄菟讨位宫，位宫将步骑二万人逆军，大战于沸流。位宫败走，俭军追至岘，悬车束马，登丸都山，屠其所都，斩首虏万余级。位宫单将妻息远窜。六年，俭复讨之，位宫轻将诸加奔沃沮，俭使将军王颀追之，绝沃沮千余里，到肃慎南界，刻石纪功；又到丸都山，铭不耐城而还。其后，复通中夏。

晋永嘉乱，鲜卑慕容廆据昌黎大棘城，元帝授平州刺史。句骊王乙弗利频寇辽东，廆不能制。弗利死，子钊代立。康帝建元元年，慕容廆子晃率兵伐之，钊与战，大败，单马奔走。晃乘胜追至丸都，焚其宫室，掠男子五万余口以归。孝武太元十年，句骊攻辽东、玄菟郡，后燕慕容垂遣弟农伐句骊，复二郡。垂死，子宝立，以句骊王安为平州牧，封辽东、带方二国王。安始置长史、司马、参军官，后略有辽东郡。至孙高琏，晋安帝义熙中，始奉表通贡职，历宋、齐并授爵位，年百余岁死。子云，齐隆昌中，以为使持节、散骑常侍、都督营、平二州、征东大将军、乐浪公。高祖即位，进云车骑大将军。天监七年，诏曰："高骊王乐浪郡公云，乃诚款著，贡驿相寻，宜隆秩命，式弘朝典。可抚东大将军、开府仪同三司，持节、常侍、都督、王并如故。"十一年、十五年，累遣使贡献。十七年，云死，子安立。普通元年，诏安纂袭封爵，持节、督营、平二州诸军事、宁东将军。七年，安卒，子延立，遣使贡献，诏以延袭爵。中大通四年、六年，大同元年、七年，累奉表献方物。太清二年，延卒，诏以其子袭延爵位。

百济者，其先东夷有三韩国，一曰马韩，二曰辰韩，三曰弁韩。弁韩、辰韩各十二国，马韩有五十四国。大国万余家，小国数千家，总十余万户，百济即其一也。后渐强大，兼诸小国。其国本与句骊在辽东之东，晋世句骊既略有辽东，百济亦据有辽西、晋平二郡地矣，自置百济郡。晋太元中，王须；义熙中，王餘映；宋元嘉中，王餘毗；并遣献生口。餘毗死，立子庆。庆死，子牟都立。都死，立子牟太。齐永明中，除太都督百济诸军事、镇东大将军、百济王。天监元年，进太号征东将军。寻为高句骊所破，衰弱者累年，迁居南韩地。普通二年，王餘隆始复遣使奉表，称"累破句骊，今始与通好"，而百济更为强国。其年，高祖诏曰："行都督百济诸军事、镇东大将军、百济王餘隆，守藩海外，远修贡职，乃诚款到，朕有嘉焉。宜率旧章，授兹荣命。可使持节、都督百济诸军事、宁东大将军、百济王。"五年，隆死，诏复以其子明为持节、督百济诸军事、绥东将军、百济王。

号所治城曰固麻，谓邑曰檐鲁，如中国之言郡县也。其国有二十二檐鲁，皆以子弟宗族分据之。其人形长，衣服净洁。其国近倭，颇有文身者。今言语服章略与高骊同，行不张拱、拜不申足则异。呼帽曰冠，襦曰复衫，袴曰裈。其言参诸夏，亦秦、韩之遗俗云。中大通六年、大同七年，累遣使献方物；并请《涅盘》等经义、《毛诗》博士，并工匠、画师等，敕并给之。太清三年，不知京师寇贼，犹遣使贡献；既至，见城阙荒毁，并号恸涕泣。侯景怒，囚执之，及景平，方得还国。

新罗者，其先本辰韩种也。辰韩亦曰秦韩，相去万里，传言秦世亡人避役来适马韩，马韩亦割其东界居之，以秦人，故名之曰秦韩。其言语名物有似中国人，名国为邦，弓为弧，贼为寇，行酒为行觞。相呼皆为徒，不与马韩同。又辰韩王常用马韩人作之，世相系，辰韩不得自立为王，明其流移之人故也；恒为马韩所制。辰韩始有六国，稍分为十二，新罗则其一也。其国在百济东南五千余里。其地东滨大海，南北与句骊、百济接。魏时曰新卢，宋时曰新罗，或曰斯罗。其国小，不能自通使聘。普通二年，王姓募名秦，始使使随百济奉献方物。

其俗呼城曰健牟罗，其邑在内曰啄评，在外曰邑勒，亦中国之言郡县也。国有六啄评，五十二邑勒。土地肥美，宜植五谷。多桑麻，作缣布。服牛乘马，男女有别。其官名，有子贲旱支、齐旱支、谒旱支、壹告支、奇贝旱支。其冠曰遗子礼，襦曰尉解，袴曰柯半，靴曰洗。其拜及行与高骊相类。无文字，刻木为信。语言待百济而后通焉。

倭者，自云太伯之后，俗皆文身。去带方万二千余里，大抵在会稽之东，相去绝远。从带方至倭，循海水行，历韩国，乍东乍南，七千余里始度一海；海阔千余里，名瀚海，至一支国；又度一海千余里，名未卢国；又东南陆行五百里，至伊都国；又东南行百里，至奴国；又东行百里，至不弥国；又南水行二十日，至投马国；又南水行十日，陆行一月日，至邪马台国，即倭王所居。其官有伊支马，次曰弥马获支，次曰奴往鞮。民种禾稻纻麻，蚕桑织绩。有姜、桂、橘、椒、苏，出黑雉、真珠、青玉。有兽如牛，名山鼠；又有大蛇吞此兽，蛇皮坚不可斫，其上有孔，乍开乍闭，时或有光，射之中，蛇则死矣。物产略与儋耳、朱崖同。地温暖，风俗不淫。男女皆露纷。富贵者以锦绣杂采为帽，似中国胡公头。食饮用笾豆。其死，有棺无椁，封土作冢。人性皆嗜酒。俗不知正岁，多寿考，多至八九十，或至百岁。其俗女多男少，贵者至四五妻，贱者犹两三妻。妇人无淫妒。无盗窃，少争讼。若犯法，轻者没其妻子，重则灭其宗族。

汉灵帝光和中，倭国乱，相攻伐历年，乃共立一女子卑弥呼为王。弥呼无夫婿，挟鬼道，能惑众，故国人立之。有男弟佐治国。自为王，少有见者，以婢千人自侍，唯使一男子出入传教令。所处宫室，常有兵守卫。至魏景初三年，公孙渊诛后，卑弥呼始遣使朝贡，魏以为亲魏王，假金印紫绶。正始中，卑弥呼死，更立男王，国中不服，更相诛杀，复立卑弥呼宗女台与为王。其后复立男王，并受中国爵命。晋安帝时，有倭王赞。赞死，立弟弥；弥死，立子济；济死，立子兴；兴死，立弟武。齐建元中，除武持节、督倭、新罗、任那、伽罗、秦韩、慕韩六国诸军事、镇东大将军。高祖即位，进武号征东大将军。

其南有侏儒国，人长三四尺。又南黑齿国、裸国，去倭四千余里，船行可一年至。又西南万里有海人，身黑眼白，裸而丑。其肉美，行者或射而食之。

文身国，在倭国东北七千余里。人体有文如兽，其额上有三文，文直者贵，文小者贱。土俗欢乐，物丰而贱，行客不赍粮。有屋宇，无城郭。其王所居，饰以金银珍丽。绕屋为堑，广一丈，实以水银，雨则流于水银之上。市用珍宝。犯轻罪者则鞭杖；犯死罪则置猛兽食之，有枉则猛兽避而不食，经宿则赦之。

大汉国，在文身国东五千余里。无兵戈，不攻战。风俗并与文身国同而言语异。

扶桑国者，齐永元元年，其国有沙门慧深来至荆州，说云："扶桑在大汉国东二万余里，地在中国之东，其土多扶桑木，故以为名。"扶桑叶似桐，而初生如笋，国人食之，实如梨而赤，绩其皮为布以为衣，亦以为绵。作板屋，无城郭。有文字，以扶桑皮为纸。无兵甲，不攻战。其国法，有南北狱。若犯轻者入南狱，重罪者入北狱。有赦则赦南狱，不赦北狱。在北狱者，男女相配，生男八岁为奴，生女九岁为婢。犯罪之身，至死不出。贵人有罪，国乃大会，坐罪人于坑，对之宴饮，分诀若别焉。以灰绕之，其一重则一身屏退，二重则及子孙，三重则及七世。名国王为乙祁；贵人第一者为大对卢，第二者为小对卢，第三者为纳咄沙。国王行有鼓角导从。其衣色随年改易，甲乙年青，丙丁年赤，戊己年黄，庚辛年白，壬癸年黑。有牛角甚长，以角载物，至胜二十斛。车有马车、牛车、鹿车。国人养鹿，如中国畜牛，以乳为酪。有桑梨，经年不坏。多蒲桃。其地无铁有铜，不贵金银。市无租估。其婚姻，婿往女家门外作屋，晨夕洒扫，经年而女不悦，即驱之，相悦乃成婚。婚礼大抵与中国同。亲丧，七日不食；祖父母丧，五日不食；兄弟伯叔姑姊妹，三日不食。设灵为神像，朝夕拜奠，不制缞绖。嗣王立，三年不视国事。其俗旧无佛法，宋大明二年，罽宾国尝有比丘五人游行至其国，流通佛法、经像，教令出家，风俗遂改。

慧深又云："扶桑东千余里有女国，容貌端正，色甚洁白，身体有毛，发长委地。至二、三月，竞入水则任娠，六七月产子。女人胸前无乳，项后生毛，根白，毛中有汁，以乳子，一百日能行，三四年则成人矣。见人惊避，偏畏丈夫。食咸草如禽兽。咸草叶似邪蒿，而气香味咸。"天监六年，有晋安人渡海，为风所飘至一岛，登岸，有人居止。女则如中国，而言语不可晓；男则人身而狗头，其声如吠。其食有小豆，其衣如布。筑土为墙，其形圆，其户如窦云。

西北诸戎，汉世张骞始发西域之迹，甘英遂临西海，或遣侍子，或奉贡献，于时虽穷兵极武，仅而克捷，比之前代，其略远矣。魏时三方鼎跱，日事干戈，晋氏平吴以后，少获宁息，徒置戊己之官，诸国亦未宾从也。继以中原丧乱，胡人递起，西域与江东隔碍，重译不交。吕光之涉龟兹，亦获蛮夷之伐蛮夷，非中国之意也。自是诸国分并，胜负强弱，难得详载。明珠翠羽，虽仞于后宫；蒲梢龙文，希入于外署。有梁受命，其奉正朔而朝阙庭者，则仇池、宕昌、高昌、邓至、河南、龟兹、于阗、滑诸国焉。今缀其风俗，为《西北戎传》云。

河南王者，其先出自鲜卑慕容氏。初，慕容奕洛干有二子，庶长曰吐谷浑，嫡曰庼。洛干卒，庼嗣位，吐谷浑避之西徙。庼追留之，而牛马皆西走，不肯还，因遂徙上陇，度枹罕，出凉州西南，至赤水而居之。其地则张掖之南，陇西之西，在河之南，故以为号。其界东至叠川，西邻于阗，北接高昌，东北通秦岭，方千余里，盖古之流沙地焉。乏草木，少水潦，四时恒有冰雪，唯六七月雨雹甚盛；若晴则风飘沙砾，常蔽光景。其地有麦无谷。有青海方数百里，放牝马其侧，辄生驹，土人谓之龙种，故国多善马。有屋宇，杂以百子帐，即穹庐也。著小袖袍、小口袴、大头长裙帽。女子披发为辫。

其后吐谷浑孙叶延，颇识书记，自谓"曾祖奕洛干始封昌黎公，吾盖公孙之子也"。礼以王父字为国氏，因姓吐谷浑，亦为国号。至其末孙阿豺，始受中国官爵。弟子慕延，宋元嘉末又自号河南王。慕延死，从弟拾寅立，乃用书契，起城池，筑宫殿，其小王并立宅。国中有佛法。

拾寅死，子度易侯立；易侯死，子休留代立。齐永明中，以代为使持节、都督西秦、河、沙三州、镇西将军、护羌校尉、西秦、河二州刺史。梁兴，进代为征西将军。代死，子伏连筹袭爵位。天监十三年，遣使献金装马脑钟二口，又表于益州立九层佛寺，诏许焉。十五年，又遣使献赤舞龙驹及方物。其使或岁再三至，或再岁一至。其地与益州邻，常通商贾，民慕其利，多往从之，教其书记，为之辞译，稍桀黠矣。普通元年，又奉献方物。筹死，子呵罗真立。大通三年，诏以为宁西将军、护羌校尉、西秦、河二州刺史。真死，子佛辅袭爵位，其世子又遣使献白龙驹于皇太子。

高昌国，阚氏为主，其后为河西王沮渠茂虔弟无讳袭破之，其王阚爽奔于芮芮。无讳据之称王，一世而灭。国人又立麹氏为王，名嘉，元魏授车骑将军、司空公、都督秦州诸军事、秦州刺史、金城郡开国公。在位二十四年卒，谥曰昭武王。子子坚，使持节、骠骑大将军、散骑常侍、都督瓜州诸军事、瓜州刺史、河西郡开国公、仪同三司、高昌王嗣位。

其国盖车师之故地也。南接河南，东连燉煌，西次龟兹，北邻敕勒。置四十六镇，交河、田地、高宁、临川、横截、柳婆、洿林、新兴、由宁、始昌、笃进、白力等，皆其镇名。官有四镇将军及杂号将军、长史、司马、门下校郎、中兵校郎、通事舍人、通事令史、谘议、校尉、主簿。国人言语与中国略同。有《五经》、历代史、诸子集。面貌类高骊，辫发垂之于背，著长身小袖袍、缦裆袴。女子头发辫而不垂，著锦缬璎珞环钏。姻有六礼。其地高燥，筑土为城，架木为屋，土覆其上。寒暑与益州相似。备植九谷，人多咳嗽及羊牛肉。出良马、蒲陶酒、石盐。多草木，草实如茧，茧中丝如细纑，名为白叠子，国人多取织以为布。布甚软白，交市用焉。有朝乌者，旦旦集王殿前，为行列，不畏人，日出然后散去。大同中，子坚遣使献鸣盐枕、蒲陶、良马、氍毹等物。

滑国者，车师之别种也。汉永建元年，八滑从班勇击北虏有功，勇上八滑为后部亲汉侯。自魏、晋以来，不通中国。至天监十五年，其王厌带夷栗陁始遣使献方物。普通元年，又遣使献黄师子、白貂裘、波斯锦等物。七年，又奉表贡献。

元魏之居桑乾也，滑犹为小国，属芮芮。后稍强大，征其旁国波斯、盘盘、罽宾、焉耆、龟兹、疏勒、姑墨、于阗、句盘等国，开地千余里。土地温暖，多山川树木，有五谷。国人以麨及羊肉为粮。其兽有师子、两脚骆驼、野驴有角。人皆善射，著小袖长身袍，用金玉为带。女人被裘，头上刻木为角，长六尺，以金银饰之。少女子、兄弟共妻。无城郭，毡屋为居，东向开户。其王坐金床，随太岁转，与妻并坐接客。无文字，以木为契。与旁国通，则使旁国胡为胡书，羊皮为纸。无职官。事天神、火神，每日则出户祀神而后食。其跪一拜而止。葬以木为椁。父母死，其子截一耳，葬讫即吉。其言语待河南人译然后通。

周古柯国，滑旁小国也。普通元年，使使随滑来献方物。

呵跋檀国，亦滑旁小国也。凡滑旁之国，衣服容貌皆与滑同。普通元年，使使随滑使来献方物。

胡蜜丹国，亦滑旁小国也。普通元年，使使随滑使来献方物。

白题国，王姓支名史稽毅，其先盖匈奴之别种胡也。汉灌婴与匈奴战，斩白题骑一人。今在滑国东，去滑六日行，西极波斯。土地出粟、麦、瓜果，食物略与滑同。普通三年，遣使献方物。

龟兹者，西域之旧国也。后汉光武时，其王名弘，为莎车王贤所杀，灭其族。贤使其子则罗为龟兹王，国人又杀则罗。匈奴立龟兹贵人身毒为王，由是属匈奴。然龟兹在汉世常为大国，所都曰延城。魏文帝初即位，遣使贡献。晋太康中，遣子入侍。太元七年，秦主苻坚遣将吕光伐西域。至龟兹，龟兹王帛纯载宝出奔，光入其城。城有三重，外城与长安等，室屋壮丽，饰以琅玕金玉。光立帛纯弟震为王而归，自此与中国绝不通。普通二年，王尼瑞摩珠那胜遣使奉表贡献。

于阗国，西域之属也。后汉建武末，王俞为莎车王贤所破，徙为骊归王，以其弟君得为于阗王，暴虐，百姓患之。永平中，其种人都末杀君得，大人休莫霸又杀都末，自立为王。霸死，兄子广得立，后击虏莎车王贤以归，杀之，遂为强国，西北诸小国皆服从。

其地多水潦沙石，气温，宜稻、麦、蒲桃。有水出玉，名曰玉河。国人善铸铜器。其治曰西山城，有屋室市井。果蓏菜蔬与中国等。尤敬佛法。王所居室，加以朱画。王冠金帻，如今胡公帽；与妻并坐接客。国中妇人皆辫发，衣裘袴。其人恭，相见则跪，其跪则一膝至地。书则以木为笔札，以玉为印。国人得书，戴于首而后开札。魏文帝时，王山习献名马。天监九年，遣使献方物。十三年，又献波罗婆步鄣。十八年，又献琉璃罌。大同七年，又献外国刻玉佛。

渴盘陁国，于阗西小国也。西邻滑国，南接罽宾国，北连沙勒国。所治在山谷中，城周回十余里，国有十二城。风俗与于阗相类。衣吉贝布，著长身小袖袍、小口袴。地宜小麦，资以为粮。多牛马骆驼羊等。出好毡、金、玉。王姓葛沙氏。中大同元年，遣使献方物。

末国，汉世且末国也。胜兵万余户。北与丁零，东与白题，西与波斯接。土人剪发，著毡帽、小袖衣，为衫则开颈而缝前。多牛羊骡驴。其王安末深盘，普通五年，遣使来贡献。

波斯国，其先有波斯匿王者，子孙以王父字为氏，因为国号。国有城，周回三十二里，城高四丈，皆有楼观，城内屋宇数百千间，城外佛寺二三百所。西去城十五里有土山，山非过高，其势连接甚远，中有鹫鸟啖羊，土人极以为患。国中有优钵昙花，鲜华可爱。出龙驹马。咸池生珊瑚树，长一二尺。亦有琥珀、马脑、真珠、玫珇等，国内不以为珍。市买用金银。婚姻法：下聘讫，女婿将数十人迎妇，婿著金线锦袍，师子锦袴，戴天冠，妇亦如之。妇兄弟便来捉手付度，夫妇之礼，于兹永毕。国东与滑国，西及南俱与婆罗门国，北与泛慄国接。中大通二年，遣使献佛牙。

宕昌国，在河南之东南，益州之西北，陇西之西，羌种也。宋孝武世，其王梁瑾忽始献方物。天监四年，王梁弥博来献甘草、当归，诏以为使持节、都督河、凉二州诸军事、安西将军、东羌校尉、河、凉二州刺史、陇西公、宕昌王，佩以金章。弥博死，子弥泰立；大同七年，复授以父爵位。其衣服、风俗与河南略同。

邓至国，居西凉州界，羌别种也。世号持节、平北将军、西凉州刺史。宋文帝时，王象屈耽遣使献马。天监元年，诏以邓至王象舒彭为督西凉州诸军事，号安北将军。五年，舒彭遣使献黄耆四百斤、马四匹。其俗呼帽曰突何，其衣服与宕昌同。

武兴国，本仇池。杨难当自立为秦王，宋文帝遣裴方明讨之，难当奔魏。其兄子文德又聚众茄卢，宋因授以爵位，魏又攻之，文德奔汉中。从弟僧嗣又自立，复戍茄卢。卒，文德弟文度立，以弟文洪为白水太守，屯武兴，宋世以为武都王。武兴之国，自于此矣。难当族弟广香又攻杀文度，自立为阴平王，茄卢镇主。卒，子炅立；炅死，子崇祖立；崇祖死，子孟孙立。齐永明中，魏氏南梁州刺史、仇池公杨灵珍据泥功山归款，齐以灵珍为北梁州刺史、仇池公。文洪死，以族人集始为北秦州刺史、武都王。天监初，以集始为使持节、都督秦、雍二州诸军事、辅国将军、平羌校尉、北秦州刺史、武都王，灵珍为冠军将军、孟孙为假节、督沙州诸军事、阴平王。集始死，子绍先袭爵位。二年，以灵珍为持节、督陇右诸军事、左将军、北梁州刺史、仇池王。十年，孟孙死，诏赠安沙将军、北雍州刺史。子定袭封爵。绍先死，子智慧立。大同元年，克复汉中，智慧遣使上表，求率四千户归国，诏许焉，即以为东益州。

其国东连秦岭，西接宕昌，去宕昌八百里，南去汉中四百里，北去岐州三百里，东去长安九百里。本有十万户，世世分减。其大姓有符氏、姜氏。言语与中国同。著乌皂突骑帽、长身小袖袍、小口袴、皮靴。地植九谷。婚姻备六礼。知书疏。种桑麻。出䌷、绢、精布、漆、蜡、椒等。山出铜铁。

芮芮国，盖匈奴别种。魏、晋世，匈奴分为数百千部，各有名号，芮芮其一部也。自元魏南迁，因擅其故地。无城郭，随水草畜牧，以穹庐为居。辫发，衣锦，小袖袍、

小口袴，深雍靴。其地苦寒，七月流澌亘河。宋升明中，遣王洪轨使焉，引之共伐魏。齐建元元年，洪轨始至其国，国王率三十万骑，出燕然山东南三千余里，魏人闭关不敢战。后稍侵弱。永明中，为丁零所破，更为小国而南移其居。天监中，始破丁零，复其旧土。始筑城郭，名曰木末城。十四年，遣使献乌貂裘。普通元年，又遣使献方物。是后数岁一至焉。大同七年，又献马一匹、金一斤。其国能以术祭天而致风雪，前对皎日，后则泥潦横流，故其战败莫能追及。或于中夏为之，则暗而不雨，问其故，以暖云。

史臣曰：海南东夷西北戎诸国，地穷边裔，各有疆域。若山奇海异，怪类殊种，前古未闻，往牒不记。故知九州之外，八荒之表，辩方物土，莫究其极。高祖以德怀之，故朝贡岁至，美矣。

卷五十五　　　　列传第四十九

豫章王综　武陵王纪
临贺王正德　河东王誉

豫章王综，字世谦，高祖第二子也。天监三年，封豫章郡王，邑二千户。五年，出为使持节、都督南徐州诸军事、仁威将军、南徐州刺史，寻进号北中郎将。十年，迁都督郢、司、霍三州诸军事、云麾将军、郢州刺史。十三年，迁安右将军，领石头戍军事。十五年，迁西中郎将，兼护军将军，又迁安前将军、丹阳尹。十六年，复为北中郎将、南徐州刺史。普通二年，入为侍中、镇右将军，置佐史。

初，其母吴淑媛自齐东昏宫得幸于高祖，七月而生综，宫中多疑之者。及淑媛宠衰怨望，遂陈疑似之说，故综怀之。既长，有才学，善属文。高祖御诸子以礼，朝见不甚数，综恒怨不见知。每出藩，淑媛恒随之镇。至年十五六，尚裸袒嬉戏于前，昼夜无别，内外咸有秽议。综在徐州，政刑酷暴。又有勇力，手制奔马。常微行夜出，无有期度。每高祖有敕诏至，辄忿恚形于颜色，群臣莫敢言者。恒于别室祠齐氏七庙，又微服至曲阿拜齐明帝陵。然犹无以自信，闻俗说以生者血沥死者骨，渗，即为父子。综乃私发齐东昏墓，出骨，沥臂血试之。并杀一男，取其骨试之，皆有验，自此常怀异志。

四年，出为使持节、都督南兖、兖、徐、青、冀五州诸军事、平北将军、南兖州刺史，给鼓吹一部。闻齐建安王萧宝寅在魏，遂使人入北与之相知，谓为叔父，许举镇归之。会大举北伐。六年，魏将元法僧以彭城降，高祖乃令综都督众军，镇于彭城，与魏将安丰王元延明相持。高祖以连兵既久，虑有衅生，敕综退军。综惧南归则无因复与宝寅相见，乃与数骑夜奔于延明，魏以为侍中、太尉、

高平公、丹阳王,邑七千户,钱三百万,布绢三千匹,杂彩千匹,马五十匹,羊五百口,奴婢一百人。综乃改名缵,字 德 文,追为齐东昏服斩衰。于是有司奏削爵土,绝属籍,改其姓为悖氏。俄有诏复之,封其子直为永新侯,邑千户。大通二年,萧宝寅在魏据长安反,综自洛阳北遁,将赴之,为津吏所执,魏人杀之,时年四十九。

初,综既不得志,尝作《听钟鸣》、《悲落叶》辞,以申其志。大略曰:

听钟鸣,当知在帝城。参差定难数,历乱百愁生。去声悬窈窕,来响急徘徊。谁怜传漏子,辛苦建章台。

听钟鸣,听听非一所。怀瑾握瑜空掷去,攀松折桂谁相许?昔朋旧爱各东西,譬如落叶不更齐。漂漂孤雁何所栖,依依别鹤夜半啼。

听钟鸣,听此何穷极?二十有余年,淹留在京域。窥明镜,罢容色,云悲海思徒掩抑。

其《悲落叶》云:

悲落叶,连翩下重叠。落且飞,纵横去不归。

悲落叶,落叶悲。人生譬如此,零落不可持。

悲落叶,落叶何时还?夙昔共根本,无复一相关。

当时见者莫不悲之。

武陵王纪,字世询,高祖第八子也。少勤学,有文才,属辞不好轻华,甚有骨气。天监十三年,封为武陵郡王,邑二千户。历位宁远将军、琅邪、彭城二郡太守、轻车将军、丹阳尹。出为会稽太守,寻以其郡为东扬州,仍为刺史,加使持节、东中郎将。征为侍中,领石头戍军事。出为宣惠将军、江州刺史。征为使持节、宣惠将军、都督扬、南徐二州诸军事、扬州刺史。寻改授持节、都督益、梁等十三州诸军事、安西将军、益州刺史,加鼓吹一部。大同十一年,授散骑常侍、征西大将军、开府仪同三司。

初,天监中,震太阳门,成字曰"绍宗梁位唯武王",解者以为武王者,武陵王也,于是朝野属意焉。及太清中,侯景乱,纪不赴援。高祖崩后,纪乃僭号于蜀,改年曰天正。立子圆照为皇太子,圆正为西阳王,圆满竟陵王,圆普南谯王,圆肃宜都王。以巴西、梓潼二郡太守永丰侯㧑为征西大将军、益州刺史,封秦郡王。司马王僧略、直兵参军徐怦并固谏,纪以为贰于己,皆杀之。永丰侯㧑叹曰:"王不免矣!夫善人国之基也,今反诛之,不亡何待!"又谓所亲曰:"昔桓玄年号大亨,识者谓之'二月了',而玄之败实在仲春。今年曰天正,在文为'一止',其能久乎?"

太清五年夏四月,纪帅军东下至巴郡,以讨侯景为名,将图荆陕。闻西魏侵蜀,遣其将南梁州刺史谯淹回军赴援。五月日,西魏将尉迟迥帅众逼涪水,潼州刺史杨乾运以城降之,迥分军据守,即趋成都。丁丑,纪次于西陵,舳舻翳川,旌甲曜日,军容甚盛。世祖命护军将军陆法和于硖口夹岸筑二垒,镇江以断之。时陆纳未平,蜀军复逼,物情怔扰,世祖忧焉。法和告急,旬日相继。世祖乃拔任约于狱,以为晋安王司马,撤禁兵以配之;并遣宣猛将军刘棻共约西赴。六月,纪筑连城,攻绝铁锁,

狱拔谢答仁为步兵校尉,配众一旅,上赴法和。世祖与纪书曰:"皇帝敬问假黄钺太尉武陵王:自九黎侵轶,三苗寇扰,天长丧乱,獯丑冯陵,虔刘象魏,黍离王室。朕枕戈东望,泣血西浮,殒爱子于二方,无诸侯之八百,身被属甲,手贯流矢。俄而风树之酷,万恨始缠,霜露之悲,百忧继集,扣心饮胆,志不图全。直以宗社缀旒,鲸鲵未剪,尝胆待旦,龚行天罚,独运四聪,坐挥八柄。虽复结坛待将,塞帷纳士,拒赤壁之兵,无谋于鲁肃;烧乌巢之米,不访于荀攸;才智将殚,金贝殆竭,傍无寸助,险阻备尝。遂得斩长狄于驹门,挫蚩尤于枫木。怨耻既雪,天下无尘,经营四方,专资一力,方与岳牧,同兹清静。隆暑炎赫,弟比何如?文武具僚,当有劳弊。今遣散骑常侍、光州刺史郑安忠,指宣往怀。"仍令喻意于纪,许其还蜀,专制岷方。纪不从命,报书如家人礼。庚申,纪将侯睿率众缘山将规进取,任约、谢答仁与战,破之。既而陆纳平,诸军并西赴,世祖又与纪书曰:"甚苦大智!季月烦暑,流金烁石,聚蚊成雷,封狐千里,以兹玉体,辛苦行阵。乃眷西顾,我劳如何?自獯丑凭陵,羯胡叛换,吾年为一日之长,属有平乱之功,膺此乐推,事当当璧。傥遣使乎,良所迟也。如曰不然,于此投笔。友于兄弟,分形共气。兄肥弟瘦,无复相代之期;让枣推梨,长罢欢愉之日。上林静拱,闻四鸟之哀鸣;宣室披图,嗟万始之长逝。心乎爱矣,书不尽言。"大智,纪之别字也。纪遣所署度支尚书乐奉业至于江陵,论和绢之计,依前旨还蜀。世祖知纪必破,遂拒而不许。丙戌,巴东民苻升、徐子初等斩纪硖口城主公孙晃,降于众军。王琳、宋簉、任约、谢答仁等因进攻侯睿,陷其三垒,于是两岸十余城遂俱降。将军樊猛获纪及其第三子圆满,俱杀之于硖口,时年四十六。有司奏请绝其属籍,世祖许之,赐姓饕餮氏。

初,纪将僭号,妖怪非一。其最异者,内寝柏殿柱绕节生花,其茎四十有六,鶅麋可爱,状似荷花。识者曰:"王敦杖花,非佳事也。"纪年号天正,与萧栋暗合,金曰"天"字"二人"也,"正"字"一止"也。栋、纪僭号,各一年而灭。

临贺王正德,字公和,临川靖惠王第三子也。少粗险,不拘礼节。初,高祖未有男,养之为子。及高祖践极,便希储贰,后立昭明太子,封正德为西丰侯,邑五百户。自此怨望,恒怀不轨,睥睨宫辰,觊幸灾变。普通六年,以黄门侍郎为轻车将军,置佐史。顷之,遂逃奔于魏,有司奏削封爵。七年,又自魏逃归,高祖不过也。复其封爵,仍除征虏将军。

中大通四年,为信武将军、吴郡太守。征为侍中、抚军将军,置佐史,封临贺郡王,邑二千户,又加左卫将军。而凶暴日甚,招聚亡命。侯景知其有奸心,乃密令诱说,厚相要结。遗正德书曰:"今天子年尊,奸臣乱国,宪章错谬,政令颠倒,以景观之,计日必败。况大王属当储贰,中被废辱,天下义士,窃所痛心,在景愚忠,能无忿慨!今四海业业,归心大王,大王岂得顾此私情,弃兹亿兆!景虽不武,实思自奋。愿王允副苍生,鉴斯诚款。"正德

览书大喜曰："侯景意暗与我同，此天赞也。"遂许之。及景至江，正德潜运空舫，诈称迎荻，以济景焉。朝廷未知其谋，犹遣正德守朱雀航。景至，正德乃引军与景俱进，景推正德为天子，改年为正平元年，景为丞相。台城没，复太清之号，降正德为大司马。正德有怨言，景闻之，虑其为变，矫诏杀之。

河东王誉，字重孙，昭明太子第二子也。普通二年，封枝江县公。中大通三年，改封河东郡王，邑二千户。除宁远将军、石头戍军事。出为琅邪、彭城二郡太守。还除侍中、轻车将军，置佐史。出为南中郎将、湘州刺史。未几，侯景寇京邑，誉率军入援，至青草湖，台城没，有诏班师，誉还湘镇。时世祖军于武城，新除雍州刺史张缵密报世曰："河东起兵，岳阳聚米，共为不逞，将袭江陵。"世祖甚惧，因步道间还，遣谘议周弘直至誉所，督其粮众。誉曰："各自军府，何忽隶人？"前后使三反，誉并不从。世祖大怒，乃遣世子方等征之，反为誉所败死。又令信州刺史鲍泉讨誉，并与书陈示祸福，许其迁善。誉不答，修浚城池，为拒守之计。谓鲍泉曰："败军之将，势岂语勇？欲前即前，无所多说。"泉军于石樟寺，誉帅众逆击之，不利而还。泉进军于橘洲，誉又尽锐攻之，不克。会已暮，士卒疲弊，泉因出击，大败之，斩首三千级，溺死者万余人。誉于是焚长沙郭邑，驱居民于城内，鲍泉度军围之。誉幼而骁勇，兼有胆气，能抚循士卒，甚得众心。及被围既久，虽外内断绝，而备御愈固。后世祖又遣领军将军王僧辩代鲍泉攻誉，僧辩筑土山以临城内，日夕苦攻，矢石如雨，城中将士死伤者太半。誉窘急，乃潜装海船，将溃围而出。会其麾下有慕容华引僧辩入城，誉顾左右皆散，遂被执，谓守者曰："勿杀我！得一见七官，申此逸贼，死亦无恨。"主者曰："奉命不许。"遂斩之，传首荆镇，世祖反其首以葬焉。初，誉之将败也，私引镜照面，不见其头；又见长人盖屋，两手据地瞰其斋；又见白狗大如驴，从城而出，不知所在。誉甚恶之，俄而城陷。

史臣曰：萧综、萧正德并悖逆猖狂，自致夷灭，宜矣。太清之寇，萧纪据庸、蜀之资，遂不勤王赴难，申臣子之节；及贼景诛剪，方始起兵，师出无名，成其衅祸。呜呼！身当管、蔡之罚，盖自贻哉。

卷五十六　　列传第五十

侯　景

侯景，字万景，朔方人，或云雁门人。少而不羁，见惮乡里。及长，骁勇有膂力，善骑射。以选为北镇戍兵，稍立功效。魏孝昌元年，有怀朔镇兵鲜于修礼，于定州作乱，攻没郡县；又有柔玄镇兵吐斤洛周，率其党与，复寇幽、冀，与修礼相合，众十余万。后修礼见杀，部下溃散，怀朔镇将葛荣因收集之，攻杀吐斤洛周，尽有其众，谓之"葛贼"。四年，魏明帝殂，其后胡氏临朝，天柱将军尔朱荣自晋阳入杀胡氏，并诛其亲属。景始以私众见荣，荣甚奇景，即委以军事。会葛贼南逼，荣自讨，命景先驱，至河内，击，大破之，生擒葛荣，以功擢为定州刺史、大行台，封濮阳郡公。景自是威名遂著。

顷之，齐神武帝为魏相，又入洛诛尔朱氏，景复以众降之，仍为神武所用。景性残忍酷虐，驭军严整；然破掠所得财宝，皆班赐将士，故咸为之用，所向多捷。总揽兵权，与神武相亚。魏以为司徒、南道行台，拥众十万，专制河南。及神武疾笃，谓子澄曰："侯景狡猾多计，反覆难知，我死后，必不为汝用。"乃为书召景。景知之，虑及于祸，太清元年，乃遣其行台郎中丁和来上表请降曰：

臣闻股肱体合，则四海和平；上下猜贰，则封疆幅裂。故周、邵同德，越常之贡来臻；飞、恶离心，诸侯所以背叛。此盖成败之所由，古今如画一者也。

臣昔与魏丞相高王并肩戮力，共平灾衅，扶危戴主，匡弼社稷。中兴以后，无役不从；天平及此，有事先出。攻城每陷，野战必殄；筋力消于鞍甲，忠贞竭于寸心。乘藉机运，位阶鼎辅；宜应誓死馨节，仰报时恩，陨首流肠，溘焉罔贰。何言翰墨，一旦论此？臣所恨义非死所，壮士弗为。臣不爱命，但恐死之无益耳。而丞相既遭疾患，政出子澄。澄天性险忌，触类猜嫉，诏谀迭进，共相构毁。而部分未周，累信赐召；不顾社稷之安危，惟恐私门之不植。甘言厚币，规灭忠梗。其父若殒，将何赐容。惧逭畏戮，拒而不返，遂观兵汝、颍，拥扞周、韩。乃与豫州刺史高成、广州刺史暴显、颍州刺史司马世云、荆州刺史郎椿、襄州刺史李密、兖州刺史邢子才、南兖州刺史石长宣、齐州刺史许季良、东豫州刺史丘元征、洛州刺史可朱浑愿、扬州刺史乐恂、北荆州刺史梅季昌、北扬州刺史元神和等，皆河南牧伯，大州帅长，各阴结私图，克相影会，秣马潜戈，待时即发。函谷以东，瑕丘以西，咸愿归诚圣朝，息肩有道，戮力同心，死无二志。惟有青、徐数州，仅须折简，一驿走来，不劳经略。

且臣与高氏衅隙已成，临患赐征，前已不赴，纵其平复，终无合理。黄河以南，臣之所职，易同反掌，附化不难。群臣颙仰，听臣而唱。若齐、宋一平，徐事燕、赵。伏惟陛下天网宏开，方同书轨，闻兹寸款，惟应霈然。

丁和既至，高祖召群臣廷议。尚书仆射谢举及百辟等议，皆云纳侯景非宜，高祖不从是议而纳景。及齐神武卒，其子澄嗣，是为文襄帝。高祖乃下诏封景河南王、大将军、使持节、董督河南南北诸军事、大行台，承制辄行，如邓禹故事，给鼓吹一部。齐文襄遣大将军慕容绍宗围景于长社，景请西魏为援，西魏遣其五城王元庆等率兵救之，绍宗乃退。景复请兵于司州刺史羊鸦仁，鸦仁遣长史邓鸿率兵至汝水，元庆军又夜返。于是据悬瓠、项城，求遣刺史以镇之。诏以羊鸦仁为豫、司二州刺史，移镇悬瓠；西阳太守羊思建为殷州刺史,镇项城。

魏既新丧元帅,景又举河南内附,齐文襄虑景与西、南合从,方为己患,乃以书喻景曰:

盖闻位为大宝,守之未易;仁诚重任,终之实难。或杀身成名,或去食存信;比性命于鸿毛,等节义于熊掌。夫然者,举不失德,动无过事;进不见恶,退无谤言。

先王与司徒契阔夷险,孤子相于,偏所眷属,缱绻衿期,绸缪寤语,义贯终始,情存岁寒。司徒自少及长,从微至著,共相成生,非无恩德。既爵冠通侯,位标上等,门容驷马,室飨万钟,财利润于乡党,荣华被于亲戚。意气相倾,人伦所重,感于知己,义在忘躯。眷为国士者,乃立漆身之节;馈以壶飧者,便致扶轮之效。若然尚不能已,况其重于此乎!

幸以故旧之义,欲持子孙相托,方为秦晋之匹,共成刘范之亲。假使日往月来,时移世易,门无强荫,家有幼孤,犹加璧不遗,分宅相济,无忘先德,以恤后人。况闻负杖行歌,便已狼顾犬噬,于名无所成,于义无所取,不蹈忠臣之迹,自陷叛人之地。力不足以自强,势不足以自保;率乌合之众,为累卵之危。西求救于黑泰,南请援于萧氏,以狐疑之心,为首鼠之事。入秦则秦人不容,归吴则吴人不信。当今相视,未见其可,不知终久,持此安归。相推本心,必不应尔。当是不逞之人,曲为口端之说,遂怀市虎之疑,乃致投杼之惑耳。

比来举止,事已可见,人相疑误,想自觉知,合门大小,并付司寇。近者,聊命偏师,前驱致讨,南兖、扬州,应时克复。即欲乘机,长驱悬瓠;属以炎暑,欲为后图。方凭国灵,龚行天罚,器械精新,士马强盛。内外感德,上下齐心,三令五申,可蹈汤火。若使旗鼓相望,埃尘相接,势如沃雪,事等注萤。夫明者去危就安,智者转祸为福。宁使我负人,不使人负我。当开从善之门,决改先迷之路。今刷心荡意,除嫌去恶,想犹致疑,未便见信。若能卷甲来朝,垂橐还阙者,当授豫州刺史。即使终君之世,所部文武更不追摄。进得保其禄位,退则不丧功名。君门眷属,可以无恙;宠妻爱子,亦送相还。仍为通家,卒成亲好。所不食言,有如皎日。君既不能东封函谷,南向称孤,受制于人,威名顿尽。空使兄弟子侄,足首异门,发戴白首,同之涂炭,闻者酸鼻,见者寒心,矧伊骨肉,能无愧也?

孤子今日不应方遣此书,但见蔡遵道云:司徒本无归西之心,深有悔祸之意,闻西兵将至,遣遵道向峒中参其多少;少则与其同力,多则更为其备。又云:房长史在彼之日,司徒尝欲遣书启,将改过自新。已差李龙仁,垂欲发遣,闻房已远,遂复停发。未知遵道此言为虚为实,但既有所闻,不容不相尽告。吉凶之理,想自图之。

景报书曰:

盖闻立身扬名者,义也;在躬所宝者,生也。苟事当其义,则节士不爱其躯;刑罚斯舛,则君子实重其命。昔微子发狂而去殷,陈平怀智而背楚者,良有以也。仆乡曲布衣,本乖艺用。初逢天柱,赐忝帷幄之谋;晚遇永熙,委以干戈之任。出身为国,绵历二纪,犯危履难,岂避风霜。遂得躬被衮衣,口飨玉食,富贵当年,光荣身世。何为一旦举旌旆,援枹鼓,而北面相抗者,何哉?实以畏惧危亡,恐招祸害,捐躯非义,身名两灭故耳。何者?往年之暮,尊王遘疾,神不祐善,祈祷莫瘳。遂使嬖幸擅威权,阉寺肆诡惑,上下相猜,心腹离贰。仆妻子在宅,无事见围;段康之谋,莫知所以;卢潜入军,未审何故。翼翼小心,常怀战慄,有觍面目,宁不自疑。及回师长社,希自陈状,简书未达,斧钺已临。既旌旗相对,咫尺不远,飞书每奏,兼申鄙情;而群率恃雄,眇然不顾,运戟推锋,专欲屠灭。筑围堰水,三板仅存,举目相看,命悬暑刻,不忍死亡,出城城下。禽兽恶死,人伦好生,送地拘秦,非乐为也。但尊王平昔见与,比肩共奖帝室,虽形势参差,寒暑小异,丞相司徒,雁行而已。福禄官荣,自是天爵,劳而后受,理不相干,欲求吞炭,何其谬也!然窃人之财,犹谓为盗,禄去公室,相为不取。今魏德虽衰,天命未改,祈恩私第,何足关言。

赐示"不能东封函谷,受制于人",当似教仆贤祭仲而褒季氏。无主之国,在礼未闻,动而不法,何以取训?窃以分财养幼,事归令终,舍宅存孤,谁云隙末?复信仆"众不足以自强,危如累卵"。然纣有亿兆夷人,卒降十乱;桀之百克,终自无后。颍川之战,即是殷监。轻重由人,非鼎在德。苟能忠信,虽弱必强。殷忧启圣,处危何苦。况今梁道邕熙,招携以礼,被我虎文,縻之好爵。方欲苑五岳而池四海,扫夷秽以拯黎元,东羁瓯越,西通汧、陇。吴、楚剽劲,带甲千群;吴兵冀马,控弦十万。兼仆所部义勇如林,奋义取威,不期而发,大风一振,枯叶必摧,凝霜暂落,秋蒂自殒。此而为弱,谁足称强!

又见诬两端,受疑二国。斟酌物情,一何至此!昔陈平背楚,归汉则王;百里出虞,入秦斯霸。盖昏明由主,用舍在时,奉礼而行,神其庇也。

书称士马精新,克日齐举,夸张形胜,指期荡灭。窃以寒飔白露,节候又同;秋风扬尘,马首何异。徒知北方之力争,未识西、南之合从,苟欲徇意于前途,不觉坑阱在其侧。若云去危令归正朔,转祸以脱网罗,彼既嗤仆之愚迷,此亦笑裴之晦昧。今已引二邦,扬旌北讨,熊豹齐奋,克复中原,荆、襄、广、颍属关右,项城、悬瓠亦奉南朝,幸自取之,何劳恩赐。然权变不一,理有万途。为君计者,莫若割地两和,二分鼎峙,燕、卫、晋、赵足相奉禄,齐、曹、宋、鲁悉归大梁,使仆得输力南朝,北敦姻好,束帛交行,戎车不动。仆立当世之功,君卒祖祢之业,各保疆界,躬享岁时,百姓乂宁,四民安堵。孰若驱农夫于陇亩,抗勍敌于三方,避干戈于首尾,当锋镝于心腹。纵太公为将，不能获存，归之高明，何以克济。

复寻来书云，仆妻子悉拘司寇。以之见要，庶其可及。当是见疑褊心，未识大趣。何者？昔王陵附汉，母在不归；太上囚楚，乞羹自若。刿伊妻子，而可介意。脱谓诛之有益，欲止不能；杀之无损，徒复坑戮。家累在君，何关仆也？而遵道所传，颇亦非谬，但在缧绁，恐不备尽，故重陈辞，更论款曲。所望良图，时惠报旨。然昔与盟主，事等琴瑟，谗人间之，翻为仇敌。抚弦搦矢，不觉伤怀，裂帛还书，知何能述。

十二月，景率军围谯城不下，退攻城父，拔之。又遣其行台左丞王伟、左民郎中王则诣阙献策，求诸元子弟立为魏主，辅以北伐，许之。诏遣太子舍人元贞为咸阳王，须渡江，许即伪位，乘舆副御以资给之。

齐文襄又遣慕容绍宗追景，景退入涡阳，马尚有数千匹，甲卒数万人，车万余辆，相持于涡北。景军食尽，士卒并北人，不乐南渡，其将暴显等各率所部降于绍宗。景军溃散，乃与腹心数骑自硖石济淮，稍收散卒，得马步八百人，奔寿春，监州韦黯纳之。景启求贬削，优诏不许，仍以为豫州牧，本官如故。

景既据寿春，遂怀反叛，属城居民，悉召募为军士，辄停责市估及田租，百姓子女悉以配将卒。又启求锦万匹，为军人袍，领军朱异以为御府锦署止充颁赏远近，不容以供边戎服，请送青布以给之。景得布，悉用为袍衫，因尚青色。又以台所给仗，多不能精，启请东冶锻工，欲更营造，敕并给之。景自涡阳败后，多所征求，朝廷含弘，未尝拒绝。

先是，豫州刺史贞阳侯渊明督众军围彭城，兵败没于魏。至是，遣使还述魏人请追前好。二年二月，高祖又与魏连和。景闻之惧，驰启固谏，高祖不从。尔后表疏跋扈，言辞不逊。鄱阳王范镇合肥，及司州刺史羊鸦仁俱累启称景有异志，领军朱异曰："侯景数百叛虏，何能为役？"并抑不奏闻，而逾加赏赐，以奸谋益果。又知临贺王正德怨望朝廷，密令要结，正德许为内启。八月，景遂发兵反，攻马头、木栅，执太守刘神茂、戍主曹璆等。于是诏合州刺史鄱阳王范为南道都督，北徐州刺史封山侯正表为北道都督，司州刺史柳仲礼为西道都督，通直散骑常侍裴之高为东道都督，同讨景，济自历阳；又令开府仪同三司、丹阳尹、邵陵王纶持节，董督众军。

十月，景留其中军王显贵守寿春城，出军伪向合肥，遂袭谯州，助防董绍先开城降之，执刺史丰城侯泰。高祖闻之，遣太子家令王质率兵三千巡江遏防。景进攻历阳，历阳太守庄铁遣弟均率数百人夜斫景营，不克，均战没，铁又降之。萧正德先遣大船数十艘，伪称载荻，实装济景。景至京口，将渡，虑王质为梗。俄而质无故退，景闻之尚未信也，乃密遣觇之。谓使者曰："质若审退，可折江东树枝为验。"觇人如言而返，景大喜曰："吾事办矣。"乃自采石济，马数百匹，兵千人，京师不之觉。景即分袭姑孰，执淮南太守文成侯宁，遂至慈湖。于是诏以扬州刺史宣城王大器为都督城内诸军事，都官尚书羊侃为军师将军、副焉；南浦侯推守东府城，西丰公大春守石头城，轻车长史谢禧守白下。

既而景至朱雀航，萧正德先屯丹阳郡，至是，率所部与景合。建康令庾信率兵千余人屯航北，见景至航，命彻航，始除一舶，遂弃军走南塘，游军复闭航渡景。皇太子以所乘马授王质，配精兵三千，使援庾信。质至领军府，与贼遇，未阵便奔走，景乘胜至阙下。西丰公大春弃石头城走，景遣其仪同于子悦据之。谢禧亦弃白下城走。景于是百道攻城，持火炬烧大司马、东西华诸门。城中仓卒，未有其备，乃凿门楼，下水沃火，久之方灭。贼又斫东掖门将开，羊侃凿门扇，刺杀数人，贼乃退。又登东宫墙，射城内，至夜，太宗募人出烧东宫，东宫台殿遂尽。景又烧城西马厩、士林馆、太府寺。明日，景又作木驴数百攻城，城上飞石掷之，所值皆碎破。景苦攻不克，伤损甚多，乃止攻，筑长围以绝内外，启求诛中领军朱异、太子右卫率陆验、兼少府卿徐驎、制局监周石珍等。城内亦射赏格出外："有能斩景首，授以景位，并钱一亿万，布绢各万匹，女乐二部。"

十一月，景立萧正德为帝，即伪位于仪贤堂，改年曰正平。初，童谣有"正平"之言，故立号以应之。景自为相国、天柱将军，正德以女妻之。

景又攻东府城，设百尺楼车，钩城堞尽落，城遂陷。景使其仪同卢晖略率数千人，持长刀夹城门，悉驱城内文武裸身而出，贼交兵杀之，死者二千余人。南浦侯推是日遇害。景使正德子见理、仪同卢晖略守东府城。

景又于城东西各起一土山以临城内，城内亦作两山以应之，王公以下皆负土。初，景至，便望克定京师，号令甚明，不犯百姓。既攻城不下，人心离阻，又恐援军总集，众必溃散，乃纵兵杀掠，交尸塞路，富室豪家，恣意裒剥，子女妻妾，悉入军营。及筑土山，不限贵贱，昼夜不息，乱加殴棰，疲羸者因杀之以填山，号哭之声，响动天地。百姓不敢藏隐，并出从之，旬日之间，众至数万。

景仪同范桃棒密遣使送款乞降，会事泄见杀。至是，邵陵王纶率西丰公大春、新淦公大成、永安侯确、超武将军南安乡侯骏、前谯州刺史赵伯超、武州刺史萧弄璋、步兵校尉尹思合等，马步三万发自京口，直据钟山。景党大骇，具船舟咸欲逃散，分遣万余人距纶，纶击大破之，斩首千余级。旦日，景复陈兵覆舟山北，纶亦列阵以待之。景不进，相持。会日暮，景引军还，南安侯骏率数十骑挑之，景回军与战，骏退。时赵伯超陈于玄武湖北，见骏急，不赴，乃率军前走，众军因乱，遂败绩。纶奔京口。贼尽获辎重器甲，斩首数百级，生俘千余人，获西丰公大春、纶司马庄丘惠达、直阁将军胡子约、广陵令霍俊等，来送城下徇之，逼云"已擒邵陵王"，俊独云"王小小失利，已全军还京口，城中但坚守，援军寻至"。贼以刀殴之，俊言辞颜色如旧，景义而释之。

是日，鄱阳世子嗣、裴之高至后渚，结营于蔡洲。景分军屯南岸。

十二月，景造诸攻具及飞楼、橦车、登城车、登堞车、阶道车、火车，并高数丈，一车至二十轮，陈于阙前，百道攻城并用焉。以火车焚城东南隅大楼，贼因火势以攻城，城上纵火，悉焚其攻具，贼乃退。又筑土山以逼城，城内作地道以引其土山，贼又不能立，焚其攻具，还入于栅。材官将军宋嶷降贼，因为立计，引玄武湖水灌台城，城外水起数尺，阙前御街并为洪波矣。又烧南岸民居营寺，莫不咸尽。

司州刺史柳仲礼、衡州刺史韦粲、南陵太守陈文彻、宣猛将军李孝钦等，皆来赴援。鄱阳世子嗣、裴之高又济江。仲礼营朱雀航南，裴之高营南苑，韦粲营青塘，陈文彻、李孝钦屯丹阳郡，鄱阳世子嗣营小航南，并缘淮造栅。及晓，景方觉，乃登禅灵寺门楼望之，见韦粲营垒未合，先渡兵击之。粲拒战败绩，景斩粲首徇于城下。柳仲礼闻粲败，不遑贯甲，与数十骑驰赴之，遇贼交战，斩首数百，投水死者千余人。仲礼深入，马陷泥，亦被重创。自是贼不敢济岸。

邵陵王纶与临成公大连等自东道集于南岸，荆州刺史湘东王绎遣世子方等、兼司马吴晔、天门太守樊文皎下赴京师，营于湘子岸前，高州刺史李迁仕、前司州刺史羊鸦仁又率兵继至。既而鄱阳世子嗣、永安侯确、羊鸦仁、李迁仕、樊文皎率众渡淮，攻贼东府城前栅，破之，遂结营于青溪水东。景遣其仪同宋子仙顿南平王第，缘水西立栅相拒。景食稍尽，至是米斛数十万人相食者十五六。

初，援兵至北岸，百姓扶老携幼以候王师，才得过淮，便竟剥掠，贼党有欲自拔者，闻之咸止。贼之始至，城中才得固守，平荡之事，期望援军。既而四方云合，众号百万，连营相持，已月余日，城中疾疫，死者太半。

景自岁首以来乞和，朝廷未之许，至是事急乃听焉。请割江右四州之地，并求宣城王大器出送，然后解围济江；仍许遣其仪同子悦、左丞王伟入城为质。中领军傅岐议以宣城王嫡嗣之重，不容许之。乃请石城公大款出送，诏许焉。遂于西华门外设坛，遣尚书仆射王克、兼侍中上甲乡侯韶、兼散骑常侍萧瑳与于子悦、王伟等，登坛共盟。左卫将军柳津出西华门下，景出其栅门，与津遥相对，刑牲歃血。

南兖州刺史南康嗣王会理、前青、冀二州刺史湘潭侯退、西昌侯世子彧率众三万，至于马邛州。景虑北军自白下而上，断其江路，请悉勒聚南岸，敕乃遣北军进江潭苑。景启称："永安侯、赵威方频隔栅见诟臣，云'天子自与汝盟，我终当逐汝'。乞召入城，即当进发。"敕并召之。景又启云："西岸信至，高澄已得寿春、钟离，便无处安足。权借广陵、谯州，须征得寿春、钟离，即以奉还朝廷。"

初，彭城刘邈说景曰："大将军顿兵已久，攻城不拔，今援众云集，未易而破；如闻军粮不支一月，运漕路绝，野无所掠，婴儿掌上，信在于今。未若乞和，全师而返，此计之上者。"景然其言，故请和。后知援军号令不一，终无勤王之效；又闻城中死疾转多，必当有应之者。景谋臣王伟又说曰："王以人臣举兵背叛，围守宫阙，已盈十旬，逼辱妃主，凌秽宗庙，今日持此，何处容身？愿王且观其变。"景然之，乃抗表曰：

臣闻"书不尽言，言不尽意"。然则意非言不宣、言非笔不尽，臣所以含愤蓄积，不能默已者也。窃惟陛下睿智在躬，多才多艺。昔因世季，龙翔汉、沔，夷凶剪乱，克雪家怨，然后踵武前王，光宅江表，宪章文、武，祖述尧、舜。兼属魏国凌迟，外无勍敌，故能西取华陵，北封淮、泗，结好高氏，辖轩相属，疆场无虞，十有余载。躬览万机，勑劳治道。刊正周、孔之遗文，训释真如之秘奥。享年长久，本枝盘石。人君艺业，莫之与京。臣所以踊跃一隅，望南风而叹息也，岂图名与实爽，闻见不同？臣自委质策名，前后事迹，从来表奏，已具之矣。不胜愤懑，复为陛下陈之：

陛下与高氏通和，岁逾一纪，舟车往复，相望道路，必将分灾恤患，同休等戚；宁可纳臣一介之服，贪臣汝、颍之地，便绝好河北，檄置高澄，聘使未归，陷之虎口，扬兵击鼓，侵逼彭、宋。夫敌国相伐，闻丧则止，匹夫之交，托孤寄命。岂有万乘之主，见利忘义若此者哉！其失一也。

臣与高澄，既有仇憾，义不同国，归身有道。陛下授以上将，任以专征，歌钟女乐，车服弓矢。臣受命不辞，实思报效。方欲挂旆嵩、华，悬旌冀、赵，刘夷荡涤，一匡宇内；陛下朝服济江，告成东岳，使大梁与轩黄等盛，臣与伊、吕比功，垂裕后昆，流名竹帛，此实生平之志也。而陛下欲分其功，不能赐任，使臣击河北，欲自举徐方，遣庸懦之贞阳，任骄贪之胡、赵，裁见旗鼓，鸟散鱼溃，慕容绍宗乘胜席卷，涡阳诸镇靡不弃甲。疾雷不及掩耳，散地不可固全，使臣狼狈失据，妻子为戮，斯实陛下负臣之深。其失二也。

韦黯之守寿阳，众无一旅，慕容凶锐，欲饮马长江，非臣退保淮南，其势未之可测。既而逃遁，边境获宁，令臣作牧此州，以为藩捍。方欲收合余烬，劳来安集，励兵秣马，克申后战，封韩山之尸，雪涡阳之耻。陛下丧其精魄，无复守气，便信贞阳谬启，复请通和。臣频陈执，疑闭不听。翻覆若此，童子犹且羞之；况在人君，二三其德。其失三也。

夫畏懦逗留，军有常法。子玉小败，见诛于楚；王恢失律，受戮于汉。贞阳精甲数万，器械山积，慕容轻兵，众无百乘，不能拒抗，身受囚执。以帝之犹子，而面缚敌庭，实宜绝其属籍，以衅征鼓。陛下曾无追责，怜其苟存，欲以微臣，规相贸易。人君之法，当如是哉？其失四也。

悬瓠大藩，古称汝、颍。臣举州内附，羊鸦仁固不肯入；既入之后，无故弃之，陛下曾无嫌责，使还居北司。鸦仁弃之，既不为罪，臣得之不以为功。其失五也。

臣涡阳退衄，非战之罪，实由陛下君臣相与见误。乃还寿春，曾无悔色，祗奉朝廷，掩恶扬善。鸦仁自知弃州，切齿叹恨，内怀惭惧，遂启臣欲反。欲反当有形迹，何所征验？诬陷顿尔，陛下曾无辩究，默而信纳。岂有诬人莫大之罪，而可并肩事主者乎？其失六也。

赵伯超拔自无能，任居方伯，惟渔猎百姓，多蓄士马，非欲为国立功，直是自为富贵，行货权幸，徼买声名。朱异之徒，积受金贝，遂使咸称胡、赵，比昔关、张，诬掩天听，谓为真实。韩山之役，女妓自随，裁闻敌鼓，与妾俱逝，不待贞阳，故只轮莫返。论其此罪，应诛九族；而纳贿中人，还处州任。伯超无罪，臣功何论？赏罚无章，何以为国？其失七也。

臣御下素严，无所侵物，关市征税，咸悉停原，寿阳之民，颇怀优复。裴之悌等助戍在彼，惮臣检制，遂无故遁归；又启臣欲反。陛下不责违命离局，方受其浸润之潜。处臣如此，使何地自安？其失八也。

臣虽才谢古人，实颇更事，抚民率众，自幼至长，少来运动，多无遗策。及归身有道，罄竭忠规，每有陈奏，恒被抑遏。朱异专断军旅，周石珍总尸兵杖，陆验、徐骥典司谷帛，皆明言求货，非令不行。境外虚实，定计于舍人之省；举将出师，责奏于主者之命。臣无贿于中，故恒被抑折。其失九也。

鄱阳之镇合肥，与臣邻接。臣推以皇枝，每相祗敬；而嗣王庸怯，虚见备御，臣有使命，必加弹射，或声言臣反，或启臣纤介。招携当须以礼，忠烈何以堪于此哉！其失十也。

其余条目，不可具陈。进退惟谷，频有表疏。言直辞强，有忤龙鳞，遂发严诏，便见讨袭。重华纯孝，犹逃凶父之杖；赵盾忠贤，不讨杀君之贼。臣何亲何罪，而能坐受歼夷？韩信雄桀，亡项霸汉，末为女子所烹，方悔蒯通之说。臣每览书传，心常笑之。岂容遵彼覆车，而快陛下佞臣之手？是以兴晋阳之甲，乱长江而直济，愿得升赤墀，践文石，口陈枉直，指画臧否，诛君侧之恶臣，清国朝之秕政，然后还守藩翰，以保忠节，实臣之至愿也。

三月朔旦，城内以景违盟，举烽鼓噪，于是羊鸦仁、柳敬礼、鄱阳世子嗣进军于东府城北。栅垒未立，为景将宋子仙所袭，败绩，赴淮死者数千人。贼送首级于阙下。

景又遣子悦至，更请和。遣御史中丞沈浚至景所，景无去意，浚固责之。景大怒，即决石阙前水，百道攻城，昼夜不息，城遂陷。于是悉卤掠乘舆服玩、后宫嫔妾，收王侯朝士送永福省，撤二宫侍卫。使王伟守武德殿，于子悦屯太极东堂，矫诏大赦天下，自为大都督、督中外诸军事、录尚书，其侍中、使持节、大丞相、王如故。初，城中积尸不暇埋瘗，又有已死而未敛，或将死而未绝，景悉聚而烧之，臭气闻十余里。尚书外兵郎鲍正疾笃，贼曳出焚之，宛转火中，久而方绝。于是援兵并散。

景矫诏曰："日者，奸臣擅命，几危社稷，赖丞相英发，入辅朕躬，征镇牧守可各复本任。"降萧正德为侍中、大司马，百官皆复其职。景遣董绍先率兵袭广陵，南兖州刺史南康嗣王会理以城降之。景以绍先为南兖州刺史。

初，北兖州刺史定襄侯祇与湘潭侯退，及前潼州刺史郭凤同起兵，将赴援。至是，凤谋以淮阴应景，祇等力不能制，并奔于魏。景以萧弄璋为北兖州刺史，州民发兵拒之，景遣厢公丘子英、直阁将军羊海率众赴援，海斩子英，

率其军降于魏，魏遂据其淮阴。景又遣仪同子悦、张大黑率兵入吴，吴郡太守袁君正迎降。子悦等既至，破掠吴中，多自调发，逼掠子女，毒虐百姓，吴人莫不怨愤，于是各立城栅拒守。是月，景移屯西州，遣仪同任约为南道行台，镇姑孰。

五月，高祖崩于文德殿。初，台城既陷，景先遣王伟、陈庆入谒高祖，高祖曰："景今安在？卿可召来。"时高祖坐文德殿，景乃入朝，以甲士五百人自卫，带剑升殿。拜讫，高祖问曰："卿在戎日久，无乃为劳？"景默然。又问："卿何州人，而敢至此乎？"景又不能对，从者代对。及出，谓厢公王僧贵曰："吾常据鞍对敌，矢刃交下，而意气安缓，了无怖心。今日见萧公，使人自慑，岂非天威难犯？吾不可再见之。"高祖虽外迹不屈，而意犹忿愤，时有事奏闻，多所遣却。景深敬惮，亦不敢逼。景遣军人直殿省内，高祖问制局监周石珍曰："是何物人？"对曰："丞相。"高祖乃谬曰："何物丞相？"对曰："是侯丞相。"高祖怒曰："是名景，何谓丞相！"是后，每所征求，多不称旨，至于御膳亦被裁抑，遂忧愤感疾而崩。景乃密不发丧，权殡于昭阳殿，自外文武咸莫知之。二十余日，升梓宫于太极前殿，迎皇太子即皇帝位。于是矫诏赦北人为奴婢者，冀收其力用焉。

又遣仪同来亮率兵攻宣城，宣城内史杨华诱亮斩之；景复遣其将李贤明讨华，华以郡降。景遣仪同宋子仙等率众东次钱塘，新城戍主戴僧易据县拒之。

是月，景遣中军侯子鉴入吴军，收于子悦、张大黑，还京诛之。

时东扬州刺史临成公大连据州，吴兴太守张嵊据郡，自南陵以上，皆各据守。景制命所行，惟吴郡以西、南陵以北而已。

六月，景以仪同郭元建为尚书仆射、北道行台，总江北诸军事，镇新秦。郡人陆缉、戴文举等起兵万余人，杀景太守苏单于，推前淮南太守文成侯宁为主，以拒景。宋子仙闻而击之，缉等弃城走。景乃分吴郡海盐、胥浦二县为武原郡。至是，景杀萧正德于永福省。封元罗为西秦王，元景龙为陈留王，诸元子弟封王者十余人。以柳敬礼为使持节、大都督，隶大丞相，参戎事。

景遣其中军侯子鉴监行台刘神茂等军东讨，破吴兴，执太守张嵊父子送京师，景并杀之。景以宋子仙为司徒，任约为领军将军，尔朱季伯、叱罗子通、彭俊、董绍先、张化仁、于庆、鲁伯和、纥奚斤、史安和、时灵护、刘归义，并为开府仪同三司。

是月，鄱阳嗣王范率兵袭栅口，江州刺史寻阳王大心要之西上。景出顿姑孰，范将裴之悌、夏侯威生以众降景。

十一月，宋子仙攻钱塘，戴僧易降。景以钱塘为临江郡，富阳为富春郡。又王伟、元罗并为仪同三司。

十二月，宋子仙、赵伯超、刘神茂进攻会稽，东扬州刺史临成公大连弃城走，遣刘神茂追擒之。景以裴之悌为使持节、平西将军、合州刺史，以夏侯威生为使持节、平北将军、南豫州刺史。

是月，百济使至，见城邑丘墟，于端门外号泣，行路

见者莫不洒泪。景闻之大怒,送小庄严寺禁止,不听出入。

大宝元年正月,景矫诏自加班剑四十人,给前后部羽葆鼓吹,置左右长史、从事中郎四人。前江都令祖皓起兵于广陵,斩景刺史董绍先,推前太子舍人萧勔为刺史;又结魏人为援,驰檄远近,将以讨景。景闻之大惧,即日率侯子鉴等出自京口,水陆并集。皓婴城拒守,景攻城,陷之。景车裂皓以徇,城中少长皆斩之。以侯子鉴监南兖州事。

是月,景召宋子仙还京口。

四月,景以元思虔为东道行台,镇钱塘。以侯子鉴为南兖州刺史。

文成侯宁于吴西乡起兵,旬日之间,众至一万,率以西上。景厢公孟振、侯子荣击破之,斩宁,传首于景。

七月,景以秦郡为西兖州,阳平郡为北兖州。任约、卢晖略攻晋熙郡,杀鄱阳世子嗣。

景以王伟为中书监。

任约进军袭江州,江州刺史寻阳王大心降之。世祖时闻江州失守,遣卫将军徐文盛率众军下武昌,拒约。

景又矫诏自进位为相国,封泰山等二十郡为汉王,入朝不趋,赞拜不名,剑履上殿,如萧何故事。景以柳敬礼为护军将军,姜刘义为相国左长史,徐洪为左司马,陆约为右长史,沈众为右司马。

是月,景率舟师上皖口。

十月,盗杀武林侯谘于广莫门。谘常出入太宗卧内,景党不能平,故害之。

景又矫诏曰:"盖悬象在天,四时取则于辰头;群生育地,万物仰照于大明。是以垂拱当辰,则八纮共辇;负图正位,则九域同归。故乃云名水号之君,龙官人爵之后,莫不启符河、洛,封禅岱宗,奔走四夷,来朝万国。逖听虞、夏,厥道弥新。爰及商、周,未之或改。逮幽、厉不竞,戎马生郊;惠、怀失御,胡尘犯跸。遂使豺狼肆毒,侵穴伊、瀍;猃狁孔炽,巢栖咸、洛。自晋鼎东迁,多历年代,周原不复,岁实永久。虽宋祖经略,中息远图,齐号和亲,空劳冠盖。我大梁膺符庄帝,出震登皇。浃辰归仁,绵区饮化。开疆辟土,跨瀚海以扬镳;来庭入觐,等涂山而比辙。玄龟出洛,白雉归丰。鸟塞同文,胡天共轨。不谓高澄跋扈,虐刘魏邦,扇动华夷,不供王职,遂乃狼顾北侵,马首南向。值天厌昏伪,丑徒数尽,龙豹应期,风云会节。相国汉王,上德英姿,盖惟天授;雄谟勇略,出自怀抱。珠鱼表应,辰昴叶晖;剖析六韬,锱铢四履。腾文豹变,凤集虬翔;奋翼来仪,负图而降。爰初秉律,实先启行;奉兹庙算,克除獯丑。直以鼎湖上征,六龙晏驾;干戈暂止,九伐未申。而恶稔贯盈,元凶殒毙;弟洋继逆,续长乱阶。异彼洋音,同兹荐食;偷窃伪号,心希举斧。丰水君臣,奉图乞援;关河百姓,泣血请师。咸愿承奉国灵,思睹王化。朕以寡昧,纂戎下武,庶拯尧黎,冀康禹迹。且夫车服以庸,名因事著。周师克殷,鹰扬创自尚父;汉征戎狄,明友实始度辽。况乃神规睿算,眇乎难测,大功懋绩,事绝言象,安可以习常彼名,保兹守固。相国可加宇宙大将军、都督六合诸军事,余悉如故。"以

诏文呈太宗,太宗惊曰:"将军乃有宇宙之号乎!"

齐遣其将辛术围阳平,景行台郭元建率兵赴援,术退。徐文盛入贝矶,任约率水军逆战,文盛大破之,仍进军大举口。时景屯于皖口,京师虚弱,南康王会理及北兖州司马成钦等将袭之。建安侯贲知其谋,以告景,景遣收会理与其弟祈阳侯通理、柳敬礼、成钦等,并害之。

十二月,景矫诏封贲为竟陵王,赏发南康之谋也。

是月,张彪起义于会稽,攻破上虞,景太守蔡台乐讨之,不能禁。至是,彪又破诸暨、永兴等诸县,景遣仪同田迁、赵伯超、谢答仁等东伐彪。

二年正月,彪遣别将寇钱塘、富春,田迁进军与战,破之。

景以王克为太师,宋子仙为太保,元罗为太傅,郭元建为太尉,张化仁为司徒,任约为司空,于庆为太子太师,时灵护为太子太保,纥奚斤为太子太傅,王伟为尚书左仆射,索超世为尚书右仆射。

北兖州刺史萧邕谋降魏,事泄,景诛之。

是月,世祖遣巴州刺史王珣等率众下武昌助徐文盛。任约以西台盛兵,告急于景。三月,景自率众二万,西上援约。四月,景次西阳,徐文盛率水军邀战,大破之。景访知郢州无备,兵少,又遣宋子仙率轻骑三百袭陷之,执刺史方诸、行事鲍泉,尽获武昌军人家口。徐文盛等闻之,大溃,奔归江陵,景乘胜西上。

初,世祖遣领军王僧辩率众东下代徐文盛,军次巴陵,会景至,僧辩因坚壁拒之。景设长围,筑土山,昼夜攻击,不克。军中疾疫,死伤太半。世祖遣平北将军胡僧祐率兵二千人救巴陵,景闻,遣任约以精卒数千逆当僧祐,僧祐与居士陆法和退据赤亭以待之,约至与战,大破之,生擒约。景闻之,夜遁。以丁和为郢州刺史,留宋子仙、时灵护等助和守,以张化仁、阎洪庆守鲁山城,景还京师。王僧辩乃率众东下,次汉口,攻鲁山及郢城,皆陷之。自是众军所至皆捷。

景乃废太宗,幽于永福省。作诏草成,逼太宗写之,至"先皇念神器之重,思社稷之固",歔欷呜咽,不能自止。是日,景迎豫章王栋即皇帝位,升太极前殿,大赦天下,改元为天正元年。有回风自永福省吹其文物,皆倒折,见者莫不惊骇。

初,景既平京邑,便有篡夺之志,以四方须定,且未自立;既巴陵失律,江、郢丧师,猛将外牙,雄心内沮,便欲伪僭大号,遂生奸心。其谋臣王伟云"自古移鼎,必须废立",故景从之。其太尉郭元建闻之,自秦郡驰还,谏景曰:"四方之师所以不至者,政为二宫万福;若遂行弑逆,结怨海内,事几一去,虽悔无及。"王伟固执不从。景乃矫栋诏,追尊昭明太子为昭明皇帝,豫章安王为安皇帝,金华敬妃为敬皇后,豫章国太妃王氏为皇太后,妃张氏为皇后;以刘神茂为司空,徐洪为平南将军,秦晃之、王晔、李贤明、徐永、徐珍国、宋长宝、尹思合并为仪同三司。景以哀太子妃赐郭元建,元建曰:"岂有皇太子妃而降为人妾?"竟不与相见。

十月壬寅夜,景遣其卫尉彭俊、王修纂奉酒于太宗

曰："丞相以陛下处忧既久，故令臣等奉进一觞。"太宗知其将弑，乃大酣饮酒，既醉还寝，修纂以帊盛土加于腹，因崩焉。敛用法服，以薄棺密瘗于城北酒库。初，太宗久见幽絷，朝士莫得接觐，虑祸将及，常不自安；惟舍人殷不害后稍得入，太宗指所居殿谓之曰："庞涓当死此下。"又曰："吾昨夜梦吞土，卿试为思之。"不害曰："昔重耳馈块，卒反晋国。陛下所梦，将符是乎？"太宗曰："傥幽冥有征，冀斯言不妄尔。"至是见弑，实以土焉。

是月，景司空东道行台刘神茂、仪同尹思合、刘归义、王晔、云麾将军桑乾王元颙等据东阳归顺，仍遣元颙及别将李占、赵惠朗下据建德江口。尹思合收景新安太守元义，夺其兵。张彪攻永嘉，永嘉太守秦远降彪。

十一月，景以赵伯超为东道行台，镇钱塘，遣仪同田迁、谢答仁等将兵东征神茂。

景矫萧栋诏，自加九锡之礼，置丞相以下百官。陈备物于庭，忽有野鸟翔于景上，赤足丹觜，形似山鹊，贼徒悉骇，竞射之不能中。景以刘劝、戚霸、朱安王为开府仪同三司，索九升为护军将军。南兖州刺史侯子鉴献白獐，建康获白鼠以献，萧栋归之于景。景以郭元建为南兖州刺史，太尉、北行台如故。

景又矫萧栋诏，追崇其祖为大将军，考为丞相。自加冕，十有二旒，建天子旌旗，出警入跸，乘金根车，驾六马，备五时副车，置旄头云罕，乐伎八佾，钟虡宫悬之乐，一如旧仪。

景又矫萧栋诏，禅位于己。于是南郊，柴燎于天，升坛受禅文物，并依旧仪。以辇车床载鼓吹，橐驼负牺牲，辇上置筌蹄、垂脚坐。景所带剑水精标无故堕落，手自拾之。将登坛，有兔自前而走，俄失所在；又白虹贯日。景还升太极前殿，大赦，改元为太始元年。封萧栋为淮阴王，幽于监省。伪有司奏改"警跸"为"永跸"，避景名也。改梁律为汉律，改左民尚书为殿中尚书，五兵尚书为七兵尚书，直殿主帅为直寝。景三公之官动置十数，仪同尤多，或匹马孤行，自执鞚挕。其左仆射王伟请立七庙，景曰："何谓为七庙？"伟曰："天子祭七世祖考，故置七庙。"并请七世之讳，敕太常具祭祀之礼。景曰："前世吾不复忆，惟阿爷名标。"众闻咸窃笑之。景党有知景祖名周者，自外悉是王伟制其名位，以汉司徒侯霸为始祖，晋征士侯瑾为七世祖。于是追尊其祖周为大丞相，父标为元皇帝。

十二月，谢答仁、李庆等至建德，攻元颙、李占栅，大破之，执颙、占送景。景截其手足徇之，经旬乃死。

景二年正月朔，临轩朝会。景自巴丘挫衄，军兵略尽，恐齐人乘衅与西师掎角，乃遣郭元建率步军趣小岘，侯子鉴率舟师向濡须，曜兵肥水，以示武威。子鉴至合肥，攻罗城，克之。郭元建、侯子鉴俄闻王师既近，烧合肥百姓邑居，引军退，子鉴保姑孰，元建还广陵。时谢答仁攻刘神茂，神茂别将王华、丽通并据外营降答仁。刘归义、尹思合等惧，各弃城走。神茂孤危，复降答仁。

王僧辩军至芜湖，芜湖城主宵遁。景遣史安和、宋长贵等率兵二千，助子鉴守姑孰，追田迁等还京师。是月，

景党郭长献马驹生角。三月，景往姑孰，巡视垒栅，又诫子鉴曰："西人善水战，不可与争锋，往年任约败绩，良为此也。若得马步一交，必当可破，汝但坚壁以观其变。"子鉴乃舍舟登岸，闭营不出。僧辩等遂停军十余日，贼党大喜，告景曰："西师惧吾之强，必欲遁逸，不击，将失之。"景复命子鉴为水战之备。子鉴乃率步骑万余人渡洲，并引水军俱进，僧辩逆击，大破之，子鉴仅以身免。景闻子鉴败，大惧涕下，覆面引衾以卧，良久方起，叹曰："误杀乃公！"

僧辩进军，次张公洲。景以卢晖略守石头，纥奚斤守捍国城，悉逼百姓及军士家累入台城内。僧辩焚景水栅，入淮，至禅灵寺渚。景大惊，乃缘淮立栅，自石头至朱雀航。僧辩及诸将遂于石头城西步上连营立栅，至于落星墩。景大恐，自率侯子鉴、于庆、史安和、王僧贵等，于石头东北立栅拒守。使王伟、索超世、吕季略守台城，宋长贵守延祚寺。遣掘王僧辩父墓，剖棺焚尸。王僧辩等进营于石头城北，景列阵挑战。僧辩率众军奋击，大破之，侯子鉴、史安和、王僧贵各弃栅走，卢晖略、纥奚斤以城降。

景既退败，不入宫，敛其散兵，屯于阙下，遂将逃窜。王伟揽辔谏曰："自古岂有叛天子！今宫中卫士，尚足一战，宁可便走，弃此欲何所之？"景曰："我在北打贺拔胜，破葛荣，扬名河、朔，与高王一种人。今来南渡大江，取台城如反掌，打邵陵王于北山，破柳仲礼于南岸，皆乃所亲见。今日之事，恐是天亡。乃好守城，我当复一决耳。"仰观石阙，逡巡叹息。久之，乃以皮囊盛二子挂马鞍，与其仪同田迁、范希荣等百余骑东奔。王伟委台城窜逸，侯子鉴等奔广陵。

王僧辩遣侯瑱率军追景。景至晋陵，劫太守徐永东奔吴郡，进次嘉兴，赵伯超据钱塘拒之。景退还吴郡，达松江，而侯瑱军掩至，景众未阵，皆举幡乞降。景不能制，乃与腹心数十人单舸走，推堕二子于水，自沪渎入海。至壶豆洲，前太子舍人羊鲲杀之，送尸于王僧辩，传首西台，曝尸于建康市。百姓争取屠脍咦食，焚骨扬灰。曾罹其祸者，乃以灰和酒饮之。及景首至江陵，世祖命枭之于市，然后煮而漆之，付武库。

景长不满七尺，而眉目疏秀。性猜忍，好杀戮。刑人或先斩手足，割舌劓鼻，经日方死。曾于石头立大春碓，有犯法者，皆捣杀之，其惨虐如此。自篡立后，时著白纱帽，而尚披青袍，或以牙梳插髻。床上常设胡床及筌蹄，著靴垂脚坐。或匹马游戏于宫内，及华林园弹射鸟鸟。谋臣王伟不许轻出，于是郁怏，更成失志。所居殿常有鹡鸰鸟鸣，景恶之，每使人穷山野讨捕焉。普通中，童谣曰："青丝白马寿阳来。"后景果乘白马，兵皆青衣。所乘马，每战将胜，辄踯躅嘶鸣，意气骏逸，其奔衄，必低头不前。

初，中大同中，高祖尝夜梦中原牧守皆以地来降，举朝称庆，寤甚悦之。旦见中书舍人朱异说所梦，异曰："此岂宇内方一，天道前见其征乎？"高祖曰："吾为人少梦，昨夜感此，良足慰怀。"及太清二年，景果归附，高

祖欣然自悦，谓与神通，乃议纳之，而意犹未决。曾夜出视事，至武德阁，独言："我家国犹若金瓯，无一伤缺，今便受地，讵是事宜，脱致纷纭，非可悔也。"朱异接声而对曰："圣明御宇，上应苍玄，北土遗黎，谁不慕仰？为无机会，未达其心。今侯景据河南十余州，分魏土之半，输诚送款，远归圣朝，岂非天诱其衷，人奖其计？原心审事，殊有可嘉。今若拒而不容，恐绝后来之望，此诚易见，愿陛下无疑。"高祖深纳斯言，又信前梦，乃定议纳景。及贞阳覆败，边镇怔扰，高祖固已忧之，曰："吾今段如此，勿作晋家事乎？"

先是，丹阳陶弘景隐于华阳山，博学多识，尝为诗曰："夷甫任散诞，平叔坐谈空。不意昭阳殿，化作单于宫。"大同末，人士竞谈玄理，不习武事；至是，景果居昭阳殿。天监中，有释宝志曰："掘尾狗子自发狂，当死未死啮人伤，须臾之间自灭亡，起自汝阴死三湘。"又曰："山家小儿果攘臂，太极殿前作虎视。"掘尾狗子、山家小儿，皆猴状。景遂覆陷都邑，毒害皇室。大同中，太医令朱耽尝直禁省，无何，夜梦犬羊各一在御坐，觉而恶之，告人曰："犬羊者，非佳物也。今据御坐，将有变乎？"既而天子蒙尘，景登正殿焉。

及景将败，有僧通道人者，意性若狂，饮酒啖肉，不异凡等，世间游行已数十载，姓名乡里，人莫能知。初言隐伏，久乃方验，人并呼为阇梨，景甚信敬之。景尝于后堂与其徒共射，时僧通在坐，夺景弓射景阳山，大呼云"得奴已"。景后又宴集其党，又召僧通。僧通取肉搵盐以进景，问曰："好不？"景答："所恨太咸。"僧通曰："不咸则烂臭。"果以盐封其尸。

王伟，陈留人。少有才学，景之表、启、书、檄，皆其所制。景既得志，规摹篡夺，皆伟之谋。及囚送江陵，烹于市，百姓有遭其毒者，并割炙食之。

史臣曰：夫道不恒夷，运无常泰，斯则穷通有数，盛衰相袭，时屯atrix九，盖在兹焉。若乃侯景小竖，叛换本国，识不周身，勇非出类，而王伟为其谋主，成此奸慝。驱率丑徒，陵江直济，长戟强弩，沦覆宫阙，祸缠宸极，毒遍黎元，肆其恣睢之心，成其篡盗之祸。呜呼！国之将亡，必降妖孽。虽曰人事，抑乃天时。昔夷羿乱夏，犬戎厄周，汉则莽、卓流灾，晋则敦、玄构祸，方之羯贼，有逾其酷，悲夫！

附　录

梁　书　序

《梁书》，六本纪，五十列传，合五十六篇。唐贞观三年，诏右散骑常侍姚思廉撰。思廉者，梁史官察之子。推其父意，又颇采诸儒谢吴等所记，以成此书。臣等既校正其文字，又集次为目录一篇而叙之曰：

自先王之道不明，百家并起，佛最晚出，为中国之患，而在梁为尤甚，故不得而不论也。盖佛之徒自以谓吾之所得者内，而世之论佛者皆外也，故不可绌；虽然，彼恶睹圣人之内哉？《书》曰："思曰睿，睿作圣。"盖思者，所以致其知也。能致其知者，察三才之道，辩万物之理，小大精粗无不尽也。此之谓穷理，知之至也。知至矣，则在我者之足贵，在彼者之不足玩，未有不能明之者。有知之之明而不能好之，未可也，故加之诚心以好之；有好之之心而不能乐之，未可也，故加之至意以乐之。能乐之则能安之矣。如是，则万物之自外至者安能累我哉？万物之所不能累，故吾之所以尽其性也。能尽其性则诚矣。诚者，成也，不惑也。既成矣，必充之使可大焉；既大矣，必推之使可化焉；能化矣，则含智之民，肖翘之物，有待于我者，莫不由之以至其性，遂其宜，而吾之用与天地参矣。德如此其至也，而应乎外者未尝不与人同，此吾之道所以为天下之达道也。故与之为衣冠、饮食、冠昏、丧祭之具，而由之以教其为君臣、父子、兄弟、夫妇者，莫不一出乎人情；与之同其吉凶而防其忧患者，莫不一出乎人理。故与之处而安且治之所集也，危且乱之所去也。与之所处者其具如此，使之化者其德如彼，可不谓圣矣乎？既圣矣，则无思也，其至者循理而已；无为也，其动者应物而已。是以覆露乎万物，鼓舞乎群众，而未有能测之者也，可不谓神矣乎？神也者，至妙而不息者也，此圣人之内也。圣人者，道之极也，佛之说其有以易此乎？求其有以易此者，固其所以为失也。夫得于内者，未有不可行于外也；有不可行于外者，斯不得于内矣。《易》曰："智周乎万物而道济乎天下，故不过。"此圣人所以两得之也。智足以知一偏，而不足以尽万事之理，道足以为一方，而不足以适天下之用，此百家之所以两失之也。佛之失其不以此乎？则佛之徒自以谓得诸内者，亦可谓妄矣。

夫学史者将以明一代之得失也，臣等故因梁之事，而为著圣人之所以得及佛之所以失以传之者，使知君子之所以距佛者非外，而有志于内者，庶不以此而易彼也。

臣巩等谨叙目录，昧死上。

陈 书

唐·姚思廉撰

陈书目录

卷一 本纪第一
  高祖陈霸先上 ………………………………… 1
卷二 本纪第二
  高祖陈霸先下 ………………………………… 6
卷三 本纪第三
  世祖蒨 ………………………………………… 9
卷四 本纪第四
  废帝伯宗 ……………………………………… 12
卷五 本纪第五
  宣帝顼 ………………………………………… 13
卷六 本纪第六
  后主叔宝 ……………………………………… 18
卷七 列传第一
  皇后
    高祖章皇后 ………………………………… 21
    世祖沈皇后 ………………………………… 22
      兄钦 ……………………………………… 22
    废帝王皇后 ………………………………… 22
    高宗柳皇后 ………………………………… 22
      弟盼 从弟庄 …………………………… 22
    后主沈皇后 ………………………………… 22
      张贵妃 …………………………………… 22
卷八 列传第二
  杜僧明 ………………………………………… 23
  周文育 ………………………………………… 23
    子宝安 ……………………………………… 24
    孙瑒 ………………………………………… 25
  侯安都 ………………………………………… 25
    从弟晓 ……………………………………… 26
卷九 列传第三
  侯瑱 …………………………………………… 26
  欧阳颁 ………………………………………… 27
    子纥 ………………………………………… 28
  吴明彻 ………………………………………… 28
    子惠觉 兄子超 …………………………… 29
    裴子烈 ……………………………………… 29
卷十 列传第四
  周铁虎 ………………………………………… 29
  马明 …………………………………………… 29
  程灵洗 ………………………………………… 29
    子文季 ……………………………………… 30
卷十一 列传第五
  黄法氍 ………………………………………… 30
  淳于量 ………………………………………… 31

  章昭达 ………………………………………… 31
    子大宝 ……………………………………… 32
卷十二 列传第六
  胡颖 …………………………………………… 32
    弟铄 ………………………………………… 33
  徐度 …………………………………………… 33
    子敬成 ……………………………………… 33
  杜棱 …………………………………………… 33
  沈恪 …………………………………………… 33
卷十三 列传第七
  徐世谱 ………………………………………… 34
    从弟 ………………………………………… 34
  鲁悉达 ………………………………………… 34
  周敷 …………………………………………… 35
  荀朗 …………………………………………… 35
    子法尚 ……………………………………… 35
  周炅 …………………………………………… 35
卷十四 列传第八
  衡阳献王昌 …………………………………… 36
  南康愍王昙朗 ………………………………… 36
    子方泰 方庆 王勇 ……………………… 37
    郑万顷 ……………………………………… 37
卷十五 列传第九
  宗室
    陈拟 ………………………………………… 38
    陈详 ………………………………………… 38
    陈慧纪 ……………………………………… 38
卷十六 列传第十
  赵知礼 ………………………………………… 38
  蔡景历 ………………………………………… 39
  刘师知 ………………………………………… 40
  谢岐 …………………………………………… 40
卷十七 列传第十一
  王冲 …………………………………………… 41
  王通 …………………………………………… 41
    弟劢 ………………………………………… 41
  袁敬 …………………………………………… 42
    兄子枢 ……………………………………… 42
卷十八 列传第十二
  沈众 …………………………………………… 42
  袁泌 …………………………………………… 42
  刘仲威 ………………………………………… 43
    从弟 ………………………………………… 43
  陆山才 ………………………………………… 43

王质	43
韦载	43
族弟翙	44

卷十九　列传第十三
沈炯	44
虞荔	44
弟寄	45
马枢	46

卷二十　列传第十四
到仲举	47
韩子高	47
华皎	47

卷二十一　列传第十五
谢哲	48
萧乾	48
谢嘏	49
张种	49
弟稜	49
族子稚才	49
王固	49
孔奂	49
萧允	50
弟引	51

卷二十二　列传第十六
陆子隆	51
弟子才	52
钱道戢	52
骆牙	52

卷二十三　列传第十七
沈君理	52
叔迈	52
弟君高	53
王玚	53
弟瑜	53
陆缮	53
兄子见贤	53

卷二十四　列传第十八
周弘正	53
弟弘直	54
弘直子确	55
袁宪	55

卷二十五　列传第十九
裴忌	56
孙玚	56

卷二十六　列传第二十
徐陵	57
子俭　份　仪	59
弟孝克	59

卷二十七　列传第二十一
江总	60
姚察	61

卷二十八　列传第二十二

世祖九王
始兴王伯茂	63
鄱阳王伯山	63
子君范	64
晋安王伯恭	64
衡阳王伯信	64
庐陵王伯仁	64
江夏王伯义	64
武陵王伯礼	64
永阳王伯智	64
桂阳王伯谋	64

高宗二十九王
豫章王叔英	64
长沙王叔坚	64
建安王叔卿	65
宜都王叔明	65
河东王叔献	65
新蔡王叔齐	65
晋熙王叔文	65
淮南王叔彪	65
始兴王叔重	65
寻阳王叔俨	65
岳阳王叔慎	65
义阳王叔达	66
巴山王叔雄	66
武昌王叔虞	66
湘东王叔平	66
临贺王叔敖	66
阳山王叔宣	66
西阳王叔穆	66
南安王叔俭	66
南郡王叔澄	66
沅陵王叔兴	66
岳山王叔韶	66
新兴王叔纯	66
巴东王叔谟	66
临江王叔显	66
新会王叔坦	66
新宁王叔隆	66
新昌王叔荣	66
太原王叔匡	66

后主诸子
皇太子深	66
吴兴王胤	66
南平王嶷	66
永嘉王彦	66
南海王虔	67
信义王祗	67

邵陵王蒝 …… 67
　　会稽王庄 …… 67
　　东阳王悭 …… 67
　　吴郡王蕃 …… 67
　　钱唐王恬 …… 67
卷二十九　列传第二十三
　　宗元饶 …… 67
　　司马申 …… 67
　　毛喜 …… 68
　　蔡征 …… 68
卷三十　列传第二十四
　　萧济 …… 69
　　陆琼 …… 69
　　　子从典 …… 69
　　顾野王 …… 70
　　傅縡 …… 70
　　章华 …… 71
卷三十一　列传第二十五
　　萧摩诃 …… 72
　　　子世廉 …… 72
　　任忠 …… 72
　　沈客卿 …… 73
　　施文庆 …… 73
　　樊毅 …… 73
　　　弟猛 …… 73
　　鲁广达 …… 74
卷三十二　列传第二十六
　孝行
　　殷不害 …… 74
　　　弟不佞 …… 75
　　谢贞 …… 75
　　司马皓 …… 76
　　张昭 …… 76
卷三十三　列传第二十七
　儒林
　　沈文阿 …… 76
　　沈洙 …… 77
　　戚衮 …… 78
　　郑灼 …… 78

　　张崖 …… 78
　　陆诩 …… 78
　　沈德威 …… 78
　　贺德基 …… 78
　　全缓 …… 78
　　张讥 …… 78
　　顾越 …… 79
　　沈不害 …… 79
　　王元规 …… 79
　　陆庆 …… 80
卷三十四　列传第二十八
　文学
　　杜之伟 …… 80
　　颜晃 …… 80
　　江德藻 …… 81
　　庾持 …… 81
　　许亨 …… 81
　　褚玠 …… 81
　　岑之敬 …… 82
　　陆琰 …… 82
　　　弟瑜 …… 82
　　　从兄玠 …… 82
　　　从弟琛 …… 82
　　何之元 …… 82
　　徐伯阳 …… 83
　　张正见 …… 83
　　蔡凝 …… 83
　　阮卓 …… 84
　　阴铿 …… 84
卷三十五　列传第二十九
　　熊昙朗 …… 84
　　周迪 …… 85
　　留异 …… 86
　　陈宝应 …… 86
卷三十六　列传第三十
　　始兴王叔陵 …… 87
　　新安王伯固 …… 88
附录
　　曾巩《陈书》目录序 …… 89

陈 书

卷一　　　　　　本纪第一

高　祖　上

高祖武皇帝，讳霸先，字兴国，小字法生，吴兴长城下若里人，汉太丘长陈寔之后也。世居颍川。寔玄孙准，晋太尉。准生匡，匡生达，永嘉南迁，为丞相掾，历太子洗马，出为长城令，悦其山水，遂家焉。尝谓所亲曰："此地山川秀丽，当有王者兴，二百年后，我子孙必钟斯运。"达生康，复为丞相掾，咸和中土断，故为长城人。康生盱眙太守英，英生尚书郎公弼，公弼生步兵校尉鼎，鼎生散骑侍郎高，高生怀安令咏，咏生安成太守猛，猛生太常卿道巨，道巨生皇考文赞。高祖以梁天监二年癸未岁生。少倜傥有大志，不治生产。既长，读兵书，多武艺，明达果断，为当时所推服。身长七尺五寸，日角龙颜，垂手过膝。尝游义兴，馆于许氏，夜梦天开数丈，有四人朱衣捧日而至，令高祖开口纳焉。及觉，腹中犹热，高祖心独负之。

大同初，新喻侯萧映为吴兴太守，甚重高祖，尝目高祖谓僚佐曰："此人方将远大。"及映为广州刺史，高祖为中直兵参军，随府之镇。映令高祖招集士马，众至千人，仍命高祖监宋隆郡。所部安化二县元不宾，高祖讨平之。寻监西江督护、高要郡守。先是，武林侯萧谘为交州刺史，以哀刻失众心，土人李贲连结数州豪杰同时反，台遣高州刺史孙囧、新州刺史卢子雄将兵击之，囧等不时进，皆于广州伏诛。子雄弟子略与囧子侄及其主帅杜天合、杜僧明共举兵，执南江督护沈颙，进寇广州，昼夜苦攻，州中震恐。高祖率精兵三千，卷甲兼行以救之，频战屡捷，天合中流矢死，贼众大溃。僧明遂降。梁武帝深叹异焉，授直阁将军，封新安子，邑三百户，仍遣画工图高祖容貌而观之。

其年冬，萧映卒。明年，高祖送丧还都，至大庾岭，会有诏高祖为交州司马，领武平太守，与刺史杨瞟南讨。高祖益招勇敢，器械精利。瞟喜曰："能克贼者，必陈司武也。"委以经略。高祖与众军发自番禺。是时萧勃为定州刺史，于西江相会，勃知军士惮远役，阴购诱之，因诡说瞟。瞟集诸将问计，高祖对曰："交阯叛涣，罪由宗室，遂使僭乱数州，弥历年稔。定州复欲昧利目前，不顾大计，节下奉辞伐罪，故当生死以之。岂可畏惮宗室，轻于国宪？今若夺人沮众，何必交州讨贼，问罪之师，即回有所指矣。"于是勒兵鼓行而进。十一年六月，军至交州，贲众数万于苏历江口立城栅以拒官军。瞟推高祖为前锋，所向摧陷，贲走典澈湖，于屈獠界立砦，大造船舰，充塞湖中，众军惮之，顿湖口不敢进。高祖谓诸将曰："我师已老，将士疲劳，历岁相持，恐非良计，且孤军无援，入人心腹，若一战不捷，岂望生全。今藉其屡奔，人情未固，夷獠乌合，易为摧殄，正当共出百死，决力取之，无故停留，时事去矣。"诸将皆默然，莫有应者。是夜江水暴起丈余，注湖中，奔流迅激。高祖勒所部兵，乘流先进，众军鼓噪俱前，贼众大溃。贲窜入屈獠洞中，屈獠斩贲，传首京师，是岁太清元年也。贲兄天宝遁入九真，与劫帅李绍隆收余兵二万，杀德州刺史陈文戒，进围爱州，高祖仍率众讨平之。除振远将军、西江督护、高要太守、督七郡诸军事。

二年冬，侯景寇京师，高祖将率兵赴援，广州刺史元景仲阴有异志，将图高祖。高祖知其计，与成州刺史王怀明、行台选郎殷外臣等密议戒严。三年七月，集义兵于南海，驰檄以讨景仲。景仲穷蹙，缢于阁下，高祖迎萧勃镇广州。是时临贺内史欧阳𬱟监衡州，兰裕、兰京礼扇诱始兴等十郡，共举兵攻𬱟，𬱟请援于勃。勃令高祖率众救之，悉擒裕等，仍监始兴郡。

十一月，高祖遣杜僧明、胡颖将二千人顿于岭上，并厚结始兴豪杰同谋义举，侯安都、张偲等率千余人来附。萧勃闻之，遣钟休悦说高祖曰："侯景骁雄，天下无敌，前者援军十万，士马精强，然而莫敢当锋，遂令羯贼得志。君以区区之众，将何所之？如闻岭北王侯又皆鼎沸，河东、桂阳相次屠戮，邵陵、开建亲寻干戈，李迁仕许身当阳，便夺马仗,以君疏外,讵可暗投?未若且住始兴,遥张声势,保此太山,自求多福。"高祖泣谓休悦曰:"仆本庸虚,蒙国成造。往闻侯景渡江,即欲赴援,遭值元、兰,梗我中道。今京都覆没,主上蒙尘,君辱臣死,谁敢爱命!君侯体则皇枝,任重方岳,不能摧锋万里,雪此冤痛,见遣一军。犹贤乎已,乃降后旨,使人慨然。仆行计决矣,凭为披述。"乃遣使间道往江陵,禀承军期节度。时蔡路养起兵据南康,勃遣腹心谭世远为曲江令,与路养相结,同遏义军。大宝元年正月,高祖发自始兴,次大庾岭。路养出军顿南野,依山水立四城以拒高祖。高祖与战,大破之,路养脱身窜走,高祖进顿南康。湘东王承制授高祖员外散骑常侍、持节、明威将军、交州刺史,改封南野县伯。

六月,高祖修崎头古城,徙居焉。高州刺史李迁仕据大皋,遣主帅杜平虏率千人入赣石、鱼梁。高祖命周文育将兵击走之,迁仕奔宁都。承制授高祖通直散骑常侍、使持节、信威将军、豫州刺史,领豫章内史,改封长城县侯。寻授散骑常侍、使持节、都督六郡诸军事、军师将军、南江州刺史,余如故。时宁都人刘蔼等资迁仕舟舰兵仗,将袭南康,高祖遣杜僧明等率二万人据白口,筑城以御之,迁仕亦立城以相对。二年三月,僧明等攻拔其城,生擒迁仕送南康,高祖斩之。承制命高祖进兵定江州,仍授江州刺史,余如故。

六月,高祖发自南康。南康赣石旧有二十四滩,滩多巨石,行旅者以为难。高祖之发也,水暴起数丈,三百里间巨石皆没。进军顿西昌,有龙见于水滨,高五丈许,五采鲜耀,军民观者数万人。是时承制遣征东将军王僧辩督众军讨景。八月,僧辩军次湓城,高祖率杜僧明等众军及南川豪帅合三万人来会焉。时西军乏食,高祖先贮军粮五十万石,至是分三十万以资之,仍顿巴丘。会侯景废简文帝,立豫章嗣王栋,高祖遣长史沈袠奉表于江陵劝进。十一月,承制授高祖使持节、都督会稽东阳新安临海永嘉五郡诸军事、平东将军、东扬州刺史,领会稽太守、豫章内史,余并如故。三年正月,高祖率甲士三万人、强弩五千张、舟舰二千乘,发自豫章。二月,次桑落洲,遣中记室参军江元礼以事表江陵,承制加高祖鼓吹一部。是时僧辩已发湓城,会高祖于白茅湾,乃登岸结坛,刑牲盟约。进军次芜湖,侯景城主张黑弃城走。三月,高祖与诸军进克姑孰,仍次蔡洲。侯景登石头城观望形势,意甚不悦,谓左右曰:"此军上有紫气,不易可当。"乃以舸舰贮石沈塞淮口,缘淮作城,自石头迄青溪十余里中,楼雉相接。诸将未有所决,僧辩遣杜崱问计于高祖,高祖曰:"前柳仲礼数十万兵隔水而坐,韦粲之在青溪,竟不渡岸,贼乃登高望之,表里俱尽,肆其凶虐,覆我王师。今围石头,须渡北岸。诸将若不能当锋,请先往立栅。"高祖即于石头城西横陇筑栅,众军次连八城,直出东北。贼恐西州路断,亦于东北果林作五城以遏大路。景率众万余人、铁骑八百余匹,结阵而进。高祖曰:"军志有之,善用兵者,如常山之蛇,首尾相应。今我师既众,贼徒甚寡,应分贼兵势,以弱制强,何故果其锋锐,令必死于我?"乃命诸将分处置兵。贼直冲王僧志,僧志小缩,高祖遣徐度领弩手二千横截其后,贼乃却。高祖与王琳、杜龛等以铁骑悉力乘之,贼退据其栅。景仪同卢辉略开石头北门来降。荡主戴冕、曹宣等攻拔果林一城,众军又克其四城。贼复还,殊死战,又尽夺所得城栅。高祖大怒,亲率攻之,士卒腾栅而入,贼复散走。景与百余骑弃矟执刀,左右冲阵,阵不动,景众大溃,逐北至西明门。景至阙下,不敢入台,遣腹心取其二子而遁。高祖率众出广陵应接,会景将郭元建奔齐,高祖纳其部曲三千人而还。僧辩启高祖镇京口。

五月,齐遣辛术围严超达于秦郡,高祖命徐度领兵助其固守。齐众七万,填堑,起土山,穿地道,攻之甚急。高祖乃自率万人解其围,纵兵四面击齐军,弓弩乱发,齐平秦王中流矢死,斩首数百级,齐人收兵而退。高祖振旅南归,遣记室参军刘本仁献捷于江陵。

七月,广陵侨民朱盛、张象潜结兵袭齐刺史温仲邕,遣使来告,高祖率众济江以应之。会齐人来聘,求割广陵之地,王僧辩许焉,仍报高祖,高祖于是引军还南徐州,江北人随军而南者万余口。承制授高祖使持节、散骑常侍、都督南徐州诸军事、征北大将军、开府仪同三司、南徐州刺史,余并如故。及王僧辩率众征陆纳于湘州,承制命高祖代镇扬州。十一月,湘东王即位于江陵,改大宝三年为承圣元年。湘州平,高祖旋镇京口。三年三月,进高祖位司空,余如故。

十一月,西魏攻陷江陵,高祖与王僧辩等进启江州,请晋安王以太宰承制,又遣长史谢哲奉笺劝进。十二月,晋安王至自寻阳,入居朝堂,给高祖班剑二十人。四年五月,齐送贞阳侯深明还主社稷,王僧辩纳之,即位,改元日天成,以晋安王为皇太子。初,齐之请纳贞阳也,高祖以为不可,遣使诣僧辩苦争之,往返数四,僧辩竟不从。高祖居常愤叹,密谓所亲曰:"武皇虽磐石之宗,远布四海,至于克雪仇耻,宁济艰难,唯孝元而已,功业茂盛,前代未闻。我与王公俱受重寄,语未绝音,声犹在耳,岂期一旦便有异图。嗣主高祖之孙,元皇之子,海内属目,天下宅心,竟有何辜,坐为废黜,远求夷狄,假立非次,观其此情,亦可知矣。"乃密具袍数千领,及锦彩金银,以为赏赐之具。九月壬寅,高祖召徐度、侯安都、周文育等谋之,仍部列将士,分赏金帛,水陆俱进。是夜发南徐州讨王僧辩。甲辰,高祖步军至石头前,遣勇士自城北逾入。时僧辩方视事,外白有兵。俄而兵自内出,僧辩遽走,与其第三子𬱖相遇,俱出阁,左右尚数十人,苦战。高祖大兵寻至,僧辩众寡不敌,走登城南门楼。高祖因风纵火,僧辩穷迫,乃就擒。是夜缢僧辩及𬱖。丙午,贞阳侯逊位,百僚奉晋安王上表劝进。十月己酉,晋安王即位,改承圣四年为绍泰元年。壬子,诏授高祖侍中、大都督中外诸军事、车骑将军、扬南徐二州刺史,持节、司空、班剑、鼓吹并如故。仍诏高祖甲仗百人,出入殿省。

震州刺史杜龛据吴兴,与义兴太守韦载同举兵反。高祖命周文育率众攻载于义兴,龛遣其从弟北叟将兵拒战,北叟败归义兴。辛未,高祖表自东讨,留高州刺史侯安都、石州刺史杜棱宿卫台省。甲戌,军至义兴。丙子,拔其水栅。秦州刺史徐嗣徽据其城以入齐，又要南豫州刺史任约共举兵应龛、载，齐人资其兵食。嗣徽等以京师空虚，率精兵五千奄至阙下，侯安都领骁勇五百人出战，嗣徽等退据石头。丁丑，载及北叟来降，高祖抚而释之。以嗣徽寇逼，卷甲还都，命周文育进讨杜龛。十一月己卯，齐遣兵五千济渡据姑孰。高祖命合州刺史徐度于冶城寺立栅，南抵淮渚。齐又遣安州刺史翟子崇、楚州刺史刘仕荣、淮州刺史柳达摩领兵万人，于胡墅渡米粟三万石、马千匹，入于石头。癸未，高祖遣侯安都领水军夜袭胡墅，烧齐船千余艘，周铁虎率舟师断齐运输，擒其北徐州刺史张领州，获运舫米数千石。仍遣韦载于大航筑城，使杜棱据守。齐人又于仓门水南立二栅以拒官军。甲辰，嗣徽等攻冶城栅，高祖领铁骑精甲，出自西明门袭击之，贼众大溃。嗣徽留柳达摩等守城，自率亲属腹心，往南州采石，以迎齐援。十二月癸丑，高祖遣侯安都领舟师，袭嗣徽家口于秦州，俘获数百人。官军连舰塞淮口，断贼水路。先是太白自十一月丙戌不见。乙卯出于东方。丙辰，高祖尽命众军分部甲卒，对冶城立航渡兵，攻其水南二栅。柳达摩等渡淮置阵，高祖督兵疾战，纵火烧栅，烟尘张天。贼溃，争舟相排抵，溺死者以千数。时百姓夹淮观战，呼声震天地。军士乘胜，无一不当百，尽收其船舰，贼军慑气。是日嗣徽、约等领齐兵水步万余人，还据石头，高祖遣兵往江宁，据要险以断贼路。贼水步不敢进，顿江宁浦口，高祖遣侯安都领水军袭破之，嗣徽等乘单舸脱走，尽收其军资器械。己未，官军四面攻城，自辰讫酉，得其东北小城，及夜兵不解。庚申，达摩遣使侯子钦、刘仕荣等诣高祖请和，高祖许之，乃于城门外刑牲盟约，其将士部曲一无所问，恣其南北。辛酉，高祖出石头南门，陈兵数万，送齐人归北者。

壬戌，齐和州长史乌丸远自南州奔还历阳。江宁令陈嗣、黄门侍郎曹朗据姑孰反，高祖命侯安都、徐度等讨平之，斩首数千级，聚为京观。石头、采石、南州悉平，收获马仗船米不可胜计。是月杜龛以城降。二年正月癸未，诛杜龛于吴兴，龛从弟北叟、司马沈孝敦并赐死。

二月庚申，高祖遣侯安都、周铁虎率舰备江州，仍顿梁山起栅。甲子，敕司空有军旅之事，可骑马出入城内。戊辰，前宁远石城公外兵参军王位于石头沙际获玉玺四纽，高祖表以送台。

三月戊戌，齐遣水军仪同萧轨、厍狄伏连、尧难宗、东方老、侍中裴英起、东广州刺史独孤辟恶、洛州刺史李希光，并任约、徐嗣徽等，率众十万出栅口，向梁山，帐内荡主黄丛逆击，败之，烧其前军船舰，齐顿军保芜湖。高祖遣定州史沈泰、吴郡太守裴忌就侯安都，共据梁山以御之。

自去冬至是，甘露频降于钟山、梅岗、南涧及京口、江宁县境，或至三数升，大如弈棋子，高祖表以献台。

四月丁巳，高祖诣梁山军巡抚。五月甲申，齐兵发自芜湖，丙申，至秣陵故治。高祖遣周文育屯方山，徐度顿马牧，杜棱顿大航南。己亥，高祖率宗室王侯及朝臣将帅，于大司马门外白虎阙下刑牲告天，以齐人背约，发言慷

慨，涕泗交流，同盟皆莫能仰视，士卒观者益奋。辛丑，齐军于秣陵故县跨淮立桥栅，引渡兵马。其夜至方山。侯安都、周文育、徐度等各引还京师。癸卯，齐兵自方山进及儿塘，游骑至台。周文育、侯安都顿白土岗，旗鼓相望，都邑震骇。高祖潜撤精卒三千配沈泰，渡江袭齐行台赵彦深于瓜步，获舟舰百余艘，陈粟万斛。即日天子总羽林禁兵，顿于长乐寺。六月甲辰，齐兵潜于钟山龙尾。丁未，进至莫府山。高祖遣钱明领水军出江乘，要击齐人粮运，尽获其船米，齐军于是大馁，杀马驴而食之。庚戌，齐军逾钟山，高祖众军分顿乐游苑东及覆舟山北，断其冲要。壬子，齐军至玄武湖西北莫府山南，将据北郊坛。众军自覆舟东移，顿郊坛北，与齐人相对。其夜大雨震电，暴风拔木，平地水丈余，齐军尽夜坐立泥中，悬罂以爨，而台中及潮沟北水退路燥，官军每得番易。甲寅，少霁，高祖命众军秣马蓐食，迟明攻之。乙卯旦，自率帐内麾下出莫府山南，吴明彻、沈泰等众军首尾齐举，纵兵大战，侯安都自白下引兵横出其后，齐师大溃，斩获数千人，相蹂藉而死者不可胜计，生执徐嗣徽及其弟嗣宗，斩之以徇。追奔至于临沂。其江乘、摄山、钟山等诸军相次克捷，虏萧轨、东方老、王敬宝、李希光、裴英起等将帅凡四十六人。其军士得窜至江者，缚松筏以济，中江而溺，流尸至京口，翳水弥岸。丁巳，众军出南州，烧贼舟舰。己未，斩刘归义、徐嗣彦、傅野猪于建康市。是日解严。庚申，萧轨、东方老、王敬宝、李希光、裴英起皆伏诛。高祖表解南徐州以授侯安都。七月丙子，诏授高祖中书监、司徒、扬州刺史，进爵为公，增邑并前五千户，侍中、使持节、都督中外诸军事、将军、尚书令、班剑、鼓吹、甲仗并如故，并给油幢皂轮车。是月侯瑱以江州入附。遣侯安都镇上流，定南中诸郡。

八月癸卯，太府卿何敳、新州刺史华志各上玉玺一。高祖表以送台，诏归之高祖。是日诏高祖食安吉、武康二县，合五千户。九月壬寅，改年曰太平元年。进高祖位丞相、录尚书事，镇卫大将军，改刺史为牧，进封义兴郡公，侍中、司徒、都督、班剑、鼓吹、甲仗、皂轮车并如故。丁未，中散大夫王彭笺称今月五日平旦于御路见龙迹，自大社至象阙，亘三四里。庚申，诏追赠高祖考侍中、光禄大夫，加金章紫绶，封义兴郡公，谥曰恭。十月甲戌，敕丞相自今入问讯，可施别榻以近辰坐。二年正月壬寅，天子朝万国于太极东堂，加高祖班剑十人，并前三十人，余如故。丁未，诏赠高祖兄道谭散骑常侍、使持节、平北将军、南兖州刺史、长城县公，谥曰昭烈。弟休先侍中、使持节、骠骑将军、南徐州刺史、武康县侯，谥曰忠壮，食邑各二千户。甲寅，遣兼侍中谒者仆射陆缮策拜长城县夫人章氏为义兴国夫人。丁卯，诏赠高祖侍中、太常卿，谥曰孝。追封高祖祖母许氏吴郡嘉兴县君，谥曰敬；妣张氏义兴国太夫人，谥曰宣。

二月庚午，萧勃举兵，自广州渡岭，顿南康，遣其将欧阳𬱟、傅泰及其子孜为前军，至于豫章，分屯要险，南江州刺史余孝顷起兵应勃，高祖命周文育、侯安都率众讨平之。

八月甲午,进高祖位太傅,加黄钺,剑履上殿,入朝不趋,赞拜不名,并给羽葆鼓吹一部,其侍中、都督、录尚书、镇卫大将军、扬州牧、义兴郡公、班剑、甲仗、油幢皂轮车并如故。丙申,加高祖前后部羽葆鼓吹。是时,湘州刺史王琳拥兵不应命,高祖遣周文育、侯安都率众讨之。

九月辛丑,诏曰:

肇昔元胎剖判,太素氤氲,崇建人皇,必凭洪宰。故贤哲之后,牧伯征于四方,神武之君,大监治乎万国。又有一匡九合,渠门之赐以隆,戮带围温,行宫之宠斯茂,时危所以贞固,运泰所以光熙,斯乃千载同风,百王不刊之道也。太傅义兴公,允文允武,乃圣乃神,固天生德,康济黔首。昔在休期,早隆朝寄,远逾沧海,大拯交、越。皇运不造,书契未闻,中国其亡,兵凶总至。哀哀噍类,譬彼穷牢,悠悠上天,莫云斯极。否终则泰,元辅应期,救此将崩,援兹已溺,乘舟履蓥,架险浮深,经略中途,毕歼群丑。泊乎石头、姑孰,流髓履肠,一朝指拶,六合清晏。是用光昭下武,翼亮中都,雪三后之勍仇,夷三灵之巨蠹。尧台禹佐,未始能阶,殷相周师,固非云拟。重之以屯剥余象,荆楚大崩,天地无心,乘舆委御,五胡荐食,竞谋诸夏,八方棋跱,莫有匡救,强臣放命,黜我冲人,顾影于荼蓼之魂,甘心于宁卿之厚。却按下蓥,求哀之路莫从,窃铁逃责,容身之地无所。公神兵奄至,不日清澄,惟是屠蒙,再膺天录。斯又巍巍荡荡,无德而称焉。加以仗兹忠义,屠彼袄逆,震部夷氛,稽山罢浸,番禺、蠡泽,北鄙西郊,歼厥凶徒,馨无遗种。斯则兆民之命,修短所县,率土之基,兴亡是赖。于是刑礼兼训,沿革有章,中外成平,遐迩宁一,用能使阳光合魄,曜象呈晖,栖阁游庭,抱仁含信,宏勋该于厚地,大道格于玄天。羲、农、炎、昊以来,卷领垂衣之世,圣人济物,未有如斯者也。夫备物典策,桓、文是膺,助理阴阳,萧、曹不让,而未有功高于宇县,而赏薄于伊、周,凡厥人祗,固怀延伫,实由公谦抑自牧,降损为怀,嘉数迟回,永言增叹。岂可申兹雅尚,久废朝猷,宜戒司勋,敬升鸿典。且重华大圣,妫汭惟贤,盛德之祀无忘,公侯之门必复。是以殷嘉亶甫,继后稷之官,尧命羲和,纂重黎之位。况其本枝攸建,宜誓山河者乎?其进公位相国,总百揆,封十郡为陈公,备九锡之礼,加玺绂,远游冠,绿綟绶,位在诸侯王上,其镇卫大将军、扬州牧如故。

策曰:

大哉乾元,资日月以贞观,至哉坤元,凭山川以载物。故惟天为大,陟配者钦明,惟王建国,翼辅者齐圣。是以文、武之佐,磻磎蕴其玉璜,尧、舜之臣,荥河镂其金版。况乎体得一之鸿姿,宁阳九之危厄,拯横流于碣石,扑燎火于昆岑,驱驭于韦、彭,跨跱于齐、晋,神功行而靡用,圣道运而无名者乎?今将授公典策,其敬听朕命:日者昊天不吊,钟乱于我国家,网漏吞舟,强胡内衂,茫茫宇宙,惵惵黎元,方足圆颅,万不遗一,太清否亢,桥山之痛已深,大宝屯如,平阳之祸相继。上宰膺运,康救兆民,鞠旅于滇池之南,扬旌于桂岭之北,悬三光于已坠,谧四海于群飞,屠猰㺄于中原,斩鲸鲵于蒙汜。荡宁上国,光启中兴。此则公之大造于皇家者也。既而天未悔祸,夷丑荐臻,南夏崩腾,西京荡覆,群胡孔炽,藉乱乘间,推纳藩枝,盗假神器,冢司昏梼,旁引寇仇,既见贬于桐宫,方谋危于汉阁。皇运已殆,何殊赘旒,中国摇然,非徒如线。公赫然投袂,匡救本朝,复莒齐都,平戎王室。朕所以还膺宝历,重履宸居,挹建武之风猷,歌宣王之雅颂。此又公之再造于皇家者也。公应务之初,登庸惟始,三川五岭,莫不窥临,银洞珠宫,所在宁谧。孙、卢肇衅,越貂为灾,番部贴危,势将沦殄。公赤旗所指,妖垒洞开,白羽才抟,凶徒粉溃。非其神武,久丧南藩。此又公之功也。大同之末,边政不修,李贲狂迷,窃我交、爱,敢称大号,骄恣甚于尉他,据有连州,雄豪炽于梁硕。公英谟雄算,电扫风行,驰御楼船,直跨沧海,新昌、典澈,备履艰难,苏历、嘉宁,尽为京观。三山獠洞,八角蛮陬,遂矣水寓之乡,悠哉火山之国,马援之所不届,陶璜之所未闻,莫不惧我王灵,争朝边候,归踪天府,献状鸿胪。此又公之功也。自寇虔陵江,宫闱幽辱,公枕戈尝胆,提剑拊心,气涌青霄,神飞紫闼。而番禺连率,本自诸夷,言得其朋,是怀同恶。公仗此忠诚,乘机剿定,执沛令而鼙鼓,平新野而据鞍。此又公之功也。世道初艰,方隅多难,勋门桀黠,作乱衡嶷,兵切池隍,众兼夷獠。公以国盗边警,知无不为,恤是同盟,诛其丑类,不鱼惊鸟散,面缚头悬。南土黔黎,重保苏息。此又公之功也。长驱岭峤,梦想京畿,缘道酋豪,递为榛梗,路养渠率,全据大都,蓄聚逋逃,方谋阻乱,百楼不战,云梯之所未窥,万驽齐张,高轺之所非敌。公龙骧虎步,啸吒风云,山靡坚城,野无强阵,清袄氛于赣石,灭沴气于雩都。此又公之功也。迁仕凶悖,屯据大皋,乞活类马腾之军,流民多杜弢之众,推锋转斗,自北徂南,频岁稽诛,实惟劲虏。公坐挥三略,遥制六奇,义勇同心,貔貅骋力,雷奔电击,谷静山空,列郡无犬吠之惊,丛祠罢狐鸣之盗。此又公之功也。王师讨虏,次届沧波,兵乏兼储,士有饥色。公回麾蠡泽,积谷巴丘,亿庾之咏斯丰,壶浆之迎是众,军民转漕,曾无砥柱之难,舻舳相望,如运敖仓之府,犀渠贝胄,顾蓦雷霆,高舰层楼,仰扪霄汉,故使三军勇锐,百战无前,承此兵粮,遂殄凶逆。此又公之功也。若夫英图迈俗,义旅如云,溢垒猜携,用淹戎略。公志唯同奖,师克在和,鸱塞非虞,鸿门是会,若晋侯之誓白水,如萧王之推赤心,屈礼交盟,人祗感咽,故能使舟师并路,远迩朋心。此又公之功也。姑孰襟要,崤函阻凭,寇虔据其关梁,大盗负其肩镏。公一校裁挓,三雄并奋,左贤、右角,沙溃土崩,木甲殪于中原,毡裘赴于江水,他他藉藉,万计千群,鄂坂之隘斯开,夷庚之道无塞。此又公之功也。义军大众,俱集帝京,逆竖凶徒,犹屯皇邑。若夫表里山河,金汤险固,疏龙首以抗殿,揣华岳以为城,杂房凭焉,强兵自若。公回兹地轴,抗此天罗,曾不崇朝,俾无遗噍,军容甚穆,国政方修,物重睹于衣冠,民还瞻于礼乐,楚人满道,争睹于叶公,汉老衔悲,俱欢于司隶。此又公之功也。内难初静,诸侯出关,外郡传烽,鲜卑犯塞,莫非且渠、当户,中贵名王,冀马迾于淮南,胡筋动于徐北。公舟师步甲,亘野横江,歼厥群羝,遂殚封豨,莫不絓木而止,戎车靡遗,遇泞而旋,归骖尽殪。此又公之功也。公克黜祸难,勌劳皇室,而孙宁之党,翻启狄心,伊、洛之间,咸为房戍,虽金陵佳气,石垒天严,朝暗戎尘,夜喧胡鼓。公三筹既画,八阵斯张,裁举灵钲,亦抽金仆,咸俘丑类,悉反高墉,异李广之皆诛,同庞元之尽赦。此又公之功也。任约叛涣,枭声不悛,戎羯贪婪,狼心无改,穿庐毡幕,抵北阙而为营,乌孙天马,指东都而成阵。公左甄右落,箕张翼舒,扫从搀枪,驱其狯狁,长狄之种埋于国门,椎髻之酋烹于军市,投秦坑而尽沸,嘻滩水而不流。此又公之功也。一相居中,自折彝鼎,五湖小守,妄怀同恶。公凤驾兼道,秉羽杖戈,玉斧将挥,金钲且戒,妖酋震慑,遽请灰钉,燕檄以表其含弘,焚书以安其反侧。此又公之功也。贼兔凶横,陵虐具区,阻兵安忍,凭灾怙乱,自古虫言鸟迹,浑沌洪荒,凡或虔刘,未此残酷。公虽宗居汝颍,世寓东南,育圣诞贤之乡,含章挺生之地,眷言桑梓,公私愤切,卓尔英状,丞规奉算,戮此大憨,如烹小鲜。此又公之功也。乱离永久,群盗孔多,浙左凶渠,连兵构逆,岂止千兵、五校、白雀、黄龙而已哉!公以中军无率,选是亲贤,奸宄途穷,淮然冰泮,刑溏之所,文命动其大威,雷门之间,句践行其严戮,英规圣迹,异代同风。此又公之功也。同姓有虞,顽凶不宾,凭藉宗盟,图危社稷,观兵汇泽,势震京师,驱率南蛮,已为东帝。公论兵于朝堂之上,决胜于樽俎之间,寇、贾、樊、滕,浮江下濑,一朝揃扑,无待旬师,万里澄清,非劳新息。此又公之功也。豫章妖寇,依凭山泽,缮甲完聚,多历岁时,结从连横,爰洎交、广。吕嘉既获,吴濞已钆,命我还师,征其不恪,连营尽拔,伪党斯擒,曜圣武于匡山,回神旌于蠹派。此又公之功也。自八紘九野,瓜剖豆分,窃帝偷王,连州比县。公武灵已畅,文德又宜,折简驰书,风猷斯远,至于苍苍浴日,杳杳无雷,北洎丈夫之乡,南逾女子之国,莫不屈膝膜拜,求吏款关。此又公之功也。京师祸乱,亟积寒暄,双阙低昂,九门寥豁。宁秦宫之可顾,岂鲁殿之犹存!五都簪弁,百僚卿士,胡服缦缦,咸为戎俗,高冠厚履,希复华风,宋微子《麦秀》之歌,周大夫《黍离》之叹,方之于斯,未足为悲矣。公求衣昧旦,昃食高春,兴构宫闱,具瞻遐迹,郊庠宗稷之典,六符十等之章,还闻太始之风流,重睹永平之遗事。此又公之功也。公有济天下之勋,重之以明德,凝神体道,合德符天,用百姓以为心,随万机而成务,耻一物非唐、虞之民,归含灵于仁寿之域,上德不德,无为以为,夏长春生,显仁藏用,忠信为宝,风雨弗愆,仁惠为基,牛羊勿践,功成治定,乐奏《咸》、《云》,安上治民,礼兼文质,物色丘园,衣裾里巷,朝多君子,野无遗贤,菽粟同水火之饶,工商富猗顿之旅。是以天无蕴宝,地有呈祥,渧露卿云,朝团晓映,山车泽马,服驭登闲,既景焕于图书,方葳蕤于史谍。高勋逾于象纬,积德冠于嵩、华,固无德而称者矣。朕又闻之,前王宰世,茂赏尊贤,式树藩长,总征群伯,《二南》崇绝,四履遐旷,泱泱表海,祚土维齐,岩岩泰山,俾侯于鲁;抑又勤王反郑,夹辅迁周,召伯之命斯隆,河阳之礼咸备;况复经营宇宙,宁唯断鳌足之功,弘济苍生,非直凿龙门之险;而畴庸报德,寂尔无闻,朕所以垂拱当宁,载怀惭悸者也。今授公相国,以南豫州之陈留、南丹阳、宣城,扬州之吴兴、东阳、新安、新宁,南徐州之义兴,江州之鄱阳、临川十郡,封公为陈公。锡兹青土,苴以白茅,爰定尔邦,用建冢社。昔旦、奭分陕,俱为保师,晋、郑诸侯,咸作卿士,兼其内外,礼实攸宜。今命使持节兼太尉王通授相国印绶、陈公玺绂。使持节兼司空王场授陈公茅土,金虎符第一至第五左,竹使符第一至第十左。相国秩逾三铉,任总百司,位绝朝班,礼由事革。其以相国总百揆,除录尚书之号,上所假节侍中貂蝉、中书监印章、中外都督太傅印绶、义兴公印策,其镇卫大将军、扬州牧如故。又加公九锡,其敬听后命:以公礼为桢干,律等衔策,四维皆举,八柄有章,是用锡公大辂、戎辂各一,玄牡二驷。以公贱宝崇谷,疏爵待农,室富京坻,民知荣辱,是用锡公衮冕之服,赤舄副焉。以公调理阴阳,燮谐风雅,三灵允降,万国同和,是用锡公轩县之乐,六佾之舞。以公宣导王猷,弘阐风教,光景所照,辊象必通,是用锡公朱户以居。以公抑扬清浊,褒德进贤,髦士盈朝,幽人虚谷,是用锡公纳陛以登。以公嶷然廊庙,为世镕范,折冲四表,临御八荒,是用锡公武贲之士三百人。以公执兹明罚,期在刑措,象恭不敖,干纪必诛,是用锡公斧、钺各一。以公英猷远量,跨厉嵩滇,包一车书,括囊寰宇,是用锡公彤弓一、彤矢百、玈弓十、玈矢千。以公天经地义,贯彻幽明,春露秋霜,允恭粢盛,是用锡公秬鬯一卣,圭瓒副焉。陈国置丞相已下,一遵旧式。往钦哉!其恭循朕命,克相皇天,弘建邦家,允兴洪业,以光我高祖之休命!

十月戊辰,进高祖爵为王,以扬州之会稽、临海、永嘉、建安,南徐州之晋陵、信义,江州之寻阳、豫章、安成、庐陵并前为二十郡,益封陈国。其相国、扬州牧、镇卫大将军并如故。又命陈王冕十有二旒,建天子旌旗,出警入跸,乘金根车,驾六马,备五时副车,置旄头云罕,乐舞《八佾》,设钟簴宫县。王妃、王子、王女爵命之号,陈台百官，一依旧典。辛未，梁帝禅位于陈，诏曰：

五运更始，三正迭代，司牧黎庶，是属圣贤，用能经纬乾坤，弥纶区宇，大庇黔首，阐扬鸿烈。革晦以明，积代同轨，百王踵武，咸由此则。梁德湮微，祸乱荐发，太清云始，见因长蛇，承圣之季，又罹封豕。爰至天成，重窃神器，三光亟沈，七庙乏祀，含生已泯，鼎命斯坠，我武、元之祚，有如缀旒，静惟屯剥，夕惕载怀。相国陈王，有命自天，降神惟狱，天地合德，晷曜齐明，拯社稷之横流，提亿兆之涂炭，东诛逆叛，北歼獯丑，威加四海，仁渐万国，复张崩乐，重兴绝礼，儒馆聿修，戎亭虚候，大功在舜，盛绩惟禹，巍巍荡荡，无得而称。来献白环，岂直皇虞之世，入贡素雉，非止隆周之日。固以效珍川陆，表瑞烟云，甘露醴泉，旦夕凝涌，嘉禾朱草，孳植郊甸。道昭于悠代，勋格于皇穹，明明上天，光华日月，革故著于玄象，代德彰于图谶，狱讼有归，讴歌爰适，天之历数，实有攸在。朕虽庸貌，暗于古昔，永稽崇替，为日已久，敢忘列代之遗典，人祇之至愿乎。今便逊位别宫，敬禅于陈，一依唐、虞、宋、齐故事。

策曰：

咨尔陈王：惟昔上古，厥初生民，骊连、栗陆之前，容成、大庭之代，并结绳写鸟，杳冥慌忽，故靡得而详焉。自羲、农、轩、昊之君，陶唐、有虞之主，或垂衣而御四海，或无为而子万姓，居之如驭朽索，去之如脱敝屣。栽遇许由，便能舍券，暂遘善卷，即以让王。故知玄扈璇玑，非关尊贵，金根玉辂，示表君临。及南观河渚，东沈刻璧，精华既竭，毫勤已倦，则抗首而笑，唯贤是与，謦然作歌，简能斯授，遗风余烈，昭晰图书。汉、魏因循，是为故实。宋、齐授受，又弘斯义。我高祖应期抚运，握枢御宇，三后重光，祖宗齐圣。及时属阳九，封豕荐食，西都失驭，夷狄交侵，乃皋天成，轻弄龟鼎，僳僳黔首，若崩厥角，徽徽皇极，将甚缀旒。惟王乃圣乃神，钦明文思，二仪并运，四时合序，天锡智勇，人挺雄杰，珠庭日角，龙行武步，爰初投袂，日乃勤王，电扫番禺，云撤彭蠡，揃其元恶，定我京畿。及王贺帝弘，贸兹冠履，既行伊、霍，用保冲人。震泽、稽阴，并炽叛逆，獯羯丑虏，三乱皇都，裁命偏师，二邦自廓，薄伐猃狁，六戎尽殄。岭南叛涣，湘、郢结连，贼帅既擒，凶渠传首，用能百揆时序，四门允穆，无思不服，无远不届，上达穹昊，下漏渊泉，蛟鱼并见，讴歌攸属。况乎长彗横天，已微布新之兆，璧日斯既，实表更姓之符。是以始创义师，紫云曜彩，肇惟尊主，黄龙负舟。苦矢素翚，梯山以至，白环玉玦，慕德而臻。若夫安国字萌，本因万物之志，时乘御宇，良会乐推之心。七百无常期，皇王非一族，昔木德既季，而传祚于我有梁，天之历数，允集明哲。式遵前典，广询群议，王公卿尹，莫不攸属，敬从人祇之愿，授帝位于尔躬。四海困穷，天禄永终，王其允执厥中，轨仪前式，以副溥天之望。禋祀上帝，时膺大礼，永固洪业，

岂不盛欤！

又玺书曰：

君子者自昭明德，达人者先天弗违，故能进退咸亨，动静元吉。朕虽蒙寡，庶乎景行。何则？三才剖判，九有区分，情性相乖，乱离云起，是以建彼司牧，推乎圣贤，授受者任其时来，皇王者本非一族，人谋是与，屈己从万物之心，天意斯归，鞠躬奉百灵之命。讴歌所往，则攘袂入膺之，菁华已竭，乃褰裳而去之。昔在唐、虞，鉴于天道，举其黎献，授彼司哲，虽复质文殊轨，沿革不同，历代因循，斯风靡替。我大梁所以考庸太室，接礼贰宫，月正元日，受终文祖。但运不常夷，道无恒泰，山岳倾偃，河海沸腾，电目雷声之禽，钩爪锯牙之兽，咀啮含生，不知纪极。二后英圣，相仍在天，六夷贪狡，争侵中国，县王都帝，人怀尺纪，一民尺土，皆非梁地。朕以不造，幼罹闵凶，仰凭衡佐，亟移年序。周成、汉惠，邈矣无阶，惟是童蒙，必贻颠踬。若使时无圣哲，世靡艰难，犹当高蹈于沧洲，自求于泰伯者矣。惟王应期诞秀，开箓握图，性道故其难闻，嘉庸已其被物，乾行同其焘覆，日御比其贞明，登承圣于复禹之功，树鞠子于兴周之业，灭陆浑于伊、洛，歼骊戎于镐京，大小二震之骁徒，东南两越之勍寇，遵行天讨，无遗神策。于是祖述尧舜，宪章文武，大乐与天地同和，大礼与天地同节，鼓之以雷霆，润之以风雨，仁沾葭莩，信及豚鱼，殷膴斯空，夏台虚设，民惟大畜，野有同人，升平颂平，无偏无党，固以云飞紫盖，水跃黄龙，东伐西征，晻映川陆。荣光暧暧，已冒郊鹿，甘露瀼瀼，亟流庭苑。车辙马迹，谁不率从？蟠水流沙，谁不怀德？祥图远至，非唯赤伏之符，灵命昭然，何止黄星之气。海口河目，贤圣之表既彰，握矩执钺，君人之状斯伟。且自摄提无纪，孟陬殄灭，枉矢宵飞，天弧晓映，久矣夷羊之在牧，时哉蛟龙之出泉。革运之兆咸征，惟新之符并集，朕所以钦若勋、华，屡回星琯。昔者木运斯尽，予高祖受焉。今历去炎精，神归枢纽，敬以火德，传于尔陈。远鉴前王，近谋群辟，明灵有悦，率土同心。今遣使持节兼太保侍中尚书左仆射平乐亭侯王通，兼太尉司徒在长史王玚奉皇帝玺绶。受终之礼，一依唐、虞故事。王其时陟元后，宁育兆民，光阐洪猷，以承昊天之休命！

是日，梁帝逊于别宫。高祖谦让再三，群臣固请，乃许。

卷二　　本纪第二

高　祖　下

永定元年冬十月乙亥，高祖即皇帝位于南郊，柴燎告

天曰："皇帝臣霸先，敢用玄牡昭告于皇皇后帝：梁氏以圮剥荐臻，历运有极，钦若天应，以命于霸先。夫肇有烝民，乃树司牧，选贤与能，未常厥姓。放勋、重华之世，咸无意于受终，当涂、典午之君，虽有心于揖让，皆以英才处万乘，高勋御四海，故能大庇黔首，光宅区县。有梁末运，仍叶遘屯，熏丑凭陵，久移神器，承圣在外，非能祀夏，天未悔祸，复罹寇逆，嫡嗣废黜，宗枝僭伪，天地荡覆，纪纲泯绝。霸先爰初投袂，大拯横流，重举义兵，实戡多难，废王立帝，实有厥功，安国定社，用尽其力。是谓小康，方期大道。既而烟云表色，日月呈瑞，纬聚东井，龙见谯邦，除旧布新，既彰玄象，迁虞事夏，且协讴歌，九域八荒，同布衷款，百神群祀，皆有诚愿。梁帝高谢万邦，授以大宝，霸先自惟菲薄，让德不嗣，至于再三，辞弗获许。金以百姓须主，万机难旷，皇灵眷命，非可谦拒。畏天之威，用膺嘉祚，永言风志，能无惭德。敬简元辰，升坛受禅，告类上帝，用答民心，永保于我有陈。惟明灵是飨！"先是氛雾，昼夜晦冥，至于是日，景气清晏，识者知有天道焉。礼毕，舆驾还宫，临太极前殿。诏曰："五德更运，帝王所以御天，三正相因，夏、殷所以宰世，虽色分辞翰，时异文质，揖让征伐，迹用参差，而育德振民，义归一揆。朕以寡昧，时属艰危，国步屡屯，天维三绝，肆勤先后，拯厥横流，藉将帅之功，兼猛士之力，一匡天下，再造黔黎。梁氏以天禄永终，历数攸在，遵与能之典，集大命于朕躬。顾惟菲德，辞不获亮，式从天眷，俯协民心，受终文祖，升禋上帝，继迹百王，君临万宇，若涉川水，罔知攸济。宝业初建，皇祚惟新，思俾惠泽，覃被亿兆。可大赦天下，改梁太平二年为永定元年。赐民爵二级，文武二等。鳏寡孤独不能自存者人谷五斛。逋租宿债，皆勿复收。其有犯乡里清议赃污淫盗者，皆洗除先注，与之更始。长徒敕系，特皆原之。亡官失爵，禁锢夺劳，一依旧典。"又诏曰："《礼》陈杞、宋，《诗》咏二客，弗臣之重，历代斯敦。梁氏钦若人祇，宪章在昔，济河沈璧，高谢万邦，茅赋所加，宜遵旧典。其以江阴郡奉梁主为江阴王，行梁正朔，车旗服色，一依前准，宫馆资待，务尽优降。"又诏梁皇太后为江阴国太妃，皇后为江阴国妃。又诏百司依位摄职。丙子，舆驾幸钟山祠帝庙。戊寅，舆驾幸华林园，亲览词讼，临赦囚徒。己卯，分遣大使宣劳四方，下玺书敕州郡曰："夫四王革代，商、周所以应天，五胜相推，轩、羲所以当运。梁德不造，丧乱积年，东夏崩腾，西都荡覆，萧勃干纪，非唯赵伦，侯景滔天，逾于刘载。贞阳反篡，贼约连兵，江左累属于鲜卑，金陵久非于梁国。自有氤氲混沌之世，龙图凤纪之前，东汉兴平之初，西朝永嘉之乱，天下分崩，未有若于梁朝者也。朕以虚薄，属当兴运，自昔登庸，首清诸越，徐门浪泊，靡不征行，浮海乘山，所在戡定。冒朔风尘，骋驰师旅，六延梁祀，十剪强寇，岂曰人谋，皆由天启。梁氏以天禄斯改，期运永终，钦若唐、虞，推让鼎玉，朕东西退让，拜手陈辞，避舜子于箕山之阳，求支伯于沧洲之野，而公卿敦逼，率土翘惶，天命难稽，遂享嘉祚。今月乙亥，升礼太坛，言念迁桐，但有惭德。自梁氏将末，频月亢阳，

火运斯终，秋霖奄降。翌日成礼，圆丘宿设，埃云晚霁，星象夜张。朝景重轮，泫三危之膏露，晨光合璧，带五色之卿云。顾惟寡薄，弥惭休祉，昧旦丕显，方思至治。卿等拥旄方岳，相任股肱，剖符名守，方寄恤隐。王历惟新，念有欣庆，想深求民瘼，务在廉平，爱惠以抚孤贫，威刑以御强猾。若有萑蒲之盗，或犯戎商，山谷之酋，擅强幽险，皆从肆赦，咸使知闻。如或迷途，俾在无贷。今遣使人具宣往旨，念思善政，副此虚怀。"庚辰，诏出佛牙于杜姥宅，集四部设无遮大会，高祖亲出阙前礼拜。初，齐故僧统法献于乌缠国得之；常在定林上寺，梁天监末，为摄山庆云寺沙门慧兴保藏，慧兴将终，以属弟慧志，承圣末，慧志密送于高祖，至是乃出。辛巳，追尊皇考曰景皇帝，庙号太祖；皇妣董太夫人曰安皇后。追谥前夫人钱氏号为昭皇后，世子克为孝怀太子。立夫人章氏为皇后。癸未，尊景帝陵曰瑞陵，昭皇后陵曰嘉陵，依梁初园陵故事。立删定郎，治定律令。戊子，迁景皇帝神主祔于太庙。辛卯，以中权将军、开府仪同三司、丹阳尹王冲为左光禄大夫。癸巳，追赠皇兄梁故散骑常侍、平北将军、兖州刺史长城县公道谭骠骑大将军、太尉，封始兴郡王；弟梁故侍中、骠骑将军、南徐州刺史武康县侯休先车骑大将军、司徒，封南康郡王。是月，西讨都督周文育、侯安都于郢州败绩，囚于王琳。十一月丙申，诏曰："东都齐国，义乃亲贤，西汉城阳，事兼功烈。散骑常侍、使持节、都督会稽等十郡诸军事、宣毅将军、会稽太守长城县侯蒨，学尚清优，神宇凝正，文参礼乐，武定妖氛，心力谋猷，为家治国，拥旄作守，期月有成，辟彼关河，功逾萧、寇，萑蒲之盗，自反耕农，篁竹之豪，用禀声朔。朕以虚寡，属当兴运，提彼三尺，宾于四门，王业艰难，赖乎此子，宜隆上爵，称是元功。可封临川郡王，邑二千户。兄子梁中书侍郎项袭封始兴王，弟子梁中书侍郎昙朗袭封南康王，礼秩一同正王。"己亥，甘露降于钟山松林，弥满岩谷。庚子，开善寺沙门采之以献，敕颁赐群臣。丙辰，以镇西将军、南豫州刺史徐度为镇右将军、领军将军。庚申，京师大火。十二月庚辰，皇后谒太庙。

二年春正月乙未，诏曰："夫设官分职，因事重轻，羽仪车马，随时隆替，晋之五校，鸣笳启途，汉之九卿，传呼并迎，虞官夏礼，岂曰同科，殷朴周文，固无恒格。朕膺兹宝历，代是天工，留念官方，庶允时衷。梁天监中，左右骁骑领朱衣直阁，并给仪从，北徐州刺史昌义之，首为此职。乱离岁久，朝典不存，后生年少，希闻旧则。今去左右骁骑，宜通文武，文官则用腹心，武官则用功臣，所给仪从，同太子二卫率。此外众官，尚书详为条制。"车骑将军、开府仪同三司侯瑱进位司空，中权将军、开府仪同三司、新除左光禄大夫王冲为太子少傅。左卫将军徐世谱为护军将军，南兖州刺史吴明彻进号安南将军，衡州刺史欧阳頠进号镇南将军。辛丑，舆驾亲祠南郊。诏曰："朕受命君临，初移星琯，孟陬嘉月，备礼泰坛，景候昭华，人祇允庆，思念亿兆，咸与惟新。且往代妖氛，于今犹梗，军机未息，征赋繁氦，事不获已，久知下弊，言念黔黎，无忘寝食。夫罪无轻重，已发觉未发觉，在今昧

爽以前，皆赦除之。西寇自王琳以下，并许返迷，一无所问。近所募义军，本拟西寇，并宜解遣，留家附业。晚订军资未送者并停，元年军粮通徐者原其半，州郡县军戍并不得辄遣使民间，务存优养。若有侵扰，严为法制。"乙巳，舆驾亲祠北郊。甲辰，振远将军、梁州刺史张立表称去乙亥岁八月，丹徒、兰陵二县界遗山侧，一旦因涛水涌生，沙涨，周旋千余顷，并膏腴，堪垦植。戊午，舆驾亲祠明堂。二月壬申，南豫州刺史沈泰奔于齐。辛卯，诏车骑将军、司空侯瑱总督水步众军以遏齐寇。三月甲午，诏曰："罚不及嗣，自古通典，罪疑惟轻，布在方策。沈泰反覆无行，邀逆所知。昔有微功，仍荷朝寄，剖符名郡，推毂累藩，汉口班师，还居方岳，良田有逾于四百，食客不止于三千，富贵显荣，政当如此。鬼害其盈，天夺之魄，无故猖狂，自投獯丑。虽复知人则哲，惟帝其难，光武有蔽于庞萌，魏武不知于于禁，但令朝廷无我负人。其部曲妻儿各令复业，所在及军人若有恐胁侵掠者，皆以劫论。若有男女口为人所藏，并许诣台申诉。若乐随临川王及节将立效者，悉皆听许。"乙卯，高祖幸后堂听讼，还于桥上观山水，赋诗示群臣。是月，王琳立粱永嘉王萧庄于郢州。夏四月甲子，舆驾亲祠太庙。乙丑，江阴王薨，诏遣太宰吊祭，司空监护丧事，凶礼所须，随由备办。以梁武林侯萧谘息季卿嗣为江阴王。丙寅，舆驾幸石头，饯司空侯瑱。戊辰，重云殿东鸱尾有紫烟属天。五月乙未，京师地震。癸丑，齐广陵南城主张显和、长史张僧那各率其所部入附。辛酉，舆驾幸大庄岩寺舍身。壬戌，群臣表请还宫。六月己巳，诏司空侯瑱、领军将军徐度率舟师为前军，以讨王琳。秋七月戊戌，舆驾幸石头，亲送瑱等。己亥，江州刺史周迪擒王琳将李孝钦、樊猛、余孝顷于工塘。甲辰，遣吏部尚书谢哲谕王琳。甲寅，嘉禾一穗六岐生五城。初，侯景之平也，火焚太极殿，承圣中议欲营之，独阙一柱，至是有樟木大十八围，长四丈五尺，流泊陶家后渚，监军邹子度以闻。诏中书令沈众兼起部尚书，少府卿蔡俦兼将作大匠，起太极殿。八月丙寅，以广梁郡为陈留郡。辛未，诏临川王蒨西讨，以舟师五万发自京师，舆驾幸冶城寺亲送焉。前开府仪同三司、南豫州刺史周文育，前镇北将军、南徐州刺史、新除开府仪同三司侯安都等于王琳所逃归，自劾廷尉，即日引见，并宥之。戊寅，诏复文育等本官。壬午，追封皇子立为豫章王，谥曰献；权为长沙王，谥曰思；长女为永世公主，谥曰懿。谢哲反命，王琳请还镇湘川，诏追众军缓其伐。癸未，西讨众军至自大雷。丁亥，以信威将军、江州刺史周迪为开府仪同三司，进号平南将军。改南徐州所领南兰陵郡复为东海郡。冬十月庚午，遣镇南将军、开府仪同三司周文育都督众军出豫章，讨余孝励。乙亥，舆驾幸邑严寺，发《金光明经》题。丁酉，以仁威将军、高州刺史黄法𣰰为开府仪同三司，进号镇南将军。甲寅，太极殿成，匠各给复。十二月庚申，侍中、安东将军临川王蒨率百僚朝前殿，拜上牛酒。甲子，舆驾幸大庄严寺，设无导大会，舍乘舆法物。群臣备法驾奉迎，即日舆驾还宫。丙寅，高祖于太极殿东堂宴群臣，设金石之乐，以路寝告成也。壬申，割吴郡盐官、海盐、前京三县置海宁郡，属扬州。以安成所部广兴六洞置安乐郡。丙戌，以宁远将军、北江州刺史熊昙朗为开府仪同三司，进号平西将军。丁亥，诏曰："梁时旧仕，乱离播越，始还朝廷，多未铨序。又起兵已来，军勋甚众。选曹即条文武簿及节将应九流者，量其所拟。"于是随材擢用者五十余人。

三年春正月己丑，青龙见于东方。丁酉，以镇南将军、广州刺史欧阳頠即本号开府仪同三司。是夜大雪，及旦，太极殿前有龙迹见。甲午，广州刺史欧阳頠表称白龙见于州江南岸，长数十丈，大可八九围，历州城西道入天井岗。仙人见于罗浮山寺小石楼，长三丈所，通身洁白，衣服楚丽。辛丑，诏曰："南康、始兴王诸妹，已有封爵，依礼止是藩主。此二王者，有殊恒情，宜隆礼数。诸主仪秩及尚主，可并同皇女。"戊申，诏临川王蒨省扬、徐二州辞讼。二月辛酉，以平西将军、桂州刺史淳于量为开府仪同三司，进号镇西大将军。壬午，司空侯瑱督众军自江入合州，焚齐舟舰。三月丙申，侯瑱至自合肥，众军献捷。夏闰四月庚寅，诏曰："开塞赈绝，育民之大惠，巡方恤患，前王之令典。朕当斯季俗，膺此乐推，君德未孚，民瘼犹甚，重兹多垒，弥疚纳隍。良由四聪弗达，千里勿应。博施之仁，何其或爽？残弊之轨，致此未康。吴州、缙州，去岁蝗旱，鄩田虽疏，郑渠终涸，室靡盈积之望，家有填壑之嗟。百姓不足，兆民何赖？近已遣中书舍人江德藻衔命东阳，与令长二千石问民疾苦，仍以人台仓见米分恤。虽德非既饱，庶微慰阻饥。"甲午，诏依前代置西省学士，兼以技术者预焉。丁酉，遣镇北将军徐度率众城南皖口。是时久不雨，丙午，舆驾幸钟山祠蒋帝庙，是日降雨，迄于月晦。五月丙辰朔，日有食之，有司奏：旧仪，御前殿，服朱纱袍、通天冠。诏曰："此乃前代承用，意有未同。合朔仰助太阳，宜备衮冕之服。自今已去，永可为准。"丙寅，扶南国遣使献方物。乙酉，北江州刺史熊昙朗杀都督周文育于军，举兵反。王琳遣其将常众爱、曹庆率兵援余孝励。六月戊子，仪同侯安都败众爱等于左里，获琳从弟袭、主帅羊暕等三十余人，众爱遁走，庚寅，庐山民斩之，传首京师。甲午，众师凯归。诏曰："昙朗噬逆，罪不容诛，分命众军，仍事掩讨，方加枭磔，以明刑宪。"征临川王蒨往皖口置城栅，以钱道戢守焉。丁酉，高祖不豫，遣兼太宰、尚书左仆射王通以疾告太үл，兼太宰、中书令谢哲告大社、南北郊。辛丑，高祖疾小瘳。故司空周文育之柩至自建昌。壬寅，高祖素服哭于东堂，哀甚。癸卯，高祖临讯狱讼。是夜，荧惑在天尊。高祖疾甚。丙午，崩于璿玑殿，时年五十七。遗诏追临川王蒨入纂。甲寅，大行皇帝迁殡于太极殿西阶。秋八月甲午，群臣上谥曰武皇帝，庙号高祖。丙申，葬万安陵。

高祖智以绥物，武以宁乱，英谋独运，人皆莫及，故能征伐四克，静难夷凶。至升大麓之日，居阿衡之任，恒崇宽政，爱育为本。有须发调军储，皆出于事不可息。加以俭素自率，常膳不过数品，私飨曲宴，皆瓦器蚌盘，肴核庶羞，裁令充足而已，不为虚费。初平侯景，及立绍泰，子女玉帛，皆班将士。其充闱房者，衣不重彩，饰无金翠，哥钟女乐，不列于前。及乎践阼，弥厉恭俭。故隆功茂德，光有天下焉。

陈吏部尚书姚察曰：高祖英略大度，应变无方，盖汉高、魏武之亚矣。及西都荡覆，诚贯天人。王僧辩阙伊尹之才，空结桐宫之愤，贞阳假秦兵之送，不思穆嬴之泣。高祖乃蹈玄机而抚末运，乘势隙而拯横流，王迹所基，始自于此，何至戡黎升陑之捷而已焉。故于慎徽时序之世，变声改物之辰，兆庶归以讴歌，炎灵去如释负，方之前代，何其美乎！

卷三　　　　本纪第三

世　祖

世祖文皇帝，讳蒨，字子华，始兴昭烈王长子也。少沈敏有识量，美容仪，留意经史，举动方雅，造次必遵礼法。高祖甚爱之，常称"此儿吾宗之英秀也"。梁太清初，梦两日斗，一大一小，大者光灭坠地，色正黄，其大如斗，世祖因三分取一而怀之。侯景之乱，乡人多依山湖寇抄，世祖独保家无所犯。时乱日甚，乃避地临安。及高祖举义兵，侯景遣使收世祖及衡阳献王，世祖乃密袖小刀，冀因入见而害景。至便属吏，故其事不行。高祖大军围石头，景欲加害者数矣。会景败，世祖乃得出赴高祖营。起家为吴兴太守。时宣城劫帅纪机、郝仲等各聚众千余人，侵暴郡境，世祖讨平之。承圣二年，授信武将军，监南徐州。三年，高祖北征广陵，使世祖为前军，每战克捷。高祖之将讨王僧辩也，先召世祖与谋。时僧辩女婿杜龛据吴兴，兵众甚盛，高祖密令世祖还长城，立栅以备龛。世祖收兵才数百人，战备又少，龛遣其将杜泰领精兵五千，乘虚奄至。将士相视失色，而世祖言笑自若，部分益明，于是众心乃定。泰知栅内人少，日夜苦攻。世祖激厉将士，身当矢石，相持数旬，泰乃退走。及高祖遣周文育率兵讨龛，世祖与并军往吴兴。时龛兵尚众，断据冲要，水步连阵相结，世祖命将军刘澄、蒋元举率众攻龛，龛军大败，窘急，因请降。东扬州刺史张彪起兵围临海太守王怀振，怀振遣使求救，世祖与周文育轻兵往会稽以掩彪。后彪将沈泰开门纳世祖，世祖尽收其部曲家累，彪至，又破走，若邪村民斩彪，传其首。以功授持节、都督会稽等十郡诸军事、宣毅将军、会稽太守。山越深险，皆不宾附，世祖分命讨击，悉平之，威惠大振。高祖受禅，立为临川郡王，邑二千户，拜侍中、安东将军。及周文育、侯安都败于沌口，高祖诏世祖入卫，军储戎备，皆以委焉。寻命率兵城南皖。

永定三年六月丙午，高祖崩，遗诏征世祖入纂。甲寅，至自南皖，入居中书省。皇后令曰："昊天不吊，上玄降祸。大行皇帝奄捐万国，率土哀号，普天如丧，穷酷烦冤，无所逮及。诸孤藐尔，反国无期，须立长主，以宁寓县。

侍中、安东将军、临川王蒨，体自景皇，属惟犹子。建殊功于牧野，敷盛业于戡黎，纳麓时叙之辰，负扆乘机之日，并佐时雍，是同草创，祧祏所系，遐迩宅心，宜奉大宗，嗣膺宝录，使七庙有奉，兆民宁宴。未亡人假延余息，婴此百罹，寻绎缠绵，兴言感绝。"世祖固让，至于再三，群公卿士固请，其日即皇帝位于太极前殿。诏曰："上天降祸，奄集邦家，大行皇帝背弃万国，率土崩心，若丧考妣。龙图宝历，眇属朕躬，运钟扰攘，事切机务，南面须主，西让礼轻，令便式膺景命，光宅四海。可大赦天下，罪无轻重，悉皆荡涤。逋租宿债，吏民怨负，可勿复收。文武内外，量加爵叙。孝悌力田为父后者，赐爵一级。庶祇畏在心，公卿毕力，胜残去杀，无待百年。兴言号哽，深增恸绝。"又诏州郡悉停奔赴。秋七月丙辰，尊皇后为皇太后。己未，以镇南将军、开府仪同三司、广州刺史欧阳頠进号征南将军，平南将军、开府仪同三司周迪进号镇南将军，平南将军、开府仪同三司、高州刺史黄法𣰰进号安南将军。庚申，以镇南大将军、开府仪同三司、桂州刺史淳于量进号征南大将军。辛酉，以侍中、车骑将军、司空侯瑱为太尉，镇西将军、开府仪同三司、南豫州刺史侯安都为司空，侍中、中权将军、开府仪同三司王冲为特进、左光禄大夫，镇北将军、南徐州刺史徐度为侍中、中抚军将军、开府仪同三司。壬戌，以侍中、护军将军徐世谱为特进、安右将军；侍中、忠武将军杜棱为领军将军。乙丑，重云殿灾。八月癸巳，以平北将军、南徐州刺史留异为安南将军，缙州刺史，平南将军、北江州刺史鲁悉达进号安左将军。庚戌，封皇子伯茂为始兴王，奉昭烈王后。徙封始兴嗣王顼为安成王。九月辛酉，立皇子伯宗为皇太子，王公以下赐帛各有差。乙亥，立妃沈氏为皇后。冬十一月乙卯，王琳寇大雷，诏遣太尉侯瑱、司空侯安都、仪同徐度率众以御之。

天嘉元年春正月癸丑，诏曰："朕以寡昧，嗣纂洪业，哀茕在疚，治道弗昭，仰惟前德，幽显遐畅，恭己不言，庶几无改。虽宏图懋轨，日月方弘，而清庙廓然，圣灵浸远，感寻永往，瞻言冈极。今四象运周，三元告献，华夷胥洎，玉帛骏奔，思覃遗泽，播之亿兆。其大赦天下。改永定四年为天嘉元年。鳏寡孤独不能自存立者，赐谷人五斛。孝悌力田殊行异等，加爵一级。"甲寅，分遣使者宣劳四方。辛酉，舆驾亲祠南郊，诏曰："朕式飨上玄，虔奉牲玉，高禋礼毕，诚敬兼弘。且阴霾浃辰，褰雾在日，云物韶朗，风景清和，庆动人祇，忭流庶俗，思俾黎元，同此多祐。可赐民爵一级。"辛未，舆驾亲祠北郊。日有冠。二月辛卯，老人星见。乙未，高州刺史纪机自军叛还宣城，据郡以应王琳，泾令贺当迁讨平之。丙申，太尉侯瑱败王琳于梁山，攻齐兵于博望，生擒齐将刘伯球，尽收其资储船舰，俘馘以万计，王琳及其主萧庄奔于齐。戊戌，诏曰："夫五运递来，三灵眷命，皇王因之改创，殷、周所以乐推。朕统历承基，丕隆鼎运，期理攸属，数祚斯在，岂侥幸所至，宁卜祝可求。故知神器之重，必在符命。是以逐鹿贻讥，断蛇定业，乱臣贼子，异世同尤。王琳识暗挈瓶，智惭卫足，干纪乱常，自贻颠沛，而缙绅君子，多被縶维,虽泾渭合流,兰鲍同肆,求之厥理,或有胁从。今九罭既设,八纮斯掩,天网恢恢,吞舟是漏。至如伏波游说,永作汉蕃,延寿脱归,终为魏守,器改秦、虞,材通晋、楚,行藏用舍,亦岂有恒,宜加宽仁,以彰雷作。其衣冠士族,预在凶党,悉皆原宥;将帅战兵,亦同肆告,并随才铨引,庶收力用。"又诏师旅以来,将士死王事者,并加赠谥。己亥,诏曰:"日者凶渠肆虐,众军进讨,舟舰输积,权倩民丁,师出经时,役劳日久。今气祲廓清,宜有甄被。可蠲复丁身。夫妻三年,于役不幸者,复其妻子。"庚子,分遣使者赍玺书宣劳四方。乙巳,遣太尉侯瑱镇湓城。庚戌,以高祖第六子昌为骠骑将军、湘州牧,立为衡阳王。三月丙辰,诏曰:"自丧乱以来,十有余载,编户凋亡,万不遗一,中原氓庶,盖云无几。顷者寇难仍接,算敛繁多,且兴师已来,千金日费,府藏虚竭,杼轴岁空。近所置军资,本充戎备,今元恶克殄,八表已康,兵戈静戢,息肩方在,思俾余黎,陶此宽赋,今岁军粮通减三分之一。尚书申下四方,称朕哀矜之意。守宰明加劝课,务急农桑,庶鼓腹含哺,复在兹日。"萧庄所署郢州刺史孙玚举州内附。丁巳,江州刺史周迪平南中,斩贼率熊昙朗,传首京师。先是,齐军守鲁山城,戊午,齐军弃城走,诏南豫州刺史程灵洗守之。甲子,分荆州之天门、义阳、南平,郢州之武陵四郡,置武州。其刺史督沅州,领武陵太守,治武陵郡。其都尉所部六县为沅州。别置通宁郡,以刺史领太守,治都尉城,省旧都尉。以安南将军、南兖州刺史、新除右卫将军吴明彻为安西将军、武州刺史,伪郢州刺史孙玚为安南将军、湘州刺史。丙子,衡阳王昌薨。丁丑,诏曰:"萧庄伪署文武官属还朝者,量加录序。"夏四月丁亥,立皇子伯信为衡阳王,奉献王后。乙未,以安南将军荀朗为安北将军、合州刺史。五月乙卯,改桂阳之汝城县为庐阳郡。分衡州之始兴、安远二郡,置东衡州。六月辛巳,改谥皇祖妣景安皇后曰景文皇后。壬辰,诏曰:"梁孝元遭离多难,灵榇播越,朕昔经北面,有异常伦,遣使迎接,以次近路。江宁既有旧茔,宜即安卜,车旗礼章,悉用梁典,依魏葬汉献帝故事。"甲午,追策故始兴昭烈王妃曰孝妃。丁酉,以开府仪同三司徐度为侍中、中军将军。辛丑,国哀周忌,上临于太极前殿,百僚陪哭。赦京师殊死已下。是月,葬梁元帝于江宁。秋七月甲寅,诏曰:"朕以眇身,属当大宝,负荷至重,忧责实深,而庶绩未康,胥怨犹结,佇咨贤良,发于梦想,每有一言入听,片善可求,何尝不褒奖抽扬,缄书绅带。而傅岩虚往,穷谷尚湮,蒲币空陈,旌弓不至。岂当有乖则哲,使草泽遗才?将时运浇流,今不逮古?侧食长怀,寝兴增叹。新安太守陆山才有启,荐梁前征西从事中郎萧策,梁前尚书中兵郎王暹,并世胄清华,羽仪著族,或文史足用,或孝德可称,并宜登之朝序,擢以不次。王公已下,其各进举贤良,申荐沦屈,庶众才必萃,大厦可成,使《梽朴》载歌,《由庚》在咏。"乙卯,诏曰:"自顷丧乱,编户播迁,言念余黎,良可哀惕。其亡乡失土,逐食流移者,今年内随其适乐,来岁不问侨旧,悉令著籍,同土断之例。"丙辰,立皇子伯山为鄱阳王。八月庚辰,老人星见。

壬午,诏曰:"菽粟之贵,重于珠玉。自顷寇戎,游手者众,民失分地之业,士有佩犊之讥。朕哀矜黔庶,念康弊俗,思俾阻饥,方存富教。麦之为用,要切斯甚,今九秋在节,万实可收,其班宣远近,并令播种。守宰亲临劝课,务使及时。其有尤贫,量给种子。"癸未,世祖临景阳殿听讼。戊子,诏曰:"汗樽土鼓,诚则难追,画卵雕薪,或可易革。梁氏末运,奢丽已甚,乌篆厌于胥史,歌钟列于管库,土木被朱丹之采,车马饰金玉之珍,逐欲浇流,迁讹遂远。朕自诸生,颇为内足,而家敦朴素,室靡浮华,观览时俗,常所扼腕。今妄假时乘,临驭区极,属当浇季,思闻治道,菲食卑宫,自安俭陋,俾兹薄俗,获反淳风。维雕镂淫饰,非兵器及国容所须,金银珠玉,衣服杂玩,悉皆禁断。"甲午,周将贺若敦率马步一万,奄至武陵,武州刺史吴明彻不能拒,引军还巴陵。丁酉,上幸正阳堂阅武。九月癸丑,彗星见。乙卯,周将独孤盛领水军将趣巴、湘,与贺若敦水陆俱进,太尉侯瑱自寻阳往御之。辛酉,遣仪同徐度率众会瑱于巴丘。丙子,太白昼见。丁丑,诏侯瑱众军进讨巴、湘。十月癸巳,侯瑱袭破独孤盛于杨叶洲,尽获其船舰,盛收兵登岸,筑城以保之。丁酉,诏司空侯安都率众会侯瑱南讨。十二月乙未,诏曰:"古者春夏二气,不决重罪。盖以阳和布泽,天秩是弘,宽网省刑,义符含育,前王所以则天象地,立法垂训者也。朕属当浇季,思求民瘼,哀矜恻隐,念甚纳隍,常欲式遵旧轨,用长风化。自今孟春讫于夏首,罪人大辟事已款者,宜且申停。"己亥,周巴陵城主尉迟宪降,遣巴州刺史侯安鼎守之。庚子,独孤盛将余众自杨叶州潜遁。

二年春正月庚戌,大赦天下。以云麾将军、晋陵太守杜棱为侍中、领军将军。辛亥,以始兴王伯茂为宣惠将军、扬州刺史。乙卯,合州刺史裴景徽奔于齐。辛未,周湘州城主殷亮降,湘州平。二月丙戌,以太尉侯瑱为车骑将军、湘州刺史。庚寅,曲赦湘州诸郡。三月乙卯,太尉、车骑将军、湘州刺史侯瑱薨。丁丑,以镇东将军、会稽太守徐度为镇南将军、湘州刺史。夏四月,分荆州之南平、宜都、罗、河东四郡,置南荆州,镇河东郡。以安西将军、武州刺史吴明彻为南荆州刺史。庚寅,以安左将军鲁悉达为安南将军、吴州刺史。辛卯,老人星见。秋七月丙午,周将贺若敦自拔遁归,人畜死者十七八。武陵、天门、南平、义阳、河东、宜都郡悉平。九月丙寅,诏曰:"姬业方阐,望载渭滨,汉历既融,道通圯上。若乃摛精辰宿,降灵惟岳,风云有感,梦寐是求,斯固舟楫盐梅,递相表里,长世建国,罔或不然。至于铭德太常,从祀清庙,以贻厥后来,垂诸不朽者也。前皇经济区宇,裁成品物,灵贶式甄,光膺宝命,虽谟明浚发,幽显协从,亦文武贤能,翼宣王业。故大司马、骠骑大将军瑱,故司空文育,故平北将军、开府仪同三司僧明,故中护军颖,故领军将军拟,或缔构艰难,经纶夷险;或摧锋冒刃,殉义遗生;或宣哲协规,绸缪帷幄;或披荆汗马,终始勤劬;莫不罄诚悉力,屯泰以之。朕以寡昧,嗣膺丕绪,永言勋烈,思弘典训,便可式遵故实,载扬盛轨,可并配食高祖庙庭,俾兹大猷,永传宗祏。"丙辰,以侍中、中权将军、特进、左光禄大夫、开府仪同三司王冲为丹阳尹；丹阳尹沈君理为左民尚书，领步兵校尉。冬十月乙巳，霍州西山蛮率部落内属。十一月乙卯，高丽国遣使献方物。甲子，以武昌、国川为竟陵郡，以安流民。十二月辛巳，以安东将军、吴郡太守孙玚为中护军。甲申，立始兴国庙于京师，用王者之礼。太子中庶子虞荔、御史中丞孔奂以国用不足，奏立煮海盐赋及榷酤之科，诏并施行。先是，缙州刺史留异应于王琳等反，丙戌，诏司空侯安都率众讨之。

三年春正月庚戌，设帷宫于南郊，币告胡公以配天。辛亥，舆驾亲祠南郊。诏曰："朕负荷宝图，亟回星琯，兢兢业业，庶几治定，而德化不孚，俗弊滋甚，永言念之，无忘日夜。阳和布气，昭事上玄，躬奉牺玉，诚兼飨敬，思与黎元，被斯宽惠，可普赐民爵一级，其孝悌力田，别加一等。"辛酉，舆驾亲祠北郊。闰二月己酉，以百济王馀明为抚东大将军，高句骊王高汤为宁东将军。江州刺史周迪举兵应留异，袭湓城，攻豫章郡，并不克。辛亥，以南荆州刺史吴明彻为安右将军。甲子，改铸五铢钱。三月丙子，安成王顼至自周，诏授侍中、中书监、中卫将军，置佐史。丁丑，以安右将军吴明彻为安南将军、江州刺史，督众军南讨。甲申，大赦天下。庚寅，司空侯安都破留异于桃支岭，异脱身奔晋安，东阳郡平。夏四月癸卯，曲赦东阳郡。乙巳，齐遣使来聘。六月丙辰，以侍中、中卫将军安成王顼为骠骑将军、扬州刺史。以会稽、东阳、临海、永嘉、新安、新宁、晋安、建安八郡置东扬州。以扬州刺史始兴王伯茂为镇东将军、东扬州刺史，征北将军、司空、南徐州刺史侯安都为侍中、征北大将军。秋七月己丑，皇太子纳妃王氏。在位文武赐帛各有差，孝悌力田为父后者赐爵二级。九月戊辰朔，日有食之。以侍中、都官尚书到仲举为尚书右仆射、丹阳尹。丁亥，周迪请降，诏安成王顼督众军以招纳之。是岁，周所立梁王萧詧死，子岿代立。

四年春正月丙子，干陀利国遣使献方物。甲申，周迪弃城走，闽州刺史陈宝应纳之，临川郡平。壬辰，以平西将军、郢州刺史章昭达为护军将军，仁武将军、新州刺史华皎进号平南将军，镇南将军、开府仪同三司、高州刺史黄法𣰰为镇北大将军，南徐州刺史，安西将军、领临川太守周敷为南豫州刺史，中护军孙玚为镇右将军。罢高州隶入江州。二月戊戌，征南将军、开府仪同三司、广州刺史欧阳頠进号征南大将军。庚戌，以侍中、司空、征北大将军侯安都为征南大将军、江州刺史。庚申，以平南将军华皎为南湘州刺史。三月辛未，以镇南将军、开府仪同三司徐度为侍中、中军大将军。辛巳，诏赠讨周迪将士死王事者。夏四月辛丑，设无导大会于太极前殿。乙卯，以侍中、中书监、中卫将军、骠骑将军、扬州刺史安成王顼为开府仪同三司。五月丁卯，安前将军、右光禄大夫徐世谱卒。六月癸巳，太白昼见。司空侯安都赐死。七月丁丑，以镇北大将军、开府仪同三司、南徐州刺史黄法𣰰为镇南大将军、江州刺史。九月壬戌，开府仪同三司、广州刺史欧阳頠薨。癸亥，曲赦京师。辛未，周迪复寇临川，诏护军章昭达率众讨之。十一月辛酉，章昭达大破周迪，悉擒其党与，迪脱身潜窜。十二月丙申，大赦天下。诏护军

将军章昭达进军建安，以讨陈宝应。信威将军、益州刺史馀孝顷督会稽、东阳、临海、永嘉诸军自东道会之。癸丑，以前安南将军、江州刺史吴明彻为镇前将军。

五年春正月庚辰，以吏部尚书、领右军将军袁枢为丹阳尹。辛巳，舆驾亲祠北郊。乙酉，江州溢场火，烧死者二百余人。三月丁丑，以征南大将军、开府仪同三司、桂州刺史淳于量为中抚大将军。壬午，诏以故护军将军周铁虎配食高祖庙庭。夏四月庚子，周遣使来聘。五月庚午，罢南丹阳郡。是月，周、齐并遣使来聘。六月丁未，夜，有白气两道，出于北斗东南，属地。秋七月丁丑，诏曰："朕以寡昧，属当负重，星籥亟改，冕旒弗旷，不能仰协璇衡，用调玉烛，傍慰苍生，以安黔首。兵无宁岁，民乏有年，移风之道未弘，习俗之患犹在，致令氓多触网，吏繁笔削，狱犴滋章，虽由物犯，囹圄淹滞，亦或有冤。念俾纳隍，载劳负扆，加以肤凑不适，摄卫有亏，比获微痊，思覃宽惠，可曲赦京师。"九月，城西城。冬十一月丁亥，以左卫将军程灵洗为中护军。己丑，章昭达破陈宝应于建安，擒宝应、留异，送京师，晋安郡平。甲辰，以护军将军章昭达为镇前将军、开府仪同三司。十二月甲子，曲赦建安、晋安二郡。讨陈宝应将士死王事者，并给棺椁，送还本乡，并复其家。疮痍未瘳者，给其医药。癸未，齐遣使来聘。

六年春正月甲午，皇太子加元服，王公以下赐帛各有差，孝悌力田为父后者赐爵一级，鳏寡孤独不能自存者谷人五斛。庚戌，以领军将军杜棱为翊左将军、丹阳尹，丹阳尹袁枢为吏部尚书，卫尉卿沈钦为中领军。三月乙未，诏侯景以来遭乱移在建安、晋安、义安郡者，并许还本土，其被略为奴婢者，释为良民。夏四月甲寅，以侍中、中书监、中卫将军、骠骑将军、开府仪同三司、扬州刺史安成王顼为司空。辛酉，有彗星见。周遣使来聘。秋七月癸未，大风起自西南，广百余步，激坏灵台候楼。甲申，仪贤堂无故自坏。丙戌，临川太守骆文牙斩周迪，传首京师，枭于朱雀航。丁酉，太白昼见。八月丁丑，诏曰："梁室多故，祸乱相寻，兵甲纷纭，十年不解，不逞之徒虐流生气，无赖之属暴及徂魂。江左肇基，王者攸宅，金行水位之主，木运火德之君，时更四代，岁逾二百。若其经纶王业，缙绅民望，忠臣孝子，何世无才，而零落山丘，变移陵谷，或皆剪伐，莫不侵残。玉杯得于民间，漆简传于世载，无复五株之树，罕见千年之表。自大祚光启，恭惟揖让，爰暨朕躬，聿修祖武，虽复旆旗服色，犹行杞、宋之邦，每车驾巡游，眇瞻河、雒之路，故乔山之祀，蘋藻弗亏，骊山之坟，松柏恒守。唯戚藩旧垄，士子故茔，掩殣未周，樵牧犹众。或亲属流隶，负土无期，子孙冥灭，手植何寄。汉高留连于无忌，宋祖恸怅于子房，丘墓生哀，性灵共恻者也。朕所以兴言永日，思慰幽泉。维前代王侯，自古忠烈，坟茔被发绝无后者，可检行修治，墓中树木，勿得樵采，庶幽显咸畅，称朕意焉。"己卯，立皇子伯固为新安郡王，伯恭为晋安王，伯仁为庐陵王，伯义为江夏王。九月癸未，罢豫章郡。是月，新作大航。冬十月辛亥，齐遣使来聘。十二月乙卯，立皇子伯礼为武陵王。丁巳，以镇

前将军、开府仪同三司章昭达为镇南将军、江州刺史，镇南大将军、江州刺史黄法氍为中卫大将军，中护军程灵洗为宣毅将军、郢州刺史，军师将军、郢州刺史沈恪为中护军，镇东将军、吴兴太守吴明彻为中领军。戊午，以东中郎将、吴郡太守鄱阳王伯山为平北将军、南徐州刺史。癸亥，诏曰："朕自居民牧之重，托在王公之上，顾其寡昧，郁于治道。加以屡亏听览，事多壅积，冤滞靡申，幽枉弗鉴。念兹罪隶，有甚纳隍。而惠泽未流，愆阳累月，今岁序云暮，元正向肇，欲使幽圄之内，同被时和，可曲赦京师。"

天康元年春二月丙子，诏曰："朕以寡德，纂承洪绪，日昃劬劳，思弘景业，而政道多昧，黎庶未康，兼疢患淹时，亢阳累月，百姓何咎，实由朕躬，念兹在兹，痛如疾首。可大赦天下，改天嘉七年为天康元年。三月己卯，以骠骑将军、开府仪同三司、扬州刺史、司空安成王顼为尚书令。夏四月乙卯，皇孙至泽生，在位文武赐绢帛各有差，为父后者赐爵一级。癸酉，世祖疾甚。是日，崩于有觉殿。遗诏曰："朕疾苦弥留，遂至不救，修短有命，夫复何言。但王业艰难，频岁军旅，生民多弊，无忘愧惕。今方隅乃定，俗教未弘，便及大渐，以为遗恨。社稷任重，太子可即君临，王侯将相，善相辅翼，内外协从，勿违朕意！山陵务存俭速。大敛竟，群臣三日一临，公除之制，率依旧典。"六月甲子，群臣上谥曰文皇帝，庙号世祖。丙寅，葬永宁陵。

世祖起自艰难，知百姓疾苦。国家资用，务从俭约。常所调敛，事不获已者，必咨嗟改色，若在诸身。主者奏决，妙识真伪，下不容奸，人知自励矣。一夜内észreloff外事分判者，前后相续。每鸡人伺漏，传更签于殿中，乃敕送者必投签于阶石之上，令锵然有声，云"吾虽眠，亦令惊觉也"。始终梗概，若此者多焉。

陈吏部尚书姚察曰：世称继体守文，宗枝承统，得失之间，盖亦详矣。大抵以奉而勿坠为贤能，挠而易之为不肖；其有光版前轨，克荷曾构，固以少焉。世祖自初发迹，功庸显著，宁乱静寇，首佐大业。及国祸奄臻，入承宝祚，兢兢业业，其若驭朽，加以崇尚儒术，爱悦文义，见善如弗及，用人如由己，恭俭以御身，勤劳以济物，自昔允文允武之君，东征西怨之后，宾实之迹，可为联类。至于杖聪明，用鉴识，斯则永平之政，前史其论诸。

卷四　　　本纪第四

废　帝

废帝，讳伯宗，字奉业，小字药王，世祖嫡长子也。梁承圣三年五月庚寅生。永定二年二月戊辰，拜临川王世子。三年，世祖嗣位，八月庚戌，立为皇太子。自梁室乱离，东宫焚烬，太子居于永福省。

天康元年四月癸酉，世祖崩，其日，太子即皇帝位于太极前殿，诏曰："上天降祸，大行皇帝奄弃万国，攀号靡及，五内崩殒。朕以寡德，嗣膺宝命，茕茕在疚，惧甚缀旒，方赖宰辅，匡其不逮。可大赦天下。"又诏内外文武，各复其职，远方悉停奔赴。五月己卯，尊皇太后曰太皇太后，皇后曰皇太后。庚寅，以骠骑将军、司空、扬州刺史、新除尚书令安成王顼为骠骑大将军，进位司徒，录尚书、都督中外诸军事。丁酉，中军大将军、开府仪同三司徐度进位司空；镇南将军、开府仪同三司、江州刺史章昭达为侍中，进号征南将军；镇东将军、东扬州刺史始兴王伯茂进号征东将军、开府仪同三司；平北将军、南徐州刺史鄱阳王伯山进号镇北将军；吏部尚书袁枢为尚书左仆射；云麾将军、吴兴太守沈钦为尚书右仆射；新除中领军吴明彻为领军将军；新除中护军沈恪为护军将军；平南将军、湘州刺史华皎进号安南将军；散骑常侍、御史中丞徐陵为吏部尚书。六月辛亥，朔右将军、右光禄大夫王通进号安右将军。秋七月丁酉，立妃王氏为皇后。冬十月庚申，舆驾奉祠太庙。十一月乙亥，周遣使来吊。十二月甲子，高丽国遣使献方物。

光大元年春正月癸酉，尚书左仆射袁枢卒。乙亥，诏曰："昔昊天成命，降集宝图，二后重光，九区咸乂。闵余冲薄，王道未昭，荷兹神器，如涉灵海，庶亲贤并建，牧伯惟良，天下雍熙，缅同刑措。今三元改历，万国充庭，清庙无追，具僚斯在，言瞻宁位，触感崩心。思播遗恩，俾覃黎献。可大赦天下。改天康二年为光大元年。孝悌力田赐爵一级。"己卯，以领军将军吴明彻为丹阳尹。辛卯，舆驾亲祠南郊。二月辛亥，宣毅将军、南豫州刺史余孝顷谋反伏诛。癸丑，以征东将军、开府仪同三司、东扬州刺史始兴王伯茂为中卫大将军，开府仪同三司黄法氍为镇北将军、南徐州刺史，镇北将军、南徐州刺史鄱阳王伯山为镇东将军、东扬州刺史。三月甲午，以尚书右仆射沈钦为侍中、尚书左仆射。夏四月乙卯，太白昼见。五月癸巳，以领军将军、丹阳尹吴明彻为安南将军、湘州刺史。乙未，以镇右将军杜棱为领军将军。安南将军、湘州刺史华皎谋反，丙申，以中抚大将军淳于量为使持节、征南大将军，总率舟师以讨之。六月壬寅，以中军大将军、司空徐度进号车骑将军，总督京邑众军，步道袭湘州。闰月癸巳，以云麾将军新安王伯固为丹阳尹。秋七月戊申，立皇子至泽为皇太子，赐天下为父后者爵一级，王公卿士已下赉帛各有差。九月乙巳，诏曰："逆贼华皎，极恶穷凶，遂树立萧岿，谋危社稷。弃亲即仇，人神愤惋，王师电迈，水陆争前，枭剪之期，匪朝伊暮。其家口在北里尚方，宜从诛戮，用明国宪。"丙辰，百济国遣使献方物。是月，周将长胡公拓跋定率步骑二万人郢州，与华皎水陆俱进，都督淳于量、吴明彻等与战，大破之。皎单舸奔江陵，擒拓跋定，俘获万余人，马四千余匹，送京师。冬十月辛巳，赦湘、巴二州为皎所诖误者。甲申，舆驾亲祠太庙。十一月己未，以护军将军沈恪为平西将军、荆州刺史。甲子，侍中、中权将军、开府仪同三司、特进、左光禄大夫王冲薨。

十二月庚寅，以兼从事中郎孔英哲为奉圣亭侯，奉孔子祀。

二年春正月己亥，侍中、都督中外诸军事、骠骑大将军、司徒、录尚书、扬州刺史安成王顼进位太傅，领司徒，加殊礼，剑履上殿；侍中、征南将军、开府仪同三司、江州刺史章昭达进号征南大将军；中抚大将军、新除征南大将军淳于量为侍中、中军大将军、开府仪同三司；安南将军、湘州刺史吴明彻即本号开府仪同三司，进号镇南将军；云麾将军、郢州刺史程灵洗进号安西将军。庚子，诏讨华皎军人死王事者并给棺椁，送还本乡，仍复其家。甲子，罢吴州，以鄱阳郡还属江州。侍中、司空、车骑将军徐度薨。夏四月辛巳，太白昼见。丁亥，割东扬州晋安郡为丰州。五月丙辰，太傅安成王顼献玉玺一。六月丁卯，彗星见。秋七月丙午，舆驾亲祠太庙。戊申，新罗国遣使献方物。壬戌，立皇弟伯智为永阳王，伯谋为桂阳王。九月甲辰，林邑国遣使献方物。丙午，狼牙修国遣使献方物。以侍中、征南大将军、开府仪同三司、江州刺史章昭达为中抚大将军。戊午，太白昼见。冬十月庚午，舆驾亲祠太庙。十一月丙午，以前平西将军、荆州刺史沈恪为护军将军。壬子，以镇北将军、开府仪同三司、南徐州刺史黄法氍为镇西将军、郢州刺史，新除中军大将军、开府仪同三司淳于量为镇北将军、南徐州刺史。甲寅，慈训太后集群臣于朝堂，令曰：

中军仪同、镇北仪同、镇右将军、护军将军、八座卿士：昔梁运季末，海内沸腾，天下苍生，殆无遗噍。高祖武皇帝拨乱反正，膺图御策，重悬三象，还补二仪；世祖文皇帝克嗣洪基，光宣宝业，惠养中国，绥宁外荒；并战战兢兢，劢劳缔构，庶几鼎运，方隆殷、夏。伯宗昔在储宫，本无令问，及居崇极，遂骋凶淫。居处谅闇，固不哀戚，嫔嫱弗隔，就馆相仍，岂但衣车所纳，是讥宗正，衰绖生子，得谓右师。七百之祚何凭，三千之罪为大。且费引金帛，令充椒闱，内府中藏，军备国储，未盈期稔，皆已空竭。太傅亲承顾托，镇守宫闱，遗诰绸缪，义深垣屏，而攒涂未御，翌日无淹，仍遣刘师知、殷不佞等显言排斥。韩子高小竖轻佻，推心委仗，阴谋祸乱，决起萧墙。元相虽持，但除君侧。又以余孝顷密迩京师，便相征召，殃慝之咎，凶徒自擒，宗社之灵，袄氛是灭。于是密诏华皎，称兵上流，国祚忧惶，几移丑类。乃至要招远近，叶力巴、湘，支党纵横，寇扰黟、歙。又别敕欧阳纥等攻逼衡州，岭表纷纭，殊淹弦望。岂止罪浮于昌邑，非唯声丑于太和。但贼竖皆亡，妖徒已散，日望惩改，犹加掩抑，而悖礼忘德，情性不悛，乐祸思乱，昏愚无已。张安国蕞尔凶狡，穷为小盗，仍遣使人蒋裕钩出上京，即置行台，分选凶党。贼皎妻吕，春徒为戮，纳自奚官，藏诸永巷，使其结引亲旧，规图戕祸。荡主侯法喜等，太傅麾下，恒游府朝，唊以深利，谋关肘腋。适又荡主孙泰等潜相连结，大有交通，兵力殊强，期指挺乱。皇家有庆，历数遐长，天诱其衷，同然显发。此诸文迹，今以相示，是而可

忍，谁则不容？祖宗基业，将惧倾陨，岂可复肃恭禋祀，临御兆民？式稽故实，宜在流放，今可特降为临海郡王，送还藩邸。太傅安成王固天生德，齐圣广深，二后钟心，三灵仁眷。自前朝不念，任总邦家，威惠相宣，刑礼兼设，指挥啸咤，湘、郢廓清，辟地开疆，荆、益风靡，若太戊之承殷历，中都之奉汉家，校以功名，曾何仿佛。且地彰灵玺，天表长彗，布新除旧，祯祥咸显。文皇知子之鉴，事甚帝尧，传弟之怀，又符太伯。今可还申曩志，崇立贤君，方固宗祧，载贞辰象。中外宜依旧典，奉迎舆驾。未亡人不幸属此殷忧，不有崇替，容危社稷，何以拜祠高寝，归衬武园？揽笔潸然，兼怀悲庆。

是日，出居别第。太建二年四月薨，时年十九。

帝仁弱无人君之器，世祖每虑不堪继业。既居冢嫡，废立事重，是以依违积载。及疾将大渐，召高宗谓曰："吾欲遵太伯之事。"高宗初未达旨，后寤，乃拜伏涕泣，固辞。其后宣太后依诏废帝焉。

史臣曰：临海虽继体之重，仁厚懦弱，混一是非，不惊得丧，盖帝挚、汉惠之流也。世祖知神器之重，谅难负荷，深鉴尧旨，弗传宝祚焉。

卷五　　　本纪第五

宣　帝

高宗孝宣皇帝讳顼，字绍世，小字师利，始兴昭烈王第二子也。梁中大通二年七月辛酉生，有赤光满堂室。少宽大，多智略。及长，美容仪，身长八尺三寸，手垂过膝。有勇力，善骑射。高祖平侯景，镇京口，梁元帝征高祖子侄入侍，高祖遣高宗赴江陵，累官为直阁将军、中书侍郎。时有马军主李总与高宗有旧，每同游处。高宗尝夜被酒，张灯而寐，总适出，寻返，乃见高宗身是大龙，总便惊骇，走避他室。及江陵陷，高宗迁于关右。永定元年，遥袭封始兴郡王，邑二千户。三年，世祖嗣位，改封安成王。天嘉三年，自周还，授侍中、中书监、中卫将军，置佐史。寻授使持节、都督扬南徐东扬南豫北江五州诸军事、扬州刺史，进号骠骑将军，余如故。四年，加开府仪同三司。六年，迁司空。天康元年，授尚书令，余并如故。废帝即位，拜司徒，进号骠骑大将军，录尚书，都督中外诸军事，给班剑三十人。光大二年正月，进位太傅，领司徒，加殊礼，剑履上殿，增邑并前三千户，余并如故。十一月甲寅，慈训太后令废帝为临海王，以高宗入纂。

太建元年春正月甲午，即皇帝位于太极前殿，诏曰："夫圣人受命，王者中兴，并由懿德，方作元后。高祖武皇帝揖拜尧图，经纶禹迹，配天之业，光辰象而利贞，格地之功，俾川岳而长远。世祖文皇帝体上圣之姿，当下武

之运,筑宫示俭,所务唯德,定鼎初基,厥谋斯在。朕以寡薄,才非圣贤,夙荷前规,方传景祚。虽复亲承训诲,志守藩维,咏季子之高风,思城阳之远托,自元储绍国,正位君临,无道非几,佇闻刑措。岂图王室不造,频谋乱阶,天步艰难,将倾宝历,仰惟嘉命,爰集朕躬。我心贞确,坚誓苍昊,而群辟启请,相喧渭桥,文母尊严,悬心长乐,对扬玺绂,非止殷汤之三辞,履涉春冬,何但代王之五让。今便肃奉天策,钦承介圭。若据沧溟,逾增兢业。思所以云行雨施,品物咸亨,当与黔黎,普同斯庆。可改光大三年为太建元年。大赦天下。在位文武赐位一阶,孝悌力田及为父后者赐爵一级,异等殊才,并加策序。鳏寡孤独不能自存者,人赐谷五斛。”复太皇太后尊号曰皇太后。立妃柳氏为皇后,世子叔宝为皇太子,皇子南中郎将、江州刺史康乐侯叔陵为始兴王,奉昭烈王祀。乙未,舆驾谒太庙。丁酉,分命大使巡行四方,观省风俗。征南大将军、开府仪同三司、新除中抚大将军章昭达进号车骑大将军,新除中军大将军、开府仪同三司、南徐州刺史淳于量为征北大将军,镇北将军、开府仪同三司、南徐州刺史、新除镇西将军、郢州刺史黄法氍进号征西大将军,新除安南将军、开府仪同三司、湘州刺史吴明彻进号镇南将军,镇东将军、扬州刺史、鄱阳王伯山进号中卫将军,尚书右仆射沈钦为尚书左仆射,度支尚书王劢为尚书右仆射,护军将军沈恪为镇南将军、广州刺史。辛丑,舆驾亲祠南郊。壬寅,以皇子建安侯叔英为宣惠将军、东扬州刺史,改封豫章王。丰城侯叔坚改封长沙王。癸卯,以明威将军周弘正为特进。戊午,舆驾亲祠太庙。二月庚午,皇后谒太庙。辛未,皇太子谒太庙。乙亥,舆驾亲耕藉田。夏五月甲午,齐遣使来聘。丁巳,以吏部尚书、领大著作徐陵为尚书右仆射,太子詹事、驸马都尉沈君理为吏部尚书。秋七月辛卯,皇太子纳妃沈氏,王公已下赐帛各有差。丁酉,以平东将军、吴郡太守晋安王伯恭为中护军,进号安南将军。九月甲辰,以新除中护军晋安王伯恭为中领军。冬十月,新除左卫将军欧阳纥据广州举兵反。辛未,遣车骑将军、开府仪同三司章昭达率众讨之。壬午,舆驾亲祠太庙。

二年春正月乙酉,以征西大将军、开府仪同三司、郢州刺史黄法氍为中权大将军。丙午,舆驾亲祠太庙。二月癸未,仪同章昭达擒欧阳纥送都,斩于建康市,广州平。三月丙申,皇太后崩。丙午,曲赦广、衡二州。丁未,大赦天下。又诏自讨周迪、华皎已来,兵交之所有死亡者,并令收敛,并给棺槥,送还本乡;疮痍未瘳者,各给医药。夏四月乙卯,临海王伯宗薨。戊寅,皇太后祔葬万安陵。闰月戊申,舆驾谒太庙。己酉,太白昼见。五月乙卯,仪同黄法氍献瑞璧一。壬午,齐遣使来吊。六月戊子,新罗国遣使献方物。辛卯,大雨雹。乙巳,分遣大使巡行州郡,省理冤屈。戊申,车骑将军、开府仪同三司章昭达进号车骑大将军,安南将军、广州刺史沈恪进号镇南将军。秋八月甲申,诏曰:“怀远以德,抑惟恒典,去戎即华,民之本志。顷年江介襁负相随,崎岖归化,亭候不绝,宜加恤养,答其诚心。维是荒境自拔,有在都邑及诸州镇,不问远近,并蠲课役。若克平旧土,反我侵地,皆许分还乡,

一无拘限。州郡县长明加甄别,良田废村,随便安处。若辄有课订,即以扰民论。”又诏曰:“民惟邦本,著在典谟,治国爱民,抑又通训。朕听朝晏罢,日昃劬劳,方流惠泽,覃被亿兆。有梁之季,政刑陵缺,条纲弛紊,僭盗荐兴,役赋征徭,尤为烦刻。大陈御宇,拯兹余弊,灭虺戡黎,弗遑创改,年代弥流,将及成俗,如弗解张,物无与厝,夕惕疚怀,有同首疾。思从卑菲,约己济民,虽府帑未充,君孰与足,便可删革,去其甚泰,冀永为定准,令简而易从。自今维作田,值水旱失收,即列在所,言上折除。军士年登六十,悉许放还。巧手于役死亡及与老疾,不劳订补。其籍有巧隐,并王公百司辄受民为程荫,解还本属,开恩听首。在职治事之身,须递相检示,有失不推,当局任罪。令长代换,具条解合户数,付度后人。户有增进,即加擢赏;若致减散,依事准结。有能垦起荒田,不问顷亩少多,依旧蠲税。”戊子,太白昼见。九月乙丑,以散骑常侍、镇东将军、吴兴太守杜棱为特进、护军将军。冬十月乙酉,舆驾亲祠太庙。十一月辛酉,高丽国遣使献方物。十二月癸巳夜,西北有雷声。

三年春正月癸丑,以尚书右仆射、领大著作徐陵为尚书仆射。辛酉,舆驾亲祠南郊。辛未,亲祠北郊。二月辛巳,舆驾亲祠明堂。丁酉,亲耕籍田。三月丁丑,大赦天下。自天康元年讫太建元年,逋余军粮、禄秩、夏调未入者,悉原之。又诏犯逆子弟家属逃亡异境者,悉听归首;见繫系者,量可散释;其有居宅,并追还。夏四月壬辰,齐遣使来聘。五月戊申,太白昼见。辛亥,辽东、新罗、丹丹、天竺、盘盘等国并遣使献方物。六月丁亥,江阴王萧季卿以罪免。甲辰,封东中郎将长沙王府谘议参军萧彝为江阴王。秋八月辛丑,皇太子亲释奠于太学,二傅、祭酒以下赍帛各有差。九月癸酉,太白昼见。冬十月甲申,舆驾亲祠太庙。乙酉,周遣使来聘。己亥,丹丹国遣使献方物。十二月壬辰,车骑大将军、司空章昭达薨。

四年春正月丙午,以云麾将军、江州刺史始兴王叔陵为湘州刺史,进号平南将军;东中郎将、吴郡太守长沙王叔坚为宣毅将军、江州刺史;尚书仆射、领大著作徐陵为尚书左仆射;中书监王劢为尚书右仆射。庚申,以丹阳尹衡阳王伯信为信威将军、中护军。庚午,舆驾亲祠太庙。二月乙酉,立皇子叔卿为建安王,授东中郎将、东扬州刺史。三月壬子,以散骑常侍孙瑒为安西将军、荆州刺史。乙丑,扶南、林邑国并遣使来献方物。夏四月戊子,以中权大将军、开府仪同三司黄法氍为征南大将军、南豫州刺史。五月癸卯,尚书右仆射王劢卒。六月辛巳,侍中、镇右将军、右光禄大夫杜棱卒。秋八月辛未,周遣使来聘。丁丑,景云见。戊寅,诏曰:“国之大事,受贼兴戎。师出以律,禀策于庙,所以乂安九有,克成七德。自顷扫涤群秽,廓清诸夏,乃貔貅之戮力,亦帷幄之运筹。虽左衽已戡,干戈载戢,呼韩未谒,亭鄣无警,但不教民战,是谓弃之,仁必有勇,无忘武备。磻溪之传韬诀,谷城之授神符,文叔悬制戎规,孟德颇言兵略。朕既惭暗合,良皆披览。兼昔经督戎,备尝行阵,齐以七步,肃之三鼓,得自胸襟,指掌可述。今并条制,凡十三科,宜即班宣,

以为永准。"乙未,诏停督湘、江二州逋租,无锡等十五县流民,并蠲其徭赋。九月庚子朔,日有蚀之。辛亥,大赦天下。又诏曰:"举善从谏,在上之明规;进贤谒言,为臣之令范。朕以寡德,嗣守宝图,虽世基隆平,治非宁一。辨方分职,旰食早衣;傍阙争臣,下无贡士。何其阙尔,鲜能抗直。岂余独运,匪荐谠言,置鼓公车,罕论得失;施石象魏,莫陈可否。朱云摧槛,良所不逢;禽息触楹,又为难值。至如衣褐以见,檐簦以游,或耆艾绝伦,或妙年异等,干时而不偶,左右莫之誉,黑貂改弊,黄金且弹,终其滞淹,可为太息。又贵为百辟,贱有十品,工拙并骛,劝沮莫分,衔谣徒拥,廷议斯阙。实朕之弗明,而时无献替。永言至治,何乃爽欤? 外可通示文武:凡厥在位,风化乖殊,朝政纰蠹,正色直辞,有犯无隐。兼各举所知,随才明试。其茌政廉秽,在职能否,分别矢言,俟兹黜陟。"丙寅,以故太尉徐度、仪同杜棱、仪同程灵洗配食高祖庙庭,故车骑将军章昭达配食世祖庙庭。冬十月乙酉,舆驾亲祠太庙。戊戌,以镇南将军、广州刺史沈恪为领军将军。十一月己亥夜地震。闰月辛未,诏曰:"姑孰饶旷,荆河斯拟,博望关畿,天限严峻,龙山南指,牛渚北临,对熊绎之余城,迩全琮之故垒,良畴美柘,畦畎相望,连宇高甍,阡陌如绣。自梁末兵灾,凋残略尽,比虽务优宽,犹未克复,咫尺封畿,宜须殷阜。且众将部下,多寄上下,军民杂俗,极为蠹耗。自今有罢任之徒,许分留部下;其已在江外,亦令迎还,悉住南州津里安置。有无交货,不责市估,莱荒垦辟,亦停租税。台遣镇监一人,共刺史、津主分明检押,给地赋田,各立顿舍。"十二月壬寅,甘露降乐游苑。甲辰,舆驾幸乐游苑,采甘露,宴群臣。丁卯,诏曰:"梁氏之季,兵火荐臻,承华焚荡,顿无遗构。宝命惟新,迄将二纪,频事戎旅,未遑修缮。今工役差闲,椽桷有拟,来岁开肇,创筑东宫,可权置起部尚书、将作大匠,用主监作。"

五年春正月癸酉,以征北大将军、开府仪同三司、南徐州刺史淳于量为中权大将军;宣惠将军、豫章王叔英为南徐州刺史,进号平北将军,吏部尚书、驸马都尉沈君理为尚书右仆射,领吏部。辛巳,舆驾亲祠南郊。甲午,舆驾亲祠太庙。二月辛丑,舆驾亲祠明堂。乙卯,夜有白气如虹,自北方贯北斗紫宫。三月壬午,分命众军北伐,以镇前将军、开府仪同三司吴明彻都督征讨诸军事。丙戌,西衡州献马生角。己丑,皇孙胤生,内外文武赐帛各有差,为父后者爵一级。北讨大都督吴明彻统众十万,发自白下。夏四月癸卯,前巴州刺史鲁广达克齐大岘城。辛亥,吴明彻克秦州水栅。庚申,齐遣兵十万援历阳,仪同黄法氍破之。辛酉,齐军救秦州,吴明彻又破之。癸亥,诏北伐众军所杀齐兵,并令埋掩。甲子,南谯太守徐槾克石梁城。五月己巳,瓦梁城降。癸酉,阳平郡城降。甲戌,徐槾克庐江郡城。丙子,黄法氍克历阳城。己卯,北高唐郡城降。辛巳,诏征南大将军、开府仪同三司、南豫州刺史黄法氍徙镇历阳,齐改县为郡者并复之。乙酉,南齐昌太守黄咏克齐昌外城。丙戌,庐陵内史任忠军次东关,克其东西二城,进克蕲城。戊子,又克谯郡城,秦州城降。

癸巳,瓜步、胡墅二城降。六月庚子,郢州刺史李综克灊口城。乙巳,任忠克合州外城。庚戌,淮阳、沭阳郡并弃城走。癸丑,景云见。豫章内史程文季克泾州城。乙卯,宣毅司马湛陀克新蔡城。癸亥,周遣使来聘。黄法氍克合州城。吴明彻师次仁州,甲子,克其州城。是月,治明堂。秋七月乙丑,镇前将军、开府仪同三司吴明彻进号征北大将军。戊辰,齐遣众二万援齐昌,西阳太守周炅破之。己巳,吴明彻军次峡口,克其北岸城,南岸守者弃城走。周炅克巴州城。淮北绛城及谷阳士民,并诛其渠帅,以城降。丙戌,吴明彻克寿阳外城。八月乙未,山阳城降。壬寅,盱眙城降。戊申,罢南齐昌郡。壬子,戎昭将军徐敬辩克海安城。青州东海城降。戊午,平固侯陈敬泰等克晋州城。九月甲子,阳平城降。壬申,高唐太守沈善度克马头城。甲戌,齐安城降。丙子,左卫将军樊毅克广陵楚子城。癸未,尚书右仆射、领吏部、驸马都尉沈君理卒。丁亥,前鄱阳内史鲁天念克黄城小城,齐军退保大城。戊子,割南兖州之盱眙郡属谯州。壬辰晦,夜明。黄城大城降。冬十月甲午,郭默城降。戊戌,以中书令王玚为吏部尚书。己亥,以特进、领国子祭酒周弘正为尚书右仆射。乙巳,吴明彻克寿阳城,斩王琳,传首京师,枭于朱雀航。丁未,齐兵万人至颍口。樊毅击走之。辛亥,齐遣兵援苍陵,又破之。丙辰,诏曰:"梁末悬瓠,以寿阳为南豫州,今者克复,可还为豫州。以黄城为司州,治下为安昌郡,浐湍为汉阳郡,三城依梁为义阳郡,并属司州。"以征北大将军、开府仪同三司吴明彻为豫州刺史,进号车骑大将军;征南大将军、开府仪同三司、南豫州刺史黄法氍为征西大将军、合州刺史。戊午,湛陀克齐昌城。十一月甲戌,淮阴城降。庚辰,威虏将军刘桃根克朐山城。辛巳,樊毅克济阴城。己丑,鲁广达等克北徐州。十二月壬辰朔,诏曰:"古者反噬叛逆,尽族诛夷,所以藏其首级,诚之后世。比者所戮止在一身,子胤或存,枭悬自足,不容久归武库,长比月支。恻隐之怀,有仁不忍。维熊昙朗、留异、陈宝应、周迪、邓绪等及今者王琳首,并还亲属,以弘广宥。"乙未,谯城降。乙巳,立皇子叔明为宜都王,叔献为河东王。壬午,任忠克霍州城。

六年春正月壬戌朔,诏曰:"王者以四海为家,万姓为子,一物乖方,夕惕犹厉,六合未混,旰食弥忧。朕嗣纂鸿基,思弘经略,上符景宿,下叶人谋,命将兴师,大拯沦溺。灰琯未周,凯捷相继,拓地数千,连城将百。蠢彼余黎,毒兹异境,江淮年少,犹有剽掠,乡闾无赖,摘出阴私,将帅军人,罔顾刑典,今使苛法蠲除,仁声载路。且肇元告庆,边服来荒,始睹皇风,宜覃曲泽,可赦江右淮北南司、定、霍、光、建、朔、合、豫、北徐、仁、北兖、青、冀、南谯、南兖十五州,郢州之齐安、西阳,江州之齐昌、新蔡、高唐,南豫州之历阳、临江郡土民,罪无轻重,悉皆原宥。将帅职司,军人犯法,自依常科。"以翊前将军新安王伯固为中领军,进号安前将军;安前将军、中领军晋安王伯恭为安南将军、南豫州刺史。壬午,舆驾亲祠太庙。甲申,广陵金城降。周遣使来聘。高丽国遣使献方物。二月壬辰朔,日有蚀之。辛亥,舆驾亲耕籍田。丙辰，以中权大将军、开府仪同三司淳于量为征西大将军、郢州刺史。三月癸亥，诏曰："去岁南川颇言失稔，所督田租于今未即。豫章等六郡太建五年田租，可申半至秋。豫章又通太建四年检首田税，亦申至秋。南康一郡，岭下应接，民间尤弊，太建四年田租未入者，可特原除。庶修垦无废，岁取方实。"夏四月庚子，彗星见。辛丑，诏曰："戢情怀善，有国之令图，拯弊救危，圣范之通训。近命师薄伐，义在济民，青、齐旧隶，胶、光部落，久患凶戎，争归有道，弃彼农桑，忘其衣食。而大军未接，中途止憩，朐山、黄郭，车营布满，扶老携幼，蓬流草跋，既丧其本业，咸事游手，饥馑疾疫，不免流离。可遣大使精加慰抚，仍出阳平仓谷，拯其悬罄，并充粮种。劝课士女，随近耕种。石鳖等屯，适意修垦。"六月壬辰，尚书右仆射、领国子祭酒周弘正卒。乙巳，以中卫将军、扬州刺史鄱阳王伯山为征北将军、南徐州刺史，中护军衡阳王伯信为宣毅将军、扬州刺史。冬十一月乙亥，诏北讨行军之所，并给复十年。十二月癸巳，平南将军、湘州刺史始兴王叔陵进号镇南将军。戊戌，以吏部尚书王玚为尚书右仆射，度支尚书孔奂为吏部尚书。丙午，安右将军、左光禄大夫王通加特进。

七年春正月辛未，舆驾亲祠南郊。乙亥，左卫将军樊毅克潼州城。辛巳，舆驾亲祠北郊。二月戊申，樊毅克下邳、高栅等六城。三月辛未，诏豫、二兖、谯、徐、合、霍、南司、定九州及南豫、江、郢所部在江北诸郡置云旗义士，往大军及诸镇备防。戊寅，以新除征西大将军、合州刺史、开府仪同三司黄法氍为豫州刺史。改罢东徐州为安州，武州为沅州。移谯州镇在新昌郡，以秦郡属之。盱眙、神农二郡还隶南兖州。夏四月丙戌，有星孛于大角。庚寅，监豫州陈桃根于所部得青牛，献之，诏遣还民。甲午，舆驾亲祠太庙。乙未，陈桃根又表上织成罗文锦被各二，诏于云龙门外焚之。壬子，郢州献瑞钟六。五月乙卯，割谯州之秦郡还隶南兖州。分北谯县置北谯郡，领阳平所属北谯、西谯二县。合州之南梁郡，隶入谯州。六月丙戌，为北讨将士死王事者克日举哀。壬辰，以尚书右仆射王玚为尚书仆射。己酉，改作云龙、神虎门。秋八月壬寅，移西阳郡治保城。癸卯，周遣使来聘。闰九月壬辰，都督吴明彻大破齐军于吕梁。是月，甘露频降乐游苑。丁未，舆驾幸乐游苑，采甘露，宴群臣，诏于苑龙舟山立甘露亭。冬十月戊午，以征北将军、南徐州刺史鄱阳王伯山为征南将军、江州刺史；安前将军、中领军新安王伯固为南徐州刺史，进号镇北将军；信威将军、江州刺史长沙王叔坚为云麾将军、中领军。己巳，立皇子叔齐为新蔡王，叔文为晋熙王。十一月庚戌，以征西大将军、开府仪同三司、郢州刺史淳于量为中军大将军。十二月丙辰，以新除云麾将军、郢州刺史长沙王叔坚为平越中郎将、广州刺史，东中郎将、东扬州刺史建安王叔卿为云麾将军、郢州刺史，宣惠将军宜都王叔明为东扬州刺史。壬戌，以尚书仆射王玚为尚书左仆射，太子詹事、扬州大中正陆缮为尚书右仆射，国子祭酒徐陵为领军将军。甲子，南康郡献瑞钟。

八年春正月庚辰，西南有紫云见。二月壬申，车骑大将军、开府仪同三司吴明彻进位司空。丁丑，诏江东道太建五年以前租税夏调逋在民间者，皆原之。夏四月甲寅，诏曰："元戎凯旋，群师振旅，旌功策赏，宜有飨宴。今月十七日，可幸乐游苑，设丝竹之乐，大会文武。"己未，舆驾亲祠太庙。五月庚寅，尚书左仆射王玚卒。六月癸丑，以云麾将军、广州刺史长沙王叔坚为合州刺史，进号平北将军。甲寅，以尚书右仆射陆缮为尚书左仆射，新除晋陵太守王克为尚书右仆射。秋八月丁卯，以车骑大将军、司空吴明彻为南兖州刺史。九月戊戌，以皇叔彪为淮南王。冬十一月乙酉，以平南将军、湘州刺史长沙王叔坚为平西将军、郢州刺史。丁酉，分江州晋熙、高唐、新蔡三郡为晋州。辛丑，以冠军将军庐陵王伯仁为中领军。十二月丁卯，以新除太子詹事徐陵为右光禄大夫。

九年春正月辛卯，舆驾亲祠北郊。壬寅，以湘州刺史、新除中卫将军始兴王叔陵为扬州刺史；云麾将军建安王叔卿为湘州刺史，进号平南将军。二月壬子，舆驾亲耕藉田。夏五月丙子，诏曰："朕昧旦求衣，日旰方食，思弘亿兆，用臻俾乂，而牧守莅民，廉平未洽，年常租赋，多致逋余，即此务农，宜弘宽省。可起太建以来讫八年流移叛户所带租调，七年八年版义丁、五年讫八年版籍丁、六年七年逋租田米粟夏调绵绢丝布麦等，五年讫七年逋赉绢，皆悉原之。"秋七月乙亥，以轻车将军、丹阳尹江夏王伯义为合州刺史。己卯，百济国遣使献方物。庚辰，大雨，震万安陵华表。己丑，震慧日寺刹及瓦官寺重门，一女子于门下震死。冬十月戊午，司空吴明彻破周将梁士彦众数万于吕梁。十二月戊申，东宫成，皇太子移于新宫。

十年春正月己巳朔，以中领军庐陵王伯仁为平北将军、南徐州刺史，翊左将军、右光禄大夫、领太子詹事徐陵为领军将军。二月甲子，北讨众军败绩于吕梁，司空吴明彻及将卒已下，并为周军所获。三月辛未，震武库。丙子，分命众军以备周：中军大将军、开府仪同三司淳于量为大都督，总水陆诸军事；明威将军孙玚都督荆、郢水陆诸军事，进号镇西将军；左卫将军樊毅为大都督，督朱沛、清口上至荆山缘淮众军，进号平北将军；武毅将军任忠都督寿阳、新蔡、霍州等众军，进号宁远将军。乙酉，大赦天下。丁酉，以中军大将军、开府仪同三司、护军将军淳于量为南兖州刺史，进号车骑将军。夏四月庚戌，诏曰："懋赏之言，明于训诰，挟纩之美，著在抚巡。近岁薄伐，廓清淮、泗，摧锋致果，文武毕力，栉风沐雨，寒暑亟离，念功在兹，无忘终食。宜班荣赏，用酬厥劳。应在军者可并赐爵二级，并加赉恤，付选即便量处。"又诏曰："惟尧葛衣鹿裘，则天为大，伯禹弊衣菲食，夫子曰'无间然'，故俭德之恭，约失者鲜。朕君临宇宙，十变年籥，旰日勿休，乙夜忘寝，跂予思治，若济巨川，念兹在兹，懔同驭朽。非贪四海之富，非念黄屋之尊，导仁寿以置群生，宁劳役以奉诸己。但承梁季，乱离斯瘼，宫室禾黍，有名亡处，虽轮奂未睹，颇事经营，去泰去甚，犹为劳费。加以戎车屡出，千金日损，府帑未充，民疲征赋。百姓不足，君孰与足？兴言静念，夕惕怀抱，垂训立法，良所多惭。斫雕为朴，庶几可慕，雉头之服既焚，弋绨之衣方袭，损撤之制，前自朕躬，草偃风行，冀以变俗。应御府堂署所营造礼乐仪服军器之外，其余悉皆停息；掖庭常供、王侯妃主诸有俸恤，并各量减。"丁巳，以新除镇右将军新安王伯固为护军将军。戊午，樊毅遣军度淮北对清口筑城。庚申，大雨雹。壬戌，清口城不守。五月甲申，太白昼见。六月丁卯，大雨，震大皇寺刹、庄严寺露盘、重阳阁东楼、千秋门内槐树、鸿胪府门。秋七月戊戌，新罗国遣使献方物。乙巳，以散骑常侍、兼吏部尚书袁宪为吏部尚书。八月乙丑朔，改秦郡为义州。戊寅，陨霜，杀稻菽。九月壬寅，以平北将军樊毅为中领军。乙巳，立方明坛于娄湖。戊申，以中卫将军、扬州刺史始兴王叔陵兼王官伯临盟。甲寅，舆驾幸娄湖临誓。乙卯，分遣大使以盟誓班下四方，上下相警戒也。壬戌，以宣惠将军江夏王伯义为东扬州刺史。冬十月戊寅，罢义州及琅邪、彭城二郡。立建兴，领建安、同夏、乌山、江乘、临沂、湖熟等六县，属扬州。戊子，以尚书左仆射陆缮为尚书仆射。十一月辛丑，以镇西将军孙玚为郢州刺史。十二月乙亥，合州庐江蛮田伯兴出寇枞阳，刺史鲁广达讨平之。

十一年春正月丁酉，龙见于南兖州永宁楼侧池中。二月癸亥，舆驾亲耕藉田。三月丁未，诏淮北义人率户口归国者，建其本属旧名，置立郡县，即隶近州，赋给田宅，唤订一无所预。夏五月乙巳，诏曰："昔轩辕命于风后、力牧，放勋咨尔稷、契、朱武，冕旒垂拱，化致隆平。爰建汉列五曹，周分六职，设官理务，各有攸司，亦几期刑措，卜世弥永，并赖群才，用康庶绩。朕日昃劬劳，思弘治要，而机事尚拥，政道未凝，夕惕于怀，罔知攸济。方欲仗兹舟楫，委成股肱，征名责实，取宁多士。自今应尚书曹、府、寺、内省监、司文案，悉付局参议分判。其军国兴造、征发、绪予、三狱等事，前须详酌，然后闻奏。凡诸辩决，务令清允，约法守制，较若画一，不得前后舛互，自相矛盾，致有枉滞。纡意舞文，纠听所知，靡有攸赦。"甲寅，诏曰："旧律以枉法受财为坐虽重，直法容贿其制甚轻，岂不长彼贪残，生其舞弄？事涉货财，宁不尤切？今可改不枉法受财者，科同正盗。"六月庚辰，以镇前将军豫章王叔英为镇南将军、江州刺史。丙戌，以征南将军、江州刺史鄱阳王伯山为中权将军、护军将军。秋七月辛卯，初用大货六铢钱。八月甲子，青州义主朱显宗等率所领七百户入附。丁卯，舆驾幸大壮观阅武。戊寅，舆驾还宫。冬十月甲戌，以安前将军、祠部尚书晋安王伯恭为军师将军，尚书仆射陆缮为尚书左仆射。十一月辛卯，诏曰："画冠弗犯，革此浇风，挈絷是蹈，化于薄俗。朕肃膺宝命，迄将一纪，思经邦济治，忧国爱民，日昃劬劳，夜分辍寝，而还淳反朴，其道靡阶，雍熙盛美，莫云能致。遂乃鞫讯之牒，盈于听览，春钦之人，烦于牢犴。周成刑措，汉文断狱，杼轴空劳，瀛寰既远。加以蠢尔丑徒，铁我彭、汴、淮、汝氓庶，企踵王略，治兵薯旅，义存拯救。飞刍挽粟，征赋颇烦，暑雨祁寒，宁忘咨怨。兼宿度乖舛，次舍违方，若曰之诚，责归元首，愧心斯积，驭朽非惧。即建子令月，微阳初动，应此嘉辰，宜播德泽，可大赦天下。"甲午，遣柱国梁士彦率众至肥口。戊戌，周军进围寿阳。

辛丑，以车骑将军、开府仪同三司、南兖州刺史淳于量为上流水军都督；中领军樊毅都督北讨诸军事，加安北将军；散骑常侍、左卫将军任忠都督北讨前军事，加平北将军；前丰州刺史皋文奏率步骑三千趣阳平郡。癸卯，任忠率步骑七千趣秦郡。丙午，新除仁威将军、右卫将军鲁广达率众入淮。是日，樊毅领水军二万自东关入焦湖，武毅将军萧摩诃率步骑趣历阳。戊申，豫州陷。辛亥，霍州又陷。癸丑，以新除中卫大将军、扬州刺史始兴王叔陵为大都督，总督水步众军。十二月乙丑，南北兖、晋三州，及盱眙、山阳、阳平、马头、秦、历阳、沛、北谯、南梁等九州，并自拔还京师。谯、北徐州又陷。自是淮南之地尽没于周矣。己巳，诏曰："昔尧、舜在上，茅屋土阶，汤、禹为君，藜杖韦带。至如甲帐珠络，华榱璧珰，未能雍熙，徒闻侈欲。朕企仰前圣，思求讼平，正道多违，浇风靡义。至今贵里豪家，金铺玉舄，贫居陋巷，鼃食牛衣，称物平施，何其辽远。爝烽未息，役赋兼劳，文吏奸贪，妄动科格。重以旗亭关市，税敛繁多，不广都内之钱，非供水衡之费，逼遏商贾，营谋私蓄。靖怀众弊，宜事改张。弗弘王道，安拯民蠹？可宜勒主衣、尚方诸堂署等，自非军国资须，不得缮造众物。后宫僚列，若有游长，掖庭启奏，即皆量遣。大予秘戏，非会礼经，乐府倡优，不合雅正，并可删改。市估津税，军令国章，更须详定，唯务平允。别观离宫，郊间野外，非恒飨宴，勿复修治。并勒内外文武车马宅舍，皆循俭约，勿尚奢华。违我严规，抑有刑宪。所由具为条格，标榜宣示，令喻朕心焉。"癸酉，遣平北将军沈恪、电威将军裴子烈镇南徐州，开远将军徐道奴镇栅口，前信州刺史杨宝安镇白下。戊寅，以中领军樊毅为镇西将军、都督荆郢巴武四州水陆诸军事。

十二年春正月戊戌，以散骑常侍、左卫将军任忠为平南将军、南豫州刺史，督缘江军防事。三月壬辰，以平北将军庐陵王伯仁为翊左将军、中领军。夏四月癸亥，尚书左仆射陆缮卒。乙丑，以宣毅将军河东王叔献为南徐州刺史。己卯，大雩。壬午，雨。五月癸巳，以军师将军、尚书右仆射晋安王伯恭为尚书仆射。六月壬戌，大风坏皋门中闼。秋八月己未，周使持节、上柱国、郧州总管荥阳郡公司马消难以郧、随、温、应、土、顺、沔、环、岳等九州，鲁山、甄山、沌阳、应城、平靖、武阳、上明、溠水等八镇内附。诏以消难为使持节、侍中、大都督、总督安随等九州八镇诸军事，车骑将军、司空，封随郡公，给鼓吹、女乐各一部。庚申，诏镇西将军樊毅进督沔、汉诸军事。遣平南将军、南豫州刺史任忠率众趣历阳；通直散骑常侍、超武将军陈慧纪为前军都督，趣南兖州。戊辰，以新除司空司马消难为大都督水陆诸军事。庚午，通直散骑常侍淳于陵克临江郡。癸酉，智武将军鲁广达克郭默城。甲戌，大雨霖。丙子，淳于陵克祐州城。九月癸未，周临江太守刘显光率众内附。是夜，天东南有声，如风水相击，三夜乃止。丙戌，改安陆郡为南司州。丁亥，周将王延贵率众援历阳，任忠击破之，生擒延贵等。己酉，周广陵义主曹药率众入附。冬十月癸丑，大雨雷霞。十一月己丑，诏曰："朕君临四海，日旰劬劳，思弘至治，未臻斯道。而兵车骤出,军费尤烦,刍漕控引,不能征赋。夏中亢旱伤农,畿内为甚,民失所资,岁取无托。此则政刑未理,阴阳舛度,黎元阻饥,君孰与足?靖言兴念,余责在躬,宜布惠泽,溥沾氓庶。其丹阳、吴兴、晋陵、建兴、义兴、东海、信义、陈留、江陵等十郡,并诸署即年田税、禄秩,并各原半,其丁租半申至来岁秋登。"十二月庚辰,宣毅将军、南徐州刺史河东王叔献薨。

十三年春正月壬午,以车骑将军、开府仪同三司淳于量为左光禄大夫;中权将军、护军将军鄱阳王伯山即本号开府仪同三司;镇右将军、国子祭酒新安王伯固为扬州刺史;军师将军、尚书仆射晋安王伯恭为尚书左仆射;安右将军、丹阳尹徐陵为中书监,领太子詹事;吏部尚书袁宪为尚书右仆射。庚寅,以轻车将军、卫尉卿宜都王叔明为南徐州刺史。二月甲申,诏赐司马消难所部周大将军田广等封爵各有差。乙亥,舆驾亲耕藉田。夏四月乙巳,分衡州始兴郡为东衡州,衡州为西衡州。五月丙辰,以前镇西将军樊毅为中护军。六月辛卯,以新除中护军樊毅为护军将军。秋九月癸亥,夜,大风至自西北,发屋拔树,大雷震霓。冬十月癸未,以散骑常侍、丹阳尹毛喜为吏部尚书,护军将军樊毅为镇西将军、荆州刺史。改鄱阳郡为吴州。壬寅,丹丹国遣使献方物。十二月辛巳,彗星见。己亥,以翊右将军、卫尉卿沈恪为护军将军。

十四年春正月己酉,高宗弗豫。甲寅,崩于宣福殿,时年五十三。遗诏曰:"朕爱自遘疾,曾未浃旬,医药不瘳,便属大渐,终始定分,夫复奚言。但君临寰宇,十有四载,诚知虽休勿休,日慎一日,知宗庙之负重,识王业之艰难。而边鄙多虞,生民未乂,方欲荡清四海,包吞八荒,有志莫从,遗恨幽壤。皇太子叔宝继体正嫡,年业韶茂,纂统洪基,社稷有主。群公卿士,文武内外,俱罄心力,同竭股肱,送往事居,尽忠诚之节,当官奉职,引翼亮之功。务在叶和,无违朕意。凡厥终制,事从省约。金银之饰,不须入圹,明器之具,皆令用瓦。唯使俭而合礼,勿得奢而乖ыл。以日易月,既有通规,公除之制,悉依旧准。在位百司,三日一临,四方州镇,五等诸侯,各守所职,并停奔赴。"二月辛卯,上谥孝宣皇帝,庙号高宗。癸巳,葬显宁陵。

高宗在田之日,有大度干略,及乎登庸,实允天人之望。梁室丧乱,淮南地并入齐,高宗太建初,志复旧境,乃运神略,授律出师,至于战胜攻取,献捷相继,遂获反侵地,功实懋焉。及周灭齐,乘胜略地,还达江际矣。

史臣曰:高宗器度弘厚,亦有人君之量焉。世祖知冢嗣仁弱,弗可传于宝位,高宗地居姬旦,世祖情存太伯,及乎弗念,大事咸委焉。至于纂业,万机平理,命将出师,克淮南之地,开拓土宇,静谧封疆。享国十余年,志大意逸,吕梁覆军,大丧师徒矣。江左削弱,抑此之由。呜呼!盖德不逮文,智不及武,虽得失自我,无御敌之略焉。

卷六　　　　本纪第六

后　　主

后主,讳叔宝,字元秀,小字黄奴,高宗嫡长子也。梁承圣二年十一月戊寅生于江陵。明年,江陵陷,高宗迁关右,留后主于穰城。天嘉三年,归京师,立为安成王世子。天康元年,授宁远将军,置佐史。光大二年,为太子中庶子,寻迁侍中,余如故。太建元年正月甲午,立为皇太子。

十四年正月甲寅,高宗崩。乙卯,始兴王叔陵作逆,伏诛。丁巳,太子即皇帝位于太极前殿。诏曰:"上天降祸,大行皇帝奄弃万国,攀号擗踊,无所逮及。朕以哀茕,嗣膺宝历,若涉巨川,罔知攸济,方赖群公,用匡寡薄。思播遗德,覃被亿兆,凡厥遐迩,咸与惟新。可大赦天下。在位文武及孝悌力田为父后者,并赐爵一级。孤老鳏寡不能自存者,赐谷人五斛、帛二匹。"癸亥,以侍中、翊前将军、丹阳尹长沙王叔坚为骠骑将军、开府仪同三司、扬州刺史,右卫将军萧摩诃为车骑将军、南徐州刺史,镇西将军、荆州刺史樊毅进号征西将军,平南将军、豫州刺史任忠进号镇南将军,护军将军沈恪为特进、金紫光禄大夫,平西将军鲁广达进号安西将军,仁武将军、丰州刺史章大宝为中护军。乙丑,尊皇后为皇太后,宫曰弘范。丙寅,以冠军将军晋熙王叔文为宣惠将军、丹阳尹。丁卯,立弟叔重为始兴王,奉昭烈王祀,己巳,立妃沈氏为皇后。辛未,立皇弟叔俨为寻阳王,皇弟叔慎为岳阳王,皇弟叔达为义阳王,皇弟叔熊为巴山王,皇弟叔虞为武昌王。壬申,侍中、中权将军、开府仪同三司鄱阳王伯山进号中权大将军,军师将军、尚书左仆射晋安伯恭进号翊前将军、侍中,翊右将军、中领军庐陵王伯仁进号安前将军,镇南将军、江州刺史豫章王叔英进号征南将军,平南将军、湘州刺史建安王叔卿进号安南将军。以侍中、中书监、安右将军徐陵为左光禄大夫,领太子少傅。甲戌,设无寻大会于太极前殿。三月辛亥,诏曰:"躬推为劝,义显前经,力农见赏,事昭往诰。斯乃国储是资,民命攸属,丰俭隆替,靡不由之。夫入赋自古,输荛惟旧,沃饶贵于十金,硗确至于三易,腴埆既异,盈缩不同。诈伪日兴,簿书岁改。稻田使者,著自西京,不实峻刑,闻诸东汉。老农惧于祗应,俗吏因以侮文。辍耒成群,游手为伍,永言妨蠹,良可太息。今阳和在节,膏泽润下,宜展春耨,以望秋坻。其有新辟塍畎,进垦蒿莱,广袤勿得度量,征租悉皆停免。私业久废,咸许占作,公田荒纵,亦随肆勤。倪良守教耕,淳民载酒,有兹督课,议以赏擢。外可为格班下,称朕意焉。"癸亥,诏曰:"夫体国经野,长世字氓,虽因革殊,弛张或异,至于旁求俊乂,爰逮侧微,用适和羹,是隆大厦,上智中主,咸由此术。朕以寡薄,嗣膺景祚，虽哀疚在躬，情虑悯舛，而宗社任重，黎庶务殷，无由自安拱默，敢忘康济，思所以登显髦彦，式备周行。但空劳宵梦，屡勤史卜，五就莫来，八能不至。是用申旦凝虑，丙夜损怀。岂以食玉炊桂，无因自达？将怀宝迷邦，咸思独善？应内外众官九品已上，可各荐一人，以会汇征之旨。且取备实难，举长或易，小大之用，明言所施，勿得南箕北斗，名而非实。其有负能仗气，摈压当时，著《宾戏》以自怜，草《客嘲》以慰志，人生一世，逢遇诚难，亦宜去此幽谷，翔兹天路，趋铜驼以观国，望金马而来庭，便当随彼方圆，伤之矩矱。"又诏曰："昔睿后宰民，哲王御宇，虽德称汪濊，明能普烛，犹复纡己乞言，降情访道，高咨岳牧，下听舆台，故能政若神明，事无悔吝。朕纂承丕绪，思隆大业，常惧九重已邃，四聪未广，欲听昌言，不疲痹足，若逢廷折，无惮批鳞。而口柔之辞，傥闻于在位，腹诽之意，或隐于具僚，非所以弘理至公，缉熙帝载者也。内外卿士文武众司，若有智周政术，心练治体，救民俗之疾苦，辩禁网之疏密者，各进忠谠，无所隐讳。朕当虚己听受，择善而行，庶深鉴物情，匡我王度。"己巳，以侍中、尚书左仆射、新除翊前将军晋安王伯恭为安南将军、湘州刺史，新除翊左将军、永阳王伯智为尚书仆射，中护军章大宝为丰州刺史。夏四月丙申，立皇子永康公胤为皇太子，赐天下为父后者爵一级，王公已下赉帛各有差。庚子，诏曰："朕临御区宇，抚育黔黎，方欲康济浇薄，蠲省繁费，奢僭乖衷，实宜防断。应镂金银薄及庶物化生土木人彩花之属，及布帛幅尺短狭轻疏者，并伤财废业，尤成蠹患。又僧尼道士，挟邪左道，不依经律，民间淫祀妖书诸珍怪事，详为条制，并皆禁绝。"癸卯，诏曰："中岁克定淮、泗，爰涉青、徐，彼土酋豪，并输款诚款，分遣亲戚，以为质任。今旧土沦陷，复成异域，南北阻远，未得会同，念其乖离，殊有爱恋。夷狄吾民，斯事一也，何独讥禁，使彼离析？外可即检任子馆及东馆并带保任在外者，并赐米粮，颁之酒食，遂其乡路，所之阻远，便发遣船仗卫送，必令安达。若已预仕宦及别有事义不欲去者，亦随其意。"六月癸酉朔，以明威将军、通直散骑常侍孙玚为中护军。秋七月辛未，大赦天下。是月，江水色赤如血，自京师至于荆州。八月癸未夜，天有声如风水相击。乙酉夜亦如之。丙戌，以使持节、都督缘江诸军事、安西将军鲁广达为安左将军。九月丙午，设无导大会于太极殿，舍身及乘舆御服，大赦天下。辛亥夜，天东北有声如虫飞，渐移西北。乙卯，太白昼见。丙寅，以骠骑将军、开府仪同三司、扬州刺史长沙王叔坚为司空，征南将军、江州刺史豫章王叔英即本号开府仪同三司。

至德元年春正月壬寅，诏曰："朕以寡薄，嗣于鸿基，哀悼切虑，疹恙缠织，训俗少方，临下廪算，惧甚践冰，栗同驭朽。而四气易流，三光递至，缨绂列陛，玉帛充庭，具物匪新，节序疑旧，细思前德，永慕昔辰，对轩阖而哽心，顾庑筵而慓气。思所以仰遵遗构，俯励薄躬，陶铸九流，休息百姓，用弘宽简，取叶阳和。可大赦天下，改太建十五年为至德元年。"以征南将军、江州刺史、新除开府仪同三司豫章王叔英为中卫大将军，骠骑将军、开

府仪同三司、扬州刺史长沙王叔坚为江州刺史，征东将军、开府仪同三司、东扬州刺史司马消难进号车骑将军，宣惠将军、丹阳尹晋熙王叔文为扬州刺史，镇南将军、南豫州刺史任忠为领军将军，安左将军鲁广达为平南将军、南豫州刺史，祠部尚书江总为吏部尚书。癸卯，立皇子深为始安王。二月丁丑，以始兴王叔重为扬州刺史。夏四月戊辰，交州刺史李幼荣献驯象。己丑，以前轻车将军、扬州刺史晋熙王叔文为江州刺史。秋八月丁卯，以骠骑将军、开府仪同三司长沙王叔坚为司空。九月丁巳，天东南有声如虫飞。冬十月丁酉，立皇弟叔平为湘东王，叔敖为临贺王，叔宣为阳山王，叔穆为西阳王。戊戌，侍中、安右将军、左光禄大夫、太子少傅徐陵卒。癸丑，立皇弟叔俭为南安王，叔澄为南郡王，叔兴为沅陵王，叔韶为岳山王，叔纯为新兴王。十二月丙辰，头和国遣使献方物。司空长沙王叔坚有罪免。戊午夜，天开自西北至东南，其内有青黄色，隆隆若雷声。

二年春正月丁卯，分遣大使巡省风俗。平南将军、豫州刺史鲁广达进号安南将军。癸巳，大赦天下。夏五月戊子，以尚书仆射永阳王伯智为平东将军、东扬州刺史，轻车将军、江州刺史晋熙王叔文为信威将军、湘州刺史，仁威将军、扬州刺史始兴王叔重为江州刺史，信武将军、南琅邪彭城二郡太守南平王嶷为扬州刺史，吏部尚书江总为尚书仆射。秋七月戊辰，以长沙王叔坚为侍中、镇左将军。壬午，太子加元服，在位文武赐帛各有差，孝悌力田为父后者各赐一级，鳏寡癃老不能自存者人谷五斛。九月癸未，太白昼见。冬十月己酉，诏曰："耕凿自足，乃曰淳风，贡赋之兴，其来尚矣。盖由庚极务，不获已而行焉。但法令滋章，奸盗多有，俗尚浇诈，政鲜惟良。朕日旰夜分，矜一物之失所，泣辜罪己，愧三千之未措。望订初下，使强荫兼出，如闻贫富均起，单弱重弊，斯岂振穷扇阳之意欤？是乃下吏箕敛之苛也。故云'百姓不足，君孰与足'。自太建十四年望订租调逋未入者，并悉原除。在事百僚，辩断庶务，必去取平允，无得便公害民，为己声绩，妨紊政道。"十一月丙寅，大赦天下。壬申，盘盘国遣使献方物。戊寅，百济国遣使献方物。

三年春正月戊午朔，日有蚀之。庚午，以镇左将军长沙王叔坚即本号开府仪同三司，征西将军、荆州刺史樊毅为护军将军，守吏部尚书、领著作陆琼为吏部尚书，金紫光禄大夫袁敬加特进。三月辛酉，前丰州刺史章大宝举兵反。夏四月庚戌，丰州义军主陈景详斩大宝，传首京师。秋八月戊子夜，老人星见。己酉，以左民尚书谢伷为吏部尚书。九月甲戌，特进、金紫光禄大夫袁敬卒。冬十月己丑，丹丹国遣使献方物。十一月己未，诏曰："宣尼诞膺上哲，体资至圣，祖述宪章之典，并天地而合德，乐正雅颂之奥，与日月而偕明，垂后昆之训范，开生民之耳目。梁季湮微，灵寝忘处，鞠为茂草，三十余年，敬仰如在，永惟忾息。今《雅》道雍熙，《由庚》得所，断琴故履，零落不追，阅笥开书，无因循复。外可详之礼典，改筑旧庙，蕙房桂栋，咸使惟新，芳繁洁潦，以时飨奠。"辛巳，舆驾幸长干寺，大赦天下。十二月丙戌，太白昼见。辛卯，

皇太子出太学,讲《孝经》,戊戌,讲毕。辛丑,释奠于先师,礼毕,设金石之乐,会宴王公卿士。癸卯,高丽国遣使献方物。是岁,萧岿死,子琮代立。

四年春正月甲寅,诏曰:"尧施谏鼓,禹拜昌言,求之异等,久著前徽,举以淹滞,复闻昔典,斯乃治道之深规,帝王之切务。朕以寡昧,丕承鸿绪,未明虚已,日旰兴怀,万机多纂,四聪弗达,思闻謇谔,采其谋计。王公已下,各荐所知,旁询管库,爰及舆皂,一介有能,片言可用,朕亲加听览,伫于启沃。"中权大将军、开府仪同三司鄱阳王伯山进号镇卫将军,中卫大将军、开府仪同三司豫章王叔英进号骠骑大将军,镇左将军、开府仪同三司长沙王叔坚进号中军大将军,安南将军晋安王伯恭进号镇右将军,朔将军宜都王叔明进号安右将军。二月丙戌,以镇右将军晋安王伯恭为特进。丙申,立皇弟叔谟为巴东王,叔显为临江王,叔坦为新会王,叔隆为新宁王。夏五月丁巳,立皇子庄为会稽王。秋九月甲午,舆驾幸玄武湖,肆舻舰阅武,宴群臣赋诗。戊戌,以镇卫将军、开府仪同三司鄱阳王伯山为东扬州刺史,智武将军岳阳王叔慎为丹阳尹。丁未,百济国遣使献方物。冬十月癸亥,尚书仆射江总为尚书令,吏部尚书谢伷为尚书仆射。十一月己卯,诏曰:"惟刑止暴,惟德成物,三才是资,百王不改。而世无抵角,时鲜犯鳞,渭桥惊马,弗闻廷争,桃林逸牛,未见其旨。虽剽悍轻侮,理从钳钦,蠢愚杜默,宜肆矜弘,政乏良哉,明惭则哲,求诸刑措,安可得乎?是用属寤寐以轸怀,负黼扆而於邑。复兹合璧轮缺,连珠纬舛,黄钟献吕,和气始萌,玄英告中,履长在御,因时宥过,抑乃斯得。可大赦天下。"

祯明元年春正月丙子,以安前将军衡阳王伯信进号镇前将军,安东将军、吴兴太守庐陵王伯仁为特进,智武将军、丹阳尹岳阳王叔慎为湘州刺史,仁武将军义阳王叔达为丹阳尹。戊寅,诏曰:"柏皇、大庭,鼓淳和于曩日,姬王、嬴后,被浇风于末载,刑书已铸,善化匪融,礼义既乖,奸宄斯作。何其淳朴不反,浮华竞扇者欤?朕居中御物,纳隍在眷,频恢天网,屡绝三边,元元黔庶,终罹五辟。盖乃康哉寡薄,抑焉法令滋章。是用当宁弗怡,矜此向隅之意。今三元具序,万国朝辰,灵芝献于始阳,膏露凝于聿岁,从春施令,仰乾布德,思与九有,惟新七政。可大赦天下,改至德五年为祯明元年。"乙未,地震。癸卯,以镇前将军衡阳王伯信为镇南将军、西衡州刺史。二月丁未,以特进、镇右将军晋安王伯恭进号中卫将军,中书令建安王叔卿为中书监。丁卯,诏至德元年望订租调逋未入者,并原之。秋八月癸卯,老人星见。丁未,以车骑将军萧摩诃为骠骑将军。九月乙亥,以骠骑将军、开府仪同三司豫章王叔英为骠骑大将军。庚寅,萧琮所署尚书令、太傅安平萧岩,中军将军、荆州刺史义兴萧瓛,遣其都官尚书沈君公,诣荆州刺史陈纪请降。辛卯,岩等率文武男女十万口济江。甲午,大赦天下。冬十一月乙亥,割扬州吴郡置吴州,割钱塘县为郡,属焉。丙子,以萧岩为平东将军、开府仪同三司、东扬州刺史,萧瓛为安东将军、吴州刺史。丁亥,以骠骑大将军、开府仪同三司豫章王叔英兼司徒。十二月丙辰,以前镇卫将军、开府仪同三司、东扬州刺史鄱阳王伯山为镇卫大将军、开府仪同三司,前中卫将军晋安王伯恭为中卫将军、右光禄大夫。

二年春正月辛巳,立皇子铨为东阳王,恬为钱塘王。是月,遣散骑常侍周罗睺帅兵屯峡口。夏四月戊申,有群鼠无数,自蔡洲岸入石头渡淮,至于青塘两岸,数日死,随流出江。戊午,以左民尚书蔡徵为吏部尚书。是月,郢州南浦水黑如墨。五月壬午,以安前将军庐陵王伯仁为特进。甲午,东冶铸铁,有物赤色如数斗,自天坠熔所,有声隆隆如雷,铁飞出墙外,烧民家。六月戊戌,扶南国遣使献方物。庚子,废皇太子胤为吴兴王,立军师将军、扬州刺史始安王深为皇太子。辛丑,平南将军、江州刺史南平王嶷进号镇南将军;忠武将军、南徐州刺史永嘉王彦进号安北将军;会稽王庄为朔前将军、扬州刺史;宣惠将军、尚书令江总进号中权将军;云麾将军、太子詹事袁宪为尚书仆射;尚书仆射谢伷为特进;宁远将军、新除吏部尚书蔡徵进号安右将军。甲辰,以安右将军鲁广达为中领军。丁巳,大风至自西北激涛水入石头城,淮渚暴益,漂没舟乘。冬十月己亥,立皇子蕃为吴郡王。辛丑,以度支尚书、领大著作姚察为吏部尚书。己酉,舆驾幸莫府山,大校猎。十一月丁卯,诏曰:"夫议狱缓刑,皇王之所垂范,胜残去杀,仁人之所用心。自画冠既息,刻吏斯起,法令滋章,手足无措。朕君临区宇,属当浇末,轻重之典,在政未康,小大之情,兴言多愧。眷兹狴犴,有轸哀矜,可克日于大政殿讯狱。"壬申,以镇南将军、江州刺史南平王嶷为征西将军、郢州刺史,安北将军、南徐州刺史永嘉王彦为安南将军、江州刺史,军师将军南海王虔为安北将军、南徐州刺史。丙子,立皇弟叔荣为新昌王,叔匡为太原王。是月,隋遣晋王广众军来伐,自巴、蜀、沔、汉下流至广陵,数十道俱人,缘江镇戍,相继奏闻。时新除湘州刺史施文庆、中书舍人沈客卿掌机密用事,并抑而不言,故无备御。

三年春正月乙丑朔,雾气四塞。是日,隋总管贺若弼自北道广陵济京口,总管韩擒虎趋横江,济采石,自南道将会弼军。丙寅,采石戍主徐子建驰启告变。丁卯,召公卿入议军旅。戊辰,内外戒严,以骠骑将军萧摩诃、护军将军樊毅、中领军鲁广达并为都督,遣南豫州刺史樊猛帅舟师出白下,散骑常侍皋文奏将兵镇南豫州。庚午,贺若弼攻陷南徐州。辛未,韩擒虎又陷南豫州,文奏败还。至是隋军南北道并进。后主遣骠骑大将军、司徒豫章王叔英屯朝堂,萧摩诃屯乐游苑,樊毅屯耆阇寺,鲁广达屯白土冈,忠武将军孔范屯宝田寺。己卯,镇东大将军任忠自吴兴入赴,仍屯朱雀门。辛巳,贺若弼进据钟山,顿白土冈之东南。甲申,后主遣众军与弼合战,众军败绩。弼乘胜至乐游苑,鲁广达犹督散兵力战,不能拒。弼进攻宫城,烧北掖门。是时韩擒虎率众自新林至于石子冈,任忠出降于擒虎,仍引擒虎经朱雀航趣宫城,自南掖门而入。于是城内文武百司皆遁出,唯尚书仆射袁宪在殿内。尚书令江总、吏部尚书姚察、度支尚书袁权、前度支尚书王瑗、侍中王宽居省中。后主闻兵至，从宫人十余出后堂景阳殿，将自投于井。袁宪侍侧，苦谏不从，后阁舍人夏侯公韵又以身蔽井，后主与争久之，方得入焉。及夜，为隋军所执。丙戌，晋王广入据京城。三月己巳，后主与王公百司发自建邺，入于长安。隋仁寿四年十一月壬子，薨于洛阳，时年五十二。追赠大将军，封长城县公，谥曰炀，葬河南洛阳之芒山。

史臣侍中郑国公魏徵曰：高祖拔起垄亩，有雄桀之姿。始佐下藩，奋英奇之略，弭节南海，职思静乱。援旗北迈，义在勤王，扫侯景于既成，拯梁室于已坠。天网绝而复续，国步屯而更康，百神有主，不失旧物。魏王之延汉鼎祚，宋武之反晋乘舆，懋绩鸿勋，无以尚也。于时内难未弭，外邻勍敌，王琳作梗于上流，周、齐摇荡于江、汉，畏首畏尾，若存若亡，此之不图，遽移天历，虽皇灵有眷，何其速也？然此度弘远，怀抱豁如，或取士于仇雠，或擢才于亡命，掩其受金之过，宥其吠尧之罪，委以心腹爪牙，咸能得其死力，故乃决机百胜，成此三分，方诸鼎峙之雄，足以无惭权、备矣。世祖天姿睿哲，清明在躬，早预经纶，知民疾苦，思择令典，庶几至治。德刑并用，戡济艰虞，群凶授首，强邻震慑。虽忠厚之化未能及远，恭俭之风足以垂训，若不尚明察，则守文之良主也。临川年长于成王，过微于太甲，宣帝有周公之亲，无伊尹之志，明避不复，桐宫遂往，欲加之罪，其无辞乎！高宗爱自在田，雅量宏廓，登庸御极，民归其厚，惠以使下，宽以容众。智勇争奋，师出有名，扬笳分麾，风行电扫，辟土千里，奄有淮、泗，战胜攻取之势，近古未之有也。既而君侈民劳，将骄卒堕，帑藏空竭，折衄师徒，于是秦人方强，遂窥兵于江上矣。李克以为吴之先亡，由乎数战数胜，数战则民疲，数胜则主骄，以骄主御疲民，未有不亡者也。信哉言乎！高宗始以宽大得人，终以骄侈致败，文、武之业，坠于兹矣。后主生深宫之中，长妇人之手，既属邦国珍瘁，不知稼穑艰难。初惧祸贴危，屡有哀矜之诏，后稍安集，复扇淫侈之风。宾礼诸公，唯寄情于文酒，昵近群小，皆委之以衡轴。谋谟所及，遂无骨鲠之臣，权要所在，莫匪侵渔之吏。政刑日紊，尸素盈朝，犹荒为长夜之饮，嬖宠同艳妻之孽。危亡弗恤，上下相蒙，众叛亲离，临机不寤，自投于井，冀以苟生，视此以求全，抑亦民斯下矣。遐观列辟，纂武嗣兴，其始也皆欲齐明日月，合德天地，高视五帝，俯协三王，然而靡不有初，克终盖寡，其故何哉？并以中庸之才，怀可移之性，口存于仁义，心怵于嗜欲。仁义利物而道远，嗜欲适性而便身。便身不可久违，道远难以固志。佞谄之伦，承颜候色，因其所好，以悦导之，若下坂以走丸，譬顺流而决壅。非夫感灵辰象，降生明德，孰能遗其所乐，而以百姓为心哉？此所以成、康、文、景千载而罕遇，癸、辛、幽、厉历代而不有，毒被宗社，身婴戮辱，为天下笑，可不痛乎！古人有言，亡国之主，多有才艺，考之梁、陈及隋，信非虚论。然则不崇教义之本，偏尚淫丽之文，徒长浇伪之风，无救乱亡之祸矣。

史臣曰：后主昔在储宫，早标令德，及南面继业，实允天人之望矣。至于礼乐刑政，咸遵故典，加以深弘六艺，广辟四门，是以待诏之徒，争趋金马，稽古之秀，云集石渠。且梯山航海，朝贡者往往岁至矣。自魏正始、晋中朝以来，贵臣虽有识治者，皆以文学相处，罕关庶务，朝章大典，方参议焉。文案簿领，咸委小吏，浸以成俗，迄至于陈。后主因循，未遑改革，故施文庆、沈客卿之徒，专掌军国要务，奸黠左道，以裒刻为功，自取身荣，不存国计。是以朝经堕废，祸生邻国。斯亦运钟百六，鼎玉迁变，非唯人事不昌，盖天意然也。

卷七　　　　　　　　列传第一

高祖章皇后　　世祖沈皇后
废帝王皇后　　高宗柳皇后
后主沈皇后　　张贵妃

周礼，王者立后，六宫，三夫人，九嫔，二十七世妇，八十一御妻，以听天下之内治。然受命继体之主，非独外相佐也，盖亦有内德助焉。汉魏已来，六宫之职，因袭增置，代不同矣。高祖承微接乱，光膺天历，以朴素自处，故后宫员位多阙。世祖天嘉初，诏立后宫员数，始置贵妃、贵嫔、贵姬三人，以拟古之三夫人。又置淑媛、淑仪、淑容、昭华、昭容、昭仪、修华、修仪、修容九人，以拟古之九嫔。又置婕妤、容华、充华、承徽、列荣五人，谓之五职，亚于九嫔。又置美人、才人、良人三职，其职无员数，号为散位。世祖性恭俭，而嫔嫱多阙，高宗、后主内职无所改作。今之所缀，略备此篇。

高祖宣皇后章氏，讳要儿，吴兴乌程人也。本姓钮，父景明为章氏所养，因改焉。景明，梁代官至散骑侍郎。后母苏，尝遇道士以小龟遗己，光采五色，曰："三年有徵。"及期后生，而紫光照室，因失龟所在。少聪慧，美容仪，手爪长五寸，色并红白，每有期功之服，则一爪先折。高祖先娶同郡钱仲方女，早卒，后乃聘焉。后善书计，能诵《诗》及《楚辞》。

高祖自广州南征交阯，命后与衡阳王昌随世祖由海道归于长城。侯景之乱，高祖下至豫章，后为景所囚。景平，而高祖为长城县公，后拜夫人。及高祖践祚，永定元年立为皇后。追赠后父景明特进、金紫光禄大夫，加金章紫绶，拜后母苏安吉县君。二年，安吉君卒，与后父合葬吴兴。明年，追封后父为广德县侯，邑五百户，谥曰温。高祖崩，后与中书舍人蔡景历定计，秘不发丧，召世祖入纂，事在蔡景历及侯安都传。世祖即位，尊后为皇太后，宫曰慈训。废帝即位，尊后为太皇太后。光大二年，后下令黜废帝为临海王，命高宗嗣位。太建元年，尊后为皇太后。二年三月丙申，崩于紫极殿，时年六十五。遗令丧事所须，并从俭约，诸有馈奠，不得用牲牢。其年四月，群臣上谥曰宣太后，祔葬万安陵。

后亲属无在朝者，唯族兄钮洽官至中散大夫。

世祖沈皇后，讳妙容，吴兴武康人也。父法深，梁安前中录事参军。后年十余岁，以梁大同中归于世祖。高祖之讨侯景，世祖时在吴兴，景遣使收世祖及后。景平，乃获免。高祖践祚，永定元年，后为临川王妃。世祖即位，为皇后。追赠后父法深光禄大夫，加金章紫绶，封建城县侯，邑五百户，谥曰恭，追赠后母高绥安县君，谥曰定。废帝即位，尊后为皇太后，宫曰安德。

时高宗与仆射到仲举、舍人刘师知等并受遗辅政，师知与仲举恒居禁中参决众事，而高宗为扬州刺史，与左右三百人入居尚书省。师知见高宗权重，阴忌之，乃矫敕谓高宗曰："今四方无事，王可还东府，经理州务。"高宗将出，而谘议毛喜止之曰："今若出外，便受制于人，譬如曹爽，愿作富家翁不可得也。"高宗乃称疾，召师知留之与语，使毛喜先入言之于后。后曰："今伯宗年幼，政事并委二郎，此非我意。"喜又言于废帝，帝曰："此自师知等所为，非朕意也。"喜出以报高宗，高宗因囚师知，自入见后及帝，极陈师知之短，仍自草敕请画，以师知付廷尉治罪。其夜，于狱中赐死。自是政无大小，尽归高宗。后忧闷，计无所出，乃密赂宦者蒋裕，令诱建安人张安国，使据郡反，冀因此以图高宗。安国事觉，并为高宗所诛。时后左右近侍颇知其事，后恐连逮党与，并杀之。高宗即位，以后为文皇后。陈亡入隋，大业初，自长安归于江南，顷之，卒。

后兄钦，随世祖征伐，以功至贞威将军、安州刺史。世祖即位，袭爵建城侯，加通直散骑常侍、持节、会稽等九郡诸军事、明威将军、会稽太守，入为侍中、左卫将军、卫尉卿。光大中，为尚书右仆射，寻迁左仆射。钦素无技能，奉己而已。高宗即位，出为云麾将军、义兴太守，秩中二千石。太建元年卒，时年六十七，赠侍中、特进、翊左将军，谥曰成。子观嗣，颇有学识，官至御史中丞。

废帝王皇后，金紫光禄大夫固之女也。天嘉元年，为皇太子妃，废帝即位，立为皇后。废帝为临海王，后为临海王妃。至德中薨。

后生临海嗣王至泽。至泽以光大元年为皇太子。太建元年，袭封临海嗣王。寻为宣惠将军，置佐史。陈亡入长安。

高宗柳皇后，讳敬言，河东解人也。曾祖世隆，齐侍中、司空、尚书令、贞阳忠武公。祖恽，有重名于梁代，官至秘书监，赠侍中、中护军。父偃，尚梁武帝女长城公主，拜驸马都尉，大宝中，为鄱阳太守，卒官。后时年九岁，干理家事，有若成人。侯景之乱，后与弟盼往江陵依梁元帝，元帝以长城公主之故，待遇甚厚。及高宗赴江陵，元帝以后配焉。承圣二年，后生高宗于江陵。明年，江陵陷，高宗迁于关右，后与高宗俱留穣城。天嘉二年，与高宗还朝，后为安成王妃。高宗即位，立为皇后。

后美姿容，身长七尺二寸，手垂过膝。初，高宗居乡里，先娶吴兴钱氏女，及即位，拜为贵妃，甚有宠，后倾心下之。每尚方供奉之物，其上者皆推于贵妃，而己御其次焉。高宗崩，始兴王叔陵为乱，后主赖后与乐安王吴氏救而获免，事在叔陵传。后主即位，尊后为皇太后，宫曰弘范。当是之时，新失淮南之地，隋师临江，又国遭大丧，后主病疮，不能听政，其诛叔陵、供大行丧事、边境防守及百司众务，虽假以后主之命，实皆决之于后。后主疮愈，乃归政焉。陈亡入长安，大业十一年薨于东都，年八十三，葬洛阳之邙山。

后性谦谨，未尝以宗族为请，虽衣食亦无所分遗。

弟盼，太建中尚世祖女富阳公主，拜驸马都尉。后主即位，以帝舅加散骑常侍。盼性愚戆，使酒，常因醉乘马入殿门，为有司所劾，坐免官，卒于家。赠侍中、中护军。

后从祖弟庄，清警有鉴识，太建末，为太子洗马，掌东宫管记。后主即位，稍迁至散骑常侍、卫尉卿。祯明元年，转右卫将军，兼中书舍人，领雍州大中正。自盼卒后，太后宗属唯庄为近，兼素有名望，犹是深被恩遇。寻迁度支尚书。陈亡入隋，为岐州司马。

后主沈皇后，讳婺华，仪同三司望蔡贞宪侯君理女也。母即高祖女会稽穆公主。主早亡，时后尚幼，而毁瘠过甚。及服毕，每至岁时朔望，恒独坐涕泣，哀动左右，内外咸敬异焉。太建三年，纳为皇太子妃。后主即位，立为皇后。

后性端静，寡嗜欲，聪敏强记，涉猎经史，工书翰。初，后主在东宫，而后父君理卒，后居忧，处于别殿，哀毁逾礼。后主遇后既薄，而张贵妃宠倾后宫，后宫之政并归之，后澹然未尝有所忌怨。而居处俭约，衣服无锦绣之饰，左右近侍才百许人，唯寻阅图史、诵佛经为事。陈亡，与后主俱入长安。及后主薨，后自为哀辞，文甚酸切。隋炀帝每所巡幸，恒令从驾。及炀帝为宇文化及所害，后自广陵过江还乡里，不知所终。

后无子，养孙姬子胤为己子。后宗族多有显官，事在君理传。

后叔君公，自梁元帝败后，常在江陵。祯明中，与萧瓛、萧岩率众叛隋归朝，后主擢为太子詹事。君公博学有才辩，善谈论，后主深器之。陈亡，隋文帝以其叛己，命斩于建康。

后主张贵妃，名丽华，兵家女也。家贫，父兄以织席为事。后主为太子，以选入宫。是时龚贵嫔为良娣，贵妃年十岁，为之给使，后主见而说焉，因得幸，遂有娠，生太子深。后主即位，拜为贵妃。性聪惠，甚被宠遇。后主每引贵妃与宾客游宴，贵妃荐诸宫女预焉，后宫等咸德之，竞言贵妃之善，由是爱倾后宫。又好厌魅之术，假鬼道以惑后主，置淫祀于宫中，聚诸妖巫使之鼓舞。因参访外事，人间有一言一事，妃必先知之，以白后主。由是益重妃，内外宗族，多被引用。及隋军陷台城，妃与后主俱入于井，隋军出之，晋王广命斩贵妃，榜于青溪中桥。

史臣侍中郑国公魏徵考览记书，参详故老，云：后主初即位，以始兴王叔陵之乱，被伤卧于承香阁下，时诸姬并不得进，唯张贵妃侍焉。而柳太后犹居柏梁殿，即皇后之正殿也。后主沈皇后素无宠，不得侍疾，别居求贤殿。至德二年，乃于光照殿前起临春、结绮、望仙三阁。阁高数丈，并数十间，其窗牖、壁带、悬楣、栏槛之类，并以沈檀香木为之，又饰以金玉，间以珠翠，外施珠帘，内有宝床、宝帐、其服玩之属，瑰奇珍丽，近古所未有。每微风暂至，香闻数里，朝日初照，光映后庭。其下积石为山，引水为池，植以奇树，杂以花药。后主自居临春阁，张贵妃居结绮阁，龚、孔二贵嫔居望仙阁，并复道交相往来。又有王、李二美人，张、薛二淑媛，袁昭仪、何婕妤、江修容等七人，并有宠，迭代以游其上。以宫人有文学者袁大舍等为女学士。后主每引宾客对贵妃等游宴，则使诸贵人及女学士与狎客共赋新诗，互相赠答，采其尤艳丽者以为曲词，被以新声，选宫女有容色者以千百数，令习而歌之，分部迭进，持以相乐。其曲有《玉树后庭花》、《临春乐》等，大指所归，皆美张贵妃、孔贵嫔之容色也。其略曰："璧月夜夜满，琼树朝朝新。"而张贵妃发长七尺，鬓黑如漆，其光可鉴。特聪惠，有神采，进止闲暇，容色端丽。每瞻视眄睐，光采溢目，照映左右。常于阁上靓妆，临于轩槛，宫中遥望，飘若神仙。才辩强记，善候人主颜色。是时后主怠于政事，百司启奏，并因宦者蔡脱儿、李善度进请，后主置张贵妃于膝上共决之。李、蔡所不能记者，贵妃并为条疏，无所遗脱。由是益加宠异，冠绝后庭。而后宫之家，不遵法度，有挂于理者，但求哀于贵妃，贵妃则令李、蔡先启其事，而后从容为言之。大臣有不从者，亦因而谮之，所言无不听。于是张、孔之势，薰灼四方，大臣执政，亦从风而靡。阉宦便佞之徒，内外交结，转相引进，贿赂公行，赏罚无常，纪纲瞀乱矣。

史臣曰：《诗》表《关雎》之德，《易》著《乾坤》之基，然夫妇之际，人道之大伦也。若夫作俪天则，燮赞王化，则宣太后有其懿焉。

卷八　　　　　　　　列传第二

杜僧明　周文育 子宝安　侯安都

杜僧明，字弘照，广陵临泽人也。形貌眇小，而胆气过人，有勇力，善骑射。梁大同中，卢安兴为广州南江督护，僧明与兄天合及周文育并为安兴所启，请与俱行。频征俚獠有功，为新州助防。天合亦有材干，预在征伐。安兴死，僧明复副其子子雄。及交州土豪李贲反，逐刺史萧谘，谘奔广州，台遣子雄与高州刺史孙冏讨贲。时春草已生，瘴疠方起，子雄请待秋讨之，广州刺史新渝侯萧映不听，萧谘又促之，子雄等不得已，遂行。至合浦，死者十六七，众并惮役溃散，禁之不可，乃引其馀兵退还。萧谘

启子雄及冏与贼交通，逗留不进，梁武帝敕于广州赐死。子雄弟子略、子烈并雄豪任侠，家属在南江。天合谋于众曰："卢公累代待遇我等亦甚厚矣，今见枉而死，不能为报，非丈夫也。我弟僧明万人之敌，若围州城，召百姓，谁敢不从。城破，斩二侯祭孙、卢，然后待台使至，束手诣廷尉，死犹胜生。纵其不捷，亦无恨矣。"众咸慷慨曰："是愿也，唯足下命之。"乃与周文育等率众结盟，奉子雄弟子略为主，以攻刺史萧映。子略顿城南，天合顿城北，僧明、文育分据东西，吏人并应之，一日之中，众至数万。高祖时在高要，闻事起，率众来讨，大破之，杀天合，生擒僧明及文育等，高祖并释之，引为主帅。

高祖征交阯及讨元景仲，僧明、文育并有功。侯景之乱，俱随高祖入援京师。高祖于始兴破兰裕，僧明为前锋，擒裕斩之。又与蔡路养战于南野，僧明马被伤，高祖驰往救之，以所乘马授僧明，僧明乘马与数十人复进，众皆披靡，因而乘之，大败路养。高州刺史李迁仕又据大皋，入赣石，以逼高祖，高祖遣周文育为前军，与僧明击走之。迁仕与宁都人刘孝尚并力将袭南康，高祖又令僧明与文育等拒之，相持连战百馀日，卒擒迁仕，送于高祖军。及高祖下南康，留僧明顿西昌，督安成、庐陵二郡军事。元帝承制授假节、清野将军、新州刺史，临江县子，邑三百户。

侯景遣于庆等寇南江，高祖顿豫章，命僧明为前驱，所向克捷。高祖表僧明为长史，仍随东讨。军至蔡洲，僧明率麾下烧贼水门大舰。及景平，以功除员外散骑常侍、明威将军、南兖州刺史，进爵为侯，增邑并前五百户，仍领晋陵太守。承圣二年，从高祖北围广陵，加使持节，迁通直散骑常侍、平北将军、馀如故。荆州陷，高祖使僧明率吴明彻等随侯瑱西援，于江州病卒，时年四十六。赠散骑常侍，谥曰威。世祖即位，追赠开府仪同三司。天嘉二年，配享高祖庙庭。子晋嗣。

周文育，字景德，义兴阳羡人也。少孤贫，本居新安寿昌县，姓项氏，名猛奴。年十一，能反覆游水中数里，跳高五六尺，与群儿聚戏，众莫能及。义兴人周荟为寿昌浦口戍主，见而奇之，因召与语。文育对曰："母老家贫，兄姊并长大，困于赋役。"荟哀之，乃随文育至家，就其母请文育养为己子，母遂与之。及荟秩满，与文育还都，见于太子詹事周舍，请制名字，舍因为立名文育，字景德。命兄子弘让教之书计。弘让善隶书，写蔡邕《劝学》及古诗以遗文育，文育不之省也，谓弘让曰："谁能学此，取富贵但有大槊耳。"弘让壮之，教之骑射，文育大悦。

司州刺史陈庆之与荟同郡，素相善，启荟为前军军主。庆之使荟将五百人往新蔡悬瓠，慰劳白水蛮，蛮谋执荟以入魏，事觉，荟与文育拒之。时贼徒甚盛，一日之中战数十合，文育前锋陷阵，勇冠军中。荟于阵战死，文育驰取其尸，贼不敢逼。及夕，各引去。文育身被九创，创愈，辞请还葬，庆之壮其节，厚加赠遗而遣之。葬讫，会卢安兴为南江督护，启文育同行。累征俚獠，所在有功，除南海令。安兴死后，文育与杜僧明攻广州，为高祖所败，

高祖赦之，语在僧明传。

后监州王劢以文育为长流，深被委任。劢被代，文育欲与劢俱下，至大庾岭，诣卜者，卜者曰："君北下不过作令长，南入则为公侯。"文育曰："足钱便可，谁望公侯。"卜人又曰："君须臾当暴得银至二千两，若不见信，以此为验。"其夕，宿逆旅，有贾人求与文育博，文育胜之，得银二千两。旦日辞劢，劢问其故，文育以告，劢乃遣之。高祖在高要，闻其还也，大喜，遣人迎之，厚加赏赐，分麾下配焉。

高祖之讨侯景，文育与杜僧明为前军，克兰裕，援欧阳頠，皆有功。高祖破蔡路养于南野，文育为路养所围，四面数重，矢石雨下，所乘马死，文育右手搏战，左手解鞍，溃围而出，因与杜僧明等相得，并力复进，遂大败之。高祖乃表文育为府司马。

李迁仕之据大皋，遣其将杜平虏入赣石鱼梁作城，高祖命文育击之，平虏弃城走，文育据其城。迁仕闻平虏败，留老弱于大皋，悉选精兵自将，以攻文育，其锋甚锐，军人惮之。文育与战，迁仕稍却，相持未解，会高祖遣杜僧明来援，别破迁仕水军，迁仕众溃，不敢过大皋，直走新淦。梁元帝授文育假节、雄信将军、义州刺史。迁仕又与刘孝尚谋拒义军，高祖遣文育与侯安都、杜僧明、徐度、杜棱筑城于白口拒之。文育频出与战，遂擒迁仕。

高祖发自南康，遣文育将兵五千，开通江路。侯景将王伯丑据豫章，文育击走之，遂据其城。累前后功，除游骑将军、员外散骑常侍，封东迁县侯，邑五百户。

高祖军至白茅湾，命文育与杜僧明常为军锋，平南陵、鹊头诸城。及至姑孰，与景将侯子鉴战，破之。景平，授通直散骑常侍，改封南移县侯，邑一千户，拜信义太守。累迁南丹阳、兰陵、晋陵太守、智武将军、散骑常侍。

高祖诛王僧辩，命文育督众军会世祖于吴兴，围杜龛，克之。又济江袭会稽太守张彪，得其郡城。及世祖为彪所袭，文育时顿城北香岩寺，世祖夜往趋之，因共立栅。顷之，彪又来攻，文育悉力苦战，彪不能克，遂破平彪。

高祖以侯瑱拥据江州，命文育讨之，仍除都督南豫州诸军事、武威将军、南豫州刺史，率兵袭湓城。未克，徐嗣徽引齐寇渡江据芜湖，诏征文育还京。嗣徽等列舰于青墩，至于七矶，以断文育归路。及夕，文育鼓噪而发，嗣徽等不能制。至旦，反攻嗣徽，嗣徽骁将鲍砰独以小舰殿军，文育乘单舴艋与战，跳入舰，斩砰，仍牵其舰而还。贼众大骇，因留船芜湖，自丹阳步上。时高祖拒嗣徽于白城，适与文育大会。将战，风急，高祖曰："兵不逆风。"文育曰："事急矣，当决之，何用古法。"抽槊上马，驰而进，众军从之，风亦寻转，杀伤数百人。嗣徽等移营莫府山，文育徙顿对之。频战功最，加平西将军，进爵寿昌县公，并给鼓吹一部。

广州刺史萧勃举兵逾岭，诏文育督众军讨之。时新吴洞主余孝顷举兵应勃，遣其弟孝劢守郡城，自出豫章，据于石头。勃使其子孜将兵与孝顷相会，又遣其别将欧阳頠顿军苦竹滩，傅泰据蹠口城，以拒官军。官军船少，孝顷有舴艋三百艘、舰百余乘在上牢，文育遣军主焦僧度、

羊柬潜军袭之，悉取而归，仍于豫章立栅。时官军食尽，并欲退还，文育不许。乃使人间行遗周迪书，约为兄弟，并陈利害。迪得书甚喜，许馈粮饷。于是文育分遣老小乘故船舫，沿流俱下，烧豫章郡所立栅，伪退。孝顷望之，大喜，因不设备。文育由间道兼行，信宿达芊韶。芊韶上流则欧阳頠、萧勃，下流则傅泰、余孝顷，文育据其中间，筑城飨士，贼徒大骇。欧阳頠乃退入泥溪，作城自守。文育遣严威将军周铁虎与长史陆山才袭頠，擒之。于是盛陈兵甲，与頠乘舟而谯，以巡傅泰城下，因而攻泰，克之。萧勃在南康闻之，众皆股栗，莫能自固。其将谭世远斩勃欲降，为人所害。世远军主夏侯明彻持勃首以降。萧孜、余孝顷犹据石头，高祖遣侯安都助文育攻之，孜降文育，孝顷退走新吴，广州平，文育还顿豫章。以功授镇南将军、开府仪同三司、都督江广衡交等州诸军事、江州刺史。

王琳拥据上流，诏命侯安都为西道都督，文育为南道都督，同会武昌。与王琳战于沌口，为琳所执，后得逃归，语在安都传。寻授使持节、散骑常侍、镇南将军、开府仪同三司，寿昌县公，给鼓吹一部。

及周迪破余孝顷，孝顷子公颎、弟孝劢犹据旧栅，扇动南土，高祖复遣文育及周迪、黄法氍等讨之。豫章内史熊昙朗亦率军来会，众且万人。文育遣吴明彻为水军，配周迪运粮，自率众军入象牙江，城于金口。公颎领五百人伪降，谋执文育，事觉，文育囚之，送于京师，以其部曲分隶众军。乃舍舟为步军，进据三陂。王琳遣将曹庆帅兵二千人以救孝劢，庆分遣主帅常众爱与文育相拒，自帅所领径攻周迪、吴明彻军。迪等败绩，文育退据金口。熊昙朗因其失利，谋害文育，以应众爱。文育监军孙白象颇知其事，劝令先之。文育曰："不可，我旧兵少，客军多，若取昙朗，人人惊惧，亡立至矣，不如推心以抚之。"初，周迪之败也，弃船走，莫知所在，及得迪书，文育喜，赍示昙朗，昙朗害之于座，时年五十一。高祖闻之，即日举哀，赠侍中、司空、谥曰忠愍。

初，文育之据三陂，有流星坠地，其声如雷，地陷方一丈，中有碎炭数斗。又军市中忽闻小儿啼，一市并惊，听之在土下，军人掘得棺长三尺，文育恶之。俄而迪败，文育见杀。天嘉二年，有诏配享高祖庙庭。子宝安嗣。文育本族兄景曜，因文育官至新安太守。

宝安字安民。年十余岁，便习骑射，以贵公子骄蹇游逸，好狗马，乐驰骋，靡衣媮食。文育之为晋陵，以征讨不遑之郡，令宝安监知郡事，尤聚恶少年，高祖患之。及文育西征败绩，系于王琳，宝安便折节读书，与士君子游，绥御文育士卒，甚有威惠。除员外散骑侍郎。文育归，复除贞威将军、吴兴太守。文育为熊昙朗所害，征宝安还。起为猛烈将军，领其旧兵，仍令南讨。

世祖即位，深器重之，寄以心膂，精卒利兵多配焉。及平王琳，颇有功。周迪之破熊昙朗，宝安南入，穷其馀烬。天嘉二年，重除雄信将军、吴兴太守，袭封寿昌县公。三年，征留异，为侯安都前军。异平，除给事黄门侍郎、卫尉卿。四年，授持节、都督南徐州诸军事、贞毅将军、

南徐州刺史。征为左卫将军，加信武将军。寻以本官领卫尉卿，又进号仁威将军。天康元年卒，时年二十九。赠侍中、左卫将军，谥曰成。

子翌嗣。宝安卒后，翌亦为偏将。征欧阳纥，平定淮南，并有功，封江安县伯，邑四百户。历晋陵、定远二郡太守。太建九年卒，时年二十四，赠电威将军。

侯安都，字成师，始兴曲江人也。世为郡著姓。父文捍，少仕州郡，以忠谨称，安都贵后，官至光禄大夫、始兴内史，秩中二千石。

安都工隶书，能鼓琴，涉猎书传，为五言诗，亦颇清靡，兼善骑射，为邑里雄豪。梁始兴内史萧子范辟为主簿。侯景之乱，招集兵甲，至三千人。高祖入援京邑，安都引兵从高祖，攻蔡路养，破李迁仕，克平侯景，并力战有功。元帝授猛烈将军、通直散骑常侍，富川县子，邑三百户。随高祖镇京口，除兰陵太守。高祖谋袭王僧辩，诸将莫有知者，唯与安都定计，仍使安都率水军自京口趋石头，高祖自率马步从江乘罗落会之。安都至石头北，弃舟登岸，僧辩弗之觉也。石头城北接岗阜，雉堞不甚危峻，安都被甲带长刀，军人捧之投于女垣内，众随而入，进逼僧辩卧室。高祖大军亦至，与僧辩战于听事前，安都自内阁出，腹背击之，遂擒僧辩。

绍泰元年，以功授使持节、散骑常侍、都督南徐州诸军事、仁威将军、南徐州刺史。高祖东讨杜龛，安都留台居守。徐嗣徽、任约等引齐寇入据石头，游骑至于阙下。安都闭门偃旗帜，示之以弱，令城中曰："登陴看贼者斩。"及夕，贼收军还石头，安都夜令士卒密营御敌之具。将旦，贼骑又至，安都率甲士三百人，开东西掖门与战，大败之，贼乃退还石头，不敢复逼台城。及高祖至，以安都为水军，于中流断贼粮运。又袭秦郡，破嗣徽栅，收其家口并马驴辎重。得嗣徽所弹琵琶及所养鹰，遣信饷之曰："昨至弟住处得此，今以相还。"嗣徽等见之大惧，寻而请和，高祖听其还北。及嗣徽等济江，齐之余军犹据采石，守备甚严，又遣安都攻之，多所俘获。

明年春，诏安都率兵镇梁山，以备齐。徐嗣徽等复入丹阳，至湖熟，高祖追安都还，率马步拒之于高桥。又战于耕坛南，安都率十二骑，突其阵，破之，生擒齐仪同乞伏无劳。又刺齐将东方老堕马，会贼众至，救老获免。贼北渡蒋山，安都又与齐将王敬宝战于龙尾，使从弟晓、军主张纂前犯其阵。晓被枪坠马，张纂死之。安都驰往救晓，斩其骑士十一人，因取纂尸而还，齐军不敢逼。高祖与齐军战于莫府山，命安都领步骑千余人，自白下横击其后，齐军大败。安都又率所部追至摄山，俘获首虏，不可胜计。以功进爵为侯，增邑五百户，给鼓吹一部。又进号平南将军，改封西江县公。

仍都督水军出豫章，助豫州刺史周文育讨萧勃。安都未至，文育已斩勃，并擒其将欧阳頠、傅泰等。唯余孝顷与勃子孜犹据豫章之石头，作两城，孝顷与孜各据其一，又多设船舰，夹水而阵。安都至，乃衔枚夜烧其舰。文育率水军，安都领步骑，登岸结阵。孝顷俄断后路，安

都乃令军士多伐松木，竖栅，列营渐进，频战屡克，孜乃降。孝顷奔归新吴，请入子为质，许之。师还，以功进号镇北将军，加开府仪同三司。

仍率众会于武昌，与周文育西讨王琳。将发，王公已下饯于新林，安都跃马渡桥，人马俱堕水中，又坐胡床内坠于橹井，时以为不祥。至武昌，琳将樊猛弃城走。文育亦自豫章至。时两将俱行，不相统摄，因部下交争，稍不平。军至郢州，琳将潘纯陀于城中遥射官军，安都怒，进军围之，未能克。而王琳至于弇口，安都乃释郢州，悉众往沌口以御之，遇风不得进。琳据东岸，官军据西岸，相持数日，乃合战，安都等败绩。安都与周文育、徐敬成并为琳所囚。琳总以一长锁系之，置于胡床下，令所亲宦者王子晋掌视之。琳下至湓城白水浦，安都等甘言许厚赂子晋。子晋乃伪以小船依胡床而钓，夜载安都、文育、敬成上岸，入深草中，步投官军。还都自劾，诏并赦之，复其官爵。

寻为丹阳尹，出为都督南豫州诸军事、镇西将军、南豫州刺史。令继周文育攻余孝劢及王琳将曹庆、常众爱等。安都自宫亭湖出松门，蹑众爱后。文育为熊昙朗所害，安都回取大舰，值琳将周炅、周协南归，与战，破之，生擒炅、协。孝劢弟孝猷率部下四千家欲就王琳，遇炅、协败，乃诣安都降。安都又进军于禽奇洲，破曹庆、常众爱等，焚其船舰。众爱奔于庐山，为村人所杀，余众悉平。

还军至南皖，而高祖崩，安都随世祖还朝，仍与群臣定议，翼奉世祖。时世祖谦让弗敢当，太后又以衡阳王故，未肯下令，群臣犹豫不能决。安都曰："今四方未定，何暇及远，临川王有功天下，须共立之。今日之事，后应者斩。"便按剑上殿，白太后出玺，又手解世祖发，推就丧次。世祖即位，迁司空，仍为都督南徐州诸军事、征北将军、南徐州刺史，给扶。

王琳下至栅口，大军出顿芜湖，时侯瑱为大都督，而指麾经略，多出安都。天嘉元年，增邑千户。及王琳败走入齐，安都进军湓城，讨琳余党，所向皆下。

仍别奉中旨，迎衡阳献王昌。初，昌之将入也，致书于世祖，辞甚不逊，世祖不怿，乃召安都从容而言曰："太子将至，须别求一蕃，吾其老焉。"安都对曰："自古岂有被代天子？臣愚不敢奉诏。"因请自迎昌，昌济汉而薨。以功进爵清远郡公，邑四千户。自是威名甚重，群臣无出其右。

安都父捍，为始兴内史，卒于官。世祖征安都还京师，为发哀。寻起复本官，赠其父散骑常侍、金紫光禄大夫，拜其母为清远国太夫人。仍迎还都，母固求停乡里，上乃下诏，改桂阳之汝城县为卢阳郡，分衡州之始兴、安远二郡，合三郡为东衡州，以安都从弟晓为刺史，安都第三子秘年九岁，上以为始兴内史，并令在乡侍养。其年，改封安都桂阳郡公。

王琳败后，周兵入据巴、湘，安都奉诏西讨。及留异拥据东阳，又奉诏东讨。异本谓台军由钱塘江而上，安都乃步由会稽之诸暨，出于永康。异大恐，奔桃枝岭，处岭谷间，于岩口坚栅，以拒王师。安都作连城攻异，躬自接战，为流矢所中，血流至踝，安都乘舆麾军，容止不变。

因其山坞之势，迮而为堰。天嘉三年夏，潦，水涨满，安都引船入堰，起楼舰与异城等，放拍碎其楼雉。异与第二子忠臣脱身奔晋安，安都房其妻子，尽收其人马甲仗，振旅而归。以功加侍中、征北大将军，增邑并前五千户，仍还本镇。其年，吏民诣阙表请立碑，颂美安都功绩，诏许之。

自王琳平后，安都勋庸转大，又自以功安社稷，渐用骄矜，数招聚文武之士，或射驭驰骋，或命以诗赋，第其高下，以差次赏赐之。文士则褚玠、马枢、阴铿、张正见、徐伯阳、刘删、祖孙登，武士则萧摩诃、裴子烈等，并为之宾客，斋内动至千人。部下将帅，多不遵法度，检问收摄，则奔归安都。世祖性严察，深衔之。安都弗之改，日益骄横。每有表启，封讫，有事未尽，乃开封自书之，云又启某事。及侍宴酒酣，或箕踞倾倚。尝陪乐游禊饮，乃白帝曰："何如作临川王时？"帝不应。安都再三言之，帝曰："此虽天命，抑亦明公之力。"宴讫，又启便借供帐水饰，将载妻妾于御堂欢会，世祖虽许其请，甚不怿。明日，安都坐于御坐，宾客居群臣位，称觞上寿。初，重云殿灾，安都率将士带甲入殿，帝甚恶之，自是阴为之备。又周迪之反，朝望当使安都讨之，帝乃使吴明彻讨迪，又频遣台使案问安都部下，检括亡叛，安都内不自安。三年冬，遣其别驾周弘实自托于舍人蔡景历，并问省中事。景历录其状具奏之，希旨称安都谋反。世祖虑其不受制，明年春，乃除安都为都督江吴二州诸军事、征南大将军、江州刺史。自京口还都，部伍入于石头，世祖引安都宴于嘉德殿，又集其部下将帅会于尚书朝堂，于坐收安都，因于嘉德西省，又收其将帅，尽夺马仗而释之。因出舍人蔡景历表以示于朝。乃诏曰："昔汉厚功臣，韩、彭鼋毙，晋倚蕃牧，敦、约称兵。托六尺之庞萌，野心窃发；寄股肱于霍禹，凶谋潜构。追惟往代，挺逆一揆，永言自古，患难同规。侯安都素乏遥图，本惭令德，幸属兴运，预奉经纶，拔迹行间，假之毛羽，推于偏帅，委以驰逐。位极三槐，任居四狱，名器隆赫，礼数莫俦。而志唯矜己，气在陵上，招聚逋逃，穷极轻狡，无赖无行，不畏不恭。受脤专征，剽掠一逞，推毂所镇，哀敛无厌。寄以徐蕃，接邻齐境，贸迁禁货，嚣卖居民，椎埋发掘，毒流泉壤，睢盱僵尸，罔顾彝宪。朕以爱初缔构，颇著功绩，飞骖代邸，预定嘉谋，所以淹抑有司，每怀遵养，杜绝百辟，日望自新。款襟期于话言，推丹赤于造次，策马甲第，羽林息警，置酒高堂，陛戟无卫。何尝内隐片嫌，去柏人而勿宿，外协猜防，入成皋而不留？而勃戾不悛，骄暴滋甚，招诱文武，密怀异图。去年十二月十一日，获中书舍人蔡景历启，称侯安都去月十日遣别驾周弘实来景历私省宿，访问禁中，具陈反计，朕犹加隐忍，待之如初。爰自北门，迁授南服，受命经停，奸谋益露。今者欲因初镇，将行不轨。此而可忍，孰不可容？赖社稷之灵，近待诚懑，丑情彰暴，逆节显闻。外可详案旧典，速正刑书，止在同谋，余无所问。"明日，于西省赐死，时年四十四。寻有诏，宥其妻子家口，葬以士礼，丧事所须，务加资给。

初，高祖在京城，尝与诸将宴，杜僧明、周文育、侯安都为寿，各称功伐。高祖曰："卿等悉良将也，而并有所短。杜公志大而识暗，狎于下而骄于尊，矜人功不收其拙。周侯交不择人，而推心过差，居危履险，猜防不设。侯郎傲诞而无厌，轻佻而肆志。并非全身之道。"卒皆如其言。

安都长子敦，年十二，为员外散骑侍郎，天嘉二年堕马卒，追谥桂阳国愍世子。太建三年，高宗追封安都为陈集县侯，邑五百户，子亶为嗣。

安都从弟晓，累从安都征讨有功，官至员外散骑常侍、明威将军、东衡州刺史，怀化县侯，邑五百户。天嘉三年卒，年四十一。

史臣曰：杜僧明、周文育并树功业，成于兴运，颇、牧、韩、彭，足可连类矣。侯安都情异向时，权逾曩日，因之以侵暴，加之以纵诞，苟曰非夫逆乱，奚用免于亡灭！昔汉高醢之为赐，宋武拉于坐右，良有以而然也。

卷九　　　　　　　　　　列传第三

侯瑱　欧阳頠子纥　吴明彻裴子烈

侯瑱，字伯玉，巴西充国人也。父弘远，世为西蜀酋豪。蜀贼张文萼据白崖山，有众万人，梁益州刺史鄱阳王萧范命弘远讨之。弘远战死，瑱固请复仇，每战必先锋陷阵，遂斩文萼，由是知名。因事范，范委以将帅之任，山谷夷獠不宾附者，并遣瑱征之。累功授轻车府中兵参军、晋康太守。范为雍州刺史。瑱除超武将军、冯翊太守。范迁镇合肥，瑱又随之。

侯景围台城，范乃遣瑱辅其世子嗣，入援京邑。京城陷，瑱与嗣退还合肥，仍随范徙镇湓城。俄而范及嗣皆卒，瑱领其众，依于豫章太守庄铁。铁疑之，瑱惧不自安，诈引铁谋事，因而刃之，据有豫章之地。侯景将于庆南略地至豫章，城邑皆下，瑱穷蹙，乃降于庆。庆送瑱于景，景以瑱与己同姓，托为宗族，待之甚厚，留其妻子及弟为质。遣瑱随庆平定蠡南诸郡。及景败于巴陵，景将宋子仙、任约等并为西军所获，瑱乃诛景党与，以应义军，景亦尽诛其弟及妻子。梁元帝授瑱武臣将军、南兖州刺史，郫县侯，邑一千户。仍随都督王僧辩讨景，恒为前锋，每战却敌。既复台城，景奔吴郡，僧辩使瑱率兵追之，与景战于吴松江，大败景，尽获其军实。进兵钱塘，景将谢答仁、吕荣等皆降。以功除南豫州刺史，镇于姑孰。

承圣二年，齐遣郭元建出自濡须，僧辩遣瑱领甲士三千，筑垒于东关以捍之，大败元建。除使持节、镇北将军，给鼓吹一部，增邑二千户。西魏来寇荆州，王僧辩以瑱为前军，赴援，未至而荆州陷。瑱之九江，因卫晋安王还都。承制以瑱为侍中、使持节、都督江晋吴齐四州诸军事、江州刺史，改封康乐县公，邑五千户，进号车骑将军。司徒陆法和据郢州，引齐兵来寇，乃使瑱都督众军西讨，未至，法和率其部北度入齐。齐遣慕容恃德镇于夏首，瑱控引西还，水陆攻之，恃德食尽，请和，瑱还镇豫章。僧辩使其弟僧愔率兵与瑱共讨萧勃，及高祖诛僧辩，僧愔阴欲图瑱而夺其军，瑱知之，尽收僧愔徒党，僧愔奔齐。

绍泰二年，以本号加开府仪同三司，余并如故。是时，瑱据中流，兵甚强盛，又以本事王僧辩，虽外示臣节，未有入朝意。初，余孝顷为豫章太守，及瑱镇豫章，乃于新吴县别立城栅，与瑱相拒。瑱留军人妻子于豫章，令从弟籥知后事，悉众以攻孝顷。自夏及冬，弗能克，乃长围守之，尽收其禾稼。籥与其部下侯方儿不协，方儿怒，率所部攻籥，虏掠瑱军府妓妾金玉，归于高祖。瑱既失根本，兵众皆溃，轻归豫章，豫章人拒之，乃趋湓城，投其将焦僧度。僧度劝瑱投齐，瑱以高祖有大量，必能容己，乃诣阙请罪，高祖复其爵位。

永定元年，授侍中、车骑将军。二年，进位司空。王琳至于沌口，周文育、侯安都并没，乃以瑱为都督西讨诸军事。瑱至于梁山。世祖即位，进授太尉，增邑千户。王琳至于栅口，又以瑱为都督，侯安都等并隶焉。瑱与琳相持百余日，未决。天嘉元年二月，东关春水稍长，舟舰得通，琳引合肥巢湖之众，舳舻相次而下，其势甚盛。瑱率军进兽槛洲，琳亦出船列于江西，隔洲而泊。明日合战，琳军少却，退保西岸。及夕，东北风大起，吹其舟舰，舟舰并坏，没于沙中，溺死者数十百人。浪大不得还浦，夜中又有流星坠于贼营。及旦风静，琳入浦治船，以获船塞于浦口，又以鹿角绕岸，不敢复出。是时，西魏遣大将军史宁蹑其上流，瑱闻之，知琳不能持久，收军却据湖浦，以待其敝。及史宁至，围郢州，琳恐众溃，乃率船舰来下，去芜湖十里而泊，击柝闻于军中。明日，齐人遣兵数万助琳，琳引众向梁山，欲越官军以屯险要。齐仪同刘伯球率兵万余人助琳水战，行台慕容恃德子子会领铁骑二千，在芜湖西岸博望山南，为其声势。瑱令军中晨炊蓐食，分掎荡顿芜湖洲尾以待之。将战，有微风自东南，众军施拍纵火。定州刺史章昭达乘大舫大舰，中江而进，发拍中于贼舰，其余冒突、青龙，各相当值。又以牛皮冒蒙冲小船，以触贼舰，并熔铁洒之。琳军大败。其步兵在西岸者，自相蹂践，马骑并淖于芦荻中，弃马脱走以免者十二三。尽获其舟舰器械，并禽齐将刘伯球、慕容子会，自余俘馘以万计。琳与其党潘纯陀等乘单舴艋冒阵走至湓城，犹欲收合离散，众无附者，乃与妻妾左右十余人入齐。

其年，诏以瑱为都督湘、巴、郢、江、吴等五州诸军事，镇湓城。周将贺若敦、独孤盛等寇巴、湘，又以瑱为西讨都督，与盛战于西江口，大败盛军，虏其人马器械，不可胜数。以功授使持节、都督湘、桂、郢、巴、武、沅六州诸军事、湘州刺史，改封零陵郡公，邑七千户，余如故。二年，以疾表求还朝。三月，于道薨，时年五十二。赠侍中、骠骑大将军、大司马，加羽葆、鼓吹、班剑二十人，给东园秘器，谥曰壮肃。其年九月，配享高祖庙庭。

子净藏嗣。

净藏尚世祖第二女富阳公主，以公主除员外散骑侍郎。太建三年卒，赠司徒主簿。净藏无子，弟就袭封。

欧阳頠，字靖世，长沙临湘人也。为郡豪族。祖景达，梁代为本州治中。父僧宝，屯骑校尉。頠少质直有思理，以言行笃信著闻于岭表。父丧毁瘠甚至。家产累积，悉让诸兄。州郡频辟不应，乃庐于麓山寺傍，专精习业，博通经史。年三十，其兄逼令从宦，起家信武府中兵参军，迁府西邵陵王中兵参军事。

梁左卫将军兰钦之少也，与頠相善，故頠常随钦征讨。钦为衡州，仍除清远太守。钦南征夷獠，擒陈文彻，所获不可胜计，献大铜鼓，累代所无，頠预其功。还为直阁将军，仍除天门太守，伐蛮左有功。刺史庐陵王萧续深嘉之，引为宾客。钦征交州，复启頠同行。钦度岭以疾终，頠除临贺内史，启乞送钦丧还都，然后之任。时湘衡之界五十余洞不宾，敕令衡州刺史韦粲讨之，粲委頠为都督，悉皆平殄。粲启梁武，称頠诚干，降诏褒赏，仍加超武将军，征讨广、衡二州山贼。

侯景构逆，粲自解还都征景，以頠监衡州。京城陷后，岭南互相吞并，兰钦弟前高州刺史裕攻始兴内史萧绍基，夺其郡。裕以兄钦与頠有旧，遣招之，頠不从。乃谓使云："高州昆季隆显，莫非国恩，今应赴难援都，岂可反为跋扈。"及高祖入援京邑，将至始兴，頠乃深自结托。裕遣兵攻頠，高祖援之，裕败，高祖以王怀明为衡州刺史，迁頠为始兴内史。高祖之讨蔡路养、李迁仕也，頠率兵度岭，以助高祖。及路养等平，頠有功，梁元帝承制以始兴郡为东衡州，以頠为持节、通直散骑常侍、都督东衡州诸军事、云麾将军、东衡州刺史，新丰县伯，邑四百户。

侯景平，元帝遍问朝宰："今天下始定，极须良才，卿各举所知。"群臣未有对者。帝曰："吾已得一人。"侍中王褒进曰："未审为谁？"帝云："欧阳頠公正有匡济之才，恐萧广州不肯致之。"乃授武州刺史，寻授郢州刺史，欲令出岭，萧勃留之，不获拜命。寻授使持节、散骑常侍、都督衡州诸军事、忠武将军、衡州刺史，进封始兴县侯。

时萧勃在广州，兵强位重，元帝深患之，遣王琳代为刺史。琳已至小桂岭，勃遣其将孙玚监州，尽率部下至始兴，避琳兵锋。頠别据一城，不往谒勃，闭门高垒，亦不拒战。勃怒，遣兵袭頠，尽收其此赀财马仗。寻赦之，还复其所，复与结盟。荆州陷，頠委质于勃。及勃度岭出南康，以頠为前军都督，顿豫章之苦竹滩，周文育击破之，擒送于高祖，高祖释之，深加接待。萧勃死后，岭南扰乱，頠有声南土，且与高祖有旧，乃授頠使持节、通直散骑常侍、都督衡州诸军事、安南将军、衡州刺史，始兴县侯。未至岭南，頠子纥已克定始兴。及頠至岭南，皆慑伏，仍进广州，尽有越地。改授都督广、交、越、成、定、明、新、高、合、罗、爱、建、德、宜、黄、利、安、石、双十九州诸军事、镇南将军、平越中郎将、广州刺史，持节、常侍、侯并如故。王琳据有中流，頠自海道及东岭奉使不绝。永定三年,进授散骑常侍,增都督衡州诸军事,即本号开府仪同三司。世祖嗣位,进号征南将军,改封阳山郡公,邑一千五百户,又给鼓吹一部。

初,交州刺史袁昙缓密以金五百两寄颁,令以百两还合浦太守龚芳,四百两付儿智矩,余人弗之知也。颁寻为萧勃所破,赀财并尽,唯所寄金独在。昙缓亦寻卒,至是颁并依信还之,时人莫不叹伏。其重然诺如此。

时颁弟盛为交州刺史,次弟邃为衡州刺史,合门显贵,名振南土。又多致铜鼓、生口,献奉珍异,前后委积,颇有助于军国焉。颁以天嘉四年薨,时年六十六。赠侍中、车骑大将军、司空、广州刺史,谥曰穆。子纥嗣。

纥字奉圣,颇有干略。天嘉中,除黄门侍郎、员外散骑常侍。累迁安远将军、衡州刺史。袭封阳山郡公,都督交、广等十九州诸军事、广州刺史。在州十余年,威惠著于百越,进号轻车将军。

光大中,上流蕃镇并多怀贰,高宗以纥久在南服,颇疑之。太建元年,下诏征纥为左卫将军。纥惧,未欲就征,其部下多劝之反,遂举兵攻衡州刺史钱道戢。道戢告变,乃遣仪同章昭达讨纥,屡战兵败,执送京师,伏诛,时年三十三。家口籍没。子询以年幼免。

吴明彻,字通昭,秦郡人也。祖景安,齐南谯太守。父树,梁右军将军。明彻幼孤,性至孝,年十四,感坟茔未备,家贫无以取给,乃勤力耕种。时天下亢旱,苗稼焦枯,明彻哀愤,每之田中,号泣,仰天自诉。居数日,有自田还者,云苗已更生。明彻疑之,谓为绐己,及往田所,竟如其言。秋而大获,足充葬用。时有伊氏者,善占墓,谓其兄曰:"君葬之日,必有乘白马逐鹿者来经坟所,此是最小孝子大贵之征。"至时果有此应,明彻即树之最小子也。

起家梁东宫直后。及侯景寇京师,天下大乱,明彻有粟麦三千余斛,而邻里饥馁,乃白诸兄曰:"当今草窃,人不图久,奈何有此而不与乡家共之?"于是计口平分,同其丰俭,群盗闻而避焉,赖以存者甚众。

及高祖镇京口,深相要结,明彻乃诣高祖,高祖为之降阶,执手即席,与论当世之务。明彻亦微涉书史经传,就汝南周弘正学天文、孤虚、遁甲,略通其妙,颇以英雄自许,高祖深奇之。

承圣三年,授戎昭将军、安州刺史。绍泰初,随周文育讨杜龛、张彪等。东道平,授使持节、散骑常侍、安东将军、南兖州刺史,封安吴县侯。高祖受禅,拜安南将军,仍与侯安都、周文育将兵讨王琳。及众军败没,明彻自拔还京。世祖即位,诏以本官加右卫将军。王琳败,授都督武沅二州诸军事、安西将军、武州刺史,余并如故。周遣大将军贺若敦率马步万余人奄至武陵,明彻众寡不敌,引军巴陵,仍破周别军于双林。

天嘉三年,授安西将军。及周迪反临川,诏以明彻为安南将军、江州刺史,领豫章太守,总督众军,以讨迪。明彻雅性刚直,统内不甚和,世祖闻之,遣安成王顼慰晓明彻,令以本号还朝。寻授镇前将军。五年,迁镇东将军、吴兴太守。及引辞之郡,世祖谓明彻曰:"吴兴虽郡,帝乡之重,故以相授。君其勉之!"及世祖弗豫,征拜中领军。

废帝即位,授领军将军,寻迁丹阳尹,仍诏明彻以甲仗四十人出入殿省。到仲举之矫令出高宗也,毛喜知其谋,高宗疑惧,遣喜与明彻筹焉。明彻谓喜曰:"嗣君谅暗,万机多阙,外邻强敌,内有大丧。殿下亲实周、邵,德冠伊、霍,社稷至重,愿留中深计,慎勿致疑。"

及湘州刺史华皎阴有异志,诏授明彻使持节、散骑常侍、都督湘、桂、武三州诸军事、安南将军、湘州刺史,给鼓吹一部,仍与征南大将军淳于量等率兵讨皎。皎平,授开府仪同三司,进爵为公。太建元年,授镇南将军。四年,征为侍中、镇前将军,余并如故。

会朝议北伐,公卿互有异同,明彻决策请行。五年,诏加侍中、都督征讨诸军事,仍赐女乐一部。明彻总统众军十余万,发自京师,缘江城镇,相续降款。军至秦郡,克其水栅。齐遣大将尉破胡将兵为援,明彻破走之,斩获不可胜计,秦郡乃降。高宗以秦郡明彻旧邑,诏具太牢,令拜祠上冢,文武羽仪甚盛,乡里以为荣。

进克仁州,授征北大将军,进爵南平郡公,增邑并前二千五百户。次平峡石岸二城。进逼寿阳,齐遣王琳将兵拒守。琳至,与刺史王贵显保其外郭。明彻以琳初入,众心未附,乘夜攻之,中宵而溃,齐兵退据相国城及金城。明彻令军中益修治攻具,又浞肥水以灌城。城中苦湿,多腹疾,手足皆肿,死者十六七。会齐遣大将军皮景和率兵数十万来援,去寿春三十里,顿军不进。诸将咸曰:"坚城未拔,大援在近,不审明公计将安出?"明彻曰:"兵贵在速,而彼结营不进,自挫其锋,吾知其不敢战明矣。"于是躬擐甲胄,四面疾攻,城中震恐,一鼓而克,生禽王琳、王贵显、扶风王可朱浑孝裕、尚书卢潜、左丞李骗骏,送京师。景和惶惧遁走,尽收其驼马辎重。琳之获也,其旧部曲多在军中,琳素得士卒心,见者皆歔欷不能仰视。明彻虑其有变,遣左右追杀琳,传其首。诏曰:"寿春者古之都会,襟带淮、汝,控引河、洛,得之者安,是称要害。侍中、使持节、都督征讨诸军事、征北大将军、开府仪同三司南平郡开国公明彻,雄图克举,宏略盖世。在昔屯夷,缔构皇业,乃掩衡、岳,用清氛沴,实吞云梦,即叙上游。今兹荡定,恢我王略,风行电扫,貔虎争驰,月阵云梯,金汤夺险,威陵殊俗,惠渐边氓。惟功与能,元戎是属,崇庸广赋,茂典恒宜,可都督豫、合、建、光、朔、北徐六州诸军事、车骑大将军、豫州刺史,增封并前三千五百户,余如故。"诏遣谒者萧淳风就寿阳册明彻,于城南设坛,士卒二十万,陈旗鼓戈甲,明彻登坛拜受,成礼而退,将卒莫不踊跃焉。

初,秦郡属南兖州,后隶谯州,至是,诏以谯之秦、盱眙、神农三郡还属南兖州,以明彻故也。

六年,自寿阳入朝,舆驾幸其第,赐钟磬一部,米一万斛,绢布二千匹。

七年,进攻彭城。军至吕梁,齐遣援兵前后至者数万,明彻又大破之。八年,进位司空,余如故。又诏曰:"昔者军事建旌，交锋作鼓，顷日讹替，多乖旧章，至于行阵，不相甄别。今可给司空、大都督铁钺龙麾，其次将各有差。"寻授都督南北兖、南北青谯五州诸军事、南兖州刺史。

会周氏灭齐，高宗将事徐、兖，九年，诏明彻进军北伐，令其世子戎昭将军、员外散骑侍郎惠觉摄行军事。明彻军至吕梁，周徐州总管梁士彦率众拒战，明彻频破之，因退兵守城，不复敢出。明彻仍迮清水以灌其城，环列舟舰于城下，攻之甚急。周遣上大将军王轨将兵救之。轨轻行自清水入淮口，横流竖木，以铁锁贯车轮，遏断船路。诸将闻之，甚惶恐，议欲破堰拔军，以舫载马。马主裴子烈议曰："若决堰下船，船必倾倒，岂可得乎？不如前遣马出，于事为允。"适会明彻苦背疾甚笃，知事不济，遂从之，乃遣萧摩诃帅马军数千前还。明彻仍自决其堰，乘水势以退军，冀其获济。及至清口，水势渐微，舟舰并不得渡，众军皆溃，明彻穷蹙，乃就执。寻以忧愤遘疾，卒于长安，时年六十七。

至德元年诏曰："李陵矢竭，不免请降，于禁水涨，犹且生获，固知用兵上术，世罕其人。故侍中、司空南平郡公明彻，爱初蹑足，迨届元戎，百战百胜之奇，决机决死之勇，斯亦侔于古焉。及拓定淮、肥，长驱彭、汴，覆勍寇如举毛，扫锐帅同沃雪，风威慴于异俗，功效著于同文。方欲息驾阴山，解鞍瀚海，既而师出已老，数亦终奇，不就结缨之功，无辞入褚之晶，望封崤之为易，冀平翟之非难，虽志在屈伸，而奄中霜露，埋恨绝域，甚可嗟伤。斯事已往，累逢肆赦，凡厥罪戾，皆蒙洒濯，独此孤魂，未沾宽惠，遂使殣土湮没，飨酹无主。弃瑕录用，宜在兹辰，可追封邵陵县开国侯，食邑一千户，以其息惠觉为嗣。"

惠觉历黄门侍郎，以平章大宝功，授丰州刺史。

明彻兄子超，字逸世。少倜傥，以干略知名。随明彻征伐，有战功，官至忠毅将军、散骑常侍、桂州刺史，封汝南县侯，邑一千户。卒，赠广州刺史，谥曰节。

裴子烈，字大士，河东闻喜人，梁员外散骑侍郎猗之子。子烈少孤，有志气。遇梁末丧乱，因习武艺，以骁勇闻。频从明彻征讨，所向必先登陷阵。官至电威将军、北谯太守、岳阳内史，海安县伯，邑三百户。至德四年卒。

史臣曰：高祖拨乱创基，光启天历，侯瑱、欧阳𬱖并归身有道，位贵鼎司，美矣。吴明彻居将帅之任，初有军功，及吕梁败绩，为失算也。斯以勇非韩、白，识异孙、吴，遂使噬脐丧师，金陵虚弱，祯明沦覆，盖由其渐焉。

卷十　　　　列传第四

周铁虎　程灵洗子文季

周铁虎，不知何许人也，梁世南渡。语音伧重，膂力过人，便马槊，事梁河东王萧誉，以勇敢闻，誉板为府中兵参军。誉为广州刺史，以铁虎为兴宁令。誉迁湘州，又为临蒸令。侯景之乱，元帝于荆州遣世子方等代誉，且以兵临之。誉拒战，大捷，方等死，铁虎功最，誉委遇甚重。及王僧辩讨誉，于阵获铁虎，僧辩命烹之，铁虎呼曰："侯景未灭，奈何杀壮士！"僧辩奇其言，乃宥之，还其麾下。

及侯景西上，铁虎从僧辩克任约，获宋子仙，每战皆有功。元帝承制授仁威将军、潼州刺史，封沌阳县子，邑三百户。又从僧辩克定京邑，降谢答仁，平陆纳于湘州。承圣二年，以前后战功，进爵为侯，增邑并前五百户。仍为散骑常侍，领信义太守，将军如故。高祖诛僧辩，铁虎率所部降，因复其本职。

徐嗣徽引齐寇渡江，铁虎于板桥浦破其水军，尽获甲仗船舸。又攻历阳，袭齐寇步营，并皆克捷。嗣徽平，绍泰二年，迁散骑常侍、严威将军、太子左卫率。

寻随周文育于南江拒萧勃，恒为前军。文育又命铁虎偏军，于苦竹滩袭勃前军欧阳𬱖。又随文育西征王琳，于沌口败绩，铁虎与文育、侯安都并为琳所擒。琳引见诸将，与之语，唯铁虎辞气不屈，故琳尽杀文育之徒，独铁虎见害，时年四十九。高祖闻之，下诏曰："天地之宝，所贵曰生，形魄之徒，所重唯命。至如捐生立节，效命酬恩，追远怀昔，信宜加等。散骑常侍、严威将军、太子左卫率、潼州刺史、领信义太守沌阳县开国侯铁虎，器局沈厚，风力勇壮，北讨南征，竭忠尽力。推锋江夏，致陷凶徒，神气弥雄，肆言无挠。岂直温序见害，方其理须，庞德临危，犹能瞋目。忠贞如此，恻怆兼深，可赠侍中、护军将军、青、冀二州刺史，加封一千户，并给鼓吹一部，侯如故。"天嘉五年，世* 又诏曰："汉室功臣，形写宫观，魏朝猛将，名配宗祧，功烈所以长存，世代因之不朽。故侍中、护军将军、青、冀二州刺史沌阳县开国侯铁虎，诚节梗亮，力用雄敢，王业初基，行间累矣，垂翅贼垒，正色寇庭，古之遗烈，有识同壮。陨身不屈，虽隆荣等，营魂易远，言追嘉惜。宜仰陪墉寝，恭颁飨奠，可配食高祖庙庭。"子瑜嗣。

时有盱眙马明，字世朗，梁世事鄱阳嗣王萧范。侯景之乱，据庐江之东界，拒贼临城栅。元帝授散骑常侍、平北将军、北兖州刺史，领庐江太守。荆州陷没，归于高祖。绍泰中，复官位，封西华县侯，邑二千户。亦随文育西征王琳，于沌口军败，明力战死之，赠使持节、征西将军、郢州刺史。

程灵洗，字玄涤，新安海宁人也。少以勇力闻，步行日二百余里，便骑善游。梁末，海宁、黟、歙等县及鄱阳、宣城郡界多盗贼，近县苦之。灵洗素为乡里所畏伏，前后守长恒使召募少年，逐捕劫盗。

侯景之乱，灵洗聚徒据黟、歙以拒景。景军据有新安，新安太守湘西乡侯萧隐奔依灵洗，灵洗奉以主盟。梁元帝于荆州承制，又遣使间道奉表。刘神茂自东阳建义拒贼，灵洗攻下新安，与神茂相应。元帝授持节、通直散骑常侍、都督新安郡诸军事、云麾将军、谯州刺史资,领新安太守,封巴丘县侯,邑五百户。神茂为景所破,景偏帅吕子荣进攻新安,灵洗退保鄱、歙。及景败,子荣退走,灵洗复据新安。进军建德,擒贼帅赵桑乾。以功授持节、散骑常侍、都督青、冀二州诸军事、青州刺史,增邑并前一千户,将军、太守如故。

仍令灵洗率所部下扬州,助王僧辩镇防。迁吴兴太守,未行,僧辩命灵洗从侯瑱西援荆州。荆州陷,还都。高祖诛僧辩,灵洗率所领来援,其徒力战于石头西门,军不利,遣使招谕,久之乃降,高祖深义之。绍泰元年,授使持节、信武将军、兰陵太守,常侍如故,助防京口。及平徐嗣徽,灵洗有功,除南丹阳太守,封遂安县侯,增邑并前一千五百户,仍镇采石。

随周文育西讨王琳,于沌口败绩,为琳所拘。明年,与侯安都等逃归。兼丹阳尹,出为高唐、太原二郡太守,仍镇南陵。迁太子左卫率。高祖崩,王琳前军东下,灵洗于南陵破之,虏其兵士,并获青龙十余乘。以功授持节、都督南豫州缘江诸军事、信武将军、南豫州刺史。侯瑱等败王琳于栅口,灵洗乘胜逐北,据有鲁山。征为左卫将军,余如故。

天嘉四年,周迪重寇临川,以灵洗为都督,自鄱阳别道击之,迪又走山谷间。五年,迁中护军,常侍如故。出为使持节、都督郢、巴、武三州诸军事、宣毅将军、郢州刺史。废帝即位,进号云麾将军。

华皎之反也,遣使招诱灵洗,灵洗斩皎使,以状闻。朝廷深嘉其忠,增其守备,给鼓吹一部,因推心待之,使其子文季领水军助防。是时周遣其将长胡公拓跋定率步骑二万助皎攻围灵洗,灵洗婴城固守。及皎退,乃出军蹑定,定不获济江,以其众降。因进攻周沔州,克之,擒其刺史裴宽。以功进号安西将军,改封重安县公,增邑并前二千户。

灵洗性严急,御下甚苛刻,士卒有小罪,必以军法诛之,造次之间,便加捶挞,而号令分明,与士卒同甘苦,众亦以此依附。性好播植,躬勤耕稼,至于水陆所宜,刘获早晚,虽老农不能及也。伎妾无游手,并督之纺绩。至于散用赀财,亦弗俭吝。光大二年,卒于州,时年五十五。赠镇西将军、开府仪同三司,谥曰忠壮。太建四年,诏配享高祖庙庭。子文季嗣。

文季字少卿。幼习骑射,多干略,果决有父风。弱冠从灵洗征讨,必前登陷阵。灵洗与周文育、侯安都等败于沌口,为王琳所执,高祖召降贼诸将子弟厚遇之,文季最有礼容,深为高祖所赏。永定中,累迁通直散骑侍郎、句容令。世祖嗣位,除宣惠始兴王府限内中直兵参军。是时王为扬州刺史,镇冶城,府中军事,悉以委之。

天嘉二年,除贞毅将军、新安太守,仍随侯安都东讨留异。异党向文政据有新安,文季率精甲三百,轻往攻之。文政遣其兄子瓒来拒,文季与战,大破瓒军,文政乃降。

三年,始兴王伯茂出镇东州,复以文季为镇东府中兵参军,带剡令。

四年,陈宝应与留异连结,又遣兵随周迪更出临川,世祖遣信义太守余孝顷自海道袭晋安,文季为之前军,所向克捷。陈宝应平,文季战功居多,还,转府谘议参军,领中直兵。出为临海太守。寻乘金翅助父镇郢城。华皎平,灵洗及文季并有捍御之功。及灵洗卒,文季尽领其众,起为超武将军,仍助防郢州。文季性至孝,虽军旅夺礼,而毁瘠甚至。

太建二年,为豫章内史,将军如故。服阕,袭封重安县公。随都督章昭达率军往荆州征萧岿。岿与周军多造舟舰,置于青泥水中。时水长漂疾,昭达乃遣文季共钱道戢轻舟袭之,尽焚其舟舰。昭达因萧岿等兵稍息,又遣文季夜入其外城,杀伤甚众。既而周兵大出,巴陵内史雷道勤拒战死之,文季仅以身免。以功加通直散骑常侍、安远将军,增邑五百户。

五年,都督吴明彻北讨秦郡,秦郡前江浦通涂水,齐人并下大柱为杙,栅水中,乃遣文季领骁勇拔开其栅,明彻率大军自后而至,攻秦郡克之。又别遣文季围泾州,屠其城,进攻盱眙,拔之。仍随明彻围寿阳。

文季临事谨急,御下严整,前后所克城垒,率皆迮水为堰,土木之功,动逾数万。每置阵役人,文季必先诸将,夜则早起,迄暮不休,军中莫不服其勤干。每战恒为前锋,齐军深惮之,谓为程虎。以功除散骑常侍、明威将军,增邑五百户。又带新安内史,进号武毅将军。

八年,为持节、都督谯州诸军事、安远将军、谯州刺史。其年,又督北徐仁州诸军事、北徐州刺史,余并如故。九年,又随明彻北讨,于吕梁作堰,事见明彻传。十年春,败绩,为周所囚,仍授开府仪同三司。十一年,自周逃归,至涡阳,为边吏所执,还送长安,死于狱中。后主是时既与周绝,不之知也。至德元年,后主始知之,追赠散骑常侍。寻又诏曰:"故散骑常侍、前重安县开国公文季,纂承门绪,克荷家声。早岁出军,虽非元帅,启行为最,致果有闻,而覆丧车徒,允从黜削。但灵洗之立功捍御,久而见思,文季之埋魂异域,有足可悯。言念劳旧,伤兹废绝,宜存庙食,无使馁而。可降封重安县侯,邑一千户,以子飧袭封。"

史臣曰:程灵洗父子并御下严苛,治兵整肃,然与众同其劳苦,匪私财利,士多依焉,故临戎克办矣。

卷十一　　　　列传第五

黄法氍　淳于量　章昭达

黄法氍,字仲昭,巴山新建人也。少劲捷有胆力,步行日三百里,距跃三丈。颇便书疏,闲明簿领,出入郡中,为乡闾所惮。侯景之乱,于乡里合徒众。太守贺诩下江州,法氍监知郡事。高祖将逾岭入援建业,李迁仕作梗中途,高祖命周文育屯于西昌,法氍遣兵助文育。时法氍出顿新淦县，景遣行台于庆至豫章，庆分兵来袭新淦，法𣫍拒战，败之。高祖亦遣文育进军讨庆，文育疑庆兵强，未敢进，法𣫍率众会之，因进克笙屯，俘斩甚众。

梁元帝承制授超猛将军、交州刺史资，领新淦县令，封巴山县子，邑三百户。承圣三年，除明威将军、游骑将军，进爵为侯，邑五百户。贞阳侯僭位，除左骁骑将军。敬帝即位，改封新建县侯，邑如前。太平元年，割江州四郡置高州，以法𣫍为使持节、散骑常侍、都督高州诸军事、信武将军、高州刺史，镇于巴山。萧勃遣欧阳𬱟攻法𣫍，法𣫍与战，破之。

永定二年，王琳遣李孝钦、樊猛、余孝顷攻周迪，且谋取法𣫍，法𣫍率兵援迪，擒孝顷等三将。进号宣毅将军，增邑并前一千户，给鼓吹一部。又以拒王琳功，授平南将军、开府仪同三司。熊昙朗于金口反，害周文育，法𣫍共周迪讨平之，语在昙朗传。

世祖嗣位，进号安南将军。天嘉二年，周迪反，法𣫍率兵会都督吴明彻，讨迪于工塘。迪平，法𣫍功居多，征为使持节、散骑常侍、都督南徐州诸军事、镇北大将军、南徐州刺史，仪同、鼓吹如故。未拜，寻又改授都督江、吴二州诸军事、镇南大将军、江州刺史。六年，征为中卫大将军。废帝即位，进爵为公，给扶。光大元年，出为使持节、都督南徐州诸军事、镇北将军、南徐州刺史。二年，徙为都督郢、巴、武三州诸军事、镇西将军、郢州刺史，持节如故。

太建元年，进号征西大将军。二年，征为侍中、中权大将军。四年，出为使持节、散骑常侍、都督南豫州诸军事、征南大将军、南豫州刺史。五年，大举北伐，都督吴明彻出秦郡，以法𣫍为都督，出历阳。齐遣其历阳王步骑五万来援，于小岘筑城。法𣫍遣左卫将军樊毅分兵于大岘御之，大破齐军，尽获人马器械。于是乃为拍车及步舰，竖拍以逼历阳。历阳人窘蹙乞降，法𣫍缓之，则又坚守，法𣫍怒，亲率士卒攻城，施拍加其楼堞。时又大雨，城崩，克之，尽诛戍卒。进兵合肥，望旗降款，法𣫍不令军士侵掠，躬自抚劳，而与之盟，并放还北。以功加侍中，改封义阳郡公，邑二千户。其年，迁都督合、霍二州诸军事、征西大将军、合州刺史，增邑五百户。七年，徙都督豫、建、光、朔、合、北徐六州诸军事、豫州刺史，镇寿阳，侍中、散骑常侍、持节、将军、仪同、鼓吹、扶并如故。八年十月，薨，时年五十九。赠侍中、中权大将军、司空，谥曰威。子玩嗣。

淳于量，字思明。其先济北人也，世居京师。父文成，仕梁为将帅，官至光烈将军、梁州刺史。量少善自居处，伟姿容，有干略，便弓马。梁元帝为荆州刺史，文成分量人马，令往事焉。起家湘东王国常侍，兼西中郎府中兵参军。累迁府佐、常兼中兵、直兵者十余载，兵甲士卒，盛于府中。

荆、雍之界，蛮左数反，山帅文道期积为边患，中兵王僧辩征之，频战不利，遣量助之。量至，与僧辩并力，大破道期，斩其酋长，俘虏万计。以功封广晋县男，邑三百户，授涪陵太守。历为新兴、武宁二郡太守。

侯景之乱，梁元帝凡遣五军入援京邑，量预其一。台城陷，量还荆州。元帝承制以量为假节、通直散骑常侍、都督巴州诸军事、信威将军、巴州刺史。侯景西上攻巴州，元帝使都督王僧辩入据巴陵。量与僧辩并力拒景，大败景军，擒其将任约。进攻郢州，获宋子仙。仍随僧辩克平侯景。承圣元年，以功授左卫将军，封谢沐县侯，邑五百户。寻出为持节、都督桂、定、东、西宁等四州诸军事、信威将军、安远护军、桂州刺史。

荆州陷，量保据桂州。王琳拥割湘、郢，累遣召量，量外虽与琳往来，而别遣使从间道归于高祖。高祖受禅，授持节、散骑常侍、平西大将军，给鼓吹一部，都督、刺史并如故。寻进号镇南将军。仍授都督、镇西大将军、开府仪同三司。世祖嗣位，进号征南大将军。王琳平后，频请入朝，天嘉五年，征为中抚大将军，常侍、仪同、鼓吹并如故。量所部将帅，多恋本土，并欲逃入山谷，不愿入朝。世祖使湘州刺史华皎征衡州界黄洞，且以兵迎量。天康元年，至都，以在道淹留，为有司所奏，免仪同，余并如故。光大元年，给鼓吹一部。华皎构逆，以量为使持节、征南大将军、西讨大都督，总率大舰，自郢州樊浦拒之。皎平，并降周者长胡公拓跋定等。以功授侍中、中军大将军、开府仪同三司，进封醴陵县公，增邑一千户。未拜，出为使持节、都督南徐州诸军事、镇北将军、南徐州刺史，侍中、仪同、鼓吹并如故。

太建元年，进号征北大将军，给扶。三年，坐就江阴王萧季卿买梁陵中树，季卿坐免，量免侍中。寻复加侍中。五年，征为中护大将军，侍中、仪同、鼓吹、扶并如故。

吴明彻之西伐也，量赞成其事，遣第六子岑率所领从军。淮南克定，量改封始安郡公，增邑一千五百户。六年，出为使持节、都督郢、巴、南司、定四州诸军事、征西大将军、郢州刺史，侍中、仪同、鼓吹、扶并如故。七年，征为中军大将军、护军将军。九年，以公事免侍中。寻复加侍中。十年，吴明彻陷没，加量使持节、都督水陆诸军事，仍授散骑常侍、都督南北兖、谯三州诸军事、车骑将军、南兖州刺史，余并如故。十三年，加左光禄大夫，增邑五百户，余如故。十四年四月薨，时年七十二。赠司空。

章昭达，字伯通，吴兴武康人也。祖道盖，齐广平太守。父法尚，梁扬州议曹从事。昭达性倜傥，轻财尚气。少时，尝遇相者，谓昭达曰："卿容貌甚善，须小亏损，则当富贵。"梁大同中，昭达为东宫直后，因醉坠马，鬓角小伤，昭达喜之，相者曰："未也。"及侯景之乱，昭达率募乡人援台城，为流矢所中，眇其一目，相者见之，曰："卿相善矣，不久当贵。"

京城陷，昭达还乡里，与世祖游，因结君臣之分。侯景平，世祖为吴兴太守，昭达杖策来谒世祖。世祖见之大喜，因委以将帅，恩宠优渥，超于侪等。及高祖讨王僧辩，令世祖还长城招聚兵众，以备杜龛，频使昭达往京口，禀承计划。僧辩诛后，龛遣其将杜泰来攻长城，世祖拒之，命昭达总知城内兵事。及杜泰退走，因从世祖东进，军吴兴，以讨杜龛。龛平，又从世祖东讨张彪于会稽，克之。累功除明威将军、定州刺史。

是时留异拥据东阳，私署守宰，高祖患之，乃使昭达为长山县令，居其心腹。永定二年，除武康令。世祖嗣位，除员外散骑常侍。天嘉元年，追论长城之功，封欣乐县侯，邑一千户。寻随侯安都等拒王琳于栅口，战于芜湖，昭达乘平虏大舰，中流而进，先锋发拍中于贼舰。王琳平，昭达册勋第一。二年，除使持节、散骑常侍、都督郢、巴、武、沅四州诸军事、智武将军、郢州刺史，增邑并前千五百户。寻进号平西将军。

周迪据临川反，诏令昭达便道征之。及迪败走，征为护军将军，给鼓吹一部，改封邵武县侯，增邑并前二千户，常侍如故。四年，陈宝应纳周迪，复共寇临川，又以昭达为都督讨迪。至东兴岭，而迪又退走。昭达仍逾岭，顿于建安，以讨陈宝应。宝应据建安、晋安二郡之界，水陆为栅，以拒官军。昭达与战不利，因据其上流，命军士伐木带枝叶为筏，施拍于其上，缀以大索，相次列营，夹于两岸。宝应数挑战，昭达按甲不动。俄而暴雨，江水大长，昭达放筏冲突宝应水栅，水栅尽破。又出兵攻其步军。方大合战，会世祖遣余孝顷出自海道。适至，因并力乘之，宝应大溃，遂克定闽中，尽擒留异、宝应等。以功授镇前将军、开府仪同三司。

初，世祖尝梦昭达升于台铉，及旦，以梦告之。至是侍宴，世祖顾诏达曰："卿忆梦不？何以偿梦？"昭达对曰："当效犬马之用，以尽臣节，自余无以奉偿。"寻又出为使持节、都督江、郢、吴三州诸军事、镇南将军、江州刺史，常侍、仪同、鼓吹如故。

废帝即位，迁侍中、征南将军，改封邵陵郡公。华皎之反也，其移书文檄，并假以昭达为辞，又频遣使招之，昭达尽执其使，送于京师。皎平，进号征南大将军，增邑并前二千五百户。秩满，征为中抚大将军，侍中、仪同、鼓吹如故。高宗即位，进号车骑大将军，以还朝迟留，为有司所劾，降号车骑将军。

欧阳纥据有岭南反，诏昭达都督众军讨之。昭达倍道兼行，达于始兴。纥闻昭达奄至，恇扰不知所为，乃出顿洭口，多聚沙石，盛以竹笼，置于水栅之外，用遏舟舰。昭达居其上流，装舻造拍，以临贼栅。又令军人衔刀，潜行水中，以斫竹笼，笼篾皆解。因纵大舰随流突之，贼众大败，因而擒纥，送于京师，广州平。以功进车骑大将军，迁司空，余并如故。

太建二年，率师征萧岿于江陵。时萧岿与周军大蓄舟舰于青泥中，昭达分遣偏将钱道戢、程文季等，乘轻舟袭之，焚其舟舰。周兵又于峡下南岸筑垒，名曰安蜀城，于江上横引大索，编苇为桥，以度军粮。昭达乃命军士为长戟，施于楼船之上，仰割其索，索断粮绝，因纵兵以攻其城，降之。三年，遘疾，薨，时年五十四。赠大将军，增邑五百户，给班剑二十人。

昭达性严刻，每奉命出征，必昼夜倍道；然有所克捷，必推功将帅，厨膳饮食，并同于群下，将士亦以此附之。

每饮会，必盛设女伎杂乐，备尽羌胡之声，音律姿容，并一时之妙，虽临对强敌，旗鼓相望，弗之废也。四年，配享世祖庙庭。

子大宝，袭封邵陵郡公，累官至散骑常侍、护军。出为丰州刺史，在州贪纵，百姓怨酷，后主以太仆卿李晕代之。至德三年四月，晕将到州，大宝乃袭杀晕，举兵反，遣其将杨通寇建安。建安内史吴慧觉据郡城拒之，通累攻不克。官军稍近，人情离异，大宝计穷，乃与通俱逃。台军主陈景详率兵追蹑大宝。大宝既入山，山路阴险，不复能行，通背负之，稍进。寻为追兵所及，生擒送都，于路死，传首枭于朱雀航，夷三族。

史臣曰：黄法氍、淳于量值梁末丧乱，刘、项未分，其有辩明暗见是非者盖鲜，二公达向背之理，位至鼎司，亦其智也。昭达与世祖乡壤惟旧，义等邓、萧，世祖纂历，委任隆重，至于战胜攻取，累平寇难，斯亦良臣良将，一代之吴、耿矣。

卷十二　　　　　列传第六

胡颖　徐度 子敬成　杜棱　沈恪

胡颖，字方秀，吴兴东迁人也。其先寓居吴兴，土断为民。颖伟姿容，性宽厚。梁世仕至武陵国侍郎，东宫直前。出番禺，征讨俚洞，广州西江督护。高祖在广州，颖仍自结高祖，高祖与其同郡，接遇甚隆。及南征交趾，颖从行役，余诸将帅皆出其下。及平李贲，高祖旋师，颖隶在西江，出兵多以颖留守。

侯景之乱，高祖克元景仲，仍渡岭援台，平蔡路养、李迁仕，颖皆有功。历平固、遂兴二县令。高祖进军顿西昌，以颖为巴丘县令，镇大皋，督粮运。下至豫章，以颖监豫章郡。高祖率众与王僧辩会于白茅湾，同讨侯景，以颖知留府事。

梁承圣初，元帝授颖假节、铁骑将军、罗州刺史，封汉阳县侯，邑五百户。寻除豫章内史，随高祖镇京口。齐遣郭元建出关，都督侯瑱率师御之。高祖选府内骁勇三千人配颖，令随瑱，于东关大破之。三年，高祖围广陵，齐人东方光据宿预请降，以颖为五原太守，随杜僧明援光，不克，退还，除曲阿令。寻领马军，从高祖袭王僧辩。又随周文育于吴兴讨杜龛。绍泰元年，除假节、都督南豫州诸军事、轻车将军、南豫州刺史。太平元年，除持节、散骑常侍、仁威将军。寻兼丹阳尹。

高祖受禅，兼左卫将军，余如故。永定三年，随侯安都征王琳，于宫亭破贼帅常众爱等。世祖嗣位，除侍中、都督吴州诸军事、宣惠将军、吴州刺史。不行，寻为义兴太守，将军如故。天嘉元年，除散骑常侍、吴兴太守。其年六月卒，时年五十四。赠侍中、中护军，谥曰壮。二年，配享高祖庙庭。子六同嗣。

颖弟铄，亦随颖将军。颖卒，铄统其众。历东海、豫章二郡守，迁员外散骑常侍。随章昭达南平欧阳纥，为广州东江督护。还预北伐，除雄信将军、历阳太守。太建六年卒，赠桂州刺史。

徐度，字孝节，安陆人也。世居京师。少倜傥，不拘小节。及长，姿貌瑰伟，嗜酒好博。恒使僮仆屠酤为事。梁始兴内史萧介之郡，度从之，将领士卒，征诸山洞，以骁勇闻。高祖征交趾，厚礼招之，度乃委质。

侯景之乱，高祖克定广州，平蔡路养，破李迁仕，计划多出于度。兼统兵甲，每战有功。归至白茅湾，梁元帝授宁朔将军、合州刺史。侯景平后，追录前后战功，加通直散骑常侍，封广德县侯，邑五百户。迁散骑常侍。高祖镇朱方，除信武将军、兰陵太守。高祖遣衡阳献王往荆州，度率所领从焉。江陵陷，间行东归。高祖平王僧辩，度与侯安都为水军。绍泰元年，高祖东讨杜龛，奉敬帝幸京口，以度领宿卫，并知留府事。

徐嗣徽、任约等来寇，高祖与敬帝还都。时贼已据石头城，市廛居民，并在南路，去台遥远，恐为贼所乘，乃使度将兵镇于冶城寺，筑垒以断之。贼悉众来攻，不能克。高祖寻亦救之，大败约等。明年，嗣徽等又引齐寇济江，度随众军破之于北郊坛。以功除信威将军、郢州刺史，兼领吴兴太守。寻迁镇右将军、领军将军、徐州缘江诸军事、镇北将军、南徐州刺史，给鼓吹一部。

周文育、侯安都等西讨王琳，败绩，为琳所拘，乃以度为前军都督，镇于南陵。世祖嗣位，迁侍中、中抚军将军、开府仪同三司，进爵为公。未拜，出为使持节、散骑常侍、镇东将军、吴郡太守。天嘉元年，增邑千户。以平王琳功，改封湘东郡公，邑四千户。秩满，为侍中、中军将军。出为使持节、都督会稽、东阳、临海、永嘉、新安、新宁、信安、晋安、建安九郡诸军事、镇东将军、会稽太守。未行而太尉侯瑱薨于湘州，乃以度代瑱为都督湘、沅、武、巴、郢、桂六州诸军事、镇南将军、湘州刺史。秩满，为侍中、中军大将军、仪同、鼓吹并如故。

世祖崩，度预顾命，以甲仗五十人入殿省。废帝即位，进位司空。华皎据湘州反，引周兵下至沌口，与王师相持，乃加度使持节、车骑将军，总督步军，自安成郡由岭路出于湘东，以袭湘州，尽获其所留军人家口以归。光大二年薨，时年六十。赠太尉，给班剑二十人，谥曰忠肃。太建四年，配享高祖庙庭。子敬成嗣。

敬成幼聪慧，好读书，少机警，善占对，结交文义之士，以识鉴知名。起家著作郎。永定元年，领度所部士卒，随周文育、侯安都征王琳，于沌口败绩，为琳所繋。二年，随文育、安都得归，除太子舍人，迁洗马。度为吴郡太守，以敬成监郡。天嘉二年，迁太子中舍人，拜湘东郡公世子。四年，度自湘州还朝，士马精锐，敬成尽领其众。随章昭达征陈宝应，晋安平，除贞威将军、豫章太守。光大元年，华皎谋反，以敬成为假节、都督巴州诸军事、云旗将军、巴州刺史。寻诏为水军，随吴明彻征华皎，皎平还州。二年，以父忧去职。寻起为持节、都督南豫州诸军事、壮武将军、南豫州刺史。四年，袭爵湘东郡公，授太子右卫率。

五年，除贞威将军、吴兴太守。其年随都督吴明彻北讨，出秦郡，别遣敬成为都督，乘金翅自欧阳引埭上沂江由广陵。齐人皆婴城守，弗敢出。自繁梁湖下淮，围淮阴城。仍监北兖州。淮、泗义兵相率响应，一二日间，众至数万，遂克淮阴、山阳、盐城三郡，并连口、朐山二戍。仍进攻郁州，克之。以功加通直散骑常侍、云旗将军，增邑五百户。又进号壮武将军，镇朐山。坐于军中辄科订，并诛新附，免官。寻复为持节、都督安、元、潼三州诸军事、安州刺史，将军如故，镇宿预。七年卒，时年三十六。赠散骑常侍，谥曰思。子敞嗣。

杜棱，字雄盛，吴郡钱塘人也。世为县大姓。棱颇涉书传，少落泊，不为当世所知。遂游岭南，事梁广州刺史新渝侯萧映。映卒，从高祖，恒典书记。侯景之乱，命棱将领，平蔡路养、李迁仕皆有功。军至豫章，梁元帝承制授棱仁威将军、石州刺史，上陌县侯，邑八百户。

侯景平，高祖镇朱方，棱监义兴、琅邪二郡。高祖诛王僧辩，引棱与侯安都等共议，棱难之。高祖惧其泄己，乃以手巾绞棱，棱闷绝于地，因闭于别室。军发，召与同行。及僧辩平后，高祖东征杜龛等，留棱与安都居守。徐嗣徽、任约引齐寇济江，攻台城，安都与棱随方抗拒，棱昼夜巡警，绥抚士卒，未常解带。贼平，以功除通直散骑常侍、右卫将军、丹阳尹。永定元年，加侍中、忠武将军。寻迁中领军，侍中、将军如故。

三年，高祖崩，世祖在南皖。时内无嫡嗣，外有强敌，侯瑱、侯安都、徐度等并在军中，朝廷宿将，唯棱在都，独典禁兵，乃与蔡景历等秘不发丧，奉迎世祖，事见景历传。世祖即位，迁领军将军。天嘉元年，以预建立之功，改封永城县侯，增邑五百户。出为云麾将军、晋陵太守，加秩中二千石。二年，征为侍中、领军将军。寻迁翊左将军、丹阳尹。废帝即位，迁镇右将军、特进，侍中、尹如故。光大元年，解尹，量置佐史，给扶，重授领军将军。

太建元年，出为散骑常侍、镇东将军、吴兴太守，秩中二千石。二年，征为侍中、镇右将军。寻加特进、护军将军。三年，以公事免侍中、护军。四年，复为侍中、右光禄大夫，并给鼓吹一部，将军、佐史、扶并如故。

棱历事三帝，并见恩宠。末年不预征役，优游京师，赏赐优洽。顷之卒于官，时年七十。赠开府仪同三司，丧事所须，并令资给，谥曰成。其年配享高祖庙庭。子安世嗣。

沈恪，字子恭，吴兴武康人也。深沈有干局。梁新渝侯萧映为郡将，召为主簿。映迁北徐州，恪随映之镇。映迁广州，以恪兼府中兵参军，常领兵讨伐俚洞。卢子略之反也。恪拒战有功，除中兵参军。高祖与恪同郡，情好甚昵，萧映卒后，高祖南讨李贲，仍遣妻子附恪还乡。寻补东宫直后，以岭南勋除员外散骑侍郎，仍令招集宗从子弟。

侯景围台城，恪率所领入台，随例加右军将军。贼起东西二土山以逼城，城内亦作土山以应之，恪为东土山主，昼夜拒战。以功封东兴县侯，邑五百户。迁员外散骑常侍。京城陷，恪间行归乡里。高祖之讨侯景，遣使报恪，乃于东起兵相应。贼平，恪谒高祖于京口，即日授都军副。寻为府司马。

及高祖谋讨王僧辩，恪预其谋。时僧辩女婿杜龛镇吴兴，高祖乃使世祖还长城，立栅备龛，又使恪还武康，招集兵众。及僧辩诛，龛果遣副将杜泰率众袭世祖于长城。恪时已率兵士出县诛龛党与，高祖寻遣周文育来援长城，文育至，泰乃遁走。世祖仍与文育进军出郡，恪军亦至，屯于郡南。及龛平，世祖袭杀扬州刺史张彪，以恪监吴兴郡。太平元年，除宣猛将军、交州刺史。其年迁永嘉太守。不拜，复令监吴兴郡。自吴兴入朝。高祖受禅，使中书舍人刘师知引恪，令勒兵入，因卫敬帝如别宫。恪乃排闼入见高祖，叩头谢曰："恪身经事萧家来，今日不忍见许事，分受死耳，决不奉命。"高祖嘉其意，乃不复逼，更以荡主王僧志代之。

高祖践阼，除吴兴太守。永定二年，徙监会稽郡。会余孝顷谋应王琳，出兵临川攻周迪，以恪为壮武将军，率兵逾岭以救迪。余孝顷闻恪至，退走。三年，迁使持节、通直散骑常侍、智武将军、吴州刺史，便道之鄱阳。寻有诏追还，行会稽郡事。其年，除散骑常侍、忠武将军、会稽太守。

世祖嗣位，进督会稽、东阳、新安、临海、永嘉、建安、晋安、新宁、信安九郡诸军事，将军、太守如故。天嘉元年，增邑五百户。二年，征为左卫将军。俄出为都督郢、武、巴、定四州诸军事、军师将军、郢州刺史。六年，征为中护军。寻迁护军将军。光大二年，迁使持节、都督荆武佑三州诸军事、平西将军、荆州刺史。未之镇，改为护军将军。

高宗即位，加散骑常侍、都督广、衡、东衡、交、越、成、定、新、合、罗、爱、德、宜、黄、利、安、石、双等十八州诸军事、镇南将军、平越中郎将、广州刺史。恪未至岭，前刺史欧阳纥举兵拒险，恪不得进，朝廷遣司空章昭达督众军讨纥，纥平，乃得入州。州罹兵荒，所在残毁，恪绥怀安缉，被以恩惠，岭表赖之。

太建四年，征为领军将军。及代还，以途还不时至，为有司所奏免。十一年，起为散骑常侍、卫尉卿。其年授平北将军、假节，监南兖州。十二年，改授散骑常侍、翊右将军，监南徐州。又遣电威将军裴子烈领马五百匹，助恪缘江防戍。明年，入为卫尉卿，常侍、将军如故。寻加侍中，迁护军将军。后主即位，以疾改授散骑常侍、特进、金紫光禄大夫。其年卒，时年七十四。赠翊左将军，诏给东园秘器，仍出举哀，丧事所须，并令资给，谥曰元。子法兴嗣。

史臣曰：胡颖、徐度、杜棱、沈恪并附骥骧而腾跃，依日月之光辉，始觐王佐之才，方悟公辅之量，生则肉食，终以配飨。盛矣哉！

卷十三　　　　列传第七

徐世谱　鲁悉达　周敷
荀朗子法尚　周炅

徐世谱，字兴宗，巴东鱼复人也。世居荆州，为主帅，征伐蛮、蜒。至世谱，尤敢勇有膂力，善水战。梁元帝之为荆州刺史，世谱将领乡人事焉。

侯景之乱，因预征讨，累迁至员外散骑常侍。寻领水军，从司徒陆法和讨景，与景战于赤亭湖。时景军甚盛，世谱乃别造楼船、拍舰、火舫、水车以益军势。将战，又乘大舰居前，大败景军，生擒景将任约，景退走。因随王僧辩攻郢州，世谱复乘大舰临其仓门，贼将宋子仙据城降。以功除使持节、信武将军、信州刺史，封鱼复县侯，邑五百户。仍随僧辩东下，恒为军锋。又破景将侯子鉴于湖熟。侯景平后，以功除通直散骑常侍、衡州刺史资，领河东太守，增邑并前一千户。

西魏来寇荆州，世谱镇马头岸，据有龙洲，元帝授侍中、使持节、都督江南诸军事、镇南将军、护军将军，给鼓吹一部。江陵陷没，世谱东下依侯瑱。绍泰元年，征为侍中、左卫将军。高祖之拒王琳，其水战之具，悉委世谱。世谱性机巧，谙解旧法，所造器械，并随机损益，妙思出人。

永定二年，迁护军将军。世祖嗣位，加特进，进号安右将军。天嘉元年，增邑五百户。二年，出为使持节、散骑常侍、都督宣城郡诸军事、安西将军、宣城太守，秩中二千石。还为安前将军、右光禄大夫。寻以疾失明，谢病不朝。四年卒，时年五十五。赠本官，谥曰桓侯。

世谱从弟世休，随世谱自梁征讨，亦有战功。官至员外散骑常侍、安远将军，枳县侯，邑八百户。光大二年，隶都督淳于量征华皎。卒，赠通直散骑常侍，谥曰壮。

鲁悉达，字志通，扶风眉人也。祖斐，齐通直散骑常侍、安远将军、衡州刺史，阳塘侯。父益之，梁云麾将军，新蔡、义阳二郡太守。悉达幼以孝闻，起家为梁南平嗣王中兵参军。侯景之乱，悉达纠合乡人，保新蔡，力田蓄谷。时兵荒饥馑，京都及上川饿死者十八九，有得存者，皆携老幼以归焉。悉达分给粮廪，其所济活者甚众，仍于新蔡置顿以居之。招集晋熙等五郡，尽有其地。使其弟广达领兵随王僧辩讨侯景。景平，梁元帝授持节、仁威将军、散骑常侍、北江州刺史。

敬帝即位，王琳据有上流，留异、余孝顷、周迪等所在蜂起，悉达抚绥五郡，甚得民和，士卒皆乐为之用。琳授悉达镇北将军，高祖亦遣赵知礼授征西将军、江州刺史，各送鼓吹女乐，悉达两受之，迁延顾望，皆不就。高祖遣安西将军沈泰潜师袭之，不能克。齐遣行台慕容绍宗以众三万来攻郁口诸镇,兵甲甚盛,悉达与战,败齐军,绍宗仅以身免。

王琳欲图东下,以悉达制其中流,恐为己患,频遣使招诱,悉达终不从。琳不得下,乃连结于齐,共为表里,齐遣清河王高岳助之。相持岁余,会裨将梅天养等惧罪,乃引齐军入城。悉达勒麾下数千人,济江而归高祖。高祖见之,甚喜,曰:"来何迟也?"悉达对曰:"臣镇抚上流,愿为藩屏,陛下授臣以官,恩至厚矣,沈泰袭臣,威亦深矣,然臣所以自归于陛下者,诚以陛下豁达大度,同符汉祖故也。"高祖叹曰:"卿言得之矣。"授平南将军、散骑常侍、北江州刺史,封彭泽县侯。世祖即位,进号安左将军。

悉达虽仗气任侠,不以富贵骄人,雅好词赋,招礼才贤,与之赏会。迁安南将军、吴州刺史。遭母忧,哀毁过礼,因遘疾卒,时年三十八。赠安左将军、江州刺史,谥曰孝侯。子览嗣。弟广达,别有传。

周敷,字仲远,临川人也。为郡豪族。敷形貌眇小,如不胜衣,而胆力劲果,超出时辈。性豪侠,轻财重士,乡党少年任气者咸归之。

侯景之乱,乡人周续合徒众以讨贼为名,梁内史始兴藩王萧毅以郡让续,续所部内有欲侵掠于毅,敷拥护之,亲率其党捍卫,送至豫章。时观宁侯萧永、长乐侯萧基、丰城侯萧泰避难流寓,闻敷信义,皆往依之。敷愍其危惧,屈体崇敬,厚加给恤,送之西上。俄而续部下将帅争权,复反,杀续以降周迪。迪素无簿阀,恐失众心,倚敷族望,深求交结。敷未能自固,事迪甚恭,迪大凭仗之,渐有兵众。迪据临川之工塘,敷镇临川故郡。侯景平,梁元帝授敷使持节、通直散骑常侍、信武将军、宁州刺史,封西丰县侯,邑一千户。

高祖受禅,王琳据有上流,余孝顷与琳党李孝钦等共图周迪,敷大致人马以助于迪。迪擒孝顷等,敷功居多。熊昙朗之杀周文育,据豫章,将兵万余人袭敷,径至城下,敷与战,大败之,追奔五十余里,昙朗单马获免,尽收其军实。昙朗走巴山郡,收合余党,敷因与周迪、黄法𣰰等进兵围昙朗,屠之。王琳平,授散骑常侍、平西将军、豫章太守。是时南江酋帅并顾恋巢窟,私署令长,不受召,朝廷未遑致讨,但羁縻之,唯敷独先入朝。天嘉二年,诣阙,进号安西将军,给鼓吹一部,赐以女乐一部,令还镇豫章。

周迪以敷素出己下,超致显贵,深不平,乃举兵反,遣弟方兴以兵袭敷。敷与战,大破方兴。仍率众从都督吴明彻攻迪,破之,擒其弟方兴并诸渠帅。诏以敷为安西将军、临川太守,余并如故。寻征为使持节、都督南豫、北江二州诸军事、镇南将军、南豫州刺史,增邑五百户,常侍、鼓吹如故。五年,迪又收合余众,还袭东兴。世祖遣都督章昭达征迪,敷又从军。至定川县,与迪相对。迪绐敷曰:"吾昔与弟戮力同心,宗从匪他,岂规相害。今愿伏罪还朝,因弟披露心腑,先乞挺身共立盟誓。"敷许之,方登坛,为迪所害,时年三十五。诏曰:"使持节、散骑

常侍、都督南豫州缘江诸军事、镇南将军、南豫州刺史西丰县开国侯敷,受任遐征,淹时违律,虚衿奸诡,遂贻丧仆。但夙著勤诚,亟劳戎旅,犹深恻怆,愍悼于怀。可存其茅赋,量所赗恤,还葬京邑。"谥曰脱。子智安嗣。

敷兄象,共敷据本乡,亦授临川太守。

荀朗,字深明,颍川颍阴人也。祖延祖,梁颍川太守,父伯道,卫尉卿。朗少慷慨,有将帅大略,起家梁庐陵王行参军。侯景之乱,朗招率徒旅,据巢湖间,无所属。台城陷后,简文帝密诏授朗云麾将军、豫州刺史,令与外藩讨景。景使仪同宋子仙、任约等频往征之,朗据山立砦自守,子仙不能克。时京师大饥,百姓皆于江外就食,朗更招致部曲,解衣推食,以相赈赡,众至数万人。侯景败于巴陵,朗出自濡须截景,破其后军。王僧辩东讨,朗遣其将范宝胜及弟晓领兵二千助之。侯景平后,又别破齐将郭元建于跚蹰山。梁承圣二年,率部曲万余家济江,入宣城郡界立顿。梁元帝授朗持节、通直散骑常侍、安南将军、都督南兖州诸军事、南兖州刺史。未行而荆州陷。

高祖入辅,齐遣萧轨、东方老等来寇,据石头城。朗自宣城来赴,因与侯安都等大破齐军。永定元年,赐爵兴宁县侯,邑二千户,以朗兄昂为左卫将军,弟曇为太子右卫率。寻遣朗随世祖拒王琳于南皖。

高祖崩,宣太后与舍人蔡景历秘不发丧,朗弟晓在都微知之,乃谋率其家兵袭台。事觉,景历杀晓,仍系其兄弟。世祖即位,并释之。因厚抚慰朗,令与侯安都等共拒王琳。琳平,迁使持节、安北将军、散骑常侍、都督霍、晋、合三州诸军事、合州刺史。天嘉六年卒,时年四十八。赠南豫州刺史,谥曰壮。子法尚嗣。

法尚少倜傥,有文武干略,起家江宁令,袭爵兴宁县侯。太建五年,随吴明彻北伐。寻授通直散骑侍郎,除泾令,历梁、安城太守。祯明中,为都督郢、巴、武三州诸军事、郢州刺史。及隋军济江,法尚降于汉东道元帅秦王。入隋,历邵、观、绵、丰四州刺史,巴东、燉煌二郡太守。

周炅,字文昭,汝南安城人也。祖强,齐太子舍人,梁州刺史。父灵起,梁通直散骑常侍、庐桂二州刺史,保城县侯。炅少豪侠任气,有将帅才。梁大同中为通直散骑侍郎、朱衣直阁。太清元年,出为弋阳太守。侯景之乱,元帝承制改授西阳太守,封西陵县伯。景遣兄子思穆据守齐安,炅率骁勇袭破思穆,擒斩之。以功授持节、高州刺史。是时炅据武昌、西阳二郡,招聚卒徒,甲兵甚盛。景将任约来据樊山,炅与宁州长史徐文盛击约,斩其部将叱罗子通、赵迦娄等。因乘胜追之,频克,约众殆尽。承圣元年,迁使持节、都督江定二州诸军事、戎昭将军、江州刺史,进爵为侯,邑五百户。

高祖践祚,王琳拥据上流,炅以州从之。及王琳遣其将曹庆等攻周迪,仍使炅将兵掎角而进,为侯安都所败,擒炅送都。世祖释炅,授戎威将军、定州刺史,带西阳、武昌二郡太守。

天嘉二年,留异据东阳反,世祖召炅还都,欲令讨异。

未至而异平,昚还本镇。天康元年,预平华皎之功,授员外散骑常侍。太建元年,迁持节、龙骧将军、通直散骑常侍。五年,进授使持节、西道都督安、蕲、江、衡、司、定六州诸军事、安州刺史,改封龙源县侯,增邑并前一千户。其年随都督吴明彻北讨,所向克捷,一月之中,获十二城。齐遣尚书左丞陆骞以众二万出自巴、蕲,与昚相遇。昚留羸弱辎重,设疑兵以当之,身率精锐,由间道邀其后,大败骞军,虏获器械马驴,不可胜数。进攻巴州,克之。于是江北诸城及谷阳士民,并诛渠帅以城降。进号和戎将军、散骑常侍,增邑并前一千五百户。仍敕追昚入朝。

初,萧詧定州刺史田龙升以城降,诏以为振远将军、定州刺史,封赤亭王。及昚入朝,龙升以江北六州七镇叛入于齐,齐遣历阳王高景安帅师应之。于是令昚为江北道大都督,总统众军,以讨龙升。龙升使弋阳太守田龙琰率众二万阵于亭川,高景安于水陵、阴山为其声援,龙升引军别营山谷。昚乃分兵各当其军,身率骁勇先击龙升,龙升大败,龙琰望尘而奔,并追斩之,高景安遁走,尽复江北之地。以功增邑并前二千户,进号平北将军,定州刺史,持节、都督如故,仍赐女妓一部。太建八年卒官,时年六十四。赠司州刺史,封武昌郡公,谥曰壮。子法僧嗣,官至宣城太守。

史臣曰:彼数子者,或驱驰前代,或拥据故乡,并识运知归,因机景附,位升列牧,爵致通侯,美矣。昔张耳、陈馀自同于至戚,周敦、周迪亦誓等昵亲,寻锋刃而诛残,斯甚夫胡越矣。仇隙因于势利,何其鄙欤!

卷十四　　　　列传第八

衡阳献王昌　南康愍王昙朗
子方泰　方庆　王勇

衡阳献王昌,字敬业,高祖第六子也。梁太清末,高祖南征李贲,命昌与宣后随沈恪还吴兴。及高祖东讨侯景,昌与宣后、世祖并为景所囚。景平,拜长城国世子、吴兴太守,时年十六。

昌容貌伟丽,神情秀朗,雅性聪辩,明习政事。高祖遣陈郡谢哲、济阳蔡景历辅昌为郡,又遣吴郡杜之伟授昌以经书。昌读书一览便诵,明于义理,剖析如流。寻与高宗俱往荆州,梁元帝除员外散骑常侍。荆州陷,又与高宗俱迁关右,西魏以高祖故,甚礼之。

高祖即位,频遣使请高宗及昌,周人许之而未遣,及高祖崩,乃遣之。是时王琳梗于中流,昌未得还,居于安陆。王琳平后,天嘉元年二月,昌发自安陆,由鲁山济江,而巴陵王萧沇等率百僚上表曰:

臣闻宗子维城,隆周之懋轨,封建藩屏,有汉之弘规,是以卜世斯永,式资邢、卫,鼎命灵长,实赖河、楚。伏惟陛下神猷光大,圣德钦明,道高日月,德侔造化。往者王业惟始,天步方艰,参奉权谟,匡合义烈,威略外举,神武内定,故以再康禹迹,大庇生民者矣。及圣武升遐,王师远次,皇嗣夐隔,继业靡归,宗祧危殆,缀旒非喻。既而传车言反,公卿定策,纂我洪基,光昭景运,民心有奉,园寝克宁,后来其苏,复在兹日,物情天意,皎然可求。王琳逆命,通诛岁久,今者连结犬羊,乘流纵衅,舟旗野阵,绵江蔽陆,兵疲民弊,杼轴用空,中外骚然,蕃篱罔固。乃旰食当朝,凭流授律,苍兕既驰,长蛇自翦,廓清四表,澄涤八纮,雄图遐举,仁声远畅,德化所覃,风行草偃,故以功深于微禹,道大于惟尧,岂直社稷用宁,斯乃黔黎是赖。

第六皇弟昌,近以妙年出质,提挈寇手,偏隔关徼,旋踵未由。陛下天伦之爱既深,克让之怀常切。伏以大德无私,至公有在,岂得徇匹夫之恒情,忘王业之大计。宪章故实,式遵典礼,钦若姬、汉,建树贤戚。湘中地维形胜,控带川阜,捍埴之寄,匪亲勿居,宜启服衡、疑,兼崇徽饰。臣等参议,以昌为使持节、散骑常侍、都督湘州诸军事、骠骑将军、湘州牧,封衡阳郡王,邑五千户,加给皂轮三望车,后部鼓吹一部,班剑二十人。启可奉行。

诏曰"可"。三月入境,诏令主书舍人缘道迎接。丙子,济江,于中流船坏,以溺薨。

四月庚寅,丧柩至京师,上亲出临哭。乃下诏曰:"夫宠章所以嘉德,礼数所以崇亲,乃历代之通规,固前王之令典。新除使持节、散骑常侍、都督湘州诸军事、骠骑将军、湘州牧衡阳王昌,明哲在躬,珪璋早秀,孝敬内湛,聪睿外宣。梁季艰虞,宗社颠坠,西京沦覆,陷身关陇。及鼎业初基,外蕃逆命,聘问斯阻,音介莫通,眇彼机桥,将邻乌白。今者群公戮力,多难廓清,轻传入郭,无劳假道。周朝敦其继好,驺驾归来,欣此朝闻,庶欢昏定。报施徒语,曾莫辅仁,人之云亡,珍悴斯在,奄焉薨殒,倍增伤悼。津门之恸空在,恒岫之切不追,静言念之,心焉如割。宜隆懋典,以协徽猷。可赠侍中、假黄钺、都督中外诸军事、太宰、扬州牧。给东园温明秘器,九旒銮辂,黄屋左纛,武贲班剑百人,辒辌车,前后部羽葆鼓吹。葬送之仪,一依汉东平宪王、齐豫章文献王故事。仍遣大司空持节迎护丧事,大鸿胪副其羽卫,殡送所须,随由备办。"谥曰献。无子,世祖以第七皇子伯信为嗣。

南康愍王昙朗,高祖母弟忠壮王休先之子也。休先少倜傥有大志,梁简文之在东宫,深被知遇。太清中既纳侯景,有事北方,乃使休先召募得千余人,授文德主帅,顷之卒。高祖之有天下也,每称休先曰:"此弟若存,河、洛不足定也。"梁敬帝即位,追赠侍中、使持节、骠骑将军、南徐州刺史,封武康县公,邑一千户。高祖受禅,追赠侍中、车骑大将军、司徒,封南康郡王,邑二千户,谥曰忠壮。

昙朗少孤,尤为高祖所爱,宠逾诸子。有胆力,善绥御。侯景平后，起家为著作佐郎。高祖北济江，围广陵，宿预人东方光据乡建义，乃遣昙朗与杜僧明自淮入泗应赴之。齐援大至，昙朗与僧明筑垒抗御。寻奉命班师，以宿预义军三万家济江。高祖诛王僧辩，留昙朗镇京口，知留府事。绍泰元年，除中书侍郎，监南徐州。

二年，徐嗣徽、任约引齐寇攻逼京邑，寻而请和，求高祖子侄为质。时四方州郡并多未宾，京都虚弱，粮运不断，在朝文武咸愿与齐和亲，高祖难之，而重违众议，乃言于朝曰："孤谬辅王室，而使蛮夷猾夏，不能戡殄，何所逃责。今在位诸贤，且欲息肩偃武，与齐为好，以静边疆，若违众议，必谓孤惜子侄，今决遣昙朗，弃之寇庭。且齐人无信，窥觎不已，谓我浸弱，必当背盟。齐寇若来，诸君须为孤力斗也。"高祖虑昙朗惮行，或奔窜东道，乃自率步骑往京口迎之，以昙朗还京师，仍使为质于齐。

齐果背约，复遣萧轨等随嗣徽渡江，高祖与战，大破之，房萧轨、东方老等。齐人请割地并入马牛以赎之，高祖不许。及轨等诛，齐人亦害昙朗于晋阳，时年二十八。是时既与齐绝，弗之知也。高祖践祚，犹以昙朗袭封南康郡王，奉忠壮王祀，礼秩一同皇子。天嘉二年，齐人结好，方始知之。世祖诏曰："夫追远慎终，抑闻前诰。南康王昙朗，明哲懋亲，蕃维是属，入质北齐，用纾时难。皇运兆兴，未获旋反，永言跂予，日夜不忘。齐使始至，凶问奄及，追怀痛悼，兼倍常情，宜隆宠数，以光恒序。可赠侍中、安东将军、开府仪同三司、南徐州刺史，谥曰愍。"乃遣兼郎中令随聘使江德藻、刘师知迎昙朗丧柩，以三年春至都。

初，昙朗未质于齐，生子方泰、方庆。及将适齐，以二妾自随，在北又生两子：方华、方旷，亦同得还。

方泰少粗犷，与诸恶少年群聚，游逸无度，世祖以南康王故，特宽贳之。天嘉元年，诏曰："南康王昙朗，出隔齐庭，反身莫测，国庙方修，奠飨须主，可以长男方泰为南康世子，嗣南康王。"后闻昙朗薨，于是袭爵南康嗣王。寻为仁威将军、丹阳尹，置佐史。太建四年，迁使持节、都督广、衡、交、越、成、定、明、新、合、罗、德、宜、黄、利、安、建、石、崖十九州诸军事、平越中郎将、广州刺史。为政残暴，为有司所奏，免官。寻起为仁威将军，置佐史。六年，授持节、都督豫章郡诸军事、豫章内史。在郡不修民事，秩满之际，屡放部曲为劫，又纵火延烧邑居，因行暴掠，驱录富人，征求财贿。代至，又淹留不还。至都，诏以为宗正卿，将军、佐史如故。未拜，为御史中丞宗元饶所劾，免官，以王还第。

十一年，起为宁远将军，直殿省。寻加散骑常侍，量置佐史。其年八月，高宗幸大壮观，因大阅武，命都督任忠领步骑十万，陈于玄武湖，都督陈景领楼舰五百，出于瓜步江，高宗登玄武门观，宴群臣以观之。因幸乐游苑，设丝竹会。仍重幸大壮观，集众军旅旋而还。是时方泰当从，启称所生母疾，不行，因与亡命杨钟期等二十人，微服往民间，淫人妻，为州所录。又率人仗抗拒，伤禁司，为有司所奏。上大怒，下方泰狱。方泰初但承行淫，不承拒格禁司，上曰不承则上刑，方泰乃投列承引。于是兼御史中丞徐君敷奏曰："臣闻王者之心，匪漏网而私物，至治之本，无屈法而申慈。谨案南康王陈方泰宗属虽远，幸托葭莩，刺举莫成，共治孔绩。圣上弘以悔往，许其录用，宫闱寄切，宿卫是尸。岂有金门旦启，玉舆晓跸，百司驰骛，千队腾骧，惮此翼从之劳，妄兴晨昏之请？翻以危冠淇上，祗服桑中，臣子之訾，莫斯为大，宜从霜简，允置秋官。臣等参议，请依见事，解方泰所居官，下宗正削爵土。谨以白简奏闻。"上可其奏。寻复本官爵。祯明初，迁侍中，将军如故。

三年，隋师济江，方泰与忠武将军南豫州刺史樊猛、左卫将军蒋元逊领水军于白下，往来断遏江路。隋遣行军元帅、长史高颎领船舰沂流当之，猛及元逊并降，方泰所部将士离散，乃弃船走。及台城陷，与后主俱入关。隋大业中为掾令。

方庆少清警，涉猎书传。及长，有干略。天嘉中，封临汝县侯。寻为给事中、太子洗马，权兼宗正卿，直殿省。太建九年，出为轻车将军、假节、都督定州诸军事、定州刺史。秩满，又以散骑常侍，兼宗正卿。至德二年，进号智武将军、武州刺史。初，广州刺史马靖久居岭表，大得人心，士马强盛，朝廷疑之。至是以方庆为仁威将军、广州刺史，以兵袭靖。靖诛，进号宣毅将军。方庆性清谨，甚得民和。四年，进号云麾将军。

祯明三年，隋师济江，东衡州刺史王勇遣高州刺史戴智烈将五百骑迎方庆，欲令承制总督征讨诸军事。是时隋行军总管韦洸帅兵度岭，宣隋文帝敕云："若岭南平定，留勇与丰州刺史郑万顷且依旧职。"方庆闻之，恐勇卖己，乃不从，率兵以拒智烈。智烈与战，败之，斩方庆于广州，虏其妻子。

王勇，太建中为晋陵太守，在职有能名。方庆之袭马靖也，朝廷以勇为超武将军、东衡州刺史，领始兴内史，以为方庆声势。靖诛，以功封龙阳县子。及隋军临江，诏授勇使持节、光胜将军、总督衡、广、交、桂、武等二十四州诸军事、平越中郎将，仍入援。会京城陷，勇因移檄管内，征兵据守，使其同产弟邓暠将兵五千，顿于岭上。又遣使迎方庆，欲假以为名，而自执兵要。及方庆败绩，虏其妻子，收其赀产，分赏将帅。又令其党王仲宣、曾孝武迎西衡州刺史衡阳王伯信，伯信惧，奔于清远郡，孝武追杀之。是时韦洸兵已上岭，丰州刺史郑万顷据州不受勇召，而南梁女子洗氏举兵以应隋军，攻陷傍郡，勇计所出，乃以其众降。行至荆州，道病卒，隋赠大将军、宋州刺史，归仁县公。

郑万顷，荥阳人，梁司州刺史绍叔之族子也。父旻，梁末入魏。万顷通达有材干，周武帝时为司城大夫，出为温州刺史。至德中，与司马消难来奔。寻拜散骑常侍、昭武将军、丰州刺史。在州甚有惠政，吏民表请立碑，诏许焉。

初，万顷之在周，深被隋文帝知遇，及隋义践祚，常思还北。及王勇之杀方庆，万顷乃率州兵拒勇，遣使由间道降于隋军。拜上仪同，寻卒。

史臣曰：献、愍二王，联华霄汉，或壤子之昵，或犹子之宠，而机桥为阻，骖驾无由，有隔于休辰，终之以早世。悲夫！

卷十五　　　　列传第九

陈拟　陈详　陈慧纪

陈拟，字公正，高祖疏属也。少孤贫，性质直强记，高祖南征交趾，拟从焉。又进讨侯景，至豫章，以拟为罗州刺史，与胡颖共知后事，并应接军粮。高祖作镇朱方，拟除步兵校尉、曲阿令。绍泰元年，授贞威将军、义兴太守。二年，入知卫尉事，除员外散骑常侍、明威将军、雍州刺史，资监南徐州。

高祖践祚，诏曰："维城宗子，实固有周，盘石懿亲，用隆大汉。故会盟则异姓为后，启土则非刘勿王，所以纠合枝干，广树蕃屏，前王懋典，列代恒规。从子持节、员外散骑常侍、明威将军、雍州刺史、监南徐州拟，持节、通直散骑侍郎、贞威将军、北徐州刺史褒，从子昙朗、显，从孙假节、员外散骑常侍、明威将军诜，假节、信威将军、北徐州刺史吉阳县开国侯谊，假节、通直散骑侍郎、信武将军祐，假节、散骑侍郎、雄信将军、青州刺史、广梁太守详，贞威将军、通直散骑侍郎慧纪，从孙敬雅、敬泰，并枝戚密近，劬劳王室，宜列河山，以光利建。拟可永修县开国侯，褒钟陵县开国侯，昙朗建城县开国侯，显上饶县开国侯，诜虔化县开国侯，谊仍前封，祐豫章县开国侯，详遂兴县开国侯，慧纪宜黄县开国侯，敬雅宁都县开国侯，敬泰平固县开国侯，各邑五百户。"拟寻除轻车将军，兼南徐州刺史，常侍如故。其年，授通直散骑常侍、中领军。三年，复以本官监南徐州。世祖嗣位，除丹阳尹，常侍如故。坐事，又以白衣知郡，寻复本职。天嘉元年卒，时年五十八。赠领军将军，凶事所须，并官资给。谥曰定。二年，配享高祖庙庭。子党嗣。

陈详，字文几，少出家为桑门。善书记，谈论清雅。高祖讨侯景，召详，令反初服，配以兵马，从定京邑。高祖东征杜龛，详别下安吉、原乡、故鄣三县。龛平，以功授散骑侍郎、假节、雄信将军、青州刺史资，割故鄣、广德置广梁郡，以详为太守。高祖践祚，改广梁为陈留，又以为陈留太守。永定二年，封遂兴县侯，食邑五百户。其年除明威将军、通直散骑常侍。三年，随侯安都破王琳将常众爱于宫亭湖。世祖嗣位，除宣城太守，将军如故。王琳下据栅口，详随吴明彻袭湓城，取琳家口，不克，因入南湖，自鄱阳步道而归。琳平，详与明彻并有功。天嘉元年，随例增邑并前一千五百户。仍除通直散骑常侍、兼右卫将军。三年，出为假节、都督吴州诸军事、仁威将军、吴州刺史。

周迪据临川举兵，详自州从他道袭迪于濡城别营，获其妻子。迪败走，详还复本镇。五年，周迪复出临川，乃以详为都督，率水步讨迪。军至南城，与贼相遇，战败，死之，时年四十二。以所统失律，无赠谥。子正理嗣。

陈慧纪，字元方，高祖之从孙也。涉猎书史，负才任气。高祖平侯景，慧纪从焉。寻配以兵马。景平，从征杜龛。除贞威将军、通直散骑常侍。高祖践祚，封宜黄县侯，邑五百户，除黄门侍郎。世祖即位，出为安吉县令。迁明威将军军副。司空章昭达征安蜀城，慧纪为水军都督，于荆州烧青泥船舻。光大元年，以功除持节、通直散骑常侍、宣远将军、丰州刺史，增邑并前一千户。太建十年，吴明彻北讨败绩，以慧纪为持节、智武将军、缘江都督、兖州刺史，增邑并前二千户，余如故。周军乘胜据有淮南，江外骚扰，慧纪收集士卒，自海道还都。寻除使持节、散骑常侍、宣毅将军、都督郢、巴二州诸军事、郢州刺史，增邑并前二千五百户。至德二年，迁使持节、散骑常侍、云麾将军、都督荆、信二州诸军事、荆州刺史，赐女伎一部，增邑并前三千户。祯明元年，萧琮尚书左仆射安平王萧岩、晋熙王萧瓛等，率其部众男女二万余口，诣慧纪请降，慧纪以兵迎之。其年，以应接之功，加侍中、金紫光禄大夫、开府仪同三司、征西将军、增邑并前六千户，余如故。

及隋师济江，元帅清河公杨素下自巴硖，慧纪遣其将吕忠肃、陆伦等拒之，战败，素遂据马头。是时，隋将韩擒虎及贺若弼等已济江据蒋山，慧纪闻之，留其长史陈文盛等居守，身率将士三万人，楼船千余乘，沿江而下，欲趣台城。至汉口，为秦王军所拒，不得进，因与湘州刺史晋熙王叔文、巴州刺史毕宝等请降。入隋，依例授仪同三司。顷之卒。子正平，颇有文学。

史臣曰：《诗》云："宗子维城，无俾城坏。"又曰："绵绵瓜瓞，葛藟累之。"西京皆丰、沛故人，东都亦南阳多显，有以哉！

卷十六　　　　列传第十

赵知礼　蔡景历　刘师知　谢岐

赵知礼，字齐旦，天水陇西人也。父孝穆，梁候官令。知礼涉猎文史，善隶书。高祖之讨元景仲也，或荐之，引为记室参军。知礼为文赡速，每占授军书，下笔便就，率皆称旨。由是恒侍左右，深被委任，当时计划，莫不预焉。知礼亦多所献替。高祖平侯景，军至白茅湾，上表为梁元帝及与王僧辩论述军事，其文并知礼所制。

侯景平，授中书侍郎，封始平县子，邑三百户。高祖为司空，以为从事中郎。高祖入辅，迁给事黄门侍郎，兼卫尉卿。高祖受命，迁通直散骑常侍，直殿省。寻迁散骑常侍，守太府卿，权知领军事。天嘉元年，进爵为伯，增邑通前七百户。王琳平，授持节、督吴州诸军事、明威将军、吴州刺史。

知礼沈静有谋谟，每军国大事，世祖辄令玺书问之。秩满，为明威将军、太子右卫率。迁右卫将军，领前军将军。六年卒，时年四十七。诏赠侍中，谥曰忠。子允恭嗣。

蔡景历，字茂世，济阳考城人也。祖点，梁尚书左民侍郎。父大同，轻车岳阳王记室参军，掌京邑行选。景历少俊爽，有孝行。家贫好学，善尺牍，工草隶。解褐诸王府佐，出为海阳令，为政有能名。侯景乱，梁简文帝为景所幽，景历与南康嗣王萧会理谋，欲挟简文出奔，事泄见执，贼党王伟保护之，获免。因客游京口。侯景平，高祖镇朱方，素闻其名，以书要之。景历对使人答书，笔不停缀，文不重改。曰：

蒙降札书，曲垂引逮，伏览循回，载深欣畅。窃以求名骏，行地能致千里，时爱奇宝，照车遂有径寸。但《云》、《咸》斯奏，自辍《巴渝》，杞梓方雕，岂盼樗栎。仰惟明将军使君侯节下，英才挺茂，雄姿秀拔，运属时艰，志匡多难，振衡岳而绥五岭，涤赣源而澄九派，带甲十万，强弩数千，誓勤王之师，总义夫之力，鲸鲵式剪，役不逾时，氛雾廓清，士无血刃。虽汉诛禄、产，举朝实赖绛侯，晋讨约、峻，中外一资陶牧，比事论功，彼奚足算。加以抗威充朐，冠盖通于北门，整旆徐方，咏歌溢于东道，能使边亭卧鼓，行旅露宿，巷不拾遗，市无异价，洋洋乎功德政化，旷古未传，谅非肤浅所能弹述。是以天下之人，向风慕义，接踵披衿，杂遝而至矣。或帝室英贤，贵游令望，齐、楚秀异，荆、吴岐嶷。武夫则猛气纷纭，雄心四据，陆拔山岳，水断虬龙，六钧之弓，左右驰射，万人之剑，短兵交接，攻垒若大莺，焚舰如黄盖，百战百胜，貔狼为群。文人则通儒博识，英才伟器，雕丽晖焕，摛掞绚藻，子云不能抗其笔，元瑜无以高其记，尺翰驰而聊城下，清谈奋而嬴军却。复有三河辩客，改哀乐于须臾，六奇谋士，断变反于倏忽。治民如子贱，践境有成，折狱如仲由，片辞从理。直言如毛遂，能厉主威，衔使若相如，不辱君命。怀忠抱义，感恩徇己，诚断黄金，精贯白日，海内雄贤，牢笼斯备。明将军彻鞍下马，推案止食，申爵以荣之，筑馆以安之，轻财重气，卑躬厚士，盛矣哉！盛矣哉！

抑又闻之，战国将相，咸推引宾游，中代岳牧，并盛延僚友，济济多士，所以成将军之贵。但量能校实，称才任使，员行方止，各尽其宜，受委责成，谁不毕力。至如走贱，妄庸人耳。秋冬读书，终惭专学，刀笔为吏，竟阙异等。衡门衰索，无所闻达，薄宦轻资，焉能远大。自阳九遘屯，天步艰阻，同彼贵仕，溺于巨寇，亚邻危殆，备践薄冰。今王道中兴，殷忧启运，获存微命，足为幸甚，方欢饮啄，是谓来苏。然皇銮未反，宛、洛芜旷，四壁固三军之余，长夏无

半菽之产，遨游故人，聊为借贷，属此乐土，洵美忘归。窃服高义，暂谒门下，明将军降以颜色，二三士友假其余论，营䏝不弃，折简赐留，欲以鸡鹜厕鸳鸿于池沼，将移瓦砾参金碧之声价。昔折胁游秦，忽逢盼采，檐簦入赵，便致留连，今虽羁旅，方之非匹，樊林之贲，何用克堪。但眇眇纤萝，凭乔松以自耸，蠢蠢轻蚋，托骥尾而远骛。窃不自涯，愿备下走，且为腹背之毛，脱充鸣吠之数，增荣改观，为幸已多。海不厌深，山不让高，敢布心腹，惟将军览焉。

高祖得书，甚加钦赏。仍更赐书报答，即日板征北府中记室参军，仍领记室。

衡阳献王昌时为吴兴郡，昌年尚少，吴兴王之乡里，父老故人，尊卑有数，高祖恐昌年少，接对乖礼，乃遣景历辅之。承圣中，授通直散骑侍郎，还掌府记室。高祖将讨王僧辩，独与侯安都等数人谋之，景历弗之知也。部分既毕，召令草檄，景历援笔立成，辞义感激，事皆称旨。僧辩诛，高祖辅政，除从事中郎，掌记室如故。绍泰元年，迁给事黄门侍郎，兼掌相府记室。高祖受禅，迁秘书监、中书通事舍人，掌诏诰。永定二年，坐妻弟刘淹诈受周宝安饷马，为御史中丞沈炯所劾，降为中书侍郎，舍人如故。

三年，高祖崩，时外有强寇，世祖镇在南皖，朝无重臣，宣后呼景历及江大权、杜棱定议，乃秘不发丧，疾召世祖。景历躬共宦者及内人，密营敛服。时既暑热，须治梓宫，恐斤斧之声或闻于外，仍以蜡为秘器。文书诏诰，依旧宣行。世祖即位，复为秘书监，舍人如故。以定策功，封新丰县子，邑四百户。累迁散骑常侍。世祖诛侯安都，景历劝成其事。天嘉三年，以功迁太子左卫率，进爵为侯，增邑百户，常侍、舍人如故。六年，坐妻兄刘洽依倚景历权势，前后奸讹，并受欧阳武威饷绢百匹，免官。

废帝即位，起为镇东鄱阳王谘议参军，兼太府卿。华皎反，以景历为武胜将军、吴明彻军司。皎平，明彻于军中辄戮安成内史杨文通，又受降人马仗有不分明，景历又坐不能匡正，被收付治。久之，获宥，起为镇东鄱阳王谘议参军。

高宗即位，迁宣惠豫章王长史，带会稽郡守，行东扬州府事。秩满，迁戎昭将军、宣毅长沙王长史，寻阳太守，行江州府事，以疾辞，遂不行。入为通直散骑常侍、中书通事舍人，掌诏诰，仍复封邑。迁太子左卫率，常侍、舍人如故。

太建五年，都督吴明彻北伐，所向克捷，与周将梁士彦战于吕梁，大破之，斩获万计，方欲进图彭城。是时高宗锐意河南，以为指麾可定，景历谏称师老将骄，不宜过穷远略。高宗恶其沮众，大怒，犹以朝廷旧臣，不深罪责，出为宣远将军、豫章内史。未行，为飞章所劾，以在省之日，赃污狼藉，帝令有司按问，景历但承其半。于是御史中丞宗元饶奏曰："臣闻士之行己，忠以事上，廉以持身，苟违斯道，刑兹罔赦。谨按宣远将军、豫章内史新丰县开国侯景历，因藉多幸，豫奉兴王，皇运权舆，颇参缔构。天嘉之世，赃贿狼藉，圣恩录用，许以更鸣，裂壤崇阶，不远斯复。不能改节自励，以报曲成，遂乃专擅贪污，彰

于远近，一则已甚，其可再乎？宜置刑书，以明秋宪。臣等参议，以见事免景历所居官，下鸿胪削爵土。谨奉白简以闻。"诏曰"可。"于是徙居会稽。及吴明彻败，帝思景历前言，即日追还，复以为征南鄱阳王谘议参军。数日，迁员外散骑常侍，兼御史中丞，复本封爵，入守度支尚书。旧式拜官在午后，景历拜日，适值舆驾幸玄武观，在位皆侍宴，帝恐景历不豫，特令早拜，其见重如此。

是岁，以疾卒官，时年六十。赠太常卿，谥曰敬。十三年，改葬，重赠中领军。祯明元年，配享高祖庙庭。二年，舆驾亲幸其宅，重赠景历侍中、中抚将军，谥曰忠敬，给鼓吹一部，并于墓所立碑。

景历属文，不尚雕靡，而长于叙事，应机敏速，为当世所称。有文集三十卷。

刘师知，沛国相人也。家世素族。祖奚之，齐晋安王谘议参军，淮南太守，有能政，齐武帝手诏频褒赏。父景彦，梁尚书左丞、司农卿。师知好学，有当世才。博涉书史，工文笔，善仪体，台阁故事，多所详悉。梁世历王府参军。绍泰初，高祖入辅，以师知为中书舍人，掌诏诰。是时兵乱之后，礼仪多阙，高祖为丞相及加九锡并受禅，其仪注并师知所定焉。高祖受命，仍为舍人。性疏简，与物多忤，虽位宦不迁，而委任甚重，其所献替，皆有弘益。

及高祖崩，六日成服，朝臣共议大行皇帝灵座侠御人所服衣服吉凶之制，博士沈文阿议，宜服吉服。师知议云："既称成服，本备丧礼，灵筵服物，皆悉缟素。今虽无大行侠御官事，按梁昭明太子薨，成服侠侍之官，悉著缞斩，唯著铠不异，此即可拟。愚谓六日成服，侠灵座须服缞绖。"中书舍人蔡景历亦云："虽不悉准，按山陵有凶吉羽仪，成服唯应无吉，文武侠御，不容独鸣玉珥貂，情礼二三，理宜缞斩"。中书舍人江德藻、谢岐等并同师知议。文阿重议云"检晋、宋《山陵仪》：'灵舆梓宫降殿，各侍中奏。'又《成服仪》称：'灵舆梓宫容侠御官及香橙。'又检《灵舆梓宫进止仪》称：'直灵侠御吉服，在吉卤簿中。'又云：'梓宫侠御衰服，在凶卤簿中。'是则在殿吉凶两侠御也。"时以二议不同，乃启取左丞徐陵决断。陵云："梓宫祔山陵，灵筵祔宗庙，有此分判，便验吉凶。按山陵卤簿吉部伍中，公卿以下导引者，爰及武贲、鼓吹、执盖、奉车，并是吉服，岂容侠御独为缞绖乎？断可知矣。若言公卿胥吏并服缞苴，此与梓宫部伍有何差别？若言文物并吉，司事者凶，岂容衽绖而奉华盖，缞衣而升玉辂邪？同博士议。"师知又议曰："左丞引梓宫祔山陵，灵延祔宗庙，必有吉凶二部，成服不容上凶，博士犹执前断，终是山陵之礼。若龙驾启殡，銮舆兼设，吉凶之仪，由来本备，准之成服，愚有未安。夫丧礼之制，自天子达。按王文宪《丧服明记》云：'官品第三，侍灵人二十。官品第四，下达士礼，侍灵之数，并有十人。皆白布袴褶，著白绢帽。内丧女侍数如外，而著齐缞。或问内外侍灵是同，何忽缞服有异？答云，若依君臣之礼，则外侍斩，内侍齐。顷世多故，礼随事省。诸侯以下，臣吏盖微，至于侍奉，多出义附，君臣之节不全，缞冠之费实阙，所以因其常服，止变帽而已。妇人侍者，皆是卑隶，君妾之道既纯，服章所以备矣。'皇朝之典，犹自不然，以此而推，是知服斩。彼有侍灵，则犹侠御，既著白帽，理无彤服。且梁昭明《仪注》，今则见存，二文显证，差为成准。且礼出人情，可得消息。凡人有丧，既陈延机，缌帷灵屏，变其常仪，芦箔草庐，即其凶礼。堂室之内，亲宾具来，齐斩麻缌，差池哭次，玄冠不吊，莫非素服。岂见门生故吏，绡縠间趋，左姬右姜，红紫相糅？况四海遏密，率土之情是同，三军缟素，为服之制斯一。逐使千门旦启，非涂垩于彤闱，百僚戾止，变服粗于朱轼，而耀金在列，鸣玉节行，求之怀抱，固为未惬，准以礼经，弥无前事。岂可成服之仪，譬以山陵之礼？葬既始终已毕，故有吉凶之仪，所谓成服，本成丧礼，百司外内，皆变吉容，侠御独不，何谓成服？若灵无侠御则已，有则必应缞服。"谢岐议曰："灵延祔宗庙，梓宫祔山陵，实如左丞议。但山陵卤簿，备有吉凶，从灵舆者仪服无变，从梓官者皆服苴缞。爰至士礼，悉同此制，此自是山陵之仪，非关成服。今谓梓宫灵辰，共在西阶，称为成服，亦无卤簿，直是爰自胥吏，上至王公，四海之内，必会缞绖，案梁昭明太子薨，略著成例，岂容凡百士庶，悉皆服重，而侍中至于武卫，最是近官，反鸣玉纡青，与平吉不异？左丞既推以山陵事，愚意或谓与成服有殊。若尔日侠御，文武不异，维侍灵之人，主书、宣传、齐干、应敕，悉应不改。"蔡景历又议云："侠御之官，本出五百，尔日备居庐，仍于本省，引上登殿，岂应变服貂玉、若别摄馀官，以充簪珥，则尔日便有不成服者。山陵自有吉凶二议，成服凶而不吉，犹依前议，同刘舍人。"德藻又议云："愚谓祖葬之辰，始终永毕，达官有追赠，须表恩荣，有吉卤簿，恐由此义，私家放效，因以成俗。上服本变吉为凶，理不应犹袭纨绮。刘舍人引王卫军《丧仪》及检梁昭明故事，此明据已审，博士、左丞乃各尽事衷，既未取证，须更询详，宜谘八座、詹事、太常、中丞及中庶诸通衰枢、张种、周弘正、弘让、沈炯、孔奂。"时八座以下，并请："案群议，斟酌旧仪，梁昭明太子《丧成服仪注》，明文见存，足为准的。成服日，侍官理不容犹从吉礼。其葬礼分吉，自是山陵之时，非关成服之日。愚谓刘舍人议于事为允。" 陵重答云："老病属纩，不能多说，古人争议，多成怨府，傅玄见尤于晋代，王商取陷于汉朝，谨自三缄，敬同高命。若万一不死，犹得展言，庶与朝贤更申扬推。"文阿犹执所见，众议不能决，乃具录二议奏闻，从师知议。

寻迁鸿胪卿，舍人如故。天嘉元年，坐事免。初，世祖敕师知撰《起居注》，自永定二年秋至天嘉元年冬，为十卷。起为中书舍人，复掌诏诰。天康元年，世祖不豫，师知与尚书仆射到仲举等入侍医药。世祖崩，预受顾命。及高宗为尚书令，入辅，光大元年，师知与仲举等遣舍人殷不佞矫诏令高宗还东府，事觉，于北狱赐死。

谢岐，会稽山阴人也。父达，梁太学博士。岐少机警，好学，见称于梁世。为尚书金部郎，山阴令。侯景乱，岐流寓东阳。景平，依于张彪。彪在吴郡及会稽，庶事一以委之。彪每征讨，恒留岐监郡，知后事。彪败，高祖引岐参预机密，以为兼尚书右丞。时军旅屡兴，粮储多阙，岐所在干理，深被知遇。永定元年，为给事黄门侍郎、中书舍人，兼右丞如故。天嘉二年卒，赠通直散骑常侍。

岐弟峤，笃学，为世通儒。

史臣曰：高祖开基创业，克定祸乱，武猛固其立功，文翰亦乃展力。赵知礼、蔡景历早识攀附，预缔构之臣焉。刘师知博涉多通，而暗于机变，虽欲存乎节义，终陷极刑，斯不智矣。

卷十七　　　　列传第十一

王冲　王通弟劢　袁敬兄子枢

王冲，字长深，琅邪临沂人也。祖僧衍，齐侍中。父茂璋，梁给事黄门侍郎。冲母，梁武帝妹新安穆公主，卒于齐世，武帝以冲偏孤，深所钟爱。年十八，起家梁秘书郎。寻为永嘉太守。入为太子舍人，以父忧去职。服阕，除太尉临川王府外兵参军、东宫领直。累迁太子洗马、中舍人。出为招远将军、衡阳内史。迁武威将军、安成嗣王长史、长沙内史，将军如故。王薨于湘州，仍以冲监湘州事。入为太子庶子。迁给事黄门侍郎。大同三年，以帝甥赐爵安东亭侯，邑一百五十户。历明威将军、南郡太守、太子中庶子、侍中。出监吴郡，满岁即真。征为通直散骑常侍，兼左民尚书。出为明威将军、轻车当阳公府长史、江夏太守，行郢州事。迁平西邵陵王长史。转骠骑庐陵王长史、南郡太守。王薨，行州府事。梁元帝镇荆州，为镇西长史，将军、太守如故。冲性和顺，事上谨肃，习于法令，政在平理，佐藩莅人，鲜有失德，虽无赫赫之誉，久而见思，由是推重，累居二千石。又晓音乐，习歌舞，善与人交，贵游之中，声名藉甚。

侯景之乱，梁元帝于荆州承制，冲求解南郡，以让王僧辩，并献女妓十人，以助军赏。元帝授持节、督衡、桂、成、合四州诸军事、云麾将军、衡州刺史。元帝第四子元良为湘州刺史，仍以冲行州事，领长沙内史。侯景平，授翊左将军、丹阳尹。

武陵王举兵至峡口，王琳偏将陆纳等据湘州应之，冲为纳所拘。纳降，重授侍中、中权将军，量置佐史，尹如故。江陵陷，敬帝为太宰，承制以冲为左长史。绍泰中，累迁左光禄大夫、尚书右仆射。迁左仆射、开府仪同三司，侍中、将军如故。寻复领丹阳尹、南徐州大中正，给扶。

高祖受禅，解尹，以本官领左光禄大夫。未拜，改领太子少傅。文帝嗣位，解少傅，加特进、左光禄大夫。寻又以本官领丹阳尹，参撰律令。废帝即位，给亲信十人。

初，高祖以冲前代旧臣，特申长幼之敬。文帝即位，益加尊重，尝从文帝幸司空徐度宅，宴筵之上，赐以几，其见重如此。光大元年薨，时年七十六。赠侍中、司空，谥曰元简。

冲有子三十人，并致通官。第十二子玚，别有传。

王通，字公达，琅邪临沂人也。祖份，梁左光禄大夫。父琳，司徒左长史。琳齐代娶梁武帝妹义兴长公主，有子九人，并知名。

通，梁世起家国子生，举明经，为秘书郎、太子舍人。以帝甥封武阳亭侯。累迁王府主簿、限外记室参军、司徒主簿、太子中庶子、骠骑庐陵王府给事中郎、中权何敬容府长史、给事黄门侍郎，坐事免。侯景之乱，奔于江陵，元帝以为散骑常侍，迁守太常卿。自侯景乱后，台内宫室，并皆焚烬，以通兼起部尚书，归于京师，专掌缮造。

江陵陷，敬帝承制以通为吏部尚书。绍泰元年，加侍中，尚书如故。寻为尚书右仆射，吏部如故。高祖受禅，迁左仆射，侍中如故。文帝嗣位，领太子少傅。天康元年，为翊右将军、右光禄大夫，量置佐史。废帝即位，号安右将军，又领南徐州大中正。太建元年，迁左光禄大夫。六年，加特进，侍中、将军、光禄、佐史并如故。未拜卒，时年七十二。诏赠本官，谥曰成，葬日给鼓吹一部，弟质、弟固各有传。

劢字公济，通之弟也。美风仪，博涉书史，恬然清简，未尝以利欲干怀。梁世为国子《周易》生，射策举高第，除秘书郎、太子舍人、宣惠武陵王主簿、轻车河东王功曹史。王出镇京口，劢将随之藩，范阳张缵时典选举，劢造缵言别，缵嘉其风采，乃曰："王生才地，岂可游外府乎？"奏为太子洗马。迁中舍人，司徒左西属。出为南徐州别驾从事史。

大同末，梁武帝谒园陵，道出朱方，劢随例迎候，敕劢令从华侧，所经山川，莫不顾问，劢随事应对，咸有故实。又从登北顾楼，赋诗，辞义清典，帝甚嘉之。时河东王为广州刺史，乃以劢为冠军河东王长史、南海太守。王至岭南，多所侵掠，因惧罪称疾，委州还朝，劢行广州府事。越中饶沃，前后守宰例多贪纵，劢独以清白著闻。入为给事黄门侍郎。侯景之乱，西奔江陵，元帝承制以为太子中庶子，掌相府管记。出为宁远将军、晋陵太守。时兵饥之后，郡中凋弊，劢为政清简，吏民便安之。征为侍中，迁五兵尚书。

及西魏寇江陵，元帝征湘州刺史宜丰侯萧循入援，以劢监湘州。江陵陷，敬帝承制以为中书令。绍泰元年加侍中。高祖为司空，以劢兼司空长史。高祖为丞相，劢兼丞相长史，侍中、中书令并如故。时吴中遭乱，民多乏绝，乃以劢监吴兴郡。及萧勃平后，又以劢旧在岭表，早有政绩，乃授使持节、都督广州等二十州诸军事、平南将军、平越中郎将、广州刺史。未行，改为衡州刺史，持节、都督并如故。王琳据有上流，衡、广携贰，劢不得之镇，留于大庾岭。天嘉元年，征为侍中、都官尚书，未拜，复为中书令。迁太子詹事，行东宫事，侍中并如故。加金紫光禄大夫，领度支尚书。废帝即位，加散骑常侍。太建元年，迁尚书右仆射。时东境大水，百姓饥馑，以劢为仁武将军、晋陵太守。在郡甚有威惠，郡人表请立碑，颂扬政绩，诏许之。征为中书监，重授尚书右仆射，领右军将军。四年五月卒，时年六十七。赠侍中、中书监，谥曰温。

袁敬，字子恭，陈郡阳夏人也。祖颛，宋侍中、吏部尚书、雍州刺史。父昂，梁侍中、司空，谥穆公。敬纯孝有风格，幼便笃学，老而无倦。释褐秘书郎，累迁太子舍人、洗马、中舍人。江陵沦覆，流寓岭表。高祖受禅，敬在广州，依欧阳頠。及頠卒，其子纥据州，将有异志，敬累谏纥，为陈逆顺之理，言甚切至，纥终不从。高宗即位，遣章昭达率众讨纥，纥将败之时，恨不纳敬言。朝廷义之，其年征为太子中庶子、通直散骑常侍。俄转司徒左长史。寻迁左民尚书，转都官尚书，领豫州大中正。累迁太常卿、散骑常侍、金紫光禄大夫，加特进。至德三年卒，时年七十九，赠左光禄大夫，谥曰靖德。子元友嗣。弟泌自有传。兄子枢。

枢字践言，梁吴郡太守君正之子也。美容仪，性沈静，好读书，手不释卷。家世显贵，赀产充积，而枢独居处率素，傍无交往，端坐一室，非公事未尝出游，荣利之怀淡如也。起家梁秘书郎，历太子舍人、轻车河东王主簿，安前邵陵王、中军宣城王二府功曹史。侯景之乱，枢往吴郡省父，因丁父忧。时四方扰乱，人求苟免，枢居丧以至孝闻。王僧辩平侯景，镇京城，衣冠争往造请，枢独杜门静居，不求闻达。绍泰元年，征为给事黄门侍郎。未拜，除员外散骑常侍，兼侍中。二年，兼吏部尚书。其年出为吴兴太守。永定二年，征为左民尚书。未至，改侍中，掌大选事。三年，迁都官尚书，掌选如故。

枢博闻强识，明悉旧章。初，高祖长女永世公主先适陈留太守钱蒇，生子岊，主及岊并卒于梁世。高祖受命，唯公主追封。至是将葬，尚书主客请详议，欲加蒇驸马都尉，并赠岊官。枢议曰："昔王姬下嫁，必适诸侯，同姓为主，闻于《公羊》之说，车服不系，显于诗人之篇。汉氏初兴，列侯尚主，自斯以后，降嫔素族。驸马都尉置由汉武，或以假诸功臣，或以加于戚属，是以魏曹植表驸马、奉车趣为一号。《齐职仪》曰，凡尚公主必拜驸马都尉，魏、晋以来，因为瞻准。盖以王姬之重，庶姓之轻，若不加其等级，宁可合卺而酳，所以假驸马之位，乃崇于皇女也。今公主早薨，伉俪已绝，既无礼数致疑，何须驸马之授？案杜预尚晋宣帝第二女高陆宣公主，晋武践祚，而主已亡，泰始中追赠公主，元凯无复驸马之号。梁文帝女新安穆公主早薨，天监初王氏无追拜之事。远近二例，足以据明。公主所生，既未及成人之礼，无劳此授，今宜追赠亭侯。"时以枢议为长。

天嘉元年，守吏部尚书。三年，即真。寻领右军将军，又领丹阳尹，本官如故。五年，以葬父，拜表自解，诏赐绢布五十匹，钱十万，令葬讫停宅视郡事，服阕，还复本职。其年秩满，解尹，加散骑常侍，将军、尚书并如故。是时，仆射到仲举虽参掌选事，铨衡汲引，并出于枢，其所举荐，多会上旨。谨慎周密，清白自居，文武职司，鲜有游其门者。废帝即位，迁尚书左仆射。光大元年卒，时

年五十一。赠侍中、左光禄大夫，谥曰简懿。有集十卷行于世。弟宪，自有传。

史臣曰：王冲、王通并以贵游，早升清贯，而允蹈礼节，笃诚奉上，斯为美焉。王劢之襟神夷淡，袁枢之端操沉冥，虽拘放为异，而胜概一揆，古所谓名士者，盖在其人乎！

卷十八　　　　列传第十二

沈众　袁泌　刘仲威　陆山才　王质　韦载 族弟翙

沈众，字仲师，吴兴武康人也。祖约，梁特进。父旋，梁给事黄门侍郎。众好学，颇有文词，起家梁镇卫南平王法曹参军、太子舍人。是时，梁武帝制《千字诗》，众为之注解。与陈郡谢景同时召见于文德殿，帝令众为《竹赋》，赋成，奏，帝善之，手敕答曰："卿文体翩翩，可谓无忝尔祖。"当阳公萧大心为郢州刺史，以众为限内记室参军。寻除镇南湘东王记室参军。迁太子中舍人，兼散骑常侍。聘魏，还，迁骠骑庐陵王谘议参军，舍人如故。

侯景之乱，众表于梁武，称家代所隶故义部曲，并在吴兴，求还召募以讨贼，梁武许之。及景围台城，众率宗族及义附五千余人，入援京邑，顿于小航，对贼东府置阵，军容甚整，景深惮之。梁武于城内遥授众为太子右卫率。京城陷，众降于景。景平，西上荆州，元帝以为太子中庶子、本州大中正。寻迁司徒左长史。江陵陷，为西魏所虏，寻而逃还，敬帝承制，授御史中丞。绍泰元年，除侍中，迁左民尚书。高祖受命，迁中书令，中正如故。高祖以众州里知名，甚敬重之，赏赐优渥，超于时辈。

众性吝啬，内治产业，财帛以亿计，无所分遗。其自奉养甚薄，每于朝会之中，衣裳破裂，或躬提冠履。永定二年，兼起部尚书，监起太极殿。恒服布袍芒屩，以麻绳为带，又携干鱼蔬菜饭独啖之，朝士共诮其所为。众性狷急，于是忿恨，遂托讻公卿，非毁朝廷。高祖大怒，以众素有令望，不欲显诛之，后因其休假还武康，遂于吴中赐死，时年五十六。

袁泌，字文洋，左光禄大夫敬之弟也。清正有干局，容体魁岸，志行修谨。释褐员外散骑侍郎，历诸王府佐。

侯景之乱，泌欲求为将。是时泌兄君正为吴郡太守，梁简文板泌为东宫领直，令往吴中召募士卒。及景围台城，泌率所领赴援。京城陷，退保东阳，景使兵追之，乃自会稽东岭出湓城，依于鄱阳嗣王萧范。范卒，泌乃降景。

景平，王僧辩表泌为富春太守，兼丹阳尹。贞阳侯僭位，以泌为侍中，奉使于齐。高祖受禅，王琳据有上流，泌自齐从梁永嘉王萧庄达琳所。及庄僭立，以泌为侍中、

丞相长史。天嘉二年，泌与琳辅庄至于栅口，琳军败，众皆奔散，唯泌独乘轻舟送庄达于北境，属庄于御史中丞刘仲威，令共入齐，然后拜辞而归，诣阙请罪，文帝深义之。

寻授宁远始兴王府法曹参军，转谘议参军，除通直散骑常侍，兼侍中，领豫州大中正。聘于周，使还，授散骑常侍，御史中丞，其中正如故。高宗入辅，以泌为云旗将军、司徒左长史。光大元年卒，年五十八。临终戒其子蔓华曰："吾于朝廷素无功绩，瞑目之后，敛手足旋葬，无得辄受赠谥。"其子述泌遗意，表请之，朝廷不许，赠金紫光禄大夫，谥曰质。

刘仲威，南阳涅阳人也。祖虬，齐世以国子博士征，不就。父之迟，荆州治中从事史。仲威少有志气，颇涉文史。梁丞圣中为中书侍郎。萧庄伪署御史中丞，随庄入齐，终于邺中。

仲威从弟广德，亦好学，负才任气。父之亨，梁安西湘东王长史、南郡太守。广德，承圣中以军功官至给事黄门侍郎、湘东太守。荆州陷后，依于王琳。琳平，文帝以广德为宁远始兴王府限外记室参军，仍领其旧兵。寻为太尉侯瑱湘州府司马，历乐山、豫章二郡太守，新安内史。光大中，假节、员外散骑常侍、云旗将军、河东太守。太建元年卒于郡，时年四十三，赠左卫将军。

陆山才，字孔章，吴郡吴人也。祖翁宝，梁尚书水部郎。父泛，散骑常侍。山才少倜傥，好尚文史，范阳张缵，缵弟绾，并钦重之。起家王国常侍，迁外兵参军。寻以父疾，东归侍养。承圣元年，王僧辩授山才仪同府西曹掾。高祖诛僧辩，山才奔会稽依张彪。彪败，乃归高祖。

绍泰中，都督周文育出镇南豫州，不知书疏，乃以山才为长史，政事悉以委之。文育南讨，克萧勃，擒欧阳頠，计画多出山才。及文育西征王琳，留山才监江州事，仍镇豫章。文育与侯安都沌口败绩，余孝顷自新林来寇豫章，山才收合余众，依于周迪。擒余孝顷、李孝钦等，遣山才自都阳之乐安岭东道送于京师。除中书侍郎。复由乐安岭绥抚南川诸郡。

文育重镇豫章金口，山才复为贞威将军、镇南长史、豫章太守。文育为熊昙朗所害，昙朗囚山才等，送于王琳。未至，而侯安都败琳将常众爱于宫亭湖，由是山才获反，除贞威将军、新安太守。为王琳未平，留镇富阳，以捍东道。入为员外散骑常侍，迁宣惠始兴王长史，行东扬州事。

侯安都讨留异，山才率王府之众从焉。异平，除明威将军、东阳太守。入为镇东始兴王长史，带会稽郡丞，行东扬州事。未拜，改授散骑常侍，兼度支尚书，满岁为真。

高宗南征周迪，以山才为军司。迪平，复职。余孝顷自海道袭晋安，山才又以本官之会稽，指授方略。还朝，坐侍宴与蔡景历言语过差，为有司所奏，免官。寻授散骑常侍，迁云旗将军、西阳武昌二郡太守。天康元年卒，时年五十八。赠右卫将军，谥曰简子。

王质，字子贞，右光禄大夫通之弟也。少慷慨，涉猎书史。梁世以武帝甥封甲口亭侯，补国子《周易》生，射策高第。起家秘书郎、太子舍人、尚书殿中郎。遭母忧，居丧以孝闻。服阕，除太子洗马、东宫领直。累迁中舍人、庶子。

太清元年，除假节、宁远将军，领东宫兵，从贞阳侯北伐。及贞阳败绩，质脱身逃还。侯景于寿阳构逆，质又领舟师随众军拒之。景军济江，质便退走。寻领步骑顿于宣阳门外。景军至京师，质不战而溃，乃剪发为桑门，潜匿人间。及柳仲礼等会援京邑，军据南岸，质又收合余众从之。京城陷后，西奔荆州，元帝承制，以质为右长史，带河东太守。俄迁侍中。寻出为持节、都督吴州诸军事、宁远将军、吴州刺史，领鄱阳内史。荆州陷，侯瑱镇于湓城，与质不协，遣偏将羊亮代质，且以兵临之，质率所部，度信安岭，依于留异。文帝镇会稽，以兵助质，令镇信安县。

永定二年，高祖命质率所部逾岭出豫章，随都督周文育以讨王琳。质与琳素善，或潛云于军中潜信交通，高祖命周文育杀质，文育启请救之，获免。寻授散骑常侍、晋陵太守。

文帝嗣位，征守五兵尚书。高宗为扬州刺史，以质为仁威将军、骠骑府长史。天嘉二年，除晋安太守。高宗辅政，以为司徒左长史，将军如故。坐公事免官。寻为通直散骑常侍，迁太府卿、都官尚书。太建二年卒，时年六十。赠本官，谥曰安子。

韦载，字德基，京兆杜陵人也。祖叡，梁开府仪同三司，永昌严公。父政，梁黄门侍郎。载少聪惠，笃志好学。年十二，随叔父棱见沛国刘显，显问《汉书》十事，载随问应答，曾无疑滞。及长，博涉文史，沉敏有器局。起家梁邵陵王法曹参军，迁太子舍人、尚书三公郎。

侯景之乱，元帝承制以为中书侍郎。寻为建威将军、寻阳太守，随都督王僧辩东讨侯景。是时僧辩军于湓城，而鲁悉达、樊俊等各拥兵保境，观望成败。元帝以载为假节、都督太原、高唐、新蔡三郡诸军事、高唐太守。仍衔命喻悉达等令出军讨景。及大军东下，载率三郡兵自焦湖出栅口，与僧辩会于梁山。景平，除冠军将军、琅邪太守。寻奉使往东阳、晋安，招抚留异、陈宝应等。仍授信武将军、义兴太守。

高祖诛王僧辩，乃遣周文育轻兵袭载，未至而载先觉，乃婴城自守。文育攻之甚急，载所属县卒并高祖旧兵，多善用弩，载收得数十人，系以长锁，命所亲监之，使射文育军，约曰十发不两中者则死，每发辄中，所中皆毙。文育军稍却，因于城外据水立栅，相持数旬。高祖闻文育军不利，乃自将征之，克其水栅。仍遣载族弟翙赍书喻载以诛王僧辩意，并奉梁敬帝敕，敕载解兵。载得书，乃以其众降于高祖。高祖厚加抚慰，即以其族弟翙监义兴郡，所部将帅，并随才任使，引载恒置左右，与之谋议。

徐嗣徽、任约等引齐军济江，据石头城，高祖问计于载，载曰："齐军若分兵先据三吴之路，略地东境，则时事去矣。今可急于淮南即侯景故垒筑城，以通东道转输，别命轻兵绝其粮运,使进无所房,退无所资,则齐将之首,旬日可致。"高祖从其计。

永定元年,除和戎将军、通直散骑常侍。二年,进号轻车将军。寻加散骑常侍、太子右卫率,将军如故。天嘉元年,以疾去官。载有田十余顷,在江乘县之白山,至是遂筑室而居,屏绝人事,吉凶庆吊,无所往来,不入篱门者几十载。太建中卒于家,时年五十八。

载族弟翊。翊字子羽,少有志操。祖爱,梁辅国将军。父乾向,汝阴太守。翊弱冠丧父,哀毁甚至,养母、抚孤兄弟子,以仁孝著称。高祖为南徐州刺史,召为征北参军,寻监义兴郡。永定元年,授贞毅将军、步兵校尉。迁骁骑将军,领朱衣直阁。骁骑之职,旧领营兵,兼统宿卫。自梁代已来,其任逾重,出则羽仪清道,入则与二卫通直,临轩则升殿侠侍。翊素有名望,每大事恒令侠侍左右,时人荣之,号曰"侠御将军"。寻出为宣城太守。天嘉二年,预平王琳之功,封清源县侯,邑二百户。太建中卒官,赠明、霍、罗三州刺史。子宏,字德礼,有文学,历官至永嘉王府谘议参军。陈亡入隋。

史臣曰:昔邓禹基于文学,杜预出自儒雅,卒致军功,名著前代。晋氏丧乱,播迁江左,顾荣、郗鉴之辈,温峤、谢玄之伦,莫非巾褐书生,缙绅素誉,抗敌以卫社稷,立勋而升台鼎。自斯以降,代有其人。但梁室沸腾,懦夫立志,既身逢际会,见仗于时主,美矣!

卷十九　　　　　列传第十三

沈炯　虞荔 弟寄　马枢

沈炯,字礼明,吴兴武康人也。祖瑀,梁寻阳太守。父续,王府记室参军。炯少有隽才,为当时所重。释褐王国常侍,迁为尚书左民侍郎,出为吴令。侯景之难,吴郡太守袁君正入援京师,以炯监郡。京城陷,景将宋子仙据吴兴,遣使召炯,委以书记之任。炯固辞以疾,子仙怒,命斩之。炯解衣将就戮,碍于路间桑树,乃更牵往他所,或遽救之,仅而获免。子仙爱其才,终逼之令掌书记。及子仙为王僧辩所败,僧辩素闻其名,于军中购得之,酬所获者铁钱十万,自是羽檄军书皆出于炯。及简文遇害,四方岳牧皆上表于江陵劝进,僧辩令炯制表,其文甚工,当时莫有逮者。

高祖南下,与僧辩会于白茅湾,登坛设盟,炯为其文。及侯景东奔至吴郡,获炯妻虞氏,子行简,并杀之,炯弟携其母逃而获免。侯景平,梁元帝愍其妻子婴戮,特封原乡县侯,邑五百户。僧辩为司徒,以炯为从事中郎。梁元帝征为给事黄门侍郎,领尚书左丞。

荆州陷,为西魏所虏,魏人甚礼之,授炯仪同三司。炯以母老在东,恒思归国,恐魏人爱其文才而留之,恒闭门却扫,无所交游。时有文章,随即弃毁,不令流布。尝独行经汉武通天台,为表奏之,陈己思归之意。其辞曰:"臣闻乔山虽掩,鼎湖之灵可祠,有鲁既荒,大庭之迹无泯。伏惟陛下降德猗兰,篡灵丰谷。汉道既登,神仙可望,射之罘于海浦,礼日观而称功,横中流于汾河,指柏梁而高宴,何其乐也,岂不然欤!既而运属上仙,道穷晏驾,甲帐珠帘,一朝零落,茂陵玉碗,宛出人间,陵云故基,共原田而咒咒,别风余址,对陵阜而茫茫,羁旅缧臣,能不落泪!昔承明既厌,严助东归,驷马可乘,长卿西返,恭闻故实,窃有愚心。黍稷非馨,敢忘褚福。"奏讫,其夜炯梦见有宫禁之所,兵卫甚严,炯便以情事陈诉,闻有人言:"甚不惜放卿还,几时可至。"少日,便与王克等并获东归。绍泰二年至都,除司农卿,迁御史中丞。

高祖受禅,加通直散骑常侍,中丞如故。以母老表请归养,诏不许。文帝嗣位,又表曰:"臣婴生不幸,弱冠而孤,母子零丁,兄弟相长。谨身为养,仕不择官,宦成梁朝,命存乱世,冒危履险,百死轻生,妻息诛夷,昆季冥灭,馀臣母子,得逢兴运。臣母妾刘,今年八十有一,臣叔母妾丘,七十有五,臣门弟侄故自无人,妾儿孙又久亡泯,两家侍养,馀臣一人。前帝知臣之孤茕,养臣以州里,不欲使顿居草莱,又复矜臣温清,所以一年之内,再三休沐。臣之屡披丹款,频冒宸鉴,非欲苟违朝廷,远离畿辇。一者以年将六十,汤火居心,每跪读家书,前惧后喜,温枕扇席,无复成童。二者职居彝宪,邦之司直,若自亏身体,何问国章?前德绸缪,始许哀放,内侍近民,多悉此旨。正以选贤与能,广求明哲,赳赳荏苒,未始取才。而上玄降戾,奄至今日,德音在耳,坟土遽乾,悠悠昊天,哀此罔极。兼臣私心煎切,弥追近时,缕缕之祈,转忘尘触。伏惟陛下睿哲聪明,嗣兴下武,刑于四海,弘此孝治。寸管求天,仰归帷扆,有感必应,实望圣明。特乞需然申其私礼,则王者之德,罩及无方,矧彼翔沈,孰非涵养。"诏答曰:"省表具怀。卿誉驰咸、雒,情深宛、沛。日者切倚间,言归异域,复牵时役,遂乖侍养。虽周生之思,每欲弃官,《戴礼》垂文,得遗从政,前朝光宅四海,勖劳万机,以卿才为独步,职居专席,方深委任,屡屈情私。朕嗣奉洪基,思弘景业,顾兹寡薄,兼缠哀疚,实赖贤哲,同致雍熙,岂便释简南闱,解绂东路。当令冯亲入舍,荀母从官,用睹朝荣,不亏家礼。寻敕所由,相迎尊累,使卿公私得所,并无废也。"

初,高祖尝称炯宜居王佐,军国大政,多预谋谟,文帝又重其才用,欲宠贵之。会王琳入寇大雷,留异拥据东境,帝欲使炯因是立功,乃解中丞,加明威将军,遣还乡里,收合徒众。以疾卒于吴中,时年五十九。文帝闻之,即日举哀,并遣吊祭,赠侍中,谥曰恭子。有集二十卷行于世。

虞荔,字山披,会稽余姚人也。祖权,梁廷尉卿、永嘉太守。父检,平北始兴王谘议参军。荔幼聪敏,有志操。年九岁,随从伯阐候太常陆倕,倕问《五经》凡有十事,荔随问辄应,无有遗失,倕甚异之。又尝诣徵士何胤,时太守衡阳王亦造焉，胤言之于王，王欲见荔，荔辞曰："未有板刺，无容拜谒。"王以荔有高尚之志，雅相钦重，还郡，即辟为主簿，荔又辞以年小不就。及长，美风仪，博览坟籍，善属文。释褐梁西中郎行参军，寻署法曹外兵参军，兼阳诏狱正。梁武帝于城西置士林馆，荔乃制碑，奏上，帝命勒之于馆，仍用荔为士林学士。寻为司文郎，迁通直散骑侍郎，兼中书舍人。时左右之任，多参权轴，内外机务，互有带掌，唯荔与顾协淡然靖退，居于西省，但以文史见知，当时号为清白。寻领大著作。

及侯景之乱，荔率亲属入台，除镇西谘议参军，舍人如故。台城陷，逃归乡里。侯景平，元帝征为中书侍郎，贞阳侯，授扬州别驾，并不就。

张彪之据会稽也，荔时在焉。及文帝平彪，高祖遗荔书曰："丧乱已来，贤哲凋散，君才用有美，声闻许、洛，当今朝廷惟新，广求英隽，岂可栖迟东土，独善其身？今令兄子将接出都，想必副朝廷虚迟也。"文帝又与书曰："君东南有美，声誉洽闻，自应翰飞京许，共康时弊，而削迹丘园，保兹独善，岂使称空谷之望邪？必愿便尔俶装，且为出都之计。唯迟披觌，在于兹日。"迫切之不得已，乃应命至都。高祖崩，文帝嗣位，除太子中庶子，仍侍太子读书。寻领大著作、东扬扬州二州大中正，庶子如故。

初，荔母随荔入台，卒于台内，寻而城陷，情礼不申，由是终身蔬食布衣，不听音乐，虽任遇隆重，而居止俭素，淡然无营。文帝深器之，常引在左右，朝夕顾访。荔性沉密，少言论，凡所献替，莫有见其际者，故不列于后焉。

时荔第二弟寄寓于闽中，依陈宝应，荔每言之辄流涕。文帝哀而谓曰："我亦有弟在远，此情甚切，他人岂知。"乃敕宝应求寄，宝应终不遣。荔因以感疾，帝数往临视。令荔将家口入省，荔以禁中非私居之所，乞停城外，文帝不许，乃令住于兰台，乘舆再三临问，手敕中使，相望于道。又以荔蔬食积久，非羸疾所堪，乃敕曰："能敦布素，乃当为高，卿年事已多，气力稍减，方欲仗委，良须克壮，令给卿鱼肉，不得固从所执也。"荔终不从。天嘉二年卒，时年五十九。文帝甚伤惜之，赠侍中，谥曰德子。及丧柩还乡里，上亲出临送，当时荣之。子世基、世南，并少知名。

寄字次安，少聪敏。年数岁，客有造其父者，遇寄于门，因嘲之曰："郎君姓虞，必当无智。"寄应声答曰："文字不辨，岂得非愚？"客大惭。入谓其父曰："此子非常人，文举之对不是过也。"及长，好学，善属文。性冲静，有栖遁之志。弱冠举秀才，对策高第。起家梁宣城王国左常侍。大同中，尝骤雨，殿前往往有杂色宝珠，梁武观之甚有喜色，寄因上《瑞雨颂》。帝谓寄兄荔曰："此颂典裁清拔，卿家之士龙也。将如何擢用？"寄闻之，叹曰："美盛德之形容，以申击壤之情耳。吾岂买名求仕者乎？"乃闭门称疾，唯以书籍自娱。岳阳王为会稽太守，引寄为行参军，迁记室参军，领郡五官掾。又转中记室，掾如故。在职简略烦苛，务存大体，曹局之内，终日寂然。

侯景之乱，寄随兄荔入台，除镇南湘东王谘议参军，加贞威将军。京城陷，遁还乡里。及张彪往临川，强寄俱行，寄与彪将郑玮同舟而载，玮尝忤彪意，乃劫寄奔于晋安。时陈宝应据有闽中，得寄甚喜。高祖平侯景，寄劝令自结，宝应从之，乃遣使归诚。承圣元年，除和戎将军、中书侍郎，宝应爱其才，托以道阻不遣。每欲引寄为僚属，委以文翰，寄固辞，获免。

及宝应结婚留异，潜有逆谋，寄微知其意，言说之际，每陈逆顺之理，微以讽谏，宝应辄引说他事以拒之。又尝令左右诵《汉书》，卧而听之，至蒯通说韩信曰"相君之背，贵不可言"，宝应蹶然起曰："可谓智士。"寄正色曰："覆郦骄韩，未足称智；岂若班彪《王命》，识所归乎？"寄知宝应不可谏，虑祸及己，乃为居士服以拒绝之。常居东山寺，伪称脚疾，不复起，宝应以为假托，使烧寄所卧屋，寄安卧不动。亲近将扶寄出，寄曰："吾命有所悬，避欲安往？"所纵火者，旋自救之。宝应自此方信。

及留异称兵，宝应资其部曲，寄乃因书极谏曰：

东山虞寄致书于明将军使君节下：寄流离他故，飘寓贵乡，将军待以上宾之礼，申以国士之眷，意气所感，何日忘之。而寄沈痼弥留，竭阴所尽，常恐卒填沟壑，消尘莫报，是以敢布腹心，冒陈丹款，愿将军留须臾之虑，少思察之，则瞑目之日，所怀毕矣。

夫安危之兆，祸福之机，匪独天时，亦由人事。失之毫厘，差以千里。是以明智之士，据重位而不倾，执大节而不失，岂惑于浮辞哉？将军文武兼资，英威不世，往因多难，仗剑兴师，援旗誓众，抗威千里，岂不以四郊多垒，共谋王室，匡时报主，宁国庇民乎？此所以五尺童子，皆愿荷戟而随将军者也。及高祖武皇肇基草昧，初济艰难。于时天下沸腾，民无定主，豺狼当道，鲸鲵横击，海内业业，未知所从。将军运动微之鉴，折从衡之辩，策名委质，自托宗盟，此将军妙算远图，发于衷诚者也。及主上继业，钦明睿圣，选贤与能，群臣辑睦，结将军以维城之重，崇将军以裂土之封。岂非宏谟庙略，推赤心于物也？屡申明诏，款笃殷勤，君臣之分定矣，骨肉之恩深矣。不意将军惑于邪说，遽生异计，寄所以疾首痛心，泣尽继之以血。万全之策，窃为将军惜之。寄虽疾侵耄，言无足采，千虑一得，请陈愚算。愿将军少戢雷霆，赊其晷刻，使得尽狂瞽之说，披肝胆之诚，则虽死之日，由生之年也。

自天厌梁德，多难荐臻，寰宇分崩，英雄互起，不可胜纪，人人自以为得也。然夷凶剪乱，拯溺扶危，四海乐推，三灵眷命，揖让而居南面者，陈氏也。岂非历数有在，惟天所授，当璧应运？其事甚明一也。主上承基，明德远被，天纲再张，地维重纽。夫以王琳之强，侯瑱之力，进足以摇荡中原，争衡天下，退足以屈强江外，雄张偏隅。然或命一旅之师，或资一士之说，琳则瓦解冰泮，投身异域，瑱则厥角稽颡，委命阙廷。斯又天假之威，而除其患。其事甚明二也。今将军以藩戚之重，东南之众，尽忠奉上，戮力勤王，岂不勋高窦融，宠过吴芮，析圭判野，南面称孤？其事甚明三也。且圣朝弃瑕忘过，宽厚得人，改过自新，咸加叙擢。至于余孝顷、潘纯陀、李孝钦、欧阳颁等，悉委以心腹，任以爪牙，胸中豁然，曾无纤芥。况将军衅非张绣，罪异毕谌，当何虑于危亡，何失于富贵？此又其事甚明四也。方今周、齐邻睦，境外无虞，并兵一向，匪朝伊夕，非刘、项竞逐之机，楚、赵连从之势，何得雍容高拱，坐论西伯？其事甚明五也。且留将军狼顾一隅，亟经摧衄，声实亏丧，胆气衰沮。高璆、向文政、留瑜、黄子玉，此数人者，将军所知，首鼠两端，唯利是视；其余将帅，亦可见矣。孰能被坚执锐，长驱深入，系马埋轮，奋不顾命，以先士卒者乎？此又其事甚明六也。且将军之强，孰如侯景？将军之众，孰如王琳？武皇灭侯景于前，今上摧王琳于后，此乃天时，非复人力。且兵革已后，民皆厌乱，其孰能弃坟墓，捐妻子，出万死不顾之计，从将军于白刃之间乎？此又其事甚明七也。历观前古，鉴之往事，子阳、季孟，倾覆相寻，徐善、右渠，危亡继及，天命可畏，山川难恃。况将军欲以数郡之地，当天下之兵，以诸侯之资，拒天子之命，强弱逆顺，可得侔乎？此又其事甚明八也。且非我族类，其心必异。不爱其亲，岂能及物？留将军身縻国爵，子尚王姬，犹且弃天属而弗顾，背明君而孤立，危急之日，岂能同忧共患，不背将军乎？至于师老力屈，惧诛利赏，必有韩、智晋阳之谋，张、陈井陉之势。此又其事甚明九也。且北军万里远斗，锋不可当，将军自战其地，人多顾后。梁安背向为心，修昕匹夫之力，众寡不敌，将帅不侔，师以无名而出，事以无机而动，以此称兵，示知其利。夫以汉朝吴、楚，晋室颖、颙，连城数十，长戟百万，拔本塞源，自图家国，其有成功者乎？此又其事甚明十也。

为将军计者，莫若不远而复，绝亲留氏，秦郎、快郎，随遣入质，释甲偃兵，一遵诏旨。且朝廷许以铁券之要，申以白马之盟，朕弗食言，誓之宗社。寄闻明者鉴未形，智者不再计，此成败之效，将军勿疑。吉凶之几，间不容发。方今藩维尚少，皇子幼冲，凡预宗枝，皆蒙宠树。况以将军之地，将军之才，将军之名，将军之势，而能克修藩服，北面称臣，宁与刘泽同年而语其功业哉？岂不身与山河等安，名与金石相敝？愿加三思，虑之无忽。

寄气力绵微，馀阴无几，感恩怀德，不觉狂言，斧钺之诛，甘之如荠。

宝应览书大怒。或谓宝应曰："虞公病势渐笃，言多错谬。"宝应意乃小释。亦为寄有民望，且优容之。及宝应败走，夜至蒲田，顾谓其子扞秦曰："早从虞公计，不至今日。"扞秦但泣而已。宝应既擒，凡诸宾客微有交涉者，皆伏诛，唯寄以先识免祸。

初，沙门慧摽涉猎有才思，及宝应起兵，作五言诗以送之，曰："送马犹临水，离旗稍引风。好看今夜月，当人紫微宫。"宝应得之甚悦。慧摽赍以示寄，寄一览便止，正色无言。摽退，寄谓所亲曰："摽公既以此始，必以此终。"后竟坐是诛。

文帝寻敕都督章昭达以理发遣，令寄还朝。及至，即日引见，谓寄曰："管宁无恙？"其慰劳之怀若此。顷之，文帝谓到仲举曰："衡阳王既出阁，虽未置府僚，然须得一人旦夕游处，兼掌书记，宜求宿士有行业者。"仲举未知所对，文帝曰："吾自得之。"乃手敕用寄，寄入谢，文帝曰："所以暂屈卿游藩者，非止以文翰相烦，乃令以师表相事也。"寻兼散骑常侍，聘齐，寄辞老疾，不行，除国子博士。顷之，又表求解职归乡里，文帝优旨答报，许其东还。仍除东扬州别驾，寄又以疾辞。高宗即位，征授扬州治中及尚书左丞，并不就。乃除东中郎建安王谘议，加戎昭将军，又辞以疾，不任旦夕陪列。王于是特令停王府公事，其有疑议，就以决之，但朔望牋修而已。太建八年加太中大夫，将军如故。十一年卒，时年七十。

寄少笃行，造次必于仁厚，虽僮竖未尝加以声色，至于临危执节，则辞气凛然，白刃不惮也。自流寓南土，与兄荔隔绝，因感气病，每得荔书，气辄奔剧，危殆者数矣。前后所居官，未尝至秩满，才期年数月，便自求解退。常曰："知足不辱，吾知足矣。"及谢病私庭，每诸王为州将，下车必造门致礼，命释鞭板，以几杖陪坐。常出游近寺，闾里传相告语，老幼罗列，望拜道左。或言誓为约者，但指寄便不欺，其至行所感如此。所制文笔，遭乱多不存。

马枢，字要理，扶风郿人也。祖灵庆，齐竟陵王录事参军。枢数岁而父母俱丧，为其姑所养。六岁，能诵《孝经》、《论语》、《老子》。及长，博极经史，尤善佛经及《周易》、《老子》义。

梁邵陵王纶为南徐州刺史，素闻其名，引为学士。纶时自讲《大品经》，令枢讲《维摩》、《老子》、《周易》，同日发题，道俗听者二千人。王欲极观优劣，乃谓众曰："与马学士论义，必使屈伏，不得空立主客。"于是数家学者各起问端，枢乃依次剖判，开其宗旨，然后枝分流别，转变无穷，论者拱默听受而已。纶甚嘉之，将引荐于朝廷。寻遇侯景之乱，纶举兵援台，乃留书二万卷以付枢。枢肆志寻览，殆将周遍，乃喟然叹曰："吾闻贵爵位者以巢、由为桎梏，爱山林者以伊、吕为管库，束名实则仓芥柱下之言，玩清虚则糠粃席上之说，稽之论实，亦各从其好也。然支父有让王之介，严子有傲帝之规，千载美谈，所不废也。比求志之士，望途而息。岂天之不惠高尚，何山林之无闻甚乎？"乃隐于茅山，有终焉之志。

天嘉元年，文帝征为度支尚书，辞不应命。时枢亲故并居京口，每秋冬之际，时往游焉。及鄱阳王为南徐州刺史，钦其高尚，鄘不能致，乃卑辞厚意，令使者邀之，前后数反，枢固辞以疾。门人或进曰："鄱阳王待以师友，非关爵位，市朝之间，何妨静默。"枢不得已，乃行。王别筑室以处之，枢恶其崇丽，乃于竹林间自营茅茨而居焉。每王公馈饷，辞不获已者，率十分受一。

枢少属乱离，每所居之处，盗贼不入，依托者常数百家。目精洞黄，能视暗中物。常有白燕一双，巢其庭树，驯狎檐庑，时集几案，春来秋去，几三十年。太建十三年卒，时年六十。撰《道觉论》二十卷行于世。

史臣曰：沈炯仕于梁室，年在知命，冀郎署之薄官，止邑宰之卑职，及下笔盟坛，属辞劝表，激扬旨趣，信文人之伟者欤！虞荔之献筹沈密，尽其诚款，可谓有益明时矣。

卷二十　　　　列传第十四

到仲举　韩子高　华皎

到仲举，字德言，彭城武原人也。祖坦，齐中书侍郎。父洽，梁侍中。仲举无他艺业，而立身耿正。释褐著作佐郎、太子舍人、王府主簿。出为长城令，政号廉平。文帝居乡里，尝诣仲举，时天阴雨，仲举独坐斋内，闻城外有箫鼓之声，俄而文帝至，仲举异之，乃深自结托。文帝又尝因饮，夜宿仲举帐中，忽有神光五采照于室内，由是祗承益恭。侯景之乱，仲举依文帝。及景平，文帝为吴兴郡守，以仲举为郡丞，与颍川庾持俱为文帝宾客。文帝为宣毅将军，以仲举为长史，寻带山阴令。文帝嗣位，授侍中，参掌选事。天嘉元年，守都官尚书，封宝安县侯，邑五百户。三年，除都官尚书。其年，迁尚书右仆射、丹阳尹，参掌并如故。寻改封建昌县侯。仲举既无学术，朝章非所长，选举引用，皆出自袁枢。性疏简，不干涉世务，与朝士无所亲狎，但聚财酣饮而已。六年，秩满，解尹。

是时，文帝积年寝疾，不亲御万机，尚书中事，皆使仲举断决。天康元年，迁侍中、尚书仆射，参掌如故。文帝疾甚，入侍医药。及文帝崩，高宗受遗诏为尚书令入辅，仲举与左丞王暹、中书舍人刘师知、殷不佞等，以朝望有归，乃遣不佞矫宣旨遣高宗还东府。事发，师知下北狱赐死，暹、不佞并付治，乃以仲举为贞毅将军、金紫光禄大夫。

初，仲举子郁尚文帝妹信义长公主，官至中书侍郎，出为宣城太守，文帝配以士马，是年迁为南康内史，以国哀未之任。仲举既废居私宅，与郁皆不自安。时韩子高在都，人马素盛，郁每乘小舆蒙妇人衣与子高谋。子高军主告言其事，高宗收子高、仲举及郁并付廷尉。诏曰："到仲举庸劣小才，坐叨显贵，受任前朝，荣宠隆赫，父参王政，子据大邦，礼盛外姻，势均戚里。而肆illegible骄暗，凌傲百司，遏密之初，擅行国政，排黜懿亲，欺蔑台衮。韩子高蕞尔细微，擢自年末，入参禁卫，委以腹心，蜂虿有毒，敢行反噬。仲举、子高，共为表里，阴构奸谋，密为异计。安成王朕之叔父，亲莫重焉。受命导扬，禀承顾托，以朕冲弱，属当保佑。家国安危，事归宰辅，伊、周之重，物无异议，将相旧臣，咸知宗仰。而率聚凶徒，欲相掩袭，屯据东城，进逼崇礼，规树仲举，以执国权，陵斥司徒，意在专政，潜结党附，方危社稷。赖祖宗之灵，奸谋显露，

前上虞令陆昉等具告其事，并有据验，并克今月七日，纵其凶谋。领军将军明彻，左卫将军、卫尉卿宝安及诸公等，又并知其事。二三衅迹，彰于朝野，反道背德，事骇闻见。今大憝克歼，罪人斯得，并可收付廷尉，肃正刑书。罪止仲举父子及子高三人而已，其余一从旷荡，并所不问。"仲举及郁并于狱赐死，时年五十一。郁诸男女，以帝甥获免。

韩子高，会稽山阴人也。家本微贱。侯景之乱，寓在京都。景平，文帝出守吴兴，子高年十六，为总角，容貌美丽，状似妇人，于淮渚附部伍寄载欲还乡。文帝见而问之，曰"能事我乎？"子高许诺。子高本名蛮子，文帝改名之。性恭谨，勤于侍奉，恒执备身刀及传酒炙。文帝性急，子高恒会意旨。及长，稍习骑射，颇有胆决，愿为将帅，及平杜龛，配以士卒。文帝甚宠爱之，未尝离于左右。文帝尝梦见骑马登山，路危欲堕，子高推捼而升。

文帝之讨张彪也，沈泰等先降，文帝据有州城，周文育镇北郭香岩寺。张彪自剡县夜还袭城，文帝自北门出，仓卒暗夕，军人扰乱，文育亦未测文帝所在，唯子高在侧，文帝乃遣子高自乱兵中往见文育，反命，酬答于暗中，又往慰劳众军。文帝散兵稍集，子高引导入文育营，因共立栅。明日，与彪战，彪将申缙复降，彪奔松山，浙东平。文帝乃分麾下多配子高，子高亦轻财礼士，归之者甚众。

文帝嗣位，除右军将军。天嘉元年，封文招县子，邑三百户。王琳至于栅口，子高宿卫台内。及琳平，子高所统益多，将士依附之者，子高尽力论进，文帝皆任使焉。二年，迁员外散骑常侍、壮武将军、成州刺史。及征留异，随侯安都顿桃支岭岩下。时子高兵甲精锐，别御一营，单马入陈，伤项之左，一髻半落。异平，除假节、贞毅将军、东阳太守。五年，章昭达等自临川征晋安，子高自安泉岭会于建安，诸将中人马最为强盛。晋安平，以功迁通直散骑常侍，进爵为伯，增邑并前四百户。六年，征为右卫将军，至都，镇领军府。文帝不豫，入侍医药。废帝即位，迁散骑常侍，右卫如故，移顿于新安寺。

高宗入辅，子高兵权过重，深不自安，好参访台阁，又求出为衡、广诸镇。光大元年八月，前上虞县令陆昉及子高军主告其谋反，高宗在尚书省，因召文武在位议立皇太子，子高预焉，平旦入省，执之，送廷尉，其夕与到仲举同赐死，时年三十。父延庆及子弟并原宥。延庆因子高之宠，官至给事中、山阴令。

华皎，晋陵暨阳人。世为小吏。皎，梁代为尚书比部令史。侯景之乱，事景党王伟。高祖南下，文帝为景所囚，皎遇文帝甚厚。景平，文帝为吴兴太守，以皎为都录事，军府谷帛，多以委之。皎聪慧，勤于簿领。及文帝平杜龛，仍配以人马甲仗，犹为都录事。御下分明，善于抚养。时兵荒之后，百姓饥馑，皎解衣推食，多少必均，因稍擢为暨阳、山阴二县令。文帝即位，除开远将军，左军将军。天嘉元年，封怀仁县伯，邑四百户。

王琳东下，皎随侯瑱拒之。琳平，镇湓城，知江州事。时南州守宰多乡里酋豪，不遵朝宪，文帝令皎以法驭

之。王琳奔散，将卒多附于皎。三年，除假节、通直散骑常侍、仁武将军、新州刺史资，监江州。寻诏督寻阳、太原、高唐、南北新蔡五郡诸军事，寻阳太守，假节、将军、州资、监如故。周迪谋反，遣其兄子伏甲于船中，伪称贾人，欲以溢城袭皎。未发，事觉，皎遣人逆击之，尽获其船仗。其年，皎随都督吴明彻征迪，迪平，以功授散骑常侍、平南将军、临川太守，进爵为侯，增封并前五百户。未拜，入朝，仍授使持节、都督湘、巴等四州诸军事、湘州刺史，常侍、将军如故。

皎起自下吏，善营产业，湘川地多所出，所得并入朝廷，粮运竹木，委输甚众；至于油蜜脯菜之属，莫不营办。又征伐川洞，多致铜鼓、生口，并送于京师。废帝即位，进号安南将军，改封重安县侯，食邑一千五百户。文帝以湘州出杉木舟，使皎营造大舰金翅等二百余艘，并诸水战之具，欲以入汉及峡。

韩子高诛后，皎内不自安，缮甲聚徒，厚礼所部守宰。高宗频命皎送大舰金翅等，推迁不至。光大元年，密启求广州，以观时主意。高宗伪许之，而诏书未出。皎亦遣使句引周兵，又崇奉萧岿为主，士马甚盛。诏乃以吴明彻为湘州刺史，实欲以轻兵袭之。是时虑皎先发，乃前遣明彻率众三万，乘金翅直趋郢州，又遣抚军大将军淳于量率众五万，乘大舰以继之，又令假节、冠武将军杨文通别从安成步道出茶陵，又令巴山太守黄法慧别从宜阳出澧陵，往掩袭，出其不意，并与江州刺史章昭达、郢州刺史程灵洗等参谋讨贼。

是时萧岿遣水军为皎声援。周武又遣其弟卫国公宇文直率众屯鲁山，又遣其柱国长胡公拓跋定人马三万，攻围郢州。萧岿授皎司空，巴州刺史戴僧朔，衡阳内史任蛮奴，巴陵内史潘智虔，岳阳太守章昭裕，桂阳太守曹宣，湘东太守钱明，并隶于皎。又长沙太守曹庆等本隶皎下，因为之用。帝恐上流宰守并为皎扇惑，乃下诏曰："贼皎舆皂微贱，特逢奖擢，任据藩牧，属当宠寄，背斯造育，兴构奸谋，树立萧氏，盟约彰露，鸩毒存心，志危宗社，扇结边境，驱逼士庶，蚁聚巴、湘，豕突鄂、郢，逆天反地，人神忿嫉。征南将军、安南将军明彻、郢州刺史灵洗，受律专征，备尽心力，抚劳骁雄，舟师俱进，义烈争奋，凶恶奔殄，献捷相望，重氛载廓，言念泣罪，思与惟新。可曲赦湘、巴二州：凡厥为贼所逼制，预在凶党，悉皆不问；其贼主帅将校，并许开恩出首，一同旷荡。"

先是，诏又遣司空徐度与杨文通等自安成步出湘东，以袭皎后。时皎阵于巴州之白螺，列舟舰与王师相持未决。皎闻徐度趋湘州，乃率兵自巴、郢因便风下战。淳于量、吴明彻等募军中小舰，多赏金银，令先出当贼大舰，受其拍。贼舰发拍皆尽，然后官军以大舰拍之，贼舰皆碎，没于中流。贼又以大舰载薪，因风放火，俄而风转自焚，贼军大败。皎乃与戴僧朔单身舸走，过巴陵，不敢登城，径奔江陵。拓跋定等无复船渡，步趋巴陵，巴陵城邑为官军所据，乃向湘州。至水口，不得济，食且尽，诣军请降。俘获万余人，马四千余匹，送于京师。皎党曹庆、钱明、潘智虔、鲁闲、席慧略等四十余人并诛，唯任蛮奴、章昭

裕、曹宣、刘广业获免。

戴僧朔，吴郡钱塘人也。有膂力，勇健善战，族兄右将军僧锡甚爱之。僧锡年老，征讨恒使僧朔领众。平王琳有功，僧锡卒，仍代为南丹阳太守。镇采石。从征留异，侯安都于岩下出战，为贼所伤，僧朔单刀步援。以功除壮武将军、北江州刺史，领南陵太守。又从征周迪有功，迁巴州刺史，假节、将军如故。至是同皎为逆，伏诛于江陵。

曹庆，本王琳将，萧庄伪署左卫将军、吴州刺史，部领亚于潘纯陀。琳败，文帝以配皎，官至长沙太守。钱明，本高祖主帅，后历湘州诸郡守。潘智虔，纯陀之子，少有志气，年二十为巴陵内史。鲁闲，吴郡钱塘人。席慧略，安定人。闲本张彪主帅，慧略王琳部下，文帝皆配于皎，官至郡守。并伏诛。

章昭裕，昭达之弟；刘广业，广德之弟；曹宣，高祖旧臣；任蛮奴尝有密启于朝廷；由是并获宥。

史臣曰：韩子高、华皎虽复瓶筲小器，舆台末品，文帝鉴往古之得人，救当今之急弊，达聪明目之术，安黎和众之宜，寄以腹心，不论胄阀。皎早参近昵，尝预艰虞，知其无隐，赏以悉力，有见信之诚，非可疑之地。皎据有上游，忠于文帝。仲举、子高亦无爽于臣节者矣。

卷二十一　　　　列传第十五

谢哲　萧乾　谢嘏　张种
王固　孔奂　萧允 弟引

谢哲，字颖豫，陈郡阳夏人也。祖朏，梁司徒。父谖，梁右光禄大夫。哲美风仪，举止酝藉，而襟情豁然，为士君子所重。起家梁秘书郎，累迁广陵太守。侯景之乱，以母老因寓居广陵，高祖自京口渡江应接郭元建，哲乃委质，深被敬重。高祖为南徐州刺史，表哲为长史。荆州陷，高祖使哲奉表于晋安王劝进。敬帝承制征为给事黄门侍郎，领步兵校尉。贞阳侯僭位，以哲为通直散骑常侍，侍东宫。敬帝即位，迁长兼侍中。高祖受命，迁都官尚书、豫州大中正、吏部尚书。出为明威将军、晋陵太守，入为中书令。世祖嗣位，为太子詹事。出为明威将军、衡阳内史，秩中二千石。迁长沙太守，将军、加秩如故。还除散骑常侍、中书令。废帝即位，以本官领前将军。高宗为录尚书，引为侍中、仁威将军、司徒左长史。未拜，光大元年卒，时年五十九。赠侍中、中书监，谥康子。

萧乾，字思惕，兰陵人也。祖嶷，齐丞相豫章文献王。父子范，梁秘书监。乾容止雅正，性恬简，善隶书，得叔父子云之法。年九岁，召补国子《周易》生，梁司空袁昂时为祭酒，深敬重之。十五，举明经。释褐东中郎湘东王法曹参军，迁太子舍人。建安侯萧正立出镇南豫州，又板

录事参军。累迁中军宣城王中录事谘议参军。侯景平，高祖镇南徐州，引乾为贞威将军、司空从事中郎。迁中书侍郎、太子家令。

永定元年，除给事黄门侍郎。是时熊昙朗在豫章，周迪在临川，留异在东阳，陈宝应在建、晋，共相连结，闽中豪帅，往往立砦以自保，高祖甚患之，乃令乾往使，谕以逆顺，并观虚实。将发，高祖谓乾曰："建、晋险隘，好为奸宄，方今天下初定，难便出兵。昔陆贾南征，赵佗归顺，随何奉使，黥布来臣，追想清风，仿佛在目。况卿坐镇雅俗，才高昔贤，宜勉建功名，不烦更劳师旅。"乾既至，晓以逆顺，所在渠帅并率部众开壁款附。其年，就除贞威将军、建安太守。

天嘉二年，留异反，陈宝应将兵助之，又资周迪兵粮，出寇临川，因逼建安。乾单使临郡，素无士卒，力不能守，乃弃郡以避宝应。时闽中守宰，并为宝应迫胁，受其署置，乾独不为屈，徙居郊野，屏绝人事。及宝应平，乃出诣都督章昭达，昭达以状表闻，世祖甚嘉之，超授五兵尚书。光大元年卒，谥曰静子。

谢嘏，字含茂，陈郡阳夏人也。祖瀟，齐金紫光禄大夫。父举，梁中卫将军、开府仪同三司。嘏风神清雅，颇善属文。起家梁秘书郎，稍迁太子中庶子，掌东宫管记，出为建安太守。侯景之乱，嘏之广州依萧勃，承圣中，元帝征为五兵尚书，辞以道阻，转授智武将军。萧勃以为镇南长史、南海太守。勃败，还至临川，为周迪所留。久之，又度岭之晋安依陈宝应，世祖前后频召之，嘏崎岖寇虏，不能自拔。及宝应平，嘏方诣阙，为御史中丞江德藻所劾，世祖不加罪责，以为给事黄门侍郎。寻转侍中，天康元年，以公事免，寻复本职。光大元年，为信威将军、中卫始兴王长史。迁中书令、豫州大中正、都官尚书，领羽林监，中正如故。太建元年卒，赠侍中、中书令，谥曰光子。有文集行于世。

二子俨、伷。俨官至散骑常侍、侍中、御史中丞、太常卿，出监东扬州。祯明二年卒于会稽，赠中护军。

张种，字士苗，吴郡人也。祖辩，宋司空右长史、广州刺史。父略，梁太子中庶子、临海太守。种少恬静，居处雅正，不妄交游，傍无造请，时人为之语曰："宋称敷、演，梁则卷、充。清虚学尚，种有其风。"仕梁王府法曹，迁外兵参军，以父忧去职。服阕，为中军宣城王府主簿。种时年四十余，家贫，求为始丰令，入除中卫西昌侯府西曹掾。时武陵王为益州刺史，重选府僚，以种为征西东曹掾，种辞以母老，抗表陈请，为有司所奏，坐黜免。

侯景之乱，种奉其母东奔，久之得达乡里。俄而母卒，种时年五十，而毁瘠过甚，又迫以凶荒，未获时葬，服制虽毕，而居处饮食，恒若在丧。及景平，司徒王僧辩以状奏闻，起为贞威将军、治中从事史，并为具葬礼，葬讫，种方即吉。僧辩又以种年老，傍无胤嗣，赐之以妾，及居处之具。

贞阳侯僭位，除廷尉卿、太子中庶子。敬帝即位，为散骑常侍，迁御史中丞，领前军将军。高祖受禅，为太府卿。天嘉元年，除左民尚书。二年，权监吴郡，寻征复本职。迁侍中，领步兵校尉，以公事免，白衣兼太常卿，俄而即真。废帝即位，加领右军将军，未拜，改领弘善宫卫尉，又领扬、东扬二州大中正。高宗即位，重为都官尚书，领左骁骑将军，迁中书令，骁骑、中正并如故。以疾授金紫光禄大夫。

种沈深虚静，而识量宏博，时人皆以为宰相之器。仆射徐陵尝抗表让位于种曰："臣种器怀沈密，文史优裕，东南贵秀，朝庭亲贤，克壮其猷，宜居左执。"其为时所推重如此。太建五年卒，时年七十，赠特进，谥曰元子。

种仁恕寡欲，虽历居显位，而家产屡空，终日晏然，不以为病。太建初，女为始兴王妃，以居处僻陋，特赐宅一区，又累赐无锡、嘉兴县侯秩。尝于无锡见有重囚在狱，天寒，呼出曝日，遂失之，世祖大笑，而不深责。有集十四卷。

种弟棱，亦清静有识度，官至司徒左长史，太建十一年卒，时年七十，赠光禄大夫。

种族子稚才，齐护军冲之孙。少孤介特立，仕为尚书金部郎中。迁右丞，建康令、太府卿、扬州别驾从事史，兼散骑常侍。使于周，还为司农、廷尉卿。所历并以清白称。

王固，字子坚，左光禄大夫通之弟也。少清正，颇涉文史，以梁武帝甥封莫口亭侯。举秀才。起家梁秘书郎，迁太子洗马，掌东宫管记，丁所生母忧去职。服阕，除丹阳尹丞。侯景之乱，奔于荆州，梁元帝承制以为相国户曹属，掌管记。寻聘于西魏，魏人以其梁氏外戚，待之甚厚。承圣元年，迁太子中庶子，寻为贞威将军、安南长史、寻阳太守。荆州陷，固之鄱阳，随兄质度东岭，居信安县。绍泰元年，征为侍中，不就。永定中，移居吴郡。世祖以固清静，且欲申以婚姻。天嘉二年，至都，拜国子祭酒。三年，迁中书令。四年，又为散骑常侍、国子祭酒。其年，以固女为皇太子妃，礼遇甚重。

废帝即位，授侍中、金紫光禄大夫。时高宗辅政，固以废帝外戚，妳媪恒往来禁中，颇宣密旨，事泄，比将伏诛，高宗以固本无兵权，且居处清洁，止免所居官，禁锢。

太建二年，随例为招远将军、宣惠豫章王谘议参军。迁太中大夫、太常卿、南徐州大中正。七年，卒官，时年六十三。赠金紫光禄大夫。丧事所须，随由资给。至德二年改葬，谥曰恭子。

固清虚寡欲，居丧以孝闻。又崇信佛法，及丁所生母忧，遂终身蔬食，夜则坐禅，昼诵佛经，兼习《成实论》义，而于玄言非所长。尝聘于西魏，因宴飨之际，请停杀一羊，羊于固前跪拜。又宴于昆明池，魏人以南人嗜鱼，大设罟网，固以佛法咒之，遂一鳞不获。

子宽，官至司徒左史、侍中。

孔奂，字休文，会稽山阴人也。曾祖琇之，齐左民尚书、吴兴太守。祖玙，太子舍人、尚书三公郎。父稚孙，梁宁远枝江公主簿、无锡令。奂数岁而孤，为叔父虔孙所养。好学，善属文，经史百家，莫不通涉。沛国刘显时称学府，每共奂讨论，深相叹服，乃执奂手曰："昔伯喈坟素悉与仲宣，吾当希彼蔡君，足下无愧王氏。"所保书籍，寻以相付。

州举秀才，射策高第。起家扬州主簿、宣惠湘东王行参军，并不就。又除镇西湘东王外兵参军，入为尚书仓部郎中，迁仪曹侍郎。时左民郎沈炯为飞书所谤，将陷重辟，事连台阁，人怀忧惧，奂廷议理之，竟得明白。丹阳尹何敬容以奂刚正，请补功曹史。出为南昌侯相，值侯景乱，不之官。

京城陷，朝士并被拘絷，或荐奂于贼帅侯子鉴，子鉴命脱桎梏，厚遇之，令掌书记。时景军士悉恣其凶威，子鉴景之腹心，委任又重，朝士见者，莫不卑俯屈折，奂独敖然自若，无所下。或谏奂曰："当今乱世，人思苟免，獯羯无知，岂可抗之以义？"奂曰："吾性命有在，虽未能死，岂可取媚凶丑，以求全乎？"时贼徒剥掠子女，拘逼士庶，奂每保持之，得全济者甚众。

寻遭母忧，哀毁过礼。时天下丧乱，皆不能终三年之丧，唯奂及吴国张种，在寇乱中守持法度，并以孝闻。

及景平，司徒王僧辩先下辟书，引奂为左西曹掾，又除丹阳尹丞。梁元帝于荆州即位，征奂及沈炯并令西上，僧辩累表请留之。帝手敕报僧辩曰："孔、沈二士，今且借公。"其为朝廷所重如此。仍除太尉从事中郎。僧辩为扬州刺史，又补扬州治中从事史。时侯景新平，每事草创，宪章故事，无复存者，奂博物强识，甄明故实，问无不知，仪注体式，笺表书翰，皆出于奂。

高祖作相，除司徒右长史，迁给事黄门侍郎。齐遣东方老、萧轨等来寇，军至后湖，都邑搔扰，又四方壅隔，粮运不继，三军取给，唯在京师，乃除奂为贞威将军、建康令。时累岁兵荒，户口流散，勍敌忽至，征求无所，高祖克日决战，乃令奂多营麦饭，以荷叶裹之，一宿之间，得数万裹，军人旦食讫，弃其余，因而决战，遂大破贼。

高祖受禅，迁太子中庶子。永定二年，除晋陵太守。晋陵自宋、齐以来，旧为大郡，虽经寇扰，犹为全实，前后二千石多行侵暴，奂清白自守，妻子并不之官，唯以单船监郡，所得秩俸，随即分赡孤寡，郡中大悦，号曰"神君"。曲阿富人殷绮，见奂居处素俭，乃饷衣一袭，毡被一具。奂曰："太守身居美禄，何为不能办此，但民有未周，不容独享温饱耳。劳卿厚意，幸勿为烦。"

初，世祖在吴中，闻奂善政，及践祚，征为御史中丞，领扬州大中正。奂性刚直，善持理，多所纠劾，朝廷甚敬惮之。深达治体，每所敷奏，上未尝不称善，百司滞事，皆付奂决之。迁散骑常侍，领步兵校尉，中书舍人，掌诏诰，扬、东扬二州大中正。天嘉四年，重除御史中丞，寻为五兵尚书，常侍、中正如故。时世祖不豫，台阁众事，并令仆射到仲举共奂决之。及世祖疾笃，奂与高宗及仲举并吏部尚书袁枢、中书舍人刘师知等入侍医药。世祖尝谓奂等曰："今三方鼎峙，生民未乂，四海事重，宜须长君。朕欲近则晋成，远隆殷法，卿等须遵此意。"奂乃流涕歔

欷而对曰："陛下御膳违和，痊复非久，皇太子春秋鼎盛，圣德日跻，安成王介弟之尊，足为周旦，阿衡宰辅，若有废立之心，臣等愚诚，不敢闻诏。"世祖曰："古之遗直，复见于卿。"天康元年，乃用奂为太子詹事，二州中正如故。

世祖崩，废帝即位，除散骑常侍、国子祭酒。光大二年，出为信武将军、南中郎康乐侯长史、寻阳太守，行江州事。高宗即位，进号仁威将军、云麾始兴王长史，余并如故。奂在职清俭，多所规正，高宗嘉之，赐米五百斛，并累降敕书殷勤劳问。太建三年，征为度支尚书，领右军将军。五年，改领太子中庶子，与左仆射徐陵参掌尚书五条事。六年，迁吏部尚书。七年，加散骑常侍。八年，改加侍中。时有事北讨，克复淮、泗、徐、豫酋长，降附相继，封赏选叙，纷纭重叠，奂应接引进，门无停宾。加以鉴识人物，详练百氏，凡所甄拔，衣冠缙绅，莫不悦伏。

性耿介，绝请托，虽储副之尊，公侯之重，溺情相及，终不为屈。始兴王叔陵之在湘州，累讽有司，固求台铉。奂曰："衮章之职，本以德举，未必皇枝。"因抗言于高宗。高宗曰："始兴那望公，且朕儿为公，须在鄱阳王后。"奂曰："臣之所见，亦如圣旨。"后主时在东宫，欲以江总为太子詹事，令管记陆瑜言之于奂。奂谓瑜曰："江有潘、陆之华，而无园、绮之实，辅弼储宫，窃有所难。"瑜具以白后主，后主深以为恨，乃自言于高宗。高宗将许之，奂乃奏曰："江总文华之人，今皇太子文华不少，岂藉于总！如臣愚见，愿选敦重之才，以居辅导。"帝曰："即如卿言，谁当居此？"奂曰："都官尚书王廓，世有懿德，识性敦敏，可以居之。"后主时亦在侧，乃曰："廓王泰之子，不可居太子詹事。"奂又奏曰："宋朝范晔即范泰之子，亦为太子詹事，前代不疑。"后主固争之，帝卒以总为詹事，由是忤旨。其梗正如此。

初，后主欲官其私宠，以属奂，奂不从。及右仆射陆缮迁职，高宗欲用奂，已草诏讫，为后主所抑，遂不行。九年，迁侍中、中书令、领左骁骑将军、扬、东扬、丰三州大中正。十一年，转太常卿，侍中、中正如故。十四年，迁散骑常侍、金紫光禄大夫，领前军将军，未拜，改领弘范宫卫尉。至德元年卒，时年七十。赠散骑常侍，本官如故。有集十五卷，弹文四卷。

子绍薪、绍忠。绍忠字孝扬，亦有才学，官至太子洗马、仪同鄱阳王东曹掾。

萧允，字叔佐，兰陵人也。曾祖思话，宋征西将军、开府仪同三司、尚书右仆射，封阳穆公。祖惠蒨，散骑常侍、太府卿、左民尚书。父介，梁侍中、都官尚书。允少知名，风神凝远，通达有识鉴，容止酝藉，动合规矩。起家邵陵王法曹参军，转湘东王主簿，迁太子洗马。侯景攻陷台城，百僚奔散，允独整衣冠坐于宫坊，景军人敬而弗之逼也。寻出居京口。时寇贼纵横，百姓波骇，衣冠士族，四出奔散，允独不行。人问其故，允答曰："夫性命之道，自有常分，岂可逃而获免乎？但患难之生，皆生于利，苟不求利，祸从何生？方今百姓争欲奋臂而论大功，一言而

取卿相，亦何事于一书生哉？庄周所谓畏影避迹，吾弗为也。"乃闭门静处，并日而食，卒免于患。

侯景平后，高祖镇南徐州，以书召之，允又辞疾。永定中，侯安都为南徐州刺史，躬造其庐，以申长幼之敬，天嘉三年，征为太子庶子。三年，除棱威将军、丹阳丞。五年，兼侍中，聘于周，还拜中书侍郎、大匠卿。高宗即位，迁黄门侍郎。五年，出为安前晋安王长史。六年，晋安王为南豫州，允复为王长史。时王尚少，未亲民务，故委允行府州事。入为光禄卿。允性敦重，未尝以荣利干怀。及晋安出镇湘州，又苦携允，允少与蔡景历善，景历子徵修父党之敬，闻允将行，乃诣允曰："公年德并高。国之元老，从容坐镇，且夕自为列曹，何为方复辛苦在外！"允答曰："已许晋安，岂可忘信。"其恬于荣势如此。

至德三年，除中卫豫章王长史，累迁通直散骑常侍、光胜将军、司徒左长史、安德宫少府。镇卫鄱阳王出镇会稽，允又为长史，带会稽郡丞。行经延陵季子庙，设蘋藻之荐，托为异代之交，为诗以叙意，辞理清典。后主尝问蔡徵曰："卿世与萧允相知，此公志操何如？"徵曰："其清虚玄远，殆不可测，至于文章，可得而言。"因诵允诗以对，后主嗟赏久之。其年拜光禄大夫。

及隋师济江，允迁于关右。是时朝士至长安者，例并授官，唯允与尚书仆射谢伷辞以老疾，隋文帝义之，并厚赐钱帛。寻以疾卒于长安，时年八十四。弟引。

引字叔休。方正有器局，望之俨然，虽造次之间，必由法度。性聪敏，博学，善属文。释褐著作佐郎，转西昌侯仪同府主簿。侯景之乱，梁元帝为荆州刺史，朝士多往归之。引曰："诸王力争，祸患方始，今日逃难，未是择君之秋。吾家再世为始兴郡，遗爱在民，正可南行以存家门耳。"于是与弟彤及宗亲等百余人奔岭表。时始兴人欧阳頠为衡州刺史，引往依焉。頠后迁为广州，病死，子纥领其众。引每疑纥有异，因事规正，由是情礼渐疏。及纥举兵反，时京都士人岑之敬、公孙挺等并省惶骇，唯引恬然，谓之敬等曰："管幼安、袁曜卿亦但安坐耳。君子正身以明道，直己以行义，亦复何忧惧乎？"及章昭达平番禺，引始北还。高宗召引问岭表事，引具陈始末，帝甚悦，即日拜金部侍郎。

引善隶书，为当时所重。高宗尝披奏事，指引署名曰："此字笔势翩翩，似鸟之欲飞。"引谢曰："此乃陛下假其羽毛耳。"又谓引曰："我每有所忿，见卿辄意解，何也？"引曰："此自陛下不迁怒，臣何预此恩。"太建七年，加戎昭将军。九年，除中卫始兴王咨议参军，兼金部侍郎。

引性抗直，不事权贵，左右近臣，无所造请，高宗每欲迁用，辄为用事者所裁。及吕梁覆师，戎储空匮，乃转引为库部侍郎，掌知营造弓弩稍箭等事。引在职一年，而器械充牣。频加中书侍郎、贞威将军、黄门郎。十二年，吏部侍郎缺，所司屡举王宽、谢蔑等，帝并不用，乃中诏用引。

时广州刺史马靖甚得岭表人心，而兵甲精练，每年深入俚洞，又数有战功，朝野颇生异议。高宗以引悉岭外物情，且遣引观靖，审其举措，讽令送质。引奉密旨南行，外托收督赕物。既至番禺，靖即悟旨，尽遣儿弟下都为质。还至赣水，而高宗崩，后主即位，转引为中庶子，以疾去官。明年，京师多盗，乃复起为贞威将军、建康令。

时殿内队主吴玨，及宦官李善度、蔡脱儿等多所请属，引一皆不许。引族子密时为黄门郎，谏引曰："李、蔡之势，在位皆畏惮之，亦宜小为身计。"引曰："吾之立身，自有本末，亦安能为李、蔡改行。就令不平，不过解职耳。"吴玨竟作飞书，李、蔡证之，坐免官，卒于家，时年五十八。子德言，最知名。

引宗族子弟，多以行义知名。弟彤，以恬静好学，官至太子中庶子、南康王长史。密字士机，幼而聪敏，博学有文词。祖琛，梁特进。父游，少府卿。密太建八年，兼散骑常侍，聘于齐。历位黄门侍郎、太子中庶子、散骑常侍。

史臣曰：谢、王、张、萧，咸以清净为风，文雅流誉，虽更多难，终克成名。免謇谔在公，英飙振俗，详其行事，抑古之遗爱矣。固之疏菲禅悦，斯乃出俗者焉，犹且致绊于黜免，有惧于倾覆。是知上官、博陆之权势，阎、邓、梁、窦之震动，吁可畏哉！

卷二十二　　　　　列传第十六

陆子隆　钱道戢　骆牙

陆子隆，字兴世，吴郡吴人也。祖敞之，梁嘉兴令。父悛，封氏令。子隆少慷慨，有志功名。起家东宫直后。侯景之乱，于乡里聚徒。是时张彪为吴郡太守，引为将帅。彪徙镇会稽，子隆随之。及世祖讨彪，彪将沈泰、吴宝真、申缙等皆降，而子隆力战败绩，世祖义之，复使领其部曲，板为中兵参军。历始丰、永兴二县令。

世祖嗣位，子隆领甲仗宿卫。寻随侯安都拒王琳于栅口。王琳平，授左中郎将。天嘉元年，封益阳县子，邑三百户。出为高唐郡太守。二年，除明威将军、庐陵太守。时周迪据临川反，东昌县人修行师应之，率兵以攻子隆，其锋甚盛。子隆设伏于外，仍闭门偃甲，示之以弱。及行师至，腹背击之，行师大败，因乞降，子隆许之，送于京师。

四年，周迪引陈宝应复出临川，子隆随都督章昭达讨迪。迪退走，因随昭达逾东兴岭，讨陈宝应。军至建安，以子隆监郡。宝应据建安之湖际以拒官军，子隆与昭达各据一营，昭达先与贼战，不利，亡其鼓角，子隆闻之，率兵来救，大破贼徒，尽获昭达所亡羽仪甲仗。晋安平，子隆功最，迁假节、都督武州诸军事，将军如故。寻改封朝阳县伯，邑五百户。废帝即位，进号智武将军，加员外散骑常侍，余如故。

华皎据湘州反，以子隆居其心腹，皎深患之，频遣使招诱，子隆不从，皎因遣兵攻之，又不能克。及皎败于郢州，子隆出兵以袭其后，因与王师相会。授持节、通直散骑常侍、都督郢州诸军事，进爵为侯，增邑并前七百户。寻迁都督荆、信、祐三州诸军事，宣毅将军、荆州刺史，持节、常侍如故。是时荆州新置，治于公安，城池未固，子隆修建城郭，绥集夷夏，甚得民和，当时号为称职。三年，吏民诣都上表，请立碑颂美功绩，诏许之。太建元年，进号云麾将军。二年卒，时年四十七。赠散骑常侍，谥曰威。子之武嗣。

之武年十六，领其旧军，随吴明彻北伐有功，官至王府主簿、弘农太守，仍隶明彻。明彻于吕梁败绩，之武逃归，为人所害，时年二十二。

子隆弟子才，亦有干略，从子隆征讨有功，除南平太守，封始兴县子，邑三百户。及吴明彻北伐，监安州，镇于宿预。除中卫始兴王咨议参军，迁飙猛将军、信州刺史。太建十三年卒，时年四十二，赠员外散骑常侍。

钱道戢，字子韬，吴兴长城人也。父景深，梁汉寿令。道戢少以孝行著闻，及长，颇有干略，高祖微时，以从妹妻焉。从平卢子略于广州，除滨江令。高祖辅政，遣道戢随世祖平张彪于会稽，以功拜直阁将军，除员外散骑常侍、假节、东徐州刺史，封永安县侯，邑五百户。仍领甲卒三千，随侯安都镇防梁山，寻领钱塘、余杭二县令。永定三年，随世祖镇于南皖口。天嘉元年，又领剡令，镇于县之南岩，寻为临海太守，镇岩如故。

侯安都之讨留异也，道戢帅军出松阳以断其后。异平，以功拜持节、通直散骑常侍、轻车将军、都督东西二衡州诸军事、衡州刺史，领始兴内史。光大元年，增邑并前七百户。

高宗即位，征欧阳纥入朝，纥疑惧，乃举兵来攻衡州，道戢与战，却之。及都督章昭达率兵讨纥，以道戢为步军都督，由间道断纥之后。纥平，除左卫将军。

太建二年，又随昭达征萧岿于江陵，道戢别督众军与陆子隆焚青泥舟舰，仍为昭达前军，攻安蜀城，降之。以功加散骑常侍、仁武将军，增邑并前九百户。其年，迁仁威将军、吴兴太守。未行，改授使持节、都督郢、巴、武三州诸军事、郢州刺史。王师北讨，道戢与仪同黄法𣰏围历阳。历阳城平，因以道戢镇之。以功加云麾将军，增邑并前一千五百户。其年十一月遘疾卒，时年六十三。赠本官，谥曰肃。子逸嗣。

骆牙，字旗门，吴兴临安人也。祖秘道，梁安成王田曹参军。父裕，鄱阳嗣王中兵参军事。牙年十二，宗人有善相者，云："此郎容貌非常，必将速致。"梁太清末，世祖尝避地临安，牙母陵，睹世祖仪表，知非常人，宾待甚厚。及世祖为吴兴太守，引牙为将帅，因从平杜龛、张彪等，每战辄先锋陷阵，勇冠众军，以功授真阁将军。太平二年，以母忧去职。世祖镇会稽，起为山阴令。永定三年，除安东府中兵参军，出镇冶城。寻从世祖拒王琳于南皖。世祖即位，授假节、威虏将军、员外散骑常侍，封常安县侯，邑五百户。寻为临安令，迁越州刺史，余并如故。

初，牙母之卒也，于时饥馑兵荒，至是始葬，诏赠牙母常安国太夫人，谥曰恭。迁牙为贞威将军、晋陵太守。

三年，以平周迪之功，迁冠军将军、临川内史。太建三年，授安远将军、衡阳内史，未拜，徙为桂阳太守。八年，还朝，迁散骑常侍，入直殿省。十年，授丰州刺史，余并如故。至德二年卒，时年五十七。赠安远将军、广州刺史。子义嗣。

史臣曰：陆子隆、钱道戢，或举门愿从，或旧齿树勋，有统领之才，充师旅之寄。至于受任藩屏，功绩并著，美矣！骆牙识真有奉，知世祖天授之德，盖张良之亚欤？牙母智深先觉，符柏谷之礼，君子知鉴识弘远，其在兹乎！

卷二十三　　　　列传第十七

沈君理　王瑒　陆缮

沈君理，字仲伦，吴兴人也。祖僧畟，梁左民尚书。父巡，素与高祖相善，梁太清中为东阳太守。侯景平后，元帝征为少府卿。荆州陷，萧詧署金紫光禄大夫。

君理美风仪，博涉经史，有识鉴。起家湘东王法曹参军。高祖镇南徐州，巡遣君理自东阳谒于高祖，高祖器之，命尚会稽长公主，辟为府西曹掾，稍迁中卫豫章王从事中郎，寻加明威将军，兼尚书吏部侍郎。迁给事黄门侍郎，监吴郡。高祖受禅，拜驸马都尉，封永安亭侯。出为吴郡太守。是时兵革未宁，百姓荒弊，军国之用，咸资东境，君理招集士卒，修治器械，民下悦附，深以干理见称。

世祖嗣位，征为侍中，迁守左民尚书，未拜，为明威将军、丹阳尹。天嘉三年，重授左民尚书，领步兵校尉，寻改前军将军。四年，侯安都徙镇江州，以本官监南徐州。六年，出为仁威将军、东阳太守。天康元年，以父忧去职。君理因自请往荆州迎丧柩，朝议以在位重臣，难令出境，乃遣长兄君严往焉。及还，将葬，诏赠巡侍中、领军将军，谥曰敬子。其年起君理为信威将军、左卫将军。又起为持节、都督东衡、衡二州诸军事、仁威将军、东衡州刺史，领始兴内史。又起为明威将军、中书令。前后夺情者三，并不就。

太建元年，服阕，除太子詹事，行东宫事，迁吏部尚书。二年，高宗以君理女为皇太子妃，赐爵望蔡县侯，邑五百户。四年，加侍中。五年，迁尚书右仆射，领吏部，侍中如故。其年有疾，舆驾亲临视，九月卒，时年四十九。诏赠侍中、太子少傅。丧事所须，随由资给。重赠翊左将军、开府仪同三司，侍中如故。谥曰贞宪。君理子遵俭早卒，以弟君高子遵礼为嗣。

君理第五叔迈，亦方正有干局，仕梁为尚书金部郎。永定中，累迁中书侍郎。天嘉中，历太仆、廷尉，出为镇东始兴王长史、会稽郡丞,行东扬州事。光大元年,除尚书吏部郎。太建元年,迁为通直散骑常侍,侍东宫。二年卒,时年五十二,赠散骑常侍。

君理第六弟君高,字季高,少知名,性刚直,有吏能。以家门外戚,早居清显,历太子舍人、洗马、中舍人、高宗司空府从事中郎、廷尉卿。太建元年,东境大水,百姓饥弊,乃以君高为贞威将军、吴令。寻除太子中庶子、尚书吏部郎、卫尉卿。出为宣远将军、平南长沙王长史、南海太守,行广州事。以女为王妃,固辞不行,复为卫尉卿。八年,诏授持节、都督广等十八州诸军事、宁远将军、平越中郎将、广州刺史。岭南俚、獠世相攻伐,君高本文吏,无武干,推心抚御,甚得民和。十年,卒于官,时年四十七。赠散骑常侍,谥曰祁子。

王玚,字子珪,司空冲之第十二子也。沈静有器局,美风仪,举止酝藉。梁大同中,起家秘书郎,迁太子洗马。元帝承制,征为中书侍郎,直殿省,仍掌相府管记。出为东宫内史,迁太子中庶子。丁所生母忧,归于丹阳。江陵陷,梁敬帝承制,除仁威将军、尚书吏部郎中。贞阳侯僭位,以敬帝为太子,授玚散骑常侍,侍东宫。寻迁长史兼侍中。

高祖入辅,以为司徒左长史。永定元年,迁为五兵尚书。世祖嗣位,授散骑常侍,领太子庶子,侍东宫。迁领左骁骑将军、太子中庶子,常侍、侍中如故。玚为侍中六载,父冲尝为玚辞领中庶子,世祖顾谓冲曰:"所以久留玚于承华,政欲使太子微有玚风法耳。"废帝嗣位,以侍中领左骁骑将军。光大元年,以父忧去职。

高宗即位,太建元年,复除侍中,领左骁骑将军。迁度支尚书,领羽林监。出为信威将军、云麾始兴王长史,行州府事。未行,迁中书令,寻加散骑常侍,除吏部尚书,常侍如故。玚性宽和,及居选职,务在清静,谨守文案,无所抑扬。寻授尚书右仆射,未拜,加侍中,迁左仆射,参掌选事,侍中如故。玚兄弟三十余人,居家笃睦,每岁时馈遗,遍及近亲,敦诱诸弟,并禀其规训。太建八年卒,时年五十四。赠侍中、特进、护军将军。丧事随所资给。谥曰光子。

玚第十三弟瑜,字子珪,亦知名,美容仪,早历清显,年三十,官至侍中。永定元年,使于齐,以陈郡袁宪为副,齐以王琳之故,执而囚之。齐文宣帝每行,载死囚以从,齐人呼曰"供御囚",每有他怒,则召杀之,以快其意。瑜及宪并危殆者数矣,齐仆射杨遵彦悯其无辜,每救护之。天嘉二年还朝,诏复侍中,顷之卒,时年四十。赠本官,谥曰贞子。

陆缮,字士繻,吴郡吴人也。祖惠晓,齐太常卿。父任,梁御史中丞。缮幼有志尚,以雅正知名。起家梁宣惠武陵王法曹参军。承圣中,授中书侍郎,掌东宫管记。江陵陷,缮微服遁还京师。绍泰元年,除司徒右长史、御史中丞,以父任所终,固辞不就。高祖引缮为司徒司马,迁给事黄门侍郎、领步兵校尉、通直散骑常侍,兼侍中。永定元年,迁侍中。时留异拥割东阳,新安人向文政与异连结,因据本郡,朝廷以缮为贞威将军、新安太守。

世祖嗣位,征为太子中庶子,领步兵校尉,掌东宫管记。缮仪表端丽,进退闲雅,世祖使太子诸王咸取则焉。其趋步蹑履,皆令习缮规矩。除尚书吏部郎中,步兵如故,仍侍东宫。陈宝应平后,出为贞毅将军、建安太守。秩满,为散骑常侍、御史中丞,犹以父之所终,固辞,不许,乃权换廨宇徙居之。

太建初,迁度支尚书、侍中、太子詹事,行东宫事,领扬州大中正。及太子亲莅庶政,解行事,加散骑常侍,改加侍中。迁尚书右仆射,寻迁左仆射,参掌选事,侍中如故。更为尚书仆射,领前领军。重授左仆射,领扬州大中正,别敕令与徐陵等七人参议政事。十二年卒,时年六十三。赠侍中、特进、金紫光禄大夫,谥曰安子。太子以缮东宫旧臣,特赐祖奠。

缮子辩惠,年数岁,诏引入殿内,辩惠应对进止有父风,高宗因赐名辩惠,字敬仁云。

缮兄子见贤,亦方雅,高宗为扬州牧,乃以为治中从事史,深被知遇。历给事黄门侍郎,长沙、鄱阳二王长史,带寻阳太守,少府卿。太建十年卒,时年五十。赠廷尉卿,谥曰平子。

史臣曰:夫衣冠雅道,廊庙嘉猷,谅以操履敦修,局宇详正。经曰"容止可观",《诗》言"其仪罔忒",彼三子者,其有斯风焉。

卷二十四　　　列传第十八

周弘正 弟弘直　弘直子确　袁宪

周弘正,字思行,汝南安城人,晋光禄大夫颛之九世孙也。祖颙,齐中书侍郎,领著作。父宝始,梁司徒祭酒。弘正幼孤,及弟弘让、弘直,俱为伯父侍中护军舍所养。年十岁,通《老子》、《周易》,舍每与谈论,辄异之,曰:"观汝神情颖晤,清理警发,后世知名,当出吾右。"河东裴子野深相赏纳,请以女妻之。十五,召补国子生,仍于国学讲《周易》,诸生传习其义。以季春入学,孟冬应举,学司以其日浅,弗之许焉。博士到洽议曰:"周郎年未弱冠,便自讲一经,虽曰诸生,实堪师表,无俟策试。"起家梁太学博士。晋安王为丹阳尹,引为主簿。出为邺令,丁母忧去职。服阕,历曲阿、安吉令。普通中,初置司文义郎,直寿光省,以弘正为司义侍郎。

中大通三年,梁昭明太子薨,其嗣华容公不得立,乃以晋安王为皇太子,弘正乃奏记曰:

窃闻挹谦之象,起于羲、轩画,揖让之源,生于尧、舜禅受,其来尚矣,可得而详焉。夫以庙堂、汾水,殊途而同归,稷、契、巢、许,异名而一贯,出者称为元首,处者谓之外臣,莫不内外相资,表里成治,斯盖万代同规,百王不易者也。暨于三王之世,寖以陵夷,各亲其亲,各子其子。乃至七国争雄,刘项竞逐,皇汉扇其俗,有晋扬其波,谦让之道废,多历年所矣。夫文质递变,浇淳相革,还朴反古,今也其时。

伏惟明大王殿下,天挺将圣,聪明神武,百辟冠冕,四海归仁。是以皇上发德音,下明诏,以大王为国之储副,乃天下之本焉。虽复夏启、周诵,汉储、魏两,此数君者,安足为大王道哉。意者愿闻殿下抗目夷上仁之义,执子臧大贤之节,逃玉舆而弗乘,弃万乘如脱屣,庶改浇竞之俗,以大吴国之风。古有其人,今闻其语,能行之者,非殿下而谁? 能使无为之化,复兴于邃古,让王之道,不坠于来叶,岂不盛欤! 岂不盛欤!

弘正陋学书生,义惭稽古,家自汝、颍,世传忠烈,先人决曹掾燕抗辞九谏,高节万乘,正色三府,虽盛德之业将绝,而狂直之风未坠。是以敢布腹心,肆其愚瞽。如使刍言野说,少陈于听览,纵复委身烹鼎之下,绝命肺石之上,虽死之日,犹生之年。

其抗直守正,皆此类也。

累迁国子博士。时于城西立士林馆,弘正居以讲授,听者倾朝野焉。弘正启梁武帝《周易》疑义五十条,又请释《乾》、《坤》、《二系》曰:"臣闻《易》称立象以尽意,系辞以尽言,然后知圣人之情,几可见矣。自非含微体极,尽化资神,岂能通志成务,探赜致远。而宣尼比之桎梏,绝韦编于漆字,轩辕之所听莹,遗玄珠于赤水。伏惟陛下一日万机,匪劳神于瞬息,凝心妙本,常自得于天真,圣智无以隐其几深,明神无以沦其不测。至若爻画之苞于《六经》,文辞之穷于《两系》,名儒剧谈以历载,鸿生抵掌以终年,莫有试游其藩,未尝一见其涘。自制旨降谈,裁成《易》道,析至微于秋毫,涣曾冰于幽谷。臣亲承音旨,职司宣授,后进诜诜,不无传业。但《乾》、《坤》之蕴未剖,《系》表之妙莫诠,使一经深致,尚多所惑。臣不涯庸浅,轻率短陋,谨与受业诸生清河张讥等三百一十二人,于《乾》、《坤》、《二系》、《象》、《爻》未启,伏愿听览之闲,曲垂提训,得使微臣钻仰,成其笃习,后昆好事,专门有奉。自惟多幸,欢沐道于尧年,肄业终身,不知老之将至。天尊不闻,而冒陈请,冰谷置怀,罔识攸厝。"诏答曰:"设《卦》观象,事远文高,作《系》表言,辞深理奥,东鲁绝编之思,西伯幽忧之作,事逾三古,人更七圣,自商瞿禀承,子庸传授,篇简湮没,岁月辽远。田生表菑川之誉,梁丘擅琅邪之学,代郡范生,山阳王氏,入藏荆山之宝,备尽玄言之趣,说或去取,意有详略。近搢绅之学,咸有稽疑,随答所问,已具别解。知与张讥等三百一十二人须释《乾》、《坤》、《文言》及《二系》,万机小暇,试当讨论。"

弘正博物知玄象,善占候。大同末,尝谓弟弘让曰:"国家厄运,数年当有兵起,吾与汝不知何所逃之。"及梁武帝纳侯景,弘正谓弘让曰:"乱阶此矣。"京城陷,弘直为衡阳内史,元帝在江陵,遗弘直书曰:"适有都信,贤兄博士平安。但京师搢绅,无不附逆,王克已为家臣,陆缅身充卒伍,唯有周生,确乎不拔。言及西军,潸然掩泪,恒思吾至,如望岁焉,松柏后凋,一人而已。"王僧辩之讨侯景也,弘正与弘让自拔迎军,僧辩得之甚喜,即日启元帝,元帝手书与弘正曰:"猃狁逆乱,寒暑亟离,海内相识,零落略尽。韩非之智,不免秦狱,刘歆之学,犹弊亡新,音尘不嗣,每以耿灼。常欲访山东而寻子云,问关西而求伯起,遇有今信,力附相闻,迟比来邮,慰其延伫。"仍遣使迎之,谓朝士曰:"晋氏平吴,喜获二陆,今我破贼,亦得两周,今古一时,足为连类。"及弘正至,礼数甚优,朝臣无与比者。授黄门侍郎,直侍中省。俄迁左民尚书,寻加散骑常侍。

元帝尝著《金楼子》,曰:"余于诸僧重招提琰法师,隐士重华阳陶贞白,士大夫重汝南周弘正,其于义理,清转无穷,亦一时之名士也。"及侯景平,僧辩启送秘书图籍,敕弘正雠校。

时朝议迁都,朝士家在荆州者,皆不欲迁,唯弘正与仆射王褒言于元帝曰:"若束修以上诸士大夫微见古今者,知帝王所都本无定处,无所与疑。至如黔首万姓,若未见舆驾入建邺,谓是列国诸王,未名天子。今宜赴百姓之心,从四海之望。"时荆陕人士咸云王、周皆是东人,志愿东下,恐非良计。弘正面折之曰:"若东人劝东,谓为非计,君等西人欲西,岂成良策?"元帝乃大笑之,竟不还都。

及江陵陷,弘正遁围而出,归于京师,敬帝以为大司马王僧辩长史,行扬州事。太平元年,授侍中,领国子祭酒,迁太常卿、都官尚书。高祖受禅,授太子詹事。天嘉元年,迁侍中、国子祭酒,往长安迎高宗。三年,自周还,诏授金紫光禄大夫,加金章紫绶,领慈训太仆。废帝嗣位,领都官尚书,总知五礼事。仍授太傅长史,加明威将军。高宗即位,迁特进,重领国子祭酒,豫州大中正,加扶。太建五年,授尚书右仆射,祭酒、中正如故。寻敕侍东宫讲《论语》、《孝经》。太子以弘正朝廷旧臣,德望素重,于是降情屈礼,横经请益,有师资之敬焉。

弘正特善玄言,兼明释典,虽硕学名僧,莫不请质疑滞。六年,卒于官,时年七十九。诏曰:"追远褒德,抑有恒规。故尚书右仆射、领国子祭酒、豫州大中正弘正,识宇凝深,艺业通备,辞林义府,国老民宗,道映庠门,望高礼阁,卒然殂殒,朕用恻然。可赠侍中、中书监,丧事所须,量加资给。"便出临哭。谥曰简子。所著《周易讲疏》十六卷,《论语疏》十一卷,《庄子疏》八卷,《老子疏》五卷,《孝经疏》两卷,《集》二十卷,行于世。子坟,官至吏部郎。

弘正二弟:弘让,弘直。弘让性简素,博学多通,天嘉初,以白衣领太常卿、光禄大夫,加金章紫绶。

弘直字思方,幼而聪敏。解褐梁太学博士,稍迁西中郎湘东王外兵记室参军,与东海鲍泉、南阳宗懔、平原刘缓、沛郡刘毅同掌书记。入为尚书仪曹郎。湘东王出镇江、荆二州,累除录事咨议参军,带柴桑、当阳二县令。及梁元帝承制,授假节、英果将军、世子长史。寻除智武将军、衡阳内史。迁贞毅将军、平南长史、长沙内史,行湘州府州事,湘滨县侯,邑六百户。历邵陵、零陵太守、云麾将军、昌州刺史。王琳之举兵也,弘直在湘州,琳败,乃还朝。天嘉中,历国子博士、庐陵王长史、尚书左丞、领羽林监、中散大夫、秘书监,掌国史。迁太常卿、光禄大夫,加金章紫绶。

太建七年,遇疾且卒,乃遗疏敕其家曰:"吾今年已来,筋力减耗,可谓衰矣,而好生之情,曾不自觉,唯务行乐,不知老之将至。今时制云及,将同朝露,七十余年,颇经称足,启手告全,差无遗恨。气绝已后,便市中见材,材必须小形者,使易提挈。敛以时服,古人通制,但下见先人,必须备礼,可著单衣裙衫故履。既应侍养,宜备纷帨,或逢善友,又须香烟,棺内唯安白布手巾、粗香炉而已,其外一无所用。"卒于家,时年七十六。有集二十卷。子确。

确字士潜,美容仪,宽大有行检,博涉经史,笃好玄言,世父弘正特所钟爱。解褐梁太学博士、司徒祭酒、晋安王主簿。高祖受禅,除尚书殿中郎,累迁安成王限内记室。高宗即位,授东宫通事舍人,丁母忧,去职。及欧阳纥平,起为中书舍人,命于广州慰劳,服阕,为太常卿。历太子中庶子、尚书左丞、太子家令,以父忧去职。寻起为贞威将军、吴令,确固辞不之官。至德元年,授太子左卫率、中书舍人,迁散骑常侍,加贞威将军、信州南平王府长史,行扬州事,为政平允,称为良吏。迁都官尚书。祯明初,遘疾,卒于官,时年五十九。诏赠散骑常侍、太常卿,官给丧事。

袁宪,字德章,尚书左仆射枢之弟也。幼聪敏,好学,有雅量。梁武帝修建庠序,别开五馆,其一馆在宪宅西,宪常招引诸生,与之谈论,每有新议,出人意表,同辈咸嗟服焉。

大同八年,武帝撰《孔子正言章句》,诏下国学,宣制旨义。宪时年十四,被召为国子《正言》生,谒祭酒到溉,溉目而送之,爱其神彩。在学一岁,国子博士周弘正谓宪父君正曰:"贤子今兹欲策试不?"君正曰:"经义犹浅,未敢令试。"居数日,君正遣门下客岑文豪与宪候弘正,会弘正将登讲坐,弟子毕集,乃延宪入室,授以麈尾,令宪树义。时谢岐、何妥在坐,弘正谓曰:"二贤虽穷奥赜,得无惮此后生耶!"何、谢于是递起义端,深极理致,宪与往复数番,酬对闲敏。弘正谓妥曰:"恣卿所问,勿以童稚相期。"时学众满堂,观者重沓,而宪神色自若,辩论有余。弘正请起数难,终不能屈,因告文豪曰:"卿还咨袁吴郡,此郎已堪见代为博士矣。"时生徒对策,多行贿赂,文豪请具束脩,君正曰:"我岂能用钱为儿买第耶?"学司衔之。及宪试,争起剧难,宪随问抗答,剖析如流,到溉顾宪曰:"袁君正其有后矣。"及君将之吴郡,溉祖道于征虏亭,谓君正曰:"昨策生萧敏孙、徐孝克,非不解义,至于风神器局,去贤子远矣。"寻举高第。以贵公子选尚南沙公主,即梁简文之女也。

大同元年,释褐秘书郎。太清二年,迁太子舍人。侯景寇逆,宪东之吴郡,寻丁父忧,哀毁过礼。敬帝承制,征授尚书殿中郎。高祖作相,除司徒曹。永定元年,授中书侍郎,兼散骑常侍。与黄门侍郎王瑜使齐,数年不遣,天嘉初乃还。四年,诏复中书侍郎,直侍中省。太建元年,除给事黄门侍郎,仍知太常事。二年,转尚书吏部侍郎,寻除散骑常侍,侍东宫。三年,迁御史中丞,领羽林监。时豫章王叔英不奉法度,逼取人马,宪依事劾奏,叔英由是坐免黜,自是朝野皆严惮焉。

宪详练朝章,尤明听断,至有狱情未尽而有司具法者,即伺闲暇,常为上言之,其所申理者甚众。尝陪宴承香阁,宾退之后,高宗留宪与卫尉樊俊徙席山亭,谈宴终日。高宗目宪而谓俊曰"袁家故为有人",其见重如此。

五年,入为侍中。六年,除吴郡太守,以父任固辞不拜,改授明威将军、南康内史。九年,秩满,除散骑常侍,兼吏部尚书,寻而为真。宪以久居清显,累表自求解任。高宗曰:"诸人在职,屡有谤书。卿处事已多,可谓清白,别相甄录,且勿致辞。"十三年,迁右仆射,参掌选事。先是宪长兄简懿子为左仆射,至是宪为右仆射,台省内目简懿为大仆射,宪为小仆射,朝廷荣之。

及高宗不豫,宪与吏部尚书毛喜俱受顾命。始兴王叔陵之肆逆也,宪指麾部分,预有力焉。后主被疮病笃,执宪手曰:"我儿尚幼,后事委卿。"宪曰:"群情喁喁,冀圣躬康复,后事之旨,未敢奉诏。"以功封建安县伯,邑四百户,领太子中庶子,余并如故。寻除侍中、信威将军、太子詹事。

至德元年,太子加元服,二年,行释奠之礼,宪于是表请解职,后主不许,给扶二人,进号云麾将军,置佐史。皇太子颇不率典训,宪手表陈谏凡十条,皆援引古今,言辞切直,太子虽外示容纳,而心无悛改。后主欲立宠姬张贵妃子始安王为嗣,尝从容言之,吏部尚书蔡徵顺旨称赏,宪厉色折之曰:"皇太子国家储嗣,亿兆宅心。卿是何人,轻言废立!"夏,竟废太子为吴兴王。后主知宪有规谏之事,叹曰"袁德章实骨鲠之臣",即日诏为尚书仆射。

祯明三年,隋军来伐,隋将贺若弼进烧宫城北掖门,宫卫皆散走,朝士稍各引去,惟宪卫侍左右。后主谓宪曰:"我从来待卿不先余人,今日见卿,可谓岁寒知松柏后凋也。"后主遑遽将避匿,宪正色曰:"北兵之入,必无所犯,大事如此,陛下安之。臣愿陛下正衣冠,御前殿,依梁武见侯景故事。"后主不从,因下榻驰去。宪从后堂景阳殿入,后主投下井中,宪拜哭而出。

京城陷,入于隋,隋授使持节、昌州诸军事、开府仪同三司、昌州刺史。开皇十四年,诏授晋王府长史。十八年卒,时年七十。赠大将军,安城郡公,谥曰简。长子承家,仕隋至秘书丞、国子司业。

史臣曰:梁元帝称士大夫中重汝南周弘正,信哉斯言也!观其雅量标举,尤善玄言,亦一代之国师矣。袁宪风格整峻,徇义履道。韩子称为人臣委质,心无有二。宪弗渝终始，良可嘉焉。

卷二十五　　列传第十九

裴忌　孙玚

　　裴忌，字无畏，河东闻喜人也。祖髦，梁中散大夫。父之平，倜傥有志略，召补文德主帅。梁普通中众军北伐，之平随都督夏侯亶克定涡、潼，以功封费县侯。会衡州部民相聚寇抄，诏以之平为假节、超武将军、都督衡州五郡征讨诸军事。及之平至，即皆平殄，梁武帝甚嘉赏之。元帝承圣中，累迁散骑常侍、右卫将军、晋陵太守。世祖即位，除光禄大夫，慈训宫卫尉，并不就，乃筑山穿池，植以卉木，居处其中，有终焉之志。天康元年卒，赠仁威将军、光禄大夫，谥曰僖子。

　　忌少聪敏，有识量，颇涉史传，为当时所称。解褐梁豫章王法曹参军。侯景之乱，忌招集勇力，随高祖征讨，累功为宁远将军。及高祖诛王僧辩，僧辩弟僧智举兵据吴郡，高祖遣黄他率众攻之，僧智出兵于西昌门拒战，他与相持，不能克。高祖谓忌曰："三吴奥壤，旧称饶沃，虽凶荒之余，犹为殷盛，而今贼徒扇聚，天下摇心，非公无以定之，宜善思其策。"忌乃勒部下精兵，轻行倍道，自钱塘直趣吴郡，夜至城下，鼓噪薄之。僧智疑大军至，轻舟奔杜龛，忌入据其郡。高祖嘉之，表授吴郡太守。

　　高祖受禅，征为左卫将军。天嘉初，出为持节、南康内史。时义安太守张绍宾据郡反，世祖以忌为持节、都督岭北诸军事，率众讨平之。还除散骑常侍、司徒左长史。五年，授云麾将军、卫尉卿，封东兴县侯，邑六百户。及华皎称兵上流，高宗时为录尚书辅政，尽命众军出讨，委忌总知中外城防诸军事。及皎平，高宗即位，太建元年，授东阳太守，改封乐安县侯，邑一千户。四年，入为太府卿。五年，转都官尚书。

　　吴明彻督众军北伐，诏忌以本官监明彻军。淮南平，授军师将军、豫州刺史。忌善于绥抚，甚得民和。改授使持节、都督谯州诸军事、谯州刺史。未之官，会明彻受诏进讨彭、汴，以忌为都督，与明彻掎角俱进。吕梁军败，陷于周，周授上开府。隋开皇十四年，卒于长安，时年七十三。

　　孙玚，字德琏，吴郡吴人也。祖文惠，齐越骑校尉、清远太守。父循道，梁中散大夫，以雅素知名。玚少倜傥，好谋略，博涉经史，尤便书翰。起家梁轻车临川嗣王行参军，累迁为安西邵陵王水曹中兵参军事。王出镇郢州，玚尽室随府，甚被赏遇。太清之难，授假节、宣猛将军、军主。王僧辩之讨侯景也，王琳为前军，琳与玚同门，乃表荐之为戎昭将军、宜都太守，仍从僧辩救徐文盛于武昌。会郢州陷，乃留军镇巴陵，修战守之备。俄而侯景兵至，日夜攻围，玚督所部兵悉力拒战，贼众奔退。玚从大军沿流而下，及克姑孰，玚力战有功，除员外散骑常侍，封富阳县侯，邑一千户。寻受假节、雄信将军、衡阳内史，未及之官，仍迁衡州平南府司马。破黄洞蛮贼有功，除东莞太守，行广州刺史。寻除智武将军，监湘州事。敬帝嗣位，授持节、仁威将军、巴州刺史。

　　高祖受禅，王琳立梁永嘉王萧庄于郢州，征玚为太府卿，加通直散骑常侍。及王琳入寇，以玚为使持节、散骑常侍、都督郢、荆、巴、武、湘五州诸军事、安西将军、郢州刺史，总留府之任。周遣大将史宁率众四万，乘虚奄至，玚助防张世贵举外城以应之，所失军民男女三千余口。周军又起土山高梯，日夜攻逼，因风纵火，烧其内城南面五十余楼。时玚兵不满千人，乘城拒守，玚亲自抚巡，行酒赋食，士卒皆为之用命。周人苦攻不能克，乃矫授玚柱国、郢州刺史，封万户郡公。玚伪许以缓之，而潜修战具，楼雉器械，一朝严设，周人甚惮焉。及闻大军败王琳，乘胜而进，周兵乃解。玚于是尽有中流之地，集其将士而谓之曰："吾与王公陈力协议，同奖梁室，亦已勤矣。今时事如此，天可违乎！"遂遣使奉表诣阙。

　　天嘉元年，授使持节、散骑常侍、安南将军、湘州刺史，封定襄县侯，邑一千户。玚怀不自安，乃固请入朝，征为散骑常侍、中领军。未拜，而世祖从容谓玚曰："昔朱买臣愿为本郡，卿岂有意乎？"仍改授持节、安东将军、吴郡太守，给鼓吹一部。及将之镇，乘舆幸近畿饯送，乡里荣之。秩满，征拜散骑常侍、中护军，鼓吹如故。留异之反东阳，诏玚督舟师进讨。异平，迁镇右将军，常侍、鼓吹并如故。顷之，出为使持节、安东将军、建安太守。光大中，以公事免，寻起为通直散骑常侍。

　　高宗即位，以玚功名素著，深委任焉。太建四年，授都督荆、信二州诸军事、安西将军、荆州刺史，出镇公安。玚增修城池，怀服边远，为邻境所惮。居职六年，又以事免，更为通直散骑常侍。及吴明彻军败吕梁，授使持节、督缘江水陆诸军事、镇西将军，给鼓吹一部。寻除散骑常侍、都督荆、郢、巴、武、湘五州诸军事、郢州刺史，持节、将军、鼓吹并如故。十二年，坐疆埸交通抵罪。

　　后主嗣位，复除通直散骑常侍，兼起部尚书。寻除中护军，复爵邑，入为度支尚书，领步兵校尉。俄加散骑常侍，迁侍中、祠部尚书。后主频幸其第，及著诗赋述勋德之美，展君臣之意焉。又为五兵尚书，领右军将军，侍中如故。以年老累乞骸骨，优诏不许。祯明元年卒官，时年七十二。后主临哭尽哀，赠护军将军，侍中如故，给鼓吹一部，朝服一具，衣一袭，丧事量加资给，谥曰桓子。

　　玚事亲以孝闻，于诸弟甚笃睦。性通泰，有财物散之亲友。其自居处，颇失于奢豪，庭院穿筑，极林泉之致，歌钟舞女，当世罕俦，宾客填门，轩盖不绝。及出镇郢州，乃合十余船为大舫，于中立亭池，植荷芰，每良辰美景，宾僚并集，泛长江而置酒，亦一时之胜赏焉。常于山斋设讲肆，集玄儒之士，冬夏资奉，为学者所称。而处己率易，不以名位骄物。时兴皇寺朗法师该通释典，玚每造讲筵，时有抗论，法侣莫不倾心。又巧思过人，为起部尚书，军国器械，多所创立。有鉴识，男女婚姻，皆择素贵。及卒，尚书令江总为其志铭，后主又题铭后四十字，遣左民尚书蔡徵宣敕就宅镌之。其词曰："秋风动竹，烟水惊波。几人樵径，何处山阿？今时日月，宿昔绮罗。天长路远，地久云多。功臣未勒，此意如何？"时论以为荣。玚二十一子，咸有父风。世子让，早卒。第二子训，颇知名，历临湘令，直阁将军、高唐太守。陈亡入隋。

史臣曰：在梁之季，寇贼实繁，高祖建义杖旗，将宁区夏，裴忌早识攀附，每预戎麾，摧锋却敌，立功者数矣。孙玚有文武干略。见知时主，及行军用兵，师司马之法，至于战胜攻取，屡著勋庸，加以好施接物，士咸慕向。然性不循恒，频以罪免，盖亦陈汤之徒焉。

卷二十六　　　　列传第二十

徐陵　子俭　份　仪　弟孝克

徐陵，字孝穆，东海郯人也。祖超之，齐郁林太守，梁员外散骑常侍。父摛，梁戎昭将军、太子左卫率，赠侍中、太子詹事，谥贞子。母臧氏，尝梦五色云化而为凤，集左肩上，已而诞陵焉。时宝志上人者，世称其有道，陵年数岁，家人携以候之，宝志手摩其顶，曰："天上石麒麟也。"光宅惠云法师每嗟陵早成就，谓之颜回。八岁能属文，十二，通《庄》、《老》义。既长，博涉史籍，纵横有口辩。

梁普通二年，晋安王为平西将军、宁蛮校尉，父摛为王咨议，王又引陵参宁蛮府军事。中大通三年，王立为皇太子，东宫置学士，陵充其选。稍迁尚书度支郎。出为上虞令，御史中丞刘孝仪与陵先有隙，风闻劾陵在县赃污，因坐免。久之，起为南平王府行参军，迁通直散骑侍郎。梁简文在东宫撰《长春殿义记》，使陵为序。又令于少傅府述所制《庄子义》。寻迁镇西湘东王中记室参军。

太清二年，兼通直散骑常侍。使魏，魏人授馆宴宾。是日甚热，其主客魏收嘲陵曰："今日之热，当由徐常侍来。"陵即答曰："昔王肃至此，为魏始制礼仪；今我来聘，使卿复知寒暑。"收大惭。

及侯景寇京师，陵父摛先在围城之内，陵不奉家信，便蔬食布衣，若居忧恤。会齐受魏禅，梁元帝承制于江陵，复通使于齐。陵累求复命，终拘留不遣，陵乃致书于仆射杨遵彦曰：

夫一言所感，凝晖照于鲁阳，一志冥通，飞泉涌于疏勒，况复元首康哉，股肱良哉，邻国相闻，风教相期者也！天道穷剥，钟乱本朝，情计驰惶，公私哽惧，而骸骨之请，徒淹岁寒，颠沛之祈，空盈卷轴，是所不图也，非所仰望也。

执事不闻之乎：昔分鳌命鸢之世，观河拜洛之年，则有日乌流灾，风禽骋暴，天倾西北，地缺东南，盛旱坼三川，长波含五岳。我大梁应金图而有亢，纂玉镜而犹屯。何则？圣人不能为时，斯固穷通之恒理也。至如荆州刺史湘东王，机神之本，无寄名言，陶铸之余，犹为尧、舜，虽复六代之舞，陈于总章，九州之歌，登于司乐，虞夔拊石，晋旷调钟，未足颂此英声，无以宣其盛德者也。若使郊禋楚冀，宁非祀夏之君，哉定艰难，便是匡周之霸，岂徒幽王徙雍，期月为都，姚帝迁河，周年成邑。方今越常貌貌，驯雉北飞，肃眘茫茫，风牛南偃，吾君之子，含识知归，而答旨云何所投身，斯其未喻一也。

又晋熙等郡，皆入贵朝，去我寻阳，经途何几。至于铠铠晓漏，的的宵烽，隔溯浦而相闻，临高台而可望。泉流宝碗，遥忆溢城，峰号香炉，依然庐岳。日者鄱阳嗣王治兵汇派，屯戍沧波，朝夕笺书，春秋方物，吾无从以蹑屩，彼何路而齐镳。岂其然乎？斯不然矣。又近者邵陵王通和此国，郢中上客，云聚魏都，邺下名卿，风驰江浦，岂卢龙之径于彼新开，铜驼之街于我长闭？何彼途甚易，非劳于五丁，我路为难，如登于九折？地不私载，何其爽欤？而答旨云还路无从，斯所未喻二也。

晋熙、庐江、义阳、安陆，皆云款附，非复危邦，计彼中途，便当静晏，自斯以北，桴鼓不鸣，自此以南，封疆未壹。如其境外，脱殒轻躯，幸非边吏之羞，何在匹夫之命。又此宾游，通无货殖，忝非韩起聘郑，私买玉环，吴札过徐，郯要宝剑。由来宴锡，凡厥囊装，行役淹留，皆已虚罄，散有限之微财，供无期之久客，斯可知矣。且据图刎首，愚者不为，运斧全身，庸流所鉴。何则？生轻一发，自重千钧，不以贾盗明矣。骨肉不任充鼎俎，皮毛不足入货财，盗有道焉，吾无忧矣。又公家遣使，脱有资须，本朝非隆平之时，游客岂皇华之势。轻装独宿，非劳聚囊之仪，微骑闲行，宁望辎轩之礼。归人将从，私具驴骡，缘道亭邮，唯希蔬粟。若曰留之无烦于执事，遣之有费于官司，或以颠沛为言，或云资装可俱，固非通论，皆是外篇。斯所未喻三也。

又若以吾徒应还侯景，侯景凶逆，歼我国家，天下含灵，人怀愤厉，既不获投身社稷，卫难乘舆，四冢磔蚩尤，千刀刲王莽，安所谓俯首顿膝，归奉寇仇，珮弭腰鞬，为其皂隶？日者通和，方敦囊睦，凶人狙诈，遂骇狼心，颇疑宋万之诛，弥惧荀萃之请，所以奔蹄劲角，专恣凭陵，凡我行人，偏膺仇憾。政复咀筋醢骨，抽舌探肝，于彼凶情，犹当未雪，海内之所知也，君侯之所具焉。又闻本朝公主，都人士女，风行雨散，东播西流，京邑丘墟，奸蓬萧瑟，偃师还望，咸为草莱，霸陵回首，俱沾霜露，此又君之所知也。彼以何义，争免寇仇？我以何亲，争归委质？昔钜平贵将，悬重于陆公，叔向名流，深知于羁絷。吾虽不敏，常慕前修，不图明庶有怀，翻其以此量物。昔魏氏将亡，群凶挺争，诸贤戮力，想得其朋。为葛荣之党邪?为邢杲之徒邪?如曰不然,斯所未喻四也。

假使吾徒还为凶党,侯景生于赵代,家自幽恒,居则台司,行为连率,山川形势,军国彝章,不劳请箸为筹,便当屈指能算。景以遁逃小丑,羊豕同群,身寓江皋,家留河朔,春春井井,如鬼如神。其不然乎?抑又君之所知也。且夫宫闱秘事,并若云霄,英俊讦谟,宁非帷幄,或阳惊以定策,或焚藁而奏书,朝廷之士,犹难参预,羁旅之人,何阶耳目。至于礼乐沿革,刑政宽猛,则讴歌已远,万舞成风,不知手之舞之足之蹈之也。安在摇其牙齿,为间谍者哉?若谓复命西朝,终奔东房,虽齐、梁有隔,尉候奚殊?岂以河曲之难浮,而曰江关之可济?河桥马度,宁非宋典之奸?关路鸡鸣,皆曰田文之客。何其通蔽,乃尔相妨?斯所未喻五也。

又兵交使在,虽著前经,傥同徇仆之尤,追肆寒山之怒,则凡诸元帅,并释缧囚,爰及偏裨,同无劘铖。乃至钟仪见赦,朋笑遵途,襄老蒙归,《虞歌》引路。吾等张旃拭玉,修好寻盟,涉泗之与浮河,郊劳至于赠贿,公恩既被,宾敬无违,今者何愆,翻蒙贬责?若以此为言,斯所未喻六也。

若曰妖氛永久,丧乱悠然,哀我奔波,存其形魄,固已铭兹厚德,戴此洪恩,譬渤澥而俱深,方嵩、华而犹重。但山梁饮啄,非有意于笼樊,江海飞浮,本无情于钟鼓。况吾等营魂已谢,余息空留,悲默为生,何能支久,是则虽蒙养护,更夭天年。若以此为言,斯所未喻七也。

若云逆竖歼夷,当听反命,高轩继路,飞盖相随,未解其言,何能善谑?夫屯亨治乱,岂有意于前期。谢常侍今年五十有一,吾今年四十有四,介已知命,宾又杖乡,计彼侯生,肩随而已。岂银台之要,彼未从师,金灶之方,吾知其决,政恐南阳菊水,竟不延龄,东海桑田,无由可望。若以此为言,斯所未喻八也。

足下清襟胜托,书囿文林,凡自洪荒,终乎幽、厉,如吾今日,宁有其人,爰至《春秋》,微宜商略。夫宗姬珍坠,霸道昏凶,或执政之多门,或陪臣之凉德,故臧孙有礼,翻囚与国之宾,周伯无愆,空怒天王之使,迁箕卿于两馆,紫骊子于三年。斯匪贪乱之风邪?宁当今之高例也?至于双崤且帝,四海争雄,或构赵而侵燕,或连韩而谋魏,身求盟于楚殿,躬夺璧于秦庭,输宝鼎以托齐王,驰安车而诱梁客。其外膏唇贩舌,分路扬镳,无罪无辜,如兄如弟。逮乎中阳受命,天下同规,巡省诸华,无闻幽辱。及三方之霸也,孙甘言以妩媚,曹屈诈以羁縻,旌轸岁到于句吴,冠盖年驰于庸蜀,则客嘲殊险,宾戏已深,共尽游谈,谁云猜忤,若使搜求故实,脱有前踪,恐是叔世之奸谋,而非为邦之胜略也。

抑又闻之,云师火帝,浇淳乃异其风,龙跃麟惊,王霸虽殊其道,莫不崇君亲以铭物,敦敬养以治民,预有邦司,曾无隆替。吾奉违温清,仍属乱离,寇虏

猖狂,公私播越。萧轩靡御,王舫谁持?瞻望乡关,何心天地?自非生凭廪竹,源出空桑,行路含情,犹其相慜。常谓择官而仕,非曰孝家,择事而趋,非云忠国。况乎钦承有道,骖驾前王,郎吏明经,鸥鸾知礼,巡省方化,咸问高年,东序西胶,皆尊耆耋。吾以圭璋玉帛,通聘来朝,属世道之屯期,钟生民之否运,兼年累载,无申元直之祈,衔泣吞声,长对公闾之怒,情礼之诉,将同逆鳞,忠孝之言,皆应咋舌,是所不图也,非所仰望也。

且天伦之爱,何得忘怀?妻子之情,谁能无累?夫以清河公主之贵,余姚书佐之家,莫限高卑,皆被驱略。自东南丑房,抄贩饥民,台署郎官,俱馁墙壁,况吾生离死别,多历暄寒,孺室婴儿,何可言念。如得身还乡土,躬自推求,犹冀提携,俱免凶虐。

夫四聪不达,华阳君所谓乱臣,百姓无冤,孙叔敖称为良相。足下高才重誉,参赞经纶,非豹非貔,闻《诗》闻《礼》,而中朝大议,曾未矜论,清禁嘉谋,安能相及,谔谔非周舍,容容类胡广,何其无诤臣哉?岁月如流,平生何几,晨看旅雁,心赴江淮,昏望牵牛,情驰扬越,朝千悲而掩泣,夜万绪而回肠,不自知其为生,不自知其为死也。足下素挺词锋,兼长理窟,匡丞相解颐之说,乐令君清耳之谈,向所咨疑,谁能晓喻。若鄙言为谬,来旨必通,分请灰钉,甘从斧镬,何但规规默默,蹜舌低头而已哉。若一理存焉,犹希矜眷,何必期令我等必死齐都,足赵魏之黄尘,加幽并之片骨,遂使东平拱树,长怀向汉之悲,西洛孤坟,恒表思乡之梦。干祈以屡,哽恸增深。

遵彦竟不报书。及江陵陷,齐送贞阳侯萧渊明为梁嗣,乃遣陵随还。太尉王僧辩初拒境不纳,渊明往复致书,皆陵词也。及渊明之入,僧辩得陵大喜,接待馈遗,其礼甚优。以陵为尚书吏部郎,掌诏诰。其年高祖率兵诛僧辩,仍进讨韦载。时任约、徐嗣徽乘虚袭石头,陵感僧辩旧恩,乃往赴约。及约等平,高祖释陵不问。寻以为贞威将军、尚书左丞。

绍泰二年,又使于齐,还除给事黄门侍郎、秘书监。高祖受禅,加散骑常侍,左丞如故。天嘉初,除太府卿。四年,迁五兵尚书,领大著作。六年,除散骑常侍、御史中丞。时安成王顼为司空,以帝弟之尊,势倾朝野。直兵鲍僧叡假王威权,抑塞辞讼,大臣莫敢言者。陵闻之,乃为奏弹,导从南台官属,引奏案而入。世祖见陵服章严肃,若不可犯,为敛容正坐。陵进读奏版时,安成王殿上侍立,仰视世祖,流汗失色。陵遣殿中御史引王下殿,遂劾免侍中、中书监。自此朝廷肃然。

天康元年,迁吏部尚书,领大著作。陵以梁末以来,选授多失其所,于是提举纲维,综核名实。时有冒进求官,喧竞不已者,陵乃为书宣示曰:"自古吏部尚书者,品藻人伦,简其才能,寻其门胄,逐其大小,量其官爵。梁元帝承侯景之凶荒,王太尉接荆州之祸败,尔时丧乱,无复典章,故使官方,穷此纷杂。永定之时,圣朝草创,干戈

未息，亦无条序。府库空虚，赏赐悬乏，白银难得，黄札易营，权以官阶，代于钱绢，义存抚接，无计多少，致令员外、常侍，路上比肩，咨议、参军，市中无数，岂是朝章，应其如此？今衣冠礼乐，日富年华，何可犹作旧意，非理望也。所见诸君，多逾本分，犹言大屈，未喻高怀。若问梁朝朱领军异亦是卿相，此不逾其本分邪？此是天子所拔，非关选序。梁武帝云'人间人言有目色，我特不目色范悌'。宋文帝亦云'人世岂无运命，每有好官缺，辄忆羊玄保。'此则清阶显职，不由选也。秦有车府令赵高直至丞相，汉有高庙令田千秋亦为丞相，此复可为例邪？既忝衡流，应须粉墨。所望诸贤，深明鄙意。"自是众咸服焉。时论比之毛玠。

废帝即位，高宗入辅，谋黜异志者，引陵预其议。高宗纂历，封建昌县侯，邑五百户。太建元年，除尚书右仆射。三年，迁尚书左仆射，陵抗表推周弘正、王劢等，高宗召陵入内殿，曰："卿何为固辞此职而举人乎？"陵曰："周弘正从陛下西还，旧藩长史，王劢太平相府长史，张种帝乡贤戚，若选贤与旧，臣宜居后。"固辞累日，高宗苦属之，陵乃奉诏。

及朝议北伐，高宗曰："朕意已决，卿可举元帅。"众议咸以中权将军淳于量位重，共署推之。陵独曰："不然。吴明彻家在淮左，悉彼风俗，将略人才，当今亦无过者。"于是争论累日不能决。都官尚书裴忌曰："臣同徐仆射。"陵应声曰："非但明彻良将，裴忌即良副也。"是日，诏明彻为大都督，令忌监军事，遂克淮南数十州之地。高宗因置酒，举杯属陵曰："赏卿知人。"陵避席对曰："定策出自圣衷，非臣之力也。"其年加侍中，余并如故。七年，领国子祭酒、南徐州大中正。以公事免侍中、仆射。寻加侍中，给扶，又除领军将军。八年，加翊右将军、太子詹事，置佐史。俄迁右光禄大夫，余并如故。十年，重为领军将军。寻迁安右将军、丹阳尹。十三年，为中书监，领太子詹事，给鼓吹一部，侍中、将军、右光禄、中正如故。陵以年老累表求致仕，高宗亦优礼之，乃诏将作为造大斋，令陵就第摄事。

后主即位，迁左光禄大夫、太子少傅，余如故。至德元年卒，时年七十七。诏曰："慎终有典，抑乃旧章，令德可甄，谅宜追远。侍中、安右将军、左光禄大夫、太子少傅、南徐州大中正建昌县开国侯陵，弱龄学尚，登朝秀颖，业高名辈，文曰词宗。朕近岁承学，特相引狎，虽多卧疾，方期克壮，奄然殒逝，震悼于怀。可赠镇右将军、特进，其侍中、左光禄、鼓吹、侯如故，并出举哀，丧事所须，量加资给。谥曰章。"

陵器局深远，容止可观，性又清简，无所营树，禄俸与亲族共之。太建中，食建昌邑，邑户送米至于水次，陵亲戚有贫匮者，皆令取之，数日便尽，陵家寻致乏绝。府僚怪而问其故，陵云："我有车牛衣裳可卖，余家有可卖不？"其周给如此。少而崇信释教，经论多所精解。后主在东宫，令陵讲大品经，义学名僧，自远云集，每讲筵商较，四座莫能与抗。目有青睛，时人以为聪惠之相也。自有陈创业，文檄军书及禅授诏策，皆陵所制，而《九锡》尤美。为一代文宗，亦不以此矜物，未尝诋诃作者。其于后进之徒，接引无倦。世祖、高宗之世，国家有大手笔，皆陵草之。其文颇变旧体，缉裁巧密，多有新意。每一文出手，好事者已传写成诵，遂被之华夷，家藏其本。后逢丧乱，多散失，存者三十卷。有四子：俭、份、仪、傅。

俭一名众。幼而修立，勤学有志操，汝南周弘正重其为人，妻以女。梁太清初，起家豫章王府行参军。侯景乱，陵使魏未反，俭时年二十一，携老幼避于江陵，梁元帝闻其名，召为尚书金部郎中。尝侍宴赋诗，元帝叹赏曰："徐氏之子，复有文矣。"江陵陷，复还于京师。永定初，为太子洗马，迁镇东从事中郎。天嘉三年，迁中书侍郎。

太建初，广州刺史欧阳纥举兵反，高宗令俭持节喻旨。纥初见俭，盛列仗卫，言辞不恭，俭曰："吕嘉之事，诚当已远，将军独不见周迪、陈宝应乎？转祸为福，未为晚也。"纥默然不答，惧俭沮其众，不许入城，置俭于孤园寺，遣人守卫，累旬不得还。纥尝出见俭，俭谓之曰："将军业已举事，俭须还报天子，俭之性命虽在将军，将军成败不在于俭，幸不见留。"纥于是乃遣俭从间道驰还。高宗乃命章昭达率众讨纥，仍以俭悉其形势，敕俭随昭达军。纥平，高宗嘉之，赐奴婢十人，米五百斛，除镇北鄱阳王咨议参军，兼中书舍人。累迁国子博士、大匠卿，余并如故。寻迁黄门侍郎，转太子中庶子，加通直散骑常侍，兼尚书左丞，以公事免。寻起为中卫始兴王限外咨议参军，兼中书舍人。又为太子中庶子，迁贞威将军、太子左卫率，舍人如故。

后主立，授和戎将军、宣惠晋熙王长史，行丹阳郡国事。俄以父忧去职。寻起为和戎将军，累迁吴阳内史，为政严明，盗贼静息。迁散骑常侍，袭封建昌侯，入为御史中丞。俭性公平，无所阿附，尚书令江总望重一时，亦为俭所纠劾，后主深委任焉。又领右军。祯明二年卒。

份少有父风，年九岁，为《梦赋》，陵见之，谓所亲曰："吾幼属文，亦不加此。"解褐为秘书郎。转太子舍人。累迁豫章王主簿、太子洗马。出为海盐令，甚有治绩。秩满，入为太子洗马。份性孝悌，陵尝遇疾，甚笃，份烧香泣涕，跪诵《孝经》，昼夜不息，如此者三日，陵疾豁然而愈，亲戚皆谓份孝感所致。太建二年卒，时年二十二。

仪少聪警，以《周易》生举高第为秘书郎，出为乌伤令。祯明初，迁尚书殿中郎，寻兼东宫学士。陈亡入隋。开皇九年，隐于钱塘之赭山，炀帝召为学士，寻除著作郎。大业四年卒。

孝克，陵之第三弟也。少为《周易》生，有口辩，能谈玄理。既长，遍通《五经》，博览史籍，亦善属文，而文不逮义。梁太清初，起家为太学博士。

性至孝，遭父忧，殆不胜丧，事所生母陈氏，尽就养之道。梁末，侯景寇乱，京邑大饥，饿死者十八九。孝克养母，饘粥不能给，妻东莞臧氏，领军将军臧盾之女也，甚有容色，孝克乃谓之曰："今饥荒如此，供养交阙，欲嫁卿与富人，望彼此俱济，于卿意如何？"臧氏弗之许也。时有孔景行者，为侯景将，富于财，孝克密因媒者陈意，景行多从左右，逼而迎之，臧涕泣而去，所得谷帛，悉以供养。孝克又剃发为沙门，改名法整，兼乞食以充给焉。臧氏亦深念旧恩，数私自馈饷，故不乏绝。后景行战死，臧伺孝克于途中，累日乃见，谓孝克曰："往日之事，非为相负，今既得脱，当归供养。"孝克默然无答。于是归俗，更为夫妻。

后东游，居于钱塘之佳义里，与诸僧讨论释典，遂通《三论》。每日二时讲，旦讲佛经，晚讲《礼传》，道俗受业者数百人。天嘉中，除剡令，非其好也，寻复去职。太建四年，征为秘书丞，不就，乃疏食长斋，持菩萨戒，昼夜讲诵《法华经》，高宗甚嘉其操行。

六年，除国子博士，迁通直散骑常侍，兼国子祭酒，寻为真。孝克每侍宴，无所食啖，至席散，当其前膳羞损减，高宗密记以问中书舍人管斌，斌不能对。自是斌以意伺之，见孝克取珍果内绅带中，斌当时莫识其意，后更寻访，方知还以遗母。斌以实启，高宗嗟叹良久，乃敕所司，自今宴享，孝克前馔，并遣将还，以饷其母，时论美之。

至德中，皇太子入学释奠，百司陪列，孝克发《孝经》题，后主诏皇太子北面致敬。祯明元年，入为都官尚书。自晋以来，尚书官僚皆携家属居省。省在台城内下舍门，中有阁道，东西跨路，通于朝堂。其第一即都官之省，西抵阁道，年代久远，多有鬼怪，每昏夜之际，无故有声光，或见人著衣冠从井中出，须臾复没，或门阁自然开闭。居省者多死亡，尚书周确卒于此省。孝克代确，便即居之，经涉两载，妖变皆息，时人咸以为贞正所致。

孝克性清素而好施惠，故不免饥寒，后主敕以石头津税给之，孝克悉用设斋写经，随得随尽。二年，为散骑常侍，侍东宫。陈亡，随例入关。家道壁立，所生母患，欲粳米为粥，不能常办。母亡之后，孝克遂常啖麦，有遗粳米者，孝克对而悲泣，终身不复食之焉。

开皇十年，长安疾疫，隋文帝闻其名行，召令于尚书都堂讲《金刚般若经》。寻授国子博士。后侍东宫讲《礼传》。十九年，以疾卒，时年七十三。临终，正坐念佛，室内有非常异香气，邻里皆惊异之。子万载，仕至晋安王功曹史、太子洗马。

史臣曰：徐孝穆挺五行之秀，禀天地之灵，聪明特达，笼罩今古。及缔构兴王，遭逢泰运，位隆朝宰，献替谋猷，盖亮直存矣。孝克砥身厉行，养亲逾礼，亦参、闵之志欤！

卷二十七　　列传第二十一

江总　姚察

江总，字总持，济阳考城人也，晋散骑常侍统之十世孙。五世祖湛，宋左光禄大夫、开府仪同三司，忠简公。祖蒨，梁光禄大夫，有名当代。父紑，本州迎主簿，少居父忧，以毁卒，在《梁书孝行传》。

总七岁而孤，依于外氏。幼聪敏，有至性。舅吴平光侯萧劢，名重当时，特所钟爱，尝谓总曰："尔操行殊异，神采英拔，后之知名，当出吾右。"及长，笃学有辞采，家传赐书数千卷，总昼夜寻读，未尝辍手。年十八，解褐宣惠武陵王府法曹参军。中权将军、丹阳尹何敬容开府，置佐史，并以贵胄充之，仍除敬容府主簿。迁尚书殿中郎。梁武帝撰《正言》始毕，制《述怀诗》，总预同此作，帝览总诗，深降嗟赏。仍转侍郎。尚书仆射范阳张缵，度支尚书琅邪王筠，都官尚书南阳刘之遴，并高才硕学，总时年少有名，缵等雅相推重，为忘年友会。之遴尝酬总诗，其略曰："上位居崇礼，寺署邻栖息。忌闻晓驺唱，每畏晨光赩。高谈意未穷，晤对赏无极。探急共邀游，休沐忘退食。曷用销鄙吝，枉趾觏颜色。下上数千载，扬搉吐胸臆。"其为通人所钦挹如此。迁太子洗马，又出为临安令，还为中军宣城王府限内录事参军，转太子中舍人。

及魏国通好，敕以总及徐陵摄官报聘，总以疾不行。侯景寇京都，诏以总权兼太常卿，守小庙。台城陷，总避难崎岖，累年，至会稽郡，憩于龙华寺，乃制《修心赋》，略序时事。其辞曰：

太清四年秋七月，避地于会稽龙华寺。此伽蓝者，余六世祖宋尚书右仆射州陵侯元嘉二十四年之所构也。侯之王父晋护军将军彪，昔莅此邦，卜居山阴都阳里，贻厥子孙，有终焉之志。寺域则宅之旧基，左江右湖，面山背壑，东西连跨，南北纡萦，聊与苦节名僧，同销日用，晓修经戒，夕览图书，寝处风云，栖栖水月。不意华戎莫辨，朝市倾沦，以此伤情，情可知矣。歔泣濡翰，岂摅郁结，庶后生君子，悯余此概焉。

嘉南斗之分次，肇东越之灵秘。表《桧风》于韩什，著镇山于周记。蕴大禹之金书，镌暴秦之石字。太史来而探穴，钟离去而开笥。信竹箭之为珍，何瑊玞之罕值。奉盛德之鸿祀，寓安禅之古寺。实豫章之旧圃，成黄金之胜地。遂寂默之幽心，若镜中而远寻。面曾阜之超忽，迩平湖之迴深。山条偃蹇，水叶侵淫。挂猿朝落，饥鼯夜吟。果丛药苑，桃蹊橘林。梢云拂日，结暗生阴。保自然之雅趣，鄙人间之荒杂。望岛屿之遭回，面江源之重沓。泛流月之夜迥，曳光烟之晓匝。风引蜩而嘶噪，雨鸣林而修飒，鸟稍狎而知来，云无情而自合。尔乃野开灵塔，地筑禅居，喜园迢递，乐树扶疏。经行籍草，宴坐临渠，持戒振锡，度影甘蔬。坚固之林可喻，寂灭之场暂如。异曲终而悲起，非木落而悲始。岂降志而辱身，不露才而扬己。钟风雨之如晦，倦鸡鸣之聒耳。幸避地而高栖，凭调御之遗旨。折四辩之微言，悟三乘之妙理。遣十缠之系缚，祛五惑之尘滓。久遗荣于势利，庶忘累于妻子。感意气于畴日，寄知音于来祀。何远客之可悲，知自怜其何已。

总第九舅萧勃先据广州，总又自会稽往依焉。梁元帝平侯景，征总为明威将军、始兴内史，以郡秩米八百斛给总行装。会江陵陷，遂不行，总自此流寓岭南积岁。天嘉四年，以中书侍郎征还朝，直侍中省。累迁司徒右长史，掌东宫管记，给事黄门侍郎，领南徐州大中正。授太子中庶子、通直散骑常侍，东宫、中正如故。迁左民尚书，转太子詹事，中正如故。以与太子为长夜之饮，养良娣陈氏为女，太子微行总舍，上怒免之。寻为侍中，领左骁骑将军。复为左民尚书，领左军将军，未拜，又以公事免。寻起为散骑常侍、明烈将军、司徒左长史，迁太常卿。

后主即位，除祠部尚书，又领左骁骑将军，参掌选事。转散骑常侍、吏部尚书。寻迁尚书仆射，参掌如故。至德四年，加宣惠将军，量置佐史。寻授尚书令，给鼓吹一部，加扶，余并如故。策曰："於戏，夫文昌政本，司会治经，韦彪谓之枢机，李固方之斗极。况其五曹斯综，百揆是谐，同冢宰之司，专台阁之任。惟尔道业标峻，寓量弘深，胜范清规，风流以为准的，辞宗学府，衣冠以为领袖。故能师长六官，具瞻允塞，明府八座，仪形载远，其端朝握揆，朕所望焉。往钦哉，懋建尔徽猷，亮采我邦国，可不慎欤！"祯明二年，进号中权将军。京城陷，入隋，为上开府。开皇十四年，卒于江都，时年七十六。

总尝自叙其略曰：

　　历升清显，备位朝列，不邀世利，不涉权幸。尝抚躬仰天太息曰：庄青翟位至丞相，无迹可纪；赵元叔为上计吏，光乎列传。官陈以来，未尝逢迎一物，干预一事。悠悠风尘，流俗之士，颇致怨憎，荣枯宠辱，不以介意。太建之世，权移群小，谄嫉作威，屡被摧黜，奈何命也。后主昔在东朝，留意文艺，凤荷昭晋，恩纪契阔。嗣位之日，时寄谬隆，仪形天府，厘正庶绩，八法六典，无所不统。昔晋武帝策荀公曾曰"周之冢宰，今之尚书令也"。况复才未半古，尸素若兹。晋太尉陆玩云"以我为三公，知天下无人矣"。轩冕傥来之一物，岂是预要乎？弱岁归心释教，年二十余，入钟山就灵曜寺则法师受菩萨戒。暮齿官陈，与摄山布上人游款，深悟苦空，更复练戒，运善于心，行慈于物，颇知自励，而不能疏非，尚染尘劳，以此负愧平生耳。

总之自叙，时人谓之实录。

总笃行义，宽和温裕。好学，能属文，于五言七言尤善；然伤于浮艳，故为后主所爱幸。多有侧篇，好事者相传讽玩，于今不绝。后主之世，总当权宰，不持政务，但日与后主游宴后庭，共陈喧、孔范、王瑳等十余人，当时谓之狎客。由是国政日颓，纲纪不立，有言之者，辄以罪斥之，君臣昏乱，以至于灭。有文集三十卷，并行于世焉。

长子溢，字深源，颇有文辞。性傲诞，恃势骄物，虽近属故友，不免诋欺。历官著作佐郎、太子舍人、洗马、中书黄门侍郎、太子中庶子。入隋，为秦王文学。

第七子湋，驸马都尉、秘书郎、隋给事郎，直秘书省学士。

姚察，字伯审，吴兴武康人也。九世祖信，吴太常卿，有名江左。察幼有至性，事亲以孝闻。六岁，诵书万余言，弱不好弄，博弈杂戏，初不经心。勤苦厉精，以夜继日。年十二，便能属文。父上开府僧垣，知名梁武代，二宫礼遇优厚，每得供赐，皆回给察兄弟，为游学之资，察并用聚蓄图书，由是闻见日博。年十三，梁简文帝时在东宫，盛修文义，即引于宣猷堂听讲论难，为儒者所称。及简文嗣位，尤加礼接。起家南海王国左常侍，兼司文侍郎。除南郡王行参军，兼尚书驾部郎。

值梁室丧乱，于金陵随二亲还乡里。时东土兵荒，人饥相食，告籴无处，察家口既多，并采野蔬自给。察每崎岖艰阻，求请供养之资，粮粒恒得相继。又常以己分减推诸弟妹，乃至故旧乏绝者皆相分恤，自甘唯藜藿而已。在乱离之间，笃学不废。

元帝于荆州即位，父随朝士例往赴西台，元帝授察原乡令。时邑境萧条，流亡不反，察轻其赋役，劝以耕种，于是户口殷盛，民至今称焉。

中书侍郎领著作杜之伟与察深相眷遇，表用察佐著作，仍撰史。永定初，拜始兴王府功曹参军，寻补嘉德殿学士，转中卫、仪同始兴王府记室参军。吏部尚书徐陵时领著作，复引为史佐，及陵让官致仕等表，并请察制焉，陵见叹曰："吾弗逮也。"太建初，补宣明殿学士，除散骑侍郎、左通直。寻兼通直散骑常侍，报聘于周。江左耆旧先在关右者，咸希倾慕。沛国刘臻窃于公馆访《汉书》疑事十余条，并为剖析，皆有经据。臻谓所亲曰："名下定无虚士。"著《西聘道里记》，所叙事甚详。

使还，补东宫学士。于时济阳江总、吴国顾野王、陆琼、从弟瑜、河南褚玠、北地傅縡等，皆以才学之美，晨夕娱侍。察每言论制述，咸为诸人宗重。储君深加礼异，情越群僚，宫内所须方幅手笔，皆付察立草。又数令共野王递相策问，恒蒙赏激。

迁尚书祠部侍郎。此曹职司郊庙，昔魏王肃奏祀天地，设宫县之乐，八佾之舞，尔后因循不革。梁武帝以为事人礼缛，事神礼简，古无宫县之文。陈初承用，莫有损益。高宗欲设备乐，付有司立议，以梁武帝为非。时硕学名儒、朝端在位者，咸希上旨，并即注同。察乃博引经籍，独违群议，据梁乐为是，当时惊骇，莫不惭服，仆射徐陵因改同察议。其不顺时随俗，皆此类也。

拜宣惠宜都王中录事参军，带东宫学士。历仁威淮南王、平南建安王二府咨议参军，丁内忧去职。俄起为戎昭将军，知撰梁史事，固辞不免。后主纂业，敕兼东宫通事舍人，将军、知撰史如故。又敕专知优册谥议等文笔。至德元年，除中书侍郎，转太子仆，余并如故。

初，梁季沦没，父僧垣入于长安，察蔬食布衣，不听音乐，至是凶问因聘使到江南。时察母韦氏丧制适除，后主以察羸瘠，虑加毁顿，乃密遣中书舍人司马申就宅发哀，仍敕申专加譬抑。尔后又遣申宣旨诫喻曰："知比哀毁过礼，甚用为忧。卿迥然一身，宗嘉是寄，毁而灭性，圣教所不许。宜微自遣割，以存礼制。忧怀既深，故有此及。"

寻以忠毅将军起兼东宫通事舍人。察志在终丧，频有陈让，并抑而不许。又推表其略曰："臣私门衅祸，并罹殃罚，偷生昏漏，冀申情礼，而尪疹相仍，苴茶秽质，非复人流，将毕苦壤。岂期朝恩曲覃，被之缨绂，寻斯宠服，弥见惭靦。且宫闱秘奥，趋奏便繁，宁可以兹荒毁所宜叨预。伏愿至德孝治，矜其理夺，使残魂喘息，以遂余生。"诏答曰："省表具怀。卿行业淳深，声誉素显，理徇情礼，未膺刀笔。但参务承华，良所期寄，允兹抑夺，不得致辞也。"俄敕知著作郎事，服阕，除给事黄门侍郎，领著作。

察既累居忧服，兼斋素日久，自免忧后，因加气疾。后主尝别召见，见察柴瘠过甚，为之动容，乃谓察曰："朝廷惜卿，卿宜自惜，即疏菲岁久，可停持长斋。"又遣度支尚书王瑗宣旨，重加慰喻，令从晚食。手敕曰："卿羸瘠如此，斋菲累年，不宜一饭，有乖将摄，若从所示，甚为佳也。"察虽奉此敕，而执敦宿誓。

又诏授秘书监，领著作如故，乃累进让，并优答不许。察在秘书省大加删正，又奏撰中书表集。拜散骑常侍，寻授度支尚书，旬月迁吏部尚书，领著作并如故。察既博极坟素，尤善人物，至于姓氏所起，枝叶所分，官职姻娶，兴衰高下，举而论之，无所遗失。且澄鉴之职，时人久以梓匠相许，及迁选部，雅允朝望。初，吏部尚书蔡徵移中书令，后主方择其人，尚书令江总等咸共荐察，敕答曰："姚察非唯学艺优博，亦是操行清修，典选难才，今得之矣。"乃神笔草诏，读以示察，察辞让甚切。

别日召入论选事，察垂涕拜请曰："臣东皋贱族，身才庸近，情忘远致，念绝修途。顷来忝窃，久知逾分，特以东朝攀奉，恩纪谬加。今日叨滥，非由子举，纵陛下特升庸薄，其如朝序何？臣九世祖信，名高往代，当时才居选部，自后罕有继踪。臣遭逢成擢，沐浴恩造，累致非据，每切妨贤。臣虽无识，颇知审己，言行所践，无期荣贵，岂意铨衡之重，妄委非才。且皇明御历，事高昔代，羽仪世胄，帷幄名臣，若授受得宜，方为称职。臣凤陶教义，必知不可。"后主曰："选众之举，佥议所归，昔毛玠雅量清恪，卢毓心平体正，王蕴铨量得地，山涛举不失才，就卿而求，必兼此矣。且我与卿虽君臣礼隔，情分殊常，藻镜人伦，良所期寄，亦以无惭则苊也。"

察自居显要，甚励清洁，且廉锡以外，一不交通。尝有私门生不敢厚饷，止送南布一端，花䌷一匹。察谓之曰："吾所衣著，止是麻布蒲练，此物于吾无用。既欲相款接，幸不烦尔。"此人逊请，犹冀受纳，察厉色驱出，因此伏事者莫敢馈遗。

陈灭，入隋，开皇九年，诏授秘书丞，别敕成梁、陈二代史。又敕于朱华阁长参。文帝知察蔬菲，别日乃独召入内殿，赐果菜，乃指察谓朝臣曰："闻姚察学行当今无比，我平陈唯得此一人。"十三年，袭封北绛郡公。察往岁之聘周也，因得与父僧垣相见，将别之际，绝而复苏，至是承袭，愈更悲感，见者莫不为之歔欷。

察幼年尝就钟山明庆寺尚禅师受菩萨戒，及官陈，禄俸皆舍寺起造，并追为禅师树碑，文甚ል丽。及是，遇见梁国子祭酒萧子云书此寺禅斋诗，览之怆然，乃用萧韵述怀为咏，词又哀切，法俗益以此称之。丁后母杜氏丧，解职。在服制之中，有白鸠巢于户上。

仁寿二年，诏曰："前秘书丞北绛郡开国公姚察，强学待问，博极群典，修身立德，白首不渝，虽在哀疚，宜夺情礼，可员外散骑常侍，封如故。"又敕侍晋王昭读。炀帝初在东宫，数被召见，访以文籍。即位之始，诏授太子内舍人，余并如故。车驾巡幸，恒侍从焉。及改易衣冠，删正朝式，切问近对，察一人而已。

年七十四，大业二年，终于东都，遗命薄葬，务从率俭。其略曰："吾家世素士，自有常法。吾意敛以法服，并宜用布，土周于身。又恐汝等不忍行此，必不尔，须松板薄棺，才可周身，土周于棺而已。葬日，止粗车，即送厝旧茔北。吾在梁世，当时年十四，就钟山明庆寺尚禅师受菩萨戒，自尔深悟苦空，颇知回向矣。尝得留连山寺，一去忘归。及仕陈代，诸名流遂许与声价，兼时主恩遇，宦途遂至通显。自入朝来，又蒙恩渥。既牵缠人世，素志弗从。且吾习蔬菲五十余年，既历岁时，循而不失。瞑目之后，不须立灵，置一小床，每日设清水，六斋日设斋食果菜，任家有无，不须别经营也。"初，察愿读一藏经，并已究竟，将终，曾无痛恼，但西向坐，正念，云"一切空寂"。其后身体柔软，颜色如恒。两宫悼惜，赗赙甚厚。

察性至孝，有人伦鉴识。冲虚谦逊，不以所长矜人。终日恬静，唯以书记为乐，于坟籍无所不睹。每有制述，多用新奇，人所未见，咸重富博。且专志著书，白首不倦，手自抄撰，无时暂辍。尤好研核古今，谥正文字，精采流赡，虽老不衰。兼谙识内典，所撰寺塔及众僧文章，特为绮密，在位多所称引，一善可录，无不赏荐。若非分相干，咸以理遣。尽心事上，知无不为。侍奉机密，未尝淹漏。且任遇已隆，衣冠攸属，深怀退静，避于声势。清洁自处，赀产每虚，或有劝营生计，笑而不答。穆于亲属，笃于旧故，所得禄赐，咸充周恤。

后主所制文笔，卷轴甚多，乃别写一本付察，有疑悉令刊定，察亦推心奉上，事在无隐。后主尝从容谓朝士曰："姚察达学洽闻，手笔典裁，求之于古，犹难辈匹，在于今世，足为师范。且访对甚详明，听之使人忘倦。"察每制文笔，敕便索本，上曰："我于姚察文章，非唯玩味无已，故是一宗匠。"

徐陵名高一代，每见察制述，尤所推重。尝谓子俭曰："姚学士德学无前，汝可师之也。"尚书令江总与察尤笃厚善，每有制作，必先以简察，然后施用。总为詹事时，尝制登宫城五百字诗，当时副君及徐陵以下诸名贤并同此作。徐公后谓江曰："我所和弟五十韵，寄弟集内。"及江编次文章，无复察所和本，述徐此意，谓察曰："高才硕学，庶光拙文，今须公所和五百字，用偶徐侯章也。"察谦逊未付，江曰："若不得公此制，仆诗亦须弃本，复乖徐公所寄，岂得见令两失。"察不获已，乃写本付之。为通人推挹，例皆如此。

所著《汉书训纂》三十卷，《说林》十卷，《四聘》、《玉玺》、《建康三钟》等记各一卷，悉穷该博，并《文集》二十卷，并行于世。察所撰梁、陈史虽未毕功，隋文帝开皇之时，遣内史舍人虞世基索本，且进上，今在内殿。梁、陈二史本多是察之所撰，其中序论及纪、传有所阙者，临亡之时,仍以体例诫约子思廉,博访撰续,思廉泣涕奉行。思廉在陈为衡阳王府法曹参军,转会稽王主簿。入隋,补汉王府行参军,掌记室,寻除河间郡司法。大业初,内史侍郎虞世基奏思廉踵成梁、陈二代史,自尔以来,稍就补续。

史臣曰:江总持清标简贵,加润以辞采,及师长六官,雅允朝望。史臣先臣禀兹令德,光斯百行,可以厉风俗,可以厚人伦。至于九流、《七略》之书,名山石室之记,汲郡、孔堂之书,玉箱金板之文,莫不穷研旨奥,遍探坎井,故道冠人师,搢绅以为准。既历职贵显,国典朝章,古今疑议,后主皆取先臣断决焉。

卷二十八　　　列传第二十二

世祖九王　高宗二十九王
后主十一子

世祖十三男:沈皇后生废帝、始兴王伯茂,严淑媛生鄱阳王伯山、晋安王伯恭,潘容华生新安王伯固,刘昭华生衡阳王伯信,王充华生庐陵王伯仁,张修容生江夏王伯义,韩修华生武陵王伯礼,江贵妃生永阳王伯智,孔贵妃生桂阳王伯谋。其伯固犯逆别有传。二男早卒,本书无名。

始兴王伯茂,字郁之,世祖第二子也。初,高祖兄始兴昭烈王道谈仕于梁世,为东宫直阁将军,侯景之乱,领弩手二千援台,于城中中流矢卒。太平二年,追赠侍中、使持节、都督南兖州诸军事、南兖州刺史,封"长城县公",谥曰昭烈。高祖受禅,重赠骠骑大将军、太傅、扬州牧,改封始兴郡王,邑二千户。王生世祖及高宗。高宗以梁承圣末迁于关右,至是高祖遥以高宗袭封始兴嗣王,以奉昭烈王祀。永定三年六月,高祖崩,是月世祖入纂帝位。时高宗在周未还,世祖以本宗乏飨,其年十月下诏曰:"日者皇基肇建,封树枝戚,朕亲地攸在,特启大邦。弟顼嗣承门祀,虽土宇开建,荐飨莫由。重以遭家不造,闵凶凤遘,储贰退隔,辖车未返。猥以眇身,膺兹景命,式循龟鼎,冰谷载怀。今既入奉大宗,事绝藩祼,始兴国庙蒸尝无主,瞻言霜露,感寻恸绝。其徙封嗣王顼为安成王,封第二子伯茂为始兴王,以奉昭烈王祀。赐天下为父后者爵一级。庶申罔极之情,永保山河之祚。"

旧制诸王受封,未加戎号者,不置佐史,于是尚书八座奏曰:"夫增崇徽号,饰表车服,所以阐彰厥德,下变民望。第二皇子新除始兴王伯茂,体自尊极,神姿明颖,玉映觿辰,兰芬绮岁,清晖美誉,日茂月升,道郁平、河,声超衮、植。皇情追感,圣性天深,以本宗阙绪,纂承藩嗣,虽圭社是膺,而戎章未袭,岂所以光崇睿哲,宠树皇枝。臣等参议,宜加宁远将军,置佐史。"诏曰"可"。寻除使持节、都督南琅邪彭城二郡诸军事、彭城太守。天嘉二年,进号宣惠将军、扬州刺史。

伯茂性聪敏,好学,谦恭下士,又以太子母弟,世祖深爱重之。是时征北军人于丹徒盗发晋郗昙墓,大获晋右将军王羲之书及诸名贤遗迹。事觉,其书并没县官,藏于秘府,世祖以伯茂好古,多以赐之,由是伯茂大工草隶,甚得右军之法。三年,除镇东将军、开府仪同三司、东扬州刺史。

废帝即位,时伯茂在都,刘师知等矫诏出高宗也,伯茂劝成之。师知等诛后,高宗恐伯茂扇动朝廷,光大元年,乃进号中卫将军,令人居禁中,专与废帝游处。是时四海之望,咸归高宗,伯茂深不平,日夕愤怨,数肆恶言,高宗以其无能,不以为意。及建安人蒋裕与韩子高等谋反,伯茂并阴豫其事。二年十一月,皇太后令黜废帝为临海王,其日又下令曰:"伯茂轻薄,爱自弱龄,辜负严训,弥肆凶狡。常以次居介弟,宜秉国权,不涯年德,逾逞狂躁,图为祸乱,扇动宫闱,要招粗险,觎望台阁,嗣君丧道,由此乱阶,是诸凶德,咸作谋主。允宜馨彼司甸,刑斯剧人。言念皇支,尚怀悲懑,可特除为温麻侯,宜加禁止,别遣就第。不意如此,言增炫叹。"时六门之外有别馆,以为诸王冠婚之所,名为婚第,至是命伯茂出居之。于路遇盗,殒于车中,时年十八。

鄱阳王伯山,字静之,世祖第三子也。伟容仪,举止闲雅,喜愠不形于色,世祖深器之。初高祖时,天下草创,诸王受封仪注多阙,及伯山受封,世祖欲重其事,天嘉元年七月丙辰,尚书八座奏曰:"臣闻本枝惟允,宗周之业以弘,盘石既建,皇汉之基斯远,故能协宣五运,规范百王,式固灵根,克隆卜世。第三皇子伯山,发睿德于韶年,表歧姿于丱日,光昭丹掖,晖映青闱,而玉圭未秉,金锡靡驾,岂所以教序维翰,建树藩戚。臣等参议,宜封鄱阳郡王。"诏曰"可"。乃遣散骑常侍、度支尚书萧睿持节兼太宰告于太庙;又遣五兵尚书王质持节兼太宰告于太社。其年十月,上临轩策命之曰:"於戏!夫建树藩屏,翼奖王室,钦若前典,咸必由之。惟尔凤挺圭璋,生知孝敬,令德茂亲,金誉所集,启建大邦,实惟伦序,是用敬遵民瞻,锡此圭瑞。往钦哉!其勉树产业,永保宗社,可不慎欤!"策讫,敕令王公已下并宴于王第。仍授东中郎将、吴郡太守。六年,为缘江都督、平北将军、南徐州刺史。天康元年,进号镇北将军。

高宗辅政,不欲令伯山处边,光大元年,徙为镇东将军、东扬州刺史。太建元年,征为中卫将军、中领军。六年,又为征北将军、南徐州刺史。寻为征南将军、江州刺史。十一年,入为护军将军,加开府仪同三司,仍给鼓吹并扶。后主即位,进号中权大将军。至德四年,出为持节、都督东扬、丰二州诸军事、东扬州刺史,加侍中,余并如故。祯明元年,丁所生母忧,去职。明年,起为镇卫大将军、开府仪同三司,给班剑十人。三年正月薨,时年四十。

伯山性宽厚,美风仪,又于诸王最长,后主深敬重之,每朝廷有冠婚飨宴之事,恒使伯山为主。及丁所生母忧,居丧以孝闻。后主尝幸吏部尚书蔡徵宅,因往吊之,伯山号恸殆绝,因起为镇卫将军,仍谓群臣曰:"鄱阳王至性可嘉，又是西第之长，豫章已兼司空，其亦须迁太尉。"未及发诏而伯山薨，寻值陈亡，遂无赠谥。

长子君范，太建中拜鄱阳国世子，寻为贞威将军、晋陵太守，未袭爵而隋师至。是时宗室王侯在都者百余人，后主恐其为变，乃并召入，令屯朝堂，使豫章王叔英总督之，而又阴为之备。及六军败绩，相率出降，因从后主入关。至长安，隋文帝并配于陇右及河西诸州，各给田业以处之。初，君范与尚书仆射江总友善，至是总赠君范书五言诗，以叙他乡离别之意，辞甚酸切，当世文士咸讽诵之。大业二年，隋炀帝以后主第六女女媭为贵人，绝爱幸，因召陈氏子弟尽还京师，随才叙用，由是并为守宰，遍于天下。其年君范为温令。

晋安王伯恭，字肃之，世祖第六子也。天嘉六年，立为晋安王。寻为平东将军、吴郡太守，置佐史。时伯恭年十余岁，便留心政事，官曹治理。太建元年，入为安前将军、中护军，迁中领军。寻为中卫将军、扬州刺史，以公事免。四年，起为安左将军，寻为镇右将军、特进，给扶。六年，出为安南将军、南豫州刺史。九年，入为安前将军、祠部尚书。十一年，进号军师将军、尚书右仆射。十二年，迁仆射。十三年，迁左仆射。十四年，出为安南将军、湘州刺史，未拜。至德元年，为侍中、中卫将军、光禄大夫，丁所生母忧，去职。祯明元年，起为中卫将军、右光禄大夫，置佐史、扶并如故。三年入关。隋大业初，为成州刺史、太常卿。

衡阳王伯信，字孚之，世祖第七子也。天嘉元年，衡阳献王昌自周还朝，于道薨，其年世祖立伯信为衡阳王，奉献王祀。寻为宣惠将军、丹阳尹，置佐史。太建四年，为中护军。六年，为宣毅将军、扬州刺史。寻加侍中、散骑常侍。十一年，进号镇前将军、太子詹事，余并如故。祯明元年，出为镇南将军、西衡州刺史。三年，隋军济江，与临汝侯方庆并为东衡州刺史王勇所害，事在方庆传。

庐陵王伯仁，字寿之，世祖第八子也。天嘉六年，立为庐陵王。太建初，为轻车将军，置佐史。七年，迁冠军将军、中领军。寻为平北将军、南徐州刺史。十二年，为翊左将军、中领军。祯明元年，加侍中、国子祭酒，领太子中庶子。三年入关，卒于长安。

长子番，先封湘滨侯，隋大业中，为资阳令。

江夏王伯义，字坚之，世祖第九子也。天嘉六年，立为江夏王。太建初，为宣惠将军、东扬州刺史，置佐史。寻为宣毅将军、持节、散骑常侍、都督合、霍二州诸军事、合州刺史。十四年，征为侍中、忠武将军、金紫光禄大夫。祯明三年入关，迁于瓜州，于道卒。

长子元基，先封湘潭侯，隋大业中为谷熟县令。

武陵王伯礼，字用之，世祖第十子也。天嘉六年，立为武陵王。太建初，为云旗将军、持节、都督吴兴诸军事、吴兴太守。在郡恣行暴掠，驱录民下，逼夺财货，前后委积，百姓患之。太建九年，为有司所劾，上曰："王年少，未达治道，皆由佐史不能匡弼所致，特降军号，后若更犯，必致之以法，有司不言与同罪。"十一年春，被代征还，伯礼遂迁延不发。其年十月，散骑常侍、御史中丞徐君敷奏曰："臣闻车辙不俟，君命之通规，夙夜匪懈，臣子之恒节。谨案云旗将军、持节、都督吴兴诸军事、吴兴太守武陵王伯礼，早擅英猷，久驰令问，惟良寄重，枌乡是属。圣上爱育黔黎，留情政本，共化求瘼，早赴皇心，遂复稽缓归骖，取移凉燠，迟回去鹢，空淹载路，淑慎未彰，违惰斯在，绳愆纠谬，以为惩诫。臣等参议以见事免伯礼所居官，以王还第，谨以白简奏闻。"诏曰："可"。祯明三年入关，隋大业中为散骑侍郎、临洮太守。

永阳王伯智，字策之，世祖第十二子也。少敦厚，有器局，博涉经史。太建中，立为永阳王。寻为侍中，加明威将军，置佐史。寻加散骑常侍，累迁尚书左仆射，出为使持节、都督东扬丰二州诸军事、平东将军，领会稽内史。至德二年，入为侍中、翊左将军，加特进。祯明三年入关。隋大业中，为岐州司马，迁国子司业。

桂阳王伯谋，字深之，世祖第十三子也。太建中，立为桂阳王。七年，为明威将军，置佐史。寻为信威将军、丹阳尹。十年，加侍中。出为持节、都督吴兴诸军事、东中郎将、吴兴太守。十一年，加散骑常侍。至德元年薨。

子丰嗣，大业中，为番禾令。

高宗四十二男：柳皇后生后主，彭贵人生始兴王叔陵，曹淑华生豫章王叔英，何淑仪生长沙王叔坚、宜都王叔明，魏昭容生建安王叔卿，钱贵妃生河东王叔献，刘昭仪生新蔡王叔齐，袁昭容生晋熙王叔文、义阳王叔达、新会王叔坦，王姬生淮南王叔彪、巴山王叔雄，吴姬生始兴王叔重，徐姬生寻阳王叔俨，淳于姬生岳阳王叔慎，王修华生武昌王叔虞，韦修容生湘东王叔平，施姬生临贺王叔敖、沅陵王叔兴，曾姬生阳山王叔宣，杨姬生西阳王叔穆，申婕妤生南安王叔俭、南郡王叔澄、岳山王叔韶、太原王叔匡，袁姬生新兴王叔纯，吴姬生巴东王叔谟，刘姬生临江王叔显，秦姬生新宁王叔隆、新昌王叔荣。其皇子叔睿、叔忠、叔弘、叔毅、叔训、叔武、叔处、叔封等八人，并未及封。叔陵犯逆，别有传。三子早卒，本书无名。

豫章王叔英，字子烈，高宗第三子也。少宽厚仁爱。天嘉元年，封建安侯。太建元年，改封豫章王，仍为宣惠将军、都督东扬州诸军事、东扬州刺史。五年，进号平北将军、南豫州刺史。十一年，为镇前将军、江州刺史。后主即位，进号征南将军，寻加开府仪同三司、中卫大将军，余并如故。四年，进号骠骑大将军。祯明元年，给鼓吹一部，班剑十人。其年，迁司空。三年，隋师济江，叔英知石头军戍事。寻令入屯朝堂。及六军败绩，降于隋将韩擒虎。其年入关。隋大业中为涪陵太守。

长子弘，至德元年，拜豫章国世子。

长沙王叔坚，字子成，高宗第四子也。母本吴中酒家婢，高宗微时，尝往饮，遂与通，及贵，召拜淑仪。叔坚少杰黠，凶虐使酒，尤好数术、卜筮、祝禁，镕金琢玉，并究其妙。天嘉中，封丰城侯。太建元年，立为长沙王，仍为东中郎将、吴郡太守。四年，为宣毅将军、江州刺史，置佐史。七年，进号云麾将军、郢州刺史，未拜，转为平越中郎将、广州刺史。寻为平北将军、合州刺史。八年，复为平西将军、郢州刺史。十一年，入为翊左将军、丹阳尹。

初，叔坚与始兴王叔陵并招聚宾客，各争权宠，甚不平。每朝会卤簿，不肯为先后，必分道而趋，左右或争道而斗，至有死者。及高宗弗豫，叔坚、叔陵等并从后主侍疾。叔陵阴有异志，乃命典药吏曰："切药刀甚钝，可砺之。"及高宗崩，仓卒之际，又命其左右于外取剑，左右弗悟，乃取朝服所佩木剑以进，叔陵怒。叔坚在侧闻之，疑有变，伺其所为。及翌日小敛，叔陵袖锉药刀趋进，斫后主，中项，后主闷绝于地，皇太后与后主乳母乐安君吴氏俱以身捍之，获免。叔坚自后扼叔陵，擒之，并夺其刀，将杀之，问后主曰："即尽之，为待也？"后主不能应。叔陵旧多力，须臾，自奋得脱，出云龙门，入于东府城，召左右断青溪桥道，放东城囚以充战士。又遣人往新林，追其所部兵马，仍自被甲，著白布帽，登城西门，招募百姓。是时众军并缘江防守，台内空虚，叔坚乃白太后使太子舍人司马申以后主命召萧摩诃，令讨之。即日擒其将戴温、谭骐骥等，送台，斩于尚书阁下，持其首徇于东城。叔陵惶扰不知所为，乃尽杀其妻妾，率左右数百人走趋新林。摩诃追之，斩于丹阳郡，余党悉擒。其年，以功进号骠骑将军、开府仪同三司、扬州刺史。寻迁司空，将军、刺史如故。

是时后主患创，不能视事，政无小大，悉委叔坚决之，于是势倾朝廷。叔坚因肆骄纵，事多不法，后主由是疏而忌之。孔范、管斌、施文庆之徒，并东宫旧臣，日夜阴持其短。至德元年，乃诏令即本号用三司之仪，出为江州刺史。未发，寻有诏又以为骠骑将军，重为司空，实欲去其权势。叔坚不自安，稍怨望，乃为左道厌魅以求福助，刻木为偶人，衣以道士之服，施机关，能拜跪，昼夜于日月下醮，祝诅于上。其年冬，有人上书告其事，案验并实，后主召叔坚囚于西省，将杀之。其夜，令近侍宣敕，数之以罪，叔坚对曰："臣之本心，非有他故，但欲求亲媚耳。臣既犯天宪，罪当万死，臣死之日，必见叔陵，愿宣明诏，责于九泉之下。"后主感其前功，乃赦之，特免所居官，以王还第。寻起为侍中、镇左将军。二年，又给鼓吹，油幢车。三年，出为征西将军、荆州刺史。四年，进号中军大将军、开府仪同三司。祯明二年，秩满还都。

三年入关，迁于瓜州，更名叔贤。叔贤素贵，不知家人生产，至是与妃沈氏酤酒，以佣保为事。隋大业中，为遂宁郡太守。

建安王叔卿，字子弼，高宗第五子也。性质直有材器，容貌甚伟。太建四年，立为建安王，授东中郎将、东扬州刺史。七年，为云麾将军、郢州刺史，置佐史。九年，进号平南将军、湘州刺史。后主即位，进号安南将军。又为侍中、镇右将军、中书令。迁中书监。祯明三年入关，隋大业中，为都官郎、上党通守。

宜都王叔明，字子昭，高宗第六子也。仪容美丽，举止和弱，状似妇人。太建五年，立为宜都王，寻授宣惠将军，置佐史。七年，授东中郎将、东扬州刺史，寻为轻车将军、卫尉卿。十三年，出为使持节、云麾将军、南徐州刺史。又为侍中、翊右将军。至德四年，进号安右将军。祯明三年入关，隋大业中为鸿胪少卿。

河东王叔献，字子恭，高宗第九子也。性恭谨，聪敏好学。太建五年，立为河东王。七年，授宣毅将军，置佐史。寻为散骑常侍、军师将军、都督南徐州诸军事、南徐州刺史。十二年薨，年十三。赠侍中、中抚将军、司空，谥曰康简。子孝宽嗣。孝宽以至德元年，袭爵河东王。祯明三年入关，隋大业中为汶城令。

新蔡王叔齐，字子肃，高宗第十一子也。风彩明赡，博涉经史，善属文。太建七年，立为新蔡王，寻为智武将军，置佐史。出为东中郎将、东扬州刺史。至德二年，入为侍中，将军、佐史如故。祯明元年，除国子祭酒，侍中、将军、佐史如故。三年入关。隋大业中为尚书主客郎。

晋熙王叔文，字子才，高宗第十二子也。性轻险，好虚誉，颇涉书史。太建七年，立为晋熙王。寻为侍中、散骑常侍、宣惠将军，置佐史。进号轻车将军、扬州刺史。至德元年，授持节、都督江州诸军事、江州刺史。二年，迁信威将军、督湘、衡、武、桂四州诸军事、湘州刺史。祯明二年，秩满，征为侍中、宣毅将军，佐史如故。未还，而隋军济江，破台城，隋汉东道行军元帅秦王至于汉口。时叔文自湘州还朝，至巴州，乃率巴州刺史毕宝等请降，致书于秦王曰："窃以天无二日，晦明之序不差，土无二王，尊卑之位乃别。今车书混壹，文轨大同，敢披丹款，申其屈膝。"秦王得书，因遣行军吏部柳庄与元帅府僚属等往巴州迎劳叔文。叔文于是与毕宝、荆州刺史陈纪及文武将吏赴于汉口，秦王并厚待之，置于宾馆。隋开皇九年三月，众军凯旋，文帝亲幸温汤劳之，叔文与陈纪、周罗睺、荀法尚等并诸降人，见于路次。数日，叔文从后主及诸王侯将相并乘舆、服御、天文图籍等，并以次行列，仍以铁骑围之，随晋王、秦王等献凯而入，列于庙庭。明日，隋文帝坐于广阳门观，叔文又从后主至朝堂南。文帝使内史令李德林宣旨，责其君臣不能相弼，以致丧亡。后主与其群臣并惭惧拜伏，莫能仰视，叔文独欣然而有自得之志。旬有六日，乃上表曰："昔在巴州，已先送款，乞知此情，望异常例。"文帝虽嫌其不忠，而方欲怀柔江表，乃授开府，拜宜州刺史。

淮南王叔彪，字子华，高宗第十三子也。少聪惠，善属文。太建八年，立为淮南王。寻位侍中、仁威将军，置佐史。祯明三年入关，卒于长安。

始兴王叔重，字子厚，高宗第十四子也。性质朴，无伎艺。高宗崩，始兴王叔陵为逆，诛死，其年立叔重为始兴王，以奉昭烈王后。至德元年，为仁威将军、扬州刺史，置佐史。二年，加使持节、都督江州诸军事、江州刺史。祯明三年入关。隋大业中为大府少卿，卒。

寻阳王叔俨，字子思，高宗第十五子也。性凝重，举止方正。后主即位，立为寻阳王。至德元年，为侍中、仁武将军，置佐史。祯明三年入关，寻卒。

岳阳王叔慎，字子敬，高宗第十六子也。少聪敏，十岁能属文。太建十四年，立为岳阳王，时年十一。至德四年，拜侍中、智武将军、丹阳尹。是时，后主尤爱文章，叔慎与衡阳王伯信、新蔡王叔齐等日夕陪侍，每应诏赋诗，恒被嗟赏。祯明元年，出为使持节、都督湘、衡、桂、武四州诸军事、智武将军、湘州刺史。三年，隋师济江，破台城，前刺史晋熙王叔文还至巴州，与巴州刺史毕宝、荆州刺史陈纪并降。隋行军元帅清河公杨素兵下荆门，别遣其将庞晖将兵略地，南至湘州，城内将士，莫有固志，克日请降。叔慎乃置酒会文武僚吏，酒酣，叔慎叹曰："君臣之义，尽于此乎！"长史谢基伏而流涕，湘州助防遂兴侯正理在坐，乃起曰："主辱臣死，诸君独非陈国之臣乎？今天下有难，实是致命之秋也。纵其无成，犹见臣节，青门之外，有死不能。今日之机，不可犹豫，后应者斩。"众咸许诺，乃刑牲结盟。仍遣人诈奉降书于庞晖，晖信之，克期而入，叔慎伏甲待之。晖令数百人屯于城门，自将左右数十人入于厅事，俄而伏兵发，缚晖以徇，尽擒其党，皆斩之。叔慎坐于射堂，招令士众，数日之中，兵至五千人。衡阳太守樊通、武州刺史邬居业，皆请赴难。未至，隋遣中牟公薛胄为湘州刺史，闻庞晖死，乃益请兵，隋又遣行军总管刘仁恩救之。未至，薛胄兵次鹅羊山，叔慎遣正理及樊通等拒之，因大合战，自旦至于日昃，隋军迭息迭战，而正理兵少不敌，于是大败。胄乘胜入城，生擒叔慎。是时，邬居业率其众自武州来赴，出横桥江，闻叔慎败绩，乃顿于新康口。隋总管刘仁恩亦至横桥，据水置营，相持信宿，因合战，居业又败。仁恩虏叔慎、正理、居业及其党与十余人，秦王斩之于汉口。叔慎时年十八。

义阳王叔达，字子聪，高宗第十七子也。太建十四年，立为义阳王，寻拜仁武将军，置佐史。祯明元年，除丹阳尹。三年入关。隋大业中为内史，至绛郡通守。

巴山王叔雄，字子猛，高宗第十八子也。太建十四年，立为巴山王。祯明三年入关，卒于长安。

武昌王叔虞，字子安，高宗第十九子也。太建十四年，立为武昌王，寻为壮武将军，置佐史。祯明三年入关。隋大业中为高苑令。

湘东王叔平，字子康，高宗第二十子也。至德元年，立为湘东王。祯明三年入关。隋大业中为胡苏令。

临贺王叔敖，字子仁，高宗第二十一子也。至德元年，立为临贺王，寻为仁武将军，置佐史。祯明三年入关。隋大业初拜仪同三司。

阳山王叔宣，字子通，高宗第二十二子也。至德元年，立为阳山王。祯明三年入关。隋大业中为泾城令。

西阳王叔穆，字子和，高宗第二十三子也。至德元年，立为西阳王。祯明三年入关，卒于长安。

南安王叔俭，字子约，高宗第二十四子也。至德元年，立为南安王。祯明三年入关，卒于长安。

南郡王叔澄，字子泉，高宗第二十五子也。至德元年，立为南郡王。祯明三年入关。隋大业中为灵武令。

沅陵王叔兴，字子推，高宗第二十六子也。至德元年，立为沅陵王。祯明三年入关。隋大业中为给事郎。

岳山王叔韶，字子钦，高宗第二十七子也。至德元年，立为岳山王，寻为智武将军，置佐史。四年，除丹阳尹。祯明三年入关，卒于长安。

新兴王叔纯，字子共，高宗第二十八子也。至德元年，立为新兴王。祯明三年入关。隋大业中为河北令。

巴东王叔谟，字子轨，高宗第二十九子也。至德四年，立为巴东王。祯明三年入关。隋大业中为岍阳令。

临江王叔显，字子明，高宗第三十子也。至德四年，立为临江王。祯明三年入关。隋大业中为鹑觚令。

新会王叔坦，字子开，高宗第三十一子也。至德四年，立为新会王。祯明三年入关。隋大业中为涉令。

新宁王叔隆，字子远，高宗第三十二子也。至德四年，立为新宁王。祯明三年入关。卒于长安。

新昌王叔荣，字子彻，高宗第三十三子也。祯明二年，立为新昌王。三年入关。隋大业中为内黄令。

太原王叔匡，字子佐，高宗第三十四子也。祯明二年，立为太原王。三年入关。隋大业中为寿光令。

后主二十二男：张贵妃生皇太子深、会稽王庄，孙姬生吴兴王胤，高昭仪生南平王嶷，吕淑媛生永嘉王彦、邵陵王兢，龚贵嫔生南海王虔、钱塘王恬，张淑华生信义王祗，徐淑仪生东阳王恮，孔贵人生吴郡王蕃。其皇子总、观、明、纲、统、冲、洽、绰、绰、威、辩十一人，并未及封。

皇太子深，字承源，后主第四子也。少聪惠，有志操，容止俨然，虽左右近侍，未尝见其喜愠。以母张贵妃故，特为后主所爱。至德元年，封始安王，邑二千户。寻为军师将军、扬州刺史，置佐史。祯明二年，皇太子胤废，后主乃立深为皇太子。三年，隋师济江，六军败绩，隋将韩擒虎自南掖门入，百僚逃散。深时年十余岁，闭阁而坐，舍人孔伯鱼侍焉。隋军排阁而入，深使宣劳之曰："军旅在途，不乃劳也？"军人咸敬焉。其年入关。隋大业中为枹罕太守。

吴兴王胤，字承业，后主长子也。太建五年二月乙丑生于东宫，母孙姬因产卒，沈皇后哀而养之，以为己子。时后主年长，未有胤嗣，高宗因命以为嫡孙，其日下诏曰："皇孙初诞，国祚方熙，思与群臣，共同斯庆，内外文武赐帛各有差，为父后者赐爵一级。"十年，封为永康公。后主即位，立为皇太子。胤性聪敏，好学，执经肄业，终日不倦，博通大义，兼善属文。至德三年，躬出太学讲《孝经》，讲毕，又释奠于先圣先师。其日设金石之乐于太学，王公卿士及太学生并预宴。是时张贵妃、孔贵嫔并爱幸，沈皇后无宠，而近侍左右数于东宫往来，太子亦数使人至后所，后主疑其怨望，甚恶之。而张、孔二贵妃又日夜构成后及太子之短，孔范之徒又于外合成其事，祯明二年，废为吴兴王，仍加侍中、中卫将军。三年入关，卒于长安。

南平王嶷，字承岳，后主第二子也。方正有器局，年数岁，风采举动，有若成人。至德元年，立为南平王。寻除信武将军、南琅邪、彭城二郡太守，置佐史。迁扬州刺史，进号镇南将军。寻为使持节、都督郢、荆、湘三州诸军事、征西将军、郢州刺史。未行而隋军济江。祯明三年入关，卒于长安。

永嘉王彦，字承懿，后主第三子也。至德元年，立为永嘉王。寻为忠武将军、南徐州刺史，进号安南将军。授散骑常侍、使持节、都督江、巴、东衡三州诸军事、平南将军、江州刺史。未行，隋师济江。祯明三年入关。隋大业中为襄武令。

南海王虔，字恭恪，后主第五子也。至德元年，立为南海王。寻为武毅将军，置佐史，进号军师将军。祯明二年，出为平北将军、南徐州刺史。三年入关。隋大业中为涿令。

信义王祗，字敬敬，后主第六子也。至德元年，立为信义王。寻为壮武将军，置佐史。授使持节、都督、智武将军、琅邪彭城二郡太守。祯明三年入关。隋大业中为通议郎。

邵陵王兢，字承检，后主第七子也。祯明元年，立为邵陵王，邑一千户。寻为仁武将军，置佐史。三年入关。隋大业中为国子监丞。

会稽王庄，字承肃，后主第八子也。容貌蒙陋，性严酷，数岁，左右有不如意，辄劓刺其面，或加烧爇。以母张贵妃有宠，后主甚爱之。至德四年，立为会稽王。寻为翊前将军，置佐史。除使持节、都督扬州诸军事、扬州刺史。祯明三年入关。隋大业中为昌隆令。

东阳王恮，字承厚，后主第九子也。祯明二年，立为东阳王，邑一千户。未拜，三年入关。隋大业中为通议郎。

吴郡王蕃，字承广，后主第十子也。祯明二年，封吴郡王。三年入关。隋大业中为涪城令。

钱塘王恬，字承惔，后主第十一子也。祯明二年，立为钱塘王，邑一千户。三年入关，卒于长安。

江左自西晋相承，诸王开国，并以户数相差为大小三品。大国置上、中、下三将军，又置司马一人；次国置中、下二将军；小国置将军一人。余官亦准此为差。高祖受命，自永定讫于祯明，唯衡阳王昌特加殊宠，至五千户。自余大国不过二千户，小国即千户。而旧史残缺，不能别知其国户数，故缀其遗事附于此。

史臣曰：世祖、高宗、后主并建藩屏，以树懿亲，固乃本根，隆斯盘石。鄱阳王伯山有风采德器，亦一代令藩矣。岳阳王叔慎属社稷倾危，情哀家国，竭诚赴敌，志不图生。呜呼！古之忠烈致命，斯之谓也。

卷二十九　　列传第二十三

宗元饶　司马申　毛喜　蔡征

宗元饶，南郡江陵人也。少好学，以孝敬闻。仕梁世，解褐本州主簿，迁征南府行参军，仍转外兵参军。及司徒王僧辩幕府初建，元饶与沛国刘师知同为主簿。高祖受禅，除晋陵令。入为尚书功论郎。使齐还，为廷尉正。迁太仆卿，领本邑大中正，中书通事舍人。寻转廷尉卿，加通直散骑常侍，兼尚书左丞。时高宗初即位，军国务广，事无巨细，一以咨之，台省号为称职。

迁御史中丞，知五礼事。时合州刺史陈褒赃污狼藉，遣使就渚敛鱼，又于六郡乞米，百姓甚苦之。元饶劾奏曰："臣闻建旟求瘼，实寄廉平，褰帷恤隐，本资仁恕。如或贪污是肆，征赋无厌，天网虽疏，兹焉弗漏。谨案钟陵县开国侯、合州刺史臣褒，因藉多幸，预逢抽擢，爵由恩被，官以私加，无德无功，坐尸荣贵。谯、肥之地，久沦非所，皇威克复，物仰仁风。新邦用轻，弥俟宽惠，应斯作牧，其寄尤重。爰降曲恩，祖行宣室，亲承规诲，事等言提。虽廉洁之怀，诚无素蓄，而禀兹严训，可以厉精。遂乃擅行赋敛，专肆贪取，求粟不厌，愧王沉之出赈，征鱼无限，异羊续之悬枯，置以严科，实惬明宪。臣等参议，请依旨免褒所应复除官，其应禁锢及后选左降本资，悉依免官之法。"遂可其奏。吴兴太守武陵王伯礼，豫章内史南康嗣王方泰，并骄蹇放横，元饶案奏之，皆见削黜。

元饶性公平，善持法，谙晓故事，明练治体，吏有犯法、政不便民及于名教不足者，随事纠正，多所裨益。迁贞威将军、南康内史，以秩米三千余斛助民租课，存问高年，拯救乏绝，百姓甚赖焉。以课最入朝，诏加散骑常侍、荆、雍、湘、巴、武五州大中正。寻以本官兼领尚书左丞。又为御史中丞。历左民尚书、右卫将军、领前将军，迁吏部尚书。太建十三年卒，时年六十四。诏赠侍中、金紫光禄大夫，官给丧事。

司马申，字季和，河内温人也。祖慧远，梁都水使者。父玄通，梁尚书左民郎。申早有风概，十四便善弈棋，尝随父候吏尚书到溉，时梁州刺史阴子春、领军朱异在焉。子春素知申，即于坐所呼与为对，申每有妙思，异观而奇之，因引申游处。梁邵陵王为丹阳尹，以申为主簿。属太清之难，父母俱没，因此自誓，菜食终身。

梁元帝承制，起为开远将军，迁镇西外兵记室参军。及侯景寇郢州，申随都督王僧辩据巴陵，每进筹策，皆见行用。僧辩叹曰："此生要鞭汗马，或非所长，若使抚众守城，必有奇绩。"僧辩之讨陆纳也，申在军中，于时贼众奄至，左右披靡，申躬蔽僧辩，蒙楯而前，会裴之横救至，贼乃退，僧辩顾申而笑曰："仁者必有勇，岂虚言哉！"除散骑侍郎。绍泰初，迁仪同侯安都从事中郎。

高祖受禅，除安东临川王谘议参军。天嘉三年，迁征北谘议参军，兼廷尉监。五年，除镇东谘议参军，兼起部郎。出为戎昭将军、江乘令，甚有治绩。入为尚书金部郎。迁左民郎，以公事免。太建初，起为贞威将军、征南鄱阳谘议参军。九年，除秣陵令，在职以清能见纪，有白雀巢于县庭。秩满，顷之，预东宫宴客，寻兼东宫通事舍人。迁员外散骑常侍，舍人如故。及叔陵之肆逆也，事既不捷，出据东府，申驰召右卫萧摩诃帅兵先至，追斩之，因入城中，收其府库，后主深嘉之。以功除太子左卫率，封文招县伯，邑四百户，兼中书通事舍人。寻迁右卫将军，加通直散骑常侍。以疾还第，就加散骑常侍，右卫、舍人如故。

至德四年卒，后主嗟悼久之，下诏曰："慎终追远，钦若旧则，阖棺定谥，抑乃前典。故散骑常侍、右卫将军、文招县开国伯申，忠肃在公，清正立己，治繁处约，投躯殉义。朕任寄情深，方康庶绩，奄然化往，伤恻于怀。可赠侍中、护军将军，进爵为侯，增邑为五百户，谥曰忠。给朝服一具，衣一袭，克日举哀，丧事所须，随由资给。"及葬，后主自制志铭，辞情伤切。卒章曰："嗟乎！天不与善，歼我良臣。"其见幸如此。

申历事三帝，内掌机密，至于仓卒之间，军国大事，指麾断决，无有滞留。子琇嗣，官至太子舍人。

毛喜，字伯武，荥阳阳武人也。祖称，梁散骑侍郎。父栖忠，梁尚书比部侍郎、中权司马。喜少好学，善草隶。起家梁中卫西昌侯行参军，寻迁记室参军。高祖素知于喜，及镇京口，命喜与高宗俱往江陵，仍敕高宗曰："汝至西朝，可谘禀毛喜。"喜与高宗同谒梁元帝，即以高宗为领直，喜为尚书功论侍郎。及江陵陷，喜及高宗俱迁关右。世祖即位，喜自周还，进和好之策，朝廷乃遣周弘正等通聘。及高宗反国，喜于郢州奉迎。又遣喜入关，以家属为请。周冢宰宇文护执喜手曰："能结二国之好者，卿也。"仍迎柳皇后及后主还。天嘉三年至京师，高宗时为骠骑将军，仍以喜为府谘议参军，领中记室。府朝文翰，皆喜词也。

世祖尝谓高宗曰："我诸子皆以'伯'为名，汝诸儿宜用'叔'为称。"高宗以访于喜，喜即条牒自古名贤杜叔英、虞叔卿等二十余人以启世祖，世祖称善。

世祖崩，废帝冲昧，高宗录尚书辅政，仆射到仲举等知朝望有归，乃矫太后令遣高宗还东府，当时疑惧，无敢措言。喜即驰入，谓高宗曰："陈有天下日浅，海内未夷，兼国祸并钟，万邦危惧。皇太后深惟社稷至计，令王入省，方当共康庶绩，比德伊、周。今日之言，必非太后之意。宗社之重，愿加三思。以喜之愚，须更闻奏，无使奸贼得肆其谋。"竟如其策。

右卫将军韩子高始与仲举通谋，其事未发，喜请高宗曰："宜简选人马，配与子高，并赐铁炭，使修器甲。"高宗惊曰："子高谋反，即欲收执，何为更如是邪？"喜答曰："山陵始毕，边寇尚多，而子高受委前朝，名为杖顺，然甚轻狷，恐不时授首，脱其稽诛，或忿王度。宜推心安诱，使不自疑，图之一壮士之力耳。"高宗深然之，卒行其计。

高宗即位，除给事黄门侍郎，兼中书舍人，典军国机密。高宗将议北伐，敕喜撰军制，凡十三条，诏颁天下，文多不载。寻迁太子右卫率、右卫将军。以定策功，封东昌县侯，邑五百户。又以本官行江夏、武陵、桂阳三王府国事。太建三年，丁母忧去职，诏追赠喜母庾氏东昌国太夫人，赐布五百匹，钱三十万，官给丧事。又遣员外散骑常侍杜缅图其墓田，高宗亲与缅案图指画，其见重如此。寻起为明威将军，右卫、舍人如故。改授宣远将军、义兴太守。寻以本号入为御史中丞。服阕，加散骑常侍、五兵尚书，参掌选事。

及众军北伐，得淮南地，喜陈安边之术，高宗纳之，即日施行。又问喜曰："我欲进兵彭、汴，于卿意如何？"喜对曰："臣实才非智者，安敢预兆未然。窃以淮左新平，边氓未乂，周氏始吞齐国，难与争锋，岂以弊卒疲兵，复加深入。且弃舟楫之工，践车骑之地，去长就短，非吴人所便。臣愚以为不若安民保境，寝兵复约，然后广募英奇，顺时而动，斯久长之术也。"高宗不从。后吴明彻陷周，高宗谓喜曰："卿之所言，验于今矣。"

十二年，加侍中。十三年，授散骑常侍、丹阳尹。迁吏部尚书，常侍如故。及高宗崩，叔陵构逆，敕中庶子陆琼宣旨，令南北诸军，皆取喜处分。贼平，又加侍中，增封并前九百户。至德元年，授信威将军、永嘉内史，加秩中二千石。

初，高宗委政于喜，喜亦勤心纳忠，多所匡益，数有谏诤，事并见从，由是十余年间，江东狭小，遂称全盛。唯略地淮北，不纳喜谋，而吴明彻竟败，高宗深悔之，谓袁宪曰："不用毛喜计，遂令至此，朕之过也。"喜既益亲，乃言无回避，而皇太子好酒德，每共幸人为长夜之宴，喜尝为言，高宗以诫太子，太子阴患之，至是稍见疏远。

初，后主为始兴王所伤，及疮愈而自庆，置酒于后殿，引江总以下，展乐赋诗，醉而命喜。于时山陵初毕，未及逾年，喜见之不怿，欲谏而后主已醉，喜升阶，佯为心疾，仆于阶下，移出省中。后主醒，乃疑之，谓江总曰："我悔召毛喜，知其无疾，但欲阻我欢宴，非我所为，故奸诈耳。"乃与司马申谋曰："此人负气，吾欲将乞鄱阳兄弟听其报仇，可乎？"对曰："终不为官用，愿如圣旨。"傅縡争之曰："不然。若许报仇，欲置先皇何地？"后主曰："当乞一小郡，勿令见人事也。"乃以喜为永嘉内史。

喜至郡，不受俸秩，政弘清静，民吏便之。遇丰州刺史章大宝举兵反，郡与丰州相接，而素无备御，喜乃修治城隍，严饰器械。又遣所部松阳令周磻领千兵援建安。贼平，授南安内史。祯明元年，征为光禄大夫，领左骁骑将军。喜在郡有惠政，乃征入朝，道路追送者数百里。其年道病卒，时年七十二。有集十卷。子处冲嗣，官至仪同从事中郎、中书侍郎。

蔡征，字希祥，侍中、中抚军将军景历子也。幼聪敏，精识强记。年六岁，诣梁吏部尚书河南褚翔，翔字仲举，嗟其颖悟。七岁，丁母忧，居丧成人礼。继母刘氏性悍忌，视之不以道，征供伺益谨，初无怨色。征本名览，景历以为有王祥之性，更名征，字希祥。

梁承圣初，高祖为南徐州刺史，召补迎主簿。寻授太学博士。天嘉初，迁始兴王府法曹行参军，历外兵参军事、尚书主客郎，所居以干理称。太建初，迁太子少傅丞、新安王主簿、通直散骑侍郎、晋安王功曹史、太子中舍人，兼东宫领直，中舍人如故。丁父忧去职，服阕，袭封新丰县侯，授戎昭将军、镇右新安王谘议参军。

至德二年，迁廷尉卿，寻为吏部郎。迁太子中庶子、中书舍人，掌诏诰。寻授左民尚书，与仆射江总知撰五礼事。寻加宁远将军。后主器其材干，任寄日重，迁吏部尚书、安右将军，每十日一往东宫，于太子前论述古今得丧及当时政务。又敕以廷尉寺狱，事无大小，取徵议决。俄有敕遣征收募兵士，自为部曲，征善抚恤，得物情，旬月之间，众近一万。征位望既重，兼声势熏灼，物议咸忌惮之。寻徙为中书令，将军如故。中令清简无事，或云征有怨言，事闻后主，后主大怒，收夺人马，将诛之，有固谏者获免。

祯明三年，隋军济江，后主以征有干用，权知中领军。征日夜勤苦，备尽心力，后主嘉焉，谓曰"事宁有以相报"。及决战于钟山南岗，敕征守宫城西北大营，寻令督众军战事。城陷，随例入关。

征美容仪，有口辩，多所详究。至于士流官宦，皇家戚属，及当朝制度，宪章仪轨，户口风俗，山川土地，问无不对。然性颇便佞进取，不能以退素自业。初拜吏部尚书，启后主借鼓吹，后主谓所司曰："鼓吹军乐，有功乃授，蔡征不自量揆，禀我朝章。然其父景历既有缔构之功，宜且如所启，拜讫即追还。"征不修廉隅，皆此类也。隋文帝闻其敏赡，召见顾问，言辄会旨，然累年不调，久之，除太常丞。历尚书民部仪曹郎，转给事郎，卒，时年六十七。子翼，治《尚书》，官至司徒属、德教学士。入隋，为东宫学士。

史臣曰：宗元饶夙夜匪懈，济务益时。司马申清恪在朝，攻苦立行，加之以忠节，美矣。毛喜深达事机，匡赞时主。蔡征聪敏才赡，而擅权自踬，惜哉！

卷三十　　列传第二十四

萧济　陆琼子从典　**顾野王**
傅𬘡章华

萧济，字孝康，东海兰陵人也。少好学，博通经史，诸梁武帝《左氏》疑义三十余条，尚书仆射范阳张缵、太常卿南阳刘之遴并与济讨论，缵等莫能抗对。解褐梁秘书郎，迁太子舍人。预平侯景之功，封松阳县侯，邑五百户。

及高祖作镇徐方，以济为明威将军、征北长史。承圣二年，征为中书侍郎，转通直散骑常侍。世祖为会稽太守，又以济为宣毅府长史，迁司徒左长史。世祖即位，授侍中。寻迁太府卿，丁所生母忧，不拜。济毗佐二主，恩遇甚笃，赏赐加于凡等。历守芒陵、阳羡、临津、临安等郡，所在皆著声绩。太建初，入为五兵尚书，与左仆射徐陵、特进周弘正、度支尚书王瑒、散骑常侍袁宪俱侍东宫。复为司徒长史。寻授度支尚书，领羽林监。迁国子祭酒，领羽林如故。加金紫光禄大夫，兼安德宫卫尉。寻迁仁威将军、扬州长史。高宗尝敕取扬州曹事，躬自省览，见济条理详悉，文无滞害，乃顾谓左右曰："我本期萧长史长于经传，不言精练繁剧，乃至于此。"迁祠部尚书，加给事中，复为金紫光禄大夫。未拜而卒，时年六十六。诏赠本官，官给丧事。

陆琼，字伯玉，吴郡吴人也。祖完，梁琅邪、彭城二郡丞。父云公，梁给事黄门侍郎，掌著作。琼幼聪惠有思理，六岁为五言诗，颇有词采。大同末，云公受梁武帝诏校定《棋品》，到溉、朱异以下并集。琼时年八岁，于客前覆局，由是京师号曰神童。异言之武帝，有敕召见，琼风神警亮，进退详审，帝甚异之。十一，丁父忧，毁瘠有至性，从祖襄叹曰："此儿必荷门基，所谓一不为少。"及侯景作逆，携母避地于县之西乡，勤苦读书，昼夜无息，遂博学，善属文。

永定中，州举秀才。天嘉元年，为宁远始兴王府法曹行参军。寻以本官兼尚书外兵郎，以文学转兼殿中郎，满岁为真。琼素有令名，深为世祖所赏。及讨周迪、陈宝应等，都官符及诸大手笔，并中敕付琼。迁新安王文学，掌东宫管记。及高宗为司徒，妙简僚佐，吏部尚书徐陵荐琼于高宗曰："新安王文学陆琼，见识优敏，文史足用，进居郎署，岁月过淹，左西掾缺，允膺兹选，阶次小逾，其屈滞已积。"乃除司徒左西掾。寻兼通直散骑常侍，聘齐。

太建元年，重以本官掌东宫管记。除太子庶子，兼通事舍人。转中书侍郎、太子家令。长沙王为江州刺史，不循法度，高宗以王年少，授琼长史，行江州府国事，带寻阳太守。琼以母老，不欲远出，太子亦固请留之，遂不行。累迁给事黄门侍郎，领羽林监。转太子中庶子，领步兵校尉。又领大著作，撰国史。

后主即位。直中书省，掌诏诰。俄授散骑常侍，兼度支尚书，领扬州大中正。至德元年，除度支尚书，参掌诏诰，并判廷尉、建康二狱事。初，琼父云公奉梁武帝敕撰《嘉瑞记》，琼述其旨而续焉，自永定讫于至德，勒成一家之言。迁吏部尚书，著作如故。琼详练谱牒，雅鉴人伦，先是，吏部尚书宗元饶卒，右仆射袁宪举琼，高宗未之用也，至是居之，号为称职，后主甚委任焉。

琼性谦俭，不自封植，虽位望日隆，而执志愈下。园池室宇，无所改作，车马衣服，不尚鲜华，四时禄俸，皆散之宗族，家无余财。暮年深怀止足，思避权要，恒谢病不视事。俄丁母忧，去职。初，琼之侍东宫也，母随在官舍，后主赏赐优厚。及丧柩还乡，诏加赗赠，并遣谒者黄长贵持册奠祭，后主又自制志铭，朝野荣之。琼哀慕过毁，以至德四年卒，时年五十，诏赠领军将军，官给丧事。有集二十卷行于世。长子从宜，仕至武昌王文学。

第三子从典，字由仪。幼而聪敏。八岁，读沈约集，见回文研铭，从典援笔拟之，便有佳致。年十三，作《柳赋》，其词甚美。琼时为东宫管记，宫僚并一时俊伟，琼示以此赋，咸奇其异才。从父瑜特所赏爱，及瑜将终，家中坟籍皆付从典，从典乃集瑜文为十卷，仍制集序，其文甚工。

从典笃好学业，博涉群书，于《班史》尤所属意。年十五，本州举秀才。解褐著作佐郎，转太子舍人。时后主赐仆射江总并其父琼诗，总命从典为谢启，俄顷便就，文华理畅，总甚异焉。寻授信义王文学，转太子洗马。又迁司徒左西掾，兼东宫学士。丁父忧去职。寻起为德教学士，固辞不就，后主敕留一员，以待从典。俄属金陵沦没，随例迁关右。仕隋为给事郎，兼东宫学士。又除著作佐郎。右仆射杨素奏从典续司马迁《史记》迄于隋，其书未就。值隋末丧乱，寓居南阳郡，以疾卒，时年五十七。

顾野王，字希冯，吴郡吴人也。祖子乔，梁东中郎武陵王府参军事。父烜，信威临贺王记室，兼本郡五官掾，以儒术知名。野王幼好学。七岁，读《五经》，略知大旨。九岁能属文，尝制《日赋》，领军朱异见而奇之。年十二，随父之建安，撰《建安地记》二篇。长而遍观经史，精记嘿识，天文地理、蓍龟占候、虫篆奇字，无所不通。梁大同四年，除太学博士。迁中领军临贺王府记室参军。宣城王为扬州刺史，野王及琅邪王褒并为宾客，王甚爱其才。野王又好丹青，善图写，王于东府起斋，乃令野王画古贤，命王褒书赞，时人称为二绝。

及侯景之乱，野王丁父忧，归本郡，乃召募乡党数百人，随义军援京邑。野王体素清羸，裁长六尺，又居丧过毁，殆不胜衣，及杖戈被甲，陈君臣之义，逆顺之理，抗辞作色，见者莫不壮之。京城陷，野王逃会稽，寻往东阳，与刘归义合军据城拒贼。侯景平，太尉王僧辩深嘉之，使监海盐县。

高祖作宰，为金威将军、安东临川王府记室参军，寻转府谘议参军。天嘉元年，敕补撰史学士，寻加招远将军。光大元年，除镇东鄱阳王谘议参军。太建二年，迁国子博士。后主在东宫，野王兼东宫管记，本官如故。六年，除太子率更令，寻领大著作，掌国史，知梁史事，兼东宫通事舍人。时宫僚有济阳江总，吴国陆琼，北地傅縡，吴兴姚察，并以才学显著，论者推重焉。迁黄门侍郎，光禄卿，知五礼事，余官并如故。十三年卒，时年六十三。诏赠秘书监。至德二年，又赠右卫将军。

野王少以笃学至性知名，在物无过辞失色，观其容貌，似不能言，及其励精力行，皆人所莫及。第三弟充国早卒，野王抚养孤幼，恩义甚厚。其所撰著《玉篇》三十卷，《舆地志》三十卷，《符瑞图》十卷，《顾氏谱传》十卷，《分野枢要》一卷，《续洞冥纪》一卷，《玄象表》一卷，并行于世。又撰《通史要略》一百卷，《国史纪传》二百卷，未就而卒。有文集二十卷。

傅縡，字宜事，北地灵州人也。父彝，梁临沂令。縡幼聪敏，七岁诵古诗赋至十余万言。长好学，能属文。梁太清末，携母南奔避难，俄丁母忧，在兵乱之中，居丧尽礼，哀毁骨立，士友以此称之。后依湘州刺史萧循，循颇好士，广集坟籍，縡肆志寻阅，因博通群书。王琳闻其名，引为府记室。琳败，随琳将孙玚还都。时世祖使颜晃赐玚杂物，玚托縡启谢，词理优洽，文无加点，晃还言之世祖，寻召为撰史学士。除司空府记室参军，迁骠骑安成王中记室，撰史如故。

縡笃信佛教，从兴皇惠朗法师受《三论》，尽通其学。时有大心暠法师著《无诤论》以诋之，縡乃为《明道论》，用释其难。其略曰：

《无诤论》言：比有弘《三论》者，雷同诃诋，恣言罪状，历毁诸师，非斥众学，论中道而执偏心，语忘怀而竞独胜，方学数论，更为仇敌，仇敌既构，诤斗大生，以此之心，而成罪业，罪业不止，岂不重增生死，大苦聚集？答曰：《三论》之兴，为日久矣。龙树创其源，除内学之偏见，提婆扬其旨，荡外道之邪执。欲使大化流而不拥，玄风阐而无坠。其言旷，其意远，其道博，其流深。斯固龙象之腾骧，鲲鹏之传运。塞乘决羽，岂能觇望其间哉？顷代浇薄，时无旷士，苟习小学，以化蒙心，渐染成俗，遂迷正路，唯竞穿凿，各肆营造，枝叶徒繁，本源日翳，一师解释，复异一师，更改旧宗，各立新意，同学之中，取寤复别，如是展转，添糵倍多。总而用之，心无的准；择而行之，何者为正？岂不浑沌伤窍，嘉树弊牙？虽复人说非马，家握灵蛇，以无当之卮，同画地之饼矣。其于失道，不亦宜乎？摄山之学，则不如是。守一遵本，无改作之过；约文申意，杜臆断之情。言无预说，理非宿构。睹缘尔乃应，见敌然后动。纵横ու驿，忽恍杳冥。或弥纶而不穷。或消散而无所。焕乎有文章，踪朕不可得；深乎不可量，即事而非远。凡相酬对，随理详核。有何嫉诈，干犯诸师？且诸师所说，为是可毁？为不可毁？若可毁者，毁故为衰；若不可毁，毁自不及。法师何独蔽护不听毁乎？且教有大小，备在圣诰，大乘之文，则指斥小道。今弘大法，宁得不言大乘之意耶？斯则褒贬之事，从弘放学；与夺之辞，依经议论。何得见佛说而信顺，在我语而忤逆？无诤平等心如是耶？且忿恚烦恼，凡夫恒性，失理之徒，率皆有此。岂可以三修未惬，六师怀恨，而蕴涅槃妙法，永不宣扬？但冀其忿愤之心既极，恬淡之寤自成耳。人面不同，其心亦异，或有辞意相反，或有心口相符。岂得必谓他人说中道而心偏执，已行无诤，外不违而内平等？仇敌斗讼，岂我事焉；罪业聚集，斗诤者所畏耳。

《无诤论》言：摄山大师诱进化导，则不如此，即习行于无诤者也。导悟之德既往，淳一之风已浇，竞胜之心，阿毁之曲，盛于兹矣。吾愿息诤以通道，让胜以忘德。何必排拂异家，生其恚怒者乎？若以中道之心行于《成实》，亦能不诤；若以偏著之心说于《中论》，亦得有诤。固知诤与不诤，偏在一法。答曰：摄山大师实无诤矣，但法师所赏，未衷其节。彼静守幽谷，寂尔无为，凡有训勉，莫匪同志，从容语嘿，物无间然，故其意虽深，其言甚约。今之敷畅，地势不然。处王城之隅，居聚落之内，呼吸顾望之客，唇吻纵横之士，奋锋颖，励羽翼，明目张胆，被坚执锐，骋异家，衔别解，窥伺间隙，邀冀长短，与相酬对，拷其轻重，岂得默默无言，唯唯应命？必须捔撼同异，发揵玼瑕，忘身而弘道，忤俗而通教，以此为病，益知未达。若令大师当此之地，亦何必默已，而为法师所贵耶？法师又言："吾愿息诤以通道，让胜以忘德。"道德之事，不止在诤与不诤，让与不让也。此语直是人间所重，法师慕而言之，竟未知胜若为可让也。若他人道高，则自胜不劳让矣；他人道劣，则虽让而无益矣。欲让之辞，将非虚设？中道之心，无处不可。《成实三论》，何事致乖？但须息守株之解，除胶柱之意，是事皆中也。来旨言"诤与不诤，偏在一法"。何为独褒无诤耶？讵非矛盾？

《无诤论》言：邪正得失，胜负是非，必生于心矣，非谓所说之法，而有定相论胜劣也。若异论是非，以偏著为失言，无是无非，消彼得失，以此论为胜妙者，他论所不及，此亦为失也。何者？凡心所破，岂无心于能破，则胜负之心不忘，宁不存胜者乎？斯则矜我为得，弃他之失，即有取舍，大生是非，便是增诤。答曰：言为心使，心受言诠；和合根尘，鼓动风气，故成语也。事必由心，实如来说。至于心造伪以使口，口行诈以应心，外和而内险，言随而意逆，求利养，引声名，入道之人，在家之士，斯辈非一。圣人所以曲陈教诫，深致防杜，说见在之殃咎，叙将来之患害，此文明著，甚于日月，犹有忘爱躯，冒峻制，蹈汤炭，甘齑粉，必行而不顾也。岂能悦无诤之作，而回首革音耶？若弘道之人，宣化之士，心知胜也，口言胜也，心知劣也，口言劣也，亦无所苞藏，亦无所忌惮，但直心而行之耳。他道虽劣，圣人之教也；己德虽优，亦圣人之教也。我胜则圣人胜，他劣则圣人劣。圣人之优劣，盖根缘所宜尔。于彼于此，何所厚薄哉？虽复终日按剑，极夜击柝，瞋目以争得失，作气以求胜负，在谁处乎？有心之与无心，徒欲分别虚空耳。何意不许我论说，而使我谦退？此谓鹔鹴已翔于寥廓，而虞者犹窥数泽而求之。嗟乎！丈夫当弘斯道矣。

《无诤论》言：无诤之道，通于内外。子所言须诤者，此用末而救本，失本而营末者也。今为子言之。何则？若依外典，寻书契之前，至淳之世，朴质其心，行不言之教，当于此时，民至老死不相往来，而各得其所，复有何诤乎？固知本末不诤，是物之真矣。答曰：诤与无诤，不可偏执。本之与末，又安可知？由来不诤，宁知非末？于今而诤，何验非本？夫居后而望前，则为前；居前而望后，则为后。而前后之事犹如彼此，彼呼此为彼，此呼彼为彼，彼此之名，的居谁处乎？以此言之，万事可知矣。本末前后，是非善恶，可恒守邪？何得自信聪明，废他耳目？夫水泡生灭，火轮旋转，入牢阱，受羁绁，生忧畏，起烦恼，其失何哉？不与道相应，而起诸见故也。相应者则不然，无为也，无不为也。善恶不能偕，而未曾离善恶，生死不能至，亦终然在生死，故得永离而任放焉。是以圣人念绕桎之不脱，愍粘胶之难离，故殷勤教示，备诸便巧。希向之徒，涉求有类，虽骍角难成，象形易失，宁得不仿佛遐路，勉励短晨？且当念己身之善恶，莫揣他物，而欲分别，而言我聪明，我知见，我计校，我思惟，以此言，亦为疏矣。他人者实难测，

或可是凡夫真尔，亦可是圣人俯同，时俗所宜见，果报所应睹。安得肆胸衿，尽情性，而生讥诮乎？正应虚己而游乎世，俯仰于电露之间耳。明月在天，众水咸见，清风至林，群籁毕响。吾岂逆物哉？不入鲍鱼，不甘腐鼠。吾岂同物哉？谁能知我，共行斯路，浩浩乎！堂堂乎！岂复见有诤为非，无诤为是？此则诤者自诤，无诤者自无诤，吾俱取而用之。宁劳法师费功夫，点笔纸，但申于无诤？弟子疲唇舌，消晷漏，唯对于明道？戏论哉！糟粕哉！必欲且考真伪，暂观得失，无过依贤圣之言，检行藏之理，始终研究，表里综核，使浮辞无所用，诈道自然消。请待后筵，以观其妙矣。

寻以本官兼通直散骑侍郎使齐，还除散骑侍郎、镇南始兴王谘议参军，兼东宫管记。历太子庶子、仆，兼管记如故。后主即位，迁秘书监、右卫将军，兼中书通事舍人，掌诏诰。

縡为文典丽，性又敏速，虽军国大事，下笔辄成，未尝起草，沉思者亦无以加焉，甚为后主所重。然性木强，不持检操，负才使气，陵侮人物，朝士多衔之。会施文庆、沈客卿以便佞亲幸，专制衡轴，而縡益疏。文庆等因共谮縡受高丽使金，后主收縡下狱。縡素刚，因愤恚，乃于狱中上书曰："夫君人者，恭事上帝，子爱下民，省嗜欲，远谄佞，未明求衣，日旰忘食，是以泽被区宇，庆流子孙。陛下顷来酒色过度，不虔郊庙之神，专媚淫昏之鬼；小人在侧，宦竖弄权，恶忠直若仇雠，视生民如草芥；后宫曳绮绣，厩马余菽粟，百姓流离，僵尸蔽野；货贿公行，帑藏损耗，神怒民怨，众叛亲离。恐东南王气，自斯而尽。"书奏，后主大怒。顷之，意稍解，遣使谓縡曰："我欲赦卿，卿能改过不？"縡对曰："臣心如面，臣面可改，则臣心可改。"后主于是益怒，令宦者李善庆穷治其事，遂赐死狱中，时年五十五。有集十卷行于世。

时有吴兴章华，字仲宗，家世农夫，至华独好学，与士君子游处，颇览经史，善属文。侯景之乱，乃游岭南，居罗浮山寺，专精习业。欧阳頠为广州刺史，署为南海太守。及欧阳纥败，乃还京师。太建中，高宗使吏部侍郎萧引喻广州刺史马靖，令入子为质，引奏华与俱行。使还，而高宗崩。后主即位，朝臣以华素无伐阅，竞排诋之，乃除大市令，既雅非所好，乃辞以疾，郁郁不得志。祯明初，上书极谏，其大略曰："昔高祖南平百越，北诛逆虏；世祖东定吴会，西破王琳；高宗克复淮南，辟地千里；三祖之功，亦至勤矣。陛下即位，于今五年，不思先帝之艰难，不知天命之可畏，溺于嬖宠，惑于酒色，祠七庙而不出，拜妃嫔而临轩，老臣宿将，弃之草莽，谄佞逸邪，升之朝廷。今疆埸日蹙，隋军压境，陛下如不改弦易张，臣见麋鹿复游于姑苏台矣。"书奏，后主大怒，即日命斩之。

史臣曰：萧济、陆琼，俱以才学显著，顾野王博极群典，傅縡聪警特达，并一代之英灵矣。然縡不能循道进退，遂置极网，悲夫！

卷三十一　　列传第二十五

萧摩诃 子世廉　任忠　樊毅 弟猛　鲁广达

萧摩诃，字元胤，兰陵人也。祖靓，梁右将军。父谅，梁始兴郡丞。摩诃随父之郡，年数岁而父卒，其姑夫蔡路养时在南康，乃收养之。稍长，果毅有勇力。侯景之乱，高祖赴援京师，路养起兵拒高祖，摩诃时年十三，单骑出战，军中莫有当者。及路养败，摩诃归于侯安都，安都遇之甚厚，自此常隶安都征讨。及任约、徐嗣徽引齐兵为寇，高祖遣安都北拒齐军于钟山龙尾及北郊坛。安都谓摩诃曰："卿骁勇有名，千闻不如一见。"摩诃对曰："今日令公见矣。"及战，安都坠马被围，摩诃独骑大呼，直冲齐军，齐军披靡，因稍解去，安都乃免。天嘉初，除本县令，以平留异、欧阳纥之功，累迁巴山太守。

太建五年，众军北伐，摩诃随都督吴明彻济江攻秦郡。时齐遣大将尉破胡等率众十万来援，其前队有"苍头"、"犀角"、"大力"之号，皆身长八尺，膂力绝伦，其锋甚锐。又有西域胡，妙于弓矢，弦无虚发，众军尤惮之。及将战，明彻谓摩诃曰："若殪此胡，则彼军夺气，君有关、张之名，可斩颜良矣。"摩诃曰："愿示其形状，当为公取之。"明彻乃召降人有识胡者，云胡著绛衣，桦皮装弓，两端骨弭。明彻遣人觇伺，知胡在阵，乃自酌酒以饮摩诃。摩诃饮讫，驰马冲齐军，胡挺身出阵前十余步，彀弓未发，摩诃遥掷铣𫓧，正中其额，应手而仆。齐军"大力"十余人出战，摩诃又斩之，于是齐军退走。以功授明毅将军、员外散骑常侍，封廉平县伯，邑五百户。寻进爵为侯，转太仆卿，余如故。七年，又随明彻进围宿预，击走齐将王康德，以功除晋熙太守。九年，明彻进军吕梁，与齐人大战，摩诃率七骑先入，手夺齐军大旗，齐众大溃。以功授持节、武毅将军、谯州刺史。

及周武帝灭齐，遣其将宇文忻率众争吕梁，战于龙晦。时忻有精骑数千，摩诃领十二骑深入周军，纵横奋击，斩馘甚众。及周遣大将王轨来赴，结长围连锁于吕梁下流，断大军还路。摩诃谓明彻曰："闻王轨始锁下流，其两头筑城，今尚未立，公若见遣击之，彼必不敢相拒。水路未断，贼势不坚，彼城若立，则吾属且为虏矣。"明彻乃奋髯曰："搴旗陷阵，将军事也；长算远略，老夫事也。"摩诃失色而退。一旬之间，周兵益至，摩诃又请于明彻曰："今求战不得，进退无路，若潜军突围，未足为耻。愿公率步卒，乘马舆徐行，摩诃领铁骑数千，驱驰前后，必当使公安达京邑。"明彻曰："弟之此计，乃良图也。然老夫受脤专征，不能战胜攻取，今被围逼蹙，惭置无地。且步军既多，吾为总督，必须身居其后，相率兼行。弟马军宜须在前，不可迟缓。"摩诃因率马军夜发。先是，周军长围既合，又于要路下伏数重，摩诃选精骑八十，率先冲突，自后众骑继焉，比旦达淮南。高宗诏征还，授右卫将军。十一年，周兵寇寿阳，摩诃与樊毅等众军赴援，无功而还。

十四年，高宗崩，始兴王叔陵于殿内手刃后主，伤而不死，叔陵奔东府城。时众心犹预，莫有讨贼者，东宫舍人司马申启后主，驰召摩诃，入见受敕，乃率马步数百，先趣东府城西门屯军。叔陵惶遽，自城南门而出，摩诃勒兵追斩之。以功授散骑常侍、车骑大将军，封绥建郡公，邑三千户，叔陵素所蓄聚金帛累巨万，后主悉以赐之。寻改授侍中、骠骑大将军，加左光禄大夫。旧制三公黄阁听事置鸱尾，后主特赐摩诃开黄阁，门施行马，听事寝堂并置鸱尾。仍以其女为皇太子妃。

会隋总管贺若弼镇广陵，窥觎江左，后主委摩诃备御之任，授南徐州刺史，余并如故。祯明三年正月元会，征摩诃还朝，贺若弼乘虚济江，袭京口，摩诃请兵逆战，后主不许。及弼进军钟山，摩诃又请曰："贺若弼悬军深入，声援犹远，且其垒堑未坚，人情惶惧，出兵掩袭，必大克之。"后主又不许。及隋军大至，将出战，后主谓摩诃曰："公可为我一决。"摩诃曰："从来行阵，为国为身，今日之事，兼为妻子。"后主多出金帛，颁赏诸军，令中领军鲁广达陈兵白土岗，居众军之南偏，镇东大将军任忠次之，护军将军樊毅、都官尚书孔范次之，摩诃军最居北，众军南北亘二十里，首尾进退，各不相知。贺若弼初谓未战，将轻骑，登山观望形势，及见众军，因驰下置阵。广达首率所部进薄，弼军屡却，俄而复振，更分军趣北突诸将，孔范出战，兵交而走，诸将支离，阵犹未合，骑卒溃散，驻之弗止，摩诃无所用力焉，为隋军所执。

及京城陷，贺若弼置后主于德教殿，令兵卫守，摩诃请弼曰："今为囚虏，命在斯须，愿得一见旧主，死无所恨。"弼哀而许之。摩诃入见后主，俯伏号泣，仍于旧厨取食而进之，辞讫而出，守卫者皆不能仰视。其年入隋，授开府仪同三司。寻从汉王谅诣并州，同谅作逆，伏诛，时年七十三。

摩诃讷于语言，恂恂长者，至于临戎对寇，志气奋发，所向无前。年未弱冠，随侯安都在京口，性好射猎，无日不畋游。及安都东征西伐，战胜攻取，摩诃功实居多。

子世廉，少警俊，敢勇有父风。性至孝，及摩诃凶终，服阕后，追慕弥切。其父时宾故脱有所言之，世廉对之，哀恸不自胜，言者为之歔欷。终身不执刀斧，时人嘉焉。

摩诃有骑士陈智深者，勇力过人，以平叔陵之功，为巴陵内史。摩诃之戮也，其妻子先已籍没，智深收摩诃尸，手自殡敛，哀感行路，君子义之。

颍川陈禹，亦随摩诃征讨，聪敏有识量，涉猎经史，解风角、兵书，颇能属文，便骑射，官至王府谘议。

任忠，字奉诚，小名蛮奴，汝阴人也。少孤微，不为乡党所齿。及长，谲诡多计略，膂力过人，尤善骑射，州里少年皆附之。梁鄱阳王萧范为合州刺史，闻其名，引置左右。侯景之乱，忠率乡党数百人，随晋熙太守梅伯龙讨景将王贵显于寿春，每战却敌。会土人胡通聚众寇抄，范命忠与主帅梅思立并军讨平之。仍随范世子嗣率众入援，会京城陷，旋戍晋熙。侯景平，授荡寇将军。

王琳立萧庄，署忠为巴陵太守。琳败还朝，迁明毅将军、安湘太守，仍随侯瑱进讨巴、湘。累迁豫宁太守、衡阳内史。华皎之举兵也，忠预其谋。及皎平，高宗以忠先有密启于朝廷，释而不问。太建初，随章昭达讨欧阳纥于广州，以功授直阁将军。迁武毅将军、庐陵内史，秩满，入为右军将军。

五年，众军北伐，忠将兵出西道，击走齐历阳王高景安于大岘，逐北至东关，仍克其东西二城。进军蕲、谯，并拔之。径袭合肥，入其郛。进克霍州。以功授员外散骑常侍，封安复县侯，邑五百户。吕梁之丧师也，忠全军而还。寻诏忠都督寿阳、新蔡、霍州缘淮众军，进号宁远将军、霍州刺史。入为左卫将军。十一年，加北讨前军事，进号平北将军，率步骑趣秦郡。十二年，迁使持节、散骑常侍、都督南豫州诸军事、平南将军、南豫州刺史，增邑并前一千五百户。仍率步骑趣历阳。后遣王延贵率众为援，忠大破之，生擒延贵。后主嗣位，进号镇南将军，给鼓吹一部。入为领军将军，加侍中，改封梁信郡公，邑三千户。出为吴兴内史，加秩中二千石。

及隋兵济江，忠自吴兴入赴，屯军朱雀门。后主召萧摩诃以下于内殿定议，忠执议曰："兵家称客主异势，客贵速战，主贵持重。宜且益兵坚守宫城，遣水军分向南豫州及京口道，断寇粮运。待春水长，上江周罗睺等众军，必沿流赴援，此良计矣。"众议不同，因遂出战。及败，忠驰入台见后主，言败状，启云："陛下唯当具舟楫，就上流众军，臣以死奉卫。"后主信之，敕忠出部分，忠辞云："臣处分讫，即当奉迎。"后主令宫人装束以待忠，久望不至。隋将韩擒虎自新林进军，忠乃率数骑往石子岗降之，仍引擒虎军共入南掖门。台城陷，其年入长安，隋授开府仪同三司。卒，时年七十七。子幼武，官至仪同三司。

时有沈客卿者，吴兴武康人，性便佞忍酷，为中书舍人，每立异端，唯以刻削百姓为事，由是自进。有施文庆者，吴兴乌程人，起自微贱，有吏用，后主拔为主书，迁中书舍人，俄擢为湘州刺史。未及之官，会隋军来伐，四方州镇，相继以闻。文庆、客卿俱掌机密，外有表启，皆由其呈奏。文庆心悦湘州重镇，冀欲早行，遂与客卿共为表里，抑而不言，后主弗之知也，遂以无备，至乎败国，实二人之罪。隋军既入，并戮之于前阙。

樊毅，字智烈，南阳湖阳人也。祖方兴，梁散骑常侍、仁威将军、司州刺史，鱼复县侯。父文炽，梁散骑常侍、信武将军、益州刺史，新蔡县侯。毅累叶将门，少习武善射。侯景之乱，毅率部曲随叔父文皎援台。文皎于青溪战殁，毅与宗族子弟赴江陵，仍隶王僧辩，讨河东王萧誉，以功除假节、威戎将军、右中郎将。代兄俊为梁兴太守，领三州游军，随宜丰侯萧循讨陆纳于湘州。军次巴陵，营顿未立，纳潜军夜至，薄营大噪，营中将士皆惊扰，毅独与左右数十人，当营门力战，斩十余级，击鼓申命，众乃定焉。以功授持节、通直散骑常侍、贞威将军，封夷道县伯，食邑三百户。寻除天门太守，进爵为侯，增邑并前一千户。及西魏围江陵，毅率兵赴援，会江陵陷，为岳阳王所执，久之遁归。

高祖受禅，毅与弟猛举兵应王琳，琳败奔齐，太尉侯瑱遣使招毅，毅率子弟部曲还朝。天嘉二年，授通直散骑常侍，仍随侯瑱进讨巴、湘。累迁武州刺史。太建初，转丰州刺史，封高昌县侯，邑一千户。入为左卫将军。五年，众军北伐，毅率众攻广陵楚子城，拔之，击走齐军于颍口，齐after沧陵，又破之。七年，进克潼州、下邳、高栅等六城。及吕梁丧师，诏以毅为大都督，进号平北将军，率众渡淮，对清口筑城，与周人相抗，霖雨城坏，毅全军自拔。寻迁中领军。十一年，周将梁士彦将兵围寿阳，诏以毅为都督北讨前军事，率水军入焦湖。寻授镇西将军、都督荆、郢、巴、武四州水陆诸军事。十二年，进督沔、汉诸军事，以公事免。十三年，征授中护军。寻迁护军将军、荆州刺史。

后主即位，进号征西将军，改封逍遥郡公，邑三千户，余并如故。入为侍中、护军将军。及隋兵济江，毅谓仆射袁宪曰："京口、采石，俱是要所，各须锐卒数千，金翅二百，都下江中，上下防捍。如其不然，大事去矣。"诸将咸从其议。会施文庆等寝隋兵消息，毅计不行。京城陷，随例入关，顷之卒。

猛字智武，毅之弟也。幼倜傥，有干略。既壮，便弓马，胆气过人。青溪之战，猛且旦讫暮，与虏短兵接，杀伤甚众。台城陷，随兄毅西上京，累战功为威戎将军。梁南安侯萧方矩为湘州刺史，以猛为司马。会武陵王萧纪举兵自汉江东下，方矩遣猛率湘、郢之卒，随都督陆法和进军以拒之。时纪已下，楼船战舰据巴江，争峡口，相持久之，不能决。法和揣纪师老卒堕，因令猛率骁勇三千，轻舸百余乘，冲流直上，出其不意，鼓噪薄之。纪众仓卒惊骇，不及整列，皆弃舰登岸，赴水死者以千计。时纪心膂数百人，犹在左右，猛将部曲三十余人，蒙楯横戈，直登纪舟，瞋目大呼，纪侍卫皆披靡，相枕藉不敢动。猛手擒纪父子三人，斩于艑中，尽收其船舰器械。以功授游骑将军，封安山县伯，邑一千户。仍进军抚定梁、益，蜀境悉平。军还，迁持节、散骑常侍、轻车将军、司州刺史，进爵为侯，增邑并前二千户。

永定元年，周文育等败于沌口，为王琳所获。琳乘胜将略南中诸郡，遣猛与李孝钦等将兵攻豫章，进逼周迪，军败，为迪斩执。寻遁归王琳。王琳败，还朝。天嘉二年，授通直散骑常侍、永阳太守。迁安成王府司马。光大元年，授壮武将军、庐陵内史。太建初，迁武毅将军、始兴平南府长史，领长沙内史。寻隶章昭达西讨江陵，潜军入峡，焚周军船舰，以功封富川县侯，邑五百户。历散骑常侍，迁使持节、都督荆信二州诸军事、宣远将军、荆州刺史。入为左卫将军。

后主即位，增邑并前一千户，余并如故。至德四年，授使持节、都督南豫州诸军事、忠武将军、南豫州刺史。隋将韩擒虎之济江也，猛在京师，第六子巡摄行州事，擒虎进军攻陷之,巡及家口并见执。时猛与左卫将军蒋元逊领青龙八十艘为水军,于白下游弈,以御隋六合兵,后主知猛妻子在隋军,惧其有异志,欲使任忠代之,又重伤其意,乃止。祯明三年入于隋。

鲁广达,字遍览,吴州刺史悉达之弟也。少慷慨,志立功名,虚心爱士,宾客或自远而至。时江表将帅,各领部曲,动以千数,而鲁氏尤多。释褐梁邵陵王国右常侍,迁平南当阳公府中兵参军。侯景之乱,与兄悉达聚众保新蔡。梁元帝承制,授假节、壮武将军、晋州刺史。王僧辩之讨侯景也,广达出境候接,资奉军储,僧辩谓沈炯曰:"鲁晋州亦是王师东道主人。"仍率众随僧辩。景平,加员外散骑常侍,余如故。

高祖受禅,授征远将军、东海太守。寻徙为桂阳太守,固辞不拜,入为员外散骑常侍。除假节、信武将军、北新蔡太守。随吴明彻讨周迪于临川,每战功居最。仍代兄悉达为吴州刺史,封中宿县侯,邑五百户。

光大元年,授通直散骑常侍、都督南豫州诸军事、南豫州刺史。华皎称兵上流,诏司空淳于量率众军进讨。军至夏口,皎舟师强盛,莫敢进者,广达首率骁勇,直冲贼军。战舰既交,广达愤怒大呼,登舰楼,奖励士卒,风急舰转,楼摇动,广达足跌堕水,沈溺久之,因救获免。皎平,授持节、智武将军、都督巴州诸军事、巴州刺史。

太建初,与仪同章昭达入峡口,拓定安蜀等诸州镇。时周氏将图江左,大造舟舰于蜀,并运粮青泥,广达与钱道戢等将兵掩袭,纵火焚之。以功增封并前二千户,仍还本镇。广达为政简要,推诚任下,吏民便之。及秩满,皆诣阙表请,于是诏留二年。五年,众军北伐,略淮南旧地,广达与齐军会于大岘,大破之,斩其敷城王张元范,虏获不可胜数。进克北徐州,乃授都督北徐州诸军事、北徐州刺史。寻加散骑常侍,入为右卫将军。八年,出为北兖州刺史,迁晋州刺史。十年,授使持节、都督合霍二州诸军事,进号仁威将军、合州刺史。十一年,周将梁士彦将兵围寿春,诏遣中领军樊毅、左卫将军任忠等分部趣阳平、秦郡,广达率众入淮,为掎角以击之。周军攻陷豫、霍二州,南、北兖、晋等各自拔,诸将并无功,尽失淮南之地,广达因免官,以侯还第。十二年,与豫州刺史樊毅率众北讨,克郭默城。寻授使持节、平西将军、都督郢州以上十州诸军事,率舟师四万,治江夏。周安州总管元景将兵寇江外,广达命偏师击走之。

后主即位,入为安左将军。寻授平南将军、南豫州刺史。至德二年,授安南将军、征拜侍中,又为安左将军,改封绥越郡公,封邑如前。寻为中领军。及贺若弼进军钟山,广达率众于白土岗南置阵,与弼旗鼓相对。广达躬擐甲胄,手执桴鼓,率励敢死,冒刃而前,隋军退走,广达逐北至营,杀伤甚众,如是者数四焉。及弼攻败诸将,乘胜至宫城,烧北掖门,广达犹督余兵,苦战不息,斩获数十百人。会日暮,乃解甲,面台再拜恸哭,谓众曰:"我身不能救国,负罪深矣。"士卒皆涕泣歔欷,于是乃就执。祯明三年,依例入隋。

广达怆本朝沦覆,遘疾不治,寻以愤慨卒,时年五十九。尚书令江总抚柩恸哭,乃命笔题其棺头,为诗曰:"黄泉虽抱恨,白日自流名。悲君感义死,不作负恩生。"总又制广达墓铭,其略曰:"灾流淮海,险失金汤,时屯运极,代革天亡。爪牙背义,介胄无良,独摽忠勇,率御有方。诚贯皎日,气励严霜,怀恩感报,抚事何忘。"

初,隋将韩擒虎之济江也,广达长子世真在新蔡,乃与其弟世雄及所部奔擒虎,擒虎遣使致书,以招广达。广达时屯兵京师,乃自劾廷尉请罪。后主谓之曰:"世真虽异路中大夫,公国之重臣,吾所恃赖,岂得自同嫌疑之间乎?"加赐黄金,即日还营。

广达有队主杨孝辩,时从广达在军中,力战陷阵,其子亦随孝辩,挥刃杀隋兵十余人,力穷,父子俱死。

史臣曰:萧摩诃气冠三军,当时良将,虽无智略,亦一代匹夫之勇矣;然口讷心劲,恂恂李广之徒欤!任忠虽勇决强断,而心怀反覆,诬绐君上,自蹶其恶,鄙矣!至于鲁广达全忠守道,殉义忘身,盖亦陈代之良臣也。

卷三十二　　　　列传第二十六

孝　行

殷不害　弟不佞　谢贞　司马皓　张昭

孔子曰:"夫圣人之德,何以加于孝乎!"孝者百行之本,人伦之至极也。凡在性灵,孰不由此。若乃奉生尽养,送终尽哀,或泣血三年,绝浆七日,思《蓼莪》之慕切,追顾复之恩深,或德感乾坤,诚贯幽显,在于历代,盖有人矣。陈承梁室丧乱,风漓化薄,及迹隐闾间,无闻视听,今之采缀,以备阙云。

殷不害,字长卿,陈郡长平人也。祖任,齐豫章王行参军。父高明,梁尚书中兵郎。不害性至孝,居父忧过礼,由是少知名。家世俭约,居甚贫窭,有弟五人,皆幼弱,不害事老母,养小弟,勤剧无所不至,士大夫以笃行称之。

年十七,仕梁廷尉平。不害长于政事,兼饰以儒术,名法有轻重不便者,辄上书言之,多见纳用。大同五年,迁镇西府记室参军,寻以本官兼东宫通事舍人。是时朝廷政事多委东宫,不害与舍人庾肩吾直日奏事,梁武帝尝谓肩吾曰:"卿是文学之士,吏事非卿所长,何不使殷不害来邪?"其见知如此。简文又以不害善事亲,赐其母蔡氏锦裙襦、毡席、被褥,单复毕备。七年,除东宫步兵校尉。太清初,迁平北府谘议参军,舍人如故。

侯景之乱,不害从简文入台。及台城陷,简文在中书省,景带甲将兵入朝陛见,过谒简文。景兵士皆羌、胡杂种,冲突左右,甚不逊,侍卫者莫不惊恐辟易,唯不害与中庶子徐摛侍侧不动。及简文为景所幽,遣人请不害与居处,景许之,不害供侍益谨。简文夜梦吞一块土,意甚不悦,以告不害,不害曰:"昔晋文公出奔,野人遗之块,卒反晋国,陛下此梦,事符是乎?"简文曰:"若天有徵,冀斯言不妄。"

梁元帝立,以不害为中书郎,兼廷尉卿,因将家属西上。江陵之陷也,不害先于别所督战,失母所在。于时甚寒,冰雪交下,老弱冻死者填满沟堑。不害行哭道路,远近寻求,无所不至,遇见死人沟水中,即投身而下,扶捧阅视,举体冻湿,水浆不入口,号泣不辍声,如是者七日,始得母尸。不害凭尸而哭,每举音辄气绝,行路无不为之流涕。即于江陵权殡,与王裒、庾信俱入长安,自是疏食布衣,枯槁骨立,见者莫不哀之。

太建七年,自周还朝,其年诏除司农卿,寻迁光禄大夫。八年,加明威将军、晋陵太守。在郡感疾,诏以光禄大夫征还养疾。后主即位,加给事中。初,不害之还也,周留其长子僧首,因居关中。祯明三年,京城陷,僧首来迎,不害道病卒,时年八十五。

不佞字季卿,不害弟也。少立名节,居父丧以至孝称。好读书,尤长吏术,仕梁,起家为尚书中兵郎,甚有能称。梁元帝承制,授戎昭将军、武陵王谘议参军。承圣初,迁武康令。时兵荒饥馑,百姓流移,不佞巡抚招集,缊负而至者以千数。会江陵陷,而母卒,道路隔绝,久不得奔赴,四载之中,昼夜号泣,居处饮食,常为居丧之礼。高祖受禅,起为戎昭将军,除娄令。至是,第四兄不齐始之江陵,迎母丧柩归葬。不佞居处之节,如始闻问,若此者又三年。身自负土,手植松柏,每岁于伏腊,必三日不食。

世祖即位,除尚书左民郎,不就。后为始兴王谘议参军,兼尚书右丞,迁东宫通事舍人。及世祖崩,废帝嗣立,高宗为太傅,录尚书辅政,甚为朝望所归。不佞素以名节自立,又受委东宫,乃与仆射到仲举、中书舍人刘师知、尚书右丞王暹等,谋矫诏出高宗。众人犹豫,未敢先发,不佞乃驰诣相府,面宣敕,令相王还第。及事发,仲举等皆伏诛,高宗雅重不佞,特赦之,免其官而已。

高宗即位,以为军师始兴王谘议参军,加招远将军。寻除大匠卿,未拜,加员外散骑常侍,又兼尚书右丞。俄迁通直散骑常侍,右丞如故。太建五年卒,时年五十六。诏赠秘书监。

第三兄不疑,次不占,次不齐,并早亡。不佞最小,事第二寡嫂张氏甚谨,所得禄俸,不入私室。长子梵童,官至尚书金部郎。

谢贞,字元正,陈郡阳夏人,晋太傅安九世孙也。祖绥,梁著作佐郎、太子舍人。父蔺,正员外郎,兼散骑常侍。贞幼聪敏,有至性。祖母阮氏先苦风眩,每发便一二日不能饮食,贞时年七岁,祖母不食,贞亦不食,往往如是,亲族莫不奇之。母王氏,授贞《论语》、《孝经》,读讫便诵。八岁,尝为《春日闲居》五言诗,从舅尚书王筠奇其有佳致,谓所亲曰:"此儿方可大成,至如'风定花犹落',乃追步惠连矣。"由是名辈知之。年十三,略通《五经》大旨。尤善《左氏传》,工草隶虫篆。十四,丁父艰,号顿于地,绝而复苏者数矣。初,父蔺居母阮氏忧,不食泣血而卒,家人宾客惧贞复然,从父洽、族兄皓乃共往华严寺,请长爪禅师为贞说法,仍谓贞曰:"孝子既无兄弟,极须自爱,若忧毁灭性,谁养母邪?"自后少进饘粥。

太清之乱,亲属散亡,贞于江陵陷没,皓逃难番禺,贞母出家于宣明寺。及高祖受禅,皓还乡里,供养贞母,将二十年。太建五年,贞乃还朝,除智武府外兵参军事。俄迁尚书驾部郎中,寻迁侍郎。及始兴王叔陵为扬州刺史,引祠部侍郎阮卓为记室,辟贞为主簿,贞不得已乃行。寻迁府录事参军,领丹阳丞。贞度叔陵将有异志,因与卓自疏于王,每有宴游,辄辞以疾,未尝参预,叔陵雅钦重之,弗之罪也。俄而高宗崩,叔陵肆逆,府僚多相连逮,唯贞与卓独不坐。

后主仍诏贞入掌中宫管记,迁南平王友,加招远将军,掌记室事。府长史汝南周确新除都官尚书,请贞为让表,后主览而奇之。尝因宴席问确曰:"卿表自制邪?"确对曰:"臣表谢贞所作。"后主因敕舍人施文庆曰:"谢贞在王处,未有禄秩,可赐米百石。"至德三年,以母忧去职。顷之,敕起还府,仍加招远将军,掌记室。贞累启固辞,敕报曰:"省启具怀,虽知哀茕在疚,而官俟得才,礼有权夺,可便力疾还府也。"贞哀毁羸瘠,终不能之官舍。时尚书右丞徐祚、尚书左丞沈客卿俱来候贞,见其形体骨立,祚等怆然叹息,徐喻之曰:"弟来事已衰,礼有恒制,小宜引割自全。"贞因更感恸,气绝良久,二人涕泣,不能自胜,悯默而出。祚谓客卿曰:"信哉,孝门有孝子。"客卿曰:"谢公家传至孝,士大夫谁不仰止,此恐不能起,如何?"吏部尚书吴兴姚察与贞友善,及贞病笃,察往省之,问以后事,贞曰:"孤子衅祸所集,将随灰壤。族子凯等粗自成立,已有疏付之,此固不足仰尘厚德。即日迷喘,时不可移,便为永诀。弱儿年甫六岁,名靖,字依仁,情累所不能忘,敢以为托耳。"是夜卒,敕赙米一百斛,布三十匹。后主问察曰:"谢贞有何亲属?"察因启曰:"贞有一子年六岁。"即有敕长给衣粮。

初,贞之病亟也,遗疏告族子凯曰:"吾少罹酷罚,十四倾外荫,十六钟太清之祸,流离绝国,二十余载。号天蹐地,遂同有感,得还侍奉,守先人坟墓,于吾之分足矣。不悟朝廷采拾空薄,累致清阶,纵其殒绝,无所酬报。今在忧棘,晷漏将尽,敛手而归,何所多念。气绝之后,若直弃之草野,依僧家尸陀林法,是吾所愿,正恐过为独异耳。可用薄板周身,载以灵车,覆以苇席,坎山而埋之。又吾终鲜兄弟,无他子孙,靖年幼少,未闲人事,但可三月施小床,设香水,尽卿兄弟相厚之情,即除之,无益之事,勿为也。"

初,贞在周尝侍赵王读,王即周武帝之爱弟也,厚相礼遇。王尝闻左右说贞每独处必昼夜涕泣,因私使访问,知贞母年老,远在江南,乃谓贞曰:"寡人若出居藩,当遣侍读还家供养。"后数年,王果出,因辞见,面奏曰:

"谢贞至孝而母老，臣愿放还。"帝奇王仁爱而遣之，因随聘使杜子晖还国。所有文集，值兵乱多不存。

司马皓，字文升，河内温人也。高祖晋侍中、光禄勋柔之，以南顿王孙绍齐文献王攸之后。父子产，梁尚书水部侍郎、岳阳太守，即梁武帝之外兄也。

皓幼聪警，有至性。年十二，丁内艰，孺慕过礼，水浆不入口，殆经一旬。每至号恸，必致闷绝，内外亲戚，皆惧其不胜丧。父子产每晓喻之，逼进饘粥，然毁瘠骨立。服阕，以姻戚子弟，预入问讯，梁武帝见皓羸瘦，叹息良久，谓其父子产曰："昨见罗儿面颜憔悴，使人恻然，便是不坠家风，为有子矣。"罗儿，即皓小字也。释褐太学博士，累迁正员郎。丁父艰，哀毁逾甚，庐于墓侧，一日之内，唯进薄麦粥一升。墓在新林，连接山阜，旧多猛兽，皓结庐数载，豺狼绝迹。常有两鸠栖宿庐所，驯狎异常，新林至今犹传之。

承圣中，除太子庶子。江陵陷，随例入关，而梁室屠戮，太子瘗殡失所，皓以宫臣，乃抗表周朝，求还江陵改葬，辞甚酸切。周朝优诏答曰："昔主父从戮，孔车有长者之风，彭越诛诛，栾布得陪臣之礼。庶子乡国已改，犹怀送往之情，始验忠贞，方知臣道，即敕荆州，以礼安厝。"

太建八年，自周还朝，高宗特降殊礼，赏锡有加。除宜都王谘议参军事，徙安德宫长秋卿、通直散骑常侍、太中大夫、司州大中正，卒于官。有集十卷。

子延义，字希忠，少沈敏好学。江陵之陷，随父入关。丁母忧，丧过于礼。及皓还都，延义乃躬负灵榇，昼伏宵行，冒履冰霜，手足皆皲瘃。及至都，以中风冷，遂致挛废，数年方愈。稍迁鄱阳王录事参军、沅陵王友、司徒从事中郎。

张昭，字德明，吴郡吴人也。幼有孝性，色养甚谨，礼无违者。父燮，常患消渴，嗜鲜鱼，昭乃身自结网捕鱼，以供朝夕。弟乾，字玄明，聪敏博学，亦有至性。及父卒，兄弟并不衣绵帛，不食盐醋，日唯食一升麦屑粥而已。每一感恸，必致呕血，邻里闻其哭声，皆为之涕泣。父服未终，母陆氏又亡，兄弟遂六年哀毁，形容骨立，亲友见者莫识焉。家贫，未得大葬，遂布衣蔬食，十有余年，杜门不出，屏绝人事。时衡阳王伯信临郡，举乾孝廉，固辞不就。兄弟并因毁成疾，昭失一眼，乾亦中冷苦癖，年并未五十终于家，子胤俱614。

高宗世有太原王知玄者，侨居于会稽剡县，居家以孝闻。及丁父忧，哀毁而卒，高宗嘉之，诏改其所居清苦里为孝家里云。

史臣曰：人伦之德，莫大于孝，是以报本反始，尽性穷神，孝乎惟孝，不可不勖矣。故《记》云"塞乎天地"，盛哉！

卷三十三　　列传第二十七

儒　林

沈文阿　沈洙　戚衮　郑灼
张崖　陆诩　沈德威　贺德基　全缓　张讥
顾越　沈不害　王元规

盖今儒者，本因古之六学，斯则王教之典籍，先圣所以明天道，正人伦，致治之成法也。秦始皇焚书坑儒，六学自此缺矣。汉武帝立《五经》博士，置弟子员，设科射策，劝以官禄，其传业者甚众焉。自两汉登贤，咸资经术。魏、晋浮荡，儒教沦歇，公卿士庶，罕通经业矣。宋、齐之间，国学时复开置。梁武帝开五馆，建国学，总以《五经》教授，经各置助教云。武帝或纡銮驾，临幸庠序，释奠先师，躬亲试胄，申之宴语，劳之束帛，济济焉斯盖一代之盛矣。高祖创业开基，承前代离乱，衣冠殄尽，寇贼未宁，既日不暇给，弗遑劝课。世祖以降，稍置学官，虽博延生徒，成业盖寡。今之采缀，盖亦梁之遗儒云。

沈文阿，字国卫，吴兴武康人也。父峻，以儒学闻于梁世，授桂州刺史，不行。文阿性刚强，有膂力，少习父业，研精章句。祖舅太史叔明、舅王慧兴并通经术，而文阿颇传之。又博采先儒异同，自为义疏。治《三礼》、《三传》。察孝廉，为梁临川王国侍郎，累迁兼国子助教、《五经》博士。

梁简文在东宫，引为学士，深相礼遇，及撰《长春义记》，多使文阿撮异闻以广之。及侯景寇逆，简文别遣文阿招募士卒，入援京师。城陷，与张嵊共保吴兴，嵊败，文阿窜于山野。景素闻其名。求之甚急，文阿穷迫不知所出，登树自缢，遇有所亲救之，便自投而下，折其左臂。及景平，高祖以文阿州里，表为原乡令，监江阴郡。

绍泰元年，入为国子博士，寻领步兵校尉，兼掌仪礼。自太清之乱，台阁故事，无有存者，文阿父峻，梁武世尝掌朝仪，颇有遗稿，于是斟酌裁撰，礼度皆自之出。及高祖受禅，文阿辄弃官还武康，高祖大怒，发使往诛之。时文阿宗人沈恪为郡，请使者宽其死，即面缚锁颈致于高祖，高祖视而笑曰："腐儒复何为者？"遂赦之。

高祖崩，文阿与尚书左丞徐陵、中书舍人刘师知等议大行皇帝灵座侠御衣服之制，语在师知传。及世祖即皇帝位，克日谒庙，尚书右丞庾持奉诏遣博士议其礼。文阿议曰：

民物推移，质文殊轨，圣贤因机而立教，王公随时以适宜。夫千人无君，不散则乱，万乘无主，不危则亡。当隆周之日，公旦叔父，吕、召爪牙，成王在丧，祸几覆国。是以既葬便有公冠之仪，始殡受麻冕之策。斯盖示天下以有主,虑社稷之艰难。迄乎末叶纵横,汉承其弊,虽文、景刑厝,而七国连兵。或逾月即尊,或崩日称诏,此皆有为而为之,非无心于礼制也。今国讳之日,虽抑哀于玺绂之重,犹未序于君臣之仪。古礼,朝庙退坐正寝,听群臣之政,今皇帝拜庙还,宜御太极殿,以正南面之尊,此即周康在朝一二臣卫者也。其壤奠之节,周礼以玉作贽,公侯以圭,子男执璧,此瑞玉也。奠贽既竟,又复致享,天子以璧,王后用琮。秦烧经典,威仪散灭,叔孙通定礼,尤失前宪,奠贽不圭,致享无帛,公王同璧,鸿胪奏贺。若此数事,未闻于古,后相沿袭,至梁行之。夫称觞奉寿,家国大庆,四厢雅乐,歌奏欢欣。今君臣吞哀,万民抑割,岂同于惟新之礼乎?且周康宾称奉圭,无万寿之献,此则前准明矣。三宿三咤,上宗曰飨,斯盖祭侯受福,宁谓贺酒邪!愚以今坐正殿,止行荐璧之仪,无贺酒之礼。谨撰谒庙还升正寝、群臣陪荐仪注如别。

诏可施行。寻迁通直散骑常侍,兼国子博士,领羽林监,仍令于东宫讲《孝经》、《论语》。天嘉四年卒,时年六十一。诏赠廷尉卿。

文阿所撰《仪礼》八十余卷,《经典大义》十八卷,并行于世,诸儒多传其学。

沈洙,字弘道,吴兴武康人也。祖休稚,梁余杭令。父山卿,梁国子博士、中散大夫。洙少方雅好学,不妄交游。治《三礼》、《春秋左氏传》。精识强记,《五经》章句,诸子史书,问无不答。解巾梁湘东王国左常侍,转中军宣城王限内参军,板仁威临贺王记室参军,迁尚书祠部郎中,时年盖二十余。大同中,学者多涉猎文史,不为章句,而洙独积思经术,吴郡朱异、会稽贺琛甚嘉之。及异、琛于士林馆讲制旨义,常使洙为都讲。侯景之乱,洙窜于临安,时世祖在焉,亲就习业。及高祖入辅,除国子博士,与沈文阿同掌仪礼。

高祖受禅,加员外散骑常侍,历扬州别驾从事史、大匠卿。有司奏前宁远将军、建康令沈孝轨门生陈三儿牒称主人翁灵柩在周,主人奉使关内,因欲迎丧,久而未返。此月晦即是再周,主人弟息见在此者,为至月末除灵,内外即吉?为待主人还情礼申竟?以事谘左丞江德藻,德藻议:"王卫军云:'久丧不葬,唯主人不变,其余亲各终月数而除。'此盖引《礼》文论在家内有事故未得葬者耳。孝轨既在异域,虽已迎丧,还期无指,诸弟若遂不除,永绝婚嫁,此于人情,或为未允。中原沦陷已后,理有事例,宜谘沈常侍详议。"洙议曰:"礼有变正,又有从宜。《礼小记》云:'久而不葬者,唯主丧者不除,其余以麻终月数者除丧则已。'《注》云:'其余谓傍亲。'如郑所解,众子皆应不除,王卫军所引,此盖礼之正也。但魏氏东关之役,既失亡尸柩,葬礼无期,议以为礼无终身之丧,故制使除服。晋氏丧乱,或死于虏庭,无由迎殡,江左故复申明其制。李胤之祖,王华之父,并存亡不测,其子制服依时释缞,此并变礼之宜也。孝轨虽因奉使便欲迎丧,而

戎狄难亲,还期未克。愚谓宜依东关故事,在此国内者,并应释除缞麻,毁灵附祭,若丧柩得还,别行改葬之礼。自天下寇乱,西朝倾覆,流播绝域,情礼莫申,若此之徒,谅非一二,宁可丧期无数,而弗除衰服,朝庭自应为之限制,以义断恩,通访博识,折之礼衷。"德藻依洙议,奏可。

世祖即位,迁通直散骑常侍,侍东宫读。寻兼尚书左丞,领扬州大中正,迁光禄卿,侍读如故。废帝嗣位,重为通直散骑常侍,兼尚书左丞。迁戎昭将军、轻车衡阳王长史,行府国事,带琅邪、彭城二郡丞。梁代旧律,测囚之法,日一上,起自晡鼓,尽于二更。及比部郎范泉删定律令,以旧法测立时久,非人所堪,分其刻数,日再上。廷尉以为新制过轻,请集八座丞郎并祭酒孔奂、行事沈洙五舍人会尚书省详议。时高宗录尚书,集众议之,都官尚书周弘正曰:"未知狱所测人,有几人款?几人不款?须前责取人名及数并其罪目,然后更集。"得廷尉监沈仲由列称,别制已后,有寿羽儿一人坐杀寿慧,刘磊渴等八人坐偷马仗家口渡北,依法测之,限讫不款。刘道朔坐犯七改偷,依法测立,首尾二日而款。陈法满坐被使封藏、阿法受钱,未及上而款。弘正议曰:"凡小大之狱,必应以情,正言依准五听,验其虚实,岂可全恣考掠,以判刑罪。且测人时节,本非古制,近代已来,方有此法。起自晡鼓,迄于二更,岂是常人所能堪忍?所以重械之下,危堕之上,无人不服,诬枉者多。朝晚二时,同等刻数,进退而求,于事为衷。若谓小促前期,致实罪不伏,如复时节延长,则无怨妄款。且人之所堪,既有强弱,人之立意,固亦多途。至如贯高榜笞刺爇,身无完者,戴就熏针并极,困笃不移,岂关时刻长短,掠测优劣?夫与杀不辜,宁失不经,罪疑惟轻,功疑惟重,斯则古之圣王,垂此明法。愚谓依范泉著制,于事为允。"舍人盛权议曰:"比部范泉新制,尚书周弘正明议,咸允《虞书》惟轻之旨,《殷颂》敷正之言。窃寻廷尉监沈仲由等列新制以后,凡有狱十一人,其所测者十人,款者唯一。愚谓染罪之囚,狱官宜明加辩析,穷考事理。若罪有可疑,自宜启审分判,幸无滥测;若罪有实验,乃可启审测立;此则枉直有分,刑宥斯理。范泉今牒述《汉律》,云'死罪及除名,罪证明白,考掠已至,而抵隐不服者,处当列上'。杜预注云'处处当,证验明白之状,列其抵隐之意'。窃寻旧制深峻,百中不款者一,新制宽优,十中不款者九,参会两文,宽猛实异,处当列上,未见厘革。愚谓宜付典法,更详'处当列上'之文。"洙议曰:"夜中测立,缓急易欺,兼用昼漏,于事为允。但漏刻赊促,今古不同,《汉书·律历》,何承天、祖冲之、暅之父子《漏经》,并自关鼓至下鼓,自晡鼓至关鼓,皆十三刻,冬夏四时不异。若其日有长短,分在中时前后。今用梁末改漏,下鼓之后,分其短长,夏至之日,各十七刻,冬至之日,各十二刻。伏承命旨,刻同勒令,检一日之刻乃同,而四时之用不等,廷尉今牒,以时刻短促,致罪人不款。愚意愿去夜测之昧,从昼漏之明,斟酌今古之间,参会二漏之义,舍秋冬之少刻,从夏日之长暑,不问寒暑,并依今之夏至,朝夕上测,各十七刻。比之古

漏，则一上多昔四刻，即用今漏，则冬至多五刻。虽冬至之时，数刻侵夜，正是少日，于事非疑。庶罪人不以漏短而为捍，狱囚无以在夜而致诬，求之鄙意，窃谓允合。"众议以为宜依范泉前制，高宗曰："沈长史议得中，宜更博议。"左丞宗元饶议曰："窃寻沈议非顿异范，正是欲使四时均其刻数，兼斟酌其佳，以会优剧。即同牒请写还删定曹详改前制。"高宗依事施行。

洙以太建元年卒，时年五十二。

戚衮，字公文，吴郡盐官人也。祖显，齐给事中。父霸，梁临贺王府中兵参军。衮少聪慧，游学京都，受《三礼》于国子助教刘文绍，一二年中，大义略备。年十九，梁武帝敕策《孔子正言》并《周礼》、《礼记》义，衮对高第。仍除扬州祭酒从事史。

就国子博士宋怀方质《仪礼》义，怀方北人，自魏携《仪礼》、《礼记》疏，秘惜不传，及将亡，谓家人曰："吾死后，戚生若赴，便以《仪礼》、《礼记》义本付之，若其不来，即宜随尸而殡。"其为儒者推许如此。寻兼太学博士。

梁简文在东宫，召衮讲论。又尝置宴集玄儒之士，先命道学互相质难，次令中庶子徐摛驰骋大义，间以剧谈。摛辞辩纵横，难以答抗，诸人慑气，皆失次序。衮时骋义，摛与往复，衮精采自若，对答如流，简文深加叹赏。寻除员外散骑侍郎，又迁员外散骑常侍。敬帝承制，出为江州长史，仍随沈泰镇南豫州。泰之奔齐也，逼衮俱行，后自邺下遁还。又随程文季北伐，吕梁军败，衮没于周，久之得归。仍兼国子助教，除中卫始兴王府录事参军。太建十三年卒，时年六十三。

衮于梁代撰《三礼义记》，值乱亡失，《礼记义》四十卷行于世。

郑灼，字茂昭，东阳信安人也。祖惠，梁衡阳太守。父季徽，通直散骑侍郎、建安令。灼幼而聪敏，励志儒学，少受业于皇侃。梁中大通五年，释褐奉朝请。累迁员外散骑侍郎、给事中、安东临川王府记室参军，转平西邵陵王府记室。简文在东宫，雅爱经术，引灼为西省义学士。承圣中，除通直散骑侍郎，兼国子博士。寻为威戎将军，兼中书通事舍人。高祖、世祖之世，历安东临川、镇北鄱阳二王府谘议参军，累迁中散大夫，以本职兼国子博士。未拜，太建十三年卒，时年六十八。

灼性精勤，尤明《三礼》。少时尝梦与皇侃遇于途，侃谓灼曰"郑郎开口"，侃因唾灼口中，自后义理逾进。灼家贫，抄义疏以日继夜，笔毫尽，每削用之。灼常蔬食，讲授多苦心热，若瓜时，辄偃卧以瓜镇心，起便诵读，其笃志如此。

时有晋陵张崖、吴郡陆诩、吴兴沈德威、会稽贺德基，俱以礼学自命。

张崖传《三礼》于同郡刘文绍，仕梁历王府中记室。天嘉元年，为尚书仪曹郎，广沈文阿《仪注》，撰五礼。出为丹阳令、王府谘议参军。御史中丞宗元饶表荐为国子博士。

陆诩少习崔灵恩《三礼义宗》，梁世百济国表求讲礼博士，诏令诩行。还除给事中、定阳令。天嘉初，侍始兴王伯茂读，迁尚书祠部郎中。

沈德威，字怀远，少有操行。梁太清末，遁于天目山，筑室以居，虽处乱离，而笃学无倦，遂治经业。天嘉元年，征出都，侍太子讲《礼传》。寻授太学博士，转国子助教。每自学还私室以讲授，道俗受业者数十百人，率常如此。迁太常丞，兼五礼学士，寻为尚书仪曹郎，后为祠部郎。俄丁母忧去职。祯明三年入隋，官至秦王府主簿。年五十五卒。

贺德基，字承业，世传《礼》学。祖文发，父淹，仕梁俱为祠部郎，并有名当世。德基少游学于京邑，积年不归，衣资罄乏，又耻服故弊，盛冬止衣夹襦裤。尝于白马寺前逢一妇人，容服甚盛，呼德基入寺门，脱白纶巾以赠之。仍谓德基曰："君方为重器，不久贫寒，故以此相遗耳。"德基问姬姓名，不答而去。德基于《礼记》称为精明，居以传授，累迁尚书祠部郎。德基虽不至大官，而三世儒学，俱为祠部，时论美其不坠焉。

全缓，字弘立，吴郡钱塘人也。幼受《易》于博士褚仲都，笃志研玩，得其精微。梁太清初，历王国侍郎、奉朝请，俄转国子助教，兼司义郎，专讲《诗》、《易》。绍泰元年，除尚书水部郎。太建中，累迁镇南始兴王府谘议参军，随府诣湘州，以疾卒，时年七十四。缓治《周易》、《老庄》，时人言玄者咸推之。

张讥，字直言，清河武城人也。祖僧宝，梁散骑侍郎、太子洗马。父仲悦，梁庐陵王府录事参军、尚书祠部郎中。讥幼聪俊，有思理，年十四，通《孝经》、《论语》。笃好玄言，受学于汝南周弘正，每有新意，为先辈推伏。梁大同中，召补国子《正言》生。梁武帝尝于文德殿释《乾》、《坤》文言，讥与陈郡袁宪等预焉，敕令论议，诸儒莫敢先出，讥乃整容而进，谘审循环，辞令温雅。梁武帝甚异之，赐裙襦绢等，仍云"表卿稽古之力"。

讥幼丧母，有错彩经帕，即母之遗制，及有所识，家人具以告之，每岁时辄对帕哽噎，不能自胜。及丁父忧，居丧过礼。服阕，召补湘东王国左常侍，转田曹参军，迁士林馆学士。

简文在东宫，出士林馆发《孝经》题，讥论议往复，甚见嗟赏，自是每有讲集，必遣使召讥。及侯景寇逆，于围城之中，犹侍哀太子于武德后殿讲《老》、《庄》。梁台陷，讥崎岖避难，卒不事景，景平，历临安令。

高祖受禅，除太常丞，转始兴王府刑狱参军。天嘉中，迁国子助教。是时周弘正在国学，发《周易》题，弘正第四弟弘直亦在讲席。讥与弘正论议，弘正乃屈，弘直危坐厉声，助其申理。讥乃正色谓弘直曰："今日义集，辩正名理，虽知兄弟急难，四公不得有助。"弘直曰："仆助君师，何为不可？"举座以为笑乐。弘正尝谓人曰："吾每登座，见张讥在席，使人懔然。"高宗世，历建安王府记室参军，兼东宫学士，转武陵王限内记室，学士如故。

后主在东宫，集宫僚置宴，时造玉柄麈尾新成，后主亲执之，曰："当今虽复多士如林，至于堪捉此者，独张讥耳。"即手授讥。仍令于温文殿讲《庄》、《老》，高宗幸宫临听，赐御所服衣一袭。后主嗣位，领南平王府谘议参军、东宫学士。寻迁国子博士，学士如故。后主尝幸钟山开善寺，召从臣坐于寺西南松林下，敕召讥竖义。时索麈尾未至，后主敕取松枝，手以属讥，曰"可代麈尾"。顾谓群臣曰"此即是张讥后事"。祯明三年入隋，终于长安，时年七十六。

讥性恬静，不求荣利，常慕闲逸，所居宅营山池，植花果，讲《周易》、《老》、《庄》而教授焉。吴郡陆元朗、朱孟博、一乘寺沙门法才、法云寺沙门慧休、至真观道士姚绥，皆传其业。讥所撰《周易义》三十卷，《尚书义》十五卷，《毛诗义》二十卷，《孝经义》八卷，《论语义》二十卷，《老子义》十一卷，《庄子内篇义》十二卷，《外篇义》二十卷，《杂篇义》十卷，《玄部通义》十二卷，又撰《游玄桂林》二十四卷，后主尝敕人就其家写入秘阁。

子孝则，官至始安王记室参军。

顾越，字思南，吴郡盐官人也。所居新坡黄冈，世有乡校，由是顾氏多儒学焉。越少孤，以勤苦自立，聪慧有口辩，说《毛氏诗》，傍通异义，梁太子詹事周舍甚赏之。解褐扬州议曹史，兼太子左率丞。越于义理精明，尤善持论，与会稽贺文发俱为梁南平王伟所重，引为宾客。寻补《五经》博士。绍泰元年，迁国子博士。世祖即位，除始兴王谘议参军，侍东宫读。世祖以越笃老，厚遇之，除给事黄门侍郎，又领国子博士，侍读如故。废帝嗣立，除通直散骑常侍、中书舍人。华皎之构逆也，越在东阳，或潜之于高宗，言其有异志，诏下狱，因坐免。太建元年卒于家，时年七十八。

时有东阳龚孟舒者，亦治《毛氏诗》，善谈名理。梁武世，仕至寻阳郡丞，元帝在江州，遇之甚重，躬师事焉。承圣中，兼中书舍人。天嘉初，除员外散骑常侍，兼国子助教、太中大夫。太建中卒。

沈不害，字孝和，吴兴武康人也。祖总，齐尚书祠部郎。父懿，梁邵陵王参军。不害幼孤，而修立好学。十四召补国子生，举明经。累迁梁太学博士。转庐陵王府刑狱参军，长沙王府谘议，带汝南令。天嘉初，除衡阳王府中记室参军，兼嘉德殿学士。自梁季丧乱，至是国学未立，不害上书曰：

臣闻立人建国，莫尚于尊儒，成俗化民，必崇于教学。故东胶西序，事隆乎三代，环林璧水，业盛于两京。自淳源既远，浇波已扇，物之感人无穷，人之逐欲无节，是以设训垂范，启导心灵，譬彼染蓝，类诸琢玉，然后人伦以睦，卑高有序，忠孝之理既明，君臣之道攸固。执礼自基，鲁公所以难侮，歌乐已细，郑伯是于前亡，干戚舞而有苗至，泮宫成而淮夷服，长想洙、泗之风，载怀淹、稷之盛，有国有家，莫不尚已。

梁太清季年，数钟否剥，戎狄外侵，奸回内衅，朝闻鼓鼙，夕炽烽火。洪儒硕学，解散甚于坑夷，《五典》、《九丘》，湮灭逾乎帷盖。成均自斯坠业，瞽宗是不修，哀成之祠弗陈裸享，释菜之礼无称俎豆，颂声寂寞，遂逾一纪。后生敦悦，不见函杖之仪，晚学钻仰，徒深倚席之叹。

陛下继历升统，握镜临宇，道洽寰中，威加无外，浊流已清，重氛载廓，含生熙阜，品庶咸亨。宜其弘振礼乐，建立庠序，式稽古典，纡迹儒宫，选公卿门子，皆入于学，助教博士，朝夕讲肄，使担簦负笈，锵锵接衽，方领矩步，济济成林。如切如磋，闻《诗》闻《礼》，一年可以功倍，三冬于是足用。故能擢秀雄州，扬庭观国，入仕登朝，资优学以自辅，莅官从政，有经业以治身，辖驾列庭，青紫拾地。

古者王世子之贵，犹与国子齿，降及汉储，兹礼不坠，暨乎两晋，斯事弥隆，所以见师严而道尊者也。皇太子天纵生知，无待审喻，犹宜晦迹俯同，专经请业，莫爵前师，肃若旧典。昔阙里之堂，草莱自辟，旧宅之内，丝竹流音，前圣遗烈，深以炯戒。况复江表无虞，海外有截，岂得不开阐大猷，恢弘至道？宁可使玄教儒风，弗兴圣世，盛德大业，遂蕴尧年？臣末学小生，词无足算，轻献瞽言，伏增悚惕。

诏答曰："省表闻之。自旧章弛废，微言将绝，朕嗣膺宝业，念在缉熙，而兵革未息，军国草创，常恐前王令典，一朝泯灭。卿才思优洽，文理可求，弘惜大体，殷勤名教，付外详议，依事施行。"又表改定乐章，诏使制三朝乐歌八首，合二十八曲，行之乐府。

五年，除赣令。入为尚书仪曹郎，迁国子博士，领羽林监，敕治五礼，掌策文谥议。太建中，除仁武南康嗣王府长史，行丹阳郡事。转员外散骑常侍、光禄卿。寻为戎昭将军、明威武陵王长史，行吴兴郡事。俄入为通直散骑常侍，兼尚书左丞。十二年卒，时年六十三。

不害治经术，善属文，虽博综坟典，而家无卷轴。每制文，操笔立成，曾无寻检。仆射汝南周弘正常称之曰："沈生可谓意圣人乎！"著治《五礼仪》一百卷，《文集》十四卷。

子志道，字崇基，少知名。解褐扬州主簿，寻兼文林著士，历安东新蔡王记室参军。祯明三年入隋。

王元规，字正范，太原晋阳人也。祖道宝，齐员外散骑常侍、晋安郡守。父玮，梁武陵王府中记室参军。元规八岁而孤，兄弟三人，随母依舅氏往临海郡，时年十二。郡土豪刘瑱者，资财巨万，以女妻之。元规母以其兄弟幼弱，欲结强援，元规泣请曰："姻不失亲，古人所重。岂得苟安异壤，辄婚非类！"母感其言而止。

元规性孝，事母甚谨，晨昏未尝离左右。梁时山阴县有暴水，流漂居宅，元规唯有一小船，仓卒引其母妹并孤侄入船，元规自执楫棹而去，留其男女三人，阁于树杪，及水退获全，时人皆称其至行。

元规少好学，从吴兴沈文阿受业，十八，通《春秋左氏》、《孝经》、《论语》、《丧服》。梁中大通元年，诏策《春秋》，举高第，时名儒咸称赏之。起家湘东王国左常侍，转员外散骑侍郎。简文之在东宫，引为宾客，每令讲论，甚见优礼。除中军宣城王府记室参军。及侯景寇乱，携家属还会稽。天嘉中，除始兴王府功曹参军，领国子助教，转镇东鄱阳王府记室参军，领助教如故。

后主在东宫，引为学士，亲受《礼记》、《左传》、《丧服》等义，赏赐优厚。迁国子祭酒。新安王伯固尝因入宫，适会元规将讲，乃启请执经，时论以为荣。俄除尚书祠部郎。自梁代诸儒相传为《左氏》学者，皆以贾逵、服虔之义难驳杜预，凡一百八十条，元规引证通析，无复疑滞。每国家议吉凶大礼，常参预焉。丁母忧去职，服阕，除鄱阳王府中录事参军，俄转散骑侍郎，迁南平王府限内参军。王为江州，元规随府之镇，四方学徒，不远千里来请道者，常数十百人。祯明三年入隋，为秦王府东阁祭酒。年七十四，卒于广陵。

元规著《春秋发题辞》及《义记》十一卷，《续经典大义》十四卷，《孝经义记》两卷，《左传音》三卷，《礼记音》两卷。

子大业，聪敏知名。

时有吴郡陆庆，少好学，遍知《五经》，尤明《春秋左氏传》，节操甚高。释褐梁武陵王国右常侍，历征西府墨曹行参军，除娄令。值梁季丧乱，乃覃心释典，经论靡不该究。天嘉初，征为通直散骑侍郎，不就。永阳王为吴郡太守，闻其名，欲与相见，庆固辞以疾。时宗人陆荣为郡五官掾，庆尝诣焉，王乃微服往荣第，穿壁以观之。王谓荣曰："观陆庆风神凝峻，殆不可测，严君平、郑子真何以尚兹。"鄱阳、晋安王俱以记室征，并不就。乃筑室屏居，以禅诵为事，由是传经受业者盖鲜焉。

史臣曰：夫砥身励行，必先经术，树国崇家，率由兹道，故王政因之而至治，人伦得之而敦序。若沈文阿之徒，各专经授业，亦一代之鸿儒焉。文阿加复草创礼仪，盖叔孙通之流亚矣。

卷三十四　　列传第二十八

文　学

杜之伟　颜晃　江德藻　庾持
许亨　褚玠　岑之敬　陆琰 弟瑜
何之元　徐伯阳　张正见　蔡凝
阮卓

《易》曰"观乎人文以化成天下"，孔子曰"焕乎其有文章"也。自楚、汉以降，辞人世出，洛汭、江左，其流弥畅。莫不思侔造化，明并日月，大则宪章典谟，裨赞王道，小则文理清正，申纾性灵。至于经礼乐，综人伦，通古今，述美恶，莫尚乎此。后主嗣业，雅尚文词，傍求学艺，焕乎俱集。每臣下表疏及献上赋颂者，躬自省览，其有辞工，则神笔赏激，加其爵位，是以搢绅之徒，咸知自励矣。若名位文学晃著者，别以功迹论。今缀杜之伟等学既兼文，备于此篇云尔。

杜之伟，字子大，吴郡钱塘人也。家世儒学，以《三礼》专门。父规，梁奉朝请，与光禄大夫济阳江革、都官尚书会稽孔休源友善。

之伟幼精敏，有逸才。七岁，受《尚书》，稍习《诗》、《礼》，略通其学。十五，遍观文史及仪礼故事，时辈称其早成。仆射徐勉尝见其文，重其有笔力。中大通元年，梁武帝幸同泰寺舍身，敕勉撰定仪注，勉以台阁先无此礼，召之伟草具其仪。乃启补东宫学士，与学士刘陟等钞撰群书，各为题目。所撰《富教》、《政道》二篇，皆之伟为序。及湘阴侯萧昂为江州刺史，以之伟掌记室。昂卒，庐陵王续代之，又手教招引，之伟固辞不应命，乃送昂丧柩还京。仍侍临城公读。寻除扬州议曹从事、南康嗣王墨曹参军，兼太学限内博士。大同七年，梁皇太子释奠于国学，时乐府无孔子、颜子登歌词，尚书参议令之伟制其文，伶人传习，以为故事。转补安前邵陵王田曹参军，又转刑狱参军。之伟年位甚卑，特以强识俊才，颇有名当世，吏部尚书张缵深知之，以为廊庙器也。

侯景反，之伟逃窜山泽。及高祖为丞相，素闻其名，召补记室参军。迁中书侍郎，领大著作。高祖受禅，除鸿胪卿，余并如故。之伟启求解著作，曰："臣以绍泰元年，忝中书侍郎，掌国史，于今四载。臣本庸贱，谬蒙盼识，思报恩奖，不敢废官。皇历惟新，驱驭轩、昊，记言记事，未易其人，著作之材，更宜选众。御史中丞沈炯、尚书左丞徐陵、梁前兼大著作虞荔、梁前黄门侍郎孔奂，或清文赡笔，或强识稽古，迁、董之任，允属群才，臣无容遽变市朝，再妨贤路。尧朝皆让，诚不可追，陈力就列，庶几知免。"优敕不许。寻转大匠卿，迁太中大夫，仍敕撰梁史。永定三年卒，时年五十二。高祖甚悼惜之，诏赠通直散骑常侍，赙钱五万，布五十匹，棺一具，克日举哀。

之伟为文，不尚浮华，而温雅博赡。所制多遗失，存者十七卷。

颜晃，字元明，琅邪临沂人也。少孤贫，好学，有辞采。解褐梁邵陵王兼记室参军。时东宫学士庾信尝使于府中，王使晃接对，信轻其尚少，曰："此府兼记室几人？"晃答曰："犹当少于宫中学士。"当时以为善对。

侯景之乱，西奔荆州。承圣初，除中书侍郎。时杜龛为吴兴太守，专好勇力，其所部多轻险少年，元帝患之，乃使晃管其书翰。仍敕龛曰："卿年时尚少，习读未晚，颜晃文学之士，使相毗佐，造次之间，必宜谘禀。"及龛诛，晃归世祖，世祖委以书记，亲遇甚笃。除宣毅府中录事，兼记室参军。

永定二年，高祖幸大庄严寺，其夜甘露降，晃献《甘露颂》，词义该典，高祖甚奇之。天嘉初，迁员外散骑常侍，兼中书舍人，掌诏诰。三年卒，时年五十三。诏赠司农卿，谥曰贞子，并赐墓地。

晃家世单门，傍无戚援，而介然修立，为当世所知。其表奏诏诰，下笔立成，便得事理，而雅有气质。有集二十卷。

江德藻，字德藻，济阳考城人也。祖柔之，齐尚书仓部郎中。父革，梁度支尚书、光禄大夫。德藻好学，善属文。美风仪，身长七尺四寸。性至孝，事亲尽礼。与异产昆弟居，恩惠甚笃。起家梁南中郎武陵王行参军。大司马南平王萧伟闻其才，召为东閤祭酒。迁安西湘东王府外兵参军，寻除尚书比部郎，以父忧去职。服阕之后，容貌毁瘠，如居丧时。除安西武陵王记室，不就。久之，授庐陵王记室参军。除廷尉正，寻出为南兖州治中。及高祖为司空、征北将军，引德藻为府谘议。转中书侍郎，迁云麾临海王长史。陈台建，拜尚书吏部侍郎。

高祖受禅，授秘书监，兼尚书左丞。寻以本官兼中书舍人。天嘉四年，兼散骑常侍，与中书郎刘师知使齐，著《北征道理记》三卷。还拜太子中庶子，领步兵校尉。顷之迁御史中丞，坐公事免。寻拜振远将军、通直散骑常侍。自求宰县，出补新喻令，政尚恩惠，颇有异绩。六年，卒于官，时年五十七。世祖甚悼惜之，诏赠散骑常侍。所著文笔十五卷。

子椿，亦善属文，历太子庶子、尚书左丞。

庾持，字允德，颍川鄢陵人也。祖佩玉，宋长沙内史。父沙弥，梁长城令。持少孤，性至孝，居父忧过礼。笃志好学，尤善记书，以才艺闻。解褐梁南平王国左常侍、轻车河东王府行参军，兼尚书郎，寻而为真。出为安吉令，迁镇东邵陵王府限外记室，兼建康令。天监初，世祖与持有旧，及世祖为吴兴太守，以持为郡丞，兼掌书翰，自是常依文帝。文帝克张彪，镇会稽，又令持监临海郡。以贪纵失民和，为山贼所劫，幽执十旬，世祖遣刘澄讨平之，持乃获免。高祖受禅，授安东临川王府谘议参军。天嘉初，迁尚书左丞。以预长城之功，封崇德县子，邑三百户。拜封之日，请令史为客，受其饷遗，世祖怒之，因坐免。寻为宣惠始兴王府谘议参军。除临安令，坐杖杀县民免封。迁为给事黄门侍郎。除棱威将军、盐官令。光大元年，迁秘书监，知国史事。又为少府卿，领羽林监。迁太中大夫，领步兵校尉。太建元年卒，时年六十二。诏赠光禄大夫。

持善字书，每属辞，好为奇字，文士亦以此讥之。有集十卷。

许亨，字亨道，高阳新城人，晋徵士询之六世孙也。曾祖珪，历给事中，委桂阳太守，高尚其志，居永兴之究山，即询之所隐也。祖勇慧，齐太子家令、冗从仆射。父懋，梁始平天门二郡守、太子中庶子、散骑常侍，以学艺闻，撰《毛诗风雅比兴义类》十五卷，《述行记》四卷。亨少传家业，孤介有节行。博通群书，多识前代旧事，名辈皆推许之，甚为南阳刘之遴所重，每相称述。解褐梁安东王行参军，兼太学博士，寻除平西府记室参军。太清初，为征西中记室，兼太常丞。

侯景之乱，避地郢州，会梁邵陵王自东道至，引为谘议参军。王僧辩之袭郢州也，素闻其名，召为仪同从事中郎。迁太尉从事中郎，与吴兴沈炯对掌记室，府朝政务，一以委焉。晋安王承制，授给事黄门侍郎，亨奉笺辞府，僧辩答曰："省告，承有朝授，良为德举。卿操识惇深，文艺洽浹，学优而官，自致青紫。况久羁骏足，将成顿辔，匡辅虚暗，期寄实深。既欣游处，用忘劳屈，而枳棘栖鹓，常以增叹。夕郎之选，虽为清显，位以才升，差自无愧。且卿始云知命，方骋康衢，未有执戟之疲，便深夜行之慨，循复来翰，殊用怃然。古人相思，千里命驾，素心不昧，宁限城闉，存顾之深，荒惭无已。"

高祖受禅，授中散大夫，领羽林监。迁太中大夫，领大著作，知梁史事。初，僧辩之诛也，所司收僧辩及其子頠尸，于方山同坎埋瘗，至是无敢言者。亨以故吏，抗表请葬之，乃与故义徐陵、张种、孔奂等，相率以家财营葬，凡七柩皆改窆焉。

光大初，高宗入辅，以亨贞正有古人之风，甚相钦重，常以师礼事之。及到仲举之谋出高宗也，毛喜知其információ，高宗问亨，亨劝勿奉诏。高宗即位，拜卫尉卿。太建二年卒，时年五十四。

初撰《齐书》并《志》五十卷，遇乱失亡。后撰《梁史》，成者五十八卷。梁太清之后所制文笔六卷。

子善心，早知名，官至尚书度支侍郎。

褚玠，字温理，河南阳翟人也。曾祖炫，宋升明初与谢朏、江斆、刘俣入侍殿中，谓之四友。官至侍中、吏部尚书，谥贞子。祖沄，梁御史中丞。父蒙，太子舍人。玠九岁而孤，为叔父骠骑从事中郎随所养。早有令誉，先达多以才器许之。及长，美风仪，善占对，博学能属文，词义典实，不好艳靡。起家王府法曹，历转外兵记室。天嘉中，兼通直散骑常侍，聘齐，还为桂阳王友。迁太子庶子、中书侍郎。

太建中，山阴县多豪猾，前后令长皆以赃污免，高宗患之，谓中书舍人蔡景历曰："稽阴大邑，久无良宰，卿文士之内，试思其人。"景历进曰："褚玠廉俭有干用，未审堪其选不？"高宗曰："甚善，卿言与朕意同。"乃除戎昭将军、山阴令。县民张次的、王休达等与诸猾吏贿赂通奸，全丁大户，类多隐没。玠乃锁次的等，具状启台，高宗手敕慰劳，并遣使助玠搜括，所出军民八百余户。时舍人曹义达为高宗所宠，县民陈信家富于财，谄事义达，信父显文恃势横暴。玠乃遣使执显文，鞭之一百，于是吏民股栗，莫敢犯者。信后因义达谮玠，竟坐免官。玠在任岁余，守禄俸而已，去官之日，不堪自致，因留县境，种蔬菜以自给。或嗤玠以非百里之才，玠答曰："吾委输课最，不后列城，除残去暴，奸吏局蹐。若谓其不能自润脂膏，则如来命。以为不达从政,吾未服也。"时人以为信然。皇太子知玠无还装,手书赐粟米二百斛,于是还都。太子爱玠文辞,令入直殿省。十年,除电威将军、仁威淮南王长史,顷之,以本官掌东宫管记。十二年,迁御史中丞,卒于官,时年五十二。

玠刚毅有胆决,兼善骑射。尝从司空侯安都于徐州出猎,遇有猛虎,玠引弓射之,再发皆中口入腹,俄而虎毙。及为御史中丞,甚有直绳之称。自梁末丧乱,朝章废弛,司宪因循,守而勿革,玠方欲改张,大为条例,纲维略举,而编次未讫,故不列于后焉。及卒,太子亲制志铭,以表惟旧。至德二年,追赠秘书监。所制章奏杂文二百余篇,皆切事理,由是见重于时。

子亮,有才学,官至尚书殿中侍郎。

岑之敬,字思礼,南阳棘阳人也。父善纤,梁世以经学闻,官至吴宁令、司义郎。之敬年五岁,读《孝经》,每烧香正坐,亲戚咸加叹异。年十六,策《春秋左氏》、制旨《孝经》义,擢为高第。御史奏曰:"皇朝多士,例止明经,若颜、闵之流,乃应高第。"梁武帝省其策曰:"何妨我复有颜、闵邪?"因召入面试,令之敬升讲座,敕中书舍人朱异执《孝经》,唱《士孝章》,武帝亲自论难。之敬剖释纵横,应对如响,左右莫不嗟服。乃除童子奉车郎,赏赐优厚。十八,预重云殿法会,时武帝亲行香,熟视之敬曰:"未几见兮,突而弁兮!"即日除太学限内博士。寻为寿光学士、司义郎,又除武陵王安西府刑狱参军事。太清元年,表请试吏,除南沙令。

侯景之乱,之敬率领所部赴援京师。至郡境,闻台城陷,乃与众辞诀,归乡里。承圣二年,除晋安王宣惠府中记室参军。是时萧勃据岭表,敕之敬宣旨慰喻,会江陵陷,仍留广州。太建初,还朝,授东宫义省学士,太子素闻其名,尤降赏接。累迁鄱阳王中卫府记室、镇北府中录事参军、南台治书侍御史、征南府谘议参军。

之敬始以经业进,而博涉文史,雅有词笔,不为醇儒。性谦谨,未尝以才学矜物,接引后进,恂恂如也。每忌日营斋,必躬自洒扫,涕泣终日,士君子以笃行称之。十一年卒,时年六十一。太子嗟惜,赗赠甚厚。有集十卷行于世。

子德润,有父风,官至中军吴兴王记室。

陆琰,字温玉,吏部尚书琼之从父弟也。父令公,梁中军宣城王记室参军。琰幼孤、好学,有志操。州举秀才。解褐宣惠始兴王行参军,累迁法曹外兵参军,直嘉德殿学士。世祖听览余暇,颇留心史籍,以琰博学,善占诵,引置左右。尝使制《刀铭》,琰援笔即成,无所点窜,世祖嗟赏久之,赐衣一袭。俄兼通直散骑常侍,副琅邪王厚聘齐,及至邺下而厚病卒,琰自为使主。时年二十余,风神韶亮,占对闲敏,齐士大夫甚倾心焉。还为云麾新安王主簿,迁安成王长史,宁远府记室参军。太建初,为武陵王明威府功曹史,兼东宫管记。丁母忧去官。五年卒,时年三十四。太子甚伤悼之,手令举哀,加其赗赠,又自制志铭。至德二年,追赠司农卿。

琰寡嗜欲,鲜矜竞,游心经籍,晏如也。其所制文笔多不存本,后主求其遗文,撰成二卷。有弟瑜。

瑜字干玉。少笃学,美词藻。州举秀才。解褐骠骑安成王行参军,转军师晋安王外兵参军、东宫学士。兄琰时为管记,并以才学娱侍左右,时人比之二应。太建二年,太子释奠于太学,宫臣并赋诗,命瑜为序,文甚赡丽。迁尚书祠部郎中,丁母忧去职。服阕,为桂阳王明威将军功曹史,兼东宫管记。累迁永阳王文学、太子洗马、中舍人。

瑜幼长读书,昼夜不废,聪敏强记,一览无复遗失。尝受《庄》、《老》于汝南周弘正,学《成实论》于僧滔法师,并通大旨。时皇太子好学,欲博览群书,以子集繁多,命瑜钞撰,未就而卒,时年四十四。太子为之流涕,手令举哀,官给丧事,并亲制祭文,遣使者吊祭。仍与詹事江总书曰:"管记陆瑜,奄然殂化,悲伤悼惜,此情何已。吾生平爱好,卿等所悉,自以学涉儒雅,不逮古人,钦贤慕士,是情尤笃。梁室乱离,天下糜沸,书史残缺,礼乐崩沦,晚生后学,匪无墙面,卓尔出群,斯人而已。吾识览虽局,未曾以言议假人,至于片善小才,特用嗟赏。况复洪识奇士,此故忘言之地。论其博综子史,谙究儒墨,经耳无遗,触目成诵,一褒一贬,一激一扬,语玄析理,披文摘句,未尝不闻者心伏,听者解颐,会意相得,自以为布衣之赏。吾监抚之暇,事隙之辰,颇用谈笑娱情,琴樽间作,雅篇艳什,迭互锋起。每清风朗月,美景良辰,对群山之参差,望巨波之滉漾,或玩新花,时观落叶,即听春鸟,又聆秋雁,未尝不促膝举觞,连情发藻,且代琢磨,间以嘲谑,俱怡耳目,并留情致。自谓百年为速,朝露可伤,岂谓玉折兰摧,遽从短运,为悲为恨,当复何言。遗迹余文,触目增泫,绝弦投笔,恒有酸恨。以卿同志,聊复叙怀,涕之无从,言不写意。"其见重如此。至德二年,追赠光禄卿。有集十卷。瑜有从父兄玠,从父弟琛。

玠字润玉,梁大匠卿晏子之子。弘雅有识度,好学,能属文。举秀才,对策高第。吏部尚书袁枢荐之于世祖,超授衡阳王文学,直天保殿学士。太建初,迁长沙王友,领记室。后主在东宫,闻其名,征为管记。仍除中舍人,管记如故,甚见亲待。寻以疾失明,将还乡里,太子解衣赠玠,为之流涕。八年卒,时年三十七。有令举哀,并加赙赠。至德二年,追赠少府卿。有集十卷。

琛字洁玉,宣毅临川王长史丘公之子。少警俊,事后母以孝闻。世祖为会稽太守,琛年十八,上《善政颂》,甚有词采,由此知名,举秀才。起家为衡阳王主簿,兼东宫管记。历豫章王文学,领记室,司徒主簿,直宣明殿学士。寻迁尚书三公侍郎,兼通直散骑常侍,聘齐,还为司徒左西掾。又掌东宫管记,太子爱琛才辩,深礼遇之。后主嗣位,迁给事黄门侍郎、中书舍人,参掌机密。琛性颇疏,坐漏泄禁中语,诏赐死,时年四十二。

何之元,庐江灊人也。祖僧达,齐南台治书侍御史。父法胜,以行业闻。之元幼好学,有才思,居丧过礼,为梁司空袁昂所重。天监末,昂表荐之,因得召见。解褐梁太尉临川王扬州议曹从事史，寻转主簿。及昂为丹阳尹，辟为丹阳五官掾，总户曹事。寻除信义令。之元宗人敬容者，势位隆重，频相顾访，之元终不造焉。或问其故，之元曰："昔楚人得宠于观起，有马者皆亡。夫德薄任隆，必近覆败，吾恐不获其利而招其祸。"识者以是称之。

会安西武陵王为益州刺史，以之元为安西刑狱参军。侯景之乱，武陵王以太尉承制，授南梁州刺史、北巴西太守。武陵王自成都举兵东下，之元与蜀中民庶抗表请无行，王以为沮众，囚之元于舰中。及武陵兵败，之元从邵陵太守刘恭之郡。俄而江陵陷，刘恭卒，王琳召为记室参军。梁敬帝册琳为司空，之元除司空府谘议参军，领记室。

王琳之立萧庄也，署为中书侍郎。会齐文宣帝薨，令之元赴吊，还至寿春，而王琳败，齐主以为扬州别驾，所治即寿春也。及众军北伐，得淮南地，湘州刺史始兴王叔陵遣功曹史柳咸赍书召之元。之元始与朝庭有隙，及书至，大惶恐，读书至"孔璋无罪，左车见用"，之元仰而叹曰："辞旨若此，岂欺我哉！"遂随咸至湘州。太建八年，除中卫府功曹参军事，寻迁谘议参军。

及叔陵诛，之元乃屏绝人事，锐精著述。以为梁氏肇自武皇，终于敬帝，其兴亡之运，盛衰之迹，足以垂鉴戒，定褒贬。究其始终，起齐永元元年，迄于王琳遇获，七十五年行事，草创为三十卷，号曰《梁典》。其序曰：

记事之史，其流不一，编年之作，无若《春秋》，则鲁史之书，非帝皇之籍也。案三皇之简为《三坟》，五帝之策为《五典》，此典义所由生也。至乃《尚书》述唐帝为《尧典》，虞帝为《舜典》，斯又经文明据。是以典之为义久矣哉。若夫《马史》、《班汉》，述帝称纪，自兹厥后，因相祖习。及陈寿所撰，名之曰志，总其三国，分路扬镳。唯何法盛《晋书》变帝纪为帝典，既云师古，在理为优。故今之所作，称为《梁典》。

梁有天下，自中大同以前，区宇宁晏，太清以后，寇盗交侵，首尾而言，未为尽美，故开此一书，分为六意。以高祖创基，因乎齐末，寻宗讨本，起自永元，今以前如干卷为《追述》。高祖生自布衣，长于弊俗，知风教之臧否，识民黎之情伪。爰建君临，弘斯政术，四纪之内，实云殷阜。今以如干卷为《太平》。世不常夷，时无恒治，非自我后，仍属横流，今以如干卷为《叙乱》。洎高祖晏驾之年，太宗幽辱之岁，讴歌狱讼，向西陕不向东都；不庭之民，流逸之士，征伐礼乐，归世祖不归太宗。拨乱反正，厥庸斯在，治定功成，其勋有属。今以如干卷为《世祖》。至于四海困穷，五德升替，则敬皇绍立，仍以禅陈，今以如干卷为《敬帝》。骠骑王琳，崇立后嗣，虽不达天命，然是其忠节，今以如干卷为《后嗣主》。至在太宗，虽加美谥，而大宝之号，世所不遵，盖以拘于贼景故也。承圣纪历，自接太清，神笔诏书，非宜辄改，详之后论，盖有理焉。

夫事有始终，人有业行，本末之间，颇宜诠叙。案臧荣绪称史无裁断，犹起居注耳，由此而言，实资详悉。

又编年而举其岁次者，盖取分明而易寻也。若夫猃狁孔炽，鲠我中原，始自一君，终为二主，事有相涉，言成混漫。今以未分之前为北魏，既分之后高氏所辅为东魏，宇文所挟为西魏，所以相别也。重以盖彰殊体，繁省异文，其间损益，颇有凡例。

祯明三年，京城陷，乃移居常州之晋陵县。隋开皇十三年，卒于家。

徐伯阳，字隐忍，东海人也。祖度之，齐南徐州议曹从事史。父僧权，梁东宫通事舍人，领秘书，以善书知名。伯阳敏而好学，善色养，进止有节。年十五，以文笔称。学《春秋左氏》。家有史书，所读者近三千余卷。试策高第，尚书板补梁河东王国右常侍、东宫学士、临川嗣王府墨曹参军。大同中，出为候官令，甚得民和。侯景之乱，伯阳浮海南至广州，依于萧勃，勃平还朝，仍将家属之吴郡。

天嘉二年，诏侍晋安王读。寻除司空侯安都府记室参军事，安都素闻其名，见之，降席为礼。甘露降乐游苑，诏赐安都，令伯阳为谢表，世祖览而奇之。太建初，中记室李爽、记室张正见、左民郎贺彻、学士阮卓、黄门郎萧诠、三公郎王由礼、处士马枢、记室祖孙登、比部贺循、长史刘删等为文会之友，后有蔡凝、刘助、陈暄、孔范亦预焉。皆一时之士也。游宴赋诗，勒成卷轴，伯阳为其集序，盛传于世。

及新安王为南徐州刺史，除镇北新安王府中记室参军，兼南徐州别驾，带东海郡丞。鄱阳王为江州刺史，伯阳尝奉使造焉，王率府僚与伯阳登匡岭，置宴，酒酣，命笔赋剧韵二十，伯阳与祖孙登前成，王赐以奴婢杂物。及新安王还京，除临海嗣王府限外谘议参军。十一年春，皇太子幸太学，诏新安王于辟雍发《论语》题，仍命伯阳为《辟雍颂》，甚见嘉赏。除镇右新安王府谘议参军事。十三年，闻姊丧，发疾而卒，时年六十六。

张正见，字见赜，清河东武城人也。祖盖之，魏散骑常侍、勃海长乐二郡太守。父修礼，魏散骑侍郎，归梁，仍拜本职，迁怀方太守。正见幼好学，有清才。梁简文在东宫，正见年十三，献颂，简文深赞赏之。简文雅尚学业，每自升座说经，正见尝预讲筵，请决疑义，吐纳和顺，进退详雅，四座咸属目焉。太清初，射策高第，除邵陵王国左常侍。梁元帝立，拜通直散骑侍郎，迁彭泽令。属梁季丧乱，避地于匡俗山，时焦僧度拥众自保，遣使请交，正见惧之，逊辞延纳，然以礼法自持，僧度亦雅相敬惮。

高祖受禅，诏正见还都，除镇东鄱阳王府墨曹行参军，兼衡阳王府长史。历宜都王限外记室、撰史著士，带寻阳郡丞。累迁尚书度支郎、通直散骑侍郎，著士如故。太建中卒，时年四十九。有集十四卷，其五言诗尤善，大行于世。

蔡凝，字子居，济阳考城人也。祖撙，梁吏部尚书、金紫光禄大夫。父彦高，梁给事黄门侍郎。凝幼聪晤，美容止。既长，博涉经传，有文辞，尤工草隶。天嘉四年，释褐授秘书郎，转庐陵王文学。光大元年，除太子洗马、司徒主簿。太建元年，迁太子中舍人。以名公子选尚信义公主，拜驸马都尉、中书侍郎。迁晋陵太守。及将之郡，更令左右缉治中书廨宇，谓宾友曰："庶来者无劳，不亦可乎？"寻授宁远将军、尚书吏部侍郎。

凝年位未高，而才地为时所重，常端坐西斋，自非素贵名流，罕所交接，趣时者多讥焉。高宗常谓凝曰："我欲用义兴主婿钱肃为黄门郎，卿意何如？"凝正色对曰："帝乡旧戚，恩由圣旨，则无所复问。若格以佥议，黄散之职，故须人门兼美，惟陛下裁之。"高宗默然而止。肃闻而有憾，令义兴主日谮之于高宗，寻免官，迁交阯。顷之，追还。

后主嗣位，受晋安王谘议参军，转给事黄门侍郎。后主尝置酒会，群臣欢甚，将移宴于弘范宫，众人咸从，唯凝与袁宪不行。后主曰："卿何为者？"凝对曰："长乐尊严，非酒后所过，臣不敢奉诏。"众人失色。后主曰："卿醉矣。"即令引出。他日，后主谓吏部尚书蔡徵曰："蔡凝负地矜才，无所用也。"寻迁信威晋熙王府长史，郁郁不得志，乃喟然叹曰："天道有废兴，夫子云'乐天知命'，斯理庶几可达。"因制《小室赋》以见志，甚有辞理。陈亡入隋，道病卒，时年四十七。

子君知，颇知名。

阮卓，陈留尉氏人。祖诠，梁散骑侍郎。父问道，梁宁远岳阳王府记室参军。卓幼而聪敏，笃志经籍，善谈论，尤工五言诗。性至孝，其父随岳阳王出镇江州，遇疾而卒，卓时年十五，自都奔赴，水浆不入口者累日。属侯景之乱，道路阻绝，卓冒履险艰，载丧柩还都。在路遇贼，卓形容毁瘁，号哭自陈，贼哀而不杀之，仍护送出境。及渡彭蠡湖，中流忽遇疾风，船几没者数四，卓仰天悲号，俄而风息，人皆以为孝感之至焉。

世祖即位，除轻车鄱阳王府外兵参军。天康元年，转云麾新安王府记室参军，仍随府转翊右记室，带撰史著士。迁鄱阳王中卫府录事，转晋安王府记室，著士如故。及平欧阳纥，交阯夷獠往往相聚为寇抄，卓奉使招慰。交阯通日南、象郡，多金翠珠贝珍怪之产，前后使者皆致之，唯卓挺身而还，衣装无他，时论咸伏其廉。迁衡阳王府中录事参军。入为尚书祠部郎。迁始兴王中卫府记室参军。

叔陵之诛也，后主谓朝臣曰："阮卓素不同逆，宜加旌异。"至德元年，入为德教殿学士。寻兼通直散骑常侍，副王话聘隋。隋主夙闻卓名，乃遣河东薛道衡、琅邪颜之推等，与卓谈宴赋诗，赐遗加礼。还除招远将军、南海王府谘议参军。以目疾不之官，退居里舍，改构亭宇，修山池卉木，招致宾友，以文酒自娱。祯明三年入于隋，行至江州，追感其父所终，因遘疾而卒，时年五十九。

时有武威阴铿，字子坚，梁左卫将军子春之子。幼聪慧，五岁能诵诗赋，日千言。及长，博涉史传，尤善五言诗，为当时所重。释褐梁湘东王法曹参军。天寒，铿尝与宾友宴饮，见行觞者，因回酒炙以授之，众坐皆笑，铿曰："吾侪终日酣饮，而执爵者不知其味，非人情也。"及侯景之乱，铿尝为贼所擒，或救之获免，铿问其故，乃前所行觞者。天嘉中，为始兴王府中录事参军。世祖尝宴群臣赋诗，徐陵言之于世祖，即日召铿预宴，使赋新成安乐宫，铿援笔便就，世祖甚叹赏之。累迁招远将军、晋陵太守、员外散骑常侍，顷之卒。有集三卷行于世。

史臣曰：夫文学者，盖人伦之所基欤？是以君子异乎众庶。昔仲尼之论四科，始乎德行，终于文学，斯则圣人亦所贵也。至如杜之伟之徒，值于休运，各展才用，之伟尤著美焉。

卷三十五　　　　列传第二十九

熊昙朗　周迪　留异　陈宝应

熊昙朗，豫章南昌人也。世为郡著姓。昙朗跅弛不羁，有膂力，容貌甚伟。侯景之乱，稍聚少年，据丰城县为栅，桀黠劫盗多附之。梁元帝以为巴山太守。荆州陷，昙朗兵力稍强，劫掠邻县，缚卖居民，山谷之中，最为巨患。

及侯瑱镇豫章，昙朗外示服从，阴欲图瑱。侯方儿之反瑱也，昙朗为之谋主。瑱败，昙朗获瑱马仗子女甚多。及萧勃逾领，欧阳頠为前军，昙朗给頠共往巴山袭黄法氍，又报法氍期共破頠，约曰"事捷与我马仗"。及出军，与頠掎角而进，又绐頠曰"余孝顷欲相掩袭，须分留奇兵，甲仗既少，恐不能济"。頠乃送甲三百领助之。及至城下，将战，昙朗伪北，法氍乘之，頠失援，狼狈退衄，昙朗取其马仗而归。时巴山陈定亦拥兵立寨，昙朗伪以女妻定子。又谓定曰"周迪、余孝顷并不愿此婚，必须以强兵来迎"。定乃遣精甲三百并土豪二十人往迎，既至，昙朗执之，收其马仗，并论价责赎。

绍泰二年，昙朗以南川豪帅，随例除游骑将军。寻为持节、飙猛将军、桂州刺史资，领丰城令，历宜新、豫章二郡太守。王琳遣李孝钦等随余孝顷于临川攻周迪，昙朗率所领赴援。其年，以功除持节、通直散骑常侍、宁远将军，封永化县侯，邑一千户，给鼓吹一部。又以抗御王琳之功，授平西将军、开府仪同三司，余并如故。及周文攻余孝劢于豫章，昙朗出军会之，文育失利，昙朗乃害文育，以应王琳，事见文育传。于是尽执文育所部诸将，据新淦县，带江为城。

王琳东下，世祖征南川兵，江州刺史周迪、高州刺史黄法氍欲沿流应赴，昙朗乃据城列舰断遏，迪等与法氍因帅南中兵筑城围之，绝其与琳信使。及王琳败走，昙朗党援离心，迪攻陷其城，虏其男女万余口。昙朗走入村中，村民斩之，传首京师，悬于朱雀观。于是尽收其宗族，无少长皆弃市。

周迪,临川南城人也。少居山谷,有膂力,能挽强弩,以弋猎为事。侯景之乱,迪宗人周续起兵于临川,梁始兴王萧毅以郡让续,迪召募乡人从之,每战必勇冠众军。续所部渠帅,皆郡中豪族,稍骄横,续颇禁之,渠帅等并怨望,乃相率杀续,推迪为主,迪乃据有临川之地,筑城于工塘。梁元帝授迪持节、通直散骑常侍、壮武将军、高州刺史,封临汝县侯,邑五百户。

绍泰二年,除临川内史。寻授使持节、散骑常侍、信威将军、衡州刺史,领临川内史。周文育之讨萧勃也,迪按甲保境,以观成败。文育使长史陆山才说迪,迪乃大出粮饷,以资文育。勃平,以功加振远将军,迁江州刺史。

高祖受禅,王琳东下,迪欲自据南川,乃总召所部八郡守宰结盟,声言入赴,朝廷恐其为变,因厚慰抚之。琳至湓城,新吴洞主余孝顷举兵应琳。琳以为南川诸侯可传檄而定,乃遣其将李孝钦、樊猛等南征粮饷。猛等与余孝顷相合,众且二万,来趋工塘,连八城以逼迪。迪使周敷率众顿临川故郡,截断江口,因出与战,大败之,屠其八城,生擒李孝钦、樊猛、余孝顷送于京师,收其军实,器械山积,并虏其人马,迪并自纳之。永定二年,以功加平南将军、开府仪同三司,增邑一千五百户,给鼓吹一部。

世祖嗣位,进号安南将军。熊昙朗之反也,迪与周敷、黄法𣰰等率兵共围昙朗,屠之,尽有其众。王琳败后,世祖征迪出镇湓城,又征其子入朝,迪越趄顾望,并不至。豫章太守周敷本属于迪。至是与黄法𣰰率其所部诣阙,世祖录其破熊昙朗之功,并加官赏,迪闻之,甚不平,乃阴与留异相结。及王师讨异,迪疑惧不自安,乃使其弟方兴率兵袭周敷,敷与战,破之。又别使兵袭华皎于湓城,事觉,尽为皎所擒。天嘉三年春,世祖乃下诏赦南川士民为迪所诖误者,使江州刺史吴明彻都督众军,与高州刺史黄法𣰰、豫章太守周敷讨迪。于是尚书下符曰:

告临川郡士庶:昔西京为盛,信、越背诞;东都中兴,萌、宠违戾。是以鹰鹯竞逐,菹醢极诛,自古有之,其来尚矣。逆贼周迪,本出舆台,有梁丧乱,暴掠山谷。我高祖躬率百越,师次九川,濯其泥沙,假以毛羽,裁解豚佩,仍剖兽符,卵翼之恩,方斯莫喻。皇运肇基,颇布诚款,国步艰阻,竟微效力。龙节绣衣,藉王爵而御下,熊旗组甲,因地险而陵上。日者王琳始贰,萧勃未夷,西结三湘,南通五岭,衡、广戡定,既安反侧,江、郢纷梗,复生携背,拥据一郡,苟且百心,志貌常违,言迹不副。特以新吴未静,地远兵强,互相兼并,成其形势。收获器械,俘虏士民,并日私财,曾无献捷。时遣一介,终持两端。朝廷光大含弘,引纳崇遇,遂乃位等三槐,任均四岳,富贵隆赫,超绝功臣。加以出师逾岭,远相响援,按甲断江,翻然猜拒。故司空愍公,敦以宗盟,情同骨肉,城池连接,势犹唇齿,彭亡之祸,坐观难作,阶此叠故,结其党与。于时北寇侵轶,西贼凭陵,扉屡糇粮,悉以资寇,爵号军容,一遵伪党。及王师凯振,大定区中,天网恢弘,弃之度外,玺书纶诰,抚慰绸缪,冠盖缙绅,教授重叠。至于熊昙朗剿灭,丰城克定,盖由仪同法𣰰之功力,安西周敷之效力,司勋有典,懋赏斯旧,恶直丑正,自为仇仇,悖礼奸谋,因此滋甚。征出湓城,历年不就,求遣侍子,累载未朝。外诱通亡,招集不逞,中调京辇,规冀非常。擅敛征赋,罕归九府,拥遏二贾,害及四民,潜结贼异,共为表里,同恶相求,密加应援。谓我六军薄伐,三越未宁,屠破述城,房缚妻息,分袭湓镇,称兵蠹邦,拘逼酋豪,攻围城邑,幸国有备,应时𢮦殄。

假节、通直散骑常侍、仁武将军、寻阳太守怀仁县伯华皎,明威将军、庐陵太守益阳县子陆子隆,并破贼徒,克全郡境。持节、散骑常侍、安西将军、定州刺史、领豫章太守西丰县侯周敷,躬扞沟垒,身当矢石,率兹义勇,以寡摧众,斩馘万计,俘虏千群。迪方收余烬,还固埤堞。使持节、安南将军、开府仪同三司、高州刺史新建县侯法𣰰,雄绩早宣,忠诚夙著,未奉王命,前义义旅,既援敷等,又全子隆,裹粮擐甲,仍蹑飞走,批熊之旅,驱驰越电,振武之众,𠮿咤移山,以此追奔,理无遗类。虽复朽株将拔,非待寻斧,落叶就殒,无劳烈风;但去草绝根,在于未蔓,扑火止燎,贵乎速灭,分命禁帅,实资英果。今遣镇南仪同司马、湘东公相刘广德,兼平西司马孙晓,北新蔡太守鲁广达,持节、安南将军、吴州刺史彭泽县侯鲁悉达,甲士万人,步出兴口。又遣前吴兴太守胡铄,树功将军、前宣城太守钱法成,天门、义阳二郡太守樊毅,云麾将军、合州刺史南固县侯焦僧度,严武将军、建州刺史辰县子张智达,持节、都督江吴二州诸军事、安南将军、江州刺史安吴县侯吴明彻,楼舰马步,直指临川。前安成内史刘士京,巴山太守蔡僧贵,南康内史刘峰,庐陵太守陆子隆,安成内史阙慎,并受仪同法𣰰节度,同会故郡。又命寻阳太守华皎,光烈将军、巴州刺史潘纯陀,平西将军、鄞州刺史欣乐县侯章昭达,并率貔豹,迳造贼城。使持节、散骑常侍、镇南将军、开府仪同三司、湘州刺史湘东郡公度,分遣偏裨,相继上道,戈船蔽水,彀骑弥山。又诏镇南将军、开府仪同三司欧阳颁,率其子弟交州刺史盛、新除太子右率遂、衡州刺史侯晓等,以劲越之兵,逾岭北迈。千里同期,百道俱集,如脱稽诛,更淹旬晦,司空、大都督安都已平贼异,凯归非久,饮至礼毕,乘胜长驱,剿扑凶丑,如燎毛发。已有明诏,罪唯迪身,黎民何辜,一皆原宥。其有因机立功,赏如别格;执迷不改,刑兹罔赦。

吴明彻至临川,令众军作连城攻迪,相拒不能克,世祖乃遣高宗总督讨之,迪众溃,妻子悉擒,乃脱身逾岭之晋安,依于陈宝应。宝应以兵资迪,留异又遣第二子忠臣随之。

明年秋,复越东兴岭,东兴、南城、永成县民,皆迪故人,复共应之。世祖遣都督章昭达征迪,迪又散于山谷。初,侯景之乱也,百姓皆弃本业,群聚为盗,唯迪所部,独不侵扰,并分给田畴,督其耕作,民下肆业,各有赢储,政教严明,征敛必至,余郡乏绝者,皆仰以取给。迪性质朴,不事威仪,冬则短身布袍,夏则紫纱袜腹,居常徒跣,虽外列兵卫,内有女伎,按绳破篾,傍若无人。然轻财好施,凡所周赡,毫厘必钧,讷于言语,而襟怀信实,临川人皆德之。至是并共藏匿,虽加诛戮,无肯言者。昭达仍度岭,顿于建安,与陈宝应相抗,迪复收合出东兴。时宣城太守钱肃镇东兴,以城降迪。吴州刺史陈详,率师攻迪,详兵大败,虔化侯陈诩、陈留太守张遂并战死,于是迪众复振。世祖遣都督程灵洗击破之,迪又与十余人窜于山穴中。日月转久,相随者亦稍苦之。后遣人潜出临川郡市鱼鲑,足痛,舍于邑子,邑子告临川太守骆牙,牙执之,令取迪自效。因使腹心勇士随人山中,诱迪出猎,伏兵于道傍,斩之,传首京都,枭于朱雀观三日。

留异,东阳长山人也。世为郡著姓。异善自居处,言语酝藉,为乡里雄豪。多聚恶少,陵侮贫贱,守宰皆患之。梁代为蟹浦戍主,历晋安、安固二县令。侯景之乱,还乡里,召募士卒,东阳郡丞与异有隙,引兵诛之,及其妻子。太守沈巡援台,让郡于异,异使兄子超监知郡事,率兵随巡出都。

及京城陷,异随临城公萧大连,大连板为司马,委以军事。异性残暴,无远略,督责大连军主及以左右私树威福,众并患之。会景将军宋子仙济浙江,异奔还乡里,寻以其众降于子仙。是时大连亦趣东阳之信安岭,欲之鄱阳,异乃为子仙乡导,令执大连。侯景署异为东阳太守,收其妻子为质。景平台刘神茂建义拒景,异外同神茂,而密契于景。及神茂败绩,为景所诛,异独获免。

侯景平后,王僧辩使异慰劳东阳,仍纠合乡间,保据岩阻,其徒甚盛,州郡惮焉。元帝以为信安令。荆州陷,王僧辩以异为东阳太守。世祖平定会稽,异虽转输粮饷,而拥擅一郡,威福在己。绍泰二年,以应接之功,除持节、通直散骑常侍、信武将军、缙州刺史,领东阳太守,封永兴县侯,邑五百户。其年迁散骑常侍、信威将军,增邑三百户,余并如故。又以世祖长女丰安公主配异第三子贞臣。永定二年,征异为使持节、散骑常侍、都督南徐州诸军事、平北将军、南徐州刺史,异延不就。

世祖即位,改授都督缙州诸军事、安南将军、缙州刺史,领东阳太守。异频遣其长史王澌为使入朝,澌每言朝廷虚弱,异信之,虽外示臣节,恒怀两端,与王琳自鄱阳信安岭潜通信使。王琳又遣使往东阳,署守宰。及琳败,世祖遣左卫将军沈恪代异为郡,实以兵袭之。异出下淮抗御,恪与战,败绩,退还钱塘,异乃表启谢过。是时众军方事湘、郢,乃降诏书慰喻,且羁縻之,异亦知朝廷终讨于己,乃使兵戍下淮及建德,以备江路。湘州平,世祖乃下诏曰:

昔四罪难弘,大妨之所无赦,九黎乱德,少昊之所必诛。自古皇王,不贪征伐,苟为时蠹,事非获已。逆贼留异,数应亡灭,缮甲完聚,由来积年。进谢群龙,自跃于千里,退怀首鼠,恒持以百心。中岁密契

番禺,既弘天网,赐以名爵,敦以国姻,傥望怀音,犹能革面。王琳窃据中流,翻相应接,别引南川之岭路,专为东道之主人,结附凶渠,唯欣祸乱。既妖氛荡定,气沮心孤,类伤鸟之惊弦,等穷兽之谋触。虽复遣家人质,子阳之态转遒;侍子还朝,隗嚣之心方炽。

朕志相成养,不计疵瑕,披襟解带,敦喻殷勤。蜂目弥彰,枭声无改,遂置军江口,严成下淮,显然反叛,非可容匿。且缙邦膏腴,稽南殿旷,永割王赋,长壅国民,竹箭良材,绝望京辇,萑蒲小盗,共肆宾残,念彼余氓,兼其慨息。西戎屈膝,自款重关,秦国依风,并输侵地,三边已乂,四表咸宁,唯此微妖,所宜清殄。可遣使持节、都督南徐州诸军事、征北将军、司空、南徐州刺史桂阳郡开国公安都指往擒戮,罪止异身,余无所问。

异本谓官军自钱塘江而上,安都乃由会稽、诸暨步道袭之。异闻兵至,大恐,弃郡奔于桃支岭,于岭口立栅自固。明年春,安都大破其栅,异与第二子忠臣奔于陈宝应,于是虏其余党男女数千人。天嘉五年,陈宝应平,并擒异送都,斩于建康市,子侄及同党无少长皆伏诛,唯第三子贞臣以尚主获免。

陈宝应,晋安候官人也。世为闽中四姓。父羽,有材干,为郡雄豪。宝应性反覆,多变诈。梁代晋安数反,累杀郡将,羽初并扇惑合成其事,后复为官军乡导破之,由是一郡兵权皆自己出。

侯景之乱,晋安太守、宾化侯萧云以郡让羽,羽年老,但治郡事,令宝应典兵。是时年境饥馑,会稽尤甚,死者十七八,平民男女,并皆自卖,而晋安独丰沃。宝应自海道寇临安、永嘉及会稽、余姚、诸暨,又载米粟与之贸易,多致玉帛子女,其有能致舟乘者,亦并奔归之,由是大致赀产,士众强盛。侯景平,元帝因以羽为晋安太守。

高祖辅政,羽请归老,求传郡于宝应,高祖许之。绍泰元年,授壮武将军、晋安太守,寻加员外散骑常侍。二年,封候官县侯,邑五百户。时东西岭路,寇贼拥隔,宝应自海道趋于会稽贡献。高祖受禅,授持节、散骑常侍、信武将军、闽州刺史,领会稽太守。世祖嗣位,进号宣毅将军,又加其父光禄大夫,仍命宗正录其本系,编为宗室,并遣使条其子女,无大小并加封爵。

宝应娶留异女为妻,侯安都之讨异也,宝应遣兵助之,又资周迪兵粮,出寇临川。及都督章昭达于东兴、南城破迪,世祖因命昭达都督众军,由建安南道渡岭,又命益州刺史领信义太守余孝顷都督会稽、东阳、临海、永嘉诸军自东道会之,以讨宝应,并诏宗正绝其属籍。于是尚书下符曰:

告晋安士庶:昔陇西旅拒,汉不稽诛,辽东叛换,魏申宏略。若夫无诸汉之策勋,有鸠夏之同姓,至于纳吴濞之子,致横海之师,违妫启之命,有《甘誓》之讨。况乃族不系于宗盟,名无纪于庸器,而显成三叛,叠深四罪者乎?

案闽寇陈宝应父子，卉服支孽，本迷爱敬。梁季丧乱，闽隅阻绝，父既豪侠，扇动蛮陬，椎髻箕坐，自为渠帅，无闻训义，所资奸谄，爰肆蜂虿，俄而解印。炎行方谢，网漏吞舟，日月居诸，弃之度外。自东南王气，实表圣基，斗牛聚星，允符王迹，梯山航海，虽若款诚，擅割瑰珍，竟微职贡。朝廷遵养含弘，宠灵隆赫，起家临郡，兼昼绣之荣，裂地置州，假藩麾之盛。即封户牖，仍邑栎阳，乘华毂者十人，保弊庐而万石。又以盛汉君临，推恩娄敬，隆周朝会，乃长滕侯，由是紫泥青纸，远赉恩泽，乡亭龟组，颁及婴孩。自谷迁乔，孰复为拟，而苞藏鸩毒，敢行狼戾。连结留异，表里周迪，盟歃婚姻，自为唇齿，屈强山谷，推移岁时。及我毂軷防山，定秦望之西部，戈船下濑，克汇泽之南川，遂敢举斧，并助凶孽，莫不应弦摧衂，尽殪丑徒。每以罪在酋渠，悯兹驱逼，所俘馘，并勒矜放。仍遣中使，爰降诏书，天网恢弘，犹许改思。异既走险，迪又逃刑，诳诱王人，为之川薮，遂使袁盎请席，远叹头行，马援观蛙，犹安井底。至如遏绝九赋，剽掠四民，阖境赀财，尽室封夺，凡厥苍头，皆略黥首。蟊贼相煽，叶契连踪，乃复逾超瀛冥，寇扰浃口，侵轶岭峤，掩袭述城，缚掠吏民，焚烧官寺，此而可纵，孰不可容？

今遣沙州刺史俞文冏、明威将军程文季，假节、宣猛将军、成州刺史甘他，假节、云旗将军谭瑱，假节、宣猛将军、前监临海郡陈思庆，前军将军徐智远、明毅将军宜黄县开国侯慧纪、开远将军、新除晋安太守赵㲄，持节、通直散骑常侍、壮武将军、定州刺史康乐县开国侯林冯，假节、信威将军、都督东讨诸军事、益州刺史余孝顷，率羽林二万，蒙冲盖海，乘跨沧波，扫荡巢窟。此皆明耻教战，濡须鞠旅，累从杨仆，亟走孙恩，斩蛟中流，命冯夷而鸣鼓，鼋鼍为驾，辄方壶而建旗。

义安太守张绍宾，忠诚款到，累使求军，南康内史裴忌、新除轻车将军刘峰、东衡州刺史钱道戢，并即遣人仗，与绍宾同行。

故司空欧阳公，昔有表奏，请宣薄伐，遥途意合，若伏波之论兵，长逝遗诚，同子颜之勿赦。征南薨谢，上策无忘，周申余恨，嗣子弗忝。广州刺史欧阳纥，克符家声，聿遵乃略，舟师步卒，二万分趋，水扼长鲸，陆制封豨，董率衡、广之师，会我六军。

潼州刺史李晌、明州刺史戴晃、新州刺史区白兽、壮武将军修行师、陈留太守张遂、前安成内史阙慎、前庐陵太守陆子隆、前豫宁太守任蛮奴、巴山太守黄法慈、戎昭将军、湘东公世子徐敬成、吴州刺史鲁广达、前吴州刺史遂兴县开国侯详，使持节、都督征讨诸军事、散骑常侍、护军将军昭达，率缇骑五千，组甲二万，直渡邵武，仍顿晋安。按辔扬旌，夷山堙谷，指期掎角，以制飞走。

前宣城太守钱肃、临川太守骆牙、太子左卫率孙诩、寻阳太守莫景隆、豫章太守刘广德，并随机镇遏，络驿在路。

使持节、散骑常侍、镇南将军、开府仪同三司、江州刺史新建县开国侯法𣰰，戒严中流，以为后殿。

斧钺所临，罪唯元恶及留异父子。其党主帅，虽有请泥函谷，相背淮阴，若能翻然改图，因机立效，非止肆眚，仍加赏擢。其建、晋士民，久被驱迫者，大军明加抚慰，各安乐业，流寓失乡，既还本土。其立功立事，已具赏格。若执迷不改，同恶越趄，斧钺一临，罔知所赦。

昭达既克周迪，逾东兴岭，顿于建安，余孝顷又自临海道袭于晋安，宝应据建安之湖际，逆拒王师，水陆为栅。昭达深沟高垒，不与战，但命军士伐木为箄。俄而水盛，乘流放之，突其水栅，仍水步薄之，宝应众溃，身奔山草间，窘而就执，并其子弟二十人送都，斩于建康市。

史臣曰：梁末之灾沴，群凶竞起，郡邑岩穴之长，村屯坞壁之豪，资剽掠以致强，恣陵侮而为大。高祖应期拨乱，戡定安辑，熊昙朗、周迪、留异、陈宝应虽身逢兴运，犹志在乱常。昙朗奸慝翻覆，夷灭斯为幸矣。宝应及异，世祖或敦以婚姻，或处其类族，岂有不能制威，盖以德怀也。遂乃背恩负义，各立异图，地匪淮南，有为帝之志，势非庸、蜀，启自王之心。呜呼，既其迷暗所致，五宗屠剿，宜哉！

卷三十六　　　列传第三十

始兴王叔陵　新安王伯固

始兴王叔陵，字子嵩，高宗之第二子也。梁承圣中，高宗在江陵为直阁将军，而叔陵生焉。江陵陷，高宗迁关右，叔陵留于穰城。高宗之还也，以后主及叔陵为质。天嘉三年，随后主还朝，封康乐侯，邑五百户。

叔陵少机辩，徇声名，强梁无所推屈。光大元年，除中书侍郎。二年，出为持节、都督江州诸军事、南中郎将、江州刺史。太建元年，封始兴郡王，奉昭烈王祀。进授使持节、都督江、郢、晋三州诸军事、军师将军，刺史如故。叔陵时年十六，政自己出，僚佐莫预焉。性严刻，部下慑惮。诸公子侄及罢县令长，皆逼令事己。豫章内史钱法成诣府进谒，即配其子季卿将领马仗，季卿惭耻，不时至，叔陵大怒，侵辱法成，法成愤怨自缢而死。州县非其部内，亦征摄案治之，朝贵及下吏有乖忤者，辄诬奏其罪，陷以重辟。寻进号云麾将军，加散骑常侍。三年，加侍中。四年，迁都督湘、衡、桂、武四州诸军事、平南将军、湘州刺史，侍中、使持节如故。诸州镇闻其至，皆震恐股栗。叔陵日益暴横，征伐夷獠，所得皆入己，丝毫不以赏赐。征求役使，无有纪极。夜常不卧，烧烛达晓，呼召宾客，说民间细事，戏谑无所不为。性不饮酒，唯多置肴胾，昼夜食啖而已。自旦至中，方始寝寐。其曹局文案，非呼不得辄自呈。笞罪者皆系狱，动数年不省视。潇湘以南，皆逼为左右，廛里殆无遗者。其中脱有逃窜，辄杀其妻子。州县无敢上言，高宗弗之知也。寻进号镇南将军，给鼓吹一部，迁中卫将军。九年，除使持节、都督扬、徐、东扬、南豫四州诸军事、扬州刺史，侍中、将军、鼓吹如故。

十年，至都，加扶，给油幢车。叔陵治在东府，事务多关涉省阁，执事之司，承意顺旨，即讽上进用之，微致违忤，必抵以大罪，重者至殊死，道路籍籍，皆言其有非常志。叔陵修饰虚名，每入朝，常于车中马上执卷读书，高声长诵，阳阳自若。归坐庖中，或自执斧斤以沐猴百戏。又好游冢墓间，遇有茔表主名可知者，辄令左右发掘，取其石志古器，并骸骨肘胫，持为玩弄，藏之库中。府内民间少妻处女，微有色貌者，并即逼纳。

十一年，丁所生母彭氏忧去职，顷之，起为中卫将军，使持节、都督、刺史如故。晋世王公贵人，多葬梅岭，及彭卒，叔陵启求于梅岭葬之，乃发故太傅谢安旧墓，弃去安柩，以葬其母。初丧之日，伪为哀毁，自称刺血写《涅槃经》，未及十日，乃令庖厨击鲜，日进甘膳。又私召左右妻女，与之奸合，所作尤不轨，侵淫上闻。高宗遣责御史中丞王政，以不举奏免政官，又黜其典签亲事，仍加鞭捶。高宗素爱叔陵，不绳之以法，但责让而已。服阕，又为侍中、中军大将军。

及高宗不豫，太子诸王并入侍疾。高宗崩于宣福殿，翌日旦，后主哀顿俯伏，叔陵以剉药刀斫后主中项。太后驰来救焉，叔陵又斫太后数下。后主乳媪吴氏，时在太后侧，自后掣其肘，后主因得起。叔陵仍持后主衣，后主自奋得免。长沙王叔坚手搤叔陵，夺去其刀，仍牵就柱，以其褶袖缚之。时吴媪已扶后主避贼，叔坚求后主所在，将受命焉。叔陵因奋袖得脱，突走出云龙门，驰车还东府，呼其甲士，散金银以赏赐，外召诸王将帅，莫有应者，唯新安王伯固闻而赴之。

叔陵聚兵仅千人，初欲据城保守，俄而右卫将军萧摩诃将兵至府西门，叔陵事急惶恐，乃遣记室韦谅送其鼓吹与摩诃，仍谓之曰："如其事捷，必以公为台鼎。"摩诃绐报之，曰"须王心膂节将自来，方敢从命"。叔陵即遣戴温、谭骐驎二人诣摩诃所，摩诃执以送台，斩于阁道下。叔陵自知不济，遂入内沈其妃张氏及宠妾七人于井中。叔陵有部下兵先在新林，于是率人马数百，自小航渡，欲趋新林，以舟舰入北。行至白杨路，为台军所邀，伯固见兵至，旋避入巷，叔陵驰骑拔刃追之，伯固复还。叔陵部下，多弃甲溃散，摩诃马容陈智深迎刺叔陵，僵毙于地，阍竖王飞禽抽刀斫之十数下，马容陈仲华就斩其首，送于台。自寅至巳乃定。

尚书八座奏曰："逆贼故侍中、中军大将军、始兴王叔陵，幼而很戾，长肆贪虐。出抚湘南，及镇九水，两藩呓庶，扫地无遗。蜂目豺声，狎近轻薄，不孝不仁，阻兵安忍，无礼无义，唯戮是闻。及居偏忧，淫乐自恣，产子就馆，日月相接。昼伏夜游，恒习奸诡，抄掠居民，历发丘墓。谢太傅晋朝佐命，草创江左，弥棺露骸，事惊听视。

自大行皇帝寝疾，翌日未瘳，叔陵以贵介之地，参侍医药，外无戚容，内怀逆弑。大渐之后，圣躬号擗，遂因匍匐，手犯乘舆。皇太后奉临，又加锋刃，穷凶极逆，旷古未俦。赖长沙王叔坚诚孝恳至，果果奋发，手加挫拉，身蔽圣躬。叔陵仍奔东城，招集凶党，余毒方炽，自害妻孥。虽应时枭悬，犹未摅愤怨，臣等参议，请依宋代故事，流尸中江，污潴其室，并毁其所生彭氏坟庙，还谢氏之茔。"制曰："凶逆枭獍，反噬宫闱，赖宗庙之灵，时从殄灭。抚情语事，酸愤兼怀，朝议有章，宜从所奏也。"

叔陵诸子，即日并赐死。前衡阳内史彭晧谘议参军兼记室郑信、中录事参军兼记室韦谅、典签俞公喜，并伏诛。晧，叔陵舅也，初随高宗在关中，颇有勤效，因藉叔陵领历阳、衡阳二郡。信以便书记，有宠，谋谟皆预焉。谅，京兆人，梁侍中、护军将军粲之子也，以学业为叔陵所引。

陈智深以诛叔陵之功为巴陵内史，封游安县子。陈仲华为下㔲太守，封新夷县子。王飞禽除伏波将军。赐金各有差。

新安王伯固，字牢之，世祖之第五子也。生而龟胸，目通精扬白，形状眇小，而俊辩善言论。天嘉六年，立为新安郡王，邑二千户。废帝嗣立，为使持节、都督南琅邪、彭城、东海三郡诸军事、云麾将军、彭城、琅邪二郡太守。寻入为丹阳尹，将军如故。

太建元年，进号智武将军，尹如故。秩满，进号翊右将军。寻授使持节、都督吴兴诸军事、平东将军、吴兴太守。四年，入为侍中、翊前将军，迁安前将军、中领军。七年，出为使持节、散骑常侍、都督南徐、南豫、南、北兖四州诸军事、镇北将军、南徐州刺史。伯固性嗜酒，而不好积聚，所得禄俸，用度无节。酣醉以后，多所乞丐，于诸王之中，最为贫窭。高宗每矜之，特加赏赐。伯固雅性轻率，好行鞭捶，在州不知政事，日出田猎，或乘眠舆至于草间，辄呼民下从游，动至旬日，所捕麋鹿，多使生致。高宗颇知之，遣使责让者数矣。

十年，入朝，又为侍中、镇右将军，寻除护军将军。其年，为国子祭酒，领左骁骑将军，侍中、镇右并如故。伯固颇知玄理，而堕业无所通，至于擿句问难，往往有奇意。为政严苛，国学有堕游不修习者，重加榎楚，生徒惧焉，由是学业颇进。

十二年，领中正卿。十三年，为使持节、都督扬、南徐、东扬、南豫四州诸军事、扬州刺史，侍中、将军如故。

后主初在东宫，与伯固甚相亵狎，伯固又善嘲谑，高宗每宴集，多引之。叔陵在江州，心害其宠，阴求疵瑕，将中之以法。及叔陵入朝，伯固惧罪，谄求其意，乃共讪毁朝贤，历诋文武，虽耆年高位，皆面折之，无所畏忌。伯固性好射雉，叔陵又好开发冢墓，出游野外，必与偕行，于是情好大叶，遂谋不轨。伯固侍禁中，每有密语，必报叔陵。及叔陵出奔东府，遣使告之，伯固单马驰赴，助叔陵指挥。知事不捷，便欲遁走，会四门已闭不得出，因匍趣白扬道。台马容至，为乱兵所杀，尸于东昌馆门，时年二十八。诏曰："伯固同兹悖逆，殒身途路。今依外议，意犹弗忍，可特许以庶人礼葬。"又诏曰："伯固随同巨逆，自绝于天，俾无遗育，抑有恒典。但童孺靡识，兼预葭莩，置之甸人，良以恻悯，及伯固所生王氏，可并特宥为庶人。"国除。

史臣曰：孔子称"富与贵，是人之所欲，非其道得之，不处也"。上自帝王，至于黎献，莫不嫡庶有差，长幼攸序。叔陵险躁奔竞，遂行悖逆，辗磔形骸，未臻其罪，污潴居处，不足彰过，悲哉！

附 录

曾巩《陈书》目录序

《陈书》六本纪，三十列传，凡三十六篇，唐散骑常侍姚思廉撰。始思廉父察，梁、陈之史官也。录二代之事，未就而陈亡。隋文帝见察甚重，每就察访梁陈故事，察因以所论载每一篇成辄奏之，而文帝亦遣虞世基就察求其书，又未就而察死。察之将死，属思廉以继其业。唐兴，武德五年，高祖以自魏以来，二百余岁，世统数更，史事放逸，乃诏撰次。而思廉遂受诏为《陈书》。久之，犹不就。贞观三年，遂诏论撰于秘书内省。十年正月壬子，始上之。

观察等之为此书，历三世，传父子，更数十岁而后乃成，盖其难如此。然及其既成，与宋、魏、梁、齐等书，世亦传之者少，故学者于其行事之迹，亦罕得而详也。而其书亦以罕传，则自秘府所藏，往往脱误。嘉祐六年八月，始诏校雠，使可镂板行之天下。而臣等言："梁、陈等书缺，独馆阁所藏，恐不足以定箸。愿诏京师及州县藏书之家，使悉上之。"先皇帝为下其事。至七年冬，稍稍始集，臣等以相校。至八年七月，《陈书》三十六篇者始校定，可传之学者。其疑者亦不敢损益，特各书疏于篇末。其书旧无目，列传名氏多阙谬，因别为目录一篇，使览者得详焉。

夫陈之为陈，盖偷为一切之计，非有先王经纪礼义风化之美，制治之法，可章示后世。然而兼权尚计，明于任使，恭俭爱人，则其始之所以兴；惑于邪臣，溺于嬖妾，忘患纵欲，则其终之所以亡。兴亡之端，莫非自己致者。至于有所因造，以为号令威刑职官州郡之制，虽其事已浅，然亦各施于一时，皆学者之所不可不考也。而当时之士，自争夺诈伪，苟得偷合之徒，尚不得不列以为世戒；而况于坏乱之中，苍皇之际，士之安贫乐义，取舍去就不为祸患势利动其心者，亦不绝于其间。若此人者，可谓笃于善焉。盖古人之所思见而不可得，《风雨》之诗所为作者也，安可使之泯泯不少概见于天下哉！则陈之史，其可废乎？

盖此书成之既难，其后又久不显。及宋兴已百年，古文遗事，靡不毕讲，而始得盛行于天下，列于学者，其传之之难又如此，岂非遭遇固自有时也哉！

臣恂、臣穆、臣藻、臣觉、臣彦若、臣洙、臣巩谨叙目录昧死上。

南 史

唐・李延寿撰

南史目录

本 纪

- 卷一　宋本纪上第一
  - 武帝 ····· 1
  - 少帝 ····· 7
- 卷二　宋本纪中第二
  - 文帝 ····· 8
  - 孝武帝 ····· 10
  - 前废帝 ····· 12
- 卷三　宋本纪下第三
  - 明帝 ····· 13
  - 后废帝 ····· 14
  - 顺帝 ····· 15
- 卷四　齐本纪上第四
  - 高帝 ····· 16
  - 武帝 ····· 20
- 卷五　齐本纪下第五
  - 废帝郁林王 ····· 22
  - 废帝海陵王 ····· 23
  - 明帝 ····· 23
  - 废帝东昏侯 ····· 25
  - 和帝 ····· 27
- 卷六　梁本纪上第六
  - 武帝上 ····· 28
- 卷七　梁本纪中第七
  - 武帝下 ····· 34
- 卷八　梁本纪下第八
  - 简文帝 ····· 37
  - 元帝 ····· 38
  - 敬帝 ····· 41
- 卷九　陈本纪上第九
  - 武帝 ····· 42
  - 文帝 ····· 46
  - 废帝 ····· 47
- 卷十　陈本纪下第十
  - 宣帝 ····· 48
  - 后主 ····· 50

列 传

- 卷十一　列传第一
  - **后妃上**
    - 宋孝穆赵皇后 ····· 52
    - 孝懿萧皇后 ····· 52
    - 武敬臧皇后 ····· 52
    - 武帝张夫人 ····· 52
    - 文章胡太后 ····· 53
    - 少帝司马皇后 ····· 53
    - 文元袁皇后 ····· 53
    - 潘淑妃 ····· 53
    - 孝武昭路太后 ····· 53
    - 明宣沈太后 ····· 53
    - 孝武文穆王皇后 ····· 53
    - 宣贵妃 ····· 53
    - 前废帝何皇后 ····· 53
    - 明恭王皇后 ····· 54
    - 后废帝陈太妃 ····· 54
    - 后废帝江皇后 ····· 54
    - 顺陈太妃 ····· 54
    - 顺谢皇后 ····· 54
    - 齐宣孝陈皇后 ····· 54
    - 高昭刘皇后 ····· 54
    - 武穆裴皇后 ····· 54
    - 文安王皇后 ····· 55
    - 郁林王何妃 ····· 55
    - 海陵王王妃 ····· 55
    - 明敬刘皇后 ····· 55
    - 东昏褚皇后 ····· 55
    - 和王皇后 ····· 55
- 卷十二　列传第二
  - **后妃下**
    - 梁文献张皇后 ····· 55
    - 武德郗皇后 ····· 56
    - 武丁贵嫔 ····· 56
    - 武阮修容 ····· 56
    - 简文王皇后 ····· 56
    - 元帝徐妃 ····· 56
    - 敬夏太后 ····· 56
    - 敬王皇后 ····· 56
    - 陈武宣章皇后 ····· 56

文沈皇后 …………………………… 57
　　废帝王皇后 ………………………… 57
　　宣柳皇后 …………………………… 57
　　后主沈皇后 ………………………… 57
　　　张贵妃 …………………………… 57
卷十三　列传第三
　宋宗室及诸王上
　　长沙景王道怜 ……………………… 58
　　临川烈武王道规 …………………… 59
　　　鲍照 ……………………………… 59
　　营浦侯遵考 ………………………… 60
　　　从子季连 ………………………… 60
　武帝诸子
　　庐陵孝献王义真 …………………… 60
　　彭城王义康 ………………………… 61
　　江夏文献王义恭 …………………… 61
　　南郡王义宣 ………………………… 62
　　衡阳文王义季 ……………………… 63
卷十四　列传第四
　宋宗室及诸王下
　文帝诸子
　　元凶劭 ……………………………… 64
　　始兴王濬 …………………………… 65
　　南平穆王铄 ………………………… 66
　　竟陵王诞 …………………………… 66
　　建平宣简王宏 ……………………… 67
　　庐江王祎 …………………………… 68
　　晋熙王昶 …………………………… 68
　　武昌王浑 …………………………… 68
　　建安王休仁 ………………………… 68
　　晋平剌王休祐 ……………………… 69
　　海陵王休茂 ………………………… 69
　　鄱阳哀王休业 ……………………… 69
　　临庆冲王休倩 ……………………… 69
　　新野怀王夷父 ……………………… 69
　　桂阳王休范 ………………………… 69
　　巴陵哀王休若 ……………………… 69
　孝武诸子
　　豫章王子尚 ………………………… 70
　　晋安王子勋 ………………………… 70
　　松滋侯子房 ………………………… 70
　　临海王子顼 ………………………… 70
　　始平孝敬王子鸾 …………………… 70
　　永嘉王子仁 ………………………… 70
　　始安王子真 ………………………… 70
　　邵陵王子元 ………………………… 70
　　齐敬王子羽 ………………………… 70
　　淮南王子孟 ………………………… 70
　　晋陵孝王子云 ……………………… 70
　　南海哀王子师 ……………………… 70
　　淮阳思王子霄 ……………………… 70
　　东平王子嗣 ………………………… 70
　　武陵王赞 …………………………… 70
　明帝诸子
　　邵陵殇王友 ………………………… 70
　　随阳王翙 …………………………… 71
　　新兴王嵩 …………………………… 71
　　始建王禧 …………………………… 71
卷十五　列传第五
　刘穆之 ………………………………… 71
　　曾孙祥 ……………………………… 72
　　从子秀之 …………………………… 72
　徐羡之 ………………………………… 73
　　从孙湛之 …………………………… 73
　　湛之孙孝嗣 ………………………… 74
　　孝嗣孙君蒨 ………………………… 75
　傅亮 …………………………………… 75
　　族兄隆 ……………………………… 75
　檀道济 ………………………………… 75
　　兄韶 ………………………………… 76
　　韶孙珪 ……………………………… 76
　　韶弟祗 ……………………………… 76
卷十六　列传第六
　王镇恶 ………………………………… 76
　朱龄石 ………………………………… 77
　　弟超石 ……………………………… 77
　毛修之 ………………………………… 78
　　孙惠素 ……………………………… 78
　傅弘之 ………………………………… 78
　朱修之 ………………………………… 78
　王玄谟 ………………………………… 78
　　子瞻 ………………………………… 79
　　从弟玄象　玄载　玄邈 …………… 79
卷十七　列传第七
　刘敬宣 ………………………………… 80
　刘怀肃 ………………………………… 81
　　弟怀敬　怀慎 ……………………… 81
　刘粹 …………………………………… 81

族弟损	82
孙处	82
蒯恩	82
向靖	82
子柳	82
刘钟	82
虞丘进	82
孟怀玉	82
弟龙符	82
胡藩	82
刘康祖	83
伯父简之	83
简之弟谦之	83
简之子道产	83
道产子延孙	83

卷十八 列传第八
赵伦之	84
子伯符	84
萧思话	84
子惠开 惠明	84
惠明子视素	85
惠明弟惠基	85
惠基子洽	85
惠基弟惠休	85
惠休弟子介	85
介子允 引	85
惠开从子琛	86
臧焘	87
玄孙严	87
严族叔未甄	87
未甄子盾 厥	87
焘弟熹	88
熹子质	88

卷十九 列传第九
谢晦	89
兄瞻	90
弟嚼	90
从叔澹	90
谢裕	90
子恂	90
玄孙微	90
裕弟纯 述	91
述孙朓	91
谢方明	92

子惠连	92
谢灵运	92
孙超宗	93
曾孙幾卿	93

卷二十 列传第十
谢弘微	94
子庄	95
孙朏	96
曾孙谖	96
玄孙哲	96
余　朏弟颢	96
颢弟灜	96
灜子览	97
览弟举	97
举子嘏	97
举兄子侨	97

卷二十一 列传第十一
王弘	97
子锡	98
锡弟僧达	98
曾孙融	99
弘弟子微	99
微兄远	100
远子僧祐	100
僧祐子籍	100
弘从孙瞻	100
弘玄孙冲	100
冲子玚 瑜	100

卷二十二 列传第十二
王昙首	100
子僧绰	101
孙俭	101
曾孙骞	103
骞子规	103
骞弟暕	103
暕子承 训	103
僧绰弟僧虔	103
僧虔子慈	104
慈子泰	105
慈弟志	105
志弟子筠	105
志弟彬 寂	106

卷二十三 列传第十三
王诞	106

兄子偃 …… 106	荣祖从父闳 …… 119
偃子藻 …… 106	闳弟子昙深 …… 119
藻弟子莹 …… 107	张兴世 …… 119
莹从弟亮 …… 107	子欣泰 …… 120

卷二十六　列传第十六

王华 …… 107	袁湛 …… 120
从弟琨 …… 108	弟豹 …… 120
王惠 …… 108	豹子淑 …… 120
从弟球 …… 109	淑兄子顗 …… 121
王彧 …… 109	顗从弟粲 …… 121
子绚 …… 110	顗弟子彖 …… 122
绚弟缋 …… 110	彖从弟昂 …… 123
缋孙克 …… 110	马仙琕 …… 124
彧兄子蕴　奂 …… 110	昂子君正 …… 124
奂弟份 …… 111	君正子枢　宪 …… 124
份孙铨　锡金　通　劢　质　固 …… 111	君正弟敬　泌 …… 125

卷二十四　列传第十四

卷二十七　列传第十七

王裕之 …… 112	孔靖 …… 126
孙秀之　延之 …… 112	孙琇之 …… 126
阮韬 …… 112	琇之曾孙奂 …… 126
延之子纶之 …… 113	孔琳之 …… 127
曾孙峻 …… 113	孙觊 …… 128
峻子琮 …… 113	殷景仁 …… 128
王镇之 …… 113	从祖弟淳 …… 129
弟弘之 …… 113	
弘之孙晏 …… 113	
晏从弟思远 …… 114	

卷二十八　列传第十八

王韶之 …… 114	褚裕之 …… 129
王悦之 …… 114	弟淡之 …… 129
王准之 …… 115	玄孙球 …… 130
曾孙清 …… 115	裕之兄子湛之 …… 130
清子猛 …… 115	湛之子彦回 …… 130
从弟逡之　珪之 …… 115	彦回子贲　蓁 …… 131
族子素 …… 115	蓁子向 …… 131
	向子翔 …… 131
	彦回弟澄 …… 131
	从弟炤　炫 …… 131

卷二十五　列传第十五

王懿 …… 115	炫子沄 …… 132
到彦之 …… 116	沄子蒙 …… 132
孙扚 …… 116	蒙子玠 …… 132

卷二十九　列传第十九

扚子沆 …… 117	蔡廓 …… 132
沆从兄溉 …… 117	子兴宗 …… 132
溉弟洽 …… 117	孙约 …… 134
洽子仲举 …… 118	约弟撙 …… 134
垣护之 …… 118	**撙孙凝** …… 135
弟子崇祖 …… 118	
崇祖从兄荣祖 …… 119	

卷三十　列传第二十
何尚之 …… 135
　子偃 …… 136
　孙戢 …… 136
　偃弟子求 …… 136
　求弟点 …… 136
　点弟胤 …… 137
　胤从弟炯 …… 138
　尚之弟子昌宇 …… 138
　昌宇子敬容 …… 138

卷三十一　列传第二十一
张裕 …… 139
　子永　岱 …… 139
　岱兄子绪 …… 140
　绪子完　充 …… 141
　永子瑰 …… 141
　瑰子率 …… 141
　率弟盾 …… 142
　瑰弟稷 …… 142
　稷子嵊 …… 142
　稷从子种 …… 143

卷三十二　列传第二十二
张邵 …… 143
　子敷 …… 143
　孙冲 …… 144
　兄子畅 …… 144
　畅子融 …… 145
　融弟宝积 …… 146
　徐文伯 …… 146
　文伯从弟嗣伯 …… 146

卷三十三　列传第二十三
范泰 …… 147
　子晔 …… 147
荀伯子 …… 149
　族子万秋 …… 149
徐广 …… 149
　郗绍 …… 150
　广兄子豁 …… 150
郑鲜之 …… 150
裴松之 …… 150
　孙昭明 …… 151
　曾孙子野 …… 151
何承天 …… 151
　曾孙逊 …… 152

卷三十四　列传第二十四
颜延之 …… 152
　子竣 …… 153
　从子师伯 …… 154
沈怀文 …… 155
　子冲 …… 155
　从兄昙庆 …… 156
周朗 …… 156
　族孙颙 …… 156
　颙子舍 …… 156
　舍弟子弘正　弘让　弘直 …… 156
　弘直子确 …… 157

卷三十五　列传第二十五
刘湛 …… 158
庾悦 …… 158
　族弟登之 …… 158
　登之弟仲文 …… 159
　仲文子弘远 …… 160
　仲文族孙仲容 …… 160
顾琛 …… 160
顾觊之 …… 160
　孙宪之 …… 161

卷三十六　列传第二十六
羊欣 …… 162
羊玄保 …… 162
　子戎 …… 162
　兄子希 …… 162
沈演之 …… 163
　子勃 …… 163
　兄孙颙 …… 163
　演之从子宪 …… 163
　宪孙浚 …… 163
江夷 …… 163
　子湛 …… 163
　曾孙敩 …… 164
　玄孙蒨　禄 …… 164
　五世孙纮 …… 164
　六世孙总 …… 165
　夷弟子智深 …… 165
江秉之 …… 165
　孙谧 …… 165

卷三十七　列传第二十七
沈庆之 …… 166
　孙昭略 …… 167

子文季 …… 167	始安王遥光 …… 181
弟子文秀 …… 168	曲江公遥欣 …… 181
从子攸之 …… 168	子几 …… 181
攸之从孙僧昭 …… 169	安陆昭王缅 …… 182
宗悫 …… 169	新吴侯景先 …… 182
从子夬 …… 170	南丰伯赤斧 …… 182

卷三十八　列传第二十八

柳元景 …… 170	子颖胄　颖达 …… 182
元景弟子世隆 …… 171	衡阳公谌 …… 183
世隆子惔 …… 172	临汝侯坦之 …… 183

卷四十二　列传第三十二

齐高帝诸子上

惔弟恽 …… 172	豫章文献王嶷 …… 184
恽子偃 …… 173	子子廉　子恪　子操　子范 …… 186
偃子盼 …… 173	子范子乾 …… 187
恽弟橙 …… 173	子范弟子显　子云 …… 187
橙弟忱 …… 173	子云弟子晖 …… 188
世隆从弟庆远 …… 173	
庆远子津 …… 173	

卷四十三　列传第三十三

齐高帝诸子下

津子仲礼　敬礼 …… 173	临川献王映 …… 188

卷三十九　列传第二十九

殷孝祖 …… 174	长沙威王晃 …… 188
族子琰 …… 174	武陵昭王晔 …… 188
刘勔 …… 174	安成恭王暠 …… 189
子悛 …… 174	鄱阳王锵 …… 189
孙孺　览　遵 …… 175	桂阳王铄 …… 189
悛弟苞 …… 176	始兴简王鉴 …… 189
悛弟绘 …… 176	江夏王锋 …… 190
绘子孝绰 …… 176	南平王锐 …… 190
孝绰子谅 …… 177	宜都王铿 …… 190
孝绰弟潜 …… 177	晋熙王銶 …… 190
绘弟瑱 …… 177	河东王铉 …… 190

卷四十　列传第三十

卷四十四　列传第三十四

齐武帝诸子

鲁爽 …… 177	文惠太子长懋 …… 191
薛安都 …… 177	竟陵文宣王子良 …… 192
从子深 …… 178	子昭胄 …… 192
邓琬 …… 178	庐陵王子卿 …… 193
刘胡 …… 179	鱼复侯子响 …… 193
宗越 …… 179	安陆王子敬 …… 193
吴喜 …… 179	晋安王子懋 …… 193
黄回 …… 180	随郡王子隆 …… 194

卷四十一　列传第三十一

齐宗室

	建安王子真 …… 194
衡阳元王道度 …… 180	西阳王子明 …… 194
继子钧 …… 180	南海王子罕 …… 194
始安贞王道生 …… 181	巴陵王子伦 …… 194

邵陵王子贞 …………………… 195	苏侃 …………………………… 204
临贺王子岳 …………………… 195	虞悰 …………………………… 204
西阳王子文 …………………… 195	胡谐之 ………………………… 204
衡阳王子峻 …………………… 195	范柏年 ……………………… 204
南康王子琳 …………………… 195	虞玩之 ………………………… 204
湘东王子建 …………………… 195	刘休 …………………………… 205
南郡王子夏 …………………… 195	江祏 …………………………… 205
文惠诸子	刘暄 …………………………… 206
巴陵王昭秀 …………………… 195	**卷四十八　列传第三十八**
桂阳王昭粲 …………………… 195	陆澄 …………………………… 206
明帝诸子	陆慧晓 ………………………… 206
巴陵隐王宝义 ………………… 195	子僚 ………………………… 207
江夏王宝玄 …………………… 195	孙缮 ………………………… 207
庐陵王宝源 …………………… 195	兄子闲 ……………………… 207
鄱阳王宝寅 …………………… 195	闲子绛 ……………………… 207
邵陵王宝修 …………………… 195	**绛兄厥** ……………………… 207
晋熙王宝嵩 …………………… 195	厥弟襄 ……………………… 208
桂阳王宝贞 …………………… 195	襄兄子云公 ………………… 208
卷四十五　列传第三十五	云公子琼 …………………… 209
王敬则 ………………………… 196	琼子从典 …………………… 209
陈显达 ………………………… 197	琼从弟琰 …………………… 209
张敬儿 ………………………… 197	琰弟瑜 ……………………… 209
崔慧景 ………………………… 198	瑜从兄玠 …………………… 209
卷四十六　列传第三十六	瑜从弟琛 …………………… 209
李安人 ………………………… 199	陆杲 …………………………… 209
子元履 ……………………… 200	子罩 ………………………… 209
戴僧静 ………………………… 200	**卷四十九　列传第三十九**
桓康 …………………………… 200	庾杲之 ………………………… 210
焦度 …………………………… 200	叔父荜 ……………………… 210
曹武 …………………………… 200	王谌 …………………………… 210
子世宗 ……………………… 201	从叔摛 ……………………… 210
吕安国 ………………………… 201	何宪 …………………………… 211
周山图 ………………………… 201	孔逷 …………………………… 211
周盘龙 ………………………… 201	孔珪 …………………………… 211
子奉叔 ……………………… 201	刘怀珍 ………………………… 211
王广之 ………………………… 202	子灵哲 ……………………… 211
子珍国 ……………………… 202	从父弟峻 …………………… 212
张齐 ………………………… 202	刘沼 ………………………… 212
卷四十七　列传第三十七	从子怀慰 …………………… 212
荀伯玉 ………………………… 202	怀慰子霁 杳 歊 …………… 212
崔祖思 ………………………… 203	怀珍从孙䜣 ………………… 213
祖思叔父景真 ……………… 203	怀珍族弟善明 ……………… 214
景真子元祖 ………………… 203	**卷五十　列传第四十**
宗人文仲 …………………… 204	刘瓛 …………………………… 215

弟玞 ················ 215
　　族子显 ················ 215
明僧绍 ················ 216
　　子山宾 ················ 216
庾易 ················ 217
　　子黔娄 於陵 肩吾 ················ 217
刘虯 ················ 217
　　子之遴 之亨 ················ 218
　　虯从弟坦 ················ 219

卷五十一　列传第四十一
梁宗室上
吴平侯景 ················ 219
　　子劢 劝 励 勔 ················ 219
　　弟昌 昂 昱 ················ 220
长沙宣武王懿 ················ 220
　　子业 ················ 220
　　孙孝俨 ················ 220
　　业弟藻 猷 ················ 221
　　猷子韶 骏 ················ 221
　　猷弟朗 明 ················ 221
永阳昭王敷 ················ 222
衡阳宣王畅 ················ 222
桂阳简王融 ················ 222
　　子象 ················ 222
　　象子慥 ················ 222
临川靖惠王宏 ················ 222
　　子正仁 正义 正德 ················ 223
　　正德子见理 ················ 224
　　正德弟正则 ················ 224
　　正则弟正立 ················ 224
　　正立子贲 ················ 224
　　正立弟正表 正信 ················ 224

卷五十二　列传第四十二
梁宗室下
安成康王秀 ················ 224
　　子机 ················ 224
　　机弟推 ················ 225
南平元襄王伟 ················ 225
　　伟子恪 ················ 225
　　恪弟恭 ················ 225
　　恭子静 ················ 225
　　恭弟祗 ················ 225
鄱阳忠烈王恢 ················ 225
　　恢子范 ················ 226

　　范子嗣 ················ 226
　　范弟谘 ················ 226
　　谘弟修 ················ 226
　　修弟泰 ················ 227
始兴忠武王憺 ················ 227
　　憺子亮 ················ 227
　　亮弟映 ················ 227
　　映弟晔 ················ 227

卷五十三　列传第四十三
梁武帝诸子
昭明太子统 ················ 228
豫章王综 ················ 229
南康简王绩 ················ 230
庐陵威王续 ················ 231
邵陵携王纶 ················ 231
武陵王纪 ················ 232

卷五十四　列传第四十四
梁简文帝诸子
哀太子大器 ················ 233
寻阳王大心 ················ 234
临川王大款 ················ 234
南海王大临 ················ 234
南郡王大连 ················ 234
安陆王大春 ················ 234
桂阳王大成 ················ 234
汝南王大封 ················ 234
浏阳公大雅 ················ 234
新兴王大庄 ················ 234
西阳王大钧 ················ 234
武宁王大威 ················ 234
皇子大训 ················ 234
建平王大球 ················ 234
义安王大昕 ················ 234
绥建王大挚 ················ 235
乐良王大圜 ················ 235
元帝诸子
忠壮世子方等 ················ 235
贞惠世子方诸 ················ 235
愍怀太子方矩 ················ 235
始安王方略 ················ 235

卷五十五　列传第四十五
王茂 ················ 235
曹景宗 ················ 236
席阐文 ················ 237

夏侯详 ······ 237	卷五十九　列传第四十九
子亶 夔 ······ 237	江淹 ······ 253
鱼弘 ······ 238	任昉 ······ 254
吉士瞻 ······ 238	王僧孺 ······ 256
蔡道恭 ······ 238	卷六十　列传第五十
杨公则 ······ 238	范岫 ······ 257
邓元起 ······ 239	傅昭 ······ 257
罗研 ······ 239	弟映 ······ 257
李膺 ······ 239	孔休源 ······ 257
张惠绍 ······ 239	江革 ······ 258
子澄 ······ 239	子德藻 ······ 259
冯道根 ······ 240	徐勉 ······ 259
康绚 ······ 240	许懋 ······ 261
昌义之 ······ 240	子亨 ······ 261
卷五十六　列传第四十六	殷钧 ······ 261
张弘策 ······ 241	宗人芸 ······ 261
子缅 缵 绾 ······ 241	卷六十一　列传第五十一
庾域 ······ 243	陈伯之 ······ 262
子子舆 ······ 243	陈庆之 ······ 263
郑绍叔 ······ 243	子昕 暄 ······ 263
吕僧珍 ······ 244	兰钦 ······ 264
乐蔼 ······ 244	卷六十二　列传第五十二
子法才 ······ 244	贺瑒 ······ 264
卷五十七　列传第四十七	子革 ······ 264
沈约 ······ 245	瑒弟子琛 ······ 265
子旋 ······ 247	司马褧 ······ 266
孙众 ······ 247	朱异 ······ 266
范云 ······ 247	顾协 ······ 267
从兄缜 ······ 249	徐摛 ······ 267
卷五十八　列传第四十八	子陵 ······ 268
韦睿 ······ 249	陵子俭 份 仪 ······ 268
兄纂 阐 ······ 250	陵弟孝克 ······ 268
睿子放 ······ 250	鲍泉 ······ 269
孙粲 ······ 250	鲍行卿 ······ 269
放弟正 ······ 251	行卿弟客卿 ······ 269
正子载 鼎 ······ 251	卷六十三　列传第五十三
正弟棱 ······ 252	王神念 ······ 270
棱弟黯 ······ 252	子僧辩 ······ 270
裴邃 ······ 252	羊侃 ······ 271
子之礼 ······ 252	子鹍 ······ 272
兄子之高 ······ 252	羊鸦仁 ······ 273
之高弟之平 ······ 252	卷六十四　列传第五十四
之平子忌 ······ 252	江子一 ······ 273
之高弟之横 ······ 253	胡僧祐 ······ 273

徐文盛 273
阴子春 274
 子铿 274
杜崱 274
 兄岸 274
 弟幼安 274
 兄子龛 274
王琳 274
张彪 276

卷六十五 列传第五十五
陈宗室诸王
 永修侯拟 276
 遂兴侯详 277
 宜黄侯慧纪 277
 衡阳献王昌 277
  子伯信 277
 南康愍王昙朗 277
  子方泰 方庆 277
文帝诸子
 始兴王伯茂 278
 鄱阳王伯山 278
 新安王伯固 278
 晋安王伯恭 278
 庐陵王伯仁 278
 江夏王伯义 278
 武陵王伯礼 278
 永阳王伯智 278
 桂阳王伯谋 278
宣帝诸子
 始兴王叔陵 279
 豫章王叔英 279
 长沙王叔坚 279
 建安王叔卿 280
 宜都王叔明 280
 河东王叔献 280
 新蔡王叔齐 280
 晋熙王叔文 280
 淮南王叔彪 280
 始兴王叔重 280
 寻阳王叔俨 280
 岳阳王叔慎 280
 义阳王叔达 280
 巴山王叔雄 280
 武昌王叔虞 280
 湘东王叔平 280
 临贺王叔敖 280
 阳山王叔宣 280
 西阳王叔穆 280
 南安王叔俭 280
 南郡王叔澄 280
 沅陵王叔兴 280
 岳山王叔韶 280
 新兴王叔纯 280
 巴东王叔谟 280
 临海王叔显 280
 新会王叔坦 280
 新宁王叔隆 280
 新昌王叔荣 280
 太原王叔匡 280
后主诸子
 太子深 280
 吴兴王胤 280
 南平王嶷 281
 永嘉王彦 281
 南海王虔 281
 信义王祗 281
 邵陵王兢 281
 会稽王庄 281
 东阳王恮 281
 吴郡王蕃 281
 钱唐王恬 281

卷六十六 列传第五十六
 杜僧明 281
 周文育 281
  子宝安 282
 侯瑱 282
 侯安都 283
 欧阳頠 284
  子纥 284
 黄法氍 285
 淳于量 285
 章昭达 285
 吴明彻 285
 裴子烈 286

卷六十七 列传第五十七
 胡颖 286
 徐度 286
  子敬成 287

杜稜 …… 287	杜骥 …… 299
周铁武 …… 287	申恬 …… 299
程灵洗 …… 287	杜慧度 …… 300
子文季 …… 287	阮长之 …… 300
沈恪 …… 288	甄法崇 …… 300
陆子隆 …… 288	孙彬 …… 300
钱道戢 …… 288	傅琰 …… 300
骆文牙 …… 288	孙岐 …… 301
孙瑒 …… 288	虞愿 …… 301
徐世谱 …… 289	王洪范 …… 301
周敷 …… 289	李珪之 …… 302
荀朗 …… 289	沈瑀 …… 302
周炅 …… 289	范述曾 …… 302
鲁悉达 …… 289	孙谦 …… 302
弟广达 …… 289	从子廉 …… 303
萧摩诃 …… 290	何远 …… 303
子世廉 …… 291	郭祖深 …… 303
任忠 …… 291	
樊毅 …… 291	**卷七十一　列传第六十一**
弟猛 …… 291	**儒林**
	伏曼容 …… 304
卷六十八　列传第五十八	子暅 …… 305
赵知礼 …… 292	暅子挺 …… 305
蔡景历 …… 292	何佟之 …… 305
子徵 …… 292	严植之 …… 305
宗元饶 …… 293	司马筠 …… 306
韩子高 …… 293	卞华 …… 306
华皎 …… 293	崔灵恩 …… 306
刘师知 …… 293	孔佥 …… 306
谢岐 …… 294	卢广 …… 306
毛喜 …… 294	沈峻 …… 307
沈君理 …… 294	太史叔明 …… 307
陆山才 …… 294	峻子文阿 …… 307
	孔子袪 …… 307
卷六十九　列传第五十九	皇侃 …… 307
沈炯 …… 295	沈洙 …… 307
虞荔 …… 295	戚衮 …… 308
弟寄 …… 295	郑灼 …… 308
傅縡 …… 297	张崖 …… 308
章华 …… 297	陆诩 …… 308
顾野王 …… 297	沈德威 …… 308
萧济 …… 297	贺德基 …… 308
姚察 …… 297	全缓 …… 308
	张讥 …… 308
卷七十　列传第六十	顾越 …… 309
循吏	
吉翰 …… 299	

龚孟舒 …… 309
　　　沈不害 …… 309
　　　王元规 …… 309
　　　　陆庆 …… 310

卷七十二　列传第六十二
　文学
　　丘灵鞠 …… 310
　　　子迟 …… 311
　　　从孙仲孚 …… 311
　　檀超 …… 311
　　　熊襄 …… 311
　　　吴迈远 …… 311
　　　超叔道鸾 …… 311
　　卞彬 …… 311
　　　诸葛勖 …… 312
　　　袁嘏 …… 312
　　　高爽 …… 312
　　　　孙抱 …… 312
　　丘巨源 …… 312
　　　孔广 …… 312
　　　孔逭 …… 312
　　　虞通之 …… 312
　　　虞龢 …… 312
　　　司马宪 …… 312
　　　袁仲明 …… 312
　　　孙诜 …… 312
　　王智深 …… 312
　　崔慰祖 …… 312
　　祖冲之 …… 312
　　　子暅之 …… 313
　　　孙皓 …… 313
　　　来嶷 …… 313
　　贾希镜 …… 313
　　袁峻 …… 313
　　刘昭 …… 313
　　　子绍　缓 …… 313
　　钟嵘 …… 313
　　　兄屿 …… 314
　　　弟屿 …… 314
　　周兴嗣 …… 314
　　吴均 …… 314
　　　江洪 …… 314
　　刘勰 …… 314
　　何思澄 …… 314

　　　宗人子朗 …… 314
　　　王子云 …… 314
　　任孝恭 …… 314
　　颜协 …… 315
　　纪少瑜 …… 315
　　杜之伟 …… 315
　　颜晃 …… 315
　　岑之敬 …… 315
　　何之元 …… 315
　　徐伯阳 …… 316
　　张正见 …… 316
　　阮卓 …… 316

卷七十三　列传第六十三
　孝义上
　　龚颖 …… 316
　　刘瑜 …… 317
　　　董阳 …… 317
　　贾恩 …… 317
　　郭世通 …… 317
　　　子原平 …… 317
　　严世期 …… 317
　　吴逵 …… 317
　　潘综 …… 317
　　　陈遗 …… 318
　　　秦绵 …… 318
　　张进之 …… 318
　　　俞金 …… 318
　　　张楚 …… 318
　　丘杰 …… 318
　　师觉授 …… 318
　　王彭 …… 318
　　蒋恭 …… 318
　　徐耕 …… 318
　　　严成 …… 318
　　　王道盖 …… 318
　　孙法宗 …… 318
　　范叔孙 …… 318
　　　吴国夫 …… 318
　　卜天与 …… 318
　　　张弘之等 …… 318
　　　天与弟天生 …… 319
　　许昭先 …… 319
　　余齐人 …… 319
　　孙棘 …… 319

妻许氏	319	文献叔	321
徐元妻许氏	319	徐生之	321
钱延庆	319	范安祖	321
何子平	319	李圣伯	321
崔怀顺	319	范道根	321
王虚之	319	谭弘宝	321
顾昌衍	319	何弘	321
江柔之	319	阳黑头	321
江轲	319	王续祖	321
吴庆之	319	郝道福	321
萧睿明	320	吴达之	321
鲜于文宗	320	蔡昙智	321
文宗姊文英	320	何伯玙	321
萧矫妻羊氏	320	王文殊	321
羊缉之女佩任	320	乐颐之	322
吴康之妻赵氏	320	弟预	322
蒋俊之妻黄氏	320	沈升之	322
吴翼之母丁氏	320	江泌	322
永兴概中里王氏女	320	庾道愍	322
诸暨屠氏女	320	族孙沙弥	322
吴兴乘公济妻姚氏	320	沙弥子持	322
吴郡范法恂妻褚氏	320		

卷七十四　列传第六十四
孝义下

公孙僧远	320	滕昙恭	322
吴欣之	320	徐普济	323
韩系伯	320	张悌	323
丘冠先	320	陶季直	323
孙淡	320	沈崇傃	323
华宝	321	荀匠	323
薛天生	321	吉翂	323
刘怀胤	321	甄恬	324
解叔谦	321	赵拔扈	324
宗元卿	321	韩怀明	324
庾震	321	褚修	324
朱文济	321	张景仁	324
匡昕	321	宛陵女子	324
鲁康祚	321	卫敬瑜妻王氏	324
谢昌宇	321	刘景昕	324
韩灵敏	321	陶子锵	324
刘沨	321	成景俊	324
弟潖	321	李庆绪	324
柳叔夜	321	谢蔺	324
封延伯	321	子贞	324
陈玄子	321	殷不害	325
邵荣兴	321		

弟不佞 ································ 325
　　司马皓 ································ 325
　　张昭 ·································· 325
　　　弟乾 ································ 325
　　　王知玄 ······························ 326
卷七十五　列传第六十五
　隐逸上
　　陶潜 ·································· 326
　　宗少文 ································ 327
　　　孙测 ································ 327
　　　从弟彧之 ···························· 327
　　沈道虔 ································ 327
　　孔淳之 ································ 328
　　周续之 ································ 328
　　戴颙 ·································· 328
　　翟法赐 ································ 328
　　雷次宗 ································ 328
　　郭希林 ································ 328
　　刘凝之 ································ 328
　　龚祈 ·································· 329
　　朱百年 ································ 329
　　关康之 ································ 329
　　　辛普明 ······························ 329
　　　楼惠明 ······························ 329
　　渔父 ·································· 329
　　褚伯玉 ································ 329
　　顾欢 ·································· 330
　　　卢度 ································ 331
　　杜京产 ································ 331
　　　孔道徽 ······························ 331
　　　京产子栖 ···························· 331
　　　剡县小儿 ···························· 331
卷七十六　列传第六十六
　隐逸下
　　臧荣绪 ································ 332
　　吴苞 ·································· 332
　　　赵僧岩 ······························ 332
　　　蔡荟 ································ 332
　　　孔嗣之 ······························ 332
　　徐伯珍 ································ 332
　　　娄幼瑜 ······························ 332
　　沈麟士 ································ 332
　　阮孝绪 ································ 333
　　邓郁 ·································· 333

　　陶弘景 ································ 334
　　　释宝志 ······························ 334
　　诸葛璩 ································ 335
　　刘慧斐 ································ 335
　　　兄慧镜 ······························ 335
　　　慧镜子昙净 ·························· 335
　　范元琰 ································ 335
　　庾诜 ·································· 335
　　张孝秀 ································ 335
　　庾承先 ································ 335
　　马枢 ·································· 336
卷七十七　列传第六十七
　恩幸
　　戴法兴 ································ 336
　　　戴明宝 ······························ 337
　　徐爰 ·································· 337
　　阮佃夫 ································ 337
　　纪僧真 ································ 338
　　刘系宗 ································ 339
　　茹法亮 ································ 339
　　吕文显 ································ 340
　　茹法珍 ································ 340
　　　梅虫儿 ······························ 340
　　周石珍 ································ 341
　　陆验 ·································· 341
　　　徐驎 ································ 341
　　司马申 ································ 341
　　施文庆 ································ 341
　　沈客卿 ································ 342
　　孔范 ·································· 342
卷七十八　列传第六十八
　夷貊上
　　海南诸国
　　　林邑国 ······························ 343
　　　扶南国 ······························ 344
　　西南夷
　　　诃罗陁国 ···························· 345
　　　诃罗单国 ···························· 345
　　　婆皇国 ······························ 345
　　　婆达国 ······························ 345
　　　阇婆达国 ···························· 345
　　　槃槃国 ······························ 345
　　　丹丹国 ······························ 345
　　　干陁利国 ···························· 345

狼牙修国 ……………………… 345
　　　婆利国 ………………………… 346
　　　中天竺国 ……………………… 346
　　　天竺迦毗黎国 ………………… 346
　　　师子国 ………………………… 347
卷七十九　列传第六十九
　夷貊下
　　东夷
　　　高句丽 ………………………… 347
　　　百济 …………………………… 347
　　　新罗 …………………………… 348
　　　倭国 …………………………… 348
　　　文身 …………………………… 348
　　　大汉 …………………………… 348
　　　扶桑 …………………………… 348
　　西戎
　　　河南王 ………………………… 349
　　　宕昌 …………………………… 349
　　　邓至 …………………………… 349
　　　武兴 …………………………… 349
　　诸蛮
　　　荆雍州蛮 ……………………… 349

　　　豫州蛮 ………………………… 349
　　西域
　　　高昌 …………………………… 350
　　　滑国 …………………………… 350
　　　呵跋檀 ………………………… 350
　　　白题 …………………………… 350
　　　龟兹 …………………………… 350
　　　于阗 …………………………… 350
　　　渴盘陁 ………………………… 350
　　　末国 …………………………… 350
　　　波斯 …………………………… 350
　　北狄
　　　蠕蠕 …………………………… 350
卷八十　列传第七十
　贼臣
　　　侯景 …………………………… 351
　　　王伟 …………………………… 356
　　　熊昙朗 ………………………… 356
　　　周迪 …………………………… 357
　　　留异 …………………………… 357
　　　陈宝应 ………………………… 357

南　史

卷一　　　宋本纪上第一

宋高祖武皇帝，讳裕，字德舆，小字寄奴，彭城县绥舆里人，姓刘氏，汉楚元王交之二十一世孙也。彭城，楚都，故苗裔家焉。晋氏东迁，刘氏移居晋陵丹徒之京口里。皇祖靖，晋东安太守。皇考翘，字显宗，郡功曹。帝以晋哀帝兴宁元年岁次癸亥三月壬寅夜生，神光照室尽明，是夕甘露降于墓树。及长，雄杰有大度，身长七尺六寸，风骨奇伟，不事廉隅小节，奉继母以孝闻。尝游京口竹林寺，独卧讲堂前，上有五色龙章，众僧见之，惊以白帝，帝独喜曰："上人无妄言"。皇考墓在丹徒之候山，其地秦史所谓曲阿、丹徒间有天子气者也。时有孔恭者，妙善占墓，帝尝与经墓，欺之曰："此墓何如？"孔恭曰："非常地也。"帝由是益自负。行止时见二小龙附翼，樵渔山泽，同侣或亦睹焉。及贵，龙形更大。帝素贫，时人莫能知，唯琅邪王谧独深敬焉。帝尝负刁逵社钱三万，经时无以还，被逵执，谧密以己钱代偿，由是得释。后伐荻新洲，见大蛇长数丈，射之，伤。明日复至洲，里闻有杵臼声，往觇之。见童子数人皆青衣，于榛中捣药。问其故，答曰："我王为刘寄奴所射，合散傅之。"帝曰："王神何不杀之？"答曰："刘寄奴王者不死，不可杀。"帝叱之，皆散，仍收药而反。又经客下邳逆旅，会一沙门谓帝曰："江表当乱，安之者，其在君乎？"帝先患手创，积年不愈，沙门有一黄药，因留与帝，既而忽亡，帝以黄散傅之，其创一傅而愈。宝其余及所得童子药，每遇金创，傅之并验。

初为冠军孙无终司马。晋隆安三年十一月，妖贼孙恩作乱于会稽，朝廷遣卫将军谢琰、前将军刘牢之东讨。牢之请帝参府军事，命与数十人觇贼，遇贼众数千，帝便与战，所将人多死，而帝奋长刀，所杀伤甚众。牢之子敬宣疑帝为贼所困，乃轻骑寻之。既而众骑并至，遂平山阴，恩遁入海。四年五月，恩复入会稽，杀谢琰。十一月，牢之复东征，使帝戍句章。句章城小人少，帝每战陷阵，贼乃退还浃口。时东伐诸将，士卒暴掠，百姓皆苦之，惟帝独无所犯。五年春，恩频攻句章，帝屡破之，恩复入海。三月，恩北出海盐，帝筑城于故海盐，贼日来攻城，城内兵少，帝乃选敢死士击走之。时虽连胜，帝深虑众寡不敌，乃一夜偃旗示以羸弱，观其懈，乃奋击，大破之。恩知城不可下，进向沪渎。帝弃城追之。海盐令鲍陋遣子嗣之以吴兵一千为前驱，帝以吴人不习战，命之在后，不从。是夜帝多设奇兵，兼置旗鼓，明日战，伏发，贼退，嗣之追奔陷没。帝且退且战，麾下死伤将尽，乃至向处止，令左右解取死人衣以示暇。贼疑尚有伏，乃引去。六月，恩浮海至丹徒，帝兼行与俱至，奔击大破之。恩至建邺，知朝廷有备，遂走郁洲。八月，晋帝以帝为下邳太守。帝又追恩至郁洲及海盐，频破之。恩自是饥馑，奔临海。

元兴元年，荆州刺史桓玄举兵东下，骠骑将军司马元显遣牢之拒之，帝又参其军事。玄至，帝请击之，牢之不许，乃遣子敬宣诣玄请和。帝与东海何无忌并固谏，不从。玄克建邺，以牢之为会稽内史。牢之惧，招帝于广陵举兵，帝曰："人情去矣，广陵亦岂可得之？"牢之竟缢于新洲。何无忌谓帝曰："我将何之？"帝曰："可随我还京口。玄必守臣节，当与卿事之；不然，与卿图之。"

玄从兄修以抚军将军镇丹徒，以帝为中兵参军。孙恩自败后，惧见获，乃投水死于临海，余众推恩妹夫卢循为主。玄复遣帝东征。二年，循奔永嘉，帝追破之。六月，加帝彭城内史。

十二月，桓玄篡位，迁晋帝于寻阳。桓修入朝，帝从至建邺，玄见帝，谓司徒王谧曰："昨见刘裕，风骨不恒，盖人杰也。"每游集，赠赐甚厚。玄妻刘氏，尚书令耽之女也，聪明有智鉴，尝见帝，因谓玄曰："刘裕龙行虎步，视瞻不凡，恐必不为人下，宜早为其所。"玄曰："我方平荡中原，非裕莫可，待关、陇平定，然后议之。"修寻还京口，帝托以金创疾动，不堪步从，乃与无忌同船共还，建兴复计，及弟道规、沛国刘毅、平昌孟昶、任城魏咏之、高平檀凭之、琅邪诸葛长人、太原王元德、陇西辛扈兴、东莞童厚之，并同义谋。时桓修弟弘为青州刺史，镇广陵，道规为弘中兵参军，昶为州主簿，乃令毅就袭谋共袭弘。长人为豫州刺史刁逵左军府参军，谋据历阳相应，元德、厚之谋于建邺攻玄，克期齐发。

三年二月乙卯，帝托游猎，与无忌、咏之、凭之，毅从弟藩，凭之从子韶，祗、隆、道济，昶族弟怀玉等，集义徒凡二十七人，愿从者百余人。丙辰，候城门开，无忌等义徒服传诏服，称诏居前，义众驰入齐叫，吏士惊散，即斩修以徇。帝哭之甚恸，厚加敛恤。昶劝弘其日出猎，未明，开门出猎人，昶、道规、毅等率壮士五六十人，因开门直入。弘方啜粥，即斩之，因收众济江。义军初克京城，修司马刁弘率文武佐吏来赴，帝登城谓曰："郭江州已奉乘舆反正于寻阳，我等并被密诏诛逆党，今日贼玄之首已当枭于大航。诸君非大晋之臣乎？"弘等信之而退。毅既至，帝命诛弘等。毅兄迈先在建邺，事未发数日，帝遣同谋周安穆报之，使为内应。迈甚惧，安穆虑事发，驰归。时玄以迈为竟陵太守，迈便下船，欲之郡。是夜玄与迈书曰："北府人情云何？卿近见刘裕何所道？"迈谓玄已知其谋，晨起白之。玄惊，封迈为重安侯，又以不执安穆故杀之，诛元德、扈兴、厚之等。乃遣顿丘太守吴甫之、右卫将军皇甫敷北拒义军。先是，帝造游击将军何澹之，左右见帝光曜满室，以告澹之，澹之以白玄，玄不以为意，至是，闻义兵起，甚惧。或曰："裕等甚弱，陛下何虑之深？"玄曰："刘裕足为一世之雄，刘毅家无儋石之储，樗蒱一掷百万，何无忌、刘牢之外甥，酷似其舅，共举大事，何谓无成。"时众推帝为盟主，以孟昶为长史，总后事，檀凭之为司马，百姓愿从者千余人。军次竹里，移檄都下曰：

夫成败相因，理不常泰，狡焉肆虐，或遇圣明。

自我大晋，屡遘阳九，隆安以来，皇家多故，贞良弊于豺狼，忠臣碎于虎口。逆臣桓玄敢肆陵慢，阻兵荆郢，肆暴都邑，天未忘难，凶力实繁，逾年之间，遂倾皇祚。主上播越，流幸非所，神器沉辱，七庙毁坠。虽夏后之离浞、豷，有汉之遭莽、卓，方之于兹，未足为喻。自玄篡逆，于今历载，弥年亢旱，人不聊生，士庶疲于转输，文武困于板筑，室家分析，父子乖离，岂惟《大东》有杼轴之悲，《摽梅》有顷筐之怨而已哉！仰观天文，俯察人事，此而可存，孰有可亡？凡在有心，谁不扼腕！裕等所以叩心泣血，不遑启处者也！是故夕寐宵兴，搜奖忠烈，潜构崎岖，过于履虎，乘机奋发，义不图全。辅国将军刘毅、广武将军何无忌、镇北主簿孟昶、兖州主簿魏咏之、宁远将军刘道规、龙骧参军刘藩、振威将军檀凭之等，忠烈断金，精贯白日，荷戈俟奋，志在毕命。益州刺史毛璩，万里齐契，扫定荆楚；江州刺史郭昶之奉迎主上，宫于寻阳；镇北参军王元德等并率部曲，保据石头，扬武将军诸葛长人收集义士，已据历阳，征虏参军庾赜之等潜相连结，以为内应。同力协契，所在蜂起，即日

斩伪徐州刺史安成王修、青州刺史弘。义众既集，文武争先，咸谓不有一统，则事无以辑。裕辞不获命，遂总军要，庶上凭祖宗之灵，下罄义夫之节，剪馘逋逆，荡清京华。公侯诸君，或世树忠贞，或身荷爵宠，而并俯眉猾竖，无由自效，顾瞻周道，宁不吊乎！今日之举，良其会也。裕以虚薄，才非古人，受任于既颓之运，接势于已替之机，丹诚未宣，感慨愤激。望霄汉以永怀，眄山川以增忾，投檄之日，神驰贼庭。

三月戊午，遇吴甫之于江乘，帝躬执长刀，大呼，即斩甫之。进至罗落桥，遇皇甫敷，檀凭之战败，死之，众退。帝进战弥厉，又斩敷首。初，帝建大谋，有工相者相帝与无忌等近当大贵，惟云凭之无相。至是，凭之战死，帝知其事必捷。玄闻敷等没，使桓谦屯东陵口，卞范之屯覆舟山西。己未，义军进至覆舟东，张疑兵，以油帔冠诸树，布满山谷。帝先驰之，将士皆殊死战，无不一当百，呼声动天地。因风纵火，烟焰张天，谦等大败。玄始虽遣军，而走意已决，别遣领军殷仲文具舟石头，闻谦败，轻船南逸。

庚申，帝镇石头城，**立留台百官**，焚桓温主于宣阳门外，造晋新主于太庙。遣诸将追玄；命尚书王嘏率百官奉迎乘舆。司徒王谧与众议推帝领扬州，帝固辞，乃以谧为录尚书事、领扬州刺史，帝为镇军将军、都督八州诸军事、徐州刺史、领军将军。初，晋陵人韦叟善相术，桓修令相帝当得州不，叟曰："当得边州刺史。"退而私于帝曰："君相贵不可言。"帝笑曰："若中，当相用为司马。"至是，叟诣帝曰："成王不负桐叶之信，公亦应不忘司马之言。今不敢希镇军司马，愿得领军佐。"于是用焉。时诸葛长人失期，为刁逵执送，未至而玄败。玄经寻阳，江州刺史郭昶之为具乘舆法物。初，荆州刺史王绥以江左冠族，又桓氏之甥，素甚陵帝，至是，及其父尚书左仆射愉有自疑志，并及诛。

四月戊子，奉武陵王遵为大将军，承制，大赦，惟桓玄一祖后不免。桓玄之篡，王谧佐命，手解安帝玺绂。及义旗建，众谓谧宜诛，惟帝素德谧，保持之。刘毅尝因朝会，问谧玺绂所在，谧益惧。及王愉父子诛，谧从弟谌谓谧曰："王驹无罪而诛，此是剪除胜己，兄既桓氏党附，求免得乎？"驹，愉小字也。谧惧，奔曲阿。帝笺白大将军迎还，复其位。玄挟天子走江陵，又浮江东下。与刘毅、何无忌、刘道规等遇于峥嵘洲，众军大破之。玄党殷仲文奉晋二皇后还建邺。玄复挟天子至江陵，因走南郡，太守王腾之、荆州别驾王康产奉天子入南郡府。初，益州刺史毛璩遣从孙祐之与参军费恬送弟丧下州，璩弟子修之时为玄屯骑校尉，诱玄入蜀，至枚回洲，恬与祐之迎射之，益州督护冯迁斩玄，传首建邺。玄从子振逃于华容之涌中，招集逆党，袭江陵城，腾之、康产皆被杀。桓谦先匿沮川，亦聚众应振。为玄举哀，立丧庭。谦率众官奉玺绂于安帝。刘毅、何无忌进及桓振战，败绩于灵溪。十月，帝领青州刺史，甲仗百人入殿。

义熙元年正月，毅等至江津，破桓谦、桓振，江陵平。三月甲子，晋帝至自江陵。庚子，诏进帝侍中、车骑将军、

都督中外诸军、录尚书事。帝固让，旋镇丹徒。九月乙巳，加帝领兖州刺史。卢循浮海破广州，获刺史吴隐之，即以循为广州刺史，以其党徐道覆为始兴相。

二年三月，进帝督交、广二州。十月，论匡复勋，封帝豫章郡公，邑万户，赐绢三万匹。其余封赏各有差。

三年十二月，司徒、录尚书、扬州刺史王谧薨。

四年正月，征帝入辅，授侍中、车骑将军、开府仪同三司、扬州刺史、录尚书事，徐、兖二州刺史如故。表解兖州。先是，帝遣冠军刘敬宣伐蜀贼谯纵，无功而还。九月，帝以敬宣挫退，逊位，不许。十月，乃降为中军将军，开府如故。

五年二月，伪燕主慕容超大掠淮北。三月，帝抗表北讨，以丹阳尹孟昶监中军留府事。乃浮淮入泗，五月，至下邳。留船，步军进琅邪，所过筑城留守。超大将公孙五楼请断大岘，坚壁清野以待，超不从。初，谋是役，议者以为贼若严守大岘，军无所资，何能自反？帝曰："不然。鲜卑性贪，略不及远，既幸其胜，且爱其谷，必将引我，且亦轻战。师一入岘，吾何患焉？"及入岘，帝举手指天曰："吾事济矣"。众问其故，帝曰："师既过险，士有必死之志，余粮栖亩，军无匮乏之忧，胜可必矣。"六月，超留赢老守广固，使其广甯王贺刺卢及公孙五楼悉力据临朐。去城四十里有巨蔑水，超告五楼急据之。比至，为龙骧将军孟龙符所保，五楼乃退。大军分车四千两为二翼，方轨徐行，车张幔，御者执矟，以骑为游军，军令严肃。比及临朐，贼骑交至，帝命兖州刺史刘藩、并州刺史刘道怜等陷其阵。日向昃，战犹酣，帝用参军胡藩策，袭克临朐，贼乃大奔。超遁还广固。获其玉玺、豹尾、辇等，送于都。丙子，克广固大城，超固其小城。乃设长围以守之，馆谷于青土，停江、淮转输。七月，超尚书郎张纲乞师于姚兴，自长安反，泰山太守申宣执送之。纲有巧思，先是，帝修攻具，城上人曰："汝不得张纲，何能为也。"及至，升诸楼车以示之，城内莫不失色。超既求救不获，纲反见房，乃求称藩，割大岘为界，献马千匹，不听。时姚兴遣使，声言将涉淮左，帝谓曰："尔报姚兴，我定青州，将过函谷，虏能自送，今其时矣。"录事参军刘穆之遽入曰："此言不足威敌，容能怒彼。若鲜卑未拔，西羌又至，公何以待之？"帝乃笑曰："此兵机也，非子所及。羌若能救，不有先声，是自强也。"十月，张纲修攻具成，设飞楼悬梯，木幔板屋，冠以牛皮，弓矢无所用之。刘毅遣上党太守赵恢以千余人来援，帝夜潜遣军会之。明日，恢众五千，方道而进，每晋使将到，辄复如之。六年二月丁亥，屠广固，超逾城走，追获之，斩于建康市。杀其王公以下，纳生口万余，马二千匹。

初，帝之北也，徐道覆劝卢循乘虚而出，循不从，道覆乃至番禺说循曰："今日之机万不可失。若克京邑，刘公虽还，无能为也。"循从之。是月，寇南康、庐陵、豫章诸郡，郡守皆奔走。时帝将镇下邳，进兵河、洛，及征使至，即日班师。镇南将军何无忌与道覆战，败死于豫章。内外震骇，朝议欲奉乘舆北走。帝次山阳，闻败，卷甲与数十人造江上征问，知贼尚未至。四月癸未，帝至都。刘

毅自表南征，帝以贼新捷锋锐，须严军偕进，使刘藩止之，毅不从。五月壬午，卢循败毅于桑落洲。及审帝凯入，相视失色，欲还寻阳，平江陵，据二州以抗朝廷。道覆请乘胜遂下，争之旬日，乃从。于时北师始还，伤痍未复，战士才数千，贼众十余万，舳舻亘千里。孟昶、诸葛长人惧，欲拥天子过江，帝曰："今兵士虽少，犹足一战，若其克济，臣主同休；如其不然，不复能草间求活，吾计决矣。"初，帝征慕容超，惟孟昶劝行。丙辰，昶乃表天子，引罪，仰药而死。

时议者欲分兵屯守诸津，帝曰："贼众我寡，分其兵则人测虚实，一处失利，则沮三军之心，若聚众石头，则众力不分。"戊午，帝移镇石城。乙丑，贼大至，帝曰："贼若新亭直上，且将避之；若回泊蔡洲，成禽耳。"徐道覆欲自新亭焚舟而战，循多疑少决，每求万全，乃泊蔡洲以待军溃。帝登石头以望，见之，悦。庚辰，贼设伏于南岸，疑兵向白石。帝率刘毅、诸葛长人北拒焉，留参军徐赤特戍查浦，戒令勿战。帝既北，贼焚查浦而至张侯桥，赤特与战，大败。贼进屯丹阳郡。帝驰还石头，斩徐赤特。解甲久之。乃出阵于南塘。七月庚申，循自蔡洲退，将还归寻阳，帝遣辅国将军王仲德等追之。使建威将军孙处自海道袭番禺，戒之曰："我十二月必破妖寇，卿亦足至番禺，先倾其巢窟也。"十月，帝率舟师南伐，使刘毅监太尉留府。是月，徐道覆寇江陵，荆州刺史刘道规大破之，道覆走还溢口。十一月，孙处至番禺，克其城，卢循父碾奔始兴，处抚其人以守。十二月己卯，大军次大雷。庚辰，贼方江而下，帝躬提幡鼓，命众军齐力击之，军中多万钧神弩，所至莫不摧陷。帝自于中流蓺之，因风水之势，贼舰悉薄西岸，岸上军先备火具焚之，大败。循还寻阳，遂走豫章，悉力栅左里。丙申，大军次左里，将战，帝麾之，麾竿折，幡沉于水，众咸惧，帝笑曰："昔覆舟之役亦如此，今胜必矣。"攻其栅，循单舸走，众皆降。师旋，晋帝遣侍中黄门劳师于行所。

七年正月己未，振旅而归，改授大将军、扬州牧，给班剑二十人，本官并如故。固辞。凡南北征伐战亡者，并列上赙赠，尸丧未反者，遣主帅迎接，致还本土。二月，卢循至番禺，为孙处所破，收余众南走。刘藩、孟怀玉斩徐道覆于始兴。

自晋中兴以来，朝纲弛紊，权门兼并，百姓流离，不得保其产业。桓玄颇欲厘改，竟不能行。帝既作辅，大示轨则，豪强肃然，远近禁止。至是，会稽余姚虞亮复藏匿亡命千余人。帝诛亮，免会稽内史司马休之。晋帝又申前诏，帝固辞。于是改授太尉、中书监，乃受命，奉送黄钺。交州刺史杜惠度斩卢循父子，函七首送都。先是，诸州郡所遣秀才、孝廉多非其人，帝乃表申明旧例，策试之。

荆州刺史刘道规疾患，求归，八年四月，改授豫州刺史，以豫州刺史刘毅代之。毅既有雄才大志，与帝俱兴复晋室，自谓京城、广陵功足相抗，虽权事推帝，而心不服也。厚自矜许，朝士素望者并多归之，与尚书仆射谢混、丹阳尹郗僧施并深相结。及镇江陵，豫州旧府多割以自

随，请僧施为南蛮校尉。帝知毅终为异端，心密图之。毅至西，称疾笃，表求从弟兖州刺史藩以为副贰，帝伪许焉。九月，藩入朝，帝收藩及谢混，并赐死。自表讨毅，又假黄钺，率诸军西征。以前镇军将军司马休之为平西将军、荆州刺史，兖州刺史道怜镇丹徒，豫州刺史诸葛长人监太尉留府事，加太尉司马丹阳尹刘穆之建威将军，配以实力。壬午，发建邺，遣参军王镇恶、龙骧将军蒯恩前袭江陵，克之，毅及党七皆伏诛。十一月，帝至江陵，分荆州十郡为湘州，帝仍进督焉。以西阳太守朱龄石为益州刺史，使伐蜀。晋帝进帝太傅、扬州牧，加羽葆、鼓吹，班剑二十人。

九年二月乙丑，帝至自江陵。初，诸葛长人贪淫骄横，帝每优容之。刘毅既诛，长人谓所亲曰：“昔年醢彭越，今年杀韩信，祸其至矣。”将谋作乱。帝克期至都，而每淹留不进。公卿以下，频日奉候于新亭，长人亦骤出。既而帝轻舟密至，已还东府矣。长人到门，引前，却人闲语，凡平生言所不尽者，皆与及之，长人甚悦。帝已密命左右丁旿自幔后出，于坐拉焉，死于床侧。舆尸付廷尉，并诛其弟黎人。旿骁勇有力，时人语曰：“勿跋扈，付丁旿。”先是，山湖川泽皆为豪强所夺，百姓薪采渔钓，皆责税直，至是禁断之。时人居未一，帝上表定制，于是依界土断，惟徐、兖、青三州居晋陵者不在断例。诸流寓郡县，多所并省。以帝领镇西将军、豫州刺史。帝固让太傅、扬州牧及班剑，奉还黄钺。七月，朱龄石平蜀，斩谯纵，传首建邺。九月，晋帝以帝平齐、定卢循功，封帝次子义真为桂阳县公；并重申前命，授帝太傅、扬州牧，加羽葆、鼓吹，班剑二十人。将吏百僚敦劝，乃受羽葆、鼓吹、班剑，余固辞。

十年，息人简役，筑东府城，起府舍。帝以荆州刺史司马休之宗室之重，又得江、汉人心，疑其有异志；而休之子谯王文思在都，招聚轻侠，帝执送休之，令自为其所。休之表废文思，并与帝书陈谢。

十一年正月，帝收休之子文宝、兄子文祖，并赐死，率众西讨。复假黄钺，领荆州刺史。以中军将军道怜监留府事。休之上表自陈，并罪状帝。休之府录事参军韩延之有干用才，帝未至江陵，密书招之。延之报书曰：“承亲率戎马，远履西偏，阖境士庶，莫不惶骇。辱疏，知以谯王前事，良增叹息。司马平西体国忠贞，款怀待物，以公有匡复之勋，家国蒙赖，推毂委诚，每事询仰。谯王往以微事见劾，犹自表逊位；况以大过而当默邪！来示云：‘处怀期物，自有由来。’今伐人之君，啖人以利，真可谓‘处怀期物’者矣。刘藩死于闾阖之门，诸葛毙于左右之手，甘言诧方伯，袭之以轻兵，遂使席上靡款之士，阃外无自信诸侯，以为得算，良所耻也。吾虽鄙劣，尝闻道于君子，以平西之至德，宁可无授命之臣乎？假天长丧乱，九流浑浊，当与臧洪游于地下。不复多云。”帝视书叹息，以示将佐曰：“事人当如此。”三月，军次江陵。初，雍州刺史鲁宗之负力好乱，且虑不为帝容，常为谶曰：“鱼登日，辅帝室。”与休之相结。至是，率其子竟陵太守轨会于江陵。帝济江，休之众溃，与轨等奔襄阳，江陵平。加

领南蛮校尉。将拜南蛮，遇四废日，佐史郑鲜之等白迁日，不许。下书开宽大之恩。四月，进军襄阳，休之等奔姚兴。晋帝复申前令，授太傅、扬州牧，剑履上殿，入朝不趋，赞拜不名，加前部羽葆、鼓吹，置左右长史、司马，从事中郎四人，封第三子义隆为北彭城县公。八月甲子，帝自江陵，奉还黄钺，固辞太傅、州牧、前部羽葆、鼓吹，其余受命。

十二年正月，晋帝诏帝依旧辟士，加领平北将军、兖州刺史，增督南秦，凡二十二州。帝以平北文武寡少，不宜别置，于是罢平北府，以并太府。三月，加帝中外大都督。初，帝平齐，仍有定关、洛意，遇卢循侵逼，故寝。及荆、雍平，乃谋外略。会姚兴死，子泓新立，兄弟相杀，关中扰乱。四月乙丑，帝表伐关、洛，乃戒严北讨，加领征西将军、司豫二州刺史。以世子为徐、兖二州刺史。帝欲以义声怀远，奉琅邪王北伐。五月，庐江霍山崩，获六钟，献之天子。癸巳，加领北雍州刺史，前后部羽葆、鼓吹，增班剑为四十人。八月丁巳，率大众发，以世子为中军将军，监太尉留府事，尚书右仆射刘穆之为左仆射，领监军、中军二府军司，入居东府，总摄内外。九月，帝至彭城，加领北徐州刺史。十月，众军至洛，围金墉，降之。修复晋五陵，置守卫。十二月壬申，晋帝加帝位相国、总百揆、扬州牧，封十郡为宋公，备九锡之礼，加玺绂、远游冠、绿𬘘绶，位在诸侯王上。策曰：

朕以寡昧，仰缵洪基。夷羿乘衅，荡覆王室，越在南鄙，迁于九江。宗祀绝飨，人神无位，提挈群凶，寄命江浦。则我祖宗之烈，奄坠于地；七百之祚，剪焉既倾。若涉巨海，罔知攸济。天未绝晋，诞育英辅，振厥弛维，再造区宇；兴亡继绝，俾昏作明。元勋至德，朕实攸赖。

今将授公典策，其敬听朕命：乃者，桓玄肆僭，滔天泯夏，拔本塞源，颠踬六位，庶僚俯眉，四方莫恤。公精贯朝日，气陵虹霓，奋其灵武，大歼群慝，克复皇邑，奉欢神祇。此公之大节，始于勤王者也。授律群后，泝流长鹜，薄伐峥嵘，献捷南鄙，大憝授首，群逆毕夷，三光旋采，旧物反正。此又公之功也。出藩入辅，弘兹保弼，阜财利用，繁殖黎元，编户岁滋，疆宇日启，导德明刑，四境有截。此又公之功也。鲜卑负众，僭盗三齐，介恃遐阻，仍为边害。公电乘秣马，夐入远疆，冲橹四临，万雉俱溃，拓土三千，申威龙漠。此又公之功也。卢循祅凶，伺隙五岭，侵覆江、豫，矢及王城；国议迁都之规，家献徙卜之计。公乘辕南济，义形于色，运奇摅略，英谟不世，狡寇穷岨，丧旗宵遁，俾我畿甸，拯于将坠。此又公之功也。追奔逐北，扬旌江濆，偏旅浮海，指日遄至。番禺之功，俘级万数，左里之捷，鸟散鱼溃，元凶远窜，传首万里。此又公之功也。刘毅叛换，负衅西夏，陵上罔主，志肆奸暴；公御轨以刑，消之不日，罪人斯得，荆、衡宁晏。此又公之功也。谯纵枯乱，寇窃一隅，王化阻阂，三巴沦溺；公指命偏帅，授以良图，陵波凭汜，致届井络，僭竖伏锧，梁、岷草偃。此又

公之功也。马休、鲁宗,阻兵内侮,驱率二方,连旗称乱;公投袂星言,研其上略,江津之师,势逾风电,回旆沔川,实繁震慑,二叛奔进,荆、雍来苏。此又公之功也。永嘉不竞,四夷擅华,五都倾荡,山陵幽辱,祖宗怀没世之愤,遗氓有《匪风》之思;公远齐阿衡纳隍之仁,近同小白亡之耻,鞠旅陈师,赫然大号,分命群帅,北徇司、兖、许、郑风靡,巩、洛载清,百年榛秽,一朝扫涤。此又公之功也。

公有康宇内之勋,重之以明德。爰初发迹,则奇谟冠古;电击强妖,则锋无前对。聿宁东畿,大造黔首。若乃草昧经纶,化融于岁计,扶危静乱,道固于苞桑。斵削烦苛,较若画一,淳风美化,盈塞区宇。是以绝域献琛,遐夷纳赆,王略所宣,九服率从。虽文命之东渐被,咎繇之迈于种德,何以尚兹!

朕闻先王之宰世也,庸勋尊贤,建侯胙土,襃以宠章,崇其徽物,所以协辅皇室,永隆藩屏。故曲阜光启,遂荒徐宅,营丘表海,四履有闻。其在襄王,亦赖匡霸,又命晋文,备物光赐。惟公道冠前烈,勋高振古,而殊典未饰,朕甚慊焉!今进授相国,以徐州之彭城、沛、兰陵、下邳、淮阳、山阳、广陵,兖州之高平、鲁、泰山十郡封公为宋公,锡兹玄土,苴以白茅,爰定尔居,用建冢社。昔晋、郑启藩,入作卿士;周、召保傅,出总二南,内外之任,公实兼之。今命使持节、兼太尉、尚书左仆射晋宁县五等男湛授相国印绶,宋公玺绂,使持节、兼司空、散骑常侍、尚书阳遂乡侯泰授宋公茅土,金虎符第一至第五左,竹使符第一至第十左。相国位无不总,礼绝朝班,居常之名,宜与事革。其以相国总百揆,去录尚书之号。上送所假节、侍中貂蝉、中外都督太傅太尉印绶、豫章公印策;进扬州刺史为牧,领征西将军、司豫北徐雍四州刺史如故。

公纪纲礼度,万国是式,乘介蹈方,罔有迁志,是用锡公大路、戎路各一,玄牡二驷。公抑末敦本,务农重积,采繁实殷,稼穑惟阜,是用锡公衮冕之服,赤舄副焉。公闲邪纳正,移风改俗,陶钧品物,如乐之和,是用锡公轩县之乐、六佾之舞。公宣美王化,导扬休风,华夷企踵,远人胥萃,是用锡公朱户以居。公官方任能,网罗幽滞,九皋辞野,髦士盈朝,是用锡公纳陛以登。公当轴处中,率下以义,式遏寇仇,涤除奇慝,是用锡公虎贲之士三百人。公明罚恤刑,庶狱详允,放命干纪,罔有攸纵,是用锡公鈇钺各一。公龙骧凤矫,咫尺八纮,括囊四海,折冲无外,是用锡公彤弓一、彤矢百,玈弓十、玈矢千。公温恭孝思,致虔禋祀,忠肃之志,仪刑四方,是用锡公秬鬯一卣,圭瓒副焉。宋国置丞相以下,一遵旧仪。钦哉,其祗服往命,茂对天休,简恤庶邦,敬敷显德,以终我高祖之嘉命!

置宋国侍中、黄门侍郎、尚书左丞,即随大使奉迎。枹罕虏乞伏炽盘遣使谒帝,求效力讨姚泓,拜为平西将军、河南公。

十三年正月,帝以舟师进讨,留彭城公义隆镇彭城。军次陈留城,经张良庙,下令以时修饰栋宇致荐焉。晋帝追赠帝祖为太常,父为特进、左光禄大夫,让不受。二月,冠军将军檀道济等军次潼关。三月庚辰,帝率大军入河。五月,帝至洛阳,谒晋五陵。七月,至陕,龙骧将军王镇恶舟师自河浮渭。八月,扶风太守沈田子大破姚泓军于蓝田,王镇恶克长安,禽姚泓。

始义熙九年,岁、镇、荧惑、太白聚东井,至是而关中平。九月,帝至长安。长安丰稔,帑藏盈积,帝先收其彝器、浑仪、土圭、记里鼓、指南车及秦始皇玉玺送之都。其余珍宝珠玉,悉以班赐将帅。迁姚宗于江南,送泓斩于建康市。谒汉长陵,大会文武于未央殿。十月,晋帝诏进宋公爵为王,加十郡益宋国,并前为二十郡。其相国、扬州牧、领征西将军、司豫北徐雍四州刺史如故。帝欲息驾长安,经略赵、魏,十一月,前将军刘穆之卒,乃归。十二月庚子,发自长安,以桂阳公义真为雍州刺史,镇长安,留腹心将佐以辅之。

十四年正月壬戌,帝至彭城,解严息甲。以辅国将军刘遵考为并州刺史,领河东太守,镇蒲坂。帝解司州、徐、冀二州刺史,固让进爵。时汉中成固县汉水崖际有异声如雷,俄顷岸崩,有铜钟十二,出自潜壤。巩县人宗曜于其田所获嘉禾,九穗同茎,帝以献,晋帝以归于我。帝冲让,乃止。六月丁亥,受相国宋公九锡之命,下令赦国内殊死以下。诏崇豫章太夫人为宋公太妃,世子为中军将军副贰,相国府百官悉依天朝之制。又诏宋国所封十郡之外,悉得除用。先是,安西中兵参军沈田子杀安西司马王镇恶,诸将杀安西长史王修,关中乱。十月,帝遣右将军朱龄石代安西将军桂阳公义真为雍州刺史。义真还,为赫连勃勃所追,大败,仅以身免,诸将帅及龄石并没。十二月,晋安帝崩,大司马琅邪王即帝位。

元熙元年正月,晋帝诏征帝入辅,又申前令,进公爵为王,以徐州之海陵、北东海、北谯、北梁,豫州之新蔡,兖州之北陈留、司州之陈郡、汝南、颍川、荥阳十郡,增宋国。七月,乃受命。赦国内五岁刑以下,迁都寿阳。九月,解扬州。十二月,晋帝命帝冕十有二旒,建天子旌旗,出警入跸,乘金根车,驾六马,备五时副车,置旄头云罕,乐僎八佾,设钟虡宫县。进王太妃为太后,王妃为王后,世子为太子,王子、王孙爵命之号,一如旧仪。

二年正月,帝表让殊礼。竟陵郡江滨自开,出古铜礼器十余枚,帝献之晋帝,让不受,于是归诸瑞物,藏于相府。四月,诏遣敦劝,兼征帝入辅。六月壬戌,帝至都。甲寅,晋帝禅位于宋。有司草诏既成,请书之,天子即便操笔,谓左右曰:"桓玄之时,天命已改,重为刘公所延,将二十载。今日之事,本所甘心。"甲子,遣使奉策曰:

咨尔宋王,夫玄古权舆,悠哉邈矣,其详靡得而闻。爰自书契,降建三、五,莫不上圣君四海,止戈定大业。然则帝王者,宰物之通器;君道者,天下之至公也。昔在上叶,深鉴兹道,是以天禄既终,唐、虞弗得传其嗣;符命来格,舜、禹不获全其谦。所以经纬三才,澄序彝化,作范振古,垂风万叶,莫尚于兹。自是厥后，历代弥劭。汉既嗣德于放勋，魏亦方轨于重华，谅以协谋乎人鬼，而以百姓为心者也。

昔我祖宗钦明，辰居其极，而明晦代序，盈亏有期，剪商兆祸，非惟一世。曾是弗克，刜伊在今，天之所废，有自来矣。惟王体上圣之姿，包二仪之德；明齐日月，道合四时。乃者，社稷倾覆，王拯而存之；中原芜梗，又济而复之。自负固不宾，干纪放命，肆逆滔天，窃据万里，靡不润之以风雨，震之以雷霆。九伐之道既敷，八法之化自理。岂伊博施于人，济斯黔庶？固已义洽四海，道盛八荒者矣。至于上天垂象，四灵效征，图谶之文既明，人神之望已改。百工歌于朝，庶人颂乎野。亿兆抃踊，倾伫惟新。自非百姓乐推，天命攸集，岂伊在予所得独专？是用仰祗皇灵，俯顺群议，敬禅神器，授帝位于尔躬。大祚其穷，天禄永终。於戏！王其允执其中，敬膺典训，副率土之嘉愿，恢洪业于无穷，时膺休佑，以答三灵之眷望。又遣使持节、兼太保、散骑常侍、光禄大夫谢澹，兼太尉、尚书刘宣范奉玺书，归皇帝玺绶，受终之礼，一如唐虞、汉魏故事。帝奉表陈让，晋帝已逊于琅邪王第，表不获通。于是陈留王虔嗣等二百七十人及宋台群臣并上表劝进，犹不许。太史令骆达陈天文符应曰："案晋义熙元年至元熙元年，太白昼见经天凡七，占曰：'太白经天，人更主，异姓兴。'义熙七年，五虹见于东方，占曰：'五虹见，天子黜，圣人出。'九年，镇星、岁星、太白、荧惑聚于东井。十三年，镇星入太微。占曰：'镇星守太微，有立王，有徙王。'元熙元年冬，黑龙四登于天，《易传》曰：'冬，龙见，天子亡社稷，大人受命。'冀州道人释法称告其弟子：'嵩神言，江东有刘将军，汉家苗裔，当受天命，吾以璧三十二、镇金一饼与之，刘氏卜世之数也。'又建武至建安末一百九十六年而禅魏，魏自黄初至咸熙末四十六年而禅晋，晋自泰始至今百五十六年，三代揖让，咸穷于六。又汉光武社于南阳，汉末而其树死，刘备有蜀，乃应之而兴；及晋季年，旧根始萌，至是而盛矣。"若此者有数十条。群臣又固请，乃从之。

永初元年夏六月丁卯，皇帝即位于南郊，设坛，柴燎告天曰：

皇帝臣裕，敢用玄牡，昭告于皇皇后帝：

晋以卜世告终，历数有归，钦若景运，以命于裕。夫树君宰世，天下为公，德充帝王，乐推攸集。越徼唐虞，降暨汉魏，靡不以上哲格文祖，元勋陟帝位，故能大拯黔首，垂训无穷。晋自东迁，四维不振，宰辅焉依？为日已久，难棘隆安，祸成元兴，遂至帝主迁播，宗祀埋灭。裕虽地非齐、晋，众无一旅，仰愤时难，俯悼横流，投袂一起，则皇祀克复。及危而能持，颠而能扶，奸宄具歼，僭伪亦灭，诚兴废有期，否终有数。至于大造晋室，拨乱济时，因藉时来，实尸其重。加以殊俗慕义，重译来庭，正朔所暨，咸服声教。至乃三灵垂象，山川告祥，人神协祉，岁月滋著。是以群公卿士，亿兆夷人，金曰："皇灵降鉴于上，晋朝款诚于下，天命不可以久淹，宸极不可以暂旷。"遂逼群议，恭兹大礼。猥以寡德，托于兆人之上，虽仰畏天威，略是小节，顾深永怀，祗惧若霣。敬简元日，升坛受禅，告类上帝，用酬万国之情，克隆天保，永祚于有宋。惟明灵是飨！

礼毕，备法驾，幸建康宫，临太极前殿。大赦，改元。赐人爵二级。鳏寡孤独不能自存者，人谷五斛，逋租宿责勿收。其犯乡论清议，赃污淫盗，一皆荡涤。长徒之身，特皆原遣，亡官失爵、禁锢夺劳，一依旧准。封晋帝为零陵王，全食一郡，载天子旌旗，乘五时副车，行晋正朔，郊祀天地，礼乐制度，皆用晋典，上书不为表，答表不称诏，宫于故秣陵。追尊皇考为孝穆皇帝，妣为穆皇后，尊王太后为皇太后。诏曰："夫微禹之感，叹深后昆；爱人怀树，犹或勿剪。虽在异代，义无废绝，降杀之仪，一依前典。可降始兴公为县公，庐陵公为柴桑县公，始安公为荔浦县侯，长沙公为醴陵县侯，康乐公即降为县侯，奉王导、谢安、温峤、陶侃、谢玄之祀，其宣力义熙者，一仍本秩。"庚午，以司空道怜为太尉，封长沙王，立南郡公义庆为临川王。又诏论战亡追赠及酬赏除复之科。乙亥，封皇子桂阳公义真为庐陵王，彭城公义隆为宜都王，义康为彭城王。丁丑，使使巡行四方，旌贤举善，问人疾苦。狱讼亏滥、政刑乖忤、伤化扰俗、未允人听者，皆具以闻。戊寅，诏增百官奉。己卯，改晋《泰始历》为《永初历》，社以子，腊以辰。秋七月丁亥，原放劫贼余口没在台府者，诸流徙之家，并听还本。又以市税繁苦，优量减降。从征关、洛，殒身不反者，赡赐其家。己丑，陈留王曹虔嗣薨。辛卯，复置五校三将官，增殿中将军员二十人，余在员外。戊戌，征西大将军、开府仪同三司杨盛进号车骑大将军。甲辰，镇西将军李歆进号征西大将军，平西将军乞伏炽盘进号安西大将军，征东将军高句丽王高琏进号征东大将军，镇东将军百济王扶余映进号镇东大将军。置东宫冗从仆射、旅贲中郎将官。戊申，迁神主于太庙，车驾亲奉。壬子，诏改权制，率从宽简。八月辛酉，诏旧郡县以北为名者悉除之，寓立于南者，听以南为号。戊辰，诏曰："彭城桑梓，敦本斯隆，宜同丰、沛。其沛郡、下邳各复租布三十年。"辛未，追谥妃臧氏为敬皇后，陵曰永宁。癸酉，立王太子义符为皇太子。乙亥，赦见罪人。闰月壬午，置晋帝诸陵守卫，其名贤先哲，详加洒扫。丁酉，林邑国遣使朝贡。九月壬子，置东宫殿中将军十人，员外二十人。壬申，置都官尚书。是岁，魏明元皇帝泰常五年。西凉亡。

二年春正月辛酉，祀南郊。大赦。丙寅，断金银涂。以扬州刺史庐陵王义真为司徒，以尚书仆射徐羡之为尚书令、扬州刺史。己卯，禁丧事用铜钉。罢会稽郡府。二月己丑，策试州郡秀、孝于延贤堂。倭国遣使朝贡。三月乙丑，初限荆州府置将不得过二千人，吏不得过一万人。州置将不得过五百人，吏不得过五千人。兵士不在此限。夏四月己卯，初禁淫祀，除诸房庙。其先贤以勋德立祠者，不在此例。戊申，听讼于华林园。五月己酉，置东宫屯骑、步兵、翊军三校尉官。秋七月己巳，地震。九月己丑，零陵王殂，宋志也。车驾率百僚临于朝堂三日，如魏明帝服山阳公故事。使兼太尉持节护丧事，葬以晋礼。冬十月己亥，以凉州胡帅大且渠蒙逊为镇军大将军、开府仪同三司、凉州刺史。十一月辛亥，葬晋恭皇帝于冲平陵，车驾率百官瞻送。

三年春正月甲辰朔，诏刑罚无轻重悉原之。癸丑，以尚书令扬州刺史徐羡之为司空、录尚书事，刺史如故。进江州刺史王弘卫将军、开府仪同三司。以太子詹事傅亮为尚书仆射。二月丙戌，有星孛于虚、危。三月，上不豫，太尉长沙王道怜、司空徐羡之、尚书仆射傅亮、领军将军谢晦、护军将军檀道济并入侍医药。群臣请祈祷神祇，上不许，惟使侍中谢方明以疾告庙而已。丁未，以庐陵王义真为侍中、车骑将军、开府仪同三司、南豫州刺史。己未，上疾瘳，大赦。夏四月乙亥，封仇池公杨盛为武都郡王。五月，上疾甚，召太子，戒之曰："檀道济虽有干略，而无远志，非如兄韶有难御之气。徐羡之、傅亮当无异图。谢晦屡从征伐，颇识机变，若有异，必此人也。小却，可以会稽、江州处之。"又为手诏："朝廷不须复有别府，宰相带扬州，可置甲士千人。若大臣中任要，宜有爪牙，以备不祥人者，可以台见留队给之。有征讨，悉配以台见军队，行还复旧。后世若有幼主，朝事一委任宰相，母后不烦临朝。仗既不许入台殿门，要重人可详给班剑。"癸亥，上崩于西殿，时年六十。七月己酉，葬丹阳建康县蒋山初宁陵。群臣上谥曰武皇帝，庙号高祖。

上清简寡欲，严整有法度，未尝视珠玉舆马之饰，后庭无纨绮丝竹之音。初，朝廷未备音乐，长史殷仲文以为言，帝曰："日不暇给，且所不解。"仲文曰："屡听自然解之。"帝曰："政以解则好之，故不习耳。"宁州尝献虎魄枕，光色甚丽，价盈百金。时将北伐，以虎魄疗金创，上大悦，命碎分赐诸将。平关中，得姚兴从女，有盛宠，以之废事；谢晦谏，即时遣出。财帛皆在外府，内无私藏。宋台建，有司奏东西堂施局脚床，金涂钉，上不许。使用直脚床，钉用铁。广州尝献入筒细布，一端八丈，帝恶其精丽劳人，即付有司弹太守，以布还之，并制岭南禁作此布。帝素有热病，并患金创，末年尤剧，坐卧常须冷物，后有人献石床，寝之，极以为佳，乃叹曰："木床且费，而况石邪。"即令毁之。制诸主出适，遣送不过二十万，无锦绣金玉。内外奉禁，莫不节俭。性尤简易，尝著连齿木屐，好出神武门内左右逍遥，从者不过十余人。时徐羡之住西州，尝思羡之，便步出西掖门，羽仪络驿追随，已出西明门矣。诸子旦问起居，入阁脱公服，止著裙帽，如家人之礼焉。

微时躬耕于丹徒，及受命，耨耜之具颇有存者，皆命藏之，以留于后。及文帝幸旧宫，见而问焉，左右以实对，文帝色惭。有近侍进曰："大舜躬耕历山，伯禹亲事土木，陛下不睹列圣之遗物，何以知稼穑之艰难，何以知先帝之至德乎？"及孝武大明中，坏上所居阴室，于其处起玉烛殿，与群臣观之，床头有土障，壁上挂葛灯笼、麻绳拂，侍中袁顗盛称上俭素之德，孝武不答，独曰："田舍公得此，已为过矣。"故能光有天下，克成大业，盛矣哉！

少帝，讳义符，小字车兵，武帝长子也。母曰张夫人，晋义熙二年，生帝于京口。时武帝年逾不惑，尚未有男，及帝生，甚悦。年十岁，拜豫章公世子。帝膂力绝人，善骑射，解音律。宋台建，拜宋世子。元熙元年，进为宋太子。武帝受禅，立为皇太子。

永初三年五月癸亥，武帝崩，是日太子即皇帝位，大赦，制服三年，尊皇太后曰太皇太后。六月壬申，以尚书仆射傅亮为中书监、尚书令，司空徐羡之、领军将军谢晦及亮辅政。戊子，太尉长沙王道怜薨。秋九月丁未，有司奏武皇帝配南郊，武敬皇后配北郊。冬十一月戊午，有星孛于营室。十二月庚戌，魏军克滑台。

景平元年春正月己亥朔，大赦，改元。文武赐位二等。辛丑，祀南郊。魏军攻金墉城。癸卯，河南郡失守。乙卯，有星孛于东壁。二月丁丑，太皇太后崩。镇军大将军大且渠蒙逊、河南鲜卑吐谷浑阿豺并遣使朝贡。庚辰，进蒙逊骠骑大将军，封河西王。以阿豺为安西将军、沙州刺史，封浇河公。三月壬寅，孝懿皇后祔葬于兴宁陵。是月，高丽国遣使朝贡。夏闰四月己未，魏军克虎牢。秋七月癸酉，尊所生张夫人为皇太后。丁丑，赦五岁刑以下。冬十月己未，有星孛于氐。是岁，魏明元皇帝崩。

二年春二月癸巳朔，日有蚀之。废南豫州刺史庐陵王义真为庶人，徙新安郡。乙巳，大风，天有云五色，占者以为有兵。执政使使者诛皇弟义真于新安。高丽国遣使朝贡。时帝居处所为多乖失。夏五月乙酉，皇太后令暴帝过恶，废为营阳王。一依汉昌邑、晋海西故事。奉迎镇西将军宜都王隆入纂皇统。始徐羡之、傅亮将废帝，讽王弘、檀道济求赴国讣，弘等来朝，使中书舍人邢安泰、潘盛为内应。是旦，道济、谢晦领兵居前，羡之等随后，因东掖门开，入自云龙门，盛等先戒宿卫，莫有御者。时帝于华林园为列肆，亲自酤卖，又开渎聚土，以象破冈埭，与左右引船唱呼，以为欢乐。夕游天泉池，即龙舟而寝。其朝未兴，兵士进，杀二侍者于帝侧，伤帝指，扶出东阁，就收玺绂。群臣拜辞送于东宫，遂幽于吴郡。是日，赦死罪以下。太后令奉还玺绂，檀道济入守朝堂。六月癸丑，徐羡之等使中书舍人邢安泰弑帝于金昌亭。帝有勇力，不即受制，突走出昌门，追以门关踣之致殒，时年十九。

论曰：晋自社稷南迁，王纲弛紊。朝权国命，递归台辅，君道虽存，主威久谢。桓温雄才盖世，勋高一时，移鼎之业已成，天人之望将改。自斯以后，帝道弥昏，道子开其祸端，元显成其衅末。桓玄乘时藉运，加以先资，革命受终，人无异望。宋武地非齐、晋，众无一旅，曾不浃旬，夷凶剪暴，诛内清外，功格上下。若夫乐推所归，讴歌所集，校之魏、晋，可谓收其实矣。然武皇未涉知命，弱嗣方育，顾有慈颜，前无严训。少帝体易染之质，禀可下之姿，外物莫犯其心，所欲必从其志。崄纵非学而能，危亡不期而集。其至颠沛，非不幸也。悲哉！

卷二　　　　宋本纪中第二

太祖文皇帝，讳义隆，小字车儿，武帝第三子也。晋义熙三年生于京口。十一年，封彭城县公。永初元年，封宜都郡王，位镇西将军、荆州刺史，加都督，时年十四。长七尺五寸，博涉经史，善隶书。是岁来朝，会武帝当听讼，仍遣上讯建康狱囚，辩断称旨，武帝甚悦。景平初，有黑龙见西方，五色云随之。二年，江陵城上有紫云。望气者皆以为帝王之符，当在西方。其年少帝废，百官议所立。徐羡之、傅亮等以祯符所集，备法驾奉迎，入奉皇统。行台至江陵，尚书令傅亮奉表进玺绂，州府佐吏并称臣，请题榜诸门，一依宫省，上皆不许。教州、府、国纲纪，宥所统内见刑。是时，司空徐羡之等新有弑害，及銮驾西迎，人怀疑惧，惟长史王昙首、司马王华、南蛮校尉到彦之共期朝臣未有异志。帝曰：“诸公受遗，不容背贰；且劳臣旧将，内外充满，今兵力又足以制物，夫何所疑！”甲戌，乃发江陵，命王华知州府，留镇陕西。令到彦之监襄阳。车驾在道，有黑龙跃负上所乘舟，左右莫不失色。上谓王昙首曰：“此乃夏禹所以受天命，我何德以堪之？”及至都，群臣迎拜于新亭。先谒初宁陵，还次中堂，百官奉玺绂，冲让未受，劝请数四，乃从之。

元嘉元年秋八月丁酉，皇帝即位于中堂，备法驾入宫，御太极前殿，大赦，改元，文武赐位二等。戊戌，拜太庙。诏追复庐陵王先封，奉迎灵柩。辛丑，谒临川烈武王陵。癸卯，进司空徐羡之位司徒，江州刺史王弘位司空，尚书令傅亮左光禄大夫、开府仪同三司。甲辰，追尊所生胡婕妤为章皇太后，封皇弟义恭为江夏王，义宣为竟陵王，义季为衡阳王。己酉，减荆、湘二州今年税布之半。九月丙子，立妃袁氏为皇后。是岁，魏太武皇帝始光元年。

二年春正月丙寅，司徒徐羡之、尚书令傅亮奉表归政，上始亲览万机。辛未，祀南郊，大赦。秋八月乙酉，骠骑将军、南徐州刺史彭城王义康以本号开府仪同三司，改授司空王弘车骑大将军、开府仪同三司。冬十一月癸酉，以武都王世子杨玄为北秦州刺史，袭封武都王。是岁，赫连屈丐死。

三年春正月丙寅，司徒徐羡之、尚书令傅亮有罪伏诛。遣中领军到彦之、征北将军檀道济讨荆州刺史谢晦，上亲率六师西征。大赦。丁卯，以江州刺史王弘为司徒、录尚书事。二月戊午，以金紫光禄大夫王敬弘为尚书左仆射，豫章太守郑鲜之为右仆射。戊辰，到彦之、檀道济大破谢晦于隐矶。丙子，车驾自芜湖反旆。己卯，禽晦于延头，送都伏诛。夏五月乙未，以征北将军、南兖州刺史檀道济为征南大将军、开府仪同三司、江州刺史。乙巳，骠骑大将军、凉州牧大且渠蒙逊改为车骑大将军。诏大使巡行四方，观省风俗。丙午，临延贤堂听讼，自是每岁三讯。秋，旱且蝗。冬十二月，前吴郡太守徐佩之谋反，伏诛。

四年春正月乙亥朔，曲赦建邺百里内。辛巳，祀南郊。二月乙卯，行幸丹徒，谒京陵。三月丙子，宴丹徒宫，帝乡父老咸与焉。蠲丹徒今年租布，原五岁刑以下。丁亥，车驾还宫。戊子，尚书右仆射郑鲜之卒。壬寅，采衡阳令诸葛阐议，禁断夏至日五丝命缕之属。夏五月，都下疾疫，遣使存问，给医药，死无家属者，赐以棺器。六月癸卯朔，日有蚀之。

五年春正月乙亥，诏以阴阳愆序，求谠言。甲申，临玄武馆阅武。戊子，都下大火，遣使巡慰振恤。夏六月庚戌，司徒王弘降为卫将军、开府仪同三司。都下大水。乙卯，遣使检行振赡。十二月，天竺国遣使朝贡。是岁，魏神麚元年，太武皇帝伐赫连昌，灭之。乞伏炽盘死。

六年春正月辛丑，祀南郊。癸丑，以荆州刺史彭城王义康为司徒、录尚书事。三月丁巳，立皇子劭为皇太子。戊午，大赦，赐文武位一等。夏四月癸亥，以尚书左仆射王敬弘为尚书令，丹阳尹临川王义庆为尚书左仆射，吏部尚书江夷为右仆射。五月壬辰朔，日有蚀之。秋七月，百济国遣使朝贡。冬十一月己丑朔，日有蚀之，星昼见。十二月，河西、河南国并遣使朝贡。

七年春二月壬戌，雪且雷。三月戊子，遣右将军到彦之侵魏。夏六月己卯，封氐杨难当为武都王。冬十月戊午，立钱署，铸四铢钱。戊寅，魏克金墉城。十一月癸未，又克虎牢。壬辰，遣征南大将军檀道济拒魏，右将军到彦之自滑台奔退。十二月，都下火，延烧于太社北墙。是岁，冯跋死。倭、百济、呵罗单、林邑、呵罗他、师子等国遣使朝贡。吴兴、晋陵、义兴大水，遣使巡行振恤。

八年春二月辛酉，魏克滑台。癸酉，檀道济引军还。自是河南复亡。三月，大雪。夏六月乙丑，大赦，旱故。又大雪。闰六月乙巳，遣使省行狱讼，简息徭役。

九年春二月辛卯，诏曰：“故太傅长沙景王、故大司马临川烈武王、故司徒南康文宣公穆之、卫将军华容公弘、征南大将军永修公道济、故左将军龙阳侯镇恶，或履道广深，执德冲邈；或雅量高劭，风鉴明远；或识准弘正，才略开迈。咸文德以弘帝载，武功以隆基业。而太常未铭，从祀癸享，瘝寐属虑，永言兴怀。便宜配祭庙庭，勒功天府。”三月庚戌，进卫将军王弘为太保。丁巳，加江州刺史檀道济为司空。夏五月壬申，新除太保王弘薨。六月未，置积射、强弩将军官。乙未，以征西将军、沙州刺史吐谷浑慕璝为征西大将军、西秦河二州刺史、陇西王。壬寅，以抚军将军江夏王义恭为征北将军、开府仪同三司、南兖州刺史。秋七月庚午，以领军将军殷景仁为尚书仆射。冬十二月庚寅，立皇子绍为庐陵王，奉孝献王祀；江夏王义恭子朗为南丰王，奉营阳王祀。是岁，魏延和元年。

十年春正月甲寅，改封竟陵王义宣为南谯王。己未，大赦。夏，林邑、阇婆婆州、呵罗单国并遣使朝贡。秋七月戊戌，曲赦益、梁、秦三州。冬十一月，氐杨难当据有梁州。是月，且渠蒙逊死。

十一年夏四月，梁、秦二州刺史萧思话破氐，梁州平。五月丁卯，曲赦梁、南秦二州剑阁以北。戊寅，以大且渠茂虔为征西大将军、凉州刺史，封河西王。是岁，林邑、扶南、呵罗单国并遣使朝贡。

十二年春正月辛酉，大赦。辛未，祀南郊。癸酉，封冯弘为燕王。夏四月丙辰，诏内外举士。都下地震。六月，禁酒。师子国遣使朝贡。丹阳、淮南、吴、吴兴、义兴大水，都下乘船。己酉，以徐、豫、南兖三州，会稽宣城二郡米谷百万斛，赐五郡遭水人。秋七月辛酉，阇婆婆达、扶南国并遣使朝贡。八月乙亥，原除遭水郡诸逋负。九月，蜀贼张寻为寇。是岁，魏太延元年。

十三年春正月癸丑朔，上有疾，不朝会。三月己未，诛司空、江州刺史檀道济。庚申，大赦。夏六月，高丽、武都等国并遣使朝贡。秋七月己未，零陵王太妃殂，追崇为晋皇后，葬以晋礼。九月癸丑，立皇子浚为始兴王、骏为武陵王。是岁，冯弘奔高丽。

十四年春正月辛卯，祀南郊，大赦。戊戌，凤凰二见于都下，众鸟随之，改其地曰凤凰里。夏四月，蜀贼张寻、赵广降，迁之建邺。冬十二月辛酉，初停贺雪。河南、河西、诃罗单国并遣使朝贡。

十五年春二月，以平东将军吐谷浑慕延为镇西将军、秦河二州刺史，封陇西王。秋七月辛未，地震。新作东宫。是岁，武都、河南、高丽、倭、扶南、林邑等国并遣使朝贡。立儒学馆于北郊，命雷次宗居之。

十六年春正月戊寅，阅武于北郊。庚寅，进彭城王义康为大将军、领司徒，以开府仪同三司、江夏王义恭为司空。夏六月己酉，改封陇西王吐谷浑慕延为河南王。秋八月庚子，立皇子铄为南平王。九月，魏灭且渠茂虔。冬十二月乙亥，皇太子冠，大赦。是岁，武都、河南、林邑、高丽等国并遣使朝贡。上好儒雅，又命丹阳尹何尚之立玄学，著作佐郎何承天立史学，司徒参军谢元立文学，各聚门徒，多就业者。江左风俗，于斯为美，后言政化，称元嘉焉。

十七年夏四月戊午朔，日有蚀之。秋七月壬子，皇后袁氏崩。八月，徐、兖、青、冀四州大水，遣使振恤。九月壬子，葬袁皇后于长宁陵。冬十月戊午，前丹阳尹刘湛有罪伏诛。大赦，文武赐爵一级。以大将军、领司徒、录尚书事彭城王义康为江州刺史，大将军如故。甲戌，以司空、江夏王义恭为司徒、录尚书事。十一月，尚书仆射、扬州刺史殷景仁卒。十二月癸亥，以光禄大夫王球为尚书仆射。戊辰，武都、河南、百济等国并遣使朝贡。是岁，魏太平真君元年。

十八年春三月庚子，雨雹。戊申，置尚书删定郎官。夏五月壬午，卫将军南兖州刺史临川王义庆、征北将军南徐州刺史南谯王义宣，并开府仪同三司。甲申，沔水泛溢，害居人。六月戊辰，遣使巡行赈赡。冬十一月戊子，尚书仆射王球卒。己亥，以丹阳尹孟𫖮为尚书仆射。氐杨难当寇汉川。十二月，晋宁太守爨松子举兵反，宁州刺史徐循讨平之。是岁，河南、肃特、高丽、苏摩黎、林邑等国并遣使来朝贡。

十九年夏四月甲戌，上以久疾愈，始奉初礿，大赦。五月庚寅，梁秦二州刺史刘真道、龙骧将军裴方明破杨难当，仇池平。闰月，都下水，遣使巡行赈恤。六月，以且渠无讳为征西大将军、凉州刺史，封河西王。秋七月甲戌晦，日有蚀之。九月丙辰，有客星在北斗，因为彗，入文昌，贯五车，扫毕，拂天节，经天苑，季冬乃灭。冬十二月丙申，诏奉圣之胤，速议承袭。及令修庙，四时飨祀。并命蠲近墓五家供洒扫，栽松柏六百株。是岁，蝗蟒、河南、扶南、婆皇国并遣使朝贡。西凉武昭王孙李宝始归于魏。

二十年春正月辛亥，祀南郊。二月甲申，阅武于白下。魏军克仇池。夏四月甲午，立皇子诞为广陵王。秋七月乙丑，以杨文德为征西将军、北秦州刺史，封武都王。冬十月，雷。十二月壬午，置藉田。是岁，河西、高丽、百济、倭国并遣使朝贡。自去岁至是，诸州郡水旱伤稼。人大饥，遣使开仓赈恤。

二十一年春正月己亥，南徐、南兖、南豫州、扬州之浙江西，并禁酒。辛酉，亲耕藉田，大赦。二月己丑，司徒、录尚书事江夏王义恭进位太尉，领司徒。辛卯，立皇子宏为建平王。秋八月戊辰，以荆州刺史衡阳王义季为征北大将军、开府仪同三司、南兖州刺史。九月甲辰，以大且渠安周为征西将军、凉州刺史，封河西王。冬十月己亥，命刺史郡守修东耕。丙子，雷且电。

二十二年春正月辛卯朔，改用御史中丞何承天《元嘉新历》。二月甲戌，立皇子祎为东海王，昶为义阳王。秋七月己未，以尚书仆射孟𫖮为左仆射，中护军何尚之为右仆射。九月己未，开酒禁。癸酉，宴于武帐堂，上将行，敕诸子且勿食，至会所赐馔。日旰，食不至，有饥色。上诫之曰："汝曹少长丰佚，不见百姓艰难，今使尔识有饥苦，知以节俭期物。"冬十二月乙未，太子詹事范晔谋反，及党与皆伏诛。丁酉，免大将军彭城王义康为庶人，绝属籍。是冬，浚淮，起湖熟废田千余顷。

二十三年夏四月丁未，大赦。六月癸未朔，日有蚀之。交州刺史檀和之伐林邑国，克之。是岁，大有年。筑北堤，立玄武湖于乐游苑北，兴景阳山于华林园，役人重怨。

二十四年春正月甲戌，大赦，赐文武位一等。夏四月，河、济俱清。六月，都下疫疠，使巡省给医药。以货贵，制大钱，一当两。秋八月乙未，徐州刺史衡阳王义季薨。冬十一月甲寅，立皇子浑为汝阴王。是岁，徐、兖、青、冀四州大水。

二十五年春闰二月己酉，大蒐于宣武场。三月庚辰，校猎。夏四月乙巳，新作阊阖、广莫二门，改先广阳门曰承明，开阳门曰津阳。五月己卯，罢当两大钱。六月庚戌，零陵王司马元瑜薨。丙寅，加荆州刺史南谯王义宣位司空。八月甲子，立皇子彧为淮阳王。九月辛未，以尚书右仆射何尚之为左仆射。冬，青州城南远望，见地中如水，有影，谓之"地镜"。

二十六年春正月辛巳，祀南郊。二月己亥，幸丹徒，谒京陵。三月丁巳，宴于丹宫，大赦。复丹徒县侨旧今岁租布之半，行所经过，蠲田租之半。癸亥，使祭晋故司空忠肃公何无忌墓。五月壬午，至自丹徒。丙戌，婆皇国，辰，婆达国并遣使朝贡。冬十月庚子，改封广阳王诞为随郡王。癸卯，彗星见于太微。甲辰，以扬州刺史始兴王浚为征北将军、开府仪同三司、徐兖二州刺史。

二十七年春正月辛卯，百济国遣使朝贡。二月，魏军攻县瓠。以军兴，减百官奉禄三分之一。三月乙丑，淮南太守诸葛阐求减奉禄，同内百官，于是诸州郡县丞尉并悉同减。戊寅，罢国子学。秋七月庚午，遣宁朔将军王玄谟拒魏，太尉江夏王义恭出次彭城，总统诸军。冬十一月丁未，大赦。十二月庚午，魏太武帝率大众至瓜步，声欲度江，都下震惧，咸荷担而立。壬午，内外戒严，缘江六七百里舳舻相接。始议北侵，朝士多有不同。至是，帝登烽火楼极望，不悦。谓江湛曰："北伐之计，同议者少，今日士庶劳怨，不得无惭。贻大夫之忧，在予过矣。"甲申，使馈百牢于魏。

二十八年春正月丁亥，魏太武帝自瓜步遁归，俘广陵居人万余家以北。徐、豫、青、冀、二兖六州杀略不可胜算，所过州郡，赤地无余。二月甲戌，降太尉、领司徒江夏王义恭为骠骑将军、开府仪同三司。壬午，幸瓜步。是日，解严。三月乙酉，车驾还宫。丙申，拜初宁陵。大旱。夏四月癸酉，婆达国遣使朝贡。己卯，彗星见于昴。是月，都下疾疫，使巡省给医药。五月乙酉，亡命司马顺则自号齐王，据梁邹城。丁巳，婆皇国、戊戌，河南国并遣使朝贡。戊申，以尚书左仆射何尚之为尚书令，太子詹事徐湛之为左仆射、护军将军。壬子，彗星见太微中，对帝坐。秋七月甲辰，进安东将军倭王绥济为安东大将军。八月癸亥，梁邹平，斩司马顺则。是秋，猛兽入郭内为灾。冬十月癸亥，高丽国遣使朝贡。十一月壬寅，曲赦二兖、徐、豫、青、冀六州，徙彭城流人于瓜步，淮西流人于姑孰，合万许家。是岁，魏正平元年。

二十九年春正月甲午，诏经寇六州，仍逢灾潦，可量加救赡。二月乙卯，雷且雪。戊午，立皇子休仁为建安王。三月壬午，大风拔木，都下火。夏四月戊午，诃罗单国遣使朝贡。秋七月壬辰，改封汝阴王浑为武昌王，淮阳王彧为湘东王。丁酉，省大司农、太子仆、廷尉监官。九月丁亥，以平西将军吐谷浑拾寅为安西将军、秦河二州刺史，封河南王。冬十一月壬寅，扬州刺史庐陵王绍薨。十二月戊辰，黄雾四塞。辛未，以南兖州刺史江夏王义恭为大将军、南徐州刺史，录尚书如故。是岁，魏中常侍宗爱构逆，太武皇帝崩。乃奉南安王余为帝，改元为承平。后又贼余。于是殿中尚书长孙渴侯、尚书陆丽奉皇孙，是为文成皇帝，改元曰兴安。

三十年春正月乙亥朔，会群臣于太极前殿。有青黑气从东南来，覆映宫上。戊寅，以司空、荆州刺史南谯王义宣为司徒、中军将军、扬州刺史。壬午，以南徐州刺史始兴王浚为卫将军、开府仪同三司、荆州刺史。戊子，使江州刺史武陵王骏统众军伐西阳蛮。二月甲子，元凶劭构逆，帝崩于合殿，时年四十七。谥景皇帝，庙号中宗。三月癸巳，葬长宁陵。孝武帝践阼，追改谥曰文帝，庙号太祖。

帝聪明仁厚，雅重文儒，躬勤政事，孜孜无怠。加以在位日久，惟简靖为心。于时政平讼理，朝野悦睦。自江左之政，所未有也。又性存俭约，不好奢侈。车府令尝以辇筆故，请改易之；又辇席旧以乌皮缘故，欲代以紫皮。上以竹筆未至于坏，紫色贵，并不听改。其率素如此云。

世祖孝武皇帝，讳骏，字休龙，小字道人，文帝第三子也。元嘉七年八月庚午夜生，有光照室。少机颖，神明爽发，读书七行俱下，才藻甚美。雄决爱武，长于骑射。

十二年，立为武陵王，二十二年，累迁雍州刺史。自晋江左以来，襄阳未有皇子重镇，时文帝欲经略关、河，故有此授。及魏太武大举至淮南，时帝镇彭城，魏使尚书李孝伯至，帝遣长史张畅与语，而帝改服观之。孝伯目帝不辍，及出，谓人曰："张侯侧有人风骨视瞻，非常士也。"二十八年，为都督、江州刺史。时缘江蛮为寇，文帝遣太子步兵校尉沈庆之等伐之，使上总统众军。

三十年正月，出次西阳之五洲。会元凶弑逆，上率众入讨。荆州刺史南谯王义宣、雍州刺史臧质并举义兵。三月乙未，建牙于军门。是时多不悉旧仪，有一翁斑白，自称少从武帝征伐，颇悉其事，因使指麾，事毕，忽失所在。自冬至春，常东北风，连阴不霁。其日牙立之后，风转而西南，景色开霁，有紫云二，荫于牙上。四月辛酉，上次溧洲。丙寅，次江宁。丁卯，大将军江夏王义恭来奔，奉表上尊号。戊辰，上至新亭。己巳，即皇帝位，大赦，改文帝号谥。以大将军江夏王义恭为太尉、南徐州刺史。庚午，以荆州刺史南谯王义宣为中书监、丞相、扬州刺史，并录尚书六条事。以安东将军随王诞为卫将军、荆州刺史。加雍州刺史臧质车骑将军，并开府仪同三司。以江州刺史、抚军将军萧思话为尚书左仆射。壬申，以征虏将军王僧达为右仆射。改新亭为中兴亭。夏五月乙亥，辅国将军朱修之克东府。丙子，克建邺，二凶及同逆并伏诛。庚辰，诏分遣大使巡省方俗。是日解严。辛巳，幸东府城。甲申，尊所生路淑媛为皇太后。乙酉，立妃王氏为皇后。壬辰，以太尉江夏王义恭为太傅，领大司马。甲午，谒初宁陵，曲赦建邺二百里内，并蠲今年租税。戊戌，以抚军将军南平王铄为司空，建平王宏为尚书左仆射。六月丙午，车驾还宫。初置殿门及上阁门屯兵。庚午，以丹阳尹褚湛之为尚书右仆射。庚申，诏有司论功班赏各有差。辛酉，安西将军、西秦河二州刺史吐谷浑拾寅进号镇西大将军、开府仪同三司。辛未，改封南谯王义宣为南郡王，随王诞为竟陵王。闰月丙子，遣兼散骑常侍乐询等十五人巡行风俗。庚申，加太傅江夏王义恭录尚书事。以荆州刺史竟陵王诞为侍中、骠骑大将军、开府仪同三司、扬州刺史。甲申，蠲寻阳、西阳郡租布三年。是月，置卫尉官。秋七月辛丑朔，日有蚀之。辛酉，诏崇俭约，禁淫侈。己巳，司空南平王铄薨，以侍中南郡王世子恢为尚书右仆射。冬十月癸未，听讼于阅武堂。十一月丙辰，停百省众官朔望问讯。丙寅，高丽国遣使朝贡。十二月甲戌，省都水使者官，置水衡令官。癸未，以将置东宫，省太子令、步兵、翊军校尉、旅贲中郎将、冗从仆射、左右积弩将军官。中庶子、中舍人、庶子、舍人、洗马各减旧员之半。

孝建元年春正月己亥朔，祀南郊，大赦，改元。壬戌，更铸四铢钱。丙寅，立皇子子业为皇太子，赐天下为父后者爵一级。是月，起正光殿。二月庚午，豫州刺史鲁爽、车骑将军、江州刺史臧质、丞相、荆州刺史南郡王义宣，兖州刺史徐遗宝举兵反。壬午，曲赦豫州。三月己亥，内外戒严。夏五月甲寅，义宣等攻梁山，左卫将军王玄谟大破之。己未，解严。癸亥，以吴兴太守刘延孙为尚书右仆射。六月戊辰，臧质走至武昌，为人所斩，传首建邺。甲戌，抚军将军柳元景进号抚军大将军，及镇北大将军沈庆之并开府仪同三司。癸未，罢南蛮校尉官。戊子，省录尚书官。庚寅，义宣于江陵赐死。秋七月丙申朔，日有蚀之，既。丙辰，大赦，赐文武爵一级。冬十月戊寅，诏开建仲尼庙，制同诸侯之礼，详择爽垲，厚给祭秩。十一月癸卯，复置都水使者官。始课南徐州侨人租。是岁，魏兴光元年。

二年春二月己丑，婆皇国遣使朝贡。丙寅，以南兖州刺史沈庆之为左光禄大夫、开府仪同三司。夏四月壬申，河南国遣使朝贡。五月乙未，荧惑入南斗。戊戌，以湘州刺史刘遵考为尚书右仆射。六月甲子，以国哀除释，大赦。秋七月癸巳，立皇弟休祐为山阳王、休茂为海陵王、休业为鄱阳王。己酉，槃槃国遣使朝贡。八月庚申，雍州刺史武昌王浑有罪，废为庶人，自杀。辛酉，干陀利国遣使朝贡。三吴饥，诏所在振贷。九月丁亥，阅武于宣武场。冬十月壬午，以扬州刺史竟陵王诞为司空、南徐州刺史，以尚书左仆射建平王宏为尚书令。十一月辛亥，高丽国遣使朝贡。是岁，魏太安元年。

三年春正月庚寅，立皇弟休范为顺阳郡王，休若为巴陵郡王。戊戌，立皇子子尚为西阳郡王。辛丑，祀南郊。以骠骑将军建昌忠公到彦之、卫将军、左光禄大夫新建文宣侯王华、豫宁文侯王昙首配飨文帝庙庭。壬子，皇太子纳妃。甲寅，大赦。群臣上礼。二月丁丑，制朔望临听堂，接群下，受奏事。闰三月癸酉，鄱阳王休业薨。夏四月甲子，初禁人车及酒肆器用铜。五月辛酉，制荆、徐、兖、豫、雍、青、冀七州统内，家有马一匹者，蠲复一丁。秋九月壬戌，以丹阳尹刘遵考为尚书右仆射。冬十月丙午，太傅江夏王义恭进位太宰，领司徒。

大明元年春正月辛亥朔，大赦，改元。庚午，都下雨水。辛未，遣使检行，赐以樵米。三月壬戌，制大臣加班剑者不得入宫城门。夏四月，都下疾疫。丙申，遣使巡，赐给医药。死而无收敛者，官为敛埋。五月，吴兴、义兴大水，人饥。乙卯，遣使开仓振恤。癸酉，听讼于华林园。自是，非巡狩军役，则车驾岁三临讯。丙寅，芳香琴堂东西有双桔连理，景阳楼上层西南梁栱间有紫气，清暑殿西甍鸱尾中央生嘉禾，一株五茎。改景阳楼为庆云楼，清暑殿为嘉禾殿，芳香琴堂为连理堂。乙亥，以辅国将军梁瑾葱为河州刺史，封宕昌王。秋七月辛未，土断雍州诸侨郡县。九月，建康、秣陵二县各置刑狱从事一人，司水、火、劫、盗。冬十月甲辰，以百济王余庆为镇东大将军。十二月丁亥，改封顺阳王休范为桂阳王。

二年春正月辛亥，祀南郊。丙辰，复郡县田秩，并九亲禄奉。壬戌，拜初宁陵。二月丙戌，卫将军、尚书令建平王宏以本号开府仪同三司，以丹阳尹褚湛之为尚书左仆射。三月丁未，尚书令建平王宏薨。乙卯，以田农要月，命太官停杀牛。夏四月甲申，立皇子子绥为安陆王。辛丑，地震。六月戊寅，增置吏部尚书一人，省五兵尚书官。丁亥，加左光禄大夫何尚之开府仪同三司。秋八月丙戌，中书令王僧达下狱死。九月壬戌，襄阳大水，遣使巡行振恤。庚午，置武卫将军、武骑常侍官。冬十二月己亥，制诸王及妃主庶姓位从公者，丧事听设凶门，余悉断。是岁，河南、高丽、林邑等国并遣使朝贡。

三年春正月己丑，以领军将军柳元景为尚书令。二月乙卯，以扬州所统六郡为王畿，以东扬州为扬州。甲子，复置廷尉监官。夏四月乙卯，司空、南兖州刺史竟陵王诞有罪，贬爵。诞不受命，据广陵反。以沈庆之为车骑大将军、开府仪同三司、南兖州刺史，讨诞。秋七月己巳，克广陵城，斩诞，悉诛城内男丁，以女口为军赏。是日解严。辛未，大赦。丙子，以丹阳尹刘秀之为尚书右仆射。丙戌，加南兖州刺史沈庆之位司空。九月壬辰，于玄武湖北立上林苑。甲午，移南郊坛于牛头山，以正阳位。冬十一月甲子，立皇后蚕宫于西郊。十二月辛酉，置谒者仆射官。是岁，婆皇、河西、高丽、肃慎等国各遣使朝贡。西域献儛马。

四年春正月辛未，祀南郊。甲戌，宕昌国遣使朝贡。乙亥，亲耕藉田，大赦。庚寅，立皇子子勋为晋安王，子房为寻阳王，子顼为历阳王，子鸾为襄阳王。三月甲申，皇后亲桑于西郊。夏四月丙午，诏四时供限，详减太半。辛亥，太宰江夏王义恭等表请封岱宗，诏不从。辛酉，诏以都下疾疫，遣使存问，并给医药，其亡者随宜赈恤。五月丙戌，尚书左仆射褚湛之卒。秋七月甲戌，左光禄大夫、开府仪同三司何尚之薨。八月，雍州大水，甲寅，遣加赈恤。九月丁亥，改封襄阳王子鸾为新安王。冬十月庚寅，遣新除司空沈庆之讨缘江蛮。十一月戊辰，改细作署令为左右御府令。丙戌，复置大司农官。十二月辛丑，幸廷尉寺，宥系囚。魏遣使通和。丁未，幸建康县，原放狱囚。倭国遣使朝贡。是岁，魏和平元年。

五年春正月戊午朔，华雪降，散为六出。上悦，以为瑞。二月癸巳，阅武，军幢以下，普加班锡，多所原宥。三月甲戌，行幸江乘，遣祭故太保王弘、光禄大夫王昙首墓。夏四月癸巳，改封西阳王子尚为豫章王。丙申，加尚书令柳元景左光禄大夫、开府仪同三司。丙午，雍州刺史海陵王休茂杀司马庾深之，举兵反。参军尹玄庆起义，斩之，传首建邺。五月，起明堂于国学南丙巳之地。癸亥，制帝室期亲，官非禄官者，月给钱十万。秋七月丁卯，高丽国遣使朝贡。庚午，曲赦雍州。八月戊子，立皇子子仁为永嘉王，子真为始安王。己丑，诏以来岁修葺庠序，旌延国胄。庚寅，制方镇所假白板郡县，年限依台除，食禄三分之一，不给送故。卫将军东海王祎以本号开府仪同三司。九月甲寅，日有蚀之。丁卯，行幸琅邪郡，原遣囚系。庚午，河、济清。闰月丙申，初立驰道，自阊阖门至于朱雀门，又自承明门至于玄武湖。壬寅，改封历阳王子顼为临海王。冬十月甲寅，以南徐州刺史刘延孙为尚书左仆射。十二月壬申，以领军将军刘遵考为尚书右仆射。甲戌，制天下人户岁输布四匹。

六年春正月辛卯，祀南郊。是日，又宗祀文皇帝于明堂，以配上帝。大赦。乙未，置五官中郎将、左右中郎将官。二月乙卯，复百官禄。三月庚寅，立皇子子元为邵陵王。壬寅，以倭世子兴为安东将军、倭国王。夏四月庚申，新作大航门。五月丙戌，置凌室于覆舟山，修藏冰之礼。六月辛酉，尚书左仆射刘延孙卒。秋七月甲申，地震，有声如雷，兖州尤甚，于是鲁郡山摇者二。乙未，立皇子子云为晋陵王。八月乙丑，置清台令官。九月，制沙门致敬人主。乙未，以尚书右仆射刘遵考为左仆射，以丹阳尹王僧朗为右仆射。冬十月丁卯，诏上林苑内士庶丘墓欲还合葬者，勿禁。十一月己卯，陈留王曹虔秀薨。

七年春正月癸未，诏克日于玄武湖大阅水师，并巡江右，讲武校猎。丁亥，以右卫将军颜师伯为尚书左仆射。二月甲寅，车驾巡南豫、南兖二州。丁巳，校猎乌江。己未，登乌江县六合山。壬戌，大赦，行幸所经，无出今年租布，赐人爵一级，女子百户牛酒，郡守邑宰及人夫从蒐者，普加沾赉。又诏蠲历阳郡租输三年，遣使巡慰，问人疾苦。癸亥，行幸尉氏，观温泉。壬申，车驾至都，拜二庙，乃还宫。夏四月甲子，诏自今非临军战阵，一不得专杀；其罪入重辟者，皆依旧先上须报，有司严加听察，犯者以杀人罪论。五月丙子，诏自今刺史守宰动人兴军，皆须手诏施行；惟边隅外警及奸衅内发，变起仓卒者，不从此例。六月戊申，蠕蠕、高丽等国并遣使朝贡。秋七月乙亥，进高丽王高琏位车骑大将军、开府仪同三司。八月乙丑，立皇子子孟为淮南王、子产为临贺王。车驾幸建康、秣陵县讯狱囚。九月庚寅，以南徐州刺史新安王子鸾为兼司徒。乙未，幸廷尉讯狱囚。丙申，立皇子子嗣为东平王。冬十月壬寅，皇太子冠，赐王公以下帛各有差。戊申，车驾巡南豫州，奉太后以行。癸丑，行幸江宁县讯狱囚。加车骑将军、扬州刺史豫章王子尚开府仪同三司。癸亥，以开府仪同三司东海王祎为司空，加中军将军义阳王昶开府仪同三司。己巳，校猎于姑孰。十一月丙子，曲赦南豫州殊死以下。巡幸所经，详减今岁田租。乙酉，诏祭晋大司马桓温、征西将军毛璩墓。上于行所讯溧阳、永世、丹阳县囚。癸巳，祀梁山，大阅水师，于中江，有白雀二集华盖，有司奏改元为神雀，诏不许。乙未，原放行狱徒系。浙江东诸郡大旱。十二月壬寅，遣使开仓赈恤，听受杂物当租。丙午，行幸历阳。甲寅，大赦，赐历阳郡女子百户牛酒，蠲郡租十年。己未，加太宰江夏王义恭尚书令。于博望梁山立双阙。癸亥，至自历阳。

八年春正月辛巳，祀南郊。是日，还宗祀文帝于明堂。甲戌，诏曰："东境去岁不稔，宜广商货，远近贩鬻米粟者，可停道中杂税。其以仗自防，悉勿禁。"夏闰五月壬寅，以太宰江夏王义恭领太阜。庚申，帝崩于玉烛殿，时年三十五。七月丙午，葬于丹阳秣陵县岩山景宁陵。

帝末年为长夜之饮，每旦寝兴，盥嗽毕，仍复命饮，俄顷数斗，凭几惛睡，若大醉者。或外有奏事，便肃然整容，无复酒色。外内服其神明，莫敢弛惰。

前废帝，讳子业，小字法师，孝武帝长子也。元嘉二十六年正月甲申生。孝武镇寻阳，帝留都下。三十年，孝武入伐，元凶囚帝于侍中下省，将加害者数矣，卒得无恙。

及孝武践阼，立为皇太子。始未之东宫，中庶子、二率并入直永福省。大明二年，出居东宫。七年，加元服。八年闰五月庚申，孝武崩，其日，太子即皇帝位，大赦。加骠骑大将军柳元景尚书令。甲子，置录尚书官。以太宰江夏王义恭录尚书事，加骠骑大将军柳元景开府仪同三司。秋七月庚戌，婆皇国遣使朝贡。崇皇太后为太皇太后，皇后曰皇太后。乙卯，罢南北二驰道，改孝建以来所变制度，还依元嘉。丙辰，追崇献妃为献皇后。八月乙丑，皇太后崩。九月乙卯，文穆皇后祔葬景宁陵。冬十二月乙酉，以尚书左仆射颜师伯为尚书仆射。壬辰，以王畿诸郡为扬州，以扬州为东扬州。癸巳，加车骑将军、扬州刺史豫章王子尚位司徒。去岁及是岁，东诸郡大旱，甚者米一斗数百，都下亦至百余，饿死者十六七。孝建以来，又立钱署铸钱，百姓因此盗铸，钱转伪小，商货不行。

景和元年春正月乙未朔，大赦，改元为永光。乙巳，省诸州台传。二月乙丑，减州郡县田禄之半。庚寅，铸二铢钱。夏五月，魏文成皇帝崩。秋八月庚午，以尚书仆射颜师伯为左仆射，吏部尚书王景文为右仆射。癸酉，帝自率宿卫兵诛太宰江夏王义恭、尚书令柳元景、左仆射颜师伯、廷尉刘德愿。改元为景和。甲戌，以司徒、扬州刺史豫章王子尚领尚书令。乙亥，帝释素服，御锦衣。以始兴公沈庆之为太尉。庚辰，以石头城为长乐宫，东府城为未央宫。甲申，以北邸为建章宫，南第为长杨宫。己丑，复立南北二驰道。九月癸巳，幸湖熟，奏鼓吹。戊戌，还宫。帝自以为昔在东宫，不为孝武所爱，及即位，将发掘景宁陵，太史言于帝不利而止。乃纵粪于陵，肆骂孝武帝为"齇奴"，又遣发殷贵嫔墓，忿其为孝武所宠。初，贵嫔薨，武帝为造新安寺，乃遣坏之。又欲诛诸远近僧尼。辛丑，免南徐州刺史新安王子鸾为庶人，赐死。丁未，加卫将军湘东王彧开府仪同三司。己酉，车驾讨徐州刺史义阳王昶，内外戒严，昶奔魏。戊午，解严。开百姓铸钱。冬十月癸亥，曲赦徐州。丁卯，东阳太守王藻下狱死。以文帝第十女新蔡公主为贵嫔夫人，改姓谢氏。加武贲鈒戟，鸾辂龙旂，出警入跸。矫言公主薨，空设丧事焉。乙酉，以豫州刺史山阳王休祐为镇军大将军、开府仪同三司。十一月壬辰，宁朔将军何迈下狱死。癸巳，杀新除太尉沈庆之。壬寅，立皇后路氏，四厢奏乐。曲赦扬、南徐二州。丁未，皇子生，少府刘矇之子也。大赦，赃污淫盗，悉皆原荡，赐为父后者爵一级。壬子，以护军将军建安王休仁为骠骑大将军、开府仪同三司。戊午，南平王敬猷、庐陵王敬先、安南侯敬渊并赐死。

时帝凶悖日甚，诛杀相继，内外百官，不保首领。先是，讹言湘中出天子，帝将南巡荆、湘以厌之，期旦诛四叔，然后发引。是夜湘东王彧与左右阮佃夫、王道隆、李道儿密结帝左右寿寂之、姜产之等十一人，谋共废帝。先是，帝好游华林园竹林堂，使妇人裸身相逐，有一妇人不从命，斩之。经少时，夜梦游后堂，有一女子骂曰："帝悖虐不道，明年不及熟矣。"帝怒，于宫中求得似所梦者一人戮之。其夕复梦所戮女骂曰："汝枉杀我，已诉上帝。"至是，巫觋云"此堂有鬼"。帝与山阴公主及六宫彩女数百人随群巫捕鬼，屏除侍卫，帝亲自射之。事毕，将奏靡靡之声，寿寂之怀刀直入，姜产之为副，诸姬逃逸，废帝亦走。追及之，大呼："寂！寂！"如此者三，手不能举，乃崩于华光殿，时年十七。太皇太后令奉湘东王彧纂承皇统。于是葬帝于丹阳秣陵县南郊坛西。

帝蜂目鸟喙，长颈锐下，幼而猖急，在东宫每为孝武所责。孝武西巡，帝启参奉起居，书迹不谨，上诘让之曰："书不长进，此是一条耳。闻汝比素业都懒，猖庚日甚，何以顽固乃尔！"初践阼，受玺绂，憪然无哀容。蔡兴宗退而叹曰："昔鲁昭不戚，叔孙请死，国家之祸，其在此乎？"帝始犹难诸大臣及戴法兴等，既杀法兴，诸大臣莫不震慑。于是又诛群公，元、凯以下，皆被殴搥牵曳，内外危惧，殿省骚然。太后疾笃，遣呼帝，帝曰："病人间多鬼，可畏，那可往！"太后怒，语侍者曰："将刀来破我腹，那得生宁馨儿！"及太后崩后数日，帝梦太后谓曰："汝不仁不孝，本无人君之相，子尚愚悖如此，亦非运祚所及。孝武险虐灭道，怨结人神，儿子虽多，并无天命；大命所归，应还文帝之子。"故帝聚诸叔都下，虑在外为患。

山阴公主淫恣过度，谓帝曰："妾与陛下虽男女有殊，俱托体先帝，陛下后宫数百，妾惟驸马一人，事不均平，一何至此！"帝乃为立面首左右三十人，进爵会稽郡长公主，秩同郡王，汤沐邑二千户，给鼓吹一部，加班剑二十人。帝每出，公主与朝臣常共陪辇。

帝少好读书，颇识古事，粗有文才，自造《孝武帝谋》及杂篇章，往往有辞采。以魏武有发丘中郎将、摸金校尉，乃置此二官，以建安王休仁、山阳王休祐领之，其余事迹，分见诸列传。

论曰：文帝幼年特秀，自禀君德。及正位南面，历年长久。纲维备举，条禁明密，罚有恒科，爵无滥品。故能内清外晏，四海谧如。而授将遣师，事乖闑分。才谢光武，而遥制兵略，至于攻战日时，咸听成旨，虽覆师丧旅，将非韩、白，而延寇蹙境，抑此之由。及至言泄衾衽，难结凶竖，祸生非虑，盖亦有以而然。夫尽人命以自养，盖惟桀、纣之行。观夫大明之世，其将尽人命乎！虽周公之才之美，亦当终之以乱，由此言之，得殁亦为幸矣。至如废帝之事，行著于篇，假以中才之君，有一于此，足以致衅，况乎兼斯众恶，不亡其可得乎！

卷三　　　　宋本纪下第三

太宗明皇帝，讳彧，字休景，小字荣期，文帝第十一子也。元嘉十六年十月生。二十五年，封淮阳王，二十九年改封湘东王。孝武践阼，累迁镇军将军、雍州刺史。是岁入朝，时废帝疑畏诸父，以上付廷尉，明日将加祸害，上乃与腹心阮佃夫、李道儿等密谋。时废帝左右直阁将军宗越、谭金、童太一等是夜并外宿，佃夫、道儿因结寿寂之等，十一月二十九日，弑废帝于后堂。建安王休仁便称臣奉引升西堂，登御坐。事出仓卒，上失履，跣，犹著乌纱帽，休仁呼主衣以白纱代之。未即位，凡众事悉称令书。已未，司徒豫章王子尚、山阴公主并赐死，宗越、谭金、童太一伏诛。十二月庚申朔，令书以东海王袆为中书监、太尉，以晋安王子勋为车骑将军、开府仪同三司。癸亥，以建安王休仁为司徒、尚书令，扬州刺史。乙丑，改封安陆王子绥为江夏王。

泰始元年即大明九年也，魏和平六年。冬十二月丙寅，皇帝即位于太极前殿，大赦，改元。辛未，改封临贺王子产为南平王，晋熙王子舆为庐陵王。壬申，以王景文为尚书仆射。乙亥，追尊所生沈婕妤曰宣皇太后。戊寅，改太皇太后为崇宪皇太后，立皇后王氏。罢二铢钱。江州刺史晋安王子勋举兵反，镇军长史邓琬为其谋主，雍州刺史袁顗赴之。壬午，谒太庙。甲申，郢州刺史安陆王子绥、会稽太守寻阳王子房、临海王子顼并举兵同逆。

二年春正月乙未，晋安王子勋僭即伪位于寻阳，年号义嘉。壬辰，徐州刺史薛安都举兵反。甲午，内外戒严，司徒建安王休仁都督诸军南讨。丙申，徐州刺史申令孙、司州刺史庞孟虯、豫州刺史殷琰、青州刺史沈文秀、冀州刺史崔道固、湘州行事何慧文、广州刺史袁昙远、益州刺史萧惠开、梁州刺史柳元怙并同逆。丙午，车驾亲御六军，顿中兴堂。辛亥，南豫州刺史山阳王休祐改为豫州刺史，西讨。吴郡太守顾琛、吴兴太守王昙生、义兴太守刘延熙、晋陵太守袁标、山阳太守程天祚并举兵反。镇东将军巴陵王休若统军东讨。壬子，崇宪皇太后崩。二月乙丑，以蔡兴宗为尚书右仆射。壬申，吴兴太守张永、右军将军萧道成东讨，平晋陵。丁亥，建武将军吴喜公率诸军破贼于吴、吴兴、会稽，平定三郡，同逆皆伏诛。辅国将军萧道成前锋北讨，辅国将军刘勔前锋西讨。刘胡众四万据赭圻。三月庚寅，抚军将军殷孝祖攻赭圻，死之。以辅国将军沈攸之代为南讨前锋。贼众稍盛，袁顗顿鹊尾，连营至浓湖，众十余万。丙申，南徐州刺史桂阳王休范总统北讨诸军事。戊戌，贬寻阳王子房爵为松滋县侯。癸卯，令人入米七百石者除郡，减此各有差。壬子，断新钱，专用古钱。夏五月甲寅，葬崇宪皇太后于修宁陵。秋七月丁酉，以仇池太守杨僧嗣为北秦州刺史，封武都王。八月己卯，司徒建安王休仁率众军大破贼，斩伪尚书仆射袁顗，进讨江、郢、荆、湘、雍五州，平之。晋安王子勋、安陆王子绥、临海王子顼、邵陵王子元并赐死，同党皆伏诛。诸将帅封赏各有差。九月癸巳，六军解严。戊戌，以王玄谟为左光禄大夫、开府仪同三司，领护军将军。冬十月乙卯，永嘉王子仁、始安王子真、淮南王子孟、南平王子产、庐陵王子舆、松滋侯子房并赐死。丁卯，以沈攸之为中领军，与张永俱北讨。戊寅，立皇子昱为皇太子。十一月壬辰，立建平王景素子延年为新安王。十二月，薛安都要引魏军，张永、沈攸之大败，于是遂失淮北四州及豫州淮西地。是岁，魏天安元年。

三年春正月庚子，以农役将兴，诏太官停宰牛。癸卯，曲赦豫、南豫二州。闰正月庚午，都下大雨雪，遣使巡行，振贷各有差。二月甲申，为战亡将士举哀。丙申，曲赦青、冀二州。夏四月丙戌,诏以故丞相江夏文献王、故太尉巴东忠烈公柳元景、故司空始兴襄公沈庆之、故征西将军洮阳肃侯宗悫陪祭孝武庙庭。庚子,立桂阳王休范第二子德嗣为庐陵王,立侍中刘韫第二子铣为南丰王,以奉庐江昭王、南丰哀王祀。五月丙辰,诏宣太后崇宁陵禁内坟瘗迁徙者给葬直,蠲复其家。壬戌,以太子詹事袁粲为尚书仆射。秋八月壬寅,以中领军沈攸之行南兖州刺史,率众北伐。九月戊午,以皇后六宫以下杂衣千领、金钗千枚,赐北伐将士。冬十月壬午,改封新安王延年为始平王。辛丑,以镇西大将军、西秦河二州刺史吐谷浑拾寅为征西大将军。十一月,立建安王休仁第二子伯猷为江夏王。是岁,魏皇兴元年。

四年春正月丙辰朔,雨草于宫。乙亥,零陵王司马勋薨。二月乙巳,左光禄大夫、开府仪同三司王玄谟薨。三月,交州人李长仁据州叛。袄贼攻广州,杀刺史羊希,龙骧将军陈伯绍讨平之。夏四月丙申,改封东海王祎为庐江王,山阳王休祐为晋平王。秋九月戊辰,诏定黥刖之制。有司奏:“自今凡劫窃执官仗、拒战逻司、攻剽亭寺及伤害吏人,并监司将吏自为劫,皆不限人数,悉依旧制斩刑。若遇赦,黥及两颊‘劫’字,断去两脚筋,徙付交、梁、宁州。五人以下止相逼夺者,亦依黥作‘劫’字,断去两脚筋,徙付远州。若遇赦,原断徒犹黥面,依旧补冶士。家口应及坐,悉依旧结谪”。及上崩,其例乃寝。庚午,上备法驾幸东宫。冬十月癸酉朔,日有蚀之,发诸州兵北伐。

五年春正月癸亥,亲耕藉田。乙丑,魏克青州,执刺史沈文秀以归。二月丙申,以庐江王祎为车骑将军、开府仪同三司、南豫州刺史。夏六月辛未,立晋平王休祐子宣曜为南平王。秋七月壬戌,改辅国将军为辅师将军。九月甲寅,立长沙王纂子延之为始平王。冬十月丁卯朔,日有蚀之。十一月丁未,魏人来聘。十二月庚申,分荆、益之五郡置三巴校尉。

六年春正月乙亥,初制间二年一祭南郊,间一年一祭明堂。夏四月癸亥,立皇子燮为晋熙王。六月癸卯,以王景文为尚书左仆射、扬州刺史,以袁粲为右仆射。己未,改临贺郡为临庆郡。秋七月丙戌,临庆王智井薨。九月甲寅,立总明观,征学士以充之。置东观祭酒、访举各一人,举士二十人,分为儒、道、文、史、阴阳五部学,言阴阳者遂无其人。冬十月辛卯,立皇子赞为武陵王。十二月癸巳,以边难未息,制父母隔在异域者,悉使婚宦。

七年春正月甲戌,置散骑奏举郎。二月癸丑,征西将军、荆州刺史巴陵王休若进号征西大将军,及征南大将军、江州刺史桂阳王休范并开府仪同三司。甲寅,南徐州刺史晋平王休祐薨。三月辛酉,魏人来聘。夏五月戊午,鸩司徒建安王休仁。庚午,以袁粲为尚书令,褚彦回为右仆射。丙戌,追免晋平王休祐为庶人。秋七月丁巳,罢散骑奏举郎。乙丑,荆州刺史巴陵王休若赐死。八月戊子,以皇子跻继江夏文献王义恭。庚寅,帝疾间。戊戌,立皇子准为安成王。是岁,魏孝文帝延兴元年。

泰豫元年春正月甲寅朔,上以疾未瘳,故改元。丁巳,巨人迹见西池冰上。夏四月己亥,上疾大渐。加江州刺史

桂阳王休范位司空,以刘勔为尚书右仆射,蔡兴宗为征西将军、开府仪同三司、荆州刺史,郢州刺史沈攸之进号安西将军。袁粲、褚彦回、刘勔、蔡兴宗、沈攸之入阁被顾命。是日,上崩于景福殿,时年三十四。五月戊寅,葬临沂县莫府山高宁陵。

帝好读书,爱文义,在藩时撰《江左以来文章志》,又续卫瓘所注《论语》二卷。及即大位,旧臣才学之士多蒙引进。末年好鬼神,多忌讳,言语文书有祸败凶丧疑似之言应回避者,犯即加戮。改"骡"马字为"马"边"瓜",以"骡"字似"祸"故也。尝以南苑借张永,云:"且给三百年,期尽更请。"宣阳门谓之白门,上以白门不祥,讳之。尚书右丞江谧尝误犯,上变色曰:"白汝家门!"路太后停尸漆床,移出东宫,上幸宫见之,怒,免中庶子,以之坐死者数十人。内外常虑犯触,人不自保。移床修壁,先祭土神,使文士为祝策,如大祭飨。阮佃夫、杨运长、王道隆皆擅威权,言为诏敕,郡守令长一缺十除,内外混然。官以贿命,王、阮家富于公室。中书舍人胡母颢专权,奏无不可。时人语曰:"禾绢闭眼诺,胡母大张橐。""禾绢",谓上也。及泰始、泰豫之际,左右失旨,往往有刳剔断截,禁中憬憬若践刀剑。夜梦豫章太守刘愔反,遣就郡杀之。军旅不息,府藏空虚,内外百官并断禄奉。在朝造官者皆市井佣贩之子。而又令小黄门于殿内埋钱以为私藏。以蜜渍鱁鮧,一食数升,啖腊肉常至二百脔。奢费过度,每所造制,必为正御三十,副御、次副又各三十。须一物,辄造九十枚。天下骚然,民不堪命。宋氏之业,自此衰矣。

后废帝,讳昱,字德融,明帝长子也。大明七年正月辛丑,生于卫尉府。帝母陈氏,李道儿妾,明帝纳之,故人呼帝为李氏子,帝亦自称李将军。明帝诸子在孕,皆以《周易》筮之,即以所得卦为小字,故帝小字慧震。泰始二年,立为皇太子。六年,出东宫。又制太子元正朝贺,服衮冕九章衣。明帝崩,庚子,太子即皇帝位,大赦。尚书令袁粲、护军将军褚彦回共辅朝政,班剑依旧入殿。六月乙巳,尊皇后曰皇太后,立皇后江氏。秋七月戊辰,拜帝所生陈贵妃为皇太妃。八月戊午,中书监、左光禄大夫、开府仪同三司蔡兴宗薨。冬十一月己亥,新除郢州刺史刘彦节为尚书左仆射。

元徽元年春正月戊寅,大赦改元。诏自元年以前徙放者并听还本。魏人来聘。夏六月乙卯,寿阳大水。秋八月,都下旱。庚午,陈留王曹铣薨。九月丁亥,立衡阳王嶷子伯玉为南平王。冬十二月癸卯朔,日有蚀之。乙巳,进桂阳王休范位太尉。癸亥,立前建安王世子伯融为始安县王。

二年夏五月壬午,江州刺史桂阳王休范举兵反。庚寅,内外戒严,中领军刘勔、右卫将军萧道成前锋南讨,出屯新亭;征北将军张永屯白下;前南兖州刺史沈怀明戍石头;卫将军袁粲、中军将军褚彦回入卫殿省。壬辰,贼奄至,攻新亭垒,道成拒击,大破之。越骑校尉张苟儿斩休范,贼党杜黑蠡、丁文豪分军向朱雀航,刘勔拒贼,败绩,死之。右将军王道隆奔走,遇害。张永溃于白下,沈

怀明自石头奔散。甲午,车骑典签茅恬开东府纳贼,贼入屯中堂。羽林监陈显达击,大破之。丙申,张苟儿等又破贼,进平东府城,枭禽群贼。丁酉,大赦,解严。荆州刺史沈攸之、南徐州刺史建平王景素、郢州刺史晋熙王燮、湘州刺史王僧虔、雍州刺史张兴世并举义兵赴建邺。六月癸卯,晋熙王燮遣军克寻阳,江州平。壬戌,改辅师将军还为辅国。秋七月庚辰,立皇弟友为邵陵王。乙酉,南徐州刺史建平王景素进号征北将军、开府仪同三司。九月丁酉,以袁粲为中书监,领司徒。加护军将军褚彦回为尚书令。冬十一月丙戌,帝加元服。十二月癸亥,立皇弟跻为江夏王,赞为武陵王。

三年春三月己巳,都下大水。夏六月,魏人来聘。秋七月庚戌,以袁粲为尚书令。九月丙辰,征西大将军河南王吐谷浑拾寅进号车骑大将军。

四年夏六月乙亥,加萧道成尚书左仆射。秋七月戊子,建平王景素据京城反。己丑,内外纂严。遣骁骑将军任农夫、冠军将军黄回北讨,萧道成总统众军。始安王伯融、都乡侯伯猷并赐死。乙未,克京城,斩景素,同逆皆伏诛。八月丁卯,立皇弟翙为南阳王,嵩为新兴王,禧为始建王。九月戊子,骁骑将军高道庆有罪,赐死。己丑,车骑将军、扬州刺史安成王准进号骠骑大将军、开府仪同三司。冬十月辛酉,以王僧虔为尚书右仆射。

五年夏四月甲戌,豫州刺史阮佃夫、步兵校尉申伯宗、朱幼谋废立,皆伏诛。五月,地震。六月甲戌,诛司徒左长史沈勃、散骑常侍杜幼文、游击将军孙超之、长水校尉杜叔文。七月戊子夜,帝遇弑于仁寿殿,时年十五。己丑,皇太后令贬帝为苍梧郡王,葬丹阳秣陵县郊坛西。

初,帝之生夕,明帝梦人乘马,马无头及后足。有人曰:"太子也。"及在东宫,五六岁能缘漆帐竿,去地丈余,如此者半食。渐长,喜怒乖节,左右失旨者手加扑打,徒跣蹲踞。及嗣位,内畏太后,外惮大臣,犹未得肆志。自加元服,三年,好出入,单将左右,或十里、二十里,或入市里,遇慢骂则悦而受焉。四年,无日不出,与左右解僧智、张五儿恒夜出,开承明门,夕去晨反,晨出暮归,从者并执铤矛,行人男女及犬马牛驴逢无免者。人间扰惧,昼日不开门,道无行人。尝著小袴,不服衣冠。有白棓数十,各有名号;钳凿锥锯,不离左右,为击脑、槌阴、剖心之诛,日有数十。常见卧尸流血,然后为乐。左右人见有颦眉者,帝令其正立,以矛刺洞之。曜灵殿上养驴数十头,所乘马,养于御床侧。与右卫翼辇营女子私通,每从之游,持数千钱为酒肉之费。出逢婚姻葬送,辄与挽车小儿群聚饮酒,以为欢适。阮佃夫腹心人张羊为佃夫委信,佃夫败,叛走,复捕得,自于承明门以车轹杀之。杀杜延载、杜幼文,躬运母铤,手自支割。察孙超有蒜气,剖腹视之。执盾驰马,自往刺杜叔文于玄武北湖。孝武帝二十八子,明帝杀其十六,余皆帝杀之。吴兴沈勃多货贿,往劫之。挥刀独前,左右未至,勃时居丧在庐,帝望见之,便投铤,不中,勃知不免,手搏帝耳,唾骂之曰:"汝罪逾桀、纣,屠戮无日!"遂见害,帝自支割。制露车一乘,施筚,乘以出入,从数十人,羽仪追之,恒不相及;又各

虑祸,亦不敢追,但整部伍,别在一处瞻望而已。凡诸鄙事,过目则能,锻银、裁衣、作帽,莫不精绝。未尝吹笛,执管便韵。天性好杀,一日无事,辄惨惨不乐。内外忧惶,夕不及旦。领军将军萧道成与直阁将军王敬则谋之。七月戊子,帝微行出北湖,单马先走,羽仪不及。左右张五儿马坠湖,帝怒,自驰骑,刺马屠割之。与左右作羌胡伎为乐。又于蛮冈赌跳,因乘露车,无复卤簿,往青园尼寺新安寺偷狗,就昙度道人煮之饮酒。杨玉夫常供意,忽然见憎,遇辄切齿,曰:"明日当杀小子,取肝肺。"是夜七夕,令玉夫伺织女度,报已;因与内人穿针讫,大醉,卧于仁寿殿东阿毡幄中。帝出入无禁,王敬则先结玉夫、陈奉伯、杨万年等合二十五人,其夕玉夫候帝眠熟,至乙夜,与万年同入毡幄内,取千牛刀杀之。

顺皇帝,讳准,字仲谟,小字知观,明帝第三子也。泰始五年七月癸丑生。七年,封安成王。帝姿貌端华,眉目如画,见者以为神人。废帝即位,加扬州刺史。元徽二年,加都督扬、南豫二州诸军事。四年,进号骠骑大将军。及废帝殒,萧道成奉太后令迎王入居朝堂。

升明元年秋七月壬辰,皇帝即位,大赦,改元徽五年为升明元年。甲午,萧道成出镇东城,辅政。荆州刺史沈攸之进号车骑大将军,萧道成司空、录尚书事。以袁粲为中书监、司徒,以褚彦回为卫将军,刘彦节为尚书令,加中军将军。辛丑,以王僧虔为尚书仆射。癸卯,车驾谒太庙。八月癸亥,司徒袁粲镇石头。戊辰,崇拜帝所生陈昭华为皇太妃。庚午,以萧道成为骠骑大将军、开府仪同三司,录尚书如故。九月己酉,庐陵王嚣薨。十二月丁巳,荆州刺史沈攸之举兵,不从执政。丁卯,萧道成入守朝堂,侍中萧嶷镇东府。戊辰,中外纂严。壬申,司徒袁粲据石头,谋诛道成,不果,旋见覆灭。乙亥,以王僧虔为左仆射,王延之为右仆射。吴郡太守刘遐据郡不从执政,令张瑰攻斩之。闰月辛巳,屯骑校尉王宜兴贰于执政,见诛。癸巳,沈攸之攻郢城,前军长史柳世隆固守。己亥,中外戒严,假萧道成黄钺。乙巳,道成出顿新亭。是岁,魏太和元年。

二年春正月丁卯,沈攸之败;己巳,华容县人斩攸之首送之。辛未,雍州刺史张敬儿克江陵,荆州平。丙子,解严。以柳世隆为尚书右仆射。萧道成旋镇东府。二月庚辰,以王僧虔为尚书令,王延之为左仆射。癸未,萧道成加授太尉,以褚彦回为中书监、司空。丙戌,抚军将军、扬州刺史晋熙王燮进号中军将军。三月己酉朔,日有蚀之。夏四月,南兖州刺史黄回贰于执政,赐死。五月戊午,以倭国王武为安东大将军。六月丁酉,以辅国将军杨文弘为北秦州刺史,封武都王。秋九月乙巳朔,日有蚀之。丙午,加太尉萧道成黄钺、都督中外诸军事、太傅,领扬州牧,赐殊礼。以扬州刺史晋熙王燮为司徒。冬十月壬寅,立皇后谢氏。十一月,立故武昌太守刘琨息颁为南丰县王。癸亥,诛临澧侯刘晃。甲子,改封南阳王翙为随郡王。十二月丙戌,皇后见于太庙。

三年春正月辛亥,领军将军萧赜加尚书右仆射,进号中军大将军、开府仪同三司。二月丙子,南豫州刺史邵陵

王友蒍。丙申，地震建阳门。三月癸卯朔，日有蚀之。甲辰，加萧道成相国，总百揆，封十郡，为齐公，备九锡之礼。庚戌，诛临川王绰。夏四月壬申，进齐公萧道成爵为王。壬午，安西将军武陵王赞薨。辛卯，帝禅位于齐。壬辰，逊于东邸。是日，王敬则以兵陈于殿庭，帝犹居内，闻之，逃于佛盖下。太后惧，自帅阉竖索，扶幸板舆。黄门或促之，帝怒，抽刀投之，中项而殒。帝既出，宫人行哭，俱迁。备羽仪，乘画轮车，出东掖门。封帝为汝阴王，居丹阳宫，齐兵卫之。建元元年五月己未，帝闻外有驰马者，惧乱作。监人杀王而以疾赴，齐人德之，赏之以邑。六月乙酉，葬于遂宁陵，谥曰顺帝。宋之王侯无少长皆幽死矣。

论曰：文帝负扆南面，实有人君之美。经国之义虽弘，而隆家之道不足。彭城照不窥古，本无卓尔之资，徒见昆弟之义深，未识君臣之礼异。以此家情，行之国道，主忌而犹犯，恩离而未悟。致以陵逼之愆，遂成灭亲之祸。开端树隙，垂之后人。明帝因猜忍之情，据已行之典，剪落洪枝，愿不待虑。既而本根莫庇，幼主孤立，下无磐石之托，上有累卵之危。方复藏玺怀绂，鱼服忘反，危冠短制，匹马孤征，以至覆亡，理固然矣。神器以势弱倾移，灵命随乐推回改。斯盖履霜有渐，夫岂一夕，何止区区汝阴揖让而已！

卷四　　　　齐本纪上第四

齐太祖高皇帝，讳道成，字绍伯，小字斗将，姓萧氏。其先本居东海兰陵县中都乡中都里，晋元康元年，惠帝分东海郡为兰陵，故复为兰陵郡人。中朝丧乱，皇高祖淮阴令整，字公齐，过江居晋陵武进县之东城里，寓居江左者，皆侨置本土，加以"南"名，更为南兰陵人也。皇曾祖俊，字子武，位即丘令。皇祖乐子，字闰子，位辅国参军，宋昇明中赠太常。皇考承之，字嗣伯，少有大志，才力过人，仕宋为汉中太守。梁州之平，以功加龙骧将军；后为南泰山太守，封晋兴县五等男，迁右军将军。元嘉二十四年殂。梁土思之，于峨公山立庙祭祀。昇明二年，赠散骑常侍、金紫光禄大夫。

高帝以宋元嘉四年丁卯岁生，姿表英异，龙颡钟声，长七尺五寸，鳞文遍体。旧宅在武进县，宅南有一桑树，擢本三丈，横生四枝，状似华盖。帝年数岁，好戏其下，从兄敬宗曰："此树为汝生也。"儒生雷次宗立学于鸡笼山，帝年十三，就受《礼》及《左氏春秋》。十七年，宋大将军彭城王义康被黜，徙豫章。皇考领兵防守，帝舍业南行。十九年，竟陵蛮动，宋文帝遣帝领偏军讨沔北蛮。二十三年，雍州刺史萧思话镇襄阳，启帝自随，初为左军中兵参军。二十九年，领偏军征仇池，破其武兴、兰皋二垒，遂从谷口入关。未至长安八十里，梁州刺史刘秀之遣司马马注助帝，攻拔谈提城。魏救兵至，帝军力疲少，又

闻文帝崩，乃烧城还南郑。后袭爵晋兴县五等男。为建康令，有能名，少府萧惠开雅有知人鉴，谓人曰："昔魏武为洛阳北部时，人服其英，今看萧建康，但当过之耳。"

宋明帝即位，为右军将军。时四方叛，会稽太守寻阳王子房及在东诸郡皆起兵。明帝加帝辅国将军，东讨。至晋陵，一日破贼十二垒，分军定诸县。及徐州刺史薛安都据彭城归魏，遣从子索儿攻淮阴，又征帝讨，破之。索儿走钟离，帝追至黯黮而还。除骁骑将军，封西阳县侯，迁巴陵王卫军司马，随镇会稽。

江州刺史晋安王子勋，遣临川内史张淹自鄱阳峤道入三吴，明帝遣帝讨之。时朝廷器甲皆充南讨，帝军容寡阙，乃编椶皮为马具装，折竹为寄生，夜举火进军。贼望见恐惧，未战而走。还，除桂阳王征北司马、南东海太守，行南徐州事。及张永等败于彭城，淮南孤弱，以帝为假冠军将军、持节、都督北讨前锋诸军事，镇淮阴。迁南兖州刺史，加督五州，督北讨如故。明帝嫌帝非人臣相，而人间流言，帝当为天子，明帝愈以为疑。遣冠军将军吴喜留军破釜，自持银壶酒封以赐帝。帝戎服出门迎，惧鸩，不敢饮，将出奔。喜告以诚，先饮之，帝即酌饮之。喜报，明帝意乃悦。

泰始七年，征还都，部下劝勿就征。帝曰："主上自诛诸弟，为太子幼弱，作万岁后计，何关他族？惟应速发，事缓当见疑。今骨肉相害，自非灵长之运，祸难将兴，方与卿等戮力耳。"至，拜散骑常侍、太子左卫率。明帝崩，遗诏为右卫将军，领卫尉，加兵五百人，与尚书令袁粲、护军褚彦回、领军刘勔共掌机事。寻解卫尉，加侍中，领石头戍军事。

元徽二年五月，江州刺史桂阳王休范举兵于寻阳，朝廷惶骇。帝与褚彦回等集中书省计议，莫有言者。帝曰："昔上流谋逆，皆因淹缓以败，休范必远惩前失，轻兵急下，乘我无备，请顿新亭以当其锋。"因索笔下议，余并注同。中书舍人孙千龄与休范有密契，独曰："宜依旧遣军据梁山。"帝正色曰："贼今已近，梁山岂可得至！新亭既是兵冲，所欲以死报国耳。"乃单车白服出新亭。加帝使持节、都督征讨诸军事、平南将军，加鼓吹一部。筑新亭城垒未毕，贼前军已至，帝方解衣高卧，以安众心。乃索白虎幡，登西垣，使宁朔将军高道庆、羽林监陈显达、员外郎王敬则，浮舸与贼水战，大破之。未时，张敬儿斩休范首，台军及贼众俱不知。其别率杜黑骡急攻东垒，帝挺身上马，帅数百人出战，与黑骡拒战。自晡达明旦，矢石不息。其夜大雨，鼓叫不复相闻。将士积日不得寝食，军中马夜惊，城内乱走。帝执烛正坐，厉声呵止之，如是者数四。贼帅丁文豪设伏，破台军于皁荚桥，直至朱雀航，王道隆、刘勔并战没。初，勔高尚其意，托造园宅，名为"东山"，颇忽时务。帝谓曰："将军以顾命之重，此是艰难之日，而深尚从容，废省羽翼，一朝事至，悔可追乎！"勔不纳，竟败。及贼进至杜姥宅，车骑典签茅恬开东府纳贼，冠军将军沈怀明于石头奔散，张永溃于白下。宫中传新亭亦陷，太后执苍梧王手泣曰："天下事败矣。"帝遣军主陈显达、任农夫、张敬儿、周盘龙等从石头济淮，间

道自承明门入卫宫阙。

时休范典签许公舆诈称休范在新亭,士庶惶惑,诣垒期赴休范,投名者千数,及至,乃是帝。随得辄烧之。登城北谓曰:"刘休范父子先昨皆已死,戮尸在南冈下,身是萧平南,诸君善见观。汝等名皆已焚除,勿惧也。"台分遣众军击平贼,帝振旅凯入,百姓缘道聚观,曰:"全国家者,此公也。"帝与袁粲、褚彦回、刘彦节引咎辞职,不许。迁散骑常侍、中领军、都督、南兖州刺史、镇军将军,进爵为公。与袁粲、褚彦回、刘彦节等更日入直决事,号为"四贵。"

休范平后,苍梧王渐行凶暴,屡欲害帝。尝率数十人直入领军府,时暑热,帝昼卧裸袒,苍梧立帝于室内,画腹为射的,自引满,将射之。帝神色不变,敛板曰:"老臣无罪。"苍梧左右王天恩谏曰:"领军腹大,是佳射堋,而一箭便死,后无复射,不如以骲箭射之。"乃取骲箭,一发即中帝脐。苍梧投弓于地,大笑曰:"此手何如?"时建平王景素为朝野归心,潜为自全计,布诚于帝,帝拒而不纳。景素寻举兵,帝出屯玄武湖,事平乃还。帝威名既重,苍梧深相猜忌,刻木为帝形,画腹为射堋,自射之;又命左右,射中者加赏,皆莫能中。时帝在领军府,苍梧自来烧之。冀帝出,因作难,帝坚卧不动。苍梧益怀忿恚,所见之物,呼之为帝。加以手自磨锤,曰:"明日当以刃萧道成。"陈太妃骂之曰:"萧道成有大功于国,今害之,谁为汝尽力?"故止。高帝谋与袁褚废立,皆不见从。

五年七月戊子,杨玉夫等与直阁将军王敬则通谋弑苍梧。赍首,使左右陈奉伯藏衣袖中,依常行法称敕开承明门,出囊贮之,以与敬则。敬则驰至领军府,叩门大呼,自言报帝。门犹不开,敬则自门室中以首见帝,帝犹不信,乃于墙上投掷其首,帝索水洗视,敬则乃逾垣入。帝跣出,敬则叫曰:"事平矣。"帝乃戎服,乘常所骑赤马,夜入殿中,殿中惊怖。及知苍梧死,咸称万岁。至帝践阼,号此马为"龙骧赤"。明旦,召袁粲、褚彦回、刘彦节入会西钟槐树下计议。帝以事让彦节,彦节未答。帝须髯尽张,眼光如电。次让袁粲,又不受。敬则乃拔刀,在床侧跃麾众曰:"天下之事,皆应关萧公,敢有开一言者,血染敬则刀!"仍呼虎贲剑戟羽仪,手自取白纱帽加帝首,令帝即位,曰:"今日谁敢复动,事须及热。"帝正色呵之曰:"卿都不自解。"粲欲有言,敬则又叱之,乃止。帝乃下议,备法驾,诣东城,迎立顺帝。于是长刀遮粲、彦节等,失色而去。甲午,帝移镇东府,与袁粲、褚彦回、刘彦节各甲仗五十人入殿。丙申,加侍中、司空、录尚书事、骠骑大将军,封竟陵郡公,给油幢络车,班剑三十人。帝固辞上台,即授以骠骑大将军、开府仪同三司。

十二月,荆州刺史沈攸之反,称太后诏已下都。丁卯,帝入居朝堂,命诸将西讨,平西将军黄回为都督前驱。先是,太后兄子前湘州刺史王蕴,遭母丧罢任,还至巴陵,停舟与攸之密谋,乃下至郢州。武帝时为郢州长史,蕴伺武帝出吊,因作乱,据郢城。武帝知之,不出。蕴还至东府前,又期见高帝,帝又不出吊。再计不行,外谋愈固。司徒袁粲、尚书令刘彦节见帝威权稍盛,虑不自安,与蕴及黄回等相结举事,殿内宿卫主帅无不协同。及攸之反问初至,帝往石头诣粲谋,粲称疾不相见,克壬申夜起兵据石头。其夜,丹阳丞王逊告变。彦节从弟领军韫及直阁将军卜伯兴等严兵为内应,帝命王敬则于宫内诛之。遣诸将攻石头,王蕴将数百精手,带甲赴粲,城门已闭,官军又至,乃散。众军攻石头,斩粲。彦节走颉担湖,并禽斩之。粲典签莫嗣祖同粲谋,蕴嬖人张承伯藏匿蕴,高帝亦并赦而用之。时黄回顿新亭,闻石头已下,因称救援,高帝知而不言,抚之愈厚,遣回西上,流涕告别。

二年正月,沈攸之平。二月,宋帝进高帝太尉,都督十六州诸军事,高帝表送黄钺。三月己酉,增班剑四十人、甲仗百人入殿。丙子,加羽葆、鼓吹。大明、泰始以来,相承奢侈,百姓成俗。及高帝辅政,奏罢御府,省二尚方诸饰玩。至是,又上表禁人间华伪杂物,凡十七条。其中宫及诸王服用,虽依旧例,亦实详制。九月丙午,加帝假黄钺、都督中外诸军事、太傅、领扬州牧,剑履上殿,入朝不趋,赞拜不名,置左右长史、司马、从事中郎、掾、属各四人。固辞,诏遣敦劝,乃受黄钺,辞殊礼。甲寅,给三望车。

三年正月乙巳,高帝表齎百姓逋责。丙辰,加前部羽葆、鼓吹。丁巳,命太傅府依旧辟召。丁卯,给高帝甲仗五百人,出入殿省。甲午,重申前命,剑履上殿,入朝不趋,赞拜不名。三月甲辰,宋帝诏进帝位相国,总百揆,封十郡为齐公,备九锡礼,加远游冠,位在诸侯王上,加相国绿绶。甲寅,使以备物典礼进,策曰:

朕以不造,凤罹闵凶,嗣君失德,书契未纪,威侮五行,虐刘九县。神歇灵绎,海水群飞,缀旒之殆,未足为譬,岂直《小宛》兴刺,《黍离》作歌而已哉!天赞皇宋,实启明宰,爰登寡昧,纂承大业,高勋至德,振古绝伦。虽保衡翼殷,博陆匡汉,方斯蔑如也。今将授公典礼,其敬听朕命:

乃者袁、刘构祸,实繁有徒,子房不臣,称兵协乱。顾瞻宫掖,将成茂草,言念邦国,剪为仇雠。当此之时,人无固志。公投袂徇难,超然奋起。登寅车而戒路,执金板而先驱,麾钺一临,凶党冰泮。此则霸业之基,勤王之始也。安都背叛,窃据徐方,敢率犬羊,陵虐淮浦。索儿愚悖,同恶相济,天祚无象,背顺归逆。北鄙黔黎,奄坠涂炭。公受命宗祊,精贯朝日;拥节和门,气逾霄汉。破釜之捷,斩馘蔽野;石梁之战,禽其渠帅。保境全人,江阳即序:此又公之功也。张淹迷昧,弗顾本朝,爰自南区,志图东夏,潜军间入,窃觊不虞。于时江服未夷,皇涂荐沮。公忠诚慷慨,在险弥亮,以寡制众,所向风偃。朝廷无东顾之忧,闽、越有来苏之庆:此又公之功也。匈奴野心,侵掠疆场,丑羯俟张,势振彭、泗。公奉辞伐罪,戒旦晨征。兵车始交,氛祲时荡,吊死扶伤,弘宣皇泽,俾我淮、肥,复沾盛化,此又公之功也。自兹厥后,猃狁孔炽,封豕长蛇,重窥上国。而世故相仍,师出已老,角城高垒,指日沦陷。公眷言王事,发愤忘食,躬擐甲胄,视险若夷。分疆画界,开创青、充,此又公之功也。桂阳负众,轻问九鼎,裂冠毁冕,拔本塞源。烈火焚于王城,飞矢集乎君屋,群后忧惶,元戎无主。公按剑凝神,则奇谋冠世;把旄指麾,则懦夫成勇。信宿之间,宣阳底定,此又公之功也。皇室多难,衅起戚藩,建平失图,兴兵内侮。公指授六师,义形于色,役未逾旬,朱方宁晏,此又公之功也。苍梧肆虐,诸夏糜沸,淫刑以逞,谁则无辜?黔首相悲,朝不谋夕。高祖之业已沦,文、明之轨谁嗣?公远稽殷、汉之义,近遵魏、晋之典,狥以眇身,入奉宗祏,七庙清谧,九区反政,此又公之功也。袁、刘携贰,成此乱阶,丑图潜构,危机窃发,据有石头,志犯应、路。公神谋内运,霜锋外举,抚珍载澄,国涂悦穆,此又公之功也。沈攸苞祸,岁月滋彰,蜂目豺声,阻兵安忍,乃眷西顾,缅同异域。而经纬惟始,九伐未申,长恶不悛,遂逞凶逆。公把钺出关,凝威江甸,正情与皦日同亮,明略与秋云竞爽。至义所感,人百其心,积年逋诛,一朝显戮,沮浦安流,章台顺轨,此又公之功也。

公有济天下之勋,重之以明哲。道庇生灵,志匡宇宙。戮力肆心,勋劳王室。险阻艰难,备尝之矣。若乃缔构宗祀之勤,造物资始之泽,云布雾散,光被六幽,弼予一人,永清四海。是以柜草腾芳于郊园,景星垂晖于清汉。遐方款关而慕义,荒服重译而来庭。汪哉邈乎,无得而名也。朕闻畴庸表德,前王盛典;崇树侯伯,有国攸同。所以文命成功,玄圭显锡,姬旦宣哲,曲阜启藩。或改玉以弘风,或胙土以宣化。礼绝常班,宠冠群辟。爰逮桓、文,车服异数。惟公勋业超于先烈,而褒赏阙于旧章,古今之道,何其爽欤!静言钦叹,良有缺然。今进授相国,以青州之齐郡、徐州之梁郡,南徐州之兰陵、鲁郡、琅邪、东海、晋陵、义兴、扬州之吴郡、会稽,凡十郡,封公为齐公。锡兹玄土,苴以白茅,定尔邦家,用建家社。斯实当父故藩,世作盟主,纪纲侯甸,率由旧则。往者周、召建国,师保兼任;毛、毕执珪,入作卿士,内外之宠,同规在昔。今命使持节、兼太尉、侍中、中书监、司空、卫将军零都县开国侯彦回,授公相国印绶、齐公玺绂。持节、兼司空 副、守尚书令僧虔授齐公茅土,金虎符第一至第五左、竹使符第一至第十左。相国位总百辟,秩逾三事,职以礼移,号随事革。其以相国总百揆,去录尚书之称,送所假节、侍中貂蝉、中外都督太傅太尉印绶、竟陵公印策,其骠骑大将军、扬州牧、南徐州刺史如故。又加公九锡,其敬听后命:

以公执礼弘律,仪刑区宇,遐迩一体,人无异业。是用锡公大辂、戎辂各一,玄牡二驷。公崇修南亩,所宝惟谷。王府充实,百姓繁衍。是用锡公衮冕之服,赤舄副焉。公居身以谦,导物以义。熔钧庶品,罔不和悦。是用锡公轩县之乐,六佾之儛。公翼赞王猷,声教远洽,蛮夷竭欢,回首内附。是用锡公朱户以居。公明鉴人伦,澄辨泾、渭,官方与能,英乂克举。是用锡公纳陛以登。公保佑皇朝,厉身化下,杜渐防萌,含生寅式。是用锡公虎贲之士三百人。公御充以刑,御奸以德,君亲无将,将而必诛。是用锡公鈇、钺各一。公凤举四维,龙腾八表,威灵所振,异类同义。是用锡公彤弓一、彤矢百,卢弓十、卢矢千。公明发载怀,肃恭禋祀,孝敬之重,义感灵祇。是用锡公秬鬯一卣,圭瓒副焉。齐国置丞相以下,敬遵旧式。往钦哉,其祗服朕命,经纬乾坤,宏亮洪业,茂昭尔大德,阐扬我高祖之休命。

高帝三让,公卿敦劝固请,乃受之。丁巳,下令赦国内殊死以下。宋帝诏齐公十郡之外,随宜除用。以齐国初建,给钱五百万、布五千匹、绢五千匹。以太尉左长史王俭为尚书右仆射,领吏部。

四月癸酉,宋帝又诏进齐公为王,以豫州之南梁、陈、颍川、陈留,南兖州之盱眙、山阳、秦、广陵、海陵、南沛,增王封为二十郡。使司空褚彦回奉策授玺绂,改立王社,余如故。丙戌,命齐王冕十有二旒,建天子旌旗,出警入跸,乘金根车,驾六马,备五时副车,置旄头、云罕,乐儛八佾,设钟虡宫县,王世子为太子,王女、王孙爵命,一如旧仪。辛卯,宋帝以历数在齐,乃下诏禅位,是日逊于东邸。壬辰,遣使奉策曰:

咨尔齐王:伊太古初陈,万化纷纶。开曜灵以鉴品物,立元后以驭黎元。若夫容成、大庭之世,伏羲、五龙之辰,靡得而详焉。自轩黄以降,坟索所纪,略可言者,莫崇乎尧、舜。披金绳而握天镜,开玉匣而总地维。德之休明,宸居灵极,期运有终,归禅与能。所以大唐揖位,谤然兴歌;有虞挹让,卿云发采。遗风余烈,光被无垠。汉、魏因循,不敢失坠,爰逮有晋,亦遵前典。昔我祖宗英睿,旁格幽明,末叶不造,仍世多故。惟王圣哲钦明,荣镜区宇,仁育群生,义征不谲,声化远洎。荒服不虞,殊类同规,华戎一族。是以五色来仪于轩庭,九穗含芳于郊牧。象纬昭彻,布新之符已显;图谶彪焕,受终之义既彰。灵祇乃眷,兆庶引领。

朕闻至道深微,惟人是弘;天命无常,惟德是与。所以仰鉴玄情,俯察群议,敬禅神器,授帝位于尔躬。四海困穷,天禄永终。於戏!王其允执厥中,仪刑前式,以副率土之欣望。命司裘而谒苍昊,奏《云门》而升圆丘,时膺大礼,永保洪业。岂不盛欤!并命玺书,遣兼太保、司空褚彦回,兼太尉、守尚书令王僧虔奉皇帝玺绶,受终之礼,一依唐、虞故事。

高帝固让,宋朝王公以下陈留王粲等,诣门陈请,帝犹未许。齐世子卿士以下固请;兼太史令、将作匠陈文建奏符瑞,因言汉自建武至建安二十五年,一百九十六年而禅魏;魏自黄初至咸熙二年,四十六年而禅晋;晋自泰始至元熙二年,一百五十六年而禅宋;宋自永初元年至昇明三年,凡六十年;咸以六终六受。六,亢位也。验往揆今,若斯昭著。敢以职任,备陈管穴,伏愿顺天时,膺符瑞。二朝百辟又固请。尚书右仆射王俭奏:"被宋诏逊位,臣等参议,宜克日受禅。"高帝乃许焉。

建元元年夏四月甲午,皇帝即位于南郊,柴燎告天曰：

皇帝臣道成，敢用玄牡，昭告于皇皇后帝：

夫肇自生灵，树以司牧，所以阐极立则、开元创物，肆兹大道。天下惟公，命不于常。昔在虞、夏，受终上代，粤自汉、魏，揖让中叶，咸焕诸方策，载在典谟。水德既微，仍世多故，实赖道成匡救之功，以弘济乎厥艰。大造颠坠，再构区宇，诞惟天人，罔弗和会。乃仰协归运，景属与能，用集大命于兹。辞德匪嗣，至于累仍，而群公卿士，庶尹御事，爰及黎献，暨乎百蛮。佥曰皇天眷命，不可以固违；人神无统，不可以旷主。畏天之威，敢不祗顺鸿历，敬简元辰，虔奉皇符，升坛受禅，告类上帝，以答人衷，式敷万国。惟明灵是飨。

礼毕，备大驾，幸建康宫，临太极前殿。大赦，改元。赐人爵二级，文武位二等，鳏寡孤独不能自存者，谷人五斛。逋租宿责咸勿收。犯乡论清议、赃汗淫盗者，一皆荡涤。洗除先注，与之更始。长徒敕系者，特加原遣。亡官失爵，禁锢夺劳，一依旧典。封宋帝为汝阴王，筑宫于丹阳故县。行宋正朔，车旗服色，一如晋、宋故事，上书不为表，答表不称诏。宋诸王皆降为公，郡公主为县君，县公主为乡君。诏降宋南康郡公为县公，华容公为侯，萍乡侯为伯，减户有差，以奉刘穆之、王弘、何无忌之祀。追尊皇考曰宣皇帝，皇妣曰孝皇后，陵曰永安。妃曰昭皇后，陵曰泰安。诏劫贼余口没在台府者，悉原赦。诸负衅流徙者，皆听还本土。戊戌，以荆州刺史嶷为尚书令、骠骑大将军、开府仪同三司。断四方上庆礼。已亥，诏二宫诸王，悉不得营立屯邸，封略山湖。乃停太官池籞税。庚子，诏宋帝后藩王诸陵，量置守卫。五月丙午，以河南王吐谷浑拾寅为骠骑大将军。诏宋氏第秩，量所废置。有司奏留襄阳郡公张敬儿等六十二人，除广兴郡公沈昙亮等一百二十二人。改《元嘉历》为《建元历》。祖以正月卯，腊以十二月未。丁未，诏曰："设募取将，县赏购士，盖出权宜，自今可断众募。"乙卯，河南国遣使朝贡。丙辰，诏遣兼散骑常侍十二人，巡行四方。已未，汝阴王殂，齐志也，追谥为宋顺帝。辛酉，诛阴安公刘燮等。六月乙亥，诏宋以来，枯骸毁椁，宜下埋藏。庚辰，备法驾，奉七庙主于太庙。甲申，立齐太子赜为皇太子。断诸郡礼庆，降死罪以下刑，并申前赦恩百日。立皇子嶷为豫章王，映为临川王，晃为长沙王，晔为武陵王，晷为安成王，锵为鄱阳王，铄为桂阳王，鉴为广兴王，皇孙长懋为南郡王。乙酉，葬宋顺帝于遂宁陵。秋七月丁未，曲赦交州郡内。丁巳，诏南兰陵桑梓本乡，长蠲租布，武进王业所基，给复十年。八月癸巳，省陈留国。丁巳，立皇子钧为衡阳王。九月辛丑，诏以二吴、义兴三郡遭水，减今年田租。乙巳，复置南蛮校尉官。丙午，加司空褚彦回尚书令。冬十月丙子，立彭城刘胤为汝阴王，奉宋后。已卯，享太庙。辛巳，汝阴王太妃王氏薨，追赠宋恭皇后。已丑，荆州天井湖出绵，人用与常绵不异。

二年春正月戊戌朔，大赦。以司空褚彦回为司徒，以尚书右仆射王俭为左仆射。辛丑，祀南郊。二月丁卯，魏军攻寿阳，豫州刺史垣崇祖破走之。癸巳，遣大使巡慰淮、肥、徐、豫边人尤贫遭难者。三月，百济国遣使朝贡，以其王牟都为镇东大将军。夏四月丙寅，进高丽王乐浪公高琏号骠骑大将军。五月，立六门都墙。秋九月甲午朔，日有蚀之。丙子，蠕蠕国遣使朝贡。冬十二月戊戌，以司空褚彦回为司徒。壬子，以骠骑豫章王嶷为司空。

三年春正月壬戌朔，诏王公卿士荐谠言。丙子，立皇子锋为江夏王。二月癸丑，罢南蛮校尉官。夏四月辛亥，始制东宫臣僚用下官礼敬闻喜公子良等。六月壬子，大赦。秋七月己未朔，日有蚀之。九月辛未，蠕蠕国王遣使欲俱攻魏，献师子皮袴褶。乌程令吴郡顾昌玄，坐父法秀宋泰始中北征死亡，尸骸不反，而昌玄宴乐嬉游，与常人无异。有司请加以清议。丙戌，置会稽山阴县狱丞。冬十月戊子，以河南王世子吐谷浑度易侯为西秦河二州刺史、河南王。十二月丁亥，高丽国遣使朝贡。命散骑常侍虞炎等十二人巡行诸州郡，观省风俗。

四年春二月乙未，上不豫。庚戌，诏原都下囚系有差，免元年以前逋责。三月庚申，召司徒褚彦回、左仆射王俭受顾托。壬戌，皇帝崩于临光殿，年五十六。群臣上谥曰高皇帝，庙号太祖。梓宫于东府前渚升龙舟。四月丙午，葬于武进泰安陵，于龙舟卒哭，内外反吉。

上少有大量，喜怒不形于色，深沉静默，常有四海之心。博学，善属文，工草隶书，弈棋第二品。虽经纶夷险，不废素业。及即位后，身不御精细之物，主衣中有玉介导，以长侈奢之源，命打破之。凡异物皆令随例毁弃。后宫器物栏槛，以铜为饰者，皆改用铁。内殿施黄纱帐，宫人著紫皮履。华盖除金华爪，用铁回钉。每曰："使我临天下十年，当使黄金与土同价。"欲以身率下，移风易俗。性宽，尝与直阁将军周覆、给事中褚思庄共棋，累局不倦，覆乃抑上手，不许易行。其弘厚如此。所著文，诏中书侍郎江淹撰次之。又诏东观学士撰《史林》三十篇，魏文帝《皇览》之流也。始帝年十七时，尝梦乘青龙上天，西行逐日。帝旧茔在武进彭山，冈阜相属，数百里不绝，其上常有五色云，又有龙出焉。上时已贵矣，宋明帝甚恶之，遣善占墓者高灵文往墓所占相。灵文先给事太祖，还，诡答曰："不过出方伯耳。"密白太祖曰："贵不可言。"明帝意犹不已，遣人践藉，以左道厌之。上后于所树华表柱忽龙鸣，震响山谷。明帝寝疾，为身后之虑，多剪功臣，上亦见疑，每云："萧道成有不臣相。"时镇淮阴，每怀忧惧，忽见神人谓上曰："无所忧，子孙当昌盛。"泰始三年，宋明帝遣前淮南太守孙奉伯往淮阴监元会。奉伯旧与帝欵，是行也，帝与奉伯同室卧，奉伯梦上乘龙上天，于下捉龙脚，不得。及觉，叙梦，因谓曰："兖州当大庇生灵，而弟不得与也。"奉伯竟卒于宋世。又参军崔灵建梦天谓己："萧道成是我第十九子，我去年已使授其天子位。"考自三皇、五帝以降，受命之次，至帝为十九也。及为领军，望气者陈安宝见上身上恒有紫黄气。安宝谓王洪范曰："此人贵不可言。"所居武进县有一道，相传云"天子路"。或谓秦皇所游，或云孙氏旧迹。时讹言东城天子出。其后建安王休仁镇东府，宋明帝惧，杀休仁，而常闭东府不居。

明帝又屡幸,改"代"作"伐",以厌王气。又使子安成王代之。及苍梧王败,安成王代立,时咸言为验。术数者推之,上旧居武进东城村,"东城"之言,其在此也。昇明二年冬,延陵县季子庙沸井之北,忽闻金石声,疑其异,凿深三尺,得沸井,奔涌若浪。其地又响,即复凿之,复得一井,涌沸亦然。井中得一木简,长一尺,广二分,上有隐起字,曰:"庐山道人张陵再拜,诣阙起居。"简木坚白,字色乃黄。《瑞应图》云:"浪井不凿自成,王者清静,则仙人主之。"会稽剡县有山,名刻石。父老相传云,"山虽名刻石,而不知文字所在。"昇明末,县人兒袭祖行猎,忽见石上有文字,凡三处,苔生其上,字不可识,乃去苔视之,其大石文曰:"此齐者,黄石公之化气也。"立石文曰:"黄天星,姓萧,字道成,得贤帅,天下太平。"小石文曰:"刻石者谁?会稽南山李斯刻秦望之封也。"《孝经·钩命决》曰:"谁者起,视名将。"将,帝小字也。《河洛谶》曰:"历年七十水灭绪,风云俱起龙鳞举。"又曰:"肃肃草成,道德尽备。"案:宋,水德也。义熙元年,宋武帝王业之始,至齐受命,七十年。又《谶》曰:"萧为二士天下乐。"案二士,"主"字也。郭文举《金雄记》曰:"当复有作,肃入草。"《易》曰:"圣人作,万物睹。""当复有作",言圣人作也。王子年歌曰:"欲知其姓草肃肃,谷中最细低头熟,鳞身甲体永兴福。"谷中精细者,稻也,即道也;熟犹成也。又歌曰:"金刀利刃齐刈之。"金刀"刘"字,刈犹剪也。孔子《河洛谶》曰:"竭河梁,塞龙泉,消除水灾泄山川。"水即宋也,宋氏为灾害,故曰水灾。梁亦水也,竭河梁,则行路成矣。路,犹道也;消除水灾,除宋水氏之灾害也。《河图谶》又曰:"上参南斗第一星,下立草屋为紫庭,神龙之冈梧桐生,凤鸟戢翼朔旦鸣。"南斗,吴分野,草屋者居上,"萧"字象也。先是,益州有山,古老相传曰齐后山。昇明三年四月二十三日,有沙门玄畅者,于此山立精舍,其上登尊位。其月二十四日,荥阳郡人尹千,于嵩山东南隅见天雨石,坠地石开,有玉玺在其中。玺方三寸,文曰:"戊丁之人与道俱,肃然入草应天符,扫引河,洛初魏都。"又曰:"皇帝运兴。"千奉玺诣雍州刺史萧赤斧,赤斧以献。案:宋武帝于嵩高山得玉璧三十二枚,神人云:"此是宋卜世之数"。三十二者,二"三十"也。宋自受命至禅齐凡六十年。然则帝之符应也若是,今备之云。

世祖武皇帝,讳赜,字宣远,高帝长子也。以宋元嘉十七年六月己未生于建康县之青溪宫。将产之夕,孝皇后、昭皇后并梦龙据屋,故小字上为龙儿。年十三,梦人以笔画身左右为两翅,又著孔雀羽衣裳空中飞,举体生毛,发长至足。有人指上所践地曰"周文王之田"。又于所住堂内得玺一枚,文曰"皇帝行玺"。又得异钱,文为"北斗星",双刀、双贝及有人形带剑焉。

仕宋为赣令。江州刺史晋安王子勋反,上不从命。南康相沈肃之系上郡狱,族人萧欣祖、门客桓康等破郡迎出上,上遂率部曲百余人起义。避难揭阳山,有白雀来集,闻山中有清声传漏响。又于山累石为佛图,其侧忽生一树,状若华盖,青翠扶疏,有殊群木。上将讨戴凯之,大飨士卒。是日大热,上各令折荆枝自蔽,言未终而有云垂阴,正当会所,会罢乃散。及为广兴相,岭南积旱,连水阻涸,商旅不通。上部伍既至,无雨而川流暴起,遂得利涉。

元徽四年,累迁晋熙王镇西长史、江夏内史,行郢州事。顺帝立,征晋熙王燮为抚军、扬州刺史,以上为左卫将军,辅燮俱下。沈攸之事起,未得朝廷处分,上以中流可以待敌,即据盆口城为战守备。高帝闻之曰:"此真我子也。"于盆城掘堑,得一大钱,文曰"太平百岁"。于时城内乏水,欲引水入城。始凿城内,遇伏泉涌出,如此者九处,用之不竭。上表求西讨,不许。乃遣偏军援郢,平西将军黄回等,皆受上节度。昇明二年,事平,迁江州刺史,封闻喜县侯。其年,征侍中、领军将军。寻加督京畿诸军事。三年,又加尚书仆射、中军大将军、开府仪同三司,进爵为公,给班剑二十人。

齐国建,为齐公世子。改加侍中、南豫州刺史,给油络车、羽葆、鼓吹,增班剑为三十人。以石头为世子宫,官置二率以下,坊省服章,一如东宫。进为王太子。高帝即位,为皇太子。建元四年三月壬戌,高帝崩。是日,皇太子即皇帝位,大赦。征镇州郡令长、军屯营部,各行丧三日,不得擅离任。都邑城守,防备幢队,一不得还。乙丑,称先帝遗诏,以司徒褚彦回录尚书事,尚书左仆射王俭为尚书令,车骑将军张敬儿开府仪同三司。诏曰:"丧礼虽有定制,先旨每存简约,内官可三日一还临,外官间日一还临,后有大丧皆如之。"丁卯,以前将军王奂为尚书左仆射。庚午,以司空豫章王嶷为太尉。癸酉,诏免遝城钱。自今以后,申明旧制。初晋、宋旧制,受官二十日辄送修城钱二千。宋泰始初,军役大起,受官者万计,兵戎机急,事有未遑,自是令仆以下,并不输送。二十年中,大限不可胜计,文符督切,扰乱在所,至是除荡,百姓悦焉。夏四月辛卯,追尊穆妃为皇后。五月庚申,以高皇帝配南郊,高昭皇后配北郊。六月甲申朔,立南郡王长懋为皇太子。诏申壬戌赦恩百日。丙申,立皇太子妃王氏。进封闻喜公子良为竟陵王,临汝公子卿为庐陵王,应城公子敬为安陆王,江陵公子懋为晋安王,枝江公子隆为随王,皇子子真为建安王,皇孙昭业为南郡王。戊戌,以水潦为患,星纬乖序,克日讯都下囚,诸远狱委刺史以时察判。建康、秣陵二县贫人加振赐,必令周悉。吴兴、义兴遭水县,蠲除租调。以司徒褚彦回为司空。秋八月癸卯,司空褚彦回薨。九月丁巳,以国哀故,罢国子学。辛未,以征南将军王僧虔为左光禄大夫、开府仪同三司。冬十月乙未,以中书令王延之为尚书左仆射。十二月己丑,诏曰:"缘淮戍将,久处边劳,三元行始,宜沾恩庆,可遣中书舍人宣旨临会。"后每岁如之。

永明元年春正月辛亥,祀南郊。大赦,改元。壬子,诏内外群僚,各进谠言,王公卿士,各举所知。又诏守宰禄奉,盖有恒准,往以边厉告警,故沿时损益,今区宇宁晏,宜加优奖,郡县丞尉,可还田秩。壬戌,立皇弟锐为南平王,铿为宜都王,皇子子明为武昌王,子罕为南海王。望气者云:新林、娄湖、东府西有天子气。甲子,筑青溪旧宫，作新林、娄湖苑以厌之。二月庚寅，以征虏将军杨炅为沙州刺史，封阴平王。三月丙辰，诏以星纬失序，阴阳愆度，申辛亥赦恩五十日，以期讫为始。戊寅，诏四方见囚，罪无轻重，及劫贼余口，长徒敕系，悉皆原赦。夏五月丁酉，车骑将军张敬儿有罪伏诛。秋八月壬申，魏人来聘。冬十月丙寅，使骁骑将军刘缵聘于魏。十一月己卯，雷。十二月乙巳朔，日有蚀之。

二年春正月乙亥，以护军将军柳世隆为尚书右仆射，以南兖州刺史竟陵王子良为护军将军、兼司徒。壬寅，以新除尚书右仆射柳世隆为左仆射，以丹阳尹李安人为右仆射。秋七月甲申，立皇子子伦为巴陵王。八月丙午，幸旧宫，申都下狱及三署见徒，量所降宥。戊申，幸玄武湖讲武。壬子，扶南国遣使朝贡并献颂章云。甲子，诏都下二县，坟墓毁发，随宜掩埋，遗骸未榇者，并加敛瘗。疾困不能存者，详加沾赉。冬十二月庚申，魏人来聘。

三年春正月辛卯，祀南郊。大赦，都邑三百里内，罪应入重者降一等，余依赦制。三月甲寅，使辅国将军刘缵聘于魏。夏五月，省总明观。秋七月甲戌，左光禄大夫、开府仪同三司王僧虔薨。辛卯，于益州置平蛮校尉官。八月乙未，幸中堂听讼。乙巳，以行宕昌王梁弥颉为河、凉二州刺史，封陇西公、宕昌王。冬十月丙辰，魏人来聘。十二月，以江州刺史王奂为尚书右仆射。改封武昌王子明为西阳王。

四年春闰正月癸巳，立皇子子贞为邵陵王。丁未，以武都王杨集始为北秦州刺史。辛亥，耕藉田。诏宥殊死以下。甲寅，幸阅武堂，劳酒小会，赐王公以下在位者帛有差。戊午，幸宣武堂讲武。二月丙寅，大风，吴兴偏甚，树叶皆赤。己未，立皇弟铄为晋熙王，铉为河东王。壬午，使通直郎裴昭明聘于魏。

五年春正月戊子，以太尉豫章王嶷为大司马，车骑将军竟陵王子良为司徒，骠骑将军临川王映、卫将军王俭、中军将军王敬则并以本号开府仪同三司。以尚书右仆射王奂为尚书左仆射。辛卯，赐孤寡老疾各有差。夏四月庚午，殷祀太庙，降诸囚徒。先是，立商飙馆于孙陵冈，世呼为九日台。秋九月辛卯，车驾幸焉。冬十月，初起新林苑。

六年春三月甲申，诏皇太子于东宫玄圃园宣猷堂临讯及三署徒隶。己亥，封皇子子响为巴东王。夏五月庚辰，左卫殿中将军邯郸超表陈射雉，书奏赐死。又颍川荀丕亦以谏净，托他事及诛。六月辛未，诏省州郡县送故输钱者。秋七月，齐兴太守刘元宝于郡城堑得钱三十七万，皆轮厚径一寸半，以献，上以为瑞，班赐公卿。九月壬寅，于琅邪城讲武，习水步军。冬十月庚申，立冬，初给太极殿读时令。十一月丙戌，土雾竟天，如烟，入人眼鼻，二日乃止。

七年春正月丙午，以镇南将军柳世隆为尚书左仆射，以豫州刺史西昌侯鸾为右仆射。辛亥，祀南郊，大赦。申明不举子之科；若有产子者，复其父。壬戌，骠骑将军、开府仪同三司临川王映薨。戊辰，诏以诸大夫年秩隆重，增俸，给见役。三月甲寅，立皇子子岳为临贺王，子峻为广汉王，子琳为宣城王，子珉为义安王。夏五月乙巳，尚书令、卫将军、开府仪同三司王俭薨。甲子，以新除尚书左仆射柳世隆为尚书令。秋九月壬寅，魏人来聘。冬十一月戊申，诏平南参军颜幼明聘于魏。

八年春正月庚子，以领军王奂为尚书左仆射。丁巳，以行百济王泰为镇东大将军、百济王。二月辛卯，零陵王司马药师薨。夏四月戊辰朔，诏公卿以下各举所知。六月己巳，魏人来聘。庚午，长沙王晃薨。丙申，大雷雨，有黄光竟天，照地状如金。乙酉，都下大风发屋。秋七月癸卯，诏以阴阳舛和，纬象愆度，储胤婴患，淹历旬暑，可大赦。八月乙酉，以河南王世子休留代为西秦、河二州刺史，封河南王。壬辰，荆州刺史巴东王子响反，遣丹阳尹萧顺之讨之，子响伏诛。冬十二月戊寅，诏量增尚书丞郎赐禄。己卯，改封宣城王子琳为南康王，立皇子子建为湘东王。

九年春正月甲午，省平蛮府。辛丑，祀南郊，降都下见囚。戊午，诏射声校尉裴昭明聘于魏。三月癸巳，明堂灾。夏五月丙申，林邑国献金簟。丁未，魏人来聘。安成王暠薨。己未，乐游正阳堂灾。秋八月己亥，使司徒参军萧琛聘于魏。吴兴、义兴大水。乙卯，蠲二郡租。九月辰，幸琅邪城讲武，观者倾都，普颁酒肉。冬十月甲寅，魏人来聘。

十年春正月戊午，以司徒竟陵王子良领尚书令，以尚书右仆射西昌侯鸾为左仆射。诏增内外有务众官禄奉。丙戌，诏故太宰褚彦回、故太尉王俭、故司空柳世隆、骠骑大将军王敬则、镇军大将军陈显达、故镇东将军李安人配飨太祖庙庭。十二月乙巳，使司徒参军萧琛聘于魏。

十一年春正月戊午，以骠骑大将军、豫州刺史王敬则为司空。乙亥，皇太子长懋薨。二月，雍州刺史王奂有罪，伏诛。三月丙寅，以金紫光禄大夫王晏为尚书右仆射。夏四月癸未，魏人来聘。甲午，立皇孙昭业为皇太孙，赐天下为父后者爵一级。五月戊辰，以旱故，都下二县、朱方、姑孰权断酒。秋七月丁巳，曲赦南兖、兖、豫、司、徐五州，南豫州之历阳、谯、临江、庐江四郡三调，众逋宿责，并同原除。其缘淮及青、冀新附侨人，复除已讫，更申五年。

先是，魏地谣言，"赤火南流丧南国。"是岁，有沙门从北赍此火而至，色赤与常火而微，云以疗疾。贵贱争取之，多得其验。二十余日，都下大盛，咸云"圣火"。诏禁之不止。火灸至七炷而疾愈。吴兴丘国宾密以还乡，邑人杨道庆虚疾二十年，依法灸即差。是月，上不豫，徙御延昌殿，始登阶而殿屋鸣吒，上恶之。魏军将至，上虑朝野忧惶，力疾召朱府奏正声伎。戊寅，大渐，诏曰："始终大期，圣贤不免，吾行年六十，亦复何恨？但皇业艰难，万机自重，不能无遗虑耳。太孙进德日茂，社稷有寄，子良善相毗辅，思弘正道。内外众事无大小，悉与鸾参怀。尚书是职务根本，悉委王晏、徐孝嗣。军旅捍边之略，委王敬则、陈显达、王广之、王玄邈、沈文季、张瑰、薛深等。百辟庶僚，各奉尔职，谨事太孙，勿有懈怠。"又诏曰："我识灭后，身上着夏衣画天衣，纯乌犀导䪗，诸器服悉不得用宝物及织成等，唯装复夹衣各一通。常所服刀长短二口，铁环者，随入梓宫。祭敬之典，本在因心。灵上慎勿以牲为祭。祭惟设饼、茶饮、干饭、酒脯而已。天下贵贱，咸同此制。未山陵前，朔望设菜食。陵墓万世所宅，意常恨休安陵未称，今可用东三处地最东边以葬我，名为景安陵。丧礼每存省约，不须烦人，百官停六时入临，朔望祖日可依旧。诸主六宫，并不须从山陵。内殿凤华、寿昌、曜灵三处，是吾所改制。夫贵有天下，富兼四海，宴处寝息，不容乃陋，谓此为奢俭之中，慎勿坏去。显阳殿玉象诸佛及供养，具如别牒，可尽心礼拜供养之。应有功德事，可专在中。自今公私佁皆不得出家为道，及起立塔寺，以宅为精舍，并严断之。惟年六十，必有道心，听朝贤选序，已有别诏。诸小小赐乞，及阁内处分，亦有别牒。内外禁卫劳旧主帅左右，悉令萧谌优量驱使之。"是日上崩于延昌殿，年五十四。群臣上谥曰武皇帝，庙号世祖。九月丙寅，葬景安陵。

上刚毅有断，政总大体，以富国为先。颇喜游宴、雕绮之事，言常恨之，未能顿遣。临崩，又诏："凡诸游费，宜从休息。自今远近荐献，务存节俭，不得出界营求，相高奢丽。金粟缯圹，敝人已甚；珠玉玩好，伤俗尤重，严加禁绝。"

论曰：齐高帝基命之初，武功潜用。泰始开运，大拯时艰。及苍梧暴虐，衅结朝野，而百姓懔懔，命县朝夕。权道既行，兼济天下。元功振主，利器难以假人；群方戮力，实怀尺寸之望。岂惟天厌水行，固已人希木德，归功与能，事极乎此！武帝云雷伊始，功参佐命，虽以继体，事实艰难。御衮垂旒，深存政典，文武授任，不革旧章，明罚厚恩，皆由己出。外表无尘，内朝多豫，机事平理，职贡有恒。府藏内充，人鲜劳役。宫室苑囿，未足以伤财，安乐延年，众庶所同幸，亦有齐之良主也。据齐、梁纪录，并云出自萧何，又编御史大夫望之以为先祖之次。案：何及望之于汉俱为勋德，而望之本传不有此陈，齐典所书，便乖实录。近秘书监颜师古博考经籍，注解《汉书》，已正其非，今随而改削云。

卷五　　　　　齐本纪下第五

废帝郁林王，讳昭业，字元尚，小字法身，文惠太子长子也。高帝为相王，镇东府，时年五岁，床前戏。高帝方令左右拔白发，问之曰："儿言我谁耶？"答曰："太翁。"高帝笑谓左右曰："岂有为人作曾祖而拔白发者乎？"即掷镜、镊。其后问讯，高帝指示宾客曰："我基于此四世矣。"及武帝即位，封为南郡王，时年十岁。永明五年十一月戊子，冠于东宫崇正殿。其日小会，赐王公以下帛各有差，给南郡王扶二人。七年，有司奏给班剑二十人，鼓吹一部。高选友、学，礼绝群王。十一年，给皂轮三望车。文惠太子薨，立南郡王为皇太孙，居东宫。其年七月戊寅，武帝崩，皇太孙即帝位。大赦。

八月壬午，诏称遗诏，以护军将军武陵王晔为卫将军，征南大将军陈显达即本号，并开府仪同三司。以尚书左仆射西昌侯鸾为尚书令，右仆射王晏为左仆射，吏部尚书徐孝嗣为右仆射。癸未，加司徒竟陵王子良位太傅，增班剑三十人。蠲除三调及众逋在今年七月三十日以前者。省御府及无用池田邸冶，减关市征税。先是，每有蠲原之诏，多无事实，督责如故。是时西昌侯鸾任知朝政，天下咸望风来苏，至此恩信两行，海内莫不欣然。九月辛酉，追尊文惠皇太子为世宗文皇帝。冬十月壬寅，尊皇太孙太妃为皇太后，立皇后何氏。十一月庚戌，魏人来聘。辛亥，立临汝公昭文为新安王、曲江公昭秀为临海王，皇弟昭粲为永嘉王。

隆昌元年春正月丁未，大赦，改元。加太傅竟陵王子良殊礼。镇军将军西昌侯鸾即本号为大将军。给鼓吹一部，亲兵五百人。以领军鄱阳王锵为尚书右仆射，诏百僚极陈得失。又诏王公以下各举所知。辛亥，祀南郊，宥隆昌元年以来流人。戊午，拜崇安陵。甲戌，使司徒参军刘敩聘于魏。二月辛卯，祀明堂。夏四月辛巳，卫将军、开府仪同三司武陵王晔薨。戊子，太傅竟陵王子良薨。丁酉，以骠骑将军庐陵王子卿为卫将军，尚书右仆射鄱阳王锵为骠骑将军，并开府仪同三司。闰月丁卯，以镇军大将军西昌侯鸾即本号开府仪同三司。五月甲戌朔，日有蚀之。秋七月癸巳，皇太后令废帝为郁林王。

帝少美容止，好隶书，武帝特所钟爱，敕皇孙手书不得妄以尔贵之。进退音吐，甚有令誉。生而为竟陵文宣王所摄养，常在袁妃间。竟陵王移住西州，帝亦随住焉。性甚辩慧，哀乐过人。接对宾客，皆款曲周至。矫情饰诈，阴怀鄙慝。与左右无赖群小二十许人，共衣食，同卧起。妃何氏择其中美貌者，皆与交欢。密就富市人求钱，无敢不与。及竟陵王移西邸，帝独住西州，每夜辄开后堂阁，与诸不逞小人，至诸营署中淫宴。凡诸小人，并逆加爵位，皆疏官名号为黄纸，使各囊盛以带之，许南面之日，即便施行。又别作鬲钩，兼善效人书，每私出还，辄扁鬲，封题如故，故人无知者。师史仁祖、侍书胡天翼闻之，相与谋曰："若言之二宫，则其事未易，若于营署为异人所殴打，及犬物所伤，岂直罪止一身，亦当尽室及祸。年各七十，余生宁足吝邪？"数日中，二人相系自杀，二宫不知也。武帝以暨阳县寒人纂母珍之代仁祖，剡县寒人马澄代天翼。文惠太子每禁其起居，节其用度。帝谓豫章王妃庾氏曰："阿婆，佛法言有福生帝王家，今见作天王，便是大罪，左右主帅，动见拘执，不如中边屠酤富儿百倍。"文惠太子自疾及薨，帝侍疾及居丧，哀容可毁。旁人见者，无不鸣咽。裁还私室，即欢笑酣饮，备食甘滋。葬毕，立为皇太孙。问讯太妃，截壁为阁，于太妃房内往何氏间，每入辄弥时不出。武帝往东宫，帝迎拜号恸，而复苏，武帝自下舆抱持之，宠爱日隆。又在西州令女巫杨氏祷祀，速求天位。及文惠薨，谓由杨氏之力，倍加敬信，呼杨婆。宋氏以来，人间有《杨婆儿哥》，盖此征也。武帝有疾，又令杨氏日夜祷祈，令宫车早晏驾。时何妃在西州，武帝未崩数日，疾稍危，与何氏书，纸中央作一大"喜"字，而作三十六小"喜"字绕之。侍武帝疾，忧容惨戚，言发泪下。武帝每言及存亡，帝辄哽咽不自胜。武帝以此谓为必能负荷大业，谓曰："五年中一委宰相，汝勿厝意；五年以后，勿复委人。若自作无成，无所多恨。"临崩，执帝手曰："阿奴，若忆翁，当好作。"如此再而崩。大敛始毕，乃悉呼武帝诸伎，备奏众乐，诸伎虽畏从事，莫不哽咽流涕。素好狗马，即位未逾旬，便毁武帝所起招婉殿，以材赐阉人徐龙驹，于其处为马埒。驰骑坠马，面额并伤，称疾不出者数日。多聚名鹰快犬，以梁肉奉之。及武帝梓宫下渚，帝于端门内奉辞，辒辌车未出端门，便称疾还内。裁入阁，即于内奏胡伎，鞞铎之声，震响内外。时司空王敬则问新除射声校尉萧坦之曰："便如此，不当匆匆邪？"坦之曰："此政是内人哭响彻耳。"自山陵之后，便闭阁内乘内人车问讯，往皇后所生母宋氏间，因微服游走市里。又多往文帝崇安陵隧中，与群小共作诸鄙亵掷涂赌跳、放鹰走狗杂狡狯。

帝既失道，朝事大小，皆决之西昌侯鸾，鸾有谏，多不见从。极意赏赐左右，动至百数十万。每见钱曰："我昔思汝一个不得，今日得用汝未？"武帝聚钱上库五亿万，斋库亦出三亿万，金银布帛不可称计。即位未期岁，所用已过半，皆赐与诸不逞辈小。取诸宝器以相击剖破碎之，以为笑乐。及至废黜，府库悉空。其在内，常裈褶，著红紫锦绣新衣、锦帽、红縠裤，杂采相服。好斗鸡，密买鸡至数千价。武帝御物甘草杖，宫人寸断用之。徐龙驹为后阁舍人，日夜在六宫房内。帝与文帝幸姬霍氏淫通，改姓徐氏，龙驹劝长留宫内，声云度霍氏为尼，以余人代之。皇后亦淫乱，斋阁通夜洞开，内外杂凑，无复分别。中书舍人綦母珍之、朱隆之、直阁将军曹道刚、周奉叔并为羽翼。西昌侯鸾屡谏不纳。既而尼媪外入，颇传异语，乃疑鸾有异志。中书令何胤以皇后从叔见亲，使直殿省。常随后呼胤为三父。与胤谋诛鸾，令胤受事，胤不敢当，依违杜谏，乃止。又谋出鸾于西州，中敕用事，不复关谘。鸾虑变，先使萧谌、坦之等于省诛曹道刚、朱隆之等，率兵自尚书省入云龙门，戎服加朱衣于上。比入门，三失履，王晏、徐孝嗣、萧坦之、陈显达、王广之、沈文季系进。帝在寿昌殿，裸身与霍氏相对，闻外有变，使闭内殿诸房阁，令阉人登兴光楼望，还报云："见一人戎服，从数百人，急装，在西钟楼下。"须臾，萧谌领兵先入宫，帝走向爱姬徐氏房，拔剑自刺不入，以帛缠颈，舆接出延德殿。谌初入殿，宿卫将士皆执弓盾欲战，谌曰："所取自有人，卿等不须动。"宿卫信之。及帝出，各欲自奋，帝竟无一言，出西弄，遇弑，年二十二。舁尸出徐龙驹宅，殡葬以王礼。霍氏及广昌君宋并赐死，余党亦见诛。

先是，文惠太子立楼馆于钟山下，号曰"东田"，太子屡游幸之。"东田"反语为"颠童"也。武帝又于青溪立宫，号曰"旧宫"，反之"穷厩"也。果以轻狷而至于穷。又武帝时有小史姓皇名太子，武帝曰："皇太子非名之谓"，于是移点于外，易名为犬子。处士何点曰："太子者，天地之所悬，三才之所系，今化而为犬，不得立矣。"既而文惠太子薨，郁林、海陵相继废黜，此其验也。永明中，百姓忽着破后帽，始自建业，流于四远，贵贱翕然服之，此服袄也。帽自萧谌之家，其流遂远，天意若曰：武穆、文昭皆当灭，而谌亦诛死之效焉。

废帝海陵恭王，讳昭文，字季尚，文惠太子第二子也。永明四年，封临汝公，郁林王即位，改封新安王。及郁林废，西昌侯鸾奉帝纂统。

延兴元年秋七月丁酉，皇帝即位，大赦，改元，赐文武位二等。以镇军大将军西昌侯鸾为骠骑大将军、开府仪同三司、录尚书事、都督、扬州刺史，加班剑为三十人，封宣城郡公，出镇东城。以尚书左仆射王晏为尚书令，以丹阳尹徐孝嗣为左仆射，以领军将军沈文季为右仆射，以车骑大将军陈显达为司空，以骠骑大将军鄱阳王锵为司徒。命宣城公鸾甲仗百人入殿，陈显达、王晏、徐孝嗣、萧谌各五十人入殿。八月壬辰，魏人来聘。甲午，以前司空王敬则为太尉。辛丑，复置南蛮校尉官。甲辰，诏使者观省风俗。九月癸未，诛新除司徒鄱阳王锵、中军大将军随王子隆。遣平西将军王广之诛南兖州刺史安陆王子敬。于是江州刺史晋安王子懋起兵。遣中护军王玄邈讨诛之。乙酉，又诛湘州刺史南平王锐、郢州刺史晋熙王銶、南豫州刺史宣都王铿。丁亥，以卫将军庐陵王子卿为司徒，以抚军将军桂阳王铄为中军将军、开府仪同三司。冬十月丁酉，加宣城公鸾黄钺，进授都督中外诸军事、太傅，领大将军、扬州牧，加殊礼，进爵为王。戊戌，诛新除中军将军桂阳王铄、抚军将军衡阳王钧、侍中秘书监江夏王锋、镇军将军建安王子真、左将军巴陵王子伦。是时宣城王鸾辅政，帝起居皆谘而后行。思食蒸鱼菜，太官令答无录公命，竟不与。辛亥，皇太后令废帝为海陵王，使宣城王入纂皇统。建武元年，诏海陵王依汉东海王彊故事，给虎贲、旄头、画轮车，设钟簴宫县。十一月，称王有疾，数遣御师往视，乃殒。给温明秘器，敛以衮冕之服，大鸿胪监护丧事。葬给辒辌车，九旒大辂，黄屋左纛，前后部羽葆、鼓吹，挽歌二部，依东海王彊故事，谥曰恭。

先是武帝立禅灵寺于都下，当世以为壮观，天意若曰"禅"者禅也，"灵"者神明之目也，武帝晏驾而鼎业倾移也。永明世，市里小儿以铁相击于地，谓之"斗凿"。"凿"之为言"族"也，至是宗室族灭矣。又武帝时以燕支为朱衣，朝士皆服之，及明帝以宗子入纂，此又夺朱之效也。时人多以生纱为帽，半其裙而析之，号曰"倚劝"。先是人间语好云"扰攘建武"，至是朝士劝进，实为匆遽，"倚劝""扰攘"之言，于是验矣。

高宗明皇帝，讳鸾，字景栖，始安贞王道生之子也，小字玄度。少孤，高帝抚育过诸子。宋泰豫元年，为安吉令，有严能之名。昇明中，累迁淮南、宣城二郡太守，进号辅国将军。高帝践阼，封西昌侯，位郢州刺史。永明元年，为侍中，领骁骑将军。王子侯旧乘缠帷车，帝独乘下帷，仪从如素士。公事混挠，贩食人担火误烧牛鼻，豫章王以白武帝，帝笑焉。转为散骑常侍、左卫将军，清道而行。十年，累迁尚书左仆射，领右卫将军。武帝遗诏为侍中、尚书令。寻加镇军将军，给班剑二十人。隆昌元年，即本号为大将军，给鼓吹一部，亲兵五百人。寻加中书监、开府仪同三司。海陵王立，为骠骑大将军、录尚书事、扬州刺史，加都督，增班剑为三十人。封宣城郡公，镇东府城。给兵五千人，钱二百万，布千匹。九江事难，假黄钺，事宁，表送之。寻加黄钺、都督中外诸军事、太傅，领大将军、扬州牧，增班剑为四十人，给幢络三望车。前后部羽葆、鼓吹。剑履上殿，入朝不趋，赞拜不名。置左右长史、司马、从事中郎、掾、属各四人，封宣城王。未拜，太后令废海陵王，以上入纂高帝为第三子，群臣三请，乃受命。

建武元年冬十月癸亥，皇帝即位。大赦，改元，文武赐位二等。以太尉王敬则为大司马，以司空陈显达为太尉。乙丑，诏断远近上礼。丁卯，诏"自今雕文篆刻，岁时光新，可悉停省。藩牧守宰，或有荐献，事非任土，严加禁断。"十一月壬申，日有蚀之。帝宿沐浴，不御内。其日，洁斋疏食，断朝务，屏人，单衣帢危坐，以至事毕。追尊始安贞王为景皇，妃江氏为懿后，别立寝庙，号陵曰修安。封桂阳王铄等诸子王皆为列侯。凡诸王侯得罪者，诸子皆复属籍。又诏遣大使观省四方。癸酉，革永明之制，依晋、宋旧典。太子以师礼敬少傅。甲戌，进大司马寻阳公王敬则等十三人爵邑各有差。省新林苑，先是百姓地者，悉以还主。废南蛮校尉官。己卯，追崇刘氏为敬皇后，号陵曰兴安。庚辰，立皇子宝义为晋安王，宝玄为江夏王，宝源为庐陵王，宝寅为建安王，宝融为随郡王，宝攸为南平王。甲申，断官长贡献及私饷遗。以安陆昭王缅第二子宝晊袭封安陆王。丁亥，诏细作、中署、材官、车府，凡诸工可悉许番假，递令休息。戊子，立皇子宝卷为皇太子，赐天下为父后者爵一级。己丑，诏东宫肇建，远近或有庆礼，可悉断之。永明中，御史中丞沈深表："百官年登七十者，皆令致仕，并穷困私门。"庚子，诏"自缙绅年及，可一遵永明七年以前铨叙之科。"十二月庚戌，宣德太仆刘朗之、游击将军刘璩之子，坐不赡给兄子，致使随母他嫁，免官，禁锢终身，付之乡论。是岁，魏孝文皇帝迁都洛阳。

二年春正月辛未，降都下系囚殊死以下。诏王公以下各举所知。内外群僚各进忠言，无有所讳。魏攻豫、司、徐、梁四州。壬申，遣镇军将军王广之督司州，右卫将军萧坦之督徐州，尚书右仆射沈文季督豫州，以拒魏。己卯，诏都下二县，有毁发坟垄，随宜修理。乙未，魏军攻钟离，徐州刺史萧惠休破之。丙申，加太尉陈显达使持节、都督西北道诸军事。丁酉，内外纂严。二月己未，司州刺史萧诞与众军攻败魏军。诏雍、豫、司、南兖、徐五州遭遇兵戎之家，悉停今年税调。丙寅，停青州麦租。魏军自寿春退。三月甲申，解严。夏四月己亥朔，亲录三百里内狱讼，自外委州郡讯察，三署徒隶，原遣有差。魏围汉中，梁州刺史萧懿拒退之。五月甲午，寝庙成，诏监作长帅赐位一等。六月壬戌，诛领军萧谌、西阳王子明、南海王子罕、邵陵王子贞。秋九月己丑，改封南平王宝攸为邵陵王，蜀郡王子文为西阳王，广汉王子峻为衡阳王，临海王昭秀为巴陵王，永嘉王昭粲为桂阳王。冬十月癸卯，诏罢东田，毁兴光楼，并诏水衡量省御乘。乙卯，纳皇太子妃褚氏，大赦，王公以下班赐各有差，断四方上礼。十二月丁酉，诏晋帝诸陵，悉皆修理，并增守卫。吴、晋陵失稔之乡，

蠲三调有差。

三年春正月丁卯，以阴平王杨炅子崇祖为沙州刺史，封阴平王。己巳，诏申明守长六周之制，事竟不行。乙酉，诏以去岁魏攻缘边诸州郡，将士有临阵及病死者，并送还本土。三月壬午，诏车府乘舆有金银校饰者，皆剔除之。夏四月，魏军攻司州，栎城戍主魏僧嶾击破之。冬闰十二月戊寅，皇太子冠，赐王公以下帛各有差，为父后者赐爵一级，断远近上礼。

四年春正月庚午，大赦。壬寅，诏"人产子者，蠲其父母调役一年，又赐米十斛。新婚者，蠲夫役一年"。丙辰，诛尚书令王晏。二月以尚书左仆射徐孝嗣为尚书令。秋八月甲午，追尊景皇所生王氏为恭太后。魏军攻沔北。冬十月，又逼司、雍二州。甲戌，遣太子中庶子萧衍、右军司马张稷御之。十一月丙辰，以氐杨灵珍为北秦州刺史，封仇池公、武都王。十二月丁丑，遣度支尚书崔慧景率众救雍州。

永泰元年春正月癸未朔，大赦。中军大将军徐孝嗣即本号开府仪同三司。沔北诸郡为魏所攻，相继亡败。新野太守刘思忌随宜应接，食尽，煮土为粥，而救兵不至，城被克，死之。乙巳，遣太尉陈显达持节救雍州。丁未，诛河东王铉、临贺王子岳、西阳王子文、衡阳王子峻、南康王子琳、永阳王子珉、湘东王子建、南郡王子夏、巴陵王昭秀、桂阳王昭粲。二月癸丑，遣左卫将军萧惠休假节援寿阳。辛未，豫州刺史裴叔业败魏军于淮北。三月丙午，蠲雍州遇魏军之县租布。戊申，诏增仲尼祭秩。上以疾患不瘳，望气者云宜改元。夏四月甲寅，大赦，改元，文武赐位二等。己未，立武陵昭王子子坦为衡阳王。丁丑，大司马会稽太守王敬则举兵反。五月壬午，遣辅国将军刘山阳率军东讨。乙酉，斩敬则，传首建邺，曲赦浙东吴、晋陵等七郡。秋七月己酉，帝崩于正福殿，年四十七。遗诏："徐孝嗣可重申八命，中书监、本官悉如故。沈文季可尚书左仆射，常侍、护军如故。江祏可右仆射，江祀可侍中，刘暄可卫尉卿。军政大事委陈太尉。内外众事无大小委徐孝嗣、遥光、坦之、江祏；其大事与沈文季、江祀、刘暄参怀。心腹之任，可委刘悛、萧惠休、崔慧景。"群臣上谥曰明皇帝，庙号高宗，葬兴安陵。

帝明审有吏才，持法无所借。制御亲幸，臣下肃清。驱使寒人，不得用四幅伞。大存俭约，罢武帝所起新林苑，以地还百姓。废文惠太子所起东田，斥卖之。永明中，舆辇舟乘，悉剔取金银，还主文库，以牙角代之。尝用皂荚，讫，授余渖与左右。曰："此犹堪明日用。"太官进御食，有裹蒸，帝十字画之，曰："可四片破之，余充晚食。"而武帝披庭中宫殿服御，一无所改。其俭约如此。性猜忌，亟行诛戮。信道术，用计数。每出行幸，先占利害。简于出入，将南则诡言之西，将东则诡言之北，皆不以实，竟不南郊。初有疾，无辍听览，群臣莫知。及疾笃，敕台省府署文簿求白鱼以为药，外始知之。身衣绛衣，服饰皆赤，以为厌胜。巫觋云"后湖水头经过宫内，致帝有疾"。帝乃自至太官行水沟，左右启"太官无此水则不立"。决意塞之，欲南引淮流，会崩，事寝。

废帝东昏侯，讳宝卷，字智藏，明帝第二子也。本名明贤，明帝辅政后改焉。建武元年，立为皇太子。永泰元年七月己酉，明帝崩，太子即皇帝位。八月庚申，镇北将军晋安王宝义进号征北大将军、开府仪同三司。冬十月丁未，诏删省律科。癸亥，诏萧坦之、江祏更直殿省，总监宫卫。辛未，诏刘暄、江祏更直延明殿省。十一月戊子，立皇后褚氏。庚寅，尚书令徐孝嗣议："王侯贵人昏，连卺以真银杯，盖出近俗。又牢烛侈绩，亦亏曩制。今除金银连锁，自余新器，悉用埏陶，牢烛华侈，亦宜停之。"奏可。

永元元年春正月戊寅朔，大赦，改元。辛卯，祀南郊。丁酉，改封随王宝融为南康王，安陆王宝晊为湘东王，竟陵王昭胄为巴陵王。二月，太尉陈显达败绩于马圈。夏四月丙午朔，魏孝文皇帝崩。己巳，立皇子诵为皇太子，大赦，赐为父后者爵一级。五月癸亥，加抚军大将军始安王遥光开府仪同三司。六月甲子，诏原雍州今年三调。秋七月辛未，淮水变赤如血。丙戌，杀尚书右仆射江祏、侍中江祀。地震，自此至来岁，昼夜不止，小屋多坏。丁亥，都下大水，死者甚众。赐死者材器，并加振恤。八月乙巳，蠲遇水资财漂荡者今年调税。又诏为马圈战亡将士举哀。丙辰，扬州刺史始安王遥光据东府反。诏曲赦都下，中外戒严，遣领军将军萧坦之致讨。戊午，斩遥光，传首。己巳，以尚书令徐孝嗣为司空，以领军萧坦之为尚书左仆射。闰月丙子，以江陵公宝览为始安王。九月甲辰，杀尚书左仆射萧坦之、右卫将军曹武。戊午，杀领军将军刘暄。壬戌，以频杀大臣，大赦。冬十月乙未，诛尚书令新除司空徐孝嗣、右仆射新除镇军将军沈文季。庚子，以吴兴太守萧惠休为尚书右仆射。辛丑，以侍中王亮为左仆射。十一月丙辰，太尉、江州刺史陈显达举兵反于寻阳。乙丑，加护军将军崔慧景平南将军，督众军南讨。十二月甲申，陈显达至都，宫城严警。乙酉，斩显达，传其首。余党尽平。

二年春正月庚午，诏讨豫州刺史裴叔业。二月己丑，叔业病死，兄子植以寿春降魏。三月乙卯，命平西将军崔慧景攻寿春。丙午，尚书右仆射萧惠休卒。丁未，崔慧景于广陵反，举兵内向。壬子，命右卫将军左兴盛督都下水步众军御之。南徐州刺史江夏王宝玄以京城纳慧景。乙卯，遣中领军王莹率众军北篱门。壬戌，慧景至，莹等败绩。甲子，慧景入建邺，台城内闭门拒守。豫州刺史萧懿兴兵入援。己巳，以懿为尚书右仆射。夏四月癸酉，慧景弃众走，斩之。诏曲赦都下及南徐、南兖二州。乙亥，以新除尚书右仆射萧懿为尚书令。丙子，以中领军王莹为尚书右仆射。五月己酉，江夏王宝玄伏诛。壬子，赦。乙丑，曲赦都下及南徐、南兖二州。六月庚寅，车驾于乐游苑内会，如三元，都下放女人观。秋七月甲辰夜，宫内火，唯东阁内明帝旧殿数区及太极以南得存，余皆荡尽。冬十月己卯，杀尚书令萧懿。十一月丙寅，西中郎长史萧颖胄起兵于荆州。十二月，雍州刺史萧衍起兵于襄阳。是岁，魏宣武皇帝景明元年。

三年春正月丙申朔，日有蚀之。帝与宫人于阅武堂元会，皇后正位，阉人行仪，帝戎服临视。丁酉，以骠骑大将军晋安王宝义为司徒，以新除抚军将军建安王宝寅为车骑将军、开府仪同三司。乙巳，长星见，竟天。辛亥，祀南郊，大赦，诏百官陈谠言。二月丙寅，乾和殿西厢火。壬午，诏遣羽林兵征雍州，中外纂严。始内横吹五部于殿内，昼夜奏之。壬戌，蚩尤旗见。三月乙巳，南康王宝融即皇帝位于江陵。癸丑，遣平西将军陈伯之西征。六月，萧颖胄弟颖孚起兵庐陵。戊子，赦江州安成、庐陵二郡。秋七月癸巳，曲赦荆、雍二州。雍州刺史张欣泰、前南谯太守王灵秀率石头文武奉建安王宝寅向台，至杜姥宅，宫门闭，乃散走。丙辰，龙斗于建康淮，激水五里。八月辛卯，以太子左率李居士总督西讨诸军事，屯新亭。九月甲辰，萧衍至南豫州，辅国将军、监南豫州事申胄军二万人于姑孰奔归。丙辰，李居士与衍军战于新亭，见败。冬十月甲戌，王珍国又战败于朱雀航，戊寅，宁朔将军徐元瑜以东府城降。青、冀二州刺史桓和入卫，屯东宫，寻亦降衍，于是闭宫城门自守。十二月丙寅，新除雍州刺史王珍国、侍中张稷率兵入殿杀帝，时年十九。

帝在东宫，便好弄，不喜书学，明帝亦不以为非，但勖以家人之行令。太子求一日再入朝，发诏不许，使三日一朝。在宫尝夜捕鼠达旦，以为笑乐。明帝临崩，属后事，以隆昌为戒，曰："作事不可在人后。"故委任群小，诛诸宰臣，无不如意。性讷涩少言，不与朝士接。欲速葬，恶灵在太极殿，徐孝嗣固争，得逾月。每当哭，辄云喉痛。太中大夫羊阐入临，无发，号恸俯仰，帻遂脱地，帝辍哭大笑，谓宦者王宝孙曰："此谓秃鹙啼来乎？"自江祏、始安王遥光等诛后，无所忌惮，日夜于后堂戏马，鼓噪为乐。合夕，便击金鼓吹角，令左右数百人叫，杂以羌胡横吹诸伎。常以五更就卧，至晡乃起。王侯以下节朔朝见，晡后方前，或际暗遣出。台阁案奏，月数十日乃报，或不知所在。阉竖以纸包裹鱼肉还家，并是五省黄案。二年元会，食后方出，朝贺裁竟，便还殿西序寝，自巳至申，百僚陪位，皆僵仆菜色。比起就会，匆遽而罢。

太子所生母黄贵嫔早亡，令潘妃母养之。拜潘氏为贵妃，乘卧舆，帝骑马从后，著织成袴褶，金薄帽，执七宝缚矟。又有金银校具，锦绣诸帽数十种，各有名字。戎服急装缚袴，上著绛衫，以为常服，不变寒暑。陵冒雨雪，不避坑阱。驰骋渴乏，辄下马解取腰边蠡器，酌水饮之，复上驰去。马乘具用锦绣处，患为雨所湿，织杂采珠为覆蒙，备诸雕巧。教黄门五六十人为骑客，又选营署无赖小人善走者为逐马鹰犬。左右数百人，常以自随，奔走往来，略不暇息。置射雉场二百九十六处，翳中帷帐及步障，皆袷以绿红锦，金银镂弩牙，玳瑁帖箭。每出，辄与鹰犬队主徐令孙、媒翳队主俞灵韵齐马而走，左右争逐之。又甚有筋力，牵弓至三斛五斗。能担幢，初学担幢，每倾倒，在幢杪者，必致踠伤。其后，白虎幢七丈五尺，齿上担之，折齿不倦。担幢诸校具服饰，皆自制之，缀以金华玉镜众宝。舍人、主书及至左右主帅，并皆侍侧，逞诸变态，曾无愧颜。始欲骑马，未习其事，俞灵韵为作木马，人在其中，行动进退，随意所适，其后遂为善骑。

陈显达平，渐出游走。不欲令人见之，驱斥百姓，唯置空宅而已。是时率一月二十余出，既往无定处，尉司常虑得罪，东行驱西，南行驱北，应旦出，夜便驱逐，吏司奔驱，叫呼盈路。打鼓踢围，鼓声所闻，便应奔走，临时驱迫，衣不暇披，乃至徒跣走出，犯禁者应手格杀。百姓无复作业，终日路隅。从万春门由东宫以东至郊外，数十里皆空家尽室。巷陌县幔为高障，置人防守，谓之"屏除"。高障之内，设部伍羽仪，复有数部，皆奏鼓吹羌胡伎，鼓角横吹。夜反，火光照天。每三四更中，鼓声四出，幡戟横路，百姓喧走，士庶莫辨。或于市肆左侧过亲幸家，环绕宛转，周遍都下，老小震惊，啼号塞道，处处禁断，不知所过。疾患困笃者，悉扛移之。无人扛者，扶舁道侧，吏司又加捶打，绝命者相系。从骑及左右因之入富家取物，无不荡尽。工商莫不废业，樵苏由之路断。至于乳妇昏姻之家，移产寄室，或舆病弃尸，不得殡葬。有弃病人于青溪边者，吏惧为监司所问，推置水中，泥覆其面，须臾便死，遂失骸骨。前魏兴太守王敬宾新死未敛，家人被驱，不得留视。及家人还，鼠食两眼都尽。如此非一。又尝至沈公城，有一妇人当产不去，帝入其家，问："何独在？"答曰："临产不得去。"因剖腹看男女。又长秋卿王儇病笃，不听停家，死于路边。丹阳尹王志被驱急，狼狈步走，惟将二门生自随，藏朱雀航南酒垆中，夜方得羽仪而归。喜游猎，不避危险。至蒋山定林寺，一沙门病不能去，藏于草间，为军人所得，应时杀之。左右韩晖光曰："老道人可念。"帝曰："汝见獐鹿亦不射邪？"仍百箭俱发。故贵人富室者，皆数处立宅，以为避围之舍。每还宫，常至三更，百姓然后得反。禁断又不即通，处处屯咽，或泥涂灌注，或冰冻严结，老幼啼号，不可闻见。时人以其所围处号为"长围"。及建康城见围，亦名长围，识者以为谶焉。

三年，殿内火。合夕便发，其时帝犹未还，宫内诸房阁已闭，内人不得出，外人又不敢辄开，比及开，死者相枕。领军将军王莹率众救火，太极殿得全。内外叫唤，声动天地。帝三更中方还，先至东宫，虑有乱，不敢便入，参觇审无异，乃归。其后出游，火又烧璿仪、曜灵等十余殿及柏寝，北至华林，西至秘阁，三千余间皆尽。左右赵鬼能读《西京赋》，云"柏梁既灾，建章是营。"于是大起诸殿，芳乐、芳德、仙华、大兴、含德、清曜、安寿等殿，又别为潘妃起神仙、永寿、玉寿三殿，皆匝饰以金璧。其玉寿中作飞仙帐，四面绣绮，窗间尽画神仙。又作七贤，皆以美女侍侧。凿金银为书字，灵兽、神禽、风云、华炬，为之玩饰。椽桷之端，悉垂铃佩。江左旧物，有古玉律数枚，悉裁为细笛。庄严寺有玉九子铃，外国寺佛面有光相，禅灵寺塔诸宝珥，皆剥取以施潘妃殿饰。性急暴，所作便欲速成，造殿未施梁桷，便于地画。唯须宏丽，不知精密。酷不别画，但取绚曜而已，故诸匠赖此得不用情。又凿金为莲华以帖地，令潘妃行其上，曰："此步步生莲华也。"涂壁皆以麝香，锦幔珠帘，穷极绮丽。繁役工匠，自夜达晓，犹不副速，乃剔取诸寺佛刹殿藻井、仙人、骑兽以充足之。武帝兴光楼上施青漆，世人谓之"青楼"，帝曰："武帝不巧，何不纯用琉璃。"潘氏服御，极选珍宝，主衣库旧物，不复周用，贵市人间金银宝物，价皆数倍。虎珀钏一只，直百七十万。都下酒租，皆折输金，以供杂用。犹不能足，下扬、南徐二州桥桁塘埭丁计功为直，敛取见钱，供大乐主衣杂费。由是所在塘渎，悉皆隳废。又订出雄雉头、鹤氅、白鹭缞，百品千条，无复穷已。亲幸小人，因缘为奸，科一输十。又各就州县求为人输，准取见直，不为输送。守宰惧威，口不得道，须物之处，以复重求。如此相仍，前后不息，百姓困尽，号泣道路。少府太官，凡诸市买，事皆急速，催求相系。吏司奔驰，遇便房夺，市廛离散，商旅靡依。又以阅武堂为芳乐苑，穷奇极丽。当暑种树，朝种夕死，死而复种，率无一生。于是征求人家，望树便取，毁彻墙屋，以移置之。大树合抱，亦皆移掘，插叶系华，取玩俄顷，铲取细草，来植阶庭，烈日之中，至便焦燥。纷纭往还，无复已极。山石皆涂以采色，跨池水立紫阁诸楼，壁上画男女私亵之像。明帝时多聚金宝，至是金以为泥，不足周用，令富室卖金，不问多少，限以贱价，又不还直。张欣泰尝谓舍人裴长穆曰："宫殿何事顿尔！夫以秦之富，起一阿房而灭。今不及秦一郡，而顿起数十阿房，其危殆矣。"答曰："非不悦子之道，顾言不用耳。"潘妃放恣，威行远近。父宝庆与诸小共逞奸毒，富人悉诬为罪，田宅资财，莫不启乞。或云寄附隐藏，复加收没，计一家见陷，祸及亲邻。又虑后患，男口必杀。明帝之崩，竟不一日蔬食，居处衣服，无改平常。潘妃生女，百日而亡，制斩衰经杖，衣悉粗布。群小来吊，盘旋地坐，举手受执蔬膳，积旬不听音伎。左右直长阉竖王宝孙诸人，共营肴羞，云为天子解菜。又于苑中立店肆，模大市，日游市中，杂的货物，与宫人阉竖共为裨贩。以潘妃为市令，自为市吏录事，将斗者就潘罚之。帝小有得失，潘则与杖，乃敕虎贲威仪不得进大荆子，阁内不得进实中狄。虽畏潘氏，而窃与诸姊妹淫通。每游走，潘氏乘小舆，宫人皆露裈，着绿丝屐，帝自戎服骑马从后。又开渠立埭，躬自引船，埭上设店，坐而屠肉。于时百姓歌云："阅武堂，种杨柳，至尊屠肉，潘妃酤酒。"

又偏信蒋侯神，迎来入宫，昼夜祈祷。左右朱光尚诈云见神，动辄谘启，并云降福。始安之平，遂加位相国，末又号为"灵帝"，车服羽仪，一依王者。又曲信小祠，日有十数，师巫魔媪，迎送纷纭。光尚辄托云神意。范云谓光尚曰："君是天子要人，当思百全计。"光尚曰："至尊不可谏正，当托鬼神以达意耳。"后东入乐游，人马忽惊，以问光尚，光尚曰："向见先帝大瞋，不许数出。"帝大怒，拔刀与光尚等寻觅，既不见处，乃缚蒭为明帝形，北向斩之，县首苑门。

上自永元以后，魏每来伐，继以内难，扬、南徐二州人丁，三人取两，以此为率。远郡悉令上米，准行一人五十斛，输米既毕，就役如故。又先是诸郡役人，多依人士为附隶，谓之"属名"。又东境役苦，百姓多注籍诈病，遣外医巫，在所检占诸属名，并取病身。凡属名多不合，役止避小小假，并是役荫之家。凡注病者，或已积年，皆摄充将役。又追责病者租布，随其年岁多少。衔命之人，皆给货赂，随意纵舍。又横调征求，皆出百姓。

群小以陈显达下数日便败,崔慧景围城正得十日,及萧衍师至,亦谓为然。裹粮食、樵刍,凡所须物,为百日备。帝谓茹法珍曰:"须来至白门前,当一决。"及至近郊,乃聚兵为固守计,召王侯分置尚书都坐及殿省。尚书旧事,悉充纸铠。使冠军将军王珍国领三万人据大桁,莫有斗志,遣王宝孙督战,呼为王伥子。宝孙切骂诸将帅,直阁将军席豪发愤突阵死。豪,骁将也,既毙,众军于是土崩。军人从朱雀观上自投及赴淮水死者无数。于是闭城自守,城内军事委王珍国。兖州刺史张稷入卫,以稷为副,实甲犹七万人。

帝着乌帽裤褶,备羽仪,登南掖门临望。又虚设铠马斋仗千人,皆张弓拔白,出东掖门,称蒋王出荡。又受刀敕等教著五音儿衣,登城望战。还与御刀左右及六宫于华光殿立军垒,以金玉为铠仗,亲自临阵,诈被创势,以板扛将去,以此厌胜。又于阅武堂设牙门军顿,每夜严警。帝于殿内骑马,从凤庄门入徽明门,马被银莲叶具装,铠杂羽孔翠寄生,逐马左右卫从,昼眠夜起如平常。闻外鼓吹叫声,被大红袍,登景阳楼望,弩几中之。众皆怠怨,不为致力,募兵出战,至城门数十步,皆坐甲而归。虑城外有伏兵,乃烧城傍诸府署,六门之内皆尽。城中阁道、西掖门内,相聚为市,贩卖牛马肉。萧衍长围既立,堑栅严固,然后出荡,屡战不捷。帝尤惜金钱,不肯赏赐,茹法珍叩头请之,帝曰:"贼来独取我邪,何为就我求物?"后堂储数百具榜,启为城防,帝曰:"拟作殿。"竟不与。城防巧手,而悉令作殿,昼夜不休。又催御府细作三百人精仗,须围解以拟屏除。金银雕镂杂物,倍急于常。法珍、虫儿又说帝曰:"大臣不留意,使围不解,宜悉诛之。"珍国、张稷惧祸,乃谋应萧衍,以告司后阁舍人钱强。强许之,密令游荡主崔叔智夜开云龙门,稷及珍国勒兵入殿,分军又从西上阁入后宫,御刀丰勇之为内应。是夜,帝在含德殿。吹笙歌作《女儿子》,卧未熟,闻兵入,趋出北户,欲还后宫。清曜阁已闭,阉人禁防黄泰平刀伤其膝,仆地,顾曰:"奴反邪!"直后张齐斩首,送萧衍。宣德太后令依汉海昏侯故事,追封东昏侯。

和帝,讳宝融,字智昭,明帝第八子也。建武元年,封随郡王。永元元年,改封南康王,出为西中郎将、荆州刺史,督七州军事。二年十一月甲寅,长史萧颖胄奉王举兵。其日太白及辰星俱见西方。乙卯,教纂严。丙辰,以雍州刺史萧衍为使持节、都督前锋诸军事。戊午,衍表劝进。十二月乙亥,群僚劝进,并不许。壬辰,骁骑将军夏侯亶自建邺至江陵,称宣德太后令:"西中郎将南康王宜纂承皇祚,光临亿兆,可且封宣城王、相国、荆州牧,加黄钺,置僚属。"三年正月乙巳,王受命,大赦,唯梅虫儿、茹法珍等不在例。是日,长星见,竟天。甲寅,建牙于城南。二月己巳,群僚上尊号,立宗庙及南北郊。

中兴元年春三月乙巳,皇帝即位,大赦,改永元三年为中兴,文武赐位二等。是夜彗星竟天。以相国左长史萧颖胄为尚书令,加雍州刺史萧衍尚书左仆射、都督征讨诸军。以晋安王宝义为司空,庐陵王宝源为车骑将军、开府

仪同三司。丙午,有司奏封庶人宝卷为零陵侯,诏不许;又奏为涪陵王,诏可。夏四月戊辰,诏凡东讨众军及诸向义之众,普复除五年。秋七月丁巳,鲁山城主孙乐祖以城降。己未,郢城主薛元嗣降。八月丙子,平西将军陈伯之降。九月己未,诏假黄钺萧衍,若定京邑,得以便宜从事。冬十一月壬寅,尚书令、镇军将军萧颖胄卒。十二月丙寅,建康城平。己巳,宣德皇太后令,以征东大将军萧衍为大司马、录尚书、骠骑大将军、扬州刺史,封建安郡公,依晋武陵王遵承制故事。壬申,改封建安王宝寅为鄱阳王。癸酉,以司徒、扬州刺史晋安王宝义为太尉,领司徒。乙酉,以尚书右仆射王莹为左仆射。

二年春正月戊戌,宣德皇太后临朝,入居内殿。壬寅,大司马萧衍都督中外诸军事,加殊礼。己酉,以大司马长史王亮为守尚书令。甲寅,加大司马萧衍位相国、梁公,备九锡礼。二月壬戌,诛湘东王宝晊。丙戌,进梁公萧衍爵为王。三月辛丑,鄱阳王宝寅奔魏。诛邵陵王宝攸、晋熙王宝嵩、桂阳王宝贞。庚戌,车驾东归至姑孰。丙辰,逊位于梁。丁巳,庐陵王宝源薨。四月辛酉,禅诏至,皇太后逊居外宫。梁受命,奉帝为巴陵王,宫于姑孰。戊辰,巴陵王殂,年十五。追尊为齐和帝。葬恭安陵。

初,梁武帝欲以南海郡为巴陵国邑而迁帝焉,以问范云,云俯首未对。沈约曰:"今古殊事,魏武所云,'不可慕虚名而受实祸'"。梁武颔之。于是遣郑伯禽进以生金,帝曰:"我死不须金,醇酒足矣。"乃引饮一升,伯禽就加摺焉。先是,文惠太子与才人共赋七言诗,句后辄云"愁和帝",至是其言方验。又永明中,望气者云新林、娄湖、青溪并有天子气,于其处大起楼苑宫观,武帝屡游幸以应之。又起旧宫于青溪,以弭其气。而明帝旧居东府城西,延兴末,明帝龙飞,至是梁武帝众军城于新林,而武帝旧宅亦在征虏。百姓皆着下屋白纱帽,而反裙覆顶。东昏曰:"裙应在下,今更在上,不祥。"命断之。于是百姓皆反裙向下,此服袄也。帽者,首之所寄,今而向下,天意若曰,元首方为猥贱乎?东昏又令左右作逐鹿帽,形甚窄狭,后果有逐鹿之事。东昏宫里又作散叛发,反髻根向后,百姓争学之,及东昏狂惑,天下散叛矣。东昏又与群小别立帽,骞其口而舒两翅,名曰"凤度三桥"。裙向后,总而结之,名曰"反缚黄丽"。东昏与刀敕之徒亲自着之,皆用金宝,凿以璧珰。又作著调帽,镂以金玉,间以孔翠,此皆天意。梁武帝旧宅在三桥,而"凤度"之名,凤翔之验也。"黄丽"者"皇离",为日而反缚之,东昏戮死之应也。"调"者,梁武帝至都,而风俗和调。先是百姓及朝士,皆以方帛填胸,名曰"假两",此又服袄。假非正名也,储两而假之,明不得真也。东昏诛,其子废为庶人,假两之意也。

论曰:郁林地居长嫡,瑕衅未彰,而武皇之心,不变周道,故得保兹守器,正位尊极。既而愆鄙内作,兆自宫闱,虽为害未远,而足倾社稷。郭璞称永昌之名,有二日之象,隆昌之号,实亦同焉。明帝越自支庶,任当负荷,乘机而作,大致歼夷,流涕行诛,非云义举,事苟非安,

能无内愧？既而自树本枝，根胤孤弱，贻厥所授，属在凶愚。用覆宗祊，亦其理也。夫名以行义，往贤垂范，备而之禅，术士诚之；东昏以"卷"名，"蔵"以终之，其兆先征，盖亦天所命矣。

卷六　　　　梁本纪上第六

梁高祖武皇帝，讳衍，字叔达，小字练儿，南兰陵中都里人。姓萧氏，与齐同承淮阴令整。整生皇高祖辖，位济阴太守。辖生皇曾祖副子，位州治中从事。副子生皇祖道赐，位南台治书侍御史。道赐生皇考，讳顺之，字文纬，于齐高帝为始族弟。皇考外甚清和，而内怀英气，与齐高少而款狎。尝共登金牛山，路侧有枯骨纵横，齐高谓皇考曰："周文王以来，几年当复有掩此枯骨者乎？"言之憯然动色。皇考由此知齐高有大志，常相随逐。齐高每外讨，皇考常为军副。及北讨，薛索儿夜遣人入营，提刀径至齐高眠床，皇考手刃之。颇为齐高镇军司马、长史。

时宋帝昏虐，齐高谋出外，皇考以为一旦奔亡，则危几不测，不如因人之欲，行伊、霍之事。齐高深然之。历黄门郎、安西长史、吴郡内史，所经皆著名。吴郡张绪常称："文武兼资，有德有行，吾敬萧顺之。"袁粲之据石头，黄回与之通谋。皇考闻难作，率家兵据朱雀桥，回觇人还告曰："朱雀桥南一长者，英威毅然，坐胡床南向"。回曰："萧顺之也。"遂不敢出。时微皇考，石头几不据矣。及齐高创造皇业，推锋决胜，莫不拱仰成焉。齐建元末，齐高从容谓皇考曰："当令阿玉解扬州相授。"玉，豫章王嶷小名也。齐武帝在东宫，皇考尝问讯，及退，齐武指皇考谓嶷曰："非此翁，吾徒无以致今日。"及即位，深用忌惮，故不居台辅。以参豫佐命，封临湘县侯。历位侍中、卫尉、太子詹事、领军将军、丹阳尹，赠镇北将军，谥曰懿。

帝以宋孝武大明八年岁次甲辰生于秣陵县同夏里三桥宅。初，皇妣张氏尝梦抱日，已而有娠，遂产帝。帝生而有异光，状貌殊特，日角龙颜，重岳虎顾，舌文八字，项有浮光，身映日无影，两胯骈骨，项上隆起，有文在右手曰"武"。帝为儿时，能蹈空而行。及长，博学多通，好筹略，有文武才干。所居室中，常若云气，人或遇者，体辄肃然。初为卫军王俭东阁祭酒，俭一见深相器异，请为户曹属。谓庐江何宪曰："此萧郎三十内当作侍中，出此则贵不可言。"竟陵王子良开西邸，招文学，帝与沈约、谢朓、王融、萧琛、范云、任昉、陆倕等并游焉。号曰"八友"。融俊爽，识鉴过人，尤敬异帝，每谓所亲曰："宰制天下，必在此人。"累迁随王镇西谘议参军。行经牛渚，逢风，入泊龙洓。有一老人谓帝曰："君龙行虎步，相不可言，天下方乱，安之者其在君乎？"问其名氏，忽然不见。寻以皇考艰去职，归建邺。及齐武帝不豫，竟陵王子良以帝及兄懿、王融、刘绘、王思远、顾暠之、范云等为帐内军主。融欲因帝晏驾立子良，谓文曰："夫立非常之事，必待非常之人，融才非负图，视其败也。"范云曰：

"忧国家者，惟有王中书。"帝曰："忧国欲为周、召？欲为竖、刁邪？"懿曰："直哉史鱼，何其木强也！"

初，皇考之薨，不得志，事见《齐鱼复侯传》。至是，郁林失德，齐明帝作辅，将为废立计。帝欲助齐明，倾齐武之嗣，以雪心耻。齐明亦知之，每与帝谋。时齐明将追随王，恐不从，又以王敬则在会稽，恐为变，以问帝。帝曰："随王虽有美名，其实庸劣，既无智谋之士，爪牙惟仗司马垣历生、武陵太守卞白龙耳。此并惟利是与，若啖以显职，无不载驰。随王止须折简耳。敬则志安江东，穷其富贵，宜选美女以娱其心。"齐明曰："亦吾意也。"即征历生为太子左卫率，白龙游击将军，并至。续召随王至都，赐自尽。豫州刺史崔慧景既齐武旧臣，不自安，齐明忧之。乃起帝镇寿阳，外声备魏，实防慧景。师次长濑，慧景惧罪，白服来迎，帝抚而宥之。将军房伯玉、徐玄庆并曰："慧景反迹既彰，实是见贼，我曹武将，譬如鞲上鹰，将军一言见命，便即制之。"帝笑曰："其如掌中婴儿，杀之不武。"于是曲意和释之，慧景遂安。隆昌元年，拜中书侍郎，迁黄门侍郎。建武二年，魏将王肃、刘昶攻司州刺史萧诞甚急。齐明遣左卫将军王广之赴救，帝为偏帅隶广之。行次熨斗洲，有人长八尺余，容貌衣冠皓然皆白，缘江呼曰："萧王大贵。"帝既屡有征祥，心益自负。时去诞百里，众军以魏军盛，莫敢前。帝欲大振威略，谓诸将曰："今屯下梁之城，塞凿岘之险，守雉脚之路，据贤首之山，以通西关，以临贼垒，三方掎角，出其不备，破贼必矣。"广之等不从。后遣徐玄庆进据贤首山，魏绝其粮道，众惧，莫敢援之，惟帝独奋请先进。于是广之益帝精甲，衔枚夜前。失道，望见如持两炬者，随之果得道，径上贤首山，广之军因得前。魏军来胁，帝坚壁不进。时王肃自攻城，一鼓而退。刘昶有疑心，帝因与书，间成其隙。一旦，有风从西北起，阵云随之来，当肃营，寻而风回云转，还向西北。帝曰："此所谓归气，魏师遁矣。"令军曰："望麾而进，听鼓而动。"肃方倾壁十万，阵于水北，帝扬麾鼓噪，响振山谷，敢死之士，执短兵先登，长戟翼之。城中见援至，因出军攻魏栅，魏军表里受敌，因大崩。肃、昶单骑走，斩获千计，流血绛野。得肃、昶巾箱中帝敕曰："闻萧衍善用兵，勿与争锋，待吾至；若能禽此人，则江东吾有也。"以功封建阳县男。

寻为司州刺史。有沙门自称僧怪，谓帝曰："君项有伏龙，非人臣也。"复求，莫知所之。帝在州，甚有威名。尝有人饷马，帝不受，饷者密以马系南柱而去。帝出见马，答书殷勤，缚之马首，令人驱出城外，马自还。还郡为太子中庶子，领四厢直。出镇石头。齐明性猜忌，帝避时嫌，解遣部曲，常乘折角小牛车。齐明每称帝清俭，勉励朝臣。

四年，魏孝文帝自率大众逼雍州，刺史曹武度沔守樊城。武，旧齐武腹心，齐明忌之。欲使后弟刘暄为雍州，暄不愿出外，因江祏得留。齐明帝拟帝雍州，受密旨以顿，声为军事发遣。又命五兵尚书崔慧景、征南将军陈显达相继援襄阳。慧景与帝进行邓城，魏孝文帅十余万骑奄至，慧景引退。帝止之，不从，于是大败。帝帅众拒战，独得全军。及魏军退，以帝为辅国将军，监雍州事。

先是，雍州相传樊城有王气，至是谣言更甚。及齐明帝崩，遗诏以帝为都督、雍州刺史。时扬州刺史始安王遥光、尚书令徐孝嗣、右仆射江祏、右将军萧坦之、侍中江祀、卫尉刘暄更直内省，分日帖敕，世所谓"六贵"。又有御刀茹法珍、梅虫儿、丰勇之等八人，号为"八要"。及舍人王咺之等四十余人，皆口擅王言，权行国宪。帝谓张弘策曰："政出多门，乱其阶矣。当今避祸，惟有此地，勤行仁义，可坐作西伯；但诸弟在都，恐离时患，须与益州图之耳。"时上长兄懿罢益州还，仍行郢州事。乃使弘策诣郢，陈计于懿，语在懿传。言既不从，弘策还，帝乃召弟伟及憺，是岁至襄阳。乃潜造器械，多伐竹木，沉于檀溪，密为舟装之备。时帝所住斋常有气，五色回转，状若蟠龙。季秋出九日台，忽暴风起，烟尘四合，帝所居独白日清朗，其上紫云腾起，形如伞盖，望者莫不异焉。寻而大臣相次诛戮。永元二年冬，懿又被害。信至，帝密召长史王茂、中兵吕僧珍、别驾柳庆远、功曹吉士瞻等谋之。既定，以十一月乙巳召僚佐集于听事，告以举兵。是日建牙，出檀溪竹木装舸舰，旬日大办。百姓愿从者，得铁马五千匹，甲士三万人。

先是，东昏以刘山阳为巴西太守，使过荆州就行事萧颖胄以袭襄阳。帝知其谋，乃遣参军王天武、庞庆国诣江陵，遍与州府人书论军事。天武既发，帝谓谘议参军张弘策曰："今日天武坐收天下矣。荆州得天武至，必回遑无计，若不见同，取之如拾地芥耳。断三峡，据巴、蜀，分兵定湘中，便全有上流。以此威声，临九派，断彭蠡，传檄江南，风之靡草，不足比也，政小引日月耳。江陵本惮襄阳人，加唇亡齿寒，必不孤立，宁得不暗见同邪？挟荆、雍之兵，扫定东夏，韩、白重出，不能为计，况以无算之昏主，役御刀应敕之徒哉！"及山阳至巴陵，帝复令天武赍书与颖胄兄弟。去后，帝谓张弘策曰："用兵之道，攻心为上，攻城次之；心战为上，兵战次之，今日是也。近遣天武往州府，人皆有书，今段止有两封，与行事兄弟，云'一二天武口具'。及问天武，口无所说。天武是行事心膂，彼闻必谓行事与天武共隐其事，则人人生疑。山阳惑于众口，判相嫌贰，则行事进退无以自明，是驰两空函定一州矣。"山阳至江安，闻之，果疑不上。柳忱劝斩天武，送首山阳，颖胄乃谓天武曰："天下之事，县之在卿，今就卿借头，以诈山阳；昔樊於期亦以头借荆轲。"于是斩之，送首山阳，山阳信之，驰入城，将逾阃，县门发，折其车辕，投车而走，中兵参军陈秀拔戟逐之，斩于门外，传首于帝。仍以南康王尊号之议来告，且曰："时有未利，当须来年二月。遽便进兵，恐非庙算。"帝答曰："今坐甲十万，粮用自竭，若顿兵十旬，必生悔吝。且太白出西方，仗义而动，天时人谋，有何不利？昔武王伐纣，行逆太岁，复欲待年月乎？"竟陵太守曹景宗遣杜思冲劝帝迎南康、都襄阳，待正尊号，帝不从。王茂又私于张弘策曰："今以南康置人手中，彼挟天子以令诸侯，节下前去为人所使，此岂岁寒之计？"弘策言之于帝，帝曰："若前途大事不捷，故自兰艾同焚；若功业克建，谁敢不从？岂是碌碌受人处分！"于河南立新野郡，以集新附。

三年二月，南康王为相国，以帝为征东将军。戊申，帝发襄阳。自冬积霰，至是开霁，士卒咸悦。帝遂留弟伟守襄阳城，谓曰："当置心于襄阳人腹中，推诚信之，勿有疑也。天下一家，乃当相见。"遂移檄建邺，阐扬威武。及至竟陵，命长史王茂与太守曹景宗为前军，中兵参军张法安守竟陵城。茂、景宗帅众济岸，进顿九里。其日，郢州刺史张冲迎战，茂等大破之。荆州遗冠军将军邓元起、军主王世兴、田安等会大军于夏口。帝筑汉口城以守鲁山，命水军主张惠绍、朱思远等游遏中江，绝郢、鲁二城信使。时张冲死，其众推军主薛元嗣及冲长史程茂为主。

三月乙巳，南康王即帝位于江陵。遥废东昏为涪陵王，以帝为尚书左仆射，加征东大将军、都督征讨诸军，假黄钺。西台又遣冠军将军萧颖达领兵来会。四月，帝出沔，命王茂、萧颖达等逼郢城。五月己酉，帝移屯汉南。是日，有紫云如盖，荫于垒幕。甲寅，东昏遣宁朔将军吴子阳、光子衿等十三军救郢州，进据巴口。七月，帝命王茂帅军主曹仲宗、康绚、武会超等潜师袭加湖，将逼子阳。水涸不通舰，子衿喜。其夜流星坠其城，四更中无雨而水暴长，众乘流齐进，鼓噪攻之，俄而大溃，子阳等窜走，众尽溺于江。王茂虏其余而旋。郢、鲁二城相视夺气。

先是，东昏遣冠军将军陈伯之镇江州，为子阳等声援。帝谓诸将曰："夫征讨未必须实力，所听威声耳。今加湖之败，谁不詟服。陈虎牙即伯之子，狼狈奔归，彼间人情，理当凶惧。我谓九江传檄可定也。"因命搜所获俘囚，得伯之幢主苏隆之，厚加赏赐，使致命焉。戊午，鲁山城主孙乐祖降。己未夜，郢城有数百毛人逾堞且泣，因投黄鹄矶，盖城之精也。及旦，其城主程茂、薛元嗣遣参军朱晓求降。帝谓曰："城中自可不识天命，何意恒骂？"晓曰："明公未之思耳，桀犬何尝不吠尧？"初，郢城之闭，将佐文武男女口十余万人，疾疫肿死者十七八。及城开，帝并加隐恤，其死者命给棺槥。东昏闻郢城没，乃为城守计，简二尚方二冶囚徒以配军。其不可活者，于朱雀门内日斩百余人。尚书令王亮苦谏，不从。陈伯之遣苏隆之反命，求未便进军。帝曰："伯之此言，意怀首鼠，可及其犹豫逼之。"乃命邓元起即日沿流。八月，天子遣兼黄门郎苏回劳军。帝登舟，命诸军以次进路，留上庸太守韦睿守郢城，行州事。邓元起将至寻阳，陈伯之犹惧，乃收兵退保湖口，留其子虎牙守盆城。及帝至，乃束甲请罪。九月，天子诏帝平定东夏，以便宜从事。前军之次芜湖，南豫州刺史申胄奔姑孰走，至是大军进据之。自发雍州，帝所乘舰恒有两龙导引，左右莫不见之。缘道奉迎百姓，皆如挟纩。仍遣曹景宗、萧颖达领马步进顿江宁。东昏遣征虏将军李居士迎战，景宗击走之。于是王茂、邓元起、吕僧珍进据赤鼻逻，曹景宗、陈伯之为游兵。是日，新亭城主江道林率兵出战，众军禽之于阵。大军次新林，建康士庶倾都而至，送款或以血为书。命王茂进据越城，曹景宗据皂荚桥，邓元起据道士墩，陈伯之据篱门。道林余众退屯航南，迫之，因复散走，退保朱雀，凭淮自固。时李居士犹据新亭垒，请东昏烧南岸邑屋，以开战场。自大航以西，新亭以北，荡然矣。十月，东昏石头军主朱僧勇归降。东昏又遣征虏将军王珍国列阵于航南大路,悉配精手利器,尚十余万。阉人王伥子持白虎幡督诸军。王茂、曹景宗等掎角奔之,珍国之众,一时土崩,众军追至宣阳门。李居士以新亭垒,徐元瑜以东府城降,石头、白下诸军并宵溃。壬午,帝镇石头,命众军围六门。东昏悉焚门内,驱逼营署官府并入城,有众二十万。青州刺史桓和绐东昏出战,因降。先是,俗语谓密相欺变者为"和欺"。于是虫儿、法珍等曰:"今日败于桓和,可谓和欺矣。"帝命诸军筑长围。

初,众军既逼,东昏遣军主左僧庆镇京口,常僧景镇庆陵,李叔献屯瓜步。及申胄自姑孰奔归,又使屯破墩,以为东北声援。至是帝遣晓喻,并降。帝乃遣弟辅国将军秀镇京口,辅国将军恢屯破墩,从弟宁朔将军景镇广陵。吴郡太守蔡寅弃郡赴降。

十二月丙寅,兼卫尉张稷、北徐州刺史王珍国斩东昏,其夜以黄油裹首送军。帝命吕僧珍、张弥勒兵封府库及图籍。帝乃入,收嬖妾潘妃诛之,及凶党王咺之以下四十八人属吏。以宫女二千人,分赉将士。宣德皇后令追废涪陵王为东昏侯,授帝中书监、大司马、录尚书、骠骑大将军、都督、扬州刺史,封建安郡公,食邑万户,给班剑四十人,黄钺、侍中、征讨诸军事并如故。依晋武陵王遵承制故事,百僚致敬。已卯,帝入屯阅武堂,下令大赦。丙戌,入镇殿内。是日,凤皇集建邺。又下令:"凡昏制谬赋淫刑滥役,外可详检前源,悉皆除荡。其主守散失,诸所损耗,精立科条,咸从原例。"丁亥,遣豫州刺史李元履以兵五千慰劳东方十二郡。

二年正月辛卯,下令:"通检尚书众曹,东昏时诸诤讼失理、及主者淹停不时施行者,精加讯辩,依事议奏。其义师临阵致命,疾病死亡者,并加葬敛,收恤遗孤。"甲午,天子遣兼侍中席阐文、兼黄门侍郎乐法才慰劳都下。追赠皇祖散骑常侍、左光禄大夫,皇考侍中、丞相。乙未,下令:"朱雀之捷,逆徒送死者,特许家人殡葬;若无亲属,或有贫苦,二县长尉即为埋掩。建康城内不达天命,自取沦灭,亦同此科。"又下令减损浮费,自非奉粢盛,修绂冕,习礼乐之容,缮甲兵之备,此外一皆禁绝。御府中署,量宜罢省,命外详为条格。戊戌,宣德皇后临朝,入居内殿,拜帝大司马,解承制,百僚致敬如前。壬寅,诏进帝都督中外诸军事。剑履上殿,入朝不趋,赞拜不名,加前后部羽葆、鼓吹,置左右长史、司马、从事中郎、掾、属各四人,并依旧辟士,余并如故。甲寅,齐帝进帝位相国,总百揆,封十郡为梁公,备九锡之礼;加远游冠,绿綟绶,位在诸王上。策曰:

上天不造,难钟皇室。世祖以休明早崩,世宗以仁德不嗣。高宗袭统,宸居弗永,虽夙夜劬劳,而隆平不洽。嗣君昏悖,书契弗睹,朝权国柄,委之群孽。剿戮忠贤,诛残台辅,含冤抱痛,嗷类糜余。公藉昏明之期,因兆庶之愿,爰率群后,翊成中兴。宗社之危已固,天人之望允塞,此实公纽我绝纲,大造皇家者也。

永明季年,边隙大启。荆、河连率,招引戎荒。

公受言本朝,轻兵赴袭,排危冒险,刚柔递用,坦然一方,还成藩服,此又公之功也。在昔隆昌,洪基已谢,高宗虑深社稷,将行权道。公定策帷帐,激扬大节,废帝立王,谋猷深著,此又公之功也。建武闿业,厥猷虽远,戎狄内侵,凭陵关塞,司部危逼,沦陷指期。公总兵外讨,卷甲长鹜,焚庐毁帐,胡哭言归,此又公之功也。樊、汉阽切,羽书续至。公星言鞠旅,禀命徂征,拯我边危,重获安堵,此又公之功也。汉南迥弱,咫尺勍寇。公作藩爰始,因资摩托,练兵训卒,蒐狩有序,俾我危城,翻为强镇,此又公之功也。永元纪号,瞻乌已及,虽废昏有典,而伊、霍难行。公首建大策,爰立明圣,义逾邑纶,勋高代入,此又公之功也。文王之风,虽被江、汉,京邑蠢蠢,涠为洪流。公投袂万里,事惟拯溺,义声所覃,无思不肤,此又公之功也。鲁城、夏汭,梗据中流,乘山置垒,萦川自固。公御此乌集,陵兹地险,费无遗矢,战未穷兵,践华之固,相望俱抜,此又公之功也。惟此群凶,同恶相济,缘江负险,蚁聚加湖。桴檝一临,应时褫溃,此又公之功也。奸孽震皇,复怀举斧,畜兵九派,用拟勤王。公棱摄直指,势逾风电,旌旆小临,全州稽服,此又公之功也。姑孰冲要,密迩京畿,凶徒炽聚,断塞津路。公兵威所震,望旗自骇,此又公之功也。群竖猖狂,志在借一,豕突淮涘,武骑如云。公爰命英勇,因机骋锐,气冠阪泉,势逾洹水,此又公之功也。琅邪、石首,襟带岨固,新垒、东埔,金汤是埒,凭险作守,兵食兼资,风激电骇,莫不震叠,城复于隍,于是乎在,此又公之功也。独夫昏倪,凭城靡惧,鼓钟鞳鞳,傲若有余,狎是邪孽,忌斯冠冕,凶狡因之,将逞孥戮。公奇谋密运,威略潜回,忠勇之徒,得申厥效,白旗宣室,未或比,此又公之功也。

公有拯亿兆之勋,重之以明德。爰初厉志,服道儒门,濯缨来仕,清猷映世。时运艰难,宗社危殆,昆冈已燎,玉石同焚。驱率貔貅,抑扬霆电,义等南巢,功齐牧野。若夫禹功寰宽,微管谁嗣?拯其将鱼,驱其祖发,解兹乱网,理此棼丝,复礼衽席,反乐河海。永平故事,闻之者叹息;司隶旧章,见之者陨涕。请我人命,还之斗极。悃悃缙绅,重符戴天之庆;哀哀黔首,复蒙履地之恩。德逾于嵩、岱,功邻于造物。超哉邈矣,越无得而言焉。

朕又闻之:畴庸命德,建侯作屏,咸用克固四维,永隆万叶。是以二南流化,九伯斯征,王道淳洽,刑厝罔用。惟公经纶天地,宁济区夏。道冠乎伊、稷,赏薄于桓、文。岂所以宪章齐、鲁,长辔宇宙。敬惟前烈,朕甚惧焉。今进授相国,改扬州刺史为牧,以豫州之梁郡、历阳,南徐州之义兴,扬州之淮南、宣城、吴、吴兴、会稽、新安、东阳十郡,封公为梁公。锡兹白土,苴以白茅,爰定尔邦,用建家社。在昔旦、奭,入居保佑,逮于毕、毛,亦作卿士,任兼内外,礼实宜之。今命使持节、兼太尉王亮授相国扬州牧印绶、梁公玺绂；使持节、兼司空王志授梁公茅土，金虎符第一至第五左，竹使符第一至第十右。相国位冠群后，任总百司，恒典彝数，宜与事革。其以相国总百揆，去录尚书之号，上所假节、侍中貂蝉、中书监印、中外都督大司马印绶、建安公印策，骠骑大将军如故。

又加公九锡，其敬听后命：以公礼律兼修，刑德备举，哀矜折狱，罔不用情；是用锡公大辂、戎辂各一，玄牡二驷。公劳心稼穑，念在人天，丕崇务本，惟谷是宝；是用锡公衮冕之服，赤舄副焉。公熔钧所被，变《风》以《雅》，易俗陶人，载和邦国；是用锡公轩县之乐，六佾之儛。公文德广覃，义声远洽，椎髻卉首，夷歌请吏；是用锡公朱户以居。公扬清抑浊，官方有序，多士事兴，《棫朴》流咏；是用锡公纳陛以登。公正色御下，以身范物，式遏不虞，折冲惟远；是用锡公虎贲之士三百人。公威凌夏日，志清奸宄，放命纪族，刑兹罔赦；是用锡公鈇钺各一。公跨蹑嵩瀛，陵厉区宇，譬诸日月，容光必至；是用锡公彤弓一、彤矢百，卢弓十、卢矢千。公永言惟孝，至感通神，恭严祀典，祭有余敬；是用锡公秬鬯一卣，圭瓒副焉。梁国置丞相以下，一遵旧式。钦哉，其敬循往策，祗服大礼，对扬天眷，用膺多福，以弘我太祖之休命。

帝固辞，府僚劝进，不许。二月辛酉，府僚重请曰："近以朝命蕴策，冒奏丹诚，奉被还令，未蒙虚受，缙绅颙颙，深所未达。盖闻受金于府，通人之弘致；高蹈海隅，匹夫之小节。是以履乘石而周公不以为疑，赠玉璜而太公不以为让。况世哲继轨，先德在人，经纶草昧，叹深微管。加以朱方之役，荆河是依，班师振旅，大造王室。虽复累茧救宋，重胝存楚，居今观古，曾何足云？而惑甚盗钟，功疑不赏，皇天后土，不胜其酷。是以玉马骏奔，表微子之去；金板出地，告龙逢之冤。明公据鞍辍哭，厉三军之志；独居掩涕，激义士之心。故能使海若登祇，罄图效祉，山戎、孤竹，束马景从。伐罪吊人，一匡静乱，匪叨天功，实勤诸己。龟玉不毁，谁之功欤？独为君子，将使伊、周何地？"于是始受相国、梁公之命。命焚东昏淫奢异服六十二种于都街。齐帝追赠梁公夫人为梁国妃。

乙丑，南兖州队主陈文兴于宣武城内凿井，得玉镂骐麟、金镂玉璧、水精环各二。又凤凰见建康县桐下里。宣德皇后称美瑞符，归于相国府。丙寅，诏梁国依旧选诸要职，悉依天朝之制。帝上表，以"前代选官，皆立选簿，请自今选曹，精加隐括，依旧立簿，使冠履无爽，名实不违，庶人识涯涘，造请自息。且闻中间立格，甲族以二十登仕，后门以过立试吏，岂所以弘奖风流，垂则后进？此实巨蠹，尤宜刊革"。诏依表施行。丙戌，诏进梁公爵为王，以豫州之南谯、庐江，江州之寻阳，郢州之武昌、西阳，南徐州之南琅邪、南东海、晋陵，扬州之临海、永嘉十郡益梁国，并前为二十郡。其相国、扬州牧、骠骑大将军如故。帝固辞，有诏断表。相国左长史王莹等率百僚敦请。三月癸巳，受梁王之命。下令赦国内殊死以下，鳏寡孤独不能自存者，赐谷五斛，府州所统亦同蠲荡。丙午，齐帝命帝冕十有二旒，建天子旌旗，出警入跸，乘金根车，驾六马，备五时副车，置旄头云罕，乐儛八佾，设钟虡宫县，王妃、王子、王女爵命之号，一如旧仪。丙辰，齐帝下诏禅位，即安姑孰。四月辛酉，宣德皇后令曰："西诏至，帝宪章前代，敬禅神器为梁，明可临轩，遣使恭授玺绂，未亡人便归于别宫。"壬戌，策曰：

"咨尔梁王，惟昔邃古之载，肇有生灵。皇雄、大庭之辟，赫胥、尊卢之后，斯并龙图鸟迹以前，慌惚杳冥之世，固无得而详焉。洎乎农、轩、炎、皞之代，放勋、重华之主，莫不以大道君万姓，公器御八纮，居之如执朽索，去之若释重负。一驾汾阳，便有窅然之志；暂适箕岭，即动让王之心。故知戴黄屋、服玉玺，非所以示贵称尊；乘大辂、建旌旗，盖欲令归趣有地。是故忘己而字兆庶，徇物而君四海。及于菁华内竭，卷橐外劳，则抚兹归运，惟能是与。四百告终，有汉所以高揖；黄德既谢，魏氏所以乐推。爰及晋、宋，亦弘斯典。我太祖《握河》受历，应符启运，二叶重光，三圣系轨。嗣君丧德，昏弃纪度，毁紊天网，雕绝地纪。是以谷满川枯，山飞鬼哭，七庙已危，人神无主。惟王体兹上哲，明圣在躬，端冕而协邕熙，推锋而拯涂炭，武功与日车并运，文教与鹏翼齐举。固以幽显宅心，讴讼斯属；岂徒桴鼓播地，卿云丛天而已哉！至于昼睹争明，夜飞枉矢，除旧之征必显，更姓之符允集。今便仰祗乾象，俯从人愿，敬禅神器，授帝位于尔躬。大祚告穷，天禄永终。於戏，王允执其中，式遵前典，以副昊天之望。裎上帝而临亿兆，格文祖而膺大业，以传无疆之祚，岂不盛与！并命玺书，遣兼太保、中书监、兼尚书令王亮，兼太尉、中书令王志奉皇帝玺绂，受终之礼，一依唐、虞故事。"

帝抗表陈让，表不获通。于是齐百官豫章王元琳等八百一十九人，及梁台侍中范云等一百一十七人，并上表劝进，帝谦让不受。是日，太史令蒋道秀陈天文符谶六十四条，事并明著，群臣重表固请，乃从之。

天监元年夏四月丙寅，皇帝即位于南郊，设坛柴燎告天曰：

"皇帝臣衍，敢用玄牡，昭告于皇皇后帝。齐氏以历运斯既，否终则亨，钦若天应，以命于衍。夫任司牧，惟能是授。天命不于常，帝王非一族。唐谢虞受，汉替魏升，爰及晋、宋，宪章在昔，咸以君德驭四海，元功子万姓。故能大庇氓黎，光宅区宇。齐代云季，世主昏凶，狡焉群慝，是崇是长，肆厥奸回暴乱，以播虐于我有邦。俾九服八荒之内，连率岳牧之君，蹶角顿颡，匡救无术。衍投袂星言，推锋万里，厉其挂冠之情，用拯兆庶之切，遂因时来，宰司邦国，济物康世，实有厥劳。而昙华呈祥，川岳效祉，代终之符既显，革运之期已萃。殊俗百蛮，重译献款，人神远迩，罔不和会。于是群公卿士，咸致厥诚，并以皇乾降命，难以谦拒。衍自惟匪德，辞不获遂，仰迫上玄之眷,俯惟亿兆之心。宸极不可久旷,人神不可乏主,遂藉乐推,膺此嘉祚。以兹寡薄,临驭万方,顾求凤志,永言祇惕。敬简元辰,恭兹大礼,升坛受禅,告类上帝,克播休祉,以弘盛烈,式传厥后,用永保于我有梁,惟明灵是飨。

礼毕,有诏放观。乃备法驾还建康宫,临太极前殿。大赦,改元,赐人爵二级,文武位二等。鳏寡孤独不能自存者,人谷五斛;逋布、口钱、宿责勿复收。其犯乡论清议、赃汙淫盗,一皆荡涤,洗除前注,与之更始。封齐帝为巴陵王,全食一郡,载天子旌旗,乘五时副车,行齐正朔,郊祀天地,礼乐制度,皆用齐典。以齐宣德皇后为齐文帝妃,齐帝后王氏为巴陵王妃,齐代王侯封爵,悉皆降省。其效著艰难者,别有后命。惟宋汝阴王不在除例。劫贼余口没在台府者,悉皆蠲放。诸流徙之家,并听还本。以兼尚书令王亮为尚书令,兼尚书右仆射沈约为尚书仆射。封皇弟中护军宏为临川王,南徐州刺史秀为安成王,雍州刺史伟为建安王,右卫将军恢为鄱阳王,荆州刺史憺为始兴王。自郡王以下,列爵为县六等。皇弟、皇子封郡王,二千户;王之庶子为县侯,五百户,谓之诸侯;功臣爵邑无定科。凤凰集南兰陵。丁卯,诏凡后宫、乐府、西解、暴室诸如此例被幽逼者,一皆放遣。若衰老不能自存者,官给廪食。戊辰,遗巴陵王钱二百万,绢布各千疋,绵二千斤。车骑将军高丽王高云进号车骑大将军,镇东大将军百济王余太进号征东大将军,镇东大将军倭王武进号征东大将军。己巳,巴陵王殂于姑孰,追谥为齐和帝,终礼一依故事。庚午,诏分遣内侍,周省四方,观政听谣,访贤举滞。其有田野不辟,狱讼无章,忘公徇私,侵渔是务者,悉随事以闻。若怀宝迷邦,蕴奇待价,蓄响藏真,不求闻达,各依名腾奏,罔或遗隐。又诏曰:"金作赎刑,有闻自昔,入缣以免,施于中代。永言叔季,偷薄成风,婴愆入罪,厥涂匪一。死者不可复生,刑者无因自反,由此而望滋实,庸可致乎?可依周、汉旧典,有罪入赎,外详为条格,以时闻奏。"辛未,以新除谢沐公萧宝义为巴陵王,以奉齐祀。复南兰陵武进县,依前代之科。征新除相国军谘祭酒谢朏为侍中、左光禄大夫、开府仪同三司。改南东海为兰陵郡,土断南徐州诸侨郡县。癸酉,诏"于公车府谤木、肺石傍各置一函。若肉食莫言,山阿欲有横议,投谤木函。若从我江、汉,功在可策,犀咒徒弊,龙蛇方县;次身才高妙,摈压莫通,怀傅、吕之术,抱屈、贾之叹,其理有瞰然,受困包匦;夫大政侵小,豪门陵贱,百姓已穷,九重莫达,若欲自申,并可投肺石函。"甲戌,诏断远近上庆礼。闰月丁酉,以行宕昌王梁弥邕为安西将军、河凉二州刺史,正封宕昌王。壬寅,诏以宪纲久弛,渐以为俗,令端右以风闻奏事,依элі熙旧制。有司奏,追尊皇考为文皇帝,庙号太祖,皇妣张氏为献皇后,陵曰建陵,郗氏为德皇后,陵曰修陵。五月乙亥夜,盗入南北掖,烧神武门、总章观,害卫尉卿张弘策。戊子,江州刺史陈伯之举兵反。以领军将军王茂为征南将军、江州刺史,率众讨之。六月庚戌,封北秦州刺史杨绍先为武都王。是月陈伯之奔魏,江州平。前益州刺史刘季连据成都反。秋七

月丁巳朔,日有蚀之。八月戊戌,置建康三官。癸卯,鸾鸟见乐游苑。乙巳,平北将军、西凉州刺史象舒彭进号安西将军,封邓至王。丁未,命中书监王莹等八人参定律令。诏尚书郎依昔奏事。交州献能歌鹦鹉,诏不纳。林邑、干陀利国各遣使朝贡。冬十一月己未,立小庙。甲子,立皇子统为皇太子,赐天下为父后者爵一级。十二月,大雪,深三尺。是岁大旱,米斗五千,人多饿死。

二年春正月乙卯,以尚书仆射沈约为左仆射,吏部尚书范云为右仆射。辛酉,祀南郊,降死罪以下囚。庚辰,以仇池公杨灵珍为北梁州刺史,封仇池王。夏四月癸卯,尚书删定郎蔡法度上《梁律》二十卷、《令》三十卷、《科》四十卷。五月,尚书右仆射范云卒。乙丑,益州刺史邓元起克成都,曲赦益州。六月丁亥,以新除左光禄大夫谢朏为司徒、尚书令。甲午,以中书监王莹为尚书右仆射。是夏,多疠疫。秋七月,扶南、龟兹、中天竺国各遣使朝贡。冬十月,皇子纲生,降都下死罪以下囚。十一月乙卯,雷电,大雨,晦。

三年春正月癸丑,以尚书右仆射王莹为左仆射,太子詹事柳惔为右仆射。二月,魏克梁州。三月,陨霜杀草。夏五月丁巳,以扶南王侨陈如阇耶跋摩为安南将军。六月丙子,诏分遣使巡察州部,视人冤酷。癸未,大赦。秋七月甲子,立皇子综为豫章王。八月,魏克司州。九月壬子,以河南王世子伏连筹为镇西将军、西秦、河二州刺史,封河南王。北天竺国遣使朝贡。冬十一月甲子,诏除赎罪科。是岁,魏正始元年。

四年春正月癸卯,诏"自今九流常选,年未三十,不通一经,不得解褐,若有才同甘、颜,勿限年次"。置《五经》博士各一人。有司奏:吴令唐佣铸盘龙火炉、翔凤砚盖。诏禁锢终身。丙午,省《凤凰衔书伎》。戊申,诏"往代多命宫人帷宫观裡郊之礼,非所以仰虔苍昊,自今停止"。辛亥,祀南郊,大赦。二月,初置胄子律博士。壬午,遣卫尉卿杨公则率宿卫兵塞洛口。壬辰,交州刺史李凯据州反,长史李畟讨平之,曲赦交州。是月立建兴苑于秣陵建兴里。夏四月丁巳,以行宕昌王梁弥博为安西将军、河凉二州刺史,正封宕昌王。六月庚戌,立孔子庙。冬十月,使中军将军、扬州刺史临川王宏都督北讨诸军事,侵魏。以兴师费用,王公以下各上国租及田谷以助军资。是岁大穰,米斛三十。

五年春正月丁卯朔,诏"凡诸郡国旧族邦内无在朝位者,选官搜括,使郡有一人"。乙亥,起前司徒谢朏为中书监、司徒。甲申,立皇子纲为晋安王。三月丙寅朔,日有蚀之。夏四月甲寅,初立诏狱。诏建康县置三官,与廷尉三官分掌狱事,号康康为南狱,廷尉为北狱。五月,置集雅馆以招逸学。秋七月乙丑,邓至国遣使朝贡。八月辛酉,作东宫。九月,临川王宏军至洛口,大溃,所亡万计,宏单骑而归。冬十一月甲子,都下地震,生白毛。乙丑,以师出淹时,大赦。魏人乘胜攻钟离。十二月癸卯,司徒谢朏薨。

六年春三月庚申,陨霜杀草。是月,有三象入建邺。夏四月壬辰,置左右骁骑、左右游击将军官。癸巳,曹景

宗、韦睿等破魏师于邵阳洲,斩获万计。己酉,以江州刺史王茂为尚书右仆射。丁巳,以扬州刺史临川王宏为骠骑大将军、开府仪同三司,以右光禄大夫沈约为尚书左仆射。五月己巳,置中卫、中权将军,改骁骑为云骑,游击为游骑。秋八月戊子,赦。戊戌,都下大水。九月乙亥,改阅武堂为德阳堂,听讼堂为仪贤堂。冬闰十月乙丑,以开府临川王宏为司徒,以行太子太傅、尚书左仆射沈约为尚书令,以行太子少傅、吏部尚书袁昂为兼尚书右仆射。甲申,以左光禄大夫夏侯详为左仆射。十二月丙辰,左仆射夏侯详卒。

七年春正月戊子,以元树为恒、朔二州都督,封魏郡王。戊戌,诏作神龙、仁兽阙于端门、大司马门外。二月乙卯,新作国门于越城南。乙丑,增置镇卫将军以下为十品,以法日数;凡二十四班,以法气序;不登十品,别有八班,以象八风;又施外国将军二十四班,合一百九号。庚午,诏于州郡县置州望、郡宗、乡豪各一人,专掌搜荐。乙亥,以车骑大将军高丽王高云为抚东大将军、开府仪同三司。夏四月乙卯,以皇太子纳妃故,赦大辟以下,颁赐朝臣及近侍各有差。五月,都下大水。戊子,诏兰陵县建、修二陵周回五里内居人赐复终身。己亥,诏复置宗正、太仆、大匠、鸿胪,又增太府、太舟,仍先为十二卿,及置朱衣直阁将军官。六月辛酉,改陵监为令。秋八月丁巳,皇子绎生,赦大辟以下未结正者。九月壬辰,置童子奉车郎。癸巳,立皇子绩为南康王。冬十月丙寅,以吴兴太守张稷为尚书左仆射。丙子,诏大举北侵。丁丑,魏县瓠镇主白皂生、豫州刺史胡逊以城内属。是岁,魏永平元年。

八年春正月辛巳,祀南郊。大赦。壬辰,魏镇东参军成景儁以宿豫城内属。夏四月戊申,以司徒临川王宏为司空、扬州刺史,以车骑将军、领太子詹事王茂即本号开府仪同三司。秋七月癸巳,巴陵王萧宝义薨。冬十一月壬寅,立皇子续为庐陵王。

九年春正月乙亥,以右光禄大夫王莹为尚书令。庚寅,新作缘淮塘。三月己丑,幸国子学,亲临讲肆,赐祭酒以下各有差。乙未,诏皇太子及王侯之子,年在从师者,皆入学。夏四月丁巳,选尚书五都令史,革用士流。六月癸丑,盗杀宣城太守朱僧勇。闰六月己丑,宣城盗转寇吴兴,太守蔡撙讨平之。冬十二月癸未,幸国子学,策试胄子,赐训授之司各有差。是岁,于阗、林邑国并遣使朝贡。

十年春正月辛丑,祀南郊,大赦。戊申,荆州言驺虞见。三月,盗杀东莞、琅邪二郡太守刘晰,以朐山引魏徐州刺史卢昶。夏六月,以国子祭酒张充为尚书右仆射。冬十二月,山车见临城县。振远将军马仙琕大破魏军,斩馘十余万,复朐山城。是岁,初作宫城门三重楼及开二道。宕昌国遣使朝贡,婆利国贡金席。

十一年春正月壬辰,诏"自今谪之家,及罪应质作,若年有老小,可停将送"。加镇南将军、江州刺史建安王伟开府仪同三司,司空、扬州刺史临川王宏进位太尉,以骠骑将军王茂为司空。二月戊辰,新昌、济阳二郡野蚕成茧。三月丁巳,为旱故,曲赦扬、徐二州。庚申,高丽国遣使朝贡。夏四月,百济、扶南、林邑等国各遣使朝贡。

秋九月,宕昌国遣使朝贡。冬十一月乙未,以吴郡太守袁昂为兼尚书右仆射。己酉,降太尉、扬州刺史临川王宏为骠骑将军、开府同三司之仪。癸丑,齐宣德太妃王氏薨。是岁,魏延昌元年。

十二年春正月辛卯,祀南郊,赦大辟罪以下。二月辛酉,兼尚书右仆射袁昂即正。丙寅,诏"明下远近,若委骸不葬,或襚衣莫改,量给棺具收敛"。辛巳,新作太极殿,改为十三间,以从闰数。闰三月乙丑,特进、中军将军沈约卒。夏四月,都下大水。六月癸巳,新作太庙,增基九尺。秋九月,加扬州刺史临川王宏位司空,以司空王茂为骠骑将军、开府同三司之仪、江州刺史。冬十月丁亥,诏曰:"明堂地居卑湿,可量就埤起,以尽诚敬"。

十三年春二月庚辰朔,震于西南,天如裂。丁亥,耕藉田,大赦,赐孝悌力田爵一级。夏六月,都下讹言有伥伥,取人肝肺及血,以饴天狗。百姓大惧,旬日就止。秋七月乙亥,立皇子纶为邵陵王,绎为湘东王,纪为武陵王。是岁,林邑、扶南、于阗国各遣使朝贡。作浮山堰。

十四年春正月乙巳朔,皇太子冠。大赦,赐为父后者爵一级,王公以下班赉各有差。停远近上庆礼。辛亥,祀南郊,诏班下远近,博采英异。又前以墨刑用代重辟者,除其条。丙辰,汝阴王刘胤薨。丁巳,魏宣武皇帝崩。夏四月丁丑,骠骑将军、开府同三司之仪、江州刺史王茂薨。冬十月,浮山堰坏。是岁,蠕蠕、狼牙修国各遣使来朝贡。

十五年春三月戊辰朔,日有蚀之,既。夏四月,高丽国遣使朝贡。六月庚子,以尚书令王莹为左光禄大夫、开府仪同三司,尚书右仆射袁昂为左仆射,吏部尚书王暕为右仆射。秋八月,蠕蠕、河南国各遣使朝贡。九月辛巳,左光禄大夫、开府仪同三司王莹薨。壬辰,大赦。冬十一月,交州刺史李畟斩反者阮宗孝,传首建邺。曲赦交州。是岁,魏孝明皇帝熙平元年。

十六年春正月辛未,祀南郊。诏尤贫家勿收今年三调,无田业者,所在量宜赋给;及优孺产子之家,恤理冤狱,并赈孤老鳏寡不能自存者。二月辛亥,耕藉田。甲寅,赦罪人。三月丙子,敕太医不得以生类为药,公家织官纹锦饰,并断仙人鸟兽之形,以为亵衣,裁剪有乖仁恕。于是祈告天地宗庙,以去杀之理,欲被之含识。郊庙牲牷,皆代以面,其山川诸祀则否。时以宗庙去牲,则为不复血食,虽公卿异议,朝野喧嚣,竟不从。冬十月,宗庙荐羞,始用蔬果。是岁,河南、扶南、婆利等国各遣使朝贡。

十七年春二月癸巳,雍州刺史安成王秀薨。甲辰,大赦。三月丙寅,改封建安郡王伟为南平王。夏六月乙酉,中军将军、中书监临川王宏以本号行司徒。秋八月壬寅,诏"兵驺奴婢,男年六十六,女年六十,免为编户"。闰八月,干陁利国遣使朝贡。冬十月乙亥,以行司徒临川王宏即正。十一月辛亥,以南平王伟为左光禄大夫、开府仪同三司。是岁,魏神龟元年。

十八年春正月甲申,以领军将军鄱阳王恢为征西将军、荆州刺史,以荆州刺史始兴王憺为中抚将军,并开府仪同三司。以尚书左仆射袁昂为尚书令,以右仆射王暕为左仆射,以太子詹事徐勉为右仆射。辛卯,祀南郊,孝悌力田赐爵一级。夏四月丁巳,帝于无碍殿受佛戒,赦罪人。秋七月,于阗、扶南国各遣使朝贡。

卷七　　　　梁本纪中第七

　　普通元年春正月乙亥朔,大赦,改元。丙子,日有蚀之。己卯,以司徒临川王宏为太尉、扬州刺史,以金紫光禄大夫王份为尚书左仆射。庚子,扶南、高丽等国并遣使朝贡。二月癸丑,以高丽王嗣子安为宁东将军、高丽王。三月,滑国遣使朝贡。夏四月,河南国遣使朝贡。秋七月己卯,江、淮、海并溢。九月乙亥,有星晨见东方,光烂如火。是岁,魏正光元年。

　　二年春正月辛巳,祀南郊,诏置孤独园以恤孤幼。戊子,大赦。二月辛丑,祀明堂。三月庚寅,大雪,平地三尺。夏四月乙卯,改作南北郊。丙辰,诏曰:"平秩东作,义不在南,前代因袭,有乖礼制。可于震方,具兹千亩。"于是徙藉田于东郊外十五里。五月己卯,琁琊殿火,延烧后宫屋三千间。闰月丁巳,诏自今可停贺瑞。六月丁卯,义州刺史文僧明以州归魏。秋七月丁酉,假大匠卿裴邃节,督众军侵魏。甲寅,魏荆州刺史桓叔兴帅众降。八月丁亥,始平郡石鼓村地自开成井,方六尺六寸,深三十二丈。冬十一月,百济、新罗国各遣使朝贡。十二月戊辰,以镇东大将军百济王余隆为宁东大将军。

　　三年春正月庚子,以吴郡太守王暕为尚书左仆射。庚戌,都下地震。三月乙卯,巴陵王萧屏薨,夏四月丁卯,汝阴王刘端薨。五月壬辰朔,日有蚀之,既。癸巳,大赦。诏公卿百僚各上封事,连率郡国举贤良、方正、直言之士。秋八月甲子,婆利、白题国各遣使朝贡。冬十一月甲午,开府仪同三司始兴王憺薨。

　　四年春正月辛卯,祀南郊,大赦。辛亥,祀明堂。二月乙亥,耕藉田,孝弟力田赐爵一级,预耕之司,克日劳酒。冬十月庚午,以中卫将军袁昂为尚书令,即本号开府仪同三司。十一月癸未朔,日有蚀之。甲辰,尚书左仆射王暕卒。十二月戊午,用给事中王子云议,始铸铁钱。狼牙修国遣使朝贡。

　　五年夏六月乙酉,龙斗于曲阿王陂,因西行至建陵城,所经树木倒折,开地数十丈。庚子,以员外散骑常侍元树为平北将军、北青、兖二州刺史,率众侵魏。

　　六年春正月辛亥,祀南郊,大赦。庚申,魏徐州刺史元法僧以彭城来降。自去岁以来,北侵诸军,所在克获。甲戌,以元法僧为司空,封始安郡王。二月辛巳,改封法僧为宋王。三月丙午,赐新附人长复除,诖误罪失,一无所问。夏五月己酉,修宿豫堰,又修曹公堰于济阴。壬子,遣中护军夏侯亶督寿阳诸军侵魏。六月庚辰,豫章王综奔魏,魏复据彭城。秋七月壬戌,大赦。冬十二月壬辰,都下地震。是岁,魏孝昌元年。

　　七年春正月辛丑朔,赦死罪以下。夏四月乙酉,太尉临川王宏薨。南州津改置校尉,增加奉秩。诏在位群臣各举所知。凡是清吏,咸使荐闻。秋九月己酉,荆州刺史鄱阳王恢薨。冬十一月庚辰,丁贵嫔薨,大赦。是岁,河南、高丽、林邑、滑国并遣使朝贡。

　　大通元年春正月乙丑,以尚书右仆射徐勉为尚书仆射。诏百官奉禄,自今可长给见钱。辛未,祀南郊。诏流亡者听复宅业,蠲役五年,尤贫家勿收今年三调,孝弟力田赐爵一级。是月,司州刺史夏侯夔进军三关,所至皆克。初,帝创同泰寺,至是开大通门以对寺之南门,取反语以协同泰。自是晨夕讲义,多由此门。三月辛未,幸寺舍身。甲戌还宫,大赦,改元大通,以符寺及门名。夏五月丙寅,成景俊克魏临潼、竹邑。冬十月庚戌,魏东豫州刺史元庆和以涡阳内属。甲寅,曲赦东豫州。十一月丁卯,以中护军萧藻为都督伐魏,镇于涡阳。是岁,林邑、师子、高丽等国各遣使朝贡。

　　二年春正月乙酉,蠕蠕国遣使朝贡。二月,筑寒山堰。癸丑,魏孝明皇帝崩。夏四月戊戌,魏尔朱荣推奉孝庄帝。庚子,荣杀幼主及太后胡氏。辛丑,魏郢州刺史元愿达以义阳降,封愿达为乐平王。是时魏大乱,其北海王颢、临淮王彧、汝南王悦并来奔。北青州刺史元俊、南荆州刺史李志皆以地降。冬十月丁亥,以魏北海王颢主魏,遣东宫直阁将军陈庆之卫送还北。魏豫州刺史邓献以地降。是岁,魏武泰元年,寻改为建义,又改曰永安。

　　中大通元年春正月辛酉,祀南郊,大赦,赐孝悌力田爵一级。辛巳,祀明堂。夏四月癸酉,陈庆之攻拔魏梁城,进屠考城,禽魏济阴王晖业。五月癸酉,进克虎牢,魏孝庄帝出居河北。乙亥,元颢入京师,僭号建武。六月壬午,以永兴公主疾笃故,大赦,公主志也。是月,都下疫甚,帝于重云殿为百姓设救苦斋,以身为祷。闰月,护军将军南康王绩薨。己卯,魏将尔朱荣攻杀元颢,京师反正。秋九月辛巳,朱雀航华表灾。癸巳,幸同泰寺,设四部无遮大会。上释御服,披法衣,行清净大舍,以便省为房,素床瓦器,乘小车,私人执役。甲午,升讲堂法坐,为四部大众开《涅槃经》题。癸卯,群臣以钱一亿万奉赎皇帝菩萨大舍,僧众默许。乙巳,百辟诣寺东门奉表,请还临宸极,三请乃许。帝三答书,前后并称顿首。冬十月己酉,又设四部无遮大会,道俗五万余人。会毕,帝御金辂还宫,御太极殿,大赦,改元。十一月戊子,魏巴州刺史严始欣以城降。是岁,盘盘、蠕蠕国并遣使朝贡。

　　二年夏四月癸丑,幸同泰寺,设平等会。庚申,大雨雹。六月丁巳,遣魏汝南王悦还北主魏。庚申,以魏尚书左仆射范遵为司州牧,随悦北侵。是月,林邑、扶南国遣使朝贡。秋八月庚戌,幸德阳堂,祖魏主元悦。山贼寇会稽郡县。九月壬午,假超武将军湛海珍节以讨之。是岁,魏庄帝杀其权臣尔朱荣,其党奉魏长广王晔为主而杀孝庄帝,年号建明。

　　三年春正月辛巳,祀南郊,大赦。丙申,以魏尚书仆射郑先护为征北大将军。二月辛丑,祀明堂。夏四月乙巳,皇太子统薨。六月癸卯,立昭明太子子华容公欢为豫章郡王,枝江公誉为河东郡王,曲江公誉为岳阳郡王。是月,丹丹国遣使朝贡。秋七月乙亥,立晋安王纲为皇太子,大赦。赐为父后者，及出处忠孝、文武清勤，并爵一级。庚寅，诏宗戚有服属者，并赐汤沐食，乡亭侯在随远近以为差次。壬辰，以吏部尚书何敬容为尚书右仆射。九月，狼牙修国遣使朝贡。是秋，吴兴生野稻，饥者赖焉。冬十月己酉，上幸同泰寺，升法坐，为四部众说《涅槃经》，迄于乙卯。前乐山县侯萧正则有罪流徙，至是招诱亡命，欲寇广州，在所讨平之。十一乙未，上幸同泰寺，升法座，为四部众说《般若经》，迄于十二月辛丑。是岁，魏尔朱兆又废其主晔而奉节闵皇帝，改建明二年为普泰元年。又魏勃海王高欢举兵信都，别奉勃海太守朗为主，改普泰元年为中兴。

四年春正月丙寅，以开府仪同三司南平王伟为大司马，以司空宋王元法僧为太尉，以尚书令、开府仪同三司袁昂为司空。立临川靖惠王宏子正德为临贺郡王。庚午，立嫡皇孙大器为宣城郡王，位列诸王上。癸未，魏南兖州刺史刘世明以城降。二月壬寅，以太尉元法僧还北主魏，以侍中元景隆为徐州刺史，封彭城郡王；通直常侍元景宗为青州刺史，封平昌郡王；随法僧北侵。庚戌，新除扬州刺史邵陵王纶有罪，免为庶人。三月庚午，侍中、领国子博士萧子显表奏制旨《孝经》助教一人，生十人，专通帝所释《孝经》义。夏四月，盘盘国遣使朝贡。秋七月甲辰，星陨如雨。九月乙巳，加司空袁昂尚书令。冬十一月，高丽国遣使朝贡。十二月丙子，魏彭城王尔朱仲远来奔，以为定洛将军，封河南王，北侵。随所克土，使自封建。庚辰，以太尉元法僧为郢州刺史、骠骑大将军、开府同三司之仪。是岁，魏相勃海王高欢平尔朱氏，废节闵皇帝及自所奉勃海故王朗，而奉平阳王修，是为孝武皇帝。改中兴二年为太昌，寻又改为永熙元年。

五年春正月辛卯，祀南郊，大赦。赐孝悌力田爵一级。先是一日丙夜，南郊令解涤之等到郊所履行，忽闻异香三随风至。及将行事，奏乐迎神毕，有神光圆满坛上，朱紫黄白杂色，食顷乃灭。戊申，都下地震。己酉，长星见。辛亥，祀明堂。二月癸未，幸同泰寺，设四部大会，升法坐，发《金字般若经》题，讫于己丑。三月丙辰，大司马南平王伟薨。夏五月戊子，都下大水，御道通船。六月卯，魏建义城主兰保杀东徐州刺史崔庠，以下邳降。冬十月庚申，以尚书右仆射何敬容为左仆射，以吏部尚书谢举为右仆射。是岁，河南、波斯、盘盘等国并遣使朝贡。

六年春二月癸亥，耕藉田，大赦。赐孝悌力田爵一级。三月己亥，以行河南王可沓振为西秦、河二州刺史，正封河南王。甲辰，百济国遣使朝贡。夏四月丁卯，荧惑在南斗。秋七月甲辰，林邑国遣使朝贡。冬十月丁卯，以信武将军元庆和为镇北将军，封魏王，率众北侵。闰十二月丙午，西南有雷声二。是岁，魏孝武帝迫于其相高欢，出居关中。欢又别奉清河王世子善见为主，是为孝静帝。改永熙三年为天平元年。魏于是始分为两。孝武既至关中，又与丞相宇文泰不平，未几，遇鸩而崩。

大同元年春正月戊申朔，大赦，改元。二月辛巳，祀明堂。丁亥，耕藉田。辛丑，高丽、丹丹国并遣使朝贡。三月丙寅，幸同泰寺，设无遮大会。辛未，滑国遣使朝贡。

夏四月庚子，波斯国遣使朝贡。壬戌，幸同泰寺，铸十方银象，并设无碍会。秋七月辛卯，扶南国遣使朝贡。冬十月，雨黄尘如雪。十一月壬戌，北梁州刺史兰钦攻汉中，魏梁州刺史元罗降。癸亥，复梁州。是岁，西魏文皇帝大统元年。

二年春二月乙亥，耕藉田。三月庚申，诏求谠言，及令文武在位举士。戊寅，帝幸同泰寺，设平等法会。夏四月乙未，以开府同三司之仪元法僧为太尉。五月癸卯，以魏梁州刺史元罗为青、冀二州刺史，封东郡王。六月丁亥，诏郊明堂陵庙等令，改视散骑侍郎。秋九月辛亥，幸同泰寺，设四部无碍法会。冬十月乙亥，诏大举北侵。壬午，幸同泰寺，设无碍大会。十一月，雨黄尘如雪，揽之盈掬。己亥，诏北侵众军班师。辛亥，都下地震，生白毛，长二尺。十二月壬申，与东魏通和。

三年春正月辛丑，祀南郊，大赦。赐孝悌力田爵一级。是夜，朱雀门灾。壬寅，雨灰，黄色。二月丁亥，耕藉田。癸巳，以护军将军萧藻为尚书左仆射。三月戊戌，立昭明太子子譬为武昌郡王，讋为义阳郡王。夏五月癸未，幸同泰寺，铸十方金铜像，设无碍法会。六月，青州朐山阴霜。秋七月，青州雪，害苗稼。癸卯，东魏人来聘。己酉，义阳王讋薨。八月辛卯，幸阿育王寺，设无碍法喜食，大赦。九月，使兼散骑常侍张皋聘于东魏。闰九月甲子，侍中、太尉元法僧薨。冬十月丙辰，都下地震。是岁饥。

四年春二月己亥，耕藉田。三月，河南、蠕蠕国并遣使朝贡。夏五月甲戌，东魏人来聘。六月辛丑，日有蚀之。秋七月癸亥，诏以东冶徒李胤之降象牙如来真形，大赦。戊辰，使兼散骑常侍刘孝仪聘于东魏。八月甲辰，诏南兖等十二州，既经饥馑，曲赦逋租宿责，勿收今年三调。九月，阅武于乐游苑。

五年春正月乙卯，以护军将军庐陵王续为骠骑将军，安右将军、尚书左仆射萧为中卫将军，并开府仪同三司。中权将军、丹阳尹何敬容以本号为尚书令，吏部尚书张缵为尚书仆射。丁巳，御史中丞、参礼仪事贺琛奏：“今南北二郊及藉田往还，并宜御辇，不复乘路。二郊请用素辇，藉田往还乘常辇，皆以侍中陪乘。停大将军及太仆。”诏付尚书博议施行。改素辇名大同辇。郊祀宗庙乘玉辇。辛未，祀南郊，诏孝悌力田及州闾乡党称为善人者，各赐爵一级。秋八月乙酉，扶南国献生犀。冬十一月乙亥，东魏人来聘。十二月，使兼散骑常侍柳豹聘于东魏。是岁，都下讹言天子取人肝以饴天狗，大小相警，日晚便闭门持仗，数月乃止。

六年春正月庚戌朔，曲赦司、豫、徐、兖四州。二月己亥，耕藉田。夏四月癸未，诏晋、宋、齐三代诸陵有职司者，勤加守护。五月巳卯，河南王遣使朝，献马及方物，求释迦像并经论十四条。敕付像并《制旨涅槃》、《般若》、《金光明讲疏》一百三卷。秋七月丁亥，东魏人来聘。遣散骑常侍陆晏子报聘。八月戊午，大赦。辛亥，盘盘国遣使朝贡。九月戊戌，司空袁昂薨。冬十一月己卯，曲赦都下。十二月壬子，江州刺史豫章王欢薨。

七年春正月辛巳，祀南郊，大赦。辛丑，祀明堂。二月乙巳,以行宕昌王梁弥泰为平西将军、河、凉二州刺史,正封宕昌王。辛亥,耕藉田。乙卯,都下地震。夏四月戊申,东魏人来聘,遣兼散骑常侍明少遐报聘。冬十一月丙子,诏停所在使役女丁。十二月壬寅,东魏人来聘,遣兼散骑常侍袁狎报聘。丙辰,于宫城西立士林馆,延集学者。是岁,宕昌、蠕蠕、高丽、百济、滑国各遣使朝贡。百济求《涅槃》等经疏及医工、画师、《毛诗》博士,并许之。交州人李贲攻刺史萧谘。

八年春正月,安成郡人刘敬躬挟左道以反。二月戊戌,江州刺史湘东王绎遣中兵曹子郢讨禽之,送于都,斩之建康市。三月,于江州新蔡、高塘立颂平屯,呈作蛮田。

九年春闰正月丙申,地震,生毛。三月,以太子詹事谢举为尚书仆射。夏四月,林邑王破德州,攻李贲,贲将范修又破林邑王于九德,败走之。冬十一月,益州刺史武陵王纪进号征西将军、开府仪同三司。

十年春正月,李贲窃号于交阯,年号天德。三月甲午,幸兰陵。庚子,谒建陵,有紫云荫陵上,食顷乃散。帝望陵流涕,所沾草皆变色。陵傍有枯泉,至是而流水香洁。辛丑,哭于修陵。壬寅,于皇基寺设法会,诏赐兰陵老少位一阶,并加颁赉。所经县邑,无出今年租赋。因赋《还旧乡诗》。癸卯,诏园陵职司,恭事勤劳,并锡位一阶,并加赐赉。己酉,幸京口城北固楼,因改名北顾。庚戌,幸回宾亭,宴帝乡故老及所经近县奉迎候者少长数千人,各赉钱二千。夏四月乙卯,至自兰陵。诏鳏寡孤独尤贫者,赡恤各有差。五月,广州人卢子略反,刺史新渝侯映讨平之。诏曲赦广州。秋九月己丑,赦。冬十一月,大雪,平地三尺。

十一年春正月,震华林园光严殿、重云阁。帝自贬,拜谢上天,累刻方止。夏四月,东魏人来聘。冬十月己未,诏复开赎罪典。

中大同元年春正月丁未,曲阿县建陵隧口石辟邪起舞,有大蛇斗隧中,其一被伤,奔走。青虫食陵树叶略尽。癸丑,交州刺史杨𣅾克交阯嘉宁城,李贲窜入屈獠洞。交州平。三月乙巳,大赦。庚戌,幸同泰寺讲《金字三慧经》,仍施身。夏四月丙戌,皇太子以下奉赎,仍于同泰寺解讲,设法会,大赦,改元。是夜,同泰寺灾。六月辛巳,竟天有声,如风水相薄。秋七月甲子,诏自今有犯罪者,非大逆,父母祖父母勿坐。丙寅,诏曰:"朝四暮三,众狙皆喜,名实未亏,而喜怒为用。顷闻外间多用九佰钱,佰减则物贵,佰足则物贱,非物有贵贱,是心有颠倒。至于远方,日更滋甚。自今可通用足佰钱。"八月丁丑,东扬州刺史武昌王瓘薨。甲午,渴盘陁国遣使献方物。冬十月癸酉,汝阴王刘哲薨。

太清元年春正月己亥朔,日有蚀之。壬寅,荆州刺史庐陵王绩薨。辛酉,祀南郊,大赦。甲子,祀明堂。是月,东魏相勃海王高欢薨。二月己卯,白虹贯日。庚辰,东魏司徒侯景求以河南十三州内属。壬午,以景为大将军,封河南王,大行台,承制如邓禹故事。丁亥,耕藉田。三月庚子,幸同泰寺,设无遮大会。上释御服,服法衣,行清净大舍,名曰:"羯磨"。以五明殿为房,设素木床、葛帐、土瓦器,乘小舆,私人执役。乘舆法服,一皆屏除。甲辰,遣司州刺史羊鸦仁率土州刺史桓和、仁州刺史湛海珍等应接侯景。兵未至,而东魏遣兵攻景,景又割地求救于西魏,方解围。乙巳,帝升光严殿讲堂,坐师子座,讲《金字三慧经》,舍身。夏四月庚午,群臣以钱一亿万奉赎皇帝菩萨,僧众默许。戊寅,百辟诣凤庄门奉表,三请三答,顿首,并如中大通元年故事。丁亥,服衮冕,御辇还宫。幸太极殿,如即位礼,大赦,改元。是月,神马出,皇太子献《宝马颂》。六月戊辰,以前雍州刺史鄱阳王范为征北将军,总督汉北征讨诸军事。秋七月庚申,羊鸦仁入县瓠城。八月乙丑,诸军北征,以南豫州刺史萧明为大都督。赦缘边初附诸州。戊子,以大将军侯景录行台尚书事。九月癸卯,王游苑成,舆驾幸苑。冬十一月,东魏将慕容绍宗大败萧明于寒山,明被俘执。绍宗进围潼州。十二月戊辰,命太子舍人元贞还北为东魏主。

二年春正月癸巳朔,两月相承如钩,见于西方。戊戌,诏在位各举所知。己亥,东魏克涡阳。辛丑,以尚书仆射谢举为尚书令,以守吏部尚书王克为尚书仆射。甲辰,东魏克殷、豫二州。三月甲辰,抚东将军高丽王高延卒,以其子成为宁东将军、高丽王、乐浪公。己未,屈獠洞斩李贲,传首建邺。夏四月丙子,诏在朝及州郡各举士。五月辛丑,以新除中书令邵陵王纶为安前将军、开府仪同三司。辛亥,曲赦交、爱、德三州。六月,天裂于西北,长十丈,阔二丈,光出如电,其声若雷。秋七月,使兼散骑常侍谢班聘于东魏结和。八月戊戌,侯景举兵反。甲辰,使开府仪同三司邵陵王纶都督众军讨景,曲赦南豫州。九月戊辰,地震,江左尤甚,坏屋杀人。地生白毛,长二尺。益州市有飞蜂万群,螫人死。冬十月,侯景袭谯州,进攻陷历阳。戊申,以临贺王正德为平北将军,都督诸军屯丹阳郡。己酉,景自横江济采石。辛亥,至建邺,临贺王正德率众附贼。十一月戊午朔,设坛,刑白马,祀蚩尤于太极殿前。己未,景立萧正德为天子于南阙前。辛酉,贼攻陷东府城。庚辰,邵陵王纶帅武州刺史萧弄璋、前谯州刺史赵伯超等入援。乙酉,进军湖头,与贼战,败绩。丙戌,安北将军鄱阳王范遣世子嗣、雄信将军裴之高等率军入援,次张公洲。十二月戊申,天西北裂,有光如火。尚书令谢举卒。丙辰,司州刺史柳仲礼、前衡州刺史韦粲、高州刺史李迁仕、前司州刺史羊鸦仁等率军入援。

三年春正月丁巳,大都督柳仲礼率众军分据南岸,贼济军于青塘,袭杀韦粲。庚申,白虹贯日三重。邵陵王纶、临城公大连等率兵集南岸。戊辰,有流星长三十丈,堕武库。李迁仕及天门太守樊文皎进军青溪东,为贼所破,文皎死之。壬午,荧惑守心。二月,侯景遣使求和,皇太子固请,帝乃许之。盟于西华门下。景既运东城米归于石头,亦不解围,启求遣诸军退。丁未,皇太子又命南兖州刺史南康王会理、前青、冀二州刺史湘潭侯退,率江北之众,顿于兰亭苑。甲子,以开府仪同三司、丹阳尹邵陵王纶为司空,以合州刺史鄱阳王范为征北大将军、开府仪同三司,以司州刺史柳仲礼为侍中、尚书仆射。时景奸计既成,乃表陈帝失,复举兵向阙。三月,城内以景违盟,设坛告天地神祇。戊午，前司州刺史羊鸦仁等进军东府北，与贼战，大败。时四方征镇入援者三十余万，莫有斗志，自相抄夺而已。丁卯，贼攻陷宫城，纵兵大掠。己巳，贼矫诏遣石城公大款解外援军。庚午，侯景自为都督中外诸军事、大丞相、录尚书事。辛未，援军各退散。丙子，荧惑守心。夏四月己丑，都下地震。丙申，又震。己酉，帝以所求不供，忧愤寝疾。是月，青、冀二州刺史明少遐、东徐州刺史湛海珍、北青州刺史王奉伯各举州附东魏。五月丙辰，帝崩于净居殿，时年八十六。辛巳，迁梓宫于太极前殿。十一月乙卯，葬于修陵，追尊为武皇帝，庙号高祖。

帝性淳孝，六岁，献皇太后崩，水浆不入口三日，哭泣有过成人。及丁文帝忧，时为齐随王谘议，随府在荆镇，以病闻，便投劾星驰，不复寝食，倍道就路。愤风惊浪，不暂停止。帝形容本壮，及至都，销毁骨立，亲表士友，皆不复识。望宅奉讳，气绝久之。每哭，辄欧血数升。服内，日惟食麦二溢。拜扫山陵，涕泪所洒，松草变色。及居帝位，即于钟山造大爱敬寺，青溪边造智度寺，于台内立至敬等殿，又立七庙堂。月中再设净馔，每至展拜，涕泗滂沱，哀动左右。少而笃学，能事毕究。虽万机多务，犹卷不辍手，然烛侧光，常至戊夜。撰《通史》六百卷、《金海》三十卷、《制旨孝经义》、《周易讲疏》及《六十四卦》、二《系》、《文言》、《序卦》等义、《乐社义》、《毛诗》、《春秋答问》、《尚书大义》、《中庸讲疏》、《孔子正言》、《孝经讲疏》，凡二百余卷。王侯朝臣皆奉表质疑，帝皆为解释。修饰国学，增广生员，立五馆，置《五经》博士。天监初，何佟之、贺瑒、严植之、明山宾等复述制旨，并撰吉凶宾军嘉五礼，一千余卷，帝称制断疑焉。大同中，于台西立士林馆，领军朱异、太府卿贺琛、舍人孔子袪等递互讲述。皇太子、宣城王亦于东宫宣猷堂及扬州廨开讲。于是四方郡国，莫不向风。爰自在田，及登宝位，躬制赞、序、诏诰、铭、诔、说、箴、颂、笺、奏诸文，又百二十卷。六艺备闲，棋登逸品，阴阳、纬候、卜筮、占决、草隶、尺牍、骑射，莫不称妙。晚乃溺信佛道，日止一食，膳无鲜腴，惟豆羹粝饭而已。或遇事拥，日昳移中，便嗽口以过。制《涅槃》、《大品》、《净名》、《三慧》诸经义记数百卷。听览余闲，即于重云殿及同泰寺讲说，名僧硕学，四部听众，常万余人。

身衣布衣，木绵皂帐，一冠三载，一被二年。自五十外便断房室。后宫职司贵妃以下，六宫袆褕三翟之外，皆衣不曳地，傍无锦绮。不饮酒，不听音声，非宗庙祭祀、大会飨宴及诸法事，未尝作乐。勤于政务，孜孜无怠。每冬月四更竟，即敕把烛看事，执笔触寒，手为皴裂。然仁爱不断，亲亲及所爱愆犯，多有纵舍，故政刑弛紊。每决死罪，常有哀矜涕泣，然后可奏。性方正，虽居小殿暗室，恒理衣冠小坐，暑月未尝褰袒。虽见内竖小臣，亦如遇大宾也。

初，齐高帝梦屧而登殿，顾见武、明二帝后，一人手张天地图而不识，问之，答曰："顺子后。"及崔慧景之逼，长沙宣武王入援，至越城，梦乘马飞半天而坠，帝所驭化为赤龙，腾虚独上。时台内有宿卫士为觋，常见太极殿有六龙各守一柱，末忽失其二，后见在宣武王宅。时宣武为益州，觋乃往蜀伏事。及宣武在郢，此觋还都，乃见六龙俱在帝所寝斋，遂去郢之雍。中途遇疾且死，谓同侣曰："萧雍州必作天子。"具以前事语之。推此而言，盖天命也。

虽在蒙尘，斋戒不废，及疾不能进膳，盥漱如初。皇太子日中再朝，每问安否，涕泗交面。贼臣侍者，莫不掩泣。疾久口苦，索蜜不得，再曰："荷，荷！"遂崩。贼秘之，太子问起居不得见，恸于阁下。

始天监中，沙门释宝志为诗曰："昔年三十八，今年八十三，四中复有四，城北火酷酷。"帝使周舍封记之。及中大同元年，同泰寺灾，帝启封见舍手迹，为之流涕。帝生于甲辰，三十八，克建邺之年也。遇灾岁实丙寅，八十三矣。四月十四日而火，火起之始，自浮屠第三层。三者，帝之昆季次也。帝恶之，召太史令虞履筮之，遇《巛》。履曰："无害。其《繇》云：'西南得朋，东北丧朋，安贞吉。'《文言》云：'东北丧朋，乃终有庆。'"帝曰："斯魔鬼也。酉应见卯，金来克木，卯为阴贼。鬼而带贼，非魔何也。孰为致之？酉为口舌，当乎说位。说言乎《兑》，故知善言之口，宜前为法事。"于是人人赞善，莫不从风。或刺血洒地，或刺血书经，穿心然灯，坐禅不食。及太清元年，帝舍身光严、重云殿，游仙化生皆震动，三日乃止。当时谓之祥瑞。识者以非动而动，在《鸿范》为祅。以比石季龙之败，殿壁画人颈皆缩入头之类。时海中浮鸪山，去余姚岸可千余里，上有女人年三百岁，有女官道士四五百人，年并出百，但在山学道。遣使献红席。帝方舍身时，其使适至，云此草常有红鸟居下，故以为名。观其图状，则鸾鸟也。时有男子不知何许人，于大众中自割身以饴饥鸟，血流遍体，而颜色不变。又沙门智泉铁钩挂体，以然千灯，一日一夜，端坐不动。开讲日，有三足鸟集殿之东户，自户适于西南县楣，三飞三集。白雀一，见于重云阁前连理树。又有五色云浮于华林园昆明池上。帝既流遁益甚，境内化之，遂至丧亡云。

论曰：梁武帝时逢昏虐，家遭冤祸。既地居势胜，乘机而作，以斯文德，有此武功。始用汤、武之师，终济唐、虞之业。岂曰人谋，亦惟天命。及据图箓，多历岁年，制造礼乐，敦崇儒雅。自江左以来，年逾二百，文物之盛，独美于兹。然先王文武通用，德刑备举。方之水火，取法阴阳，为国之道，不可独任。而帝留心俎豆，忘情干戚，溺于释教，弛于刑典。既而帝纪不立，悖逆萌生，反噬弯弧，皆自子弟，履霜弗戒，卒至乱亡。自古拨乱之君，固已多矣，其或树置失所，而以后嗣失之；未有自己而得，自己而丧。追踪徐偃之仁，以致穷门之酷，可为深痛，可为至戒者乎！

卷八　　梁本纪下第八

太宗简文皇帝，讳纲，字世缵，小字六通，武帝第三子,昭明太子母弟也。天监二年十月丁未,生于显阳殿。五年,封晋安王。普通四年,累迁都督、雍州刺史。中大通三年,被征入朝,未至,而昭明太子谓左右曰:"我梦与晋安王对奕抚道,我以班剑授之,王还,当有此加乎?"四月,昭明太子薨。五月丙申,立晋安王为皇太子。七月乙亥,临轩策拜。以修缮东宫,权居东府。四年九月,移还东宫。太清三年,台城陷,太子坐永福省见侯景,神色自若,无惧容。五月丙辰,帝崩。辛巳,太子即皇帝位,大赦。癸未,追尊穆贵嫔为皇太后,追谥妃王氏为简皇后。六月丙戌,以南康王会理为司空。丁亥,立宣城王大器为皇太子。壬辰,立当阳公大心为寻阳郡王,石城公大款为江夏郡王,宁国公大临为南海郡王,临城公大连为南郡王,西丰公大春为安陆郡王,新淦公大成为山阳郡王,临湘公大封为宜都郡王,高唐公大庄为新兴郡王。秋七月甲寅,广州刺史元景仲谋应侯景,西江督护陈霸先攻之。景仲自杀。霸先迎定州刺史萧勃为刺史。庚午,以司空南康王会理为兼尚书令。是月,九江大饥,人相食者十四五。八月癸卯,征东大将军、开府仪同三司、南徐州刺史萧藻薨。丙午,侯景矫诏:"仪同三司位比正公,自今悉不加将军,以为定准。"冬十月丁未,地震。是月,百济国遣使朝贡,见城寺荒芜,哭于阙下。

大宝元年春正月辛亥朔,大赦,改元。丁巳,天雨黄沙。已未,西魏克安陆,执司州刺史柳仲礼,尽有汉东地。丙寅,月昼见于东方。癸酉,前江都令祖皓起义兵于广陵。二月癸未,侯景攻下广陵,皓见害。乙巳,以尚书仆射王克为左仆射,丙午,侯景逼帝幸西州。夏五月丙辰,东魏静帝逊位于齐。庚午,开府仪同三司鄱阳王范薨。自春迄夏大旱,人相食,都下尤甚。六月庚子,前司州刺史羊鸦仁自尚书省出奔江陵。秋七月戊辰,贼行台任约逼江州,刺史寻阳王大心以州降之。八月甲午,湘东王绎遣领军将军王僧辩逼郢州,邵陵王纶弃郢州走。九月乙亥,侯景自进位相国,封二十郡为汉王。冬十月乙未,景又逼帝幸西州曲宴,自加宇宙大将军、都督六合诸军事。立皇子大钧为西阳郡王,大威为武宁郡王,大球为建安郡王,大昕为义安郡王,大挚为绥建郡王,大圜为乐梁郡王。壬寅,侯景害司空南康王会理。十一月,任约进据西阳,分兵寇齐昌,执衡阳王献送都下,害之。湘东王绎遣前宁州刺史徐文盛拒约,南郡王前中兵参军张彪起义于会稽若邪山,攻破浙东诸县。

二年春二月,邵陵王纶走至安陆董城,为魏所攻,见杀。三月庚戌,魏文帝崩。夏四月,侯景围巴陵。六月乙巳,解围宵遁。秋七月,景还至建邺。八月戊午,景遣伪卫尉卿彭俊、厢公王僧贵入殿,废帝为晋安王。害皇太子大器、寻阳王大心、西阳王大钧、武宁王大威、建安王大球、义安王大昕及寻阳王诸子二十余人。矫为帝诏,以为次当支庶,宜归正嫡,禅位于豫章王栋。使吕季略送诏,令帝写之。帝书至"先皇念神器之重,思社稷之固,越升非次,遂主震方",呜咽不能自止,贼众皆为掩泣。乃幽帝于永福省。栋即位,改元天正。使害南海王大临于吴郡、南郡王大连于姑孰、安陆王大春于会稽、新兴王大庄于京

口。冬十月壬寅,帝崩于永福省,时年四十九。贼伪谥曰明皇帝,庙称高宗。明年三月己丑,王僧辩平侯景,率百官奉梓宫升朝堂。元帝追崇为简文皇帝,庙号太宗。四月乙丑,葬庄陵。

帝幼而聪睿,六岁便能属文。武帝弗之信,于前面试,帝揽笔立成文。武帝叹曰:"常以东阿为虚,今则信矣。"及长,器宇宽弘,未尝见喜愠色,尊严若神。方颐丰下,须鬓如画,直发委地,双眉翠色。项毛左旋,连钱入背。手执玉如意,不相分辨。昞睐则目光烛人。读书十行俱下,辞藻艳发,博综群言,善谈玄理。自十一便能亲庶务,历试藩政,所在称美。性恭孝,居穆贵嫔忧,哀毁骨立,所坐席沾湿尽烂。在襄阳拜表侵魏,遣长史柳津、司马董当门、壮武将军杜怀宝、振远将军曹义宗等进军克南阳、新野等郡,拓地千余里。及居监抚,多所弘宥,文案簿领,纤豪必察。弘纳文学之士,赏接无倦。尝于玄圃述武帝所制《五经讲疏》,听者倾朝野。雅好赋诗,其自序云:"七岁有诗癖,长而不倦。"然帝文伤于轻靡,时号"宫体"。所著《昭明太子传》五卷,《诸王传》三十卷,《礼大义》二十卷,《长春义记》一百卷,《法宝连璧》三百卷,《谢客文泾渭》三卷,《玉简》五十卷,《光明符》十二卷,《易林》十七卷,《灶经》二卷,《沐浴经》三卷,《马槊谱》一卷,《棋品》五卷,《弹棋谱》一卷,新增《白泽图》五卷,《如意方》十卷,文集一百卷,并行于世。

初即位,制年号将曰"文明",以外制强臣,取《周易》"内文明而外柔顺"之义。恐贼觉,乃改为大宝。虽在蒙尘,尚引诸儒论讲道义,披寻坟史,未尝暂释。及见南康王会理诛,知不久,指所居殿谓舍人殷不害曰:"庞涓死此下。"又曰:"吾昨梦吞土,试思之。"不害曰:"昔重耳馈块,卒反晋国,陛下所梦,将符是乎?"帝曰:"倘幽冥有征,冀斯言不妄。"初,景纳帝女溧阳公主,公主有美色,景惑之,妨于政事。王伟每以为言,景以告主,主出恶言。伟知之,惧见谮,乃谋废帝而后主之。苦劝行杀,以绝众心。废后,王伟乃与彭俊、王修纂进觞于帝曰:"丞相以陛下幽忧既久,使臣上寿。"帝笑曰:"已禅帝位,何得言陛下?此寿酒将不尽此乎?"于是俊等并赍酒肴、曲项琵琶,与帝极饮。帝知将见杀,乃尽酣,谓曰:"不图为乐,一至于斯。"既醉而寝,伟乃出,俊进土囊,王修纂坐上,乃崩。竟协于梦。伟撤户扉为棺,迁殡于城北酒库中。

帝自幽絷之后,贼乃撤内外侍卫,使突骑围守,墙垣悉有枳棘。无复纸,乃书壁及板鄣为文。自序云:"有梁正士兰陵萧世赞,立身行道,终始若一。风雨如晦,鸡鸣不已。弗欺暗室,岂况三光?数至于此,命也如何!"又为文数百篇。崩后,王伟观之,恶其辞切,即使刮去。有随伟入者,诵其《连珠》三首,诗四篇,绝句五篇,文并凄怆云。

世祖孝元皇帝,讳绎,字世诚,小字七符,武帝第七子也。初,武帝梦眇目僧执香炉,称托生王宫。既而帝母在采女次侍,始褰户幔,有风回裾,武帝意感幸之。采女

梦月堕怀中，遂孕。天监七年八月丁巳生帝，举室中非常香，有紫胞之异。武帝奇之，因赐采女姓阮，进为修容。十三年，封湘东王。太清元年，累迁为镇西将军、都督、荆州刺史。三年三月，侯景陷建邺。四月，世子方等至自建邺，知台城不守。帝命栅江陵城，周回七十里。镇西长史王冲等拜笺请为太尉、都督中外诸军事，承制主盟。帝不许，曰："吾之天下不贱，宁俟都督之名！帝子之尊，何藉上台之位？议者可斩！"投笔流涕。冲等重请，不从。又请为司空，以主诸侯，亦弗听。乃开镇西府，辟天下士。

是月，帝征兵于湘州刺史河东王誉，誉拒命。寻上甲侯韶自建邺至，宣三月十五日密诏，授帝位假黄钺、大都督中外诸军事、司徒、承制。于是立行台于南郡而置官司焉。七月，遣世子方等讨河东王誉，军败，死之。又遣镇兵将军鲍泉讨誉。九月乙卯，雍州刺史岳阳王詧举兵寇江陵，其将杜崱兄弟来降，詧遁走。鲍泉攻湘州，未克；又遣左卫将军王僧辩代将。

及简文帝即位，改元为大宝元年。帝以简文制于贼臣，卒不遵用。正月，使少子方暑质于魏，魏不受质而结为兄弟。四月，克湘州，斩誉，湘州平。雍州刺史岳阳王詧自称梁王，蕃于魏，魏遣兵助伐襄阳。先是，邵陵王纶书已言凶事，秘之，以待湘州之捷。是月壬寅，始命陈莹报武帝崩问，帝哭于正寝。六月，江夏王大款、山阳王大成、宜都王大封自信安来奔。九月辛酉，以前郢州刺史南平王恪为中卫将军、尚书令、开府仪同三司。改封大款为临川郡王，大成为桂阳郡王，大封为汝南郡王。十一月甲子，南平王恪等奉笺进位相国，总百揆。帝不从。

二年三月，侯景悉兵西上。四月，景遣其将宋子仙、任约袭郢州，执刺史方诸。庚戌，领军王僧辩屯师巴陵。五月癸未，帝遣将胡僧祐、陆法和援巴陵。六月，僧祐等击破景将任约军，禽约，景解围宵遁。以王僧辩为征东将军、开府仪同三司、尚书令，帅众追景，所至皆捷。进围郢州，获贼将宋子仙等。九月，盘盘国献驯象。十月辛丑朔，紫云如盖临江陵城。是月，简文帝崩，开府仪同三司王僧辩等奉表劝进。帝奉讳，大临三日，百官缟素，答表不许。司空南平王恪率宗室，领军将军胡僧祐率群僚，江州别驾张佚率更人，并奉笺劝进。帝固让。十一月乙亥，僧辩又奉表劝进，又不从。时巨寇尚存，帝未欲即位，而四方表劝，前后相属，乃下令断表。

承圣元年二月，王僧辩众军发自寻阳，帝驰檄四方，购获景及逆者，封万户开国公，绢布五万疋。三月，僧辩等平景，传首江陵。戊子，以贼平告明堂、太社。己丑，僧辩等又表劝进曰：

众军以今月戊子，总集建康，贼景鸟伏兽穷，频击频挫，奸竭诈尽，深沟自固。臣等分勒武旅，百道同趋，突骑短兵，犀函铁盾。结队千群，持戟百万，止纣七步，围项三重，轰然大溃，群凶四灭。京师少长，俱称万岁。长安酒食，于此价高。九县云开，六合清朗，刈伊黔首，谁不载跃！

伏惟陛下咀痛茹哀，婴愤忍酷。自紫庭绛阙，胡尘四起，墉垣奸時，冀马云屯，泣血临兵，尝胆誓众。

而吴、楚一家，方与七国俱反；管、蔡流言，又以三监作乱。西凉义众，阻秦塞而不通；并州遗黎，跨飞狐而见绝。豺狼当路，非止一人，鲸鲵不剪，倏焉五载。英武克振，怨耻并雪，永寻霜露，伊何可胜。臣等辄依故实，奉修社庙，使者持节，分告园陵。嗣后升遐，龙辂未殡；承华掩曜，梓宫莫测。并即随由备办，礼具凶荒，四海同哀，六军祖哭。圣情孝友，理当感恸。

日者，百司岳牧，仰祈宸鉴。以锡珪之功，既归有道；当璧之礼，允属圣明。而优诏谦冲，杳然凝邈，飞龙可跻，而《乾》爻在四，帝阍云叫，而闾阖未开。讴歌再驰，是用翘首。所以越人固执，熏丹穴以求君；周人乐推，逾岐山而事主。汉王不即位，无以贵功臣，光武止萧王，岂谓绍宗庙？黄帝游于襄城，尚访御人之道；放勋寂于姑射，犹使鏻俎有归。伊此恺来，岂圣人所欲？帝王所应，不获已而然。伏读玺书，寻讽制旨，领怀物外，未奉慈衷。陛下日角龙颜之姿，表于徇齐之日；彤云素灵之瑞，基于应物之初。博学则大哉无所与名，深言则烨乎文章之观。忠为令德，孝实动天。加以英威茂略，雄图武算，指麾则丹浦不战，顾盻则阪泉自荡。地维绝而重纽，天柱倾而更植。凿河津于孟门，百川复启，补穹仪以五石，万物再生。纵陛下拂祲衣而游广成，登峰山而去东土，群臣安得仰诉，兆庶何所归仁？况郊祀配天，罍筐礼旷，斋宫清庙，匏竹不陈。仰望銮舆，匪朝伊夕，瞻言法驾，载渴且饥。岂可久稽众议，有旷彝则？旧邦凯复，函、洛已平。高奴、栎阳，宫馆虽毁；浊河清渭，佳气犹存。皋门有伉，甘泉四敞，土圭测景，仙人承露。斯盖九州之赤县，六合之枢机。博士捧图书而稍还，太常定礼仪其已立，岂得不扬清警而赴名都，具玉銮而旋正寝！昔东周既迁，镐京遂其不复，长安一乱，郑、洛永以为居。夏后以万国朝诸侯，文王以六州匡天下。方之迹基百里，剑仗三尺，以残楚之地，抗拒六戎，一旅之卒，剪夷三叛，坦然大定，御辇东归。解五牛于冀州，秣六马于谯郡，缅求前古，其可得欤？对扬天命，无所让德，有理存焉，敢重祈奏。

帝尚未从。辛卯，宣猛将军朱买臣奉帝密旨，害豫章王栋及其二弟桥、樛，四月乙巳，益州刺史、新除假黄钺、太尉武陵王纪僭位于蜀，年号天正。帝遣兼司空萧泰、祠部尚书乐子云拜谒茔陵，修复社庙。丁巳，下令解严。五月庚午，司空南平王恪及宗室王侯、大都督王僧辩等，复拜表上尊号。帝犹固让。甲申，以开府仪同三司、江州刺史王僧辩为司徒。乙酉，斩贼左仆射王伟、尚书吕季略、少府卿周石珍、舍人严亶于江陵市，乃下令赦境内。齐将潘乐、辛术等攻秦郡，王僧辩遣将杜崱帅众拒之。以陈霸先为征北大将军、开府仪同三司、徐州刺史。齐人贺平侯景。八月，武陵王纪率巴、蜀之众东下，遣护军将军陆法和屯巴峡以拒之。九月甲戌，司空南平王恪薨。十月乙未，前梁州刺史萧循自魏至江陵，以为平北将军、开府仪同三司。戊申，执湘州刺史王琳于殿内。庚戌，琳长史陆纳及其将潘乌累等举兵反，攻陷湘州。是月，四方征镇王公卿士复劝进，表三上，乃许之。

冬十一月丙子，皇帝即位于江陵，改太清六年为承圣元年。通租宿责，并许弘宥。孝子顺孙，悉皆赐爵。长徒锁士，特加原宥。禁锢夺劳，一皆旷荡。是日，帝不升正殿，公卿陪列而已。时有两日俱见。己卯，立王太子方矩为皇太子，改名元良。立皇子方智为晋安郡王，方略为始安郡王。追尊所生姚阮修容为文宣太后。改谥忠壮太子为武烈太子，封武烈子庄为永嘉王。是月，陆纳遣将军潘乌累等破衡州刺史丁道贵于渌口，道贵走零陵。十二月，陆纳分兵袭巴陵，湘州刺史萧循击走之。天门山获野人，出山三日而死。星陨吴郡。淮南有野象数百，坏人室庐。宣城郡猛兽暴食人。是岁，魏废帝元年。

二年春正月乙丑，诏王僧辩讨陆纳。戊寅，以吏部尚书王褒为尚书右仆射。己卯，江夏宫南门钥牡飞。三月庚寅，有两龙见湘州西江。夏五月甲申，魏大将尉迟迥进兵逼巴西，潼州刺史杨乾运以城纳迥。己丑，武陵王纪军至西陵。六月乙卯，王僧辩平湘州。秋七月，武陵王纪ós大溃，见杀。八月戊戌，尉迟迥平蜀。九月，齐遣郭元建及将邢杲远、步大汗萨、东方老，帅众顿合肥。冬十一月辛酉，僧辩留镇姑孰，豫州刺史侯瑱据东关垒，征吴兴太守裴之横帅众继之。戊戌，以尚书右仆射王褒为左仆射，湘东太守张绾为右仆射。十二月，宿预土人东方光据城归化，齐江西州郡皆起兵应之。

三年春正月，魏废帝为相安定公所废，而立齐王廓，是为恭帝元年。三月，主衣库见黑蛇长丈许，数十小蛇随之，举头高丈余周望，俄失所在。帝又与宫人幸玄洲苑，复见大蛇盘屈于前，群小蛇绕之，并黑色。帝恶之，宫人曰："此非怪也，恐是钱龙。"帝敕所司即日取数千万钱镇于蛇处以厌之。因设法会，赦囚徒，振穷乏，退居栖心省。又有蛇从屋堕落帝帽上，忽然便失。又龙光殿上所御肩舆复见小蛇萦屈舆中，以头驾夹膝前金龙头上，见人走去，逐之不及。城濠中龙腾出，焕烂五色，辣跃入云，六七小龙相随飞去。群鱼腾跃，坠死于陆道。龙处为窟若数百斛圌。旧大城上常有紫气，至是稍复消歇。甲辰，以司徒王僧辩为太尉、车骑大将军。戊申，以护军将军、郢州刺史陆法和为司徒。夏四月癸酉，以征北大将军、开府仪同三司陈霸先为司空。六月癸未，有黑气如龙见于殿内。秋九月辛卯，帝于龙光殿述《老子》义。先是，魏使宇文仁恕来聘，齐使又至江陵，帝接仁恕有阙，魏相安定公憾焉。乙巳，使柱国万纽于谨来攻。

冬十月丙寅，魏军至襄阳，梁王萧詧率众会之。丁卯，停讲，内外戒严，舆驾出行城栅，大风拔木。丙子，续讲，百僚戎服以听。诏征王僧辩。十一月甲申，幸津阳门讲武，置南北两城主。帝亲观阅，风雨总集，部分未交，旗帜飘乱，帝趣驾而回，无复次序。风雨随息，众窃惊焉。乙酉，以领军胡僧祐为都督城东城北诸军事，右仆射张绾为副；左仆射王褒都督城西城南诸军事，直殿省元景亮为副。丁亥，魏军至栅下。丙申，征广州刺史王琳入援。丁酉，大风，城内火烧居人数千家。以为失在妇人，斩首尸之。是日，帝犹赋诗无废。以胡僧祐为开府仪同三司。庚子，信州刺史徐世谱、晋安王司马任约军次马头岸。是夜，有流星坠城中。帝援蓍筮之，卦成，取龟式验之，因抵于地曰："吾若死此下，岂非命乎？"因裂帛为书催僧辩曰："吾忍死待公，可以至矣。"戊申，胡僧祐、朱买臣等出战，买臣败绩。辛亥，魏军大攻，帝出枇杷门亲临阵督战。僧祐中流矢薨，军败，反者斩西门守卒以纳魏军。帝见执，如梁王萧詧营，甚见诘辱。他日，乃见魏仆射长孙俭，谲俭云："埋金千斤于城内，欲以相赠。"俭乃将帝入城，帝因述詧相辱状，谓俭曰："向聊相谲，欲言耳；岂有天子自埋金乎？"俭乃留帝于主衣库。十二月丙辰，徐世谱、任约退戍巴陵。辛未，魏人戕帝。明年四月，梁王方智承制，追尊为元皇帝，庙号世祖。

帝聪悟俊朗，天才英发，出言为论，音响若钟。年五六岁，武帝尝问所读书，对曰："能诵《曲礼》。"武帝使诵之，即诵上篇。左右莫不惊叹。初生患眼，医疗必增，武帝自下意疗之，遂盲一目。乃忆先梦，弥加慈爱。及长好学，博极群书。武帝尝问曰："孙策在江东，于时年几？"答曰："十七。"武帝曰："正是汝年。"帝性不好声色，颇慕高名，为荆州刺史，起州学宣尼庙。尝置儒林参军一人，劝学从事二人，生三十人，加廪饩。帝工书善画，自图宣尼像，为之赞而书之，时人谓之"三绝"。与裴子野、刘显、萧子云、张缵及当时才秀为布衣交。常自比诸葛亮、桓温，惟缵许焉。

性好矫饰，多猜忌，于名无所假人。微有胜己者，必加毁害。帝姑义兴昭长公主于王铨兄弟八九人有盛名。帝妒害其美，遂改宠姬王氏兄王珩名琳，以同其父名。忌刘之遴学，使人鸩之。如此者甚众，虽骨肉亦遍被其祸。始居文宣太后忧，依丁兰作木母。及武帝崩，秘丧逾年，乃发凶问。方刻檀为像，置于百福殿内，事之甚谨。朝夕进蔬食，动静必启闻，迹其虚矫如此。性爱书籍，既患目，多不自执卷。置读书左右，番次上直，昼夜为常，略无休已，虽睡，卷犹不释。五人各伺一更，恒致达晓。常眠熟大鼾，左右有睡，读失次第，或偷卷度纸。帝必惊觉，更令追读，加以榎楚。虽戎略殷凑，机务繁多，军书羽檄，文章诏诰，点毫便就，殆不游手。常曰："我韬于文士，愧于武夫。"论者以为得言。

始在寻阳，梦人曰："天下将乱，王必维之。"又背生黑子，巫媪见曰："此大贵不可言。"初，武帝敕贺革为府谘议，使讲《三礼》。革西上，意甚不悦，过别御史中丞江革。江革告之曰："吾尝梦主上遍见诸子，至湘东王，脱帽授之。此人后必当璧，卿其行乎！"革领之。及太清之祸，遂膺归运。自侯景之难，州郡太半入魏，自巴陵以下至建康，缘以长江为限。荆州界北尽武宁，西拒峡口；自岭以南，复为萧勃所据。文轨所同，千里而近，人户著籍，不盈三万。中兴之盛，尽于是矣。武陵之平，议者欲因其舟舰迁都建邺，宗懔、黄罗汉皆楚人，不愿移，帝及胡僧祐亦俱未欲动。仆射王褒、左户尚书周弘正骤言即楚非便。宗懔及御史中丞刘懿以为建邺王气已尽，且渚宫洲已满百,于是乃留。寻而岁星在井,荧惑守心。帝观之慨然而谓朝臣文武曰:"吾观玄象,将恐有贼。但吉凶在我,运数由天,避之何益?"及魏军逼,阍人朱买臣按剑进曰:"惟有斩宗懍、黄罗汉,可以谢天下。"帝曰:"襄实吾意,宗、黄何罪?"二人退入于人中。及魏人烧栅,买臣、谢答仁劝帝乘暗溃围出就任约。帝素不便驰马,曰:"事必无成,徒增辱耳。"答仁又求自扶,帝以问仆射王褒。褒曰:"答仁,侯景之党,岂可是信?成彼之勋,不如降也。"乃聚图书十余万卷尽烧之。答仁又请守子城,收兵可得五千人。帝然之,即授城内大都督,以帝鼓吹给之,配以公主。既而又召王褒谋之,答仁请入不得,欧血而去。遂使皇太子、王褒出质请降。有顷,黄门郎裴政犯门而出。帝乘白马素衣出东门,抽剑击阖曰:"萧世诚一至此乎!"魏师至凡二十八日,征兵四方,未至而城见克。在幽逼,求酒饮之,制诗四绝。其一曰:"南风且绝唱,西陵最可悲,今日还嵩里,终非封禅时。"其二曰:"人世逢百六,天道异贞恒,何言异蝼蚁,一旦损鹍鹏。"其三曰:"松风侵晓哀,霜雰当夜来,寂寥千载后,谁畏轩辕台?"其四曰:"夜长无岁月,安知秋与春。原陵五树杏,空得动耕人。"梁王詧遣尚书傅准监行刑,帝谓之曰:"卿幸为我宣行。"准捧诗,流泪不能禁,进土囊而殒焉。梁王詧使以布帊缠尸,敛以蒲席,束以白茅,以车一乘,葬于津阳门外。愍怀太子元良及始安王方略等,皆见害。徐世谱、任约自马头走巴陵。约后降于齐。将军裴畿、畿弟机并被害。谢答仁三人相抱,俱见屠。汝南王大封、尚书左仆射王褒以下,并为俘以归长安。乃选百姓男女数万口,分为奴婢,小弱者皆杀之。

帝于伎术无所不该,尝不得南信,筮之,遇《剥》之《艮》。曰"南信已至,今当遣左右李心往看"。果如所说,宾客咸惊其妙。凡所占决皆然。初从刘景受相术。因讯以年,答曰:"未至五十,当有小厄,禳之可免。"帝自勉曰:"苟有期会,禳之何益?"及是四十七矣。特多禁忌,墙壁崩倒,屋宇倾颓,年月不便,终不修改。庭草芜没,令鞭去之,其慎护如此。著《孝德传》、《忠臣传》各三十卷,《丹阳尹传》十卷,注《汉书》一百十五卷,《周易讲疏》十卷,《内典博要》百卷,《连山》三十卷,《词林》三卷,《玉韬》、《金楼子》、《补阙子》各十卷,《老子讲疏》四卷,《怀旧传》二卷,《古今全德志》、《荆南地记》、《贡职图》、《古今同姓名录》一卷,《筮经》十二卷,《式赞》三卷,文集五十卷。

初,承圣二年三月,有二龙自南郡城西升天,百姓聚观,五采分明。江陵故老窃相泣曰:"昔年龙出建康淮,而天下大乱,今复有焉,祸至无日矣。"帝闻而恶之,逾年而遘祸。又江陵先有九十九洲,古老相承云:"洲满百,当出天子。"桓玄之为荆州刺史,内怀篡逆之心,乃遣凿破一洲,以应百数。随而崩散,竟无所成。宋文帝为宜都王,在藩,一洲自立,俄而文帝纂统。后遇元凶之祸,此洲还没。太清末,枝江杨之阁浦复生一洲,群公上疏称庆,明年而帝即位。承圣末,其洲与大岸相通,惟九十九云。

敬皇帝,讳方智,字慧相,小字法真,元帝第九子也。太清三年,封兴梁侯。承圣元年,封晋安郡王。二年,出为江州刺史。三年十一月,魏克江陵,太尉王僧辩、司空陈霸先定议,以帝为梁王、太宰、承制。四年二月癸丑,于江州奉迎至建邺,入居朝堂。以太尉王僧辩为中书监、录尚书、骠骑大将军、都督中外诸军事,加司空陈霸先班剑二十人。以湘州刺史萧循为太尉,广州刺史萧勃为司徒。三月,齐遣其上党王高涣送贞阳侯萧明来主梁嗣,至东关,遣吴兴太守裴之横拒之。与战,败绩,死之。四月,司徒陆法和以郢州附齐,遣江州刺史侯瑱讨之。七月辛丑,僧辩纳贞阳侯萧明,自采石济江。甲辰,入建邺。丙午,即伪位。年号天成,以帝为皇太子。司空陈霸先袭杀王僧辩,黜萧明而奉帝焉。

绍泰元年秋九月丙午,皇帝即位。冬十月己巳,大赦,改元。以贞阳侯萧明为司徒,封建安郡公。壬子,加司空陈霸先尚书令、都督中外诸军事。震州刺史杜龛举兵,攻信武将军陈蒨于长城,义兴太守韦载应之。癸丑,以太尉萧循为太保,以司徒萧明为太傅,司徒萧勃为太尉,以镇南将军王琳为车骑将军、开府仪同三司。戊午,尊所生夏贵妃为皇太后,立妃王氏为皇后。辛未,司空陈霸先东讨韦载,降之。丙子,南豫州刺史任约、谯、秦二州刺史徐嗣徽举兵据石头反。十一月庚辰,齐安州刺史翟子崇、楚州刺史刘士荣、淮州刺史柳达摩率众赴任约,入石头。十二月庚戌,任约、徐嗣徽等至采石迎齐援。丙辰,遣猛烈将军侯安都于江宁邀击,败之,约、嗣徽等奔江西。庚申,翟子崇等降,并放还北。

太平元年春正月戊寅,大赦。追赠谥简文帝诸子。封故永安侯确子后为邵陵王,奉携王后。癸未,震州刺史杜龛降,诏赐死,赦吴兴郡。己亥,以太保宜丰侯萧循袭封鄱阳王。东扬州刺史张彪围临海太守王怀振于刾岩。二月庚戌,遣周文育、陈蒨袭会稽讨彪,彪败走。以中卫将军临川王大款即本号开府仪同三司。丙辰,若邪村人斩张彪,传首建邺,赦东扬州。甲子,以东土经杜龛、张彪之乱,遣大使巡省。是月,齐人来聘,使侍中王廓报聘。三月壬午,班下远近,并杂用古钱。戊戌,齐将萧轨出栅口,向梁山,陈霸先大败之。夏四月壬申,侯安都轻兵袭齐行台司马恭于历阳,大破之。五月癸未,太博建安公萧明薨。庚寅,齐军水步入丹阳县,内外纂严。六月壬子,齐军至玄武湖西北。乙卯,陈霸先大破齐军。戊午,大赦。辛酉,解严。秋七月丙子,司空陈霸先进位司徒。丁亥,以开府仪同三司侯瑱为司空。八月己酉,太保鄱阳王循薨。九月壬寅,大赦,改元。司徒陈霸先进位丞相、录尚书事,改封义兴郡公。加中权将军王冲开府仪同三司,以吏部尚书王通为尚书右仆射。冬十月乙亥,魏相安定公薨。十一月,起云龙、神武门。十二月壬申,进太尉萧勃为太保。甲午,封前寿昌令刘睿为汝阴王,前镇西法曹行参军萧沇为巴陵王,奉宋、齐二代后。庚子,魏恭帝逊位于周。

二年春正月壬寅,诏求鲁国孔氏族为奉圣侯,并缮庙堂,供备祀典。又诏诸州各置中正。旧放举选,不得辄承单状序官,皆须中正押上,然后量授。其选中正,每求耆德该悉,以他官领之。以开府仪同三司王琳为司空,以尚书右仆射王通为左仆射。二月庚午,遣领军将军徐度入东关。太保、广州刺史萧勃举兵反,诏平西将军周文育、平南将军侯安都等南讨。戊子,徐度至合肥,烧齐船舶三千艘。癸巳,周文育军于巴山。获萧勃伪帅欧阳頠。三月甲寅,德州刺史陈法武、前衡州刺史谭远于始兴攻杀萧勃。夏四月癸酉,曲赦江、广、衡三州,并督内为贼所拘逼者。己卯,铸四柱钱,一当二十。齐遣使通和。壬辰,改四柱钱,一当十。丙申,复闭细钱。五月乙巳,平西将军周文育进号镇南将军,平南将军侯安都进号镇北将军,并开府仪同三司。戊辰,余孝顷遣使诣丞相府求降。秋八月,加丞相陈霸先殊礼。九月,周冢宰宇文护杀闵帝。丞相陈霸先改授相国。封陈国公。冬十月戊辰,进陈国公爵为王。辛未,帝逊位于陈。陈受命,奉帝为江阴王,薨于外邸,时年十六,追谥敬皇帝。

论曰:帝王之位,天下之重职,文武之道,守国所常遵。其于行用,义均水火,相资则可,专任成乱。观夫有梁诸帝,皆一之而已。简文文明之姿,禀乎天授,粤自支庶,入居明两,经国之算,其道弗周。《宫体》所传,且变朝野,虽主虚号,何救灭亡!元帝居势胜之地,启中兴之业。既雪仇耻,且应天人。而内积猜忍,外崇矫饰,攀号之节,忍酷于逾年;定省之制,申情于木偶。竟而雍州引寇,衅起河东之戮;益部亲寻,事习邵陵之窘。悖辞屈于僧辩,残虐极于圆正,不义不昵,若斯之甚。而复谋无经远,心劳志大,近舍宗国,远迫强邻;外弛藩篱,内崇讲肆,卒于溘至戕陨,方追始皇之迹。虽复文籍满腹,何救社庙之墟?历观书契以来,盖亦废兴代有,未见三叶遘愍,顿若萧宗之酷。敬皇以此冲年,当斯颓运,将不高揖,其可得乎?初,武帝末年,都下用钱,每百皆除其九,谓为九佰,竟而有侯景之乱。及江陵将覆,每百复除六文,称为六佰。识者以为九者阳九,六者百六,盖符历数,非人事也。

善乎,郑文贞公论之曰:高祖固天攸纵,聪明稽古,道亚生知,学为博物,允文允武,多艺多才。爱自诸生,有不羁之度,属昏凶肆虐,天伦及祸,纠合义旅,将雪家冤。曰纣可伐,不期而会,龙跃樊、汉,电击湘、郢。剪离德如振槁,取独夫如拾遗,其雄才大略,固无得而称矣。既县白旗之首,方应皇天之眷,布德施惠,悦近来远。开荡荡之王道,革靡靡之商俗。大修文教,盛饰礼容。鼓扇玄风,阐扬儒业。介胄仁义,折冲尊俎,声振寰宇,泽流遐裔,干戈载戢,凡数十年,济济焉,洋洋焉,魏、晋以来,未有若斯之盛也。然不能息末敦本,斫雕为朴,慕名好事,崇尚浮华,抑扬孔、墨,流连释、老。或终夜不寝,或日旰不食,非弘道以利物,惟饰智以惊愚。且心未遗荣,虚厕苍头之伍,高谈脱屣,终恋黄屋之尊。夫人之大欲,在乎饮食男女,至于轩冕殿堂,非有切身之急。高祖屏除嗜欲,眷恋轩冕,得其所难,而滞于所易,可谓神有所不达,智有所不通矣。逮夫精华稍竭,风德已衰,惑于听受,

权在奸佞,储后百辟,莫能尽言。险躁之心,暮年逾甚,见利而动,愎谏违卜。开门揖盗,弃好即仇,衅起萧墙,祸成戎、羯,身殒非命,灾被亿兆。衣冠毙锋镝之下,老幼粉戎马之足。瞻彼《黍离》,痛深周庙;永言《麦秀》,悲甚殷墟。自古以安为危,既成而败,颠覆之速,书契所未闻也。《易》曰:"天之所助者顺,人之所助者信。"高祖之遇斯屯剥,不得其死,盖动而之险,不由信顺,失天人之助,其能免于此乎?太宗敏睿过人,神采秀发,多闻博达,富赡词藻。然文艳用寡,华而不实,体穷淫丽,义罕疏通,哀思之音,遂移风俗,以此而贞万国,异乎周诵、汉庄矣!我生不辰,载离多难,桀逆构扇,巨猾滔天,始同牖里之拘,终类望夷之祸。悠悠苍昊,其可问哉!昔国步初屯,兵缠魏阙,群后释位,投袂勤王。元帝以盘石之宗,受分陕之任,属君亲之难,居连率之长。不能抚剑尝胆,枕戈泣血,躬先士卒,致命前驱,遂乃拥众逡巡,内怀觖望,坐观国变,以为身幸。不急莽、卓之诛,先行昆弟之戮。又沉猜忍酷,多行无礼,骋智辩以饰非,肆忿戾以害物。爪牙重将,心膂谋臣,或顾眄以就拘囚,或一言而及葅醢,朝之君子,相顾懔然。自谓安若泰山,算无遗策,忲于邪说,即安荆楚。虽元恶克翦,社稷未宁,而西邻责言,祸败旋及。斯乃上灵降鉴,此焉假手,天道人事,其可诬乎?其笃志艺文,采浮华而弃忠信;戎昭果毅,先骨肉而后寇仇。口诵《六经》,心通百氏,有仲尼之学,有公旦之才,适足以益其骄矜,增其祸患,何补金陵之覆没,何救江陵之灭亡哉!敬帝遭家不造,绍兹屯运,征伐有所自出,政刑不由于己。时无伊、霍之辅,焉得不为高让欤!

卷九　　　　　　陈本纪上第九

陈高祖武皇帝,讳霸先,字兴国,小字法生,吴兴长城下若里人。姓陈氏。其本甚微,自云汉太丘长实之后也。实玄孙晋太尉准。准生匡,匡生达,永嘉中南迁,为丞相掾,太子洗马,出为长城令,悦其山水,遂家焉。尝谓所亲曰:"此地山川秀丽,当有王者兴焉,二百年后,我子孙必钟斯运。"达生康,复为丞相掾,咸和中土断,故为长城人。康生盱眙太守英,英生尚书郎公弼,公弼生步兵校尉鼎,鼎生散骑侍郎高,高生怀安令咏,咏生安成太守猛,猛生太常卿道巨,道巨生皇考文赞。

帝以梁天监二年癸未岁生。少倜傥有大志,长于谋略,意气雄杰,不事生产。及长,涉猎史籍,好读兵书。明纬候、孤虚、遁甲之术,多武艺,明达果断,为当时推服。身长七尺五寸,日角龙颜,垂手过膝。尝游义兴,馆于许氏,梦天开数丈,有四人朱衣,捧日而至,纳之帝口,及觉,腹内犹热,帝心独喜。初仕乡为里司,后至建邺为油库吏,徙为新喻侯萧映传教,勤于其事,为映所赏。及映为吴兴太守,甚重帝,谓僚佐曰:"此人将来远大,必胜于我。"及映为广州,帝为中直兵参军,随之镇,映令帝招集士马。

先是，武林侯萧谘为交州刺史，以严刻失和，土人李贲连结数州豪杰同时反。台遣高州刺史孙冏、新州刺史卢子雄将兵击贲。冏等不时进，皆于广州伏诛。子雄弟子略与冏子侄及其主帅杜天合、杜僧明共举兵，执南江督护沈颙，进寇广州，昼夜苦攻，州中震恐。帝率精兵救之，贼众大溃。僧明后有功业，遂降。梁武帝深叹异焉，授直阁将军，封新安县子，仍遣图帝貌以观之。其年冬，萧映卒。明年，帝送丧还，至大庾岭，会有诏以帝为交州司马，与刺史杨瞟南讨。帝益招勇敢，器械精利，瞟委帝经略。时萧勃为定州刺史，于西江相会，勃知军士惮远役，因诡说留瞟。瞟集诸将问计，帝曰"交阯叛涣，罪由宗室，节下奉辞伐罪，故当死生以之。"于是鼓行而进。军至交州，瞟推帝为前锋，所向摧陷。贲窜入屈獠洞中，屈獠斩贲，传首建邺。是岁太清元年也。贲兄天宝遁入九真，与劫帅李绍隆收余兵，杀德州刺史陈文戒，进围爱州，帝讨平之。除西江督护、高要太守，督七郡诸军事。

二年冬，侯景寇逼，帝将赴援，广州刺史元景仲阴将图帝。帝知之，与成州刺史王怀明等，集兵于南海，驰檄以讨景仲。景仲缢于阁下，帝迎萧勃镇广州。时临贺内史欧阳頠监衡州，兰裕、兰京礼扇诱始兴等十郡共攻頠，頠请援于勃，勃令帝救之，悉禽裕等，仍监始兴郡事。帝遣杜僧明、胡颖将二千人顿于岭上，并厚结始兴豪杰，同谋义举，侯安都、张偲等率众来附。萧勃闻之，遣钟休悦说停帝，帝泣谓休悦曰："君辱臣死，谁敢爱command？仆行计决矣。"时蔡路养起兵据南康。勃遣腹心谭世远为曲江令，与路养相结，同遏义军。

大宝元年正月，帝发始兴，次大庾岭，大破路养军，进顿南康。湘东王绎承制授帝交州刺史，改封南野县伯，于是修理崎头古城徙居之。刘惠斖等望见恒有紫气冒城上，远近惊异，故惠斖等深自结于帝。寻改封长城县侯，南江州刺史。时宁都人刘蔼等资高州刺史李迁仕舟舰兵仗，将袭南康，帝遣杜僧明等据白口御之。

二年，僧明禽迁仕，送南康斩之。承制授帝江州刺史。帝发南康，赣石旧有二十四滩，滩多巨石，行旅以为难。帝之发，水暴起数丈，三百里间，巨石皆没。进军顿西昌，有龙见水滨，高五丈，五采鲜曜，军民观者数万人。帝又尝独坐胡床于阁下，忽有神光满阁，廊庑之间，并得相见。赵知礼侍侧，怪而问帝，帝笑不答。时承制征东将军王僧辩督众军讨侯景，次盆城，帝率杜僧明等合三万人将会焉。时西军乏食，帝先贮军粮五十万石，至是分三十万石以资之。仍顿巴丘。会侯景废简文，立豫章王栋，帝遣兼长史沈衮奉表于江陵劝进。承制授帝东扬州刺史，领会稽太守。

三年，帝帅师发自豫章。二月，次桑落洲，时僧辩已发盆城，会帝于白茅湾。乃登岸结坛，刑牲盟约。进次大雷，军人杜棱梦雷池君、周、何神，自称征讨大将军，乘朱舫，陈甲仗，称下征侯景，须臾便还，云已杀景竟。三月，帝与僧辩进克姑孰，仍次蔡洲。侯景登石头城，望官军之盛，不悦，曰："一把子人，何足可打！"密谓左右曰："此军上有紫气，不易可当。"乃以叔舻贮石，沉塞淮口，

缘淮作城，自石头迄青溪十余里中，楼雉相接。僧辩遣杜崱问计于帝，帝以诸将不敢当锋，请先往立栅。即于石头西横垅筑栅。众军次连八城，直出东北。贼恐西州路断，亦于东北果林作五城，以遏大路。帝曰："善用兵者，如常山之蛇，使救首救尾，困而无暇。今我师既众，贼徒甚寡，应分贼兵力，以强制弱。"乃命诸将分处置兵，帝与王琳、杜龛等悉力乘之，景众大溃，僧辩启命帝镇京口。五月，齐遣将辛术围严超达于秦郡，帝命徐度领兵助其固守。齐众起土山，穿地道，攻之甚急。帝乃自率万人解其围，振旅南归。承制授帝征北大将军、开府仪同三司、南徐州刺史，进封长城县公。及王僧辩征陆纳于湘州，承制命帝代镇扬州。

承圣二年，湘州平，帝旋镇京口。三年三月，进帝位司空。及魏平江陵，帝与王僧辩等进启请晋安王以太宰承制。十二月，晋安王至自寻阳，入居朝堂，给帝班剑二十人。

四年五月，齐送贞阳侯明还主社稷，王僧辩纳之。明即位，改元天成，以晋安王为皇太子。初，齐之纳贞阳也，帝固争之，以为不可，不见从。帝居常愤叹曰："嗣主高祖之孙，元皇之子，竟有何辜，坐致废黜？假立非次，此情可知。"乃密具袍数千领及锦彩金银，以为赏赐之资。九月壬寅，帝召徐度、侯安都、周文育，仍部列将士，水陆俱进，夜发南徐州，讨王僧辩。甲辰，帝至石头，前遣勇士自城北逾入。时僧辩方视事，闻外白有兵，遽走。帝大兵寻至，因风纵火，僧辩就禽。是夜缢之，及其子頠。于是废贞阳侯，而奉晋安王即位，改承圣四年为绍泰元年。壬子，诏授帝侍中、大都督中外诸军事、车骑将军、扬、南徐二州刺史，持节、司空、班剑、鼓吹并如故。仍诏甲仗百人出入殿省。

震州刺史杜龛据吴兴，与义兴太守韦载举兵逆命。辛未，帝表自东讨，留高州刺史侯安都、石州刺史杜棱宿卫台省。甲戌，军至义兴。秦州刺史徐嗣徽，据城入齐，又要南豫州刺史任约举兵应龛，齐人资其兵食。嗣徽乘虚奄至阙下，侯安都出战，嗣徽等退据石头。丁丑，载及龛从弟北叟来降，帝抚而释之，仍以载兄鼎知郡事。以嗣徽寇逼，卷甲还都，命周文育进讨杜龛。十一月己卯，齐遣兵五千，度据姑孰，又遣安州刺史翟子崇、楚州刺史刘士荣、淮州刺史柳达摩，领兵万人，于胡墅度米粟三万石、马千匹入石头。帝乃遣侯安都领水军夜袭胡墅，烧齐船，周铁武率舟师断齐运输，帝领铁骑自西明门袭之。齐人大溃，嗣徽留达摩等守城，自率亲属腹心，往南州采石，以迎齐援。

先是，太白自十一月丙戌不见，十二月乙卯出于东方。丙辰，帝尽命众军分部甲卒，对冶城立航，度兵攻其水南二栅。柳达摩等度淮置阵，帝督兵疾战，纵火烧栅，烟尘涨天，齐人大溃，尽收其船舰。是日，嗣徽、约等领齐兵还据石头，帝遣侯安都领水军袭破之，嗣徽等单舸脱走。丁巳，拔石头南岸栅，移度北岸起栅，以绝其汲路。又埋塞东门故城中诸井。齐所据城中无水，水一合贸米一升，一升米贸绢一匹，或炒米食之。达摩谓其众曰："顷

在北,童谣云:'石头捣两裆,捣青复捣黄'。侯景服青,已倒于此,今吾徒衣黄,岂谣言验邪?"庚申,达摩遣侯子钦、刘士荣等请和,帝许之。乃于城外盟约,其将士恐其南北。辛酉,帝出石头南门陈兵,送齐人归北者。及至,齐人杀之。壬戌,齐和州长史乌丸远自南州奔还历阳,江宁令陈嗣、黄门侍郎曹朗据姑孰,不从。帝命侯安都、徐度等讨平之,聚其首为京观。是月,杜龛以城降。

二年正月癸未,诛龛,其弟龠、从弟北叟、司马沈孝敦并赐死。三月戊戌,齐遣水军仪同萧轨、厍狄伏连、尧难宗、东方老、侍中裴英起、东广州刺史独狐辟恶、洛州刺史李希光并任约、徐嗣徽、王僧愔等众十万出栅口,向梁山。帐内荡主黄丛逆击,败之,烧其前军船舰。齐顿军保芜湖。五月丙申,齐兵至秣陵故城。已亥,帝率宗室王侯及朝臣,于大司马门外白虎阙下,刑牲告天,以齐人背约,发言慷慨,涕泗交流,士卒观者益奋。辛丑,齐军于秣陵故城,跨淮立桥栅,引度兵马。癸卯,自方山进及兒塘,游骑至台,都下震骇。帝潜以精卒三千配沈泰,度江袭齐行台赵彦深于瓜步,获其舟粟。六月甲辰,齐兵潜至钟山龙尾。丁未,进至莫府山。帝遣钱明领水军出江乘,要击齐人粮运,尽获之。齐军大馁,杀马驴而食之。壬子,齐军至玄武湖西北莫府山南,将据北郊坛。众自覆舟东移,顿郊坛北,与齐人相对。其夜,大雨震电,暴风拔木,平地水丈余。齐军昼夜坐立泥中,县鬲以爨,足指皆烂。而台中及潮沟北,水退路燥,官军每得番易。甲寅,少雾。是时食尽,调市人馈军,皆是麦屑为饭,以荷叶裹而分给,间以麦饼,兵士皆困。会文帝遣送米三千石,鸭千头,帝即炊米煮鸭,誓申一战。士及防身,计量数裹,人人裹饭,混以鸭肉。帝命众军蓐食,攻之,齐军大溃。执嗣徽及其弟嗣宗,斩之以徇。房萧轨、东方老、王敬宝、李希光、裴英起、王僧智等将帅四十六人。其军士得窜至江者,缚筏以济,中江而溺,流尸至京口者弥岸。惟任约、王僧愔获免。先是童谣云:"虏万夫,入五湖,城南酒家使虏奴。"自晋、宋以后,经纬在魏境江、淮以北,南人皆谓为虏,于时以赏俘贸酒者,一人裁得一醉。丁巳,众军出南州,烧贼舟。已未,斩刘归义、徐嗣产、傅野猪于建康市,是日解严。庚申,诛萧轨、东方老、王敬宝、李希光、裴英起等。

太平元年九月壬寅,帝进位丞相、录尚书事、镇卫大将军、扬州牧,进封义兴郡公。庚申,追赠皇考侍中、光禄大夫,封义兴郡公,谥曰恭。十月戊戌,梁帝敕丞相自今问讯,可施别榻,以近扆坐。

二年正月壬寅,诏加帝班剑十人,并前为三十。丁未,诏赠皇兄道谈南兖州刺史、长城县公,谥曰昭烈。皇弟休先侍中、南徐州刺史、武康县侯,谥曰忠壮。甲寅,遣兼侍中谒者仆射陆缮策拜长城县夫人章氏为义兴国夫人。丁卯,诏赠皇祖侍中、太常卿,谥曰孝。追封皇祖妣许氏吴郡嘉兴县君,谥曰敬。皇妣张氏义兴国太夫人,谥曰宣。二月庚午,萧勃举兵自广州度岭,顿南康,遣其将欧阳頠、傅泰及其子孜为前军,至豫章,分屯要险,南江州刺史余孝顷起兵应勃,帝命周文育、侯安都率众讨平之。

八月甲午,帝进位太傅,加黄钺,剑履上殿,入朝不趋,赞拜不名。丙申,加前后部羽葆、鼓吹。是时,湘州刺史王琳拥兵不应命,遣周文育、侯安都率众讨之。九月辛丑,梁帝进帝位相国,总百揆,封十郡为陈公,备九锡之礼,加玺绂,远游冠,绿綟绶,位在诸侯王上。策曰:

大哉乾元,资日月以贞观;至哉坤元,凭山川以载物。故惟天为大,陟配者钦明;惟王建国,翼辅者齐圣。是以文、武之佐,磻溪蕴其玉璜;尧、舜之臣,荣河镂其金板。况乎体得一之鸿姿,宁阳九之危厄,拯横流于碣石,扑燎火于昆冈,驱驭于韦、彭,跨躔于齐、晋,神功行而靡用,圣道运而无名者乎!今将授公典策,其敬听朕命:

日者,昊天不吊,钟乱于我国家。网漏吞舟,强胡内衅,茫茫宇宙,惵惵黎元,方趾圆颅,万不遗一。太清否亢,桥山之痛以深;大宝宅如,平阳之祸相继。上宰膺运,康救黔黎。鞠旅于滇池之南,扬旌于桂岭之北,县三光于已坠,谧四海于群飞,光启中兴,荡宁上国。此则公之大造于皇家者也。既而天未悔祸,夷丑荐臻,南夏崩腾,西京荡覆。冢司昏挠,旁引寇仇,既见贬于桐宫,方谋危于汉阁。皇运已殆,何殊赘旒,中国摇然,非徒如线。公赫然投袂,匡救本朝,复莒齐都,平戎王室。朕所以还膺宝历,重履宸居,挹建武之风猷,歌宣王之《雅》、《颂》。此又公之再造于皇家者也。

公应务之初,登庸惟始,孙、卢肇衅,越、貊为灾,番部陆危,势将沦殄。公赤旗所指,袄垒洞开,白羽才拚,凶徒纷溃。此又公之功也。大同之末,边政不修,李贲狂迷,窃我交、爱。公英谟雅算,电扫风行,驰御楼船,直跨沧海。三山獠洞,八角蛮陬,逖矣水寓之乡,悠哉火山之国,马援之所不届,陶璜之所未开,莫不惧我王灵,争朝边候,归赆天府,献状鸿胪。此又公之功也。自寇虏陵江,宫闱幽辱,而番禺连率,本自诸夷,言得其朋,是怀同恶。公仗此忠诚,乘机剿定,执沛令而鞞鼓,平新野而据鞍。此又公之功也。世道初艰,方隅多难,公以国盗归警,知无不为,恤是同盟,诛其丑类,南土黔黎,重保苏息。此又公之功也。长驱岭峤,梦想京畿,缘道酋豪,递为榛梗,路养渠帅,全据大都,蓄聚逋逃,方谋阻乱。公龙骧虎步,啸叱风云,山麇坚城,野无强阵,清袄氛于赣石,灭沴气于雩都。此又公之功也。迁仕凶愍,屯据大皋,乞活类马腾之军,流人多杜弢之众。公坐挥三略,遥制六奇,义勇同心,貔貅骋力,雷奔电击,谷静山空,列郡无犬吠之惊,丛祠罢狐鸣之盗。此又公之功也。王师讨虏,次届沧波,兵乏兼储,士有饥色。公回麾彭蠡,积谷巴丘,亿庾之咏斯丰,壶浆之氓是众。故使三军勇锐,百战无前,承此兵粮,遂殄凶逆。此又公之功也。盆垒猜携,用淹戎略。公志惟同奖,师克在和,屈礼交盟,神祇感咽,故能使舟师并路,远迩朋心。此又公之功也。姑孰襟要,崤、函所凭,寇虏据其关梁,大盗负其肩镳。公一校才拘,三雄并奋,左贤右角,沙溃土崩,鄂坂之隘斯开,夷庚之道无塞。此又公之功也。义军大众,俱集帝京,逆竖凶徒,犹屯皇邑。公回兹地轴,抗此天罗,曾不崇朝,俾无遗噍。此又公之功也。内难初静,诸侯出关,外郡传烽,鲜卑犯塞。公舟师步甲,亘野横江,歼厥群氐,遂殚封豕。此又公之功也。公克黜祸难,劬劳皇室,而孙、甯之党,翻启狄人,伊、洛之间,咸为房戎,朝暗戎尘,夜喧胡鼓。公三筹既画,八阵斯张,裁举灵钲,亦抽金仆,咸俘丑类,悉反高埤。此又公之功也。任约叛涣,枭声不悛,戎羯贪婪,狼心无改。公左甄右落,箕张翼舒,扫以欃枪,驱其猃狁,投秦坑而尽沸,噎滩水而不流。此又公之功也。一相居中,自折彝鼎,五湖小守,妄怀同恶。公凤驾兼道,秉羽杖戎,玉斧将挥,金钲且戒,枭首震慑,遽请灰钉。此又公之功也。贼衾凶横,陵虐具区,阻兵安忍,凭灾怙乱。公虽宗居汝、颍,世寓东南,眷言桑梓,公私愤切,戮此大憝,如烹小鲜。此又公之功也。同姓有扈,顽凶不宾,凭藉宗盟,图危社稷。公论兵于庙堂之上,决胜于尊俎之间,寇、贾、樊、滕,浮江下濑,一朝剪扑,无待旬师。此又公之功也。豫章袄寇,依凭山泽,缮甲完聚,多历岁时,结从连横,爰洎交、广。吕嘉既获,吴濞已就,命我还师,征其不恪,连营尽拔,伪党斯擒。此又公之功也。自八纮九野,瓜剖豆分,窃帝偷王,连州比县。公武灵已畅,文德聿宣,折简驰书,风猷斯远。此又公之功也。京师祸乱,亟积寒暄,双阙低昂,九门寥豁。公求衣昧旦,昃食高春,兴构宫闱,具瞻遐迩。郊庠宗稷之典,六符十等之章,还闻泰始之风流,重睹永平之遗事。此又公之功也。

公有济天下之勋,重之以明德,凝神体道,合德符天。用百姓以为心,随万机而成务,上德不德,无为以为。夏长春生,显仁藏用,功成化洽,乐奏《咸》、《云》,安上御人,礼兼文质。是以天无蕴宝,地有呈祥,既景焕于图书,方葳蕤于史牒,高勋逾于象纬,积德冠于嵩、华,固无得而称者矣。

朕又闻之:前王宰世,茂赏尊贤,式树藩长,总征群伯。二南崇绝,四履遐旷,泱泱表海,祚土维齐;岩岩泰山,俾侯于鲁。况复经营宇宙,宁惟断鳌足之功;弘济苍生,非直凿龙门之险。而畴庸报德,寂尔无闻,朕所以垂拱当宁,载怀惭悸者也。今授公相国,以南豫州之陈留、南丹阳、宣城,扬州之吴兴、东阳、新安、新宁,南徐州之义兴,江州之鄱阳、临川十郡,封公为陈公。锡兹青土,苴以白茅,爰定尔邦,用建冢社。昔旦、奭分陕,俱为保师,晋、郑诸侯,咸作卿士。兼其内外,礼实攸宜。今命使持节、兼太尉王通授相国印绶,陈公玺绂;使持节、兼司空王玚授陈公茅土,金虎符第一至第五左,竹使符第一至第十左。相国秩逾三铉,任总百司,位绝朝班,礼由事革。以相国总百揆,除录尚书之号,上所假节、侍中貂蝉、中书监印章、中外都督太傅印绶、义兴公印策,其镇卫大将军、扬州牧如故。

又加公九锡,其敬听后命:以公礼为桢干,律等衔策,四维皆举,八柄有章;是用锡公大辂、戎辂各一,玄牡二驷。以公贱宝崇谷,疏爵待农,室富京坻,人知荣辱;是用锡公衮冕之服,赤舄副焉。以公调理阴阳,燮谐风雅,三灵允降,万国同和;是用锡公轩县之乐,六佾之舞。以公宣导王猷,弘阐风教,光景所照,鞮象必通;是用锡公朱户以居。以公抑扬清浊,褒德进贤,髦士盈朝,幽人虚谷;是用锡公纳陛以登。以公巍然廊庙,为世熔范,折冲四表,临御八荒;是用锡公虎贲之士三百人。以公轨兹明罚,期在刑厝,象恭无赦,干纪必诛;是用锡公斧钺各一。以公英猷远量,跨厉嵩、溟,包一车书,括囊寰宇;是用锡公彤弓一、彤矢百,卢弓十、卢矢千。以公天经地义,贯彻幽明,春露秋霜,允供粢盛;是用锡公秬鬯一卣,圭瓒副焉。陈国置丞相以下,一遵旧式。往钦哉!其恭循朕命,克相皇天,弘建邦家,允兴鸿业,以光我高祖之休命。

十月戊辰,又进帝爵为王。以扬州之会稽、临海、永嘉、建安,南徐州之晋陵、信安,江州之寻阳、豫章、安成、庐陵,并前为二十郡,益封陈国。其相国、扬州牧、镇卫大将军并如故。又命陈王冕十有二旒,建天子旌旗,出警入跸,乘金根车,驾六马,备五时副车。置旄头云罕,乐舞八佾,设钟虡宫县。王妃、王子、王女爵命之号,陈台百官,一依旧典。辛未,梁帝禅位于陈,策曰:

咨尔陈王,惟昔上古,厥初生人,骊连、栗陆之前,容成、大庭之世,杳冥慌忽,故靡得而祥焉。自羲、农、轩、昊之君,陶唐、有虞之主,或垂衣而御四海,或无为而子万姓,居之如驭朽索,去之如脱弊屣。栽遇许由,便能舍帝;暂逢善卷,即以让王。故知玄扈璇玑,非关尊贵;金根玉辂,示表君临。及南观河渚,东沉刻璧,菁华既竭,毳勤已倦,则抗首而笑,惟贤是与,谤讟作歌,简能斯授。遗风余烈,昭晰图书,汉、魏因循,是为故实;宋、齐授受,又弘斯义。我高祖应期抚运,握枢御宇,三后重光,祖宗齐圣。及时属阳九,封豕荐食,西都失驭,夷狄交侵。乃暨天成,轻弄龟鼎,慄慄黔首,若崩厥角;徽徽皇极,将甚缀旒。

惟王乃圣乃神,钦明文思,二仪并运,四时合序。天锡智勇,人挺雄杰,珠庭日角,龙行虎步。爰初投袂,曰乃勤王,电扫番禺,云撤彭蠡,翦其元恶,定我京畿。及王贺帝弘,贸兹冠履,既行伊、霍,用保冲人。震泽、稽阴,并怀叛逆,獯、羯丑虏,三乱皇都,栽命偏师,二邦自殄,薄伐猃狁,六戎尽殪。岭南叛涣,湘、郢连结,贼帅既禽,凶渠传首。用能百揆时序,四门允穆,无思不服,无远不届,上达穹昊,下漏渊泉,蛟鱼并见,讴歌攸属。况乎长彗横天,已征布新之兆;璧日斯既,实表更姓之符。七百无常期,皇王非一族。昔木德既季,而传祚于我有梁。天之历数,允集明哲。式遵前典,广询群议,王公卿尹,莫不攸属。敬从人祇之愿,授帝位于尔躬。四海困穷,天禄永终,王其允执厥中,轨仪前式,以副溥天之望。禋郊祀帝,时膺大礼,永固洪业,岂不盛与!

又命玺书,遣兼太保、尚书左仆射王通,兼太尉、司徒左长史王场,奉皇帝玺绂,受终之礼,一依唐、虞故事。是日,梁帝逊于别宫。帝谦让再三,群臣固请,乃许之。

永定元年冬十月乙亥,皇帝即位于南郊,柴燎告天曰:

皇帝臣霸先,敢用玄牡昭告于皇皇后帝:

梁氏以圯剥荐臻,历运有极,钦若天应,以命于霸先。夫肇有黎烝,乃树司牧,选贤与能,未常厥姓。有梁末运,仍叶遘屯,玁丑凭陵,久移神器。承圣在外,非能мать夏,天未悔祸,复罹寇逆。嫡嗣废黜,宗枝僭诈,天地板荡,纪纲泯绝。霸先爰初投袂,大拯横流,重举义兵,实戡多难。废王立帝,实厥功;安国定社,用尽其力。是谓小康,方期大道。既而烟云表色,日月呈祥,除旧布新,既彰玄象,迁虞事夏,且协讴歌,九域八荒,同布衷款,百神群祀,皆有诚愿,梁帝高谢万邦,授以大宝。霸先自惟菲薄,让德不嗣,至于再三,辞弗获许。金以百姓须主,万机难旷,皇灵眷命,非可谦拒。畏天之威,用膺嘉祚,永言凤志,能无惭德。敬简元辰,升坛受禅,告类上帝,用答氓心,永保于我有陈,惟明灵尚飨。

先是氛雾雨雪,昼霣晦冥,至是日,景气清晏。礼毕,舆驾还宫,临太极前殿,大赦,改元。赐百姓爵二级,文武二等。鳏寡孤独不能自存者,人谷五斛。逋租宿责,皆勿复收。有犯乡论清议、赃污淫盗者,皆洗除先注,与之更始。其长徒敕系,特皆原之。亡官失爵,禁锢夺劳,一依旧典。又诏以江阴郡奉梁主为江阴王,行梁正朔,车旗服色,一依前述。梁皇太后为江阴国太妃,皇后为江阴国妃。又诏百司各依位摄职。丙子,幸钟山,祭蒋帝庙。戊寅,幸华林园览辞讼,临赦囚徒。己卯,分遣大使宣劳四方。庚辰,诏出佛牙于杜姥宅,集四部设无遮大会。辛巳,追尊皇考曰景皇帝,庙号太祖,皇妣董太夫人曰安皇后,前夫人钱氏为昭皇后,世子克为孝怀太子。立夫人章氏为皇后。癸未,尊景帝陵曰瑞陵、昭皇后陵曰嘉陵,依梁初园陵故事。立删定郎,刊定律令。戊子,迁皇帝神主祔于太庙。是月,西讨都督周文育、侯安都于郢州败绩,没于王琳。十一月丙申,封皇兄子长城县侯蒨为临川郡王,顼袭封始兴郡王,皇弟子县朗袭封南康郡王。庚申,都下火。十二月庚辰,皇后谒太庙。是岁,周闵帝元年,及九月,冢宰宇文护废闵帝而奉明帝。又为明帝元年。

二年春正月乙未,以车骑将军、开府仪同三司侯瑱为司空。辛丑,祀南郊;大赦。甲寅,遣中书舍人韦鼎、策吴兴楚王神为帝。戊午,祀明堂。二月壬申,南豫州刺史沈泰奔齐。辛卯,诏司空侯瑱总督水陆众军以御齐。三月,王琳立梁永嘉王萧庄以奉梁后,即位于郢州。夏四月甲子,祀太庙。乙丑,江阴王殂,陈志也。追谥梁敬帝。诏太宰吊祭,司空监护丧事。以梁武林侯萧谘子季卿嗣为江阴王。戊辰,重云殿东鸱尾有紫烟属天。五月乙未,都下

地震。壬寅,立梁邵陵携王庙室,祭以太牢。辛酉,帝幸大庄严寺,舍身。壬戌,群臣表请还宫。六月己巳,诏司空侯瑱、领军将军徐度讨王琳。初,侯景之平也,太极殿被焚,承圣中议欲营之,独阙一柱。秋七月,有樟木大十八围,长丈五尺,流泊陶家后渚,监军邹子度以闻。诏中书令沈众兼起部尚书,构太极殿。八月,周文育、侯安都等于王琳所逃归,自劾廷尉,即日引见,宥之,并复本官。丁亥,加江州刺史周迪平南将军、开府仪同三司。冬十月庚午,遣镇南将军周文育都督众军出豫章,讨余孝劢。乙亥,幸庄严寺,发《金光明经》题。丁酉,加高州刺史黄法氍平南将军、开府仪同三司。十二月甲子,幸大庄严寺,设无碍大会,舍乘舆法物,群臣备法驾奉迎,即日还宫。丙戌,加北江州刺史熊昙朗平西将军、开府仪同三司。

三年春正月丁酉,镇南将军、广州刺史欧阳頠即本号开府仪同三司。是夜大雪,及旦,太极殿前有龙迹见。甲子,广州言仙人见于罗浮山寺小石楼。二月辛酉,加平西将军、桂州刺史淳于量镇西大将军、开府仪同三司。夏闰四月甲午,诏依前代置西省学士,兼取伎术士。是时久不雨。丙午,幸钟山祭蒋帝庙。是日降雨,迄于月晦。五月丙辰朔,日有蚀之。有司奏旧仪帝御前殿,服朱纱袍、通天冠。诏曰:"此乃前代承用,意有未同,合朔仰助太阳,宜备衮冕之服,自今永可为准。"丙子,扶南国遣使朝贡。乙酉,北江州刺史熊昙朗杀都督周文育,举兵反。王琳遣其将常众爱、曹庆率兵援余孝劢。六月戊子,仪同侯安都败众爱等于左里,获琳从弟袭、主帅羊暕等四十余人,众爱遁走,庚寅,庐山人斩之。传首建邺。甲午,众军凯归。

丁酉,帝不豫,遣兼太宰、尚书右仆射王通以疾告太庙;兼太宰、中书令谢哲告太社、南北郊。辛丑,帝小瘳。故司空周文育之柩至自建昌。壬寅,帝素服哭于朝堂,哀甚。癸卯,上临讯狱讼。是夜,荧惑在天尊,上疾甚。丙午,帝崩于璿玑殿,时年五十七。遗诏追临川王蒨入缵大业。甲寅,殡于太极殿西阶。八月甲午,群臣上谥曰武皇帝,庙号高祖。丙申,葬万安陵。

帝雄武多英略,性甚仁爱。及居阿衡,恒崇宽简。雅尚俭素,常膳不过数品。私飨曲宴,皆瓦器蚌盘,肴核庶羞,裁令充足,不为虚费。初平侯景及立敬帝,子女玉帛皆班将士。其充闺房者,衣不重采,饰无金翠,声乐不列于前。践阼之后,弥厉恭俭。故能隆功茂德,光于江左云。

世祖文皇帝,讳蒨,字子华,始兴昭烈王之长子也。少沉敏,有识量,美容仪,留意经史。武帝甚爱之,常称吾家英秀。梁太清初,帝梦两日斗,一大一小,大者光灭坠地,色正黄,其大如斗,帝三分取一怀之。侯景之乱,避地临安县郭文举旧宅。及武帝举兵南下,景遣吴兴太守信都遘收帝及衡阳献王出都。帝乃密袖小刀,候见景欲图之。及至,以伺郎中王翻幽守,故其事不遂。武帝围石头,景欲加害者数矣,会景败,乃得出。

起家吴兴太守。武帝之讨王僧辩也,先召帝与谋。时

僧辩婿杜龛据吴兴，兵众甚盛，武帝密令帝还长城，立栅备之。龛遣将杜泰乘虚掩至，将士相视失色，帝言笑自若，部分益明，于是众心乃定。及武帝遣周文育讨龛，帝遣将军刘澄、蒋元举攻下龛。拜会稽太守。武帝受禅，立为临川王。梦梁武帝以宝几授己。周文育、侯安都之败于沌口，武帝诏帝入总军政。寻命率兵城南皖。永定三年六月丙午，武帝崩，皇后称遗诏征帝入纂皇统。甲寅，至自南皖，入居中书省。皇后令帝嗣膺宝箓，帝辞让至于再三，公卿固请，其日即皇帝位于太极前殿，大赦，诏州郡悉停奔赴。秋七月丙辰，尊皇后为皇太后。辛酉，以司空侯瑱为太尉，以南豫州刺史侯安都为司空，以南徐州刺史徐度为侍中、中抚军将军、开府仪同三司。乙丑，重云殿灾。八月庚戌，立皇子伯茂为始兴王，奉昭烈王后，徙封始兴嗣王顼为安成王。九月辛酉，立皇子伯宗为皇太子，王公以下赐帛各有差。乙亥，立妃沈氏为皇后。冬十月甲子，齐文宣帝殂。十一月乙卯，王琳寇大雷，诏太尉侯瑱、司空侯安都、仪同徐度御之。是岁，周明帝改天王称皇帝，复建年号曰武成元年。

天嘉元年春正月癸丑，大赦，改元。诏赐鳏寡孤独不能自存者，人粟五斛。孝悌力田，殊行异等，加爵一级。甲寅，分遣使者宣劳四方。辛酉，祀南郊，诏赐人爵一级。二月丙申，太尉侯瑱败王琳于梁山。败齐兵于博望，禽齐将刘伯球。王琳及其主萧庄奔齐。庚子，分遣使者赍玺书宣劳四方。乙巳，遣太尉侯瑱镇盆城。庚戌，立武帝第六子昌为衡阳王。三月丙辰，萧庄所署郢州刺史孙瑒举州内附。丁巳，江州刺史周迪平南中，斩贼帅熊昙朗，传首建邺。戊午，齐军弃鲁山城走，诏南豫州刺史程灵洗守之。丙子，衡阳王昌沉于江。夏四月丁亥，立皇子伯信为衡阳王，奉献王后。辛丑，周明帝崩。六月辛巳，改谥皇祖妣景安皇后曰景文皇后。壬辰，诏改葬梁元帝于江宁旧茔，车旗礼章，悉用梁典，仍依魏葬汉献帝故事。甲午，追策故始兴昭烈王妃曰孝妃。辛丑，国哀周忌，上临于太极前殿，百僚陪哭。赦建邺殊死以下。秋七月丙辰，立皇子伯山为鄱阳王。八月壬午，齐孝昭帝废其主殷而自立。戊子，诏非兵器及国容所须，金银珠玉衣服杂玩，悉皆禁断。丁酉，幸正阳堂阅武。九月癸丑，彗星见。乙卯，周将独孤盛领水军趣巴、湘，与贺若敦水陆俱进，太尉侯瑱自寻阳御之。冬十月癸巳，侯瑱袭破独孤盛于杨叶洲，盛登岸筑城自保。丁酉，诏司空侯安都率众会侯瑱南拒周军。十二月己亥，周巴陵城主尉迟宪降。庚子，独孤盛潜遁走。

二年春正月庚戌，大赦。辛未，周湘州城主殷亮降，湘州平。二月庚寅，曲赦湘州诸郡。三月乙卯，太尉、湘州刺史侯瑱薨。夏六月己亥，齐人通好。秋七月丙午，周将贺若敦遁归，武陵、天门、南平、义阳、河东、宜都郡悉平。九月甲寅，诏以故太尉侯瑱、故司空周文育、故开府仪同三司杜僧明、故中护军胡颖、故领军陈拟配食武帝庙庭。冬十月癸丑，霍州西山蛮率部内属。乙卯，高丽国遣使朝贡。十一月甲辰，齐孝昭帝殂。十二月甲申，立始兴国庙于都下，用王者礼。以国用不足，立煮海盐赋及榷酤科。先是缙州刺史留异应王琳，丙戌，诏司空侯安都讨

之。是岁，周武帝保定元年。

三年春正月庚戌，设帷宫于南郊，币告胡公以配天。辛亥，祀南郊，诏赐人爵一级，孝悌力田加一等。二月，梁宣帝殂。闰月己酉，以百济王余明为抚东大将军，高丽王高汤为宁东将军。江州刺史周迪举兵应留异。甲子，改铸五铢钱。三月丙子，安成王顼至自周。丁丑，以安右将军吴明彻为安南将军、江州刺史，督众军南讨。甲申，大赦。庚寅，司空侯安都破留异于桃枝岭，异奔晋安，东阳郡平。夏四月癸卯，曲赦东阳郡。乙巳，齐人来聘。秋七月己丑，皇太子纳妃王氏，在位文武赐帛各有差，孝悌力田为父后者，赐爵二级。九月戊辰朔，日有蚀之。以侍中到仲举为尚书右仆射。丁亥，周迪请降。

四年春正月丙子，干陁利国遣使朝贡。甲申，周迪走投闽州，刺史陈宝应纳之。夏四月辛丑，设无碍大会，舍身于太极前殿。乙卯，加骠骑将军、扬州刺史安成王顼开府仪同三司。六月癸巳，司空侯安都赐死。秋九月壬戌，开府仪同三司、广州刺史欧阳颁薨。癸亥，曲赦都下。辛未，周迪复寇临川，诏护军将军章昭达讨平之。冬十二月丙申，大赦。诏昭达进军建安，讨陈宝应。

五年春三月壬午，诏以故护军将军周铁武配食武帝庙庭。夏五月，周、齐并遣使来聘。秋七月丁丑，曲赦都下。九月，城西城。冬十一月己丑，章昭达禽陈宝应、留异，送建邺，晋安郡平。甲辰，以护军将军章昭达为镇军将军、开府仪同三司。十二月甲子，曲赦建安、晋安二郡。讨陈宝应将士死王事者，并给棺椁，送还本乡，并复其家。癸未，齐人来聘。

六年春正月甲午，皇太子加元服，王公以下，赐帛各有差，孝悌力田为父后者，赐爵一级，鳏寡孤独不能自存者，谷人五斛。夏四月甲寅，以开府仪同三司、扬州刺史安成王顼为司空。五月，齐武成帝传位于太子纬，自号太上皇帝。六月辛酉，彗星见于上台北。周人来聘。秋七月癸未，有大风自西南至，广百余步，激坏灵台候楼。甲申，仪贤堂无故自坏。丙戌，临川太守骆牙斩周迪，传首建邺，枭于朱雀航。八月己卯，立皇子伯固为新安王，伯恭为晋安王，伯仁为庐陵王，伯义为江夏王。九月，新作大航。冬十月辛亥，齐人来聘。十二月乙卯，立皇子伯礼为武陵王。癸亥，曲赦都下。

天康元年春二月丙子，大赦，改元。三月己卯，以司空安成王顼为尚书令。夏四月乙卯，皇孙至泽生，赐在位文武帛各有差，为父后者赐爵一级。癸酉，皇帝崩于有觉殿。遗诏皇太子可即君临，山陵务存俭速，大敛竟，君臣三日一临，公除之制，率依旧典。六月甲子，群臣上谥曰文皇帝，庙号世祖。丙寅，葬永宁陵。

文帝起自布衣，知百姓疾苦，国家资用，务从俭约。妙识真伪，下不容奸。一夜内刘闱取外事分判者，前后相继。每鸡人伺漏传签于殿中者，令投签于阶石上，铿然有声，云："吾虽得眠，亦令惊觉。"其自强若此云。

废帝，讳伯宗，字奉业，小字药王，文帝嫡长子也。梁承圣三年五月庚寅生。永定二年二月戊辰，拜临川王世

子,三年,文帝嗣位,八月庚戌,立为皇太子。自梁室乱离,东宫焚烬,太子居于永福省。

天康元年四月癸酉,文帝崩。是日太子即皇帝位于太极前殿,大赦。诏内外文武各复其职,远方悉停奔赴。五月己卯,尊皇太后曰太皇太后,皇后曰皇太后。庚寅,以司空、扬州刺史、新除尚书令安成王顼为司徒、录尚书、都督中外诸军事。丁酉,以中军大将军、开府仪同三司徐度为司空,以镇东将军、东扬州刺史始兴王伯茂为征东将军、开府仪同三司。以吏部尚书袁枢为尚书左仆射。以吴兴太守沈钦为右仆射。秋七月丁酉,立妃王氏为皇后。冬十月庚申,享太庙。十一月乙亥,周人来吊。十二月甲子,高丽国遣使朝贡。是岁,周天和元年。

光大元年春正月癸酉,尚书左仆射袁枢卒。乙亥,大赦,改元,赐孝悌力田爵一级。辛卯,祀南郊。二月辛亥,南豫州刺史余孝顷谋反,伏诛。三月甲午,以尚书右仆射沈钦为侍中、尚书仆射。夏五月乙未,湘州刺史华皎不从执政;丙申,以中抚军大将军淳于量为征南大将军,总舟师讨之。六月壬寅,以中军大将军、司空徐度为车骑将军,总督都下众军,自步道袭湘州。秋七月戊申,立皇子至泽为皇太子,赐天下为父后者爵一级,王公以下赍帛各有差。九月丙辰,百济国遣使朝贡。是月,周将拓拔定入郢州,与华皎水陆俱进,都督淳于量、吴明彻等大破之,皎单舸奔江陵,禽定送建邺。冬十月辛巳,曲赦湘、巴二州为皎所诖误者。十一月甲子,中权将军、开府仪同三司王冲薨。十二月庚寅,以仪同三司兼从事中郎孔英哲为奉圣亭侯,奉孔子祀。

二年春正月己亥,司徒、安成王顼进位太傅,领司徒,加殊礼。以新除征南大将军淳于量为中军大将军,及安南将军、湘州刺史吴明彻即本号开府仪同三司。庚子,诏讨华皎军人死王事者,并给棺椁,送还本乡,仍复其家。甲子,司空徐度薨。夏五月丙辰,太傅安成王顼献玉玺一。六月丁亥,彗星见。秋七月戊申,新罗国遣使朝贡。壬戌,立皇弟伯智为永阳王,伯谋为桂阳王。九月,林邑、狼牙修国并遣使朝贡。冬十一月甲寅,慈训太后令曰:"伯宗昔在储宫,本无令问;及居崇极,遂骋凶淫。太傅承条顾托,义深垣屏,而攒涂未御,翌日无淹,仍遣刘师知、殷不佞等,显言排斥,阴谋祸乱,赖元相维持,但除君侧。又以余孝顷密迩京师,便相征召,宗社之灵,祅氛是灭。于是密诏华皎,称兵上流,国祚忧惶,几移丑类。又别敕欧阳纥等攻逼衡州,岭表纷纭,殊淹弘望。但贼竖皆亡,日望惩改,而悖成忘德,情性不悛。荡主侯法喜等,太傅麾下,恒游府内,啖以深利,谋兴肘腋;又荡主孙泰等潜相连结,大有交通,天诱其衷,自然开发。此诸文迹,今以相示,岂可复肃恭祼祀,临御生灵?今可特降为临海郡王,送还藩邸。太傅安成王,固天生德,齐圣广深,二后钟心,三灵仰眷。自前朝不豫,任总邦家,威惠相宣,刑礼兼设。且地彰灵玺,天表长彗,布新除旧,祯祥咸显。文皇知子之鉴,事甚帝尧;传弟之怀,久符太伯。今可还申旧志,崇立贤君,外宜依旧典,奉迎舆驾。"是日,帝出居别第。太建二年四月乙卯薨,时年十九。

帝性仁弱,无人君之器。及即尊位,政刑皆归冢宰,故宣太后称文帝遗志而废焉。

论曰:陈武帝以雄毅之姿,属殷忧之运。功存拯溺,道济横流,应变无方,盖惟人杰。及乎西都荡覆,江表阽危,僧辩任同伊尹,空结桐宫之恨;贞阳入假秦兵,不息穆嬴之泣。帝乘隙以举,乃蹈玄机,王业所基,始自于此。柴天改物,盖有凭云。文帝以宗枝承统,情存兢惕,加以崇尚儒术,爱悦文义,恭俭行己,勤劳济物,志度弘远,有前哲之风。至于临下明察,得永平之政矣。临海懦弱,有同于帝挚,文后虽欲不鉴殷道,盖亦其可得邪?

卷十　　　　　　陈本纪下第十

高宗孝宣皇帝,讳顼,字绍世,小字师利,始兴昭烈王第二子也。梁中大通二年七月辛酉生,有赤光满室。少宽容,多智略。及长,美容仪,身长八尺三寸,垂手过膝。有勇力,善骑射。武帝平侯景,镇京口,梁元帝征武帝子侄入侍,武帝遣帝赴江陵。累官为中书侍郎。时有军主李总与帝有旧,每同游处,帝尝夜被酒,张灯而寐,总适出,寻反,乃见帝是大龙,便惊走他室。魏平江陵,迁于长安。帝貌若不慧,魏将杨忠门客张子煦见而奇之,曰:"此人虎头,当大贵也。"永定元年,遥袭封始兴郡王。文帝嗣位,改封安成王。天嘉三年,自周还,授侍中、中书监、中卫将军,置佐史。历位司空、尚书令。废帝即位,拜司徒、录尚书、都督中外诸军事。光大二年正月,进位太傅,领司徒,加殊礼,剑履上殿。十一月甲寅,慈训太后黜废帝为临海王,以帝入缵皇统。是月,齐武成帝殂。

太建元年春正月甲午,皇帝即位于太极前殿,大赦,改元。文武赐位一阶,孝悌力田及为父后者,赐爵一级,鳏寡不能自存者,人赐谷五斛。复太皇太后尊号曰皇太后。立妃柳氏为皇后,世子叔宝为皇太子。封皇子江州刺史康乐侯叔陵为始兴王,奉昭烈王祀。乙未,谒太庙。丁酉,分命大使,观省四方风俗。以尚书仆射沈钦为左仆射,度支尚书王劢为右仆射。辛丑,祀南郊。壬寅,封皇子建安侯叔英为豫章王,丰城侯叔坚为长沙王。二月乙亥,耕藉田。夏五月甲午,齐人来聘。丁巳,以吏部尚书徐陵为尚书右仆射。秋七月辛卯,皇太子纳妃沈氏,王公以下赐帛各有差。冬十月,新除左卫将军欧阳纥据广州反。辛未,遣开府仪同三司章昭达讨之。

二年春二月癸未,章昭达擒欧阳纥送都,斩于建康市,广州平。三月丙申,皇太后崩。丙午,曲赦广、衡二州。丁未,大赦。又诏自讨周迪、华皎以来,兵所有死亡者,并令收敛,并给棺椁,送还本乡。夏四月乙卯,临海王伯宗薨。戊寅,皇太后祔葬于万安陵。五月壬午,齐人来吊。六月戊子,新罗国遣使朝贡。辛卯,大雨雹。乙巳,分遣大使巡州郡,省冤屈。冬十一月辛酉,高丽国遣使朝贡。十二月癸巳,雷。

三年春正月癸丑，以尚书右仆射徐陵为尚书仆射。辛酉，祀南郊。二月辛巳，祀明堂。丁酉，耕藉田。三月丁丑，大赦。夏四月壬辰，齐人来聘。五月辛亥，高丽、新罗、丹丹、天竺、盘盘等国并遣使朝贡。六月丁亥，江阴王萧季卿以罪免。甲辰，封东中郎长沙王府谘议参军萧彝为江阴王。冬十月乙酉，周人来聘。十二月壬辰，司空章昭达薨。

四年春正月丙午，以尚书仆射徐陵为左仆射，中书监王劢为右仆射。二月乙酉，立皇子叔卿为建安王。三月乙丑，扶南、林邑国并遣使朝贡。夏五月癸卯，尚书右仆射王劢卒。是月周人诛冢宰宇文护。秋八月辛未，周人来聘。九月庚子朔，日有蚀之。辛亥，大赦。丙寅，以故太尉徐度，仪同三司杜稜、程灵洗配食武帝庙庭；故司空章昭达配食文帝庙庭。冬十一月己亥，地震。是岁，周建德元年。

五年春正月癸酉，以吏部尚书沈君理为尚书右仆射，领吏部。辛巳，祀南郊。二月辛丑，祀明堂。乙卯夜，有白气如虹，自北方贯北斗紫宫。三月壬午，以开府仪同三司吴明彻都督征讨诸军事，略地北边。丙戌，西衡州献马生角。己丑，皇孙胤生，内外文武赐帛各有差，为父后者赐爵一级。夏六月癸亥，周人来聘。秋九月癸未，尚书右仆射沈君理卒。壬辰晦，夜明。冬十月己亥，以特进周弘正为尚书右仆射。乙巳，吴明彻克寿阳城，斩王琳，传首建邺，枭于朱雀航。十二月壬辰，诏熊昙朗、留异、陈宝应、周迪、邓绪等及王琳首并还亲属，以弘广宥。乙巳，立皇子叔明为宜都王，叔献为河东王。是岁，诸军略地，所在克捷。

六年春正月壬戌，赦江右淮北诸州。甲申，周人来聘。高丽国遣使朝贡。二月壬辰朔，日有蚀之。辛亥，耕藉田。夏四月庚子，彗星见。六月壬辰，尚书右仆射周弘正卒。冬十一月乙亥，诏北边行军之所，并给复十年。十二月戊戌，以吏部尚书王瑒为尚书右仆射。

七年春正月辛未，祀南郊。三月辛未，诏豫、二兖、谯、徐、合、霍、南司、定九州及南豫、江、郢所部在江北诸郡，置云旗义士，往大军及诸镇备防。夏四月丙戌，有星孛于大角。庚寅，监豫州陈桃根献青牛，诏以还百姓。乙未，桃根又上织成罗纹锦被表各二，诏于云龙门外焚之。壬子，郢州献瑞钟六。六月丙戌，诏为北行将士死王事者，克日举哀。壬辰，以尚书右仆射王瑒为尚书仆射。己酉，改作云龙、神虎门。秋八月癸卯，周人来聘。闰九月壬辰，都督吴明彻大破齐军于吕梁。是月，甘露频降乐游苑。丁未，舆驾幸苑采甘露，宴群臣，诏于苑龙舟山立甘露亭。冬十月己巳，立皇子叔齐为新蔡王，叔文为晋熙王。十二月壬戌，以尚书仆射王瑒为左仆射，太子詹事陆缮为右仆射。甲子，南康郡献瑞钟一。

八年春二月壬申，以开府仪同三司吴明彻为司空。夏五月庚寅，尚书左仆射王瑒卒。六月甲寅，以尚书右仆射陆缮为左仆射，新除晋陵太守王克为右仆射。秋九月戊戌，立皇子叔彪为淮南王。

九年春正月乙亥，齐主传位于其太子恒，自号太上皇。是月，周灭齐。二月壬子，耕藉田。秋七月己卯，百济国遣使朝贡。庚辰，大雨，震万安陵华表。己丑，震慧日寺刹及瓦官寺重门，一女子震死。冬十月戊午，司空吴明彻破周将梁士彦于吕梁。十二月戊申，东宫成，皇太子移于新宫。

十年春二月甲子，周军救梁士彦，大败司空吴明彻于吕梁，及将卒皆见囚俘不反。三月辛未，震武库。丙子，分命众军以备周。乙酉，大赦。夏四月庚戌，诏缞在军者，并赐爵二级。又诏御府堂署所营造，礼乐仪服军器之外，悉皆停息。掖庭常供，王侯妃主诸有奉恤者，并各量减。庚申，大雨雹。六月丁酉，周武帝崩。闰六月丁卯，大雨，震大皇寺刹、庄严寺露盘、重阳阁东楼、千秋门内槐树及鸿胪府门。秋七月戊戌，新罗国遣使朝贡。八月戊寅，陨霜杀稻菽。九月乙巳，立方明坛于娄湖。戊申，以扬州刺史始兴王叔陵兼王官伯，临盟。甲寅，幸娄湖，临誓众。乙卯，分遣大使以盟誓班下四方，以上下相警。冬十月戊子，以尚书左仆射陆缮为尚书仆射。十二月乙亥，合州庐江蛮гла伯兴出寇枞阳，刺史鲁广达讨平之。是岁，周宣政元年。

十一年春正月丁酉，南兖州言龙见。二月癸亥，耕藉田。秋七月辛卯，初用大货六铢钱。八月丁卯，幸大壮观阅武。冬十月甲戌，以尚书仆射陆缮为尚书左仆射，以祠部尚书晋安王伯恭为右仆射。十一月辛卯，大赦。戊戌，周将梁士彦围寿阳，克之。辛亥，又克霍州。癸丑，以扬州刺史始兴王叔陵为大都督，总督水步众军。十二月乙丑，**南北兖、晋三州及盱眙、山阳、阳平、马头、秦**、历阳、沛、北谯、南梁等九郡民并自拔向建邺。周又克谯、北徐二州。自是淮南之地，尽归于周矣。己巳，诏非军国所须，多所减损，归于俭约。是岁，周宣帝大象元年。

十二年夏四月癸亥，尚书左仆射陆缮卒。己卯，大雩。壬午，雨。五月癸巳，以尚书右仆射晋安王伯恭为尚书仆射。己酉，周宣帝崩。六月壬戌，大风，吹坏皋门中闳。秋八月己未，周郑州总管司马消难以所统九州八镇之地来降。诏因以消难为大都督，加司空，封随郡公。庚申，诏镇西将军樊毅进督沔、汉诸军事。遣南豫州刺史任忠率众趋历阳，超武将军陈慧纪为前军都督，趋南兖州。戊辰，以司空司马消难为大都督水陆诸军事。庚午，通直散骑常侍淳于陵克临江郡。癸酉，智武将军鲁广达克郭默城。甲戌，大雨霖。丙子，淳于陵克柹州城。九月癸未，周临江太守刘显光率众来降。是夜，天东南有声，如风水相激，三夜乃止。丁亥，周将王延贵率众趋历阳，任忠击破之，禽延贵等。己酉，周广陵义军主曹药率众来降。冬十月癸丑，大雨，震电。十二月庚辰，南徐州刺史河东王叔献薨。

十三年春正月壬午，以中权将军、护军将军鄱阳王伯山即本号开府仪同三司。以尚书仆射晋安王伯恭为左仆射，吏部尚书袁宪为右仆射。二月乙亥，耕藉田。秋九月癸亥夜，大风从西北来。发屋拔树，大雨雹。冬十月壬寅，丹丹国遣使朝贡。十二月辛巳，彗星见西南。是岁，周静帝大定元年，逊位于隋文帝，改元开皇元年。

十四年春正月己酉，上弗豫。甲寅，崩于宣福殿，时年五十三。遗诏：“凡厥终制，事从省约，金银之饰，不以入圹,明器皆用瓦。以日易月,及公除之制,悉依旧准。在位百司,三日一临。四方州镇,五等诸侯,各守所职,并停奔赴。"二月辛卯,群臣上谥曰孝宣皇帝,庙号高宗。癸巳,葬显宁陵。

帝之在田,本有恢弘之度,及居尊位,允允天人之属。于时国步初弱,创痍未复,淮南之地,并入于齐。帝志复旧境,意反侵地,强弱之形,理则悬绝,犯斯不韪,适足为禽。及周兵灭齐,乘胜而举,略地还至江际,自此惧矣。既而修饰都城,为捍御之备,获铭云:"二百年后,当有痴人修破吾城者。"时莫测所从云。

后主,讳叔宝,字元秀,小安黄奴,宣帝嫡长子也。梁承圣二年十一月戊寅,生于江陵。明年,魏平江陵,宣帝迁于长安,留后主于穰城。天嘉三年,归建邺,立为安成王世子。光大二年,累迁侍中。太建元年正月甲午,立为皇太子。十四年正月甲寅,宣帝崩。乙卯,始兴王叔陵构逆伏诛。丁巳,太子即皇帝位于太极前殿,大赦。在位文武及孝悌力田为父后者,并赐爵一级;孤老鳏寡不能自存者,赐谷人五斛、帛二匹。癸亥,以侍中、丹阳尹、长沙王叔坚为骠骑将军、开府仪同三司、扬州刺史。乙丑,尊皇后为皇太后。丁卯,立皇弟叔重为始兴王,奉昭烈王礼。己巳,立妃沈氏为皇后。辛未,立皇弟叔俨为寻阳王,叔慎为岳阳王,叔达为义阳王,叔雄为巴山王,叔虞为武昌王。甲戌,设无碍大会于太极前殿。三月癸亥,诏内外众官九品以上,各荐一人。又诏求忠谠,无所隐讳。己巳,以新除翊左将军永阳王伯智为尚书仆射。夏四月丙申,立皇子永康公胤为皇太子,赐天下为父后者爵一级,王公以下赉帛各有差。庚子,诏:"镂金银薄、庶物化生、土木人、彩华之属,及布帛短狭轻疏者,并伤财废业,尤成蠹患。又僧尼道士,挟邪左道,不依经律,人间淫祀妖书,诸珍怪事,详为条制,并皆禁绝。"秋七月辛未,大赦。是月,自建邺至荆州,江水色赤如血。八月癸未,天有声如风水相激。乙酉夜,又如之。九月丙午,设无碍大会于太极前殿,舍身及乘舆御服,大赦。辛亥夜,天东北有声如虫飞,渐移西北。丙寅,以骠骑将军、开府仪同三司、扬州刺史长沙王叔坚为司空,征南将军、江州刺史豫章王叔英即本号开府仪同三司。

至德元年春正月壬寅,大赦,改元。以征南将军、江州刺史豫章王叔英为中卫大将军;以司空、骠骑将军、开府仪同三司、扬州刺史长沙王叔坚为江州刺史;征东将军、开府仪同三司、东扬州刺史司马消难进号车骑将军。癸卯,立皇子深为始安王。秋八月丁卯,以骠骑将军、开府仪同三司长沙王叔坚为司空。九月丁巳,天东南有声如虫飞,冬十一月丁酉,立皇弟叔平为湘东王,叔敖为临贺王,叔宣为阳山王,叔穆为西阳王,叔俭为南安王,叔澄为南郡王,叔兴为沅陵王,叔韶为岳山王,叔纯为新兴王。十二月丙辰,头和国遣使朝贡。司空、长沙王叔坚有罪免。戊午夜,天开,自西北至东南,其内有青黄杂色,隆隆若雷声。

二年春正月丁卯,分遣大使,巡省风俗。癸巳,大赦。夏五月戊子,以吏部尚书江总为尚书仆射。秋七月壬午,皇太子加元服,在位文武赐帛各有差。孝悌力田为父后者,赐爵一级;鳏寡癃老不能自存者,人谷五斛。冬十一月丙寅,大赦。是月,盘盘、百济国并遣使朝贡。

三年春正月戊午朔,日有蚀之。庚午,镇左将军长沙王叔坚即本号开府仪同三司。三月辛酉,前丰州刺史章大宝举兵反。夏四月庚戌,丰州义军主陈景详斩大宝,传首建邺。冬十月己丑,丹丹国遣使朝贡。十一月己未,诏修复仲尼庙。辛巳,幸长干寺,大赦。十二月癸卯,高丽国遣使朝贡。是岁,梁明帝殂。

四年春正月甲寅,诏王公以下各荐所知,无隔舆皂。二月丙申,立皇弟叔谟为巴东王,叔显为临江王,叔坦为新会王,叔隆为新宁王。夏五月丁巳,立皇子庄为会稽王。秋九月甲午,幸玄武湖,肆舻舰阅武。丁未,百济国遣使朝贡。冬十月癸亥,以尚书仆射江总为尚书令,吏部尚书谢伷为尚书仆射。十一月己卯,大赦。

祯明元年春正月戊寅,大赦,改元。乙未,地震。秋九月庚寅,梁太傅安平王萧岩、荆州刺史萧瓛,遣其都官尚书沈君公诣荆州刺史陈慧纪请降。辛卯,岩等帅其文武官男女济江。甲午,大赦。冬十一月丙子,以萧岩为平东将军、开府仪同三司、东扬州刺史。丁亥,以骠骑大将军、开府仪同三司、豫章王叔英为兼司徒。十二月丙辰,以前镇卫大将军、开府仪同三司、东扬州刺史鄱阳王伯山为镇卫大将军、开府仪同三司。

二年春正月辛巳,立皇子铨为东阳王,恬为钱唐王。夏四月戊申,有群鼠无数,自蔡洲岸入石头,渡淮至于青塘两岸,数日自死,随流出江。是月,郢州南浦水黑如墨。五月甲午,东冶铸铁,有物赤色,大如数升,自天坠熔所,有声隆隆如雷;铁飞出墙外,烧人家。六月戊戌,扶南国遣使朝贡。庚子,废皇太子胤为吴兴王,立扬州刺史始安王深为皇太子。辛丑,以太子詹事袁宪为尚书仆射。丁巳,大风自西北激涛水入石头城,淮渚暴溢,漂没舟乘。冬十月己亥,立皇子藩为吴王。己酉,幸莫府山,大校猎。十一月丁卯,诏克日于大政殿讯狱。丙子,立皇弟叔荣为新昌王,叔匡为太原王。

初,隋文帝受周禅,甚敦邻好,宣帝尚不禁侵掠。太建末,隋兵大举,闻宣帝崩,乃命班师,遣使赴吊,修敌国之礼,书称姓名顿首。而后主益骄,书末云:"想彼统内如宜,此字宙清泰。"隋文帝不说,以示朝臣。清河公杨素以为主辱,再拜请罪,及襄邑公贺若弼并奋求致讨。后副使袁彦聘隋,窃图隋文帝状以归,后主见之,大骇曰:"吾不欲见此人。"每遣间谍,隋文帝皆给衣马,礼遣以归。后主愈骄,不虞外难,荒于酒色,不恤政事。左右嬖佞珥貂者五十人,妇人美貌丽服巧态以从者千余人。常使张贵妃、孔贵人等八人夹坐,江总、孔范等十人预宴,号曰:"狎客。"先令八妇人襞采笺,制五言诗,十客一时继和,迟则罚酒。君臣酣饮,从夕达旦,以此为常。而盛修宫室,无时休止。税江税市,征取百端。刑罚酷滥,牢狱常满。

覆舟山及蒋山柏林,冬月常多采醴,后主以为甘露之瑞。前后灾异甚多。有神自称老子,游于都下,与人对语而不见形,言吉凶多验,得酒辄醮之,经三四年乃去。船下有声云"明年乱"。视之,得婴儿长三尺而无头。蒋山众鸟鼓两翼以拊膺，曰"奈何帝！奈何帝！"又建邺城无故自坏。青龙出建阳门，井涌雾，赤地生黑白毛，大风拔朱雀门。临平湖旧塞，忽然自通。后主又梦黄衣人围城，乃尽去绕城桔树。又见大蛇中分，首尾各走。夜中索饮，忽变为血。有血沾阶至于坐床头而火起。有狐入其床下，捕之不见，以为妖，乃自卖于佛寺为奴以禳之。于郭内大皇佛寺起七层塔，未毕，火从中起，飞至石头，烧死者甚众。又采木湘州，拟造正寝，栰至牛渚矶，尽没水中，既而渔人见栰浮于海上。起齐云观，国人歌曰："齐云观，寇来无际畔。"始北齐末，诸省官人多称省主，未几而灭。至是举朝亦有此称，识者以为省主，主将见省之兆。

隋文帝谓仆射高颎曰："我为百姓父母，岂可限一衣带水不拯之乎？"命大作战船。人请密之，隋文帝曰："吾将显行天诛，何密之有！使投柹于江，若彼能改，吾又何求。"及纳梁萧瓛、萧岩，隋文愈忿。以晋王广为元帅，督八十总管致讨。乃送玺书，暴后主二十恶。又散写诏书，书三十万纸，遍喻江外。诸军既下，江滨镇戍相继奏闻。新除湘州刺史施文庆、中书舍人沈客卿掌机密，并抑而不言。

初萧岩、萧瓛之至也，德教学士沈君道梦殿前长人，朱衣武冠，头出栏上，攘臂怒曰："那忽受叛萧误人事！"后主闻之，忌二萧，故远散其众，以岩为东扬州刺史，瓛为吴州刺史。使领军任忠出守吴兴郡，以襟带二州。使南平王嶷镇江州，永嘉王彦镇南徐州。寻召二王赴期明年元会，命缘江诸防船舰，悉从二王还都为威势，以示梁人之来者，由是江中无一斗船。上流诸州兵，皆阻杨素军不得至。都下甲士尚十余万人。及闻隋军临江，后主曰："王气在此，齐兵三度来，周兵再度至，无不摧没。虏今来者必自败。"孔范亦言无渡江理，但奏伎纵酒，作诗不辍。

三年春正月乙丑朔，朝会。大雾四塞，入人鼻皆辛酸。后主昏睡，至晡时乃罢。是日，隋将贺若弼自北道广陵济，韩擒虎趋横江济，分兵晨袭采石，取之。进拔姑孰，次于新林。时弼攻下京口，缘江诸戍望风尽走，弼分兵断曲阿之冲而入。丙寅，采石戍主徐子建至，告变。戊辰，乃下诏曰："犬羊陵纵，侵窃郊畿，蜂虿有毒，宜时扫定。朕当亲御六师，廓清八表，内外并可戒严。"于是以萧摩诃为皇畿大都督，樊猛为上流大都督，樊毅为下流大都督，司马消难、施文庆并为大监军，重立赏格，分兵镇守要害，僧尼道士尽皆执役。庚午，贺若弼攻陷南徐州。辛未，韩擒虎又陷南豫州。隋军南北道并进。辛巳，贺若弼进军钟山，顿白土冈之东南，众军败绩。弼乘胜进军宫城，烧北掖门。是时，韩擒虎率众自新林至石子冈，镇东大将军任忠出降擒虎，仍引擒虎经朱雀航趋宫城，自南掖门入。城内文武百司皆遁出，唯尚书仆射袁宪、后阁舍人夏侯公韵侍侧。宪劝端坐殿上，正色以待之。后主曰："锋刃之下，未可及当，吾自有计。"乃逃于井。二人苦谏不从，以身蔽井，后主与争久之方得入。沈后居处如常。太子深年十五，闭阁而坐，舍人孔伯鱼侍焉。戎士叩阁而入，深安坐劳之曰："戎旅在途，不至劳也。"既而军人窥井而呼之，后主不应。欲下石，乃闻叫声。以绳引之，惊其太重，及

出，乃与张贵妃、孔贵人三人同乘而上。隋文帝闻之大惊。开府鲍宏曰："东井上于天文为秦，今王都所在，投井其天意邪？"先是江东谣多唱王献之《桃叶辞》，云："桃叶复桃叶，度江不用楫，但度无所苦，我自接迎汝。"及晋王广军于六合镇，其山名桃叶，果乘陈船而度。丙戌，晋王广入据台城，送后主于东宫。三月已巳，后主与王公百司，同发自建邺，之长安。隋文帝权分京城人宅以俟，内外修整，遣使迎劳之。陈人讴咏，忘其亡焉。使还奏言："自后主以下，大小在路，五百里累累不绝。"隋文帝嗟叹曰："一至于此！"及至京师，列陈之舆服器物于庭，引后主于前，及前后二太子、诸公诸弟众子之为王者，凡二十八人；司空司马消难、尚书令江总、仆射袁宪、骠骑萧摩诃、护军樊毅、中领军鲁广达、镇军将军任忠、吏部尚书姚察、侍中中书令蔡征、左卫将军樊猛，自尚书郎以上二百余人。文帝使纳言宣诏劳之。次使内史令宣诏让后主，后主伏地屏息不能对，乃见宥。隋文帝诏陈武、文、宣三帝陵，总给五户分守之。

初，武帝始即位，其夜奉朝请史普直宿省，梦有人自天而下，导从数十，至太极殿前，北面执玉策金字曰："陈氏五帝三十二年。"及后主在东宫时，有妇人突入，唱曰："毕国主"。有鸟一足，集其殿庭，以嘴画地成文，曰："独足上高台，盛草变为灰，欲知我家处，朱门当水开。"解者以为独足盖指后主独行无众，盛草言荒秽，隋承火运，草得火而灰。及至京师，与其家属馆于都水台，所谓上高台，当水也。其言皆验。或言后主名叔宝，反语为"少福"，亦败亡之征云。

既见宥，隋文帝给赐甚厚，数得引见，班同三品。每预宴，恐致伤心，为不奏吴音。后监守者奏言："叔宝云，'既无秩位，每预朝集，愿得一官号'。"隋文帝曰："叔宝全无心肝。"监者又言："叔宝常耽醉，罕有醒时。"隋文帝使节其酒，既而曰："任其性；不尔，何以过日。"未几，帝又问监者叔宝所嗜。对曰："嗜驴肉。"问饮酒多少？对曰："与其子弟日饮一石。"隋文帝大惊。及从东巡，登芒山，侍饮，赋诗曰："日月光天德，山川壮帝居，太平无以报，愿上东封书。"并表请封禅，隋文帝优诏谦让不许。后从至仁寿宫，常侍宴，及出，隋文帝目之曰："此败岂不由酒？将作诗功夫，何如思安时事？当贺若弼度京口，彼人密启告急，叔宝方饮酒，遂不之省。高颎至日，犹见启在床下，未开封。此亦是可笑，盖天亡也。昔苻氏所征得国，皆荣贵其主。苟欲求名，不知违天命，与之官，乃违天也。"隋文帝以陈氏子弟既多，恐京下为过，皆分置诸州县，每岁赐以衣服以安全之。

后主以隋仁寿四年十一月壬子，终于洛阳，时年五十二。赠大将军，封长城县公，谥曰炀。葬河南洛阳之芒山。

论曰：陈宣帝器度弘厚，有人君之量。文帝知冢嗣仁弱，早存太伯之心，及乎弗念，咸已委托矣。至于缵业之后，拓土开疆，盖德不逮文，智不及武，志大不已，晚致吕梁之败，江左日蹙，抑此之由也。后主因削弱之余，钟灭亡之运，刑政不树，加以荒淫。夫以三代之隆，历世数

十,及其亡也,皆败于妇人。况以区区之陈,外邻明德,覆车之迹,尚且追踪叔季,其获支数年,亦为幸也。虽忠义感慨,致恸并隅,何救《麦秀》之深悲,适足取笑乎千祀。嗟乎!始梁末童谣云:"可怜巴马子,一日行千里。不见马上郎,但见黄尘起。黄尘汙人衣,皂荚相料理。"及僧辩灭,群臣以谣言奏闻,曰:僧辩本乘巴马以击侯景,马上郎,王字也;尘,谓陈也;而不解皂荚之谓。既而陈灭于隋,说者以为江东谓毂羊角为皂荚,隋氏姓杨,杨,羊也,言终灭于隋。然则兴亡之兆,盖有数云。

卷十一　　　列传第一

后　妃　上

宋孝穆赵皇后　孝懿萧皇后　武敬臧皇后　武张夫人　文章胡太后　少帝司马皇后　文元袁皇后　潘淑妃　孝武昭路太后　明宣沈太后　孝武文穆王皇后　宣贵妃　前废帝何皇后　明恭王皇后　后废帝陈太妃　后废帝江皇后　顺陈太妃　顺谢皇后　齐宣孝陈皇后　高昭刘皇后　武穆裴皇后　文安王皇后　郁林王何妃　海陵王王妃　明敬刘皇后　东昏褚皇后　和王皇后

六宫位号,前史代有不同。晋武帝采汉魏之制,置贵嫔、夫人、贵人,是为三夫人,位视三公;淑妃、淑媛、淑仪、修华、修容、修仪、婕妤、容华、充华,是为九嫔,位视九卿;其余有美人、才人、中才人,爵视千石以下。宋武帝省二才人,其余仍用晋制。案贵嫔,魏文帝所制。夫人,魏武初建魏国所制。贵人,汉光武所制。淑妃,魏明帝所制。淑媛,魏文帝所制。淑仪、修华,晋武帝所制。修容,魏文帝所制。修仪,魏明帝所制。婕妤、容华、前汉旧号。充华,晋武帝所制。美人,汉光武所制。及孝武孝建三年,省夫人,置贵妃,位比相国。进贵嫔比丞相,贵人比三司,以为三夫人。又置昭仪、昭容、昭华,以代修华、修仪、修容。又置中才人、充衣,以为散位。案昭仪,汉元帝所制。昭容,孝武所制。昭华,魏明帝所制。中才人,晋武帝所制。充衣,前汉旧制。

及明帝泰始二年,省淑妃、昭华、中才人、充衣,复置修华、修仪、修容、才人、良人。三年,又省贵人,置贵姬,以备三夫人之数。又置昭华,增淑容、承徽、列荣。以淑媛、淑仪、淑容、昭华、昭仪、昭容、修华、修仪、修容为九嫔。婕妤、容华、充华、承徽、列荣,凡五职,亚九嫔。美人、才人、良人三职为散役。其后,帝留心后房,拟百官,备置内职焉。

及齐高帝建元元年,有司奏置贵嫔、夫人、贵人为三夫人,修华、修仪、修容、淑妃、淑媛、淑仪、婕妤、容华、充华为九嫔,美人、中才人、才人为散职。三年,太子宫置三内职:良娣比开国侯,保林比五等侯,才人比驸马都尉。及永明元年,有司奏贵妃、淑妃并加金章紫绶,佩尔寅玉。淑妃旧拟九棘,以淑为温恭之称。妃为亚后之名,进同贵妃,以比三司。夫人之号,不殊蕃国。降淑媛比九卿。七年,复置昭容,位在九嫔焉。

梁武拨乱反正,深鉴奢逸,配德早终,长秋旷位。定令制贵妃、贵嫔、贵姬为三夫人;淑媛、淑仪、淑容、昭华、昭仪、昭容、修华、修仪、修容为九嫔;婕妤、容华、充华、承徽、列荣为五职;美人、才人、良人为三职。东宫置良娣、保林为二职。及简文、元帝出自储蕃,或迫在拘絷,或逼于寇乱,且妃并先殂,更不建椒闱。

陈武光膺天历,以朴素自居,故后宫员位,其数多阙。文帝天嘉之后,诏宫职备员。其所制立,无改梁旧。编之令文,以为后法。然帝性恭俭,而嫔嫱不备。宣帝、后主,无所改作。

今总缀绎,以立此篇云。

宋孝穆赵皇后,讳安宗,下邳僮人也。父裔,平原太守。后以晋穆帝升平四年嫔于孝皇帝,以产武帝,殂于丹徒官舍,葬晋陵丹徒县东乡练壁里雪山。宋初追崇号谥,陵曰兴宁。永初二年,有司奏追赠裔光禄大夫,加金章紫绶;裔命妇孙氏封豫章郡建昌县君。其年,又追封裔临贺县侯。裔子伦之自有传。

孝懿萧皇后,讳文寿,兰陵人也。父卓,字子略,洮阳令。后为孝皇帝继室,生长沙景王道怜、临川烈武王道规。义熙七年,拜豫章公太夫人。武帝为宋公、宋王,又加太妃、太后之号。帝践阼,尊曰皇太后,居宣训宫。上以恭孝为行,奉太后素谨,及即大位,春秋已高,每旦朝太后,未尝失时刻。少帝即位,加崇曰太皇太后。景平元年,崩于显阳殿,年八十一。遗令:"汉世帝后,陵皆异处。今可于茔域之内别为一圹,一遵往式。"乃开别圹,与兴宁合坟。初,武帝微时,贫约过甚,孝皇之殂,葬礼多阙。帝遗旨:"太后百岁后不须祔葬。"至是故称后遗令云。卓初与赵裔俱赠金紫光禄大夫,又追封封阳县侯。妻下邳赵氏封吴郡寿昌县君。卓子源之袭爵,源之见子《思话传》。

武敬臧皇后,讳爱亲,东莞人也。祖汪,尚书郎;父俊,郡功曹。后适武帝,生会稽宣长公主兴弟。帝以俭正率下,后恭谨不违。义熙四年正月甲子,殂于东城,追赠豫章公夫人,还葬丹徒。帝临崩,遗诏留葬建邺。于是备法驾迎梓宫,祔葬初宁陵。宋初追赠俊金紫光禄大夫,妻高密叔孙氏封永陵平乡君。俊子焘、熹,并自有传。

武帝张夫人,讳阙,不知何许人也。生少帝及义兴恭长公主惠媛。永初元年拜夫人。少帝即位，有司奏上尊号为皇太后，宫曰永乐。少帝废，太后还玺绂，随居吴郡。文帝元嘉元年，拜营阳国太妃，二年薨。

文章胡太后，讳道安，淮南人也。义熙初，武帝所纳。文帝生五年，被谮赐死，葬丹徒。武帝践阼，追赠婕妤。文帝即位，有司奏上尊号曰章皇太后，陵曰熙宁，立庙建邺。

少帝司马皇后，讳茂英，晋恭帝女也。初封海盐公主，少帝以公子尚焉。宋初拜皇太子妃。少帝即位，为皇后。元嘉元年，降为营阳王妃。又为南丰王太妃。十六年薨。

文元袁皇后，讳齐妫，陈郡阳夏人，左光禄大夫湛之庶女也。母本卑贱，后年至六岁方见举。后适文帝，初拜宜都王妃，生子劭、东阳献公主英娥。上待后恩礼甚笃，袁氏贫薄，后每就上求钱帛以赡之。上性俭，所得不过五三万、五三十匹。后潘淑妃有宠，爱倾后宫，咸言所求无不得。后闻之，未知信否，乃因潘求三十万钱与家，以观上意，宿昔便得。因此恚恨称疾，不复见上，遂愤恚成疾。元嘉十七年疾笃，上执手流涕，问所欲言。后视上良久，乃引被覆面，崩于显阳殿。上甚悼痛之，诏前永嘉太守颜延之为哀策，文甚丽。及奏，上自益"抚存悼亡，感今怀昔"八字以致意焉。有司奏谥宜皇后，诏谥曰元。初，后生劭，自详视之，使驰白帝："此儿形貌异常，必破国亡家，不可举。"便欲杀之。文帝狼狈至后殿户外，手搕幔禁之，乃止。后亡后，常有小小灵应。明帝所生沈美人尝以非罪见责，应赐死，从后昔所住徽音殿前度，此殿有五间，自后崩后常闭。美人至殿前流涕大言曰："今日无罪就死，先后若有灵当知之。"殿户应声豁然开。职掌者遽白文帝，惊往视之，美人乃得释。大明五年，孝武乃诏追后之所生外祖亲王夫人为豫章郡新淦平乐乡君，又诏赵、萧、臧光禄、袁敬公、平乐乡君墓，先未给茔户，各给蛮户三以供洒扫。后父湛之自有传。

潘淑妃者，本以貌进，始未见赏。帝好乘羊车经诸房，淑妃每庄饰寝帷以候，并密令左右以咸水洒地。帝每至户，羊辄舐地不去。帝曰："羊乃为汝徘徊，况于人乎！"于此爱倾后宫。

孝武昭路太后，讳惠男，丹阳建康人也。以色貌选入后宫，生孝武帝，拜为淑媛。及年长，无宠，常随孝武出蕃。孝武即位，有司奏奉尊号曰太后，宫曰崇宪。太后居显阳殿。上于闺房之内礼敬甚寡，有所御幸，或留止太后房内，故人间咸有丑声。宫掖事秘，亦莫能辨也。孝建二年，追赠太后父兴之散骑常侍，兴之妻余杭县广昌乡君。大明四年，太后弟子抚军参军琼之上表自陈。有司承旨，奏赠琼之父道庆给事中，琼之及弟休之、茂之并居显职。太后颇豫政事，赐与琼之等财物，家累千金，居处器服与帝子相侔。大明五年，太后随上巡南豫州，妃主以下并从。废帝立，号太皇太后。明帝践阼，号崇宪太后。初，明帝少失所生，为太后所摄养，抚爱甚笃。及即位，供奉礼仪，不异旧日。有司奏宜别居外宫，诏欲亲奉晨昏，尽欢闺禁，不如所奏。及闻义嘉难作，太后心幸之，延上饮酒，置毒以进。侍者引上衣，上寤，起以其卮上寿。是日太后崩，秘之，丧事如礼。迁殡东宫，题曰崇宪宫。又诏述太后恩慈，特诏衰三月，以申追远。谥曰昭皇太后，葬孝武陵东南，号曰修宁陵。

先是，晋安王子勋未平，巫者谓宜开昭太后陵，毁去梓宫以厌胜。修复仓卒，不得如礼。上性忌，虑将来致灾，泰始四年夏，诏有司曰："崇宪昭太后修宁陵地，大明之世，久所考卜。前岁遭诸蕃之难，礼从权宜，未暇营改，而堂隧之所，山原卑陋，可式遵旧典，以礼改创。"有司奏请"修宁陵玄宫补葺毁坏，权施油殿，暂出梓宫，事毕即窆"。诏可。废帝景和中，又追赠兴之侍中、金紫光禄大夫，谥曰孝侯。道庆光禄大夫、开府仪同三司，谥曰敬侯。道庆女为皇后，以休之为侍中。

明宣沈太后，讳容姬，不知何许人也。为文帝美人，生明帝，拜婕妤。元嘉三十年卒，葬建康之莫府山。孝武即位，追赠湘东国太妃。明帝即位，有司奏上尊号为皇太后，谥曰宣，陵号崇宁。

孝武文穆王皇后，讳宪嫄，琅邪临沂人也。元嘉二十年，拜武陵王妃，生废帝、豫章王子尚、山阴公主楚玉、临淮康哀公主楚佩、皇女楚琇、康乐公主修明。孝武在蕃，后甚宠异，及即位为皇后焉。大明四年，后率六宫躬桑于西郊，皇太后观礼，妃主以下并加班锡。废帝即位，尊曰皇太后，宫曰永训。其年崩于含章殿，祔葬景宁陵。父偃，别有传。

殷淑仪，南郡王义宣女也。丽色巧笑。义宣败后，帝密取之，宠冠后宫。假姓殷氏，左右宣泄者多死，故当时莫知所出。及薨，帝常思见之，遂为通替棺，欲见辄引替睹尸。如此积日，形色不异。追赠贵妃，谥曰宣。及葬，给辒辌车、虎贲、班剑、銮辂九旒、黄屋左纛、前后部羽葆、鼓吹。上自于南掖门临过丧车，悲不自胜，左右莫不掩泣。上痛爱不已，精神罔罔，颇废政事。每寝，先于灵床酌奠酒饮之，既而恸哭不能自反。又讽有司奏曰："据《春秋》，仲子非鲁惠公元嫡，尚得考别宫。今贵妃盖天秩之崇班，理应创新。"乃立别庙于都下。时有巫者能见鬼，说帝言贵妃可致。帝大喜，令召之。有少顷，果于帷中见形如平生。帝欲与之言，默然不对。将执手，奄然便歇。帝尤哽恨，于是拟《李夫人赋》以寄意焉。谢庄作哀策文奏之，帝卧览读，起坐流涕曰："不谓当今复有此才。"都下传写，纸墨为之贵。或云，贵妃是殷琰家人入义宣家，义宣败入宫云。

前废帝何皇后，讳令婉，庐江灊人也。孝建三年，纳为皇太子妃。大明五年，薨于东宫徽光殿，谥曰献妃。废帝即位，追崇曰献皇后。明帝践阼，迁后与废帝合葬龙山北。后父瓃，字幼玉，晋尚书左仆射澄曾孙也。瓃尚武帝少女豫章康长公主讳次男。公主先适徐乔，美容色，聪敏有智数。文帝世，礼待特隆。瓃豪竞于时，与平昌孟灵休、东海何勖等并以舆马相尚。公主与瓃情爱隆密，何氏疏戚莫不沾被恩礼。瓃位右卫将军，公主薨，瓃墓开，孝武追赠瓃金紫光禄大夫。子迈尚文帝第十女新蔡公主讳英媚。迈少以贵戚居显官，好犬马驰逐，多聚才力士，位南济阴太守。废帝纳公主于后宫，伪言薨殂，杀一婢送出迈第，殡葬行丧礼，常疑迈有异图。迈亦招聚同志，欲因行废立，事觉见诛。明帝即位，追封建宁县侯。瓃兄子衍，性躁动，位黄门郎。拜竟，求司徒司马。得司马，复求太子右率。拜一二日，复求侍中。旬日之间，求进无已。不得侍中，以怨詈赐死。

明恭王皇后，讳贞风，琅邪临沂人也。初拜淮阳王妃，明帝改封，又为湘东王妃。生晋陵长公主伯姒、建安长公主伯媛。明帝即位，立为皇后。上尝宫内大集，而裸妇人观之，以为欢笑。后以扇鄣面，独无所言。帝怒曰："外舍家寒乞，今共作笑乐，何独不视！"后曰："为乐之事，其方自多。岂有姑姊妹集聚，而裸妇人形体，以此为乐？外舍为欢适，与此不同。"帝大怒，令后起。后兄扬州刺史景文以此事语从舅陈郡谢绰曰："后在家为佗弱妇人，不知今段遂能刚正如此。"废帝即位，尊为皇太后，宫曰弘训。废帝失德，太后每加勖譬，始犹见顺，后狂慝稍甚。太后尝赐帝玉柄毛扇，帝嫌毛扇不华，因此欲加酖害，令太医煮药。左右止之曰："若行此事，官便作孝子，岂得出入狡狯？"帝曰："汝语大有理。"乃止。顺帝即位，齐高帝执权，宗室刘晃、刘绰、卜伯兴等有异志，太后颇与相关。顺帝禅位，太后与帝逊于东邸，因迁居丹阳宫，拜汝阴王太妃。顺帝殂于丹阳，更立第都下。建元元年，薨于第，追加谥，葬以宋礼。后父僧朗，别有传。

后废帝陈太妃，讳妙登，丹阳建康屠家女也。孝武尝使尉司采访人间子女有姿色者。太妃家在建康县，居有草屋两三间。上出行，问尉曰："御道那得此草屋，当由家贫。"赐钱三万，令起瓦屋。尉自送钱与之，家人并行，唯太妃在家，时年十二三。尉见其美，即以白孝武。于是迎入宫，在路太后房内。经二年再呼不见幸，太后因言于上，以赐明帝。始有宠，一年衰歇，以赐李道儿。寻又迎还，生废帝。先是人间言明帝不男，故皆呼废帝为李氏子。废帝后每微行，自称李将军，或自谓李统。明帝即位，拜贵妃，秩同皇太子。废帝践阼，有司奏上尊号曰皇太妃，舆服一如晋孝武李太妃故事。宫曰弘化，置家令一人，改诸国太妃曰太姬。升明初，降为苍梧王太妃。

后废帝江皇后，讳简珪，济阳考城人也。泰始五年，明帝访太子妃而雅信小数，名家女多不合。江氏虽为华族，而后父祖并已亡，弟又弱小，以卜筮吉，故为太子纳之。六年，拜皇太子妃，讽朝士州郡皆令献物，多者将直百金。始兴太守孙奉伯止献琴书，其外无余物。上大怒，

封药赐死，既而原之。太子即帝位，立为皇后。帝既废，降后为苍梧王妃。祖智深，自有传。

顺陈太妃，讳法容，丹阳建康人也。明帝素肥，晚年废疾，不能内御，诸弟姬人有怀孕者，辄取以入宫。及生男，皆杀其母，而与六宫所爱者养之。顺帝，桂阳王休范子也，以陈昭华为母。明帝崩，昭华拜安成王太妃。顺帝即位，进为皇太妃。顺帝禅位，去皇存太妃之号。

顺谢皇后，讳梵境，陈郡阳夏人也。右光禄大夫庄之孙也。父飏，车骑功曹。升明二年，立为皇后。顺帝禅位，降为汝阴王妃。祖庄，自有传。

齐宣孝陈皇后，讳道止，临淮东阳人也。魏司徒矫之后也。后家贫，少勤织作。家人矜其劳，或止之，后终不改。嫁于宣帝。宣帝庶生子衡阳元王道度、始安贞王道生，后生高帝。高帝年二岁，乳人乏乳，后梦人以两瓯麻粥与之，觉而乳惊，因此丰足。宣帝从任在外，后常留家。有相者谓后曰："夫人有贵子而不见之。"后叹曰："我三子，谁当应之？"呼高帝小字曰："政应是汝耳。"宣帝殂后，亲执勤，婢使有过，皆恕而不问。高帝虽从宦，而家业本贫，为建康令时，明帝等冬月犹无缣纩，而奉膳甚厚，后每撤去兼肉，曰："于我过足矣。"殂于县舍。升明二年，追赠竟陵公国太夫人。齐国建，为齐国太妃，并蜜印、画青绶，祠以太牢。建元元年，追尊考皇后。赠外祖父肇之金紫光禄大夫，谥敬侯，后母胡氏为永昌县靖君。永明九年，诏太庙四时祭，宣皇帝荐起面饼鸭臛，孝皇后荐笋鸭卵脯酱炙白肉，高皇帝荐肉脍俎羹，昭皇后荐茗粣炙鱼。并生平所嗜也。

高昭刘皇后，讳智容，广陵人也。祖玄之，父寿之，并员外郎。后母桓氏，梦吞玉胜生后，时有紫光满室，以告寿之。寿之曰："恨非是男。"桓笑曰："虽女亦足兴家矣。"后寝卧，见有羽盖荫其上，家人试察之，常见其掩蔼如有云气。年十七，裴方明为子求婚，酬许已定，后梦见先有迎车至，犹如常家迎法，后不肯去；次有迎至，龙旗豹尾，有异于常，后喜而从之。既而与裴氏不成婚，竟嫔于上。严整有轨度，造次必依礼法。生太子及豫章王嶷。太子初在孕，后尝归宁，遇家奉祠，尔日阴晦失晓，举家狼狈共营祭食。后助炒胡麻，始复内薪，未及索火，火便自然。宋泰豫元年殂，归葬宣帝墓侧，则泰安陵也。门生王清与墓工始下锸，有白兔跳起，寻之不得。及坟成，兔还栖其上。升明二年，赠竟陵公国夫人。三年，赠齐国妃印绶。齐建元元年，尊谥昭皇后。二年。赠后父寿之金紫光禄大夫，母桓氏上虞都乡君。

武穆裴皇后，讳惠昭，河东闻喜人也。祖封之，给事中。父玑之，左军参军。后少与豫章王妃庾氏为娣姒。庾氏勤女工，奉事高昭后恭谨不倦，后不能及，故不为舅姑所重，武帝亦薄焉。性刚严，竟陵王子良妃袁氏布衣时有

过，后加训罚。升明三年，为齐世子妃。建元元年，为皇太子妃。二年，后薨，谥穆妃；葬休安陵。时议欲立石志，王俭曰："石志不出礼典，起宋元嘉中颜延之为王球石志。素族无铭策，故以纪行。自尔以来，共相习用。储妃之重，礼绝恒例，既有哀策，不烦石志。"从之。武帝即位，追尊皇后。赠父玘之金紫光禄大夫，后母檀氏余杭广昌乡元君。旧显阳、昭阳二殿，太后皇后所居也。永明中无太后皇后，羊贵嫔居昭阳殿西，范贵妃居昭阳殿东，宠姬荀昭华居凤华柏殿。宫内御所居寿昌画殿南阁，置白鹭鼓吹二部，乾元殿东西头，置钟磬两厢，皆宴乐处也。上数游幸诸苑囿，载宫人从后车。宫内深隐，不闻端门鼓漏声，置钟于景阳楼上，应五鼓及三鼓。宫人闻钟声，早起庄饰。车驾数幸琅邪城，宫人常从。早发，至湖北埭，鸡始鸣，故呼为鸡鸣埭。妇人吴郡韩兰英有文辞，宋孝武时献《中兴赋》，被赏入宫。宋明帝时用为宫中职僚。及武帝以为博士，教六宫书学。以其年老多识，呼为韩公云。

文安王皇后，讳宝明，琅邪临沂人也。祖韶之，吴兴太守。父晔之，太宰祭酒。宋世，高帝为文惠太子纳后。建元元年，为南郡王妃。四年，为皇太子妃，无宠。太子为宫人制新丽衣裳及首饰，而后床帷陈故，古旧钗镊十余枚。永明十一年，为皇太孙太妃。郁林即位，尊为皇太后，称宣德宫，置男左右三十人，前代所未有也。赠后父晔之金紫光禄大夫，母桓氏丰安县君。其年十二月，备法驾谒太庙。明帝即位，出居鄱阳王故第，为宣德宫。永元三年，梁武帝定建邺，迎入宫，后称制。至禅位，逊居外宫。梁天监十一年薨，葬崇安陵，谥曰安后。祖韶之自有传。

郁林王何妃，讳婧英，庐江灊人，抚军将军戢女也。初将纳为南郡王妃，文惠太子嫌戢无男，门孤，不欲与昏。王俭以南郡王妃，便为将来外戚，唯须高胄，不须强门。今何氏荫华族弱，实允外戚之义。永明三年，乃成昏。妃禀性淫乱，南郡王所与无赖人游，妃择其美者，皆与交欢。南郡王侍书人马澄年少色美，甚为妃悦，常与斗腕较力，南郡王以为欢笑。澄者本剡县寒人，尝于南岸逼略人家女，为秣陵县所录，南郡王语县散遣之。澄又逼求姨女为妻，姨不与，澄诣建康令沈徽孚讼之。徽孚曰："姨女可为妇，不可为妾。"澄曰："仆父为给事中，门户既成，姨家犹是寒贱，政可为妾耳。"徽孚诃而遣之。十一年，为皇太孙妃。又有女巫子杨珉之，亦有美貌，妃尤爱悦之，与同寝处，如伉俪。及太孙即帝位，为皇后，封后嫡母刘为高昌县都乡君，所生母宋为余杭广昌乡君。后将拜，镜在床无因堕地。其冬，与太后同日谒太庙。杨珉之为帝所幸，常居中侍。明帝为辅，与王晏、徐孝嗣、王广之并面请，不听。又令萧谌、坦之固请，皇后与帝同席坐，流涕覆面，谓坦之曰："杨郎好年少，无罪过，何可枉杀？"坦之耳语于帝曰："此事别有一意，不可令人闻。"帝谓皇后为阿奴，曰："阿奴暂去。"坦之乃曰："外间并云杨珉之与皇后有异情，彰闻遐迩。"帝不得已，乃为敕。坦之驰报明帝，即令建康行刑，而果有救原之，而珉之已死。后既

淫乱，又与帝相爱亵，故帝恣之。又迎后亲戚入宫，尝赐人百数十万，以武帝曜灵殿处后家属。帝废后，贬为王妃。父戢，自有传。

海陵王王妃，讳韶明，琅邪临沂人，太常慈之女也。永明八年，纳为临汝公夫人。郁林王即位，为新安王妃。延兴元年，为皇后。其年，降为海陵王妃。妃父慈自有传。

明敬刘皇后，讳惠端，彭城人，光禄大夫道弘孙也。高帝为明帝纳之。建元三年，除西昌侯夫人。永明七年卒，葬江乘县张山。延兴元年，赠宜城王妃。明帝即位，追尊敬皇后，赠父通直郎景猷为金紫光禄大夫，母王氏平阳乡君。明帝崩，改葬，祔于兴安陵。

东昏褚皇后，讳令璩，河南阳翟人，太常澄之女也。建武二年，纳为皇太子妃而无宠。帝谓左右曰："若得如山阴主无恨矣。"山阴主，明帝长女也，后遂与之为乱。明年，妃谒敬后庙。东昏即位，为皇后。帝宠潘氏，后不被遇。黄淑仪生太子诵而卒。东昏废，后及诵并为庶人。后父澄，自有传。

和王皇后，讳蕣华，琅邪临沂人，太尉俭之孙也。初为随王妃，中兴元年为皇后。帝禅位，后降为妃。妃祖俭自有传。

卷十二　　　列传第二

后　妃　下

梁文献张皇后　武德郗皇后　武丁贵嫔　武阮修容　简文王皇后　元徐妃　敬夏太后　敬王皇后　陈武宣章皇后　文沈皇后　废帝王皇后　宣柳皇后　后主沈皇后　张贵妃

梁文献张皇后，讳尚柔，范阳方城人也。父穆之娶文帝从姑而生后。后以宋元嘉中嫔于文帝，生长沙宣武王懿、永阳昭王敷，次生武帝。方孕，忽见庭前昌蒲花，光采非常，惊报，侍者皆云不见。后曰："常闻见昌蒲花者当富贵。"因取吞之，是月生武帝。将产之夕，后见庭内若有衣冠陪列焉。次生衡阳宣王畅、义兴昭长公主令嬺。后宋泰始七年殂于秣陵县同夏里舍，葬晋陵武进县东城里山。天监元年五月甲辰，追上尊号为皇后，谥曰献。穆之字思静，晋司空华六世孙也。少方雅，有识鉴。初为员外散骑侍郎，深被始兴王浚引纳。穆之鉴其祸萌，求为交阯太守，政有异绩。宋文帝将以为交州刺史，会病卒。子

弘籍,字真艺,齐初为镇西参军,卒于官。梁武践阼,追赠穆之光禄大夫,加金章紫绶。赠弘籍廷尉卿。弘籍无子,从父弟弘策以子缵嗣,别有传。

武德郗皇后,讳徽,高平金乡人也。祖绍,宋国子祭酒、领东海王师。父晔,太子舍人,早卒。后母宋文帝女寻阳公主也,方娠,梦当生贵子。及后生,有赤光照室,器物尽明,家人怪之。巫言此女光高,将有所妨,乃于水滨祓除之。后幼明慧,善隶书,读史传。女工之事,无不闲习。宋后废帝将纳为后,齐初,安陆王缅又欲结婚,郗氏并辞以女疾,乃止。齐建元末,嫔于武帝,生永兴公主玉姚、永世公主玉婉、永康公主玉嬛。及武帝为雍州刺史,殂于襄阳官舍,年三十二。其年归葬南徐州南东海武进县东城里山。中兴二年,武帝为梁公。齐帝诏赠后为梁公妃。及武帝践阼,追崇为皇后,谥曰德,陵曰修陵。后父晔,赠金紫光禄大夫。后酷妒忌。及终,化为龙入于后宫井,通梦于帝。或见形,光彩照灼。帝体将不安,龙辄激水腾涌。于露井上为殿,衣服委积,常置银鹿卢金瓶灌百味以祀之。故帝卒不置后。

武丁贵嫔,讳令光,谯国人也。祖父从官襄阳,因居沔北五女村,寓于刘惠明庑下。贵嫔生于樊城,初产有神光之异,紫气满室,故以"光"为名。相者云"当大贵"。少时与邻女月下纺绩,诸女并患蚊蚋,而贵嫔弗之觉也。乡人魏益德将娉之,未及成,而武帝镇樊城,尝登楼以望,见汉滨五采如龙,下有女子擘纻,则贵嫔也。又丁氏因人以相者言闻之于帝,帝赠以金环,纳之,时年十四。贵嫔生而有赤痣在左臂,疗之不灭。又体多疣子,至是无何并失所在。德后酷忌,遇贵嫔无道,使日舂五斛,舂每中程,若有助者,被遇虽严,益小心祗敬。尝于供养经案侧,仿佛若见神人,心独异之。天监元年五月,有司奏为贵人,未拜。其年八月,又奏为贵嫔,居显阳殿。及太子定位,有司奏曰:"皇太子副贰宸极,率土咸执吏礼。既尽礼皇储,则所生不容无敬。王侯妃主常得通信问者,及六宫三夫人虽与贵嫔同列,并应以敬皇太子之礼敬贵嫔。宋元嘉中,始兴、武陵国臣并以吏敬敬王所生潘淑妃、路淑媛。贵嫔于宫臣虽非小君,其义不异,与宋泰豫朝议百官以吏敬敬帝所生,事义政同。谓宫僚施敬,宜同吏礼,诣神兽门奉笺致谒,年节称庆,亦同如此。且储妃作配,率由盛则,以妇逾姑,弥乖从序,谓贵嫔典章,一与太子不异。"于是贵嫔备典章礼数,同乎太子,言则称令。贵嫔性仁恕,及居宫接驭,自下皆得其欢心。不好华饰,器服无珍丽。未尝为亲戚私谒。及武帝弘佛教,贵嫔长进蔬膳。受戒日,甘露降于殿前,方一丈五尺。帝所立经义,皆得其指归,尤精《净名经》。普通七年十一月庚辰,薨,移殡于东宫临云殿,时年四十二。诏吏部郎张缵为哀册文,有司奏谥曰穆,葬宁陵,祔于小庙。简文即位,追崇曰太后。贵嫔父道迁,天监初,为历阳太守。庐陵威王之生,武帝谓之曰:"贤女复育一男。"答曰:"莫道猪狗子。"世人以为笑。后位兖州刺史、宣城太守。

文宣阮太后,讳令嬴,会稽余姚人也。本姓石。初,齐始安王遥光纳焉。遥光败,入东昏宫。建康城平,为武帝采女。在孕,梦龙罩其床。天监七年八月,生元帝于后宫。是日大赦。寻拜为修容,赐姓阮氏。尝随元帝出藩。大同九年六月,薨于江州正寝,时年六十七。其年十一月,归葬江宁县通望山,谥曰宣。元帝即位,有司奏齐故奉朝请石灵宝散骑常侍、左卫将军,封武康县侯,母陈氏武康侯夫人。

简文王皇后,讳灵宾,琅邪临沂人也。祖俭,齐太尉、南昌文宪公。父骞,金紫光禄大夫、南昌安侯。后幼而柔明,叔父暕见之曰:"吾家女师也。"天监十一年,拜晋安王妃。生哀太子大器、南郡王大连、长山公主妙碧。大通三年十月,拜皇太子妃。太清三年三月,薨于永福省,时年四十五。其年,简文即位,追崇为皇后,谥曰简。大宝元年九月,葬庄陵。

元帝徐妃,讳昭佩,东海郯人也。祖孝嗣,齐太尉、枝江文忠公。父绲,侍中、信武将军。妃以天监十六年十二月拜湘东王妃。生世子方等、益昌公主含贞。妃无容质,不见礼,帝三二年一入房。妃以帝眇一目,每知帝将至,必为半面妆以俟,帝见则大怒而出。妃性嗜酒,多洪醉,帝还房,必吐衣中。与荆州后堂瑶光寺智远道人私通。酷妒忌。见无宠之妾,便交杯接坐。才觉有娠者,即手加刀刃。帝左右暨季江有姿容,又与淫通。季江每叹曰:"柏直狗虽老犹能猎,萧溧阳马虽老犹骏,徐娘虽老犹尚多情。"时有贺徽者美色,妃要之于普贤尼寺,书白角枕为诗相赠答。既而贞惠世子方诸母王氏宠爱,未几而终,元帝归咎于妃。及方等死,愈见疾。太清三年,遂逼令自杀。妃知不免,乃透井死。帝以尸还徐氏,谓之出妻。葬江陵瓦官寺。帝制《金楼子》述其淫行。初,妃嫁夕,车至西州,而疾风大起,发屋折木。无何,雪霰交下,帷帘皆白。及长还之日,又大雷震西州听事两柱俱碎。帝以为不祥,后果不终妇道。

敬夏太后,会稽人也。普通中,纳于湘东王宫,生敬帝。承圣元年冬,拜晋安王国太妃。绍泰元年,尊为太后。明年冬,降为江阴国太妃。

敬王皇后,琅邪临沂人也。承圣元年十一月,拜晋安王妃。绍泰元年十月,拜皇后。明年,降为江阴王妃。父金自有传。

陈武宣章皇后,讳要儿,吴兴乌程人也。本姓钮,父景明为章氏所养,因改姓焉。后母苏,尝遇道士以小龟遗己,光采五色,曰"三年有征"。及期,后生,紫光照室,因失龟所在。后少聪慧,美容仪,手爪长五寸,色并红白。每有期功之服,则一爪先折。武帝先娶同郡钱仲方女,早卒，后乃聘后。后善书计，能诵《诗》及《楚辞》。帝为长城县公，后拜夫人。永定元年，立为皇后。追赠后父梁散骑侍郎景明特进、金紫光禄大夫，加金章紫绶。拜后母苏安吉县君。二年，安吉君卒，与后父葬吴兴。明年，追封后父为广德县侯，谥曰温。武帝崩，后与中书舍人蔡景历定计，秘不发丧。时衡阳献王昌未至，召文帝。及即位，尊后为皇太后，宫曰慈训。废帝即位，后为太皇太后。光大二年，后下令黜废帝为临海王，命宣帝嗣立。太建元年，复为皇太后。二年三月丙申，崩于紫极殿，时年六十五。遗令丧事并从俭约，诸馈奠不用牲牢。其年四月，群臣上谥曰宣，祔葬万安陵。后亲属无在朝者，唯本族兄钮洽官至中散大夫。

文沈皇后，讳妙容，吴兴武康人也。父法深，梁安前中录事参军。后年十岁余，以梁大同中归于文帝。武帝之讨侯景，文帝时在吴兴，及后并被收，景平，乃获免。武帝践阼，后为临川王妃。文帝即位，为皇后。追赠后父法深光禄大夫，加金章紫绶，封建城县侯，谥曰恭。追赠后母高为绥安县君，谥曰定。废帝即位，尊后为皇太后，宫曰安德。时宣帝与仆射到仲举、舍人刘师知等，并受遗辅政。师知与仲举恒居禁中，参决众事。而宣帝为扬州刺史，与左右三百人，入居尚书省。师知忌宣帝权重，矫敕令还东府理州务。宣帝将出，毛喜止帝曰："今若出外，便受制于人，如曹爽愿作富家公不可得也。"宣帝乃称疾，召师知留与语，使毛喜先入，言之于后。后曰："今伯宗年幼，政事并委二郎，此非我意。"喜又言于废帝，废帝曰："此自师知等所为，非朕意也。"喜出报宣帝，帝因囚师知。自入见后及帝，极陈师知之短。仍自草敕请画，以师知付廷尉，其夜于狱赐死。自是政归宣帝。后忧闷，计无所出，乃密赂宦者蒋裕，令诱建安人张安国使据郡反，冀因此图帝。安国事发被诛，时后左右近侍颇知其事，后恐连逮党与，并杀之。宣帝即位，以后为文皇后。陈亡入隋，大业初自长安归于江南，顷之卒。后兄钦，袭爵建城侯，位尚书左仆射。钦素无伎能，奉己而已。卒，谥曰成。子观嗣，颇有学识，官至御史中丞。

废帝王皇后，琅邪临沂人也。天嘉元年，为皇太子妃。废帝即位，立为皇后。废帝为临海王，后废为妃。至德中薨。后生临海嗣王至泽。至泽，光大元年为皇太子，太建元年，袭封临海嗣王。陈亡，入长安。后父固自有传。

宣柳皇后，讳敬言，河东解县人也。曾祖世隆，祖恽，父偃，并有传。后九岁，干理家事，有若成人。侯景之乱，后与弟盼往江陵，依梁元帝，帝以长城公主故，待遇甚厚，以配宣帝。承圣二年，后生后主于江陵。及魏克江陵，宣帝迁于关右，后与后主俱留穰城。天嘉二年，与后主还朝，后为安成王妃。宣帝即位，立为皇后。后美姿容，身长七尺二寸，手垂过膝。初，宣帝居乡里，先娶吴兴钱氏，及即位，拜贵妃，甚有宠。后倾心下之，每尚方供奉物，其上者皆推于贵妃，而已御其次焉。宣帝崩，始兴王叔陵为乱，后主赖后与吴媪救而获免。后主即位，尊后为皇太后，宫曰弘范。是时新失淮南地，隋师临江，又国遭大丧，后主患创不能听政。其诛叔陵、供大行丧事、边境防守及百司众务，虽假后主之敕，实皆决之于后。后主创愈，乃归政焉。后性谦谨，未尝以宗族为请，虽衣食亦无所分遗。陈亡，入长安。隋大业十二年，薨于东都，年八十三。葬于洛阳之芒山。

后主沈皇后，讳婺华，吴兴武康人也。父君理自有传。后母即武帝女会稽穆公主，早亡。时后尚幼，而毁瘠过甚。及服毕，每岁时朔望，恒独坐涕泣，哀动左右，内外敬异焉。太建元年，拜为皇太子妃。后主即位，立为皇后。后性端静，有识量，寡嗜欲，聪敏强记，涉猎经史，工书翰。后主在东宫，而后父君理卒，居忧别殿，哀毁逾礼。后主遇后既薄，而张贵妃有宠，总后宫之政。后澹然未尝有所忌怨。而身居俭约，衣服无锦绣之饰，左右近侍才百许人，唯寻阅图史及释典为事。尝遇岁旱，自暴而诵佛经，应时雨降。无子，养孙姬子胤为己子。数上书谏争，后主将废之，而立张贵妃。会国亡不果，乃与后主俱入长安。及后主薨，后自为哀辞，文甚酸切。隋炀帝每巡幸，恒令从驾。及炀帝被杀，后自广陵过江，于毗陵天静寺为尼，名观音。贞观初卒。

张贵妃，名丽华，兵家女也。父兄以织席为业。后主为太子，以选入宫。时龚贵嫔为良娣，贵妃年十岁，为之给使。后主见而悦之，因得幸，遂有娠，生太子深。后主即位，拜为贵妃。性聪慧，甚被宠遇。后主始以始兴王叔陵之乱，被伤，卧于承香殿。时诸姬并不得进，唯贵妃侍焉。而柳太后犹居柏梁殿，即皇后之正殿也。而沈皇后素无宠于后主，不得侍疾，别居求贤殿。至德二年，乃于光昭殿前起临春、结绮、望仙三阁。高数十丈，并数十间。其窗牖、壁带、县楣、栏槛之类，皆以沉檀香为之。又饰以金玉，间以珠翠，外施珠帘。内有宝床宝帐，其服玩之属，瑰丽皆近古未有。每微风暂至，香闻数里；朝日初照，光映后庭。其下积石为山，引水为池，植以奇树，杂以花药。后主自居临春阁，张贵妃居结绮阁，龚、孔二贵嫔居望仙阁，并复道交相往来。又有王、季二美人，张、薛二淑媛，袁昭仪、何婕妤、江修容等七人，并有宠，递代以游其上。以宫人有文学者袁大舍等为女学士。后主每引宾客，对贵妃等游宴，则使诸贵人及女学士与狎客共赋新诗，互相赠答。采其尤艳丽者，以为曲调，被以新声。选宫女有容色者以千百数，令习而歌之，分部迭进，持以相乐。其曲有《玉树后庭花》、《临春乐》等。其略云："璧月夜夜满，琼树朝朝新。"大抵所归，皆美张贵妃、孔贵嫔之容色。张贵妃发长七尺，鬒黑如漆，其光可鉴。特聪慧，有神彩，进止闲华，容色端丽。每瞻视眄睐，光彩溢目，照映左右。尝于阁上靓妆，临于轩槛，宫中遥望，飘若神仙。才辩强记，善候人主颜色。荐诸宫女，后宫咸德之，竞言其善。又工厌魅之术，假鬼道以惑后主。置淫祀于宫中，聚诸女巫使之鼓舞。时后主怠于政事，百司启奏,并因宦者蔡临儿、李善度进请,后主倚隐囊,置张贵妃于膝上共决之。李、蔡所不能记者,贵妃并为疏条,无所遗脱。因参访外事,人间有一言一事,贵妃必先知白之,由是益加宠异,冠绝后庭。而后宫之家不遵法度、有衅于理者,但求恩于贵妃。贵妃则令李、蔡先启其事,而后从容为言之。大臣有不从者,因而谮之,言无不听。于是张、孔之权,熏灼四方。内外宗族,多被引用。大臣执政,亦从风而靡。阉宦便佞之徒,内外交结,转相引进。贿赂公行,赏罚无常,纲纪瞀乱矣。及隋军克台城,贵妃与后主俱入井。隋军出之,晋王广命斩之于青溪中桥。

论曰:饮食男女,人之大欲存焉。故圣人顺于人情而为之度。王宫六列,士室二等,皆随事升降,以立节文。若夫义笃闺闱,政刑邦国,古先哲王有以之致化矣。夫后妃专夕,配以德升;姬嫱并御,进非色幸,欲使情不覃被,爱罔偏流,专贞内表,妖蛊外息,乃可以辅兴君德,爕理阴政。宋氏因晋之旧典,聘纳有方,倪天作俪,必四岳之后。自元嘉以降,内职稍繁,所选止于军署,征引极乎厮皁,非若晋氏采择,滥及冠冕者焉。而爱止帷房,权无外授,戚属气窭,岁时不过肴浆,斯为美矣。及文帝之倾惑潘姬,谋及妇人;大明之沦没殷姬,并后匹嫡,其为丧败,亦已甚矣。齐氏孝、昭二后,并有贤明之训,惜乎早世,不得母临万国。有妇人焉,空慕周典,祯符显瑞,徒萃徽名。高皇受命,宫禁贬约,衣不文绣,色无红采,永巷贫空,有同素室。武帝嗣位,运藉休平。寿昌前兴,凤华晚构,香柏文栱,花梁绣柱,雕金镂宝,昭烛房帷,赵瑟《吴趋》,承闲奏曲,事由私蓄,无损国储。明帝统业,矫情俭陋,奉己之制,曾莫云改。东昏丧道,佟风大扇,哲妇倾城,同符殷、夏,可以垂诫,其在斯乎!梁武志在约己,示存宫掖。虽贵嫔之徽华早著,诞育元良,唯见崇重,无闻正位。徐妃无行,其歼灭也宜哉!陈武抚兹归运,奄开帝业。若夫俪天作则,爕隆王化,则宣太后其懿焉。文、宣宫壸,无闻于丧德;后主嗣业,实败于椒房,既曰牝晨,亦唯家之索也。

卷十三　　　　列传第三

宋宗室及诸王上

长沙景王道怜　临川烈武王道规 鲍照
营浦侯遵考　武帝诸子

长沙景王道怜,宋武帝中弟也。谢琰为徐州,命为从事史。武帝克京城及平建邺,道怜常留侍太后,后以军功封新渝县男。从武帝征广固,所部获慕容超,以功改封竟陵县公。及讨司马休之,道怜监太尉留府事。江陵平,为骠骑将军、开府仪同三司、荆州刺史、护南蛮校尉,加都督。北府文武悉配之。道怜素无才能,言音甚楚,举止多诸鄙拙,畜聚常若不足。去镇日,府库为空。征拜司空、徐兖二州刺史,加都督,出镇京口。武帝受命,迁太尉,封长沙王。先是,庐陵王义真为扬州刺史,太后谓上曰:"道怜汝布衣兄弟,宜用为扬州。"上曰:"寄奴于道怜,岂有所惜?扬州根本所寄,事务至重,非道怜所了。"太后曰:"道怜年五十,岂不如十岁儿邪?"上曰:"车士虽为刺史,事无大小,皆由寄奴。道怜年长,不亲其事,于听望不足。"太后乃无言,竟不授。永初三年薨,加赠太傅,葬礼依晋太宰安平王孚故事,鸾辂九旒、黄屋左纛,辒辌车,挽歌二部,前后羽葆、鼓吹,虎贲班剑百人。文帝元嘉九年,诏故太傅长沙景王、故大司马临川烈武王、故司徒南康文宣公刘穆之、开府仪同三司华容县公王弘、开府仪同三司永修县公檀道济、故青州刺史龙阳县侯王镇恶,并勒功天府,配祭庙庭。

道怜子义欣嗣,位豫州刺史,镇寿阳,境内畏服,道不拾遗,遂为盛藩强镇。薨,赠开府仪同三司,谥曰成王。子悼王瑾嗣,传爵至子,齐受禅,国除。

瑾弟韫,字彦文,位雍州刺史,侍中,领右卫将军,领军将军。升明元年,被齐高帝诛。韫人才凡鄙,特为明帝所宠。在湘州、雍州,使善画者图其出行卤簿羽仪,常自披玩。尝以图示征西将军蔡兴宗,兴宗戏之,阳若不解画者,指韫形问之曰:"此何人而在舆?"韫曰:"政是我。"其庸鄙类如此。

韫弟述,字彦思,亦甚庸劣。从子俣疾危笃,父彦节、母萧对之泣,述尝候之,便命左右取酒肉令俣进之,皆莫知其意。或问焉,答曰:"礼云,有疾饮酒食肉。"述又尝新有缌惨,或诣之,问其母安否。述曰:"惟有愁悌。"次访其子,对曰:"所谓父子聚麀。"盖谓麀以忧也。

义欣弟义融封桂阳县侯,邑千户。凡王子为侯,食邑皆千户。义融位五兵尚书,领军,有质干,善于用短楯。卒谥恭侯。子孝侯觊嗣,无子,弟袭以子晃继。袭字茂德,性庸鄙,为郢州刺史,暑月露裈上听事。时纲纪政伏阁,怪之,访问乃知是袭。

义融弟义宗,幼为武帝所爱,字曰伯奴,封新渝县侯,位太子左卫率。坐门生杜德灵放横行人,入义宗第蔽隐,免官。德灵以姿色,故义宗爱宠之。义宗卒于南兖州刺史,谥曰惠侯。子怀珍嗣,无子,弟彦节以子承继。

彦节少以宗室清谨见知。孝武时,其弟遐坐通嫡母殷氏养女云敷,殷每禁之。及殷亡,口血出,众疑遐行毒害。孝武使彦节从弟祗,讽彦节启证其事。彦节曰:"行路之人尚不应尔,今日乃可一门同尽,无容奉敕。"众以此称之。后废帝即位,累迁尚书左仆射,参选。元徽元年,领吏部,加兵五百人。桂阳王休范为逆,中领军刘勔出守石头,彦节权兼领军将军,所给加兵,自随入殿。封当阳侯,与齐高帝、袁粲、褚彦回日入直,平决机事。迁中书令,加抚军将军。及帝废为苍梧王,彦节出集议,于路逢从弟韫。韫问曰:"今日之事,故当归兄邪?"彦节曰:"吾等已让领军矣。"韫搥胸曰:"兄肉中讵有血邪,今年族矣!"齐高帝闻而恶之。顺帝即位,转尚书令。时齐高帝辅政，彦节知运祚将迁，密怀异图。及沈攸之举兵，齐高帝入屯朝堂，袁粲镇石头，潜与彦节及诸大将黄回等谋夜会石头，诘旦乃发。彦节素怯，骚扰不自安。再晡后，便自丹阳郡车载妇女，尽室奔石头。临去，妇萧氏强劝令食，彦节歠羹写胸中，手振不自禁。其主簿丁灵卫闻难即入，语左右曰："今日之事，难以取济。但我受刘公厚恩，义无二情。"及至见粲，粲惊曰："何遽便来，事今败矣。"彦节曰："今得见公，万死何恨。"从弟韫直省内，与直阁将军卜伯兴谋其夜共攻齐高帝，会彦节事觉。秣陵令刘实、建康令刘遐密告齐高帝，高帝夜使骁骑将军王敬则收杀之，伯兴亦遇害。粲败，彦节逾城走，于额檐湖见禽被杀。彦节子俣尝赋诗云："城上草，植根非不高，所恨风霜早。"时咸云此为妖句。事败，俣与弟陔剃发被法服向京口，于客舍为人识，执于建康狱尽杀之。彦节既贵，士子自非三署不得上方榻，时人以此少之。其妻萧思话女也，常惧祸败，每谓曰："君富贵已足，故应为儿作计。"彦节不从，故及祸。彦节弟遐，字彦道，为嫡母殷暴亡，有司纠之，徙始安郡。后得还，位吴郡太守。至是亦见诛。遐人才挺凡，自讳名有同主讳，常对客曰："孝武无道，见枉杀母。"其顽呆若此。及彦节当权，遐累求方伯。彦节曰："我在事，而用汝作州，于听望不足。"遐曰："富贵则言不可相关，从坐之日得免不？"至是果死。

义宗弟义宾，封兴安侯，位徐州刺史。卒，谥曰肃侯。义宾弟义綦，封营道县侯，凡鄙无识。始兴王濬尝谓曰："陆士衡诗云，'营道无烈心'，其何意苦阿父如此！"义綦曰："下官初不识士衡，何忽见苦。"其庸塞皆然。位湘州刺史，谥僖侯。

临川烈武王道规，字道则，武帝少弟也。倜傥有大志，预谋诛桓玄。时桓弘镇广陵，以为征虏中兵参军。武帝克京城，道规亦以其日与刘毅、孟昶斩弘。玄败走，道规与刘毅、何无忌追破之。无忌欲乘胜直造江陵。道规曰："诸桓世居西楚，群小皆为竭力；桓振勇冠三军，且可顿兵以计策縻之。"无忌不从，果为振败。乃退还寻阳，缮舟甲复进，遂平巴陵。江陵之平，道规推毅为元功，无忌为次，自居其末。以起义勋，封华容县公，累迁领护南蛮校尉、荆州刺史，加都督。善于刑政，士庶畏而爱之。卢循寇道建邺，道规遣司马王镇之及扬武将军檀道济、广武将军到彦之等赴援朝廷，至寻阳，为循党荀林所破。林乘胜伐江陵，声言徐道覆已克建邺。而桓谦自长安入蜀，谯纵以谦为荆州刺史，与其大将谯道福俱寇江陵。道规乃会将士告之曰："吾东来文武足以济事，欲去者不禁。"因夜开城门，众咸惮服，莫有去者。雍州刺史鲁宗之自襄阳来赴，或谓宗之未可测。道规乃单车迎之，众咸悦感。众议欲使檀道济、到彦之共击荀林等。道规曰："非吾自行不决。"乃使宗之居守，委以心腹，率诸将大败谦，斩之。诸议刘遵追荀林，斩之巴陵。初，谦至枝江，江陵士庶皆与谦书，言城内虚实。道规一皆焚烧，众乃大安。徐道覆奄至破冢，鲁宗之已还襄阳，人情大震。或传循已克都，遣道覆上为刺史。江、汉士庶感其焚书之恩，无复二志。道

规使刘遵为游军，自拒道覆，前驱失利。道规壮气愈厉，遵自外横击，大破之。初使遵为游军，众咸言不宜割见力置无用之地。及破道覆，果得游军之力，众乃服焉。遵字慧明，临淮海西人，道规从母兄也，位淮南太守，追封监利县侯。道规进号征西大将军、开府仪同三司，改授豫州，以疾不拜。义熙八年薨于都，赠司徒，谥曰烈武，进封南郡公。武帝受命，赠大司马，追封临川王。无子，以长沙景王第二子义庆嗣。

初，文帝少为道规所养，武帝命绍焉。咸以礼无二继，文帝还本，而定义庆为后。义庆为荆州，庙主当随往江陵，文帝下诏褒美勋德及慈荫之重，追崇丞相，加殊礼。鸾辂九旒，黄屋左纛，给节钺，前后部羽葆、鼓吹，虎贲班剑百人。及长沙太妃檀氏、临川太妃曹氏后薨，葬皆准给。

义庆幼为武帝所知，年十三袭封南郡公。永初元年，袭封临川王。元嘉中为丹阳尹。有百姓黄初妻赵杀子妇，遇赦，应避孙仇。义庆议以为"周礼父母之仇，避之海外，盖以莫大之冤，理不可夺。至于骨肉相残，当求之法外。礼有过失之宥，律无仇祖之文。况赵之纵暴，本由于酒，论心即实，事尽荒耄。岂得以荒耄之王母，等行路之深仇！宜共天同域，无亏孝道"。六年，加尚书左仆射。八年，太白犯左执法，义庆惧有灾祸，乞外镇。文帝诏谕之，以为"玄象茫昧，左执法尝有变，王光禄至今平安。日蚀三朝，天下之至忌，晋孝武初有此异。彼庸主耳，犹竟无他"。义庆固求解仆射，乃许之。九年，出为平西将军、荆州刺史，加都督。荆州居上流之重，资实兵甲居朝廷之半，故武帝诸子遍居之。义庆以宗室令美，故特有此授。性谦虚，始至及去镇，迎送物并不受。十二年，普使内外群臣举士，义庆表举前临沮令新野庾实、前征奉朝请武陵龚祈、处士南阳师觉授。义庆留心抚物，州统内官长亲老不随在官舍者，一年听三吏饷家。先是，王弘为江州，亦有此制。在州八年，为西土所安。撰《徐州先贤传》十卷奏上之。又拟班固《典引》为《典叙》，以述皇代之美。改授江州，又迁南兖州刺史，并带都督。寻即本号加开府仪同三司。性简素，寡嗜欲，爱好文义，文辞虽不多，足为宗室之表。历任无浮淫之过，唯晚节奉沙门颇致费损。少善骑乘，及长，不复跨马。招聚才学之士，远近必至。太尉袁淑文冠当时，义庆在江州请为卫军谘议。其余吴郡陆展、东海何长瑜、鲍照等，并有辞章之美，引为佐吏国臣。所著《世说》十卷，撰《集林》二百卷，并行于世。文帝每与义庆书，常加意斟酌。

鲍照，字明远，东海人，文辞赡逸。尝为古乐府，文甚道丽。元嘉中，河济俱清，当时以为美瑞。照为《河清颂》，其序甚工。照始尝谒义庆未见知，欲贡诗言志，人止之曰："卿位尚卑，不可轻忤大王。"照勃然曰："千载上有英才异士沉没而不闻者，安可数哉！大丈夫岂可遂蕴智能，使兰艾不辨，终日碌碌，与燕雀相随乎？"于是奏诗，义庆奇之。赐帛二十匹，寻擢为国侍郎，甚见知赏。迁秣陵令。文帝以为中书舍人。上好为文章，自谓人莫能及，照悟其旨，为文章多鄙言累句。咸谓照才尽，实不然也。临海王子顼为荆州，照为前军参军，掌书记之任。子顼败，

为乱兵所杀。

　　义庆在广陵有疾,而白虹贯城,野麇入府,心甚恶之。因陈求还,文帝许解州,以本号还朝。二十一年,薨于都下,追赠司空,谥曰康王。子哀王晔嗣,为元凶所杀。晔子绰嗣,升明三年见杀,国除。

　　营浦侯遵考,武帝族弟也。曾祖淳,皇曾祖武原令混之弟,位正员郎。祖岩,海西令。父涓子,彭城内史。始武帝诸子并弱,宗室唯有遵考。及北伐平定,以为并州刺史,领河东太守,镇蒲坂。关中失守,南还,再迁冠军将军。晋帝逊位,居秣陵宫,遵考领兵防卫。武帝初即位,封营浦县侯。元嘉中,累迁宁蛮校尉、雍州刺史,加都督。为政严暴,聚敛无节,为有司所纠,上寝不问。孝武大明中,位尚书左仆射,领崇宪太仆。后老疾失明。元徽元年卒,赠左光禄大夫、开府仪同三司,谥曰元公。

　　子澄之,升明末贵达。澄之弟琨之,为竞陵王诞司空主簿。诞有宝琴,左右犯其徽,诞罚焉。琨之谏,诞曰:"此余宝也。"琨之曰:"前哲以善人为宝,不以珠玉为宝,故王孙圉称观父为楚国之宝。未闻以琴瑟为宝。"诞怃然不悦。诞之叛,以为中兵参军。辞曰:"忠孝不得并,琨之老父在,将安之乎?"诞杀之。后赠黄门郎,诏谢庄为诔。

　　遵考从父弟思考亦官历清显,卒于散骑常侍、金紫光禄大夫。子季连,字惠续,早历清官。齐高帝受禅,将及诛,太宰褚彦回素善之,固乃乃免。建武中,为平西萧遥欣长史、南郡太守。遥欣多招宾客,明帝甚恶之。季连有憾于遥欣,乃密表明帝言其有异迹。明帝乃以遥欣为雍州刺史,而心德季连,以为益州刺史,令据遥欣上流。季连父思考,宋时为益州,虽无政绩,州人犹以义故,故善待之。季连存问故老,见父时人吏皆泣对之。遂宁人龚惬累世有学行,辟为府主簿。及闻东昏失德,稍自骄矜。性忌褊,遂严刑酷佷,土人始怨。永元元年九月,因声讲武,遂遣中兵参军宋买以兵袭中水穫人李诬。买战不利,退还,州郡遂多叛乱。明年十月,巴西人赵续伯反,奉其乡人李弘为圣主。弘乘佛舆,以五彩裹青石,诳百姓云,天与己玉印,当王蜀。季连遣中兵参军李奉伯大破获之。将刑,谓刑人曰:"我须臾飞去。"复曰:"汝空杀我,我三月三日会更出。"遂斩之。梁武帝平建邺,遣左右陈孙送季连二子及弟通直郎子深喻旨,季连受命,修还装。武帝以西台将邓元起为益州刺史。元起,南郡人,季连为南郡时,待之素薄。元起典签朱道琛者,尝为季连府都录,无赖,季连欲杀之,逃免。至是说元起请先使检校缘路奉迎。及至,言语不恭。又历造府州人士,见器物辄夺之,曰"会属人,何须苦惜"。军府大惧,言于季连,季连以为然。又恶昔之不礼元起,益愤懑。司马朱士略说季连求为巴西郡守,三子为质,季连许之。既而召其算之,精甲十万。临军叹曰:"据天险之地,握此盛兵,进可以匡社稷,退不失作刘备,欲以此安归乎!"遂矫称齐宣德皇后令。复反,收朱道琛杀之。书报朱士略,兼召涪令李膺,并不受命。天监元年六月,元起至巴西,季连遣其将李奉伯拒战,见败。季连固守,元起围之。城中饿死者相枕,又从而相食。二年,乃肉袒请罪。元起迁季连于外,俄而造焉,待之以礼。季连谢曰:"早知如此,岂有前日之事。"元起诛李奉伯,送季连还都。将发,人莫之视,唯龚惬送焉。初,元起在道,惧事不集,无以赏,士之至者皆许以辟命,于是受别驾、中从事檄者将二千人。季连既至,诣阙谢罪,自东掖门入,数步一稽首以至帝前。帝笑谓曰:"卿欲慕刘备而曾不及公孙述,岂无卧龙之臣乎?"赦为庶人。四年,出建阳门,为蜀人蔺道恭所杀。季连在蜀,杀其父。变名走建邺,至是报焉。乃面缚归罪,帝壮而赦之。

　　宋武帝七男：张夫人生少帝,孙修华生庐陵孝献王义真,胡婕妤生文帝,王修容生彭城王义康,桓美人生江夏文献王义恭,孙美人生南郡王义宣,吕美人生衡阳文王义季。

　　庐陵孝献王义真,美仪貌,神情秀彻。初封桂阳县公。年十二,从北征。及关中平,武帝东迁,欲留偏将,恐不足固人心,乃以义真为雍州刺史,加都督。以太尉谘议参军京兆王修为长史,委以关中任。帝将还,三秦父老泣诉曰:"残生不沾王化,于今百年。始睹衣冠,方仰圣泽。长安十陵,是公家坟墓,咸阳宫殿,是公家屋宅,舍此何之?"武帝为之悯然,慰譬曰:"受命朝廷,不得擅留。今留第二儿,与文武才贤共镇此境。"临还,自执义真手以授王修,令修执其子孝孙手授帝。义真又进都督并、东秦二州,领东秦州刺史。时陇上流户多在关中,望得归本。及置东秦州,父老知无复经略陇右、固关中之意,咸共叹息。而赫连勃勃寇逼交至。沈田子既杀王镇恶,王修又杀田子,兼裁减义真赐左右物。左右怨之,因白义真曰:"镇恶欲反,故田子杀之;修杀田子,岂又欲反也。"义真使左右刘乞杀修。修字叔治,京兆霸城人。初南度见桓玄,玄谓曰:"君平世吏部郎才也。"修既死,人情离异。武帝遣右将军朱龄石代义真镇关中,使义真疾归。诸将竞敛财货,方轨徐行。建威将军傅弘之曰:"虏骑若至,何以待之?"贼追兵果至。至青泥,大败,义真独逃草中。中兵参军段宏单骑追寻,义真识其声,曰:"君非段中兵邪? 身在此。行矣,必不两全,可刎身头以南,使家公望绝。"宏泣曰:"死生共之,下官不忍。"乃束义真于背,单马而归。义真谓宏曰:"丈夫不经此,何以知艰难!"初,武帝未得义真审问,怒甚,克日北伐。谢晦谏不从,及得宏启,知义真免,乃止。义真寻为司州刺史,加都督,以段宏为义真谘议参军。宏,鲜卑人,为慕容超尚书左仆射,武帝伐广固归降。义真改扬州刺史,镇石头。永初元年,封庐陵王。武帝始践阼,义真色不悦,侍读博士蔡茂之问其故。对曰:"安不忘危,何可恃也。"明年迁司徒。武帝不豫,以为车骑将军、开府仪同三司、南豫州刺史,加都督,镇历阳。未之任而武帝崩。义真聪敏,爱文义,而轻动无德业,与陈郡谢灵运、琅邪颜延之、慧琳道人并周旋异常,云"得志日,以灵运、延之为宰相,慧琳道人为西豫州刺史"。徐羡之等嫌义真与灵运、延之昵狎过甚,使故吏范晏戒之。义真曰:"灵运空疏,延之隘薄,魏文云'鲜能以名节自立'者。但性情所得，未能忘言于悟赏，故与游耳。"将之镇，列部伍于东府前。既有国哀，义真与灵运、延之、慧琳等并坐视部伍，因宴舫里，使左右剔母舫函道施已船而取其胜者，及至阳阴，多所求索，羨之等每不尽与。深怨执政，表求还都。初，少帝之居东宫，多狎群小，谢晦尝言于武帝曰："陛下春秋既高，宜思存万代。神器至重，不可使负荷非才。"帝曰："庐陵何如？"晦曰："臣请观焉。"晦造义真，义真盛欲与谈，晦不甚答，还曰："德轻于才，非人主也。"由是出居于外。及羨之等专政，义真愈不悦。时少帝失德，羨之等谋废立，次第应在义真。以义真轻诋，不任主社稷，因其与少帝不协，奏废为庶人，徙新安郡。前吉阳令张约之上疏谏，徙为梁州府参军，寻杀之。景平二年，羨之等遣使杀义真于徙所，时年十八。元嘉元年八月，诏追复先封，迎灵柩，并孙修华、谢妃一时俱还。三年正月，诛徐羡之、傅亮等。是日，诏追崇侍中、大将军，王如故。赠张约之以郡。

义真无子，文帝第五子绍字休胤嗣，袭庐陵王。绍少宽雅，位扬州刺史。薨。无子，以南平王铄子敬先嗣。

彭城王义康，永初元年，封彭城王。历南豫、南徐二州刺史，并加都督。文帝即位，为骠骑将军、开府仪同三司。元嘉三年，改授都督、荆州刺史，给班剑三十人。

义康少而聪察，及居方任，职事修理。六年，司徒王弘表义康宜还入辅。征为侍中、司徒、录尚书事、都督、南徐州刺史。二府置佐领兵，与王弘共辅朝政。弘既多疾，且每事推谦，自是内外众务一断之义康。太子詹事刘湛有经国才用，义康昔在豫州，湛为长史，既素情款，至是待遇特隆，动皆谘访，故前后在藩多善政。九年，王弘薨，又领扬州刺史。十二年，又领太子太傅。

义康性好吏职，锐意文案，纠剔是非，莫不精尽。既专朝权，事决自己，生杀大事，皆以录命断之。凡所陈奏，入无不可，方伯以下，并委义康授用，由是朝野辐凑，权倾天下。义康亦自强不息，无有懈倦。府门每旦常有数百乘车，虽复位卑人微，皆被接引。又聪识过人，一闻必记，尝所暂речь，终身不忘。稠人广坐，每标题所忆，以示聪明，人物益以此推服之。爱惜官爵，未尝以阶级私人。凡朝士有才用者，皆引入己府，自下乐为竭力，不敢欺负。文帝有虚劳疾，每意有所想，便觉心中痛裂，属纩者相系。义康入侍医药，尽心卫奉，汤药饮食，非口所尝不进。或连夕不寝，弥日不解衣。内外众事，皆专决施行。

十六年，进位大将军，领司徒。义康素无术学，待文义者甚薄。袁淑尝诣义康，义康问其年，答曰："邓仲华拜衮之岁。"义康曰："身不识也。"淑又曰："陆机入洛之年。"义康曰："身不读书，君无为作才语见向。"其浅陋若此。既暗大体，自谓兄弟至亲，不复存君臣形迹。率心而行，曾无猜防。私置僮六千余人，不以言台。时四方献馈，皆以上品荐义康，而以次者供御。上尝冬月噉柑，叹其形味并劣。义康在坐，曰："今年柑殊有佳者。"遣还东府取柑，大供御者三寸。

仆射殷景仁为帝所宠，与刘湛素善，而意好晚乖，湛常欲因宰辅之权倾之。景仁为帝所保持，义康屡言不见

用，湛愈愤。南阳刘斌，湛之宗也，有涉俗才用，为义康所知，自司徒右长史擢为左长史。从事中郎琅邪王履、主簿沛郡刘敬文、祭酒鲁郡孔胤秀并以倾侧自入，见帝疾笃，皆谓宜立长君。上尝危殆，使义康具顾命诏。义康还省，流涕以告湛及景仁，湛曰："天下艰难，讵是幼主所御？"义康、景仁并不答；而胤秀等辄就尚书仪曹索晋咸康立康帝旧事，义康不知也。及帝疾瘳，微闻之；而斌等既为义康所宠，遂结朋党，若有尽忠奉国不同己者，必构以罪黜。每采景仁短长，或虚造同异以告湛，自是主相之势分矣。

义康欲以斌为丹阳尹，言其家贫。上觉之，曰："以为吴郡。"后会稽太守羊玄保求还，义康又欲以斌代之。上时未有所拟，仓卒曰："我已用王鸿。"上以嫌隙既成，将致大祸，十七年，乃收刘湛；又诛斌及大将军录事参军刘敬文并贼曹孔劭秀、中兵邢怀明、主簿孔胤秀、丹阳丞孔文秀、司空从事中郎司马亮、乌程令盛昙泰；徙尚书库部郎何默子、余姚令韩景之、永兴令颜遥之、湛弟黄门郎素、斌弟给事中温于广州；王履废于家。青州刺史杜骥勒兵殿内，以备非常。义康时入宿，留止中书省，遣人宣旨告以湛等罪。义康上表逊位，改授江州刺史，出镇豫章，实幽之也。停省十余日，桂阳侯义融、新渝侯义宗、秘书监徐湛之往来慰视。于省奉辞，便下渚，上唯对之恸哭，遣沙门慧琳视之。义康曰："弟子有还理不？"琳公曰："恨公不读数百卷书。"征虏司马萧斌为义康所昵，刘斌等逸之被斥，乃以斌为谘议，领豫章太守，事无大小皆委之。司徒主簿谢综素为义康所狎，以为记室。左右爱念者并听随从至豫章。辞旨见许，资奉优厚，朝廷大事，皆报示之。

义康未败时，东府听事前井水忽涌，野雉江鸥并入所住斋前。龙骧参军巴东扶令育上表申明义康，奏，即收付建康狱赐死。会稽长公主于兄弟为长，帝所亲敬。上尝就主宴集甚欢，主起再拜顿首，悲不自胜。上不晓其意，起自扶，主曰："车子岁暮，必不见容，特乞其命。"因恸哭。上亦流涕，指蒋山曰："必无此虑，若违今誓，便是负初宁陵。"即封所饮酒赐义康曰："会稽姊饮忆弟，所饮余，今封送。"车子，义康小字也。二十二年，太子詹事范晔等谋反，事连义康，诏特宥大辟，并子女并免为庶人，绝属籍，徙安成郡。义康在安成读《汉书》见淮南厉王长事，废书叹曰："前代乃有此，我得罪为宜也。"

二十四年，豫章胡诞世、前吴平令袁恽等谋奉戴义康，太尉江夏王义恭奏徙义康广州，奏可，未行，会魏军至瓜步，天下扰动，上虑有异志者奉义康为乱，孝武时镇彭城，及尚书左仆射何尚之并言宜早为之所。二十八年正月，遣中书舍人严龑持药赐死。义康不肯服药，曰："佛教自杀不复人身。"乃以被掩杀之，以侯礼葬安成郡。子允，元凶杀之。孝武大明四年，义康女玉秀等乞反葬旧茔，诏听之。

江夏文献王义恭，幼而明颖，姿颜端丽。武帝特所钟爱。帝性俭，诸子饮食不过五酸盘。义恭求须果食，日中无算，得未尝啖，悉以与傍人。诸王未敢求，求亦不得。元嘉六年，为都督、荆州刺史。

义恭涉猎文义，而骄奢不节。及出藩，文帝与书诫之

曰：
　　礼贤下士，圣人垂训；骄侈矜尚，先哲所去。豁达大度，汉祖之德；猜忌褊急，魏武之累。《汉书》称卫青云："大将军遇士大夫以礼，与小人有恩。"西门、安于，矫性齐美；关羽、张飞，任偏同弊。行己举事，深宜鉴此。汝一月日自用不可过三十万，若能省此益美。西楚殿旷，常宜早起，接对宾侣。园池堂观，计无须改作。凡讯狱前一二日，可取讯簿密与刘湛辈粗共详论，慎无以喜怒加人。能择善者从之，美自归己。不可专意自决，以矜独断之明也。刑狱不可壅滞，一月可再讯。凡事皆应慎密。名器深宜慎惜，不可妄以假人。声乐嬉游，不宜令过。宜数引见佐吏，非惟臣主自应相见。不数则彼我不亲，不豫无因得尽人情，人情不尽，何由具知众事？

　　九年，为南兖州刺史，加都督，镇广陵。十六年，进位司空。明年，彭城王义康有罪出藩。征义恭为侍中、都督扬、南徐、兖三州、司徒、录尚书事，领太子太傅。给班剑二十人，置佐领兵。二十一年，进太尉，领司徒。义恭小心，且戒义康之失，虽为总录，奉行文书而已。文帝安之。年给相府钱二千万，他物称此。而义恭性奢，用常不足，文帝又别给钱年至千万。时有献五百里马者，以赐义恭。

　　二十七年，文帝欲有事河、洛，义恭总统群帅，出镇彭城。及魏军至瓜步，义恭与孝武闭城自守。初，魏军深入，上虑义恭不能固彭城，备加诫勒。义恭答曰："臣虽未能临瀚海，济居延，庶免刘仲奔逃之耻。"及魏军至，义恭果欲走，赖众议得停。降号骠骑将军、开府仪同三司。鲁郡孔子旧庙有柏树二十四株，历汉、晋，其大连抱。有二株先倒折，土人崇敬，莫之敢犯。义恭悉遣伐取，父老莫不叹息。又以本官领南兖州刺史，加都督，移镇盱眙，修馆宇拟东城。二十九年冬，还朝，上以御所乘苍鹰船上迎之。遭太妃忧，改授大将军、南徐州刺史。还镇东府。元凶肆逆，其日劭急召义恭。先是，诏召太子及诸王，虑有诈妄致害者，召皆有人；至是，义恭求常所遣传诏，劭遣之而后入。义恭凡府内兵仗，并送还台。进位太保。孝武入讨，劭疑义恭有异志，使入住尚书下省，分诸子并住神兽门外侍中下省。孝武前锋至新亭，劭挟义恭出战，故不得自拔。战败，义恭单马南奔。劭大怒，遣始兴王浚杀义恭十二子。

　　义恭既至，劝孝武即位。授太尉、录尚书六条事、假黄钺。事宁，进位太傅，领大司马，增班剑为三十人，以在藩所服玉环大绶赐之。上不欲受礼太傅，讽有司奏"天子不应拜"，从之。及立太子，东宫文案，使先经义恭。及南郡王义宣等反，又加黄钺，白直百人入六门。事平，以臧质七百里马赐义恭。孝武以义宣乱逆，由于强盛，欲削王侯。义恭希旨，请省录尚书，上从之。又与骠骑大将军竟陵王诞奏陈贬损之格九条，诏外详议，于是有司奏九条之格犹有未尽，更加附益，凡二十四条。大抵"听事不得南面坐施帐；国官正冬不得跣登国殿；公主传令，不得朱服；舆不得重扛；翣扇不得雉尾；剑不得鹿卢形；槊

耗不得孔雀白鹭；夹毂队不得绛袄；平乘但马不得过二匹；胡伎不得彩衣；舞伎正冬著桂衣，不得庄面；诸妃主不得著绳带；信幡非台省官悉用绛；郡县内史相及封内长官于其封君，罢官则不复追敬，不称臣；诸镇常行，车前不得过六队；刀不得银铜饰；诸王女封县主，诸王子孙袭封王之妃及封侯者夫人行，并不得卤簿；诸王子继体为王者，婚葬吉凶，悉依诸国公侯之礼，不得同皇弟皇子；车舆非辇车不得油幢；平乘船皆下两头作露平形，不得拟象龙舟"。诏可。

　　孝建二年，为扬州刺史，加入朝不趋，赞拜不名，剑履上殿。固辞殊礼。义恭撰《要记》五卷，起前汉讫晋太元，表上之。诏付秘阁。时西阳王子尚有盛宠，义恭解扬州以避之。乃进位太宰，领司徒。义恭常虑为孝武所疑，及海陵王休茂于襄阳为乱，乃上表称"诸王贵重，不应居边。有州不须置府"。其余制度又多所减省。时孝武严暴，义恭虑不见容，乃卑辞曲意附会，皆有容仪，每有祥瑞辄上赋颂。大明元年，有三脊茅生石头西岸，又劝封禅，上甚悦。及孝武崩，遗诏："义恭解尚书令，加中书监。柳元景领尚书令，入住城内。事无巨细，悉关二公，大事与沈庆之参决，若有军旅，可为总统。尚书中事委颜师伯，外监所统委王玄谟。"

　　前废帝即位，复录尚书，本官如故。尚书令柳元景即本号开府仪同三司，领兵置佐，一依旧准。又增义恭班剑为四十人，更申殊礼之命。固辞殊礼。

　　义恭性嗜不恒，与时移变，自始至终，屡迁第宅。与人游款，意好亦多不终。奢侈无度，不爱财宝，左右亲幸，一日乞与，或至一二百万；小有忤意，辄追夺之。大明时，资供丰厚，而用常不足。赊市百姓物，无钱可还，民有通辞求钱者，辄题后作"原"字。善骑马，解音律，游行或二三百里，孝武恣其所之。东至吴郡，登虎丘山，又登无锡县乌山以望太湖。大明中撰国史，孝武自为义恭作传。

　　及永光中，虽任宰辅，而承事近臣戴法兴等常若不及。前废帝狂悖无道，义恭、元景谋欲废立，废帝率羽林兵于第害之，并其四子。断析义恭支体，分裂腹胃，挑取眼睛以蜜渍，以为鬼目粽。明帝定乱，令书"追崇侍中、都督中外诸军、丞相，领太尉、中书监、录尚书事、王如故。给九旒鸾辂，虎贲班剑百人，前后部羽葆、鼓吹，辒辌车"。泰始三年，又诏陪祭庙庭。

　　南郡王义宣，生而舌短，涩于言论。元嘉元年，封竟陵王，都督、南兖州刺史，迁中书监，中军将军，给鼓吹。时竟陵群蛮充斥，役刻民散，改封南谯王。十三年，出为江州刺史，加都督。

　　初，武帝以荆州上流形胜，地广兵强，遗诏诸子次第居之。谢晦平后，以授彭城王义康，义康入相，次江夏王义恭，又以临川王义庆宗室令望，且临川烈武王有大功于社稷，义庆又居之。其后应在义宣，上以义宣人才素短，不堪居上流。十六年，以衡阳王义季代义庆，而以义宣为南徐州刺史。而会稽公主每以为言，上迟回久之。二十一年，乃以义宣都督七州诸军事、车骑将军、荆州刺史。先赐中诏曰："师护以在西日久，比表求还，出内左右，自是

经国常理，亦何必其应于一往。今欲听许，以汝代之。师护虽无殊绩，洁己节用，通怀期物，不恣群下。此信未易，在彼已有次第，为士庶所安，论者乃谓未议迁之。今之回换，更在欲为汝耳。汝与师护年时一辈，各有其美，方物之义，亦互有少劣，若今向事脱一减之者，既于西夏交有巨碍，迁代之讥，必归责于吾矣。"师护，义季小字也。义宣至镇，勤自课厉，政事修理。白皙，美须眉，长七尺五寸，腰带十围。多畜嫔媵，后房千余，尼媪数百，男女三十人。崇饰绮丽，费用殷广。进位司空，改侍中。二十七年，魏军南侵，义宣虑寇至，欲奔上明。及魏军退，文帝诏之曰："善修民务，不须营潜逃计也。"迁司徒、扬州刺史，侍中如故。

元凶弑立，以义宣为中书监、太尉，领司徒。义宣闻之，即时起兵，征聚甲卒，传檄近远。会孝武入讨，义宣遣参军徐遗宝率众三千，助为先锋。孝武即位，以义宣为中书监、都督扬豫二州、丞相、录尚书六条事、扬州刺史，加羽葆、鼓吹，给班剑四十人，改封南郡王。追谥义宣所生为献太妃，封次子宜阳侯恺为南谯王。义宣固辞内任及恺王爵。于是改授都督八州诸军事、荆湘二州刺史，持节、侍中、丞相如故。降恺为宜阳县王，将佐以下，并加赏秩。义宣在镇十年，兵强财富。既首创大义，威名著天下，凡所求欲，无不必从。朝廷所下制度，意不同者，一不遵承。尝献孝武酒，先自酌饮，封送所余，其不识大体如此。

初，臧质阴有异志，以义宣凡弱，易可倾移，欲假手为乱，以成其奸。自襄阳往江陵见义宣，便尽礼；及至江州，每密信说义宣，以为"有大才，负大功，挟震主之威，自古尠有全者。宜在人前早有处分，不尔，一旦受祸，悔无所及"。义宣阴纳斯言。而孝武闻庭无礼，与义宣诸女淫乱。义宣因此发怒，密治舟甲，克孝建元年秋冬举兵，报豫州刺史鲁爽、兖州刺史徐遗宝使同。爽狂酒失旨，其年正月便反。遣府户曹送版，以义宣补天子，并送天子羽仪。遗宝亦勒兵向彭城。义宣及质狼狈起兵，二月，加都督中外诸军事，置左右长史、司马，使僚佐悉称名。遣传奉表，以奸臣交乱，图倾宗社，辄征召甲卒，戮此凶丑。诏答。太傅江夏王义恭又与义宣书，谕以祸福。义宣移檄诸州郡，遣参军刘谌之、尹周之等率车下就臧质。雍州刺史朱修之起兵奉顺。义宣率众十万，发自江津，舳舻数百里。是日大风，船垂覆没，仅得入中夏口。以第八子恬为辅国将军，留镇江陵。遣鲁秀、朱县韶万余人北讨朱修之。秀初至江陵见义宣，既出，拊膺曰："阿兄误人事，乃与痴人共作贼，今年败矣。"义宣至寻阳，与质俱下。质为前锋至鹊头，闻徐遗宝败，鲁爽于小岘授首，相视失色。孝武使镇北大将军沈庆之送爽首于义宣并与书。义宣、质并骇惧。

上先遣豫州刺史王玄谟舟师顿梁山洲内，东西两岸为却月城，营栅甚固。抚军柳元景据姑孰为大统，偏师郑琨、武念戍南浦。质径入梁山，去玄谟一里许结营。义宣屯芜湖。五月十九日，西南风猛，质乘风顺流攻玄谟西垒，冗从仆射胡子友等战失利，弃垒度就玄谟。质又遣将庞法起数千兵趣南浦，仍使自后掩玄谟。与琨、念相遇。法起战大败，赴水死略尽。义宣至梁山，质上出军东岸攻玄谟。玄谟分遣游击将军垣护之、竟陵太守薛安都等出垒奋击。大败质军，军人一时投水。护之等因风纵火，焚其舟乘，风势猛盛，烟焰覆江。义宣时屯西岸，延火烧营殆尽。诸将乘风火之势，纵兵攻之，众一时奔溃。义宣与质相失，各单舸进走。东人士庶并归顺，西人与义宣相随者，船舸犹有百余。女先适臧质子，过寻阳，入城取女，载以西奔。至江夏，闻巴陵有军被抄断，回入江口，步向江陵。众散且尽，左右唯有十许人。脚痛不复能行，就民僦露车自载。无复食，缘道求告。至江陵郭外，竺超人具羽仪迎之，时带甲尚万余人。义宣既入城，仍出听事见客。左右翟灵宝诚使抚慰众宾以"臧质违指授之宜，用致失利，今治兵缮甲，更为后图。昔汉高百败，终成大业"。而义宣误云"项羽千败"。众咸掩口而笑。鲁秀、竺超人等犹为之爪牙，欲收合余烬，更图一决。而义宣愔垫，无复神守，入内不复出，左右腹心相率奔叛。鲁秀北走，义宣不复自立，欲随秀去。乃于内戎服，盛粮糗，带背刀，携息恺及所爱妾五人，皆著男子服相随。城内扰乱，白刃交横，义宣大惧落马，仍便步地。超人送城外，更以马与之。超人还守城。义宣冀及秀，望诸将送北入魏。既失秀所在，未出郭，将士逃尽，唯余恺及五妾两黄门而已。夜还向城，入南郡空廨，无床，席地至旦。遣黄门报超人，超人遣故车一乘，载送刺奸。义宣止狱户，坐地叹曰："臧质老奴误我。"始与五妾俱入狱，五妾寻被遣出。义宣号泣语狱吏曰："常日非苦，今日分别始是苦。"大司马江夏王义恭诸公王八座，与荆州刺史朱修之书，言"义宣反道叛恩，便宜专行大戮"。书未达，修之已至江陵，于狱尽之。孝武听还葬旧墓。

长子恢，年十一，拜南谯王世子。晋氏过江，不置城门校尉及卫尉官。孝武欲重城禁，故复置卫尉卿，以恢为侍中，领卫尉。卫尉之置，自恢始也。义宣反，录付廷尉，自杀。恢弟恺，字景穆，生而养于宫中，宠均皇子。十岁封宜阳侯，孝武时进为王。义宣反问至，恺于尚书寺内著妇人衣，乘问讯车，投临汝公孟诩，讬于妻室内为地窟藏之。事觉，并诩诛。其余并为修之所杀。

衡阳文王义季，幼而夷简，无郦近之累。文帝为荆州，武帝使随往，由是特为文帝所爱。元嘉元年，封衡阳王。

十六年，代临川王义庆为都督、荆州刺史。先是义庆在任，遇巴、蜀扰乱，师旅应接，府库空虚。义季蓄财节用，数年还复充实。队主续丰，母老家贫，无以充养，遂不食肉。义季哀其志，给丰母月米二斛，钱一千，并制丰咲肉。义季素拙书，上听使人书启事，唯自署名而已。

尝大蒐于郢，有野老带苦而耕，命左右斥之。老人拥耒对曰："昔楚子盘游，受讥令尹，今阳和扇气，播厥之始，一日不作，人失其时。大王驰骋为乐，驱斥老夫，非劝农之意。"义季止马曰："此贤者也。"命赐之食。老人曰："吁！愿大王均其赐也。苟不夺人时，则一时皆享王赐，老人不偏其私矣。斯饭也弗敢当。"问其名，不言而退。义季素嗜酒，自彭城王义康废后，遂为长夜饮，略少醒日。文帝诘责曰："此非唯伤事业，亦自损性，皆汝所诸。近长沙兄弟皆缘此致故,将军苏征耽酒成疾,且夕待尽。一门无此酗法,汝于何得之?"义季虽奉旨,酣纵不改,成疾,以至于终。

二十一年,征为征北大将军、开府仪同三司、南兖州刺史,加都督。发州之日,帷帐器服诸应随刺史者,悉留之,荆楚以为美谈。二十二年,迁徐州刺史。明年,魏攻边,北州扰动。义季虑祸,不欲以功勤自业,无他经略,唯饮酒而已。文帝又诏责之。二十四年,薨于彭城。太尉江夏王义恭表解职迎丧,不许。上遣东海王祎迎丧,追赠司空。传国至孙,齐受禅,国除。

论曰:自古帝王之兴,虽系之于历数,至于经启多难,莫不兼藉亲贤。当于余袄内侮,荀、桓交逼,荆楚之势,同于累卵。如使上略未尽,一算或遗,则得丧之机,未可知也。烈武王擘才才,扬威策,一举而扫劲寇,盖亦人谋之致乎!长沙虽位列台鼎,不受本根之寄,迹其行事,有以知武皇之则哲。庐陵以帝子之重,兼高明之姿,衅迹未彰,祸生忌克,痛矣!夫天伦犹子,分形共气,亲爱之道,人理斯同;富贵之情,其义则舛。善夫庞公之言。比之周公、管、蔡,若处茅屋之内,宜无放杀之酷。观夫彭城、南郡,其然乎?江夏地居爱子,位当上相,大明之世,亲礼冠朝,屈体降身,归于卑下,得使两朝暴主,永无猜色,历载逾十,以尊戚自保。及在永光,幼主南面,公旦之重,属有所归,自谓践冰之虑已除,泰山之安可恃,曾未云几,而磔体分肌。古人以隐微致诫,斯为笃矣!衡阳晚存酒德,何先后之云殊,其将存覆车之鉴;不然,何以致于是也?

卷十四　　　　列传第四

宋宗室及诸王下

文帝诸子　孝武诸子　孝明诸子

文帝十九男:元皇后生元凶劭,潘淑妃生始兴王浚,路淑媛生孝武帝,吴淑仪生南平穆王铄,高修仪生庐陵昭王绍,殷修华生竟陵王诞,曹婕妤生建平宣简王宏,陈修容生东海王祎,谢容华生晋熙王昶,江修容生武昌王浑,沈婕妤生明帝,杨美人生始安王休仁,邢美人生山阳王休佑,蔡美人生海陵王休茂,董美人生鄱阳哀王休业,颜美人生临庆冲王休倩,陈美人生新野怀王夷父,荀美人生桂阳王休范,罗美人生巴陵哀王休若。绍出继庐陵孝献王义真。

元凶劭,字休远,文帝长子也。帝即位后,谅暗中生劭,故秘之。元嘉三年闰正月方云劭生。自前代人君即位后,皇后生太子,唯殷帝乙践阼,正妃生纣,至此又有劭焉。始生三日,帝往视之,簪帽甚坚,无风而坠于劭侧,上不悦。初命之曰劭,在文为召刀,后恶焉,改刀为力。

年六岁,拜为皇太子,中庶子二率入直永福省,为更筑宫,制度严丽。年十二,出居东宫,纳黄门侍郎殷淳女为妃。十三加元服。好读史传,尤爱弓马。及长,美须眉,大眼方口,长七尺四寸。亲览宫事,延宾客,意之所欲,上必从之。东宫置兵与羽林等。十七年,劭拜京陵,大将军彭城王义康、竟陵王诞、桂阳侯义融并从。二十七年,上将北侵,劭与萧思话固谏,不从。魏太武帝至瓜步,上登石头城,有忧色。劭曰:"不斩江湛、徐湛之,无以谢天下。"上曰:"北伐自我意,不关二人;但湛等不异耳。"由是与江、徐不平。

上时务本业,使宫内皆蚕,欲以讽励天下。有女巫严道育,夫为劫,坐没入奚官。劭姊东阳公主应阁婢王鹦鹉白公主,道育通灵,主乃白上,托云善蚕,求召入。道育云:"所奉天神,当赐符应。"时主夕卧,见流光相随,状若萤火,遂入巾箱化为双珠,圆青可爱。于是主及劭并信惑之。始兴王浚素佞事劭,并多过失,虑上知,使道育祈请,欲令过不上闻。歌舞咒诅,不舍昼夜。道育辄云:"自上天陈请,必不泄露。"劭等敬事,号曰天师。后遂为巫蛊,刻玉为上形像,埋于含章殿前。初,东阳公主有奴陈天兴,鹦鹉养以为子而与之淫通。鹦鹉、天兴及宁州所献黄门庆国并与巫蛊事,劭以天兴补队主。东阳主薨,鹦鹉应出嫁,劭虑言语泄,与浚谋之,嫁与浚府佐吴兴沈怀远为妾。不启上,虑事泄,因临贺公主微言之。上后知天兴领队,遣阁人奚承祖让劭曰:"汝间用队主副,尽是奴邪?欲嫁者又嫁何处?"劭答:"南第昔属天兴,求将吏驱使,视形容粗健,便兼队副;下人欲嫁者犹未有处。"时鹦鹉已嫁怀远矣。劭惧,书告浚,并使报临贺主,上若问嫁处,当言未定。浚答书曰:"启此事多日,今始来问,当是有感发之者。计临贺故不应翻覆言语,自生寒热也。此姥由来挟两端,难可孤保,正尔自问临贺冀得审实也。其若见问,当作依违答之。天兴先署佞人府位,不审监上当无此簿领,可急宜犍之。殿下已见王未?复依此具令严自躬上启闻。彼人若为不已,政可促其余命,或是大庆之渐。"凡劭、浚相与书类如此。所言皆为名号,谓上为"彼人",或以为"其";谓太尉江夏王义恭为"佞人";东阳主第在西掖门外,故云"南第"。王即鹦鹉姓。"躬上启闻"者,令道育上天白天神也。鹦鹉既适怀远,虑与天兴私通事泄,请劭杀之。劭密使人害天兴。既而庆国谓往来唯有二人,天兴既死,虑将见及,乃以白上。上惊愕,即收鹦鹉家,得劭、浚手书,皆咒诅巫蛊之言。得所埋上形像于宫内。道育叛亡,捕之不得。上诘责劭、浚,劭、浚唯陈谢而已。道育变服为尼,逃匿外宫。浚往京口,又以自随,或出止人张旿家。上谓江夏王义恭曰:"常见典籍有此,谓止书传空言,不意亲睹。劭南面之日,非复我及汝事。汝儿子多,将来遇此不幸耳。"

先是二十八年,彗星起毕、昴,入太微,扫帝坐端门,灭翼、轸。二十九年,荧惑逆行守氐,自十一月霖雨连雪,阳光罕曜。时道士范材修练形术,是岁自言死期,如期而死。既殡,江夏王疑其仙也,使开棺视之,首如新刎,血流于背,上闻而恶焉。

三十年正月，大风飞霰且雷，上忧有窃发，辄加劭兵，东宫实甲万人。其年二月，浚自京口入朝，当镇江陵，复载道育还东宫，欲将西上。有告上云："京口人张旿家有一尼服食，出入征北内，似是严道育。"上使掩得二婢，云："道育随征北还都。"上惆怅惋骇，须检覆，废劭赐浚死。初，浚母卒，命潘淑妃养以为子。淑妃爱浚，浚心不附。妃被宠，上以谋告之。妃以告浚，浚报劭，因有异谋。每夜飨将士，或亲自行酒，密与腹心队主陈叔儿、斋帅张超之、任建之谋。其月二十一日夜，诈作上诏，云："鲁秀谋反，汝可平明率众入。"因使超之等集素所养士二千余人皆被甲，云"有所讨"。宿召前中庶子右军长史萧斌及左卫率袁淑、中舍人殷仲素、左积弩将军王正见并入，告以大事，自起拜斌等，因流涕。并惊愕。明旦，劭以朱服加戎服上，乘画轮车，与萧斌同载，卫从如常入朝仪，从万春门入。旧制，东宫队不得入城，劭门门卫云："受诏有所收讨。"令后速来，张超之等数十人驰入云龙东中华门。及斋阁，拔刃径上合殿。上其夜与尚书仆射徐湛之屏人语，至旦烛犹未灭，门阶户席并无侍卫。上以几自鄣，超之行弒，上五指俱落，并杀湛之。劭进至合殿中閤，文帝已崩。出坐东堂，萧斌执刀侍直，呼中书舍人顾嘏。嘏惧，不时出，及至，问曰："欲共见废，何不早启？"未及答，斩之。遣人于崇礼闼，杀吏部尚书江湛。文帝左细仗主卜天与攻劭于东堂，见杀。又使人入杀潘淑妃，剖其心观其邪正。使者阿旨，答曰："心邪。"劭曰："邪佞之心，故宜邪也。"又杀文帝亲信左右数十人。急召始兴王浚率众屯中堂。

劭即伪位，百僚至者裁数十人，乃为书曰："徐湛之弒逆，吾勒兵入殿，已无所及。今罪人斯得，元凶克殄，可大赦，改元为太初。"素与道育所定也。萧斌曰："旧逾年改元。"劭以问侍中王僧绰，僧绰曰："晋惠帝即位便改年。"劭喜而从之。初使萧斌作诏，斌辞不文，乃使王僧绰。始文帝未崩前一日甲夜，太史奏："东方有急兵，其祸不测，宜列万人兵于太极前殿，可以销灾。"上不从。及劭弒逆，闻而叹曰："几误我事。"乃问太史令曰："我得几年。"对曰"得十年"。退而语人曰："十旬耳。"劭闻而怒，殴杀之。

即位讫，便称疾还入永福省。然后迁大行皇帝升太极殿，以萧斌为尚书仆射，何尚之为司空。大行大敛，劭辞疾不敢出。先给诸处兵仗，悉收还武库。遣人谓鲁秀曰："徐湛之常欲相害，我已为卿除之。"使秀与屯骑校尉庞秀之对掌军队。以侍中王僧绰为吏部尚书，司徒左长史何偃为侍中。

成服日，劭登殿临灵，号恸不自持。博访公卿，询求政道，遣使分行四方。分浙江以东五郡为会州，省扬州，立司隶校尉，以殷冲补之。以大将军江夏王义恭为太保，司徒南谯王义宣为太尉。荆州刺史始兴王浚进号骠骑将军，王僧绰以先豫废立见诛。长沙王瑾弟楷、临川王晔、桂阳王恺、新渝侯玠，并以宿恨死。礼官希旨，谥文帝不敢尽美称，谥曰中宗景皇帝。及闻南谯王义宣、随王诞等起义师，悉聚诸王于城内。移江夏王义恭住尚书下舍，分义恭诸子住侍中下省。四月，立妻殷为皇后。

孝武檄至，劭自谓素习武事，谓朝士曰："卿等助我理文书，勿厝意戎阵。若有寇难，吾当自出，唯恐贼虏不敢动耳。"中外戒严。防孝武世子于侍中省，南谯王义宣诸子于太仓空屋。劭使浚与孝武书，言"上亲御六师，太保又执钺临统，吾与乌羊相寻即道。上圣恩每厚法师，令在殿内住，想弟欲知消息，故及"。乌羊者，南平王铄；法师，孝武世子小名也。劭欲杀三镇士庶家口，江夏王义恭、何尚之说曰："凡举大事，不顾家口；且多是驱逼。今忽诛其余累，政足坚彼意耳。"劭乃下书，一无所问。

浚及萧斌劝劭勒水军自上决战，江夏王义恭虑义兵仓卒，船舫陋小，不宜水战。乃进策以为"宜以近待之，远出则京师空弱，东军乘虚，容能为患。不如养锐待期"。劭善其议。萧斌厉色曰："南中郎二十年少，业能建如此大事，岂复可量！"劭不纳。疑朝廷旧臣不为之用，厚抚王罗汉、鲁秀，悉以兵事委之，多赐珍玩美色以悦其志。罗汉先为南平王铄右军参军，劭以其有将用，故以心膂委焉。或劝劭保石头城者，劭曰："昔人所以固石头，俟诸侯勤王耳。我若守此，谁当见救？唯应力战决之。"日日自出行军，慰劳将士。使有司奏立子伟之为皇太子。

及义军至新亭，劭登朱雀门躬自督战。将士怀劭重赏，皆为之力战。将克，而鲁秀打退鼓，军乃止。为柳元景等所乘，故大败。褚湛之携二子与檀和之同归顺。劭惧，走还台城。其夜，鲁秀又南奔。二十五日，江夏王义恭单马南奔。劭遣浚杀义恭诸子，以辇迎蒋侯神像于宫内，乞恩，拜为大司马，封钟山郡王，苏侯为骠骑将军。使南平王铄为祝文，罪状孝武。二十七日，临轩，拜子伟之为皇太子，百官皆戎服，劭独衮衣，下书大赦，唯孝武、刘义恭、义宣、诞不在原例。

五月三日，鲁秀等攻大航，钩得一舻。王罗汉昏酣作妓，闻官军已度，惊放仗归降。是夜，劭闭守六门，于门内凿堑立栅，以露车为楼。城内沸乱，将吏并逾城出奔。劭使詹叔儿烧辇及衮冕服。萧斌闻大航不守，惶窘不知所为，宣令所统皆使解甲，寻戴白幡来降，即于军门伏诛。四日，劭腹心白直诸同逆，先屯阊阖门外，并走还入殿。程天祚与薛安都副谭金因而乘之，即得俱入。臧质从广莫门入，同会太极殿前。即斩太子左卫率王正见。建平、东海等七王并号哭俱出。劭穿西垣入武库井中，副队高禽执之。浚率左右数十人，与南平王铄于西明门出，俱南奔，于越城遇江夏王义恭。浚下马，曰："南中郎今何在？"义恭曰："已君临万国。"又称字曰："虎头来，得无晚乎？"义恭曰："恨晚。"又曰："故当不死？"义恭曰："可诣行阙请罪。"又曰："未审犹能得一职自效不？"义恭又曰："此未可量。"勒与俱自归，命于马上斩首。

浚，字休明，将产之夕，有鹏鸣于屋上，闻者莫不恶之。元嘉十三年，年八岁，封始兴王。浚少好文籍，资质端妍，母潘淑妃有盛宠。时六宫无主，潘专总内政。浚人才既美，母又至爱，文帝甚所留心。与建平王宏、侍中王僧绰、中书郎蔡兴宗等，并以文义往复。

初元皇后性忌,以潘氏见幸,恚恨致崩。故劭深病潘氏及浚。浚虑将来受祸,乃曲意事劭,劭与之遂善。多有过失,屡为上所让,忧惧,乃与劭共为巫蛊。后出镇京口,乃因员外散骑侍郎徐爰求镇江陵,又求助于尚书仆射徐湛之。而尚书令何尚之等咸谓浚太子次弟,不应远出。上以上流之重,宜有至亲,故以浚为卫将军、开府仪同三司、荆州刺史,加都督,领护南蛮校尉。浚入朝,遣还京口,为行留处分。至京口数日而巫蛊事发,时二十九年七月也。上惋叹弥日,谓潘淑妃曰:"太子图富贵,更是一理,虎头复如此,非复思虑所及。汝母子岂可一日无我邪?"明年荆州事方行。二月,浚还朝。十四日,临轩受拜。其日,臧严道育事发,明旦浚入谢,上容色非常,其夕即加诘问。浚唯谢罪。潘淑妃抱浚泣曰:"汝始咒诅事发,犹冀刻已思愆,何意忽臧严道育?今日用活何为,可送药来,吾当先自取尽,不忍见汝祸败。"浚奋衣去,曰:"天下事寻自判,必上不累。"劭入弑之旦,浚在西州。府舍人朱法瑜曰:"台内叫唤,宫门皆闭,道上传太子反,未测祸变所至。"浚阳惊曰:"今当奈何。"浚未得劭信,不知事之济不,骚扰不知所为。将军王庆曰:"今宫内有变,未知主上安危,预在臣子,当投袂赴难。"浚不听。俄而劭遣张超之驰马召浚,浚问状讫,即戎服乘马而去。朱法瑜固止浚,浚不从。至中门,王庆又谏不宜从逆。浚曰:"皇太子令,敢有复言者斩。"及入见劭,劝杀荀赤松等。劭谓浚曰:"潘淑妃遂为乱兵所害。"浚曰:"此是下情由来所愿。"其悖逆如此。劭将败,劝劭入海,辇珍宝缯帛下船。

及劭入井,高禽于井出之。劭问天子何在,禽曰:"至尊近在新亭。"将劭至殿前,臧质见之恸哭。劭曰:"天地所不覆载,丈人何为见哭。"质因辨其逆状,答曰:"先朝当见枉废,不能作狱中囚。问计于萧斌,斌见劝如此。"又语质曰:"可得为乞远徒不?"质曰:"主上近在航南,自当有处分。"缚劭马上,防送军门。及至牙下,据鞍顾望。太尉江夏王义恭与诸王共临视之,义恭曰:"我背逆归顺,有何大罪,顿杀十二儿。"劭曰:"杀诸弟,此一事负阿父。"江湛妻庾氏乘车骂之,庞秀之亦加诮让。劭厉声曰:"汝辈复何烦尔。"先杀其第四子,语南平王铄曰:"此何有哉。"乃斩于牙下。临刑叹曰:"不图宋室一至于此。"劭、浚及其子并枭首大航,暴尸于市。劭妻殷氏赐死于廷尉,临刑谓狱丞江恪曰:"汝家骨肉相残,何以枉杀天下无罪人。"恪曰:"受书皇后,非罪而何?"殷氏曰:"此权时耳,当以鹦鹉为后也。"浚妻褚氏,丹阳尹湛之之女。湛之南奔之始,即见离绝,故免于诛。其余子女妾媵并于狱赐死。投劭、浚尸首于江,其余同逆及王罗汉等皆伏诛。张超之闻兵入,遂至合殿故基,止于御床之所,为乱兵所杀,剖腹刳心,脔割其肉,诸将生啖之。焚其头骨。时不见传国玺,问劭,云在严道育处。就取得之。道育、鹦鹉并都街鞭杀,于石头四望山焚其尸,扬灰于江。毁劭东宫所住斋,污潴其处。封高禽新阳县男。追赠潘淑妃为长宁园夫人,置守冢。伪司隶校尉殷冲、丹阳尹尹弘并赐死。冲为劭草立符文,又妃叔父;弘为劭简配兵士,尽其心力故也。

南平穆王铄,字休玄,文帝第四子也。元嘉十六年,年九岁,封南平王,少好学,有文才,未弱冠,《拟古》三十余首,时人以为亚迹陆机。

二十二年,为南豫州刺史,加都督。时文帝方事外略,罢南豫州并寿阳,以铄为豫州刺史,领安蛮校尉。二十六年,魏太武围汝南悬瓠城,行汝南太守陈宪保城自固,魏作高楼施弩射城内,城内负户以汲。又毁佛图,取金像以为大钩,施之冲车端以牵楼堞。城内有一沙门颇有机思,辄设奇以应之。魏人以虾蟆车填堑,肉薄攻城,死者与城等,遂登尸以陵城。宪锐气愈奋,战士无不一当百,杀伤万计,汝水为之不流。相拒四十余日,铄遣安蛮司马刘康祖与宁朔将军臧质救之,魏人烧攻具而退。元凶弑立,以铄为侍中、录尚书事。劭迎蒋侯神于宫内,疏孝武年讳,厌咒,祈请假授位号,使铄造策文。及义军入宫,铄与浚俱归孝武。浚即伏法。上迎铄入宫,当时仓卒失国玺,事宁更铸给之。进侍中、司空,领兵置佐。以国哀未阕,让侍中。铄既归义最晚,常怀忧惧,每于眠中蹶起坐。与人语亦多谬僻。语家人云:"我自觉无复魂守。"铄为人负才狡竞,每与兄弟计度艺能,与帝又不能和,食中遇毒,寻薨。赠司徒,加以楚穆之谥。

三子:敬猷、敬深、敬先。敬深封南安县侯,敬先继庐陵王绍,前废帝景和末,召铄妃江氏入宫,命左右于前逼之。江氏不受命,谓曰:"若不从,当杀汝三子。"江氏犹不从,于是遣使于第杀敬猷、敬深、敬先等,鞭江氏一百。其夕废帝亦殒。明帝即位,追赠敬猷侍中,谥曰怀。改封孝武帝第十八子临贺王子产字孝仁为南平王,继铄后,未拜被杀。泰始五年,立晋平王休佑第七子宣曜为南平王,继铄。休佑死,宣曜复废还本。后废帝元徽元年,立衡阳恭王嶷第二子伯玉为南平王,继铄后,升明三年被诛。

竟陵王诞,字休文,文帝第六子也。元嘉二十年,年十一,封广陵王。二十六年,为雍州刺史,加都督。以广陵凋弊,改封随郡王。上欲大举侵魏,以襄阳外接关河,欲广其资力,乃罢江州军府,文武悉配雍州,湘州入台租税杂物,悉给襄阳。及大举北侵,命诸藩并出师,皆奔败,唯诞遣中兵参军柳元景克弘农、关、陕。元凶立,以扬州浙江西属司隶校尉,浙江东五郡立会州,以诞为刺史。

孝武入讨,遣宁朔将军顾彬之受诞节度,诞遣参军刘季之举兵,与彬之并遇劭将华钦、庾遵于曲阿之奔牛塘,大败之。事平,以诞为荆州刺史,加都督、卫将军、开府仪同三司。诞以位号正与浚同,恶之,请求回改,乃进号骠骑将军,加班剑二十人。南谯王义宣不肯就征,以诞为侍中、骠骑大将军、扬州刺史,开府如故。改封竟陵王。诞性恭和,得士庶之心,颇有勇略。明年义宣反,有荆、江、兖、豫四州之力,势震天下。上即位日浅,朝野大惧。上欲奉乘舆法物以迎义宣,诞固执不可,曰:"奈何持此座与人。"帝加诞节,仗士五十人出入六门。上流平定,诞之力也。诞初讨元凶,豫同举兵,有奔牛之捷,至是又有殊勋。上性多猜,颇相疑惮。而诞造立第舍,穷极工巧,园池之美,冠于一时。多聚材力之士实之。第内精甲利器,莫非上品。上意愈不平。孝建二年,以司空太子太傅出为都督南徐州刺史。上以京口去都密迩,犹疑之。大明元年秋,又出为南兖州刺史,加都督。诞知见猜,亦潜为之备。至广陵,因魏侵边,修城隍,聚粮练甲。嫌隙既著,道路常云诞反。三年,建康人陈文绍诉父饶为诞府史,恒使入山图画道路,不听归家。诞大怒,使人杀饶。吴郡人刘成又诉称息道龙伏事诞,见诞在石头城内修乘舆法物,习唱警跸,向伴侣言之。诞知,密捕杀道龙。豫章人陈谈之又上书称弟咏之诞左右,见诞与左右庄庆、傅元礼等潜图奸逆,常疏陛下年纪姓讳,往巫郑师怜家咒诅。咏之与建康右尉黄达往来,诞疑其宣漏,诬以罪被杀。

其年四月,上使有司奏诞罪恶,宜绝属籍,削爵土,收付法狱。上不许。有司又固请,乃贬爵为侯,遣令之国。上将谋诞,以义兴太守桓阆为兖州刺史,配以羽林禁兵。遣给事中戴明宝随阆袭诞,使阆以之镇为名。阆至广陵,诞未悟也。明宝夜报诞典签将成使为内应,成以告府舍人许宗之,宗之告诞。诞惊起,召录事参军王玙之曰:"我何罪于天,以至此。"斩蒋成,勒兵自卫。遣魔心率壮士击明宝等,破之。阆即遇害,明宝逃自海陵界还。

上遣车骑大将军沈庆之讨诞,诞奉表投之城外,自申于国无负,并言帝宫闱之丑。孝武忿诞深切,凡诞左右腹心同籍期亲并诛之,死者千数。车驾出顿宣武堂,内外纂严。诞众军大集,欲弃城北走,行十余里,众并不欲去,请诞乃还城。五月十九日夜,有流星长十余丈从西北来坠城内,是谓天狗。占曰:"天狗所坠,下有伏尸流血。"广陵城旧不开南门,云"开南门者不利其主"。诞乃布焉。彭城邵领宗在城内阴结死士欲袭诞,先欲布诚于庆之,乃说诞求为间构,见许。领宗既出致诚毕,复还城内。事泄,诞鞭二百,考问不伏,遂支解之。

上遣送章二纽:其一曰"竟陵县开国侯,食邑千户",募赏禽诞。其二曰"建兴县开国男,食邑三百户",募赏先登。若克外城举一烽,克内城举二烽,禽诞举三烽。

七月二日,庆之进军,克其外城。乘胜又克小城。诞闻军入,走趣后园坠水,引出杀之,传首建邺,因葬广陵,贬姓留氏。帝命城中无大小悉斩,庆之执谏,自五尺以下全之,于是同党悉伏诛。城内女口为军赏,男丁杀为京观,死者尚数千人。每风晨雨夜有号哭之声。诞母殷、妻徐并自杀。追赠殷长宁园淑妃。

初,诞为南徐州刺史,在京口,夜大风飞落屋瓦,城门鹿床倒覆,诞心恶之。及迁镇广陵,将入城,冲风暴起,扬尘,昼晦。又尝中夜閒坐,有赤光照室,见者无不骇愕。诞左右侍直,眠中梦人告之曰:"官须发为鞘耗。"既觉已失髻矣,如此者数十人。诞甚怪惧。大明二年,发人筑广陵城。诞循行,有人干舆,扬声大骂曰:"大兵寻至,何以辛苦百姓。"诞使执之,问其本末。答曰:"姓夷名孙,家在海陵。天公与道佛先议,欲烧除此间人。道佛苦谏,强得今。大祸将至,何不立六慎门。"诞问:"六慎门云何?"答曰:"古有言,祸不过六慎门。"诞以其言狂悖,杀之。又五音士忽狂易见鬼,惊怖啼哭曰:"外军围城,

上张白布帆。"诞执录二十余日乃杀。城陷之日,云雾晦冥,白虹临北门,亘属城内。

八年,前废帝即位,义阳王昶为徐州刺史,道经广陵,至墓尽哀,表请改葬诞。诏葬诞及妻子并以庶人礼。明帝泰始四年,又改葬,祭以少牢。

王玙之,琅邪人,有才局。其五子悉在建邺。玙之尝乘城,庆之缚其五子,示而招之,许以富贵。玙之曰:"吾受主王厚恩,不可以二心。三十之年,未获死所耳,安可以私亲诱之。"五子号叫于外,呼其父。及城平,庆之悉扑杀之。

建平宣简王宏,字休度,文帝第七子也。早丧母。元嘉二十一年,年十一,封建平王。宏少而闲素,笃好文籍,文帝宠爱殊常,为立第于鸡笼山,尽山水之美。建平国职高他国一阶,历位中护军,中书令。元凶弑立,孝武入讨,劭录宏殿内,自拔无由。孝武先尝以一手板与宏,宏遗左右亲信周法道赍手板诣孝武。事平,以为尚书左仆射,使迎太后。还加中军将军、中书监。为人谦俭周慎,礼贤接士,明达政事,上甚信仗之。转尚书令。宏少多病,求解尚书令。以本号开府仪同三司,未拜薨。追赠司徒。上痛悼甚至,每朔望出临灵,自为墓志铭并诔。五年,益诸弟国各千户,薨者不在其例,唯宏追益。

子景素嗣。景素少有父风,位南徐州刺史,加都督。桂阳王休范为逆,景素虽纂集兵众以赴朝廷为名,而阴怀两端。及事平,进号镇北将军。

景素好文章书籍。招集才义之士,以收名誉,由是朝野属意。而后废帝狂凶失道,内外皆谓景素宜当神器;唯废帝所生陈氏亲戚疾忌之,而杨运长、阮佃夫并明帝旧隶,贪幼主以久其权,虑景素立,不见容于长主,深相忌惮。元徽三年,景素防阁将军王季符恨景素,因奔告之。运长等便欲遣军讨之。齐高帝及卫将军袁粲以下并保持之,景素亦驰遣世子延龄还都,具自申理。运长等乃徙季符于梁州,又夺景素镇北将军、开府仪同三司。自是废帝狂悖日甚,朝野并属心景素。陈氏及运长等弥相猜疑。景素因此稍为自防之计,多以金帛结材力之士。时大臣诛夷,孝武诸子孙或杀或废,无复在朝者。且景素在藩甚得人心,而谤声日积,深怀忧惧。尝与故吏刘琎独处曲台,有鹊集于承尘上,飞鸣相追。景素泫然曰:"若斯鸟者,游则参于风烟之上,止则隐于林木之下,饥则啄,渴则饮,形体无累于物,得失不关于心,一何乐哉!"

时废帝单马独出,游走郊野。辅国将军曹欣之等谋候废帝出行,因聚众作难,事克,奉景素。景素每禁之,未欲匆匆举动。运长密遣伧人周天赐伪投景素劝为异计,景素知即斩之,送首还台。四年七月,羽林监垣祗祖奔景素,言台城已溃。景素信之,即举兵。运长等常疑景素有异志,即纂严。景素本乏威略,不知所为,竟为台军破,斩之。即葬京口。

景素性甚仁孝,事献太妃,朝夕不违侍养。太妃有不安,景素傍行蓬发。与人言呴呴,常恐伤其情。又甚俭素,为荆州时,州有高斋刻楹柏构,景素竟不处。朝廷欲赐以甲第,辞而不当。两宫所遗珍玩,尘于筐箧。食常不

过一肉，器用瓦素。时有献镂玉器，景素顾主簿何昌宇曰："我持此安所用哉！"乃谢而反之。及败后，昌宇与故记室王摛等上书讼其冤。齐受禅，景素故秀才刘珽又上书述其德美，陈冤，并不见省。至齐武帝即位，下诏曰："宋建平王刘景素，名父之子，虽末路失图，而原心有本。可听以礼葬旧茔。"

庐江王祎，字休秀，文帝第八子也。元嘉二十二年，年十一，封东海王。大明七年，进位司空。明帝践阼，进太尉，封庐江王。初，废帝目祎似驴，上以废帝之言类，故改封焉。

文帝诸子，祎尤凡劣，诸兄弟并蛮鄙之。南平王铄薨，子敬深婚，祎视之，白孝武借伎。孝武答曰："婚礼既不举乐，且敬深孤苦，伎非宜也。"至是明帝与建安王休仁诏曰："人既不比数西方公，汝便为诸王之长。"时祎住西州，故谓之西方公。泰始五年，河东柳欣慰谋反，欲立祎，祎与相酬和。欣慰结征北谘议参军杜幼文，幼文具奏其事。上暴其罪恶，黜为南豫州刺史、车骑将军、开府仪同三司。上遣腹心杨运长领兵防卫。明年，又令有司奏祎怨怼，逼令自杀，葬宣城。

晋熙王昶，字休道，文帝第九子也。元嘉二十二年，年十岁，封义阳王。大明中，位中书令、中军将军、开府仪同三司。废帝即位，为徐州刺史，加都督。昶轻訬褊急，不能事孝武，大明中常被嫌责，人间常言昶当有异志。

废帝既诛群公，弥纵狂惑，常语左右曰："我即大位来，遂未戒严，使人邑邑。"江夏王义恭诛后，昶表求入朝，遣典签蘧法生衔使。帝谓法生："义阳与太宰谋反，我政欲讨之，今知求还，甚善。"又问法生："义阳谋反，何不启？"法生惧，走还彭城。帝因此北讨。法生至，昶即起兵，统内诸郡并不受命。昶知事不捷，乃夜开门奔魏，弃母妻，唯携妾一人，作丈夫服骑马自随。在道慷慨为断句曰："白云满鄣来，黄尘半天起。关山四面绝，故乡几千里。"因把姬手南望恸哭，左右莫不哀哽。每节悲恸，遥拜其母。

昶家还都，二妾各生一子。明帝即位，名长者曰思远，小者曰怀远，寻并卒。帝以金千两赎昶于魏，不获，乃以第六皇子燮字仲绥继昶，封为晋熙王。明帝既以燮继昶，乃诏曰："晋熙国太妃谢氏，沉刻无亲，物理罕比，骨肉至亲，尚相弃蔑，况以义合，免苦为难。可还其本家，削绝蕃秩。"先是，改谢氏为射氏。元徽元年，燮年四岁，以为郢州刺史。明年，复昶所生谢氏为晋熙国太妃。齐受禅，燮降封阴安县公，谋反赐死。

武昌王浑，字休深，文帝第十子也。元嘉二十四年，年九岁，封汝阴王。后徙武昌。浑少而凶戾，尝忿左右，拔防身刀斫之。元凶弑立，以为中书令。山陵夕，裸身露头往散骑省戏，因弯弓射谙直郎周朗中枕，以为笑乐。

孝建元年，为雍州刺史，监雍、梁、南北秦四州、荆州之竟陵、随二郡诸军事、宁蛮校尉。至镇，与左右人作文檄，自称楚王，号年为元光，备置百官以为戏笑。长史王翼之得其手迹，封呈孝武。上使有司奏免为庶人，下太常绝属籍，使付始安郡，逼令自杀。即葬襄阳。大明四年，听还葬母江太妃墓次。明帝即位，追封武昌县侯。

建安王休仁，文帝第十二子也。元嘉二十九年，年十岁，立为建安王。前废帝景和元年，累迁护军将军。时帝狂悖无道，诛害群公，忌惮诸父，并聚之殿内，殴捶陵曳，无复人理。休仁及明帝、山阳王休祐形体并肥壮，帝乃以笼盛称之，以明帝尤肥，号为猪王，号休仁为杀王，休祐为贼王。以三王年长，尤所畏惮，故常录以自近，不离左右。东海王祎凡劣，号之驴王。桂阳王休范、巴陵王休若年少，故并得从容。尝以木槽盛饭，内诸杂食，搅令和合，掘地为坑阱，实之以泥水。裸明帝内坑中，以槽食置前，令以口就槽中食之，用为欢笑。欲害明帝及休仁、休祐，前后以十数。休仁多计数，每以笑调佞谀诳悦之，故得推迁。常于休仁前，使左右淫逼休仁所生杨太妃。左右并不得已顺命，至右卫将军刘道隆，道隆欢以奉旨，尽诸丑状。时廷尉刘蒙妾孕临月，帝迎入后宫，冀其生男，欲立为太子。明帝尝忤旨，帝怒，乃裸之，缚其手脚，以杖贯手脚内，使担付大官，即日屠猪。休仁笑谓帝曰："未应死。"帝问其故，休仁曰："待皇太子生，杀猪取肝肺。"帝意解，曰："且付廷尉。"一宿出之。帝将南游荆、湘二州，明旦欲杀诸父便发。其夕被杀于华林园。休仁即日便执臣礼于明帝。时南平王敬猷、庐陵王敬先兄弟被害，犹未殡敛，休仁、休祐同载临之，开帷欢笑，鼓吹往反，时人咸非焉。

明帝以休仁为侍中、司徒、尚书令、扬州刺史，给三望车。时刘道隆为护军，休仁求解职，曰："臣不得与此人同朝。"上乃赐道隆死。寻诸方逆命，休仁都督征讨军事，增班剑为三十人，出据虎槛，进栅坼。寻领太子太傅，总统诸军。中流平定，休仁之力也。明帝初与法侯神结为兄弟，以祈福助。及事平，与休仁书曰："此段殊得苏兄神力。"

休仁年与明帝相亚，俱好文籍，素相爱。及废帝世，同经艰危，明帝又资其权谲之力。泰始初，四方逆命，休仁亲当矢石，大勋克建，任总百揆，亲寄甚隆，四方辐凑。上甚不悦。休仁悟其旨，表解扬州，见许。进位太尉，领司徒，固让。又加漆轮车，剑履升殿。受漆轮车，固辞剑履。

明帝末年多忌，休仁转不自安。及杀晋平王休祐，其年上疾笃，与杨运长为身后计。运长等人虑帝晏驾后，休仁一旦居周公之地，其辈不得执权，弥赞成上使害诸王。及上疾暴甚，内外皆属意休仁。主书以下皆往东府诣休仁所亲信，豫自结纳。其或直不得出者皆惧。上与运长等定谋，召休仁入宿尚书下省，其夜遣人赍药赐休仁死。休仁对使者骂曰："上有天下，谁之功也？孝武以诛子孙而至于灭，今复遵覆车，枉杀兄弟，奈何忠臣抱此冤滥！我大宋之业，其能久乎？"上疾久，虑人情同异，自力乘舆出端门，休仁死后乃入。诏称其自杀，宥其二子，并全封爵。有司奏请降休仁为庶人，绝属籍，儿息悉徙远郡。诏休仁特降为始安县王，并停子伯融等流徙，听袭封爵。及帝疾甚，见休仁为祟，叫曰："司徒小宽我。"寻崩。伯融，妃殷氏所生。殷氏，吴兴太守冲女也。范阳祖翻有医术，姿貌又美，殷氏有疾，翻入视脉，悦之，遂与奸。事泄，遣还家赐死。

晋平剌王休祐，文帝第十三子也。孝建二年，年十一，封山阳王。明帝即位，以山阳荒弊，改封晋平王，位骠骑大将军、开府仪同三司、荆州刺史。

休祐素无才能，强梁自用。大明之世，不得自专，至是贪淫好财色，在荆州多营财货。以短钱一百赋人，田登就求白米一斛，米粒皆令彻白；若碎折者悉不受。人间籴此米一斗一百。至时又不受米，评米责钱，凡诸求利皆如此。百姓嗷然，不复堪命。征为南徐州刺史，加都督。上以休祐贪虐，不可莅人，留之都下，遣上佐行府州事。

休祐狠戾，前后忤上非一。在荆州时，左右范景达善弹棋，上召之，休祐留不遣。上怒诘责之，且虑休祐将来难制，欲方便除之。七年二月，车驾于岩山射雉，有一雉不肯入场，日暮将反，留休祐射之，令不得雉勿归。休祐时从在黄麈内，左右从者并在部伍后。休祐便驰去，上遣左右数人随之。上既还，前驱清道，休祐人从悉散，不复相得。上遣寿寂之等诸壮士追之，日已欲暗，与休祐相及，蹴之坠马。休祐素勇壮，有气力，奋拳左右排击，莫得近。有一人自后引阴，因顿地，即共拉杀之。遣人驰白上，行唱骠骑落马，上闻惊曰："骠骑体大，落马殊不易。"即遣御医上药相系至。顷之，休祐左右人至，久已绝矣。舆以还第，赠司空。时巴陵王休若在江陵，其日即驰信报休若曰："吾与骠骑南山射雉，骠骑马惊，与直阁夏文秀马相蹋，文秀堕地，骠骑失控，马重惊，触松树坠地落砢中，时顿闷，故驰报弟。"其年五月，追免休祐为庶人，十三子并徙晋平。

明帝寻病，见休祐为崇，使使至晋平抚其诸子。帝寻崩。废帝元徽元年，听诸子还都。顺帝升明三年，称谋反，并赐死。

海陵王休茂，文帝第十四子也。孝建二年，年十一，封海陵王。大明二年，为雍州刺史，加都督、北中郎将、宁蛮校尉。时司马庾深之行府州事，休茂性急欲自专，深之及主帅每禁之。常怀忿，因左右张伯超为所亲爱，多罪过，主帅常加诃责。伯超惧罪，谓休茂曰："主帅密疏官罪，欲以启闻。"休茂曰："今为何计？"伯超曰："唯杀行事及主帅，举兵自卫，纵不成，不失入虎中为王。"休茂从之。夜使伯超等杀司马庾深之，集兵建牙驰檄。休茂出城行营，咨议参军沈畅之等闭门拒之。城陷，斩畅之。其日，参军尹玄度起兵攻休茂，禽之，斩首。母妻皆自杀，同党悉伏诛。有司奏绝休茂属籍，贬姓为留，不许。即葬襄阳。

鄱阳哀王休业，文帝第十五子也。孝建二年，年十一，封鄱阳王。三年薨，以山阳王休祐次子士弘嗣，被废国除。

临庆冲王休倩，文帝第十六子也。孝建元年，年九岁，疾笃，封东平王，未拜，薨。大明七年，立第二十七皇子子嗣为东平王，绍休倩。泰始三年还本，遂绝。六年，以第五皇子智井为东平王，继休倩，未拜，薨。其年，追改休倩为临庆王。休倩为文帝所爱，故前后屡加绍嗣。

新野怀王夷父，文帝第十七子也。元嘉二十九年薨，明帝泰始五年，追加封谥。

桂阳王休范，文帝第十八子也。孝建三年，年九岁，封顺阳王。大明元年，改封桂阳。泰始六年，累迁骠骑大将军、江州刺史，加都督。遗诏进位司空、侍中，加班剑三十人。休范素凡讷，少知解，不为诸兄齿遇。明帝常指左右人谓王景文曰："休范人才不及此，以我弟故，生便富贵。释氏愿生王家，良有以也。"及明帝晚年，晋平王休祐以狠戾致祸；建安王休仁以权逼不容；巴陵王休若素得人情，以此见害；唯休范谨涩无才，不为物情所向，故得自保而常忧惧。

及明帝晏驾，主幼时艰，休范自谓宗戚莫二，应居宰辅。事既不至，怨愤弥结。招引勇士，缮修器械。行人经过寻阳者，莫不降意折节，于是至者如归。朝廷知之，密相防御。母荀太妃薨，即葬庐山，以示不还之志。时夏口阙镇，朝议以居寻阳上流，欲树置腹心，重其兵力。元徽元年，乃以第五皇弟晋熙王燮为郢州刺史，长史王奂行府州事，配以实力，出镇夏口。虑为休范所拨留，自太子洑去，不过寻阳。休范怒，欲举兵，乃上表修城堞。其年进位太尉，明年五月遂反。发自寻阳，昼夜取道。大雷戍主杜道欣驰下告变。道欣至一宿，休范已至新林，朝廷震动。

齐高帝出次新亭垒。时事起仓卒，朝廷兵力甚弱，及开武库，随将士意取。休范于新林步上攻新亭垒。屯骑校尉黄回乃伪往降，并宣齐高帝意。休范大悦，置之左右。休范壮士李恒、钟爽进谏不宜亲之，休范曰："不欺人以信。"时休范日饮醇酒，以二子德宣、德嗣付与齐高帝为质，至即斩之。回与越骑校尉张敬儿直前斩休范首持还，左右并散。

初，休范自新林分遣同党杜墨蠡、丁文豪等直向朱雀门。休范虽死，墨蠡等不知。王道隆率羽林兵在朱雀门内，闻贼至，急召刘勔，勔自石头来赴战，死之。墨蠡等乘胜直入朱雀门，道隆为乱兵所杀。墨蠡等唱云"太尉至"。休范之死也，齐高帝遣队主陈灵宝赍首还台，逢贼，埋首道侧，挺身得达。虽唱云已平，而无以为据，众愈疑惑。墨蠡径至杜姥宅，宫省恇扰，无复固志。抚军长史褚澄以东府纳贼。贼拥安成王据东府，称休范教曰："安成王吾子也，勿得侵。"贼势方逼，众莫能振。寻而丁文豪之众知休范已死，稍欲退散。文豪勇气殊壮，厉声曰："我独不能定天下邪？"休范首至，又羽林监陈显达率所领至杜姥宅破墨蠡等，诸贼一时奔散。斩墨蠡、文豪等。晋熙王燮自夏口遣军平寻阳。

巴陵哀王休若，文帝第十九子也。孝建三年，年九岁，封巴陵王。明帝即位，出为会稽太守，加都督。二年，迁都督、雍州刺史、宁蛮校尉。前在会稽录事参军陈郡谢沈以谄侧事休若，多受财赂。时内外戒严并袴褶，沈居母丧被起，声乐酣饮，不异古人。衣冠既无殊异，并不知沈居丧。沈尝自称孤子，众乃骇愕。休若坐与沈亵默，降号镇西将军。典签夏宝期事休若无礼，启明帝杀之。虑不许，启未报，于狱行刑。信反令锁送，而宝期已死。上怒敕之曰："孝建之世，汝何敢尔？"使其母罗加杖三百。

四年，改行湘州刺史。六年，为荆州刺史，加都督、征西大将军、开府仪同三司。七年,晋平王休祐被杀,建安王休仁见疑,喑下讥言休若有至贵之表,明帝以此言报之。休若甚忧。尝众宾满坐,有一异鸟集席隅,哀鸣坠地死。又听事上有二大白蛇长丈余,咍咍有声,休若甚恶之。会被征为南徐州刺史,加都督、征北大将军,开府如故。休若腹心将佐咸谓还朝必有大祸,中兵参军京兆王敬先劝割据荆楚。休若执录,驰使白明帝,敬先坐诛。休若至京口,上以休若善能谐缉物情,虑将来倾幼主,欲遣使杀之,虑不奉诏。征入朝,又恐猜骇。乃伪授为江州刺史,至,即于第赐死,赠侍中、司空。子冲始袭封。

孝武帝二十八男。文穆皇后生废帝子业、豫章王子尚。陈淑媛生晋安王子勋。阮容华生安陆王子绥。徐昭容生皇子子深。何淑仪生松滋侯子房。史昭华生临海王子顼。殷贵妃生始平孝敬王子鸾。次永嘉王子仁与皇子子深同生。何婕妤生皇子子凤。谢昭容生始安王子真。江婕妤生皇子子玄。史昭仪生邵陵王子元。次齐敬王子羽与始平孝敬王子鸾同生。江美人生皇子子衡。杨婕妤生淮南王子孟。次皇子子况与皇子子玄同生;次南平王子产与永嘉王子仁同生;次晋陵孝王子云、次皇子子文并与始平孝敬王子鸾同生;次庐陵王子舆与淮南王子孟同生;次南海哀王子师与始平孝敬王子鸾同生;次淮阳思王子霄与皇子子玄同生;次皇子子雍与始安王子真同生;次皇子子趋与皇子子凤同生;次皇子子期与皇子子衡同生;次东平王子嗣与始安王子真同生。张容华生皇子子悦。安陆王子绥、南平王子产、庐陵王子舆并出继。皇子子深、子凤、子玄、子衡、子况、子文、子雍未封早夭。子趋、子期、子悦未封,为明帝所杀。

豫章王子尚,字孝师,孝武第二子也。孝建三年,年六岁,封西阳王。大明三年,分浙江西立王畿;以浙江东为扬州,以子尚为刺史,加都督。五年,改封豫章王,领会稽太守。七年,进号车骑大将军、开府仪同三司。时东土大旱,鄞县多旷田,孝武使子尚表至鄞县劝农,又立左学,召生徒,置儒林祭酒一人,学生师敬,位比州中从事。文学祭酒一人,比州西曹。劝学从事二人,比祭酒从事。

前废帝即位,罢王畿复旧,征子尚都督扬、南徐二州诸军事,领尚书令。初,孝建中,孝武以子尚太子母弟,甚留心;后新安王子鸾以母幸见爱,子尚宠衰。及长,凶慝,有废帝之风。明帝既殒废帝,乃称太皇太后令曰:"子尚顽凶,楚玉淫乱,并于第赐尽。"楚玉,废帝姊山阴公主也。废帝改封会稽郡长公主,给鼓吹一部,加班剑二十人,未拜受而废帝败。

晋安王子勋,字孝德,孝武第三子也。眼患风,不为孝武所爱。大明四年,年五岁,封晋安王。七年,为江州刺史,加都督。八年,改授雍州,未拜而孝武崩,还为江州。时废帝狂凶,多所诛害。前抚军谘议参军何迈谋因帝出为变,迎立子勋。事泄,帝诛迈,使八座奏子勋与迈通谋,遣左右朱景送药赐子勋死。景至盆口,遣报长史邓琬。琬等奉子勋起兵,以废立为名。明帝定乱,进子勋车骑将军、开府仪同三司。琬等不受命。泰始二年正月七日,奉

子勋为帝,即伪位于寻阳,年号义嘉,备置百官,四方响应。是岁四方贡计,并诣寻阳。及军败,子勋见杀,时年十一。即葬寻阳庐山。

松滋侯子房,字孝良,孝武第六子也。大明四年,年五岁,封寻阳王。前废帝景和元年,为会稽太守,加都督。明帝即位,征为抚军,领太常。长史孔觊不受命,举兵应晋安王子勋。上虞令王晏杀觊,送子房还建邺。上宥之,贬为松滋县侯。司徒建安王休仁以子房兄弟终为祸难,劝上除之。废徙远郡见杀,年十一。

临海王子顼,字孝烈,孝武第七子也。初封历阳王,后改封临海,位荆州刺史。明帝即位,进督雍州,长史孔道存不受命,应晋安王子勋。事败赐死,年十一。

始平孝敬王子鸾,字孝羽,孝武第八子也。大明四年,封襄阳王,寻改封新安。五年,为北中郎将、南徐州刺史,领南琅邪太守。母殷淑仪宠倾后宫,子鸾爱冠诸子,凡为上眄遇者莫不入子鸾府国。为南徐州,又割吴郡属之。六年,丁母忧。前废帝素疾子鸾有宠,及即位,既诛群臣,乃遣使赐子鸾死,时年十岁。子鸾临死谓左右曰:"愿后身不复生王家。"同生弟妹并死。明帝即位,改封始平王,以建平王景素子延年嗣。

永嘉王子仁,字孝和,孝武第九子也。大明五年,封永嘉王。明帝即位,以为湘州刺史。帝寻从司徒建安王休仁计,未拜赐死,时年十岁。

始安王子真,字孝贞,孝武第十一子也;邵陵王子元,字孝善,孝武第十三子也。并被明帝赐死。

齐敬王子羽,字孝英,孝武第十四子也。生二岁而薨,追加封谥。

淮南王子孟,字孝光,孝武第十六子也。初封淮南王,明帝改封安成王,未拜赐死。

晋陵孝王子云,字孝举,孝武第十九子也。大明六年封,未拜而亡。

南海哀王子师,字孝友,孝武第二十二子也。大明七年封,未拜,为前废帝所害。明帝即位追谥。

淮阳思王子霄,字孝云,孝武第二十三子也。早薨,追加封谥。

东平王子嗣,字孝叔,孝帝第二十七子也,明帝赐死。

武陵王赞,字仲敷,小字智随,明帝第九子也。明帝既诛孝武诸子,诏以智随奉孝武为子,封武陵郡王。顺帝升明二年薨,国除。

明帝十二男:陈贵妃生后废帝。谢修仪生皇子法良。陈昭华生顺帝。徐婕妤生第四皇子。郑修容生皇子智井。次晋熙王燮与皇子法良同生。泉美人生邵陵殇王友;次江夏王跻与第四皇子同生。徐良人生武陵王赞。杜修华生随阳王翙。次新兴王嵩与武陵王赞同生。又泉美人生始建王禧。智井、燮、跻、赞并出继。法良未封。第四皇子未有名,早夭。

邵陵殇王友,字仲贤,明帝第七子也。年五岁,出为南中郎将、江州刺史,封邵陵王。后废帝元徽二年,桂阳

王休范诛后，王室微弱，友府州文案及臣吏，不讳"有无"之"有"。顺帝升明二年，徙南豫州刺史，薨。无子国除。

　随阳王翙，字仲仪，明帝第十子也。初封南阳王，升明二年，改封随阳。齐受禅，封舞阴县公。

　新兴王嵩，字仲岳，明帝第十一子也。齐受禅，降封定襄县公。

　始建王禧，字仲安，明帝第十二子也。齐受禅，降封荔浦县公，寻并云谋反赐死。

　论曰：甚矣哉，元嘉之遇祸也。杀逆之衅，事起肌肤，因心之童，遂亡天性。虽鸣镝之酷，未极于斯，其不至覆亡，亦为幸也。明皇统运，疑隙内构，寻斧所加，先自王戚。晋刺以犷暴摧躯，巴哀由和良鸩体，保身之路，未知攸适。昔之戒子，慎勿为善，详求其旨，将远有以乎！《诗》云："不自我先，不自我后。"盖古人之畏祸也。孝武诸子，提挈以成衅乱，遂至宇内沸腾，王室如毁，而帝之诸胤莫不歼焉。强不如弱，义在于此。明帝负螟之庆，事非己出，枝叶不茂，岂能庇其本乎？

卷十五　　　　　列传第五

刘穆之 曾孙祥　从子秀之　**徐羡之** 从孙湛之　湛之孙孝嗣　孝嗣孙君蒨　**傅亮** 族兄隆　**檀道济** 兄韶　韶孙圭　韶弟祗

　刘穆之，字道和，小字道人，东莞莒人也，世居京口。初为琅邪府主簿，尝梦与宋武帝泛海遇大风，惊俯视船下，见二白龙挟船。既而至一山，山峰耸秀，意甚悦。及武帝克京城，问何无忌求府主簿，无忌进穆之。帝曰："吾亦识之。"即驰召焉。时穆之闻京城有叫声，晨出陌头，属与信会，直视不言者久之，反室坏布裳为裤，往见帝，帝谓曰："我始举大义，须一军吏甚急，谁堪其选？"穆之曰："无见逾者。"帝笑曰："卿能自屈，吾事济矣。"即于坐受署。

　从平建邺，诸大处分，皆仓卒立定，并穆之所建，遂动见谘ινα。穆之亦竭节尽诚，无所遗隐。时晋纲宽弛，威禁不行，盛族豪家，负势陵纵；重以司马元显政令违舛，桓玄科条繁密。穆之斟酌时宜，随方矫正，不盈旬日，风俗顿改。

　迁尚书祠部郎，复为府主簿、记室、录事参军，领堂邑太守。以平桓玄功，封西华县五等子。及扬州刺史王谧薨，帝次应入辅。刘毅等不欲帝入，议以中领谢混为扬州，或欲令帝于丹徒领州，以内事付仆射孟昶。遣尚书右丞皮沈以二议谘帝。沈先与穆之言，穆之伪如厕，即密疏白帝，言沈语不可从。帝既见沈，且令出外，呼穆之问焉。穆之曰："公今日岂得居谦，遂为守蕃将邪？刘、孟诸公俱起布衣，共立大义，事乃一时相推，非宿定臣主分也。力敌势均，终相吞咀。扬州根本所系，不可假人。前授王谧，事出权道，今若复他授，便应受制于人。一失权柄，无由可得。公功高勋重，不可直置疑畏，便可入朝共尽同异。公至京邑，彼必不敢越公更授余人。"帝从其言，由是入辅。

　从广固还拒卢循，常居幕中画策。刘毅等疾之，每从容言其权重，帝愈信仗之。穆之外所见闻，大小必白，虽闾里言谑，皆一二以闻。帝每得人间委密消息以示聪明，皆由穆之。又爱宾游，坐客恒满，布耳目以为视听，故朝野同异，穆之莫不必知。虽亲昵短长，皆陈奏无隐。人或讥之，穆之曰："我蒙公恩，义无隐讳，此张辽所以告关羽欲叛也。"

　帝举止施为，穆之皆下节度。帝书素拙，穆之曰："此虽小事，然宣布四远，愿公小复留意。"帝既不能留意，又禀分有在，穆之乃曰："公但纵笔为大字，一字径尺无嫌。大既足有所包，其势亦美。"帝从之，一纸不过六七字便满。穆之凡所荐达，不纳不止。常云："我虽不及荀令君之举善，然不举不善。"穆之与朱龄石并便尺牍，尝于武帝坐与龄石并答书，自旦至日中，穆之得百函，龄石得八十函，而穆之应对无废。

　迁中军、太尉司马，加丹阳尹。帝西讨刘毅，以诸葛长人监留府，疑其难独任，留穆之辅之。加建威将军，置佐吏，配给实力。长人果有异谋，而犹豫不能发，屏人谓穆之曰："悠悠之言，云太尉与我不平，何以至此？"穆之曰："公溯流远伐，以老母弱子委节下，若一豪不尽，岂容若此！"长人意乃小安，穆之亦厚为之备。长人谓所亲曰："贫贱常思富贵，富贵必践危机。今日思为丹徒布衣，不可得也。"帝还，长人伏诛。进前将军。帝西伐司马休之，中军将军道怜知留任，而事无大小，一决穆之。迁尚书右仆射，领选，将军、尹如故。帝北伐，留世子为中军将军、监太尉留府。转穆之左仆射、领监军中军二府军司，将军、尹、领选如故，甲仗五十人入殿，入居东城。

　穆之内总朝政，外供军旅，决断如流，事无壅滞。宾客辐凑，求诉百端，内外谘禀，盈阶满室。目览词讼，手答笺书，耳行听受，口并酬应，不相参涉，皆悉赡举。又言谈赏笑，弥日亘时，未尝倦苦。裁有闲暇，手自写书，寻览篇章，校定坟籍。性奢豪，食必方丈，旦辄为十人馔，未尝独餐。每至食时，客止十人以还，帐下依常下食，以此为常。尝白帝曰："穆之家本贫贱，赡生多阙，叨忝以来，虽每存约损，而朝夕所须，微为过丰，此外无一豪负公"。

　义熙十三年卒。帝在长安，本欲顿驾关中，经略赵、魏，闻问惊恸，哀惋者数日。以根本虚，乃驰还彭城。以司马徐羡之代管留台，而朝廷大事常决于穆之者，并悉北谘。穆之前军府文武二万人，以三千配羡之建威府，余悉配世子中军府。追赠穆之开府仪同三司。帝又表天子曰："臣闻崇贤旌善，王教所先，念功简劳，义深追远。故司勋执策，在勤必记，德之休明，没而弥著。故尚书左仆射、前将军臣穆之，爱自布衣，协佐义始，内竭谋猷，外勤庶政，密勿军国，心力俱尽。及登庸朝右，尹司京畿，敷赞百揆，翼新大猷。顷戎车远役，居中作捍，抚宁之勋，实洽朝野，识量局致，栋干之器也。方宣赞盛化，缉隆圣世，忠绩未究,远迩悼心。皇恩褒述,班同三事,荣哀既备,宠灵已泰。臣伏思寻,自义熙草创,艰患未弭,外虞既殷,内难亦荐,时屯世故,靡有宁岁。臣以寡乏,负荷国重,实赖穆之匡翼之益。岂唯谠言嘉谋,溢于人听,若乃忠规密谟,潜虑帷幕,造膝诡节,莫见其际。事隔于皇朝,功隐于视听者,不可胜纪。所以陈力一纪,遂克有成,出征入辅,幸不辱命。微夫人之左右,未有宁济其事者矣。履谦居寡,守之弥固,每议及封爵,辄深自抑绝。所以勋高当年,而茅土弗及,抚事永念,胡宁可昧。谓宜加赠正司,追甄土宇。俾忠贞之烈,不泯于身后,大赉所及,永旌于善人。臣契阔夷险,旋观终始,金兰之分,义深情感,是以献其乃怀,布之朝听。"于是重赠侍中、司徒,封南昌县侯。及帝受禅,每叹忆之,曰:"穆之不死,当助我理天下。可谓'人之云亡,邦国殄瘁'。"光禄大夫范泰对曰:"圣主在上,英彦满朝,穆之虽功着艰难,未容便关兴毁。"帝笑曰:"卿不闻骥骒乎,贵日致千里耳。"帝后复曰:"穆之死,人轻易我。"其见思如此。以佐命元勋,追封南康郡公,谥曰文宣。

穆之少时,家贫诞节,嗜酒食,不修拘检。好往妻兄家乞食,多见辱,不以为耻。其妻江嗣女,甚明识,每禁不令往江氏。后有庆会,属令勿来。穆之犹往,食毕求槟榔。江氏兄弟戏之曰:"槟榔消食,君乃常饥,何忽须此?"妻复截发市肴馔,为其兄弟以饷穆之,自此不对穆之梳沐。及穆之为丹阳尹,将召妻兄弟,妻泣而稽颡以致谢。穆之曰:"本不匿怨,无所致忧。"及至醉饱,穆之乃令厨人以金柈贮槟榔一斛以进之。

元嘉二十五年,车驾幸江宁,经穆之墓,诏致祭墓所。

长子虑之嗣,卒。子邕嗣。先是郡县为封国者,内史、相并于国主称臣,去任便止。孝建中始革此制为下官致敬。河东王歆之尝为南康相,素轻邕。后歆之与邕俱豫元会并坐,邕嗜酒,谓歆之曰:"卿昔见臣,今能见劝一杯酒不?"歆之因斅孙皓歌答曰:"昔为汝作臣,今与汝比肩,既不劝汝酒,亦不愿汝年。"邕性嗜食疮痂,以为味似鳆鱼。尝诣孟灵休,灵休先患炙疮,痂落在床,邕取食之。灵休大惊,痂未落者,悉褫取饴邕。邕去,灵休与何勖书曰:"刘邕向顾见啖,遂举体流血。"南康国吏二百许人,不问有罪无罪,递与鞭,疮痂常以给膳。

邕卒,子肜嗣。坐刀斫妻夺爵,以弟彪绍。齐建元初,降封南康县侯、虎贲中郎将。坐庙墓不修,削爵为羽林监。又坐与亡弟母杨别居,杨死不殡葬,崇圣寺尼慧首剃头为尼,以五百钱为买棺,以泥洹舆送葬,为有司奏,事寝不出。

穆之中子式之,字延叔,为宣城、淮南二郡太守,犯赃货,扬州刺史王弘遣从事检校之。式之召从事谓曰:"还白使君,刘式之于国粗有微分,偷数百万钱何有,况不偷邪?"从事还白弘,由此得停。从征关洛有功,封德阳县五等侯。卒,谥曰恭。

子瑀,字茂琳,始兴王浚为南徐州,以瑀为别驾。瑀性陵物护前。时浚征北府行参军吴郡顾迈轻薄有才能,浚待之厚。瑀乃折节事迈,迈以瑀与之款尽。浚所言密事,悉以语瑀。瑀与迈共进射堂下,忽顾左右索单衣帻,迈问其故,瑀曰:"公以家人待卿,言无不尽,卿外宣泄。我是公吏,何得不启白之。"浚大怒,启文帝徙迈广州。

瑀性使气尚人,后为御史中丞,甚得志。弹萧惠开云:"非才非望,非勋非德。"弹王僧达云:"荫藉高华,人品冗末。"朝士莫不畏其笔端。转右卫将军。年位本在何偃前,孝武初,偃为吏部尚书,瑀图侍中不得。与偃同从郊祀,时偃乘车在前,瑀策驷居后,相去数十步。瑀蹋马及之,谓偃曰:"君辔何疾?"偃曰:"牛骏驭精,所以疾耳。"瑀曰:"君马何迟?"曰:"骐骥罗于羁绊,所以居后"。偃曰:"何不着鞭使致千里?"答曰:"一蹙自造青云,何至与驽马争路。"然甚不得意,谓所亲曰:"人仕宦,不出当入,不入当出,安能长居户限下?"因求益州。及行,甚不得意,至江陵,与颜竣书曰:"朱修之三世叛兵,一日居荆州,青油幕下,作谢宣明面目,向使斋帅以长刀引吾下席,于吾何有?政恐匈奴轻汉耳。"坐夺人妻为妾免官。后为吴兴太守,侍中何偃尝案之云:"参伍时望。"瑀大怒曰:"我于时望何参伍之有?"遂与偃绝。族叔秀之为丹阳,瑀又与亲故书曰:"吾家黑面阿秀遂居刘安众处,朝廷不为多士。"其年疽发背,何偃亦发背痈。瑀疾已笃,闻偃亡,欢跃叫呼,于是亦卒。谥曰刚。

祥,字显征,式之孙也。父敳,太宰从事中郎。祥少好文学,性韵刚疏,轻言肆行,不避高下。齐建元中,为正员郎。司徒褚彦回入朝,以腰扇鄣日,祥从侧过,曰:"作如此举止,羞面见人,扇障何益?"彦回曰:"寒士不逊。"祥曰:"不能杀袁、刘,安得免寒士?"永明初,撰《宋书》,讥斥禅代,尚书令王俭密以启闻,上衔而不问。为临川王骠骑从事中郎。祥兄整为广州,卒官。祥就整妻求还资,事闻朝廷。又于朝士多所贬忽。王奂为尚书仆射,祥与奂子融同载,行至中堂,见路人驱驴,祥曰:"驴,汝好为之,如汝人才,皆已令仆。"著《连珠》十五首,以寄其怀。其讥议者云:"希世之宝,违时必贱;伟俗之器,无圣则沦。是以明玉黜于楚岫,章甫穷于越人。"有以祥《连珠》启上。上令御史中丞遐奏其过恶,付廷尉。上别遣敕祥曰:"我当原卿性命,令卿万里思愆。卿若能改革,当令卿得还。"乃徙广州。不得意,终日纵酒,少时卒。

秀之,字道宝,穆之从父兄子也。祖爽,山阴令。父仲道,余姚令。秀之少孤贫。十岁时与诸儿戏前渚,忽有大蛇来,势甚猛,莫不颠沛惊呼,秀之独不动,众并异之。东海何承天雅相知器,以女妻之。兄钦之为朱龄石右军参军,随龄石败没。秀之哀戚不欢宴者十年。

宋景平二年,除驸马都尉。元嘉中,再为建康令,政绩有声。孝武镇襄阳,以为抚军录事参军、襄阳令。襄阳有六门堰,良田数千顷,堰久决坏,公私废业。孝武遣秀之修复,雍部由是大丰。后除西戎校尉、梁、南秦二州刺史,加都督。汉川饥馑,秀之躬自俭约。先是汉川悉以绢为货,秀之限令用钱,百姓利之。

二十七年,大举北侵,遣辅国将军杨文德、巴西梓潼二郡太守刘弘宗受秀之节度,震荡汧陇。元凶弑逆,秀之即日起兵，求赴襄阳，司空南谯王义宣不许。事宁，迁益州刺史，折留奉禄二百八十万付梁州镇库，此外萧然。梁、益丰富，前后刺史莫不大营聚畜，多者致万金。所携宾僚并都下贫子，出为郡县，皆以苟得自资。秀之为政整肃，远近悦焉。南谯王义宣据荆州为逆，遣征兵于秀之，秀之斩其使。以起义功，封康乐县侯，徙丹阳尹。先是秀之从叔穆之为丹阳，与子弟听事上宴，听事柱有一穿，穆之谓子弟及秀之，汝等试以栗遥掷柱，入穿者后必得此郡。唯秀之独入焉，其言遂验。

时赊买百姓物不还钱，秀之以为非宜，陈之甚切。虽纳其言，竟不用。迁尚书右仆射。时定制令，疑人杀长吏科，议者谓会赦宜以徙论。秀之以为"律文虽不显人杀官长之旨，若遇赦但止徙论，便与悠悠杀人曾无一异。人敬官长比之父母，行害之身虽遇赦，谓宜长付尚方，穷其天命，家口补兵"。从之。后为宁蛮校尉、雍州刺史，加都督。将征为左仆射，会卒。赠司空，谥忠成公。秀之野率无风采，而心力坚正。上以其莅官清洁，家无余财，赐钱二十万，布三百疋。传封至孙，齐受禅，国除。

徐羡之，字宗文，东海郯人也。祖宁，尚书吏部郎。父祚之，上虞令。羡之为桓修抚军中兵参军，与宋武帝同府，深相亲结。武帝北伐，稍迁太尉左司马，掌留任，副贰刘穆之。帝议北伐，朝士多谏，唯羡之默然。或问何独不言，羡之曰："今二方已平，拓地万里，唯有小羌未定。公寝食不安，何可轻豫其议？"穆之卒，帝欲用王弘代之。谢晦曰："休元轻易，不若徐羡之。"乃以羡之为丹阳尹，总知留任，甲仗二十人出入，加尚书仆射。

义熙十四年，军人朱兴妻周氏子道扶，年三岁，先得痫病。周因其病，发掘地生埋之，为道扶姑叔双女所告，周弃市。羡之议曰："自然之爱，豺狼犹仁，周之凶忍，宜加显戮。臣以为法律之外，尚弘通理，母之即刑，由子明法。为子之道，焉有自容之地？愚谓可特申之遐裔。"从之。

及武帝即位，封南昌县公，位司空、录尚书事、扬州刺史。羡之起自布衣，又无术学，直以局度，一旦居廊庙，朝野推服，咸谓有宰臣之望。沉密寡言，不以忧喜见色。颇工弈棋，观戏常若未解，当世倍以此推之。傅亮、蔡郭尝言徐公晓万事，安异同。尝与傅亮、谢晦宴聚。亮、晦才学辩博，羡之风度详整，时然后言。郑鲜之叹曰："观徐傅言论，不复以学问为长。"武帝不豫，加班剑三十人。宫车晏驾，与中书令傅亮、领军将军谢晦、镇北将军檀道济同被顾命。少帝诏羡之、亮率众官内月一决狱。

帝后失德，羡之等将谋废立，而庐陵王义真多过，不任四海。乃先废义真，然后废帝。时谢晦为领军，以府舍内屋败应修理，悉移家人出宅，聚将士于府内。檀道济以先朝旧将，威服殿省，且有兵众，召入朝告之谋。既废帝，侍中程道惠劝立皇子义恭，羡之不许。及文帝即位，改封南平郡公，固让加封。有司奏车驾依旧临华林园听讼，诏如先二公权讯。元嘉二年，羡之与傅亮归政，三奏乃见许。羡之仍逊位，退还私第。兄子佩之及程道惠、吴兴太守王

韶之等，并谓非宜，敦劝甚苦。复奉诏摄任。

三年正月，帝以羡之、亮、晦旬月间再肆酖毒，下诏暴其罪，诛之。尔日，诏召羡之至西明门外，时谢晦弟嚼为黄门郎正直，报亮云："殿中有异处分。"亮驰报羡之，羡之乘内人问讯车出郭，步走至新林，入陶灶中自缢而死，年六十三。羡之初不应召，上遣领军到彦之、右卫将军王华追讨。及死，野人以告，载尸付廷尉。

初，羡之年少时，尝有一人来谓曰："我是汝祖。"羡之拜。此人曰："汝有贵相而有大厄，宜以钱二十八文埋宅四角，可以免灾。过此可位极人臣。"后羡之随亲之县，住在县内。尝暂出，而贼自后破县，县内人无免者，鸡犬亦尽，唯羡之在外获全。又随从兄履之为临海乐安县，尝行经山中，见黑龙长丈余，头有角，前两足皆具，无后足，曳尾而行。及拜司空，守关将入，彗星辰见危南。又当拜时，双鹳集太极殿东鸱尾鸣唤，竟以凶终。

羡之兄钦之，位秘书监。钦之子佩之，轻薄好利，武帝以其姻戚，累加宠任，为丹阳尹。景平初，以羡之知权，颇豫政事，与王韶之、程道惠、中书舍人邢安泰、潘盛为党。时谢晦久病连灸，不堪见客。佩之等疑其托疾有异图，与韶之、道惠同载诣傅亮，称羡之意，欲令作诏诛之。亮曰："己等三人同受顾命，岂可自相残戮？"佩之等乃止。羡之既诛，文帝特宥佩之，免官而已。其冬佩之谋反事发被诛。

佩之弟逵之，尚武帝长女会稽宣公主，为彭城、沛二郡太守。武帝诸子并幼，以逵之姻戚，将大任之，欲先令立功。及讨司马休之，使统军为前锋，待克当即授荆州，于阵见害。追赠中书侍郎。子湛之。

湛之，字孝源，幼孤，为武帝所爱。常与江夏王义恭寝食不离帝侧。永初三年，诏以公主一门嫡长，且湛之致节之胤，封枝江县侯。数岁与弟淳之共车行，牛奔车坏，左右人驰来赴之。湛之先令取弟，众咸叹其幼而有识。及长，颇涉文义，善自位待，事祖母及母以孝闻。

元嘉中，以为黄门侍郎。祖母年老，辞以朝直不拜。后拜秘书监。会稽公主身居长嫡，为文帝所礼，家事大小必谘而后行。西征谢晦，使公主留止台内，总摄六宫，每有不得意，辄号哭，上甚惮之。初，武帝微时，贫陋过甚，尝自往新洲伐荻，有纳布衣袄等，皆是敬皇后手自作。武帝既贵，以此衣付公主曰："后世若有骄奢不节者，可以此衣示之。"湛之为大将军彭城王义康所爱，与刘湛等颇相附。及得罪，事连湛之。文帝大怒，将致大辟。湛之忧惧无计，以告公主。公主即日入宫，及见文帝，因号哭下床，不复施臣妾之礼。以锦囊盛武帝纳衣，掷地以示上曰："汝家本贱贫，此是我母为汝父作此纳衣。今日有一顿饱食，便欲残害我儿子。"上亦号哭，湛之由此得全。

再迁太子詹事，寻加侍中。湛之善尺牍，音辞流畅；贵戚豪强，产业甚厚，室宇园池，贵游莫及，伎乐之妙，冠绝一时。门生千余，皆三吴富人子，姿质端美，衣服鲜丽。每出入行游，涂巷盈满。泥雨日，悉以车载之。文帝每嫌其侈纵。时安成何勖，无忌之子，临汝公孟灵休，昶之子也，并名奢豪，与湛之以肴膳器服车马相尚，都下

为之语曰："安成食，临汝饰。"湛之美兼何、孟。勋官至侍中，追谥荒公。灵休善弹棋，官至秘书监。

湛之后迁丹阳尹，加散骑常侍，以公主忧不拜。过葬，复授前职。二十二年，范晔等谋反。湛之始与之同，后发其事，所陈多不尽，为晔等款辞所连。有司以湛之为豫逆党，事起积岁，末乃归闻，多有蔽匿，请免官削爵，付廷尉。上不许。湛之诣阙上疏请罪，以为"初通其谋，为诱引之辞，晔等并见怨咎，规相祸陷。又昔义康南出之始，敕臣入相伴慰，殷勤异意，颇形言旨。遗臣利刃，期以际会。臣苦相谏譬，深加拒塞，以为怨愤所至，不足为虞，便以关启，惧成虚妄。非为纳受，曲相蔽匿。又令申情范晔，释中间之憾，致怀萧思话，恨婚意未申。谓此俀倖，亦不宣达。陛下敦惜天伦，彰于四海，蕃禁优简，亲理咸通。又昔蒙眷顾，不容自绝，音翰信命，时相往来。或言少意多，旨深文浅，辞色之间，往往难测。臣顾惟心无邪悖，故不稍以自嫌，偻偻丹实，具如此启。臣虽驽下，情匪木石，岂不知丑点难婴，伏剑为易，而靦然视息，忍此余生，实非苟吝微命，假延漏刻。诚以负戾灰灭，贻耻方来，贪及视息，少自披诉。乞蒙骠放，伏待铁锧。"上优诏不许。

二十四年，服阕，转中书令、太子詹事，出为南兖州刺史。善政俱肃，威惠并行。广陵旧有高楼，湛之更修整之，南望钟山。城北有陂泽，水物丰盛，湛之更起风亭、月观，吹台、琴室，果竹繁茂，花药成行。招集文士，尽游玩之适。时有沙门释惠休善属文，湛之与之甚厚。孝武命使还俗。本姓汤，位至扬州从事史。二十六年，湛之入为丹阳尹、领太子詹事。二十七年，魏太武帝至瓜步，湛之与皇太子分守石头。二十八年，鲁爽兄弟率部曲来奔，爽等轨子也，湛之以为庙算特所奖纳，不敢苟申私怨，乞屏田里，不许。转尚书仆射，领护军将军。时尚书令何尚之以湛之国戚，任遇隆重，欲以朝政推之。湛之以令事无不总，又以事归尚之。互相推委，御史中丞袁淑奏并免官。诏乃使湛之与尚之并受辞诉。尚之虽为令，而以朝事悉归湛之。

初，刘湛伏诛，殷景仁卒。文帝任沈演之、庾仲文、范晔等。后又有江湛、何瑀之。自晔诛，仲文免，演之、瑀之并卒，至是江湛为吏部尚书，与湛之并居权要，世谓之江、徐。上每疾，湛之辄侍医药。二凶巫蛊事发，上欲废劭，赐浚死，而孝武无宠，故累出外藩，不得停都下。南平王铄、建平王宏并被爱，而铄妃即湛妹，湛劝上立之，征铄自寿阳入朝。至又失旨。欲立宏，嫌其非次，议久不决。与湛之议，或连日累夕。每夜，使湛之自执烛绕壁检行，虑有窃听者。劭入弑之旦，其夕上与湛之屏人语，至晓犹未灭烛。湛之惊起趣北户，未及开，见害，时年四十。孝武即位，追赠司空，谥曰忠烈公。子聿之为元凶所杀。聿之子孝嗣。

孝嗣，字始昌。父被害，孝嗣在孕。母年少，欲更行，不愿有子。自床投地者不算，又以捣衣杵舂其腰，并服堕胎药，胎更坚。及生，故小字遗奴。幼而挺立。八岁袭爵枝江县公，见宋孝武，升阶流涕，迄于就席。帝甚爱之，尚康乐公主，拜驸马都尉。泰始中，以登殿不著袜，为书侍御史蔡准所奏，罚金二两。

孝嗣姑适东莞刘舍，舍兄藏为尚书左丞，孝嗣往诣之。藏退谓舍曰："徐郎是令仆人，三十余可知，汝宜善自结。"升明中，为齐高帝骠骑从事中郎，带南彭城太守，转太尉谘议参军。齐建元初，累迁长兼侍中。善趋步，闲容止，与太宰褚彦回相埒。尚书令王俭谓人曰："徐孝嗣将来必为宰相。"转御史中丞。武帝问俭曰："谁可继卿？"俭曰："臣东都之日，其在徐孝嗣乎。"出为吴兴太守，俭赠孝嗣四言诗曰："方轨叔茂，追清彦辅，柔亦不茹，刚亦不吐。"时人以比蔡子尼之行状也。在郡有能名。王俭亡，上征孝嗣为五兵尚书。其年，敕撰江左以来仪典，令诸受孝嗣。明年，迁太子詹事。从武帝幸方山。上曰："朕经始此山之南，复为离宫，应有迈灵丘。"灵丘山湖，新林苑也。孝嗣答曰："绕黄山，款牛首，乃盛汉之事。今江南未广，愿陛下更留神。"上乃止。竟陵王子良甚善之。历吏部尚书，右军将军，领太子左卫率，台阁事多以委之。武帝崩，遗诏以为尚书右仆射。隆昌元年，为丹阳尹。明帝谋废郁林，遣左右莫智明以告孝嗣，孝嗣奉旨无所厘替，即还家草太令。明帝入殿，孝嗣戎服随后。郁林既死，明帝须太后令，孝嗣于袖出而奏之，帝大悦。时议悉诛高、武子孙，孝嗣坚保持之，故得无恙。以废立功，封枝江县侯，甲仗五十人入殿。转左仆射。明帝即位，进爵为公，给班剑二十人，加兵百人。旧拜三公乃临轩，至是，帝特诏与陈显达、王晏并临轩拜授。时王晏为令，人情物望不及孝嗣，晏诛，转中书令。孝嗣爱好文学，器量弘雅，不以权势自居，故见容明帝之世。初在率府，昼卧斋北壁下，梦两童子遽云："移公床。"孝嗣惊起，闻壁有声，行数步而壁崩压床。建武四年，即本号开府仪同三司，让不受。

时连年魏军动，国用虚乏，孝嗣表立屯田。帝已寝疾，兵事未已，竟不行。及崩，受遗讬，重申开府之命，加中书监。永元初辅政，自尚书下省出住宫城南宅，不得还家。帝失德，孝嗣不敢谏。及江祏诛，内怀忧恐，然未尝失色。始安王遥光反，众怀惶惑，见孝嗣入宫乃安。然群小用事，不能制也。时孝嗣以帝终乱天常，与沈文季俱在南掖门，欲要文季以门为应，四五目之。文季辄乱以他语，孝嗣乃止。进位司空，固让。求解丹阳尹，不许。孝嗣文人，不显同异，名位虽大，故得未及祸。虎贲中郎将许准有胆力，陈说事机，劝行废立。孝嗣迟疑，谓必无用干戈理，须少主出游，闭城门，召百僚集议废之。虽有此怀，终不能决。群小亦稍憎孝嗣，劝帝除之。其冬，孝嗣入华林省，遣茹法珍赐药。孝嗣容色不异，谓沈昭略曰："始安事，吾欲以门应之，贤叔若同，无今日之恨。"少能饮酒，饮药至斗余方卒，乃下诏言诛之。于时凡被杀者，皆取其蝉冕，剥其衣服。众情素敬孝嗣，得无所侵。长子演，尚齐武帝女武康公主，位太子中庶子；第三子况，尚明帝女山阴公主，并拜驸马都尉，俱见杀。孝嗣之诛，众人俱无敢至者，唯会稽魏温仁奔赴以私财营丧事。当时称之。

初，孝嗣复故封，使故吏吴兴丘睿筮之，当传几世。

睿曰："恐不终尊身。"孝嗣容色甚恶,徐曰："缘有此虑,故令卿决之。"中兴元年,和帝赠孝嗣太尉。二年,改葬宣德太后,诏增班剑四十人,加羽葆、鼓吹,谥曰文忠,改封余干县公。

子绲,仕梁,位侍中,太常,信武将军,谥顷子。

绲子君蒨,字怀简,幼聪朗好学,尤长丁部书,问无不对。善弦歌,为梁湘东王镇西谘议参军。颇好声色,侍妾数十,皆佩金翠,曳罗绮,服玩悉以金银。饮酒数升便醉,而闭门尽日酣歌。每遇欢谑,则饮至斗。有时载伎肆意游行,荆楚山川,靡不毕践。朋从游好,莫得见之。时襄阳鱼弘亦以豪侈称,于是府中谣曰:"北路鱼,南路徐。"然其服玩次于弘也。君蒨辩于辞令,湘东王尝出军,有人将妇从者。王曰:"才愧李陵,未能先诛女子;将非孙武,遂欲驱妪妇人。"君蒨应声曰:"项籍壮士,犹有虞兮之爱;纪信成功,亦资姬人之力。"君蒨文冠一府,特有轻艳之才,新声巧变,人多讽习,竟卒于官。

傅亮,字季友,北地灵州人,晋司隶校尉咸之玄孙也。父瑗,以学业知名,位至安成太守。瑗与郗超善。超常造瑗,见二子迪及亮。亮年四五岁,超令人解衣使持去,初无吝色。超谓瑗曰:"卿小儿才名位宦当远逾于兄,然保家终在大者。"迪字长猷,宋初终五兵尚书,赠太常。

亮博涉经史,尤善文辞。义熙中,累迁中书黄门侍郎,直西省。宋武帝以其久直之勤劳,欲以为东阳郡。先以语迪,大喜告亮,亮不答,即驰见武帝,陈不乐出。帝笑曰:"谓卿须禄耳,能如此,甚协所望也。"以为太尉从事中郎,掌记室。宋国初建,除侍中,领世子中庶子,加中书令。从还寿阳,武帝有受禅意,而难于发言,乃集朝臣宴饮,从容曰:"桓玄暴篡,鼎命已移,我首唱大义,兴复皇室,今年时衰暮,欲归老京师。"群臣唯盛称功德,莫晓此意。亮悟旨。日晚宫门已闭,叩扉请见曰:"臣暂宜还都。"帝知意,无复他言,直云:"须几人自送?"亮曰:"须数十人。"于是奉辞。及出,夜见长星竟天,拊髀曰:"我常不信天文,今始验矣。"亮至都,即征帝入辅。

永初元年,加太子詹事,封建城县公,入直中书省,专典诏命。以亮任总国权,听于省见客。神兽门外,每旦车常数百两。武帝登庸之始,文笔皆是参军滕演,北征广固,悉委长史王诞。自此之后至于受命,表策文诰,皆亮辞也。演字彦将,南阳西鄂人,位至秘书监。二年,加亮尚书仆射。及帝不豫,与徐羡之、谢晦并受顾命,给班剑二十人。少帝即位,进中书监、尚书令,领护军将军。

少帝废,亮奉迎文帝。立行台于江陵城南,题曰大司马门,率行台百僚诣门拜表,威仪甚盛。文帝将下,引见亮,哭泣哀动左右。既而问义真及少帝薨废本末,悲号呜咽。侍侧者莫能仰视,亮流汗沾背不能答。于是布腹心于到彦之、王华等。及至都,徐羡之问帝可方谁?亮曰:"晋文、景以上人。"羡之曰:"必能明我赤心。"亮曰:"不然。"及文帝即位,加左光禄大夫、开府仪同三司。司空府文武即为左光禄府,进爵始兴郡公,固让进封。元嘉三年,帝将诛亮,先呼入见,省内密有报者。亮辞以嫂

病暂还,遣信报徐羡之,因乘车出郭门,骑马奔兄迪墓。屯骑校尉郭泓收之。初至广莫门,上亦使以诏谓曰:"以公江陵之诚,当使诸子无恙"。亮读诏讫曰:"亮受先帝布衣之眷,遂蒙顾托。黜昏立明,社稷之计。欲加之罪,其无辞乎?"于是伏诛,妻子流建安。亮之方贵,兄迪每深诚焉,而不能从。及见世路屯险,著论名曰《演慎》。及少帝失德,内怀忧惧。直宿禁中,睹夜蛾赴烛,作《感物赋》以寄意。初奉大驾,道路赋诗三首,其一篇有悔惧之辞。自知倾覆,求退无由,又作辛有、穆生、董仲道赞,称其见微之美云。

隆,字伯祚,亮族兄也。曾祖晞,司徒属。父、祖并早卒。隆少孤贫,有学行。义熙初,年四十,为孟昶建威参军,累迁尚书左丞。以族弟亮为仆射,缌服不得相临,徙太子率更令。元嘉初,为御史中丞,甚得司直之体,转司徒左长史。会稽剡县人黄初妻赵,打杀息载妻王,遇赦。王有父母及男称女叶,依法徙赵二千里外。隆议曰:"礼律之兴,本之自然。求之情理,非从天堕,非从地出。父子至亲,分形同气,称之于载,即载之于赵。虽言三世,为体犹一。称虽创巨痛深,固无仇祖之义。向使石厚之子,日磾之孙,砥锋挺锷,不与二祖同戴天日,则石碏、秺侯何得流名百代?旧令言杀人父母,徙之二千里外,不施父子孙祖明矣。赵当避王期功千里外耳。令亦云:凡流徙者,同籍亲近欲相随者听之。此又大通情体,因亲以教爱也。赵既流移,载为人子,何得不从?载从而称不行,岂名教所许?如此,称、赵竟可分。赵虽内愧终身,称沉痛没齿,孙祖之义,自不得以永绝,事理然也。"从之。出为义兴太守,有能名。拜左户尚书,坐正直受节假,对人未至委出,白衣领职。寻转太常,文帝以新撰《礼论》付隆,使更下意。隆表上五十二事。后致仕,拜光禄大夫,归老于家。手不释卷,博学多通,特精《三礼》。年八十三卒。

檀道济,高平金乡人也,世居京口。少孤,居丧备礼,奉兄姊以和谨称。宋武帝建义,道济与兄韶祗等从平京城,俱参武帝建武将军事。累迁太尉参军,封作唐县男。义熙十二年,武帝北伐,道济为前锋,所至望风降服。径进洛阳,议者谓所获俘囚,应悉戮以为京观。道济曰:"伐罪吊人,正在今日。"皆释而遣之。于是中原感悦,归者甚众。长安平,以为琅邪内史。

武帝受命,以佐命功,改封永修县公,位丹阳尹、护军将军。武帝不豫,给班剑二十人。出为镇北将军、南兖州刺史。徐羡之等谋废立,讽道济入朝,告以将废庐陵王义真,道济屡陈不可,竟不纳。将废帝夜,道济入领军府就谢晦宿,晦悚息不得眠。道济寝便睡熟,晦以此服之。

文帝即位,给鼓吹一部,进封武陵郡公。固辞进封。道济素与王弘善,时被遇方深,道济弥相附为,每构羡之等,弘亦雅仗之。上将诛徐羡之等,召道济欲使西讨。王华曰:"不可。"上曰:"道济从人者也,曩非创谋,抚而使之,必将无虑。"道济至之明日,上诛羡之、亮。既而使道济与中领军到彦之前驱西伐。上问策于道济,对曰:

"臣昔与谢晦同从北征,入关十策,晦有其九。才略明练,殆难与敌;然未尝孤军决胜,戎事恐非其长。臣悉晦智,晦悉臣勇。今奉王命外讨,必未阵而禽。"时晦本谓道济与羡之同诛,忽闻来上,遂不战自溃。事平,迁征南大将军、开府仪同三司、江州刺史。

元嘉八年,到彦之侵魏,已平河南,复失之。道济都督征讨诸军事,**北略地,转战至济上**。魏军盛,遂克滑台。道济时与魏军三十余战多捷,军至历城,以资运竭乃还。时人降魏者具说粮食已罄,于是士卒忧惧,莫有固志。道济夜唱筹量沙,以所余少米散其上。及旦,魏军谓资粮有余,故不复追。以降者妄,斩以徇。时道济兵寡弱,军中大惧。道济乃命军士悉甲,身白服乘舆,徐出外围。魏军惧有伏,不敢逼,乃归。道济虽不克定河南,全军而反,雄名大振。魏甚惮之,图之以禳鬼。还进位司空,镇寻阳。

道济立功前朝,威名甚重。左右腹心并经百战,诸子又并有才气,朝廷疑畏之。时人或目之曰:"安知非司马仲达也。"文帝寝疾累年,屡经危殆。领军刘湛贪执朝政,虑道济为异说。又彭城王义康亦虑宫车晏驾,道济不复可制。十二年,上疾笃,会魏军南伐,召道济入朝。其妻向氏曰:"夫高世之勋,道家所忌,今无事相召,祸其至矣。"及至,上已间。十三年春,将遣还镇,下渚未发,有鹤鹳鸟集船悲鸣。会上疾动,义康矫诏召入祖道,收付廷尉,及其子给事黄门侍郎植、司徒从事中郎粲、太子舍人混、征北主簿承伯、秘书郎中尊等八人并诛。时人歌曰:"可怜《白浮鸠》,枉杀檀江州。"道济死日,建邺地震白毛生。又诛司空参军薛肜、高进之,并道济心腹也。道济见收,愤怒气盛,目光如炬,俄尔间引饮一斛。乃脱帻投地,曰:"乃坏汝万里长城。"魏人闻之,皆曰"道济已死,吴子辈不足复惮"。自是频岁南伐,有饮马长江之志。文帝问殷景仁曰:"谁可继道济?"答曰:"道济以累有战功,故致威名,余但未任耳。"帝曰:"不然,昔李广在朝,匈奴不敢南望,后继者复有几人?"二十七年,魏军至瓜步,文帝登石头城望,甚有忧色。叹曰:"若道济在,岂至此!"

韶字令孙,以平桓玄功封巴丘县侯。从征广固,率所领先登,位琅邪内史。从讨卢循,以功更封宜阳县侯,拜江州刺史,以罪免。

韶嗜酒贪横,所莅无政绩。上嘉其合门从义,道济又有大功,故特见宠授。卒。子臻,字係宗,位员外郎。臻子圭。

珪,字伯玉,位沅南令。元徽中,王僧虔为吏部尚书,以圭为征北板行参军。圭诉僧虔求禄不得,与僧虔书曰:"仆一门虽谢文通,乃忝武达。群从姑叔,三媲帝姻,而令子侄饿死,遂不荷润。蝉腹龟肠,为日已久。饥彪能呀,人遽为肉,饿骥不噬,谁为落毛。虽复孤微,百世国士,姻媾位宦,亦不后物。尚书同堂姊为江夏王妃,檀珪同堂姑为南谯王妃,尚书伯为江州,檀珪祖亦为江州。仆于尚书人地本悬,至于婚宦皆不殊绝。今通塞虽异,犹忝气类,尚书何事为尔见苦。"僧虔报书曰:"吾与足下素无怨憾,何以相苦?直是意有左右耳。"乃用为安成郡丞。

祗,字恭叔,与兄韶弟道济俱参义举,封西昌县侯,历位广陵相。义熙十年,亡命司马国璠兄弟自北徐州界潜得过淮,因天阴暗,夜率百许人缘广陵城入,叫唤直上听事。祗被射伤股,语左右曰:"贼乘暗得入,欲掩我不备,但打五鼓俱之,晓必走矣。"贼闻鼓鸣,直谓为晓,乃奔散,追杀百余人。宋国初建,为领军。祗性矜豪,乐在外放恣,不愿内职。不得志,发疾不自疗。其年卒于广陵。谥曰威侯。传嗣至齐受禅,国除。

论曰:自晋网不纲,主威莫树,乱基王室,毒被江左。宋武一朝创业,事属横流,改易紊章,归于平道。以建武、永平之风,变太元、隆安之俗,此盖文宣公之为乎!其配飨清庙,岂徒然也?若夫枯才骄物,公旦其犹病诸;以刘祥居之,斯亡亦为幸焉。秀之行己有道,可谓位无虚授。当徐、傅二公跪承顾托,若使死而可再,固当赴蹈为期。及至处权定机,当震主之地,甫欲攘抑后祸,御蔽身灾,使桐宫有卒迫之痛,淮王非中雾之疾,若以社稷为存亡,则义异于此。湛之、孝嗣临机不决,既以败国,且以殒身,"反受其乱",斯其效也。道济始因录用,故得忘瑕,晚困大名,以至颠覆。韶、祗克传胤嗣,其木雁之间乎?

卷十六　　　　　　列传第六

王镇恶　朱龄石 弟超石　毛修之 孙惠素　傅弘之　朱修之　王玄谟 子瞻 从弟玄象 玄载 玄邈

王镇恶,北海剧人也。祖猛,仕苻坚,任兼将相。父休,为河东太守。镇恶以五月生,家人以俗忌,欲令出继疏宗。猛曰:"此非常儿。昔孟尝君恶月生而相齐,是儿亦将兴吾门矣。"故名为镇恶。年十三而苻氏败,寓食渑池人李方家。方善遇之,谓方曰:"若遭英雄主,要取万户侯,当厚相报。"方曰:"君丞相孙,人材如此,何患不富贵,至时愿见用为本县令足矣。"后随叔父曜归晋,客荆州。颇读诸子兵书,喜论军国大事。骑射非长,而从横善果断。宋武帝伐广固,镇恶时为天门郡临澧令。人或荐之武帝,召与语,异焉,因留宿。旦谓诸佐曰:"镇恶王猛孙,所谓将门有将。"即以署前部贼曹。拒卢循有功,封博陆县五等子。

武帝谋讨刘毅,镇恶曰:"公若有事西楚,请给百舸为前驱。"及西讨,转镇恶参军事,使率龙骧将军蒯恩百舸前发。镇恶受命,便昼夜兼行,扬声刘兖州上。毅谓为信,不知见袭。镇恶去江陵城二十里,舍船步上,蒯恩军在前,镇恶次之,舸留一二人,对舸岸上竖旗安鼓。语所留人曰:"计我将至城,便长严令如后有大军状。又分队在后,令烧江津船。镇恶径前袭城,津戍及百姓皆言刘藩实上,晏然不疑。将至城,逢要将朱显之驰前问藩所在,军人答云"在后"。及至军后不见藩,又望见江津船舰被烧而鼓声甚盛,知非藩上,便跃马告毅,令闭城门。镇恶亦驰进得入城，便因风放火，烧大城南门及东门。又遣人以诏及赦文并武帝手书凡三函示毅，毅皆烧不视。金城内亦未信帝自来。及接兵接战，镇恶军人与毅下将或是父兄子弟中表亲亲，且斗且语，知武帝在后，人情离懈。初，毅常所乘马在城外不得入，仓卒无马，使就子肃取马，肃不与。朱显之谓曰："人取汝父而惜马，汝走欲何之？"夺马以授毅，从大城东门出奔牛牧佛寺自缢。镇恶身被五箭，手所执矟亦手中破折。江陵平后二十日，大军方至，以功封汉寿县子。

及武帝北伐，为镇西谘议，行龙骧将军，领前锋。将发，前将军刘穆之谓曰："昔晋文王委蜀于邓艾，今亦委卿以关中，卿其勉之。"镇恶曰："吾等因托风云，并蒙抽擢，今咸阳不克，誓不济江。三秦若定，而公九锡不至，亦卿之责矣。"镇恶入贼境，战无不捷。破虎牢及柏谷坞。进次渑池，造故人李方家。升堂见母，厚加酬赉，即授方渑池令。方轨径据潼关，将士乏食，乃亲到弘农督其租。百姓竞送义粟，军食复振。

初，武帝与镇恶等期，若克洛阳，须待大军，未可轻前。既而镇恶等至潼关，为伪大将军姚绍所拒不得进，驰告武帝求粮援。时帝军入河，魏军屯河岸，军不得进。帝呼所遣人开舫北户指河上军示之曰："我语令勿进而深入，岸上如此，何由得遣军？"镇恶既得具租，绍又病死，伪抚军将军姚赞代绍守险，众力犹盛。武帝至湖城，赞引退。大军次潼关，谋进取计。镇恶请率水军自河入渭，直至渭桥。镇恶所乘皆蒙冲小舰，行船者悉在舰内，溯渭而进，舰外不见有行船人。北土素无舟楫，莫不惊以为神。镇恶既至，令将士食毕，便弃船登岸。渭水流急，诸舰悉逐流去。镇恶抚慰士卒曰："此是长安城北门外，去家万里，而舫乘衣粮并已逐流，唯宜死战，可立大功。"乃身先士卒。

即陷长安城。城内六万余户，镇恶抚慰初附，号令严肃。于灞上奉迎，武帝劳之曰："成吾霸业者，真卿也！"谢曰："此明公之威，诸将之力。"帝笑曰："卿欲学冯异邪？"时关中丰全，镇恶性贪，收敛子女玉帛不可胜计。帝以其功大不问。时有白帝言镇恶藏姚泓伪辇，有异志。帝使觇之，知镇恶剔取饰辇金银，弃辇于垣侧，帝乃安。帝留第二子桂阳公义真为安西将军、雍秦二州刺史，镇长安。镇恶以征虏将军领安西司马、冯翊太守，委以扞御之任。

及大军东还，赫连勃勃逼北地。义真遣中兵参军沈田子拒之。虏甚盛，田子退屯刘回堡，遣使还报镇恶。镇恶对田子使，谓安西长史王修曰："公以十岁儿付吾等，当共思竭力，今拥兵不进，贼何由得平？"使反言，田子甚惧。王猛之相苻坚也，北人方以为诸葛亮。入关之功，又镇恶为首，时论者深惮之。田子峣柳之捷，威震三辅，而与镇恶争功。武帝将归，留田子与镇恶，私谓田子曰："钟会不得遂其乱者，为有卫瓘故也。语曰：'猛兽不如群狐。'卿等十余人，何惧王镇恶？"故二人常有猜心。时镇恶师于泾上，与田子俱会傅弘之垒，田子求屏人，因斩之幕下，并兄基、弟鸿、遵、深、从弟昭、朗、弘，凡七人。弘之奔告义真。义真率王智、王修被甲登横门以察其变。俄而

田子至，言镇恶反。修执田子，以专戮斩焉。是岁，义熙十四年正月十五日也。追赠左将军、青州刺史。及帝受命，追封龙阳县侯，谥曰壮。传国至曾孙睿，齐受禅，国除。

朱龄石，字伯儿，沛郡沛人也。世为将，伯父宪及斌并为中郎将袁真将佐。桓温伐真于寿阳，真以宪兄弟潜通温，并杀之。龄石父绰逃归温。寿阳平，真已死，绰辄发棺戮尸。温怒将斩之，温弟冲请得免。绰受冲更生之恩，事冲如父。位西阳、广平太守。及冲薨，绰欧血而死。

龄石少好武，不事崖检。舅淮南蒋氏才劣，龄石使舅卧听事，剪纸方寸帖着舅枕，以刀子悬掷之，相去八九尺，百掷百中。舅畏龄石，终不敢动。舅头有大瘤，龄石伺眠密割之，即死。

武帝克京城，以为建武参军。从至江乘将战，龄石言世受桓氏恩，不容以兵刃相向，乞在军后。帝义而许之。以为镇军参军，迁武康令。县人姚系祖专为劫，郡县畏不能讨。龄石至县，伪与厚，召为参军。系祖恃强，乃出应召。龄石斩之，掩其家，悉杀其兄弟，由是一部得清。后领中兵。龄石有武干，又练吏职，帝甚亲委之。平卢循有功，为西阳太守。

义熙九年，徙益州刺史，为元帅伐蜀。初，帝与龄石密谋进取，曰："刘敬宣往年出黄武，无功而退。贼谓我今应从外水往，而料我当出其不意犹从内水来也，必重兵守涪城以备内道。若向黄武，正堕其计。今以大众自外水取成都，疑兵出内水，此制敌之奇也。"而虑此声先驰，贼审虚实，别有函封付龄石，署曰至白帝乃开。诸军虽进，未知处分。至白帝发书，曰："众军悉从外水取成都；臧熹、朱枚于中水取广汉；使羸弱乘高舰十余，由内水向黄武。"谯纵果备内水，使其大将谯道福戌涪城，遣其秦州刺史侯晖、仆射谯诜等屯彭模，夹水为城。十年六月，龄石至彭模。七月，龄石率刘钟、蒯恩等于北城斩侯晖、谯诜。朱枚至广汉，复破谯道福别军。谯纵奔涪城，巴西人王志斩送之，并获道福，斩于军门。帝之伐蜀，将谋元帅，乃举龄石。众咸谓龄石资名尚轻，虑不克办。论者甚众，帝不从。乃分大军之半，令猛将劲卒悉以配之。臧熹，敬皇后弟也，亦命受其节度。及战克捷，众咸服帝知人，又美龄石善于事。以平蜀功，封丰城侯。十四年，桂阳公义真被征，以龄石为雍州刺史，督关中诸军事。龄石至长安，义真乃发。义真败于青泥，龄石亦举城奔走见杀。传国至孙，齐受禅，国除。

龄石弟超石，亦果锐。虽出自将家，兄弟并闲尺牍。桓谦为卫将军，以补行参军。后为武帝徐州主簿，收迎桓谦身首，躬营殡葬。义熙十二年北伐，超石为前锋入河。时军人缘河南岸牵百丈。有漂度北岸者，辄为魏军所杀略。帝遣白直队主丁旿率七百人及车百乘于河北岸为却月阵，两头抱河，车置七仗士。事毕，使竖一长白毦。魏军不解其意，并未动。帝先命超石戒严二千人，白毦既举，超石赴之，并赍大弩百张，一车益二十人，设彭排于辕上。魏军见营阵立，乃进围营。超石先以弱弓小箭射之，魏军四面俱至。魏明元皇帝又遣南平公长孙嵩三万骑肉薄攻营，

于是百弩俱发。魏军既多,弩不能制。超石初行,别赍大槌并千余张矟,乃断矟三四尺以槌槌之,一矟辄洞贯三四人。魏军不能当,遂溃。大军进克蒲坂,以超石为河东太守。后除中书侍郎,封兴平县五等侯。关中乱,帝遣超石慰劳河洛,与龄石俱没赫连勃勃,见杀。

毛修之,字敬文,荥阳阳武人也。祖武生、伯父璩并益州刺史。父瑾,梁、秦二州刺史。修之仕桓玄为屯骑校尉,随玄西奔。玄欲奔汉川,修之诱令入蜀。冯迁斩玄于枝洄洲,修之力也。宋武帝以为镇军谘议,迁右卫将军。既有斩玄之谋,又父伯并在蜀,帝欲引为外助,故频加荣爵。及父瑾为谯纵所杀,帝表修之为龙骧将军,配兵遣奔赴。时益州刺史鲍陋不肯进讨,修之言状,帝乃令冠军将军刘敬宣伐蜀,无功而退。谯纵由此送修之父伯及中表丧柩,口累并得还。后刘毅西镇江陵,以为卫军司马、南郡太守。修之虽为毅将佐,而深结于帝,及毅败见宥。时遣朱龄石伐蜀,修之固求行。帝虑修之至蜀多所诛杀,且土人既与毛氏有嫌,亦当以死自固,不许。修之不信鬼神,所至必焚房庙。时蒋山庙中有好牛马,并夺取之。累迁相国右司马,行司州事。戍洛阳,修立城垒。武帝至,履行善之,赐衣服玩好,当时评直二千万。王镇恶死,修之代为安西司马。桂阳公义真败,为赫连勃勃所禽。及赫连昌灭,入魏。修之在洛,敬事嵩高道士寇谦之。谦之为魏太武帝信敬,营护之,故不死。修之尝为羊羹荐魏尚书,尚书以为绝味,献之太武,大悦,以为太官令。破虏,遂为尚书、光禄大夫,封南郡公,太官令、尚书如故。

后朱修之俘于魏亦见宠。修之问朱修之,南国当权者为谁,答云殷景仁。修之笑曰:"吾昔在南,殷尚幼少,我归罪之日,便当巾韝到门。"经年不忍问家消息,久之乃访焉。修之具答,并云:"贤子元矫甚能自处。"修之悲不得言,直视良久,乃长叹曰:"呜呼!"自此一不复及。初,北人去来言修之劝魏侵边,并教以在南礼制,文帝甚疑责之。朱修之后得还,具相申理,上意乃释。修之在魏多妻妾,男女甚众,身遂死于魏。

孙惠素,仕齐为少府卿。性至孝,母服除后,更修母所住处床帐屏帷,每月朔十五向帷悲泣,傍人为之感伤,终身如此。惠素吏才强济,而临事清刻。敕市铜官碧青一千二百斤供御画,用钱六十五万。有谮惠素纳利,武帝怒,敕尚书评价,贵二十八万余。有司奏,伏诛。死后家徒四壁,武帝后知无罪,甚悔恨之。

傅弘之,字仲度,北地泥阳人也。傅氏旧属灵州,汉末失土,寄冯翊,置泥阳、富平二县,废灵州,故傅氏悉属泥阳。晋武帝太康三年复立灵州县,傅氏还属灵州。弘之高祖祇,晋司徒,后封灵州公。不欲封本县,故祇一门还属泥阳。曾祖畅,秘书丞,没石勒。生子洪。晋穆帝永和中,石氏乱,度江。洪生梁州刺史歆,歆生弘之。少倜傥有大志,位历太尉行参军。宋武帝北伐,弘之与扶风太守沈田子等七军自武关入。弘之素习骑乘,于姚泓驰道内戏马,甚有姿制,羌胡观者数千,并叹称善。留为桂阳公

义真雍州中从事史。及义真东归,赫连勃勃倾国追蹑,于青泥大战,弘之躬贯甲胄,气冠三军,军败陷没,不为之屈。时天大寒裸弘之,弘之叫骂见杀。

朱修之,字恭祖,义阳平氏人也。曾祖焘,晋平西将军。祖序,豫州刺史。父谌,益州刺史。

修之初为州主簿,宋元嘉中,累迁司徒从事中郎。文帝谓曰:"卿曾祖昔为王导丞相中郎,卿今又为王弘中郎,可谓不忝尔祖矣。"后随右军到彦之北侵。彦之自河南回,修之留戍滑台,被魏将安颉围逼。粮尽,将士熏鼠食之。修之被围既久,母常悲忧。忽一旦乳汁惊出,母号恸告家人曰:"我年老非复有乳汁时,今如此,儿必没矣。"魏果以其日克滑台,囚之。

太武嘉其固守之节,以为云中镇将,妻以宗室女。修之潜谋南归,妻疑之,每流涕谓曰:"观君无停意,何不告我以实,义不相负。"修之深嘉其义而不告也。及太武伐冯弘,修之及同没人邢怀明并从。又有徐卓者亦没魏,复欲率南人窃发,事泄见诛。修之、怀明惧祸,同奔冯弘,不见礼。停一年,会宋使至。修之名位素显,传诏见便拜。彼国敬传诏,呼为天子边人。见传诏致敬,乃始礼之。时魏屡伐黄龙,弘遣使求救,修之乃使传诏说而遣之。泛海,未至东莱,舫柁折,风猛,海师虑向海北,垂长索,舫乃正。海师视上有鸟飞,知去岸不远。须臾至东莱。及至,以为黄门侍郎。孝武初,累迁宁蛮校尉、雍州刺史,加都督。修之政在宽简,士庶悦附。及荆州刺史南郡王义宣反,檄修之举兵。雍土时饥,修之伪与之同,既而遣使陈情于孝武,孝武嘉之,以为荆州刺史,加都督。义宣乃闻修之不同,更以鲁秀为雍州刺史,击襄阳。修之命断马鞍山道,秀不得前乃退。修之率众向江陵,竺超已执义宣。修之至,于狱杀之。以功封南昌县侯。

修之立身清约,百城贶赠,一无所受。唯以蛮人宜存抚纳,有饷皆受,得辄与佐史赌之,未尝入己。去镇之日,秋毫无犯。计在州以来,然油及私牛马食官谷草,以私钱六十万偿之。而俭刻不润,薄于恩情,姊在乡里,饥寒不立,修之贵为刺史,未曾供赡。往姊家,姊为设菜羹粗饭以激之,修之曰:"此是贫家好食,进之致饱。"先是,新野庾彦达为益州刺史,携姊之镇,资给供奉,中分秩禄,西土称焉。

修之后拜左户尚书、领军将军。至建邺,牛奔坠车折脚,辞尚书,徙崇宪太仆,仍加特进、金紫光禄大夫。脚疾不堪独行见,特给扶侍。卒,谥贞侯。

王玄谟,字彦德,太原祁人也。六世祖宏,河东太守、绵竹侯。以从叔司徒允之难,弃官北居新兴,仍为新兴、雁门太守。其《自序》云尔。祖牢,仕慕容氏为上谷太守,随慕容德居青州。父秀,早卒。

玄谟幼而不群,世父蕤有知人鉴,常笑曰:"此儿气概高亮,有太尉彦云之风。"宋武帝临徐州,辟为从事史,与语异之。少帝末,谢晦为荆州,请为南蛮行参军、武宁太守。晦败,以非大帅见原。元嘉中,补长沙王义欣镇军

中兵参军，领汝阴太守。每陈北侵之规，上谓殷景仁曰："闻王玄谟陈说，使人有封狼居胥意。"后为兴安侯义宾辅国司马、彭城太守。义宾薨，玄谟上表，以彭城要兼水陆，请以皇子抚临州政，乃以孝武出镇。及大举北侵，以玄谟为宁朔将军。前锋入河，受辅国将军萧斌节度。军至碻磝，玄谟进向滑台，围城二百余日。魏太武自来救之，众号百万，鼓鞞动天地。玄谟之行也，众力不少，器械精严，而专仗所见，多行杀戮。初围城，城内多茅屋，众求以火箭烧之。玄谟曰："损亡军实。"不听。城中即撤坏之，穴地为窟室。及魏救将至，众请发车为营，又不从。将士并怀离怨。又营货利，一匹布责人八百梨，以此倍失人心。及太武军至，乃夜遁，麾下散亡略尽。萧斌将斩之，沈庆之固谏曰："佛狸威震天下，控弦百万，岂玄谟所能当！杀战将以自弱，非良计也。"斌乃止。初，玄谟始将见杀，梦人告曰："诵《观世音》千遍则免。"玄谟梦中曰："何可竟也。"仍见授，既觉诵之，且得千遍。明日将刑，诵之不辍。忽传唱停刑，遣代守碻磝。江夏王义恭为征讨都督，以碻磝沙城不可守，召令还。为魏军所追，大破之，流矢中臂。二十八年正月，还至历城。义恭与玄谟书曰："闻因败为成，臂上金创，将非金印之征邪？"

元凶弑立，以玄谟为冀州刺史。孝武伐逆，玄谟遣济南太守垣护之等将兵赴义。事平，除徐州刺史，加都督。及南郡王义宣与江州刺史臧质反，朝廷假玄谟辅国将军，为前锋南讨，拜豫州刺史。质寻至，大破之。加都督，封曲江县侯。中军司马刘冲之白孝武，言玄谟在梁山与义宣通谋。检虽无实，上意不能明，使有司奏玄谟没匿所得贼宝物，虚张战簿，与徐州刺史垣护之并免官。

寻为宁蛮校尉、雍州刺史，加都督。雍土多诸侨寓，玄谟上言所统侨籍无有境土，新旧错乱，租课不时，宜加并合。见许。乃省并郡县，自此便之。百姓当时不愿属籍。其年，玄谟又令九品以上租，使贫富相通，境内莫不嗟怨。人间讹言玄谟欲反。时柳元景当权，元景弟僧景为新城太守，以元景之势，制令雍土南阳顺阳上庸新城诸郡并发兵，欲讨玄谟。玄谟令内外晏然，以解众惑，驰启孝武，具陈本末。帝知其虚，驰遣主书吴喜公慰抚之。又答曰："玄谟启明白之日，七十老公反欲何求？聊复为笑，想足以申卿眉头耳。"玄谟性严，未曾妄笑，时人言玄谟眉头未曾申，故以此见戏。

后为金紫光禄大夫，领太常。及建明堂，以本官领起部尚书，又领北选。孝武狎侮群臣，各有称目，多须者谓之羊，短长肥瘦皆有比拟。颜师伯缺齿，号之曰齇，刘秀之俭啬，常呼为老悭。黄门侍郎宗灵秀躯体肥壮，拜起艰难，每一集会，辄上坐赐灵秀器服饮食，前后相系，欲其占谢倾踣，以为欢笑。又刻木作灵秀父光禄勋叔献像送其家听事。柳元景、垣护之虽并北人，而玄谟独受老伧之目。凡诸称谓，四方书疏亦如之。尝为玄谟作《四时诗》曰："革茹供春膳，粟浆充夏餐，饱酱调秋菜，白醅解冬寒。"又宠一昆仑奴子名白主，常在左右，令以杖击群臣。自柳元景以下皆罹其毒。

玄谟寻迁徐州刺史，加都督。时北土灾馑，乃散私谷十万斛牛千头以赈之。孝武崩，与群公俱被顾命。时朝政多门，玄谟以严直不容，徙青、冀二州刺史，加都督。少帝诛颜师伯、柳元景等，狂悖滋甚，以领军征玄谟，子侄咸劝称疾。玄谟曰："避难苟免，既乖事君之节，且吾荷先朝厚恩，弥不得逡巡。"及至，屡表谏诤，又流涕请缓刑去杀，以安元元之意，少帝大怒。

明帝即位，礼遇益崇。时四方反叛，玄谟领水军前锋南讨，以脚疾未差，听乘舆出入。寻除车骑将军、江州刺史，副司徒建安王休仁于赭圻，赐以诸葛亮筒袖铠。顷之，以为左光禄大夫、开府仪同三司，领护军将军，迁南豫州刺史，加都督。薨年八十二，谥曰庄公。

子深早卒，深子缋嗣。

深弟宽，泰始初，为随郡太守。逢四方反，父玄谟在建邺，宽弃郡自归。以母在西，为贼所执，请西行，遂袭破随郡，收其母。事平，明帝嘉之，使图宽形以上。齐永明元年，为太常，坐于宅杀牛，免官。后卒于光禄大夫。

宽弟瞻，字明远，一字叔鸾。负气傲俗，好贬裁人物。仕宋为王府参军。尝诣刘彦节，直登榻曰："君侯是公孙，仆是公子，引讳促膝，唯余二人。"彦节外迹虽酬之，意甚不悦。齐豫章王嶷少时，早与瞻友。瞻常候嶷高论，齐武帝时在大床寝，瞻谓嶷曰："帐中人物亦复随人寝兴。"嶷言次忽问王景文兄楷贤愚何如殷道矜，瞻曰："卿遂复言他人兄邪？"武帝笑称瞻小名阿玉："汝兄愚，那得忽来王参军此句"。瞻曰："直恐如卿来谈。"武帝衔之，未尝形色。后历黄门侍郎。及齐建元初，瞻为永嘉太守，诣阙跪拜不如仪。武帝知之，召入东宫，仍送付廷尉杀之。命左右启高帝曰："父辱子死。王瞻傲朝廷，臣辄已收之。"高帝曰："此何足计。"及闻瞻已死，乃默无言。

玄谟从弟玄象，位下邳太守。好发冢，地无完椁。人间垣内有小冢，坎上殆平，每朝日初升，见一女子立冢上，近视则亡。或以告玄象，便命发之。有一棺尚全，有金蚕、铜人以百数。剖棺见一女子，年可二十，姿质若生，卧而言曰："我东海王家女，应生，资财相奉，幸勿见害。"女臂有玉钏，破冢者斩臂取之，于是女复死。玄谟时为徐州刺史，以事上闻，玄象坐免郡。

玄载，字彦休，玄谟从弟也。父魏，东莞太守。玄载仕宋，位益州刺史。沈攸之之难，玄载起义，送诚于齐高帝，封鄂县子。齐建元元年，为左户尚书。永明四年，位兖州刺史，卒官。谥烈子。

玄载弟玄邈，字彦远，仕宋位青州刺史。齐高帝之镇淮阴，为宋明帝所疑，乃北劝魏，遣书结玄邈。玄邈长史房叔安进曰："夫布衣韦带之士，衔一餐而不忘，义使之然也。今将军居方州之重，托君臣之义，无故举忠孝而弃之，三齐之士宁蹈东海死耳，不敢随将军也。"玄邈意乃定。仍使叔安使建邺，发高帝谋。高帝于路执之，并求玄邈表。叔安答曰："寡君使表上天子，不上将军。且仆之所言，利国家而不利将军，无所应问。"荀伯玉劝杀之，高帝曰："物各为主，无所责也。"玄邈罢州还，高帝途中要之，玄邈严军过之。还都，启宋明帝，称高帝有异谋，高帝不恨也。升明中，高帝引为骠骑司马、泰山太守。玄邈甚惧，高帝待之如初。再迁西戎校尉、梁、南秦二州刺史，封河阳县侯，兄弟同时为方伯。齐建元初，亡命李乌奴作乱梁部。玄邈使人伪降乌奴，告之曰："王使君兵弱，携爱妾二人已去矣。"乌奴喜，轻兵袭州城，玄邈奇兵破之。高帝闻之曰："玄邈果不负吾。"延兴元年，为中护军。明帝使玄邈往江州杀晋安王子懋，玄邈苦辞不行。及遣王广之往广陵取安陆王子敬，玄邈不得已奉旨。建武中，卒于护军，赠雍州刺史，谥壮侯。叔安，字子仁，清河人。高帝即位，怀其忠正，时为益州司马、宁蜀太守，就拜前将军。方用为梁州，会病卒。帝叹曰："叔安节义，古人中求之耳，恨不至方伯而终。"子长瑜，亦有义行，永明中，为州中从事。

论曰：自晋室播迁，来宅扬、越，关边遥阻，沂、陇遐荒，区甸分其内外，山河判其表里。桓温一代英人，志移晋鼎，自非兵屈灞上，战衄枋头，则光宅之运，中年允集。宋武帝崛起布衣，非藉人誉，一旦驱率乌合，奄兴霸绪，功虽有余而德犹未洽。非树奇功于难立，震大威于四海，则不能成配天之业，一异同之心。故须外积武功，以收人望。及金墉请吏，元勋既立，心欲挂旌龙门，折冲冀、赵，跨历桓氏，取高昔人。方复观兵崤、渭，陈师天险。及灵威薄震，重关自辟，故知英算所包，先胜而后战也。王镇恶推锋直指，前无强阵，为宋元叔，其壮矣乎！朱龄石、超石、毛修之、傅弘之等，以归众难固之情，逢英勇乘机之运，以至颠陷，为不幸矣。修之滑台之守，有疏勒之难，苟诚节在焉，所在为重，其取荣大国，岂徒然哉！终假道自归，首丘之义也。玄谟封狼之心，虽简帝念；然天方相魏，人岂能支？宋氏以三吴之弱卒，当八州之劲勇，欲以邀胜，不亦难乎！虋境亡师，固其宜也。观夫庆之言，可谓达于时变。瞻傲恨不悔，卒至亡躯，然齐武追恨鱼服，匹夫惧矣。玄邈行己之度，有士君子之风乎！

卷十七　　　　列传第七

刘敬宣　刘怀肃 弟怀敬　怀慎　刘粹 族弟损　孙处　蒯恩　向靖 子柳　刘钟　虞丘进　孟怀玉 弟龙符　胡藩　刘康祖 伯父简之　简之弟谦之　简之子道产　道产子延孙

刘敬宣，字万寿，彭城人也。父牢之，晋镇北将军。敬宣八岁丧母，昼夜号泣，中表异之。辅国将军桓序镇芜湖，牢之参序军事。四月八日，敬宣见众人灌佛，乃下头上金镜为母灌像，因悲泣不自胜。序谓牢之曰："卿此儿非唯家之孝子，必为国之忠臣。"

起家王恭前军参军，又参会稽世子元显征虏军事。隆安二年，王恭起兵京口，以诛司马尚之为名，牢之时为恭前军司马。恭以豪戚自居，甚相陵忽，牢之心不能平。及恭此举，使牢之为前锋，牢之遣敬宣袭恭，败之。元显以

敬宣为后将军谘议参军。三年，孙恩为乱，牢之自表东讨，敬宣请以骑傍南山趣其后。吴贼畏马，又惧首尾受敌，遂大败之。进平会稽。迁后军从事中郎。

宋武帝既累破妖贼，功名日盛，敬宣深相凭结。元显进号骠骑，敬宣仍随府转。元显骄肆，群下化之。敬宣每预宴会，调戏无所酬答，元显甚不悦。元兴元年，牢之南讨桓玄，元显为征讨大都督，日夜昏酣。牢之以道子昏暗，元显淫凶，虑平玄之日，乱政方始。会玄遣信说牢之，牢之欲假手于玄诛执政，然后乘玄之隙，可以得志天下。将许玄降。敬宣谏恐玄威望既成，则难图。牢之怒曰："吾岂不知今日取之如反覆手，但平后令我奈骠骑何？"遣敬宣为任。玄既得志，害元显，废道子，以牢之为会稽太守。牢之与敬宣谋袭玄，期以明旦。尔日大雾，府门晚开。日旰，敬宣不至。牢之谓谋泄，欲奔广陵，而敬宣还京口迎家。牢之谓己为玄禽，乃缢而死。敬宣奔丧，哭毕，就司马休之、高雅之等俱奔洛阳，往来长安，求救于姚兴，后奔慕容德。敬宣素明天文，知必有兴复晋室者。寻梦丸土服之，觉而喜曰："丸者，桓也。桓吞，吾当复本土乎"？乃结青州大姓诸崔、封，谋灭德，推休之为主。时德司空刘轨大被任，高雅之又要轨，谋泄，乃相与杀轨而去。会宋武帝平京口，手书召敬宣，即驰还。袭封武冈县男。

后拜江州刺史。刘毅之少，人或以雄桀许之。敬宣曰："此人外宽内忌，自伐而尚人，若一旦遭逢，当以陵上取祸。"毅闻深恨。及在江陵，知敬宣还，寻知为江州，大骇恌。敬宣愈不自安。安帝反正，自表求解。

武帝恩款周洽，所赐莫与为比。敬宣女嫁，赐钱三百万，杂彩千匹。帝方大相宠任，欲令立功。义熙三年，表遣敬宣伐蜀。博士周祗谏，以为"道远运漕难继，毛修之家仇不雪，不应以得死为恨。刘敬宣蒙生存之恩，亦宜性命仰答。将军欲驱二死之甘心，忘国家之重计，愚情窃所未安"。不从。假敬宣节，监征蜀诸军事。敬宣至黄武，去成都五百里，食尽，遇疾疫而还。为有司奏免官。

五年，武帝伐慕容超。除中军谘议参军，与兖州刺史刘藩大破超军。进围广固，屡献规略。卢循逼建邺，敬宣分领鲜卑兽斑突骑，置阵甚整。循走，仍从南讨，为左卫将军。敬宣宽厚，善待士，多伎艺，弓马音律，无事不善。尚书仆射谢混美才地，少所交纳，与敬宣遇便尽礼。或问混："卿未尝轻交，而倾盖刘寿，何也？"混曰："孔文举礼太史子义，天下岂有非之邪？"

初，敬宣蜀还，刘毅欲以重法绳之。武帝既相任待，又何无忌谓不宜以私憾伤至公。毅虽止，犹谓武帝曰："平生之旧，岂可孤信？光武悔之于庞萌，曹公失之于孟卓。宜深慎之。"毅出为荆州，谓敬宣曰："欲屈卿为长史南蛮，岂有见辅意乎？"敬宣惧祸，以告武帝。帝笑曰："但令老兄平安，必无过虑。"后领冀州刺史。时帝西讨刘毅，豫州刺史诸葛长人监太尉军事，贻敬宣书曰："盘龙狼戾专恣，自取夷灭。异端将尽，世路方夷，富贵之事，相与共之。"敬宣报曰："下官常惧福过灾生，实思避盈居损。富贵之旨，非所敢当。"便以长人书呈，帝谓王诞曰：

"阿寿故为不负我。"

十一年,进号右军将军。时晋宗室司马道赐为敬宣参军。会武帝西征司马休之,而道赐乃阴结同府辟闾道秀、左右小将王猛子等谋反。道赐自号齐王,规据广固,举兵应休之。猛子取敬宣刀杀敬宣,文武佐吏即讨道赐、道秀、猛子,斩之。先是敬宣尝夜与僚佐宴,空中有投一只芒屩于坐,坠敬宣食盘上,长三尺五寸,已经人著,耳鼻间并欲坏,顷之而败。丧至,武帝临哭甚哀。子光祖嗣。宋受禅,国除。

刘怀肃,彭城人,宋武帝从母兄也。家世贫窭,而躬耕好学。仕晋为费令。及闻武帝起义,弃县来奔。义熙元年,为辅国将军、淮南、历阳二郡太守。二年,又领刘毅抚军司马,以建义功,封东兴县侯。其冬,桓石绥、司马国璠、陈袭于胡桃山聚众为寇,怀肃讨破之。江、淮间群蛮及桓氏余党为乱,怀肃自请讨之。及行失旨,毅上表免怀肃官。三年卒,追赠左将军。无子,弟怀慎以子蔚祖嗣,位江夏内史。蔚祖卒,子道存嗣,位太尉江夏王义恭谘议参军。孝武伐元凶,道存出奔义军,元凶乃杀其母以徇。景和中,为义恭太宰从事中郎。义恭败,以党与下狱死。

怀肃次弟怀敬,涩讷无才能。初,武帝产而皇妣殂,孝皇帝贫薄,无由得乳人。议欲不举。帝从母生怀敬,未期,乃断怀敬乳而自养帝。帝以旧恩,怀敬累见宠授,至会稽太守。时以为速,武帝曰:"亡姨于我恩重,此何可忘?"历尚书,金紫光禄大夫。

怀敬子真道,为钱唐令,元嘉十三年,东土饥,帝遣扬州中从事史沈演之巡行在所。演之表真道及余杭令刘道锡有美政。上嘉之,各赐谷千斛,以真道为步兵校尉。十四年,出为梁、南秦二州刺史。十八年,氐帅杨难当侵寇汉中,真道讨破之,而难当寇盗犹不已。文帝遣龙骧将军裴方明率禁兵五千,受真道节度。十九年,方明至武兴,率太子积弩将军刘康祖等进军,大致克捷。以真道为建威将军、雍州刺史,方明辅国将军、梁、南秦二州刺史。又诏故晋寿太守姜道盛殒身锋镝,可赠给事中,赐钱十万。道盛注《古文尚书》行于世。真道、方明并坐破仇池断割金银诸杂宝货,又藏难当善马,下狱死。

怀敬弟怀慎,少谨慎质直。从宋武帝征讨,位徐州刺史。为政严猛,境内震肃。以平广固、卢循功,封南城县男。十二年,武帝北伐,以为中领军、征虏将军,宿卫辇毂。坐府内相杀免官。虽名位转优,而恭恪愈至。每所之造,位任不逾己者,皆束带门外下车,其谨退类此也。永初元年,以佐命功,进爵为侯,位五兵尚书,加散骑常侍、光禄大夫。景平元年,迁护军将军。禄赐班于宗族,家无余财,卒谥肃侯。

子德愿嗣。大明初,为游击将军,领石头戍事。坐受贾客韩佛智货,下狱夺爵。后为秦郡太守。德愿性粗率,为孝武狎侮。上宠姬殷贵妃薨,葬毕,数与群臣至殷墓,谓德愿曰:"卿哭贵妃若悲,当加厚赏。"德愿应声便号恸,抚膺擗踊,涕泗交流。上甚悦,以为豫州刺史。又令医术人羊志哭殷氏,志亦呜咽。他日有问志:"卿那得此副急泪?"志时新丧爱姬,答曰:"我尔日自哭亡妾耳。"志滑稽,善为谐谑,上亦爱狎之。德愿善御车。尝立两柱,使其中忽通车轴,乃于百余步上,振辔长驱,未至数尺,打牛奔从柱间直过,其精如此。孝武闻其能,为之乘画轮车,幸太宰江夏王义恭第。德愿岸帻笼冠,短朱衣,执辔进止,甚有容状。永光中,为廷尉,与柳元景厚善。元景败,下狱诛。

怀慎庶长子荣祖,少好骑射,为武帝所知。及卢循攻逼,时贼乘小舰入淮拔栅,武帝宣令三军不得辄射贼。荣祖不胜愤怒,冒禁射之,所中应弦而倒,帝益奇焉。以战功,参太尉军事,从讨司马休之。彭城内史徐逵之败没,诸将意沮,荣祖请战愈厉,上乃解所著铠授之。荣祖陷阵,身被数创。及帝北伐,转镇西中兵参军。水军入河,与朱超石大破魏军于半城。帝大飨战士,谓荣祖曰:"卿以寡克众,攻无坚城,虽古名将何以过此。"永初中,为辅国将军。追论半城功,赐爵都乡侯。荣祖为人轻财贵义,善抚将士。然性褊,颇失士君子心。卒于官。

怀慎弟怀默,江夏内史。子孙登,武陵内史。孙登子亮,少工刀楯。以军功封顺阳县侯,历梁、益二州刺史。在任廉俭,所得公禄,悉以还官。宋明帝下诏褒美。亮在梁州忽服食,欲致长生,迎武当山道士孙怀道使合仙药,药成,服之而卒。及就敛,尸弱如生。谥曰刚侯。孙登弟道隆,前废帝景和中,位右卫将军,封永昌县侯,委以腹心之任。泰始初,又为明帝尽力,迁左卫将军、中护军。赐死,事在《建安王休仁传》。

刘粹,字道冲,沛郡萧人也。家在京口。初为州从事,从宋武帝平建邺,征广固,以功封西安县五等侯。累迁中军谘议参军。卢循之逼,京口任重,文帝时年四岁,武帝使粹奉文帝镇京口。后为江夏相。族兄毅贰于武帝,粹不与毅同而尽心武帝。帝将谋毅,众并疑粹在夏口,帝愈信之。及大军至,竭其诚力。事平,封滠阳县男。永初元年,以佐命功,改封建安县侯。文帝即位,为雍州刺史。加都督。元嘉三年,讨谢晦。初,晦与粹善,以粹子旷之为参军,至是帝甚疑之。王弘曰:"粹无私,必无忧也。"及受命南讨,一无所顾。文帝以此嘉之。晦亦不害旷之,遣还。粹寻卒,旷之嗣。

粹弟道济,位益州刺史,任长史费谦等聚敛,伤政害人。初,晋末有司马飞龙者,自称晋宗室,走仇池。元嘉九年,闻道济绥抚失和,遂自仇池入绵竹为乱。道济遣军讨斩之。先是道济以五城人帛氐奴、梁显为参军督护,费谦固执不与。远方商人至者,谦又抑之。商旅呼嗟,百姓咸欲为乱。氐奴等因聚党为盗,及赵广等诈言司马殿下犹在阳泉山中。蜀土侨旧翕然并反,奉道人程道养,言是飞龙。道养,枹罕人也。赵广改名为龙兴,号为蜀王、车骑大将军、益梁二州牧。建号泰始元年,备置百官,以道养弟道助为骠骑将军、长沙王,镇涪城。广自号镇军将军,帛氐奴为征虏将军,梁显为镇北将军,奉道养围成都。道济遣中兵参军裴方明频破之。十年正月,贼复大至,攻逼成都。道济卒,方明等共埋尸于后斋。使书与道济相似者为教，酬答签疏，不异常日，虽母妻不知也。二月，道养升坛郊天，方就柴燎，方明击，大败之。会平西将军临川王义庆使巴东太守周籍之帅众援成都，广等屯据广汉，分守郫川。籍之与方明攻郫，克之。方明伪骠骑将军司马龙伸，斩之。龙伸即道助也。涪、蜀皆平。俄而张寻攻破阴平，复与道养合，逃于郪山，其余群贼出为盗不绝。文帝遣宁朔将军萧汪之讨之。十四年，余党乃平。迁赵广、张寻等于建邺。十六年，广、寻复与国山令司马敬琳谋反，伏诛。

粹族弟损，字子骞，卫将军毅从父弟也。父镇之，字仲德，以毅势显，闲居京口，未尝应召。常谓毅"汝必破我家"。毅甚畏惮，每还京口，未尝敢以华仪入镇之门。以左光禄大夫征，不就。卒于家。损元嘉中为吴郡太守，至昌门，便入太伯庙。时庙室颓毁，垣墙不修，损怆然曰："清尘尚可仿佛，衡宇一何摧颓!"即令修葺。卒，赠太常。

损同郡宗人有刘伯龙者，少而贫薄。及长，历位尚书左丞，少府，武陵太守，贫窭尤甚。常在家慨然，召左右将营十一之方，忽见一鬼在傍抚掌大笑。伯龙叹曰："贫穷固有命，乃复为鬼所笑也。"遂止。

孙处，字季高，会稽永兴人也。籍注字，故以字行。少任气，武帝征孙恩，季高乐从。及平建邺，封新夷县五等侯。卢循之难，武帝谓季高曰："此贼行破，非卿不能破其窟穴。"即遣季高泛海袭番禺，拔之。循父嘏、长史孙建之、司马虞尪夫等轻舟奔始兴，即分遣振武将军沈田子等讨平岭表诸郡。循于左里走还袭广州，季高破走之。义熙七年，季高卒，追赠南海太守，封候官县侯。九年，武帝表赠交州刺史。

蒯恩，字道恩，兰陵承人也。武帝征孙恩，县差恩伐马刍，常负大束，兼倍余人。每舍刍于地，叹曰："大丈夫弯弓三石，奈何充马士?"武帝闻之，即给器仗。自征妖贼，常为先登，胆力过人，甚见爱信。于娄县战，箭中右目。平京城，定建邺，以军功封都乡侯。从伐广固，破卢循，随刘藩追斩徐道覆，与王镇恶袭江陵，随朱龄石伐蜀，又从伐司马休之。自从征讨，凡百余战，身被重创。武帝录其前功，封新宁县男。武帝北伐，留恩侍卫世子，命朝士与之交。恩益自谦损，与人语常呼官位，自称鄙人。抚士卒甚有恩纪。世子开府，再迁为司马。后入关迎桂阳公义真，没于赫连勃勃。传国至孙，无子，国除。

向靖，字奉仁，小字弥，河内山阳人也。名与武帝祖讳同，故以小字行。弥与武帝有旧，从平京城，参建武军事，进平建邺，以功封山阳县五等侯。又从征广固，讨卢循，所在著绩，封安南县男。武帝西伐司马休之，征关中，并见任使。及帝受命，以佐命功，封曲江县侯，位太子右卫率，加散骑常侍。卒于官。弥立身俭约，不营室宇，无园田商货之业，时人称之。子植嗣，多过失，不受母训，夺爵。更以植次弟桢绍封，又坐杀人，国除。

桢弟柳，字玄季，有学义才能，立身方雅。太尉袁淑、司空徐湛之、东扬州刺史颜竣皆与友善。及竣贵，柳犹以素情自许，不推先之。顺阳范璩诫柳曰："名位不同，礼有异数，卿何得作曩时意邪?"柳曰："我与士逊心期久矣，岂可一旦以势利处之?"及柳为南康郡，涉义宣事败，系建康狱。屡密请竣，求相申救。孝武尝与竣言及柳事，竟不助之。柳遂伏法。璩子伯玉，平北将军汪曾孙也，位淮南太守。

刘钟，字世之，彭城人也。少孤，依乡人中山太守刘回共居，常慷慨于贫贱。从宋武帝征伐，尽其心力。及义旗建，帝拔钟为郡主簿，曰："豫是彭城乡人赴义者，并可依刘主簿。"于是立义队，连战皆捷。及桓谦屯于东陵，卞范之屯覆舟山西，武帝疑贼有伏兵，顾左右，政见钟，谓曰："此山下当有伏兵，卿可往探之。"钟驰进，果有伏兵，一时奔走。后除南齐国内史，封安丘县五等侯。求改葬父祖及亲属十丧，帝厚加资给。

从征广固，孟龙符于阵陷没，钟直入取其尸而反。卢循逼建邺，钟拒栅身被重创，贼不得入。循南走，钟又随刘藩追徐道覆斩之。后随朱龄石伐蜀，为前锋。去成都二百里，钟于时脚疾，龄石乃诣钟谋，且欲养锐息兵，以伺其隙。钟曰："不然。前扬言大众向内水，谯道福不敢令涪城，今重军卒至，出其不意，蜀人已破胆矣。贼今阻兵守险，是其惧不敢战，非能持久也。因其凶惧攻之，其势必克；若缓兵，彼将知人虚实，当为蜀子虏耳。"龄石从之。明日，陷其二城，径平成都。以广固功，封永新县男。十二年，武帝北伐，钟居守。累迁右卫将军。元熙元年卒。传国至孙，齐受禅，国除。

虞丘进，字豫之，东海郯人也。少时随谢玄讨苻坚有功，封关内侯。后从宋武帝征孙恩，频战有功。从定建邺，除燕国内史，封龙川县五等侯。及卢循逼都，孟昶等议奉天子过江，进廷议不可，面折昶等，武帝甚嘉之。除鄱阳太守。后随刘藩斩徐道覆。义熙九年，以前后功封望蔡县男。永初二年，累迁太子右卫率。卒，追论讨司马休之功，进爵为子。传国至曾孙，齐受禅，国除。

孟怀玉，平昌安丘人也，世居京口。宋武帝东伐孙恩，以为建武司马。豫义旗，从平京口，定建邺，以功封鄱阳县五等侯。卢循逼都，以战功为中军谘议参军。循平，封阳丰县男，位江州刺史、南中郎将。卒官。无子，国除。

怀玉弟龙符，骁果有胆气，早为武帝所知。以军功封平昌县五等子。从伐广固，以车骑参军加龙骧将军、广川太守。乘胜追奔，被围见害。追赠青州刺史，封临沅县男。

胡藩，字道序，豫章南昌人也。少孤，居丧以毁闻。太守韩伯见之，谓藩叔尚书少广曰："卿此侄当以义烈成名。"州府辟不就，须二弟冠婚毕，乃参郗恢征虏军事。时殷仲堪为荆州刺史，藩外兄罗企生为仲堪参军。藩过江陵省企生，因说仲堪曰："桓玄意趣不常，节下崇待太过，非将来计也。"仲堪不悦。藩退谓企生曰："倒戈授人，必至大祸，不早去，后悔无及。"后玄自夏口袭仲堪，藩参玄后军军事。仲堪败，企生果以附从及祸。藩转参太尉大将军相国军事。宋武帝起兵，玄战败，将出奔，藩扣马曰："今羽林射手犹有八百，皆是义故西人，一旦舍此，欲归可复得乎？"玄直以鞭指天而已。于是奔散相失，追及玄于芜湖。玄见藩喜，谓张须无曰："卿州故为多士，今复见王修。"桑落之败，藩舰被烧，并铠入水，潜行三十许步，方得登岸。乃还家。

　　武帝素闻藩直言于殷氏，又为玄尽节，召参镇军军事。从征慕容超，超军屯聚临朐。藩言于武帝曰："贼屯军城外，留守必寡，今往取其城而斩其旗帜，此韩信所以克赵也。"帝乃遣檀韶与藩潜往，即克其城。贼见城陷，一时奔走，还保广固。围之，将拔之夜，忽有鸟大如鹅，苍黑色，飞入帝帐里，众以为不祥。藩贺曰："苍黑者，胡虏色。胡虏归我，大吉之祥。"明旦攻城，陷之。从讨卢循于左里，频战有功，封吴平县五等子。寻除鄱阳太守。

　　从伐刘毅。初，毅当之荆州，表求东道还建邺辞墓。去都数十里，不过拜阙。帝出倪塘会毅，藩请杀之，乃谓帝曰："公谓刘卫军为公下乎？"帝曰："卿谓何如？"对曰："夫豁达大度，功高天下，连百万之众，允天人之望，毅固以此服公。至于涉猎记传，一咏一谈，自许以雄豪，加以夸伐，晋绅白面之士，辐凑而归，此毅不肯为公下也。"帝曰："吾与毅俱有克复功，其过未彰，不可自相图。"至是谓藩曰："昔从卿倪塘之谋，无今举也。"又从征司马休之，复为参军。徐逵之败没，帝怒，即日于马头岸度江。江津岸壁立数丈，休之临岸置阵，无由可登。帝呼藩令上，藩有疑色。帝怒，命左右录来欲斩之。藩不受命，顾曰："宁前死耳。"以刀头穿岸，劣容脚指径上，随之者稍多。及登，殊死战，败之。从伐关中，参太尉军事，统别军至河东。暴风漂辎重舰度北岸，魏军牵得此舰。藩气愤，率左右十二人乘小船径往。魏骑五六百，见藩来，并笑之。藩素善射，登岸射之，应弦而倒者十许人。魏军皆退，悉收所失而反。又遣藩及朱超石等追魏军于半城，魏骑数万合围，藩及超石不盈五千，力战，大破之。武帝还彭城，参相国军事。论平司马休之及广固功，封阳山县男。元嘉中，位太子左卫率。卒，谥曰壮侯。子隆世嗣。

　　藩诸子多不遵法度，第十四子遵世同孔熙先逆谋，文帝以藩功臣，不欲显其事，使江州以他事杀之。十六子诞世，十七子茂世，后欲奉庶人义康，交州刺史檀和之至豫章，讨平之。

　　刘康祖，彭城吕人也，世居京口。父虔之，轻财好施，位江夏相。宋武帝西征司马休之及鲁宗之，宗之子轨袭杀虔之，追赠梁、秦二州刺史，封新康县男。

　　康祖便弓马，膂力绝人，以浮荡屡酒为事。每犯法为郡县所录，辄越屋逾墙，莫之能禽。夜入人家，为有司所围，突围去，并莫敢追。因夜还京口，半夕便至。明旦守门诣府州要职，俄而建康移书之，府州执事者并证康祖其夕在京，遂得无恙。前后屡被纠劾，文帝以勋臣子每原贷之。后袭封拜员外郎，再坐蒱戏，免官。孝武为豫州刺史镇历阳，以康祖为征虏中兵参军。既被委任，折节自修。历南平王铄安蛮府司马。元嘉二十七年，魏太武帝亲率大众攻围汝南。文帝遣诸军救援，康祖总统为前驱。次新蔡，攻破魏军，去悬瓠四十里。太武烧营而还。转左军将军。

　　文帝欲大举北侵，康祖以岁月已晚，请待明年。上不许。其年秋，萧斌、王玄谟、沈庆之等入河，康祖率豫州军出许、洛。玄谟等败归。南平王铄在寿阳，上虑为魏所围，召康祖速反。康祖回军，未至寿阳数十里，会魏永昌王以长安之众八万骑，与康祖相于尉武。康祖有八千人，乃结车营而进。魏军四面来攻，众分为三，且休且战。康祖率厉将士，无不一当百，魏军死者大半，流血没踝。矢中头而死，于是大败，举营沦覆，免者裁数十人。魏人传康祖首示彭城，面如生。赠益州刺史，谥曰壮。

　　康祖伯父简之，有志干，为宋武帝所知。帝将谋复，收集才力之士，尝再造简之，会有客。简之悟其意，谓虔之曰："刘下邳再来，必当有意。既不得语，汝可试往见之。"及虔之至，武帝已克京口。虔之即投义。简之闻之，杀耕牛会众以赴之。位太尉谘议参军。简之弟谦之，好学，撰《晋纪》二十卷，位广州刺史，太中大夫。

　　简之子道产，初为无锡令，袭爵晋安县五等侯。元嘉三年，累迁梁、南秦二州刺史，加都督。在州有惠化。后为雍州刺史、领宁蛮校尉，加都督，兼襄阳太守。善于临职，在雍部政绩尤著。蛮夷前后不受化者皆顺服，百姓乐业，由此有《襄阳乐歌》，自道产始也。卒于官，谥曰襄侯。道产泽被西土，及丧还，诸蛮皆备缞绖，号哭追送至于沔口。

　　长子延孙，孝武初，位侍中，封东昌县侯，累迁尚书右仆射。大明元年，除金紫光禄大夫，领太子詹事。又出为南徐州刺史。先是，武帝遗诏：京口要地，去都密迩，自非宗室近戚不得居之。刘氏之居彭城者，分为三里，帝室居绥舆里，左将军刘怀肃居安上里，豫州刺史刘怀武居丛亭里。三里及延孙所居吕县凡四刘，虽同出楚元王，由来不序昭穆。延孙于帝室本非同宗，不应有此授。时司空竟陵王诞为徐州，上深相畏忌，不欲使居京口，迁之广陵。广陵与京口对岸，使腹心为徐州，据京口以防诞，故以南徐州授延孙，而与之合族，使诸王序亲。三年，南兖州刺史竟陵王诞有罪不受征，延孙驰遣中兵参军杜幼文赴讨。及至，诞已闭城自守，乃还。诞遣刘公泰赍书要之，延孙斩公泰，送首建邺，复遣幼文受沈庆之节度。五年，诏延孙曰："旧京树亲，由来常准。今此防久弭，当以还授小儿。"乃征延孙为侍中、尚书左仆射，领护军。延孙病，不任拜赴。卒，赠司徒，给班剑二十人。有司奏谥忠穆，诏改为文穆。子质嗣。

　　论曰：刘敬宣与宋武恩结龙潜，义分早合，虽兴复之始，事隔逢迎，而深期久要，未之或爽。隆赫之任，遂止于人存；饰终之数，无闻于身后。恩礼之有厚薄，将别有以乎？刘怀肃、刘怀慎、刘粹、孙处、蒯恩、向靖、刘钟、虞丘进、孟怀玉、孟龙符、胡藩等，或阶缘恩旧，一其心力；或攀附风云，奋其鳞羽，咸能振拔尘滓，自致封侯。

《诗》云"无德不报",其言信矣。康祖门奉兴王,早裂封壤,受委疆场,赴蹈为期。道产树绩汉南,历年逾十,遗风余烈,有足称焉。览其行事,可谓异迹均美。延孙隆名盛宠,择而后授,遂以腹心之讬,自致宗臣之重,亦其遇也。

卷十八　　　　　列传第八

赵伦之　子伯符　萧思话　子惠开　惠明　惠明子𩰚素惠明弟惠基　惠基子洽　惠基弟惠休　惠休弟子介　介子允　引　惠开从子琛　臧焘　玄孙严　严族叔未甄　未甄子盾　厥　焘弟熹　熹子质

赵伦之,字幼成,下邳僮人,宋孝穆皇后之弟也。幼孤贫,事母以孝称。宋武帝起兵,以军功封闻中县五等侯,累迁雍州刺史。武帝北伐,伦之遣顺阳太守傅弘之、扶风太守沈田子出蛲柳,大破姚泓于蓝田。及武帝受命,以佐命功,封霄城县侯。少帝即位,征拜护军。元嘉三年,拜领军将军。伦之虽外戚贵宠,而居身俭素,性野拙涩,于人间世事多所不解。久居方伯,公私富贵。入为护军,资力不称,以为见贬。光禄大夫范泰好戏,笑谓曰:"司徒公缺,必用汝老奴。我不言汝资地所任,要是外戚高秩次第所至耳。"伦之大喜,每载酒肴诣泰。五年,卒,谥元侯。子伯符嗣。

伯符,字润远,少好弓马,为宁远将军,总领义徒,以居宫城北。每火起及有劫盗,辄身贯甲胄,助郡县赴讨,武帝甚嘉之。文帝即位,累迁徐、兖二州刺史。为政苛暴,吏人畏惧如与虎狼居,而劫盗远逬,无敢入境。元嘉十八年,征为领军将军。先是外监不隶领军,宜相统摄者,自有别诏,至此始统领焉。后为丹阳尹,在郡严酷,曹局不复堪命,或委叛被录,投水而死。典笔吏取笔失旨,顿与五十鞭。子倩,尚文帝第四女海盐公主,甚爱重。倩尝因言戏以手击主,事上闻,文帝怒,离婚。伯符惭惧,发病卒,谥曰肃。传国至孙勋,齐受禅,国除。

萧思话,南兰陵人,宋孝懿皇后弟子也。父源之,字君流,历徐、兖二州刺史。永初元年卒,赠前将军。

思话十许岁时,未知书,好骑屋栋,打细腰鼓,侵暴邻曲,莫不患毒之。自此折节,数年中遂有令誉。颇工隶书,善弹琴,能骑射。后袭爵封阳县侯。元嘉中,为青州刺史。亡命司马朗之兄弟聚党谋为乱,思话遣北海太守萧汪之讨斩之。八年,魏军大至,乃弃镇奔平昌。魏军定不至,由是征系尚方。

初在青州,常所用铜斗覆在药厨下,忽于斗下得二死雀。思话叹曰:"斗覆而双雀殒,其不祥乎?"既而被系。及梁州刺史甄法护在任失和,氐帅杨难当因此寇汉中,乃自徒中起思话为梁、南秦二州刺史。平汉中,悉收侵地,置戍葭萌水。思话迁镇南郑。法护,中山无极人也。过江,寓居南郡。弟法崇,自少府为益州刺史。法护委镇之罪,为府所收,于狱赐死。文帝以法崇受任一方,命言法护病卒。文帝使思话上定汉中本末,下之史官。

十四年,迁临川王义庆平西长史、南蛮校尉。文帝赐以弓琴,手敕曰:"前得此琴,言是旧物,今以相借,并往桑弓一张,材理乃快。良材美器,宜在尽用之地,丈人真无所与让也。"尝从文帝登钟山北岭,中道有盘石清泉,上使于石上弹琴,因赐以银钟酒,谓曰:"相赏有松石间意。"历宁蛮校尉,雍州刺史,监四州军事,征为吏部尚书。思话以去州无复事力,倩府军身九人。文帝戏之曰:"丈人终不为田父于闾里,何忧无人使邪?"未拜,迁护军将军。是时,魏攻悬瓠,文帝将大举北侵,朝士佥同,思话固谏不从。魏军退,即代孝武为徐、兖二州刺史,监四州军事。后为围碻磝城不拔,退师历下,为江夏王义恭所奏免官。

元凶弒立,以为徐、兖二州刺史,即起义以应孝武。孝武即位,征为尚书左仆射,固辞,改为中书令、丹阳尹、散骑常侍。时都下多劫掠,二旬中十七发,引咎陈逊,不许。后拜郢州刺史,加都督。卒,赠征西将军、开府仪同三司,谥曰穆侯。思话外戚令望,早见任待,历十二州,杖节监督者九焉。所至虽无皎皎清节,亦无秽黩之累。爱才好士,人多归之。

长子惠开,少有风气,涉猎文史,家虽贵戚而居服简素。初为秘书郎,意趣与人多不同,比肩或三年不共语。外祖光禄大夫沛郡刘成戒之曰:"汝恩戚家子,无多异以取天下之疾。"转太子舍人,与汝南周朗同官友善,以偏奇相尚。孝建元年,为黄门侍郎,与侍中何偃争推积射将军徐冲之事,偃任遇甚隆,怒使门下推弹,惠开乃上表解职,由此忤日。别敕有司以属疾多免之。思话素恭谨,与惠开不同,每加嫌责。及见惠开自解表,叹曰:"儿不幸与周朗周旋,理应如此。"杖之二百。

寻除中庶子,丁父艰,居丧有孝性。家素事佛,凡为父起四寺:南冈下名曰禅冈寺,曲阿旧乡宅名曰禅乡寺,京口墓亭名曰禅亭寺,所封封阳县名曰禅封寺。谓国僚曰:"封秩鲜而兄弟多,若全关一人,则在我所让;若人人等分,又事可悲耻。寺众既立,自宜悉供僧众。"袭封封阳县侯,为新安王子鸾冠军长史。惠开妹当适桂阳王休范,女又当适孝武子,发遣之资,应须二千万。乃以为豫章内史,听其肆意聚纳,由是在郡著贪暴之声。再迁御史中丞。孝武与刘秀之诏曰:"今以萧惠开为宪司,冀当称职。但一往眼额,已自殊有所震。"及在职,百僚悻之。后拜益州刺史,路经江陵。时吉翰子在荆州,共惠开有旧,为设女乐。乐人有美者,惠开就求不得,又欲以四女妓易之,不许。惠开怒,收吉斩之,即纳其妓。启云:"吉为刘义宣所遇,交结不逞,向臣讪毁朝政,辄已戮之。"孝武称快。

惠开素有大志,至蜀欲广树经略。善于叙述,闻其言者皆以为大功可立。才疏意广,竟无成功。严用威刑,蜀人号曰"卧虎"。明识过人,尝供三千沙门,一阅其名,退无所失。明帝即位，晋安王子勋反。惠开乃集将佐谓曰："吾荷世祖之眷，当投袂万里，推奉九江。"蜀人素怨惠开严，及是所遣兵皆不得前。晋原郡反，诸郡悉应，并来围城。城内东兵不过二千，凡蜀人，惠开疑之，悉皆遣出。子勋寻败，蜀人并欲屠城，以望厚赏。明帝以蜀土险远，赦其诛责，遣其弟惠基使蜀宣旨。而蜀人志在屠城，不使王命速达，遏留惠基。惠基破其渠帅，然后得前。惠开奉旨归顺，城围得解。明帝又遣惠开宗人宝首水路慰劳益州，宝首欲以平蜀为功，更奖说蜀人处处蜂起。惠开乃启陈情事，遣宋宁太守萧惠训、州别驾费欣业，分兵并进，大破之，禽宝首送之。惠开至都，明帝问其故，侍卫左右莫不悚然侧目，惠开举动自若，从容答曰："臣唯知逆顺，不识天命。"又云："非臣不乱，非臣不平。"初，惠开府录事参军刘希微负蜀人责将百万，为责主所制，未得俱还。惠开与希微共事不厚，而厩中凡有马六十匹，悉以乞希微偿责。其意趣不常如是。惠开还资二千余万，悉散施道俗，一无所留。

后除桂阳王休范征北长史、南东海太守。其年，会稽太守蔡兴宗之郡，惠开自京口请假还都，相逢于曲阿。惠开先与兴宗名位略同，又经情款，自以负衅摧屈，虑兴宗不能诣已，戒勒部下：蔡会稽部伍若问，慎不得答。惠开素严，部下莫敢违。兴宗见惠开舟力甚盛，遣人访讯，事力二三百人皆低头直去，无一人答者。寻除少府，加给事中。惠开素刚，至是益不得志，曰："大丈夫入管喉舌，出莅方伯，乃复低头入中邪。"寺内所住斋前，向种花草甚美，惠开悉铲除别种白杨。每谓人曰："人生不得行胸怀，虽寿百岁犹为夭也。"发病呕血，吐物如肝肺者。卒，子睿嗣，齐受禅，国除。惠开与诸弟并不睦，惠基使至益州，遂不相见。与同产弟惠明亦致嫌隙云。

惠明，其次弟也，亦有时誉。泰始初，为吴兴太守，郡界有卞山，山下有项羽庙。相承云羽多居郡听事，前后太守不敢上。惠明谓纲纪曰："孔季恭尝为此郡，未闻有灾。"遂盛设筵榻接宾。数日，见一人长丈余，张弓挟矢向惠明，既而不见。因发背，旬日而卒。

子㖻素，梁天监中，位丹阳尹丞。初拜日，武帝赐钱八万，㖻素一朝散之亲友。迁司徒左西属、南徐州中从事。性静退，少嗜欲，好学，能清言，荣利不关于中，喜怒不形于色。在人间及居职，并任情通率，不自矜尚，天然简素。及在京口，便有终焉之志。后为中书侍郎。在位少时，求为诸暨令。到县十余日，挂衣冠于县门而去。独居屏事，非亲戚不得至其庐。妻则齐太尉王俭女，久与别居，遂无子。卒，亲故迹其事行，谥曰贞文先生。

惠明弟惠基，幼以外戚见宋江夏王义恭，叹其详审，以女结婚。历中书黄门郎。惠基善隶书及弈棋，齐高帝与之情好相得。桂阳王休范妃，惠基姊也，高帝谓之曰："卿家桂阳，遂复作贼。"高帝顿新亭垒，以惠基为军副。惠基弟惠朗亲为休范攻战，惠基在城内了不自疑。后为长兼侍中。袁粲、刘彦节起兵之夕，高帝以彦节是惠基妹夫，惠基时直在省，遣王敬则观其指趣，见惠基安静，不与彦节相知，由是益加恩信。仕齐为都官尚书，掌吏部。永明中为侍中，领骁骑将军。尚书令王俭朝宗贵望，惠基同在礼阁，非公事不私觌焉。迁太常，加给事中。自宋大明以来，声伎所尚多郑、卫，而雅乐正声鲜有好者。惠基解音律，尤好魏三祖曲及《相和歌》，每奏辄赏悦不能已。当时能棋人琅邪王抗第一品，吴郡褚思庄、会稽夏赤松第二品。赤松思速，善于大行，思庄戏迟，巧于斗棋。宋文帝时，羊玄保为会稽，帝遣思庄入东与玄保戏。因置局图，还于帝前覆之。齐高帝使思庄与王抗交赌，自食时至日暮，一局始竟。上倦，遣还省，至五更方决。抗睡于局后寝，思庄达旦不寐。时或云，思庄所以品第致高，缘其用思深久，人不能对。抗、思庄并至给事中。永明中，敕使抗品棋，竟陵王子良使惠基掌其事。初，思话先于曲阿起宅，有闲旷之致。惠基常谓所亲曰："须婚嫁毕，当归老旧庐。"立身退素，朝廷称为善士。卒，赠金紫光禄大夫。

子洽，字宏称。幼敏悟，年七岁，诵《楚辞》略上口。及长，好学博涉，善属文。仕梁位南徐州中从事。近畿重镇职，吏数千人，前后居者皆致巨富。洽清身率职，馈遗一无所受，妻子不免饥寒。累迁临海太守，为政清平，不尚威猛，人俗便之。还拜司徒左长史。敕撰《当涂堰碑》，辞甚赡丽。卒于官。文集二十卷行于世。

惠基弟惠休。齐永明四年，为广州刺史，罢任，献奉倾资。上敕中书舍人茹法亮曰："可问萧惠休，故当不复私邪？吾欲分受之也。"后封建安县子。永元元年，徙吴兴太守，征为尚书右仆射。吴兴郡项羽神旧酷烈，人云惠休事神谨，故得美迁。于时朝士多见杀，二年，惠休还至平望，帝令服药而卒，赠金紫光禄大夫。

惠休弟惠朗，同桂阳贼，齐高帝赦之。后为西阳王征虏长史，行南兖州事，坐法免官。

惠朗弟惠茜，仕齐左户尚书。子介。

介，字茂镜，少颖悟，有器识。梁大同中，武陵王纪为扬州刺史，以介为府长史，在职以清白称。武帝谓何敬容曰："萧介甚贫，可处以一郡。"复曰："始兴郡频无良守，可以介为之。"由是出为始兴太守。及至，甚著威德。征为少府卿，寻加散骑常侍。会侍中阙，选司举王筠等四人，并不称旨。帝曰："我门中久无此职，宜用萧介为之。"应对左右，多所匡正，帝甚重之。迁都官尚书，每军国大事，必先访介。帝谓朱异曰："端右材也。"中大同二年，辞疾致仕，帝优诏不许，终不肯起，乃遣谒者仆射魏祥，就拜光禄大夫。太清中，侯景于涡阳败走，入寿阳。帝敕助防韦黯纳之，介闻而上表致谏，极言不可。帝省表叹息，卒不能用。介性高简，少交游，唯与族兄琛、从兄㖻素及洽从弟淑等文酒赏会，时人以比谢氏乌衣之游。初，武帝招延后进二十余人，置酒赋诗。臧盾以诗不成，罚酒一斗。盾饮尽，颜色不变，言笑自若。介染翰便成，文无加点。帝两美之曰："臧盾之饮，萧介之文，即席之美也。"年七十三，卒于家。

第三子允，字叔佐，少知名。风神凝远，通达有识鉴，容止酝藉。仕梁，位太子洗马。侯景攻陷台城，百僚奔散，允独整衣冠，坐于宫坊。景军敬焉，弗之逼也。寻出居京口。时寇贼纵横，百姓波骇，允独不行。人问其故，允曰：

"性命自有常分,岂可逃而免乎?方今百姓争欲奋臂而论大功,何事于一书生哉!庄周所谓畏影避迹,吾弗为也。"乃闭门静处,并日而食,卒免于患。陈永定中,侯安都为南徐州刺史,躬造其庐,以申长幼之敬。宣帝即位,为黄门侍郎。晋安王为南豫州,以为长史。时王尚少,未亲人务,故委允行府事。入为光禄卿。允性敦重,未尝以荣利干怀。及晋安出镇湘州,又苦携允。允少与蔡景历善,子征修父党之敬,闻允将行,乃诣允曰:"公年德并高,国之元老,从容坐镇,且夕自为列曹,何为方辛苦蕃外?"答曰:"已许晋安,岂可忘信?"其恬荣势如此。至德中,鄱阳王出镇会稽,允又为长史,带会稽郡丞。行经延陵季子庙,设蘋藻之荐,托异代之交,为诗以叙意,辞理清典。后主尝问蔡征,允之为人,征曰:"其清虚玄远,殆不可测;至于文章,可得而言。"因诵允诗以对。后主嗟赏久之。寻拜光禄大夫。及隋师济江,允迁于关右。时南士至长安者,例皆授官,允与尚书仆射谢伷辞以老疾。隋文帝义之,并厚赐帛。寻卒,年八十四。

弟引,字叔休,方正有器度,性聪敏,博学善属文。仕梁,位西昌侯仪同府主簿。侯景之乱,梁元帝为荆州刺史,朝士多归之。引曰:"诸王力争,祸患方始,今日逃难,未是择君之秋。吾家再世为始兴郡,遗爱在人,政可南行以存家门耳。"乃与弟肜及宗亲等百余人南奔岭表。时始兴人欧阳頠为衡州刺史,乃往依焉。頠迁广州病死,子纥领其众。引疑纥异图,因事规正,由是情礼渐疏。及纥反,时都下士人岑之敬、公孙挺等并惶骇,唯引怡然,谓之敬等曰:"管幼安、袁曜卿亦但安坐耳。君子正身以明道,直己以行义,亦何忧乎?"及章昭达平番禺,引始北还,拜尚书金部侍郎。引善隶书,为当时所重。宣帝尝披奏事,指引署名曰:"此字笔趣翩翩,似鸟之欲飞。"引谢曰:"此乃陛下假其毛羽耳。"帝又谓引曰:"我每有所忿,见卿辄意解,何也?"引曰:"此自陛下不迁怒,臣何预此恩。"引性抗直,不事权贵。宣帝每欲迁用,辄为用事者所裁。及吕梁覆师,戎储空匮,转引为库部侍郎,掌知营造。引在职一年,而器械充足。历中书黄门、吏部侍郎。广州刺史马靖甚得岭表人心,而甲兵精练,每年深入俚洞,数有战功,朝野颇生异议。宣帝以引悉岭外物情,且遣引观靖,审其举措,讽令送质。及至,靖即悟旨,遣儿弟为质。后主即位,为中庶子、建康令。时殿内队主吴璡及宦者李善度、蔡脱儿等多所请属,引一皆不许。引始族子密,时为黄门郎,谏引曰:"李、蔡之权,在位皆惮,亦宜少为身计。"引曰:"吾之立身,自有本末,亦安能为李、蔡致屈?就令不平,不过免职耳。"吴璡竟作飞书,李、蔡证之,坐免官,卒于家。子德言,最知名。引弟肜,位太子中庶子,南康王长史。

琛,字彦瑜,惠开从子也。祖僧珍,宋廷尉卿。父惠训,齐末为巴东相。梁武帝起兵,齐和帝于荆州即位,惠训与巴西太守鲁休烈并以郡相抗。惠训使子瑰结上明。建康城平,始归降。武帝宥之,以为太中大夫,卒官。

琛少明悟,有才辩。数岁时,从伯惠开见而奇之,抚其背曰:"必兴吾宗。"起家齐太学博士。时王俭当朝,琛年少,未为俭所识。负其才气,候俭宴于乐游,乃著虎皮靴,策桃枝杖,直造俭坐。俭与语大悦。俭时为丹阳尹,辟为主簿。永明九年,魏始通好,琛再衔命北使,还为通直散骑侍郎。时魏遣李彪来使,齐武帝宴之。琛于御筵举酒劝彪,彪不受,曰:"公庭无私礼,不容受劝。"琛答曰:"《诗》所谓'雨我公田,遂及我私'。"坐者皆悦服,彪乃受琛酒。

累迁尚书左丞。时齐明帝用法严峻,尚书郎坐杖罚者皆即科行,琛乃密启曰:"郎有杖起自后汉,尔时郎官位卑,亲主文案,与令史不异。故郎三十五人,令史二十人,是以古人多耻为此职。自魏、晋以来,郎官稍重。今方参用高华,吏部又近于通贵,不应官高昔品,而罚遵曩科。所以从来弹举,虽在空文,而许以推迁。或逢赦恩,或入春令,便得息停。宋元嘉、大明中,经有被罚者,别由犯忤主心,非关常准。自泰始、建元以来,未经施行,事废已久,人情未习。自奉敕之后已行,仓部郎江重欣杖督五十,皆无不人怀惭惧。兼有子弟成长,弥复难为仪适。其应行罚,可特赐输赎,使与令史有异,以彰优缓之泽。"帝纳之。自是应受罚者,依旧不行。

东昏初嗣立,时议无庙见文。琛议据《周颂·烈文、闵予》,皆为即位朝庙之典。于是从之。梁武在西邸,与琛有旧。梁台建,以为御史中丞。天监九年,累迁平西长史、江夏太守。始琛为宣城太守,有北僧南度,唯赍一瓠芦,中有《汉书序传》。僧云:"三辅旧老相传,以为班固真本。"琛固求得之。其书多有异今者,而纸墨亦古,文字多如龙举之例,非隶非篆。琛甚秘之。及是以书饷鄱阳王范,献于东宫。后为吴兴太守,郡有项羽庙,土人名为"愤王",甚有灵验。遂于郡厅事安床幕为神座,公私请祷。前后二千石,皆于厅拜祠,以轭下牛充祭,而避居他室。琛至,著履登厅事,闻室中有叱声。琛厉色曰:"生不能与汉祖争中原,死据此厅事,何也?"因迁之于庙。又禁杀牛解祀,以脯代肉。琛频莅大郡,不事产业,有阙则取,不以为嫌。历左户、度支二尚书,侍中。帝每朝宴,接琛以旧恩。尝犯武帝偏讳,帝敛容。琛从容曰:"二名不偏讳。陛下不应讳顺。"上曰:"各有家风。"琛曰:"其如《礼》何。"又经预御筵醉伏,上以枣投琛,琛仍取栗掷上,正中面。御史中丞在坐,帝动色曰:"此中有人,不得如此,岂有说邪?"琛即答曰:"陛下投臣以赤心,臣敢不报以战栗?"上笑悦。上每呼琛为宗老,琛亦奉陈昔恩以"早簉中阳,凤栖同闬,虽迷兴运,犹荷洪construct"。上答曰:"虽云早契阔,乃自非同志。勿谈兴运初,且道狂奴异。"琛常言:"少壮三好:音律、书、酒。年长以来,二事都废;唯书籍不衰。"而琛性通脱,常自解灶,事毕余馂,必陶然致醉。位特进、金紫光禄大夫。卒,遗令诸子:"与妻同坟异藏,祭以蔬菜。葬止车十乘,事存率素。"乘舆临哭甚哀,谥曰平子。琛所撰《汉书文府》、《齐梁拾遗》,并诸文集,数十万言。

子游,位少府卿。游子密,字士几,幼聪敏,博学有文词。位黄门郎,太子中庶子,散骑常侍。

臧焘,字德仁,东莞莒人,宋武敬皇后兄也。少好学,善《三礼》,贫约自立,操行为乡里所称。晋太元中,卫将军谢安始立国学,徐、兖二州刺史谢玄举焘为助教。晋孝武帝追崇庶祖母宣太后,议者或谓宜配食中宗。焘议曰:"《阳秋》之义,母以子贵,故仲子、成风,咸称夫人。经言考仲子宫,若配食惠庙,则宫无缘别筑。前汉孝文孝昭太后,并系子为号,祭于寝园,不配于高祖、孝武之庙。后汉和帝之母曰怀皇后,安帝祖母曰敬隐皇后,顺帝之母曰恭愍皇后,虽不系子为号,亦祭于陵寝,不配章、安二帝。此则二汉虽有太后皇后之异,至于并不配食,义同《阳秋》。唯光武追废吕后,故以薄后配高庙。又卫后既废,霍光追尊李夫人为皇后,配孝武庙。此非母以子贵之例,直以高、武二庙无配故耳。又汉世立寝于陵,自是晋制所异。谓宜远准《阳秋》考宫之义,近慕二汉不配之典。尊号既正,则罔极之情申;别建寝庙,则严祢之义显。系子为称,兼明母贵之所由。一举而允三义,固哲王之高致也。"议者从之。

顷之去官,以父母老家贫,与弟熹俱弃人事,躬耕自业,约已养亲者十余年。父母丧亡,居丧六年,以毁瘠著称。宋武帝义旗建,参右将军何无忌军事,随府转镇南参军。武帝镇京口,参帝中军军事,入补尚书度支郎,改掌祠部,袭封高陵亭侯。时太庙鸱尾灾,焘谓著作郎徐广曰:"昔孔子在齐闻鲁庙灾,曰必桓、僖也。今征西京兆四府君宜在毁落,而犹列庙飨,此其征乎?"乃上议曰:

臣闻"国之大事,在祀与戎"。将营宫室,宗庙为首。古先哲王莫不致肃恭之诚心,尽崇严乎祖考,然后能流淳化于四海,通幽感于神明,固宜详废兴于古典,循情礼以求中者也。

《礼》,天子七庙,三昭三穆与太祖而七。自考庙以至祖考五庙皆月祭之。远庙为祧,有二祧,享尝乃止。去祧为坛,去坛为墠,有祷然后祭,此宗庙之次、亲疏之序也。郑玄以为祧者文王武王之庙,王肃以为五世六世之祖。寻去祧之言,则祧非文、武之庙矣。文、武,周之祖宗,何云去祧为坛乎?明远庙为祧者,无服之祖也。又远庙则有享尝之降,去祧则有坛墠之殊,明世远者其义弥疏。若祧是文、武之庙,宜同月祭于太祖,虽推后稷以配天,由功德之所始,非尊崇之义每有差降也。又《礼》有以多为贵者,故《传》称"德厚者流光,德薄者流卑"。又言自上以下,降杀以两,礼也。此则尊卑等级之典,上下殊异之文。而云天子诸侯俱祭五庙,何哉?又王祭嫡殇,下及来孙。而上祀之礼不过高祖。推隆恩于下流,替诚敬于尊庙,亦非圣人制礼之意也。是以泰始建庙,从王氏议,以《礼》父为士,子为天子诸侯,祭以天子诸侯,其尸服以士服。故上及征西,以备六世之数。宣皇虽为太祖,尚在子孙之位,至于殷祭之日,未申东向之礼,所谓子虽齐圣,不先父食者矣。今京兆以上既迁,太祖始得居正,议者以昭穆未足,欲屈太祖于卑坐,臣以为非礼典之旨也。所谓与太祖而七,自是昭穆既足,太庙在六世之外,非为须满七庙乃得居太祖也。

议者又以四府君神主,宜永同于殷祫。臣又以为不然。《传》所谓毁庙之主,陈乎太祖,谓太祖以下先君之主也。故《白虎通》云:"禘祫祭迁庙者,以其继君之体,持其统而不绝也。"岂如四府君在太祖之前乎!非继统之主,无灵命之瑞,非王业之基。昔以世近而及,今则情礼已远,而当长飨殷祫,永虚太祖之位,求之礼籍,未见其可。昔永和之初,大议斯礼,于时虞喜、范宣并以洪儒硕学,咸谓四府君神主无缘永存于百世。或欲瘗之两阶,或欲藏之石室,或欲为之改筑,虽所执小异,而大归是同。若宣皇既居群庙之上,而四主禘祫不已,则大晋殷祭长无太祖之位矣。夫理贵有中,不必过厚,礼与世迁,岂可顺而不断?故臣子之情虽笃,而灵、厉之谥弥彰;追远之怀虽切,而迁毁之礼为用。岂不有心于加厚,顾礼制不可逾耳。石室则藏于庙北,改筑则未知所处。虞主所以依神,神移则有瘗埋之礼。四主若飨宜废,亦神之所不依也。准傍事例,宜同虞主之瘗埋。然经典难详,群言错缪,非臣浅识所能折中。

时学者多从焘议,竟未施行。

宋武帝受命,拜太常。虽外戚贵显,而弥自冲约。茅屋蔬飧,不改其旧。所得奉禄,与亲戚共之。永初三年致事,拜光禄大夫,加金章紫绶。卒,少帝赠左光禄大夫。

长子邃,宜都太守。邃子凝之,学涉有当世才,与司空徐湛之为异常交。年少时,与傅僧祐俱以通家子,始为文帝所引见。时上与何尚之论铸钱事,凝之便干其语次,上因回与语。僧祐引凝之衣令止,凝之大言曰:"明主难再遇,便应政尽所怀。"上与往复十余反,凝之辞韵诠序,上甚赏焉。后为尚书左丞,以徐湛之党,为元凶所杀。凝之子寅,字士若,事在《沈攸之传》。寅弟棱,后军参军。棱子严。

严,字彦威,幼有孝性,居父忧以毁闻。孤贫勤学,行止书卷不离手。从叔未甄为江夏郡,携严之官,于途作《屯游赋》,又作《七算》,辞并典丽。性孤介,未尝造请。梁仆射徐勉欲识之,严终不诣。累迁湘东王宣惠轻车府参军兼记室。严于学多所谙记,尤精《汉书》,讽诵略皆上口。王尝自执四部书目试之,严自甲至丁卷中各对一事,并作者姓名,遂无遗失。王迁荆州,随府转西中郎安西录事参军,历义阳、武宁郡守。郡界蛮左,前郡守常选武人以兵镇之,严独以数门生单车入境,群蛮慑服。后卒于镇南谘议参军。文集十卷。

严族叔未甄,焘曾孙也。父潭之,左户尚书。未甄有才干,少为外兄汝南周颙所知,仕梁为太尉长史。丁所生母忧,三年庐于墓侧。历廷尉卿,江夏太守,卒。子盾。

盾字宣卿,幼从征士琅邪诸葛璩受《五经》。璩学徒常有数十百人,盾处其间,无所狎比。璩曰:"此生王佐才也。"为尚书中兵郎。美风姿,善容止。每趋奏,梁武帝甚悦焉。入兼中书通事舍人。盾有孝性,尝随父宿直廷尉府,母刘氏在宅夜暴亡,盾左手中指忽痛,不得寝。及旦,宅信果报凶问,其感通如此。服未终,父卒,居丧五年,不出庐户,形骸枯悴,家人不识。武帝累敕抑譬。后累迁御史中丞，性公强，甚称职。中大通五年，帝幸同泰寺开讲，设四部大会，众数万人。南越所献驯象忽于众中狂逸，众皆骇散，唯盾与散骑侍郎裴之礼嶷然自若，帝甚嘉焉。大同二年，为中领军。领军管天下兵要，监局事多，盾为人敏赡有风力，长于拨繁，职事甚理。先是吴平侯萧景居此职著声，至是盾复继之。后卒于领军将军，谥曰忠。

盾弟厥，字献卿，亦以干局称。为晋安太守，郡居山海，常结聚逋逃，前二千石讨捕不能止。厥下车宣化，凶党皆襁负而出，自是居人复业。然政严，百姓讥之臧彪。前后再兼中书通事舍人，卒于兼司农卿。厥前后居职，所掌之局大事及兰台廷尉所不能决者，敕并付厥。辩断精明，咸得其理。卒后，有挝登闻鼓诉求付清直舍人，帝曰："臧厥既亡，此事便无所付。"其见知如此。子操，尚书三公郎。

熹，字义和，泰之弟也，与泰并好经学。隆安初，兵起，熹乃习骑射，志立功名。尝与溧阳令阮崇猎，遇猛兽突围，猎徒并散，熹射之，应弦而倒。从宋武入京城，进至建邺。桓玄走，武帝便使熹入宫收图书器物，封府库。有金饰乐器，武帝问熹："卿欲此乎？"熹正色曰："主上幽逼，播越非所，将军首建大义，勋劳王室，虽复不肖，实无情于乐。"帝笑曰："聊以戏耳。"以建义功，封始兴县五等侯，参武帝车骑、中军军事。武帝将征广固，议者多不同，熹赞成其行。武帝遣朱龄石统大众伐蜀，命熹奇兵出中水，领建平、巴东二郡太守。蜀主谯纵遣大将谯抚之屯牛脾，又遣谯小苟重兵塞打鼻。熹至牛脾，抚之败走，追斩之，成都平。熹遇疾卒于蜀，追赠光禄勋。

子质，字含文，少好鹰犬，善捕博意钱之戏。长六尺七寸，出面露口，颓顶拳发。初为世子中军参军，尝诣护军赵伦之，伦之名位已重，不相接。质愤然起曰："大丈夫各以老妪作门户，何至以此中相轻？"伦之惭谢，质拂衣而去。后为江夏王义恭抚军参军，以轻薄无检，为文帝所嫌，徙给事中。会稽长公主每为之言，乃出为建平太守，甚得蛮楚心。历竟陵内史，巴东建平二郡太守，吏人便之。质年始出三十，屡居名郡，涉猎文史，尺牍便敏，有气干，好言兵。文帝谓可大任，以为徐、兖二州刺史，加都督。在镇奢费，爵命无章，为有司所纠。遇赦。与范晔、徐湛之等厚善。晔谋反，量质必与之同。会事发，复为义兴太守。

二十七年，迁南谯王义宣司空司马、南平内史。未之职，会魏太武帝围汝南，戍主陈宪固守告急，文帝遣质轻往寿阳，与安蛮司马刘康祖等救宪。后太武率大众数十万向彭城，以质为辅国将军北救。始至盱眙，太武已过淮。二十八年正月，太武自广陵北返，悉力攻盱眙，就质求酒。质封溲便与之。太武怒甚，筑长围一夜便合。质报太武书云："尔不闻童谣言邪？房马饮江水，佛狸死卯年。冥期使然，非复人事。寡人受命相灭，期之白登，师行未远，尔自送死，岂容复令尔缩有桑乾哉？假令寡人不能杀尔，尔由我而死。尔若有幸，得为乱兵所杀；尔若不幸，则生相锁缚，载以一驴，负送都市。尔识智及众，岂能胜荷坚邪？顷年展尔陆梁者，是尔未饮江、太岁未卯故耳。"时

魏地童谣曰："轺车北来如穿雉，不意房马饮江水。房主北归石济死，房欲度江天不徙。"故答书引之。太武大怒，乃作铁床，于上施铁镵，云破城得质，当坐之此上。质又与魏军书，写台格购斩太武，封万户侯，赐布绢各万疋。魏以钩车钩垣楼，城内系絙，数百人叫呼引之，车不能退。质夜以木桶盛人，县出城外，截其钩获之。明日又以冲车攻城，土坚密，每至，颓落下不过数斗。魏军乃肉薄登城，坠而复升，莫有退者。杀伤万计，死者与城平。如此三旬，死者过半，太武乃解围而归。上嘉质功，以为宁蛮校尉、雍州刺史、监四州诸军事。明年，文帝又北侵，使质率见力向潼关。质顿兵不肯时发，又顾恋嬖妾，弃军营垒，单马还城，散用台库见钱六七百万，为有司所纠，上不问。

元凶弑立，以质为丹阳尹。质家遣门生师顗报质，具言文帝崩问。质使告司空竣及孝武帝，而自率众五千驰下讨逆，自阳口进江陵见竣。时质诸子在都，闻质举义，并逃亡。义宣始得质报，即日举兵驰信报孝武，板进质号征北将军。孝武即位，加质车骑将军、开府仪同三司、都督江州诸军事。使质自白下步至，薛安都、程天祚等亦自南掖门入，与质同会太极殿庭，生禽元凶，仍使质留守朝堂，封始兴郡公。之镇，舫千余乘，部伍前后百余里，六平乘并施龙子幡。

时孝武自揽威权，而质以少主遇之，刑政庆赏，不复谘禀朝廷，自谓人才足为一世英杰。始闻国祸，便有异图，以义宣凡暗易制，欲外相推奉以成其志。及至江陵，便致拜称名。质于义宣虽为兄弟，而年近大十岁，义宣惊曰："君何意拜弟？"质曰："事中宜然。"时义宣已推崇孝武，故其计不行。每虑事泄，及至新亭，又拜江夏王义恭。义恭愕然，问质所以。质曰："天下屯危，礼异常日，前在荆州，亦拜司空。"会义宣有憾于孝武，质因此密信说诱，陈朝廷得失。又谓震主之威，不可持久。质女为义宣子综妻，谓质无复异同，纳其说。且义宣腹心将佐蔡超、竺超人等咸有富贵情愿，又劝义宣。义宣时未受丞相，质子敦为黄门侍郎，奉诏敦劝，道经寻阳，质令敦具更譬说义宣。义宣意乃定，驰告豫州刺史鲁爽，期孝建元年秋同举。爽失旨即起兵，遣人至都报弟瑜，席卷奔叛。瑜弟弘为质府佐，孝武驰使报质诛弘，于是执台使，狼狈举兵，驰报义宣。孝武遣抚军将军柳元景统豫州刺史王玄谟等屯梁山洲，两岸筑偃月垒，水陆待之。元景檄书宣告，而义宣亦相次系至。江夏王义恭书曰："昔桓玄借兵于仲堪，有似今日。"义宣由此与质相疑。质进计曰："今以万人取南州，则梁山中绝，万人缀玄谟，必不敢轻动。质浮舟外江，直向石头，此上略也。"义宣将从之。义宣客颜乐之说宣曰："质若复拔东城，则大功尽归之矣。宜遣麾下自行。"义宣遣腹心刘谌之就质陈军城南。玄谟留羸弱守城，悉精兵出战。薛安都骑军前出，垣护之督诸将继之，乃大溃。质求义宣欲计事，密已走矣。质不知所为，亦走至寻阳，焚府舍，载妓妾，入南湖，摘莲啖之。追兵至，以荷覆叫，沉于水出鼻。军主郑俱儿望见，射之中心，兵刃乱至，腹胃缠紫水草。队主裴应斩质，传首建邺。录尚书江夏王义恭等奏依汉王莽事，漆其头藏于武库，诏可。

论曰：赵伦之、萧思话俱以外戚之亲，并接风云之会，言亲则在赵为密，论望则于萧为重。古人云"人能弘道"，盖此之谓乎？惠开亲礼虽笃，弟隙尤著，方寸之内，孝友异情。险于山川，有验于此。臧氏文义之美，传于累代，含文以致诛灭，好乱之所致乎？

卷十九　　　　　列传第九

谢晦　兄瞻　弟㬅　从叔澹　　谢裕
子恂　玄孙微　裕弟纯　述　述孙朓　谢方明
子惠连　谢灵运孙超宗　曾孙几卿

谢晦，字宣明，陈郡阳夏人，晋太常衮之玄孙也。衮子奕、据、安、万、铁，并著名前史。据子朗，字长度，位东阳太守。朗子重，字景重，位会稽王道子骠骑长史。重生绚、瞻、晦、㬅、遁。绚位至宋武帝镇军长史，早卒。

晦初为孟昶建威府中兵参军。昶死，帝问刘穆之，"昶府谁堪入府？"穆之举晦，即命为太尉参军。武帝尝讯狱，其旦，刑狱参军有疾，以晦代之。晦车中一览讯牒，随问，酬对无失。帝奇之，即日署刑狱贼曹。累迁太尉主簿。从征司马休之，时徐逵之战死，帝将自登岸，诸将谏不从。晦抱持帝，帝曰："我斩卿。"晦曰："天下可无晦，不可无公，晦死何有？"会胡藩登岸，贼退，乃止。

晦美风姿，善言笑，眉目分明，鬓发如墨。涉猎文义，博赡多通，时人以方杨德祖，微将不及。晦闻犹以为恨。帝深加爱赏，从征关、洛，内外要任悉委之。帝于彭城大会，命纸笔赋诗，晦恐帝有失，起谏帝，即代曰："先荡临淄秽，却清河洛尘，华阳有逸骥，桃林无伏轮。"于是群臣并作。时谢混风华为江左第一，尝与晦俱在武帝前，帝目之曰："一时顿有两玉人耳。"刘穆之遣使陈事，晦往往异同，穆之怒曰："公复有还时乎？"及帝欲以晦为从事中郎，穆之坚执不与，故终穆之世不迁。及穆之丧问至，帝哭之甚恸，曰："丧我贤友。"晦时正直，喜甚，自入阁参审。其日教出，转晦从事中郎。

宋台建，为右卫将军，加侍中。武帝闻咸阳沦没，欲复北伐，晦谏以士马疲怠，乃止。于是登城北望，慨然不悦，乃命群僚诵诗，晦咏王粲诗曰："南登霸陵岸，回首望长安，悟彼下泉人，喟然伤心肝。"帝流涕不自胜。及帝受命于石头，登坛备法驾入宫，晦领游军为警。加中领军，封武昌县公。永初二年，坐行玺封送西司马南郡太守王华，而误封北海太守球，板免晦侍中。寻转领军将军，加散骑常侍，依晋中军羊祜故事，入直殿省，总统宿卫。及帝不豫，给班剑二十人，与徐羡之、傅亮、檀道济并侍医药。少帝即位，加中书令，与徐、傅辅政。

及少帝废，徐羡之以晦领护南蛮校尉、荆州刺史，加都督，欲令居外为援。虑文帝至，或别用人，故遽有此授。精兵旧将，悉以配之。文帝即位，晦虑不得去，甚忧惶。

及发新亭，顾石头城喜曰："今得脱矣。"进封建平郡公，固让。又给鼓吹一部。至江陵，深结侍中王华，冀以免祸。二女当配彭城王义康、新野侯义宾。元嘉二年，遣妻及长子世休送女还都。先是，景平中，魏师攻取河南，至是欲诛羡之等并讨晦，声言北行，又言拜京陵，装舟舰。傅亮与晦书，言"薄伐河朔，事犹未已，朝野之虑，忧惧者多"。又言"当遣外监万幼宗往"。时朝廷处分异常，其谋颇泄。三年正月，晦弟黄门侍郎㬅驰使告晦，晦犹谓不然，呼谘议参军何承天，示以亮书曰："计幼宗一二日必至，傅公虑我好事，故先遣此书。"承天曰："外间所闻，咸谓西讨已定，幼宗岂有上理？"晦尚谓虚，使承天豫立答诏启草，北行宜须明年，江夏内史程道惠得寻阳人书，言其事已审，使示晦。晦问计于承天，对曰："蒙将军殊顾，常思报德，事变至矣，何敢隐情。然明日戒严，动用军法，区区所怀，惧不得尽。"晦惧曰："卿岂欲我自裁哉？"承天曰："尚未至此，其在境外。"晦曰："荆州用武之地，兵粮易给。聊且决战，走复何晚。吾不爱死，负先帝之顾，如何？"又谓承天曰："幼宗尚未至，若后二三日无消息，便是不复来邪？"承天曰："程说其事已判，岂容复疑。"晦欲焚南蛮兵籍，率见力决战。土人多劝发兵。晦问诸将："战士三千足守城乎？"南蛮司马周超曰："非徒守城；若有外寇，亦可立勋。"司马庾登之请解司马、南郡以授之，晦即命超为司马，转登之为长史。

文帝诛羡之等及晦子世休，收㬅、㬅子世平、兄子绍等。晦知讫，先举羡之、亮哀，次发子弟凶问。既而自出射堂，集得精兵三万人，乃奉表，言"臣等若志欲专权，不顾国典，便当辅翼幼主，孤背天日，岂得沿流数十，虚馆三月，奉迎銮驾，以遵下武。故庐陵王于营阳之世，屡被猜嫌，积怨犯上，自贻非命。不有所废，将何以兴，耿弇不以贼遗君父，臣亦何负于宋室邪？"又言"羡之、亮无罪见诛，王弘兄弟轻躁昧进，王华猜忌忍害"。帝时已戒严，尚书符荆州暴其罪状。晦率众二万，发自江陵，舟舰列自江津至于破冢，旗旌相照。叹曰："恨不得以此为勤王之师。"移檄建邺，言王弘、昙首、王华等罪。又上表陈情。

初，晦与徐、傅谋为自全计：晦据上流，檀镇广陵，各有强兵，足制朝廷；羡之、亮于中知权，可得持久。及帝将行，召檀道济委之以众。晦始谓道济不全，及闻其来，大众皆溃。晦得小船还江陵。初，雍州刺史刘粹遣弟竟陵太守道济与台军主沈敞之袭江陵，至沙桥，周超大破之。俄而晦至江陵，无他处分，唯愧谢周超而已。超其夜诣到彦之降，晦乃携弟㬅兄子世基等七骑北走。㬅肥不能骑马，晦每待不得速。至安陆延头，晦故吏戍主光顺之槛送建邺。于路作《悲人道》以自哀。周超既降，到彦之以参府事。刘粹遣告彦之，沙桥之事，败由周超。彦之乃执与晦等并伏诛。世基，绚之子也，有才气。临死为连句诗曰："伟哉横海鳞，壮矣垂天翼，一旦失风水，翻为蝼蚁食。"晦续之曰："功遂侔昔人，保退无智力。既涉太行险，斯路信难陟。"晦女为彭城王义康妃，聪明有才貌，被发徒跣与晦诀曰："阿父，大丈夫当横尸战场，奈何狼藉都市？"

言讫叫绝，行人为之落泪。晦死时年三十七。庾登之、殷道鸾、何承天自晦下并见原。

瞻，字宣远，一曰名檐，字通远，晦次兄也。六岁能属文，为《紫石英赞》《果然诗》，为当时才士叹异。与从叔混、族弟灵运俱有盛名。尝作《喜霁诗》，灵运写之，混咏之。王弘在坐，以为三绝。瞻幼孤，叔母刘抚养有恩，兄弟事之同于至亲。刘弟柳为吴郡，将姊俱行，瞻不能违远，自楚台秘书郎解职随从，故为柳建威长史。后为宋武帝相国从事中郎。

晦时为宋台右卫，权遇已重，于彭城还都迎家，宾客辐凑。时瞻在家，惊骇谓晦曰：「吾家以素退为业，汝遂势倾朝野，此岂门户福邪？」乃篱隔门庭曰：「吾不忍见此。」后因宴集，灵运问晦：「潘、陆与贾充优劣。」晦曰：「安仁谄于权门，士衡邀竞无已，并不能保身，自求多福。公闾勋名佐世，不得为并。」灵运曰：「安仁、士衡才为一时之冠，方之公闾，本自辽绝。」瞻敛容曰：「若处贵而能遗权，斯则是非不得而生，倾危无因而至。君子以明哲保身，其在此乎！」常以裁止晦如此。及还彭城，言于武帝曰：「臣本素士，父祖位不过二千石。弟车始三十，志用凡近，位任显密，福过灾生，特乞降黜，以保衰门。」前后屡陈。帝欲以瞻为吴兴郡。又自陈请，乃为豫章太守。晦或以朝廷密事语瞻，瞻辄向亲旧说以为戏笑，以绝其言。晦遂建佐命功，瞻愈忧惧。

永初二年，在郡遇疾不疗，幸于不永。晦闻疾奔波，瞻见之曰：「汝为国大臣，又总戎重，万里远出，必生疑谤。」时果有诈告晦反者。瞻疾笃还都，帝以晦禁旅，不得出宿，使瞻居于晋南郡公主婿羊贲故第，在领军府东门。瞻曰：「吾有先人弊庐，何为于此？」临终遗晦书曰：「吾得归骨山足，亦何所多恨。弟思自勉，为国为家。」卒时年三十五。瞻文章之美，与从叔混、族弟灵运相抗。灵运父奂，无才能，为秘书郎，早卒，而灵运好臧否人物。混患之，欲加裁折，未有其方。谓瞻曰：「非汝莫能。」乃与晦、曜、弘微等共游戏，使瞻与灵运共车。灵运登车便商较人物，瞻谓曰：「秘书早亡，谈者亦互有同异。」灵运默然，言论自此衰止。

瞻弟㬢，字宣镜，年数岁，所生母郭氏疾，㬢晨昏温清，勤容戚颜，未尝暂改。恐仆役营疾懈倦，躬自执劳。母为疾畏惊，而微践之甚，一家尊卑，感㬢至性，咸纳屦行，屏气语，如此者十余年。位黄门侍郎，从坐伏诛。

澹，字景恒，晦从叔也。祖安，晋太傅。父瑶，琅邪王友。澹任达仗气，不营当世，与顺阳范泰为云霞之交。历位尚书。宋武帝将受禅，有司议使侍中刘睿进玺，帝曰：「此选当须人望。」乃使澹摄。澹尝侍帝宴，酣饮大言无所屈，郑鲜之欲按之，帝以为澹方外士，不宜规矩绳之；然意不说。不以任寄。后复侍饮，醉谓帝曰：「陛下用群臣，但须委屈顺者乃见贵，汲黯之徒无用也。」帝大笑。景平中，累迁光禄大夫。从子晦为荆州，将之镇，诣澹别。晦色自矜，澹问晦年，答曰三十五。澹笑曰：「昔荀中郎年二十九为北府都督，卿比之已为老矣。」晦色甚愧。元嘉中，位侍中、特进、金紫光禄大夫，卒。初，澹从弟混与

刘毅昵，澹常以为忧，渐疏混，每谓弟璞、从子瞻曰：「益寿此性，终当破家。」混寻见诛，朝廷以澹先言，故不及祸。

璞字景山，幼孝友，祖安深赏爱之，位光禄勋。

谢裕，字景仁，朗弟允之子、而晦从父也。名与宋武帝讳同，故以字行。允，字令度，位宣城内史。

景仁幼为从祖安所知，始为前军行参军，会稽王世子元显嬖人张法顺权倾一时，内外无不造门，唯景仁不至，年三十而方为著作佐郎。桓玄诛元显，见景仁，谓四坐曰：「司马庶人父子云何不败，遂令谢景仁三十而方佐著作郎。」玄建楚台，以补黄门侍郎。及篡位，领骁骑将军。景仁博闻强识，善叙前言往行，玄每与言不倦。玄出行，殷仲文、卞范之之徒皆骑马散从，而使景仁陪辇。宋武帝为桓修抚军中兵参军，尝诣景仁谘事，景仁与语说，因留食。食未办而景仁为玄所召。玄性促，俄顷间骑诏续至，帝屡求去，景仁不许，曰：「主上见待，要应有方，我欲与客食，岂不得待？」竟安坐饱食然后应召。帝甚感之。

及平建邺，景仁与百僚同见，武帝目之曰：「此名公孙也。」历位武帝镇军司马，复为车骑司马。义熙五年，帝将伐慕容超，朝议皆谓不可。刘毅时镇姑孰，固止帝，以为「苻坚侵境，谢太傅犹不自行。宰相远出，倾动根本」。景仁独曰：「公建桓、文之烈，应天人之心，虽业高振古，而德刑未树，宜推亡固存，广振威略。平定之后，养锐息徒，然后观兵洛汭，修复园寝，岂有纵敌贻患者哉！」帝从之。及北伐，大司马琅邪王天子母弟，属当储副，帝深以根本为忧，转景仁大司马左司马，专总府任。又迁吏部尚书。时从兄混为尚书左仆射，依制不得相监。帝启依仆射王彪之、尚书王劭前例不解职。坐选吏部令史邢安泰为都令史、平原太守，二官共除，安泰以令史职拜谒陵庙，为御史中丞郑鲜之所纠，白衣领职。十一年，为左仆射。

景仁性矜严整洁，居宇净丽，每唾辄唾左右人衣，事毕，即听一日浣濯。每欲唾，左右争来受之。武帝雅相知重，申以昏姻，庐陵王义真妃，景仁女也。十二年卒，赠金紫光禄大夫。葬日，武帝亲临甚恸。

子恂，字泰温，位鄱阳太守。恂子孺子，少与族兄庄齐名。多艺能，尤善声律。车骑将军王彧，孺子姑之子也。尝与孺子宴桐台，孺子吹笙，彧自起舞，既而叹曰：「今日真使人飘摇有伊、洛间意。」为新安王主簿，出为庐江郡，辞，宋武谓有司曰：「谢孺子不可屈为小郡。」乃以为司徒主簿。后以家贫，求西阳太守，卒官。

子璟，少与从叔朓俱知名。齐竟陵王子良开西邸，招文学，璟亦预焉。位中书郎。梁天监中，为左户尚书，再迁侍中，固辞年老，求金紫，帝不悦，未叙，会卒。

子微，字玄度，美风采，好学善属文，位兼中书舍人。与河东裴子野、沛国刘显同官友善。时魏中山王元略还北，梁武帝饯于武德殿，赋诗三十韵，限三刻成。微二刻便就，文甚美，帝再览焉。又为临汝侯猷制《放生文》，亦见赏于世。后除尚书左丞。及昭明太子薨，帝立晋安王纲为皇太子，将出诏，唯召尚书右仆射何敬容、宣惠将军孔

休源及微三人与议。微时年位尚轻，而任遇已重。后卒于北中郎豫章王长史、南兰陵太守。文集二十卷。

纯，字景懋，景仁弟也。刘毅镇江陵，以为卫军长史、南平相。及王镇恶袭毅，毅时病，佐史闻兵至，驰还入府，左右引车欲还外廨，纯叱之曰："我人吏也，逃欲安之。"及入，毅兵败众散，纯为人所杀。

纯弟虨，字景虨，位司徒右长史。

虨弟述，字景先，小字道儿。少有至行，随纯在江陵，纯遇害，述奉纯丧还都，至西塞遇暴风，纯丧舫流漂不知所在。述乘小船寻求，经纯妻庾舫过，庾遣人谓曰："小郎去必无及，宁可存亡俱尽邪？"述号泣答曰："若安全至岸，尚须营理；如其已致意外，述亦无心独存。"因冒浪而进，见纯丧几没，述号叫呼天，幸而获免。咸以为精诚所致，武帝闻而嘉之。及临豫州，讽中正以为迎主簿，甚被器遇。景仁爱虨而憎述，尝设馔请宋武帝，希命虨豫坐，而帝召述。述知非景仁凤意，又虑帝命之，请急不从。帝驰遣呼述，须至乃飱，其见重如此。及景仁疾，述尽心视汤药，饮食必尝而后进。衣不解带不盥栉者累旬，景仁深感愧焉，友爱遂笃。及景仁卒，哀号过礼。景仁肥壮，买材数具皆不合用，述哀惶，亲选乃获焉。为太尉参军，从征司马休之，封吉阳县五等侯。元嘉二年，拜中书侍郎。后为彭城王义康骠骑长史，领南郡太守。义康入相，述又为司徒左长史，转左卫将军。莅官清约，私无宅舍，义康遇之甚厚。尚书仆射殷景仁、领军将军刘湛并与述为异常之交。述美风姿，善举止，湛每谓人曰："我见谢道儿未尝足。"雍州刺史张邵以黩货将效大辟，述家陈邵先朝旧勋，宜蒙优贷，文帝手诏詶纳焉。述语子综曰："主上矜邵凤诚，自将曲恕，吾所启谬会，故特见纳。若此迹宣布，则为侵夺主恩。"使综对前焚之。帝后谓邵曰："卿之获免，谢述力焉。"述有虚瘦疾，性理时或乖谬，卒于吴兴太守。丧还未至都数十里，殷景仁、刘湛同乘迎赴，望船流涕。及刘湛诛，义康外镇，将行叹曰："谢述唯劝吾退，刘湛唯劝吾进，吾述亡而湛存，吾所以得罪也。"文帝亦曰："谢述若存，义康必不至此。"三子，综、约、纬。综有才艺，善隶书，为太子中舍人。与范晔谋反伏诛；约亦死。纬尚宋文帝第五女长城公主，素为综、约所憎，免死，徙广州，孝建中还都。方雅有父风，位正员郎。子朓。

朓，字玄晖，少好学，有美名，文章清丽。为齐随王子隆镇西功曹，转文学。子隆在荆州，好辞赋，朓尤被赏，不舍日夕。长史王秀之以朓年少相动，欲以启闻。朓知之，因事求还，道中为诗寄西府曰："常恐鹰隼击，时菊委严霜，寄言罻罗者，寥廓已高翔"是也。仍除新安王中军记室。朓笺辞子隆曰：

朓闻潢汙之水，思朝宗而每竭，驽蹇之乘，希沃若而中疲。何则？皋壤摇落，对之惆怅，歧路东西，或以呜唈。况乃服义徒拥，归志莫从，邈若坠雨，飘似秋蒂。朓实庸流，行能无算，属天地休明，山川受纳，褒采一介，搜扬小善，故得舍耒场圃，奉笔兔园。东泛三江，西浮七泽，契阔戎旃，从容宴语。长裾日曳，后乘载脂，荣立府廷，恩加颜色，沐发晞阳，

未测涯涘，抚臆论报，早誓肌骨。不悟沧溟未运，波臣自荡，渤澥方春，旅翮先谢。清切蕃房，寂寥旧荜，轻舟反溯，吊影独留。白云在天，龙门不见，去德滋永，思德滋深。唯待青江可望，候归艎于春渚；朱邸方开，效蓬心于秋实。如其簪屦或存，袵席无改，虽复身填沟壑，犹望妻子知归。揽涕告辞，悲来横集。

时荆州信长倚待，朓执笔便成，文无点易。

以本官兼尚书殿中郎。隆昌初，敕朓接北使，朓自以口讷，启让，见许。明帝辅政，以为骠骑谘议，领记室，掌霸府文笔。又掌中书诏诰，转中书郎。出为晋安王镇北谘议、南东海太守，行南徐州事。启王敬则反谋，上甚赏之，迁尚书吏部郎。朓上表三让。中书疑朓官未及让，以问国子祭酒沈约。约曰："宋元嘉中，范晔让吏部，朱修之让黄门，蔡兴宗让中书，并三表诏答。近代小官不让，遂成恒俗，恐有乖让意。王蓝田、刘安西并贵重，初自不让，今岂可慕此不让邪？孙兴公、孔觊并让记室，今岂可三署皆让邪？谢吏部今授超阶，让别有意，岂关官之大小。执谦之美，本出人情，若大官必让，便与诣阙章表不异。例既如此，谓都非疑。"朓让，优诏不许。

朓善草隶，长五言诗，沈约常云："二百年来无此诗也"。敬皇后迁祔山陵，朓撰哀策文，齐世莫有及者。

东昏失德，江祏欲立江夏王宝玄，末更回惑，与弟祀密谓朓曰："江夏年少，脆不堪，不可复行废立。始安年长入纂，不乖物望。非以此要富贵，只求安国家尔。"遥光又遣亲人刘沨致意于朓。朓自以受恩明帝，不肯答。少日，遥光以朓兼知卫尉事，朓惧见引，即以祏等谋告左兴盛，又说刘暄曰："始安一旦南面，则刘沨、刘晏居卿今地，但以卿为反覆人尔。"暄阳惊，驰告始安王及江祏。始安欲出朓为东阳郡，祏固执不与。先是，朓常轻祏为人，祏常诣朓。朓因言有一诗，呼左右取，既而便停。祏问其故，云："定复不急"。祏以为轻己。后祏及弟祀、刘沨、刘晏俱候朓，朓谓祏曰："可谓带二江之双流"，以嘲弄之。祏转不堪，至是构有害之。诏暴其过恶，收付廷尉。又使御史中丞范岫奏收朓，下狱死，时年三十六。临终谓门宾曰："寄语沈公，君方为三代史，亦不得见没。"初，朓告王敬则反。敬则女为朓妻，常怀刀欲报朓。朓不敢相见。及当拜吏部，谦挹尤甚，尚书郎范缜嘲之曰："卿人才无惭小选，但恨不可刑于寡妻。"朓有愧色。及临诛，叹曰："天道其不可昧乎！我虽不杀王公，王公因我而死。"

朓好奖人才，会稽孔觊粗有才笔，未为时知，孔珪尝令草让表以示朓。朓嗟吟良久，手自折简写之，谓珪曰："士子声名未立，应共奖成，无惜齿牙余论。"其好善如此。朓及殷睿素与梁武以文章相得，帝以大女永兴公主适睿子钧，第二女永世公主适朓子谟。及帝为雍州，二女并暂随母向州。及武帝即位，二主始随内还。武帝意薄谟，又以门单，欲更适张弘策子，弘策卒，又以与王志子谞。而谟不堪叹恨，为书状如诗赠主。主以呈帝，甚蒙矜叹，而妇终不得还。寻用谟为信安县，稍迁王府谘议。时以为沈约早与朓善，为制此书云。

谢方明,裕从祖弟也。祖铁,字铁石,位永嘉太守。父冲,字秀度,中书郎,家在会稽,病归,为孙恩所杀,赠散骑常侍。

方明随伯父吴兴太守邈在郡。孙恩寇会稽,东土诸郡响应,吴兴人胡桀、郜骠破东迁县,方明劝邈避之,不从,贼至被害,方明逃免。初,邈舅子长乐冯嗣之及北方学士冯翊、仇玄达,俱投邈。礼待甚简,二人并恨,遂与恩通谋。刘牢之、谢琰等讨恩,恩走临海,嗣之等不得同去,方更聚合。方明体素羸弱,而勇决过人,结邈门生讨嗣之等,悉禽手刃之。时乱后吉凶礼废,方明合门遇祸,资产无遗,而营举凶功尽力,数月葬送并毕,平世备礼无以加也。顷之,孙恩重陷会稽,谢琰见害。因购方明甚急,方明于上虞载母妹奔东阳,由黄蘗峤出鄱阳,附载还都,寄居国子学。流离险厄,屯苦备经,而贞履之操,在约无改。

桓玄克建邺,丹阳尹卞范之势倾朝野,欲以女嫁方明,方明终不回。桓玄闻而赏之,即除著作佐郎。后从兄景仁举为宋武中军主簿,方明知无不为,帝谓曰:"愧未有瓜衍之赏,且当与卿共豫章国禄。"屡加赏赐。方明严恪,善自居遇,虽暗室未尝有惰容。从兄混有重名,唯岁节朝拜而已。丹阳尹刘穆之权重当时,朝野辐凑,其不至者唯混、方明、郗僧施、蔡廓四人而已。穆之甚恨。及混等诛后,方明、廓来往造穆之,穆之大悦,白武帝曰:"谢方明可谓名家驹,及蔡廓直置,并台鼎人,无论复有才用。"顷之,转从事中郎,仍为左将军道怜长史,武帝令府中众事皆谘决之。府转为中军长史,寻加晋陵太守,复为骠骑长史、南郡相,委任如初。尝年终,江陵县狱囚事无轻重,悉放归家,使过正三日还到,罪重者二十余人,纲纪以下莫不疑惧。时晋陵郡送故主簿弘季咸、徐寿之并随在西,固谏,以为昔人虽有其事,或是记籍过言,且当今人情伪薄,不可以古义相许。方明不纳,一时遣之。囚及父兄并惊喜涕泣,以为就死无恨。至期有重罪一人醉不能归,违二日乃反。余一囚十日不来,五官朱干期请见,欲自讨之。方明知为囚事,使左右谢五官不须入,囚自当反。囚逡巡墟里,不能自归,乡村责让率领将送,竟无逃者。远近叹服焉。

宋武帝受命,位侍中,丹阳尹,有能名。转会稽太守。江东人户殷盛,风俗峻刻,强弱相陵,奸吏蜂起,符书一下,文摄相续。方明深达政体,不拘文法,阔略苛细,务在统领。贵族豪士,莫敢犯禁。除比伍之坐,判久系之狱。前后征伐,每兵运不充,悉倩士庶,事宁皆使还本。而守宰不明,与夺乖谬,人事不至,必被抑塞。方明简汰精当,各顺所宜,东土称咏之。性尤爱惜人物,未尝有所是非。承代前人,不易其政;必宜改者,则渐变得无迹可寻。卒官。

子惠连,年十岁能属文,族兄灵运嘉赏之,云"每有篇章,对惠连辄得佳语"。尝于永嘉西堂思诗,竟日不就,忽梦见惠连,即得"池塘生春草",大以为工。常云"此语有神功,非吾语也"。本州辟主簿,不就。惠连先爱幸会稽郡吏杜德灵,及居父忧,赠以五言诗十余首,"乘流遵归路"诸篇是也。坐废不豫荣位。尚书仆射殷景仁爱其才,言次白文帝,言"臣小儿时便见此文,而论者云是惠连,其实非也"。文帝曰:"若此便应通之。"元嘉七年,方为司徒彭城王义康法曹行参军。义康修东府城,城堑中得古冢,为之改葬,使惠连为祭文,留信待成,其文甚美。又为《雪赋》,以高丽见奇。灵运见其新文,每曰"张华重生,不能易也"。文章并行于世,年二十七卒。既早亡,轻薄多尤累,故官不显。无子。惠连弟惠宣,位临川太守。

谢灵运,安西将军奕之曾孙而方明从子也。祖玄,晋车骑将军。父瑍,生而不慧,位秘书郎,早亡。灵运幼便颖悟。玄甚异之。谓亲知曰:"我乃生瑍,瑍儿何为不及我。"灵运少好学,博览群书,文章之美,与颜延之为江左第一。纵横俊发,过于延之,深密则不如也。从叔混特知爱之。袭封康乐公,以国公例除员外散骑侍郎,不就。为琅邪王大司马行参军。

性豪侈,车服鲜丽,衣物多改旧形制,世共宗之,咸称谢康乐也。累迁秘书丞,坐事免。宋武帝在长安,灵运为世子中军谘议、黄门侍郎,奉使慰劳武帝于彭城,作《撰征赋》。后为相国从事中郎,世子左卫率,坐辄杀门生免官。宋受命,降公爵为侯,又为太子左卫率。灵运多愆礼度,朝廷唯以文义处之,不以应实相许。自谓才能宜参权要,既不见知,常怀愤惋。庐陵王义真少好文籍,与灵运情款异常。少帝即位,权在大臣,灵运构扇异同,非毁执政,司徒徐羡之等患之,出为永嘉太守。郡有名山水,灵运素所爱好。出守既不得志,遂肆意游遨,遍历诸县,动逾旬朔。理人听讼,不复关怀,所至辄为诗咏以致其意。在郡一周,称疾去职,从弟晦、曜、弘微等并与书止之,不从。灵运父祖并葬始宁县,并有故宅及墅,遂移籍会稽,修营旧业。傍山带江,尽幽居之美。与隐士王弘之、孔淳之等放荡为娱,有终焉之志。每有一首诗至都下,贵贱莫不竞写,宿昔间士庶皆遍,名动都下。作《山居赋》,并自注以言其事。

文帝诛徐羡之等,征为秘书监,再召不起。使光禄大夫范泰与书敦奖,乃出。使整秘阁书遗阙,又令撰晋书,粗立条流,书竟不就。寻迁侍中,赏遇甚厚。灵运诗书皆兼独绝,每文竟,手自写之,文帝称为二宝。既自以名辈,应参时政,至是唯以文义见接,每侍上宴,谈赏而已。王昙首、王华、殷景仁等名位素不逾之,并见任遇,意既不平,多称疾不朝直。穿池植援,种竹树果,驱课公役,无复期度。出郭游行,或一百六七十里,经旬不归。既无表闻,又不请急。上不欲伤大臣,讽旨令自解。灵运表陈疾,赐假东归。将行,上书劝伐河北。而游娱宴集,以夜续昼。复为御史中丞傅隆奏免官,是岁,元嘉五年也。

灵运既东,与族弟惠连、东海何长瑜、颍川荀雍、泰山羊璿之以文章赏会,共为山泽之游,时人谓之四友。惠连幼有奇才,不为父方明所知。灵运去永嘉,还始宁,时方明为会稽,灵运造方明,遇惠连,大相知赏。灵运性无所推,唯重惠连,与为刎颈交。时何长瑜教惠连读书,亦在郡内,灵运又以为绝伦。谓方明曰:"阿连才悟如此,而尊作常儿遇之;长瑜当今仲宣,而饴以下客之食。尊既不能礼贤，宜以长瑜还灵运。"载之而去。荀雍，字道雍，官至员外散骑郎。璩之，字曜璠，为临川内史，被司空竟陵王诞所遇，诞败坐诛。长瑜才亚惠连，雍、璩之不及也。临川王义庆招集文士，长瑜自国侍郎至平西记室参军。尝于江陵寄书与宗人何勖，以韵语序义庆州府僚佐云："陆展染白发，欲以媚侧室，青青不解久，星星行复出。"如此者五六句。而轻薄少年遂演之，凡人士并为题目，皆加剧言苦句，其文流行。义庆大怒，白太帝，除广州所统曾城令。及义庆薨，朝士并诣第叙哀，何勖谓袁淑曰："长瑜便可还也。"淑曰："国新丧宗英，未宜以流人为念。"庐陵王绍镇寻阳，以长瑜为南中郎行参军，掌书记之任。行至板桥，遇暴风溺死。

灵运因祖父之资，生业甚厚，奴僮既众，义故门生数百，凿山浚湖，功役无已。寻山陟岭，必造幽峻，岩嶂数十重，莫不备尽登蹑。常着木履，上山则去其前齿，下山去其后齿。尝自始宁南山伐木开径，直至临海，从者数百。临海太守王琇惊骇，谓为山贼，末知灵运乃安。又要琇更进，琇不肯。灵运赠琇诗云："邦君难地险，旅客易山行。"在会稽亦多从众，惊动县邑。太守孟𫖮事佛精恳，而为灵运所轻，尝谓𫖮曰："得道应须慧业，丈人生天当在灵运前，成佛必在灵运后。"𫖮深恨此言。又与王弘之诸人出千秋亭饮酒，裸身大呼，𫖮深不堪，遣信相闻。灵运大怒曰："身自大呼，何关痴人事？"会稽东郭有回踵湖，灵运求决以为田，文帝令州郡履行。此湖去郭近，水物所出，百姓惜之，𫖮坚执不与。灵运既不得回踵，又求始宁休崲湖为田，𫖮又固执。灵运谓𫖮非为利人，政虑决湖多害生命，言论伤之。与𫖮遂隙。因灵运横恣，表其异志，发兵自防，露板上言。灵运驰诣阙，上表自陈本末。文帝知其见诬，不罪也。不欲复使东归，以为临川内史。在郡游放，不异永嘉，为有司所纠。司徒遣使随州从事郑望生收灵运。灵运兴兵叛逸，遂有逆志。为诗曰："韩亡子房奋，秦帝鲁连耻，本自江海人，忠义感君子。"追讨禽之，送廷尉，廷尉论正斩刑。上爱其才，欲免官而已。彭城王义康坚执，谓不宜恕。诏曰"谢玄勋参微管，宜宥及后嗣，降死徙广州"。后秦郡府将宋齐，受使至涂口，行达桃墟村，见有七人下路聚语，疑非常人，还告郡县，遣兵随齐掩讨禽之。其一人姓赵名钦，云"同村薛道双先与灵运共事，道双因同村成国报钦云：'灵运犯事徙广州，给钱令买弓箭刀楯等物，使道双要合乡里健儿于三江口篡之。若得志如意后，功劳是同。遂associated部党要谢不得，及还饥馑，缘路为劫。'"有司奏收之，文帝诏于广州弃市。临死作诗曰："龚胜无余生，李业有终尽，嵇公理既迫，霍生命亦殒。"所称龚胜、李业，犹前诗子房、鲁连之意也。时元嘉十年，年四十九。所著文章传于世。

孟𫖮，字彦重，平昌安丘人，卫将军昶弟也。昶、𫖮并美风姿，时人谓之双珠。昶贵盛，𫖮不就辟。昶死后，𫖮历侍中、仆射、太子詹事、散骑常侍、左光禄大夫。尝就徐羡之，因叙关、洛中事，𫖮叹刘穆之终后便无继者，王弘亦在，甚不平，曰："昔魏朝酷重张郃，谓不可一日无之。及郃死，何关兴废？"𫖮不悦，众宾笑而释之。后卒于会稽太守。

灵运子凤，坐灵运徙岭南，早卒。

凤子超宗，随父凤岭南，元嘉末得还。与慧休道人来往。好学有文辞，盛得名誉。选补新安王子鸾国常侍。王母殷淑仪卒，超宗作诔奏之，帝大嗟赏，谓谢庄曰："超宗殊有凤毛，灵运复出。"时右卫将军刘道隆在御坐，出候超宗曰："闻君有异物，可见乎？"超宗曰："悬磬之室，复有异物邪。"道隆武人无识，正触其父名，曰："且侍宴，至尊说君有凤毛。"超宗徒跣还内。道隆谓检觅凤毛，至暗待不得，乃去。泰始中，为尚书殿中郎。三年，都令史骆宰议策秀孝格，五问并得为上，四三为中，二为下，一不第。超宗议不同，诏从宰议。齐高帝为领军，爱其才。卫将军袁粲闻之，谓高帝曰："超宗开亮，善可与语。"取为长史、临淮太守。粲诛，高帝以超宗为义兴太守。升明二年，坐公事免。诣东府门自通，其日风寒，高帝谓四座曰："此客至，使人不衣自暖矣。"超宗既坐，饮酒数杯，辞气横出，高帝对之甚欢。

及齐受禅，为黄门郎。有司奏撰郊庙歌，上敕司徒褚彦回、侍中谢朏、散骑侍郎孔珪、太学博士王𫖮之、总明学士刘融、何法图、何昙秀作者凡十人，超宗辞独见用。为人恃才使酒，多所陵忽，在直省常醉。上召见，语及北方事，超宗曰："虏动来二十年矣，佛出亦无如之何。"以失仪出为南郡王中军司马。人问曰："承有朝命，定是何府？"超宗怨望，答曰："不知是司马，为是司驴；既是驴府，政应为司驴。"为有司奏以怨望免。禁锢十年。后司徒褚彦回因送湘州刺史王僧虔，阁道坏，坠水；仆射王俭惊跳下车。超宗拊掌笑曰："落水三公，坠车仆射。"彦回出水，沾湿狼藉。超宗先在僧虔舫，抗声曰："有天道焉，天所不容，地所不受。投畀河伯，河伯不受。"彦回大怒曰："寒士不逊。"超宗曰："不能卖袁、刘得富贵，焉免寒士？"前后言诮，稍布朝野。

武帝即位，使掌国史。除竟陵王征北谘议，领记室，愈不得志。超宗为子娶张敬儿女为妇，帝甚疑之。及敬儿诛，超宗谓丹阳尹李安人曰："往年杀韩信，今年杀彭越，君欲何计？"安人具启之。上积怀超宗轻慢，使兼中丞袁彖奏超宗，请付廷尉。武帝虽可其奏，以彖言辞依违，使左丞王逡之奏彖"轻文略奏，挠法容非，请免彖所居官"。诏"彖匿情欺国，爱朋罔主，免官，禁锢十年"。超宗下廷尉，一宿发白皓首。诏徙越巂，行至豫章，上敕豫章内史虞悰赐尽，勿伤其形骸。明年，超宗门生王永先又告超宗子才卿死罪二十余条。上疑其妄，以才卿付廷尉辩，以不实见原。永先于狱尽之。

才卿弟幾卿，清辩，时号神童。超宗徙越巂，诏家人不得相随。幾卿年八岁，别父于新亭，不胜其恸，遂投于江。超宗命估客数人入水救之，良久涌出，得就岸，沥耳目口鼻，出水数斗，十余日乃裁能言。居父忧，哀毁过礼。年十二，召补国子生。齐文惠太子自临策试，谓王俭曰："幾卿本长玄理，今可以经义访之。"俭承旨发问，幾卿辩释无滞，文惠大称赏焉。俭谓人曰："谢超宗为不死矣。"及长，博学有文采。仕齐，为太尉晋安王主簿。梁天监中，自尚书三公郎为书侍御史。旧郎官转为此职者，世谓之南奔。幾卿颇失志，多陈疾，台事略不复理。累迁尚书左丞。幾卿详悉故实，仆射徐勉每有凝滞，多询访之。然性通脱，会意便行，不拘朝宪。尝预乐游苑宴，不得醉而还，因诣道边酒垆，停车褰幔，与车前三驺对饮。时观者如堵，幾卿处之自若。后以在省署夜著犊鼻裈，与门生登阁道饮酒酣呼，为有司纠奏，坐免。

普通六年，诏西昌侯藻督众军北侵，幾卿启求行，擢为藻军师长史。将行，与仆射徐勉别，勉云："淮、肥之役，前谢已著奇功，未知今谢何如？"幾卿应声曰："已见今徐胜于前徐，后谢何必愧于前谢。"勉默然。军至涡阳退败，幾卿坐免官。居白杨石井宅，朝中交好者载酒从之，客恒满坐。时左丞庾仲容亦免归，二人意相得，并肆情诞纵，或乘露车历游郊野，醉则执铎挽歌，不屑物议。湘东王绎在荆镇，与书慰勉之。

后为太子率更令。放达不事容仪，性不容非，与物多忤，有乖忤者辄肆意骂之，退无所言。迁左丞。仆射省尝议集公卿，幾卿外还，宿醉未醒，取枕高卧，傍若无人。又尝于阁省裸袒酣饮，及醉小遗，下沾令史，为南司所弹，幾卿亦不介意。转左光禄长史。卒，文集行于世。幾卿虽不持检操，然于家门笃睦。兄才卿早卒，子藻幼孤，幾卿抚养甚至。及藻成立，历清官，皆幾卿奖训之力也。

论曰：谢晦以佐命之功，当顾托之重，殷忧在日，黜昏启圣，于社稷之计，盖为大矣。但庐陵之殒，事非主命；昌门之覆，有乖臣道。博陆所慎，理异于斯。加以身处上流，兵权总己，将欲以外制内，岂人主所久堪乎？向令徐、傅不亡，道济居外，四权制命，力足相侔，刘氏之危，则有逾累卵。以此论罚，岂曰妄诛。宣远所为寒心，可谓睹其萌矣。然谢氏自晋以降，雅道相传，景恒、景仁以德素传美；景懋、景先以节义流誉。方明行己之度，玄晖藻缋之奇，各擅一时，可谓德门者矣。灵运才名，江左独振，而猖獗不已，自致覆亡。人各有能，兹言乃信，惜乎！

卷二十　　列传第十

谢弘微 子庄　孙朏　曾孙谖　玄孙哲　朏弟颢
颢弟瀹　瀹子览　览弟举　举子颋　举兄子侨

谢密，字弘微，晋西中郎万之曾孙、尚书左仆射景仁从子也。祖韶，车骑司马。父思，武昌太守。

弘微年十岁，继从叔峻，名犯所继内讳，故以字行。童幼时精神端审，时然后言。所继叔父混名知人，见而异之，谓思曰："此儿深中夙敏，方成佳器，有子如此足矣。"峻，司空琰子也，于弘微本服缌，亲戚中表，素不相识，率意承接，皆合礼衷。义熙初，袭爵建昌县侯。弘微家素贫俭，而所继丰泰，唯受数千卷书，国吏数人而已，遗财禄秩，一不关预。混闻而惊叹，谓国郎中令漆凯之曰：

"建昌国禄，本应与北舍共之，国侯既不厝意，今可依常分送。"弘微重违混言，乃少有所受。北舍，弘微本家也。混风格高峻，少所交纳，唯与族子灵运、瞻、晦、曜、弘微以文义赏会，常共宴处，居在乌衣巷，故谓之乌衣之游。混诗所言"昔为乌衣游，戚戚皆亲姓"者也。其外虽复高流时誉，莫敢造门。瞻等才辞辩富，弘微每以约言服之，混特所敬贵，号曰微子。谓瞻等曰："汝诸人虽才义丰辩，未必皆惬众心，至于领会机赏，言约理要，故当与我共推微子。"常言"阿远刚躁负气，阿客博而无检，曜仗才而持操不笃，晦自知而纳善不周。设复功济三才，终亦以此为恨。至如微子，吾无间然"。又言"微子异不伤物，同不害正，若年造六十，必至公辅"。尝因酣宴之余，为韵语以奖劝灵运、瞻等曰："康乐诞通度，实有名家韵，若加绳染功，剖莹乃琼瑾。宣明体远识，颖达且沉俊，若能去方执，穆穆三才顺。阿多标独解，弱冠纂华胤，质胜诚无文，其尚又能峻。通远怀清悟，采采摽兰讯，直響鲜不躓，抑明解偏吝。微子基微尚，无倦由慕蔺，勿轻一篑少，进往必千仞。数子勉之哉，风流由尔振。如不犯所知，此外无所慎"。灵运、瞻等并有诫厉之言，唯弘微独尽褒美。曜，弘微兄，多其小字。通远即瞻字。客儿，灵运小名也。

晋世名家身有国封者，起家多拜员外散骑侍郎，弘微亦拜员外散骑侍郎、琅邪王大司马参军。义熙八年，混以刘毅党见诛，混妻晋陵公主改适琅邪王练。公主虽执意不行，而诏与谢氏离绝。公主以混家事委之弘微。混仍世宰相，一门两封，田业十余处，僮役千人，唯有二女，年并数岁。弘微经纪生业，事若在公，一钱尺帛出入，皆有文簿。宋武受命，晋陵公主降封东乡君。以混得罪前代，东乡君节义可嘉，听还谢氏。自混亡至是九年，而室宇修整，仓廪充盈，门徒不异平日。田畴垦辟，有加于旧。东乡君叹曰："仆射生平重此子，可谓知人，仆射为不亡矣。"中外姻亲、道俗义旧见东乡之归者，入门莫不叹息，或为流涕，感弘微之义也。

性严正，举止必循礼度，事继亲之党，恭谨过常。伯叔二母，归宗两姑，晨夕瞻奉，尽其诚敬。内外或传语通讯，辄正其衣冠。婢仆之前，不妄言笑。由是尊卑大小，敬之若神。时有蔡湛之者，及见谢安兄弟，谓人曰："弘微貌类中郎，而性似文靖。"文帝初封宜都王，镇江陵，以琅邪王球为友，弘微为文学。母忧去职，居丧以孝称。服阕，蔬素逾时。文帝即位，为黄门侍郎，与王华、王昙首、殷景仁、刘湛等，号曰五臣。迁尚书吏部郎，参机密。寻转右卫将军，诸故吏臣佐，并委弘微选拟。居身清约，器服不华，而饮食滋味尽其丰美。兄曜，历御史中丞，彭城王义康骠骑长史，卒官。弘微哀戚过礼，服虽除犹不啖鱼肉。沙门释慧琳尝与之食，见其犹蔬菜，谓曰："檀越素既多疾。即吉犹未复膳。若以无益伤生，岂所望于得理。"弘微曰："衣冠之变，礼不可逾，在心之哀，实未能已。"遂废食歔欷不自胜。弘微少孤，事兄如父。友睦之至，举世莫及。口不言人短，见兄曜好臧否人物，每闻之，常乱以他语。历位中庶子，加侍中。志在素宦，畏忌权宠，固让不拜，乃听解中庶子。每献替及陈事，必手书焚草，人莫之知。上以弘微能膳羞，每就求食，弘微与亲旧经营。及进之后，亲人问上所御，弘微不答，别以余语酬之，时人比之汉世孔光。

及东乡君薨，遗财千万，园宅十余所，又会稽、吴兴、琅邪诸处太傅安、司空琰时事业，奴僮犹数百人。公私咸谓室内资财宜归二女，田宅僮仆应属弘微。弘微一不取，自以私禄营葬。混女夫殷睿素好樗捕，闻弘微不取财物，乃滥夺其妻妹及伯母两姑之分，以还戏责，内人皆化弘微之让，一无所争。弘微舅子领军将军刘湛谓弘微曰："天下事宜有裁衷，卿此不问，何以居官？"弘微笑而不答。或有讥以"谢氏累世财产，充殷君一朝戏责，譬弃物江海以为廉耳"。弘微曰："亲戚争财，为鄙之甚，今内人尚能无言，岂可导之使争。今分多共少，不至有乏，身死之后，岂复见关？"

东乡君葬，混墓开，弘微牵疾临赴，病遂甚。元嘉十年卒，年四十二。文帝叹惜甚至，谓谢景仁曰："谢弘微、王县首年逾四十，名位未尽其才，此朕之责也。"弘微性宽博，无喜愠。末年尝与友人棋，友人西南棋有死势，复一客曰："西南风急，或有覆舟者。"友悟乃救之。弘微大怒，投局于地。识者知其暮年之事，果以此岁终。时有一长鬼寄司马文宣家，言被遣杀弘微。弘微疾每剧，辄豫告文宣。及弘微死，与文宣分别而去。弘微临终，语左右曰："有二厨书，须刘领军至，可于前烧之，慎勿开也。"书是文帝手敕，上甚痛惜之。使二卫千人营毕葬事，追赠太常。弘微与琅邪王惠、王球并以简淡称。人谓沈约曰："王惠何如？"约曰："令明简。"次问王球，约曰："蒨玉淡。"又次问弘微，约曰："简而不失，淡而不流，古之所谓名臣，弘微当之。"其见美如此。子庄。

庄，字希逸，七岁能属文，及长，韶令美容仪。宋文帝见而异之，谓尚书仆射殷景仁、领军将军刘湛曰："蓝田生玉，岂虚也哉！"

为随王诞后军谘议，领记室。分《左氏》经传，随国立篇。制木方丈，图山川土地，各有分理。离之则州殊别，合之则宇内为一。元嘉二十七年，魏攻彭城，遣尚书李孝伯与镇军长史张畅语，孝伯访问庄及王微，其名声远布如此。二十九年，除太子中庶子。时南平王铄献赤鹦鹉，普诏群臣为赋。太子左卫率彭淑文冠当时，作赋毕示庄。及见庄赋，叹曰："江东无我，卿当独秀，我若无卿，亦一时之杰。"遂隐其赋。

元凶弑立，转司徒左长史。孝武入讨，密送檄书与庄，令加改正宣布之。庄遣腹心门生具庆奉启事，密诣孝武陈诚。及帝践阼，除侍中。时魏求通互市，上诏群臣博议。庄议以为拒而观衅，有足表强。骠骑竟陵王诞当为荆州，征丞相荆州刺史南郡王义宣入辅，义宣固辞不入，而诞便克日下船。庄以丞相既无入志，而骠骑发便有期，如似欲相逼切。帝乃申诞发日，义宣竟亦不下。孝建元年，迁左将军。庄有口辩，孝武尝问颜延之曰："谢希逸《月赋》何如？"答曰："美则美矣，但庄始知'隔千里兮共明月'。"帝召庄，以延之答语语之，庄应声曰："延之作《秋胡诗》，始知'生为久离别，没为长不归'。"帝抚掌竟日。又

王玄谟问庄何者为双声，何者为叠韵。答曰："玄护为双声，碻磝为叠韵。"其捷速若此。初，孝武尝赐庄宝剑，庄以与豫州刺史鲁爽，后爽叛，帝因宴问剑所在。答曰："昔以与鲁爽别，窃为陛下杜邮之赐。"上甚悦，当时以为知言。于时搜才路狭，庄表陈求贤之义曰：

臣闻功倾魏后，非特照车之珍；德柔秦客，岂徒秘璧之贵。隆陂所渐，成败之由，何尝不兴资得才，替因失士。故《楚书》以善人为宝，《虞典》以则哲为难。而进选之举，既隳中代，登造之律，未闻当今，必欲丰本康务，庇人济俗，匪更悲懑，奚取九成？夫才生于时，古今岂贰；士出于世，屯泰焉殊。升历中阳，英贤起于徐沛；受箓白水，茂异出于荆宛。宁二都智之所产，七陕愚之所育，实遇与不遇、用与不用耳。今大道光亨，万务俟德，而九服之旷，九流之艰，提钧悬衡，委之选部。一人之鉴易限，天下之才难源，以易限之鉴，镜难源之才，使国闱遗贤，野无滞器，其可得乎？昔公叔登臣，管仲升盗，赵文非私亲疏嗣，祁奚岂诒仇比子？茹茅以汇，作范前经，举尔所知，式昭往牒。且自古任荐，弘明赏罚，成子举三哲而身致魏辅，应侯任二士而已捐秦相，白季称冀缺而畴以田采，张勃进陈汤而坐之褫爵。此则先事之盛准，亦后王之彝鉴。臣谓宜普命大臣，各举所知，以付尚书依分铨用。若任得其才，举主延赏，有不称职，宜及其坐。重者免黜，轻者左迁。被举之身，加以禁锢，年数多少，随愆议制。若犯大辟，则任者刑论。又政平讼理，莫先亲人，亲人之要，实归守宰。故黄霸莅颍川累稔，杜畿居河东历载。或就加恩秩，或入崇晖宠。今莅人之职，宜遵六年之限，进得章明庸惰，退得民不勤扰。如此，则上靡弃能，下无浮谬，考绩之风载泰，新櫆之歌克昌。

初，文帝世，限年三十而仕，郡县六周乃迭代，刺史或十年余。至是皆易之，仕者不拘长少，莅人以三周为满，宋之善政于是乎衰。

是年，拜吏部尚书，庄素多疾，不愿居选部。与大司马江夏王义恭笺，自陈"两胁癖疢，殆与生俱，一月发动，不减两三。每痛来逼心，气余如缒，利患数年，遂成痼疾。炭炭慑慑，常如行尸。眼患五月来，便不复得夜坐，恒闭帷避风。昼夜悟憎，为此不复得朝谒诸王，庆吊亲旧。今之所止，唯在小阁。下官微命，于天下至轻，在己不能不重。家世无年，亡高祖四十，曾祖三十三，亡祖四十七，下官新岁便三十五。加以疾患如此，当复几时？入年当申前请，以死自固。愿侍坐言次，赐垂接助"。三年，坐疾多免官。

大明元年，起为都官尚书。上时亲览朝政，虑权移臣下，以吏部尚书选举所由，欲轻其势力。二年，诏吏部尚书依郎分置，并详省闲曹。又别诏大宰江夏王义恭曰："吏部尚书由来与录共选，良以一人之识，不辨洽通，兼与夺威权，不宜专一故也。"于是置吏部尚书二人，省五兵尚书。庄及度支尚书顾觊之并补选职。迁左卫将军，加给事中。时河南献舞马，诏群臣为赋，庄所上甚美。又使

庄作《舞马歌》，令乐府歌之。五年，又为侍中，领前军将军。时孝武出行夜还，敕开门。庄居守，以棨信或虚，须墨诏乃开。上后因宴从容曰："卿欲效郅君章邪？"对曰："臣闻蒐巡有度，郊祀有节，盘于游田，著之前诫。陛下今蒙犯尘露，晨往宵还，容致不逞之徒，妄生矫诈，臣是以伏须神笔。"六年，又为吏部尚书，领国子博士。坐选公车令张奇免官，事在《颜师伯传》。后除吴郡太守。

前废帝即位，以为金紫光禄大夫。初，孝武宠姬殷贵妃薨，庄为诔，言"赞轨尧门"，引汉昭帝母赵婕妤尧母门事，废帝在东宫衔之。至是遣人诘庄曰："卿昔作《殷贵妃诔》，知有东宫不？"将诛之。孙奉伯说帝曰："死是人之所同，政复一往之苦，不足为困。庄少长富贵，且系之尚方，使知天下苦剧，然后杀之未晚。"帝曰："卿言有理。"系于左尚方。明帝定乱得出，使为敕诏。庄夜出署门，方坐酌酒，酌之已微醉，传诏停待诏成，其文甚工。后为寻阳王师，加中书令、散骑常侍。寻加金紫光禄大夫，给亲信二十人。卒，赠右光禄大夫，谥宪子。所著文章四百余首行于世。五子：飏、朏、颢、㟭、瀹，世谓庄名子以风月景山水。

飏位晋平太守，女为顺帝皇后，追赠金紫光禄大夫。

朏，字敬冲，幼聪慧。庄器之，常置左右。十岁能属文。庄游土山，使朏命篇，揽笔便就。琅邪王景文谓庄曰："贤子足称神童，复为后来特达。"庄抚朏背曰："真吾家千金。"宋孝武帝游姑孰，敕庄携朏从驾。诏为《洞井赞》，于坐奏之。帝曰："虽小，奇童也。"

仕宋为卫将军袁粲长史。粲性简峻，时人方之李膺。朏谒退，粲曰："谢令不死矣。"宋明帝尝敕朏与谢凤子超宗从凤庄入门。二人俱至，超宗曰："君命不可以不往。"乃趋而入。朏曰："君处臣以礼进退。"不入。时人两称之，以比王尊、王阳。后为临川内史，以贿见劾，袁粲寝其事。

齐高帝为骠骑将军辅政，选朏为长史。高帝方图禅代，欲以朏佐命，迁左长史。每夕置酒，独与朏论魏、晋故事，言石苞不早劝晋文，死方恸哭，方之冯异，非知机也。朏曰："昔魏臣有劝魏武即帝位，魏武曰：'有用我者，其周文王乎。'晋文世事魏氏，将必终身北面。假使魏早依唐、虞故事，亦当三让劝高。"帝不悦，更引王俭为左长史，以朏为侍中，领秘书监。及齐受禅，朏当日在直，百僚陪位。侍中当解玺，朏佯不知曰："有何公事？"传诏云，"解玺授齐王"。朏曰："齐自应有侍中。"乃引枕卧。传诏惧，乃使称疾，欲取兼人。朏曰："我无疾，何所道。"遂朝服出东掖门，乃得车，仍还宅。是日，遂以王俭为侍中解玺。既而武帝请诛朏，高帝曰："杀之则成其名，正应容之度外。"又以家贫乞郡，辞旨抑扬，诏免官禁锢五年。

永明中，为义兴太守，在郡不省杂事，悉付纲纪，曰："吾不能作主者吏，但能作太守耳。"历都官尚书，中书令，侍中，领新安王师。求出，仍为吴兴太守。明帝谋入嗣位，引朝廷旧臣，朏内图足止，且实避事。弟瀹时为吏部尚书，朏至郡，致瀹数斛酒，遗书曰："可力饮此，勿豫人事。"朏居郡，每不理，常务聚敛，众颇讥之，亦不屑也。建武

四年，征为侍中、中书令，不应。遣诸子还都，独与母留，筑室郡之西郭。明帝诏加优礼，旌其素概，赐床帐褥席，奉以卿禄。时国子祭酒庐江何胤亦抗表还会稽。永元中，诏征朏、胤，并不屈。时东昏皆命追遣，会梁武帝起兵。及建邺平，征朏、胤，并补军谘祭酒，皆不至。及即位，诏征朏为侍中、左光禄大夫、开府仪同三司，胤散骑常侍、特进、右光禄大夫，又并不屈。仍遣领军司马王果敦譬朏，朏谋于何胤，胤欲独高其节，绐曰："兴王之世，安可久处？"明年六月，朏轻舟出，诣阙自陈。帝笑曰："子陵遂能屈志。"诏以为侍中、司徒、尚书令。朏辞脚疾，不堪拜谒，乃角巾肩舆诣云龙门谢。诏见于华林园，乘小车就席。明旦，乘舆出幸朏宅，宴语尽欢。朏固陈本志，不许。又固请自还迎母，许之。临发，舆驾临幸，赋诗饯别，王人送迎相望于道。到都，敕材官起府于旧宅。武帝临轩，遣谒者于府拜授。诏预诸公事及朔望朝谒。三年元会，诏朏乘小舆升殿。朏素惮烦，及居台铉，兼掌内台，职事多不览，以此颇失众望。其年母忧，寻有诏摄职如故。五年，改授中书监、司徒、卫将军，固让不受。遣谒者敦授，留府门及暮，至于经春夏。八月，乃拜受焉。是冬薨，车驾出临哭，谥曰孝靖。建武初，朏为吴兴，以鸡卵赋人，收鸡数千。及通节不全，为清谈所少。著书及文章行于世。

子谖，位司徒右长史，坐杀牛受朏。为东阳内史，及还，五官送钱一万，止留一百。答曰："数多刘宠，更以为愧。"

次子谏，不妄交接，门无杂宾。有时独醉曰："入吾室者但有清风，对吾饮者唯当明月。"位右光禄大夫。子哲，字颖豫，美风仪，举止酝藉，襟情豁朗，为士君子所重。仕梁至广陵太守，侯景之乱，因寓居焉。仕陈历吏部尚书，中书令，侍中，司徒左长史。卒，谥康子。

颢，字仁悠，朏弟也。少简静。宋末为豫章太守，至石头，遂白服登烽火楼，坐免官。诣齐高帝自占谢，言辞清丽，容仪端雅，左右为之倾目，宥而不问。齐永明初，高选友学，以颢为竟陵王友。历吏部郎，有简秀之目。卒于北中郎长史。

颢弟瀹，字义洁。年七岁，王景文见而异之，言于宋孝武，召见于人众中。瀹举止闲详，应对合旨，帝悦，诏尚公主。景和败，事寝。仆射褚彦回以女妻之，厚为资送。性甚敏赡，尝与刘悛饮，推让久之，悛曰："谢庄儿不可云不能饮。"瀹曰："苟得其人，自可流湎千日。"悛甚惭，无言。

仕齐累迁中书侍郎。卫军王俭引为长史，雅相礼遇。后拜吏部尚书。明帝废郁林，领兵入殿，左右惊走报瀹。瀹与客围棋，每下子，辄云"其当有意"，竟局乃还斋卧，竟不问外事。明帝即位，瀹又属疾，不知公事。萧谌以兵临起之，瀹曰："天下事，公卿处之足矣；且死者命也，何足以此惧人。"后宴会功臣上酒，尚书令王晏等兴席，瀹独不起，曰："陛下受命应天，王晏以为己力。"献觞遂不见报。上大笑解之。座罢，晏呼瀹共载，欲相抚悦，瀹正色曰："君巢窟在何处？"晏初得班剑，瀹谓曰："身家太傅，裁得六人，若何事顿得二十？"晏甚惮之，谓江祏

曰："彼上人者，难为酬对。"加领右军将军。兄朏在吴兴，论启公事稽晚，瀹辄代朏为启，上知非朏手迹，被问见原。永泰元年，卒于太子詹事，赠金紫光禄大夫，谥简子。初，朏为吴兴，瀹于征虏渚送别，朏指瀹口曰："此中唯宜饮酒。"瀹建武之朝，专以长酎为事，与刘瓛、沈昭略交，饮各至数斗。齐武帝问王俭："当今谁能为五言？"俭曰："朏得父膏腴，江淹有意。"上起禅灵寺，敕瀹撰碑文。瀹子览。

览，字景涤，选尚齐钱唐公主，拜驸马都尉。梁武平建邺，朝士王亮、王莹等数人揖，自余皆拜，览时年二十余，为太子舍人，亦长揖而已。意气闲雅，视瞻聪明，武帝目送良久，谓徐勉曰："觉此生芳兰竟体，想谢庄政当如此。"自此仍被赏味。天监元年，为中书侍郎，掌吏部事，顷之即真。尝侍坐，受敕与侍中王暕为诗答赠，其文甚工，乃使重作，复合旨。帝赐诗云："双文既后进，二少实名家，岂伊尔栋隆，信乃俱国华。"为侍中，颇乐酒，因宴席与散骑常侍萧琛辞相诋毁，为有司所奏。武帝以览年少不直，出为中权长史。后拜吏部尚书，出为吴兴太守。中书舍人黄睦之家居乌程，子弟专横，前太守皆折节事之。览未到郡，睦之子弟迎览，览逐去其船，杖吏为通者，自是睦之家杜门不出。郡境多劫，为东道患，览下车肃然。初，齐明帝及览父瀹、东海徐孝嗣并为吴兴，号为名守，览皆过之。览昔在新安，颇聚敛，至是遂称廉洁，时人方之王述。卒于官，赠中书令。

览弟举，字言扬，幼好学，与览齐名。年十四，尝赠沈约诗，为约所赏。弱冠丁父忧，几致毁灭。服阕，为太常博士，与兄览俱预同会。江淹一见，并相钦抱曰："所谓'驭二龙于长涂'者也。"为太子家令，掌管记，深为昭明太子赏ься。秘书监任昉出为新安郡，别举诗云："讵念鼙嗟人，方深老夫托。"其属意如此。梁武尝访举于览，览曰："识艺过臣甚远，唯饮酒不及于臣。"帝大悦。寻除安成郡守，母往于郡丧，辞不赴。历位左户尚书，迁掌吏部尚书。举祖庄、父瀹、兄览并经此职，前代少比。

举尤长玄理及释氏义，为晋陵郡时，常与义学僧递讲经论，征士何胤自虎丘山出赴之，其盛如此。先是，北度人卢广有儒术，为国子博士，于学发讲，仆射徐勉以下毕至。举造坐屡折广，辞理遒迈。广深叹服，仍以所执麈尾、斑竹杖、滑石书格荐之，以况重席焉。加侍中，迁尚书右仆射。大同三年，出为吴郡太守。先是，何敬容居郡郡有美绩，世称为"何吴郡"。及举为政，声迹略相比。曾要何徽君讲《中论》，何难以巾褐入南门，乃从东园进。致诗往复，为《虎丘山赋》，题于寺。

入为侍中、太子詹事、翊左将军。举父瀹齐时终此官，累表乞改，敕不许。后迁尚书仆射，侍中、将军如故。举虽屡居端揆，未尝肯预时政，保身固宠，不能有所发明。因疾陈解，敕辄赐假，并敕处方，加给上药，其恩遇如此。侯景来降，帝询访朝臣，举及朝士皆请拒之。帝从朱异言纳之，以为景能立功赵、魏，举等不敢复言。太清二年，迁尚书令，卒于内台。上曰："举非止历官已多，亦人伦仪表，久著公望，怅恨未授之。可赠侍中、中卫将军、开府仪同三司。"

举宅内山斋舍以为寺，泉石之美，殆若自然。临川、始兴诸王常所游践。邵陵王纶于娄湖立园广宴，酒后好聚众宾冠，手自裂破，投之唾壶，皆莫敢言。举尝预宴，王欲取举帻。举正色曰："裂冠毁冕，下官弗敢闻命。"拂衣而退。王屡召不返，甚有惭色。举托情玄胜，尤长佛理，注《净名经》，常自讲说。有文集二十卷。子嘏。

嘏，字含茂，风神清雅，颇善属文。仕梁为太子中庶子，建安太守。侯景之乱，之广州依萧勃。勃败，在周迪门。后依陈宝应，宝应平，方诣阙。历侍中、中书令、都官尚书。卒，谥曰光子。有文集行于世。子俨位侍中、御史中丞、太常卿；佃位尚书仆射。

举兄子侨，字国美。父玄大，仕梁侍中。侨素贵，尝一朝无食，其子启欲以班史质钱，答曰："宁饿死，岂可以此充食乎？"太清元年卒，集十卷。长子祎。

侨弟札，字世高，亦博涉文史，位湘东王谘议，先侨卒。

论曰：《易》云："积善之家，必有余庆"。弘微立履所蹈，人伦播美，其世济不陨，盖有冯焉。敬冲出入三代，骤经迁革，遁俗之志，无闻贞固之道，居官之方，未免货财之累。因伛成敬，偃仰当年。古人云：处士全盗虚声，斯之谓矣。

卷二十一　　　列传第十一

王弘 子锡　锡弟僧达　曾孙融　弘弟子微　微兄远　远子僧祐　僧祐子籍　弘从孙瞻　弘玄孙冲　冲子玚　瑜

王弘，字休元，琅邪临沂人也。曾祖导，晋丞相，祖洽，中领军，父珣，司徒。弘少好学，以清悟知名。弱冠为会稽王道子骠骑主簿。珣颇好积聚，财物布在人间，及薨，弘悉燔券书，一不收责，其余旧业，悉委诸弟。时内外多难，在丧者皆不得终其哀，唯弘征召一无所就。桓玄克建业，收道子付廷尉，臣吏莫敢瞻送，弘时尚居丧，独道侧拜辞，攀车涕泣，论者称焉。

宋武帝召补镇军谘议参军，以功封华容县五等侯，累迁太尉长史。从北征，前锋已平洛阳，而未遣九锡，弘衔使还都讽朝廷。时刘穆之掌留任，而旨乃从北来，穆之愧惧发病，遂卒。宋国建，为尚书仆射掌选，领彭城太守。奏弹世子左卫率谢灵运，为军人桂兴淫其嬖妾，灵运杀兴，弃尸洪流，御史中丞王准之曾不弹举。武帝答曰："端右肃正风轨，诚副所期，自今以为永制。"于是免灵运官。

后迁江州刺史，省赋简役，百姓安之。永初元年，以佐命功，封华容县公。三年入朝，进号卫将军、开府仪同三司。帝因宴集曰："我布衣，始望不至此。"傅亮之徒并撰辞，欲盛称功德。弘率尔对曰："此所谓天命，求之不可得，推之不可去。"时称其简举。

少帝景平二年，徐羡之等谋废立，召弘入朝。文帝即位，以定策安社稷，进位司空，封建安郡公，固辞见许。进号车骑大将军，开府、刺史如故。徐羡之等以废弑罪，将及诛，弘以非首谋，且弟昙首又为上所亲委。事将发，密使报弘。羡之既诛，迁侍中、司徒、扬州刺史、录尚书事，给班剑三十人。上西征谢晦，与彭城王义康居守，入住中书下省，引队仗出入，司徒府权置参军。元嘉五年春，大旱，弘引咎逊位。先是彭城王义康为荆州刺史，镇江陵，平陆令河南成粲与弘书，诫以盈满，兼陈彭城王宜入知朝政，竟陵、衡阳宜出据列藩。弘由是固自陈请。乃降为卫将军、开府仪同三司。六年，弘又上表陈彭城王宜入辅，并求解州。义康由是代弘为司徒，与之分录。弘又辞分录。弘博练政体，留心庶事，斟酌时宜，每存优允。与八座丞郎疏曰："同伍犯法，无人士不罪之科，然每至诘谪，辄有请诉。若常垂恩宥，则法废不行，依事纠责，则物以为苦。恐宜更为其制。"时议多不同，弘以为：

谓之人士，便无庶人之坐；署为庶人，辄受人士之罚，不其颇欤？谓人士可不受同伍之谪，取罪其奴客，庸何伤邪？无奴客，可令输赎。有修身闾阎，与群小实隔，又或无奴僮为众所明者，官长二千石便亲临列上，依事遣判。

又主守偷五疋，常偷四十疋，并加大辟。议者咸以为重。弘以为：

小吏无知，临财易昧。或由疏慢，事蹈重科。宜进主守偷十疋，常偷五十疋死，四十疋降以补兵。至于官长以上，荷蒙荣禄，冒利五疋乃已为弘，士人至此，何容复加哀矜。且此辈人士可杀不可谪，谓宜奏闻，决之圣旨。

文帝从弘议。弘又上言："旧制，人年十三半役，十六全役。今四方无事，应存消息。请以十五至十六为半丁，十七为全丁。"从之。及弟昙首亡，文帝嗟悼不已，见弘流涕歔欷，弘敛容而已。既而彭城王义康言于帝曰："昙首既为家宝，又为国器，弘情不称，何也？"帝曰："贤者意不可度。"其见体亮如此。

九年，进位太保，领中书监，余如故。其年薨。赠太保、中书监，给节，加羽葆、鼓吹，增班剑为六十人。谥曰文昭公，配食武帝庙庭。弘既人望所宗，造次必存礼法。凡动止施为及书翰仪体，后人皆依放之，谓为王太保家法。虽历藩辅而不营财利，薨亡之后，家无余业。而轻率少威仪。客有疑其讳者，弘曰："家讳与苏子高同。"性褊隘，人有忤意，辄加詈辱。少尝搏蒲公城子野舍，及后当权，有人就弘求县。此人尝以蒲戏得罪，弘诘之曰："君得钱会戏，何用禄为？"答曰："不审公城子野何所在？"弘默然。自领选及当朝总录，将加荣爵于人者，每先呵责谴辱之，然后施行；若美事相盼接语欣欢者，必无所谐。人问其故，答曰："王爵既加于人，又相抚劳，便成与主分功，此所谓奸以事君者也。若求者绝官叙之分，既无以为惠，又不微借颜色，即大成怨府，亦鄙薄所不任。"问者悦伏。子锡嗣。

锡，字寡光，位太子左卫率、江夏内史，高自位遇。太尉江夏王义恭当朝，锡箕踞大坐，殆无推敬。卒，子僧亮嗣，齐受禅，降爵为侯。僧亮弟僧衍，位侍中。弘少子僧达。

僧达幼聪敏。弘为扬州时，僧达六七岁，遇有通讼者，窃览其辞，谓为有理。及大讼者亦进，弘意其小，留左右，僧达为申理，暗诵不失一句。兄锡质讷乏风采。文帝闻僧达早慧，召见德阳殿，应对闲敏，上甚知之，妻以临川王义庆女。少好学，善属文，为太子舍人。坐属疾而于扬列桥观斗鸭，为有司所纠，原不问。

性好鹰犬，与闾里少年相驰逐，又躬自屠牛。义庆闻之，令周旋沙门慧观造而观之，僧达陈书满席，与论文义，慧观酬答不暇，深相称美。诉家贫求郡，文帝欲以为秦郡。吏部郎庾仲文曰："王弘子既不宜作秦郡，僧达亦不堪莅人。"乃止。迁太子洗马，母忧去职。与兄锡不协。锡罢临海郡还，送故及奉禄百万以上，僧达一夕令奴輂取无余。服阕，为宣城太守。性好游猎，而山郡无事，僧达肆意驰骋，或五日三日方归，受辞辩讼，多在猎所。人或逢不识，问府君所在。僧达且曰："在近。"其后徙义兴。

及元凶弑立，孝武发寻阳，沈庆之谓人曰："王僧达必来赴义。"人问其所以，庆之曰："房马饮江，王出赴难，见其在先帝前议论开张，执意明决，以此言之，其必至也。"僧达寻至，孝武即以为长史。及即位，为尚书右仆射。僧达自负才地，一二年间便望宰相。尝答诏曰："亡父亡祖，司徒司空。"其自负若此。后为护军将军，不得志，乃求徐州，上不许。固陈，乃以为吴郡太守。时期岁五迁，弥不得意。吴郭西台寺多富沙门，僧达求须不称意，乃遣主簿顾旷率门义，劫寺内沙门竺法瑶得数百万。荆、江反叛，加僧达置佐领兵。台符听置千人，而辄立三十队，队八十人。立宅于吴，多役功力，坐免官。后孝武独召见，愤然了不陈逊，唯张目而视。及出，帝叹曰："王僧达非狂如何，乃戴面向天子？"后颜师伯诣之，僧达慨然曰："大丈夫宁当玉碎，安可以没没求活！"师伯不答，逡巡便退。

初，僧达为太子洗马，在东宫爱念军人朱灵宝。及出为宣城，灵宝已长。僧达诈列死亡，寄宣城左永之籍，注以为子，改名元序。启文帝以为武陵国典卫令，又以补竟陵国典书令，建平国中军将军。孝建元年，事发，又加禁锢。表谢言不能因依左右，倾意权贵。上愈怒。僧达族子确少美姿容，僧达与之私款。确叔父休为永嘉太守，当将确之郡，僧达欲逼留之，确知其意，避不往。僧达潜于所住屋后作大坑，欲诱确来别，杀埋之。从弟僧虔知其谋，禁呵乃止。御史中丞刘瑀奏请收案，上不许。二年，除太常，意尤不悦。顷之，上表解职，文旨抑扬。侍中何偃以其言不逊，启付南台，又坐免官。

先是，何尚之致仕，复膺朝命，于宅设八关斋，大集朝士，自行香，次至僧达曰："愿郎且放鹰犬，勿复游猎。"僧达答曰："家养一老狗，放无处去，已复还。"尚之失色。大明中，以归顺功，封宁陵县五等侯，累迁中书令。黄门郎路琼之，太后兄庆之孙也，宅与僧达门并。尝盛车服诣僧达，僧达将猎，已改服。琼之就坐，僧达了不与语，谓曰："身昔门下驺人路庆之者，是君何亲？"遂焚琼之所坐床。太后怒，泣涕于帝曰："我尚在而人陵之，我死后乞食矣。"帝曰："琼之年少，无事诣王僧达门，见辱乃其宜耳。僧达贵公子，岂可以此加罪乎？"太后又谓帝曰："我终不与王僧达俱生。"先是，南彭城蕃县人高阇、沙门释昙标、道方等共相诳惑，自言有鬼神龙凤之端，常闻箫鼓音，与秣陵人蓝宏期等谋为乱，又结殿中将军苗乞食等起兵攻宫门。事发，凡党与死者数十人。僧达屡经犯忤，上以为终无梭心，因高阇事陷之，收付廷尉，于狱赐死。时年三十六。帝亦以为恨，谓江夏王义恭曰："王僧达遂不免死，追思太保余烈，使人慨然。"于是诏太保华容文昭公门爵国姻，一不贬绝。时有苏宝者，名宝生，本寒门，有文义之美，官至南台侍御史、江宁令，坐知高阇谋反，不即闻启，亦伏诛。

僧达子道琰，徙新安。元徽中，为庐陵内史，未至郡，卒。子融。

融，字元长，少而神明警慧。母临川太守谢惠宣女，性敦敏，教融书学。博涉有文才，从叔俭谓人曰："此儿至四十，名位自然及祖。"

举秀才，累迁太子舍人。以父官不通，弱年便欲绍兴家业，启齐武帝求自试，迁秘书丞。从叔俭初有仪同之授，赠俭诗及书，俭甚奇之，笑谓人曰："穰侯印诅便可解。"历丹阳丞、中书郎。永明末，武帝欲北侵，使毛惠秀画《汉武北伐图》，融因此上疏，开张北侵之议。图成，上置琅邪城射堂壁上，游幸辄观焉。九年，芳林园禊宴，使融为《曲水诗序》，当时称之。上以融才辩，使兼主客，接魏使房景高、宋弁。弁见融年少，问："主客年几？"融曰："五十之年，久逾其半。"景高又云："在北闻主客《曲水诗序》胜延年，实愿一见。"融乃示之。后日，宋弁于瑶池堂谓融曰："昔观相如《封禅》，以知汉武之德，今览王生《诗序》，用见齐主之盛。"融曰："皇家盛明，岂直比踪汉武，更惭鄙制，无以远匹相如。"上以魏所送马不称，使融问之曰："秦西冀北，实多骏骥，而魏之良马，乃驽不若，将旦旦信誓，有时而爽，駉駉之牧，遂不能嗣？"宋弁曰："当是不习地土。"融曰："周穆马迹遍于天下，若騏骝之性，因地而迁，则造父之策，有时而踬。"弁曰："王主客何为勤勤于千里？"融曰："卿国既异其优劣，聊复相访，若千里斯至，圣上当驾鼓车。"弁曰："向意既须，必不能驾鼓车也。"融曰："买死马之骨，亦以郭隗之故。"弁不能答。

融躁于名利，自恃人地，三十内望为公辅。初为司徒法曹，诣王僧祐，因遇沈昭略，未相识。昭略屡顾盼，谓主人曰："是何年少？"融殊不平，谓："仆出于扶桑，入于汤谷，照耀天下，谁云不知，而卿此问？"昭略云："不知许事，且食蛤蜊。"融曰："物以群分，方以类聚；君长东隅，居然应嗜此族。"其高自标置如此。及为中书郎，尝抚案叹曰："为尔寂寂，邓禹笑人。"行遇朱雀桁开，路人填塞，乃捶车壁曰："车中乃可无七尺，车前岂可乏八驺。"及魏军动，竟陵王子良于东府募人，板融宁朔将军、军主。融文辞捷速，有所造作，援笔可待，子良特相友好。晚节大习骑马，招集江西伧楚数百人，并有干用，融特为谋主。

武帝病笃暂绝，子良在殿内，太孙未入。融戎服绛衫，于中书省阁口断东宫仗不得进，欲矫诏立子良。诏草已立，上重苏，朝事委西昌侯鸾。梁武谓范云曰："左手据天下图，右手刎其喉，愚夫不为。主上大渐，国家自有故事，道路籍籍，将有非常之举，卿闻之乎？"云不敢答。俄而帝崩，融乃处分以子良兵禁诸门，西昌侯闻，急驰到云龙门，不得进，乃曰："有敕召我。"仍排闼而入，奉太孙登殿，命左右扶出子良，指麾音响如钟，殿内无不从命。融知不遂，乃释服还省，叹曰："公误我。"郁林深怨融，即位十余日，收下廷尉狱。使中丞孔珪倚为奏曰："融姿性刚险，立身浮竞，动迹惊群，抗言异类。近塞外微尘，苦救将领，遂招纳不逞，扇诱荒伧。狡弄威声，专行权利，反覆唇齿之间，倾动颊舌之内，威福自己，无所忌惮，诽谤朝政，历毁王公。谓己才流，无所推下，事暴远近，使融依源据答。"融辞曰："囚实顽蔽，触行多愆。但凤忝门素，得奉教君子。爰自总发，迄将立年，州间乡党，见许愚慎。过蒙大行皇帝奖育之恩，又荷文皇帝识擢之重，司徒公颇预士林，安陆王曲垂盼接，前后陈伐齐之计，亦仰简先朝。今段犬羊忄扰，令囚草撰符诏。及司徒宣敕招募，同例非一，实以戎事不小，不敢承教。续蒙军号，赐使招集，衔敕而行，非敢虚扇。且'张弄威声'，应有形迹。'专行权利'，又无赃贿。'反覆唇齿之间'，未审悉与谁言？'倾动颊舌之内'，不容都无主此。自上《甘露颂》及《银瓮启》、《三日诗序》、《接房使语辞》，竭思称扬，得非诽谤。囚才分本劣，谬被策用，悚怍之情，凤宵兢惕，自循自省，并愧流言。伏惟明皇临宇，普天蒙泽，戊寅赦恩，轻重必宥，百日旷期，始蒙旬日，一介罪身，独婴宠劾。"融被收，朋友部曲，参问北寺，相继于道。请救于子良，子良不敢救。西昌侯固争不得。诏于狱赐死，时年二十七。临死叹曰："我若不为百岁老母，当吐一言。"融意欲指斥帝在东宫时过失也。先是，太学生会稽魏准，以才学为融所赏，既欲奉子良，而准鼓成其事。太学生虞羲、丘国宾窃相谓曰："竟陵才弱，王中书无断，败在眼中矣。"及融诛，召准入舍人省诘问，遂惧死，举体皆青，时人以准胆破。融文集行于时。

微，字景玄，弘弟光禄大夫孺之子也。少好学，善属文，工书，兼解音律及医方卜筮阴阳数术之事。宋文帝赐以名著。

初为始兴王友，父忧去职。微素无宦情，服阕，除南平王铄右军谘议参军，仍为中书侍郎。时兄远免官历年，微叹曰："我兄无事而屏废，我何得而叨忝逾分？"文帝即以远为光禄勋。微为文好古，言颇抑扬，袁淑见之，谓为诉屈。吏部尚书江湛举微为吏部郎，微确乎不拔。时论者或云微之见举，庐江何偃亦参其议。偃虑为微所咎，与之书自陈。微报书深言尘外之适。其从弟僧绰宣文帝旨使就职，因留之宿。微妙解天文，知当有大故，独与僧绰仰视，谓曰："此上不欺人，非智者其孰能免之？"遂辞不就。寻有元凶之变。

微常住门屋一间，寻书玩古，遂足不履地。终日端坐，床席皆生尘埃，唯当坐处独净。弟僧谦亦有才誉，为太子舍人，遇疾，微躬自处疗，而僧谦服药失度，遂卒。深自咎恨，发病不复自疗，哀痛僧谦不能已，以书告灵。僧谦卒后四旬而微终，遗令薄葬，不设辒辌鼓挽之属。施五尺床为灵，二宿便毁，以常所弹琴置床上，何长史偃来，以琴与之。无子，家人遵之。所著文集传于世。赠秘书监。

微兄远，字景舒，位光禄勋。时人谓远如屏风，屈曲从俗，能蔽风露。言能不乖物理也。

远子僧祐，字胤宗，幼聪悟，叔父微抚其首曰："儿神明意用，当不作率尔人。"雅为从兄俭所重，每鸣箱列驷到其门候之，僧祐辄称疾不前。俭曰："此吾之所望于若人也。"世皆推俭之爱名德，而重僧祐之不趋势也。未弱冠，频经忧，居丧至孝。服阕，发落略尽，殆不立冠帽。举秀才，为骠骑法曹，羸瘵不堪受命。雅好博古，善《老》《庄》，不尚繁华。工草隶，善鼓琴。亭然独立，不交当世。沛国刘瓛闻风而悦，上书荐之。为著作佐郎，迁司空祭酒，谢病不与公卿游。齐高帝谓王俭曰："卿从可谓朝隐。"答曰："臣从非敢妄同高人，直是爱闲多病耳。"经赠俭诗云："汝家在市门，我家在南郭；汝家饶宾侣，我家多鸟雀。"俭时声高一代，宾客填门，僧祐不为之屈，时人嘉之。稍迁晋安王文学，而陈郡袁利为友，时人以为妙选。齐武帝数阅武，僧祐献《讲武赋》，王俭借观不与。竟陵王子良闻其工琴，于座取琴进之，不从命。永明末，为太子中舍人，在直属疾，不待对人辄去。中丞沈约弹之云："肆情运气，不顾朝典，扬眉阔步，直謇高驱。"坐赎论。时何点、王思远之徒请交，并不降意。自天子至于侯伯，未尝与一人游。卒于黄门郎。子籍。

籍，字文海，仕齐为余杭令，政化如神，善于擿伏，自下莫能欺也。性颇不俭，俄然为百姓所讼。又为钱唐县，下车布政，咸谓数十年来未之有也。籍好学，有才气，为诗慕谢灵运。至其合也，殆无愧色。时人咸谓康乐之有王籍，如仲尼之有丘明，老聃之有严周。梁天监中，为轻车湘东王谘议参军，随府会稽郡。至若邪溪赋诗云："蝉噪林逾静，鸟鸣山更幽。"刘孺见之，击节不能已。以公事免。及为中散大夫，弥忽忽不乐，乃至徒行市道，不择交游。有时涂中见相识，辄以笠伞覆面。后为作唐侯相，小邑寡事，弥不乐，不理县事。人有讼者，鞭而遣之。未几而卒。籍又甚工草书，笔势遒放，盖孔琳之流亚也。湘东王集其文为十卷云。

瞻，字思范，弘从孙也。祖柳，字休季，位光禄大夫、东亭侯。父猷，字世伦，位侍中、光禄大夫。瞻年六岁从师，时有伎经门过，同业皆出观，瞻独不视，习业如初。从父僧达闻而异之，谓其父猷曰："大宗不衰，寄之此子。"年十二居父忧，以孝闻。服阕，袭封东亭侯。后颇好逸游，为闾里患，以轻薄称。及长，折节修士操，涉猎书记，善棋工射。历位骠骑将军王晏长史。晏诛，出为晋陵太守。洁己为政，妻子不免饥寒，时号廉平。王敬则作乱，瞻赴都，敬则经晋陵郡，人多附之。敬则败，台军讨贼党，瞻言愚人易动，不足穷法。齐明帝从之，所全万数。迁御史中丞。梁台建，为侍中、吏部尚书。性率亮，居选部，所举多行其意。颇嗜酒，每饮或弥日，而精神朗瞻，不废簿领。梁武每称瞻有三术：射、棋、酒也。卒，谥康侯。子长玄早卒。

弘四弟：虞、柳、孺、昙首。虞，字林仲，位廷尉卿。虞子深，字景度，有美名，位新安太守。柳、孺事列于前，昙首别卷。

冲，字长深，弘玄孙也。祖僧衍，位侍中。父茂璋，字胤光，仕梁位给事黄门侍郎。冲母，梁武帝妹新安公主，卒于齐世。武帝深钟爱冲，赐爵东安亭侯。累迁侍中，南郡太守。习于法令，政号平理，虽无赫赫之誉，久而见思。晓音乐，习歌舞，善与人交，贵游之中，声名籍甚。侯景之乱，元帝承制，冲求解南郡，让王僧辩，并献女伎十人，以助军赏。侯景平，授丹阳尹。魏平江陵，敬帝为太宰承制，以冲为左长史。绍泰中，累迁左光禄大夫、尚书左仆射、开府仪同三司，给扶。陈武帝受禅，领太子少傅，加特进、左光禄大夫，领丹阳尹，参撰律令。帝以冲前代旧臣，特申长幼之敬。文帝即位，益加尊重，尝从幸司空徐度宅，宴筵之上赐以几。光大元年薨，年七十六，赠司空，谥曰元简。冲有子三十人，并致通官；第十二子瑒。

瑒，字子瑛，沉静有器局，美风仪。梁元帝时，位太子中庶子。陈武帝入辅，以为司徒左长史。文帝即位，累迁太子中庶子、散骑常侍、侍中。父冲尝为瑒辞领中庶子，文帝顾冲曰："所以久留瑒于承华，正欲使太子微有瑒风法耳。"宣帝即位，历中书令，吏部尚书。瑒居宽和，务清静，无所抑扬。迁尚书左仆射，加侍中，参选事。瑒居家笃睦，每岁时馈遗，遍及近亲。敦诱诸弟，禀其规训。卒，赠特进，谥曰光子。

瑒弟瑜，字子珪，亦知名。美容仪。年三十官至侍中。永定元年使齐，以陈郡袁宪为副。齐以王琳故，囚之。齐文宣每行，载死囚以从，齐人呼曰供御囚。每佗怒，则召杀之。瑜及宪并危殆者数矣，齐仆射杨遵彦每救护之。天嘉二年还朝，复为侍中。卒，谥曰贞子。

论曰：语云"不有君子，其能国乎！"晋自中原沸腾，介居江左，以一隅之地，抗衡上国，年移三百，盖有凭焉。其初谚云："王与马，共天下。"盖王氏人伦之盛，实始是矣。及夫休元昆兄，并举栋梁之任，下逮世嗣，无亏文雅之风。其所以簪缨不替，岂徒然也！僧达猖狂成性，元长躁竞不止。阙

卷二十二　　列传第十二

王昙首　子僧绰　孙俭　曾孙骞　骞子规　骞弟陳　陳子承　训　僧绰弟僧虔　僧虔子慈　慈子泰　慈弟志　志弟子筠　志弟彬　寂

王昙首，太保弘之弟也。幼有素尚，兄弟分财，昙首

唯取图书而已。辟琅邪王大司马属。从府公修复洛阳园陵，与从弟球俱诣宋武帝，帝曰："并膏粱世德，乃能屈志戎旅？"昙首答曰："既从神武之师，自使懦夫立志。"时谢晦在坐曰："仁者果有勇。"帝悦。及至彭城，大会戏马台，赋诗，昙首文先成。帝问弘曰："卿弟何如卿？"答曰："若但如下官，门户何寄？"帝大笑。昙首有智局，喜愠不见于色，闺门内雍雍如也。手不执金玉，妇女亦不得以为饰玩。自非禄赐，一毫不受于人。为文帝镇西长史，武帝谓文帝曰："昙首辅相才也，汝可每事谘之。"及文帝被迎，入奉大统，议者皆致疑，昙首与到彦之、从兄华并劝上行，上犹未许。昙首固陈，并言天人符应。上乃下，率府州文武严兵自卫，台所遣百官众力不得近部伍。中兵参军朱容子抱刀在平乘户外，不解带者累旬。及即位，谓昙首曰："非宋昌独见，无以致此。"以昙首为侍中，领骁骑将军，容子为右军将军。诛徐羡之等及平谢晦，皆昙首及华力也。

元嘉四年，车驾出北堂，使三更竟，开广莫门。南台云："应须白兽幡、银字棨。"不肯开。尚书左丞羊玄保奏免御史中丞傅隆以下。昙首曰："既无墨敕，又阙幡棨，虽称上旨，不异单刺。元嘉元年、二年，虽有再开门例，此乃前事之违。今之守旧，未为非礼。其不请白兽幡、银字棨，致开门不时，由尚书相承之失，亦合纠正。"上特无问，更立科条。迁太子詹事，侍中如故。自谢晦平后，上欲封昙首等，会宴集，举酒劝之，因拊御床曰："此坐非卿兄弟，无复今日。"出诏以示。昙首曰："岂可因国之灾，以为身幸。陛下虽欲私臣，当如直史何？"封事遂寝。时弘录尚书事，又为扬州刺史。昙首为上所亲委，任兼两宫。彭城王义康与弘并录，意常怏怏，又欲得扬州。以昙首居中分其权任，愈不悦。昙首固乞吴郡，文帝曰："岂有欲建大厦而遣其栋梁？贤兄比屡称疾，固辞州任，将来若相申许，此处非卿而谁？"时弘久疾，屡逊位，不许。义康谓宾客曰："王公久疾不起，神州讵合卧临？"昙首劝弘减府兵力之半，以配义康，乃悦。七年卒，时年三十七。文帝临恸，叹曰："王詹事所疾不救，国之衰也。"中书舍人周赳侍侧曰："王家欲衰，贤者先殒。"上曰："直是我家衰耳。"赠光禄大夫。九年，以预诛徐羡之等谋，追封豫宁县侯，谥曰文。孝武即位，配飨文帝庙庭。子僧绰嗣。

僧绰幼有大成之度，众便以国器许之。好学，练悉朝典。年十三，文帝引见，拜便流涕哽咽，上亦悲不自胜。袭封豫宁县侯，尚文帝长女东阳献公主。初为江夏王义恭司徒参军。累迁尚书吏部郎，参掌大选，究识流品，任举咸尽其分。僧绰深沉有局度，不以才能高人。父昙首与王华并被任遇，华子新建侯嗣，才劣，位遇亦轻。僧绰尝谓中书侍郎蔡兴宗曰："弟名位应与新建齐，弟超至今日，盖姻戚所致矣。"侍中，时年二十九。始兴王浚尝问其年，僧绰自嫌早达，逡巡良久乃答，其谦退若此。元嘉末，文帝颇以后事为念，大相付托，朝政大小皆参焉。从兄微，清介士也，惧其太盛，劝令损抑。僧绰乃求吴郡及广州，并不许。会巫蛊事泄，上先召僧绰具言之。及将废立，使寻求前朝旧典。劭于东宫夜飨将士，僧绰密以启闻。上又令撰汉、魏以来废诸王故事送与江湛、徐湛之。湛之欲立随王诞，江湛欲立南平王铄，文帝欲立建平王宏，议久不决。诞妃即湛之女，铄妃湛妹也。僧绰曰："建立之事，仰由圣怀。臣谓惟宜速断，几事虽密，不可使难生虑表，取笑千载。"上曰："卿可谓能断大事，此事不可不殷勤；且庶人始亡，人将谓我无复慈爱之道。"僧绰曰："恐千载之后，言陛下惟能裁弟，不能裁儿。"上默然。江湛出阁谓僧绰曰："卿向言将不伤直邪？"僧绰曰："弟亦恨君不直。"及劭弑逆，江湛在尚书上省，闻变，曰："不用王僧绰言至此。"劭立，转僧绰吏部尚书。及检文帝巾箱及湛家书疏，得僧绰所启飨士并废诸王事，乃收害焉。因此陷北第诸侯王，以为与僧绰有异志。孝武即位，追赠金紫光禄大夫，谥曰愍侯。初，太社西空地，本吴时丁奉宅，孙皓流徙其家。江左初，为周顗、苏峻宅，后为袁悦宅，又为章武王司马秀宅，皆以凶终；及给臧焘，亦频遭祸，故世称凶地。僧绰尝谓宅无吉凶，请以为第，始造，未及居而败。子俭。

俭，字仲宝，生而僧绰遇害，为叔父僧虔所养。数岁，袭爵豫宁县侯。拜受茅土，流涕呜咽。幼笃学，手不释卷。宾客或相称美，僧虔曰："我不患此儿无名，政恐名太盛耳。"乃手书崔子玉《座右铭》以贻之。丹阳尹袁粲闻其名，及见之曰："宰相之门也。栝柏豫章虽小，已有栋梁气矣，终当任人家国事。"言之宋明帝，选尚阳羡公主，拜驸马都尉。帝以俭嫡母武康公主同太初巫蛊事，不可以为妇姑，欲开冢离葬。俭因人自陈，密以死请，故事不行。年十八，解褐秘书郎，太子舍人，超迁秘书丞。依《七略》撰《七志》四十卷，表献之。又撰定《元徽四部书目》。母忧，服阕，为司徒右长史。晋令，公府长史著朝服，宋大明以来著朱衣。俭上言宜复旧制，时议不许。

及苍梧暴虐，俭告袁粲求外出，引晋新安主婿王献之任吴兴为例，补义兴太守。升明二年，为长兼侍中，以父终此职，固让。先是，齐高帝为相，欲引时贤参赞大业。时谢朏为长史，帝夜召朏，却人与语，久之，朏无言。唯有二小儿捉烛，帝虑朏难之，仍取烛遣儿，朏又无言，帝乃呼左右。俭素知帝雄异，后ं间言于帝曰："功高不赏，古来非一，以公今日位地，欲北面居人臣，可乎？"帝正色裁之，而神采内和。俭因又曰："俭蒙公殊眄，所以吐所难吐，何赐拒之深。宋以景和、元徽之淫虐，公岂复宁济；但人情浇薄，不能持久，公若小复推迁，则人望去矣，岂唯大业永沦，七尺岂可得保？"帝笑曰："卿言不无理。"俭又曰："公今名位，故是经常宰相，宜礼绝群后，微示变革。当先令褚公知之，俭请衔命。"帝曰："我当自往。"经少日，帝自造彦回，款言移晷，乃谓曰："我梦应得官。"彦回曰："今授始尔，恐一二年内未容便移。且吉梦未必便在旦夕。"帝还告俭，俭曰："褚是未达理。"虞整时为中书舍人，甚闲辞翰，俭乃自报整，使作诏。及高帝为太尉，引俭为右长史，寻转左，专见任用。大典将行，礼仪诏策，皆出于俭，褚彦回唯为禅诏，又使俭参怀定之。齐台建，迁尚书右仆射，领吏部，时年二十八。多所引进。

时客有姓谭者，诣俭求官，俭谓曰："齐桓灭谭，那得有君？"答曰："谭子奔莒，所以有仆。"俭赏其善据，卒得职焉。高帝尝从容谓俭曰："我今日当以青溪为鸿沟。"对曰："天应人顺，庶无楚、汉之事。"时朝仪草创，衣服制则未有定准。俭议曰："汉景六年，梁王入朝，中郎谒者，金貂出入殿门。左思《魏都赋》云'蔼蔼列侍，金貂齐光'，此藩国侍臣有貂之明文。晋《百官表》云'太尉参军四人，朝服武冠'，此又宰府之明文。"又疑百僚敬齐公之礼，俭又曰："晋王受命，劝进云，'冲等眷眷'，称名则应尽礼。"而世子礼秩未定，俭又曰："《春秋》曹世子来朝，待以上公之礼，下其君一等。今齐公九命，礼冠列蕃，世子亦宜异数。"并从之。世子镇石头城，仍以为世子宫，俭又曰："鲁有灵光殿，汉之前例也。听事为崇光殿，外斋为宣德殿，以散骑常侍张绪为世子詹事，车服悉依东宫制度。"

高帝践阼，与俭议佐命功臣，从容谓曰："卿谋谟之功，莫与为二，卿止二千户，意以为少。赵充国犹能自举西零之任，况卿与我情期异常。"俭曰："昔宋祖创业，佐命诸公，开国不过二千，以臣比之，唯觉超越。"上笑曰："张良辞侯，何以过此。"建元元年，改封南昌县公。时都下舛杂，且多奸盗，上欲立符伍，家家以相检括。俭谏曰："京师翼翼，四方是凑，必以持符，于事既烦，理成不旷，谢安所谓'不尔何以为京师'。"乃止。是岁，有司奏定郊殷之礼，俭以为宜以今年十月殷祭宗庙，自此以后，五年再殷祭。二年正月上辛，有事南郊，即以其日还祭明堂，又用次辛，飨祀北郊而并无配。从之。明年转左仆射，领选如故。初，宋明帝紫极殿珠帘绮柱，饰以金玉，江左所未有。高帝欲以其材起宣阳门，俭与褚彦回及叔父僧虔连名表谏，上手诏酬纳。宋世，宫门外六门城设竹篱，是年初，有发白虎樽言"白门三重门，竹篱穿不完"。上感其言，改立都墙。俭又谏，上答曰："吾欲后世无以加也。"朝廷初基，制度草创，俭问无不决。上每曰："《诗》云'惟岳降神，生甫及申'，今天为我生俭也。"其年固请解选，见许。

帝幸乐游宴集，谓俭曰："卿好音乐，孰与朕同？"俭曰："沐浴唐风，事兼比屋，亦既在齐，不知肉味。"帝称善。后幸华林宴集，使各效伎艺。褚彦回弹琵琶，王僧虔、柳世隆弹琴，沈文季歌《子夜来》，张敬儿舞。俭曰："臣无所解，唯知诵书。"因跪上前诵相如《封禅书》。上笑曰："此盛德之事，吾何以堪之。"后上使陆澄诵《孝经》，起自"仲尼居"，俭曰："澄所谓博而寡要，臣请诵之。"乃诵《君子之事上章》。上曰："善，张子布更觉非奇也。"于是王敬则脱朝服袒，以绛纠髦，奋臂拍张，叫动左右。上不悦曰："岂闻三公如此？"答曰："臣以拍张，故得三公，不可忘拍张。"时以为名答。俭寻以本官领太子詹事，加兵三百人。时皇太子妃薨，左卫将军沈文季经为宫臣，未详服不。俭议曰："汉、魏以来，宫僚先备臣隶之节，具体在三。存既尽敬，亡岂无服？昔庾翼丧妻，王允、滕含犹谓府吏宜有小君之服，况臣节之重。宜依礼为旧君之妻齐衰三月而除。"

上崩，遗诏以俭为侍中、尚书令、镇军。每上朝，令史恒有三五十人随上，诸事辩析，未尝壅滞。褚彦回时为司徒、录尚书，笑谓俭曰："观令判断甚乐。"俭曰："所以得厝私怀，实由禀明公不言之化。"武帝即位，给班剑二十人，进号卫将军，掌选事。时有司以前代嗣位，或仍前郊年，或别为郊始，晋、宋以来，未有画一。俭议曰："晋明帝太宁三年南郊，其年九月崩；成帝即位，明年改元，亦郊。简文咸安二年南郊，其年七月崩；孝武即位，明年改元，亦郊。宋元嘉三十年正月南郊，二月崩；孝武嗣位，明年亦郊。此二代明例，差可依放。今圣明系业，幽显宅心，言化则频郊非嫌，语事则元号初改，禋燎登配，孝敬兼遂。谓明年正月宜飨祀二郊，虔祭明堂。自兹以后，依旧间岁。"有司又以明年正月上辛应南郊，而立春在上辛后，郊在立春前为疑。俭曰："宋景平元年正月三日辛丑南郊，其月十一日立春；元嘉十六年正月六日辛未南郊，其月八日立春，此近世明例也。"并从之。永明二年，领丹阳尹。三年，领国子祭酒，又领太子少傅。旧太子敬二傅同，至是朝议接少傅以宾友礼。

宋时国学颓废，未暇修复。宋明帝泰始六年，置总明观以集学士，或谓之东观，置东观祭酒一人，总明访举郎二人；儒、玄、文、史四科，科置学士十人，其余令史以下各有差。是岁，以国学既立，省总明观，于俭宅开学士馆，以总明四部书充之。又诏俭以家为府。四年，以本官领吏部。先是宋孝武好文章，天下悉以文采相尚，莫以专经为业。俭弱年便留意《三礼》，尤善《春秋》，发言吐论，造次必于儒教，由是衣冠翕然，并尚经学，儒教于此大兴。何承天《礼论》三百卷，俭抄为八袠，又别抄条目为十三卷。朝仪旧典，晋、宋来施行故事，撰次谙忆，无遗漏者。所以当朝理事，断决如流。每博议引证，先儒罕有其例，八坐丞郎，无能异者。令史谙事，宾客满席，俭应接铨序，傍无留滞。十日一还，监试诸生，巾卷在庭，剑卫令史，仪容甚盛。作解散帻，斜插簪，朝野慕之，相与放效。俭常谓人曰："江左风流宰相，惟有谢安。"盖自况也。武帝深委仗之，士流选用，奏无不可。

五年，俭即本号开府仪同三司，固让。六年，重申前命。先是诏俭三日一还朝，尚书令史出外诸事，上以往来烦数，诏俭还尚书下省，月听十日出外。俭启求解选，上不许。七年，乃上表固请，见许，改领中书监，参掌选事。其年疾，上亲临视。薨，年三十八。诏卫军文武及台所给兵仗，悉停侍葬。又诏追赠太尉，加羽葆、鼓吹，增班剑为六十人，葬礼依太宰文简公褚彦回故事。谥文宪公。俭寡嗜欲，唯以经国为务，车服尘素，家无遗财。手笔典裁，为当时所重。少便有宰臣之志，赋诗云："稷契匡虞夏，伊吕翼商周。"及生子，字曰玄成，取仍世作相之义。撰《古今丧服集记》并文集，并行于世。梁武帝受禅，诏为俭立碑，降爵为侯。

俭弟逊，宋升明中为丹阳丞，告刘彦节事，不蒙封赏。建元初，为晋陵太守，有怨言。俭虑为祸，因褚彦回启闻，中丞陆澄依事举奏。诏以俭竭诚佐命，特降刑书宥逊，远徙永嘉郡，于道伏诛。长子骞嗣。

骞，字思寂，本字玄成，与齐高帝偏讳同，故改焉。性凝简，慕乐广为人，未尝言人之短。诸女子侄皆嫔王尚主，朔望来归，辎軿填咽，非所欲也，岁中不过一再见。尝从容谓诸子曰："吾家本素族，自可依流平进，不须苟求也。"历黄门郎、司徒右长史。不事产业，有旧墅在钟山八十余顷，与诸宅及故旧共佃之。常谓人曰："我不如郑公业，有田四百顷，而食常不周。"以此为愧。永元末，召为侍中，不拜。三年春，枉矢昼见西方，长十余丈。骞曰："此除旧布新之象也。"及梁武起兵，骞曰："天时人事，其在此乎？"梁武霸府建，引为大司马谘议参军，迁侍中。及帝受禅，降封为侯。历位度支尚书，中书令。武帝于钟山西造大爱敬寺，骞旧墅在寺侧者，即王导赐田也。帝遣主书宣旨，就骞市之，欲以施寺。答云："此田不卖；若敕取，所不敢言。"酬对又脱略。帝怒，遂付市评田价，以直逼还之。由是忤旨，出为吴兴太守。骞性侈于味而俭于服，颇以多忌为累。又惰于接物，虽主书宣敕，或过时不见。才望不及弟睍，特以俭之嫡，故不弃于时。睍为尚书左丞仆射，当朝用事，骞自中书令为郡，邑邑不乐，在郡卧不视事。征复为度支尚书，加给事中，领射声校尉。以母忧去职。普通三年卒，年四十九。赠侍中、金紫光禄大夫，谥曰安。子规。

规，字威明，八岁丁所生母忧，居丧有至性。齐太尉徐孝嗣每见必为流涕，称曰"孝童"。叔父睍亦深器重之，常曰："此儿吾家千里驹也。"年十二，略通《五经》大义。及长，遂博涉，有口辩。为本州迎主簿。起家秘书郎，累迁太子洗马。天监十二年，改造太极殿毕，规献《新殿赋》，其辞甚工。后为晋安王纲云麾谘议参军，久之，为新安太守。父忧去职，服阕，袭封南昌侯。除中书黄门侍郎，敕与陈郡殷芸、琅邪王锡、范阳张缅同侍东宫，俱为昭明太子所礼。湘东王绎时为丹阳尹，与朝士宴集，属规为酒令。规从容曰："江左以来，未有兹举。"特进萧琛、金紫光禄大夫傅昭在坐，并谓为知言。朱异尝因酒讽规，规责以无礼。普通初，陈庆之北侵，陷洛阳，百僚称庆。规退曰："可吊也，又何贺焉？道家有云：非为功难，成功难也。昔桓温得而复失，宋武竟无成功。我孤军无援，深入寇境，将为乱阶。"俄见覆没。

六年，武帝于文德殿饯广州刺史元景隆，诏群臣赋诗，同用五十韵。规援笔立奏，其文又美，武帝嘉焉，即日授侍中。后为晋安王长史。王立为太子，仍为散骑常侍、太子中庶子，侍东宫。太子赐以所服貂蝉，并降令书，悦是举也。寻为吴郡太守，主书芮珍宗家在吴，前守宰皆倾意附之。至是珍宗假还，规遇之甚薄。珍宗还都，密奏规不理郡事。俄征为左户尚书。郡境千余人诣阙请留，表三奏不许。求于郡树碑，许之。

规常以门宗贵盛，恒思减退。后为太子中庶子，领步兵校尉，辞疾不拜，遂于钟山宋熙寺筑室居焉。卒，赠光禄大夫，谥曰文。皇太子出临哭，与湘东王绎令曰："王威明风韵遒上，神峰标映，千里绝迹，百尺无枝，实俊人也。一尔过隙，永归长夜，金刀掩芒，长淮绝涸。去岁冬中，已伤刘子，今兹寒孟，复悼王生。俱往之伤，信非虚

说。"规集《后汉》众家异同，注《续汉书》二百卷。文集二十卷。子褒，魏克江陵，入长安。

睍，字思晦，骞弟也。年数岁而风神警拔，有成人之度。时父俭作宰相，宾客盈门，见睍曰："公才公望，复在此矣。"弱冠选尚淮南长公主，拜驸马都尉，历秘书丞。齐明帝诏求异士，始安王遥光荐睍及东海王僧孺。除睍骠骑从事中郎。天监中，历位侍中，吏部尚书，领国子祭酒。门贵与物隔，不能留心寒素，颇称刻薄。后为尚书左仆射，领国子祭酒。卒，谥曰靖。子承、幼、训，并通显。

承，字安期，初为秘书郎，累迁中书黄门侍郎，兼国子博士。时膏腴贵游，咸以文学相尚，罕以经术为业，唯承独好儒业。迁长史兼侍中，俄转国子祭酒。承祖俭、父睍，皆为此职，三世为国师，前代未之有。久之，出为东阳太守。政存宽惠，吏人悦之。卒郡，谥曰章。承性简贵，有风格。右卫朱异当朝用事，每休下，车马填门。有魏郡申英者，门寒才俊，好危言高论以忤权右。尝指异门曰："此中辐凑，皆为利往，能不至者，唯大小王东阳耳。"小东阳即承弟幼也。时唯承兄弟及褚翔不至异门，世并称之。

训，字怀范，生而紫胞，师媪云"法当贵"。幼聪警，有识量。僧正惠超见而奇之，谓门人罗智国曰："四郎眉目疏朗，举动和韵，此是兴门户者。"智国以白睍，睍亦曰："不坠基业，其在文殊。"文殊，训小字也。年十三，睍亡，忧毁，家人莫识。十六，召见文德殿，应对爽彻，上目送久之，谓朱异曰："可谓相门有相。"初补国子生，问说师袁昂。昂曰："久籍高名，有劳虚想，及观容止，若披云雾。"俄而诸袁子弟来，昂谓诸助教曰："我儿出十数，若有一子如此，实无所恨。"射策，除秘书郎，累迁秘书丞。尝赋诗云："旦奭匡世功，萧曹佐氓俗。"追祖俭之志也。后拜侍中，入见武帝。帝问何敬容曰："褚彦回年几为宰相？"敬容曰："少过三十。"上曰："今之王训，无谢彦回。"训美容仪，善进止，文章为后进领袖。年二十六卒，谥温子。

僧虔，金紫光禄大夫僧绰弟也。父昙首，与兄弟集子孙，任其戏适。僧达跳下地作虎子。时僧虔累十二博棋，既不坠落，亦不重作。僧绰采蜡烛珠为凤皇，僧达夺取打坏，亦复不惜。伯父弘叹曰："僧达俊爽，当不减人；然亡吾家者，终此子也。僧虔必至公，僧绰当以名义见美。"或云僧虔采烛珠为凤皇，弘称其长者云。

僧虔弱冠，雅善隶书，宋文帝见其书素扇，叹曰："非唯迹逾子敬，方当器雅过之。"为太子舍人，退默少交接，与袁淑、谢庄善。淑每叹之曰："卿文情鸿丽，学解深拔，而韬光潜实，物莫之窥，虽魏阳元之射，王汝南之骑，无以加焉。"迁司徒左西属。兄僧绰为宋元凶所害，亲宾咸劝之逃，僧虔泣曰："吾兄奉国以忠贞，抚我以慈爱，今日之事，苦不见及耳。若同归九泉，犹羽化也。"孝武初，出为武陵太守，携诸子侄。兄子俭中涂得病，僧虔为废寝食，同行客慰喻之。僧虔曰："昔马援处子侄之间，一情不异；邓攸于弟子，更逾所生，吾实怀其心，诚未异古。亡兄之胤，不宜忽诸，若此儿不救，便当回舟谢职。"还

为中书郎，再迁太子中庶子。孝武欲擅书名，僧虔不敢显迹，大明世常用拙笔书，以此见容。后为御史中丞，领骁骑将军。甲族由来多不居宪台，王氏分枝，居乌衣者，位宦微减。僧虔为此官，乃曰："此是乌衣诸郎坐处，我亦可试为耳。"泰始中，为吴兴太守。始王献之善书，为吴兴郡，及僧虔工书，又为郡，论者称之。徙会稽太守。中书舍人阮佃夫家在东，请假归，客劝僧虔以佃夫要幸，宜加礼接。僧虔曰："我立身有素，岂能曲意此辈？彼若见恶，当拂衣去耳。"佃夫言于宋明帝，使御史中丞孙夐奏僧虔，坐免官。寻以白衣领侍中。元徽中，为吏部尚书，寻加散骑常侍，转右仆射。升明二年，为尚书令。尝为飞白书，题尚书省壁曰："圆行方止，物之定质，修之不已则溢，高之不已则栗，驰之不已则踬，引之不已则迭，是故去之宜疾。"当时嗟赏，以比《坐右铭》。兄子俭每觐见，辄勋以前言往行、忠贞止足之道。

雅好文史，解音律，以朝廷礼乐，多违正典，人间竞造新声。时齐高帝辅政，僧虔上表请正声乐，高帝乃使侍中萧惠基调正清商音律。齐受命，转侍中、丹阳尹。郡县狱相承有上汤杀囚，僧虔上言："汤本救疾，而实行冤暴，若罪必入重，自有正刑，若去恶宜疾，则应先启，岂有死生大命，而潜制下邑？"上纳其言而止。文惠太子镇雍州，有盗发古冢者，相传云是楚王冢，大获宝物：玉履、玉屏风、竹简书、青丝纶。简广数分，长二尺，皮节如新。有得十余简以示僧虔，云是科斗书《考工记》，《周官》所阙文也。高帝素善书，笃好不已，与僧虔赌书毕，谓曰："谁为第一？"对曰："臣书第一，陛下亦第一。"帝笑曰："卿可谓善自为谋。"或云帝问："我书何如卿？"答曰："臣正书第一，草书第二，陛下草书第二，而正书第三。臣无第三，陛下无第一。"帝大笑曰："卿善为辞；然天下有道，丘不与易也。"帝示僧虔古迹十一卷，就求能书人名。僧虔得人间所有卷中所无者：吴大皇帝、景帝、归命侯书，桓玄书，及王丞相导、领军洽、中书令珉、张芝、索靖、卫伯儒、张翼十一卷，奏之。又上羊欣所撰《能书人名》一卷。

迁湘州刺史，侍中如故。清简不营财产，百姓安之。武帝即位，以风疾欲陈解，迁侍中、左光禄大夫、开府仪同三司。僧虔少时，群从并会，客有相之云："僧虔年位最高，仕当至公，余人莫及。"及此授，僧虔谓兄子俭曰："汝任重于朝，行当有八命之礼，我若复此授，一门有二台司，实所畏惧。"乃固辞，上优而许之。客问其故，僧虔曰："吾荣位已过，无以报国，岂容更受高爵，方贻官谤邪？"俭既为朝宰，起长梁斋，制度小过，僧虔视之不悦，竟不入户。俭即日毁之。永明三年薨，时年六十。追赠司空，侍中如故。谥简穆。

僧虔颇解星文。夜坐见豫章分野当有事故，时僧虔子慈为豫章内史，虑有公事。少时而僧虔薨，弃郡奔赴。时有前将军陈天福，坐讨唐宇之于钱唐，掠夺百姓财物弃市。先是天福将行，令家人豫作寿冢，未至东，又信催速就。冢成而得罪，因以葬焉。又宋世光禄大夫刘镇之年三十许，病笃，已办凶具。既而疾愈，因畜棺以为寿，九十余乃亡，此器方用。因此而言，天道未易知也。

僧虔论书云："宋文帝书，自言可比王子敬。时议者云，'天然胜羊欣，功夫少于欣'。王平南廙，右军叔，过江，右军之前以为最。亡曾祖领军书，右军云：'弟书遂不减吾。'变古制，今惟右军。领军不尔，至今犹法钟、张。亡从祖中书令书，子敬云：'弟书如骑骡，骎骎恒欲度骅骝前。'庾征西翼书，少时与右军齐名，右军后进，庾犹不分。在荆州与都下人书云：'小儿辈贱家鸡，皆学逸少书，须吾下当比之。'张翼，王右军自书表，晋穆帝令翼写题后答，右军当时不别，久后方悟，云'小人几欲乱真'。张芝、索靖、韦诞、钟会、二卫，并得名前代，无以辨其优劣，唯见其笔力惊异耳。张澄当时亦呼有意。郗愔章草亚于右军。郗嘉宾草亚于二王，紧媚过其父。恒玄自谓右军之流，论者以比孔琳之。谢安亦入能书录，亦自重，为子敬书嵇康诗。羊欣书见重一时，亲受子敬。行书尤善，正乃不称名。孔琳之书，天然纵放，极有笔力，规矩恐在羊欣后。丘道护与羊欣俱面受子敬，故当在欣后。范晔与萧思话同师羊欣，后小叛，既失故步，为复小有意耳。萧思话书，羊欣之影，风流趋好，殆当不减，笔力恨弱。谢综书，其舅云，紧生起是得赏也，恨少媚好。谢灵运书乃不伦，遇其合时，亦得入流。贺道力书亚丘道护。庾昕学右军，亦欲乱真矣。"僧虔尝自书让尚书令表，辞制既雅，笔迹又丽，时人以比子敬《崇贤》。吴郡顾宝先卓越多奇，自以伎能，僧虔乃作飞白以示之。宝先曰："下官今为飞白屈矣。"僧虔著《书赋》，俭为注序甚工。

僧虔宋世尝有书诫子曰："知汝恨吾不许汝学，欲自悔厉，或以阖棺自欺，或更择美业，且得有慨，亦慰穷生。但亟闻斯唱，未睹其实，吾未信汝，非徒然也。往年有意于史，取《三国志》聚置床头，百日许，复徙业就玄。汝曾未窥其题目，未辨其指归，而终日自欺人，人不受汝欺也。由吾不学，无以为训，然重华无严父，放勋无令子，亦各由己耳。汝辈窃议，亦当云'阿越不学，何忽自课'？汝见其一耳，不全尔也。设令吾学如马、郑，亦复甚胜，复倍不如，今亦必大减，致之有由，从身上来也。汝今壮年，自勤数倍，许胜劣及吾耳。吾在世昌乏德素，要复推排人间数十许年，故是一旧物，人或以数汝耳。即化之后，若自无调power，谁复知汝事者？舍中亦有少负令誉、弱冠越超清级者，于时王家门中，优者龙凤，劣犹虎豹。失荫之后，岂龙虎之议？况吾不能为汝荫，政应各自努力耳。或有身经三公，蔑尔无闻，布衣寒素，卿相屈体，父子贵贱殊，兄弟声名异，何也？体尽读数百卷书耳。吾今悔无所及，欲以前车诫尔后乘也。汝年入立境，方应从宦，兼有室累，何处复得下帷如王郎时邪？各在尔身已切，岂复关吾邪！鬼唯知爱深松茂柏，宁知子弟毁誉事。因汝有感，故略叙胸怀。"子慈。

慈，字伯宝。年八岁，外祖宋太宰江夏王义恭迎之内斋，施宝物恣所取，慈取素琴石砚及《孝子图》而已，义恭善之。袁淑见其幼时，抚其背曰："叔慈内润也。"少与从弟俭共书学。谢凤子超宗尝候僧虔，仍往东斋诣慈。慈正学书，未即放笔，超宗曰："卿书何如虔公？"慈曰：

"慈书比大人,如鸡之比凤。"超宗狼狈而退。十岁时,与蔡兴宗子约入寺礼佛,正遇沙门忏,约戏慈曰:"众僧今日可谓虔虔。"慈应声曰:"卿如此,何以兴蔡氏之宗。"历位吴郡太守,大司马长史,侍中,领步兵校尉,司徒左长史。慈患脚,齐武帝敕王晏:"慈有微疾,不能骑,听乘车在仗后。"江左以来少例也。慈妻刘彦节女,子观尚武帝长女吴县公主,修妇礼,姑未尝交答。江夏王锋为南徐州,王妃,慈女也,以慈为东海太守,行南徐州府州事。还为冠军将军、庐陵王中军长史,未拜,永明九年卒。赠太常,谥懿。子泰。

泰,字仲通,幼敏悟。年数岁时,祖母集诸孙侄,散枣栗于床,群儿竞之,泰独不取。问其故,对曰:"不取自当得赐。"由是中表异之。少好学,手所抄写二千许卷。及长,通和温雅,家人不见喜愠之色。姊夫齐江夏王锋为齐明帝所害,外生萧子友并孤弱,泰资给抚训,逾于子侄。梁天监元年为秘书丞。自齐永元之末,后宫火延烧秘书,图书散乱殆尽。泰表校定缮写,武帝从之。历中书侍郎、掌吏部,仍即真。自过江,吏部郎不复典大选,令史以下,小人求竞者辐凑前后,少能称职。泰为之,不为贵贱请属易意,天下称平。转黄门侍郎,每预朝宴,刻烛赋诗,文不加点,帝深赏叹。沈约常曰:"王有养、炬,谢有览、举。"养,泰小字,炬,筠小字也。始革大理,以泰为廷尉卿,再历侍中,后为都官尚书。泰能接人士,故每愿其居选官。顷,为吏部尚书,衣冠属望。未及选举,仍疾,改除散骑常侍、左骁骑将军,未拜,卒,谥夷。子廓。

志,字次道,慈之弟也。九岁,居所生母忧,哀容毁瘠,为中表所异。弱冠,选尚宋孝武女安固公主,拜驸马都尉。褚彦回为司徒,引志为主簿。谓其父僧虔曰:"朝廷之恩,本为殊特,所可光荣,在屈贤子。"累迁宣城内史,清谨有恩惠。郡人张倪、吴庆争田,经年不决。志到官,父老相谓曰:"王府君有德政,吾乡里乃有如此争。"倪、庆因相携请罪,所讼地遂成闲田。后为东阳太守,郡狱有重囚十余,冬至日,悉遣还家,过节皆反,唯一人失期。志曰:"此自太守事,主者勿忧。"明旦果至,以妇孕。吏人益叹服之。为吏部尚书,在选以和理称。崔慧景平,以例加右军将军,封临汝侯。固让,改领右卫将军。及梁武军至,城内杀东昏,百僚署名送首。志叹曰:"冠虽弊,可加足乎?"因取庭树叶挪服之,伪闷不署名。梁武览笺无志署,心嘉之,弗以让也。霸府开,为骠骑大将军长史。梁台建,位散骑常侍、中书令。天监初,为丹阳尹,为政清静。郡下有寡妇无子,姑亡举责以敛,葬既而无以还之。志愍其义,以俸钱偿焉。时年饥,每旦为粥于郡门以赋百姓,众悉称惠。常怀止足,谓诸子侄曰:"谢庄在宋孝武时,位止中书令,吾自视可过之乎?"三年,为散骑常侍、中书令,因多谢病,简通宾客。九年,还为散骑常侍、金紫光禄大夫,卒。

志善草隶,当时以为楷法。齐竟击将军徐希秀亦号能书,常谓志为"书圣"。志家居建康禁中里马粪巷。父僧虔门风宽恕,志尤惇厚,所历不以罪咎劾人。门下客尝盗脱志车幰卖之,志知而不问,待之如初。宾客游其门者,

专盖其过而称其善。兄弟子侄皆笃实谦和,时人号马粪诸王为长者。普通四年,志改葬,武帝厚赐赙,谥曰安。有五子:缉、休、諲、操、素。

志弟揖,位太中大夫,揖子筠。

筠,字元礼,一字德柔,幼而警悟,七岁能属文。年十六,为《芍药赋》,其辞甚美。及长,清静好学,与从兄泰齐名。沈约见筠,以为似外祖袁粲,谓仆射张稷曰:"王郎非唯额类袁公,风韵都欲相似。"稷曰:"袁公见人辄矜严,王郎见人必娱笑。唯此一条,不能酷似。"仕为尚书殿中郎,王氏过江以来,未有居郎署,或劝不就,筠曰:"陆平原东南之秀,王文度独步江东。吾得比踪昔人,何所多恨?"乃欣然就职。沈约每见筠文咨嗟,尝谓曰:"昔蔡伯喈见王仲宣,称曰王公之孙,吾家书籍悉当相与。仆虽不敏,请附斯言。自谢朓诸贤零落,平生意好殆绝,不谓疲暮复逢于君。"约于郊居宅阁斋,请筠为草木十咏,书之壁。皆直写文辞,不加篇题。约谓人曰:"此诗指物程形,无假题署。"约制《郊居赋》,构思积时,犹未都毕,示筠草。筠读至"雌霓五的反连蜷",约抚掌欣抃曰:"仆常恐人呼为霓五兮反。"次至"坠石碨星"及"冰悬埳而带坻",筠皆击节称赞。约曰:"知音者希,真赏殆绝,所以相要,政在此数句耳。"筠又尝为诗呈约,约即报书叹咏,以为后进擅美。筠又能用强韵,每公宴并作,辞必妍靡。约尝启上言,晚来名家,无先筠者。又于御筵谓王志曰:"贤弟子文章之美,可谓后来独步。谢朓常见语云,'好诗圆美,流转如弹丸'。近见其数首,方知此言为实。"

累迁太子洗马,中舍人,并掌东宫管记。昭明太子爱文学士,常与筠及刘孝绰、陆倕、到洽、殷钧等游宴玄圃,太子独执筠袖,抚孝绰肩曰:"所谓左把浮丘袖,右拍洪崖肩。"其见重如此。筠又与殷钧以方雅见礼。后为中书郎,奉敕制开善寺宝志法师碑文,辞甚braid逸。又敕撰《中书表奏》三十卷,及所上赋颂,都为一集。后为太子家令,复掌管记。普通元年,以母忧去职。筠有孝性,毁瘠过礼。中大通二年,为司徒左长史。三年,昭明太子薨,敕制哀策文,复见嗟赏。寻出为临海太守,在郡侵刻,还资有芒屩两舫,他物称是。为有司奏,不调累年。后历秘书监,太府卿,度支尚书,司徒左长史。及简文即位,为太子詹事。筠家累千金,性俭啬,外服粗弊,所乘牛尝饲以青草。及遇乱,旧宅先为贼焚,乃寓居国子祭酒萧子云宅。夜忽有盗攻,惧坠井,卒,时年六十九。家人十三口同遇害,人弃尸积于空井中。

筠状貌寝小,长不满六尺。性弘厚,不以艺能高人。而少擅才名,与刘孝绰见重当时。其《自序》云:"余少好抄书,老而弥笃,虽偶见瞥观,皆即疏记。后重省览,欢兴弥深。习与性成,不觉笔倦。自年十三四,建武二年乙亥,至梁大同六年,四十六载矣。幼年读《五经》,皆七八十遍。爱《左氏春秋》,吟讽常为口实。广略去取,凡三过五抄,余《经》及《周官》、《仪礼》、《国语》、《尔雅》、《山海经》、《本草》并再抄,子史诸集皆一遍。未尝倩人假手,并躬自抄录,大小百余卷。不足传之好事,盖以备遗忘而已。"又与诸儿书,论家门集云:"史传称安平

崔氏及汝南应氏，并累叶有文才，所以范蔚宗云崔氏雕龙。然不过父子两三世耳，非有七叶之中，名德重光，爵位相继，人人有集，如吾门者也。沈少傅约常语人云：'吾少好百家之言，身为四代之史。自开辟以来，未有爵位蝉联、文才相继如王氏之盛也。'汝等仰观堂搆，思各努力。"筠自撰其文章，以一官为一集，自《洗马》、《中书》、《中庶》、《吏部》、《左佐》、《临海》、《太府》各十卷，《尚书》三十卷，凡一百卷，行于世。子祥，仕陈位黄门侍郎。筠弟彬。

彬，字思文，好文章，习篆隶，与志齐名。时人为之语曰："三真六草，为天下宝。"齐武帝起旧宫，彬献赋，文辞典丽。尚齐高帝女临海长公主，拜驸马都尉。仕齐，历太子中庶子，徙永嘉太守，卜室于积谷山，有终焉之志。梁天监中，历吏部尚书、秘书监。卒，谥惠。彬立身清白，推贤接士，有士君子风。彬弟寂。

寂，字子玄，性迅动，好文章。读《范滂传》，未尝不叹悒。王融败后，宾客多归之。齐建武初，欲献《中兴颂》，兄志谓曰："汝膏粱年少，何患不达？不镇之以静，将恐贻讥。"寂乃止。位秘书郎。卒年二十一。

论曰：王昙首之才器，王僧绰之忠直，其世禄不替也，岂徒然哉！仲宝雅道自居，早怀伊、吕之志，竟而逢时遇主，自致宰辅之隆，所谓衣冠礼乐，尽在是矣。齐有人焉，于斯为盛。其余文雅儒素，各禀家风，箕裘不坠，亦云美矣。

卷二十三　　　　列传第十三

王诞　兄子偃　偃子藻　藻弟子莹　莹从弟亮
王华从弟琨　王惠　从弟球　王彧子绚　绚弟缋　缋孙克　彧兄子蕴　奂　奂弟份　份孙铨　锡　金　通　劢　质　固

王诞，字茂世，太保弘从祖兄也。祖恬，晋中军将军。父混，太常卿。诞少有才藻，晋孝武帝崩，从叔尚书令珣为哀策，出本示诞，曰："犹恨少序节物。"诞揽笔便益之，接其"秋冬代变"后云："霜繁广除，风回高殿。"珣叹美，因而用之。袭爵雉乡侯，为会稽王世子元显后军长史、琅邪内史。诞结事元显嬖人张法顺，故见宠。元显纳妾，诞为之亲迎。随府转骠骑长史，内史如故。元显讨桓玄，欲悉诛诸桓，诞救桓修等，由此得免。修，诞甥也。及玄得志，将见诛，修为陈请，乃徙广州。卢循据广州，以诞为其平南府长史，甚宾礼之。诞久客思归，乃说循曰："下官与刘镇军情味不浅，若得北归，必蒙任寄。"时广州刺史吴隐之亦为循所拘留，诞又曰："将军今留吴公，公私非计。孙伯符岂不欲留华子鱼，但以一境不容二君耳。"于是诞及隐之俱得还。

诞为宋武帝太尉长史，尽心归奉，帝甚仗之。卢循自蔡洲南走，刘毅固求追讨。诞密白帝曰："公既平广固，复灭卢循，则功盖终古，勋无与二。如此大威，岂可使余人分之？毅与公同起布衣，一时相推耳，今既丧败，不宜复使立功。"帝纳其说。后为吴国内史，母忧去职。武帝伐刘毅，起为辅国将军，诞固辞，以墨绖从行。时诸葛长人行太尉留府事，心不自安，武帝甚忧之。毅既平，诞求先下。帝曰："长人似有自疑心，卿讵宜便去？"诞曰："长人知下官蒙公垂盼，今轻身单下，必当以为无虞，可少安其意。"帝笑曰："卿明过贲、育矣。"于是先还。后卒，追封作唐县五等侯。子诩早卒。诞兄䚢，字伟世，侍中、左户尚书、始兴公。䚢子偃。

偃，字子游，母晋孝武帝女鄱阳公主。宋受禅，封永成君。偃尚宋武帝第二女吴兴长公主，讳荣男。尝偶偃缚诸庭树，时天夜雪，噤冻久之。偃兄恢排阁诉主，乃免。偃谦虚恭谨，不以世事关怀，位右光禄大夫，赠开府仪同三司，谥恭公。

长子藻，位东阳太守，尚文帝第六女临川长公主，讳英媛。公主性妒，而藻别爱左右人吴崇祖。景和中，主诉之于废帝，藻下狱死，主与王氏离婚。宋世诸主莫不严妒，明帝每疾之。湖熟令袁慆妻，以妒赐死，使近臣虞通之撰《妒妇记》。左光禄大夫江湛孙敩，当尚孝武帝女，上乃使人为敩作表让婚曰：

伏承诏旨，当以临汝公主降嫔，荣出望表，恩加典外。顾审辖蔽，伏用忧惶。臣寒门悴族，人凡质陋，闾阎有对，本隔天姻。如臣素流，家贫业寡，年近将冠，皆已有室。荆钗布裙，足得成礼。每不自解，无偶兹玄，媒访莫寻，素族弗问。自惟门庆，属降公主，天恩所覃，庸及丑末。怀忧抱惕，虑不获免，征命所当，果膺兹举。虽门泰宗荣，于臣非倖，仰缘圣贷，冒陈愚实。

自晋氏以来，配尚王姬者，虽累经美胄，亟有名才。至如王敦慑气，桓温敛威；真长佯愚以求免，子敬灸足以违祸。王偃无仲都之质，而傈雪于北阶；何瑀阙龙工之姿，而投躯于深井。谢庄殆自害于睃叟，殷冲几不免于强锢。彼数人者，非无才意，而势屈于崇贵，事隔于闻览，吞悲茹气，无所逃诉。制勒甚于仆隶，防闲过于婢妾。往来出入，人理之常，当待宾客，朋从之义。而令扫辙息驾，无窥门之期；废筵抽席，绝接对之理。非唯交友离异，乃亦兄弟疏阔。第令受酒肉之赐，制以动静；监子待钱帛之私，节其言笑。姆妳争媚，相劝以严；尼媪竞前，相诲以急。第令必凡庸下才，监子皆复萌愚竖。议举止则未闲是非，听言语则谬于虚实。姆妳敢恃耆旧，唯赞妒忌；尼媪自唱多知，务检口舌。其间又有应答问讯，卜签师母，乃至残余饮食，诘辨与谁，衣被故弊，必责头领。又出入之宜，繁省难衷，或进不获前，或入不听出。不入则嫌于欲疏，求出则疑有别意。召必以三晡为期，遣必以日出为限。夕不见晚魄，朝不识曙星。至于夜步月而弄琴，昼拱袂而披卷，一生之内，与长乖。又声影裁闻，则少婢奔迸；裾袂向席，则丑老丛来。左右整刷，以疑宠见嫌，宾客未冠，以少容致斥。礼有列媵，象有贯鱼，本无嫚嫡之嫌，岂有轻妇之诮？今义绝傍私，虔恭正匹，而每事必言无仪适，设辞辄云轻易我。又窃闻诸主聚集，唯论夫族，缓不足为急者法，急则可为缓者师。更相扇诱，本其恒意，不可贷借，固实常辞。或云野败去，或云人笑我。虽曰家事，有甚王宪，发口所言，恒同科律。王藻虽复强很，颇经学涉，戏笑之事，遂以冤魂。褚暧忧愤，用致夭绝，伤理害义，难以具闻。夫《螽斯》之德，实致克昌，专妒之行，有妨繁衍。是以尚主之门，往往绝嗣，驸马之身，通离衅咎。以臣凡弱，何以克堪？必将毁族沦门，岂伊身眚？前后婴此，其人虽众，然皆患彰遐迩，事隔天朝，故吞言咽理，无敢论诉。

臣幸属圣明，矜照由道，弘物以典，处亲以公，臣之鄙怀，可得自尽。如臣门分，世荷殊荣，足守前基，便预提拂。清官显位，或由才升，一叨婚戚，咸成恩假。是以仰冒非宜，披露鄙实，非唯止陈一己，规全身愿，实乃广申诸门受患之切。伏愿天慈照察，特赐蠲停，使燕雀微群，得保丛蔚，蠢物怜生，自己弥笃。若恩诏难降，披请不申，便当刊肤剪发，投山窜海。

帝以此表遍示诸主以讽切之，并为戏笑。元徽中，临川主表求还身王族，守养弱嗣，许之。藻弟懋，字昌业，光禄大夫，封南乡侯。懋子莹。

莹，字奉光，选尚宋临淮公主，拜驸马都尉。累迁义兴太守，代谢超宗。超宗去郡，与莹交恶，还都，就懋求书属莹求一吏，曰："丈人一旨，如汤浇雪耳。"及至，莹答旨以公吏不可。超宗往懋处，对诸宾谓懋曰："汤定不可浇雪。"懋面洞赤，唯大耻愧。懋后往超宗处，设精白鲍、美鲊、獐肫。懋问那得佳味，超宗诡言义兴始见饷；阳惊曰："丈人岂应不得邪？"懋大忿，言于朝廷，称莹供养不足，坐失郡，废弃久之。后历侍中、东阳太守。以居郡有惠政，迁吴兴太守。齐明帝勤忧庶政，莹频涖二郡，皆有能名。还为中领军随王长史。意不平，改为太子詹事、中领军。永元初，政由群小，莹守职而已，不能有所是非。及尚书令徐孝嗣诛，莹颇综朝政，启取孝嗣所居宅，及取孝嗣封名枝江县侯以为己封。从弟亮谓曰："此非盛德也。"莹怒曰："我昔从东度为吴兴，束身登岸，徐时为宰相，不能见知，相用为领军长史。今住其宅，差无多惭。"时人咸谓失德。亮既当朝，于莹素虽不善，时欲引与同事。迁尚书左仆射，未拜；会护军崔慧景自京口奉江夏王内向，莹拒慧景于湖头。众败，莹赴水，乘舫入乐游，因得还台城。慧景败，莹还居领军府，梁武兵至，复假节、都督宫城诸军事。建康平，莹乃以宅还徐氏。

初为武帝相国左长史，及践阼，封建城县公，累迁尚书令。莹性清慎，帝深善之。时有猛兽入郭，上意不悦，以问群臣，群臣莫对。莹在御筵，乃敛板答曰："昔击石拊石，百兽率舞。陛下膺箓御图，虎象来格。"帝大悦，众咸服焉。十五年，位左光禄大夫、开府仪同三司、丹阳尹。既为公，须开黄阁。宅前促，欲买南邻朱侃半宅。侃惧见侵，货得钱百万，莹乃回阁向东。时人为之语曰："欲向南，钱可贪；遂向东，为黄铜。"及将拜，印工铸印，六铸而龟六毁。及成，头空不实，补而用之。居职六日，暴疾薨，谥曰静恭。

少子实嗣。起家秘书郎，尚梁武帝女安吉公主，袭爵建城县公，为新安太守。实从兄郡，就求告。实与铜钱五十万，不听于郡及道散用。从兄密于郡市货，还都求利。及去郡数十里，实乃知，命追之。呼从兄上岸盘头，令卒与杖，搏颊乞原，劣得免。后为南康嗣王湘州长史，长沙郡王三日出禊，实衣冠倾崎，王性严，见之意殊恶。实称主名谓王曰："萧玉志念实，殿下何见憎？"王惊赧即起。后密启之，因此废锢。

亮，字奉叔，莹从父弟也。父攸，字昌达，仕宋位太宰中郎，赠给事黄门侍郎。亮以名家子，宋末选尚公主，拜驸马都尉。历任秘书丞。齐竟陵王子良开西邸，延才俊，以为士林，使工图其像，亮亦预焉。累迁晋陵太守，在职清公，有美政。时有晋陵令沈巑之，性粗疏，好犯亮讳，亮不堪，遂启代之。巑之怏怏，乃造坐云："下官以犯讳被代，未知明府讳。若为攸字，当作无散尊傍犬？为犬傍无散尊？若是有心攸？无心攸？乞告示。"亮不履下床，跣而走，巑之抚掌大笑而去。

建武末，累迁吏部尚书。时右仆射江祏管朝政，多所进拔，为士所归。亮自以身居选部，每持异议。始亮未为吏部郎时，以祏帝之内弟，故深友祏。祏为之延誉，益为帝所器重。至是与祏情好携薄，祏昵之如初。及祏遇诛，群小放命，凡所除拜，悉由内宠，亮弗能止。外若详审，内无明鉴，所选用，拘资次而已，当时不谓为能。后为尚书左仆射。及东昏肆虐，亮取容以免。

梁武帝至新林，内外百僚皆道迎，其不能拔者亦间路送诚款，亮独不遣。及东昏遇杀，张稷仍集亮等于太极殿前西钟下坐，议欲立齐湘东嗣王宝晊。领军莹曰："城闭已久，人情离解，征东在近，何不谘问？"张稷又曰："桀有昏德，鼎迁于殷。今实微子去殷、项伯归汉之日。"亮默然。朝士相次下床，乃遣国子博士范云赍东昏首送石头，推亮为首。城平，朝士毕至，亮独后，裙履见武帝。帝谓曰："颠而不扶，安用彼相？"亮曰："若其可扶，明公岂有今日之举？"因泣而去。霸府开，以为大司马长史。梁台建，授侍中、尚书令，固让，乃为侍中、中书监，兼尚书令。及受禅，迁侍中、尚书令、中军将军，封豫宁县公。天监二年，转左光禄大夫。元日朝会，亮辞疾不登殿，设馔别省，语笑自若。数日，诏公卿问讯，亮无病色。御史中丞乐蔼奏亮大不敬，论弃市。诏削爵，废为庶人。

四年，帝宴华光殿，求谠言。尚书左丞范缜起曰："司徒谢朏徒负虚名，陛下擢之如此；前尚书令王亮颇有政体，陛下弃之如彼。愚臣所不知。"帝变色曰："卿可更余言。"缜固执不已，帝不悦。御史中丞任昉因奏缜妄陈褒贬，请免缜官。诏可。亮因屏居闭扫，不通宾客。遭母忧，居丧尽礼。后为中书监，加散骑常侍。卒，谥炀子。

王华，字子陵，诞从祖弟也。祖荟，卫将军、会稽内史,父廙,司徒右长史。晋安帝隆安初,王恭起兵讨王国宝,时廙丁母忧在家。恭檄令起兵,廙即聚众应之,以女为贞烈将军,以女人为官属。及国宝死,恭檄廙罢兵。廙起兵之际,多所诛戮,至是不复得已,因举兵以讨恭为名。恭遣刘牢之击廙,廙败走,不知所在。长子泰为恭所杀。华时年十三,在军中,与廙相失,随沙门释昙冰逃,使提衣朴从后,津逻咸疑焉。华行迟,昙冰骂曰:"奴子怠懈,行不及我。"以杖捶华数十,众乃不疑,由此得免。遇赦还吴,以父存没不测,布衣蔬食,不交游者十余年。宋武帝欲收其才用,乃发廙丧,使华制服。服阕,武帝北伐长安,领镇西将军、北徐州刺史,辟华为州主簿。后为别驾,历职著称。文帝镇江陵,为西中郎主簿、谘议参军。文帝未亲政事,悉委司马张邵。华性尚物,不欲人在己前。邵性豪,每行来常引夹毂。华出入乘牵车,从者不过两三人以矫之。尝相逢,华阳若不知是邵,谓左右曰:"此卤簿甚盛,必是殿下。"乃下牵车立于道侧,及邵至乃惊。邵白服登城,为华所纠,邵坐被征,华代为司马。

文帝将入奉大统,以少帝见害,不敢下。华曰:"先帝有大功于天下,四海所服。虽嗣主不纲,人望未改。徐羡之中才寒士,傅亮布衣诸生,非有晋宣帝、王大将军之心明矣。畏庐陵严断,将来必不自容。殿下宽睿慈仁,所知已,且越次奉迎,冀以见德,悠悠之论,殆必不然。羡之、亮、晦又要檀道济、王弘,五人同功,孰肯相让,势必不行。今日就征,万无所虑。"帝从之,曰:"卿复欲为吾之宋昌矣。"乃留华总后任。上即位,以华为侍中、右卫将军。先是,会稽孔宁子为文帝镇西谘议参军,以文义见赏,至是为黄门侍郎,领步兵校尉。宁子先为何无忌安成国侍郎,还东修宅,令门可容高盖,邻里笑之。宁子曰:"大丈夫何常之有?"宁子与华并有富贵之愿,自羡之等执权,日夜构之于文帝。宁子尝东归至金昌亭,左右欲泊船,宁子命去之,曰:"此杀君亭,不可泊也。"华每闲居讽咏,常诵王粲《登楼赋》曰:"冀王道之一平,假高衢而骋力。"出入逢羡之等,每切齿愤叱,叹曰:"当见太平时否?"元嘉二年,宁子卒。三年,诛羡之等。华迁护军将军,侍中如故。宋世唯华与南阳刘湛不为饰让,得官即拜,以此为常。华以情事异人,未尝预宴集。终身不饮酒,有宴不之诣。若有论事者,乘车造门,主人出车就之。及王弘辅政,而弘弟昙首为文帝所任,与华相埒。华常谓己力用不尽,每叹曰:"宰相顿有数人,天下何由得安?"四年卒,年四十三。九年,以诛羡之之功,追封新建县侯,谥曰宣。孝武即位,配享文帝庙庭。子定侯嗣,卒。子长嗣,坐骂母夺爵,以长弟佟绍封。齐受禅,国除。

琨,华从父弟也。父怿,不辨菽麦,时以为殷道矜之流。人无肯与婚,家以獶婢恭心侍之,遂生琨。初名昆仑,怿后娶南阳乐玄女,无子,故即以琨为名,立以为嗣。

琨少谨笃,为从伯司徒谧所爱。宋武帝初为桓修参军,修待帝厚。后帝以事计图修,犹怀昔顾,使王华访素门,嫁其二女。华为琨娶大女,以小女适颍川庾敬度,亦是旧族。除琨郎中、驸马都尉、奉朝请。先是,琨伯父廙得罪晋世,诸子并从诛,唯华得免。华宋世贵盛,以门衰为

提携琨,恩若同生,为之延誉。历位宣城、义熙太守,皆以廉约称。华终,又托之宋文帝,故琨屡居清显。孝建中,为吏部郎。吏曹选局,贵要多所属请,琨自公卿下至士大夫,例为用两门生。江夏王义恭尝属琨用二人,后复属,琨答不许。出为平越中郎将、广州刺史,加都督。南土沃实,在任者常致巨富。世云广州刺史但经城门一过,便得三千万。琨无所取纳,表献禄俸之半。镇旧有鼓吹,又启输还。及罢任,孝武知其清,问还资多少?琨曰:"臣买宅百三十万,余物称之。"帝悦其对。后为历阳内史。上以琨忠实,徙为宠子新安王北中郎长史。再历度支尚书,加光禄大夫。初,琨从兄华孙长,袭华爵新建县侯,嗜酒多愆失,琨表以长将倾基绪,请以长小弟佟嗣焉。琨后出为吴郡太守,迁中领军,坐在郡用朝舍钱三十六万,营饷二宫诸王及作绛袄奉献军用,左迁光禄大夫。寻加太常及金紫,加散骑常侍。廷尉虞和议社稷各一神,琨案旧纠驳,不为屈。时和见宠,朝廷叹琨强正。明帝临崩,出为会稽太守,加都督,坐误竟囚,降为冠军。顺帝即位,进右光禄大夫。顺帝逊位,百僚陪列,琨攀画轮獭尾恸泣曰:"人以寿为欢,老臣以寿为戚。既不能先驱蝼蚁,频见此事。"呜嗟不自胜,百官人人雨泪。

齐高帝即位,领武陵王师,加侍中。时王俭为宰相,属琨用东海郡迎吏,琨使谓曰:"语郎,三台五省,皆是郎用人,外方小郡,当乞寒贱,省官何容夺之?"遂不过其事。寻解王师。及高帝崩,琨闻国讳,牛不在宅,去台数里,遂步行入宫。朝士皆谓曰:"故宜待车,有损国望。"琨曰:"今日奔赴,皆自应尔。"遂得病卒,赠左光禄大夫,年八十四。

琨谦恭谨慎,老而不渝,朝会必早起,简阅衣裳,料数冠帻,如此数四,或为轻薄所笑。大明中,尚书仆射颜师伯豪贵,下省设女乐,琨时为度支尚书,要琨同听,传酒行炙,皆悉内妓。琨以男女无亲授,传行每至,令置床上,回面避之然后取,毕又如此,坐上莫不抚手嗤笑,琨容色自若。师伯后为设乐邀琨,琨不往。中领军刘勔,晚节有栖退志,表求东阳郡,尚书令袁粲以下莫不赞美之。琨曰:"永初、景平,唯谢晦、殷景仁为中领军,元嘉有到彦之,为人望才誉,勔不及也。近闻加侍中,已为怏怏,便求东阳,臣恐子房赤松未易轻拟。"其鲠直如此。而俭于财用,设酒不过两碗,辄云"此酒难遇"。盐豉姜蒜之属,并挂屏风,酒浆悉置床内,内外有求,琨手自赋之。景和中,讨义阳王昶,六军戒严,应须紫檀,左右欲营办,琨曰:"元嘉初征谢晦,有紫檀在匣中,不须更作。"检取果得焉。而避讳过甚,父名怿,母名恭心,并不得犯焉,时咸谓矫枉过正。

王惠,字令明,诞从祖弟也。祖劭,车骑将军。父默,左光禄大夫。惠幼而夷简,为叔父司徒谧所知。恬静不交游,未尝有杂事。陈郡谢瞻,才辩有风气,尝与兄弟群从造惠,谈论锋起,文史间发,惠时相酬应,言论理远,瞻等惭而退。宋武帝闻其名,以问其从兄诞,诞曰:"惠后来秀令,鄙宗之美也。"即以为行参军,累迁世子中军长

史。时会稽内史刘怀敬之郡，送者倾都，惠亦造别。还过从弟球，球问：“向何所见？”惠言：“唯觉逢人耳。”素不与谢灵运相识，尝得交言，灵运辩博，辞义锋起，惠时然后言。时荀伯子在坐，退而告人曰：“灵云固自萧散直上，王郎有如万顷陂焉。”尝临曲水，风雨暴至，坐者皆驰散。惠徐起，不异常日，不以沾濡而改。

宋国初建，当置郎中令，武帝难其人，谓傅亮曰：“今用郎中令，不可减袁曜卿。”既而曰：“吾得其人矣，曜卿不得独擅其奇。”乃以惠居之。宋少帝即位，以蔡廓为吏部尚书，不肯拜，乃以惠代焉。惠被召即拜，未尝接客。人有与书求官，得辄聚阁上，及去职，印封如初。时以廓不拜，惠即拜，事异而意同也。兄鉴颇好聚敛，惠意不同，谓曰：“何用田为？”鉴怒曰：“无田何由得食？”惠又曰：“何用食为？”其标寄如此。卒，赠太常，无子。

球，字倩玉，司徒谧之子、惠从父弟也，少与惠齐名。宋武帝受命，为太子中舍人，宜都王友，转谘议参军。

文帝即位，王弘兄弟贵动朝廷，球终日端拱，未尝相往来，弘亦雅敬之。历位侍中、中书令、吏部尚书。时中书舍人徐爰有宠于上，上尝命球及殷景仁与之相知。球辞曰：“士庶区别，国之章也。臣不敢奉诏。”上改容谢焉。球简贵，势不交游，筵席虚静，门无异客。昙首常云：“倩玉亦是玉卮无当耳。”既而尚书仆射殷景仁、领军将军刘湛并执重权，倾动内外，球虽通家姻戚，未尝往来。居选职，接客甚稀，不视求官书疏，而铨衡有序。迁光禄大夫，领庐陵王师。时大将军彭城王义康专以政事为本，刀笔干练者多被器遇。谓刘湛曰：“王敬弘、王球之属，竟何所堪施？为自富贵，复那可解。”球兄子履深结刘湛，委诚义康与刘斌等。球每训厉不纳，自大将军从事中郎转太子中庶子，流涕诉义康不愿违离，故复为从事中郎。文帝甚衔之。及诛湛之夕，履徒跣告球。球命为取履，先温酒与之，谓曰：“常日汝何？”履怖不得答。球徐曰：“阿父在，汝何忧！”命左右扶郎还斋。上亦以球故，履免死，废于家。

殷景仁卒，球除尚书仆射，王师如故。素有脚疾，多病还家，朝直至少。录尚书江夏王义恭谓尚书何尚之曰：“当今乏才，群下宜加戮力，而王球放恣如此，宜以法纠之。”尚之曰：“球有素尚，加又多疾，公应以淡退求之，未可以文案责也。”义恭又面启文帝曰：“王球诚有素誉，颇以物外自许。端任要切，或非所长。”帝曰：“诚知如此，要是时望所归。昔周伯仁终日饮酒而居此任，盖所以崇素德也。”遂见优容。后以白衣领职。十八年，卒，时年四十九。赠特进、金紫光禄大夫。无子，从孙奂为后。

王彧，字景文，球从子也。祖穆，字伯远，司徒谧之长兄，位临海太守。父僧朗，仕宋位尚书右仆射，明帝初，以后父加特进，赠开府仪同三司，谥元公。彧名与明帝讳同，故以字行。伯父智，少简贵，有高名，宋武帝甚重之。常言“见王智使人思仲祖”。武帝与刘穆之讨刘毅而智在焉，他日，穆之白武帝曰：“伐国重事，公言何乃使王智知？”武帝笑曰：“此人高简，岂闻此辈论议。”其见知如

此。为宋国五兵尚书，封建陵县五等子，追赠太常。智无子，故父僧朗以景文继智。

幼为从叔球所知怜。美风姿，为一时推谢。袁粲见之叹曰：“景文非但风流可悦，乃哺歠亦复可观。”有一客少时及见谢混，答曰：“景文方谢叔源，则为野父矣。”粲惆怅良久，曰：“恨眼中不见此人。”景文好言理，少与陈郡谢庄齐名。文帝尝与群臣临天泉池，帝垂纶良久不获。景文越席曰：“臣以为垂纶者清，故不获贪饵。”众皆称善。文帝甚相钦重，故为明帝娶景文妹而以景文之名名明帝。武帝第五女新安公主先适太原王景深，离绝，当以适景文，景文固辞以疾，故不成婚。

袭爵建陵子。元凶以为黄门侍郎，未及就，孝武入讨，景文遣间使归款。以父在都下，不获致身，事平，颇见嫌责。犹以旧恩累迁司徒左长史。上以散骑常侍旧与侍中俱掌献替，欲高其选，以景文及会稽孔觊俱南北之望以补之。寻复为司徒左长史。以姊墓开不临赴，免官。后拜侍中、领射声校尉、左卫将军，加给事中、太子中庶子。坐与奉朝请毛法因捕戏得钱百二十万，白衣领职。

景和元年，为尚书右仆射。明帝即位，加领左卫将军，寻加丹阳尹。遭父忧，起为尚书左仆射、丹阳尹，固辞仆射。出为江州刺史，加都督，服阕乃受诏。封江安县侯，固让不许。后征为尚书左仆射，领吏部、扬州刺史，加太子詹事。不愿还朝，求为湘州，不许。时又谓景文在江州不能洁己，景文与上幸臣王道隆书，深自申理。景文屡辞内授，上手诏譬之曰：“尚书左仆射，卿已经此任，东宫詹事用人虽美，职次政可比中书令耳。庶姓作扬州，徐干木、王休元、殷铁并处之不辞，卿清令才望，何愧休元，毗赞中兴，岂谢干木，绸缪相与，何后殷铁邪？司徒以宰相不应带神州，远遵先旨，京口乡基义重，密迩畿内，又不得不用骠骑。陕西任要，由来用宗室，骠骑既去，巴陵理应居之，中流虽曰闲地，控带三江，通接荆、郢，经塗之要，由来有重镇。如此，则扬州自成阙刺史。卿若有辞，便不知谁应处之。此选大备与公卿畴怀，非聊尔也。”固辞詹事、领选，徙为中书令，常侍、仆射、扬州如故。又进中书监，领太子太傅，常侍、扬州如故。景文固辞太傅，上遣新除尚书右仆射褚彦回宣旨，不得已乃受拜。时太子及诸皇子并小，上稍为身后计，诸将帅吴喜、寿寂之之徒，虑其不能奉幼主，并杀之。而景文外戚贵盛，张永累经军旅，又疑其将来难信，乃自为谣言曰：“一士不可亲，弓长射杀人。”一士王字，指景文；弓长，张字，指张永。景文弥惧，乃自陈求解扬州。诏答曰：

> 人居贵要，但问心若为耳。大明之世，巢、徐二戴，位不过执戟，权亢人主；颜师伯白衣仆射，横行尚书中。袁粲作仆射领选，而人往往不知有粲。粲迁为令，粲之不疑。今既省录，令便居昔之录任，置省事及干僮，并依录格。粲作令来，亦不异于仆射，人情向粲，淡然亦复不改常。以此居贵位要任，当有致忧兢不？卿今虽作扬州、太子太傅，位虽贵而不关朝政，可安不惧，差于粲也。卿虚心受荣，有而不为累。贵高有危殆之惧，卑贱有沟壑之忧，张单双灾，木雁两

失。有心于避祸，不如无心于任运。夫千仞之木，既摧于斧斤；一寸之草，亦悴于践蹋。高崖之修干，与深谷之浅条，存亡之要，巨细一揆耳。晋将毕万七战皆获，死于牖下；蜀相费祎从容坐谈，毙于刺客。故甘心于履危，未必逢祸；纵意于处安，不必全福。但贵者自惜，故每忧其身；贱者自轻，故易忘其己。然为教者，每诫贵不诫贱，言其贵满好自恃也。凡名位贵达，人以存怀，泰则触人改容，否则行路嗟愕。至如贱者，否泰不足以动人，存亡不足以缀数。死于沟渎，困于涂路者，天地之间，亦复何限，人不系意耳。以此而推，贵何必难处，贱何必易安，但人生自应卑慎为道，行己用心，务思谨惜。若乃吉凶大期，正应委之理运。遭随参差，莫不由命也。既非圣人，不能见吉凶之先，正是依稀于理，言可行而为之耳。得吉者是其命吉，遇不吉者是其命凶。以近事论之：景和之世，晋平庶人从寿阳归乱，朝人皆为之战栗，而乃遇中兴之运。袁顗图避祸于襄阳，当时皆羡之，谓为陵霄驾凤，遂与义嘉同灭。骆宰见狂主，语人言"越王长颈鸟喙，可与共忧，不可共乐。范蠡去而全身，文种留而遇祸。今主口颈，颇有越王之状，我在尚书中久，不去必危"。遂求南江小县。诸都令史住京师者，皆遭中兴之庆，人人蒙爵级；宰逢义嘉染罪，金木缠身，性命几绝。卿耳目所闻见，安危在运，何可预图邪？

上既有疾，而诸弟并已见杀；唯桂阳王休范人才本劣，不见疑，出为江州刺史。虑一旦晏驾，皇后临朝，则景文自然成宰相，门族强盛，藉元舅之重，岁暮不为纯臣。泰豫元年春，上疾笃，遣使送药赐景文死，使谓曰："朕不谓卿有罪，然亦不能独死，请子先之。"因手诏曰："与卿周旋，欲全卿门户，故有此处分。"敕至之夜，景文政与客棋，扣函看，复还封置局下，神色怡然不变。方与客棋，思行争劫竟，敛子内奁毕，徐谓客曰："奉敕见赐以死。"方以敕示客。酒至未饮，门食焦度在侧，愤怒发酒覆地曰："大丈夫安能坐受死？州中文武可数百人，足以一奋。"景文曰："知卿至心，若见念者，为我百口计。"乃墨启答敕，并谢赠诏。酌谓客曰："此酒不可相劝。"自仰而饮之。时年六十。追赠开府仪同三司，谥曰懿。长子绚。

绚，字长素，早惠。年五六岁，读《论语》至"周监于二代"，外祖何尚之戏之曰："可改耶耶乎文哉。"绚应声答曰："尊者之名，安可戏，宁可道草翁之风必偃？"及长，笃志好学。位秘书丞。先景文卒，谥曰恭世子。绚弟缋。

缋，字叔素，弱冠秘书郎、太子舍人，转中书舍人。景文以此授超阶，令缋经年乃受。景文封江安侯，缋袭其本爵为始平县五等男。元徽末，为黄门郎、东阳太守。齐武帝为抚军，吏部尚书张岱选缋为长史，呈选牒，高帝笑曰："此可谓索望。"再迁义兴太守，辄录郡吏陈伯喜付阳羡狱，欲杀之，县令孔逷不知何罪，不受缋教，为有司奏，坐白衣领职。后长兼侍中。武帝出射雉，缋信佛法，称疾不从。永元元年，卒于太常，谥靖子。缋女适武帝宠子安

陆王子敬，永明二年纳妃，修外舅姑之敬，武帝遣文惠太子相随，往缋家置酒设乐，公卿皆冠冕而去，当世荣之。

缋弟约，齐明帝世数年废锢。梁武帝时为太子中庶子，尝谓约曰："卿方当富贵，必不容久滞屈。"及帝作辅，谓曰："我尝相卿当富贵，不言卿今日富贵便当见由。"历侍中，左户尚书，廷尉。

缋长子俊，不慧，位止建安太守。俊子克，克美容貌，善容止，仕梁历司徒右长史、尚书仆射。台城陷，仕侯景，位太宰、侍中、录尚书事。景败，克迎候王僧辩，问克曰："劳事夷狄之君"，克不能对，次问玺绂何在？克默然良久曰："赵平原将去。"平原名思贤，景腹心也，景授平原太守，故克呼焉。僧辩乃诮克曰："王氏百世卿族，便是一朝而坠。"仕陈，位尚书右仆射。

蕴，字彦深，或兄子也。父楷，太中大夫。楷人才凡劣，故蕴不为群从所礼，常怀耻慨。家贫，为广德令。明帝即位，四方叛逆，欲以将领自奋，每抚刀曰："龙泉太阿，汝知我者。"叔父景文常诫之曰："阿答，汝灭我门户。"蕴曰："答与童乌贵贱异。"童乌，绚小字，答，蕴小字也。及事宁，封吉阳男。历晋陵、义兴太守，所莅并贪纵。后为给事黄门侍郎。桂阳之逼，王道隆为乱兵所杀，蕴力战，重创御沟侧，或扶以免。事平，抚军长史褚澄为吴郡太守，司徒左长史萧惠明言于朝曰："褚澄开城以纳贼，更为股肱大郡，王蕴被甲死战，弃而不收，赏罚如此，何忧不乱！"褚彦回惭，乃议用蕴为湘州刺史。及齐高帝辅政，蕴与沈攸之连谋，事败，斩于秣陵市。

奂，字道明，或兄子也。父粹，字景深，位黄门侍郎。奂继从祖球，故小字彦孙。年数岁，常待球许，甚见爱。奂诸兄出身诸王国常侍，而奂起家著作佐郎。琅邪颜延之与球情款稍异，常抚奂背曰："阿奴始免寒士。"奂少而强济，叔父景文常以家事委之。仕宋历侍中、祠部尚书，转掌吏部。升明初，迁丹阳尹。初，王晏父普曜，为沈攸之长史，常惧攸之举事，不得还，奂为吏部，转普曜为内职，晏深德之。及晏仕齐，武帝以奂宋室外戚，而从弟蕴又同逆，疑有异意，晏叩头保奂无异志。时晏父母在都，请以为质，武帝乃止。永明中，累迁尚书右仆射。王俭卒，上欲用奂为尚书令，以问晏。晏位遇已重，意不推奂，答曰："柳世隆有勋望，恐不宜在奂后。"乃转左仆射，加给事中。出为雍州刺史，加都督。与宁蛮长史刘兴祖不睦。十一年，奂遣军主朱公恩征蛮失利，兴祖欲以启闻，奂大怒，收付狱。兴祖于狱以针画漆合盘为书，报家称枉，令启闻，而奂亦驰信启上，诬兴祖扇动荒蛮。上知其枉，敕送兴祖还都，奂恐辞情翻背，辄杀之。上大怒，遣中书舍人吕文显、直阁将军曹道刚领兵收奂，又别诏梁州刺史曹武自江陵步出襄阳。奂子彪，凶愚，颇干时政，士人咸切齿。时文显以漆匣匿箜篌在船中，因相诳云，"台使封刀斩王彪"。及道刚、曹武、文显俱至，众力既盛，又惧漆匣之言，于是议闭门拒命。长史殷叡，奂女婿也，谏曰："今开城门，白服接台使，不过槛车征还，赎官免爵耳。"彪坚执不从，睿又曰："宜遣典籤间道送启自申，亦不患不被宥。"乃令睿书启，遣典签陈道齐出城，便为文显所执。睿又曰：

"忠不背国,勇不逃死,百世门户,宜思后计,孰与仰药自全,则身名俱泰,睿请先驱蝼蚁。"又不从。奂门生郑羽叩头启奂,乞出城迎台使,奂曰:"我不作贼,欲先遣启自申,政恐曹、吕辈小人相陵藉,故且闭门自守耳。"彪遂出战,败走归。土人起义,攻州西门,彪登门拒战,却之。司马黄瑶起、宁蛮长史裴叔业于城内起兵攻奂,奂闻兵入,礼佛,未及起,军人斩之,彪及弟爽、弼、殷睿皆伏诛。奂长子太子中庶子融,融弟司徒从事中郎琛,于都弃市,余孙皆原宥。琛弟肃、秉并奔魏,后得黄瑶起衾食之。弟伷女,为长沙王晃妃,以男女并长,又且出继,特不离绝。奂既诛,故旧无敢至者,汝南许明达先为奂参军,躬为殡敛,经理甚厚,当时高其节。奂弟份。

份,字季文,仕宋位始安内史。袁粲之诛,亲故无敢视者,份独往致恸,由是显名。累迁大司农。奂诛后,其子肃奔魏,份自拘请罪,齐武帝宥之。肃屡引魏人至边,份尝侍坐,武帝谓曰:"比有北信不?"份改容对曰:"肃既近忘坟柏,宁远忆有臣?"帝亦以此亮焉。后位秘书监。仕梁位散骑常侍,领步兵校尉,兼起部尚书。武帝尝于宴席问群臣曰:"朕为有为无?"份曰:"陛下应万物为有,体至理为无。"帝称善。后累迁尚书左仆射。历侍中,特进,左光禄大夫,监丹阳尹。卒,谥曰胡子。

长子琳,字孝璋,位司徒左长史。琳齐代取梁武帝妹义兴长公主,有子九人,并知名。长子铨,字公衡,美风仪,善占吐,尚武帝女永嘉公主,拜驸马都尉。铨虽学业不及弟锡,而孝行齐焉,时人以为铨、锡二王,可谓玉昆金友。母长公主疾,铨形貌瘠贬,人不复识。及居丧,哭泣无常,因得气疾。位侍中、丹阳尹。卒于卫尉卿。子溥,字伯淮,尚简文帝女余姚公主。

铨弟锡,字公嘏,幼而警悟,与兄弟受业,至应休散,辄独留不起,精力不倦,致损右目。十二为国子生,十四举清茂,除秘书郎,再迁太子洗马。时昭明太子尚幼,武帝敕锡与秘书郎张缵使入宫,不限日数。与太子游狎,情兼师友。又敕陆倕、张率、谢举、王规、王筠、刘孝绰、到洽、张缅为学士,十人尽一时之选。锡以戚属,封永安侯。普通初,魏始连和,使刘善明来聘,敕中书舍人朱异接之。善明,彭城旧族,气调甚高,负其才气,酒酣谓异曰:"南国辩学,如中书者几人?"异曰:"异所以得接宾宴,乃分职是司,若以才辩相尚,则不容见使。"善明乃曰:"王锡、张缵,北间所闻,云何可见?"异具启闻,敕即使南苑设宴,锡与张缵、朱异四人而已。善明造席,遍论经史,兼以嘲谑。锡、缵随方酬对,无所稽疑,善明甚相叹挹。他日谓异曰:"一日见二贤,实副所期,不有君子,安能为国。"引宴之日,敕使左右徐僧权于坐后,言则书之。累迁吏部郎中,时年二十四。谓亲友曰:"吾以外戚谬被时知,兼比羸病,庶务难拥,安能舍其所好而徇所不能?"乃称疾不拜。便谢遣胥徒,拒绝宾客,掩扉覃思,室宇萧然。诸公温清,隔帘趋倚。公主乃命穿壁,使子涉、湜观之。卒年三十六,赠侍中,谥贞子。锡弟佥。

佥,字公会,八岁丁父忧,哀毁过礼。初补国子生,祭酒袁昂称为通理。累迁始兴内史,丁所生母忧,固辞不拜。又除南康内史,在郡,义兴主薨,诏起复郡。后为太子中庶子,掌东宫管记。卒,赠侍中。元帝下诏:贤而不伐曰恭,追谥曰恭子。佥弟通。

通,字公达,仕梁为黄门侍郎。敬帝承制,以为尚书右仆射。陈武帝受禅,迁右仆射。太建元年,为左光禄大夫。六年,加特进,侍中、将军、光禄、佐史、扶并如故。未拜,卒,谥曰成。弟劢。

劢,字公齐,美风仪,博涉书史,恬然清简,未尝以利欲干怀。仕梁为轻车河东王功曹史。王出镇京口,劢将随之蕃。范阳张缵时典选举,劢造缵言别,缵嘉其风采,乃曰:"王生才地,岂可游外府乎?"奏为太子洗马。后为南徐州别驾从事史。大同末,梁武帝谒园陵,道出朱方,劢随例迎候,敕令从辇侧。所经山川,莫不顾问,劢随事应对,咸有故实。又从登北顾楼赋诗,辞义清典,帝甚嘉之。时河东王为广州刺史,乃以劢为冠军河东王长史、南海太守。王至岭南,多所侵掠,因惧罪important疾,委州还朝,劢行州府事。越中饶沃,前后守宰,例多贪纵,劢独以清白著闻。入为给事黄门侍郎。侯景之乱,奔江陵,历位晋陵太守。时兵饥之后,郡中凋弊,劢为政清简,吏人便安之。征为侍中,迁五兵尚书。会魏军至,元帝征湘州刺史宜丰侯萧循入援,以劢监湘州。及魏平江陵,敬帝承制,以为中书令,加侍中。历陈武帝司空、丞相长史,侍中、中书令并如故。及萧勃平,以劢为广州刺史。未行,改为衡州刺史。王琳据有上流,衡、广携贰,劢不得之镇,留于大庾岭。太建元年,累迁尚书右仆射。时东境大水,以劢为晋陵太守。在郡甚有威惠,郡人表请立碑,颂劢政德,诏许之。征为中书监,重授尚书右仆射,领右军将军。卒,谥曰温子。劢弟质。

质,字子贞,少慷慨,涉猎书史。梁世以武帝甥,封甲口亭侯。位太子中舍人、庶子。侯景济江,质领步骑顿于宣阳门外。景至都,质不战而溃,为桑门潜匿人间。城陷后,西奔荆州。元帝承制,历位侍中,吴州刺史,领鄱阳内史。魏平荆州,侯瑱镇盆城,与质不协,质率所部依于留异。陈永定二年,武帝命质率所部随都督周文育讨王琳。质与琳素善,或谮云于军中潜行交通,武帝命文育杀质,文育启救之,获免。文帝嗣位,以为五兵尚书。宣帝辅政,为司徒左长史。坐招聚博徒,免官。后为都官尚书。卒,谥曰安子。弟固。

固,字子坚,少清正,颇涉文史。梁时以武帝甥,封莫口亭侯。位丹阳尹丞。梁元帝承制,以为相国户曹属,掌管记。寻聘魏,魏人以其梁氏外戚,待之甚厚。承圣元年,为太子中庶子,迁寻阳太守。魏克荆州,固之鄱阳,随兄质度东岭,居信安县。陈永定中,移居吴郡。文帝以固清静,且欲申以婚姻。天嘉中,历位中书令,散骑常侍,国子祭酒。以其女为皇太子妃,礼遇甚重。废帝即位,授侍中、金紫光禄大夫。宣帝辅政,固以废帝外戚,奶媪恒往来禁中,颇宣密旨。事泄,比党皆诛,宣帝以固本无兵权,且居处清素,止免所居官,禁锢。太建中,卒于太常卿,谥恭子。固清虚寡欲,居丧以孝闻。又信佛法。及丁所生母忧,遂终身蔬食,夜则坐禅,昼诵佛经。尝聘魏,因宴飨际，请停杀一羊。羊于固前跪拜。又宴昆明池，魏人以南人嗜鱼，大设罟网，固以佛法咒之，遂一鳞不获。子宽，位侍中。

论曰：王诞夙有名辈，而间关夷险，卒获攀光日月，盖亦得其时焉。奉光、奉叔，并得官成齐代，而亮自著寒松，固为优矣。莹印章六毁，岂鬼神之害盈乎？景文弱年立誉，芳声藉甚，荣贵之来，匪由势至。若使泰始之朝，身非外戚，与衮粲群公，方骋并路，倾覆之灾，庶几可免。庾元规之让中书令，义归此矣。兔有愚子，自致诛夷。份胤嗣克昌，特钟门庆，美矣。

卷二十四　　　列传第十四

王裕之 孙秀之　延之　阮韬 延之子纶之　曾孙峻　峻子琮　王镇之　弟弘之　弘之孙晏　晏从弟思远　王韶之　王悦之　王准之　曾孙清　清子猛　从弟逡之　珪之　族子素

王裕之，字敬弘，晋骠骑将军廙之曾孙，司州刺史胡之之孙也。名与宋武帝讳同，故以字行。父茂之，字兴元，晋陵太守。

敬弘少有清尚，起家本国左常侍、卫军参军。性恬静，乐山水，求为天门太守。及之郡，妻弟荆州刺史桓玄遣信要令过己，敬弘至巴陵，谓人曰："灵宝正当欲见其姊，我不能为桓氏赘婿。"乃遣别船送妻往江陵，弥年不迎。山郡无事，恣其游适，意甚好之。后为南平太守，去官，居作唐县界。玄辅政及篡位，屡召不下。宋武帝以为车骑从事中郎、徐州中从事史、征西将军道规谘议参军。时府主簿宗协亦有高趣，道规并以事外相期。尝共酣饮，敬弘因醉失礼，为外司所白，道规即更引还，重申初宴。永初中，累迁吏部尚书。敬弘每被召，即便祗奉，既到宜退，旋复解官。武帝嘉其志，不苟违也。除庐陵王师，加散骑常侍。自陈无德，不可师范令王，固让不拜。元嘉三年，为尚书仆射。关署文案，初不省读，尝豫听讼，上问疑狱，敬弘不对。上变色问左右："何故不以讯牒副仆射？"敬弘曰："臣乃得讯牒读之，正自不解。"上甚不悦。虽加礼敬，亦不以时务及之。六年，迁尚书令，固让，表求还东。上不能夺。改授侍中、特进、左光禄大夫，给亲信三十人。及东归，车驾幸冶亭饯送。十二年，征为太子少傅，敬弘诣都上表固辞不拜，东归，上时不豫，自力见焉。十六年，以为左光禄大夫、开府仪同三司，侍中如故。又诣都表辞，竟不拜东归。二十三年，复申前命，复辞。明年，薨于余杭之舍亭山，年八十八。顺帝升明三年，追谥文贞公。

敬弘形状短而起坐端方，桓玄谓之"弹棋发八势"。所居舍亭山，林涧环周，备登临之美，故时人谓之王东山。文帝尝问为政得失，对曰："天下有道，庶人不议。"上高其言。左右尝使二老妇女，戴五条辫，着青纹裤裲，饰以朱粉。女适尚书仆射何尚之弟述之。敬弘尝往何氏看女，遇尚之不在，因寄斋中卧。俄顷，尚之还，敬弘使二妇女守阁，不听尚之入，云"正热不堪相见，君可且去"。尚之于是移于他室。上将为庐陵王纳其女，辞曰："臣女幼，既许孔淳之息。"子恢之被召为秘书郎，敬弘为求奉朝请，与恢之书曰："彼秘书有限故有竞，朝请无限故无竞，吾欲使汝处不竞之地。"文帝嘉之，并见许。敬弘见儿孙，岁中不过一再相见，见辄克日。未尝教子孙学问，各随所欲。人或问之，答曰："丹朱不应乏教，宁越不闻被捶。"恢之位新安太守，尝请假定省。敬弘克日见之，至日辄不果。假日将尽，恢之求辞，敬弘呼前至阁，复不见。恢之于阁外拜辞流涕而去。

恢之弟瓚之，位吏部尚书、金紫光禄大夫，谥贞子。瓚之弟升之，位都官尚书。瓚之子秀之。

秀之，字伯奋，幼时，祖父敬弘爱其风采。仕宋为太子舍人。父卒，庐于墓侧，服阕，复职。吏部尚书褚彦回欲与结婚，秀之不肯，以此频为两府外兵参军。后为晋平太守，期年求还。或问其故，答曰："此郡沃壤，珍阜毕至，人所昧者财，财生则祸逐。智者不昧财，亦不逐祸。吾山资已足，岂可久留，以妨贤路。"乃上表请代。时人以为王晋平恐富求归。仕齐为豫章王嶷骠骑长史。嶷于荆州立学，以秀之领儒林祭酒。武帝即位，累迁侍中祭酒，转都官尚书。

秀之祖父敬弘性贞正，徐羡之、傅亮当朝，不与来往。及致仕隐吴兴，与秀之父瓚之书，深劝以静退。瓚之为五兵尚书，未尝诣一朝贵。江湛谓何偃曰："王瓚之今便是朝隐。"及柳元景、颜师伯贵要，瓚之竟不候。至秀之为尚书，又不与王俭款接。三世不事权贵，时人称之。转侍中，领射声校尉。出为随王镇西长史、南郡内史。后为辅国将军、吴兴太守。秀之先为诸王长史、行事，便叹曰："仲祖之识，见于已多。"便无复仕进，止营理会亭山宅，有终焉之志。及除吴兴郡，隐业所在，心愿为之。到郡修旧山，移置辎重。隆昌元年卒。遗令"朱服不得入棺，祭则酒脯而已。世人以俭varient直灵助哭，当由丧主不能淳至，欲以多声相乱。魂而有灵，吾当笑之。"谥曰简子。

延之，字希季，升之子也。少静默，不交人事。仕宋为司徒左长史。清贫，居宇穿漏，褚彦回以启宋明帝，即敕材官为起三间斋屋。历吏部尚书，尚书左仆射。宋德既衰，齐高帝辅政，朝野之情，人怀彼此。延之与尚书令王僧虔中立无所去就。时人语曰："二王居平，不送不迎。"高帝以此善之。升明三年，出为江州刺史，加都督。齐建元元年，进号镇南将军。延之与金紫光禄大夫阮韬俱宋领军将军刘湛外甥，并有早誉，湛甚爱之，曰："韬后当为第一，延之为次也。"延之甚不平。每致饷下劝，韬与朝士同例，高帝闻之，与延之书曰："韬云卿未尝有别意，当由刘家月旦故邪。"韬字长明，陈留人，晋金紫光禄大夫裕玄孙也。为南兖州别驾，刺史江夏王义恭逆求资费钱，韬曰："此朝廷物。"执不与。宋孝武选侍中四人，并以风貌，王彧、谢庄为一双，韬与何偃为一双。常充兼假，至始兴王师，卒。延之居身简素，清静寡欲。凡所经历，务存不扰。在江州，禄俸外一无所纳。独处斋内，未尝出户，吏人罕得见焉，虽子弟亦不妄前。时时见亲旧，未尝及世事，从容谈咏而已。后为尚书左仆射，寻领竟陵王师，卒谥简子。

子纶之，字元章。为安成王记室参军。偃仰召会，退居僚末。司徒袁粲闻而叹曰："格外之官，便今日为重。"贵游居此位者，遂以不掌文记为高，自纶之始也。齐永明中，历位侍中，出为豫章太守。下车祭徐孺子、许子将墓，图画陈蕃、华歆、谢鲲像于郡朝堂。为政宽简，称良二千石。武帝幸琅邪城，纶之与光禄大夫全景文等二十一人坐不参承，为有司奏免官。后位侍中、都官尚书，卒。自敬弘至纶之，并方严，皆克日乃见子孙，盖家风也。纶之子昕，有业行，居父忧过礼。谢瀹欲遣参之，孔珪曰："何假参，此岂有全理？"以忧卒。

峻，字茂远，秀之子也。少美风姿，善容止。仕齐为桂阳内史。梁天监初，为中书侍郎。武帝甚悦其风采，与陈郡谢览同见赏擢。累迁侍中，吏部尚书。处选甚得名誉。峻性详雅，无趋竞心，尝与谢览约，官至侍中，不复谋进仕。览自吏部尚书出为吴兴郡，平心不畏强御，亦由处俗情薄故也。峻为侍中已后，虽不退身，亦淡然自守，无所营务。迁金紫光禄大夫，未拜，卒，谥惠子。

子琮，为国子生，尚始兴王女繁昌主。琮不慧，为学生所嗤，遂离婚。峻谢王，王曰："此自上意，仆极不愿如此。"峻曰："下官曾祖是谢仁祖外孙，亦不藉殿下姻媾为门户耳。"

王镇之，字伯重，晋司州刺史胡之之从孙、而裕之从祖弟也。祖耆之，位中书郎。父随之，上虞令。镇之为剡、上虞令，并有能名。桓玄辅晋，以为大将军录事参军。时三吴饥荒，遣镇之衔命赈恤，而会稽内史王愉不奉符旨，镇之依事纠奏。愉子绥，玄之外甥，当时贵盛，镇之为所排抑。以母老求补安成太守，以母忧去职。在官清洁，妻子无以自反，乃弃家致丧还上虞旧墓。葬毕，为子标之求安复令，随子之官。服阕，为征西道规司马、南平太守。后为御史中丞，执正不挠，百僚惮之。出为建威将军、平越中郎将、广州刺史，加都督。宋武帝谓人曰："镇之少著清绩，必将继美吴隐，岭南弊俗，非此不康也。"在镇不受俸禄，萧然无营，去官之日，不异初至。武帝初建相国府，为谘议参军，领录事。善于吏职，严而不残。迁宋台祠部尚书。武帝践阼，卒于宣训卫尉。弟弘之。

弘之，字方平，少孤贫，为外祖征士何准所抚育。从叔献之及太原王恭并贵重。仕晋为司徒主簿。家贫，性好山水，求为乌伤令。桓玄辅晋，桓谦要弘之为卫军参军。时殷仲文还姑孰，祖送倾朝，谦要弘之同行，答曰："凡祖离送别，必在有情，下官与殷风马不接，无缘扈从。"谦贵其言。母随兄镇之之安成郡，弘之解职同行。义熙中，何无忌及宋武帝辟召，一无所就。家在会稽上虞，从兄敬弘为吏部尚书，奏弘之为太子庶子，不就。文帝即位，敬弘为尚书左仆射，陈弘之高行，征为通直散骑常侍，又不就。敬弘尝解貂裘与之，即著以采药。性好钓，上虞江有一处名三石头，弘之常垂纶于此。经过者不识之，或问渔师得鱼卖不？弘之曰："亦自不得，得亦不卖。"日夕，载鱼入上虞郭，经亲故门，各以一两头置门内而去。始宁沃川有佳山水，弘之又依岩筑室。谢灵运、颜延之并相钦重。灵运与庐陵王义真笺曰："会境既丰山水，是以江左嘉遁，并多居之。至若王弘之拂衣归耕，逾历三纪；孔淳之隐约穷岫，自始迄今；阮万龄辞事就闲，纂戎先业，既远同羲、唐，亦激贪厉竞。若遣一个有以相存，真可谓千载盛美也。"弘之元嘉四年卒，颜延之欲为作诔，书与其子昙生曰："君家高世之善，有识归重，豫染豪翰，所应载述，况仆讬慕末风，窃以叙德为事，但恨短笔不足书美。"诔竟不就。昙生好文义，以谦和见称。历吏部尚书，太常卿。孝武末，为吴兴太守。明帝初兴，与四方同逆，战败归降，被宥，终于中散大夫。

阮万龄，陈留尉氏人。祖思旷，左光禄大夫。父宁，黄门侍郎。万龄少知名，为孟昶建威长史。时袁豹、江夷相系为昶司马，时人谓昶府有三素望。万龄家在会稽剡县，颇有素情，位左户尚书，太常。出为湘州刺史，无政绩。后为散骑常侍、金紫光禄大夫，卒。

昙生弟普曜，位秘书监。普曜子晏。

晏，字休默，一字士彦。仕宋，初为建安国左常侍，稍至车骑，晋熙王燮安西板晏主簿。时齐武帝为长史，与晏相遇。府转镇西，板晏为记室。沈攸之事难，随武帝镇盆城。齐高帝时威权虽重，而众情犹有疑惑，晏便专心奉事，军旅书翰皆见委。性甚便僻，渐见亲待，常参议机密。建元初，为太子中庶子。武帝在东宫，专断朝事，多不闻启，晏虑及罪，称疾自疏。武帝即位，为长兼侍中，意任如旧。迁侍中祭酒。遭母丧，起为司徒左长史。晏父普曜藉晏势，多历通官。普曜卒，晏居丧有礼。永明六年，为丹阳尹。晏位任亲重，自豫章王嶷、尚书令王俭皆降意接之，而晏每以疏漏被责，连称疾。久之，转为江州刺史，泣不愿出，留为吏部尚书、太子右率，终以旧恩见宠。时尚书令王俭虽贵而疏，晏既领选，权行台阁，与俭不平。俭卒，礼官欲依王导谥为"文献"，晏启上曰："导乃得此谥，但宋来不加素族。"谓亲人曰："平头宪事已行矣。"十一年，为右仆射，领太孙右卫率。武帝崩，遗旨以尚书事付晏及徐孝嗣。郁林即位，转左仆射。及明帝谋废立，晏便响应推奉，转尚书令，封曲江县侯，给鼓吹一部，甲仗五十人入殿。时明帝形势已布，而莫敢先言。萧谌兄弟握兵权，迟疑未决，晏频三夜微步诣谌议，时人以此窥之。明帝与晏东府语及时事，晏抵掌曰："公常言晏怯，今定如何？"建武元年，进号骠骑大将军，给班剑二十人，又加兵百人，领太子少傅，进爵为公。以魏军动，给兵千人。

晏笃于亲旧，为时所称，至是自谓佐命惟新，言论常非武帝故事，众始怪之。明帝虽以事际须晏，而心相疑斥，料简武帝中诏，得与晏手诏三百余纸，皆是论国家事。永明中，武帝欲以明帝代晏领选，晏启曰："鸾清干有余，然不谙百氏，恐不可居此职。"乃止。及见此诏，愈猜薄之。帝初即位，始安王遥光便劝诛晏，帝曰："晏于我有勋，且未有罪。"遥光曰："晏尚不能为武帝，安能为陛下？"帝默然变色。时帝常遣心腹左右陈世范等出涂巷采听异言，由是以晏为事。晏性浮动，志欲无厌，自谓旦夕开府。又望录尚书，每谓人曰："徐公应为令。"又和徐诗云："槐序候方调。"其名位在徐前，徐若三槐，则晏不言自显，人或讥之。晏人望未重，又与上素疏，中兴初，虽以事计委任，而内相疑阻，晏无防意。既居朝端，事多专决，内外要职，并用周旋门义，每与上争用人。数呼相工自视，云当大贵。与客语，好屏人。上闻，疑晏欲反，遂有诛晏意。有鲜于文粲与晏子德元往来，密探朝旨，告晏有异志。又左右单景俊、陈世范等采巫觋言启上，云晏怀异图。是时南郊应亲奉，景俊等言晏因此与武帝故主帅于道中窃发。会兽犯郊坛，帝愈惧；未郊前一日，上乃停行。先报晏及徐孝嗣，孝嗣奉旨，而晏陈郊祀事大，必宜自力。景俊言益见信，元会毕，乃召晏于华林省诛之。下诏显其罪，称以河东王铉识用微弱，欲令守以虚器，并令收付廷尉。晏之为员外郎也，父普曜斋前柏树忽变成梧桐，论者以为梧桐虽有栖凤之美，而失后凋之节。及晏败，果如之。又未败前，见屋桷子悉是大蛇，就视之犹木也。晏恶之，乃以纸裹桷子，犹纸内摇动，蔽蔽有声。又于北山庙答赛夜还，晏醉，部伍人亦饮酒，羽仪错乱，前后十余里中，不复禁制。识者云此不复久也。未几而败。

晏子德元，有意尚，位车骑长史。德元初名湛，武帝曰："刘湛、江湛、并不善终，此非佳名也。"晏乃改之，至是及诛。晏弟诩，位少府卿。敕未登黄门郎，不得畜女伎，诩与射声校尉阴玄智坐畜伎免官，禁锢十年。敕特原诩。诩亦笃旧。后拜广州刺史。晏诛，上遣杀之。

思远，晏从父弟也。父罗云，平西长史。思远八岁父卒，祖弘之及外祖新安太守羊敬元并栖退尚高，故思远少无仕心。宋建平王景素辟南徐州主簿，深见礼遇。景素被诛，左右离散，思远亲视殡葬，手种松柏，与庐江何昌宇、沛郡刘琎上表理之，事感朝廷。景素女废为庶人，思远分衣食以相资赡。年长，为备笄总，访求素对，倾家送遣。齐建元初，历竟陵王司徒录事参军、太子中舍人。文惠太子与竟陵王子良素好士，并蒙赏接。思远求出为远郡，除建安内史。长兄思玄卒，思远友于甚至，表乞自解，不许。及祥日又固陈，武帝乃许之。仍除中书郎、大司马谘议。诏举士，竟陵王子良荐思远及吴郡顾皓之、陈郡殷睿。时邵陵王子贞为吴郡，除思远为吴郡丞，以本官行郡事，论者以为得人。后拜御史中丞。临海太守沈昭略赃私，思远依事劾奏，明帝及思远从兄晏、昭略叔父季并请止之，思远不从，案事如故。建武中，迁吏部郎。思远以晏为尚书令，不欲并居内台权要之职，上表固让，乃改授司徒左长史。初明帝废立之际，思远谓晏曰："兄荷武帝厚恩，今一旦赞人如此事，彼或可以权计相须，未知兄将何以自立？及此引决，犹可保全门户，不失后名。"晏曰："方啖粥，未暇此事。"及拜骠骑，会子弟，谓思远兄思征曰："隆昌之末，阿戎劝吾自裁，若用其语，岂今有今日？"思远遽应曰："如阿戎所见，犹未晚也。"晏既不能谦退，位处朝端，事多专断，内外要职，并用门生，帝外迹甚美，内相疑异。思远谓晏曰："时事稍异，兄觉不？凡人多拙于自

谋，而巧于谋人。"晏默然不答。思远退后，晏方叹曰："天下人遂劝人自杀。"旬日，晏及祸。明帝后知思远有此言，谓江祏曰："王晏早用思远语，不当至此。"思远立身简洁，诸客有诣己者，觇知衣服垢秽，方便不前，形仪新楚，乃与促膝。虽然，及去之后，犹令二人交帚拂其坐处。明帝从祖弟敞性甚豪纵，使诣思远，令见礼度。都水使者李珪之常曰："见王思远终日匡坐，不妄言笑，簪帽衣领，无不整洁，便忆丘明士。见明士蓬头散带，终日酣醉，吐论从横，唐突卿宰，便复忆见思远。"言其两反也。上既诛晏，思远迁为侍中，掌优策及起居注。卒，年四十九，赠太常，谥曰贞子。

思远与顾皓之善，皓之卒后，家贫，思远迎其妻子，经恤甚至。皓之子士明，少孤好学，有义信，位太子中舍人，兼尚书左丞。

王韶之，字休泰，胡之从孙而敬弘从祖弟也。祖羡之，镇军掾。父伟之，少有志尚，当世诏命表奏，辄手自书写。太元、隆安时事，大小悉撰录。位本国郎中令。

韶之家贫好学，尝三日绝粮而执卷不辍，家人诮之曰："困穷如此，何不耕？"答曰："我常自耕耳。"父伟之为乌程令，韶之因居县境。好史籍，博涉多闻。初为卫将军谢琰行参军，得父旧书，因私撰《晋安帝阳秋》。及成，时人谓宜居史职，即除著作佐郎，使续后事，讫义熙九年。善叙事，辞论可观。迁尚书祠部郎。晋帝自孝武以来常居内殿，武官主书于中通呈，以省官一人管诏诰，住西省，因谓之西省郎。傅亮、羊徽相代在职。义熙十一年，宋武帝以韶之博学有文辞，补通直郎，领西省事，转中书侍郎。晋安帝之崩，武帝使韶之与帝左右密加酖毒。恭帝即位，迁黄门侍郎，领著作，西省如故。凡诸诏黄皆其辞也。武帝受命，加骁骑将军，黄门如故。西省职解，复掌宋书。坐玺封谬误，免黄门，事在《谢晦传》。韶之为晋史，序王珣货殖，王廞作乱。珣子弘、廞子华并贵显，韶之惧为所陷，深附结徐羡之、傅亮等。少帝即位，迁侍中。出为吴郡太守。羡之被诛，王弘入相，领扬州刺史。弘虽与韶之不绝，诸弟未相识者皆不复往来。韶之在郡，常虑为弘所绳，夙夜勉励，政绩甚美，弘亦抑其私憾，文帝两嘉。韶之称为良守。征为祠部尚书，加给事中。坐去郡长取送故，免官。后为吴兴太守，卒。撰《孝传》三卷，文集行于世。宋庙歌辞，韶之所制也。子晔，位临贺太守。

王悦之，字少明，晋右军将军羲之曾孙也。祖献之，中书令。父靖之，司徒左长史，为刘穆之所厚，就穆之求侍中，如此非一。穆之曰："卿若不求，久自得之。"遂不果。悦之少厉清操，亮直有风检。为吏部郎，邻省有会同者，遗悦之饼一瓯。辞不受，曰："此费诚小，然少来不愿当之。"宋明帝泰始中为黄门郎、御史中丞。上以其廉介，赐良田五顷。以为侍中，在门下尽其心力。掌检校御府太官太医诸署。时承奢忲之后，奸窃者众。悦之按覆无所避，得奸巧甚多，于是众署共咒诅。悦之病甚，恒见两乌衣人摇之。及卒，上乃收典掌者十许人，桎梏之送淮

阴，密令度瓜步江，投之中流。

王准之，字元鲁，晋尚书仆射彪玄孙也。曾祖彪之，位尚书令，祖临之、父讷之并御史中丞。彪之博闻多识，练悉朝仪，自是家世相传。并谙江左旧事，缄之青箱，世谓之王氏青箱学。准之兼明《礼》《传》，赡于文辞。桓玄篡位，以为尚书祠部郎。宋武帝起兵，为太尉主簿。出为山阴令，有能名，预讨卢循功，封都亭侯。宋台建，除御史中丞，为百僚所惮。自彪之至准之四世居此职。准之尝作五言诗，范泰嘲之："卿唯解弹事耳。"准之正色答："犹差卿世载雄狐。"坐世子左卫率谢灵运杀人不举，免官。

武帝受命，拜黄门侍郎。永初中奏曰："郑玄注《礼》：三年之丧，二十七月而吉。古今学者多谓得礼之宜。晋初用王肃议，祥禫共月。故二十五月而除，遂以为制。江左以来，唯晋朝施用，搢绅之士多遵玄义。夫先王制礼，以大顺群心，'丧也宁戚'，著自前经。今大宋开泰，品物遂理，愚谓宜同即物情，以玄义为制。朝野一礼，则家无殊俗。"从之。元嘉中，历位侍中，都官尚书，改领吏部，出为丹阳尹。准之究识旧仪，问无不对。时大将军彭城王义康录尚书事，每叹曰："何须高论玄虚，正得如王准之两三人，天下便足。"然寡风素，情悁急，不为时流所重。撰仪注，咸见遵用。卒，赠太常。子舆之，征房主簿。

舆之子进之，仕齐位给事黄门侍郎，扶风太守。梁武帝之举兵也，所在响应，邻郡多请进之同遣修谒。进之曰："非吾志也。"竟不行。武帝嘉之。梁台建，历尚书左丞，广平、天门二郡太守，左卫将军，封建宁公。

进之子清，位散骑常侍，金紫光禄大夫，镇东府长史，新野、东阳二郡太守，安南将军，封中庐公。承圣末，陈武帝杀太尉王僧辩，遣文帝攻僧辩婿杜龛，龛告难于清，引兵援龛。大败陈文帝于吴兴。追奔至晋陵。时广州刺史欧阳颁亦同清援龛，中更改异，杀清而归陈武帝。子猛。

猛，字世雄，本名勇。五岁而父遇害。陈文帝军度浙江，访之，将加夷灭。母韦氏携之遁于会稽，遂免。及长，勤学不倦，博涉经史，兼习孙、吴兵法。以父遇酷，终文帝之世不听音乐，蔬食布衣，以丧礼自处。宣帝立，乃始求位。太建初，释褐鄱阳王府中兵参军，再迁永阳王府录事参军。猛慷慨常慕功名，先是上疏陈安边拓境之策，甚见嘉纳。至是诏随大都督吴明彻略地，以军功封应阳县子。累迁太子右卫率，徙晋陵太守。威惠兼举，奸盗屏迹，富商野次，云"以付王府君"。郡人歌之，以比汉之赵广汉。至德初，征为左骁骑将军，加散骑常侍，深见信重。时孔范、施文庆等共相与比周，害其梗直，议将出之而未有便。会广州刺史马靖不受征，乃除猛都督东衡州刺史，领始兴内史，与广州刺史陈方庆共取靖。猛至，即禽靖送建邺，进爵为公，加先胜将军、平越中郎将、大都督，发广、桂等二十州兵讨岭外荒梗，所至皆平。祯明二年，诏授镇南大将军、都督二十四州诸军事，寻命徙镇广州。未之镇，而隋师济江，猛总督所部赴援。时广州刺史

临汝侯方庆、西衡州刺史衡阳王伯信并隶猛督府，各观望不至。猛使高州刺史戴智烈、清远太守曾孝远各以轻兵就斩之而发其兵。及闻台城不守，乃举哀素服，藉稿不食，叹曰："申包胥独何人哉！"因勒兵缘江拒守，以固诚节。及审后主不死，乃遣其部将辛昉驰驿赴京师归款。隋文帝大悦，谓昉曰："猛怀其旧主，送故情深，即是我之诚臣。保守一方，不劳兵甲，又是我之功臣。"即日拜昉开府仪同三司，仍诏猛与行军总管韦洸便留岭表经略。猛母妻子先留建邺，因随后主入京，诏赐宅及什物甚厚，别赉物一千段，及遣玺书劳猛。仍讨平山越，驰驿奏闻。时文帝幸河东，会猛使至，大悦。杨素贺，因曰："昔汉武此地闻喜，用改县名，王猛今者告捷，远符前事。"于是又降玺书褒赏，以其长子缮为开府仪同三司。猛寻卒于广州，文帝闻而痛之。遣使吊祭，赠上开府仪同三司，封归仁县公。命其子缮袭，仍授普州刺史。仁寿元年，缮弟续表陈猛志，求葬关中，诏许之。仍赠使持节、大将军、宋州刺史、三川诸军事，谥曰成。

讷之弟瑰之，字道茂，位司空谘议参军。瑰之子逡之。

逡之，字宣约，少礼学博闻。仕宋，位吴兴。升明末，尚书右仆射王俭重儒术，逡之以著作郎兼尚书左丞，参定齐国仪礼。初，俭撰《古今丧服集记》，逡之难俭十一条，更撰《世行》五卷。国学久废，齐建元二年，逡之先上表立学。转国子博士，又兼著作。撰《永明起居注》。后位南康相，光禄大夫，加给事中。逡之率素，衣裳不浣，几案尘黑，年老手不释卷。建武二年卒。

从弟珪之，位长水校尉，撰《齐职仪》。永明九年，其子中军参军颢，启上其书，凡五十卷，诏付秘阁。

素，字休业，彪六世孙而逡之之族子也。高祖翘之，晋光禄大夫。曾祖望之、祖泰之，并不仕。父元弘，位平固令。素少有志行，家贫母老，隐居不仕。宋孝建、大明、泰始中，屡征不就，声誉甚高。山中有蚊声清长，听之使人不厌，而其形甚丑，素乃为《蚊赋》以自况。卒年五十四。

论曰：昔晋初度江，王导卜其家世，郭璞云："淮流竭，王氏灭。"观夫晋氏以来，诸王冠冕不替，盖亦人伦所得，岂唯世禄之所专乎？及于陈亡之年，淮流实竭，曩时人物扫地尽矣。斯乃兴亡之兆已有前定。天之所废，岂智识之所谋乎？

卷二十五　　　　列传第十五

王懿　到彦之 孙拙　拙子沆　沆从兄溉　溉弟洽　洽子仲举　垣护之　弟子崇祖　崇祖从兄荣祖　荣祖从父闾　闾弟子昙深　张兴世子欣泰

王懿，字仲德，太原祁人，自言汉司徒允弟、幽州刺

史懋七世孙也。祖宏，仕石季龙；父苗，仕苻坚，皆至二千石。

仲德少沉审，有意略，事母甚谨，学通阴阳，精解声律。苻氏之败，仲德年十七。及兄睿同起义兵，与慕容垂战，败，仲德被重创走，与家属相失。路经大泽，困未能去，卧林中。有一小儿青衣，年可七八岁，骑牛行，见仲德惊曰："汉已食未？"仲德言饥，小儿去，须臾复来，得饭与之。食毕欲行，而暴雨莫知津径。有一白狼至前，仰天而号，号讫衔仲德衣，因度水，仲德随后得济，与睿相及。度河至滑台，复为翟辽所留，使为将帅。积年仲德欲南归，乃弃辽奔泰山。辽追骑急，夜行忽见前有猛炬导之，乘火行百许里以免。

晋太元末，徙居彭城。兄弟名犯晋宣、元二帝讳，故皆以字行。睿字元德。北土重同姓，并谓之骨肉，有远来相投者，莫不竭力营赡。若有一人不至者，以为不义，不为乡邑所容。仲德闻王愉在江南贵盛，是太原人，乃远来归愉。愉接遇甚薄，因至姑孰投桓玄。值玄篡，见辅国将军张畅，言及世事。仲德曰："自古革命，诚非一族，然今之起者恐不足以济大事。"元德果劲有计略，宋武帝甚知之，告以义举，使于都下袭玄。仲德闻其谋，谓元德曰："天下事不可不密，且兵亦不贵迟巧。玄情无远虑，好冒夜出入，今取之正须一夫力耳。"事泄，元德为玄诛，仲德窜走。会义军克建邺，仲德抱元德子方回出候武帝，帝于马上抱方回，与仲德相对号恸。追赠元德给事中，封安复县侯，以仲德为镇军中兵参军。武帝伐广固，仲德为前驱，战辄破之，大小二十余战。卢循寇逼，众议并欲迁都，仲德正色曰："今天子当阳南面，明公命世作辅，新建大功，威震六合。妖寇豕突，恃我远征；既闻凯入，将自奔散。今日投草莽则同匹夫，匹夫号令，何以威物？此谋若立，请从此辞。"帝悦。及武帝与循战于左里，仲德功冠诸将，封新淦县侯。义熙十二年北伐，进仲德征虏将军，加冀州刺史，督前锋诸军事。冠军将军檀道济、龙骧将军王镇恶向洛阳，宁朔将军刘遵考、建武将军沈林子出石门，宁朔将军朱超石、胡藩向半城，咸受统于仲德。仲德率龙骧将军朱牧、宁远将军竺灵秀、严纲等开钜野入河，乃总众军进据潼关。长安平，以仲德为太尉谘议参军。武帝欲迁都洛阳，众议咸以为宜。仲德曰："非常之事人所骇，今暴师经载，士有归心，故以建邺为王基。迁都宜候文轨大同。"帝深纳之。使卫送姚泓先还彭城。武帝受命，累迁徐州刺史，加都督。

元嘉中，到彦之北侵，仲德同行。魏弃河南，司、兖三州平定，三军咸喜，而仲德有忧色，曰："诸贤不谙北土情伪，必堕其计。"诸军进屯灵昌，魏军于委粟津度河，虎牢、洛阳并不守。彦之闻二城并没，欲焚舟步走。仲德曰："洛阳既败，虎牢无以自立，理数必然也。今贼去我犹自千里，滑台尚有强兵。若便舍舟，士卒必散。且当入济至马耳谷口，更详所宜。"乃回军沿济南历城步上，焚舟弃甲，还至彭城。仲德坐免官。寻与檀道济救滑台，粮尽乃归。自是复失河南。九年，又为徐州刺史。仲德三临徐州，威德著于彭城。立佛寺，作白狼、童子像于塔中，以在河北所遇也。进号镇北大将军。十五年卒，谥曰桓侯。亦于庙立白狼、童子坛，每祭必祠之。子正循嗣，为家僮所杀。

仲德兄孙文和，景和中，为征北义阳王昶府佐。昶于彭城奔魏，部曲皆散，文和独送至界上。昶谓曰："诸人皆去，卿有老母，何独不去？"文和乃去。升明中，为巴陵内史。沈攸之事起，文和斩其使，驰白齐武帝。及齐永明年中，历青、冀、兖、益四州刺史。

到彦之，字道豫，彭城武原人，楚大夫屈到后也。宋武帝讨孙恩，以乡里乐从，每有战功。义旗将起，彦之家在广陵，临川武烈王道规克桓弘，彦之时近行，闻事捷驰归，而道规已南度江，仓卒晚方获济。及至京口，武帝已向建邺，孟昶居守，留之。及见武帝，被责，不自陈，昶又不申理，故不加官。义熙元年，补镇军行参军。六年，卢循逼都，彦之与檀道济掩循辎重，与循党苟林战，败，免官。后以军功封佷山县子，为太尉中兵参军。骠骑将军道怜镇江陵，以彦之为骠骑谘议参军，寻迁司马、南郡太守。又从文帝西镇，除使持节、南蛮校尉。武帝受命，进爵为侯。

彦之佐守荆楚，垂二十载，威信为士庶所怀。及文帝入奉大统，以徐羡之等新有篡虐，惧，欲使彦之领兵前驱。彦之曰："了彼不贰，便应朝服顺流；若使有虞，此师既不足恃，更开嫌隙之端，非所以副远迩之望也。"会雍州刺史褚叔度卒，乃遣彦之权镇襄阳。羡之等欲即以彦之为雍州，上不许，征为中领军，委以戎政。彦之自襄阳下，谢晦已至镇，虑彦之不过己，彦之至杨口，步往江陵，深布诚款，晦亦厚自结纳。彦之留马及利剑名刀以与晦，晦由此大安。元嘉三年讨晦，进彦之镇军，于彭城洲战，不利；咸欲退还夏口，彦之不回。会檀道济至，晦乃败走。江陵平，因监荆州州府事，改封建昌县公。其秋，迁南豫州刺史、监六州诸军事，镇历阳。

上于彦之恩厚，将加开府，欲先令立功。七年，遣彦之制督王仲德、竺灵秀、尹冲、段宏、赵伯符、竺灵真、庾俊之、朱修之等北侵，自淮入泗。泗水渗，日裁行十里。自四月至七月，始至东平须昌县。魏滑台、虎牢、洛阳守兵并走。彦之留朱修之守滑台，尹冲守虎牢，杜骥守金墉。十月，魏军向金墉城，次至虎牢，杜骥奔走，尹冲众溃而死。魏军仍进滑台。时河冰将合，粮食又罄，彦之先有目疾，至是大动，将士疾疫，乃回军，焚舟步至彭城。初遣彦之，资实甚盛。及还，凡百荡尽，府藏为空。文帝遣檀道济北救滑台，收彦之下狱，免官。兖州刺史竺灵秀弃军伏诛。明年夏，起为护军。九年，复封邑，固辞。明年卒，乃复先户邑，谥曰忠公。孝建三年，诏彦之与王华、王昙首配食文帝庙庭。长子元度，位益州刺史。少子仲度嗣，位骠骑从事中郎。兄弟并有才用，皆早卒。仲度子㧑。

㧑，字茂谦。袭爵建昌公。宋明帝立，欲收物情，以㧑功臣之后，自长兼左户郎中擢为太子洗马。㧑资藉豪富，厚自奉养，供一身一月十万。宅宇山池，伎妾姿艺，皆穷上品。才调流赡，善纳交游。爱伎陈玉珠，明帝遣求不与，逼夺之，㧑颇怨，帝令有司诬奏，将杀之。㧑入狱，数宿须鬓皆白，免死，系尚方。夺封与弟贲，㧑由是更以贬素自立。明帝崩，弟贲让封还㧑，朝议许之。弟遁，元徽中为南海太守，在广州。升明元年，沈攸之反，刺史陈显达起兵应朝廷，遁犹豫见杀。遁家人在都，从野夜归，见两三人持垩刷其家门，须臾而灭，明日而遁死问至。㧑惧，诣齐高帝谢，即板㧑武帝中军谘议参军。建元初，国除。武帝即位，累迁司徒左长史。宋时，武帝与㧑同从宋明帝射雉郊野，渴倦，㧑得早青瓜，与上对剖食。上又数游㧑家，怀其旧德，至是一岁三迁。永明元年，为御史中丞。车驾幸丹阳郡，宴饮，㧑忤旧，酒后狎侮同列，谓庾杲之曰："蠢尔蛮荆，其俗甚鄙。"复谓虞悰曰："断发文身，其风陋。"王晏既贵，雅步从容，又问曰："王散骑复何故尔？"晏先为国常侍，转员外散骑郎，此二职清华所不为，故以此嘲之。王敬则执槊查，以刀子削之，又曰："此非元徽头，何事自契之。"为左丞庾杲之所纠，以赎论。再迁左卫将军。随王子隆带彭城郡，㧑问讯不修部下敬，为有司举，免官。后为五兵尚书，庐陵王中军长史，卒。子沉嗣。

沉，字茂瀁，幼聪敏，五岁时，父㧑于屏风抄古诗，沉请教读一遍，便能讽诵。及长，善属文，工篆隶，美风神，容止可悦。梁天监初，为征房主簿。东宫建，以为太子洗马。时文德殿置学士省，召高才硕学待诏，沉通籍焉。武帝宴华光殿，命群臣赋诗，独诏沉为二百字，三刻便成。沉于坐立奏，其文甚美。俄以洗马管东宫书记及散骑省优策文。三年，诏尚书郎在职清能者为侍郎，以沉为殿中曹侍郎。此曹以文才选，沉从父兄溉、洽并有才名，时相代为之，见荣当世。迁太子中舍人。沉为人谦敬，口不论人短。任昉、范云皆与善。后卒于北中郎谘议参军。所著诗赋百余篇。

溉，字茂灌，㧑弟子也。父坦，齐中书郎。溉少孤贫，与兄沼、弟洽俱知名，起家王国左常侍。乐安任昉大相赏好，恒推携溉、洽二人，广为声价。所生母魏本寒家，悉越中之资，为二儿推奉昉。梁天监初，昉出守义兴，要溉、洽之郡，为山泽之游。昉还为御史中丞，后进皆宗之。时有彭城刘孝绰、刘苞、刘孺，吴郡陆倕、张率，陈郡殷芸，沛国刘显及溉、洽，车轨日至，号曰兰台聚。陆倕赠昉诗云："和风杂美气，下有真人游，壮矣荀文若，贤哉陈太丘。今则兰台聚，万古信为俦。任君本达识，张子复清修，既具绝尘到，复见黄中刘。"时谓昉为任君，比汉之三君，到则溉兄弟也。除尚书殿中郎。后为建安太守，昉以诗赠之，求二衫段云："铁钱两当一，百代易名实，为惠当及时，无待凉秋日。"溉答云："余衣本百结，闽中徒八蚕，假令金如粟，讵使廉夫贪。"还为太子中舍人。

溉长八尺，眉目如点，白晳美须髯，举动风华，善于应答。上用为通事舍人，中书郎，兼吏部，太子中庶子。湘东王绎为会稽太守，以溉为轻车长史，行府郡事。武帝敕绎曰："到溉非直为汝行事，足为汝师。"溉尝梦武帝遍见诸子，至湘东而脱帽与之，于是密敬事焉。遭母忧，居丧尽礼。所处庐开方四尺，毁瘠过人。服阕，犹疏食布衣者累载。历御史中丞，都官、左户二尚书，掌吏部尚书。时何敬容以令选参选，事有不允，溉辄相执。敬容谓人曰："到溉尚有余臭，遂学作贵人。"敬容日方贵宠，人皆下之，溉忾之如初。溉祖彦之，初以担粪自给，故世以为讥云。后省门鸱尾被震，溉左迁光禄大夫。所莅以清白自修，性又率俭，不好声色，虚室单床，傍无姬侍。冠履十年一易，朝服或至穿补，传呼清路，示有朝章而已。后为散骑常侍、侍中、国子祭酒。表求列武帝所撰《正言》于学，请置《正言》助教二人，学生二十人。尚书左丞贺琛又请加置博士一人。

溉特被武帝赏接，每与对棋，从夕达旦。或复失寝，加以低睡，帝诗嘲之曰："状若丧家狗，又似悬风槌。"当时以为笑乐。溉第居近淮水，斋前山池有奇礓石，长一丈六尺，帝戏与赌之，并《礼记》一部，溉并输焉。未进，帝谓朱异曰："卿谓到溉所输可以送未？"敛板对曰："臣既事君，安敢失礼？"帝大笑，其见亲爱如此。石即迎置华林园宴殿前。移石之日，都下倾城纵观，所谓到公石也。溉弈棋入第六品，常与朱异、韦黯于御坐校棋比势，复局不差一道。后因疾失明，诏以金紫光禄大夫、散骑常侍就第养疾。溉少有美名，遂不为仆射，人为之恨，溉澹如也。

家门雍睦，兄弟特相友爱，初与弟洽恒共居一斋，洽卒后，便舍为寺。蒋山有延贤寺，溉家世所立。溉得禄俸，皆充二寺。因断腥膻，终身蔬食。别营小室，朝夕从僧徒礼诵。武帝每月三致净馔，恩礼甚笃。性不好交游，唯与朱异、刘之遴、张绾同志友密。及卧疾，门可罗雀，唯三人每岁时恒鸣驺枉道，以相存问，置酒极欢而去。以太清二年卒，临终托张、刘勒子孙薄葬之礼。曰："气绝便敛，敛以法服，先有冢窆，敛竟便葬，不须择日。凶事必存约俭，孙侄不得违言。"便屏家人请僧读经赞呗，及卒，颜色如恒，手屈二指，即佛道所云得果也。时朝廷多事，遂无赠谥。有集二十卷行于时。子镜。

镜，字圆照，初在孕，其母梦怀镜，及生，因以名焉。镜五岁便口授以诗，婉有辞况。位太子舍人，作《七悟》文甚美，先溉卒。

镜子荩，早聪慧，位尚书殿中郎，尝从武帝幸京口，登北顾楼赋诗。荩受诏便就，上以示溉曰："荩定是才子，翻恐卿从来文章假手于荩。"因赐绢二十疋。后溉每和御诗，上辄手诏戏溉曰："得无贻厥之力乎？"又赐溉《连珠》曰："砚磨墨以腾文，笔飞毫以书信，如飞蛾之赴火，岂焚身之可吝。必毫年其已及，可假之于少荩。"其见知赏如此。后除丹阳尹丞。太清乱，赴江陵卒。溉弟洽。

洽，字茂㳖，清警有才学。父坦以洽无外家，乃求娶于羊玄保以为外氏。洽年十八，为徐州迎西曹行事。谢朓文章盛于一时，见洽深相赏好，每称其兼资文武。朓后为吏部，欲荐之，洽睹时方乱，深相拒绝，遂筑室岩阿，幽居积岁，时人号曰居士。任昉与洽兄沼、溉并善，尝访洽于田舍，叹曰："此子日下无双。"遂申拜亲之礼。梁武帝尝问待诏丘迟曰："到洽何如沉、溉？"迟曰："正情过于沉，文章不减溉；加以清言，殆将难及。"即召为太子舍人。御幸华光殿，诏洽及沉、萧琛、任昉侍宴，赋二十韵诗，以洽辞为工，赐绢二十疋。上谓昉曰："诸到可谓才子。"昉曰："臣常窃议，宋得其武，梁得其文。"迁司徒主簿，直待诏省，敕使抄甲部书为十二卷。迁尚书殿中郎。后为太子中舍人，与庶子陆倕对掌东宫管记。俄为侍读，侍读省仍置学士二人，洽充其选。迁国子博士，奉敕撰《太学碑》。累迁尚书吏部郎，请托不行。徙左丞，准绳不避贵戚。时帝欲亲戎，军国礼容多自洽出。寻迁御史中丞，号为劲直。少与刘孝绰善，下车便以名教隐秽，首弹之。孝绰托与诸弟书，实欲闻之湘东王。公事左降，犹居职。旧制中丞不得入尚书下舍，洽兄溉为左户尚书，洽引服亲不应有碍，刺省详决。左丞萧子云议许入溉省，亦以其兄弟素笃不相别也。出为寻阳太守。卒，赠侍中，谥理子。洽美容质，善言吐，弱年听伏曼容讲，未尝傍膝，伏深叹之。文集行于世。子仲举。

仲举，字德言，无他艺业，而立身耿正。仕梁为长城令，政号廉平。陈文帝居乡里，尝诣仲举，时天阴雨，仲举独坐斋内，闻城外有箫鼓声，俄而文帝至，仲举异之，乃深自结。帝又尝因饮夜宿仲举帐中，忽有神光五采照于室内，由是祗事益恭。及侯景平，文帝为吴兴太守，以仲举为郡丞，与颍川庾持俱为文帝宾客。文帝嗣位，授侍中，参掌选事。天嘉元年，守都官尚书，封宝安县侯。三年，迁尚书左仆射、丹阳尹，参掌如故。改封建昌县侯。仲举既无学术，朝章非其所长，选举引用，皆出自袁枢。性疏简，不干时务，与朝士无所亲狎，但聚财酣饮而已。文帝积年寝疾，不亲万机，尚书中事，皆使仲举断决。天康元年，迁侍中、尚书仆射。文帝疾甚，入侍医药。及帝崩，宣帝受遗诏为尚书令入辅，仲举与左丞王暹、中书舍人刘师知、殷不佞，以朝望有归，乃遣不佞宣旨，遣宣帝还东府，事发，师知下狱赐死，暹、不佞并付推，乃以仲举为贞毅将军、金紫光禄大夫。

初，仲举子郁尚文帝妹信义长公主，官至中书侍郎，出为宣城太守，文帝配以士马。是年，迁南康内史，以国哀未之任。仲举既废居私宅，与郁皆不自安。时韩子高在都，人马素盛，郁每乘小舆蒙妇人衣与子高谋。子高军主告其事，宣帝收子高、仲举及郁，并于狱赐死。郁诸男女以帝甥获免。

垣护之，字彦宗，略阳桓道人也。族姓豪强，石季龙时，自略阳徙邺。祖敞，仕苻氏，为长乐国郎中令。伯父遵、父苗，仕慕容超，并见委任。遵为尚书，苗为京兆太守。宋武帝围广固，遵、苗逾城归降，并以为太尉行参军。元嘉中，遵为员外散骑常侍，苗屯骑校尉，仍家下邳。护之少倜傥，不拘小节，形状短陋而气干强果。元嘉初为殿中将军，随彦之北侵魏。彦之将回师，护之上书谏，彦之不纳，散败而归。文帝闻而善之。累迁钟离太守。随王玄谟入河，玄谟攻滑台，护之百舸为前锋，进据石济。及魏救将至，驰书劝玄谟急攻之，不见从。玄谟败退，不暇报护之，而魏师悉牵玄谟水军大䑽，连以铁锁三重，断河以绝护之还路。河水迅急，护之中流而下，每至铁锁，以长柯斧断之，魏人不能禁。唯失一舸，余舸并全。留戍麋沟

城。还为江夏王义恭骠骑户曹参军，戍淮阴，领济北太守。三十年，文帝崩，还屯历下。孝武入讨，率所领驰赴，帝以为冀州刺史。及南郡王义宣反，兖州刺史徐遗宝，护之妻弟也，与护之书，劝使同逆。护之驰使以闻，率军随沈庆之等击鲁爽。义宣率大众至梁山，与王玄谟相持，柳元景率护之及护之弟询之、柳叔仁、郑琨等出镇新亭。玄谟求救，上遣元景等进据南州。护之水军先发，大破贼将庞法起，元景乃以精兵配护之追讨，会朱修之已平江陵，至寻阳而还。迁徐州刺史，封益阳县侯。后拜青、冀二州刺史，镇历城。大明三年，征为右卫将军，还，于道闻竟陵王诞据广陵反，护之即率部曲受车骑大将军沈庆之节度。事平，转临淮太守，徙豫州刺史。护之所莅，多聚敛贿货，七年，坐下狱免官。明年，起为太中大夫，未拜，以愤卒。谥壮侯。

崇祖，字敬远，一字僧宝，护之弟子也。父询之，骁敢有气力。元凶弑逆，副辅国将军张柬。时张超之手行大逆，亦领军隶柬，询之规杀之；虑柬不同，柬宿有此志，又未测询之同否，互相观察。会超之来论事，柬色动，询之觉之，即共定谋，遣召超之。超之疑之不至，改宿他所。询之不知，径往斫之，杀其仆于床，因与柬南奔。时孝武已即位，以为积射将军。梁山之役，力战中流矢卒，赠冀州刺史。

崇祖年十四，有干略，伯父护之谓曰："此儿必大吾门。"后随徐州刺史薛安都入魏。寻又率门宗据朐山归宋，求淮北立功，明帝以为北琅邪、兰陵二郡太守，封下邳子。及齐高帝镇淮阴，崇祖时戍朐山，既受都督，祗奉甚至。帝以其武勇，善待之。崇祖谓其妹夫皇甫肃曰："此真吾君也！"遂密布诚节。高帝威名已著，宋明帝尤所忌疾，征为黄门郎，规害高帝，崇祖建策以免，由是甚见亲，参豫密谋。元徽末，高帝惧祸，令崇祖入魏。崇祖即以家口托皇甫肃，勒数百人将入魏界，更听后旨，会苍梧废，召崇祖还都。及齐高帝新践阼，恐魏致讨，以送刘昶为辞。以为军冲必在寿春，非崇祖莫可为捍，徙为豫州刺史、监豫、司二州诸军事，封望蔡侯。建元二年，魏遣刘昶攻寿春，崇祖乃于城西北立堰塞肥水，堰北起小城，使数千人守之。谓长史封延伯曰："虏必悉力攻小城，若破此堰，放水一激，急逾三峡，自然沉溺，岂非小劳而大利邪？"及魏军由西道集堰南，分军东路，肉薄攻小城，崇祖著白纱帽，肩舆上城，手自转式，日晡时，决小史埭，水势奔下，魏攻城之众，溺死千数，大众退走。初，崇祖于淮阴见高帝，便自比韩、白，唯上独许之。及破魏军启至，上谓朝臣曰："崇祖恒自拟韩、白，今真其人也。"进为都督。崇祖闻陈显达、李安人皆增给军仪，乃启求鼓吹横吹。上敕曰："韩、白何可不与众异！"给鼓吹一部。崇祖虑魏复攻淮北，启徙下蔡戍于淮东。其冬，魏果欲攻下蔡，及闻内徙，乃扬声平除故城。众疑魏当于故城立戍，崇祖曰："下蔡去镇咫尺，魏岂敢置戍？实是欲除此城，正恐奔走，杀之不尽耳。"魏果夷撅下蔡城，崇祖大破之。

武帝即位，为五兵尚书，领骁骑将军。初，豫章王有盛宠，武帝在东宫，崇祖不自附。及破魏军，诏使还朝，与共密议，武帝疑之，曲加礼待。酒后谓曰："世间流言，

我已豁怀抱，自今已后，富贵见付也。"崇祖拜谢。及去后，高帝复遣荀伯玉敕以边事，受旨夜发，不得辞东宫，武帝以为不尽诚心，衔之。永明元年，诏称其与荀伯玉构扇边荒，诛之。故人无敢至者，独有前豫州主簿夏侯恭叔出家财为殡，时人以比栾布。恭叔，谯国人，崇祖为豫州，闻其才义，辟为主簿，兼掌书翰。高帝即位，方镇皆有贺表，王俭见崇祖启，咨嗟良久，曰："此恭叔辞也。"时宋氏封爵，随运迁改，恭叔以柳元景中兴元勋，刘勔殒身王事，不宜见废，上表论之，甚有义理。事虽不从，优诏见答。后为竟陵令，惠化大行。木连理，上有光如烛，咸以善政所致。

荣祖，字华先，崇祖从父兄也。父谅之，宋北中郎府参军。荣祖少学骑射，或曰："何不学书？"荣祖曰："曹操、曹丕，上马横槊，下马谈论，此可不负饮食矣。君辈无自全之伎，何异犬羊乎？"宋孝建中，为后军参军，伯父豫州刺史护之子袭祖为淮阳太守，孝武以事徙之岭南，护之不食而死。帝疾笃，又使杀袭祖。临死与荣祖书曰："弟尝劝我危行言逊，今果败矣。"明帝初即位，四方反，除荣祖冗从仆射，遣还徐州，说刺史薛安都："天之所废，谁能兴之？使君今不同八百诸侯，如下官所见，非计中也。"安都曰："今京都无百里地，莫论攻围取胜，自可相拍手笑杀；且我不欲负孝武。"荣祖曰："孝武之行，足致余殃，今虽天下雷同，正是速死，无能为也。"安都曰："不知诸人云何，我不畏此，大蹄马在近，急便作计。"荣祖被拘不得还，因为安都将领。安都引魏军入彭城，荣祖携家属南奔朐山。齐高帝在淮阴，荣祖归附，高帝保持之。及宋明帝崩，高帝书送荣祖诣仆射褚彦回，除东海太守。彦回谓曰："萧公称卿干略，故以郡相处。"

荣祖善弹，登西楼，见翔鹄云中，谓左右当生取之。于是弹其两翅，毛脱尽，坠地无伤，养毛生后飞去，其妙如此。

元徽末，苍梧凶狂，恒欲危害高帝。帝欲奔广陵起事，荀伯玉等皆赞成之。荣祖谏曰："领府去台百步，公走，人岂不知？若单骑轻行，广陵人一旦闭门不相受，公欲何之？公今动足下床，恐便有叩台门者，公事去矣。"苍梧明夕自至领府扣门，欲害帝，帝尝以书案下安鼻为盾，以铁为书镇如意，甚壮大，以备不虞，欲以代杖。苍梧至府，而曰："且申令夕，须至一处作适，还当取奴。"寻遇杀。齐高帝谓荣祖曰："不用卿言，几无所成。"豫佐命勋，封将乐县子。永明二年，为寻阳相、南新蔡太守。被告作大形棺材盛仗，使乡人载度江北，案验无实，见原。后拜兖州刺史。初，巴东王子响事，方镇皆启称子响为逆，荣祖曰："此非所宜言，政应云刘寅等孤负恩奖，逼迫巴东，使至于此。"时诸启皆不得通，事平后，上乃省视，以荣祖为知言。九年卒。从弟历生，亦为骁将，位太子右率。性奇暴，与始安王遥光同反，伏诛。

闳，字叔通，荣祖从父也。父遵，位员外常侍。闳为宋孝武帝南中郎参军。孝武帝即位，以为交州刺史。时交土全实，闳罢州还，资财钜万。孝武末年贪欲，刺史二千石罢任还都，必限使献奉，又以蒱戏取之，要令罄尽乃止。

闳还至南州，而孝武晏驾，拥南资为富人。明帝初，以为司州刺史。北破薛道摽，封乐乡县男。出为益州刺史。蜀还之货，亦数千金，先送献物，倾西资之半，明帝犹嫌其少。及闳至都，诣廷尉自簿，先诏狱官留闳，于是悉送资财，然后被遣。凡蛮夷不受鞭罚，输财赎罪，谓之赕。时人谓闳被赕刺史。历度支尚书，卫尉。齐高帝辅政，使褚彦回为子晃求闳女，闳辞以"齐大非偶"，帝虽嘉其退让，而心不能欢，即以晃婚王仲女。谓豫章王嶷曰："前欲以白象与垣公婚者，重其夷澹，事虽不遂，心常依然。"白象，晃小字也。及高帝即位，以有诚心，封爵如故。卒于金紫光禄大夫，谥曰定。子惠伯袭爵。

惠伯少负气豪侠，妙解射雉，尤为武帝所重，以为直阁将军。与王文和俱任，颇以地势陵之。后出为巴西、梓潼二郡太守，时文和为益州刺史，曰："每忆昔日俱在阁下，卿时视我，如我今日见卿。"因诬其罪，驰信启之，又辄遣萧寅代惠伯为郡。惠伯亦遣启台，闭门待报，寅以兵围之。齐明帝辅政，知其无罪，不欲乖文和，乃敕惠伯解郡。还为寅军所蹑，束手受害。

闳弟子昙深，以行义称。为临城县，罢归，得钱十万，以买宅奉兄，退无私蓄。先是刘楷为交州，谓王俭曰："欲一人为南土所闻者同行。"俭良久曰："得之矣。昔垣闳为交州，闳弟阅又为九真郡，皆著信南中。羽林监昙深者，阅之子也，雅有学行，当令同行。"及随楷，未至交州而卒。楷惆怅良久。昙深妻郑氏，字献英，荥阳人，时年二十，子文凝始生，仍随楷到镇。昼夜纺织，傍无亲援，年既盛美，甚有容德，自厉冰霜，无敢望其门者。居一年，私装了，乃告楷求还。楷大惊曰："去乡万里，固非孀妇所济"，遂不许。郑又曰："垣氏羁魂不反，而其孤藐幼，妾若一同灰壤，则何面目以见先姑？"因大悲泣。楷怆然许之，厚为之送，于是间关危险，遂得至乡。葬毕，乃曰："可以下见先姑矣。"时文凝年甫四岁，亲教经礼，训以义方，州里称美。

又有吴兴丘景宾，字彦先，亦以节义闻。父康祖，无锡令，亡后，僮仆数十人及宅宇产畜，景宾悉让与兄镇之。镇之又推斋屋三间与之，亦不肯受。太守孔山士叹曰："闻柳下惠之风，贪夫廉，懦夫有立志。复见之矣。"终于奉朝请。

张兴世，字文德，竟陵人也。本单名世，宋明帝益为兴世。少家贫，白衣随王玄谟伐蛮。后随孝武镇寻阳，补南中郎参军督护，从入讨元凶。及南郡王义宣反，又随玄谟出梁山，有战功。明帝即位，四方反叛，进兴世龙骧将军，领水军拒南贼。时台军据赭圻，朝廷遣吏部尚书褚彦回就赭圻行选。是役也，皆先战授位，檄板不供，由是有黄纸札。南贼屯在鹊尾，既相持久不决，兴世建议曰："贼据上流，兵张地胜，今以奇兵潜出其上，使其首尾周惶，进退疑沮，粮运艰碍，乃制胜之奇。"沈攸之、吴喜并赞其计，分战士七千配之。兴世乃令轻舸溯流而上，旋复回还，一二日中辄复如此，使贼不为之防。贼帅刘胡闻兴世欲上，笑之曰："我尚不敢越彼下取扬州，兴世何人？

欲据我上。"兴世谓攸之等曰："上流唯有钱溪可据。"乃往据之。及刘胡来攻，将士欲迎击之，兴世曰："贼来尚远而气骤盛矣。夫骤既力尽，盛亦易衰，此曹刿所以破齐也。将士不得妄动。"贼来转近，兴世乃命寿寂之、任农夫率壮士击走之。袁顗愠曰："贼据人肝藏里，云何得活！"是月朔，赭圻军士伐木为栅，于青山遇一童子曰："贼下旬当平，无为自苦。"忽不见。至是果败。兴世又遏其粮道，贼众渐饥，刘胡弃军走，袁顗仍亦奔散，兴世遂与吴喜共平江陵。迁右军将军，封作唐县侯。历雍州刺史，左卫将军。以疾，徙光禄大夫，寻卒。兴世居临沔水，自襄阳以下至于江二千里，先无洲屿，兴世初生，当其门前水中，一旦忽生洲，年年渐大。及兴世为方伯，而洲上遂十余顷。父仲子，由兴世致位给事中，兴世欲将往襄阳，爱乡里不肯去。尝谓兴世曰："我虽田舍老公，乐闻鼓角，汝可送一部，行田时欲吹之。"兴世素恭谨畏法，譬之曰："此是天子鼓角，非田舍公所吹。"兴世欲拜墓，仲子谓曰："汝卫从太多，先人必当惊怖。"兴世减撤而行。子欣泰。

欣泰，字义亨，不以武业自居，好隶书，读子史。年十余，诣吏部尚书褚彦回，彦回问："张郎弓马多少？"答曰："性怯畏马，无力牵弓。"彦回甚异之。历诸王府佐。宋元徽中，兴世在家，拥雍州还资见钱三千万，苍梧王自领人劫之，一夜垂尽，兴世忧惧病卒。欣泰兄欣华，时为安成郡，欣泰悉назят余财以待之。齐建元初，为尚书都官郎。武帝与欣泰早款遇，及即位，以为直阁将军。后为武陵内史，坐赃私杀人被纠，见原。还复为直阁、步兵校尉，领羽林监。欣泰通涉雅俗，交结多是名素，下直辄著鹿皮冠，衲衣锡杖，挟素琴。有以启武帝，帝曰："将家儿，何敢作此举止？"后从驾出新林，敕欣泰廉察，欣泰停杖，于松树下饮酒赋诗。制局监吕文度以启武帝，帝大怒，遣出。数日意释，召谓曰："卿不乐武职，当处卿清贵。"除正员郎。出为镇军中兵参军、南平内史。巴东王子响杀僚佐，上遣中庶子胡谐之西讨，使欣泰为副。欣泰谓谐之曰："今太岁在西南，逆岁行军，兵家深忌，若且顿军夏口，宣示祸福，可不战而擒也。"谐之不从，进江津，尹略等见杀。事平，欣泰徙为随王子隆镇西中兵，改领河东内史。子隆深相爱重，数与谈宴，意遇与谢朓相次，典签密启之，武帝怒，召还都。屏居家巷，置宅南冈下，面接松山，欣泰负弩射雉，恣情闲放，声伎杂艺，颇多开解。明帝即位，为领军长史，迁谘议参军。上书陈便宜二十条，其一条言宜毁废塔寺，帝并优诏报答。建武二年，魏围钟离，欣泰为军主，随崔慧景救援。及魏军退，而邵阳洲上余兵万人，求输马五百匹假道，慧景欲断路攻之。欣泰说慧景曰："归师勿遏，古人畏之，死地兵不可轻也。"慧景乃听过。时领军萧坦之亦援钟离，还启明帝曰："邵阳洲有死贼万人，慧景、欣泰放而不取。"帝以此皆不加赏。

四年，出为永阳太守。永元初，还都。崔慧景围城，欣泰入城守备。事宁，除庐陵王安东司马。梁武帝起兵，东昏以欣泰为雍州刺史。欣泰与弟前始安内史欣时密谋，结太子右率胡松、前南谯太守王灵秀、直阁将军鸿选、含德主帅苟励、直后刘灵运等，并同契会。帝遣中书舍人冯元嗣监军救郢，茹法珍、梅虫儿及太子右率李居士、制局监杨明泰等十余人相送中兴堂。欣泰等使人怀刀，于坐斫元嗣，头坠果桦中。又斫明泰，破其腹。虫儿伤数创，手指皆坠。居士逾墙得出，茹法珍亦散走还台。灵秀仍往石头迎建安王宝寅，率文武数百，唱警跸，至杜姥宅。欣泰初闻事发，驰马入宫，冀法珍等在外，城内处分，必尽见委，因行废立。既而法珍得返，处分关门上仗，不配欣泰兵，鸿选在殿内亦不敢发，城外众寻散。少日事觉，欣泰、胡松等皆伏诛。

欣泰少时，有人相其当得三公，而年裁三十。后屋瓦坠伤额，又问相者，云："无复公相，年寿更增，亦可得方伯耳。"死时年三十六。

论曰：王仲德受任二世，能以功名始终。入关之役，檀、王咸出其下。元嘉北讨，则受督于人；有兰生之志，而无关公之愤，长者哉！道豫虽地居丰、沛，荣非恩假，时历四代，人焉不绝，文武之道，不坠斯门，殆为优矣。垣氏宋、齐之际，世著武节，崇祖陈力疆场，以韩、白自许，竟而杜邮之酷，可为痛哉！兴世鹊浦之奇，远有深致，其垂组建旆，岂徒然也！

卷二十六　　列传第十六

袁湛 弟豹　豹子淑　淑兄子　顗　顗从弟粲　顗弟子彖　彖从弟昂　马仙琕　昂子君正　君正子枢　宪　君正弟敬　泌

袁湛，字士深，陈郡阳夏人也。祖耽，晋历阳太守，父质，琅邪内史，并知名。湛少与弟豹并为从外祖谢安所知，安以其兄子玄女妻湛。宋武帝起兵，以为镇军谘议参军。以从征功，封晋宁县五等男。义熙十二年，为尚书右仆射。武帝北伐，湛兼太尉，与兼司空尚书范泰奉九命礼物拜授武帝，帝冲让。湛等随军至洛阳，住柏谷坞。泰议受使未毕，不拜晋帝诸陵，湛独至五陵展敬，时人美之。初，陈郡谢重，王胡之外孙也，于诸舅敬礼多阙。重子绚，湛之甥也，尝于公坐慢湛，湛正色谓曰："汝便是两世无渭阳情。"绚有愧色。十四年，卒，赠左光禄大夫。文帝即位，以后父赠侍中，以左光禄大夫开府仪同三司，谥曰敬公。大明三年，孝武幸籍田，经湛墓，遣使致祭，增守墓五户。子淳，淳子植，并早卒。

湛弟豹，字士蔚，好学博闻，善谈雅俗。每商较古今，兼以诵咏，听者忘疲。为御史中丞时，鄱阳县侯孟怀玉上母檀拜国太夫人，有司奏许。豹以妇人从夫爵，怀玉父大司农绰见居列卿，妻不宜从子。奏免尚书右仆射刘柳等官，诏并赎论。后为丹阳尹，太尉长史。义熙九年，卒官。以参伐蜀谋，追封南昌县五等子。子淑。

淑，字阳源，少有风气，年数岁，伯父湛谓人曰："此非凡儿。"至十余岁，为姑夫王弘所赏，博涉多通，不为章句学。文采遒艳,从横有才辩。彭城王义康命为司徒祭酒。义康不好文学,虽外相礼接,意好甚疏。从母兄刘湛欲其附己,而淑不为改意,由是大相乖失。淑乃赋诗曰:"种兰忌当门,怀璧莫向楚。楚少别玉人,门非植兰所。"寻以久疾免官。元嘉二十六年,累迁尚书吏部郎。其秋大举北侵,从容曰:"今当席卷赵、魏,检玉岱宗,愿上《封禅书》一篇。"文帝曰:"盛德之事,我何足以当之。"出为始兴王浚征北长史、南东海太守。淑始到府,浚引见谓曰:"不意舅遂垂屈佐?"淑答曰:"朝廷遣下官,本以光公府望也。"还为御史中丞。时魏军南伐至瓜步,文帝使百官议防御之术,淑上议,其言甚诞。淑喜夸,每为时人所嘲。始兴王浚尝送钱三万饷淑,一宿复遣人追取,谓为使人谬误,欲以戏淑。淑与浚书曰:"闻之前志曰,'七年之中,一与一夺,义士犹或非之'。况密迩旬次,何其衰益之亟也!窃恐二三诸侯,有以观大国之政。"迁太子左卫率。元凶将为逆,其夜淑在直,呼淑及萧斌等,流涕告以"明旦当行大事,望相与戮力"。淑、斌曰:"自古无此,愿加善思。"劭怒,斌惧曰:"谨奉令。"淑叱之曰:"卿便谓殿下真有是邪?殿下幼时尝患风,或是疾动耳。"劭愈怒,因问曰:"事当克不?"淑曰:"居不疑之地,何患不克?但既克之后,为天地所不容,大祸亦旋至耳。"劭左右引淑衣曰:"此是何事,而可言罢。"劭因起,赐淑等裤褶,又就主衣取锦,裁三尺为一段,又中裂之,分斌与淑及左右,使以缚裤褶。淑出还省,绕床至四更乃寝。劭将出,已与萧斌同载,呼淑甚急,淑眠终不起。劭停车奉化门,催之相续。徐起至车后,劭使登车,辞不上。劭命左右杀之于奉化门外槐树下。劭即位,追赠太常。孝武即位,赠侍中、太尉,谥曰忠宪公。又诏淑及徐湛之、江湛、王僧绰、卜天与四家长给禀。淑文集传于世。诸子并早卒。

兄洵,吴郡太守,谥曰贞。洵子顗。

顗,字国章,初为豫州主簿,累迁晋陵太守,袭南昌县五等子。大明末,拜侍中,领前军将军。时新安王子鸾以母嬖有盛宠,太子在东宫多过,上微有废太子立子鸾之意,从容言之。顗盛称太子好学,有日新之美。帝怒,振衣而入,顗亦厉色而出。左丞徐爰言于帝,请宥之,帝意解。后帝又以沈庆之才用不多,言论颇嗤毁,顗又陈庆之忠勤有干略,堪当重任。由是前废帝深感顗,庆之亦怀其德。景和元年诛群公,欲引进顗,任以朝政,迁为吏部尚书,封新涂县子。俄而意趣乖异,宠待顿衰,始令顗与沈庆之、徐爰参知选事;寻反以为罪,使有司纠奏,坐白衣领职。从幸湖熟,往反数日不被命,顗虑祸求出,乃除建安王休仁安西长史。休仁不行,即以顗为领宁蛮校尉、雍州刺史,加都督。顗舅蔡兴宗谓曰:"襄阳星恶,岂可冒邪?"顗曰:"白刃交前,不救流矢。今日之行,本愿生出虎口。且天道辽远,何必皆验?如其有征,当修德以禳之。"于是狼狈上路,恒虑见追。后至寻阳,曰:"今知免矣。"与邓琬款狎过常,每清闲必尽日穷夜。顗与琬人地本殊,众知其有异志矣。及至襄阳,使刘胡缮修兵械,会明帝定大事,进顗号右将军。遣荆州典签邵幸乘驿还江陵,道由襄阳。顗反意已定,而粮仗未足,欲且奉

表于明帝。顗子秘书丞戢曰:"一奉表疏,便为彼臣,以臣伐君,于义不可。"顗从之。顗诈云被太皇太后令,使其起兵。便建牙驰檄,奉劝晋安王子勋即大位,与琬书使勿解甲。子勋即位,进顗号安北将军,加尚书左仆射。顗本无将略,在军中未尝戎服,语不及战阵,唯赋诗谈义而已,不能抚按诸将。刘胡每论事,酬对甚简,由此大失人情,胡常切齿恚恨。胡以南运未至,军士匮乏,就顗换襄阳之资。顗答曰:"都下两宅未成,方应经理,不可损彻。"又信往来之言,言都下米贵,斗至数百,以为不劳攻伐,行自离散,于是拥甲以待之。明帝使顗旧门生徐硕奉手诏誉顗曰:"卿未经为臣,今追踪窦融,犹未晚也。"及刘胡叛走不告顗,顗至夜方知,大怒,骂曰:"今年为小子所误。"呼取飞燕,谓其众曰:"我当自出追之。"因又遁走。至鹊头,与戍主薛伯珍及其所领数千,步取青林,欲向寻阳。夜止山间宿,杀马劳将士。顗顾伯珍曰:"我举八州以谋王室,未一战而散,岂非天邪?非不能死,岂欲草间求活,望一至寻阳,谢罪主上,然后自刎耳。"因慷慨叱左右索节,无复应者。及旦,伯珍请求间言,乃斩顗首诣钱溪马军主襄阳俞湛之降。湛之因斩伯珍并送首以为己功。明帝忿顗违叛,流尸于江,弟子象收瘗于石头后冈。后废帝即位,方得改葬。顗子戢、昂。戢为黄门侍郎,戍盆城。寻阳败,伏诛。

粲,字景倩,洵弟子也。父濯,扬州秀才,早卒。粲幼孤,祖哀之,名之曰愍孙。伯叔并当世荣显,而愍孙饥寒不足。母琅邪王氏,太尉长史诞之女也。躬事绩纺,以供朝夕。愍孙少好学,有清才。随伯父洵为吴郡,拥弊衣读书,足不逾户。其从兄顗出游,要愍孙,愍孙辄称疾不动。叔父淑雅重之,语子弟曰:"我门不乏贤,愍孙必当复为三公。"或有欲与顗婚,顗父洵曰:"顗不堪,政可与愍孙婚耳。"愍孙在坐,流涕起出。早以操行见知,宋孝武即位,稍迁尚书吏部郎,太子右卫率,侍中。孝建元年,文帝讳日,群臣并于中兴寺八关斋,中食竟,愍孙别与黄门郎张淹更进鱼肉食。尚书令何尚之奉法素谨,密以白孝武,孝武使御史中丞王谦之纠奏,并免官。大明元年,复为侍中,领射声校尉,封兴平县子。三年,坐纳山阴人丁承文货,举为会稽郡孝廉,免官。五年,为左卫将军,加给事中。七年,转吏部尚书,左卫如故。其年,皇太子冠,上临宴东宫,与颜师伯、柳元景、沈庆之等并搏捕,愍孙劝师伯酒,师伯不饮,愍孙因相裁辱曰:"不能与佞人周旋。"师伯见宠于上,上常嫌愍孙以寒素陵之,因此发怒曰:"袁濯儿不逢朕,员外郎未可得也,而敢以寒士遇物!"将手刃之,命引下席。愍孙色不变,沈、柳并起谢,久之得释。出为海陵太守。

废帝即位,愍孙在郡,梦日堕其胸上,因惊。寻被征管机密,历吏部尚书,侍中,骁卫将军。愍孙峻于仪范,废帝倮之迫使走,愍孙雅步如常,顾而言曰:"风雨如晦,鸡鸣不已。"明帝泰始元年,为司徒左长史、南东海太守。愍孙清整有风操,自遇甚高,尝著《妙德先生传》以续嵇康《高士传》后以自况,曰:"有妙德先生,陈国人也。气

志深虚，姿神清映，性孝履顺，栖冲业简，有舜之遗风。先生幼夙多疾，性疏懒，无所营尚。然九流百氏之言，雕龙谈天之艺，皆泛识其大归，而不以成名。家贫尝仕，非其好也。混其声迹，晦其心用，席门常掩，三径裁通。虽扬子寂漠，严叟沉冥，不是过也。修道遂志，终无得而称焉。"又尝谓周旋人曰："昔有一国，国中一水，号曰狂泉，国人饮此水无不狂，唯国君穿井而汲，独得无恙。国人既并狂，反谓国主之不狂为狂，于是聚谋共执国主，疗其狂疾。火艾针药，莫不必具，国主不任其苦，于是到泉所酌水饮之，饮毕便狂，君臣大小其狂若一，众乃欢然。我既不狂，难以独立，比亦欲试饮此水矣。"

幼慕荀奉倩为人，孝武时求改名粲，不许；至明帝立，乃请改为粲，字景倩。其外孙王筠又云："明帝多忌讳，反语袁愍为'殒门'，帝意恶之，乃令改焉。"二年，迁领军将军，仗士三十人入六门。其年，徙中书令，领太子詹事。三年，转尚书仆射，寻领吏部。五年，加中书令，又领丹阳尹。粲负才尚气，爱好虚远，虽位任隆重，不以事务经怀。独步园林，诗酒自适。家居负郭，每杖策逍遥，当其意得，悠然忘反。郡南一家颇有竹石，粲率尔步往，亦不通主人，直造竹所，啸咏自得。主人出，语笑款然。俄而车骑羽仪并至门，方知是衰尹。又尝步屦白杨郊野间，道遇一士大夫，便呼与酣饮，明日此人谓被知顾，到门求进。粲曰："昨饮酒无偶，聊相要耳。"竟不与相见。尝作五言诗，言"访迹虽中宇，循寄乃沧洲"。盖其志也。

七年，为尚书令。初，粲忤于孝武，其母候乘舆出，负砖叩头流血，砖碎伤目。自此后，粲与人语，有误道眇目者，辄涕泣弥日。尝疾，母忧念，昼寝，梦见父容色如平生，与母语曰："愍孙无忧，将为国家器，不患沉没。但恐富贵，终当倾灭耳。"母未尝言及。粲贵重，恒惧倾灭，乃以告之，粲故自挹损。明帝临崩，粲与褚彦回、刘勔并受顾命，加班剑二十人，给鼓吹一部。后废帝即位，加兵五百人。

元徽元年，丁母忧，葬竟，摄令亲职，加卫将军，不受。性至孝，居丧毁甚，祖日及祥，诏卫军断客。二年，桂阳王休范为逆，粲扶曳入殿，诏加兵一随，府置佐吏。时兵难危急，贼已至南掖门，诸将沮意，咸莫能奋。粲慷慨谓诸将帅曰："寇贼已逼，而众情离阻，孤子受先帝顾托，本以死报，今日当与褚将军同死社稷。"因命左右被马，辞色哀壮。于是陈显达等感激出战，贼即平殄。事宁，授中书监，即本号开府仪同三司，领司徒。以扬州解为府，固不肯移。三年，徙尚书令，卫军、开府如故，并固辞，服终乃受命。加侍中，进爵为侯，又不受。

时粲与齐高帝、褚彦回、刘彦节递日入直，平决万机。粲闲默寡言，不肯当事，主书每往谘决，或高咏对之。时立一意，则众莫能改。素寡往来，门无杂宾，闲居高卧，一无所接。谈客文士，所见不过一两人。顺帝即位，迁中书监，司徒、侍中如故。齐高帝既居东府，故使粲镇石头。粲素静退，每有朝命，逼切不得已，然后方就。及诏移石头，即便顺旨。有周旋人解望气，谓粲曰："石头气甚凶，往必有祸。"粲不答。又给油络通幰车，仗士五十人入殿。

时齐高帝方革命，粲自以身受顾托，不欲事二姓，密有异图。刘彦节宋氏宗室，前湘州刺史王蕴太后兄子，素好武事，并虑不见容于齐高帝，皆与粲结，诸将帅黄回、任候伯、孙昙瓘、王宜兴、彭文之、卜伯兴等并与粲合。升明元年，荆州刺史沈攸之举兵反，齐高帝自诣粲，粲称疾不见。粲宗人袁达以为不宜示异同。粲曰："彼若劫我入台，便无辞以拒，一如此，不复得出矣。"时齐高帝入屯朝堂，彦节从父弟领军将军韫入直门下省，卜伯兴为直阁，黄回诸将皆率军出新亭。粲克日谋矫太后令，韫、伯兴率宿卫兵攻齐高帝于朝堂，回率军来应，彦节、候伯等并赴石头。事泄。先是，齐高帝遣将薛深、苏烈、王天生等领兵戍石头，云以助粲，实御之也。又令腹心王敬则为直阁，与伯兴共总禁兵。王蕴闻彦节已奔，叹曰："今年事败矣。"乃狼狈率部曲向石头，薛深等据门射之。蕴谓粲已败，乃便散走。齐高帝以报敬则，敬则诛韫及伯兴，又遣军主戴僧静向石头助薛深自仓门入。时粲与彦节等列兵登东门，僧静分兵攻府西门，彦节与儿逾城出。粲还坐，列烛自照，谓其子最曰："本知一木不能止大厦之崩，但以名义至此耳。"僧静挺身暗往，奋刀直前欲斩之。子最觉有异，大叫抱父乞先死。兵士人人莫不陨涕。粲曰："我不失忠臣，汝不失孝子。"仍求笔作启云："臣义奉大宋，策名两毕，今便归魂北坟，永就山丘。"僧静乃并斩之。初，粲大明中与萧惠开、周朗同车行，逢大㭾开驻车，惠开自照镜曰："无年可仕。"朗执镜长久曰："视死如归。"粲最后曰："当至三公而不终。"至是如言。

最，字文高，时年十七，既父子俱殒，左右分散，任候伯等其夜并自新亭赴石头，其后皆诛。粲小儿数岁，乳母将投粲门生狄灵庆。灵庆曰："吾闻出郎君者有厚赏，今袁氏已灭，汝匿之尚谁为乎？"遂抱以首。乳母号泣呼天曰："公昔于汝有恩，故冒难归汝，奈何欲杀郎君以求小利？若天地鬼神有知，我见汝灭门。"此儿死后，灵庆常见儿骑大氂狗戏如平常。经年余，斗场忽见一狗走入其家，遇灵庆于庭噬杀之，少时妻子皆没。此狗即袁郎所常骑者也。

齐永明元年，武帝诏曰："袁粲、刘彦节并与先朝同奖宋室，沈攸之于景和之世特有乃心，虽末节不终，而始诚可录。岁月弥往，宜沾优隆。"于是并命改葬。粲省事莫嗣祖，粲常所委信，与刘彦节等宣密谋。至是齐高帝问曰："汝知袁粲谋逆，何不启？"嗣祖曰："小人无识，曲蒙袁公厚恩，实不仰负，今日就死分甘。官若赐性命，亦不忍背粲而独生也。"戴僧静劝杀之。帝曰："彼各为其主。"遂赦焉，用为省事。历朝所赏。梁豫章王直新出阁，中旨用嗣祖为师。

彖，字伟才，顗弟觊之子也。觊好学美才，早有清誉，仕宋位武陵内史。彖少有风气，善属文及谈玄，举秀才，历诸王府参军，不就。觊临终与兄顗书曰："史公才识可喜，足懋先基矣。"史公，彖小字也。及顗见诛，宋明帝投尸江中，不许敛葬。彖与旧奴一人，微服求尸，四十余日乃得，密瘗石头后冈，身自负土。怀其文集，未尝离身。明帝崩后，乃改葬顗。从叔司徒粲、祖舅征西将军蔡兴宗并器之。仕宋为齐高帝太傅相国主簿，秘书丞。仕齐为中书郎，兼太子中庶子。又以中书郎兼御史中丞。坐弹谢超宗简奏依违，免官。后拜庐陵王谘议。时南郡江陵县人苟蒋之弟胡之妇，为曾口寺沙门所淫，夜入苟家，蒋之杀沙门，为官司所检，蒋之列家门秽行，欲告则耻，欲忍则不可，实已所杀，胡之列又如此，兄弟争死。江陵令宗躬启州，荆州刺史庐江王求博议。象曰："夫迅寒急节，乃见松筠之操；危机迥构，方识贞孤之风。窃以蒋之、胡之杀人，原心非暴，辩谳之日，友于让生，事怜左右，义哀行路。昔文举引谤，获漏疏网，蒋之心迹，同符古人，若陷以深刑，实伤为善。"由是蒋之兄弟免死。累迁太子中庶子，出为冠军将军，监吴兴郡事。象性刚固，以微言忤武帝，又薄王晏为人，晏请交不答。武帝在便殿用金柄刀子劈瓜，晏在侧曰："外闻有金刀之言，恐不宜用此物。"帝穷问所以，晏曰："袁象为臣说之。"上衔怒良久。象到郡，坐过用禄钱，免官付东冶。象妹为竟陵王子良妃，子良世子昭胄时年八岁，见武帝而形容惨悴，帝问其故，昭胄流涕曰："臣舅负罪，今在尚方，臣母悲泣不食已积日，臣所以不宁。"帝曰："特为儿赦之。"既而帝游孙陵，望东冶，曰："冶中有一好贵囚。"数日，与朝臣幸冶，履行库藏，因宴饮，赐囚徒酒肉，敕见象与语，明日释之。后为侍中。象充腴异众，每从射雉郊野，数人推扶，乃能徒步。幼而母卒，养于伯母王氏，事之如亲，闺门孝义。隆昌元年卒，谥靖子。

象宗人廓之，字思度，宏之曾孙也。父景隽，宋世为淮南太守，以非罪见诛。廓之终身不听音乐，布衣蔬食，足不出门，示不臣于宋，时人以比晋之王衰。颜延之见其幼时，叹曰："有子如袁廓足矣。"齐国建，方出仕，稍至殿中郎，王俭、柳世隆倾心待之。为太子洗马。于时何侗亦称才子，为文惠太子作《杨畔歌》，辞甚侧丽，太子甚悦。廓之谏曰："夫《杨畔》者，既非典雅，而声甚哀思，殿下当降意《箫》《韶》，奈何听亡国之响？"太子改容谢之。

昂，字千里，雍州刺史颛之子也，颛败，藏于沙门。沙门将以出关，关吏疑非常人，沙门杖而语之，遂免。或云：颛败时，昂年五岁，乳媪携抱匿于庐山，州郡于野求之，于乳媪匿所见一彪，因去，遂免。会赦得出，犹徙晋安。在南唯勤学，至元徽中听还，时年十五。初颛败传首建邺，藏于武库，以漆题颛名以为志，至是始还之。昂号恸呕血，绝而复苏，以泪洗所漆字皆灭，人以为孝感。葬讫，更制服庐于墓次，从兄象常抚视抑譬之。昂容质修伟，冠绝人伦，以父亡不以理，终身不听音乐。后与象同见从叔司徒粲，粲谓象曰："昂幼孤而能至此，故知名器自有所在。"仕齐为王俭镇军府功曹史。俭后为丹阳尹，于后堂独见昂，指北堂谓曰："卿必居此。"累迁黄门郎。昂本名千里，齐永明中，武帝谓曰："昂昂千里之驹，在卿有之。今改卿名为昂，即字千里。"后为卫军武陵王长史。丁母忧，哀毁过礼，服未除而从兄象卒。昂幼孤，为象所养，乃制期服。人有怪而问之，昂致书以喻之曰：

窃闻礼由恩断，服以情申，故小功他邦，加制一

等，同爨有缌，明之典籍。孤子凤以不天，幼倾乾荫，资敬未奉，过庭莫承，藐藐冲年，未达朱紫。从兄提养训教，示以义方，每假其谈价，虚其声誉，得及人次，实亦有由。兼开拓房宇，处以华旷，同财共有，恣其取足，尔来三十余年。怜受之至，言无异色，姊妹孤侄，成就一时。笃念之深，在终弥固，此恩此爱，毕壤不追。既情若同生，而服为诸从，言心即事，实未忍安。昔马棱与从弟毅同居，毅亡，棱为心服三年。由也之不除丧，亦缘情而致制。虽识不及古，诚怀感慕。常愿千秋之后，从服期齐。不图门衰祸集，一旦草土，残息复罹今酷。寻惟恸绝，弥剧弥深。今以余喘，欲遂素志，庶寄其罔慕之痛，少伸无已之情。虽礼无明据，乃事有先例。率迷而至，必欲行之。临纸哽咽，言不识次。

后为御史中丞。时尚书令王晏弟诩为广州，多纳赇货，昂依事劾奏，不惮权家，当时号为正直。初，昂为洗马，明帝为领军，钦昂风素，频降驾焉。及践阼，奏事多留与语，谓曰："我昔以卿有美名，亲经相诣。"昂答曰："陛下在田之日，遂蒙三顾草庐。"帝甚悦。寻出为豫章内史，丁所生母忧去职。以丧还，江路风潮暴骇，昂乃缚衣著柩，誓同沉溺。及风止，余船皆没，唯昂船获全，咸谓精诚所致。葬讫，起为吴兴太守。

永元末，梁武帝起兵，州郡望风皆降，昂独拒境。帝手书喻之曰：

夫祸福无门，兴亡有数，天之所弃，人孰能匡？机来不再，图之宜早。顷藉听道路，承欲狼顾一隅，既未喻雅怀，聊申往意。独夫狂悖，振古未闻，穷凶极虐，岁月滋甚。天未绝齐，圣明启运，亿兆有赖，百姓来苏。吾荷任前驱，扫除京邑，屠溃之期，当不云远。兼茭感出端门，太白入氐室，天文表于上，人事符于下，不谋同契，实在兹辰。且范岫、申胄久荐诚款，各求所守，仍为掎角；而足下欲以区区之郡，御堂堂之师，根本既倾，枝叶安附？今竭力昏主，未足为忠；家门屠灭，非所谓孝。忠孝俱尽，将欲何依？去就之宜，幸加详择。

昂答曰：

都史至辱诲，承藉以众论，谓仆有勤王之举，兼蒙消责，独无送款。循复严旨，若临万仞。三吴内地，非用兵之所，况以偏郡一郡，何能为役？近奉敕，以此境多虞，见使安慰。自承麾旆届止，莫不膝袒军门，唯仆一人敢后至者，正以自揆庸素，文武无施，直是陈国贱男子耳。虽欲献心，不增大军之勇；置其愚款，宁沮众帅之威。幸藉将军含弘之大，可得从容以礼。窃以一餐微施，尚复投殒；况食人之禄，而顿忘一旦，非唯物议不可，亦恐明公鄙之。

建康城平，昂举哀恸哭。时帝使豫州刺史李元履巡抚东土，敕元履曰："袁昂道素之门，世有忠节，天下须共容之，勿以兵威陵辱。"元履至宣旨，昂亦不请降，开门撤备而已。及至，帝亦不问其过。天监二年，以为后军临川王参军事。昂启谢曰：

恩隆绝望之辰，庆集冥心之日，焰灰非喻，蘥枯未拟。抠衣聚足，颠狈不胜。臣遍历三坟，备详六典，巡校赏罚之科，洞检生死之律，莫不严五辟于明君之朝，峻三章于圣主之日。是以涂山始会，致防风之诛；郿邑方钩，有崇侯之伐。未有缓宪于斮戮之人，赊刑于耐罪之族，出万死入一生如臣者也。推恩及罪，在臣实大，披心沥血，敢乞言志。臣东国贱人，学行何取？既殊鸣雁直木，固无结绶弹冠，徒藉羽仪，易农就仕。往年滥职，守秩东隅，仰属龚行，风驱电掩，当其时也，负鼎图者日至，执玉帛者相望；独在愚臣，顿昏大义，徇鸿毛之轻，忘同德之重。但三吴险薄，五湖交通，屡起田儋之变，每惧殷通之祸，空慕君鱼保境，遂失师涓抱器。后至者斩，臣甘斯戮，明刑徇众，谁曰不然？幸因约法之弘，承解网之宥，犹当降等薪粲，遂乃顿释钳赭。敛骨吹魂，还编黔庶，濯疵荡秽，入楚游陈，天波既洗，云油遽沐。古人有言：非死之难，处死之难。臣之所荷，旷古不书，臣之所死，未知何地。

武帝答曰："朕遗射钩，卿无自外。"寻为侍中，迁吏部尚书。帝谓曰："齐明帝用卿为黑头尚书，我用卿为白头尚书，良以多愧。"对曰："臣生四十七年于兹矣，四十以前，臣之自有，七年以后，陛下所养。七岁尚书，未为晚达。"帝曰："士固不妄有名。"十五年，为尚书左仆射，寻为尚书令。时仆射徐勉势倾天下，在昂处宴，宾主甚欢。勉求昂出内人传杯，昂良久不出，勉苦求之。昂不获已，命出五六人，始至斋阁，昂谓勉曰："我无少年，老妪并是儿母，非王妃母，便是主大家，今令闻讯卿。"勉闻大惊求止，方知昂为贵。昂在朝謇谔，世号宗臣。昭明太子薨，立晋安王纲为皇太子，昂独表宜立昭明长息欢为皇太孙。虽不见用，擅声朝野。自是告老乞骸骨，不干时务。昂雅有人鉴，游处不杂，入其门者号登龙门。大通中，位司空，大同六年，薨，时年八十。诏即日举哀。

初，昂临终遗疏不受赠谥，敕诸子不得言上行状及立铭志，凡有所须，悉皆停省。因复曰："吾释褐从仕，不期富贵，但官序不失等伦，衣食粗知荣厚，以此阖棺，无惭乡里。往忝吴兴，属在昏明之际，既暗于前觉，无诚于圣朝，不识天命，甘贻显戮，幸遇殊恩，得全门户。自念负罪私门，阶荣望绝，保存性命，以为幸甚，不谓叨窃宠灵，一至于此。常欲竭诚酬报，申吾丹心，所以朝廷每兴师北伐，吾辄启求行。誓之丹款，实非矫言。既庸懦无施，皆不蒙许，虽欲罄命，其议莫从。今日瞑目，毕恨泉壤，圣朝遵古，如吾名品，或有追远之恩，脱有赠官，慎勿祗奉。"诸子累表陈奏，诏不许，谥曰穆正公。有集二十卷。

初，昂之归梁，有马仙琕者亦以义烈称。

仙琕，字灵馥，扶风郿人。父伯鸾，宋冠军司马。仙琕少以果敢闻，父忧毁瘠过礼，负土成坟，手植松柏。仕齐位豫州刺史。梁武起兵，使其故人姚仲宾说之，仙琕先为设酒，乃斩于军门以徇。帝又遣其族叔怀远说之，仙琕曰："大义灭亲。"又命斩之。怀远号泣，军中为请乃免。武帝至新林，仙琕犹于江西日抄运漕。建康城平，仙琕举哀谓众曰："我受人任寄，义不容降，今众寡不侔，势必屠灭。公等虽无二心，其如亲老何？我为忠臣，君为孝子，各尽其道，不亦可乎？"于是悉遣城内兵出降，余壮士数十，闭门独守。俄而兵入，围之数十重。仙琕令士皆持满，兵不敢近。日晚乃投弓曰："诸君但来见取，我义不降。"乃槛送建康，至石头而脱之。帝使待袁昂至俱入，曰："使天下见二义士。"帝劳之曰："射钩斩祛，昔人弗忌，卿勿以戮使断运，苟自嫌绝也。"谢曰："小人如失主犬，后主饲之，便复为用。"帝笑而美之。俄而母卒，帝知其贫，赙给甚厚。仙琕号泣谓弟仲艾曰："蒙大造之恩，未获上报，今复荷殊泽，当与尔以心力自效耳。"天监四年，师侵魏，仙琕每战，恒冠三军，与诸将论功，口未尝言功。人问其故，仙琕曰："大丈夫为时所知，当进不求名，退不逃罪，乃平生愿也，何功可论？"为南义阳太守，累破山蛮，郡境清谧。以功封洽沍县伯。迁司州刺史，进号贞威将军。魏豫州人白早生以悬瓠来降，武帝使仙琕赴之，又遣直阁将军武会超、马广率众为援。仙琕进顿楚王城，遣副将齐苟儿助守悬瓠。魏中山王英攻悬瓠，执齐苟儿，进禽马骑送洛阳，仙琕不能救。会超等亦相次退散，魏军进据三关，仙琕坐征还为云骑将军。十年，朐山人杀琅邪太守刘晣，以城降魏，诏假仙琕节讨之。魏徐州刺史卢昶以众十余万赴焉。仙琕累战破走之。进爵为侯，迁豫州刺史，加都督。仙琕自为将及居州郡，能与士卒同劳逸。身衣不过布帛，所居无帏幕衾屏，行则饮食与厮养最下者同。其在边境，常单身潜入敌境，伺知壁垒村落险要处所，攻战多克捷，士卒亦甘心为用，帝雅爱仗之。卒于州，赠左卫将军，谥曰刚。初，仙琕幼名仙婢，及长以婢名不典，乃以玉代女云。子岩夫嗣。

昂子君正，字世忠，少聪敏。年数岁，父疾，昼夜不眠，专侍左右。家人劝令暂卧，答曰："官既未差，眠亦不安。"历位太子庶子。君正美风仪，善自居处，以贵公子早得时誉。为豫章内史。性不信巫邪，有师万世荣称道术，为一郡巫长。君正在郡小疾，主簿熊岳荐之。师云："须疾者衣为信命。"君正以所著襦与之，事竟取襦，云"神将送与北斗君。"君正使检诸身，于衣里获之，以为乱政，即刑于市而焚神，一郡无敢行巫。迁吴郡太守。侯景乱，率数百人随邵陵王纶赴援，及台城陷，还郡。君正当官莅事有名称，而蓄聚财产，服玩靡丽。贼遣张太墨攻之，新城戍主戴僧易劝令拒守，已以成兵自外击之，君正不能决。吴人陆映公等惧不济，贼种族其家，劝之迎贼。君正性怯懦，乃送米及牛酒郊迎贼，贼掠夺其财物子女，因是感疾卒。子枢。

枢，字践言，美容仪，性沉静，好学，手不释卷。家本显贵，资产充积，而枢独处率素，傍无交往，非公事未尝出游，荣利之怀淡如也。侯景之乱，枢往吴郡省父疾，丁父忧。时四方扰乱，人求苟免，枢居丧以至孝闻。王僧辩平侯景，镇建邺，衣冠争往造请，枢杜门静居，不求闻达。绍泰中，历吏部尚书、吴兴郡太守。陈永定中，征为侍中，掌选，迁都官尚书，掌选如故。枢博学，明悉旧章。初，陈武帝长女永嗣公主，先适陈留太守钱蒇，生子岊，主及岊并卒于梁时。武帝受命，唯主追封。至是将葬，尚书请议加葬驸马都尉，并赠岊官。枢议曰：

昔王姬下嫁，必适诸侯。同姓为主，闻于《公羊》之说；车服不系，显于诗人之篇。汉氏初兴，列侯尚主，自斯以后，降嫔素族。驸马都尉，置由汉武。或以假诸功臣，或以加于戚属。是以魏曹植表驸马、奉车取为一号。《齐职仪》曰："凡尚公主，必拜驸马都尉，魏、晋以来，因为瞻准。"盖以王姬之重，庶姓之轻，若不加其等级，宁可合卺而酳？所以假驸马之位，乃崇于皇女也。今公主早薨，伉俪已绝，既无礼数致疑，何须驸马之授？案杜预尚晋宣帝第二女，晋武践阼而主已亡，泰始中追赠公主，元凯无复驸马之号。梁文帝女新安穆公主早薨，天监初，王氏无追拜之事。远近二例，足以校明，无劳此授。今宜追赠亭侯。

时议以为当。天嘉三年，为吏部尚书，领丹阳尹。以葬父表自解，诏令葬讫停宅视郡事，服阕还职。时仆射到仲举虽参掌选事，铨衡汲引，并出于枢，举荐多会上旨。谨慎周密，清白自居，文武职司，鲜有游其门者。废帝即位，迁尚书左仆射，卒，谥曰简懿。有集十卷行于世。弟宪。

宪，字德章，幼聪敏好学，有雅量。梁武帝修建庠序，别开五馆，其一馆在宪宅西，宪常招引诸生与之谈论，新义出人意表，同辈咸嗟服焉。大同八年，武帝撰《孔子正言章句》，诏下国学宣制旨义。宪时年十四，被召为《正言》生，祭酒到溉目送之，爱其神采。国子博士周弘正谓宪父君正曰："贤子今兹欲策试不？"君正曰"未敢令试。"居数日，君正遣门客岑文豪与宪候弘正，会弘正将升讲坐，弟子毕集，乃延宪入室，授以麈尾，令宪竖义。时谢岐、何妥在坐，弘正谓曰："二贤虽穷奥赜，得无惮此后生邪？"何、谢乃递起义端，深极理致，宪与往复数番，酬对闲敏。弘正谓妥曰："恣卿所问，勿以童幼期之。"时观者重沓，宪神色自若，辩论有余，弘正亦起数难，终不能屈。因告文豪曰："卿还谘袁吴郡，此郎已堪见代博士矣。"时生徒对策，多行贿赂，文豪请具束脩。君正曰："我岂能用钱为儿买邪？"学司衔之。及宪试，争起剧难，宪随问抗答，剖析如流。到溉顾宪曰："袁君正其有后矣。"及君正将之吴郡，溉祖道于征虏亭，谓君正曰："昨策生，萧敏孙、徐孝克非不解义，至于风神器局，去贤子远矣。"寻举高第，以贵公子选尚南沙公主，即梁简文帝女也。

大同元年，释褐秘书郎，迁太子舍人。侯景寇逆，宪东之吴郡。寻丁父忧，哀毁过礼。陈武帝作相，除ого户曹，初谒，遂长揖。中书令王劢谓宪曰："卿何矫众，不拜录公？"宪曰："于理不应致拜。"卫尉赵知礼曰："袁生举止详中，故有陈、汝之风。"陈受命，授中书侍郎，兼散骑常侍。与黄门郎王瑜使齐，数年不遣，天嘉初乃还。太建三年，累迁御史中丞，羽林监。时豫章王叔英不奉法度，逼取人马，宪依事劾奏，免叔英。自是朝野严惮。宪详练朝章，尤明听断，至有狱情未尽而有司具法者，即伺闲为帝言之，所申理甚众。尝陪宴承香阁，宾退后，宣帝留宪与卫尉樊俊徙席山亭，谈宴终日。帝谓俊曰："袁家故为有人。"其见重如此。自侍中迁吴郡太守，以父任固辞，改授南康内史。迁吏部尚书。宪以久居清显，累表自求解任，帝曰："诸人在职，屡有谤书，卿处事已多，可谓清白，别相甄录，且勿致辞。"迁右仆射，参掌选事。先是宪长兄枢为左仆射，至是宪为右仆射，台省目枢为大仆射，宪为小仆射，朝廷荣之。及宣帝不豫，宪与吏部尚书毛喜俱受顾命。始兴王叔陵之肆逆也。宪指麾部分，预有力焉。后主被创病笃，执宪手曰："我儿尚幼，后事委卿。"宪曰："群情喁喁，冀圣躬康复，后事之委，未敢奉诏。"以功封建安县伯，领太子中庶子。寻除侍中、太子詹事。及太子加元服，行释奠礼，宪表请解职，不许。寻给扶二人。皇太子颇不率典训，宪手表陈谏十条，皆援引古今，言辞切直。太子虽外示容纳，心无悛改。后主欲立宠姬张贵妃子始安王为嗣，尝从容言之。吏部尚书蔡征顺旨称赞，宪厉色折之曰："皇太子国家储副，亿兆宅心，卿是何人，轻言废立。"然是夏，竟废太子为吴兴王。后主知宪有规谏之事，叹曰："袁德章实骨鲠臣。"即日诏为尚书仆射。

祯明三年，隋军来伐，隋将贺若弼进烧宫城北掖门，兵卫皆散走，朝士各藏，唯宪侍左右。后主谓曰："我从来待卿不先余人，今日见卿，可谓岁寒知松柏后凋也。非唯于我无德，亦是江东衣冠道尽。"后主将避匿，宪正色曰："北兵之入，必无所犯，大事如此，陛下安之？臣愿陛下依梁武见侯景故事以待之。"不从，因下榻驰去。宪从出后堂景阳殿，后主投井中，宪拜哭而出。及至长安，隋文帝嘉其雅操，下诏以为江表称首，授开府仪同三司、昌州刺史。开皇十四年，授晋王广府长史。十八年，卒，时年七十，赠大将军、安成郡公，谥曰简。

长子承家，仕隋至秘书丞、国子司业。君正弟敬。

敬，字子恭，纯素有风格。幼便笃学，老而无倦。仕梁位太子中舍人。魏克江陵，流寓岭表。陈武帝受禅，敬在广州依欧阳颁。颁卒，其子纥据州，将有异志，敬累谏不从。宣帝即位，遣章昭达讨纥，纥将败，恨不纳敬言。朝廷义之，征为太子中庶子。历左户、都官二尚书，太常卿，散骑常侍，金紫光禄大夫，加特进。至德三年，卒，谥靖德子。子元友嗣。敬弟泌。

泌，字文洋，清正有干局，容体魁岸，志行修谨。仕梁历诸王府佐。侯景之乱，泌兄君正为吴郡太守，梁简文帝在东宫，板泌为东宫领直，令往吴中，召募士卒。及景围台城，泌率所领赴援。城陷，依鄱阳嗣王范。范卒，泌降景。景平，王僧辩表泌为富春太守，兼丹阳尹。贞阳侯明僭位，以为侍中，使于齐。陈武帝受禅，泌自齐从梁永嘉王萧庄往王琳所。及庄称尊号，以泌为侍中、丞相长史。琳败，众皆散，唯泌轻舟送达于北境，属庄于御史中丞刘仲威，然后拜辞归陈请罪，文帝深义之。累迁通直散骑常侍，兼侍中，聘周。及宣帝入辅，以泌为司徒左长史，卒于官。临终戒其子芳华曰："吾于朝廷素无功绩，瞑目之后，敛手足旋葬，无得受赠谥。"其子述泌遗意，朝廷不许，赠金紫光禄大夫，谥曰质。

论曰：天长地久，四时代谢，灵化悠远，生不再来。所以据洪图而轻天下，吝寸阴而贱尺璧。夫义重于生，空传前诰，投躯徇主，罕遇其人。观夫宋、齐以还，袁门世踵忠义，固知风霜之概、松筠其性乎！若无阳源之节，丹青夫何取贵？颐虽末路披猖，原心有本。彖之出处所蹈，实懋家风。綮执履之迹，近乎仁勇。古人所谓疾风劲草，岂此之谓乎？昔王经峻节，既被旌于晋世；綮之贞固，亦改葬于齐朝。其激厉之方，异代同符者矣。昂命属崩离，身逢危季，虽独夫丧德，臣节无改。拒梁武之命，义烈存焉。隆从兄之服，悌心高已。既而抗言储嗣，无忘直道；辞荣身后，有心黜殡。自初及末，无亏风范；从微至著，皆为称职，盖一代之名公也。枢风格峻整，宪仁义率由，韩子称"人臣委质，心无有二"，宪弗渝岁暮，良可称云。敬、泌立履之地，亦不为替矣。

卷二十七　　　列传第十七

孔靖 孙琇之　琇之曾孙奂
孔琳之 孙觊　**殷景仁** 从祖弟淳

孔靖，字季恭，会稽山阴人也。名与宋武帝祖讳同，故以字称。祖愉，晋车骑将军。父誾，散骑常侍。季恭始察孝廉，累迁司徒左西掾，未拜，遭母忧。隆安五年，被起为山阴令，不就。宋武帝东征孙恩，屡至会稽，过季恭宅。季恭正昼卧，有神人衣服非常，谓曰："起！天子在门。"既而失之。遽出，适见帝，延入结交，执手曰："卿后当大贵，愿以身为托。"于是曲意礼接，赠给甚厚。帝后讨孙恩，时桓玄篡形已著，帝欲于山阴建义。季恭以山阴路远，且玄未居极位，不如待其篡后，于京口图之，帝亦以为然。时虞啸父为会稽内史，季恭求为府司马不得，乃出诣都。及帝定桓玄，以季恭为会稽内史，使赍封板拜授，正与季恭遇。季恭便回舟夜还，至即叩扉入郡。啸父本为桓玄所授，闻玄败，开门请罪。季恭慰勉，使且安所住，明日乃移。季恭到任，厘整浮华，翦罚游惰，由是境内肃清。累迁吴兴太守，加冠军。先是吴兴频丧太守。言项羽神为卞山王，居郡听事，二千石常避之。季恭居听事，竟无害也。迁尚书左仆射，固让。义熙八年，复为会稽内史，修饰学校，督课诵习。十年，复为右仆射，又让不拜。除领军，加散骑常侍。十二年致仕，拜金紫光禄大夫。是岁，武帝北伐，季恭求从，以为太尉军谘祭酒。从平关、洛。宋台初建，以为尚书令，又让，乃拜侍中、特进、左光禄大夫。辞事东归，帝亲饯之戏马台，百僚咸赋诗以述其美。及受命，加开府仪同三司，让累年不受，薨以为赠。

子灵符，位丹阳尹，会稽太守。寻加豫章王子尚抚军长史。灵符家本丰富，产业甚广，又于永兴立墅，周回三十三里，水陆地二百六十五顷，含带二山。又有果园九处。为有司所纠，诏原之。而灵符答对不实，坐免。寻又复官。

灵符慤实有材干，不存华饰，每所莅官，政绩修理。废帝景和中，犯忤近臣，为所谮构，遣使鞭杀之。二子湛之、深之于都赐死。明帝即位，追赠灵符金紫光禄大夫。深之大明中为尚书比部郎。时安陆应城县人张江陵与妻吴共骂母黄，令死，黄忿恨自经死，已值赦。案律，子贼杀伤殴父母枭首，骂詈弃市，谋杀夫之父母亦弃市。会赦，免刑；补治江陵骂母，以自裁，重于伤殴。若同杀科则疑重，用伤殴及詈科则疑轻。制唯有打母遇赦犹枭首，无詈母致死会赦之科。深之议曰："夫题里逆心而仁者不入。名且恶之，况乃人事？故殴殳伤咒诅，法所不原，詈之致尽，则理无可宥。罚有从轻，盖疑失善，求之文旨，非此之谓。江陵虽遇赦恩，故合枭首。妇本以义，爱非天属，黄之所恨，情不在吴，原死补治，有允正法。"诏如深之议，吴免弃市。

灵符弟灵运，位著作郎。灵运子琇之。

琇之有吏能，仕齐为吴令。有小儿年十岁，偷刈邻家稻一束，琇之付狱案罪。或谏之，琇之曰："十岁便能为盗，长大何所不为？"县中皆震肃。迁尚书左丞，又以职事知名。后兼左户尚书，廷尉卿。出为临海太守，在任清约。罢郡还，献乾姜二千斤，齐武帝嫌其少，及知琇之清，乃叹息。出监吴兴郡，寻拜太守，政称清严。明帝辅政，防备诸蕃，致密旨于上佐，使便宜从事。隆昌元年，迁琇之晋熙王冠军长史、江夏内史，行郢州事，欲令杀晋熙。琇之辞，不许，欲自引决，友人陆闲谏之，琇之不从，遂不食而死。子臻，至太子舍人，尚书三公郎。臻子幼孙，梁宁远枝江公主簿、无锡令。幼孙子奂。

奂，字休文，数岁而孤，为叔父虔孙所养，好学善属文。沛国刘显以博学称，每深相叹美，执其手曰："昔伯喈坟素悉与仲宣，吾当希彼蔡君，足下无愧王氏。所保书籍，寻以相付。"仕梁为尚书仪曹侍郎。时左户郎沈炯为飞书所谤，将陷重辟，连官台阁，人怀忧惧，奂廷理之，竟得明白。侯景陷建邺，朝士并被拘縶，或荐奂于贼率侯子鉴，乃脱桎梏，厚遇之，令掌书记。时子鉴景之腹心。朝士莫不屈屈，奂独无所下。或谏奂曰："不宜高抗。"奂曰："吾性命有在，岂有取媚凶丑，以求全乎？"时贼徒剽掠子女，拘逼士庶，奂保持得全者甚众。寻遭母忧。时天下丧乱，皆不能终三年丧，唯奂及吴国张种在寇乱中，守法度，并以孝闻。及景平，司徒王僧辩先下辟书，引为左西掾。梁元帝于荆州即位，征奂及沈炯，僧辩累表请留之。帝手敕报曰："孔、沈二士，今且借公。"其为朝廷所重如此。僧辩为扬州刺史，又补中从事史。时侯景新平，每事草创，宪章故事，无复存者。奂博物强识，甄明故实，问无不知。仪注体式，牋书表翰，皆出于奂。陈武帝作相，除司徒左长史，迁给事黄门侍郎。齐遣东方老、萧轨来寇，四方壅隔，粮运不继，三军取给，唯在都下，乃除奂建康令。武帝克日决战，乃令奂多营麦饭，以荷叶裹之，一宿之间，得数万裹。军人旦食讫，尽弃其余，因而决战，大破贼。

武帝受禅，迁太子中庶子。永定三年，除晋陵太守。晋陵自宋、齐以来为大郡，虽经寇扰，犹为全实，前后二千石多行侵暴，奂清白自守，妻子并不之官，唯以单船临郡。所得秩俸，随即分赡孤寡，郡中号曰神君。曲阿富人殷绮见奂居处俭素，乃饷以衣毡一具。奂曰："太守身居美禄，何为不能办此？但百姓未周，不容独享温饱。劳卿厚意，幸勿为烦。"陈文帝即位，征为御史中丞。奂性刚直，多所纠劾，朝廷甚敬惮之。又达于政体，每所奏，未尝不称善，百司滞事，皆付咨决。迁散骑常侍，领步兵校尉、中书舍人。重除御史中丞，寻为五兵尚书。时文帝不豫，台阁众事，并令仆射到仲举共决。及帝疾笃，奂与宣帝及到仲举并吏部尚书袁枢、中书舍人刘师知等入侍医药。文帝尝谓奂等曰："今三方鼎峙，宜须长君，朕欲近则晋成，远隆殷法，卿等须遵此意。"奂乃流涕歔欷跪而对曰："陛下御膳违和，痊复非久，皇太子春秋鼎盛，圣德日跻，废立之事，臣不敢闻。"帝曰："古之遗直，复见之卿。"乃用奂为太子詹事。

废帝即位，除散骑常侍、国子祭酒。出为南中郎康乐侯长史、寻阳太守，行江州事。宣帝即位，为始兴王长史。奂在职清俭，多所规正，宣帝嘉之，赐米五百斛，并累降敕书，殷勤劳问。太建六年，为吏部尚书。八年，加侍中。时有事北边，克复淮、泗，封赏叙用，纷纭重叠，奂应接引进，门无停宾。加以识鉴人物，详练百氏，凡所甄拔，衣冠搢绅莫不悦服。性耿介，绝诸请托。虽储副之尊，公侯之重，溺情相及，终不为屈。始兴王叔陵之在湘州，累讽有司，固求台铉。奂曰："衮章本以德举，未必皇枝。"因抗言于宣帝。帝曰："始兴那忽望公，且朕儿为公，须在鄱阳王后。"奂曰："臣之所见，亦如圣旨。"后主时在东宫，欲以江总为太子詹事，令管记陆瑜言之奂。奂曰："江有潘、陆之华，而无园、绮之实，辅弼储贰，窃谓非材。"后主深以为恨，乃自言于宣帝。宣帝将许之，奂乃奏曰："江总文华之人，今皇太子文华不少，无藉于总。如臣愚见，愿选敦重之才，以居辅导。"帝曰："谁可？"奂曰："都官尚书王廓，代有懿德，识性敦敏，可以居之。"后主时亦在侧，乃曰："廓，王泰之子，不可居太子詹事。"奂又曰："宋朝范晔即范泰之子，亦为太子詹事。"后主固争之，帝以总为詹事，由是忤旨。初，后主欲官其私宠，微讽于奂，奂不从。及左仆射陆缮迁职，宣帝欲用奂代缮，已草诏讫，后主抑遂不行。十四年，为散骑常侍、金紫光禄大夫，领前军将军。未行，改领弘范宫卫尉。至德元年卒，年七十余。有集十五卷，弹文四卷。

子绍安、绍薪、绍忠。绍忠，字孝扬，亦有才学，位太子洗马、鄱阳王东曹掾。

孔琳之，字彦琳，会稽山阴人也。曾祖群，晋御史中丞。祖沈，丞相掾。父廞，光禄大夫。琳之强正有志力，少好文义，解音律，能弹棋，妙善草隶。桓玄辅政为太尉，以为西阁祭酒。玄时议欲废钱用谷帛，琳之议曰：

《洪范》八政，以货次食，岂不以交易之所资，为用之至要者乎？故圣王制无用之货，以通有用之财，既无毁败之费，又省难运之苦，此钱所以嗣功龟贝，历代不废者也。谷帛为宝，本充衣食，今分以为货，则致损甚多，又劳烦于商贩之手，耗弃于割截之用，此之为弊，著于自囊。故钟繇曰："巧伪之人，竞湿谷以要利，制薄绢以充资。"魏世制以严刑，弗能禁也。是以司马芝以为"用钱非徒丰国，亦所以省刑"。今既用而废之，则百姓顿亡其利，是有钱无粮之人，皆坐而饥困，此断之之弊也。魏明帝时，钱废谷用四十年矣，以不便于人，乃举朝大议，精才达政之士，莫不以为宜复用钱。彼尚舍谷帛而用钱，足以明谷帛之弊著于已试也。

玄又议复肉刑，琳之以为：

唐虞象刑，夏禹立辟，盖淳薄既异，致化不同。《书》曰"世轻世重"，言随时也。夫三代风纯而事简，故罕蹈刑辟；季末俗巧而务殷，故动陷宪网。若三千行于叔世，必有踊贵之尤，此五帝不相循法，肉刑不可悉复者也。汉文发仁恻之意，伤自新之路莫由，革古创制，号称刑厝；然名轻而实重，反更伤人。故孝景嗣位，轻之以缓，缓而人慢，又不禁邪。期于刑罚之中，所以见美于昔，历代详论而未获厥中者也。兵荒已后，罹法更多，弃市之刑，本斩右趾，汉文一谬，承而弗革，所以前贤怅恨，议之而未辩。钟繇、陈群之意虽小有不同，欲以右趾代弃市。若从其言，则所活者众矣。降死之生，诚为轻法，可以全其性命，蕃其产育，仁既济物，功亦益众。又今之所患，逋逃为先，屡叛不革，宜令逋身廪所，亦以肃戒未犯，永绝恶原。至于余条，宜且依旧。

玄好人附悦，而琳之不能顺旨，是以不见知。累迁尚书左丞，扬州中从事史，所居著绩。时责众官献便宜，议者以为宜修庠序，恤典刑，审官方，明黜陟，举逸拔才，务农简调。琳之于众议之外，别建言曰：

夫玺印者，所以辨章官爵，立契符信。官莫大于皇帝，爵莫尊于公侯，而传国之玺，历代通用；袭封之印，弈世相传。贵在仍旧，无取改作。今世唯尉一职独用一印，至于内外群官，每迁悉改，讨寻其义，私所未达。若谓官各异姓，与传袭不同，则未若异代之为殊也；若论其名器，虽有公卿之贵，未若帝王之重；若以或有诛夷之臣，忌其凶秽，则汉用秦玺，延祚四百，未闻以子婴身戮国亡而弃不佩。帝王公侯之尊，不疑于传玺。人臣众僚之卑，何嫌于即印？载籍未闻其说，推例可乖其准，而终年刻铸，丧功消实，金银铜炭之费，不可称言，非所以因循旧贯，易简之道。愚请众官即用一印，无烦改作，若新置官，又官多印少，文或零失，然后乃铸，则仰祎天府，非唯小益。

又曰：

凶门柏装，不出礼典，起自末代，积习生常，遂成旧俗。爰自天子，达于庶人。诚行之有由，卒革必骇；然苟无关于情，而有愆礼度，存之未有所明，去之未有所失。固当式遵先典，厘革后谬。况复兼以游费，实为人患者乎？凡人士丧仪，多出闾里，每有此须，动十数万，损人财力，而义无所取。至于寒庶，则人思自竭，虽复室如悬磬，莫不倾产单财，所谓"葬之以礼"，其若此乎？谓宜一罢凶门之式。

迁尚书吏部郎。义熙十一年，除宋武帝平北、征西长史，迁侍中。宋台初建，除宋国侍中。永初二年，为御史中丞，明宪直法，无所屈挠，奏劾尚书令徐羡之亏违宪典。时羡之领扬州刺史，琳之弟璩之为中从事，羡之使璩之解释琳之，使停寝其事。琳之不许，曰："我触忤宰相，政当罪止一身。汝必不应从坐。何须勤勤邪？"自是百僚震肃，莫敢犯禁。武帝甚嘉之，行经兰台，亲加临幸。迁祠部尚书，不事产业，家尤贫素。景平元年卒，追赠太常。子邈，有父风，官至扬州中从事。邈子觊。

觊，字思远，少骨鲠有风力，以是非为己任。口吃，好读书，早知名。历位中书黄门侍郎。初，晋安帝时，散骑常侍选望甚重，与侍中不异，其后职任闲散，用人渐轻。孝建三年，孝武欲重其选，于是吏部尚书颜竣奏以觊及司徒左长史王景文应举。帝不欲威权在下，其后分吏部尚书置二人以轻其任。侍中蔡兴宗谓人曰："选曹要重，常侍闲淡，改之以名而不以实，虽主意欲为轻重，人心岂可变邪？"既而常侍之选复卑，选部之贵不异。大明元年，徙太子中庶子，领翊军校尉，历秘书监，廷尉卿，为御史中丞。鞭令史，为有司所纠，原不问。六年，除安陆王子绥后军长史、江夏内史。性使酒仗气，每醉辄弥日不醒，僚类间多所陵忽，尤不能曲意幸，莫不畏而疾之。居常贫罄，无有丰约，未尝关怀。为府长史，典签谘事，不呼前不敢前，不令去不敢去。虽醉日居多，而明晓政事，醒时判决，未尝有壅。众咸曰："孔公一月二十九日醉，胜世人二十九日醒也。"孝武每欲引见，先遣人觇其醉醒。

性真素，不尚矫饰，遇得宝玩，服用不疑，而他物粗败，终不改易，时吴郡顾觊之亦尚俭素，衣裘器服皆择其陋者。宋世清俭，称此二人。觊弟道存、从弟徽，颇营产业，二弟请假东还，觊出渚迎之，辎重十余船，皆是绵绢纸席之属。觊见之伪喜，谓曰："我比乏，得此甚要。"因命置岸侧，既而正色谓曰："汝辈忝预士流，何至还东作贾客邪？"命烧尽乃去。先是，庾徽之为御史中丞，性豪丽，服玩甚华。觊代之，衣冠器用莫不粗率。兰台令史并三吴富人，咸有轻之之意。觊蓬首缓带，风貌清严，皆重迹屏气，莫敢欺犯。庾徽之，字景猷，颍川鄢陵人也，后卒于南东海太守。觊后为司徒左长史，道存代觊为后军长史、江夏内史。时东土大旱，都邑米贵，一斗将百钱。道存虑觊甚乏，遣吏载五百斛米饷之。觊呼吏谓之曰："我在彼三载，去官之日，不办有路粮。郎至彼未几，那能得此米邪？可载米还彼。"吏曰："自古以来无有载米上水者，都下米贵，乞于此货之。"不听，吏乃载米而去。

永光元年，迁侍中，后为寻阳王右军长史、行会稽郡事。明帝即位，召为太子詹事，遣故佐平西司马庾业为右军司马，代觊行会稽郡事。时上流反叛，上遣都水使者孔璪入东慰劳。璪至，说觊以废帝侈费，仓储耗尽，都下罄匮，资用已竭；今南北并起，远近离叛，若拥五郡之锐，招动三吴，事无不克。觊然其言，遂发兵驰檄。觊子长公，璪二子淹、玄并在都，驰信密报。泰始二年正月，并逃叛东归。遣书要吴郡太守顾琛，琛以母年笃老，又密迩建邺，与长子宝素谋议未判。少子宝先时为山阴令，驰书报琛，以南师已近，朝廷孤弱，不时顺从，必有覆灭之祸。觊前锋军已度浙江，琛遂据郡同反。吴兴太守王昙生、义兴太守刘延熙、晋陵太守袁标一时响应。庾业既东，明帝即以代延熙为义兴，以延熙为巴陵王休若镇东长史。业至长塘湖，即与延熙合。明帝遣建威将军沈怀明东讨，尚书张永系进。巴陵王休若董统东讨诸军。时觊所遣孙昙瓘等军顿晋陵九里，部阵甚盛。怀明至奔牛，所领寡弱，张永至典阿，未知怀明安否，退还延陵就休若。诸将帅咸劝退破冈，休若宣令敢有言退者斩，众小定。军主刘亮又继至，兵力转集，人情乃安。时齐高帝率军东讨，与张永等于晋陵九里曲结营，与东军相持。上遣积射将军江方兴、南台御史王道隆至晋陵视贼形势，贼帅孙昙瓘、程抁宗、陈景远凡有五城，互相连带。抁宗城犹未固，道隆率所领急攻之，俄顷城陷，斩抁宗首。刘亮果劲，便刀楯，乃负楯而进，直入重栅，众军因之，即皆摧破。齐高帝与永等乘胜驰击，又大破之。昙瓘因此败走，孔璪与昙生焚仓库，奔钱唐。会稽闻西军稍近，将士多奔亡，觊不能复制。上虞令王晏起兵攻郡，觊忧遽不知之为。其夕拿千人声云东讨，实趋石㲼。遇潮涸不得去，众叛都尽，门生载以小船，窜于山崎村。村人缚以送晏，晏诮曰："此事孔璪所为，无豫卿事，可作首辞，当相为申上。"觊曰："江东处分，莫不由身，委罪求活，便是君辈行意耳。"晏乃斩之东阁外。临死求酒，曰："此是平生所好。"顾琛、王昙生、袁标等并诣吴喜归罪，喜皆宥之。东军主凡七十六人，于阵斩十七人，余皆原宥。觊之起兵也，梦行宣阳门道上，顾望皆丘陵。觊寤，私告人曰："丘陵者，弗平，建康其殆难克。"

觊弟道存，位黄门吏部郎、南郡太守。晋安王子勋建伪号，以为侍中，行雍州事，事败见杀。

殷景仁，陈郡长平人也。曾祖融，晋太常。祖茂之，特进、左光禄大夫。父道裕，早亡。景仁少有大成之量，司徒王谧见而以女妻之。为宋武帝太尉行参军，历位中书侍郎。景仁不为文而敏有思致，不谈义而深达理，至于国典朝仪，旧章记注，莫不撰录，识者知其有当世之志也。

尝建议请百官举才，以所荐能否黜陟，武帝甚知之。少帝即位，补侍中，累表辞让。优诏申其请，以为黄门侍郎，历左卫将军。文帝即位，委遇弥厚。俄迁侍中，左卫如故。时与王华、王昙首、刘湛四人并为侍中。以风力局干，冠冕一时，同升之美，近代莫及。元嘉三年，车驾征谢晦，司徒王弘入居中书下省，景仁长直，共掌留任。晦平，代到彦之为中领军，侍中如故。

文帝所生章太后早亡，上奉太后所生苏氏甚谨。六年，苏氏卒，车驾亲往临哭，诏欲遵二汉推恩之典。景仁议以为"汉氏推恩加爵，于时承秦之弊，儒术蔑如，惧非盛明所宜轨蹈。晋监二代，朝政之所因。君举必书，哲王之所慎。体至公者，县爵赏于无私；奉天统者，每屈情以申制，所以作孚万国，贻则后昆"。上从之。

丁母忧，葬竟，起为领军将军，固辞。上使纲纪代拜，遣中书舍人周赳舆载诣府。服阕，迁尚书仆射。太子詹事刘湛代为领军，湛与景仁素善，皆被遇于武帝，俱以宰相许之。湛常居外任。会王弘、王华、王昙首相系亡，景仁引湛还朝，共参朝政。湛既入，以景仁位遇本不逾己，一旦居前，意甚愤愤。知文帝信仗景仁，不可移夺，乃深结司徒彭城王义康，欲倚宰相之重以倾之。十二年，景仁迁中书令、护军将军，仆射如故，寻复加领吏部。湛愈怒，义康纳湛言，毁景仁于文帝，帝遇之益隆。景仁密陈相王权重，非社稷计，上以为然。景仁对亲旧叹曰："引之令入，便噬人。"乃称疾请解，不见许，使停家养病。湛议欲遣人若劫盗者于外杀之，以为文帝虽知，当不能伤至亲之爱。上微闻之，徙景仁于西掖门外晋鄱阳主第，以为护军府。密迩宫禁，故其计不行。景仁卧疾者五年，虽不见上，而密函去来，日中以十数，朝政大小必以问焉。影迹周密，莫有窥其际者。及将收湛之日，景仁便拂拭衣冠。寝疾既久，左右皆不悟其意。其夜，上出华林园延贤堂召之，景仁犹称脚疾，小床舆以就坐，诛讨处分，一皆委之。

代义康为扬州刺史，仆射、吏部如故。遣使者授印绶，主簿代拜毕，便觉疾甚，情理乖错。性本宽厚，而忽更苛暴，问左右曰："今年男婚多，女嫁多？"是冬大雪，景仁乘舆出厅事观望，忽惊曰："当阁何得有大树？"既而曰："我误耳。"疾笃，文帝谓不利在州，使还任仆射下省。为州凡月余日卒，或云见刘湛为祟。追赠侍中、司空，谥曰文成公。大明五年，孝武经景仁墓，诏遣致祭。

子道矜，幼而不慧，位太中大夫。道矜子恒，明帝时，位侍中、度支尚书。属父家疾久，为有司所奏。诏曰："道矜生便有病，更无横疾。恒因愚习惛，久妨清序，可除散骑常侍。"

淳，字粹远，景仁从祖弟也。祖允，晋太常。父穆，以和谨致称，自五兵尚书为宋武帝相国左长史。元嘉中，位特进、右光禄大夫，领始兴王师。卒官，谥曰元子。淳少好学，有美名，历中书黄门侍郎。黄门清切，直下应留下省，以父老特听还家。高简寡言，早有清尚，爱好文义，未尝违舍。在秘书阁撰《四部书大目》，凡四十卷，行于世。元嘉十一年卒，朝廷痛惜之。

子孚，有父风。尝与侍中何勖共食，孚羹尽，勖云："益殷莼羹。"勖，司空无忌子也。孚徐辍筯曰："何无忌讳。"孚位吏部郎，为顺帝抚军长史。

子臻，字后同，幼有名行，袁粲、褚彦回并赏异之。每造二公之席，辄清言毕景。王俭为丹阳尹，引为郡丞。袁昂先拜秘书丞，求臻到省表。臻答曰："何不见倩拜，而见倩作表。"遂不为作。历位太子洗马。

淳弟冲，字希远，位御史中丞，有司直之称。再迁度支尚书。元凶妃即淳女，而冲在东宫为劭所知遇。劭弑立，以为司隶校尉。冲有学义文辞，劭使为尚书符，罪状孝武，亦为劭尽力。建邺平，赐死。

冲弟淡，字夷远，亦历黄门吏部郎，太子中庶子。大明中，又以文章见知。

论曰：季恭命偶兴王，恩深惟旧，及位致崇宠，而每存谦挹。观夫持满之戒，足以追踪古人。琇之贞素之风，不践无义之地。《易》曰："王臣蹇蹇，其动也直。"休文行己之度，可谓近之。琳之二议，深达变通之道。觊持身之节，亦曰一时之良，而听言则悖，晚致覆没，痛矣哉！景仁远大之情，著于初筮，元嘉之盛，卒致宗臣，言听计从，于斯为重，美矣乎。

卷二十八　　　　列传第十八

褚裕之 弟淡之　玄孙球　裕之兄子湛之　湛之子彦回　彦回子蓁　蓁子向　向子翔　彦回弟澄　从父弟炤　炫　炫子沄　沄孙玠

褚裕之，字叔度，河南阳翟人，晋太傅哀之曾孙也。祖歆，秘书监。父爽，金紫光禄大夫。长兄秀之，字长倩，历大司马琅邪王从事中郎，黄门侍郎，宋武帝镇西长史。秀之妹，晋恭帝后也。秀之虽晋氏姻戚，而尽心于武帝。迁侍中，出补大司马右司马。晋恭帝即位，为祠部尚书。宋受命，徙太常。元嘉初，卒于官。

秀之弟淡之，字仲原，亦历显官，为宋武帝车骑从事中郎，尚书吏部郎，廷尉卿，左卫将军。宋受命，为侍中。

淡之兄弟并尽忠事武帝，恭帝每生男，辄令方便杀焉，或诱贿内人，或密加毒害，前后如此非一。及恭帝逊位居秣陵宫，常惧见祸，与褚后共止一室，虑有酖毒，自煮食于前。武帝将杀之，不欲遣人入内，令淡之兄弟视后。褚后出别室相见，兵人乃逾垣而入，进药于恭帝。帝不肯饮，曰："佛教自杀者不得复人身。"乃以被掩杀之。后会稽郡缺，朝议欲用蔡廓，武帝曰："彼自是蔡家佳儿，何关人事？可用褚佛。"佛，淡之小字也。乃用淡之为会稽太守。景平元年，富阳孙氏聚合门宗谋逆，其支党在永兴县潜相影响。永兴令羊恂觉其谋，以告淡之，淡之不信，乃以诬人之罪收县职局。于是孙法先自号冠军大将军，与孙道庆等攻没县邑，更相树置，遥以鄱令司马文宣为征西大将军，建旗鸣鼓，直攻山阴。淡之自假陵江将军，以山阴令陆邵领司马，加振武将军，前员外散骑常侍王茂之为长史，前国子博士孔欣、前员外散骑常侍谢苓之并参军事，召行参军七十余人。前镇西谘议参军孔宁子、左光禄大夫孔季恭于山士，并在艰中，皆起为将军。遣队主陈愿、郡议曹掾虞道纳二军上浦阳江。愿等战败，贼遂推锋而前，去城二十余里。淡之遣陆邵水军御之，而身率所领出次近郊。邵与行参军漏恭期合力，大败贼于柯亭。淡之寻卒，谥曰质子。

裕之名与武帝同，故行字焉。初为太宰琅邪王行参军，武帝车骑参军，司徒左西属，中军谘议参军，署中兵，加建威将军。从征鲜卑，尽其诚力。卢循攻查浦，叔度力战有功。循南走，武帝板行广州刺史，加督，建威将军，领平越中郎将。在任四年，广营资货，资财丰积，坐免官，禁锢终身。还至都，凡诸亲旧及一面之款，无不厚加赠遗。寻除太尉谘议参军、相国右司马。武帝受命，为右卫将军。武帝以其名家，而能竭尽心力，甚嘉之，封番禺县男。寻加散骑常侍。永初三年，出为雍州刺史，领宁蛮校尉。在任三年，以清简致称。景平二年，卒。

子恬之嗣。恬之弟寂之，著作佐郎，早卒。寂之子暖，尚宋文帝第六女琅邪贞长公主，位太宰参军，亦早卒。暖子缋，位太子舍人，亦尚宋公主。缋子球，字仲宝，少孤贫，笃志好学，有才思。宋建平王景素，元徽中诛灭，唯有一女存，故吏何昌宇、王思远闻球清立，以此女妻之。仕齐为溧阳令，在县清白，资公奉而已。仕梁历都官尚书，通直散骑常侍，秘书监，领著作，司徒右长史，常侍、著作如故。自魏孙礼、晋荀组以后，台佐加貂，始自球也。后为散骑常侍，光禄大夫，加给事中。

湛之，字休玄，秀之子也。尚宋武帝第七女始安哀公主，拜驸马都尉、著作佐郎。哀公主薨，复尚武帝第五女吴郡宣公主。诸尚主者，并因世胄，不必皆有才能。湛之谨实有意干，故为文帝所知。历显位，为太子中庶子，司徒左长史，侍中，左卫将军，左户尚书，丹阳尹。元凶弑逆，以为吏部尚书，复出为丹阳尹，统石头戍事。孝武入伐，勋自攻新亭垒，使湛之率水师进讨，湛之因携二息彦回、澄，登轻舟南奔。彦回始生一男，为勋所杀。孝武即位，以为尚书右仆射。孝建元年，为中书令、丹阳尹。后拜尚书左仆射，以南奔赐爵都乡侯。大明四年卒，谥敬侯。子彦回。

彦回幼有清誉。宋元嘉末，魏军逼瓜步，百姓咸负担而立。时父湛之为丹阳尹，使其子弟并著芒屩，于斋前习行。或讥之，湛之曰："安不忘危也。"彦回时年十余，甚有惭色。湛之有一牛，至所爱，无故堕厅事前井，湛之率左右躬自营救之，郡中喧扰，彦回下帘不视也。又有门生盗其衣，彦回遇见，谓曰："可密藏之，勿使人见。"此门生惭而去，不敢复还，后贵乃归罪，待之如初。尚宋文帝女南郡献公主，拜驸马都尉，除著作佐郎，累迁秘书丞。湛之卒，彦回悉推财与弟澄，唯取书数千卷。湛之有两厨宝物，在彦回所生郭氏间，嫡母吴县主求之，郭欲不与，彦回曰："但令彦回在，何患无物？"犹不许，彦回流涕固请，乃从之。袭爵都乡侯，历位尚书吏部郎。景和中，山阴公主淫恣，窥见彦回悦之，以白帝。帝召彦回西上阁宿十日，公主夜就之，备见逼迫，彦回整身而立，从夕至晓，不为移志。公主谓曰："君须髯如戟，何无丈夫意？"彦回曰："回虽不敏，何敢首为乱阶？"宋明帝即位，累迁吏部尚书。有人求官，密袖中将一饼金，因求请间，出金示之，曰："人无知者。"彦回曰："卿自应得官，无假此物。若必见与，不得不相启。"此人大惧，收金而去。彦回叙其事，而不言其名，时人莫之知也。帝之在藩，与彦回以风素相善，至是深相委仗，陈事皆见从。改封雩都伯，历侍中，领尚书，右卫将军。彦回美仪貌，善容止，俯仰进退，咸有风则。每朝会，百僚远国使，莫不延首目送之。明帝尝叹曰："褚彦回能迟行缓步，便得宰相矣。"时人以方何平叔。尝聚袁粲舍，初秋凉夕，风月甚美，彦回援琴奏《别鹄》之曲，宫商既调，风神谐畅。王彧、谢庄并在粲坐，抚节而叹曰："以无累之神，合有道之器，宫商暂离，不可得已。"

时伧人常珍奇与薛安都为逆，降叛非一。后又求降，明帝加以重位。彦回谓全其首领，于事已弘，不足大加宠异。帝不从。珍奇寻又叛。彦回后为吴兴太守，帝寝疾危殆，驰使召之，欲托后事。及至召入，帝坐帐中流涕曰："吾近危笃，故召卿，欲使著黄罗襂。"指床头大函曰："文书皆函内置，此函不得复开。"彦回亦悲不自胜。黄罗襂，乳母服也。帝虽小间，犹怀身后虑。建安王休仁，人才令美，物情宗向，帝与彦回谋诛之，彦回以为不可。帝怒曰："卿痴不足与议事。"彦回惧而奉旨。复为吏部尚书，卫尉卿，尚书右仆射。以母老疾，晨昏须养，辞卫尉，不许。明帝崩，遗诏以为中书令、护军将军，与尚书令袁粲受顾命，辅幼主。粲等虽同见托，而意在彦回。彦回同心理事，务弘俭约，百姓赖之。既而王道隆、阮佃夫用事，奸略公行，彦回不能禁也。遭所生丧，毁顿不复可识，期年不盥栉，唯泣泪处乃见其本质焉。诏断哭，禁吊客。葬毕，起为中军将军，本官如故。

元徽二年，桂阳王休范反，彦回与卫将军袁粲入卫宫省，镇集众心。彦回初为丹阳，与从弟炤同载，道逢齐高帝，彦回举手指高帝车谓炤曰："此非常人也。"出为吴兴，高帝饷物别，彦回又语人曰："此人才貌非常，将来不可测也。"及顾命之际，引高帝豫焉。高帝既平桂阳，迁中领军，领南兖州，高帝固让，与彦回及卫军袁粲书陈情，彦回、粲答书不从，高帝乃受命。其年加彦回尚书令、侍中，给班剑二十人，固让令。三年，进爵为侯。服阕，改授中书监，侍中、护军如故，给鼓吹一部。

时淮北属，江南无复鲅鱼，或有间关得至者，一枚直数千钱。人有饷彦回鲅鱼三十枚。彦回时虽贵，而贫薄过甚，门生有献计卖之，云可得十万钱。彦回变色曰："我谓此是食物，非曰财货，且不知堪卖钱，聊尔受之。虽复俭乏，宁可卖饷取钱也？"悉与亲游唉之，少日便尽。明年，嫡母吴郡公主薨，毁瘠骨立。葬毕，诏摄职，固辞，又以期祭礼及，**表解职**，并不许。

苍梧暴虐稍甚，齐高帝与彦回及袁粲言世事，粲曰："主上幼年，微过易改，伊、霍之事，非季世所行，纵使功成，亦终无全地。"彦回默然，归心高帝。及废苍梧，群公集议，袁粲、刘彦节既不受任，彦回曰："非萧公无以了此。"手取事授高帝。高帝曰："相与不肯，我安得辞？"事乃定。顺帝立，改号卫将军、开府仪同三司，侍中如故，甲仗五十人入殿。及袁粲怀贰，曰："褚公眼睛多白，所谓白虹贯日，亡宋者终此人也。"他日，粲谓彦回曰："国家所倚，唯公与刘丹阳及粲耳，愿各自勉，无使竹帛所笑。"彦回曰："愿以鄙心寄公之腹则可矣。"然竟不能贞固。及高帝辅政，王俭议加黄钺，任遐曰："此大事，应报褚公。"帝曰："褚脱不与，卿将何计？"遐曰："彦回保妻子，爱性命，非有奇才异节，遐能制之。"果无违异。及沈攸之事起，高帝召彦回谋议，彦回曰："西夏衅难，事必无成，公当先备其内耳。"高帝密为其备。事平，进中书监、司空。

齐台建，彦回白高帝，引何曾自魏司徒为晋丞相，求为齐官。高帝谦而不许。建元元年，进位司徒，侍中、中书监如故，改封南康郡公。彦回让司徒，乃与仆射王俭书，欲依蔡谟事例。俭以为非所宜言，劝彦回受命。终不就。寻加尚书令。二年，重申前命为司徒，又固让。魏军动，高帝欲发王公以下无官者从军，彦回谏以为无益实用，空致扰动，上乃止。

三年七月，帝亲尝酎，盛暑欲夜出，彦回与左仆射王俭谏，以为"自汉宣帝以来，不夜入庙，所以诫非常。人君之重，所宜克慎。"从之。时朝廷机事，彦回多与议谋，每见从纳，礼遇甚重。上大宴集，酒后谓朝臣曰："卿等并宋时公卿，亦当不言我应得天子。"王俭等未及答，彦回敛板曰："陛下不得言臣不早识龙颜。"上笑曰："吾有愧文叔，知公为朱祐久矣。"彦回善弹琵琶，齐武帝在东宫宴集，赐以金镂柄银柱琵琶。性和雅，有器度，不妄举动。宅尝失火，烟焰甚逼，左右惊扰，彦回神色怡然，索舆徐去。然世颇以名节讥之，于时百姓语曰："可怜石头城，宁为袁粲死，不作彦回生。"

高帝崩，遗诏以为录尚书事。江左以来，无单拜录者，有司疑立优策。尚书令王俭议，以为"见昔本官，别拜录，应有策书，而旧事不载。中朝以来，三公王侯，则优策并设；官品第二，策而不优。优者褒美，策者兼明委寄。尚书职居天官，政化之本，故尚书令品虽第三，拜必有策。录尚书秩不见，而总任弥重，前代多与本官同拜，故不别有策。即事缘情，不容均之凡僚，宜有策书，用申隆寄。既异王侯，不假优文"。从之。寻增彦回班剑为三十人，五日一朝。顷之寝疾。彦回少时尝笃病，梦人以卜著一具与之，遂差其一，至是年四十八矣，岁初便寝疾。而太白荧惑相系犯上将，彦回虑不起，表逊位。武帝不许。乃改授司空、骠骑将军，侍中、录尚书事如故。薨年四十八，家无余财，负责数十万，诏给东园秘器。时司空掾属以彦回未拜，疑应为吏敬以不？王俭议："依《礼》，妇在涂，闻夫家丧，改服而入。今掾属虽未服勤，而吏节禀于天朝，宜申礼敬。"司徒府御史又以彦回既解职而未恭后授，府应上服以不？俭又议："依中朝士孙德祖从乐陵迁为陈留，未入境，卒，乐陵郡吏依见君之礼，陈留迎吏依'娶女有吉日，商衰吊'。司徒府宜依居官制服。"又诏赠太宰，侍中、录尚书、公如故，增班剑为六十人，葬送礼悉依宋太保王弘故事，谥曰文简。先是庶姓三公，辂车未有定格，王俭议官品第一，皆加幢络，自彦回始也。又诏彦回妻宋故巴西主䢴𡝩暂启，宜赠南康郡公夫人。

长子贲，字蔚先，少耿介。父背袁粲等附高帝。贲深执不同，终身愧恨之，有栖退之志。位侍中。彦回薨，服阕，见武帝，贲流涕不自胜。上甚嘉之，以为侍中、领步兵校尉、左户尚书。常谢病在外，上以此望之，遂讽令辞爵，让与弟蓁，仍居墓下。及王俭薨，乃骑水牛出吊，以系门外柱，入哭尽哀而退，家人不知也。会疾笃，其子霁载以归。疾小间，知非故处，大怒，不肯复饮食，内外阁悉钉塞之，不与人相闻，数日裁余气息。谢瀹闻其弊，往候之，排阁不可开，以杵捶破，进见贲曰："事之不可得者，身也；身之不可全者，名也；名与身俱灭者，君也，岂不全之哉！"贲曰："吾少无人间心，岂身名之可慕？但愿启手归全，必在旧陇。儿辈不才，未达余趣，移尸徙殡，失吾素心，更以此为恨耳。"永明七年卒。

蓁，字茂绪，位义兴太守。八年，改封巴东郡公。明年，表让封还贲子霁，诏许之。建武末，蓁位太子詹事、度支尚书，领前军将军。永元元年卒，赠太常，谥穆子。

蓁子向，字景政，年数岁，父母相继亡没，哀毁若成人，亲表异之。及长，淹雅有器量，位长兼侍中。向风仪端丽，眉目如画，每公庭就列，为众所瞻望焉。仕梁，卒于北中郎庐陵王长史。子翔。

翔，字世举，起家秘书郎，累迁宣城王主簿。中大通五年，梁武帝宴群臣乐游苑，别诏翔与王训为二十韵诗，限三刻成。翔生坐立奏，帝异焉，即日补宣城王文学，俄迁友。时宣城友、文学加它二等，翔超为之，时论美焉。出为义兴太守，在政洁己，省繁苛，去游费，百姓安之。郡西亭有古树，积年枯死，翔至郡，忽更生枝叶，咸以为善政所感。以秩满，吏人诣阙请之，敕许焉。寻征为吏部郎，去郡，百姓无老少追送出境，涕泣拜辞。翔居小选大清，不为请属易意，号为平允。迁侍中。太清二年，守吏部尚书，丁母忧，以毁卒。翔少有孝行，为侍中时，母病笃，请沙门祈福，中夜忽见户外有异光，又闻空中弹指。及旦，疾遂愈，咸以为精诚所致云。

澄，字彦道，彦回弟也。初湛之尚始安公主，薨，纳侧室郭氏，生彦回。后尚吴郡主，生澄。彦回事主孝谨，主爱之。湛之亡，主表彦回为嫡。澄尚宋文帝女庐江公主，拜驸马都尉。历官清显，善医术。建元中，为吴郡太守，百姓李道念以公事到郡，澄见谓曰："汝有重疾。"答曰："旧有冷疾，至今五年，众医不差。"澄为诊脉，谓曰："汝病非冷非热，当是食白瀹鸡子过多所致。"令取蒜一升煮服之。始一服，乃吐出一物，如升，涎裹之动，开看是鸡雏，羽翅爪距具足，能行走。澄曰："此未尽。"更服所余药，又吐得如向者鸡十三头，而病都差，当时称妙。豫章王感病，高帝召澄为疗，立愈。寻迁左户尚书。彦回薨，澄以钱一万一千就招提寺赎高帝所赐彦回白貂坐褥，坏作裘及缨，又赎彦回介帻犀导及彦回常所乘黄牛。永明元年，为御史中丞袁彖所奏，免官禁锢，见原。迁侍中，领右军将军，以勤谨见知。澄女为东昏皇后。永元元年卒，追赠金紫光禄大夫。

炤，字彦宣，彦回从父弟也。父法显，鄱阳太守。炤少有高节，王俭尝称才堪保傅。为安成郡还，召为国子博士，不拜。常非彦回身事二代。彦回子贲往问讯炤，炤问曰："司空今日何在？"贲曰："奉玺绂，在齐大司马门。"炤正色曰："不知汝家司空将一家物与一家，亦复何谓？"彦回拜司徒，宾客满坐，炤叹曰："彦回少立名行，何意披猖至此！门户不幸，乃复有今日之拜。使彦回作中书郎而死，不当是一名士邪？名德不昌，遂有期颐之寿。"彦回性好戏，以轺车给之，炤大怒曰："著此辱门户，那可令人见。"索火烧之，驭人奔车乃免。炤弟炫。

炫,字彦绪,少清简,为从舅王景文所知。从兄彦回谓人曰:"从弟廉胜独立,乃十倍于我。"为正员郎。从宋明帝射雉,帝至日中无所得,甚猜羞,召问侍臣曰:"吾旦来如皋,遂空行可笑。"坐者莫答,炫独曰:"今节候虽适,而云雾尚凝,故斯翚之禽,骄心未警。但得神驾游豫,群情便可载欢。"帝意解,乃于雉场置酒。迁中书侍郎、司徒右长史。升明初,炫以清尚,与彭城刘俣、陈郡谢朏、济阳江斅入殿侍文义,号为四友。齐台建,为侍中,领步兵校尉。以家贫,建元初,出补东阳太守。前后三为侍中,与从兄彦回操行不同,故彦回之世,不至大官。永明元年,为吏部尚书。炫居身清立,非吊问不杂交游,论者以为美。及在选部,门庭萧索,宾客罕至。出行,左右常捧一黄纸帽箱,风吹纸剥殆尽。罢江夏郡还,得钱十七万,于石头并分与亲族。病无以市药,以冠剑为质。表自陈解,改授散骑常侍,领安成王师。国学建,以本官领博士。未拜卒,无以殡敛,时年四十一。赠太常,谥贞子。子沄。

沄,字士洋。仕梁为曲阿令。历晋安王中录事,正员郎,乌程令。兄游亡,弃县还,为太尉属,延陵令,中书侍郎,太子率更令,御史中丞,湘东王府谘议参军。卒。沄之为县令,清慎可纪。好学,解音律,重宾客,雅为湘东王所亲爱。沄子蒙,位太子舍人。蒙子玠。

玠,字温理,九岁而孤,为叔父骠骑从事中郎陁所养。早有令誉,先达多以才器许之。及长,美风仪,善占对,博学能属文,词义典实,不尚淫靡。陈天嘉中,兼通直散骑常侍;聘齐,还,迁中书侍郎。太建中,山阴县多豪猾,前后令皆以赃污免,宣帝谓中书舍人蔡景历曰:"稽阴大邑,久无良宰,卿文士之内,试思其人。"景历进玠,帝曰:"甚善,卿言与朕意同。"乃除山阴令。县人张次的、王休达等与诸猾吏赇赂通奸,全丁大户类多隐没。玠锁次的等,具状启台,宣帝手敕慰劳,并遣使助玠搜括,所出军民八百余户。时舍人曹义达为宣帝所宠,县人陈信家富,谄事义达,信父显文恃势横暴。玠乃遣使执显文,鞭之一百,于是吏人股栗。信后因义达潛玠,竟坐免官。玠在任岁余,守禄俸而已,去官之日,不堪自致,因留县境种蔬菜以自给。或以玠非百里才,玠曰:"吾委输课最,不后列城;除残去暴,奸吏局蹐。若谓其不能自润脂膏,则如来命;以为不达从政,吾未服也。"时人以为信然。皇太子知玠无还装,手书赐粟米二百斛,于是还都。后累迁御史中丞。玠刚毅有胆决,善骑射。尝从司空侯安都于徐州出猎,遇猛兽,玠射之,载发皆中口入腹,俄而兽毙。及为御史中丞,甚有直绳之称。卒于官,皇太子亲制志铭,以表惟旧。至德二年,赠秘书监。所制章奏杂文二百余篇,皆切事理,由是见重于世。子亮,位尚书殿中侍郎。

论曰:褚氏自至江左,人焉不坠。彦回以此世资,时誉早集,及于逢迎兴运,谤议沸腾,既以人望见推,亦以人望而责也。炤贞劲之性,炫廉胜之风,求之古人,亦何以加此!玠公平谅直,文武兼资,可谓世业无陨者矣。

卷二十九　　　列传第十九

蔡廓　子兴宗　孙约
　　　约弟撙　撙孙凝

蔡廓,字子度,济阳考城人,晋司徒谟之曾孙也。祖系,抚军长史。父绲,司徒左西属。廓博涉群书,言行以礼,起家著作佐郎。后为宋武帝太尉参军、中书黄门郎。以方鲠闲素,为武帝所知。载迁太尉从事中郎,未拜,遭母忧。性至孝,三年不栉沐,殆不胜丧。宋台建,为侍中,建议以为"鞠狱不宜令子孙下辞,明言父祖之罪。亏教伤情,莫此为大。自今但令家人与囚相见,无乞鞠之诉,便足以明伏罪,不须责家人下辞。"朝议从之。

世子左卫率谢灵运辄杀人,御史中丞王准之坐不纠免官。武帝以廓刚直,补御史中丞。多所纠奏,百僚震肃。时中书令傅亮任寄隆重,学冠当时,朝廷仪典,皆取定于亮。亮每事谘廓然后行,亮意若有不同,廓终不为屈。迁司徒左长史,出为豫章太守。征为吏部尚书。廓因北地傅隆问亮:"选事若悉以见付,不论;不然,不能拜也。"亮以语录尚书徐羡之,羡之曰:"黄门郎以下悉以委蔡,吾徒不复厝怀,自此以上,故宜共参同异。"廓曰:"我不能为徐干木署纸尾。"遂不拜。干木,羡之小字也。选案黄纸,录尚书与吏部尚书连名,故廓言署纸尾也。羡之亦以廓正直,不欲使居权要,徙为祠部尚书。文帝入奉大统,尚书令傅亮率百官奉迎,廓亦俱行。至寻阳,遇疾不堪前,亮将进路诣别,廓谓亮曰:"营阳在吴,宜厚加供奉。一旦不幸,卿诸人有杀主之名,欲立于世,将可得邪?"时亮已与羡之议害少帝,乃驰信止之,信至已不及。羡之大怒曰:"与人共计,云何裁转背便卖恶于人?"及文帝即位,谢晦将之荆州,与廓别,屏人问曰:"吾其免乎?"廓曰:"卿受先帝顾命,任以社稷,废昏立明,义无不可;但杀人二昆,而以之北面,挟震主之威,据上流之重,以古推今,自免为难也。"

廓年位并轻,而为时流所推重,每至时岁,皆束带诣门。奉兄轨如父,家事大小,皆谘而后行,公禄赏赐,一皆入轨,有所资须,悉就典者请焉。从武帝在彭城,妻郗氏书求夏服。廓答书曰:"知须夏服,计给事自应相供,无容别寄。"时轨为给事中。元嘉二年,廓卒。武帝常云:"羊徽、蔡廓,可平世三公。"少子兴宗。

兴宗,字兴宗,幼为父廓所重,谓有己风。与亲故曰:"小儿四岁,神气似可,不入非类室,不与小人游。"故以兴宗为之名,以兴宗为之字。年十岁丧父,哀毁有异凡童。廓罢豫章郡还,起二宅,先成东宅以与兄轨。轨罢长沙郡还,送钱五十万以裨宅直。兴宗年十一,白母曰:"一家由来丰俭必共,今日宅直不宜受也。"母悦而从焉。轨深有愧色,谓其子淡曰:"我年六十,行事不及十岁小儿。"寻又丧母。少好学,以业尚素立见称,为中书侍郎。

中书令建平王宏、侍中王僧绰并与之厚善。元凶弑立，僧绰被诛，凶威方盛，亲故莫敢往，兴宗独临哭尽哀。

孝武践阼，**累迁尚书吏部郎**。时尚书何偃疾患，上谓兴宗曰："卿详练清浊，今以选事相付，便可开门当之，无所让也。"后拜侍中，每正言得失，无所顾惮。孝武新年拜陵，兴宗负玺陪乘。及还，上欲因以射雉，兴宗正色曰："今致虔园陵，情敬兼重，从禽犹有余日，请待他辰。"上大怒，遣令下车，由是失旨。竟陵王诞据广陵为逆，事平，孝武舆驾出宣阳门，敕左右文武叫称万岁。兴宗时陪辇，帝顾曰："卿独不叫？"兴宗从容正色答曰："陛下今日政应涕泣行诛，岂得军中皆称万岁？"帝不悦。

兴宗奉旨慰劳广陵，州别驾范义与兴宗素善，在城内同诛。兴宗至，躬自收殡，致丧还豫章旧墓。上闻谓曰："卿何敢故尔触网？"兴宗抗言答曰："陛下自杀贼，臣自葬周旋，既犯严制，政当甘于斧钺耳。"帝有惭色。又庐陵内史周朗以正言得罪，锁付宁州，亲戚故人无敢瞻送，兴宗时在直，请急，诣朗别。上知尤怒。坐属疾多日，白衣领职。后为廷尉卿，有解士先者，告申坦昔与丞相义宣同谋。时坦已死，子令孙作山阳郡，自系廷尉。兴宗议曰："若坦昔为戎首，身今尚存，累经肆眚，犹应蒙宥。令孙天属，理相为隐。况人亡事远，追相诬讦，断以礼律，义不合关。"见从。出为东阳太守，后为左户尚书，转掌吏部。时上方盛淫宴，虐侮群臣，自江夏王义恭以下咸加秽辱；唯兴宗以方直见惮，不被侵媟。尚书仆射颜师伯谓仪曹郎王耽之曰："蔡尚书常免昵戏，去人实远。"耽之曰："蔡豫章昔在相府，亦以方严不狎，武帝宴私之日，未尝相召。每至官赌，常在胜朋。**蔡尚书今日可谓能负荷矣**。"

大明末，前废帝即位，兴宗告太宰江夏王义恭应须策文。义恭曰："建立储副，本为今日，复安用此？"兴宗曰："累朝故事，莫不皆然。近永初之末，营阳王即位，亦有文策，今在尚书，可检视也。"不从。时义恭录尚书，受遗辅政，阿衡幼主，而引身避事，政归近习。越骑校尉戴法兴、中书舍人巢尚之专制朝权，威行近远。兴宗职管九流，铨衡所寄，每至上朝，辄与令录以下陈欲登贤进士之意，又箴规得失，博论朝政。义恭素性怔挠，阿顺法兴，恒虑失旨，每闻兴宗言，辄战惧无计。先是，大明世奢侈无度，多所造立，赋调烦严，征役过苦，至是发诏悉皆削除。由此紫极殿南北驰道之属，皆被毁坏，自孝建以来至大明末，凡诸制度，无或存者。兴宗于都坐慨然谓颜师伯曰："先帝虽მ盛德，要以道始终。三年无改，古典所贵。今殡宫始撤，山陵未远，而凡诸制度兴造，不论是非，一皆刊削。虽复禅代，亦不至尔。天下有识，当以此窥人。"师伯不能用。

兴宗每奏选事，法兴、尚之等辄点定回换，仅有存者。兴宗于朝堂谓义恭及师伯曰："主上谅暗，不亲万机，选举密事，多被删改，非复公笔迹，不知是何天子意？"王景文、谢庄等迁授失序，兴宗又欲改为美选。时薛安都为散骑常侍、征虏将军，太子率殷恒为中庶子。兴宗先选安都为左卫将军，常侍如故；殷恒为黄门，领校。太宰嫌安都为多，欲单为左卫。兴宗曰："率、卫相去，几何之间。

且已失征虏，非乃超越，复夺常侍，则顿为降贬。若谓安都晚过微人，本宜裁抑，令名器不轻，宜有选序，谨依选体，非私安都。"义恭曰："若宫官宜加越授者，殷恒便应侍中，那得为黄门而已？"兴宗又曰："中庶、侍中，相去实远。且安都作率十年，殷恒中庶百日，今又领校，不为少也。"使选令史颜讳之、薛庆先等往复论执，义恭然后署案。既而中旨以安都为右卫，加给事中，由是大忤义恭及法兴等。出兴宗为吴郡太守，固辞；又转南东海太守，又不拜，苦求益州。义恭于是大怒，上表言兴宗之失。诏付外详议，义恭因使尚书令柳元景奏兴宗及尚书袁愍孙私相许与，自相选署，乱群害政，混秽大猷。于是除兴宗永昌太守，郡属交州。朝廷喧然，莫不嗟骇。先是，帝纳何后寺尼智妃为妾，姿貌甚美。迎车已去，而师伯密遣人诱之，潜往载取，兴宗迎人不得。及兴宗被徙，论者并言由师伯，师伯甚病之。法兴等既不欲以徙大臣为名，师伯亦欲止息物议，由此停行。顷之，法兴见杀，尚之被系，义恭、师伯并诛，复起兴宗为临海王子顼前军长史、南郡太守，行荆州事，不行。时前废帝凶暴，兴宗外甥袁顗为雍州刺史，固劝兴宗行，曰："朝廷形势，人情所见，在内大臣，朝夕难保。舅今出居陕西，为八州行事，顗在襄、沔，地胜兵强，去江陵咫尺，水陆通便。若一朝有事，可共立桓、文之功，岂与受制凶狂、祸难不测同年而语乎？"兴宗曰："吾素门平进，与主上甚疏，未容有患。宫省内外既人不自保，比者会应有变。若内难得弭，外衅未必可量。汝欲在外求全，我欲居内免祸，各行所见，不亦善乎？"时士庶危惧，衣冠咸欲远徙，后皆流离外难，百不一存。

重除吏部尚书。太尉沈庆之深虑危祸，闭门不通宾客，尝遣左右范羡诣兴宗属事。兴宗谓羡曰："公关门绝客，以避悠悠之请谒耳。身非有求，何为见拒？"羡复命，庆之使要兴宗。兴宗因说之曰："主上比者所行，人伦道尽，今所忌惮，唯在于公。公威名素著，天下所服，今举朝惶惶，人怀危怖，指汸之日，谁不影从？如其不断，旦暮祸及。仆昔佐贵府，蒙眷异常，故敢尽言，愿思其计。"庆之曰："仆比日前虑不复自保，但尽忠奉国，始终以之，正当委天任命耳。加老罢私门，兵力顿阙，虽有其意，事亦无从。"兴宗曰："当今怀谋思奋者，非复要富贵，期功赏，各欲救死朝夕耳。殿内将帅，正听外间消息；若一人唱首，则俯仰可定。况公威风先著，统戎累朝，诸旧部曲，布在宫省，谁敢不从？仆在尚书中，自当唱率百僚，案前世故事，更简贤明，以奉社稷。又朝廷诸所行造，人间皆佥公悉豫之，今若沉疑不决，当有先公起事者，公亦不免附恶之祸也。且车驾屡幸贵第，酣醉弥留。又闻斥屏左右，独入阁内。此万世一时，机不可失。仆荷眷深重，故吐去梯之言，公宜详其祸福。"庆之曰："此事大，非仆所能行。事至，政当抱忠以没耳。"顷之，庆之果以见忌致祸。

时领军将军王玄谟大将有威名，邑里讹言玄谟当建大事，或言已见诛。玄谟典签包法荣家在东阳，兴宗故郡人也，为玄谟所信，使至兴宗间。兴宗谓曰："领军比日殊当忧惧。"法荣曰:"顷者殆不复食,夜亦不眠,恒言收已在门,不保俄顷。"兴宗因法荣劝玄谟举事。玄谟又使法荣报曰:"此亦未易可行,其当不泄君语。"右卫将军刘道隆为帝所宠信,专统禁兵,乘舆当夜幸著作佐郎江斅宅,兴宗乘马车从。道隆从车后过,兴宗谓曰:"刘公,比日思一闲写。"道隆深达此旨,掐兴宗手曰:"蔡公勿言。"时帝每因朝宴,棰殴群臣,自骠骑大将军建安王休仁以下,侍中彭憼孙等咸见陵曳,唯兴宗得免。顷之,明帝定大事,玄谟责所亲故吏郭季产、女婿韦希真等曰:"当艰难时,周旋辈无一言相扣发者。"季产曰:"蔡尚书令包法荣所道,非不会机,但大事难行耳。季产言亦何益?"玄谟有惭色。当明帝起事之夜,废帝横尸太医阁口。兴宗谓尚书右仆射王景文曰:"此虽凶悖,是天下之主,宜使丧礼粗足,若直如此,四海必将乘人。"

时诸方并举兵反,朝廷所保丹阳、淮南数郡,其间诸县或已应贼。东兵已至永世,宫省危惧,上集群臣以谋成败。兴宗曰:"宜镇之以静,以至信待人。比者,逆徒亲戚布在宫省,若绳之以法,则土崩立至,宜明罪不相及之义。"上从之。迁尚书右仆射,寻领卫尉。明帝谓兴宗曰:"顷日人情何似?事当济不?"兴宗曰:"今米甚丰贱,而人情更安,以此算之,清荡可必。但臣之所忧,更在事后,犹羊公言既平之后,方当劳圣虑耳。"尚书褚彦回以手板筑兴宗,兴宗言之不已。上曰:"如卿言。"赭圻平,函送袁顗首,敕从登南掖门楼以观之。兴宗清然流涕,上不悦。事平,封兴宗始昌县伯,固让,不许,改封乐安县伯,国秩吏力,终以不受。

时殷琰据寿阳为逆,遣辅国将军刘勔攻围之。四方既平,琰婴城固守。上使中书为诏譬琰,兴宗曰:"天下既定,是琰思顺之日,陛下宜赐手诏数行。今直使中书为诏,彼必疑非真。"不从。琰得诏,谓刘勔诈造,果不敢降,久乃归顺。先是,徐州刺史薛安都据彭城反,后遣使归款,泰始二年冬,遣镇军将军张永率军迎之。兴宗曰:"安都遣使归顺,此诚不虚,今不过须单使一人,咫尺书耳。若以重兵迎之,势必疑惧,或能招引北虏,为患不测。"时张永已行,不见信。安都闻大军过淮,果引魏军。永战大败,遂失淮北四州。其先见如此。初,永败问至,上在乾明殿,先召司徒建安王休仁,又召兴宗。谓休仁曰:"吾惭蔡仆射。"以败书示兴宗,曰:"我愧卿。"

三年,出为郢州刺史。初,吴兴丘珍孙言论常侵兴宗。珍孙子景先,人才甚美,兴宗与之周旋。及景先为鄱阳郡,会晋安王子勋为逆,转在竟陵,为吴喜所杀。母老女幼,流离夏口。兴宗至郢州,亲自临哭,致其丧柩,家累皆得东还。迁会稽太守,领兵置佐,加都督。会稽多诸豪右,不遵王宪,幸臣近习,参半宫省。封略山湖,妨人害政,兴宗皆以法绳之。又以王公妃主多立邸舍,子息滋长,督责无穷,启罢省之,并陈原诸逋负,解遣杂役,并见从。三吴旧有乡射礼,元嘉中,羊玄保为吴郡行之,久不复修。兴宗行之,礼仪甚整。

明帝崩,兴宗与尚书令袁粲、右仆射褚彦回、中领军刘勔、镇军将军沈攸之同被顾命。以兴宗为征西将军、开府仪同三司、都督、荆州刺史,加班剑二十人,被征还都。时右军将军王道隆任参国政,权重一时,蹑履到兴宗前,不敢就席,良久方去。竟不呼坐。元嘉初,中书舍人秋当诣太子詹事王昙首,不敢坐。其后中书舍人弘兴宗为文帝所爱遇,上谓曰:"卿欲作士人,得就王球坐,乃当判耳。殷、刘并杂,无所益也。若往诣球,可称旨就席。"及至,球举扇曰:"君不得尔。"弘还,依事启闻。帝曰:"我便无如此何。"至是,兴宗复尔。道隆等以兴宗强正,不欲使拥兵上流,改为中书监、左光禄大夫、开府仪同三司,固辞不拜。

兴宗行己恭恪,光禄大夫北地傅隆与父廓善,兴宗常修父友之敬。又太原孙敬玉尝通兴宗侍儿,被禽反接,兴宗命与杖,敬玉了无作容。兴宗奇其言对,命释缚,试以伎能,高其笔札,因以侍儿赐之,为立室宇,位至尚书右丞。其遏恶扬善若此。敬玉子廉,仕梁,以清能位至御史中丞。兴宗家行尤谨,奉归亡姑,事寡嫂,养孤兄子,有闻于世。太子左率王锡妻范,聪明妇人也,有才学。书让锡弟僧达曰:"昔谢太傅奉寡嫂王夫人如慈母,今蔡兴宗亦有恭和之称。"其为世所重如此。妻刘氏早卒,一女甚幼。外甥袁颛始生子象,而妻刘氏亦亡,兴宗姊即觊母也。一孙一侄,躬自抚养,年齿相比,欲为婚姻,每见兴宗,辄言此意。大明初,诏兴宗女与南平王敬猷婚。兴宗以姊生平之怀,屡经陈启。帝答曰:"卿诸人欲各行己意,则国家何由得婚。且姊言岂是不可违之处邪?"旧意既乖,象亦他娶。其后象家好不终,顗又祸败,象亦沦废当时,孤微理尽。敬猷遇害,兴宗女无子釐居,名门高胄,多欲结姻。明帝亦敕适谢氏,兴宗并不许,以女适象。泰豫元年卒,年五十八。遗命薄葬,奉还封爵。追赠后授,子顺固辞不受,又奉表疏十余上。诏特申其请,以旌克让之风。初,兴宗为郢州,府参军彭城颜敬以式卜曰:"亥年当作公,官有大字者,不可受也。"及有开府之授,而太岁在亥,果薨于光禄大夫云。文集传于世。子顺,字景玄,方雅有父风,位太尉从事中郎。升明末卒。弟约。

约,字景扬,少尚宋孝武女安吉公主,拜驸马都尉。仕齐,累迁太子中庶子、领屯骑校尉。永明八年八月合朔,约脱武冠解剑,于省眠至下鼓不起,为有司所奏,赎论。出为宜都王冠军长史、淮南太守,行府州事。武帝谓曰:"今用卿为近蕃上佐,想副我所期。"约曰:"南豫密迩京师,不化自理,臣亦何人,爓火不息。"时诸王行事,多相裁割,约居本任,主佐之间穆如也。迁司徒左长史。齐明帝为录尚书辅政,百僚脱屣到席,约蹑履不改。帝谓江祏曰:"蔡氏是礼度之门,故自可悦。"祏曰:"大将军有揖客,复见于今。"约好饮酒,夷淡不与世杂。永元二年,卒于太子詹事,年四十四,赠太常。弟撙。

撙,字景节,少方雅退默,与第四兄寅俱知名。仕齐位给事黄门侍郎。丁母忧,庐于墓侧。齐末多难,服阕,因居墓所。除太子中庶子、太尉长史,并不就。梁台建,为侍中,迁临海太守。公事左迁太子中庶子,复为侍中,吴兴太守。

初,撙在临海,百姓杨元孙以婢采兰贴与同里黄权,约生子,酬乳哺直。权死后,元孙就权妻吴赎婢母子五人,吴背约不还。元孙诉,撙判还本主。吴能为巫,出入撙内,以金钏赂撙妾,遂改判与吴。元孙挝登闻鼓讼之,为有司劾。时撙已去郡,虽不坐,而常以为耻。口不言钱,及在吴兴,不饮郡井,斋前自采白苋紫茄,以为常饵,诏褒其清。加信武将军。

时帝将为昭明太子纳妃,意在谢氏。袁昂曰:"当今贞素简胜,唯有蔡撙。"乃遣吏部尚书徐勉诣之,停车三通不报。勉笑曰:"当须我召也。"遂投刺乃入。天监九年,宣惠郡吏吴承伯挟袄道聚众攻宣城,杀太守朱僧勇,转寇吴兴,吏人并请避之。撙坚守不动,命众出战,摧破斩承伯,余党悉平。累迁吏部尚书,在选弘简有名称。又为侍中,领秘书监。武帝尝谓曰:"卿门旧尚有堪事者多少?"撙曰:"臣门客沈约、范岫各已被升擢,此外无人。"约时为太子少傅,岫为右卫将军。撙风骨鲠正,气调英嶷,当朝无所屈让。尝奏用琅邪王筠为殿中郎,武帝嫌不取参掌通署,乃推白牒于香橙地下,曰:"卿殊不了事。"撙正色俯身拾牒起,曰:"臣谓举尔所知,许允已有前事;既是所知而用,无烦参掌署名。臣撙少而仕宦,未尝有不了事之目。"因捧牒直出,便命驾而去,仍欲抗表自解。帝寻悔,取事为画。帝尝设大臣饼,撙在坐。帝频呼姓名,撙竟不答,食饼如故。帝觉其负气,乃改唤蔡尚书,撙始放箸执笏曰:"尔。"帝曰:"卿向何聋,今何聪?"对曰:"臣预为右戚,且职在纳言,陛下不应以名垂唤。"帝有惭色。

性甚凝厉,善自居适。女为昭明太子妃,自詹事以下咸来造谒,往往称疾相闻,间遣之。及其引进,但暄寒而已,此外无复余言。后为中书令,卒于吴郡太守,谥曰康子。司空袁昂尝谓诸宾曰:"自蔡侯卒,不复更见此人。"其为名辈所知如此。

子彦深,宣城内史。彦深弟彦高,给事黄门侍郎。彦高子凝。

凝,字子居,美容止。及长,博涉经传,有文词,尤工草隶。陈太建元年,累迁太子中舍人。以名公子选尚信义公主,拜驸马都尉、中书侍郎,迁晋陵太守。及将之郡,更令左右修中书廨宇,谓宾友曰:"庶来者无劳。"寻授吏部侍郎。凝年位未高,而才地为时所重。常端坐西斋,自非素贵名流,罕所交接,趣时者多讥焉。宣帝尝谓凝曰:"我欲用义兴主婿钱肃为黄门侍郎,卿意如何?"凝正色曰:"帝乡旧戚,恩由圣旨,则无所复问;若格以公议,黄散之职,故须人门兼美。"帝默然而止。肃闻而不平,义兴公主日谮之,寻免官,迁交趾。顷之追还。后主嗣位,为给事黄门侍郎。后主尝置酒,欢甚,将移宴弘范宫,众人咸从,唯凝与袁宪不行。后主曰:"何为?"凝曰:"长乐尊严,非酒后所过,臣不敢奉诏。"众人失色。后主曰:"卿醉矣。"令引出。他日,后主谓吏部尚书蔡征曰:"蔡凝负地矜才,无所用也。"寻迁信威晋熙王府长史,郁郁不得志。乃喟然叹曰:"天道有废兴,夫子云'乐天知命',斯理庶几可达。"因著《小室赋》以见志。陈亡入隋,道病卒,年四十七。子君知,颇知名。

论曰:蔡廓体业弘正,风格峻举。兴宗出内所践,不陨家声。位在具臣,而情怀伊、霍,仁者有勇,验在斯乎?然自廓及凝,年移四代,高风素气,无乏于时,其所以取贵,不徒然矣。至于矜倨之失,盖其风俗所通,格以正道,故亦名教之深尤也。

卷三十　　　　　　　列传第二十

何尚之　子偃　孙戢　偃弟子求　求弟点
点弟胤　胤从弟炯　尚之弟子昌宇　昌宇子敬容

何尚之,字彦德,庐江灊人也。曾祖准,高尚不应征辟。祖恢,南康太守。父叔度,恭谨有行业。姨适沛郡刘璩,与叔度母情爱甚笃。叔度母早卒,奉姨若所生。姨亡,朔望必往致哀,并设祭奠,食并珍新,躬自临视。若朔望应有公事,则先遣送祭,皆手自料简,流涕对之。公事毕即往致哀,以此为常。至三年服竟。义熙五年,吴兴武康县人王延祖为劫,父睦以告官。新制:"凡劫,身斩刑,家人弃市。"睦既自告,于法有疑。时叔度为尚书,议曰:"设法止奸,必本于情理,非谓一人为劫,阖门应刑。所以罪及同产,欲开其相告,以出造恶之身。睦父子之至,容可悉共逃亡,而割其天属,还相缚送,解腕求存,于情可愍。并合从原。"从之。后为金紫光禄大夫,吴郡太守。太保王弘每称其清身洁己。

尚之少颇轻薄,好撙蒱,及长,折节蹈道,以操立见称。为陈郡谢混所知,与之游处。家贫,初为临津令。宋武帝领征西将军,补主簿。从征长安,以公事免,还都。因患劳病积年,饮妇人乳乃得差。以从征之劳,赐爵都乡侯。少帝即位,为庐陵王义真车骑谘议参军。义真与司徒徐羡之、尚书令傅亮等不协,每有不平之言。尚之谏戒不纳。义真被废,入为中书侍郎。迁吏部郎。告休定省,倾朝送别于冶渚。及至郡,叔度谓曰:"闻汝来此,倾朝相送,可有几客?"答曰:"殆数百人。"叔度笑曰:"此是送吏部郎耳,非关何彦德也。昔殷浩亦尝作豫章定省,送别者甚众,及废徙东阳,船泊征虏亭积日,乃至亲旧无复窥者。"后拜左卫将军,领太子中庶子。尚之雅好文义,从容赏会,甚为文帝所知。元嘉十三年,彭城王义康欲以司徒长史刘斌为丹阳尹,上不许,乃以尚之为之。立宅南郭外,立学聚生徒。东海徐秀,庐江何昙、黄回,颍川荀子华,太原孙宗昌、王延秀,鲁郡孔惠宣并慕道来游,谓之南学。王球常云:"尚之西河之风不坠。"尚之亦云:"球正始之风尚在。"

尚之女适刘湛子黯,而湛与尚之意好不笃。湛欲领丹阳,乃徙尚之为祠部尚书,领国子祭酒。尚之甚不平。湛诛,迁吏部尚书。时左卫将军范晔任参机密,尚之察其意趣异常,白文帝:"宜出为广州,若在内衅成,不得不加以铁钺。屡诛大臣,有亏皇化。"上曰:"始诛刘湛等,方欲引升后进。晔事迹未彰，便豫相黜斥，万姓将谓卿等不能容才，以我为信受谗说。但使知如此，不忧致大变也。"晔后谋反伏诛，上嘉其先见。

二十二年，为尚书左仆射。是岁造玄武湖，上欲于湖中立方丈、蓬莱、瀛洲三神山，尚之固谏乃止。时又造华林园，并盛暑役人。尚之又谏，上不许，曰："小人常日曝背，此不足为劳。"时上行幸，还多侵夜，尚之又表谏，上优诏纳之。先是患货少，铸四铢钱，人间颇盗铸，多剪凿古钱以取铜，上患之。二十四年，录尚书江夏王义恭议，以一大钱当两，以防剪凿，议者多同。尚之议曰："凡创制改法，宜顺人情，未有违众矫物而可久也。泉布废兴，未容骤议。前代赤仄白金，俄而罢息，六货愤乱，人泣于市。良由事不画一，难用遵行。自非急病权时，宜守长世之业。若令制遂行，富人之资自倍，贫者弥增其困，惧非所以欲均之意。"中领军沈演之以为若以大钱当两，则国传难朽之宝，家赢一倍之利，不俟加宪，巧源自绝。上从演之议，遂以一钱当两。行之经时，公私非便，乃罢。

二十八年，为尚书令、太子詹事。二十九年致仕，于方山著《退居赋》以明所守，而议者咸谓尚之不能固志。文帝与江夏王义恭诏曰："羊、孟尚不得告谢，尚之任遇有殊，便谓未宜申许。"尚之还摄职。羊即羊玄保，孟即孟𫖮。尚之既任事，上待之愈隆，于是袁淑乃录古来隐士有迹无名者，为《真隐传》以嗤焉。时或遣军北侵，资给戎旅，悉以委之。

元凶弑立，进位司空、尚书令。时三方兴义，将佐家在都者，劭悉欲诛之。尚之诱说百端，并得全免。孝武即位，复为尚书令。丞相南郡王义宣、车骑将军臧质反，义宣司马竺超、质长史陆展兄弟并应从诛，尚之上言于法为重，超从坐者由是得原。时欲分荆二州置郢州，议其所居。江夏王义恭、萧思话以为宜在巴陵。尚之议曰："夏口在荆、江之中，正对沔口，通接雍、梁，实为津要，于事为允。"上从其议。荆、扬二州户口居江南之半，江左以来，扬州为根本，委荆州以阃外，至是并分，欲以削臣下之权。而荆、扬并因此虚耗。尚之建言宜复合二州，上不许。大明二年，以为左光禄、开府仪同三司，侍中如故。尚之在家，常著鹿皮帽。及拜开府，天子临轩，百僚陪位，沈庆之于殿庭戏之曰："今日何不著鹿皮冠？"庆之累辞爵命，朝廷敦劝甚苦。尚之谓曰："主上虚怀侧席，讵宜固辞？"庆之曰："沈公不效何公去而复还也。"尚之有愧色。

尚之爱尚文义，老而不休。与太常颜延之少相好狎，二人并短小，尚之常谓延之为猨，延之目尚之为猴。同游太子西池，延之问路人云："吾二人谁似猴？"路人指尚之为似。延之喜笑，路人曰："彼似猴耳，君乃真猴。"有人尝求为吏部郎，尚之叹曰："此败风俗也。官当图人，人安得图官？"延之大笑曰："我闻古者官人以才，今官人以势，彼势之所求，子何疑焉？"所与延之论议往反，并传于世。尚之立身简约，车服率素，妻亡不娶，又无姬妾。执衡当朝，畏远权柄，亲故一无荐举。既以此致怨，亦以此见称。复以本官领中书令。薨年七十九，赠司空，谥曰简穆公。子偃。

偃，字仲弘，元嘉中，位太子中庶子。元凶弑立，以偃为侍中，掌诏诰。时尚之为司空、尚书令，偃居门下。父子并处枢要，时为寒心；而尚之及偃善摄机宜，曲得时誉。会孝武即位，任遇无改。历位侍中，领太子中庶子。时求谠言，偃以为："宜重农恤本，并官省事，考课以知能否，增奉以除吏奸。责成良守，久于其职；都督刺史，宜别其任。"改领骁骑将军，亲遇隆密，有加旧臣。转吏部尚书。尚之去选未五载，偃复袭其迹，世以为荣。侍中颜竣至是始贵，与偃俱在门下，以文义赏会，相得甚欢。竣既任遇隆密，谓宜居重大，而位次与偃等未殊，意稍不悦。及偃代竣领选，竣逾愤懑，与偃遂隙。竣时权倾朝野，偃不自安，遂发悸病，意虑乖僻。上表解职，告灵不仕。孝武遇偃既深，备加医疗乃得差。偃素好谈玄，注《庄子·逍遥篇》传于时。卒官，孝武与颜竣诏，甚伤惜之。谥曰靖。子戢。

戢，字慧景，选尚宋孝武长女山阴公主，拜驸马都尉。累迁中书郎。景和世，山阴主就帝求吏部郎褚彦回侍己，彦回虽拘逼，终不肯从。与戢同居止月余日，由是特申情好。元徽初，彦回参朝政，引戢为侍中，时年二十九。戢以年未三十，苦辞内侍，改授司徒左长史。齐高帝为领军，与戢来往，数申欢宴。高帝好水引饼，戢每设上焉。久之，复为侍中。累迁高帝相国左长史。建元元年，迁散骑常侍、太子詹事。寻改侍中，詹事如故。上欲转戢领选，问尚书令褚彦回，以戢资重，欲加散骑常侍。彦回曰："宋时王球，从侍中、中书令单作吏部尚书，资与戢相似，领选职方昔小轻，不容顿加常侍。圣旨每以蝉冕不宜过多，臣与王俭既已左珥，若复加戢，则八座便有三蝉，若帖以骁、游，亦不为少。"乃以戢为吏部尚书，加骁骑将军。戢美容仪，动止与褚彦回相慕，时人号为"小褚公"。家业县盛，性又华侈，衣被服饰，极为奢丽。出为吴兴太守。上颇好画扇，宋孝武赐戢蝉雀扇，善画者顾景秀所画。时吴郡陆探微、顾宝先皆能画，叹其巧绝。戢因王晏献之，上令晏厚酬其意。卒年三十六，谥懿子。女为郁林王后，又追赠侍中、右光禄大夫。

求，字子有，偃弟子也。父铄，仕宋位宜都太守。求元嘉末为文帝挽郎。历位太子洗马，丹阳郡丞，清退无嗜欲。后为太子中舍人。泰始中，妻亡，还吴葬旧墓。除中书郎，不拜。仍住吴，隐居波若寺，足不逾户，人莫见其面。宋明帝崩，出奔国哀，除永嘉太守。求时寄住南涧寺，不肯诣台，乞于野外拜受，见许。一夜忽乘小船逃归吴，隐虎丘山。齐永明四年，拜太中大夫，不就，卒。初，求父铄素有风疾，无故害求母王氏，坐法死，求兄弟以此无宦情。求弟点。

点，字子晢，年十一，居父母忧，几至灭性。及长，感家祸，欲绝昏宦，尚之强为娶琅邪王氏。礼毕，将亲迎，点累涕泣，求执本志，遂得罢。点明目秀眉，容貌方雅，真素通美，不以门户自矜。博通群书，善谈论。家本素族，亲姻多贵仕。点虽不入城府，性率到，好狎人物。遨游人间，不簪不带，以人地并高，无所与屈，大言踦跞，公卿敬下。或乘柴车，蹑草屩，恣心所适，致醉而归。故世论以点为孝隐士，弟胤为小隐士，大夫多慕从之。时人称重其通，号曰："游侠处士"。兄求亦隐居吴郡虎丘山。求卒，点菜食不饮酒，讫于三年，腰带减半。

宋泰始末，征为太子洗马。齐初，累征中书侍郎、太子中庶子，并不就。与陈郡谢瀹、吴国张融、会稽孔德璋为莫逆友。点门世信佛，从弟遁以东篱门园居之，德璋为筑室焉。园有卞忠贞冢，点植花于冢侧，每饮必举酒酹之。招携胜侣，及名德桑门，清言赋咏，优游自得。初，褚彦回、王俭为宰相，点谓人曰："我作《齐书》已竟，赞云'回既世族，俭亦国华，不赖舅氏，遑恤国家。'"王俭闻之，欲候点，知不可见，乃止。豫章王嶷命驾造点，点从后门通去。司徒竟陵王子良闻之，曰："豫章王尚望尘不及，吾当望岫息心。"后点在法轮寺，子良就见之，点角巾登席，子良欣悦无已，遗点稽叔夜酒杯、徐景山酒鎗。点少时尝患渴利，积岁不愈。后在吴中石佛寺建讲，于讲所昼寝，梦一道人，形貌非常，授丸一掬，梦中服之，自此而差，时人以为淳德所感。性通似好施，远近致遗，一无所逆，随后散焉。尝行经朱雀门街，有自车后盗点衣者，见而不言，旁人禽盗与之，点乃以衣施盗。盗不敢受，点令告有司，盗惧，乃受之。

点雅有人伦鉴，多所甄拔。知吴兴丘迟于幼童，称济阳江淹于寒素，悉如其言。哀乐过人。尝行逢葬者，叹曰："此哭者之怀，岂可思邪。"于是悲恸不能禁。老又娶鲁国孔嗣女，嗣亦隐者。点虽昏，亦不与妻相见，筑别室以处之，人莫谕其意。吴国张融少时免官，而为诗有高言，点答诗曰："昔闻东都日，不在简书前。"虽戏而融久病之。及点后昏，融始为诗赠点曰："惜哉何居士，薄暮遘荒淫。"点亦病之。

永元中，崔慧景围城，人间无薪，点悉伐园树以赡亲党。慧景性好佛义，先慕交点，点不顾之。至是乃逼召点，点裂裙为裤，往赴其军，终日谈说，不及军事。其语默之迹如此。慧景平后，东昏大怒，欲诛之。王莹为之惧，求计于萧畅。畅谓茹法珍曰："点若不诱贼共讲，未必可量，以此言之，乃应得封。"东昏乃止。

梁武帝与点有旧。及践阼，手诏论旧，赐以鹿皮巾等，并召之。点以巾褐引入华林园，帝赠诗酒，恩礼如旧，仍下诏征为侍中。捋帝须曰："乃欲臣老子。"辞疾不起。复下诏详加资给，并出所，日费所须，太官别给。天监二年卒，诏给第一品材一具，丧事所须，内监经理。点弟胤。

胤，字子季，出继叔父旷，故更字胤叔。年八岁，居忧，毁若成人。及长，轻薄不羁，晚乃折节好学，师事沛国刘瓛，受《易》及《礼记》、《毛诗》。又入钟山定林寺听内典，其业皆通。而纵情诞节，时人未之知也，唯瓛与汝南周颙深器异之。

仕齐为建安太守，政有恩信，人不忍欺。每伏腊放囚还家，依期而反。历黄门侍郎，太子中庶子。尚书令王俭受诏撰新礼，未就而卒。又使特进张绪续成，绪卒，属在司徒竟陵王子良。子良以让胤，乃置学士二十人佐胤撰录。后以国子祭酒与太子中庶子王莹并为侍中。时胤单作祭酒，疑所服。陆澄博古多该，亦不能据，遂以玄服临试。

尔后详议，乃用朱服。祭酒朱服，自此始也。及郁林嗣位，胤为后族，甚见亲待。为中书令，领临海、巴陵王师。胤虽贵显，常怀止足。建武初，已筑室郊外，恒与学徒游处其内。至是遂卖园宅欲入东。未及发，闻谢朏罢吴兴郡不还，胤恐后之，乃拜表解职，不待报辄去。明帝大怒，使御史中丞袁昂奏收胤。寻有诏许之。胤以会稽山多灵异，往游焉，居若邪山云门寺。初，胤二兄求、点并栖遁，求先卒，至是胤又隐，世号点为"大山"，胤为"小山"，亦曰"东山"。兄弟发迹虽异，克终皆隐，世谓何氏三高。

永元中，征为太常、太子詹事，并不就。梁武帝霸朝建，引为军谋祭酒，并与书诏，不至。及帝践阼，诏为特进、光禄大夫，遣领军司马王杲之以手敕谕意，并征谢朏。杲之先至胤所，胤恐朏不出，先示以可起，乃单衣鹿皮巾，执经卷下床，跪受诏。出，就席伏读。胤因谓杲之曰："吾昔于齐朝欲陈三两条事：一者欲正郊丘，二者欲更铸九鼎，三者欲树双阙。世传晋室欲立阙，王丞相指牛头山云，'此天阙也'。是则未明立阙之意。阙谓之象、魏，悬法于其上，浃日而收之。象者，法也；魏者，当涂而高大貌也。鼎者神器，有国所先。圆丘南郊，旧典不同。南郊祠五帝灵威仰之类，圆丘祠天皇大帝、北极大星是也。往代合之郊丘，先儒之巨失。今梁德告始，不宜遂因前谬。卿宜陈之。"杲之曰："仆之鄙劣，岂敢轻议国典？此当敬俟叔孙生耳。"及杲之从谢朏所还，问胤以出期。胤知朏已应召，答杲之曰："吾年已五十七，月食四斗米不尽，何容复有宦情？"杲之失色不能答。胤反谓之曰："卿何不遣传诏还朝拜表，留与我同游邪？"杲之愕然曰："古今不闻此例。"胤曰："《檀弓》两卷，皆言物始。自卿而始，何必有例？"胤、朏俱前代高士，胤处名誉尤迈矣。杲之还，以胤意奏闻，有敕给白衣尚书禄。胤固辞。又敕山阴库钱月给五万，又不受。乃敕何子郎、孔寿等六人于东山受学。太守衡阳王元简深加礼敬，月中常命驾式闾，谈论终日。胤以若邪处势迫隘，不容学徒，乃迁秦望山。山有飞泉，乃起学舍，即林成援，因岩为堵。别为小阁室，寝处其中，躬自启闭，僮仆无得至者。山侧营田二顷，讲隙从生徒游之。胤初迁将筑室，忽见二人著玄冠，容貌甚伟，问胤曰："君欲居此邪？"乃指一处云："此中殊吉。"忽不复见。胤依言而卜焉。寻而山发洪水，树石皆倒拔，唯胤所居室岿然独存。元简乃命记室参军钟嵘作《瑞室颂》，刻石以旌之。及元简去郡，入山与胤别。胤送至都赐埭，去郡三里，因曰："仆自弃人事，交游路断，自非降贵山薮，岂容复望城邑？此埭之游，于今绝矣。"执手涕零。

何氏过江，自晋司空充并葬吴西山。胤家世年皆不永，唯祖尚之至七十二。胤年登祖寿，乃移还吴，作《别山诗》一首，言甚凄怆。至吴，居虎丘山西寺讲经论学，僧复随之。东境守宰经途者，莫不毕至。胤常禁杀，有虞人逐鹿，鹿径来趋胤，伏而不动。又有异鸟如鹤，红色，集讲堂，驯狎如家禽。初，开善寺藏法师与胤遇于秦望山，后还都，卒于钟山。死日，胤在波若寺见一名僧，授胤香炉奁并函书，云："贫道发自扬都，呈何居士。"言讫失所在。胤开函,乃是《大庄严论》,世中未有。访之香炉,乃藏公所常用。又于寺内立明珠柱,柱乃七日七夜放光。太守何远以状启昭明太子,太子钦其德,遣舍人何思澄致手令以褒美之。中大通三年卒,年八十六。

先是胤疾,妻江氏梦神告曰:"汝夫寿尽,既有至德,应获延期,尔当代之。"妻觉说焉,俄得患而卒,胤疾乃瘳。至是胤梦见一神女并八十许人,并衣帢,行列在前,俱拜床下,觉又见之,便命营凶具。既而疾困不复瘳。初,胤侈于味,食必方丈,后稍欲去其甚者,犹食白鱼、䱉脯、糖蟹,以为非见生物。疑食蚶蛎,使门人议之。学生钟岵曰:"䱉之就脯,骤于屈申,蟹之将糖,躁扰弥甚。仁人用意,深怀如怛。至于车螯蚶蛎,眉目内阙,惭浑沌之奇,扩壳外缄,非金人之慎。不悴不荣,曾草木之不若;无馨无臭,与瓦砾其何算。故宜长充庖厨,永为口实。"竟陵王子良见岵议大怒。汝南周颙与胤书,劝令食菜,曰:"变之大者,莫过死生;生之所重,无逾性命。性命之于彼极切,滋味之在我可赊。若云三世理诬,则幸矣良快,如使此道果然,而受形未息,一往一来,生死常事,则伤心之惨,行亦自及。丈人于血气之类,虽不身践,至于晨凫夜鲤,不能不取备屠门。财贝之经盗手,犹为廉士所弃;生性之一启鸾刀,宁复慈心所忍?驺虞虽饥,非自死之草不食,闻其风者,岂不使人多愧?丈人得此有素,聊复片言发起耳。"故胤末年遂绝血味。

胤注《百论》、《十二门论》各一卷,注《周易》十卷,《毛诗总集》六卷,《毛诗隐义》十卷,《礼记隐义》二十卷,《礼答问》五十五卷。子撰,亦不仕,有高风。

何炯,字士光,胤从弟也。父撙,太中大夫。炯年十五,从胤受业,一期并通五经章句。白皙美容貌,从兄求、点每曰:"叔宝神清,杜父肤清,今观此子,复见卫、杜在目。"从兄戢谓人曰:"此子非止吾门之宝,亦为一代伟人。"炯常慕恬退,不乐进仕。从叔昌宇谓曰:"求、点皆已高蹈,汝无宜复尔。且君子出处亦各一途。"年十九,解褐扬州主簿,举秀才,累迁梁仁威南康王限内记室,书侍御史。以父疾陈解。炯侍疾逾旬,衣不解带,头不栉沐,信宿之间,形貌顿改。及父卒,号恸不绝声,藉地腰脚虚肿。医云:"须服猪蹄汤。"炯以有肉味不肯服,亲友请譬,终于不回,遂以毁卒。先是谓家人曰:"王孙、玄晏所尚不同,长鱼、庆绪于事为得。必须俭而中礼,无取苟异。月朝十五日,可置一瓯粗粥,如常日所进。"又伤两兄并淡仕进,故禄所不及,恐而今而后,温饱无资。乃潸然下泣,自外无所言。

何昌宇,字俨望,尚之弟子也。父佟之,位侍中。昌宇少而清靖,独立不群,所交者必当世清名,是以风流籍甚。仕宋为尚书仪曹郎、建平王景素征北南徐州府主簿,以风素见重。母求禄,出为湘东太守。还为齐高帝骠骑功曹。昌宇在郡,景素被诛,昌宇痛之,至是启高帝理其冤,又与司空褚彦回书,极言其义。高帝嘉其义。历位中书郎、王俭卫军长史,俭谓昌宇曰:"后任朝事者,非卿而谁?"

临海王昭秀为荆州,以昌宇为西中郎长史、南郡太守,行荆州事。明帝将践阼,先使裴叔业往密敕昌宇,令以便宜从事。昌宇拒之曰:"国家委身以六尺之孤,付身以万里之事,临海王未有失,宁得从君单诏邪?即时自有启闻,须反更议。"叔业曰:"若尔便是拒诏,拒诏,恐非佳事耳。"答曰:"能见杀者君也,能拒诏者仆也。君不能见杀,政有沿流之计耳。"昌宇素有名德,叔业不敢逼而退。上闻而嘉之,昭秀由此得还都。昌宇后为吏部尚书,尝有一客姓闵求官。昌宇谓曰:"君是谁后?"答曰:"子骞后。"昌宇团扇掩口而笑,谓坐客曰:"遥遥华胄。"昌宇不杂交游,通和泛爱,历郡皆以清白称。后卒于侍中,领骁骑将军。赠太常,谥曰简子。子敬容。

敬容,字国礼,弱冠尚齐武帝女长城公主,拜驸马都尉。梁天监中,为建安内史,清公有美绩,吏人称之。累迁守吏部尚书,铨序明审,号为称职。出为吴郡太守,为政勤恤人隐,辩讼如神,视事四年,政为天下第一。吏人诣阙请树碑,诏许之。复为吏部尚书、侍中,领太子中庶子。

敬容身长八尺,白皙美须眉,性矜庄,衣冠鲜丽。武帝虽衣浣衣,而左右衣必须洁。尝有侍臣衣带卷摺,帝怒曰:"卿衣带如绳,欲何所缚?"敬容希旨,故益鲜明。常以胶清刷须,衣裳不整,伏床熨之,或暑月背为之焦。每公庭就列,容止出人。为尚书右仆射,参掌选事。迁左仆射、丹阳尹,并参掌大选如故。敬容接对宾朋,言词若讷,酬答二宫,则音韵调畅。大同中,朱雀门灾,武帝谓群臣曰:"此门制狭,我始欲改构,遂遭天火。"相顾未答,敬容独曰:"此所谓先天而天不违。"时以为名对。五年,改为尚书令,参选事如故。

敬容久处台阁,详悉晋魏以来旧事,且聪明识达,勤于簿领,诘朝理事,日旰不休。职隆任重,专预机密,而拙于草隶,浅于学术,通包苴饷馈,无贿则略不交语。自晋宋以来,宰相皆文义自逸,敬容独勤庶务,贪吝为时所嗤鄙。其署名"敬"字,则大作"苟",小为"文","容"字大作"父",小为"口"。陆倕戏之曰:"公家'苟'既奇大,'父'亦不小。"敬容遂不能答。又多漏禁中语,故嘲诮日至。尝有客姓吉,敬容问:"卿与邴吉远近?"答曰:"如明公之与萧何。"时萧琛子巡,颇有轻薄才,因制卦名、离合等诗嘲之,亦不屑也。帝尝梦具朝服入太庙拜伏悲感,且于延务殿说所梦。敬容对曰:"臣闻孝悌之至,通于神明。陛下性与天通,故应感斯梦。"上极然之,便有拜陵之议。

后坐妾弟费慧明为导仓丞夜盗官米,为禁司所执,送领军府。时河东王誉为领军,敬容以书解慧明。誉前经属事不行,因此即封书以奏。帝大怒,付南司推劾。御史中丞张绾奏敬容协私罔上,合弃市。诏特免职。到溉谓朱异曰:"天时便觉开霁。"其见嫉如此。初,沙门释宝志尝谓敬容曰:"君后必贵,终是'何'败耳。"及敬容为宰相,谓何姓当为其祸,故抑没宗族,无仕进者,至是竟为河东所败。

中大同元年三月,武帝幸同泰寺讲《金字三慧经》,敬容启预听,敕许之。又起为金紫光禄大夫,未拜,又加侍中。敬容旧时宾客门生，喧哗如昔，冀其复用。会稽谢郁致书戒之曰："草莱之人，闻诸道路，君侯已得瞻望朝夕，出入禁门。醉尉将不敢呵，灰然不无其渐，甚休！敢贺于前，又将吊也。"

昔流言裁至，公旦东奔；燕书始来，子孟不入。夫圣贤被虚过以自斥，未有婴时衅而求亲者也。且暴鳃之鱼，不念杯酌之水；云霄之翼，岂顾笼樊之粮！何者？所托已盛也。昔君侯纳言加首，鸣玉在腰，回丰貂以步文昌，耸高蝉而趋武帐，可谓盛矣。不以此时荐才拔士，少报圣主之恩，今卒如爱丝之说，受责见过，方复更窥朝廷，觖望万分，窃不为左右取也。昔窦婴、杨恽亦после得罪明时，不能谢绝宾客，犹交党援，卒无后福，终益前祸。仆之所吊，实在于斯。人人所以颇犹有踵君侯之门者，未必皆感惠怀仁，有灌夫、任安之义，乃戒翟公之大署，冀君侯之复用也。夫在思过之日，而挟复用之意，未可为智者说矣。夫君侯宜杜门念失，无有所通，筑茅茨于钟阜，聊优游以卒岁，见可怜之意，著待终之情。复仲尼能改之言，惟子贡更也之誉；少戢言于众口，微自救于竹帛，所谓'失之东隅，收之桑榆。'如此，令明主闻知，尚有冀也。仆东皋鄙人，入穴幸无衔窭，耻天下之士，不为执事道之，故披肝胆，示情素，君侯岂能鉴焉。"

太清元年，迁太子詹事，侍中如故。二年，侯景袭建邺，敬容自府移家台内。初，景涡阳退败，未得审实，传者乃云其暴显反，景身与众并没。朝廷以为忧。敬容寻见东宫，简文谓曰："淮北始更有信，侯景定得身免。"敬容曰："得景遂死，深是朝廷之福。"简文失色，问其故，对曰："景翻覆叛臣，终当乱国。"是年，简文频于玄圃自讲《老》《庄》二书，学士吴孜时寄詹事府，每日入听。敬容谓孜曰："昔晋氏丧乱，颇由祖尚虚玄，胡贼遂覆中夏。今东宫复袭此，殆非人事，其将为戎乎？"俄而侯景难作，其言有征也。三年，卒于围内。

何氏自晋司空充、宋司空尚之奉佛法，并建立塔寺，至敬容又舍宅东为伽蓝，趋权者因助财造构，敬容并不拒，故寺堂宇颇为宏丽。时轻薄者因呼为"众造寺"。及敬容免职出宅。止有常用器物及囊衣而已，竟无余财货，时亦以此称之。敬容特为从兄胤所亲爱，胤在若邪山尝疾笃，有书云："田畴馆宇悉奉众僧，书经并归从弟敬容。"其见知如此。敬容唯有一子，年始八岁。在吴，临还与胤别，胤问名，敬容曰："仍欲就兄求名。"胤即命纸笔，名曰珏。曰："书云两玉曰珏，吾与弟二家共此一子，所谓珏也。"位秘书丞，早卒。

论曰：尚之以雅道自居，用致公辅，行已之迹，动不逾闲。及乎洗阁取讥，皮冠获诮，贞粹之地，高人未之全许。然父子一时并处权要，虽经屯诐，咸以功名自卒。古之所谓巧宦，此之谓乎？点、胤弟兄俱云遁逸，求其蹈履，则非山林；察其持身，则未舍名誉。观夫子晢之赴慧景，子秀之矫敬冲，以迹以心，居然可测。而高自标致，一代归宗，之入用，未知所取。斯殆虚胜之风，江东所尚，不然，何以至于此也？昌宇雅仗名节，殆曰人望。敬容材实干蛊，贿而败业，惜乎。

卷三十一　　　列传第二十一

张裕　子永　岱　岱兄子绪
　　绪子冲　充　永子瑰　瑰子率　率弟盾
　　瑰弟稷　稷子嵊　永从孙种

张裕，字茂度，吴郡吴人也。名与宋武帝讳同，故以字称。曾祖澄，晋光禄大夫。祖彭祖，广州刺史。父敞，侍御史、度支尚书、吴国内史。

茂度仕为宋武帝太尉主簿、扬州中从事，累迁别驾。武帝西伐刘毅，北伐关、洛，皆居守留任州事。出为都督、广州刺史、平越中郎将，绥静百越，岭外安之。元嘉元年，为侍中、都督、益州刺史。帝讨荆州刺史谢晦，诏益州遣军袭江陵。晦平，西军始至白帝。茂度与晦素善，议者疑其出军迟留。弟邵时为湘州刺史，起兵应大驾。上以邵诚节，故不加罪。累迁太常，以脚疾出为义兴太守。上从容谓曰："勿以西蜀介怀。"对曰："臣不遭陛下之明，墓木拱矣。"后为都官尚书，以疾就拜光禄大夫，加金章紫绶。茂度内足于财，自绝人事，经始本县之华山为居止。优游野泽，如此者七年。十八年，除会稽太守。素有吏能，职事甚理。卒于官，谥曰恭子。

子演，位太子中舍人。演四弟镜、永、辩、岱俱知名，时谓之张氏五龙。镜少与光禄大夫颜延之邻居，颜谈义饮酒，喧呼不绝，而镜静默无言声。后镜与客谈，延之从篱边闻之，取胡床坐听，辞义清玄。延之心服，谓客曰："彼有人焉。"由是不复酬叫。仕至新安太守。演、镜兄弟中名最高，余并不及。初，裕曾祖澄当葬父，郭璞为占墓地，曰："葬某处，年过百岁，位至三司，而子孙不蕃。某处年几减半，位裁卿校，而累世贵显。"澄乃葬其劣处。位光禄，年六十四而亡，其子孙遂昌云。

永，字景云，初为郡主簿，累迁尚书中兵郎。先是尚书中条制繁杂，元嘉十八年，欲加修撰，徙永为删定郎，掌其任。二十二年，除建康令，所居皆有称绩。又除广陵王诞北中郎录事参军。永涉猎书史，能为文章，善隶书，骑射杂艺，触类兼善。又有巧思，益为文帝所知。纸墨皆自营造，上每得永表启，辄执玩咨嗟，自叹供御者了不及也。二十三年，造华林园、玄武湖，并使永监统。凡所制置，皆受则于永。永既有才能，每尽心力，文帝谓堪为将。二十九年，以永为扬威将军、冀州刺史，加都督。督王玄谟、申坦等诸将经略河南，进攻碻磝，累旬不拔，为魏军所杀甚众。永即夜撤围退军，不报告诸将，众军惊扰，为魏所乘，死败涂地。永及申坦并为统府抚军将军萧思话所收，系于历城狱。文帝以屡征无功，诸将不可任，诏责永等与思话。又与江夏王义恭书曰："早知诸将辈如此，恨不以白刃驱之，今者悔何所及。"

三十年，元凶弑立，起永为青州刺史。及司空南谯王义宣起义,又改永为冀州刺史,加都督。永遣司马崔勋之、中兵参军刘宣则二军驰赴国难。时萧思话在彭城,义宣虑二人不相谐缉,与思话书,劝与永坦怀。又使永从兄长史张畅与永书勖之,使远慕廉、蔺在公之德,近效平、勃亡私之美。事平,召为江夏王义恭大司马从事中郎,领中兵。孝武孝建元年,臧质反,遣永辅武昌王浑镇京口。大明三年,累迁廷尉。上谓曰:"卿既与释之同姓,欲使天下复无冤人。"永晓音律,太极殿前钟声嘶,孝武尝以问永。永答钟有铜滓,乃扣钟求其处,凿而去之,声遂清越。

明帝即位,为青、冀二州刺史,监四州诸军事,统诸将讨徐州刺史薛安都,累战克捷。破薛索儿。又迁镇军将军,寻为南兖州刺史,加都督。时薛安都据彭城请降,而诚心不款。明帝遣永与沈攸之重兵迎之,加都督前锋诸军事,进军彭城。安都招引魏兵既至,永狼狈引军还,为魏军追大败,复遇寒雪,士卒离散。永脚指断落,仅以身免,失其第四子。三年,徙会稽太守,加都督,将军如故。以北行失律,固求自贬,降号左将军。永痛悼所失之子,有兼常哀,服制虽除,犹立灵座,饮食衣服,待之如生。每出行,常别具名车好马,号曰侍从。有军事,辄语左右报郎君知也。以破薛索儿功,封孝昌县侯。在会稽,宾客有谢方童、阮须、何达之等窃其权,赃货盈积。方童等坐赃下狱死,永又降号冠军将军。

废帝即位,为右光禄大夫、侍中,领安城王师。出为吴郡太守。元徽二年,为征北将军、南兖州刺史,加都督。永少便驱驰,志在宣力,其为将帅,能与士卒同甘苦。朝廷所给赐脯饣,必棋坐齐割,手自颁赐。年虽已老,志气未衰,优游闲任,意甚不乐。及有此授,喜悦非常,即日命驾还都。未之镇,遇桂阳王休范作乱,永率所领屯白下。休范至新亭,前锋攻南掖门,永遣人觇贼,既反,唱言台城陷,永众溃,弃甲还。以旧臣不加罪,止免官削爵。以愧发病卒。

岱,字景山,州辟从事,累迁东迁令。时殷冲为吴兴太守,谓人曰:"张东迁亲贫须养,所以栖迟下邑。然名器方显,终当大至。"后为司徒左西属掾。母年八十,籍注未满,岱便去官,从实还养。有司以岱违制,将欲纠举。宋孝武曰:"观过可以知仁,不须案也。"累迁山阴令,职事闲理。巴陵王休若为北徐州,未亲政事,以岱为冠军谘议参军,领彭城太守,行府、州、国事。后临海王为征虏将军广州,豫章王为车骑扬州,晋安王为征虏南兖州,岱历为三府谘议、三王行事,与典签主帅共事,事举而情得。或谓岱曰:"主王既幼,执事多门,而每能缉和公私,云何致此?"岱曰:"古人言,一心可以事百君。我为政端平,待物以礼,悔吝之事,无由而及;明暗短长,更是才用多少耳。"入为黄门郎。新安王子鸾以盛宠为南徐州,割吴郡属焉。高选佐史,孝武召岱谓曰:"卿美效夙著,兼资宜已多,今欲用卿为子鸾别驾,总刺史之任,无谓小屈,终当大申也。"帝崩,累迁吏部郎。泰始末,为吴兴太守。元徽中,为益州刺史,加都督。数年,益土安其政。累迁吏部尚书。王俭为吏部郎,时专断曹事,岱每相违执。及俭为宰相,以此颇不相善。兄子瑰、弟恕诛吴郡太守刘遐,

齐高帝欲以恕为晋陵郡。岱曰:"恕未闲从政,美锦不宜滥裁。"高帝曰:"恕为人我所悉,其又与瑰同勋,自应有赏。"岱曰:"若以家贫赐禄,此所不论;语功推事,臣门之耻。"加散骑常侍。

建元元年,中诏序朝臣,欲以右仆射拟岱。褚彦回谓"得此过优,若别有忠诚,特宜升引者,别是一理。"诏更量。出为吴郡太守。高帝知岱历任清直,至郡未几,手敕曰:"大郡任重,乃未欲回换,但总戎务殷,宜须望实。今用卿为护军,加给事中。"岱拜竟,诏以家为府。武帝即位,复为吴兴太守。岱晚节在吴兴,更以宽恕著名。迁南兖州刺史,未拜卒。岱初作遗命,分张家财,封置箱中,家业张减,随复改易,如此十数年。谥曰贞子。

绪,字思曼,岱兄子也。父演,宋太子中舍人。绪少知名,清简寡欲,从伯敷及叔父镜、从叔畅并贵异之。镜比之乐广,敷云"是我辈人"。畅言于孝武帝,用为尚书仓部郎。都令史谘详郡县米事,绪萧然直视,不以经怀。宋明帝每见绪,辄叹其清淡。转太子中庶子、本州大中正,迁司徒左长史。吏部尚书袁粲言于帝曰:"臣观张绪有正始遗风,宜为宫职。"复转中庶子。后为侍中,迁吏部郎,参掌大选。元徽初,东宫官罢,选曹拟舍人王俭为格外记室。绪以俭人地兼美,宜转秘书丞。从之。绪又迁侍中,尝私谓客曰:"一生不解作诺。"有以告袁粲、褚彦回者,由是出为吴郡太守,绪初不知也。升明二年,自祠部尚书为齐高帝太傅长史。建元元年,为中书令。

绪善谈玄,深见敬异。仆射王俭尝云:"绪过江所未有,北士可求之耳。不知陈仲弓、黄叔度能过之不?"驾幸庄严寺听僧达道人讲《维摩》,坐远不闻绪语,上难移绪,乃迁僧达以近之。时帝欲用绪为右仆射,以问王俭。俭曰:"绪少有清望,诚美选也。南士由来少居此职。"褚彦回曰:"俭少年或未忆耳,江左用陆玩、顾和,皆南人也。"俭曰:"晋氏衰政,不可为则。"先是绪诸子年轻侠,中子充少时又不护细行,俭又以为言,乃止。及立国学,以绪为太常卿,领国子祭酒,以王延之代绪为中书令。何点叹曰:"晋以子敬、季琰为此职,今以王延之、张绪为之,可谓清官。后接之者,实为未易。"绪长于《周易》,言精理奥,见宗一时。常云"何平叔不解《易》中七事"。

武帝即位,转吏部尚书,祭酒如故。永明二年,领南郡王师,加给事中。三年,转太子詹事,师、给事如故。绪每朝见,武帝目送之,谓王俭曰:"绪以位尊我,我以德贵绪。"迁散骑常侍、金紫光禄大夫,师如故,给亲信二十人。复领中正。长沙王晃属选用吴郡闻人邕为州议曹,绪以资籍不当,执不许。晃遗书于绪固请之,绪正色谓晃信曰:"此是身家州乡,殿下何得见逼?"乃止。

绪吐纳风流,听者皆忘饥疲,见者肃然如在宗庙。虽终日与居,莫能测焉。刘悛之为益州,献蜀柳数株,枝条甚长,状若丝缕。时旧宫芳林苑始成,武帝以植于太昌灵和殿前,常赏玩咨嗟,曰:"此杨柳风流可爱,似张绪当年时。"其见赏爱如此。王俭为尚书令、丹阳尹,时诸令史来问讯,有一令史善俯仰,进止可观。俭赏之,问曰:"经与谁共事?"答云:"十余岁在张令门下。"俭目送之。

时尹丞殷存至在坐,曰:"是康成门人也。"七年,竟陵王子良领国子祭酒,武帝敕王晏曰:"吾欲令司徒辞祭酒以授张绪,物议以为如何?"子良竟不拜,以绪领国子祭酒。绪口不言利,有财辄散之。清谈端坐,或竟日无食。门生见绪饥,为之办餐,然未尝求也。死之日,无宅以殡,遗命"凶事不设柳翣,止以芦藿,辒车引柩,灵上置杯水香火,不设祭"。从弟融敬绪,事之如亲兄。赍酒于绪灵前酌饮恸哭曰:"阿兄风流顿尽。"追赠散骑常侍、特进、光禄大夫,谥简子。

子完,宋后废帝时为正员郎,险行见宠,坐废锢。完弟允,永明中安西功曹,淫通杀人伏法。允兄充知名。

充,字延符,少好逸游。绪尝告归至吴,始入西郭,逢充猎,右臂鹰,左牵狗。遇绪船至,便放继脱韝拜于水次。绪曰:"一身两役,无乃劳乎?"充跪曰:"充闻三十而立,今充二十九矣,请至来岁。"绪曰:"过而能改,颜氏子有焉。"及明年便修改,多所该通,尤明《老》、《易》,能清言。与从叔稷俱有令誉。历尚书殿中郎、武陵王友。时尚书令王俭当朝用事,齐武帝皆取决焉。俭方聚亲宾,充毅巾葛帔,至便求酒,言论放逸,一坐尽倾。及闻武帝欲以绪为尚书仆射,俭执不可。充以为愠,与俭书曰:

顷日路长,霖霞韬晦,凉暑未平,想无亏摄。充幸以渔钓之闲,镰采之暇,时复引轴以自娱,逍遥乎前史。从横万古,动默之路多端;纷纶百年,升降之涂不一。故金刚水柔,性之别也;圆行方止,器之异也。善御性者,不违金水之质;善为器者,不易方圆之用。充生平少偶,不以利欲干怀,三十六年,差得以栖贫自澹。介然之志,峭耸霜崖;确乎之情,峰横海岸。至如影缨天阁,既谢廊庙之华;缀组云台,终愧衣冠之秀。实由气岸疏凝,情涂狷隔。独师怀抱,不见许于俗人;孤秀神崖,每遭回于在世。长群鱼鸟,毕景松阿。虽宝玉没于访珪之辰,桂掩于搜芳之日,泛滥于渔父之游,偃息于卜居之会,如此而已,充何识哉!

若夫惊岩罩日,吐海逢天,辣石崩寻,分危落仞。桂兰绮靡,丛杂于山幽;松柏阴森,相缘于涧侧。元卿于是乎不归,伯休亦以兹长往。至于飞竿钓渚,濯足沧洲,独浪烟霞,高卧风月。悠悠琴酒,岫远谁来?灼灼文言,空拟方寸。不觉郁然千里,路隔江川,每至西风,何尝不叹!丈人岁路未强,学优而仕,道佐苍生,功横海望,可谓德盛当时,孤松独秀者也。而茂陵之彦,望冠盖而长怀;渭川之氓,伫簪裾而辣叹,得无惜乎?

充岷西百姓,岱表一人,蚕而衣,耕而食。不能事王侯,觅知己,造时人,骋游说。容与于屠博之间,其欢甚矣。然举世皆谓充为狂,充亦何能与诸君道之哉?是以披闻见,扫心胸,述平生,论语默。所可通梦交魂、推襟送抱者,唯丈人而已。阙廷复阻,书罢莫因,倪遇樵夫,妄尘执事。

俭以为脱略,弗之重,仍以书示绪,绪杖之一百。又

为御史中丞到㧑所奏,免官禁锢。沈约见其书,叹曰:"充始为之败,终为之成。"久之,为司徒谘议参军,与琅邪王思远、同郡陆慧晓等并为司徒竟陵王宾客。累迁义兴太守,为政清静,吏人便之。后为侍中。梁武帝兵至建邺,东昏逢杀,百官集西钟下,召充,充不至。武帝霸府建,以充为大司马谘议参军。天监初,历太常卿、吏部尚书,居选以平允称。再迁散骑常侍、国子祭酒。登堂讲说,皇太子以下皆至。时王侯多在学,执经以拜,充朝服而立,不敢当。再迁尚书仆射。顷之,出为吴郡太守。下车恤贫老,故旧莫不忻悦。卒于吴郡,谥曰穆子。子最嗣。

瑰,字祖逸,宋征北将军、南兖州刺史永之子也。仕宋,累迁桂阳内史。不欲前兄玮处禄,自免不拜。后为司徒右长史,通直散骑常侍,骁骑将军。初,瑰父永拒桂阳王休范于白下,败绩,阮佃夫等欲加罪,齐高帝固申明之,瑰由此感恩自结。后遭父母丧,还吴持服。升明元年,刘彦节有异图,弟遐为吴郡,潜相影响。高帝密遣殿中将军卞白龙令瑰取遐。诸张世为豪气,瑰宅中常有父时旧部曲数百。遐召瑰委以军事,瑰伪受命,与叔恕领兵十八人入郡斩之,郡内莫敢动。事捷,高帝以告左军张冲。冲曰:"瑰以百口一掷,出手得卢矣。"即授吴郡太守,锡以嘉名,封义城县侯。从弟融闻之,与瑰书曰:"吴郡何晚,何须王反,闻之嗟惊,乃是阿兄。"郡人顾皓、陆闲并少年未知名,瑰并引为纲纪,后并立名,世以为知人。

齐建元元年,改封平都侯,迁侍中,与侍中沈文季俱在门下。高帝常谓曰:"卿虽我臣,我亲卿不异赜、嶷等。"文季每还直,器物若迁。瑰止朝服而已。时集书每兼门下,东省实多清贫,有不识瑰者,常呼为散骑。出为吴兴太守。瑰以既有国秩,不取郡奉。高帝敕上库别藏其奉,以表其清。

武帝即位,为宁蛮校尉、雍州刺史,加都督。征拜左户尚书,加右军将军。还后,安陆王纻临雍州行部,登蔓山,有野老来乞。纻问:"何不事产而行乞邪?"答曰:"张使君临州理物,百姓家得相保。后人政严,故至行乞。"纻由是深加嗟赏。后拜太常,自谓闲职,辄归家。武帝曰:"卿辈未富贵,谓人不与;既富贵,那复欲委去?"瑰曰:"陛下御臣等若养马,无事就闲厩,有事复牵来。"帝犹怒,遂以为散骑常侍、光禄大夫。郁林之废,朝臣到宫门参承明帝。瑰托脚疾不至。海陵立,明帝疑外藩起兵,以瑰镇石头,督众军事。瑰见朝廷多难,遂恒卧疾。建武末,屡启求还吴,见许。居室豪富,伎妾盈房。或者讥其衰暮盈伎。瑰曰:"我少好音律,老而方解。平生嗜欲,无复一存,唯未能遣此耳。"明帝疾甚,防疑大司马王敬则,授瑰平东将军、吴郡太守,以为之备。及敬则反,瑰遣兵迎拒于松江。闻敬则军鼓声,一时散走。瑰弃郡逃人间,事平乃还郡,为有司奏,免官削爵。永元初,为光禄大夫。三年,梁武帝起兵,东昏假瑰节,戍石头,寻弃城还宫。梁天监元年,拜给事中、右光禄大夫,以脚疾拜于家。四年卒。瑰有子十二人,常云"中应有好者"。子率知名。

率,字士简,性宽雅。十二能属文,常日限为诗一篇,或数日不作,则追补之,稍进作赋颂,至年十六,向作二

千余首。有虞讷者见而诋之,率乃一旦焚毁,更为诗示焉,托云沈约。讷便句句嗟称,无字不善。率曰:"此吾作也。"讷惭而退。时陆少玄家有父澄书万余卷,率与少玄善,遂通书籍,尽读其书。

建武三年,举秀才,除太子舍人,与同郡陆倕、陆厥幼相友狎。尝同载诣左卫将军沈约,遇任昉在焉。约谓昉曰:"此二子后进才秀,皆南金也,卿可识之。"由此与昉友。梁天监中,为司徒谢朏掾,直文德待诏省,敕使抄乙部书,又使撰古妇人事。使工书人琅邪王琛、吴郡范怀约等写给后宫。率取假东归,论者谓为傲世,率惧,乃为《待诏赋》奏之,甚见称赏。手敕答曰:"相如工而不敏,枚皋速而不工,卿可谓兼二子于金马矣。"又侍宴赋诗,武帝别赐率诗曰:"东南有才子,故能服官政,余虽惭古昔,得人今为盛。"率奏诗往反六首。后引见于玉衡殿,谓曰:"卿东南物望,朕宿昔所闻。卿言宰相是何人,不从天下,不由地出。卿名家奇才,若复以礼律为意,便是其人。秘书丞天下清官,东南望胄未有为之者,今以相处,为卿定名誉。"寻以为秘书丞,掌集书诏策。四年,禊饮华光殿,其日河南国献赤龙驹,能拜伏,善舞。诏率与到溉、周兴嗣为赋,武帝以率及兴嗣为工。其年,父忧去职。有父时妓数十人,其善讴者有色貌,邑子仪曹郎顾玩之求娉,讴者不愿,遂出家为尼。尝因斋会率宅,玩之乃飞书言与率奸。南司以事奏闻,武帝惜其才,寝其奏,然犹致时论。服阕,久之不仕。七年,除中权建安王中记室参军,俄直寿光省,修丁卯部书抄。累迁晋安王宣惠谘议参军。率在府十年,恩礼甚笃。后为扬州别驾。率虽历居职务,未尝留心簿领。及为别驾奏事,武帝览牒问之,并无对,但答云:"事在牒中。"帝不悦。后历黄门侍郎。出为新安太守,丁所生母忧卒。

率嗜酒不事,于家务尤忘怀。在新安遣家僮载米三千石还宅,及至遂耗太半。率问其故,答曰:"雀鼠耗。"率笑而言曰:"壮哉雀鼠。"竟不研问。自少属文,《七略》及《艺文志》所载诗赋,今亡其文者,并补作之。所著《文衡》十五卷,文集四十卷行于世。子长公。率弟盾。

盾,字士宣,以谨重称。为无锡令,遇劫,问劫何须,劫以刀斫其颊,盾曰:"咄咄,不易!"余无所言。于是生资皆尽,不以介怀。为湘东王记室,出监富阳令。廓然独处,无所用心。身死之日,家无遗财,唯有文集并书千余卷,酒米数瓮而已。

稷,字公乔,瑰弟也。幼有孝性,所生母刘无宠,遘疾。时稷年十一,侍养衣不解带,每剧则累夜不寝。及终,毁瘠过人,杖而后起。见年辈幼童,辄哽咽277泪,州里谓之淳孝。长兄玮,善弹筝,稷以刘氏先执此伎,闻玮为《清调》,便悲感顿绝,遂终身不听之。

性疏率,朗悟有才略,起家著作佐郎,不拜。父永及嫡母丘相继殂,六年庐于墓侧。齐永明中,为豫章王嶷主簿,与彭城刘绘俱见礼接,未尝被呼名,每呼为刘四、张五。以贫求为剡令,略不视事,多为小山游。会山贼唐宇之作乱,稷率厉部人保全县境。所生母刘先假葬琅邪黄山,建武中改申葬礼,赙助委积。于时虽不拒绝,事毕随以还之。自幼及长,数十年中,常设刘氏神座。出告反面,如事生焉。

历给事中黄门侍郎,新兴、永宁二郡太守。郡犯私讳,改永宁为长宁。永元末,为侍中,宿卫宫城。梁武师至,兼卫尉江淹出奔,稷兼卫尉卿,副王莹都督城内诸军事。时东昏淫虐,北徐州刺史王珍国就稷谋,乃使直阁张齐行弑于含德殿。稷乃召右仆射王亮等列坐殿前西钟下,议遣国子博士范云、中书舍人裴长穆等使石头城诣武帝,以稷为侍中、左卫将军,迁大司马左司马。梁朝建,为散骑常侍,中书令。及上即位,封江安县子,位领军将军。武帝尝于乐寿殿内宴,稷醉后言多怨,辞形于色。帝时亦酣,谓曰:"卿兄杀郡守,弟杀其君,袖提帝首,衣染天血,如卿兄弟,有何名称?"稷曰:"臣乃无名称,至于陛下不得言无勋。东昏暴虐,义师亦来伐之,岂在臣而已?"帝捋其须曰:"张公可畏人。"中丞陆杲弹稷云:"领军张稷,门无忠贞,官必险达,杀君害主,业以为常。"武帝留中竟不问。累迁尚书左仆射。帝将幸稷宅,以盛暑留幸仆射省。旧临幸供具,皆酬太官馔直。帝以稷清贫,手诏不受。宋时孝武帝经造张永,至稷三世,并降万乘,论者荣之。

稷虽居朝右,每惭口实,乃名其子伊字怀尹,霍字希光,畯字农人,同字不见,见字不同,以旌其志。既惧且恨,乃求出,许之。出为青、冀二州刺史,不得志,常闭阁读佛经。禁防宽弛,僚吏颇致侵扰。州人徐道角等夜袭州城,乃害之。有司奏削爵土。

稷性明烈,善与人交,历官无畜聚,奉禄皆颁之亲故,家无余财。为吴兴太守,下车存问遗老,引其子孙置之右职,政称宽恕。初去郡就仆射征,道由吴,乡人候稷者满水陆。稷单装径还都下,人莫之识,其率素如此。稷长女楚瑗,适会稽孔氏,无子归宗,至逢稷见害,女以身蔽刃,先父卒。稷与族兄充、融、卷俱知名,时日云充、融、卷、稷为四张。卷字令远,少以和理著称,能清言,位都官尚书,天监初卒。稷子嵊。

嵊,字四山。稷初为剡令,至嵊亭生之,因名嵊,字四山。少敦孝行,年三十余,犹斑衣受稷杖,动至数百,收泪欢然。方雅有志操,能清言,感家祸,终身蔬食布衣,手不执刀刃,不听音乐。弟淮,言气不伦,嵊垂泣训诱。

起家秘书郎,累迁镇南湘东王长史、寻阳太守。王暇日玄言,因为之筮,得《节卦》,谓嵊曰:"卿后当东入为郡,恐不得终其天年。"嵊曰:"贵得其所耳。"时伏挺在坐,曰:"君王可畏人也。"还为太府卿,吴兴太守。侯景围建邺。遣弟伊彤郡兵赴援。城陷,御史中丞沈浚违难东归,嵊往见之,谓曰:"贼臣凭陵,人臣效命之日,今欲收集兵刃,保据贵乡,虽复万死,诚亦无恨。"浚固劝嵊举义。时邵陵王纶东奔至钱唐,闻之,遣前舍人陆丘公板授嵊征东将军。嵊曰:"天子蒙尘,今日何情复受荣号?"留板而已。贼行台刘神茂攻破义兴,遣使说嵊,嵊斩其使,仍遣军破神茂。侯景乃遣其中军侯子鉴击神茂击嵊。嵊军败,乃释戎服坐于厅事。贼临以刃,终不屈,执以送景。景将舍之,嵊曰:"速死为幸。"乃杀之。子弟遇害者十余人。景欲存其一子,嵊曰:"吾一门已在鬼录,不就尔处求恩。"于是皆死。贼平，元帝追赠侍中、中卫将军、开府仪同三司，谥忠贞子。嵊弟翠知名。

种，字士苗，永从孙也。祖辩，宋大司农，广州刺史。父略，太子中庶子，临海太守。种少恬静，居处雅正，傍无造请。时人语曰："宋称敷、演，梁则卷、充，清虚学尚，种有其风。"仕梁为中军宣城王府主簿，时已四十余。家贫，求为始丰令。及武陵王纪为益州刺史，重选府僚，以种为左西曹掾。种辞以母老，为有司奏，坐黜免。侯景之乱，奉母东奔乡里。母卒，种时年五十，而毁瘠过甚。又迫以凶荒未葬，服虽毕，居家饮食，恒若在丧。景平初，司徒王僧辩以状奏，起为中从事，并为具葬礼，葬讫，种方即吉。僧辩又以种年老无子，赐以妾及居处之具。陈武帝受禅，为太府卿。历位左户尚书，侍中，中书令，金紫光禄大夫。种沉深虚静，识量宏博，时以为宰相之器。仆射徐陵尝抗表让位于种，以为宜居左执，其为所推如此。卒，赠特进，谥元子。种仁恕寡欲，虽历显位，家产屡空，终日晏然，不以为病。太建初，女为始兴王妃，以居处僻陋，特赐宅一区。又累赐无锡、嘉兴县秩。尝于无锡见重囚在狱，天寒，呼囚暴日，遂失之，帝大笑而不深责。有集十四卷。

种弟稜，亦清静有识度，位司徒左长史，赠光禄大夫。

论曰：张裕有宋之初，早参霸政，出内所历，莫非清显，诸子并荷崇构，克举家声，其美誉所归，岂徒然也！思曼立身简素，殆人望乎。夫濯缨从事，理存无二，取信一主，义绝百心。以永元之末，人忧涂炭，公乔重围之内，首创大谋，而旋见猜嫌，又况异于斯也！然则士之行己，可无深议。四山赴蹈之方，可谓矫其违矣。

卷三十二　　　　列传第二十二

张邵　子敷　孙冲　兄子畅
　　畅子融　融弟宝积　徐文伯　文伯从弟嗣伯

张邵，字茂宗，会稽太守裕之弟也。初为晋琅邪内史王诞龙骧府功曹，桓玄徙诞于广州，亲故皆离弃之，唯邵情礼弥谨，流涕追送。时寇乱年饥，邵又资馈其妻子。桓玄篡位，父敞先为尚书，以答事微谬，降为廷尉卿。及宋武帝讨桓玄，邵白敞者献忠款，帝大悦，命署寺门曰："有犯张廷尉家者，军法论。"事平，以敞为吴郡太守。及王谧为扬州，召邵补主簿。

刘毅位居亚相，好士爱才，当世莫不辐凑，唯邵不往。亲故怪而问之，邵曰："主公命世人杰，何烦多问。"刘穆之言于帝，帝益亲之，转太尉参军，署长流贼曹。卢循至蔡洲，武帝至石头，使邵守南城。时百姓水际望贼，帝不解其意，以问邵。邵曰："节钺未反，奔散之不暇，亦何暇观望，今当无复恐耳。"帝以邵勤练忧公，重补州主簿。邵悉心政事，精力绝人。及诛刘藩，邵时在西州直庐，

即夜诫众曹曰："大军当大讨，可各条仓库及舟船人领，至晓取办。"旦日，帝求诸簿最，应时即至，怪问其速。诸曹答曰："宿受张主簿处分。"帝曰："张邵可谓同人忧虑矣。"九年，世子始开征虏府，以邵补录事参军，转号中军，迁谘议参军，领记室。

十一年，武帝北伐，邵请见曰："人生危脆，宜有远虑。若刘穆之邂逅不幸，谁可代之？尊业如此，若有不讳，则处分云何？"帝曰："此自委穆之与卿耳。"青州刺史檀祗镇广陵，辄率众至滁中掩讨亡命，刘穆之虑其为变，议欲遣军。邵曰："檀韶据中流，道济为军首，若有相疑之迹，则大府立危。不如逆遣慰劳，必无患也。"祗果不动。及穆之暴卒，朝廷恇惧，便发诏以司马徐羡之代之。邵独曰："今诚急病，任终在徐；然世子无专行之义，宜须谘信反，方使世子出命曰：'朝廷及大府事悉谘徐司马，其余启还。'"武帝善其临事不挠，得大臣节。十四年，世子改授荆州，邵谏曰："储贰之重，四海所系，不宜外出，敢以死请。"世子竟不行。文帝为中郎将、荆州刺史，以邵为司马，领南郡相，众事悉决于邵。

武帝受命，以佐命功封临沮伯。分荆州立湘州，以邵为刺史，将署府，邵以长沙内地，非用武之国，置府妨人，乖为政要。从之。荆州刺史谢晦反，遗书要邵，邵不发函，使呈文帝。元嘉五年，转征虏将军，领宁蛮校尉、雍州刺史，加都督。初，王华与邵不和，及华参要，亲旧为之危心。邵曰："子陵方弘至公，岂以私隙害正义？"是任也，华实举之。及至襄阳，筑长围，修立堤堰，创田数千顷，公私充给。丹、浙二川蛮属为寇，邵诱其帅并出，因大会诛之，遣军掩其村落，悉禽。既失信群蛮，所在并起，水陆路断。七年，子敷至襄阳定省，当还都。群蛮欲断取之。会蠕蠕国献使下，蛮以为是敷，因掠之。邵坐降号扬烈将军。江夏王义恭镇江陵，以邵为抚军长史、持节、南蛮校尉。九年，坐在雍州营私畜，取赃货二百四十五万，下廷尉，免官削爵土。后为吴兴太守，卒。追复爵邑，谥曰简伯。邵临终遗命，祭以菜果，苇席为轜车。诸子从焉。长子敷。

敷，字景胤，生而母亡。年数岁问知之，虽童蒙便有感慕之色。至十岁许，求母遗物，而散施已尽，唯得一扇，乃缄录之。每至感思，辄开笥流涕。见从母，悲感哽咽。性整贵，风韵甚高，好读玄言，兼属文论。初，父邵使与高士南阳宗少文谈《系》《象》，往复数番。少文每欲屈，握麈尾叹曰："吾道东矣。"于是名价日重。

宋武帝闻其美，召见奇之，曰："真千里驹也。"以为世子中军参军，数见接引。累迁江夏王义恭抚军记室参军。义恭就文帝求一学义沙门，会敷赴假还江陵，入辞文帝，令以后车载沙门往，谓曰："道中可得言晤。"敷不奉诏，曰："臣性不耐杂。"上甚不悦。迁正员中书郎。

敷小名楂，父邵小名梨。文帝戏之曰："楂何如梨？"答曰："梨是百果之宗，楂何敢比也？"中书舍人秋当、周赳并管要务，以敷同省名家欲诣之。赳曰："彼若不相容接，便不如勿往，讵可轻行？"当曰："吾等并已员外郎矣，何忧不得共坐！"敷先旁设二床，去壁三四尺，二客就席，

敷呼左右曰："移我远客。"赳等失色而去，其自标遇如此。善持音仪，尽详缓之致，与人别，执手曰："念相闻。"余响久之不绝。张氏后进皆慕之，其源起自敷也。

迁黄门侍郎，始兴王浚后将军司徒左长史，未拜，父在吴兴亡，成服凡十余日，始进水浆。葬毕，不进盐菜，遂毁瘠成疾。伯父茂度每止譬之，辄更感恸，绝而复续。茂度曰："我冀譬汝有益，但更甚耳。"自是不复往。未期而卒。孝武即位，诏旌其孝道，追赠侍中，改其所居称孝张里。敷弟柬，袭父封，位通直郎。柬勇力，手格猛兽，元凶以为辅国将军。孝武至新亭，柬出奔，坠淮死。子式嗣。弟冲。

冲，字思约，出继伯父敷。冲母戴颙女，有仪范，张氏内取则焉。冲少有至性，随从叔永为将帅，除盱眙太守。永征彭城遇寒，军人足胫冻断者十七八，冲足指皆堕。齐永明八年，为假节，监青、冀二州行刺史事。冲父初卒，遗命"祭我必以乡土所产，无用牲物"。冲在镇，四时还吴国取果菜，每至烝尝，辄流涕荐焉。仍转刺史。

永元二年，为南兖州刺史，迁司州。裴叔业以寿春降魏，又迁冲南兖州刺史，并未拜。崔慧景事平，征建安王宝寅还都，以冲为郢州刺史，一岁之中，频授四州刺史，至是乃受任，封定襄侯。

梁武帝起兵，手书喻冲，又遣辩士说之，冲确然不回。东昏遣骁骑将军薛元嗣、制局监暨荣伯领兵及粮运送冲，使拒西师。元嗣等惩刘山阳之败，疑冲不敢进，停住夏首浦。闻梁武师将至，元嗣、荣伯相率入郢城。时竟陵太守房僧寄被代，还至郢，东昏敕僧寄留守鲁山，除骁骑将军。僧寄谓冲曰："下官虽未奉朝廷深恩，实蒙先帝厚泽。荫其树者不折其枝，实欲微立尘效。"冲深相许诺，共结盟誓，分部拒守。遣军主孙乐祖数千人，助僧寄据鲁山岸立城垒。明年二月，梁武围鲁山城，遣军主曹景宗等过江攻郢城。冲中兵参军陈光静等间出击之，光静战死，冲固守不出。病将死，厉府僚以诚节，言终而卒。元嗣、荣伯与冲子孜及长史江夏程茂固守。东昏诏赠冲散骑常侍、护军将军。元嗣等处围城之中，无他经略，唯迎蒋子文及苏侯神，日禺中于州厅上祀以求福，铃铎声昼夜不止。又使子文导从登陴巡行，且日辄复如之。识者知其将亡。僧寄病死，孙乐祖窘，以城降。郢被围二百余日，士庶病死者七八百家。鲁山陷后二日，程茂及元嗣等议降，使孜为书与梁武帝。冲故吏青州中从事房长瑜谓孜曰："前使君忠贯昊天，操愈松竹，郎君但当端坐画一，以荷析薪。若天运不与，幅巾待命，以下从使君。今若随诸人之计，非唯郢州士女失高山之望，亦恐彼所不取也。"不从，卒以郢城降。时与冲及房僧寄比臧洪之被围也。赠僧寄益州刺史。

畅，字少微，邵兄祎子也。祎少有操行，为晋琅邪王国郎中令。从王至洛，还京都，宋武帝封药酒一罂付祎，使密加酖毒，受命于道自饮而卒。畅少与从兄敷、演、镜齐名，为后进之秀。起家为太守徐佩之主簿，佩之被诛，畅驰出奔赴，制服尽哀，为论者所美。弟牧尝为獦犬所伤，医云宜食虾蟆，牧甚难之。畅含笑先尝，牧因此乃食，创亦即愈。累迁太子中庶子。

孝武镇彭城，畅为安北长史、沛郡太守。元嘉二十七年，魏太武南征，太尉江夏王义恭统诸军出镇彭城。太武亲率大众，去彭城数十里。彭城众力虽多，军食不足，义恭欲弃彭城南归，计议弥日不定。时历城众少食多，安北中兵参军沈庆之议，欲以车营为函箱阵，精兵为外翼，奉二王及妃媛直趋历城，分城兵配护军将军萧思话留守。太尉长史何勖不同，欲弃捐奔郁洲，自海道还都。二议未决，更集群僚谋之。畅曰："若历城、郁洲有可至之理，下官敢不高赞。今城内乏食，百姓咸有走情，但以关扃严固，欲去莫从耳。若一旦动脚，则各自散走，欲至所在，何由可得？今军食虽寡，朝夕犹未窘罄，岂有舍万安之术，而就危亡之道？若此计必用，下官请以颈血污君马迹。"孝武闻畅议，谓义恭曰："张长史言不可异也。"义恭乃止。

魏太武得至，仍登城南亚父冢，于戏马台立毡屋。先是队主蒯应见执，其日晡时，太武遣送应至小市门致意，求甘蔗及酒。孝武遣人送酒二器，甘蔗百挺，求骆驼。明日，太武又自上戏马台，复遣使至小市门求与孝武相见，遣送骆驼并致杂物，使于南门受之。畅于城上与魏尚书李孝伯语。孝伯问："君何姓？"答云："姓张。"孝伯曰："张长史。"畅曰："君何得见识？"孝伯曰："君声名远闻，足使我知。"因言说久之。城内有具思者，尝在魏，义恭遣视，知是孝伯，乃开门进饷物。太武又求酒及甘橘，畅宣孝武旨，又致螺杯杂粽，南土所珍。太武复令孝伯传语曰："魏主有诏借博具。"畅曰："博具当为申致，有诏之言，政可施于彼国，何得称之于此？"孝伯曰："邻国之君，何为不称诏于邻国之臣？"畅曰："君之此称，尚不可闻于中华，况在诸王之贵，而独曰邻国之君邪？"孝伯曰："魏主言太尉、镇军久阙南信，殊当忧邑，若欲遣信，当为护送。"畅曰："此方间路甚多，不复以此劳魏主。"孝伯曰："亦知有水路，似为白贼所断。"畅曰："君著白衣，故称白贼邪？"孝伯大笑曰："今之白贼亦不异黄巾、赤眉。"畅曰："黄巾、赤眉似不在江南。"孝伯曰："亦不离青、徐。"畅曰："今者青、徐实为有贼，但非白贼耳。"又求博具，俄送与。太武又遣送毡及九种盐并胡豉，云"此诸盐各有所宜：白盐是魏主所食；黑者疗腹胀气懑，细刮取六铢，以酒服之；胡盐疗目痛；柔盐不用食，疗马脊创；赤盐、驳盐、臭盐、马齿盐四种，并不中食。胡豉亦中啖。"又求黄甘，并云"魏主致意太尉、安北，何不遣人来至我间？彼此之情虽不可尽，要须见我小大，知我老少，观我为人。若诸佐不可遣，亦可使偃米。"畅又宣旨答曰："魏主形状才力，久为来往所具，李尚书亲自衔命，不患彼此不尽。故不复遣信。"又云："魏主恨向所送马殊不称意，安北若须大马，当更送之；脱须蜀马，亦有佳者。"畅曰："安北不乏良驷，送自彼意，非此所求。"义恭又饷炬烛十挺，孝武亦致锦一匹。又曰："知更须黄甘，诚非所吝，但会不足周彼一军。向给魏主，未应便乏，故不复重付。"太武复求甘蔗安石榴，畅曰："石榴出自邺下，亦当非彼所乏。"孝伯曰："君南土膏粱，何为著屩？君而著此，使将士云何？"畅曰："膏粱之言，诚为多愧，但以不武，受命统军，戎阵之间，不容缓服。"太武又遣就二王借箜篌、琵琶、筝、笛等器及棋子。孝伯辞辩,亦北土之美,畅随宜应答,吐属如流,音韵详雅,风仪华润。孝伯及左右人并相视叹息。

时魏声云当出襄阳,故以畅为南谯王义宣司空长史、南郡太守。

三十年,元凶弑逆,义宣发哀之日,即便举兵。畅为元佐,位居僚首,哀容俯仰,荫映当时。举哀毕,改服著黄裤褶,出射堂简人。音姿容止,莫不瞩目,见者皆愿为尽命。事平,征为吏部尚书,封夷道县侯。

义宣既有异图,蔡超等以畅人望,劝义宣留之。乃解南蛮校尉以授畅,加冠军将军,领丞相长史。畅遣门生荀僧宝下都,因颜竣陈义宣衅状。僧宝有私货,停巴陵不时下。会义宣起兵,津路断绝,僧宝遂不得去。义宣将为逆,遣嬖人翟灵宝告畅,畅陈必无此理,请以死保之。灵宝知畅不回,劝义宣杀以徇众,赖丞相司马竺超人得免。进号抚军,别立军部,以收人望。畅虽署文檄,而饮酒常醉,不省文书。随义宣东下。梁山战败,于乱兵自归,为军人所掠,衣服并尽。遇右将军王玄谟乘舆出营,畅已得败衣,因排玄谟上舆。玄谟意甚不悦,诸将请杀之,队主张世营救得免。执送都,下廷尉,寻见原。

起为都官尚书,转侍中,代子淹领太子右卫率。孝武宴朝贤,畅亦在坐。何偃因醉曰:"张畅故是奇才,同义宣作贼,亦能无咎,非才何以致此?"畅乃厉声曰:"太初之时,谁黄其阁?"帝曰:"何事相苦。"初,元凶时,偃父尚之为元凶司空,义师至新林,门生皆逃,尚之父子与婢妾共洗黄阁,故畅讥之。孝建二年,出为会稽太守。卒,谥曰宣。畅爱弟子辑,临终遗命,与辑合坟,论者非之。

畅弟悦,亦有美称,历侍中、临海王子顼前军长史、南郡太守。晋安王子勋建伪号,召拜为吏部尚书,与邓琬共辅伪政。事败,悦杀琬归降,复为太子中庶子。后拜雍州刺史。泰始六年,明帝于巴郡置三巴校尉,以悦补之,加持节、辅师将军,领巴郡太守。未拜卒。

畅子浩,官至义阳王昶征北谘议参军。浩弟淹,黄门郎,封广晋县子,太子右卫率,东阳太守。逼郡吏烧臂照佛。百姓有罪,使礼佛赎愆,动至数千拜。坐免官禁锢。起为光禄勋,临川内史。后与晋安王子勋同逆,军败见杀。淹弟融。

融,字思光,弱冠有名。道士同郡陆修静以白鹭羽麈尾扇遗之,曰:"此既异物,以奉异人。"解褐为宋新安王子鸾行参军。王母殷淑仪薨,后四月八日建斋并灌佛,僚佐儴佛者多至一万,少不减五千,融独注儴百钱。帝不悦曰:"融殊贫,当序以佳禄。"出为封溪令。从叔永出后渚送之曰:"似闻朝旨,汝寻当还。"融曰:"不患不还,政恐还而复去。"及行,路经嶂峻,獠породу执融将杀食之。融神色不动,方作洛生咏,贼异之而不害也。浮海至交州,于海中遇风,终无惧色,方咏曰:"千鱼自可还其本乡,肉脯复何为者哉。"又作《海赋》,文辞诡激,独与众异。后以示镇军将军顾觊,觊之曰:"卿此赋实超玄虚,但恨不道盐耳。"融即求笔注曰:"漉沙构白,熬波出素,积雪中春,飞霜暑路。"此四句后所足也。觊之与融兄有恩好,觊之卒,融身负坟土。在南与交趾太守卞展善。展于岭南为人所杀,融挺身奔赴。

举秀才,对策中第。为尚书殿中郎,不就,改为仪曹郎。寻请假奔叔父丧,道中罚干钱敬道鞭杖五十,寄系延陵狱。大明五年制,二品清官,行僮干杖,不得出十。为左丞孙缅所奏,免官。复位,摄祠部、仓部二曹。时领军刘勔战死,融以祠部议,上应哭勔,见从。又俗人忌以正月开太仓,融议不宜拘束小忌。寻兼掌正厨,见宰杀,回车径去,自表解职。再迁南阳王友。融父畅为丞相长史,义宣事难,畅将为王玄谟所杀,时玄谟子瞻为南阳王长史,融启求去官,不许。融家贫欲禄,乃与从叔征北将军永书曰:"融昔幼学,早训家风,虽则不敏,率以成性。布衣韦带,弱年所安;箪食瓢饮,不觉不乐。但世业清贫,人生多待。榛栗枣脩,女贽既长;束帛禽鸟,男礼已大。勉身就官,十年七仕,不欲代耕,何至此事。昔求三吴一丞,虽属舛错,今闻南康缺守,愿得之。融不知阶级,阶级亦可不知融,政以求丞不得,所以求郡,求郡不得,亦可复求丞。"又与吏部尚书王僧虔书曰:"融天地之逸人也,进不辨贵,退不知贱,实以家贫累积,孤寡伤心,八侄俱孤,二弟顿弱,岂能山海陋禄,申融情累。阮籍爱东平土风,融亦欣晋平闲外。"时议以融非御人才,竟不果。

辟齐太傅掾,稍迁中书郎,非其所好。乞为中散大夫,不许。张氏自敷以来,并以理音辞、修仪范为事。至融风止诡越,坐常危膝,行则曳步,翘身仰首,意制甚多。见者惊异,聚观成市,而融了无惭色。随例同行,常稽迟不进。高帝素爱融,为太尉时,与融款接。见融常笑曰:"此人不可无一,不可有二。"即位后,手诏赐融衣曰:"见卿衣服粗故,诚乃素怀有本。交尔蓝缕,亦亏朝望。今送一通故衣,意谓虽故,乃胜新也。是吾所著,已令裁减,称卿之体;并履一量。"高帝出太极殿西室,融入问讯,弥时方登阶。及就席,上曰:"何乃迟为?"对曰:"自地升天,理不得速。"时魏主至淮而退,帝问:"何意忽来忽去?"未有答者,融时下坐,抗声曰:"以无道而来,见有道而去。"公卿咸以为捷。

融善草书,常自美其能。帝曰:"卿书殊有骨力,但恨无二王法。"答曰:"非恨臣无二王法,亦恨二王无臣法。"融假还乡,诣王俭别。俭立此地举袂不前,融亦举手呼俭曰:"歇曰'王前'。"俭不得已趋就之。融曰:"使融不为慕势,而令君为趋士,岂不善乎?"常叹云:"不恨我不见古人,所恨古人又不见我。"融与吏部尚书何戢善,往诣戢,误通尚书刘澄。下车入门,乃曰:"非是。"至户望澄,又曰:"非是。"既造席视澄曰:"都自非是。"乃去,其为异如此。

又为长沙王镇军、竟陵王征北谘议,并领记室,司徒从事中郎。永明二年,总明观讲,敕朝臣集听。融扶入就榻,私索酒饮之。事毕,乃长叹曰:"呜呼!仲尼独何人哉。"为御史中丞到㧑所奏免官,寻复职。融形貌短丑,精神清彻,王敬则见融革带宽,殆将至髀,谓曰:"革带太急。"融曰:"既非步吏,急带何为?"融假东出,武帝问融住在何处,答曰:"臣陆处无屋,舟居无水。"后上问其从兄绪,绪曰:"融近东出,未有居止,权牵小船于岸上住。"上大笑。后使融接对北使李道固,就席,道固顾而言曰:"张融是宋彭城长史张畅子不?"融嚬蹙久之,曰:"先君不幸,名达六夷。"豫章王大会宾僚,融食炙,始行毕,行炙人便去。融欲求盐蒜,口终不言,方摇食指,半日乃息。出入朝廷,皆拭目惊观之。

八年,朝臣贺众瑞公事,融扶入拜起,复为有司所奏,见原。迁司徒兼右长史。竟陵张欣时为诸暨令,坐罪当死。欣时父兴世,讨宋南谯王义宣,官军欲杀融父畅,兴世以袍覆畅而坐之,以此得免。兴世卒,融著高履为负土成坟。至是,融启竟陵王子良,乞代欣时死。子良答曰:"此乃是长史美事,恐朝有常典,不得如长史所怀。"迁黄门郎,太子中庶子,司徒左长史。

融有孝义,忌月三旬不听乐,事嫂甚谨。父畅临终谓诸子曰:"昔丞相事难,吾以不同将见杀,缘司马竺超人得活,尔等必报其子。"后超人孙微,冬月遭母丧居贫,融吊之,悉脱衣以为赙,披牛被而反。常以兄事微。豫章王嶷、竟陵王子良薨,自以身经佐吏,哭辄尽恸。建武四年,病卒。遗令建白旗无旒,不设祭,令人捉麈尾登屋复魂。曰:"吾生平所善,自当凌云一笑。三千买棺,无制新衾。左手执《孝经》、《老子》,右手执小品《法华经》。妾二人哀事毕,各遣还家。"曰:"吾生平之风调,何至使妇人行哭失声,不须暂停闱阁。"融玄义无师法,而神解过人,高谈鲜能抗拒。永明中遇疾,为《门律》,《自序》云:"吾文章之体,多为世人所惊,汝可师耳以心,不可使耳为心师也。夫文岂有常体,但以有体为常,政当有其体。丈夫当删《诗》、《书》,制礼乐,何至因循寄人篱下。"临卒,又戒其子曰:"手泽存焉,父书不读,况父音情,宛在其韵。吾意不然,别遗尔旨。吾文体英变,变而屡奇,岂吾天挺,盖不贳家声。汝可号哭而看之。"融文集数十卷行于世,自名其集为《玉海》。司徒褚彦回问其故,融云:"盖玉以比德,海崇上善耳。"张氏前有敷、演、镜、畅,后有充、融、卷、稷。

第六弟宝积,建武中,出为庐陵太守。时名流谢瀹、何点、陆惠晓、孔珪集融弟铁之舍。点造坐便曰:"今日可谓盛集,二五我兄弟之流,阿六张氏保家之子。"顾见王思远曰:"卿诈作善,非实得也。"二五,谓孔珪及融并第五。宝积永元中为湘州行事,萧颖胄于江陵,乘腰舆诣颖胄,举动自若。颖胄问:"何至之晚?"答曰:"本朝危乱,四海横流,既不能为比干之死,实未忍为微子之去,是以至晚。"颖胄深以为善,即用为相府谘议。后位御史中丞。

融与东海徐文伯兄弟厚。文伯字德秀,濮阳太守熙曾孙也。熙好黄、老,隐于秦望山,有道士过,求饮,留一瓠瓢与之,曰:"君子孙宜以道术救世,当得二千石。"熙开之,乃《扁鹊镜经》一卷,因精心学之,遂名震海内。生子秋夫,弥工其术,仕至射阳令。尝夜有鬼呻,声甚凄怆,秋夫问何须,答言姓某,家在东阳,患腰痛死。虽为鬼,痛犹难忍,请疗之。秋夫曰:"云何厝法?"鬼请为刍人,按孔穴针之。秋夫如言,为灸四处,又针肩井三处,设祭埋之。明日见一人谢恩,忽然不见。当世伏其通灵。

秋夫生道度、叔向,皆能精其业。道度有脚疾不能行,宋文帝令乘小舆入殿,为诸皇子疗疾,无不绝验。位兰陵太守。宋文帝云:"天下有五绝,而皆出钱唐。"谓杜道鞠弹棋,范悦诗,褚欣远模书,褚胤围棋,徐道度疗疾也。

道度生文伯,叔向生嗣伯。文伯亦精其业,兼有学行,倜傥不屈意于公卿,不以医自业。融谓文伯、嗣伯曰:"昔王微、嵇叔夜并学而不能,殷仲堪之徒故所不论。得之者由神明洞彻,然后可至,故非吾徒所及。且褚侍中澄富贵亦能救人疾,卿此更成不达。"答曰:"唯达者知此可崇,不达者多以为深累,既鄙之,何能不耻之。"文伯为效与嗣伯相埒。宋孝武路太后病,众医不识。文伯诊之曰:"此石博小肠耳。"乃为水剂消石汤,病即愈。除鄱阳王常侍,遗以千金,旬日恩意隆重。宋明帝宫人患腰痛牵心,每至辄气欲绝,众医以为肉症。文伯曰:"此发症。"以油投之,即吐得物如发。稍引之长三尺,头已成蛇能动,挂门上适尽一发而已,病都差。宋后废帝出乐游苑门,逢一妇人有娠,帝亦善诊,诊之曰:"此腹是女也。"问文伯,曰:"腹有两子,一男一女,男左边,青黑,形小于女。"帝性急,便欲使剖。文伯恻然曰:"若刀斧恐其变异,请针之立落。"便写足太阴,补手阳明,胎便应针而落。两儿相续出,如其言。子雄,亦传家业,尤工诊察,位奉朝请。能清言,多为贵游所善。事母孝谨,母终,毁瘠几至自灭。俄而兄亡,扶杖临丧,抚膺一恸,遂以哀卒。

嗣伯,字叔绍,亦有孝行,善清言,位正员郎,诸府佐,弥为临川王映所重。时直阁将军房伯玉服五石散十许剂,无益,更患冷,夏日常复衣。嗣伯为诊之,曰:"卿伏热,应须以水发之,非冬月不可。"至十一月,冰雪大盛,令二人夹捉伯玉,解衣坐石,取冷水从头浇之,尽二十斛。伯玉口噤气绝,家人啼哭请止。嗣伯遣人执杖防阁,敢有谏者挝之。又尽水百斛,伯玉始能动,而见背上彭彭有气。俄而起坐,曰:"热不可忍,乞冷饮。"嗣伯以水与之,一饮一升,病都差。自尔恒发热,冬月犹单挥衫,体更肥壮。常有妪人患滞冷,积年不差。嗣伯为诊之曰:"此尸注也,当取死人枕煮服之乃愈。"于是往古冢中取枕,枕已一边腐缺,服之即差。后秫陵人张景,年十五,腹胀而黄,众医不能疗,以问嗣伯。嗣伯曰:"此石蚘耳,极难疗。当取死人枕煮之。"依语煮枕,以汤投之,得大利并蚘虫,头坚如石,五升,病即差。后沈僧翼患眼痛,又多见鬼物,以问嗣伯。嗣伯曰:"邪气入肝,可觅死人枕煮服之。竟,可埋枕于故处。"如其言乃愈。王晏问之曰:"三病不同,而皆用死人枕而俱差,何也?"答曰:"尸注者,鬼气伏而未起,故令人沉滞。得死人枕投之,魂气飞越,不得复附体,故尸注可差。石蚘者,久蚘也,医疗既僻,蚘虫转坚,世间药不能遣,所以须鬼物驱之然后可散,故令煮死人枕也。夫邪气入肝,故使眼痛而见魍魉,应须邪物以钩之,故用死人枕也。气因枕去,故令埋于冢间也。"又春月出南篱间戏,闻笪屋中有呻吟声。嗣伯曰:"此病甚重,更二日不疗必死。"乃往视,一老姥称体痛,而处处有瘢黑无数。嗣伯还煮斗余汤送令服之,服讫痛势愈甚,跳投床者无数。须臾所瘢处皆拔出钉,长寸许。以膏涂诸疮口，三日而复，云"此名钉疽也"。

时又有薛伯宗善徙痈疽，公孙泰患背，伯宗为气封之，徙置斋前柳树上。明旦痈消，树边便起一瘤如拳大。稍稍长二十余日，瘤大脓烂，出黄赤汁斗余，树为之痿损。

论曰：有晋自宅淮海，张氏无乏贤良。及宋、齐之间，雅道弥盛。其前则云敷、演、镜、畅，盖其尤著者也。然景胤敬爱之道，少微立履所由，其殆优矣。思光行己卓越，非常俗所遵，齐高帝所云"不可有二，不可无一"，斯言其几得矣。徐氏妙理通灵，盖非常所至，虽古之和、鹊，何以加兹。融与文伯款好，故附之云尔。

卷三十三　　　列传第二十三

范泰 子晔　荀伯子 族子万秋　徐广
郄绍　广兄子豁　郑鲜之　裴松之 孙昭明
曾孙子野　何承天 曾孙逊

范泰，字伯伦，顺阳人也。祖汪，晋安北将军，徐、兖二州刺史。父宁，豫章太守。并有名前代。

泰初为太学博士，外弟荆州刺史王忱请为天门太守。忱嗜酒，醉辄累旬，及醒则俨然端肃。泰陈酒既伤生，所宜深诫，其言甚切。忱嗟叹久之，曰："见规者众，未有若此者也。"或问忱，范泰何如谢邈，忱曰："茂度漫。"又问何如殷觊，忱曰："伯通易。"忱常有意立功，谓泰曰："今城池既立，军甲亦充，将欲扫除中原，以申宿昔之志。伯通意锐，当令拥戈前驱；以君持重，欲相委留事，何如？"泰曰："百年遘寇，前贤挫屈者多矣，功名虽贵，鄙生所不敢谋。"会忱病卒，召泰为骠骑谘议参军，迁中书郎。时会稽世子元显专权，内外百官请假，不复表闻，唯签元显而已。泰言以为非宜，元显不纳。以父忧去职，袭爵阳遂乡侯。

桓玄辅晋，使御史中丞祖台之，奏泰及前司徒左长史王准之、辅国将军司马珣之，并居丧无礼，泰坐废，徙丹徒。宋武帝义旗建，累迁黄门侍郎、御史中丞。坐议殷祠事谬，白衣领职。出为东阳太守。历侍中，度支尚书。时仆射陈郡谢混后进知名，武帝尝从容问混："泰名辈谁比？"对曰："王元太一流人也。"徙为太常。初，司徒道规无子，养文帝。及道规薨，以兄道怜第二子义庆为嗣。武帝以道规素爱文帝，又令居重。及道规追封南郡公，应以先华容县公赐文帝。泰议以为"礼无二主"，由是文帝还本属。后加散骑常侍，为尚书兼司空，与右仆射袁湛授宋公九锡，随军到洛阳。武帝还彭城，与泰登城。泰有足疾，特命乘舆。泰好酒，不拘小节，通率任心。虽公坐，笑言不异私室，武帝甚赏爱之。然短于为政，故不得在政事官。武帝受命，议建国学，以泰领国子祭酒，泰上表陈奖进之道。时学竟不立。又言事者多以钱货减少，国用不足，欲更造五铢。泰又谏曰：

臣闻为国拯弊，莫若务本。"百姓不足，君孰与足？"未有人贫而国富，本不足而末有余者也。故囊漏贮中，识者不吝，反裘负薪，存毛实难。王者不言有无，诸侯不说多少，食禄之家，不与百姓争利。故拔葵所以明政，织蒲谓之不仁。是以贵贱有章，职分无爽。今之所忧，在农人尚寡，仓廪未充，转运无已，资食者众，家无私积，难以御荒耳。夫货存贸易，不在少多，昔日之贵，今者之贱，彼此共之，其揆一也。但令官人均通，则无患不足。若使必资货广以收国用者，则龟贝之属，自古所行。寻铜之为器，在用也博矣，钟律所通者远，机衡所揆者大，夏鼎负《图》，实冠众瑞，晋铎呈象，亦启休征。器有要用，则贵贱同资；物有适宜，则家国共急。今毁必资之器，而为无施之钱，于货则功不补劳，在用则君人俱困，校之以实，损多益少。伏愿思可久之道，探欲速之情，弘山海之纳，择刍牧之说。

景平初，加位特进，明年致仕，解国子祭酒。少帝在位，多诸愆失，泰上封事极谏。少帝虽不能纳，亦不加遣。徐羡之、傅亮等与泰素不平，及庐陵王义真、少帝见害，泰谓所亲曰："吾观古今多矣，未有受遗顾托，而嗣君见杀，贤王婴戮者也。"

元嘉二年，泰表贺元正，并陈旱灾，多所奖劝。拜表遂轻舟游东阳，任心行止，不关朝廷。有司劾奏之，文帝不问。时文帝虽当阳亲览，而羡之等犹执重权，泰复上表论得失，言及执事。诸子禁之，表竟不奏。三年，羡之伏诛，进位侍中、左光禄大夫、国子祭酒，领江夏王师，特进如故。上以泰先朝旧臣，恩礼甚重。以有脚疾，宴见之日，特听乘舆到坐。所陈时事，上每优容之。其年秋，旱蝗，又上表言："有蝗之处，县官多课人捕之，无益于枯苗，有伤于杀害。又女人被宥，由来尚矣，谢晦妇女犹在尚方，匹妇一至，亦能有所感激。"书奏，上乃原谢晦妇女。时司徒王弘辅政，泰谓弘曰："彭城王，帝之次弟，宜征还入朝，共参朝政。"弘纳其言。时旱灾未已，加以疾疫，泰又上表有所勋诫。

泰博览篇籍，好为文章，爱奖后生，孜孜无倦。撰《古今善言》二十四篇及文集传于世。暮年事佛甚精，于宅西立祇洹精舍。五年卒。初议赠开府，殷景仁曰："泰素望不重，不可拟议台司。"竟不果。及葬，王弘抚棺哭曰："君生平重殷铁，今以此为报。"追赠车骑将军，谥曰宣侯。第四子晔最知名。

晔，字蔚宗，母如厕产之，额为砖所伤，故以砖为小字。出继从伯弘之，后袭封武兴县五等侯。少好学，善为文章，能隶书，晓音律。为秘书丞，父忧去职。服阕，为征南大将军檀道济司马，领新蔡太守。后为尚书吏部郎。

元嘉九年，彭城太妃薨，将葬祖夕，僚故并集东府。晔与司徒左西属王深、及弟司徒祭酒广，夜中酣饮，开北牖听挽歌为乐。彭城王义康大怒，左迁宣城太守。不得志，乃删众家《后汉书》为一家之作，至于屈伸荣辱之际，未尝不致意焉。

迁长沙王义欣镇军长史。兄皓为宜都太守，嫡母随皓在官亡，报之以疾，晔不时奔赴。及行，又携伎妾自随，为御史中丞刘损所奏。文帝爱其才，不罪也。服阕，累迁左卫将军、太子詹事。晔长不满七尺，肥黑，秃眉鬓，善弹琵琶，能为新声。上欲闻之，屡讽以微旨，晔伪若不晓，终不肯为。上尝宴饮欢适，谓晔曰："我欲歌，卿可弹。"晔乃奉旨。上歌既毕，晔亦止弦。

初，鲁国孔熙先博学有从横才志，文史星算，无不兼善。为员外散骑侍郎，不为时知，久不得调。初，熙先父默之为广州刺史，以赃货下廷尉，大将军彭城王义康保持之，故免。及义康被黜，熙先密怀报效，以晔意志不满，欲引之，无因进说。晔甥谢综雅为晔所知，熙先藉岭南遗财，家甚富足，乃倾身事综。始与综诸弟共博，故为拙行，以物输之，情意稍款。综乃引熙先与晔戏，熙先故为不敌，前后输晔物甚多。晔既利其财宝，又爱其文艺，遂与申莫逆之好。熙先始以微言动晔，晔不回。晔素有闺庭论议，朝野所知，故门胄虽华，而国家不与姻，以此激之曰："丈人若谓朝廷相待厚者，何故不与丈人婚，为是门户不得邪？人作犬豕相遇，而丈人欲为之死，不亦惑乎？"晔默然不答，其意乃定。时晔与沈演之并为上所知待，每被见多同，晔若先至，必待演之；演之先至，常独被引，晔又以此为怨。晔累经义康府佐，见待素厚，及宣城之授，意好乖离。综为义康大将军记室参军，随镇豫章。综还，申义康意于晔，求解晚隙，复敦往好。晔既有逆谋，欲探时旨，乃言于上曰："臣历观前史二汉故事，诸蕃王政以妖诅幸灾，便正大逆之罚。况义康奸心衅迹，彰著遐迩，而至今无恙，臣窃惑焉。且大梗常存，将成乱阶。"上不纳。

熙先素善天文，云："文帝必以非道晏驾，当由骨肉相残。江州应出天子。"以为义康当之。综父述亦为义康所遇，综弟约又是义康女夫，故文帝使综随从南上。既为熙先奖说，亦有酬报之心。广州人周灵甫有家兵部曲，熙先以六十万钱与之，使于广州合兵。灵甫一去不反。大将军府史仲承祖，义康旧所信念，屡衔命下都，亦潜结腹心，规有异志。闻熙先有诚，密相结纳。丹阳尹徐湛之素为义康所爱，虽为舅甥，恩过子弟，承祖因此结事湛之，告以密计。承祖南下，申义康意于萧思话及晔，云："本欲与萧结婚，恨始意不果。与范本情不薄，中间相失，傍人为之耳。"有法略道人先为义康所养，粗被知待。又有王国寺法静尼出入义康家内，皆感激旧恩，规相拯拔，并与熙先往来。使法略罢道。法略本姓孙，改名景玄，以为臧质宁远参军。

熙先善疗病兼能诊脉，法静妹夫许耀领队在台，宿卫殿省，尝有疾，因法静尼就熙先乞疗得损，因成周旋。熙先以耀胆干，因告逆谋，耀许为内应。豫章胡藩子遵世与法静甚密，亦密相酬和。法静尼南上，熙先遣婢采藻随之，付以笺书，陈说图谶。法静还，义康饷熙先铜匕铜镊袍段棋奁等物。熙先虑事泄，酖采藻杀之。湛之又谓晔等："臧质见与异常，质与萧思话款密，二人并受大将军眷遇，必无异同，不忧兵力不足，但当勿失机耳。"乃备相署置：湛之为抚军将军、扬州刺史，晔中军将军、南徐州刺史，

熙先左卫将军。其余皆有选拟。凡素所不善及不附义康者，又有别簿，并入死目。熙先使弟休豫为檄文，言贼臣赵伯符肆兵犯跸，祸流储宰，乃奉戴义康。又以既为大事，宜须义康意旨，乃作义康与湛之书，宣示同党。

二十二年九月，征北将军衡阳王义季、右将军南平王铄出镇，上于武帐冈祖道。晔等期以其日为乱，许耀侍上，扣刀以目晔，晔不敢视，俄而坐散，差互不得发。十一月，徐湛之上表告状，于是悉出檄书选事及同恶人名手迹。诏收综等，并皆款服，唯晔不首。上频使穷诘，乃曰："熙先苟诬引臣。"熙先闻晔不服，笑谓殿中将军沈邵之曰："凡诸处分、符檄书疏，皆晔所造及改定，云何方作此抵？"上示以晔墨迹，晔乃引罪。明日送晔付廷尉，入狱，然后知为湛之所发。

熙先望风吐款，辞气不挠，上奇其才，使谓曰："以卿之才而滞于集书省，理应有异志，此乃我负卿也。"熙先于狱中上书陈谢，并陈天文占候，诫上有骨肉相残之祸，其言深切。晔后与谢综等得隔壁，遥问综曰："疑谁所告。"综曰："不知。"晔乃称徐湛之小名曰："乃是徐僮也。"在狱为诗曰："祸福本无兆，性命归有极，必至定前期，谁能延一息？在生已可知，来缘恼无识，好丑共一丘，何足异枉直！岂论东陵上，宁辨首山侧？虽无嵇生琴，庶同夏侯色。寄言生存子，此路行复即。"上有白团扇甚佳，送晔令书出诗赋美句。晔受旨援笔而书："去白日之炤炤，袭长夜之悠悠。"上循览凄然。晔本谓入狱便死，而上穷其狱，遂经二旬，晔更有生望。狱吏因戏之曰："外传詹事或当长系。"晔闻之惊喜。综、熙先笑之曰："詹事尝共论事，无不攘袂瞋目，及在西池射堂上，跃马顾眄，自以为一世之雄，而今扰攘纷纭，畏死乃尔！设令今时赐以性命，人臣图主，何颜可以生存？"晔谓卫狱将曰："惜哉，埋如此人！"将曰："不忠之人，亦何足惜。"晔曰："大将言是也。"

及将诣市，晔最在前，于狱门顾谓综曰："次第当以位邪？"综曰："贼帅当为先。"在道语笑，初无惭耻。至市问综曰："时欲至未？"综曰："势不复久。"晔既食，又苦劝综，综曰："此异疾笃，何事强饭。"晔家人悉至市，监刑职司问曰："须相见不？"晔问综曰："家人已来，幸得相见，将不暂别？"综曰："别与不别，亦何所在？来必当号泣，正足乱人意。"晔曰："号泣何关人，向见道边亲故相瞻望，吾意故欲相见。"于是呼前。晔妻先抚其子。回骂晔曰："君不为百岁阿家，不感天子恩遇，身死固不足塞罪，奈何枉杀子孙？"晔干笑，云罪至而已。晔所生母对泣曰："主上念汝无极，汝曾不能感恩，又不念我老，今日奈何！"仍以手击晔颈及颊。晔妻云："罪人，阿家莫忆莫念。"妹及妓妾来别，晔乃悲泣流涟。综曰："舅殊不及夏侯色。"晔收泪而已。综母以子弟自陷逆乱，独不出视。晔语综曰："姊今不来，胜人多也。"晔转醉，子蔼亦醉，取地土及果皮以掷晔，呼为别驾数十声。晔问曰："汝瞋我邪？"蔼曰："今日何缘复瞋，但父子同死，不能不悲耳。"晔常谓死为灭，欲著无鬼论，至是与徐湛之书"当相讼地下"。其缪乱如此。又语人："寄语何仆射，天

下决无佛鬼,若有灵,自当相报。"收晔家,乐器服玩并皆珍丽,妓妾亦盛饰。母住止单陋,唯有二厨盛樵薪。弟子冬无被,叔父单布衣,晔及党与并伏诛,晔时年四十八。谢综弟纬徙广州。蔼子鲁连,吴兴昭公主外孙,请全性命,亦得远徙。孝武即位,乃还。

晔性精微,有思致,触类多善,衣裳器服,莫不增损制度,世人皆法学之。撰《和香方》,其序之曰:"麝本多忌,过分必害。沉实易和,盈斤无伤。零藿虚燥,詹唐粘湿。甘松、苏合、安息、郁金、奈多、和罗之属,并被珍于外国,无取于中土。又枣膏昏钝,甲煎浅俗,非唯无助于馨烈,乃当弥增于尤疾也。"所言悉以比类朝士:麝本多忌,比庾仲文;零藿虚燥,比何尚之;詹唐粘湿,比沈演之;枣膏昏钝,比羊玄保;甲煎浅俗,比徐湛之;甘松苏合,比慧琳道人;沉实易和,以自比也。晔狱中与诸生侄书,以自序其略曰:

吾少懒学问,年三十许,始有尚耳。自尔以来,转为心化,至于所通处,皆自得之胸怀。常谓情志所托,故当以意为主,以文传意。以意为主,则其旨必见;以文传意,则其辞不流。然后抽其芬芳,振其金石耳。观古今文人多不全了此处,年少中谢庄最有其分,手笔差易,于文不拘韵故也。吾思乃无定方,但多公家之言,少于事外远致,以此为恨,亦由无意于文名故也。本未开史书,政恒觉其不可解耳。既造《后汉》,转得统绪,详观古今著述及评论,殆少可意者。班氏最有高名,既任情无例,唯志可推耳。博赡可不及之,整理未必愧也。吾杂传论皆有精意深旨,至于《循吏》以下及《六夷》《序论》,笔势纵放,实天下之奇作。其中合者,往往不减《过秦篇》。尝共比方班氏所作,非但不愧之而已。欲遍作诸志,《前汉》所有者悉令备,虽事不必多,且使见文得尽。又欲因事就卷内发论,以正一代得失,意复不果。赞自是吾文杰思,殆无一字空设,奇变不穷,同合异体,乃自不知所以称之。此书行,故应有赏音者。纪传例为举其大略耳,诸细意甚多。自古体大而思精,未有此也。恐世人不能尽之,多贵古贱今,所以称情狂言耳。吾于音乐,听功不及自挥,但所精非雅声为可恨,然至于一绝处,亦复何异邪。其中体趣,言之不可尽。弦外之意,虚响之音,不知所从而来。亦尝以授人,士庶中未有一毫似者,此永不传矣。吾书虽小小有意,笔势不快,余竟不成就,每愧此名。

晔自序并实,故存之。蔼幼而整洁,衣服竟岁未尝有尘点,死时年二十。晔少时,兄晏常云:"此儿进利,终破门户。"果如其言。初,何尚之处铨衡,自谓天下无滞才,及熙先就拘,帝诘尚之曰:"使孔熙先年三十犹作散骑侍郎,那不作贼?"熙先死后,又谓尚之曰:"孔熙先有美才,地胄犹可论,而翳迹仕流,岂非时匠失乎?"尚之曰:"臣昔谬得待罪选曹,诚无以濯污扬清;然君子之有智鉴,犹鹓凤之有采采,俟时而振羽翼,何患不出云霞之上?若熙先必蕴文采,自弃于污泥,终无论矣。"上曰:"昔有良才而不遇知己者,何尝不遗恨于后哉!"

荀伯子,颍川颍阴人,晋骠骑将军羡之孙也。父猗,秘书郎。伯子少好学,博览经传,而通率好为杂语,遨游闾里,故以此失清途。解褐驸马都尉、奉朝请、员外散骑侍郎。著作郎徐广重其才学,举伯子及王韶之并为佐郎,同撰晋史及著桓玄等传。迁尚书祠部郎。义熙元年,上表称:"故太傅钜平侯羊祜勋参佐命,功盛平吴,而享嗣阙然,蒸尝莫寄。汉以萧何元功,故绝世辄绍,愚谓钜平之封,宜同酂国。故太尉广陵公陈准,党翼孙秀,祸加淮南,窃飨大国,因罪为利。会西朝政刑失裁,中兴复因而不夺,今王道惟新,岂可不大判臧否?谓广陵之国,宜在削除。故太保卫瓘本爵菑阳县公,既被横祸,乃进第秩,加赠兰陵,又转江夏。中朝公辅,多非理终,瓘功德不殊,亦无缘独受偏赏。宜复本封,以正国章。"诏付门下。前散骑常侍江夏公卫玙及颍川陈茂先各自陈先代勋,不伏贬降。诏皆付门下,并不施行。

伯子为妻弟谢晦荐达,为尚书左丞,出补临川内史。车骑将军王弘称伯字"沉重不华,有平阳侯之风"。伯子常自矜藉荫之美,谓弘曰:"天下膏粱,唯使君与下官耳,宣明之徒,不足数也。"迁散骑常侍,又上表曰:"百官位次,陈留王在零陵王上,臣愚窃以为疑。昔武王克殷,封神农后于焦,黄帝后于祝,帝尧后于蓟,帝舜后于陈,夏后后于杞,殷后于宋。杞、陈并为列国,而蓟、祝、焦无闻。斯则褒崇所承,优于远代之显验也。是以《春秋》次序诸侯,宋居杞、陈之上,考之近代,事亦有征。晋泰始元年,诏赐山阳公刘康子弟一人爵关内侯,卫公姬署、宋侯孔绍子弟一人驸马都尉。又泰始三年,太常上言博士刘嘉等议,称卫公署于大晋在三恪之数,应降称侯。臣以为零陵王位宜在陈留之上。"从之。为御史中丞,莅职勤恪,有匪躬之称。立朝正色,众咸惮之。凡所奏劾,莫不深相诃毁,或延及祖祢,示其切直。又颇杂嘲戏,故世人以此非之。补司徒左长史,卒于东阳太守。文集传于世。

子赤松,为尚书右丞,以徐湛之党,为元凶所杀。伯子族弟昶,字茂祖,与伯子绝服,元嘉初,以文义至中书郎。昶子万秋。

万秋,字元宝,亦用才学自显。昶尝释慧琳,谓曰:"昨万秋对策,欲以相示。"答曰:"此不须看。若非先见而答,贫道不能为;若先见而答,贫道奴皆能为。"昶曰:"此将不伤道德耶?"答曰:"大德所以不德。"乃相对笑,竟不看焉。万秋孝武初为晋陵太守,坐于郡立华林阁,置主衣、主书,下狱免。前废帝末,为御史中丞,卒官。

徐广,字野民,东莞姑幕人也。父藻,都水使者。兄邈,太子前卫率。家世好学,至广尤精。百家数术,无不研览。家贫,未尝以产业为意,妻中山刘谧之女忿之,数以相让,广终不改。如此十数年,家道日弊,遂与广离。后晋孝武帝以广博学,除为秘书郎,校书秘阁,增置职僚。隆安中,尚书令王珣举为祠部郎。李太后崩,广议服曰:"太皇太后名位既正,体同皇极,理制备尽,情礼弥申。

《阳秋》之义，母以子贵。既称夫人，礼服从正。故成风显夫人之号，文公服三年之丧，子于父之所生，体尊义重。且礼祖不厌孙，固宜遂服无屈。而缘情立制，若嫌明文不存，则疑斯从重。谓应同于为祖母后，齐衰三年。"时从其议。及会稽王世子元显录尚书，欲使百僚致敬台内，使广立议，由是内外并执下官礼，广常为愧恨。

义熙初，宋武帝使撰《车服仪注》，仍除镇军谘议参军，领记室，封乐成县五等侯。转员外散骑常侍，领著作郎。二年，尚书奏广撰成晋史。六年，迁骁骑将军。时有风雹为灾，广献言武帝，多所劝勉。又转大司农，领著作郎，迁秘书监。初，桓玄篡位，安帝出宫，广陪列悲恸，哀动左右。及武帝受禅，恭帝逊位，广又哀感，涕泗交流。谢晦见之，谓曰："徐公将无小过。"广收泪答曰："身与君不同，君佐命兴王，逢千载嘉运。身世荷晋德，眷恋故主。"因更歔欷。

永初元年，诏除中散大夫。广言坟墓在晋陵丹徒，又生长京口，息道玄忝宰此邑，乞随之官，归终桑梓。许之，赠赐甚厚。性好读书，年过八十，犹岁读《五经》一遍。元嘉二年卒。广所撰《晋纪》四十二卷，义熙十二年成，表上之。又有《答礼问》百余条，行于世。

时有高平郗绍，亦作《晋中兴书》，数以示何法盛。法盛有意图之，谓绍曰："卿名位贵达，不复俟此延誉。我寒士，无闻于时，如袁宏、干宝之徒，赖有著述，流声于后。宜以为惠。"绍不与。至书成，在斋内厨中，法盛诣绍，绍不在，直入窃书。绍还失之，无复兼本，于是遂行何书。

徐豁，字万同，广兄子也。父邈，晋太子前卫率。豁宋永初初，为尚书左丞、山阴令。精练法理，为时所推。元嘉初，为始兴太守，表陈三事。文帝嘉之，赐绢二百匹，谷一千斛。徙广州刺史，未拜，卒。

郑鲜之，字道子，荥阳开封人，魏将作大匠浑之玄孙也。祖袭，大司农，经为江乘令，因居县境。父遵，尚书郎。

鲜之下帷读书，绝交游之务。初为桓伟辅国主簿。先是，兖州刺史滕恬为丁零翟辽所没，尸丧不反。恬子羡仕宦不废，论者嫌之。桓玄在荆州，使群僚博议。鲜之议曰："名教大极，忠孝而已。至乎变通抑引，每事辄殊。本而寻之，皆求心而遗迹。迹之所乘，遭遇或异。故圣人或就迹以助教，或因迹以成罪，屈申与夺，难可等齐，举其阡陌，皆可终言矣。天可逃乎？而伊尹废君；君可胁乎？而鬻拳见善；忠可愚乎？而箕子同仁。自此以还，殊实而齐声，异誉而等美者，不可胜言。今如滕羡情事者，或终身隐处，不关人事；或升朝理务，无讥前哲。通滕者则以无讥为证，塞滕者则以隐处为美。折其两中，则异同之情可见矣。夫圣人立教，犹言有礼无时，君子不行。有礼无时，政以事有变通，不可宗一故耳。"宋武帝起义兵，累迁御史中丞。性刚直，甚得司直之体。外甥刘毅权重当时，朝野莫不归附，鲜之尽心武帝，独不屈意于毅，毅甚恨焉。以与毅舅甥，制不相纠，使书侍御史丘洹奏弹毅，辄宥传

诏罗道盛。诏无所问。时新制，长吏以父母疾去官，禁锢三年。山阴令沈叔任父疾去职，鲜之因此上议曰："父母之疾而加以罪名，悖义疾理，莫此为大。谓宜从旧，于义为允。"从之。于是自二品以上，父母及为祖父母后者，坟墓崩毁及疾病，族属辄去，并不禁锢。刘毅当镇江陵，武帝会于江宁，朝士毕集。毅素好搏掩，于是会戏。帝与毅敛局各得其半，积钱隐人，毅呼帝并之。先掷得雉，帝甚不悦，良久乃答了，四坐倾属。既掷得卢，毅意大恶，谓帝曰："知公不以大坐席与人。"鲜之大喜，徒跣绕床大叫，声声相续；毅甚不平，谓之曰："此郑君何为者？"无复甥舅之敬。

帝少事戎旅，不经涉学，及为宰相，颇慕风流。时或谈论，人皆依违不敢难。鲜之难必切至，未尝宽假。与帝言，要须帝理屈，然后置之。帝有时惭恧变色，感其输情，时人谓为"格佞"。十二年，武帝北伐，以为右长史。鲜之曾祖晋江州长史哲墓在开封，求拜省，帝以骑送之。及入咸阳，帝遍视阿房、未央故地，凄怆动容，问鲜之秦、汉所以得丧。鲜之具以贾谊《过秦》对。帝曰："及子婴而亡，已为晚矣。然观始皇为人，智足见是非，所任不得人，何也？"答曰："夫佞言似忠，奸言似信，中人以上，乃可语上。始皇未及中人，所以暗于识士。"前至渭滨，帝复叹曰："此地宁复有吕望邪？"鲜之曰："昔叶公好龙而真龙见，燕昭市骨而骏足至。明公以旰食待士，岂患海内无人？"帝称善者久之。

宋国初建，转奉常。赫连勃勃陷关中，武帝复欲北讨，鲜之表谏。及践阼，迁太常、都官尚书。时傅亮、谢晦位遇日隆，范泰尝众中让诮鲜之曰："卿与傅、谢，俱从圣主有功关、洛，卿乃居僚首，今日答飒，去人辽远，何不肖之甚！"鲜之熟视不对。

鲜之为人通率，在武帝坐，言无所隐，时人甚惮焉。而隐厚笃实，赠恤亲故，游行命驾，或不知所适，随御者所之。尤为武帝所狎。上曾内殿宴饮，朝贵毕至，唯不召鲜之。坐定，谓群臣曰："郑鲜之必当自来。"俄而外启尚书郑鲜之诣神兽门求启事，帝大笑引入。其被遇如此。以从征功，封龙阳县五等子。景平中，徐、傅当权，出为豫章太守。时王弘为江州刺史，窃谓人曰："郑公德素，先朝所礼，方于前代，钟元常、王景兴之流。今徐、傅出以为郡，抑当有以。"寻有废立事。元嘉三年，弘入为相，举鲜之为尚书右仆射。四年卒。文集行于世。子愔，始安太守。

裴松之，字世期，河东闻喜人也。祖昧，光禄大夫。父珪，正员外郎。

松之博览坟籍，立身简素。年二十，拜殿中将军。此官直卫左右。晋孝武太元中，革选名家以参顾问，始用琅邪王茂之、会稽谢輶，皆南北之望。义熙初，为吴兴故鄣令，在县有绩。入为尚书祠部郎。松之以世立私碑，有乖事实，上表陈之，以为"诸欲立碑者，宜悉令言上，为朝议所许，然后听之，庶可以防遏无征，显彰茂实。"由是普断。武帝北伐，领司州刺史，以松之为州主簿，转中

从事。既克洛阳，松之居州行事。宋国初建，毛德祖使洛阳，武帝敕之曰："裴松之廊庙之才，不宜久居边务，今召为世子洗马，与殷景仁同，可令知之。"时议立五庙乐，松之以妃臧氏庙用乐，亦宜与四庙同。除零陵内史，征为国子博士。元嘉三年，诛司徒徐羡之等，分遣大使巡行天下，并兼散骑常侍，班宣二十四条诏书。松之使湘州，甚得奉使之义，论者美之。转中书侍郎。上使注陈寿《三国志》，松之鸠集传记，广增异闻。既成奏之，上览之曰："裴世期为不朽矣。"出为永嘉太守，勤卹百姓，吏人便之。后为南琅邪太守，致仕，拜中散大夫。寻为国子博士，进太中大夫。使续成何承天国史，未及撰述，卒。

子骃，南中郎参军。松之所著文论及《晋记》，骃注司马迁《史记》，并行于世。骃子昭明。

昭明少传儒史之业，宋泰始中为太学博士。有司奏太子婚，纳征用玉璧虎皮，未详何所准拟。昭明议："《礼》'纳征俪皮'。郑云：'皮为庭实，鹿皮也'。晋太子纳妃注'以虎皮二'。太元中，公主纳征，虎豹皮各一。此岂谓婚礼不详？王公之差，故取虎豹文蔚以尊其事。虎豹虽文，而征礼所不言；熊罴虽古，而婚礼所不及；珪璋虽美，或为用各异。今宜准经诰，凡诸僻谬，一皆详正。"于是有司议，加珪璋豹熊黑皮各二。元徽中，出为长沙郡丞。罢任，刺史王蕴谓曰："卿清贫必无还资，湘中人士有须一礼之命者，我不爱也。"昭明曰："下官忝为郡佐，不能光益上府，岂以鸿都之事，仰累清风？"历祠部通直郎。齐永明三年使魏，武帝谓曰："以卿有将命之才，使还，当以一郡相赏。"还为始安内史，郡人龚玄宜云，神人与其手印玉板书，不须笔，吹纸便成字。自称龚圣人，以此惑众，前后郡太守敬事之。昭明付狱案罪。及还，甚贫罄，武帝曰："裴昭明当罢郡，还遂无宅，我不读书，不知古人中谁可比之？"迁射声校尉。九年复北使。建武初，为王玄邈安北长史、广陵太守。明帝以其事无启奏，代还责之，昭明曰："臣不欲竟执关键故耳。"昭明历郡皆清勤，常谓人曰："人生何事须聚畜，一身之外亦复何须？子孙若不才，我聚彼散。若能自立，则不如一经。"故终身不事产业。中兴二年卒。子子野。

子野，字几原，生而母魏氏亡，为祖母殷氏所养。殷柔明有文义，以章句授之。年九岁，殷氏亡，泣血哀恸，家人异之。少好学，善属文，仕齐为江夏王行参军。遭父忧去职。初，父寝疾弥年，子野祷请备至，涕泗沾濡。父夜梦见其容，且召视如梦，俄而疾间，以为至孝所感。命著《孝感传》，固辞乃止。及居丧，每之墓所，草为之枯。有白兔白鸠，驯扰其侧。梁天监初，尚书仆射范云嘉其行，将表奏之，会云卒，不果。乐安任昉有盛名，为后进所慕，游其门者，昉必推荐。子野于昉为从中表，独不至，昉亦恨焉，故不之善。久之兼廷尉正，时三官通署狱，子野尝不在，同僚辄署其名。奏有不允，子野从坐免职。或劝言请有司，可无咎也，子野笑曰："虽惭柳季之道，岂因讼以受服？"自此免黜久之，终无恨意。中书郎范缜与子野未遇，闻其行业而善焉。会迁国子博士，乃上表让之，有司以资历非次，不为通。后为诸暨令，在县不行鞭罚，人有争者，示之以理，百姓称悦，合境无讼。

初，子野曾祖松之，宋元嘉中受诏续修何承天宋史，未成而卒，子野常欲继成先业。及齐永明末，沈约所撰《宋书》称"松之已后无闻焉"。子野更撰为《宋略》二十卷，其叙事评论多善，而云"戮淮南太守沈璞，以其不从义师故也"。约惧，徒跣谢之，请两释焉。叹其述作曰："吾弗逮也。"兰陵萧琛言其评论可与《过秦》、《王命》分路扬镳。于是吏部尚书徐勉言之于武帝，以为著作郎，掌修国史及起居注。顷之，兼中书通事舍人，寻除通直员外，著作、舍人如故。敕又掌中书诏诰。

时西北远边，有白题及滑国遣使由岷山道入贡，此二国历代弗宾，莫知所出。子野曰："汉颍阴侯斩胡白题将一人，服虔注云：'白题，胡名也。'又汉定远侯击虏，八滑从之，此其后乎？"时人服其博识。敕仍使撰《方国使图》，广述怀来之盛，自要服至于海表，凡二十国。子野与沛国刘显、南阳刘之遴、陈郡殷芸、陈留阮孝绪、吴郡顾协、京兆韦稜皆博学，深相赏好，显尤推重之。时吴平侯萧劢、范阳张缵每讨论坟籍，咸折衷于子野。继母曹氏亡，居丧过礼，服阕，再迁员外郎。

普通七年，大举北侵，敕子野为《移魏文》，受诏立成。武帝以其事体大，召尚书仆射徐勉、太子詹事周舍、鸿胪卿刘之遴、中书侍郎朱异集寿光殿以观之，时并叹服。武帝目子野曰："其形虽弱，其文甚壮。"俄又敕为书喻魏相元乂。其夜受旨，子野谓可待旦方奏，未之为也，及五鼓，敕催令速上。子野徐起操笔，昧爽便就。及奏，武帝深嘉焉。自是诸符檄皆令具草。子野为文典而速，不尚靡丽，制多法古，与今文体异。当时或有诋诃者，及其末翕然重之。或问其为文速者，子野答云："人皆成于手，我独成于心。"

迁中书侍郎、鸿胪卿，领步兵校尉。子野在禁省十余年，默静自守，未尝有所造谒。外家及中表贫乏，所得奉悉给之。无宅，借官地二亩，起茅屋数间，妻子恒苦饥寒，唯以教诲为本，子侄祗畏，若奉严君。刘显常以师道推高之，末年深信释教，终身饭麦食蔬。中大通二年卒。先是，子野自占死期不过庚戌岁，是年自省移疾，谓同官刘之亨曰："吾其逝矣。"遗命务存俭约。武帝悼惜，为之流涕。赠散骑常侍，即日举哀。先是，五等君及侍中以上乃有谥，及子野特以令望见嘉，赐谥贞子。子野少时集注《丧服》、续《裴氏家传》各二卷，抄合后汉事四十余卷。又敕撰《众僧传》二十卷，《百官九品》二卷，《附益谥法》一卷，《方国使图》一卷，文集二十卷，并行于世。又欲撰《齐梁春秋》，始草创，未就而卒。及葬，湘东王为之墓志铭，陈于藏内。邵陵王又立墓志，埋于羡道。羡道列志，自此始焉。子骞，官至通直郎。

何承天，东海郯人也。五岁丧父。母徐广姊也，聪明博学，故承天幼渐训义。宋武起义初，抚军将军刘毅镇姑孰，板为行参军。毅尝出行，而鄢陵县吏陈满射鸟，箭误中直帅，虽不伤人，处法弃市。承天议曰："狱贵情断，疑则从轻。昔有惊汉文帝乘舆马者，张释之劾以犯跸，罪止罚金。何者？明其无心于惊马也。故不以乘舆之重，加于异制。今满意在射鸟，非有心于中人。案律过误伤人三岁刑，况不伤乎？微罚可也。"宋台建，为尚书祠部郎，与傅亮共撰朝仪。谢晦镇江陵，请为南蛮长史。晦进号卫将军，转谘议参军，领记室。元嘉三年，晦将见讨，问计于承天，曰："大小既殊，逆顺又异，境外求全，上计也。以腹心领兵戍义阳，将军率众于夏口一战。若败，即趋义阳，以出北境，此其次也。"晦良久曰："荆楚用武之国，且当决战，走不晚也。"及晦下，承天留府不从。到彦之至马头，承天自诣归罪，见宥。后兼尚书左丞。

吴兴余杭人薄道举为劫，制同籍期亲补兵。道举从弟代公、道生等并为劫大功亲，非应在补谪之例。法以代公等母存为期亲，则子宜随母补兵。承天议曰："寻劫制，同籍期亲补兵，大功则不在此例。妇人三从，既嫁从夫，夫死从子。今道举为劫，若其叔父尚存，制应补谪，妻子营居，固其宜也。但为劫之时，叔父已殁，代公、道生并是从弟，大功之亲，不合补谪。今若以叔母为期亲，令代公随母补兵，既乖大功不谪之制，又失妇人三从之道。由于主者守期亲之文，不辨男女之异。谓代公等母子并宜见原。"

承天为性刚愎，不能屈意朝右，颇以所长侮同列，不为仆射殷景仁所平。出为衡阳内史。昔在西方与士人多不协，在郡又不公清，为州司所纠，被收系狱，会赦免。

十六年，除著作佐郎，撰国史。承天年已老，而诸佐郎并名家年少。颖川荀伯子嘲之，常呼为奶母。承天曰："卿当云凤凰将九子，奶母何言邪？"寻转太子率更令，著作如故。时丹阳、溧阳丁况等久丧而不棺葬，承天议曰："《礼》云'还葬'，当谓荒俭一时，故许其称财而不求备。丁况三家数年中葬辄无棺椁，实由浅情薄恩，同于禽兽者耳。窃以丁宝等同伍积年，未尝劝之以义，绳之以法。十六年冬，既无新科，又未申明旧制，有何严切，欻然相纠。或由邻曲分争，以兴此言。如闻在东诸处，此例既多，江西、淮北尤为不少。若但谪此三人，殆无所肃，开其一端，则互相恐动。臣愚谓况等三家，且可勿问，因此附定制旨：若人葬不如法，同伍当即纠言。三年除服之后，不得追相告引。"

十九年，立国子学，以本官领国子博士。皇太子讲《孝经》，承天与中庶子颜延之同为执经。顷之，迁御史中丞。时魏军南伐，文帝访群臣捍御之略。承天上《安边论》，凡陈四事：其一，移远就近，以实内地；其二，浚复城隍，以增阻防；其三，纂偶车牛，以饰戎械；其四，计丁课仗，勿使有阙，文多不载。

承天素好弈棋，颇用废事。又善弹筝。文帝赐以局子及银装筝。承天奉表陈谢，上答曰："局子之赐，何必非张武之金邪。"承天博以古今，为一时所重。张永尝开玄武湖遇古冢，冢上得一铜斗，有柄。文帝以访朝士。承天曰："此亡新威斗。王莽三公亡，皆赐之。一在冢外，一在冢内。时三台居江左者，唯甄邯为大司徒，必邯之墓。"俄而永又启冢内更得一斗，复有一石铭"大司徒甄邯之墓"。时帝每有疑议，必先访之，信命相望于道。承天性褊促，尝对主者厉声曰："天何言哉，四年行焉，百物生

焉。"文帝知之，应遣先戒曰："善候何颜色，如其不悦，无须多陈。"二十四年，承天迁廷尉，未拜，上欲以为吏部郎，已受密旨，承天宣漏之，坐免官。卒于家，年七十八。

先是《礼论》有八百卷，承天删减并合，以类相从，凡为三百卷，并《前传》、《杂语》、所《纂文》及文集，并传于世。又改定《元嘉历》，改漏刻用二十五箭，皆从之。曾孙逊。

逊，字仲言，八岁能赋诗，弱冠，州举秀才。南乡范云见其对策，大相称赏，因结忘年交。谓所亲曰："顷观文人，质则过儒，丽则伤俗，其能含清浊，中今古，见之何生矣。"沈约尝谓逊曰："吾每读卿诗，一日三复，犹不能已。"其为名流所称如此。梁天监中，兼尚书水部郎，南平王引为宾客，掌记室事，后荐之武帝，与吴均俱进幸。后稍失意，帝曰："吴均不均，何逊不逊。未若吾有朱异，信则异矣。"自是疏隔，希复得见。卒于仁威庐陵王记室。初，逊为南平王所知，深被恩礼，及闻逊卒，命迎其柩而殡藏焉，并饩其妻子。东海王僧孺集其文为八卷。初，逊文章与刘孝绰并见重，时谓之何、刘。梁元帝著论论之云："诗多而能者沈约，少而能者谢朓、何逊。"

逊从叔俩，字彦夷，亦以才著闻，宦游不达，作《拍张赋》以喻意。末云："东方曼倩发愤于侏儒，遂与火头食子禀赐不殊。"位至台郎。

时有会稽虞骞，工为五言，名与逊埒，官至王国侍郎。后又有会稽孔翁归、济阳江避并为南平王大司马府记室。翁归工为诗，避博学有思理，注《论语》、《孝经》。二人并有文集。

论曰：夫令问令望，诗人所以作咏；有礼有法，前哲由斯播美。观夫范、荀二公，并以学业自著，而干时之誉，本期俱不为弘。虽才则有余，而望乃不足。蔚宗艺用，有过人之美，迹其行事，何利害之相倾。徐广动不违仁，义兼儒行。鲜之时称"格佞"，斯不佞矣。松之雅道为贵，实光载德。承天素训所资，无惭舅氏，美矣乎！

卷三十四　　　列传第二十四

颜延之 子竣 从子师伯　沈怀文 子冲
从兄昙庆　周朗 族孙颙 颙子舍 舍弟子弘正
弘让 弘直 弘直子确

颜延之，字延年，琅邪临沂人也。曾祖含，晋右光禄大夫。祖约，零陵太守。父顕，护军司马。延之少孤贫，居负郭，好读书，无所不览，文章冠绝当时。好饮酒，不护细行。年三十犹未昏。妹适东莞刘穆之子宪之。穆之闻其美才，将仕之，先欲相见，延之不往也。

后为宋武帝豫章公世子中军行参军。及武帝北伐，有宋公之授，府遣延之庆殊命。行至洛阳，周视故宫室，尽

为禾黍，凄然咏《黍离篇》。道中作诗二首，为谢晦、傅亮所赏。武帝受命，补太子舍人。雁门周续之隐庐山，儒学著称。永初中，征诣都下，开馆以居之。武帝亲幸，朝彦毕至。延之宫官列卑，引升上席。上使问续之三义，续之雅仗辞辩，延之每以简要连挫续之。上又使还自敷释，言约理畅，莫不称善。再迁太子中舍人。时尚书令傅亮自以文义一时莫及，延之负其才，不为之下，亮甚疾焉。庐陵王义真待之甚厚，徐羡之等疑延之为异同，意甚不悦。

少帝即位，累迁始安太守。领军将军谢晦谓延之曰："昔荀勖忌阮咸，斥为始平郡，今卿又为始安，可谓'二始'。"黄门郎殷景仁亦谓之曰："所谓人恶俊异，世疵文雅。"延之之郡，道经汨潭，为湘州刺史张邵《祭屈原文》以致其意。元嘉三年，羡之等诛，征为中书侍郎，转太子中庶子，领步兵校尉，赏遇甚厚。延之既以才学见遇，当时多相推服，唯袁淑年倍小延之，不相推重。延之忿于众中折之曰："昔陈元方与孔元骏齐年文学，元骏拜元方于床下，今君何得不见拜？"淑无以对。

延之疏诞，不能取容当世，见刘湛、殷景仁专当要任，意有不平。常言"天下事岂一人之智所能独了"。辞语激扬，每犯权要。又少经为湛父柳后将军主簿，至是谓湛曰："吾名器不升，当由作卿家吏耳。"湛恨焉，言于彭城王义康，出为永嘉太守。延之甚怨愤，乃作《五君咏》，以述竹林七贤，山涛、王戎以贵显被黜。咏嵇康云："鸾翮有时铩，龙性谁能驯？"咏阮籍云："物故不可论，途穷能无恸。"咏阮咸云："屡荐不入官，一麾乃出守。"咏刘伶云："韬精日沉饮，谁知非荒宴。"此四句盖自序也。湛及义康以其辞旨不逊，大怒，欲黜为远郡。文帝与义康诏曰："宜令思愆里闲，犹复不悛，当驱往东土；乃至难恕者，自可随录之。"于是延之屏居不豫人间者七载。

中书令王球以名公子遗务事外，与延之雅相爱好，每振其罄匮。晋恭思皇后葬，应须百官，皆取义熙元年除身。以延之兼侍中，邑吏送札，延之醉，投札于地曰："颜延之未能事生，焉能事死？"文帝尝召延之，传诏频不见，常日但酒店裸袒挽歌，了不应对，他日醉醒乃见。帝尝问以诸子才能，延之曰："竣得臣笔，测得臣文，㚟得臣义，跃得臣酒。"何尚之嘲曰："谁得卿狂？"答曰："其狂不可及。"尚之为侍中在直，延之以醉诣焉。尚之望见便阳眠，延之发帝熟视曰："朽木难雕。"尚之谓左右曰："此人醉甚可畏。"闲居无事，为《庭诰》之文以训子弟。刘湛诛后，起延之为始兴王浚后军谘议参军、御史中丞。在任从容，无所举奏。迁国子祭酒、司徒左长史。何尚之素与延之狎，书与王球曰："延之有后命，教府无复光晖。"坐启买人田不肯还直，尚书左丞荀赤松奏之曰："求田问舍，前贤所鄙。延之唯利是视，轻冒陈闻，依傍诏恩，抵捍余直，垂及周年，犹不毕了。昧利苟得，无所顾忌。延之昔坐事屏斥，复蒙抽进，而曾不悛革，怨诽无已。交游阘茸，沉迷曲糵，横兴讥谤，诋毁朝士。仰窃过荣，增愤薄之性；私恃顾眄，成强梁之心。外示寡求，内怀奔竞，干禄祈迁，不知极已。预宴班觞，肆喧上席。山海容含，每存遵养；爱兼雕虫，未忍遐弃。而骄放不节，日月弥甚。臣闻声问

过情，孟轲所耻，况声非外来，问由己出。虽心智薄劣，而高自比拟，客气虚张，曾无愧畏。岂可复弼亮五教，增耀台阶？请以延之讼田不实，妄干天听，以强凌弱，免所居官。"诏可。后为秘书监，光禄勋，太常。

时沙门释慧琳以才学为文帝所赏，朝廷政事多与之谋，遂士庶归仰。上每引见，常升独榻。延之甚疾焉，因醉白上曰："昔同子参乘，袁丝正色。此三台之坐，岂可使刑余居之？"上变色。延之性既褊激，兼有酒过，肆意直言，曾无回隐，故论者多不与之，谓之颜彪。居身俭约，不营财利，布衣蔬食，独酌郊野。当其为适，傍若无人。三十年，致事。

元凶弑立，以为光禄大夫。长子竣为孝武南中郎谘议参军。及义师入讨，竣定密谋，兼造书檄。劭召延之示以檄文，问曰："此笔谁造？"延之曰："竣之笔也。"又问："何以知之？"曰："竣笔体，臣不容不识。"劭又曰："言辞何至乃尔？"延之曰："竣尚不顾老臣，何能为陛下？"劭意乃释，由是得免。孝武登阼，以为金紫光禄大夫，领湘东王师。尝与何偃同从上南郊，偃于路中遥呼延之：颜公！"延之以其轻脱，怪之，答曰："身非三公之公，又非田舍之公，又非君家阿公，何以见呼为公？"偃羞而退。

竣既贵重，权倾一朝。凡所资供，延之一无所受，器服不改，宅宇如旧，常乘羸牛车，逢竣卤簿，即屏住道侧。又好骑马遨游里巷，遇知旧辄据鞍索酒，得必倾尽，欣然自得。尝语竣曰："平生不喜见要人，今不幸见汝。"见竣起宅，谓曰："善为之，无令后人笑汝拙也。"表解师职，加给亲信二十人。尝早候竣，遇宾客盈门，竣方卧不起，延之怒曰："恭敬撙节，福之基也。骄佷傲慢，祸之始也。况出粪土之中，而升云霞之上，傲不可长，其能久乎？"

延之有爱姬，非姬食不饱，寝不安。姬凭宠，尝荡延之坠床致损，竣杀之。延之痛惜甚至，常坐灵上哭曰："贵人杀汝，非我杀汝。"以冬日临哭，忽见妾排屏风以压延之，延之惧，坠地，因病。孝建三年卒，年七十三。赠特进，谥曰宪子。

延之与陈郡谢灵运俱以辞采齐名，而迟速县绝。文帝尝各敕拟《乐府北上篇》，延之受诏便成，灵运久之乃就。延之尝问鲍照己与灵运优劣，照曰："谢五言如初发芙蓉，自然可爱；君诗若铺锦列绣，亦雕缋满眼。"延之每薄汤惠休诗，谓人曰："惠休制作，委巷中歌谣耳，方当误后生。"是时议者以延之、灵运自潘岳、陆机之后，文士莫及，江右称潘、陆，江左称颜、谢焉。

竣，字士逊，延之之长子也。早有文义，为宋孝武帝抚军主簿，甚被嘉遇，竣亦尽心补益。元嘉中，上不欲诸王各立朋党，将召竣补尚书郎。江湛以为在府有称，不宜回改，乃止。随府转安北、镇军、北中郎府主簿。初，沙门释僧含精有学义，谓竣曰："贫道常见谶记，当有真人应符，名称次第，属在殿下。"后竣在彭城，尝于亲人叙之，言遂宣布，闻于文帝。时元凶巫蛊事已发，故上不加推案。

孝武镇寻阳，迁南中郎记室。三十年春，以父延之致仕，固求解职，赐假未发，而文帝崩问至，孝武举兵入讨，转谘议参军，领录事，任总内外，并造檄书。孝武发寻

阳,便有疾,自沈庆之以下并不堪相见,唯竣出入卧内,断决军机。时孝武屡经危笃,不任谘禀,凡厥众务,竣皆专断施行。孝武践阼,历侍中、左卫将军,封建城县侯。孝建元年,转吏部尚书,领骁骑将军,留心选举,自强不息。任遇既隆,奏无不可。后谢庄代竣领选,意多不行。竣容貌严毅,庄风姿甚美,宾客喧诉,常欢笑答之。人言颜竣瞋而与人官,谢庄笑而不与人官。南郡王义宣、臧质等反,以竣兼领右将军。义宣、质诸子藏匿建康、秣陵、湖熟、江宁县界。孝武大怒,免丹阳尹褚湛之官,收四县官长,以竣为丹阳尹,加散骑常侍。先是,竣未有子,而大司马江夏王义恭诸子为元凶所杀,至是各产名,上自为制名,名义恭子为伯禽,以比鲁公伯禽,周公之子。名竣子为辟强,以比汉侍中辟强,张良之子也。

先是,元嘉中铸四铢钱,轮郭形制与五铢同,用费损无利,故百姓不盗铸。及孝武即位,又铸孝建四铢,所铸钱形式薄小,轮郭不成,于是人间盗铸者杂以铅锡,并不牢固。又剪凿古钱以取其铜,钱转薄小,稍违官式。虽重制严刑,人吏官长坐死免者相系,而盗铸弥甚,百物踊贵,人患苦之。乃立品格,薄小无轮郭者悉加禁断。始兴公沈庆之议:"宜听人铸钱置署,乐铸之家皆居署内。去春所禁新品,一时施用,今铸悉依此格。万税三千,严检盗铸,并禁剪凿。数年之间,公私丰赡,铜尽事息,奸伪自止。禁铸则铜转成器,开铸则器化为财。"上下其事于公卿,竣议曰:"今云开署放铸,诚所欲同,但虑采山事绝,器用日耗。铜既转少,器亦弥贵。设器直一千,则铸之减半,为之无利,虽令不行。"时议者又以铜难得,欲铸二铢钱。竣又议曰:"今铸二铢,恣行细细,于官无解于乏,而人奸巧大兴,天下之货将糜碎至尽。空曰严禁,而利深难绝,不过一二年间,其弊不可复救。此其甚不可一也。使奸人意骋,而贻厥怨谋,此又甚不可二也。富商专志,贫人困窘,此又甚不可三也。若使交益深重,尚不可行,况又未见利,而众弊如此,失算当时,取笑百代乎。"前废帝即位,铸二铢,形式转细,官钱每出,人间即模效,而大小厚薄皆不及也。无轮郭,不磨鑢,如今之剪凿者,谓之耒子钱。景和元年,沈庆之启通私铸,由是钱货乱败,一千钱长不盈三寸,大小称此,谓之鹅眼钱;劣于此者谓之綖环钱。贯之以缕,入水不沉,随手破碎,市井不复料数,十万钱不盈一掬。斗米一万。商货不行。明帝初,唯禁鹅眼、綖环,其余皆通用。复禁人铸,官署亦废,寻复普断,唯用古钱。

竣自散骑常侍、丹阳尹加中书令,表让中书令,见许。时岁旱人饥,竣上言禁饧一月,息米近万斛。复代谢庄为吏部尚书,领太子右卫率,未拜,丁父忧。裁逾月,起为右将军,丹阳尹如故。竣固辞,表十上,不许。遣中书舍人戴明宝抱竣登车,载之郡舍。赐以布衣一袭,絮以彩纶,遣主衣就衣诸体。竣藉蕃勋之旧臣,每极陈得失。上自即吉之后,宫内颇有丑论,又多所兴造。竣谏争恳切,并无所回避。上意甚不悦,多不见从。竣自谓才足干时,恩旧莫比,当赞务居中,永执朝政。而所陈多不被纳,疑上欲疏之,乃求出卜时旨。大明元年,以为东扬州刺史。所求

既许,便忧惧无计。至州又丁母艰,不许去职,听送丧还都,恩待犹厚,竣弥不自安。每对亲故,颇怀怨愤。又言朝廷违谬,人主得失。及王僧达被诛,谓为所谗构,临死陈竣前后忿怼,恨言不见从。僧达所言,颇相符会,上乃使御史中丞庾徽之奏竣:"窥觇国柄,潜图久执。受任选曹,驱扇滋甚,出尹京辇,形势弥放。传诏犯宪,旧须启闻,而竣以通诉忤己,辄加鞭辱,罔顾威灵,莫此为甚。怀挟奸数,包藏隐愿,豫闻中旨,罔不宣露。罚则委上,善必归己,胁惧上宰,激动闾阎。末虑上闻,内怀猜惧,伪请东牧,以卜天旨。既获出藩,怨詈方肆,反唇腹诽,方之已轻。前冬母亡,诏赐还葬,事毕不去,盘桓经时。方构间勋贵,造立同异,遂以已被斥外,国道将颓。兼行阙于家,早负世议,天伦怨毒,亲交震骇。街谈道说,非复风声。宜加显戮,以昭盛化,请以见事免竣所居官,下太常削爵土。"上未欲便加大戮,且止免官。竣频启谢罪,并乞性命。上愈怒,诏答曰:"宪司所奏,非宿昔所以相期。卿受荣遇,政当极此。讪讦怨愤,已孤本望,乃复过烦思虑,惧不全立,岂为下事上诚节之至邪。"及竟陵王诞为逆,因此陷之,言通于诞。召御史中丞庾徽之于前立奏,奏成,诏先打折足,然后于狱赐死,妻息宥之以远。子辟强徙交州,又于宫亭湖沉杀之。竣文集行于世。

竣弟测亦以文章见知,官至江夏王义恭大司马录事参军。以兄贵为忧,先竣卒。

明帝即位,诏曰:"延之昔师训朕躬,情契兼重。前记室参军、济阳太守㷅,伏事蕃朝,绸缪恩旧,可擢为中书侍郎。"㷅,延之第三子也。

颜师伯,字长深,竣族兄也。父邵,刚正有局力,为谢晦领军司马。晦镇江陵,请为谘议参军,领录事,军府之务悉委焉。邵虑晦有祸,求为竟陵太守。未及之郡,会晦见讨,邵饮药死。

师伯少孤贫,涉猎书传,颇解声乐。弟仲妻,臧质女也。质为徐州,辟师伯为主簿。孝武为徐州,师伯仍为辅国安北行参军。王景文时为谘议参军,爱其谐敏,进之孝武,以为徐州主簿。善于附会,大被知遇。及去镇,师伯以主簿送故。孝武镇寻阳,启文帝请为南中郎府主簿,文帝不许,谓典签曰:"中郎府主簿,那得用颜师伯?"孝武启为长流正佐,帝又曰:"朝廷不能除之,郎可自板,然亦不宜署长流。"乃板为参军刑狱。及讨元凶,转主簿。孝武践阼,以为黄门侍郎,累迁侍中。大明元年,封平都县子。亲幸隆密,群臣莫二。多纳货贿,家累千金。孝武尝与师伯撄蒱,帝掷得雉,大悦,谓必胜。师伯后得卢,帝失色,师伯遽敛子曰:"几作卢。"尔日,师伯一输百万。仍迁吏部尚书、右军将军。上不欲威权在下,前后领选者唯奉行文书,师伯专情独断,奏无不可。七年,为尚书右仆射。时分置二选,陈郡谢庄、琅邪王昙生并为吏部尚书。师伯子举,周旋寒人张奇为公车令,上以奇资品不当,使兼市买丞,以蔡道惠代之。令史潘道栖、褚道惠、颜祎之、元从夫、任澹之、石道儿、黄难、周公选等,抑道惠敕,使奇先到公车,不施行奇兼市买丞事。师伯坐以子预职,庄、昙生免官,道栖、道惠弃市,祎之等六人鞭

杖一百。师伯寻领太子中庶子，虽被黜挫，受任如初。孝武临崩，师伯受遗诏辅幼主，尚书中事专以委之。废帝即位，复还即真，加领卫尉。

师伯居权日久，天下辐凑，游其门者，爵位莫不逾分。多纳货贿，家产丰积。妓妾声乐，尽天下之选，园池第宅，冠绝当时，骄奢淫恣，为衣冠所疾。又迁尚书仆射，领丹阳尹。废帝欲亲朝政，转师伯为左仆射。以吏部尚书王景文为右仆射。夺其京尹，又分台任。师伯至是始惧，与柳元景谋废立。初，师伯专断朝事，不与沈庆之参怀，谓令史曰："沈公爪牙耳，安得预政事？"庆之闻而切齿，乃泄其谋。寻与太宰江夏王义恭同诛，六子皆见杀。明帝即位，谥曰荒。

沈怀文，字思明，吴兴武康人也。祖寂，晋光禄勋。父宣，新安太守。

怀文少好玄理，善为文章，为《楚昭王二妃诗》，见称于世。为江夏王义恭东阁祭酒。丁父忧，新安郡送故丰厚，奉终礼毕，余悉班之亲戚，一无所留。文帝闻而嘉之，赐奴婢六人。服阕，除尚书殿中郎。隐士雷次宗被征居钟山，后南还庐岳。何尚之设祖道，文义之士毕集。为连句诗，怀文所作尤美，辞高一座。随王诞镇襄阳，出为后军主簿，与咨议参军谢庄共掌辞令，领义成太守。元嘉二十八年，诞尝为广州，欲以怀文为安南府记室，先除通直郎。怀文固辞南行，上不悦。弟怀远纳东阳公主养女王鹦鹉为妾，元凶行巫蛊，鹦鹉豫之，事泄，怀文因此失调，为治书侍御史。元凶弑立，以为中书侍郎。孝武入讨，呼之使作符檄，固辞。劭大怒，会殷冲救得免。托疾落马，间行奔新亭，以为竟陵王诞骠骑录事参军、淮陵太守。时国哀未释，诞欲起内斋。怀文以为不可，乃止。寻转扬州中从事史。时议省录尚书，怀文以为非宜，上议不从。迁别驾从事史。及江夏王义恭迁西阳王子尚为扬州，居职如故。时荧惑守南斗，上乃废西州旧馆，使子尚移居东城以厌之。怀文曰："天道示变，宜应之以德，今虽空西州，恐无益也。"不从，而西州竟废。

大明二年，迁尚书吏部郎，时朝议欲依古制置立王畿，扬州移居会稽，犹以星变故也。怀文曰："周制封畿，汉置司隶，各因时宜，非存相反。安人定国，其揆一也。苟人心所安，天亦从之。未必改今追古，乃致平一。神州旧壤，历代相承，异于边州，或置或罢。既物情不悦，容亏化本。"又不从。三年，子尚移镇会稽。迁抚军长史，行府州事。时囚系甚多，动经年月，怀文到任，讯五郡九百三十六狱，众咸称平。入为侍中，宠待隆密。竟陵王诞据广陵反，及城陷，士庶皆裸身鞭面然后加刑，聚所杀人首于石头南岸，谓之髑髅山。怀文陈其不可，上不纳。

孝武尝有事圆丘，未至期而雨晦竟夜。明旦风霁，云色甚美，帝升坛悦。怀文称庆曰："昔汉后郊祀太一，白日重轮，神光四烛。今陛下有事兹礼，而膏雨迎夜，清景丽朝，斯实圣明幽感所致，臣愿为侍臣赋之。"上笑称善。

扬州移会稽，上愆浙江东人情不和，欲贬其劳禄，唯西州旧人不改。怀文曰："扬州徙居，既乖人情，一州两格，尤失大体。"上不从。怀文与颜竣、周朗素善，竣以失旨见诛，朗亦以忤意得罪。上谓怀文曰："竣若知我杀之，亦当不敢如此。"怀文默然。又尝以岁夕与谢庄、王景文、颜师伯被敕入省，未及进，景文因谈言次，称竣、朗人才之美，怀文与相酬和。师伯后因语次白上，叙景文等此言。怀文屡经犯忤，至此上倍不悦。上又坏诸郡士族以充将吏，并不服役，至悉逃亡。加以严制不能禁，乃改用军法，得便斩之。莫不奔窜山湖，聚为盗贼。怀文又以为言。斋库上绢年调钜万定，绵亦称此，期限严峻。人间买绢一定至三二千，绵一两三四百，贫者卖妻子，甚者或自缢死。怀文具陈人困，由是绵绢薄有所减，俄复反。子尚等诸皇子皆置邸舍，逐什一之利，为患遍天下。怀文又曰："列肆贩卖，古人所非。卜式明不雨之由，弘羊受致旱之责。若以用度不充，故宜量加减省。"不听。孝建以来，抑黜诸弟，广陵平后，复欲更峻其科。怀文曰："汉明不使其子比光武之子，前史以为美谈。陛下既明管、蔡之诛，愿崇唐、卫之寄。"及海陵王休茂诛，欲遂前议。太宰江夏王义恭探得密旨，先发议端，怀文固请不可，由是得息。

时游幸无度，太后六宫，常乘副车在后。怀文与王景文每谏不宜亟出，后因从坐松树下，风雨甚骤。景文曰："卿可以言矣。"怀文曰："独言无继，宜相与陈之。"江智深卧草侧，亦谓之善。俄而被召俱入雉场，怀文曰："风雨如此，非圣躬所宜。"景文又曰："怀文所启宜从。"智深未及有言，上方注弩，作色曰："卿欲效颜竣邪？何以恒知人事？"又曰："颜竣小子，恨不得鞭其面。"上每宴集，在坐者咸令沉醉。怀文素不饮酒，又不好戏，上谓故欲异己。谢庄尝诫怀文曰："卿每与人异，亦何可久？"怀文曰："吾少来如此，岂可一朝而变？非欲异物，性之所不能耳。"五年，出为晋安王子勋征虏长史、广陵太守。明年坐朝正事毕，被遣还北，以女病求申，临行又乞停三日，讫犹不去，为有司所纠，免官，禁锢十年。既被免，卖宅还东。上大怒，收付廷尉赐死。

弟怀远，为始兴王浚征北长流参军，深见亲待。坐纳王鹦鹉为妾，孝武徙之广州。刺史宗悫欲杀之，会南郡王义宣反，怀远颇闲文笔，悫起义，使造檄书，并衔命至始兴，与始兴相沈法系论起义事。事平，悫具为陈请，由此见原。终孝武世不得还。前废帝世初，位武康令，撰《南越志》，及怀文集并传于世。怀文三子：淡、深、冲。

冲，字景绰，涉猎文义，仕宋历位抚军正佐，兼记室。及怀文得罪被系，冲兄弟行谢，情哀貌苦，见者伤之。柳元景欲救怀文，言于孝武："沈怀文三子涂炭不可见，愿陛下速正其罪。"帝曰："宜急杀之，使其意分。"竟杀之。元景为之叹息，冲兄弟以此知名。累迁司徒录事。齐武帝为江州，冲为征虏长史、寻阳太守。齐建元中，累迁太子中庶子。武帝在东宫，待以恩旧。及即位，转御史中丞、侍中。永明四年，为五兵尚书。冲与兄淡、深名誉有优劣，世号为"腰鼓兄弟"。淡、深并历御史中丞。兄弟三人皆为司直，晋、宋所未有也。中丞案裁之职，被恶者多结怨。永明中，深弹吴兴太守袁彖。建武中，象从弟昂为中丞，到官数日，奏弹深子缋，父在儭白幰车，免官禁锢。冲母孔氏在东，邻家失火，疑为人所焚燕，大呼曰："我三儿皆作御史中丞，与人岂有善者。方恐肌分骨散，何但焚如。"兄弟后并历侍中，武帝方欲任冲，寻卒。追赠太常，谥曰恭子。

昙庆，怀文从父兄也。父发，员外散骑侍郎。昙庆仕宋位尚书左丞。时岁有水旱，昙庆议立常平仓以救人急，文帝纳其言而事不行。大明元年，为徐州刺史。时殿中员外将军裴景仁助戍彭城，景仁本北人，多悉关中事。昙庆使撰《秦记》十卷，叙苻氏事，其书传于世。昙庆谨实清正，所莅有称绩。常谓子弟曰："吾处世无才能，图作大老子耳。"世以长者称之。卒于祠部尚书。

周朗，字义利，汝南安成人也。父淳，宋初历位侍中、太常。兄峤，尚武帝第四女宣城德公主。二女适建平王宏、庐江王祎。以贵戚显官，朗少而爱奇，雅有风气，与峤志趣不同，峤甚疾之。为江夏王义恭太尉参军。元嘉二十七年春，朝议北侵魏，当遣义恭出镇彭城，为诸军大统。朗闻之解职。及义恭出镇，府主簿羊希从行，与朗书戏之，劝令献奇进策。朗报书援引古义，辞意俱怆。孝武即位，除建平王宏中军录事参军。时普责百官谠言，朗上书陈述得失，多自矜夸。书奏忤旨，自解去职。后为庐陵内史，郡界荒芜，颇有野兽。母薛氏欲见猎，朗乃合围纵火，令母观之。火逸烧郡解，朗悉以秩米起屋，偿所烧之限。称疾去官，为州司所纠，还都谢孝武曰："州司举臣愆失多不允，臣在郡猛兽三食人，虫鼠犯稼，以此二事，上负陛下。"上变色曰："州司不允，或可有之。虫兽之灾，宁关卿小物。"朗寻丁母忧，每哭必恸，其余颇不依居丧常节。大明四年，上使有司奏其居丧无礼。诏曰："朗悖礼利口，宜合蔚戮，微物不足乱典刑，特锁付边郡。"于是传送宁州，于道杀之。朗族孙颙。

颙，字彦伦，晋左光禄大夫顗七世孙也。祖虎头，员外常侍。父恂，归乡相。颙少为族祖朗所知，解褐海陵国侍郎。益州刺史萧惠开赏异颙，携入蜀，为厉锋将军，带肥乡、成都二县令，仍为府主簿。常谓惠开性太险，每致谏，惠开不悦，答颙曰："天险地险，王侯设险，但问用险何如耳。"随惠开还都。宋明帝颇好玄理，以颙有辞义，引入殿内，亲近宿直。帝所为惨毒之事，颙不敢显谏，辄诵经中因缘罪福事，帝亦为之小止。元徽中，诏为剡令，有恩惠，百姓思之。齐高帝辅政，为齐殿中郎。建元初，为长沙王后军参军、山阴令。还为文惠太子中军录事参军。文惠在东宫，颙迁正员郎，始兴王前军谘议，直侍殿省，深见赏遇。颙音辞辩丽，长于佛理，著《三宗论》言空假义。西凉州智林道人遗颙书，深相赞美，言"捉麈尾来四十余载，颇见宗录，唯此涂白黑无一人得者，为之发病，非意此音，猥来入耳。"其论见重如此。颙于钟山西立隐舍，休沐则归之。

转太子仆，兼著作，撰起居注。迁中书郎，兼著作如数。常游侍东宫。少从外氏车骑将军臧质家得卫恒散隶书法，学之甚工。文惠太子使颙书玄圃茅斋壁。国子祭酒何胤以倒薤书求就颙换之。颙笑答曰："天下有道，丘不与易也。"每宾友会同，颙虚席晤语，辞韵如流，听者忘倦。兼善《老》、《易》，与张融相遇，辄以玄言相滞，弥日不解。清贫寡欲，终日长蔬，虽有妻子，独处山舍。甚机辩，卫将军王俭谓颙曰："卿山中何所食？"颙曰："赤米白盐，绿葵紫蓼。"文惠太子问颙菜食何味最胜，颙曰："春初早韭，秋末晚菘。"何胤亦精信佛法，无妻。太子又问颙："卿精进何如何胤？"颙曰："三涂八难，共所未免，然各有累。"太子曰："累伊何？"对曰："周妻何肉。"其言辞应变如此。转国子博士，兼著作如故。太学诸生慕其风，争事华辩。始著《四声切韵》，行于时。后卒于官。子舍。

舍，字升逸，幼聪颖，颙异之。临终谓曰："汝不患不富贵，但当将之以道德。"及长博学，尤精义理，善诵《诗》《书》，音韵清辩。弱冠举秀才，除太学博士。从兄绵为剡县，赃污不少，籍没资财，舍乃推宅助焉。建武中，魏人吴苞南归，有儒学。尚书仆射江祏招苞讲，舍造坐折苞，辞理道逸，由是名为口辩。王亮为丹阳尹，闻而悦之，辟为主簿，政事多委焉。迁太常丞。

梁武帝即位，吏部尚书范云与颙素善，重舍才器，言之武帝，召拜尚书祠部郎。礼仪损益，多自舍出。先是，帝与诸王及吴平侯书，皆云弟，舍立议，引武王、周公故事，皆曰汝，从之。累迁鸿胪卿。时王亮得罪归家，故人莫至，舍独敦恩旧。及亮卒，身营殡葬，时人称之。迁尚书吏部郎，太子右卫率，右卫将军。虽居职屡徙，而常留省内，罕得休下。国史诏诰，仪体法律，军旅谋谟，皆兼掌之。日夜侍上，豫机密，二十余年，未尝离左右。帝以为有公辅器。初，范云卒，金以沈约允当枢管，帝以约轻易不如徐勉，于是勉、舍同参国政。勉小嫌中废，舍专掌权辖，雅量不及勉而清简过之，两人俱称贤相。

时议国史，疑文帝纪传之名。舍以为"帝纪之笼百事，如《乾象》之包六爻，今若追而为纪，则事无所包，若直书功德，则传而非纪。应于上纪之前，略有仰述"。从之。舍占对辩捷，尝居直庐，语及嗜好，裴子野言，从来不尝食姜。舍应声曰："孔称'不彻'，裴乃不尝。"一坐皆悦。与人论谑，终日不绝，而竟不言漏泄机事，众尤服之。性俭素，衣服器用，居处床席，如布衣之贫者。每入官府，虽广厦华堂，闱阁重邃，舍居之则尘埃满积。以荻为障，坏亦不修。历侍中、太子詹事。普通五年，南津校尉郭祖深获始兴相白涡书，饷舍衣履及婢，以闻，坐免官。以右骁骑将军知詹事。卒，上临哭哀动左右，追赠侍中、护军将军，谥曰简子。初，帝锐意中原，群臣咸言不可，唯舍赞成之。普通中，累献捷，帝思其功，下诏述其德美。以为"往者南司白涡之劾，恐外议谓朕有私，致此黜免。追愧若人一介之善，外可量加褒异，以旌善人"。舍集二十卷。二子弘义、弘信，弟子弘正。

弘正，字思行，父宝始，梁司徒祭酒。弘正幼孤，及弟弘让、弘直，俱为伯父舍所养。年十岁，通《老子》、《周易》。舍每与谈论，辄异之，曰："观汝清理警发，后世知名，当出吾右。"河东裴子野深相赏纳，请以女妻之。十五，召补国子生，仍于国学讲《易》，诸生传习其义。季春入学，孟冬应举，学司以日浅不许。博士到洽曰：

"周郎弱冠讲经,岂俟策试?"普通中,初置司文义郎,直寿光省,以弘正为司义侍郎。弘正丑而不陋,吃而能谈,俳诸似优,刚肠似直,善玄理,为当世所宗。藏法师于开善寺讲说,门徒数百。弘正年少,未知名,著红裈,锦绞髻,蹑门而听,众人蔑之,弗遣也。既而乘间进难,举坐尽倾,法师疑非世人,觇知,大相赏狎。刘显将之寻阳,朝贤毕祖道,显赍帛十匹,约曰:"险衣来者以赏之。"众人竞改常服,不过长短之间,显曰:"将有甚于此矣。"既而弘正绿丝布裤,绣假种,轩昂而至,折标取帛。中大通三年,昭明太子薨,其嗣华容公不得立,乃以晋安王纲为皇太子。弘正奏记,请"抗目夷上仁之义,执子臧之节"。其抗直守正如此。

常自称有才无相,仆射徐勉掌选,以其陋不堪为尚书郎,乃献书于勉,其言甚切。稍迁国子博士。学中有宋元凶讲《孝经》碑,历代不改,弘正始到官,即表刊除。时于城西立士林馆,弘正居以讲授,听者倾朝野焉。弘正启《周易》疑义凡五十条,又请释《乾》、《坤》二《系》,复诏答之。后为平西邵陵王府谘议参军,有罪应流徙,敕以赐干陀利国。未去,寄系尚方。于狱上武帝《讲武诗》,降敕原罪,仍复本位。

弘正博物,知玄象,善占候。大同末,尝谓弟弘让曰:"国家陨在数年,当有兵起,吾与汝不知何所逃之。"及武帝纳侯景,弘正谓弘让曰:"乱阶此矣。"台城陷,弘正谄附王伟,又与周石珍合族,避景讳,改姓姬氏,拜太常。景将篡之际,使掌礼仪。及王僧辩东讨,元帝谓僧辩曰:"王师近次,朝士孰当先来?"王僧辩曰:"其周弘正乎?弘正智不后机,体能济胜,无妻子之顾,有独决之明,其余碌碌不逮也。"俄而前部传云弘正至,僧辩飞骑迎之。及见,欢甚,曰:"吾固知王僧达非后机者,公可坐吾膝上。"对曰:"可谓进而不若将加诸膝,老夫何足以当。"僧辩即日启元帝,元帝手书与弘正,仍遣使迎之。谓朝士曰:"晋氏平吴,喜获二陆,今我讨贼,亦得两周。"及至,礼数甚优,朝臣无比。授黄门侍郎,直侍中省。俄迁左户尚书,加散骑常侍。夏月著犊鼻裈,衣朱衣,为有司所弹。其放达如此。元帝尝著《金楼子》,曰:"余于诸僧重招提琰法师,隐士重华阳陶贞白,士大夫重汝南周弘正,其于义理清转无穷,亦一时之名士也。"弘正善清谈,梁末为玄宗之冠。及侯景平,僧辩启送秘府图籍,敕弘正雠校。

时朝议迁都,但元帝再临荆陕,前后二十余年,情所安恋,不欲归建业。兼故府臣僚皆楚人,并欲即都江陵,云:"建康盖是旧都,凋荒已极。且王气已尽,兼与北止隔一江,若有不虞,悔无所及。且臣等又闻荆南有天子气,今其应矣。"元帝无去意。时尚书左仆射王褒及弘正咸侍,帝顾曰:"卿意何如?"褒等以帝猜忌,弗敢众中公言,唯唯而已。褒后因清闲,密谏还丹阳甚切,帝虽纳之,色不悦。及明日,众中谓褒曰:"卿昨劝还建邺,不为无理,吾昨夜思之,犹怀疑惑。"褒知不引纳,乃止。他日,弘正乃正色谏,至于再三,曰:"若如士大夫,唯圣王所都,本无定处。至如黔首,未见入建邺城,便谓未是天子,犹列国诸王。今日赴百姓之心,不可不归建邺。"当时颇相

酬许。弘正退后,黄罗汉、宗懔乃言"弘正、王褒并东人,仰劝东下,非为国计"。弘正窃知其言,他日乃复上前面折二人,曰:"若东人劝东下,谓之私计,西人劝住西,亦是私计不?"众人默然,而人情并劝迁都。上又曾以后堂大集文武,其预会者四五百人,帝欲遍试人情,曰:"劝吾去者左袒。"于是左袒者过半。武昌太守朱买臣,上旧左右,而阉人也,颇有干用,故上擢之。及是劝上迁,曰:"买臣家在荆州,岂不愿官长住,但恐是买臣富贵,非官富贵邪!"上深感其言,卒不能用。

及魏平江陵,弘正遁归建邺。太平元年,授侍中,领国子祭酒,迁太常卿、都官尚书。陈武帝授太子詹事。天嘉元年,迁侍中、国子祭酒,往长安迎宣帝。三年,自周还。废帝嗣位,领都官尚书,总知五礼事。宣帝即位,迁特进,领国子祭酒,加扶。太建二年,授尚书右仆射。寻敕侍东宫讲《论语》、《孝经》。太子以弘正德望素重,有师资之敬焉。弘正特善玄言,兼明释典,虽硕德名僧,莫不请质疑滞。六年,卒官,年七十九,赠侍中、中书监,谥曰简子。所著《周易讲疏》十六卷,《论语疏》十一卷,《庄子疏》八卷,《老子疏》五卷,《孝经疏》二卷,集二十卷,行于代。子豫玄,年十四,与俱载入东,乘小船度岸,见藤花,弘正挽之,船覆俱溺,弘正仅免,豫玄遂得心惊疾。次子坟,尚书吏部郎。

弘让性简素,博学多通。始仕不得志,隐于句容之茅山,频征不出。晚仕侯景,为中书侍郎,人问其故,对曰:"昔王道正直,得以礼进退,今乾坤易位,不至,将害于人,吾畏死耳。"始彭城刘孝先亦辞辟命,随兄孝胜在蜀。武陵建号,仕为世子府谘议参军。二隐并获讥于代。弘让承圣初,为国子祭酒。二年,为仁威将军,城句容以居之,命曰仁威垒。陈天嘉初,以白衣领太常卿、光禄大夫,加金章紫绶。

弘让弟弘直,字思方,幼而聪敏。仕梁为西中郎湘东王外兵记室参军,与东海鲍泉、南阳宗懔、平原刘缓、沛国刘珏同掌记。王出镇江、荆二州,累除谘议参军。及承制,封湘滨县侯。累迁昌州刺史。王琳之举兵,弘直在湘州,琳败,乃入陈,位太常卿、光禄大夫,加金章紫绶。弘直方雅敦厚,气调高于次昆。或问三周孰贤,人曰"若蜂腰矣"。太建七年卒。遗疏:"气绝之后,便买市中见材小形者。敛以时服,古人通制,但下见先人,必须备礼,可著单衣裙衫故履。既应侍养,宜备纷帨,或逢善友,又须香烟,棺内唯安白布手巾粗香炉而已,此外无所用。"卒于家,年七十六。有集二十卷。子确,字士潜,美容仪,宽大有行检。博涉经史,笃好玄言。位都官尚书,祯明初卒。

论曰:文人不护细行,古今之所同焉。由夫声裁所知,故取忤于人者也。观夫颜、谢之于宋朝,非不名高一代,灵运既以取毙,延之亦踬当年,向之所谓贵身,翻成害己者矣。士逊援笔数罪,陵仇犯难,饵彼慈亲,弃之兽吻,以此为忠,无闻前诰。夫自忍其亲,必将忍人之亲,士逊自忘其孝,期以申人之孝,自非严父之辞允而义慑,则难

乎免矣。师伯行己纵欲,好进忘退,既以此始,亦以此终,宜乎!怀文蹈履之地,足以追踪古烈,孔母致惧中丞,其诚深矣。周朗始终之节,亦偶傥为尤。颙、舍父子,文雅不坠,弘正兄弟义业,几乎德门者焉。

卷三十五　　列传第二十五

刘湛　庾悦族弟登之　仲文
仲文子弘远　仲文族孙仲容　**顾琛**
顾觊之　孙宪之

刘湛,字弘仁,南阳涅阳人也。祖耽,父柳,并晋左光禄大夫、开府仪同三司。湛出继伯父淡,袭封安众县五等男。少有局力,不尚浮华,博涉史传,谙前代旧典。弱年便有宰物情,常自比管、葛。不为文章,不喜谈议。除宋武帝太尉行参军,赏遇甚厚。父柳亡于江州,府州送故甚丰,一无所受,时论称之。服阕,为相国参军。谢晦、王弘并称其器干。武帝入受晋命,以第四子义康为冠军将军、豫州刺史,留镇寿阳。以湛为长史、梁郡太守。义康弱年未亲政,府州事悉委湛。进号右将军,仍随府转。义康以本号徙南豫州,湛改领历阳太守。为人刚严用法,奸吏犯赃百钱以上皆杀之,自下莫不震肃。庐陵王义真出为车骑将军、南豫州刺史,湛又为长史,太守如故。义真时居武帝忧,使帐下备膳,湛禁之。义真又使左右人买鱼肉珍羞,于斋内别立厨帐。会湛入,因命臛酒炙车螯。湛正色曰:"公当今不宜有此设。"义真曰:"且甚寒,杯酒亦何伤,长史事同一家,望不为异。"酒至,湛起曰:"既不能以礼自处,又不能以礼处人。"

后为广州刺史,嫡母忧去职。服阕,为侍中。时王华、王昙首、殷景仁亦为侍中,文帝于合殿与四人宴饮甚悦。华等出,帝目送良久,叹曰:"此四贤一时之秀,同管喉唇,恐后世难继。"及抚军将军江夏王义恭镇江陵,以湛为使持节、南蛮校尉,领抚军长史,行府州事。王弘辅政,而王华、王昙首任事居中,湛自谓才能不后之,不愿外出。是行也,谓为弘等所斥,意甚不平。常曰:"二王若非代邸之旧,无以至此。可谓遭遇风云。"湛负其才气,常慕汲黯、崔琰为人,故名长子曰黯字长孺,第二子曰琰字季珪。琰于江陵病卒,湛求自送丧还都,义恭亦为之陈请。文帝答义恭曰:"吾亦得湛启事,为之酸怀,乃不欲苟违所请;但汝弱年,新涉军务,八州殷旷,专断事重,畴咨委仗,不可不得其人。量算二三,未获便相顺许。今答湛启,权停彼葬。顷朝臣零落相系,寄怀转寡,湛实国器,吾乃欲引其令还,直以西夏任重,要且停此事耳。汝庆赏黜罚预关得失者,必宜悉相委寄。"义恭性甚狷隘,年又渐大,欲专政事,每为湛所裁。主佐之间,嫌隙遂构。文帝闻之,密遣诘让义恭。义恭陈道无居下之礼,又自以年长,未得行意,虽奉诏旨,每出怨言。上友于素笃,欲加酬顺,乃诏之曰:"当今之才,委受已尔,宜尽相弥缝,取其可

取,弃其可弃。"

先是王华既亡,昙首又卒,领军将军殷景仁以时贤零落,白文帝征湛。八年,召为太子詹事,加给事中,与景仁并被任遇。湛云:"今代宰相何难,此正可当我南阳郡汉代功曹耳。"明年,景仁转尚书仆射,领选,护军将军,湛代为领军。十二年,又领詹事。湛与景仁素款,又以其建议征之,甚相感悦。及俱被时遇,猜隙渐生。以景仁专内任,谓为间已。时彭城王义康专执朝权,而湛昔为上佐,遂以旧情委心自结,欲因宰相之力回主心,倾黜景仁,独当时务。义康屡言之于文帝,其事不行。义康僚属及湛诸附隶潜相约勒,无敢历殷氏门者。湛党刘敬文父成,未悟其机,诣景仁求郡,敬文遽谢湛曰:"老父悖耄,遂就殷铁干禄。由敬文暗浅,上负生成,合门惭惧,无地自处。"敬文之奸谄如此。义康擅权专朝,威倾内外,湛愈推崇之,无复人臣之礼,上稍不能平。湛初入朝,委任甚重,善论政道,并谙前代故事,听者忘疲。每入云龙门,御者便解驾,左右及羽仪随意分散,不夕不出,以此为常。及晚节驱煽义康,陵轹朝廷,上意虽内离而接遇不改。上谓所亲曰:"刘斑初自西还,吾与语常看日早晚,虑其当去;比入亦看日早晚,虑其不去。"湛小字斑虎,故云斑也。迁丹阳尹,詹事如故。

十七年,所生母亡。上与义康形迹既乖,衅难将结,湛亦知无全地。及至丁艰,谓所亲曰:"今年必败,常日赖口舌争之,故得推迁耳。今既穷毒,无复此望,祸至其能久乎?"伏甲于室,以待上临吊。谋又泄,竟弗之幸。十月,诏收付廷尉,于狱伏诛,时年四十九。子黯等从诛。弟素,黄门郎,徙广州。湛初被收,叹曰:"便是乱邪!"又曰:"不言无我应乱,杀我日自是乱法耳。"入狱见素,曰:"乃复及汝邪?相劝为恶,恶不可为,相劝为善,正见今日,如何!"湛生女辄杀之,为时流所怪。

庾悦,字仲豫,颍川鄢陵人也,晋太尉亮之曾孙也。祖羲,吴兴内史。父准,西中郎将、荆州刺史。悦仕晋为司徒右长史。桓玄篡位,为中书侍郎。宋武平建邺,累迁建威将军、江州刺史,加都督。初,刘毅家在京口,酷贫,尝与乡曲士大夫往东堂共射,时悦为司徒右长史,要府州僚佐出东堂,毅已先至,遣与悦相闻曰:"身并贫踬,营一游甚难。君如意人,无处不可为适,岂不能以此堂见让?"悦素豪,径前不答裁语。众人并避,唯毅留射如故。悦厨馔甚盛,不以及毅,毅既不去,悦甚不欢。毅又相闻曰:"身今年未得子鹅,岂能以残炙见惠?"悦又不答。至是,毅表解悦都督、将军官,以刺史移镇豫章。以亲将赵恢领千兵守寻阳,建威府文武三千人悉入毅将府,深相挫辱。悦不得志,疽发背,到豫章少日卒。

登之,字元龙,悦族弟也。曾祖冰,晋司空。祖蕴,广州刺史。父廓,东阳太守。登之少以强济自立,初为宋武帝镇军参军,预讨桓玄功,封曲江县五等男。累迁新安太守。谢晦为荆州刺史,请为长史、南郡太守,仍为卫长史。登之与晦俱曹氏婿,名位本同,一旦为之佐,意甚不惬。到厅笺唯言"即日恭到",初无感谢之言。每入觐

见，备持箱囊几席之属，一物不具，则不肯坐。尝于晦坐诵《西征赋》云："生有修短之命，位有通塞之遇。"晦虽恨而常优容之。晦拒王师，欲登之留守，登之不许。晦败，登之以无任免官禁锢还家。何承天戏之曰："因祸为福，未必皆知。"登之曰："我亦几与三竖同戮。"承天为晦作表云："当浮舟东下，戮此三竖。"故登之为嘲。后为司徒长史、南东海太守。府公彭城王义康专览政事，不欲自下厝意。而登之性刚，每陈己志，义康不悦。出为吴郡太守，以赃货免官。后拜豫章太守，征为中护军，未拜卒。

子仲远，初为宋明帝府佐。废帝景和中，明帝疑防，宾客故人无到门者，唯仲远朝谒不替。明帝即位，谓曰："卿所谓疾风知劲草。"自军录事参军擢拜太子中庶子，卒于豫章太守。赠侍中。登之弟仲文。

仲文位广平太守。兄登之为谢晦长史，仲文往省之。时晦权重，朝士并加敬，仲文独与抗礼。后为彭城王义康骠骑主簿，未就，徙为丹阳丞。既未到府。疑于府公礼敬，下礼官博议。中书侍郎裴松之议曰："案《春秋》桓公八年，祭公逆王后于纪。《公羊传》曰：'女在国称女，此其称王后何？王者无外，其辞成矣。'推此而言，则仲文为吏之道，定于受敕之日矣。名器既正，则礼亦从之，安可未到废其令乎？宜执吏礼。"从之。

后始兴王浚当镇湘州，以仲文为司马。浚不之任，仍除南梁太守，司马如故。于时领军刘湛协附大将军彭城王义康，而与仆射殷景仁隙。凡朝士游殷氏者，不得入刘氏之门，独仲文游二人间，密尽忠于朝廷。景仁称疾不朝见者历年，文帝常令仲文衔命去来，湛不疑也。义康出藩，湛伏诛，以仲文为尚书吏部郎，与右卫将军沈演之俱参机密。历侍中、吏部尚书，领义阳王师。内外归附，势倾朝野。仲文为人强急不耐烦，宾客诉非理者，忿骂形于辞色。素无术学，不为众望所推。性好洁，士大夫造之者，未出户辄令人拭席洗床。时陈郡殷冲亦好净，小史非净浴新衣，不得近左右，士大夫小不整洁，每容接之。仲文好洁反是，每以此见讥。领选既不缉众论，又颇通货贿，用少府卿刘道锡为广州刺史，道锡至镇，饷白檀牵车，常自乘焉。或以白文帝，帝见问曰："道锡饷卿小车，装饰甚丽，有之乎？"仲文惧起谢。又仲文请急还家，吏部令史钱泰、主客令史周伯齐出仲文宅谘事。泰能弹琵琶，伯齐善歌，仲文因留停宿。尚书制，令史谘事不得宿停外，虽八座命亦不许，为有司所奏。上于仲文素厚，将恕之，召问尚书右仆射何尚之，具陈仲文得失，奏言：

仲文事如丘山，若纵而不纠，复何以为政？晋武不为明主，**断焉令事，遂能奋发，华廙见待不轻**，废锢累年，后起改作城门校尉耳。若言仲文有诚于国，未知的是何事，政当云与殷景仁不失其旧，与刘湛亦复不疏。且景仁当时事事，岂复可蔑，纵有微诚，复何足掩其恶？贾充勋烈，晋之重臣，虽事业不称，不闻有大罪，诸臣进说，便即远出。陛下圣睿，反更迟迟于此。仲文身上之衅，既自过于范晔，所少贼一事耳。伏愿深加三思。试以诸声传，普访诸可顾问者，群下见陛下顾遇既重，恐不敢苦侵伤，顾问之日，宜布嫌责之旨。若不如此，亦当不辩有所得失。

时仲文自理不谙台制，令史并言停外非嫌。帝以小事不足伤大臣，尚之又陈：

令史具向仲文说不得停之意，仲文了不听纳，非为不解，直是苟相留耳。虽是令史出，乃远亏朝典，又不得谓之小事。谢晦望实，非今者之畴，一事错误，免侍中官。王珣时贤少失，桓胤春搜之谬，皆白衣领职，况公犯宪制邪？孔万祀居左局，言"仲文贵要，异他尚书"。又云"不痴不聋，不成姑公"。敢作此言，亦为异也。

文帝犹优游，使尚之更陈其意。尚之备言仲文愆曰：

臣思张辽之言，关羽虽兄弟，曹公父子岂得不言。观今人臣忧国甚寡，臣复结舌，日月之明，或有所蔽。然不知臣者，岂不谓臣有争竞之心，亦追以怅怅。臣与仲文周旋，俱被恩接，不宜复生厚薄。太尉昨与臣言，说仲文有诸不可，非唯一条，远近相崇畏，震动四海。仲文先与德愿殊恶，德愿自持琵琶甚精丽遗之，便复款然。市令盛馥进数百口材助营宅，恐人知，作虚买券。刘道锡骡有所输，倾南奉之半。刘雍自谓得其力助，事之犹父，夏中送甘蔗，若新发于州。国吏运载樵苏，无辍于道。诸见人有物，鲜或不求，闻刘遵考有材便乞材，见好烛盘便复乞之。选用不平，不可一二。太尉又言仲文都无共事之体，凡所选举，悉是其意，政令太尉耳知。论虞秀之作黄门，太尉不正答和，故得停。太尉近与仲文疏，欲用德愿儿作州西曹，仲文乃启用为主簿，即语德愿以谢太尉。前后漏泄卖恩，亦复何极！纵不罪，故宜出之。自从裴、刘刑罚已来，诸将陈力百倍，今日事实，好恶可问，若赫然发愤，显明法宪，陛下便可闲卧紫闼无复一事也。

帝欲出仲文为丹阳，又以问尚之，答言：

仲文蹈罪负恩，陛下于迟迟旧恩，未忍穷法，方复有尹京赫赫之授。恐悉心奉国之人，于此而息；贪狼恣意，岁月滋甚。如臣所闻天下议论，仲文恒尘累月，未见一毫增辉，乃更成形势，是老王雅也。古人言，无赏罚，虽尧舜不能为政。陛下岂可坐损皇家之重，迷一凡人？令贾谊、刘向重生，岂不慷慨流涕于圣朝邪！臣昔启范晔，当时亦惧犯触之尤，苟是愚怀所抱，政自不能不舒达，所谓"虽九死而不悔"也。臣谓仲文且外出，若能修改，在职著称，还亦不难，而得少明国典，粗酬四海之消。今愆衅如山，荣任不损，仲文若复有彰大之罪，谁敢以闻？亦知陛下不能采臣之言，故是臣不能以己之意耳。

又曰：

臣见刘伯龙大慷慨仲文所行，言有人送张幼绪，语人"吾虽得一县，负钱三十万。庾仲远仍当送至新林，见缚束犹未得解手"。荀万秋尝诣仲文，逢一客姓夏侯，主人问："有好牛不？"言无。问："有好马不？"又言无，政有佳驴耳。仲文便答："甚是所欲。"客出门，**遂相闻索之**。刘道锡言是仲文所举，就道锡索嫁女具及祠器，乃当百万数，犹谓不然。选令史章龙向臣说，亦叹其受纳之过。言实得嫁女铜炉，四人举乃胜，细葛斗帐等物不可称数。在尚书中令奴酤酃酒，利其百十，亦是立台阁所无，不审少简圣听不？"帝乃可有司之奏，免仲文官，卒于家。帝录其宿诚，追赠本官。子弘远。

弘远，字士操，清实有士誉。仕齐为江州长史。刺史陈显达举兵败，斩于朱雀航。将刑，索帽著之，曰："子路结缨，吾不可以不冠而死。"谓看者曰："吾非贼，乃是义兵，为诸君请命耳。陈公太轻事，若用吾言，天下将免涂炭。"弘远子子曜，年十四，抱持父乞代命，遂并杀之。仲文从弟徽之，位御史中丞。徽之子瀚，齐邵陵王记室。瀚子仲容。

仲容，字子仲，幼孤，为叔父泳所养。及长，杜绝人事，专精笃学，昼夜手不辍卷。初为安西法曹行参军，泳时贵显，吏部尚书徐勉拟泳子晏婴为官僚。泳泣曰："兄子幼孤，人才粗可，愿以晏婴所忝回用之。"勉许焉。转仲容为太子舍人，迁安成王主簿。时平原刘峻亦为府佐，并以强学为王所礼接。后为永康、钱唐、武康令，并无绩，多被推劾。久之，除安成王中记室。当出随府，皇太子以旧恩降饯，赐诗曰："孙生陟阳道，吴子朝歌县，未若樊林举，置酒临华殿。"时辈荣之。后为尚书左丞，坐推纠不直免官。仲容博学，少有盛名，颇任气使酒，好危言高论，士友以此少之。唯与王籍、谢幾卿情好相得，二人时亦不调，遂相追随，诞纵酣饮，不持检操。遇太清乱，游会稽卒。仲容抄子书三十卷，诸集三十卷，众家地理书二十卷，《列女传》三卷，文集二十卷，并行于代。

顾琛，字弘玮，吴郡吴人，晋司空和之曾孙也。祖履之，父悛，并为司徒左西曹掾。

琛谨确不尚浮华，起家州从事、驸马都尉，累迁尚书库部郎。元嘉七年，文帝遣到彦之经略河南，大败，悉委弃兵甲，武库为之空虚。文帝宴会，有归化人在座，上问琛库中仗犹有几许？琛诡辞答有十万人仗。旧库仗秘，不言多少，上既发问，追悔失言。及琛诡对，上甚善之。尚书寺门有制，八坐以下门生随入者各有差，不得杂以人士。琛以宗人顾硕寄尚书张茂度门名，而与顾硕同席坐。明年坐遣出，免中正。凡尚书官大罪则免，小罪谴出，谴出者百日无代人，听还本职。琛仍为彭城王义康所请，再补司徒录事参军。十五年，出为义兴太守。初，义康请琛入府，欲委以腹心，琛不能承事刘湛，故寻见斥外。十九年，徙东阳太守，欲使琛防守彭城王义康，固辞忤旨，废黜还家积年。

及元凶弑立，分会稽五郡置州，以随王诞为刺史，即以琛为会稽太守。诞起义，加冠军将军。事平，迁吴兴太守。孝建元年，为吴郡太守，以起义功，封永新县五等侯。大明元年，吴县令张闿坐居母丧无礼，下廷尉；钱唐令沈文秀，判劾违谬，应坐被弹。琛宣言于众，"闿被劾之始，屡相申明"。又云"当启文秀留县。"孝武闻之大怒，谓琛卖恶归上，免官。琛母老仍停家。琛及前西阳太守张牧并

事司空竟陵王诞，诞反，遣客陆延稔赍书板琛及子弟官。时孝武以琛素结事诞，或有异志，遣信就吴郡太守王昙生诛琛父子。会延稔先至，琛等即执斩之，遣二子送延稔首启闻。孝武所遣诛琛使，其日亦至而获免。

琛母孔氏时年百余岁，晋安帝隆安初，琅邪王廞于吴中作乱，以女为贞烈将军，悉以女人为官属，以孔氏为司马。及孙恩乱后，东土饥荒，人相食，孔氏散家粮以振邑里，得活者甚众，生子皆以孔为名焉。

琛仍为吴兴太守，明年坐郡人多剪钱及盗铸免官。历位都官尚书。废帝即位，为吴郡太守。初，琛景平中为朝请，假还东，日晚至方山。于时商旅数十船，悉泊岸侧，有一人玄衣介帻，执鞭屏诸船云："顾吴郡部伍寻至，应泊此岸。"于是诸船各东西。俄有一假装至，事力甚寡，仍泊向处，人问："顾吴郡早晚至？"船人答："无顾吴郡。"又问："何船？"曰："顾朝请耳。"莫不惊怪。琛意窃知为善征，因誓之曰："若得郡，当于此立庙。"至是果为吴郡，乃立庙方山，号白马庙云。明帝泰始初，与四方同反。兵败，奉母奔会稽，台军既至，归降，后为员外常侍、中散大夫。卒。

次子宝先，大明中，为尚书水部郎。先是，琛为左丞荀万秋所劾，及宝先为郎，万秋犹在职，自陈不拜。孝武诏曰："敕违纠慢，宪司之职，若有不公，自当更有厘改。而自顷劾无轻重，辄致死绝，此风难长，主者严为其科。"先是宋世江东贵达者，会稽孔季恭、季恭子灵符、吴兴丘深之及琛，吴音不变。深之字思玄，吴兴乌程人，位侍中、都官尚书，卒于太常。

顾觊之，字伟仁，吴郡吴人也。高祖谦，字公让，晋平原内史陆机姊夫。祖崇，大司农。父黄老，司徒左西曹掾。

觊之为谢晦卫军参军，晦爱其雅素，深相知待。历位尚书都官郎。殷、刘隙著，觊之不欲与殷景仁久接，乃辞脚疾免归。每夜常于床上行脚，家人窃异之而莫晓其意。及义康徙废，朝廷多受祸，觊之竟免。后为山阴令。山阴剧邑三万户，前后官长昼夜不得休，事犹不举。觊之御繁以约，县县无事。昼日垂帘，门阶闲寂，自宋世为山阴，务简而事理，莫能尚也。

后为尚书吏部郎。尝于文帝坐论江东人物，言及顾荣，袁淑谓觊之曰："卿南人怯懦，岂办作贼？"觊之正色曰："卿乃复以忠义笑人。"淑有愧色。孝建中，为湘州刺史，以政绩称。大明元年，征为度支尚书，转吏部尚书。时沛郡相县唐赐，往比村彭家饮酒，还，因得病，吐蛊二十余物。赐妻张从赐临终言，死后亲剖腹，五藏悉糜碎。郡县以张忍行剖，赐子副又不禁止。论妻伤夫，五岁刑，子不孝父母子弃市。并非科例。三公郎刘勰议："赐妻痛遵往言，儿识谢及理，考事原心，非在忍害，谓宜哀矜。"觊之议："以妻子而行忍酷，不宜曲通小情，谓副为不孝，张同不道。"诏如觊之议。

后为吴郡太守，幸臣戴法兴权倾人主，而觊之未尝低意。左光禄大夫蔡兴宗与觊之善，嫌其风节过峻。觊之曰：

"辛毗有云,孙、刘不过使吾不为三公耳。"后卒于湘州刺史,谥曰简子。觊之家门雍穆,为州郡所重。子绰,私财甚丰,乡里士庶多负责,觊之禁不能止。及后为吴郡,诱出文券一大厨,悉令焚之。宣语远近,皆不须还。绰懊叹弥日。觊之常执命有定分,非智力所移,唯应恭己守道,信天任运,而暗者不达,妄意徼幸,徒乖雅道,无关得丧。乃以其意,命弟子愿作《定命论》。愿字子恭,父深之,散骑侍郎。愿好学,有才辞,卒于太子舍人。觊之孙宪之。

宪之,字士思,性尤清直。宋元徽中,为建康令。时有盗牛者,与本主争牛,各称己物,二家辞证等,前后令莫能决。宪之至,覆其状,乃令解牛任其所去,牛径还本宅,盗者始伏其罪,时人号曰神明。至于权要请托,长吏贪残,据法直绳,无所阿纵。性又清俭,强力,为政甚得人和,故都下饮酒者,醇旨辄号为"顾建康",谓其清且美焉。

仕齐为衡阳内史。先是,郡境连岁疾疫,死者太半,棺榇尤贵,悉裹以苇席,弃之路傍。宪之下车,分告属县,求其亲党,悉令殡葬。其家人绝灭者,宪之出公禄使纪纲营护之。又土俗,山人有病辄云先亡为祸,皆即开冢剖棺,水洗枯骨,名为除祟。宪之晓喻,为陈生死之别,事不相由,风俗遂改。时刺史王奂初至,唯衡阳独无讼者,乃叹曰:"顾衡阳之化至矣,若九郡率然,吾将何事?"后为东中郎长史,行会稽郡事。山阴令吕文度有宠于齐武帝,于余姚立邸,颇纵横。宪之至郡,即日除之。文度后还葬,郡县争赴吊,宪之不与相闻,文度甚衔之,亦卒不能伤也。

时西陵戍主杜元懿以吴兴岁俭,会稽年登,商旅往来倍岁。西陵牛埭税,官格日三千五百,求加一倍,计年长百万。浦阳、南北津及柳浦四埭,乞为官领摄,一年,格外长四百许万。武帝以示会稽,使陈得失。宪之议曰:

寻始立牛埭,非苟通僦以纳税也,当以风涛迅险,人力不捷,济急以利物耳。既公私是乐,故输直无怨。京师航渡,即其例也。而后之监领,各务己功,或禁遏别道,互生理外,凡如此类,不经埭烦牛者上详。被报蒙停格外十条,从来喧诉,始得暂弭。

案吴兴频岁失稔,今兹尤懂,去乏从丰,良由饥棘。旧格新减,尚未议登,格外加倍,将以何术?皇慈恤隐,振廪蠲调,而元懿幸灾榷利,重增困瘵,人而不仁,古今共疾。且比见加格置市者,前后相属,非唯新加无赢,并皆旧格有阙,愚恐元懿之启,亦当不殊。若事不副言,惧贻谴诘,便百方侵苦,为公贾怨,其所欲举腹心,亦当兽而冠耳。书云:"与其聚敛之臣,宁有盗臣。"言盗公为损盖微,敛人所害乃大也。然掌斯任者应简廉平,则无害于人。愚又以便宜者,盖谓便于公宜于人也。窃见顷之言便宜者,非能于人力之外,用天分地者也,率皆即日不宜于人,方来未便于公,名与实反,有乖政体。凡如此等,诚宜深察。

山阴一县课户二万,其人赀不满三千者,殆将居半,刻又刻之,犹且三分余一。凡有赀者多是士人复除,其贫极者悉皆露户役人,三五属官,盖惟分定,百端输调,又则常然。比众局检校,首尾寻续,横相质累者亦复不少。一人被摄,十人相追;一绪裁萌,千孽互起。蚕事弛而农业废,贱ವ佣而贵举责,应公赡私,日不暇给,欲无为非,其可得乎?死且不惮,矧伊刑罚;身且不爱,何况妻子?是以前检未穷,后巧复滋,网辟徒峻,犹不能梭。窃寻人之多伪,实由宋季军旅繁兴,役赋殷重,不堪勤剧,奇巧所优,积习生常,遂迷忘反。四海之大,庶黎之众,心用参差,难卒澄之。化宜以渐,不可疾责。诚存不扰,藏疾纳污。务详宽简,则稍自归淳。又被简符,前后累千,符旨既严,不敢暗信。县简送郡,郡简呈使,殊形诡状,千变万源。闻者忽不经怀,见者实足伤骇。兼亲属里伍,流离道路,时转穷涸,事方未已,其士人妇女弥难厝衷。不简则疑其巧,欲简复未知所安。愚谓此条宜委县保,举其纲领,略其毛目,乃当有漏,不出贮中,庶婴疾沉痼者,重荷生造之恩也。又永兴、诸暨,离唐宇寇扰,公私残烬,弥复特甚,傥逢水旱,实不易思。俗谚云:"会稽打鼓送恤,吴兴步担令史。"会稽旧称沃壤,今犹若此,吴兴本是埆土,事在可知。因循余弊,诚宜改张。

武帝并义之,由是深以方直见知。迁南中郎巴陵王长史、南兖、南豫二州事。典签谘事,未尝接以颜色,动遵法制。时司徒竟陵王于宣城、临成、定陵三县界立屯,封山泽数百里,禁人樵采。宪之固陈不可,言甚切直。王曰:"非君无以闻此德音。"即命罢屯禁。迁给事黄门,兼尚书吏部郎中。宋时,其祖觊之,尝为吏部,于庭列植嘉树,谓人曰:"吾为宪之植耳。"至是宪之果为此职。永元中为豫章内史,在任清简,务存宽惠。有贞妇万晞者,少孀居无子,事舅姑尤孝,父母欲夺而嫁之,誓死不许。宪之赐以束帛,表其节义。

梁武帝平建邺,为扬州牧,征宪之为别驾从事史,比至而已受禅。宪之风疾渐笃,因求还吴,就加太中大夫。宪之虽累经郡郡,资无儋石,及归环堵,不免饥寒。天监八年,卒于家。临终为制敕其子曰:"夫出生入死,理均昼夜。生既不知所从,死亦安识所往?延陵云:'精气上归于天,骨肉下归于地,魂气则无所不之。'良有以也。虽复茫昧难征,要若非妄。百年之期,迅若驰隙,吾今预为终制,瞑目之后,念并遵行,勿违吾志也。庄周、澹台,达生者也;王孙、士安,矫俗者也。吾进不及达,退无所矫。常谓中都之制,允理惬情,衣周于身,示不违礼,棺周于衣,足以蔽臭。入棺之物,一无所须,载以辒车,覆以粗布,为使人勿恶也。汉明帝天子之尊,犹祭以杆水脯糗;范史云列士之高,亦奠以寒水干饭。况吾卑庸之人,其可不节衷也。丧易宁戚,自是亲亲之情,礼奢宁俭,差可得由吾意。不须常施灵筵,可止设香灯,使致哀者有凭耳。朔望祥忌,可权安小床,暂施几席,唯下素馔,勿用牲牢。蒸尝之祠,贵贱罔替,备物难办,多致疏急。祠先自有旧典,不可有阙,自吾已下,止用蔬食时果,勿同于上世,示令子孙四时不忘其亲耳。孔子云'虽菜羹瓜祭必斋如'者，本贵诚敬，岂求备物哉！"所著诗赋铭赞并《衡阳郡记》数十篇。

论曰：古人云"利令智昏"，甚矣利害之相倾也。刘湛识用才能，实包经国之略，岂知移弟为臣，则君臣之道用；变兄成主，则兄弟之义殊。而执数怀奸，苟ןb崇悦，与夫推长戴而犯顺，何以异哉！昔华元败阳以羊羹而取祸，观夫庾悦亦鹅炙以速尤。干候以怨，斯相类矣。登之因祸而福，倚伏无常，仲文贿而为灾，乃徇财之过也。顾琛吴郡，征兆于初筮；觊之清白之迹，见于暮年。宪之苓政，所在称美，时移三代，一德无亏，求之古人，未为易遇。观其遗命，可谓有始有卒者矣。

卷三十六　　列传第二十六

羊欣　羊玄保 子戎 兄子希　沈演之 子勃
　　兄孙颙　演之从子宪　宪孙浚　江夷 子湛 曾
　　孙敩　玄孙蒨　禄 子纤　纤子总　夷弟子智深
江秉之 孙谥

羊欣，字敬元，泰山南城人也。曾祖忱，晋徐州刺史。祖权，黄门郎。父不疑，桂阳太守。

欣少靖默，无竞于人，美言笑，善容止。泛览经籍，尤长隶书。父不疑为乌程令，欣年十二。时王献之为吴兴太守，甚知爱之。欣尝夏月著新绢裙昼寝，献之入县见之，书裙数幅而去。欣书本工，因此弥善。起家辅国参军，府解还家。隆安中，朝廷渐乱，欣优游私门，不复进仕。会稽王世子元显每使书扇，常不奉命。元显怒，乃以为其后军府舍人。此职本用寒人，欣意貌恬然，不以高卑见色，论者称焉。尝诣领军谢混，混拂席改服然后见之。时混族子灵运在坐，退告族兄瞻曰："望蔡见羊欣，遂改席易衣。"欣由此益知名。桓玄辅政，以欣为平西主簿，参豫机要。欣欲自疏，时漏密事。玄觉其此意，愈更重之，以为楚台殿中郎。谓曰："尚书政事之本，殿中礼乐所出。卿昔处股肱，方此为轻。"欣就职少日，称病自免，屏居里巷十余年。

义熙中，弟徽，被知于武帝，帝谓谘议参军郑鲜之曰："羊徽一时美器，世论犹在兄后。"即板欣补右军刘藩司马。后为新安太守，在郡四年，简惠著称。除临川王义庆辅国长史、庐陵王义真车骑谘议参军，并不就。文帝重以为新安太守。在郡十三年，乐其山水，尝谓子弟曰："人生仕宦至二千石，斯可矣。"及是便怀止足。转义兴太守，非其好也。顷之，称病笃免归。除中散大夫。素好黄、老，常手自书章。有病不服药，饮符水而已。兼善医术，撰《药方》数十卷。欣以不堪拜伏，辞不朝觐，自非寻省近亲，不妄行诣。行必由城外，未尝入六门。武帝、文帝并恨不识之。元嘉十九年卒。弟徽，字敬猷，时誉多欣，位河东太守，卒。

羊玄保，泰山南城人也。祖楷，晋尚书都官郎。父绥，中书侍郎。

玄保初为宋武帝镇军参军，少帝景平中，累迁司徒右长史。府公王弘甚知重之，谓左长史庾登之、吏部尚书王准之曰："卿二贤明美朗诣，会悟多通，然弘懿之望，故当共推羊也。"顷之，入为黄门侍郎。善弈棋，品第三。文帝亦好弈，与赌郡，玄保戏胜，以补宣城太守。先是刘式之为宣城，立吏人亡叛制，一人不禽，符伍里吏送州作部；能禽者赏位二阶。玄保以为非宜，陈之曰："臣伏寻亡叛之由，皆出于穷逼。今立殊制，于事为苦。又寻此制施一邦而已，若其是邪，则应与天下为一，若其非邪，亦不宜独行一郡。"由此制停。历丹阳尹，会稽太守，太常，吴郡太守。文帝以玄保廉素寡欲，故频授名郡。为政虽无殊绩，而去后常必见思。不营财利，产业俭薄。文帝尝曰："人仕宦非唯须才，亦须运命。每有好官缺，我未尝不先忆羊玄保。"元凶弑立，以为吏部尚书，领国子祭酒。及孝武入伐，朝士多南奔，劭集群僚，横刀怒曰："卿等便可去矣。"众并惧莫敢言。玄保容色不异，徐曰："臣其以死奉朝。"劭为解。孝武即位，为金紫光禄大夫，以谨敬见知。大明五年，加散骑常侍、特进。玄保自少至老，谨于祭奠，四时珍新，未得祠荐者，口不妄尝。卒，谥曰定子。

子戎，少有才气，而轻薄少行检，语好为双声。江夏王义恭尝设斋，使戎布床，须臾王出，以床狭，乃自开床。戎曰："官家恨狭，更广八分。"王笑曰："卿岂唯善双声，乃辩士也。"文帝好与玄保棋。尝中使至，玄保曰："今日上何召我邪？"戎曰："金沟清泚，铜池摇飏，既佳光景，当得剧棋。"玄保常嫌其轻脱，云"此儿必亡我家"。位通直郎，坐与王僧达谤时政赐死。死后，孝武帝引见玄保，玄保谢曰："臣无日碎之明，以此上负。"上美其言。戎二弟，文帝并赐名曰咸、曰粲，谓玄保曰："欲令卿二子有林下正始余风。"

玄保既善棋，而何尚之亦雅好其事。吴郡褚胤，年七岁便入高品，及长，冠绝当时。胤父荣期与臧质同逆，胤应从诛。何尚之固请曰："胤弈棋之妙，超古冠今。魏犨犯令，以材获免，父戮子宥，其例甚多。特乞与其微命，使异术不绝。"不许，时人痛惜之。

玄保兄子希，字泰闻，少有才气，为尚书左丞。时扬州刺史西阳王子尚上言："山湖之禁，虽有旧科，人俗相因，替而不奉，熂山封水，保为家利。自顷以来，颓弛日甚，富强者兼岭而占，贫弱者薪苏无托，至渔采之地亦又如兹。斯实害人之深弊，为政所宜去绝。损益旧条，更申恒制。"有司检壬辰诏书："占山护泽，强盗律论。赃一丈以上皆弃市。"希以"壬辰之制，其禁严刻，事既难遵，理与时弛。而占山封水，渐染复滋，更相因仍，便成先业。一朝顿去，易致嗟怨。今更刊革，立制五条：凡是山泽先恒熂爄，养种竹木杂果，为林苈及陂湖江海鱼梁鳅鲰场，恒加功修作者，听不追夺。官品第一第二，听占山三顷；第三第四品二顷五十亩；第五第六品二顷；第七第八品一顷五十亩；第九品及百姓一顷。皆依定格，条上赀簿。若先已占山，不得更占；先占阙少，依限占足。若非前条旧业，一不得禁。有犯者，水土一尺以上，并计赃依常盗律论。停除咸康二年壬辰之科。"从之。时益州刺史刘瑀先为右卫将军，与府司马何季穆共事不平，季穆为尚书令建平王宏所崇待，屡毁瑀于宏。会瑀出为益州，夺士人妻为妾，宏使希举察之，瑀坐免官。瑀恨希切齿，有门生谢元伯往来希间，瑀密令访讯被免之由，希曰："此奏非我意。"瑀即日到宏门奉笺陈谢，云："闻之羊希。"希坐漏泄免官。泰始三年，为宁朔将军、广州刺史。四年，希以沛郡刘思道行晋康太守，领军伐俚。思道违节失利，希遣收之。思道不受命，率所领袭州，希逾城走，思道获而杀之。

希子崇，字伯远，尚书主客郎，丁母忧，哀毁过礼。及闻广州乱，即日便徒跣出新亭，不能步涉，顿伏江渚。门义以小船致之，父葬毕，乃不胜哀而卒。

沈演之，字台真，吴兴武康人也。高祖充，晋车骑将军、吴国内史。曾祖劲，冠军陈祐长史，戍金墉，为燕将慕容恪所陷，不屈见杀，赠东阳太守。祖赤黔，廷尉卿。父叔任，少有干质，朱龄石伐蜀，为龄石建威府司马。平蜀之功，亚于元帅，以功封宁新县男。后拜益州刺史，卒。

演之年十一，尚书仆射刘柳见而知之，曰："此童终为令器。"沈氏家世为将，而演之折节好学，读《老子》百遍，以义理业尚知名，袭父别爵吉阳县五等侯。举秀才，为嘉兴令，有能名。元嘉中，累迁尚书吏部郎。先是刘湛、刘斌等结党，欲排废尚书仆射殷景仁。演之雅仗正义，与景仁素善，尽心朝廷。文帝甚嘉之。及彭城王义康出藩，诛刘湛等，以演之为右卫将军。景仁寻卒，乃以后军长史范晔为左卫将军，与演之对掌禁旅，同参机密。寻加侍中，文帝谓之曰："侍中领卫，望实优显，此盖宰相便坐，卿其勉之。"上欲伐林邑，朝臣多不同；唯广州刺史陆徽与演之赞成上意。及林邑平，赐群臣黄金生口铜器等物，演之所得偏多。上谓曰："庙堂之谋，卿参其力，平此远夷，未足多建茅土，侯廓清旧都，鸣鸾东岱，不忧山河之不开也。"二十一年，诏以演之为中领军。太子詹事范晔怀逆谋，演之觉其有异，言之文帝，晔寻伏诛。历位吏部尚书，领太子右卫率。素有心气，寝病历年。上使卧疾理事。性好举才，申济屈滞，而谦约自持，上赐女伎，不受。暴卒。文帝痛惜，赠金紫光禄大夫，谥曰贞。

子睦，位黄门侍郎，与弟西阳王文学勃忿阋，坐徙始兴郡。勃轻薄好利，位太子右卫率，加给事中，坐赃贿徙梁州。后还，结事阮佃夫、王道隆等，位司徒左长史，为后废帝所诛。演之兄子坦之，仕齐位都官郎。坦之子颛。

颛，字处默，幼清静有至行，慕黄叔度、徐孺子之为人，读书不为章句，著述不尚浮华。常独处一室，人罕见其面。从叔勃贵显，每还吴兴，宾客填咽，颛不至其门。勃就之，颛送迎不越阈。勃叹曰："吾乃今知贵不如贱也。"颛内行甚修，事母执孝友。兄昂，一名颙，亦退素，以家贫仕为始安令。兄弟不能分离，相随之任。齐永明年中，征拜著作郎、太子舍人、通直郎，并不赴。文惠太子尝拟古诗云："磊磊落落玉山崩。"颛闻之曰："此谶言也。"既而太子薨，至秋，武帝崩，郁林、海陵相次黜辱。颛素不事家产，及昂卒，逢季末兵荒，与家人并日而食。或有馈其粱肉者，闭门不受，唯采莼荇根供食，以樵采自资，怡怡然恒不改其乐。梁天监四年，大举北侵，南阳乐藏为武康令，以颛从役到建邺，扬州别驾陆任以书与吴兴太守柳恽，责之不能甄善别贤。恽大惭，即表停之。卒家，所著文章数十篇。

宪，字彦章，演之从祖弟子也。祖说道，巴西、梓潼二郡太守。父璞之，北中郎行参军。宪少有干局，为驾部郎。宋明帝与宪棋，谓曰："卿广州刺史材也。"补乌程令，甚著政绩，太守褚彦回叹美，以为方圆可施。少府管掌烦冗，材干者并更其职，宪以吏能，累迁少府卿。武陵王晔为会稽，以宪为左军司马。齐高帝以山阴户众，欲分为两县。武帝启曰："县岂不可御，但用不得人耳。"乃以宪带山阴令，政声大著。孔珪请假东归，谓人曰："沈令料事特有天才。"后为晋安王后军长史、广陵太守。西阳王子明代为南兖州，宪仍留为冠军长史，太守如故。永明八年，子明典签刘道济赃私百万，为有司所奏，赐死。宪坐不纠，免官。后除散骑常侍，未拜，卒。当时称为良吏。宪同郡丘仲起，先是为晋平郡，清廉自立。褚彦回叹曰："目见可欲，心能不乱，此杨公所以遗子孙也。"仲起，字子震，位至廷尉，卒。

宪孙浚，字叔源，少涉学有才干，仕梁历山阴、吴、建康三县，并有能名。太清二年，累迁御史中丞。时台城为侯景所围，外援并至，景表请和，求解围还江北。诏许之。遣右卫将军柳津对景盟歃。景知城内疾疫，稍无守备，因缓去期。城内知其背盟，复举烽鼓噪。后数日，景复进表请和，简文使浚往景所。景曰："即日向热，非复行时，政欲立效求停，君可见为申闻。"浚曰："大将军此意，意在得城。下风所闻，久已乏食，城内虽困，尚有兵粮。朝廷恐和好乖贰，已密敕外军：若台城倾覆，勿以二宫为念，当以死雪耻。若不能决战，当深壁自守。大将军十万之众，将欲何资？"景横刀于膝，瞋目叱之。浚乃正色责景曰："河南王人臣，而举兵向阙。今朝廷已赦王罪结盟，口血未干，而复翻背。沈浚六十之年，且天子使也，奉命而行，何用见胁。"径去不顾。景叹曰："是真司直也。"然密衔之。又劝张嵊立义，后得杀之。

江夷，字茂远，济阳考城人也。祖霸，晋护军将军。父敳，骠骑谘议参军。

夷少自藻厉，为后进之美。宋武帝板为镇军行参军，豫予桓玄功，封南郡州陵县五等侯。累迁大司马，武帝命大司马府、琅邪国事，一以委焉。武帝受命，历位吏部尚书，吴郡太守。营阳王于吴县见害，夷临哭尽礼。以兄疾去官，后为右仆射。夷美风仪，善举止，历任以和简著称。出为湘州刺史，加散骑常侍，未之职，卒。遗令薄敛，蔬奠务存俭约。子湛。

湛，字徽深，居丧以孝闻。爱文义，善弹棋鼓琴，兼明算术。为彭城王义康司徒主簿、太子中舍人。司空檀道济为子求娶湛妹，不许，义康有命，又不从。时人重其立志。义康之盛，人竞求自昵，唯湛自疏，固求外出，乃以为武陵内史。随王诞为北中郎将、南徐州刺史，以湛为长史、南东海太守，委以政事。

元嘉二十五年，征为侍中，任以机密。迁左卫将军。时改选学职，以太尉江夏王义恭领国子祭酒，湛领博士。转吏部尚书。家甚贫，不营财利，饷馈盈门，一无所受。无兼衣余食，尝为上所召，遇浣衣，称疾经日，衣成然后起。牛饿，御人求草，湛良久曰："可与饮。"在选职颇有刻核之讥，而公平无私，不受请谒，论者以此称焉。

初，上大举北侵，举朝谓为不可，唯湛赞成之。及魏太武至瓜步，以湛兼领军，军事处分，一以委焉。魏遣使求昏，上召太子劭以下集议，众并谓宜许，湛谓许之无益。劭怒谓湛曰："今三王在厄，讵宜苟执异议？"声色甚厉。坐散俱出，劭使班剑及左右推排之，殆于倾倒。劭后宴集，未尝命湛，上乃为劭长子伟之娉湛第三女，欲以和之。上将废劭，使湛具诏草。劭之入弑，湛直上省，闻叫乃匿傍小屋。劭遣求之，舍吏绐云"不在此"。兵即杀舍吏，乃得见湛。湛据窗受害，意色不挠。五子恁、恕、愍、愻、法寿皆见杀。初，湛家数见怪异，未败少日，所眠床忽有数斗血。孝武即位，追赠左光禄大夫、开府仪同三司，谥曰忠简公。恁位著作佐郎。恁子斅。

斅，字叔文，母宋文帝女淮阳长公主。幼以戚属召见，孝武谓谢庄曰："此小儿方当为名器。"少有美誉，尚孝武女临汝公主，拜驸马都尉，为丹阳丞。时袁粲为尹，见斅叹曰："风流不坠，政在江郎。"数与宴赏，留连日夜。迁中书郎。斅庶祖母王氏老疾，斅视膳尝药，七十余日不解衣。及累居内官，每以侍养陈请，朝廷优其朝直。初，湛娶褚秀之女，大义不终。褚彦回为卫军，重斅为人，先通意，引为长史。随府转司空长史，领临淮太守。转齐高帝太尉从事中郎。齐台建，为吏部郎。高帝即位，斅以祖母久疾，启求自解。

初，宋明帝敕斅继其叔愍、为从祖淳后，于是仆射王俭启："礼无后小宗之文，近代缘情，皆由父祖之命，未有既孤之后，出继宗族也。虽复臣子一揆，而义非天属。江忠简胤嗣所寄，唯斅一人，傍无期属，斅宜还本。若不欲江忠绝后，可以斅小儿继愍为孙。"尚书参议，谓"间世立后，礼无其文。荀顗无子立孙，坠礼之始。何琦又立此论，义无所据。"于是斅还本家，诏使自量立后者。

出为豫章内史，还除太子中庶子，未拜，门客通赃利，武帝遣使检覆，斅藏此客而躬自引咎。上甚有怪色，王俭从容启上曰："江斅若能临郡，此便是具美耳。"上意乃释。永明中，为竟陵王司马。斅好文辞，围棋第五品，为朝贵中最。迁侍中，历五兵尚书、东海、吴二郡太守，复为侍中，转都官尚书，领骁骑将军。王晏启武帝曰："江斅今重登礼阁，兼掌六军，慈渥所覃，实有优忝；但语其事任，殆同闲辈。天旨既欲升其名位，愚谓以侍中领骁骑，望实清显，有殊纳言。"上曰："斅常启吾，为其鼻中恶。今既以何胤、王莹还门下，故有此回换耳。"先是中书舍人纪僧真幸于武帝，稍历军校，容表有士风。谓帝曰："臣小

人，出自本县武吏，邀逢圣时，阶荣至此。为儿昏，得荀昭光女，即时无复所须，唯就陛下乞作士大夫。"帝曰："由江斅、谢瀹，我不得措此意，可自诣之。"僧真承旨诣斅，登榻坐定，斅便命左右曰："移吾床让客。"僧真丧气而退，告武帝曰："士大夫故非天子所命。"时人重斅风格，不为权幸降意。

隆昌元年，为侍中，领国子祭酒。郁林废，朝臣皆被召入宫。斅至云龙门，方知废立，托散动，醉吐车中而去。明帝即位，改领秘书监，又改领晋安王师。卒，遗令不受赙赠。诏赙钱三万，布百匹。子蒨启遵斅命不受，诏嘉美之，从其所请。赠散骑常侍、太常卿，谥曰敬子。子蒨。

蒨字彦标，幼聪警，读书过口便诵。选为国子生，举高第。起家秘书郎，累迁庐陵王主簿。居父忧以孝闻，庐于墓侧，明帝敕遣斋仗二十人防之墓所。服阕，累迁建安内史。梁武帝起兵，遣宁朔将军刘伐之为郡，蒨拒之。及建邺平，蒨坐禁锢，俄被原。历太尉临川王长史、尚书吏部郎，领右军。

方雅有风格，仆射徐勉权重，唯蒨及王规与抗礼，不为之屈。勉因蒨门客翟景，为子崧求昏于蒨女，不答。景再言之，乃杖景四十，由此与勉忤。勉又为子求蒨弟葺及王泰女，二人并拒之。葺为吏部郎，坐杖曹中干免官，泰以疾假出宅，乃迁散骑常侍，皆勉意也。初，天监六年，诏以侍中常侍并侍帷幄，分门下二局入集书，其官品视侍中，而非华胄所悦，故勉尽为泰之。蒨寻迁司徒左长史。初王泰出阁，武帝谓勉云："江蒨资历，应居选部。"勉曰："蒨有眼患，又不悉人物。"乃止。迁光禄大夫。卒，谥肃。蒨好学，尤悉朝仪故事，撰《江左遗典》三十卷，未就，卒。文集十五卷。

蒨弟昙，字彦德，少学涉有器度，位侍中、太子詹事，承圣初卒。昙弟禄。

禄，字彦遐，幼笃学有文章，工书善琴。形貌短小，神明俊发。位太子洗马、湘东王录事参军，以气陵府王，王深憾焉。庐陵威王续代为荆州，留为骠骑谘议参军。献书告别，王答书乃致恨。禄先为武宁郡，颇有资产，积钱于壁，壁为之倒迸，铜物皆鸣。人戏之曰："所谓'铜山西倾，洛钟东应'者也。"湘东王恨之既深，以其名禄，改字曰荣财，以志其忿。后为作唐侯相，卒。撰《列仙传》十卷行于世，及《井洁皋木人赋》、《败船咏》，并以自喻。

子徽亦有文采，而清狂不慧，常以父为戏。蒨子纡。

纡，字含洁，幼有孝性，年十三，父蒨患眼，纡侍疾将期月，衣不解带。夜梦一僧云："患眼者饮慧眼水必差。"及觉说之，莫能解者。纡第三叔禄与草堂寺智者法师善，往访之。智者曰："《无量寿经》云，慧眼见真，能度彼岸。"蒨乃因智者启，舍同夏县界牛屯里舍为寺，乞赐嘉名，敕答云："纯臣孝子往往感应，晋时颜含遂见冥中送药，又近见智者，以卿第二息梦云'饮慧眼水'。慧眼则五眼之一号，可以慧眼为名。"及就创造，泄故井，井水清洌，异于恒泉。依梦取水洗眼及煮药，稍觉有瘳，因此遂差。时人谓之孝感。南康王为徐州，召为迎主簿。纡性沉静，好庄、老玄言，尤善佛义，不乐进仕。及父卒，纡

庐于墓，终日号恸不绝声，月余乃卒。子总。

总，字总持，七岁而孤，依于外氏。幼聪敏有至性。元舅吴平侯萧励，名重当世，特所钟爱，谓曰："尔神采英拔，后之知名，当出吾右。"及长，笃学有文辞。仕梁为尚书殿中郎。武帝撰《正言》始毕，制《述怀诗》，总预同此作。帝览总诗，深见嗟赏。转侍郎。尚书仆射范阳张缵、度支尚书琅邪王筠、都官尚书南阳刘之遴并高才硕学，总时年少有名，缵等雅相推重，为忘年友会。之遴尝酬总诗，深相钦挹。累迁太子中舍人。侯景寇建邺，诏以总权兼太常卿，守小庙。台城陷，避难会稽郡，憩于龙华寺，乃制《修心赋》。总第九舅萧勃先据广州，又自会稽往依焉。及元帝平侯景，征为始兴内史。会魏克江陵，不行，自此流寓岭南积岁。陈天嘉四年，以中书侍郎征还。累迁左户尚书，转太子詹事。总性宽和温裕，尤工五言七言，溺于浮靡。及为宫端，与太子为长夜之饮，养良娣陈氏为女，太子亟微行游总家，宣帝怒免之。后又历侍中、左户尚书。后主即位，历吏部尚书仆射，尚书令，加扶。既当权任宰，不持政务，但日与后主游宴内庭，多为艳诗。好事者相传讽玩，于今不绝。唯与陈暄、孔范、王瑳等十余人，当时谓之狎客。由是国政日颓，纲纪不立，有言之者，辄以罪斥之，君臣昏乱，以至于灭。祯明三年，陈亡入隋，拜上开府。开皇十四年，卒于江都，年七十六。其为《自序》云："太建之时，权移群小，谄嫉作威，屡被摧黜，奈何命也。"识者讥其言迹之乖。有文集三十卷。长子溢，颇有文辞，性傲诞骄物，虽近属故友，不免诋欺。历中书黄门侍郎，太子中庶子。入隋，为秦王文学，卒。

江智深，夷之弟子也。父僧安，宋太子中庶子。夷有盛名，夷子湛又有清誉，父子并贵达。智深父少无名问，湛礼敬甚简，智深常以为恨，自非节岁不入湛门。及为随王诞后军参军，在襄阳，诞待之甚厚。时谘议参军谢庄、主簿沈怀文与智深友善，怀文每称曰："人所应有尽有、所应无尽无者，其江智深乎？"元嘉末，除尚书库部郎。时高流官序，不为台郎，智深门孤援寡，独有此选，意甚不悦，固辞不拜。后为竟陵王诞司空主簿、记室参军，领南濮阳太守，迁从事中郎。诞将为逆，智深悟其机，请假先反。诞事发，即除中书侍郎。智深爱好文雅，辞采清赡，孝武深相知待，恩礼冠朝。上宴私甚数，多命群臣五三人游集，智深常为其首。同侣未及前，辄独蒙引进，每以越众为惭，未尝有喜色。每从游幸，与君僚相随，见传诏驰来，知当呼己，耸动愧恧，形于容貌，论者以此多之。迁骁骑将军、尚书吏部郎。上每酣宴，辄诋群臣，并使自相嘲讦，以为欢笑。智深素方退，渐不会旨。上尝使以王僧朗戏其子景文，智深正色曰："恐不宜有此戏。"上怒曰："江僧安痴人，痴人自相惜。"智深伏席流涕，由此恩宠大衰。出为新安王子鸾北中郎长史、南东海太守，行南徐州事。初，上宠姬宣贵妃殷氏卒，使群臣议谥，智深上议曰："怀。"上以不尽嘉号，甚衔之。后车驾幸南山，乘马至殷氏墓，群臣皆骑从，上以马鞭指墓石柱谓智深曰"此柱上不容有'怀'字"。智深益惶惧，以忧卒。

子筠，太子洗马，早卒。后废帝皇后，筠之女也。废帝即位，以后父追赠金紫光禄大夫，筠妻王平望乡君。智深兄子概，早孤，智深养之如子。概历黄门吏部郎，侍中，武陵王赞北中郎长史。

江秉之，字玄叔，济阳考城人也。祖逌，晋太常。父纂，给事中。秉之少孤，弟妹七人并幼，抚育姻娶，尽其心力。宋少帝时，为永世、乌程令，以善政著名东土。征为建康令，为政严察，部下肃然。后为山阴令，人户三万，政事繁扰，讼诉殷积，阶庭常数百人。秉之御繁以简，常得无事。宋世唯顾觊之亦以省务著绩，其余虽复刑政修理，而未能简事。以在县有能，出补新安太守。元嘉十二年，转在临海，并以简约见称，卒于官。所得秩悉散之亲故，妻子常饥寒。人有劝其营田，秉之正色答曰："食禄之家，岂可与农人竞利？"在郡作书案一枚，去官留以付库。秉之宗人邃之，字玄远，颇有文义，撰《文释》传于世，位司徒记室参军。秉之徽，尚书都官郎，吴令。元凶杀徐湛之，徽以党与见诛。子谧。

谧，字令和，父徽遇祸，谧系尚方。宋孝武平建业，乃得出。为于湖令，强济称职。宋明帝在兖州，谧倾身奉事，为帝所待。即位，以为骠骑参军。弟蒙，貌丑，帝常召见狎侮之。谧再迁右丞，兼比部郎。泰始四年，江夏王义恭第十五女卒，年十九，未笄，礼官议从成人服，诸王服大功。左丞孙复重奏："《礼记》'女子十五而笄'，郑玄云：'应年许嫁者也。其未许嫁者，则二十而笄'。'射慈云：'十九犹为殇。'礼官违越经典，于理无据。"太常以下结免赎论，谧坐杖督五十，夺劳百日。谧又奏：复先不研辩，混同谬议，准以事例，亦宜及咎。复又结免赎论，诏可。

出为建平王景素冠军长史、长沙内史，行湘州事。政教苛刻，僧遵道又与谧情款，随谧莅郡，犯小事，饿系郡狱。僧遵道裂三衣食之尽而死，为有司奏，征还。明帝崩。遇赦免。齐高帝领南兖州，谧为镇军长史、广陵太守。入为游击将军。性流俗，善趋时利。元徽末，朝野咸属意建平王景素，谧深自委结。景素事败，仅得免祸。苍梧王废后，物情尚怀疑贰，谧独竭诚归事齐高帝。升明元年，为黄门侍郎，领尚书左丞。沈攸之事起，议加高帝黄钺，谧所建也。事宁，迁吏部郎。齐建元元年，位侍中。既而骠骑豫章王嶷领湘州，以谧为长史，封永新县伯。三年，为左户尚书。诸皇子出阁，用文武主帅，悉以委谧。寻敕选曰："江谧寒士，诚当不得竞等华侪，然甚有才干，可迁掌吏部。"谧才长刀笔，所在干职。高帝崩，谧称疾不入，众颇疑其怨不预顾命。武帝即位，谧又不迁官，以此怨望。时武帝不豫，谧诣豫章王嶷，请间曰："至尊非起疾，东宫又非才，公今欲何计？"武帝知之，出谧为镇北长史、南东海太守。未发，忧甚，乃以弈棋占卦云："有客南来，金碗玉杯。"上使御史中丞沈冲奏谧前后罪恶，请收送廷尉。诏赐死，果以金罂盛药鸩之。子介，建武中为吴令，政亦深苛。人间榜死人髑髅为谧首，介弃官而去。

论曰：敬元夷简归誉，玄保弘懿见推，其取重于世，岂虚名也！然玄保时隆帝念，虽命禀于玄天，迹其恩宠，盖亦犹贤之助。沈氏世传武节，而演之以业尚见知，绸缪帷幄，遂参机务。处默保闲笃素，叔源节见临危，懿德高风，所谓世有人矣。茂远自晋及陈，雅道相系，奕世载德，斯之谓焉。而总溺于宠狎，反以文雅为败，然则士之成名，所贵彬彬而已。玄叔清介著美，足以追踪古烈。令和窥觎成性，终取踬于险涂，宜矣。

卷三十七　　列传第二十七

沈庆之 孙昭略　子文季　弟子文秀
从父兄子攸之　攸之从孙僧昭　宗悫
从子夬

沈庆之，字弘先，吴兴武康人也。少有志力，晋末孙恩作乱，使其众寇武康，庆之未冠，随乡族击之，屡捷，由是以勇闻。荒扰之后，乡邑流散，庆之躬耕垄亩，勤苦自立，年四十未知名。兄敞之为赵伦之征虏参军，监南阳郡，击蛮有功，遂即真。庆之往襄阳省兄，伦之见而赏之，命子竟陵太守伯符板为宁远中兵参军。竟陵蛮屡为寇，庆之为设规略，每击破之，伯符由此致将帅之称。

永初二年，庆之除殿中员外将军，又随伯符隶到彦之北侵。伯符病归，仍隶檀道济。道济白文帝，称庆之忠谨晓兵，上使领队防东掖门，稍得引接，出入禁省。领军刘湛知，欲相引接，谓曰："卿在省年月久远，比当相论。"庆之正色曰："下官在省十年，自应得转，不复以此仰累。"寻转正员将军。及湛被收之夕，上开门召庆之，庆之戎服履靺缚裤入，上见而惊曰："卿何意乃尔急装？"庆之曰："夜半唤队主，不容缓服。"遣收吴郡太守刘斌杀之。元嘉十九年，雍州刺史刘道产卒，群蛮大动，征西司马朱修之讨蛮失利，以庆之为建威将军，率众助修之。修之失律下狱，庆之专军进讨，大破缘沔诸蛮。

后为孝武抚军中兵参军。孝武以本号为雍州，随府西上，征蛮寇屡有功。还都，复为广陵王诞北中郎中兵参军，加建威将军、南济阴太守。雍州蛮又为寇，庆之以将军、太守复与随王诞入沔。及至襄阳，率后军中兵参军柳元景、随郡太守宗悫等伐沔北诸山蛮，大破之。威震诸山，群蛮皆稽颡。庆之患头风，好著狐皮帽，群蛮恶之，号曰苍头公。每见庆之军，辄畏惧曰："苍头公已复来矣。"庆之引军出，前后破降甚众，又讨犬羊诸山蛮，缘险筑重城，施门橹甚峻。庆之连营山下，营中开门相通。又令诸军各穿池于营内，朝夕不外汲。兼以防蛮之火，顷之风甚，蛮夜下山，人提一炬烧营。火至，辄以池水灌灭之。蛮被围守日久，并饥乏，自后稍出归降。庆之前后所获蛮，并移都下，以为营户。

二十七年，迁太子步兵校尉。其年，文帝将北侵，庆之谏曰："道济再行无功，彦之失利而反，今料王玄谟等未逾两将，恐重辱王师。"上曰："王师再屈，别有所由。

道济养寇自资，彦之中涂疾动。虏所恃唯马，夏水浩大，泛舟济河，碻磝必走，滑台小戍，易可覆拔。克此二戍，馆谷吊人，虎牢洛阳，自然不固。"庆之固陈不可，时丹阳尹徐湛之、吏部尚书江湛并在坐，上使湛之等难庆之。庆之曰："为国譬如家，耕当问奴，织当访婢。陛下今欲伐国，而与白面书生辈谋之，事何由济？"上大笑。及军行，庆之副玄谟。玄谟进围滑台，庆之与萧斌留守碻磝，仍领斌辅国司马。玄谟攻滑台，积旬不拔，魏太武大军南向，斌遣庆之将五千人救玄谟。庆之曰："少军轻往，必无益也。"会玄谟退还，斌将斩之，庆之谏乃止。萧斌以前驱败绩，欲死固碻磝，庆之以为不可。会制使至，不许退，诸将并宜留。斌复问计于庆之，庆之曰："阃外之事，将所得专，制从远来，事势已异。节下有一范增而不能用，空议何施？"斌及坐者并笑曰："沈公乃更学问。"庆之厉声曰："众人虽见古今，不如下官耳学也。"玄谟自以退败，求戍碻磝。斌乃还历城。申坦、垣护之共据清口，庆之奔驿驰归。

二十九年，师复行，庆之固谏不从。以立议不同，不使北出。是时亡命司马黑石、庐江叛吏夏侯方进，在西阳五水讙动群蛮，自淮汝间至江沔，咸离其患，乃遣庆之督诸将讨之，制江、豫、荆、雍并遣军受庆之节度。三十年，孝武出次五洲，总统群帅。庆之从巴水出至五洲谘受军略。会孝武典签董元嗣自建邺还，陈元凶弑逆，孝武遣庆之引诸军。庆之谓腹心曰："萧斌妇人不足数，其余将帅并易与耳。今辅顺讨逆，不忧不济也。"时元凶密与庆之书，令杀孝武。庆之入求见，孝武称疾不敢见。庆之突前，以元凶手书呈简，孝武泣求入内与母辞。庆之曰："下官受先帝厚恩，常愿报德，今日之事，唯力是视，殿下是何疑之深？"帝起再拜曰："家国安危，在于将军。"庆之即勒内外处分。府主簿颜竣闻庆之至，驰入见帝曰："今四方尚未知义之举，而劲据有天府，首尾不相应赴，此危道也。宜待诸镇唇齿，然后举事。"庆之厉声曰："今方兴大事，而黄头小儿皆参预，此祸至矣，宜斩以徇众。"帝曰："竣何不拜谢。"竣起再拜。庆之曰："君但当知笔札之事。"于是处分，旬日内外整办，时皆谓神వa。百姓欣悦。众军既集，假庆之为武昌内史，领府司马。孝武至寻阳，庆之及柳元景等并劝即大位，不许。贼劭遣庆之门生钱无忌，赍书说庆之解甲，庆之执无忌白之。孝武践阼，以庆之为领军将军，寻出为南兖州刺史，加都督，镇盱眙，封南昌县公。

孝建元年，鲁爽反，遣庆之与薛安都等往讨之。安都临阵斩爽，进庆之号镇北大将军。寻与柳元景俱开府仪同三司，固辞，改封始兴郡公。庆之以年满七十，固请辞事，以为侍中、左光禄大夫、开府仪同三司。固让，乃至稽颡自陈，言辄泣涕。上不能夺，听以郡公罢就第，月给钱十万，米百斛，二卫吏五十人。大明三年，司空竟陵王诞据广陵反，复以庆之为车骑大将军、开府仪同三司，固让南兖州刺史，加都督，率众讨之。诞遣客沈道愍赍书说庆之，饷以玉环刀。庆之遣道愍反，数以罪恶。庆之至城下，诞登楼谓曰："沈公，君白首之年，何为来此？"庆之曰：

"朝廷以君狂愚，不足劳少壮，故使仆来耳。"庆之塞堑，造攻道，立行楼土山并诸攻具。时夏雨不得攻城，上使御史中丞庾徽之奏免庆之官以激之，制无所问。诞饷庆之食，提挈者百余人，庆之不开，悉焚之。诞于城上投函表，令庆之为送。庆之曰："我奉制讨贼，不得为汝送表。"每攻城，庆之辄身先士卒。上戒之曰："卿为统任，当令处分有方，何须身受矢石邪？"自四月至七月，乃屠城斩诞。进庆之司空，又固让爵。于是与柳元景并依晋密陵侯郑袤故事，朝会庆之位次司空，元景在从公之上，给恤吏五十人，门施行马。初，庆之尝梦引卤簿入厕中，庆之甚恶入厕之鄙。时有善占梦者为解之曰："君必大富贵，然未在旦夕。"问其故，答云"卤簿固是富贵，容厕中所谓后帝也。知君富贵不在今主。"及中兴之功，自五校至是而登三事。四年，西阳五水蛮复为寇，庆之以郡公统诸军讨平之。

　　庆之居清明门外，有宅四所，室宇甚丽。又有园舍在娄湖，庆之一夜携子孙徙居之，以宅还官，悉移亲戚中表于娄湖，列门同阆焉。广开田园之业，每指地语人曰："钱尽在此。"中兴身享大国，家素富厚，产业累万金，奴僮千计。再献钱千万，谷万斛，以始兴封优近，求改封南海郡，不许。妓妾十数人，并美容工艺。庆之优游无事，尽意欢愉，自非朝贺不出门。每从游幸及校猎，据鞍凌厉，不异少壮。太子妃上孝武金镂七筋及杆杓，上以赐庆之曰："觞酌之赐，宜以大夫为先也。"上尝欢饮，普令群臣赋诗，庆之粗有口辩，手不知书，每将署事，辄恨眼不识字。上逼令作诗，庆之曰："臣不知书，请口授师伯。"上即令颜师伯执笔。庆之口授之曰："微生遇多幸，得逢时运昌。朽老筋力尽，徒步还南冈。辞荣此圣世，何愧张子房。"上甚悦，众坐并称其辞意之美。孝武晏驾，庆之与柳元景等并受顾命。遗制"若有大军旅及征讨，悉委庆之"。前废帝即位，加庆之几杖，给三望车一乘。庆之每朝贺，常乘猪鼻无帩车，左右从者不过三五骑。履行园田，每农桑剧月，无人从行，遇之者不知三公也。及加三望车，谓人曰："我每游履田园，有人时与马成三，无人则与马成二。今乘此车，安所之乎？"及赐几杖，并固让。柳元景、颜师伯尝诣庆之，会其游田，元景等鸣笳列卒满道，庆之独与左右一人在田，见之悄然改容曰："夫贫贱不可居，富贵亦难守。吾与诸公并出贫贱，因时际会，荣贵至此，唯当共思损抑之事。老子八十之年，目见成败已多，诸君炫此车服，欲何为乎！"于是插杖而耘，不为之顾。元景等撤侍塞裳从之，庆之乃与相对为欢。庆之既通贵，乡里老旧素轻庆之者，后见皆膝行而前。庆之叹曰："故人昔时沈公。"视诸沈为劫首者数十人，士民悉恐之。庆之诡为置酒大会，一时杀之，于是合境肃清，人皆喜悦。

　　废帝狂悖无道，众劝之废立，及柳元景等连谋，以告庆之，庆之与江夏王义恭不厚，发其事。帝诛义恭、元景等，以庆之为侍中、太尉。及义阳王昶反，庆之从帝度江，总统众军。帝凶暴日甚，庆之犹尽言谏争，帝意稍不悦。及诛何迈，虑庆之不同，量其必至，乃开青溪诸桥以绝之。庆之果往，不得度而还。帝又忌之，乃遣其从子攸之赍药

赐死，时年八十。是岁旦，庆之梦有人以两疋绢与之，谓曰："此绢足度。"瘖而谓人曰："老子今年不免矣。两疋，八十尺也，足度，无盈余矣。"及死，赠赙甚厚，追赠侍中、太尉如故，给鸾辂辒辌车，前后羽葆、鼓吹，谥曰忠武公。未及葬，帝败。明帝即位，追赠侍中、司空，谥曰襄公。泰始七年，改封苍梧郡公。庆之群从姻戚，由庆之在列位者数十人。

　　长子文叔，位侍中，庆之之死也，不肯饮药，攸之以被掩杀之，文叔密取药藏录。或劝文叔逃避，文叔见帝断截江夏王义恭支体，虑奔亡之日，帝怒，容致义恭之变，乃饮药自杀。文叔子昭明，位秘书郎，闻父死，曰："何忍独生？"亦自缢死。元徽元年，还复先封，时改始兴为广兴。昭明子昙亮，袭广兴郡公，齐受禅，国除。昭明弟昭略。

　　昭略，字茂隆，性狂俊，不事公卿，使酒仗气，无所推下。尝醉，晚已负杖携家宾子弟至娄湖苑，逢王景文子约，张目视之曰："汝是王约邪？何乃肥而痴。"约曰："汝沈昭略邪？何乃瘦而狂。"昭略抚掌大笑曰："瘦已胜肥，狂已胜痴，奈何王约，奈汝痴何！"升明末，为相国西曹掾。齐高帝赏之，及即位，谓王俭曰："南士中有沈昭略，何职处之？"俭以拟前军将军，上不欲违，乃可其奏。寻为中书郎，累迁侍中。王晏尝戏昭略曰："贤叔可谓吴兴仆射。"昭略曰："家叔晚登仆射，犹贤于尊君以卿为初荫。"永元中，与叔父文季俱被召入华林省，茹法珍等进药酒，昭略怒骂徐孝嗣曰："废昏立明，古今令典，宰相无才，致有今日。"以瓯投其面，曰："使为破面鬼。"死时言笑自若，了无惧色。徐孝嗣谓曰："见卿使人想夏侯泰初。"答曰："明府犹忆夏侯，便是方寸不能都豁。下官见龙逢、比干，欣然相对，霍光脱问明府今日之事，何辞答之邪？"昭略弟昭光，闻收兵至，家人劝逃去，昭光不忍舍母，入执母手悲泣，遂见杀。时昭明子昙亮已得逃去，闻昭光死，乃曰："家门屠灭，独用生何为！"又绝吭而死。时人叹其累世孝义。中兴元年，赠昭略太常，昭光廷尉。

　　文季，字仲达，文叔弟也。以宽雅正直见知，尤善塞及弹棋，在宋封山阳县五等伯，位中书郎。父庆之遇害，诸子见收，文叔谓之曰："我能死，尔能报。"遂自杀。文季挥刀驰马去，收者不敢追，遂免。明帝立，为黄门郎，领长水校尉。明帝宴会朝臣，以南台御史贺咸为柱下史，纠不醉者，文季不肯饮，被驱下殿。晋平王休祐为南徐州，帝就褚彦回求干事人为上佐，彦回举文季，转骠骑长史、南东海太守。休祐被杀，虽用毁礼，僚佐多不敢至，文季独往墓展哀。元徽初，自秘书监出为吴兴太守。文季饮酒至五斗，妻王氏饮亦至三斗，尝于饮竟日，而视事不废。升明元年，沈攸之反，齐高帝加文季冠军将军、督吴兴钱唐军事。初，庆之死也，攸之求行，至是文季收攸之弟新安太守登之，诛其宗族，以复旧怨，亲党不吹火焉。君子以文季能报先耻。齐国建，为侍中，领秘书监。建元元年，转太子右卫率，侍中如故。改封西丰县侯。

　　文季风采棱岸，善于进止，司徒褚彦回当时贵望，颇以门户裁之。文季不为之屈。武帝在东宫，于玄圃宴朝

臣，文季数举酒劝彦回。彦回甚不平，启武帝曰："沈文季谓彦回经为其郡，依然犹有故情。"文季曰："惟桑与梓，必恭敬止。岂如明府亡国失土，不识枌榆。"遂言及魏军动事。彦回曰："陈显达、沈文季当今将略，足委以边事。"文季讳称将门，因是发怒，启武帝曰："褚彦回遂品藻人流，臣未知其身死之日，何面目见宋明帝？"武帝笑曰："沈率醉也。"中丞刘休举其事，见原。后豫章王北宅后堂集会，文季与彦回并善琵琶，酒阑，彦回取乐器为《明君曲》。文季便下席大唱曰："沈文季不能作伎儿。"豫章王嶷又解之曰："此故当不损仲容之德。"彦回颜色无异，终曲而止。永明中，累迁领军将军。文季虽不学，发言必有辞采。武帝谓文季曰："南士无仆射，多历年所。"文季对曰："南风不竞，非复一日。"当世善其对。明帝辅政，欲以文季为江州，遣左右单景俊宣旨。文季陈让，称老不愿外出，因问右执法有人未，景俊还具言之。延兴元年，以为尚书右仆射。明帝即位，加领太子詹事，尚书令王晏尝戏文季为吴兴仆射。文季答曰："琅邪执法，似不出卿门。"

建武二年，魏军南伐，明帝以为忧，制文季镇寿春。文季入，城门严加备守。魏军寻退，百姓无所损。永元元年，转侍中、左仆射。始安王遥光反，其夜遣于宅掩取文季，欲以为都督，而文季已还台。明日，与尚书令徐孝嗣共坐南掖门上。时东昏已行杀戮，孝嗣深怀忧虑，欲与文季论时事，文季辄引以他辞，终不得及。事宁，加镇军将军，置府史。文季以时方昏乱，托老疾不豫朝机。兄子昭略谓文季曰："阿父年六十为员外仆射，欲求免乎？"文季笑而不答，未几见害。先被召，便知败，举动如常。登车顾曰："此行恐往而不返。"于华林省死，年五十八，朝野冤之。中兴元年，赠司空，谥曰忠宪公。

文秀，字仲远，庆之弟子也。父邵之，南中郎行参军。文秀宋前废帝时，累迁青州刺史，将之镇，部曲出次白下。文秀说庆之以帝狂悖，祸在难测，欲因此众力图之。庆之不从。及行，庆之果见杀。又遣直阁江方兴领兵诛文秀，未至，而明帝已定乱。时晋安王子勋据寻阳，文秀与徐州刺史薛安都并同子勋反。寻阳平定，明帝遣其弟召之，便归命请罪。即安本任。四年，封新城县侯。先是冀州刺史崔道固亦据历城同反，文秀遣信引魏，魏遣慕容白曜援之。及至，而文秀已受朝命。文秀善于抚御，被魏围三载无叛者。五年，为魏所克，终于北。

攸之，字仲达，庆之从父兄子也。父叔仁，为宋衡阳王义季征西长史，兼行参军领队。攸之少孤贫，元嘉二十七年，魏军南攻，朝廷发三吴之众，攸之亦行。及至建邺，诣领军将军刘遵考求补白丁队主。遵考以为形陋不堪，攸之叹曰："昔孟尝君身长六尺为齐相，今求士取肥大者哉！"因随庆之征讨。二十九年，征西阳蛮，始补队主。巴口建义，授南中郎府板长兼行参军。新亭之战，身被重创，事宁，为太尉行参军，封平洛县五等侯。随府转大司马行参军。

晋时，都下二岸扬州旧置都部从事，分掌二县非违，永初以后罢省。孝建三年，复置其职，攸之掌北岸，会稽孔璪掌南岸，后又罢。攸之迁员外散骑侍郎，又随庆之征广陵屡有功，被箭破骨。孝武以其善战，配以仇池步稍。事平当加厚赏，为庆之所抑。迁太子旅贲中郎，攸之甚恨之。前废帝景和元年，除豫章王子尚车骑中兵参军、直阁，与宗越、谭金等并为废帝所宠。诛戮群公，攸之等皆为之用命，封东兴县侯。明帝即位，以例削封。寻告宗越、谭金等谋反，复召直阁。会四方反叛，南贼已次近道，以攸之为宁朔将军、寻阳太守，率军据虎槛。时王玄谟为大统未发，前锋有五军在虎槛，五军后又骆驿继至，每夜各立姓号，不相禀受。攸之谓军吏曰："今众军同举，而姓号不同，若有耕夫渔父夜相呵叱，便致骇乱，此败道也。请就一军取号。"众咸从之。殷孝祖为前锋都督，大失人情，攸之内抚将士，外谐群帅，众并安之。时殷孝祖中流矢死，军主范潜率五百人投贼，人情震骇，并谓攸之宜代孝祖为统。时建安王休仁屯虎槛，总统众军，闻孝祖死，遣宁朔将军江方兴、龙骧将军刘灵遗各率三千人赴赭圻。攸之以为孝祖既死，贼有乘胜之心，明日若不更攻，则示之以弱。方兴名位相亚，必不为己下，军政不一，致败之由，乃率诸军主诣方兴推重，并慰勉之，方兴甚悦。攸之既出，诸军主并尤之。攸之曰："卿忘廉蔺、寇贾事邪？吾本以济国活家，岂计此之升降？"明旦进战，自寅讫午，大破贼于赭圻。寻进号辅国将军，代孝祖督前锋诸军事。薛常保等在赭圻食尽，南贼大帅刘胡屯浓湖，以囊盛米系流查及船腹，阳覆船，顺风流下，以饷赭圻。攸之疑其有异，遣人取船及流查，大得囊米，寻克赭圻。迁宁蛮校尉、雍州刺史，加都督。袁𫖮复率大众来入鹊尾，相持既久，军主张兴世越鹊尾上据钱溪，刘胡自攻。攸之率诸将攻浓湖。钱溪信至大破贼，攸之悉以钱溪所送胡军耳鼻示之。𫖮骇惧，急追胡还。攸之诸军悉力进攻，多所斩获，胡于是弃众而奔，𫖮亦奔走。赭圻、浓湖之平也，贼军委弃资财，珍货山积，诸军各竞收敛，唯攸之、张兴世约勒所部，不犯毫芥，诸将以此多之。攸之进平寻阳，迁中领军，封贞阳县公。时刘遵考为光禄大夫，攸之在御坐谓遵考曰："形陋之人今何如？"帝问之，攸之依实对，帝大笑。

累迁郢州刺史，为政刻暴，或鞭士大夫。上佐以下有忤意，辄面加詈辱。而晓达吏事，自强不息，士庶畏惮，人莫敢欺。闻有猛兽，辄自围捕，往无不得，一日或得两三。若逼暮不禽，则宿昔围守。赋敛严苦，征发无度，缮修船舸，营造器甲。自至夏口，便有异图。进监豫、司之二郡军事，进号镇军将军。泰豫元年，明帝崩，攸之与蔡兴宗并在外籓，同预顾命。会巴西人李承明反，蜀土搔扰。时荆州刺史建平王景素被征，新除荆州刺史蔡兴宗未之镇，乃遣攸之权行荆州事。会承明已平，乃以攸之为镇西将军、荆州刺史，加都督。聚敛兵力，养马至二千余匹，皆分赋逻将士，使耕田而食。廪财悉充仓储。荆州作部岁送数千人仗，攸之割留之，簿上云"供讨四山蛮"。装战舰数百千艘，沉之灵溪里，钱帛器械巨积，渐怀不臣之心，朝廷制度无所遵奉。富贵拟于王者，夜中诸厢廊然烛达旦，后房服珠玉者数百人，皆一时绝貌。

江州刺史桂阳王休范密有异志，欲以微旨动攸之，使道士陈公昭作天公书一函，题言沈丞相，送攸之门者。攸之不开书，推捡得公昭，送之朝廷。后废帝元徽二年，休范举兵袭都，攸之谓僚佐曰："桂阳今逼朝廷，必声言吾与之同，若不颠沛勤王，必增朝野之惑。"于是遣使受郢州刺史晋熙王燮节度。会休范平，使乃还。进号征西大将军、开府仪同三司，固让开府。攸之自擅阃外，朝廷疑惮之，累欲征入，虑不受命，乃止。四年，建平王景素据京城反，攸之复应朝廷，景素寻平。时有台直阁高道庆家在江陵，攸之初至州，道庆在家，牒其亲戚十余人，求州从事西曹，攸之为用三人。道庆大怒，自入州取教，毁之而去。道庆素便马，攸之与宴饮，于厅事前合马槊，道庆槊中攸之马鞍，攸之怒索刃槊，道庆驰马而出。还都说攸之反状，请三千人袭之。朝议虑其难济，高帝又保持不许。杨运长等常相疑畏，乃与道庆密遣刺客赍废帝手诏，以金饼赐攸之州府佐吏，进其阶级。时有象三头至江陵城北数里，攸之自出格杀之，忽有流矢集攸之马鄣泥，其后刺客事发。废帝既殒，顺帝即位，加攸之车骑大将军、开府仪同三司。齐高帝遣攸之子司徒左长史元琰，赍废帝剸斮之具以示之，攸之曰："吾宁为王凌死，不作贾充生。"尚未得即起兵，乃上表称庆，并与齐高帝推功。

攸之有素书十数行，常韬在两裆角，云是宋明帝与己约誓。又皇太后使至，赐攸之烛十挺，割之得太后手令，曰"国家之事，一以委公"。明日，遂举兵。其妾崔氏、许氏谏曰："官年已老，那不为百口作计？"攸之指两裆角示之。攸之素畜士马，资用丰积，至是战士十万，铁马三千。将发江陵，使沙门释僧粲筮之，云："不至都，当自郢州回还。"意甚不悦。初发江津，有气状如尘雾从西北来，正盖军上。齐高帝遣众军西讨，攸之尽锐攻郢州，行事柳世隆屡破之。升明二年，还向江陵，未至，城已为雍州刺史张敬儿所据，无所归，乃与第三子中书侍郎文和至华容之鳊头林，投州吏家。此吏尝为攸之所鞭，待攸之甚厚，不以往罚为怨，杀豚荐食。既而村人欲取之。攸之于栎林与文和俱自经死，村人斩首送之都。或割其腹，心有五窍。征西主簿荀昭先以家财葬攸之。

攸之晚好读书，手不释卷，《史》、《汉》事多所记忆。常叹曰："早知穷达有命，恨不十年读书。"及攻郢城，夜尝风浪，米船沉没。仓曹参军崔灵凤女以适柳世隆子，攸之正色谓曰："当今军粮要急，而卿不以在意，由与城内婚姻邪？"灵凤答曰："乐广有言，下官岂以五男易一女？"攸之欢然意解。攸之招集才力之士，随郡人双泰真有干力，召不肯来。攸之遣二十人被甲追之，泰真射杀数人，欲过家将母去，事迫不获，单身走入蛮。追者既失之，录其母去。泰真既失母，乃自归，攸之不罪，曰："此孝子也。"赐钱一万，转补队主，其抑情待士如此。

初，攸之之贱时，与吴郡孙超之、全景文共乘一小船出都，三人共上引埭，有一人止而相之，曰："君三人皆当至方伯。"攸之曰："岂有是事？"相者曰："不验，便是相书误耳。"后攸之为郢、荆二州，超之广州刺史，景文南豫州刺史。景文，字弘达，齐永明中，卒于光禄大夫。攸之初至郢州，有顺流之志，府主簿宗俨之劝攻郢城。功曹臧寅以为攻守势异，非旬日所拔，若不时举，挫锐损威。攸之不从。既败，诸将帅皆奔散，或呼寅俱亡。寅曰："我委质事人，岂可幸其成而责其败？"乃投水死。又仓曹参军金城边荣为府录事所辱，攸之为荣鞭杀录事。攸之自江陵下，以荣为留府司马守城。张敬儿将至，人或说之使诣敬儿降。荣曰："受沈公厚恩，一朝缓急，便改易本心，不能也。"城败见敬儿，敬儿问曰："边公何为同人作贼，不早来？"荣曰："沈荆州举义兵，匡社稷，身虽可灭，要是宋世忠臣。天下尚有直言之士，不可谓之为贼。身本不蕲生，何须见问？"敬儿曰："死何难。"命斩之，荣欢笑而去，容无异色。泰山程邕之者，素依随荣，至是抱持荣谓敬儿曰："君入人国，不闻仁惠之声，而先戮义士，三楚之人，宁蹈江、汉而死，岂肯与将军同日以生？"敬儿曰："求死甚易，何为不许。"先杀邕之，然后及荣，三军莫不垂泣，曰："奈何一日杀二义士？"比之臧洪及陈容。

废帝之殒，攸之欲起兵，问知星人葛珂之。珂曰："起兵皆候太白，太白见则成，伏则败。昔桂阳以太白伏时举兵，一战授首，此近世明验。今萧公废昏立明，正逢太白伏时，此与天合也。且太白寻出，东方利用兵，西方不利。"故攸之止不下。及后举兵，珂之又曰："今岁星守南斗，其国不可伐。"攸之不从，果败。攸之表檄文疏，皆其记室南阳宗俨之辞也，事败责之，答曰："士为知己，岂为君辈所识。"遂伏诛。

攸之景和中，与齐高帝同直殿省，申以欢好，帝以长女义兴宪公主妻攸之第三子文和，生二女，并养之宫中，恩礼甚厚，及嫁皆得素旧，公家营遣焉。齐武帝制以攸之弟雍之孙僧昭为义兴公主后。

僧昭，别名法朗，少事天师道士，常以甲子及甲午日，夜著黄巾衣褐醮于私室。时记人吉凶，颇有应验。自云为泰山录事，幽司中有所收录，必僧昭署名。中年为山阴县。梁武陵王纪为会稽太守，宴坐池亭，蛙鸣聒耳。王曰："殊废丝竹之听。"僧昭咒厌十许口便息。及日晚，王又曰："欲其复鸣。"僧昭曰："王欢已阑，今恣汝鸣。"即便喧聒。又尝校猎，中道而还，左右问其故，答曰："国家有边事，须还处分。"问何以知之，曰："向闻南山虎啸知耳。"俄而使至。复谓人曰："吾昔为幽司所使，实为烦碎，今已自解。"乃开匣出黄纸书，上有一大字，字不可识。曰："教分判如此。"及太清初，谓亲知曰："明年海内丧乱，生灵十不一存。"乃苦求东归。既不获许，及乱，百口皆歼。僧昭位廷尉卿，太清三年卒。

宗悫，字元幹，南阳涅阳人也。叔父少文，高尚不仕，悫年少，问其所志，悫答曰："愿乘长风破万里浪。"少文曰："汝若不富贵，必破我门户。"兄泌娶妻，始入门，夜被劫，悫年十四，挺身与劫相拒，十余人皆披散，不得入室。时天下无事，士人以文义为业，少文既高尚，诸子群从皆爱好坟典，而悫任气好武，故不为乡曲所知。江夏王义恭为征北将军、南兖州刺史，悫随镇广陵。时从兄绮为征北府主簿，与悫同住。绮妾与给吏牛泰私通，绮入直，而泰潜来就绮妾。悫知之，入杀牛泰然后白绮。义恭壮其意，不罪也。后以补国上军将军。元嘉二十二年，伐林邑，慜自奋愿行，义恭举慜有胆勇，乃除振武将军，为安西参军萧景宪军副。随交州刺史檀和之围区粟城。林邑遣将范毗沙达来救区粟，和之遣偏军拒之，为贼所败。又遣慜，慜乃分军为数道，偃旗潜进讨破之，仍攻拔区粟，入象浦。林邑王范阳迈倾国来逆，以具装被象，前后无际。慜以为外国有狮子威服百兽，乃制其形与象相御，象果惊奔，众因此溃乱，遂克林邑。收其珍异，皆是未名之宝，其余杂物不可称计。慜一毫无犯，唯有被梳枕刷，此外萧然。文帝甚嘉之。

三十年，孝武伐逆，以慜为南中郎谘议参军，领中兵。及事平，功次柳元景。孝武即位，以为左卫将军，封洮阳侯。孝建中，累迁豫州刺史，监五州诸军事。先是乡人庾业家富豪侈，候服玉食。与宾客相对，膳必方丈，而为慜设粟饭葅菹。谓客曰："宗军人惯啖粗食。"慜致饱而退，初无异辞。至是业为慜长史，带梁郡，慜待之甚厚，不以昔事为嫌。大明三年，竟陵王诞据广陵反，慜表求赴讨，乘驿诣都，面受节度。上停舆慰劳，慜耸跃数十，左右顾眄，上壮之。及行，隶车骑大将军沈庆之。初，诞诳其众云："宗慜助我。"及慜至，跃马绕城呼曰："我宗慜也！"事平，入为左卫将军。五年，从猎堕马脚折，不堪朝直，以为光禄大夫，加金章紫绶。有佳牛堪进御，官买不肯卖，坐免官。明年复先职。废帝即位，为宁蛮校尉、雍州刺史，加都督。卒，赠征西将军，谥曰肃侯，配食孝武庙庭。子罗云，卒。子元宝嗣。

慜从子夬，字明扬，祖少文，名列《隐逸传》。父繁，西中郎谘议参军。夬少勤学，有局干，仕齐为骠骑行参军。时竟陵王子良集学士于西邸，并见图画，夬亦预焉。齐郁林之为南郡王，居西州，使夬管书记，以笔札贞正见许，故任焉。时与魏和通，敕夬与尚书殿中郎任昉同接魏使，皆时选也。及文惠太子薨，王为皇太孙，夬仍管书记。太孙即位，多失德，夬颇自疏，得为秣陵令，迁尚书都官郎。少帝见诛，旧宠多被其灾，唯夬与傅昭以清正免。齐明帝以为郢州中从事，以父老去官。南康王为荆州刺史，引为别驾。梁武帝起兵，迁西中郎谘议。时西土位望，唯夬与同郡乐蔼、刘坦为州人所推服，故领军萧颖胄深相委仗。武帝受禅，历太子右卫率、五兵尚书，参掌大选。天监三年卒。子曜卿。

论曰：沈庆之以武毅之姿，属殷忧之日，驱驰戎旅，所在见推。其戡难定功，盖亦宋之方、邵。及勤王之业克举，台鼎之位已隆，年致悬车，官成名立，而卒至颠覆，倚伏岂易知也？诸子才气，并有高风，将门有将，斯言得矣。攸之地处上流，声称义举，专威擅命，年且逾十。终从诸葛之薨，代德其有数乎？宗慜气概风云，竟成其志；夬蹈履清正，用升显级，亦各志能之士也。

卷三十八　　列传第二十八

柳元景　元景弟子世隆　世隆子惔
惔弟恽　恽子偃　偃子盼　恽弟憕
憕弟忱　世隆从弟庆远　庆远子津
津子仲礼　敬礼

柳元景，字孝仁，河东解人也。高祖纯，位平阳太守，不拜。曾祖卓，自本郡迁于襄阳，官至汝南太守。祖恬，西河太守。父凭，冯翊太守。元景少便弓马，数随父伐蛮，以勇称。寡言语，有器质，荆州刺史谢晦闻其名，要之，未及往而晦败。雍州刺史刘道产深爱其能，会荆州刺史江夏王义恭复召之，道产谓曰："久规相屈，今贵王有召，难辄相留乖意，以为罔罔。"服阕，累迁义恭司徒太尉城局参军。文帝见又知之。

先是，刘道产在雍州有惠化，远蛮归怀皆出，缘沔为村落，户口殷盛。及道产死，群蛮大为寇暴。孝武西镇襄阳，义恭荐元景，乃以为武威将军、随郡太守。及至，广设方略，斩获数百，郡境肃然。

随王诞镇襄阳，元景徙为后军中兵参军。及朝廷大举北侵，使诸镇各出军。二十七年八月，诞遣尹显祖出资谷，鲁方平、薛安都、庞法起入卢氏，田义仁出鲁阳，加元景建威将军，总统军帅。后军外兵参军庞季明，三秦冠族，求入长安，招怀关、陕，乃自资谷入卢氏。卢氏人赵难纳之。元景率军系进，以前锋深入，悬军无继，驰遣尹显祖入卢氏，以为诸军声援。元景以军食不足，难可旷日相持，乃束马悬车，引军上百丈崖，出温谷以入卢氏。法起诸军进次方伯堆，去弘农城五里。元景引军度熊耳山，安都顿军弘农，法起进据潼关，季明率方平、赵难诸军向陕。十一月，元景率众至弘农，营于开方口。仍以元景为弘农太守。初，安都留住弘农而诸军已进陕。元景既到，谓安都曰："卿无坐守空城，而令庞公孤军深入，宜急进军。"众军并造陕下，列营以逼之，并大造攻具。魏城临河为固，恃险自守。季明、安都、方平、显祖、赵难诸军频三攻未拔，安都、方平各列阵于城东南以待之。魏兵大合，轻骑挑战，安都瞋目横矛，单骑突阵，四向奋击，左右皆辟易，杀伤不可胜数，于是众军并鼓噪俱前。魏多纵突骑，众军患之。安都怒甚，乃脱兜鍪，解所带铠，唯著绛衲两当衫，马亦去具装，驰入贼阵。猛气咆勃，所向无前，当其锋者无不应刃而倒。如是者数四。每入，众无不披靡。魏军之将至也，方平遣骁骑告元景。时诸军粮尽，各余数日食。元景方督义租并上驴马，以为粮运之计，遣军副柳元怙简步骑二千以赴陕急，卷甲兼行，一宿而至。诘朝，魏军又出，列阵于城外。方平诸军并成列，安都并领马军，方平悉勒步卒，左右掎角之，余诸义军方于城西南列阵。方平谓安都曰："今勍敌在前，坚城在后，是吾取死之日。卿若不进，我当斩卿，我若不进，卿当斩我也。"安都曰：

"卿言是也。"遂合战。安都不堪其愤，横矛直前，杀伤者甚多。流血凝肘。矛折，易之复入，军副谭金率骑从而奔之。自诘旦战至日晏，魏军大溃，面缚军门者二千余人。诸将欲尽杀之，元景以为不可，乃悉释而遣之。皆称万岁而去。时北略诸军王玄谟等败退，魏军深入。文帝以元景不宜独进，且令班师。诸军乃自湖关度白杨岭出于长洲，安都断后，宗越副之。法起自潼关向商城，与元景会，季明亦从胡谷南归，并有功而入。诞登城望之，以鞍下马迎元景。

时鲁爽向虎牢，复使元景率安都等北出，爽退乃还。再出北侵，威信著于境外。

孝武入讨元凶，以为谘议参军。配万人为前锋，宗悫、薛安都等十三军皆隶焉。时义军船乘小陋，虑水战不敌。至芜湖，元景大喜，倍道兼行至新亭，依山建垒栅，东西据险。令军中曰："鼓繁气易衰，叫数力易竭，但各衔枚疾战，一听吾营鼓音。"元景察贼衰竭，乃命开垒鼓噪以奔之，贼众大溃。劭更率余众自来攻垒，复大破之，劭仅以身免。上至新亭即位，以元景为侍中，领左卫将军，寻转宁蛮校尉、雍州刺史，监雍、梁、南北秦四州，荆州之竟陵、随二郡诸军事。始上在巴口，问元景："事平何所欲？"对曰："愿还乡里。"故有此授。初，臧质起义，以南谯王义宣暗弱易制，欲相推奉，潜报元景，使率所领西还。元景即以质书呈孝武。语其信曰："臧冠军当是未知殿下义举耳，方应伐逆，不容西还。"质以此恨之。及元景为雍州，质虑其为荆、江后患，称爪牙不宜远出。上重违其言，更以元景为领军将军，加散骑常侍，封曲江县公。

孝建元年正月，鲁爽反，遣左卫将军王玄谟讨之。加元景抚军将军，假节置佐，系玄谟。后以为领南蛮校尉、雍州刺史，加都督。臧质、义宣并反，王玄谟南据梁山，垣护之、薛安都据据历阳，元景出屯采石。玄谟求益兵，上使元景进屯姑孰。元景悉遣精兵助王玄谟，以羸弱居守。所遣军多张旗帜，梁山望之如数万人，皆谓都下兵悉至，由是克捷。与沈庆之俱以本号加开府仪同三司，改封晋安郡公。固让开府。复为领军、太子詹事，加侍中。

大明三年，为尚书令，太子詹事、侍中、中正如故。以封在岭南，改封巴东郡公。又命左光禄大夫、开府仪同三司，侍中、令、中正如故。又让开府。乃与沈庆之俱依晋密陵侯郑袤不受司空故事。六年，进司空，侍中、令、中正如故。又固让。乃授侍中、骠骑大将军、南兖州刺史，留卫都下。孝武晏驾，与太宰江夏王义恭、尚书仆射颜师伯并受遗诏辅幼主，迁尚书令，领丹阳尹，侍中、将军如故。加开府仪同三司，给班剑二十人。固辞班剑。

元景少时贫苦，尝下都至大雷，日暮寒甚，颇有羁旅之叹。岸侧有一老父，自称善相，谓元景曰："君方大富贵，位至三公。"元景以为戏之，曰："人生免饥寒幸甚，岂望富贵？"老父曰："后当相忆。"及贵求之，不知所在。元景起自将率，及当朝，理务虽非所长，而有弘雅之美。时在朝勋要，多事产业，惟元景独无所营。南岸有数十亩菜园，守园人卖菜得钱三万，送还宅。元景怒曰："我立此园种菜，以供家中啖耳，乃复卖以取钱，夺百姓之利邪！"以钱乞守园人。

孝武严暴无常，元景虽荷宠遇，恒虑及祸。太宰江夏王义恭及诸大臣莫不重足屏气，未尝敢私相往来。孝武崩，义恭、元景等并相谓曰："今日始免横死。"义恭与义阳等诸王，元景与颜师伯等常相驰逐声乐酣饮，以夜继昼。前废帝少有凶德，内不能平，杀戴法兴后，悖情转露，义恭、元景忧惧，乃与师伯等共谋废帝立义恭，持疑未决。发觉，帝亲率宿卫兵自出讨，称诏召元景。左右奔告，兵刃非常。元景知祸至，整朝服乘车，应召出门。逢弟车骑司马叔仁戎服，左右壮士数十人，欲拒命。元景苦禁之。及出巷，军士大至，下车受戮，容色恬然。

长子庆宗有干力，而情性不伦，孝武使元景送还襄阳，于道赐死。次子嗣宗、绍宗、茂宗、孝宗、文宗、仲宗、成宗、秀宗至是并遇祸。元景六弟：僧景、僧珍、叔宗、叔政、叔珍、叔仁。僧珍、叔仁及子侄在都下襄阳死者数十人。元景少子承宗、嗣宗子瓒并在孕获全。明帝即位，赠太尉，给班剑三十人，羽葆、鼓吹一部，谥曰忠烈公。元景从父兄元怙，大明末同晋安王子勋逆，事败归降。元景从祖弟光世留乡里，仕魏为河北太守，封西陵男，与司徒崔浩善。浩被诛，光世南奔。明帝时，位右卫将军、顺阳太守。子欣慰谋反，光世赐死。

世隆，字彦绪，元景弟子也。父叔宗，字双驎，位建威参军事，早卒。

世隆幼孤，挺然自立，不与众同。虽门势子弟，独修布衣之业。及长，好读书，折节弹琴，涉猎文史，音吐温润。元景爱赏，异于诸子，言于宋孝武，得召见。帝谓元景曰："此儿将来复是三公一人。"为西阳王抚军法曹行参军，出为武威将军、上庸太守。帝谓元景曰："卿昔以武威之号为随郡，今复以授世隆，使卿门世不乏公也。"

元景为前废帝所杀，世隆以在远得免。泰始初，四方反叛，世隆于上庸起兵以应宋明帝，为孔道存所败，众散逃隐，道存购之甚急。军人有貌相似者，斩送之。时世隆母郭、妻阎并见絷襄阳狱，道存以所送首示之。母见首悲情小歇，而妻阎号叫方甚，窃谓郭曰："今见不悲，为人所觉，唯当大恸以灭之。"世隆竟以免。后为太子洗马，与张绪、王延之、沈勃为君子之交。累迁晋熙王安西司马，加宁朔将军。时齐武帝为长史，与世隆相遇甚欢。齐高帝之谋度广陵也，令武帝率众同会都下。世隆与长流参军萧景先等戒严待期，事不行。时朝廷疑惮沈攸之，密为之防，府州器械，皆有素蓄。武帝将下都，刘怀珍白高帝曰："夏口是兵冲要地，宜得其人。"高帝纳之，与武帝书曰："汝既入朝，当须文武兼资人，委以后事，世隆其人也。"武帝乃举世隆自代。转为武陵王前军长史、江夏内史，行郢州事。

升明元年冬，攸之反，遣辅国将军、中兵参军孙同等以三万人为前驱，又遣司马冠军刘攘兵等二万人次之，又遣辅国将军、中兵参军王灵秀等分兵出夏口，据鲁山。攸之乘轻舸从数百人先大军下住白螺洲，坐胡床以望其军，有自骄色。既至郢，以郢城弱小不足攻，攸之将去。世隆遣军于西渚挑战，攸之果怒，昼夜攻战。世隆随宜拒应，众皆披却。武帝初下，与世隆别，曰："攸之一旦为变，虽留攻城，不可卒拔。卿为其内，我为其外，乃无忧耳。"至是，武帝遣军主桓敬、陈胤叔、苟元宾等八军据西塞，令坚壁以待贼疲。虑世隆危急，遣腹心胡元直潜使入郢城，通援军消息。内外并喜。郢城既不可攻，而平西将军黄回军至西阳，乘三层舰，作羌胡伎，沂流而进。攸之素失人情，本逼以威力，初发江陵，已有叛者，至此稍多。攸之大怒，于是一人叛，遣十人追，并去不返。刘攘兵射书与世隆请降，开门纳之。攸之怒，衔须咀之，收攘兵兄子天赐、女婿张平虏斩之。军旅大散。世隆乃遣军副刘僧驎缘道追之。攸之已死，征为侍中，仍迁尚书右仆射，封贞阳县侯。出为吴郡太守，居母忧，寒不衣絮。齐高帝践阼，起为南豫州刺史，加都督，进爵为公。上手诏司徒褚彦回，甚伤美之。彦回曰："世隆事陛下，在危尽忠，居忧杖而后起，立人之本，二理同极，加荣增宠，足以敦厉风俗。"建元二年，授右仆射，不拜。性爱涉猎，启高帝借秘阁书，上给二千卷。三年，出为南兖州刺史，加都督。武帝即位，加散骑常侍。

世隆善卜，别龟甲，价至一万。永明初，世隆曰："永明九年我亡，亡后三年丘山崩，齐亦于此季矣。"屏人，命典签李党取笔及高齿屐，题帝箔旌曰："永明十一年。"因流涕谓党曰："汝当见，吾不见也。"

迁护军，而卫军王俭修下官敬甚谨。世隆止之，俭曰："将军虽存弘眷，如王典何。"其见重如此。性清廉，唯盛事坟典。张绪问曰："观君举措，当以清名遗子孙邪？"答曰："一身之外，亦复何须？子孙不才，将为争府；如其才也，不如一经。"光禄大夫韦祖征，州里宿德，世隆虽已贵重，每为之拜。人或劝祖征止之，答曰："司马公所为，后生楷法，吾岂能止之哉？"

后授尚书左仆射。湘州蛮动，遣世隆以本官总督伐蛮众军，仍为湘州刺史，加都督。至镇，以方略讨平之。在州立邸兴生，为御史中丞庾杲之所奏。诏不问。

复入为尚书左仆射，不拜，乃转尚书令。世隆少立功名，晚专以谈义自业。善弹琴，世称柳公双琐，为士品第一。常自云："马稍第一，清谈第二，弹琴第三。"在朝不干世务，垂帘鼓琴，风韵清远，甚获世誉。以疾逊位，拜左光禄大夫、侍中。永明九年卒，诏给东园秘器，赠司空，班剑二十人，谥曰忠武。世隆晓数术，于倪塘创墓，与宾客践履，十往五往，常坐一处。及卒，墓工图墓，正取其坐处焉。所著《龟经秘要》二卷，行于世。

长子悦，字文殊，少有清致，位中书郎，早卒，谥曰恭。世隆次子惔。

惔，字文通，好学，工制文，尤晓音律，少与长兄悦齐名。王俭谓人曰："柳氏二龙，可谓一日千里。"俭为尚书左仆射，尝造世隆宅，世隆谓为诣己，徘徊久之。及至门，唯求悦及惔。遣谓世隆曰："贤子俱有盛才，一日见顾，今故报礼。若仍相造，似非本意，恐年少窥人。"尝预齐武烽火楼宴，帝善其诗，谓豫章王嶷曰："惔非徒风韵清爽，亦属文遒丽。"后为巴东王子响友，子响为荆州，

惔随之镇。子响昵近小人，惔知将为祸，称疾还都。及难作，竟以得免。累迁新安太守，居郡以无政绩免。建武末，为梁、南秦二州刺史。及梁武帝起兵，惔举汉中以应。梁武受命，为太子詹事，加散骑常侍。武帝之镇襄阳，惔祖道，帝解茅土玉环赠之。天监二年元会，帝谓曰："卿所佩玉环，是新亭所赠邪？"对曰："既而瑞感神衷，臣谨服之无斁。"帝因劝之酒，惔时未卒爵，帝曰："吾常比卿刘越石，近辞厄酒邪。"罢会，封曲江县侯。帝因宴为诗贻惔曰："尔实冠群后，惟余实念功。"帝又尝谓曰：徐元瑜违命岭南，《周书》父子兄弟罪不相及，朕已放其诸子，何如？"惔曰："罚不及嗣，赏延于后，今复见之圣朝。"时以为知言。寻迁尚书左仆射，年四十六，卒于湘州刺史，谥曰穆。

惔度量宽博，家人未尝见其喜愠。甚重其妇，颇成畏惮。性爱音乐，女伎精丽，略不敢视。仆射张稷与惔狎密，而为惔妻赏敬。稷每诣惔，必先相问夫人。惔每欲见妓，恒因稷请奏。其妻隔幔坐，妓然后出。惔因得留目。惔著《仁政传》及诸诗赋，粗有辞义，子昭，位中书郎，袭爵曲江侯。

惔弟恽，字文畅，少有志行。好学，善尺牍。与陈郡谢瀹邻居，深见友爱。瀹曰："宅南柳郎，可为仪表。"初，宋时有嵇元荣、羊盖者，并善琴，云传戴安道法。恽从之学，恽特穷其妙。齐竟陵王子良闻而引为法曹行参军，唯与王暕、陆杲善。每叹曰："暕虽名家，犹恐累我也。"雅被子良赏狎。子良尝置酒后园，有晋太傅谢安鸣琴在侧，援以授恽，恽弹为雅弄。子良曰："卿巧越嵇心，妙臻羊体，良质美手，信在今夜。岂止当今称奇，亦可追踪古烈。"为太子洗马，父忧去官，著《述先颂》，申其罔极之心，文甚哀丽。后试守鄱阳相，听吏属得尽三年丧礼，署之文教，百姓称焉。还除骠骑从事中郎。梁武帝至建邺，恽候谒石头，以为征东府司马。上笺请城平之日，先收图籍，及遵汉高宽大之义。帝从之。徙为相国右司马。天监元年，除长兼侍中，与仆射沈约等共定新律。

恽立性贞素，以贵公子早有令名，少工篇什，为诗云："亭皋木叶下，陇首秋云飞。"琅邪王融见而嗟赏，因书斋壁及所执白团扇。武帝与宴，必诏恽赋诗。尝和武帝《登景阳楼篇》云："太液沧波起，长杨高树秋，翠华承汉远，雕辇逐风游。"深见赏美，当时咸共称传。历平越中郎将、广州刺史，秘书监，右卫将军。再为吴兴太守，为政清静，人吏怀之。于郡感疾，自陈解任。父老千余人拜表陈请，事未施行，卒。

初，恽父世隆弹琴，为士流第一，恽每奏其父曲，常感思。复变体备写古曲。尝赋诗未就，以笔捶琴，坐客过，以箸扣之，恽惊其哀韵，乃制为雅音。后传击琴自于此。恽常以今声转弃古法。乃著《清调论》，具有条流。齐竟陵王尝宿宴，明旦将朝，见恽投壶枭不绝，停舆久之，进见遂晚。齐武帝迟之，王以实对。武帝复使为之，赐绢二十匹。尝与琅邪王瞻博射，嫌其皮阔，乃摘梅帖乌珠之上，发必命中，观者惊骇。梁武帝好奕棋，使恽品定棋谱，登格者二百七十八人，第其优劣，为《棋品》三卷。恽为第

二焉。帝谓周舍曰："吾闻君子不可求备，至如柳恽，可谓具美。分其才艺，足了十人。"恽著《卜杖龟经》。性好医术，尽其精妙。

少子偃，字彦游，年十二，梁武帝引见，诏问读何书，对曰："《尚书》。"又问有何美句，对曰："德惟善政，政在养人。"众咸异之。诏尚武帝女长城公主，拜驸马都尉、都亭侯，位鄱阳内史，卒。

子盼，尚陈文帝女富阳公主，拜驸马都尉。后主即位，以帝舅加散骑常侍。盼性愚戆使酒，因醉乘马入殿门，为有司劾免，卒于家。赠侍中、中护军。

后从祖弟庄，清警有鉴识，自盼卒后，太后宗属唯庄为近，兼素有名望，深被恩礼。位度支尚书。陈亡入隋，为岐州司马。恽弟憕。

憕字文深，少有大意，好玄言，通《老》、《易》。梁武帝举兵至姑孰，憕与兄恽及诸友朋于小郊候接。时道路犹梗，憕与诸人同憩逆旅食，俱去行里余，憕曰："宁我负人，不人负我。若复有追，堪憩此客。"命左右烧逆旅舍，以绝后追。当时服其善断。历位给事黄门侍郎。与琅邪王峻齐名，俱为中庶子，时人号为方王。

后为镇北始兴王长史。王移镇益州，复请憕。帝曰："柳憕风标才气，恐不能久为少王臣。"王祈请数四，不得已，以为镇西长史、蜀郡太守。在蜀廉恪为政，益部怀之。憕弟忱。

忱，字文若，年数岁，父世隆及母阎氏并疾，忱不解带经年，及居丧以毁闻。

仕齐为西中郎主簿。东昏遣巴西太守刘山阳由荆州袭梁武帝于雍州，西中郎长史萧颖胄计未定，召忱及其所亲席阐文等夜入议之。忱及阐文并劝同武帝，颖胄从之。以忱为宁朔将军，累迁侍中。郢州平，颖胄议迁都夏口，忱以巴峡未宾，不宜轻舍根本，摇动人心，不从。俄而巴东兵至峡口，迁都之议乃息，论者以为见机。及梁受命，封州陵伯。历五兵尚书，秘书监，散骑常侍。改授给事中、光禄大夫。疾笃不拜。卒，谥曰穆。

忱兄弟十五人，多少亡，唯第二兄惔、第三兄恽、第四兄憕及忱，三两年间，四人迭为侍中，复居方伯，当世罕比。子范嗣。

庆远，字文和，元景弟子也。父叔珍，义阳内史。

庆远仕齐为魏兴太守，郡遭暴水，人欲移于杞城。庆远曰："吾闻江河长不过三日，命筑土而已。"俄而水退，百姓服之。后为襄阳令，梁武帝之临雍州，问京兆人杜恽求州纲纪，恽言庆远。武帝曰："文和吾已知之，所恨未知者耳。"因辟为别驾。庆远谓所亲曰："天下方乱，定霸者其吾君乎。"因尽诚协赞。及起兵，庆远常居帷幄为谋主，从军东下，身先士卒。武帝行营，见庆远顿舍严整，每叹曰："人人若是，吾又何忧！"建康城平，为侍中，带淮陵、齐昌二郡太守。城内尝夜火，众并惊惧，武帝时居宫中，悉敛诸门钥，问柳侍中何在。庆远至，悉付之，其见任如此。

霸府建，为从事中郎。武帝受禅，封重安侯，位散骑常侍，改封云杜侯。出为雍州刺史，加都督。帝饯于新亭，谓曰："卿衣锦还乡，朕无西顾忧矣。"始武帝为雍州，庆远为别驾，谓曰："昔羊公语刘弘，卿后当居吾处。今相观亦复如是。"曾未十年，而庆远督府，谈者以为逾于魏咏之。累迁侍中、领军将军，给扶。出为雍州刺史。庆远重为本州，颇厉清节，士庶怀之。卒官，赠开府仪同三司，谥曰忠惠侯。丧还都，武帝亲出临之。初，庆远从父兄世隆尝谓庆远曰："吾昔梦太尉以褥席见赐，吾遂亚台司，适又梦以吾褥席与汝，汝必光我门族。"至是庆远亦继世隆焉。

子津，字元举，虽乏风华，性甚强直。人或劝之聚书，津曰："吾常请道士上章驱鬼，安用此鬼名邪。"历散骑常侍，太子詹事，袭封云杜侯。侯景围城既急，帝召津问策。对曰："陛下有邵陵，臣有仲礼，不忠不孝，贼何由可平。"太清三年，城陷，卒。

子仲礼，勇力兼人，少有胆气，身长八尺，眉目疏朗。初，简文帝为雍州刺史，津为长史。及简文入居储宫，津亦得侍从。仲礼留在襄阳，马仗军人悉付之。抚循故旧，甚得众和。起家著作佐郎，稍迁电威将军，阳泉县侯。中大通中，西魏将贺拔胜来逼樊、邓，仲礼出击破之。除黄门郎，稍迁司州刺史。武帝思见其面，使画工图之。

初，侯景潜图反噬，仲礼先知之，屡启求以精兵三万讨景，朝廷不许。及景济江，朝野便望其至。兼蓄雍、司精卒，与诸蕃赴援，见推总督。景素闻其名，甚惮之。仲礼亦自谓当世英雄，诸将莫己若也。

韦粲见攻，仲礼方食，投箸被练驰之，骑能属者七十。比至，粲已败，仲礼因与景战于青塘，大败之。景与仲礼交战，各不相知。仲礼稍将及景，而贼将支伯仁自后斫仲礼，再斫仲礼中肩。马陷于淖，贼聚稍刺之，骑将郭山石救之以免。自此壮气外衰，不复言战。神情憔悴，凌蔑将帅。邵陵王纶亦鞭策军门，每日必至，累刻移时，仲礼亦弗见也。纶既忿叹，怨隙遂成。而仲礼常置酒高会，日作优倡，毒掠百姓，污辱妃主。父津登城谓曰："汝君父在难，不能尽心竭力，百代之后，谓汝为何？"仲礼闻之，言笑自若。晚又与临城公大连不协。景尝登朱雀楼与之语，遗以金环。是后闭营不战，众每日固请，皆悉拒焉。南安侯骏谓曰："城急如此，都督不复处分，如脱不守，何面以见天下义士？"仲礼无以应之。及台城陷，侯景矫诏使石城公大款以白虎幡解诸军。仲礼召诸将军会议，邵陵王以下毕集。王曰："今日之命，委之将军。"仲礼熟视不对。裴之高、王僧辩曰："将军拥众百万，致宫阙沦没，正当悉力决战，何易所言！"仲礼竟无一言，诸军乃随方各散。

时湘东王绎遣王琳送米二十万石以馈军，至姑孰闻台城陷，乃沉米于江而退。仲礼及弟敬礼、羊鸦仁、王僧辩、赵伯超并开营降贼。时城虽沦陷，援军甚众，军士咸欲尽力，及闻降，莫不叹愤。论者以为梁祸始于朱异，成于仲礼。仲礼等入城，并先拜景而后见帝，帝不与言。既而景留柳敬礼、羊鸦仁，而遣仲礼、僧辩西上，各复本位。饯于后渚，景执仲礼手曰："天下之事在将军耳。郢州、巴西并以相付。"及至江陵，会岳阳王詧南寇，湘东王以仲礼为雍州刺史，袭襄阳。仲礼方观成败，未发。及南阳围急,杜岸请救,仲礼乃以别将夏侯强为司州刺史,守义阳,自帅众如安陆,使司马康昭如竟陵讨孙晥。晥执戚人以降。仲礼命其将王叔孙为竟陵太守,副军马岫为安陆太守。置孥于安陆,而以轻兵师之漴头,将侵襄阳。岳阳王詧告急于魏,魏遣大将杨忠援之。仲礼与战于漴头,大败,并弟子礼没于魏。魏相安定公待仲礼以客礼。西魏于是尽得汉东。

仲礼弟敬礼,少以勇烈闻。粗暴无行检,恒略卖人,为百姓所苦,故襄阳有《柳四郎歌》。起家著作佐郎,稍迁扶风太守。侯景度江,敬礼率马步三千赴援。至都,与景频战,甚著威名。台城陷,与兄仲礼俱见景,景遣仲礼经略上流,留敬礼质,以为护军将军。景饯仲礼于后渚。敬礼谓仲礼曰:"景今来会,敬礼抱之,兄便可杀,虽死无恨。"仲礼壮其言,许之。及酒数行,敬礼目仲礼,仲礼见备卫严,不敢动,遂不果。会景征晋熙,敬礼与南康王会理谋袭其城,克期将发,建安侯萧贲告之,遂遇害。临死曰:"我兄老婢也,国败家亡,实余之责,今日就死,岂非天乎?"

论曰:柳元景行已所资,岂徒武毅;当朝任职,实兼雅道。卒至覆族,遭逢亦有命乎?世隆文武器业,殆人望也,诸子门素所传,俱云克构。仲礼始终之际,其不副也,何哉?岂应天方丧梁,不然,何斯人而有斯迹也?

卷三十九　　　列传第二十九

殷孝祖 族子琰　刘勔 子悛
悛子孺　孺弟览　览弟遵　悛弟子芑　悛弟绘
绘子孝绰　孝绰子谅　孝绰弟潜　绘弟琎

殷孝祖,陈郡长平人也。曾祖羡,晋光禄勋。父祖宦并不达。孝祖少诞节,好酒色,有气干。宋孝武时,以军功仕至积射将军。前废帝景和元年,为兖州刺史。

明帝初即位,四方反叛,孝祖外甥司徒参军颍川荀僧韶,建议衔命征孝祖入朝,上遣之。时徐州刺史薛安都遣薛索儿等屯据津径,僧韶间行得至,说孝祖曰:"景和凶狂,开辟未有,朝野忧危,假命漏刻。主上曾不浃辰,夷凶翦暴。国乱朝危,宜立长主,公卿百辟,人无异议。而群迷相扇,构造无端,贪利幼弱,竞怀希幸。舅少有立功之志,长以气节成名,若能控济,河义勇,还奉朝廷,非唯匡主静乱,乃可以垂名竹帛。"孝祖即日弃妻子,率文武二千人随僧韶还都。时普天同逆,朝廷唯保丹阳一郡。孝祖忽至,众力不少,人情于是大安。进孝祖号冠军将军、假节、督前锋诸军事。御仗先有诸葛亮筒袖铠、铁帽,二十五石弩射之不能入,上悉以赐孝祖。孝祖负其诚节,陵轹诸将。时贼据赭圻,孝祖将进攻之,与大将王玄谟别,悲不自胜,众并骇怪。泰始二年三月三日,与贼合战,每战常以鼓盖自随。军中人相谓曰:"殷统军可谓死将矣,今与贼交锋,而以羽仪自标显,若射者十手攒射,欲不毙得

乎?"是日中流矢死。追赠建安县侯,谥曰忠。

琰,字敬珉,孝祖族子也。父道鸾,宋衡阳王义季右军长史。

琰少为文帝所知,见遇与琅邪王景文相埒。前废帝永光元年,累迁黄门侍郎,出为山阳王休祐右军长史、南梁郡太守。休祐入朝,琰乃行府州事。明帝泰始元年,以休祐为荆州,会晋安王子勋反,即以琰为豫州刺史。土人前右军参军杜叔宝等并劝琰同逆,琰素无部曲,无以自立,受制于叔宝。二年正月,帝遣辅国将军刘勔西讨之,筑长围,创攻道于东南角,并作大虾蟆车载土,牛皮蒙之,三百人推以塞堑。十二月,琰乃始降。时琰有疾,以板自舆,诸将帅面缚请罪,勔并抚宥之,无所诛戮。后除少府,加给事中,卒官。琰性和雅静素,寡嗜欲,诸前旧事。事兄甚谨,少以名行见称。在寿阳被攻围积时,为城内所怀附。扬州刺史王景文、征西将军蔡兴宗、司空褚彦回并相与友善。

刘勔,字伯猷,彭城安上里人也。祖怀义,父颖之,位并郡守。勔少有志节,兼好文义。家贫,仕宋,初为广州增城令,稍迁郁林太守。大明初还都,徐州刺史刘道隆请为宁朔司马。竟陵王诞据广陵为逆,勔随道隆受沈庆之节度。事平,封金城县五等侯,除西阳王子尚抚军参军,入直阁。先是,费沈伐陈檀不克,乃除勔龙骧将军、西江督护、郁林太守。勔既至,随宜剪定,大致名马,并献珊瑚连理树。上甚悦。前废帝即位,为屯骑校尉,又入直阁。

明帝即位,江州刺史晋安王子勋为逆,四方响应,勔以本官领建平王景素辅国司马,进据梁山。会豫州刺史殷琰反叛,召勔还都,复兼山阳王休祐骠骑司马往讨。时琰婴城固守,自始春至于末冬,勔内攻外御,战无不捷。善抚将帅,以宽厚为众所依。将军王广之求勔所乘马,诸将并忿广之贪冒,劝勔以法裁之。勔欢笑,即解马与广之。及琰请降,勔约令三军不得妄动,城内士庶感悦,咸曰来苏。还都,拜太子右卫率,封鄱阳县侯,迁右卫将军,行豫州刺史,加都督。后征拜散骑常侍、中领军。勔以世路纠纷,有怀止足,经始钟岭之南,以为栖息。聚石蓄水,仿佛丘中,朝士雅素者多往游之。明帝临崩,顾命以为守尚书右仆射、中领军。废帝即位,加兵五百人。元徽初,月犯右执法,太白犯上将,或劝勔解职。勔曰:"吾执心行已,无愧幽明;若才轻任重,灾眚必及,天道密微,避岂能免?"桂阳王休范为乱,奄至建邺。加勔使持节、镇军将军,置佐,镇扞石头。既而贼众屯朱雀航南,右军将军王道隆率宿卫向朱雀。闻贼已至,急信召勔,勔战败,死之。事平,赠司空,谥曰忠昭公。子悛。

悛,字士操,随父征竟陵王诞于广陵,以功拜驸马都尉。后为桂阳王征北中兵参军,与齐武帝同直殿内,并为宋明帝所亲待,由是与武帝款好。悛本名忧,宋明帝多忌,反语"刘忧"为"临雠",改名悛焉。齐武帝尝至悛宅,昼卧觉,悛自捧金澡罐受四升水以沃盥,因以与帝,前后所纳称此。

后迁安远护军、武陵内史。郡南古江堤久废,悛修未

毕，而江水忽至，百姓弃役奔走。俊亲率厉之，于是乃立。汉寿人邵荣兴六世同爨，俊表其门闾。俊强济有世调，善于流俗。蛮王田僮在山中，年垂百余岁，南谯王义宣为荆州，僮出谒，至是又谒俊。明帝崩，表求奔赴。敕带郡还都，吏人送者数千万人。俊人人执手，系以涕泣，百姓感之，赠送甚厚。

桂阳之难，加宁朔将军，助守石头。父勔于大航战死，俊时遇疾，扶伏路次，号哭求勔尸。勔尸顶后伤缺，俊割发补之。持丧墓侧，冬日不衣絮。齐高帝代勔为领军，素与勔善，书譬俊殷勤抑勉。

建平王景素反，高帝总众。俊初免丧，高帝召俊及弟恒入省，欲使领支军。及见皆羸削改貌，乃止。霸业初建，俊先致诚节，沈攸之事起，加辅国将军。后为广州刺史，袭爵鄙阳县侯。武帝自寻阳还，遇俊，欢宴叙旧，停十余日乃下。遣文惠太子及竟陵王子良摄衣履，备父友之敬。

齐受禅，国除，平西记室参军夏侯恭叔上书，以柳元景中兴功臣，刘勔殒身王事，宜存封爵。诏以与运隆替，不容复厝意也。初，苍梧废，高帝集议中华门，见俊谓曰："君昨直邪？"俊曰："仆昨正直，而之急在外。"至是，上谓俊曰："功名之际，人所不忘，卿昔在中华门答我，何其欲谢世事？"俊曰："臣世受宋恩，门荷齐眷，非常之勋，非臣所及，敢不以实仰答。"

迁太子中庶子，领越骑校尉。时武帝在东宫，每幸俊坊，闲言至夕，赐屏风帷帐。武帝即位，改领前军将军。后拜司州刺史。俊父勔讨殷琰，平寿阳，无所犯害，百姓德之，为立碑记。俊步道从寿阳之镇，过勔碑，拜敬涕泣。于州下立学校，得古礼器铜罍甑、幽山铜罍罅、铜豆、钟各二口献之。迁长兼侍中。车驾数幸俊宅。宅盛修山池，造瓮牖。武帝著鹿皮冠，披俊莵皮衾，于牖中宴乐。以冠赐俊，至夜乃去。后从驾登蒋山，上数叹曰："贫贱之交不可忘，糟糠之妻不下堂。"顾谓俊曰："此况卿也。世言富贵好改其素情，吾虽有四海，今日与卿尽布衣之适。"俊起拜谢。累迁始兴王前军长史、平蛮校尉、蜀郡太守，行益州府、州事。

初，高帝辅政，有意欲铸钱，以禅让之际，未及施行。建元四年，奉朝请孔觊上《铸钱均货议》，辞证甚博，其略以为：

食货相通，理势自然。李悝曰："籴甚贵伤人，甚贱伤农。人伤则离散，农伤则国贫。甚贱与甚贵，其伤一也。"三吴国之关奥，比岁中被水潦，而籴不贵，是天下钱少，非谷穰贱，此不可不察也。铸钱之弊，在轻重屡变。重钱患难用，而难用为累轻；轻钱弊盗铸，而盗铸为祸深。人所盗铸，严法不禁者，由上铸钱惜铜爱工也。惜铜爱工，谓钱无用之器，以通交易，务欲令轻而数多，使省工而易成，不详虑其为患也。自汉铸五铢至宋文帝历五百余年，制度世有废兴，而不变五铢钱者，明其轻重可法，得货之宜。以为宜开置泉府，方牧贡金，大兴容冶。钱重五铢，一依汉法。若官铸已布于人，便严断翦凿，轻小破缺无周郭者，悉不得行。官钱细小者，称合铢两，销以为大。利贫良之人，塞奸巧之路。钱货既均，远近若一，百姓乐业，市道无争，衣食滋殖矣。

时议多以钱货轻转少，宜更广铸，重其铢两，以防人奸。高帝使诸郡州大市铜炭，会晏驾事寝。永明八年，俊启武帝曰："南广郡界蒙山下有城名蒙城，可二顷地，有烧炉四所，高一丈，广一丈五尺。从蒙城度水南百许步，平地掘土深二尺，得铜。又有古掘铜坑，深二丈，并居宅处犹存。邓通，南安人，汉文帝赐通严道县铜山铸钱。今蒙山近在青衣水南，青衣左侧并是故秦之严道地。青衣县，文帝改名汉嘉。且蒙山去南安二百里，案此必是通所铸处。近唤蒙山獠出，云'甚可经略'。此议若立，润利无极。并献蒙山铜一片，又铜石一片，平州铸铁刀一口。"上从之。遣使入蜀铸钱，得千余万，功费多乃止。

俊仍代始兴王鉴为益州刺史、监益宁二州诸军事。俊既藉旧恩，尤能承迎权贵，宾客闱房，供费奢广。罢广、司二州，倾资贡献，家无留储。在蜀作金浴盆，余金物称是。罢任以本号还都，欲献之，而武帝晏驾。郁林新立，俊奉献减少。郁林知之，讽有司收俊付廷尉，将加诛戮。明帝启救之，见原，禁锢终身。虽见废黜，而宾客日至。海陵即位，以白衣除兼左户尚书，寻除正。明帝立，加领骁骑将军，复放官驸马都尉。俊历朝见遇遇，高帝为鄙阳王锵纳俊妹为妃。明帝又为晋安王宝义纳俊女为妃。自此连姻帝室。

王敬则反，俊出守琅邪城，转五兵尚书。俊兄弟以父死朱雀航，终身不行此路。明帝崩，东昏即位，改授散骑常侍，领骁骑将军，尚书如故。卫送山陵，路经朱雀航感恸，至曲阿而卒。赠太常，常侍、都尉如故。谥曰敬子。

子孺，字孝稚，幼聪敏，七岁能属文。年十四居丧，毁瘠骨立，宗党咸异之。叔父瑱为义兴郡，携以之官，常置坐侧，谓宾客曰："此吾家明珠也。"及长，美风采，性通和，虽家人不见其喜愠。本州召迎主簿。起家中军法曹行参军，时镇军沈约闻其名，引为主簿，恒与游宴赋诗，大为约所嗟赏。累迁太子中舍人。孺少好文章，性又敏速，尝在御坐为《李赋》，受诏便成，文不加点。梁武帝甚称赏之。后侍宴寿光殿，诏群臣赋诗。时孺与张率并醉，未及成，帝取孺手板题戏之曰："张率东南美，刘孺洛阳才，揽笔便应就，何事久迟回。"其见亲爱如此。迁中书郎，兼中书通事舍人。历太子中庶子，尚书吏部郎。累迁散骑常侍，左户尚书。大同五年，守吏部尚书。出为晋陵太守，在郡和理，为吏人所称。入为侍中。后复为吏部尚书。母忧，以毁卒，谥曰孝子。

孺少与从兄苞、孝绰齐名，苞早卒，孝绰数坐免黜，位并不高，唯孺贵显。有文集二十卷。孺弟览。

览，字孝智，十六通《老》、《易》，位中书郎。以所生母忧，庐于墓，再期不尝盐酪，食麦粥而已。隆冬止著单布衣，家人虑不胜丧，中夜窃置炭于床下，览因暖得寐。及觉知之，号恸欧血。梁武帝闻其至性，数使省视。服阕，除尚书左丞。性聪敏，尚书令史七百人，一见并记名姓。当官清正无所私。从兄吏部郎孝绰，在职颇通赃货，览劾奏免官。孝绰怨之，常谓人曰："犬噬行路，览噬家人。"

出为始兴内史,居郡尤励清节。复为左丞,卒官。览弟遵。

遵,字孝陵,少清雅有学行,工属文。为晋安王纲宣惠、云麾二府记室,甚见宾礼。王立为皇太子,仍除中庶子,遵自随蕃及在东宫,以旧恩偏蒙宠遇,时辈莫及。卒官,皇太子深悼惜之,与遵从兄阳羡令孝仪令曰:"贤从弟中庶奄至殒逝,痛可言乎?其孝友淳深,立身贞固,内含玉润,外表澜清,言行相符,终始如一。文史该富,琬琰为心,辞章博赡,玄黄成采。既以鸣谦表性,又以难进自居。吾昔在汉南,连翩书记;及忝朱方,从容坐首。鹢舟乍动,朱鹭徐鸣,未尝一日而不追随,一时而不会遇。益者三友,此实其人。及弘道下邑,未申善政,而能使人结去思,野多驯翟,此亦威凤一羽,足以验其五德。"其见爱赏如此。

苞,字孝尝,一字孟尝,峻弟子也。父愃,位太子中庶子。苞三岁而孤,至六七岁,见诸父常泣。时伯叔父峻、绘等并显贵,其母谓其畏惮,怒之。苞曰:"早孤不及有识,闻诸父多相似,故心中悲耳。"因而歔欷,母亦悲恸。初,苞父及两兄相继亡殁,悉假瘗焉。苞年十六,始移墓所,经营改葬,不资诸父。奉嫡母朱夫人及所生陈氏,并扇席温枕,叔父绘常叹伏。少好学,能属文,家有旧书,例皆残蠹,手自编辑,筐箧盈满。梁初,以临川王妃弟,故自征虏主簿迁右军功曹,累迁太子洗马,掌书记,侍讲寿光殿。及从兄孝绰等并以文藻见知,多预宴坐。受诏咏《天泉池荷》及《采菱调》,下笔即成。天监十年卒,临终呼友人南阳刘之遴,托以丧事从俭。苞居官有能名,性和直,与人交,面折其非,退称其美,士友咸以此叹惜之。

绘,字士章,愃弟也。初为齐高帝行参军,帝叹曰:"刘公为不亡也。"及豫章王嶷镇江陵,绘为镇西外兵参军,以文义见礼。时琅邪王诩为功曹,以吏能自进,嶷谓僚佐曰:"吾虽不能得似嗣陈蕃,然阁下自有二骥也。"

性通悟,出为南康相,郡人有姓赖,所居名秽里,刺谒绘,绘戏嘲之曰:"君有何秽,而居秽里?"此人应声曰:"未审孔丘何阙,而居阙里。"绘默然不答,亦无忤意,叹其辩速。后历位中书郎,掌诏诰。敕助国子祭酒何胤撰修礼仪。永明末,都下人士盛为文章谈义,皆凑竟陵西邸,绘为后进领袖。时张融以言辞辩捷,周颙弥为清绮,而绘音采赡丽,雅有风则。时人为之语曰:"三人共宅夹清漳,张南周北刘中央。"言其处二人间也。鱼复侯子响诛后,豫章王嶷欲求葬之,召绘为表言其事,绘须臾便成。嶷叹曰:"祢衡何以过此?"唯足八字云:"提携鞠养,俯见成人。"后魏使至,绘以辞辩被敕接使。事毕,当撰语辞。绘谓人曰:"无论润色未易,但得我语亦难矣。"

隆昌中,兄峻坐事将见诛,绘伏阙请代兄死,明帝辅政,救之,乃免死。明帝即位,为太子中庶子。安陆王宝晊为湘州,以绘为冠军长史、长沙内史,行湘州事。宝晊妃,峻女也。宝晊爱其侍婢,绘夺取,具以启闻,宝晊以为恨,与绘不协。遭母丧去官,有至性。服阕,为晋安王征北长史、南东海太守,行南徐州事。及梁武起兵,朝廷以绘为雍州刺史,固让不就。众以朝廷昏乱,为之寒心。绘终不受,乃改用张欣泰。转绘建安王车骑长史、行府国事。及东昏见杀,城内遣绘及国子博士范云等赍其首诣梁武帝于石头。转大司马从事中郎,卒。子孝绰。

孝绰,字孝绰,本名冉。幼聪敏,七岁能属文。舅齐中书郎王融深赏异之,与同载以适亲友,号曰神童。融每曰:"天下文章若无我,当归阿士。"阿士即孝绰小字也。父绘,齐时掌诏诰,孝绰时年十四,绘常使代草之。父党沈约、任昉、范云等闻其名,命驾造焉,昉尤相赏好。范云年长绘十余岁,其子孝才与孝绰年并十四五。及云遇孝绰,便申伯季,乃命孝才拜之。兼善草隶,自以书似父,乃变为别体。

梁天监初,起家著作佐郎,为《归沐诗》赠任昉,昉报曰:"彼美洛阳子,投我怀秋作,诅慰蕽嗟人,徒深老夫托。直史兼褒贬,辖司专疾恶,九折多美疹,匪报庶良药。"其为名流所重如此。后迁兼尚书水部郎,奉启陈谢。手敕答曰:"美锦未可便制,簿领亦宜稍习。"顷之即真。武帝时宴幸,令沈约、任昉等言志赋诗,孝绰亦见引。尝侍宴,于坐作诗七首,武帝览其文,篇篇嗟赏,由是朝野改观。累迁秘书丞。武帝谓舍人周舍云:"第一官当知用第一人。"故以孝绰居此职。后为太子仆,掌东宫管记。时昭明太子好士爱文,孝绰与陈郡殷芸、吴郡陆倕、琅邪王筠、彭城到洽等同见礼。太子起乐贤堂,乃使先图孝绰。太子文章,群才咸欲撰录,太子独使孝绰集而序之。迁兼廷尉卿。

初,孝绰与到溉兄弟甚狎,溉少孤,宅近僧寺,孝绰往溉许,适见黄卧具,孝绰谓僧物色也,抚手笑。溉知其旨,奋拳击之,伤口而去。又与洽同游东宫,孝绰自以才优于洽,每于宴坐嗤鄙其文,洽深衔之。及孝绰为廷尉,携妾入廷尉,其母犹停私宅。洽寻为御史中丞,遣令史劾奏之,云"携少妹于华省,弃老母于下宅"。武帝为隐其恶,改妹字为妹。孝绰坐免官。诸弟时随蕃皆在荆、雍,乃与书论共洽不平者十事,其辞皆诉到氏。又写别本封至东宫,昭明太子命焚之,不开视。

孝绰免职后,武帝数使仆射徐勉宣旨慰抚之,每朝宴常预焉。及武帝为《籍田诗》,又使勉先示孝绰。时奉诏作者数十人,帝以孝绰诗工,即日起为西中郎湘东王谘议参军。迁黄门侍郎、尚书吏部郎,坐受人绢一束,为饷者所讼,左迁信威临贺王长史。晚年忽忽不得志,后为秘书监。初,孝绰居母忧,冬月饮冷水,因得冷癖,以大同五年卒官,年五十九。

孝绰少有盛名,而仗气负才,多所陵忽,有不合意,极言诋訾。领军臧盾、太府卿沈僧昊等并被时遇,孝绰尤轻之。每于朝集会同,处公卿间无所与语,反呼驺卒访道途间事,由此多忤于物,前后五免。孝绰辞藻为后进所宗,时重其文,每作一篇,朝成暮遍,好事者咸诵传写,流闻河朔,亭苑柱壁莫不题之。文集数十万言,行于时。兄弟及群从子侄,当时有七十人,并能属文,近古未之有也。其三妹,一适琅邪王叔英,一适吴郡张嵊,一适东海徐悱,并有才学。悱妻文尤清拔,所谓刘三娘者也。悱为晋安郡卒,丧还建邺,妻为祭文,辞甚凄怆。悱父勉本欲为哀辞,及见此文，乃阁笔。

孝绰子谅，字求信，小名春。少好学，有文才，尤悉晋代故事，时人号曰："皮里晋书"。位中书宣城王记室，为湘东王所善。王尝游江滨，叹秋望之美。谅对曰："今日可谓'帝子降于北渚'。"王有目疾，以为刺己。应曰："卿言'目眇眇以愁予'邪？"从此嫌之。

孝绰弟潜，字孝仪，幼孤，与诸兄弟相勖以学，并工属文。孝绰尝云"三笔六诗"，三即孝仪，六谓孝威也。举秀才，累迁尚书殿中郎。敕令制雍州《平等寺金像碑文》，文甚宏丽。晋安王纲镇襄阳，引为安北功曹史。及王为皇太子，仍补洗马，迁中舍人。出为阳羡令，甚有称绩。后为中书郎，以公事左迁安西谘议参军，兼散骑常侍。使魏，还除中书郎。累迁尚书左丞，长兼御史中丞。在职多所弹纠，无所顾望，当时称之。出为临海太守。时政纲疏阔，百姓多不遵禁。孝仪下车，宣下条制，励精绥抚，境内翕然，风俗大变。入迁都官尚书。太清元年，出为豫章内史。侯景寇建邺，孝仪遣子励帅郡兵三千，随前衡州刺史韦粲入援。及宫城不守，孝仪为前阳太守庄铁所逼，失郡，卒。孝仪为人宽厚，内行尤笃。第二兄孝能早卒，孝仪奉寡嫂甚谨，家内巨细必先谘决，与妻子朝夕供事，未失礼，时人以此称之。有文集二十卷行于世。

第五弟孝胜，位尚书右丞、兼散骑常侍。聘魏，还，为安西武陵王纪长史、蜀郡太守。纪僭号为蜀，以为尚书仆射。随纪出峡口，兵败被执。元帝宥之，以为司徒右长史。

第六弟孝威，气调爽逸，风仪俊举。初为安北晋安王法曹，后为太子洗马，中舍人，庶子，率更令，并掌管记。大同中，白雀集东宫，孝威上颂甚美。太清中，迁中庶子，兼通事舍人。及侯景寇乱，随司州刺史柳仲礼至安陆，卒。

第七弟孝先，位武陵王主簿，与兄孝胜俱随纪军出峡口。兵败，元帝以为黄门郎，迁侍中。

瑱，字士温，绘弟也。少有行业，文藻、篆隶、丹青并为当世所称。时有荥阳毛惠远善画马，瑱善画妇人，并为当世第一。瑱妹为齐鄱阳王妃，忧悒甚笃。王为齐明帝所诛，妃追伤遂成痼疾，医所不疗。有陈郡殷蒨善写人面，与真不别，瑱令蒨画王形像，并图王平生所宠姬共照镜状，如欲偶寝。瑱乃密使媪奶示妃，妃视画仍唾之，因骂云"故宜其早死"。于是恩情即歇，病亦除差。此姬亦被废苦，因即以此画焚之。瑱仕齐，历尚书吏部郎，义兴太守。先绘卒。

论曰：当泰始之际，二殷去就不同，原始要终，各以名节自立。孝祖玩寇而亡，盖其宜也。刘勔出征久抚，所在流誉，行己之节，赴蹈之期，虽古之忠烈，亦何以加之？悛至性过人，绘辞义克举，诸子各擅雕龙，当年方驾，文采之盛，殆难继乎！孝绰中莽为尤，可谓人而无仪者矣。

卷四十　　　　列传第三十

鲁爽　薛安都 从子深　邓琬
刘胡　宗越　吴喜　黄回

鲁爽，小字女生，扶风郿人也。祖宗之，字彦仁，仕晋官至南阳太守。义熙元年起义，以功为雍州刺史。宋武帝讨刘毅，与宗之同会江陵，封南阳郡公。自以非武帝旧隶，屡建大功，有自疑之志。会司马休之见讨，猜惧，因与休之北奔，尽室入姚氏，顷之病卒。父轨，一名象齿，便弓马，膂力绝人，为竟陵太守，随父入姚氏。及武帝定长安，轨、休之北奔魏。魏以轨为荆州刺史、襄阳公，镇长社。孝武镇襄阳，轨遣亲人程整奉书，规欲归南致诚，以杀刘康祖徐湛之父不敢归。文帝累遣招纳，许以为司州刺史。

爽少有武艺，魏太武知之，常置左右。及轨死，爽代为荆州刺史、襄阳公，镇长社。粗中使酒，数有过失，太武怒将诛之。爽惧，密怀归南计。次弟秀，小字天念，颇有意略。仕魏以军功为中书郎，封广陵侯。或告太武邺人欲反，复遣秀检察，并烧石季龙残余宫殿。秀常乘驿往返，是时病，还迟，为太武所诘。秀复恐惧。太武寻南攻，因从度河。先是广平人程天祚为殿中将军，有武力。元嘉二十七年，助戍彭城，为魏军所获。以善针术，深被太武赏爱，封南安公，常置左右。恒劝秀南归，秀纳之。及太武北还，与爽俱来奔。文帝悦，以爽为司州刺史，秀为荥阳、颍川二郡太守。是岁元嘉二十八年也。魏毁其坟墓。明年四月入朝，时太武已崩，上更谋经略。五月，遣爽、秀及程天祚等出许、洛。王玄谟攻碻磝不拔，败退，爽亦收众南还。三十年，元凶弑逆，南谯王义宣起兵入讨，爽与雍州刺史臧质俱诣江陵。事平，以爽为豫州刺史，加都督。至寿阳，便曲意宾客，爵命士人，畜仗聚马，如寇将至。元凶之为逆也，秀在建邺。元凶谓秀曰："我为卿诛徐湛之矣，方相委任。"以秀为右将军，使攻新亭，秀因此归顺。孝武即位，以为司州刺史，加都督，领汝南太守。孝建元年二月，义宣与爽谋反，报秋当同举。爽狂酒乖谬，即日便起兵。使其众戴黄标，称建平元年，窃造法服。义宣、质闻爽已处分，便狼狈同反。爽于是送所造舆服诣江陵，板义宣及臧质等文曰："丞相刘，今补天子，名义宣；车骑臧，今补丞相，名质；平西朱，今补车骑名修之：皆板到奉行。"义宣骇愕，爽所送法物并留竟陵县不听进。使爽直出历阳，自采石济军，与质水陆俱下。左军将军薛安都与爽相遇，刺杀之，传首建邺。进平寿阳，子弟并伏诛。

薛安都，河东汾阴人也。世为强族，族姓有三千家，父广，为宗豪。宋武帝定关、河，以为上党太守。安都少以勇闻，身长七尺八寸，便弓马。仕魏以军功为雍州、秦州都统。元嘉二十一年来奔，求北还，构扇河、陕。文帝许之。孝武镇襄阳，板为北弘农太守。魏军渐强，安都乃归襄阳。二十七年，随王诞板安都为建武将军，随柳元景向关、陕，率步骑居前，所向克捷。后孝武伐逆，安都领马军，与柳元景俱发。孝武践阼，除右军将军，率所领骑为前锋，直入殿庭。以功封南乡县男。安都初征关、陕，至白口，梦仰视天，见天门开，谓左右曰："汝等见天门开不？"至是叹曰："梦天门开，乃中兴之象邪？"

从弟道生亦以军功为大司马参军，犯罪，为秣陵令庾淑之所鞭。安都大怒，即日乃乘马从数十人，令左右执矟，欲往杀淑之。行至朱雀航，逢柳元景，遥问曰："薛公何之？"安都跃马至车后，曰："小子庾淑之鞭我从弟，今指往刺杀之。"元景虑其不可，驻车绐之曰："小子无宜适，卿往与手甚快。"安都既回马，元景复呼之，令下马入车，因让之曰："卿从弟服章言论与寒细不异，且人身犯罪，理应加罚。卿为朝廷勋臣，云何放恣，辄于都邑杀人？非惟科律所不容，主上亦无辞相宥。"因载俱归，安都乃止。其年以悍直免官。孝建元年，除左军将军。及鲁爽反叛，遣安都及沈庆之济江。安都望见爽，便跃马大呼，直往刺之，应手倒。左右范双斩爽首。爽世枭猛，咸云万人敌，安都单骑直入斩之而反，时人皆云关羽斩颜良不是过也。进爵为侯。时王玄谟拒南郡王义宣、臧质于梁山，安都复领骑为支军。义宣遣将刘谌之及臧质攻玄谟。玄谟命众军击之，使安都引骑出贼阵右横击陷之，贼遂大溃。转太子右卫率。

大明元年，魏军向无盐，遣安都领马军，东阳太守沈法系统水军，并受徐州刺史申坦节度。时魏军已去，坦求回军讨任榛，见许。会天旱，水泉多竭，人马疲困，不能远追。安都、法系白衣领职，坦系尚方。任榛大抵在任城界，积世遁叛，所聚棘榛深密，难为用师，故能久自保藏，屡为人患。安都明年复职，改封武昌县侯。景和元年，为平北将军、徐州刺史，加都督。

明帝即位，安都举兵同晋安王子勋。时安都从子索儿在都，明帝以为左军将军、直阁，安都将为逆，遣报之，又遣人至瓜步迎接。时右卫将军柳光世亦与安都通谋，二人俱逃，携安都诸子及家累席卷北奔。青州刺史沈文秀、冀州刺史崔道固并皆同反。明帝遣齐高帝率前将军张永等北讨，所至奔散，斩薛索儿。

时武卫将军王广之领军隶刘勔，攻殷琰于寿阳，道固部将傅灵越为广之军人所禽，厉声曰："我傅灵越也，汝得贼何不即杀？"时生送诣勔，勔躬自慰劳，诘其叛逆。对曰："九州唱义，岂独在我？"勔又问："卿何不早归天阙，乃逃命草间？"灵越曰："薛公举兵淮北，威震天下，不能专任智勇，委付子侄，致败之由，实在于此。人生归于一死，实无面求活。"勔壮其意，送还建邺。明帝欲加原宥，灵越辞对如一，终不回改，乃杀之。灵越，清河人也。

子勋平定，安都遣别驾从事史毕众爱、下邳太守王焕等奏启事诣明帝归款。索儿之死也，安都使柳光世守下邳，至是亦率所领归降。帝以四方已平，欲示威于淮外，遣张永、沈攸之重军迎安都，惧不免罪，遂降魏。

深，安都从子也。本名道深，避齐高帝偏讳改焉。安都以彭城降魏，亲族皆入北。高帝镇淮阴，深遁来，委身自结于高帝。果干有气力。宋元徽末，以军功至骁骑将军、军主，封竟陵侯。沈攸之之难，齐高帝入朝堂，豫章王嶷代守东府，使深领军屯司徒右府，分备建邺。袁粲据石头，豫章王嶷夜登西门遥呼深，深惊起，率军赴难。高帝即位，除淮阴太守，寻为直阁将军，转太子左率。武帝即位，迁左卫将军。隆昌元年，为司州刺史、右将军，卒。

邓琬，字元琰，豫章南昌人也。父胤之，宋孝武征虏长史、光禄勋。

孝武起义初，琬为南海太守，以弟琼与臧质同逆，远徙，仍停广州，久之得还。历位丹阳丞。大明七年，车驾幸历阳，追思在蕃之旧，擢琬为给事黄门侍郎。明年，出为晋安王子勋镇军长史、寻阳内史，行江州事。

前废帝以文帝、孝武并次居第三，以登极位。子勋次第既同，深致嫌疑，因何迈之谋，乃遣使赍药赐死。使至，子勋典签谢道遇、主帅潘欣之、侍书褚灵嗣等驰以告琬，泣涕请计。琬曰："身南土寒士，蒙先帝殊恩，以爱子见托，当以死报效。"景和元年冬，子勋戎服出厅事宣旨，欲举兵，四坐未答。录事参军陶亮曰："请效死前驱。"众并奉旨。会明帝定乱，进子勋号车骑将军、开府仪同三司。令书至，诸佐史并喜造琬曰："暴乱既除，殿下又开黄阁，实为公私大庆。"琬以子勋次第居三，又以寻阳起事，有符孝武，理必万克。乃取令书投地曰："殿下当开端门，黄阁是吾徒事耳！"众并骇愕。

琬与陶亮等缮甲器，征兵四方。郢州刺史安陆王子绥、荆州刺史临海王子顼、会稽太守寻阳王子房、雍州刺史袁顗、梁州刺史柳元怙、益州刺史萧惠开、广州刺史袁昙远、徐州刺史薛安都、青州刺史沈文秀、冀州刺史崔道固、湘州行事何慧文、吴郡太守顾琛、吴兴太守王昙生、晋陵太守袁标、义兴太守刘延熙并同叛逆。琬乃建牙于桑尾，传檄建邺，购明帝万户侯，布绢二万匹，金银五百斤，其余各有差。明帝遣荆州典签邵宰乘驿还江陵，经过襄阳。袁顗驰书报琬，劝勿解甲，并奉劝子勋即伪位。琬乃称说符瑞，令顾昭之撰为《瑞命记》。造乘舆御服，立宗庙，设坛场，矫作崇宪太后玺令，群僚上伪号于子勋。泰始二年正月七日，即位于寻阳城。改景和三年为义嘉元年。其日云雨晦合，行礼忘称万岁。取子勋所乘车除脚以为辇，置伪殿之西，其夕有鸠栖其中，鸦集其幌，又有秃鹫鸟集城上。拜安陆王子绥为司徒，因雷电晦冥，震其黄阁柱，鸱尾堕地。又有鸱栖其帐上。琬性鄙暗，贪吝过甚，财货酒食，皆身自量校。至是父子并卖官鬻爵，使婢仆出市道贩卖，酣歌博弈，日夜不休。宾客到门者，历旬不得前。内事悉委褚灵嗣等三人，群小竞为威福，士庶忿怨，内外离心矣。

明帝遣领军将军王玄谟领水军南讨，吴兴太守张永为继。尚书下符："奉诏以四王幼弱，不幸陷难，兵交之日，不得妄加侵犯。若有逼损，诛夷无贷。"

琬遣孙冲之等前锋一万据赭圻，冲之于道与子勋书，欲沿流挂帆，直取白下，请速遣陶亮众军相接，分据新亭。

亮本无干略，闻建安王休仁自上，殷孝祖又至，不敢进。及孝祖中流矢死，沈攸之代为前锋，冲之谓陶亮曰："孝祖枭将，一战便死，天下事定矣，不须复战。便当直取京都。"亮不从。明帝遣员外散骑侍郎王道隆至赭圻督战，众军奋击，大破之。琬又遣豫州刺史刘胡来屯鹊尾。胡宿将，攸之等甚惮之。胡乡人蔡那、佼长生、张敬儿各领军隶攸之在赭圻，胡因与那等共语。那等说令归顺。胡回军入鹊尾，无他权略。建安王休仁自武槛进据赭圻，时胡等兵众强盛，远近疑惑。明帝欲绥慰人情，遣吏部尚书褚彦回至武槛，选用将帅以下。申谦、杜幼文因此求黄门，沈怀明、刘亮求中书郎。建安王休仁即使彦回拟选，上不许，曰："忠臣殉国，不谋其报，临难以干朝典，岂为下之节？"沈攸之等与刘胡相持久不决，上又遣强弩将军任农夫等领兵继至。攸之缮修船舸，板材不周，计无所出。会琬送五千片榜供胡军用，俄而风潮奔迅，榜突栅出江，胡等力不能制，趁流而下，泊攸之等营，于是材板大足。

琬进袁顗都督征讨诸军事，率楼船千艘来入鹊尾。张兴世建议越鹊尾上据钱溪，断其粮道。胡累攻之不能克，乃遣龙骧将军陈庆领三百舸向钱溪，戒庆不须战。陈庆至钱溪不敢攻，越溪于梅根立砦。胡别遣将王起领百舸攻兴世，击大破之，胡率其余舸驰还。顗更使胡攻兴世。休仁因此命沈攸之、吴喜、佼长生、刘灵遗、刘伯符等进攻浓湖，造皮舰千乘，拔其营栅，苦战移日，大破之。顗被攻急，驰信召胡令还。张兴世既据钱溪，江路阻断，胡军乏食。琬大送资粮，畏兴世不敢下。胡遣将迎之，为钱溪所破，夜走径趣梅根。顗闻胡走，亦弃众西奔，至青林见杀。

琬惶扰无计，时张悦始发兄子浩丧，乃称疾呼琬计事，令左右伏甲戒之，若闻索酒便出。琬至，谋斩晋安王，封府库以谢罪。悦曰："宁可卖殿下求活邪？"因呼求酒，再呼，左右震慑不能应，第二子询提刀出，余人续至，即斩琬。悦因赍琬首诣建安王休仁降。蔡那子道深以父为明帝效力。被系作部，因乱脱锁入城，执子勋囚之。

沈攸之诸军至江州，斩子勋于桑尾牙下，传首建邺。刘胡走入沔，竟陵国丞陈怀直，宪子也，断道邀之。胡人马既疲困，因随怀直入城，告渴得酒，饮酒毕，引佩刀自刺不死，斩首送建邺。张兴世弟僧岱追杀怀直，取胡首，窃有其功。荆州闻浓湖平，更议奉子顼奔益州就萧惠开。典签阮道预、邵宰不同，曰："虽复欲西，岂可得至。"遣使归罪。荆州中从事宗景、土人姚俭等勒兵入城，执子顼以降。

刘胡，南阳涅阳人也，本以面坳黑似胡，故名坳胡，及长，单名胡焉。出身郡将，稍至队主。讨伐诸蛮，往无不捷。蛮甚畏惮之。明帝即位，除越骑校尉。蛮畏之，小儿啼，语云"刘胡来"，便止。

宗越，南阳叶人也。本为南阳次门。安北将军赵伦之镇襄阳，襄阳多杂姓，越更被黜为役门。出身补郡吏。父为蛮所杀，越于市中刺杀仇人。太守夏侯穆嘉其意，擢为队主。蛮有为寇盗者，常使越讨伐，往辄有功。家贫无以市马，刀楯步出，单身挺战，众莫能当。每一捷，郡将辄赏钱五千，因此得买马。元嘉二十四年，启文帝求复次门，

移户属冠军县，许之。二十七年，随柳元景侵魏，领马幢隶柳元怙，有战功，还补后军参军督护，随王诞戏之曰："汝何人，遂得我府四字？"越答曰："佛狸未死，不忧不得谘议参军。"诞大笑。孝武即位，以为江夏王义恭大司马行参军、济阳太守。臧质、鲁爽反，朝廷致讨，越战功居多，追奔至江陵。时荆州刺史朱修之未至，越多所诛戮，又逼略南郡王义宣子女，坐免官，系尚方，寻被宥。追论前功，封范阳县子。大明三年，为长水校尉。竟陵王诞据广陵反，越领马军隶沈庆之攻诞。及城陷，孝武使悉杀城内男丁。越受旨行诛，躬临其事，莫不先加捶挞，或有鞭其面者，欣欣然若有所得，凡杀数千人。改封始安县子。

前废帝景和元年，进爵为侯，召为游击将军、直阁，领南济阴太守，改领南东海太守。帝凶暴无道，而越、谭金、童太一并为之用命，诛戮群公及何迈等，莫不尽心竭力，故帝凭其爪牙，无所忌惮。赐与越等美女金帛，充牣其家。越等武人粗强，识不及远，感一往意气，皆无复二心。帝时南巡，明旦便发，其夕悉听越等出外宿，明帝因此定乱。明晨越等并入，被抚接甚厚。越改领南济阴太守，本官如故。越等既为废帝尽心，虑明帝不能容之。上接待虽厚，内并怀惧。上意亦不欲使其居中，从容谓曰："卿遭离暴朝，勤劳日久，兵马大郡，随卿等所择。"越等素已自疑，及闻此旨，皆相顾失色。因谋作难，以告沈攸之，攸之具白帝，即日下狱死。

越善立营阵，每数万人止顿，自骑马前行，使军人随其后，马止营合，未尝参差。及沈攸之代殷孝祖为南讨前锋，时孝祖新死，众心并惧。攸之叹曰："宗公可惜，故有胜人处。"而性严酷，好行刑诛，时王玄谟御下亦少恩，将士为之语曰："宁作五年徒，不逐王玄谟，玄谟犹尚可，宗越更杀我。"

谭金在魏时，与薛安都有旧，出新野居牛门村。及安都归国，金常随征讨，副安都，排坚陷阵，气力兼人。孝建三年，为屯骑校尉、直阁，领南清河太守。景和元年，前废帝诛群公，金等并为之用，封金平都县男，童太一宜阳县男，沈攸之东兴县男。越州里又有武念、佼长生、曹欣之、蔡那并以将帅显。武念位至南阳太守、长生宁蛮校尉，曹欣之骁骑将军。蔡那见子《道恭传》。

吴喜，吴兴临安人也。本名喜公，明帝减为喜。出身为领军府白衣吏。少知书，领军将军沈演之使写起居注，所写既毕，暗诵略皆上口。演之尝作让表，未奏失本，喜经一见，即写无所漏脱。演之甚知之。因此涉猎《史》、《汉》，颇见古今。演之门生朱重人入为主书，荐喜为主书吏，进为主图令史。文帝尝求图书，喜开卷倒进之，帝怒遣出。会太子步兵校尉沈庆之征蛮，启帝请喜自随，为孝武所知。稍迁至河东太守、殿中御史。

明帝即位，四方反叛，喜请得精兵三百致死於东。帝大悦，即假建武将军，简羽林勇士配之。议者以喜刀笔吏，不尝为将，不可遣。中书舍人巢尚之曰："喜随沈庆之累经军旅，性既勇决，又习战阵，若能任之，必有成绩。"喜乃东讨。

喜在孝武世既见驱使,性宽厚,所至人并怀之。及东讨,百姓闻吴河东来,便望风降散,故喜所至克捷。迁步兵校尉,封竟陵县侯。东土平定,又率所领南讨,迁寻阳太守。泰始四年,改封东兴县侯,除右军将军、淮阳太守,兼太子左卫率。五年,转骁骑将军,太守、兼率如故。其年,大破魏军于荆亭。六年,又率军向豫州拒魏军,加都督豫州诸军事。明年还建邺。

初,喜东征,白明帝得寻阳王子房及诸贼帅即于东枭斩。东土既平,喜见南贼方炽,虑后翻复受祸。乃生送子房还都。凡诸大主帅顾琛、王昙生之徒皆被全活。上以喜新立大功,不问而心衔之。及平荆州,恣意剽房,赃私万计。又尝对客言汉高、魏武本是何人。上闻之益不悦。后寿寂之死,喜内惧,因乞中散大夫。上尤疑之。及上有疾,为身后之虑,疑其将来不能事幼主,乃赐死。上召入内殿,与言谐酬接甚款,赐以名馔并金银御器。敕将命者勿使食器宿喜家。上素多忌讳,不欲令食器停凶祸之室故也。及喜死,发诏赙赠,子徽人袭。

黄回,竟陵郡军人也。出身充郡府杂使,稍至传教。臧质为郡,转为斋帅。及去职,以回自随。质讨元凶,回随从有功,免军户。后随质于梁山败走,被录,遇赦,因下都。于宣阳门与人相打,诈称江夏王义恭马客,被鞭二百,付右尚方。会中书舍人戴明宝被系,差回为户伯。奉事明宝,竭心尽力,明宝寻得原敕,委任如初,启免回以领随身队统,知宅及江西墅事。性巧,触类多能,明宝甚宠任之。

回拳捷果劲,勇力兼人,在江西与诸楚子相结,屡为劫盗。会明帝初即位,四方反叛,明宝启帝使回募江西楚人,得快手八百,隶刘勔西讨。累迁至将校,以功封葛阳县男。元徽初,桂阳王休范为逆,回以屯骑校尉领队隶齐高帝,于新亭创诈降之计。回见休范可乘,谓张敬儿曰:"卿可取之,我誓不杀诸子。"敬儿即日斩休范。事平,进爵为侯,改封闻喜县。四年,迁冠军将军、南琅邪、济阳二郡太守。建平王景素反,回又率军前讨。城平之日,回军先入。又以景素让张倪奴。

明年迁右卫将军。沈攸之反,以回为平西将军、郢州刺史,率众出新亭为前锋,未发而袁粲据于石头,不从齐高帝。回与新亭诸将任候伯、彭文之、王宜兴等谋应粲,攻高帝于朝堂。事既不果,高帝抚之如旧。回与宜兴素不协,斩之。宜兴,吴兴人也,形状短小而果劲有胆力,少年时为劫不须伴,郡县讨逐,围绕数十重,终莫能擒。尝舞刀楯,回使十余人以水交洒不能著。明帝泰始中为将,在寿阳间与魏战,每以少制多,挺身深入。以平建平王景素功,封长寿县男。至是为屯骑校尉,见杀。回进军未至郢州而沈攸之败走。回不乐停郢州,固求南兖,遂率部曲辄还,改封安陆郡公,徙南兖州刺史,加都督。

齐高帝以回专系,终不附己,乃使召之。及上车,爱姜见赤光冠其头至足,苦止不肯住。及至见诛。回既贵,祗事戴明宝甚谨。言必自名,未尝敢坐,躬至帐下,及入内料检有无,随乏供送,以此为常。

回同时为将有南郡高道庆,凶险暴横,求欲无已,有失其意者,辄加捶拉,往往有死者。朝廷畏之如虎狼。齐高帝与袁粲等议,收付廷尉赐死。

论曰:凶人之济其身业,非世乱其莫由焉。鲁爽以乱世之请,而行之于平日,其取败也宜哉。安都自致奔亡,亦为幸矣。邓琬以乱济乱,终致颠陨。宗越岿崇恶盈,旋至夷戮,各其职也。吴喜以定乱之功,劳未酬而祸集;黄回以助顺之志,福未验而灾生,唯命也哉!

卷四十一　　　列传第三十一

齐宗室

衡阳元王道度　始安贞王道生　始安王遥光　曲江公遥欣　子几　安陆昭王缅　新吴侯景先　南丰伯赤斧　子颖胄　颖达　衡阳公谌　临汝侯坦之

衡阳元王道度,齐高帝长兄也。始与高帝俱受学于雷次宗,宣帝问次宗二子学业,次宗答曰:"其兄外朗,其弟内润,皆良璞也。"仕宋位安定太守,卒。齐建元元年,高帝追加封谥。无子,高帝以第十一子钧继。

钧,字宣礼,年五岁,所生区贵人病,便加惨悴,左右依常以五色饼饴之,不肯食,曰:"须待姨差。"年七岁,出继衡阳元王,见高帝,未拜,便涕泗横流。高帝执其手曰:"伯叔父犹父,勿怨。所以令汝出继,以汝有意,堪奉蒸尝故耳。"即敕外如先给通幢车、雉尾扇等,事事依正王。区贵人卒,居丧尽礼。服阕,当问讯武帝,尪羸骨立,登车三上不能升,乃止。典签董道人具以闻,武帝即幸钧邸,见之怆然,还谓褚蓁曰:"昨见衡阳,犹奇毁损,卿可数相抚悦。"先是贵人以华钗厨子,并翦刻锦绣中倒炬凤皇莲芰星月之属赐钧,以为玩弄。贵人亡后,每岁时及朔望,辄开视,再拜鲠咽,见者皆为之悲。

性好学,善属文,与琅邪王智深以文章相会,济阳江淹亦游焉。武帝谓王俭曰:"衡阳王须文学,当使华实相称,不得止取贵游子弟而已。"乃以太子舍人萧敷为文学。

钧常手自细书写《五经》,部为一卷,置于巾箱中,以备遗忘。侍读贺玠问曰:"殿下家自有坟素,复何须蝇头细书,别藏巾箱中?"答曰:"巾箱中有《五经》,于检阅既易,且一更手写,则永不忘。"诸王闻而争效为巾箱《五经》,巾箱《五经》自此始也。居身清率,言未尝及时事。会稽孔珪家起园,列植桐柳,多构山泉,殆穷真趣,钧往游之。珪曰:"殿下处朱门,游紫闼,讵得与山人交邪?"答曰:"身处朱门,而情游江海;形入紫闼,而意在青云。"珪大美之。吴郡张融清抗绝俗,虽王公贵人,视之憯如也，唯雅重钧，谓从兄绪曰："衡阳王飘飘有凌云气，其风情素韵，弥足可怀，融与之游，不知老之将至。"见赏如此。

历位秘书监。延兴元年，为明帝所杀。明帝立，以永阳王子珉仍本国继元王为孙。

子珉，字云玙，武帝第二十子也。初封义安郡王，后改永阳。永泰元年见害，复以武陵昭王晔子子坦奉元王后。

始安贞王道生，字孝伯，高帝次兄也，仕宋位奉朝请，卒。高帝即位，追加封谥，三子：长凤，次鸾，是为明帝；次缵，是为安陆昭王。凤，字景慈，仕宋位正员郎，卒，高帝即位，谥靖世子。建武元年，明帝追尊道生为景皇，妃江氏为后，立寝庙于御道西，陵曰修安。追封凤始安靖王，改华林凤庄门为望贤门，太极东堂画凤鸟，题为神鸟，而改鸾鸟为神雀。子遥光嗣。

始安王遥光，字元晖，生而躄疾，高帝谓不堪奉拜祭祀，欲封其弟，武帝谏，乃以遥光袭爵。位中书郎。

明帝辅政，诛赏诸事，唯与遥光共谋议，劝明帝并杀高、武诸子弟，见从。建武元年，为扬州刺史。三年，进号抚将军。好事有，颇多惨害。足疾不得同朝列，常乘舆自望贤门入。每与明帝久清闲言毕，帝索香火，明日必有所诛。太子不悦学，唯曼游是好，朝议令蔡仲熊为太子讲礼，未半，遥光从容曰："文义之事，此是士大夫以为伎艺欲求官耳。皇太子何用讲为？"上以为然，乃停讲。永泰元年，即本号为大将军，给油络车。帝不豫，遥光数入侍疾，帝疾渐甚，河东王铉等十王一夕见杀，遥光意也。帝崩，遗诏加遥光侍中、中书令，给扶。永元元年，给班剑二十人，即本号开府仪同三司。

遥光多忌，人有饷履者，以为戏己，大被嫌责。刘绘尝为笺云："智不及葵。"亦以忤旨。既辅东昏，潜结江祏兄弟，谋自树立。弟遥欣在荆楚，拥兵居上流，密相影响。遥光当据东府号令，使遥欣急下，潜谋将发，而遥欣病死。江祏被诛，东昏召遥光入殿，告以祏罪。遥光惧，还省便阳狂号哭，自此称疾不复入台。先是遥光行还入城，风飘仪缴出城外。遥光弟遥昌，先卒寿春，豫州部曲，皆归遥光。及遥欣丧还，葬武进，停东府前渚，荆州众力送者甚盛。东昏诛江祏后，虑遥光不自安，欲转为司徒还第，召入喻旨。遥光虑见杀，收集荆、豫二州部曲于东府门，众颇怪其异，莫知其指趣也。遥光召亲人丹阳丞刘沨及城局参军刘晏、中兵参军曹树生等，并诸伧楚，欲以讨刘暄为名，夜遣数百人破东冶出囚，尚方取仗。又召骁骑将军垣历生。历生随信至，便劝遥光令率城内兵，夜攻台，幷获烧城门，曰："公但乘舆随后，反掌可得。"遥光意疑不敢出。天稍晓，遥光戎服至听事，停舆处分，上仗登城行赏赐，历生复劝出军，遥光不肯，望台内自变。

及日出，台军稍至，于是戒严，赦都下。领军萧坦之屯湘宫寺，镇军司马曹武屯青溪大桥，太子右率左兴盛屯东府东篱门，众军围东城。遥光遣垣历生从西门出战，台军屡北，杀军主桑天爱。初，遥光问谘议参军萧畅，畅正色拒不从。既而畅与抚军长史沈昭略奔台，人情大沮。又垣历生从南门出战，为曹武所禽，谓武曰："卿以主上为圣明，梅、茹为贤相者，则我当死。且我今死，卿明亦死。"遂杀之。遥光闻历生见获，大怒，于床上自竦踊，使杀历生儿。其晚台军射火箭烧东北角楼，至夜城溃。遥光还小斋，令人反拒，左右并逾屋出。台军主刘国宝、时当伯等先入，遥光闻外兵至，吹灭火，扶匐下床，军人排閤入，斩之。

遥光举事四日而卒。举事之夕月蚀，识者以月为大臣，蚀而既，必灭之道。未败之夕，城内皆梦群蛇缘城四出，各共说之，咸以为异。台军入城，焚屋宇且尽。

遥光幼时甚贞正，明帝倾意待之。东昏为儿童时，明帝使与遥光共斋居止，呼遥光为安兄，恩情甚至。及遥光诛后，东昏登旧宫土山望东府，怆然呼曰："安兄！"乃呜咽，左右不忍视，见思如此。天下知名之士刘沨、沨弟濂、陆闲、闲子绛、司马端、崔庆远皆坐诛。

曲江公遥欣，字重晖，始安王遥光弟也。宣帝兄西平太守奉之无后，以遥欣继为曾孙。遥欣髫龀中便巍然，明帝谓江祏曰："遥欣虽幼，观其神采，殊有局干，必成令器，未知年命何似耳。"安陆昭王缵曰："不患其兄弟不富贵，但恐缵不及见耳。"言之惨然而悲。

始年七岁出斋时，有一左右小儿，善弹飞鸟，无不应弦坠落。遥欣谓曰："凡戏多端，何急弹此，鸟自空中翔飞，何关人事？无趣杀此生，亦复不急。"左右感其言，遂不复弹鸟。时少年通好此事，所在遂止。年十五六，便博览经史。弱冠拜中书郎。明帝入辅，遥欣与始安王遥光等参预政事，凡所谈荐，皆其人。由是朝野辐凑，轩盖盈门。延兴元年，明帝以遥欣为兖州刺史。时丰城公遥昌亦出镇寿春，帝于便殿密宴，始安王遥光亦在座，帝惨然谓遥欣曰："昭王云'不患汝兄弟不富贵，而言不及见'，如何！"因悲恸不自胜，君臣皆呜咽，侍者雨泪。及泊欧阳岸，忽谓左右曰："比何都不见弹？"左右云："有门生因弹见勋，遂以此废，所在皆比。"遥欣笑曰："我小儿时聊复语耳，那复遂断邪？"

建武元年，进号西中郎将，封闻喜县公，迁荆州刺史，加都督，改封曲江公。明帝子弟弱小，晋安王宝义有废疾，故以遥光为扬州，居中，遥欣居陕西，在外，威权并在其门。遥欣好勇，聚畜武士，以为形援。永泰元年，诏遥欣以本官领雍州刺史、宁蛮校尉，移州镇襄阳。魏军退，不行。卒，赠司空，谥康公，葬用王礼。

子幾，字德玄，年十岁便能属文。早孤，有弟九人，并幼，幾恩爱笃睦，闻于朝廷。性温和，与物无竞。清贫自立，好学，善草隶书。湘州刺史杨公则，曲江公故吏也，每见幾，谓人曰："康公此子，可谓桓灵宝重出。"及公则卒，幾为之诔，时年十五。沈约见而奇之，谓其舅蔡撙曰："昨见贤甥杨平南诔文，不减希逸之作，始验康公积善之庆。"位中书侍郎、尚书左丞。末年专尚释教。为新安太守，郡多山水，特其所好，适性游履，遂为之记。卒于官。子清，亦有文才，位永康令。

遥欣弟遥昌,字季晖,建武元年,封丰城县公,位豫州刺史,卒,谥宪公。

安陆昭王缅,字景业,善容止。仕宋位中书郎。建元元年,封安陆侯,为五兵尚书。出为吴郡太守,政有能名。竟陵王子良与之书曰:"窃承下风,数十年来,姑苏未有此政。"武帝嘉其能,累迁宁蛮校尉、雍州刺史,加都督。缅留心辞讼,人人呼至案前,亲自顾问,有不得理者,勉喻之,退皆无恨,为百姓所畏爱。及卒,丧还,百姓缘沔水悲泣设祭,于岘山为立祠。谥曰昭侯。明帝少相友爱,时为仆射,领卫尉,表求解职,私第展哀,诏不许。每临缅灵,辄恸绝,哭不成声。建武元年,赠司徒、安陆王。

子宝晊嗣,永元元年,改封湘东王。东昏废,宝晊望物情归己,坐待法驾,既而城内送款于梁武帝。宣德太后临朝,拜太常,不自安。谋反,及弟江陵公宝览、霄城公宝宏皆伏诛。

新吴侯景先,高帝从子也。祖爱之,员外郎。父敬宗,始兴王国中军。景先少孤,有至性。随母孔氏,为舅氏鞠养。高帝嘉之,常相提携。及镇淮阴,以景先领军主自随,防卫城内,委以心腹。武帝为广兴郡,启高帝求景先同行,除武帝宁朔府司马,自此常相随逐。建元元年,为太子左卫率,封新吴县伯,甚见委任,势倾天下。景先本名道先,乃改为景先,以避上讳。

初,武帝少年,与景先共车,行泥路,车久故坏,至领军府西门,车辕折,俱狼狈。景先谓帝曰:"两人脱作领军,亦不得忘今日艰辛。"及武帝践阼,诏以景先为兼领军将军。拜日,羽仪甚盛,倾朝观瞩。拜还,未至府门,中诏:"相闻领军,今日故当无折辕事邪?"景先奉谢。景先事上尽心,故恩宠特密。初西还,上坐景阳楼召景先语,故旧唯豫章王一人在席而已。转中领军。车驾射雉郊外,景先常甲仗从,廉察左右。寻进爵为侯。

始升明中,沈攸之于荆州举兵,武帝时镇江州盆城,景先夜乘城,忽闻堑中有小儿呼萧丹阳,未测何人,声声不绝。试问谁,空中应云:"贼寻当平,何事严防?"语讫不复言。即穷讨之,了不见。明旦以白帝,帝曰:"攸之自无所至,焉知汝后不作丹阳尹?"景先曰:"宁有作理。"寻而攸之首至。及永明三年,诏以景先为丹阳尹,谓曰:"此授欲验往年盆城堑空中言耳。"后假节、司州诸军事。卒,谥曰忠侯。

子毅,位北中郎司马。性奢豪,好弓马,为明帝所疑忌。王晏事败,并陷诛之。

南丰伯赤斧,高帝从祖弟也。祖隆子,卫军录事参军。父始,冠军中兵参军。

赤斧以和谨为高帝所知。高帝辅政,为黄门侍郎、淮陵太守。顺帝逊位,于丹阳故所立宫,上令赤斧辅送,至因留防卫,薨乃还。后为雍州刺史,在州不营产利,勤于奉公。迁散骑常侍、左卫将军。武帝亲遇,与萧景先相比。封南丰县伯,迁给事中、太子詹事,卒。家贫无绢为衾,

武帝闻之,愈加愧惜,谥懿伯。子颖胄袭爵。

颖胄,字云长,弘厚有父风。起家秘书郎。高帝谓赤斧曰:"颖胄轻朱被身,觉其趋进转美,足慰人意。"迁太子舍人。遭父丧,感脚疾,数年然后能行,武帝有诏慰勉之,赐以医药。除竟陵王司徒外兵参军,晋熙王文学。

颖胄好文义,弟颖基好武勇。武帝登烽火楼,诏群臣赋诗,颖胄诗合旨。上谓颖胄曰:"卿文弟武,宗室便不乏才。"上以颖胄勋戚子弟,自中书郎除左军将军,知殿内文武事,得入便殿。出为新安太守,吏人怀之。后除黄门郎,领四厢直。迁卫尉。

明帝废立,颖胄从容不为同异,乃引颖胄预功。建武二年,进爵为侯,赐以常所乘白牻牛。明帝每存俭约,欲铸坏太官元日上寿银酒鎗,尚书令王晏等咸称盛德,颖胄曰:"朝廷盛礼,莫过三元,此一器既是旧物,不足为侈。"帝不悦。后预曲宴,银器满席,颖胄曰:"陛下前欲坏酒鎗,恐宜移在此器也。"帝甚惭。

后为庐陵王后军长史、广陵太守,行南兖州府州事。是年,魏扬声当饮马长江,帝惧,敕颖胄移居人入城,百姓惊恐,席卷欲南度,颖胄以魏军尚远,不即施行,魏军亦寻退。仍为南兖州刺史,加都督。和帝为荆州,以颖胄为西中郎长史、南郡太守,行荆州府事。时江祏专执朝权,此行由祏,颖胄不平,曰:"江公荡我辈出。"

东昏侯诛戮群公,委任厮小,崔、陈败后,方镇各怀异计。永元二年十月,尚书令临湘侯萧懿及弟卫尉畅见害,先遣辅国将军刘山阳就颖胄兵袭梁武帝。帝时为雍州刺史,将起兵,虑颖胄不同,遣颖胄家人王天武诣江陵,声云山阳西上,并袭荆、雍,书与颖胄,劝同举兵,颖胄意犹未决。初,山阳出南州,谓人曰:"朝廷以白虎幡追我,亦不复还矣。"席卷妓妾,尽室西行。至巴陵,迟回十余日不进。梁武帝复遣天武赍书与颖胄,设奇略以疑之。是时或云山阳谋杀颖胄,以荆州同举。山阳至,果不敢入城。颖胄计无所出,夜遣钱唐人朱景思呼西中郎城局参军席阐文、谘议参军柳忱闭斋定议。阐文曰:"萧雍州畜养士马,非复一日。江陵素畏襄阳人,人众又不敌,取之不可必制,制之,岁寒复不为朝廷所容。今若杀山阳,与雍州举事,立天子以令诸侯,霸业成矣。山阳持疑不进,是不信我,今斩送天武,则彼疑可释。至而图之,罔不济矣。"忱亦劝焉。颖胄乃斩天武,以示山阳。山阳大喜,轻将步骑数百到州,阐文勒兵斩之,传首于梁武。东昏闻山阳死,发诏讨荆、雍。颖胄有器局,既唱大事,众情归之。长沙寺僧铸黄金为龙,数千两埋土中,历相传付,称为下方黄铁,颖胄因取此龙,以充军实。乃叹曰:"往年江祏斥我,至今始知祸福之无门也。"十二月,移檄建邺。

三年正月,和帝为相国,颖胄为左长史,进号镇军将军,于是始选用方伯。梁武屡表劝和帝即尊号,颖胄使别驾宗夬撰定礼仪。上尊号、改元。于江陵立宗庙南北郊。州府城门,悉依建康宫,置尚书五省,以城南射堂为兰台,南郡太守为尹。建武中,荆州大风雨,龙入柏斋中,柱壁上有爪足处,刺史萧遥欣恐畏,不敢居之,至是以为嘉福殿。中兴元年三月,颖胄为侍中、尚书令、监八州军事、

荆州刺史，留卫西朝。以弟颖达为冠军将军。及杨公则等率师随梁武围郢城，颖达会军于汉口，与王茂、曹景宗等攻陷郢城。梁武进漂州，使与曹景宗破东昏将李居士。又从下东城。

初，梁武之起也，巴东太守萧惠训子璝、巴西太守鲁休烈弗从，举兵侵荆州，败辅国将军任漾之于峡口，颖胄遣军拒之，而梁武已平江、郢，围建康。时颖胄辅帝王，有安重之势。素能饮酒，唊白肉脍至三斗。自以职居上将，不能拒制璝等，忧愧发疾而卒。州中秘之，使似其书者假为教命。时梁武围建康，住石头，和帝密诏报颖胄凶问，亦秘不发丧。及建康平，萧璝亦众惧而溃，和帝乃始发丧，诏赠颖胄丞相，前后部羽葆、鼓吹，班剑三十人，辒辌车，黄屋左纛。梁天监元年，追封巴东郡公。丧还，武帝车驾临哭渚次，葬依晋王导、齐豫章王故事。谥曰献武。

弟颖达，少好勇使气。颖胄齐建武末行荆州事，颖达亦为西中郎外兵参军，俱在西府。齐季多难，颇不自安，因与兄颖胄举兵。颖达弟颖孚，自建邺为庐陵人修景智潜引，与南归。颖孚缘山逾嶂，仅免。道中绝粮，后因食过饱而卒。建康平，梁武帝以颖达为前将军、丹阳尹。及受禅，赠颖孚右卫将军，封颖达作唐侯，位侍中、卫尉卿。出为豫章内史，意甚愤愤。未发前，预华林宴，酒后于座辞气不悦。沈约因劝酒，欲以释之。颖达大骂约曰："我今日形容，正是泥老鼠所为，何忽复劝我酒！"举坐惊愕。帝谓之曰："汝是我家阿五，沈公宿望，何意轻脱。若以法绳汝，汝复何理？"颖达竟无一言，唯大涕泣，帝心愧之。未几，迁江州刺史。少时，悬瓠归化，颖达长史沈瑀等苛刻，为盗所害，众颇疑颖达，或传谋反。帝遣直阁将军张豹子称江中讨盗，实使防之。颖达知朝廷之意，唯饮酒不知州事。后卒于左卫将军，谥康侯。

子敏嗣，位新安太守，好射雉，未尝在郡，辞讼者迁于畎焉。后张弩损腰而卒。

第七子敳，太清初，为魏兴太守。梁州刺史、宜丰侯循以为府长史。梁州有古墓名曰"尖冢"，或云张骞坟，欲有发者，辄闻鼓角与外相拒，椎埋者惧而退。敳谓无此理，求自监督。及开，唯有银镂铜镜方尺。敳时居母服，清谈所贬。

衡阳公谌，字彦孚，高帝绝服族子也。祖道清，员外郎。父仙伯，桂阳国下军。

宋元徽末，武帝在郢，欲知都下消息，高帝遣谌就武帝宣传谋计，留为腹心。升明中，为武帝中军刑狱参军、南东莞太守，以劳封安复县男。建元初，武帝在东宫，谌领宿卫。高帝杀张景真，武帝令谌启乞景真命，高帝不悦，谌惧而退。武帝即位，除步兵校尉、南兰陵太守，领御仗主，斋内兵仗，悉委付之，心膂密事，皆使参掌。为左中郎将、后军将军，太守如故。武帝卧疾延昌殿，谌在左右宿直。上崩，遗敕谌预殿内事如旧。

郁林即位，深委信谌，谌每请急出宿，帝通夕不能寐，谌还乃安。转卫军司马，兼卫尉。丁母忧，敕还本位，守卫尉。明帝辅政，谌回附明帝，劝行废立，密召诸王典签约语之，不许诸王外接人物。谌亲要日久，众皆惮而从之。郁林被废日，初闻外有变，犹密为手敕呼谌，其见信如此。谌性险，无护身计。及废帝日，领兵先入后宫，斋内仗身，素隶服谌，莫有动者。海陵立，转中领军，进爵为公，甲仗五十人，入直殿内，月十日还府。建武元年，转领军将军、左将军、南徐州刺史，给扶，进爵衡阳郡公。明帝初许事克用谌为扬州，及有此授，谌恚曰："见炊饭推以与人。"王晏闻之曰："谁复为萧谌作瓯箸者。"谌恃勋重，干豫朝政，明帝新即位，遣左右要人于外听察，具知谌言，深相疑阻。二年六月，上幸华林园宴谌及尚书令晏等数人，尽欢，坐罢，留谌晚出，至华林阁，仗身执还入省。上遣左右莫智明数谌曰："隆昌之际，非卿无有今日。今一门二州，兄弟三封，朝廷相报，政可极此。卿恒怀怨望，乃云'炊饭已熟，合甑与人邪'，今赐卿死。"谌谓智明曰："天去人亦复不远，我与至尊杀高、武诸王，是卿传语来去，我今死，还取卿矣。"于省杀之。至秋，而智明死，见谌为祟。诏马显其过恶，收付廷尉。谌好左道，吴兴沈文猷相谌云："相不减高帝。"谌喜曰："感卿意，无为人言也。"至是，文猷伏诛。

谌兄诞，字彦伟，永明中，为建康令，与秣陵令司马迪之同乘行，车前导四卒。左丞沈昭略奏："凡有卤簿官，共乘不得兼列驺寺，请免诞等官。"诏赎论。延兴元年，历徐、司二州刺史。明帝立，封安复侯，征为左卫将军。上欲杀诞，以诞在边镇拒魏，故未及行。魏军退六旬，谌诛。遣梁武帝为司州别驾，使诛诞。诞子棱妻，江淹女，字才君，闻诞死，曰："萧氏皆尽，妾何用生？"恸哭而绝。

谌弟诔，字彦文，与谌同豫废立，封西昌侯，位太子左卫率。诛谌之日，辅国将军萧季敞启求收诔，深加排苦，乃至手相摧辱。诔徐曰："已死之人，何足至此，君不忆相提拔时邪？"幽冥有知，终当相报。"季敞粗猛无行，善于弥缝，高帝时为诔谌所奖说，故累为郡守。在政贪秽，谌辄掩之。后为广州刺史，白日见诔将兵入城收之。少日，果为西江都护周世雄所袭，军败，奔山中，为蛭所啮，肉都尽而死，惨楚备至，后为村人所斩。论者以为有天道焉。

临汝侯坦之，字君平，高帝绝服族子也。祖道济，太中大夫。父欣祖，武进令。

坦之与萧谌同族，为东宫直阁，以勤直为文惠所知，除给事中、兰陵令。武帝崩，坦之率太孙文武度上台，除射声校尉，令如故。未拜，除正员郎、南鲁郡太守。少帝以坦之文惠旧人，亲信不离，得入内见皇后。帝于宫中及出后堂杂狡狯，坦之皆得在侧，或遇醉后倮袒，坦之辄扶持谏喻。见帝不可奉，乃改附明帝，密为耳目。

隆昌元年，追录坦之父勋，封临汝县男。少帝微闻外有异谋，惮明帝在台内，敕移西州。后在华林园华光殿露著黄毅挥，戚床垂脚，谓坦之曰："人言镇军与王晏、萧谌欲共废我，似非虚传，兰陵所闻云何？"坦之尝作兰陵令，故称之。坦之曰："天下宁当有此？谁乐无事废天子邪？昔元徽独在路上走，三年人不敢近，政坐枉杀孙超、杜幼文等故败耳。官有何事，一旦便欲废立？朝贵不容造此论，政当是诸尼师母言耳。岂可以尼姥言为信！官若无事除此三人，谁敢自保？安陆诸王在外，宁肯复还，道刚之徒，何能抗此！"帝曰："兰陵可好听察，作事莫在人后。"

帝以为除诸执政，应须当事人，意在沈文季，夜遣内左右密赂文季，文季不受。帝大怒，谓坦之曰："我赐文季不受，岂有人臣拒天子赐？"坦之曰："官遣谁送？"帝曰："内左右。"坦之曰："官若诏敕出赐，令舍人主书送往，文季宁敢不受！政以事不方幅，故仰遣耳。"帝又夜醉，乘马从西步廊向北驰走，如此两三将倒，坦之谏不从，执马控，帝运拳击坦之不著，倒地。坦之与曹道刚扶抱还寿昌殿瑠璃床上卧，又欲起走，坦之不能制，坦之驰信报皇后，至，请臂良久，乃眠。

时明帝谋废杀，既与萧谌及坦之定谋，少帝腹心直阁将军曹道刚，疑外间有异，密有处分，谌未能发。始兴内史萧季敞，南阳太守萧颖基并应还都，谌欲待二萧至，藉其威力以举事。明帝虑事变，以告坦之，坦之驰谓谌曰："废天子古来大事，比闻曹道刚、朱隆之等转已猜疑，卫尉明日若不就，事无所复及。弟有百岁母，岂能坐听祸败，政应作余计耳。"谌惶遽，明日遂废帝，坦之力也。

海陵即位，除黄门郎，兼卫尉。建武元年，迁左卫将军，进爵为侯。东昏立，为侍中、领军将军。永元元年，母忧，起复职，加右将军，置府。江祏兄弟欲立始安王遥光，密告坦之。坦之曰："明帝取天下已非次第，天下人至今不服，今若复作此事，恐四海瓦解，我其不敢言。"

及遥光起事，遣人夜掩取坦之，坦之科头著挥逾墙走。逢台游逻主颜端，执之。坦之谓曰："始安作贼，遣人见取，向于宅奔走，欲还台耳，君何见录？"端不答，而守防逾严。坦之谓："身是大臣，夜半奔走，君理见疑，以为得罪朝廷。若不信，自可步往东府参视。"亦不答。端至小街，审知遥光举事，乃走还。未至三十余步，下马再拜曰："今日乞垂将接。"坦之曰："向语君何所道，岂容相欺。"端以马与坦之，相随去。比至新亭，道中收遥光所房之余，得二百许人，并有粗仗。乃进西掖门，开鼓后得入殿内。其夕四更，主书冯元嗣叩北掖门，告遥光反，殿内为之备。向晓，召徐孝嗣入。左卫将军沈约五更初闻难，驰车走趋西掖门。或劝戎服，约虑外军已至，若戎衣，或者谓同遥光，无以自明，乃朱服而入。台内部分既立，坦之假节、督众军讨遥光。事平，迁尚书左仆射、丹阳尹，右将军如故，进爵为公。

坦之肥黑无须，语声嘶，时人号为萧痖。刚佷专执，群小畏而憎之。遥光事平二十余日，帝遣延明主帅黄文济围坦之宅，诛之。坦之从兄翼宗为海陵郡，将发，坦之谓文济曰："从兄海陵宅故应无他。"文济曰："海陵宅在何处？"坦之告之。文济曰："政应得罪。"仍遣收之。检家赤贫，唯有质钱帖子数百，还以启帝，原其死。和帝中兴元年，追赠坦之中军将军、开府仪同三司。

论曰：有齐宗室，唯始安之后克昌。明帝取之以非道，遥光济之以残酷，其卒至颠仆，所谓"亦以此终"者也。颖青荆州之任，盖惟失职，及其末途倚伏，岂预图之所致乎。谌与坦之俱应顾托，既以倾国，亦以覆身，各其宜矣。

卷四十二　　　列传第三十二

齐高帝诸子上

豫章文献王嶷　子子廉　子恪　子操　子范
子范子乾　子范弟子显子云

齐高帝十九男：昭皇后生武帝、豫章文献王嶷，谢贵嫔生临川献王映、长沙威王晃，罗太妃生武陵昭王晔，任太妃生安成恭王暠，陆修仪生鄱阳王锵、晋熙王銶，袁修容生桂阳王铄，何太妃生始兴简王鉴、宜都王铿，区贵人生衡阳王钧，张淑妃生江夏王锋、河东王铉，李美人生南平王锐。第九、第十三、第十四、第十七皇子早亡，衡阳王钧出继高帝兄元王后。

豫章文献王嶷，字宣俨，高帝第二子也。宽仁弘雅，有大成之量，高帝特钟爱焉。仕宋为尚书左户郎，钱唐令。高帝破薛索儿，改封西阳，以先爵赐嶷，为晋寿县侯。后为武陵内史。时沈攸之责赕，伐荆州界内诸蛮，遂及五溪，禁断鱼盐，群蛮怨怒。酉溪蛮王田头拟杀攸之使，攸之责赕千万，头拟输五百万，发气死。其弟娄侯篡立，头拟子田都走入獠中。于是蛮部大乱，抄掠至郡城下，嶷遣队主张英儿击破之。田都自獠中请立，而娄侯亦归附。嶷诛娄侯于郡狱，命田都继其父，蛮众乃安。入为宋顺帝骠骑从事中郎。诣司徒袁粲，粲谓人曰："后来佳器也。"

高帝在领军府，嶷居青溪宅。苍梧王夜中微行，欲掩袭宅内，嶷令左右舞刀戟于中庭，苍梧从墙间窥见已有备，乃去。高帝忧危既切，腹心荀伯玉劝帝度江北起兵。嶷谏曰："主上狂凶，人不自保，单行道路，易以立功，外州起兵，鲜有克胜，于此立计，万不可失。"及苍梧殒，高帝报嶷曰："大事已判，汝明可早入。"顺帝即位，转侍中，总宫内直卫。沈攸之之难，高帝入朝堂，嶷出镇东府，加冠军将军。及袁粲举兵夕，丹阳丞王逊告变，先至东府，嶷遣帐内军主戴元孙二千人随薛渊等俱至石头，焚门之功，元孙预焉。先是王蕴荐部曲六十人助为城防，实以为内应也。嶷知蕴怀贰，不给其仗，散处外省。及难作搜检，皆已亡去。上流平后，武帝自寻阳还。嶷出为都督、江州刺史。以定策功，改封永安县公。仍徙镇西将军、都督、荆州刺史。时高帝作辅，嶷务存约省，停府州仪迎物。及至州，坦怀纳善，侧席思政。王俭与嶷书曰："旧楚萧条，仍岁多故，政荒人散，实须缉理。公临莅甫尔，英风惟穆，江汉来苏，八荒慕义，庾亮以来，荆州无复此政。古人云'期月有成'，而公旬日成化，岂不休哉！"初，沈攸之欲聚众，开人相告，士庶坐执役者甚众。嶷至镇，一日遣三千余人，见囚五岁刑以下不连台者，皆原遣。以市税重，多所宽假。百姓甚悦。禅让之间，武帝欲速定大业，嶷依违其事，默无所言。建元元年，高帝即位，赦诏未至，嶷先下令蠲除部内升明二年以前逋负。迁侍中、尚书令、都督、扬州刺史、骠骑大将军、开府仪同三司，封豫章郡王。

会魏军动，诏以嶷为南蛮校尉、荆、湘二州刺史，都督八州。寻给油络侠望车。二年，给班剑二十人。其夏，于南蛮园东南开馆立学，上表言状。置生三十人，取旧族父祖位正佐台郎年二十五以下十五以上补之。置儒林参军一人，文学祭酒一人，劝学从事二人。行释菜礼。以谷过贱，听人以米当口钱，优评斛一百。义阳劫帅张群亡命积年，鼓行为贼，义阳、武陵、天门、南平四郡界被其残破，沈攸之连讨不禽，末乃首用之。攸之起事，群下邾，于路先叛，结寨于三溪，依据深险。嶷遣中兵参军虞欣祖为义阳太守，使降意诱纳之，厚为礼遗，于坐斩首，其党皆散，四郡获安。入为中书监、司空、扬州刺史，都督二州，侍中如故，加兵置佐，以前军临川王映府文武配司空。嶷以将还都，修廨宇及路陌，东归部曲不得赍府州物出城。发江津，士女观送数千人，皆垂泣。嶷发江陵，感疾，至都未瘳，上深忧虑，为之大赦，三年六月壬子赦令是也。疾愈，上幸东府，设金石乐，使乘舆至宫六门。

武帝即位，进位太尉，增置兵佐，解侍中，增班剑三十人。建元中，武帝以事失旨，高帝颇有代嫡之意。而嶷事武帝恭悌尽礼，未尝违忤颜色，故武帝友爱亦深。性至孝，高帝崩，哭泣过度，眼耳皆出血。

永明元年，领太子太傅，解中书监。宋武以来，州郡秩俸及杂供给，多随土所出，无有定准。嶷上表请明立定格，班下四方，永为恒制，从之。嶷不参朝务，而言事密谋，多见信纳。服阕，加侍中。宋元嘉制，诸王入斋阁，得白服裙帽见人主，唯出太极四厢，乃备朝衣。自比以来，此事一断。上与嶷同生相友睦，宫内曲宴，许依元嘉。嶷固辞，不奉敕；唯车驾幸第，乃白服乌纱帽以侍宴焉。至于衣服制度，动皆陈启，事无专制，务从减省，并不见许。又启曰："北第旧邸，本自甚华，臣往岁作小眠斋，皆补接为办，无乖格制。要是桂柏之华，一时新净，东府又有此斋，亦为华屋，而臣顿有二处住止，下情窃所未安。讯访东宫玄圃，乃有柏屋，制甚古拙，臣乃欲坏取以奉太子，非但失之于前，且补接既多，不可见移，亦恐外物或为异论，不审可有垂许送东府斋理不？"上答曰："见别纸，汝劳疾，亦复那得不动，何意为作烦长启事？"竟不从。三年，文惠太子讲《孝经》毕，嶷求解太傅，不许。嶷常虑盛满，又因言复求解扬州授竟陵王子良，上终不许，曰："毕汝一世，无所多言。"

武帝即位后，频发诏拜陵，不果行，遣嶷拜陵。还过延陵季子庙，观沸井，有水牛突部伍，直兵执牛推问，嶷不许，取绢一疋，横系牛角，放归其家。政在宽厚，故得朝野欢心。四年，唐宇之贼起，嶷启上曰："此段小寇，出于凶愚，天网宏罩，理不足论。但圣明御世，幸可不尔。比藉声听，皆云有由而然。但顷小大士庶，每以小利奉公，不顾所损者大。摘籍检功巧，督恤简小塘，藏丁匿口，凡诸条制，实长怨府。此目前交利，非天下大计。一室之中，

尚不可精，宇宙之内，何可周洗？公家何尝不知人多欺巧，古今政以不可细碎，故不为耳。为此者实非乖理，但识理者百不有一。陛下弟儿大臣，犹不能伏理，况复天下，悠悠万品？怨积聚党，凶迷相类，止于一处，何足不除，脱复多所，便成纭纭。"上答曰："欺巧那可容！宋世混乱，以为不蚊蚋，何足为忧，至今都应散灭。吾政恨其不办大耳，亦何时无亡命邪。"后乃诏听复籍注。

是时武帝奢侈，后宫万余人，宫内不容，太乐、景第、暴室皆满，犹以为未足。嶷后房亦千余人。颍川荀丕献书于嶷，极言其失，嶷咨嗟良久，为书答之，又为之减遣。丕，字令哲，后为荆州西曹书佐，长史王秀与其书，题之云"西曹荀君"。丕报书曰："第五之位，不减骠骑，亦不知西曹何殊长史！且人之处世，当以德行称著，何遽以一爵高人邪？造敌临事，仆必先于二子，未知足下之贵，足下之威，孰若秦、楚两王？仆以德为宝，足下以位为宝，各宝其宝，于此敬宜。"于是直题云"长史王君"。时尚书令王俭当朝，丕又与俭书曰："足下建高人之名，而不显高人之迹，将何以书于齐史哉？"及南郡纲纪启荆州刺史随王子隆，请罪丕，丕自申乃免。又上书极谏武帝，言甚直，帝不悦，丕竟于荆州狱赐死。徐孝嗣闻其死，曰："丕纵有罪，亦不应杀，数千年后，其如竹帛何！"

五年，嶷进位大司马。八年，给皂轮车。寻加中书监，固让。嶷身长七尺八寸，善持容范，文物卫从，礼冠百僚。每出入殿省，皆瞻望严肃。自以地位隆重，深怀退素，北宅旧有园田之美，乃盛修理之。武帝尝问临川王映居家何事乐，映曰："政使刘瓛讲《礼》，顾恺讲《易》，朱广之讲《庄》、《老》，臣与二三诸彦兄弟友生时复击赞，以此为乐。"上大赏之。他日谓嶷曰："临川为善，遂至于斯。"嶷曰："此大司马公之次弟，安得不尔！"上仍以玉如意指嶷曰："未若皇帝之次弟为善最多也。"嶷常戒诸子曰："凡富贵少不骄奢，以约失之者鲜矣。汉世以来，侯王子弟，以骄恣之故，大者灭身丧族，小者削夺邑地，可不戒哉！"称疾不利住东城，累累还第，令世子子廉代镇东府。上数幸嶷第，宋长宁陵隧道出第前路，上曰："我便是入他家墓内寻人。"乃徙其表阙骐驎于东冈。骐驎及阙，形势甚巧，宋孝武于襄阳致之，后诸帝王陵皆模范，而莫及也。

永明末，车驾数游幸，唯嶷陪从。上尝出新林苑，同辇夜归，至宫门，嶷下辇辞出，上曰："今夜行，无使为尉司所呵也。"嶷对曰："京辇之内，皆属臣州，愿陛下不垂过虑。"上大笑，赐以魏所送毡车。每幸第，不复屏人，敕外监曰："我往大司马第，是还家耳。"嶷妃庾氏，尝有疾，瘳，上幸嶷邸，后堂设金石乐，宫人毕至。登桐台，使嶷著乌纱帽，极日尽欢，敕嶷备家人之礼。嶷谓上曰："古来言愿陛下寿比南山，或称万岁，此殆近貌言。如臣所怀，实愿陛下极寿百年亦足矣。"上曰："百年复何可得，止得东西一百，于事亦济。"因相执流涕。

十年，上封嶷诸子。旧例王子封千户，嶷欲五子俱封，启减，人五百户。其年疾笃，表解职，不许，赐钱五百万

营功德。薨，年四十九。其日上视疾，至薨乃还宫。诏敛以衮冕之服，温明秘器，大鸿胪持节护丧事，太官朝夕送祭奠，大司马、太傅二府文武悉停过葬。诏赠假黄钺、都督中外诸军事、丞相、扬州牧，绿綟绶，具九服锡命之礼，侍中、大司马、太傅、王如故。给九旒鸾辂，黄屋左纛，虎贲班剑百人，辒辌车，前后部羽葆、鼓吹。丧葬送仪，并依汉东平王苍故事。

嶷临终，召子子廉、子恪曰："吾无后，当共相勉励，笃睦为先。才有优劣，位有通塞，运有富贫，此自然理，无足以相陵侮。勤学行，守基业，修闺庭，尚闲素，如此足无忧患。圣主储皇及诸尊贤，亦当不以吾没易情也。三日施灵，惟香火、盘水、干饭、酒脯、槟榔而已，朔望菜食一盘，加以甘果，此外悉省。葬后除灵，可施吾常所乘舆扇伞。朔望时节，席地香火、盘水、酒脯、干饭、槟榔便足。棺器及墓中勿用余物为后患也。朝服之外，唯下铁环刀一口。作冢勿令深，一一依格，莫过度也。后堂楼可安佛，供养外国二僧，余皆如旧。与汝游戏后堂船乘，吾所乘牛马，送二宫及司徒。服饰衣裘，悉为功德。"子廉等号泣奉行。

武帝哀痛特至，蔬食积旬。太官朝夕送祭奠，敕王融为铭，云："半岳摧峰，中河坠月。"帝流涕曰："此正吾所欲言也。"至其年十二月，乃举乐宴朝臣。乐始举，上便歔欷流涕。嶷薨后，第库无见钱，武帝敕内杂物服饰得数百万，起集善寺，月给第内钱百万，至上崩乃省。

嶷性泛爱，不乐闻人过失，左右投书相告，置靴中，竟不视，取火焚之。斋库失火，烧荆州还资，评直三千余万，主局各杖数十而已。嶷薨后，忽见形于沈文季曰："我未应便死，皇太子加膏中十一种药，使我瘫不差，汤中复加药一种，使利不断。吾已诉先帝，先帝许还东邸，当判此事。"因胸中出青纸文书示文季曰："与卿少旧，因卿呈上。"俄失所在。文季秘而不传，甚惧此事；少时，太子薨。又尝见形于第后园，乘腰舆，指麾处分，呼直兵，直兵无手板，左右授一玉手板与之，谓曰："橘树一株死，可觅补之。"因出后园阁，直兵倒地，仍失手板。

群吏中南阳乐蔼、彭城刘绘、吴郡张稷，最被亲礼。蔼与竟陵王子良笺，欲令荆、江、湘三州僚吏建碑，托中书侍郎刘绘营办。蔼又与右率沈约书，请为文。约答曰："郭有道，汉末之匹夫，非蔡邕谐不足以偶三绝。谢安石素族之台辅，时无丽藻，迄乃有碑无文。况文献王冠冕彝伦，仪刑宇内，自非一代辞宗，难或与此。约闾閈鄙人，名不入第，欵酬今旨，便是以礼许人，闻命惭颜，已不觉汗之沾背也。"建武中，第二子子恪托约及太子詹事孔珪为文。

妃庾氏，有女功妇德，嶷甚重之。宋时，武帝及嶷位宦尚轻，家又贫薄，庾氏常彻己损身，以相营奉。兄弟每行来公事，晚还饥疲，躬营饮食，未尝不迎时先办。虽丰俭随事，而香净适口。穆皇后不自营，又不整洁，上亦以此贵之。又不妒忌，嶷倍加敬重。嶷薨后，少时亦亡。

子廉，字景蔼。初，嶷养鱼复侯子响为嗣子，子廉封永新侯，子响还本，子廉为世子，位淮陵太守，太子中舍人，前将军，善抚诸弟。十一年卒，赠侍中，谥哀世子。子元琳嗣。梁武受禅，诏曰："豫章王元琳、故竟陵王昭胄子同，齐氏宗国，高、武嫡胤，宜祚井邑，以传于后。降封新淦侯。"

子廉弟子恪，字景冲，永明中，以王子封南康县侯。年十二，和从兄司徒竟陵王子良《高松赋》，卫军王俭见而奇之。

建武中，为吴郡太守。及大司马王敬则于会稽反，奉子恪为名，而子恪奔走，未知所在。始安王遥光劝上并诛高、武诸子孙，于是并敕竟陵王昭胄等六十余人入永福省，令太医煮椒二斛，并命办数十具棺材，谓舍人沈徽孚曰："椒熟则一时赐死。"期三更当杀之。会上暂卧，主书单景隽启依旨毙之，徽孚坚执曰："事须更审。"尔夕三更，子恪徒跣奔至建阳门。上闻惊觉曰："故当未赐诸侯命邪？"徽孚以答。上抚床曰："遥光几误人事。"及见子恪，顾问流涕，诸侯悉赐供馔。以子恪为太子中庶子。

东昏即位，为侍中。中兴二年，为相国谘议参军。梁天监元年，降爵为子，位司徒左长史。子恪与弟子范等尝因事入谢，梁武帝在文德殿引见，谓曰："夫天下之宝，本是公器，苟无期运，虽有项籍之力，终亦败亡。宋孝武性猜忌，兄弟粗有令名者，无不因事鸩毒，所遗唯景和。至朝臣之中疑有天命而致害者，枉滥相继。于时虽疑卿祖，无如之何。如宋明帝本为庸常被兄，岂疑得全。又复我于时已年二岁，彼岂知我应有今日？当知有天命者非人所害，害亦不能得。我初平建康城，朝廷内外皆劝我云：'时代革异，物心须一，宜行处分。'我于时依此而行，谁谓不可？政言江左以来，代谢必相诛戮，此是伤于和气，国祚何得灵长。此是一义。二者，齐、梁虽曰革代，义异往时。我与卿兄弟宗属未远，卿勿言兄弟是亲，人家兄弟自有周旋者不周旋者，况五服之属邪？齐业之初，亦是甘苦共尝，腹心在我，卿兄弟年少，理当不悉。我与卿兄弟便是情同一家，岂当都不念此，作行路事？此是二义。且建武屠灭卿门，我起义兵，非惟自雪门耻，亦是为卿兄弟报仇。卿若能在建武、永元之时拨乱反正，我虽起樊、邓，岂得不释戈推奉？我今为卿报仇，且时代革异，望卿兄弟尽节报我耳。且我自藉丧乱，代明帝家天下，不取卿家天下。昔刘子舆自称成帝子，光武言：'假使成帝更生，天下亦不复可得，况子舆乎？'梁初人劝我相诛灭者，我答之犹如向言：'若苟有天命，非我所杀，若其无运，何忽行此？政是示无度量。'曹志亲是魏武帝孙，入事晋武，为晋室忠臣。此即卿事例。卿是宗室，情义异他，方坦然相期，小待自当知我寸心。"又文献王时内斋直帐阉人赵叔祖，天监初入台为斋帅，在寿光省。武帝呼问曰："汝比见北第诸郎不？若见道我此意：今日虽是革代，情同一家；但今盘石未立，所以未得用诸郎。非唯在我未宜，我亦是欲使诸郎得安耳。但闭门高枕，后自当见我心。"叔祖即出具宣敕意。

子恪普通三年累迁都官尚书，四年转吏部。大通二年，出为吴郡太守，卒官。谥曰恭子。子恪兄弟十六人并入梁，有文学者子恪、子质、子显、子云、子晖。子恪常谓所亲曰："文史之事，诸弟备之矣，不烦吾复牵率。但退食自公，无过足矣。"子恪亦涉学，颇属文，随弃其本，故不传文集。

子恪次弟子操，封泉陵侯。王侯出身，官无定准，素姓三公长子一人为员外郎。建武中，子操解褐为给事中。自此齐末皆以为例。永泰元年，兄南康侯子恪为吴郡太守，避王敬则难归，以子操为吴郡太守。永元中，为黄门郎。

子操弟子范，字景则，齐永明中封祁阳县侯，拜太子洗马。天监初降爵为子，位司徒主簿。丁所生母忧去职。子范有孝性，居丧以毁闻。服阕，累迁大司马南平王从事中郎。王爱文学士，子范偏被恩遇，常曰："此宗室奇才也。"使制《千字文》，其辞甚美。王命记室蔡薳注释之。自是府中文笔皆使具草。后为临贺王正德长史。正德迁丹阳尹，复为正德信威长史，领尹丞。历官十余年，不出藩府，而诸弟并登显列，意不能平。及是为《到府笺》曰："上蕃首僚，于兹再忝，河南雌伏，自此重叨。老少异时，盛衰殊日，虽佩恩宠，还羞年鬓。"子范少与弟子显、子云才名略相比，而风采容止不逮，故宦途有优劣。每读《汉书·杜缑传》云："六弟五人至大官，唯中弟钦官不至，最知名。"常吟讽之，以况己也。后为秘书监。简文即位，召为光禄大夫，加金章紫绶。以逼贼不拜。其年葬简皇后，使制哀策，文理哀切。帝谓武林侯萧谘曰："此段庄陵万事零落，唯哀册尚有典刑。"敕赉米千石。子范无居宅，寻卒于招提寺僧房。贼平，元帝追赠金紫光禄大夫，谥曰文。前后文集三十卷。子滂、确并少有文章，简文在东宫时，尝与邵陵王数诸萧文士，滂、确并预焉。

滂位中军宣城王记室，先子范卒。确位司徒右长史。魏平江陵，入长安。

滂弟乾，字思惕，容止雅正，性恬简，善隶书，得叔父子云之法。九岁，补国子《周易》生，祭酒袁昂深敬重之。仕梁为宣城王谘议参军。陈武帝镇南徐州，引为司空从事中郎。及受命，永定元年，除给事黄门侍郎。时熊昙朗在豫章，周迪在临川，留异在东阳，陈宝应在建安，共相连结，闽中豪帅，立寨自保。武帝患之，令乾往，谕以逆顺，谓曰："昔陆贾南征，赵佗归顺；随何奉使，黥布来臣。追想清风，仿佛在目，卿宜勉建功名，不烦更劳师旅。"乾至，示以逆顺，所在款附。其年，就除建安太守。

天嘉二年，留异反，陈宝应助之，又资周迪兵粮，出寇临川，因逼建安。乾单使临郡，不能守，乃弃郡以避宝应。时闻中宰守并受宝应署置，乾独不屈，徙居郊野。及宝应平，都督章昭达以闻，文帝甚嘉之，超授五兵尚书。卒，谥静子。

子显，字景阳，子范弟也。幼聪慧，鉴偏爱之。七岁，封宁都县侯，梁天监初，降为子。位太尉录事参军。

子显身长八尺，状貌甚雅，好学，工属文。尝著《鸿序赋》，尚书令沈约见而称曰："可谓明道之高致，盖《幽通》之流也。"又采众家《后汉》考正同异，为一家之书。又启撰齐史，书成表奏，诏付秘阁。累迁邵陵王友。后除黄门郎。

中大通二年，迁长兼侍中。梁武帝雅爱子显才，又嘉其容止吐纳，每御筵侍坐，偏顾访焉。尝从容谓曰："我造《通史》，此书若成，众史可废。"子显对曰："仲尼赞《易》道，黜《八索》；述职方，除《九丘》。圣制符同，复在兹日。"时以为名对。三年，以本官领国子博士。武帝制《孝经义》，未列学官，子显在职，表置助教一人，生十人。又启撰武帝集并《普通北伐记》。迁国子祭酒，加侍中，于学递述武帝《五经义》，迁吏部尚书，侍中如故。

子显风神洒落，雍容闲雅，简通宾客，不畏鬼神。性爱山水，为《伐社文》以见其志。饮酒数斗，颇负才气。及掌选，见九流宾客不与交言，但举扇一拂而已，衣冠窃恨。然简文素重其为人，在东宫时，每引与促宴。子显尝起更衣，简文谓坐客曰："常闻异人间出，今日始见，知是萧尚书。"其见重如此。出为吴兴太守。卒时年四十九，诏赠侍中、中书令。及请谥，手敕曰："恃才傲物，宜谥曰骄。"子显尝为《自序》，其略云："余为邵陵王友，忝还京师，远思前比，即楚之屈、宋，梁之严、邹。追寻平生，颇好辞藻，虽在名无成，求心已足。若乃登高目极，临水送归，风动春朝，月明秋夜，早雁初莺，开花落叶，有来斯应，每不能已也。且前代贾、傅、崔、马、邯郸、缪、路之徒，并以文章显，所以屡上歌颂，自比古人。天监十六年，始预九日朝宴，稠人广坐，独受旨云：'今云物甚美，卿将不斐然赋诗？'诗既成，又降旨曰：'可谓才子。'余退谓人曰：一顾之恩，非望而至，遂方贾谊何如哉，未易当也。每有制作，特寡思功，须其自来，不以力构。少来所为诗赋，则《鸿序》一作，体兼众制，文备多方，颇为好事所传，故虚声易远。"子显所著《后汉书》一百卷，《齐书》六十卷，《普通北伐记》五卷，《贵俭传》三卷，文集二十卷。子序、恺并少知名。序太清中位中庶子，卒。恺太子家令。

恺才学誉望，时论以方其父。简文在东宫早引接之。时中庶子谢嘏出守建安，于宣猷堂饯饮，并召时才赋诗，同用十五剧韵。恺诗先就，其辞又美。简文与湘东王令曰："王筠本自旧手，后进有萧恺可称，信为才子。"先是太学博士顾野王奉令撰《玉篇》，简文嫌其书详略未当，以恺博学，于文字尤善，使更与学士删改。太清中，卒于侍中。

子显弟子云。

子云，字景乔，年十二，齐建武四年，封新浦县侯。自制拜章，便有文采。梁天监初，降爵为子。及长，勤学有文藻，弱冠撰《晋书》，至年二十六，书成百余卷，表奏之，诏付秘阁。子云性沉静，不乐仕进，风神闲旷，任性不群。夏月对宾客，恒自裸袒。而兄弟不睦，乃至吉凶不相吊问，时论以此少之。

年三十，方起家为秘书郎，迁太子舍人，撰《东宫新记》奏之，敕赐束帛。累迁丹阳郡丞。湘东王绎为丹阳尹，深相赏好，如布衣之交。中大通三年，为临川内史，在郡以和理称，人吏悦之。还除散骑常侍。历侍中、国子祭酒。

梁初，郊庙未革牲牷，乐辞皆沈约撰，至是承用。子云启宜改之，敕答曰："此是主者守株，宜急改也。"仍使子云撰定。敕曰："郊庙歌辞，应须典诰大语，不得杂用子史文章浅言。而沈约所撰，亦多舛谬。"子云作成，敕并施用。

子云善草隶，为时楷法，自云善效钟元常、王逸少，而微变字体。尝答敕云："臣昔不能拔赏，随时所贵，规摹子敬，多历年所。年二十六著《晋史》，至《二王列传》，欲作论草隶法，言不尽意，遂不能成，略指论飞白一事而已。十许年，始见《敕旨论书》一卷，商略笔状，洞彻字体，始变子敬，全范元常。逮尔以来，自觉功进。"其书迹雅为武帝所重，帝尝论书曰："笔力劲骏，心手相应，巧逾杜度，美过崔寔，当与元常并驱争先。"其见赏如此。出为东阳太守。百济国使人至建邺求书，逢子云为郡，维舟将发。使人于渚次候之，望船三十许步，行拜行前。子云遣问之，答曰："侍中尺牍之美，远流海外，今日所求，唯在名迹。"子云乃为停船三日，书三十纸与之，获金货数百万。性吝，自外答饷不书好纸，好事者重加赂遗，以要其答。

太清元年，复为侍中、国子祭酒。二年，侯景寇逼，子云逃人间。三年，宫城失守，奔晋陵，馁卒于显云寺僧房，年六十三。所著《晋书》一百一十卷，《东宫新记》二十卷。

子特，字世达，早知名，亦善草隶，时人比之卫恒、卫瓘。武帝尝使特书，及奏，帝曰："子敬之迹不及逸少，萧特之书遂逼于父。"位太子舍人，海盐令，坐事免。先子云卒，遗启简文求为墓志铭，帝为制铭焉。

子云弟子晖，字景光，少涉学，亦有文才。性恬静，寡嗜欲。尝预重云殿听制讲《三慧经》，退为《讲赋》奏之，甚见赏。卒于骠骑长史。

卷四十三　　列传第三十三

齐高帝诸子下

临川献王映，字宣光，高帝第三子也。少而警悟，美言笑，善容止。仕宋位给事黄门侍郎、南兖州刺史，留心吏事，自下莫不肃然，令行禁止。高帝践阼，为荆州刺史，加都督，封临川王。尝致钱还都买物，有献计者，于江陵买货，至都还换，可得微有所增。映笑曰："我是贾客邪，乃复求利？"改授都督、扬州刺史。莅事聪敏，府州曹局皆重足以奉禁令，自宋彭城王义康以后，未之有也。永明元年，为侍中、骠骑将军。五年，即本号开府仪同三司。七年薨。映善骑射，解声律，工左右书、左右射，应接宾客，风韵韶靡。及薨，朝野莫不惋惜。赠司空。九子皆封侯。长子子晋，永元初为侍中，入梁为高平太守。第二子子游，州陵侯，为黄门侍郎。谋反，兄弟并伏诛。

长沙威王晃，字宣明，高帝第四子也。少有武力，为高帝所爱。升明二年，代兄映为淮南、宣城二郡太守。晃便弓马，初，沈攸之事起，晃多从武容，赫奕都街，时人为之语曰："焕焕萧四伞。"其年，迁西中郎将、豫州刺史，监二州诸军事。高帝践阼，晃每陈政事，辄为典签所裁，晃杀之。上大怒，手诏赐杖。迁南徐州刺史，加都督。武帝为皇太子，拜武进陵，于曲阿后湖斗队，使晃御马军，上闻之，又不悦。临崩，以晃属武帝，处以辇毂近蕃，勿令远出。

永明元年，以晃为都督、南徐州刺史。入为中书监。时禁诸王蓄仗，在都下者，唯置捉刀左右四十人。晃爱武饰，罢徐州还，私载数百人仗还都，为禁司所觉，投之江中。帝闻之大怒，将纠以法，豫章王嶷稽首流涕曰："晃罪诚不足宥，陛下当忆先朝念白象。"白象，晃小字也。上亦垂泣。高帝大渐时，戒武帝曰："宋氏若骨肉不相图，佗族岂得乘其弊？汝深戒之。"故武帝终无异意，然晃亦不见亲宠。当时论者，以武帝优于魏文，减于汉明。后拜车骑将军、侍中。薨，赠开府仪同三司。武帝尝幸钟山，晃从驾，以马矟刺道边枯蘖，上令左右数人引之，银缠皆卷聚而矟不出，乃令晃复驰马拔之，应手便去。每远州献骏马，上辄令晃于华林中调试之。高帝常曰："此我家任城也。"武帝缘此意，故谥曰威。

武陵昭王晔，字宣昭，高帝第五子也。母罗氏，从高帝在淮阴，以罪诛。晔年四岁，思慕不异成人，每恸吐血。高帝敕武帝曰："三昧至性如此，恐不济，汝可与共住，每抑割之。"三昧，晔小字也。故晔见爱。高帝虽为方伯，而居处甚贫，诸子学书无纸笔，晔常以指画空中及画掌学字，遂工篆法。少时又无棋局，乃破荻为片，纵横以为棋局，指点行势，遂至名品。性刚颖俊出，与诸王共作短句诗，学谢灵运体，以呈高帝。帝报曰："见汝二十字，诸儿作中，最为优者。但康乐放荡，作体不辨有首尾，安仁、士衡深可宗尚，颜延之抑其次也。"

建元二年，为会稽太守，加都督。上遣儒士刘瓛往郡，为晔讲《五经》。武帝即位，历中书令、祠部尚书。巫觋或言晔有非常之相，以此自负，武帝闻之，故无宠，未尝处方岳。于御坐曲宴，醉伏地，貂抄肉桮。帝笑曰："貂。"对曰："陛下爱其羽毛，而疏其骨肉。"帝不悦。性轻财重义，有古人风。罢会稽还都，斋中钱不满万，俸禄所入，皆与参佐宾僚共之。常曰："兄作天子，何畏弟无钱。"居止附身所须而已。名后堂山为首阳，盖怨贫薄也。尝于武帝前与竟陵王子良围棋，子良大北，及退，豫章文献王谓晔曰："汝与司徒手谈，故当小相推让。"答曰："晔立身以来，未尝一口妄语。"执心疏婞，偏不知悔。好文章，射为当时独绝，琅邪王瞻亦称善射，而不及晔也。武帝幸豫章王嶷东田，宴诸长王，独不召晔。嶷曰："风景殊美，今日甚忆武陵。"上仍呼使射，屡发命中，顾四坐曰："手何如？"上神色甚怪，嶷曰："阿五常日不尔，今可谓仰藉天威。"帝意乃释。后于华林射赌，凡六箭，五破一皮，赐钱五万文。又上举酒劝晔，曰："陛下常不以此处许臣。"上回面不答。豫章王于邸起土山，列种桐竹，号为桐山。武帝幸之，置酒为乐，顾临川王映："王邸亦有嘉名不？"映曰："臣好栖静，因以为称。"又问晔，晔曰："臣山卑，不曾栖灵昭景，唯有薇蕨，直号首阳山。"帝曰："此直劳者之歌也。"

久之，出为江州刺史。上以晔方出镇，求其宅给诸皇子，遣舍人喻旨。晔曰："先帝赐臣此宅，使臣歌哭有所，陛下欲以州易宅，臣请不以宅易州。"帝恨之。至镇百余日，典签赵渥之启晔得失，征还为左户尚书。迁太常卿，累不得志。冬节问讯，诸王皆出，晔独后来，上已还便殿，闻晔至，引见，问之，晔称牛羸不能取路。上敕车府给副御牛一头。敕主客：自今诸王来不随例者，不复为通公事。还，过竟陵王子良宅，冬月道逢乞人，脱襦与之。子良见晔衣单，进襦于晔。晔曰："我与向人亦复何异？"尚书令王俭诣晔，晔留俭设食，盘中菘菜鲩鱼而已。俭重其率真，为饱食尽欢而去。寻为丹阳尹，始不复置行事，自得亲政。转侍中、护军将军，给油络车，又给扶二人。武帝临崩，遗诏为卫将军、开府仪同三司。大行在殡，竟陵王子良在殿内，太孙未至，众论喧疑，晔众中言曰："若立长，则应在我，立嫡，则应立太孙。"及郁林立，甚见冯赖。隆昌元年薨，赠司空，班剑二十人。

安成恭王暠，字宣曜，高帝第六子也。性清和，多疾。历位南中郎将、江州刺史，侍中，领步兵校尉，中书令。永明九年，为散骑常侍、秘书监，领石头戍事。及夏薨。

鄱阳王锵，字宣韶，高帝第七子也。建元末，武帝即位，为雍州刺史，加都督。武帝服除，锵方还，始入觐，拜便流涕。武帝愕然，问其故，锵收泪曰："臣违奉弥年，今奉颜色，圣颜损瘦，所以泣耳。"武帝叹曰："我复是有此一弟。"累迁丹阳尹。永明十一年，为领军将军。锵和悌美令，性谦慎，好文章，有宠于武帝。领军之授，齐室诸王所未为，锵在官理事无壅，当时称之。车驾游幸，常甲仗卫从，恩待次豫章王嶷。其年，给油络车。隆昌元年，转尚书左仆射，迁侍中、骠骑将军、开府仪同三司，领兵置佐。锵雍容得物情，为郁林依信。郁林心疑明帝，诸王问讯，独留锵，谓曰："闻鸾于法身何如？"锵曰："臣鸾于宗戚最长，且受寄先帝，臣等年皆尚少，朝廷之干，唯鸾一人，愿陛下无以为虑。"郁林退谓徐龙驹曰："我欲与公共计取鸾，公既不同，我不能独办，且复小听。"及郁林废，锵竟不知。延兴元年，进位司徒，侍中如故。明帝镇东府，权威稍异，锵每往，明帝屣履至车迎锵，语及家国，言泪俱下，锵以此推信之。而宫台内皆属意于锵，劝令入宫，发兵辅政。制局监谢粲说锵及随王子隆曰："殿下但乘油壁车入宫，出天子置朝堂，二王夹辅号令，粲等闭城门上仗，谁敢不同？宣城公政当投井求活，岂有一步动哉！东城人政共缚送耳。"子隆欲定计，锵以上台兵力既悉度东府，且虑难捷，意甚犹豫。马队主刘巨，武帝时旧人，诣锵请间，叩头劝锵立事。锵命驾将入，复回还内，与母陆太妃别，日暮不成行。典签知谋告之，数日，明帝遣二千人围锵宅，害锵，谢粲等皆见杀。凡诸王被害，皆以夜遣兵围宅，或斧斫关排墙，叫噪而入，家财皆见封籍焉。

桂阳王铄，字宣朗，高帝第八子也。永明七年为中书令，加散骑常侍。时鄱阳王锵好文章，铄好名理，人称为鄱、桂。铄清赢有冷疾，常枕卧，武帝临视，赐床帐衾褥。性理偏诐，遇其赏兴，则诗酒连日；情有所废，则兄弟不通。隆昌元年，加前将军，给油络车，并给扶二人。鄱阳王见害，铄迁中军将军、开府仪同三司。不自安，至东府见明帝，及出，处分存亡之计。谓侍读山惊曰："吾前日觐王，王流涕呜咽，而鄱阳、随郡见诛。今日见王，王又流涕而有愧色，其在吾邪？"其夜三更中兵至，见害。

始兴简王鉴，字宣彻，高帝第十子也。性聪警。年八岁，丧所生母，号慕过人，数日中便至骨立。豫章文献王闻之，抚其首呜咽，谓高帝曰："此儿操行异人，恐其不济。"高帝亦悲不自胜。

初封广兴郡王，袁彖时为秘书丞，早有令誉，高帝盛重鉴，乃以彖为友。后改封始兴。自晋以来，益州刺史皆以良将为之。宋泰始中，益州市桥忽生小洲，道士邵硕见之，曰："当有贵王临州。"刘亮为刺史，斋前石榴树陵冬生华，亮以问硕，硕曰："此谓狂华，宋诸刘灭亡之象。后二年君当终，后九载宋当灭。灭后有王胜憙来作此州，冀尔时蜀土平。"硕，始康人，元徽二年，忽告人云："吾命终。"因卧而死。后人见硕在荆州上明，以一只故履缚左脚，而行甚疾，遂不知所之。永明二年，武帝不复用诸将为益州，始以鉴为益州刺史、督益、宁二州军事，加鼓吹一部。"胜憙"反语为"始兴"，硕言于此乃验。

先是劫帅韩武方常聚党千余人，断流为暴，郡县不能禁，行旅断绝。鉴至上明，武方乃出降。长史虞悰等咸请杀之。鉴曰："武方为暴积年，所在不能制，今降而被杀，失信，且无以劝善。"于是启台，果被宥，自是巴西蛮夷凶恶，皆望风降附。行次新城，道路籍籍，云陈显达大选士马，不肯就征，巴西太守尹智伯亦以为然。乃停新城十许日，遣典签张昙皙往观形势。俄而显达遣使人郭安明、朱公恩奉书请贡遗，咸劝鉴执之。鉴曰："显达立节本朝，必自无此。昙皙还，若有同异，执安明等未晚。"居二日，昙皙还，说显达遣家累已出城，日夕望殿下至。于是乃前。时年十四。

好学，善属文，不重华饰，器服清素，有高士风。与记室参军蔡仲熊登张仪楼，商略先言往行及蜀土人物，鉴言辞和辩，仲熊应对无滞，当时以为盛事。州城北门常闭不开，鉴问其故于虞悰，悰答曰："蜀中多夷暴，有时抄掠至城下，故相承闭之。"鉴曰："古人云，'善闭无关楗'，且在德不在门。"即令开之。戎夷慕义，自是清谧。于州园地得古冢，无复棺，但有石椁。铜器十余种，并古形；玉璧三枚；珍宝甚多，不可皆识；金银为蚕蛇形者数斗。又以朱沙为阜，水银为池，左右咸劝取之。鉴曰："皇太子昔在雍，有发古冢者，得玉镜、玉屏风、玉匣之属，皆将还都，吾意常不同。"乃遣功曹何伫为之起坟，诸宝物一不得犯。性甚清，在蜀积年，未尝有所营造，资用一岁不满三万。王俭常叹云："始兴王虽尊贵，而行履都是素士。"时有广汉什邡人段祖，以錞于献鉴，古礼器也。高三尺六寸六分，围三尺四寸，圆如筒，铜色黑如漆，甚薄，上有铜马，以绳县马，令去地尺余，灌之以水，又以器盛水于下，以芒茎当心跪注錞于，以手振芒，则声如雷，清响良久乃绝。古所以节乐也。五年，鉴献龙角一枚，长九尺三寸，色红，有文。

九年，为散骑常侍、秘书监，领石头戍事。上以与鉴久别，车驾幸石头，宴会赏赐。寻迁左卫将军，未拜，遇疾。上为南康王子琳起青杨巷第，新成，车驾与后宫幸第乐饮。其日鉴疾甚，上遣骑诏问疾相继，为之止乐。寻薨。

江夏王锋，字宣颖，高帝第十二子也。母张氏有容德，宋苍梧王逼取之，又欲害锋。高帝甚惧，不敢使居旧宅，匿于张氏舍，时年四岁。性方整，好学书，张家无纸札，乃倚井栏为书，书满则洗之，已复更书，如此者累月。又晨兴不肯拂窗尘，而先画尘上，学为书字。五岁，高帝使学凤尾诺，一学即工。高帝大悦，以玉骐骥赐之，曰："骐骥赏凤尾矣。"至十岁，便能属文。武帝时，藩邸严急，诸王不得读异书，《五经》之外，唯得看《孝子图》而已。锋乃密遣人于市里街巷买图籍，期月之间，殆将备矣。

好琴书，盖亦天性，尝觐武帝，赐以宝装琴，仍于御前鼓之，大见赏。帝谓鄱阳王锵曰："阇梨琴亦是柳令之流亚，其既事事有意，吾欲试以临人。"锵曰："昔邹忌鼓琴，威王委以国政。"乃出为南徐州刺史。善与人交，行事王文和、别驾江祏等，皆相友善。后文和被征为益州，置酒告别，文和流泪曰："下官少来未尝作诗，今日违恋，不觉文生于性。"王俭闻之，曰："江夏可谓善变素丝也。"工书，为当时蕃王所推。南郡王昭业亦称工，谓武帝曰："臣书固应胜江夏王。"武帝答："阇梨第一，法身第二。"法身，昭业小名，阇梨，锋小名也。

隆昌元年，为侍中，领骁骑将军，寻加秘书监。及明帝知权，蕃邸危惧，江祏尝谓王晏曰："江夏王有才行，亦善能匿迹，以琴道授羊景之，景之著名，而江夏掩能于世，非唯七弦而已，百氏亦复如之。"锋闻叹曰："江祏遂复为混沌画眉，欲益反弊耳。寡人声酒是耽，狗马是好，岂复一豪于平生哉。"当时以为话言。常忽忽不乐，著《修柏赋》以见志，曰："既殊群而抗立，亦含贞而挺正。岂春日之自芳，在霜下而为盛。冲风不能摧其枝，积雪不能改其性。虽坎壈于当年，庶后凋之可咏。"时鼎业潜移，锋独慨然有匡复之意，逼之行事典签，故不遂也。尝见明帝，言次及遥光才力可委之意，锋答曰："遥光之于殿下，犹殿下之于高皇，卫宗庙，安社稷，实有攸寄。"明帝失色。锋有武力，明帝杀诸王，锋与书诘责，左右不为通。明帝深惮之，不敢于第收。锋出登车，兵人欲上车防勒，锋以手击却数人，皆应时倒地，遂遇害之。江斅闻其死，流涕曰："芳兰当门，不得不锄，其《修柏》之赋乎？"

南平王锐，字宣毅，高帝第十五子也。位左户尚书，朝直勤谨，未尝属疾。永明十年，出为南中郎将、湘州刺史。延兴元年，明帝作辅，害诸王，遣裴叔业平寻阳，仍进湘州。锐防阁周伯玉大言于众曰："此非天子意，今斩叔业，举兵匡社稷，谁敢不同！"锐典签叱左右斩之，锐见害，伯玉下狱诛。

宜都王铿，字宣俨，高帝第十六子也。生三岁丧母。及有识，问母所在，左右告以早亡，便思慕蔬食自悲。不识母，常祈请幽冥，求一梦见。至六岁，遂梦见一女人，云是其母。铿悲泣向旧左右说容貌衣服事，皆如平生，闻者莫不歔欷。清悟有学行。永明十一年，为南豫州刺史、都督二州军事。虽未经庶务，而雅得人心。举动每为签帅所制，立意多不得行。州镇姑孰，于时人发桓温女冢，得金巾箱，织金篾为严器，又有金蚕银茧等物甚多。条以启闻，郁林敕以物赐之。铿曰："今取往物，后取今物，如此循环，岂可不熟念。"使长史蔡约自往修复，纤毫不犯。

年十岁时，与吉景曜商略先言往行。左右误排柟榴屏风，倒压其背，颜色不异，言谈无辍，亦不顾视。弥善射，常以堋的太阔，曰："终日射侯，何难之有？"乃取甘蔗插地，百步射之，十发十中。永明中，制诸王年未三十，不得畜妾。及武帝晏驾后，有劝取左右者，铿曰："在内不无使役，既先朝遗旨，何忍而违？"及延兴元年，明帝诛高、武、文惠诸子，铿闻之，冯左右从容雅步，咏陆机《吊魏武》云："昔以四海为己任，死则以爱子托人。"如此者三，左右皆泣。后果遣吕文显赍药往，夜进听事，正逢八关斋。铿上高坐，谓文显曰："高皇昔宠任君，何事乃有今日之行？"答云："出不获已。"于是仰药，时年十八。身长七尺，铿状似兄嶷，咸以国器许之，及死，有识者莫不痛惜。

初铿出阁时，年七岁，陶弘景为侍读，八九年中，甚相接遇。后弘景隐山，忽梦铿来，惨然言别，云："某日命过。身无罪，后三年当生某家。"弘景访以幽中事，多秘不出。觉后，即遣信出都参访，果与事符同，弘景因著《梦记》云。

晋熙王銶，字宣攸，高帝第十八子也。隆昌元年，位郢州刺史。延兴元年见害。

河东王铉，字宣胤，高帝第十九子也。母张氏，有宠于高帝，铉又最幼，尤所留心。高帝临崩，以属武帝，武帝甚加意焉。为纳柳世隆女为妃。武帝与群臣看新妇，流涕不自胜，豫章王嶷亦哽咽。及明帝诛高帝诸子，以铉高帝所爱，亦以才弱年幼，故得全。初，铉年三四岁，高帝尝昼卧缠发，铉上高帝腹上弄绳，高帝因以绳赐铉。及崩后，铉以宝函盛绳，岁时辄开视，流涕呜咽。人才甚凡，而有此一至。建武中，高、武子孙忧疑。铉朝见，常鞠躬俯偻，不敢正行直视。寻迁侍中、卫将军。铉年稍长。四年，诛王晏，以谋立铉为名，铉免官，以王还第，禁不得与外人交通。永泰元年，明帝疾暴甚，乃见害。闻收至，欣然曰："死生命也，终不欬建安，乞为奴而不得。"仰药而卒。铉二子在孩抱，亦见杀。

论曰：豫章文献王，珪璋之质，凤表天姿，行己所安，率由忠敬。虽代宗之议早隆皇瞩，而天伦之爱无亏永明，故知"为仁由己"，不虚言也。自宋受晋终，马氏遂为废姓；齐受宋禅，刘宗尽见诛夷。梁武革齐，弗取前辙，子恪兄弟，并皆录用，虽见梁武之弘裕，亦表文献之余庆。昔陈思《表》云："权之所存，虽疏必重；势之所去，虽亲必轻。"原夫此言，实存固本。然就国之典，既随代革，卿士入朝，作贵蕃辅，皇王托体，同禀尊极，仕无常资，秩有恒数，礼地兼隆，易生推疑。武帝顾命，情深尊嫡，密图远算，意在求安。以明帝同起布衣，用存顾托，遂韬末命于近戚，寄重任于疏亲。以为子弟布列，外有强大之固；支庶中立，可息觊觎之谋，表里相维，浑隆家国。曾不虑机能运衡，权可制众，宗族歼灭，一至于斯。曹植之言，远有致矣。

卷四十四　　列传第三十四

齐武帝诸子　文惠诸子　明帝诸子

武帝二十三男：穆皇后生文惠太子、竟陵文宣王子良，张淑妃生庐陵王子卿、鱼复侯子响，周淑仪生安陆王子敬、建安王子真，阮淑媛生晋安王子懋、衡阳王子峻，王淑仪生随郡王子隆，蔡婕妤生西阳王子明，乐容华生南海王子罕，傅充华生巴陵王子伦，谢昭仪生邵陵王子贞，江淑仪生临贺王子岳，庾昭容生西阳王子文，荀昭华生西阳王子琳，颜婕妤生永阳王子珉，宫人谢生湘东王子建，何充华生南郡王子夏。第六、第十二、第十五、第二十二皇子早亡；子珉继衡阳元王后。

文惠皇太子长懋，字云乔，小字白泽，武帝长子也。武帝年未弱冠而生太子，姿容丰美，为高帝所爱。宋元徽末，除秘书郎，不拜，板辅国将军，迁晋熙王抚军主簿。事宁，武帝遣太子还都。高帝方创霸业，心存嫡嗣，谓太子曰："汝还，吾事办矣。"处之府东斋，令通文武宾客。谓荀伯玉曰："我出行日，城中军悉受长懋节度。我虽不行，内外直防及诸门守兵，悉令长懋时时履行。"转秘书丞，以与宣帝讳同，不就。历中书、黄门侍郎。升明三年，高帝将受禅，以襄阳兵马重镇，不欲处他族，出太子为雍州刺史，加都督、北中郎将、宁蛮校尉。建元元年，封南郡王，江左嫡皇孙封王，始自此也。先是，梁州刺史范柏年颇著威名，沈攸之事起，候望形势，事平，朝廷遣王玄邈代之。玄邈已至，柏年迟疑魏兴不肯下，太子虑其为变，乃遣说之，许启为府长史。及至襄阳，因执诛之。二年，征为侍中、中军将军，置府，镇石头。穆妃薨，成服日，车驾出临丧，朝议疑太子应出门迎。左仆射王俭曰："寻《礼记·服问》：'君所主夫人、妻、太子嫡妇。'言国君为此三人为主丧也。今銮舆临降，自以主丧而至，虽因事抚慰，义不在吊，南郡以下不应出门奉迎。但尊极所临，礼有变革，权去杖绖，移立户外，足表情敬，无烦止哭。皇太子既一宫之主，自应以车驾幸宫，依常奉候。既当成服之日，吉凶不相干，宜以衰帻行事，望拜止哭，率由旧章。尊驾不以临吊，奉迎则惟常体，求之情礼，如为可安。"又其年九月有闰，小祥疑应计闰。俭又议，以为"三百六旬，《尚书》明义，文公纳币，《春秋》致讥。故先儒期丧，岁数没闰，大功以下，月数准闰。所以吴商云：'舍闰以正期，允协情理。'没闰之理，固在言先"。并从之。

武帝即位，为皇太子。初高帝好《左氏春秋》，太子承旨讽诵，以为口实。及正位东储，善立名尚，解声律，工射，饮酒至数斗，而未尝举杯。从容有风仪，音韵和辩，引接朝士，人人自以为得意。文武士多所招集，会稽虞炎、济阳范岫、汝南周颙、陈郡袁廓，并以学行才能，应对左右。而武人略阳垣历生、襄阳蔡道贵，拳勇秀出，当时以比关羽、张飞。其余安定梁天惠、平原刘孝庆、河东王世兴、赵郡李居士、襄阳黄嗣祖、鱼文、康绚之徒，并为后来名将。

永明三年，于崇正殿讲《孝经》，少傅王俭令太子仆周颙撰为义疏。五年冬，太子临国学，亲临策试诸生，于坐问少傅王俭《曲礼》云"毋不敬"义，俭及竟陵王子良等各有酬答。太子又以此义问诸学生，谢几卿等一十人，并以笔对。太子问王俭："《周易·乾卦》本施天位，而《说卦》云'帝出乎《震》'，《震》本非天义，岂当相主？"俭曰："《乾》健《震》动，天以运为德，故言'帝出乎《震》'。"俭又谘太子《孝经》"仲尼居曾子侍"义，临川王映谘"孝为德本"义，太子并应机酬答，甚有条贯。

明年，上将讯丹阳所领囚及南北二百里内狱，诏太子于玄圃园宣猷堂录三署囚，原宥各有差。上晚年好游宴，尚书曹事，亦分送太子省视。太子与竟陵王子良俱好释氏，立六疾馆以养穷人。而性颇奢丽，宫内殿堂，皆雕饰精绮，过于上宫。开拓玄圃园与台城北堑等，其中起出土山池阁楼观塔宇，穷奇极丽，费以千万。多聚异石，妙极山水。虑上宫中望见，乃旁列修竹，外施高障。造游墙数百间，施诸机巧，宜须辄蔽，须臾成立，若应毁撤，应手迁徙。制珍玩之物，织孔雀毛为裘，光采金翠，过于雉头远矣。以晋明帝为太子时立西池，乃启武帝引前例，求于东田起小苑，上许之。永明中，二宫兵力全实，太子使宫中将吏更番筑役，营城包巷，制度之盛，观者倾都。上性虽严，太子所为，无敢启者。后上幸豫章王宅，还过太子东田，见其弥亘年远，壮丽极目，于是大怒，收监作主帅，太子惧，皆藏之，由是见责。太子素疾，体又过壮，常在宫内，简于游涉，玩弄羽仪，多所僭拟。虽咫尺宫禁，而上终不知。又使徐文景造辇及乘舆御物虎贲云罕之属，上尝幸东宫，匆匆不暇藏辇，文景乃以佛像内辇中，故上不疑。文景父陶仁，时为给事中，谓文景曰："终当灭门，政当扫墓待丧耳。"乃移家避之。其后文景竟赐死，陶仁遂不哭，时人以为有古人风。

十年，豫章王嶷薨，太子见上友于既至，造碑文奏之，未及镌勒。十一年春正月，太子有疾，上自临视，有忧色。

疾笃，上表告辞，薨于东宫崇明殿，时年三十六。太子年始过立，久在储宫，得参政事，内外百司私咸谓旦暮继体，及薨，朝野惊惋焉。上幸东宫，临哭尽哀，诏敛以衮冕之服，谥曰文惠，葬崇安陵。有司奏御服期，朝臣齐衰三月，南郡国臣齐衰期，临汝、曲江国臣并不服，六宫不从服。武帝履行东宫，见太子服玩过制，大怒，敕有司随事毁除，以东田殿堂处为崇虚馆。郁林立，追尊为文帝，庙称世宗。

初，太子恶明帝，密谓竟陵王子良曰："我意色中殊不悦此人，当由其福德薄所致。"子良便苦救解，后明帝立，果大相诛害。

竟陵文宣王子良，字云英，武帝第二子也。幼聪敏。武帝为赣县时，与裴后不谐，遣人船送后还都，已登路，子良时年小，在庭前不悦。帝谓曰："汝何不读书？"子良曰："娘今何处？何用读书？。"帝异之，即召后还县。

仕宋为邵陵王友。时宋道衰谢，诸王微弱，故不废此官。升明三年，为会稽太守，都督五郡。封闻喜公。宋元嘉中，凡事皆责成郡县，孝武后，征求急速，以郡县迟缓，始遣台使，自此公役劳扰。高帝践阼，子良陈之，请息其弊。子良敦义爱古，郡人朱百年有至行，先卒，赐其妻米百斛，蠲一人，给其薪苏。郡阁下有虞翻旧床，罢任还，乃致之归。后于西邸起古斋，多聚古人器服以充之。夏禹庙盛有祷祀，子良曰："禹泣辜表仁，菲食旌约，服玩果粽，足以致诚。"使岁献扇簟而已。时有山阴人孔平诣子良，讼嫂市米负钱不还。子良叹曰："昔高文通与寡嫂讼田，义异于此。"乃赐米钱以偿平。

建元二年，穆妃薨，去官，仍为丹阳尹，开私仓振属县贫人。先是太妃以七月薨，子良以八月奉凶问。及小祥，疑南郡王应相待。尚书左仆射王俭议以为"礼有伦序，义无徒设。如令远则不待，近必相须，礼例既乖，即心无取。若疑兄弟同居，吉凶舛杂，则远还之子，自应开立别门，以终丧事，灵筵祭奠，随在家之人，再期而毁。庶子在家，亦不待嫡。而况储妃正体王室，中军长嫡之重，天朝又行权制，进退弥复非疑。谓应不相待，中军祥缟之日，闻喜致哀而已，不受吊慰。至闻喜变除，昆弟亦宜相就写情，不对客"。从之。

武帝即位，封竟陵郡王、南徐州刺史，加都督。永明二年，为护军将军，兼司徒。四年，进号车骑将军。子良少有清尚，礼才好士，居不疑之地，倾意宾客，天下才学皆游集焉。善立胜事，夏月客至，为设瓜饮及甘果，著之文教。士子文章及朝贵辞翰，皆发教撰录。是时上新视政，水旱不时。子良密启请原除逋租，又陈宽刑息役，轻赋省徭。并陈"泉铸岁远，类多翦凿，江东大钱，十不一二；公家所受，必须轮郭完全，遂买本一千，加子七百，求请无地，捶革相继。寻完者为用，既不兼两，回复迁贸，会非委积，徒令小人每婴困苦。且钱布相半，为制永久，或闻长宰须令输直，进违旧科，退容奸利"。五年，正位司徒，给班剑二十人，侍中如故。移居鸡笼山西邸，集学士抄《五经》百家，依《皇览》例为《四部要略》千卷。招致名僧，讲论佛法，造经呗新声，道俗之盛，江左未有。

武帝好射雉，子良启谏。先是左卫殿中将军邯郸超上书谏射雉，武帝为止，久之，超竟被诛。永明末，上将复射雉，子良复谏，前后所陈，上虽不尽纳，而深见宠爱。

又与文惠太子同好释氏，甚相友悌。子良敬信尤笃，数于邸园营斋戒，大集朝臣众僧，至赋食行水，或躬亲其事，世颇以为失宰相体。劝人为善，未尝厌倦，以此终致盛名。八年，给三望车。九年，都下大水，吴兴偏剧，子良开仓振救贫病不能立者，于第北立廨收养，给衣及药。十年，领尚书令、扬州刺史，本官如故。寻解尚书令，加中书监。

文惠太子薨，武帝检行东宫，见太子服御羽仪，多过制度，上大怒，以子良与太子善，不启闻，颇加嫌责。

武帝不豫，诏子良甲仗入延昌殿侍医药。子良启进沙门于殿户前诵经，武帝为感梦见优昙钵花。子良案佛经宣旨，使御府以铜为花，插御床四角。日夜在殿内，太孙间日入参。武帝暴渐，内外惶惧，百僚皆已变服，物议疑立子良。俄顷而苏，问太孙所在，因召东宫器甲皆入，遗诏使子良辅政，明帝知尚书事。子良素仁厚，不乐时务，乃推明帝。诏云："事无大小，悉与鸾参怀"，子良所志也。太孙少养于子良妃袁氏，甚著慈爱，既惧前不得立，自此深忌子良。大行出太极殿，子良居中书省，帝使虎贲中郎将潘敞二百人仗，屯太极西阶之下。成服后，诸王皆出，子良乞停至山陵，不许。

进位太傅，增班剑为三十人，本官如故，解侍中。隆昌元年，加殊礼，剑履上殿，入朝不趋，赞拜不名，进督南徐州，其年疾笃，谓左右曰："门外应有异"。遣人视，见淮中鱼无算，皆浮出水上向城门。寻薨，年三十五。

帝常虑子良异志，及薨，甚悦。诏给东园温明祕器，敛以衮冕之服，东府施灵位，大鸿胪持节监护，太官朝夕送祭。又诏追崇假黄钺、侍中、都督中外诸军事、大宰、领大将军、扬州牧、绿绶绶，备九服锡命之礼，使持节、中书监、王如故。给九旒銮辂、黄屋左纛、辒辌车、前后部羽葆、鼓吹，挽歌二部，虎贲班剑百人，葬礼依晋安平王孚故事。初，豫章王嶷葬金牛山，文惠太子葬夹石。子良临送，望祖硎山悲感叹曰："北瞻吾叔，前望吾兄，死而有知，请葬兹地。"及薨，遂葬焉。所著内外文笔数十卷，虽无文采，多是劝戒。

子良既亡，故人皆来奔赴，陆惠晓于邸门逢袁彖，问之曰："近者云云，定复何谓？王融见杀，而魏准破胆。道路籍籍，又云竟陵不永天年，有之乎？"答曰："齐氏微弱，已数年矣，爪牙柱石之臣都尽，命之所余，政风流名士耳。若不立长君，无以镇安四海。王融虽为身计，实安社稷，恨其不能断事，以至于此。道路之谈，自为虚说耳，苍生方涂炭矣，政当沥耳听之。"建武中，故吏范云上表为子良立碑，事不行。子昭胄嗣。

昭胄，字景胤，凡涉书史，有父风，位太常。以封境边魏，永元元年，改封巴陵王。先是，王敬则事起，南康侯子恪在吴郡，明帝虑有异同，召诸王侯入宫。晋安王宝义及江陵公宝览住中书省，高、武诸孙住西省，敕人各两左右自随，过此依军法；孩抱者乳母随入。其夜并将加害，赖子恪至乃免。自建武以来，高、武王侯，居常震怖，朝不保夕，至是尤甚。及陈显达起事，王侯复入宫，昭胄惩往时之惧，与弟永新侯昭颖逃奔江西，变形为道人。崔慧景举兵，昭胄兄弟出投之。慧景败，昭胄兄弟首出投台军主胡松，各以王侯还第，不自安，谋为身计。子良故防阁桑偃为梅虫儿军副，结前巴西太守萧寅，谋立昭胄。昭胄许，事克，用寅为尚书左仆射、护军，以寅有部曲，大事皆委之。时胡松领军在新亭，寅遣人说之，松许诺。又张欣泰尝为雍州，亦有部曲；昭胄又遣房天宝以谋告之，欣泰闻命响应。萧寅左右华永达知其谋，以告御刀朱光尚。光尚挟左道以惑东昏，因谓东昏曰："昨见蒋王，云巴陵王在外结党欲反，须官出行，仍从万春门入，事不可量。"时东昏日游走，闻此说，大惧，不复出四十余日。偃等议募健儿百余人，从万春门入，突取之。昭胄以为不可。偃同党王山沙虑事久无成，以事告御刀徐僧重，寅遣人杀山沙于路。吏于麝脐中得其事迹，昭胄兄弟与同党皆伏诛。梁受禅，降封昭胄子同为监利侯。

同弟贲，字文奂，形不满六尺，神识耿介。幼好学，有文才，能书善画，于扇上图山水，咫尺之内，便觉万里为遥。矜慎不传，自娱而已。好著述，尝著《西京杂记》六十卷。起家湘东王法曹参军，得一府欢心。及乱，王为檄，贲读至"偃师南望，无复储胥露寒；河阳北临，或有穹庐毡帐"，乃曰："圣制此句，非为过似，如体目朝廷，非关序贼。"王闻之大怒，收付狱，遂以饿终。又追戮贲尸，乃著《怀旧传》以谤之，极言诬毁。

庐陵王子卿，字云长，武帝第三子也。建元元年，封临汝县公。武帝即位，为郢州刺史，加都督。子卿诸子中无德，又与鱼复侯子响同生，故无宠。徙都督、荆州刺史。始兴王为益州，子卿解督。子卿在镇，营造服饰，多违制度，作瑿瑙乘具。诏责之，令速送都。又作银灯、金薄裹箭脚，亦便速坏去。凡诸服量，自今不启专辄作者，当得痛杖。又曰："汝比令读学，今年转成长，学既勿就，得救，如风过耳，使吾失气。"

永明十年，为都督、南豫州刺史。之镇道中，戏部伍为水军，上闻大怒，杀其典签。遣宜都王铿代之。子卿还第，至崩不与相见。隆昌元年，为卫将军、开府仪同三司，置兵佐。鄱阳王锵见害，以子卿代为司徒。所居屋梁柱际血出溜于地，旬日而见杀。

鱼复侯子响，字云音，武帝第四子也。豫章王嶷无子，养子响。后嶷有子，表留为嫡。武帝即位，为南彭城、临淮二郡太守。子响勇力绝人，开弓四斛力，数在园池中，帖骑驰走竹树下，身无亏伤。既出继，车服异诸王，每入朝辄忿，拳打车壁，武帝知之，令车服与皇子同。永明六年，有司奏子响宜还本，乃封巴东郡王。七年，为都督、荆州刺史。直阁将军董蛮粗有气力，子响要与同行。蛮曰："殿下癫如雷，敢相随邪？"子响笑曰："君敢出此语，亦复奇癫。"上闻而不悦，曰："人名蛮，复何容得蕴藉？"乃改名为仲舒。谓曰："今日仲舒，何如昔日仲舒？"答曰："昔日仲舒，出自私庭；今日仲舒，降自天帝，以此言之，胜昔远矣。"上称善。

子响少好武，带仗左右六十人，皆有胆干，数在内斋杀牛置酒，与之聚乐。令私作锦袍绛袄，欲饷蛮交易器仗。长史刘寅等连名密启，上敕精检，寅等惧，欲秘之。子响闻台使，不见敕，乃召寅及司马席恭穆、谘议参军江愈、殷昙粲、中兵参军周彦、典签吴修之、王贤宗、魏景深等俱入，于琴台下并斩之。上闻之怒，遣卫尉胡谐之、游击将军尹略、中书舍人茹法亮领羽林三千人检捕群小。敕"子响若束手自归，可全其性命"。谐之等至江津，筑城燕尾洲。子响白服登城，频遣信与相闻，曰："天下岂有儿反，身不作贼，直是粗疏。今便单舸还阙，何筑城见捉邪？"尹略独答曰："谁将汝反父人共语。"子响闻之唯洒泣。又送牛数十头，酒二百石，果馔三十舆，略弃之江流。子响胆力之士王冲天不胜忿，乃率党度洲垒斩略，而谐之、法亮单艇奔逸。上又遣丹阳尹萧顺之领兵继之，子响即日将白衣左右三十人，乘舴艋中流下都。初，顺之将发，文惠太子素忌子响，密遣不许还，令便为之所。子响及见顺之，欲自申明，顺之不许，于射堂缢之。有司奏绝子响属籍，赐为蛸氏。

子响密作启数纸，藏妃王氏裙腰中，具自申明，云："轻舫还阙不得，此苦之深，唯愿矜怜，无使竹帛齐有反父之子，父有害子之名。"及顺之还，上心甚恨悔。百日于华林为子响作斋，上行香，对诸朝士噢噫。及见顺之，鸣咽移时，左右莫不掩涕。他日出景阳山，见一猿透掷悲鸣，问后堂丞："此猿何意？"答曰："猿子前日堕崖致死，其母求之不见，故尔。"上因忆子响，歔欷良久，不自胜。顺之惭惧，感病，遂以忧卒。于是豫章王嶷上表曰："故庶人蛸子响识怀麈树，见沦不遑，肆愤一朝，取陷凶德，身膏草野，未云塞衅。但归罪司戮，迷而知返，抚事惟往，载伤心目。伏愿一下天矜，使得旋窆余麓，岂伊穷骸被德，实且天下归仁。"上不许，贬为鱼复侯。

安陆王子敬，字云端，武帝第五子也。初封应城县公。先是，子敬所生早亡，帝命贵妃范氏母养之，及范氏薨，而子及妇服制，礼无明文。永明中，尚书令王俭议："孙为慈孙，妇为慈妇，姑为慈姑，宜制期年服。"从之。十年，位散骑常侍、抚军将军、丹阳尹。十一年，加车骑将军。隆昌元年，迁都督、南兖州刺史。延兴元年，加侍中。明帝除诸蕃王，遣中护军王玄邈征九江，王广之袭杀子敬。

初，子敬为武帝所留心，帝不豫，有意立子敬为太子，代太孙。子敬与太孙俱入参毕同出，武帝目送子敬良久，曰："阿五钝。"由此代换之意乃息。

晋安王子懋，字云昌，武帝第七子也。诸子中最为清恬，有意思，廉让好学。年七岁时，母阮淑媛尝病危笃，请僧行道。有献莲华供佛者，众僧以铜罂盛水渍其茎，欲华不萎。子懋流涕礼佛曰："若使阿姨因此和胜，愿诸佛令华竟斋不萎。"七日斋毕，华更鲜红，视罂中稍有根须，当世称其孝感。永明五年，为南兖州刺史、监五州军事。六年，徙监湘州刺史。八年，撰《春秋例苑》三十卷，奏之，武帝敕付秘阁。十一年，为都督、雍州刺史，给鼓吹一部。豫章王丧服未毕，上以边州须威望，许得奏之。启求所好书，武帝曰："知汝常以书读在心，足为深欣。"赐以杜预手所定《左传》及《古今善言》。

隆昌元年,为征南大将军、江州刺史,敕留西楚部曲助镇襄阳,单将白直侠毂自随。陈显达时屯襄阳,入别,子懋谓之曰:"朝廷命身单身而反,身是天王,岂可过尔轻率。今欲将二三千人自随,公意何如?"显达曰:"殿下若不留部曲,便是大违敕旨。"显达因辞出便发去。子懋计未立,还镇寻阳。

延兴元年,加侍中。闻鄱阳、随郡二王见杀,欲起兵赴难,与参军周英、防阁陆超之议:"传檄荆、郢,入讨君侧,事成则宗庙获安,不成犹为义鬼。"防阁董僧慧攘袂曰:"此州虽小,孝武亦尝用之,今以勤王之师,横长江,指北阙,以请郁林之过,谁能对之?"于是部分兵将,入匡社稷。母阮在都,遣书欲密迎上,阮报同产弟于瑶之为计。瑶之驰告明帝,于是纂严,遣中护军王玄邈、平西将军王广之南北讨,使军主裴叔业与瑶之先袭寻阳,声云为郢府司马。子懋知之,遣三百人守盆城。叔业泝流直上,袭盆城。子懋先已具船于稽亭渚,闻叔业得盆城,乃据州自卫。子懋部曲多雍土人,皆踊跃愿奋,叔业畏之,遣于瑶之说子懋曰:"今还都,必无过忧,政当作散官,不失富贵也。"子懋既不出兵攻叔业,众情稍沮。中兵参军于琳之,瑶之兄也,说子懋重赂叔业。子懋使琳之往,琳之因说叔业请取子懋。叔业遣军主徐玄庆将四百人随琳之入城,僚佐皆奔散,唯周英及外兵参军王皎更移入城内。子懋闻之叹曰:"不意吾府有义士二人。"琳之从二百人仗自入斋,子懋笑谓之曰:"不意渭阳,翻成枭镜。"琳之以袖障面,使人害之。故人惧罪无敢至者,唯英、皎、僧慧号哭尽哀,为之丧殡。

董僧慧,丹阳姑孰人,出自寒微而慷慨有节义。好读书,甚骁果,能反手于背弯五斛弓,当世莫有能者。玄邈知其豫子懋之谋,执之,僧慧曰:"晋安举义兵,仆实豫议。古人云'非死之难,得死之难'。仆得为主人死,不恨矣。愿至主人大敛毕,退就汤镬,虽死犹生。"玄邈义而许之。还具白明帝,乃配东冶。言及九江时事,辄悲不自胜。子懋子昭基,九岁,以方二寸绢为书,参其消息,并遗钱五百,以金假人,崎岖得至。僧慧睹书,对钱曰:"此郎君书也。"悲恸而卒。

陆超之,吴人,以清静雅为子懋所知。子懋既败,于琳之劝其逃亡。答曰:"人皆有死,此不足惧。吾若逃亡,非唯孤晋安之眷,亦恐田横客笑人。"玄邈等以其义,欲囚将还都,而超之亦端坐待命。超之门生姓周者,谓杀超之当得赏,乃伺超之坐,自后斩之,头坠而身不僵。玄邈嘉其节,厚为殡敛。周又助举棺,未出户,棺坠,政压其头折颈即死。闻之者莫不以为有天道焉。

随郡王子隆,字云兴,武帝第八子也。性和美,有文才。娶尚书令王俭女为妃。武帝以子隆能属文,谓俭曰:"我家东阿也。"永明八年,为都督、荆州刺史。隆昌元年,为侍中、抚军将军,领兵置佐。延兴元年,转中军大将军,侍中如故。子隆年二十一,而体过充壮,常使徐嗣伯合芦茹丸以服自销损,犹无益。明帝辅政,谋害诸王,武帝诸子中子隆最以才貌见惮,故与鄱阳王锵同夜先见杀。文集行于世。

建安王子真,字云仙,武帝第九子也。永明七年,累迁郢州刺史,加都督。隆昌元年,为散骑常侍、护军将军。延兴元年,明帝遣裴叔业就典签柯令孙杀之,子真走入床下,令孙手牵出之,叩头乞为奴赎死,不从,见害,年十九。

西阳王子明,字云光,武帝第十子也。永明元年,封武昌王。三年,失国玺,改封西阳。十年,为会稽太守,督五郡军事。子明风姿明净,士女观者,咸嗟叹之。建武元年,为抚军将军,领兵置佐。二年,诛萧谌,子明及弟子罕、子贞同谋,见害,年十七。

南海王子罕,字云华,武帝第十一子也。颇有学。母乐容华有宠,故武帝留心。母尝寝疾,子罕昼夜祈祷。于时以竹为灯缵照夜,此缵宿昔枝叶大茂,母病亦愈,咸以为孝感所致。主簿刘飗及侍读贺子乔为之赋颂,当时以为美谈。建武元年,位护军将军。二年,见杀,年十七。

巴陵王子伦,字云宗,武帝第十三子也。永明十年,为北中郎将、南琅邪彭城二郡太守,郁林即位,以南彭城禄力优厚,夺子伦与中书舍人綦母珍之,更以南兰陵代之。

延兴元年,明帝遣中书舍人茹法亮杀子伦,子伦时镇琅邪城,有守兵,子伦英果,明帝恐不即罪,以问典签华伯茂。伯茂曰:"公若遣兵取之,恐不即可办,若委伯茂,一小吏力耳。"既而伯茂手自执鸩逼之,左右莫敢动者。子伦正衣冠,出受诏,谓法亮曰:"积不善之家,必有余殃。昔高皇帝残灭刘氏,今日之事,理数固然。"举酒谓法亮曰:"君是身家旧人,今衔此命,当由事不获已。此酒差非劝酬之爵。"因仰而之死,时年十六,法亮及左右皆流涕。

先是高帝、武帝为诸王置典签帅,一方之事,悉以委之。每至觐接,辄留心顾问,刺史行事之美恶,系于典签之口,莫不折节推奉,恒虑弗及,于是威行州部,权重蕃君。武陵王晔为江州,性烈直不可忤,典签赵渥之曰:"今出都易刺史。"及见武帝相诬,晔遂免还。南海王子罕戍琅邪,欲暂游东堂,典签姜秀不许而止。还泣谓母曰:"儿欲移五步亦不得,与囚何异?"秀后辄取子罕屐伞饮器等,供其儿昏,武帝知之,鞭二百,系尚方,然而擅命不改。邵陵王子贞尝求熊白,厨人答典签不在,不敢与。西阳王子明,欲送书参侍读鲍僩病,典签吴修之不许,曰:"应谘行事。"乃止。言行举动,不得自专,征衣求食,必须谘访。永明中,巴东王子响杀行事刘寅等,武帝闻之,谓群臣曰:"子响遂反。"戴僧静大言曰:"诸王都自应反,岂唯巴东!"武帝问其故,答曰:"天王无罪,而一时被囚,取一挺藕,一杯浆,皆谘签帅,不在则竟日忍渴。诸州唯闻有签帅,不闻有刺史。"竟陵王子良尝问众曰:"士大夫何意诣签帅?"参军范云答曰:"诣长史以下皆无益,诣签帅便有倍本之价,不诣谓何!"子良有愧色。及明帝诛异己者,诸王见害,悉典签所杀,竟无一人相抗。孔珪闻之流涕曰:"齐之衡阳、江夏最有意,而复害之。若不立签帅,故当不至于此。"

邵陵王子贞,字云松,武帝第十四子也。建武二年见诛,年十五。

临贺王子岳,字云峤,武帝第十六子也。明帝诛武帝诸子,唯子岳及弟六人在后,时呼为"七王"。朔望入朝,上还后宫,辄叹息曰:"我及司徒诸儿子皆不长,高、武子孙日长大。"永泰元年,上疾甚,绝而复苏,于是诛子岳等。延兴、建武中,凡三诛诸王,每一行事,明帝辄先烧香,呜咽涕泣,众以此辄知其夜当杀戮也。子岳死时年十四。

西阳王子文,字云儒,武帝第十七子也。永明七年,封蜀郡王,建武中,改封西阳。永泰元年见杀,年十四。

衡阳王子峻,字云嵩,武帝第十八子也。永明七年,封广汉郡王,建武中改封。永泰元年见杀,年十四。

南康王子琳,字云璋,武帝第十九子也。母荀昭华盛宠,后宫才人位登采女者,依例旧赐玉凤凰,荀时始为采女,得玉凤凰投地曰:"我不能例受此。"武帝乃拜为昭华。子琳以母宠,故最见爱。太尉王俭因请昏,武帝悦而许之。群臣奉宝物名好,尽直数百金,武帝为之报答亦如此。及应封,而好郡已尽,乃以宣城封之。既而以宣城属扬州,不欲为王国,改封南康公褚蓁为巴东公,以南康为王国封子琳。永泰元年见杀,年十四。

湘东王子建,字云立,武帝第二十一子也。母谢无宠,武帝度为尼。明帝即位,使还母子建。永泰元年见杀,年十三。

南郡王子夏,字云广,武帝第二十三子也。上春秋高,子夏最幼,宠爱过诸子。初,武帝梦金翅鸟下殿庭,搏食小龙无数,乃飞上天。及明帝初,其梦方验。永泰元年,子夏诛,年七岁。

文惠太子四男:安皇后生废帝郁林王昭业,宫人许氏生废帝海陵恭王昭文,陈氏生巴陵王昭秀,褚氏生桂阳王昭粲。

巴陵王昭秀,字怀尚,太子第三子也。郁林即位,封临海郡王。隆昌元年,为都督、荆州刺史。延兴元年,征为车骑将军。明帝建武二年,改封巴陵王。永泰元年见杀,年十六。

桂阳王昭粲,太子第四子也。郁林立,封永嘉郡王。延兴元年,出为荆州刺史,加都督。建武二年,改封桂阳王。四年,为太常。永泰元年见杀,年八岁。

明帝十一男:敬皇后生废帝东昏侯宝卷、江夏王宝玄、鄱阳王宝寅、和帝,殷贵嫔生巴陵隐王宝义、晋熙王宝嵩,袁贵妃生庐陵王宝源,管淑妃生邵陵王宝修,许淑媛生桂阳王宝贞。余皆早夭。

巴陵隐王宝义,字智勇,明帝长子也,本名明基。建武元年,封晋安郡王。宝义少有废疾,不堪出人间,止加除授,为都督、扬州刺史,仍以始安王遥光代之。转为右将军,领兵置佐,镇石头。二年,为南徐州刺史,加都督。东昏即位,进征北将军、开府仪同三司,给扶。永元元年,为都督、扬州刺史。三年,进位司徒。和帝西台建,以为

侍中、司空。梁武平建邺,宣德太后令以宝义为太尉、领司徒,诏云:"不言之化,形于自远"。时人皆云此实录也。梁受禅,封谢沐公。寻封巴陵郡王,奉齐后。天监中薨。

江夏王宝玄,字智深,明帝第三子也。建武元年,封江夏郡王。东昏即位,为都督、南徐、兖二州刺史。宝玄娶尚书令徐孝嗣女为妃,孝嗣被诛离绝,东昏送少姬二人与之。宝玄恨望有异计。明年,崔慧景举兵,还至广陵,遣使奉宝玄为主,宝玄斩其使,因是发将吏防城。慧景将度江,宝玄密与相应,开门纳慧景,乘八舆,手执绛麾幡,随慧景至都,百姓多往投集。慧景败,收得朝野投宝玄及慧景军名,东昏令烧之,曰:"江夏尚尔,岂复可罪余人?"宝玄逃奔,数日乃出,帝召入后堂,以步鄣裹之,令群小数十人鸣鼓角驰绕其外,遣人谓曰:"汝近围我亦如此。"少日乃杀之。

庐陵王宝源,字智泉,明帝第五子也。建武元年封。和帝即位,为车骑将军、开府仪同三司。中兴二年薨。

鄱阳王宝寅,字智亮,明帝第六子也。建武初,封建安郡王。东昏即位,为都督、郢州刺史。永元三年,为车骑将军、开府仪同三司,镇石头。其秋,雍州刺史张欣泰等谋起事于新亭,杀台内诸主帅。难作之日,前南谯太守王灵秀奔往石头,帅城内将吏,去车脚,载宝寅向台城,百姓数千人皆空手随后。至杜姥宅,日已欲暗,城门闭,城上人射之,众弃宝寅走。宝寅逃亡三日,戎服诣草市尉,尉驰以启帝,帝迎入宫,问之。宝寅涕泣称制不自由,帝笑,乃复爵位。宣德太后临朝,改封宝寅鄱阳王。中兴二年,谋反奔魏。

邵陵王宝修,字智宣,明帝第九子也。建武元年,封南平郡王,二年改封。中兴二年谋反,宣德太后令赐死。

晋熙王宝嵩,字智靖,明帝第十子也。中兴元年,和帝以为中书令。二年诛。

桂阳王宝贞,明帝第十一子也。中兴二年诛。

论曰:守器之重,邦家所冯,观文惠之在东储,固已有亏令德。向令负荷斯集,犹当及于祸败,况先期凤陨,愆失已彰。而武帝不以择贤,传之昏孽,推此而论,有冥数矣。子良物望所集,失在儒雅,当断不断,以及于灾,非止自致丧亡,乃至宗祀覆灭,哀哉!夫帝王子弟,生长尊贵,情伪之事,不经耳目;虽卓尔天悟,自得怀抱,孤寡为识,所陋犹多。齐氏诸王,并幼践方岳,故辅以上佐,简自帝心,劳旧左右,用为主帅,州国府第,先令后行。饮食游居,动应闻启,端拱守禄,遵承法度,张弛之要,莫敢厝言。行事执其权,典签掣其肘,处地虽重,行止莫由。威不在身,恩未接下,仓卒一朝,事难总集,望其释位扶危,不可得矣。路温舒云:"秦有十失,其一尚存。"斯宋氏之余风,及在齐而弥弊。宝玄亲兼一体,欣受家殃,曾不知执柯所指,趾蹶相从而败。以此而图万事,未知其仿佛也。

卷四十五　　列传第三十五

王敬则　陈显达　张敬儿　崔慧景

王敬则,临淮射阳人也。侨居晋陵南沙县。母为女巫,常谓人云:"敬则生时胞衣紫色,应得鸣鼓角。"人笑之曰:"汝子得为人吹角可矣。"敬则年长,而两腋下生乳,各长数寸。梦骑五色狮子。性倜傥不羁,好刀剑,尝与暨阳县吏斗,谓曰:"我若得暨阳县,当鞭汝小吏背。"吏唾其面曰:"汝得暨阳县,我亦得司徒公矣。"屠狗商贩,遍于三吴。使于高丽,与其国女子私通,因不肯反,被收录然后反。善拍张,补刀戟左右。宋前废帝使敬则跳刀,高出白虎幢五六尺,接无不中。仍抚髀拍张,甚为儇捷。补侠毂队主,领细铠左右,与寿寂之杀前废帝。及明帝即位,以为直阁将军,封重安县子。

敬则少时于草中射猎,有虫如乌豆集其身,摘去乃脱,其处皆流血。敬则恶之,诣道士卜,道士曰:"此封侯瑞也。"敬则闻之喜,故出都自效。后补暨阳令,昔日斗吏亡叛,勒令出,遇之甚厚。曰:"我已得暨阳县,汝何时得司徒公邪?"初至暨阳县陆主山下,宗侣十余船同发,敬则船独不进,乃令弟入水推之,见乌漆棺。敬则咒云:"若是吉,使船速进,吾富贵当改葬尔。"船须臾去,入县,收此棺葬之。时军荒后,县有一部劫逃入山中为人患,敬则遣人致意劫帅使出首,当相申论。郭下庙神甚酷烈,百姓信之,敬则引神为誓,必不相负。劫帅既出,敬则于庙中设酒会,于坐收缚曰:"吾启神,若负誓,还神十牛。今不得违誓。"即杀十牛解神,并斩诸劫,百姓悦之。

元徽二年,随齐高帝拒桂阳贼于新亭,敬则与羽林监陈显达、宁朔将军高道庆乘舸迎战,大破贼水军。事宁,带南泰山太守、右侠毂主,转越骑校尉、安成王车骑参军。苍梧王狂虐,左右不自安。敬则以高帝有威名,归诚奉事,每下直辄往领军府。夜著青衣,扶匐道路,为高帝听察。高帝令敬则于殿内伺机。及杨玉夫将首投敬则,敬则驰诣高帝,乃戎服入宫。至承明门,门郎疑非苍梧还,敬则虑人觇见,以刀环塞窆孔,呼开门甚急。卫尉丞颜灵宝窥见高帝乘马在外,窃谓亲人:"今若不开内领军,天下会是乱尔。"门开,敬则随帝入殿。

升明元年,迁辅国将军,领临淮太守,知殿内宿卫兵事。沈攸之事起,进敬则冠军将军。高帝入守朝堂,袁粲起兵,召领军刘韫、直阁将军卜伯兴等于宫内相应,戒严将发,敬则开关掩袭,皆杀之。殿内窃发尽平,敬则之力也。政事无大小,帝并以委之。

敬则不识书,止下名,然甚善决断。齐台建,为中领军。高帝将受禅,材官荐易太极殿柱。顺帝欲避上,不肯出宫逊位。明日当临轩,顺帝又逃宫内。敬则将舆入迎帝,启譬令出,引令升车。顺帝不肯即上,收泪谓敬则曰:"欲见杀乎?"敬则答曰:"出居别宫尔,官先取司马家亦复如此。"顺帝泣而弹指:"唯愿后身生生世世不复天王作因缘。"宫内尽哭,声彻于外。顺帝拍敬则手曰:"必无过虑,当饷辅国十万钱。"

齐建元元年,出为都督、南兖州刺史,封寻阳郡公。加敬则妻怀氏爵,为寻阳国夫人。二年,魏军攻淮、泗,敬则恐,委镇还都,百姓皆惊散奔走。上以其功臣不问,以为都官尚书,迁吴兴太守。郡旧多剽掠,有十数岁小儿于路取遗物,敬则杀之以徇。自此路不拾遗,郡无劫盗。又录得一偷,召其亲属前鞭之。令偷身长扫街路,久之,乃令偷举旧偷自代。诸偷恐为所识,皆逃走,境内以清。仍入乌程,从市过,见屠肉枯,叹曰:"吴兴昔无此枯,是我少时在此所作也。"召故人饮酒说平生,不以屑也。迁护军,以家为府。三年,以改葬去职,诏赠敬则母寻阳国太夫人,改授侍中、抚军。高帝遗诏敬则以本官领丹阳尹。寻迁会稽太守,加都督。永明二年,给鼓吹一部。会土边带湖海,人丁无士庶皆保塘役。敬则以功力有余,悉评敛为钱,送台库以为便宜。上许之。三年,进号征东将军。宋广州刺史王翼之子妾路氏酷暴,杀婢膝,翼之子法朗告之,敬则付山阴狱杀之。路氏家诉,为有司所奏,山阴令刘岱坐弃市刑。敬则入朝,上谓敬则曰:"人命至重,是谁下意杀之?都不启闻。"敬则曰:"是臣愚意。臣知何物科法,见背后有节,便言应得杀人。"刘岱亦引罪,上乃赦之;敬则免官,以公领郡。后与王俭俱即本号开府仪同三司。时徐孝嗣于崇礼门候俭,因嘲之曰:"今日可谓连璧。"俭曰:"不意老子遂与韩非同传。"人以告敬则,敬则欣然曰:"我南沙县吏,徼幸得细铠左右。逮风云以至于此。遂与王卫军同日拜三公,王敬则复何恨。"了无恨色。朝士以此多之。

十一年,授司空。敬则名位虽达,不以富贵自遇。初为散辈使魏,于北馆种杨柳。后员外郎虞长曜北使还,敬则问:"我昔种杨柳树,今若大小?"长曜曰:"房中以为甘棠。"武帝令群臣赋诗,敬则曰:"臣几落此奴度内。"上问之,敬则对曰:"臣若解书,不过作尚书郎令史尔,那得今日?"敬则虽不大识书,而性甚警黠,临郡令省事读辞,下教判决,皆不失理。

明帝辅政,密有废立意。隆昌元年,出敬则为会稽太守,加都督。海陵王立,进位太尉。明帝即位,为大司马,台使拜授日,雨大洪注,敬则文武皆失色。一客旁曰:"公由来如此,昔拜丹阳尹、吴兴时亦然。"敬则大悦曰:"我宿命应得雨。"乃引羽仪、备朝服、导引出听事拜受,意犹不自得,吐舌久之。帝既多杀害,敬则自以高、武旧臣,心怀忧惧。帝虽外厚其礼而内相疑备,数访问敬则饮食体干。闻其衰老,且以居内地,故得少安。后遣萧坦之将斋仗五百人行晋陵,敬则诸子在都,忧怖无计。上知之,问计于梁武帝,武帝曰:"敬则竖夫,易与为感,唯应锡以子女玉帛,厚其使人,如斯而已。"上纳之。吴人张思祖,敬则谋主也,为府司马,频衔使。上伪倾意待之,以为游击将军。遣敬则世子仲雄入东。仲雄善弹琴,江左有蔡邕焦尾琴在主衣库,上敕五日一给仲雄。仲雄在御前鼓琴,作《懊侬曲》，歌曰："常叹负情侬，郎今果行许。"又曰："君行不净心，那得恶人题。"帝愈猜愧。

永泰元年，帝疾屡经危殆，以张瓌为平东将军、吴郡太守，置兵佐，密防敬则。内外传言当有处分。敬则闻之，窃曰："东今有谁？祇是欲平我耳。东亦何易可平？吾终不受金罂。"金罂，谓鸩酒也。诸子怖惧，第五子幼隆遣正员将军徐岳以情告徐州行事谢朓为计，若闻者当往报敬则。朓执岳驰启之。敬则城局参军徐庶家在京口，其子密以报庶，庶以告敬则五官王公林。公林，敬则族子也，常所委信。公林劝敬则急送启赐儿死，单舟星夜还都。敬则曰："若尔，诸郎要应有信，且忍一夕。"其夜，呼僚佐文武樗蒲赌钱，谓众曰："卿诸人欲令我作何计？"莫敢先答。防阁丁兴怀曰："官祇应作尔。"敬则不作声。明旦，召山阴令王询、台传御史钟离祖愿，敬则横刀鼓坐，问询等发丁可得几人，库见有几钱物，询、祖愿对并乖旨，敬则怒，将出斩之。王公林又谏敬则曰："官讵不更思？"敬则唾其面，曰："小子，我作事何关汝小子。"乃起兵，招集配衣，二三日便发。欲劫前中书令何胤还为尚书令，长史王弄璋、司马张思祖止之曰："何令高蹈，必不从，不从便应杀之。举大事先杀朝贤，事必不济。"乃率实甲万人过浙江，谓曰："应须作檄。"思祖曰："公今自还朝，何用作此？"乃止。

朝廷遣辅国将军前军司马左兴盛、直阁将军马军主胡松三千余人，筑垒于曲阿长冈；尚书左仆射沈文秀为持节、都督，屯湖头，备京口路。敬则以旧将举事，百姓担篙荷锸随逐之十余万众。至武进陵口恸哭，乘肩舆而前。遇兴盛、山阳二柴，尽力攻之。官军不敌，欲退而围不开，各死战。胡松领马军突其后，白丁无器仗，皆惊散。敬则大叫索马，再上不得上，兴盛军容袁文旷斩之传首。

是时上疾已笃，敬则仓卒东起，朝廷震惧。东昏侯在东宫议欲叛，使人上屋望，见征虏亭失火，谓敬则至，急装欲走。有告敬则者，敬则曰："檀公三十六策，走是上计，汝父子唯应急走耳。"盖讥檀道济避魏事也。敬则之来，声势甚盛，凡十日而败。时年六十四。朝廷漆其首藏在武库，至梁天监元年，其故吏夏侯亶表请收葬，许之。

陈显达，南彭城彭城人也。仕宋以军功封彭泽县子，位羽林监、濮阳太守，隶齐高帝讨桂阳贼于**新亭垒。刘勔大桁败，贼进杜姥宅。**及休范死，显达出杜姥宅，大战于宣阳津阳门，大破贼，矢中左目而镞不出。地黄村潘妪善禁，先以钉钉柱，妪禹步作气，钉即出，乃禁显达目中镞出之。事平，封丰城侯，再迁平越中郎将、广州刺史，加都督。沈攸之事起，显达遣军援台，长史到遁、司马诸葛导劝显达保境蓄众，密通彼此。显达于坐手斩之，遣表疏归心齐高帝。帝即位，拜护军将军。后御膳不宰牲，显达上熊蒸一盘，上即以充饭。后拜都督、益州刺史。

武帝即位，进号镇西将军。益部山险，多不宾服。大度村獠，前刺史不能制，显达遣使责其租赕。獠帅曰："两眼刺史尚不敢调我。"遂杀其使。显达分部将吏，声将出猎，夜往袭之，男女无少长皆斩之。自此山夷震服。永

明二年，征为侍中、护军将军。显达累任在外，经高帝之忧。及见武帝，流涕悲咽，上亦泣，心甚嘉之。八年，为征南大将军、江州刺史。显达谦厚有智计，自以人微位重，每迁官常有愧惧之色。子十余人，诫之曰："我本意不及此，汝等勿以富贵陵人。"家既豪富，诸子与王敬则诸儿并精车牛，丽服饰。当世快牛称陈世子青、王三郎乌、吕文显折角、江瞿昙白鼻，而皆集陈舍。显达知此不悦。及子休尚为郢府主簿，过九江别显达。显达曰："凡奢侈者鲜有不败，麈尾蝇拂是王、谢家物，汝不须捉此自随。"即取于前烧除之。其静退如此。

豫废郁林之勋，延兴元年，为司空，进爵为公。明帝即位，进太尉，封鄱阳郡公。加兵二百人，给油络车。后以太尉封鄱阳郡公，为三公事，而职典连率，人以为格外三公。上欲悉除高、武子孙，上微言问显达，答曰："此等岂足介虑。"上乃止。显达建武世心怀不安，深自贬退，车乘朽败，导从卤簿皆用羸小。侍宴酒后，启上借枕，帝令与之。显达抚枕曰："臣年已老，富贵已足，唯少枕枕死，特就陛下乞之。"上失色曰："公醉矣。"以年老告退，不许。永泰元年，乃遣显达北侵。永元元年，显达督平北将军崔慧景众军四万，围南乡界马圈城，去襄阳三百里。攻之四十日，魏军食尽，啖死人肉及树皮。外围急，魏军突走。显达入据其城，遣军主庄丘黑进取南乡县。魏孝文帝自领十余万骑奄至，军主崔恭祖、胡松以乌布幔盛显达，数人担之，出沟水口，台军缘道奔退，死者三万余人。显达素有威名，著于外境，至是大损丧焉。御史中丞范岫奏免显达官，又表解职，并不许。以为江州刺史，镇盆城。初，王敬则事起，始安王遥光启明帝，虑显达为变，欲追军还，事平乃寝。显达亦怀危怖。及东昏立，弥不乐还都，得此授甚喜。寻加领征南大将军，给三望车。

显达闻都下大相杀戮，徐孝嗣等皆死，传闻当遣兵袭江州。显达惧祸，十一月十五日举兵，欲直袭建邺，以掩不备，又遥指郢州刺史建安王宝寅为主。朝廷遣后军将军胡松等据梁山，显达率众数千人发寻阳，与松战于采石，大破之，都下震恐。十二月，潜军度取石头北上袭城，宫掖大骇，闭门守备。显达马稍从步军数百人，于西州前与台军战，再合大胜，稍折，手犹杀十余人。官军继至，显达不能抗，退走至西州后乌榜村。骑官赵潭注稍刺落马，斩之篱侧，血涌湔篱，似淳于伯之被刑。时年七十三。显达在江州遇疾，不疗之而差，意甚不悦。是时连冬大雪，枭首朱雀而雪不集，诸子皆伏诛。

张敬儿，南阳冠军人也。父丑，为郡将军，官至节府参军。敬儿年少便弓马、有胆气，好射猛兽，发无不中。南阳新野风俗出骑射，而敬儿尤多膂力。稍官至宁蛮行参军，随郡人刘胡伐襄阳诸山蛮，深入险阻，所向皆破。又击胡阳蛮，官军引退，敬儿单马在后，贼不能抗。山阳王休祐镇寿阳，求善骑射士，敬儿及襄阳俞湛应选。敬儿善事人，遂见宠，为长兼行参军。泰始初，随府转骠骑参军，署中兵，领军讨义嘉贼，与刘胡相拒于鹊尾洲，启明帝乞本郡。事平，除南阳太守。

敬儿之为襄阳府将也，家贫，每休假辄佣赁自给。尝为城东吴泰家担水，通泰所爱婢。事发，将被泰杀，逃卖棺材中，以盖加上，乃免。及在鹊尾洲，启明帝云："泰以丝助雍州刺史袁顗为弩弦，党同为逆，若事平之日，乞其家财。"帝许之。至是收籍吴氏，唯家人保身得出，僮役财货直数千万，敬儿皆有之，先所通婢，即以为妾。

后为越骑校尉，桂阳王事起，隶齐高帝顿新亭。贼矢石既交，休范白服乘舆劳楼下。敬儿与黄回白高帝，求诈降以取之。高帝曰："卿若办事，当以本州相赏。"敬儿相与出城南，放仗走，大呼称降。休范喜，召至舆侧。回阳致高帝密意，休范信之。回目敬儿，敬儿夺取休范防身刀斩之，其左右百人皆散。敬儿持首归新亭。除骁骑将军，加辅国将军。高帝置酒谓敬儿曰："非卿之功，无今日。"

高帝以敬儿人位既轻，不欲使便为襄阳重镇。敬儿求之不已，乃微动高帝曰："沈攸之在荆州，公知其欲何所作，不出敬儿以防之，恐非公之利也。"帝笑而无言，乃除雍州刺史，加都督，封襄县侯。部伍泊沔口，敬儿乘舴艋过江，诣晋熙王燮。中江遇风船覆，左右丁壮者各泅水走，余二小史没船下，求敬儿救，敬儿两掖挟之，随船仰得在水上，如此翻覆行数十里，方得迎接。失所持节，更给之。至镇，厚结攸之，得其事迹，密白高帝，终无二心。又与攸之司马刘攘兵情款。及苍梧废，敬儿疑之当因此起兵，密问攘兵，攘兵无所言，寄敬儿马镫一只。敬儿乃为备。升明元年冬，攸之反，遣使报，敬儿劳接周至，为设食讫，列仗于听事前斩之。集部曲，偵攸之下，当袭江陵。敬儿告变使至，高帝大喜，进号镇军将军，改督。攸之至郢城败走，其子元琰与兼长史江乂、别驾傅宣等还江陵。敬儿军至白水，元琰闻城外鹤唳，谓是叫声，恐惧欲走。其夜，父、宣开门出奔，城溃，元琰奔宠洲见杀。敬儿至江陵，诛攸之亲党，没入其财物数千万，善者悉以入私，送台者百不一焉。攸之于汤渚村自经死，居人送首荆州。敬儿使楯擎之，盖以青伞，徇诸市郭，乃送建邺。进爵为公。

敬儿在雍州贪残，人间一物堪用，莫不夺取。于襄阳城西起宅，聚物货，宅大小殆侔襄阳。又欲移羊叔子堕泪碑，于其处置台。纲纪谏曰："此羊太傅遗德，不宜迁动。"敬儿曰："太傅是谁，我不识。"

及齐受禅，转侍中、中军将军，迁散骑常侍、车骑将军，置佐史。高帝崩，遗诏加开府仪同三司。于家窃泣曰："官家大老天子，可惜太子年少，向我所不及也。"及拜，王敬则戏之，呼为褚彦回。敬儿曰："我马上所得，终不能作华林阁勋也。"敬则甚恨焉。初，敬儿微时，有妻毛氏，生子道门。而乡里尚氏女有色貌，敬儿悦之，遂弃毛氏而纳尚氏为室。及居三司，尚氏犹居襄阳宅。虑不复外出，乃迎家口悉下至都，启武帝，不蒙劳问。敬儿心自疑。及垣崇祖死，愈恐惧。性好卜术，信梦尤甚。初征荆州，每见诸将帅，不遑有余计，唯叙梦云："未贵时，梦居村中，社树欻高数十丈。及在雍州，又梦社树直上至天。"以此诱说部曲，自云贵不可言。由是不自测量，无知。又使于乡里为谣言，使小儿辈歌曰："天子在何处？宅在赤谷口，天子是阿谁？非猪如是狗。"敬儿家在冠军，宅前有地名赤谷。既得开府，又望班剑，语人曰："我车边犹少班兰物。"敬儿长自荒远，少习武事，既从容都下，又四方宁靖，益不得志。其妻尚氏亦曰："吾昔梦一手热如火，而君得南阳郡；元徽中，梦一髀热如火，君得本州；建元中，梦半体热，寻得开府；今复举体热矣。"以告所亲，言其妻初梦次梦，又言"今举体热矣"。阉人闻其言说之，事达武帝。敬儿又遣使与蛮中交关，武帝疑有异志，永明元年，敕朝臣华林八关斋，于坐收敬儿。初，左右雷仲显常以盈满诫敬儿，不能从，至是知有变，抱敬儿泣，敬儿脱冠貂投地曰："用此物误我。"及子道门、道畅、道休并伏诛，少子道庆见宥。后数年，上与豫章王嶷三日曲水内宴，舴艋船流至御坐前覆没，上由是言及敬儿，悔杀之。

敬儿始不识书，及为方伯，乃习学读《孝经》、《论语》。初征为护军，乃潜于密室中，屏人学揖让答对，空中俯仰，妾侍窃窥笑焉。将拜三司，谓其妻嫂曰："我拜后府开黄阁。"因口自为鼓声。初得鼓吹，差便奏之。又于新林慈姥庙为妾祈子，祝神口自称三公，其鄙俚如此。始其母在田中卧，梦犬子有角舐之，已而有娠而生敬儿，故初名苟儿。又生一子，因苟儿之名复名猪儿。宋明帝嫌苟儿名鄙，改为敬儿，故猪儿亦改为恭儿，位正员郎，谢病归本县，常居上保村，不肯出仕，与居人不异。与敬儿友甚笃。及闻敬儿败，走入蛮。后首出，原其罪。

崔慧景，字君山，清河东武城人也。祖构，奉朝请。父系之，州别驾。慧景少有志业，仕宋为长水校尉。齐高帝在淮阴，慧景与宗人祖思同时自结。及高帝受禅，封乐安县子，为都督，梁、南秦二州刺史。永明四年，为司州刺史。母丧，诏起复本任。慧景每罢州，辄倾资献奉，动数百万。武帝以此嘉之。十年，为都督、豫州刺史。郁林即位，慧景以少主新立，密与魏通，朝廷疑之。明帝辅政，遣梁武帝至寿春安慰之。慧景密启送诚劝进。建武四年，为度支尚书，领太子左率。

东昏即位，为护军。时辅国将军徐世标专权号令，慧景备员而已。帝既诛戮将相，旧臣皆尽，慧景自以年宿位重，转不自安。及裴叔业以寿阳降魏，即授慧景平西将军，假节、侍中、护军如故。率军水路征寿阳。军顿白下将发，帝长围屏除，出琅邪城送之。帝戎服坐楼上，召慧景骑进围内，无一人自随，裁交数言，拜辞而去。慧景出至白下甚喜，曰："颈非复小竖等所折也。"子觉为直阁将军，慧景密与之期。时江夏王宝玄镇京口，闻慧景北行，遣左右余文兴说之曰："朝廷任用群小，猜害忠贤，江、刘、徐、沈，君之所见，身虽鲁、卫，亦不知灭亡何时。君今段之举，有功亦死，无功亦死，欲何求所免？机不可失，今拥强兵，北取广陵，收吴、楚劲卒；身举州以相应，取大功如反掌耳。"慧景常不自安，闻言响应。

于时庐陵王长史萧寅、司马崔恭祖守广陵城，慧景以宝玄事告恭祖。恭祖先无宿契，口虽相和，心实不同。还以事告寅，共为闭城计。寅心谓恭祖与慧景同，谓曰："废昏立明，人情所乐，宁可违拒。"恭祖犹执不同。俄而慧景至，恭祖闭门不敢出。慧景知其异己，泣数行而去。中兵参军张庆延、明岩卿等劝慧景袭取广陵，及密遣军主刘灵运间行突入。慧景俄系至，遂据其城。子觉至，仍使领兵袭京口。宝玄本谓大军并来，及见人少，极失所望，拒觉，击走之。恭祖及觉精兵八千济江。恭祖心本不同反，至蒜山，欲斩觉以军降京口，事既不果而止。觉等军器精严，柳憕、沈佚之等谓宝玄曰："崔护军威名既重，乃诚可见，既已唇齿，忽中道立异。彼以乐归之众，乱江而济，谁能拒之？"于是登北固楼，并千蜡烛为烽火，举以应觉。帝闻变，以右卫将军左兴盛假节、督都下水陆众军。慧景停二日，便率大众一时俱济江，趣京口，宝玄仍以觉为前锋，恭祖次之，慧景领大都督为众军节度。东府、石头、白下、新亭诸城皆溃，左兴盛走，不得入宫，逃淮渚荻船中，慧景禽杀之。慧景称宣德皇后令，废帝为吴王。

时柳憕别推宝玄，恭祖为宝玄羽翼，不复承奉，慧景嫌之。巴陵王昭胄先逃人间，出投慧景，意更向之，故犹豫未知所立，此声颇泄。憕、恭祖始贰于慧景。又恭祖劝慧景射火箭烧北掖楼，慧景以大事垂定，后若更造，费用功多，不从其计。性好谈义，兼解佛理，顿法轮寺，对客高谈，恭祖深怀怨望。先是，卫尉萧懿为豫州刺史，自历阳步道征寿阳，帝遣密使告之。懿率军主胡松、李居士等自采石济岸，顿越城举火，台城中鼓叫称庆。恭祖先劝慧景遣二千人断西岸军，令不得度，慧景以城且夕降，外救自然应散，不许。恭祖请击义师，又不许。乃遣子觉将精甲数千人度南岸，义师昧旦进战，觉大败。慧景人情离沮。恭祖顿军兴皇寺，于东宫掠得女妓，觉来逼夺，由是忿恨。其夜，崔恭祖与骁将刘灵运诣城降。慧景乃将腹心数人潜去，欲北度江，城北诸军不知，犹为拒战。城内出荡，杀数百人，慧景余众皆奔。慧景围城凡十二日，军旅散在都下，不为营垒。及走，众于道稍散，单马至蟹浦，投渔人太叔荣之。荣之故为慧景门人，时为蟹浦戍，谓之曰："吾以乐赐汝，汝为吾觅酒。"既而为荣之所斩，以头内鳅篮中担送都。

恭祖者，慧景宗人，骁果便马稍，气力绝人，频经军阵，讨王敬则，与左兴盛军容袁文旷争敬则首，诉明帝曰："恭祖秃马绛衫，手刺倒敬则，故文旷得斩其首。以死易勋而见枉夺。若失此勋，要当刺杀左兴盛。"帝以其勇健，谓兴盛曰："何容令恭祖与文旷争功。"慧景平后，恭祖系尚方，少时杀之。觉亡命为道人，见执伏法。觉弟偃，年十八便身长八尺，博涉书记，善虫篆，为始安内史，臧寅得免。和帝西台立，以为宁朔将军。中兴元年，诣公车尚书申冤，言多指斥，寻下狱死。

先是，东阳女子娄逞，变服诈为丈夫，粗知围棋，解文义，遍游公卿，仕至扬州议曹从事。事发，明帝驱令还东。逞始作妇人服而去，叹曰："如此之伎，还为老妪，岂不惜哉。"此人妖也。阴而欲为阳，事不果故泄，敬则、遥光、显达、慧景之应也。旧史裴叔业有传，事终于魏，今略之云。

论曰：光武功臣，所以能终身名者，岂唯不任职事，亦以继奉章明，心存正嫡。王、陈拔迹奋飞，则建元、永明之运；身极鼎将，则建武、永元之朝。勋非往时，位逾昔等，礼授虽重，情分不交。加以主猜政乱，危亡虑及，举手扞头，人思自免。干戈既用，诚沦犯上之迹，故国起于同舟，况又疏于此也。敬儿挟震主之勇，当鸟尽之运，内惑邪梦，迹涉觊觎，其至歼亡，亦其理也。慧景以乱济乱，能无及乎！

卷四十六　　　列传第三十六

李安人 子元履　戴僧静　桓康
焦度　曹武 子世宗　吕安国
周山图　周盘龙 子奉叔　王广之
子珍国　张齐

李安人，兰陵承人也。祖疑，卫军参军。父钦之，薛令。

安人少有大志，常拊髀叹曰："大丈夫处世，富贵不可希，取三将五校，何难之有！"随父在县，宋元嘉中，县被魏克，安人寻率部曲自拔南归。明帝时，稍迁武卫将军，领水军讨晋安王子勋，所向克捷。事平，明帝大会新亭楼，劳诸军主。樗蒲官赌，安人五掷皆卢。帝大惊，目安人曰："卿面方如田，封侯相也。"安人少时贫，有一人从门过，相之。曰："君后当大富贵，与天子交手共戏。"至是，安人寻此人，不知所在。

后为广陵太守，行南兖州事。齐高帝在淮阴，安人遥相结事。元徽初，除司州刺史，领义阳太守。及桂阳王休范起事，安人遣军援都。建平王景素起兵，安人破其军于葛桥。景素诛，留安人行南徐州事。城局参军王回，素为安人所亲，盗绢二匹。安人流涕谓曰："我与卿契阔备尝，今日犯王法，乃卿负我也。"于军门斩之，厚为敛祭，军府皆震服。转东中郎司马，行会稽郡事。时苍梧纵虐，齐高帝忧迫无计。安人白高帝，欲于东奉江夏王跻起兵。高帝不许，乃止。高帝即位，为中领军，封康乐侯。自宋泰始以来，内外频有贼寇，将帅以下，各募部曲，屯聚都下。安人上表，以为自非淮北常备，其外余军悉皆输遣，若亲近宜立随身者，听限人数。上纳之，故诏断众募。时王敬则以勋诚见亲，至于家国密事，上唯与安人论议。谓曰："署事有卿名，我便不复细览也。"寻为领军将军。魏攻寿春至马头，诏安人御之，魏军退，安人沿淮进寿春。先是宋时亡命王元初聚党六合山，僭大号。自云垂手过膝。州郡讨不能禽，积十余年。安人生禽之，斩建康市。高帝崩，遗诏加侍中。武帝即位，为丹阳尹，迁尚书左仆射。安人时屡启密谋见赏，又善结尚书令王俭，故世传俭启有此授。寻上表，以年疾求退，为吴兴太守。于家载米往郡，时服其清。吴兴有项羽神护郡听事，太守到郡，必须祀以轭下牛。安人奉佛法，不与神牛，著履上厅事，又于厅上八关斋。俄而牛死，葬庙侧，今呼为李公牛冢。安人寻卒，子元履,幼有操业,甚闲政体,为司徒竟陵王子良法曹参军。与王融游狎,及王融诛,郁林敕元履随右卫将军王广之北征,密令于北杀之。广之先为安人所厚,又知元履无过,甚拥护之。会郁林败死,元履拜谢广之,曰:"二十二载,父母之年,自此以外,丈人之赐也。"仕梁为吴郡太守,度支尚书,衡、广、青、冀四州刺史。

戴僧静,会稽永兴人也。少有胆力,便弓马。事刺史沈文秀,俱被魏房,后将家属叛还淮阴。齐高帝抚畜,常在左右。后于都私贾锦出,事发,系南兖州狱。高帝遣薛深饷僧静酒食,以刀子置鱼腹中。僧静与狱吏饮酒及醉,以刀刻械,手自折锁,发屋而出,归高帝。帝匿之斋内,以其家贫,年给谷千斛。会魏军至,僧静应募出战,单刀直前。魏军奔退,又追斩三级。时天寒甚,乃脱衣,口衔三头,拍浮而还。沈攸之事起,高帝入朝堂,遣僧静将腹心先至石头,经略袁粲。时苏烈据仓城门,僧静射书与烈,夜缒入城。粲登城西南门,列烛火坐,台军至,射之,火乃灭。回登东门,其党孙昙瓘骁勇善战,每荡一合,辄大杀伤,官军死者百余人。军主及天生殊死拒战,故得相持。自亥至丑,有流星赤色照地,坠城中,僧静率力攻仓门,手斩粲于东门,外军烧门入。以功除前军将军、宁朔将军。高帝即位,封建昌县侯,位太子左卫率。武帝践阼,出为北徐州刺史。买牛给贫人令耕种,甚得荒情。后除南中郎司马、淮南太守。永明八年,巴东王子响杀僚佐,武帝召僧静使领军向江陵。僧静面启上曰:"巴东王年少,长史司马捉之太急,忿不思难故耳。天子儿过误杀人,有何大罪,今急遣军西上,人情惶惧,无所不至。臣不敢奉敕。"上不答而心善之。徙庐陵王中军司马、高平太守。卒,谥壮侯。

桓康,北兰陵承人也。勇果骁悍。宋大明中,随齐高帝为军容,从武帝在赣县。泰始初,武帝起义,为郡所絷,众皆散。康装担,一头贮穆后,一头贮文惠太子及竟陵王子良,自负置山中。与门客萧欣祖等四十余人相结,破郡狱,出武帝。郡追兵急,康等死战之。随武帝起兵,摧坚陷阵,膂力绝人。所经村邑,恣行暴害,江南人畏之,以其名怖小儿,画其形于寺中。病虐者写形帖著床壁,无不立愈。

后除襄贲令。桂阳王休范事起,康弃县还都就高帝。会事已平,除员外郎。元徽五年七月六日夜,少帝微行至领军府,帝左右人曰:"一府皆眠,何不缘墙入?"帝曰:"我今夕欲一处作适,待明日夜。"康与高帝所养健儿卢荒、向黑于门间听得其语。明旦,王敬则将帝首至,扣府门。康谓是变,与荒、黑拔白刃欲出,仍随高帝入宫。帝镇东府,除武陵王中兵、宁朔将军,带兰陵太守,常卫左右。高帝诛黄回,回时为南兖州,部曲数千,欲收恐为乱,召入东府,停外斋,使康数回罪,然后杀之。时人为之语曰:"欲偾张,问桓康。"除后军将军、直阁将军、南濮阳太守。建元元年,封吴平县侯。高帝谓康曰:"卿随我日久,未得方伯,亦当未解我意,正欲与卿先共灭虏耳。"三年,魏军动,康大破魏军于淮阳。武帝即位,卒于骁骑将军。

焦度,字文绩,南安氐也。祖文珪,避难居仇池。宋元嘉中,裴方明平杨难当,度父明与千余家随居襄阳,乃立天水郡略阳县以居之。

度少有气干,便弓马。孝武初,青州刺史颜师伯出镇,台差度领幢主送之,与魏豹皮公遇,交槊斗,豹皮公堕地,禽其具装马,手杀数十人;师伯启孝武,称度气力弓马并绝人,帝召还充左右。见度形状,谓师伯曰:"此真健人也。"补晋安王子勋夹毂队主,随镇江州。子勋起兵,以度为龙骧将军。为前锋,所向无不胜。事败,逃宫亭湖为贼。朝廷闻其勇,甚患之。使江州刺史王景文诱降之。景文以为己镇南参军,领中军直兵,厚待之。随景文还都,常在府内。景文被害夕,度大怒,劝景文拒命,景文不从,明帝不知也。以度武勇,补晋熙王燮防阁,随镇夏口。武陵王赞代燮为郢州,度仍留镇,为赞前军参军。沈攸之事起,转度中直兵。齐高帝又使假度辅国将军、屯骑校尉,转右将军。

度容貌壮丑,皮肤若漆,质直木讷,口不能出言。晋熙王夹毂主周彦与度俱在郢州,彦有左右人与度父同名,彦常呼其名使役之。度积忿,呵责彦曰:"汝知我讳'明',而恒呼明,何也?"及在郢城,尤为沈攸之所忿。攸之大众至夏口,将直下都,留偏兵守郢而已。度于城楼上肆言骂辱攸之,至自发露形体秽辱之,故攸之怒,改计攻城。度亲力战,攸之众蒙楯将登,度令投以秽器,贼众不能冒,后呼此楼为焦度楼。事宁,度功居多,封东昌县子、东宫直阁将军。还都,为贵戚追叙郢城时褰露秽亵之事,其戆如此。为人朴涩,欲就高帝求州,比及见,竟不涉一语。帝以其不闲政事,竟不用。后求竟陵郡,不知所以置辞,亲人授之辞百余言,度习诵数日,皆得上口。会高帝履行石头城,度于大众中欲自陈,临时卒忘所教,乃大言曰:"度启公,度启公,度无食。"帝笑曰:"卿何忧无食?"即赐米百斛。建元四年,乃除淮陵太守。性好酒,醉辄暴怒,上常使人节之。年虽老而气力如故,除游击将军,卒。

曹武,字士威,下邳人也。本名虎头。齐高帝镇东府,使武与戴僧静各领白直三百人。后为屯骑校尉,带南城令。石头平,封罗江县男。及高帝受禅,改封监利县。武帝即位,累迁骁骑将军。帝以虎头名鄙,敕改之。郁林即位,进号前将军。隆昌元年,为雍州刺史。建武二年,进爵为侯。东昏即位,为前将军、镇军司马。永元元年,始安王遥光反,武领军屯青溪大桥,事宁,转散骑常侍、右卫将军。

武形干甚毅,善于诱纳。晚节在雍州,至见钱七千万,皆厚轮大郭,他物称是,马八百匹。仆妾蔬食,膳无膏腴。尝为梅虫儿、茹法珍设女妓,金翠曜眼,器服精华,虫儿等因是欲诬而夺之。人传武每好风景,辄开库招拍张武戏。帝疑武旧将领,兼利其财,新除未及拜,遇诛。及收兵至，叹曰："诸人知我无异意，所以杀我，政欲取吾财货伎女耳。恨令众辈见之。"诸子长成者皆见诛，唯子世宗兄弟三人未冠，系尚方，梁武帝兵至得免。

武虽武士，颇有知人鉴。梁武及崔慧景之在襄阳，于时崔方贵盛，武性俭啬，无所徇遗，独馈梁武，谓曰："卿必大贵，我当不及见，今以弱子相托。"每密送钱物并好马。时帝在戎多乏，就武换借，未尝不得，遂至十七万。及帝即位，忘其惠。天监二年，帝忽梦如田塍下行，两边水深无底，梦中甚惧。忽见武来负，武帝得过，曰："卿今为天下主，乃尔忘我顾托之言邪？我儿饥寒无依，昔所换十七万，可还其市宅。"帝觉，即使主书送钱还之，使用市宅。子世澄、世宗并蒙抽擢，三二年间，迭为大郡。

世宗性严明，颇识兵势，末遂封侯富显。历位太子左卫率，卒。赠左散骑常侍、左卫将军，谥曰壮侯。

吕安国，广陵人也。宋大明末，以将领见任，隐重有干局，为刘勔所称。泰始二年，为勔军副，征殷琰，以功封钟武县男。累迁兖州刺史。及沈攸之事起，齐高帝以安国为湘州刺史。建元元年，进爵为侯，转右卫将军，加给事中。后改封湘乡侯。武帝即位，累迁光禄大夫，加散骑常侍。安国欣有文授，谓其子曰："汝后勿袴褶驱使，单衣犹恨不称，当为朱衣官也。"历都官尚书、太子左率，领军将军。安国累居将率，在朝以宿旧见遇。寻迁散骑常侍、金紫光禄大夫，给扶。永明八年卒，谥肃侯。

周山图，字季寂，义兴义乡人也。家世寒贱，年十五六，气力绝众，食啖恒兼数人。乡里猎戏集聚，常为主帅，指麾处分皆见从。不事产业，恒愿为将，虽勇健而不闲弓马。于书题甚拙，谨直少言，不尝说人短长。与人周旋，皆白首不异。

宋元嘉二十七年，魏军至瓜步，台符取健儿，山图应募，领白衣队主。军功除员外郎，加振武将军。及镇军将军张永侵魏，山图领二千人迎运，至武原为魏军所追，合战多伤杀，魏军称其勇，呼为武原将。及永大败，山图收散卒，守于邳城。还除给事中、冗从仆射、直阁将军。山图好酒多失，明帝数加怒诮，后遂自改。累迁淮南太守。时盗发桓温冢，大获宝物，客窃取以遗山图。山图不受，簿以还官。迁左中郎将。齐高帝辅政，山图密启沈攸之久有异图，宜为之备。帝笑而纳之。攸之事起，武帝为西讨都督，启山图为军副。攸之攻郢城，武帝令山图量其形势。山图曰："攸之为人，性度险刻，无以结固士心。如顿兵坚城之下，适所以为离散之渐耳。"及攸之败，高帝谓曰："周公前言，可谓明于见事矣。"

建元元年，封晋兴县男。武帝践阼，迁竟陵王镇北司马，带南平昌太守。以盆城之旧，出入殿省，甚见亲信。义乡县长风庙神姓邓，先经为县令，死遂发灵，山图启乞加神位辅国将军。上答曰："足狗肉便了事，何用阶级为？"转黄门郎，领羽林监四厢直卫。山图于新林立墅舍，晨夜往还。上谓曰："卿罢万人都督而轻行郊外，自今往墅，可以仗身自随，以备不虞。"及疾，上手敕问疾。寻卒，年六十四。

周盘龙，北兰陵人也。胆气过人，尤便弓马。宋泰始中，以军功封晋安子。元徽二年，桂阳构难，盘龙时为冗从仆射，随齐高帝顿新亭。稍至骁骑将军，改封沌阳侯。

高帝即位，进号右将军。建元元年，魏攻寿春，以盘龙为军主、假节，助豫州刺史垣崇祖拒魏，大破之。上闻之喜，下诏称美，送金钗二十枚与其爱妾杜氏。手敕曰："饷周公阿杜。"明年，魏攻淮阳，围角城。先是，上遣军主成买戍角城，辞于王俭曰："今段之行，必以死报。衡门蓬户，不朱斯白。小人弱息，当得一子。"俭问其故，答曰："若不杀贼，便为贼杀。弱息不为世子，便为孝子；孝子则门加素垩，世子则门施丹赭。"至是买被围，上遣领军将军李安人救之，敕盘龙率马步下淮阳就李安人。买与魏拒战，手所伤杀无数。晨起手中忽有数升血，其日遂战死。首见斩，犹尸据鞍奔，还军然后僵。盘龙子奉叔，单马率二百余人陷阵，魏军万余骑张左右翼围之。一骑走还报奉叔已没，盘龙方食，弃箸。驰马奋矟，直奔魏阵，自称"周公来"。魏人素畏盘龙骁名，莫不披靡。时奉叔已大杀魏军，得出在外，盘龙不知，乃东西触击，魏军莫敢当。奉叔见其父久不出，复跃马入阵，父子两骑萦搅数万人，魏军大败。盘龙父子由是名播北国。形甚羸而临军勇果，诸将莫逮。

永明五年，为大司马，加征虏将军、济阳太守。武帝数讲武，尝令盘龙领马军，校骑骋矟。后以疾，为光禄大夫。寻出为兖州刺史，进爵为侯。角城戍将张蒲与魏潜通，因大雾乘船入清中采樵，载魏人直向城东门，坐为有司所奏，诏白衣领职。八坐寻奏复位，加领东平太守。盘龙表年老才弱，不可镇边，求解职，见许。还为散骑常侍、光禄大夫。武帝戏之曰："卿著貂蝉，何如兜鍪？"盘龙曰："此貂蝉从兜鍪中生耳。"寻病卒，年七十九。

子奉叔，勇力绝人，少随盘龙征讨，所在暴掠。为东宫直阁将军。郁林在西州，奉叔密得自进，及即位，与直阁将军曹道刚为心膂。奉叔善骑马，帝从其学骑，尤见亲宠，得入内，无所忌惮。陵轹朝士，就司空王敬则换米二百斛，敬则以百斛与之，不受。敬则大惧，乃更饷二百斛并金铃等物。敬则有一内妓，帝令奉叔求。奉叔不通迳前，从者执单刀皆半拔。敬则跣走入内，既而自计不免，乃出，遥呼奉叔曰："弟那忽能顾？"奉叔宣言求妓意，乃得释。与綦母珍、曹道刚、朱隆之共相唇齿，煽弄威权。奉叔常翼单刀二十口，出入禁闱，既无别诏，门卫莫敢诃。每语人云："周郎刀不识君。"求武帝御角及舆，并求御仗以给左右，事无不从。又求黄门郎，明帝作辅，固执不能得，乃令萧谌、萧坦之说帝，出奉叔为外镇，树腹心。又说奉叔以方伯之重，奉叔纳其言。隆昌元年，出为青、冀二州刺史。奉叔就帝求千户侯，帝许之。明帝以为不可。忽谓萧谌曰："若不能见与千户侯，不复应减五百户；不尔，周郎当就刀头取办耳。"既而封曲江县男，奉叔大怒，于众中攘刀，厉目切齿。明帝说谕乃受。及将之镇，明帝虑其不可复制，因其早入，引往后堂，执送廷尉尽之。

王广之，字士林，一字林之，沛郡相人也。少好弓马，便捷有勇力。初为马队主，随刘勔征殷琰。兵既盛而合肥戍又阻兵为寇。勔宣令军中求征合肥者，以大郡赏之。广之曰："若得将军所乘马，判能制之。"勔幢主皇甫肃谓勔曰："广之敢夺节下马，可斩。"勔曰："观其意必能立功。"即推鞍下马与之。及行，合肥果拔，勔大赏之，即擢为军主。广之于勔前谓肃曰："节下若从卿言，非唯斩壮士，亦自无以平贼。卿不赏才乃至此邪！"广之由此知名。初封蒲圻子。肃有学术，善举止，广之亦雅相推慕。勔亡后，肃更依广之，广之盛相赏接，启武帝以为东海太守，不念旧恶如此。广之后以征伐功，位给事中、冠军将军，改封宁都县子。齐高帝废苍梧，出广之为徐州刺史、钟离太守。沈攸之事起，广之留都下，豫平石头，仍从高帝顿新亭。高帝诛黄回，回弟驷及从弟马、兄子奴亡逸。高帝与广之书曰："黄回虽有微勋，而罪过种不可容。近遂启请御大小二舆为刺史服饰，吾久不惜为其启闻，政恐得舆复求画轮车。此外罪不可胜数，弟自悉之。今启依法。"令广之于江西搜捕驷等。建元元年，进爵为侯。武帝即位，累迁右卫将军，散骑常侍，前军将军。延兴元年，为豫州刺史，豫废郁林。后拜镇南将军、江州刺史，进应城县公。建武中，位侍中、镇军将军，给扶。后卒，赠车骑将军，谥壮公。

子珍国，字德重，仕齐为南谯太守，有能名。时郡境苦饥，乃发米散财以振穷乏。高帝手敕云："卿爱人活国，甚副吾意。"永明初，迁桂阳内史，讨捕贼盗，境内肃清。罢任还都，路经江州，刺史柳世隆临渚钱别，见珍国还装轻素，叹曰："此真良二千石也。"还为大司马中兵参军。武帝雅相知赏，谓其父广之曰："珍国应堪大用，卿可谓老蚌也。"广之曰："臣不敢辞。"帝大笑。帝每叹曰："晚代将家子弟，如珍国者少矣。"累迁游击将军，父忧去职。建武末，魏军围司州，明帝使徐州刺史裴叔业攻拔涡阳，以为声援，起珍国为辅国将军助焉。魏将杨大眼大众奄至，叔业惧，弃军走。珍国率其众殿，故不至大败。及会稽太守王敬则反，珍国又率众拒之。永元中，为北徐州刺史，将军如故。

梁武起兵，东昏召珍国以众还都，使出屯朱雀门，为王茂所败。乃入城，密遣郗纂奉明镜献诚于梁武帝，帝断金以报之。时侍中、卫尉张稷都督众军，珍国潜结稷腹心张齐要稷，稷许之。十二月丙寅旦，珍国引稷于卫尉府，勒兵入自云龙门，杀东昏于内殿，与稷会尚书仆射王亮等于西钟下，使国子博士范云等奉东昏首归梁武。后因侍宴，帝曰："卿明镜尚存，昔金何在？"珍国曰："黄金谨在臣肘，不敢失坠。"历位左卫将军，加散骑常侍，封滠阳侯。迁都官尚书。初，珍国自以废杀东昏，意望台鼎。先是出为梁、秦二州刺史，心常郁怏，酒后于坐云："臣近入梁山便哭。"帝大惊曰："卿若哭东昏则已晚，若哭我，我复未死。"珍国起拜谢，竟不答，坐即散，因此疏退，久方有此进。天监五年，魏任城王澄攻钟离，帝遣珍国为援，因问讨贼方略。对曰："臣常患魏众少，不苦其多。"武帝壮其言，乃假节与众军同赴。魏军退，班师。

又出为南秦、梁二州刺史，会梁州长史夏侯道迁以州降魏，珍国步道出魏兴将袭之，不果，遂留镇焉。改封宜阳县侯，累迁丹阳尹。卒，赠车骑将军，谥曰威。子僧度嗣。

张齐，字子向，冯翊郡人。少有胆气。初事荆州司马垣历生，历生酗酒，遇下严酷，不礼之。及吴郡张稷为荆府司马，齐复从之，甚见重，以为腹心。齐尽心事稷，稷为南兖州，擢为府中兵参军。梁武帝起兵，东昏征稷归，都督宫城诸军事。齐夜因王珍国就稷，齐手自执烛定谋。明旦与稷、珍国即东昏于殿内，齐手杀焉。武帝受禅，封齐安昌侯，位历阳太守。齐手不知书，目不识字，在郡清整，吏事甚修。

天监四年，魏将王足攻蜀，围巴西，帝以齐为辅国将军救蜀，未至，足退。齐进戍南安，迁巴西太守。初，南郑没于魏，乃于益州西置南梁州。州镇草创，皆仰益州取足。齐上夷獠义租，得米二十万斛。十一年，进假节，督益州外水诸军。齐在益部累年，讨击蛮獠，身无宁岁。其居军中，能身亲劳辱，与士卒同勤苦，自顿舍城垒，皆委曲得其便。调给衣粮资用，人无困乏。既为物情所归，蛮獠亦不敢犯，是以威名行于庸、蜀。巴西郡居益州之半，又当东道冲要，刺史经过，军府远涉多穷匮。齐缘路聚粮食，种蔬菜，行者皆取给焉。历南梁州刺史。迁信武将军、征西鄱阳王司马、新兴、永宁二郡太守，未发卒，谥曰壮。

论曰：宋氏将季，乱离日兆，家怀逐鹿，人有异图。高帝观衅深视，将符兴运。李安人、戴僧静、桓康、焦度、曹武、吕安国、周山图、周盘龙、王广之等，或早见诚款，或备尽心力，或受委方面，或功成麾下，其所以自致荣宠，夫岂徒然？盖亦验人心之有归，乐推之非妄也。《语》云："勇而无礼则乱。"观夫奉叔取进之道，不亦几于乱乎！其致屠戮，亦其宜矣。珍国明镜虽在，而断金莫验，报骂之义，理则宜然，台辅之冀，其何爽也！张齐人位本下，志望易充，绩宣所莅，其殆优也。

卷四十七　　　列传第三十七

荀伯玉　崔祖思_{叔父景真　景真子元祖　祖思宗人文仲}　苏侃　虞悰　胡谐之_{范柏年}　虞玩之　刘休　江祏_{刘暄}

荀伯玉，字弄璋，广陵人也。祖永，南谯太守。父阐之，给事中。伯玉仕宋为晋安王子勋镇军行参军。泰始初，随子勋举事。及事败还都，卖卜自业。

齐高帝镇淮阴，伯玉为高帝冠军刑狱参军。高帝为宋明帝所疑，被征为黄门郎，深怀忧虑，见平泽有群鹤，仍命笔咏之曰："八风舞遥翮，九野弄清音，一摧云间志，为君苑中禽。"以示伯玉深指，伯玉劝高帝遣数十骑入魏界，安置标榜。魏果遣游骑数百履行界上，高帝以闻，犹惧不得留，令伯玉占。伯玉言不成行，而帝卒复本任。由是见亲待。高帝有故吏东莞竺景秀，尝以过系作部，高帝谓伯玉：“卿比看景秀不？”答曰：“数往候之，备加责诮，云‘若许某自新，必吞刀刮肠，饮灰洗胃。’”帝善其答，即释之，卒为忠信士。后随高帝还都，除奉朝请。高帝使主家事。武帝罢广兴还，立别宅，遣人于大宅掘树数株，伯玉不与，驰以闻。高帝善之。高帝为南兖州，伯玉从转镇军中兵参军，带广陵令。初，高帝在淮阴，伯玉假还广陵，梦上广陵城南楼，上有二青衣小儿语伯玉云：“草中肃，九五相追逐。”伯玉视城下人头皆为草。泰始七年，又梦高帝乘船在广陵北渚，两腋下有翅不舒。伯玉问何当舒，帝曰：“却后三年。”伯玉梦中自谓是咒师，凡六唾咒之，有六龙出，两腋下翅皆舒，还复敛。元徽二年，而高帝破桂阳，威名大震，五年而废苍梧，谓伯玉曰：“卿梦今且效矣。”升明初，仍为高帝骠骑中兵参军，带济阳太守。霸业既建，伯玉忠勤尽心，常卫左右，加前将军，大见委信。齐建元元年，封南丰县子，为豫章王司空谘议，太守如故。时武帝在东宫，自以年长，与高帝同创大业，朝事大小悉皆专断，多违制度。左右张景真偏见任遇，又多僭侈。武帝拜陵还，景真白服乘画舸艑，坐胡床。观者咸疑是太子，内外祗畏，莫敢有言者。骁骑将军陈胤叔先已陈景真及太子前后得失，伯玉因武帝拜陵之后，密启之，上大怒。豫章王嶷素有宠，政以武帝长嫡，又南郡王兄弟并列，故武帝为太子，至是有改易之意。武帝东还，遣文惠太子、闻喜公子良宣敕诘责，并示以景真罪状，使太子令收景真杀之。胤叔因白武帝，皆言伯玉以闻。武帝忧惧，称疾月余日。上怒不解，昼卧太阳殿，王敬则直入叩头，启请往东宫以慰太子。高帝无言，敬则因大声宣旨往东宫，命装束。又敕太官设馔，密遣人报武帝，令奉迎。因呼左右索舆，高帝了无动色。敬则索衣以衣高帝，仍牵上舆。遂幸东宫，召诸王宴饮，因游玄圃园。长沙王晃捉华盖，临川王映执雉尾扇，闻喜公子良持酒铃，南郡王行酒，武帝与豫章王嶷及敬则自捧食馔。高帝大饮，赐武帝以下酒，并大醉尽欢，日暮乃去。是日微敬则，则东宫殆废。

高帝重伯玉尽心，愈见信任，使掌军国密事，权动朝右。每暂休沐，轩盖填门。尝遭母忧，成服日，左率萧景先、侍中王晏共载吊之。五更便巾车，未到伯玉宅二里许，王侯朝士已盈巷，至下鼓尚未得前，司徒褚彦回、卫军王俭俱进，继后方得前，又倚听事久之。中诏遣中书舍人徐希秀断哭止客，久方得吊。比出，二人饥乏，气息惙然，切齿形于声貌。明日入宫言，便云：“臣等所见二宫门及斋阁，方荀伯玉宅，政可设雀罗。”续复言：“外论云，千敕万令，不如荀公一命。”武帝深怨伯玉，高帝临崩，指伯玉以属武帝。武帝即位，伯玉忧惧。上闻之，以其与垣崇祖善，崇祖田业在江西，虑相扇为乱，加意抚之，伯玉乃安。永明元年，与崇祖并见诬伏诛，而胤叔为太子左率。吕文显叹曰：“伯玉能谋太祖而不能自谋，岂非天哉！”

初，伯玉微时，有善相墓者谓其父曰：“君墓当出暴贵者，但不得久耳；又出失行女子。”伯玉闻之曰：“朝闻道，夕死可矣。”顷之，伯玉姊当嫁，明日应行，今夕逃随人去，家寻求不能得。后遂出家为尼。伯玉卒败亡。

崔祖思，字敬元，清河东武城人，魏中尉琰七世孙也。祖谌，宋冀州刺史。父僧护，州秀才。祖思少有志气，好读书。年十八，为都昌令，随青州刺史垣护之入尧庙，庙有苏侯神偶坐。护曰：“唐尧圣人而与苏侯神共坐，今欲正之何如？”祖思曰：“使君若清荡此坐，则是尧庙重去四凶。”由是诸杂神并除。

齐高帝在淮阴，祖思闻风自结，为上辅国主簿，甚见亲待，参豫谋议。宋朝初议封高帝为梁公，祖思启高帝曰：“谶云‘金刀利刃齐刈之’。今宜称齐，实应天命。”从之。自相国从事中郎迁齐国内史。高帝既为齐王，置酒为乐，羹脍既至，祖思曰：“此味故为南北所推。”侍中沈文季曰：“羹脍吴食，非祖思所解。”祖思曰：“炰鳖脍鲤，似非句吴之诗。”文季曰：“千里莼羹，岂关鲁、卫。”帝甚悦，曰：“莼羹故应还沈。”

帝之辅政，众议将加九锡，内外皆赞成之，祖思独曰：“公以仁恕匡社稷，执股肱之义。君子爱人以德，不宜如此。”帝闻而非之，曰：“祖思远同荀令，岂孤所望也。”由此不复处任职之官，而礼见甚重。垣崇祖受密旨参访朝臣，光禄大夫垣闳曰：“身受宋氏厚恩，复蒙明公眷接，进不敢同，退不敢异。”祖思又曰：“公退让诚节，故宜受之以礼。”次同冠军将军崔文仲，文仲问崇祖曰：“卿意云何？”对曰：“圣人云‘知几其神’。又云‘见几而作’。”文仲抚髀曰：“政与吾意同。”崇祖具说之。及帝受禅，阍存故爵，文仲、崇祖皆封侯，祖思加官而已。除给事中、黄门侍郎。

武帝即位，祖思启陈政事，以为：“自古开物成务，必以教学为先。宜太庙之南，弘修文序，司农以北，广开武校。”又曰：“刘备取帐钩铜铸钱，以充国用；魏武遗女皁帐，婢十人；东阿妇以绣衣赐死；王景兴以折米见诮。宋武节俭过人，张妃房唯碧绡蚊幬、三齐茵席、五盏盘桃花米饭，殷仲文劝令畜伎，答云：‘我不解声。’仲文曰：‘但畜自解。’又答：‘畏解故不畜。’历观帝王，未尝不以约素兴侈丽亡也。伏惟陛下体唐成俭，踵虞为朴，寝殿则素木卑构，膳器则陶瓢充御。琼簪玉笏，碎以为尘；珍裘绣服，焚之如草。宜察朝士有柴车蓬馆，高以殊等，驰禽荒色，长违清编，则调风变俗，不俟终日。”又曰：“宪律之重，由来尚矣。实宜清置廷尉，茂简三官。汉来习律有家，子孙并传其业。今廷尉律生，乃令史门户，刑之不厝，抑此之由。”又曰：“案前汉编户千万，太乐伶官方八百二十九人，孔光等奏罢不合经法者四百四十一人，正乐定员唯置三百八十八人。今户口不能百万，而太乐雅郑，元徽时校试千有余人，后堂杂伎不在其数。糜费力役，伤败风俗。今欲拨邪归道，莫若罢杂伎，王庭唯置钟虡羽戚登歌而已。”上诏报答。后为青、冀二州刺史，在政清勤，而谦卑下士，言议未尝及时事，上更以敬重之。未几卒，上深加叹惜。

祖思叔父景真，位平昌太守，有惠政，常悬一蒲鞭而未尝用。去任之日，土人思之为立祠。

子元祖，有学行，好属文，仕至射声校尉。武帝取为延昌主帅。从驾至何美人墓，上为悼亡诗，特诏元祖使和，称以为善。永明九年，魏使李道固及蒋少游至。元祖言臣甥少游有班、倕之功，今来必令模写宫掖，未可令反。上不从。少游果图画而归。元祖历位骁骑将军，出为东海太守。上每思之，时节恒赐手敕，赏赐有加。时青州刺史张冲启："淮北频岁不熟，今秋始稔。此境邻接戎寇，弥须沃实，乞权断谷过淮南。"而徐、兖、豫、司诸州又各私断谷米，不听出境，自是江北荒俭，有流亡之弊。元祖乃上书，谓宜丰俭均之。书奏见从。

祖思宗人文仲，位徐州刺史，封建阳县子，在政为百姓所惧。除黄门侍郎，领越骑校尉，徙封随县。尝献高帝缠须绳一枚，上纳受。后卒于汝阴太守，赠徐州刺史，谥襄子。

苏侃，字休烈，武邑人也。祖护，本郡太守。父端，州中从事。侃涉猎书传，薛安都反，引侃为其府参军，使掌书记。侃自拔南归，齐高帝在淮上，便自委结。高帝镇淮阴，取为冠军录事参军。时高帝在兵久见疑，乃作《塞客吟》以喻志曰：

宝纬紊宗，神经淡序，德晦河、晋，历宣江、楚。云雷兆壮，天山繇武。直发指秦关，凝精越汉渚。秋风起，塞草衰，雕鸿思，边马悲。平原千里顾，但见转蓬飞。星严海净，月澈河明，清晖映幕，素液凝庭。金筇夜厉，羽辔晨征。斡晴潭而怅泗，枇松洲而悼情。兰含风而写艳，菊笼泉而散英。曲绕首燕之叹，吹鳖绝越之声。歙园琴之孤弄，想庭霍之余馨。青关望断，白日西斜，恬源靓雾，垄首晖霞。戒旋鹢，跃还波。情緜緜而方远，思袅袅而遂多。粤击秦中之筑，因为塞上之歌。歌曰：朝发兮江泉，日夕兮陵山。惊飚兮瀣汨，淮流兮潺湲。胡埃兮云聚，楚旆兮星悬。愁埔兮思宇，恻怆兮何言。定襄中之逸鉴，审雕陵之迷泉。悟樊笼之或累，怅遐心以栖玄。

侃达高帝此旨，更自勤厉，遂见委以府事，深被知待。桂阳之难，帝以侃为平南录事，领军主，从顿新亭，使分金银赋赐将士。后为帝太尉谘议。侃事高帝既久，备悉起居，乃与丘巨源撰《萧太尉记》，载帝征伐之功。封新建县侯。齐台建，为黄门郎，领射声校尉，任以心膂。帝即位，侃撰《圣皇瑞命记》一卷，奏之。建元元年卒，上惜之甚至，谥质侯。

虞悰，字景豫，会稽余姚人也。祖啸父，晋左户尚书。父秀之，黄门郎。

悰少以孝闻，父病不欲见人，虽子弟亦不得前，时悰年十二三，昼夜伏户外问内竖消息。问未知，转呜咽流涕，如此者百余日。及亡，终丧日唯食麦饼二枚。仕宋位黄门郎。宋明帝诛山阳王休祐，至葬日，寒雪厚三尺，故人至者，唯悰一人来赴。初，齐武帝始从宦，家尚贫薄，悰数相分遗。每行必呼帝同载，帝甚德之。齐建元初，为太子中庶子，累迁豫章内史。

悰家富于财而善为滋味，豫章王嶷盛馔享宾，谓悰曰："肴羞有所遗不？"悰曰："何曾《食疏》有黄颔臛，恨无之。"累迁太子右率。永明八年大水，百官戎服救太庙，悰朱衣乘车卤簿，于宣阳门外入行马内驱逐人，被奏见原。上以悰布衣之旧，从容谓悰曰："我当令卿复祖业。"转侍中，朝廷咸惊其美。迁祠部尚书。武帝幸芳林园就悰求味，悰献粣及杂肴数十舆，太官鼎味不及也。上就求诸饮食方。悰秘不出。上醉后体不快，悰乃献醒酒鲭鲊一方而已。

郁林王立，兼大匠卿，起休安陵，于陵所受局下牛酒，坐免官。隆昌元年，以白衣领职。郁林废，悰窃叹曰："王、徐遂缚袴废天子，天下岂有此理邪？"延兴元年，领右军。明帝立，悰称疾不陪位。帝使尚书令王晏赍废立事示悰，以悰旧人，引参佐命。悰谓晏曰："主上圣明，公卿戮力，宁假朽老以匡赞惟新乎？不敢闻命。"因恸不自胜。朝议欲纠之，仆射徐孝嗣曰："此亦古之遗直。"众议乃止。悰称疾笃还东，诏赐假百日。转给事中、光禄大夫，寻加正员常侍，卒。悰性敦实，与人知识，必相存访，亲疏皆有终始，世以此称之。

胡谐之，豫章南昌人也。祖廉之，书侍御史。父翼之，州辟不就。谐之仕宋为邵陵王左军谘议。齐武帝为江州，以谐之为别驾，委以事任。建元二年，为给事中、骁骑将军。上方欲奖以贵族盛姻，以谐之家人语僕音不正，乃遣宫内四五人往谐之家，教子女语。二年后，帝问曰："卿家人语音已正未？"谐之答曰："宫人少，臣家人多，非唯不能得正音，遂使宫人顿成僕语。"帝大笑，遍向朝臣说之。

永明五年，为左卫将军，加给事中。谐之风采瑰润，善自居处，兼以旧恩见遇，朝士多与交游。六年，迁都官尚书。上欲迁谐之，尝从容谓曰："江州有几侍中邪？"答曰："近世唯程道惠一人而已。"上曰："当令有二。"后以语尚书令王俭，俭意更异，乃以为太子中庶子，领左卫率。谐之有识具，每朝廷官缺及应迁代，密量上所用人，皆如其言。虞悰以此称服之。

既居权要，多所征求。就梁州刺史范柏年求佳马，柏年患之，谓使曰："马非狗子，那可得为应无极之求。"接使人薄，使人致恨归，谓谐之曰："柏年云，胡谐是何貆狗，无厌之求。"谐之切齿致忿。时王玄邈代柏年，柏年称疾推迁不时还。谐之言于帝曰："柏年恃其山川险固，聚众欲擅一州。"及柏年下，帝欲不问，谐之又言："见兽格得而放上山。"于是赐死。十年，谐之转度支尚书，领卫尉。明年卒，谥肃侯。

柏年本梓潼人，土断属梁州华阳郡。初为州将，刘亮使出都谘事，见宋明帝。帝言次及广州贪泉，因问柏年："卿州复有此水不？"答曰："梁州唯有文川、武乡、廉泉、让水。"又问："卿宅在何处？"曰："臣所居廉让之间。"帝嗟其善答，因见知。历位内外，终于梁州刺史。

虞玩之，字茂瑶，会稽余姚人也。祖宗，晋尚书库部郎。父玫，通直常侍。玩之少闲刀笔，泛涉书史。仕宋为乌程令。路太后外亲朱仁弥犯罪，玩之依法案之。太后怨诉孝武，坐免官。

元徽中，为尚书右丞。齐高帝参政，与玩之书曰："张华为度支尚书，事不徒然。今漕藏有阙，吾贤居右丞，已觉金粟可积也。"玩之上表，陈府库钱帛，器械役力，所悬转多，兴用渐广，虑不支岁月。朝议优报之。高帝镇东府，朝廷致敬，玩之为少府，犹蹑屐造席。高帝取屐亲视之，讹黑斜锐，蒉断以芒接之。问曰："卿此屐已几载？"玩之曰："初释褐拜征北行佐买之，著已三十年，贫士竟不办易。"高帝咨嗟，因赐以新屐。玩之不受。帝问其故。答曰："今日之赐，恩华俱重，但弊簪弊席，复不可遗，所以不敢当。"帝善之。拜骠骑谘议参军。霸府初开，宾客辐凑，高帝留意简接。玩之与乐安任遐俱以应对有席上之美，齐名见遇。玩之迁黄门郎。

先时，宋世人籍欺巧，及高帝即位，敕玩之与骁骑将军傅坚意检定之。建元二年，诏朝臣曰："黄籍人之大纲，国之政端。自顷訛俗巧伪，乃至窃注爵位，盗影年月，增损三状，贸袭万端。或户存而文书已绝，或人在而反托死叛，停私而云隶役，身强而称六疾。此皆政之巨蠹，教之深疵。若约之以刑，则人伪已远；若绥之以德，则胜残未易。诸贤并深明政体，各献嘉谋。"玩之表言便宜，多见采纳。于是朝廷乃别置校籍官，置令史，限人一日得数巧，以防懈怠。既连年不已，货贿潜通，百姓怨望。

富阳人唐宇之侨居桐庐，父祖相传图墓为业。宇之自云其家墓有王气。山中得金印，转相诳惑。永明二年冬，宇之聚党，遂陷富阳。至钱唐僭号，置太子。贼遂据郡，又遣伪会稽太守孙泓取山阴。时会稽太守王敬则赴正，故宇之谓可乘虚而袭。泓至浦阳江，而郡丞张思祖遣浹口戍主杨休武拒战，大破之。朝廷遣禁兵东讨，至钱唐，一战便散，禽斩宇之。进兵平诸郡县，台军乘胜，百姓颇被强夺。军还，上闻之，收军主、前军将军陈天福弃市。天福善马矟，为诸将法，上宠将也。既伏诛，内外莫不震肃。

玩之以久宦衰疾，上表告退，许之。玩之于人物好臧否，宋末，王俭举员外郎孔邈使魏，玩之言论不相饶，邈、俭并恨之。至是，玩之东归，俭不出送，朝廷无祖饯者。中丞刘休与亲知书曰："虞公散发海隅，同古人之美，而东都之送，殊不蔼蔼。"玩之归家数年卒，其后员外郎孔瑄就俭求会稽五官。俭方盥，投皂荚于地曰："卿乡俗恶，虞玩之至死烦人。"

刘休，字弘明，沛郡相人也。初为驸马都尉，宋明帝居藩，休为湘东国常侍，不为帝所知。袭祖封南乡侯。友人陈郡谢俨同丞相义宣反，休坐匿之，被系尚方。孝武崩乃得出。泰始初，诸州反，休素能笭，知明帝当胜，静处不预异谋。休之系尚方也，尚方令吴喜爱其才，后投吴喜，为喜辅师府事参军。喜进之明帝，得在左右，板桂阳王征北参军。

帝颇有好尚，尤嗜饮食。休多艺能，爰至鼎味，莫不闲解，遂见亲赏，长直殿内。后宫孕者，帝使笭其男女，无不如占。帝憎妇人妒，尚书右丞荣彦远以善棋见亲，妇妒伤其面，帝曰："我为卿断之，何如？"彦远率尔从旨。

其夕，遂赐药杀其妻。休妻王氏亦妒，帝闻之，赐休妾，敕与王氏二十杖。令休于宅后开小店，使王氏亲卖皂荚扫帚，以此辱之。其见亲如此。寻除员外郎，领辅国司马，中书通事舍人，带南城令。后为都水使者，南康相。善谈政体，而在郡无异绩。齐建元初，为御史中丞。顷之启言："宋世载祀六十，历斯任者五十有三，校其年月，不过盈岁。于臣叨滥，宜请骸骨。"四年，出为豫章内史，卒。

宋末，造指南车，高帝以休有思理，使与王僧虔对共监试。又元嘉中，羊欣重王子敬正隶书，世共宗之，右军之体微轻，不复见贵。及休始好右军法，因此大行云。

江祏，字弘业，济阳考城人也。祖遵，宁朔参军。父德粼，司徒右长史。祏姑为齐高帝兄始安贞王道生妃，追谥景皇后，生齐明帝。祏少为明帝所亲，恩如兄弟。明帝为吴兴，以祏为郡丞。后除通直郎，补南徐州别驾。明帝辅政，委以腹心，引为骠骑谘议参军，领南平昌太守。时新立海陵，人情未服，祏每说明帝以君臣大节，明帝转顾而不言。明帝押上有赤志，常秘不传，既而祏劝帝出以示人。晋寿太守王洪范罢任还，上袒示之曰："人皆谓此是日月相，卿幸无泄之。"洪范曰："公日月在躯，如何可隐？转当言之公卿。"上大悦。会直后张伯、尹瓛等屡谋窃发，祏忧虞无计，每夕辄托事外出。及明帝入纂议定，加祏宁朔将军。明帝为宣城王，太史密奏图纬云："一号当得十四年。"祏入，帝喜以示祏曰："得此复何所望。"及即位，迁守卫尉，安陆县侯。祏祖遵以后父赠金紫光禄大夫，父德粼以帝舅亦赠光禄。

建武二年，迁左卫将军，掌甲仗廉察。四年，转太子詹事。祏以外戚亲要，权冠当时。魏军南伐，明帝欲以刘暄为雍州。暄时方希内职，不愿远役，投于祏。祏谓明帝曰："昔人相暄得一州便蹶，今为雍州，傥相中乎？"上默然。俄召梁武帝谓曰："今使卿为雍州，阃外一以相委。"祏既见任，遂远贪饷遗，或取诸王名书好物，然家行甚睦，待子侄有恩。永泰元年，明帝寝疾，转祏侍中、中书令，出入殿省。及崩，遗诏转尚书左仆射，祏弟卫尉祀为侍中，皇后弟刘暄为卫尉，与始安王遥光、徐孝嗣、萧坦之等辅政。诫东昏曰："五年中汝勿厝意，过此自览，勿复委人。"及即位，祏参掌选事。明帝虽顾命群臣，而意寄多在祏兄弟，至是更直殿内，动止关诸。

永元元年，领太子詹事，刘暄迁散骑常侍、右卫将军。帝稍欲行意，徐孝嗣不能夺。萧坦之虽时有异同，而祏坚意执制，帝深忌之。孝嗣谓祏曰："主上稍有异同，讵可为相乖反？"祏曰："但以见付，必无所忧。"左右小人会稽茹法珍、吴兴梅虫儿、东海祝灵勇、东冶人俞灵韵、右卫军人丰勇之等，并为帝所委任。祏常裁折之，群小切齿。帝失德既彰，祏议欲立江夏王宝玄。刘暄初为宝玄郢州行事，执事过刻。有人献马，宝玄欲看之，暄曰："马何用看。"妃索煮肫，帐下诸暄，暄曰："旦已煮鹅，不烦复此。"宝玄恚曰："舅殊无渭阳之情。"暄闻之亦不悦。至是不同祏议，欲立建安王宝寅。密谋于遥光，遥光自以年长，属当鼎命，微旨动祏。祏弟祀以少主难保，劝祏立遥光。暄以遥光若立,已失元舅之望,不肯同。故祏迟疑久不决。遥光大怒,遣左右黄昙庆于青溪桥道中刺杀暄。昙庆见暄部伍人多,不敢发。事觉,暄告祏谋,帝处分收祏兄弟。祀时直在殿内,疑有异,遣信报祏曰:"刘暄似有谋,今作何计?"祏曰:"政当静以镇之。"俄而召祏入见,停中书省。先是,直斋袁文旷以王敬则勋当封,祏执不与。帝使文旷取祏,以刀环筑其心,曰:"复能夺我封不?"祏、祀同日见杀。祏任寄虽重,而不忘财利,论者以此少之。祏等既诛,帝恣意游走,单骑奔驰,谓左右曰:"祏常禁吾骑马,小子若在,吾岂能得此?"因问祏亲亲余谁,答曰:"江祥今犹在冶。"乃于马上作敕,赐祥死。

祀字景昌,历位晋安王镇北长史,南东海太守,行府州事。祀弟禧,早卒,有子廞,字伟卿,年十二,闻收至,谓家人曰:"伯既如此,无心独存。"赴井死。

刘暄,字士穆,彭城人。及闻祏等戮,眠中大惊,投出户外。问左右:"收至未?"良久意定,还坐,大悲曰:"不念江,行自痛也。"遥光事起,以讨暄为名。事平,暄迁领军将军,封平都县侯。其年,茹法珍、梅虫儿、徐世标潜暄有异志。帝曰:"领军是我舅,岂应有此?"世标曰:"明帝是武帝同堂,恩遇如此,尚灭害都尽,舅复焉可信。"乃诛之。暄为人性软弱,当轴居政,每事让江祏,群弟不得进官。死之日,皆怨之。和帝中兴元年,赠祏卫将军,暄散骑常侍、抚军将军,并开府仪同三司,祀散骑常侍、太常卿。

论曰:"君老不事太子",义烈之遗训也,欲夫专心所奉,在节无二。伯玉始遵其事,旋及诛夷,有以验"行之惟艰",且知齐武之非弘业矣。高帝作牧淮、兖,将兴霸业,崔、苏睹微知著,自同奔走。虞悰箪饵之恩,谐之心腹之寄,并得攀光日月,亦各时运之所跻乎?玩之臧否之尤,著在悬车之日,是知嗣宗所诫,盖亦远有致乎!江祏立辟非时,竟蹈龙逢之血,"人之多僻",盖诗人所深惧也。

卷四十八　　列传第三十八

陆澄　陆慧晓 子倕　孙缮　兄子闲
闲子绛　绛弟厥　厥弟襄　襄兄子云公
云公子琼　琼子从典　琼从父弟瑓
瑓弟瑜　瑜从兄玠　瑜从父弟琛　**陆杲**子罩

陆澄,字彦深,吴郡吴人也。祖劭,临海太守。父瑗,州从事。澄少好学博览,无所不知,行坐眠食,手不释卷。宋泰始初,为尚书殿中郎,议皇后讳班下应依旧称姓。左丞徐爰案司马孚议皇后不称姓,《春秋》逆王后于齐,并不言姓。澄以意立议,坐免官,白衣领职。郎官旧坐杖,有名无实,澄在官积前后罚,凡至千数。后兼左丞。泰始六年,诏皇太子朝服衮冕九章,澄与仪曹郎丘仲起议:"服冕以朝,实著经文,秦除六冕,汉明还备。魏、晋以来,不欲令臣下服衮冕,故位公者加侍官。今皇太子礼绝群后,宜遵圣王盛典,革近代之制。"累迁御史中丞。

齐建元元年,骠骑谘议沈宪等家奴客为劫,子弟被劾,宪等晏然。左丞任遐奏澄不纠,请免澄官。上表自理,言旧例无左丞纠中丞之义。诏外详议。尚书令褚彦回检宋以来左丞纠正而中丞不纠免官者甚众,奏澄:"谡闻朕见,贻挠后昆,上掩皇明,下笼朝议。请以见事免澄所居官"。诏澄以白衣领职。

永明元年,累迁度支尚书,寻领国子博士。尚书令王俭谓之曰:"昔曹志、缪悦为此官,以君系之,始无惭德。"俭尝问澄曰:"崇礼门有鼓而未尝鸣,其义安在?"答曰:"江左草创,崇礼闼皆是茅茨,故设鼓,有火则扣以集众,相传至今。"又与俭书陈:"王弼注《易》,玄学之所宗。今若弘儒,郑注不可废。并言《左氏》杜学之长。《谷梁》旧有麋信,近益以范宁,不足两立。世有一《孝经》,题为郑玄注,观其用辞,不与注书相类。案玄自序所注众书,亦无《孝经》。且小学之类,不宜列在帝典。"俭答曰:"《易》体微远,实贯群籍,岂可专据小王便为该备,依旧存郑,高同来说。元凯注传,超迈前儒,《谷梁》小书,无俟两注。存麋略范,率由旧式。凡此诸议,并同雅论。疑《孝经》非郑所注,仆以书明百行之首,实人伦所先,《七略》、《艺文》并陈之六艺,不与《苍颉》、《凡将》之流也。郑注虚实,前代不嫌,意谓可安,仍旧立置。"俭自以博闻多识,读书过澄。澄谓曰:"仆少来无事,唯以读书为业;且年位已高。令君少便轶掌王务,虽复一览便谙,然见卷轴未必多仆。"俭集学士何宪等盛自商略,澄待俭语毕,然后谈所遗漏数百十条,皆俭所未睹。俭乃叹服。俭在尚书省出巾箱几案杂服饰,令学士隶事,事多者与之,人人各得一两物。澄后来,更出诸人所不知事,复各数条,并旧物夺将去。转散骑常侍,秘书监,吴郡中正,光禄大夫,加给事中,寻领国子祭酒。竟陵王子良得古器,小口方腹而底平,可容七八升,以问澄。澄曰:"此名服匿,单于以与苏武。"子良详视器底有字,彷佛可识,如澄所言。

隆昌元年,以老疾,转光禄大夫,加散骑常侍,未拜,卒,谥静子。澄当世称为硕学,读《易》三年不解文义,欲撰宋书竟不成。王俭戏之曰:"陆公,书厨也。"家多坟籍,人所罕见,撰地理书及杂传,死后乃出。

澄弟鲜,得罪宋世,当死。澄于路见舍人王道隆,叩头流血,以此见原。扬州主簿顾测以两奴就鲜质钱,鲜死,子晖诬为买券。澄为中丞,测遂为澄所抑,世以此少之。

陆慧晓,字叔明,吴郡吴人,晋太尉玩之玄孙也。自玩至慧晓祖万载,世为侍中,皆有名行。慧晓伯父仲元,又为侍中,时人方之金、张二族。父子真,仕宋为海陵太守。时中书舍人秋当见幸,家在海陵,假还葬父,子真不与相闻。当请发人修桥,又以妨农不许。彭城王义康闻而赏之。王僧达贵公子孙,以才傲物,为吴郡太守,入昌门曰:"彼有人焉。顾琛一公两掾,英英门户;陆子真五世内侍,我之流亚。"子真自临海太守眼疾归,为中散大夫,卒。

慧晓清介正立，不杂交游，同郡张绪称之曰："江东裴、乐也。"初应州郡辟，举秀才，历诸府行参军，以母老还家侍养，十余年不仕。

齐高帝辅政，除为尚书殿中郎。邻族来相贺，慧晓举酒曰："陆慧晓年逾三十，妇父领选，始作尚书郎，卿辈乃复以为庆邪？"高帝表禁奢侈，慧晓撰答诏草，为帝所赏，引为太傅东阁祭酒。齐建元初，迁太子洗马。庐江何点常称"慧晓心如照镜，遇形触物，无不朗然。王思远恒如怀冰，暑月亦有霜气"。当时以为实录。慧晓与张融并宅，其间有池，池上有二株杨柳。点叹曰："此池便是醴泉，此木便是交让。"及武陵王晔守会稽，上为精选僚吏，以慧晓为征虏功曹，与府参军沛国刘玡同从述职。玡，清介士也，行至吴，谓人曰："吾闻张融与慧晓并宅，其间有水，此必有异味。"故命驾往酌而饮之。曰："饮此水，则鄙吝之萌尽矣。"何点荐慧晓于豫章王嶷，补司空掾，加以恩礼。累迁安西谘议、领冠军录事参军。

武帝第三子庐陵王子卿为南豫州刺史，帝称其小名谓司徒竟陵王子良曰："乌熊痴如熊，不得天下第一人为行事，无以压一州。"既而曰："吾思得人矣。"乃使慧晓为长史、行事。别帝，问曰："卿何以辅持庐陵？"答曰："静以修身，俭以养性。静则人不扰，俭则人不烦。"上大悦。后为司徒右长史。时陈郡谢朓为左长史，府公竟陵王子良谓王融曰："我府前世谁比？"融曰："明公二上佐，天下英奇，古来少见其比。"子良西邸抄书，令慧晓参知其事。寻迁西阳王征虏、巴陵王后军、临汝公辅国三府长史，行府州事。复为西阳王左军长史，领会稽郡丞，行郡事。隆昌元年，徙为晋熙王冠军长史、江夏内史，行郢州事。慧晓历辅五政，立身清肃，僚佐以下造诣，必起送之。或谓慧晓曰："长史贵重，不宜妄自谦屈。"答曰："我性恶人无礼，不容不以礼处人。"未尝卿士大夫，或问其故，慧晓曰："贵人不可卿，而贱者乃可卿，人生何容止轻重于怀抱。"终身常呼人位。

建武初，除西中郎长史、行事、内史如故。俄征黄门郎，未拜，迁吏部郎。尚书令王晏选门生补内外要局，慧晓为用数人而止。晏恨之。送女妓一人，欲与申好，慧晓不纳。吏曹都令史，历政来谘执选事，慧晓任己独行，未尝与语。帝遣主书单景俊谓曰："都令史谙悉旧贯，可共参怀。"慧晓谓景俊曰："六十之年，不复能谘都令史为吏部郎也。上若谓身不堪，便当拂衣而退。"帝甚惮之。后欲用为侍中，以形短小乃止。

出为晋安王镇北司马、征北长史、东海太守，行府州事。入为五兵尚书，行扬州事。崔慧景事平，领右军将军。出监南徐州。朝议又欲以为侍中，王亮曰："济、河须人，今且就朝廷借之，以镇南兖州。"王莹、王志皆曰："侍中弥须英华，方镇犹应有选者。"亮曰："角其二者，则貂珰缓，拒寇切。当今朝廷甚弱，宜从切者。"乃以为辅国将军、南兖州刺史，加督。至镇，俄尔以疾归。卒，赠太常。

三子：僚、任、倕，并有美名，时人谓之三陆。初授慧晓兖州，三子依次第各作一让表，辞并雅丽，时人叹伏。

僚学涉子史，长于微言。美姿容，须眉如画。位西昌侯长史、蜀郡太守。

倕，字佐公，少勤学，善属文。于宅内起两茅屋，杜绝往来，昼夜读书，如此者数岁。所读一遍，必诵于口。尝借人《汉书》，失《五行志》四卷，乃暗写还之，略无遗脱。幼为外祖张岱所异。岱尝谓诸子曰："此儿，汝家阳元也。"十七，举本州秀才。刺史竟陵王子良开西邸，延英俊，倕预焉。梁天监初，为右军安成王主簿，与乐安任昉友，为《感知己赋》以赠昉，昉因此名以报之。及昉为中丞，簪裾辐凑，预其宴者，殷芸、到溉、刘苞、刘孺、刘显、刘孝绰及倕而已，号曰"龙门之游。"虽贵公子孙不得预也。迁临川王东曹掾。梁武帝雅爱倕才，乃敕撰《新漏刻铭》，其文甚美。迁太子中舍人，又诏为《石阙铭》，敕褒美之，赐绢三十匹。累迁太常卿，卒。子缵早慧，七岁通经，为童子郎，卒。次缅，有似于倕，一看殆不能别。

缮，字士缛，倕兄子也。父任，御史中丞。缮幼有志尚，以雅正知名。梁承圣中，为中书侍郎，掌东宫管记。魏平江陵，缮微服遁还建邺。绍泰元年，除司徒右长史、御史中丞，以父任所终，固辞。陈武帝作辅，为司徒司马。及受命，位侍中。出为新安太守。文帝嗣位，征为中庶子，领步兵校尉，掌东宫管记。缮仪表端丽，进退闲雅，趋步蹑履，文帝使太子诸王咸取则焉。后复拜御史中丞，犹以父所终，固辞，不许，乃权换廨宇，徙以居之。太建中，历度支尚书，侍中，太子詹事，尚书右仆射。寻迁左仆射，参掌选事。别敕与徐陵等七人参议政事。卒，赠特进，谥曰安子。以缮东宫旧臣，特赐祖奠。缮子辩慧，年数岁，诏引入殿内，进止有父风，宣帝因赐名辩慧字敬仁。缮兄子见贤，亦方雅，位少府卿，卒。

闲，字遐业，慧晓兄子也。有风概，与人交不苟合，少为同郡张缵所知。仕至扬州别驾。齐明帝崩，闲谓所亲人曰："宫车晏驾，百司将听冢宰。主王地重才弱，必不能振，难将至矣。"乃感心疾，不复预州事。永元末，刺史始安王遥光据东府作乱，或劝去之。闲曰："吾为人吏，何可逃死。"台军攻陷城，闲以纲佐被收，至杜姥宅，尚书令徐孝嗣启闲不预逆谋。未及报，徐世标命杀之。闲四子：厥、绛、完、襄也。绛字魏卿，时随闲，抱颈求代死，不获，遂以身蔽刀刃，行刑者俱害之。

厥，字韩卿，少有风概，好属文。齐永明九年，诏百官举士，同郡司徒左西曹掾顾皓之表荐厥，州举秀才。时盛为文章，吴兴沈约、陈郡谢朓、琅邪王融以气类相推毂，汝南周颙善识声韵。约等文皆用宫商，将平上去入四声，以此制韵，有平头、上尾、蜂腰、鹤膝。五字之中，音韵悉异，两句之内，角徵不同，不可增减。世呼为"永明体"。沈约《宋书谢灵运传》后又论其事，厥与约书曰：

范詹事《自序》："性别宫商，识清浊，特能适轻重，济艰难。古今文人多不全了斯处，纵有会此者，不必从根本中来。"尚书亦云："自灵均以来，此秘未睹。或暗与理合，匪由思至。张、蔡、曹、王曾无先觉，潘、陆、颜、谢去之弥远。"大旨欲"宫商相变，低昂舛节,若前有浮声,则后须切响,一简之内,音韵尽殊,两句之中,轻重悉异"。辞既美矣,理又善焉;但观历代众贤似不都谙此处,而云"此秘未睹",近于诬乎?案范云"不从根本中来",尚书云"匪由思至",斯则揣情谬于玄黄,摘句著其音律也。范又云"时有会此者",尚书云"或暗与理合"。则美咏清讴,有辞章调韵者,虽有差谬,亦有会合。推此以往,可得而言。夫思有合离,前哲同所不免,文有开塞,即事不得无之。子建所以好人讥弹,士衡所以遗恨终篇。既曰遗恨,非尽美之作。理可诋诃,君子执其诋诃,便谓合理为暗,岂如指其合理,而寄诋诃为遗恨邪?

自魏文属论,深以清浊为言;刘桢奏书,大明体势之致。岨峿妥帖之谈,操末续颠之说,兴玄黄于律吕,比五色之相宣。苟此秘未睹,兹论为何所指邪?愚谓前英已早识宫徵,但未屈曲指的,若今论所申。至于掩瑕藏疾,合少谬多,则临淄所云"人之著述,不能无病"者也。非知之而不改,谓不改则不知,斯曹、陆又称"竭情多悔,不可力强"者也。今许以有病有悔为言,则必自知无悔无病之地。引其不了不合为暗,何独诬其一合一了之明乎?意者亦质文时异,今古好殊,将急在情物,而缓于章句。情物,文之所急,美恶犹且相半;章句,意之所缓,故合少而谬多。义兼于斯,必非不知明矣。《长门》、《上林》,殆非一家之赋;《洛神》、《池雁》,便成二体之作。孟坚精正,《咏史》无亏于东主;平子恢富,《羽猎》不累于凭虚。王粲《初征》,他文未能称是。杨修敏捷,《暑赋》弥日不献。率意寡尤,则事促乎一日,翳翳愈伏,而理赊于七步。一人之思,迟速天悬;一家之文,工拙壤隔,何独宫商律吕必责其如一邪?论者乃可言未穷其致,不得言曾无先觉也。

约答曰:

宫商之声有五,文字之别累万。以累万之繁,配五声之约,高下低昂,非思力所学,又非止若斯而已。十字之文,颠倒相配;字不过十,巧历已不能尽,何况复过于此者乎?灵均以来,未经用之于怀抱,固无从得其仿佛矣。若斯之妙,而圣人不尚,何耶?此盖曲折声韵之巧,无当于训义,非圣哲玄言之所急也,是以子云譬之"雕虫篆刻",云"壮夫不为"。自古辞人岂不知宫羽之殊、商徵之别?虽知五音之异,而其中参差变动,所昧实多,故鄙意所谓"此秘未睹"者也。以此而推,则知前世文士,便未悟此处。若以文章之音韵,同弦管之声曲,美恶妍媸,不得顿相乖反。譬犹子野操曲,安得忽有阐缓失调之声?以《洛神》比陈思他赋,有似异手之作,故知天机启,则律吕自调;六情滞,则音律顿舛也。士衡虽云焕若缛锦,宁有濯色江波,其中复有一片是卫文之服?此则陆生之言,即复不尽者矣。韵与不韵,复有精粗,轮扁不能言之,老夫亦不尽辩此。

约论四声,妙有诠辩,而诸赋亦往往与声韵乖。时有王斌者,不知何许人。著《四声论》行于时。斌初为道人,博涉经籍,雅有才辩,善属文,能唱导而不修容仪。尝弊衣于瓦官寺听云法师讲《成实论》,无复坐处,唯僧正慧超尚空席,斌直坐其侧。慧超不能平,乃骂曰:"那得此道人,禄蕲似队父唐突人?"因命驱之。斌笑曰:"既有叙勋僧正,何为无队父道人?"不为动。而抚机问难,辞理清举,四座皆属目。后还俗,以诗乐自乐,人莫能名之。

永元元年,始安王遥光反,厥父闲被诛,厥坐系尚方。寻有赦,厥感恸而卒,年二十八。文集行于世。时有会稽虞炎以文学与沈约俱为文惠太子所遇,意眄殊常,官至骁骑将军。

襄,字师卿,厥第四弟也。本名衰字赵卿,有奏事者误字为襄,梁武帝乃改为襄字师卿。天监三年,都官尚书范岫表荐襄,起家著作佐郎。后昭明太子统闻襄业行,启武帝引与游处。自庐陵王记室除太子洗马,迁中舍人,并掌管记。出为扬州中从事,以父终此官,固辞。武帝不许,听与府司马换廨居之。

昭明太子敬耆老,襄母年将八十,与萧琛、傅昭、陆杲每月常遣存问,加赐珍羞衣服。襄母常卒患心痛,医方须三升粟浆。时冬月,日又逼暮,求索无所,忽有老人诣门货浆量如方剂。始欲酬直,无何失之,时以襄孝感所致。后为太子家令,复掌管记,母忧去职。襄年已五十,毁顿过礼,太子忧之,日遣使诫喻。

中大通七年,为鄱阳内史。先是郡人鲜于琮服食修道法,常入山采药,拾得五色幡毦,又于地中得石玺,窃怪之。琮先与妻别室,望琮所处常有异气,益以为神。大同元年,遂结门徒杀广晋令王筠,号上愿元年,署置官属。其党转相诳惑,有众万余人,将出攻郡。襄先已率人吏修城隍为备,及贼至,破之,生获琮。时邻郡豫章、安成等守宰案其党与,因求货贿,皆不得其实。或有善人尽室罹祸,唯襄郡枉直无滥。人作歌曰:"鲜于抄后善恶分,人无横死赖陆君。"

又有彭、李二家,先因忿争,遂相诬告。襄引入内室,不加责诮,但和言解喻之。二人感恩,深自悔咎。乃为设酒食令其尽欢,酒罢同载而还,因相亲厚。人又歌曰:"陆君政,无怨家。斗既罢,雠共车。"在政六年,郡中大宁。郡人李睍等四百二十人诣阙拜表,陈襄德化,求于郡立碑,降敕许之。又表乞留襄,襄固乞还。

太清元年,为度支尚书。侯景围台城,以襄直侍中省。城陷,襄逃还吴。景将宋子仙进攻钱唐,会海盐人陆黯举义袭郡,杀伪太守苏单于,推襄行郡事。时淮南太守文成侯萧宁,逃贼入吴,襄遣迎宁为盟主,遣黯及兄子映公帅众蹑子仙,与战,黯败走,吴下军闻之亦散。襄匿于墓下,一夜忧愤卒。襄弱冠遭家祸,释服犹若居忧,终身蔬食布衣,不听音乐,口不言杀害五十年。侯景平,元帝赠侍中,追封余干县侯。

云公,字子龙,襄兄完子也。完位宁远长史、琅邪、彭城二郡丞。云公五岁诵《论语》、《毛诗》,九岁读《汉书》,略能记忆。从祖倕与沛国刘显质问十事,云公对无所失,显叹异之。及长,好学,有才思,为平西湘东王绎行参军。云公先制《太伯庙碑》，吴兴太守张缵罢郡经途，读其文叹曰："今之蔡伯喈也。"缵至都掌选，言之武帝，召为尚书仪曹郎，入直寿光省，以本官知著作郎事。累迁中书黄门郎，兼掌著作。

云公善弈棋，尝夜侍坐，武冠触烛火。帝笑谓曰："烛烧卿貂。"帝将用为侍中，故以此戏之。时天泉池新制鳊鱼舟，形阔而短，帝暇日常泛此舟，朝中唯引太常刘之遴、国子祭酒到溉、右卫朱异，云公时年位尚轻，亦预焉。太清元年卒。张缵时为湘州，与云公叔襄兄晏子书曰："都信至，承贤兄子贤弟黄门殒逝，非唯贵门丧宝，实有识同悲。"其为士流称重如此。云公从父兄才子，亦有才名，位太子中庶子、廷尉，与云公并有文集行于世。

云公子琼，字伯玉，幼聪慧，有思理。六岁为五言诗，颇有词采。大同末，云公受梁武帝诏，校定《棋品》，到溉、朱异以下并集。琼时年八岁，于客前覆局，由是都下号曰神童。异言之武帝，召见，琼风神警亮，进退详审，帝甚异之，十一丁父忧，毁瘠有至性，从祖襄叹曰："此儿必荷门基，所谓一不为少。"及侯景作逆，携母避地于县之西乡，勤苦读书，昼夜无息，遂博学善属文。

陈天嘉中，以文学累迁尚书殿中郎。琼素有令名，深为陈文帝所赏。及讨周迪、陈宝应等，都官符及诸大手笔，并中敕付琼。迁新安王文学，掌东宫管记。及宣帝为司徒，妙简僚佐，吏部尚书徐陵荐琼于宣帝，言琼"识具优敏，文史足用，进居郎署，岁月过淹，左西掾缺，允膺兹选，虽阶次小逾，其屈滞已积"。乃除司徒左西掾。寻兼通直散骑常侍，聘齐。太建中为给事黄门侍郎，转中庶子，领大著作，撰国史。后主即位，直中书省，掌诏诰。至德元年，除度支尚书，参选事，掌诰诏，并判廷尉、建康二狱事。初，琼父云公奉梁武敕，撰《嘉瑞记》，琼述其旨而续焉，自永定迄于至德，勒成一家之言。迁吏部尚书，著作如故。琼详练谱牒，雅有识鉴。先是，吏部尚书宗元饶卒，尚书右仆射袁宪举琼，宣帝未之用，至是居之，号为称职。

琼性谦俭，不自封植，虽位望日隆，而执志逾下。园池室宇，无所改作，车马衣服，不尚鲜华，四时禄俸，皆散之宗族，家无余财。暮年深怀止足，思避权要，恒谢疾，不视事。俄丁母忧。初，琼之侍东宫，母随在官舍，及丧还乡，诏加赗赠，后主自制志铭，朝野荣之。琼哀慕过毁，以至德四年卒。有集二十卷行于世。

子从典，字由仪，幼聪敏。年八岁，读沈约集，见《回文研铭》，援笔拟之，便有佳致。十二作《柳赋》，其词甚美。从父瑜特所赏爱。及瑜将终，命家中坟籍皆付之，从典乃集瑜文为十卷，仍制集序，其文甚工。从典笃好学业，博涉群书，位太子洗马、司徒左西掾。陈亡入隋，位著作佐郎。尚书右仆射杨素奏从典司马迁《史记》迄于隋，其书未就，坐受汉王谅诶免。后卒于南阳县主簿。

琰，字温玉，琼之从父弟也。父令公，梁中军宣城王记室参军。琰幼孤，好学，有志操，州举秀才。累迁宣惠始兴王外兵参军，寿嘉德殿学士。陈文帝听览余暇，颇留心史籍。以琰博学，善占诵，引置左右。尝使制《刀铭》，琰援笔即成，无所点窜，帝嗟赏久之，赐衣一袭。俄兼通直散骑常侍，副琅邪王厚聘齐，至邺而厚卒，琰为使主。时年二十余，风气韶亮，占对闲敏，齐士大夫甚倾心焉。太建初，为武陵王明威府功曹史，兼东宫管记。丁母忧去官，卒。至德二年，追赠司农卿。琰寡欲，鲜矜竞，游心经籍，晏如也。所制文笔，多不存本，后主求其遗文，撰成二卷。

弟瑜，字干玉，少笃学，美词藻，州举秀才。再迁军师晋安王外兵参军，东宫学士。兄琰时为管记，并以才学娱侍左右，时人比之二应。太建中，累迁太子洗马、中舍人。瑜聪敏强记，常受《庄》、《老》于汝南周弘正，学《成实论》于僧滔法师，并通大旨。时皇太子好学，欲博览群书，以子集繁多，命瑜抄撰，未就而卒。太子为之流涕，亲制祭文，仍与詹事江总论述其美，词甚伤切。至德二年，追赠光禄卿。有集十卷。瑜有从父兄玠，从父弟琛。

玠，字润玉，梁大匠卿晏子之子也。弘雅有识度，好学能属文。后主在东宫，征为管记，仍兼中舍人。寻以疾失明。将还乡里，太子解衣赠之，为之流涕。太建八年卒，至德二年，追赠少府卿。有集十卷。

琛，字洁玉，宣毅临川王长史丘公之子也。少警俊，事后母以孝闻。后主嗣位，为给事黄门侍郎、中书舍人，参掌机密。琛性颇疏，坐漏泄禁中语，诏赐死。

陆杲，字明霞，吴郡吴人也。祖徽，字休猷，宋补建康令，清平无私，为文帝所善。元嘉十五年，除平越中郎将、广州刺史，加督，清名亚王镇之，为士庶所爱咏。二十三年，为益州刺史，亦加督，恤隐有方，威惠兼著，寇盗静息，人物殷阜，蜀土安之。卒于官，身亡之日，家无余财，文帝甚痛惜之，谥曰简子。父睿，扬州中从事。

杲少好学，工书画，舅张融有高名，杲风韵举止颇类，时称曰"无对日下，唯舅与甥"。为尚书殿中曹郎，拜日，八坐丞郎并到上省交礼，而杲至晚，不及时刻，坐免官。后为司徒从事中郎。梁台建，为相国西曹掾。天监五年，位御史中丞。性婞直，无所顾望。时山阴令虞肩在任赃污数百万，杲奏收劾之。中书舍人黄睦之以肩事托杲，杲不答。梁武闻之以问杲，杲答曰："有之。"帝："识睦之不？"答曰："臣不识其人。"时睦之在御侧，上指示曰："此人是也。"杲谓曰："君小人，何敢以罪人属南司？"睦之失色。领军将军张稷是杲从舅，杲尝以公事弹稷，稷因侍宴诉帝曰："陆杲是臣亲通，小事弹臣不贷。"帝："杲职司其事，卿何得为嫌？"杲在台，号不畏强御。为义兴太守，在郡宽惠，为下所称。历左户尚书，太常卿。出为临川内史，将发，辞武帝，于坐通启，求募部曲。帝问何不付所由呈闻。杲答所由不为受。帝颇怪之，以其临路不咎问。后入为金紫光禄大夫、特进，卒，谥质子。杲素信佛法，持戒甚精，著《沙门传》三十卷。

弟煦，学涉有思理，位太子家令，撰晋书未就。又著《陆史》十五卷，《陆氏骊泉志》一卷，并行于时。

子罩，字洞元，少笃学，多所该览，善属文。简文居著，为记室参军，撰帝集序。稍迁太子中庶子，掌管记，礼遇甚厚。大同七年，以母老求去，公卿以下祖道于征虏亭，皇太子赐黄金五十斤，时人方之疏广。母终，后位终光禄卿。初，简文在雍州，撰《法宝联璧》，罩与群贤并抄撮区分者数岁。中大通六年而书成，命湘东王为序。其作者有侍中、国子祭酒、南兰陵萧子显等三十人，以比王象、刘邵之《皇览》焉。

论曰：陆澄学称博古，而用不合今。夫干将见重于时，贵其所以立断，于事未能周务，"书厨"得所讥矣。叔明持身有检，殆为人望，雅道相传，可谓载德者也。吴谅直见称，罩文以取达，亦足美乎！旧陆徽著传，事迹盖寡，今以附孙杲上云。

卷四十九　　列传第三十九

庾杲之 叔父荜　王谌 从叔摛 何宪 孔逖
孔珪　刘怀珍 子灵哲 从父弟峻 刘沼
从子怀慰 怀慰子霁 杳 歆 怀珍从孙訏 怀
珍族弟善明

庾杲之，字景行，新野人也。祖深之，位义兴太守，以善政闻。父粲，为宋南郡王义宣丞相城局参军，王举兵，见杀。

杲之幼有孝行，宋司空刘勔见而奇之，谓曰："见卿足使江汉崇望，杞梓发声。"解褐奉朝请，稍迁尚书驾部郎。清贫自业，食唯有韭菹、瀹韭、生韭、杂菜。任昉尝戏之曰："谁谓庾郎贫，食鲑尝有二十七种。"累迁尚书左丞。王俭谓人曰："昔袁公作卫军，欲用我为长史，虽不获就，要是意向如此。今亦应须如我辈人也。"乃用杲之为卫将军长史。安陆侯萧缅与俭书曰："盛府元僚，实难其选。庾景行泛渌水，依芙蓉，何其丽也。"时人以入俭府为莲花池，故缅书美之。

历位黄门吏部郎，御史中丞，参大选。美容质，善言笑。尝兼侍中夹侍，柳世隆在御坐，谓齐武帝曰："庾杲之为蝉冕所映，弥有华采，陛下故当与其即真。"上甚悦。王俭仍曰："国家以杲之清美，所以许其假职。若以其即真，当在胡谐之后。"

武帝尝与朝臣商略，酒后谓群臣曰："我后当得何谥？"群臣莫有答者。王俭因目杲之，从容曰："陛下寿等南山，方与日月齐明，千载之后，岂是臣子轻所仰量？"时人雅叹其辩答。杲之尝兼主客郎，对魏使，使问杲之曰："百姓那得家家题门帖卖宅？"答曰："朝廷既欲扫荡京洛，克复神州，所以家家卖宅耳。"魏使缩鼻而不答。

时诸王年少，不得妄称接人，敕杲之及济阳江淹五日一诣诸王，使申游好。再迁尚书吏部郎，参大选事，太子右卫率，加通直常侍。九年卒，上甚惜之，谥曰贞子。

荜，字休野，杲之叔父也。仕齐为骠骑功曹史。博涉群书，有口辩。永明中与魏和亲，以荜兼散骑常侍，报使

还，拜散骑侍郎、知东宫管记事。后为荆州别驾，前后纪纲皆致富饶；荜再为之，清身率下，杜绝请托，布被蔬食，妻子不免饥寒。齐明帝闻而嘉焉，手敕褒美，州里荣之。初，梁州人益州刺史邓元起功勋甚著，名地卑琐，愿名挂士流。时始兴忠武王憺为州将，元起位已高，而解巾不先州官，则不为乡里所悉，元起乞上籍出身州从事，憺命荜用之，荜不从。憺大怒，召荜责之曰："元起已经我府，卿何为苟惜从事？"荜曰："府是尊府，州是荜州，宜须品藻。"憺不能折，遂止。累迁会稽郡丞，行郡府事。时承凋弊之后，百姓凶荒，米斗至数千，人多流散。荜抚循甚有理，唯守公禄，清节愈厉，至有经日不举火。太守永阳王闻而馈之，荜谢不受。天监元年卒，停尸无以敛，柩不能归。梁武帝闻之，诏赐绢百匹，谷五百斛。

初，荜为西楚望族，兄子杲之又有宠于齐武帝，荜早历显官。乡人乐蔼有干用，素与荜不平，互相陵竞。蔼事齐豫章王嶷，嶷薨，蔼仕不得志，自步兵校尉求助戍归荆州。时荜为州别驾，益忽蔼。及梁武帝践阼，蔼以西朝勋，为御史中丞，荜始得会稽行事，即耻之矣。会职事微有谴，帝以蔼其乡人也，使宣旨诲之。荜大愤，故发病卒。

子乔，复仕为荆州别驾，时元帝为荆州刺史，而州人范兴话以寒贱仕叨九流，选为州主簿，又皇太子令及之，故元帝勒乔听兴话到职。及属元日，府州朝贺，乔不肯就列，曰："庾乔忝为端右，不能与小人范兴话为雁行。"元帝闻，乃进乔而停兴话。兴话羞惭还家，愤卒。世以乔为不坠家风。

乔子复，少聪慧，家富于财，好宾客，食必列鼎。又状貌丰美，颐颊开张，人皆谓复必为方伯，无馁乏之虑；及魏克江陵，卒致饿死。时又有水军都督褚萝，面甚尖危，有从理入口，竟保衣食而终。

王谌，字仲和，东海郯人，晋少傅雅玄孙也。祖庆，员外常侍。父元闵，护军司马。

宋大明中，沈昙庆为徐州，辟谌为迎主簿，又为州迎从事，湘东王彧国常侍，镇北行参军。及彧即帝位，是为明帝，除司徒参军，带薛令，兼中书舍人。谌有学义，见亲遇，常在左右。帝所行惨僻，谌屡谏不从，请退，坐此系尚方。后拜中书侍郎。明帝好围棋，置围棋州邑，以建安王休仁为围棋州都大中正，谌与太子右率沈勃、尚书水部郎庾珪之、彭城丞王抗四人为小中正，朝请褚思庄、傅楚之为清定访问。后为尚书左丞，领东观祭酒，即明帝所置总明观也。迁黄门郎。

齐永明初，累迁豫章王太尉司马。武帝与谌相遇于宋明之世，甚委任之。历黄门郎，领骁骑将军，太子中庶子。谌贞正和谨，朝廷称为善人，多与之厚。八年，转冠军将军、长沙王车骑长史，徙庐江王中军长史，又徙西阳王子明征虏长史，行南兖府州事。谌少贫，常自纺绩。及通贵后，每为人说之，世称其达。九年卒。

谌从叔摛，以博学见知。尚书令王俭尝集才学之士，总校虚实，类物隶之，谓之隶事，自此始也。俭尝使宾客隶事多者赏之，事皆穷，唯庐江何宪为胜，乃赏以五花簟、

白团扇。坐簟执扇,容气甚自得。摛后至,俭以所隶示之,曰:"卿能夺之乎?"摛操笔便成,文章既奥,辞亦华美,举坐击赏。摛乃命左右抽宪簟,手自掣取扇,登车而去。俭笑曰:"所谓大力者负之而趋。"竟陵王子良校试诸学士,唯摛问无不对。为秣陵令,清直,请谒不行。羽林队主潘敞有宠二宫,势倾人主。妇弟犯法,敞为之请摛,摛投书于地,更鞭四十。敞怒谮之,明日而见代。永明八年,天忽黄色照地,众莫能解。司徒法曹王融上《金天颂》。摛曰:"是非金天,所谓荣光。"武帝大悦,用为永阳郡。后卒于尚书左丞。

何宪,字子思,庐江灊人。博涉该通,群籍毕览,天阁宝秘,人间散逸,无遗漏焉。任昉、刘渢共执秘阁四部书,试问其所知,自甲至丁,书说一事,并叙作之体,连日累夜,莫见所遗。宗人何遁,退让士也,见而美之,愿与为友。宪位本州别驾,国子博士。永明十年使于魏。

时又有孔逖,字世远,会稽山阴人也。好典故学,与王俭为交。升明中为齐台尚书仪曹郎,屡箴阙礼,多见信纳。上谓王俭曰:"逖真所谓仪曹,不忝厥职也。"俭为宰相,逖常谋议幄帐,每及选用,颇失乡曲情。俭从容启上曰:"臣有孔逖,犹陛下之有臣。"永明中为太子家令,卒。时人呼孔逖、何宪为王俭三公。及卒,俭惜之,为撰祭文。

孔珪,字德璋,会稽山阴人也。祖道隆,位侍中。父灵产,泰始中,晋安太守,有隐遁之志。于禹井山立馆,事道精笃。吉日于静屋四向朝拜,涕泣滂沱。东出过钱唐北郭,辄于舟中遥拜杜子恭墓。自此至都,东向坐,不敢背侧。元徽中,为中散大夫,颇解星文,好术数。齐高帝辅政,沈攸之起兵,灵产白高帝:"攸之兵众虽强,以天时冥数而观,无能为也。"高帝验其言,擢迁光禄大夫,以篾盛灵产上灵台,令其占候。饷灵产白羽扇、素隐几,曰:"君有古人之风,故赠君古人之服。"当世荣之。

珪少学涉有美誉,太守王僧虔见而重之,引为主簿。举秀才,再迁殿中郎。高帝为骠骑,取为记室参军,与江淹对掌辞笔。为尚书左丞,父忧去官。与兄仲智还居父山舍。仲智妾李氏骄妒无礼,珪白太守王敬则杀之。永明中历位黄门郎,太子中庶子,廷尉。江左承用晋时张、杜律二十卷,武帝留心法令,数讯囚徒,诏狱官详正旧注。先是尚书删定郎王植撰定律,奏之,削其烦害,录其允衷,取张斐注七百三十一条,杜预注七百九十一条,或二家两释于义乃备者,又一百七条,其注相同者取一百三条,集为一书,凡一千七百三十二条,为二十卷。请付外详校,摘其违谬。诏从之。于是公卿八座参议,考正旧注,有轻重处,竟陵王子良下意多使从轻。其中疑议不能断者,则制旨平决。至九年,珪表上《律文》二十卷,《录序》一卷,又立律学助教,依《五经》例,诏报从之。事竟不行。转御史中丞。建武初,为平西长史、南郡太守。珪以魏连岁南伐,百姓死伤,乃上表陈通和之策,帝不从。征侍中,不行,留本任。

珪风韵清疏,好文咏,饮酒七八斗。与外兄张融情趣相得,又与琅邪王思远、庐江何点、点弟胤并款交,不乐世务。居宅盛营山水,凭几独酌,傍无杂事。门庭之内,草莱不翦。中有蛙鸣,或问之曰:"欲为陈蕃乎?"珪笑答曰:"我以此当两部鼓吹,何必效蕃。"王晏尝鸣鼓吹候之,闻群蛙鸣,曰:"此殊聒人耳。"珪曰:"我听鼓吹,殆不及此。"晏甚有惭色。

永元元年,为都官尚书,迁太子詹事,加散骑常侍。三年,珪疾,东昏屏除,以床舁之走,因此疾甚,遂卒。赠金紫光禄大夫。

刘怀珍,字道玉,平原人,汉胶东康王寄之后也。其先刘植为平原太守,因家焉。祖昶,从慕容德南度河,因家于北海都昌。宋武帝平齐,以为青州中从事,位至员外常侍。伯父奉伯,宋世位至陈、南顿二郡太守。怀珍,幼随奉伯至寿阳,豫州刺史赵伯符出猎,百姓聚观,怀珍独避不视,奉伯异之,曰:"此儿方兴吾家。"本州辟主簿。

元嘉二十八年,亡命司马顺则聚党东阳,州遣怀珍将数千人讨平之。宋文帝问破贼事,怀珍让功不肯当,亲人怪问焉,怀珍曰:"昔国子尼耻陈河间之级,吾岂能论邦域之捷哉?"时人称之。

江夏王义恭出镇盱眙,道遇怀珍,以应对见重,取为骠骑长史,兼墨曹行参军。孝建初,为义恭大司马参军、直阁将军,随府转太宰参军。

大明二年,以军功拜乐陵、河间二郡太守,赐爵广晋县侯。司空竟陵王诞反,郡人王弼门族甚盛,劝怀珍起兵助诞,怀珍杀之。帝嘉其诚,除豫章王子尚车骑参军,母忧去职。服阕,见江夏王义恭,义恭曰:"别子多年,那得不老!"对曰:"公恩未报,何敢便老?"义恭善其对。累迁黄门郎,领虎贲中郎将。桂阳王休范反,加怀珍前将军,守石头。出为豫州刺史,加督。建平王景素反,怀珍遣子灵哲领兵赴建邺。沈攸之在荆楚,遣使人许天保说结怀珍,斩之,送首于齐高帝,封中宿县侯,进平南将军,增督二州。

初,宋孝武世,齐高帝为舍人,怀珍为直阁,相遇早旧。怀珍假还青州,高帝有白骢马,啮人,不可骑,送与怀珍别。怀珍报上百匹绢。或谓怀珍曰:"萧公此马不中骑,是以与君耳。君报百匹,不亦多乎?"怀珍曰:"萧君局量堂堂,宁应负人此绢。吾方欲以身名托之,岂计钱物多少?"高帝辅政,以怀珍内资未多,征为都官尚书,领前将军。以第四子晃代为豫州刺史。或疑怀珍不受代,高帝曰:"我布衣时,怀珍便推怀投款,况在今日,宁当有异?"晃发经日,疑论不止,上乃遣军主房灵人领百骑进送晃。谓灵人曰:"论者谓怀珍必有异同,我期之有素,必不应尔。卿是其乡里,故遣卿行,非唯卫新,亦以迎故。"怀珍还,乃授相国右司马。及齐建,朝士人人争为臣吏,以怀珍为宋台右卫。怀珍谓帝曰:"人皆迎新,臣独送故,岂以臣笃于本乎?"齐建元元年,转左卫将军,加给事中,改封霄城侯。怀珍年老,以禁旅辛勤,求为闲职,转光禄大夫,卒。遗言薄葬。赠雍州刺史,谥敬侯。

子灵哲,字文明,位齐郡太守、前军将军。灵哲所生母尝病,灵哲躬自祈祷,梦见黄衣老公与药曰:"可取此食之，疾立可愈。"灵哲惊觉，于枕间得之，如言而疾愈。药似竹根，于斋前种，叶似凫茈。嫡母崔氏及兄子景焕，泰始中为魏所获。灵哲为布衣，不听乐。及怀珍卒，当袭爵，灵哲固辞，以兄子在魏，存亡未测，无容越当茅土。朝廷义之。灵哲倾产赎嫡母及景焕，累年不能得。武帝哀之，令北使者请之，魏人送以还南，袭怀珍封爵。灵哲位兖州刺史，隆昌元年卒。

峻，字孝标，本名法武，怀珍从父弟也。父璇之，仕宋为始兴内史。峻生期月而璇之卒，其母许氏携峻及其兄法凤还乡里。宋泰始初，魏克青州，峻时年八岁，为人所略以为奴至中山。中山富人刘宝愍峻，以束帛赎之，教以书学。魏人闻其江南有戚属，更徙之代都。居贫不自立，与母并出家为尼僧，既而还俗。峻好学，寄人庑下，自课读书，常燎麻炬，从夕达旦。时或昏睡，蒸其须发，及觉复读，其精力如此。时魏孝文选尽物望，江南人士才学之徒，咸见申擢，峻兄弟不蒙选拔。

齐永明中，俱奔江南，更改名峻字孝标。自以少时未开悟，晚更厉精，明慧过人。苦所见不博，闻有异书，必往祈借。清河崔慰祖谓之"书淫"。于是博极群书，文藻秀出。故其《自序》云："馨中济济皆升堂，亦有愚者解衣裳。"言其少年鲁钝也。时竟陵王子良招学士，峻因人求为子良国职。吏部尚书徐孝嗣抑而不许，用为南海王侍郎，不就。至齐明帝时，萧遥欣为豫州，引为府刑狱，礼遇甚厚。遥欣寻卒，久不调。

梁天监初，召入西省，与学士贺踪典校秘阁。峻兄孝庆，时为青州刺史，峻请假省之，坐私载禁物，为有司所奏免官。安成王秀雅重峻，及安成王迁荆州，引为户曹参军，给其书籍，使撰《类苑》。未及成，复以疾去，因游东阳紫岩山，筑室居焉。为《山栖志》，其文甚美。初，梁武帝招文学之士，有高才者多被引进，擢以不次。峻率性而动，不能随众沉浮。武帝每集文士策经史事，时范云、沈约之徒皆引短推长，帝乃悦，加其赏赉。会策锦被事，咸言已罄，帝试呼问峻，峻时贫悴冗散，忽请纸笔，疏十余事，坐客皆惊，帝不觉失色。自是恶之，不复引见。及峻《类苑》成，凡一百二十卷，帝即命诸学士撰《华林遍略》以高之，竟不见用。乃著《辩命论》以寄其怀。论成，中山刘沼致书以难之，凡再反，峻并为申析以答之。会沼卒，不见峻后报者，峻乃为书以序其事。其文论并多不载。峻又尝为《自序》，其略云：

余自比冯敬通，而有同之者三，异之者四。何则？敬通雄才冠世，志刚金石；余虽不及之，而节亮慷慨。此一同也。敬通逢中兴明君，而终不试用；余逢命世英主，亦摈斥当年。此二同也。敬通有忌妻，至于身操井臼；余有悍室，亦令家道轗轲。此三同也。敬通当更始世，手握兵符，跃马肉食；余自少迄长，戚戚无欢。此一异也。敬通有子仲文，官成名立；余祸同伯道，永无血胤。此二异也。敬通膂力刚强，老而益壮；余有犬马之疾，溘死无时。此三异也。敬通虽芝残蕙焚，终填沟壑，而为名贤所慕，其风流郁烈芬芳，久而弥盛；余声尘寂莫，世不吾知，魂魄一去，将同

秋草。此四异也。所以力自为序，遗之好事云。

峻本将门，兄法凤自北归，改名孝庆字仲昌。早有干略，齐末为兖州刺史，举兵应梁武，封余干男，历官显重。峻独笃志好学，居东阳，吴、会人士多从其学。普通三年卒，年六十。门人谥曰玄靖先生。

刘沼，字明信，中山魏昌人。六世祖舆，晋骠骑将军。沼幼善属文，及长博学，位终秣陵令。

怀慰，字彦泰，怀珍从子也。祖奉伯，宋元嘉中为冠军长史。父乘人，冀州刺史，死于义嘉事。怀慰持丧，不食醯酱，冬日不用絮衣，养孤弟妹，事寡叔母，皆有恩义。仕宋为尚书驾部郎。怀慰宗从善明等，为齐高帝心腹，怀慰亦预焉。

齐国建，上欲置齐郡于都下。议者以江右土沃，流人所归，乃置于瓜步，以怀慰为辅国将军、齐郡太守。上谓怀慰曰："齐邦是王业所基，吾方欲以为显任，经理之事，一以委卿。"又手敕曰："有文事必有武备，今赐卿玉环刀一口。"怀慰至郡，修城郭，安集居人，垦废田二百顷，决沉湖灌溉。不受礼谒，人有饷其新米一斛者，怀慰出所食麦饭示之曰："食有余，幸不烦此。"因著《廉吏论》以达其意。高帝闻之，手敕褒赏。进督秦、沛二郡，妻子在都，赐米三百石。兖州刺史柳世隆与怀慰书曰："胶东流化，颖川致美，以今方古，曾何足云。"怀慰本名闻慰，武帝即位，以与舅氏名同，敕改之。后兼安陆王北中郎司马，卒。明帝即位，谓仆射徐孝嗣曰："刘怀慰若在，朝廷不忧无清吏也。"子霁、杳、歊。

霁，字士湮，九岁能诵《左氏传》。十四居父忧，有至性，每哭辄呕血。家贫，与弟杳、歊励志勤学。及长，博涉多通。梁天监中，历位西昌相，尚书主客侍郎，海盐令。霁前后宰二邑，并以和理称。后除建康令，不拜。母明氏寝疾，霁年已五十，衣不解带者七旬，诵《观世音经》数万遍。夜中感梦，见一僧谓曰："夫人算尽，君精诚笃志，当相为申延。"后六十余日乃亡。霁庐于墓，哀恸过礼，常有双白鹤循翔庐侧。处士阮孝绪致书抑譬焉。霁思慕不已，未终丧而卒。著《释俗语》八卷，文集十卷。

杳，字士深，年数岁，征士明僧绍见之，抚而言曰："此儿实千里之驹。"十三丁父忧，每哭，哀感行路。梁天监中，为宣惠豫章王行参军。杳博综群书，沈约、任昉以下每有遗忘，皆访问焉。尝于约坐语及宗庙牺樽，约云："郑玄答张逸，谓为画凤皇尾婆娑然。今无复此器，则不依古。"杳曰："此言未必可安。古者樽彝皆刻木为鸟兽，凿顶及背以出内酒。魏时鲁郡地中，得齐大夫子尾送女器，有牺樽作牺牛形。晋永嘉中，贼曹嶷于青州发齐景公冢又得二樽，形亦为牛象。二处皆古之遗器，知非虚也。"约大以为然。约又云：'"何承天《纂文》奇博，其书载张仲师及长颈王事，此何所出？"杳曰："仲师长尺二寸，唯出《论衡》。长颈是毗骞王，朱建安《扶南以南记》云：'古来至今不死'。"约即取二书寻检，一如杳言。约郊居宅，时新构阁斋，杳为赞二首，并以所撰文章呈约，约即命工书人题其赞于壁。仍报杳书，共相叹美。又在任昉坐，有人饷昉椧酒，而作槾字，昉问杳此字是不，杳曰：

"葛洪《字苑》作木旁否。"昉又曰："酒有千日醉,当是虚言。"杳曰："桂阳程乡有千里酒,饮之至家而醉。亦其例。"昉大惊曰："吾自当遗忘,实不忆此。"杳云："出杨元凤所撰《置郡事》。元凤是魏代人,此书仍载其赋'三重五品,商溪擦里'。"昉即检杨记,言皆不差。王僧孺被使撰谱,访杳血脉所因。杳云："桓谭《新论》云:'太史《三代世表》旁行邪上,并效周谱。'以此而推,当起周代。"僧孺叹曰："可谓得所未闻。"周舍又问杳："尚书著紫荷橐,相传云挈囊,竟何所出?"杳曰："《张安世传》云:'持橐簪笔,事孝武皇帝数十年。'韦昭、张晏注并曰:'橐,囊也。簪笔以待顾问。'"范岫撰《字书音训》又访杳焉。寻佐周舍撰国史。

出为临津令,有善绩,秩满,县三百余人诣阙请留,敕许焉。后詹事徐勉举杳及顾协等五人入华林撰《遍略》,书成,以晋安王府参军兼廷尉正,以足疾解。因著《林庭赋》,王僧孺见而叹曰："《郊居》以后,无复此作。"累迁尚书仪曹郎,仆射徐勉以台阁文议专委杳焉。出为余姚令,在县清洁。湘东王绎发教褒美之。大通元年,为步兵校尉,兼东宫通事舍人。昭明太子谓曰："酒非卿所好,而为酒厨之职,政为卿不愧古人耳。"太子有瓠食器,因以赐焉,曰："卿有古人之风,故遗卿古人之器。"俄有敕代裴子野著作郎事。昭明太子薨,新宫建,旧人例无停者,敕特留杳焉。仆射何敬容奏转杳王府谘议,武帝曰："刘杳须先经中书。"仍除中书侍郎。寻为平西湘东王谘议参军。兼舍人、著作如故。迁尚书左丞,卒。

杳清俭无所嗜好,自居母忧,便长断腥膻,持斋蔬食。临终遗命："敛以法服,载以露车,还葬旧墓,随得一地,容棺而已。不得设灵筵及祭醊。"其子遵行之。撰《要雅》五卷,《楚辞草木疏》一卷,《高士传》二卷,《东宫新旧记》三十卷,《古今四部书目》五卷,文集十五卷,并行于世。

歙,字士光,生夕有香气,氛氲满室。幼有识慧,四岁丧父,与群儿同处,独不戏弄。六岁诵《论语》、《毛诗》,意所不解,便能问难。十二读《庄子逍遥篇》曰："此可解耳。"客问之,随问而答,皆有情理,家人每异之,谓为神童。及长,博学有文才。不娶不仕,与族弟讦并隐居求志,遨游林泽,以山水书籍相娱而已。奉母兄以孝悌称,寝食不离左右。母意有所须,口未及言,歙已先知,手自营办,狼狈供奉。母每疾病,梦歙进药,及翌日转有间效,其诚感如此。性重兴乐,尤爱山水。登危履岭,必尽幽遐,人莫能及,皆叹其有济胜之具。常欲避人世,母老不忍违。每随兄霁、杳从宦。少时好施,务周人之急,人或遗之,亦不拒也。久而叹曰:"受人者必报;不则有愧于人。吾固无以报人,岂可常有愧乎?"天监十七年,忽著《革终论》。以为:

形者无知之质,神者有知之性。有知不独存,依无知以自立。故形之于神,逆旅之馆耳。及其死也,神去此馆,速朽得理。是以子羽沉川,汉伯方圹,文楚黄壤,士安麻索。此四子者得理也。若从四子而游,则平生之志得矣。然积习生常,难卒改革,一朝肆志,

倪不见从。今欲蔑截烦厚,务存俭易,进不裸尸,退异常俗,不伤存者之念,有合至人之道。且张奂止用幅巾,王肃唯盥手足,范冉敛毕便葬,爱珍无设筵几,文度故舟为棺,子廉牛车载柩,叔起诚绝坟陇,康成使无卜吉。此数公者,尚或如之,况为吾人,而尚华泰。今欲仿佛景行,以为轨则。气绝不须复魂,盥漱毕敛。以一千钱市成棺,单故裙衫,衣巾枕履。此外送往之具,棺中常物,一不得有所施。世多信李、彭之言,可谓惑矣。余以孔、释为师,差无此惑。敛讫,载以露车,归于旧山。随得一地,地足为坎,坎足容棺。不须砖甓,不劳封树,勿设祭飨,勿置几筵。其蒸尝继嗣,言象永绝,事止余身,无伤世教。

初,讦之疾,歙尽心救疗,及卒哀伤,为之诔,又著《悲友赋》以序哀情。忽有老人无因而至,谓曰："君心力坚猛,必破死生;但运会所至,不得久留一方耳。"弹指而去。歙心知其异,试遣寻之,莫知其所。于是信心弥笃。既而寝疾,恐贻母忧,乃自言笑,勉进汤药。谓兄霁、杳曰："两兄禄仕,足伸供养。歙之归泉,复何所憾?愿深割无益之悲。"十八年,年三十二卒。

始沙门释宝志遇歙于兴皇寺,惊起曰:"隐居学道,清净登仙。"如此三说。歙未死之春,有人为其庭中栽柿,歙谓兄弇曰:"吾不见其实,尔其勿言。"至秋而亡,人以为知命。亲故谏其行迹,谥曰贞节处士。

先是有太中大夫琅邪王敬胤,以天监八年卒,遗命:"不得设复魄旌旒,一芦蕟藉下,一枚覆上。吾气绝便沐浴,篮舆载尸,还忠侯大夫墓中。若不行此,则戮吾尸于九泉。"敬胤外甥许慧诏,因阮研以闻。诏曰:"敬胤令其息崇素,气绝便沐浴,藉以二芦蕟,凿地周身,归葬忠侯。此达生之格言,贤夫玉匣石椁远矣。然子于父命,亦有所从有所不从。今崇素若信遗意,土周浅薄,属辟不施,一朝见侵狐鼠,戮尸已甚。父可以训子,子亦不可行之。外内易棺,此自奉亲之情,藉土而葬,亦通人之意。宜两舍两取,以达父子之志。棺周于身,土周于椁,去其牲奠,敛以时服。一可以申情,二可以称家。礼教无违,生死无辱,此故当为安也。"

讦,字彦度,怀珍从孙也。祖承宗,宋太宰参军。父灵真,齐镇西谘议、武昌太守。

讦幼称纯孝,数岁父母继亡,讦居丧哭泣孺慕,几至灭性,赴吊者莫不伤焉。后为伯父所养,事伯母及昆姊孝友笃至,为宗族所称。自伤早孤,人有误触其讳者,未尝不感结流涕。长兄絜为娉妻,克日成婚,讦闻而逃匿,事息乃还。本州刺史张稷辟为主簿,主者檄召讦,乃挂檄于树而逃。陈留阮孝绪博学隐居,不交当世,恒居一鹿床,环植竹木,寝处其中。时人造之,未尝见也。讦经一造,孝绪即顾以神交。讦族兄歙又履高操,三人日夕招携,故都下谓之三隐。

讦善玄言,尤精意释典,曾与歙听讲钟山诸寺,因共卜筑宋熙寺东涧,有终焉之志。尚书郎何炯尝遇之于路,曰:"此人风神颖俊,盖荀奉倩、卫叔宝之流也。"命驾造门,拒而不见。族祖孝标与书称之曰:"讦超超越俗,如

半天朱霞；歆矫矫出尘，如云中白鹤。皆俭岁之粱稷，寒年之纤纩。"

诩尝著谷皮巾，披纳衣。每游山泽，辄留连忘返。神理闲正，姿貌甚华，在林谷之间，意气弥远。或有遇之者，皆谓神人。家甚贫苦，并日而食，隆冬之月，或无毡絮，诩处之晏然，人不觉其饥寒也。自少至长，无喜愠之色。每于可竞之地，辄以不竞胜之。或有加陵之者，莫不退而愧服，由是众论咸归重焉。

天监十七年，卒于歆舍。临终执歆手曰："气绝便敛，敛毕即埋，灵筵一不须立。勿设飨祀，无求继嗣。"歆从而行之。宗人至友，相与刊石立铭，谥曰玄贞处士。

善明，怀珍族弟也。父怀人，仕宋为齐、北海二郡太守。元嘉末，青州饥荒，人相食。善明家有积粟，躬食饘粥，开仓以救，乡里多获全济，百姓呼其家田为续命田。

善明少而静处读书，刺史杜骥闻名候之，辞不相见。年四十，刺史刘道隆辟为中从事。怀人谓善明曰："我已知汝立身，复欲见汝立官也。"善明应辟，仍举秀才。宋孝武见其策强直，甚异之。泰始初，徐州刺史薛安都反，青州刺史沈文秀应之。时州居东阳城，善明家在郭内，不能自拔。伯父弥之诡说文秀求自效，文秀使领军主张灵庆等五千人援安都。弥之出门，密谓部曲曰："始免祸坑矣。"行至下邳，乃背文秀。善明与伯怀恭为北海太守，据郡相应。善明密契，收集门宗部曲，得三千人。夜斩关奔北海。族兄乘人又聚众勃海以应朝廷。而弥之寻为薛安都所杀，明帝赠青州刺史。以乘人为冀州刺史，善明为北海太守，除尚书金部郎。乘人病卒，仍以善明为冀州刺史。文秀既降，除善明海陵太守。郡境边海，无树木，善明课人种榆槚杂果，遂获其利。还为直阁将军。五年，魏克青州，善明母在焉。移置代郡。善明布衣蔬食，哀戚如持丧，明帝每见，为之叹息。转巴西、梓潼二郡太守。善明以母在魏，不愿西行，泣涕固请，见许。朝廷多哀善明心事，元徽初遣北使，朝议令善明举人。善明举州乡北平田惠绍使魏，赎母还。

时宋后废帝新立，群臣执政，善明独事齐高帝，委身归诚。出为西海太守，行青冀二州刺史。善明从弟僧副，与善明俱知名于乡里，泰始初，魏攻淮北，僧副将部曲二千人东依海岛。齐高帝在淮阴，壮其所为，召与相见，引为安成王抚军参军。后废帝肆暴，高帝忧恐，常令僧副微行，伺察声论。使密告善明及东海太守垣崇祖，使勖魏兵。善明劝静以待之，高帝纳焉。废帝见杀，善明为高帝骠骑谘议、南东海太守，行南徐州事。沈攸之反，高帝深以为忧。善明献计曰："沈攸之控引八州，纵情蓄敛，苞藏贼志，于焉十年。性既险躁，才非持重，起逆累旬，迟回不进，岂应有所待也？一则暗于兵机，二则人情离怨，三则有掣肘之患，四则天夺其魄。本疑其轻速，掩袭未备；今六师齐奋，诸侯同举，此已笼之鸟耳。"事平，高帝召善明还都，谓曰："卿策沈攸之，虽张良、陈平适如此耳。"仍迁太尉右司马。齐台建，为右卫将军，辞疾不拜。司空褚彦回谓善明曰："高尚之事，乃卿从来素意，今朝廷方相委待，讵得便学松、乔邪？"善明答曰："我本无宦情，

既逢知己，所以戮力驱驰。天地廓清，朝廷济济，鄙怀既申，不敢昧于富贵矣。"

高帝践阼，以善明勋诚，欲与之禄，召谓曰："淮南近畿，国之形胜，非亲贤不居，卿与我卧理之。"乃代明帝为淮南宣城二郡太守。遣使拜授，封新淦伯。善明至郡，上表陈事凡一十一条：其一以为"天地开创，宜存问远方，广宣慈泽"；其二以为"京都远近所归，宜遣医药，问其疾苦，年九十以上及六疾不能自存者，随宜量赐"；其三以为"宋氏赦令，蒙原者寡。愚谓今下赦书，宜令事实相副"；其四以为"刘昶犹存，容能送死境上，诸城宜应严备"；其五以为"宜除宋氏大明以来苛政细制，以崇简易"；其六以为"凡诸土木之费，且可权停"；其七以为"帝子王女，宜崇俭约"；其八以为"宜诏百官及府州郡县，各贡谠言，以弘广唐、虞之美"；其九以为"忠贞孝悌，宜擢以殊阶；清俭苦节，应授以政务"；其十以为"革命惟始，宜择才北使"；其十一以为"交州险夐，要荒之表，宋末政苛，遂至怨叛。今宜怀以恩德，未应远劳将士，摇动边甿"。又撰《贤圣杂语》奏之，托以讽谏。上优诏答之。又谏起宣阳门，表陈："宜明守宰赏罚，立学校，制齐礼，开宾馆以接邻国。"上答曰："夫赏罚以惩守宰，饰馆以待遐荒，皆古之善政，吾所宜勉。更撰新礼，或非旧制。国学之美，已敕公卿。宣阳门今敕停。寡德多阙，思复有闻。"

善明身长七尺九寸，质素不好声色，所居茅斋，斧木而已。床榻几案，不加刬削。少立节行，常云："在家当孝，为吏当清，子孙楷栻足矣。"及累为州郡，颇黩财贿，崔祖思怪而问之，答曰："管子云，鲍叔知我。"因流涕曰："方寸乱矣，岂暇为廉。"所得金钱皆以赎母。及母至，清节方峻。所历之职，廉简不烦，俸禄散之亲友。与崔祖思友善，祖思出为青冀二州，善明遗书叙旧，因相勖以忠概。及闻祖思死，恸哭，仍得病。建元二年卒，遗命薄殡。赠左将军、豫州刺史，谥烈伯。子涤嗣。善明家无遗储，唯有书八千卷。高帝闻其清贫，赐涤家葛塘屯谷五百斛，曰："葛屯亦吾之垣下，令后世知其见异。"

善明从弟僧副，字士云，位前将军，封丰阳男，卒于巴西、梓潼二郡太守。上图功臣像赞，僧副亦在焉。

兄法护，字士伯，有学业，位济阴太守。

论曰：《诗》称"抑抑威仪，惟人之则。"又云："其仪不忒，正是四国。"观夫杲之风流所得，休野行己之度，盖其有焉。仲和性履所遵，德璋业尚所守，殆人望也。怀珍宗族文质斌斌，自宋至梁，时移三代，或以隐节取高，或以文雅见重。古人云立言立德，斯门其有之乎？

卷五十　　　列传第四十

刘瓛 弟琎 族子显 显从弟珏 明僧绍子山宾 庾易子黔娄 於陵 肩吾 刘虬子之遴 之亨 虬从弟坦

刘瓛，字子珪，沛郡相人，晋丹阳尹惔六世孙也。祖弘之，给事中。父惠，临贺太守。瓛笃志好学，博通训义。年五岁，闻舅孔熙先读《管宁传》，欣然欲读，舅更为说之，精意听受，曰："此可及也。"宋大明四年，举秀才。兄璲亦有名，先应州举。至是别驾东海王元曾与瓛父惠书曰："比岁贤子充秀，州闾可谓得人。"

除奉朝请，不就。兄弟三人共处蓬室一间，为风所倒，无以葺之。怡然自乐，习业不废。聚徒教授，常有数十。丹阳尹袁粲于后堂夜集，闻而请之，指听事前古柳树谓瓛曰："人谓此是刘乡时树，每想高风；今复见卿清德，可谓不衰矣。"荐为秘书郎，不见用。后拜安成王抚军行参军，公事免。瓛素无宦情，自此不复仕。袁粲诛，瓛微服往哭，并致赙助。

齐高帝践阼，召瓛入华林园谈语，问以政道。答曰："政在《孝经》。宋氏所以亡，陛下所以得之是也。"帝咨嗟曰："儒者之言，可宝万世。"又谓瓛曰："吾应天革命，物议以为何如？"瓛曰："陛下戒前轨之失，加之以宽厚，虽危可安；若循其覆辙，虽安必危。"及出，帝谓司徒褚彦回曰："方直乃尔，学士故自过人。"敕瓛使数入，而瓛自非诏见，未尝到宫门。上欲用瓛为中书郎，使吏部尚书何戢喻旨。戢谓瓛曰："上意欲以凤池相处，恨君资轻，可且就前除。少日当转国子博士，即便所授。"瓛笑曰："平生无荣进意，今闻得中书郎而拜记室，岂本心哉？"后以母老阙养，拜彭城郡丞，司徒褚彦回宣旨喻之，答曰："自省无廊庙才，所愿唯保彭城丞耳。"上又以瓛兼总明观祭酒，除豫章王骠骑记室参军，丞如故。瓛终不就。武陵王晔为会稽太守，上欲令瓛于晔讲，除会稽郡丞。学徒从之者转众。永明初，竟陵王子良请为征北司徒记室，瓛与张融、王思远书曰：

奉教使恭召，会当停公事。但念生平素抱，有乖恩顾。吾性拙人间，不习仕进，昔尝为行佐，便以不能及公事免黜，此眷者所共知也。量己审分，不敢期荣，夙婴贫困，加以疏懒，衣裳容发，有足骇者。中以亲老供养，褰裳徒步，脱尔逮今，二代一纪。先朝使其更自修正，勉励于阶级之次，见其缠缕，或复赐以衣裳。袁、褚诸公，咸加劝励，终于不能自反也。一不复为，安可重为哉？昔人有以冠一免，不重加于首，每谓此得进止之仪。又上下年尊，益不愿居官次废晨昏也。先朝为此，曲申从许，故得连年不拜。既习此岁久，又齿长疾侵，岂宜摄斋河间之听，厕迹东平之僚？本无绝俗之操，亦非能偃蹇为高，此又听览所当深察者也。近初奉教，便自希得托迹客游之末，而固辞荣级，其故何邪？以古之王侯大人，或以此延四方之士，有追申、白而入楚，羡邹、枚而游梁；吾非敢叨夫曩贤，庶欲从九之之遗迹，既于闻道集泮不殊，而幸无职司拘碍，可得奉温清，展私计，志在此耳。

除步兵校尉，不拜。瓛姿状纤小，儒业冠于当时，都下士子贵游，莫不下席受业，当世推其大儒，以比古之曹、郑。性谦率，不以高名自居之，诣于人，唯一门生持胡床随后。主人未通，便坐门待答。住在檀桥，瓦屋数间，上皆穿漏，学徒敬慕，不敢指斥，呼为青溪焉。竟陵王子良亲往修谒。七年，表武帝为瓛立馆，以杨烈桥故主第给之，生徒皆贺。瓛曰："室美岂为人哉，此华宇岂吾宅邪？幸可诏作讲堂，犹恐见害也。"未及徙居，遇疾。子良遣从瓛学者彭城刘绘、顺阳范缜，将厨于瓛宅营斋。及卒，门人受学者并吊服临送。

瓛有至性，祖母病疽经年，手持膏药，渍指为烂。母孔氏甚严明，谓亲戚曰："阿称便是今世曾子。"称，瓛小名也。年四十余，未有婚对。建元中，高帝与司徒褚彦回为瓛娶王氏女。王氏穿壁挂履，土落孔氏床上，孔氏不悦。瓛即出其妻。及居母忧，住墓下不出庐，足为之屈，杖不能起。此山常有鹎鸠鸟，瓛在山三年不敢来，服释还家，此鸟乃至。梁武帝少时尝经伏膺，及天监元年，下诏为瓛立碑，谥曰贞简先生。所著文集行于世。初，瓛讲《月令》毕，谓学生严植之曰："江左以来，阴阳律数之学废矣，吾今讲此，曾不得其仿佛。"学者美其退让。

时济阳蔡仲熊礼学博闻，谓人曰："五音本在中土，故气韵调平。今既东南土气偏陂，故不能感动木石。"瓛亦以为然。仲熊执经议论，往往与时宰不合，亦终不改操求同，故坎壈不进，历年方至尚书左丞，当时恨其不遇。

又东阳娄幼瑜，字季玉，著《礼捃拾》三十卷。

瓛弟琎，字子珪，方轨正直，儒雅不及瓛而文采过之。宋泰豫中，为明帝挽郎。齐建元初，为武陵王晔冠军征虏参军。晔与僚佐饮，自割鹅炙。琎曰："应刃落俎，是膳夫之事。殿下亲执鸾刀，下官未敢安席。"因起请退。与友人会稽孔逖同舟入东，于塘上遇一女子，逖目送曰："美而艳。"琎曰："斯岂君子所宜言乎？非吾友也。"于是解裳自隔。或曰：与友孔彻同舟入东，彻留目观岸上女子。琎举席自隔，不复同坐。兄瓛夜隔壁呼琎，琎不答，方下床著衣立，然后应。瓛怪其久，琎曰："向束带未竟。"其立操如此。文惠太子召琎入侍东宫，每上事辄削草。寻署射声校尉，卒于官。

时济阳江重欣亦清介，虽处暗室，如对严宾，而不及琎也。重欣位至射声校尉。

显，字嗣芳，瓛族子也。父 𩆜，字仲翔，博识强正，名行自居。幼为外祖臧质所鞠养。质既富盛，恒有音乐。质亡后，母没十许年， 𩆜每闻丝竹之声，未尝不歔欷流涕。梁天监初，终于晋安内史。

显幼而聪敏，六岁能诵《吕相绝秦》、贾谊《过秦》。琅邪王思远、吴国张融见而称赏，号曰神童。族伯瓛儒学有重名,卒无嗣,齐武帝诏显为后,时年八岁。本名颙,齐武以字难识,改名显。天监初,举秀才,解褐中军临川王行参军,俄署法曹。显博涉多通。任昉尝得一篇缺简,文字零落,示诸人莫能识者,显见云是《古文尚书》所删逸篇。昉检《周书》,果如其说。昉因大相赏异。丁母忧,服阕,尚书令沈约时领太子少傅,引为少傅五官。约为丹阳尹,命驾造焉。于坐策显经史十事,显对其九。约曰:"老夫昏忘,不可受策;虽然,聊试数事,不可至十。"显问其五,约对其二。陆倕闻之击席喜曰:"刘郎子可谓差人,虽吾家平原诣张壮武,王粲谒伯喈,必无此对。"其为名流推赏如此。

五兵尚书傅昭掌著作,撰国史,显自兼廷尉正,被引为佐。及革选尚书五都,显以法曹兼吏部郎。后为尚书仪曹郎。尝为《上朝诗》,沈约见而美之,命工书人题之于郊居宅壁。后兼中书通事舍人,再迁骠骑鄱阳王记室,兼中书舍人。后为中书郎,舍人如故。

显与河东裴子野、南阳刘之遴、吴郡顾协连职禁中,递相师友,人莫不慕之。显博闻强记,过于裴、顾。时波斯献生师子,帝问曰:"师子有何色?"显曰:"黄师子超,不及白师子超。"魏人送古器,有隐起字无识者,显案文读之无滞,考校年月,一字不差。武帝甚嘉焉。迁尚书左丞,除国子博士。时有沙门讼田,帝大署曰"贞"。有司未辩,遍问莫知。显曰:"贞字文为与上人。"帝因忌其能,出之。后为云麾邵陵王长史、寻阳太守。魏使李谐至闻之,恨不相识。叹曰:"梁德衰矣。善人国之纪也,而出之,无乃不可乎!"王迁镇郢州,除平西府谘议参军,久在府不得志。大同九年终于夏口,时年六十三。凡佐两府,并事骄王,人为之忧,而反见礼重。友人刘之遴启皇太子为之铭志,葬于秣陵县刘真长旧茔。子莠、恁、臻。臻早有名,载《北史》。

显从弟珏,字仲宝。形貌短小,儒雅博洽,善辞翰,随湘东王在蕃十余年,宠寄甚深。当时文檄皆其所为。位吏部尚书、国子祭酒。魏克江陵,入长安。

明僧绍,字休烈,平原鬲人,一字承烈。其先吴太伯之裔,百里奚子孟明,以名为姓,其后也。祖玩,州中从事。父略,给事中。僧绍明经有儒术,宋元嘉中,再举秀才,永光中,镇北府辟功曹,并不就。隐长广郡崂山,聚徒立学。魏克淮北,乃度江。

升明中,齐高帝为太傅,教辟僧绍及顾欢、臧荣绪,以旌币之礼,征为记室参军,不至。僧绍弟庆符为青州,僧绍乏粮食,随庆符之郁洲,住弇榆山,栖云精舍,欣玩水石,竟不入州城。泰始季年,岷、益有山崩,淮水竭齐郡,僧绍窃讥其弟曰:"夫天地之气,不失其序,若夫阳伏而不泄,阴迫而不蒸,于是乎有山崩川竭之变。昔伊、洛竭而夏亡,河竭而殷亡,三川竭岐山崩而周亡,五山崩而汉亡。夫有国必依山川而为固,山川作变,不亡何待?今宋德如四代之季,尔志吾言而勿泄也。"竟如其言。

齐建元元年冬,征为正员郎,称疾不就。其后帝与崔祖思书,令僧绍与庆符俱归。帝又曰:"不食周粟而食周薇,古犹发议,在今宁得息谈邪?聊以为笑。"庆符罢任,僧绍随归,住江乘摄山。僧绍闻沙门释僧远凤德,往候定林寺。高帝欲出寺见之,僧远问僧绍曰:"天子若来,居士若为相对?"僧绍曰:"山薮之人,政当凿坏以遁;若辞不获命,便当依戴公故事。"既而遁还摄山、建栖霞寺而居之,高帝甚以为恨。昔戴颙高卧牖下,以山人之服加其身,僧绍故云。高帝后谓庆符曰:"卿兄高尚其事,亦尧之外臣。朕梦想幽人,固已勤矣。所谓'径路绝,风云通'。"仍赐竹根如意、笋籜冠,隐者以为荣焉。勃海封延伯者,高行士也,闻之叹曰:"明居士身弥后而名弥先,亦宋、齐之儒仲也。"永明中,征国子博士不就,卒。

僧绍长兄僧胤,能言玄,仕宋为江夏王义恭参军,王别为立榻,比之徐孺子。位冀州刺史。子慧照,元徽中,为齐高帝平南主簿,从拒桂阳,累至骠骑中兵参军,与荀伯玉对领直。建元元年,为巴州刺史,绥怀蛮蜒,上许为益州刺史,未迁卒。

僧胤次弟僧皓,亦好学,宋大明中再使魏,于时新诛司空刘诞。孝武谓曰:"若问广陵之事,何以答之?"对曰:"周之管、蔡,汉之淮南。"帝大悦。及至魏,魏问曰:"卿衔此命,当缘上国无相逾者邪?"答曰:"聪明特达,举袂成帷,比屋之甿,又无下仆。晏子所谓'看国善恶',故再辱此庭。"位至青州刺史。

僧绍子元琳、仲璋、山宾并传家业,山宾最知名。

山宾,字孝若,七岁能言名理。十三,博通经传,居丧尽礼。起家奉朝请。兄仲璋瘤疾,家道屡空,山宾乃行干禄。后为广阳令,顷之去官。会诏使公卿举士,左卫将军江祏上书荐山宾才堪理剧。齐明帝不重学,谓祏曰:"闻山宾谈书不辍,何堪官邪?"遂不用。梁台建,累迁右军记室参军,掌吉礼。时初置《五经》博士,山宾首应其选。历中书侍郎,国子博士,太子家更令,中庶子。天监十五年,出为持节、都督缘淮诸军事、北兖州刺史。普通二年,征为太子右卫率,加给事中。迁御史中丞,以公事左迁黄门侍郎。四年,为散骑常侍。东宫新置学士,又以山宾居之。俄以本官兼国子祭酒。

初,山宾在州,所部平陆县不稔,启出仓米以振百姓。后刺史检州曹,失簿,以山宾为耗损。有司追责,籍其宅入官。山宾不自理,更市地造宅。昭明太子闻筑室不就,有令曰:"明祭酒虽出抚大蕃,拥旌推毂,珥金拖紫,而恒事屡空。闻构宇未成,今送薄助。"并诒诗曰:"平仲古称奇,夷齐昔擅美,令则挺伊贤,东秦固多士。筑室非道傍,置宅归仁里。庚桑方有系,原生今易拟。必来三径人,将招《五经》士。"山宾性笃实,家中尝乏困,货听乘牛。既售受钱,乃谓买主曰:"此牛经患漏蹄,疗差已久,恐后脱发,无容不相语。"买主遽追取钱。处士阮孝绪闻之,叹曰:"此言足使还淳反朴,激薄停浇矣。"

五年,又假节摄北兖州事,后卒官,赠侍中,谥曰质子。山宾累居学官,甚有训导之益,然性颇疏通,接于诸生多狎比,人皆爱之。所著《吉礼仪注》二百二十四卷,《礼仪》二十卷,《孝经丧服义》十五卷。

子震,字兴道,亦传父业,位太子舍人,尚书祠部郎,余姚令。

山宾弟少遐，字处默，亦知名，位都官尚书。简文谓人曰："我不喜得尚书，更喜朝廷得人。"后拜青州刺史。太清之乱奔魏，仕北齐，卒于太子中庶子。子罕，司空记室。

明氏南度虽晚，并有名位，自宋至梁，为刺史者六人。

庾易，字幼简，新野人也，徙居江陵。祖玫，巴郡太守。父道骥，安西参军。易志性恬静，不交外物，齐临川王映临州，表荐之，饷麦百斛。易谓使人曰："走樵采麋鹿之伍，终其解毛之衣，驰骋日月之车，得保自耕之禄，于大王之恩亦已深矣。"辞不受，以文义自乐。安西长史袁象钦其风，赠以鹿角书格、蚌盘、蚌研、白象牙笔。并赠诗曰："白日清明，青云辽亮，昔闻巢、许，今睹台、尚。"易以连理几、竹翘书格报之。建武三年，诏征为司空主簿，不就，卒。子黔娄。

黔娄，字子贞，一字贞正。少好学，多所讲诵。性至孝，不曾失色于人。南阳高士刘虬、宗测并叹异之。仕齐为编令，政有异绩。先是县境多猛兽暴，黔娄至，猛兽皆度往临沮界，时以为仁化所感。徙屏陵令，到县未旬，易在家遘疾，黔娄忽心惊，举身流汗，即日弃官归家。家人悉惊其忽至。时易疾始二日，医云欲知差剧，但尝粪甜苦。易泄利，黔娄辄取尝之，味转甜滑，心愈忧苦。至夕，每稽颡北辰，求以身代。俄闻空中有声曰："征君寿命尽，不复可延。汝诚祷既至，政得至月末。"及晦而易亡。黔娄居丧过礼，庐于冢侧。梁台建，黔娄自西台尚书仪曹郎，为益州刺史邓元起表为府长史、巴西、梓潼二郡太守。及成都平，城中珍宝山积，元起悉分与僚佐，唯黔娄一无所取。元起恶其异众，厉声曰："长史何独为高？"黔娄示不违之，请书数箧。寻除蜀郡太守，在职清素，百姓便之。元起死于蜀郡，部曲皆散，黔娄身营殡敛，携持丧柩归乡里。东宫建，以中军记室参军侍皇太子读，甚见知重。诏与太子中庶子殷钧、中舍人到洽、国子博士明山宾递日为太子讲《五经》义。迁散骑侍郎，卒。弟於陵。

於陵，字子介，七岁能言玄理。及长，清警博学，有才思。齐随王子隆为荆州，召为主簿，使与谢朓、宗夬抄撰群书。子隆代还，又以为送故主簿。子隆为明帝所害，僚吏畏避莫至，唯於陵与夬独留经理丧事。永元末，除东阳遂安令，为人吏所称。梁天监初，为建康狱平，迁尚书功论郎，待诏文德殿。后兼中书通事舍人，拜太子洗马。旧东宫官属通为清选，洗马掌文翰，尤其清者。近代用人，皆取甲族有才望者，时於陵与周舍并擢为此职。武帝曰："官以人清，岂限甲族？"时论以为美。累迁中书黄门侍郎，舍人如故。后终于鸿胪卿。弟肩吾。

肩吾，字慎之，八岁能赋诗，为兄於陵所友爱。初为晋安王国常侍，王每徙镇，肩吾常随府。在雍州被命与刘孝威、江伯摇、孔敬通、申子悦、徐防、徐摛、王囿、孔铄、鲍至等十人抄撰众籍，丰其果馔，号高斋学士。王为皇太子，兼东宫通事舍人。后为安西湘东王录事、谘议参军，太子率更令、中庶子。简文开文德省置学士，肩吾子信、徐摛子陵、吴郡张长公、北地傅弘、东海鲍至等充其选。齐永明中，王融、谢朓、沈约文章始用四声，以为新变。至是转拘声韵，弥为丽靡，复逾往时。简文与湘东王书论之曰：

比见京师文体，懦钝殊常，竞学浮疏，争事阐缓。既殊比兴，正背《风骚》。若夫六典三礼，所施则有地；吉凶嘉宾，用之则有所。未闻吟咏情性，反拟《内则》之篇；操笔写志，更模《酒诰》之作。迟迟春日，翻学《归藏》，湛湛江水，遂同《大传》。

吾既拙于为文，不敢轻有掎撼，但以当世之作，历方古之才人，远则扬、马、曹、王，近则潘、陆、颜、谢，观其遗辞用心，了不相似。若以今文为是，则昔贤为非；若昔贤可称，则今体宜弃。俱为盍各，则未之敢许。又时有效谢康乐、裴鸿胪文者，亦颇有惑焉。何者？谢客吐言天拔，出于自然，时有不拘，是其糟粕。裴氏乃是良史之才，了无篇什之美。是为学谢则不届其精华，但得其冗长；师裴则蔑绝其所长，唯得其所短。谢故巧不可阶，裴亦质不宜慕。故胸驰臆断之侣，好名忘实之类，决羽谢生，岂三千之可及；伏膺裴氏，惧两唐之不传。故玉徽金铣，反为拙目所嗤；《巴人下俚》，更合郢中之听。《阳春》高而不和，妙声绝而不寻。竟不精讨锱铢，覆量文质。有异巧心，终愧妍手。是以握瑜怀玉之士，瞻郑邦而知退；章甫翠履之人，望闽乡而叹息。诗既若此，笔又如之。徒以烟墨不言，受其驱染，纸札无情，任其摇襞。甚矣哉，文章横流，一至于此！

至如近世谢朓、沈约之诗，任昉、陆倕之笔，斯文章之冠冕，述作之楷模。张士简之赋，周升逸之辩，亦成佳手，难可复遇。文章未坠，必有英绝，领袖之者，非弟而谁？每欲论之，无可与语，思吾子建，一共商榷。辨兹清浊，使如泾、渭，论兹月旦，类彼汝南。朱白既定，雌黄有别，使夫怀鼠知惭，滥竽自耻。相思不见，我劳如何！

及简文即位，以肩吾为度支尚书。时上流蕃镇，并据州拒侯景，景矫诏遣肩吾使江州，喻当阳公大心。大心乃降贼，肩吾因逃入东。后贼宋子仙破会稽，购得肩吾欲杀之，先谓曰："吾闻汝能作诗，今可即作，若能，将贷汝命。"肩吾操笔便成，辞采甚美，子仙乃释以为建昌令。仍间道奔江陵，历江州刺史，领义阳太守，封武康县侯。卒，赠散骑常侍、中书令。子信。

刘虬，字灵预，一字德明，南阳涅阳人，晋豫州刺史乔七世孙也。徙居江陵。虬少而抗节好学，须得禄便隐。宋泰始中，仕至晋平王骠骑记室、当阳令。罢官归家，静处常服鹿皮袷，断谷，饵术及胡麻。齐建元初，豫章王嶷为荆州，教辟虬为别驾，与同郡宗测、新野庾易并遗书礼请之。虬等各修笺答而不应命。永明三年，刺史庐陵王子卿表虬及同郡宗测、宗尚之、庾易、刘昭五人，请加蒲车束帛之命。诏征为通直郎，不就。竟陵王致书通意，虬答曰："虬四节卧疾病，三时营灌植，畅余阴于山泽，托暮情于鱼鸟，宁非唐、虞重恩，周、邵宏施。"虬精信释氏，衣粗布，礼佛长斋，注《法华经》，自讲佛义。以江陵西沙洲去人远，乃徙居之。建武二年，诏征国子博士，不就。其冬虬病，正昼有白云徘徊檐户之内，又有香气及磬声。其日卒，年五十八。虬子之遴。

之遴，字思贞，八岁能属文。虬曰："此儿必以文兴吾宗。"常谓诸子曰："若比之颜氏，之遴得吾之文。"由是州里称之。时有沙门僧惠有异识，每诣虬必呼之遴小字曰："僧伽福德儿。"握手而进之。

年十五，举茂才，明经对策，沈约、任昉见而异之。吏部尚书王瞻尝候任昉，遇之遴在坐，昉谓瞻曰："此南阳刘之遴，学优未仕，水镜所宜甄擢。"即辟为太学博士。昉曰："为之美谈，不如面试。"时张稷新除尚书仆射，托昉为让表，昉令之遴代作，操笔立成。昉曰"荆南秀气，果有异才，后仕必当过仆。"御史中丞乐蔼，即之遴之舅，宪台奏弹，皆令之遴草焉。后为荆州中从事，梁简文临荆州，仍迁宣惠记室。之遴笃学明审，博览群籍，时刘显、韦棱并称强记，之遴每与讨论，咸不过也。累迁中书侍郎，后除南郡太守。武帝谓曰："卿母年德并高，故令卿衣锦还乡，尽荣养之理。"转西中郎湘东王绎长史，太守如故。初，之遴在荆府，常寄居南郡，忽梦前太守袁彖谓曰："卿后当为折臂太守，即居此中。"之遴后牛奔堕车折臂，右手偏直，不复得屈伸，书则以手就笔，叹曰："岂黩而王乎？"周舍尝戏之曰："虽复并坐可横，政恐陋巷无枕。"后连相两王，再为此郡，历秘书监。出为郢州行事，之遴意不愿出，固辞曰："去岁命绝离巽，不敢东下；今年所忌又在西方。"武帝手敕曰："朕闻妻子具孝衰于亲，爵禄具忠衰于君。卿既内足，理忘奉公之节。"遂为有司奏免。后为都官尚书、太常卿。

之遴好古爱奇，在荆州聚古器数十种，有一器似瓯可容一斛，上有金错字，时人无能知者。又献古器四种于东宫。其第一种，镂铜鸱夷榼二枚，两耳有银镂，铭云："建平二年造。"其第二种，金银错镂古锜二枚，有篆铭云："秦容成侯适楚之岁造。"其第三种，外国澡灌一口，有铭云："元封二年，龟兹国献。"其第四种，古制澡盘一枚，铭云："初平二年造。"时鄱阳嗣王范得班固所撰《汉书》真本献东宫，皇太子令之遴与张缵、到溉、陆襄等参校异同，之遴录其异状数十事，其大略云："案古本《汉书》称永平十六年五月二十一日己酉，郎班固上；而今本无上书年月日子。又案古本《叙传》号为中篇，今本称为《叙传》，又今本《叙传》载班彪事行，而古本云'彪自有传'。又今本《纪》及《表》《志》《列传》不相合为次；而古本相合为次，总成三十八卷。又今本《外戚》在《西域》后；古本《外戚》次《帝纪》下。又今本《高五子》、《文三王》、《景十三王》、《孝武六子》、《宣元六王》杂在诸传帙中；古本《诸王》悉次《外戚》下，在《陈项传》上。又今本《韩彭英庐吴述》云：'信惟饿隶，布实黥徒，越亦狗盗，芮尹江湖。云起龙骧，化为侯王。'古本述云：'淮阴毅毅，仗剑周章，邦之杰子，实惟彭、英。化为侯王，云起龙骧。'又古本第三十七卷解音释义，以助雅诂；而今本无此卷也。"

之遴好属文，多学古体，与河东裴子野、沛国刘显恒共讨论古籍，因为交好。时《周易》、《尚书》、《礼记》、《毛诗》并有武帝义疏，唯《左氏传》尚阙，之遴乃著《春秋大意》十科，《左氏》十科，《三传同异》十科。合三十事上之。帝大悦，诏答曰："省所撰《春秋》义，比事论书，辞微旨远，编年之教，言阐义繁。丘明传洙、泗之风，公羊宗西河之学，铎椒之解不追，瑕丘之说无取。继踵胡母，仲舒云盛，因循《谷梁》，千秋最笃。张苍之传《左氏》，贾谊之袭荀卿，源本分镳，指归殊致，详略纷然，其来旧矣。昔在弱年，久经研味，一从遗置，迄将五纪。兼晚秋暑促，机事罕暇，夜分求衣，未遑披括。须待夏景，试欲推寻，若温故可求，别酬所问也。"

始武帝于齐代为荆府谘议，时之遴父虬隐在百里洲，早相知闻。帝偶匮乏，遣就虬换谷百斛。之遴时在父侧，曰："萧谘议踬士，云何能得春，愿与其米。"虬从之。及帝即位，常怀之。侯景初以萧正德为帝，之遴时落景所，将使授玺绂。之遴预知，仍剃发披法服乃免。先是，平昌伏挺出家，之遴为诗嘲之曰："《传》闻伏不斗，化为支道林。"及之遴遇乱，遂披染服，时人笑之。寻避难还乡，湘东王绎尝嫉其才学，闻其西上至夏口，乃密送药杀之。不欲使人知，乃自制志铭，厚其赙赠。前后文集五十卷。

子三达，字三善，数岁能清言及属文。州将湘东王绎闻之，盛集宾客，召而试之。说义属诗，皆有理致。年十二，听江陵令贺革讲《礼》还，仍覆述，不遗一句。年十八卒。之遴深怀悼恨，乃题墓曰"梁妙士"以旌之。之遴弟之亨。

之亨，字嘉会，年四岁，出后叔父崱。及长好学，美风姿，善占对。武帝之临荆州，唯与虬谈。虬见之遴、之亨，帝曰："之遴必以文章显，之亨当以功名著。"后州举秀才，除大学博士，仍代兄之遴为中书通事舍人。累迁步兵校尉，湘东王绎谘议参军，敕赐金策并赐诗焉。

大通六年，出师南郑，诏湘东王节度诸军。之亨以司农卿为行台承制，途出本州北界，总督众军，杖节而西，楼船戈甲甚盛。老小缘岸观曰："是前举秀才者。"乡部伟之。是行也，大致克复，军士有功皆录，唯之亨为兰钦所讼，执政因而陷之，故封赏不行，但复本位而已。久之，帝读《陈汤传》，恨其立功绝域而为文吏所抵。宦者张僧胤曰："外闻论者，窃谓刘之亨似之。"帝感悟，乃封为临江子。固辞不拜。之亨美绩嘉声，在朱异之右。既不协，惧为所害，故美出之，以代之遴为安西湘东王绎长史、南郡太守。上问朱异曰："之亨代兄喜不？兄弟因循，岂直大冯、小冯而已。"又谓尚书令何敬容曰："荆州长史、南郡太守，皆是仆射出入。今者之亨便是九转。"在郡有异绩，吏人称之。卒，荆土怀之，不复称名，号为大南郡小南郡。

子广德，亦好学，负才任气。承圣中，位湘东太守。魏平荆州，依于王琳。琳平，陈太建中，历河东太守，卒官。

之亨弟之迟，位荆州中从事史。子仲威，少有志气，颇涉文史。梁承圣中，为中书侍郎。萧庄称尊号，以为御史中丞，随庄终邺中。

坦，字德度，虬从弟也。仕齐历屡陵令，南中郎录事参军，所居以干济称。梁武帝起兵，时辅国将军杨公则为湘州刺史，帅师赴夏口。西朝议行州事者，坦求行，乃除辅国长史、长沙太守，行湘州刺史。坦尝在湘州，多旧恩，道迎者甚众。齐东昏遣安成太守刘希祖，破西台所选太守范僧简于平都，希祖移檄湘部，于是始兴内史王僧粲应之，湘部诸郡，悉皆蜂起。州人咸欲泛舟逃走，坦悉聚船焚之。前湘州镇军钟玄绍潜应僧粲，坦闻其谋，伪为不知，因理讼至夜，城门遂不闭以疑之。玄绍未及发，明旦诣坦问其故。久留与语，密遣亲兵收其家。玄绍在坐未起，而收兵已报具得其文书本末。玄绍即首伏，于坐斩之，焚其文书，余党悉无所问。梁天监初，论功封荔浦子。三年，迁西中郎长史、蜀郡太守，行益州事。未至蜀，道卒。

论曰：刘瓛弟兄，僧绍父子，并业盛专门，饰以儒行，持身之节，异夫苟得患失者焉。庾易、刘虬取高一代，其所以行己，事兼隐德，诸子学业之美，各著家声。显及之遘见嫉时主，或以非罪而斥，或以非疾而亡，异夫自古哲王屈己下贤之道，有以知武皇之不弘，元后之多忌，梁祚之不永也，不亦宜哉！

卷五十一　　　列传第四十一

梁宗室上

吴平侯景 子劢 劢功 劢勔 勔 弟昌 昂 昱
长沙宣武王懿 子业 孙孝俨 业弟藻 猷
猷子韶 骏 猷弟朗 明 永阳昭王敷 衡
阳宣王畅 桂阳简王融 子象 象子慥
临川静惠王宏 子正仁 正义 正义弟正德
正德子见理 正德弟正则 正则弟正立 正立子
贲 正立弟正表 正表弟正信

吴平侯景，字子昭，梁武帝从父弟也。祖道赐，以礼让称，居乡有争讼，专赖平之，又周其疾急，乡里号曰"墟王"。皆窃言曰"其后必大"。仕宋终于书侍御史，齐末追赠左光禄大夫。三子：长曰尚之，次曰文帝，次曰崇之。尚之敦厚有器业，为司徒建安王中兵参军，一府称为长者。迁步兵校尉，卒官。梁天监初，追谥曰文宣侯。子灵钧，仕齐为广德令。武帝起兵，行会稽郡事。顷之，卒。追封东昌县侯。子𧇾嗣。崇之仕齐，官至东阳太守，以干能显，政尚严厉。永明中，钱唐唐寓之反，别众破东阳，崇之遇害。天监初，追谥忠简侯。景，崇之子也。八岁，随父在郡，居丧以毁闻。及长好学，才辩有识断。仕齐为永宁令，政为百城最。永嘉太守范述曾居郡，号称廉平，雅服景为政，乃牓郡门曰："诸县有疑滞者，可就永宁令决。"以疾去官。永嘉人胡仲宣等千人诣阙表请景为郡，不许。永元二年，以长沙宣武王懿勋，除步兵校尉。是冬，懿遇害，景亦逃难。

武帝起兵，以景行南兖州事。时天下未定，沔北伦楚，各据坞壁。景示以威信，渠帅相率面缚请罪，旬日境内皆平。武帝践阼，封吴平县侯，南兖州刺史，加都督。诏景母毛氏为国太夫人，礼如王国太妃，假金章紫绶。景居州清恪，有威裁，明解吏职，文案无壅，下不敢欺，吏人畏敬如神。会年荒，计口振恤，又为饘粥于路以赋之，死者给棺具，人甚赖焉。天监七年，为左骁骑将军，兼领军将军。领军管天下兵要。宋孝建以来，制局用事，与领军分权，典事以上皆得呈奏，领军垂拱而已。及景在职峻切，官曹肃然，制局监皆近幸，颇不堪命，以是不得久留中。寻出为宁蛮校尉、雍州刺史，加都督。八年，魏荆州刺史元志攻潺沟，驱迫群蛮，群蛮悉度汉水来降。议者以为蛮累为边患，可因此除之。景曰："穷来归我，诛之不祥；且魏人来侵，每为矛楯，若悉诛蛮，则魏军无碍，非长策也。"乃开樊城受降，因命司马朱思远、宁蛮长史曹义宗、中兵参军孟惠俊击志于潺沟，大破之。景初到州，省除参迎羽仪器服，不得烦扰吏人。修葺城垒，申警边备，理辞讼，劝农桑。郡县皆改节自励，州内清静，抄盗绝迹。十三年，复为领军将军，直殿省，知十州损益事，月加禄五万。景为人雅有风力，长于辞令。其在朝廷，为众所瞻仰。于武帝虽属为从弟，而礼寄甚隆，军国大事皆与议决。十五年，加侍中。及太尉、扬州刺史临川王宏坐法免，诏景以安右将军临扬州，置佐史，即宅为府。景越亲居扬州，固让至于涕泣，帝弗许。在州尤称明断，符教严整。有田舍老姥诉得符，还至县，县吏未即发，姥语曰："萧监州符如火，汝手何敢留之！"其为人所畏敬如此。

迁都督、郢州刺史。将发，帝幸建兴苑饯别，为之流涕。在州复有能名。齐安、竟陵郡接界路，多盗贼，景移书告示，魏即焚坞戍保境，不复侵掠。卒于州，赠开府仪同三司，谥曰忠。子劢。

劢，字文约，弱不好弄，喜愠不形于色。位太子洗马，母忧去职，殆不胜丧。每一思至，必徒步之墓。或遇风雨，仆卧中路，坐地号恸，起而复前，家人不能禁。景特所钟爱，曰："吾百年后，其无此子乎。"使左右节哭。服阕，除太子中舍人。景薨于郢镇。或以路远，秘其凶问，以疾渐为辞。劢乃奔波，届于江夏，不进水浆者七日。庐于墓所，亲友隔绝。会叔父昺下诏狱，劢乃率昆弟群从，同诣大理，虽门生故吏，莫能识之。后袭封吴平侯，对扬王人，悲恸鸣咽，傍人亦为陨涕。除淮南太守，以善政称。迁宣城内史，郡多猛兽，常为人患，及劢在任，兽暴为息。又迁豫章内史，道不拾遗，男女异路。徙广州刺史，去郡之日，吏人悲泣，数百里中，舟乘填塞，各赍酒肴以送劢。劢人为纳受，随以钱帛与之。至新淦县岇山村，有一老姥以盘擎鲰鱼，自送舟侧奉上之，童儿数十人入水扳舟，或歌或泣。广州边海，旧饶，外国舶至，多为刺史所侵，每年舶至不过三数。及励至，纤毫不犯，岁十余至。俚人不宾，多为海暴，励征讨所获生口宝物，军赏之外，悉送还台。前后刺史皆营私蓄，方物之贡，少登天府。自励在州，岁中数献，军国所须，相继不绝。武帝叹曰："朝廷便是更有广州。"有诏以本号还朝，而西江俚帅陈文彻出寇高要，又诏励重申蕃任。未几，文彻降附。励以南江危险，宜立重镇，乃表台于高凉郡立州。敕仍以为高州，以西江督护孙固为刺史。征为太子左卫率。励性率俭，而器度宽裕，左右尝将羹自胸前翻之，颜色不异，徐呼更衣。聚书至三万卷，披玩不倦，尤好《东观汉记》，略皆诵忆。刘显执卷策励，酬应如流，乃至卷次行数亦不差失。少交结，唯与河东裴子野、范阳张缵善。卒于道，赠侍中，谥曰光侯。励弟劝。

劝，字文肃，少以清静自立，封西乡侯，位南康内史，太舟卿。大宝元年，与南康王会理谋诛侯景，事发遇害。劝弟勔。

勔，字文祗，封东乡侯，位太子洗马，及劝同见害。

勔弟勃，位定州刺史，封曲江乡侯。大宝初，广州刺史元景仲将谋应侯景，西江督护陈霸先攻景仲，迎勃为刺史。时湘东王绎在荆州，虽承制授职，力不能制，遂从之。勃乃镇岭南，为广州刺史。后江表定，以王琳代为广州，以勃为晋州刺史。魏克江陵，勃复据广州。敬帝承制，加司徒。绍泰中，为太尉，寻进为太保。及陈武禅代之际，举兵不从。寻败，遇害。

昌，字子建，景弟也。位衡州刺史。性好酒，在州每醉，径出入人家，或独诣草野。刑戮颇无期度，醉时所杀，醒或求焉，亦无悔也。累迁兼宗正卿，屡为有司所劾。久留都，忽忽不乐，遂纵酒虚悖。在石头东斋，引刀自刺而卒。弟昂。

昂，字子明，位轻车将军，监南兖州。初，兄景再为兖州，德惠在人，及昂来代，时人方之冯氏。征为琅邪、彭城二郡太守。时有女子年二十许，散发黄衣，在武窟山石室中，无所修行，唯不甚食。或出人间，时饮少酒，鹅卵一两枚，人呼为圣姑。就求子往往有效，造者充满山谷。昂呼问无所对，以为袄惑，鞭之二十。创即差，失所在。中大通元年，为领军将军。久之，封湘阴侯，出为江州刺史。卒，谥曰恭侯。

昂弟昱，字子真，少而狂狷，不拘礼度，异服危冠，交游冗杂。尤善屠牛，业以为常。于宅内酤酒。好骑射。历位中书侍郎。每求试边州，武帝以其轻脱无威望，抑而不许。迁给事黄门侍郎，上表请自解，帝手诏责之，坐免官。因此杜门绝朝觐。普通五年，坐于宅内铸钱，为有司所奏，下廷尉，得免死，徙临海郡。行至上虞，有敕追还，令受菩萨戒。既至，恂恂尽礼，改意蹈道，持戒又精洁。帝甚嘉之。

以为晋陵太守，下车励名迹，除烦苛，明法宪，严于奸吏，旬日之间，郡中大安。俄而暴卒，百姓行号巷哭，市里为之喧沸，设祭奠于郡庭者四百余人。田舍有妇女夏氏年百余岁，扶曾孙出郡，悲泣不自胜。其惠化所感如此。百姓相率为立庙建碑，以纪其德，又诣都表求赠谥。诏赠湘州刺史，谥曰恭子。

文帝十男：张皇后生长沙宣武王懿、永阳昭王敷、武帝、衡阳宣王畅。李太妃生桂阳简王融。融为东昏所害，敷、畅齐建武中卒，武帝践阼，并追封郡王。陈太妃生临川靖惠王宏、南平元襄王伟。吴太妃生安成康王秀、始兴忠武王憺。费太妃生鄱阳忠烈王恢。

长沙宣武王懿，字元达，文帝长子也。少有令誉，解褐齐安南邵陵王行参军，袭爵临湘县侯。历位晋陵太守，以善政称。永明末，为梁、南秦二州刺史，加督。是岁，魏军入汉中，遂围南郑。懿随机拒击，乃解围通去。又遣氏帅杨元秀攻取魏历城等六戍。魏人震惧，边境遂宁。永元二年，裴叔业据豫州反，懿以豫州刺史领历阳、南谯二郡太守讨之，叔业惧，遂降魏。武帝时在雍州，遣典签赵景悦说懿兴晋阳之甲，诛君侧之罪。懿不答。既而平西将军崔慧景入寇，奉江夏王宝玄围台城，齐室大乱，驰信召懿。懿时方食，投箸而起，率锐卒三千人入援。武帝驰遣虞安福下都说懿曰："诛贼之后，则有不赏之功，当明君贤主，尚或难立；况于乱朝，何以自免？若贼灭之后，仍勒兵入宫，行伊、霍故事，此万世一时。若不欲尔，便放表还历阳，托以外拒为事，则威振中外，谁敢不从！一朝放兵，受其厚爵，高而无人，必生后悔。"长史徐曜甫亦苦劝，并不从。慧景遣其子觉来拒，懿击大破之，乘胜而进，慧景众溃，追斩之。授尚书令、都督征讨水陆诸军事。时东昏肆虐，茹法珍、王咺之等执政，宿臣旧将，并见诛夷。懿既勋高，独居朝右，深为法珍等所惮。乃说东昏，将加酷害。徐曜甫知之，密具舟江渚，劝令西奔。懿不从，曰："古皆有死，岂有叛走尚书令邪？"寻见留省赐药，与弟融俱殒。谓使者曰："家弟在雍，深为朝廷忧之。"中兴元年，赠司徒。宣德太后临朝，改赠太傅。天监元年，追崇丞相，封长沙郡王，谥曰宣武。给九旒鸾辂、黄屋左纛，葬礼依晋安平王故事。

懿名望功业素重，武帝本所崇敬。帝以天监元年四月丙寅即位，是日即见褒崇。戊辰，乃始赠第二兄敷、第四弟畅、第五弟融。至五月，有司方奏追皇考皇妣尊号，迁神主于太庙。帝不亲奉，命临川王宏侍从。七月，帝临轩，遣兼太尉、散骑常侍王份奉策上太祖文皇帝、献皇后及德皇后尊号。既先卑后尊，又临轩命策，识者颇致讥议焉。

懿子业，字静旷，幼而明敏，仕齐为太子舍人。宣武之难，与二弟藻、象俱逃匿于王严秀家。东昏知之，收严秀付建康狱，考掠备极，乃以钳拔手爪，至死不言，竟以免祸。天监二年，袭封长沙王，历位秘书监，侍中，都督南兖州刺史。运私邸米，僦人作甓以砌城，武帝善之。徙湘州，尤著善政。零陵旧有二猛兽为暴，无故枕而死。郡人唐睿见猛兽傍一人曰："刺史德感神明，所以两猛兽自毙。"言讫不见，众并异之。

业性敦笃，所在留惠。普通四年，为侍中、金紫光禄大夫。薨，谥曰元王。文集行于世。子孝俨嗣。

孝俨，字希庄，射策甲科，除秘书郎、太子舍人。从幸华林园，于坐献《相风乌》、《华光殿》、《景阳山》等颂，其文甚美，帝深赏异之。蘦，谥曰章。子慎嗣。业弟藻。

藻，字靖艺，仕齐位著作佐郎。天监元年，封西昌县侯，为益州刺史。时邓元起在蜀，自以有克刘季连功，恃宿将，轻少藻。藻怒，乃杀之。既天下草创，边徼未安，州人焦僧护聚众数万，据郫、繁作乱。藻年未弱冠，集僚佐议，欲自击之。或陈不可，藻大怒，斩之阶侧。乃乘平肩舆，巡行贼垒。贼聚弓乱射，矢下如雨，从者举盾御箭，又命除之，由此人心大安，贼乃夜遁。藻命骑追击，平之。九年，征为太子中庶子。初，邓元起之在蜀也，崇于聚敛，财货山积。金玉珍帛为一室，名为内藏；绮縠锦罽为一室，号曰外府。藻以外府赐将帅，内藏归王府，不有私焉。及是还朝，轻装就路。再迁侍中。藻性谦退，不求闻达，善属文，尤好古体。自非公宴，未尝妄有所为，纵有小文，成辄弃本。历雍、充二州刺史。频莅州镇，人吏咸称之。推善下人，常如弗及。普通六年，为军师将军，与西丰侯正德北侵涡阳，辄班师，为有司奏，免官削爵土。八年，复封爵。中大通三年，为中军将军，太子詹事，出为丹阳尹。帝每称其小字，叹曰："子弟并如迦叶，吾复何忧？"入为尚书左仆射，加侍中，固辞，不许。大同五年，迁中卫将军、开府仪同三司、中书令，侍中如故。

藻性恬静，独处一室，床有膝痕。宗室衣冠莫不楷则。常以爵禄太过，每思屏退，门庭闲寂，宾客罕通。简文尤敬爱之。自遭家祸，恒布衣蒲席，不食鲜禽，非公庭不听音乐，武帝每以此称之。出为南徐州刺史。侯景乱，藻遣世子彧率兵入援。及城开，加散骑常侍。侯景遣其仪同萧邕代之据京口，藻因感气疾。或劝奔江北，藻曰："吾国之台铉，任寄特隆，既不能诛翦逆贼，正当同死朝廷耳。"因不食而薨。

藻弟猷，封临汝侯，为吴兴郡守。性倜傥，与楚王庙神交，饮之一斛。每酹祀，尽欢极醉，神影亦有酒色，所祷必从。后为益州刺史，侍中，中护军。时江阳人齐苟儿反，众十万攻州城，猷兵粮俱尽，人有异心。乃遥祷请救。是日有田老逢一骑，浴铁从东方来，问去城几里，曰"百四十"。时日已晡，骑举稍曰："后人来，可令之疾马，欲及日破贼。"俄有数百骑如风，一骑过请饮，田老问为谁，曰："吴兴楚王来救临汝侯。"当此时，庙中请祈无验。十余日，乃见侍卫土偶皆泥湿如汗者。是日，猷大破苟儿。猷在州颇僭滥，客筵内遂有香橙，不置连榻。武帝末知之，以此为愆。还都，以忧愧成疾，卒，谥曰灵，以与神交也。

猷子韶，字德茂，初封上甲县都乡侯。太清初为舍人，城陷，奉诏西奔。及至江陵，人士多往寻觅，令韶说城内事，韶不能人人为说，乃疏为一卷，客问者便示之。湘东王闻而取看，谓曰："昔王韶之为《隆安纪》十卷，说晋末之乱离。今之萧韶亦可为《太清纪》十卷矣。"韶乃更为《太清纪》。其诸议论，多谢吴为之。韶既承旨撰著，多非实录。湘东王德之，改超继宣武王，封长沙王，遂至郢州刺史。韶昔为幼童，庾信爱之，有断袖之欢。衣食所资，皆信所给。遇客，韶亦为信传酒。后为郢州，信西上江陵，途经江夏，韶接信甚薄；坐青油幕下，引信入宴，坐信别

榻，有自矜色。信稍不堪，因酒酣，乃径上韶床，践蹋肴馔，直视韶面，谓曰："官今日形容大异近日。"时宾客满坐，韶甚惭耻。

韶弟骏，字德款，善草隶，工文章，晚更习武，膂力绝人，与永安侯确相类。位尚书殿中郎、超武将军，封南安侯。城陷，为贼任约所礼。谋召鄱阳嗣王范袭约，反为所害。

猷弟朗，字靖彻，天监五年，例以王子封侯。历太子洗马，桂州刺史，加都督。性倨而虐，群下患之。记室庾丹以忠谏见害。帝闻之，使于岭表以功自效。丹父景休，位御史中丞。丹少有俊才，与伏挺、何子朗俱为周舍所狎。初，景休罢巴东郡颇有资产，丹负钱数百万，责者填门。景休怒，不为之偿。既而朝贤之丹，不之景休，景休悦，乃悉为还之。为建康正，坐事流广州。

朗弟明，字靖通，少被武帝亲爱，封贞阳侯。太清元年，为豫州刺史，百姓诣阙拜表，言其德政，树碑于州门内。及碑匠采石出自肥陵，明乃广营厨帐，多召人物，躬自率领牵至州。识者笑之，曰："王自立碑，非州人也。"

武帝既纳侯景，大举北侵，使南康王会理总兵，明乃拜表求行。固请，乃许之。会理已至宿预，诏改以明代为都督水陆诸军，趣彭城，大图进取。敕曰："侯景志清邺、洛，以雪雠耻。其先率大军，随机抚定。汝等众军可止于寒山筑堰，引清水以灌彭城。大水一泛，孤城自殄，慎勿妄动。"明师次吕梁十八里，作寒山堰以灌彭城，水及于堞，不没者三板。魏遣将慕容绍宗赴救，明谋略不出，号令莫行。诸将每谘事，辄怒曰："吾自临机制变，勿多言。"众乃各掠居人，明亦不能制，唯禁其一军无所侵掠。绍宗至，决堰水，明命将救之，莫肯出。魏军转逼，人情大骇。胡贵孙谓赵伯超曰："不战何待。"伯超惧不能对。贵孙乃入陈苦战，伯超拥众弗敢救，曰："与战必败，不如全军早归。"乃使具良马，载其爱妾自随。贵孙遂没。伯超子威方，将赴战，伯超惧其出，使人召之，遂相与南还。明醉不能兴，众军大败，明见俘执。北人怀其不侵掠，谓之义王。及至魏，魏帝引见明及诸将帅，释其禁，送晋阳。勃海王高澄礼明甚重，谓曰："先王与梁主和好十有余年，闻彼礼佛文，常云奉为魏主并及先王，此甚是梁主厚意。不谓一朝失信，致此纷扰。"因欲与梁通和，使人以明书告武帝，方致书以慰高澄。东魏除明散骑常侍。及闻社稷沦荡，哀泣不舍昼夜。魏平江陵，齐文宣使送明至梁，并前所获梁将湛海珍等皆以从明归。令上党王涣率众送之。是时太尉王僧辩、司空陈霸先在建康，推齐安王方智为太宰、都督中外诸军事，承制置百官。涣军渐进，明与僧辩书求迎，僧辩不从。及涣破东关，斩裴之横，僧辩惧，乃纳明。于是梁舆东度，齐师北反。明至，望朱雀门便长恸。迄至所止，道俗参问，皆以哭对之。及称尊号，改承圣四年为天成元年，大赦境内。以方智为太子，授王僧辩大司马，遣其子章驰到齐拜谢。齐遇明及僧辩使人，在馆供给宴会丰厚，一同武帝时使。及陈霸先袭杀僧辩，复奉晋安王，是为敬帝，而以明为太傅、建安王。报齐云："僧辩阴谋篡逆，故诛之。"仍请称臣于齐，永为藩国。齐遣行

台司马恭及梁人盟于历阳。明年，齐人征明，霸先犹称蕃，将遣使送明，疽发背死。时王琳与霸先相抗，齐文宣遣兵纳永嘉王庄主梁祀，追谥明曰闵皇帝。

永阳昭王敷，字仲达，文帝第二子也。少有学业，仕齐为随郡内史。招怀远郡，士庶安之，以为前后之政莫及。明帝谓徐孝嗣曰："学士旧闻例不解理官，闻萧随郡唯置酒清言，而路不拾遗，行何风化以至于此？"答曰："古者修文德以来远人，况止郡境而已。"帝称善。征为庐陵王谘议参军，卒。武帝即位，赠司空，封永阳郡王，谥曰昭。天监二年，子伯游嗣。伯游，字士仁，位会稽太守，薨，谥曰恭。

衡阳宣王畅，文帝第四子也。有美名，仕齐位太常，封江陵县侯，卒。天监元年，追赠开府仪同三司，封衡阳郡王，谥曰宣。三年，子元简，位郢州刺史，卒于官，谥曰孝。葬将引，柩有声，议者欲开视。王妃柳氏曰："晋文已有前例，不闻开棺。无益亡者之生，徒增生者之痛。"遂止。少子献嗣。

桂阳简王融，文帝第五子也。仕齐位太子洗马，与宣武王懿俱遇害。天监元年，赠抚军大将军，封桂阳郡王，谥曰简。无子，诏以长沙宣武王第九子象嗣。

象，字世翼，容止闲雅，简于交游，事所生母以孝闻。位丹阳尹。象生长深宫，始亲庶政，举无失德，朝廷称之。再迁湘州刺史，加都督。湘州旧多猛兽为暴，及象任州日，四猛兽死于郭外，自此静息，故老咸称德政所感。历位太常卿，加侍中，迁秘书监。薨，谥曰敦。子慥嗣。

慥，字元贞，位信州刺史，有威惠。太清二年，赴援台城，遇敕还蕃。寻为张缵所构，书报湘东王曰："河东、桂阳二蕃，掎角欲袭江陵。"湘东乃水步兼行至荆镇。慥尚军江津，不以为意。湘东至，乃召慥，深加慰喻，慥心乃安。后留止省内，慥心知祸及，遂肆丑言。湘东大怒，付狱杀之。

临川靖惠王宏，字宣达，文帝第六子也。长八尺，美须眉，容止可观。仕齐为北中郎桂阳王功曹史。宣武之难，兄弟皆被收。道人释惠思藏宏。及武帝师下，宏至新林奉迎。建康平，为中护军，领石头戍事。天监元年，封临川郡王，位扬州刺史，加都督。

四年，武帝诏宏都督诸军侵魏。宏以帝之介弟，所领皆器械精新，军容甚盛，北人以为百数十年所未之有。军次洛口，前军克梁城。宏部分乘方，多违朝制。诸将欲乘胜深入，宏闻魏援近，畏懦不敢进，召诸将欲议旋师。吕僧珍曰："知难而退，不亦善乎？"宏曰："我亦以为然。"柳惔曰："自我大众所临，何城不服，何谓难乎？"裴邃曰："是行也，固敌是求，何难之避？"马仙琕曰："王安得亡国之言。天子扫境内以属王，有前死一尺，无却生一寸。"昌义之怒须尽磔，曰："吕僧珍可斩也。岂有百万之师，轻言可退，何面目得见圣主乎！"朱僧勇、胡辛生拔剑而起曰："欲退自退，下官当前向取死！"议者已罢，僧珍谢诸将曰："殿下昨夜风动，意不在军，深恐大致沮丧，欲使全师而反。"又私裴邃曰："王非止全无经略，庸怯过甚。吾与言军事，都不相入。观此形势，岂能成功？"宏不敢便违群议，停军不前。魏人知其不武，遗以巾帼。北军歌曰："不畏萧娘与吕姥，但畏合肥有韦武。"武谓韦睿也。僧珍叹曰："使始兴、吴平为元帅，我事毗相辅，中原不足平。今遂敌人见欺如此。"乃欲遣裴邃分军取寿阳，大众停洛口。宏固执不听，乃令军中曰："人马有前行者斩。"自是军政不和，人怀愤怒。魏奚康生驰遣杨大眼谓元英曰："梁人自克梁城已后，久不进军，其势可见，当是惧我。王若进据洛水，彼自奔败。"元英曰："萧临川虽呆，其下有好将韦、裴之属，亦未可当。望气者言九月贼退，今且观形势，未可便与交锋。"张惠绍次下邳，号令严明，所至独克，下邳人多有欲来降。惠绍曰："我若得城，诸卿皆是国人；若不能破贼，徒令公等失乡，非朝廷吊人本意也。今且安堵复业，勿妄自辛苦。"降人咸悦。九月，洛口军溃，宏弃众走。其夜暴风雨，军惊，宏与数骑逃亡。诸将求宏不得，众散而归。弃甲投戈，填满水陆，捐弃病者，强壮仅得脱身。宏乘小船济江，夜至白石垒，款城门求入。临汝侯登城谓曰："百万之师，一朝奔溃，国之存亡，未可知也。恐奸人乘间为变，城门不可夜开。"宏无辞以对，乃缒食馈之。惠绍闻洛口败，亦退军。

六年，迁司徒，领太子太傅。八年，为司空、扬州刺史。十一年正月，为太尉。其年冬，以公事左迁骠骑大将军、开府同三司之仪，未拜，迁扬州刺史。十二年，加司空。十五年，所生母陈太妃薨，去职。寻起为中书监、骠骑大将军、扬州刺史如故。

宏妾弟吴法寿，性粗狡，恃宏无所畏忌，辄杀人。死家诉，有敕严讨。法寿在宏府内，无如之何。武帝制宏出之，即日偿辜。南司奏免宏司徒、骠骑、扬州刺史。武帝注曰："爱宏者兄弟私亲，免宏者王者正法，所奏可。"

宏自洛口之败，常怀愧愤。都下每有窃发，辄以宏为名，屡为有司所奏，帝每贳之。十七年，帝将幸光宅寺，有士伏骠骑航待帝夜出。帝将行心动，乃于朱雀航过。事发，称为宏所使。帝泣谓宏曰："我人才胜汝百倍，当此犹恐颠坠，汝何为者？我非不能为周公、汉文，念汝愚故。"宏顿首曰："无是，无是。"于是以罪免。而纵恣不悛，奢侈过度，修第拟于帝宫，后庭数百千人，皆极天下之选。所幸江无畏，服玩俸于齐东昏潘妃，宝屦直千万。好食鲮鱼头，常日进三百，其佗珍膳盈溢，后房食之不尽，弃诸道路。江本吴氏女也，世有国色，亲从子女遍游王侯后宫，男兔兄弟九人，因权势横于都下。宏未几复为司徒。普通元年，迁太尉、扬州刺史，侍中如故。七年四月薨，自疾至薨，舆驾七出临视。及薨，诏赠侍中、大将军、扬州牧，假黄钺，并给羽葆、鼓吹一部，增班剑为六十人，谥曰靖惠。

宏以介弟之贵，无佗量能，恣意聚敛。库室垂有百间，在内堂之后，关钥甚严。有疑是铠仗者，密以闻。武帝于友于甚厚，殊不悦。宏爱妾江氏寝膳不能暂离，上佗日送盛馔与江曰："当来就汝欢宴。"唯携布衣之旧射声校尉丘佗卿往，与宏及江大饮，半醉后谓曰："我今欲履行汝后房。"便呼后阁舆径往屋所。宏恐上见其贿货，颜色怖惧。上意弥信是仗，屋屋检视。宏性爱钱，百万一聚，黄榜标之，千万一库，悬一紫标，如此三十余间。帝与佗卿屈指计见钱三亿余万，余屋贮布绢丝绵漆蜜纻蜡朱沙黄屑杂货，但见满库，不知多少。帝始知非仗，大悦，谓曰："阿六，汝生活大可。"方更剧饮，至夜举烛而还。兄弟情方更敦睦。宏都下有数十邸出悬钱立券，每以田宅邸店悬上文券，期讫便驱券主，夺其宅。都下东土百姓，失业非一。帝后知，制悬券不得复驱夺，自此后贫庶不复失居业。晋时有《钱神论》，豫章王综以宏贪吝，遂为《钱愚论》，其文甚切。帝知以激宏，宣旨与综："天下文章何限，那忽作此？"虽令急毁，而流布已远，宏深病之，聚敛稍改。

宏又与帝女永兴主私通，因是遂谋弑逆，许事捷以为皇后。帝尝为三日斋，诸主并豫，永兴乃使二僮衣以婢服。僮逾阈失屦，阁帅疑之，密言于丁贵嫔，欲上言，惧或不信，乃使宫帅图之。帅令内舆人八人，缠以纯绵，立于幕下。斋坐散，主果请间，帝许之。主升阶，而僮先趣帝后。八人抱而擒之，帝惊坠于扆。搜僮得刀，辞为宏所使。帝秘之，杀二僮于内，以漆车载主出。主患死，帝竟不临之。帝诸女临安、安吉、长城三主并有文才，而安吉最得令称。宏性好内乐酒，沉湎声色，侍女千人，皆极绮丽。慎卫寡方，故屡致降免。

宏子十人许，可知者七人。长子正仁，字公业，位秘书丞，早卒。谥哀世子。正仁弟正义嗣。

正义，字公威，初以王子封平乐侯，位太常卿，南徐州刺史。属武帝幸朱方，正义修解宇以待舆驾。初，京城之西有别岭入江，高数十丈，三面临水，号曰北固。蔡谟起楼其上，以置军实。是后崩坏，顶犹有小亭，登降甚狭。及上升之，下辇步进。正义乃广其路，傍施栏楯。翌日上幸，遂通小舆。上悦，登望久之，敕曰："此岭不足须固守，然京口实为壮观。"乃改曰北顾。赐正义束帛。后为东扬州刺史，薨。正义弟正德。

正德，字公和，少而凶慝，招聚亡命，破冢屠牛，兼好弋猎。齐建武中，武学胤嗣未立，养以为子。及平建康，生昭明太子，正德还本。天监初，封西丰县侯，累迁吴郡太守。正德自谓应居储嫡，心常怏怏，每形于言。普通三年，以黄门侍郎为轻车将军，置佐史。顷之奔魏。初去之始，为诗一绝，内火笼中，即咏《竹火笼》，曰："桢干屈曲尽，兰麝氛氲销，欲知怀炭日，正是履冰朝。"至魏称是被废太子。时齐萧宝寅先在魏，乃上表魏帝曰："岂有伯为天子，父作扬州，弃彼密亲，远投佗国？不若杀之。"魏既不礼之，正德乃杀一小儿称为己子，远营葬地，魏人不疑，又白魏逃归。见于文德殿，至庭叩头。武帝泣而诲之，特复本封。正德志行无悛，常公行剥掠。时东府有正德及乐山侯正则；潮沟有董当门子遢，世谓之董世子者也；南岸有夏侯夔世子洪。此四凶者，为百姓巨蠹，多聚亡命，黄昏多杀人于道，谓之"打稽"。时勋豪子弟多纵恣，以淫盗屠杀为业，父祖不能制，尉逻莫能御。车服牛马，号西丰骆马，乐山乌牛。董遢金帖织成战袄，直七百万。后正则为劫，杀沙门，徙岭南死。洪以其父夔奏，系东冶，死于徒。遢坐与永阳王妃王氏乱，诛。三人既除，百姓少安。正德淫虐不革，寻除给事黄门侍郎。

六年为轻车将军，随豫章王北侵。正德辄弃军委走，为有司所奏下狱。帝复诏曰："汝以犹子，情兼常爱，故越先汝兄，剖符连郡。往年在蜀，昵近小人，犹谓少年情志未定。更于吴郡杀戮无辜，劫盗财物，雅然无畏。及还京师，专为逋逃，乃至江乘要道，湖头断路，遂使京邑士女，早闭晏开。又夺人妻妾，略人子女，徐敖非直失其配匹，乃横尸道路；王伯敖列卿之女，诱为妾媵。我每加掩抑，冀汝自新，了无悛革，怨雠逾甚。遂匹马奔亡，志怀反噬。遣信慰问，冀汝能还，果能来归，遂我夙志。谓汝不好文史，志在武功，令汝杖节，董戎前驱。岂谓汝狼心不改，包藏祸胎，志欲覆败国计，以快汝心！今当宥汝以远，无令房累自随。敕所在给汝禀饩。王新妇、见理等当停太尉间，汝余房累悉许同行。"于是免官削爵土，徙临海郡。未至徙所，道追赦之。八年，复封爵。

正德北还，求交朱异。帝既封昭明诸子，异言正德失职。中大通四年，特封临贺郡王。后为丹阳尹，坐所部多劫盗，复为有司所奏，去职。出为南兖州，在任苛刻，人不堪命。广陵沃壤，遂为之荒，至人相食啖。既累试无能，从是黜废，转增愤恨，乃阴养死士，常思国衅。聚蓄米粟，宅内五十间室，并以为仓。自征虏亭至于方山，悉略为墅。蓄奴僮数百，皆黥其面。太清二年秋，侯景反。知其有奸心，景党徐思玉在北经与正德相知，至是景遣思玉至建邺，具以事告。又与正德书曰："今天子年尊，奸臣乱国，以景观之，计日必败。大王属为储贰，中被废辱，天下义士，窃所忿慨。大王岂得顾此私情，弃兹亿兆？景虽不武，实思自奋。"正德得书大喜，曰："侯景之意，暗与人同，天赞我也。"遂许之。及景至，正德潜运空舫，诈称迎荻，以济景众。朝廷未知其谋，以正德为平北将军，屯朱雀航。景至，正德乃北向望阙三拜跪辞，歔欷流涕，引贼入宣阳门。与景交揖马上，退据左卫府。先是，其军并著绛袍，袍里皆碧，至是悉反之。贼以正德为天子，号曰正平元年。初童谣有之，故以应也。又世人相俣，必称正平耳。

正德乃以长子见理为太子，以女妻景。景为丞相，与约曰："平城之日，不得全二宫。"又令畿内王侯三日不出者，诛之。及台城开，正德率众挥刀欲入，贼先使其徒守门，故正德不果。乃复太清之号，降正德为侍中、大司马。正德入问讯，拜且泣。武帝曰："懊其没矣，何嗟及矣。"正德知为贼所卖，深自咎悔，密书与鄱阳嗣王契，以兵入。贼遮得书，乃矫诏杀之。

先是，正德妹长乐主适陈郡谢禧，正德奸之，烧主第，缚一婢，加玉钏于手，以金宝附身，声云主被烧死，检取婢尸并金玉葬之。仍与主通，呼为柳夫人，生二子焉。日月稍久，风声渐露。后黄门郎张准有一雉媒，正德见而夺之。寻会重云殿为净供，皇储以下莫不毕集。准于众中吒骂曰："张准雉媒非长乐主，何可略夺！"皇太子恐帝闻之，令武陵王和止之，乃休，及出，送雉媒还之。其后梁室倾覆既由正德，百姓至闻临贺郡名，亦不欲道。童谣云："宁逢五虎入市，不欲见临贺父子。"其恶之如是。

见理，字孟节，性甚凶粗，长剑短衣，出入廛里，不为宗室所齿。及肆逆，甚得志焉。招聚群盗，每夜辄掠劫，于大航为流矢所中死。正德弟正则。

正则，字公衡，天监初，以王子封乐山侯。累迁太子洗马、舍人。恒于第内私械百姓令养马，又盗铸钱。大通二年，坐匿劫盗，削爵徙郁林。帝敕广州日给酒肉，南中官司犹处以侯礼，正则滋怨诸父，与西江督护靳山顾通室，招诱亡命，将袭番禺。未及期而事发，遂鸣鼓会将攻州城。刺史元景仲命长史元孝深讨之。正则败，逃于厕，村人缚送之。诏斩于南海。有司请绝属籍，收妻子。诏听绝属籍，妻子特原。正则弟正立。

正立，字公山，初封罗平侯。母江有宠。初，正仁之亡，宏溺情曲制，以正立为世子。正立微有学，宏薨后，知非朝议，表求让兄，帝甚嘉焉。诸侯例封五百户，正立改封实土建安县侯，食邑一千户。后位丹阳尹，薨，谥曰敏。子贲嗣。

贲，字世文，性躁薄。正德为侯景所立，贲出投之，专监造攻具，以攻台城，常为贼耳目。南康嗣王会理谋袭景，贲与中宿世子子邕告之，贼矫封贲竟陵王，子邕随郡王，并改姓侯氏。贲为宗正卿，子邕都官尚书，专权陵蔑朝政。居尝昼卧，见柳敬礼、萧劝入室殴之，贲惊起乞恩。俄而贼恶其翻覆，杀之。

正立弟正表，封封山侯，后奔乐山。正表弟正信。

正信，字公理，封武化侯。与正立同生，亦被宏钟爱。然幼不慧，常执白团扇，湘东王取题八字铭玩之。正信不知嗤之，终常摇握。位给事中，卒。

卷五十二　　　　列传第四十二

梁宗室下

安成康王秀子机　机弟推
子恪　恪弟恭　恭子静　恭弟祗　**鄱阳忠烈王恢**　子范　范子嗣　范弟谘　谘弟修　修弟泰
始兴忠武王憺　子亮　亮弟暎　暎弟晔

安成康王秀，字彦达，文帝第七子也。年十三，吴太妃亡，秀母弟始兴王憺，时年九岁，与秀并以孝闻。居丧累日不进饮，文帝亲取粥授之。哀其早孤，命侧室陈氏并母二子。陈亦无子，有母德，视二子如己生。秀美风仪，性方静，虽左右近侍，非正衣冠弗之见，由是亲友及家人咸敬焉。仕齐为太子舍人。长沙王懿平崔慧景后，为尚书令，居端右。衡阳王畅为卫尉，掌管钥。东昏日夕逸游，众颇劝懿废之，懿弗听。东昏左右恶懿勋高，又虑废立，并间懿。懿亦危之，自是诸亲咸为之备。及难作，临川王

宏以下诸弟侄俱隐人间，罕有发泄，唯桂阳王融及祸。武帝兵至新林，秀及诸亲并自拔赴军。建康平，为南徐州刺史。天监元年，封安成郡王。京口自崔慧景乱后，累被兵革，人户流散，秀招怀抚纳，惠爱大行。仍属饥年，以私财赡百姓，所济甚多。六年，为江州刺史。将发，主者求坚船以为斋舫。秀曰："吾岂爱财而不爱士？"乃教以牢者给参佐，下者载斋物。既而遭风，斋舫遂破。及至州，闻前刺史取征士陶潜曾孙为里司，叹曰："陶潜之德，岂可不及后胤？"即日辟为西曹。时夏水泛长，津梁断绝，外司请依旧儆度，收其价。秀教曰："刺史不德，水潦为患，可利之乎？"给船而已。七年，遭慈母陈太妃忧，诏起视事。寻迁荆州刺史，加都督。立学校，招隐逸。辟处士河东韩怀明、南平韩望、南郡庾承先、河东郭麻等。是岁，魏县瓠城人反，杀豫州刺史司马悦，引司州刺史马仙琕，仙琕签荆州，求应赴。众咸谓宜待台报，秀曰："彼待我为援，援之宜速，待敕非应急也。"即遣兵赴之。及沮水暴长，颇败人田，秀以谷二万斛赡之。使长史萧琛简州贫老单丁吏，一日散遣百余人，百姓甚悦。荆州常苦旱，咸欲徙市开渠，秀乃责躬，亲祈楚望。俄而甘雨即降，遂获有年。又武宁太守为弟所杀，乃伪云土反，秀照其奸慝，望风首款，咸谓之神。于荆州起天居寺，以武帝游梁馆也。及去任，行次大雷，风波暴起，船舻沦溺，秀所问唯恐伤人。十三年，为郢州刺史，加都督。郢州地居冲要，赋敛殷烦，人力不堪，至以妇人供作。秀务存约己，省去游费，百姓安堵，境内晏然。夏口常为战地，多暴露骸骨，秀于黄鹤楼下祭而埋之。一夜梦数百人拜谢而去。每冬月，常作襦裤以赐冻者。时司州叛蛮田鲁生、鲁贤、超秀，据蒙笼来降，武帝以鲁生为北司州刺史，鲁贤北豫州刺史，超秀定州刺史，为北境捍蔽。而鲁生、超秀互相谗毁，有去就心。秀抚喻怀纳，各得其用，当时赖之。迁雍州刺史，在路薨。武帝闻之，甚痛悼焉。遣南康王绩缘道迎候。初，秀之西也，郢州人相送出境，闻其疾，百姓商贾咸为请命。及薨，四州人裂裳为白帽哀哭以迎送之。雍州蛮迎秀，闻薨，祭哭而去。丧至都，赠司空，谥曰康。

秀美容仪，每在朝，百僚属目。性仁恕，喜愠不形于色。左右尝以石掷杀所养鹄，斋帅请按其罪。秀曰："吾岂以鸟伤人？"在都旦临公事，厨人进食，误覆之，去而登车，竟朝不饭，亦弗之诮也。时诸王并下士，建安、安成二王尤好人物，世以二安重士，方之"四豪"。秀精意学术，搜集经记，招学士平原刘孝标，使撰《类苑》，书未及毕，而已行于世。秀于武帝布衣昆弟，及为君臣，小心畏敬，过于疏贱者，帝益以此贤之。少偏孤，于始兴王憺尤笃。憺久为荆州刺史，常以所得奉中分秀，秀称心受之，不辞多也。昆弟之睦，时议归之。佐史夏侯亶等表立墓碑志，诏许焉。当世高才游王门者，东海王僧孺、吴郡陆倕、彭城刘孝绰、河东裴子野，各制其文。欲择用之，而咸称实录，遂四碑并建。世子机嗣。

机，字智通，位湘州刺史，薨于州。机美姿容，善吐纳，家既多书，博学强记。然而好弄尚力，远士子，迩小人。为州专意聚敛，无政绩，频被案劾。将葬，有司请谥，

诏曰："王好内怠政，宜谥曰炀。"所著诗赋数千言。元帝集而序之。子操嗣。

机弟推，字智进，少清敏，好属文，深为简文所亲赏。普通六年，以王子封南浦侯，历淮南、晋陵、吴郡太守。所临必赤地大旱，吴人号"旱母"焉。侯景之乱，守东府，城陷，推握节死之。

南平元襄王伟，字文达，文帝第八子也。幼清警好学，仕齐为晋安王骠骑外兵参军。武帝为雍州，虑天下将乱，求迎伟及始兴王憺。俄闻已入沔，帝欣然谓佐史曰："阿八、十一行至，吾无忧矣。"及起兵，留行雍州州事。及帝克郢、鲁，下寻阳，围建邺，而巴东太守萧惠训子璝、及巴西太守鲁休烈起兵逼荆州，萧颖胄忧愤暴卒，西朝凶惧，征兵于伟。伟乃割州府将吏，配始兴王憺往赴之。憺至，璝等皆降。齐和帝诏以伟为都督、雍州刺史。

天监元年，封建安王。初，武帝军东下，用度不足，伟取襄阳寺铜佛，毁以为钱。富僧藏镪，多加毒害，后遂恶疾。十三年，累迁为左光禄大夫，加亲信四十人，岁给米万斛，药直二百四十万，厨供月二十万，并二卫两营杂役二百人，倍先置防阁、白直左右职局一百人。以疾甚，故不复出藩而加奉秩。十五年，所生母陈太妃薨，毁顿过礼，水浆不入口累日。帝每临幸抑譬之。伟虽奉诏，而殆不胜丧，恶疾转增，因求改封。十七年，改封南平郡，位侍中、左光禄大夫、开府仪同三司。中大通四年，为中书令、大司马。薨，赠侍中、太宰，谥曰元襄。

伟性端雅，持轨度。少好学，笃诚通恕。趋贤重士，常如弗及，由是四方游士、当时知名者莫不毕至。疾亟丧明，便不复出。齐世青溪宫改为芳林苑，天监初，赐伟为第。又加穿筑，果木珍奇，穷极雕靡，有侔造化。立游客省，寒暑得宜，冬有笼炉，夏设饮扇，每与宾客游其中，命从事中郎萧子范为之记。梁蕃邸之盛无过焉。而性多恩惠，尤愍穷乏。常遣腹心左右历访闾里，人士有贫困吉凶不举者，即遣赡恤。平原王曼颖卒，家贫无以殡，友人江革往哭之。其妻儿对革号诉，革曰："建安王当知，必为营理。"言未讫，而伟使至，给其丧事，得周济焉。每祁寒积雪，则遣人载樵米，随乏绝者赋给之。晚年崇信佛理，尤精玄学，著《二旨义》，制《性情》、《几神》等论。其义僧宠及周舍、殷钧、陆倕，并名精解而不能屈。朝廷得失，时有匡正。子侄邪僻，义方训诱。斯人斯疾，而不得助主兴化，梁政渐替，自公薨也。世子恪嗣。

世子恪，字敬则，弘雅有风则，恣容端丽。位雍州刺史。年少未闲庶务，委之群下，百姓每通一辞，数处输钱，方得闻彻。宾客有江仲举、蔡薳、王台卿、庾仲容四人，俱被意遇，并有蓄积。故人间歌曰："江千万，蔡五百，王新车，庾大宅。"遂达武帝。帝接之曰："主人愦愦不如客。"寻以庐陵王代为刺史。恪还奉见，武帝以人间语问之，恪大惭，不敢一言。后折节学问，所历以善政称。太清中，为郢州刺史。及乱，邵陵王至郢，恪郊迎之，让位焉，邵陵不受。及王僧辩至郢，恪归荆州。元帝以为尚书令、司空。贼平，为扬州刺史。时帝未迁都，以恪宗室令誉，故

先使归镇社稷。大宝三年，薨于长沙，未之镇也。赠太尉，谥曰靖节王。恪弟恭。

恭，字敬范，天监八年，封衡山县侯。初，乐山侯正则有罪，敕让诸王，独谓元襄王曰："汝儿非直无过，并有义方。"历位监南徐州事。时衡州刺史武舍超在州，子侄纵暴，州人朱朗聚党反，武帝以恭为刺史。时朗已围始兴，恭至缓服徇贼，示以恩信。群贼伏其勇，是夜退三舍以避。军吏请追，恭曰："贼以政苛致叛，非有陈、吴之心。缓之则自溃，急之则并力，诸君置之。"明日，朗遣使请降，恭杖节受之，一无所问。即日收始兴太守张宝生及会超弟之子子仁，斩之军门，以其贿而虐之。有司奏恭纵罪人，专戮二千石，有诏宥之。迁湘州刺史，善解吏事，所在见称。而性尚华侈，广营第宅，重斋步阁，模写宫殿。尤好宾友，酣宴终辰，坐客满筵，言谈不倦。时元帝居藩，颇事声誉，勤心著述，卮酒未尝妄进。恭每从容谓曰："下官历观时人，多有不好欢兴，乃仰眠床上，看屋梁而著书，千秋万岁，谁传此者。劳神苦思，竟不成名。岂如临清风，对朗月，登山泛水，肆意酣歌也。"寻除宁蛮校尉、雍州刺史，便道之镇。简文少与恭游，特被赏狎，至是手令勖以政事。恭至州，政绩有声，百姓请于城南立碑颂德，诏许焉，名为政德碑。是夜闻数百人大叫碑石下，明旦视之，碑涌起一尺。恭命以大柱置于碑上，使力士数十人抑之不下，又以酒脯祭之，使人守视，俄而自复，视者竟不见。恭闻而恶焉。先是，武帝以雍为边镇，运数州粟以实储仓。恭乃多取官米，还赡私宅。又典签陈保印侵克百姓，为荆州刺史庐陵王所启，被诏征还。在都朝谒，白服随列。帝曰："白衣者为谁"？对曰："前衡山侯恭。"帝厉色曰："不还我陈保印，吾当白汝未已。"而保印实投湘东王，王改其姓名曰袁逢。恭竟不叙用。侯景乱，卒于城中，诏特复本封。元帝追谥曰僖侯。

子静，字安仁，少有美名，号为宗室后进。有文才，而笃志好学。既内足于财，多聚经史，散书满席，手自雠校。何敬容欲以女妻之，静忌其太盛，拒而不纳，时论服焉。然好戏笑，轻论人物，时以此少之。位给事黄门侍郎，深为简文所爱赏。太清三年卒，赠侍中。

恭弟祗，字敬谟，美风仪，幼有令誉。天监中，封定襄县侯。后历位北兖州刺史。侯景乱，与从弟湘潭侯退谋起兵内援，会州人反城应景，祗遂奔东魏。

鄱阳忠烈王恢，字弘达，文帝第十子也。幼聪颖，七岁能通《孝经》、《论语》义，发摘无遗。及长，美风仪，涉猎史籍。仕齐位北中郎外兵参军，前军主簿。宣武王之难，逃在都下。武帝起兵，恢藏伏得免。大军至新林，乃奉迎。天监元年，封鄱阳郡王。除郢州刺史，加都督。初，郢城内疾疫死者甚多，不及藏殡。恢下车遵命埋瘗，又遣四使巡行州部，境内大宁。时有进筒中布者，恢以奇货异服，即命焚之，于是百姓仰태。累迁都督、益州刺史。成都去新城五百里，陆路往来，悉订私马，百姓患焉，累政不能改。恢乃市马千匹以付所订之家，须则以次发之，百姓赖焉。再迁开府仪同三司、都督、荆州刺史。普通七年，

薨于州。诏赠侍中、司徒，谥曰忠烈。

恢美容质，善谈笑，爱文酒，有士大夫风则。所在虽无皎察，亦不伤物。有孝性，初镇蜀，所生费太妃犹停都。后于都不豫，恢未之知，一夜忽梦还侍疾。及觉，忧惶废寝食。俄而都信至，太妃已瘳。后有目疾，久废视瞻。有道人慧龙得疗眼术，恢请之。及至，空中忽见圣僧。及慧龙下针，豁然开朗，咸谓精诚所致。恢性通恕，轻财好施，凡历四州，所得奉禄，随ırı散之。在荆州，尝从容问宾僚曰："中山好酒，赵王好吏，二者孰愈？"众未有对者。顾谓长史萧琛曰："汉时王侯，蕃屏而已，视事亲人，自有其职。中山听乐，可得任性；彭祖代吏，近于侵官。今之王侯，不守蕃国，当佐天子临人，清白其优乎。"坐者咸服。有男女百人，男封侯者三十九人，女主三十八人。世子范嗣。

范字世仪，温和有器识。为卫尉卿，每夜自巡警，武帝嘉其劳苦。出为益州刺史。行至荆州而忠烈王薨，因停自解。武帝不许，诏权监荆州。及湘东王至，范依旧述职，遣弟湘潭侯退随丧而下。大同元年，以开通剑道，克复华阳增封。寻征为领军将军、侍中。范虽无学术，而以筹略自命。爱奇玩古，招集文才，率意题章，亦时有奇致。尝得旧琵琶，题云"齐竟陵世子"。范嗟人往物存，揽笔为咏，以示湘东王，王吟咏其辞，作《琵琶赋》和之。后为都督、雍州刺史。范作牧岊人，甚得时誉；抚循将士，尽获欢心。于是养士马，修城郭，聚军粮于私邸。时庐陵王为荆州，既是都督府，又素不相能，乃启称范谋乱。范亦驰启自理，武帝恕焉。时论者犹谓范欲为贼。又童谣云："莫匆匆，且宽公，谁当作天子？草覆车边巳。"时武帝年高，诸王莫肯相服。简文虽居储贰，亦不自安，而与司空邵陵王纶特相疑阻。纶时为丹阳尹，威震都下。简文乃选精兵以卫宫内。兄弟相贰，声闻四方。范以名应谣言而求为公，未几，加开府仪同三司。范心密冀，以为谣验，武帝若崩，诸王必乱，范既得众，又有重名，谓可因机以定天下。乃更收士众，希望非常。太清元年，大举北侵。初谋元帅，帝欲用范。时朱异执急外还，闻之遽入曰："嗣王雄豪盖世，得人死力，所至残暴非常，非吊人之才。昔陛下登北顾亭以望，谓江右有反气，骨肉为戎首。今日之事，尤宜详择。"帝默然曰："会理何如？"对曰："陛下得之，臣无恨矣。"会理懦而无谋，所乘襻舆施版屋，冠以牛皮。帝闻不悦，行至宿预，贞阳侯明请行，又以明代之，而以范为征北大将军，总督汉北征讨诸军事，寻迁南豫州刺史。

侯景败于涡阳，退保寿阳，乃改范为合州刺史，镇合肥。时景不臣迹露，范屡启言之，朱异每抑而不奏。及景围都，范遣世子嗣与裴之高等入援。迁开府仪同三司。台城不守，范乃弃合肥，出守东关，请兵于魏，遣二子为质。魏人据合肥，竟不助范。范进退无计，乃溯流西上，军于枞阳，遣信告寻阳王大心。大心要还九江，欲共兵西上。范得书大喜，乃引军至盆城，以晋熙为晋州。遣子嗣为刺史，江州郡县，辄更改易。于是寻阳政令，所行唯存一郡，又疑畏范市籴不通。范乃复遣其弟观宁侯永，将兵通南川，助庄铁。时二镇相猜，无复图贼之志。范数万之众，皆无复食，人多饿死。范竟发背而薨。众秘不发丧，奉弟南安侯恬为主，有众数千。范将侯瑱袭庄铁于豫章，杀之，尽并其军。乃迎丧往郡，于松门遇风，柩沉于水，钩求得之。及于庆之逼豫章，侯瑱以范子十六人降贼，贼尽于石头坑杀之。

世子嗣，字长胤，容貌丰伟，腰带十围。性骁果，有胆略，倜傥不护细行，而复倾身养士，皆得死力。范之薨也，嗣犹据晋熙，城中食尽，士皆乏绝。侯景遣任约攻嗣。时贼方盛，咸劝且止。嗣按剑叱之曰："今日之战，萧嗣效命死节之秋也。"及战，遇流矢中颈，不许拔，带箭手杀数人，贼退方命拔之，应时气绝。妻子为任约所禽。初，范既与寻阳王大心相持，及嗣之死，犹未敢发丧。

范弟谘，字世恭，位卫尉卿，封武林侯。简文即位之后，景周卫转严，外人莫得见，唯及王克、殷不害，并以文弱得出入卧内，晨昏左右，天子与之讲论六艺，不辍于时。及南康王会理事败，克、不害惧祸乃自疏，谘不忍离帝，朝觐无绝。贼恶之，令其仇人刁戍，刺杀谘于广莫门外。

谘弟修，字世和，封宜丰侯。局力贞固，风仪严整。九岁通《论语》，十一能属文。鸿胪卿裴子野见而赏之。性至孝，年十二，丁所生徐氏艰。自荆州反葬，中江遇风，前后部伍多致沉溺，修抱柩长号，血泪俱下，随波摇荡，终得无他。葬讫，因庐墓次。先时山中多猛兽，至是绝迹。野鸟驯狎，栖宿檐宇。武帝嘉之，以班告宗室。为兼卫尉卿。美姿貌，每屯兵周卫，武帝视之移辇。初，嗣王范为卫尉，夜中行城，常因风便鞭箠宿卫，欲令帝知其勤。及修在职，夜必再巡，而不欲人知。或问其故，曰"夜中警逴，实有其劳，主上慈爱，闻之容或赐止。违诏则不可，奉诏则废事。且胡质之清，尚畏人知，此职司之常，何足自显？"闻者叹服。时王子侯多为近畿小郡，历试有绩，乃得出为边州。帝以修识量宏达，自卫尉出镇钟离，徙为梁、秦二州刺史。在汉中七年，移风改俗，人号慈父。长史范洪胄有田一顷，将秋遇蝗，修躬至田所，深自咎责。功曹史琅邪王廉劝修捕之，修曰："此由刺史无德所致，捕之何补？"言卒，忽有飞鸟千群蔽日而至，瞬息之间，食虫遂尽而去，莫知何鸟。适有台使见之，具言于帝，玺书劳问，手诏曰："犬牙不入，无以过也。"州人表请立碑颂德。嗣王范在盆城，颇有异论，武陵王大生疑防，流言嚣嗟。修深自分释，求送质子，并请助防。武陵王乃遣从事中郎萧固，谘以当世之事，具观修意。修泣涕为言忠臣孝子之节，王敬纳之。故终修之时，不为不义。一夕，忽有狗据修所卧床而卧。修曰："此其戎乎？"因大修城垒。

承圣元年，魏使达奚武来攻，修遣记室参军刘璠至益州，求救于武陵王纪，遣将杨乾运援之，拜修随郡王。璠还至嶓冢，乃降于魏，乾运班师。璠至城下，说城中降魏。修数之曰："卿不能死节，反为说客邪！"命射之。间信遣至荆州，元帝遣与相闻。

修中直兵参军陈昙，甚勇有口，求为觇候，见获，以辞烈被害。乃遣谘议虞馨致武牛酒。武谓曰："梁已为侯景所败，王何为守此孤城？"修答守之以死，誓为断头将军。魏相安定公宇文泰遣书喻之，力屈乃降。安定公礼之甚厚，未几令还江陵，厚遣之，以文武千家为纲纪之仆。元帝虑其为变，中使觇伺，不绝于道。至之夕，命劫窃之。及旦，修表输马仗而后帝安。修入觐，望阁悲不自胜，元帝亦恻，尽朝皆泣。

寻拜湘州刺史。长沙频遇兵荒，人户凋弊。修劝课稼穑，未期，流入至者三千余家。元帝多忌，动加诛翦。修静恭自守，埋声晦迹，元帝亦以宗室长年，深相敬礼。及江陵被围问至，即日登舟赴救。至巴陵西，而江陵覆灭。敬帝立，遥授修太尉，迁太保。时王室浸微，修虽图义举，力弱不能自振，遂发背呕血而薨，年五十二。

修弟泰，字世怡，封丰城侯。历位中书舍人，倾竭财产，以事时要，超为谯州刺史。江北人情犷强，前后刺史并绥抚之。泰至州，便遍发人丁，使担腰舆扇伞等物，不限士庶。耻为之者，重加杖责，多输财者，即放免之，于是人皆思乱。及侯景至，人无战心，乃先覆败。

始兴忠武王憺，字僧达，文帝第十一子也。仕齐为西中郎外兵参军。武帝起兵，憺为相国从事中郎，与南平王伟留守。齐和帝即位，以憺为给事黄门侍郎。时巴东太守萧惠训子璝等，兵逼荆州，萧颖胄暴卒，尚书仆射夏侯详议迎憺行荆州事。憺率雍州将吏赴之，以书喻璝等皆降。是冬，武帝平建邺。明年，和帝诏以憺为都督、荆州刺史。

天监元年，加安西将军，封始兴郡王。时军旅之后，公私匮乏，憺厉精为政，广辟屯田，减省力役，存问兵死之家，供其穷困，人甚安之。是岁嘉禾生，一茎六穗，甘露降于黄阁。四年，荆州大旱，憺使祠于天井，有巨蛇长二丈出绕祠坛，俄而注雨，岁大丰。憺自以少年始居重任，开导物情，辞讼者皆立待符教，决于俄顷，曹无留事，下无滞狱。六年，州大水，江溢堤坏，憺亲率将吏，冒雨赋丈尺筑之，而雨甚水壮，众皆恐，或请避焉。憺曰："王尊尚欲身塞河堤，我独何心以免？"乃登堤叹息，终日辍膳，刑白马祭江神。酹酒于流，以身为百姓请命，言终而水退堤立。邴洲在南岸，数百家见水长惊走，登屋缘树。憺募人救之，一口赏一万。估客数十人应募，洲人皆以免，吏人叹服，咸称神勇。又分遣诸郡遭水死者给棺榇，失田者与粮种。是岁嘉禾生于州界，吏人归美焉。七年，慈母陈太妃薨，水浆不入口六日，居丧过礼，武帝优诏勉之，使摄州任。是冬，诏征以本号还朝。人歌曰："始兴王，人之爹，赴人急，如水火，何时复来哺乳我。"荆土方言谓父为爹，故云。后为中卫将军、中书令，领卫尉卿。憺性好谦，降意接士，常与宾客连榻坐，时论称之。九年，拜都督、益州刺史。旧守宰丞尉岁时乞丐，躬历村里，百姓苦之，习以为常。憺至州，停断严切，百姓以苏。又兴学校，祭汉蜀郡太守文翁，由是人多向方者。

十四年，迁都督、荆州刺史。同母兄安成王秀，将之雍州，薨于道。憺闻丧自投于地，席稿哭泣，不饮不食者数日，倾财产赙送，部伍大小皆取足焉，天下称其悌。十八年，征为侍中、中抚军将军、开府仪同三司、领军将军，即开府黄阁。薨，二宫悲惜，舆驾临幸者七焉。赠司徒，谥曰忠武。憺未薨前，梦改封中山王，策授如他日，意颇恶之，数旬而卒。憺有惠西土，荆州人闻薨，皆哭于巷，嫁娶有吉日，移以避哀。子亮嗣。

亮弟映，字文明，年十二，为国子生。天监十七年，诏诸生答策，宗室则否。帝知映聪解，特令问策，又口对，并见奇。谓祭酒袁昂曰："吾家千里驹也。"起家淮南太守，诸兄未有除命，乃抗表让焉。映美容仪。普通二年，封广信县侯。丁父忧，隆冬席地，哭不绝声，不尝谷粒，唯饮冷水，因患症结。除太子洗马。诏以憺艰难王业，追增国封。嗣王陈让，既不获许，乃乞颁邑诸弟。帝许之，改封新渝县侯。后居太妃忧泣血，三年服阕，为吴兴太守。郡累不稔，中大通三年，野谷生武康，凡二十二处，自此丰穰，映制《嘉谷颂》以闻，中诏称美。后为北徐州刺史，在任弘恕，人吏怀之。常载粟帛游于境内，遇有贫者，即以振焉。胜境名山，多所寻履。及征将还，钟离人顾思远挺叉行部伍中。映见甚老，使人问，对曰："年一百一十二岁。凡七娶，有子十二，死亡略尽。今唯小者，年已六十，又无孙息，家阙养乏，是以行役。"映大异之，召赐之食，食兼于人。检其头有肉角长寸，遂命后舟载还都，谒见天子。与之言往事，多异所传，擢为散骑侍郎，赐以奉宅，朝夕进见，年百二十卒。又普通中北侵，攻穰城，城内有人年二百四十岁，不复能食谷，唯饮曾孙妇乳。简文帝命劳之，赐以束帛。荆州上津乡人张元始年一百一十六岁，膂力过人，进食不异，至年九十七方生儿，儿遂无影。将亡，人人告别，乃至山林树木处处履行，少日而终。时人以为知命。湘东王爱奇重异，遂留其枕。映后历给事黄门侍郎，卫尉卿，广州刺史，卒官，谥曰宽侯。

映弟晔，字通明，美姿容，善谈吐。初封安陆侯。憺特所钟爱，常目送之曰："吾所深忧。"左右问其故，答曰："其过俊发，恐必无年。"及憺不豫，侍疾衣不释带，言与泪并。憺薨，扶而后起。服阕，改封上黄侯，位兼宗正卿。简文入居监抚，晔献《储德颂》，迁给事黄门侍郎。出为晋陵太守。美才仗气，言多激扬。常乘折角牛，穀木履，被服必于儒者。名盛海内，为宗室推重，特被简文友爱。与新渝、建安、南浦并预密宴，号东宫四友。简文日有五六使来往。晔初至郡，属旱，躬自祈祷，果获甘润。郡雀林村旧多猛兽为害，晔在政六年，此暴遂息。卒于郡。初，晔寝疾历年，官曹壅滞，有司案《谥法》"言行相违曰替"，乃谥替侯。

论曰：自昔王者创业，莫不广植亲亲，割裂州国，封建子弟。是以大斾少帛，崇于鲁、卫；盘石犬牙，寄梁、楚。梁武远遵前轨，蕃屏懿亲，至于戚枝，咸被任遇。若萧景才辩，固亦梁之令望者乎！临川不才，频烦重寄。古者睦亲之道，粲而不殊，加之重名，则有之矣。而宏屡黩彝典，一挠师徒，梁之不纲，于斯为甚。正德秽行早显，逆心夙构，比齐襄而迹可匹，似吴濞而势不侔，徒为贼景之阶梯，竟取国败而身灭。哀哉！安成、南平、鄱阳、始兴俱以名迹著美，盖亦有梁之间、平也。

卷五十三　　列传第四十三

梁武帝诸子

武帝八男。丁贵嫔生昭明太子统、简文皇帝、庐陵威王续。阮修容生孝元皇帝。吴淑媛生豫章王综。董昭仪生南康简王绩。丁充华生邵陵携王纶。葛修容生武陵王纪。

昭明太子统，字德施，小字维摩，武帝长子也。以齐中兴元年九月生于襄阳。武帝既年垂强仕，方有冢嗣；时徐元瑜降；而续又荆州使至，云："萧颖胄暴卒。"时人谓之三庆。少日而建邺平，识者知天命所集。

天监元年十一月，立为皇太子。时年幼，依旧居于内，拜东宫官属，文武皆入直永福省。五年六月庚戌，出居东宫。太子生而聪睿，三岁受《孝经》、《论语》，五岁遍读《五经》，悉通讽诵。性仁孝，自出宫，恒思恋不乐。帝知之，每五日一朝，多便留永福省，或五日三日乃还宫。八年九月，于寿安殿讲《孝经》，尽通大义。讲毕，亲临释奠于国学。年十二，于内省见狱官将谳事。问左右曰："是皂衣何为者？"曰："廷尉官属。"召视其书，曰："是皆可念，我得判否？"有司以统幼，绐之曰："得。"其狱皆刑罪上，统皆署杖五十。有司抱具狱，不知所为，具言于帝，帝笑而从之。自是数使听讼，每有欲宽纵者，即使太子决之。建康县谳诬人诱口，狱翻，县以太子仁爱，故轻当杖四十。令曰："彼若得罪，便合家孥戮，今纵不以其罪罪之，岂可轻罚而已？可付冶十年。"

十四年正月朔旦，帝临轩，冠太子于太极殿。旧制太子著远游冠、金蝉翠緌缨，至是诏加金博山。太子美姿容，善举止，读书数行并下，过目皆忆。每游宴祖道，赋诗至十数韵，或作剧韵，皆属思便成，无所点易。帝大弘佛教，亲自讲说。太子亦素信三宝，遍览众经。乃于宫内别立慧义殿，专为法集之所，招引名僧。自立《二谛》、《法身义》。普通元年四月，甘露降于慧义殿，咸以为至德所感。时俗稍奢，太子欲以己率物，服御朴素，身衣浣衣，膳不兼肉。

三年十一月，始兴王憺薨。旧事以东宫礼绝傍亲，书翰并依常仪。太子以为疑，命仆刘孝绰议其事。孝绰议曰："案张镜撰《东宫仪记》，称'三朝发哀者，逾月不举乐；鼓吹寝奏，服限亦然'。寻傍绝之义，义在去服，服虽可夺，情岂无悲？铙歌辍奏，良亦为此。既有悲情，宜称兼慕，卒哭之后，依常举乐，称悲竟，此理例相符。谓犹应称兼慕，请至卒哭。"仆射徐勉、左率周舍、家令陆襄并同孝绰议。太子令曰："张镜《仪记》云，'依《士礼》，终服月称慕悼'。又云'凡三朝发哀者，逾月不举乐'。刘仆议云，'傍绝之义，义在去服，服虽可夺，情岂无悲？卒哭之后，依常举乐，称悲竟，此理例相符'。寻情悲之说，非止卒哭之后，缘情为论，此自难一也。用张镜之'举乐'，弃张镜之'称悲'。一镜之言，取舍有异，此自难二也。陆家令止云'多历年所'，恐非事证。虽复累稔所用，意常未安。近亦尝以此问外，由来立意，谓犹应有慕悼之言。张岂不知举乐为大，称悲事小？所以用小而忽大，良亦有以。至如元正六佾，事为国章，虽情或未安，而礼不可废。铙吹军乐，比之亦然，书疏方之，事则成小，差可缘心。声乐自外，书疏自内，乐自他，书自己。刘仆之议，即情未安。可令诸贤更共详衷。"司农卿明山宾、步兵校尉朱异议，称"慕悼之解，宜终服月"。于是付典书遵用，以为永准。七年十一月，贵嫔有疾，太子还永福省，朝夕侍疾，衣不解带。及薨，步从丧还宫，至殡，水浆不入口，每哭辄恸绝。武帝敕中书舍人顾协宣旨曰："毁不灭性，圣人之制，不胜丧比于不孝。有我在，那得自毁如此。可即强进饮粥。"太子奉敕，乃进数合，自是至葬，日进麦粥一升。武帝又敕曰："闻汝所进过少，转就羸瘦。我比更无余病，政为汝如此，胸中亦填塞成疾。故应强加饘粥，不俟我恒尔悬心。"虽屡奉敕劝逼，终丧日止一溢，不尝菜果之味。体素壮，腰带十围，至是减削过半。每入朝，士庶见者莫不下泣。

太子自加元服，帝便使省万机，内外百司奏事者填塞于前。太子明于庶事，每所奏谬误巧妄，皆即辩析，示其可否，徐令改正，未尝弹纠一人。平断法狱，多所全宥，天下皆称仁。性宽和容众，喜愠不形于色。引纳才学之士，赏爱无倦。恒自讨论坟籍，或与学士商榷古今，继以文章著述，率以为常。于时东宫有书几三万卷，名才并集，文学之盛，晋、宋以来未之有也。性爱山水，于玄圃穿筑，更立亭馆，与朝士名素者游其中。尝泛舟后池，番禺侯轨盛称此中宜奏女乐。太子不答，咏左思《招隐诗》云："何必丝与竹，山水有清音。"轨惭而止。出宫二十余年，不畜音声。未薨少时，敕赐太乐女伎一部，略非所好。

普通中，大军北侵，都下米贵。太子因命菲衣减膳。每霖雨积雪，遣腹心左右周行闾巷，视贫困家及有流离道路，以米密加振赐，人十石。又出主衣绢帛，年常多作襦裤，各三千领，冬月以施寒者，不令人知。若死亡无可敛，则为备棺槥。每闻远近百姓赋役勤苦，辄敛容变色。常以户口未实，重于劳扰。吴兴郡屡以水灾不熟，有上言当漕大涘，以泻浙江。中大通二年春，诏遣前交州刺史王弇假节，发吴、吴兴、信义三郡人丁就役。太子上疏曰："伏闻当遣王弇等，上东三郡人丁开漕沟渎，导泄旱泽，使吴兴一境无复水灾，暂劳永逸，必获后利。未萌难睹，窃有愚怀。所闻吴兴累年失收，人颇流移，吴郡十城，亦不全熟，唯信义去秋有稔，复非恒役之民。今日东境谷稼犹贵，劫盗屡起，所在有司，皆不闻奏。今征戍未归，强丁疏少，此虽小举，窃恐难合。吏一呼门，动为人蠹。又出丁之处，远近不一，比得齐集，已妨蚕农。去年称为丰岁，公私未能足食，如复今兹失业，虑恐为弊更深。且草窃多伺候人间虚实，若善人从役，则抄盗弥增。吴兴未受其益，内地已离其弊。不审可得权停此功，待优实以不？"武帝优诏以喻焉。

太子孝谨天至，每入朝，未五鼓便守城门开，东宫虽燕居内殿，一坐一起，恒向西南面台。宿被召当入，危坐达旦。三年三月，游后池，乘雕文舸摘芙蓉。姬人荡舟，没溺而得出，因动股，恐贻帝忧，深诫不言，以寝疾闻。武帝敕看问，辄自力手书启。及稍笃，左右欲启闻，犹不许，曰："云何令至尊知我如此恶？"因便呜咽。四月乙巳，暴恶，驰启武帝，比至已薨，时年三十一。帝临哭尽哀，诏敛以衮冕，谥曰昭明。五月庚寅，葬安宁陵，诏司徒左长史王筠为哀册文。朝野惋愕，都下男女奔走宫门，号泣满路。四方氓庶及疆徼之人，闻丧皆哀恸。

太子性仁恕，见在宫禁防捉荆子者，问之，云以清道驱人。太子恐致痛，使捉手板代之。频食中得蝇虫之属，密置槃边，恐厨人获罪，不令人知。又见后阁小儿摊戏，后属有狱牒，摊者法，士人结流徙，庶人结徒。太子曰："私钱自戏，不犯公物，此科太重。"令注刑止三岁，士人免官。狱牒应死者必降长徒，自此以下莫不减半。所著文集二十卷，又撰古今典诰文言为《正序》十卷，五言诗之善者为《英华集》二十卷，《文选》三十卷。

薨后，长子东中郎将南徐州刺史华容公欢封豫章郡王，次子枝江公誉封河东郡王，曲江公察封岳阳郡王，詧封武昌郡王，鉴封义阳郡王，各二千户。女悉同正主。蔡妃供侍，一同常仪，唯别立金华宫为异。帝既废嫡立庶，海内噂喈，故各封诸子大郡，以慰其心。岳阳王察流涕受拜，累日不食。

初，丁贵嫔薨，太子遣人求得善墓地。将斩草，有卖地者因阉人俞三副求市，若得三百万，许以百万与之。三副密启武帝，言太子所得地，不如今所得地于帝吉，帝末年多忌，便命市之。葬毕，有道士善图墓，云"地不利长子，若厌伏或可申延"。乃为蜡鹅及诸物埋墓侧长子位。有宫监鲍邈之、魏雅者，二人初并为太子所爱，邈之晚见疏于雅，密启武帝云："雅为太子厌祷。"帝密遣检掘，果得鹅等物。大惊，将穷其事。徐勉固谏得止，于是唯诛道士，由是太子迄终以此惭慨，故其嗣不立。后邵陵王临丹阳郡，因邈之与乡人争婢，议以为诱略之罪锁宫，简文追感太子冤，挥泪诛之。邈之兄子僧隆为宫直，前未知邈之侄，即日驱出。先是人间谣曰："鹿子开城门，城门鹿子开，当开复未开，使我心徘徊。城中诸少年，逐欢归去来。"鹿子开者，反语为来子哭，云帝哭也。欢前为南徐州，太子果薨，遣中书舍人臧厥追欢，于崇正殿解发临哭。欢既嫡孙，次应嗣位，而迟疑未决。帝既新有天下，恐不可以少主主大业，又以心衔故，意在晋安王，犹豫自四月上旬至五月二十一日方决。欢止封豫章王还任。往谣言"心徘徊"者，未定也。"城中诸少年，逐欢归去来"，复还徐方之象也。欢字孟孙，位云麾将军、江州刺史。薨，谥安王。子栋嗣。

栋，字元吉。及简文见废，侯景奉以为主。栋方与妃张氏锄葵，而法驾奄至，栋惊不知所为，泣而升辇。及即位，升武德殿，欻有回风从地涌起，翻飞华盖。径出端门，时人知其不终。于是年号天正，追尊昭明太子曰昭明皇帝，安王为安皇帝，金华敬妃蔡氏为敬皇后，太后王氏为皇太后，妃为皇后。未几，行禅让礼，栋封淮阴王，及

二弟桥、樛，并锁于密室。景败走，兄弟相扶出，逢杜崱于道，崱去其锁。弟曰："今日免横死矣。"栋曰："倚伏难知，吾犹有惧。"初，王僧辩之为都督，将发，谘元帝曰："平贼之后，嗣君万福，未审有何仪注？"帝曰："六门之内，自极兵威。"僧辩曰："平贼之谋，臣为己任；成济之事，请别举人。"由是帝别敕宣猛将军朱买臣，使行忍酷。会简文已被害，栋等与买臣遇，见呼往船共饮，未竟，并沉于水。

河东王誉，字重孙，普通二年，封枝江县公。中大通三年，改封河东郡王。累迁南中郎将、湘州刺史。未几，侯景寇建邺，誉入援，至青草湖，台城没，有诏班师。誉还湘镇。时元帝军于武城，新除雍州刺史张缵密报元帝曰："河东起兵，岳阳聚米，将来袭江陵。"元帝甚惧，沉米断缆而归。因遣谘议周弘直至誉所，督其粮众。誉曰："各自军府，何忽隶人。"使三反，誉并不从。元帝大怒，遣世子方等征之，反为誉败死。又令信州刺史鲍泉讨誉，并陈示祸福。誉谓曰："欲前即前，无所多说。"泉军于石椁寺，誉逆击不利而还。泉进军橘洲，誉攻之又见败，于是遂围之，誉幼而骁勇，马上用弩，兼有胆气，能抚士卒，甚得众心。元帝又遣领军王僧辩代鲍泉攻誉。誉将溃围而出，会其麾下将慕容华引僧辩入城，遂被执。谓守者曰："勿杀我，得一见七官，申此谗贼，死无恨。"主者曰："奉令不许。"遂斩首，送荆镇。元帝返其首以葬焉。初，誉之将败，引镜照面，不见其头。又见长人盖屋，两手据地 啑其脐。又见白狗大如驴，从城出，不知所在。誉甚恶之，俄而城陷。

豫章王综，字世谦，武帝第二子也。天监三年，封豫章郡王。累迁北中郎将、南徐州刺史。入为侍中、镇右将军。

初，综母吴淑媛在齐东昏宫，宠在潘、余之亚。及得幸于武帝，七月而生综，宫中多疑之。淑媛宠衰怨望。及综年十四五，恒梦一年少肥壮，自挈其首对综，如此非一，综转成长，心惊不已。频意问淑媛曰："梦何所如？"梦既不一，淑媛问梦中形色，颇类东昏。因密报之曰："汝七月生儿，安得比诸皇子？汝今太子次弟，幸保富贵勿泄。"综相抱哭，每日夜恒泫泣。又每静室闭户。藉地被发席藁。轻财好士，分施不辍，唯留身上故衣，外斋接客，分粗服。厨库恒致罄乏。常于内斋布沙于地，终日跣行，足下生胝，日能行三百里。尝有人士姓王，以屯蹇投告，综于时大乏，唯有眠床，故皂复帐，即下付之。其降意下士，以伺风云之会，诸侯王妃主及外人并知此怀，唯武帝不疑。及长有才望，善属文。武帝御诸子以礼，朝见不甚数。综恒怨不见知，每出蕃，淑媛恒随之至镇。时年十五，尚裸袒嬉戏于前，昼夜无别。妃袁氏，尚书令昂之女也。淑媛恒节其宿止，遇袁妃尤不以道，内外咸有秽声。

综后在徐州，政刑酷暴。又有勇力，制及奔马，搏杀驹犊。常阴服微行，著乌丝布帽。夜出无有期度，招引道士，探求数术。性聪敏多通，每武帝有敕疏至，辄忿恚

形于颜色。帝性严,群臣不敢轻言得失,凡综所行,弗之知也。于徐州还,频裁表陈便宜,求经略边境。帝并优敕答之。徐州所有练树,并令斩杀,以帝小名练故。累致意尚书仆射徐勉,求出镇襄阳。勉未敢言,因是怒勉,恂以白团扇,图《伐檀》之诗,言其贿也。在西州,于别室岁时设席,祠齐氏七庙。又累微行至曲阿拜齐明帝陵。然犹无以自信,闻俗说以生者血沥死者骨渗,即为父子。综乃私发齐东昏墓,出其骨,沥血试之。既有征矣,在西州生次男月余日,潜杀之。既瘗,夜遣人发取其骨又试之,其酷忍如此。每对东宫及诸王,辞色不恭逊。尝改岁后,问讯临川王宏,出至中阁,登宏羊车次,遗粪而出。居都下所为多如此者。普通四年,为都督、南兖州刺史。颇勤于事,而不见宾客。其辞讼则隔帘理之。方幅出行,垂帷于舆,每云恶人识其面也。

初,齐故建安王萧宝寅在魏,综求得北来道人释法鸾,使入北通问于宝寅,谓为叔父。襄阳人梁话母死,法鸾说综厚赐之,言终可任使。综遗话钱五万。及葬毕,引在左右。法鸾在广陵,往来通魏尤数,每舍淮阴苗文宠家。言文宠于综,综引为国常侍。六年,魏将元法僧以彭城降,帝使综都督众军,权镇彭城,并摄徐州府事。武帝晓别玄象,知当更有败军失将,恐综为北所擒,手敕综令拔军。每使居前,勿在人后。综恐帝觉,与魏安丰王元延明相持,夜潜与梁话、苗文宠三骑开北门,涉汴河,遂奔萧城。自称队主,见延明而拜。延明坐之,问其名氏,不答,曰:"殿下问人,有见识者。"延明即召使视之,曰:"豫章王也。"延明喜,下地执其手,答其拜,送于洛阳。及旦,斋内诸阁犹闭不开,众莫知所以,唯城外魏军叫曰:"汝豫章王昨夜已来在我军中。"城中既失王所在,众军乃退,不得还者甚众。湘州益阳人任焕常有雅马,乘之退走。焕脚为抄所伤,人马俱弊,焕于桥下歇,抄复至。焕脚痛不复得上马,于是向马泣曰:"骓子,我于此死矣。"马因跪其前脚,焕乃得上马,遂免难。综长史史江革、太府卿祖昕并为魏军所禽,武帝闻之惊骇。综至魏,位侍中、司空、高平公、丹阳王,梁话、苗文宠并为光禄大夫。综改名缵,字德文,追服齐东昏斩衰,魏太后及群臣来吊。

八月,有司奏削爵土,绝其属籍,改子直姓悖氏。未及旬日,有诏复属籍,封直永新侯。久之乃策免吴淑媛,俄遇鸩而卒,有诏复其品秩,谥曰敬,使直主其丧。

及萧宝寅据长安反,综复去洛阳欲奔之。魏法,度河桥不得乘马,综乘马而行,桥吏执之送洛阳。魏孝庄初,历位司徒、太尉,尚帝姊寿阳长公主。陈庆之至洛也,送综启求还。时吴淑媛尚在,敕使以综小时衣寄之。信未达而庆之败。未几,终于魏。初,综在魏不得志,尝作《听钟鸣》、《悲落叶》以申其志,当时莫悲之。后梁人盗其柩来奔,武帝犹以子礼祔葬陵次。

直,字思方,位晋陵太守,沙州刺史。

南康简王绩,字世谨,小字四果,武帝第四子也。天监七年,封南康郡王。十年,为南徐州刺史。时年七岁,主者有受货洗改解书,长史王僧孺弗之觉,绩见而诘之,便即首服,众咸叹其聪警。十七年,为都督、南兖州刺史,在州以善政称。寻有诏征还,百姓曹乐等三百七十人诣阙上表,称绩尤异十五条,乞留为州任。优诏许之。普通四年,征为侍中、云麾将军,领石头戍军事。五年,出为江州刺史。丁董淑媛忧,居丧过礼,固求解职。乃征授安右将军,领石头戍军事,寻加护军。羸瘠,不亲视事。大通三年,因感疾薨于任。赠开府仪同三司,谥曰简。绩寡玩好,少嗜欲,居无伏妾,躬事俭约。所有租秩,悉寄天府。及薨后,少府有南康国无名钱数千万。子会理嗣。

会理,字长才,少聪慧,好文史。年十一而孤,特为武帝所爱,衣服礼秩与正王不殊。十五为湘州刺史,多信左右。行事刘纳每禁之,会理心不平,证以赃货,收送建邺。纳叹曰:"我一见天子,使汝等知。"会理厚送资粮,数遣慰喻。令心腹于青草湖为盗,杀纳百口俱尽。累迁都督、南兖州刺史。太清元年,督众军北侵,至彭城,为魏师所败,退归本镇。二年,侯景围城,会理入援。会北徐州刺史封山侯正表,将应其兄正德,外托赴援,实谋袭广陵。会理击破之,方得进路。台城陷,会理归镇。侯景遣前临江太守董绍先以武帝手敕召会理。其僚佐曰:"绍先书岂天子意?"咸劝拒之。会理用其典签范子鸢计,曰:"天子年尊,受制贼虏,今有手敕召我入朝,臣子之心,岂得违背?且处江北,功业难成,不若身赴京都,图之肘腋。"遂纳绍先。绍先入,以乌幡麾众,单马遣之至都。景以为司空兼尚书令。虽在寇手,每思匡复,与西乡侯劝等潜布腹心,要结壮士。时范阳祖皓斩董绍先,据广陵城起义,期以会理为内应。皓败,辞相连及。侯景矫诏免会理官,犹以白衣领尚书令。是冬,景往晋熙,都下虚弱,会理复与柳敬礼及北兖州司马成钦谋之。敬礼曰:"举大事必有所资,今无寸兵,安可以动?"会理曰:"湖熟有吾故旧三千余人,昨来相知,克期响集。计贼守兵不过千人,若大兵外攻,吾等内应,直取王伟,事必有成。纵景后归,无能为也。"敬礼曰:"善。"于时百姓厌贼,咸思用命。建安侯赉以谋告王伟,伟遂收会理及其弟通理。时有钱唐褚冕,会理之旧,亦囚于省。问事之所起,考掠千计,终无所言。会理隔壁闻之,遥曰:"褚郎,卿岂不为吾致此邪?然勿言。"王伟害会理等,冕竟以不服,伟赦之。会理弟通理,字仲宣,位太子洗马,封祈阳侯,至是亦遇害。

通理弟乂理,字季英。生十旬而简王薨,至三岁能言,见内人分散,涕泣相送,问其故,或曰:"此简王宫人丧毕去耳。"乂理便号泣,悲不自胜。诸宫人见之,莫不哀感。为之停者三人。服阕见武帝,升殿,又悲不自胜,帝为之收涕,谓左右曰:"此儿大,必为奇士。"大同八年,封安乐县侯。乂理慷慨慕立功名,每读书见忠臣烈士,未尝不废卷叹曰:"一生之内,当无愧古人。"博览多识,有文才。尝祭孔文举墓,并为立碑,制文甚美。及侯景内寇,乂理聚客赴南兖州,随兄会理入援。及城陷,又随会理还广陵,因入齐为质乞师。行二日,会景遣董绍先据广陵,遂追获之,防严不得与兄相见。乃伪请先还都,入辞母,因谓其姊安固主曰:"兄若至,愿使善为计自勉,勿顾以为念。前途亦思立效,但未知天命何如耳?"至都,以魏降人元贞忠正，可以托孤，乃以玉柄扇赠之。贞怪不受，乂理曰："后当见忆。"会祖皓起兵，乂理奔长芦，为景所害。元贞始悟其前言，往收葬焉。

庐陵威王续，字世訢，武帝第五子也。天监八年，封庐陵王。少英果，膂力绝人，驰射应发命中。武帝叹曰："此我之任城也。"尝驰射于帝前，续中两獐，冠于诸人。帝大悦。中大通二年，为都督、雍州刺史、宁蛮校尉。大同元年，迁江州刺史，又为骠骑将军、开府仪同三司。又为都督、荆州刺史。薨，赠司空，谥曰威。

始元帝母阮修容得幸，由丁贵嫔之力，故元帝与简文相得，而与庐陵王少相狎，长相谤。元帝之临荆州，有宫人李桃儿者，以才慧得进，及还，以李氏行。时行宫户禁重，续具状以闻。元帝泣对使诉于简文，简文和之得止。元帝犹惧，送李氏还荆州，世所谓西归内人者。自是二王书问不通。及续薨，元帝时为江州，闻问，入阁而跃，屦为之破。寻自江州复为荆州，荆州人迎于我境，帝数而遣之，吏人失望。

续多聚马仗，蓄养趫雄，耽色爱财，极意收敛，仓储库藏盈溢。临终有启，遣中录事参军谢宣融送所上金银器千余件，武帝始知其富。以为财多德寡，因问宣融曰："王金尽于此乎？"宣融曰："此之谓多，安可加也。夫王之过如日月之蚀，欲令陛下知之，故终而不隐。"帝意乃解。世子凭以罪前诛死，次子应嗣。应不慧，王薨，至内库阅珍物，见金铤，问左右曰："此可食不？"答曰："不可。"应曰："既不可食，并特乞汝。"他皆此类。

邵陵携王纶，字世调，小字六真，武帝第六子也。少聪颖，博学，善属文，尤工尺牍。天监十三年，封邵陵郡王。普通五年，以西中郎将权摄南徐州事。在州轻险躁虐，喜怒不恒，车服僣拟，肆行非法。遨游市里，杂于厮隶。尝问卖鳝者曰："刺史何如？"对者言其躁虐，纶怒，令吞鳝以死。自是百姓惶骇，道路以目。尝逢丧车，夺孝子服而著之，匍匐号叫。签帅惧罪，密以闻。帝始严责，纶不能改，于是遣代。纶悖慢逾甚，乃取一老公短瘦类帝者，加以衮冕，置之高坐，朝以为君，自陈无罪。使就坐剥褫，搥之于庭。忽作新棺木，贮司马崔会意，以辒车挽歌为送葬之法，使妪乘车悲号。会意不堪，轻骑还都以闻。帝恐其奔逸，以禁兵取之，将于狱赐尽。昭明太子流涕固谏，得免，免官削爵土还第。大通元年，复封爵。中大通四年，为扬州刺史。纶素骄纵，欲盛器服，遣人就市赊卖锦采丝布数百匹，拟与左右职局防阁为绛衫、内人帐幔。百姓并关闭邸店不出。台续使少府市采，经时不能得，敕责，府丞何智通具以闻，因被责还第。恒遣心腹马容戴子高、戴瓜、李撤、赵智英等于路寻目智通，于白马巷逢之，以槊刺之，刃出于背。智通以血书壁作"邵陵"字乃绝，遂知之。帝悬钱百万购贼，有西州游军将宋鹊子条姓名以启，敕遣舍人诸昙粲领斋仗五百人围纶第，于内人槛中禽瓜、撤、智英。子高骁勇，逾墙突围，遂免。智通子敞之割炙食之，即载出新亭，四面火炙之焦熟，敞车载钱设盐

蒜，雇百姓食撤一脔，赏钱一千。徒党并母肉遂尽。纶锁在第，舍人诸昙粲并主帅领仗身守视。免为庶人。经三旬乃脱锁，顷之复封爵。后预饯衡州刺史元庆和，于座赋诗十二韵，末云"方同广川国，寂寞无久声"。大为武帝赏，曰："汝人才如此，何虑其无声？"旬日间，拜郢州刺史。

太清二年，位中卫将军、开府仪同三司。侯景构逆，加征讨大都督，率众讨景。将发，帝诫曰："侯景小竖，颇习行阵，未可以一战即殄，当以岁月图之。"纶发全下，中江而浪起，有物荡舟将覆，识者尤异之。及次钟离，景已度采石，纶乃昼夜兼道，旋军入赴。济江，中流风起，人马溺者十一二。遂率西丰公大春、新淦公大成等步骑三万发京口，将军赵伯超请从径路直指钟山，出其不意，纶从之。众军奄至，贼徒大骇，分为三道攻纶，纶大破之。翌日，贼又来攻，日晚贼稍退。南安侯骏以数十骑驰之，贼回拒骏，骏部乱，贼因逼大军，大军溃。纶于钟山战败，奔还京口。军主霍俊见执，贼送于城下，逼云已禽邵陵王。俊伪许之，乃曰："王小失利，政为粮尽还京口。俊为托逻所获，非军败也。"贼以刀背殴其髀，俊色不变，贼义而舍之。俊，中书舍人灵超子也。三年正月，纶与东扬州刺史大连等入援至骠骑洲，进位司空。台城陷，纶奔禹穴，东土皆附。临城公大连惧为害己，乃图之。纶觉乃去。至寻阳，寻阳公大心欲以州让之，不受。

大宝元年，纶至郢州，刺史南平王恪让州于纶，纶不受。乃上纶为假黄钺、都督中外诸军事。纶于是置百官，改听事为正阳殿，内外斋省悉题署焉。而数有变怪，祭城隍神，将烹牛，有赤蛇绕牛口出。南浦施安幄帐，无何风起，飘没于江。于时元帝围河东王誉于长沙既久，誉请救于纶，纶欲往救之，为军粮不继遂止。乃与元帝书曰："道之斯美，以和为贵，况天时地利不及人和。岂可手足肱支，自相屠害？即日大敌犹强，天仇未雪。余尔昆弟，在外三人，如不匡救，安用臣子？如使逆寇未除，家祸仍构，料今访古，未或弗亡。夫征战之理，义在克胜。至于骨肉之战，愈胜愈酷，捷则非功，败则有丧，劳兵损义，亏失多矣。侯景之军所以未窥江外者，政为蕃屏盘固，宗镇强密。若自相鱼肉，是谓代景行师，景便不劳兵力，坐致成效。丑徒闻此，何快如之！"元帝复书，陈誉有罪不可解围之状。纶省书流涕曰："天下之事，一至于斯！"左右闻之，莫不掩泣。于是大修器甲，将讨侯景。元帝闻其盛，乃遣王僧辩帅舟师一万以逼纶。纶将刘龙武等降僧辩，纶遂与子躓等十余人轻舟走武昌。沙门法磬与纶有旧，藏之岩石之下。时纶长史韦质、司马姜伟先在外，闻纶败，驰往迎。元帝复遣将徐文盛追攻之。纶复收卒屯于齐昌郡，将引魏军共攻竟陵。侯景将任约袭纶，纶败走。定州刺史田龙祖迎纶，纶惧为所执，复归齐昌。行收兵至汝南，魏所署汝南城主李素孝者，纶之故吏，开城纳之。纶乃修复城池，收集士卒，将攻竟陵。魏闻之，遣大将杨忠、仪同侯几通攻破城，执纶，纶不为屈。通乃卧大鼓，使纶坐上杀之，投于江岸，经日色不变，鸟兽莫敢近。时飞雪飘零，尸横道路，周回数步，独不沾洒。旧主帅安陆人郝破敌敛之于襄阳。葬之日，黄雪雾糅，唯冢圹所独不

下雪。杨忠知而悔焉,使以太牢往祭殡焉。百姓怜之,为立祠庙。岳阳王詧遣迎丧,葬于襄阳望楚山南,赠太宰,谥曰安。后元帝议追加谥,尚书左丞刘珏议,《谥法》"急政交外曰携"。从之。

纶任情卓越,轻财爱士,不竞人利,府无储积。闻有辄求,既得即散,士亦以此归之。初镇京口,大造器甲,既涉声论,投之于江。及后出征,戎备颇阙,乃叹曰:"吾昔造仗,本备非常,无事涉疑,遂使零散。今日讨抄,卒无所资。"初,昭明之薨,简文入居监抚,纶不谓德举,而云"时无豫章,故以次立"。及庐陵之没,纶觇望滋甚,于是伏兵于莽,用伺车驾。而台舍人张僧胤知之,其谋颇泄。又纶献曲阿酒百器,上以赐寺人,饮之而毙。上乃不自安,颇加卫士,以警宫内。于是传者诸相疑阻,而纶亦不惧。武帝竟不能有所废黜,卒至宗室争竞,为天下笑。

长子坚,字长白,大同元年,以例封汝南侯。亦善草隶,性颇庸短,尝与所亲书,题云"嗣王"。其人得书大骇,执以谏坚,坚曰:"前言戏耳。"人曰:"不愿以此为戏耳。"侯景围城,坚屯太阳门,终日捕饮,不抚军政。吏士有功,未尝申理;疫疠所加,亦不存恤,士咸愤怨。太清三年,坚付佐董勋华、白昙朗等以坚私室酝酿,亟有烹宰,不相沾及,忿恨。夜遣贼登楼,城遂陷,坚遇害。弟确。

确,字仲正,少骁勇,有文才,尤工楷隶,公家碑碣皆使书之。除秘书丞,武帝谓曰:"为汝能文,所以特有此授。"大同二年,封为正阶侯,复徙封永安。常在第中习骑射,学兵法,时人以为狂。左右或进谏,确曰:"听吾为国家破贼,使汝知之。"钟山之役,确所向披靡,群贼惮之。确每临阵对敌,意甚详瞻,带甲据鞍,自朝及夕,驰骤往返,不以为劳,诸将服其壮勇。军败,贼使负砲,不之知也。确因隙自拔,得达朱方。及后侯景乞盟,惮确及赵威方在外,虑为后患,启求召确入城。诏乃召确为南中郎将、广州刺史。确知此盟多贰,城必沦没,欲先遣赵威方入,确因南奔。纶闻之,逼确使入。确犹不肯,纶流涕谓曰:"汝欲反邪!"时台使周石珍在坐,确曰:"侯景虽云欲去,而不解长围,以意而推,其事可见。今召我入,未见益也。"石珍曰:"敕旨如此,侯岂得辞?"确执意犹坚,纶大怒,谓赵伯超曰:"谯州,卿为我斩之。当赍首赴阙。"伯超挥刃眄曰:"我识君耳,刀岂识君?"确流涕而出,遂入城。及景背盟复围城,城陷,确排闼入启。时武帝方寝,确曰:"城已陷矣。"帝曰:"犹可一战不?"对曰:"人心不可。臣向格战不禁,缒下仅得至此。"武帝叹曰:"自我得之,自我失之,亦复何恨,幸不累子孙。"乃使确为慰劳文,谓曰:"尔速去谓汝父,无以二宫为念。"及出见景,景爱其膂力,恒令在左右。后从景仰见飞鸟,群贼争射不中,确射之应弦即落。贼徒忿嫉,咸劝除之。先是纶遣典签唐法隆密导确,确谓使者曰:"侯景轻佻,可一夫力致。确不惜死,欲手刃之。卿还启家王,愿勿以一子为念。"后与景猎钟山,同逐禽,引弓将射景,弦断不得发,贼觉杀之。

武陵王纪,字世询,武帝第八子也。少而宽和,喜怒不形于色,勤学有文才。天监十三年,封武陵王。寻授扬州刺史。中书诏成,武帝加四句曰:"贞白俭素,是其清也;临财能让,是其廉也;知法不犯,是其慎也;庶事无留,是其勤也。"纪特为帝爱,故先作牧扬州。大同三年,为都督、益州刺史。以路远固辞,帝曰:"天下方乱,唯益州可免,故以处汝,汝其勉之。"纪歔欷,既出复入。帝曰:"汝尝言我老,我犹再见汝还益州也。"纪在蜀,开建宁、越嶲,贡献方物,十倍前人。朝嘉其绩,加开府仪同三司。

初,天监中,震太阳门,成字曰:"绍宗梁位唯武王。"解者以武陵王当亡,于是朝野属意焉。及侯景陷台城,上甲侯韶西上至硖,出武帝密敕,加纪侍中、假黄钺、都督征讨诸军事、骠骑大将军、太尉、承制。大宝元年六月辛酉,纪乃移告诸州征镇,遣世子圆照领二蜀精兵三万,受湘东王绎节度。绎命圆照且顿白帝,未许东下。七月甲辰,湘东王绎遣鲍检报纪以武帝崩问。十一月壬寅,纪总戎将发益镇,绎使智监至蜀,以书止之曰:"蜀中斗绝,易动难安,弟可镇之,吾自当灭贼。"又别纸云:"地拟孙、刘,各安境界;情深鲁、卫,书信恒通。"

二年四月乙丑,纪乃僭号于蜀,改年曰天正,暗与萧栋同名。识者尤之,以为于文"天"为二人,"正"为一止,言各一年而止也。纪又立子圆照为皇太子,圆正为西阳王,圆满竟陵王,圆普南谯王,圆肃宜都王。以巴西、梓潼二郡太守永丰侯扐为征西大将军、益州刺史,封秦郡王。司马王僧略、直兵参军徐怦并固谏,皆杀之。僧略,僧辩弟;怦,勉从子也。以谏,且以怦与将帅书云"事事往人口具",以为反己,诛之。永丰侯扐叹曰:"王不克矣。夫善人,国之基也,今乃诛之,不亡何待?"又谓所亲曰:"昔桓玄年号大亨,识者为谓'二月了',而玄之败实在仲春。今年曰天正,在文为'一止',其能久乎!"丁卯,元帝遣万州刺史宋簉袭圆照于白帝,圆照弟圆正时为西阳太守,召至,锁于省内。

初,杨乾运求为梁州刺史不得,纪以为潼州刺史。杨法深求为黎州刺史亦不得,以为沙州刺史。二人皆憾不获所请,各遣使通西魏。及闻魏军侵蜀,纪遣其将谯淹回军赴援,魏将尉迟迥逼涪水,杨乾运降之。迥即趋成都。

五月己巳,纪次西陵,军容甚盛。元帝命护军将军陆法和立二城于峡口,名七胜城,锁江以断峡。时陆纳未平,蜀军复逼,元帝甚忧。法和告急,旬日相继。元帝乃拔任约于狱,以为晋安王司马,撤禁兵以配之。并遣宣猛将军刘棻共约西赴。六月,纪筑连城,攻绝铁锁。元帝复于狱拔谢答仁为步兵校尉,配众一旅上赴。纪之将发也,江水可揭,前部不得行。及登舟,无雨而水长六尺。刘孝胜喜曰:"殆天赞也。"将至峡,有黑龙负舟,其将帅咸谓天助。及顿兵日久,频战不利,师老粮尽,智力俱殚。又魏人入剑阁,成都虚弱,忧懑不知所为。先是,元帝已平侯景,执所俘馘,频遣报纪。世子圆照镇巴东,留执不遣。启纪云:"侯景未平,宜急征讨。已闻荆镇为景所灭,疾下大军。"纪谓为实然,故仍率众沿江急进。于路方知侯景已平，便有悔色，召圆照责之。圆照曰："侯景虽诛，江陵未服，宜速平荡。"纪亦以既居尊位，宣言于众，敢谏者死。蜀中将卒日夜思归。所署江州刺史王开业进曰："宜还救根本，更思后图。"诸将佥以为然。圆照、刘孝胜独言不可，纪乃止。既而闻王琳将至，潜遣将军侯睿傍险出法和后，临水筑垒御琳及法和。元帝书遗纪，遣光州刺史郑安中往喻意于纪，许其还蜀，专制峆方。纪不从命，报书如家人礼。既而侯睿为任约、谢答仁所破，又陆纳平，诸军并西赴，元帝乃与纪书曰："甚苦大智！季月烦暑，流金铄石，聚蚊成雷，封狐千里。以兹玉体，辛苦行阵，乃眷西顾，我劳如何！自獯丑凭陵，羯胡叛换，吾年为一日之长，属有平乱之功，膺此乐推，事归当壁。倪遣使乎，良所希也。如曰不然，于此投笔。女于兄弟，分形共气，兄肥弟瘦，无复相代之期；让枣推梨，长罢欢愉之日，上林静拱，闻四鸟之哀鸣；宣室披图，嗟万始之长逝。心乎爱矣，书不尽言。"大智，纪别字也。帝又为诗曰："回首望荆门，惊浪且雷奔，四鸟嗟长别，三声悲夜猿。"圆正在狱中连句曰："水长二江急，云生三峡昏，愿贳淮南罪，思报阜陵恩。"帝看诗而泣。纪频败，知不振，遣署度支尚书乐奉业，往江陵论和缉之计。元帝知纪必破，遂拒而不许，于是两岸十余城遂俱降。游击将军樊猛率所领至纪所，纪在船中绕床而走，以金掷猛等曰："此顾卿送我一见七官，卿必当富贵。"猛曰："天子何由可见。杀足下，此金何之？"犹不敢逼，围而守之。法和驰启，上密敕樊猛曰："生还不成功也。"猛率甲士祝文简、张天成拔刃升舟，犹左右奔掷。第五子圆满驰来就父，纪首既落，圆满躯亦分。法和收太子圆照兄弟三人，问圆照："阿郎何以至此？"圆照曰："失计，愿为公作奴。"法和叱遣之。

圆照，字明周，中大同初，为益州东斋郎、宋宁、宋兴二郡太守。远镇诸王世子皆在建邺质守，帝特爱纪，故遣以副之。纪之构衅，悉共谋也。次弟圆正先见锁在江陵，及纪既以兵终，元帝使谓曰："西军已败，汝父不知存亡。"意欲使其自裁。而圆正既奉此问，便号哭尽哀。以祸难之兴皆由圆照，于是唯哭世子，言不绝声。上谓圆正闻问悲感，必以自杀，频看知不能死，又付廷尉狱，及见圆照曰："阿兄，何乃乱人骨肉，使酷痛如此！"圆照更无所言，唯云计误。并命绝食于狱，啮臂啖之，十三日死，天下闻之悲之。

圆正，字明允，纪第二子。美风仪，善谈论，宽和好施，爱接士人。封江安侯。历西阳太守，有惠政。既居上流，人附者甚众。及侯景作逆，圆正收兵众且一万，后遂跋扈中流，不从王命。及景破，复谋入蜀。元帝将图之，署为平南将军。及至弗见，使南平嗣王恪等醉而囚之。

时纪称梁王。及纪败死，为有司奏请绝纪属籍，元帝许之，赐姓饕餮氏。纪最为武帝所爱。武帝诸子罕登公位，唯纪以功业显著，先启黄扉。兄邵陵王纶屡以罪黜，心每不平。及闻纪为征西，纶抚枕叹曰："武陵有何功业，而位仍前我？朝廷愦愦，似不知人。"武帝闻之，大怒曰"武陵有恤人拓境之勋，汝有何绩？"太清初，帝思之，使善画者张僧繇至蜀图其状。在蜀十七年，南开宁州、越巂，

西通资陵、吐谷浑。内修耕桑盐铁之功，外通商贾远方之利，故能殖其财用，器甲殷积。马八千匹，上足者置之内厩，开寝殿以通之，日落，辄出步马。便骑射，尤工舞矟。九日讲武，躬领幢队。及闻国难，谓僚佐曰："七官文士，岂能匡济？"既东下，黄金一斤为饼，百饼为箧，至有百箧；银五倍之，其他锦罽缯采称是。每战则悬金帛以示将士，终不赏赐。宁州刺史陈知祖请散金银募勇士，不听，恸哭而去。自是人有离心，莫肯为用。纪颇学观占，善风角，亦知不复能济。瞻望气色，叹吒天道，椎床奔声闻于外。有请事者，以疾辞不见。既死，埋于沙洲，不封无槭。元帝以刘孝胜付廷尉，寻免之。

初，纪将僭号，祅怪不一，内寝柏殿柱绕节生花，其茎四十有六，靃靡可爱，状似荷花。识者曰："王敦祅花，非佳事也。"时蜀知星人说纪曰："官若东下，当用申年，太白出西，从之为利。申岁发轸，酉年入荆，不可失也。"发蜀之岁，太白在西，比及明年，则已东出矣。

论曰：甚矣，谗佞之为巧也！夫言附正直，迹在恭敬，悦目会心，无施不可。至乃离父子，间兄弟，废楚嫡，疏汉嗣，可为太息，良非一途。以昭明之亲之贤，梁武帝之爱之信，谤言一及，至死不能自明，况于下此者也。综处秦政之疑，怀负尺之志，肆行狂悖，卒致奔亡。庐陵多财为累，雄心自立，未及骋暴，早没为幸。南康为政有方，居丧以礼，惜乎早夭，不拯危季。邵陵少而险躁，人道顿亡，晚致勤王，其殆优矣。武陵地居势胜，卒致倾覆，才轻志大，能无及乎？

卷五十四　　　列传第四十四

梁简文帝诸子　元帝诸子

简文二十子。王皇后生哀太子大器、南郡王大连。陈淑容生寻阳王大心。左夫人生南海王大临、安陆王大春。谢夫人生浏阳公大雅。张夫人生新兴王大庄。包昭华生西阳王大钧。范夫人生武宁王大威。褚修华生建平王大球。陈夫人生义安王大昕。朱夫人生绥建王大挚。其临川王大款、桂阳王大成、汝南王大封、乐良王大圜，并不知母氏。潘美人生皇子大训，早亡无封，其余不知不载。

哀太子大器，字仁宗，简文嫡长子也。中大通四年，封宣城郡王。太清二年十月，侯景寇建邺，敕太子为台内大都督。三年五月，简文即位。六月丁亥，立为皇太子。大宝二年八月，景废简文，将害太子。时贼党称景命召之，太子方讲《老子》，将下床而刑人掩至。太子颜色不变，徐曰："久知此事，嗟其晚耳。"刑者将以衣带绞之，太子曰："此不能见杀。"乃指系帐竿下绳，命取绞之而绝。时年二十八。

太子性宽和，兼神用端嶷，在贼中每不屈意。左右窃问其故，答曰："贼若未须见杀，虽复陵慠呵叱，其终不

敢言。若见害时至，虽一日百拜，无益于死。"问者又曰："官今忧逼而神貌怡然，未喻此意。"答曰："吾自度死必在贼前，若诸叔外来，平夷羯寇，必前见杀，然后就死。若其遂开拓上流，必先见杀，后取富贵。何能以无益之愁，横忧必死之命？"景之西上，携太子同行，及败归，船往往相失。所乘船从枞阳浦，舟中腹心并劝因此入北，太子曰："自国家丧败，志不图生。主上蒙尘，宁忍违离？吾今若去，乃是叛父，非谓避贼。天下岂有无父之国？"便涕泗呜咽，命即前进。贼以太子有器度，每惮之。恐为后患，故先及祸。承圣元年四月，追谥哀太子，祔太庙阴室。

寻阳王大心，字仁恕，简文第二子也。幼而聪朗，善属文。中大通四年，以皇孙封当阳县公。大同元年，为都督、郢州刺史，时年十三。简文以其幼，戒之曰："事无大小，悉委行事。"大心虽不亲州务，发言每合于理，众皆惊服。太清元年，为云麾将军、江州刺史。贪冒财贿，不能绥接百姓。二年，侯景寇郢，大心招集士卒，兴上流诸军赴援宫阙。三年，台城陷，上甲侯萧韶南奔宣密诏，加散骑常侍，进号平南将军。大宝元年，封寻阳王。初，历阳太守庄铁以城降侯景，既而又奉其母来奔。大心以铁旧将，厚为其礼，军旅之事，悉以委之，以为豫章内史。景数遣军西上寇抄，大心辄令铁击破之，禽其将赵加娄，贼不能进。时鄱阳王范率众弃合肥，屯于栅口，待援兵总集，欲俱进。大心闻之，遣遣范西上，以盆城处之，廪馈甚厚，欲与戮力共除祸难。会铁据豫章反，大心令中兵参军韦约讨之，铁败乞降。鄱阳世子嗣，先与铁善，乃谓范曰："昔与铁游处，其人才略从横，若降江州，必不全其首领，请援之。"乃遣将侯瑱救铁，夜破韦约等营。大心大惧，于是二蕃衅起。景将任约略地至盆城，大心遣司马韦质拒战败绩。时帐下犹有勇士千余人，咸说曰："既无粮储，难以守固，若轻骑往建州，以图后举，策之上也。"其母陈淑容不从，抚胸恸哭，大心乃止，遂与约和。二年，将遇害，绕床谓贼厢公王僧贵曰："我以全州归命，何忍相苦？"乃见射而殂。

临川王大款，字仁师，简文第三子也。初封石城县公，位中书侍郎。太清三年，简文即位，封江夏郡王。大宝元年，奔江陵，湘东王承制，改封临川王。魏克江陵，遇害。

南海王大临，字仁宣，简文帝第四子也。大同二年，封宁国县公。少而敏慧。年十一，遭左夫人忧，哭泣毁瘠，以孝闻。后入国学，明经射策甲科，拜中书侍郎，迁给事黄门侍郎。十一年，长兼侍中，出为琅邪、彭城二郡太守。侯景乱，屯端门都督城南诸军事。大宝元年，封南海郡王，出为都督、东扬州刺史，又除吴郡太守。时张彪起义于会稽，吴人陆令公、颍川庾孟卿等，劝大临投之。大临曰："彪若成功，不藉我力；如其挠败，以我说焉，不可往也。"二年，遇害。

南郡王大连，字仁靖，简文第五子也。少俊爽，能属文。举止风流，雅有巧思，妙达音乐，兼善丹青。大同二年，封临城县公。七年，与南海王俱入国学，并射策甲科，皆拜中书侍郎。十年，武帝幸朱方，大连与兄大临并从。武帝问曰："汝等习骑不？"对曰："臣等未奉诏，不敢辄习。"敕令给马试之。大连兄弟据鞍往还，各得驰骤之节。帝大悦，即赐所乘马。及为启谢，辞又甚美。帝他日谓简文曰："昨见大临、大连，风韵可爱，足慰吾老年。"迁给事黄门侍郎，转侍中。太清元年，出为东扬州刺史。侯景入寇建邺，大连率众四万来赴。及台城没，援军散，还东扬州。会稽丰沃，粮仗山积，东人怨景苛虐，咸乐为用，而大连恒沉湎于酒。宋子仙攻之，大连弃城走，追及于信安县，大连犹醉弗之觉。于是三吴悉为贼有。大宝元年，封南郡王。贼遣将赵伯超、刘神茂来攻。大连专委部将留异，以城应贼，大连弃走，为贼所获。侯景以为江州刺史。二年，遇害。

安陆王大春，字仁经，简文第六子也。少博涉书记，善吹笙。天性孝谨，体貌瑰伟，腰带十围。大同六年，封西丰县公，拜中书侍郎。后为宁远将军，知石头戍军事。侯景内寇，大春奔京口。随邵陵王入援，战于钟山。军败，肥大不能行，为贼所获。大宝元年，封安陆郡王，出为东扬州刺史。二年，遇害。

桂阳王大成，字仁和，简文第八子也。初封新淦公。太清三年，简文即位，封山阳郡王。大宝元年，奔江陵。湘东王承制，改封桂阳王。大成性甚凶粗，兼便弓马。至江陵，被甲夜出，人谓为劫，斫之，遂失左髀。魏克江陵，遇害。

汝南王大封，字仁睿，简文第九子也。初封临汝公。太清三年，简文即位，封宜都郡王。大宝元年，奔江陵。湘东王承制，封汝南王。魏克江陵，遇害。

浏阳公大雅，字仁风，简文第十二子也。大同九年，封浏阳县公。少聪警，美姿仪，特为武帝所爱。台城陷，大雅犹命左右格战。贼至渐众，乃自缒而下，发愤感疾薨。

新兴王大庄，字仁礼，简文第十三子也。性躁动。大同九年，封高唐县公。大宝元年，封新兴郡王，位南徐州刺史。二年，遇害。

西阳王大钧，字仁博，简文第十四子也。性厚重，不妄戏弄。年七岁，武帝尝问读何书，对曰学《诗》。因令讽诵，即诵《周南》，音韵清雅。帝重之，因赐王羲之书一卷。大宝元年，封西阳郡王，位丹阳尹。二年，监扬州，遇害。

武宁王大威，字仁容，简文第十五子也。美风仪，眉目如画。大宝元年，封武宁郡王。二年，为丹阳尹，遇害。

皇子大训，字仁德，简文第十六子也。少而脚疾，不敢蹑履。太清三年，未封而亡，年十岁。

建平王大球，字仁玉，简文帝第十七子也。大宝元年，封建平郡王。性明慧凤成。初，侯景围台城，武帝素归心释教，每发誓愿，恒云："若有众生应受诸苦，衍身代当。"时大球年甫七岁，闻而惊，谓母曰："官家尚尔，儿安敢辞？"乃六时礼佛，亦云："凡有众生应获苦报，悉大球代受。"其早慧如此。二年，遇害。

义安王大昕，字仁朗，简文帝第十八子也。年四岁，母陈夫人卒，便哀毁有若成人，晨夕涕泣，眼为之伤。及武帝崩，大昕奉慰简文，鸣噎不自胜，左右莫不掩泣。大绥建王大挚，字仁瑛，简文第十九子也。幼雄壮有胆气，及台城陷，乃叹曰："大丈夫会当灭虏属。"奶媪惊掩其口，曰："勿妄言，祸将及。"大挚笑曰："祸至非由此。"大宝元年，封。二年，遇害。

乐良王大圜，简文第二十子也。大宝元年封。后入周。仕隋，位内史侍郎。

元帝诸子。徐妃生武烈世子方等。王贵嫔生贞惠世子方诸、始安王方略。袁贵人生愍怀太子方矩。夏贵妃生敬皇帝。自余不显。

武烈世子方等，字实相，元帝长子也。少聪敏，有俊才，善骑射，尤长巧思。性爱林泉，特好散逸。尝著论曰："人生处世，如白驹过隙耳。一壶之酒，足以养性；一箪之食，足以怡形。生在蒿蓬，死葬沟壑，瓦棺石椁，何以异兹。吾尝梦为鱼，因化为鸟。方其梦也，何乐如之；及其觉也，何忧斯类！良由吾之不及鱼鸟者远矣。故鱼鸟飞浮，任其志性；吾之进退，恒在掌握。举首惧触，摇足恐堕。若使吾终得与鱼鸟同游，则去人间如脱屣耳。"初，徐妃以嫉妒失宠，方诸母王氏以冶容幸婢。及王夫人终，元帝归咎徐妃，方等意不自安。元帝闻之，又恶方等。方等益惧，故述此论以申其志。

时武帝年高，欲诸王长子。元帝遣方等，方等欣然升舟，冀免讥辱。行至𣵡水，遇侯景乱；元帝召之，方等启曰："昔申生不爱其死，方等岂顾其生？"元帝省书叹息，知无还意，乃配步骑一万，使援台城。贼每来攻，方等必身当矢石。城陷，方等归荆州，收集士马，甚得众和。元帝始叹其能。方等又劝修筑城栅，以备不虞。既成，楼雉相望，周回七十余里。元帝观之甚悦，入谓徐妃曰："若更有一子如此，吾复何忧！"徐妃不答，垂泣而退。元帝忿之，因疏其秽行榜于大阁，方等入见，益自危。时河东王为湘州刺史，不受令。方等求征之，元帝谓曰："汝有水厄，深宜慎之。"拜为都督，令南讨。方等临行，谓所亲曰："吾此段出征，必死无二，死而获所，吾岂爱生？"及至麻溪，军败溺死，求尸不得。元帝闻之心喜，不以为戚。后追思其才，赠侍中、中军将军、扬州刺史，谥忠壮世子，并招魂以葬之。方等注范晔《后汉书》，未就。所撰《三十国春秋》及《笃静子》行于世。

元帝即位，改谥武烈世子。封子庄为永嘉王。及魏克江陵，庄年甫七岁，为人家所匿。后王琳迎送建邺。及敬帝立，出质于齐。敬帝太平二年，陈武帝将受禅，王琳请庄于齐以主梁嗣，自盆城济江。二月，即帝位于郢州，年号天启，置百官。王琳总其军国。明年，庄为陈人所败，其御史中丞刘仲威奉以奔寿阳，遂入齐。齐武平元年，授特进、开府仪同三司，封梁王。齐朝许以兴复，竟不果而齐亡。庄在邺饮气而死。

贞惠世子方诸，字明智，元帝第二子也。幼聪警博学，明《老》、《易》，善谈玄，风采清越，特为元帝所爱，母王氏又有宠。及方等败后，元帝谓曰："不有所废，其何以兴？以汝兄为念。"因拜中抚军将军以自副。又出为

郢州刺史，镇江夏，以鲍泉为行事。时元帝遣徐文盛与侯景将任约相持，方诸年十五，童心未革，恃文盛在近，不恤军政，日与鲍泉脯酒为乐。侯景知之，乃遣其将宋子仙从间道袭之。百姓奔告，方诸与鲍泉并不信，曰："文盛大军在下，虏安得来？"始命闭门，贼已入城。方诸踞泉腹，以五色毦辫其须。子仙执方诸以归。王僧辩军至蔡洲。景遂害之。元帝追谥贞惠世子。

愍怀太子方矩，字德规，元帝第四子也。少勤学，美容止。初封南安侯。太清初，累迁侍中，中卫将军。元帝承制，拜皇太子，改名元良。承圣元年十一月丙子，立为皇太子。及升储位，昵狎群下，好著微服。尝入朝，公服中著碧丝布裤，抠衣高，元帝见之大怪，遣尚书周弘正责之，因使太子师弘正。佗日，弘正谒见，元帝问曰："太子比颇受卿导不？"对曰："太子圣德，乃未极日新，幸无大过。"帝曰："卿以我父子，故未直言，从容之间，无失和峤之对。"便有废立计。未及行而江陵丧亡。遇害。太子聪颖，凶暴猜忍，俱有元帝风。敬帝承制，追谥愍怀太子。

始安王方略，元帝第十子，贞惠世子母弟也。母王氏，王琳之次姊。元帝即位，拜贵嫔，次妹又为良人，并蒙宠幸，方略益钟爱。侯景乱，元帝结好于魏，方略年数岁便遣入关。元帝亲送近畿，执手欷歔，既而旋驾忆之，赋诗曰："如何吾幼子，胜衣已别离？十日无由宴，千里送远垂。"至长安即得还，赠遗甚厚。江陵丧亡，遇害。贵嫔、良人并更诞子，未出阁，无封失名。

论曰：简文提挈寇戎，元帝崎岖危乱，诸子之备践艰棘，盖时运之所钟乎？武烈以干蛊之材，居冢嗣之任，竟亦当年摈落，通塞亦云命也，哀哉！

卷五十五　　　列传第四十五

王茂　曹景宗　席阐文　夏侯详 子亶 夔 鱼弘　吉士瞻　蔡道恭　杨公则　邓元起 罗研 李膺 张惠绍　冯道根　康绚　昌义之

王茂，字休连，一字茂先，太原祁人也。祖深，北中郎司马。父天生，宋末为列将，克司徒袁粲，以勋历后郡守，封上黄县男。茂年数岁，为大父深所异，常曰："此吾家千里驹，成门户者，必此儿也。"及长，好读兵书，究其大指。性隐不交游，身长八尺，洁白美容仪。齐武帝布衣时尝见之，叹曰："王茂先年少堂堂如此，必为公辅。"

后为台郎，累年不调。亦知齐之将亡，求为边职。久之，为雍州长史、襄阳太守。梁武便以王佐许之，事无大小皆询焉。人或谮茂反，帝弗之信。谮者骤言之，遣视其甲矟，则虫网焉，乃诛言者。或云茂与帝不睦，帝诸腹

心并劝除之。而茂少有骁名，帝又惜其用，曰："将举大事，便害健将，此非上策。"乃令腹心郑绍叔往候之。遇其卧，因问疾。茂曰："我病可耳。"绍叔曰："都下杀害日甚，使君家门涂炭，今欲起义，长史那犹卧？"茂因掷枕起，即裤褶随绍叔入见。武帝大喜，下床迎，因结兄弟，被推赤心，遂得尽力。发雍部，遣茂为前驱。郢、鲁既平，从武帝东下为军锋。师次秣陵，东昏遣大将王珍国盛兵朱雀门，众号二十万。及战，梁武军引却；茂下马单刀直前，外甥韦欣庆勇力绝人，执铁缠矟翼茂而进，故大破之。茂勋第一，欣庆力也。建康城平，以茂为护军将军，迁侍中、领军将军。时东昏妃潘玉儿有国色，武帝将留之，以问茂。茂曰："亡齐者此物，留之恐贻外议。"帝乃出之。军主田安启求为妇，玉儿泣曰："昔者见遇时主，今岂下匹非类？死而后已，义不受辱。"及见缢，洁美如生。舆出，尉吏俱行非礼。乃以余妃赐茂，亦潘之亚也。群盗之烧神兽门，茂率所领应赴，为盗所射。茂跃马而进，群盗反走。茂以不能式遏奸盗，自表解职，优诏不许。加镇军将军，封望蔡县公。

是岁，江州刺史陈伯之叛。茂出为江州刺史，南讨之。伯之奔魏。时九江新经军寇，茂务农省役，百姓安之。四年，魏攻汉中，茂受诏西御，魏乃班师。历位侍中，中卫将军，太子詹事，车骑将军，开府仪同三司，丹阳尹。时天下无事，武帝方敦文雅，茂心颇怏怏，侍宴醉后，每见言色。武帝宥而不责。进位司空。

茂性宽厚，居官虽无美誉，亦为吏人所安。居处方正，在一室衣冠俨然，虽仆妾莫见其惰容。姿表瑰丽，须眉如画，为众所瞻望。徙骠骑将军、开府同三司之仪、江州刺史。在州不取奉，狱无滞囚，居处被服，同于儒者。薨于州。武帝甚悼惜之，诏赠太尉，谥曰忠烈公。初，茂以元勋，武帝赐钟磬之乐。茂在州，梦钟磬在格，无故自堕，心恶之。及觉，命奏乐，既成列，钟磬在格，果无故编皆绝堕地。茂谓长史江诠曰："此乐，天子所以惠劳臣也。乐既极矣，能无忧乎？"俄而病卒。

子贞秀嗣，以居忧无礼，为有司所奏，徙越州。后诏留广州。与魏降人杜景欲袭州城，刺史萧昂斩之。

曹景宗，字子震，新野人也。父欣之，仕宋位徐州刺史。景宗幼善骑射，好畋猎，常与少年数十人泽中逐麞鹿。每众骑赴鹿，鹿马相乱，景宗于众中射之，人皆惧中马足，鹿应弦辄毙，以此为乐。未弱冠，欣之于新野遣出州，以匹马将数人，于中路卒逢蛮贼数百围之。景宗带百余箭，每箭杀蛮，蛮遂散走。因以胆勇闻。颇爱史书，每读穰苴、乐毅传，辄放卷叹息曰："丈夫当如是！"少与州里张道门善；道门，车骑将军敬儿少子也，为武陵太守。敬儿诛，道门于郡伏法，亲属故吏莫敢收。景宗自襄阳遣船到武陵，收其尸，迎还殡葬。乡里以此义之。

仕齐以军功累加游击将军。建武四年，随太尉陈显达北围马圈，以奇兵二千破魏援中山王英四万人。及克马圈，显达论功，以景宗为后。景宗退无怨言。魏孝文率众大至，显达宵奔，景宗导入山道，故显达父子获全。梁武为雍州刺史，景宗深自结附，数请帝临其宅。时天下方乱，帝亦厚加意焉，表为竟陵太守。及帝起兵，景宗聚众并率五服内子弟三百人从军。遣亲人杜思冲劝先迎南康王于襄阳即位，武帝不从。及至竟陵，以景宗为军锋。道次江宁，东昏将李居士以重兵镇新亭，景宗被甲驰战，居士弃甲奔走，景宗皆获之。又与王茂、吕僧珍掎角，破王珍国于大航。景宗军士皆桀黠无赖，御道左右莫非富室，抄掠财物，略夺子女，景宗不能禁。及武帝入顿西城，严申号令，然后稍息。城平，封湘西县侯，除郢州刺史，加都督。

天监元年，改封竟陵县侯。景宗在州，鬻货聚敛。于城南起宅，长堤以东，夏口以北，开街列门，东西数里。而部曲残横，人颇厌之。二年十月，魏攻司州、围刺史蔡道恭。城中负板而汲，景宗望关门不出，但耀军游猎而已。及司州城陷，为御史中丞任昉所奏。帝以功臣不问，征为右卫将军。五年，魏中山王英攻钟离，围徐州刺史昌义之，武帝诏景宗督众军援义之，豫州刺史韦睿亦援焉，而受景宗节度。诏景宗顿道人洲，待众军齐集俱进。景宗欲专其功，乃违敕而进，遇暴风卒起，颇有沉溺，复还守先顿。帝闻之曰："此所以破贼也。景宗不进，盖天意乎？若孤军独往，城不时立，必见狼狈。今得待众军同进，始可大捷矣。"及韦睿至，与景宗进顿邵阳洲，立垒与魏城相去百余步。魏连战不能却，伤杀者十二三，自是魏军不敢逼。景宗等器甲精新，魏人望而夺气。魏将杨大眼对桥北岸立城，以通粮运。每牧人过岸伐刍藁，皆为大眼所略。景宗乃募勇敢士千余人，径度大眼城南数里筑垒，亲自举筑。大眼来攻，景宗破之，因得垒成。使别将赵草守之，因谓为赵草城。是后恣刍牧马。大眼遣抄掠，辄为赵草所获。先是，诏景宗等预装高舰，使与魏桥等，为火攻计。令景宗与睿各攻一桥。睿攻其南，景宗攻其北。六年三月，因春水生，淮水暴长六七尺。睿遣所督将冯道根、李文钊、裴邃、韦寂等乘舰登岸，击魏洲上军尽殪。景宗使众军复鼓噪乱登诸城，呼声震天地。大眼于西岸烧营，英自东岸弃城走，诸垒相次土崩，悉弃其器甲，争投水死，淮水为之不流。景宗命军主马广蹑大眼，至濊水上四十余里，伏尸相枕。义之出逐英至洛口，英以匹马入梁城，缘淮百余里尸骸相藉。虏五万余人，收其军粮器械山积，牛马驴骡不可称计。景宗乃搜所得生口万余人，马千匹，遣献捷。先是旱甚，诏祈蒋帝神求雨，十旬不降。帝怒，命载荻欲焚蒋庙并神影。尔日开朗，欲起火，当神上忽有云如伞，倏忽骤雨如泻，台中宫殿皆自振动。帝惧，驰诏追停，少时还静。自此帝畏信遂深。自践阼以来，未尝躬自到庙，于是备法驾将朝臣修谒。是时，魏军攻围钟离，蒋帝神报敕，必许扶助。既而无雨水长，遂挫敌人，亦神之力焉。凯旋之后，庙中人马脚尽有泥湿，当时并目睹焉。

景宗振旅凯入，帝于华光殿宴饮连句，令左仆射沈约赋韵。景宗不得韵，意色不平，启求赋诗。帝曰："卿伎能甚多，人才英拔，何必止在一诗？"景宗已醉，求作不已，诏令约赋韵。时韵已尽，唯余竞病二字。景宗便操笔，斯须而成，其辞曰："去时儿女悲，归来笳鼓竞。借问行路人，何如霍去病？"帝叹不已。约及朝贤惊嗟竟日，诏令上左史。于是进爵为公，拜侍中、领军将军。景宗为人自恃尚胜，每作书字，有不解，不以问人，皆以意造，虽公卿无所推；唯以韦睿年长，且州里胜流，特相敬重，同宴御筵，亦曲躬谦逊。武帝以此嘉之。

景宗好内，妓妾至数百，穷极锦绣。性躁动，不能沉默。出行常欲褰车帷幔，左右辄谏，以位望隆重，人所具瞻，不宜然。景宗谓所亲曰："我昔在乡里，骑快马如龙，与年少辈数十骑，拓弓弦作礔砺声，箭如饿鸱叫，平泽中逐獐，数肋射之，渴饮其血，饥食其脯，甜如甘露浆。觉耳后生风，鼻头出火，此乐使人忘死，不知老之将至。今来扬州作贵人，动转不得。路行开车幔，小人辄言不可。闭置车中，如三日新妇，此邑邑使人气尽。"为人嗜酒好乐，腊月于宅中，使人作邪呼逐除，遍往人家乞酒食。本以为戏，而部下多剽轻，因弄人妇女，夺人财货。帝颇知之，景宗惧乃止。帝数宴见功臣，共道故旧。景宗酒后谬妄，或误称下官。帝故纵之，以为笑乐。后为江州刺史，赴任卒于道。赠雍州刺史、开府仪同三司，谥曰壮。子皎嗣。

景宗齐永元初任竟陵郡，其第九弟义宗年少，未有位宦，居在雍州。既方伯之弟，又是豪强之门。市边富人姓向，以见钱百万欲坢义宗，以妹适之。义宗遣人送书竟陵谘景宗，景宗题书后答曰："买犹未得，云何已卖？"义宗贪镪遂成。后随武帝西下，历位梁、秦二州刺史。向家兄弟凭附曹氏，位登列卿。后义宗为都督。征穰城，军败，见获于魏，卒。

席阐文，安定临泾人也。孤贫，涉猎书史。齐初，为雍州刺史萧赤斧中兵参军，由是与其子颖胄善。复历西中郎中兵参军，领城局。梁武帝之将起兵，阐文劝颖胄同焉，仍遣客田祖恭私报帝，并献银装刀，帝报以金如意。和帝称尊号，为卫尉卿。颖胄暴卒，州府骚扰，阐文以和帝幼弱，中流任重，时始兴王憺留镇雍部，乃与西朝群臣迎憺总其事，故赖以宁辑。帝受禅，除都官尚书，封山阳伯，出为东阳太守。在郡有能名。冬至，悉放狱中囚，依期而至。改封湘西侯。卒官，谥曰威。

夏侯详，字叔业，谯郡谯人也。年十六遭父艰，居丧哀毁，三年庐于墓侧。尝有三足雀来集其庐户，众咸异焉。

仕宋为新汲令，政有异绩。豫州刺史段佛荣班下境内，为属城表。转中从事史，仍迁别驾。历事八将，州部称之。齐明帝为刺史，雅相器遇。及辅政，引详及裴叔业日夜与语，详辄不酬。帝以问叔业，叔业以告详。详曰："不为福始，不为祸先。"由此微有忤。出为征虏长史、义阳太守。及南康王为荆州，详为西中郎司马、新兴太守。梁武帝起兵，长史萧颖胄同创大举，虑详不同，以告柳忱。忱曰："易耳。近详求昏未之许，令成昏而告之，不忧立异。"于是以女适其子亹。大事方建，西台以详为中领军，加散骑常侍、南郡太守。凡军国大事，颖胄多决于详。顷之颖胄卒，梁武弟始兴王憺留镇襄阳，详乃遣使迎憺共参军国。迁侍中、尚书右仆射，寻授荆州刺史，详又固让

于憺。

天监元年，征为侍中、车骑将军，封宁都县侯。详累让，乃更授右光禄大夫，侍中如故，给亲信二十人，改封丰城县公。三年，迁湘州刺史。详善吏事，在州四载，为百姓所称。州城南临水有峻峰，旧传云"刺史登此山辄代"，由是历政莫敢至。详于其地起台榭，延僚属，以表损挹之志。后征为尚书左仆射、金紫光禄大夫，道病卒。上为素服举哀。赠开府仪同三司。谥曰景。子亶嗣。

亶，字世龙。齐永元末，父详为西中郎南康王司马，随府镇荆州，亶留都下，为东昏听政主帅。及崔慧景作乱，亶以捍御功，除骁骑将军。及梁武起兵，详与长史萧颖胄协同，密遣迎亶。亶乃赍宣德皇后令，令南康王纂承大统。建邺平，以亶为尚书吏部郎，俄迁侍中，奉玺于帝。

天监六年，累迁南郡太守。父忧解职，居丧尽礼，庐于墓侧，遗财悉推诸弟。八年，起为司州刺史，领安陆太守。服阕，袭封丰城县公。居州甚有威惠，为边人悦服。历都官尚书，迁给事中、右卫将军。累迁吴兴太守。在郡复有惠政，吏人图其像，立碑颂美焉。普通五年，为中护军。六年，大举北侵，先遣豫州刺史裴邃，帅谯州刺史湛僧智等，自南道攻寿阳，未克而邃卒。乃加亶使持节代邃，与魏将河间王琛、临淮王彧等相拒，频战克捷。寻敕班师，合肥须堰成复进。七年夏，淮堰水盛，寿阳城将没，武帝复遣北道军元树，帅彭宝孙、陈庆之等稍进。亶帅湛僧智、鱼弘、张澄等通清流涧将入淮、肥。魏军夹肥筑城出亶后，亶与僧智还袭破之。进攻黎浆，贞威将军韦放，自北道会焉。两军既合，所向皆降，凡降城五十二，获男女口七万五千人。诏以寿阳依前代置豫州，合肥镇改为南豫州，以亶为豫、南豫二州刺史，加都督。寿春久寇兵荒，百姓多流散，亶轻刑薄赋，务农省役，顷之人户充复。卒于州镇。帝闻之，即日素服举哀，赠车骑将军，谥曰襄。州人夏侯简等表请为亶立碑置祠，诏许之。

亶美风仪，宽厚有器量，涉猎文史，能专对。宗人夏侯溢为衡阳内史，辞日，亶侍御坐，帝谓亶曰："夏侯溢于卿疏近？"亶答云："是臣从弟。"帝知溢于亶已疏，乃曰："卿伧人，如何不辨族乎？"亶对曰："臣闻服属易疏，所以不忍言族。"时以为能。

亶历六郡三州，不为产业，禄赐所得，随散亲故。性俭率，居处服用充足而已，不事华侈。晚年颇好音乐，有妓妾十数人。并无被服姿容。每有客，常ام帘奏之，时谓帝为夏侯妓衣。子谊，袭封丰城县公。

亶弟夔，字季龙，位大匠卿，累迁司州刺史，领安陆太守。帅壮武将军裴之礼、直阁将军任思祖出义阳道，攻平静、穆陵、阴山三关，克之。时谯州刺史湛僧智围东豫州刺史元庆和于广陵，入其郛。魏将元显伯率军赴援，僧智逆击破之。夔自武阳出会僧智，断魏军归路。庆和于内筑栅自固，及夔至，遂请降，凡降男女口万余人。显伯闻之夜遁，众军追房二万余人，斩获不可胜数，由是义阳北道遂与魏绝。及鄀州刺史元愿达降，诏改为北司州，以夔为刺史，兼督司州，封保城县侯。中大通六年，为豫州刺史，加督。豫州积岁连兵，人颇失业，夔乃率军人于苍陵

立堰，溉田千余顷，岁收谷百余万石，以充储备，兼赡贫人，境内赖之。夔兄宣先经此任，至是夔又居焉，兄弟并有恩惠于乡里。百姓歌曰："我之有州，频得夏侯。前兄后弟，布政优优。"夔在州七年，远近多附之，有部曲万人，马二千匹，并服习精强，为当时之盛。性奢豪，后房伎妾曳罗绮饰金翠者百数。爱好人士，不以贵位自高，文武宾客常满坐，时亦以此称之。卒于州，谥曰桓。子谔嗣，官至太仆卿。

谔弟谭，少粗险薄行，常停乡里，领其父部曲，为州助防。刺史贞阳侯明引为府长史。明被魏囚，复为侯景长史。景反，谭前驱济江，顿兵士林馆，破邸第及居人富室，子女财货尽略有之。明在州有四妾章、於、王、阮，并有国色。明被魏囚，其妾并还都第，谭至，破第纳焉。

鱼弘，襄阳人。身长八尺，白皙美姿容。累从征讨，常为军锋。历南谯、盱眙、竟陵太守。尝谓人曰："我为郡有四尽：水中鱼鳖尽，山中獐鹿尽，田中米谷尽，村里人庶尽。丈夫生如轻尘栖弱草，白驹之过隙。人生但欢乐，富贵在何时。"于是恣意酣赏。侍妾百余人，不胜金翠，服玩车马，皆穷一时之惊绝。有眠床一张，皆是蠡柏，四面周匝，无一有异，通用银镂金花寿福两重为脚。为湘东王镇西司马，述职西上，道中乏食，缘路采菱，作菱米饭给所部。弘度之所，后人觅一菱不得。又于穷洲之上，捕得数百猕猴，脯以为脯，以供酒食。比及江陵，资食复振。逢敕迎瑞像，王令送像下都，弘率部曲数百，悉衣锦袍，赫弈满道，颇为人所慕。途经夏首，李抗敦其为人，抗舅元法僧闻之，杖抗三百。后为新兴、永宁太守，卒官。

吉士瞻，字梁容，冯翊莲勺人也。少有志气，不事生业。时征士吴苞见其姿容，劝以经学，因诵鲍照诗云："竖儒守一经，未足识行藏。"拂衣不顾。年逾四十，忽忽不得志，乃就江陵卜者王先生计禄命，王生曰："君拥旄杖节非一州，后一年当得戎马大郡。"及梁武起兵，义阳太守王抚之、天门太守王智逊、武陵太守萧强等并不从命，镇军萧颖胄遣士瞻讨平之。齐和帝即位，以为领军司马。士瞻少时尝于南蛮府中掷博，无挥霍状，为侪辈所侮。及平鲁休烈军，得绢三万疋，乃作百挥，其外并赐军士，不以入室。以军功，除辅国将军、步兵校尉。建康平，为巴东相、建平太守。

初，士瞻为荆府城局参军，浚万人仗库防池，得一金革钩，隐起镂，甚精巧。篆文曰："锡尔金钩，且公且侯。"士瞻娶夏侯详兄女，女窃以与详，详喜佩之。及是革命，详果封侯，而士瞻不锡茅土。

天监二年，入为直阁将军，历位秦、梁二州刺史，加都督。后为太子右卫率，又出为西阳、武昌二郡太守。在郡清约，家无私积。始士瞻梦有一积鹿皮，从而数之，有十一领。及觉，喜曰："鹿者禄也，吾当居十一禄乎？"自其仕进所莅已九，及除二郡，心恶之，遇疾不肯疗。普通七年卒于郡，赠左卫将军，谥曰胡子。子琨，时在戎役，闻问一踊而绝，良久乃苏。不顾军制，辄离所部，遂以孝闻。诏下旌异。

蔡道恭，字怀俭，南阳冠军人也。父那，宋益州刺史。道恭少宽厚有大量，仕齐为西中郎中兵参军，加辅国将军。梁武帝起兵，萧颖胄以道恭素著威略，专相委任。齐和帝即位，为右卫将军。出为司州刺史。梁天监初，论功封汉寿县伯，进号平北将军。三年，魏围司州，时城中众不满五千人，食裁半岁。魏军攻之，昼夜不息，乃作大车载土，四面俱前，欲以填堑。道恭堑内列舰艓斗舰以待之。魏人不得进，又潜作伏道以决堑水，道恭载土独塞之。相持百余日，前后斩获不可胜计。魏大造梯冲，攻围日急。道恭用四石乌漆大弓射，所中皆洞甲饮羽，一发或贯两人，敌人望弓皆靡。又于城内作土山，多作大槊，长二丈五尺，施长刃，使壮士执以刺魏人。魏军甚惮之，将退。会道恭疾笃，乃呼兄子僧勰、从弟灵恩及将率谓曰："吾所苦势不能久，汝等当以死固节，无令吾没有遗恨。"又令取所持节授僧勰曰："禀命出疆，既不得奉以还朝，方欲携之同逝。可与棺柩相随。"众皆流涕。其年五月卒。魏知道恭死，攻之转急。先是，朝廷遣郢州刺史曹景宗赴援，景宗不前。至八月，城内粮尽，魏克之。赠镇西将军，并寻购丧榇。八年，魏许还道恭丧，其家以女乐易之。葬襄阳。传国至孙固，早卒，国除。

杨公则，字君翼，天水西县人也。父仲怀，为宋豫州刺史殷琰将。琰叛，辅国将军刘勔讨琰，仲怀力战，死于横塘。公则随父在军，年未弱冠，冒阵抱尸号哭，气绝良久。勔命还仲怀首。公则敛毕，徒步负丧归乡里，由此著名。

后梁州刺史范柏年板为宋熙太守、领白马戍主。时氐贼李乌奴攻白马，公则矢尽粮竭，陷于寇，抗声骂贼，乌奴壮之，要与同事。公则伪许而图之，谋泄，单马逃归。齐高帝下诏褒美。除晋寿太守，在任清洁自守。迁扶风太守，母忧去官。雍州刺史陈显达起为宁朔将军，复领太守。顷之，荆州刺史巴东王子响构乱，公则进讨。事平，迁武宁太守，百姓便之，入为前军将军。和帝为荆州刺史，公则为西中郎中兵参军。及萧颖胄协同梁武，以公则为辅国将军，领西中郎谘议参军，率兵东下。和帝即位，授湘州刺史。梁武军次沔口，公则率湘府之众会于夏口。时荆州诸军悉受公则节度，虽萧颖达宗室之贵亦隶焉。郢城平，武帝命众军即日俱下，公则受命先驱。江州既定，连旌东下，直造建邺。公则号令严明，秋毫不犯，所在莫不赖焉。大军至新林，公则自越城移屯领军府垒北楼，与南掖门相对。尝登楼望战，城中遥见麾盖，纵神锋弩射之，矢贯胡床，左右皆失色。公则曰："虏几中吾脚。"谈笑如初。东昏夜选勇士攻公则栅，军中惊扰。公则坚卧不起，徐命击之，东昏军乃退。公则所领多是湘溪人，性懦怯，城内轻之，以为易与。每出荡，辄先犯公则垒。公则奖厉军士，克获更多。及城平，城内出者或被剥夺，公则亲率麾下，列阵东掖门，卫送公卿士庶，故出者多由公则营焉。进号左将军，还镇南藩。

初，公则东下，湘部诸郡多未宾从，及公则还州，然后诸屯聚并散。天监元年，进号平南将军，封宁都县侯。湘州寇乱累年，人多流散。公则轻刑薄敛，顷之户口充复。为政虽无威严，然励己廉慎，为吏人所悦。湘俗单门多以赂求州职，公则至皆断之，所辟皆州郡著姓。武帝班下诸州以为法。

三年，征中护军。代至，乘二舸便发，送故一无所取。迁卫尉卿。时朝廷始议北侵，公则威名素著，至都，诏假节，先屯洛口。公则受命将发，遘疾，谓亲人曰："昔廉颇、马援以年老见遗，犹自力请用。今国家不以吾朽懦，任以前驱，方于古人，见知重矣。虽临途疾苦，岂可偃仰辞事？马革还葬，此吾志也。"遂强起登舟，至洛口，寿春士女归降者数千户。魏豫州刺史薛恭度遣长史石荣等前锋接战，即斩石荣，逐北至寿春，去城数十里而返。疾笃，卒于师。武帝深痛惜之，即日举哀，谥烈侯。公则为人敦厚慈爱，居家笃睦，视兄子过于己子，家财悉委焉。性好学，虽居军旅，手不辍卷，士大夫以此称之。

子瞟嗣，有罪国除。帝以公则勋臣，特听庶长子眺嗣。眺固让历年，乃受。

邓元起，字仲居，南郡当阳人也。少有胆干，性任侠，仕齐为武宁太守。梁武起兵，萧颖胄与书招之，即上道，率众与武帝会于夏口。齐和帝即位，拜广州刺史。中兴元年，为益州刺史，仍为前军。建康城平，进号征虏将军。天监初，封为当阳县侯，始述职焉。

初，梁武之起，益州刺史刘季连持两端。及闻元起至，遂发兵拒守。元起至巴西，巴西太守朱士略开门以待。先时蜀人多逃亡，至是竞出投元起，皆称起义应朝廷。元起在道久，军粮乏绝，或说之曰："蜀郡政慢，若检巴西一郡籍注，因而罚之，所获必厚。"元起然之。涪令李膺谏曰："使君前有严敌，后无继援，山人始附，于我观德。若纠以刻薄，人必不堪。众心一离，虽悔无及。膺请出图之，不患资粮不足也。"元起曰："善，一以委卿。"膺退，率富人上军资米，俄得三万斛。元起进屯西平，季连始婴城自守。时益州兵乱既久，人废耕农，内外苦饥，人多相食，道路断绝。季连计穷。会明年武帝使赦季连罪，许之降，季连即日开城纳元起，元起送季连于建康。

元起以乡人庾黔娄为录事参军，又得荆州刺史萧遥欣故客蒋光济，并厚待之，任以州事。黔娄甚清洁，光济多计谋，并劝为善政。元起之克季连也，城内财宝无所私，勤恤人事，口不论财色。性能饮酒，至一斛不乱，及是绝之。为蜀土所称。元起舅子梁矜孙性轻脱，与庾黔娄志行不同，乃言于元起曰："城中称有三刺史，节下何以堪之？"元起由此疏黔娄而政迹稍损。在政二年，以母老乞归供养，诏许焉。征为右卫将军，以西昌侯萧藻代之。时梁州长史夏侯道迁以南郑叛，引魏将王景胤、孔陵攻东、西晋寿，并遣告急。众劝元起急救之。元起曰："朝廷万里，军不卒至，若寇贼浸淫，方须扑讨，董督之任，非我而谁？何事匆匆便相催督。"黔娄等苦谏之，皆不从。武帝亦假元起节，都督征讨诸军，将救汉中。比是，魏已攻克两晋寿。

萧藻将至，元起颇营还装，粮储器械略无遗者。萧藻入城，求其良马。元起曰："年少郎子，何用马为？"藻恚，醉而杀之。元起麾下围城，哭且问其故。藻惧曰："天子有诏。"众乃散。遂诬以反，帝疑焉。有司追劾削爵土，诏减邑之半，封松滋县侯。故吏广汉罗研诣阙讼之，帝曰："果如我所量也。"使让藻曰："元起为汝报仇，汝为仇报仇，忠孝之道如何？"乃贬藻号为冠军将军。赠元起征西将军，给鼓吹，谥忠侯。

罗研，字深微，少有材辩。元起平蜀，辟为主簿，后为信安令。故事置观农谒者，围桑度田，劳扰百姓。研请除其弊，帝从之。鄱阳忠烈王恢临蜀，闻其名，请为别驾。及西昌侯藻重为刺史，州人为之惧，研举止自若。侯谓曰："非我无以容卿，非卿无以事我。"齐苟儿之役，临汝侯嘲之曰："卿蜀人乐祸贪乱，一至于此。"对曰："蜀中积弊，实非一朝。百家为村，不过数家有食，穷迫之人，什有八九，束缚之使，旬有二三。贪乱乐祸，无足多怪。若令家畜五母之鸡，一母之豕，床上有百钱布被，甑中有数升麦饭，虽苏、张巧说于前，韩、白按剑于后，将不能使一夫为盗，况贪乱乎？"

大通二年，为散骑侍郎。嗣王范将西，忠烈王恢谓曰："吾昔在蜀，每事委罗研，汝遵而勿失。"范至，复以为别驾，升堂拜母，蜀人荣之。数年卒官。蜀土以文达者，唯研与同郡李膺。

膺，字公胤，有才辩。西昌侯藻为益州，以为主簿。使至都，武帝悦之，谓曰："今李膺何如昔李膺？"对曰："今胜昔。"问其故，对曰："昔事桓、灵之主；今逢尧、舜之君。"帝嘉其对，以如意击席者久之。乃以为益州别驾。著《益州记》三卷行于世。

初，元起在荆州，刺史随王板元起为从事别驾，庾荜坚执不可，元起恨之。及大军至都，荜在城内甚惧。城平，而元起先遣迎荜，语人曰："庾别驾若为乱兵所杀，我无以自明。"因厚遗之。少时又尝至其西沮舍，有沙门造之乞，元起有稻几二千斛，悉以施之，时人称其二者有大度。元起初为益州，过江陵迎其母，母事道，方居馆，不肯出。元起拜请同行，母曰："汝贫贱客儿，忽得富贵，讵可久保？我宁死此，不能与汝共入祸败。"及至巴东，闻蜀乱，使蒋光济筮之，遇《蹇》，喟然叹曰："吾岂邓艾而及此乎？"后果如筮。子铿嗣。

张惠绍，字德继，义阳人也。少有武干，仕齐为竟陵横桑戍主。母丧归乡里。闻梁武帝起兵，乃自归，累有战功。武帝践阼，封石阳县侯，位骁骑将军、直阁、左细仗主。时京昏余党数百人窃入南、北掖门，夜烧神兽门，害卫尉张弘策。惠绍驰率所领赴战，贼乃散走。迁太子右卫率，以军功累增爵邑。历位卫尉卿，左卫将军，司州刺史，领安陆太守。在州和理，吏人亲爱之。征还为左卫将军，加通直散骑常侍，甲仗百人，直卫殿中。卒，谥曰忠。

子澄嗣。累有战功，与湛僧智、胡绍世、鱼弘并为当时骁将。历官卫尉卿，太子左卫率，卒官，谥曰愍。

冯道根，字巨基，广平酂人也。少孤，家贫，佣赁以养母。行得甘肥，未尝先食，必遽还以遗母。年十三，以孝闻。郡召为主簿，不就，曰："吾当使封侯庙食，安能为儒吏邪？"年十六，乡人蔡道班为湖阳戍主，攻蛮锡城，反为蛮困。道根救之，匹马转战，提双剑左右奋击，杀伤甚多，道班以免，由是知名。

齐建武末，魏孝文攻陷南阳等五郡。明帝遣太尉陈显达争之，师入沟口，道根说显达曰："沟水急，不如悉弃船，于酂城方道步进。"显达不听，道根犹以私属从军。及显达败，夜走，赖道根指路以全。寻为沟口戍副。

以母丧还家。闻梁武帝起兵，乃谓所亲曰："金革夺礼，古人不避，扬名后世，岂非孝乎？"因率乡人归武帝，隶于王茂，常为前锋。武帝即位，为骁骑将军，封增城县男。天监二年，为南梁太守，领阜陵城戍。初到阜陵，修城隍，远斥候，如敌将至者。众颇笑之。道根曰："怯防勇战，此之谓也。"修城未毕，魏将党法宗、傅竖眼率众二万，奄至城下，道根堑垒未固，城中众少，莫不失色。道根命开城门，缓服登城，选精锐二百人，出与魏军战，败之，魏军因退。迁辅国将军。六年，魏攻钟离，武帝诏豫州刺史韦睿救之。道根为睿前驱，至徐州，建计据邵阳洲，筑垒掘堑逼魏城。道根能走马步地，计马足以赋功，城隍立办。及淮水长，道根乘战舰断魏连桥，魏军败绩。进爵为伯，改封豫宁县。八年，拜豫州刺史，领汝阴太守。为政清简，境内安之。累迁右卫将军。

道根性谨厚，木讷少言，为将能检御部曲。所过村陌，将士不敢房掠。每征伐终不言功，其部曲或怨非之。道根喻曰："明主自鉴功之多少，吾将何事？"武帝尝指道根示尚书令沈约，美其口不论勋。约曰："此陛下之大树将军也。"历处州郡，和理清静，为下所怀。在朝廷虽贵显，而性俭约，所居宅不修墙屋，无器服侍卫，入室则萧然如素士之贫贱者。当世服其清退，武帝亦雅重之。微时不学，既贵，粗读书，自谓少文，常慕周勃之器量。

十六年，复为豫州。将行，武帝引朝臣宴别道根于武德殿，召画工使图其形，道根踧踖谢曰："臣所可报国家，唯余一死，但天下太平，恨无可死之地。"豫部重得道根，人皆喜悦。武帝每称："冯道根所在，能使朝廷不复忆有一州。"居州少时遇疾，乞还。朝廷征为散骑常侍、左军将军。卒于官。是日，舆驾春祠二庙，及出宫，有司以闻。帝问中书舍人朱异曰："吉凶同日，今可行乎？"对曰："昔柳庄寝疾，卫献公当祭，请尸曰：'有臣柳庄，非寡人之臣，社稷之臣也。闻其死，请往。'不释祭服而往，遂以襚之。道根虽未为社稷臣，亦有劳王室，临之礼也。"帝即驾幸其宅，哭之甚恸。谥曰威。子怀嗣。

康绚，字长明，华山蓝田人也。其先出自康居。初，汉置都护，尽臣西域，康居亦遣侍子待诏河西，因留不去，其后遂氏焉。晋时陇右乱，迁于蓝田。绚曾祖因，为苻坚太子詹事，生穆。穆为姚苌河南尹。宋永初中，穆率乡族三千余家入襄阳之岘南，宋为置华山郡蓝田县，寄立于襄阳，以穆为秦、梁二州刺史。未拜，卒。绚伯元隆、父元抚，并为流人所推，相继为华山太守。

绚少俶傥有志气，仕齐为华山太守，推诚抚循，荒余悦服。梁武起兵，绚举郡以应。天监元年，封南阳县男，除竟陵太守。累迁太子左卫率，甲仗百人，与领军萧景直殿内。绚身长八尺，容貌绝伦，虽居显职，犹习武艺。帝幸德阳殿戏马，敕绚马射，抚弦贯的，观者悦之。其日，上使画工图绚形，遣中使持以问绚曰："卿识此图不？"其见亲如此。

时魏降人王足陈计，求堰淮水以灌寿阳。足引北方童谣曰："荆山为上格，浮山为下格，潼沱为激沟，并灌钜野泽。"帝以为然，使水工陈承伯、材官将军祖暅视地形，咸谓淮内沙土漂轻，不坚实，其功不可就。帝弗纳，发徐、扬人率二十户取五丁以筑之。假绚节、都督淮上诸军事，并护堰作役人及战士，有众二十万。于钟离南起浮山，北抵巉石，依岸筑土，合脊于中流。十四年四月，堰将合，淮水漂疾，复决溃。众患之。或谓江、淮多蛟，能乘风雨决坏崖岸，其性恶铁。因是引东西二冶铁器，大则釜鬲，小则锄，数千万斤沉于堰所，犹不能合。乃伐树为井干，填以巨石，加土其上。缘淮百里内冈陵木石无巨细必尽，负担者肩穿。夏日疾疫，死者相枕，蝇虫昼夜声合。武帝愍之，遣尚书右仆射袁昂、侍中谢举假节慰劳，并加赗复。是冬寒甚，淮、泗尽冻，士卒死者十七八。帝遣赐以衣裤。十一月，魏遣将杨大眼扬声决堰，绚命诸军撤营露次以待之。遣其子悦挑战，斩魏咸阳王府司马徐方兴，魏军小却。十五年四月，堰成，其长九里，下阔一百四十丈，上广四十五丈，高二十丈，深十九丈五尺，夹之以堤，并树杞柳，军人安堵，列居其上。其水清洁，俯视邑居坟墓，了然皆在其下。或谓绚曰："四渎天所以节宣其气，不可久塞，若言淮东注，则游波宽缓，堰得不坏。"绚然之，开渫北注。又纵反间于魏曰："梁所惧开渫。"魏人信之，果凿山深五丈，开渫东注，水日夜分流，渫犹不减。其月，魏军竟溃而归。水之所及，夹淮方数百里地。魏寿阳城戍稍徙顿八公山。此南居人散就冈垄。

初，堰起徐州界，刺史张豹子谓人必尸其事。既而绚以他官为监作，豹子甚惭，由是潜构与魏交通。帝虽不纳，犹以事毕征绚。寻除司州刺史，领安陆太守。绚征还，豹子不修堰，至其秋，淮水暴长，堰坏，奔流于海，杀数万人。其声若雷，闻三百里。水中怪物，随流而下，或人头鱼身，或龙形马首，殊类诡状，不可胜名。祖暅坐下狱。绚在州三年，大修城隍，号为严整。

普通元年，除卫尉卿，未拜卒。舆驾即日临哭，谥曰壮。绚宽和少喜惧，在朝廷见人如不能言，号为长厚。在省每寒月，见省官有褴缕者，辄遣遗以襦衣，其好施如此。子悦嗣。

昌义之，历阳乌江人也。少有武干，为冯翊戍主。梁武帝为雍州，因事帝，帝亦厚遇之。及起兵，板为辅国将军、军主。每战必捷。

天监元年，封永丰侯，累迁北徐州刺史，镇钟离。四年，大举北侵，临川王宏督众军向洛口，义之为前军，攻魏梁城戍，克之。五年冬，武帝以征役久，诏班师。魏中山王元英乘势追蹑，攻没马头等城。城内粮贮，魏悉移归北，议者咸谓无复南向。帝曰："此必进兵，非其实也。"乃遣修钟离城，敕义之为战守备。是冬，英果率众数十万围钟离，冲车毁西埸。时城中众才三千，义之督帅，随方抗御，前后杀伤万计，魏军死者与城平。六年，帝遣曹景宗、韦睿率众二十万救焉，大破魏军。义之率轻兵追至洛口而还。以功进号军师将军，再迁都督、南兖州刺史。坐以禁物出蕃，为有司所奏免。

十三年，累迁左卫将军。是冬，帝遣太子右卫率康绚，督众军作荆山堰，魏将李昙定大众逼荆山，扬声决堰。诏假义之节救绚，军未至，绚等已破魏军。魏又遣大将军李平攻硖石，义之又率朱衣直阁王神念救之。魏克硖石，义之班师，为有司所奏，帝以其功臣不问。十五年，授北徐州刺史。义之不知书，所识不过十字。性宽厚，为将能得人死力。及居藩任，吏人安之。改封营道县侯。征为护军将军，卒于官。帝深痛惜之，谥曰烈。子宝景嗣。

论曰：永元之季，虽时主昏狂，荆、雍二州，尚未有衅。武皇迹缘家酷，首唱孟津之师，王茂等运接昌期，自致勤王之举。若非天人启期，岂得若斯之速乎？其隆名显级，亦各风云之感会也。元起勤乃胥附，功惟辟土，劳之不图，祸机先陷。冠军之贬，于罚已轻。梁之政刑，于斯为失。私戚之端，自斯而启。年之不永，不亦宜乎？张惠绍、冯道根、康绚、昌义之攀附之始，其功则末。及群盗焚门，张以力战自著。钟离、邵阳之逼，冯、昌劳效居多。浮山之役，而康绚实典其事。互有厥劳，宠进宜矣。先是镇星守天江而堰实兴，退舍而决，岂人事乎，其天道也！

卷五十六　　　列传第四十六

张弘策 子缅 缵 绾　庾域 子子舆　郑绍叔　吕僧珍　乐蔼 子法才

张弘策，字真简，范阳方城人，梁文献皇后之从父弟也。父安之，青州主簿、南蛮行参军。弘策幼以孝闻，母尝有疾，五日不食，弘策亦不食。母强为进粥，弘策乃食母所余。遭母忧，三年不食盐菜，几至灭性。兄弟友爱，不忍暂离。虽各有室，常同卧起，世比之姜肱兄弟。

弘策与梁武帝年相辈，幼见亲狎，恒随帝游处。每入室，常觉有云气，体辄肃然，弘策由此特加敬异。建武末，与兄弘胄从武帝宿，酒酣，移席星下，语及时事。帝曰："天下方乱，舅知之乎？冬下魏军方动，则亡汉北。王敬则猜嫌已久，当乘间而作。"弘策曰："敬则张两赤眼，容能立事？"帝曰："敬则庸才，为天下唱先尔。主上运祚，尽于来年，国权当归江、刘。而江甚闇，刘又暗弱，都下当大乱，死人如乱麻。齐之历数自兹亡矣。梁、楚、汉当有英雄兴。"弘策曰："瞻乌爰止，于谁之屋？"帝笑曰："光武所云，'安知非仆'？"弘策起曰："今夜之言，是天意也，请定君臣之分。"帝曰："舅欲毙邓晨乎？"是冬，魏军攻新野，齐明帝密诏武帝代曹武监雍州事。弘策闻之心喜，谓帝曰："夜中言当验。"帝笑曰："且勿多言。"弘策从帝西行，仍参帷幄，身亲劳役，不惮辛苦。齐明帝崩，遗诏以帝为雍州刺史，乃表弘策为录事参军，带襄阳令。帝观海内方乱，有匡济之心，密为储备。谋猷所及，唯弘策而已。

时帝长兄懿罢益州还，为西中郎长史、行郢州事。帝使弘策到郢，陈计于懿曰："昔晋惠庸主，诸王争权，遂内难九兴，外寇三作。方今丧乱有甚于此，六贵争权，人握王宪，制主画敕，各欲专成。且嗣主在宫本无令誉，媟近左右，蜂目忍人。一居万机，恣其所欲，岂肯虚坐主诺，委政朝臣？积相嫌贰，必大诛戮。始安欲为赵伦，形迹已露，塞人上天，信无此理。且性甚猜狭，徒取祸机，所可当轴，江、刘而已。祏怯而无断，暄弱而不才，折鼎覆餗，跂踵可待。萧坦胸怀猜忌，动言相伤。徐孝嗣才非柱石，听人穿鼻。若隙开衅起，必中外土崩。今得外藩，幸图身计。及今猜防未生，宜召诸弟，以时聚集。郢州控带荆、湘，西注汉、沔。雍州士马，呼吸数万。时安则竭诚本朝，时乱则为国蔽捍，如不早图，悔无及也。"懿闻之变色，心未之许。及懿遇祸，帝将起兵，夜召弘策、吕僧珍入定议，旦乃发兵。以弘策为辅国将军、军主，领万人甲后部事。及郢城平，萧颖达、杨公则诸将皆欲顿军夏口，帝以为宜乘胜长驱，直指建邺，弘策与帝意合。又访宁朔将军庾域，域又同。即日上道，凡矶浦、村落，军行宿次，立顿处所，弘策预为图，皆在目中。城平，帝遣弘策与吕僧珍先往清宫，封检府库，于时城内珍宝委积，弘策申勒部曲，秋毫无犯。迁卫尉卿，加给事中。天监初，加散骑常侍，封洮阳县侯。弘策尽忠奉上，知无不为，交友故旧，随才荐拔，缙绅皆趋焉。

时东昏余党孙文明等初逢赦令，多未自安。文明又尝梦乘马至云龙门，心惑其梦，遂作乱。帅数百人，因运荻炬束仗，得入南、北掖门，至夜烧神兽门、总章观，入卫尉府，弘策踰垣匿于龙厩，遇贼见害。贼又进烧尚书省及阁道云龙门，前军司马吕僧珍直殿省，帅羽林兵邀击不能却。上戎服御前殿，谓僧珍曰："贼夜来是众少，晓则走矣。"命打五鼓。贼谓已晓，乃散。官军捕文明斩于东市，张氏亲属脔食之。帝哭之恸，曰："痛哉卫尉！天下事当复与谁论？"诏赠车骑将军，谥曰闵侯。弘策为人宽厚通率，笃旧故。及居隆重，不以贵地自高，故人宾客接之如布衣，禄赐皆散之亲友。及遇害，莫不痛惜焉。子缅嗣。

缅，字元长，年数岁，外祖中山刘仲德异之曰："此儿非常器，非止为张氏宝，方为海内令名也。"齐永元末兵起，弘策从武帝向都。留缅襄阳，年始十岁，每闻军有胜负，忧喜形于颜色。及弘策遇害，缅哀过于礼，武帝每遣喻之。服阕，袭封洮阳县侯。起家秘书郎，出为淮南太守。时年十八，武帝疑其年少，未闲吏事，遣主书封取郡曹文案，见其断决允惬，甚称赏之。再迁云麾外兵参军。

缅少勤学,自课读书,手不辍卷。有质疑者,随问便对,略无遗失。殿中郎缺,帝谓徐勉曰:"此曹旧用文学,且雁行之首,宜详择其人。"勉举缅充选。顷之,为武陵太守,还拜太子洗马、中舍人。缅母刘氏以父没家贫,葬礼有阙,遂终身不居正室,不随子入官府。缅在郡所得俸禄不敢用,至乃妻子不易衣裳,及还都,并供之母,振遗亲属。虽累载所畜,一朝随尽,缅私室常阒然如贫素者。累迁豫章内史。缅为政任恩惠,不设钩距,吏人化其德,亦不敢欺。故老咸云"数十年未有也。"后为御史中丞,坐收捕人与外国使斗,左降黄门,兼领先职,俄复旧任。缅居宪司,推绳无所顾望,号为劲直。武帝又遣图其形于台省,以励当官。迁侍中,未拜卒,诏便举哀。昭明太子亦往临哭。缅抄《后汉》、《晋书》众家异同为《后汉纪》四十卷,《晋抄》三十卷,又抄《江左集》未及成,文集五卷。缅弟缵。

缵,字伯绪,出继从伯弘籍。武帝舅也,梁初赠廷尉卿。缵年十一,尚武帝第四女富阳公主,拜驸马都尉,封利亭侯。召补国子生。起家秘书郎,时年十七,身长七尺四寸,眉目疏朗,神采爽发。武帝异之,尝曰:"张壮武云'后八世有逮吾者',其此子乎?"缵好学,兄缅有书万余卷,昼夜披读,殆不辍手。秘书郎四员,宋、齐以来,为甲族起家之选,待次入补,其居职例不数十日便迁任。缵固求不徙,欲遍观阁内书籍。尝执四部书目曰:"若读此毕,可言优仕矣。"如此三载,方迁太子舍人,转洗马、中舍人,并掌管记。

缵与琅邪王锡齐名。普通初,魏使彭城人刘善明通和,求识缵与锡。缵时年二十三,善明见而嗟服。累迁尚书吏部郎,俄而长兼侍中,时人以为早达。河东裴子野曰:"张吏部有喉唇之任,已恨其晚矣。"子野性旷达,自云年出三十不复诣人。初未与缵遇,便虚相推重,因为忘年之交。大通中,为吴兴太守,居郡省烦苛,务清静,人吏便之。大同二年,征为吏部尚书。后门寒素一介者,皆见引拔,不为贵门屈意,人士翕然称之。负其才气,无所与让。定襄侯祇无学术,颇有文性,与兄衡山侯恭俱为皇太子爱赏。时缵从兄谧、聿并不学问,性又凡愚。恭、祇尝豫东宫盛集,太子戏缵曰:"丈人谧、聿皆何在?"缵从容曰:"缵有谧、聿,亦殿下之衡、定。"太子色惭。或云缵从兄聿及弼愚短,湘东王在坐,问缵曰:"丈人二从聿、弼艺业何如?"缵曰:"下官从弟虽并无多,犹贤殿下之有衡、定。"举坐愕然,其忤物如此。五年,武帝诏曰:"缵外氏英华,朝中领袖,司空已后,名冠范阳。可尚书仆射。"缵本寒门,以外戚显重,高自拟伦,而诏有"司空范阳"之言,深用为狭。以朱异草诏,与异不平,初,缵与参录何敬容意趣不协,敬容居权轴,宾客辐凑,有过诣缵,缵辄距不前,曰:"吾不能对何敬容残客"。及是迁,为让表曰:"自出守股肱,入居衡尺,可以仰首伸眉,论列是非者矣。而寸衿所滞,近蔽耳目,深浅清浊,岂有能豫?加以矫心饰貌,酷非所闲,不喜俗人,与之共事。"此言以指敬容也。在职议南郊御乘素辇,适古今之衷。又议印绶官若备朝服,宜并著绶。时并施行。改为湘州刺史,述职经途,

作《南征赋》。初,吴兴吴规颇有才学,邵陵王纶引为宾客,深相礼遇。及纶作牧郢藩,规随从江夏。遇缵出之湘镇,路经郢服,纶饯之南浦。缵见规在坐,意不能平,忽举杯曰:"吴规,此酒庆汝得陪今宴。"寻规起还,其子翁孺见父不悦,问而知之,翁孺因气结,尔夜便卒。规恨缵恸儿,愤哭兼至,信次之间又以殒。规妻深痛夫、子,翌日又亡。时人谓张缵一杯酒杀吴氏三人,其轻傲皆此类也。

至州,务公平,停遣十郡慰劳,解放老疾吏役,及关市戍逻、先所防人,一皆省并。州界零陵、衡阳等郡有莫徭蛮者,依山险为居,历政不宾服,因此向化。益阳县人作田二顷,皆异亩同颖。在政四年,流人自归,户口增十余万,州境大宁。晚颇好积聚,多写图书数万卷,有油二百斛,米四千石,佗物称是。

太清二年,徙授领军,俄改雍州刺史。初闻邵陵王纶当代已为湘州,其后更用河东王誉。缵素轻少王,州府候迎及资待甚薄,誉深衔之。及至州,誉遂托疾不见缵,仍检括州府庶事,留缵不遣。会闻侯景寇建邺,誉当下援。湘东王时镇江陵,与缵有旧,缵将因之以毙誉兄弟。时湘东王与誉及信州刺史桂阳王慥各率所领入援台,下峡至江津,誉次江口,湘东王屈郢州之武城。属侯景已请和,武帝诏罢援军。誉自江口将旋湘镇,欲待湘东至,谒督府,方还州。缵乃贻湘东书曰:"河东戴檝上水,欲袭江陵;岳阳在雍,共谋不逞。"江陵游军主朱荣又遣使报云:"桂阳住此,欲应誉、察。"湘东信之,乃凿船沉米,斩缆而归。至江陵收慥杀之。荆、湘因构嫌隙。缵寻弃其部曲,携其二女,单舸赴江陵。湘东遣使责让誉,索缵部下,仍遣缵向雍州。前刺史岳阳王察推迁未去镇,但以城西白马寺处之。会闻贼陷台城,察因不受代。州助防杜岸绐缵曰:"观岳阳不容使君,使君素得物情,若走入西山义举,事无不济。"缵以为然。因与岸兄弟盟,乃要雍州人席引等,于西山聚众。乃服妇人衣,乘青布舆,与亲信十余人奔等。杜岸驰告察,察令中兵参军尹正等追讨。缵以为赴期,大喜,及至,并禽之。缵惧不免,请为沙门,名法绪。察袭江陵,常载缵随后,逼使为檄,固辞以疾。及军退败,行至𣸣水南,防守缵者虑追兵至,遂害之,弃尸而去。元帝承制,赠开府仪同三司,谥简宪公。

元帝少时,缵便推诚委结,及帝即位,追思之,尝为《诗序》云:"简宪之为人也,不事王侯,负才任气。见余则申旦达夕,不能已已。怀夫人之德,何日忘之。"缵著《鸿宝》一百卷,文集二十卷。初,缵之往雍州,资产悉留江陵。性既贪婪,南中资贿填积。及死,湘东王皆使收之,书二万卷并擿还斋,珍宝财物悉付库,以粽密之属还其家。次子希,字子颜,早知名,尚简文第九女海盐公主。承圣初,位侍中。缵弟绾。

绾,字孝卿,少与兄缵齐名。湘东王绎尝策之百事,绾对阙其六,号为百六公。位员外散骑常侍、中军宣城王长史。迁御史中丞。武帝遣其弟中书舍人绚宣旨曰:"为国之急,唯在执宪直绳,用人之本,不限升降。晋、宋时,周闵、蔡廓兼以侍中为之,卿勿疑是左迁。"时宣城王府

望重，故有此旨焉。大同四年元日，旧制仆射中丞坐位东西相当，时绾兄缵为仆射，及百司就列，兄弟并导驺分趋两陛，前代未有，时人荣之。出为豫章内史，在郡述《制旨礼记正言义》，四姓衣冠士子听者常数百人。八年，安成人刘敬宫挟妖道，遂聚党攻郡，进寇豫章，刺史湘东王遣司马王僧辩讨贼，受绾节度。旬月间，贼党悉平。十年，复为御史中丞。绾再为宪司，弹纠无所回避，豪右悼之。时城西开士林馆聚学者，绾与右卫朱异、太府卿贺琛递述《制旨礼记中庸义》。太清三年，为吏部尚书，宫城陷，奔江陵，位尚书右仆射。魏克江陵，朝士皆俘入关，绾以疾免，卒于江陵。次子交，字少游，尚简文第十一女定阳公主。承圣二年，官至秘书丞，掌东宫管记。

庾域，字司大，新野人也。少沉静，有名乡曲。梁文帝为郢州，辟为主簿，叹美其才，曰："荆南杞梓，其在斯乎？"加以恩礼。长沙宣武王为梁州，以为录事参军，带华阳太守。时魏军攻围南郑，州有空仓数十所，域手自封题，指示将士曰："此中粟皆满，足支二年。但努力坚守。"众心以安。军退，以功拜羽林监。及长沙王为益州，域随为怀宁太守。罢任还家，妻子犹事井臼，而域所衣大布，余奉专充供养。母好鹤唳，域在位营求，孜孜不息，一旦双鹤来下，论者以为孝感所致。

永元初，南康王板西中郎谘议参军，母忧去职。梁武帝举兵，起为宁朔将军，领行选。武帝东下，师次杨口，和帝遣御史中丞宗夬劳军。域乃讽夬曰："黄钺未加，非所以总率侯伯。"夬反，西台即授武帝黄钺。萧颖胄既都督中外诸军事，论者谓武帝应致笺，域争不听，乃止。郢城平，域及张弘策议与武帝意同，即命众军便下，域谋多被纳用。霸府初开，为谘议参军。天监初，封广牧县子、后军司马。出为宁朔将军，巴西、梓潼二郡太守。梁州长史夏侯道迁降魏，魏袭巴西，域固守。城中粮尽，将士皆啖草供食，无有离心。魏军退，进爵为伯。于时兵后人饥，域上表振贷，不待报辄开仓，为有司所纠。上迁域西中郎司马、辅国将军、宁蜀太守。卒于官。子子舆。

子舆，字孝卿，幼而歧嶷。五岁读《孝经》，手不释卷。或曰："此书文句不多，何用自苦？"答曰："孝，德之本，何谓不多？"齐永明末，除州主簿。时父在梁州遇疾，子舆奔侍医药，言泪恒并。长沙宣武王省疾见之，顾曰："庾录事虽危殆，可忧更在子舆。"寻丁母忧，哀至辄呕血，父戒以灭性，乃禁其哭泣。梁初为尚书郎。天监三年，父出守巴西，子舆以蜀路险难，启求侍从，以孝养获许。父迁宁蜀，子舆亦相随。父于路感心疾，每痛至必叫，子舆亦闷绝。及父卒，哀恸将绝者再。奉丧还乡，秋水犹壮。巴东有淫预石，高出二十许丈，及秋至，则才如见焉。次有瞿塘大滩，行旅忌之，部伍至此，石犹不见。子舆抚心长叫，其夜五更水忽退减，安流南下。及度，水复旧，行人为之语曰："淫预如幞本不通，瞿塘水退为庾公。"初发蜀，有双鸠巢舟中，及至又栖庐侧，每闻哭泣之声，必飞翔檐宇，悲鸣激切。欲为父立佛寺，未有定处。梦有僧谓曰："将修胜业，岭南原即可营造。"明往履历，果见标

度处所，有若人功，因立精舍。居墓所以终丧，服阕，手足枯挛，待人而起。仍布衣蔬食，志守坟墓。叔该谓曰："汝若固志，吾亦抽簪。"于是始仕。虽以嫡长袭爵，国秩尽推诸弟。累迁兼中郎司马。大通二年，除巴陵内史，便道之官，路中遇疾。或劝上郡就医，子舆曰："吾疾患危重，全济理难，岂可贪官，陈尸公廨？"因勒门生不得辄入城市，即于渚次卒。遗令单衣帢履以敛，酒脯施灵而已。

郑绍叔，字仲明，荥阳开封人也。累世居寿阳。祖琨，宋高平太守。绍叔年二十余，为安丰令，有能名。后为本州中从事史。时刺史萧诞弟谌被诛，台遣收诞，兵使卒至，左右惊散，绍叔独驰赴焉。诞死，侍送丧柩，众咸称之。到都，司空徐孝嗣见而异之，曰："祖逖之流也"。

梁武帝临司州，命为中兵参军，领长流。因是厚自结附。帝罢州还都，谢遣宾客，绍叔独固请愿留。帝曰："卿才幸自有用，我今未能相益，宜更思佗涂。"固不许。于是乃还寿阳。刺史萧遥昌苦要引，绍叔终不受命。遥昌将囚之，乡人救解得免。及帝为雍州，绍叔间道西归，补宁蛮长史、扶风太守。东昏既害朝宰，颇疑于帝。绍叔兄植，为东昏直后，东昏遣至雍州，托候绍叔，潜使为刺客。绍叔知之，密白帝。及植至，帝于绍叔处置酒宴之，戏植曰："朝廷遣卿见图，今日闲宴，是见取良会也。"宾主大笑，令植登城隍，周观府署，士卒器械，舟舻戎马，莫不富实。植退谓绍叔曰："雍州实力，未易图也。"绍叔曰："兄还具为天子言之，兄若取雍州，绍叔请以此众一战。"送兄于南岘，相持恸哭而别。续复遣主帅杜伯符亦欲为刺客，诈言作使，上亦密知，宴接如常。伯符惧不敢发。上后即位，作五百字诗具之。初起兵，绍叔为冠军将军，改骁骑将军，从东下。江州平，留绍叔监州事，曰："昔萧何镇关中，汉祖得成山东之业；寇恂守河内，光武建河北之基。今之九江，昔之河内，我故留卿以为羽翼。前途不捷，我当其咎；粮运不继，卿任其责。"绍叔流涕拜辞，于是督江、湘粮运无阙乏。

天监初，入为卫尉卿。绍叔少孤贫，事母及祖母以孝闻，奉兄恭谨。及居显要，粮赐所得及四方遗饷，悉归之兄室。忠于事上，所闻纤毫无隐。每为帝言事，善则曰："臣愚不及，此皆圣主之策。"不善，则曰："臣智虑浅短，以为其事当如是，殆以此误朝廷也。臣之罪深矣。"帝甚亲信之。母忧去职。绍叔有至性，帝常使人节其哭。顷之，封营道县侯，复为卫尉卿。以营道县户凋弊，改封东兴县侯。

三年，魏围合肥，绍叔以本号督众军镇东关，事平，复为卫尉，既而义阳入魏，司州移镇关南，以绍叔为司州刺史。绍叔至，创立城隍，缮兵积谷，流人百姓安之。性颇矜躁，以权势自居，然能倾心接物，多所举荐。上亦以此归之。征为左卫将军，至家疾笃，诏于宅拜授，舆载还府。中使医药，一日数至。卒于府舍。帝将临其殡，绍叔宅巷陋，不容舆驾，乃止。诏赠散骑常侍、护军将军，谥曰忠。绍叔卒后，帝尝潸然谓朝臣曰："郑绍叔立志忠烈，

善必称君,过则归己,当今殆无其比。"其见赏惜如此。子贞嗣。

吕僧珍,字元瑜,东平范人也。世居广陵,家甚寒微。童儿时从师学,有相工历观诸生,指僧珍曰:"此儿有奇声,封侯相也。"事梁文帝,为门下书佐。身长七尺七寸,容貌甚伟,曹辈皆敬之。文帝为豫州刺史,以为典签,带蒙令。帝迁领军将军,补主簿。袄贼唐宇之寇东阳,文帝率众东讨,使僧珍知行军众局事。僧珍宅在建阳门东,自受命当行,每日由建阳门道,不过私室。文帝益以此知之。司空陈显达出军沔北,见而呼坐,谓曰:"卿有贵相,后当不见减,深自努力。"建武二年,魏军南攻,五道并进。武帝帅师援义阳,僧珍从在军中。时长沙宣武王为梁州刺史,魏军围守连月,义阳与雍州路断。武帝欲遣使至襄阳,求梁州问,众莫敢行。僧珍固请充使,即日单舸上道。及至襄阳,督遣援军,且获宣武王书而反,武帝甚嘉之。

东昏即位,司空徐孝嗣管朝政,欲要僧珍与共事。僧珍知不久当败,竟弗往。武帝临雍州,僧珍固求西归,得补邵令。及至,武帝命为中兵参军,委以心膂。僧珍阴养死士,归之者甚众。武帝颇招武猛,士庶响从,会者万余人。因命按城西空地,将起数千间屋为止舍。多伐材竹,沉于檀溪,积茅盖若山阜,皆未之用。僧珍独悟其指,因私具橹数百张。及兵起,悉取檀溪材竹,装为船舰,葺之以茅,并立办。众军将发,诸将须橹甚多,僧珍乃出先所具,每船付二张,争者乃息。武帝以僧珍为辅国将军、步兵校尉,出入卧内,宣通意旨。大军次江陵,武帝使僧珍与王茂率精兵先登赤鼻逻。其日,东昏将李居士来战,僧珍等大破之,乃与茂进白板桥。垒立,茂移顿越城,僧珍守白板。李居士知城中众少,直来薄城。僧珍谓将士曰:"今力不敌,不可战,亦勿遥射。须至堑里,当并力破之。"俄而皆越堑,僧珍分人上城,自率马步三百人出其后,内外齐击,居士等应时奔散。及武帝受禅,为冠军将军、前军司马,封平固县侯。再迁左卫将军,加散骑常侍,入直秘书省,总知宿卫。天监四年,大举北侵,自是僧珍昼直中书省,夜还秘书。五年旋军,以本官领太子中庶子。

僧珍去家久,表求拜墓,武帝欲荣以本州,乃拜南兖州刺史。僧珍在任,见士大夫,迎送过礼,平心率下,不私亲戚。兄弟皆在外堂,并不得坐。指客位谓曰:"此兖州刺史坐,非吕僧珍床。"及别室促膝如故。从父兄子先以贩葱为业,僧珍至,乃弃业求州官。僧珍曰:"吾荷国重恩,无以报效,汝等自有常分,岂可妄求叨越?当速反葱肆耳。"僧珍旧宅在市北,前有督邮廨,乡人咸劝徙廨以益其宅。僧珍怒曰:"岂可徙官廨以益吾私宅乎?"姊适于氏,住市西,小屋临路,与列肆杂。僧珍常导从卤簿到其宅,不以为耻。在州百日,征为领军将军,直秘书省如先。常以私车辇水洒御路。僧珍既有大勋,任总心膂,性甚恭慎。当直禁中,盛暑不敢解衣。每侍御坐,屏气鞠躬,对果食未尝举箸。因醉后取一甘食,武帝笑谓曰:"卿今日便是大有所进。"禄俸外,又月给钱十万,其余赐赉不绝于时。

初,武帝起兵,攻郢州久不下,咸欲走北。僧珍独不肯,累日乃见从。一夜,僧珍忽头痛壮热,及明,而颡骨益大,其骨法盖有异焉。十年,疾病,车驾临幸,中使医药日有数四。僧珍语亲旧曰:"吾昔在蒙县热病发黄,时必谓不济。主上见语,'卿有富贵相,必当不死'。俄而果愈。吾今已富贵,而复发黄,所苦与昔政同,必不复起。"竟如言卒于领军官舍。武帝即日临殡,赠骠骑将军、开府仪同三司,谥曰忠敬。武帝痛惜之,言为流涕。子淡嗣。

初,宋季雅罢南康郡,市宅居僧珍宅侧。僧珍问宅价,曰"一千一百万"。怪其贵,季雅曰:"一百万买宅,千万买邻。"及僧珍生子,季雅往贺,署函曰"钱一千"。阍人少之,弗为通,强之乃进。僧珍疑其故,亲自发,乃金钱也。遂言于帝,陈其才能,以为壮武将军、衡州刺史。将行,谓所亲曰:"不可以负吕公。"在州大有政绩。

乐蔼,字蔚远,南阳淯阳人,晋尚书令广之六世孙也。家居江陵。方颐隆准,举动酝藉。其舅雍州刺史宗悫尝陈器物,试诸甥侄。蔼时尚幼,而无所取,悫由此奇之。又取史传各一卷授蔼等,使读毕言所记。蔼略读具举,悫益善之。

齐豫章王嶷为荆州刺史,以蔼为骠骑行参军,领州主簿,参知州事。嶷尝问蔼城隍风俗、山川险易,蔼随问立对,若案图牒,嶷益重焉。州人嫉之,或谮蔼廨门如市,嶷遣觇之,方见蔼闭阁读书。后为大司马记室。永明八年,荆州刺史巴东王子响称兵反,及败,焚烧府舍,官曹文书一时荡尽。齐武帝见蔼,问以西事,蔼占对详敏。帝悦,用为荆州中从事,敕付以修复府州事。蔼还州,缮修廨署数百区,顷之咸毕。豫章王嶷薨,蔼解官赴丧,率荆、湘二州故吏建碑墓所。南康王为西中郎,以蔼为谘议参军,萧颖胄引蔼及宗夬、刘坦任以经略。

天监初,累迁御史中丞。初,蔼发江陵,无故于船得八车辐,如中丞健步避道者,至是果迁焉。性公强,居宪台甚称职。时长沙宣武王将葬,而车府忽于库失油络,欲推主者。蔼曰:"昔晋武库火,张华以为积油万石必然,今库若灰,非吏罪也。"既而检之,果有积灰,时称其博物弘恕。二年,出为平越中郎将、广州刺史。前刺史徐元瑜罢归,遇始兴人士反,逐内史崔睦舒,因掠元瑜财产。元瑜走归广州,借兵于蔼,托欲讨贼,而实谋袭蔼。蔼觉,诛之。寻卒于官。

蔼姊适征士同郡刘虬,亦明识有礼训。蔼为州,迎姊居官舍,三分禄秩以供焉,西土称之。子法才。

法才,字元备,幼与弟法藏俱有美名。沈约见之曰:"法才实才子。"为建康令,不受奉秩,比去将至百金,县曹启输台库。武帝嘉其清节,曰"居职若斯,可以为百城表矣"。迁太舟卿,寻除南康内史。耻以让奉受名,辞不拜。历位少府卿,江夏太守,因被代,表求便道还乡。至家,割宅为寺,栖心物表。寻卒。法藏位征西录事参军,早亡。

子子云,美容貌,善举止。位江陵令,元帝承制,除光禄卿。魏克江陵,众奔散,呼子云。子云曰:"终为虏矣，不如守以死节。"遂仆地，卒于马蹄之下。

论曰：张弘策惇厚慎密，首预帝图，其位遇之隆，岂徒外戚云尔！至如太清板荡，亲属离贰，缵不能叶和蕃岳，克济温、陶之功；而苟怀私怨，以成衅隙之首。风格若此，而为梁之乱阶，惜乎！庾域、郑绍叔、吕僧珍等，或忠诚亮荩，或恪勤匪懈，缔构王业，皆有力焉。僧珍之肃恭禁省，绍叔之勤诚靡贰，盖有人臣之节矣。谒虽异帷幄之勋，亦赞云雷之业，其当官任事，宠秩不亦宜乎！

卷五十七　　列传第四十七

沈约 子旋 孙众 范云 从兄缜

沈约，字休文，吴兴武康人也。昔金天氏有裔子曰昧，为玄冥师，生子允格、台骀。台骀能业其官，宣汾、洮，障大泽，以处太原。帝颛顼嘉之，封诸汾川。其后四国：沈、姒、蓐、黄，沈子国，今汝南平舆沈亭是也。春秋之时，列于盟会。鲁昭四年，晋使蔡灭沈，其后因国为氏。自兹以降，谱谍罔存。秦末有沈逞，征丞相不就。汉初，逞曾孙保，封竹邑侯。保子遵，自本国迁居九江之寿春，官至齐王太傅，封敷德侯。遵生骠骑将军达，达生尚书令乾，乾生南阳太守弘，弘生河内太守勖，勖生御史中丞奋，奋生将作大匠恪，恪生尚书关内侯谦，谦生济阳太守靖，靖生戎。戎字威卿，仕为州从事，说降剧贼尹良，汉光武嘉其功，封为海昏县侯，辞不受，因避地徙居会稽乌程县之余不乡，遂家焉。顺帝永建元年，分会稽为吴郡，复为吴郡人。灵帝初平五年，分乌程、余杭为永安县，吴孙皓宝鼎二年，分吴郡为吴兴郡。晋太康三年，改永安为武康县，复为吴兴武康人焉。虽邦邑屡改，而筑室不迁。

戎子酆，字圣通，位零陵太守，致黄龙芝草之瑞。第二子仲高，安平相，少子景，河间相，演之、庆之、昙庆、怀文其后也。仲高子鸾，字建光，少有高名，州举茂才，公府辟州别驾从事史。时广陵太守陆稠，鸾之舅也，以义烈政绩显名汉朝，复以女妻鸾，早卒。子直，字伯平，州举茂才，亦有清名，卒。子瑜、仪俱少有至行。瑜十岁，仪九岁而父亡，居丧毁瘁，过于成人。外祖会稽盛孝章，汉末名士也，深加忧伤，每抚慰之，曰："汝并黄中英爽，终成奇器，何遽逾制自取殄灭邪？"三年礼毕，殆至灭性，故兄弟并以孝著。瑜早卒。仪字仲则，笃学有雅才，以儒素自业。时海内大乱，兵革并起，经术废弛，士少全行。而仪淳深隐默，守道不移，风操贞整，不妄交纳，唯与族子仲山、叔山及吴郡陆公纪友善。州郡礼请，二府交辟，公车征，并不屈，以寿终。子曼，字元禅，左中郎、新都都尉、定阳侯，才志显于吴朝。子矫，字仲桓，以节气立名，仕为立武校尉、偏将军。孙皓时，有将帅之称。吴平，为郁林、长沙二郡太守，不就。太康末卒。子陵，字景高，晋元帝之为镇东将军，命参军事。子延，字思长，颍川太

守，始居县东乡之博陆里余乌村。延子贺，字子宁，桓冲南中郎参军。

贺子警，字世明，惇笃有行业，学通《左氏春秋》，家产累千金。后将军谢安命为参军，甚相敬重。警内足于财，为东南豪士，无进仕意，谢病归。安固留不止，乃谓曰："沈参军，卿有独善之志，不亦高乎？"警曰："使君以道御物，前所以怀德而至，既无用佐时，故遂饮啄之愿尔。"还家积载，以素业自娱。前将军王恭镇京口，与警有旧好，复引为参军。手书殷勤，苦相招致，不得已而应之。寻复谢去。子穆夫，字彦和，少好学，通《左氏春秋》。王恭命为前将军主簿，谓警曰："足下既执不拔之志，高卧东南，故屈贤子共事，非吏职婴之也。"初，钱唐人杜炅，字子恭，通灵有道术，东土豪家及都下贵望并事之为弟子，执在三之敬。警累世事道，亦敬事子恭。子恭死，门徒孙泰、泰弟子恩传其业，警事之。隆安三年，恩于会稽作乱，自称征东将军，三吴皆响应。穆夫在会稽，恩以为余姚令。及恩为刘牢之所破，穆夫见害。先是穆夫宗人沈预与穆夫父警不协，至是告警及穆夫弟仲夫、任夫、预夫、佩夫，并遇害。唯穆夫子深之、云子、田子、林子、虔子获全。田子、林子知名。

田子，字敬光，从武帝克京城，进平建邺，参镇军事，封营道县五等侯。帝北伐广固，田子领偏师与龙骧将军孟龙符为前锋。龙符战没，田子力战破之。及卢循逼都，帝遣田子与建威将军孙季高海道袭破广州，还除太尉参军、淮陵内史，赐爵都乡侯。义熙八年，从讨刘毅。十一年，从讨司马休之。除振武将军、扶风太守。十二年，武帝北伐，田子与顺阳太守傅弘之各领别军，从武关入，屯据青泥。姚泓将自御大军，虑田子袭其后，欲先平田子，然后倾国东出。乃率步骑数万，奄至青泥。田子本为疑兵，所领裁数百，欲击之。傅弘之曰："彼众我寡，难可与敌。"田子曰："师贵用奇，不必在众。"弘犹固执，田子曰："众寡相倾，势不两立，若使贼围既固，人情丧沮，事便去矣。及其未整，薄之必克，所谓先人有夺人之志也。"便独率所领，鼓噪而进。贼合围数重，田子乃弃粮毁舍，躬勒士卒，前后奋击，贼众一时溃散，所杀万余人，得泓伪乘舆服御。武帝表言其状。长安既平，武帝宴于文昌殿，举酒赐田子曰："咸阳之平，卿之功也，即以咸阳相赏。"即授咸阳、始平二郡太守。大军既还，桂阳公义真留镇长安，以田子为安西中兵参军、龙骧将军、始平太守。时赫连勃勃来寇，田子与安西司马王镇恶俱出北地御之。初，武帝将还，田子及傅弘之等，并以镇恶家在关中，不可保信，屡言之。帝曰："今留卿文武将士、精兵万人，彼若欲为不善，政足自灭耳。勿复多言。"及俱出北地，论者谓镇恶欲尽杀诸南人，以数十人送义真南还，因据关中反叛。田子乃于弘之营内请镇恶计事，使宗人敬仁于坐杀之，率左右数十人自归，义真长史王修收杀田子于长安槁仓门外，是岁十四年正月十五日也。武帝表天子，以田子卒发狂易，不深罪也。

林子，字敬士，少有大度，年数岁，随王父在京口，王恭见而奇之，曰"此儿王子师之流也。"尝与众人共见

遗宝,咸争趋之,林子直去不顾。年十三,遇家祸,既门陷妖党,兄弟并应从诛,而沈预家甚强富,志相陷灭,林子兄弟沉伏山泽,无所投厝。会孙恩屡出会稽,武帝致讨,林子乃自归陈情,率老弱归罪请命,因流涕哽咽,三军为之感动。帝甚奇之,乃载以别船,遂尽室移京口,帝分宅给焉。林子博览众书,留心文义,从克京城,进平都邑。时年十八,身长七尺五寸。沈预虑林子为害,常被甲持戈,至是,林子与兄田子还东报仇。五月夏节日至,预政大集会,子弟盈堂。林子兄弟挺身直入,斩预首,男女无论长幼悉屠之,以预首祭父祖墓。及帝为扬州,辟为从事,领建熙令,封资中县五等侯。从伐慕容超,平卢循,并著军功。后从征刘毅,参太尉军事。复从讨司马休之。武帝每征讨,林子辄推锋居前。时贼党郭亮之招集蛮、晋,屯据武陵,武陵太守王镇恶出奔。林子率军讨之,斩亮之于七里涧而纳镇恶。武陵既平,复讨鲁轨于石城,轨众走襄阳,复追蹑之。襄阳既定,权留守江陵。武帝伐姚泓,复参征西军事,加建武将军,统军为前锋,从汴入河。伪并州刺史、河东太守尹昭据蒲坂,林子于陕城与冠军檀道济同攻蒲坂,龙骧王镇恶攻潼关。姚泓闻大军至,遣伪东平公姚绍争据潼关。林子谓道济曰:"潼关天岨,所谓形胜之地。镇恶孤军,势危力屈,若使姚绍据之,则难图也。及其未至,当并力争之。若潼关事捷,尹昭可不战而服。"道济从之。及至,绍举关右之众,设重围,围林子及道济、镇恶等。道济议欲度河避其锋,或欲弃捐辎重还赴武帝。林子按剑曰:"下官今日之事,自为将军办之。然二三君子或同业艰难,或荷恩罔极,以此退挠,亦何以见相公旗鼓邪?"塞井焚舍,示无全志。率麾下数百人,犯其西北。绍众小糜,乘其乱而薄之,绍乃大溃,俘虏以千数,悉获绍器械资实。时诸将破贼,皆多其首级,而林子献捷书至,每以实闻。武帝问其故,林子曰:"夫王者之师,本有征无战,岂可复增张虏获,以示夸诞?昔魏尚以盈级受罚,此亦后乘之良辙也。"武帝曰:"乃所望于卿也。"初,绍退走,还保定城,留伪武卫将军姚鸾精兵守险,林子衔枚夜袭,即屠其城,剔鸾而坑其众。绍复遣抚军将军姚赞将兵屯河上,林子连破之。绍又遣长史姚伯子等屯据九泉,凭河固险,以绝粮援。武帝复遣林子累战大破之,即斩伯子,所俘获悉以还绍,使知王师之弘。绍志节沉勇,林子每战辄胜,白武帝曰:"姚绍气盖关右,而力以势屈,但恐凶命先尽,不得以衅齐斧尔。"寻绍疽发背死。武帝以林子之验,乃赐书嘉美之。于是赞统后军复袭林子,林子御之,连战皆捷。帝至闵乡,姚泓扫境内兵屯峣柳。时田子自武关北入,屯军蓝田,泓自率大众攻之。帝虑众寡不敌,遣林子步自秦岭以相接援。比至,泓已破走。田子欲穷追,进取长安,林子止之曰:"往取长安,如指掌尔。复克贼城,便为独平一国,不赏之功也。"田子乃止。林子威震关中,豪右望风请附。帝以林子、田子绥略有方,频赐书褒美,并令深慰纳之。长安既平,姚氏十余万口西奔陇上,林子追讨至寡妇水,转斗至槐里。大军东归,林子领水军于石门以为声援。还至彭城,帝令林子差次勋勤,随才授用。文帝出镇荆州,议以林子及谢晦为蕃佐。

帝曰:"吾不可顿无二人,林子行则晦不宜出。"乃以林子为西中郎中兵参军,领新兴太守。林子以行役久,士有归心,乃深陈事宜。并言:"圣王所以戒慎祗肃,非以崇威立武,实乃经国长盱。宜广建蕃屏,崇严宿卫。"武帝深相酬纳。俄而谢翼谋反,帝叹曰:"林子之见,何其明也。"文帝进号镇西,随府转,加建威将军、河东太守。时武帝以方隅未静,复欲亲戎,林子固谏。帝答曰:"吾辄当不复自行。"帝践阼,以佐命功,封汉寿县伯,固让不许。永初三年卒,追赠征虏将军。元嘉二十五年,谥曰怀。少子璞嗣。

璞,字道真,童孺时神意闲审。文帝召见,奇璞应对,谓林子曰:"此非常儿也。"初除南平王左常侍,文帝引见,谓之曰:"吾昔以弱年出蕃,卿家以亲要见辅,今日之授,意在不薄。王家之事,一以相委。勿以国官乖清涂为罔罔也。"元嘉十七年,始兴王浚为扬州刺史,宠爱殊异,以为主簿。时顺阳范晔为长史行州事,晔性颇疏,文帝谓璞曰:"范晔性疏,必多不同,卿腹心所寄,当密以意。彼行事,其实卿也。"璞以任遇既深,所怀辄以密启,每至施行,必中从出。晔每谓圣明留察,故深更恭慎,而莫见其际也。在职八年,神州大宁,人无谤黩,璞有力焉。二十二年,范晔坐事诛,时浚虽曰亲览,州事一以付璞。浚年既长,璞固求辞事。以璞为浚始兴国大农,累迁淮南太守。三十年,元凶弑立,璞以奉迎之晚见杀。有子曰约,其制《自序》大略如此。

约十三而遭家难,潜窜,会赦乃免。既而流寓孤贫,笃志好学,昼夜不释卷。母恐其以劳生疾,常遣减油灭火。而昼之所读,夜辄诵之,遂博通群籍,善属文。济阳蔡兴宗闻其才而善之,及为郢州,引为安西外兵参军,兼记室。兴宗常谓其诸子曰:"沈记室人伦师表,宜善师之。"及为荆州,又为征西记室,带厥西令。

齐初为征虏记室,带襄阳令,所奉主即齐文惠太子。太子入居东宫,为步兵校尉,管书记,直永寿省,校四部图书。时东宫多士,约特被亲遇,每旦入见,景斜方出。时王侯到宫或不得进,约每以为言。太子曰:"吾生平懒起,是卿所悉,得卿谈论,然后忘寝。卿欲我凤兴,可恒早入。"迁太子家令。后为司徒右长史、黄门侍郎。时竟陵王招士,约与兰陵萧琛、琅邪王融、陈郡谢朓、南乡范云、乐安任昉等皆游焉。当世号为得人。隆昌元年,除吏部郎,出为东阳太守。齐明帝即位,征为五兵尚书,迁国子祭酒。明帝崩,政归冢宰,尚书令徐孝嗣使约撰定遗诏。永元中,复为司徒左长史,进号征虏将军、南清河太守。

初,梁武在西邸,与约游旧。建康城平,引为骠骑司马。时帝勋业既就,天人允属。约尝扣其端,帝默然而不应。佗日又进曰:"今与古异,不可以淳风期万物。士大夫攀龙附凤者,皆望有尺寸之功,以保其福禄。今童儿牧竖悉知齐祚之终,且天文人事表革运之征,永元以来,尤为彰著。谶云,'行中水,作天子'。此又历然在记。天心不可违,人情不可失。"帝曰:"吾方思之。"约曰:"公初起兵樊、沔,此时应思。今日王业已就,何所复思?昔武王伐纣，始入人便曰吾君。武王不违人意，亦无所思。公自至京邑，已移气序，比于周武，迟速不同。若不早定大业，稽天人之望，脱一人立异，便损威德。且人非金石，时事难保，岂可以建安之封，遗之子孙。若天子还都，公卿在位，则君臣分定，无复异图。君明于上，臣忠于下，岂复有人方更同公作贼？"帝然之。约出，召范云告之，云对略同约旨。帝曰："智者乃尔暗同，卿明早将休文更来。"云出语约，约曰："卿必待我。"云许诺。而约先期入，帝令草其事。约乃出怀中诏书并诸选置，帝初无所改。俄而云自外来，至殿门不得入，徘徊寿光阁外，但云："咄咄"。约出，云问曰："何以见处？"约举手向左，云笑曰："不乖所望。"有顷，帝召云谓曰："生平与沈休文群居，不觉有异人处，今日才智纵横，可谓明识。"云曰："公今知约，不异约今知公。"帝曰："我起兵于今三年矣，功臣诸将实有其劳，然成帝业者乃卿二人也。"

梁台建，为散骑常侍、吏部尚书，兼右仆射。及受禅，为尚书仆射，封建昌县侯。又拜约母谢为建昌国太夫人。奉策之日，吏部尚书范云等二十余人咸来致拜，朝野以为荣。俄迁左仆射。天监二年，遭母忧，舆驾亲出临吊，以约年衰，不宜致毁，遣中书舍人断客节哭。起为镇军将军、丹阳尹，置佐史。服阕，迁侍中、右光禄大夫、领太子詹事，奏尚书八条事。迁尚书令，累表陈让，改授左仆射，领中书令。寻迁尚书令，领太子少傅。九年，转左光禄大夫。初，约久处端揆，有志台司，论者咸谓为宜。而帝终不用，乃求外出，又不见许，与徐勉素善，遂以书陈情于勉，言己老病，"百日数旬，革带常应移孔；以手握臂，率计月小半分。"欲谢事，求归老之秩。勉为言于帝，请三司之仪，弗许，但加鼓吹而已。约性不饮酒，少嗜欲，虽时遇隆重，而居处俭素。立宅东田，瞩望郊阜，常为《郊居赋》以序其事。寻加特进，迁中军将军、丹阳尹，侍中、特进如故。十二年卒官，年七十三，谥曰隐。

约左目重瞳子，腰有紫志，聪明过人，好坟籍，聚书至二万卷，都下无比。少孤贫，约干宗党得米数百斛，为宗人所侮，覆米而去。及贵不以为憾，用为郡部传。尝侍宴，有妓婢师是齐文惠宫人，帝问识座中客不？曰："唯识沈家令。"约伏地流涕，帝亦悲焉，为之罢酒。约历仕三代，该悉旧章，博物洽闻，当世取则。谢玄晖善为诗，任彦升工于笔，约兼而有之，然不能出也。自负高才，昧于荣利，乘时射势，颇累清谈。及居端揆，稍弘止足，每进一官，辄殷勤请退，而终不能去，论者方之山涛。用事十余年，未常有所荐达，政之得失，唯唯而已。初，武帝有憾于张稷，及卒，因与约言之。约曰："左仆射出作边州刺史，已往之事，何足复论？"帝以为与昏家相为，怒约曰："卿言如此，是忠臣邪！"乃辇归内殿。约惧，不觉帝起，犹坐如初。及还，未至床，凭空顿于户下，因病。梦齐和帝剑断其舌，召巫视之，巫言如梦。乃呼道士奏赤章于天，称禅代之事，不由己出。先此，约尝侍宴，会豫州献粟，径寸半。帝奇之，问粟事多少，与约各疏所忆，少帝三事。约出谓人曰："此公护前，不让即羞死。"帝以其言不逊，欲抵其罪，徐勉固谏乃止。及疾，上遣主书黄

穆之专知省视，穆之夕还，增损不即启闻，惧罪，窃以赤章因上省医徐奘以闻，又积前失。帝大怒，中使谴责者数焉，约惧遂卒。有司谥曰"文"，帝曰"怀情不尽曰隐"，故改为隐。

约少时常以晋氏一代竟无全书，年二十许，便有撰述之意。宋泰始初，征西将军蔡兴宗为启，明帝有敕许焉。自此逾二十年，所撰之书方就，凡一百余卷。条流虽举，而采缀未周。永明初遇盗，失第五帙。又齐建元四年被敕撰国史，永明二年又兼著作郎，撰次起居注。五年春又被敕撰《宋书》，六年二月毕功，表上之。其所撰国史为《齐纪》二十卷。天监中，又撰《梁武纪》十四卷，又撰《迩言》十卷，《谥例》十卷，《文章志》三十卷，文集一百卷，皆行于世。又撰《四声谱》，以为"在昔词人累千载而不悟，而独得胸衿，穷其妙旨。"自谓入神之作。武帝雅不好焉，尝问周舍曰："何谓四声？"舍曰"'天子圣哲'是也。"然帝竟不甚遵用约也。

子旋，字士规，袭爵，位司徒右长史，太子仆。以母忧去官。因蔬食辟谷，服除，犹绝粳粱。终于南康内史，谥曰恭。集注《迩言》，行于世。旋弟趋，字孝鲤，亦知名，位黄门郎。旋卒，子寔嗣。寔弟众。

众，字仲师，好学，颇有文词。仕梁为太子舍人。时梁武帝制《千文诗》，众为之注解。与陈郡谢景同时召见于文德殿，帝令众为《竹赋》。赋成奏之，手敕答曰："卿文体翩翩，可谓无忝尔祖。"累迁太子中舍人，兼散骑常侍，聘魏，还为骠骑庐陵王谘议参军。侯景之乱，表求还吴兴，召募故义部曲以讨贼，梁武许之。及景围台城，众率宗族及义附五千余人入援都，军容甚整，景深惮之。梁武于城内遥授太子右卫率。台城陷，众乃降景。景平，元帝以为司徒左长史。魏克江陵，见虏，寻亦逃归。陈武帝受命，位中书令。帝以众州里知名，甚敬重之，赏赐超于时辈。性吝啬，财帛亿计，无所分遗。自奉甚薄，每朝会中，衣裳破裂，或躬提冠履。永定二年，兼起部尚书，监起太极殿。恒服布袍芒屩，以麻绳为带，又囊麦饭饣夹以啖，朝士咸共诮其所为。众性猖急，因忿恨，遂历诋公卿，非毁朝廷。武帝大怒，以众素有令望，不欲显诛，因其休假还武康，遂于吴中赐死。

范云，字彦龙，南乡舞阴人，晋平北将军汪六世孙也。祖璩之，宋中书侍郎。云六岁就其姑夫袁叔明读《毛诗》，日诵九纸。陈郡殷琰名知人，候叔明见之，曰"公辅才也。"云性机警，有识具，善属文，下笔辄成，时人每疑其宿构。父抗，为郢府参军，云随在郢。时吴兴沈约、新野庾杲之与抗同府，见而友之。

起家郢州西曹书佐，转法曹行参军。俄而沈攸之举兵围郢城，抗时为府长流，入城固守，留家属居外。云为军人所得，攸之召与语，声色甚厉。云容貌不变，徐自陈说。攸之笑曰："卿定可儿，且出就舍。"明旦又召云，令送书入城内，饷武陵王酒一石，犊一头；饷长史柳世隆脍鱼二十头，皆见其首。城内或欲诛云，云曰："老母弱弟，悬命沈氏。若其违命，祸必及亲。今日就戮，甘心如荠。"世

隆素与云善，乃免之。后除员外散骑郎。齐建元初，竟陵王子良为会稽太守，云为府主簿。王未之知。后克日登秦望山，乃命云。云以山上有秦始皇刻石，此文三句一韵，人多作两句读之，并不得韵；又皆大篆，人多不识，乃夜取《史记》读之令上口。明日登山，子良令宾僚读之，皆茫然不识。末问云，云曰："下官尝读《史记》，见此刻石文。"乃进读之如流。子良大悦，因以为上宾。自是宠冠府朝。王为丹阳尹，复为主簿，深相亲任。时进见齐高帝，会有献白乌，帝问此何瑞，云位卑，最后答曰："臣闻王者敬宗庙则白乌至。"时谒庙始毕，帝曰："卿言是也。感应之理，一至此乎！"

子良为南徐州、南兖州，云并随府迁，每陈朝政得失于子良。寻除尚书殿中郎。子良为云求禄，齐武帝曰："闻范云谄事汝，政当流之。"子良对曰："云之事臣，动相箴谏，谏书存者百有余纸。"帝索视之，言皆切至，咨嗟良久，曰："不意范云乃尔，方令弼汝。"子良为司徒，又补记室。时巴东王子响在荆州，杀上佐，都下匈匈，人多异志。而豫章王嶷镇东府，多还私邸，动移旬日。子良筑第西郊，游戏而已。而梁武帝时为南郡王文学，与云俱为子良所礼。梁武劝子良还石头，并言大司马宜还东府，子良不纳。梁武以告云。时廷尉平王植为齐武帝所狎，云谓植曰："西夏不静，人情甚恶，大司马诇得久还私第？司徒亦宜镇石头。卿入既数，言之差易。"植因求云作启自呈之。俄而二王各镇一城。文惠太子尝幸东田观获稻，云时从。文惠顾云曰："此刘甚快。"云曰："三时之务，亦甚勤劳，愿殿下知稼穑之艰难，无徇一朝之宴逸也。"文惠改容谢之。及出，侍中萧缅先不相识，就车握云手曰："不谓今日复见谠言。"

永明十年使魏，魏使李彪宣命，至云所，甚见称美。彪为设甘蔗、黄甘、粽，随尽复盖。彪笑谓曰："范散骑小复俭之，一尽不可复得。"使还，再迁零陵内史。初，零陵旧政，公田奉米之外，别杂调四千石。及云至郡，止其半，百姓悦之。深为齐明帝所知，还除正员郎。时高、武王侯并惧大祸，云因帝召次曰："昔太宰文宣王语臣，言尝梦在一高山上，上有一深坑，见文惠太子先坠，次武帝，次文宣。望见仆射在室坐御床，备王者羽仪，不知此是何梦，卿慎勿向人道。"明帝流涕曰："文宣此惠亦难负。"于是处昭胄兄弟异于余宗室。云之幸于子良，江祏求云女婚姻，酒酣，巾箱中取翦刀与云，曰："且以为娉。"云笑受之。至是祏贵，云又因酣曰："昔与将军俱为黄鹄，今将军化为凤凰，荆布之室，理隔华盛。"因出翦刀还之。祏亦更姻他族。及祏败，妻子流离，每相经理。

又为始兴内史，旧郡界得亡奴婢，悉付作部曲，即货去买银输官。云乃先听百姓志之，若百日无主，依判送台。又郡相承后堂有杂工作，云悉省还役，并为帝所赏。郡多豪猾大姓，二千石有不善者，辄共杀害，不则逐之。边带蛮俚，尤多盗贼，前内史皆以兵刃自卫。云入境，抚以恩德，罢亭候，商贾露宿，郡中称为神明。迁广州刺史、平越中郎将。至任，遣使祭孝子南海罗威、唐颂，苍梧丁密、顿琦等墓。时江祏姨弟徐艺为曲江令，祏深以托云。有

谭俨者，县之豪族，艺鞭之，俨以为耻，至都诉云，云坐征还下狱，会赦免。

初，梁武为司徒祭酒，与云俱在竟陵王西邸，情好欢甚。永明末，梁武与兄懿卜居东郊之外，云亦筑室相依。梁武每至云所，其妻常闻跸声。又尝与梁武同宿顾皓之舍，皓之妻方产，有鬼在外曰："此中有王有相。"云起曰："王当仰属，相以见归。"因是尽心推事。及帝起兵，将至都，云虽无官，自以与帝素款，虑为昏主所疑，将求入城，先以车迎太原孙伯翳谋之。伯翳曰："今天文显于上，灾变应于下，萧征东以济世雄武，挟天子而令诸侯，天时人事，宁俟多说。"云曰："此政会吾心，今羽翮未备，不得不就笼槛，希足下善听之。"及入城，除国子博士，未拜，而东昏遇弑。侍中张稷使云衔命至石头，梁武恩待如旧，遂参赞谟谋，毗佐大业。仍拜黄门侍郎，与沈约同心翊赞。俄迁大司马谘议参军，领录事。梁台建，迁侍中。武帝时纳齐东昏余妃，颇妨政事。云尝以为言，未之纳。后与王茂同入卧内，云又谏，王茂因起拜曰："范云言是，公必以天下为念，无宜留惜。"帝默然。云便疏令以余氏赉茂，帝贤其意而许之。明日，赐云、茂钱各百万。及帝受禅，柴燎南郊，云以侍中参乘。礼毕，帝升辇谓云曰："朕之今日，所谓懔乎若朽索之驭六马。"云对曰："亦愿陛下日慎一日。"帝善其言，即日迁散骑常侍、吏部尚书。以佐命功，封霄城县侯。云以旧恩，超居佐命，尽诚翊亮，知无不为。帝亦推心仗之，所奏多允。云本大武帝十三岁，尝侍宴，帝谓临川王宏、鄱阳王恢曰："我与范尚书少亲善，申四海之敬。今为天下主，此礼既革，汝宜代我呼范为兄。"二王下席拜，与云同车还尚书下省，时人荣之。帝尝与云言及旧事，云："朕司州还，在三桥宅，门生王道牵衣云，'闻外述图谶云，齐祚不久，别应有王者。官应取富贵。'朕斋中坐读书，内感其言而外迹不得无怪，欲呼人缚之，道叩头求哀，乃不复敢言。今道为羽林监、文德主帅，知管钥。"云曰："此乃天意令道发耳。"帝又云："布衣时，尝梦拜两旧妾为六宫，有天下，此妪已卒，所拜非复其人，恒以为恨。"其年，云以本官领太子中庶子。二年，迁尚书右仆射，犹领吏部。顷之，坐违诏用人，免吏部，犹为右仆射。

云性笃睦，事寡嫂尽礼，家事必先谘而后行。好节尚奇，专趋人之急。少与领军长史王暕善，云起宅新成，移家始毕，暕亡于官舍，尸无所归，云以东厢给之。移尸自门入，躬自营唅，招复如礼，时人以为难。及居选官，任寄隆重，书牍盈案，宾客满门，云应答如流，无所壅滞，官曹文墨，发擿若神，时人咸服其明赡。性颇激厉，少威重，有所是非，形于造次，士或以此少之。初，云为郡号廉洁，及贵重，颇通馈遗；然家无蓄积，随散之亲友。武帝九锡之出，云忽中疾，居二日半，召医徐文伯视之。文伯曰："缓之一月乃复，欲速即时愈，政恐二年不复可救。"云曰："朝闻夕死，而况二年。"文伯乃下火而壮焉，重衣以覆之。有顷，汗流于背即起。二年果卒。帝为流涕，即日舆驾临殡，诏赠侍中、卫将军，礼官请谥曰宣，敕赐谥曰文。有集三十卷。子孝才嗣。孙伯翳，太原人，晋秘

书监盛之玄孙。曾祖放，晋国子博士、长沙太守。父康，起部郎，贫常映雪读书，清介，交游不杂。伯舅位终骠骑鄱阳王参军事。云从父兄缜。

缜，字子真。父濛，奉朝请，早卒。缜少孤贫，事母孝谨。年未弱冠，从沛国刘瓛学，瓛甚奇之，亲为之冠。在瓛门下积年，恒芒屩布衣，徒行于路。瓛门下多车马贵游，缜在其间，聊无耻愧。及长，博通经术，尤精《三礼》。性质直，好危言高论，不为士友所安。唯与外弟萧琛善，琛名曰口辩，每服缜简诣。年二十九，发白皤然，乃作《伤暮诗》、《白发咏》以自嗟。

仕齐位尚书殿中郎，永明中，与魏氏和亲，简才学之士以为行人，缜及从弟云、萧琛、琅邪颜幼明、河东裴昭明相继将命，皆著名邻国。时竟陵王子良盛招宾客，缜亦预焉。尝侍子良，子良精信释教，而缜盛称无佛。子良问曰："君不信因果，何得富贵贫贱？"缜答曰："人生如树花同发，随风而堕，自有拂帘幌坠于茵席之上，自有关篱墙落于粪溷之中。坠茵席者，殿下是也，落粪溷者，下官是也。贵贱虽复殊途，因果竟在何处？"子良不能屈，然深怪之。退论其理，著《神灭论》。以为："神即形也，形即神也，形存则神存，形谢则神灭。形者神之质，神者形之用。是则形称其质，神言其用，形之与神，不得相异。神之于质，犹利之于刀，形之于用，犹刀之于利。利之名非刀也。刀之名非利也，然而舍利无刀，舍刀无利。未闻刀没而利存，岂容形亡而神在？"此论出，朝野喧哗。子良集僧难之而不能屈。太原王琰乃著论讥缜曰："呜呼范子！曾不知其先祖神灵所在。"欲杜缜后对。缜又对曰："呜呼王子！知其祖先神灵所在，而不能杀身以从之。"其险诣皆此类也。子良使王融谓之曰："神灭既自非理，而卿坚执之，恐伤名教。以卿之大美，何患不至中书郎？而故乖剌为此，可便毁去之。"缜大笑曰："使范缜卖论取官，已至令仆矣，何但中书郎邪？"后为宜都太守。性不信神鬼，时夷陵有伍相庙、唐汉三神庙、胡里神庙，缜乃下教断不祠。后以母忧去职。居于南州。梁武至，缜墨缞来迎。武帝与缜有西邸之旧，见之甚悦。及建康城平，以缜为晋安太守，在郡清约，资公禄而已。迁尚书左丞，及还，虽亲戚无所遗，唯饷前尚书令王亮。缜在齐时，与亮同台为郎，旧相友爱。至是亮摈弃在家，缜自以首迎武帝，志在权轴，而所怀未满，亦怏怏，故私相亲结，以矫于时。竟坐亮徙广州。在南累年，追为中书郎，国子博士，卒。文集十五卷。

子胥，字长才，传父业，位国子博士，有口辩。大同中，常兼主客郎，应接北使。卒于鄱阳内史。

论曰：齐德将谢，昏虐君临，喋喋黔黎，命悬晷刻。梁武抚兹归运，啸召风云。范云恩结龙潜，沈约情深惟旧，并以兹文义，首居帷幄，追踪乱杰，各其时之遇也。而约以高才博洽，名亚董、迁，末迹为踬，亦凤德之衰乎？缜婞直之节，著于终始，其以王亮为尤，亦不足非也。

卷五十八　　列传第四十八

韦睿　兄纂　阐　睿子放　孙粲　放弟正　正子载　鼎　正弟棱　棱弟黯　裴邃　邃子之礼　兄子之高　之高弟之平　子忌　之高弟之横

韦睿，字怀文，京兆杜陵人也。世为三辅著姓。祖玄，避吏隐长安南山。宋武帝入关，以太尉掾征，不至。伯父祖征，宋末为光禄勋。父祖归，宁远长史。睿事继母以孝闻。祖征累为郡守，每携睿之职，视之如子。时睿内兄王憕、姨弟杜恽并有乡里盛名，祖征谓睿曰："汝自谓何如憕、恽？"睿谦不敢对。祖征曰："汝文章或小减，学识当过之。然干国家，成功业，皆莫汝逮也。"外兄杜幼文为梁州刺史，要睿俱行。梁土富饶，往者多以贿败，睿虽幼，独以廉闻。

宋永光初，袁顗为雍州刺史，见而异之，引为主簿。顗到州，与邓琬起兵，睿求出为义成郡，故免顗之祸。累迁齐兴太守，本州别驾，长水校尉，右军将军。齐末多故，欲还乡里，求为上庸太守。俄而太尉陈显达、护军将军崔慧景频逼建邺，人心惶骇。西土人谋之，睿曰："陈虽旧将，非高人才，崔颇更事，懦而不武。天下真人，殆兴吾州矣。"乃遣其二子自结于梁武。及兵起檄至，睿率郡人伐竹为筏，倍道来赴，有众二千，马二百匹。帝见睿甚悦，抚几曰："佗日见君之面，今日见君之心，吾事就矣。"师克郢、鲁，平加湖，睿多建策，皆见用。大军发郢，谋留守将，上难其人。久之，顾睿曰："弃骐骥而不乘，焉遑遑而更索。"即日以为江夏太守，行郢州府事。初，郢城之拒守也，男女垂十万，闭垒经年，疾疫死者十七八，皆积尸于床下，而生者寝处其上，每屋盈满。睿料简隐恤，咸为营理，百姓赖之。

梁台建，征为大理。武帝即位，迁廷尉，封都梁子。天监二年，改封永昌，再迁豫州刺史，领历阳太守。魏遣众来伐，睿率州兵击走之。四年侵魏，诏睿都督众军。睿遣长史王超宗、梁郡太守冯道根攻魏小岘城，未能拔。睿巡行围栅，魏城中忽出数百人陈于门外，睿欲击之。诸将皆曰："向本轻来，请还授甲而后战。"睿曰："魏城中二千余人，闭门坚守，足以自保。今无故出人于外，必其骁勇，若能挫之，其城自拔。"众犹迟疑，睿指其节曰："朝廷授此，非以为饰，韦睿之法，不可犯也。"乃进兵，魏军败，因急攻之，中宿而城拔。遂进讨合肥。先是，右军司马胡景略至合肥，久未能下，睿案行山川，曰："吾闻'汾水可以灌平阳'，即此是也。"乃堰肥水。顷之堰成水通，舟舰继至。魏初分筑东西小城夹合肥。睿先攻二城。既而魏援将杨灵胤帅军五万奄至，众惧不敌，请表益兵。睿曰："贼已至城下，方复求军。且吾求济师，彼亦征众。'师克在和'，古人之义也。"因战，破之，军人少安。初，肥水堰立，使军主王怀静筑城于岸守之，魏攻陷城，乘胜至睿堤下。军监潘灵佑劝睿退还巢湖，诸将又请走保三义。睿怒曰："将军死绥，有前无却。"因令取伞扇麾幢树之堤下，示无动志。睿素羸，每战不尝骑马，以板舆自载，督励众军。魏兵凿堤，睿亲与争。魏军却，因筑垒于堤以自固。起斗舰高与合肥城等，四面临之。城溃，俘获万余，所获军实，无所私焉。初，胡景略与前军赵祖悦同军交恶，志相陷害，景略一怒，自啮其齿，齿皆流血。睿以将帅不和，将致患祸，酌酒自劝景略曰："且愿两虎勿复私斗。"故终于此役得无害焉。睿每昼接客旅，夜算军书，三更起张灯达曙，抚循其众，常如不及，故投募之士争归之。所至顿舍修立，馆宇藩篱墙壁皆应准绳。合肥既平，有诏班师，去魏军既近，惧为所蹑。睿悉遣辎重居前，身乘小舆殿后，魏人服睿威名，望之不敢逼，全军而还。于是迁豫州于合肥。

五年，魏中山王元英攻北徐州，围刺史昌义之于钟离，众兵百万，连城四十余。武帝遣征北将军曹景宗拒之。次邵阳洲，筑垒相守，未敢进。帝怒，诏睿会焉，赐以龙环御刀，曰："诸将有不用命者斩之。"睿自合肥径阴陵大泽，过涧谷，辄飞桥以济师。人畏魏军盛，多劝睿缓行。睿曰："钟离今凿穴而处，负户而汲，车驰卒奔，犹恐其后，而况缓乎！"旬日而至邵阳。初，帝敕景宗曰："韦睿卿乡望，宜善敬之。"景宗见睿甚谨。帝闻曰："二将和，师必济矣。"睿于景宗营前二十里，夜掘长堑，树鹿角，截洲为城，比晓而营立。元英大惊，以杖击地曰："是何神也！"景宗虑城中危惧，乃募军士言文达、洪骐驎等赍敕入城，使固城守，潜行水底，得达东城。城中战守日苦，始知有援，于是人百其勇。魏将杨大眼将万余骑来战，大眼以勇冠三军，所向皆靡。睿结车为阵，大眼聚骑围之。睿以强弩二千一时俱发，洞甲穿中，杀伤者众。矢贯大眼右臂，亡魂而走。明旦，元英自率众来战，睿乘素木舆，执白角如意以麾军，一日数合，英甚惮其强。魏军又夜来攻城，飞矢雨集。睿子黯请下城以避箭，睿不许。军中惊，睿于城上厉声呵之乃定。魏人先于邵阳洲两岸为两桥，树栅数百步，跨淮通道。睿装大舰，使梁郡太守冯道根、庐江太守裴邃、秦郡太守李文钊等为水军。会淮水暴长，睿即遣之，斗舰竞发，皆临贼垒。以小船载草，灌之以膏，从而焚其桥。风怒火盛，敢死之士拔栅斫桥，水又漂疾，倏忽之间，桥栅尽坏。道根等皆身自搏战，军人奋勇，呼声动天地，无不一当百。魏人大溃，元英脱身遁走。魏军趋水死者十余万，斩首亦如之，其余释甲稽颡乞为囚奴犹数十万。睿遣报昌义之，义之且悲且喜，不暇答，但叫曰："更生！更生！"帝遣中书郎周舍劳军于淮上。睿积所获于军门，舍观之，谓睿曰："君此获复与熊耳山等矣。"以功进爵为侯。七年，迁左卫将军，俄为安西长史、南郡太守。会司州刺史马仙琕自北还军，为魏人所蹑，三关扰动。诏睿督众军援焉。睿至安陆，增筑城二丈余，更开大堑，起高楼。众颇讥其示弱，睿曰："不然，为将当有怯时。"是时，元英复追仙琕，将复邵阳之耻，闻睿至乃退，帝亦诏罢军。

十三年，为丹阳尹，以公事免。十四年，为雍州刺史。初，睿起兵，乡中客阴双光泣止睿，睿还为州，双光道候。睿笑曰："若从公言，乞食于路矣。"饷耕牛十头。睿于故旧无所惜，士大夫年七十以上，多与假板县令，乡里甚怀之。十五年，拜表致仕，优诏不许。征拜护军，给鼓吹一部，入直殿省。居朝廷恂恂，未尝忤视，武帝甚礼敬之。性慈爱，抚孤兄子过于己子，历官所得禄赐，皆散之亲故，家无余财。后为护军，居家无事，慕万石、陆贾之为人，因画之于壁以自玩。时虽老，暇日犹课诸儿以学。第三子稜，尤明经史，世称其洽闻。睿每坐使稜说书，其所发擿，稜犹弗之逮。武帝方锐意释氏，天下咸从风而化。睿自以信受素薄，位居大臣，不欲与众俯仰，所行略如佗日。普通元年，迁侍中、车骑将军，未拜，卒于家，年七十九。遗令薄葬，敛以时服。武帝即日临哭甚恸，赠车骑将军、开府仪同三司，谥曰严。

睿雅有旷世之度，莅人以爱惠为本，所居必有政绩。将兵仁爱，士卒营幕未立，终不肯舍，井灶未成，亦不先食。被服必于儒者，虽临阵交锋，常缓服乘舆，执竹如意以麾进止，与裴邃俱为梁世名将，余人莫及。初，邵阳之役，昌义之甚德睿，请曹景宗与睿会，因设钱二十万官赌之。景宗掷得雉，睿徐掷得卢，遽取一子反之，曰"异事"，遂作塞。景宗时与群帅争先启捷，睿独居后，其不尚胜率多如是，世尤以此贤之。

睿兄纂、阐，并早知名。纂仕齐，位司徒记室、特进，沈约尝称纂于上曰："恨陛下不与此人同时，其学非臣辈也。"阐为建宁县，所得俸禄百余万，还家悉委伯父处分，乡里宗事之。位通直郎。

睿子放，字元直，身长七尺七寸，腰带八围，容貌甚伟。袭封永昌县侯，位竟陵太守。在郡和理，为吏人所称。大通元年，武帝遣兼领军曹仲宗等攻涡阳，又以放为明威将军，总兵会之。魏大将军费穆帅众奄至，放军营未立，麾下止有二百余人。放从弟洵，骁果有勇力，单骑击刺，屡折魏军，洵马亦被伤不能进，放又三贯矢。众皆失色，请放突去。放厉声叱之曰："今日唯有死尔。"乃免胄下马，据胡床处分。士卒皆殊死战，莫不一当百，逐北至涡阳。魏又遣常山王元昭、大将军李奖、乞伏宝、费穆等五万人来援，放大破之。涡阳城主王纬以城降。魏人弃诸营垒，一时奔溃。众军乘之，斩获略尽，禽穆弟超并王纬送建邺，还为太子右卫率。中大通二年，徙北徐州刺史。卒于镇，谥曰宜侯。放性弘厚笃实，轻财好施，于诸弟尤雍穆。每将远别及行役初还，常同一室卧起，时比之三姜。初，放与吴郡张率皆有侧室怀孕，因指为昏姻。其后各产男女，未及成长而率亡，遗嗣孤弱，放常赡恤之，及为北徐州，时有贵族请昏者，放曰："吾不失信于故友。"乃以息岐娶率女，又以女适率子，时称放能笃旧。子粲。

粲，字长倩，少有父风，好学仗气，身长八尺，容观甚伟。初为云麾晋安王行参军，后为外兵参军兼中兵。时颍川庾仲容、吴郡张率，前辈才名，与粲同府，并忘年交好。及王为皇太子，粲自记室迁步兵校尉，入为东宫领直，后袭爵永昌县侯，累迁左卫率，领直。粲以旧恩，任寄纲密，虽居职累徙，常留宿卫。颇擅权诞倨，不为时辈所平。

右卫朱异尝于酒席厉色谓粲曰："卿何得已作领军面向人！"大同中，帝尝不豫，一日暴剧，皇太子以下并入侍疾，内外咸云帝崩。粲将率宫甲度台，微有喜色，问所由那不见办长梯。以为大行幸前殿，须长梯以复也。帝后闻之，怒曰："韦粲愿我死。"有司奏推之，帝曰："各为其主，不足推。"故出为衡州刺史。皇太子出饯新亭，执粲手曰："与卿不为久别。"久之，帝复召还为散骑常侍。还至庐陵，闻侯景作逆，便简阅部下，倍道赴援。至豫章，即就内史刘孝仪共谋之。孝仪曰："必如此，当有敕，安可轻信单使，妄相惊动？或恐不然。"时孝仪置酒，粲怒以杯抵地曰："贼已度江，便逼宫阙，水陆阻断，何暇有报；假令无敕，岂得自安？韦粲今日何情饮酒！"即驰马出，部分将发。会江州刺史当阳公大心遣使要粲，粲乃分麾下配第八弟助、第九弟警为前军。粲驰往见大心曰："上游蕃镇，江州去都最近，殿下情计，实宜在先。但中流任重，当须应接。不可阙镇。今宜张军声势，移镇盆城，遣偏将赐随，于事便足。"大心然之，遣中兵柳昕帅兵二千随粲。粲悉留家累于江州，以轻舸就路。至南洲，粲外弟司州刺史柳仲礼亦帅步骑万余人至横江。粲即送粮仗给之，并散私金帛以赏其战士。先是，安北鄱阳王范亦自合肥遣西豫州刺史裴之高与其世子嗣，帅江西之众赴都，屯于张公洲，待上流诸军。至是，之高遣船度仲礼，与粲合军进屯新林王游苑。粲建议推仲礼为大都督，报下流众军。裴之高自以年位高，耻居其下。乃云："柳节下已是州将，何须我复鞭板？"累日不决。粲乃抗言于众曰："今同赴国难，义在除贼，所以推柳司州者，政以久捍边疆，先为侯景所惮。且士马精锐，无出其前。若论位次，柳在粲下；语其年齿，亦少于粲。直以社稷之计，不得复论。今日贵在将和，若人心不同，大事去矣。裴公朝之旧齿，岂应复挟私以阻大计？粲请为诸君解释之。"乃单舸至之高营切让之。之高泣曰："吾荷国荣，自应帅先士卒，顾恨衰老，不能效命，企望柳使君共平凶逆。前谓众议已定，无俟老夫尔。若必有疑，当剖心相示。"于是诸将定议，仲礼方得进军。次新亭，贼列阵于中兴寺，相持至晚各解归。是夜，仲礼入粲营部分众军，且日将战，诸将各有据守。令粲顿青塘，当石头中路。粲虑栅垒未立，贼争之，颇以为惮，谓仲礼曰："下官才非御武，直欲以身徇国，节下善量其宜，不可致有亏丧。"仲礼曰："青塘立营，迫近淮渚，欲以粮储船乘尽就迫之。此事大，非兄不可。若疑兵少，当更差军相助。"粲帅所部水陆俱进。时昏雾，军人失道，比及青塘，夜已过半，垒栅至晓未合。景登禅灵寺门，望粲营未立，便率锐卒来攻。军败，乘胜入营，左右高冯牵粲避贼，粲不动，兵死略尽，遂见害。粲子尼及三弟助、警、构、从弟昂皆战死，亲戚死者数百人。贼传粲首阙下，以示城内。简文闻之流涕，谓御史中丞萧恺曰："社稷所寄，唯在韦公，如何不幸，先死行阵！"诏赠护军将军。元帝平侯景，追谥忠贞。

子谅，以学业为陈始兴王叔陵所引，为中录事参军兼记室。叔陵败，伏诛。放弟正。

正，字敬直，位襄陵太守。初，正与东海王僧孺善，及僧孺为吏部郎，参掌大选，宾友故人莫不倾意，正独澹然。及僧孺摈废，正复笃为素分，有逾曩日，论者称焉。卒于给事黄门侍郎。子载。

载，字德基，少聪慧，笃志好学。年十二，随叔父棱见沛国刘显，显问《汉书》十事，载随问应无疑滞。及长，博涉文史，沉敏有器局。仕梁为尚书三公郎。侯景之乱，元帝承制，以为中书侍郎。寻为寻阳太守，随都督王僧辩东讨侯景。景平，历位琅邪、义兴太守。陈武帝诛王僧辩，乃遣周文育袭载，载婴城自守。载所属县卒，并陈武旧兵，多善用弩，载收得数十人，系以长锁，令所亲监之，使射文育军。约曰："十发不两中者死。"每发辄中，所中皆毙，相持数旬。陈武帝闻文育军不利，以书喻载以诛王僧辩意，并奉梁敬帝敕，敕载解兵。载得书，乃以众降。陈武帝引载恒置左右，与之谋议。徐嗣徽、任约等引齐军济江，据石头城，帝问计于载。载曰："齐军若分兵先据三吴之路，略地东境，则时事去矣。今可急于淮南即侯景故垒筑城，以通东道转输，别令轻兵绝其粮运，使进无所虏，退无所资，则齐将之首，旬日可致。"帝从之。永定中，位散骑常侍、太子右卫率。天嘉元年，以疾去官。载有田十余顷，在江乘县之白山，至是遂筑室而居，屏绝人事。吉凶庆吊，无所往来，不入篱门者几十载。卒于家。载弟鼎。

鼎，字超盛，少通晓，博涉经史，明阴阳逆刺，尤善相术。仕梁，起家湘东王法曹参军。遭父忧，水浆不入口者五日，哀毁过礼，殆将灭性。服阕，为邵陵王主簿。侯景之乱，鼎兄昂于京口战死，鼎负尸出，寄于中兴寺，求棺无所得。鼎哀愤恸哭，忽见江中有物流至鼎所，窃异之。往视，乃新棺也，因以充殓。元帝闻之，以为精诚所感。侯景平，司徒王僧辩以为户曹属。累迁中书侍郎。陈武帝在南徐州，鼎望气知其当王，遂寄孥焉。因谓陈武帝曰："明年有大臣诛死，后四岁，梁其代终。天之历数，当归舜后。昔周灭殷氏，封妫汭于宛丘，其裔子孙，因为陈氏。仆观明公，天纵神武，继绝统者无乃是乎？"武帝阴有图僧辩意，闻其言大喜，因而定策。及受禅，拜黄门侍郎。太建中，以廷尉卿为聘周使，加散骑常侍，后为太府卿。

至德初，鼎尽货田宅，寓居僧寺。友人大匠卿毛彪问其故，答曰："江东王气，尽于此矣。吾与尔当葬长安，期运将及，故破产尔。"初，鼎之聘周也，尝遇隋文帝，谓曰："观公容貌，不久必大贵，贵则天下一家。岁一周天，老夫当委质，愿深自爱。"及陈亡，驿召入京，授上仪同三司，待遇甚厚。每公宴，鼎恒预焉。性简贵，虽为亡国之臣，未尝俯仰当世。时吏部尚书韦世康兄弟显贵，隋文帝从容谓鼎曰："世康与公远近？"对曰："臣宗族南徙，昭穆非臣所知。"帝曰："卿百代卿族，岂忘本也？"命官给酒肴，遣世康请鼎还杜陵。鼎乃自楚太傅孟以下二十余世，并考论昭穆，作《韦氏谱》七卷示之。欢饮十余日乃还。时兰陵公主寡，上为之求夫，选亲卫柳述及萧瑒等以示鼎，鼎曰："瑒当封侯，而无贵妻之相；述亦通显，而守位不终。"上曰："位由我尔。"遂以主降述。上又问鼎："诸儿谁为嗣位？"答曰："至尊皇后所最爱者，当与之,非臣敢预知也。"上笑曰:"不肯显言乎?"
　　开皇十三年,除光州刺史,以仁义教导,务弘清静。州中有土豪,外修边幅,而内行不轨,常为劫盗。鼎于都会时谓之曰:"卿是好人,那忽作贼?"因条其徒党奸谋逗留,其人惊惧,即自首伏。又有人客游,通主家之妾,及其还去,妾盗珍物,于夜逃亡,寻于草中为人所杀。主家知客与妾通,因告客杀之。县司鞠问,具得奸状,因断客死。狱成,上于鼎,鼎览之,曰:"此客实奸,而不杀也。乃某寺僧诱妾盗物,令奴杀之,赃在某处。"即放此客,遣人掩僧,并获赃物。自是部内肃然,咸称其神,道无拾遗。寻追入京,顷之,而卒于长安,年七十九。正弟稜。
　　稜,字威直,性恬素,以书史为业,博物强记,当世士咸就质疑。位终光禄卿。著《汉书续训》三卷。稜弟黯。
　　黯,字务直,性强正,少习经史,位太府卿。侯景济江,黯屯六门,寻改为都督城西面诸军。时景于城外起东西二土山,城内亦应之,简文亲自负土,哀太子以下,躬执畚锸。黯守西土山,昼夜苦战。以功授轻车将军,加持节,卒于城内。初,黯为太仆卿,而兄子粲为左卫率,黯以故常怏怏,谓人曰:"韦粲已落骅骝前,朝廷是能用才不?"识者颇以此窥之。
　　裴邃,字深明,河东闻喜人,魏冀州刺史徽之后也。祖寿孙,寓居寿阳,为宋武帝前军长史。父仲穆,骁骑将军。邃十岁能属文,善《左氏春秋》。齐东昏践阼,始安王萧遥光为扬州刺史,引邃为参军。遥光败,邃还寿阳,会刺史裴叔业以寿阳降魏,邃遂随众北徙。魏宣武帝雅重之。仕魏为魏郡太守。魏遣王肃镇寿阳,邃固求随肃,密图南归。梁天监初,自拔南还,除后军谘议参军。邃求边境自效,以为庐江太守。五年,征邵阳洲,魏人为长桥断淮以济,邃筑垒逼桥,每战辄克,于是密作没突舰。会甚雨,淮水暴溢,邃乘舰径造桥侧,进击,大破之。以功封夷陵县子。
　　迁广陵太守,与乡人共入魏武庙,因论帝王功业。其妻甥王篆之密启梁武帝云:"裴邃多大言,有不臣迹。"由是左迁始安太守。邃志立功边陲,不愿闲远,乃致书于吕僧珍曰:"昔阮咸、颜延有二始之叹,吾才不逮古人,今为三始,非其愿也,将如之何!"后为竟陵太守,开置屯田,公私便之。再迁西戎校尉、北梁、秦二州刺史,复开创屯田数千顷,仓廪盈实,省息边运,人吏获安。乃相率饷绢千余匹,邃从容曰:"汝等不应尔,吾又不可逆。"纳其二匹而已。入为大匠卿。
　　普通二年,义州刺史文僧明以州入魏,魏军来援,以邃为信武将军,督众军讨焉。邃深入魏境,出其不意。魏所署义州刺史封寿据檀公岘,邃击破之,遂围其城。寿请降,义州平。除豫州刺史,加督,镇合肥。四年,大军北侵,以邃督征讨诸军事,先袭寿阳,攻其郛,斩门而入,一日战九合,为后军蔡秀成失道不至,邃以援绝拔还。于是邃复整兵,收集士卒,令诸军各以服色相别。邃自为黄袍骑,先攻拔狄丘、甓城、黎浆,又屠安成、马头、沙陵等戍。明年,略地至汝、颍间,所在响应。魏寿阳守将长孙承业、河间王元琛出城挑战,邃临淮叹曰:"今日不破河间,方为谢玄所笑。"乃为四甄以待之。令直阁将军李祖怜伪遁以引承业,承业等悉众追之,四甄竞发,魏众大败,斩首万余级。承业奔走,闭门不敢复出。在军疾笃,命众军守备,送丧还合肥。寻卒,赠侍中、左卫将军,进爵为侯,谥曰烈。
　　邃沉深有思略,为政宽明,能得士心,居身方正,有威重。将吏惮之,少敢犯法。及卒,淮、肥间莫不流涕,以为邃不死,当大辟土宇。子之礼嗣。
　　之礼,字子义,美容仪,能言玄理。为西豫州刺史。母忧居丧,唯食麦饭。邃庙在光宅寺西,堂宇弘敞,松柏郁茂。范云庙在三桥,蓬蒿不翦。梁武帝南郊,道经二庙,顾而叹曰:"范为已死,裴为更生。"大同初,四篱门外桐柏凋尽,唯邃墓犬牙不入,当时异之。历位黄门侍郎。武帝设无遮会,㹢象惊,排突陛卫,王公皆散,唯之礼与散骑常侍臧盾不动。帝壮之,以之礼为壮勇将军、北徐州刺史,盾兼中领军将军。之礼卒于少府卿,谥曰壮。子政,承圣中位给事黄门侍郎。魏克江陵,随例入长安。
　　之高,字如山,邃兄中散大夫髦之子也。颇读书,少负意气,常随叔父邃征讨,所在立功,甚为邃所器重,戎政咸以委焉。寿阳之役,邃卒于军所。之高隶夏侯夔平寿阳,仍除梁郡太守,封都城县男。时魏汝阴来附,敕之高应接,仍除颍州刺史。父忧还都,起为光远将军,令讨平阴陵盗,以为谯州刺史。侯景之乱,之高为西豫州刺史,率众入援。南豫州刺史鄱阳嗣王范,命之高总督江右援军诸军事,顿张公洲。柳仲礼至横江,之高遣船舸迎致仲礼,与韦粲等俱会青塘。及城陷,之高还合肥,与鄱阳王范西上。元帝遣召之,以为侍中、护军将军,到江陵。时之高第六弟之悌在侯景中。或传之悌斩侯景,元帝使兼中书舍人黄罗汉报之高,之高竟无言,直云:"贼自杀贼,非之高所闻。"元帝深嗟其介直。承制除特进、金紫光禄大夫。卒,谥曰恭。子畿,官至太子右卫率。魏克江陵,力战死之。
　　之高第五弟之平,字如原,少倜傥有志略,以军功封费县侯。承圣中,累迁散骑常侍、太子詹事。陈文帝初,除光禄大夫、慈训宫卫尉,并不就。乃筑山穿池,植以卉木,居处其中,有终焉志。天康元年卒,谥曰僖子。子忌。
　　忌,字无畏,少聪敏,有识量,颇涉史传,为当时所称。侯景之乱,招集勇力,乃随陈武帝征讨。及陈武帝诛王僧辩,僧辩弟僧智,举兵据吴郡。陈武帝遣黄他攻之,不能克。命忌勒部下精兵,自钱唐直趣吴郡,夜至城下,鼓噪薄之。僧智疑大军至,轻舟奔杜龛,忌入据吴郡。陈武帝嘉之,表授吴郡太守。天嘉五年,累迁卫尉卿,封东兴县侯。及华皎称兵上流,宣帝时为录尚书辅政,尽命众军出讨,委忌总知中外城防诸军事。宣帝即位,改封乐安县侯。历位都官尚书。及吴明彻督众北伐,诏忌以本官监明彻军。淮南平,授豫州刺史。忌善于绥抚,甚得人和。及明彻进军彭、汴,以忌为都督,与明彻俱进吕梁。军败,见囚于周,授上开府。隋开皇十四年,卒于长安,年七十三。之高第十二弟之横。

之横,字如岳,少好宾游,重气侠,不事产业。之高以其纵诞,乃为狭被疏食,以激厉之。之横叹曰:"大丈夫富贵,必作百幅被。"遂与僮属数百人于苟陂大营田墅,遂致殷积。梁简文在东宫,闻而要之,以为河东王常侍。迁直阁将军。侯景之乱,隶鄱阳王范讨景,景济江,仍与范世子嗣入援台城。城陷,退还合肥。侯景遣任约逼晋熙,范令之横下援。未及至,范薨,之横乃还。时寻阳王大心在江州,范副梅思立,密要大心袭盆城,之横斩思立而拒大心。大心以州降侯景,之横与兄之高归元帝,位廷尉卿、河东内史,随王僧辩拒侯景。景退,迁东徐州刺史,封豫宁侯,又随僧辩破景,景东奔,僧辩命之横与杜崱入守台城。及陆纳据湘州叛,又隶僧辩南讨,斩纳将李贤明,平之。又破武陵王于峡口。还除吴兴太守,乃作百幅被以成其志。魏克江陵,齐遣上党王高涣,挟贞阳侯明攻东关。晋安王承制,以之横为徐州刺史,都督众军,出守蕲城。之横营垒未周,而齐军大至,兵尽矢穷,遂于阵没。赠司空,谥曰忠壮。子凤宝嗣。

论曰:韦、裴少年励操,俱以学尚自立;晚节驱驰,各著功于戎马。观睿制胜之道,谓为魁梧之杰,然而形甚羸瘠,身不跨鞍,板舆指麾,隐如敌国,其器分有在,隆名岂虚得乎?邃自效边疆,盛绩克举,其志不遂,良可悲夫!二门子弟,各著名节,与梁终始,克荷隆构。"将门有将",斯言岂曰妄乎?

卷五十九　　列传第四十九

江淹　任昉　王僧孺

江淹,字文通,济阳考城人也。父康之,南沙令,雅有才思。淹少孤贫,常慕司马长卿、梁伯鸾之为人,不事章句之学,留情于文章。早为高平檀超所知,常升以上席,甚加礼焉。起家南徐州从事,转奉朝请。宋建平王景素好士,淹随景素在南兖州。广陵令郭彦文得罪,辞连淹,言受金,淹被系狱。自狱中上书曰:

昔者,贱臣叩心,飞霜击于燕地;庶女告天,振风袭于齐台。下官每读其书,未尝不废卷流涕。何者?士有一定之论,女有不易之行。信而见疑,贞而为戮,是以壮夫义士,伏死而不顾者以此也。下官闻仁不可恃,善不可依,谓徒虚语,乃今知之。伏愿大王暂停左右,少加矜察。

下官本蓬户桑枢之人,布衣韦带之士,退不饰《诗》《书》以惊愚,进不买声名于天下。日者,谬得升降承明之阙,出入金华之殿,何尝不局影凝严,侧身肩禁者乎!窃慕大王之义,复为门下之宾,备鸣盗浅术之余,豫三五贱伎之末。大王惠以恩光,顾以颜色,实佩荆卿黄金之赐,窃感豫让国士之分矣。常欲结缨伏剑,少谢万一,剖心摩踵,以报所天。不图小人固陋,坐贻谤缺,迹坠昭宪,身限幽圄,履影吊心,酸鼻痛骨。下官闻亏名为辱,亏形次之,是以每一念来,忽若有遗。加以涉旬月,迫季秋,天光沉阴,左右无色,身非木石,与狱吏为伍。此少卿所以仰天搥心,泣尽而继之以血者也。下官虽乏乡曲之誉,然尝闻君子之行矣,其上则隐于帘肆之间,卧于岩石之下;次则结绶金马之庭,高议云台之上;退则镇南越之君,系单于之颈。俱启丹册,并图青史。宁争分寸之末,竞锥刀之利哉!下官闻积毁销金,积逸摩骨,远则直生取疑于盗金,近则伯鱼被名于不义。彼之二才,犹或如是,况在下官,焉能自免?昔上将之耻,绛侯幽狱,名臣之羞,史迁下室,至如下官,当何言哉!夫以鲁连之智,辞禄而不反;接舆之贤,行歌而忘归。子陵闭关于东越,仲蔚杜门于西秦,亦良可知也。若使下官事非其虚,罪得其实,亦当钳口吞舌,伏匕首以殒身,何以见宁鲁奇节之人,燕赵悲歌之士乎!

方今圣历钦明,天下乐业,青云浮洛,荣光塞河,西泊临洮、狄道,北距飞狐、阳原,莫不浸仁沐义,照景饮醴,而下官抱痛圜门,含愤狱户,一物之微,有足悲者。仰惟大王少垂明白,则梧丘之魂,不愧于沉首;鹄亭之鬼,无恨于灰骨。

景素览书,即日出之。寻举南徐州秀才,对策上第,再迁府主簿。景素为荆州,淹从之镇。少帝即位,多失德,景素专据上流,咸劝因此举事。淹每从容进谏,景素不纳。及镇京口,淹为镇军参军,领南东海郡丞。景素与腹心日夜谋议,淹知祸机将发,乃赠诗十五首以讽焉。会东海太守陆澄丁艰,淹自谓郡丞应行郡事,景素用司马柳世隆。淹固求之,景素大怒,言于选部,黜为建安吴兴令。

及齐高帝辅政,闻其才,召为尚书驾部郎、骠骑参军事。俄而荆州刺史沈攸之作乱,高帝谓淹曰:"天下纷纷若是,君谓何如?"淹曰:"昔项强而刘弱,袁众而曹寡,羽卒受一剑之辱,绍终为奔北之虏,此所谓'在德不在鼎',公何疑乎?"帝曰:"试为我言之。"淹曰:"公雄武有奇略,一胜也;宽容而仁恕,二胜也;贤能毕力,三胜也;人望所归,四胜也;奉天子而伐叛逆,五胜也。彼志锐而器小,一败也;有恩无威,二败也;士卒解体,三败也;搢绅不怀,四败也;悬兵数千里、而无同恶相济,五败也。虽豺狼十万,而终为我获焉。"帝笑曰:"君谈过矣。"桂阳之役,朝廷周章,诏檄久之未就。齐高帝引淹入中书省,先赐酒食,淹素能饮啖,食鹅炙垂尽,进酒数升讫,文诰亦办。相府建,补记室参军。高帝让九锡及诸章表,皆淹制也。齐受禅,复为骠骑豫章王嶷记室参军。

建元二年,始置史官,淹与司徒左长史檀超共掌其任,所为条例,并为王俭所驳,其言不行。淹任性文雅,不以著述在怀,所撰十三篇竟无次序。又领东武令,参掌诏策。后拜中书侍郎,王俭尝谓曰:"卿年三十五,已为中书侍郎,才学如此,何忧不至尚书金紫?所谓富贵卿自取之,但问年寿何如尔。"淹曰:"不悟明公见眷之重。"永明三年，兼尚书左丞。时襄阳人开古冢，得玉镜及竹简古书，字不可识。王僧虔善识字体，亦不能谙，直云似是科斗书。淹以科斗字推之，则周宣王之前也。简殆如新。

少帝初，兼御史中丞。明帝作相，谓淹曰："君昔在尚书中，非公事不妄行，在官宽猛能折衷。今为南司，足以振肃百僚也。"淹曰："今日之事，可谓当官而行，更恐不足仰称明旨尔。"于是弹中书令谢朏、司徒左长史王缋、护军长史庾弘远，并以托疾不预山陵公事。又奏收前益州刺史刘悛、梁州刺史阴智伯，并赃货巨万，辄收付廷尉。临海太守沈昭略、永嘉太守庾昙隆及诸郡二千石并大县官长，多被劾，内外肃然。明帝谓曰："自宋以来，不复有严明中丞，君今日可谓近世独步。"

累迁秘书监，侍中，卫尉卿。初，淹年十三时，孤贫，常采薪以养母，曾于樵所得貂蝉一具，将鬻以供养。其母曰："此故汝之休征也，汝才行若此，岂长贫贱也？可留待得侍中著之。"至是果如母言。

永元中，崔慧景举兵围都，衣冠悉投名刺，淹称疾不往。及事平，时人服其先见。东昏末，淹以秘书监兼卫尉，又副领军王莹。及梁武至新林，淹微服来奔，位相国右长史。天监元年，为散骑常侍、左卫将军，封临沮县伯。淹乃谓子弟曰："吾本素宦，不求富贵，今之忝窃，遂至于此。平生言止足之事，亦以备矣。人生行乐，须富贵何时。吾功名既立，正欲归身草莱耳。"以疾迁金紫光禄大夫，改封醴陵伯，卒。武帝为素服举哀，谥曰宪。

淹少以文章显，晚节才思微退。云为宣城太守时罢归，始泊禅灵寺渚，夜梦一人自称张景阳，谓淹曰："前以一匹锦相寄，今可见还。"淹探怀中得数尺与之，此人大恚曰："那得割截都尽。"顾见丘迟谓曰："余此数尺既无所用，以遗君。"自尔淹文章踬矣。又尝宿于冶亭，梦一丈夫自称郭璞，谓淹曰："吾有笔在卿处多年，可以见还。"淹乃探怀中得五色笔一以授之。尔后为诗绝无美句，时人谓之才尽。凡所著述，自撰为前后集，并《齐史》十志，并行于世。尝欲为《赤县经》以补《山海》之阙，竟不成。子芿嗣。

任昉，字彦升，乐安博昌人也。父遥，齐中散大夫。遥兄遐，字景远，少敦学业，家行甚笃，位御史中丞、金紫光禄大夫。永明中，遐以罪将徙荒裔，遥怀名请诉，言泪交下，齐武帝闻而哀之，竟得免。遥妻河东裴氏，高明有德行，尝昼卧，梦有五色采旗盖四角悬铃，自天而坠，其一铃落入怀中，心悸因而有娠。占者曰："必生才子。"及生昉，身长七尺五寸，幼而聪敏，早称神悟。四岁诵诗数十篇，八岁能属文，自制《月仪》，辞义甚美。褚彦回尝谓遥曰："闻卿有令子，相为喜之。所谓百不为多，一不为少。"由是闻声藉甚。年十二，从叔晷有知人之量，见而称其小名曰："阿堆，吾家千里驹也。"昉孝友纯至，每侍亲疾，衣不解带，言与泪并，汤药饮食必先经口。初为奉朝请，举兖州秀才，拜太学博士。永明初，卫将军王俭领丹阳尹，复引为主簿。俭每见其文，必三复殷勤，以为当时无辈，曰："自傅季友以来，始复见于任子。若孔门

是用，其入室升堂。"于是令昉作一文，及见，曰："正得吾腹中之欲。"乃出自作文，令昉点正，昉因定数字。俭抚几叹曰："后世谁知子定吾文！"其见知如此。后为司徒竟陵王记室参军。时琅邪王融有才俊，自谓无对，当时见昉之文，恍然自失。以父丧去官，泣血三年，杖而后起。齐武帝谓昉伯遐曰："闻昉哀瘠过礼，使人忧之，非直亡卿之宝，亦时才可惜。宜深相全譬。"遐使进饮食，当时勉励，回即欧出。昉父遥本性重槟榔，以为常饵，临终尝求之，剖百许口，不得好者，昉亦所嗜好，深以为恨，遂终身不尝槟榔。遭继母忧，昉先以毁瘠，每一恸绝，良久乃苏。因庐于墓侧，以终丧礼。哭泣之地，草为不生。昉素强壮，腰带甚充，服阕后不复可识。齐明帝深加器异，欲大相擢引，为爱憎所白，乃除太子步兵校尉，掌东宫书记。齐明帝废郁林王，始为侍中、中书监、骠骑大将军、开府仪同三司、扬州刺史、录尚书事，封宣城郡公，使昉具草。帝恶其辞斥，甚愠，昉亦由是终建武中，位不过列校。昉尤长为笔，颇慕傅亮，才思无穷，当时王公表奏无不请焉。昉起草即成，不加点窜。沈约一代辞宗，深所推挹。永元中，纡意于梅虫儿，东昏中旨用为中书郎。谢尚书令王亮，亮曰："卿宜谢梅，那忽谢我。"昉惭而退。末为司徒右长史。

梁武帝克建邺，霸府初开，以为骠骑记室参军，专主文翰。每制书草，沈约辄求同署。尝被急召，昉出而约在，是后文笔，约参制焉。始梁武与昉遇竟陵王西邸，从容谓昉曰："我登三府，当以卿为记室。"昉亦戏帝曰："我若登三事，当以卿为骑兵。"以帝善骑也。至是引昉，符昔言焉。昉奉笺云："昔承清宴，属有绪言，提挈之旨，形乎善谑。岂谓多幸，斯言不渝。"盖为此也。梁台建，禅让文诰，多昉所具。

奉事叔父母不异严亲，事兄嫂恭谨。外氏贫阙，恒营奉供养。禄奉所收，四方饷遗，皆班之亲戚，即日便尽。性通脱，不事仪形，喜愠未尝形于色，车服亦不鲜明。

武帝践阼，历给事黄门侍郎，吏部郎。出为义兴太守。岁荒民散，以私奉米豆为粥，活三千余人。时产子不举，昉严其制，罪同杀人。孕者供其资费，济者千室。在郡所得公田奉秩八百余石，昉五分督一，余者悉原，儿妾食麦而已。友人彭城到溉、溉弟洽，从昉共为山泽游。及被代登舟，止有绢七匹，米五石。至都无衣，镇军将军沈约遗裙衫迎之。重除吏部郎，参掌大选，居职不称。寻转御史中丞、秘书监。自齐永元以来，秘阁四部，篇卷纷杂，昉手自雠校，由是篇目定焉。出为新安太守，在郡不事边幅，率然曳杖，徒行邑郭。人通辞讼者，就路决焉。为政清省，吏人便之。卒于官，唯有桃花米二十石，无以为敛。遗言不许以新安一物还都，杂木为棺，浣衣为敛。阖境痛惜，百姓共立祠堂于城南，岁时祠之。武帝闻问，方食西苑绿沉瓜，投之于盘，悲不自胜。因屈指曰："昉少时常恐不满五十，今四十九，可谓知命。"即日举哀，哭之甚恸。追赠太常，谥曰敬子。

昉好交结，奖进士友，不附之者亦不称述，得其延誉者多见升擢，故衣冠贵游莫不多与交好，坐上客恒有数

十。时人慕之，号曰任君，言如汉之三君也。在郡尤以清洁著名，百姓年八十以上者，遣户曹掾访其寒温。尝欲营佛斋，调枫香二石，始入三斗，便出教长断，曰："与夺自己，不欲贻之后人。"郡有蜜岭及杨梅，旧为太守所采，昉以冒险多物故，即时停绝，吏人咸以百余年未之有也。为《家诫》，殷勤甚有条贯。陈郡殷芸与建安太守到溉书曰："哲人云亡，仪表长谢。元龟何寄，指南何托？"其为士友所推如此。昉不事生产，至乃居无室宅。时或讥其多乞贷，亦随复散之亲故，常自叹曰："知我者亦以叔则，不知我者亦以叔则。"既以文才见知，时人云"任笔沈诗"。昉闻甚以为病。晚节转好著诗，欲以倾沈。用事过多，属辞不得流便，自尔都下士子慕之，转为穿凿，于是有才尽之谈矣。博学，于书无所不见，家虽贫，聚书至万余卷，率多异本。及卒后，武帝使学士贺纵共沈约勘其书目，官无者就其家取之。所著文章数十万言，盛行于时。东海王僧孺尝论之，以为"过于董生、扬子。昉乐人之乐，忧人之忧，虚往实归，忘贫去吝，行可以厉风俗，义可以厚人伦，能使贪夫不取，懦夫有立"。其见重如此。

有子东里、西华、南容、北叟，并无术业，坠其家声。兄弟流离不能自振，生平旧交莫有收恤。西华冬月著葛帔练裙，道逢平原刘孝标，泫然矜之，谓曰："我当为卿作计。"乃著《广绝交论》，以讥其旧交曰：

客问主人曰："朱公叔《绝交论》为是乎，为非乎？"主人曰："客奚此之问？"客曰："夫草虫鸣则阜螽跃，雕虎啸而清风起，故氛氲相感，雾涌云蒸，嘤鸣相召，星流电激。是以王阳登则贡公喜，罕生逝而国子悲。且心同琴瑟，言郁郁于兰茝；道叶胶漆，志婉娈于埙篪。圣贤以此镂金板而镌盘盂，书玉牒而刻钟鼎。若乃匠石辍成风之妙巧，伯牙息流波之雅引，范、张款款于下泉，尹、班陶陶于永夕。骆驿从横，烟霏雨散，巧历所不知，心计莫能则。而朱益州汩彝叙，粤谟训，捶直切，绝交游，视黔首为鹰鹯，媲人灵于豺虎。蒙有猜焉。请辩其惑。"

主人听然曰："客所谓抚弦徽音，未达燥湿变响；张罗沮泽，不睹鸿雁高飞。盖圣人握金镜，阐风烈，龙骧蠖屈，从道污隆。日月连璧，赞亹亹之弘致；云飞雷薄，显棣华之微旨。若五音之变化，济九成之妙曲，此朱生得玄珠于赤水，漠神睿以为言。至夫组织仁义，琢磨道德，欢其愉乐，恤其陵夷，寄通灵台之下，遗迹江湖之上；风雨急而不辍其音，霜雪零而不渝其色。斯贤达之素交，历万古而一遇。逮叔世人讹，狙诈飙起，溪谷不能逾其险，鬼神无以究其变，竞毛羽之轻，趋锥刀之末。于是素交尽，利交兴，天下蚩蚩，鸟惊雷骇。然利交同源，派流则异，较言其略，有五术焉：

"若其宠钧董、石，权压梁、窦，雕刻百工，炉锤万物，吐噏兴云雨，呼噏下霜露，九域耸其风尘，四海叠其熏灼。靡不望影星奔，藉响川骛。鸡人始唱，鹤盖成阴，高门旦开，流水接轸，皆愿摩顶至踵，隳胆抽肠。约同要离焚妻子，誓殉荆卿湛七族。是曰势交，其流一也。

"富埒陶、白，资巨程、罗，山擅铜陵，家藏金穴，出平原而联骑，居闾里而鸣钟。则有穷巷之宾，绳枢之士，冀宵烛之末光，邀润屋之微泽。鱼贯凫踊，飒沓鳞萃，分雁鹜之稻粱，沾玉斝之余沥。衔恩遇，进欵诚，援青松以示心，指白水而旌信。是曰贿交，其流二也。

"陆大夫宴喜西都，郭有道人伦东国，公卿贵其籍甚，搢绅羡其登仙。加以颔颐蹙頞，涕唾流沫，骋黄马之剧谈，纵碧鸡之雄辩。叙温燠则寒谷成暄，论严苦则春丛零叶，飞沉出其顾指，荣辱定其一言。于是有弱冠王孙，绮纨公子，道不挂于通人，声未逌于云阁，攀其鳞翼，丐其余论，附骐骥之旄端，轶归鸿于碣石。是曰谈交，其流三也。

"阳舒阴惨，生灵大情，忧合欢离，品物恒性。故鱼以泉涸而呴沫，鸟因将死而鸣哀。同病相怜，缀河上之悲曲；恐惧置怀，昭《谷风》之盛典。斯则断金由于湫隘，刎颈起于苫盖。是以伍员濯溉于宰嚭，张王抚翼于陈相。是曰穷交，其流四也。

"驰骛之俗，浇薄之伦，无不操权衡，执纤纩，衡所以揣其轻重，纩所以属其鼻息。若衡不能举，纩不能飞，虽颜、冉龙翰凤雏，曾、史兰薰雪白，舒、向金玉泉海，卿、云黼黻河汉，视若游尘，遇同土梗，莫肯费其半菽，罕有落其一毛。若衡重锱铢，纩微彯撇，虽共工之搜慝，欢兜之掩义，南荆之跋扈，东陵之巨猾，皆为匍匐委蛇，折枝舐痔。金膏翠羽将其意，脂韦便辟导其诚。故轮盖所游，必非夷、惠之室；苞苴所入，实行张、霍之家。谋而后动，芒豪寡忒。是曰量交，其流五也。

"凡斯五交，义同贾鬻，故桓谭譬之于阛阓，林回谕之于甘醴。夫寒暑递进，盛衰相袭，或前荣而后悴，或始富而终贫，或初存而末亡，或古约而今泰。循环翻覆，迅若波澜，此则徇利之情未尝异，变化之道不得一。由是观之，张、陈所以凶终，萧、朱所以隙末，断焉可知矣。而翟公方规规然勒门以箴客，何所见之晚乎？然则此五交，是生三衅：败德殄义，禽兽相若，一衅也；难固易携，仇讼所聚，二衅也；名陷饕餮，贞介所羞，三衅也。古人知三衅之为梗，惧五交之速尤，故王丹威子以榎楚，朱穆昌言而示绝，有旨哉！有旨哉！

"近世有乐安任昉，海内髦杰，早绾银黄，凤昭人誉。遒文丽藻，方驾曹、王；英跱俊迈，联衡许、郭。类田文之爱客，同郑庄之好贤。见一善则盱衡扢腕，遇一才则扬眉抵掌。雌黄出其唇吻，朱紫由其月旦。于是冠盖辐凑，衣裳云合；辐轳击轸，坐客恒满。蹈其闾阈，若升阙里之堂；入其隩隅，谓登龙门之坂。至于顾眄增其倍价，剪拂使其长鸣，彯组云台者摩肩，趋走丹墀者叠迹。莫不缔恩狎，结绸缪。想慧、庄之清尘，庶羊、左之徽烈。及瞑目东粤，归骸洛浦，缇帐犹悬，门罕渍酒之彦；坟未宿草，野绝动轮之宾。藐尔诸孤,朝不谋夕,流离大海之南,寄命瘴疠之地。自昔把臂之英,金兰之友,曾无羊舌下泣之仁,宁慕邴成分宅之德?呜呼!世路险巇,一至于此!太行孟门,岂云崭绝?是以耿介之士,疾其若斯,裂裳裹足,弃之□长□。独立高山之顶,欢与麋鹿同群,睉睉然绝其雰浊,诚耻之也,诚畏之也。"
到溉见其论,抵之于地,终身恨之。

昉撰杂传二百四十七卷,《地记》二百五十二卷,文章三十三卷。东里位尚书外兵郎。

王僧孺,字僧孺,东海郯人也。魏卫将军肃八世孙也。曾祖雅,晋左光禄大夫,仪同三司。祖准之,宋司徒左长史。父延年,员外常侍,未拜卒。僧孺幼聪慧,年五岁便机警,初读《孝经》,问授者曰:"此书何所述?"曰:"论忠孝二事。"僧孺曰:"若尔,愿常读之。"又有馈其父冬李,先以一与之,僧孺不受,曰:"大人未见,不容先尝。"七岁能读十万言,及长,笃爱坟籍。家贫,常佣书以养母,写毕讽诵亦了。

仕齐为太学博士,尚书仆射王晏深相赏好。晏为丹阳尹,召补功曹,使撰《东宫新记》。司徒竟陵王子良开西邸,招文学,僧孺与太学生虞羲、丘国宾、萧文琰、丘令楷、江洪、刘孝孙并以善辞藻游焉。而僧孺与高平徐寅俱为学林。文惠太子欲以为宫僚,乃召入直崇明殿。会薨,出为晋安郡丞,仍除候官令。建武初举士,为始安王遥光所荐,除仪曹郎,迁书侍御史,出为钱唐令。初,僧孺与乐安任昉遇于竟陵王西邸,以文学会友,及将之县,昉赠诗曰:"唯子见知,唯余知子,观行视言,要终犹始。敬之重之,如兰如芷,形应影随,曩行今止。百行之首,立人斯著,子之有之,谁毁谁誉?修名既立,老至何遽,谁其执鞭?吾为子御。刘《略》班《艺》,虞《志》荀《录》,伊昔有怀,交相欣勖。下帷无倦,升高有属,嘉尔晨登,惜余夜икoc。"其为士友推重如此。

梁天监初,除临川王后军记室,待诏文德省。出为南海太守。南海俗杀牛,曾无限忌,僧孺至便禁断。又外国舶物、高凉生口岁数至,皆外国贾人以通货易。旧时州郡就市,回而即卖,其利数倍,历政以为常。僧孺叹曰:"昔人为蜀部长史,终身无蜀物,吾欲遗子孙者,不在越装。"并无所取。视事二岁,声绩有闻。诏征将还,郡中道俗六百人诣阙请留,不许。至,拜中书侍郎,领著作,复直文德省。撰起居注、《中表簿》,迁尚书左丞,俄兼御史中丞。僧孺幼贫,其母鬻纱布以自业,尝携僧孺至市,道遇中丞卤簿,驱迫坠沟中。及是拜目,引驺清道,悲感不自胜。顷之即真。时武帝制《春景明志诗》五百字,敕沈约以下辞人同作,帝以僧孺为工。历少府卿,尚书吏部郎,参大选,请谒不行。出为仁威南康王长史、兰陵太守,行府、州、国事。初,帝问僧孺妾媵之数,对曰:"臣室无倾视。"及在南徐州,友人以妾寓之,行还,妾遂怀孕。为王典签汤道愍所纠,遽诣南司,坐免官,久之不调。友人庐江何炯犹为王府记室,僧孺乃与炯书以见其意。后为安成王参军事,镇右中记室参军。

僧孺工属文,善楷隶,多识古事。侍郎全元起欲注《素问》,访以砭石。僧孺答曰:"古人当以石为针,必不用铁。《说文》有此砭字,许慎云:'以石刺病也。'《东山经》:'高氏之山多针石。'郭璞云:'可以为砭针。'《春秋》:'美疢不如恶石。'服子慎注云:'石,砭石也。'季世无复佳石,故以铁代之尔。"

转北中郎谘议参军,入直西省,知撰谱事。先是,尚书令沈约以为"晋咸和初,苏峻作乱,文籍无遗。后起咸和二年以至于宋,所书并皆详实,并在下省左户曹前厢,谓之晋籍,有东西二库。此籍既并精详,实可宝惜,位宦高卑,皆可依案。宋元嘉二十七年,始以七条征发,既立此科,人好互起,伪状巧籍,岁月滋广。以至于齐,患其不实,于是东堂校籍,置郎令史以掌之。竞行奸货,以新换故,昨日卑细,今日便成士流。凡此奸巧,并出愚下,不辨年号,不识官阶。或注隆安在元兴之后,或以义熙在宁康之前。此时无此府,此时无此国。元兴唯有三年,而狠称四、五,诏书甲子,不与长历相应。校籍诸郎亦所不觉,才令史固自忘言。臣谓宋、齐二代,士庶不分,杂役减阙,职由于此。窃以晋籍所余,宜加宝爱"。武帝以是留意谱籍,州郡多离其罪,因诏僧孺改定《百家谱》。始晋太元中,员外散骑侍郎平阳贾弼笃好簿状,乃广集众家,大搜群族,所撰十八州一百一十六郡,合七百一十二卷。凡诸大品,略无遗阙,藏在秘阁,副在左户。及弼子太宰参军匪之、匪之子长水校尉深,世传其业。太保王弘、领军将军刘湛并好其书。弘日对千客,不犯一人之讳。湛为选曹,始撰百家以助铨序,而伤于寡略。齐卫将军王俭复加去取,得繁省之衷。僧孺之撰,通范阳张等九族以代雁门解等九姓。其东南诸族别为一部,不在百家之数焉。普通二年卒。

僧孺好坟籍,聚书至万余卷,率多异本,与沈约、任昉家书埒。少笃志精力,于书无所不睹,其文丽逸,多用新事,人所未见者,时重其富博。集《十八州谱》七百一十卷;《百家谱集抄》十五卷;《东南谱集抄》十卷;文集三十卷,《两台弹事》不入集,别为五卷,及《东宫新记》并行于世。

虞羲,字士光,会稽余姚人,盛有才藻,卒于晋安王侍郎。丘国宾,吴兴人,以才志不遇,著书以讥扬雄。萧文琰,兰陵人。丘令楷,吴兴人。江洪,济阳人。竟陵王子良尝夜集学士,刻烛为诗,四韵者则刻一寸,以此为率。文琰曰:"顿烧一寸烛,而成四韵诗,何难之有?"乃与令楷、江洪等共打铜钵立韵,响灭则诗成,皆可观览。刘孝孙,彭城人。博学通敏,而仕多不遂,常叹曰:"古人或开一说而致卿相,立谈间而降白璧,书籍妄书。"徐寅,高平人,有学行。父荣祖,位秘书监,尝有罪系狱,且日原之,而发皓白。齐武问其故,曰:"臣思愆于内,而发变于外。"当时称之。

论曰:二汉求士,率先经术;近代取人,多由文史。观江、任之所以效用,盖亦会其时焉。而淹实先觉,加之以沉静;昉乃旧恩,持之以内行。其所以名位自毕,各其宜乎！僧孺硕学，而中年遭踬，非为不遇，斯乃穷通之数也。

卷六十　　列传第五十

范岫　傅昭 弟映　孔休源　江革 子德藻
徐勉　许懋 子亨　殷钧 宗人芸

范岫，字懋宾，济阳考城人也。高祖宣，晋征士。父羲，宋尚书殿中郎，本州别驾。竟陵王诞反，羲在城中，事平遇诛。岫幼而好学，早孤，事母以孝闻。外祖颜延之早相题目，以为中外之宝。蔡兴宗临荆州，引为主簿。及蔡将卒，以岫贫乏，遗旨赐钱二十万，固辞拒之。

仕齐为太子家令。文惠太子之在东宫，沈约之徒以文才见引，岫亦预焉。岫文虽不逮约，而名行为时辈所与。博涉多通，尤悉魏、晋以来吉凶故事。约常称曰："范公好事该博，胡广无以加。"南乡范云谓人曰："诸君进止威仪，当问范长头。"以岫多识前代旧事也。迁国子博士。岫长七尺八寸，姿容奇伟。永明中，魏使至，诏妙选朝士有辞辩者，接使于界首，故以岫兼淮阳长史迎焉。入为尚书左丞。丁母忧，居丧过礼。朝廷频起，并不拜。朝廷亮其哀款，得终丧制。出为安成内史，创立钧折行仓，公私弘益。征黄门侍郎，兼御史中丞，吏将送一无所纳。永元末，为辅国将军、冠军晋安王长史，行南徐州事。梁武帝平建邺，承制行为尚书吏部郎，参大选。天监五年，为散骑常侍、光禄大夫，侍皇太子，给扶。累迁祠部尚书，金紫光禄大夫。卒官。

岫恭敬俨恪，进止以礼，自亲丧后，蔬食布衣以终身。每所居官，恒以廉洁著称。为长城令时，有梓材巾箱，至数十年，经贵遂不改易。在晋陵唯作牙管笔一双，犹以为费。所著文集、《礼论》、《杂仪》、《字训》行于世。二子褒、伟。

傅昭，字茂远，北地灵州人，晋司隶校尉咸七世孙也。祖和之，父淡，善《三礼》，知名宋世。淡事宋竟陵王诞，诞反坐诛。昭六岁而孤，哀毁如成人，为外祖所养。十岁，于朱雀航卖历日，雍州刺史袁顗见而奇之。顗尝来昭所，昭读书自若，神色不改。顗叹曰："此儿神情不凡，必成佳器。"司徒建安王休仁闻而悦之，固欲致昭。昭以宋氏多故，遂不往。或有称昭于廷尉虞愿，乃遣人迎昭。时愿宗人通之在坐，并当时名流。通之贻昭诗曰："英妙擅山东，才子倾洛阳，清尘谁能嗣？及尔迈遗芳。"太原王延秀荐昭于丹阳尹袁粲，深见礼，辟为郡主簿，使诸子从昭受学。会明帝崩，粲造哀策文，乃引昭定其所制，昭有其半焉。粲每经昭户，辄叹曰："经其户寂若无人，披其帷其人斯在，岂非名贤？"寻为总明学士、奉朝请。

齐永明中，累迁尚书仪曹郎。先是御史中丞刘休荐昭于齐武帝，永明初，以昭为南郡王侍读。王嗣帝位，故时臣隶争求权宠，唯昭及南阳宗夬保身而已，守正无所参入，竟不罹祸。明帝践阼，引昭为中书通事舍人。时居此职者，皆权倾天下，昭独廉静无所干豫，器服率陋，身安粗粝。常插烛板床，明帝闻之，赐漆合烛盘，敕曰："卿有古人之风，故赐卿古人之物。"累迁尚书左丞。

梁武帝素重昭，梁台建，以为给事黄门侍郎，领著作，兼御史中丞。天监三年，兼五兵尚书，参选事。四年即真。历位左户尚书，安成内史。郡自来尔，兵乱相接，府舍称凶。每昏旦间，人鬼相触，在任者鲜以吉终。及昭至，有人夜见甲兵出，曰："傅公善人，不可侵犯。"乃腾虚而去。有顷风雨总至，飘郡听事入隍中，自是郡遂无患，咸以昭贞正所致。郡溪无鱼，或有暑月荐昭鱼者，昭既不纳，又不欲拒，遂馁于门侧。郡多猛兽为害，常设槛阱，昭曰："人不害猛兽，猛兽亦不害人。"乃命去槛阱，猛兽竟不为害。历秘书监，太常卿，迁临海太守。郡有蜜岩，前后太守皆自封固，专收其利。昭以周文之囿，与百姓共之，大可喻小，乃教勿封。县令尝饷栗，置绢于簿下，昭笑而还之。普通五年，为散骑常侍、金紫光禄大夫。

昭所莅官，常以清静为政，不尚严肃。居朝廷，无所请谒，不畜私门生，不交私利。终日端居，以书记为乐，虽老不衰。博极古今，尤善人物。魏、晋以来，官宦簿阀，姻通内外，举而论之，无所遗失，世称为学府。性尤笃慎，子妇尝得家饷牛肉以进昭，昭召其子曰："食之则犯法，告之则不可，取而埋之。"其居身行己，不负暗室，类皆如此。后进宗其学，重其道，人人自以为不逮。卒，谥曰贞。

长子谞，位尚书郎，湘东王外兵参军。谞子准，有文才，梁宣帝时，位度支尚书。

昭弟映，字徽远，三岁而孤。兄弟友睦，修身励行，非礼不动。始昭之守临海，陆倕饯之，宾主俱欢，日暮不反。映以昭年高，不可连夜极乐，乃自往候接，同乘而归。兄弟并已斑白，时人美而服焉。及昭卒，映事之如父，年逾七十，哀戚过礼。服制虽除，每言辄恸。天监中，位乌程令，卒于太中大夫。子弘。

孔休源，字庆绪，会稽山阴人，晋尚书冲之八世孙，冲即开府仪同三司愉之世父也。曾祖遥之，宋尚书水部郎。父佩，齐通直郎。休源十一而孤，居丧尽礼。每见父手所写书，必哀恸流涕，不能自胜，见者莫不为之垂泣。后就吴兴沈麟士受经，略通大义。州举秀才，太尉徐孝嗣省其策，深善之，谓同坐曰："董仲舒、华令思何以尚此？可谓后生之准的也。观此足称王佐之才。"琅邪王融雅相友善，乃荐之于司徒竟陵王，为西邸学士。

梁台建，与南阳刘之遴同为太学博士，当时以为美选。休源初到都，寓于宗人少府孔登。曾以祠事入庙，侍中范云一与相遇，深加褒赏，曰："不期忽觏清颜，顿祛鄙吝，观天披雾，验之今日。"后云命驾到少府，登便拂筵整带，谓当诣己，备水陆之品。云驻箸命休源，及至，命取其常膳，止有赤仓米饭，蒸鲍鱼。云食休源食，不举主人之馔。高谈尽日，同载还家。登深以为愧。尚书令沈约当朝贵显，轩盖盈门，休源或时后来，必虚襟引接，处之坐右,商略文义。其为通人所推如此。武帝尝问吏部尚书徐勉,求一有学艺解朝仪者,为尚书仪曹郎,勉曰:"孔休源识见清通,详练故事,自晋、宋起居注,诵略上口。"武帝亦素闻之,即日除兼尚书仪曹郎。时多所改作,每逮访前事,休源即以所诵记随机断决,曾无疑滞。吏部郎任昉常谓之为"孔独诵"。

迁建康狱正,平反辩析,时罕冤人。后有选人为狱司者,帝常引休源以励之。除中书舍人。后为尚书左丞,弹肃礼闱,雅允朝望。时周舍撰《礼疑义》,自汉、魏至于齐、梁,并皆搜采,休源所有奏议,咸预编录。再迁长兼御史中丞,正色直绳,无所回避,百僚惮之。后为晋安王长史、南郡太守,行荆州府州事。帝谓曰:"荆州总上流冲要,义高分陕,今以十岁儿委卿,善匡翼之,勿惮周昌之举也。"乃敕晋安王曰:"孔休源人伦仪表,汝年尚幼,当每事师之。"寻始兴王憺代镇荆州,复为憺府长史,太守、行府事如故。在州累政,甚有政绩,平心决断,请托弗行。帝深嘉之。历秘书监,复为晋安王府长史、南兰陵太守,别敕专行南徐州事。休源累佐名蕃,甚得人誉。王深相倚仗,常于中斋别施一榻,云"此是孔长史坐",人莫得预焉。其见敬如此。历都官尚书。

普通七年,扬州刺史临川王宏薨,武帝与群臣议代居州任者,时贵戚王公咸望迁授。帝曰:"朕已得人,孔休源才识通敏,实应此选。"乃授宣惠将军、监扬州事。休源初为临川王行佐,及王薨而管州任,时论荣之。神州都会,簿领殷繁,休源剖断如流,傍无私谒。中大通二年,加金紫光禄大夫。在州昼决辞讼,夜览坟籍。每车驾巡幸,常以军国事委之。昭明太子薨,有敕夜召休源入宴居殿,与群公参定谋议,立晋安王纲为皇太子。自公卿珥貂插笔奏决于休源前,休源怡然无愧,时人名为兼天子。四年,卒,遗令薄葬,节朔荐蔬菲而已。帝为之流涕,顾谢举曰:"孔休源居职清忠,方欲共康政道,奄至陨没,朕甚痛之。"举曰:"此人清介强直,臣窃为陛下惜之。"谥曰贞子。休源风范强正,明练政体,常以天下为己任。武帝深委仗之。累居显职,性缜密,未尝言禁中事。聚书盈七千卷,手自校练。凡奏议弹文勒成十五卷。

长子云章,颇有父风,位东扬州别驾。少子宗范,聪敏有识度,位中书郎。

江革,字休映,济阳考城人也。祖齐之,宋都水使者,尚书金部郎。父柔之,齐尚书仓部郎,有孝行,以母忧毁卒。革幼而聪敏,早有才思,六岁便解属文。柔之深加赏器,曰:"此儿必兴吾门。"九岁丁父艰,与第四弟观同生,少孤贫,傍无师友,兄弟自相训勖,读书精力不倦。十六丧母,以孝闻。服阕,与观俱诣太学,补国子生,举高第。齐中书郎王融、吏部郎谢朓雅相钦重。朓尝行还过候革,时大寒雪,见革弊絮单席,而耽学不倦。嗟叹久之,乃脱其所著襦,并手割半毡与革充卧具而去。司徒竟陵王闻其名,引为西邸学士。

弱冠举南徐州秀才。时豫章胡谐之行州事,王融与谐之书令荐革。谐之方贡琅邪王汎,便以革代之。仆射江祏深相引接,祏为太子詹事,启革为丞。祏时权倾朝右,以革才堪经国,令参掌机务,诏诰文檄皆委以具。革防杜形迹,外人不知。祏诛,宾客皆罹其罪,革独以智免。除尚书驾部郎。

中兴元年,梁武帝入石头,时吴兴太守袁昂据郡,拒义不从。革制书与昂,于坐立成,辞义典雅,帝深赏叹之,令与徐勉同掌书记。建安王为雍州刺史,表求管记,以革为征北记室参军,带中庐令。与弟观少长共居,不忍离别,苦求同行。以观为征北行参军,兼记室。时吴兴沈约、乐安任昉与革书云:"比闻雍府妙选英才,文房之职,总卿昆季,可谓驭二龙于长途,骋骐骥于千里。"途次江夏,观卒。革在雍州,为府王所礼,款若布衣。后为建康正,频迁秣陵、建康令,为政明肃,豪强惮之。历中书舍人,尚书左丞,晋安王长史、寻阳太守,行江州府事。徙庐陵王长史,太守、行事如故。以清严为属城所惮。时少王行事,多倾意于签帅,革以正直自居,不与典签赵道智坐。道智因还都启事,面陈革堕事好酒,以琅邪王昙聪代为行事。南州士庶为之语曰:"故人不道智,新人伎散骑,莫知度不度,新人不如故。"迁御史中丞,弹奏豪权,一无所避。

后为镇北豫章王长史、广陵太守。时魏徐州刺史元法僧降附,革被敕随府王镇彭城。城既失守,革素不便马,泛舟而还。途经下邳,为魏人所执。魏徐州刺史安丰王延明闻革才名,厚加接待。革称脚疾不拜,延明将害之,见革辞色严正,更加敬重。时祖暅同被拘絷,延明使暅作《欹器漏刻铭》,革唾骂暅曰:"卿荷国厚恩,已无报答,乃为虏立铭,孤负朝廷。"延明闻之,乃令革作《丈八寺碑》并《祭彭祖文》,革辞以囚执既久,无复心思。延明将加捶扑,革厉色曰:"江革行年六十,不能杀身报主,今日得死为幸,誓不为人执笔。"延明知不可屈,乃止。日给脱粟三升,仅余性命。会魏帝请中山王元略反北,乃放革及祖暅还朝。上大宴,举酒劝革曰:"卿那不畏延明害?"对曰:"臣行年六十,死不为夭,岂畏延明?"帝曰:"今日始见苏武之节。"于是以为太尉临川王长史。时帝惑于佛教,朝贤多启求受戒。革精信因果,而帝未知,谓革不奉佛法,乃赐革《觉意诗》五百字,云:"唯当勤精进,自强行胜修,岂可作底突,如彼必死囚。以此告江革,并及诸贵游。"又手敕曰:"果报不可不信,岂得底突如对元延明邪?"革因乞受菩萨戒。时武陵王纪在东州,颇骄纵,上以臧盾性弱,不能匡正,召革慰遣,乃除武陵王长史、会稽郡丞,行府州事。革门生故吏家多在东,闻革应至,并赍持缘道迎候。革曰:"我通不受饷,不容独为故人筐笾。"至镇唯资公俸,食不兼味。郡境殷广,辞讼日数百。革分判辩析,曾无疑滞,人安吏畏,百城震恐。琅邪王骞为山阴令,赃货狼籍,望风自解。府王惮之。每侍宴,言论必以《诗》、《书》,王因此耽学好文。典签沈炽文以王所制诗呈武帝,帝谓仆射徐勉曰:"革果称职。"乃除都官尚书。将还,赠遗一无所受,送故依旧订舫,革并不纳,唯乘台所给一舸。舸艚偏欹,不得安卧。或请济江徙重物以迮轻艒,革既无物,乃于西陵岸取石十余片以实之。其清贫如此。寻监吴郡,时境内荒俭,劫盗公行。革至郡唯有公给仗身二十人，百姓皆惧不能静寇，革反省游军尉，百姓逾恐。革乃广施恩惠，盗贼静息。武陵王出镇江州，乃曰："我得江革文，得革清贫，岂能一日忘之？当与其同饱。"乃表革同行。除南中郎长史、寻阳太守。

征入为度支尚书。好奖进闾阎，为后生延誉，由是衣冠士子翕然归之。时尚书令何敬容掌选，序用多非其人。革性强直，每朝宴恒有褒贬，以此为权贵所疾。乃谢病还家，除光禄大夫，优游闲放，以文酒自娱。卒，谥曰强子。有集二十卷行于世。革历官八府长史，四王行事，三为二千石，傍无姬侍，家徒壁立，时以此高之。长子行敏早卒，次子德藻。

德藻，字德藻，好学，美风仪，身长七尺四寸。性至孝，事亲尽礼。与异产昆弟居，恩惠甚笃。涉猎经籍，善属文。仕梁为尚书比部郎，以父忧去职。服阕后，容貌毁瘠，如居丧时。及陈武帝受禅，为秘书监，兼尚书左丞。寻以本官兼中书舍人。天嘉中，兼散骑常侍，与中书郎刘师知使齐，著《北征道里记》三卷。还除太子中庶子。迁御史中丞，坐公事免。后自求宰县，补新渝令。政尚恩惠，颇有异绩。卒于官，文帝赠散骑常侍。文笔十五卷。子椿，亦善属文，位尚书右丞。

德藻弟从简，少有文情，年十七，作《采荷调》以刺何敬容，为当时所赏。位司徒从事中郎。侯景乱，为任约所害。子兼，叩头流血，乞代父命，以身蔽刃，遂俱见杀，天下痛之。

徐勉，字修仁，东海郯人也。祖长宗，宋武帝霸府行参军。父融，南昌相。勉幼孤贫，早励清节。年六岁，属霖雨，家人祈霁，率尔为文，见称耆宿。及长好学，宗人孝嗣见之叹曰："此所谓人中之骐骥，必能致千里。"又尝谓诸子曰："此人师也，尔等则而行之。"年十八，召为国子生，便下帷专学，精力无怠。同时侪辈肃而敬之。祭酒王俭每见，常目送之，曰："此子非常器也。"每称有宰辅之量。

射策甲科，起家王国侍郎，补太学博士。时每有议定，勉理证明允，莫能贬夺，同官咸取则焉。迁临海王西中郎田曹行参军，俄徙署都曹。时琅邪王融一时才俊，特相慕悦，尝请交焉。勉谓所亲曰："王郎名高望促，难可轻亵衣裾。"融后果陷于法，以此见推识鉴。累迁领军长史。

初与长沙宣武王游，梁武帝深器赏之，及武帝兵至建邺，勉于新林谒见，帝甚加恩礼，使管书记。及帝即位，拜中书侍郎，进领中书通事舍人，直内省。迁临川王后军谘议、尚书左丞。自掌枢宪，多所纠举，时论以为称职。天监三年，除给事黄门侍郎，尚书吏部郎，参掌大选。迁侍中。时师方侵魏，候驿填委。勉参掌军书，劬劳夙夜，动经数旬，乃一还家。群犬惊吠，勉叹曰："吾忧国忘家，乃至于此。若吾亡后，亦是传中一事。"六年，除给事中、五兵尚书，迁吏部尚书。勉居选官，彝伦有序。既闲尺牍，兼善辞令，虽文案填积，坐客充满，应对如流，手不停笔。又该综百氏，皆避其讳。尝与门人夜集，客有虞皓求詹事五官。勉正色答云："今夕止可谈风月，不宜及公事。"故时人服其无私。天监初，官名互有省置，勉撰立选簿奏之，有诏施用。其制开九品为十八班，自是贪冒苟进者以财货取通，守道沦退者以贫寒见没矣。

后为左卫将军，领太子中庶子，侍东宫。昭明太子尚幼，敕知宫事，太子礼之甚重，每事询谋。尝于殿讲《孝经》，临川王宏、尚书令沈约备二傅，勉与国子祭酒张充为执经，王莹、张稷、柳恽、王暕为侍讲。时选极亲贤，妙尽人誉。勉陈让数四，又与沈约书，求换侍讲，诏弗许，然后就焉。旧扬、徐首迎主簿，尽选国华中正，取勉子崧充南徐选首。帝敕之曰："卿寒士，而子与王志子同迎，偃王以来未之有也。"勉耻以其先为戏，答旨不恭，由是左迁散骑常侍，领游击将军。后为太子詹事，又迁尚书右仆射，詹事如故。时人间丧事多不遵礼，朝终夕殡，相尚以速。勉上疏曰："《礼记·问丧》云：'三日而后敛者，以俟其生也。三日而不生，亦不生矣。'顷来不遵斯制，送终之礼，殡以期日。润屋豪家，乃或半晷。衣衾棺椁，以速为荣。亲戚徒隶，各念休反。故属纩才毕，灰钉已具。忘狐鼠之顾步，愧燕雀之徊翔，伤情灭理，莫此为大。且人子承衾之时，志潰心绝，丧事所资，悉关他手。爱憎深浅，事实难原。如视视或爽，存没违滥，使万有其一，怨酷已多，岂若缓其告敛之辰，申其望生之冀？请自今士庶宜悉依古，三日大敛。如其不奉，加以纠绳。"诏可其奏。

又除尚书仆射、中卫将军。勉以旧恩，继升重位，尽心奉上，知无不为。爱自小选，迄于此职，常参掌衡石，甚得士心。禁省中事，未尝漏泄，每有表奏，辄焚藁草。博通经史，多识前载。齐世王俭职已后，莫有逮者。朝仪国典，昏冠吉凶，勉皆预图议。初，勉受诏知撰五礼，普通六年功毕，表上之曰：

夫礼，以安上化人，弘风训俗，经国家、利后嗣者也。唐、虞、三代，咸必由之。在乎有周，宪章尤备，因殷革夏，损益可知。虽复经礼三百，曲礼三千，经文三百。威仪三千，其大归有五，即宗伯所掌典礼，吉为上，凶次之，宾次之，军次之，嘉为下也。故祠祭不以礼，则不齐不庄；丧纪不以礼，则背死忘生者众；宾客不以礼，则朝觐失其仪；军旅不以礼，则致乱于师律；冠昏不以礼，则男女失其时。为国修身，于斯攸急。洎周室大坏，王道既衰，官守斯文，日失其序。暴秦灭学，扫地无余。汉氏郁兴，日不暇给，犹命叔孙于外野，方知帝王之为贵。末叶纷纶，递有兴毁。及东京曹褒，南宫制述，集其散略，百有余篇。虽写以尺简，而终阙平奏。其后兵革相寻，异端互起，章句既沦，俎豆斯辍。方领矩步之容，事灭于旌鼓；兰台石室之典，用尽于帷盖。至乎晋氏，爰定新礼，荀顗制之于前，挚虞删之于末。既而中原丧乱，罕有所遗，江左草创，因循而已。厘革之风，是则未暇。

伏惟陛下睿明启运，先天改物，拨乱惟武，经俗以文。作乐在乎功成，制礼弘于业定。伏寻所定五礼，起自永明二年，太子步兵校尉伏曼容，表求制一代礼乐。于时参议，置新旧学士十人，止修五礼，诸禀卫将军丹阳尹王俭，学士亦住郡中，制作历年，犹未克就。及文宪薨，遗文散逸，又以事付国子祭酒何胤，经涉九载，犹复未毕。建武四年，胤还东山，齐明帝敕委尚书令徐孝嗣，旧事本末，随在南第。永元中，孝嗣于此遇祸，又多零落。当时鸠集所余，权付尚书左丞蔡仲熊、骁骑将军何佟之共掌其事。时礼局住在国子学中门外，东昏之时，频有军火，其所散失，又逾太半。天监元年，佟之启审省置之宜，敕使外详。时尚书参详，以天地初革，庶务权舆，宜俟隆平，徐议删撰。欲且省礼局，并还尚书仪曹。诏旨云："礼坏乐缺，故国异家殊，实宜以时修定，以为永准。"于是尚书仆射沈约等参议，请五礼各置旧学士一人，人各自举学士二人相助，抄撰其中。有疑者依前汉石渠、后汉白虎，随源以闻，请旨断决。乃以旧学士右军记室参军明山宾掌吉礼，中军骑兵参军严植之掌凶礼，中军田曹行参军兼太常丞贺瑒掌宾礼，征虏记室参军陆琏掌军礼，右军参军事司马褧掌嘉礼，尚书右丞何佟之总参其事。佟之亡后，以镇北谘议参军伏晅代之。后又以晅代严植之掌凶礼。晅寻迁官，以《五经》博士缪昭掌凶礼。复以礼仪深广，记载残缺，宜须博论，共尽其致，更使镇军将军丹阳尹沈约、太常卿张充及臣三人同参厥务，臣又奉别敕总知其事。末又使中书侍郎周舍、庾於陵二人复豫参知。若有疑义，所掌学士当职先立议，通谘五礼旧学士及参知各言同异，条牒启闻，决之制旨。疑事既多，岁时又积，制旨裁断，其数不少。莫不网罗经诰，玉振金声。凡诸奏决，皆载篇首，具列圣旨，为不刊之则。宁孝宣之能拟，岂孝章之足云？五礼之职，事有繁简，及其列毕，不得同时。《嘉礼仪注》以天监六年五月七日上尚书，合十有二帙，一百一十六卷，五百三十六条。《宾礼仪注》以天监六年五月二十日上尚书，合十有七帙，一百三十三卷，五百四十五条。《军礼仪注》以天监九年十月二十九日上尚书，合十有八帙，一百八十九卷，二百四十条。《吉礼仪注》以天监十一年十一月十日上尚书，合二十有六帙，二百二十四卷，一千五条。《凶礼仪注》以天监十一年十一月十七日上尚书，合四十有七帙，五百一十四卷，五千六百九十三条。大凡一百二十帙，一千一百七十六卷，八千一十九条。又列副秘阁及《五经》典书各一通，缮写校定，以普通五年二月始获洗毕。

窃以撰正履礼，历代罕就，皇明在运，厥功克成。周代三千，举其盈数；今之八千，随事附益。质文相变，故其数兼倍，犹如八卦之爻，因而重之，错综成六十四也。臣以庸识，谬司其任，淹留历稔，允当斯责。兼勒成之初，未遑表上，实由才轻务广，思力不周，永言惭惕，无忘寤寐。自今春舆驾亲六师，搜寻军礼，阅其条章，靡不该备，可以悬诸日月，颁之天下者矣。

诏有司案以遵行。寻加中书令，勉以疾求解内任，诏不许，乃令停下省，三日一朝，有事遣主书论决。患脚转剧，久阙朝觐，固陈求解，诏许疾差还省。

勉虽居显职，不营产业，家无畜积，奉禄分赡亲族之贫乏者。门人故旧，或从容致言，勉乃答曰："人遗子孙以财，我遗之清白。子孙才也，则自致辎軿；如不才，终为佗有。"尝为书戒其子崧曰：

吾家本清廉，故常居贫素。至于产业之事，所未尝言，非直不经营而已。薄躬遭逢，遂至今日，尊官厚禄，可谓备之。每念叨窃若斯，岂由才致，仰藉先门风范，及以福庆，故臻此尔。古人所谓"以清白遗子孙，不亦厚乎"？又云"遗子黄金满籯，不如一经。"详求此言，信非徒语。吾虽不敏，实有本志，庶得遵奉斯义，不敢坠失。所以显贵以来，将三十载，门人故旧，承荐便宜，或使创辟田园，或劝兴立邸店；又欲舳舻运致，亦令货殖聚敛。若此众事，皆拒而不纳。非谓拔葵去织，且欲省息纷纭。

中年聊于东田开营小园者，非存播艺以要利，政欲穿池种树，少寄情赏。又以郊际闲旷，终可为宅，傥获悬车致事，实欲歌哭于斯。慧日、十住等既应营昏，又须住止，吾清明门宅，无相容处，所以尔者，亦复有以。前割西边施宣武寺，既失西厢，不复方幅，意亦谓此逆旅舍尔，何事须华。常恨时人谓是我宅。古往今来，豪ငु继踵；高门甲第，连闼洞房。宛其死矣，定是谁室？但不能不为培塿之山，聚石移果，杂以花卉，以娱休沐，用托生灵。随便架立，不存广大，唯近德处小以为好，所以内中逼促，无复房宇。近修东边儿孙二宅，乃藉十住南还之资，其中所须，犹为不少。既牵挽不至，又不可中途而辍，郊间之园，遂不办保，货与韦黯，乃获百金。成就两宅，已消其半。寻园价所得，何以至此？但吾经始历年，粗已成立，桃李茂密，桐竹成荫，塍陌交通，渠畎相属。华楼迥榭，颇有临眺之美；孤峰丛薄，不无纠纷之兴。溁中并饶菏苻，湖里殊富芰莲。虽云人外，城阙密迹，韦生欲之，亦雅有情趣。追述此事，非有吝心，盖是事意所至尔。忆谢灵运《山家诗》云："中为天地物，今成鄙夫有。"吾此园有之二十载，今为天地物。物之与我，相校几何哉！此直所余，今以分汝营小田舍，亲累既多，理亦须此。且释氏之教，以财物谓之外命。外典亦称"何以聚人曰财"。况汝常情，安得忘此。闻汝所买湖熟田地，甚为舄卤，弥复可安，所以如此，非物竞故也。虽事异寝丘，聊可仿佛。孔子曰："居家理事，可移于官。"既已营之，宜使成立，进退两亡，更贻耻笑。若有所收获，汝可自分赡内外大小，宜令得所，非吾所知，又复应沾之诸女尔。汝既居长，故有此及。凡为人长，殊复不易。当使中外谐缉，人无间言，先物后己，然后可贵。老生云"后其身而身先。"若能尔者，更招巨利。汝当自勖，见贤思齐，不宜忽略以弃日也。弃日乃是弃身，身名美恶，岂不大哉，可不慎欤！今之所敕，略言此意。政谓为家以来，不事资产，暨立墅舍，似乖旧业，陈其始末，无愧怀抱。

兼吾年时朽暮，心力稍单，牵课奉公，略不克举，其中余暇，裁可自休。或复冬日之阳，夏日之阴，良辰美景，文案间隙，负杖蹑履，逍遥陋馆，临池观鱼，披林听鸟，浊酒一杯，弹琴一曲，求数刻之暂乐，庶居常以待终，不宜复劳家间细务。汝交关既定，此书又行，凡所资须，付给如别。自兹以后，吾不复言及田事，汝亦勿复与吾言之。假使尧水汤旱，岂如之何？若其满庾盈箱，尔之幸遇，如斯之事，并无俟令吾知也。《记》云："夫孝者，善继人之志，善述人之事。"今且望汝全吾此志，则无所恨矣。

第二子悱卒，痛悼甚至，不欲久废王务，乃为《答客》以自喻焉。普通末，武帝自算择后宫《吴声》、《西曲》女妓各一部，并华少赉勉，因此颇好声酒。禄奉之外，月别给钱十万，信遇之深，故无与匹。中大通中，又以疾自陈，移授特进、右光禄大夫、侍中、中卫将军，置佐史，馀如故。增亲信四十人。两宫参问，冠盖结辙。有敕每欲临幸，勉以拜伏有亏，频启停出，诏许之，遂停舆驾。及卒，帝闻而流涕。即日车驾临殡，赠右光禄大夫、开府仪同三司。皇太子亦举哀朝堂，有司奏谥"居敬行简曰简"，帝益"执心决断曰肃"，因谥简肃公。勉虽骨鲠不及范云，亦不阿意苟合，后知政事者莫及。梁世之言相者称范、徐云。善属文，勤著述，虽当机务，下笔不休。常以起居注烦杂，乃更为《流别起居注》六百六十卷，《左丞弹事》五卷。在选曹，撰《选品》三卷。齐时撰《太庙祝文》二卷。以孔、释二教殊途同归，撰《会林》五十卷。凡所著前后二集五十卷，又为人《章表集》十卷。大同三年，故佐史尚书左丞刘览等，诣阙陈勉行状，请刊石纪德，即降诏立碑于墓焉。

悱，字敬业，幼聪敏，能属文，位太子舍人，掌书记。累迁洗马，中舍人，犹管书记。出入宫坊者历稔。以足疾出为湘东王友，俄迁晋安内史。

许懋，字昭哲，高阳新城人，魏镇北将军允九世孙也。五世祖询，晋征士。祖珪，宋给事中，著作郎，桂阳太守。父勇慧，齐太子家令，冗从仆射。懋少孤，性至孝，居父忧执丧过礼。笃志好学，为州党所称。十四入太学，受《毛诗》。旦领师说，晚则覆讲，坐下听者常数十百人，因撰《风雅比兴义》十五卷，盛行于时。尤明故事，称为仪注学。起家后军豫章王行参军，转法曹。举秀才，迁骠骑大将军仪同记室。文惠太子闻而召之，侍讲于崇明殿。后兼国子博士，与司马褧同志友善。仆射江祏甚推重之，号为经史笥。梁天监初，吏部尚书范云举懋参详五礼，除征西鄱阳王谘议参军，兼著作郎，待诏文德省。时有请会稽封禅者，武帝因集儒学士草封禅仪，将行焉。懋建议独以为不可。帝见其议，嘉纳之，由是遂停。十年，转太子家令。凡诸礼仪，多所刊正。以足疾，出为始平太守，政有能名。加散骑常侍，转天门太守。中大通三年，皇太子召与诸儒录《长春义记》。四年，拜中庶子。是岁卒。撰《述行记》四卷，有集十五卷。子亨。

亨，字亨道，少传家业，孤介有节行。博通群书，多识前代旧事，甚为南阳刘之遴所重。梁太清初，为西中郎记室，兼太常丞。侯景之乱，避地郢州。会梁邵陵王自东至，引为谘议参军。王僧辩之袭郢州，素闻其名，召为仪同从事中郎。迁太尉从事中郎，与吴兴沈炯对掌书记，府政朝务，一以委之。晋安王承制，授给事黄门侍郎。陈武帝受禅，为太中大夫，领大著作，知梁史事。初，僧辩之诛也，所司收僧辩及其子顗尸，于方山同坎埋瘗，至是无敢言者，亨以故吏抗表请葬之。与故义徐陵、张种、孔奂等相率以家财营葬，凡七柩，皆改窆焉。光大中，宣帝入辅，以亨贞正有古人风，甚相钦重，常以师礼事之。及到仲举之谋出宣帝，宣帝问亨，亨劝勿奉诏。宣帝即位，拜卫尉卿。卒于官。亨初撰《齐书》并《志》五十卷，遇乱亡失。后撰《梁史》，成者五十八卷。梁太清之后，所制文笔六卷。子善心，位尚书度支侍郎。

殷钧，字季和，陈郡长平人，晋荆州刺史仲堪五世孙也。曾祖元素，宋南康相，坐元凶事诛。元素娶尚书仆射琅邪王僧朗女，生子宁，早卒。宁遗腹生子睿，亦当从戮，僧朗启孝武救之得免。睿有口辩，司徒褚彦回甚重之，谓曰："诸殷自荆州以来无卿。"睿敛容答曰："殷族衰悴，诚不如昔，若此旨为虚，故不足降，此旨为实，弥不可闻。"仕齐历司徒从事中郎。睿妻琅邪王奂女，奂为雍州刺史，启睿为府长史。奂诛，睿亦见害。

钧九岁以孝闻，及长，恬静简交游，好学有思理，善隶书，为当时楷法。南乡范云、乐安任昉并称美之。梁武帝与睿少故旧，以女永兴公主妻钧，拜驸马都尉。历秘书丞，在职启校定秘阁四部书，更为目录。又受诏料检西省法书古迹，列为品目。累迁侍中，东宫学士。自宋、齐以来，公主多骄淫无行，永兴主加以险虐。钧形貌短小，为主所憎，每被召入，先满壁为殷睿字，钧辄流涕以出，主命婢束而反之。钧不胜怒而言于帝，帝以犀如意击主，碎于背，然犹恨钧。

自侍中出为王府谘议，后为明威将军、临川内史。钧体羸多疾，闭阁卧理，而百姓化其德，劫盗皆奔出境。尝禽劫帅，不加考掠，和言诮责。劫帅稽颡乞改过，钧便命遣之，后遂为善人。郡旧多山岚，更暑必动，自钧在任，郡境无复岚疾。母忧去职，居丧过礼，昭明太子忧之，手书诫喻。服阕，为散骑常侍，领步兵校尉，侍东宫。改领中庶子。后为国子祭酒。卒，谥贞。二子构、渥。钧宗人芸。

芸，字灌蔬，倜傥不拘细行，然不妄交游，门无杂客。励精勤学，博洽群书。幼而庐江何宪见之，深相叹赏。天监中，位秘书监、司徒左长史。后直东宫学士省，卒。

论曰：范懋宾之德美，傅茂远之清令，孔休源之政事，江休映之强直，并加之以学植，饰之以文采，其所以取高时主，岂徒然哉！徐勉少而励志，发愤忘食，修身慎行，运属兴王，依光日月，致位公辅，提衡端执，时无异议，为梁氏宗臣，信为美矣。许懋业艺，以经笥见推；亨怀道好古，以博览归誉。其所以折议封禅，求葬僧辩，正直存焉，岂唯文义而已。古人云"仁者有勇"，斯言近之。殷钧德业自居，又加之以政绩，文质斌斌，亦足称也。

卷六十一　　列传第五十一

陈伯之　陈庆之 子昕 暄　兰钦

陈伯之，济阴睢陵人也。年十三四，好著獭皮冠，带刺刀，候邻里稻熟，辄偷刈之。尝为田主所见，呵之曰："楚子莫动！"伯之曰："君稻幸多，取一担何苦？"田主将执之。因拔刀而进，曰："楚子定何如！"田主皆反走，徐担稻而归。及年长，在钟离数为劫盗，尝授面觇人船，船人斫之，获其左耳。后随乡人车骑将军王广之，广之爱其勇，每夜卧下榻，征伐常将自随。频以战功，累迁骠骑司马，封鱼复县伯。

梁武起兵，东昏假伯之节，督前驱诸军事、豫州刺史，转江州，据寻阳以拒梁武。郢城平，武帝使说伯之，即以为江州刺史。子武牙为徐州刺史。伯之虽受命，犹怀两端。帝及其犹豫逼之，伯之退保南湖，然后归附，与众军俱下。建康城未平，每降人出，伯之辄唤与耳语。帝疑其复怀翻覆，会东昏将郑伯伦降，帝使过伯之，谓曰："城中甚忿卿，欲遣信诱卿，须卿降，当生割卿手脚。卿若不降，复欲遣刺客杀卿。"伯之大惧，自是无异志矣。城平，封丰城县公，遣之镇。伯之不识书，及还江州，得文牒辞讼，唯作大诺而已。有事，典签传口语，与夺决于主者。

伯之与豫章人邓缮、永兴人戴永忠并有旧，缮经藏伯之息免祸，伯之尤德之。及在州，用缮为别驾，承忠为记室参军。河南褚緭，都下之薄行者，武帝即位，频造尚书范云。云不好緭，坚拒之。緭益怒，私语所知曰："建武以后，草泽底下悉成贵人，吾何罪而见弃？今天下草创，丧乱未可知。陈伯之拥强兵在江州，非代来臣，有自疑之意。且复荧惑守南斗，讵非为我出？今者一行，事若无成，入魏，何减作河南郡！"于是投伯之书佐王思穆事之，大见亲狎。及伯之乡人朱龙符为长流参军，并乘伯之愚暗，恣行奸险。伯之子武牙，时为直阁将军，武帝手疏龙符罪，亲付武牙，武牙封示伯之；帝又遣代江州别驾邓缮，伯之并不受命，曰："龙符健儿，邓缮在事有绩。台所遣别驾，请以为中从事。"缮于是日夜说伯之云："台家府库空竭，无复器仗，三仓无米。此万世一时，机不可失。"缮、承忠等每赞成之。伯之谓缮："今段启卿，若复不得，便与卿共下。"使反，武帝敕部内一郡处缮。伯之于是集府州佐史，谓曰："奉齐建安王教，率江北义勇十万已次六合，见使以江州见力运粮速下。我荷明帝厚恩，誓以死报。"使緭诈为萧宝寅书以示僚佐，于听事前为坛，杀牲以盟。伯之先歃，长史以下次第歃。緭说伯之："今举大事，宜引人望。程元冲不与人同心；临川内史王观，僧虔之孙，人身不恶，可召为长史，以代元冲。"伯之从之，仍以緭为寻阳太守，承忠辅义将军，龙符豫州刺史。豫章太守郑伯伦起郡兵拒守。程元冲既失职，于家合率数百人，使伯

典签吕孝通、戴元则为内应。伯之每旦常作伎，日晡辄卧，左右仗身皆休息。元冲因其解弛，从北门入，径至听事前。伯之闻叫，自率出荡。元冲力不能敌，走逃庐山。伯之遣使还报武牙兄弟，武牙等走盱眙，盱眙人徐文安、庄兴绍、张显明邀击之，不能禁，反见杀。武帝遣王茂讨伯之，败走，间道亡命出江北，与子武牙及褚緭俱入魏。魏以伯之为使持节、散骑常侍、都督淮南诸军事、平南将军、光禄大夫、曲江县侯。

天监四年，诏太尉临川王宏北侵，宏命记室丘迟私与之书曰：

陈将军足下无恙，幸甚，幸甚。将军勇冠三军，才为世出。弃燕雀之毛羽，慕鸿鹄以高翔。昔因机变化，遭遇时主，立功立事，开国称孤，朱轮华毂，拥旄万里，何其壮也！如何一旦为奔亡之虏，闻鸣镝而股战，对穹庐以屈膝，又何劣邪？寻君去就之际，非有他故，直以不能内审诸己，外受流言，沉迷猖蹶，以至于此。

圣朝赦罪责功，弃瑕录用，推赤心于天下，安反侧于万物，此将军之所知，非假仆一二谈也。昔朱鲔涉血于友于，张绣剚刃于爱子，汉主不以为疑，魏君待之若旧。况将军无昔人之罪，而勋重于当代。夫迷涂知反，往哲是与，不远而复，先典攸高。主上屈法申恩，吞舟是漏；将军松柏不剪，亲戚安居。高堂未倾，爱妾尚在。悠悠尔心，亦何可言！当今功臣名将，雁行有序。佩紫怀黄，赞帷幄之谋；乘轺建节，奉疆埸之任。并刑马作誓，传之子孙。将军独靦颜借命，驱驰毡裘之长，宁不哀哉！

夫以慕容超之强，身送东市，姚泓之盛，面缚西都。故知霜露所均，不育异类，姬汉旧邦，无取杂种。北虏僭号中原，多历年所，恶积祸盈，理至焦烂。况伪孽昏狡，自相夷戮，部落携离，酋豪猜贰。方当系颈蛮邸，县首藁街。而将军鱼游于沸鼎之中，燕巢于飞幕之上，不亦惑乎！

暮春三月，江南草长，杂花生树，群莺乱飞。见故国之旗鼓，感生平于畴日，抚弦登陴，岂不怆恨？所以廉公之思赵将，吴子之泣西河，人之情也，将军独无情哉？想早励良规，自求多福。当今皇帝盛明，天下安乐，白环西献，楛矢东来，夜郎、滇池，解辫请职，朝鲜、昌海，蹶角受化。唯北狄野心，崛强沙塞之间，欲延岁月之命耳。中军临川殿下，明德茂亲，总兹戎重，方吊人洛汭，伐罪秦中，若遂不改，方思仆言。聊布往怀，君其详之。

伯之得书，乃于寿阳拥众八千归降。武牙为魏人所杀。伯之既至，以为平北将军、西豫州刺史、永新县侯。未之任，复为骁骑将军，又为太中大夫。久之，卒于家。其子犹有在魏者。褚緭在魏，魏人欲用之。魏元会，緭戏为诗曰："帽上著笼冠，裤上著朱衣，不知是今是，不知非昔非。"魏人怒，出为始平太守。日日行猎，堕马而死。

陈庆之,字子云,义兴国山人也。幼随从梁武帝。帝性好棋,每从夜至旦不辍,等辈皆寐,唯庆之不寝,闻呼即至,甚见亲赏。从平建邺,稍为主书,散财聚士,恒思立效。除奉朝请。

普通中,魏徐州刺史元法僧于彭城求入内附,以庆之为武威将军,与胡龙牙、成景俊率诸军应接。还除宣猛将军、文德主帅,仍率军送豫章王综入镇徐州。魏遣安丰王元延明、临淮王元彧率众十万来拒。延明先遣其别将丘大千观兵近境,庆之击破之。后豫章王弃军奔魏,庆之乃斩关夜退,军士获全。普通七年,安西将军元树出征寿春,除庆之假节、总知军事。魏豫州刺史李宪,遣其子长钧别筑两城相拒,庆之攻拔之,宪力屈遂降,庆之入据其城。转东宫直阁。

大通元年,隶领军曹仲宗伐涡阳,魏遣常山王元昭等来援,前军至驼涧,去涡阳四十里。韦放曰:"贼锋必是轻锐,战捷不足为功;如不利,沮我军势,不如勿击。"庆之曰:"魏人远来,皆已疲倦,须挫其气,必无不败之理。"于是与麾下五百骑奔击,破其前军,魏人震恐。庆之还共诸将连营西进,据涡阳城,与魏相持,自春至冬,各数十百战。师老气衰,魏之援兵复欲筑垒于军后。仲宗等恐腹背受敌,谋退。庆之杖节军门,曰:"须虏围合,然后与战;若欲班师,庆之别有密敕。"仲宗壮其计,乃从之。魏人掎角作十三城,庆之陷其四垒。九城兵甲犹盛,乃陈其俘馘,鼓噪攻之,遂自溃,斩获略尽,涡水咽流。诏以涡阳之地置西徐州。众军乘胜前顿城父,武帝嘉焉,手诏慰勉之。

大通初,魏北海王元颢来降,武帝以庆之为假节、飚勇将军,送颢还北。颢于涣城即魏帝号,授庆之前军大都督。自铚县进,遂至睢阳。魏将丘大千有众七万,分筑九垒以拒。庆之自旦至申,攻陷其三,大千乃降。时魏济阴王元晖业率羽林庶子二万人来救梁、宋,进屯考城。庆之攻陷其城,禽晖业,仍趣大梁。颢进庆之徐州刺史、武都郡王,仍率众而西。魏左仆射杨昱等御仗羽林宗子庶子众七万,据荥阳拒颢,兵强城固。魏将元天穆大军复将至,先遣其骠骑将军尔朱兆、骑将鲁安等援杨昱,又遣右仆射尔朱世隆、西荆州刺史王罴据虎牢。时荥阳未拔,士众皆恐。庆之乃解鞍秣马,宣喻众曰:"我等才有七千,贼众四十余万。今日之事,义不图存,须平其城垒,一鼓悉使登城。"壮士东阳宋景休、义兴鱼天愍逾堞而入,遂克之。俄而魏阵外合,庆之率精兵三千大破之。鲁安于阵乞降,天穆、兆单骑获免。进赴虎牢,尔朱世隆弃城走。魏孝庄出居河北。其临淮王彧、安丰王延明率百僚备法驾迎颢入洛阳宫,御前殿,改元大赦。颢以庆之为车骑大将军。魏上党王元天穆又攻拔大梁,分遣王老生、费穆据虎牢,刁宣、刁双入梁、宋,庆之随方掩袭,并降,天穆与十余骑北度河。庆之麾下悉著白袍,所向披靡。先是洛中谣曰:"名军大将莫自牢,千兵万马避白袍。"自发铚县至洛阳,十四旬平三十二城,四十七战,所向无前。初,魏庄帝单骑度河,宫卫嫔侍无改于常。颢既得志,荒于酒色,不复视事,与安丰、临淮计将背梁,以时事未安,且资庆之力

用。庆之心知之,乃说颢曰:"今远来至此,未伏尚多,宜启天子,更请精兵;并勒诸state有南人没此者,悉须部送。"颢欲从之,元延明说颢曰:"庆之兵不出数千,已自难制,今更增其众,宁肯为用?魏之宗社,于斯而灭。"颢由是疑庆之,乃密启武帝停军。洛下南人不出一万,魏人十倍。军副马佛念言于庆之曰:"勋高不赏,震主身危,二事既有,将军岂得无虑?今将军威震中原,声动河塞,屠颢据洛,则千载一时。"庆之不从。颢前以庆之为徐州刺史,因求之镇,颢心惮之,遂不遣。魏将尔朱荣、尔朱世隆、元天穆、尔朱兆等众号百万,挟魏帝来攻颢。颢据洛阳六十五日,凡所得城一时归魏。庆之度河守北中郎城。三日十一战,伤杀甚众。荣将退还,时有善天文人刘灵助谓荣曰:"不出十日,河南大定。"荣乃为筏济自硖石,与颢战于河桥。颢大败,走至临颍被禽,洛阳复入魏。庆之马步数千结阵东反,荣亲自来追,军人死散。庆之乃落须发为沙门,间行至豫州,州人程道雍等潜送出汝阴。至都,仍以功除右卫将军,封永兴侯。

出为北兖州刺史、都督缘淮诸军事。会有妖贼沙门僧强自称为帝,土豪蔡伯宠起兵应之,攻陷北徐州。诏庆之讨焉。庆之斩伯宠、僧强,传其首。中大通二年,除南北司二州刺史,加都督。庆之至镇,遂围县瓠,破魏颍州刺史娄起、扬州刺史是云宝于溱水。又破行台孙腾、豫州刺史尧雄、梁州刺史司马恭于楚城。罢义阳镇兵,停水陆转运,江湘诸州并得休息。开田六千顷,二年之后,仓廪充实。又表省南司州,复安陆郡,置上明郡。大同二年,魏遣将侯景攻下楚州,执刺史桓和。景仍进军淮上,庆之破之。时大寒雪,景弃辎重走。是岁豫州饥,庆之开仓振给,多所全济。州人李升等八百人表求树碑颂德,诏许焉。五年卒,谥曰武。庆之性祗慎,每奉诏敕,必洗沐拜受。俭素不衣纨绮,不好丝竹。射不穿札,马非所便,而善抚军士,能得其死力。长子昭嗣。

梁世寒门达者,唯庆之与俞药,药初为武帝左右,帝谓曰:"俞氏无先贤,世人云'俞钱',非君子所宜,改姓喻。"药曰:"当令姓自于臣。"历位云旗将军,安州刺史。

庆之第五子昕,字君章,七岁能骑射。十二随父入洛,遇疾还都,诣鸿胪卿朱异。异访北间事,昕聚土画城,指麾分别,异甚奇之。庆之在县瓠,魏骁将尧雄子宝乐特为敢勇,求单骑校战,昕跃马直趣宝乐,雄即溃散,后为临川太守。太清二年,侯景围历阳,敕召昕还。昕启云:"采石急须重镇,王质水军轻弱,恐虏必济。"乃板昕为云骑将军代质,未及下渚,景已度江,为景所禽。令收集部曲将用,昕誓而不许。景使其仪同范桃棒严禁之,昕因说桃棒,令率所领归降,袭杀王伟、宋子仙。桃棒许之。遂立盟帅城中,遣昕夜缒而入。武帝大喜,敕即受降。简文迟疑,累日不决。外事泄,昕弗之知,犹依期而下。景邀得之,逼昕令更射书城中,云"桃棒且轻将数十人先入"。景欲裹甲随之。昕不从,遂见害。

少弟暄,学不师受,文才俊逸。尤嗜酒,无节操,遍历王公门,沉湎喧谜,过差非度。其兄子秀,常忧之,致书于暄友人何胥,冀以讽谏。暄闻之,与秀书曰:

旦见汝书与孝典，陈吾饮酒过差。吾有此好五十余年，昔吴国张长公亦称耽嗜，吾见张时，伊已六十，自言引满大胜少年时。吾今所进亦多于往日。老而弥笃，唯吾与张季舒耳。吾方与此子交欢于地下，汝欲夭吾所志邪？昔阮咸、阮籍同游竹林，宣子不闻斯言。王湛能玄言巧骑，武子呼为痴叔。何陈留之风不嗣，太原之气奄然，翻成可怪！

吾既寂漠当世，朽病残年，产不异于颜原，名未动于卿相，若不日饮醇酒，复欲安归？汝以饮酒为非，吾以不饮酒为过。昔周伯仁度江，唯三日醒，吾不以为少；郑康成一饮三百杯，吾不以为多。然洪醉之后，有得有失。成㛰养之志，是其得也；使次公之狂，是其失也。吾常譬酒之犹水，亦可以济舟，亦可以覆舟。故江谘议有言："酒犹兵也，兵可千日而不用，不可一日而不备。酒可千日而不饮，不可一饮而不醉。"美哉江公！可与共论酒矣。汝惊吾堕马侍中之门，陷池武陵之第，遍布朝野，自言焦悚。"丘也幸，苟有过，人必知之"。吾生平所愿，身没之后，题吾墓云"陈故酒徒陈君之神道"。若斯志意，岂避南征之不复，贾谊之恸哭者哉！何水曹眼不识杯铛，吾口不离瓢杓，汝宁与何同日而醒，与吾同日而醉乎？政言其醒可及，其醉不可及。速营糟丘，吾将老焉。尔无多言，非尔所及。

暄以落魄不为中正所品，久不得调。陈天康中，徐陵为吏部尚书，精简人物，缙绅之士皆响慕焉。暄以玉帽簪插髻，红丝布裹头，袍拂蹀，靴至膝，不陈爵里，直上陵坐。陵不之识，命吏牵下。暄徐步而出，举止自若，竟无怍容。作书谤陵，陵甚病之。后主之在东宫，引为学士。及即位，迁通直散骑常侍，与义阳王叔达、尚书孔范、度支尚书袁权、侍中王瑳、金紫光禄大夫陈褒、御史中丞沈瓘、散骑常侍王仪等恒入禁中陪侍游宴，谓为狎客。暄素通脱，以俳优自居，文章诙谬，语言不节，后主甚亲昵而轻侮之。尝倒悬于梁，临之以刃，命使作赋，仍限以晷刻。暄援笔即成，不以为病，而憿弄转甚。后主稍不能容，后遂搏艾为帽，加于其首，火以爇之，然及于发，垂泣求哀，声闻于外而弗之释。会卫尉卿柳庄在坐，遽起拨之，拜谢曰："陈暄无罪，臣恐陛下有玩人之失，辄矫敕赦之。造次之愆，伏待刑宪。"后主素重庄，意稍解，救引暄出，命庄就坐。经数日，暄发悖而死。

兰钦，字休明，中昌魏人也。幼而果决，矫捷过人。宋末随父云在洛阳，恒于市骑橐驼。后子云还南，梁天监中，以军功至冀州刺史。钦兼文德主帅，征南中五郡诸洞反者，所至皆平。

钦有谋略，勇决善战，步行日二百里，勇武过人。善抚驭，得人死力。以军功封安怀县男。累迁都督、梁、南秦二州刺史，进爵为侯。征梁、汉，事平，进号智武将军。改授都督、衡州刺史。未及述职，会西魏攻围南郑，梁州刺史杜怀宝来请救，钦乃大破魏军，追入斜谷，斩获略尽。魏相安定公遣致马二千匹，请结邻好。钦百日之中再破魏

军，威振邻国。诏加散骑常侍，仍令述职。经广州，因破俚帅陈文彻兄弟，并禽之。至衡州，进号平南将军，改封曲江县公。在州有惠政，吏人诣阙请立碑颂德，诏许焉。后为广州刺史。前刺史新渝侯映之薨，南安侯恬权行州事，冀得即真。及闻钦至岭，厚货厨人，涂刀以毒，削瓜进之，钦及爱妾俱死。帝闻大怒，槛车收恬，削爵土。

钦子夏礼，侯景至历阳，率其部曲邀景，兵败死之。

论曰：陈伯之虽轻狡为心，而勇劲自立，其累至爵位，盖有由焉。及丧乱既平，去就不已，卒得其死，亦为幸哉。庆之初同燕雀之游，终怀鸿鹄之志，及乎一见任委，长驱伊、洛。前无强阵，攻靡坚城，虽南风不竞，晚致倾覆，其所克捷，亦足称之。兰钦战有先鸣，位非虚受，终逢鸩毒，唯命也夫。

卷六十二　　列传第五十二

贺瑒 子革 弟子琛　司马褧　朱异　顾协　徐摛 子陵 陵子俭 份 仪 陵弟孝克　鲍泉 鲍行卿 行卿弟客卿

贺瑒，字德琏，会稽山阴人，晋司空循之玄孙也。世以儒术显。伯祖道养，工卜筮，经遇工歌女人病死，为筮之，曰："此非死也，天帝召之歌耳。"乃以土块加其心上，俄顷而苏。祖道力，善《三礼》，有盛名，仕宋为尚书三公郎，建康令。父损，亦传家业。

瑒少聪敏，齐时沛国刘瓛为会稽府丞，见瑒深器异之。尝与俱造吴郡张融，指瑒谓曰："此生将来为儒者宗矣。"荐之为国子生，举明经。后为太学博士。梁天监初，为太常丞，有司举修宾礼，召见说《礼》义。武帝异之，诏朝朔望，预华林讲。四年，初开五馆，以瑒兼《五经》博士。别诏为皇太子定礼，撰《五经义》。时武帝方创定礼乐，瑒所建议多见施行。七年，拜步兵校尉，领《五经》博士。卒于馆。所著《礼》、《易》、《老》、《庄》讲疏，朝廷博士议数百篇，《宾礼仪注》一百四十五卷。瑒于《礼》尤精，馆中生徒常数百，弟子明经对策至数十人。二子革、季，弟子琛，并传瑒业。

革，字文明，少以家贫，躬耕供养，年二十，始辍耒就父受业，精力不息。有六尺方床，思义未达，则横卧其上，不尽其义，终不肯食。通《三礼》。及长，遍治《孝经》、《论语》、《毛诗》、《左传》，为兼太学博士。长七尺八寸，雍容都雅，吐纳蕴藉。敕于永福省为邵陵、湘东、武陵三王讲《礼》。后为国子博士。于学讲授，生徒常数百人。出为西中郎湘东王谘议参军，带江陵令。王于州置学，以革领儒林祭酒，讲《三礼》，荆楚衣冠听者甚众。前后再监南平郡，为人吏所怀。寻兼平西长史、南郡太守。革至孝，常恨食禄代耕，不及为养。在荆州历为郡县，所

得俸秩，不及妻孥，专拟还乡造寺，以申感思。子徽，美风仪，能谈吐，深为革爱。先革卒。革哭之，因遘疾而卒。季亦明《三礼》，位中书黄门郎，兼著作。

琛字国宝，幼孤，伯父瑒授其经业，一闻便通义理。瑒异之，常曰："此儿当以明经致贵。"瑒卒后，琛家贫，常往还诸暨，贩粟以养母。虽自执舟楫，闲则习业，尤精《三礼》。年二十余，瑒之门徒稍从问道。初，瑒于乡里聚徒教授，四方受业者三千人余人。瑒天监中亡，至是复集，琛乃筑室郊郭之际，茅茨数间，年将三十，便事讲授。既世习《礼》学，究其精微，占述先儒，吐言辩絜，坐之听授，终日不疲。

湘东王幼年临郡，彭城到溉为行事，闻琛美名，命驾相造。会琛正讲，学侣满筵，既闻上佐忽来，莫不倾动。琛说经无辍，曾不降意。溉下车，欣然就席，便申问难，往复从容，义理该赡。溉叹曰："通儒硕学，复见贺生。今且还城，寻当相屈。"琛了不酬答，神用颓然。溉言之王，请补郡功曹史。琛辞以母老，终于固执。俄遭母忧，庐于墓所。服阕，犹未还舍，生徒复从之。琛哀毁积年，骨立而已，未堪讲授。诸生营救，稍稍习业。

普通中，太尉临川王宏临州，召补祭酒从事，琛年已四十余，始应辟命。武帝闻其有学术，召见文德殿，与语悦之，谓仆射徐勉曰："琛殊有门业。"仍补王国侍郎，稍迁兼中书通事舍人，参礼仪事。累迁尚书左丞，诏琛撰《新谥法》，便即施用。时皇太子议大功之末，可以冠子嫁女。琛驳议曰：

令旨以"大功之末，可得冠子嫁女，不得自冠自嫁。"推以《记》文，窃犹致惑。案嫁冠之礼，本是父之所成。无父之人，乃可自冠，故《记》称大功小功，并以"冠子嫁子"为文，非关唯得为子，已身不得也。小功之末，既得自嫁娶，而亦云"冠子娶妇"，其义益明。故先列二服，每明冠子嫁子，结于后句，方显自娶之义。既明小功自娶，即知大功自娶矣。盖是约言而见旨。若谓缘父服大功，子服小功，小功服轻，故得为子冠嫁，大功服重，故不得自嫁自冠者，则小功之末，非明父子殊服，不应复云"冠子嫁子"也。若谓小功之文，言己可娶，大功之文，不言己冠，故知身有大功，不得自行嘉礼，但得为子冠嫁。窃谓有服不行嘉礼，本为吉凶不可相干。子虽小功之末，可得行冠嫁，犹应须父得为其冠嫁。若父于大功之末，可以冠子嫁子，是于吉凶礼无碍；吉凶礼无碍，岂不得自冠自嫁？自自冠自嫁于事有碍，则冠子嫁子宁独可通？今许其冠子而塞其自冠，是琛之所惑也。

又令旨推"下殇小功不可娶妇，则降服大功亦不得为子冠嫁"。伏寻此旨，若为降服大功不可冠子嫁子，则降服小功亦不可自冠自嫁，是为凡厌降服大功小功皆不得冠娶矣。《记》文应云降服则不可，宁得唯称下殇？今不言降服，的举下殇，实有其义。夫出嫁出后，或有再降，出后之身，于本姊妹降为大功，若是大夫服士父，又以尊降，则成小功，其于冠嫁义无以异。所以然者，出嫁则有受我，出后则有传重，

并欲使薄于此而厚于彼。此服虽降，彼服则隆。昔实期亲，虽复再降，犹依小功之礼，可冠可娶。若夫期降大功，大功降为小功，止是一等，降杀有伦，服末嫁冠，故无有异。唯下殇之服，特明不娶之义者，盖缘以幼弱之故。夭丧情深，既无受厚他姓，又异传重彼宗，嫌其年幼服轻，顿成杀略，故特明不娶，以示本重之恩。是以凡厌降服，冠嫁不殊，唯在下殇，乃明不娶。其义若此，则不得言大功之降服皆不冠嫁也。且《记》云"下殇小功"，言下殇则不得通于中上，语小功又不兼于大功。若实大功小功降服皆不冠嫁，上中二殇亦不冠嫁者，《记》不得直云"下殇小功则不可"。恐非文意。此又琛之所疑也。

遂从琛议。加员外散骑常侍。旧尚书南坐无貂，貂自琛始也。迁御史中丞，参礼仪如先。

琛性贪啬，多受赇赂，家产既丰，买主第为宅，为有司奏，坐免官。

后为通直散骑常侍，领尚书左丞，参礼仪事。琛前后居职，凡郊庙诸仪多所创定，每进见武帝，与语常移晷刻，故省中语曰："上殿不下有贺雅。"琛容止闲雅，故时人呼之。迁散骑常侍，参礼仪如故。时武帝年高，任职者缘饰奸谄，深害时政。琛启陈事条，封奏大略。其一事曰："今北边稽服，政是生聚教训之时，而天下户口减落，诚当今之急务。国家之于关外，赋税盖微，乃至年常租调，动致逋积，而人失安居，宁非牧守之过？"其二事曰："今天下宰守，所以皆尚贪残，罕有廉白者，良由风俗侈靡使之然也。欲使人守廉隅，吏尚清白，安可得邪？今诚宜严为禁制，导之以节俭，贬黜雕饰，纠奏浮华，使众皆知变其耳目，改其好恶，则易于反掌。"其三事曰："斗筲之人，诡竞求进，运摯瓶之智，徼分外之求，以深刻为能，以绳逐为务，长弊增奸，实由于此。今诚愿责其公平之效，黜其残愚之心，则下安上谧，无徼幸之患矣。"其四事曰："自征伐北境，帑藏空虚，今天下无事，而犹日不暇给者，良有以也。夫国弊则省其事而息其费，事省则养人，费息则财聚。若言小费不足害财，则终年不息矣；以小役不足妨人，则终年不止矣。"书奏，武帝大怒，召主书于前，口受敕责琛曰："朕有天下四十余年，公车谠言，日闻竹览。每苦悾愡，更增悟惑。卿珥貂纡组，博问洽闻，不宜同于阛茸，止取名字，言我能上事，恨朝廷不能受。卿云'今北边稽服，政是生聚教训之时，而人失安居，牧守之过'。但大泽之中有龙有蛇，纵不尽善，不能皆恶。卿可分明显出其人。卿云'宜导之以节俭'，又云'至道者必以淳素为先'。此言大善。夫子言'其身正，不令而行；其身不正，虽令不从'。朕绝房室三十余年，不与女人同屋而寝亦三十余年，于居处不过一床之地，雕饰之物不入于宫，此亦人所共知。受生不饮酒，受生不好音声，所以朝中曲宴未尝奏乐。朕二更出理事，随事多少。事或少，中前得竟；事多，至日昃方得就食。既常一食，若昼若夜，无有定时，疾苦之日，或亦再食。昔腰过于十围，今之瘦削，裁二尺余。旧带犹存，非为妄说。为谁为之？救物故也。《书》云，'股肱惟人，良臣惟圣'。向使朕有股肱，可

得中主，今乃不免居九品之下。'不令而行'，徒虚言耳。卿又云'百司莫不奏事，诡竞求进'。今不许外人呈事，于义可否？以噎废餐，此之谓也。若断呈事，谁尸其任？专委之人，云何可得？是故古人云，'专听生奸，独任成乱'。何者是宜，具以奏闻。"琛奉敕但谢过而已，不敢有所指斥。

太清二年，为中军宣城王长史。侯景陷城，琛被创未死，贼求得之，舆至阙下，求见仆射王克、领军朱异，劝开城纳贼。克等让之，涕泣而止。贼复舆送庄严寺疗之。明年，台城不守，琛逃归乡里。其年，贼寇会稽，复执琛送出都，以为金紫光禄大夫。卒。琛所撰《三礼讲疏》、《五经滞义》及诸仪注，凡百余篇。子翊，位巴山太守。

司马褧，字元表，河内温人也。曾祖纯之，晋大司农高密敬王。祖让之，员外常侍。父燮，善《三礼》，仕齐位国子博士。褧少传家业，强力专精，手不释卷。沛国刘瓛为儒者宗，嘉其学，深相赏好。与乐安任昉善，昉亦推重之。梁天监初，诏通儒定五礼，有举褧修嘉礼，除尚书祠部郎。时创定礼乐，褧所建议，多见施行。兼中书通事舍人，每吉凶礼，当时名儒明山宾、贺场等疑不能断者，皆取决焉。累迁御史中丞。十六年，出为宣毅南康王长史，行府国并石头戍军事。褧虽居外官，有敕预文德、武德二殿长名问讯，不限日。迁晋安王长史，卒。王命记室庾肩吾集其文为十卷。所撰《嘉礼仪注》一百一十六卷。

朱异，字彦和，吴郡钱唐人也。祖昭之，以学解称于乡。叔父谦之，字处光，以义烈知名。年数岁，所生母亡，昭之假葬于田侧，为族人朱幼方燎火所焚。同产姊密语之，谦之虽小，便哀感如持丧，长不昏娶。齐永明中，手刃杀幼方，诣狱自系。县令申灵勖表上之。齐武帝嘉其义，虑相报复，乃遣谦之随曹武西行。将发，幼方子恽，于津阳门伺杀谦之。谦之兄巽之，即异父也，又刺杀恽。有司以闻。武帝曰："此皆是义事，不可问。"悉赦之。吴兴沈颙闻而叹曰："弟死于孝，兄殉于义，孝友之节，萃此一门。"巽之，字处林，有志节，著《辩相论》，幼时，顾欢见而异之，以女妻焉。仕齐官至吴平令。

异年数岁，外祖顾欢抚之，谓其祖昭之曰："此儿非常器，当成卿门户。"年十余，好群聚蒲博，颇为乡党所患。及长，乃折节从师。梁初开五馆，异服膺于博士明山宾。居贫，以佣书自业，写毕便诵。遍览《五经》。尤明《礼》、《易》。涉猎文史，兼通杂艺，博弈书算，皆其所长。年二十，出都诣尚书令沈约，面试之，因戏异曰："卿年少，何乃不廉？"异逡巡未达其旨，约乃曰："天下唯有文义棋书，卿一时将去，可谓不廉也。"寻上书言建康宜置狱司，比廷尉。敕付尚书详议，从之。旧制，年二十五方得释褐，时异适二十一，特敕擢为扬州议曹从事史。寻有诏求异能之士，《五经》博士明山宾表荐异："年时尚少，德备老成，在独无散逸之想，处暗有对宾之色。器宇弘深，神表峰峻。金山万丈，缘陟未登；玉海千寻，窥映不测。加以珪璋新琢，锦组初构，触响铿锵，遇采便发。观其信行，非唯十室所稀，若使负重遥途，必有千里之用。"武帝召见，使说《孝经》、《周易》义，甚悦之，谓左右曰："朱异实异。"后见明山宾："卿所举殊得人。"仍召直西省，俄兼太学博士。其年，帝自讲《孝经》，使异执读。迁尚书仪曹郎，入兼中书通事舍人。后除中书郎，时秋日，始拜，有飞蝉正集异武冠上，时咸谓蝉珥之兆。迁太子右卫率。

普通五年，大举北侵，魏徐州刺史元法僧遣使请举地内属，诏有司议其虚实。异曰："自王师北讨，克获相继，徐州地转削弱，咸愿归罪。法僧惧祸，其降必非伪也。"帝仍遣异报法僧，并敕众军应接，受异节度。及至，法僧遵承朝旨，如异策焉。迁散骑常侍。

异容貌魁梧，能举止，虽出自诸生，甚闲军国故实。自周舍卒后，异代掌机密，其军旅谋谟，方镇改换，朝仪国典，诏诰敕书，并典掌之。每四方表疏，当局簿领，谘详请断，填委于前，异属辞落纸，览事下议，纵横敏赡，不暂停笔，顷刻之间，诸事便了。

迁右卫将军。启求于仪贤堂奉述武帝《老子义》，敕许之。及就讲，朝士及道俗听者千余人，为一时之盛。时城西又开士林馆以延学士，异与左丞贺琛递日述武帝《礼记中庸义》。皇太子又召异于玄圃讲《易》。大同八年，改加侍中。

异博解多艺，围棋上品，而贪财冒贿，欺罔视听，以伺候人主意，不肯进贤黜恶。四方饷馈，曾无推拒，故远近莫不忿疾。起宅东陂，穷乎美丽，晚日来下，酣饮其中。每迫曛黄，虑台门将阖，乃引其卤簿自宅至城，使捉城门停留管钥。既而声势所驱，薰灼内外，产与羊侃相埒。好饮食，极滋味声色之娱，子鹅鱄鰍不辍于口，虽朝谒，从车中必赍饴饵。而轻傲朝贤，不避贵戚。人或诲之，异曰："我寒士也，遭逢以至今日。诸贵皆恃枯骨见轻，我下之，则为蔑尤甚。我是以先之。"自徐勉、周舍卒后，外朝则何敬容，内省则异。敬容质悫无文，以纲维为己任，异文华敏洽，曲营世誉，二人行异而俱见幸。异在内省十余年，未尝被谴。司农卿傅岐尝谓异曰："今圣上委政于君，安得每事从旨。顷者外闻殊有异论。"异曰："政言我不能谏争耳。当今天子圣明，吾岂可以其所闻干忤天听？"

太清二年，为中领军，舍人如故。初，武帝梦中原尽平，举朝称庆，甚悦，以语异曰："吾生平少梦，梦必有实。"异曰："此宇内方一之征。"及侯景降，敕召群臣廷议，尚书仆射谢举等以为不可许。武帝欲纳之，未决，尝夙兴至武德阁口，独言："我国家犹若金瓯，无一伤缺，承平若此，今便受地，讵是事宜？脱至纷纭，悔无所及。"异探帝微旨，答曰："圣明御宇，上应苍玄，北土遗黎，谁不慕仰？为无机会，未States其心。今侯景分魏国太半，远归圣朝；若不容受，恐绝后来之望。"帝深纳异言，又感前梦，遂纳之。及贞阳侯败没，帝忧曰："今勿作晋家事乎？"寻而贞阳自魏遣使，述魏相高澄欲申和睦。敕有司定议。异又议以和为允，帝从之。其年六月，遣建康令谢挺、通直郎徐陵使北通好。时侯景镇寿春，疑惧，累启请绝和，及致书与异饷金二百两,又致书于制局监周石珍,令具申闻。异纳其金而不停北使,景遂反。初,景谋反,合州刺史鄱阳王范、司州刺史羊鸦仁并累有启闻。异以景孤立寄命,必不应尔,乃谓使曰:"鄱阳王遂不许国家有一客!"并不为闻奏。及贼至板桥,使前寿州司马徐思玉先至,求见于上,上召问之,思玉绐称反贼,请间陈事。上将屏左右,舍人高善宝曰:"思玉从贼中来,情伪难测,安可使其独在殿上?"时异侍坐,乃曰:"徐思玉岂是刺客邪?何言之僻!"善宝曰:"思玉已将临贺入北,讵可轻信?"言未卒,思玉果出贼启,异大惭。贼遂以讨异及陆验为名。及景至城下,又射启言"朱异等蔑弄朝权,轻作威福。臣为逸臣所陷,欲加屠戮。陛下诛异等,臣敛辔北归。"帝问简文曰:"有是乎?"对曰:"然"。帝召有司将诛之,简文曰:"贼特以异等为名耳,今日杀异,无救于急,适足贻笑将来。若妖氛既息,诛之未晚。"帝乃止。

异之方幸,在朝莫不侧目,虽皇太子亦不能平。至是城内咸尤异,简文为四言《愍乱诗》曰:"愍彼阪田,嗟斯氛雾。谋之不臧,褰我王度。"又制《围城赋》,末章云:"彼高冠及厚履,并鼎食而乘肥。升紫霄之丹地,排玉殿之金扉。陈谋谟之启沃,宣政刑之福威。四郊以之多垒,万邦以之未绥。问豺狼其何者?访虺蜴之为谁?"并以指异。又帝登南楼望贼,顾谓异曰:"四郊多垒,谁之罪软?"异流汗不能对,惭愤发病卒,时年六十七。诏赠尚书右仆射。旧尚书官不以为赠,及异卒,武帝悼惜之,方议赠事,左右有善异者,乃启曰:"异生平所怀,愿得执法。"帝因其宿志,特有此赠。

异居权要三十余年,善承上旨,故特被宠任。历官自员外常侍至侍中,四官皆珥貂,自右卫率至领军,四职并驱卤簿,近代未之有也。异及诸子自潮沟列宅至青溪,其中有台池玩好,每暇日与宾客游焉。四方馈遗,财货充积。性吝啬,未尝有散施。厨下珍羞恒腐烂,每月常弃十数车,虽诸子别房亦不分赡。所撰《礼》、《易》讲疏及仪注文集百余篇。

子肃,位国子博士。次闰,司徒掾。并遇乱卒。

顾协,字正礼,吴郡吴人,晋司空和六世孙也。幼孤,随母养于外氏。外从祖右光禄大夫张永,尝携内外孙侄游虎丘山,协年数岁,永抚之曰:"儿欲何戏?"协曰:"儿政欲枕石漱流。"永叹息曰:"顾氏兴于此子。"及长,好学,以精力称。外氏诸张多贤达,有识鉴,内弟率尤推重焉。

初为扬州议曹从事,举秀才。尚书令沈约览其策而叹曰:"江左以来,未有斯作。"为兼廷尉正。太尉临川王闻其名,召掌书记,仍侍西丰侯正德读。正德为巴西、梓潼郡,协除所部新安令。未至县,遭母忧,刺史始兴王厚资遣之,送丧还。于峡江遇风,同旅皆漂溺,唯协一舫触石得泊焉。咸谓精诚所致。张率尝荐之于帝,问协年,率言三十有五。帝曰:"北方高凉,四十强仕,南方卑湿,三十已衰。如协便为已老,但其事亲孝,与友信,亦不可遗于草泽。卿便称敕唤出。"于是以协为兼太学博士。累迁

湘东王参军,兼记室。普通中,有诏举士,湘东王表荐之,即召拜通直散骑侍郎,兼中书通事舍人。大通三年,霆击大航华表然尽。建康县驰启,协以为非吉祥,未即呈闻。后帝知之,曰:"霆之所击,一本罚恶龙,二彰朕之有过。协掩恶扬善,非曰忠公。"由是见免。后守鸿胪卿,员外散骑常侍,卿、舍人并如故。自为近臣,便繁几密,每有述制,敕前示协,时辈荣之。卒官无金以敛,为士子所嗟叹。武帝悼惜之,为举哀。赠散骑常侍,谥曰温子。

协少清介,有志操,初为廷尉正,冬服单薄,寺卿蔡法度欲解襦与之,惮其清严,不敢发口,谓人曰:"我愿解身上襦与顾郎,顾郎难衣食者。"竟不敢以遗之。及为舍人,同官者皆润屋,协在省十六载,器服饮食不改于常。有门生始来事协,知其廉洁,不敢厚饷,止送钱二千,协发怒,杖二十,因此事者绝于馈遗。自丁艰忧,遂终身布衣蔬食。少时将娉舅息女,未成昏而协母亡,免丧后不复娶。年六十余,此女犹未出适,协义而迎之。晚虽判合,卒无胤嗣。协博极群书,于文字及禽兽草木尤称详洽,撰《异姓苑》五卷,《琐语》十卷,文集十卷,并行于世。

徐摛,字士秀,东海郯人也,一字士缋。祖凭道,宋海陵太守。父超之,梁天监初位员外散骑常侍。摛幼好学,及长,遍览经史,属文好为新变,不拘旧体。晋安王纲出戍石头,武帝谓周舍曰:"为我求一人,文学俱长,兼有行者,欲令与晋安游处。"舍曰:"臣外弟徐摛,形质陋小,若不胜衣,而堪此选。"帝曰:"必有仲宣之才,亦不简貌。"乃以摛为侍读。大通初,王总戎北侵,以摛兼宁蛮府长史,参赞戎政。教命军书,多自摛出。王入为皇太子,转家令,兼管记,寻带领直。

摛文体既别,春坊尽学之,"宫体"之号,自斯而始。帝闻之怒,召摛将加消责,及见,应对明敏,辞义可观,乃意释。因问《五经》大义,次问历代史及百家杂记,末论释教。摛商较从横,应答如响,帝甚加叹异,更被亲狎,宠遇日隆。领军朱异不悦,谓所亲曰:"徐叟出入两宫,渐来见逼,我须早为之所。"遂承间白帝曰:"摛年老,又爱泉石,意在一郡自养。"帝谓摛欲之,乃召摛曰:"新安大好山水,任昉等并经为之,卿为我临此郡。"中大通三年,遂出为新安太守。为政清静,教人礼义,劝课农桑,期月风俗便改。秩满,为中庶子。

时临城公纳夫人王氏,即简文妃侄女。晋、宋以来,初昏三日,妇见舅姑,众宾皆列观,引《春秋》义云:"丁丑,夫人姜氏至。戊寅,公使大夫宗妇觌用币"。戊寅即丁丑之明日,故礼官据此皆云"宜依旧观"。简文问摛,摛议曰:"《仪礼》云'质明赞见妇于舅姑'。《杂记》又云:'妇见舅姑,兄弟姊妹皆立于堂下。'政言妇是外宗,未审娴令,所以舅延外客,姑率内宾,堂下之仪,以备盛礼。近代妇于舅姑本有戚属,不相瞻者。夫人乃妃侄女,有异他姻,觌见之仪,谓应可略。"简文从其议。除太子左卫率。

及侯景攻陷台城,时简文居永福省。贼众奔入,侍卫走散,莫有存者。摛独侍立不动,徐谓景曰:"侯公当以

礼见,何得如此?"凶威遂折,侯景乃拜。由是常惮摛。简文嗣位,进授左卫将军,固辞不拜。简文被闭,摛不获朝谒,因感气疾而卒,年七十八。赠侍中、太子詹事,谥贞子。长子陵,最知名。

陵,字孝穆。母臧氏,尝梦五色云化为凤,集左肩上,已而诞陵。年数岁,家人携以候沙门释宝志,宝志摩其顶曰:"天上石麒麟也。"光宅寺慧云法师每嗟陵早就,谓之颜回。八岁属文,十三通《庄》、《老》义。及长,博涉史籍,从横有口辩。父摛为晋安王谘议,王又引陵参宁蛮府军事。王立为皇太子,东宫置学士,陵充其选。稍迁尚书度支郎。出为上虞令。御史中丞刘孝仪与陵先有隙,风闻劾陵在县赃污,因坐免。久之,为通直散骑侍郎。梁简文在东宫,撰《长春殿义记》,使陵为序。又令于少傅府述已所制《庄子义》。

太清二年,兼通直散骑常侍使魏,魏人授馆宴宾。是日甚热,其主客魏收嘲陵曰:"今日之热,当由徐常侍来。"陵即答曰:"昔王肃至此,为魏始制礼仪;今我来聘,使卿复知寒暑。"收大惭。齐文襄为相,以收失言,囚之累日。及侯景入寇,陵父摛先在围城之内,陵不奉家信,便蔬食布衣,若居丧恤。会齐受魏禅,梁元帝承制于江陵,复通使于齐。陵累求复命,终拘留不遣,乃致书于仆射杨遵彦,不报。及魏平江陵,齐送贞阳侯明为梁嗣,乃遣陵随还。太尉王僧辩初拒境不纳,明往复致书,皆陵辞也。及明入,僧辩得陵大喜,以为尚书吏部郎,兼掌诏诰。其年陈武帝诛僧辩,仍进讨韦载,而任约、徐嗣徽乘虚袭石头,陵感僧辩旧恩,往赴约。约平,武帝释陵不问,以为尚书左丞。绍泰二年,又使齐。还除给事黄门侍郎,秘书监。

陈受禅,加散骑常侍。天嘉四年,为五兵尚书,领大著作。六年,除散骑常侍,御史中丞。时安成王顼为司空,以帝弟之尊,权倾朝野。直兵鲍僧睿假王威风,抑塞辞讼,大臣莫敢言,陵乃奏弹之。文帝见陵服章严肃,若不可犯,为敛容正坐。陵进读奏状,时安成王殿上侍立,仰视文帝,流汗失色,陵遣殿中郎引王下殿。自是朝廷肃然。迁吏部尚书,领大著作。陵以梁末以来,选举多失其所,于是提举纲维,综核名实。时有冒进求官,驰竞不已者,乃为书宣示之,曰:"永定之时,圣朝草创,干戈未息,尚无条序。府库空虚,赏赐悬乏,白银难得,黄札易营。权以官阶,代于钱绢,义在抚接,无计多少。致令员外常侍,路上比肩;谘议参军,市中无数,岂是朝章应其如此!今衣冠礼乐,日富年华,何可犹作旧意,非理望也。所见诸君多逾本分,犹言大屈,未谕高怀。若问梁朝朱领军异亦为卿相,此不逾其本分耶?此是天子所拔,非关选序。梁武帝云:'世间人言有目色,我特不目色范帅。'宋文帝亦云:'人岂无运命,每有好官缺,辄忆羊玄保。'此则清阶显职,不由选也。既悉衡流,诸贤深明鄙意。"自是众咸服焉。时论比之毛玠。

及宣帝入辅,谋黜异志者,引陵预其议。宣帝即位,封建昌县侯。太建中,为尚书左仆射,抗表推周弘正、王劢等。帝召入内殿,曰:"卿何为固辞而举人乎?陵曰:"弘正旧蕃长史,王劢太平中相府长史,张种帝乡贤戚,若选贤旧,臣宜居后。"固辞累日,乃奉诏。及朝议北侵,宣帝命举元帅,众议在淳于量。陵独曰:"不然。吴明彻家在淮左,悉彼风俗,将略人才,当今无过者。"于是争论数日不能决,都官尚书裴忌曰:"臣同徐仆射。"陵应声曰:"非但明彻良将,忌即良副也。"是日诏明彻为大都督,令忌监军事,遂克淮南数十州地。宣帝因置酒,举杯属陵曰:"赏卿知人。"七年,领国子祭酒,以公事免侍中、仆射。寻加侍中,给扶。十三年,为中书监,领太子詹事。以年老累表求致事,宣帝亦优礼之,诏将作为造大斋,令陵就第摄事。后主即位,迁左光禄大夫、太子少傅。至德元年卒,年七十七,诏赠特进。初,后主为文示陵,云他人所作。陵嗤之曰:"都不成辞句。"后主衔之,至是谥曰章伪侯。

陵器局深远,容止可观,性又清简,无所营树,俸禄与亲族共之。太建中,食建昌户,户送米至水次,亲戚有贫匮者,皆召令取焉,数日便尽。陵家寻致乏绝。府僚怪问其故,陵云:"我有车牛衣裳可卖,余家有可卖不?"其周给如此。少而崇信释教,经论多所释解。后主在东宫,令陵讲《大品经》,义学名僧,自远云集,每讲筵商较,四坐莫能与抗。目有青精,时人以为聪慧之相也。自陈创业,文檄军书及受禅诏策,皆陵所制,为一代文宗。亦不以矜物,未尝诋诃作者。其于后进,接引无倦。文、宣之时,国家有大手笔,必命陵草之。其文颇变旧体,缉裁巧密,多有新意。每一文出,好事者已传写成诵,遂传于周、齐,家有其本。后逢丧乱,多散失,存者三十卷。陵有四子:俭、份、仪、僔。

俭,一名众,幼而修立,勤学有志操。汝南周弘直重其为人,妻以女。梁元帝召为尚书金部郎中。常侍宴赋诗,元帝叹赏之,曰:"徐氏之子,复有文矣。"魏平江陵,还建邺,累迁中书侍郎。太建初,广州刺史欧阳纥举兵反,宣帝令俭持节喻旨。纥见俭,盛列仗卫,言辞不恭。俭曰:"吕嘉之事,诚当已远,将军独不见周迪、陈宝应乎?"纥默然不答。惧俭沮众,不许入城,置俭于孤园寺。纥尝出见俭,俭谓曰:"将军业已举事,俭须还报天子。俭之性命,虽在将军,将军成败,不在于俭。幸不见留。"纥于是遣。俭从间道驰还。宣帝乃命章昭达讨纥,以俭监昭达军。纥平,为兼中书通事舍人。后主立,累迁寻阳内史,为政严明,盗贼静息。迁散骑常侍,袭封建昌侯。入为御史中丞。俭公平无所阿附,尚书令江总望重一时,为俭所劾,后主深委任焉。祯明二年卒。

份,少有父风。九岁为《梦赋》,陵见之,谓所亲曰:"吾幼属文,亦不加此。"为海盐令,有政绩。入为太子洗马。性孝弟,陵尝疾笃,份烧香泣涕,跪诵《孝经》,日夜不息,如是者三日,陵疾豁然而愈,亲戚皆谓份孝感所致。先陵卒。

仪,少聪警,仕陈位尚书殿中郎。陈亡,隐于钱唐之赭山。隋炀帝召为学士,寻除著作佐郎。大业四年卒。

陵弟孝克,有口辩,能谈玄理。性至孝,遭父忧殆不胜丧。事所生母陈氏,尽就养之道。梁末,侯景寇乱,孝克养母,饘粥不能给。妻东莞臧氏,领军将军盾女也,甚有容色。孝克乃谓曰:"今饥荒如此,供养交阙,欲嫁卿与富人,望彼此俱济,于卿如何?"臧氏弗许之。时有孔景行者,为侯景将,多从左右,逼而迎之,臧氏涕泣而去,所得谷帛,悉以遗母。孝克又剃发为沙门,改名法整,兼乞食以充给焉。臧氏亦深念旧恩,数私致馈饷,故不乏绝。后景行战死,臧氏伺孝克于途中,累日乃见,谓孝克曰:"往日之事,非为相负,今既得脱,当归供养。"孝克嘿然无答。于是归俗,更为夫妻。后东游,居钱唐之佳义里,与诸僧讨论释典,遂通《三论》。每日二时讲,且讲佛经,晚讲《礼》传,道俗受业者数百人。天嘉中,除剡令;非其好,寻去职。太建四年,征为秘书丞,不就。乃疏食长斋,持菩萨戒,昼夜讲诵《法华经》。宣帝甚嘉其操行。后为国子祭酒。孝克每侍宴,无所食啖,至席散,当其前膳羞损减。帝密记以问中书舍人管斌,斌自是伺之,见孝克取珍果纳绅带中。斌当时莫识其意,后寻访,方知其以遗母。斌以启,宣帝嗟叹良久,乃敕自今宴享,孝克前馔并遣将还,以饷其母。时论美之。至德中,皇太子入学释奠,百司陪列。孝克发《孝经》题,后主诏皇太子北面致敬。祯明元年,入为都官尚书。自晋以来,尚书官僚,皆携家属居省。省在台城内下舍,门中有阁道东西跨路,通于朝堂。其第一即都官省,西抵阁道,年代久远,多有鬼怪。每夜昏之际,无故有声光,或见人著衣冠从井中出,须臾复没;或门阁自然开闭。居多死亡,尚书周确卒于此省。孝克代确,便即居之,经两载,祅变皆息,时人咸以为贞正所致。孝克性清素,好施惠,故不免饥寒。后主赐以石头津税给之,孝克悉用设斋写经,随尽。二年,为散骑常侍,侍东宫。

陈亡,随例入长安。家道壁立,所生母患,欲粳米为粥,不能常办。母亡后,孝克遂常噉麦,有遗粳米者,孝克对而悲泣,终身不复食焉。

开皇十二年,长安疾疫,隋文帝闻其名行,召令于尚书都堂讲《金刚般若经》。寻授国子博士,后侍东宫,讲《礼》传。十九年,以疾卒,年七十三。临终政坐念佛,室内有非常香气,邻里皆惊异之。子万载,位太子洗马。

鲍泉,字润岳,东海人也。父几,字景玄,家贫,以母老诣吏部尚书王亮乞禄,亮一见嗟赏,举为春陵令。后为明山宾所荐,为太常丞。以外兄傅昭为太常,依制缌服不得相临,改为尚书郎,终于湘东王谘议参军。

泉美须髯,善举止,身长八尺,性甚警悟。博涉史传,兼有文笔。少事元帝,为国常侍,早见擢任,谓曰:"我文之外无出卿者。"后为通直侍郎。常乘高幰车,从数十左右,伞盖服玩甚精。道逢国子祭酒王承,承疑非旧贵,遣访之,泉从者答曰:"鲍通直"。承怪焉,复欲辱之,遣逼车问:"鲍通直复是何许人?而得如此!"都下少年遂为口实,见尚豪华人,相戏曰:"鲍通直复是何许人,而得如此",以为笑谑。及元帝承制,累迁至信州刺史。方等之败,元帝大怒,泉与王僧辩讨之。僧辩曰:"计将安出?"泉曰:"事等沃雪,何所多虑。"僧辩曰:"君言文士常谈

耳,河东少有武干,非精兵一万不可以往。竟陵甲卒不久当至,犹可重申。欲与卿入言之。"泉许诺,及僧辩如向言,泉默然不继。元帝大怒,于是械系僧辩,时人比泉为郦寄。泉既专征长沙,久而不克。元帝乃数泉二十罪,为书责之曰:"面如冠玉,还疑木偶,须似蝟毛,徒劳绕喙。"乃从狱中起王僧辩代泉为都督,使舍人罗重欢领斋仗三百人与僧辩往。及至长沙,遣通泉曰:"罗舍人被令送王竟陵来。"泉愕然,顾左右曰:"得王竟陵助我经略,贼不足平矣。"乃拂席坐而待之。僧辩入,乃背泉而坐曰:"鲍郎,卿有罪,令旨使我锁卿,卿勿以故意见期。"命重欢出令示泉,锁之床下。泉颜色自若,了无惧容,曰:"稽缓王师,罪乃甘分,但恐后人更思鲍泉之愦愦耳。"僧辩色甚不平,泉乃启陈淹迟之罪。元帝寻复其任,令与僧辩等东逼邵陵王于郢州。郢州平,元帝以世子方诸为刺史,泉为长史,行州府事。方诸见泉和弱,每有谘陈未尝用,使泉伏床骑背为马,书其衣作其姓名,由是州府尽相欺。侯景密遣将宋子仙、任约袭之。方诸与泉不恤军政,唯蒲酒自乐,云:"贼何由得至"。既而传告者众,始命阖门。城陷,贼执方诸及泉送之景所。后景攻王僧辩于巴陵不克,败还,乃杀泉于江夏,沉其尸于黄鹤矶。初,泉梦著朱衣行水上,及死,举身带血而沉于江,如其梦。泉于《仪礼》尤明,撰《新仪》三十卷行于世。

时又有鲍行卿,以博学大才称,位后军临川王录事,兼中书舍人,迁步兵校尉。上《玉璧铭》,武帝发诏褒赏。好韵语,及拜步兵,面谢帝曰:"作舍人,不免贫,得五校,实大校。"例皆如此。有集二十卷。撰《皇室仪》十三卷,《乘舆龙飞记》二卷。

弟客卿,位南康太守。客卿三子——检、正、至,并才艺知名,俱为湘东王五佐。正好交游,无日不适人,人为之语曰:"无处不逢乌噪,无处不逢鲍佐。"正为湘东王所知,献书告退。王恨之。及建邺城陷,正为尚书外兵郎,病不能起,景杂于死尸焚之。王闻之曰:"忠非纪信,利非象齿,焚如弃如,于是乎得。"君子以此知湘东王不仁。检为湘东镇西府中记室,使蜀,不屈于武陵王,见害。

论曰:夏侯胜云,"士患不明经术,经术明,取青紫如拾地芥耳"。于贺㻛、贺琛、朱异、司马褧其得之矣。而异遂徼宠幸,任事居权,不能以道佐时,苟取容媚。及延宠败国,实异之由,祸难既彰,不明其罪,亦既身死,宠赠犹殊。罚既弗加,赏亦斯滥。夫太清之乱,固其宜矣。顾协清介,足以追踪古人;徐摛贞正,仁者信乎有勇。孝穆聪明特达,缔构兴王,献替谋猷,亮直斯在。泉本文房之士,每处荷戈之任,非材之责,胜任不亦难乎?

卷六十三　　列传第五十三

王神念 子僧辩　**羊侃** 子珹 鹍　**羊鸦仁**

王神念，太原祁人也。少好儒术，尤明内典。仕魏位颍川太守，与子僧辩据郡归梁，封南城县侯。历安成、武阳、宣城内史，皆著政绩。后为青、冀二州刺史。神念性刚正，所更州郡，必禁止淫祠，时青州东北有石鹿山临海，先有神庙袄巫，欺惑百姓，远近祈祷，糜费极多。及神念至，便令毁撤，风俗遂改。后征为右卫将军，卒于官，谥曰壮。及元帝初，追赠侍中、中书令，改谥忠公。神念少善骑射，及老不衰。尝于武帝前手执二刀楯，左右交度，驭马往来，冠绝群伍。

时复有杨华者，能作惊军骑，亦一时妙捷，帝深赏之。华本名白花，武都仇池人。父大眼，为魏名将。华少有勇力，容貌瑰伟，魏胡太后逼幸之。华惧祸，及大眼死，拥部曲，载父尸，改名华，来降。胡太后追思不已，为作《杨白花歌辞》，使宫人昼夜连臂蹋蹄歌之，声甚凄断。华后位太子左卫率，卒于侯景军中。

神念长子遵业，位太仆卿。次子僧辩。

僧辩，字君才，学涉该博，尤明《左氏春秋》。言辞辩捷，器宇肃然，虽射不穿札，而有陵云之气。元帝为江州刺史，僧辩随府为中兵参军。时有安成望族刘敬躬者，田间得白蛆化为金龟，将销之，龟生光照室，敬躬以为神而祷之。所请多验，无赖者多依之。平生有德有怨者必报，遂谋作乱，远近响应。元帝命中直兵参军曹子郢讨之，使僧辩袭安成。子郢既破其军，敬躬走安成，僧辩禽之，又讨平安州反蛮，由是以勇略称。元帝除荆州，僧辩为贞毅府谘议参军，代柳仲礼为竟陵太守。及侯景反，元帝命僧辩总督舟师一万赴援。及至，台城陷没，侯景悉收其军实而厚加绥抚，遣归竟陵。于是倍道兼行，西就元帝。元帝承制，以为领军将军。及荆、湘疑贰，元帝令僧辩及鲍泉讨之。时僧辩以竟陵间部下皆劲勇，犹未尽来，意欲待集然后上顿。与泉俱入，使泉先言之，泉入不敢言。元帝问僧辩，僧辩以情对。元帝性忌，以为迁延不去，大怒厉声曰："卿惮行拒命，欲同贼邪？今唯死耳。"僧辩对曰："今日就戮甘心，但恨不见老母。"帝自斫之，中其髀，流血至地，闷绝，久之方苏。即送廷尉，并收其子侄，并系之。其母脱簪珥待罪，帝意解，赐以良药，故不死。会岳阳军袭江陵，人情摇扰。元帝遣就狱出僧辩，以为城内都督。俄而岳阳奔退，而鲍泉力不能克长沙，帝命僧辩代之。僧辩仍部分将帅，并力攻围，遂平湘土。还，复领军将军。

侯景浮江西寇，军次夏首。僧辩为大都督，军次巴陵。景既陷郢城，将进寇荆州，于是缘江屯戍望风请服。僧辩并沉公私船于水，分命众军乘城固守，偃旗卧鼓，安若无人。翌日，贼众济江，轻骑至城下，谓城中曰："语王领军，何不早降？"僧辩使答曰："大军但向荆州，此城自当非碍。僧辩百口在人掌握，岂得便降？"景军肉薄苦攻，城内同时鼓噪，矢石雨下，贼乃引退。元帝又命平北将军胡僧祐率兵援僧辩。是日，贼复攻城不克，又为火舰烧栅，风不便，自焚而退。有流星堕其营中，贼徒大骇，相顾失色。贼帅任约又为陆法和所禽，景乃烧营夜遁，旋军夏首。元帝以僧辩为征东将军、开府仪同三司、江州刺史，封长宁县公，命即率巴陵诸军沿流讨景。攻拔鲁山，仍攻郢，即入罗城。又有大星如车轮坠贼营，去地十丈变成火，一时碎散。有龙自城出，五色光曜，入城前鹦鹉洲水中。景闻之，倍道归建邺。贼帅宋子仙等困蹙，求输郢城，身还就景。僧辩伪许之。子仙谓为信然，浮舟将发，僧辩命杜崱鼓噪掩至，大破之，禽子仙、丁和等送江陵。元帝命生钉和舌，脔杀之。郢州既平，僧辩进师寻阳。军人多梦周、何二庙神云："吾已助天子讨贼。"自称征讨大将军，并乘朱航。俄而反曰："已杀景。"同梦者数十百焉。

元帝加僧辩侍中、尚书令、征东大将军。僧辩频表劝进，并蒙优答。于是发江州直指建邺，乃先命南兖州刺史侯瑱袭南陵、鹊头等戍，并克之。先是，陈武帝率众五万出自南江，前军五千行至盆口。陈武名盖僧辩，僧辩惮之。既至盆口，与僧辩会于白茅洲为盟。于是升坛歃血，共读盟文，辞气慷慨，皆泪下沾衿。及发鹊头，中江而风浪，师人咸惧。僧辩再拜告天曰："僧辩忠臣，奉辞伐罪，社稷中兴，当使风息；若鼎命中沦，请从此逝。"言讫风止，自此遂泛安流。有群鱼跃水飞空引导，贼望官军上有五色云，双龙挟舰，行甚迅疾。景自出战于石头城北，僧辩等大破之。庐晖略闻景战败，以石头城降。僧辩引军入据之。景走朱方，僧辩命众将入据台城。其夜军人失火，烧太极殿及东西堂。僧辩虽有灭贼之功，而驭下无法，军人卤掠，驱逼居人。都下百姓父子兄弟相哭，自石头至于东城，被执缚者，男女裸露，袒衣不免。缘淮号叫，翻思景焉。僧辩命侯瑱、裴之横东追景，伪行台赵伯超自吴松江降侯瑱，瑱送至僧辩，僧辩谓曰："卿荷国重恩，遂复同逆，今日之事，将欲如何？"因命送江陵。伯超既出，僧辩顾坐客曰："朝廷昔唯知有赵伯超，岂识王僧辩乎？社稷既倾，为我所复，人之兴废，亦复何常。"宾客皆前称叹功德，僧辩愧然，乃谬答曰："此乃圣上威德，群帅用命，老夫虽滥邑戎首，何力之有焉？"于是逆寇悉平。

元帝即位，授镇卫将军、司徒，加班剑二十人，改封永宁郡公，侍中、尚书令如故。先是，天监中沙门释宝志为谶云："太岁龙，将无理。萧经霜，草应死。余人散，十八子。"时言萧氏当灭，李氏代兴。及湘州贼陆纳等攻破衡州刺史丁道贵，而李洪雅又自零陵称助讨纳。既而朝廷未达其心，诏征僧辩就宜丰侯循南征，为都督东上诸事。以陈武帝为都督西下诸军事。先是，陈武让都督于僧辩，僧辩不受，故元帝分为东西都督而俱南讨。寻而洪雅降纳，纳以为应符，于是共议拜洪雅为大将军，尊事为主。洪雅乘平肩大舆，缴盖、鼓吹，羽仪悉备，翼从入长沙城。时纳等据车轮，夹岸为城，士卒皆百战之余，器甲精严，徒党勇锐，蒙冲斗舰，亘水陵山。时天日清明，初无云雾，军发之际，忽然风雨，时人谓为泣军，百姓窃言知其败也。三月庚寅，有两龙自城西江中腾跃升天，五色分明，遥映江水。百姓咸仰面目之，父老或聚而悲，窃相谓曰："地龙已去，国其亡乎？"初，纳造大舰，一名曰三王舰者，邵陵王、河东王、桂阳嗣王三人，并为元帝所害，故立其像于舰，祭以太牢，加其节盖羽仪鼓吹，每战辄祭之以求福。又造二舰，一曰青龙舰，一曰白虎舰，皆衣以牛皮，并高十五丈，选其中尤勇健者乘之。僧辩惮之，稍作连城以逼焉。贼不敢交锋，并怀懈怠。僧辩因其无备，亲执旗鼓以诫进止，群贼大败，归保沙上。僧辩乃命筑垒围之，而自出临视。贼知不设备，其党吴藏、李贤明等蒙楯直进，僧辩尚据胡床不为之动，指麾勇敢，遂斩贤明，贼乃退归。初，陆纳作逆，以王琳为辞，云"若放琳则自服"。时众军未之许，而武陵王纪拥众上流，内外骇惧。元帝乃遣琳和解之，湘州乎平。因被诏会众军西讨。寻而武陵败绩。

是时，齐遣郭元建谋袭建邺，又遣其大将东方老等继之。陈武帝闻之，驰报江陵。元帝即诏僧辩急下赴援。僧辩次姑孰，即留镇焉。先命豫州刺史侯瑱筑垒于东关以拒北军，征吴郡太守张彪、吴兴太守裴之横会瑱而大败之。僧辩振旅归建邺。

承圣三年二月，诏以僧辩为太尉、车骑大将军。顷之丁母忧。母姓魏氏，性甚安和，善于绥接，家门内外莫不怀之。初，僧辩下狱，母流泪徒行，将入谢罪，元帝不与相见。时贞惠世子有宠，母诣阁自陈无训，涕泗呜咽，众并矜之。及僧辩罪免，母深相责厉，辞色俱严。虽克复旧都，功盖宇宙，母恒自谦损，不以富贵骄物，朝野称之，谓为明哲妇人。及亡，甚见愍悼，且以僧辩勋重，故丧礼加焉。命侍中、谒者监护丧事，谥曰贞敬太夫人。灵柩将归建康，又遣谒者至舟渚吊祭。其年十月，魏遣兵及梁王察合众将袭江陵，元帝征僧辩于建邺，为大都督、荆州刺史。未至，而荆州已灭。

及敬帝初即梁王位，僧辩预授立功，承制进骠骑大将军、中书监、都督中外诸军事、录尚书。与陈武帝参谋讨伐。时齐文宣又纳贞阳侯明以为梁嗣，与僧辩书，并贞阳亦频与僧辩书，论还国继统之事。僧辩不纳。及贞阳与齐上党王高涣至东关，散骑常侍裴之横军败，僧辩遂谋纳贞阳，仍书定君臣之礼。因遣第七子显、显所生刘并弟子珍往充质，遣左户尚书周弘正至历阳迎明。又遣吏部尚书王通送启，因求以敬帝为皇太子。明报书许之。僧辩遣使送质于邺，贞阳求度卫士三千。僧辩虑其为变，止受散卒千人而已，并遣龙舟法驾亲迎。贞阳济江之日，僧辩拥楫中流，不敢就岸，末乃同会于江宁浦。明践位，授僧辩大司马，领太子太傅、扬州牧，余如故。

陈武帝时为司空、南徐州刺史，因自京口举兵袭之。僧辩常处石头城，是日视事，军人已逾城北而入，南门又白有兵来。僧辩与子颙遽走出阁，计无所出，乃据南门楼拜请求哀。陈武纵火焚之，方共颙下就执。陈武谓曰："我有何辜，公欲与齐师赐讨？"又曰："何意全无防备？"僧辩曰："委公北门，何谓无备？"是夜，及子颙俱被绞杀。初，僧辩平建邺，遣陈武守京口，推以赤心，结廉、蔺之分。且为第三子颙许娶陈武章后所生女，未昏而僧辩母亡，然，情好甚密，其长子颙屡谏不听。至是，会江淮人报云"齐兵大举至寿春"，僧辩谓齐军必出江表，因遣记室参军江旰以事报陈武，仍使整舟舰器械。陈武宿有图僧辩志，及闻命，留旰城中，衔枚而进。知谋者唯侯安都、周文育而已，外人但谓江旰征兵扞北。安都舟舰将趣石头，陈武控马未进。安都大惧，乃追陈武骂曰："今日作贼，事势已成，生死须决，在后欲何所望？若败俱死，后期得免斫头邪？"陈武曰："安都嗔我。"乃敢进，遂克之。时寿春竟无齐军，又非陈武之谲，殆天授也。

颙，承圣初位侍中，魏克江陵，随王琳入齐，为竟陵郡守。齐遣王琳镇寿春，将图江左。及陈平淮南杀琳，颙闻之，乃出郡城南登高冢上，号哭一恸而绝。

颙弟颁，少有志节，恒随梁元帝。及荆州覆灭，入于魏。僧辩既亡，弟僧智，得就任约。约败走，僧智肥不能行，又遇害。

僧智弟僧愔，位谯州刺史，征萧勃，及闻兄死，引军还。时吴州刺史羊亮隶在僧愔下，与僧愔不平，密召侯瑱见禽。僧愔以名义责瑱，瑱乃委罪于将羊鲲斩之。僧愔复得奔兖，与徐嗣徽等挟齐军攻陈。军败，窜逸荒野，莫知所之，仰天叹曰："仇耻不雪，未欲身膏野草，若精诚有感，当得道路，誓不受辱人手。"拔刀将自刎，闻空中催令急去，僧愔异之，勉力驰进，行一里许，顾向处已有陈人。逾越江山，仅得归齐。

徐嗣徽，高平人。父云伯，自青部南归，位终新蔡太守。侯景之乱，嗣徽归荆州，元帝以为罗州刺史，及弟嗣宗嗣产并有武用。嗣徽从征巴丘，以功为太子右卫率、监南荆州。徐州之亡，任秦州刺史。嗣产先在建邺，嗣宗自荆州灭亡中逃得至都。从弟嗣先，即僧辩之甥，复为比丘慧遝藏，得脱俱还。及僧辩见害，兄弟抽刀裂眦，志在立功，俱逃就兄嗣徽，密结南豫州刺史任约与僧辩故旧，图陈武帝。帝遣江旰说之，嗣徽执旰送邺乞师焉。齐文宣帝授为仪同，命将应赴。及石头败退，复请兵于齐，与任约、王晔、席皋同心度江。及战败，嗣徽堕马，嗣宗援兄见害。嗣产为陈武军所禽，辞色不挠而死。任约、王晔得北归。

羊侃，字祖忻，泰山梁父人也。父祉，《北史》有传。侃少而瑰伟，身长七尺八寸，雅爱文史。弱冠随父在梁州立功，初为尚书郎，以力闻。魏帝常谓曰："郎官谓卿为虎，岂羊质虎皮乎？试作虎状。"侃因伏，以手抉殿没指。魏帝壮之，赐以珠剑。正光中，秦州羌莫折念生据州反，仍遣其弟天生攻陷岐州，寇雍州。侃为偏将，隶萧宝寅往讨之，射杀天生，其众即溃。以功为征东大将军、东道行台，领泰山太守，进爵钜平侯。

初，其父祉恒使侃南归，侃至是将举济、河以成先志。其从兄兖州刺史敦密知之，据州拒侃，侃乃率精兵三万袭之，不克，仍筑十余城以守之。梁朝赏授，一与元法僧同。魏帝闻之，使授侃骠骑大将军、司徒、泰山郡公，长为兖州刺史。侃斩其使。魏人大骇，令仆射于晖率众十万及高欢、尔朱阳都等相继而至。栅中矢尽，南军不进，乃夜溃围而出。一日一夜，乃出魏境。至渣口，众尚万余人，马二千匹。将入南，士卒竟夜悲歌，侃乃谢曰："卿等怀土，幸适去留。"各拜辞而去。侃以大通三年至建邺，授徐州刺史，并其兄默及三弟忱、恰、元皆拜刺史。侃封高昌县侯。累迁太子左卫率，侍中。车驾幸乐游苑，侃预宴。时少府奏新造两刃矟成，长二丈四尺，围一尺三寸。帝因赐侃河南国紫骝令试之。侃执矟上马，左右击刺，特尽其妙。观者登树。帝曰："此树必为侍中折矣。"俄而果折，因号此矟为折树矟。北人降者，唯侃是衣冠余绪，帝宠之逾于他者，谓曰："朕少时捉矟，形势似卿，今失其旧体，殊觉不奇。"上又制《武宴诗》三十韵示侃，侃即席上应诏。帝览曰："吾闻仁者有勇，今见勇者有仁，可谓邹、鲁遗风，英贤不绝。"是日诏入直殿省，启尚方仗不堪用。上大怒，坐者非一。及侯景作逆，果弊于仗粗。

后迁都官尚书，尚书令何敬容用事，与之并省，未尝游造。左卫兰钦同侍宫宴，词色少交，侃于坐折之曰："小子！汝以铜鼓买朱异作父，韦粲作兄，何敢无宜适？"朱时在席。后华林法会，钦拜谢于省中。王铨谓钦曰："卿能屈膝廉公，弥见尽美；然羊公意犹未释，容能更置一拜？"钦从之。宦者张僧胤尝候侃，侃曰："我床非阉人所坐。"竟不前之。时论美其贞正。

太清元年，为侍中，会大举北侵，以侃为冠军将军，监作寒山堰事。堰立，侃劝元帅贞阳侯明乘水攻彭城，不见纳。既而魏援大至，侃频言乘其远来可击，旦日又劝出战，并不从。侃乃率所领顿堰上。及众军败，侃结阵徐还。

二年，复为都官尚书。侯景反，攻陷历阳，帝问侃讨景之策。侃求以二千人急据采石，令邵陵王袭取寿春，使景进不得前，退失巢窟，乌合之众，自然瓦解。议者谓景未敢便逼都，遂寝其策。令王质往。侃曰："今兹败矣。"乃令侃率千余骑顿望国门。景至新林，追侃入副宣城王都督城内诸军事。时景既卒至，百姓竞入，公私混乱，无复次序。侃乃区分防拟，皆以宗室间之。军人争入武库，自取器甲，所司不能禁，侃命斩数人方得止。是时梁兴四十七年，境内无事，公卿在位，及闾里士大夫莫见兵甲。贼至卒迫，公私骇震。时宿将已尽，后进少年并出在外，城中唯有侃及柳津、韦黯。津年老且疾，黯懦而无谋，军旅指抚，一决于侃，胆力俱壮，简文深仗之。及贼逼城，众皆凶惧，侃伪称得外射书，云"邵陵、西昌侯已至近路"，众乃少安。贼攻东掖门，纵火甚盛。侃以水沃灭火，射杀数人，贼乃退。加侍中、军师将军。有诏送金五千两、银万两、绢万匹赐战士。侃辞不受，部曲千余人并私加赏赉。贼为尖顶木驴攻城，矢石所不能制。侃作雉尾炬，施铁镞，以油灌之，掷驴上焚之俄尽。贼又东西起二土山以临城，城中震骇。侃命为地道，潜引其土，山不能立。贼又作登城楼车，高十余丈，欲临射城中。侃曰："车高堑虚，彼来必倒，可卧而观之。"及车动果倒，众皆惊焉。贼既频攻不捷，乃筑长围。朱异、张绾议出击之。帝以问侃，侃曰："不可，贼多日攻城，既不能下，故立长围，欲引城中降者耳。今击之，出人若少，不足破贼；若多，则一旦失利，

门隘桥小，必大致挫衄。"不从，遂使千余人出战。未及交锋，望风退走，果以争桥赴水，死者太半。

初，侃长子䲧，为景所获，执来城下示侃。侃谓曰："我倾宗报主，犹恨不足，岂复计此一子，幸早杀之。"数日复持来，侃谓䲧曰："久以汝为死，犹在邪？吾以身许国，誓死行阵，终不以尔而生进退。"因引弓射之。贼以其忠义，亦弗之害。景遣仪同傅士哲呼侃与语，曰："侯王远来问讯天子，何为闭拒，不时进纳？尚书国家大臣，宜启朝廷。"侃曰："侯将军奔亡之后，归命国家，重镇方城，悬相任寄，何所患苦，忽致称兵，岂有人臣而至于此？吾不能妄受浮说，开门揖盗。"士哲曰："在北之日，久挹风猷，愿去戎服，得一相见。"侃为免胄，士哲瞻望久之而去，其为北人所钦慕如此。后大雨，城内土山崩，贼乘之垂入，苦战不能禁。侃乃令多掷火，为火城以断其路，徐于城内筑城，贼不能进。寻以疾卒于城内，赠侍中、护军将军。子䂁嗣。

侃少雄勇，膂力绝人，所用弓至二十石，马上用六石弓。尝于兖州尧庙，蹋壁直上至五寻，横行得七迹。泗桥有数石人，长八尺，大十围。侃执以相击，悉皆破碎。性豪侈，善音律，自造《采莲》、《棹歌》两曲，甚有新致。姬妾列侍，穷极奢靡。有弹筝人陆大喜，著鹿角，爪长七寸。舞人张净琬，腰围一尺六寸，时人咸推能掌上舞。又有孙荆玉能反腰帖地，衔得席上玉簪。敕赉歌人王娥儿，东宫亦赉歌者屈偶之，并妙尽奇曲，一时无对。初赴衡州，于两艖䑦起三间通梁水斋，饰以珠玉，加之锦缋，盛设帷屏，列女乐。乘潮解缆，临波置酒，缘塘傍水，观者填咽。大同中，魏使阳斐与侃在北尝同学，有诏命侃延斐同宴。宾客三百余人，食器皆金玉杂宝，奏三部女乐。至夕，侍婢百余人俱执金花烛。侃不饮酒而好宾游，终日献酬，同其醉醒。性宽厚，有器局。尝南还至涟口置酒，有客张孺才者醉，于船中失火，延烧七十余艘，所燔金帛不可胜数。侃闻聊不挂意，命酒不辍。孺才惭惧自逃，侃慰喻使还，待之如旧。

第三子䲧，字子鹏，随侃台内，城陷，窜于阳平。侯景以其妹为小妻，呼还待之甚厚，以为库真都督。及景败，䲧密图之，乃随其东走，景于松江战败，惟余三舸，下海欲向蒙山。会景昼寝，䲧语海师："此中何处有蒙山，汝但听我处分。"遂直向京口，至胡豆洲，景觉，大惊。问岸上，云"郭元建犹在广陵。"景大喜，将依之。䲧拔刀叱海师使向京口。䲧与王元礼、谢答仁弟葳蕤，并景之昵也，三人谓景曰："我等为王百战百胜，自谓无敌，卒至于此，岂非天乎？今就王乞头以取富贵。"景欲透水，䲧抽刀斫之。景乃走入船中，以小刀抉船。䲧以矟入刺杀之。景仆射谢超世在别船，葳蕤以景命召之，斩于京口。元帝以䲧为青州刺史，封昌国县侯，又领东阳太守。征陆纳，加散骑常侍，除西晋州刺史。破郭元建于东关，迁东晋州刺史。承圣三年，西魏围江陵，䲧赴援不及。从王僧愔征萧勃于岭表，闻僧辩败，乃还，为侯瑱所破，遇害，年二十八。

羊鸦仁，字孝穆，泰山钜平人也。少骁勇，仕郡为主簿。普通中，率兄弟自魏归梁，封广晋侯。征伐青、齐间，累有功绩，位至都督、北司州刺史。及侯景降，诏鸦仁督土州刺史桓和之、仁州刺史湛海珍等趣县瓠应接。景至，仍为都督、司、豫二州刺史，镇县瓠。会侯景败于涡阳，魏军渐逼，鸦仁恐粮运不继，遂还北司，上表陈谢。帝大怒鸦仁，鸦仁惧，顿军于淮上。及侯景反，鸦仁率所部入援。

　　太清二年，景既背盟，鸦仁乃与赵伯超及南康王会理，共攻贼于东府城，反为贼败。台城陷，景以为五兵尚书。鸦仁常思奋发，谓所亲曰："吾以凡流，受宠朝廷，竟无报效，以答重恩。今若以此终，没有余责。"因泣下，见者伤焉。三年，出奔江西，将赴江陵，至东莞，为故北徐州刺史荀伯道子晷所害。临死以报效不终，因而泣下。后鸦仁兄子海珍知之，掘晷父伯道并祖及所生母合五丧，各分其半骨，共棺焚之，半骨杂他骨，作五袋盛之，铭袋上曰："荀晷祖父母某之骨。"

　　鸦仁子亮，侯景乱后，移至吴州刺史，随王琳，以名将子见礼甚隆。为人多酒无赖，酒醉，为阉竖所杀。

　　论曰：王神念、羊侃、羊鸦仁等，自北徂南，咸受宠任。既而侃及鸦仁晚遇屯剥。侃则临危不挠，鸦仁则守义以殒。古人所谓"心同铁石"，此之谓乎？僧辩风格秀举，有文武奇才，而逢兹酷滥，几致陨覆。幸全首领，卒树奇功，事人之道，于斯为得。及时钟交丧，地居元宰，内有奥主而外求君，遂使尊卑易位，亲疏贸序，既同儿戏，且类弈棋。延敌开衅，实基于此；丧国倾宗，为天下笑。岂天将启陈，何斯人而斯谬也？哀哉！

卷六十四　　　列传第五十四

江子一　胡僧祐　徐文盛　阴子春 子铿
杜崱 兄岸　弟幼安　兄子龛　王琳　张彪

　　江子一，字元亮，济阳考城人，晋散骑常侍统之七世孙也。父法成，奉朝请。子一少慷慨有大志。家贫，以孝闻，苦侍养多阙，因终身蔬食。仕梁起家为王国侍郎、奉朝请。上书言事，为当轴所排，乃拜表求入北为刺客。武帝异之。又启求观书秘阁，武帝许之，有敕直华林省。其姑夫左卫将军朱异权要当朝，休下之日，宾客辐凑。异不为物议所归，欲引子一为助，子一未尝造门，其高洁如此。为遂昌、曲阿令，皆著美绩。后为南津校尉。

　　弟子四，历尚书金部郎。大同初，迁右丞。兄弟性并刚烈。子四自右丞上封事，极言得失，武帝甚善之，诏曰："屋漏在上，知之在下，其令尚书详择，施于时政。"左户郎沈炯、少府丞顾玙尝奏事不允，帝厉色呵责之。子四乃趋前代炯等对，对甚激切。帝怒呼缚之，子四乃据地不受。帝怒亦歇，乃释之，犹坐免职。

　　及侯景攻陷历阳，自横江将度，子一帅舟师千余人于下流欲邀之，其副董桃生走，子一乃退还南洲，收余众步赴建邺，见于文德殿。帝怒之，具以事对，且曰："臣以身许国，常恐不得其死，今日之事，何所复惜？不死阙前，终死阙后耳。"及城被围，开承明门出战。子一及弟尚书左丞子四、东宫直殿主帅子五并力成直前，贼坐甲不起。子一引槊撞之，贼纵突骑，众并缩。子一刺其骑，骑倒槊折，贼解其肩，时年六十二。弟曰："与兄俱出，何面独旋？"乃免胄赴敌，子四槊洞胸死；子五伤胆，还至堑一恸而绝。贼义子一之勇，归之，面如生。诏赠子一给事黄门侍郎，子四中书侍郎，子五散骑侍郎。侯景平，元帝又追赠子一侍中，谥义子；子四黄门侍郎，谥毅子；子五中书侍郎，谥烈子。

　　子一续《黄图》及班固"九品"，并辞赋文章数十篇，行于世。

　　胡僧祐，字愿果，南阳冠军人也。少勇决，有武干。仕魏位银青光禄大夫。以大通三年，避尔朱氏之难归梁。频上封事，武帝器之，拜文德主帅，使戍项城。魏克项城，因入北，中大通元年，陈庆之送魏北海王元颢入洛阳，僧祐又归梁，除南天水、天门二郡太守，有善政。性好读书，爱缉缀，然文辞鄙野，多被嘲谑，而自谓实工，矜伐弥甚。晚事梁元帝。侯景之乱，西沮蛮反，元帝令僧祐讨之，使尽诛其渠帅。僧祐谏忤旨，下狱。

　　大宝二年，景围王僧辩于巴陵，元帝乃引僧祐于狱，拜为假节、武猛将军，封新市县侯，令援僧辩。将发泣下，谓其子玭曰："汝可开朱白二门，吾不捷则死。吉则由朱，凶则由白也。"元帝闻而壮之。前至赤沙亭，会陆法和至，乃与并军，大败景将任约军，禽约送江陵。侯景闻之遂遁。后拜领军将军，厚自封殖。以所加鼓吹恒置斋中，对之自娱。人曰："此是羽仪，公名望隆重，不宜若此。"答曰："我性爱之，恒须见耳。"或出游亦以自随，人士笑之。承圣二年，为车骑将军、开府仪同三司。及魏军至，以僧祐为都督城东诸军事。俄中流矢卒，城遂溃。

　　徐文盛，字道茂，彭城人也。家本魏将。父庆之，梁天监初自北归南，未至道卒。文盛仍统其众，稍立功绩。大同末，为宁州刺史。州在僻远，群蛮劫窃相寻，前后刺史莫能制。文盛推心抚慰，夷人感之，风俗遂改。

　　太清二年，闻国难，乃召募得数万人来赴，元帝以为秦州刺史，加都督，授以东讨之略。东下至武昌，遇侯景将任约，遂与相持。元帝又命护军将军尹悦、平东将军杜幼安、巴州刺史王珣等会之，并受文盛节度。大败约于贝矶。约退保西阳，文盛进据芦洲，又与相持。景闻之，率大众西上援约，至西阳。诸将咸曰："景水军轻进，又甚饥疲，击之必大捷。"文盛不许。文盛妻石氏先在邺，是，景载以还之。文盛深德景，遂遣通信使，都无战心，众咸愤怨。杜幼安、宋篾等乃率所领独进，大破景，获其舟舰以归。会景密遣骑间道袭陷郢州，军中俱，遂大溃，文盛奔还荆州。元帝仍以为城北面大都督。又聚敛赃污甚多，元帝大怒，下令数其十罪，除其官爵。文盛私怀怨望，帝闻之，乃以下狱。时任约被禽，与文盛同禁。文盛谓约曰："何不早降？令我至此。"约曰："门外不见卿马迹，使我何处得降？"文盛无以答，遂死狱中。

阴子春，字幼文，武威姑臧人也。晋义熙末，曾祖袭随宋武帝南迁，至南平，因家焉。父智伯，与梁武帝邻居，少相善，尝入帝卧内，见有异光成五色，因握帝手曰："公后必大贵，非人臣也。天下方乱，安苍生者其在君乎？"帝曰："幸勿多言。"于是情好转密，帝每有求，如外府焉。及帝践阼，官至梁、秦二州刺史。子春仕历位朐山戍主、东莞太守。时青州石鹿山临海，先有神庙，刺史王神念以百姓祈祷糜费，毁神影，坏屋舍。当坐栋上有一大蛇长丈余，役夫打扑不禽，得入海水。尔夜，子春梦见人通名诣子春云："有人见苦，破坏宅含。既无所托，钦君厚德，欲憩此境。"子春心密记之。经二日而知之，甚惊，以为前所梦神。因办牲醑请召，安置一处。数日，复梦一朱衣人相闻，辞谢云："得君厚惠，当以一州相报。"子春心喜，供事弥勤。经月余，魏欲袭朐山，间谍前知，子春设伏摧破之，诏授南青州刺史，镇朐山。又迁都督、梁秦二州刺史。子春虽无佗才行，临人以廉洁称。闺门混杂，而身服垢污，脚数年一洗，言每洗则失财败事，云在梁州，以洗足致梁州败。太清二年，征为左卫将军，迁侍中。属侯景乱，元帝令子春随王僧辩攻平邵陵王。又与左卫将军徐文盛东讨景，至贝矶与景遇，子春力战，恒冠诸军。会郢州陷没，军遂退，卒于江陵。子铿。

铿，字子坚，博涉史传，尤善五言诗，被当时所重。为梁湘东王法曹行参军。初，铿尝与宾友宴饮，见行觞者，因回酒炙以授之，众坐皆笑。铿曰："吾侪终日酣酒。而执爵者不知其味，非人情也。"及侯景之乱，铿尝为贼禽，或救之获免。铿问之，乃前所行觞者。陈天嘉中，为始兴王中录事参军。文帝尝宴群臣赋诗，徐陵言之帝，即日召铿预宴，使赋新成安乐宫。铿援笔便就，帝甚叹赏之。累迁晋陵太守，员外散骑常侍，顷之卒。有文集三卷行于世。

杜崱，京兆杜陵人也。其先自北归南，居于雍州之襄阳，子孙因家焉。父怀宝，少有志节，梁天监中累有军功，后又立功南郑，位梁、秦二州刺史。大同初，魏军复围南郑，怀宝命第三子嶷帅二百人，与魏前锋战于光道寺，流矢中其目，失马，敌人交稍将至，嶷斩其一骑而上，驰以归。嶷膂力绝人，便马善射，一日中战七八合。所佩霜明朱弓四石余力，斑丝缠稍长二丈五，同心敢死士百七十人。每出杀伤数百人，敌人惮之，号为杜彪。怀宝卒于州，谥曰桓侯。嶷位西荆州刺史，时谶言"独梁之下有瞎天子"，元帝以嶷其人也。会嶷改葬父祖，帝敕图墓者恶为之，逾年而嶷卒。

崱，嶷弟也。幼有志气，居乡里以胆勇见称，后为新兴太守。太清三年，随岳阳王来袭荆州，元帝与崱兄岸有旧，密书邀之。崱乃与岸、弟幼安、兄子龛等夜归元帝，以为武州刺史，封枝江县侯，令随领军王僧辩东讨侯景。至巴陵，景遁。加侍中，进爵为公，仍随僧辩追景至石头。景败，崱入据台城。景平，加散骑常侍、江州刺史。是月，齐将郭元建攻秦州刺史严超达于秦郡，王僧辩令崱赴援，陈武帝亦自欧阳来会。元建众却，崱因纵兵大破之，元建遁。时元帝执王琳于江陵，琳长史陆纳等于长沙反。元帝征崱与王僧辩讨之。及纳等战于车轮，大败之。后纳等降，崱又与王僧辩西讨，平武陵王于硖口。旋镇遘疾卒，谥曰武。崱兄弟九人，兄嵩、岑、嶷、岌，蠹、岸及弟崝、幼安并知名。

岸，字公衡，太清中，与崱随岳阳王察攻荆州，同归元帝。帝以为北梁州刺史，封江陵县侯。岸请以五百骑袭襄阳，去城三十里，城中觉之。察夜知其师掩襄阳，以岸等襄阳豪帅，于是夜遁归襄阳。岸等知察至，遂奔其兄南阳太守蠹于广平。察遣将尹正、薛晖等攻拔之，获蠹、岸等并其母妻子女，并斩于襄阳北门。察母龚保林数岸于众，岸曰："老婢，教汝儿杀汝叔，乃枉杀忠良。"察命拔其舌，脔杀而烹之。尽诛诸杜宗族亲者，幼弱下蚕室，又发其坟墓，烧其骸骨，灰而扬之，并以为漆髹。及建邺平，崱兄弟发安宁陵焚之，以报漆髹之酷，元帝亦不责也。

幼安，性至孝宽厚，雄勇过人，与兄崱同归元帝，帝以为西荆州刺史，封华容县侯。与王僧辩讨河东王誉于长沙，平之。又令助徐文盛东讨侯景，至贝矶，大破景将任约，斩其仪同叱罗子通、湘州刺史赵威方等。仍进军大举口，别攻拔武昌。景度芦洲上流以压文盛，幼安与众军大败之。会景密遣骑袭陷郢州，执刺史方诸，人情大骇。文盛由汉口遁归，众军大败。幼安降景，景以其多反覆，杀之。

龛，岑之子也。少骁勇，善用兵，与诸父归元帝，帝以为郧州刺史，封中庐县侯，与王僧辩讨平河东王誉。又随僧辩下，继徐文盛军至巴陵。闻侯景陷郢州，西上将至，乃与僧辩等守巴陵。景至，围之数旬，不克而遁。迁太府卿、定州刺史。及众军至姑孰，景将侯子鉴逆战，龛与陈武帝、王琳等击之，大败子鉴，遂至石头。景亲会战，龛与众军大破之。论功为最，授东扬州刺史。又与王僧辩降陆纳，平武陵王。及魏平江陵，后齐纳贞阳侯明以绍梁嗣，以龛为震州刺史、吴兴太守，迁南豫州刺史，封溧阳县侯，又加散骑常侍、镇南大将军。龛，僧辩婿也，始为吴兴太守，以陈武帝既非素贵，及为之本郡，以法绳其宗门，无所纵舍。武帝衔之切齿。及僧辩败，龛乃据吴兴以拒之，频败陈文帝军。龛好饮酒，终日恒醉，勇而无略，部将杜泰私通于文帝，说龛降文帝，龛然之。其妻王氏曰："霸先仇隙如此，何可求和？"因出私财赏募，复大败文帝军。后杜泰降文帝，龛尚醉不觉，文帝遣人负出项王寺前斩之。王氏因截发出家，杜氏一门覆矣。

王琳，字子珩，会稽山阴人也。本兵家。元帝居藩，琳姊妹并入后庭见幸，琳由此未弱冠得在左右。少好武，遂为将帅。太清二年，帝遣琳献米万石，未至，都城陷，乃中江沉米，轻舸还荆。稍迁岳阳内史，以军功封建宁县侯。侯景遣将宋子仙据郢州，琳攻克之，禽子仙。又随王僧辩破景。后拜湘州刺史。

琳果劲绝人，又能倾身下士，所得赏物不以入家，麾下万人，多是江淮群盗。平景之勋，与杜龛俱为第一。恃宠纵暴于建邺，王僧辩禁之不可，惧将为乱，启请诛之。琳亦疑祸，令长史陆纳率部曲前赴湘州，身轻上江陵陈谢。将行谓纳等曰："吾若不反，子将安之？"咸曰："请死"。相泣而别。及至，帝以下吏，而使廷尉卿黄罗汉、太舟卿张载宣喻琳军。陆纳等及军人并哭对使者，莫肯受命。乃絷黄罗汉，杀张载。载性刻，为帝所信，荆州疾之如仇，故纳等因人之欲，抽其肠系马脚，使绕而走，肠尽气绝，又寄割被五刑而斩之。元帝遣王僧辩讨纳，纳等败走长沙。是时湘州未平，武陵王兵下又甚盛，江陵公私恐惧，人有异图。纳启申琳无罪，请复本位，求为奴婢。元帝乃锁琳送僧辩。时纳出兵方战，会琳至，僧辩升诸楼车以示之。纳等投戈俱拜，举军皆哭，曰："乞王郎入城即出。"乃放琳入，纳等乃降。湘州平，仍复琳本位，使拒武陵王纪。纪平，授衡州刺史。元帝性多忌，以琳所部甚盛，又得众心，故出之岭外。又授都督、广州刺史。其友人主书李膺，帝所任遇，琳告之曰："琳蒙拔擢，常欲毕命以报国恩。今天下未平，迁琳岭外，如有万一不虞，安得琳力？忖官正疑琳耳，琳分望有限，可得与官争为帝乎？何不以琳雍州刺史，使镇武宁。琳自放兵作田，为国御捍，若警急动静相知。孰若远弃岭南，相去万里？一日有变，将欲如何！琳非愿长坐荆南，政以国计如此耳。"膺然其言而不敢启，故遂率其众镇岭南。

元帝为魏围逼，乃征琳赴援，除湘州刺史。琳师次长沙，知魏平江陵，已立梁王察，乃为元帝举哀，三军缟素。遣别将侯平率舟师攻梁，琳屯兵长沙，传檄诸方，为进趣之计。时长沙藩王萧韶及上游诸将推琳主盟。侯平虽不能度江，频破梁军。又以琳兵威不接，翻更不受指麾，琳遣将讨之，不克。又师老兵疲不能进，乃遣使奉表诣齐，并献驯象；又使献款于魏，求其妻子；亦称臣于梁。陈武帝既杀王僧辩，推立敬帝，以侍中、司空征琳。不从命。乃大营楼舰，将图义举。琳将张平宅乘一舰，每将战胜，舰则有声如野猪，故琳战舰以千数，以野猪为名。陈武帝遣将侯安都、周文育等讨琳，仍受梁禅。安都叹曰："我其败乎，师无名矣！"逆战于沌口。琳乘平肩舆，执钺而麾之，禽安都、文育，其余无所漏，唯以周铁武一人背恩，斩之。锁安都、文育，置琳所坐舰中，令一阉竖监守之。琳乃移湘州军府就郢城。带甲十万，练兵于白水浦。琳巡军而言曰："可以为勤王之师矣，温太真何人哉！"南江渠帅熊昙朗、周迪怀贰，琳遣李孝钦、樊猛与余孝顷同讨之。三将军败，并为迪所囚。安都、文育等尽逃还建邺。初，魏克江陵之时，永嘉王庄年甫七岁，逃匿人家。后琳迎还湘中，卫送东下。及敬帝立，出质于齐，请纳庄为梁主。齐文宣遣兵援送，仍遣兼中书令李骐骎册拜琳为梁丞相、都督中外诸军、录尚书事。又遣中书舍人辛悫、游诠之等赍玺书江表宣劳，自琳以下皆有颁赐。琳乃遣兄子叔宝，率所部十州刺史子弟赴邺，奉庄纂梁祚于郢州。庄授

琳侍中、使持节、大将军、中书监，改封安成郡公，其余并依齐朝前命。

及陈文帝立，琳乃辅庄次于濡须口。齐遣扬州道行台慕容俨，率众临江，为其声援。陈遣安州刺史吴明彻江中夜上，将袭盆城。琳遣巴陵太守任忠大败之，明彻仅以身免。琳兵因东下，陈遣太尉侯瑱、司空侯安都等拒之。瑱等以琳军方盛，引军入芜湖避之。时西南风方急，琳谓得天道，将直取扬州，侯瑱等徐出芜湖踵其后。比及兵交，西南风翻为瑱用，琳兵放火燧以掷瑱船者，皆反烧其船。琳船舰溃乱，兵士透水死者十二三。其余皆弃船上岸，为陈军所杀殆尽。

初，琳命左长史袁泌、御史中丞刘仲威，同典兵侍卫庄，及军败，泌遂降陈。仲威以庄投历阳，又送寿阳。琳寻与庄同入齐，齐孝昭帝遣琳出合肥，鸠集义故，更图进取。琳乃缮舰，分遣招募淮南伧楚，皆愿戮力。陈合州刺史裴景晖，琳兄珉之婿也，请以私属导引齐师，孝昭委琳与行台左丞卢潜率兵应赴。沉吟不决，景晖惧事泄，挺身归齐。齐孝昭赐琳玺书，令镇寿阳，其部下将帅悉听以从，乃除琳骠骑大将军、开府仪同三司、扬州刺史，封会稽郡公。又增兵秩，兼给铙吹。琳水陆戒严，将观衅而动。属陈氏结好于齐，使琳听后图。

琳在寿阳，与行台尚书卢潜不协，更相是非，被召还邺。齐武成置而不问，除沧州刺史。后以琳为特进、侍中。所居屋脊无故剥破，出赤蛆数升，落地化为血，蠕动。有龙出于门外之池，云雾起，昼晦。会陈将吴明彻寇齐，齐帝敕领军将军尉破胡等，出援秦州，令琳共为经略。琳谓所亲曰："今太岁在东南，岁星居牛斗分，太白已高，皆利为客，我将有丧。"又谓破胡曰："吴兵甚锐，宜长策制之，慎勿轻斗。"破胡不从。战，军大败。琳单马突围，仅而获免。还至彭城，齐令便赴寿阳，并许召募。又进封琳巴陵郡王。陈将吴明彻进兵围之，堰肥水灌城。而齐将皮景和等屯于淮西，竟不赴救。明彻昼夜攻击，城内水气转侵，人皆患肿，死病相枕。从七月至十月，城陷被执，百姓泣而从之。吴明彻恐其为变，杀之城东北二十里，时年四十八。哭者声如雷。有一叟以酒脯来至，号酹尽哀，收其血怀之而去。传首建康，悬之于市。琳故吏梁骠骑府仓曹参军朱场，致书陈尚书仆射徐陵求琳首，曰：

窃以朝市迁贸，时传骨鲠之风；历运推移，间表忠贞之迹。故典午弃灭，徐广为晋家遗老；当涂已谢，马孚称魏室忠臣。用能播美于前书，垂名于后世。梁故建宁公琳，洛滨余胄，沂川旧族，立功代邸，效绩中朝。当离乱之辰，总藩伯之任。尔乃轻躬殉主，以身许国，实追踪于往彦，信踵武于前修。而天厌梁德，尚思匡继，徒蕴包胥之念，终遘苌弘之眚。洎王业光启，鼎祚有归，于是远迹山东，寄命河北。虽轻旅臣之叹，犹怀客卿之礼。感兹知已，忘此捐躯。至使身没九泉，头行万里。诚复马革裹尸，遂其生平之志，原野暴骸，会彼人臣之节。身首异处，有足悲者。封树靡卜，良可怆焉。

场早簉末僚，预参下席，降薛君之吐握，荷魏公

之知遇。是用沾巾雨袂，痛可识之颜；回肠疾首，切犹生之面。伏惟圣恩博厚，明诏爱发，赦王经之哭，许田横之葬。场虽刍贱，窃亦有心。琳经莅寿阳，颇存遗爱；曾游江右，非无旧德。比肩东阁之吏，继踵西园之宾，愿归彼境，还修窀穸。庶孤坟既筑，或飞衔土之燕；丰碑式树，时留堕泪之人。近故旧王缙等已有论牒，仰蒙制议，不遂所陈。昔廉公告逝，即肥川而建茔域；孙叔云亡，仍苟陂而植楸槚。由此言之，抑有其例。不使寿春城下，唯传报葛之人；沧洲岛上，独有悲田之客。昧死陈祈，伏待刑宪。

陵嘉其志节，又明彻亦数梦琳求首，并为启陈主而许之。仍与开府主簿刘韶慧等持其首还于淮南，权瘗八公山侧，义故会葬者数千人。场等乃间道北归，别议迎接。寻有扬州人茅智胜等五人密送丧柩达于邺，赠十五州诸军事、扬州刺史、侍中、特进、开府、录尚书事，谥曰忠武王，葬给辒辌车。

琳体貌闲雅，立发委地，喜怒不形于色。虽无学业，而强记内敏，军府佐史千数，皆识其姓名。刑罚不滥，轻财爱士，得将卒之心。少为将帅，屡经丧乱，雅有忠义之节。虽本图不遂，齐人亦以此重之，待遇甚厚。及败为陈军所执，吴明彻欲全之，而其下将领多琳故吏，争来致请，并相资给，明彻由此忌之，故及于难。当时田夫野老，知与不知，莫不为之歔欷流泣。观其诚信感物，虽李将军之恂恂善诱，殆无以加焉。

琳十七子，长子敬，在齐袭王爵，武平末通直常侍。第九子衍，隋开皇中开府仪同三司，大业初，卒于渝州刺史。

张彪，不知何许人，自云家本襄阳，或云左卫将军、衡州刺史兰钦外弟也。少亡命在若邪山为盗，颇有部曲。临城公大连出牧东扬州，彪率所领客焉。始为防阁，后为中兵参军，礼遇甚厚。及侯景将宋子仙攻下东扬州，复为子仙所知。后去子仙，还入若邪举义，征子仙不捷，仍走向剡。

赵伯超兄子稜，为侯景山阴令，去职从彪。后怀异心，伪就彪计，请酒为盟，引刀子披心出血自歃，彪信之，亦取刀刺血报之。刀始至心，稜便以手案之，掣入彪心，刀斜伤得不深。稜重取刀刺彪，头面被伤顿绝。稜谓已死，因出外告彪诸将，言已杀讫，欲与求富贵。彪左右韩武入视，彪已苏，细声谓曰："我尚活，可与手。"于是武遂诛稜。彪不死，复奉表元帝，帝甚嘉之。

及侯景平，王僧辩遇之甚厚，引为爪牙，与杜龛相似，世谓之张、杜。贞阳侯践位，为东扬州刺史，并给鼓吹。室富于财，昼夜乐声不息。剡令王怀之不从，彪自征之。留长史谢岐居守。会僧辩见害，彪不自展拔。时陈文帝已据震泽，将及会稽，彪乃遣沈泰、吴宝真还州，助岐保城。彪后至，泰等反与岐迎陈文帝入城。彪因其未定，逾城而入。陈文帝遂走出，彪复城守。沈泰说陈文帝曰："彪部曲家口并在香岩寺，可往收取。"遂往尽获之。彪将申进，密与泰相知，因又叛彪，彪复败走，不敢还城。据城之西

山楼子，及暗得与弟崑嵛、妻杨氏去。犹左右数人追随，彪疑之皆发遣，唯常所养一犬名黄苍在彪前后，未曾舍离。乃还入若邪山中。沈泰说陈文帝遣章昭达领千兵重购之，并图其妻。彪眠未觉，黄苍惊吠劫来，便啮一人中喉即死。彪拔刀逐之，映火识之，曰："何忍举恶。卿须我者但可取头，誓不生见陈蒨。"劫曰："官不肯去，请就平地。"彪知不免，谓妻杨呼为乡里曰："我不忍令乡里落佗处，今当先杀乡里然后就死。"杨引颈受刀，曾不辞惮。彪不下刀，便相随下岭到平处。谓劫曰："卿须我头，我身不去也。"呼妻与诀，曰："生死从此而别，若见沈泰、申进等为语曰，功名未立，犹望鬼道相逢。"劫不能生得，遂杀彪并弟，致二首于昭达。黄苍号叫彪尸侧，宛转血中，若有哀状。昭达进军，迎彪妻便拜，称陈文帝教迎为家主。杨便改啼为笑，欣然意悦，请昭达殡彪丧。坟冢既毕，黄苍又俯伏冢间，号叫不肯离。杨还经彪宅，谓昭达曰："妇人本在容貌，辛苦日久，请暂过宅庄饰。"昭达许之。杨入屋，便以刀割发毁面，哀哭恸绝，誓不更行。陈文帝闻之，叹息不已，遂许为尼。后陈武帝军人求取之，杨投井决命。时寒，比出之垂死，积火温燎乃苏，复起投于火。

彪始起于若邪，兴于若邪，终于若邪。及妻犬皆为时所重异。杨氏，天水人，散骑常侍暛之女也。有容貌，先为河东裴仁林妻，因乱为彪所纳。彪友人吴中陆山才嗟泰等翻背，刊吴昌门为诗一绝曰："田横感义士，韩王报主臣，若为留意气，持寄禹川人。"

论曰：忠义之道，安有常哉？善言者不必能行，蹈之者恒在所忽。江子一、胡僧祐，太清之季，名宦盖微。江则自致亡躯，胡亦期之殒命，然则贞劲之节，岁寒自有性也。文盛克终有鲜，诗人得所诫焉。子春战乃先鸣，幽通有助，及乎梁州之败，而以濯足为尤。杜氏终致覆亡，亦云图墓之咎。吉凶之兆，二者岂易知乎？王琳乱朝忠节，志雪仇耻，然天方相陈，义难弘济，斯则大厦落构，岂一木所能支也？张彪一遇何怀，死而后已；唯妻与犬，义悉感人。记传所陈，何以加此？异乎！

卷六十五　　　列传第五十五

陈宗室诸王

永修侯拟　　遂兴侯详　　宜黄侯慧纪
衡阳献王昌　子伯信　南康愍王昙朗　子方泰　方庆　文帝诸子　宣帝诸子　后主诸子

永修侯拟，字公正，陈武帝之疏属也。少孤贫，质直强记。武帝南征交阯，拟从焉。梁绍泰二年，除员外散

骑常侍、明威将军，以雍州刺史资，监南徐州事。

武帝践阼，广封宗室，诏从子监南徐州拟封永修县侯，北徐州刺史褒封钟陵县侯，晃封建城县侯，昃封上饶县侯。从孙明威将军诊封虔化县侯，吉阳县侯谊仍前封，信威将军祐封豫宁县侯，青州刺史详封遂兴县侯，贞威将军慧纪封宜黄县侯，敬雅封宁都县侯，敬泰封平固县侯。

文帝嗣位，拟除丹阳尹，坐事以白衣知郡，寻复本职。卒，谥曰定。天嘉二年，配享武帝庙庭。子党嗣。

遂兴侯详，字文几，少出家为沙门。善书记，谈论清雅。武帝讨侯景，召令还俗，配以兵马，从定建邺。永定二年，封遂兴县侯。天嘉三年，累迁吴州刺史。五年，讨周迪，战败，死之。以所统失律，无赠谥。子正理嗣。

宜黄侯慧纪，字元方，武帝之从孙也。涉猎书史，负材任气。从武帝平侯景。及帝践阼，封宜黄县侯，除黄门侍郎。太建十年，吴明彻北侵败绩，以慧纪为缘江都督、兖州刺史。至德二年，为都督、荆州刺史。及梁安平王萧岩、晋熙王萧瓛等诣慧纪请降，慧纪以兵迎之。以应接功，位开府仪同三司。祯明三年，隋师济江，慧纪率将士三万人，船舰千余乘，沿江而下，欲趣台城。遣南康太守吕肃，将兵据巫峡，以五条铁锁横江，肃竭其私财以充军用。隋将杨素奋兵击之，四十余战，争马鞍山及磨刀涧守险。隋军死者五千余人，陈人尽取其鼻，以求功赏。既而隋军屡捷，获陈之士，三纵之。肃乃遁保延洲。别帅廖世宠领大舫诈降，欲烧隋舰，更决一死战。于是有五黄龙备众色，各长十余丈，骧首连接，顺流而东；风浪大起，云雾晦冥，陈人震骇，不觉火自焚。隋军乘高舰，张大弩以射之，陈军大败，风浪应时顿息。肃收余众东走。慧纪时至汉口，为隋秦王俊拒，不得进。闻肃败，尽烧公安之储，伪引兵东下，因推湘州刺史晋熙王叔文为盟主。水军都督周罗睺与郢州刺史荀法尚守江夏。及建邺平，隋晋王广遣一使以慧纪子正业来喻，又使樊毅喻罗睺，其上流城戍悉解甲。于是慧纪及巴州刺史毕宝并恸哭俱降。慧纪入隋，依例授仪同三司，卒。子正平，颇有文学。

衡阳献王昌，字敬业，武帝第六子也。梁太清末，武帝南征李贲，命昌与宣后随沈恪还吴兴。及武帝东讨侯景，昌与宣后、文帝并为景囚。景平，拜长城国世子，吴兴太守，时年十六。昌容貌伟丽，神情秀朗，雅性聪辩，明习政事。武帝遣陈郡谢哲、济阳蔡景历辅昌临郡，又遣吴郡杜之伟授昌以经。昌读书一览便诵，明于义理，剖析如流。寻与宣后俱往荆州。魏克荆州，又与文帝俱迁长安。武帝即位，频遣使请宣帝及昌，周人许而未遣。及武帝崩，乃遣之。时王琳作梗中流，昌不得还，居于安陆。王琳平后，天嘉元年二月，昌发自安陆，由鲁山济江。而巴陵王萧沇等，率百僚上表，请以昌为湘州牧，封衡阳郡王。诏曰"可"。三月甲戌入境，诏令主书舍人缘道迎接。丙子济江，于中流殒之，使以溺告。四月庚寅，丧柩至都，上亲临哭。乃下诏赠假黄钺、都督中外诸军事、太宰、扬州牧，葬送之仪，一依汉东平宪王、齐豫章文献王故事，谥曰献。无子，文帝以第七皇子伯信嗣。

伯信，字孚之，位西衡州刺史。及隋师济江，与临汝侯方庆并为东衡州刺史王勇所害。

南康愍王昙朗，武帝母弟忠壮王休先之子也。休先少倜傥有大志，梁简文之在东宫，深被知遇，为文德主帅，顷之卒。敬帝即位，追赠南徐州刺史，封武康县公。武帝受禅，赠司徒，封南康郡王，谥曰忠壮。

昙朗少孤，尤为武帝所爱。有胆力，善绥御。侯景平后，起家著作郎。武帝诛王僧辩，留昙朗镇京口，知留府事。绍泰元年，除中书侍郎，监南徐州。二年，齐兵攻逼建邺，因请和，求武帝子侄为质。时四方州郡，并多未宾，本根虚弱，粮运不继，在朝文武，咸愿与齐和亲。武帝难之，而重违众议，乃决遣昙朗。恐昙朗惮行，或当奔窜，乃自率步骑往京口迎之，使质于齐。齐寻约信，遣萧轨等随徐嗣徽度江。武帝大破之，虏萧轨、东方老等诛之，齐人亦害昙朗于晋阳。时陈与齐绝，弗之知。武帝践阼，犹以昙朗袭封南康郡王，奉忠壮王祀，礼秩一同皇子。天嘉二年，齐人结好，始知其亡，文帝诏赠开府仪同三司、南徐州刺史，谥曰愍。乃遣兼郎中令随聘使江德藻，迎昙朗丧柩，三年春至都。初，昙朗未质于齐，生子方泰、方庆；及将适齐，以二妾自随，在北又生二子方华、方旷，亦同得还。

方泰，少粗犷，与诸恶少年群聚，游逸无度，文帝以南康王故，特宽宥之。天嘉二年，以为南康王世子。及闻昙朗薨，于是袭爵南康王。太建四年，为都督、广州刺史。为政残暴，为有司奏免。六年，授豫章内史，在郡不修政事。秩满之际，屡放部曲为劫，又纵火延烧邑居，因行掠，驱录富人，征求财贿。代至，又淹留不还。至都，以为宗正卿。未拜，为御史中丞宗元饶所劾，免官，以王还第。十一年，起为宁远将军，直殿省。寻加散骑常侍。其年八月，宣帝幸大壮观，因大阅武。命都督任忠领步骑十万，阵于玄武湖，都督陈景领楼舰五百，出于瓜步江。上登玄武门观，宴群臣以观之。因幸乐游苑，设丝竹会。仍重幸大壮观，集众军，振旅而还。时方泰当从，启称所生母疾，不行。因与亡命杨钟期等二十人微行往人间，淫淳于岑妻，为州长流所录。又率人仗抗拒，伤损禁司，为有司所奏。上大怒，下方泰狱。方泰初承行淫，不承拒格禁司。上曰："不承则上测。"方泰及列承引。于是兼御史中丞徐君整，奏请解方泰所居官，下宗正削爵土，上可其奏。祯明初，为侍中。陈亡，与后主俱入长安。隋大业中，为掖县令。

方庆，少清警，涉猎书传。及长，有干略。天嘉中，封临汝县侯。至德二年，累迁智武将军、武州刺史。初，广州刺史马靖久居岭表，大得人心，士马强盛，朝廷疑之，以方庆为广州刺史，以兵袭靖。靖诛，进号宣毅将军。方庆性清谨，甚得人和。祯明三年，隋师济江。都督、东衡州刺史王勇征兵于方庆，欲与赴援台城。时隋行军总管韦洸帅兵度岭，宣隋文帝敕云："若岭南平定，留勇与丰州刺史郑万顷且依旧职。"方庆闻之,恐勇卖己,且欲观变,乃不从。勇使高州刺史戴智烈斩方庆于广州,而收其兵。

郑万顷,荥阳人,梁司州刺史绍叔之始族子也。父旻,梁末入魏。万顷通达,有材干。周武帝时,为司城大夫,出为温州刺史。至德中,与司马消难奔陈,拜散骑常侍、昭武将军、丰州刺史。在州甚有惠政,吏人表请立碑,诏许焉。初,万顷在周,甚被隋文帝知遇,及隋文帝践阼,常思还北。及王勇杀方庆,万顷乃率州兵拒勇降隋,隋授上仪同,寻卒。

文帝十三男:沈皇后生废帝、始兴王伯茂。严淑媛生鄱阳王伯山、晋安王伯恭。潘容华生新安王伯固。刘昭华生衡阳王伯信。王充华生庐陵王伯仁。张修容生江夏王伯义。韩修华生武陵王伯礼。江贵妃生永阳王伯智。孔贵妃生桂阳王伯谋。二男早卒,无名。伯信出继衡阳王昌。

始兴王伯茂,字郁之,文帝第二子也。初,武帝兄始兴昭烈王道谈,仕梁为东宫直阁将军。侯景之乱,援台中流矢卒。太平二年,赠南兖州刺史,封长城县公,谥曰昭烈。武帝受禅,重赠太傅,改封始兴郡王。道谈生文帝及宣帝。宣帝以梁承圣末迁于长安,至是武帝遥以宣帝袭封始兴嗣王,以奉昭烈王祀。武帝崩,文帝入纂帝位。时宣帝在周未还,文帝以本宗乏飨,徙封宣帝为安成王,封伯茂为始兴王,以奉昭烈王祀。赐天下为父后者爵一级。旧制,诸王受封未加戎号者,不置佐史。于是尚书八坐,奏加伯茂宁远将军,置佐史,除扬州刺史。

伯茂性聪敏,好学,谦恭下士,又以太子母弟,文帝深爱重之。**时军人于丹徒盗发晋郄昙墓,大获晋右军将军王羲之书及诸名贤遗迹。**事觉,其书并没县官,藏于秘府。文帝以伯茂好古,多以赐之。由是伯茂大工草隶书,甚得右军法。

迁东扬州刺史、镇东将军、开府仪同三司。废帝时,伯茂在都,刘师知等矫诏出宣帝,伯茂劝成之。师知等诛后,宣帝恐伯茂扇动朝廷,乃进号中卫将军,令入居禁中,专与废帝游处。时四海之望,咸归宣帝,伯茂深不平,数肆恶言。宣帝以其无能,不以为意。及建安人蒋裕与韩子高等谋反,伯茂并阴豫其事。光大二年,皇太后令黜废帝为临海王,其日又下令降伯茂为温麻侯。时六门之外有别馆,以为诸王冠昏之所,名为昏第。至是命伯茂出居之,宣帝遣盗殒之于车中,年十八。

鄱阳王伯山,字静之,文帝第三子也。伟容仪,举止闲雅,喜愠不形于色。武帝时,天下草创,诸王受封,仪注多阙。及伯山受封,文帝欲重其事,天嘉元年七月丙辰,尚书八坐奏封鄱阳郡王,乃遣度支尚书萧睿持节兼太宰,告于太庙,又遣五兵尚书王质持节兼太宰,告于太社。其年十月,上临轩策命,策讫,令王公以下,并宴于王第。六年,为缘江都督、平北将军、南徐州刺史。宣帝辅政,不欲令伯山处边,光大元年,徙为东扬州刺史。累迁征南将军,护军将军,加开府仪同三司,给鼓吹并扶。伯山性宽厚,美风仪,又于诸王最长,后主深敬重之。每朝庭有冠昏飨宴,恒使为主。及遭所生忧,居丧以孝闻。后主尝幸吏部尚书蔡征宅,因往吊之,伯山号恸殆绝,因起为镇卫将军,乃谓群臣曰:"鄱阳王至性可嘉,又是西第之长,豫章已兼司空,其亦须迁太尉。"未及发诏,祯明三年薨。寻属陈亡,遂无赠谥。

长子君范,未袭爵而隋师至。时宗室王侯在都者百余人,后主恐其为变,乃并召入屯朝堂,使豫章王叔英总督之,又阴为之备。六军败绩,相率出降,因从后主入长安。隋文帝并配陇右及河西诸州,各给田业以处之。大业二年,隋炀帝以后主第六女婤为贵人,绝爱幸,因召陈氏子弟尽还京师,随才叙用,由是并为守宰,遍于天下。君范位温县令。

新安王伯固,字牢之,文帝第五子也。生而龟胸,目通睛扬白,形状眇小,而俊辩善言论。天嘉六年,立为新安郡王。太建七年,累迁都督、南徐州刺史。伯固性嗜酒,不好积聚,所得禄奉,用度无节。醉醺以后,多所乞丐,于诸王中最为贫窭。宣帝每矜之,特加赏赐。性轻率,好行鞭捶。在州不知政事,日出田猎。或乘眠舆至于草间,辄呼人从游,动至旬日,所捕獐鹿,多使生致。宣帝颇知之,遣使责让者数矣。

十年,为国子祭酒。颇知玄理,而堕业无所通;至于摘句问难,往往有奇意。为政严苛,国学有堕游不修习者,重加榎楚,生徒惧焉。由是学业颇进。十三年,为都督、扬州刺史。后主初在东宫,与伯固甚亲狎。伯固又善嘲谑,宣帝每宴集,多引之。叔陵在江州,心害其宠,阴求瑕疵,将中以法。及叔陵入朝,伯固惧罪,谄求其意,乃共讪毁朝贤,历诋文武,虽耆年高位,皆面折无所畏忌。伯固性好射雉,叔陵又好开发冢墓,出游田野,必与偕行,于是情好大协,遂谋不轨。伯固侍禁中,每有密语,必报叔陵。及叔陵奔东府,遣使告之,伯固单马驰赴,助叔陵指麾。知事不捷,便欲走。会四门已闭,不得出,因趣白杨道。台马容至,为乱兵所杀,尸于东昌馆门。时年二十八。诏特许以庶人礼葬。子及所生王氏,并特宥为庶人,国除。

晋安王伯恭,字肃之,文帝第六子。天嘉六年封,寻为吴郡太守。时年十余岁,便留心政事,官曹缉理。历位尚书左仆射,后为中卫将军、右光禄大夫。陈亡,入长安。大业初,为成州刺史、太常少卿。

庐陵王伯仁,字寿之,文帝第八子。天嘉六年立。为侍中、国子祭酒,领太子中庶子。陈亡,卒于长安。

江夏王伯义,字坚之,文帝第九子。天嘉六年封。位金紫光禄大夫。陈亡,入长安。迁于瓜州,道卒。

武陵王伯礼,字用之,文帝第十子。天嘉六年立。太建初,为吴兴太守。在郡恣行暴掠,后为有司所劾。十一年,被代征还,遂迁延不发,为御史中丞徐君整所劾,免。陈亡,入长安。大业中,为临洮太守。

永阳王伯智,字策之,文帝第十二子。少敦厚,有器局,博涉经史。太建中立。累迁尚书左仆射,后为特进。陈亡,入长安。大业中,为国子司业。

桂阳王伯谋,字深之,文帝第十三子。太建中立。位散骑常侍,薨。子酆,大业中,为番禾令。

宣帝四十二男：柳皇后生后主。彭贵人生始兴王叔陵。曹淑华生豫章王叔英。何淑仪生长沙王叔坚、宜都王叔明。魏昭华生建安王叔卿。钱贵妃生河东王叔献。刘昭仪生新蔡王叔齐。袁昭容生晋熙王叔文、义阳王叔达、新会王叔坦。王姬生淮南王叔彪、巴山王叔雄。吴姬生始兴王叔重。徐姬生寻阳王叔俨。淳于姬生岳阳王叔慎。王修华生武昌王叔虞。韦修容生湘东王叔平。施姬生临贺王叔敖，沅陵王叔兴。曾姬生阳山王叔宣。杨姬生西阳王叔穆。申婕妤生南安王叔俭、南郡王叔澄、岳山王叔韶、太原王叔匡。袁姬生新兴王叔纯。吴姬生巴东王叔谟。刘姬生临海王叔显。秦姬生新宁王叔隆、新昌王叔荣。其皇子叔睿、叔忠、叔泓、叔毅、叔训、叔武、叔处、叔封八人，并未及封。三子早卒，无名。

始兴王叔陵，字子嵩，宣帝之第二子也。梁承圣中，生于江陵。魏克江陵，宣帝迁关右，叔陵留穰城。宣帝之还，以后主及叔陵为质。天嘉三年，随后主还朝，封康乐县侯。叔陵少机辩，徇声名，强梁无所推屈。太建元年，封始兴王，奉昭烈王祀。位都督、江州刺史。时年十六，政自己出，僚佐莫预焉。性严刻，部下慴惮。诸公子侄及罢县令长，皆逼令事己。豫章内史钱法成诣府进谒，即配其子季卿将领马仗。季卿惭耻不时至，叔陵大怒，侵辱法成，法成愤怨，自缢而死。州县非其部内，亦征摄案之。朝贵及下吏有乖忤者，辄诬奏其罪，陷以重辟。四年，迁都督、湘州刺史。诸州镇闻其至，皆震恐股栗。叔陵日益横，征伐夷、獠，所得皆入己，丝毫不以赏赐。征求役使，无有纪极。夜常不卧，执烛达晓，呼召宾客，说人间细事，戏谑无所不为。性不饮酒，唯多置肴馔，昼夜食啖而已。自旦至中，方始寝寐。曹局文案，非呼不得辄白。答罪者皆系狱，动数年不省视。潇、湘以南皆逼为左右，庐里殆无遗者。其中脱有逃窜，辄杀其妻子。州县无敢上言，宣帝弗之知也。

九年，除都督、扬州刺史。十年，至都，加扶，给油幢车。叔陵居东府，事务多关涉省阁，执事之司，承意顺旨，即讽上进用之。微致违忤，必抵大罪，重者至殊死。道路藉藉，皆言其有非常志。叔陵修饰虚名，每入朝，常于车中马上，执卷读书，高声长诵，阳阳自若。归坐斋中，或自执斧斤，为沐猴百戏。又好游冢墓间，遇有茔表主名可知者，辄命左右发掘，取其石志、古器并骸骨肘胫，持为玩弄，藏之府库。人间少妻处女，微有色貌者，并即逼纳。十一年，丁所生母彭氏忧，去职。顷之，起为本职。晋世王公贵人，多葬梅岭。及彭氏卒，叔陵启求梅岭葬之，乃发故太傅谢安旧墓，弃去安柩，以葬其母。初丧日，伪为哀毁，自称刺血写《涅槃经》。未及十旬，乃日进甘膳。又私召左右妻女，与之奸合，所作尤不轨，侵淫上闻。宣帝责御史中丞王政以不举奏，免政官。又黜其典签、亲事，仍加鞭挞。宣帝素爱叔陵，不绳以法，但责让而已。服阕，又为侍中、中军大将军。

及宣帝不豫，后主诸王并入侍疾。叔陵阴有异志，命典药吏砺切药刀。及仓卒之际，又命左右取剑，左右不悟，乃取朝服所佩木剑以进，叔陵怒。及翌日小敛，后主哀顿俯伏，叔陵以锉药刀斫后主中项。太后驰来救焉，叔陵又斫太后数下。后主乳媪乐安君吴氏，时在太后侧，自后掣肘，后主因得起。叔陵仍持后主衣，后主自奋得免。长沙王叔坚，以手扼叔陵，夺去其刀，仍牵就柱，以其褶袖缚之，弃池水中，将杀之。问后主曰："即尽之，为待也？"时吴媪已扶后主避贼，叔坚求后主所在，将受命。叔陵多力，因奋袖得脱，突出云龙门，驰车还东府，呼其甲士斫青溪桥道。放东城囚以充战士。又遣人往新林，追所部兵马。仍自被甲，著白帽，登城西门，招募百姓，散金银以赏赐。外召诸王将帅，无有应者，唯新安王伯固闻而赴之。叔陵聚兵仅得千人，欲据城保守。时众军并缘江防守，台内空虚，叔坚白太后，使太子舍人司马申，急召右卫将军萧摩诃，将兵至府西门。叔陵事急，遣记室韦谅送鼓吹与摩诃，谓曰："事捷以公为台鼎。"摩诃绐报曰："须王心膂节将自来，方敢从命。"叔陵即遣戴温、谭骐驎二人诣摩诃。摩诃执以送台，斩于阁道下。持其首徇东城，仍悬于朱雀门。叔陵自知不济，遂以沉其妃张氏及宠妾七人于井中。叔陵有部下兵先在新林，于是率人马数百，自小航度，欲趣新林，以舟舰入北。行至白杨路，为台军所邀。伯固见兵至，旋避入巷，叔陵拔刀追之，伯固复还。叔陵部下多弃甲溃散，摩诃马容陈智深迎刺叔陵，阉竖王飞禽斫之数十下，马容陈仲华就斩首送台。自寅至巳乃定。尚书八坐奏："请依宋世故事，流尸江中，污潴其室。并毁其所生彭氏坟庙，还谢氏之茔。"后主从所奏。叔陵诸子，即日并赐死。

豫章王叔英，字子烈。宣帝第三子也。宽厚仁爱。太建元年封。后位司空。隋大业中，位涪陵太守，卒。

长沙王叔坚，字子成，宣帝之第四子也。母本吴中酒家婢，相者言当生贵子。宣帝微时，因饮通焉，生叔坚。及贵，召拜淑仪。叔坚少而严整。又颇使酒，兄弟惮之。好数术、卜筮、风角、熔金、琢玉，并究其妙。初封丰城侯。太建元年封。累迁丹阳尹。

初，叔坚与始兴王叔陵并招聚宾客，各争权宠，甚不平。每朝会卤簿，不肯为先后，必分道而趋，左右或争道而斗，至有死者。及宣帝不豫，叔坚与叔陵等并从后主侍疾。叔陵阴有异志，叔坚疑之，微伺其所为。及行逆，赖叔坚以免。以功拜骠骑将军、开府仪同三司、扬州刺史。寻迁司空，将军、刺史如故。时后主患创，不能视事，政无大小，悉决于叔坚，权倾朝廷，后主由是疏忌之。孔范、管斌、施文庆等，并东宫旧臣，日夕阴持其短。至德元年，乃诏令即本号用三司之仪，出为江州刺史。未发，寻以为司空，实欲夺其权。又阴令人造其厌魅，刻木为偶人，衣以道士服，施机关，能拜跪，昼夜于星月下醮之，祝诅于上。又令人上书告其事，案验令实。后主召叔坚囚于西省，将黜之，令近侍宣敕数之。叔坚自陈为佞人所构，死日惭见叔陵。后主感其前功，乃赦之，免所居官，以王还第。后位中军大将军、开府仪同三司、荆州刺史。秩满还都。陈亡，入隋，迁于瓜州。叔坚素贵，不知家人生产，至是与妃沈氏酤酒，不以耕种为事。大业中，为遂宁郡守，卒。

建安王叔卿，字子弼，宣帝第五子也。性质直，有材器，容貌甚伟。太建四年立。位中书监。陈亡，入隋。大业中，为都官郎，上党通守。

宜都王叔明，字子昭，宣帝第六子也。仪容美丽，举止和柔，状似妇人。太建五年立，位侍中。陈亡，入隋。大业中，为鸿胪少卿。

河东王叔献，字子恭，宣帝第九子也。性恭谨，聪敏好学。太建五年立。位南徐州刺史。薨，赠司空，谥康简。子孝宽嗣，隋大业中，为汶城令。

新蔡王叔齐，字子肃，宣帝第十一子也。风采明赡，博涉经史，善属文。太建七年立。位侍中。陈亡，入隋。大业中，为尚书主客郎。

晋熙王叔文，字子才，宣帝第十二子也。性轻险，好虚誉，颇涉书史。太建七年立。位都督、湘州刺史。征为侍中，未还而隋军济江，隋秦王至汉口，时叔文自湘州还朝。至巴州，乃率巴州刺史毕宝等请降，致书于秦王。王遣使往巴州迎劳叔文。叔文与毕宝、荆州刺史陈慧纪及文武将吏赴汉口，秦王并厚待之。及至京，隋文帝坐于广阳门观，叔文从后主至朝堂。文帝使内史令李德林宣旨，责其君臣不能相弼，以致丧亡。后主与其群臣并愧惧拜伏，莫能仰视，叔文独欣然有自得志。后上表陈在巴州先送款，望异常例。文帝嫌其不忠，而方怀柔江表，遂授开府、宜州刺史。

淮南王叔彪，字子华，宣帝第十三子也。少聪慧，善属文。太建八年立。位侍中。入隋，卒于长安。

始兴王叔重，字子厚，宣帝第十四子也。性质朴，无伎艺。宣帝崩，始兴王叔陵为逆，诛。其年立叔重为始兴王，以奉昭烈王后。位江州刺史。隋大业中，为太府少卿。

寻阳王叔俨，字子思，宣帝第十五子也。性凝重，举止方正。后主即位立。位侍中。入隋卒。

岳阳王叔慎，字子敬，宣帝第十六子也。少聪敏，十岁能属文。太建十四年立。至德中，为丹阳尹。时后主尤爱文章，叔慎与衡阳王伯信、新蔡王叔齐等，日夕陪侍赋诗，恒被嗟赏。祯明元年，出为湘州刺史，加都督。及隋师济江，清河公杨素兵下荆门，遣庞晖略地至湘州，州内将士，克日请降。叔慎置酒，会文武，酒酣，叹曰："君臣之义，尽于此乎？"长史谢基伏而流涕。湘州助防遂兴侯正理在坐，起曰："主辱臣死，诸君独非陈国臣乎？纵其无成，犹见臣节，青门之外，有死不能。今日后应者斩。"众咸许诺，乃刑牲结盟。遣人诈奉降书于庞晖，叔慎伏甲待之。晖入，伏兵发，缚晖等以徇，皆斩之。叔慎招士众，数日中，兵至五千人。隋遣内阳公薛胄为湘州刺史，闻庞晖死，乃益请兵。隋又遣行军总管刘仁恩救之。未至，薛胄禽叔慎，秦王斩之汉口。

义阳王叔达，字子聪，宣帝第十七子也。太建十四年立。位丹阳尹。入隋，大业中，为内史舍人，绛郡通守。武德中，位侍中，封江国公，历礼部尚书，卒。

巴山王叔雄，字子猛，宣帝第十八子也。太建十四年立。入隋，卒于长安。

武昌王叔虞，字子安，宣帝第十九子也。太建十四年立。入隋，大业中，为高苑令。

湘东王叔平，字子康，宣帝第二十子也。至德元年立。入隋，大业中，为胡苏令。

临贺王叔敖，字子仁，宣帝第二十一子也。至德元年立。入隋，大业中，位仪同三司。

阳山王叔宣，字子通，宣帝第二十二子也。至德元年立。入隋，大业中，为泾城令。

西阳王叔穆，字子和，宣帝第二十三子也。至德元年立。入隋，卒于长安。

南安王叔俭，字子约，宣帝第二十四子也。至德元年立。入隋，卒于长安。

南郡王叔澄，字子泉，宣帝第二十五子也。至德元年立。入隋，大业中，为灵武令。

沅陵王叔兴，字子推，宣帝第二十六子也。至德元年立。入隋，大业中，为给事郎。

岳山王叔韶，字子钦，宣帝第二十七子也。至德元年立。位丹阳尹。入隋，卒于长安。

新兴王叔纯，字子洪，宣帝第二十八子也。至德元年立。入隋，大业中为河北令。

巴东王叔谟，字子轨，宣帝第二十九子也。至德四年立。入隋，大业中，为汧阳令。

临海王叔显，字子亮，宣帝第三十子也。至德四年立。入隋，大业中，为鹑觚令。

新会王叔坦，字子开，宣帝第三十一子也。至德四年立。入隋，大业中，为涉县令。

新宁王叔隆，字子远，宣帝第三十二子也。至德四年立。入隋，卒于长安。

新昌王叔荣，字子彻，宣帝第三十三子也。祯明二年立。入隋，大业中，为内黄令。

太原王叔匡，字子佐，宣帝第三十四子也。祯明二年立。入隋，大业中，为寿光令。

后主二十二男：张贵妃生太子深、会稽王庄。孙姬生吴兴王胤。高昭仪生南平王嶷。吕淑媛生永嘉王彦、邵陵王兢。龚贵嫔生南海王虔、钱唐王恬。张淑华生信义王祗。徐淑仪生东阳王恮。孔贵人生吴郡王蕃。其皇子总、观、明、纲、统、冲、洽、绰、绰、威、辩十一人，并未及封。

太子深，字承源，后主第四子也。少聪慧，有志操，容止俨然。左右近侍，未尝见其喜愠。以母张贵妃故，特为后主所爱。至德元年，封始安王。位扬州刺史。祯明二年，皇太子胤废，后主乃立深为皇太子。隋师济江，隋将韩擒虎自南掖门入，百僚奔散。深时年十余岁，闭阁而坐，舍人孔伯鱼侍。隋军排阁入，深使宣令劳之曰："军旅在道，不乃劳也！"军人咸致敬焉。隋大业中，为枹罕太守。武德初，为秘书丞，卒官。

吴兴王胤，字承业，后主长子也。太建五年二月乙丑，生于东宫。母孙姬，因产卒，沈皇后哀而养之，以为己子。后主年长未有嗣，宣帝命以为嫡孙，诏为父后者赐爵一级。十年，封永康公。后主即位，为皇太子。胤性聪敏好学,执经肄业,终日不倦。博通大义,兼善属文。时张贵妃、孔贵嫔并爱幸,沈皇后无宠,日夜构成后及太子之短。孔范之徒,又于外合成其事。祯明二年,废为吴兴王,加侍中、中卫将军。入隋,卒于长安。

南平王嶷,字承岳,后主第二子也。方正有器局,年数岁,风采举动,有若成人。至德元年立。位扬州刺史。迁都督、郢州刺史。入隋,卒于长安。

永嘉王彦,字承懿,后主第三子也。至德元年立。位都督、江州刺史。入隋,大业中,为襄武令。

南海王虔,字承恪,后主第五子也。至德元年立。位南徐州刺史。入隋,大业中,为涿令。

信义王祗,字承敬,后主第六子也。至德元年立。位琅邪、彭城二郡太守。入隋,大业中,为通议郎。

邵陵王兢,字承检,后主第七子也。祯明元年立。入隋,大业中,为国子监丞。

会稽王庄,字承肃,后主第八子也。容貌蓑陋。性严酷,数岁时,左右有不如意,辄剟刺其面,或加烧熬。性嗜酒,爱博。以母张贵妃宠,后主甚爱之。至德四年立。位扬州刺史。入隋,大业中,为昌隆令。

东阳王恮,字承厚,后主第九子也。祯明二年立。入隋,大业中,为通议郎。

吴郡王蕃,字承广,后主第十子也。祯明二年封。隋大业中,为任城令。

钱唐王恬,字承惔,后主第十一子也。祯明二年封。入隋,卒于长安。

江左承西晋,诸王开国,并以户数相差为大小三品。大国置上、中、下三将军,又置司马一人;次国置中、下二将军;小国置将军一人。余官亦准此为差。武帝受命,自永定讫于祯明,唯衡阳王昌特加礼命,至五千户,自余大国不过二千,小国则千户云。

论曰:有陈受命,虽疆土日蹙,然封建之典,无革先王。永修等并以疏属列居蕃屏,慧纪始终之迹,其殆优乎。衡阳、南康,地皆懿戚,提携以殒,惟命也夫!文、宣二帝,诸子不一,鄱阳、岳阳风迹可纪,古所谓维城盘石,叔慎其近之乎?

卷六十六　　　列传第五十六

杜僧明　周文育子宝安　侯瑱侯安都
欧阳頠 子纥　黄法氍　淳于量　章昭
达　吴明彻袭子烈

杜僧明,字弘照,广陵临泽人也。形貌眇小,而有胆气,善骑射。梁大同中,卢安兴为新州刺史、南江督护,僧明与兄天合、及周文育并为安兴所启,请与俱行。频征俚、獠有功,为新州助防。天合亦有材干,预在征伐。安

兴死,僧明复副其子子雄。及交州豪士李贲反,逐刺史萧谘。谘奔广州。台遣子雄与高州刺史孙冏讨贲。时春草已生,瘴疠方起,子雄请待秋讨之。广州刺史新渝侯萧映不听,萧谘又促之,子雄等不得已,遂行。至合浦,死者十六七,众并惮役溃散。禁之不可,乃引其余兵退还。萧谘启子雄及冏与贼交通,逗遛不进;梁武帝敕于广州赐死。子雄弟子略、子烈并豪侠,家属在南江。天合谋于众曰:"卢公累叶待遇我等亦甚厚矣,今见枉死而不能为报,非丈夫也。我弟僧明,万人之敌,若围州城,召百姓,谁敢不从?城破斩二侯,然后待台使至,束手诣廷尉,死犹胜生。纵其不捷,亦无恨矣。"众咸慷慨曰:"是所愿也,唯足下命之。"乃与周文育等率众结盟,奉子雄弟子略为主,以攻刺史萧映。子略顿城南,天合顿城北,僧明、文育分据东西,吏人并应之,一日之中,众至数万。陈武帝时在高要,闻事起,率众来讨,大破之。杀天合,禽僧明及文育等,并释之,引为主帅。

武帝征交阯及讨元景仲,僧明、文育并有功。侯景之乱,俱随武帝入援建邺。武帝于始兴破兰裕,僧明为前锋,斩裕。又与蔡路养战于南野,僧明马被伤,武帝驰救之,以所乘马授僧明。僧明上马复进,杀数十人,因而乘之,大败路养。高州刺史李迁仕又据大皋,入赣石,以逼武帝。武帝遣周文育为前军,与僧明击走之。迁仕与宁都人刘孝尚并力,将袭南康,陈武又令僧明与文育等拒之。相持连战百余日,卒禽迁仕,送于武帝。及帝下南康,留僧明顿西昌,督安成、庐陵二郡军事。梁元帝承制,授新州刺史、临江县子。侯景遣于庆等寇南江,武帝顿豫章,命僧明为前驱,所向克捷。武帝表僧明为长史,仍随东讨。军至蔡洲,僧明率麾下烧贼水门大舰。及景平,除南兖州刺史,进爵为侯,仍领晋陵太守。及荆州覆亡,武帝使僧明率吴明彻等,随侯瑱西援,于江州病卒。赠散骑常侍,谥曰威。陈文帝即位,追赠开府仪同三司,配享武帝庙庭。子晋嗣。

周文育,字景德,义兴阳羡人也。少孤贫,本居新安寿昌县,姓项氏,名猛奴。年十一,能反覆游水中数里,跳高六尺,与群儿聚戏,众莫能及。义兴人周荟,为寿昌浦口戍主,见而奇之,因召与语。文育对曰:"母老家贫,兄弟姊并长大,困于赋役。"荟哀之,乃随文育至家,就其母请文育养为己子,母遂与之。及荟秩满,与文育还都,见太子詹事周舍,请制名字,舍因为立名为文育,字景德。命兄子弘让,教之书计。弘让善隶书,写蔡邕《劝学》及古诗以遗之。文育不之省,谓弘让曰:"谁能学此?取富贵但有大槊耳。"弘让壮之,教之骑射,文育大悦。

司州刺史陈庆之与荟同郡,素相善,启荟为前军军主。庆之使荟将五百人往新蔡悬瓠慰劳白水蛮。蛮谋执荟以入魏,事觉,荟与文育拒之。时贼徒甚盛,一日中战数十合,文育前锋陷阵,勇冠军中。荟于阵战死,文育驰取其尸,贼不敢逼。及夕,各引去。文育身被九创,创愈,辞请还葬,庆之壮其节,厚加赠遗而遣之。葬讫,会卢安兴为南江督护,启文育同行。累征有功,除南海令。安

兴死后，文育与杜僧明攻广州，为陈武帝所败，帝赦之。
后监州王劢以文育为长流，深被委任。劢被代，文育欲
与劢俱下。至大庾岭，诣卜者，卜者曰："君北下不过作
令长，南入则为公侯。"文育曰："足钱便可，谁望公侯？"
卜人又曰："君须臾当暴得银至二千两，若不见信，以此
为验。"其夕，宿逆旅，有贾人求与文育博，文育胜之，得
银二千两。且辞劢，劢问其故，文育以告，劢乃遣之。武
帝闻其还，大喜，分麾下配焉。

　　武帝之讨侯景，文育与杜僧明为前军，克兰裕，援欧
阳頠，皆有功。武帝破蔡路养于南野，文育为路养所围，
四面数重，矢石雨下，所乘马死，文育右手搏战，左手解
鞍，溃围而出。与杜僧明等相得，并力复进，遂大败之。
武帝乃表文育为府司马。李迁仕之据大皋，遣其将军杜平
虏入赣石鱼梁作城。武帝命文育击之，平虏弃城走，文育
据其城。迁仕闻平虏败，留老弱于大皋，悉选精兵自将以
攻文育。文育与战，迁仕稍却，相持未解。会武帝遣杜僧
明来援，别破迁仕水军，迁仕众溃，不敢过大皋，直走新
淦。梁元帝授文育义州刺史。迁仕又与刘孝尚谋拒义军，
武帝遣文育与侯安都、杜僧明、徐度、杜稜筑城于白口拒
之。文育频出与战，遂禽迁仕。武帝发自南康，遣文育将
兵五千，开通江路。侯景将王伯丑据豫章，文育击走之，
遂据其城。累功封东迁县侯。武帝军至白茅湾，命文育与
杜僧明常为军锋。及至姑孰，与侯景将侯子鉴战，破之。
景平，改封南移县侯，累迁散骑常侍。

　　武帝诛王僧辩，令文育督众军，会文帝于吴兴，围克
杜龛。又济江袭会稽太守张彪，得其郡城。及文帝为彪所
袭，文育时顿城北香岩寺，文帝夜往趋之。彪又来攻，文
育苦战，遂破平彪。

　　武帝以侯瑱拥据江州，命文育讨之，仍除南豫州刺
史，率兵袭盆城。未克，徐嗣徽引齐人度江，据芜湖，诏
征文育还都。嗣徽等乃列舰于青墩至于七矶，以断文育归
路。及夕，文育鼓噪而发，嗣徽等不能制。至旦，反攻嗣
徽，嗣徽骁将鲍砰独以小舰殿，文育乘单舴艋，跳入砰舰，
斩砰，仍牵其舰而还，贼众大骇。因留船芜湖，自丹阳步
上。时武帝拒嗣徽于白城，适与文育会。将战，风急，武
帝曰："矢不逆风。"文育曰："事急矣，当决之，何用古
法？"抽槊上马而进，众军随之，风亦寻转，杀伤数百人。
嗣徽等移营莫府山，文育徙顿对之。频战功最。进爵寿昌
县公，给鼓吹一部。

　　及广州刺史萧勃举兵逾岭，诏文育督众军讨之。时新
吴洞主余孝顷举兵应勃，遣其弟孝劢守郡城，自出豫章，
据于石头。勃使其子孜，将兵与孝顷相会，又遣其别将欧
阳頠顿军苦竹滩，傅泰据墌口城，以拒官军。官军船少，
孝顷有舴艋三百艘、舰百余乘在上牢，文育遣军主焦僧
度、羊柬，潜军袭之，悉取而归，仍于豫章立栅。时官军
食尽，欲退还，文育不许。乃使人间行，遗周迪书，约为
兄弟，并陈利害。迪得书甚喜，许馈以粮。于是文育分遣
老小，乘故船舫沿流俱下，烧豫章所立栅，伪退。孝顷望
之大喜，因不设备。文育由间道信宿达芊韶。芊韶上流则
欧阳頠、萧勃，下流则傅泰、余孝顷，文育据其中间，筑

城饷士，贼徒大骇。欧阳頠乃退入泥溪，作城自守。文
育遣严威将军周铁武与长史陆山才袭頠，禽之。于是盛
陈兵甲，与頠乘舟而宴，以巡傅泰城下，因攻泰，克之。
萧勃在南康，闻之，众皆股栗。其将谭世远斩勃欲降，为
人所害。世远主夏侯明彻，持勃首以降。萧孜、余孝顷
犹据石头，武帝遣侯安都助文育攻之，孜降文育，孝顷退
走新吴，广州平。文育还顿豫章，以功授开府仪同三司。

　　王琳拥据上流，诏侯安都为西道都督，文育为南道都
督，同会武昌。与琳战于沌口，为琳所执，后得逃归，请
罪，诏不问，复其官爵。及周迪破余孝顷，孝顷子公扬、
弟孝劢犹据旧栅，扰动南土，武帝复遣文育及周迪、黄法
氍等讨之。豫章内史熊昙朗亦率众来会。文育遣吴明彻
为水军，配周迪运粮，自率众军入象牙江，筑城于金口。
公扬伪降，谋执文育，事觉，文育囚之送都，以其部曲分
隶众军。乃舍舟为步军，进据三陂。王琳遣将曹庆救孝劢，
分遣主帅常众爱与文育相拒。自帅所领攻周迪、吴明彻
军。迪等败，文育退据金口。熊昙朗因其失利，谋害文育
以应众爱。文育监军孙白象颇知其事，劝令先之。文育曰：
"不可。我旧兵少，客军多，若取昙朗，人皆惊惧，亡立
至矣，不如推心抚之。"初，周迪之败，弃船走，莫知所
在。及得迪书，文育喜，赍示昙朗，昙朗害之于坐。武帝
闻之，即日举哀，赠侍中、司空，谥曰忠愍。初文育之据
三陂，有流星坠地，其声如雷，地陷方一丈，中有碎炭数
斗。又军市中忽闻小儿啼，一市并惊，听之在土下，军人
掘焉，得棺，长三尺，文育恶之。俄而迪败，文育见杀。
天嘉二年，有诏配享武帝庙庭。子宝安嗣。文育本族兄景
曜，因文育官至新安太守。

　　宝安，字安人，年十余岁，便习骑射。以贵公子骄蹇
游逸，好狗马，乐驱驰，靡衣偷食。文育之为晋陵，以征
讨不遑之郡，令宝安监知郡事，尤聚恶少年，武帝患之。
及文育西征败绩，萦于王琳，宝安便折节读书，与士君子
游，绥御文育士卒，甚有威惠。文育归，复除吴兴太守。
文育为熊昙朗所害，征宝安还，起为猛烈将军，领其旧兵，
仍令南讨。文帝即位，深器重之，寄以心膂，精卒多配焉。
及平王琳，颇有功。周迪之破熊昙朗，宝安南入，穷其余
烬。天嘉二年，重拜吴兴太守，袭封寿昌县公。三年，征
留异，为侯安都前军。异平，除给事黄门侍郎、卫尉卿。
再迁左卫将军，领卫尉卿。卒，谥曰成。

　　子罄嗣，位晋陵、定远二郡太守。

　　侯瑱，字伯玉，巴西充国人也。父弘远，累世为西
蜀酋豪。蜀贼张文萼据白崖山，有众万人。梁益州刺史鄱
阳王萧范命弘远讨之，弘远战死。瑱固请复仇，每战先锋，
遂斩文萼，由是知名。因事范，范委以将帅之任。山谷夷
獠不附者，并遣瑱征之。累功授轻车府中兵参军、晋康
太守。范为雍州刺史，瑱除冯翊太守。范迁镇合肥，瑱
又随之。

　　侯景围台城，范乃遣瑱辅其世子嗣入援都。及城陷，
瑱、嗣同退还合肥。仍随范徙镇盆城。俄而范及嗣皆卒，
瑱领其众，依于豫章太守庄铁。铁疑之，瑱惧不自安，诈

引铁谋事，因刃之，据豫章之地。后降于侯景将于庆。庆送瑱于景，景以瑱与己同姓，托为宗族，待之甚厚。留其妻子及弟为质，遣瑱随庆平蠡南诸郡。及景败巴陵，景将宋子仙、任约等并为西军所获，瑱乃诛景党与，以应义师，景亦诛其弟及妻子。梁元帝授瑱南兖州刺史、郫县侯。仍随都督王僧辩讨景，恒为前锋。既复台城，景奔吴郡，僧辩使瑱追景，大败之于吴松江。以功除南豫州刺史，镇姑孰。

及齐遣郭元建出濡须，僧辩遣瑱扞之，大败元建。魏攻荆州，王僧辩以瑱为前军赴援，未至而魏克荆州。瑱顿九江，因卫晋安王还都。承制以瑱为侍中、江州刺史，加都督，改封康乐县公。及司徒陆法和据郢州，引齐兵来寇，乃使瑱西讨，未至而法和入齐。齐遣慕容恃德镇夏首，瑱攻之，恃德食尽请和，瑱还镇豫章。僧辩使其弟僧愔与瑱共讨萧勃，及陈武帝诛僧辩，僧愔阴欲图瑱而夺其军，瑱知之，尽收僧愔徒党，僧愔奔齐。是时瑱据中流，甚强，又以本事王僧辩，虽外示臣节，未肯入朝。初，余孝顷为豫章太守，及瑱镇豫章，乃于新吴县别立城栅，与瑱相拒。瑱留军人妻子于豫章，令从弟斋知后事，悉众以攻孝顷，自夏迄冬弗能克。斋与其部下侯方儿不协，方儿下攻斋，房瑱军府妓妾金玉，归于武帝。瑱既失根本，轻归豫章，豫章人拒之，乃趋盆城，就其将焦僧度。僧度劝瑱投齐，瑱以武帝有大量，必能容己，乃诣阙请罪。武帝复其爵位。永定二年，进位司空。文帝即位，进授太尉。王琳至栅口，又以瑱为都督，侯安都等并隶焉。

天嘉元年二月，王琳引合肥濊湖之众，舳舻相次而下。瑱率军进兽槛洲。明日合战，琳军少却。及夕，东北风吹其舟舰并坏。夜中有流星坠于贼营。及旦风静，琳入浦，以鹿角绕岸，不敢复出。时西魏将史宁蹑其上流，瑱闻之，知琳不能持久，收军却据湖浦，以待其弊。及史宁至，围郢州，琳恐众溃，乃率船东下，去芜湖十里而泊。明日，齐人遣兵助琳，瑱令军中晨炊蓐食，顿芜湖洲尾以待之。将战，有微风自东南，众军施拍纵火，定州刺史章昭达乘平虏大舰中江而进，琳军大败，脱走以免者十二三，琳因以入齐。其年，诏以瑱为都督五州诸军事，镇盆城。周将贺若敦、独孤盛等来攻巴、湘，又以瑱为西讨都督，大败盛军。以功授湘州刺史，改封零陵郡公。二年薨，赠大司马，谥曰壮肃，配享武帝庙庭。子净藏嗣，尚文帝女富阳公主。

侯安都，字成师，始兴曲江人也，为郡著姓。父捍，少仕州郡，以忠谨称。安都贵后，官至光禄大夫、始兴内史。安都工隶书，能鼓琴，涉猎书传，为五言诗颇清靡，兼善骑射，为邑里雄豪。景之乱，招集兵甲，至三千人。陈武帝入援台城，安都引兵从武帝，攻蔡路养，破李迁仕，克平侯景，并力战有功，封富川县子。随武帝镇京口，除兰陵太守。

武帝谋袭王僧辩，唯与安都定计。仍使安都率水军自京口趣石头，武帝自从江乘罗落会之。安都至石头北，弃舟登岸，僧辩弗之觉。石头城北接冈阜，不甚危峻，安都被甲，带长刀，军人捧之，投于女垣内，众随而入，进逼僧辩卧室。武帝大军亦至，与僧辩战于听事前，安都自内阁出，腹背击之，遂禽僧辩。以功授南徐州刺史。

武帝东讨杜龛，安都留台居守。徐嗣徽、任约等引齐寇入据石头，游骑至于阙下。安都闭门示弱，令：城中登陴看贼者，斩。及夕，贼收军还石头。安都夜令士卒，密营御敌之具。将旦，贼骑至，安都与战，大败之。贼乃退还石头，不敢逼台城。及武帝至，以安都为水军。于中流断贼粮运。又袭秦郡，破嗣徽栅，收其家口，得嗣徽所弹琵琶及所养鹰，遣信饷之，曰：“昨至弟住处，得此，今以相还。”嗣徽等见之大惧，寻求和，武帝听其还北。及嗣徽等济江，齐之余军犹据采石，守备甚严。又遣安都攻之，多所俘获。

明年春，诏安都率兵镇梁山以备齐。徐嗣徽等复入至湖熟，武帝追安都还拒之，战于耕坛南。安都率十二骑突其阵，破之，禽齐仪同乞伏无芳，又刺齐将东方老堕马，会贼骑至，救老，获免。贼北度蒋山。安都又与齐将王敬宝战于龙尾，使从弟晓、军主张纂，前犯其阵，晓被创坠马，张纂死之。安都驰往救晓，斩其骑士十二人，取纂尸而还，齐军不敢逼。武帝与齐军战于幕府山，命安都自白下横击其后，大败之，以功进爵为侯，又进号平南将军，改封西江县公。

仍督水军出豫章，助豫州刺史周文育讨萧勃。安都未至，文育已斩勃，并禽其将欧阳頠、傅泰等。唯余孝顷与勃子孜，犹于豫章之石头作两城，孝顷与孜各据其一，又多设船舰，夹水而阵。安都至，乃衔枚夜烧其舰。文育率水军，安都领步骑，登岸结阵。孝顷俄断后路，安都乃令军士竖栅，引营渐进，频致克获，孜乃降。孝顷奔归新吴，请入子为质，许之。以功加开府仪同三司。

仍率众会武昌，与周文育西讨王琳。将发，王公以下饯于新林，安都跃马度桥，人马俱坠水中。又坐艑内坠于樯井，时以为不详。至武昌，琳将樊猛弃城走，文育亦自豫章至。时两将俱行，不相统摄，因部下交争，稍不平。军至郢州，琳将潘纯于城中遥射官军，安都怒，围之。未克，而王琳至弇口，安都乃释郢州，悉众往沌口以御之，遇风不得进。琳据东岸，官军据西岸，相持数日，乃合战。安都等败，与周文育、徐敬成并为琳囚，总以一长锁系之，置于艑下，令所亲宦者王子晋掌视之。琳下至盆城白水浦，安都等甘言许赂子晋，子晋乃伪以小船依艑而钓，夜载安都、文育、敬成上岸，入深草，步投官军。还自劾，诏并赦之，复其官爵。

寻为丹阳尹，出为南豫州刺史。令继周文育攻余孝劢及王琳将曹庆、常众爱等。安都自宫亭湖出松门，蹑众爱后。文育为熊昙朗所害，安都回取大舰，遇琳将周炅、周协南归，与战，破之，禽炅、协。孝劢弟孝猷率部下四千家，欲就王琳，遇炅败，乃诣安都降。安都又进军于禽奇洲，破曹庆、常众爱等，焚其船舰。众爱奔庐山，为村人所杀，余众悉平。还军至南皖，而武帝崩，安都随文帝还朝，乃与群臣议，翼奉文帝。时帝谦让弗敢当，太后又以衡阳王故，未肯下令，群臣不能决。安都曰："今四方未定，何暇及远？临川王有功天下，须共立之，今日之事，后应者斩。"便按剑上殿，白太后出玺，又手解文帝发，推就丧次。文帝即位，迁司空，仍授南徐州刺史，给扶。王琳下至栅口，大军出顿芜湖。时侯瑱为大都督，而指麾经略多出安都。及王琳入齐，安都进军盆城，讨琳余党，所向皆下。仍别奉中旨，迎衡阳献王昌。初，昌之将入，致书于文帝，辞甚不逊。帝不怿，召安都，从容而言曰："太子将至，须别求一蕃，吾其老焉。"安都对曰："自古岂有被代天子？愚臣不敢奉诏。"因自迎昌，中流而杀之。以功进爵清远郡公。自是威名甚重，群臣无出其右。

安都父捍为始兴内史，卒于官，文帝征安都为发丧。寻起复本官，赠其父散骑常侍、金紫光禄大夫，拜其母为清远国太夫人，仍迎赴都。母固求停乡里，上乃下诏，改桂阳郡之汝城县为卢阳郡，分衡州之始兴、安远二郡，合三郡为东衡州，以安都从弟晓为刺史。安都第三子秘，年九岁，上以为始兴内史，并令在乡侍养。改封安都桂阳郡公。

王琳败后，周兵入据巴、湘，安都奉诏西捍。及留异拥据东阳，又奉诏东讨。异本谓台军自钱唐江上，安都乃步由会稽之诸暨，出永康。异大恐，奔桃枝岭，处岩谷间，竖栅以拒守。安都躬自接战，为流矢所中，血流至踝。安都乘舆麾军，容止不变。因其山陇为堰。属夏潦水涨，安都引船入堰，楼舰与异城等，放拍碎其楼雉。异与第二子忠臣脱身奔晋安，虏其妻子，振旅而归。加侍中、征北大将军，仍还本镇。吏人诣阙，表请立碑颂美安都功绩，诏许之。

自王琳平后，安都勋庸转大，又自以功安社稷，渐骄矜。招聚文武士，骑驭驰骋，或命以诗笔，第其高下，以差次赏赐之。文士则褚玠、马枢、阴铿、张正见、徐伯阳、刘删、祖孙登，武士则萧摩诃、裴子烈等，并为之宾，斋内动至千人。部下将帅，多不遵法度，检问收摄，则奔归安都。文帝性严察，深衔之。安都日益骄慢，表启封讫，有事未尽，乃开封自书之，云又启某事。及侍宴酒酣，或箕踞倾倚。尝陪乐游禊饮，乃白帝曰："何如作临川王时？"帝不应。安都再三言之，帝曰："此虽天命，抑亦明公之力。"宴讫又启，便借供张水饰，将载妻妾于御堂欢会。帝虽许其请，甚不怿。明日，安都坐于御坐，宾客居群臣位，称觞上寿。初，重云殿灾，安都率将士带甲入殿，帝甚恶之，自是阴为之备。又周迪之反，朝望当使安都讨之，帝乃使吴明彻讨迪。又频遣台使案问安都部下，检括亡叛。安都内不自安。天嘉三年冬，遣其别驾周弘实自托于舍人蔡景历，并问省中事。景历录其状奏之，称安都谋反。帝虑其不受召，明年春，乃除安都为征南大将军、江州刺史。自京口还都，部伍入于石头，帝引安都宴于嘉德殿，又集其部下将帅会于尚书朝堂，于坐收安都，囚于西省。又收其将帅，尽夺马仗而释之。因出景历表于朝，乃下诏暴其罪，明日于西省赐死。寻有诏宥其妻子家口，葬以士礼。

初，武帝尝与诸将宴，杜僧明、周文育、侯安都为寿，各称功伐。帝曰："卿等悉良将也，而并有所短。杜公志大而识暗，狎于下而骄于尊，矜其功不收其拙；周侯交不择人，而推心过差，居危履险，猜防不设；侯郎傲诞而无厌，轻佻而肆志，并非全身之道。"卒皆如言。太建三年，宣帝追封安都陈集县侯。子亶为嗣。

欧阳頠，字靖世，长沙临湘人也。为郡豪族。少质直，有思理，以言行著于岭表。父丧，哀毁甚至。家产累积，悉让诸兄。庐于麓山寺傍，专精习业，博通经史。

年三十，其兄逼令从宦。梁左卫将军兰钦少与頠善，故頠常随钦征讨。钦南征夷獠，禽陈文彻，所获不可胜计，献大铜鼓，累代所无。頠预其功，还为直阁将军。钦征交州，复启頠同行。钦度岭而卒，頠除临贺内史，启乞送钦丧还都，然后之任。时湘、衡界五十余洞不宾，敕衡州刺史韦粲讨之。粲委頠为都督，悉皆平殄。

侯景构逆，粲自解还都征景，以頠监衡州。台城陷后，岭南互相吞并，兰钦弟前高州刺史裕，攻始兴内史萧昭基，夺其郡。以兄钦与頠旧，遣招之。頠不从，谓使曰："高州昆季隆显，莫非国恩，今应赴难援都，岂可自为跋扈？"及陈武帝入援都，将至始兴，頠乃深自结托。裕遣兵攻頠，武帝援之。裕败，武帝以王怀明为衡州刺史，迁頠为始兴内史。武帝之讨蔡路养、李迁仕也，頠助帝平之。梁元帝承制以始兴郡为东衡州，以頠为刺史，封新丰县伯。

侯景平，元帝遍问朝宰，使各举所知，群臣未对。元帝曰："吾已得一人矣。欧阳頠甚公正，本有匡济才，恐萧广州不肯致之。"乃授武州刺史。寻授郢州，欲令出岭，萧勃留之，不获拜命。寻授衡州刺史，进封始兴县侯。时萧勃在广州，兵强位重，元帝深患之，遣王琳代为刺史。琳已至小桂岭，勃遣其将孙场监州，尽率部下至始兴避琳兵锋。頠别据一城，不往谒勃，闭门高垒，亦不拒战。勃怒，遣兵袭頠，尽收其资财马仗。寻赦之，还复其所，复与结盟。魏平荆州，頠委质于勃。及勃度岭出南康，以頠为前军都督，周文育破禽之，送于武帝，帝释而礼之。萧勃死后，岭南乱，頠有声南土，且与武帝有旧，乃授安南将军、衡州刺史，封始兴县侯。未至岭，頠子纥已克始兴。及頠至，岭南皆慑伏，仍进广州，尽有越地。改授都督交广等十九州诸军事、平越中郎将、广州刺史。王琳据有中流，頠自海道及东岭奉使不绝。永定三年，即本号开府仪同三司。文帝即位，进号征南将军，改封阳山郡公。

初，交州刺史袁昙缓密以金五百两寄頠，令以百两还合浦太守袭嘉，四百两付儿智矩，余人弗之知。頠寻为萧勃所破，资财并尽，唯所寄金独存，昙缓亦寻卒。至是，頠并依信还之，时人莫不叹伏之。时頠合门显贵，威振南土，又多致铜鼓生口，献奉珍异，前后委积，颇有助军国。天嘉四年薨，赠司空，谥曰穆。子纥嗣。

纥，字奉圣，颇有干略，袭父官爵。在州十余年，威惠著于百越。宣帝以纥久在南服，颇疑之。太建元年，征为左卫将军，其部下多劝之反，遂举兵攻衡州刺史钱道戢。诏仪同章昭达讨，禽之，送至都，伏诛。子询以年幼免。

黄法氍字仲昭，巴山新建人也。少劲捷有胆力，日步行二百里，能距跃三丈。颇便书疏，闲明簿领，出入州郡中，为乡闾所惮。

　　侯景之乱，于乡里合徒众。太守贺诩下江州，法氍监知郡事。陈武帝将逾岭入援建邺，李迁仕作梗中途，武帝命周文育屯西昌，法氍遣兵助文育。时法氍出顿新淦县，景遣行台于庆来袭新淦，法氍败之。梁元帝承制授交州刺史资，领新淦县令，封巴山县子。敬帝即位，改封新建县侯。太平元年，割江州四郡置高州，以法氍为刺史，镇巴山。萧勃遣欧阳頠来攻，法氍破之。

　　永定二年，王琳遣李孝钦、樊猛、余孝顷攻周迪，且谋取法氍，法氍援迪，禽孝顷等三将。以功授平南将军、开府仪同三司。熊昙朗于金口害周文育，法氍共周迪讨平之。

　　天嘉三年，周迪反，法氍与吴明彻讨平迪，法氍功居多。废帝即位，进爵为公。

　　太建五年，大举北侵，法氍为都督，出历阳。于是为抛车及步舰，竖拍以逼之，炮加其楼堞，克之，尽诛其戍卒。进兵合肥，望旗降款。法氍禁侵掠，躬自劳抚而与之盟，并放还北，以功加侍中，改封义阳郡公。七年，为豫州刺史，镇寿阳。薨，赠司空，谥曰威。子玩嗣。

　　淳于量，字思明，其先济北人也。世居建邺。父文成，仕梁为将帅，位梁州刺史。量少善自居处，伟姿容，有干略，便弓马。梁元帝为荆州刺史，文成分量人马，令往事焉。以军功封广晋县男。侯景之乱，梁元帝凡遣五军入援台，量预其一。台城陷，量还荆州。元帝承制以为巴州刺史。侯景西上攻巴州，元帝使都督王僧辩入据巴陵，量与僧辩并力拒景，大败之，禽其将任约。进攻郢州，获宋子仙。仍随僧辩平侯景。封谢沐县侯。寻出为都督、桂州刺史。及魏克荆州，量保桂州。王琳拥割湘、郢、累遣召量，量外虽与琳往来，而别遣使归陈武帝。武帝受禅，进位镇西大将军、开府仪同三司。

　　天嘉五年，征为中抚军大将军。量所部将率多恋本土，并欲逃入山谷，不愿入朝。文帝使湘州刺史华皎征衡州，且以兵迎量。天康元年，至都，以在道淹留，为有司奏免仪同，余如故。华皎构逆，以量为征南大将军、西讨大都督，总率大舰，自郢州樊浦拒之。皎平，并降周将长湖公元定等。以功授侍中、中军大将军、开府仪同三司，进封醴陵县公。未拜，出为南徐州刺史。

　　太建元年，进号征北大将军，给扶。三年，就江阴王萧季卿买梁陵中树，季卿坐免，量免侍中。寻复侍中。吴明彻之北侵也，量赞成其事。又遣第六子岑率所领从军。淮南克定，量改封始安郡公。及周获吴明彻，乃以量为都督水陆诸军事、车骑将军、都督、南兖州刺史。十四年薨，赠司空。

　　章昭达，字伯通，吴兴武康人也。性倜傥，轻财尚气。少时，遇相者谓曰："卿容貌甚善，须小亏，则当富贵。"梁大同中，昭达为东宫直后，因醉堕马，鬓角小伤，昭达喜之，相者曰："未也。"侯景之乱，昭达率乡人援台，为流矢所中，眇其一目。相者见之。曰："卿相善矣，不久当富贵。"

　　台城陷，昭达还乡里，与陈文帝游，因结君臣分。侯景平，文帝为吴兴太守，昭达杖策来谒。文帝见之大喜，因委以将帅，恩宠超于侪等。陈武帝谋讨王僧辩，令文帝还长城，招聚兵众，以备杜龛，频使昭达往京口禀承计画。僧辩诛后，杜龛遣其将杜泰来攻长城，昭达因从文帝进军吴兴以讨龛。龛平，又从讨张彪于会稽，克之。累功除定州刺史。时留异拥据东阳，武帝患之，乃使昭达为长山令，居其心腹。天嘉元年，追论长城功，封欣乐县侯。寻随侯安都拒王琳，昭达乘平虏大舰，中流而进，先锋发拍，中贼舰。王琳平，昭达策勋第一。二年，除都督、郢州刺史。周迪据临川反，诏昭达便道征之。迪败走，征为护军将军，改封邵武县侯。四年，陈宝应纳周迪，共寇临川，又以昭达为都督讨迪。迪走，昭达乃逾岭讨陈宝应。与战不利，因据上流为筏，施拍其上，坏其水栅。又出兵攻其步军。方大合战，会文帝遣余孝顷出自海道，适至，因并力乘之，遂定闽中，尽禽留异、宝应。以功授镇军将军、开府仪同三司。初，文帝尝梦昭达升台铉，及旦，以梦告之。至是，侍宴酒酣，顾昭达曰："卿忆梦否？何以偿梦？"昭达对曰："当效犬马之用，以尽臣节，自余无以奉偿。"寻出为都督、江州刺史。

　　废帝即位，改封邵陵郡公。华皎之反，其移文并假以昭达为辞，又频遣使招之，昭达尽执其使送都。秩满，征为中抚大将军。宣帝即位，进号车骑大将军，以还朝迟留，为有司所劾，降号车骑将军。欧阳纥据岭南反，诏昭达都督众军征之。纥闻昭达奄至，乃出顿洭口，聚沙石，盛以竹笼，置于水栅之外，用遏舟舰。昭达居其上流，装舰造拍，以临贼栅。又令人衔刀潜行水中，以斫竹笼，笼篾皆解。因纵大舰突之，大败纥，禽之送都。广州平，进位司空。太建二年，征江陵。时梁明帝与周军大蓄舟舰于青泥中，昭达分遣偏将钱道戢、程文季乘轻舟焚之。周又于峡口南岸筑垒，名安蜀城，于江上横引大索，编苇为桥，以度军粮。昭达乃命军士为长戟，施楼船上，仰割其索。索断粮绝，因纵兵攻其城，降之。三年，于军中病薨，赠大将军。

　　昭达性严刻，每奉命出征，必昼夜倍道。然其所克，必推功将帅。厨膳饮食，并同群下，将士亦以此附之。每饮会，必盛设女伎杂乐，备羌胡之声，音律姿容，并一时之妙，虽临敌弗之废也。四年，配享文帝庙庭。

　　子大宝，袭邵陵郡公，位丰州刺史。在州贪纵，百姓怨酷，后主以太仆卿李晕代之，乃袭杀晕而反。寻被禽，枭首朱雀航，夷三族。

　　吴明彻，字通照，秦郡人也。父树，梁右军将军。明彻幼孤，性至孝。年十四，感坟茔未修，家贫无以取给，乃勤力耕种。时天下亢旱，苗稼焦枯，明彻哀愤，每之田中号哭，仰天自诉。居数日，有自田还者云，苗已更生。

明彻疑其绐己,及往如言,秋而大获,足充葬用。时有伊氏者,善占墓,谓其兄曰:"君葬日,必有乘白马逐鹿者经坟,此是最小孝子大贵之征。"至时果有应。明彻即树之小子也。及侯景寇都,明彻有粟麦三千余斛,而邻里饥馁,乃白诸兄曰:"今人不图久,奈何不与乡里共此?"于是计口平分,同其丰俭,群盗闻而避焉,赖以存者甚众。

陈武帝镇京口,深相要结,明彻乃诣武帝。帝为之降阶,执手即席,明彻亦微涉书史经传,就汝南周弘正学天文、孤虚、遁甲,略通其术,颇以英雄自许。武帝亦深奇之。及受禅,授安南将军,与侯安都、周文育将兵讨王琳。及众军败没,明彻自拔还都。文帝即位,以本官加右卫将军。及周迪反,诏以明彻为江州刺史,领豫章太守,总众军以讨迪。明彻雅性刚直,统内不甚和。文帝闻之,遣安成王顼代明彻,令以本号还朝。天嘉五年,迁吴兴太守。及引辞之郡,帝谓曰:"吴兴虽郡,帝乡之重,故以相授。"

废帝即位,授领军将军,寻迁丹阳尹,仍诏以甲仗四十人出入殿省。到仲举之矫令出宣帝也,毛喜知其诈,宣帝惧,遣喜与明彻筹焉。明彻曰:"嗣君谅阇,万机多阙,殿下亲实周、召,德冠伊、霍,愿留中深计,慎勿致疑。"及湘州刺史华皎阴有异志,诏授明彻都督、湘州刺史,仍与征南大将军淳于量等讨皎。皎平,授开府仪同三司,进爵为公。太建五年,朝议北征,公卿互有异同,明彻决策请行。诏加侍中、都督征讨诸军事,总众军十余万发都,缘江城镇,相续降款。军至秦郡,齐大将军尉破胡,将兵为援,破走之,秦郡降。宣帝以秦郡明彻旧邑,诏具太牢,令拜祠上冢,文武羽仪甚盛,乡里荣之。进克仁州。授征北大将军,进封南平郡公。进逼寿阳,齐遣王琳拒守,明彻乘夜攻之,中宵而溃。齐兵退据相国城及金城。明彻令军中益修攻具,又遏肥水灌城,城中苦湿,多腹疾,手足皆肿,死者十六七。会齐遣大将皮景和率兵数十万来援,去寿春三十里,顿军不进。诸将咸曰:"计将安出?"明彻曰:"兵贵在速,而彼结营不进,自挫其锋,吾知其不敢战明矣。"于是躬擐甲胄,四面疾攻,城中震恐,一鼓而禽王琳等送建邺。景和惧而遁走。诏以为车骑大将军、豫州刺史,增封并前三千五百户。遣谒者萧淳就寿阳授策,明彻于城南设坛,士卒二十万,陈旗鼓戈甲,登坛拜受,成礼而退。六年,自寿阳入朝,舆驾幸其第,赐钟磬一部。七年,进攻彭城,军至吕梁,又大破齐军。八年,进位司空,给大都督铁钺、龙麾。寻授都督、南兖州刺史。

及周灭齐,宣帝将事徐、兖。九年,诏明彻北侵,令其世子慧觉摄行州事。军至吕梁,周徐州总管梁士彦率众拒战,明彻频破之。仍迮清水以灌其城,攻之甚急,环列舟舰于城下。周遣上大将军王轨救之。轨轻行自清水入淮口,横流竖木,以铁锁贯车轮,遏断船路。诸将闻之甚恐,议欲破堰拔军,以舫载马。马明戌袭子烈曰:"君若决堰下船,船必倾倒,岂可得乎?不如前遣马出。"适会明彻苦背疾甚笃,知事不济,遂从之。乃遣萧摩诃帅马军数千前还,明彻仍自决其堰,乘水力以退军。及至清口,水力微,舟舰并不得度,众军皆溃。明彻穷蹙,乃就执。周封怀德郡公,位大将军。以忧遘疾,卒于长安,后故吏盗其

柩归。至德元年,诏追封邵陵侯,以其息慧觉嗣。

裴子烈,字大士,河东闻喜人。梁员外散骑常侍猗之子。少孤,有志气,以骁勇闻。位北谯太守。岳阳内史,封海安伯。

论曰:古人云"知臣莫若君",《书》曰"知人则哲",观夫陈武论将,而周、侯遇祸,有以知斯言之非妄矣。若不然者,亦何以驱驾雄杰,而创基拨乱者乎?故瑱、颁并自奔囚,翻同有乱;毣、量望风景附,自等诚臣,良有以也。昭达勤王之略,远符耿弇;行己之方,颇同吴汉。既眇而贵,亦黥而王,吉凶之算,岂人事也!明彻属运否之期,当辟土之任,才非韩、白,识暗孙、吴,知进而不知止,知得而不知丧,犯斯不韪,师亡国蹙,宜矣哉。

卷六十七　　列传第五十七

胡颖　徐度 子敬成　杜棱　周铁武
程灵洗 子文季　沈恪　陆子隆　钱道戢
骆文牙　孙玚　徐世谱　周敷　荀
朗　于法尚　周炅　鲁悉达 弟广达
萧摩诃 子世廉　任忠　樊毅 弟猛

胡颖,字方秀,吴兴人也。伟姿容,性宽厚。梁末,陈武帝在广州,颖深自结托。从克元景仲,平蔡路养、李迁仕皆有功。武帝进军顿西昌,以颖为巴丘令,镇大皋,督粮运。下至豫章,以颖监豫章郡。武帝率众与王僧辩会白茅湾,同讨侯景,以颖知留府事。梁承圣初,元帝授颖罗州刺史,封汉阳县侯。寻除豫章内史,随武帝镇京口。齐遣郭元建出东关,武帝令颖率府内骁勇随侯瑱,于东关大破之。后从武帝袭王僧辩,又随周文育于吴兴讨杜龛。武帝受禅,兼左卫将军。天嘉元年,除散散常侍,吴兴太守。卒官,谥曰壮。二年,配享武帝庙庭。子六同嗣。

徐度,字孝节,安陆人也。少倜傥,不拘小节。及长,姿貌瑰伟,嗜酒好博,恒使僮仆屠酤为事。初从梁始兴内史萧介征诸山洞,以骁勇闻。陈武帝征交阯,乃委质焉。侯景之乱,武帝克广州,平蔡路养、破李迁仕,计画多出于度。侯景平后,追录前后战功,封广德县侯。武帝镇朱方,除兰陵太守。武帝遣衡阳献王往荆州,度率所领从焉。江陵覆亡,间行东归。武帝东讨杜龛,奉敬帝幸京口,以度领宿卫,并知留府事。徐嗣徽、任约等来寇,武帝与敬帝还都,时贼已据石头,使度顿军于冶城寺。明年,嗣徽等又引齐寇济江,度随众军破之于北郊坛。以功除郢州刺史,兼领吴兴太守。

文帝即位,累迁侍中、中抚将军、开府仪同三司,进爵为公。天嘉元年,以平王琳功,改封湘东郡公。及太尉侯瑱薨于湘州,以度代瑱为都督、湘州刺史。秩满,为侍中、中军大将军。文帝崩,度预顾命,许以甲仗五十

人入殿省。废帝即位，进位司空。薨，赠太尉，谥曰忠肃。太建四年，配享武帝庙庭。子敬成嗣。

敬成幼聪慧，好读书。起家著作佐郎。永定元年，领度所部士卒，随周文育、侯安都征王琳，于沌口败绩，为琳所絷。二年，随文育、安都得归。父度为吴郡太守，以敬成监郡。光大元年，为巴州刺史。寻为水军，随吴明彻平华皎。二年，以父忧去职。寻起为南豫州刺史，袭爵湘东郡公。太建五年，除吴兴太守。随都督吴明彻北讨，出秦郡，别遣敬成为都督，乘金翅自欧阳引埭泝江，由广陵，齐人皆城守，弗敢出。自繁梁湖下淮，克淮阴、山阳、盐城三郡，仍进克郁洲。进号壮武将军，镇胊山。坐于军中辄科订，并诛新附者，免官。寻除安州刺史，镇宿豫。卒，谥曰思。子敞嗣。

杜稜，字雄盛，吴郡钱唐人也。少落泊，不为时知。颇涉书传。游岭南，事梁广州刺史新渝侯萧映。映卒，从陈武帝，平蔡路养、李迁仕皆有功。梁元帝承制，授石州刺史、上陌县侯。侯景平后，武帝镇朱方，以稜监义兴、琅邪二郡。武帝谋诛王僧辩，引稜与侯安都等共议，稜难之。武帝惧其泄己，乃以手巾绞稜，稜闷绝于地，因闭于别室。军发，召与同行。及僧辩平后，武帝东征杜龛等，留稜与安都居守。徐嗣徽、任约引师济江，攻台城，安都与稜随方抗拒，未尝解带。贼平，以功除右卫将军、丹阳尹。永定元年，位侍中、中领军。武帝崩，文帝在南皖，时内无嫡嗣，外有强敌，侯瑱、侯安都、徐度等并在军中，朝廷宿将，唯稜在都，独典禁兵，乃与蔡景历等秘不发丧，奉迎文帝。文帝即位，迁领军将军，以预建立功，改封永城县侯，位丹阳尹。废帝即位，加特进、侍中。光大元年，解尹，量置佐史，给扶。太建元年，出为吴兴太守。二年，征为侍中。寻加特进、护军将军。三年，以公事免侍中、护军。四年，复为侍中、右光禄大夫，将军、佐史、扶并如故。

稜历事三帝，并见恩宠。末年不预征役，优游都下。顷之，卒于官。赠开府仪同三司，谥曰成，配享武帝庙庭。子安世嗣。

周铁武，不知何许人也。语音伧重，膂力过人，便马槊。事梁河东王萧誉，以勇敢闻。誉为湘州，以为临蒸令。侯景之乱，梁元帝遣世子方等伐誉，誉拒战，大捷，方等死，铁武功最。及王僧辩讨誉，于阵获之，将烹焉，铁武呼曰："侯景未灭，奈何杀壮士！"僧辩奇其言，宥之，还其麾下。及侯景西上，铁武从僧辩克任约，获宋子仙，每战有功。元帝承制，授潼州刺史，封沌阳县子。又从僧辩定建邺，降谢答仁，平陆纳于湘州，录前后功，进爵为侯。陈武帝诛僧辩，铁武率所部降，因复其本职。徐嗣徽引齐寇度江，铁武破其水军。嗣徽平，迁太子左卫率。寻随周文育拒萧勃，文育命铁武偏军袭勃，禽勃前军欧阳頠。又随文育西征王琳于沌口，败绩，与文育、侯安都并为琳所禽。琳见诸将与语，唯铁武辞气不屈，故琳尽宥文育之徒，独铁武见害。赠侍中、护军。天嘉三年，文帝又诏配食武帝庙庭。子瑜嗣。

程灵洗，字玄涤，新安海宁人也。少以勇力闻，步行日二百里，便骑善游，素为乡里畏伏。侯景之乱，据黟、歙聚徒以拒景。景军据有新安，新安太守湘西乡侯萧隐奔依灵洗，灵洗奉以主盟。梁元帝授灵洗谯州刺史资，领新安太守，封巴丘县侯。后助王僧辩镇防。及武帝诛僧辩，灵洗率所领来援，其奋力战于石头西门，武帝军不利，遣使招喻，久之乃降。帝深义之。授兰陵太守，仍助防京口。及平徐嗣徽，灵洗有功，除南丹阳太守，封遂安县侯。后随周文育西讨王琳，军败，为琳所拘。寻与侯安都等逃归。累迁太子左卫率。武帝崩，王琳前军东下。灵洗于南陵破之，虏其兵士，并获青龙十余乘。以功授都督、南豫州刺史。侯瑱等败王琳于栅口，灵洗逐北，据有鲁山。征为左卫将军。天嘉四年，周迪重寇临川。以灵洗为都督，自鄱阳别道击之，迪又走山谷间。迁中护军，出为都督、郢州刺史。废帝即位，进号云麾将军。华皎之反，遣使招灵洗，灵洗斩皎使以闻。朝廷深嘉其忠，因推心待之，使其子文季领水军助防。时周将元定率步骑二万，助皎围灵洗，灵洗婴城固守。及皎败，乃出军蹑之，定不获济江，以其众降。因进攻，克周沔州，禽其刺史裴宽。以功改封重安县公。

灵洗性严急，御下甚苛刻，士卒有小罪，必以军法诛之。号令分明，与士卒同甘苦，众亦以此德之。性好播植，躬勤耕稼，至于水陆所宜，刈获早晚，虽老农不能及也。妓妾无游手，并督之纺绩。至于散用资财，亦弗俭吝。卒，赠镇西将军、开府仪同三司，谥曰忠壮。太建四年，配享武帝庙庭。子文季嗣。

文季，字少卿，幼习骑射，多干略，果决有父风。灵洗与周文育、侯安都等败于沌口，为王琳所执，武帝召陷贼诸将子弟厚遇之，文季最有礼容，深见赏。

文帝嗣位，除宣惠始兴王府限内中直兵参军。累迁临海太守。后乘金翅助父镇郢城。华皎平，灵洗及文季并有扞御之功。及灵洗卒，文季尽领其众。起为超武将军，仍助防郢州。文季性至孝，虽军旅夺礼，而毁瘠甚至。服阕，袭封重安县公。随都督章昭达率军往荆州征梁。梁人与周军多造舟舰，置于青泥水中，昭达遣文季共钱道戢尽焚其舟舰。既而周兵大出，文季仅以身免。以功加通直散骑常侍。

太建五年，都督吴明彻北讨，至秦郡。秦郡前江浦通涂水，齐人并下大柱为杙栅水中。文季乃前领骁勇，拔开其栅，明彻率大军自后而至，攻克秦郡。又别遣文季攻泾州，屠其城。进拔盱眙。仍随明彻围寿阳。文季临事谨饬，御下严整，前后所克城垒，率皆进水为堰，土木之功，动逾数万。置阵役人，文季必先于诸将，夜则早起，迄暮不休，军中莫不服其勤干。每战为前锋，齐军深惮之，谓为程彪。以功除散骑常侍，带新安内史。累迁北徐州刺史，加都督。后随明彻北侵，军败，为周所囚，仍授开府仪同三司。十一年，自周逃归，至涡阳，为边吏执送长安，死于狱。是时既与周绝，不之知。至德元年，后主知之，赠散骑常侍。又诏伤其废绝，降封重安县侯，以子响袭封。

沈恪，字子恭，吴兴武康人也。深沉有干局。梁新渝侯萧映之为广州，兼映府中兵参军。陈武帝与恪同郡，情好甚昵。萧映卒后，武帝南讨李贲，仍遣妻子附恪还乡。寻补东宫直后。以岭南勋除员外散骑侍郎。仍令总集宗从子弟。侯景围台城，起东西二土山以逼城，城内亦作土山应之。恪为东土山主，昼夜拒战。以功封东兴侯。及城陷，间行归乡。武帝讨景，遣使报恪，恪于东起兵相应。贼平后，授都军副。及武帝谋讨王僧辩，恪预其事，武帝使文帝还长城，立栅召杜龛，使恪还武康招集兵众。及僧辩诛，龛果遣副将杜泰袭文帝于长城，恪时已出县，诛龛党与。武帝寻遣周文育来援长城，文育至，泰乃走。及龛平，文帝袭东扬州刺史张彪，以恪监吴兴郡。

武帝受禅，时恪自吴兴入朝，武帝使中书舍人刘师知引恪，令勒兵入，因卫敬帝如别宫。恪排闼入见武帝，叩头谢曰："恪身经事萧家来，今日不忍见此事，分受死耳，决不奉命。"武帝嘉其意，不复逼，更以荡主王僧志代之。帝践阼，除吴兴太守。永定三年，除散骑常侍、会稽太守。历事文帝及废帝，累迁护军将军。至宣帝即位，除平越中郎将、都督、广州刺史。恪未至岭，前刺史欧阳纥举兵拒岭，不得进。朝廷遣司空章昭达讨平纥，乃得入州。兵荒之后，所在残毁，恪绥怀安辑，被以恩惠，岭表赖之。后主即位，为特进、金紫光禄大夫。卒。谥曰光。子法兴嗣。

陆子隆，字兴世，吴郡人也。祖敞之，梁嘉兴令。父俊，封氏令。子隆少慷慨，有志功名。侯景之乱，于乡里聚徒；时张彪为吴郡太守，引为将帅，仍随彪徙镇会稽。及文帝讨彪，彪将沈泰、吴宝真、申缙等皆降，而子隆力战败绩。文帝义之，复使领其部曲。文帝嗣位，子隆领甲仗宿卫。封益阳县子，累迁庐陵太守。周迪据临川反，子隆随章昭达讨迪，迪退走，因随昭达讨陈宝应。晋安平，子隆功最，迁武州刺史，改封朝阳县伯。

华皎据湘州反，以子隆居其心腹，皎深患之。频遣使招，子隆不从，攻又不克。及皎败于郢州，子隆出兵袭其后，因与大军相会。进爵为侯。寻迁都督、荆州刺史。荆州新置，居公安，城池未固，子隆修立城郭，绥集夷夏，甚得人和，号为称职。吏人诣阙求立碑颂美功绩，诏许之。卒，谥威。子之武嗣。

之武年十六，领其旧军。后为弘农太守，乃隶吴明彻，于吕梁军败逃归，为人所害。子隆弟子才，亦有干略。从子隆征讨有功，除始平太守，封始康县子。卒于信州刺史。

钱道戢，字子韬，吴兴长城人也。父景深，梁汉寿令。道戢少以孝行著闻，及长，颇有材干。陈武帝微时，以从妹妻焉。武帝辅政，道戢随文帝平张彪于会稽；以功拜东徐州刺史，封永安县侯。天嘉元年，为临海太守。侯安都之讨留异，道戢帅军出松阳以断其后。异平，以功拜都督、衡州刺史，领始兴内史。后与章昭达讨欧阳纥，纥平，除左卫将军。太建二年，又随昭达征江陵，以功加散骑常侍。后为都督、郢州刺史。与仪同黄法𣰰攻下历阳，因以道戢镇之。卒官，谥曰肃。子逸嗣。

骆文牙，字旗门，吴兴临安人也。父裕，梁鄱阳嗣王中兵参军事。文牙年十二，宗人有善相者，云："此郎容貌非常，必将远致。"梁太清末，陈文帝避地临安，文牙母陈，睹帝仪表，知非常人，宾待甚厚。及帝为吴兴太守，引文牙为将帅。从平杜龛、张彪，勇冠众军。文帝即位，封临安县侯，位越州刺史。初，文牙母卒，时兵荒，至是始葬，诏赠临安国太夫人，谥曰恭。太建八年，文牙累迁散骑常侍，入直殿省。十年，授丰州刺史。至德二年卒，赠广州刺史。子义嗣。

孙玚，字德琏，吴郡吴人也。父修道，梁中散大夫，以雅素知名。玚少倜傥，好谋略，博涉经史，尤便书翰。仕梁为邵陵王中兵参军事。太清之难，授假节、宣猛将军、军主。王僧辩之讨侯景也，王琳为前军，琳与玚素娅，乃表荐为宜都太守。后以军功封富阳侯。敬帝立，累迁巴州刺史。及陈武帝受禅，王琳立梁永嘉王萧庄于郢州，征玚为少府卿，仍徙都督、郢州刺史，总留府之任。周遣大将军史宁乘虚攻之，玚兵不满千人，乘城拒守，周兵不能克。及闻大军败王琳，乘胜而进，周兵乃解，玚于是尽有中流之地。既而遣使奉表归陈。

天嘉元年，授湘州刺史，封定襄县侯。玚怀不自安，乃固请入朝，征为侍中、领军将军。未拜，文帝谓曰："昔朱买臣愿为本郡，卿岂有意乎？"改授吴郡太守，给鼓吹一部。秩满，征拜散骑常侍、中护军。及留异反，据东阳，诏玚督舟师进讨。异平，迁镇右将军。顷之，出为建安太守。太建四年，为都督、荆州刺史，出镇公安，为邻境所惮。居职六年，以公事免。及吴明彻军败吕梁，诏授都督缘江水陆诸军事。寻授都督、郢州刺史。十二年，坐疆场交通抵罪。后主嗣位，复爵邑。历位度支尚书，侍中，祠部尚书。后主频幸其宅，赋诗述勋德之美。迁五兵尚书，领左军将军，侍中如故。祯明元年，卒官，谥曰桓。

玚事亲以孝闻，于诸弟甚笃睦。性通泰，有财散之亲友。居家颇失于侈，家庭穿筑，极林泉之致，歌钟舞女，当世罕俦。宾客填门，轩盖不绝。及出镇郢州，乃合十余船为大舫，于中立亭池，植荷芰，每良辰美景，宾僚并集，泛长江而置酒，亦一时之胜赏焉。常于山斋设讲肆，集玄儒之士，冬夏资奉，为学者所称。而处己率易，不以名位骄物。时兴皇寺慧朗法师该该释典，玚每造讲筵，时有抗论，法侣莫不倾心。又巧思过人，为起部尚书，军国器械，多所创立。有鉴识，男女婚姻，皆择素贵。及卒，尚书令江总为之铭志，后主又题铭后四十字，遣左户尚书蔡征就宅宣敕镌之。其词曰："秋风动竹，烟水惊波。几人樵径，何处山阿？今时日月，宿昔绮罗。天长路远，地久灵多。功臣未勒，此意如何！"时论以为荣。

玚二十一子，第二子训颇知名，位高唐太守。陈亡入隋。

徐世谱，字兴宗，巴东鱼复人也。世居荆州为主帅，征伐蛮蜒。至世谱尤勇敢，有膂力，善水战。梁元帝之为荆州刺史，世谱率领乡人事焉。侯景之乱，因预征讨，累迁至员外散骑常侍。寻领水军，从司徒陆法和，与景战于赤亭湖。时景军甚盛，世谱乃别造楼船、拍舰、火舫、水车，以益军势。将战，又乘大舰居前，大败景军，禽景将任约。景退走，因随王僧辩攻郢州，世谱复乘大舰临其仓门，贼将宋子仙据城降。以功除信州刺史，封鱼复县侯。仍随僧辩东下，恒为军锋。景平，以衡州刺史资领河东太守。西魏攻荆州，世谱镇马头岸，据有龙洲。元帝授侍中、都督江南诸军事、镇南将军、护军将军。魏克江陵，世谱东下依侯瑱。绍泰元年，征为侍中、左卫将军。陈武帝之拒王琳，其水战之具，悉委世谱。世谱性机巧，谙解旧法，所造器械，并随机损益，妙思出人。永定二年，迁护军将军。文帝即位，历特进、右光禄大夫。以疾失明，谢病不朝。卒，谥曰桓。

周敷，字仲远，临川人也。为郡豪族，敷形貌眇小，如不胜衣。胆力劲果，超出时辈。性豪侠，轻财重士，乡党少年任气者咸归之。侯景之乱，乡人周续，合众以讨贼为事，梁内史始兴蕃王萧毅以郡让续，续所部有欲侵掠毅者，敷拥护之，亲率其党，捍送至豫章。时梁观宁侯萧永、长乐侯萧基、丰城侯萧泰避难流寓，闻敷信义，皆往依之。敷愍其危惧，屈体崇敬，厚加给恤，送之西上。俄而续部下将帅争权，杀续以降周迪。迪素无簿阀，又失众心，倚敷族望，深求交结。敷未能自固，事迪甚恭，迪大凭仗之。迪据临川之工塘，敷镇临川故郡。侯景平，梁元帝授敷宁州刺史，封西丰县侯。

陈武帝受禅，王琳据有上流，余孝顷与琳党李孝钦等共围周迪，敷助于迪，迪禽孝钦等，敷功最多。熊昙朗之杀周文育，据豫章，将兵袭敷，敷大破之。昙朗走巴山郡，敷因与周迪、黄法𣰰等进兵屠之。王琳平，授散骑常侍、豫章太守。时南江酋帅，并顾恋巢窟，唯敷独先入朝。天嘉二年，诣阙，进号安西将军，令还镇豫章。周迪以敷素出己下，超致显达，深不平，乃举兵反，遣弟方兴袭敷，敷大破之。仍从都督吴明彻攻破迪，禽方兴。再迁都督、南豫州刺史。迪又收余众袭东兴，文帝遣都督章昭达征迪，敷又从军。至定川县，与迪相对，迪绐敷求还朝，欲立盟，敷许之。方登坛，为迪所害。谥曰脱。子智安嗣，位至太仆卿。

荀朗，字深明，颍川颍阴人也。祖延祖，梁颍川太守。父伯道，卫尉卿。朗少慷慨，有将帅大略。侯景之乱，据巢湖，无所属。台城陷没后，梁简文帝密诏，授朗豫州刺史，令与外蕃讨景。景使仪同宋子仙、任约等频征之，不能克。时都下饥，朗更招致部曲，众至数万。侯景败于巴陵，朗截破其后军。景平后，又别破齐将郭元建于踟蹰山。及魏克荆州，陈武帝入辅，齐遣萧轨、东方老等来寇，据石头，朗自宣城来赴，与侯安都等大破之。武帝受禅，赐爵兴宁县侯，以朗兄昂为左卫将军，弟晷为太子右卫率。武帝崩，宣太后与舍人蔡景历秘不发丧。朗弟晓在都，微知之，谋率其家兵袭台。事觉，景历杀晓，仍系其兄弟。文帝即位，并释之。因厚抚朗，令与侯安都等拒王琳。琳平，迁都督、合州刺史。卒，谥曰壮。子法尚嗣。

法尚少倜傥，有文武干略。祯明中，为都督、郢州刺史。及隋军济江，法尚降。入隋，历邵、观、绵、丰四州刺史，巴东、敦煌二郡太守。

周炅，字文昭，汝南安成人也。祖强，齐梁州刺史。父灵起，梁庐、桂二州刺史，保城县侯。

炅少豪侠任气，有将帅才。梁太清元年，为弋阳太守。侯景之乱，元帝承制，改授西阳太守，封西陵县伯。以军功累迁都督、江州刺史，进为侯。陈武帝践阼，王琳拥据上流，炅以州从之。后为侯安都所禽，送都。文帝释之，授定州刺史，带西阳、武昌二郡太守。太建五年，为都督、安州刺史，改封龙源县侯。其年，随都督吴明彻北讨，所向克捷，一月之中，获十二城。败齐尚书左丞陆骞军。进攻巴州，克之。于是江北诸城及谷阳土人，并诛其渠帅以城降。进号和戎将军。仍敕追炅入朝。后梁定州刺史田龙升以城降，诏以为定州刺史，封赤亭王。及炅入朝，龙升以江北六州七镇叛入于齐，齐遣历阳王高景安应之。于是令炅为江北道大都督，总统众军以讨龙升，斩之，尽复江北之地。进号平北将军。卒于官，赠司州刺史，改封武昌郡公，谥曰壮。

鲁悉达，字志通，扶风郿人也。祖斐，齐衡州刺史、阳塘侯。父益之，梁云麾将军，新蔡、义阳二郡太守。

悉达幼以孝闻。侯景之乱，纠合乡人保新蔡，力田蓄谷。时兵荒，都下及上川饿死者十八九，有得存者，皆携老幼以归焉，悉达所济活者甚众。招集晋熙等五郡，尽有其地。使其弟广达领兵，随王僧辩讨平侯景。梁元帝授北江州刺史。敬帝即位，王琳据上流，留异、余孝顷、周迪等所在蜂起，悉达抚绥五郡，甚得人和。琳授悉达镇北将军，陈武帝亦遣赵知礼授征西将军、江州刺史，悉达两受之，迁延顾望。武帝遣安西将军沈泰潜师袭之，不能克。齐遣行台慕容绍宗来攻郁口诸镇，悉达与战，大败齐军，绍宗仅以身免。王琳欲图东下，以悉达制其中流，遣使招诱，悉达终不从。琳不得下，乃连结于齐，齐遣清河王高岳助之。会禅将梅天养等惧罪，乃引齐军入城，悉达勒麾下数千人济江而归武帝。帝见之喜曰："来何迟也。"授北江州刺史，封彭泽县侯。悉达虽仗气任侠，不以富贵骄人。雅好词赋，招als贤才，与之赏会。文帝即位，迁吴州刺史。遭母忧，哀毁过礼，因遘疾卒，谥孝侯。子览嗣。弟广达。

广达，字遍览，少慷慨，志立功名，虚心爱士，宾客自远而至。时江表将帅各领部曲，动以千数，而鲁氏尤为多。仕梁为平南当阳公府中兵参军。侯景之乱，与兄悉达聚众保新蔡。梁元帝承制授晋州刺史。王僧辩之讨侯景，广达出境候接，资奉军储。僧辩谓沈炯曰："鲁晋州亦是王师东道主人。"仍率众随僧辩。景平，加员外散骑常侍。

陈武受禅，授东海太守。后代兄悉达为吴州刺史，封中宿县侯。光大元年，迁南豫州刺史。华皎称兵上流，诏司空淳于量进讨。军至夏口，见皎舟师强盛，莫敢进。广达首率骁勇，直冲贼军。广达堕水，沉溺久之，因救获免。皎平，授巴州刺史。

太建初，与仪同章昭达入峡口，招定安蜀等诸州镇。时周图江左，大造舟舰于蜀，并运粮青泥，广达与钱道戢等将兵掩袭，纵火焚之，仍还本镇。广达为政简要，推诚任下，吏人便之。及秩满，皆诣阙表请，于是诏申二年。五年众军北伐，略淮南旧地，广达与齐军会于大岘，大破之，斩其敷城王张元范。进克北徐州，仍授北徐州刺史。十年，授都督、合州刺史。十一年，周将梁士彦围寿春，诏遣中领军樊毅、左卫将军任忠等分部趣阳平、秦郡，广达率众入淮，为掎角以击之。周军攻陷豫、霍二州，南北兖、晋等各自拔，诸将并无功，尽失淮南之地，广达因免官，以侯还第。十二年，与南豫州刺史樊毅北讨，克郭默城。寻授平西将军、都督鄂州以上七州诸军事，顿兵江夏。周安州总管元景山征江外，广达命偏师击走之。

至德二年，为侍中，改封绥越郡公。寻为中领军。及贺若弼进军钟山，广达于白土冈置阵，与弼旗鼓相对。广达躬擐甲胄，手执桴鼓，率励敢死而进，隋军退走。如是者数四。及弼乘胜至宫城，烧北掖门，广达犹督余兵苦战不息。会日暮，乃解甲，面台再拜恸哭。谓众曰："我身不能救国，负罪深矣。"士卒皆涕泣歔欷，于是就执。祯明三年，依例入隋。广达追怆本朝沦覆，遘疾不疗，寻以愤慨卒。尚书令江总抚柩恸哭，乃命笔题其棺头，为诗曰："黄泉虽抱恨，白日自留名，悲君感义死，不作负恩生。"又制广达墓铭，述其忠概。初，隋将韩擒济江，广达长子世真在新蔡，乃与其弟世雄及所部奔擒，擒遣使致书招广达。广达时屯兵都下，乃自劾廷尉请罪，后主谓曰："世真虽异路中大夫，公国之重臣，吾所恃赖，岂得自同嫌疑之间乎？"加赐黄金，即日还营。广达有队主杨孝辩，时从广达在军中，力战陷阵，其子亦随孝辩挥刀杀隋兵十余人，力穷，父子俱死。

萧摩诃，字元胤，兰陵人也。父谅，梁始兴郡丞。摩诃随父之郡，年数岁而父卒，其姊夫蔡路养时在南康，乃收养之。稍长，果毅有勇力。侯景之乱，陈武帝赴援建邺，路养起兵拒武帝，摩诃时年十三，单骑出战，军中莫有当者。及路养败，摩诃归侯安都，常从征讨，安都遇之甚厚。及任约、徐嗣徽引齐兵为寇，武帝遣安都北拒齐军于钟山龙尾及北郊坛。安都谓摩诃曰："卿骁勇有名，千闻不如一见。"摩诃对曰："今日令公见之。"及战，安都坠马被围，摩诃独骑大呼，直冲齐军，齐军稍却，安都乃免。以平留异、欧阳纥功，累迁巴山太守。

太建五年，众军北伐，摩诃随都督吴明彻济江攻秦郡。时齐遣大将尉破胡等，率众十万来援，其前队有"苍头"、"犀角"、"大力"之号，皆身长八尺，膂力绝伦，其锋甚锐。又有西域胡，妙于弓矢，弦无虚发，众军尤惮之。及将战，明彻谓摩诃曰："若殪此胡，则彼军夺气，君有

关、张之名，可斩颜良矣。"摩诃曰："愿得识其形状。"明彻乃召降人有识胡者，云胡绛衣，桦皮装弓，两端骨弭。明彻遣人觇伺，知胡在阵，仍自酌酒饮摩诃。摩诃饮讫，驰马冲齐军，胡挺身出阵前十余步，彀弓未发，摩诃遥掷铣𨱏，正中其额，应手而仆。齐军"大力"十余人出战，摩诃又斩之，于是齐师退走。以功封廉平县伯。寻进为侯，位太仆卿。又随明彻进围宿豫，击走齐将王康德，以功除晋熙太守。九年，明彻进军吕梁，与齐大战，摩诃率七骑先入，手夺齐军大旗，齐众大溃。以功授谯州刺史。

及周武帝灭齐，遣其将宇文忻争吕梁。忻时有精骑数千，摩诃领十二骑，深入周军，从横奋击，斩馘甚众。及周遣大将王轨来赴，结长围连锁于吕梁下流，断大军还路。摩诃谓明彻曰："闻轨始锁下流，其两头筑城，今尚未立，公若见遣击之，彼必不敢相拒。彼城若立，则吾属虏矣。"明彻奋髯曰："搴旗陷阵，将军事也；长算远略，老夫事也。"摩诃失色而退。一旬之中，水路遂断，周兵益至。摩诃又请曰："今求战不得，进退无路，若潜军突围，未足为耻。愿公率步卒乘马舆徐行，摩诃驱驰前后，必使公安达京邑。"明彻曰："弟计乃良图也。然老夫受脤专征，今被围逼，惭置无地。且步军既多，吾为总督，必须身居其后，相率兼行，弟马军宜须在前。"摩诃因夜发，选精骑八千，率先冲突，自后众骑继焉。比旦，达淮南。宣帝征还，授右卫将军。

及宣帝崩，始兴王叔陵于殿内手刃后主，遂奔东府城。摩诃入受敕，乃率马步数百졏东府城，斩之。以功授车骑大将军，封绥建郡公。叔陵素所蓄聚金帛累巨万，后主悉以赐之。改授侍中、骠骑大将军、左光禄大夫。旧制三公黄阁听事置鸱尾。后主特诏摩诃开黄阁，门施行马，听事寝堂，并置鸱尾。仍以其女为皇太子妃。

会隋总管贺若弼镇广陵，后主委摩诃御之，授南徐州刺史。祯明三年元会，征摩诃还朝，弼乘虚济江，袭京口。摩诃请率兵逆战，后主不许。及弼进钟山，摩诃又曰："弼悬军深入，垒堑未坚。出兵掩袭，必克。"又不许。及将出战，后主谓曰："公可为我一决。"摩诃曰："从来行阵，为国为身，今日之事，兼为妻子。"后主多出金帛赋诸军，以充赏赐。令中领军鲁广达陈兵白土冈，居众军南；镇东大将军任忠次之；护军将军樊毅、都官尚书孔范又次之；摩诃军最居北。众军南北亘二十里，首尾进退不相知。弼初谓未战，将轻骑登山，望见众军，驰驱下置阵。后主通于摩诃之妻，故摩诃虽领劲兵八千，初无战意，唯鲁广达、田端以其徒力战。贺若弼及所部行军七总管杨牙、韩洪、员明、黄昕、张默言、达奚隆、张辩等甲士凡八千人，各勒阵以待之。弼躬当鲁广达，摩下战死者二百七十三人，弼纵烟以自隐，寡而复振。陈兵得人头，皆送献后主，求赏金银。弼更趣孔范，范兵暂交便败走。陈军尽溃，死者五千人。诸门卫皆走，黄昕驰烧北掖门而入。员明禽摩诃以送弼，弼以刀临颈，词色不挠，乃释而礼之。及城平，弼置后主于德教殿，令兵卫守，摩诃请弼曰："今为囚虏，命在斯须，愿一见旧主，死无所恨。"弼哀而许之。入见后主，俯伏号泣，仍于旧厨取食进之，辞诀而出，守卫者

皆不能仰视。隋文帝闻摩诃抗答贺若弼，曰："壮士也，此亦人之所难。"入隋，授开府仪同三司。寻从汉王谅诣并州，同谅作逆，伏诛，年七十三。

摩诃讷于言，恂恂长者。至于临戎对寇，志气奋发，所向无前。年未弱冠，随侯安都在京口，性好猎，无日不畋游。及安都征伐，摩诃功居多。

子世廉，有父风。性至孝，及摩诃凶终，服阕后，追慕弥切。其父时宾故，脱有所言及，世廉对之，哀恸不自胜，言者为之歔欷。终身不执刀斧，时人嘉焉。摩诃有骑士陈智深者，勇力过人，以平叔陵功，为巴陵内史。摩诃之戮也，其子先已籍没，智深收摩诃尸，手自殡敛，哀感行路，君子义之。颍川陈禹，亦随摩诃征讨。聪敏有识量，涉猎经史，解风角兵书，颇能属文，便骑射，官至王府谘议。

任忠，字奉诚，小名蛮奴，汝阴人也。少孤微，不为乡党所齿。及长，谲诡多计略，膂力过人，尤善骑射，州里少年皆附。梁鄱阳王萧范为合州刺史，闻其名，引置左右。侯景之乱，忠率乡党数百人，随晋熙太守梅伯龙讨景将王贵显于寿春，每战却敌。会土人胡通聚众寇抄，范命忠与主帅梅思立并军讨平之。仍随范世子嗣率众入援，会京城陷，旋戍晋熙。侯景平，授荡寇将军。王琳立萧庄，署忠为巴陵太守。琳败，还朝，授明毅将军、安湘太守，仍随侯瑱进讨巴、湘。累迁豫宁太守，衡阳内史。华皎之举兵也，忠预其谋。及皎平，宣帝以忠先有密启于朝廷，释而不问。

太建初，随章昭达讨欧阳纥于广州，以功授直阁将军。迁武毅将军、庐陵内史。秩满，入为右军将军。五年，众军北伐。忠将兵出西道，击走齐历阳王高景安于大岘，逐北至东关，仍克其东西二城。进军蕲、谯，并拔之。径袭合肥，入其郛。进克霍州。以功授员外散骑常侍，封安复县侯。吕梁之丧师也，忠全军而还。寻授忠都督寿阳、新蔡、霍州缘淮众军，霍州刺史。入为左卫将军。迁平南将军、南豫州刺史，加都督。率步骑趣历阳。周遣王延贵率众为援，忠大破之，生禽延贵。

后主嗣位，进号镇南将军，给鼓吹一部。入为领军将军，加侍中，改封梁信郡公。出为吴兴内史。及隋兵济江，忠自吴兴入赴，屯军朱雀门。后主召萧摩诃以下于内殿定议，忠曰："兵法，客贵速战，主贵持重。今国家足食足兵，宜固守台城，缘淮立栅。北军虽来，勿与交战，分兵断江路，无令彼信得通。给臣精兵一万，金翅三百艘，下江径掩六合。彼大军必言其度江将士已被获，自然挫气。淮南土人，与臣旧相知悉，今闻臣往，必皆景从。臣复扬声欲往徐州，断彼归路，则诸军不击而自去。待春水长，上江周罗睺等众军，必沿流赴援，此良计矣。"后主不能从。明日欻然曰："腹烦杀人，唤萧郎作一打。"忠叩头苦请勿战，后主从孔范言，乃战，于是据白土冈阵。及军败，忠驰入台，见后主，言败状，曰："官好住，无所用力。"后主与之金两縢曰："为我南岸收募人，犹可一战。"忠曰："陛下唯当具舟楫，就上流众军，臣以死奉卫。"后主信

之，敕忠出部分。忠辞云："臣处分讫，即奉迎。"后主令宫人装束以待忠，久望不至。时隋将韩擒自新林进军，忠率数骑往石子冈降之。仍引擒军共入南掖门。台城平，入长安。隋授开府仪同三司。卒，年七十七。隋文帝后以散骑常侍袁元友能直言于后主，嘉之，擢拜主爵侍朗，谓群臣曰："平陈之初，我悔不杀任蛮奴。受人荣禄，兼当重寄，不能横尸，云'无所用力'，与弘演纳肝，何其远也！"子幼武，位仪同三司。

樊毅，字智烈，南阳湖阳人也。祖方兴，梁散骑常侍、司州刺史、鱼复县侯。父文炽，梁散骑常侍、东益州刺史、新蔡县侯。毅家本将门，少习武，善骑射。侯景之乱，率部曲随叔父文皎援台城。文皎于青溪战殁，毅赴江陵，仍隶王僧辩讨河东王萧誉，以功除右中郎将。代兄俊为梁兴太守，领三州游军。随宜丰侯萧循讨陆纳于湘州，军次巴陵，营顿未立；纳潜军夜至，薄营大噪。军中将士皆惊扰，毅独与左右数十人当营门力战，斩十余级，击鼓申令，众乃定焉。以功封夷道县伯。寻除天门太守，进爵为侯。及西魏围江陵，毅率郡兵赴援。会魏克江陵，为后梁所俘，久之遁归。

陈武帝受禅，毅与弟猛举兵应王琳，琳败奔齐。太尉侯瑱遣使招毅，毅率子弟部曲还朝。太建初，为丰州刺史，封高昌县侯。入为左卫将军。五年，众军北伐，毅攻广陵楚子城，拔之，击走齐军。及吕梁丧师，诏以毅为大都督，率众度淮，对清口筑城，与周人相抗。霖雨城坏，毅全军自拔。寻迁中领军。十一年，周将梁士彦围寿阳，诏以毅为都督北讨诸军事。十三年，为荆州刺史。

后主即位，改封逍遥郡公。入为侍中、护军将军。及隋军济江，毅谓仆射袁宪曰："京口、采石，俱是要所，各须锐卒数千，金翅二百，都下江中，上下防捍。如其不然，大事去矣。"诸将咸从其议。会施文庆等寝隋兵消息，毅计不行。台城平，随例入关，卒。

毅弟猛，字智武，幼倜傥，有干略。及长，便弓马，胆气过人。青溪之战，猛且旦讫暮，与侯景军短兵接战，杀伤甚众。台城陷，随兄毅西上。梁南安侯方矩为湘州刺史，以猛为司马。会武陵王纪举兵，自汉江东下，方矩遣猛随都督陆法和进军拒之。猛手禽纪父子三人，斩于艑中，尽收其船舰器械。以功封安山县伯。进军抚定梁、益。还迁司州刺史，进爵为侯。陈永定元年，周文育等败于沌口，为王琳所获。琳乘胜将事南中诸郡，遣猛与李孝钦等将兵攻豫章，进逼周迪。军败，为迪所执。寻遁归王琳，琳败，还朝。天嘉二年，授永阳太守。太建中，以军功封富川县侯。历散骑常侍，荆州刺史。入为左卫将军。后主即位，为南豫州刺史。隋将韩擒之济江，猛在都下，第六子巡摄行州事，擒进军攻陷之，巡及家口并见执。时猛与左卫将军蒋元逊领青龙八十艘为水军，于白下游弈，以御隋六合兵。后主知猛妻子在隋，惧有异志，欲使任忠代之，令萧摩诃徐喻毅，毅不悦。摩诃以闻，后主重伤其意，乃止。祯明三年，入隋。

论曰：梁氏云季，运属云雷，陈武帝杖旗扫难，经纶伊始。胡颖、徐度、杜棱、周铁武、程灵洗等，或感会风云，毕力驱驰之日；或擢自降附，乃赞兴王之始，咸得配享清庙，岂徒然哉！沈恪行己之方，不践非义之迹；子隆持身之节，无失事人之道，仁矣乎！钱道戢、骆文牙、孙瑒、徐世谱、周敷、荀朗、周炅、鲁悉达、广达、萧摩诃、任忠、樊毅等，所以获用当年，其道虽异，至于功名自立，亦各因时。当金陵覆没，抑惟天数，然任忠兴亡之义，无乃致亏，与夫萧、鲁所行，固不同日。持此百心，而事二主，欲求取信，不亦难乎？首领获全，亦为幸也。

卷六十八　　列传第五十八

赵知礼　蔡景历子征　宗元饶
韩子高　华皎　刘师知　谢岐
毛喜　沈君理　陆山才

赵知礼，字齐旦，天水陇西人也。父孝穆，梁候官令。知礼涉猎文史，善书翰。陈武帝之讨元景仲也，或荐之，引为书记。知礼为文赡速，每占授军书，下笔便就，率皆称旨。由是恒侍左右，深被委任，当时计画，莫不预焉。武帝征侯景，至白茅湾，上表于梁元帝及与王僧辩论军事，其文并知礼所制。及景平，授中书侍郎，封始平县子。陈受命，位散骑常侍、太府卿，权知领军事。天嘉元年，进爵为伯。王琳平，授吴州刺史。知礼沉静有谋谟，每军国大事，文帝辄令玺书问之。再迁右将军，领前军将军。卒，赠侍中，谥曰忠。子元恭嗣。

蔡景历，字茂世，济阳考城人也。祖点，梁尚书左户侍郎，父大同，轻车岳阳王记室参军。景历少俊爽，有孝行，家贫好学，善尺牍，工草隶。为海阳令，政有能名。在侯景中，与南康嗣王会理通谋匡复，事泄被执。贼党王伟保护之，获免，因客游京口。

侯景平，陈武帝镇朱方，素闻其名，以书要之。景历对使人答书，笔不停辍，文无所改。帝得书，甚加钦赏，即日授征北府中记室参军，仍领记室。衡阳献王昌为吴兴太守，帝以乡里父老，尊卑有数，恐昌年少接对乖礼，乃遣景历辅之。承圣中，还掌记室。武帝将讨王僧辩，独与侯安都等数人谋之，景历弗之知。部分既毕，召令草檄，景历援笔立成，辞义感激，事皆称旨。及受禅，迁秘书监、中书通事舍人，掌诏诰。永定二年，坐妻弟受周宝安饷马，为御史中丞沈炯所劾，降为中书侍郎，舍人如故。三年，武帝崩。时外有强寇，文帝镇南皖。朝无重臣，宣后呼景历及江大权、杜棱定议，秘不发丧，疾召文帝。景历躬共宦者及内人密营敛服，时既暑热，须营梓宫，恐斤斧之声闻外，乃以蜡为秘器，文诏依旧宣行。文帝即位，复为秘书监，舍人如故。以定策功，封新丰县子。累迁散骑常侍。文帝诛侯安都，景历劝成其事，以功迁太子左卫率，进爵为侯，常侍、舍人如故。坐妻兄刘洽依倚景历权势，前后奸诡，并受欧阳威饷绢百匹，免官。华皎反，以景历为武胜将军、吴明彻军司。皎平，明彻于军中辄戮安成内史杨文通，又受降人马仗有不分明，景历又坐不能匡正被收。久之获宥。

宣帝即位，累迁通直散骑常侍、中书通事舍人，掌诏诰，仍复封邑。太建五年，都督吴明彻北侵，所向克捷，大破周梁士彦于吕梁，方进围彭城。时宣帝锐意河南，以为指麾可定，景历称师老将骄，不宜过穷远略。帝恶其沮众，大怒，犹以朝廷旧臣，不加深罪，出为豫章内史。未行，为飞章所劾，以在省之日，赃污狼籍，帝令有司案问，景历但承其半。于是御史中丞宗元饶，奏免景历所居官，徙居会稽。及吴明彻败，帝追忆景历前言，即日追还，以为征南鄱阳王谘议。数日，迁员外散骑常侍，兼御史中丞，复本爵封，入守度支尚书。旧式拜官在午后，景历拜日，适逢舆驾幸玄武观，在位皆侍宴，帝恐景历不预，特令早拜，其见重如此。卒官，赠太常卿，谥曰敬。十三年，改葬，重赠中领军。祯明元年，配享武帝庙庭。二年，车驾亲幸其宅，重赠景历侍中、中抚将军，谥曰忠敬，给鼓吹一部，于墓所立碑。景历属文，不尚雕靡，而长于叙事，应机敏速，为当时所称。有文集三十卷。子征嗣。

江大权，字伯谋，济阳考城人，位少府，封四会县伯。太建二年，卒于通直散骑常侍。

征，字希祥，幼聪敏，精识强记。年六岁，诣梁吏部尚书河南褚翔，嗟其颖悟。七岁丁母忧，居丧如成人礼。继母刘氏，性悍忌，视之不以道，征供侍备谨，初无怨色。征本名览，景历以其有王祥之性，更名字焉。陈武帝为南徐州，召补迎主簿，寻授太学博士。太建中，累迁太子中舍人，兼东宫领直，袭封新丰侯。至德中，位太子中庶子、中书舍人，掌诏诰。寻授左户尚书，与仆射江总知撰五礼事。后主器其才干，任寄日重。迁吏部尚书，每十日一往东宫，于皇太子前论述古今得丧及当时政务。又敕以廷尉寺狱，事无大小，取征议决。俄敕遣征收募兵士，自为部曲，征善抚恤，得物情，旬月之间，众近一万。位望既重，兼声位熏灼，物议咸忌惮之。寻徙中书令。中书清简无事，或云征有怨言，后主闻之大怒，收夺人马，将诛之，左右致谏，获免。祯明三年，隋军济江，后主有干用，令权知中领军事。征日夜勤苦，备尽心力，后主嘉焉，谓曰："事宁有以相报"。及决战于钟山南冈，敕征守宫城西北大营，寻令督众军战事。陈亡，随例入长安。征美容仪，有口辩，多所详究。至于士流官宦，陈宗戚属，及当朝制度，宪章仪轨，户口风俗，山川土地，问无不对。然性颇便佞进取，不能以退素自业。初拜吏部尚书，启后主借鼓吹，后主谓所司曰："鼓吹军乐，有功乃授，蔡征不自量揆，紊我朝章。然其父景历既有缔构之功，宜且如启，拜讫即追还。"征不修廉隅，皆此类也。

隋文帝闻其敏赡，召见顾问，言辄会旨。然累年不调，久之，除太常丞。历尚书户部仪曹郎，转给事郎，卒。子翼，位司徒属。入隋，为东宫学士。

宗元饶，南郡江陵人也。少好学，以孝闻。仕梁为征南府外兵参军。及司徒王僧辩幕府初建，元饶与沛国刘师知同为主簿。陈武帝受禅，稍迁廷尉卿、尚书左丞。宣帝初，军国务广，事无巨细，一以咨之，台省号为称职。迁御史中丞，知五礼事。时合州刺史陈褒赃污狼籍，遣使就渚敛鱼，又令人于六郡乞米，百姓甚苦之，元饶劾奏免之。吴兴太守武陵王伯礼、豫章内史南康嗣王方泰等，骄蹇放横，元饶案奏，皆见削黜。元饶性公平，善持法，谙晓故事，明练政体。吏有犯法，政不便时，及于名教不足者，随事纠正，多所裨益。迁南康内史，以秩米三千余斛助人租课，存问高年，拯救乏绝，百姓甚赖焉。以课最入朝，诏加散骑常侍。后为吏部尚书，卒。

韩子高，会稽山阴人也。家本微贱，侯景之乱，寓都下。景平，陈文帝出守吴兴，子高年十六，为总角，容貌美丽，状似妇人，于淮渚附部伍寄载，欲还乡里，文帝见而问曰："能事我乎？"子高许诺。子高本名蛮子，帝改名之。性恭谨，恒执备身刀及传酒炙。帝性急，子高恒会意旨。稍长，习骑射，颇有胆决，愿为将帅。及平杜龛，配以士卒。文帝甚爱之，未尝离左右。帝尝梦骑马登山，路危欲堕，子高推捧而升。文帝之讨张彪也，沈泰等先降，帝据有州城，周文育镇北郭香岩寺。张彪自剡县夜还袭城，文帝自北门出，仓卒暗夕，军人扰乱，唯子高在侧。文帝乃遣子高自乱兵中往见文育，反命酬答，于暗中又往慰劳众军。文帝散兵稍集，子高引入文育营，因共立栅。明日败彪，彪奔松山，浙东平。文帝乃分麾下多配子高，子高亦轻财礼士，归之者甚众。文帝嗣位，除右军将军，封文招县子。及王琳平，子高所统益多，将士依附之，其有所论进，帝皆任使焉。天嘉六年，为右卫将军。文帝不豫，入侍医药。

废帝即位，加散骑常侍。宣帝入辅，子高兵权过重，深不自安，好参访台阁，又求出为衡、广诸镇。光大元年八月，前上虞县令陆昉及子高军主告其谋反，宣帝在尚书省，因召文武在位议立皇太子，子高预焉，执送廷尉。其夕与到仲举同赐死。父延庆及子弟并原宥。

华皎，晋陵暨阳人也。世为小吏。皎梁代为尚书比部令史。侯景之乱，事景之党王伟。陈武帝南下，文帝为景所囚，皎遇文帝甚厚。及景平，文帝为吴兴太守，以皎为都录事，深见委任。及文帝平杜龛，仍配以甲兵。御下分明，善于抚接，解衣推食，多少必均。天嘉元年，封怀仁县伯。王琳东下，皎随侯瑱拒之。琳平，知江州事。后随都督吴明彻征周迪，迪平，以功进爵为侯，仍授都督、湘州刺史。皎起自下吏，善营产业，又征川洞，多致铜鼓及生口，并送都下。废帝即位，改封重安县公。

韩子高诛后，皎内不自安，光大元年，密启求广州，以观时主意。宣帝伪许之，而诏书未出。皎亦遣使引周兵，又崇奉梁明帝，士马甚盛。诏乃以吴明彻为湘州刺史，实欲以轻兵袭之。虑皎先发，乃前遣明彻率众三万，乘金翅直趣郢州，又遣抚军大将军淳于量率众五万，乘大舰继之。时梁明帝遣水军为皎声援，周武帝遣卫公宇文直顿鲁山，又遣柱国长湖公元定攻围郢州。梁明帝授皎司空，巴州刺史戴僧朔、衡阳内史任蛮奴、巴陵内史潘智虔、岳阳太守章昭裕、桂阳太守曹宣、湘东太守钱明，并隶于皎。又长沙太守寡庆等本隶皎下，因为之用。帝恐上流宰守并为皎扇惑，乃下诏曲赦湘、巴二州，其贼主帅节将，并许开恩出首。皎以大舰载薪，因风放火，俄而风转自焚，皎大败，乃与戴僧朔奔江陵。元定等无复船渡，步趣巴陵，巴陵城已为陈军所据，乃降，送于建邺。皎遂终于江陵，其党并诛，唯任蛮奴、章昭裕、曹宣、刘广业获免。

刘师知，沛国相人也。家本素族。祖奚之，齐淮南太守，以善政闻。父景彦，梁司农卿。师知本名师智，以与敬帝讳同，改焉。好学，有当务才，博涉书传，工文笔，善仪体，台阁故事，多所详悉。绍泰初，陈武帝入辅，以师知为中书舍人，掌诏诰。时兵乱后，朝仪多阙，武帝为丞相及加九锡并受禅，其仪注多师知所定。梁敬帝在内殿，师知常侍左右。及将加害，师知诈令出，帝觉，绕床走曰："师知卖我，陈霸先反。我本不须作天子，何意见杀？"师知执帝衣，行事者加刃焉。既而报陈武帝曰："事已了。"武帝曰："卿乃忠于我，后莫复尔。"师知不对。武帝受命，仍兼舍人。性疏简，与物多忤，虽位宦不迁，而任遇甚重，其所献替，皆有弘益。

及武帝崩，六日成服，时朝臣共议大行皇帝灵座侠御人衣服吉凶之制，博士沈文阿议，宜服吉，师知议云："既称成服，本备丧礼。案梁昭明太子薨，成服，侠侍之官，悉著衰斩，唯著铠不异，此即可拟。愚谓六日成服，侠灵座须服衰绖。"中书舍人蔡景历、江德藻、谢岐等同师知议。时以二议不同，乃启取左丞徐陵决断。陵云："案《山陵卤簿》吉部伍中，公卿以下导引者，爰及武贲、鼓吹、执盖、奉车，并是吉服，岂容侠御独为衰绖？若言公卿胥吏并服衰绖，此与梓宫部伍有何差别？若言文物并吉，司事者凶，岂容衽绖而奉华盖，衰衣而升玉路邪？同博士议。"谢岐议曰："灵筵祔宗庙，梓宫祔山陵，实如左丞议。但《山陵卤簿》，备有吉凶，从灵舆者仪服无变，从梓宫者皆服苴衰，爰至士礼，悉同此制。此自是山陵之仪，非关成服。今谓梓宫灵展，共在西阶，称为成服，亦无卤簿，直是爰自胥吏，上至王公，四海之内，必备衰绖。案梁昭明太子薨，略是成例，岂容凡百士庶，悉皆服重，而侍中至于武卫，最是近官，反鸣玉纡青，与平吉不异？左丞既推以山陵事，愚意或谓与成服有殊。"陵重答云："老病属纩，不能多说。古人争议，多成怨府，傅玄见尤于晋代，王商取陷于汉朝。谨自三缄，敬同高命。若万一不死，犹得展言，庶与群贤，更申扬榷。"文阿犹执所见，众议不能决，乃具录二议奏闻，上从师知议。

迁鸿胪卿，舍人如故。天嘉元年，坐事免。寻起为中书舍人，复掌诏诰。天康元年，文帝不豫，师知与尚书仆射到仲举等入侍医药。帝崩，豫顾命。宣帝入辅，师知与仲举等遣舍人殷不佞矫诏令宣帝还东府，事觉，于北狱赐死。初，文帝敕师知撰《起居注》，自永定二年秋至天嘉元年为十卷。

谢岐，会稽山阴人也。父达，梁太学博士。岐少机警，好学，仕梁为山阴令。侯景乱，流寓东阳，景平，依于张彪。彪在吴郡及会稽，庶事委之。彪每征讨，恒留岐监郡知后事。彪败，陈武帝引参机密，为兼尚书右丞。时军旅屡兴，粮储多阙，岐所在干理，深被知遇。永定元年，为给事黄门侍郎、中书舍人，兼右丞如故。天嘉二年卒，赠通直散骑常侍。弟峤，笃学，为通儒。

毛喜，字伯武，荥阳阳武人也。祖称，梁散骑侍郎。父栖忠，中权司马。

喜少好学，善草隶。陈武帝素知之。及镇京口，命喜与宣帝往江陵，仍敕宣帝谘禀之。及梁元帝即位，以宣帝为领直，喜为尚书功论侍郎。及魏平江陵，喜与宣帝俱迁长安。文帝即位，喜自周还，进和好之策，陈朝乃遣周弘正等通聘。及宣帝反国，又遣喜入周，以家属为请。周冢宰宇文护执喜手曰："能结二国之好者，卿也。"仍迎柳皇后及后主还。天嘉三年至郢，宣帝时为骠骑将军，仍以喜为府谘议参军，领中记室，府朝文翰，皆喜词也。文帝尝谓宣帝曰："我诸子皆以'伯'为名，汝诸子宜'叔'为称。"宣帝以访喜，喜即条自古名贤杜叔英、虞叔卿等二十余人以启之，文帝称善。

文帝崩，废帝冲昧，宣帝录尚书辅政。仆射到仲举等矫太后令，遣宣帝还东府，当时疑惧，无敢厝言。喜即驰入，谓宣帝曰："今日之言，必非太后之意，宗社至重，愿加三思。"竟如其策。右卫将军韩子高始与仲举通谋，其事未发，喜谓宣帝曰："宜简人马配与子高，并赐铁炭，使修器甲。"宣帝曰："子高即欲收执，何更如是？"喜曰："山陵始毕，边寇尚多，而子高受委前朝，名为杖顺，宜推心安诱，使不自疑，图之一壮士之力耳。"宣帝卒行其计。及帝即位，除给事黄门侍郎，兼中书舍人，典军国机密。宣帝议北侵，敕喜撰军制十三条，诏颁天下，文多不载。论定策功，封东昌县侯，以太子右卫率、右将军行江夏、武陵、桂阳三王府国事。母忧去职，诏封喜母庾氏东昌国太夫人，遣员外散骑常侍杜缅，图其墓田，上亲与缅案图指画，其见重如此。历位御史中丞，五兵尚书，参掌选事。及得淮南之地，喜陈安边之术，宣帝纳之，即日施行。帝又欲进兵彭、汴，以问喜，喜以为"淮左新平，边人未辑，周氏始吞齐国，难与争锋，未若安人保境，斯久长之术也"。上不从。吴明彻卒俘于周。喜后历丹阳尹，吏部尚书。及宣帝崩，叔陵构逆，敕中庶子陆琼宣旨，令南北诸军皆取喜处分。贼平，加侍中。初，宣帝委政于喜，喜数有谏争，事并见从。自明彻败后，帝深悔不用其言，谓袁宪曰："一不用喜计，遂令至此。"由是益见亲重，喜乃言无回避。

时皇太子好酒德，每共亲幸人为长夜之宴，喜尝言之宣帝，太子遂衔之，即位后稍见疏远。及被始兴王伤，创愈，置酒引江总以下，展乐赋诗，醉酣而命喜。于时山陵初毕，未及逾年，喜见之不怿，欲谏，而后主已醉。喜言心疾，仆于阶下，移出省中。后主醒，乃谓江总曰："我悔召毛喜，知其无病，但欲阻我欢宴，非我所为耳。"乃与司马申谋曰："此人负气，吾欲将乞鄱阳兄弟，听其报雠，可乎？"对曰："终不为官用，愿如圣旨。"傅縡争之曰："若许报仇，欲置先皇何地？"后主曰："当与一小郡，勿令见人事耳。"至德元年，授永嘉内史。喜至郡，不受奉秩，政弘清静，人吏安之。遇丰州刺史章大宝举兵反，郡与丰州接，而素无备，喜乃修城隍器械，又遣兵援建安。贼平，授南安内史。祯明元年，征为光禄大夫，领左骁骑将军，道卒，有集十卷。子处冲嗣。

沈君理，字仲伦，吴兴人也。祖僧畟，梁左户尚书。父巡，元帝时位少府卿，魏平荆州，梁宣帝署金紫光禄大夫。君理美风仪，博涉有识鉴。陈武帝镇南徐州，巡遣君理致谒，深见器重，命尚会稽长公主。及帝受禅，拜驸马都尉，封永安亭侯，为吴郡太守。时兵革未宁，百姓荒弊，君理总集士卒，修饰器械，深以干理见称。文帝嗣位，累迁左户尚书。天嘉六年，为东阳太守。天康元年，以父忧去职，自请往荆州迎柩。朝议以在位重臣，难못出境，乃遣长兄君严往焉。及还，将葬，诏赠巡侍中、领军将军，谥曰敬子。太建中，历位太子詹事，吏部尚书。宣帝以君理女为皇太子妃，赐爵望蔡县侯，位侍中、尚书右仆射。卒，赠翊左将军、开府仪同三司，谥曰贞宪。君理弟君高、君公。

君高，字季高，少知名，性刚直，有吏能。位卫尉卿，平越中郎将、都督、广州刺史，甚得人和。卒，谥祁子。

君公自梁元帝败后，常在江陵。祯明中，与萧瓛、萧岩叛隋归陈，后主擢为太子詹事。君公博学有才辩，善谈论，后主深器之。陈亡，入隋，文帝以其叛亡，命斩于建康。

君理第五叔迈，亦方正有干局，位通直散骑常侍，侍东宫。

陆山才，字孔章，吴郡吴人也。祖翁宝，梁尚书水部郎。父泛，中散大夫。山才倜傥，好尚文史，范阳张缵、缵弟绾并钦重之。绍泰中，都督周文育出镇南豫州，不知书疏，以山才为长史，政事悉以委之。文育南讨，克萧勃，禽欧阳頠，计画多出山才。后文育重镇豫章金口，山才复为镇南长史、豫章太守。文育为熊昙朗所害，昙朗囚山才等，送于王琳。未至，而侯安都败琳将常众爱，由是山才获反。累迁度支尚书，坐侍宴与蔡景历言语过差，为有司所奏，免官。寻授散骑常侍，迁西阳、武昌二郡太守。卒，谥曰简子。

论曰：赵知礼、蔡景历属陈武经纶之日，居文房书记之任，此乃宋、齐之初傅亮、王俭之职。若乃校其才用，理不同年，而卒能膺务济时，盖其遇也。希祥劳臣之子，才名自致，迹涉便佞，贞介所羞。元饶始终任遇，无亏公道，名位自卒，其殆优乎！子高权重为戮，亦其宜也。华皎经纶云始，既蹈元功，殷忧之辰，自同劲草，虽致奔败，未足为非。师知送往多阙，见忌新主，谋人之义，可无慎哉？然晚遇诛夷，非其过也。毛喜逢时遇主，好谋而成，见废昏朝，不致公辅，惜矣！沈、陆所以见重，固亦雅望之所致焉。

卷六十九　　列传第五十九

沈炯　虞荔弟寄　傅縡章华　顾野王萧济　姚察

沈炯，字初明，吴兴武康人也。祖瑀，梁寻阳太守。父续，王府记室参军。

炯少有俊才，为当时所重。仕梁为尚书左户侍郎、吴令。侯景之难，吴郡太守袁君正入援建邺，以炯监郡。台城陷，景将宋子仙据吴兴。使召炯，方委以书记，炯辞以疾，子仙怒，命斩之。炯解衣将就戮，得于路间桑树，乃更牵往他所，或救之，仅而获免。子仙爱其才，终逼之令掌书记。及子仙败，王僧辩素闻其名，军中购得之，酬所获者钱十万，自是羽檄军书，皆出于炯。及简文遇害，四方岳牧上表劝进，僧辩令炯制表，当时莫有逮者。陈武帝南下，与僧辩会白茅湾，登坛设盟，炯为其文。及景东奔，至吴郡，获炯妻虞氏及子行简，并杀之，炯单携其母逃免。侯景平，梁元帝愍其妻子婴戮，特封原乡侯。僧辩为司徒，以炯为从事中郎。梁元帝征为给事黄门侍郎，领尚书左丞。

魏克荆州，被虏，甚见礼遇，授仪同三司。以母在东，恒思归国，恐以文才被留，闭门却扫，无所交接。时有文章，随即弃毁，不令流布。尝独行经汉武通天台，为表奏之，陈己思乡之意。曰："臣闻桥山虽掩，鼎湖之灶可祠；有鲁遂荒，大庭之迹无泯。伏惟陛下降德猗兰，纂灵丰谷，汉道既登，神仙可望。射之罘于海浦，礼日观而称功，横中流于汾河，指柏梁而高宴，何其甚乐，岂不然欤！既而运属上仙，道穷晏驾，甲帐珠帘，一朝零落，茂陵玉碗，遂出人间。陵云故基，与原田而胚胚；别风余迹，带陵阜而芒芒。羁旅缧臣，岂不落泪？昔承明见厌，严助东归，驷马可乘，长卿西反。恭闻故实，窃有愚心。黍稷非馨，敢望徼福？但雀台之吊，空怆魏君；雍丘之祠，未光夏后，瞻仰烟霞，伏增凄恋。"奏讫，其夜梦有宫禁之所，兵卫甚严，炯便以情事陈诉。闻有人言："甚不惜放卿还，几时可至。"少日，便与王克等并获东归。历司农卿，御史中丞。

陈武帝受禅，加通直散骑常侍。表求归养，诏不许。文帝嗣位，又表求去，诏答曰："当敕所由，相迎尊累，使卿公私无废也。"初，武帝尝称炯宜居王佐，军国大政，多预谋谟。文帝又重其才，欲宠贵之。会王琳入寇大雷，留异拥据东境，帝欲使炯因是立功，乃解中丞，加明威将军，遣还乡里，收徒众。以疾卒于吴中，赠侍中，谥恭子。有集二十卷行于世。

虞荔，字山披，会稽余姚人也。祖权，梁廷尉卿、永嘉太守。父检，平北始兴王谘议参军。荔幼聪敏，有志操。年九岁，随从伯阐候太常陆倕。倕问《五经》十事，荔对无遗失，倕甚异之。又尝诣征士何胤，时太守衡阳王亦造之，胤言于王，王欲见荔，荔辞曰："未有板刺，无容拜谒。"王以荔有高尚之志，雅相钦重，还郡，即辟为主簿，荔又辞以年小不就。及长，美风仪，博览坟籍，善属文。仕梁为西中郎法曹外兵参军，兼丹阳诏狱正。梁武帝于城西置士林馆，荔乃制碑奏上，帝命勒之于馆，仍用荔为士林学士。寻为司文郎，迁通直散骑侍郎，兼中书舍人。时左右之任，多参权轴，内外机务，互有带掌；唯荔与顾协泊然静退，居于西省，但以文史见知。寻领大著作。及侯景之乱，荔率亲属入台，除镇西谘议，参军舍人如故。台城陷，逃归乡里。侯景平，元帝征为中书侍郎；贞阳侯僭位，授扬州别驾，并不就。

张彪之据会稽，荔时在焉。及文帝平彪，武帝及文帝并书招之，迫切不得已，乃应命至都，而武帝崩，文帝嗣位，除太子中庶子，仍侍太子读。寻领大著作。初，荔母随荔入台，卒于台内，寻而城陷，情礼不申，由是终身蔬食布衣，不听音乐。虽任遇隆重，而居止俭素，淡然无营。文帝深器之，常引在左右，朝夕顾访。荔性沉密，少言论，凡所献替，莫有见其际者。第二弟寄，寓于闽中，依陈宝应，荔每言之辄流涕。文帝哀而谓曰："我亦有弟在远，此情甚切，他人岂知？"乃敕宝应求寄，宝应终不遣。荔因以感疾，帝欲数往临视，令将家口入省。荔以禁中非私居之所，乞停城外，帝不许，乃令住兰台。乘舆再三临问，手敕中使相望于道。又以蔬食积久，非羸疾所堪，乃敕曰："卿年事已多，气力稍减，方欲仗委，良须克壮。今给卿鱼肉，不得固从所执。"荔终不从。卒，赠侍中，谥曰德子。及丧柩还乡里，上亲出临送，当时荣之。子世基、世南，并少知名。

寄，字次安，少聪敏。年数岁，客有造其父，遇寄于门，嘲曰："郎子姓虞，必当无智。"寄应声曰："文字不辨，岂得非愚！"客大惭。入谓其父："此子非常人，文举之对，不是过也。"及长，好学，善属文。性冲静，有栖遁志。弱冠举秀才，对策高第。起家梁建城王国左常侍。大同中，尝骤雨，殿前往往有杂色宝珠，梁武观之，甚有喜色，寄因上《瑞雨颂》。帝谓寄兄荔曰："此颂典裁清拔，卿之士龙也，将如何擢用？"寄闻之叹曰："美盛德之形容，以申击壤之情耳，吾岂买名求仕者乎？"乃闭门称疾，唯以书籍自娱。岳阳王察为会稽太守，寄为中记室，领郡五官掾。在职简略烦苛，务存大体，曹局之内，终日寂然。侯景之乱，寄随兄荔入台，及城陷，逋还乡里。张彪往临川，强寄俱行。寄与彪将郑玮同舟而载，玮尝忤彪意，乃劫寄奔晋安。时陈宝应据有闽中，得寄甚喜。陈武帝平侯景，寄劝令自结，宝应从之，乃遣使归诚。承圣元年，除中书侍郎，宝应爱其才，托以道阻不遣。每欲引寄为僚属，委以文翰，寄固辞获免。及宝应结昏留异，潜有逆谋，寄微知其意，言说之际，每陈逆顺之理，微以讽谏。宝应辄引说他事以拒之。又尝令左右读《汉书》，卧而听之，至蒯通说韩信曰："相君之背，贵不可言"，宝应蹶然起曰："可谓智士。"寄正色曰："覆郦骄韩，未足称智，岂若班彪《王命》识所归乎？"寄知宝应不可谏，虑祸及己，乃为居士服以拒绝之。常居东山寺，伪称脚疾，不复起。宝应以为假托，遣人烧寄所卧屋，寄安卧不动。亲近将扶寄出，寄曰："吾命有所悬，避欲安往？"所纵火者，旋自救之。宝应自此方信之。及留异称兵，宝应资其部曲，寄乃因书极谏曰：

东山居士虞寄致书于明将军使君节下：寄流离艰故，飘寓贵乡，将军待以上宾之礼，申以国士之眷，意气所感，何日忘之？而寄沉痼弥留，揭阴将尽，常恐卒填沟壑，涓尘莫报，是以敢布腹心，冒陈丹款，愿将军留须臾之虑，少思察之，则冥目之日，所怀毕矣。

夫安危之兆，祸福之机，匪独天时，亦由人事。失之毫厘，差以千里。是以明智之士，据重位而不倾，执大节而不失，岂惑于浮辞哉？将军文武兼资，英威动俗，往因多难，仗剑兴师，援旗誓众，抗威千里。岂不以四郊多垒，共谋王室，匡时报主，宁国庇人乎？此所以五尺童子，皆愿荷戟而随将军者也。及高祖武皇帝肇基草昧，初济艰难，于时天下沸腾，人无定主，豺狼当道，鲸鲵横击。海内业业，未知所从。将军运动微之鉴，折从衡之辩，策名委质，自托宗盟，此将军妙算远图，发于衷诚者也。及主上继业，钦明睿圣，选贤与能，群臣辑睦。结将军以维城之重，崇将军以裂土之封，岂非宏谟庙略，推赤心于物者也？屡申明诏，款笃殷勤，君臣之分定矣，骨肉之恩深矣。不意将军惑于邪说，翻然异计，寄所以疾首痛心，泣尽继之以血，万全之策，窃为将军惜之。寄虽疾侵耄及，言无足采，千虑一得，请陈愚算。愿将军少戢雷霆，赊其晷刻，使得尽狂瞽之说，披肝胆之诚，则虽死之日，犹生之年也。

自天厌梁德，多难荐臻，寰宇分崩，英雄互起，不可胜纪，人人自以为得之。然夷凶剪乱，拯溺扶危，四海乐推，三灵眷命，揖让而居南面者，陈氏也。岂非历数有在，惟天所授？当璧应运，其事甚明，一也。主上承基，明德远被，天纲再张，地维重纽。夫以王琳之强，侯瑱之力，进足以摇荡中原，争衡天下；退足以屈强江外，雄张偏隅。然或命一旅之师，或资一士之说，琳即瓦解冰泮，投身异域，瑱则厥角稽颡，委命阙庭。斯又天假之威，而除其患，其事甚明，二也。今将军以藩戚之重，拥南之众，尽忠奉上，戮力勤王，岂不勋高窦融，宠过吴芮，析珪判野，南面称孤，其事甚明，三也。且圣朝弃瑕忘过，宽厚待人，改过自新，咸加叙擢。至如余孝顷、潘纯陀、李孝钦、欧阳頠等，悉委以心腹，任以爪牙，胸中豁然，曾无纤芥。况将军衅非张绣，罪异毕谌，当何虑于危亡，何失于富贵？此又其事甚明，四也。方今周、齐邻睦，境外无虞，并兵一向，匪朝伊夕。非有刘、项竞逐之机，楚、赵连从之事，可得雍容高拱，坐论西伯，其事甚明，五也。且留将军狼顾一隅，亟经摧衄，声实亏丧，胆气衰沮。高璩、向文政、留瑜、黄子玉此数人者，将军所知，首鼠两端，唯利是视，其余将帅亦可见矣。孰能被坚执锐，长驱深入，系马埋轮，奋不顾命，以先士卒者乎？此又其事甚明，六也。且将军之强，孰如侯景？将军之众，孰如王琳？武皇灭侯景于前，今上摧王琳于后，此乃天时，非复人力。且兵革已后，人皆厌乱，其孰能弃坟墓，捐妻子，出万死不顾之计，从将军于白刃之间乎？此又其事甚明，七也。历观前古，鉴之往事，子阳、季孟倾覆相寻，余善、右渠危亡继及，天命可畏，山川难恃。况将军欲以数郡之地，当天下之兵；以诸侯之资，拒天子之命。强弱逆顺，可得侔乎？此又其事甚明，八也。且非我族类，其心必异，不爱其亲，岂能及物？留将军身廪国爵，子尚王姬，犹且弃天属而弗顾，背明君而孤立，危急之日，岂能同忧共患，不背将军者乎？至于师老力屈，惧诛利赏，必有韩、智晋阳之谋，张、陈井陉之事。此又其事甚明，九也。且北军万里远斗，锋不可当，将军自战其地，人多顾后，梁安背向为心，修盱匹夫之力，众寡不敌，将帅不俟，师以无名而出，事以无机而动，以此称兵，未知其利。以汉朝吴、楚，晋室颖、顒，连城数十，长戟百万，拔本塞源，自图家国，其有成功者乎？此又其事甚明，十也。为将军计者，莫若不远而复，绝亲留氏，秦郎、快郎，随遣入质，释甲偃兵，一遵诏旨。且朝廷许以铁券之要，申以白马之盟，朕不食言，誓之宗社。寄闻明者鉴未形，智者不再计，此成败之效，将军勿疑，吉凶之几，间不容发。方今蕃维尚少，皇子幼冲，凡预宗枝，皆蒙宠树。况以将军之地，将军之才，将军之名，将军之势，而能克修蕃服，北面称臣，宁与刘泽同年而语其功业哉？岂不身与山河等安，名与金石相弊？愿加三思，虑之无忽。寄气力绵微，余阴无几，感恩怀德，不觉狂言，鈇钺之诛，甘之如荠。

宝应览书大怒。或谓宝应曰："虞公病笃，言多错谬。"宝应意乃小释。亦以寄人望，且容之。及宝应败走，夜至蒲田，顾谓其子扞秦曰："早从虞公计，不至今日。"扞秦但泣而已。宝应既禽，凡诸宾客微有交涉者皆诛，唯寄以先识免祸。初，沙门慧标涉猎有才思，及宝应起兵，作五言诗以送之曰："送马犹临水，离旗稍引风。好看今夜月，当照紫微宫。"宝应得之甚悦。慧标以示寄，寄一览便止，正色无言。慧标退，寄谓所亲曰："标公既以此始，必以此终。"后竟坐是诛。

文帝寻敕都督章昭达发遣寄还朝，及至，谓曰："管宁无恙，甚慰劳怀。"顷之，帝谓到仲举曰："衡阳王既出阁，须得一人旦夕游处，兼掌书记，宜求宿士有行业者。"仲举未知所对，帝曰："吾自得之。"乃手敕用寄。寄入谢，帝曰："所以暂屈卿游藩，非止以文翰相烦，乃令以师表相事也。"后除东中郎建安王谘议，加戎昭将军。寄乃辞以疾，不堪旦夕陪列。王于是令长停公事，其有疑议，就以决之，但朔旦笺修而已。太建八年，加太中大夫，后卒。

寄少笃行，造次必于仁厚，虽僮竖未尝加以声色。至临危执节，则辞气凛然，白刃不惮也。自流寓南土，与兄荔隔绝，因感气病。每得荔书，气辄奔剧，危殆者数矣。前后所居官，未尝至秩满，裁期月，便自求解退。常曰："知足不辱，吾知足矣。"及谢病私庭，每诸王为州将，下车必造门致礼，命释鞭板，以几杖侍坐。尝出游近寺，闾里传相告语，老幼罗列，望拜道左。或言誓为约者，但指寄便不欺，其至行所感如此。所制文笔，遭乱并多散失。

傅縡，字宜事，北地灵州人也。父彝，梁临沂令。縡幼聪敏，七岁诵古诗赋至十余万言。长好学，能属文。太清末，丁母忧，在兵乱中，居丧尽礼，哀毁骨立，士友以此称之。后依湘州刺史萧循。循颇好士，广集坟籍，縡肆志寻阅，因博通群书。王琳闻其名，引为府记室。琳败，随琳将孙玚还都。时陈文帝使颜晃赐玚杂物，玚托縡启谢，词理周洽，文无加点。晃还，言之文帝，召为撰史学士。再迁骠骑安成王中记室，撰史如故。縡笃信佛教，从兴皇寺慧朗法师受《三论》，尽通其学。寻以本官兼通直散骑侍郎使齐，还，累迁太子庶子、仆。

后主即位，迁秘书监、右卫将军，兼中书通事舍人，掌诏诰。縡为文典丽，性又敏速，虽军国大事，下笔辄成，未尝起草，沉思者亦无以加，甚为后主所重。然性木强，不恃权操，负才使气，陵侮人物，朝士多衔之。会施文庆、沈客卿以佞见幸，专制衡轴，而縡益疏。文庆等因共潛之，后主收縡下狱。縡素刚，因愤恚，于狱中上书曰："夫人君者，恭事上帝，子爱黔黎，省嗜欲，远谄佞，未明求衣，日旰忘食，是以泽被区宇，庆流子孙。陛下顷来酒色过度，不虔郊庙之神，专媚淫昏之鬼。小人在侧，宦竖弄权，恶忠直若仇雠，视百姓如草芥。后宫曳绮绣，厩马余菽粟，兆庶流离，转乎蔽野。货贿公行，帑藏损耗，神怒人怨，众叛亲离。恐东南王气，自斯而尽。"书奏，后主大怒。顷之稍解，使谓曰："我欲赦卿，卿能改过不？"縡对曰："臣心如面，臣面可改，则臣心可改。"后主于是益怒，令宦者李善度穷其事，赐死狱中。有集十卷。

縡虽强直有才，而毒恶傲慢，为当世所疾。及死，有恶蛇屈尾来上灵床，当前受祭酹，去而复来者十余日。时时有弹指声。

时有吴兴章华，字仲宗，家本农夫，至华独好学，与士君子游处，颇通经史，善属文。侯景之乱，游岭南，居罗浮山寺，专精习业。欧阳頠为广州刺史，署为南海太守。頠子纥败，乃还都。后主时，除太市令，非其所好，乃辞以疾。祯明初，上书极谏，其大略曰："陛下即位，于今五年，不思先帝之艰难，不知天命之可畏。溺于嬖宠，惑于酒色。祠七庙而不出，拜妃嫔而临轩。老臣宿将，弃之草莽；谄佞逸邪，升之朝廷。今疆埸日蹙，隋军压境，陛下如不改弦易张，臣见麋鹿复游于姑苏矣。"书奏，后主大怒，即日斩之。

顾野王，字希冯，吴郡吴人也。祖子乔，梁东中郎武陵王府参军事。父烜，信威临贺王记室，兼本郡五官掾，以儒术知名。野王幼好学，七岁读《五经》，略知大旨。九岁能属文。尝制《日赋》，领军朱异见而奇之。十二，随父之建安，撰《建安地记》二篇。长而遍观经史，精记默识。天文地理，蓍龟占候，虫篆奇字，无所不通。为临贺王府记室。宣城王为扬州刺史，野王及琅邪王褒并为宾客，王甚爱其才。野王又善丹青，王于东府起斋，令野王画古贤，命王褒书赞，时人称为二绝。及侯景之乱，野王丁父忧，归本郡，乃召募乡党，随义军援都。野王体素清羸，裁长六尺，又居丧过毁，殆不胜哀。及杖戈被甲，陈君臣之义，逆顺之理，抗辞作色，见者莫不壮之。城陷，逃归会稽。陈天嘉中，敕补撰史学士。太建中，为太子率更令，寻领大著作，掌国史，知梁史事。后为黄门侍郎，光禄卿，知五礼事。卒，赠秘书监，右卫将军。野王少以笃学至性知名，在物无忤辞失色。观其容貌，似不能言，其厉精力行，皆人所莫及。所撰《玉篇》三十卷，《舆地志》三十卷，《符瑞图》十卷，《顾氏谱传》十卷，《分野枢要》一卷，《续洞冥记》一卷，《玄象表》一卷，并行于世。又撰《通史要略》一百卷，《国史纪传》二百卷，未就而卒。有文集二十卷。

时有萧济，字孝康，东海兰陵人也。好学，博通经史。仕梁为太子舍人。预平侯景功，封松阳县侯。陈文帝为会稽太守，以济为宣毅府长史。及即位，授侍中。太建中，历位五兵、度支、祠部三尚书，卒。

姚察，字伯审，吴兴武康人，吴太常卿信之九世孙也。父僧垣，梁太医正。及元帝在荆州，为晋安王谘议参军。后入周，位遇甚重。察幼有至性，六岁诵书万余言。不好戏弄，励精学业，十二能属文。僧垣精医术，知名梁代，二宫所得供赐，皆回给察兄弟，为游学之资。察并用聚蓄图书，由是闻见日博。年十三，梁简文帝时在东宫，盛修文义，即引于宣猷堂听讲，论难为儒者所称。及简文嗣位，尤加礼接。起家南海王国左常侍，兼司文侍郎。后兼尚书驾部郎。遇梁室丧乱，随二亲还乡里。在乱离间，笃学不废。元帝于荆州即位，授察原乡令。后为佐著作，撰史。

陈永定中，吏部尚书徐陵领大著作，复引为史佐。太建初，补宣明殿学士。寻为通直散骑常侍，报聘于周。江左耆旧先在关右者，咸相倾慕。沛国刘臻窃于公馆访《汉书》疑事十余条，并为剖析，皆有经据。臻谓所亲曰："名下定无虚士。"著《西聘道里记》。使还，补东宫学士，迁尚书祠部侍郎。旧魏王肃奏祀天地，设宫悬之乐，八佾之舞，尔后因循不革。至梁武帝以为事人礼缛，事神礼简，古无宫悬之文。陈初承用，莫有损益。宣帝欲设备乐，付有司立议，以梁武为非。时硕学名儒，朝端在位，咸希旨注同。察乃博引经籍，独违群议，据梁乐为是。当时惊骇，莫不惭服。仆射徐陵因改同察议。其不顺时随俗，皆此类也。

后历仁威淮南王、平南建安王二府谘议参军。丁内忧去职。俄起为戎昭将军，知撰梁史。后主立，兼东宫通事舍人，知撰史。至德元年，除中书侍郎，转太子仆，余并如故。初，梁室沦没，察父僧垣入长安，察蔬食布衣，不听音乐，至是凶问因聘使到江南。时察母韦氏丧制适除，后主以察羸瘵，虑加毁顿，乃密遣中书舍人司马申就宅发哀，仍敕申专加譬抑。寻以忠毅将军起兼东宫通事舍人，察频让不许。俄敕知著作郎事，服阕，除给事黄门侍郎，领著作。察既累居忧戚，斋素日久，因加气疾。后主尝别召见，为之动容，命停长斋，令从晚食。又诏授秘书监，领著作，奏撰中书表集。历度支、吏部二尚书。察自居显要，一不交通。尝有私门生不敢厚饷，送南布一端，花练一匹。察谓曰："吾所衣者，止是麻布蒲练，此物于吾无用。既欲相款接，幸不烦尔。"此人逊请，察厉色驱出，自是莫敢馈遗。

陈亡，入隋，诏授秘书丞，别敕成梁、陈二史，又敕于朱华阁长参。文帝知察蔬菲，别日独召入内殿，赐果菜，指谓朝臣曰："闻姚察学行当今无比，我平陈，唯得此一人。"开皇十三年，袭封北绛郡公。察在陈时聘周，因得与父僧垣相见，将别之际，绝饮复苏。至是承袭，愈更悲感，见者莫不为之歔欷。丁后母杜氏丧，解职。在服制之中，有白鸠巢于户上。仁寿二年，诏除员外散骑常侍、晋王侍读。炀帝即位，授太子内舍人。及改易衣冠，删定朝式，预参对问。大业二年，终于东都。遗命薄葬，以松板薄棺，才可容身，土周于棺而已。葬日，止粗车即送厝旧茔北。不须立灵，置一小床，每日设清水，六斋日设斋食，菜果任家有无，不须别经营也。初，察欲读一藏经，并已究竟，将终，曾无痛恼，但西向坐正念云"一切空寂"。其后身体柔软，颜色如恒。两宫悼惜，赠赗甚厚。

察至孝，有人伦鉴识，冲虚谦逊，不以所长矜人。专志著书，白首不倦。所著《汉书训纂》三十卷，《说林》十卷，《西聘》、《玉玺》、《建康三钟》等记各一卷，文集二十卷。所撰梁、陈史，虽未毕功，隋开皇中，文帝遣中书舍人虞世基索本，且进。临亡，戒子思廉撰续。思廉在陈为衡阳王府法曹参军、会稽王主簿。

论曰：沈炯才思之美，足以继踵前良。然仕于梁朝，年已知命，主非不文，而位裁邑宰。及于运逢交丧，驱驰戎马。所在称美，用舍信有时焉。虞荔弟兄，才行兼著，崎岖丧乱，保兹贞一，并取贵时主，岂虚得乎？傅縡聪警特达，才气自负，行之平日，其犹殆诸；处以危邦，死其宜矣。顾、姚栖托艺文，蹈履清直，文质彬彬，各践通贤之域，美矣乎！

卷七十　　列传第六十

循　　吏

吉翰　杜骥　申恬　杜慧度　阮长之
甄法崇 孙彬 傅琰 孙岐 虞愿　王洪
轨 李珪之 沈瑀　范述曾　孙谦 从子廉
何远　郭祖深

昔汉宣帝以为"政平讼理，其惟良二千石乎"。前史亦云，今之郡守，古之诸侯也。故长吏之职，号曰亲人。至于道德齐礼，移风易俗，未有不由之矣。

宋武起自匹庶，知人事艰难，及登庸作宰，留心吏职。而王略外举，未遑内务，奉师之费，日耗千金。播兹宽简，虽所未暇，而黜己屏欲，以俭御身，左右无幸谒之私，闺房无文绮之饰。故能戎车岁驾，邦甸不扰。文帝幼而宽仁，入纂大业，及难兴陕服，六戎薄伐，兴师命将，动在济时。费由府实，事无外扰。自此方内晏安，氓庶蕃息，奉上供谣，止于岁赋，晨出暮归，自事而已。守宰之职，以六期为断，虽没世不徙，未及曩时，而人有所系，吏无苟得，家给人足，即事虽难，转死沟渠，于时可免。凡百户之乡，有市之邑，歌谣舞蹈，触处成群，盖宋世之极盛也。暨元嘉二十七年，举境外捍，于是倾赀扫蓄，犹有未供，深赋厚敛，天下骚动。自兹迄于孝建，兵连不息。以区区江东，蕞尔迫隘，荐之以师旅，因之以凶荒，向时之盛，自此衰矣。晋世诸帝多处内房，朝宴所临，东西二堂而已。孝武末年，清暑方构，及永初受命，无所改作，所居唯称西殿，不制嘉名，文帝因之，亦有合殿之称。及孝武承统，制度滋长，犬马余菽粟，土木衣绨绣。追陋前规，更造正光、玉烛、紫极诸殿。雕栾绮节，珠窗网户，嬖女幸臣，赐倾府藏，竭四海不供其欲，殚人命未快其心。明皇继祚，弥笃浮侈，恩不恤下，以至横流。莅人之官，迁变岁属，突不得黔，席未暇暖，蒲、密之化，事未易阶。岂徒吏不及古，人乖于昔，盖由为上所扰，致化莫从。

齐高帝承斯奢纵，辅立幼主，思振人瘼，风移百城。为政未期，擢山阴令傅琰为益州刺史，乃损华反朴，恭己南面，导人以躬，意存勿扰。以山阴大邑，狱讼繁滋，建元三年，别置狱丞，与建康为比。永明继运，垂心政术，杖威善断，犹多漏网，长吏犯法，封刃行诛。郡县居职，以三周为小满。水旱之灾，辄加振恤。十许年中，百姓无犬吠之惊。都邑之盛，士女昌逸，歌声舞节，袨服华妆。桃花渌水之间，秋月春风之下，无往非适。明帝自在布衣，达于吏事，及居宸扆，专务刀笔。未尝枉法申恩，守宰于斯而震。属以魏军入伐，疆埸大扰，兵车连岁，不遑启居，军国糜耗，从此衰矣。继以昏乱，政由群孽，赋调云起，徭役无度。守宰多倚附权门，互长贪虐，哀刻聚敛，侵扰黎氓。天下摇动，无所措其手足。

梁武在田，知人疾苦，及定乱之始，仍下宽书。东昏时杂调咸悉除省，于是四海之内始得息肩。及践皇极，躬览庶事，日昃听政，求瘼恤隐。乃命辀轩以省方俗，置肺石以达穷人。劳己所先，事唯急病。元年，始去人资，计丁为布。在身服浣濯之衣，御府无文锦之饰。太官常膳，唯以菜蔬，圆案所陈，不过三盏，盖以俭先海内也。故每选长吏，务简廉平，皆召见于前，亲勖政道。始擢尚书殿中郎到溉为建安内史，左户侍郎刘鬷为晋安太守。溉等居官，并以廉洁著。又著令：小县有能，迁为大县令；大县有能，迁为二千石。于是山阴令丘仲孚有异绩，以为长沙内史，武康令何远清公，以为宣城太守。剖符为吏者，往往承风焉。斯亦近代奖劝之方也。

案前史各立《循吏传》，序其德美，今并掇采其事，以备此篇云。

吉翰，字休文，冯翊池阳人也。初为龙骧将军刘道怜参军，随府转征虏左军参军，随道怜北征广固，赐爵建城县五等侯。参宋武帝中军军事、临淮太守。复为道怜骠骑中兵参军，从事中郎。为将佐十余年，清谨勤正，甚为武帝所知赏。元嘉中，历位梁、南秦二州刺史，徙益州刺史，加督。在任著美绩，甚得方伯之体，论者称之。累迁徐州刺史，监徐、兖二州，豫州之梁郡诸军事。时有死罪囚，典签意欲活之，因翰入斋呈丰事，翰省讫，语令且去，明可更呈。明旦，典签不敢复入，呼之乃来。取昨所呈事视讫，谓曰："卿意当欲宥此囚死命。昨于斋坐见其事，亦有心活之。但此囚罪重，不可全贷，既欲加恩，卿便当代任其罪。"因命左右收典签付狱杀之，原此囚生命。其刑政类如此。自下畏服，莫敢犯禁。卒于官。

杜骥，字度世，京兆杜陵人也。高祖预，晋征南将军。曾祖耽，避难河西，因仕张氏。苻坚平凉州，父祖始还关中。兄坦，颇涉史传，宋武帝平长安，随从南还。元嘉中，位青、冀二州刺史，晚度北人，南朝常以伧荒遇之，虽复人才可施，每为清途所隔，坦恒以此慨然。尝与文帝言及史籍，上曰："金日䃅忠孝淳深，汉朝莫及，恨今世无复此辈人。"坦曰："日䃅之美，诚如圣诏，假使出乎今世，养马不暇，岂办见知？"上变色曰："卿河量朝廷之薄也？"坦曰："请以臣言之，臣本中华高族，亡曾祖因晋氏丧乱，播迁凉土，直以南度不早，便以荒伧赐隔。日䃅胡人，身为牧圉，便超入内侍，齿列名贤。圣朝虽复拔才，臣恐未必能也。"上默然。

北土旧法，问疾必遣子弟。骥年十三，父使候同郡韦华。华子玄有高名，见而异之，以女妻焉。累迁长沙王义欣后军录事参军。元嘉七年，随到彦之入河南，加建武将军。魏撤河南戍悉归河北，彦之使骥守洛阳。洛阳城废久，又无粮食，及彦之败退，骥欲弃城走，虑为文帝诛。初，武帝平关、洛，致钟虡旧器南还。一大钟坠洛水中，至是帝遣将姚耸夫领千五百人迎致之。时耸夫政率所领牵钟于洛水，骥乃遣使绐之曰："虏既南度，洛城势弱，今修理城池，并已坚固，军粮又足，所乏者人耳。君率众见就共守此城，大功既立，取钟无晚。"耸夫信之，率所领就骥。及至，城不可守，又无粮食，于是引众去，骥亦委城南奔。白文帝："本欲以死固守，姚耸夫入城便走，人情沮败，不可复禁。"上怒，使建威将军郑顺之杀耸夫于寿阳。耸夫，吴兴武康人，勇果有气力，宋偏裨小将莫及。十七年，骥为青、冀二州刺史，在任八年，惠化著于齐土。自义熙至于宋末，刺史唯羊穆之及骥为吏人所称咏。后征为左军将军，兄坦代为刺史，北土以为荣焉。

坦长子琬，为员外散骑侍郎，文帝尝有函诏敕坦，琬辄开视。信未及发，又追取之，敕函已发，大相推检。上遣主书诘责骥，并检开函之主。骥答曰："开函是臣第四息季文，伏待刑坐。"上特原不问。卒官。

第五子幼文，薄于行，明帝初，以军功封邵阳县男，寻坐巧妄夺爵。后以发太尉庐江王祎谋反事，拜给事黄门侍郎。废帝元徽中为散骑常侍。幼文所苞贪横，家累千金。与沈勃、孙超之居止接近，又并与阮佃夫厚善。佃夫既死，废帝深疾之。帝微行，夜辄在幼文门墙间听其弦管，积久转不能平，于是自率宿卫兵诛幼文、勃、超之等。兄叔文，为长水校尉，亦诛。

申恬，字公休，魏郡魏人也。曾祖钟，为石季龙司徒。宋武帝平广固，恬父宣、宣从父永，皆自归晋，并以干用见知。武帝践阼，拜太中大夫。宣元嘉初，历兖、青二州刺史。恬兄谟与朱修之守滑台。魏克滑台见房。后得还，为竟陵太守。

恬初为骠骑刘道怜长兼行参军。宋受命，辟东宫殿中将军，度还台，直省十年，不请休息。历下邳、北海二郡太守，所至皆有政绩。又为北谯、梁二郡太守。郡境边接任榛，屡被寇抄。恬到任，密知贼来，乃伏兵要害，出其不意，悉皆禽殄。元嘉十二年，迁督鲁东平济北三郡诸军事、泰山太守，威惠兼著，吏人便之。二十一年，冀州移镇历下，以恬为冀州刺史，加督。明年，加济南太守。孝武践阼，为青州刺史，寻加督。齐地连岁兴兵，百姓凋弊，恬防御边境，劝课农桑，二三年间，遂皆优实。性清约，频处州郡，妻子不免饥寒，世以此称之。后拜豫州刺史，以疾征还，道卒。死之日，家无遗财。

子实，南谯太守。谟子元嗣，海陵太守。元嗣弟谦，临川内史。永子坦，孝建初为太子右卫率，徐州刺史。大明元年，魏攻兖州，孝武遣太子左卫率薛安都、东阳太守沈法系北捍，至兖州，魏军已去。坦建议任榛亡命，屡犯边人，今军出无功，宜因此剪扑，上从之。亡命先已闻知，举村逃走，安都、法系坐白衣领职，坦弃市，群臣为请莫得。将行刑，始兴公沈庆之入市，抱坦恸哭曰："卿无罪，为朝廷所杜诛，我入市亦当不久。"市官以白上，乃原生命，系尚方。寻被宥，复为骁骑将军。疾卒。子令孙，明帝时为徐州刺史，讨薛安都。行至淮阳，即与安都合。弟阐，时为济阴太守，戍睢陵城，奉顺不同安都，安都攻围不能克。会令孙至，遣往睢陵说阐，阐降，杀之。令孙亦见杀。

杜慧度,交阯朱䵮人也。本属京兆。曾祖元,为宁浦太守,遂居交阯。父瑗,字道言,仕州府为日南、九德、交阯太守。初,九真太守李逊父子勇壮有权力,威制交土,闻刺史滕遁之当至,分遣二子断遏水陆津要,瑗收众斩逊,州境获宁。后为龙骧将军、交州刺史。宋武帝义旗建,进号冠军将军。卢循窃据广州,遣使通好,瑗斩之。义熙六年卒,年八十四,赠右将军。

慧度,瑗第五子也。七年,除交州刺史,诏书未到,其年春,卢循袭破合浦,径向交州,慧度乃率文武六千人拒循于石碕,破之。循虽破,余党皆习兵事,李逊子孙李弈、李移、李脱等皆奔窜石碕,盘结俚、獠,各有部曲。循知弈等与杜氏有怨,遣使招之。弈等受循节度。六月庚子,循晨造南津,令三军入城乃食。慧度悉出宗族私财以充劝赏,自登高舰合战,放火箭,循众舰俱然,一时散溃。循中箭赴水死。斩循及父䟦并循二子,并传首建邺。封慧度龙编县侯。武帝践阼,进号辅国将军。其年,南讨林邑,林邑乞降,输生口大象金银古贝等,乃释之。遣长史江攸奉表献捷。慧度布衣蔬食,俭约质素。能弹琴,颇好《庄》、《老》。禁断淫祀,崇修学校,岁荒民饥,则以私禄振给。为政纤密,有如居家,由是威惠沾洽,奸盗不起。乃至城门不夜闭,道不拾遗。卒,追赠左将军。以慧度长子弘文为振远将军、交州刺史。

初,武帝北征关、洛,慧度板弘文行九真太守。及继父为刺史,亦以宽和得众,袭爵龙编侯。元嘉四年,文帝以廷尉王徽为交州刺史,弘文被征,会得重疾,牵以就路。亲旧见其患笃,劝待病愈。弘文曰:"吾世荷皇恩,杖节三世。常欲投躯帝庭,以报所荷;况亲被征命,而可晏然者乎?"弘文母阮,年老,见弘文舆疾就路,不忍别,与到广州。遂卒。临死,遣弟弘猷诣建邺,朝廷甚哀之。

孝建中,以豫章太守檀和之为豫州刺史,和之先历始兴太守、交州刺史,所在有威名,盗贼屏迹。每出猎,猛兽伏不敢起。

阮长之,字景茂,一字善业,陈留尉氏人也。祖思旷,金紫光禄大夫。父普,骠骑谘议参军。长之年十五丧父,有孝性,哀感旁人。除服,蔬食者犹积载。闲居笃学,未尝有惰容。初为诸府参军,母老,求补襄垣令,督邮无礼鞭之,去职。后拜武昌太守。时王弘为江州,雅相知重,引为车骑从事中郎。元嘉十一年,除临海太守,在官常拥败絮。至郡少时,母亡,葬毕不胜忧卒。

时郡田禄以芒种为断,此前去官者,则一年秩禄皆入后人。始以元嘉末改此科,计月分禄。长之去武昌郡,代人未至,以芒种前一日解印绶。初发都,亲故或以器物赠别,得便缄录,后归,悉以还之。为中书郎直省,夜往邻省,误著屐出阁,依事自列。门下以暗夜人不知,不受列。长之固遣送曰:"一生不悔暗室。"前后所莅官,皆有风政,为后人所思。宋世言善政者咸称之。文帝深惜之,曰:"景茂方堪大用,岂直以清苦见惜?"子师门,原乡令。

元嘉初,文帝遣大使巡行四方,兼散骑常侍王歆之等上言:"宣威将军、陈南顿二郡太守李元德,清勤均平,奸盗止息。彭城内史魏恭子,廉惜修慎,在公忘私,安约守俭,久而弥固。前宋县令成蒲,为政宽济,遗咏在人。前铜阳令李熙国,在事有方,人思其政。故山桑令何道,自少清廉,白首弥厉。应加褒赉,以劝于后。"各被褒赐。歆之,字叔道,河东人。曾祖愍期,有名晋世,官至南蛮校尉。歆之位左户尚书、光禄大夫,卒官。

甄法崇,中山人也。父匡,位少府卿,以清闻。法崇,宋永初中为江陵令,在任严整,县境肃然。于时,南平缪士通为江安令卒官;至其年末,法崇在听事,士通前见。法崇知其已亡,愕然未言。坐定,云:"卿县人宋雅,见负米千余石不还,令儿穷弊不自存,故自诉。"法崇因命口受为辞,因逊谢下席。而法崇为问,宋家狼狈输送。太守王华闻而叹美之。

法崇孙彬。彬有行业,乡党称善。尝以一束苎就州长沙寺库质钱,后赎苎还,于苎束中得五两金,以手巾裹之,彬得,送还寺库。道人惊云:"近有人以此金质钱,时有事不得举而失。檀越乃能见还,辄以金半仰酬。"往复十余,彬坚然不受,因谓曰:"五月披羊裘而负薪,岂拾遗金者邪?"卒还金。梁武帝布衣而闻之,及践阼,以西昌侯藻为益州刺史,乃以彬为府录事参军,带郫县令。将行,同列五人,帝诫以廉慎。至彬,独曰:"卿昔有还金之美,故不复以此言相属也。"由此名德益彰。及在蜀,藻礼之甚厚云。

傅琰,字季珪,北地灵州人也。曾祖弘仁,宋武帝之外弟,以中表历显官,位太常卿。祖劭,字彦先,员外散骑侍郎。父僧祐,山阴令,有能名。

琰美姿仪,仕宋为武康令,迁山阴令,并著能名,二县皆谓之傅圣。赐爵新亭侯。元徽中,迁尚书左丞。母丧,邻家失火,延烧琰屋,抱柩不动。邻人竞来赴救,乃俱全。琰股髀之间已被烟焰。齐高帝辅政,以山阴狱讼烦积,复以琰为山阴令。卖针、卖糖老姥争团丝来诣琰,琰挂团丝于柱鞭之,密视有铁屑,乃罚卖糖者。又二野父争鸡,琰各问何以食鸡,一人云粟,一人云豆。乃破鸡得粟,罪言豆者。县内称神明,无敢于偷。琰父子并著奇绩,时云诸傅有《理县谱》,子孙相传,不以示人。升明中,迁益州刺史。自县迁州,近世罕有。齐建元四年,征骁骑将军、黄门郎。永明中,为庐陵王安西长史、南郡内史,行荆州事。卒。琰丧西还,有诏出临哭。

时长沙太守王沉、新蔡太守刘闻慰、晋平太守丘仲起、长城县令何敬叔、故鄣县令丘寂之,皆有能名,而不及琰也。沉字彦流,东海人,历钱唐、山阴、秣陵令,南平、长沙太守,清廉戒慎,身恒居禄,而居处日贫。死之日无宅可憩,故吏为营棺柩。闻慰自有传。仲起见《沈宪传》。敬叔见子思澄传。寂之,字德玄,吴兴乌程人。年十七,为州西曹,兼直主簿。刺史王彧行县夜还,前驱已至,而寂之不肯开门,曰:"不奉墨旨。"彧方于车中为教,然后开。或叹曰："不意郈君章近在阁下。"即转为主簿。在县专以廉洁御下。于时丹徒县令沈巑之，以清廉抵罪，寂之闻之曰："清吏真不可为也，政当处季、孟之间乎。"巑之，吴兴武康人，性疏直，在县自以清廉，不事左右，浸润日至，遂锁系尚方。叹曰："一见天子足矣。"上召问曰："复欲何陈？"答曰："臣坐清所以获罪。"上曰："清复何以获罪？"曰："无以承奉要人。"上曰："要人为谁？"巑之以手板四面指曰："此赤衣诸贤皆是。若臣得更鸣，必令清誉日至。"巑之虽危言，上亦不责。后知其无罪，重除丹徒令。入县界，吏人候之，谓曰："我今重来，当以人肝代米，不然，清名不立。"又有汝南周洽，历句容、曲阿、上虞、吴令，廉约无私，卒于都水使者。无以殡敛，吏人为买棺器。齐武帝闻而非之，曰："洽累历名邑而居处不理，遂坐无车宅，死令吏衣棺之，此故宜罪贬，无论褒恤。"乃敕不给赠赙。

琰子翔，为官亦有能名。后为吴令，别建康令孙廉，廉因问曰："闻丈人发奸摘伏，惠化如神，何以至此？"答曰："无他也，唯勤而清。清则宪纲自行，勤则事无不理。宪纲自行则吏不能欺，事自理则物不疑滞，欲不理，得乎？"时临淮刘玄明亦有吏能，历山阴、建康令，政常为天下第一，终于司农卿。后翔又代玄明为山阴令，问玄明曰："愿以旧政告新令尹。"答曰："我有奇术，卿家谱所不载，临别当相示。"既而曰："作县令唯日食一升饭而莫饮酒，此第一策也。"翔天监中为建康令，复有能名，位骠骑谘议。子岐。

岐，字景平，仕梁起家南康王左常侍，后兼尚书金部郎，母忧去职，居丧尽礼。服阕后疾废久之，复除始新令。县人有因斗相殴而死，死家诉郡，郡录其仇人，考掠备至，终不引咎。郡乃移狱于县，岐即令脱械，以和言问之，便即首服。法当偿死，会冬节至，岐乃放其还家。狱曹掾固争曰："古者有此，今不可行。"岐曰："其若负信，县令当坐。"竟如期而反。太守深相叹异，遽以状闻。岐后去县，人无老少皆出境拜送，号哭闻数十里。至都，除廷尉正，入兼中书通事舍人，累迁安西中记室，兼舍人如故。岐美容止，博涉能占对。大同中与魏和亲，其使岁中再至，常遣岐接对焉。太清元年，累迁太仆、司农卿，舍人如故。岐在禁省十余年，机事密勿，亚于朱异。此年冬，贞阳侯萧明伐彭城，兵败，囚于魏。二年，明遣使还，述魏欲通和好，敕有司及近臣定议。左卫朱异曰："边境且得静寇息人，于事为便。"议者并然之。岐独以为："高澄既新得志，何事须和？必是设间，故令贞阳遣使，令侯景自疑，当以贞阳易景，景意不安，必图祸乱。若许通好，政是堕其计中。且彭城去岁丧师，涡阳复新败退，今使就和，益示国家之弱。和不可许。"异等固执，帝遂从之。及遣使，景果有此疑，遂举兵入寇，请诛朱异。三年，迁中领军，舍人如故。二月，侯景于阙前通表，乞割江右四州安置部下，当解围还镇。敕许之，乃于城西立盟。求遣召宣城王出送，岐固执宣城王嫡嗣之重，不宜许也。乃遣石城公大款送之。及与景盟讫，城中文武喜跃，冀得解围。岐独言于众曰："贼举兵为逆，岂有求和？"及景背盟，莫不叹服。寻有诏，以岐勤劳，封南丰县侯。固辞不受。宫城失守，岐带疾出围，卒于宅。

虞愿，字士恭，会稽余姚人也。祖赉，给事中、监利侯。父望之，早卒。赉中庭橘树冬熟，子孙竞来取之。愿年数岁，独不取，赉及家人皆异之。

宋元嘉中，为湘东王国常侍。及明帝立，以愿儒吏学涉，兼蕃国旧恩，意遇甚厚。除太常丞、尚书祠部郎，通直散骑侍郎。帝性猜忌，体肥憎风，夏月常著小皮衣。拜左右二人为司风令史，风起方面，辄先启闻。星文灾变，不信太史，不听外奏，敕灵台知星二人给愿，常内省直，有异先启，以相检察。帝以故宅起湘宫寺，费极奢侈。以孝武庄严刹七层，帝欲起十层，不可立，分为两刹，各五层。新安太守巢尚之罢郡还见，帝曰："卿至湘宫寺未？我起此寺是大功德。"愿在侧曰："陛下起此寺，皆是百姓卖儿贴妇钱，佛若有知，当悲哭哀愍。罪高佛图，有何功德！"尚书令袁粲在坐，为之失色。帝大怒，使人驱曳下殿，愿徐去，无异容。以旧恩，少日中已复召入。帝好围棋，甚拙，去格七八道，物议共欺为第三品，与第一品王抗斗棋，依品赌戏。抗饶借帝，曰："皇帝飞棋，臣抗不能断。"帝终不觉，以为信然，好之愈笃。愿又曰："尧以此教丹朱，非人主所宜好也。"虽数忤旨，而蒙赏赐犹异余人。迁兼中书郎。帝寝疾，愿常侍医药。帝尤好逐夷，以银钵盛蜜渍之，一食数钵，谓扬州刺史王景文曰："此是奇味，卿颇足不？"景文答曰："臣夙好此物，贫素致之甚难。"帝甚悦。食逐夷积多，胸腹痞胀，气将绝。左右启饮数升酢酒，乃消。疾大因，一食汁滓犹至三升。水患积久，药不复效。大渐日，正坐呼道人，合掌便绝。愿以侍疾久，转正员郎。

出为晋平太守。在郡不事生业。前政与百姓交关，质录其儿妇，愿遣人于道夺取将还。在郡立学堂教授。郡旧出髯蛇，胆可为药。有遗愿蛇者，愿不忍杀，放二十里外山中。一夜蛇还床下，复送四十里山，经宿复归。论者以为仁心所致。海边有越王石，常隐云雾，相传云"清廉太守乃得见。"愿往就观视，清彻无所隐蔽。后琅邪王秀之为郡，与朝士书曰："此郡承虞公之后，善政犹存，遗风易遵，差得无事。"以母老解职，除后军将军。褚彦回尝诣愿，愿不在，见其眠床上积尘埃，有书数帙。彦回叹曰："虞君之清至于此。"令人扫地拂床而去。迁中书郎，领东观祭酒。兄季为上虞令卒，愿从省步出还家，不待诏，便归东。除骁骑将军，迁廷尉，祭酒如故。愿尝事宋明帝，齐初，神主迁汝阴庙，愿拜辞流涕。建元元年卒。愿著《五经论问》，撰《会稽记》，文翰数十篇。

王洪范，上谷人也。宋泰始中，魏克青州，洪范得别驾清河崔祖欢女，仍以为妻。祖欢女说洪范南归。宋桂阳王之难，随齐高帝镇新亭，常以身捍矢。高帝曰："我自有楯，卿可自防。"答曰："天下无洪范何有哉，苍生方乱，岂可一日无公？"帝甚赏之。

后为晋寿太守，多昧赃贿，为州所按。大惧，弃郡奔建邺。高帝辅政，引为腹心。建武初，为青、冀二州刺史，悔为晋寿时货赇所败，更励清节。先是青州资鱼盐之货，或强借百姓麦地以种红花，多与部下交易，以祈利益。洪范至，一皆断之。启求侵魏，得黄郭、盐仓等数戍。后遇败，死伤涂地，深自咎责。乃于谢禄山南除地，广设茵席，杀三牲，招战亡者魂祭之。人人呼名，躬自沃酹，仍恸哭不自胜，因发病而亡。洪范既北人而有清正，州人呼为"虏父使君"，言之咸落泪。

永明中，有江夏李珪之，字孔璋，位尚书右丞。兼都水使者，历职称为清能。后兼少府卒。

沈瑀，字伯瑜，吴兴武康人也，父昶，事宋建平王景素。景素谋反，昶先去之，及败坐系狱。瑀诣台陈请得免罪，由是知名。为奉朝请，尝诣齐尚书左丞殷沵，沵与语及政事，甚器之，谓曰："观卿才干，当居吾此职。"

司徒竟陵王子良闻瑀名，引为府参军，领扬州部传从事。时建康令沈徽孚恃势慢瑀，瑀以法绳之，众惮其强。子良甚相知赏，虽家事皆以委瑀。子良薨，瑀复事刺史安王遥光，尝使送人丁，速而无怨，遥光谓同使吏曰："尔何不学沈瑀所为？"乃令瑀专知州狱事。湖熟县方山埭高峻，冬月，公私行侣以为艰。明帝使瑀行修之。瑀乃开四洪，断行客就作，三日便办。扬州书佐私行，诈称州使，不肯就作，瑀鞭之四十。书佐归诉遥光，遥光曰："沈瑀必不枉鞭汝。"覆之果有诈。明帝复使瑀筑赤山塘，所费减材官所量数十万。帝益善之。为建德令，教人一丁种十五株桑、四株柿及梨栗，女子丁半之。人咸欢悦，顷之成林。

去官还都，兼行选曹郎，随陈伯之军至江州。会梁武起兵围郢城，瑀说伯之迎武帝。伯之泣曰："余子在都。"瑀曰"不然，人情匈匈，皆思改计；若不早图，众散难合。"伯之遂降。初，瑀在竟陵王家，素与范云善。齐末，尝就云宿，梦坐屋梁柱上，仰见天中有字曰"范氏宅"。至是瑀为帝说之，帝曰："云得不死，此梦可验。"及帝即位，云深荐瑀，自暨阳令擢兼尚书右丞。时天下初定，陈伯之言瑀催督运输，军国获济。帝以为能，迁尚书驾部郎，兼右丞如故。瑀荐族人沈僧隆、僧照有吏干，帝并纳之。以母忧去职，起为余姚令。县大姓虞氏千余家，请谒如市，前后令长莫能绝。自瑀到，非讼诉无所通，以法绳之。县南又有豪族数百家，子弟纵横，递相庇荫，厚自封植，百姓甚患之。瑀召其老者为石头仓监，少者补县僮，皆号泣道路，自是权右屏迹。瑀初至，富吏皆鲜衣美服以自彰别，瑀怒曰："汝等下县吏，何得自拟贵人！"悉使著芒屩粗布，侍立终日，足有蹉跌，辄加榜捶。瑀微时尝至此鬻瓦器，为富人所辱，故因以报焉。由是士庶骇怨。瑀廉洁自守，故得遂任其意。后为安南长史、寻阳太守。江州刺史曹景宗卒，仍为信威萧颖达长史，太守如故。瑀性屈强，每忤颖达，颖达衔之。天监八年，因入谘事，辞又激厉。颖达作色曰："朝廷用君作行事邪？"瑀出，谓人曰："我死而后已，终不能倾侧面从。"是日于路为人所杀，多以为颖达害焉。子续累讼之。遇颖达寻

卒，事不穷竟。续乃布衣蔬食终其身。

范述曾，字子玄，一字颖彦，吴郡钱唐人也。幼好学，从余杭吕道惠受《五经》，略通章句。道惠曰："此子必为王者师。"齐文惠太子、竟陵文宣王幼时，齐高帝引述曾为之师友。起家宋晋熙王国侍郎。齐初至南郡王国郎中令，迁太子步兵校尉，带开阳令。述曾为人謇谔，在宫多所谏争，太子虽不能全用，然亦弗之罪也。竟陵王深相器重，号为周舍。太子左卫率沈约亦以述曾方汲黯。齐明帝即位，为永嘉太守。为政清平，不尚威猛，氓俗便之。所部横阳县山谷崄峻，为逋逃所聚，前后二千石讨捕莫能息。述曾下车，开示恩信，凡诸凶党，襁负而出，编户属籍者二百余家。自是商旅流通，居人安业。励志清白，不受馈遗。明帝下诏褒美，征为游击将军。郡送故旧熙钱二十余万，一无所受，唯得白桐木火笼朴十余枚而已。东昏时，拜中散大夫，还乡里。梁武帝践阼，乃轻行诣阙，仍辞还。武帝下诏褒美，以为太中大夫。述曾生平所得奉禄，皆分施给，及老，遂壁立无资。以天监八年卒。注《易·文言》，著杂诗赋数十篇。

后有吴兴丘师施，亦廉洁称。罢临安县还，唯有二十笼簿书，并是仓库券帖。当时以比述曾。位至台郎。

孙谦，字长逊，东莞莒人也。客居历阳，躬耕以养弟妹，乡里称其敦睦。仕宋为句容令，清慎强记，县人号为神明。宋明帝以为巴东、建平二郡太守。郡居三峡，恒以威力镇之。谦将述职，敕募千人自随。谦曰："蛮夷不宾，盖待之失节耳。何烦兵役，以为国费？"固辞不受。至郡，布恩惠之化，蛮獠怀之，竟饷金宝。谦慰谕而遣，一无所纳。及掠得生口，皆放还家。奉秩出吏人者，悉原除之。郡境翕然，威恩大著。视事三年，征还为抚军中兵参军，迁越骑校尉、征北司马。府主建平王将称兵，患谦强直，托事遣使至都，然后作乱。及建平诛，迁左军将军。

齐初，为钱唐令，御烦以简，狱无系囚。及去官，百姓以谦在职不受饷遗，追载缣帛以送之。谦辞不受。每去官辄无私宅，借空车厩居焉。永明初，为江夏太守，坐被代辄去郡，系尚方，顷之，免为中散大夫。明帝将废立，欲引谦为心膂，使兼卫尉，给甲仗百人。谦不愿处际会，辄散甲士，帝虽不罪而弗复任焉。

梁天监六年，为零陵太守，年已衰老，犹强力为政，吏人安之。先是郡多猛兽暴，谦至绝迹。及去官之夜，猛兽即害居人。谦为郡县，常勤劝课农桑，务尽地利，收入常多于邻境。九年，以老征为光禄大夫。及至，帝嘉其清洁，甚礼异焉。每朝见，犹请剧职自效。帝笑之曰："朕当使卿智，不使卿力。"十四年，诏加优秩，给亲信二十人，并给扶。

谦自少及老，历二县五郡，所在廉洁。居身俭素，床施蓬蒢屏风。冬则布被莞席；夏日无帱帐，而夜卧未尝有蚊蚋，人多异焉。年逾九十，强壮如五六十者。每朝会，辄先众到公门。力于仁义，行己过人甚远。从兄灵庆尝病寄谦，谦行出，还问起居，灵庆曰："向饮冷热不调，即

时犹渴。"谦退遣其妻。有彭城刘融行乞,疾笃无所归,友人舆送谦舍,谦开听事以受之。及融死,以礼殡葬,众咸服其行义。末年,头生二肉角,各长一寸。十五年,卒官,时年九十二。临终遗命诸子曰:"吾少无人间意,故自不求闻达,而仕历三代,官成两朝,如我资名,或蒙赠谥,自公体耳。气绝即以幅巾就葬,每存俭率。比见輀车过精,非吾志也。士安束以蘧蒢,王孙倮入后地,虽是匹夫之节,取于人情未允。今使棺足周身,圹足容柩。旐书爵里,无曰不然。旐表命数,差可停息。直儗輀床,装之以蘥。以常所乘者为魂车,他无所用。"第二子贞巧,乃织细蘥装輀,以篾为铃佩,虽素而华。帝为举哀,甚悼惜之。

从子廉,字思约。父奉伯,位少府卿、淮南太守。廉便辟巧宦,齐时已历大县,尚书右丞。天监初,沈约、范云当朝用事,廉倾意奉之。及中书舍人黄睦之等,亦尤所结附。凡贵要每食,廉必日进滋旨,皆手自煎调,不辞勤剧,遂得为列卿,御史中丞,晋陵吴兴太守。广陵高爽,有险薄才,客于廉,廉委以文记。爽尝有求不遂,乃为展谜以喻廉曰:"刺鼻不知嚏,蹋面不知嗔,啮齿作步数,持此得胜人。"讥其不计辱耻,以此取名位。然处官平直,遂以善政称。武帝尝曰:"东莞二孙,谦、廉而已。"

何远,字义方,东海郯人也。父慧炬,齐尚书郎。远仕齐为奉朝请,豫崔慧景败亡事,抵尚书令萧懿,懿深保匿焉。会赦出。顷之,懿遭难,子弟皆潜伏,远求得懿弟融藏之。既而发觉,远逾垣以免,融遇祸,远家属系尚方。远遂亡度江,因降魏。入寿阳见刺史王肃,求迎梁武帝,肃遣兵援送。武帝见远谓张弘策曰:"何远丈夫,而能破家报旧德,未易及也。"武帝践阼,以奉迎勋,封广兴男,为后军鄱阳王恢录事参军。远与恢素善,在府尽其志力,知无不为。恢亦推心仗之,恩寄甚密。

迁武昌太守。远本倜傥,尚轻侠。至是乃折节为吏,杜绝交游,馈遗秋毫无所受。武昌俗皆汲江水,盛夏,远患水温,每以钱买人井寒水。不取钱者,则挢水还之,其他事率多如此。迹虽似伪,而能委曲用意。车服尤弊素,器物无铜漆。江左水族甚贱,远每食不过平鱼数片而已。然性刚严,吏多以细事受鞭罚,遂为人所讼,征下廷尉,被劾十数条。当时士大夫坐法皆不受测,远度己无贓,就测立三七日不款,犹以私藏禁杖除名。后为武康令,愈厉廉节,除淫祀,正身率职,人甚称之。太守王彬巡属县,诸县皆盛供帐以待焉。至武康,远独设糗水而已。彬去,远送至境,进斗酒只鹅而别。彬戏曰:"卿礼有过陆纳,将不为古人所笑乎?"武帝闻其能,擢为宣城太守。自县为近畿大郡,近代未之有也。郡经寇抄,远尽心绥理,复著名迹。期年,迁树功将军、始兴内史。时泉陵侯朗为桂州,缘道多剽掠,入始兴界,草木无犯。

远在官好开途巷,修葺墙屋,人居市里,城隍厩库,所过若营家焉。田秩奉钱,并无所取,岁暮择人尤穷者充其租调,以此为常。然其听讼犹人也,不能过绝,而性果断,人畏而惜之,所至皆生为立祠。表言政状,帝每优诏答焉。

后历给事黄门侍郎,信武将军,监吴郡。在吴颇有酒失。迁东阳太守。远处职,疾强富如仇雠,视贫细如子弟,特为豪右所畏惮。在东阳岁余,复为受罚者所谤,坐免归。远性耿介,无私曲。居人间绝请谒,不造诣。与贵贱书疏,抗礼如一。其所会遇,未尝以颜色下人。是以多为俗士所疾恶。其清公实为天下第一。居数郡,见可欲终不变其心,妻子饥寒如下贫者。及去东阳归家,经年岁,口不言荣辱,士类益以此多之。其轻财好义,周人之急,言不虚妄,盖天性也。每戏语人云:"卿能得我一妄语,则谢卿以一缣。"众共伺之,不能记也。后为征西谘议参军、中抚军司马,卒。

郭祖深,襄阳人也。梁武帝初起,以客从。后随蔡道恭在司州。陷北还,上书言境上事,不见用。选为长兼南梁郡丞,徙后军行参军。帝溺情内教,朝政纵弛,祖深舆榇诣阙上封事,其略曰:

大梁应运,功高百王,慈悲既弘,宪律如替。愚辈罔识,褴慢斯作。各竞奢侈,贪秽遂生。颇由陛下宠勋太过,驭下太宽,故廉洁者自进无途,贪苛者取入多径;直弦者沦溺沟壑,曲钩者升进重叠。饰口利辞,竞相推荐;讷直守信,坐ाद埋没。劳深勋厚,禄赏未均,无功侧入,反加宠擢。昔宋人卖酒,犬恶致酸,陛下之犬,其甚矣哉!臣闻人为国本,食为人命,故《礼》曰,国无六年之储,谓非其国也。推此而言,农为急务。而郡县苛暴,不加劝奖,今年丰岁稔,犹人有饥色;设遇水旱,何以救之?陛下昔岁尚学,置立五馆,行吟坐咏,诵声溢境。比来慕法,普天信向,家家斋戒,人人忏礼,不务农桑,空谈彼岸。夫农桑者今日济育,功德者将来胜因,岂可堕本勤末,置迩效赊乎?今商旅转繁,游食转众,耕夫日少,杼轴日空。陛下若广兴屯田,贱金贵粟,勤农桑者擢以阶级,惰耕织者告以明刑。如此数年,则家给人足,廉让可生。夫君子小人,智计不同,君子志于道,小人谋于利。志于道者,安国济人;志于利者,损物图己。道人者,害国小人也,忠良者,捍国君子也。臣见疾者诣道士则劝奏章,僧尼则令斋讲,俗师则鬼祸须解,医诊则汤熨散丸,皆先自为也。臣谓为国之本,与疗病相类。疗病当去巫鬼,寻华、扁;为国当黜佞邪,用管、晏。今之所任,腹背之毛耳。论外则有勉、舍,说内则有云、旻。云、旻所议,则伤俗盛法;勉、舍之志,唯愿安枕江东。主慈臣悝,息谋外甸,使中国士女南望怀冤,若贾谊重生,岂不恸哭?臣今直言犯颜,罪或容宥,而乖忤贵臣,则祸在不测。所以不惮鼎镬、区区必闻者,正以社稷计重而蝼蚁命轻。使臣言入身灭,臣何所恨?夫谋臣良将,何代无之?贵在见知,要在用耳。陛下皇基兆运,二十余载,臣子之节,谏争是谁?执事皆同而不和,答问唯唯而已。入对则言圣旨神衷,出论则云谁敢逆耳。过实在下而谪见于上,遂使圣皇降诚,躬自引咎,宰辅晏然,曾无谦退。且百僚卿士,尠有奉公,尸禄竞利,不尚廉洁。累金积镪，侍列如仙，不田不商，何故而尔？法者，人之父母；惠者，人之仇雠。法严则人思善，德多则物生恶，恶不可长，欲不可纵。伏愿去贪浊，进廉平，明法令，严刑罚，禁奢侈，薄赋敛，则天下幸甚。谨上封事二十九条，伏愿抑独断之明，少察愚瞽。

时帝大弘释典，将以易俗，故祖深尤言其事，条以为：

> 都下佛寺五百余所，穷极宏丽。僧尼十余万，资产丰沃。所在郡县，不可胜言。道人又有白徒，尼则皆畜养女，皆不贯人籍，天下户口，几亡其半。而僧尼多非法，养女皆服罗纨，其蠹俗伤法，抑由于此。请精加检括，若无道行，四十已下，皆使还俗附农。罢白徒养女，听畜奴婢。婢唯著青布衣，僧尼皆令蔬食。如此，则法兴俗盛，国富人殷。不然，恐方来处处成寺，家家剃落，尺土一人，非复国有。

> 朝廷擢用勋旧，为三陲州郡，不顾御人之道，唯以贪残为务。迫胁良善，害甚豺狼。江、湘人尤受其弊。自三关以外，是处遭毒。而此勋人投化之始，但有一身，及被任用，皆募部曲。而扬、徐之人，逼以众役，多投其募，利其货财。皆虚名上簿，止送出三津，名在远役，身归乡里。又惧本属检问，于是逃亡他境，侨户之兴，良由此故。又梁兴以来，发人征役，号为三五。及投募将客，主将无恩，存恤失理，多有物故，辄刺叛亡。或有身殒战场，而名在叛目，监符下讨，称为逋叛，录质家丁。合家又叛，则取同籍，同籍又叛，则取比伍，比伍又叛，则望村而取。一人有犯，则合村皆空。虽肆眚时降，荡涤惟始，而监符犹下旧日，限以严程。上不任信下，转相督促。台使到州，州又遣押使至郡，州郡竞急切，同趣下城。令宰多庸才，望风畏伏。于是敛户课，荐其筐篚，使人纳重货，许让空文。其百里微欲矫俗，则严科立至，自是所在恣意贪利，以事上官。

又"请断界首将生口入北，及关津废替，须加纠摘"；又言"庐陵年少，不宜镇襄阳，左仆射王暕在丧，被起为吴郡，曾无辞让。"其言深刻。又"请复郊四星"。帝虽不能悉用，然嘉其正直，擢为豫章钟陵令，员外散骑常侍。普通七年，改南州津为南津校尉，以祖深为之。加云骑将军，秩二千石。使募部曲二千。及至南州，公严清刻。由来王侯势家出入津，不忌宪纲，侠藏亡命。祖深搜检奸恶，不避强御，动致刑辟。奏江州刺史邵陵王、太子詹事周舍赃罪。远近侧足，莫敢纵恣。淮南太守畏之如上府。

常服故布襦，素木案，食不过一肉。有姥饷一早青瓜，祖深报以疋帛。后有富人效之以货，鞭而徇众。朝野惮之，绝于干请。所领皆精兵，令行禁止，有所讨逐，越境追禽。江中尝有贼，祖深自率讨之；列阵未敢进，仍令所亲人先登，不时进，斩之。遂大破贼，威振远近，长江肃清。

论曰：善政之于人，犹良工之于埴也，用功寡而成器多焉。汉世户口殷盛，刑务简阔，郡县之职，外无横扰；劝赏威刑，事多专断。尺一诏书，希经邦邑，吏居官者或长子孙，皆敷德政以尽人和，兴义让以存简久。故龚、黄之化，易以有成。降及晚代，情伪繁起，人减昔时，务殷前世。立绩垂风，难易百倍。若以上古之化，御此世之人；今吏之良，抚前代之俗，则武城弦歌，将有未暇，淮阳卧镇，如或可勉。未必今才陋古，盖化有醇薄者也。

卷七十一　　　列传第六十一

儒　林

伏曼容 子暅 暅子挺　何佟之　严植之
司马筠　卞华　崔灵恩　孔佥　卢
广　沈峻 太史叔明 峻子文阿　孔子祛
皇侃　沈洙　戚衮　郑灼 张崖 陆诩
沈德威 贺德基　全缓　张讥　顾越 龚孟
舒　沈不害　王元规 陆庆

盖今之儒者，本因古之六学，以弘风正俗，斯则王政之所先也。自秦氏坑焚，其道用缺。及汉武帝时，开设学校，立《五经》博士，置弟子员，射策设科，劝以官禄，传业者故益众矣。其后太学生徒，动至万数，郡国黉舍，悉皆充满，其学于山泽者，或就而为列肆焉。故自两汉登贤，咸资经术。洎魏正始以后，更尚玄虚，公卿士庶，罕通经业。时荀顗、挚虞之徒，虽议创制，未有能易俗移风者也。自是中原横溃，衣冠道尽。逮江左草创，日不暇给，以迄宋、齐，国学时或开置，而劝课未博，建之不能十年，盖取文具而已。是时乡里莫或开馆，公卿罕通经术。朝廷大儒，独学而弗肯养众；后生孤陋，拥经而无所讲习，大道之郁也久矣乎！至梁武创业，深愍其弊，天监四年，乃诏开五馆，建立国学，总以《五经》教授，置《五经》博士各一人。于是以平原明山宾、吴郡陆琏、吴兴沈峻、建平严植之、会稽贺玚补博士，各主一馆。馆有数百生，给其饩廪，其射策通明经者，即除为吏，于是怀经负笈者云会矣。又选学生遣就会稽云门山，受业于庐江何胤，分遣博士、祭酒，到州郡立学。七年，又诏皇太子、宗室、王侯始就学受业，武帝亲屈舆驾，释奠于先师先圣，申之以宴语，劳之以束帛，济济焉，洋洋焉，大道之行也如是。及陈武创业，时经丧乱，衣冠殄瘁，寇贼未宁，敦奖之方，所未遑也。天嘉以后，稍置学官，虽博延生徒，成业盖寡。其所采缀，盖亦梁之遗儒，今并集之，以备儒林云。

伏曼容，字公仪，平昌安丘人，晋著作郎滔之曾孙也。父胤之，宋司空主簿。

曼容早孤，与母兄客居南海。少笃学，善《老》、《易》，倜傥好大言。常云"何晏疑《易》中九事，以吾观之，晏了不学也。故知平叔有所短。"聚徒教授以自业。为骠骑行参军。宋明帝好《周易》，尝集朝臣于清暑殿讲，诏曼容执经。曼容素美风采，明帝恒以方嵇叔夜，使吴人陆探微画叔夜像以赐之。为尚书外兵郎，尝与袁粲罢朝相会言玄理，时论以为一台二绝。升明末，为辅国长史、南海太守，至石门作《贪泉铭》。齐建元中，上书劝封禅，高帝以为其礼难备，不从。仕为太子率更令，侍皇太子讲。卫将军王俭深相爱好，令与河内司马宪、吴郡陆澄共撰《丧服义》。及竟，又欲与定礼乐，会俭薨。建武中，拜中散大夫。时明帝不重儒术，曼容宅在瓦官寺东，施高坐于听事，有宾客，辄升高坐为讲说，生徒常数十百人。梁台建，召拜司徒司马，出为临海太守。天监元年卒官，年八十二。曼容多伎术，善音律，射驭、风角、医算，莫不闲了。为《周易》、《毛诗》、《丧服集解》、《老》、《庄》、《论语义》。子晌。

晌，字玄曜，幼传父业，能言玄理，与乐安任昉、彭城刘曼俱知名。仕齐位东阳郡丞、鄮令。时曼容已致仕，故频以外职处晌，令得养焉。

梁武帝践阼，兼《五经》博士，与吏部尚书徐勉、中书侍郎周舍总知五礼事。出为永阳内史，在郡清洁，政务安静，郡人何贞秀等一百五十四人诣州言状，湘州刺史以闻。诏勘有十五事为吏人所怀，帝善之。徙新安太守，在郡清恪如永阳时。人赋税不登者，辄以太守田米助之。郡多麻苎，家人乃至无以为绳，其厉志如此。属县始新、遂安、海宁并同时生为立祠。征为国子博士，领长水校尉。时始兴内史何远累著清绩，武帝擢为黄门侍郎，俄迁信武将军、监吴郡事。晌自以名辈素在远前，为吏俱称廉白，远累见擢，晌循阶而已，意望不满，多托疾居家。寻求假到东阳迎妹丧，因留会稽筑宅，自表解职。诏以为豫章内史，乃出拜。书侍御史虞曙奏曰："风闻豫章内史伏晌，去岁启假，以迎妹丧为辞，因停会稽不去。入东之始，货宅卖车，以此而推，则是本无还意。晌历典二邦，少免贪浊，此自为政之本，岂得称功？常谓人才品望居何远之右，而远以清见擢，名位转隆。晌深怀诽怨，形于辞色。天高听卑，无私不照。去年十二月二十一日下诏曰：'国子博士、领长水校尉伏晌为政廉平，宜加将养，勿使恚望，致亏士风，可豫章内史。'岂有人臣奉如此之诏，而不亡魂破胆，归罪有司。而冒宠不辞，吝斯苟得。故以士流解体，行路沸腾，辨迹求心，无一可恕。请以晌大不敬论。"有诏勿论，晌遂得就郡。征为给事黄门侍郎，领国子博士，未赴卒。

初，晌父曼容与乐安任遥，皆昵于齐太尉王俭，遥子昉及晌并见知。顷之，昉才遇稍盛，齐末已为司徒左长史，晌独滞为参军事，及终，名位略相侔。晌性俭素，车服粗恶，外虽退静，内不免心竞，故见讥于时。然能推荐后来，常若不及，少年士子或以此依之。子挺。

挺，字士标，幼敏悟，七岁通《孝经》、《论语》。及长，博学有才思，为五言诗，善效谢康乐体。父友乐安任昉深相叹异，常曰："此子日下无双。"齐末，州举秀才，对策为当时第一。梁武帝师至，挺迎谒于新林，帝见之甚悦，谓之颜子，引为征东行参军，时年十八。天监初，除中军参军事。居宅在潮沟，于宅讲《论语》，听者倾朝。挺三世同时聚徒教授，罕有其比。累为晋陵、武康令。罢县还，仍于东郊筑室，不复仕。挺少有盛名，又善处当世，朝中势素多与交游，故不能久事隐静。后遂出仕，除南台书侍御史。因事纳贿被劾，惧罪，乃变服出家，名僧挺，久之藏匿，后遇赦，乃出天心寺。会邵陵王为江州，携挺之镇。王好文义，深被恩礼。挺不堪蔬素，因此还俗。侯景乱中卒。著《迩说》十卷，文集二十卷。

子知命，以其父宦途不进，怨朝廷。后遂尽心侯景，袭郢州，围巴陵，军中书檄皆其文也。言及西台，莫不剧笔。及景篡位，为中书舍人，权倾内外。景败，被送江陵，于狱幽死。挺弟掟，亦有才名，为邵陵王记室参军。

何佟之，字士威，庐江灊人，晋豫州刺史恽六世孙也。祖邵之，宋员外散骑常侍。父歆，齐奉朝请。佟之少好《三礼》，师心独学，强力专精，手不辍卷。读礼论三百余篇，略皆上口。太尉王俭雅相推重。起家扬州从事，仍为总明馆学士。仕齐，初为国子助教，为诸生讲《丧服》，结草为绖，屈手巾为冠，诸生有未晓者，委曲诱诲，都下称其醇儒。建武中，为镇北记室参军，侍皇太子讲。时步兵校尉刘瓛、征士吴苞皆已卒，都下硕儒唯佟之而已，当时国家吉凶礼则皆取决焉。后为骠骑司马。永元末，都下兵乱，佟之常集诸生讲论，孜孜不怠。性好洁，一日之中洗涤者十余过，犹恨不足，时人称为水淫。有至性，父母亡后，常设一屋，晦朔拜伏流涕，如此者二十余年。当世服其孝行。

于时又有遂安令刘澄，为性弥洁，在县扫拂郭邑，路无横草。水蓟虫秽，百姓不堪命，坐免官。然甚贞正，善医术，与徐嗣伯埒名。子聪，能世其家业。

佟之自东昏即位，以其凶虐，乃谢病，终身不涉其流。梁武帝践阼，以为尚书左丞。时百度草创，佟之依礼定议，多所裨益。天监二年卒官。故事左丞无赠官者，帝特诏赠黄门侍郎，儒者荣之。所著文章礼议百许篇。子朝隐、朝晦。

严植之，字孝源，建平秭归人也。少善《庄》、《老》，能玄言，精解《丧服》、《孝经》、《论语》。及长，遍习郑氏《礼》、《周易》、《毛诗》、《左氏春秋》。性淳孝谨厚，不以所长高人。少遭父忧，因菜食二十三载。仕齐为广汉王国右常侍，仍侍王读。及王诛，国人莫敢视，植之独奔哭，手营殡敛，徒跣送丧墓所，为起冢葬毕乃还。当时义之。后为康乐令。植之在县清白，人吏称之。梁天监二年，诏求通儒修五礼，有司奏植之主凶礼。四年，初置《五经》博士，各开馆教授，以植之兼《五经》博士。植之馆在潮沟，生徒常百数。讲说有区段次第，析理分明。每当登讲，五馆生毕至，听者千余人。迁中抚记室参军，犹兼博士。卒于馆。植之自疾后便不受禀奉，妻子困乏。及卒，丧无所寄，生徒为市宅，乃得成丧。

植之性慈仁，好行阴德，在暗室未尝怠也。少尝山行，见一患者，问其姓名，不能答。载与俱归，为营医药。六日而死，为棺敛殡之，卒不知何许人也。又尝缘栅塘行，见患人卧塘侧，问之，云"姓黄，家本荆州，为人佣赁。疾笃，船主将发，弃之于岸。"植之恻然，载还疗之，经年而愈。请终身充奴仆以报厚恩。植之不受，遗以资粮遣之。所撰《凶礼仪注》四百七十九卷。

司马筠，字贞素，河内温人也。晋谯王承七代孙。祖亮，宋司空从事中郎。父端，字敬文，齐奉朝请，始安王遥光使掌文记。遥光之败，曹武入城见之，端曰："身蒙始安厚恩，君宜见杀。"武叱令速去。答曰："死生命也，君见事不捷，便以义师为贼。"武舍之去，寻兵至见杀。

筠少孤贫好学，师沛国刘瓛，强力专精，深为瓛所器。及长，博通经术，尤明《三礼》。梁天监初为暨阳令，有清绩。入拜尚书祠部郎。七年，安成国太妃陈氏薨，江州刺史安成王秀、荆州刺史始兴王憺，并以慈母表解职，诏不许，还摄本任。而太妃在都，丧祭无主。中书舍人周舍议曰："贺彦先称：'慈母之子不服慈母之党，妇又不从夫而服慈姑，小功服无从故也。'庾蔚之云：'非徒子不从母而服其党，孙又不从父而服其慈母。'由斯而言，慈祖母无服明矣。寻门内之哀，不容自同于常。案父之祥禫，子并受吊，今二王诸子，宜以成服日单衣一日为位受吊。"制曰："二王在远，世子宜摄祭事。"舍又曰："《礼》云'缟冠玄武，子姓之冠'。则世子衣服宜异于常，可著细布衣，绢为领带，三年不听乐。又《礼》及《春秋》，庶母不世祭，盖谓无王命者耳。吴太妃既朝命所加，得用安成礼秩，则当祔庙，五世亲尽乃毁。陈太妃命数之重，虽则不异，慈孙既不从服，庙食理无传祀，子祭孙止，是会经文。"武帝由是敕礼官议皇子慈母之服。筠议："宋朝五服制，皇子服训养母，依礼庶母慈己，宜从小功之制。案曾子问云：'子游曰："丧慈母如母，礼欤？"孔子曰："非礼也。古者男子外有傅，内有慈母，君命所使教子也，何服之有。"'郑玄注云：'此指谓国君之子也。'若国君之子不服，则王者之子不服可知。又《丧服经》云：'君子子为庶母慈己者。'传曰：'君子子者，贵人子也。'郑玄引《内则》，三母止施于卿大夫。以此而推，则慈母之服，上不在五等之嗣，下不逮三士之息。傥其服者止卿大夫，寻诸侯之子尚无此服，况乃施之皇子？谓宜依《礼》刊除，以反前代之惑。"武帝以为不然，曰："《礼》言慈母凡有三条：一则妾子之无母，使妾之无子者养之，命为母子，服以三年，《丧服齐衰章》所言'慈母如母'是也。二则嫡妻之子无母，使妾养之，慈抚隆至，虽均乎慈爱，但嫡妻之子，妾无为母之义，而恩深事重，故服以小功，《丧服小功章》所以不直言慈母，而云'庶母慈己'者，明异于三年之慈母也。其三则子非无母，正是择贱者视之，义同师保，而不无慈爱，故亦有慈母之名。师保既无其服，则此慈母亦无服矣。《内则》云：'择于诸母与可者，使为子师。其次为慈母，其次为保母。'此其明文。此言择诸母，是择人而为此三母，非谓择取兄弟之母也。何以知之？若兄弟之母其先有子者，则是长妾。长妾之礼，实有殊加，

何容次妾生子，乃退成保母，斯不可也。又有多兄弟之人，于义或可；若始生之子，便应三母俱阙邪？由是推之，《内则》所言诸母，是谓三母，非兄弟之母明矣。子游所问，自是师保之慈母，非三年小功之慈母也。故夫子得有此对，岂非师保之慈母无服之证乎？郑玄不辨三慈，混为训释，引彼无服，以注慈己，后人致谬，实此之由。经言'君子子'者，此虽起于大夫，明大夫犹尔，自斯以上，弥应不异。故传云'君子子者，贵人之子也'。总言曰贵，无所不包。经传互文，交相显发，则知慈加之义，通乎大夫以上矣。宋代此科，不乖《礼》意，便加除削，良是所疑。"于是筠等请依制改定嫡妻之子，母没为父妾所养，服之五月，贵贱并同，以为永制。

后为尚书左丞，卒于始兴内史。子寿，传父业，明《三礼》，位尚书祠部郎，曲阿令。

卞华，字昭岳，济阴宛句人，晋骠骑将军壶六世孙也。父伦之，齐给事中。华幼孤贫好学，年十四，召补国子生，通《周易》。及长，遍习《五经》，与平原明山宾、会稽贺玚同业友善。梁天监中，为安成王功曹参军，兼《五经》博士，聚徒教授。华博涉有机辩，说经析理，为当时之冠。江左以来，钟律绝学，至华乃通焉。位尚书仪曹郎，吴令，卒。

崔灵恩，清河东武城人也。少笃学，遍习《五经》，尤精《三礼》、《三传》。仕魏为太常博士。天监十三年归梁，累迁步兵校尉，兼国子博士。灵恩聚徒讲授，听者常数百人。性拙朴，无风采，及解经析理，甚有精致，都下旧儒咸称重之。助教孔佥尤好其学。灵恩先习《左传》服解，不为江东所行，乃改说杜义。每文句常申服以难杜，遂著《左氏条义》以明之。时助教虞僧诞，又精杜学，因作《申杜难服》以答灵恩，世并传焉。僧诞，会稽余姚人，以《左氏》教授，听者亦数百人。该通义例，当世莫及。先是儒者论天，互执浑盖二义，论盖不合浑，论浑不合盖。灵恩立义，以浑盖为一焉。出为长沙内史，还除国子博士，讲众尤盛。又出为桂州刺史，卒官。灵恩集注《毛诗》二十二卷，集注《周礼》四十卷，制《三礼义宗》三十卷，《左氏经传义》二十二卷，《左氏条例》十卷，《公羊谷梁文句义》十卷。

孔佥，会稽山阴人，少师事何胤，通《五经》，尤明《三礼》、《孝经》、《论语》。讲说并数十遍，生徒亦数百人。三为《五经》博士，后为海盐、山阴二县令。佥，儒者，不长政术，在县无绩。太清乱，卒于家。

子淑玄，颇涉文学，官至太学博士。佥兄子元素，又善《三礼》，有盛名，早卒。

卢广，范阳涿人，自云晋司空从事中郎谌之后也。少明经，有儒术。天监中归梁，位步兵校尉，兼国子博士，遍讲《五经》。时北来人儒学者有崔灵恩、孙详、蒋显，并聚徒讲说，而音辞鄙拙；唯广言论清雅，不类北人。仆射

徐勉兼通经术，深相赏好。后为寻阳太守、武陵王长史，卒官。

沈峻，字士嵩，吴兴武康人也。家世农夫，至峻好学。与舅太史叔明，师事宗人沈麟士，在门下积年，昼夜自课。睡则以杖自击，其笃志如此。遂博通《五经》，尤长《三礼》。为兼国子助教。时吏部郎陆倕，与仆射徐勉书，荐峻曰："凡圣贤所讲之书，必以《周官》立义，则《周官》一书，实为群经源本。此学不传，多历年世。北人孙详、蒋显亦经听习，而音革楚、夏，故学徒不至；唯助教沈峻特精此书，比日时开讲肆，群儒刘岩、沈宏、沈熊之徒，并执经下坐，北面受业，莫不叹服，人无间言。弟谓宜即用此人，令其专此一学，周而复始，使圣人正典废而更兴。"勉从之。奏峻兼《五经》博士，于馆讲授，听者常数百人。及中书舍人贺琛奉敕撰《梁官》，乃启峻及孔子袪补西省学士，助撰录。书成，入兼中书通事舍人。出为武康令，卒官。传峻业者，又有吴郡张及、会稽孔子云，官皆至《五经》博士、尚书祠部郎。

太史叔明，吴兴乌程人，吴太史慈后也。少善《庄》、《老》，兼通《孝经》、《论语》、《礼记》，尤精三玄。每讲说，听者常五百余人。为国子助教。邵陵王纶好其学，及出为江州，携叔明之镇。王迁郢州，又随府，所至辄讲授，故江外人士皆传其学。峻子文阿。

文阿，字国卫，性刚强，有膂力。少习父业，研精章句。祖舅太史叔明、舅王慧兴并通经术，而文阿颇传之。又博采先儒异同，自为义疏。通《三礼》、《三传》、位《五经》博士。梁简文引为东宫学士。及撰《长春义记》，多使文阿撮异闻以广之。及侯景寇逆，简文别遣文阿募士卒援都。台城陷，与张嵊保吴兴。嵊败，文阿窜于山野。景素闻其名，求之甚急。文阿穷迫，登树自缢，遇有所亲救之，自投而下，折其左臂。及景平，陈武帝以文阿州里，表为原乡令、监江阴郡。绍泰元年，入为国子博士。寻领步兵校尉，兼掌仪礼。自太清之乱，台阁故事，无有存者，文阿父峻，梁武时常掌朝仪，颇有遗藁，于是斟酌裁撰，礼度皆自之出。

及陈武帝受禅，文阿辄弃官还武康，帝大怒，发使往诛之。时文阿宗人沈恪为郡，请使者宽其死，即面缚锁颈，至于上前。上视而笑之，曰："腐儒复何为者？"遂赦之。武帝崩，文阿与尚书左丞徐陵、中书舍人刘师知等，议大行皇帝灵座侠御衣服之制，语在《师知传》。及文帝即位，克日谒庙，尚书左丞庾持奉诏遣博士议其礼。文阿议曰：

人物推移，质文殊轨，圣贤因机而立教，王公随时以适宜。夫千人无君，不败则乱；万乘无主，不危则亡。当隆周之日，公旦叔父，吕、召爪牙，成王在丧，祸几覆国。是以既葬便有公冠之仪，始殡受麻冕之策，斯盖示天下以有主，虑社稷之艰难。逮乎末叶从横，汉承其弊，虽文、景刑厝，而七国连兵。或逾月即尊，或崩日称诏，此皆有为而为之，非无心于礼制也。今国讳之日，虽抑哀于玺绂之重，犹未序于君臣之仪。古礼朝庙，退坐正寝，听群臣之政。今皇帝拜庙还，宜御太极前殿，以正南面之尊，此即周康在朝，一二臣卫者也。其壤奠之节，周礼以玉作赞，公侯以珪，子男执璧，此以玉作瑞也。奠赞竟，又复致享，天子以璧，王后用琮。秦烧经典，威仪散灭，叔孙通定礼，尤失前宪，奠赞不珪，致享无帛，公王同璧，鸿胪奏贺。若此数事，未闻于古，后相沿袭，至梁行之。夫称觞奉寿，家国大庆，四厢雅乐，歌奏欢欣。今君臣吞哀，兆庶抑割，岂同于惟新之礼乎？且周康宾称奉珪，无万寿之献，此则前准明矣。愚以今坐正殿，止行荐璧之仪，无贺酒之礼。谨撰谒庙还升正寝、群臣陪荐仪注如别。

诏可施行。寻迁通直散骑常侍，兼国子博士，领羽林监。仍令于东宫讲《孝经》、《论语》。天嘉中卒，赠廷尉卿。所撰仪礼八十余条，《春秋》、《礼记》、《孝经》、《论语》义记七十余卷，《经典大义》十八卷，并行于时。儒者多传其学。

孔子袪，会稽山阴人也。少孤贫好学，耕耘樵采，常怀书自随，役闲则诵读，勤苦自励，遂通经术。尤明古文《尚书》，为兼国子助教，讲《尚书》四十遍，听者常数百人。为西省学士，助贺琛撰录，书成，兼司文侍郎，不就。累迁兼中书通事舍人，加步兵校尉。梁武帝撰《五经讲疏》及《孔子正言》，专使子袪检阅群书，以为义证。事竟，敕子袪与右卫朱异、左丞贺琛于士林馆递日执经。后加通直正员郎，卒官。子袪凡著《尚书义》二十卷，《集注尚书》三十卷，续朱异《集注周易》一百卷，续何承天集《礼论》一百五十卷。

皇侃，吴郡人，青州刺史皇象九世孙也。少好学，师事贺㻛，精力专门，尽通其业，尤明《三礼》、《孝经》、《论语》。为兼国子助教，于学讲说，听者常数百人。撰《礼记讲疏》五十卷。书成奏上，诏付秘阁。顷之，召入寿光殿说《礼记义》。梁武帝善之，加员外散骑侍郎。侃性至孝，常日限诵《孝经》二十遍，以拟《观世音经》。丁母忧，还乡里。平西邵陵王钦其学，厚礼迎之。及至，因感心疾卒。所撰《论语义》、《礼记义》，见重于世，学者传焉。

沈洙，字弘道，吴兴武康人也。祖休季，梁余杭令。父山卿，梁国子博士、中散大夫。洙 少方雅好学，不妄交游。通《三礼》、《春秋左氏传》。精识强记，《五经》章句，诸子史书，问无不答。仕梁为尚书祠部郎，时年盖二十余。大同中，学者多涉猎文史，不为章句，而洙独积思经术，吴郡朱异、会稽贺琛甚嘉之。及异、琛于士林馆讲制旨义，常使洙为都讲。侯景之乱，洙窜于临安。时陈文帝在焉，亲就习业。

及陈武帝入辅，除国子博士，与沈文阿同掌仪礼。武帝受禅，加员外散骑常侍，位扬州别驾从事史，大匠卿。有司奏："建康令沈孝轨门生陈三儿牒称，主人翁灵柩在周，主人奉使关右，因欲迎丧，久而未反。此月晦即是再周,主人弟息见在此者,为至月末除灵,内外即吉?为待主人还,情礼申竟?"以事谘左丞江德藻。德藻议谓:"王卫军云'久丧不葬,唯主人不变,其余亲各终月数而除。'此盖引礼文论在家内有事故未得葬者耳。孝轨既在异域,虽已迎丧,还期无指,诸弟若遂不除,永绝昏嫁,此于人情,或未为允。中原沦陷以后,理有事例,宜谘沈常侍详议。"洙议曰:"礼有变正,又有从宜。《礼·小记》云:'久而不葬者,唯主丧者不除,其余以麻终月数者,除丧则已。'注云:'其余谓旁亲。'如郑所解,众子皆应不除,王卫军所引,此盖礼之正也。但魏氏东关之役,既失亡尸柩,葬礼无期,时议以为礼无终身之丧,故制使除服。晋氏丧乱,或死于房庭,无由迎殡,江左故复申明其制。李胤之祖,王华之父,并存亡不测,其子制服,依时释衰,此并变礼之宜也。孝轨虽因奉使便欲迎丧,而还期未克,宜依东关故事,在此者应释除衰麻毁灵祔祭;若丧柩得还,别行改葬之礼。自天下寇乱,西朝倾覆,若此之徒,谅非一二,宁可丧期无数,而弗除衰服?朝廷自应为之限制,以义断恩。"德藻依洙议。奏可。

文帝即位,累迁光禄卿,侍东宫读。废帝嗣位,历尚书左丞,衡阳王长史,行府国事。梁代旧律,测囚之法,日一上,起自晡鼓,尽于二更。及比部郎范泉删定律令,以旧法测立时久,非人所堪,分其刻数,日再上。廷尉以为新制过轻,请集八座丞郎并祭酒孔奂、行事沈洙、五舍人会尚书省详议。时宣帝录尚书,集众议之。都官尚书周弘正议曰:"凡小大之狱,必应以情,政言依准五听,验其虚实,岂可令恣考掠,以判刑罪?且测人时节,本非古制,近代以来,方有此法。起自晡鼓,迄于二更,岂是常人所能堪忍?所以重械之下,危堕之上,无人不服,诬枉者多。朝晚二时,同等刻数,进退而求,于事为衷。若谓小促前期,数致实罪不服,如复时节延长,则无怨妄款。且人之所堪,既有强弱,人之立意,固亦多途。至如贯高榜笞刺爇,身无完者;戴就熏针木极,困笃不移,岂关时刻长短,掠测优劣?夫'与杀不辜,宁失不经','罪疑惟轻,功疑惟重'。斯则古之圣王,垂ди明法。愚谓依范泉著制为允。"洙议曰:"夜中测立,缓急易欺,兼用昼漏,于事为允。但漏刻赊促,今古不同。《汉书律历》,何承天、祖冲之、祖暅之父子《漏经》,并自关鼓至下鼓、自晡鼓至关鼓,皆十三刻,冬夏四时不异。若其日有长短,分在中时前后。今用梁天改漏,下鼓之后,分其短长;夏至之日各十七刻,冬至之日各十二刻。廷尉今牒以时刻短促,致罪人不款。愚意愿去夜测之昧,从昼漏之明,斟酌今古之闻,参会二漏之义,舍秋冬之少刻,从夏日之长晷,不问寒暑,并依今之夏至,朝夕上测各十七刻。比之古漏,则一上多昔四刻,即用今漏,则冬至多五刻。虽冬至之时,数刻侵夜,正是少日,于事非疑。庶罪人不以漏短而为捍,狱囚无以在夜而致诬。求之愚意,窃谓为宜依范泉前制。"宣帝曰:"沈长史议得中,宜更博议。"左丞宗元饶议曰:"沈议非顿异范,正是欲使四时均其刻数。请写还删定,曹详改前制。"宣帝依事施行。洙以太建元年卒。

戚衮,字公文,吴郡盐官人也。少聪慧,游学都下,受《三礼》于国子助教刘文绍。一二年中,大义略举。年十九,梁武帝敕策《孔子正言》并《周礼》、《礼记义》,衮对高第。除扬州祭酒从事史。就国子博士宋怀方质《仪礼》义。怀方,北人,自魏携《仪礼》《礼记》疏,秘惜不传。及将亡,谓家人曰:"吾死后,戚生若赴,便以《仪礼》、《礼记》义本付之;若其不来,即随尸而殡。"为儒者推许如此。寻兼太学博士。简文在东宫,召衮讲论。又尝置宴集玄儒之士,先命道学互相质难,次令中庶子徐摛驰骋大义,间以剧谈。摛辞辩从横,难以答抗,诸儒慑气。时衮说朝聘义,摛与往复,衮精采自若,领答如流,简文深加叹赏。敬帝立,为江州长史。仍随沈泰镇南豫州。泰之奔齐,逼衮俱行。后自齐逃还。又随程文季于吕梁,军败入周,久之得归。卒于始兴王府录事参军。衮于梁代撰《三礼义记》,逢乱亡失。《礼记义》四十卷行于世。

郑灼,字茂昭,东阳信安人也。幼聪敏,励志儒学。少业学于皇侃。梁简文在东宫,雅爱经术,引灼为西省义学士。承圣中,为兼中书通事舍人。仕陈武帝、文帝时,累迁中散大夫,后兼国子博士,未拜卒。灼性精勤,尤明《三礼》。少时,尝梦与皇侃遇于途,侃谓曰:"郑郎开口。"侃因唾灼口中,自后义理益进。灼家贫,抄义疏以日继夜,笔毫尽,每削用之。常蔬食,讲授多苦心热,若瓜时,辄偃卧以瓜镇心,起便读诵,其笃志如此。

时有晋陵张崖、吴郡陆诩、吴兴沈德威、会稽贺德基,俱以礼学自命。张崖传《三礼》于同郡刘文绍。天嘉元年,为尚书仪曹郎,广沈文阿仪注,撰五礼。后为国子博士。

陆诩少习崔灵恩《三礼义宗》,梁时百济国表求讲礼博士,诏令诩行。天嘉中,位尚书祠部郎。

沈德威,字怀远,少有操行。梁太清末,遁于天目山,筑室以居。虽处乱离,而笃学无倦。天嘉元年,征出都,后为国子助教。每自学还私室讲授,道俗受业数百人,率常如此。迁太常丞,兼五礼学士,后为尚书祠部郎。陈亡入隋,官至秦王府主簿,卒年五十五。

贺德基,字承业,世传《礼》学。祖文发、父淹,仕梁俱为祠部郎,并有名当世。德基少游学都下,积年不归,衣资馨乏,又耻服故弊,盛冬止衣夹襦裤。尝于白马寺前逢一妇人,容服甚盛,呼德基入寺门,脱白纶巾以赠之。仍谓曰:"君方为重器,不久贫寒,故以此相遗耳。"问姓名,不答而去。德基于《礼记》称为精明,位尚书祠部郎。虽不至大官,而三世儒学,俱为祠部郎,时论美其不坠。

全缓,字弘立,吴郡钱唐人也。幼受《易》于博士褚仲都,笃志研玩,得其精微。陈太建中,位镇南始兴王府谘议参军。缓通《周易》、《老》、《庄》,时人言玄者咸推之。

张讥,字直言,清河武城人也。祖僧宝,梁太子洗马。父仲悦,梁尚书祠部郎。

讥幼聪俊,有思理。年十四,通《孝经》、《论语》,笃好玄言。受学于汝南周弘正，每有新意，为先辈推服。梁大同中，召补国子正言生。梁武帝尝于文德殿释《乾》、《坤》、《文言》，讥与陈郡袁宪等预焉。敕令论议，诸儒莫敢先出，讥乃整容而进，谘审循环，辞令温雅。帝甚异之，赐裙襦绢等，云"表卿稽古之力"。讥幼丧母，有错彩经帕，即母之遗制，及有所识，家人具以告之。每岁时辄对帕哽噎不能胜。及丁父忧，居丧过礼。为士林馆学士。简文在东宫，出士林馆，发《孝经》题，讥论义往复，甚见嗟赏。及侯景寇逆，于围城之中，独侍哀太子，于武德后殿讲《老》、《庄》。台城陷，讥崎岖避难，卒不事景。

陈天嘉中，为国子助教。时周弘正在国学。发《周易》题，弘正第四弟弘直亦在讲席。讥与弘正论义，弘正屈，弘直危坐厉声，助其申理。讥乃正色谓弘直曰："今日义集，辩正名理，虽知兄弟急难，四公不得有助。"弘直谓曰："仆助君师，何为不可？"举坐以为笑乐。弘正尝谓人曰："吾每登坐，见张讥在席，使人懔然。"宣帝时，为武陵王限内记室，兼东宫学士。后主在东宫，集宫僚置宴，时造玉柄麈尾新成，后主亲执之曰："当今虽复多士如林，至于堪提此者，独张讥耳。"即手授讥。仍令于温文殿讲《庄》、《老》。宣帝幸宫临听，赐御所服衣一袭。后主嗣位，为国子博士、东宫学士。后主尝幸钟山开善寺，召从臣坐于寺西南松林下，敕讥竖义。时索麈尾未至，后主敕取松枝，手以属讥，曰："可代麈尾。"顾群臣曰："此即张讥后事。"陈亡，入隋，终于长安，年七十六。

讥性恬静，不求荣利，常慕闲逸。所居宅营山池，植花果，讲《周易》、《老》、《庄》而教授焉。吴郡陆元朗、朱孟博、一乘寺沙门法才、法云寺沙门慧拔、至真观道士姚绥，皆传其业。讥所撰《周易义》三十卷，《尚书义》十五卷，《毛诗义》二十卷，《孝经义》八卷，《论语义》二十卷，《老子义》十一卷，《庄子·内篇义》十二卷，《外篇义》二十卷、《杂篇义》十卷、《玄部通义》十二卷，《游玄桂林》二十四卷。后主尝敕就其家写入秘阁。子孝则，官至始安王记室参军。

顾越，字允南，吴郡盐官人也。所居新坂黄冈，世有乡校，由是顾氏多儒学焉。祖道望，齐散骑侍郎。父仲成，梁护军司马、豫章王府谘议参军。家传儒学，并专门教授。越幼明慧，有口辩，励精学业，不舍昼夜。弱冠游学都下，通儒硕学，必造门质疑，讨论无倦。至于微言玄旨，《九章》七曜，音律图纬，咸尽其精微。时太子詹事周舍以儒学见重，名知人，一见越，便相叹异，命与兄子弘正、弘直游，厚为之谈，由是声誉日重。时又有会稽贺文发，学兼经史，与越名相埒，故都下谓之发、越焉。

初为南平元襄王伟国右常侍，与文发俱入府，并见礼重。寻转行参军。大通中，诏飙勇将军陈庆之，送魏北海王颢还北主魏，庆之请越参其军事。时庆之所向克捷，直至洛阳。既而颢遂肆骄纵，又上下离心，越料其必败，以疾得归。裁至彭城，庆之果见摧衄，越竟得先反，时称其见机。及至，除安西湘东王府参军。及武帝撰制旨新义，选诸儒在所流通，遣越还吴，敷扬讲说。越遍该经艺，深明《毛诗》，旁通异义。特善《庄》、《老》，尤长论难，兼工缀文，闲尺牍。长七尺三寸，美须眉。武帝尝于重云殿自讲《老子》，仆射徐勉举越论义。越抗首而请，音响若钟，容止可观，帝深赞美之。由是擢为中军宣城王记室参军，寻除《五经》博士，仍令侍宣城王讲。大同八年，转安西武陵王府内中录事参军，寻迁府谘议。及侯景之乱，越与同志沈文阿等逃难东归，贼党数授以爵位，越誓不受命。承圣二年，诏授宣惠晋安王府谘议参军，领国子博士。越以世路未平，无心仕进，因归乡，栖隐于武丘山。与吴兴沈炯、同郡张种、会稽孔奂等，每为文会。绍泰元年，复征为国子博士。陈天嘉中，诏侍东宫读。除东中郎鄱阳王府谘议参军，甚见优礼。寻领羽林监，迁给事黄门侍郎，国子博士、侍读如故。时朝廷草创，疑议多所取决，咸见施用。每侍讲东宫，皇太子常虚己礼接。越以宫僚未尽时彦，且太子仁弱，宣帝有夺宗之兆，内怀愤激，乃上疏曰："臣梁世薄宦，禄不代耕。季年板荡，窜身穷谷。幸属圣期，得奉昌运。朝廷以臣微涉艺学，远垂征引，擢臣以贵仕，资臣以厚秩，二宫恩遇，有异凡流。木石知感，犬马识养，臣独何人，罔怀报德？伏惟皇太子天下之本，养善春宫，臣陪侍经籍，于今五载。如愚所见，多有旷官，辅弼丞疑，未极时选。至如文宗学府，廉洁正人，当趋奉龙楼，晨游夕论，恒闻前圣格言，往贤政道。如此，则非僻之语，无从而入。臣年事侵迫，非有邀求，政是怀此不言，则为有负明圣。敢奏狂瞽，愿留中不泄。"疏奏，帝深感焉，而竟不能改革。及废帝即位，拜散骑常侍，兼中书舍人，黄门侍郎如故。领天保博士，掌仪礼，犹为帝师，入讲授，甚见尊宠。时宣帝辅政，华皎举兵不从，越因请假东还。或谮之宣帝，言越将扇动蕃镇，遂免官。太建元年，卒于家，年七十七。所著《丧服》、《毛诗》、《老子》、《孝经》、《论语》等义疏四十余卷，诗颂碑志笺表凡二百余篇。

时有东阳龚孟舒者，亦通《毛诗》，善谈名理。仕梁位寻阳郡丞。元帝在江州，遇之甚重，躬师事焉。天嘉中，位太中大夫。

沈不害，字孝和，吴兴武康人也。幼孤，而修立好学。陈天嘉初，除衡阳王府中记室参军，兼嘉德殿学士。自梁季丧乱，至是国学未立，不害上书，请崇建儒宫，帝优诏答之。又表改定乐章，诏使制三朝乐歌词八首，合二十曲，行之乐府。后为国子博士，领羽林监。敕修五礼，掌策文谥议等事。太建中，位光禄卿，通直散骑常侍，兼尚书左丞，卒。不害通经术，善属文，虽博综经典，而家无卷轴。每制文，操笔立成，曾无寻检。汝南周弘正常称之曰："沈生可谓意圣人乎！"著《五礼仪》一百卷，文集十四卷。子志道，字崇基，少知名，位安东新蔡王记室参军。陈亡，入隋，卒。

王元规，字正范，太原晋阳人也。祖道实，齐晋安郡守。父玮，梁武陵王府中记室参军。元规八岁而孤。兄弟三人，随母依舅氏往临海郡，时年十二。郡土豪刘瑱者，资财巨万，欲妻以女。母以其兄弟幼弱，欲结强援，元规泣请曰："因不失亲，古人所重，岂得苟安异壤，辄昏非类？"母感其言而止。元规性孝，事母甚谨，晨昏未尝离左右。梁时山阴县有暴水，流漂居宅，元规唯有一小船，仓卒引其母妹并姑侄入船，元规自执楫棹而去，留其男女三人，阁于树杪。及水退，俱获全，时人称其至行。

少从吴兴沈文阿受业，十八，通《春秋左氏》、《孝经》、《论语》、《丧服》。仕梁位中军宣城王记室参军。陈天嘉中，为镇东鄱阳王府记室参军，领国子助教。后主在东宫，引为学士，就受《礼记》、《左传》、《丧服》等义。迁国子祭酒。新安王伯固尝因入宫，适会元规将讲，乃启请执经，时论荣之。俄除尚书祠部郎。自梁代诸儒相传为《左氏》学者，皆以贾逵、服虔之义难驳杜预，凡一百八十条。元规引证通析，无复疑滞。每国家议吉凶大礼，常参预焉。后为南平王府限内参军。王为江州，元规随府之镇，四方学徒，不远千里来请道者，常数十百人。陈亡，入隋。卒于秦王府东阁祭酒。元规著《春秋发题辞》及《义记》十一卷，《续经典大义》十四卷，《孝经义记》两卷，《左传音》三卷，《礼记音》两卷。子大业，聪敏知名。

时有吴郡陆庆，少好学，遍通《五经》，尤明《春秋左氏传》，节操甚高。仕梁为娄令。陈天嘉初，征为通直散骑侍郎，不就。永阳王为吴郡太守，闻其名，欲与相见，庆辞以疾。时宗人陆荣为郡五官掾，庆尝诣焉。王乃微服往荣宅，穿壁以观之。王谓荣曰："观陆庆风神凝峻，殆不可测，严君平、郑子真何以尚兹？"鄱阳、晋安王俱以记室征，不就。乃筑室屏居，以禅诵为事，由是传经受业者盖鲜焉。

论曰：语云，"上好之，下必有甚焉者。"是以邹缨齐紫，且以移俗，况禄在其中，可无尚欤？当天监之际，时主方崇儒业，如崔、严、何、伏之徒，前后互见升宠，于时四方学者，靡然向风，斯亦曩时之盛也。自梁迄陈，年且数十，虽时经屯圮，郊生戎马，而风流不替，岂俗化之移人乎？古人称上德若风，下应犹草，美矣，岂斯之谓也！

卷七十二　　　　列传第六十二

文　学

丘灵鞠 子迟 从孙仲孚　檀超 熊襄 吴迈远 超叔道鸾　卞彬 诸葛勖 袁嘏 高爽　丘巨源 孔广 孔逭 虞通之 虞龢 司马宪 袁仲明 孙诜 王智深 崔慰祖 祖冲之 子暅之 孙皓 耒嶷 贾希镜 袁峻 刘昭 子缜 缓 钟嵘 兄岏 岏弟屿　周兴嗣 吴均 江洪 刘勔 何思澄 子朗 王子云 任孝恭 颜协 纪少瑜 杜之伟 颜晃 岑之敬 何之元 徐伯阳 张正见 阮卓

《易》云："观乎人文以化成天下。"孔子曰："焕乎其有文章。"自汉以来，辞人代夔，大则宪章典诰，小则申抒性灵。至于经礼乐而纬国家，通古今而述美恶，非斯则莫可也。是以哲王在上，咸所敦悦。故云"言之不文，行之不远"。自中原沸腾，五马南渡，缀文之士，无乏于时。降及梁朝，其流弥盛。盖由时主儒雅，笃好文章，故才秀之士，焕乎俱集。于时武帝每有所临幸，辄命群臣赋诗，其文之善者，赐以金帛。是以缙绅之士，咸知自励。至有陈受命，运接乱离，虽加奖励，而向时之风流息矣。《诗》云："人之云亡，邦国殄瘁。"岂金陵之数将终三百年乎？不然，何至是也。宋史不立《文学传》、《齐》、《梁》皆有其目。今缀而序之，以备此篇云尔。

丘灵鞠，吴兴乌程人也。祖系，秘书监。父道真，护军长史。

灵鞠少好学，善属文，州辟从事。诣领军沈演之，演之曰："身昔为州职，诣领军谢晦，宾主坐处，政如今日。卿将来复如此也。"累迁员外郎。宋孝武殷贵妃亡，灵鞠献挽歌三首，云："云横广阶暗，霜深高殿寒。"帝擿句嗟赏。后为乌程令，不得志。泰始初，坐事禁锢数年。褚彦回为吴兴太守，谓人曰："此郡才士唯有丘灵鞠及沈勃耳。"乃启申之。明帝使著《大驾南讨记论》。久之，除太尉参军。升明中，为正员郎，兼中书郎。时方禅让，齐高帝使灵鞠参掌诏策。建元元年，转中书郎，敕知东宫手笔。尝还东，诣司徒褚彦回别，彦回不起，曰："比脚疾更增，不复能起。"灵鞠曰："脚疾亦是大事，公为一代鼎臣，不可复为覆餗。"其强切如此。不持形仪，唯取笑适。寻又掌知国史。武帝即位，为通直常侍，寻领东观祭酒。灵鞠曰："人居官愿数迁，使我终身为祭酒不恨也。"永明二年，领骁骑将军。灵鞠不乐武位，谓人曰："我应还东掘顾荣冢。江南地方数千里，士子风流皆出此中。顾荣忽引诸伧辈度，妨我辈涂辙，死有余罪。"灵鞠好饮酒，臧否人物。在沈渊座，见王俭诗，渊曰："王令文章大进。"灵鞠曰："何如我未进时？"此言达俭。灵鞠宋时文名甚盛，入齐颇减，蓬发弛纵无形仪，不事家业。王俭谓曰："丘公仕宦不进，才亦退矣。"位长沙王车骑长史，卒。著《江左文章录序》，起太兴，讫元熙。文集行于时。子迟。

迟，字希范，八岁便属文。灵鞠常谓"气骨似我"。黄门郎谢超宗、征士何点，并见而异之。在齐，以秀才累迁殿中郎。梁武帝平建邺，引为骠骑主簿，甚被礼遇。时劝进梁王及殊礼，皆迟文也。及践阼，迁中书郎，待诏文德殿。时帝著《连珠》，诏群臣继作者数十人，迟文最美。坐事免，乃献《责躬诗》，上优辞答之。后出为永嘉太守，在郡不称职，为有司所纠。帝爱其才，寝其奏。天监四年，中军将军临川王宏北侵魏，以为谘议参军，领记室。时陈伯之在北，与魏军来拒，迟以书喻之，伯之遂降。还拜中书侍郎，迁司空从事中郎，卒官。迟辞采丽逸，时有钟嵘著《诗评》云："范云婉转清便，如流风回雪。迟点缀映媚，似落花依草。虽取贱文通，而秀于敬子。"其见称如此。

仲孚，字公信，灵鞠从孙也。少好学，读书常以中宵钟鸣为限。灵鞠尝称为千里驹也。齐永明初，为国子生。王俭曰："东南之美，复见丘生。"举高第，未调，还乡里。家贫，乃结群盗为之计，劫掠三吴。仲孚聪明有智略，群盗畏服，所行皆果，故亦不发。为于湖令，有能名，太守吕文显，当时倖臣，陵诋属县，仲孚独不为屈。明帝即位，为曲阿令，会稽太守王敬则反，乘朝廷不备，反问至而前锋已届曲阿。仲孚凿长冈埭，泻渎水，以阻其路。敬则军至，遇渎涸，果顿兵不得进，遂败。仲孚以拒守功，迁山阴令，居职甚有声称。百姓谣曰："二傅、沈、刘，不如一丘。"前世傅琰父子、沈宪、刘玄明相继宰山阴，并有政绩，言仲孚皆过之。齐末政乱，颇有赃贿，为有司所举，将见收，窃逃还都，会赦不问。梁武帝践阼，复为山阴令。仲孚长于拨烦，善适权变。吏人敬服，号称神明。政为天下第一。后为卫尉卿，恩任甚厚。初起双阙，以仲孚领大匠，累迁豫章内史，在郡更励清节。顷之卒，赠给事黄门侍郎。丧将还，豫章老幼号哭攀送，车轮不得前。仲孚为左丞，撰《皇典》二十卷，《南宫故事》百卷，又撰《尚书具事杂仪》行于世。

檀超，字悦祖，高平金乡人也。祖巑之，字弘宗，宋南琅邪太守。父道彪，字万寿，位正员郎。超少好文学，放诞任气，解褐州西曹。萧惠开为别驾，超便抗礼。惠开自以地位居前，稍相陵辱，而超举动啸傲，不以地势推之，张目谓曰："我与卿俱是国家微贱时外戚耳，何足以一爵高人！"萧太后，惠开之祖姑；长沙景王妃，超祖姑也，故超以此议之。惠开欣然，更为刎颈之交。后位国子博士，兼左丞。超嗜酒，好谈咏，自比晋郗超，言高平有二超，又谓人曰："犹觉我为优也。"齐高帝赏爱之，后为司徒右长史。建元二年，初置史官，以超与骠骑记室江淹掌史职。上表立条例：开元纪号，不取宋年，封爵各详本传，无假年表。又制著十志，多为左仆射王俭所不同。既与物多忤，史功未就，徙交州，于路见杀。江淹撰成之，犹不备也。

时有豫章熊襄著《齐典》，上起十代，其《序》云："《尚书·尧典》谓之《虞书》，则附所述通谓之齐书，名为《河洛金匮》。"

又有吴迈远者，好为篇章，宋明帝闻而召之。及见，曰："此人连绝之外，无所复有。"迈远好自夸而蚩鄙他人，每作诗，得称意语，辄掷地呼曰："曹子建何足数哉！"超闻而笑曰："昔刘季绪才不逮于作者，而好抵诃人文章。季绪琐琐，焉足道哉，至于迈远，何为者乎？"

超叔父道鸾，字万安，位国子博士、永嘉太守，亦有文学，撰《续晋阳秋》二十卷。

卞彬，字士蔚，济阴冤句人也。祖嗣之，中领军。父延之，弱冠为上虞令，有刚气。会稽太守孟顗以令长裁之。积不能容，脱帻投地曰："我所以屈卿者，政为此帻耳。今已投之卿矣。卿以一世勋门，而傲天下国士。"拂衣而去。

彬险拔有才，而与物多忤。齐高帝辅政，袁粲、刘彦节、王蕴等皆不同，而沈攸之又称兵反。粲、蕴虽败，攸之尚存。彬意犹以高帝事无所成，乃谓帝曰："比闻谣云'可怜可念尸著服，孝子不在日代哭，列管暂鸣死灭族'，公颇闻不？"时蕴居父忧，与粲同死，故云"尸著服"也。"服"者，衣也。"孝子不在日代哭"者，褚字也。彬谓沈攸之得志，褚彦回当败，故言哭也。列管谓萧也。高帝不悦，及彬退，曰："彬自此出。"后常于东府谒高帝，高帝时为齐王。彬曰："殿下即东宫为府，则以青溪为鸿沟，鸿沟以东为齐，以西为宋。"仍咏《诗》云："谁谓宋远，跂予望之。"遂大忤旨，因此摈废数年，不得仕进。乃拟赵壹《穷鸟》，为《枯鱼赋》以喻意。后为南康郡丞。彬颇饮酒，摈弃形骸，仕既不遂，乃著《蚤虱》、《蜗虫》、《蛤蟆》等赋，皆大有指斥。其《蚤虱赋序》曰："余居贫，布衣十年不制，一袍之缊，有生所托，资其寒暑，无与易也。为人多病，起居甚疏，萦寝败絮，不能自释。兼摄性懒堕，懒事皮肤，澡刷不谨，浣沐失时。四体咤咤，加以臭秽，故苇席蓬缨之间，蚤虱猥流。淫痒渭渡，无时恕肉，探揣护撮，日不替手。虱有谚言，'朝生暮孙'，若吾之虱者，无汤沐之虑，绝相吊之忧。晏晏乎久裤烂布之裳，复不勤于讨捕，孙子子子，三十五岁焉。"其略言皆实录也。又为《禽兽决录》。目禽兽云："羊性淫而佷，猪性卑而率，鹅性顽而傲，狗性险而出。"皆指斥贵势。其羊淫佷，谓吕文显；猪卑率，谓朱隆之；鹅顽傲，谓潘敞；狗险出，谓文度。其险诣如此。《蛤蟆赋》云："纡青拖紫，名为蛤鱼。"世谓比令仆也。又云："蝌斗唯唯，群浮暗水，唯朝继夕，聿役如鬼。"比令史谘事也。文章传于闾巷。后历尚书比部郎，安吉令，车骑记室。彬性好饮酒，以瓠壶瓢勺杭皮为具，著帛冠，十二年不改易。以大瓠为火笼，什物多诸诡异。自称卞田居，妇为傅蚕室。或谓曰："卿都不持操，名器何由得升？"彬曰："掷五木子，十掷辄雉，岂复是掷子之拙？吾好掷，政极此耳。"后为绥建太守，卒官。

永明中，琅邪诸葛勔为国子生，作《云中赋》，指祭酒以下，皆有形似之目。坐事系东冶，作《东冶徒赋》。武帝见，赦之。

又有陈郡袁嘏，自重其文，谓人云："我诗应须大材迮之，不尔飞去。"建武末，为诸暨令，被王敬则贼所杀。

时有广陵高爽，博学多材。刘蒨为晋陵县，爽经途诣之，了不相接，爽甚耻之。俄而爽代蒨为县，蒨遣迎赠甚厚。爽受饷，答书云："高晋陵自答。"人问其所以，答云："刘蒨饷晋陵令耳，何关爽事？"又有人送书与爽告蹶，云："比日守羊困苦。"爽答曰："守羊无食，何不货羊籴米？"孙抱为延陵县，爽又诣之，抱了无故人之怀。爽出，从县阁下过，取笔书鼓云："徒有八尺围，腹无一寸肠，面皮如许厚，受打未讵央。"爽机悟多如此。坐事被系，作《镬鱼赋》以自况，其文甚工。后遇赦免，卒。抱，东莞人。父廉，吴兴太守。抱善吏职，形体肥壮，腰带十围，爽故以此激之。

丘巨源，兰陵兰陵人也。少举丹阳郡孝廉，为宋孝武所知。大明五年，敕助徐爰撰国史。帝崩，江夏王义恭取掌书记。明帝即位，使参诏诰，引在左右。自南台御史为王景文镇军参军。宁丧还家。元徽初，桂阳王休范在寻阳，以巨源有笔翰，遣船迎之，饷以钱物。巨源因齐高帝自启，敕板起之，使留都下。桂阳事起，使于中书省撰符檄，事平，除奉朝请。巨源望有封赏，既而不获，乃与尚书令袁粲书自陈，竟不被申。沈攸之事，高帝又使为尚书符荆州，以此又望赏异，自此意常不满。后除武昌太守，拜竟，不乐江外行。武帝问之，巨源曰："古人云，'宁饮建邺水，不食武昌鱼'。臣年已老，宁死于建邺。"乃以为余杭令。明帝为吴兴，巨源作《秋胡诗》，有讥刺语，以事见杀。时又有会稽孔广、孔逭皆才学知名。

广，字淹源，美容止，善吐论。王俭、张绪咸美之。俭常云："广来使人废簿领，匠不须来，来则莫听去。"绪数巾车诣之，每叹云："孔广使吾成轻薄祭酒。"仕至扬州中从事。

逭抗直有才藻，制《东都赋》，于时才士称之。陈郡谢瀹年少时游会稽还，父庄问："入东何见，见孔逭不？"见重如此。著《三吴决录》，不传。终于卫军武陵王东曹掾。又时有虞通之、虞龢、司马宪、袁仲明、孙诜等，皆有学行，与广埒名。

通之、龢，皆会稽余姚人，通之善言《易》，至步兵校尉。龢位中书郎、廷尉，少好学，居贫屋漏，恐湿坟典，乃舒被覆书，书获全而被大湿。时人以比高凤。宪，字景思，河内温人，待诏东观为学士，至殿中郎，口辩有才地，使魏，见称于北。仲明，陈郡人，撰晋史，未成而卒。初，仲明与刘融、卞铄俱为袁粲所赏，恒在坐席。粲为丹阳尹，取铄为主簿。好诗赋，多讥刺世人，坐徙巴州。诜，字休群，太原中都人，爱文，尤赏泉石。卒于御史中丞。

王智深，字云才，琅邪临沂人也。少从陈郡谢超宗学属文。好饮酒，拙涩乏风仪。仕齐为豫章王大司马参军，兼记室。武帝使太子家令沈约撰《宋书》，疑立袁粲传，以审武帝。帝曰："袁粲自是宋家忠臣。"约又多载孝武、明帝诸褒黩事，上遣左右语约曰："孝武事迹不容顿尔。我昔经事宋明帝，卿可思讳恶之义。"于是多所省除。又敕智深撰《宋纪》，召见芙蓉堂，赐衣服给宅。智深告贫于豫章王，王曰："须卿书成，当相论以禄。"书成三十卷。武帝后召见智深于璇明殿，令拜表奏上，表未奏而武帝崩。隆昌元年，敕索其书。智深迁为竟陵王司徒参军。免官。家贫无人事，尝饿五日不得食，掘莞根食之。司空王僧虔及子志分与衣食。卒于家。

崔慰祖，字悦宗，清河东武城人也。父庆绪，永明中为梁州刺史。慰祖解褐奉朝请。父丧不食盐，母曰："汝既无兄弟，又未有子胤。毁不灭性，政当不进肴羞耳，如何绝盐？吾今亦不食矣。"慰祖不得已，从之。父梁州之资，家财千万，散与宗族漆器题为"日"字，"日"字之器流乎远近。料得父时假贳文疏，谓族子纮曰："彼有自当见还，彼无吾何言哉？"悉火焚之。好学，聚书至万卷。邻里年少好事者来从假借，日数十帙。慰祖亲自取与，未尝以辞。

为始安王遥光抚军刑狱，兼记室。遥光好棋，数召慰祖对戏。慰祖辄辞拙，非朝望不见也。建武中诏举士，从兄慧景举慰祖及平原刘孝标并硕学。帝欲试以百里，慰祖辞不就。国子祭酒沈约、吏部郎谢朓，尝于吏部省中宾友俱集，各问慰祖地理中所不悉十余事，慰祖口吃无华辞，而酬据精悉，一座称服之。朓叹曰："假使班、马复生，无以过此。"慰祖卖宅须四十五万，买者云："宁有减不？"答曰："诚异韩伯休，何容二价。"买者又曰："君但卖四十六万，一万见与。"慰祖曰："岂是我心乎？"少与侍中江祀欵，及祀贵，常来候之，而慰祖不往也。与丹阳丞刘沨素善，遥光据东府反，慰祖在城内。城未溃一日，沨谓之曰："卿有老母，宜出。"命门者出之。慰祖诣阙自首，系尚方，病卒。

慰祖著《海岱志》，起太公迄西晋人物，为四十卷，半成。临卒，与从弟纬书云："常欲更注迁、固二史，采《史》、《汉》所漏二百余事，在厨簏，可检写之，以存大意。《海岱志》良未周悉，可写数本，付护军诸从事人一通。及友人任昉、徐寅、刘洋、裴揆，令后世知吾微有素业也。"又令以棺亲土，不须砖，勿设灵座。

祖冲之，字文远，范阳道人也。曾祖台之，晋侍中。祖昌，宋大匠卿。父朔之，奉朝请。

冲之稽古有机思，宋孝武使直华林学省，赐宅宇车服。解褐南徐州从事、公府参军。始元嘉中，用何承天所制历，比古十一家为密。冲之以为尚疏，乃更造新法，上表言之。孝武令朝士善历者难之，不能屈。会帝崩不施行。

历位为娄县令，谒者仆射。初，宋武平关中，得姚兴指南车，有外形而无机杼，每行，使人于内转之。升明中，齐高帝辅政，使冲之追修古法。冲之改造铜机，圆转不穷，而司方如一，马钧以来未之有也。时有北人索驭驎者，亦云能造指南车，高帝使与冲之各造，使于乐游苑对共校试，而颇有差僻，乃毁而焚之。晋时杜预有巧思，造欹器，三改不成。永明中，竟陵王子良好古，冲之造欹器献之，与周庙不异。文惠太子在东宫，见冲之历法，启帝施行。文惠寻薨，又寝。转长水校尉，领本职。冲之造《安边论》，欲开屯田，广农殖。建武中，明帝欲使冲之巡行四方，兴造大业，可以利百姓者，会连有军事，事竟不行。

冲之解钟律博塞，当时独绝，莫能对者。以诸葛亮有木牛流马，乃造一器，不因风水，施机自运，不劳人力。又造千里船，于新亭江试之，日行百余里。于乐游苑造水碓磨，武帝亲自临视。又特善算。永元二年卒，年七十二。著《易老庄义》，释《论语》、《孝经》，注《九章》，造《缀述》数十篇。子暅之。

暅之，字景烁，少传家业，究极精微，亦有巧思。入神之妙，般、倕无以过也。当其诣微之时，雷霆不能入。尝行遇仆射徐勉，以头触之，勉呼乃悟。父所改何承天历，时尚未行，梁天监初，暅之更修之，于是始行焉。位至太舟卿。

暅之之子皓，志节慷慨，有文武才略。少传家业，善算历。大同中为江都令，后拜广陵太守。

侯景陷台城，皓在城中，将见害，乃逃归江西。百姓感其遗惠，每相蔽匿。广陵人来嶷乃说皓曰："逆竖滔天，王室如燬，正是义夫发愤之秋，志士忘躯之日。府君荷恩重世，又不为贼所容。今逃窜草间，知者非一，危亡之甚，累棋非喻。董绍先虽景之心腹，轻而无谋，新克此州，人情不附，袭而杀之，此一壮士之任耳。今若纠率义勇，立可得三二百人。意欲奉戴府君，剿除凶逆，远近义徒，自当投赴。如其克捷，可立桓、文之勋。必天未悔祸，事生理外，百代之下，犹为梁室忠臣。若何？"皓曰："仆所愿也，死且甘心。"为要勇士耿光等百余人，袭杀景兖州刺史董绍先，推前太子舍人萧勔为刺史，结东魏为援。驰檄远近，将计景。景大惧，即日率侯子鉴等攻之。城陷，皓见执，被缚射之，箭遍体，然后车裂以徇。城中无少长，皆埋而射之。

来嶷，字德山，幼有奇节，兼资文武。既与皓义举，邵陵王承制除步兵校尉、秦郡太守，封永宁县侯。及皓败，并兄弟子侄遇害者十六人。子法敏，逃免，仕陈为海陵令。

贾希镜，平阳襄陵人也。祖弼之，晋员外郎。父匪之，骠骑参军。家传谱学。宋孝武时，青州人发古冢，铭云："青州世子，东海女郎。"帝问学士鲍照、徐爰、苏宝生，并不能悉。希镜对曰："此是司马越女，嫁苟晞儿。"检访，果然。由是见遇，敕希镜注《郭子》。升明中，齐高帝嘉希镜世学，取为骠骑参军、武陵王国郎中令。历大司马司徒府参军。竟陵王子良使希镜撰《见客谱》，出为句容令。先是，谱学未有名家，希镜祖弼之广集百氏谱记，专心习业。晋太元中，朝廷给弼之令史书吏，撰定缮写，藏秘阁及左户曹。希镜三世传学，凡十八州士族谱，合百帙，七百余卷，该究精悉，皆如贯珠，当时莫比。永明中，卫将军王俭抄次百家谱，与希镜参怀撰定。建武初，希镜迁长水校尉，伧人王泰宝买袭《琅邪谱》，尚书令王晏以启明帝，希镜坐被收，当极法。子栖长谢罪，稽颡颡流血，朝廷哀之，免希镜罪。后为北中郎参军，卒。撰《氏族要状》及《人名书》，并行于时。

袁峻，字孝高，陈郡阳夏人，魏郎中令涣之八世孙也。早孤，笃志好学。家贫无书，每从人假借，必皆抄写，自课日五十纸，纸数不登则不止。讷言语，工文辞，梁武帝雅好辞赋，时献文章于南阙者相望焉。天监六年，峻乃拟扬雄《官箴》奏之。帝嘉焉，赐束帛，除员外郎，散骑侍郎，直文德学士省，抄《史记》、《汉书》各为二十卷。又奉敕与陆倕各制《新阙铭》云。

刘昭，字宣卿，平原高唐人，晋太尉寔九世孙也。祖伯龙，居父忧以孝闻，宋武帝敕皇太子诸王并往吊慰，官至少府卿。父彪，齐征虏晋安王记室。昭幼清警，通《老》、《庄》义。及长，勤学善属文，外兄江淹早相称赏。梁天监中，累迁中军临川王记室。初，昭伯父彤，集众家《晋书》，注干宝《晋纪》为四十卷，至昭，集《后汉》同异以注范晔《后汉》，世称博悉。卒于剡令。集注《后汉》一百三十卷，《幼童传》一卷，文集十卷。

子绍，字言明，亦好学，通《三礼》，位尚书祠部郎，著《先圣本记》十卷，行于世。

绍弟缓，字含度，为湘东王中录事。性虚远，有气调，风流迭宕，名高一府。常云："不须名位，所须衣食。不用身后之誉，唯重目前知见。"

钟嵘，字仲伟，颍川长社人，晋侍中雅七世孙也。父蹈，齐中军参军。

嵘与兄山沅、弟屿并好学，有思理。嵘齐永明中为国子生，明《周易》。卫将军王俭领祭酒，颇赏接之。建武初，为南康王侍郎。时齐明帝躬亲细务，纲目亦密。于是郡县及六署九府常行职事，莫不争自启闻，取决诏敕。文武勋旧皆不归选部，于是凭势互相通进，人君之务，粗为繁密。嵘乃上书言："古者明君，揆才颁政，量能授职，三公坐而论道，九卿作而成务，天子可恭己南面而已。"书奏，上不怿，谓太中大夫顾皓曰："钟嵘何人，欲断朕机务，卿识之不？"答曰："嵘虽位末名卑，而所言或有可采。且繁碎职事，各有司存，今人主总而亲之，是人主愈劳而人臣愈逸，所谓代庖人宰而为大匠斫也。"上不顾他言。永元末，除司徒行参军。梁天监初，制度虽革，而未能尽改前弊，嵘上言："永元肇乱，坐弄天爵，勋非即戎，官以贿就。挥一金而取九列，寄片札以招六校。骑都塞市，郎将填街。服既缨组，尚为臧获之事；职虽黄散，犹躬胥徒之役。名实淆紊，兹焉莫甚。臣愚谓永元诸军，官是素族士人，自有清贯，而因斯受爵，一宜削除，以惩浇竞。若吏姓寒人，听极其门品，不当因军遂滥清级。若侨杂伧楚，应在绥抚，正宜严断禄力，绝其妄行，直乞虚号而已。"敕付尚书行之。

衡阳王元简出守会稽，引为宁朔记室，专掌文翰。时居士何胤筑室若邪山，山发洪水，漂拔树石，此室独存。元简令嵘作《瑞室颂》以旌表之，辞甚典丽。迁西中郎晋安王记室。嵘尝求誉于沈约，约拒之。及约卒，嵘品古今诗为评，言其优劣，云"观休文众制，五言最优。齐永明中，相王爱文，王元长等皆宗附约。于时谢朓未遒，江淹才尽，范云名级又微，故称独步。故当辞密于范，意浅于江"。盖追宿憾，以此报约也。顷之卒官。

山沅，字长丘，位建康令卒。著《良吏传》十卷。屿字季望，永嘉郡丞。

周兴嗣，字思纂，陈郡项人也。世居姑孰，博学善属文。尝步自姑孰，投宿逆旅，夜有人谓曰："子才学迈世，初当见识贵臣，卒被知英主。"言终不测所之。齐隆昌中，侍郎谢朓为吴兴太守，唯与兴嗣初谈文史而已。及罢郡，因大相谈荐。梁天监初，奏《休平赋》，其文甚美。武帝嘉之，拜安成王国侍郎，直华林省。其年，河南献舞马，诏兴嗣与待诏到沆、张率为赋，帝以兴嗣为工，擢拜员外散骑侍郎，进直文德、寿光省。时武帝以三桥旧宅为光宅寺，敕兴嗣与陆倕各制寺碑，及成俱奏，帝用兴嗣所制。自是《铜表铭》、《栅塘碣》、《檄魏文》、《次韵王羲之书千字》，并使兴嗣为文。每奏，帝称善，赐金帛。后佐撰国史。兴嗣两手先患风疸，十二年，又染疠疾，左目盲。帝抚其手，嗟曰："斯人而有斯疾。"手疏疸方以赐之。任昉又爱其才，常曰："兴嗣若无此疾，旬日当至御史中丞。"十七年，为给事中，直西省。周舍奉敕注武帝所制历代赋，启兴嗣与焉。普通二年卒。所撰《皇帝实录》、《皇德记》、《起居注》、《职仪》等百余卷，文集十卷。

吴均，字叔庠，吴兴故鄣人也。家世寒贱，至均好学有俊才，沈约尝见均文，颇相称赏。梁天监初，柳恽为吴兴，召补主簿，日引与赋诗。均文体清拔，有古气，好事者或斅之，谓为"吴均体"。均尝不得意，赠恽诗而去，久之复来，恽遇之如故，弗之憾也。荐之临川靖惠王，王称之于武帝，即日召入赋诗，悦焉。待诏著作，累迁奉朝请。先是，均将著史以自名，欲撰齐书，求借齐起居注及群臣行状，武帝不许，遂私撰《齐春秋》奏之。书称帝为齐明帝佐命，帝恶其实录，以其书不实，使中书舍人刘之遴诘问数十条，竟支离无对。敕付省焚之，坐免职。寻有敕召见，使撰《通史》，起三皇讫齐代。均草本纪、世家已毕，唯列传未就，卒。均注范晔《后汉书》九十卷，著《齐春秋》三十卷，《庙记》十卷，《十二州记》十六卷，《钱唐先贤传》五卷，《续文释》五卷，文集二十卷。

先是有济阳江洪，工属文，为建阳令，坐事死。

刘勰，字彦和，东莞莒人也。父尚，越骑校尉。勰早孤，笃志好学。家贫不婚娶，依沙门僧祐居，遂博通经论，因区别部类，录而序之。定林寺经藏，勰所定也。梁天监中，兼东宫通事舍人。时七庙飨荐已用蔬果，而二郊农社犹有牺牲，勰乃表言二郊宜与七庙同改。诏付尚书议，依勰所陈。迁步兵校尉，兼舍人如故，深被昭明太子爱接。

初，勰撰《文心雕龙》五十篇，论古今文体，其《序》略云："予齿在逾立，尝夜梦执丹漆之礼器，随仲尼而南行，寤而喜曰：大哉，圣人之难见也，乃小子之垂梦欤！自生灵以来，未有如夫子者也。敷赞圣旨，莫若注经，而马、郑诸儒弘之已精，就有深解，未足立家。唯文章之用，实经典枝条，五礼资之以成，六典因之致用。于是搦笔和墨，乃始论文，其为文用四十九篇而已。"既成，未为时流所称。勰欲取定于沈约，无由自达，乃负书候约于车前，状若货鬻者。约取读，大重之，谓深得文理，常陈诸几案。勰为文长于佛理，都下寺塔及名僧碑志，必请勰制文。敕与慧震沙门于定林寺撰经证。功毕，遂求出家，先燔须发自誓，敕许之。乃变服改名慧地云。

何思澄，字元静，东海郯人也。父敬叔，齐长城令，有能名。在县清廉，不受礼遗，夏节至，忽榜门受饷，数日中得米二千余斛，他物称是，悉以代贫人输租。

思澄少勤学工文，为《游庐山》诗，沈约见之，大相称赏，自以为弗逮。约郊居宅新构阁斋，因命工书人题此诗于壁。傅昭尝请思澄制《释奠诗》，辞文典丽。天监十五年，敕太子詹事徐勉，举学士入华林撰《遍略》，勉举思澄、顾协、刘杳、王子云、钟屿等五人以应选。八年乃书成，合七百卷。思澄重交结，分书与诸宾朋校定，而终日造谒。每宿昔作名一束，晓便命驾，朝贤无不悉狎，狎处即命食。有人方之娄护，欣然当之。投晚还家，所赍名必尽。自廷尉正迁治书侍御史。宋、齐以来，此职甚轻，天监初始重其选。车前依尚书二丞给三驺，执盛印青囊，旧事纠弹官印绶在前故也。后除安西湘东王录事参军，兼东宫通事舍人。时徐勉、周舍以才义当朝，并好思澄学，常递日招致之。后卒于宣惠武陵王中录事参军。文集十五卷。初，思澄与宗人逊及子朗俱擅文名，时人语曰："东海三何，子朗最多。"思澄闻之曰："此言误耳。如其不然，故当归逊。"思澄意谓宜在己也。

子朗，字世明，早有才思，周舍每与谈，服其精理。尝为《败冢赋》，拟庄周马棰，其文甚工。世人语曰："人中爽爽有子朗。"卒于国山令，年二十四。集行于世。

王子云，太原人，及江夏费昶，并为闾里才子。昶善为乐府，又作鼓吹曲。武帝重之，敕曰："才意新拔，有足嘉异。昔郎恽博物，卞兰巧辞。束帛之赐，实惟劝善。可赐绢十匹。"子云尝为《自吊文》，甚美。

任孝恭，字孝恭，临淮人也。曾祖农夫，宋南豫州刺史。农夫弟候伯，位辅国将军、行湘州事，并任将帅。

孝恭幼孤，事母以孝闻。精力勤学，家贫无书，常崎岖从人假借，每读一遍，讽诵略无所遗。外祖丘它与武帝有旧，帝闻其有才学，召入西省撰史。初为奉朝请，进直寿光省，为司文侍郎，俄兼中书通事舍人。敕遣制《建陵寺刹下铭》，又启撰武帝集序文，并富丽。自是专掌公家笔翰。孝恭为文敏速，若不留思，每奏称善，累赐金帛。少从萧寺云法师读经论，明佛理，至是蔬食持戒，信受甚笃。而性颇自伐，以才能尚人，于流辈中多有忽略，世以此少之。太清二年，侯景寇逼。孝恭启募兵，隶萧正德。正德入贼，孝恭还赴台。台门闭，侯景获之，使作檄。求还私第检讨，景许之，因走入东府。城陷，景斩锉之。文集行于世。

颜协，字子和，琅邪临沂人，晋侍中含七世孙也。父见远，博学有志行。初，齐和帝镇荆州，以为录事参军；及即位，兼御史中丞。梁武帝受禅，见远不食，发愤数日而卒。帝闻之，曰："我自应天从人，何豫天下士大夫事？而颜见远乃至于此！"

协幼孤，养于舅氏。少以器局称。博涉群书，工于草隶飞白。时吴人范怀约能隶书，协学其书，殆过真也。荆楚碑碣皆协所书。时又有会稽谢善勋，能为八体六文，方寸千言，京兆韦仲善飞白，并在湘东王府。善勋为录事参军，仲为中兵参军。府中以协优于韦仲而减于善勋。善勋饮酒至数斗，醉后辄张眼大骂，虽复贵贱亲疏无所择也，时谓之谢方眼。而胸衿夷坦，有士君子之操焉。协家虽贫素，而修饰边幅，非车马未尝出游。湘东王出镇荆州，以为记室。时吴郡顾协亦在蕃邸，与协同名，才学相亚，府中称为二协。舅陈郡谢㬇卒，协以有鞠养恩，居丧如伯叔礼，议者甚重焉。又感家门事义，不求显达，恒辞征辟，游于蕃府而已。卒，元帝甚叹惜之，为《怀旧诗》以伤之。协所撰《晋仙传》五篇，《日月灾异图》两卷，行于世。其文集二十卷，遇火湮灭。子之仪、之推，并早知名。

纪少瑜，字幼㻛，丹阳秣陵人也。本姓吴，养于纪氏，因而命族。早孤，幼有志节，常慕王安期之为人。年十三，能属文。初为《京华乐》。王僧孺见而赏之，曰："此子才藻新拔，方有高名。"少瑜尝梦陆倕以一束青镂管笔授之，云："我以此笔犹可用，卿自择其善者。"其文因此遒进。年十九，始游太学，备探《六经》。博士东海鲍皦雅相钦悦。时皦有疾，请少瑜代讲，少瑜既妙玄言，善谈吐，辩捷如流。为晋安国中尉，即梁简文也，深被恩遇。后侍宣城王读。当阳公为郢州，以为功曹参军，转轻车限内记室，坐事免。大同七年，始引为东宫学士。邵陵王在郢，启求学士，武帝以少瑜充行。少瑜美容貌，工草书，吏部尚书到溉尝曰："此人有大才而无贵仕。"将拔之，会溉去职。后除武陵王记室参军，卒。

杜之伟，字子大，吴郡钱唐人也。家世儒学，以《三礼》专门，父规，梁奉朝请。之伟幼精敏，有逸才。年十五，遍观文史及仪礼故事，时辈称其早成。仆射徐勉尝见其文，重其有笔力。中大通元年，梁武帝幸同泰寺舍身，敕勉撰仪注。勉以先无此礼，召之伟草具其仪。乃启补东宫学士，与学士刘陟等抄撰群书，各为题目，所撰《富

教》、《政道》二篇，皆之伟为序。后兼太学限内博士。大同七年，梁皇太子释奠于国学，时乐府无孔子、颜子登歌词，令之伟制文，伶人传习，以为故事。再迁安前邵陵王刑狱参军。之伟年位甚卑，特以强识俊才，颇有名当世。吏部尚书张缵深知之，以为廊庙之器。陈武帝为丞相，素闻其名，召补记室参军。迁中书侍郎，领大著作。及受禅，除鸿胪卿，余并如故。之伟求著作，优敕不许。再迁太中大夫，仍敕撰梁史，卒官。文集十七卷。

颜晃，字元明，琅邪临沂人也。少孤贫，好学，有辞采。解褐梁邵陵王兼记室参军。时东宫学士庾信使府中，王使晃接对，信轻其少，曰："此府兼记室几人？"晃曰："犹当少于宫中学士。"当时以为善对。侯景之乱，奔荆州。承圣初，除中书侍郎。陈天嘉初，累迁员外散骑常侍，兼中书舍人，掌诏诰。卒，赠司农卿，谥曰贞子。晃家世单门，旁无戚援，而介然修立，为当世所知。其表奏诏诰，下笔立成，便得事理。有集二十卷。

岑之敬，字思礼，南阳棘阳人也。父善纡，梁世以经学闻，官至吴宁令，司义郎。

之敬年五岁，读《孝经》，每烧香正坐，亲戚咸加叹异。十六，策《春秋左氏》、《制旨孝经义》，擢为高第。御史奏曰："皇朝多士，例止明经，若颜、闵之流，乃应高第。"梁武帝省其策，曰："何妨我复有颜、闵邪。"因召入面试。令之敬升讲坐，敕中书舍人朱异执《孝经》，唱《士孝章》，武帝亲自论难。之敬剖析从横，左右莫不嗟服。仍除童子奉车郎，赏赐优厚。十八，预重云殿法会，时武帝亲行香，熟视之敬曰："未几见兮，突而弁兮。"即日除太学限内博士。寻为寿光学士、司义郎。太清元年，表请试吏，除南沙令。承圣二年，除晋安王宣惠府中记室参军。时萧勃据岭表，敕之敬宣旨慰喻。会魏克江陵，仍留广州。陈太建初还朝，授东宫义省学士。累迁南台书侍御史，征南府谘议参军。之敬始以经业进，而博涉文史，雅有词笔，不为醇儒。性谦谨，未尝以才学矜物，接引后进，恂恂如也。每母忌日营斋，必躬自洒扫，涕泣终日，士君子以笃行称之。十一年卒。有集十卷行于世。子德润，有父风，位中军吴兴王记室。

何之元，庐江灊人也。祖僧达，齐南台书侍御史。父法胜，以行业闻。

之元幼好学，有才思，居丧过礼。梁天监末，司空袁昂表荐之，因得召见。累迁信义令。其宗人敬容，位望隆重，频相顾访，之元终不造焉。或问其故，之元曰："昔楚人得宠于观起，有马者皆亡。夫德薄任隆，必近覆败，吾恐不获其利而招其祸。"识者以是称之。侯景之乱，武陵王以太尉承制，授南梁州刺史、北巴西太守。武陵王自成都举兵东下，之元与蜀中人庶抗表请无行，王以为沮众，囚之元于舰中。及武陵兵败，之元从邵陵太守刘棻之郡。俄而魏克江陵，刘棻卒，王琳召为记室参军。及琳立萧庄，署为中书侍郎。王琳败，齐王以为扬州别驾，所居

即寿春也。及众军北伐,湘州刺史始兴王叔陵遣功曹史柳咸赍书召之。之元始与陈朝有隙,书至大惶恐。读书至"孔璋无罪,左车见用",遂随咸至湘州。再迁中卫府谘议参军。及叔陵诛,之元乃屏绝人事,著《梁典》,起齐永元元年,迄于琳遇获,七十五年行事,为三十卷。陈亡,移居常州之晋陵县。隋开皇十三年,卒于家。

徐伯阳,字隐忍,东海人也。父僧权,梁东宫通事舍人,领秘书,以善书知名。

伯阳敏而好学,善色养。家有史书,所读者近三千余卷。梁大同中,为候官令,甚得人和。侯景之乱,至广州依萧勃。勃平,还都。陈天嘉中,除司空侯安都府记室参军。太建初,与中记室李爽、记室张正见、左户郎贺彻、学士阮卓、黄门郎萧诠、三公郎王由礼、处士马枢、记室祖孙登、比部郎贺循、长史刘删等为文会友,后有蔡凝、刘助、陈暄、孔范亦预焉,皆一时士也。游宴赋诗,动成卷轴。伯阳为其集序,盛传于世。后除镇北新安王府中记室参军,兼南徐州别驾,带东海郡丞。鄱阳王为江州刺史,伯阳常奉使造焉。王率府僚与伯阳登匡岭置宴,酒酣,命笔赋剧韵三十,伯阳与祖孙登前成,王赐以奴婢杂物。后除镇右新安王府谘议参军事。闻姊丧,发疾卒。

张正见,字见赜,清河东武城人也。祖善之,魏散骑常侍,勃海、长乐二郡太守。父修礼,魏散骑侍郎,归梁,仍拜本职,迁怀方太守。正见幼好学,有清才。梁简文在东宫,正见年十三,献颂,简文深赞赏之。梁元帝即位,为彭泽令。属丧乱,避地匡俗山。陈武帝受禅,正见还都。累迁尚书度支郎,撰史著士,卒。有集十四卷,其五言尤善。

阮卓,陈留尉氏人也。祖诠,梁散骑侍郎。父问道,梁岳阳王府记室参军。卓幼聪敏,笃志经籍,尤工五言。性至孝,父随岳阳王出镇江州,卒。卓时年十五,自都奔赴,水浆不入口者累日。载柩还都,度彭蠡湖,中流遇疾风,船几没者数四,卓仰天悲号,俄而风息,人以为孝感之至。陈天康元年,为新安王府记室参军,随府转翊右记室,带撰史著士。及平欧阳纥,交阯夷獠,往往聚为寇抄,卓奉使招慰。交阯通日南、象郡,多金翠珠贝珍怪之产,前后使者皆致之,唯卓挺身而还,时论咸伏其廉。后为始兴王中卫府记室参军。及叔陵诛,后主谓朝臣曰:"阮卓素不同逆,宜加旌异。"至德元年,入为德教殿学士。寻兼通直散骑常侍,副王话聘隋。隋文帝夙闻其名,遣河东薛道衡、琅邪颜之推等,与卓谈宴赋诗,赐遗加礼。还除南海王府谘议参军,以目疾不之官。退居里舍,改构亭宇,修山池卉木,招致宾友,以文酒自娱。陈亡,入隋,行至江州,追感其父所终,遘疾卒。

论曰:文章者,盖情性之风标,神明之律吕也。蕴思含豪,游心内运,放言落纸,气韵天成。莫不禀以生灵,迁乎爱嗜,机见殊门,赏悟纷杂,感召无象,变化不穷。发五声之音响,而出言异句;写万物之情状,而下笔殊形。畅自心灵,而宣之简素。轮扁之言,或未能尽。然纵假之天性,终资好习,是以古之贤哲,咸所用心。至若丘灵鞠等,或克荷门业,或夙怀慕尚,虽位有穷通,而名不可灭。然则立身之道,可无务乎?

卷七十三　　　列传第六十三

孝义上

龚颖　刘瑜董阳　贾恩　郭世通子原平　严世期　吴逵　潘综陈遗 秦绵　张进之　俞佥　张楚　丘杰　师觉授　王彭　蒋恭　徐耕严成　王道盖　孙法宗　范叔孙吴国夫　卜天与张弘之等天与弟天生　许昭先　余齐人　孙棘妻许　徐元妻许　钱延庆　何子平　崔怀顺　王虚之顾昌衍　江柔之　江轲　吴庆之　萧叡明鲜于文宗文宗姊文英　萧矫妻羊羊缉之女佩任　吴康之妻赵　蒋俊之妻黄　吴翼之母丁　会稽陈氏三女　永兴概中里氏女　诸暨屠氏女　吴兴乘公济妻姚　吴郡范法恂妻褚　公孙僧远　吴欣之　韩系伯闻人夐　丘冠先　孙淡　华宝　薛天生　刘怀胤　解叔谦宗元卿　庾震　朱文济　匡昕　鲁康祚　谢昌宇　韩灵敏　刘沨弟瀺　柳叔夜　封延伯　陈玄子　邵荣兴　文献叔　徐生之　范安祖　李圣伯　范道根　谭弘宝　何弘　阳黑头　王续祖　郝道福　吴达之　蔡昙智　何伯玙　王文殊　乐颐之弟预　沈升之　江泌　庾道愍族孙沙弥沙弥子持

《易》曰:"立人之道,曰仁与义。"夫仁义者,合君亲之至理,实忠孝之所资。虽义发因心,情非外感,然企及之旨,圣哲贻言。至于风漓化薄,礼违道丧,忠不树国,孝亦忿家,而一代之氓,权利相引,仕以势招,荣非行立。乏翱翔之感,弃含生之分。霜露未改,大痛已忘于心;名节不变,戎车遽为其首。斯并轨训之理未弘,汲引之涂多阙。若夫情发于天,行成乎已,捐躯舍命,济主安亲,虽乘理暗至,匪由劝赏,而宰世之人,曾微诱激。乃至事隐闾阎,无闻视听,考于载籍,何代无之?故宜被之图篆,用存旌劝。今搜缀湮落,以备阙文云尔。

龚颖,遂宁人也。少好学,益州刺史毛璩辟为劝学从事。璩为谯纵所杀，故佐史并逃亡，颖号哭奔赴，殡送以礼。纵后设宴延颖，不获已而至。乐奏，颖流涕起曰："北面事人，亡不能死，何忍举觞闻乐，蹈迹逆乱乎？"纵大将谯道福引出，将斩之，道福母即颖姑也，跣出救之得免。及纵僭号，备礼征又不至。乃胁以兵刃，执志终无回改，至于蜀平，遂不屈节。其后刺史至，辄加辟引。历府参军，州别驾从事史。宋文帝元嘉二十四年，刺史陆徽表颖节义，遂不被朝命，终于家。

刘瑜，历阳人也。七岁丧父，事母至孝。年五十二，又丧母，三年不进盐酪，号泣昼夜不绝声，勤身力以营葬事。服除，二十余年，布衣蔬食，言辄流涕。常居墓侧，未尝暂违。宋文帝元嘉初卒。

又元嘉七年，南豫州举所统西阳县人董阳，三世同居，外无异门，内无异烟。诏榜门曰"笃行董氏之闾"，蠲一门租布。

贾恩，会稽诸暨人也。少有志行。元嘉三年母亡，居丧过礼。未葬，为邻火所逼，恩及妻桓氏号哭奔救，邻近赴助，棺榇得免，恩与桓俱烧死。有司奏改其里为孝义里，蠲租布三世。追赠恩天水郡显亲左尉。

郭世通，会稽永兴人也。年十四丧父，居丧殆不胜哀。家贫，佣力以养继母。妇生一男，夫妻恐废侍养，乃垂泣瘗之。母亡，负土成坟。亲戚或共赙助，微有所受，葬毕，佣赁还先直。服除后，思慕终身如丧者，未尝释衣帻。仁孝之风，行于乡党。邻村大小，莫有呼其名者。尝与人共于山阴市货物，误得一千钱，当时不觉，分背方悟，追还本主。钱主惊叹，以半直与之，世通委之而去。元嘉四年，大使巡行天下，散骑常侍袁愉表其淳行，文帝嘉之，敕榜表门闾，蠲其租调，改所居独枫里为孝行焉。太守孟顗察孝廉，不就。

子原平，字长恭，幼禀至行，养亲必以己力，佣赁以给供养。性甚巧，每为人作正，取散夫价。主人设食，原平自以家贫，父母不办有肴味，唯飧盐饭而已。若家或无食，则虚中竟日，义不独饱。须日暮作毕，受直归家，于里籴买，然后举爨。父笃疾弥年，原平衣不解带，口不尝盐菜者，跨积寒暑，又未尝睡卧。父亡，哭踊恸绝，数日方苏。以为奉终之义，情礼自毕，茔圹凶功，不欲假人。本虽巧而不解作墓，乃访邑中有营墓者，助人运力，经时展勤，久乃闲练。又自卖十夫以供众费，窀穸之事，俭而当礼。性无术学，因心自然。葬毕，诣所买主执役无懈，与诸奴分务，让逸取劳。主人不忍使，每遣之。原平服勤，未尝暂替，佣赁养母有余，聚以自赎。既学构冢，尤善其事，每至吉岁，求者盈门。原平所construct，必自贫始，既取贱价，又以夫力助之。及父丧终，自起两间小屋以为祠堂，每至节岁，常于此数日中哀思，绝饮粥。父服除后，不复食肉。高阳许瑶之罢建安郡丞还家，以绵一斤遗之，不受。瑶之乃自往，曰："今岁过寒，而建安绵好，以此奉尊上下耳。"原平乃拜而受之。及母终，毁瘠弥甚，仅乃免丧。

墓前有数十亩田，不属原平，每至农月，耕者恒裸袒。原平不欲使人慢其坟墓，乃货家资，贵买此田，三农之月，辄束带垂泣，躬自耕垦。

每出卖物，裁求半价，邑人皆共识悉，辄加本价与之，彼此相让，要使微贱，然后取直。宅上种竹，夜有盗其笋者，原平遇见之，盗者奔走坠沟。原平乃于所植竹处，沟上立小桥令通，又采笋置篱外，邻里惭愧，无复取者。

宋文帝崩，原平号恸，日食麦䴺一枚，如此五日。人曰："谁非王臣，何独如此？"原平泣而答曰："吾家见异先朝，蒙褒赞之赏，不能报恩，私心感动耳。"

又以种瓜为业，大明七年大旱，瓜渎不复通船。县令刘僧秀愍其穷老，下渎水与之。原平曰："普天大旱，百姓俱困，岂可减溉田之水，以通运瓜之船？"乃步从他道往钱唐货卖。每行来见人牵埭未过，辄迅楫助之。已自引船，不假旁人。若自船已度，后人未及，常停住须待，以此为常。尝于县南郭凤埭助人引船，遇有斗者为吏所录，斗者逃散，唯原平独住，吏执以送县。县令新到，未相谙悉，将加严罚，原平解衣就罪，义无一言。左右大小咸稽颡请救，然后得免。由来不谒官长，自此乃始修敬。太守蔡兴宗临郡，深加贵异，以私米馈原平及山阴朱百年妻各百斛。原平誓死不受，百年妻亦固辞。会稽郡贵重望计及望孝，盛族出身，不减秘、著。明帝泰始七年，兴宗欲举山阴孔仲智子为望计，原平次息为望孝。仲智会土高门，原平一邦至行，欲以相敌。会明帝别敕用人，故二选并寝。兴宗征还都，表其殊行，举为太学博士。会兴宗薨，事不行。卒于家。三子一弟，并有行行。

严世期，会稽山阴人也。性好施，同里张迈等三人妻各产子，岁饥，欲弃而不举。世期分食解衣以赡其乏，三子并得成长。同县俞阳妻庄年九十，庄女兰七十，并老病无所依，世期饴之二十年，死并殡葬。宗亲严弘、乡人潘伯等十五人，荒年并饿死，露骸不收。世期买棺殡埋，存育孩幼。宋元嘉四年，有司奏榜门曰"义行严氏之门"。复其身徭役，蠲租税十年。

吴逵，吴兴乌程人也。经荒饥馑，系以疾疫，父母兄嫂及群从小功之亲，男女死者十三人，逵时病困，邻里以苇席裹之，埋于村侧。既而亲属皆尽，唯逵夫妻获全。家徒四壁立，冬无被裤，昼则佣赁，夜则伐木烧砖，妻亦同逵此诚，无有懈倦。逵夜行遇猛兽，猛兽辄下道避之。期年中，成七墓，葬十三棺，邻里嘉之。葬日，悉出赴助，送终之事，亦俭而周礼。逵时逆取邻人夫直，葬毕，众悉以放之，逵一无所受，皆佣力报答焉。太守张崇之三加礼命，太守王韶之擢补功曹史。逵以门寒，固辞不就。举为孝廉。

潘综，吴兴乌程人也。孙恩之乱，妖党攻破村邑，综与父骠共走避贼。骠年老行迟，贼转逼骠。骠语综："我不能去，汝走可脱，幸勿俱死。"骠困乏坐地，综迎贼叩头曰："父年老，乞赐生命。"贼至，骠亦请贼曰："儿年少自能走，今为老子不去。老子不惜死，乞活此儿。"贼因斫骠，综抱父于腹下，贼斫综头面凡四创，综当时闷绝。有一贼从旁来相谓曰："卿欲举大事，此儿以死救父，云何可杀？杀孝子不祥。"贼乃止，父子并得免。乡人秘书监丘系祖、廷尉沈赤黔以综异行，荐补左户令史，除遂昌长。岁满还家，太守王韶之临郡，发教列上州台，陈其行迹。及将行，设祖道，赠以四言诗。元嘉四年，有司奏改其里为纯孝里，蠲租布三世。

又宋初吴郡人陈遗，少为郡吏，母好食锅底饭。遗在役，恒带一囊，每煮食辄录其焦以贻母。后孙恩乱，聚得数升，恒带自随。及败逃窜，多有饿死，遗以此得活。母昼夜泣涕，目为失明，耳无所闻。遗还入户，再拜号咽，母豁然即明。

后又有河南孝廉秦绵，遭母丧，送葬不忍复还，乡人为作茅庵，仍止其中。若遇有米则食粥，无米食菜而已。哀号之声，行者为之清泪。服讫犹不还家，遇疾不疗，卒。临亡，告人曰："若死者无知，固不宜独存，有知则大获吾志。"

张进之，永嘉安固人也。为郡大族，少有志行，历五官主簿，永宁、安固二县领校尉。家世富足，经荒年，散财救赡乡里，遂以贫罄，全济者甚多。太守王味之有罪，当见收，逃避进之家，供奉经时，尽其诚力。味之尝避地堕水沉没，进之投水拯救，相与沉沦，久而得免。时劫掠充斥，每入村抄暴，至进之门，辄相约勒，不得侵犯，其信义所感如此。元嘉初，诏在所蠲其徭役。

又孙恩之乱，永嘉太守司马逸之被害，妻子并死。兵寇之际，莫敢收藏，郡吏俞佥以家财冒难棺敛逸之等六丧送致都。葬毕，乃归乡里。元嘉中老病卒。

时又有益州梓潼人张楚，母疾，命在属纩，楚祈祷苦至，烧指自誓，精诚感悟，疾时得愈，见榜门曰"孝行张氏之闾"，易其里为孝行里。蠲租布三世，身加旌命。

丘杰，字伟跱，吴兴乌程人也。十四遭母丧，以熟菜有味，不尝于口。岁余，忽梦见母曰："死止是分别耳，何事乃尔荼苦。汝啖生菜，遇虾蟆毒，灵床前有三丸药可取服之。"杰惊起，果得瓯，瓯中有药，服之下科斗子数升。丘氏世保此瓯。大明七年，灾火焚失之。

师觉授，字觉授，南阳涅阳人也。与外兄宗少文并有素业，以琴书自娱。于路忽见一人持书一函，题曰"至孝师君苦前"。俄而不见。舍车奔归，闻家哭声，一叫而绝，良久乃苏。后撰《孝子传》八卷，宋临川王义庆辟为州祭酒、主簿，并不就。乃表荐之，会卒。

王彭，盱眙直渎人也。少丧母，元嘉初，父又丧亡。家贫力弱，无以营葬。兄弟二人，昼则佣力，夜则号感，乡里并哀之，乃各出夫力助作砖，砖须水而天旱，穿井数十丈，泉不出。墓处去淮五里，荷担远汲，困而不周。彭号天自诉，如此积日。一旦大雾，雾歇，砖灶前忽生泉水，乡邻助之者并嗟神异，县邑近远悉往观之。葬竟，水便自竭。元嘉九年，太守刘伯龙依事表言，改其里为通灵里，蠲租布三世。

蒋恭，义兴临津人也。元嘉中，晋陵蒋崇平为劫见禽，云与恭妻弟吴晞张为侣。晞张先行，不在本村，遇水，妻息避水，移寄恭家。时录晞张不获，禽收恭及兄协付狱科罪。恭、协并款舍住晞张家口，而不知劫情。恭列晞张妻息是妇之亲，亲令有罪，恭身甘分，求免兄协。协列是户主，求免弟恭。兄弟二人争求受罪，郡县不能判，依事上详。州议以为并不合重。后除恭义成令，协义招令。

徐耕，晋陵延陵人也。元嘉二十一年，大旱人饥，耕诣县陈辞，以米千斛助官振贷。县为言上，当时议以耕比汉卜式。诏书褒美，酬以县令。

大明八年，东土饥旱，东海严成、东莞王道盖各以私谷五百余斛助官振恤。

孙法宗，一名宗之，吴兴人也。父随孙恩入海潋被害，尸骸不收，母兄并饿死。法宗年小，流进至十六方得还。单身勤苦，霜行草宿，营办棺椁，造立冢墓，葬送母兄，俭而有礼。以父尸不测，入海寻求。闻世间论，是至亲以血沥骨当悉渍浸，乃操刀沿海见枯骸则刻肉灌血，如此十余年，臂胫无完皮，血脉枯竭，终不能逢。遂衰绖终身，常居墓所，山禽野兽，皆悉驯附。每麋鹿触网，必解放之，偿以钱物。后忽苦头创，夜有女人至曰："我是天使来相谢，行创本不关善人，使者远相及。取牛粪煮傅之即验。"一傅便差，一境赖之。终身不娶，馈遗无所受。宋孝武初，扬州辟为文学从事，不就，卒。

范叔孙，吴郡钱唐人也。少而仁厚，周穷济急。同里范法先父母兄弟七人同时疫死，唯余法先，病又危笃，丧尸经月不收。叔孙悉备棺器，亲为殡埋。又同里施夫疾病，父死不殡；范苗父子并亡；范敬宗家口六人俱得病，二人丧没，亲邻畏远，莫敢营视；叔孙并为殡瘗，躬恤病者，并皆得全。乡曲贵其义行，莫有呼其名者。宋孝武孝建初，除竟陵王国中军，不就。

义兴吴国夫，亦有义让之美，人有窃其稻者，乃引还，为设酒食，以米送之。

卜天与，吴兴余杭人也。父名祖，宋武帝闻其有干力，召补队主。从征伐，封关中侯，历二县令。天与善射，弓力兼倍，容貌严毅，笑不解颜。文帝以其旧将子，使教皇子射。元嘉二十九年，为广威将军，领左细仗。元凶入弑，事变仓卒，旧将罗训、徐罕皆望风屈附。天与不暇被甲，执刀持弓，疾呼左右出战。徐罕曰："殿下入，汝欲何为？"天与骂曰："殿下常来去，云何即时方作此语，只汝是贼手。"射劭于东堂，几中。逆徒击之，臂断，乃见杀。其队将张弘之、朱道钦、陈满与天与同出拒战，并死。孝武即位，赠天与龙骧将军、益州刺史，谥曰壮侯，车驾临哭。

弘之等各赠郡守。给天与家长廪。

子伯宗，殿中将军。明帝泰始初领幢，击南贼于赭圻，战没。伯宗弟伯兴，官至南平昌太守、直阁，领细仗队主。升明元年，与袁粲同谋伏诛。

天与弟天生，少为队将，十人同火。屋后有一坑，广二丈余，十人共跳之皆度，唯天生坠。天生乃取实中苦竹，刻其端使利，交横布坑内，更呼等类共跳，并惧不敢。天生又复跳之，往反十余，曾无留碍，众并叹服。以兄死节，为孝武所留心。大明末，为弋阳太守。明帝泰始初，与殷琰同逆被斩。

许昭先，义兴人也。叔父肇之，坐事系狱，七年不判。子侄二十许人，昭先家最贫薄，专独料诉，无日在家。饷馈肇之，莫非珍新。资产既尽，卖宅以充之。肇之诸子倦怠，唯昭先无有懈息，如是七载。尚书沈演之嘉其操行，肇之事由此得释。昭先舅夫妻并疫病死亡，家贫无以殡送，昭先卖衣物以营殡葬。舅子三人并幼，赡护皆得成长。昭先父母皆老病，家无僮役，竭力致养，甘旨必从。宗党嘉其孝行。雍州刺史刘真道板为征房参军，昭先以亲老不就。补迎主簿，昭先以叔未仕，又固辞。

余齐人，晋陵晋陵人也。少有孝行，为邑书吏。宋大明二年，父殖在家病亡，信未至。齐人谓人曰："比肉痛心烦，有如割截。居常惶骇，必有异故。"信寻至，以父病报之。四百余里，一日而至。至门，方知父死，号踊恸绝，良久乃苏。问父所遗言，母曰："汝父临终，恨不见汝。"齐人即曰："相见何难？"于是号叫殡所，须臾便绝。州县上言，有司奏改其里为孝义里，蠲布，赐其母谷百斛。

孙棘，彭城人也。宋大明五年，发三五丁，弟萨应充行，坐违期不至。棘诣郡辞列："棘为家长，令弟不行，罪应百死，乞以身代萨。"萨又辞列自引。太守张岱疑其不实，以棘、萨各置一处，报云"听其相代"，颜色并悦，甘心赴死。棘妻许又寄语属棘："君当门户，岂可委罪小郎？且大家临亡，以小郎属君，竟未妻娶，家道不立。君已有二儿，死复何恨？"岱依事表上，孝武诏特原罪。州加辟命，并赐帛二十疋。

先是，新蔡徐元妻许，二十一丧夫，子甄年三岁，父揽愍其年少，以更适同县张买。许自誓不行，父逼载送买。许自经气绝，家人奔赴，良久乃苏。买夜送还揽。许归徐氏，养元父季。元嘉中，八十余卒。

又明帝泰始二年，长城吴庆恩杀同郡钱仲期。子延庆属役在都，闻父死驰还，于庾浦埭逢庆恩，手刃杀之，自系乌程狱。吴兴太守郗颙表不加罪，许之。

何子平，庐江灊人也。曾祖楷，晋侍中。祖友，会稽王道子骠骑谘议参军。父子先，建安太守。

子平世居会稽，少有志行，事母至孝。扬州辟从事史，月奉得白米，辄货市粟麦。人曰："所利无几，何足为烦？"子平曰："尊老在东，不办得米，何心独飨白粲？"每有赠鲜肴者，若不可寄致至家，则不肯受。母本侧庶，籍注失实，实未及养，而籍年已满，便去职归家。时镇军将军顾觊之为州上纲，谓曰："尊上年实未八十，亲故所知，州中差有微禄，当启相留。"子平曰："公家正取信黄籍，籍年既至，便应扶侍，何容苟冒荣利。"乃归家竭力供养。元嘉三十年，元凶弑逆，随王诞入讨，以为行参军。子平以凶逆灭理，故废己受职，事宁自解。末除吴郡海虞令，县禄唯供养母一身，不以及妻子。人疑其俭薄，子平曰："希禄本在养亲，不在为己。"问者惭而退。母丧去官，哀毁逾礼，每至哭踊，顿绝方苏。属大明末东土饥荒，继以师旅，八年不得营葬，昼夜号哭，常如袒括之日。冬不衣絮，暑避清凉，一日以数合米为粥，不进盐菜。所居屋败，不蔽风日，兄子伯兴欲为葺理，子平不肯，曰："我情事未申，天地一罪人耳，屋何宜覆？"蔡兴宗为会稽太守，甚加矜赏，为营冢圹。子平居丧毁甚，及免丧，殆至不立。幼持操检，敦厉名行，虽处暗室，如接大宾。学义坚明，处之以默，安贫守善，不求荣进。好退之士，弥以此贵之。卒年六十。

崔怀顺，清河东武城人也。父邪利，鲁郡太守，宋元嘉中为魏所获。怀顺与妻房氏笃爱，闻父见虏，即日遣妻，布衣蔬食，如居丧礼。岁时，北向流涕。邪利后仕魏，书戒怀顺，不许如此。怀顺得书更号泣。怀顺从叔模为荥阳太守，亦入魏，模子虽居处改节，不废婚宦。宋大明中，怀顺宗人冀州刺史元孙北使魏，魏人问之曰："崔邪利、模并力屈归命，二家子侄出处不同。义将安在？"元孙曰："王尊驱骥，王阳回车，欲令忠孝并弘，臣子两遂。"泰始初，淮北入魏，怀顺因此归北，至代都而邪利已卒，怀顺绝而后苏，载丧还青州。徒跣冰雪，土气寒酷，而手足不伤，时人以为孝感。丧毕，以弟在南，齐建元初又逃归。而弟已亡。怀顺孤贫，宗党哀之，日敛给其斗米。永明中卒。

王虚之，字文静，庐江石阳人也。十三丧母，三十三丧父，二十五年盐酢不入口。疾病着床，忽有一人来问疾，谓之曰："君病寻差。"俄而不见，病果寻差。庭中杨梅树隆冬三实。又每夜所居有光如烛，墓上橘树一冬再实，时人咸以为孝感所致。齐永明中，诏榜门，蠲其三世。

时又有顾昌衍、江柔之、江轲并以笃行知名。昌衍，吴人，居丧几致灭性。王俭言之天子曰："昌衍既有至行，且张永之甥，宜居礼闱，以光郎署。"乃以为尚书库部郎。柔之、轲并济阳人。柔之，字叔远；孝悌通亮，亦至台郎。轲，字伯伦，贞严有行。宗人江概位至侍中，性豪侈，唯见轲则敬挹焉。

吴庆之，字文悦，濮阳人也。寓居吴兴，宋江夏王义恭为扬州，召为西曹书佐。及义恭诛，庆之自伤为吏无状，不复肯仕，终身蔬食。后王琨为吴兴太守，欲召为功曹。答曰："走素无人世情，直以明府见接有礼，所以奔走岁时。若欲见吏，则是蓄鱼于树，栖鸟于泉耳。"不辞而退。琨追谢之，望尘不及矣。

萧睿明，字景济，南兰陵人也。母病风，积年沉卧，睿明昼夜祈祷，时寒，睿明下泪为之冰如箸，额上叩头血亦冰不溜。忽有一人以小石函授之，曰："此疗夫人病。"睿明跪受之，忽不见。以函奉母，函中唯有三寸绢，丹书为"日月"字，母服之即平复。于时秣陵朱绪无行，母病积年，忽思菰羹，绪妻到市买菰为羹欲奉母，绪曰："病复安能食。"先尝之，遂并食尽。母怒曰："我病欲此羹，汝何心并哽尽。天若有知，当令汝哽死。"绪闻便心中介介然，即利血，明日而死。睿明闻之，大悲恸，不食积日。问绪尸在何处，欲手自戮之。既而曰："污吾刀。"乃止。永明五年，居母丧，不胜哀，卒，诏赠中书郎。

时又有鲜于文宗，渔阳人，年七岁丧父。父以种芋时亡，至明年芋时，对芋呜咽，如此终身。姊文英，适荀氏，七日而夫亡，执节不嫁。及母卒，昼夜哭泣，遂丧明。

萧矫妻羊，字淑祎，性至孝，居父丧，哭辄吐血。母尝有疾，淑祎于中夜祈祷，忽见一人在树下，自称枯桑君，曰："若人无患，今泄气，在亥，西南求白石镇之。"言讫不见。明日如言而疾愈。

又时有羊缉之女佩任者，乌程人。随母还舅氏，母亡，昼夜号哭，不饮食三日而亡，乡里号曰"女表"。

又有晋陵吴康之妻赵氏，父亡弟幼，遇岁饥，母老病笃。赵诣乡里告乞，言辞哀苦，乡里怜之，各分升米，遂得免。及嫁康之，少时夫亡，家欲更嫁，誓言不贰焉。

又义兴蒋俊之妻黄氏，夫亡不重嫁，家逼之，欲自杀，乃止。建元三年，诏蠲表门闾。

又会稽永兴吴翼之母丁氏，少丧夫。性仁爱，遭年荒，分衣食以贻里中饥饿者，邻里求借未尝违。同里陈攘父母死，孤单无亲戚，丁收养之。及长为营婚娶。又同里王礼妻徐氏，荒年客死山阴，丁为买棺器，自往敛葬。元徽末，大雪，商旅断行，村里比室饥饿，丁自出盐米，计口分赋。同里左侨家露四丧无以葬，丁为办冢椁。有三调不登者，代为输送。丁长子妇王氏守寡，执志不再醮。州郡上言，诏表门闾，蠲租税。

又会稽寒人陈氏，有三女，无男，祖父母年八九十，老无所知，父瘫病，母不安其室。遇岁饥，三女相率于西湖采菱莼，更日至市货卖，未尝亏怠。乡里称为义门，多欲娶为妇。长女自伤茕独，誓不肯行。祖父母寻相继卒，三女自营殡葬，为庵舍居墓侧。

又永兴概中里王氏女年五岁，得毒病，两目皆盲。性至孝，年二十父死，临尸一叫，眼皆血出。小妹娥，舐其血，左目即开，时人称为孝感。

又诸暨东洿里屠氏女，父失明，母瘤疾，亲戚相弃，乡里不容。女移父母远住苎里，昼采樵，夜纺绩，以供养。父母俱卒，亲营殡葬，负土成坟。忽空中有声云："汝至性可重，山神欲相驱使，汝可为人疗病，必得大富贵。"女谓是妖魅，弗敢从。遂得病积时。邻舍人有中溪蜮毒者，女试疗之，自觉病便差，遂以巫道为人疗疾，无不愈。家产日益，乡里多欲娶之。女以无兄弟，誓守坟墓不嫁，为山劫所杀。

又吴兴乘公济妻姚氏，生二男。而公济及兄公愿、乾伯并卒，各有一子。姚养育之，卖田宅为取妇，自与二男寄止邻家。明帝诏为其二子婚，表闾复徭役。

又吴郡范法恂妻褚氏，亦勤苦执妇业。宋升明中，孙昙瓘谋反亡命，褚谓其子僧简曰："孙越州先姑之姊子，与汝父亲则从母兄弟，交则义重古人，逃窜脱不免，汝宜收之。"昙瓘寻伏法，褚氏令僧简往敛葬。年七十余，永明中卒。僧简在都，闻病驰归，未至，褚已卒；将殡，举尸不起，寻而僧简至焉。

公孙僧远，会稽剡人也。居父丧至孝，事母及伯父甚谨。年饥，僧远常飨减食以养母及伯父。弟亡，贫无以葬，身自贩贴与邻里，供敛送终之费，躬负土，手种松柏。兄姊未婚嫁，乃自卖为之成礼。名闻郡县。齐高帝即位，遣兼散骑常侍虞炎等十二部使行天下，表列僧远等二十三人，诏并表门闾，蠲租税。

吴欣之，晋陵利城人也。宋元嘉末，吴慰之为武进县吏。随王诞起义，元凶遣军主华钦讨之，吏人皆散，慰之独留，见执。将死，欣之诣钦乞代弟命，辞泪哀切，兄弟皆见原。齐建元三年，有诏蠲表之。

永明初，广陵人童超之二息犯罪争死，太守刘悛表以闻。

韩系伯，襄阳人也，事父母谨孝。襄阳人邻居，种桑树于界上为志，系伯以桑枝荫妨他地，迁界上开数尺，邻畔随复侵之，系伯辄更改种。久之，邻人惭愧，还所侵地，躬往谢之。齐建元三年，蠲表门闾，以寿终。

时有吴兴人闻人复，年十七，结客报父仇，为高帝所赏，位至长水校尉。

丘冠先，字道玄，吴兴乌程人也，少有节义。齐永明中，位给事中。时求使蠕蠕国，尚书令王俭言："冠先虽名位未升，而义行甚重。若为行人，则苏武、郑众之流也。"于是使蠕蠕。蠕蠕逼令拜，冠先执节不从。以刃临之，冠先曰："能杀我者，蠕蠕也；不能以天子使拜戎狄者，我也。"遂见杀。武帝以冠先不辱命，赐其子雄钱一万、布三十匹。雄不受，诣阙上书曰："臣父执节如苏武，守死如谷吉，遂不书之良史，甄之褒策，万代之后，谁死社稷？建元四年，车僧朗衔使不异，抗节是同，诏赠正员外郎，此天朝旧准。臣父成例也。今僧朗反葬冢茔，臣父湮弃绝域，语忠烈则亦不谢车，论荼苦则彼优而此剧，名位不殊，礼数宜等，乞申哀赠。"书奏不省。

孙淡，太原人也，世居长沙。事母至孝，母疾，不眠食，以差为期。母哀之，后有疾不使知也。齐建元三年，蠲表门闾。卒于家。

华宝，晋陵无锡人也。父豪，晋义熙末戍长安，宝年八岁，临别谓宝曰："须我还当为汝上头。"长安陷，宝年至七十不婚冠。或问之，宝辄号恸弥日，不忍答也。

同郡薛天生，母遭艰菜食，天生亦菜食。母未免丧而死，天生终身不食鱼肉。

又同郡刘怀胤与弟怀则，年十岁遭父丧，不衣絮帛，不食盐菜。齐建元三年，并表门闾。

解叔谦，字楚梁，雁门人也。母有疾，叔谦夜于庭中稽颡祈福，闻空中语云："此病得丁公藤为酒便差。"即访医及《本草注》，皆无识者。乃求访至宜都郡，遥见山中一老公伐木，问其所用，答曰："此丁公藤，疗风尤验。"叔谦便拜伏流涕，具言来意。此公怆然，以四段与之，并示以渍酒法。叔谦受之，顾视此人，不复知处。依法为酒，母病即差。齐建武初，以奉朝请征，不至。

时又有宗元卿、庾震、朱文济、匡昕、鲁康祚、谢昌宇，皆有素履，而叔谦尤高。元卿，字希蒋，南阳人，有至行。早孤，为祖母所养。祖母病，元卿在远辄心痛，大病则大痛，小病则小痛，以此为常。乡里宗事之，号曰宗曾子。震，字彦文，新野人。丧父母，居贫无以葬，赁书以营事，至手掌穿，然后葬事获济。南阳刘虬因此为撰《孝子传》。文济，字敬达，吴兴人。自卖以葬母，太守谢瀹命为儒林，不就。昕，字令先，庐陵人。有至性，隐金华山，服食，不与俗人交。母病亡已经日，昕奔还号叫，母即苏。皆以为孝感所致。康祚，扶风人，亦有至行。母患乳痈，诸医疗不愈，康祚乃跪，两手捧痈大悲泣，母即觉小宽，因此渐差。时人以其有冥应。康祚位至屯骑校尉。昌宇，陈郡人也，为刘悛广州参军。孝性甚至。尝养一鹄，昌宇病二旬，而鹄二旬不食。昌宇亡而鹄遂飞去。

韩灵敏，会稽剡人也。早孤，与兄灵珍并有孝性。母寻又亡，家贫无以营凶，兄弟共种瓜，朝采瓜子，暮生已复，遂办葬事。灵珍亡，无子，妻胡氏守节不嫁，虑家人夺其志，未尝告归。灵敏事之如母。

刘讽，字处和，南阳人也。父绍，仕宋位中书郎。讽母早亡，绍被敕纳路太后兄女为继室。讽年数岁，路氏不以为子，奴婢辈捶打之无期度。讽母亡时，辄悲啼不食，弥为婢辈所苦。路氏生谦，兄讽怜爱之不忍舍，恒在床帐侧，辄被驱搥，终不肯去。路氏病经年，讽昼夜不离左右，每有增加，辄流涕不食。路氏病差，感其意，慈爱遂隆。路氏富盛，一旦为讽立斋宇筵席，不减侯王。谦有识，事讽过于同产，事无大小，必咨兄而后行。讽妹适江祐弟禧，与祐兄弟异常。自尚书比部郎后为遥光谘议，专知腹心任。时遥光任为顾托，朝望向讽如云。讽忌之，求出为丹阳丞，虽外迁而意任不改。及遥光举事，且方召讽，讽以为宜悉呼佐史。讽之徙丹阳丞也，遥光以萧懿第四弟晋安王之文学畅为谘议，领录事。及召入，遥光谓曰："刘暄欲有异志，今当取之。"遥光去岁暴风，

性理乖错，多时方愈。畅曰："公去岁违和，今欲发动。"顾左右急呼师视脉。遥光厉声曰："谘议欲作异邪！"因诃令出。须臾讽入，畅谓曰："公昔年风疾，今复发。"讽曰："卿视今夕处分，云何而作此语？"及迎垣历生至，与讽俱劝夜攻台。既不见纳，讽、历生并抚膺曰："今欲作贼而坐守此城，今年坐公灭族矣。"及遥光败，讽静坐围舍。谦为度支郎，亦奔亡，遇讽仍不复去。讽曰："吾为人作吏，自不避死，汝可去，无相守同尽。"答曰："向若不逢兄，亦草间苟免，今既相逢，何忍独生？"因以衣带结兄衣，俱见杀。何胤闻之叹曰："兄死君难，弟死兄祸，美哉！"

又柳叔夜，河东人。父宗，宋黄门郎。叔夜年十六为新野太守，甚有名绩，补遥光谘议参军。及事败，左右扶上马，欲与俱亡，答曰："吾已许始安以死，岂可负之邪？"遂自杀。

封延伯，字仲连，勃海人也。世为州郡著姓，寓居东海，三世同财，为北州所宗附。延伯好学退让，事寡嫂甚谨。垣崇祖为兖州，请为长史，不就。崇祖轼其门，不肯相见。后为豫州，上表荐之，诏书优礼。起家为平西长史、梁郡太守。为政清静，有高士风。俄以疾免，还东海。于时四州入魏，士子皆依海曲，争往宗之，如辽东之仰邴原也。

建元三年，大使巡行天下，义兴陈玄子四世同居，一百七口。武陵邵荣兴、文献叔并八世同居。东海徐生之、武陵范安祖、李圣伯、范道根，并五世同居。零陵谭弘宝、衡阳何弘、华阳阳黑头，疏从四世同居。诏俱表门闾，蠲租税。

又蜀郡王续祖、华阳郝道福并累世同爨，建武三年，明帝诏表门，蠲调役。

吴达之，义兴人也。嫂亡无以葬，自卖为十夫客，以营冢椁。从祖弟敬伯，夫妻荒年被略卖江北，达之有田十亩，货以赎之，与同财共宅。郡命为主簿，固以让兄。又让世业旧田与族弟，弟亦不受，田遂闲废。齐建元三年，诏表门闾。

先是有蔡县智，乡里号蔡曾子；庐江何伯玙兄弟，乡里号为何展禽；并为高士沈颛所重。常云"闻蔡县智之风，怯夫勇，鄙夫有立志。闻何伯玙之风，伪夫正，薄夫厚"云。

伯玙弟幼玙，俱厉节操，养孤兄子，及长为婚，推家业尽与之。安贫枯槁，诲人不倦，郡守下车莫不修谒。伯玙卒，幼玙末好佛法，剪落长斋，持行精苦，梁初卒。兄弟年八十余。

王文殊，字令章，吴兴故鄣人也。父没魏，文殊思慕泣血，终身疏食，不衣帛，服麻缊而已。不婚，不交人物。吴兴太守谢瀹聘为功曹，不就。立小屋于县西，端拱其中。岁时伏腊，月朝十五，未尝不北望长悲，如此三十余年。太守孔琇之表其行，郁林诏榜门，改所居为孝行里。

乐颐之，字文德，南阳涅阳人也，世居南郡，少而言行和谨。仕为京府参军，父在郢病亡。颐之忽悲恋涕泣，因请假还，中路果得父凶问，便徒跣号叫，出陶家后渚，遇商人附载西上，水浆不入口数日。尝遇疾，与母隔壁，忍病不言，啮被至碎，恐母之哀己也。湘州刺史王僧虔引为主簿，以同僚非人，弃官去。吏部郎庾杲之尝往候，颐之为设食，唯枯鱼菜菹。杲之曰："我不能食此。"母闻之，自出常膳鱼羹数种。杲之曰："卿过于茅季伟，我非郭林宗。"仕至郢州中从事。

弟预，字文介，亦至孝。父临亡，执手以托郢州行事王奂。预悲感闷绝，吐血数升，遂发病。官至骠骑录事参军。隆昌末，预谓丹阳尹徐孝嗣曰："外传藉藉，似有伊、周之事。君蒙武帝殊常之恩，荷托付之重，恐不得同人此事。人笑称公，至今齿冷，无为效尤。"孝嗣故吏吴兴沈升之亦说之曰："升之与君俱有项领之功，今一言而二功俱解，岂愿闻之乎？君受恩二祖，而更参惟新之政，以君为反覆人，事成则无处逃咎矣。升之草莱百姓，言出祸已随之，孰与超然谢病，高枕家园，则与松柏比操，风霜等烈，岂不美邪？"孝嗣并改容谢之。预建武中为永世令，人怀其德，卒官。时有一媪年可六七十，担辟薪叶造市货之，闻预亡，大泣，弃溪中，曰："失乐令，我辈孤独老姥政应就死耳。"市人亦皆泣，其惠化如此。

江泌，字士清，济阳考城人也。父亮之，员外郎。泌少贫，昼日斫屧为业，夜读书随月光，光斜则握卷升屋，睡极堕地则更登。性行仁义，衣弊虱多，绵裹置壁上，恐虱饥死，乃复置衣中。数日间，终身无复虱。母亡后，以生阙供养，遇鲑不忍食。菜不食心，以其有生意，唯食老叶而已。母墓为野火所烧，依"新宫灾，三日哭"。泪尽系之以血。

历仕南中郎行参军，所给募吏去役，得时病，莫有舍之者。吏扶杖投泌，泌自隐恤。吏死，泌为买棺。无僮役，兄弟共舆埋之。后领国子助教，乘牵车至染乌头，见一老公步行，下车载之，躬自步去染。武帝以为南康王子琳侍读。建武中，明帝害诸王，后泌忧念子琳，访志公道人，问其祸福。志公覆香炉灰示之曰："都尽无余。"及子琳被害，泌往哭之，泪尽续以血，亲视殡葬毕乃去。泌寻卒。族人兖州中从事泌，黄门郎念子也，与泌同名，世谓泌为"孝泌"以别之。

庾道愍，颍川鄢陵人，晋司空冰之玄孙也。有孝行，颇能属文。少出孤悴，时人莫知。其所生母流漂交州，道愍尚在襁褓。及长知之，求为广州绥宁府佐。至南而去交州尚远。乃自负担冒险，仅得自达。及至交州，寻求母虽经年，日夜悲泣。尝入村，日暮雨骤，乃寄止一家。旦有一妪负薪外还，而道愍心动，因访之，乃其母也。于是行伏号泣，远近赴之，莫不挥泪。道愍尤精相板，宋明帝时，山阳王休祐屡以言忤颜，见道愍，托以板为他物，令道愍占之。道愍曰："此乃甚贵，然使人多愆忤。"休祐以

褚彦回详密，求换其板。他日，彦回侍明帝，自称下官。帝多忌，甚不悦。休祐具以状言，帝乃意解。道愍仕齐，位射声校尉。族孙沙弥亦以孝行著。

沙弥，晋司空冰之六世孙也。父佩玉，仕宋位长沙内史，升明中，坐沈攸之事诛。时沙弥始生。及年五岁，所生母为制采衣，辄不肯服。母问其故，流涕对曰："家门祸酷，用是何为？"及长，终身布衣蔬食。为中军田曹行参军。嫡母刘氏寝疾，沙弥晨昏侍侧，衣不解带。或应针灸，辄以身先试。及母亡，水浆不入口累日。初进大麦薄饮，经十旬方为薄粥。终丧不食盐酢，冬日不衣绵纩，夏日不解衰绖。不出庐户，昼夜号恸，邻人不忍闻。所坐荐泪沾为烂。墓在新林，忽生旅松百许株，枝叶郁茂，有异常松。刘好啖甘蔗，沙弥遂不食焉。宗人都官尚书咏，表言其状，应纯孝之举，梁武帝召见，嘉之，以补歆令。还除轻车邵陵王参军事，随府会稽。复丁所生母忧，丧还都，济浙江，中流遇风，舫将覆没。沙弥抱柩号哭，俄而风静，咸以为孝感所致。后卒于长城令。子持。

持，字元德，少孤，性至孝，父忧，居丧过礼。笃志好学，仕梁为尚书左户郎，后兼建康监。陈文帝为吴兴太守，以为郡丞，兼掌书翰。天嘉初，为尚书左丞，封崇德县子。拜封之日，请令史为客，受其饷遗，文帝怒之，因坐免。后为临安令，坐杖杀人免封。还为给事黄门侍郎，历盐官令，秘书监，知国史事。又为少府卿，迁太中大夫，领步兵校尉，卒。持善字书，每属辞，好为奇字，文士亦以此讥之。有集十卷。

卷七十四　　　列传第六十四

孝义下

滕昙恭 徐普济 张悌　陶季直　沈崇傃　荀匠　吉翂　甄恬　赵拔扈　韩怀明　褚修　张景仁　宛陵女子　卫敬瑜妻王氏　刘景昕　陶子锵　成景俊　李庆绪　谢蔺 子贞　殷不害 弟不佞　司马皓　张昭 弟乾　王知玄

滕昙恭，豫章南昌人也。年五岁，母杨氏患热。思食寒瓜，土俗所不产。昙恭历访不能得，衔悲哀切。俄遇一桑门问其故，昙恭具以告。桑门曰："我有两瓜，分一相遗。"还以与母，举室惊异，寻访桑门，莫知所在。及父母卒，昙恭并水浆不入口者旬日，感恸呕血，绝而复苏。隆冬不著茧絮，蔬食终身。每至忌日，思慕不自堪，昼夜哀恸。其门外有冬生树二株，时忽有神光自树而起，俄见佛像及夹侍之仪，容光显著，自门而入。昙恭家人大小，咸共礼拜，久之乃灭。远近道俗咸传之。太守王僧虔引昙

恭为功曹，固辞不就。王俭时随僧虔在郡，号为滕曾子。梁天监元年，陆琏奉使巡行风俗，表言其状。昙恭有子三人，皆有行业。

时有徐普济者，长沙临湘人。居丧未葬，而邻家火起，延及其舍。普济号恸伏棺上，以身蔽火。邻人往救之，焚炙已闷绝，累日方苏。

又有建康人张悌，家贫，无以供养，以情告邻富人。富人不与，不胜忿，遂结四人作劫，所得衣物，三劫持去，实无一钱入己。县抵悌死罪。悌兄松诉称："与弟景是前母子，后母唯生悌，松长，不能教诲，乞代悌死。"景又曰："松是嫡长，后母唯生悌。若从法，母亦不全。"亦请死。母又云："悌应死，岂以弟罪枉及诸兄？悌亦引分，乞全两兄供养。"县以上谳。帝以为孝义，特降死，后不得为例。

陶季直，丹阳秣陵人也。祖愍祖，宋广州刺史。父景仁，中散大夫。季直早慧，愍祖甚爱异之，尝以四函银列置于前，令诸孙各取其一。季直时年四岁，独不取，曰："若有赐，当先父伯，不应先及诸孙。故不取。"愍祖益奇之。五岁丧母，哀若成人。初，母未病，令于外染衣，卒后，家人始赎。季直抱之号恸，闻者莫不酸感。及长，好学，淡于荣利，征召不起，时人号曰聘君。后为望蔡令，以病免。

时刘彦节、袁粲以齐高帝权盛，将图之。彦节素重季直，欲与谋。季直以袁、刘儒者，必致颠殒，固辞不赴。俄而彦节等败。齐初为尚书比部郎。时褚彦回为尚书令，素与季直善，频以为司空司徒主簿，委以府事。彦回卒，尚书令王俭以彦回有至行，欲谥"文孝公"。季直曰："文孝是司马道子谥，恐其人非具美，不如文简。"俭从之。季直又请为彦回立碑，始终营护，甚有吏节。再迁东莞太守，在郡号为清和。后为镇西谘议参军。齐武帝崩，明帝作相，诛锄异己。季直不能阿意取容，明帝颇忌之，出为辅国长史、北海太守。边职上佐，素士罕为之者，或劝季直造门致谢，明帝留以为骠骑谘议参军，兼尚书左丞，迁建安太守。为政清静，百姓便之。

梁台建，为给事黄门侍郎，常称仕至二千石始愿毕矣，无为久预人间事，乃辞疾还乡里。梁天监初，就拜太中大夫。武帝曰："梁有天下，遂不见此人。"十年，卒于家。季直素清苦绝伦，又屏居十余载，及死，家徒四壁，子孙无以殡敛，闻者莫不伤其志事云。

沈崇傃，字思整，吴兴武康人也。父怀明，宋兖州刺史。崇傃六岁丁父忧，哭踊过礼。及长，事所生母至孝，家贫，常佣书以养。天监二年，太守柳恽辟为主簿。崇傃从恽到郡，还迎其母，未至而母卒。崇傃以不及侍疾，将欲致死，水浆不入口，昼夜号哭，旬日殆将绝气。兄弟谓曰："殡葬未申，遽自毁灭，非全孝道也。"崇傃心悟，乃稍进食。母权瘗，去家数里，哀至辄之瘗所，不避雨雪。每倚坟哀恸，飞鸟翔集。夜恒有猛兽来望之，有声状如叹息者。家贫无以迁厝，乃行乞经年，始获葬焉。

既而庐于墓侧，自以初行丧礼不备，复以葬后更行服三年。久食麦屑，不啖盐酢，坐卧于单荐，因虚肿不能起。郡县举至孝。梁武闻，即遣中书舍人慰勉之，乃诏令释服，擢补太子洗马，旌其门闾。崇傃奉诏释服，而涕泣如居丧。固辞不受官，乃除永宁令。自以禄不及养，哀思不自堪，未至县，卒。

荀匠，字文师，颍阴人，晋太保勖九世孙也。祖琼，年十五复父仇于成都市，以孝闻。宋元嘉末度淮，逢武陵王举义，为元凶追兵所杀，赠员外散骑侍郎。父法超，仕齐为安复令，卒官。匠号恸气绝，身体皆冷，至夜乃苏。既而奔丧，每宿江渚，商侣不忍闻其哭声。梁天监元年，其兄斐为郁林太守，征俚贼，为流矢所中，死于阵。丧还，匠迎至豫章，望舟投水，旁人赴救，仅而得全。及至，家贫不得时葬，居丧忧并兄服，历四年不出庐户。自括发不复栉沐，发皆秃落。哭无时，声尽则系之以泣，目眦皆烂，形骸枯悴，皮骨裁连，虽家人不复识。郡县以状言，武帝诏遣中书舍人为其除服，擢为豫章王国左常侍。匠虽即吉而毁悴逾甚，外祖孙谦诫之曰："主上以孝临天下，汝行过古人，故擢汝此职。非唯君父之命难拒，故亦扬名后世，所显岂独汝身哉？"匠乃拜，竟以毁卒。

吉翂，字彦霄，冯翊莲勺人也。家居襄阳。翂幼有孝性，年十一，遭所生母忧，水浆不入口。殆将灭性，亲党异之。

梁天监初，父为吴兴原乡令，为吏所诬，逮诣廷尉。翂年十五，号泣衢路，祈请公卿，行人见者皆为陨涕。其父理虽清白，而耻为吏讯，乃虚自引咎，罪当大辟。翂乃挝登闻鼓，乞代父命。武帝异之，尚以其童幼，疑受教于人，敕廷尉蔡法度严加胁诱，取其款实。法度乃还寺，盛陈徽纆，厉色问曰："尔求代父死，敕已相许，便应伏法；然刀锯至剧，审能死不？且尔童孺，志不及此，必为人所教，姓名是谁？若有悔异，亦相听许。"对曰："囚虽蒙弱，岂不知死可畏惮；顾诸弟幼藐，唯囚为长，不忍见父极刑，自延视息，所以内断胸臆，上当万乘。今欲殉身不测，委骨泉壤，此非细故，奈何受人教邪？"法度知不可屈挠，乃更和颜诱语之，曰："主上知尊侯无罪，行当释亮。观君神仪明秀，足称佳童，今若转官，幸父子同济，奚以此妙年苦求汤镬？"翂曰："凡鲲鲕蝼蚁尚惜其生，况在人斯，岂愿齑粉？但父挂深劾，必正刑书，故思殒仆，冀延父命。"翂初见囚，狱掾依法备加桎梏，法度矜之，命脱其二械，更令著一小者。翂弗听，曰："翂求代父死，死囚岂可减乎？"竟不脱械。法度以闻，帝乃宥其父。

丹阳尹王志，求其在廷尉故事，并请乡居，欲于岁首举充纯孝。翂曰："异哉王尹，何量翂之薄，夫父辱子死，斯道固然，若翂有靦面目，当此举，则是因父买名，一何甚辱！"拒之而止。年十七，应辟为本州主簿，出监万年县。摄官期月，风化大行。自雍还郢，湘州刺史柳忱复召为主簿。后秣陵乡人裴俭、丹阳郡守臧盾、扬州中正张仄连名荐翂，以为孝行纯至，明通《易》《老》。敕付太常旌举。初，玢以父陷罪，因成悸疾，后因发而卒。

甄恬，字彦约，中山无极人也，世居江陵。数岁丧父，哀感有若成人。家人矜其小，以肉汁和饭饲之，恬不肯食。年八岁，尝问其母，恨生不识父，遂悲泣累日。忽若有见，言形貌则其父也，时以为孝感。家贫养母，常得珍羞。及居丧，庐于墓侧，恒有鸟玄黄杂色集于庐树，恬哭则鸣，哭止则止。又有白鸠白雀栖宿其庐。州将始兴王憺表其行状，诏旌表门闾，加以爵位。恬官至安南行参军。

赵拔扈，新城人也。兄震动，富于财，太守樊文茂求之不已，震动怒曰："无厌将及我。"文茂闻其语，聚其族诛之。拔扈走免，亡命聚党，至社树咒曰："文茂杀拔扈兄，今欲报之，若事克，斫树处更生，不克即死。"三宿三枿生十丈余，人间传以为神，附者十余万。既杀文茂，转攻旁邑。将至成都，十余日战败，退保新城求降。文茂，黎州刺史文炽弟，襄阳人也。

韩怀明，上党人也。客居荆州。十岁，母患尸疰，每发辄危殆。怀明夜于星下稽颡祈祷，时寒甚切，忽闻香气，空中有人曰："童子母须臾永差，无劳自苦。"未晓而母平复，乡里以此异之。十五丧父，几至灭性，负土成坟，赙助无所受。免丧，与乡人郭麻俱师南阳刘虬。虬尝一日废讲，独居涕泣，怀明窃问虬家人，答云是外祖亡日。时虬母亦已亡矣。怀明闻之，即日罢学，还家就养。虬叹曰："韩生无丘吾之恨矣。"家贫，肆力以供甘脆，嬉怡膝下，朝夕不离母侧。母年九十，以寿终，怀明水浆不入口一旬，号哭不绝声。有双白鸠巢其庐上，字乳驯狎，若家禽焉，服释乃去。及除丧，蔬食终身，衣衾无所改。梁天监初，刺史始兴王憺表言之。州累辟不就，卒于家。

褚修，吴郡钱唐人也。父仲都，善《周易》，为当时之冠。梁天监中，历位《五经》博士。修少传父业，武陵王纪为扬州，引为宣惠参军，兼限内记室。修性至孝，父丧，毁瘠过礼，因患冷气。及丁母忧，水浆不入口二十三日，每号恸辄呕血，遂以毁卒。

张景仁，广平人也。父梁天监初为同县韦法所杀，景仁时年八岁。及长，志在复仇。普通七年，遇法于公田渚，手斩其首以祭父墓。事竟，诣郡自缚，乞依刑法。太守蔡天起上言于州。时简文在镇，乃下教褒美之，原其罪，下属长蠲其一户租调，以旌孝行。

又天监中，宣城宛陵女子与母同床眠，母为猛兽所取。女啼号随挚猛兽，行数十里，兽毛尽落，兽乃置其母而去。女抱母犹有气息，经时乃绝。乡里言于郡县，太守萧琛表上，诏榜其门闾。

又霸城王整之姊嫁为卫敬瑜妻，年十六而敬瑜亡，父母舅姑咸欲嫁之，誓而不许，乃截耳置盘中为誓乃止。遂手为亡婿种树数百株，墓前柏树忽成连理，一年许还复分散。女乃为诗曰："墓前一株柏，根连复并枝。妾心能感木，颓城何足奇。"所住户有燕巢，常双飞来去，后忽孤飞。女感其偏栖，乃以缕系脚为志。后岁此燕果复更来，犹带前缕。女复为诗曰："昔年无偶去，今春犹独归。故人恩既重，不忍复双飞。"雍州刺史西昌侯藻嘉其美节，乃起楼于门，题曰"贞义卫妇之闾"。又表于台。

后有河东刘景昕，事母孝谨，母常病癖三十余年，一朝而瘳，乡里以为景昕诚感。荆州刺史湘东王绎辟为主簿。

陶子锵，字海育，丹阳秣陵人也。父延，尚书比部郎。兄尚，宋末为倖臣所怨，被系。子锵公私缘诉，流血稽颡，行路嗟伤。逢谢超宗下车相访，回入县诣建康令劳彦远曰："岂忍见人昆季如此而不留心？"劳感之，兄得释。母终，居丧尽礼。与范云邻，云每闻其哭声，必动容改色，欲相申荐，会云卒。初，子锵母嗜莼，母没后，恒以供奠。梁武义师初至，此年冬营莼不得，子锵痛恨，恸哭而绝，久之乃苏。遂长断莼味。

成景俊，字超，范阳人也。祖兴，仕魏为五兵尚书。父安乐，淮阳太守。梁天监六年，常邕和杀安乐，以城内附。景俊谋复仇，因杀魏宿预城主，以地南入。普通六年，邕和为鄱阳内史，景俊购人刺杀之。未久，重购邕和家人，鸩杀其子弟，噍类俱尽。武帝义之，每为屈法。景俊家仇既雪，每思报效，后除北豫州刺史，侵魏，所向必推其智勇，时以比马仙琕。兼有政绩见怀，北豫州吏人树碑纪德，卒，谥曰忠烈云。

李庆绪，字孝绪，广汉郪人也。父为人所害，庆绪九岁而孤，为兄所养，日夜号泣，志在复仇。投州将陈显达，仍于部伍白日手刃其仇，自缚归罪，州家义而释之。梁天监中，为东莞太守。丁母忧去职，庐于墓侧，每恸呕血数升。后为巴郡太守，号良吏。累迁卫尉，封安陆县侯。益州三百年无复贵仕，庆绪承恩至此，便欲西归。寻徙太子右卫率，未拜而卒。

谢蔺，字希如，陈郡阳夏人，晋太傅安之八世孙也。父经，北中郎谘议参军。蔺五岁时，父未食，乳媪欲令先饭，蔺终不进。舅阮孝绪闻之，叹曰："此儿在家则曾子之流，事君则蔺生之匹。"因名曰蔺。稍授以经史，过目便能讽诵，孝绪每曰："吾家阳元也。"及丁父忧，昼夜号恸，毁瘠骨立。母阮氏常自守视譬抑之。服阕，吏部尚书萧子显嘉其至行，擢为王府法曹行参军。累迁外兵、记室参军。时甘露降士林馆，蔺献颂，武帝嘉之。有诏使制北兖州刺史萧楷德政碑。又奉诏令制宣城王《奉述中庸颂》。后为兼散骑常侍，使魏。会侯景入附，境上交兵，蔺母既虑不得还，感气而卒。及蔺还，入境夜梦不祥，旦便投列驰归。及至，号恸呕血，气绝久之，水浆不入口。每哭，眼耳口鼻皆血流，经月余日，因夜临而卒。所制诗赋碑颂数十篇，子贞。

贞，字元正，幼聪敏，有至性。祖母阮氏先苦风眩，每发，便一二日不能饮食。贞时年七岁，祖母不食，贞亦不食，往往如此。母王氏授以《论语》、《孝经》，读讫便诵。八岁，尝为《春日闲居》诗，从舅王筠奇之，谓所亲曰："至如'风定花犹落'，乃追步惠连矣。"年十三，尤善《左氏春秋》，工草隶虫篆。十四，丁父艰，号顿于地，绝而复苏者数矣。初贞父蔺以忧毁卒，家人宾客复忧贞，从父洽、族兄皓乃共请华严寺长爪禅师为贞说法。仍譬以母须侍养，不宜毁灭，乃少进饘粥。及魏克江陵，入长安。皓逃难番禺，贞母出家于宣明寺。及陈武帝受禅，皓还乡里，供养贞母，将二十年。

初，贞在周，尝侍周武帝爱弟赵王招读，招厚礼之。闻其独处，必昼夜涕泣，私问知母在乡，乃谓曰："寡人若出居藩，当遣侍读还家。"后数年，招果出，因辞面奏，请放贞还。帝奇招仁爱，遣随聘使杜子晖归国。是岁陈太建五年也。

始自周还时，始兴王叔陵为扬州刺史，引祠部侍郎阮卓为记室，辟贞为主簿。寻迁府录事参军，领丹阳丞。贞知叔陵有异志，因与卓自疏于王。每有宴游，辄以疾辞，未尝参预，叔陵雅重之，弗之罪也。及叔陵肆逆，唯贞与卓不坐。再迁南平王友，掌记室事。府长史汝南周确，新除都官尚书，请贞为让表，后主览而奇之。及问，知贞所作，因敕舍人施文庆曰："谢贞在王家未有禄秩，可赐米百石。"以母忧去职。顷之，敕起还府，累启固辞，敕不许。贞哀毁羸瘠，终不能之官舍。吏部尚书姚察与贞友善，及贞病笃，问以后事。贞曰："孤子衅祸所集，将随灰壤，族子凯等，粗自成立，已有疏付之，此固不足仰尘厚德。弱儿年甫六岁，名靖，字依仁，情累所不能忘，敢以为托。"是夜卒。后主问察曰："谢贞有何亲属？"察以靖答，即敕长给衣粮。初，贞之病，有遗疏告族子凯："气绝之后，若依僧家尸陀林法，是吾所愿，正恐过为独异。可用薄板周身，载以露车，覆以草席，坎山次而埋之。又靖年尚小，未阅人事，但可三月施小床，设香水，尽卿兄弟相厚之情。即除之，无益之事，勿为也。"

殷不害，字长卿，陈郡长平人也。祖汪，齐豫章王行参军。父高明，梁尚书中兵郎。不害性至孝，居父忧过礼，由是少知名。家世俭约，居甚贫窭。有弟五人，皆幼弱。不害事老母，养小弟，勤剧无所不至，士大夫以笃行称之。年十七，仕梁为廷尉平，长于政事，兼饰以儒术，名法有轻重不便者，辄上书言之，多见纳用。大同五年，兼东宫通事舍人。时朝政多委东宫，不害与舍人庾肩吾直日奏事，梁武帝尝谓肩吾曰："卿是文学之士，吏事非卿所长，何不使殷不害来邪？"其见知如此。简文以不害善事亲，赐其母蔡氏锦裙襦毡席被褥，单复毕备。

侯景之乱，不害从简文入台。及台城陷，简文在中书省。景带甲将兵，入朝陛见，过谒简文，冲突左右甚不逊，侍卫者莫不惊恐辟易，唯不害与中庶子徐摛侍侧不动。简文为景所幽，遣人请不害与居处，景许之，不害供侍益谨。梁元帝立，以不害为中书郎，兼廷尉卿。魏平江陵，失母所在。时甚寒雪，冻死者填满沟壑。不害行哭寻求，声

暂辍，遇见死人沟中，即投身捧视，举体冻僵，水浆不入口者七日，始得母尸。凭尸而哭，每举音辄气绝，行路皆为流涕。即江陵权殡，与王褒、庾信俱入长安。自是蔬食布衣，枯槁骨立，见者莫不哀之。

太建七年，自周还陈，除司农卿。迁晋陵太守。在郡感疾，诏以光禄大夫征还养疾。后主即位，加给事中。初，不害之还也，周留其长子僧首，因居关中。祯明三年，陈亡，僧首来迎，不害道卒，年八十五。不害弟不佞。

不佞，字季卿，少立名节，居父丧以至孝称。好读书，尤长吏术。梁承圣初，为武康令。时兵荒饥馑，百姓流移，不佞循抚招集，襁负至者以千数。会魏克江陵，而母卒，道路隔绝，久不得奔赴。四载之中，昼夜号泣，居处饮食，常为居丧之礼。陈武帝受禅，除娄令。至是第四兄不齐，始自江陵迎母丧柩归葬。不佞居处之节，始如闻问，若此者又三年。身自负土，手植松柏，每岁伏腊，必三日不食。

文帝时，兼尚书右丞，迁东宫通事舍人。及废帝嗣立，宣帝为太傅、录尚书辅政，甚为朝望所归。不佞素以名节自立，又受委东宫，乃与仆射到仲举、中书舍人刘师知、尚书左丞王暹等谋，矫诏出宣帝。众人犹豫未敢先发，不佞乃驰诣相府，面宣诏旨，令相王还第。及事发，仲举等皆伏诛，宣帝雅重不佞，特赦之，免其官而已。及即位，以为军师始兴王谘议参军。后兼尚书左丞，加通直散骑常侍，卒官。不佞兄不疑、不占、不齐并早亡，事第二寡嫂张氏甚谨，所得禄奉，不入私室。长子梵童，位尚书金部郎。

司马皓，字文升，河内温人也。高祖柔之，晋侍中，以南顿王孙绍齐文献王攸后。父子产，即梁武帝之外兄也，位岳阳太守。皓幼聪警，有至性。年十二，丁内艰，哀慕过礼，水浆不入口，殆经一旬。每号恸，必至闷绝，父每喻之，令进粥，然犹毁瘠骨立。服阕，以姻戚子弟入问讯，梁武帝见其羸疾，叹息久之。字其小字谓其父曰："昨见罗儿面颜憔悴，使人恻然，便是不坠家风，为有子矣。"后累迁正员郎。丁父艰，哀毁愈甚，庐于墓侧，日进薄麦粥一升。墓在新林，连接山阜，旧多猛兽，皓结庐数载，豺狼绝迹。常有两鸠栖宿庐所，驯狎异常。承圣中，除太子庶子。魏克江陵，随例入长安。而梁宗屠戮，太子殡瘗失所，及周受禅，皓以宫臣，乃抗表求还江陵改葬，辞甚酸切。周朝优诏答之，即敕荆州以礼安厝。陈太建八年，自周还，宣帝特降殊礼。历位通直散骑常侍、太中大夫，卒。有集十卷。

子延义，字希忠，少沉敏好学。初随父入关，丁母忧，丧过于礼。及皓还都，延义乃躬负灵榇，昼伏宵行，冒履冰霜，手足皲瘃。至都，遂致挛废，数年乃愈。位司徒从事中郎。

张昭，字德明，吴郡吴人也。幼有孝性，父僿常患消渴，嗜鲜鱼，昭乃身自结网捕鱼，以供朝夕。弟乾，字玄明，聪敏好学，亦有至性。及父卒，兄弟并不衣绵帛，不

食盐酢，日唯食一升麦屑粥。每一感恸，必致欧血，邻里闻之，皆为涕泣。父服未终，母陆氏又卒，兄弟遂六年哀毁，形容骨立。家贫，未得大葬，遂布衣蔬食，十有余年。杜门不出，屏绝人事。时衡阳王伯信临州，举乾孝廉，固辞不就。兄弟并因毁成疾，昭一眼失明，乾亦中冷苦癖，年并未五十，终于家，子胤俱绝。

宣帝时，有太原王知玄者，侨居会稽剡县，居家以孝闻。及丁父忧，哀毁而卒。帝嘉之，诏改所居青苦里为孝家里。

论曰：自浇风一起，人伦毁薄。盖抑引之教，导俗所先，变里旌闾，义存劝奖。是以汉世士务修身，故忠孝成俗，至于乘轩服冕，非此莫由。晋、宋以来，风衰义缺，刻身厉行，事薄膏腴。若使孝立闺庭，忠被史策，多发沟畎之中，非出衣簪之下。以此而言声教，不亦卿大夫之耻乎？

卷七十五　　　列传第六十五

隐　逸　上

陶潜　宗少文 孙测 从弟彧之　沈道虔
孔淳之　周续之　戴颙　翟法赐
雷次宗　郭希林　刘凝之　龚祈　朱
百年　关康之 辛普明 楼惠明　渔父
褚伯玉　顾欢　卢度　杜京产 孔道徽 京
产子栖　剡县小儿

《易》有君子之道四焉，语默之谓也。故有入庙堂而不出，徇江湖而永归。隐避纷纭，情迹万品。若道义内足，希微两亡，藏景穷岩，蔽名愚谷，解桎梏于仁义，示形神于天壤，则名教之外，别有风猷。故尧封有非圣之人，孔门谬鸡黍之客。次则扬独往之高节，重去就之虚名。或虑全后悔，事归知殆；或道有不申，行吟山泽，皆用宇宙而成心，借风云以为气。求志达道，未或非然，故须含贞养素，文以艺业。不尔，则与夫樵者在山，何殊异也！若夫陶潜之徒，或仕不求闻，退不讥俗；或全身幽履，服道儒门；或遁迹江湖之上，或藏名岩石之下，斯并向时沦之徒欤！今并缀缉，以备《隐逸篇》焉。又齐、梁之际，有释宝志者，虽处非显晦，而道合希夷。求其行事，盖亦俗外之徒也。故附之云。

陶潜，字渊明，或云字深明，名元亮。寻阳柴桑人，晋大司马侃之曾孙也。少有高趣，宅边有五柳树，故常著《五柳先生传》云：

先生不知何许人，不详姓字。闲静少言，不慕荣利。好读书，不求甚解，每有会意，欣然忘食。性嗜酒，而家贫不能恒得。亲旧知其如此，或置酒招之，造饮辄尽，期在必醉。既醉而退，曾不吝情去留。环堵萧然，不蔽风日，裋褐穿结，箪瓢屡空，晏如也。常著文章自娱，颇示己志，忘怀得失，以此自终。

其自序如此。盖以自况，时人谓之实录。

亲老家贫，起为州祭酒，不堪吏职，少日自解而归。州召主簿，不就，躬耕自资，遂抱羸疾。江州刺史檀道济往候之，偃卧瘠馁有日矣，道济谓曰："夫贤者处世，天下无道则隐，有道则至。今子生文明之世，奈何自苦如此？"对曰："潜也何敢望贤？志不及也。"道济馈以粱肉，麾而去之。后为镇军、建威参军，谓亲朋曰："聊欲弦歌，以为三径之资，可乎？"执事者闻之，以为彭泽令。不以家累自随，送一力给其子，书曰："汝旦夕之费，自给为难，今遣此力，助汝薪水之劳。此亦人子也，可善遇之。"公田悉令吏种秫稻，妻子固请种粳，乃使二顷五十亩种秫，五十亩种粳。郡遣督邮至县，吏白应束带见之。潜叹曰："我不能为五斗米折腰向乡里小人。"即日解印绶去职，赋《归去来》以遂其志，曰：

归去来兮，田园将芜胡不归？既自以心为形役兮，奚惆怅而独悲？悟已往之不谏，知来者之可追。实迷涂其未远，觉今是而昨非。舟遥遥以轻扬，风飘飘而吹衣。问征夫以前路，恨晨光之熹微。乃瞻衡宇，载欣载奔。僮仆欢迎，弱子候门。三径就荒，松菊犹存。携幼入室，有酒盈樽。引壶觞而自酌，眄庭柯以怡颜。倚南窗而寄傲，审容膝之易安。园日涉而成趣，门虽设而常关。策扶老以流憩，时矫首而遐观。云无心以出岫，鸟倦飞而知还。景翳翳其将入，抚孤松而盘桓。

归去来兮，请息交以绝游。世与我而相遗，复驾言兮焉求！悦亲戚之情话，乐琴书以消忧。农人告余以春及，将有事于西畴。或命巾车，或棹扁舟。既窈窕以穷壑，亦崎岖而经丘。木欣欣以向荣，泉涓涓而始流。善万物之得时，感吾生之行休。

已矣乎，寓形宇内复几时！曷不委心任去留，胡为遑遑欲何之？富贵非吾愿，帝乡不可期。怀良辰以孤往，或植杖而芸耔。登东皋以舒啸，临清流而赋诗。聊乘化以归尽，乐夫天命复奚疑！

义熙末，征为著作佐郎，不就。江州刺史王弘欲识之，不能致也。潜尝往庐山，弘令潜故人庞通之赍酒具，于半道栗里要之。潜有脚疾，使一门生二儿举篮舆。及至，欣然便共饮酌，俄顷弘至，亦无忤也。

先是，颜延之为刘柳后军功曹，在寻阳与潜情款。后为始安郡，经过潜，每往必酣饮致醉。弘欲延之一坐，弥日不得。延之临去，留二万钱与潜，潜悉送酒家稍就取酒。尝九月九日无酒，出宅边菊丛中坐久之。逢弘送酒至，即便就酌，醉而后归。

潜不解音声，而畜素琴一张。每有酒适，辄抚弄以寄其意。贵贱造之者，有酒辄设。潜若先醉，便语客："我醉欲眠，卿可去。"其真率如此。郡将候潜，逢其酒熟，取头上葛巾漉酒，毕，还复著之。潜弱年薄宦，不洁去就之迹。自以曾祖晋世宰辅，耻复屈身后代，自宋武帝王业渐隆，不复肯仕。所著文章，皆题其年月。义熙以前，明书晋氏年号，自永初以来，唯云甲子而已。与子书以言其志，并为训戒曰：

吾年过五十，而穷苦荼毒。性刚才拙，与物多忤。自量为己，必贻俗患。僶俛辞事，使汝幼而饥寒耳。常感孺仲贤妻之言，败絮自拥，何惭儿子。此既一事矣。但恨邻靡二仲，室无莱妇，抱兹苦心，良独罔罔。少来好书，偶爱闲靖，开卷有得，便欣然忘食。见树木交荫，时鸟变声，亦复欢尔有喜。尝言五六月北窗下卧，遇凉风暂至，自谓是羲皇上人。意浅识陋，日月遂往，疾患以来，渐就衰损。亲旧不遗，每有药石见救，自恐大分将有限也。汝辈幼小，家贫无役，柴水之劳，何时可免。念之在心，若何可言！然虽不同生，当思四海皆兄弟之义。鲍叔、敬仲，分财无猜；归生、伍举，班荆道旧，遂能以败为成，因丧立功。佗人尚尔，况共父之人哉！颍川韩元长，汉末名士，身处卿佐，八十而终，兄弟同居，至于没齿。济北氾幼春，晋时操行人也，七世同财，家人无怨色。《诗》云"高山景行"，汝其慎哉！

又为《命子诗》以贻之。元嘉四年，将复征命，会卒。世号靖节先生。其妻翟氏，志趣亦同，能安苦节，夫耕于前，妻锄于后云。

宗少文，南阳涅阳人也。祖承，宜都太守。父繇之，湘乡令。母同郡师氏，聪辩有学义，教授诸子。

少文善居丧，为乡间所称。宋武帝既诛刘毅，领荆州，问毅府谘议参军申永曰："今日何施而可？"永曰："除其宿衅，倍其惠泽，贯叙门次，显擢才能，如此而已。"武帝纳之，乃辟少文为主簿，不起，问其故。答曰："栖丘饮谷，三十余年。"武帝善其对而止。少文妙善琴书图画，精于言理，每游山水，往辄忘归。征西长史王敬弘每从之，未尝不弥日也。乃下入庐山，就释慧远考寻文义。兄臧为南平太守，逼与俱还，乃于江陵三湖立宅，闲居无事。武帝召为太尉行参军，骠骑道怜命为记室参军，并不就。

二兄早卒，孤累甚多，家贫无以相赡，颇营稼穑。人有饷遗，并受之。武帝敕南郡长给吏役，又数致饩赉。后子弟从禄，乃悉不复受。武帝开府辟召，下书召少文与雁门周续之并为太尉掾，皆不起。宋受禅及元嘉中频征，并不应。妻罗氏亦有高情，与少文协趣。罗氏没，少文哀之过甚，既乃悲情顿释，谓沙门释慧坚曰："死生之分，未易可达，三复至教，方能遣哀。"

衡阳王义季为荆州，亲至其室，与之欢宴，命为谘议参军，不起。好山水，爱远游，西陟荆、巫，南登衡岳，因结宇衡山，欲怀尚平之志。有疾还江陵，叹曰："老疾俱至，名山恐难遍睹，唯澄怀观道，卧以游之。"凡所游履，皆图之于室，谓之"抚琴动操，欲令众山皆响"。古有《金石弄》，为诸桓所重，桓氏亡，其声遂绝，唯少文传焉。文帝遣乐师杨观就受之。少文孙测，亦有祖风。

测，字敬微，一字茂深，家居江陵。少静退，不乐人间。叹曰："家贫亲老，不择官而仕，先哲以为美谈，余窃有惑。诚不能潜感地金，冥致江鲤，但当用天之道，分地之利。孰能食人厚禄，忧人重事乎？"齐骠骑豫章王嶷征为参军，不起，测答府云："何为谬伤海鸟，横斤山木？"母丧，身自负土，植松柏。嶷复遗书请之，辟为参军。测答曰："性同鳞羽，爱止山壑，眷恋松云，轻迷人路。纵宕岩流，有若狂者，忽不知老至。而今鬓已白，岂容课虚责有，限鱼鸟慕哉？"永明三年，诏征太子舍人，不就。欲游名山，乃写祖少文所作《尚子平图》于壁上。测长子宾，宦在都，知父此旨，便求禄还，为南郡丞，测遂付以家事。刺史安陆王子敬、长史刘寅以下皆赠送之，测无所受，赍《老子》、《庄子》二书自随。子孙拜辞悲泣，测长啸不视，遂往庐山，止祖少文旧宅。

鱼复侯子响为江州，厚遗赠遗。测曰："少有狂疾，寻山采药，远来至此，量腹而进松术，度形而衣薜萝，淡然已足，岂容当此横施？"子响命驾造之，测不见。后子响不告而来，奄至所住，测不得已，巾褐对之，竟不交言。子响不悦而退。侍中王秀之弥所钦慕，令陆探微画其形与己相对，又贻书曰："昔人有图画侨、札，轻以自方耳。"王俭亦雅重之，赠以蒲褥笋席。

顷之，测送弟丧还西，仍留旧宅永业寺，绝宾友，唯与同志庾易、刘虬、宗人尚之等往来讲说。荆州刺史随王子隆至镇，遣别驾宗忻口致劳问。测笑曰："贵妙理隔，何以及此？"竟不答。建武二年，征为司徒主簿，不就，卒。测善画，自图阮籍遇苏门于行鄣上，坐卧对之。又画永业佛影台，皆为妙作。好音律，善《易》《老》，续皇甫谧《高士传》三卷。尝游衡山七岭，著《衡山、庐山记》。

尚之，字敬文，亦好山泽，征辟一无所就，以寿终。

或之，字叔粲，少文从父弟也。早孤，事兄恭谨。家贫好学，虽文义不逮少文，而真澹过之。征辟一无所就。宋元嘉初，大使陆子真观采风俗，三诣或之。每辞疾不见，告人曰："我布衣草莱之人，少长垄亩，何宜杜轩冕之客！"子真还，表荐之，又不征。卒于家。

沈道虔，吴兴武康人也。少仁爱，好《老》、《易》，居县北石山下。孙恩乱后饥荒，县令庾肃之迎出县南废头里，为立宅临溪，有山水之玩。时复还石山精庐，与诸孤兄子共釜庾之资，困不改节。受琴于戴逵，王敬弘深贵重之。郡州府凡十二命，皆不就。

有人窃其园菜者，外还见之，乃自逃隐，待窃者去后乃出。人又拔其屋后大笋，令人止之，曰："惜此笋欲令成林，更有佳者相与。"乃令人买大笋送与之，盗者惭不取，道虔使置其门内而还。常以捃拾自资，同捃者或争穗，道虔谏之不止，悉以其所得与之。争者愧恧，后每争辄云"勿令居士知"。冬月无复衣，戴颙闻而迎之，为作衣服，并与钱一万。及还，分身上衣及钱悉供诸兄弟子无衣者。乡里少年相率受学，道虔常无食以立学徒。武康令孔欣之厚相资给，受业者咸得有成。宋文帝闻之，遣使存问，赐钱三万，米二百斛，悉供孤兄子嫁娶。征员外散骑侍郎，不就。累世事佛，推父祖旧宅为寺。至四月八日每请像，请像之日，辄举家感恸焉。道虔年老菜食，恒无经日之资，而琴书为乐，孜孜不倦。文帝敕郡县使随时资给。卒。子慧锋，修父业，不就州辟。

孔淳之，字彦深，鲁人也。祖恢，尚书祠部郎。父粲，秘书监征，不就。

淳之少有高尚，爱好坟籍，为太原王恭所称。居会稽剡县。性好山水，每有所游，必穷幽峻。或旬日忘归。尝游山，遇沙门释法崇，因留共止，遂停三载。法崇叹曰："缅想人外三十年矣，今乃倾盖于兹，不觉老之将至也。"及淳之还，乃不告以姓。除著作佐郎、太尉参军，并不就。居丧至孝，庐于墓侧。服阕，与征士戴颙、王弘之及王敬弘等共为人外之游，又申以婚姻。敬弘以女适淳之子尚，遂以乌羊系所乘车辕，提壶为礼。至则尽欢共饮，迄暮而归。或怪其如此，答曰："固亦农夫田父之礼也。"会稽太守谢方明苦要之，不能致，使谓曰："苟不入吾郡，何为入吾郭？"淳之笑曰："潜游者不识其水，巢栖者非辩其林，飞沉所至，何问其主？"终不肯往。茅室蓬户，庭草芜径，唯床上有数帙书。元嘉初，复征为散骑侍郎，乃逃于上虞县界，家人莫知所在。弟默之，为广州刺史，出都与别，司徒王弘尝经淳之集冶城，即日命驾东归，遂不顾也。元嘉七年卒。默之儒学，注《谷梁春秋》。默之子熙先，事在《范晔传》。

周续之，字道祖，雁门广武人也。其先过江，居豫章建昌县。续之八岁丧母，哀戚过于成人，奉兄如事父。豫章太守范宁于郡立学，招集生徒，远方至者甚众。续之年十二，诣宁受业。居学数年，通《五经》、《五纬》，号曰十经，名冠同门，称为颜子。既而闲居读《老》、《易》，入庐山事沙门释慧远。时彭城刘遗人遁迹庐山，陶深明亦不应征命，谓之寻阳三隐。刘毅镇姑孰，命为抚军参军，征太学博士，并不就。江州刺史每相招请，续之不尚峻节，颇从之游。常以嵇康《高士传》得出处之美，因为之注。

武帝北讨，世子居守，迎续之馆于安乐寺，延入讲礼，月余复还山。江州刺史刘柳荐之武帝，俄辟太尉掾，不就。武帝北伐，还镇彭城，遣使迎之，礼赐甚厚，每曰"真高士也"。寻复南还。武帝践阼，复召之。上为开馆东郭外，招集生徒，乘舆降幸，并见诸生，问续之《礼记》"傲不可长"、"与我九龄"、"射于矍圃"之义，辩析精奥，称为名通。续之素患风痹，不复堪讲，乃移病钟山。景平元年卒。通《毛诗》六义及礼论，注《公羊传》，皆传于世。无子，兄子景远，有续之风。

戴颙，字仲若，谯郡铚人也。父逵，兄勃，并隐遁有高名。颙十六遭父忧，几于毁灭，因此长抱羸患。以父不仕，复修其业。父善琴、书，颙并传之。凡诸音律，皆能挥手。会稽剡县多山，故世居剡下。颙及兄勃并受琴于父，父没，所传之声不忍复奏，各造新弄。勃五部，颙制十五部，颙又制长弄一部，并传于世。中书令王绥尝携客造之，勃等方进豆粥，绥曰："闻卿善琴，试欲一听。"不答，绥恨而去。桐庐县又多名山，兄弟复共游之，因留居止。勃疾，患医药不给。颙谓勃曰："颙随兄得闲，非有心于语默，兄今疾笃，无可营疗。颙当干禄以自济耳。"乃求海虞令，事垂行而勃卒，乃止。

桐庐僻远，难以养疾，乃出居吴下。吴下士人共为筑室，聚石引水，植林开涧，少时繁密，有若自然。乃述庄周大旨，著《逍遥论》、注《礼记》《中庸》篇。三吴将守及郡内衣冠，要其同游野泽，堪行便去，不为矫介，众论以此多之。

宋国初建、元嘉中征，并不就。衡阳王义季镇京口，长史张邵与颙姻通，迎来止黄鹄山，山北有竹林精舍，林涧甚美，颙憩于此涧。义季亟从之游，颙服其野服，不改常度。为义季鼓琴，并新声变曲；其三调《游弦》、《广陵》、《止息》之流，皆与世异。文帝每欲见之，尝谓黄门侍郎张敷曰："吾东巡之日，当宴戴公山下也。"以其好音，长给正声伎一部。颙合《何尝》、《白鹄》二声以为一调，号为清旷。

自汉世始有佛像，形制未工，逵特善其事，颙亦参焉。宋世子铸丈六铜像于瓦官寺，既成，面恨瘦，工人不能改，乃迎颙看之。颙曰："非面瘦，乃臂胛肥耳。"及减臂胛，瘦患即除，无不叹服。十八年卒，无子。景阳山成，颙已亡矣。上叹曰："恨不得使戴颙观之。"

翟法赐，寻阳柴桑人也。曾祖汤、祖庄、父矫，并高尚不仕，逃避征辟。法赐少守家业，立室庐山顶。丧亲后，便不复还家，不食五谷，以兽皮及结草为衣，虽乡亲中表，莫得见焉。征辟一无所就。后家人至石室寻求，因复远徙，违避征聘，遁迹幽深，卒于岩石间。

雷次宗，字仲伦，豫章南昌人也。少入庐山，事沙门释慧远，笃志好学，尤明《三礼》、《毛诗》。隐退不受征辟。宋元嘉十五年，征至都，开馆于鸡笼山，聚徒教授，置生百余人。会稽朱膺之、颍川庾蔚之并以儒学总监诸生。时国子学未立，上留意艺文，使丹阳尹何尚之立玄学，太子率更令何承天立史学，司徒参军谢元立文学，凡四学并建。车驾数至次宗馆，资给甚厚。久之，还庐山，公卿以下并设祖道。后又征诣都，为筑室于钟山西岩下，谓之招隐馆，使为皇太子、诸王讲《丧服经》。次宗不入公门，乃使自华林东门入延贤堂就业。二十五年，卒于钟山。子肃之，颇传其业。

郭希林，武昌人也。曾祖翻，晋世高尚不仕。希林少守家业，征召一无所就，卒。子蒙，亦隐居不仕。

刘凝之，字隐安，小名长生，南郡枝江人也。父期公，衡阳太守。兄盛公，高尚不仕。凝之慕老莱、严子陵为人，推家财与弟及兄子，立屋于野外，非其力不食。州里重其行，辟召一无所就。妻梁州刺史郭铨女也，遣送丰丽，凝之悉散之属亲。妻亦能不慕荣华，与凝之共居俭苦。夫妻共乘蒲笨车，出市买易，周用之外，辄以施人。为村里所诬，一年三输公调，求辄与之。又尝有人认其所著履，笑曰："仆著已败，令家中觅新者备君。"此人后田中得所失履，送还不肯复取。临川王义庆、衡阳王义季镇江陵，并遣使存问。凝之答书，顿首，称仆，不为百姓礼，人或讥焉。凝之曰："昔老莱向楚王称仆，严陵亦抗礼光武，未闻巢、许称臣尧、舜。"时戴颙与衡阳王义季书，亦称仆。荆州年饥，义季虑凝之馁毙，饷钱十万。凝之大喜，将钱至市门，观有饥色者，悉分与之，俄顷立尽。性好山水，一旦携妻子泛江湖，隐居衡山之阳，登高岭，绝人迹，为小屋居之。采药服食，妻子皆从其志。卒年五十九。

龚祈，字孟道，武陵汉寿人也。从祖玄之，父黎人，并不应征辟。祈风姿端雅，容止可观。中书郎范述，见之叹曰："此荆楚之仙人也。"自少及长，征辟一无所就。时或赋诗，而言不及世事。卒年四十二。

朱百年，会稽山阴人也。祖凯之，晋左卫将军。父涛，扬州主簿。

百年少有高情，亲亡服阕，携妻孔氏入会稽南山，伐樵采箬为业。每以樵箬置道头，辄为行人所取，明旦已复如此，人稍怪之，积久方知是朱隐士所卖，须者随其所堪多少，留钱取樵箬而去。或遇寒雪，樵箬不售，无以自资，辄自榜船送妻还孔氏，天晴迎之。有时出山阴，为妻买缯采五三尺，好饮酒，遇醉或失之。颇言玄理，时为诗咏，往往有高胜之言。隐迹避人，唯与同县孔觊友善。觊亦嗜酒，相得辄酣对尽欢。

百年室家素贫，母以冬月亡，衣并无絮，自此不衣绵帛。尝寒时就觊宿，衣悉挟布，饮酒醉眠，觊以卧具覆之，百年不觉也。既觉，引卧具去体，谓觊曰："绵定奇温。"因流涕悲恸，觊亦为之伤感。除太子舍人，不就。颜竣为东扬州，发教饷百年谷五百斛，不受。时山阴又有寒人姚吟，亦有高趣，为衣冠所重。竣饷吟米二百斛，吟亦辞之。百年卒山中。蔡兴宗为会稽太守，饷百年妻米百斛。百年妻遣婢诣郡门奉辞固让，时人美之，以比梁鸿妻。

关康之，字伯愉，河东杨人也。世居京口，寓属南平昌。少而笃学，姿状丰伟。下邳赵绎以文义见称，康之与友善。特进颜延之等当时名士十许人，入山候之，见其散发被黄布帊，席松叶，枕一块白石而卧，了不相眄。延之等咨嗟而退，不敢干也。晋陵顾悦之难王弼《易》义四十余条，康之申王难顾，远有情理。又为《毛诗》义，经籍疑滞，多所论释。尝就沙门支僧纳学算，妙尽其能。征辟一无所就。弃绝人事，守志闲居。弟双之，为臧质车骑参军，与质俱下，至赭圻，病卒，瘗于水滨。康之时得病小差，牵以迎丧，因得虚劳病，寝顿二十余年。时有闲日，辄卧论文史。宋孝武即位，遣大使巡行天下。使反，荐康之宜加征聘，不见省。康之性清约，独处一室，希与妻子相见，不通宾客。弟子以业传受，尤善《左氏春秋》。齐高帝为领军时，素好此学，送本与康之，康之手自点定。

又造《礼论》十卷，高帝绝赏爱之，及崩，遗诏以入玄宫。康之以宋明帝泰始初，与平原明僧绍俱征，辞以疾。时又有河南辛普明、东阳楼惠明皆以笃行闻。

普明，字文达，少就康之受业，至性过人。居贫，与兄共处一帐，兄亡，仍以帐施灵。蚊甚多，通夕不得寝，而终不道侵螫。侨居会稽，会稽士子高其行，当葬兄，皆送金为赠，后至者不复受。人问其故，答曰："本以兄墓不周，故不逆亲友之意。今实已足，岂可利亡者余赠邪？"齐豫章王嶷为扬州，征为议曹从事，不就。

惠明，字智远，立性贞固，有道术。居金华山，旧多毒害，自惠明居之，无复辛螫之苦。藏名匿迹，人莫之知。宋明帝召，不至；齐高帝征，又不至。文惠太子在东宫，苦延方至，仍又辞归。俄自金华轻棹西下，及就路，回之丰安。旬日之间，唐宇之袄贼入城涂地，唯丰安独全，时人以为有先觉。齐武帝敕为立馆。

渔父者，不知姓名，亦不知何许人也。太康孙缅为寻阳太守，落日逍遥渚际，见一轻舟陵波隐显。俄而，渔父至，神韵萧洒，垂纶长啸。缅甚异之，乃问："有鱼卖乎？"渔父笑而答曰："其钓非钓，宁卖鱼者邪？"缅益怪焉。遂褰裳涉水，谓曰："窃观先生有道者也，终朝鼓枻，良亦劳止。吾闻黄金白璧，重利也；驷马高盖，荣势也。今方王道文明，守在海外，隐鳞之士，靡然向风。子胡不赞缉熙之美，何晦用其若是也？"渔父曰："仆山海狂人，不达世务，未辨贱贫，无论荣贵。"乃歌曰："竹竿籊籊，河水浟浟。相忘为乐，贪饵吞钩。非夷非惠，聊以忘忧。"于是悠然鼓枻而去。缅，字伯绪，太子仆曾之子也。有学义，宋明帝甚知之。位尚书左丞，东中郎司马。

褚伯玉，字元璩，吴郡钱唐人也。高祖含，始平太守。父遘，征虏参军。

伯玉少有隐操，寡欲。年十八，父为之昏。妇入前门，伯玉从后门出。遂往剡，居瀑布山。性耐寒暑，时人比之王仲都。在山三十余年，隔绝人物。王僧达为吴郡，苦礼致之。伯玉不得已，停郡信宿，才交数言而退。宁朔将军丘珍孙，与僧达书曰："闻褚先生出居贵馆，此子灭景云栖，不事王侯，抗高木食，有年载矣。自非折节好贤，何以致之？昔文举栖冶城，安道入昌门，于兹而三焉。却粒之士，餐霞之人，乃可暂致，不宜久羁。君当思遂其高步，成其羽化。望其还策之日，暂纡清尘，亦愿助为譬说。"僧达答曰："褚先生从白云游旧矣。古之逸人，或留虑儿女，或使华阴成市，而此子索然，唯朋松石，介于孤峰绝岭者，积数十载。近故要其来此，冀慰日夜，比谈讨芝桂，借访荔萝，若已窥烟液，临沧洲矣。知君欲见之，辄以申譬。"

宋孝建二年，散骑常侍乐询行风俗，表荐伯玉，加征聘本州议曹从事，不就。齐高帝即位，手诏吴、会二郡以礼迎遣，又辞疾。上不欲违其志，敕于剡白石山立太平馆居之。建元元年卒，年八十六。伯玉常居一楼上，仍葬楼所。孔珪从其受道法，为于馆侧立碑。

顾欢,字景怡,一字玄平,吴郡盐官人也。家世寒贱,父祖并为农夫,欢独好学。年六七岁,知推六甲。家贫,父使田中驱雀,欢作《黄雀赋》而归,雀食稻过半。父怒欲挞之,见赋乃止。乡中有学舍,欢贫,无以受业,于舍壁后倚听,无遗忘者。夕则然松节读书,或然糠自照。及长,笃志不倦。闻吴兴东迁邵玄之能传《五经》文句,假为书师,从之受业。同郡顾𫖮之临县,见而异之,遣诸子与游,及孙宪之并受经焉。年二十余,更从豫章雷次宗谘玄儒诸义。

母亡,水浆不入口六七日,庐于墓次,遂隐不仕。于剡天台山开馆聚徒,受业者常近百人。欢早孤,读《诗》至"哀哀父母",辄执书恸泣,由是受学者废《蓼莪篇》,不复讲焉。晚节服食,不与人通。每旦出户,山鸟集其掌取食。好黄、老,通解阴阳书,为数术多效验。初以元嘉中出都,寄住东府。忽题柱云"三十年二月二十一日",因东归。后元凶弑逆,是其年月日也。弟子鲍灵绶,门前有一株树,大十余围,上有精魅,数见影。欢印树,树即枯死。山阴白石村多邪病,村人告诉求哀,欢往村中为讲《老子》,规地作狱。有顷,见狐狸鼍鼍自入狱中者甚多,即命杀之。病者皆愈。又有病邪者问欢,欢曰:"家有何书?"答曰:"唯有《孝经》而已。"欢曰:"可取《仲尼居》置病人枕边恭敬之,自差止。"而后病者果愈。后人问其故,答曰:"善禳恶,正胜邪,此病者所以差也。"

齐高帝辅政,征为扬州主簿。及践阼乃至,称"山谷臣顾欢上表",进《政纲》一卷。时员外郎刘思效表陈谠言,优诏并称美之。欢东归,上赐麈尾、素琴。永明元年,诏征为太学博士,同郡顾黯为散骑侍郎。黯,字长孺,有隐操,与欢不就征。会稽孔珪尝登岭寻欢,共谈《四本》。欢曰:"兰石危而密,宣国安而疏,士季似而非,公深谬而是。总而言之,其失则同;曲而辩之,其涂则异。何者?同昧其本而竞谈其末,犹未识辰纬而意断南北。群迷暗争,失得无准,情长则申,意短则屈。所以《四本》并通,莫能相塞。夫中理唯一,岂容有二?《四本》无正,失中故也。"于是著《三名论》以正之。尚书刘澄、临川王常侍朱广之,并立论难,与之往复;而广之才理尤精诣也。广之,字处深,吴郡钱唐人也,善清言。

初,欢以佛道二家教异,学者互相非毁,乃著《夷夏论》曰:

夫辩是与非,宜据圣典。道经云:"老子入关之天竺维卫国,国王夫人名曰净妙,老子因其昼寝,乘日精入净妙口中,后年四月八日夜半时,剖右腋而生。坠地即行七步,于是佛道兴焉。"此出《玄妙》内篇。佛经云"释迦成佛,有尘劫之数",出《法华无量寿》。或"为国师道士,儒林之宗"。出《瑞应本起》。

欢论之曰:五帝三皇,不闻有佛;国师道士,无过老、庄;儒林之宗,孰出周、孔?若孔、老非圣,谁则当之?然二经所说,如合符契。道则佛也,佛则道也,其圣则符,其迹则反。或和光以明近,或曜灵以示远。道济天下,故无方而不入;智周万物,故物而不为。其入不同,其为必异,各成其性,不易其事。是以端委搢绅,诸华之容;剪发旷衣,群夷之服。擎跽磬折,侯甸之恭;狐蹲狗踞,荒流之肃。棺殡椁葬,中夏之风;火焚水沉,西戎之俗。全形守礼,继善之教;毁貌易性,绝恶之学。岂伊同人,爱及异物,鸟王兽长,往往是佛。无穷世界,圣人代兴。或昭五典,或布三乘。在鸟而鸟鸣,在兽而兽吼,教华而华言,化夷而夷语耳。虽舟车均于致远,而有川陆之节;佛道齐乎达化,而有夷夏之别。若谓其致既均,其法可换者,而车可涉川,舟可行陆乎?今以中夏之性,效西戎之法,既不全同,又不全异。下弃妻孥,上绝宗祀。嗜欲之物,皆以礼伸;孝敬之典,独以法屈。悖礼犯顺,曾莫之觉,弱丧忘归,孰识其旧?且理之可贵者,道也;事之可贱者,俗也。舍华效夷,义将安取?若以道邪?道固符合矣。若以俗邪?俗则大乖矣。屡见刻舷沙门,守株道士,交诤小大,互相弹射。或域道以为两,或混俗以为一,是牵异以为同,破同以为异,则乖争之由,淆乱之本也。

寻圣道虽同,而法有左右,始乎无端,终乎无末,泥洹仙化,各是一术。佛号正真,道称正一,一归无死,真会无生。在名则反,在实则合。但无生之教赊,无死之化切。切法可以进谦弱,赊法可以退夸强。佛教文而博,道教质而精;精非粗人所信,博非精人所能。佛言华而引,道言实而抑;抑则明者独进,引则昧者竞前。佛经繁而显,道经简而幽;幽则妙门难见,显则正路易遵。此二法之辨也。圣匠无心,方圆有体,器既殊用,教亦易施。佛是破恶之方,道是兴善之术。兴善则自然为高,破恶则勇猛为贵。佛迹光大,宜以化物。道迹密微,利用为己。优劣之分,大略在兹。夫蹲夷之仪,娄罗之辩,各出彼俗,自相聆解。犹虫跃鸟𪗱,何足述效。

欢虽同二法,而意党道教。宋司徒袁粲托为道人通公驳之。其略曰:

白日停光,恒星隐照,诞降之应,事在老先,似非入关,方昭斯瑞。又西域之记,佛经之说,俗以膝行为礼,不慕蹲坐为恭。道以三绕为虔,不尚踞傲为肃。岂专戎土,爱亦兹方。裹童谒帝,膝行而进;赵王见周,三环而止。今佛法垂化,或因或革。清信之士,容衣不改;息心之人,服貌必变。变本从道,不遵彼俗,俗风自殊,无患其乱。孔、老、释迦,其人或同,观方设教,其道必异。孔、老教俗为本,释氏出世为宗,发轸既殊,其归亦异。又仙化以变形为上,泥洹以陶神为先。变形者白首还缁,而未能无死;陶神者使尘惑日损,湛然常存。泥洹之道,无死之地,乖诡若此,何谓其同?

欢答曰:

案道经之作,著自西周;佛经之来,始乎东汉。年逾八百,代悬数十。若谓黄、老虽久而滥在释前,是日尚盗陈恒之齐,刘季窃王莽之汉也。又夷俗长跽,法与华异,翘左跂右,全是蹲踞。故周公禁之于前，仲尼诚之于后。又佛起于戎，岂非戎俗素恶邪？道出于华，岂非华风本善邪？今华风既变，恶同戎狄，佛来破之，良有以矣。佛道实贵，故戒业可遵；戎俗实贱，故言貌可弃。今诸华士女，氏族弗革，而露首偏踞，滥用夷礼。又若观风流教，其道必异。佛非东华之道，道非西夷之法，鱼鸟异川，永不相关。安得老、释二教，交行八表？今佛既东流，道亦西迈，故知俗有精粗，教有文质。然则道教执本以领末，佛教救末以存本。请问所归，异在何许？若以蔼落为异，则胥廯蔼落矣；若以立像为异，则俗巫立像矣。此非所归，归在常住，常住之象，常道孰异。神仙有死，权便之说。神仙是大化之总称，非穷妙之至名。至名无名，其有名者二十七品。仙变成真，真变成神，或谓之圣，各有九品。品极则入空寂，无为无名。若服食茹芝，延寿万亿，寿尽则死，药极则枯，此修考之士，非神仙之流也。

明僧绍《正二教论》以为，"佛明其宗，老全其生。守生者蔽，明宗者通。今道家称长生不死，名补天曹，大乖老、庄立言本理"。文惠太子、竟陵王子良并好释法，吴兴孟景翼为道士，太子召入玄圃，众僧大会。子良使景翼礼佛，景翼不肯。子良送《十地经》与之，景翼造《正一论》，大略曰："《宝积》云'佛以一音广说法'。《老子》云，'圣人抱一以为天下式'。一之为妙，空玄绝于有境，神化赡于无穷。为万物而无为，处一数而无数。莫之能名，强号为一。在佛曰'实相'，在道曰'玄牝'。道之大象，即佛之法身。以不守之守守法身，以不执之执执大象。但物有八万四千行，说有八万四千法。法乃至于无数，行亦达于无央。等级随缘，须导归一。归一曰回向，向正即无邪。邪观既遣，亿善日新。三五四六，随用而施。独立不改，绝学无忧。旷劫诸圣，共遵斯一。老、释未始于尝分，迷者分之而未合。亿善遍修，修遍成圣。虽十号千称，终不能尽。终不能尽。岂可思议？"司徒从事中郎张融作《门律》云："道之与佛，逗极无二。吾见道士与道人战儒墨，道人与道士辨是非。昔有鸿飞天首，积远难亮，越人以为凫，楚人以为乙。人自楚、越，鸿常一耳。"以示太子仆周颙。颙难之曰："虚无法性，其寂虽同，位寂之方，其旨则别。论所谓'逗极无二'者，为逗极于虚无，当无二于法性邪？足下所宗之本，一物为鸿乙耳，驱驰佛道，无免二末，未知高鉴，缘何识本？轻而宗之，其有旨乎？"往复文多不载。

欢口不辩，善于著论。又注王弼《易》二《系》，学者传之。知将终，赋诗言志曰："五涂无恒宅，三清有常舍。精气因天行，游魂随物化。鹏鹍适大海，蜩鸠之桑柘。达生任去留，善死均此夜。委命安所乘，何方不可驾？翘心企前觉，融然从此谢。"自克死日，自择葬时，卒于剡山，时年六十四。身体香软，道家谓之尸解仙化焉。还葬旧墓，木连理生墓侧。县令江山图表状，武帝诏欢诸子撰欢文议三十卷。

又始兴人卢度，字孝章，亦有道术。少随张永北侵魏。永败，魏人追急，阻淮水不得过。度心誓曰："若得免死，从今不复杀生。"须臾见两楯流来，接之得过。后隐居庐陵西昌三顾山，鸟兽随之。夜有鹿触其壁，度曰："汝勿坏我壁。"鹿应声去。屋前有池养鱼，皆名呼之，次第来取食乃去。逆知死年月，与亲友别。永明末，以寿终。

杜京产，字景齐，吴郡钱唐人也。祖运，刘毅卫军参军。父道鞠，州从事，善弹棋。京产少恬静，闭意荣宦，颇涉文义，专修黄、老。会稽孔觊，清刚有峻节，一见而为款交。郡命主簿，州辟从事，称疾去。与同郡顾欢同契。于始宁东山开舍授学。齐建元中，武陵王晔为会稽，齐高帝遣儒士刘瓛入东为晔讲，瓛故往与之游，曰："杜生，当今之台、尚也。"京产请瓛至山舍讲书，倾资供待。子栖躬自屣履，为瓛生徒下食。孔珪、周颙、谢瀹并致书以通殷勤。永明十年，珪及光禄大夫陆澄、祠部尚书虞悰、太子右率沈约、司徒右长史张融表荐京产，征为奉朝请，不至。于会稽日门山聚徒教授。建武初，征员外散骑侍郎。京产曰："庄生持钓，岂为白璧所回？"辞疾不就，卒。

会稽山阴人孔道徽，守志业不仕，与京产友善。道徽父祐，至行通神，隐于四明山，尝见山谷中有数百斛钱，视之如瓦石不异。采樵者竞取，入手即成沙砾。曾有鹿中箭来投祐，祐为之养创，愈然后去。太守王僧虔与张绪书曰："孔祐，敬康曾孙也。行动幽祇，德标松桂，引为主簿，遂不可屈。此古之遗德也。"道徽少厉高行，能世其家风。隐居南山，终身不窥都邑。豫章王嶷为扬州，辟西曹书佐，不至。乡里宗慕之。道徽兄子总，有操行，遇饥寒不可得衣食，县令吴兴丘仲孚荐之，除竟陵王侍郎，竟不至。

永明中，会稽钟山有人姓蔡，不知名，隐山中，养鼠数千头，呼来即来，遣去即去。言语狂易，时谓之谪仙，不知所终。

京产高祖子恭以来及子栖，世传五斗米道不替。栖，字孟山，善清言，能弹琴。刺史齐豫章王嶷闻其名，辟议曹从事，仍转西曹书佐。竟陵王子良数致礼接。国子祭酒何胤掌礼，又重栖，以为学士，掌昏冠仪。以父老归养。栖肥白长壮，及京产病，旬日间便皮骨自支。京产亡，水浆不入口七日，晨夜不罢哭，不食盐菜。每营买祭奠，身自看视，号泣不自持。朔望节岁，绝而复续，呕血数升。时何胤、谢朏并隐东山，遗书敦譬，诫以毁灭。至祥禫，暮梦见其父，恸哭而绝。初，胤兄点见栖叹曰："卿风韵如此，虽获嘉誉，不永年矣。"卒时年三十六，当时咸嗟惜焉。

建武二年，剡县有小儿，年八岁，与母俱得赤斑病。母死，家人以小儿犹恶，不令其知。小儿疑之，问云："母尝数问我病，昨来觉声羸，今不复问，何也？"因自投下床，扶匐至母尸侧，顿绝而死。乡邻告之县令宗善才，求表庐，事竟不行。

卷七十六　　列传第六十六

隐　逸　下

臧荣绪　吴苞　赵僧岩　蔡荟　孔嗣之　徐伯珍　娄幼瑜　沈麟士　阮孝绪　邓郁　陶弘景　释宝志　诸葛璩　刘慧斐　兄慧镜　慧镜子昙净　范元琰　庾诜　张孝秀　庾承先　马枢

臧荣绪，东莞莒人也。祖奉先，建陵令。父庸人，国子助教。荣绪幼孤，躬自灌园，以供祭祀。母丧后，乃著《嫡寝论》，扫洒堂宇，置筵席，朔望辄拜荐焉，甘珍未尝先食。纯笃好学，括东、西晋为一书，纪录志传百一十卷，隐居京口教授。齐高帝为扬州刺史，征荣绪为主簿，不到。建元中，司徒褚彦回启高帝称述其美，以置秘阁。荣绪惇爱《五经》，谓人曰："昔吕尚奉丹书，武王致斋降位，李、释教诫，并有礼敬之仪，因甄明至道。"乃著《拜五经序论》。常以宣尼庚子日生，其日陈《五经》拜之。自号披褐先生。又以饮酒乱德，言常为诫。永明六年卒。初，荣绪与关康之俱隐在京口，时号为二隐。

吴苞，字天盖，一字怀德，濮阳鄄城人也。儒学，善《三礼》及《老》、《庄》。宋泰始中过江，聚徒教学。冠黄葛巾，竹麈尾，蔬食二十余年。与刘瓛俱于褚彦回宅讲授。瓛讲《礼》，苞讲《论语》、《孝经》，诸生朝听瓛，晚听苞也。齐隆昌元年，征为太学博士，不就。始安王遥光及江祏、徐孝嗣共为立馆于钟山下教授，朝士多到门焉，当时称其儒者。自刘瓛以后，聚徒讲授，唯苞一人而已。以寿终。时有赵僧岩、蔡荟，皆有景行，慕苞为人。

僧岩，北海人。寥廓无常，人不能测。与刘善明友。善明在青州，欲举为秀才，大惊，拂衣而去。后忽为沙门，栖迟山谷，常以一壶自随。一旦，谓弟子曰："吾今夕当死。壶中大钱一千，以通九泉之路；蜡烛一挺，以照七尺之尸。"至夜而亡。时人以为知命。

蔡荟，字休明，陈留人。清抗不与俗人交。李扬谓江敩曰："古人称安贫清白曰夷，涅而不缁曰白，至如蔡休明者，可不谓之夷白乎？"

又有鲁国孔嗣之，字敬伯。宋时与齐高帝俱为中书舍人，并非所好。自庐江郡守去官，隐居钟山。朝廷以为太中大夫，卒。

徐伯珍，字文楚，东阳太末人也。祖、父并郡掾史。伯珍少孤贫，学书无纸，常以竹箭、箬叶、甘蕉及地上学书。山水暴出，漂溺宅舍，村邻皆奔走，伯珍累床而坐，诵书不辍。叔父璠之与颜延之友善，还祛蒙山立精舍讲授，伯珍往从学。积十年，究寻经史，游学者多依之。太守琅邪王昙生、吴郡张淹并加礼辟，伯珍应召便退，如此者凡十二焉。征士沈俨造膝谈论，申以素交。吴郡顾欢摘出《尚书》滞义，伯珍酬répondit答，甚有条理，儒者宗之。好释氏、《老》、《庄》，兼明道术。岁尝旱，伯珍筮之，如期而雨。举动有礼，过曲木之下，趋而避之。早丧妻，晚不复重娶，自比曾参。宅南九里有高山，班固谓之九岩山，后汉龙丘苌隐处也。山多龙须柽柏，望之五采，世呼为妇人岩。二年，伯珍移居之，阶户之间，木生皆连理。门前生梓树，一年便合抱。馆东石壁，夜忽有赤光洞照，俄尔而灭。白雀一双栖其户牖，论者以为隐德之感焉。刺史豫章王辟议曹从事，不就。家甚贫窭，兄弟四人皆白首相对，时人呼为"四皓"。建武四年卒，年八十四。受业生凡千余人。

伯珍同郡娄幼瑜，字季玉，亦聚徒教授，不应征辟，弥为临川王映所赏异。著《礼捃拾》三十卷。

沈麟士，字云祯，吴兴武康人也。祖膺期，晋太中大夫。父虔之，宋乐安令。

麟士幼而俊敏，年七岁，听叔父岳言玄。宾散，言无所遗失。岳抚其肩曰："若斯文不绝，其在尔乎？"及长，博通经史，有高尚之心。亲亡，居丧尽礼。服阕，忌日辄流泪弥旬。居贫织帘诵书，口手不息，乡里号为织帘先生。尝为人作竹误伤手，便流泪而还。同作者谓曰："此不足损，何至涕零？"答曰："此本不痛，但遗体毁伤，感而悲耳。"尝行路，邻人认其所著履，麟士曰："是卿履邪？"即跣而反。邻人得履，送者还之，麟士曰："非卿履邪？"笑而受之。

宋元嘉末，文帝令仆射何尚之抄撰《五经》，访举学士，县以麟士应选。不得已至都，尚之深相接。及至，尚之谓子偃曰："吴薮故多奇士，沈麟士，黄叔度之流也，岂可澄清浊清浊乎？汝师之。"麟士尝苦无书，因游都下，历观四部毕，乃叹曰："古人亦何人哉！"少时称疾归乡，不与人物通。养孤兄子，义著乡曲。或劝之仕，答曰："鱼悬兽槛，天下一契。圣人玄悟，所以每履吉先。吾诚未能景行坐忘，何为不希企日损。"乃作《玄散赋》以绝世。太守孔山士辟，不应；宗人徐州刺史昙庆、侍中怀文、左率勃来候之，麟士未尝答也。隐居余不吴差山，讲经教授，从学士数十百人，各营屋宇，依止其侧，时为之语曰："吴差山中有贤士，开门教授居成市。"麟士重陆机《连珠》，每为诸生讲之。征北张永为吴兴，请麟士入郡。麟士闻郡后堂有好山水，即戴安道游吴兴，因古墓为山池也。欲一观之，乃往停数月。永欲请为功曹，麟士曰："明府德履冲素，留心山谷，是以被褐负杖，忘其疲病。必欲饰浑沌以蛾眉，冠越客于文冕，走虽不敏，请附高节，有蹈东海死耳，不忍受此黔劓。"永乃止。升明末，太守王奂，永明中，中书郎沈约并表荐之，征皆不就。乃与约书曰："名者实之宾，本所不庶。中央无心，空勤南北。为惠反凶，将在于斯。"

麟士无所营求，以笃学为务，恒凭素几鼓素琴，不为新声。负薪汲水，并日而食。守操终老，读书不倦。遭火烧书数千卷，年过八十，耳目犹聪明，以反故抄写，火下细书，复成二三千卷，满数十箧。时人以为养身静默所致。制《黑蝶赋》以寄意。著《周易》两《系》、《庄子内篇训》。注《易经》、《礼记》、《春秋》、《尚书》、《论语》、《孝经》、《丧服》、《老子要略》数十卷。梁天监元年，与何点同征，又不就。二年，卒于家，年八十五。以杨王孙、皇甫谧深达生死而终礼矫俗，乃自为终制，遗令："气绝剔被，取三幅布以覆尸。及敛，仍移布于尸下，以为敛服。反被左右两际以周上，不复制覆被。不须沐浴含珠。以本裙衫、先着裈，凡二服，上加单衣幅巾履枕，棺中唯此。依士安用《孝经》。既殡，不复立灵座，四节及祥，权铺席于地，以设玄酒之奠。人家相承漆棺，今不复尔。亦不须旐，成服后即葬，作冢令小，后祔更作小冢于滨。合葬非古也。冢不须聚土成坟，使上与地平。王祥终制亦尔。葬不须辒车、灵舫、颠头也。不得朝夕下食。祭奠之法，至于葬，唯清水一杯。"子彝奉而行之，州乡皆称叹焉。

阮孝绪，字士宗，陈留尉氏人也。父彦之，宋太尉从事中郎，以清干流誉。孝绪七岁出继从伯胤之，胤之母周氏卒，遗财百余万应归孝绪，孝绪一无所纳，尽以归胤之姊琅邪王晏之母，闻者咸叹异之。乳人怜其传重辛苦，辄窃玉羊金兽等物与之。孝绪见而骇愕，启彦之送还王氏。幼至孝，性沉静，虽与童儿游戏，恒以穿池筑山为乐。年十三，遍通《五经》。十五冠而见其父彦之，彦之诫曰："三加弥尊，人伦之始，宜思自勖，以庇尔躬。"答曰："愿迹松子于瀛海，追许由于穹谷，庶保促生，以免尘累。"自是屏居一室，非定省未尝出户，家人莫见其面，亲友因呼为居士。年十六，父丧，不服绵纩，虽蔬菜有味亦吐之。外兄王晏贵显，屡至其门，孝绪度之必至颠覆，闻其笳管，穿篱逃匿，不与相见。曾食酱美，问之，云是王家所得，便吐餐覆酱。及晏诛，亲戚为之惧。孝绪曰："亲而不党，何坐之及？"竟获免。

梁武起兵围建邺，家贫无以爨，僮妾窃邻人墓樵以继火。孝绪知之，乃不食，更令撤屋而炊。所居以一鹿床为精舍，以树环绕。天监初，御史中丞任昉寻其兄履之，欲造而不敢，望而叹曰："其室虽迩，其人甚远。"其为名流所钦尚如此。自是钦慕风誉者，莫不怀刺敛衽，望尘而息。殷芸欲赠以诗，昉曰："趣舍既异，何必相干？"芸乃止。唯与比部郎裴子野交。子野荐之尚书郎徐勉，言其"年十余岁随父为湘州行事，不书官纸，以成宾之清白。论其志行粗类管幼安，比以采章如似皇甫谧。"

天监十二年，诏公卿举士，秘书监傅照上疏荐之，与吴郡范元琰俱征，并不到。陈郡袁峻谓曰："往者天地闭，贤人隐。今世路已清，而子犹遁，可乎？"答曰："昔周德虽兴，夷、齐不厌薇蕨。汉道方盛，黄、绮无闷山林。为仁由己，何关人世？况仆非往贤之类邪？"初，谢朏及伏暅应征，天子以为隐者苟立虚名，以要显誉，故孝绪与何胤并遂其高志。后于钟山听讲，母王氏忽有疾，兄弟欲召之。母曰："孝绪至性冥通，必当自到。"果心惊而反，邻里嗟异之。合药须得生人参，旧传钟山所出。孝绪躬历幽险，累日不逢。忽见一鹿前行，孝绪感而随后，至一所遂灭，就视，果获此草。母得服之遂愈，时皆言其孝感所致。有善筮者张有道曰："见子隐迹而心难明，自非考之龟蓍，无以验也。"及布卦，既撰五爻，曰："此将为《咸》，应感之法，非嘉遁之兆。"孝绪曰："安知后爻不为上九？"果成《遁卦》。有道叹曰："此所谓'肥遁无不利'，象实应德，心迹并也。"孝绪曰："虽获《遁卦》，而上九爻不发，升退之道，便当高谢许生。"乃著《高隐传》，上自炎皇，终于天监末，斟酌分为三品：言行超逸，名氏弗传，为上篇；始终不耗，姓名可录，为中篇；挂冠人世，栖心尘表，为下篇。湘东王著《忠臣传》，集释氏碑铭、《丹阳尹录》、《研神记》，并先简孝绪而后施行。南平元襄王闻其名，致书要之，不赴，曰："非志骄富贵，但性畏庙堂，若使麋鹿可驾，何以异夫骥骆。"初，建武末，青溪宫东门无故自崩，大风拔东宫门外杨树，或以问孝绪。孝绪曰："青溪皇家旧宅，齐为木行，东为木位。今东门自坏，木其衰矣。"武帝禁畜谶纬，孝绪兼有其书，或劝藏之。答曰："昔刘德重《淮南秘要》，适为更生之祸，杜琼所谓不如不知，此言美矣。"客有求之，答曰："己所不欲，岂可嫁祸于人？"乃焚之。

鄱阳忠烈王妃，孝绪姊也。王尝命驾欲就之游，孝绪凿垣而逃，卒不肯见。王怅然叹曰。王诸子笃渭阳之情，岁时之贡，无所受纳，未尝相见，竟不之识。或问其故，孝绪曰："我本素贱，不应为王侯姻戚，邂逅所逢，岂关始愿？"刘歊曾以米馈之，孝绪不纳，歊亦弃之。末年蔬食断酒，其恒供养石像先有损坏，心欲补之，罄心敬礼，经一夜忽然完复。众并异之。

大同二年正月，孝绪自筮卦，"吾寿与刘歊作同年"。及刘杳卒，孝绪曰："刘侯逝矣，吾其几何？"其年十月卒，年五十八。梁简文在东宫，隆恩厚赠，子恕等述其志不受。顾协以为恩异常均，议令恭受。门徒追论德行，谥曰文贞处士。所著《七录》、《削繁》等一百八十一卷，并行于世。初，孝绪所撰《高隐传》中篇所载一百三十七人，刘歊、刘订览其书曰："昔嵇康所赞，缺一自拟。今四十之数，将待吾等成邪？"对曰："所谓荀君虽少，后事当付钟君。若素车白马之日，辄获麟于二子。"歊、讦果卒，乃益二传。及孝绪亡，讦兄絜录其所遗行次篇末，成绝笔之意云。

南岳邓先生，名郁，荆州建平人也。少而不仕，隐居衡山极峻之岭，立小板屋两间，足不下山，断谷三十余载，唯以涧水服云母屑，日夜诵《大洞经》。梁武帝敬信殊笃，为帝合丹，帝不敢服，起五岳楼贮之供养，道家吉日，躬往礼拜。白日，神仙魏夫人忽来临降，乘云而至，从少妪三十，并着绛紫罗绣桂襦，年皆可十七八许。色艳桃李，质胜琼瑶，言语良久，谓郁曰："君有仙分，所以故来，寻当相候。"至天监十四年，忽见二青鸟悉如鹤大，鼓翼鸣舞，移晷方去。谓弟子等曰："求之甚劳，得之甚逸。

近青鸟既来,期会至矣。"少日无病而终。山内唯闻香气,世未尝有。武帝后令周舍为《邓玄传》,具序其事。

陶弘景,字通明,丹阳秣陵人也。祖隆,王府参军。父贞,孝昌令。初,弘景母郝氏,梦两天人手执香炉来至其所,已而有娠。以宋孝建三年丙申岁夏至日生。幼有异操,年四五岁,恒以荻为笔,画灰中学书。至十岁,得葛洪《神仙传》,昼夜研寻,便有养生之志。谓人曰:"仰青云,睹白日,不觉为远矣。"父为妾所害,弘景终身不娶。及长,身长七尺七寸,神仪明秀,朗目疏眉,细形长额耸耳,耳孔各有十余毛出外二寸许,右膝有数十黑子作七星文。读书万余卷,一事不知,以为深耻。善琴棋,工草隶。未弱冠,齐高帝作相,引为诸王侍读,除奉朝请。虽在朱门,闭影不交外物,唯以披阅为务。朝仪故事,多所取焉。家贫,求宰县不遂。永明十年,脱朝服挂神武门,上表辞禄。诏许之,赐以束帛,敕所在月给伏苓五斤,白蜜二升,以供服饵。及发,公卿祖之征虏亭,供帐甚盛,车马填咽,咸云宋、齐以来未有斯事。于是止于句容之句曲山。恒曰:"此山下是第八洞宫,名金坛华阳之天,周回一百五十里,昔汉有咸阳三茅君得道来掌此山,故谓之茅山。"乃中山立馆,自号华阳陶隐居。人间书札,即以隐居代名。始从东阳孙游岳受符图经法,遍历名山,寻访仙药。身既轻捷,性爱山水,每经涧谷,必坐卧其间,吟咏盘桓,不能已已。谓门人曰:"吾见朱门广厦,虽识其华乐,而无欲往之心。望高岩,瞰大泽,知此难立止,自恒欲就之。且永明中求禄,得辄差舛;若不尔,岂得为今日之事。岂唯身有仙相,亦缘势使之然。"沈约为东阳郡守,高其志节,累书要之,不至。

弘景为人员通谦谨,出处冥会,心如明镜,遇物便了。言无烦舛,有亦随觉。永元初,更筑三层楼,弘景处其上,弟子居其中,宾客至其下。与物遂绝,唯一家僮得至其所。本便马善射,晚皆不为,唯听吹笙而已。特爱松风,庭院皆植松,每闻其响,欣然为乐。有时独游泉石,望见者以为仙人。

性好著述,尚奇异,顾惜光景,老而弥笃。尤明阴阳五行、风角星算、山川地理、方图产物、医术本草,著《帝代年历》,以算推知汉熹平三年丁丑冬至,加时在日中,而天实以乙亥冬至,加时在夜半,凡差三十八刻,是汉历后天二日十二刻也。又以历代皆取其先妣母后配飨地祇,以为神理宜然,硕学通儒,咸所不悟。又尝造浑天象,高三尺许,地居中央,天转而地不动,以机动之,悉与天相会。云"修道所须,非止史官用是"。深慕张良为人,云"古贤无比。"

齐末为歌曰:"水丑木"为"梁"字。及梁武兵至新林,遣弟子戴猛之假道奉表。及闻议禅代,弘景援引图谶,数处皆成"梁"字,令弟子进之。武帝既早与之游,及即位后,恩礼愈笃,书问不绝,冠盖相望。弘景既得神符秘诀,以为神丹可成,而苦无药物。帝给黄金、朱砂、曾青、雄黄等。后合飞丹,色如霜雪,服之体轻。及帝服飞丹有验,益敬重之。每得其书,烧香虔受。帝使造年历,至己巳岁而加朱点,实太清三年也。帝手敕招之,锡以鹿皮巾。后屡加礼聘,并不出,唯画作两牛,一牛散放水草之间,一牛著金笼头,有人执绳,以杖驱之。武帝笑曰:"此人无所不作,欲效曳尾之龟,岂有可致之理!"国家每有吉凶征讨大事,无不前以谘询。月中常有数信,时人谓为山中宰相。二宫及公王贵要参候相继,赠遗未尝脱时。多不纳受,纵留者即作功德。

天监四年,移居积金东涧。弘景善辟谷导引之法,自隐处四十许年,年逾八十而有壮容。仙书云:"眼方者寿千岁。"弘景末年一眼有时而方。曾梦佛授其菩提记云,名为胜力菩萨。乃诣鄮县阿育王塔自誓,受五大戒。后简文临南徐州,钦其风素,召至后堂,以葛巾进见,与谈论数日而去,简文甚敬异之。天监中,献丹于武帝。中大通初,又献二刀,其一名善胜,一名威胜,并为佳宝。无疾,自知应逝,逆克亡日,仍为《告逝诗》。大同二年卒,时年八十一。颜色不变,屈申如常,香气累日,氤氲满山。遗令:"既没不须沐浴,不须施床,止两重席于地,因所著旧衣,上加生祴裙及臂衣靰冠巾法服。左肘录铃,右肘药铃。佩符络左腋下。绕腰穿环结于前,钗符于髻上,通以大袈裟覆衾蒙首足。明器有车马。道人道士并在门中,道人左,道士右。百日内夜常然灯,旦常香火。"弟子遵而行之。诏赠太中大夫,谥曰贞白先生。

弘景妙解术数,逆知梁祚覆没,预制诗云:"夷甫任散诞,平叔坐论空。岂悟昭阳殿,遂作单于宫。"诗秘在箧里,化后,门人方检出之。大同末,人士竞谈玄理,不习武事,后侯景篡,果在昭阳殿。初,弘景母梦青龙无尾,自己升天,弘景果不娶无子。从兄以子松乔嗣。所著《学苑》百卷,《孝经、论语集注》、《帝代年历》、《本草集注》、《效验方》、《肘后百一方》、《古今州郡记》、《图像集要》及《玉匮记》、《七曜新旧术疏》、《占候》、《合丹法式》,共秘密不传,及撰而未讫又十部,唯弟子得之。

时有沙门释宝志者,不知何许人,有于宋泰始中见之,出入钟山,往来都邑,年已五六十矣。齐、宋之交,稍显灵迹,被发徒跣,语默不伦。或被锦袍,饮啖同于凡俗,恒以铜镜剪刀镊属挂杖负之而趋。或征索酒肴,或累日不食,预言未兆,识他心智。一日中分身易所,远近惊赴,所居噂嗒。齐武帝忿其惑众,收付建康狱。旦日,咸见游行市里,既而检校,犹在狱中。其夜,又语狱吏:"门外有两舆食,金钵盛饭,汝可取之。"果是文惠太子及竟陵王子良所供养。县令吕文显以启武帝,帝乃迎入华林园。少时忽重著三布帽,亦不知于何得之。俄而武帝崩,文惠太子、豫章文献王相继薨,齐亦于此季矣。灵和寺沙门释宝亮欲以纳被遗之,未及有言,宝志忽来牵被而去。蔡仲熊尝问仕何所至。了自不答,直解杖头左索绳掷与之,莫之解。仲熊至尚书左丞,方知言验。

永明中,住东宫后堂,从平旦门中出入。末年忽云"门上血汗衣",褰裳走过。至郁林见害,果以辒车载尸出自此门,舍故阉人徐龙驹宅,而帝颈血流于门限焉。梁武帝尤深敬事,尝问年祚远近。答曰:"元嘉元嘉。"帝欣然,以为享祚倍宋文之年。虽剃须发而常冠帽,下裙纳袍,故俗呼为志公。好为谶记,所谓《志公符》是也。高丽闻之,遣使赍绵帽供养。天监十三年卒。将死,忽移寺金刚像出置户外,语人云:"菩萨当去。"旬日无疾而终。先是琅邪王筠至庄严寺,宝志遇之,与交言欢饮。至亡,敕命筠为碑,盖先觉也。

诸葛璩,字幼玫,琅邪阳都人也。世居京口。璩幼事征士关康之,博涉经史。复师征士臧荣绪,荣绪著《晋书》,称璩有发擿之功,方之壶遂。齐建武初,南徐州行事江祀荐璩于明帝,言璩安贫守道,悦《礼》敦《诗》,如其简退,可扬清厉俗,请辟为议曹从事。帝许之,璩辞不赴。陈郡谢朓为东海太守,下教扬其风概,饷谷百斛。梁天监中,举秀才,不就。璩性勤于诲诱,后生就学者日至。居宅狭陋,无以容之。太守张友为起讲舍。璩处身清正,妻子不见喜愠之色。旦夕孜孜,讲诵不辍,时人益以此宗之。卒于家。璩所著文章二十卷,门人刘暾集而录之。

刘慧斐,字宣文,彭城人也。父元直,淮南太守。慧斐少博学,能属文,起家梁安成王法曹行参军。尝还都,途经寻阳,游于匡山,遇处士张孝秀,相得甚欢,遂有终焉之志。因不仕,居东林寺。又于山北构园一所,号曰离垢园,时人仍谓为离垢先生。慧斐尤明释典,工篆隶,在山手写佛经二千余卷,常所诵者百余卷。昼夜行道,孜孜不怠,远近钦慕之。简文临江州,遗以几杖。论者云,自远法师没后将二百年,始有张、刘之盛矣。元帝及武陵王等书问不绝。大同三年卒。

慧斐兄慧镜,安成内史。初,元直居郡得罪,慧镜历诣朝士乞哀,恳恻甚至,遂以孝闻。

子昙净,字元光,笃行有父风,解褐安成王国左常侍。父卒于郡,昙净奔丧,不食饮者累日,绝而又苏,每哭辄呕血。服阕,因毁成疾。会有诏士姓各举四科,昙净叔父慧斐,举以应孝行,武帝用为海宁令。昙净又以兄未为县,因以让兄,乃除安西行参军。父亡后,事母尤淳至,身营餐粥,不以委人。母疾,衣不解带,及母亡,水浆不入口者殆一旬。母丧,权瘗药王寺,时天寒,昙净身衣单布衣,庐于瘗所。昼夜哭临不绝声,哀感行路,未期而卒。

范元琰,字伯珪,一字长玉,吴郡钱唐人也。祖悦之,太学博士征,不至。父灵瑜,居父忧以毁卒。元琰时童孺,哀慕尽礼,亲党异之。及长好学,博通经史,兼精佛义,然谦敬不以所长骄人。祖母患痈,恒自含吮。与人言常恐伤物。居家不出城市,虽独居如对宾客,见者莫不改容禅之。家贫,唯以园蔬为业。尝出行,见人盗其菘,元琰遽退走。母问其故,具以实答。母问:"盗者为谁?"答曰:"向所以退,畏其愧耻,今启其名,愿不泄也。"于是母子秘之。或有涉沟盗其笋者,元琰因伐木为桥以度之,自是盗者大惭,一乡无复草窃。

齐建武初,征为曹武平西参军,不至。于时始安王遥光为扬州,谓徐孝嗣曰:"曹武参军,岂是礼贤之职?"欲以西曹书佐聘之,会遥光败,不果,时人以为恨。沛国刘

璡深加器异,尝表称之。天监九年,县令管慧辩上言义行,扬州刺史临川王宏辟命,不至。卒于家。

庾诜,字彦宝,新野人也。幼聪警笃学,经史百家,无不该综。纬候书射,棋算机巧,并一时之绝。而性托夷简,特爱林泉,十亩之宅,山池居半。蔬食弊衣,不修产业。遇火,止出书数簀坐于池上,有为火来者,答云"唯恐损竹"。乘舟于沮中山舍还,载米一百五十石。有人寄载三十石,及至宅,寄载者曰:"君三十斛,我百五十斛。"诜默然不言,恣其取足。邻人有被诬为盗见劾,妄款。诜矜之,乃以书质钱二万,令门生诈为其亲,代之酬备。邻人获免谢诜,诜曰:"吾矜天下无辜,岂期谢也?"

梁武帝少与诜善,及起兵,署为平西府记室参军,诜不屈。平生少所游狎,河东柳恽欲与交,拒而弗纳。普通中,诏以为黄门侍郎,称疾不起。晚年尤遵释教,宅内立道场,环绕礼忏,六时不辍。诵《法华经》,每日一遍。后夜中忽见一道人,自称愿公,容止甚异,呼诜为上行先生,授香而去。中大通四年,因寝忽惊觉,曰:"愿公复来,不可久住。"颜色不变,言终而亡,年七十八。举室咸闻空中唱"上行先生已生弥陀净域矣。"武帝闻而下诏,谥贞节处士,以显高烈。诜所撰《帝历》二十卷,《易林》二十卷,续伍端休《江陵记》一卷,《晋朝杂事》五卷,《总抄》八十卷,行于世。

子曼倩,字世华,亦早有令誉。元帝在荆州,为中录事。每出,帝常目送之,谓刘之遴曰:"荆南信多君子。"后转谘议参军。所著《丧服仪》,《文字体例》,《老子义疏》,《算经》及《七曜历术》,并所制文章,凡九十五卷。子季才有学行,承圣中,位中书侍郎。江陵平,随例入长安。

张孝秀,字文逸,南阳宛人也。徙居寻阳。曾祖须无,祖僧监,父希,并别驾从事。孝秀长六尺余,白晰美须眉,仕州中从事史。遇刺史陈伯之叛,孝秀与州中士大夫谋袭之,事觉,逃于盆水侧。有商人置诸褚中,展转入东林。伯之得其乡郭,以蜡灌杀之。孝秀遣妻妾,入匡山修行学道。服阕,建安王召为别驾。因去职归山,居于东林寺。有田数十顷,部曲数百人,率以力田,尽供山众。远近归慕,赴之如市。孝秀性通率,不好浮华,常冠谷皮巾,蹑蒲履,手执并闾皮麈尾,服寒食散,盛冬卧于石上。博涉群书,专精释典。僧有亏戒律者,集众佛前,作羯磨而答之,多能改过。善谈论,工隶书,凡诸艺能,莫不明习。普通三年卒,室中皆闻非常香。梁简文甚伤悼焉,与刘慧斐书,述其贞白云。

庾承先,字子通,颍川鄢陵人也。少沉静,有志操,是非不涉于言,喜愠不形于色,人莫能窥也。弱岁受学于南阳刘虬,强记敏识,出于群辈。玄经释典,靡不该悉;九流《七略》,咸所精练。辟功曹,不就,乃与道士王僧镇同游衡岳。晚以弟疾还乡里,遂居土台山。梁鄱阳忠烈王在州,钦其风味,要与游处,令讲《老子》。远近名僧,

咸来赴集，论难锋起，异端竞至，承先徐相酬答，皆得所未闻。忠烈王尤所钦重。中大通三年，庐山刘慧斐至荆州，承先与之有旧，往从之，荆陕学徒因请承先讲《老子》。湘东王亲命驾临听，论议终日，留连月余，乃还山。王亲祖道，并赠篇什，隐者美之。其年卒，刺史厚有赠赙。门人黄士龙让曰："先师平素食不求饱，衣不求轻，凡有赠遗，皆无所受。临终之日，诫约家门，薄棺周形，巾褐为敛。虽蒙赍及，不敢轻承教旨，以违平生之操。"钱布辄付使反。时论高之。

马枢，字要理，扶风郿人也。祖灵庆，齐竟陵王录事参军。枢数岁而孤，为其姑所养。六岁，能诵《孝经》、《论语》、《老子》。及长，博极经史，尤善佛经及《周易》、《老子》义。梁邵陵王纶为南徐州刺史，素闻其名，引为学士。纶时自讲《大品经》，令枢讲《维摩》、《老子》、《周易》，同日发题，道俗听者二千人。王欲极观优劣，乃谓众曰："与马学士论义，必使屈服，不得空立客主。"于是数家学者，各起问端。枢乃依次剖判，开其宗旨，然后枝分派别，转变无穷，论者拱默听受而已，纶甚嘉之。寻遇侯景之乱，纶举兵援台，乃留书二万卷付枢。枢肆志寻览，殆将周遍，乃喟然叹曰："吾闻贵爵位者以巢、由为桎梏，爱山林者以伊、吕为管库，束名实则刍芥柱下之言，玩清虚则糠秕席上之说，稽之笃论，亦各从其好也。比求志之士，望涂而息，岂天之不惠高尚，何山林之无闻甚乎！"乃隐于茅山，有终焉之志。陈天嘉元年，文帝征为度支尚书，辞不应命。时枢亲故并居京口，每秋冬际，时往游焉。及鄱阳王为南徐州刺史，钦其高尚，鄙不能致，乃卑辞厚意，令使者邀之，枢固辞以疾。门人劝请，不得已乃行。王别筑室以处之，枢恶其崇丽，乃于竹林间自营茅茨而居。每以王公馈饷，辞不获已者，率十分受一。枢少属乱离，凡所居处，盗贼不入，依托者常数百家。目精洞黄，能视暗中物。有白鹊一双，巢其庭树，驯狎樏虎，时至几案，春来秋去，几三十年。太建十三年卒。撰《道觉论》行于世。

论曰：夫独往之人，皆禀偏介之性，不能摧志屈道，借誉期通。若使夫遇见信之主，逢时来之运，岂其放情江海，取逸丘樊？不得已而然故也。且岩壑闲远，水石清华，虽复崇门八袭，高城万雉，莫不蓄壤开泉，仿佛林泽。故知松山桂渚，非止素玩，碧涧清潭，翻成丽瞩。挂冕东都，夫何难之有？

卷七十七　　　列传第六十七

恩　幸

戴法兴 戴明宝 徐爰 阮佃夫 纪僧真 刘系宗 茹法亮 吕文显 茹法珍 梅虫儿 周石珍 陆验 徐驎 司马申 施文庆 沈客卿 孔范

夫鲍鱼芳兰，在于所习，中人之性，可以上下。然则谋于管仲，齐桓有邵陵之师；迩于易牙，小白掩阳门之扇。夫以霸者一身，且有污隆之别，况下于此，胡可胜言者乎！故古之哲王，莫不斯慎。自汉氏以来，年且千祀，而近习用事，无乏于时，莫不官由近亲，情因狎重。至如中书所司，掌在机务。汉元以令、仆用事，魏明以监、令专权，在晋中朝，常为重寄，故公曾之叹，恨于失职。于时舍人之任，位居九品，江左置通事郎，管司诏诰，其后郎还为侍郎，而舍人亦称通事。元帝用琅邪刘超，以谨慎居职。宋文世，秋当、周赳并出寒门。孝武以来，士庶杂选，如东海鲍照，以才学知名。又用鲁郡巢尚之，江夏王义恭以为非选。帝遣尚之送尚书四十余牒，宣敕论辩，义恭乃叹曰："人主诚知人。"及明帝世，胡毋颢、阮佃夫之徒，专为佞幸矣。齐初亦用久劳及以亲信，关谳表启，发署诏敕，颇涉辞翰者，亦为诏文，侍郎之局复见侵矣。建武世，诏命始不关中书，专出舍人。省内舍人四人，所直四省，其下有主书令史，旧用武官，宋改文吏，人数无员，莫非左右要密。天下文簿板籍，入副其省，万机严秘，有如尚书外司。领武官有制局监、外监，领器仗兵役，亦用寒人。爰及梁、陈，斯风未改。其四代之被恩幸者，今立以为篇，以继前史之作云尔。

戴法兴，会稽山阴人也。家贫，父硕子，以贩纻为业。法兴二兄延寿、延兴并修立，延寿善书，法兴好学。山阴有陈戴者，家富，有钱三千万，乡人或云："戴硕子三儿敌陈戴三千万钱。"

法兴少卖葛山阴市，后为尚书仓部令史。大将军彭城王义康，于尚书中觅了了令史，得法兴等五人，以法兴为记室令史。义康败，仍为孝武征虏抚军记室掾。及徙江州，仍补南中郎典签。帝于巴口建义，法兴与典签戴明宝、蔡闲俱转参军督护。上即位，并为南台侍御史，同兼中书通事舍人。法兴等专管内务，权重当时。孝建元年，为南鲁郡太守，解舍人，侍太子于东宫。大明二年，以南下预密谋，封法兴吴昌县男，明宝湘乡县男。闲时已卒，追加爵封。法兴转太子旅贲中郎将。

孝武亲览朝政，不任大臣，而腹心耳目不得无所委寄。法兴颇知古今，素见亲待，虽出侍东宫，而意任隆密。鲁郡巢尚之，人士之末，元嘉中，侍始兴王浚读书，亦涉猎文史，为上所知。孝建初，补东海国侍郎，仍兼中书通事舍人。凡选授迁转诛赏大处分，上皆与法兴、尚之参怀。内外诸杂事多委明宝。上性严暴，睚眦之间，动至罪戮。尚之每临事解释，多得全免，殿省甚赖之。而法兴、明宝大通人事，多纳货贿，凡所荐达，言无不行，天下辐凑，门外成市，家产并累千金。明宝骄纵尤甚，长子敬，为扬州从事，与上争买御物。六宫尝出，敬盛服骑马，于车左右驰骤去来。上大怒，赐敬死，系明宝尚方。寻被原释，委任如初。

孝武崩，前废帝即位，法兴迁越骑校尉。时太宰江夏王义恭录尚书事，任同总己，而法兴、尚之执权日久，威行内外，义恭积相畏服，至是慑惮尤甚。废帝未亲万机，凡诏敕施为，悉决法兴之手，尚书中事无大小专断之，颜师伯、义恭守空名而已。尚之甚聪敏，时百姓欲为孝武立寺，疑其名。尚之应声曰："宜名天保。《诗》云：'天保，下报上也。'"时服其机速。废帝年已渐长，凶志转成，欲有所为，法兴每相禁制。谓帝曰："官所为如此，欲作营阳邪？"帝意稍不能平。所爱幸阉人华愿儿，有盛宠，赐与金帛无算。法兴常加裁减，愿儿甚恨之。帝尝使愿儿出入市里，察听风谣，而道路之言，谓法兴为真天子，帝为赝天子。愿儿因此告帝曰："外间云宫中有两天子，官是一人，戴法兴是一人。官在深宫中，人物不相接；法兴与太宰、颜、柳一体，往来门客恒有数百，内外士庶无不畏服。法兴是孝武左右，复久在宫闱，今将他人作一家，深恐此坐席非复官许。"帝遂免法兴官，徙付远郡，寻于家赐死。法兴临死，封闭库藏，使家人谨录籥牡。死一宿，又杀其二子，截法兴棺两和，籍没财物。法兴能为文章，颇行于世。死后，帝敕巢尚之曰："不谓法兴积衅累愆，遂至于此。吾今自览万机，卿等宜竭诚尽力。"尚之时为新安王子鸾抚军中兵参军、淮陵太守，乃解舍人，转为抚军谘议参军，太守如故。明帝初，复以尚之兼中书通事舍人、南清河太守。累迁黄门侍郎，出为新安太守，病卒。

戴明宝，南东海丹徒人，亦历员外散骑侍郎、给事中。孝武时，带南清河太守。前废帝即位，权任悉归法兴，而明宝轻矣。明帝初，天下反叛，以明宝旧人，屡经戎事，复委任之。后坐纳货贿系尚方，寻被宥。位宣城太守。升明初，年老，拜太中大夫，病卒。

武陵国典书令董元嗣，与法兴、明宝等俱为孝武南中郎典签。元嘉三十年，奉使还都，会元凶弑立，遣元嗣南还，报上以徐湛之等反。上时在巴口，元嗣具言弑状。上遣元嗣下都奉表于劭，既而上举义兵，劭诏责元嗣，元嗣答云："始下未有反谋。"劭不信，备加考掠，不服遂死。孝武事克，赠员外散骑侍郎，使文士苏宝生为之诔焉。

大明中，又有奚显度者，南东海郯人，官至员外散骑侍郎。孝武尝使主领人功，而苛虐无道，动加捶扑，暑雨寒雪，不听暂休，人不堪命，或自经死。时建康县考囚，或用方材压额及踝胫，人间谣曰："宁得建康压额，不能受奚度拍。"又相戏曰："勿反顾，付奚度。"其酷暴如此。前废帝尝戏云："显度刻虐为百姓疾，比当除之。"左右因唱"尔"，即日宣杀焉。时人比之孙皓杀岑昏。

徐爰，字长玉，南琅邪开阳人也。本名瑗，后以与傅亮父同名，亮启改为爰。初为晋琅邪王大司马府中典军，从北征，微密有意理，为武帝所知。少帝在东宫，入侍左右。文帝初，又见亲任，遂至殿中侍御史。元嘉十二年，转南台御史，始兴王浚后军行参军。复侍太子于东宫，迁员外散骑侍郎。文帝每出军，常悬授兵略。二十九年，重遣王玄谟等北侵，配爰五百人，随军磁磏，衔中旨临时宣示。孝武至新亭，江夏王义恭南奔，爰时在殿内，诈劝追义恭，因即得南走。时孝武将即大位，军府造次，不晓朝章，爰素谙其事，及至，莫不喜悦，以兼太常丞撰立仪注。后兼尚书右丞，迁左丞。先是，元嘉中使著作郎何承天草创国史，孝武初又使奉朝请山谦之、南台御史苏宝生踵成之。孝建六年，又以爰领著作郎，使终其业。爰虽因前作，而专为一家之书。上表："起元义熙，为王业之始；载序宣力，为功臣之断。"于是内外博议。太宰江夏王义恭等三十五人同爰，宜以义熙元年为断。散骑常侍巴陵王休若、尚书金部郎檀道鸾二人谓宜以元兴三年为始。太学博士虞和谓宜以开国为宋公元年。诏曰："项籍、圣公，编录二汉，前史已有成例。桓玄传宜在宋典，余如爰议。"

孝武崩，营景宁陵，以本官兼将作大匠。爰便僻善事人，能得人主微旨，颇涉书传，尤悉朝仪。元嘉初，便入侍左右，预参顾问。长于附会，又饰以典文，故为文帝所任遇。大明世，委寄尤重，朝廷大礼仪，非爰议不行。虽复当时硕学所解过之者，既不敢立异议，所言亦不见从。孝武崩，公除后，晋安王子勋侍读博士谘爰："宜习业与不？"爰答曰："居丧读丧礼，习业何嫌？"少日，始安王子真博士谘爰，爰曰："小功废业，三年丧何容读书？"其专断乖谬皆如此。

前废帝凶暴无道，殿省旧人多见罪黜，唯爰巧于将迎，始终无忤。诛群公后，以爰为黄门侍郎，领射声校尉，著作如故，封吴平县子。宠待隆密，群臣莫二。帝每出行，常与沈庆之、山阴公主同辇，爰亦预焉。

明帝即位，以黄门侍郎，改领长水校尉，兼尚书左丞。明年，除太中大夫，著作并如故。爰执权日久，上在蕃，素所不悦。及景和世，屈辱卑约，爰礼敬甚简，益衔之。泰始三年，诏爰其罪，徙交州。及行，又诏除广州统内郡。有司奏以为宋隆太守。除命既下，爰已至交州。久之听还。仍除南康郡丞。明帝崩，还都，以爰为济南太守，复除中散大夫。元徽三年卒，年八十二。

爰子希秀，甚有学解，亦闲篆隶，正觉、禅灵二寺碑，即希秀书也。爰之徙交州，明帝召希秀谓曰："比当令卿父还。"希秀再拜答曰："臣父年老，恐不及后恩。"帝大嗟赏，即召爰还。希秀位骁骑将军、淮南太守。子泓，甚闲吏职，而在事刻薄，于人少恩。仕齐历位台郎，秣陵、建康令，湘东太守。

阮佃夫，会稽诸暨人也。明帝初出阁，选为主衣，后又请为世子师,甚见信待。景和末,明帝被拘于殿内,住在秘书省,为帝所疑,大祸将至。佽夫与王道隆、李道儿及帝左右琅邪淳于文祖谋共废立。时直阁将军柳光世亦与帝左右兰陵缪方盛、丹阳周登之有密谋,未知所奉。登之与明帝有旧,方盛等乃使登之结佽夫,佽夫大悦。先是,帝立皇后,普皙撤诸王奄人,明帝左右钱蓝生亦在例,事毕未被遣,密使蓝生候帝。虑事泄,蓝生不欲自出,帝动止辄以告淳于文祖,令报佽夫。景和元年十一月二十九日晡时,帝出华林园。建安王休仁、山阳王休祐、山阴主并侍侧,明帝犹在秘书省不被召,益惧。佽夫以告外监典事东阳朱幼,又告主衣吴兴寿寂之、细铠主南彭城姜产之。产之又语所领细铠将临淮王敬则,幼又告中书舍人戴明宝,并响应。明宝、幼欲取其日向晓,佽夫等攻取开门鼓后。幼预约勒内外,使钱蓝生密报建安王休仁等。时帝欲南巡,腹心直閤将军宗越等,其夕并听出外装束,唯有队主樊僧整防华林閤,是柳光世乡人。光世要之,即受命。姜产之又要队副阳平聂庆及所领壮士会稽富灵符、吴郡俞道龙、丹阳宋遑之、阳平田嗣,并聚于庆省。佽夫虑力少,更欲招合,寿寂之曰:"谋广或泄,不烦多人。"时巫觋言后堂有鬼,其夕帝于竹林堂前与巫共射之,建安王休仁等、山阴主并从。帝素不悦寂之,见辄切齿。寂之既与佽夫等成谋,又虑祸至,抽刀前入,姜产之随其后,淳于文祖、缪方盛、周登之、富灵符、聂庆、田嗣、王敬则、俞道龙、宋遑之又继进。休仁闻行声甚疾,谓休祐曰:"作矣。"相随奔景阳山。帝见寂之至,引弓射之,不中,乃走。寂之追杀之。事定,宣令宿卫曰:"湘东王受太后令除狂主,今已太平。"

明帝即位,论功,寿寂之封应城县侯,产之汝南县侯,佽夫建城县侯,王道隆吴平县侯,淳于文祖阳城县侯,李道儿新渝县侯,缪方盛刘阳县侯,周登之曲陵县侯,富灵符惠怀县子,聂庆建阳县子,田嗣将乐县子,王敬则重安县子,俞道龙荼陵县子,宋遑之零陵县子。佽夫迁南台侍御史。薛索儿度淮为寇,山阳太守程天祚又反,佽夫与诸军破薛索儿,降天祚。后转太子步兵校尉、南鲁郡太守,侍太子于东宫。泰始四年,以本官兼游击将军,及辅国将军孟次阳与二卫员直。次阳,字崇基,平昌安丘人也,位冠军将军卒。时佽夫及王道隆、杨运长并执权,亚于人主,巢、戴大明之世,方之蔑如也。尝正旦应合朔,尚书奏迁元会。佽夫曰:"元正庆会,国之大礼,何不迁合朔日邪?"其不稽古如此。大通货贿,凡事非重赂不行。人有饷绢二百疋,嫌少不答书。宅舍园池,诸王邸第莫及。女妓数十,艺貌冠绝当时。金玉锦绣之饰,宫掖不逮也。每制一衣,造一物,都下莫不法效焉。于宅内开渎东出十许里,塘岸整洁,泛轻舟,奏女乐。中书舍人刘休尝诣之,遇佽夫出行,中路相逢,要休同反。就席便命施设,一时珍羞,莫不毕备。凡诸火剂,并皆始熟,如此者数十种。佽夫常作数十人馔以待宾客,故造次便办,类皆如此,虽晋世王、石不能过也。泰始初,军功既多,爵秩无序,佽夫仆从附隶皆受不次之位:捉车人武贲中郎将,傍马者员外郎。朝士贵贱,莫不自结,而矜慠无所降意,入其室者唯吴兴沈勃、吴郡张澹数人而已。

明帝晏驾,后废帝即位,佽夫权任转重,兼中书通事舍人,加给事中、辅国将军,余如故。欲用张澹为武陵郡,卫将军袁粲以下皆不同,而佽夫称敕施行。又庐江何恢有妓张耀华美而有宠,为广州刺史将发,要佽夫饮,设乐,见张氏,悦之,频求。恢曰:"恢可得,此人不可得也。"佽夫拂衣出户,曰:"惜指失掌邪?"遂讽有司以公事弹恢。凡如此,粲等并不敢执。元徽三年,迁黄门侍郎,领右卫将军。明年,改领骁骑将军,迁南豫州刺史、历阳太守,犹管中任。时废帝猖狂,好出游走。始出宫,犹整羽仪队仗,俄而弃部伍,单骑与数人相随。或出郊野,或入市廛,内外莫不忧惧。佽夫密与直阁将军申伯宗、步兵校尉朱幼、于天宝谋共废帝,立安成王。五年春,帝欲往江乘射雉。帝每出,常留队仗在乐游苑前,弃之而去。佽夫欲称太后令唤队仗还,闭城门,分人守石头、东府,遣人执帝废之,自为扬州刺史辅政。与幼等已成谋,会帝不成向江乘,故事不行。于天宝因以其谋告帝,帝乃收佽夫、幼、伯宗于光禄外部赐死。佽夫、幼等罪止一身,其余无所问。

幼泰始初为外监配衣,诸军征讨,有济办之能,遂官陟三品,为奉朝请、南高平太守,封安浦县侯。

于天宝,其先胡人,豫竹林堂功,元徽中封鄂县子。发佽夫谋,以为清河太守、右军将军。升明中,齐高帝以其反覆赐死。

寿寂之,位太子屯骑校尉、南泰山太守,多纳货贿,请谒无穷。有一不从,便切齿骂詈,常云"利刀在手,何忧不办"。鞭尉史,斫逻将,后为有司所奏,徙送越州。至豫章谋叛,乃杀之。

姜产之,位南济阳太守。后北侵魏,战败见杀。

王道隆,吴兴乌程人。兄道迄涉学善书,形貌又美,吴兴太守王韶之谓人曰:"有子弟乃如王道迄,无所少。"道隆亦知书。泰始二年,兼中书通事舍人。道隆为明帝所委,过于佽夫,而和谨自保,不妄毁伤人。执权既久,家产丰积,豪丽虽不及佽夫,而精整过之。元徽二年,桂阳王休范举兵,乃以讨佽夫、道隆及杨运长为名。休范奄至新亭见杀。

杨运长,宣城怀安人。素善射,为射师。性谨悫,为明帝委信。及即位,亲遇甚厚。后废帝即位,与佽夫俱兼通事舍人。以平桂阳王休范功,封南城县子。运长质木廉正,修身甚清,不事园宅,不受饷遗。而凡鄙无识,唯与寒人潘智、徐文盛厚善。动止施为,必与二人量议。文盛为奉朝请,预平桂阳王休范,封广晋县男。顺帝即位,运长为宣城太守,寻还家。沈攸之反,运长有异志,齐高帝遣骠骑司马崔文仲诛之。

纪僧真,丹阳建康人也。少随逐征西将军,萧思话及子惠开,皆被赏遇。惠开性奇,僧真以微过见罚,既而委任如旧。及罢益州还都,不得志,而僧真事之愈谨。惠开临终叹曰:"纪僧真方当富贵,我不见也。"以僧真托刘彦节、周颙。

初,惠开在益州,土反,被围危急,有道人谓之曰:

"城围寻解，檀越贵门，后方大兴，无忧外贼也。"惠开密谓僧真曰："我子弟见在者并无异才，政是萧道成耳。"僧真忆其言，乃请事齐高帝，随从在淮阴。以闲书题，令答远近书疏。自寒官历至高帝冠军府参军主簿。僧真梦蒿艾生满江，惊而告之。高帝曰："诗人采萧，萧即艾也。萧生断流，卿勿广言。"其见亲如此。后除南台御史、高帝领军功曹。上将废立，谋之袁粲、褚彦回。僧真启上曰："今朝廷猖狂，人不自保，天下之望，不在袁、褚，明公岂得默己，坐受夷灭？存亡之机，仰希熟虑。"高帝纳之。高帝欲度广陵起兵，僧真又曰："主上虽复狂竖，而累代皇基，犹固磐石。今百口北度，何必俱得；纵得广陵城，天子居深宫，施号令，目明公为逆，何以避此？如其不胜，则应北走。窃谓此非万全策也。"上曰："卿顾家，岂能逐我行邪？"僧真顿首称无贰。升明元年，除员外郎，带东武城令，寻除给事中。高帝坐东府高楼望石头城，僧真在侧。上曰："诸将劝我诛袁、刘，我意未愿便尔。"及沈攸之事起，从高帝入朝堂。石头反夜，高帝遣众军掩讨。宫城中望石头火光及叫声甚盛，人怀不测。僧真谓众曰："叫声不绝，是必官军所攻。火光起者，贼不容自烧其城，此必官军胜也。"寻而启石头平。

上出顿新亭，使僧真领千人在帐内。初，上在领军府，令僧真学上手迹下名，至是报答书疏皆付僧真。上观之笑曰："我亦不复能别也。"初，上在淮阴修理城，得古锡趺九枚，下有篆文，莫能识者。僧真省事，独言："何须辩此文字，此自久远之物。锡而有九，九锡之征也。"高帝曰："卿勿妄言。"及上将拜齐公，已克日，有杨祖之谋于临轩作难，僧真请上更选吉辰，寻而祖之事觉。上曰："无卿言，亦当致小狼狈，此亦何异滹沱之冰。"转齐国中书舍人。建元初，带东燕令，封新阳县男。转羽林监，迁尚书主客郎，太尉中兵参军，兼中书舍人。

高帝疾甚，令僧真典遗诏。永明元年，丁父丧。起为建威将军，寻除南泰山太守，又为舍人。僧真容貌言吐，雅有士风，武帝尝目送之，笑曰："人生何必计门户，纪僧真堂堂，贵人所不及也。"诸权要中最被眄遇。后除前军将军。遭母丧，开冢得五色两头蛇。武帝崩，僧真号泣思慕。

明帝以僧真历朝驱使，建武初，除游击将军，兼司农，待之如旧。欲令僧真临郡，僧真启进其弟僧猛于镇蛮护军、晋熙太守。永泰元年，除司农卿。明帝崩，掌山陵事，出为庐陵内史。卒于官。僧猛后卒于晋熙太守。兄弟皆有风姿举止，并善隶书。僧猛又能飞白书，作《飞白赋》。僧真子交卿，甚有解用。

宋时道人杨法持与高帝有旧，元徽末，宣传密谋。升明中，以为僧正。建元初，罢道，为宁朔将军，封州陵男。二年，遣法持为军主，领支军救援朐山。永明四年，坐役使将客，夺其鲑稟，削封，卒。

刘系宗，丹阳人也。少便书画，为宋竟陵王诞子景粹侍书。诞举兵，广陵城内皆死，敕沈庆之赦系宗，以为东宫侍书。泰始中，为主书，以寒官累至勋品。元徽初，为奉朝请，兼中书通事舍人、员外郎，封始兴南亭侯，带秣陵令。

齐高帝废苍梧，明旦呼正直舍人虞整，醉不能起，系宗欢喜奉敕。高帝曰："今天地重开，是卿尽力之日。"使写诸处分敕令四方书疏。使主书十人、书吏二十人配之，事皆称旨。高帝即位，除龙骧将军、建康令。永明初，为右军将军、淮陵太守，兼中书通事舍人。母丧自解，起复本职。四年，白贼唐宇之起，宿卫兵东讨，遣系宗随军慰劳。遍至遭贼郡县，百姓被驱逼者，悉无所问，还复入伍。系宗还，上曰："此段有征无战，以时平荡，百姓安帖，甚快也。"赐系宗钱帛。上欲修白下城，难于动役。系宗启谪役在东人丁随宇之为逆者，上从之。后车驾出讲武，上履行白下城曰："刘系宗为国家得此一城。"永明中，魏使书，常令系宗题答，秘书局皆隶之。再为少府。郁林即位，除宁朔将军、宣城太守。

系宗久在朝省，闲于职事，武帝常云："学士辈不堪经国，唯大读书耳。经国，一刘系宗足矣。沈约、王融数百人，于事何用？"其重吏事如此。建武二年，卒官。

茹法亮，吴兴武康人也。宋大明中，出身为小史。历斋干扶侍。孝武末年，鞭罚过度，校猎江右，选白衣左右百八十人，皆面首富室，从至南州，得鞭者过半。法亮忧惧，因缘启出家得为道人。明帝初，罢道，结事阮佃夫，累至齐高帝冠军府府参军。及武帝镇盆城，须旧驱使人，法亮求留为武帝江州典签，除南台御史，带松滋令。

法亮便僻解事，善于承奉，稍见委信。建元初，度东宫主书，除奉朝请，补东宫通事舍人。武帝即位，仍为中书通事舍人，除员外郎，带南济阴太守。与会稽吕文度、临海吕文显，并以奸佞诡事武帝。文度为外监，专制兵权，领军将军守虚位而已。天文寺常以上将星占文度吉凶。文度尤见委信，上尝云："公卿中有忧国如文度者，复何忧天下不宁！"文度既见委用，大纳财贿，广开宅宇，盛起土山，奇禽怪树，皆聚其中，后房罗绮，王侯不能及。又启上籍被却者，悉充远戍，百姓嗟怨，或逃亡避命。富阳人唐宇之因此聚党为乱，鼓行而东。乃于钱唐县僭号，以新城戍为伪宫，以钱唐县为伪太子宫，置百官皆备。三吴却籍者奔之，众至三万，窃称吴国，伪年号兴平。其源始于虞玩之，而成于文度，事见《虞玩之传》。

法亮、文度并势倾天下，太尉王俭常谓人曰："我虽有大位，权寄岂及茹公？"永明二年，封望蔡县男。七年，除临淮太守，转竟陵王司徒中兵参军。巴东王子响于荆州杀僚佐，上遣军西上，使法亮宣旨安抚子响。法亮至江津，子响呼法亮，疑畏不肯往。又求见传诏，法亮又不遣。故子响怒，遣兵破尹略军。事平，法亮至江陵，诛赏处分，皆称敕断决。军还，上悔诛子响，法亮被责。少时，亲任如旧。广开宅宇，杉斋光丽，与延昌殿相埒。延昌殿，武帝中斋也。宅后为鱼池钓台，土山楼馆，长廊将一里。竹林花药之美，公家苑囿所不能及。郁林即位，除步兵校尉。

时有綦母珍之，居舍人之任，凡所论者，事无不允。内外要职及郡丞尉，皆论价而后施行。货贿交至，旬月之间,累至千金。帝给珍之宅,宅边又有空宅,从即并取,辄令材官营作,不关诏旨。材官将军细作丞相语云:"宁拒至尊敕,不可违舍人命。"珍之母随弟钦之作暨阳令,钦之罢县还,珍之迎母至湖熟,辄将青氅百人自随,鼓角横吹,都下富人追从者百数。钦之自行佐作县,还除庐陵王骠骑正将军,又诈宣敕使钦之领青氅。珍之有一铜镜,背有"三公"字,常语人云:"征祥如此,何患三公不至?"乃就蒋王庙乞愿得三公,封郡王。启帝求封,朝议未许。又自陈曰:"珍之西州伏事,侍从入宫,契阔心膂,竭尽诚力。王融奸谋潜构,自非珍之翼卫扶持,事在不测。今惜千户侯,谁为官使者?"又有牒自论于朝廷曰:"当世祖晏驾之时,内外纷扰,珍之手抱至尊,口行处分,忠诚契阔,人谁不知?今希千户侯,于分非过。"乃许三百户。瞋恚形于言色,进为五百户,又不肯受。明帝议诛之,乃许封汝南县。

有杜文谦者,吴郡钱唐人。帝为南郡王,文谦侍《五经》文句,历太学博士。出为溧阳令,未之职。会明帝知权,萧谌用事,文谦乃谓珍之曰:"天下事可知,灰尽粉灭,匪朝伊夕,不早为计,吾徒无类矣。"珍之曰:"计将安出?"答曰:"先帝故人多见摈斥,今召而使之,谁不慷慨。近闻王洪范与赵越常、徐僧亮、万灵会共语,皆攘袂搥床。君其密报周奉叔,使万灵会、魏僧勔杀萧谌,则宫内之兵皆我用也。即勒兵入尚书斩萧令,两都伯力耳。其次则遣荆轲、豫让之徒,因谘事,左手顿其胸,则方寸之刃,足以立事,亦万世一时也。今举大事而死,不举事亦死,二死等耳,死社稷可乎?若迟疑不断,复少日,录君称敕赐死,父母为殉,在眼中矣。"珍之不能用。时徐龙驹亦当得封,珍之耻与龙驹共诏,因求别立。事未及行而事败。珍之在西州时有一手板,相者云"当贵"。每以此言动帝,又图黄门郎,帝尝问之曰:"西州时手板何在?"珍之曰:"此是黄门手板,官何须问?"帝大笑。珍之时为左将军、南彭城太守,领中书通事舍人。正直宿,宣旨使即往蒋王庙祈福,因收送廷尉,与周奉叔、杜文谦同死。文谦有学行,善言吐。其父闻其死,曰:"吾所以忧者,恐其不得死地耳。今以忠义死,复何恨哉?王经母所以欣经之义也。"时人美其言。

龙驹以奄人本给安陆侯,后度东宫为斋帅。帝即位后,以便佞见宠。凡邸鄪杂事,皆所诱劝。位羽林监、后阁舍人、黄门署令、淮陵太守。帝为龙驹置嫔御妓乐。常住含章殿,著黄纶帽,被貂裘,南面向案,代帝画敕。内左右侍直,与帝不异。前代赵忠、张让之徒,莫之能比。封惠怀县男,事未行,明帝请诛之,恳至,乃见许。

曹道刚,废帝之日直阁省。萧谌先入,若欲论事,兵随后奄进,以刀刺之,洞胸死,因进宫内废帝。直后徐僧亮甚怒,大言于众曰:"吾等荷恩,今日应饮报。"又见杀。道刚,字景昭,彭城人,性质直。帝虽与之狎而未尝敢酬。帝悦市里杂事,以为欢乐。道刚辄避。益州人韩护善骑马,帝尝呼入华林园令骑,大赏狎之。道刚出谓明帝:"主上犹是小儿,左右皆须正人,使日见礼则。近闻韩护与天子齐马并驰,此导人君于危地,道刚欲杀之。"既而

遣人刺杀护。及道刚死,张融谓刘绘曰:"道刚似不为谐,亦复不免也。"答曰:"夫径寸之珠,非不宝也,而蚌之所病,云何不疗之哉,此道刚所以死也。"

明帝即位,高、武旧人鲜有存者,法亮以主署文事,故不见疑,位任如故。先是延昌殿为武帝阴室,藏诸服御,二少帝并居西殿。及明帝居东斋,开阴室,出武帝白纱帽、防身刀,法亮歔欷流涕。永泰元年,王敬则事平,法亮复行敕宣慰诸郡,无所纳受。东昏即位,出法亮为大司农。中书权利之职,法亮不乐去,固辞不受。既而代人已到,法亮垂涕而出,卒官。

吕文显,临海人也。升明初,为齐高帝录尚书省事,累迁殿中侍御史。后为秣陵令,封刘阳县男。永明元年,为中书通事舍人。文显临事以刻核被知。三年,带南清河太守,与茹法亮等迭出入为舍人,并见亲幸。多四方饷遗,并造大宅,聚山开池。时中书舍人四人各住一省,世谓之四户。既总重权,势倾天下。晋、宋旧制,宰人之官,以六年为限,近世以六年过久,又以三周为期,谓之小满。而迁换去来,又不依三周之制,送故迎新,吏人疲于道路。四方守宰饷遗,一年咸数百万。舍人茹法亮于众中语人曰:"何须觅外禄,此一户内,年办百万。"盖约言之也。其后玄象失度,史官奏宜修祈禳之礼。王俭闻之,谓上曰:"天文乖忤,此祸由四户。"仍奏文显等专擅愆和,极言其事。上虽纳之而不能改也。文显累迁左中郎将,南东莞太守。

故事,府州部内论事,皆签前直叙所论之事,后云谨签,日月下又云某官某签,故府州置典签以典之。本五品吏,宋初改为七职。宋氏晚运,多以幼少皇子为方镇,时主皆以亲近左右领典签,典签之权稍重。大明、泰始,长王临蕃,素族出镇,莫不皆出内教命,刺史不得专其任也。宗悫为豫州,吴喜公为典签。悫刑政所施,喜公每多违执。悫大怒曰:"宗悫年将六十,为国竭命,政得一州如斗大,不能复与典签共临!"喜公稽颡流血乃止。自此以后,权寄弥隆,典签递互还都,一岁数反,时主辄与闲言,访以方事。刺史行事之美恶,系于典签之口,莫不折节推奉,恒虑不及。于是威行州郡,权重蕃君。刘道济、柯孟孙等奸慝发露,虽即显戮,而权任之重不异。明帝辅政,深知之,始制诸州急事宜密有所论,不得遣典签还都,而典签之任轻矣。后以文显守少府,见任使,历建武、永元之世,至尚书右丞,少府卿,卒官。

茹法珍,会稽人;梅虫儿,吴兴人。齐东昏时并为制局监,俱见爱幸。自江祏、始安王遥光等诛后,及左右应敕捉刀之徒并专国命,人间谓之刀敕,权夺人主。都下为之语曰:"欲求贵职依刀敕,须得富豪事御刀。"

时又有新蔡人徐世檦,尤见宠信,自殿内主帅为直阁骁骑将军。凡诸杀戮,皆世檦所劝。杀徐孝嗣后,封临汝县子。陈显达事起,加辅国将军。虽用护军崔慧景为都督,而兵权实在世檦,当时权势倾法珍、虫儿。又谓法珍、虫儿曰:"何世天子无要人,但阿侬货主恶耳。"法

珍等与之争权，遂以白帝，帝稍恶其凶强。世欐窃欲生心，左右徐僧重密知之，发其事，收得千余人仗及咒诅文，又画帝十余形像，备为刑斩刻射支解之状；而自作己像，著通天冠衮服，题云徐氏皇帝。永元二年事发，乃族之。自是法珍、虫儿并为外监，口称诏敕，中书舍人王咺之与相唇齿，专掌文翰。其余二十余人，皆有势力。崔慧景平后，法珍封余干县男，虫儿封竟陵县男。崔慧景之平，曲赦都下及南兖州，本以宥贼党，而群凶用事，刑辟不依诏书。无罪家富者，不论赦令，莫不受戮，籍其家产；与慧景深相关、为尽力而家贫者，一无所问。始安、显达时亦已如此，至慧景平复然。或说王咺之云："赦书无信，人情大恶。"咺之曰："政当复有赦耳。"复赦，群小诛戮亦复如先。

帝自群公诛后，无复忌惮，无日不游走。所幸潘妃本姓俞名尼子，王敬则伎也。或云宋文帝有潘妃，在位三十年，于是改姓曰潘，其父宝庆亦从改焉。帝呼宝庆及法珍为阿丈，虫儿及东冶营兵俞灵韵为阿兄。帝与法珍等俱诣宝庆，帝躬自汲水，助厨人作膳，为市中杂语以为谐谑。又帝轻骑戎服往诸刀敕家游宴，有吉凶辄主庆吊。奄人王宝孙年十三四，号为倀子，最有宠，参预朝政。虽王咺之、虫儿之徒亦下之。控制大臣，移易敕诏，乃至骑马入殿，诋诃天子。公卿见之，莫不慑息。其佐成昏乱者：法珍、虫儿及王咺之、俞宝庆、俞灵韵、祝灵勇、范亮之、徐僧重、时崇济、芮安泰、刘文泰、吕文庆、胡辉光、缪买养、章道之、杨敬子、李粲之、周管之、范昙济、石昙悦、张恶奴、王胜公、王怀藻、梅师济、邹伯儿、史元益、王灵范、度休文、解潞及太史令骆文叔、大巫朱光尚，凡三十一人。又有奄官王宝孙、王法昭、许朗、许伯孙、方佛念、马僧猛、盛劼、王竺儿、随要、袁系世等十人。梁武平建邺，皆诛。又朱兴光为茹法珍所疾，得罪被系。丰勇之与王珍国相知，行杀皆免。初，左右刀敕之徒，悉号为鬼，宫中讹云："赵鬼食鸭刾，诸鬼尽著调。"当时莫解。梁武平建邺，东昏死，群小一时诛灭。故称为诸鬼也。俗间以细剉肉糅以姜桂曰刾，意者以凶党皆当细锉而烹之也。

周石珍，建康之厮隶也，世以贩绢为业。梁天监中，稍迁至宣传左右。身长七尺，颇闲应对，后遂至制局监，带开阳令。历位直阁将军。太清三年，封南丰县侯，犹领制局。台城未陷，已射书与侯景相结。门初开，石珍犹侍左右。时贼遣其徒入直殿内，或驱驴马出入殿庭。武帝方坐文德殿，怪问之，石珍曰："皆丞相甲士。"上曰："何物丞相？"对曰："侯丞相。"上怒叱之曰："是名侯景，何谓丞相！"石珍求媚于贼，乃养其党田台，以为己子，迁亦父事之。景篡位，制度羽仪皆石珍自出。景平后，及中书舍人严亶等送于江陵。

亶本为斋监，居台省积久，多闲故实。在贼居要，亚于石珍。及简文见立，亶学北人著靴上殿，无肃恭之礼。有怪之者，亶曰："吾岂畏刘禅乎？"从景围巴陵郡，叫曰："荆州那不送降！"及至江陵，将刑于市，泣谓石珍曰：

"吾等死亦是罪盈。"石珍与其子升相抱哭。亶谓监刑人曰："倩语湘东王，不有废也，君何以兴？"俱腰斩。自是更杀贼党，以板枑舌，钉钉之，不复得语。

陆验、徐麟，并吴郡吴人。验少而贫苦，落魄无行。邑人郁吉卿者甚富，验倾身事之。吉卿贷以钱米，验借以商贩，遂致千金。因出都下，散资以事权贵。朱异，其邑子也，故尝有德，遂言于武帝拔之，与徐麟两人递为少府丞、太市令。验本无艺业，而容貌特丑。先是，外国献生犀，其形甚陋，故闾里咸谓验为生犀。验、麟并以苛刻为务，百贾畏之。异尤与之昵，世人谓之三蠹。司农卿傅岐，梗直士也，尝谓异曰："卿任参国钧，荣宠如此，比日所闻，鄙秽狼藉，若使圣主发悟，欲免得乎？"异曰："外间谤讟，知之久矣，心苟无愧，何恤人言？"岐谓人曰："朱彦和将死矣，恃谄以求容，肆辩以拒谏，闻难而不惧，知恶而不改。天夺其鉴，其能久乎？"验竟以侵削为能，数年遂登列棘，鸣佩珥貂，并肩英彦。仕至太子右卫率，卒，赠右卫将军。远近闻其死，莫不快之。麟素为邵陵王纶所憾，太清二年，为纶所杀。

司马申，字季和，河内温人也。祖慧远，梁都水使者。父玄通，梁尚书左户郎。申早有风鉴，十四便善弈棋。尝随父候吏部尚书到溉，时梁州刺史阴子春、领军朱异在焉，呼与棋。申每有妙思，异观而奇之，因引中游处。太清之难，父母俱没，因此自誓，担土菜食终身。

梁元帝承制，累迁镇西外兵记室参军。及侯景寇郢州，申随都督王僧辩据巴陵，每进策，皆见行用。僧辩叹曰："此生要鞶汗马，或非所长，若使抚众守城，必有奇绩。"僧辩之讨陆纳也，于时贼众奄至，左右披靡，申躬蔽僧辩，蒙楯而前，会裴之横救至，贼乃退。僧辩顾而笑曰："仁者必有勇，岂虚言哉！"陈太建中，除秣陵令，在职以清能见纪，有白雀集于县庭。复为东宫通事舍人。叔陵之肆逆也，事既不捷，出据东府，申驰召右卫将军萧摩诃帅兵先至，追斩之。后主深嘉焉。以功除太子左卫率，封文招县伯，兼中书通事舍人。迁右卫将军。历事三帝，内掌机密，颇作威福。性忍害，好飞书以谮毁，朝之端士，遍罹其殃。参预谋谟，乃于外宣说，以为己力。省中秘事，往往泄漏。性又果敢，善应对，能候人主颜色。有忤己者，必以微言谮之；附己者，因机进之。是以朝廷内外，皆从风靡。初，尚书右仆射沈君理卒，朝廷议以毛喜代之。申虑喜预政，乃短喜于后主曰："喜臣之妻兄，高帝时称陛下有酒德，请逐去宫臣，陛下宁忘之邪！"喜由是废锢。又与施文庆、李脱儿比周，潜杀傅縡，夺任忠部曲以配蔡征、孔范，是以文武解体，至于覆灭。申尝昼寝于尚书下省，有乌啄其口，流血及地，时论以为潜贤之效也。后加散骑常侍，右卫、舍人如故。至德四年卒，后主嗟悼久之。赠侍中、护军将军，进爵为侯，谥曰忠。及葬，后主自为制志铭。子琇嗣，官至太子舍人。

施文庆，不知何许人也。家本吏门，至文庆好学，颇涉书史。陈后主之在东宫，文庆事焉。及即位，擢为中书舍人。仍属叔陵作乱，隋师临境，军国事务，多起仓卒，文庆聪敏强记，明闲吏职，心算口占，应时条理，由是大被亲幸。又自太建以来，吏道疏简，百司弛纵，文庆尽其力用，无所纵舍，分官联事，莫不振惧。又引沈客卿、阳惠朗、徐哲、暨慧景等，云有吏能，后主信之。然并不达大体，督责苛碎，聚敛无厌。王公大人，咸共疾之。后主益以文庆为能，尤更亲重，内外众事，无不任委。累迁太子左卫率，舍人如故。祯明三年，湘州刺史晋熙王叔文在职既久，大得人和。后主以其据有上流，阴忌之。自度素与群臣少恩，恐不为用，无所任者，乃擢文庆为都督、湘州刺史，配以精兵，欲令西上，仍征叔文还朝。文庆深喜其事，然惧居外，后执事者持己短长，因进其党沈客卿以自代。未发间，二人共掌机密。

时隋军大举，分道而进，尚书仆射袁宪、骠骑将军萧摩诃及文武群臣共议，请于京口、采石各置兵五千，并出金翅二百，缘江上下，以为防备。文庆恐其兵从己，废其述职，而客卿又利文庆之任己得专权，俱言于朝曰："必有论议，不假面陈，但作文启，即为通奏。"宪等以为然。二人赍启入白后主曰："此是常事，边城将帅，足以当之。若出人船，必恐惊扰。"及隋军临江，间谍骤至，宪等殷勤奏请，至于再三。文庆等曰："元会将逼，南郊之日，太子多从，今若出兵，事便废阙。"后主曰："今且出兵，若北边无事，因以水军从郊，何为不可？"又对曰："如此，则声闻邻境，便谓国弱。"后又以货动江总，总内为之游说。后主重违其意，而迫群官之请，乃令付外详议，又抑宪等。由是未决，而隋师济江。后主性怯懦，不达军事，昼夜啼泣，台内处分，一以委之。文庆既知诸将疾己，恐其有功，乃奏曰："此等怏怏，素不服官，迫此事机，那可专信。"凡有所启请，经略之计，并皆不行。寻敕文庆领兵顿于乐游苑。

陈亡，隋晋王广以文庆受委不忠，曲为谄佞，以蔽耳目，比党数人，并于石阙前斩之，以谢百姓。

沈客卿，吴兴武康人也。美风采，善谈论，博涉群书，与施文庆少相亲昵。仕陈，累迁至尚书仪曹郎。聪明有口辩，颇知故事。每朝廷体式，吉凶仪注，凡所疑议，客卿斟酌裁断。理虽不经，而众莫能屈，事多施行。至德初，以为中书舍人，兼步兵校尉，掌金帛局。以旧制军人士人，二品清官，并无关市之税。后主盛修宫室，穷极耳目，府库空虚，有所兴造，恒苦不给。客卿每立异端，唯以刻削百姓为事，奏请不问士庶，并责关市之估，而又增重其旧。于是以阳惠朗为太市令，暨慧景为尚书金、仓都令史。二人家本小吏，考校簿领，豪厘不差，纠谪严急，百姓嗟怨。而客卿居舍人，总以督之，每岁所入，过于常格数十倍。后主大悦，寻加客卿散骑常侍、左卫将军，舍人如故。惠朗、慧景奉朝请。祯明三年，客卿遂与文庆俱掌机密。隋师至，文庆出顿乐游苑，内外事客卿总焉。台城失守，隋晋王以客卿重赋厚敛，以悦于上，与文庆、暨慧景、阳惠朗等，俱斩于石阙前。

徐哲，不知何许人，施文庆引为制局监，掌刑法，亦与客卿同诛。

孔范，字法言，会稽山阴人也。曾祖景伟，齐散骑常侍。祖滔，梁海盐令。父岱，历职清显。范少好学，博涉书史。陈太建中，位宣惠江夏王长史。后主即位，为都官尚书，与江总等并为狎客。范容止都雅，文章赡丽，又善五言诗，尤见亲爱。后主性愚狠，恶闻过失。每有恶事，范必曲为文饰，称扬赞美。时孔贵人绝爱幸，范与孔氏结为兄妹，宠遇优渥，言听计从。朝廷公卿咸畏范，范因骄矜，以为文武才能举朝莫及。从容白后主曰："外间诸将，起自行伍，匹夫敌耳。深见远虑，岂其所知？"后主以问施文庆，文庆畏范，益以为然。自是将帅微有过失，即夺其兵，分配文吏。

隋师将济江，群官请为备防，文庆沮坏之，后主未决。范奏曰："长江天堑，古来限隔。虏军岂能飞度？边将欲作功劳，妄言事急。臣自恨位卑，虏若能来，定作太尉公矣。"或妄言北军马死，范曰："此是我马，何因死去。"后主笑以为然，故不深备。寻而隋将贺若弼陷南徐州，执城主庄元始，韩擒陷南豫州，败水军都督高文泰。范与中领军鲁广达顿于白塔寺，后主多出金帛，募人立功，范素于武士不接，莫有至者，唯负贩轻薄多从之。高丽、百济、昆仑诸夷并受督。时任蛮奴请不战，而已度江攻其大军。又司马消难言于后主曰："弼若登高举烽，与韩擒相应，鼓声交震，人情必离。请急遣兵北据蒋山，南断淮水，质其妻子，重其赏赐。陛下以精兵万人，守城莫出。不过十日，食尽，二将之头可致阙下。"范冀欲立功，志在于战，乃曰："司马消难狼子野心，任蛮奴淮南伧士，语并不可信。"事遂不行。隋军既逼，蛮奴又欲为持久计，范又奏："请作一决，当为官勒石燕然。"后主从之。明日，范以其徒居中，以抗隋师，未阵而北，范脱身遁免。寻与后主俱入长安。

初，晋王广所戮陈五佞人，范与散骑常侍王瑳、王仪、御史中丞沈瓘，过恶未彰，故免。及至长安，事并露，隋文帝以其奸佞谄惑，并暴其过恶，名为四罪人，流之远裔，以谢吴、越之人。瑳、仪并琅邪人。瑳刻薄贪鄙，忌害才能。仪候意承颜，倾巧侧媚，又献其二女，以求亲昵。瓘险惨苛酷，发言邪诌，故同罪焉。

论曰：自宋中世以来，宰御朝政，万机碎密，不关外司。尚书八座五曹，各有恒任，系以九卿六府，事存副职。至于冠冕搢绅，任疏人贵，伏奏之务既寝，趋走之劳亦息。关宣所寄，属当事有所归。通驿内外，切自音旨。若夫竭忠尽节，仕子恒图，随方致用，明君盛典。旧非本旧，因新以成旧者也；狎非先狎，因疏以成狎者也。而任隔疏情，殊涂一致，权归近狎，异世同揆。故环缨敛笏，俯仰晨昏，瞻崿坐而竦躬，陪兰槛而高睨。探求恩色，习睹威颜，迁兰变鲍，久而弥信。因城社之固，执开壅之机。长主君世，振裘持领，赏罚事殷，能不逾漏，宫省咳唾，义必先知。故窥盈缩于望景，获骊珠于龙睡，坐归声势，卧震都鄙。贿赂日积，苞苴岁通。富拟公侯，威行州郡。制局小司，专典兵力，云陛天居，亘设兰绮，羽林精卒，重屯广卫。至于元戎启辙，武候还麾，遮迤清道，神行按辔，督察往来，驰骛辇毂，驱役分部，亲承几案，领护所摄，示总成规。若征兵动众，大兴人役，优剧远近，断于外监之心；谴辱詆诃，恣于典事之口。抑符缓诏，奸伪非一，书死为生，请谒成市。左臂挥金，右手刊字，纸为铜落，笔由利染。故门同玉署，家号金穴。嫔媛侍女、燕、秦、蔡、郑之声，璇池碧梁，鱼龙雀马之玩，**莫不充牣锦室**，照彻青云。害政伤人，于斯为切。况乎主幼时昏，逸慝亦何可胜纪也！

卷七十八　　列传第六十八

夷貊上

海南诸国　西南夷

海南诸国，大抵在交州南及西南大海洲上，相去或四五千里，远者二三万里。其西与西域诸国接。汉元鼎中，遣伏波将军路博德开百越，置日南郡。其徼外诸国，自武帝以来皆朝贡。后汉桓帝世，大秦、天竺皆由此道遣使贡献。及吴孙权时，遣宣化从事朱应、中郎康泰使焉。其所经过及传闻则有百数十国，因立记传。晋代通中国者盖鲜，故不载史官。及宋、齐至梁，其奉正朔、修贡职，航海往往至矣。今采其风俗粗著者列为《海南》云。

林邑国。本汉日南郡象林县，古越裳界也。伏波将军马援开南境，置此县。其地从广可六百里。城去海百二十里，去日南南界四百余里，北接九德郡。其界中，水步道二百余里，有西图夷亦称王。马援所植二铜柱，表汉家界处也。其国有金山，石皆赤色，其中生金。金夜则出飞，状如萤火。又出瑇瑁、贝齿、古贝、沉木香。古贝者，树名也，其华成时如鹅毳，抽其绪纺之以作布，布与纻布不殊。亦染成五色，织为斑布。沉木香者，土人斫断，积以岁年，朽烂而心节独在，置水中则沉，故名曰沉香，次浮者栈香。

汉末大乱，功曹区连杀县令，自立为王。数世，其后王无嗣，外甥范熊代立，死，子逸嗣。晋成帝咸康三年，逸死，奴文篡立。文本日南西卷县夷帅范幼家奴，尝牧牛于山涧，得鳣鱼二化而为铁，因以铸刀。刀成，文向石咒曰："若斫石破者，文当王此国。"因斫石如断刍稿，文心异之。范幼尝使之商贾至林邑，因教林邑王作宫室及兵车器械，王宠任之。后乃谮言诸子，各奔余国。及王死无嗣，文伪于邻国迓王子，置毒于浆中杀之，遂胁国人自立。时交州刺史姜壮使所亲韩戢、谢幼前后监日南郡，并贪残，诸国患之。穆帝永和三年，台遣夏侯览为太守，侵刻尤盛。

林邑素无田土，贪日南地肥沃，常欲略有之。至是因人之怨，袭杀览，以其尸祭天。留日南三年，乃还林邑。交州刺史朱藩后遣督护刘雄戍日南，文复灭之，进冦九德郡，害吏人。遣使告藩，愿以日南北境横山为界，藩不许。文归林邑，寻复屯日南。文死，子佛立，犹屯日南。征西将军桓温遣督护滕畯、九真太守灌邃讨之，追至林邑，佛乃请降。安帝隆安三年，佛孙须达，复冦日南、九德诸郡，无岁不至，杀伤甚多，交州遂致虚弱。须达死，子敌真立，其弟敌铠携母出奔。敌真追恨不能容其母弟，舍国而之天竺，禅位于其甥。国相藏驎固谏不从。其甥立而杀藏驎，藏驎子又攻杀之，而立敌铠同母异父弟曰文敌。文敌复为扶南王子当根纯所杀，大臣范诸农平其乱，自立为王。诸农死，子阳迈立。阳迈初在孕，其母梦生儿，有人以金席藉之，其色光丽。夷人谓金之精者为阳迈，若中国云紫磨者，因以为名。宋永初二年，遣使贡献，以阳迈为林邑王。阳迈死，子咄立，慕其父复曰阳迈。

其国俗，居处为阁，名曰干阑。门户皆北向。书树叶为纸。男女皆以横幅古贝绕腰以下，谓之干漫，亦曰都漫。穿耳贯小环。贵者着革屣，贱者跣行。自林邑、扶南以南诸国皆然也。其王者着法服，加璎珞，如佛像之饰。出则乘象，吹螺击鼓，罩古贝伞，以古贝为幡旗。国不设刑法，有罪者使象蹋杀之。其大姓号婆罗门，嫁娶必用八月。女先求男，由贱男而贵女。同姓还相婚姻。使婆罗门引婿见妇，握手相付，咒曰"吉利吉利"为成礼。死者焚之中野，谓之火葬。其寡妇孤居，散发至老。国王事尼乾道，铸金银人像大十围。

元嘉初，阳迈侵暴日南、九德诸郡，交州刺史杜弘文建牙欲讨之，闻有代乃止。八年，又冦九德郡，入四会浦口。交州刺史阮弥之遣队主相道生帅兵赴讨，攻区栗城，不克，乃引还。十二年、十五年、十六年、十八年，每遣使贡献，献亦陋薄，而冦盗不已。文帝忿其违傲，二十三年，使交州刺史檀和之、振武将军宗悫伐之。和之遣司马萧景宪为前锋，阳迈闻之惧，欲输金一万斤、银十万斤、铜三十万斤，还所略日南户。其大臣蕄僧达谏止之。乃遣大帅范扶龙戍其北界区栗城。景宪攻城克之，乘胜即克林邑，阳迈父子并挺身逃奔。获其珍异，皆是未名之宝。又销其金人，得黄金数十万斤。

和之，高平金乡人，檀凭之子也。以功封云杜县子。孝建三年，为南兖州刺史，坐酣饮黩货，迎狱中女子入内，免官禁锢。后病死，见胡神为祟。追赠左将军，谥曰襄子。

孝武孝建二年，林邑又遣长史范龙跋奉使贡献，除龙跋扬武将军。大明二年，林邑王范神成又遣长史范流奉表献金银器、香、布诸物。明帝泰豫元年，又遣使献方物。齐永明中，范文赞累遣使贡献。梁天监九年，文赞子天凯奉献白猴，诏加持节、督缘海诸军事、威南将军、林邑王。死，子弼邪跋摩立，奉表贡献。普通七年，王高戍胜铠遣使献方物，诏以为持节、督缘海诸军事、绥南将军、林邑王。大通元年，又遣使贡献。大通二年，行林邑王高戍律陀罗跋摩遣使贡献，诏以为持节、督缘海诸军事、绥南将军、林邑王。六年，又遣使献方物。

广州诸山并狸獠,种类繁炽,前后屡为侵暴,历世患之。宋孝武大明中,合浦大帅陈檀归顺,拜龙骧将军。檀乞官军征讨未附,乃以檀为高兴太守,遣前朱提太守费沈、龙骧将军武期南伐,并通朱崖道,并无功,辄杀檀而反,沈下狱死。

扶南国,在日南郡之南,海西大湾中,去日南可七千里。在林邑西南三千余里。城去海五百里,有大江广十里,从西流东入海。其国广轮三千余里,土地洿下而平博,气候风俗大较与林邑同。出金、银、铜、锡、沉木香、象、犀、孔翠、五色鹦鹉。

其南界三千余里有顿逊国,在海崎上,地方千里。城去海十里。有五王,并羁属扶南。顿逊之东界,通交州诸贾人。其西界接天竺、安息徼外诸国,往还交易。其市东西交会,日有万余人。珍物宝货无不有,又有酒树似安石榴,采其花汁停瓮中,数日成酒。

顿逊之外大海洲中,又有毗骞国,去扶南八千里。传其王身长丈二,颈长三尺,自古不死,莫知其年。王神圣,国中人善恶及将来事,王皆知之,是以无敢欺者。南方号曰长颈王。国俗有室屋衣服,啖粳米。其人言语小异扶南。有山出金,金露生石上,无央限也。国法刑人,并于王前啖其肉。国内不受估客,有往者亦杀之啖之,是以商旅不敢至。王常楼居,不血食,不事鬼神。其子孙生死如常人,唯王不死。扶南王数使与书相报答。常遗扶南王纯金五十人食器,形如圆盘,又如瓦瓯,名为多罗,受五升,又如碗者受一升。王亦能作天竺书,书可三千言,说其宿命所由,与佛经相似,并论善事。

又传扶南东界即大涨海,海中有大洲,洲上有诸薄国,国东有马五洲。复东行涨海千余里,至自然大洲,其上有树生火中,洲左近人剥取其皮,纺绩作布,以为手巾,与蕉麻无异,而色微青黑。若小垢污,则投水中,复更精洁。或作灯炷,用之不知尽。

扶南国俗本裸,文身被发,不制衣裳。以女人为王,号曰柳叶。年少壮健,有似男子。其南有激国,有事鬼神者字混填。梦神赐之弓,乘贾人舶入海。混填晨起即诣庙,于神树下得弓,便依梦乘舶入海,遂至扶南外邑。柳叶人众,见舶至,欲劫取之。混填即张弓射其舶,穿度一面,矢及侍者。柳叶大惧,举众降混填,填乃教柳叶穿布贯头,形不复露。遂君其国,纳柳叶为妻,生子分王七邑。其后王混盘况,以诈力间诸邑,令相疑阻,因举兵攻并之。乃选子孙中分居诸邑,号曰小王。盘况年九十余乃死,立中子盘盘,以国事委其大将范蔓。盘盘立三年死,国人共举蔓为王。蔓勇健有权略,复以兵威攻伐旁国,咸服属之,自号扶南大王。乃作大船穷涨海,开国十余,辟地五六千里。次当伐金邻国,蔓遇疾,遣太子 金生代行。蔓姊子旃,因篡蔓自立,遣人诈金生而杀之。蔓死时有乳下儿名长,在人间,至年二十,乃结国中壮士,袭杀旃。旃大将范寻又攻杀长而代立。更缮国内,起观阁游戏之,朝旦中晡三四见客。百姓以蕉蔗龟鸟为礼。国法,无牢狱。有讼者,先斋三日,乃烧斧极赤,令讼者捧行七步。又以金镮、鸡卵投沸汤中,令探取之,若无实者手即烂,有理者则不。又于城沟中养鳄鱼,门外圈猛兽,有罪者辄以喂猛兽及鳄鱼,鱼兽不食为无罪,三日乃放之。鳄大者长三丈余,状似鼍,有四足,喙长六七尺,两边有齿利如刀剑,常食鱼,遇得獐鹿及人亦啖之,苍梧以南及外国皆有之。

吴时,遣中郎康泰、宣化从事朱应使于寻国,国人犹裸,唯妇人著贯头。泰、应谓曰:"国中实佳,但人亵露可怪耳。"寻始令国内男子着横幅。横幅,今干漫也。大家乃截锦为之,贫者乃用布。晋武帝太康中,寻始遣使贡献。穆帝升平元年,王竺旃檀奉表献驯象,诏以劳费停之。其后王侨陈如,本天竺婆罗门也,有神语曰应王扶南。侨陈如心悦,南至盘盘。扶南人闻之,举国欣戴,迎而立焉。复改制度,用天竺法。侨陈如死,后王持梨陀跋摩,宋文帝元嘉十一年、十二年、十五年,奉表献方物。齐永明中,王侨陈如阇邪跋摩遣使贡献。梁天监二年,跋摩复遣使送珊瑚佛像,并献方物,诏授安南将军、扶南王。

其国人皆丑黑拳发,所居不穿井。数十家共一池引汲之。俗事天神,天神以铜为像,二面者四手,四面者八手,手各有所持。或小儿,或鸟兽,或日月。其王出入乘象,嫔侍亦然。王坐则偏踞翘膝,垂左膝至地,以白叠敷前,设金盆香炉于其上。国俗,居丧则剃除须发。死者有四葬:水葬则投之江流,火葬则焚为灰烬,土葬则瘗埋之,鸟葬则弃之中野。人性贪吝无礼义,男女恣其奔随。十年、十三年,跋摩累遣使贡献,其年死。庶子留陀跋摩杀其嫡弟自立。十六年,遣使竺当抱老奉表贡献。十八年,复遣使送天竺旃檀瑞像、婆罗树叶;并献火齐珠,郁金、苏合等香。普通元年、中大通二年、大同元年,累遣献方物。五年,复遣使献生犀。又言其国有佛发,长一丈二尺。诏遣沙门释云宝随使往迎之。先是,三年八月,武帝改造阿育王佛塔,出旧塔下舍利及佛爪发,发青绀色,众僧以手伸之,随手长短,放之则旋屈为蠡形。按《僧伽经》云:"佛发青而细,犹如藕茎丝。"《佛三昧经》云:"我昔在宫沐头,以尺量发,长一丈二尺。放已右旋,还成蠡文。"则与帝所得同也。阿育王即铁轮王,王阎浮提一天下。佛灭度后,一日一夜,役鬼神造八万四千塔,此即其一。吴时有尼居其地为小精舍,孙琳寻毁除之,塔亦同灭。吴平后,诸道人复于旧处建立焉。晋元帝初度江,更修饰之。至简文咸安中,使沙门安法程造小塔,未及成而亡。弟子僧显继而修立,至孝武太元九年,上金相轮及承露。

其后,有西河离石县胡人刘萨何遇疾暴亡,而心犹暖,其家未敢便殡,经七日更苏。说云:"有两吏见录,向西北行,不测远近。至十八地狱,随报重轻,受诸楚毒。观世音语云:'汝缘未尽,若得活可作沙门。洛下、齐城、丹阳、会稽并有阿育王塔,可往礼拜。若寿终则不堕地狱。'"语竟,如坠高岩,忽然醒寤。因此出家名慧达。游行礼塔,次至丹阳,未知塔处,及登越城四望,见长干里有异气,因就礼拜,果是先阿育王塔所,屡放光明,由是定知必有舍利。乃集众 就掘入一丈,得三石碑,并长六尺。中一碑有铁函,函中有银函,函中又有金函,盛三舍利及发爪各一枚,发长数尺。即迁舍利近北对简文所造塔西造一层塔。十六年,又使沙门僧尚加为三层。即是武帝所开者也。初穿土四尺,得龙窟及昔人所舍金银环钏钗镊等诸杂宝物。可深九尺许,至石磉,磉下有石函,函内有铁壶以盛坩,坩内有金镂罂,盛三舍利如粟粒大,圆正光洁。函内有琉璃碗,碗内得四舍利及发爪。爪有四枚,并为沉香色。至其月二十七日,帝又至寺礼拜,设无碍大会,大赦。是日以金钵盛水泛舍利,其最小者隐不出,帝礼数十拜,舍利乃于钵内放光,旋回久之,乃当中而止。帝问大僧正慧念曰:"见不可思议事不?"慧念答曰:"法身常住,湛然不动。"帝曰:"弟子欲请一舍利还台供养。"至九月五日,又于寺设无碍大会,遣皇太子王侯朝贵等奉迎。是日风景明净,倾都观属。所设金银供具等物,并留寺供养,并施钱一千万为寺基业。至四年九月十五日,帝又至寺设无碍大会,竖二刹,各以金罂,次玉罂,重盛舍利及爪发内七宝塔内。又以石函盛宝塔,分入两刹刹下,及王侯妃主百姓富室所舍金银环钏等珍宝充积。十一年十一月二日,寺僧又请帝于寺发《般若经》题。尔夕二塔俱放光明,敕镇东邵陵王纶制寺《大功德碑》文。先是二年,改造809鄩县塔,开旧塔中出舍利,遣光宅寺释敬脱等四僧及舍人孙照暂迎还台。帝礼拜竟,即送还县,入新塔下,此县塔亦是刘萨何所得也。

晋咸和中,丹阳尹高悝,行至张侯桥,见浦中五色光长数尺,不知何怪,乃令人于光处得金像,无有光趺。悝乃下车载像还至长干巷首,牛不肯进。悝乃令驭人任牛所之,牛径牵至寺,悝因留像付寺僧。每至夜中,常放光明,又闻空中有金石之响。经一岁,临海渔人张系世,于海口忽见有铜花趺浮出,取送县,县人以送台,乃施像足,宛然合会。简文咸安元年,交州合浦人董宗之采珠没水底,得佛光焰,交州送台,以施于像,又合焉。自咸和中得像,至咸安初,历三十余年,光趺始具。初,高悝得像,后有西域胡僧五人来诣悝曰:"昔于天竺得阿育王造像,来至邺下,逢胡乱,埋于河边。今寻觅失所。"五人尝一夜俱梦见像曰:"已出江东,为高悝所得。"悝乃送此五僧至寺,见像嘘欷涕泣,像便放光,照烛殿宇。又瓦官寺慧遂,欲摸写像形,寺主僧尚,虑损金色,谓遂曰:"若能令像放光,回身西向,乃可相许。"慧遂便恳拜请。其夜像即转坐放光,回身西向。明旦便许摸之。像跌先有外国书,莫有识者,后有三藏那跋摩识之,云是阿育王为第四女所造也。及大同中,出旧塔舍利,敕市寺侧数百家宅地以广寺域,造诸堂殿并瑞像周回阁等,穷于轮奂焉。其图诸经变,并吴人张繇运手。繇丹青之工,一时冠绝。

西南夷诃罗陀国,宋元嘉七年,遣使奉表曰:"伏承圣主信重三宝,兴立塔寺,周满世界。今故遣使二人,表此微心。"

诃罗单国,都阇婆洲,元嘉七年,遣使献金刚指环、赤鹦鹉鸟、天竺国白叠、古贝、叶波国古贝等物。十年,诃罗单国王毗沙跋摩奉表曰:"常胜天子陛下,诸佛世尊,常乐安隐,三达六通,为世间导,是名如来,是故至诚五体敬礼。"其后为子所篡夺。十三年,又上表。二十六年,文帝诏曰:"诃罗单、婆皇、婆达三国,频越遐海,款化纳贡,远诚宜甄,可并加除授。"乃遣使策命之。二十九年,又遣长史婆和沙弥献方物。

婆皇国,元嘉二十六年,国王舍利婆罗跋摩,遣使献方物四十一种,文帝策命之为婆皇国王。二十八年,复遣使贡献。孝武孝建三年,又遣长史竺那婆智奉表献方物,以那婆智为振威将军。大明三年,献赤白鹦鹉。大明八年、明帝泰始二年,又遣使贡献。明帝以其长史竺须罗达、前长史振威将军竺那婆智并为龙骧将军。

婆达国,元嘉二十六年,国王舍利不陵伽跋摩,遣使献方物,文帝策命之为婆达国王。二十六年、二十八年,复遣使献方物。

阇婆达国,元嘉十二年,国王师黎婆达呵陀罗跋摩,遣使奉表曰:"宋国大主大吉天子足下,教化一切,种智安隐,天人师降伏四魔,成等正觉,转尊法轮,度脱众生。我虽在远,亦沾灵润。"

槃槃国,元嘉、孝建、大明中,并遣使贡献。梁中大通元年、四年,其王使使奉表,累送佛牙及画塔,并献沉檀等香数十种。六年八月,复遣使送菩提国舍利及画塔图,并菩提树叶、詹糖等香。

丹丹国,中大通三年,其王遣使奉表,送牙像及画塔二躯,并献火齐珠、古贝、杂香药。大同元年,复遣使献金银、琉璃、杂宝、香药等物。

干陀利国,在南海洲上,其俗与林邑、扶南略同,出斑布、古贝、槟榔。槟榔特精好,为诸国之极。宋孝武世,王释婆罗那邻陀遣长史竺留陀献金银宝器。梁天监元年,其王瞿昙修跋陀罗以四月八日梦一僧谓曰:"中国今有圣主,十年之后,佛法大兴。汝若遣使贡奉礼敬,则土地丰乐,商旅百倍;若不信我,则境土不得自安。"初未之信,既而又梦此僧曰:"汝若不信我,当与汝往观。"乃于梦中至中国拜觐天子。既觉心异之,陀罗本工画,乃写梦中所见武帝容质,饰以丹青,仍遣使并画工奉表献玉盘等物。使人既至,摸写帝形以还其国,比本画则符同焉。因盛以宝函,日加敬礼。后跋陀死,子毗针邪跋摩立,十七年,遣长史毗员跋摩奉表献金芙蓉、杂香药等。普通元年,复遣使献方物。

狼牙修国,在南海中。其界东西三十日行,南北二十日行,北去广州二万四千里。土气物产与扶南略同,偏多栈、沉、婆律香等。其俗,男女皆袒而被发,以古贝为干漫。其王及贵臣乃加云霞布覆胛,以金绳为络带,金环贯耳。女子则被布以璎珞绕身。其国累砖为城,重门楼阁。

王出乘象，有幡旌旗鼓，罩白盖，兵卫甚严。国人说，立国以来四百余年，后嗣衰弱，王族有贤者，国人归向之。王闻乃加囚执，其锁无故自断。王以为神，因不敢害，乃逐出境，遂奔天竺。天竺妻以长女。俄而狼牙王死，大臣迎还为王。二十余年死，子婆伽达多立。天监十四年，遣使阿撤多奉表。

婆利国，在广州东南海中洲上，去广州二月日行。国界东西五十日行，南北二十日行。有一百三十六聚。土气暑热，如中国之盛夏。谷一岁再熟，草木常荣。海出文螺、紫贝。有石名坩贝罗，初采之柔软，及刻削为物暴干之，遂大硬。其国人披古贝如吧，及为都缦。王乃用斑丝布，以璎珞绕身，头著金冠高尺余，形如弁，缀以七宝之饰。带金装剑，偏坐金高坐，以银蹬支足。侍女皆为金花杂宝之饰，或持白毦拂及孔雀扇。王出以象驾舆，舆以杂香为之，上施羽盖、珠帘。其导从吹螺击鼓。王姓㤭陈如，自古未通中国，问其先及年数不能记。自言白净王夫人即其国女。天监十六年，遣使奉表献金席等。普通三年，其王频伽复遣使珠智献白鹦鹉、青虫、兜鍪、琉璃器、古贝、螺杯、杂香药等数十种。

中天竺国，在大月支东南数千里，地方三万里，一名身毒。汉世张骞使大夏，见邛竹杖、蜀布，国人云市之身毒，即天竺也。从月支、高附西，南至西海，东至盘越，列国数十，每国置王，其名虽异，皆身毒也。汉时羁属月支。其俗土著与月支同。而卑湿暑热，人畏战，弱于月支。国临大江，名新陶，源出昆仑。分为五江，总名恒水。其水甘美，下有真盐，色正白如水精。土出犀、象、貂鼠、玳瑁、火齐、金银铜铁、金缕织成金罽、细靡白叠、好裘、氍毹。火齐状如云母，色如紫金，有光曜，别之则薄如蝉翼，积之则如纱縠之重沓也。西与大秦、安息交市海中，多大秦珍物，珊瑚、琥珀、金碧、珠玑、琅玕、郁金、苏合。苏合是合诸香汁煎之，非自然一物也。又云大秦人采苏合，先笮其汁以为香膏，乃卖其滓与诸国贾人，是以展转来达中国，不大香也。郁金独出罽宾国，华色正黄而细，与芙蓉华里被莲者相似。国人先取以上佛寺，积日槁乃粪去之，贾人以转卖与他国也。

汉桓帝延熹九年，大秦王安敦遣使自日南徼外来献，汉世唯一通焉。其国人行贾往往至扶南、日南、交阯。其南徼诸国人，少有到大秦者。孙权黄武五年，有大秦贾人字秦论，来到交阯，太守吴邈遣送诣权。权问论方土风俗，论具以事对。时诸葛恪讨丹阳，获黝、歙短人。论见之曰："大秦希见此人。"权以男女各十人，差吏会稽刘咸送论，咸于道物故，乃径还本国也。

汉和帝时，天竺数遣使贡献，后西域反叛遂绝。至桓帝延熹三年、四年，频从日南徼外来献，魏、晋世绝不复通。唯吴时，扶南王范旃遣亲人苏勿使其国，从扶南发投拘利口，循海大湾中正西北入，历湾边数国，可一年余到天竺江口，逆水行七千里乃至焉。天竺王惊曰："海滨极远，犹有此人乎！"即令观视国内，仍差陈、宋等二人，

月支马四疋报旃，勿积四年方至。其时吴遣中郎康泰使扶南，及见陈、宋等，具问天竺土俗，云："佛道所兴国也。人敦庞，土饶沃，其王号茂论。所都城郭，水泉分流，绕于渠堑，下注大江。其宫殿皆雕文镂刻。街曲市里，屋舍楼观，钟鼓音乐，服饰香华，水陆通流，百贾交会，器玩珍玮，恣心所欲。左右嘉维、舍卫、叶波等十六大国，去天竺或二三千里，共尊奉之，以为在天地之中。"

天监初，其王屈多遣长史竺罗达奉表献琉璃唾壶、杂香、古贝等物。

天竺迦毗黎国，元嘉五年，国王月爱遣使奉表，献金刚指环、摩勒金环诸宝物，赤白鹦鹉各一头。明帝泰始二年，又遣使贡献，以其使主竺扶大、竺阿珍并为建威将军。元嘉十八年，苏摩黎国王那罗跋摩遣使献方物。孝武孝建二年，斤陀利国王释婆罗那邻陀，遣长史竺留陀及多献金银宝器。后废帝元徽元年，婆黎国遣使贡献。凡此诸国皆事佛道。

佛道自后汉明帝法始东流，自此以来，其教稍广，别为一家之学。元嘉十二年，丹阳尹萧摹之奏曰："佛化被于中国，已历四代，而自顷以来，更以奢竞为重。请自今以后，有欲铸铜像者，悉诣台自闻；兴造塔寺精舍，皆先列言，须许报然后就功。"诏可。又沙汰沙门，罢道者数百人。孝武大明二年，有昙标道人与羌人高阇谋反，上因是下诏，所在精加沙汰，后有违犯，严其诛坐。于是设诸条禁，自非戒行精苦，并使还俗，而诸寺尼出入宫掖，交关妃后，此制竟不能行。先是，晋世庾冰，始创议欲使沙门敬王者，后桓玄复述其义，并不果行。大明六年，孝武使有司奏沙门接见皆尽敬，诏可。前废帝初复旧。孝武宠姬殷贵妃薨，为之立寺，贵妃子子鸾封新安王，故以新安为寺号。前废帝杀子鸾，乃毁废新安寺，驱斥僧徒，寻又毁中兴、天宝诸寺。明帝定乱，下令修复。

宋世名僧有道生道人，彭城人，父为广戚令。道生为沙门法大弟子，幼而聪悟。年十五便能讲经，及长有异解，立顿悟义，时人推服。元嘉十一年，卒于庐山，沙门慧琳为之诔。

慧琳者，秦郡秦县人，姓刘氏。少出家，住冶城寺。有才章，兼内外之学，为庐陵王义真所知。尝著《均善论》，颇贬裁佛法，云："有白学先生，以为中国圣人经纶百世，其德弘矣，智周万变，天人之理尽矣。道无隐旨，教罔遗筌，聪睿迪哲，何负于殊论哉？有黑学道士陋之，谓不照幽冥之涂，弗及来生之化，虽尚虚心，未能虚事，不逮西域之深也。"为客主酬答，其归以为"六度与五教并行，信顺与慈悲齐立。"论行于世。旧僧谓其败黜释氏，欲加摈斥。文帝见论赏之，元嘉中，遂参权要，朝廷大事皆与议焉。宾客辐凑，门车常有数十两。四方赠赂相系，势倾一时。方筵七八，座上恒满。琳著高屐，披貂裘，置通呈书佐，权侔宰辅。会稽孔觊尝诣之，遇宾客填咽，暄凉而已。觊慨然曰："遂有黑衣宰相，可谓冠履失所矣。"注《孝经》及《庄子逍遥篇》，文论传于世。

又有慧严、慧议道人，并住东安寺。学行精整，为道

俗所推。时斗场寺多禅僧，都下为之语曰："斗场禅师窟，东安谈义林。"

孝武大明四年，于中兴寺设斋，有一异僧，众莫之识，问名，答言名明慧，从天安寺来。忽然不见。天下无此寺名，乃改中兴曰天安寺。大明中，外国沙门摩诃衍苦节有精理，于都下出新经《胜鬘经》，尤见重释学。

师子国，天竺旁国也。其地和适，无冬夏之异。五谷随人种，不须时节。其国旧无人，止有鬼神及龙居之。诸国商估来共市易，鬼神不见其形，但出珍宝，显其所堪价。商人依价取之。诸国人闻其土乐，因此竞至，或有住者，遂成大国。晋义熙初，始遣使献玉像，经十载乃至。像高四尺二寸，玉色洁润，形制殊特，殆非人工。此像历晋、宋，在瓦官寺。先有征士戴安道手制佛像五躯，及顾长康《维摩画图》，世人号之三绝。至齐东昏，遂毁玉像，前截臂，次取身，为嬖妾潘贵妃作钗钏。宋元嘉五年，其王刹利摩诃遣使奉表献献。十二年，又遣使奉献。梁大通元年，后王迦叶伽罗诃黎邪，使使奉表贡献。

卷七十九　　列传第六十九

夷貊下

东夷　西戎　蛮　西域诸国　北狄

东夷之国，朝鲜为大。得箕子之化，其器物犹有礼乐云。魏时，朝鲜以东，马韩、辰韩之属，世通中国。自晋过江，泛海来使，有高句丽、百济，而宋、齐间常通职贡，梁兴又有加焉。扶桑国，在昔未闻也，梁普通中有道人称自彼而至，其言元本尤悉，故并录焉。

高句丽，在辽东之东千里，其先所出，事详《北史》。地方可二千里，中有辽山，辽水所出。汉、魏世，南与朝鲜秽貊、东与沃沮、北与夫余接。其王都于丸都山下。地多大山深谷，无原泽，百姓依之以居，食涧水。虽土著，无良田，故其俗节食，好修宫室。于所居之左，立大屋祭鬼神，又祠零星、社稷。人性凶急，喜寇钞。其官有相加、对卢、沛者、古邹加、主簿、优台、使者、皂衣、先人，尊卑各有等级。言语诸事，多与夫余同，其性气衣服有异。本有五族，有消奴部、绝奴部、慎奴部、灌奴部、桂娄部。本消奴部为王，微弱，桂娄部代之。其置官，有对卢则不置沛者，有沛者则不置对卢。俗喜歌舞，国中邑落，男女每夜群聚歌戏。其人洁净自喜，善藏酿，跪拜申一脚，行步皆走。以十月祭天大会。其公会衣服，皆锦绣金银以自饰。大加、主簿头所著似帻而无后，其小加著折风，形如弁。其国无牢狱，有罪者则会诸加评议，重者便杀之。没入其妻子。其俗好淫，男女多相奔诱。已嫁娶便稍作送终之衣。

其死葬，有椁无棺。好厚葬，金银财币尽于送死。积石为封，列植松柏。兄死妻嫂。其马皆小，便登山。国人尚气力，便弓矢刀矛，有铠甲，习战斗。沃沮、东沙皆属焉。

晋安帝义熙九年，高丽王高琏遣长史高翼奉表，献赭白马。晋以琏为使持节、都督营州诸军事、征东将军、高丽王、乐浪公。宋武帝践阼，加琏征东大将军，余官并如故。三年，加琏散骑常侍，增督平州诸军事。少帝景平二年，琏遣长史马娄等来献方物，遣谒者朱邵伯、王邵子等慰劳之。元嘉十五年，冯弘为魏所攻，败奔高丽北丰城，表求迎接。文帝遣使王白驹、赵次兴迎之，并令高丽资遣。琏不欲弘南，乃遣将孙漱、高仇等袭杀之。白驹等率所领七千余人生禽漱，杀仇等二人。琏以白驹等专杀，遣使执送之。上以远国，不欲违其意，白驹等下狱见原。琏每岁遣使。十六年，文帝欲伐魏，诏琏送马，献八百匹。孝武孝建二年，琏遣长史董腾奉表，慰国哀再周，并献方物。大明二年，又献肃慎氏楛矢石砮。七年，诏进琏为车骑大将军、开府仪同三司，余官并如故。明帝泰始、后废帝元徽中，贡献不绝。历齐并授爵位，百余岁死。

子云立，齐隆昌中，以为使持节、散骑常侍、都督营平二州、征东大将军、高丽王、乐浪公。梁武帝即位，进云车骑大将军。天监七年，诏为抚东大将军、开府仪同三司，持节、常侍、都督、王并如故。十一年、十五年，累遣使贡献。十七年，云死，子安立。普通元年，诏安纂袭封爵，持节、督营平二州诸军事、宁东将军。七年，安卒，子延立，遣使贡献。诏以延袭爵。中大通四年、六年，大同元年、七年，累奉表献方物。太清二年，延卒，诏其子成袭延爵位。

百济者，其先东夷有三韩国：一曰马韩，二曰辰韩，三曰弁韩。弁韩、辰韩各十二国，马韩有五十四国。大国万余家，小国数千家，总十余万户，百济即其一也。后渐强大，兼诸小国。其国本与句丽俱在辽东之东千余里，晋世句丽既略有辽东，百济亦据有辽西、晋平二郡地矣，自置百济郡。晋义熙十二年，以百济王余映为使持节、都督百济诸军事、镇东将军、百济王。宋武帝践阼，进号镇东大将军。少帝景平二年，映遣长史张威诣阙贡献。元嘉二年，文帝诏兼谒者闾丘恩子、兼副谒者丁敬子等往宣旨慰劳，其后每岁遣使奉献方物。七年，百济王余毗复修贡职，以映爵号授之。二十七年，毗上书献方物，私假台使冯野夫西河太守，表求《易林》、《式占》、腰弩，文帝并与之。毗死，子庆代立。孝武大明元年，遣使求除授，诏许之。二年，庆遣上表，言行冠军将军、右贤王余纪十一人忠勤，并求显进。于是诏并加优进。明帝泰始七年，又遣使贡献。庆死，立子牟都。都死，立子牟大。齐永明中，除大都督百济诸军事、镇东大将军、百济王。梁天监元年，进大号征东将军。寻为高句丽所破，衰弱累年，迁居南韩地。普通二年，王余隆始复遣使奉表，称累破高丽，今始与通好，百济更为强国。其年，梁武帝诏隆为使持节、都督百济诸军事、宁东大将军、百济王。五年，隆死，诏复以其子明为持节、督百济诸军事、绥东将军、百济王。

号所都城曰固麻，谓邑曰檐鲁，如中国之言郡县也。其国土有二十二檐鲁，皆以子弟宗族分据之。其人形长，衣服洁净。其国近倭，颇有文身者。言语服章，略与高丽同，呼帽曰冠，襦曰复衫，裤曰褌。其言参诸夏，亦秦、韩之遗俗云。中大通六年、大同七年，累遣使献方物，并请《涅槃》等经义、《毛诗》博士并工匠画师等，并给之。太清三年，遣使贡献。及至，见城阙荒毁，并号恸涕泣。侯景怒，囚执之，景平，乃得还国。

新罗，其先事详《北史》，在百济东南五千余里。其地东滨大海，南北与句丽、百济接。魏时曰新卢，宋时曰新罗，或曰斯罗。其国小，不能自通使聘。梁普通二年，王姓募名泰，始使随百济奉献方物。其俗呼城曰健牟罗，其邑在内曰啄评，在外曰邑勒，亦中国之言郡县也。国有六啄评、五十二邑勒。土地肥美，宜植五谷，多桑麻，作缣布，服牛乘马，男女有别。其官名有子贲旱支、壹旱支、齐旱支、谒旱支、壹吉支、奇贝旱支。其冠曰遗子礼，襦曰尉解，裤曰柯半，靴曰洗。其拜及行，与高丽相类。无文字，刻木为信。语言待百济而后通焉。

倭国，其先所出及所在，事详《北史》。其官有伊支马，次曰弥马获支，次曰奴往鞮。人种禾稻、纻麻，蚕桑织绩，有姜、桂、橘、椒、苏。出黑雉、真珠、青玉。有兽如牛名山鼠，又有大蛇吞此兽。蛇皮坚不可斫，其上有孔，乍开乍闭，时或有光，射中而蛇则死矣。物产略与儋耳、朱崖同。地气温暖，风俗不淫。男女皆露紒，富贵者以锦绣杂采为帽，似中国胡公头。食饮用笾豆。其死有棺无椁，封土作冢。人性皆嗜酒。俗不知正岁，多寿考，或至八九十，或至百岁。其俗女多男少，贵者至四五妻，贱者犹至两三妻。妇人不淫妒，无盗窃，少诤讼。若犯法，轻者没其妻子，重则灭其宗族。晋安帝时，有倭王赞遣使朝贡。及宋武帝永初二年，诏曰："倭赞远诚宜甄，可赐除授。"文帝元嘉二年，赞又遣司马曹达奉表献方物。赞死，弟珍立，遣使贡献，自称使持节、都督倭、百济、新罗、任那、秦韩、慕韩六国诸军事、安东大将军、倭国王，表求除正。诏除安东将军、倭国王。珍又求除正倭洧等十三人平西、征房、冠军、辅国将军等号，诏并听之。二十年，倭国王济遣使奉献，复以为安东将军、倭国王。二十八年，加使持节、都督倭、新罗、任那、加罗、秦韩、慕韩六国诸军事，安东将军如故；并除所上二十三人职。济死，世子兴遣使贡献。孝武大明六年，诏授兴安东将军、倭国王。兴死，弟武立，自称使持节、都督倭、百济、新罗、任那、加罗、秦韩、慕韩七国诸军事、安东大将军、倭国王。顺帝升明二年，遣使上表，言"自昔祖祢，躬擐甲胄，跋涉山川，不遑宁处。东征毛人五十五国，西服众夷六十六国，陵平海北九十五国。王道融泰，廓土遐畿，累叶朝宗，不愆于岁。道径百济，装饰船舫；而句丽无道，图欲见吞。臣亡考济方欲大举，奄丧父兄，使垂成之功，不获一篑。今欲练兵，申父兄之志，窃自假开府仪同三司，其余咸各假授，以劝忠节。"诏除武使持节、都督倭、新罗、任那、加罗、秦韩、慕韩六国诸军事、安东大将军、倭王。齐建元中，除武持节、都督倭、新罗、任那、加罗、秦韩、慕韩六国诸军事、镇东大将军。梁武帝即位，进武号征东大将军。

其南有侏儒国，人长四尺。又南有黑齿国、裸国，去倭四千余里，船行可一年至。又西南万里有海人，身黑眼白，裸而丑，其肉美，行者或射而食之。

文身国，在倭东北七千余里，人体有文如兽，其额上有三文，文直者贵，文小者贱。土俗欢乐，物丰而贱，行客不赍粮。有屋宇，无城郭。国王所居，饰以金银珍丽，绕屋为堑，广一丈，实以水银，雨则流于水银之上。市用珍宝。犯轻罪者则鞭杖，犯死罪则置猛兽食之；有枉则兽避而不食，经宿则赦之。

大汉国，在文身国东五千余里，无兵戈，不攻战，风俗并与文身国同而言语异。

扶桑国者，齐永元元年，其国有沙门慧深来至荆州，说云："扶桑在大汉国东二万余里，地在中国之东。其土多扶桑木，故以为名。扶桑叶似桐，初生如笋，国人食之。实如梨而赤，绩其皮为布，以为衣，亦以为锦。作板屋，无城郭。有文字，以扶桑皮为纸。无兵甲，不攻战。其国法有南北狱，若有犯，轻罪者入南狱，重罪者入北狱。有赦则放南狱，不赦北狱。在北狱者男女相配，生男八岁为奴，生女九岁为婢。犯罪之身，至死不出。贵人有罪，国人大会，坐罪人于坑，对之宴饮分诀若死别焉。以灰绕之，其一重则一身屏退，二重则及子孙，三重者则及七世。名国王为乙祁。贵人第一者为对卢，第二者为小对卢，第三者为纳咄沙。国王行有鼓角导从。其衣色随年改易，甲乙年青，丙丁年赤，戊己年黄，庚辛年白，壬癸年黑。有牛角甚长，以角载物，至胜二十斛。有马车、牛车、鹿车。国人养鹿如中国畜牛，以乳为酪。有赤梨，经年不坏。多蒲桃。其地无铁有铜，不贵金银。市无租估。其婚姻法，则婿往女家门外作屋，晨夕洒扫，经年而女不悦，即驱之，相悦乃成婚。婚礼大抵与中国同。亲丧，七日不食；祖父母丧，五日不食；兄弟伯叔姑姊妹，三日不食。设座为神像，朝夕拜奠，不制衰绖。嗣王立，三年不亲国事。其俗旧无佛法。宋大明二年，罽宾国尝有比丘五人游行其国，流通佛法经像，教令出家，风俗遂改。"

慧深又云："扶桑东千余里有女国，容貌端正，色甚洁白，身体有毛，发长委地。至二三月竞入水则任娠，六七月产子。女人胸前无乳，项后生毛，根白，毛中有汁以乳子。百日能行，三四年则成人矣。见人惊避，偏畏丈夫。食咸草如禽兽。咸草叶似邪蒿，而气香味咸。梁天监六年，有晋安人度海，为风所飘至一岛，登岸，有人居止，女则如中国，而言语不可晓。男则人身而狗头，其声如吠。其食有小豆。其衣如布。筑土为墙，其形圆，其户如窦云。"

河南、宕昌、邓至、武兴，其本并为氐、羌之地。自晋南迁，九州分裂。此等诸国，地分西垂，提挈于魏，时通江左。今采其旧土，编于《西戎》云。

河南王者，其先出自鲜卑慕容氏。初，慕容弈洛干有二子，庶长曰吐谷浑，嫡曰廆洛干。卒，廆嗣位。吐谷浑避之，西徙上陇，度枹罕，出凉州西南，至赤水而居之。地在河南，故以为号。事详《北史》。其界东至叠川，西邻于阗，北接高昌，东北连秦岭，方千余里，盖古之流沙地焉。乏草木，少水潦，四时恒有冰雪，唯六七月雨雹甚盛。若晴则风飘沙砾，常蔽光景。其地有麦无谷。有青海方数百里，放牝马其侧，辄生驹，土人谓之龙种。故其国多善马。有屋宇，杂以百子帐，即穹庐也。著小袖袍，小口裤，大头长裙帽。女子被发为辫。其后吐谷浑孙叶延，颇识书记，自谓曾祖弈洛干，始封昌黎公，吾盖公孙之子也。礼以王父字为氏，因姓吐谷浑，亦为国号。至其末孙阿豺，始通江左，受官爵。弟子慕延，宋元嘉末，又自号河南王。慕延死，从弟拾寅立。乃用书契，起城池，筑宫殿。其小王并立宅国中。有佛法。拾寅死，子度易侯立。易侯死，子休留代立。齐永明中，以代为使持节、都督西秦、河、沙三州，镇西将军、护羌校尉、西秦、河二州刺史。梁兴，进代为征西将军。代死，子伏连筹袭爵位。天监十三年，遣使献金装马脑钟二口，又表于益州立九层佛寺，诏许焉。十五年，又遣使献赤舞龙驹及方物。其使或岁再三至，或再岁一至。其地与益州邻，常通商贾。普通元年，又奉表献方物。筹死，子呵罗真立。大通三年，诏以为宁西将军、护羌校尉、西秦、河二州刺史。真死，子佛辅袭爵位，其世子又遣使，献白龙驹于皇太子。

宕昌国，在河南国之东、益州之西北，陇西之地。西羌种也。宋孝武世，其王梁瑾忽始献方物。梁天监四年，王梁弥博来献甘草、当归。诏以为使持节、都督河、凉二州诸军事，安西将军、东羌校尉、河、凉二州刺史、陇西公、宕昌王。佩以金章。弥博死，子弥泰立。大同七年，复策授以父爵位。其衣服风俗与河南略同。

邓至国，居西凉州界，羌别种也。世号持节、平北将军、西凉州刺史。宋文帝时，王象屈耽遣使献马。梁天监元年，诏以邓至王象舒彭为督西凉州诸军事，进号安北将军。五年，舒彭遣使献黄耆四百斤，马四匹。其俗呼帽曰突何。其衣服与宕昌同。

武兴国，本仇池。杨难当自立为秦王，宋文帝遣裴方明讨之，难当奔魏。其兄子文德，又聚众葭芦，宋因授以爵位。魏又攻之，文德奔汉中。从弟僧嗣又自立，复戍葭芦，卒。文德弟文度立，以弟文弘为白水太守，屯武兴。宋世以为武都王。武兴之国自于此矣。难当族弟广香，又攻杀文度，自立为阴平王，葭芦镇主。死，子炅立。炅死，子崇祖立。崇祖死，子孟孙立。齐永明中，魏南梁州刺史、仇池公杨灵珍据泥功山归齐，齐武帝以灵珍为北梁州刺史、仇池公。文弘死，以族人集始为北秦州刺史、武都王。梁天监初，以集始为持节、都督秦、雍二州诸军事、辅国将军、平羌校尉、北秦州刺史、武都王。灵珍为冠军将军、

孟孙为假节、督沙州诸军事、平羌校尉、沙州刺史、阴平王。集始死，子绍先袭爵位。二年，以灵珍为持节、督陇右诸军事、左将军、北凉州刺史、仇池王。十年，孟孙死，诏赠安沙将军、北雍州刺史，子定袭封爵。绍先死，子智慧立。大同元年，克复汉中，智慧遣使上表，求率四千户归梁，诏许焉，即以为东益州。

其国东连秦岭，西接宕昌。其大姓有苻氏、姜氏、梁氏。言语与中国同。著乌皂突骑帽，长身小袖袍，小口裤，皮靴。地植九谷。婚姻备六礼。知书疏，种桑麻。出绸绢布漆蜡椒等，山出铜铁。

《书》云"蛮夷猾夏"，其作梗也已旧。及于宋之方盛，盖亦屡兴戎役，岂《诗》所谓"蠢尔蛮荆，大邦为雠"者乎？今亦编录以备诸蛮云尔。

荆、雍州蛮，盘瓠之后也，种落布在诸郡县。宋时因晋于荆州置南蛮、雍州置宁蛮校尉以领之。孝武初，罢南蛮并大府，而宁蛮如故。蛮之顺附者，一户输谷数斛，其余无杂调。而宋人赋役严苦，贫者不复堪命，多逃亡入蛮。蛮无徭役，强者又不供官税。结党连郡，动有数百千人。州郡力弱，则起为盗贼，种类稍多，户口不可知也。所在多深险，居武陵者有雄溪、樠溪、辰溪、酉溪、武溪，谓之五溪蛮。而宜都、天门、巴东、建平、江北诸郡蛮所居皆深山重阻，人迹罕至焉。前世以来，屡为人患。

少帝景平二年，宜都蛮帅石宁等一百二十三人诣阙上献。文帝元嘉六年，建平蛮张维之等五十人，七年，宜都蛮田生等一百一十三人，并诣阙献见。其后，沔中蛮大动，行旅殆绝。天门溇中令宋矫之徭赋过重，蛮不堪命。十八年，蛮田向求等为寇，破溇中，虏掠百姓。荆州刺史衡阳王义季遣行参军曾孙念讨破之，免矫之官。二十年，南郡临沮、当阳蛮反，缚临沮令傅僧骥。荆州刺史南谯王义宣，遣中兵参军王堪讨破之。先是，雍州刺史刘道产善抚诸蛮，前后不附者，皆引出平土，多缘沔为居。及道产亡，蛮又反叛。至孝武出为雍州，群蛮断道。台遣军主沈庆之连年讨蛮，所向皆平，事在《庆之传》。二十八年正月，龙山雉水蛮寇钞涅阳县，南阳太守朱韶遣军讨之，失利。诏又遣二千人系之，蛮乃散走。是岁，漹水诸蛮因险为寇，雍州刺史随王延，遣使说之，又遣军讨沔北诸蛮。袭浊山、如口、蜀松三寨，克之，又围斗钱、柏义诸寨。蛮悉力距战，军大破之。孝武大明中，建平蛮向光侯寇暴峡川，巴东太守王济、荆州刺史朱修之遣军讨之。光侯走清江，清江去巴东千余里。时巴东、建平、宜都、天门四郡蛮为寇，诸郡人户流散，百不存一。明帝、顺帝世尤甚，荆州为之虚弊云。

豫州蛮，禀君后也。盘瓠、禀君事，并具前史。西阳有巴水、蕲水、希水、赤亭水、西归水，谓之五水蛮。所在并深岨，种落炽盛，历世为盗贼。北接淮、汝，南极江、汉，地方数千里。

宋元嘉二十八年，西阳蛮杀南川令刘台。二十九年，

新蔡蛮破大雷戍,略公私船入湖。有亡命司马黑石逃在蛮中,共为寇。文帝遣太子步兵校尉沈庆之讨之。孝武大明四年,又遣庆之讨西阳蛮,大克获而反。司马黑石徒党三人,其一名智,黑石号曰太公,以为谋主。一人名安阳,号谯王;一人名续之,号梁王。蛮文山罗等讨禽续之,为蛮世财所篡,山罗等相率斩世财父子六人。豫州刺史王玄谟遣殿中将军郭元封,慰劳诸蛮,使缚送亡命。蛮乃执智、安阳二人,送诣玄谟。孝武使于寿阳斩之。明帝初即立,四方反叛。及南贼败于鹊尾,西阳蛮田益之、田义之、成邪财、田光兴等起义,攻郢州克之。以益之为辅国将军,都统四山军事。又以蛮户立宋安、光城二郡。以义之为宋安太守,光兴为光城太守。封益之边城县王,成邪财阳城县王。成邪财死,子婆思袭爵云。

玉门以西,达于西海,考之汉史,通为西域;高昌迄于波斯,则其所也。自晋、宋以还,虽有时而至,论其风土,甚未能详。今略备西域诸国,编之于次云。

高昌国,初阚氏为主,其后为河西王沮渠茂虔弟无讳袭破之。其王阚爽,奔于蠕蠕。无讳据之称王,一世而灭于魏。其国人又推麴氏为王,名嘉,魏授为车骑将军、司空公、都督秦州诸军事、秦州刺史、金城郡公。在位二十四年卒,国谥曰昭武王。子子坚,子坚嗣位,魏授使持节、骠骑大将军、散骑常侍、都督瓜州刺史、西平郡公、开府仪同三司、高昌王。其国盖车师之故地,南接河南,东近敦煌,西次龟兹,北邻敕勒。置四十六镇,交河、田地、高宁、临川、横截、柳婆、洿林、新兴、宁由、始昌、笃进、白力等镇。官有四镇将军,及置杂号将军、长史、司马、门下校郎、中兵校郎、通事舍人、通事令史、谘议、谏议、校尉、主簿。国人言语与华略同。有《五经》、历代史、诸子集。面貌类高丽,辫发垂之于背。着长身小袖袍、缦裆裤。女子头发,辫而不垂,著锦缬璎络环钏。婚姻有六礼。其地高燥,筑土为城,架木为屋,土覆其上。寒暑与益州相似,备植九谷,人多啖面及牛羊肉。出良马、蒲桃酒、石盐。多草木,有草实如茧,茧中丝如细纻,名曰白叠子,国人取织以为布。布甚软白,交市用焉。有朝乌者,旦旦集王殿前,为行列,不畏人,日出然后散去。梁大同中,子坚遣使献鸣盐枕、蒲桃、良马、氍毹等物。

滑国者,车师之别种也。汉永建元年,八滑从班勇击北虏有功,勇上八滑为后部亲汉侯。自魏、晋以来,不通中国。至梁天监十五年,其王厌带夷栗陀始遣使献方物。普通元年,遣使献黄师子、白貂裘、波斯锦等物。七年,又奉表贡献。魏之居代都,滑犹为小国,属蠕蠕。后稍强大,征其旁国波斯、渴盘陀、罽宾、焉耆、龟兹、疏勒、姑墨、于阗、句般等国,开地千余里。土地温暖,多山川,少树木,有五谷。国人以面及羊肉为粮。其兽有师子、两脚骆驼、野驴有角。人皆善骑射,著小袖长身袍,用金玉为带。女人被裘,头上刻木为角,长六尺,以金银饰之。

少女子,兄弟共妻。无城郭,毡屋为居,东向开户。其王坐金床,随太岁转,与妻并坐接客。无文字,以木为契。与旁国通,则使旁国胡为胡书,羊皮为纸。无职官。事天神、火神;每日则出户祀神而后食。其跪一拜而止。葬以木为椁。父母死,其子截一耳,葬讫即吉。其言语待河南人译然后通。

呵跋檀、周古柯、胡密丹等国,并滑旁小国也。凡滑旁之国,衣服容貌皆与滑同。普通元年,使使随滑使来贡献方物。

白题国王,姓支,名史稽毅,其先盖匈奴之别种胡也。汉灌婴与匈奴战,斩白题骑一人是也。在滑国东,去滑六日行,西极波斯。土地出粟、麦、瓜果,食物略与滑同。普通三年,遣使献方物。

龟兹者,西域之旧国也。自晋度江,不通。至梁普通二年,王尼瑞摩珠那胜,遣使奉表贡献。

于阗者,西域之旧国也。梁天监九年,始通江左,遣使献方物。十三年,又献波罗婆步鄣。十八年,又献琉璃罂。大同七年,又献外国刻玉佛。

渴盘陀国,于阗西小国也。西邻滑国,南接罽宾国,北连沙勒。国都在山谷中,城周回十余里。国有十二城,风俗与于阗相类。衣古贝布,着长身小袖袍、小口裤。地宜小麦,资以为粮。多牛马骆驼羊等。出好毡。王姓葛沙氏,梁中大同元年,始通江左,遣献方物。

末国,汉世且末国也。胜兵万余户。北与丁零、东与白题、西与波斯接。土人剪发,著毡帽小袖衣,为衫则开颈而缝前。多牛羊骡驴。其王安末深盘,梁普通五年,始通江左,遣使来贡献。

波斯国,其先有波斯匿王者,子孙以王父字为氏,因为国号。国有城周回三十二里,城高四丈,皆有楼观。城内屋宇数百千间,城外佛寺二三百所。西去城十五里有土山,山非过高,其势连接甚远。中有鸶鸟啖羊,土人极以为患。国中有优钵昙花,鲜华可爱。出龙驹马。咸池生珊瑚树,长一二尺。亦有虎魄、马脑、真珠、玫瑰等,国内不以为珍。市买用金银。婚姻法,下娉财讫,女婿将数十人迎妇。婿着金线锦袍、师子锦裤、戴天冠。妇亦如之。妇兄弟便来捉手付度,夫妇之礼,于兹永毕。国东与滑国、西及南俱与婆罗门国、北与泛慄国接。梁中大通二年,始通江左,遣使献佛牙。

北狄种类实繁,蠕蠕为族,盖匈奴之别种也。魏自南迁,因擅其故地。无城郭,随水草畜牧,以穹庐居。辫发,衣锦小袖袍、小口裤、深雍靴。其地苦寒,七月流澌亘河。宋升明中,遣王洪范使焉,引之共谋魏。齐建元三年,洪范始至。是岁通使，求并力攻魏。其相国邢基祇罗回表，言"京房谶云：'卯金卒，草肃应王。'历观图纬，代宋者齐。"又献师子皮裤褶。其国后稍侵弱，永明中，为丁零所破，更为小国而南移其居。梁天监十四年，遣使献马、貂裘。普通元年，又遣使献方物。是后数岁一至焉。大同七年，又献马一匹，金一斤。其国能以术祭天而致风雪，前对皎日，后则泥潦横流，故其战败莫能追及。或于中夏为之，则不能雨，问其故，盖以暖云。

论曰：自晋氏南度，介居江左，北荒西裔，隔碍莫通。至于南徼东边，界壤所接，洎宋元嘉抚运，爰命干戈，象蒲之捷，威震冥海。于是鞮译相系，无绝岁时。以洎齐、梁，职贡有序。及侯景之乱，边鄙日蹙。陈氏基命，衰微已甚，救首救尾，身其几何？故西赆南琛，无闻竹素，岂所谓有德则来，无道则去者也！

卷八十　　　　列传第七十

贼　臣

侯景　王伟　熊昙朗　周迪　留异　陈宝应

侯景，字万景，魏之怀朔镇人也。少而不羁，为镇功曹史。魏末，北方大乱，乃事边将尔朱荣，甚见器重。初学兵法于荣部将慕容绍宗，未几绍宗每询问焉。后以军功为定州刺史。始魏相高欢微时，与景甚相友好，及欢诛尔朱氏，景以众降，仍为欢用。稍至吏部尚书，非其好也。每独曰："何当离此反故纸邪？"寻封濮阳郡公。

欢之败于沙苑，景谓欢曰："宇文泰恃于战胜，今必致急，请以数千劲骑于关中取之。"欢以告其妃娄氏，曰："彼若得泰，亦将不归。得泰失景，于事奚益？"欢乃止。后为河南道大行台，位司徒。又言于欢曰："恨不得泰。请兵三万，横行天下；要须济江缚萧衍老公，以作太平寺主。"欢壮其言，使拥兵十万，专制河南，仗任若己之半体。景右足短，弓马非其长，所在唯以智谋。时欢部将高昂、彭乐皆雄勇冠时，唯景常轻之，言"似豕突尔，势何所至"。及将镇河南，请于欢曰："今握兵在远，奸人易生诈伪，大王若赐以书，请异于他者。"许之。每与景书，别加微点，虽子弟弗之知。

及欢疾笃，其世子澄矫书召之。景知伪，惧祸，因与王伟计，乃以太清元年二月遣其行台郎中丁和上表求降。帝召群臣议之，尚书仆射谢举等，皆议纳景非便，武帝不从。初，帝以是岁正月乙卯于善言殿读佛经，因谓左右黄慧弼曰："我昨梦天下太平，尔其识之。"及至，校景实以正月乙卯日定计，帝由是纳之。于是封景河南王、大将军、使持节、董督河南南北诸军事、大行台，承制如邓禹故事。高澄嗣事为勃海王，遣其将慕容绍宗，围景于长社。

景急，乃求割鲁阳、长社、东荆、北兖请救于西魏，魏遣五城王元庆等率兵救之，绍宗乃退。景复请兵于司州刺史羊鸦仁，鸦仁遣长史邓鸿率兵至汝水，元庆军夜遁，鸦仁乃据悬瓠。时景将蔡道遵北归，言景有悔过志。高澄以为信然，乃以书喻景，若还，许以豫州刺史终其身，所部文武更不追摄，阖门无恙，并还宠妻爱子。景报书不从。澄知景无归志，乃遣军相继讨景。

帝闻鸦仁已据悬瓠，遂命群帅指授方略，大举攻东魏。以贞阳侯萧明为都督。明军败见俘。绍宗攻潼州，刺史郭凤弃城走。景乃遣其行台左丞王伟、左户郎中王则诣阙献策，请元氏子弟立为魏主。诏遣太子舍人元贞为咸阳王，须度江许即位，以乘舆之副资给之。高澄又遣慕容绍宗追景，景退保涡阳，使谓绍宗曰："欲送客邪？将定雄雌邪？"绍宗曰："将决战。"遂顺风为阵。景闭垒，顷之乃出。绍宗曰："景多诡，好乘人背。"使备之，果如其言。景命战士皆被短甲短刀，但低视斫人胫马足，遂败绍宗军。神将斛律光尤之，绍宗曰："吾战多矣，未见此贼之难也。尔其当之。"光被甲将出，绍宗戒之曰："勿度涡水。"既而又为景败。绍宗谓曰："定何如也？"相持连月，景食尽，诳其众以为家口并见杀。众皆信之。绍宗遥谓曰："尔等家并完。"乃被发向北斗以誓之。景士卒并北人，不乐南度，其将暴显等各率所部降绍宗。景军溃散，丧甲士四万人，马四千匹，辎重万余两。乃与腹心数骑自硖石济淮，稍收散卒，得马步八百人。南过小城，人登陴诟之曰："跛脚奴何为邪！"景怒，破城杀言者而去。昼夜兼行，追军不敢逼。使谓绍宗曰："景若就禽，公复何用？"绍宗乃纵之。既而莫适所归，马头戍主刘神茂者，为韦黯所不容，因是蹄马，乃驰谓景曰："寿阳去此不远，城池险固，韦黯是州耳，王若次近郊，必郊迎，因而执之，可以集事。得城之后，徐以启闻，朝廷喜王南归，必不责也。"景执其手曰："天教也。"及至，而黯授甲登陴。景谓神茂曰："事不谐矣。"对曰："黯懦而寡智，可说下也。"乃遣豫州司马徐思玉夜入说之，黯乃开门纳景。景执黯，数将斩之，久而见释。乃遣子悦驰以败闻，自求贬削。优诏不许。复求资给，即授南豫州刺史，本官如故。帝以景兵新破，未忍移易，故以鄱阳王范为合州刺史，即镇合肥。魏人攻悬瓠，悬瓠粮少，羊鸦仁去悬瓠归义阳。

魏人入悬瓠，更求和亲，帝召公卿谋之。张绾、朱异咸请许之。景闻，未之信，乃伪作邺人书，求以贞阳侯换景。帝将许之。舍人傅岐曰："侯景以穷归义，弃之不祥。且百战之余，宁肯束手受絷？"谢举、朱异曰："景奔败之将，一使之力耳。"帝从之，复书曰："贞阳旦至，侯景夕反。"景谓左右曰："我知吴儿老公薄心肠。"又请娶于王、谢，帝曰："王、谢门高非偶，可于朱、张以下访之。"景恚曰："会将吴儿女以配奴！"王伟曰："今坐听，亦死；举大事，亦死，王其图之。"于是遂怀反计。属城居人，悉占募为军士。辄停责市估及田租，百姓子女悉以配将士。又启求锦万正为军人袍，中领军朱异议以御府锦署止充颁赏，不容以供边用，请送青布以给之。又以台所给仗多不能精，启请东冶锻工欲更营造，敕并给之。景自涡阳败后,多所征求,朝廷含弘,未尝拒绝。是时贞阳侯明遣使还梁,述魏人请追前好,许放之还。武帝览之流涕,乃报明启当别遣行人。帝亦欲息兵,乃与魏和通。景闻之惧,驰启固谏,帝不从。尔后上疏跋扈,言辞不逊。又闻遣伏挺、徐陵使魏,不知所为。元贞知景异志,累启还朝。景谓曰:"将定江南,何不少忍?"贞益惧,奔还建邺,具以事闻。景又招司州刺史羊鸦仁同逆,鸦仁录送其使。时鄱阳王范镇合肥,及鸦仁俱累启称景有异志。朱异曰:"侯景数百叛虏,何能为役?"并抑不奏闻,景所以奸谋益果。乃上言曰:"高澄狡猾,宁可全信?陛下纳其诡语,求与连和,臣亦窃所笑也。臣行年四十有六,未闻江左有佞邪之臣,一旦入朝,乃致嚣誻,宁堪粉骨,投命仇门。请乞江西一境,受臣控督;如其不许,即领甲临江,上向闽、越。非唯朝廷自耻,亦是三公旰食。"帝使朱异宣语答景使曰:"譬如贫家畜十客五客,尚能得意,朕唯有一客,致有忿言,亦是朕之失也。"景又知临贺王正德怨望朝廷,密令要结。正德许为内启。

二年八月,景遂发兵反,于豫州城内集其将帅,登坛歃血。是日大震。于是以诛中领军朱异、少府卿徐驎、太子左率陆验、制局监周石珍为辞,以为奸臣乱政,请带甲入朝。先攻马头、木栅,执太守刘神茂、戍主曹璆等。武帝闻之,笑曰:"是何能为?吾以折箠笞之。"乃敕:斩景者,不问南北人,同赏封二千户兼一州刺史;其人主帅欲还北不须州者,赏以绢布二万,以礼发遣。于是诏合州刺史鄱阳王范为南道都督,北徐州刺史封山侯正表为北道都督,司州刺史柳仲礼为西道都督,通直散骑常侍裴之高为东道都督,同讨景,济自历阳。又令侍中、开府仪同三司邵陵王纶持节,董督众军。景闻之,谋于王伟。伟曰:"莫若直掩扬都,临贺反其内,大王攻其外,天下不足定也。兵闻拙速,不闻工迟,令今便须进路,不然邵陵及人。"九月,景发寿春,声云游猎,人不觉也。留伪中军大都督王贵显守寿春城,出军伪向合肥,遂袭谯州。助防董绍先降之,执刺史丰城侯泰。武帝闻之,遣太子家令王质,率兵三千巡江遏防。景进攻历阳太守庄铁,铁遣弟均夜斫景营,战没。铁母爱其子,劝铁降。景拜其母,铁乃劝景曰:"急则应机,缓必致祸。"景乃使铁为导。是时镇戍相次启闻,朱异尚曰:"景必无度江志。"萧正德先遣大船数十艘伪称载荻,实拟济景。景至江将度,虑王质为梗,俄而质被追为丹阳尹,无故自退。景闻未之信,乃密遣觇之,谓使者曰:"质若退,折江东树枝为验。"觇人如言而返。景大喜曰:"吾事办矣。"乃自采石济,马数百匹,兵八千人,都下弗之觉。景出,分袭姑孰,执淮南太守文成侯宁,遂至慈湖。南津校尉江子一奔还建邺。皇太子见事急,入面启武帝曰:"请以事垂付,愿不劳圣心。"帝曰:"此自汝事,何更问为?"太子仍停中书省指授,内外扰乱相劫不复通。于是诏以扬州刺史宣城王大器为都督内外诸军事,都官尚书羊侃为军师将军以副焉。遣南浦侯推守东府城,西丰公大春守石头,轻车长史谢禧守白下。

既而景至朱雀航,遣徐思玉入启,乞带甲入朝,除君侧之恶,请遣了事舍人出相领解,实欲观城中虚实。帝遣中书舍人贺季、主书郭宝亮随思玉往,劳之于板桥。景北面受敕,季曰:"今者之举,何以为名?"景曰:"欲为帝也。"王伟进曰:"朱异、徐驎诌黩乱政,欲除奸臣耳。"景既出恶言,留季不遣,宝亮还宫。先是,大同中童谣曰:"青丝白马寿阳来。"景涡阳之败,求锦,朝廷所给青布,及是皆用为袍,采色尚青。景乘白马,青丝为辔,欲以应谣。萧正德先屯丹阳郡,至是率所部与景合。建康令庾信率兵千余人屯航北,及景至彻航,始除一舶,见贼军皆著铁面,遂弃军走。南塘游军复闭航度景。皇太子以所乘马授王质,配精兵三千,使援庾信。质至领军府与贼遇,未阵便奔。景乘胜至阙下。西丰公大春弃石头城走,景遣其仪同于子悦据之。谢禧亦弃白下城走。景遣百道攻城,纵火烧大司马、东西华诸门。城中仓卒未有备,乃凿门楼,下水沃火,久之方灭。贼又斫东掖门将入,羊侃凿门扇刺杀数人,贼乃退。又登东宫墙射城内。至夜,简文募人出烧东宫台殿遂尽,所聚图籍数百厨,一皆灰烬。先是简文梦有人画作秦始皇,云"此人复焚书",至是而验。景又烧城西马厩、士林馆、太府寺。明日,景又作木驴数百攻城,城上掷以石,并皆碎破。贼又作尖顶木驴,状似槽,石不能破。乃作雉尾炬,灌以膏蜡,丛下焚之。贼既不克,士卒死者甚多,乃止攻,筑长围以绝内外。又启求诛朱异、陆验、徐驎、周石珍等。城内亦射赏格出外,有能斩景首,授以景位,并钱一亿万,布绢各万疋,女乐二部。庄铁乃奔历阳,绐言景已枭首。景城守郭骆惧,弃城走寿阳。铁得入城,遂奔寻阳。

十一月,景立萧正德为帝,即伪位,居于仪贤堂,改年曰正平。初童谣有"正平"之言,故立号以应之。识者以为正德卒当平殄也。景自为相国、天柱将军,正德以女妻之。景又攻东府城,设百尺楼车,钩城堞尽落。城陷,景使其仪同卢晖略,率数千人持长刀夹城门,悉驱城内文武倮身而出,使交兵杀之,死者三千余人。南浦侯推是日遇害。景使正德子见理及晖略守东府城。初,景至都,便唱云"武帝已晏驾"。虽城内亦以为然。简文虑人情有变,乃请上舆驾巡城。上将登舆,陆验谏曰:"陛下万乘之重,岂可轻脱?"因泣下。帝深感其言,乃幸大司马门。城上闻跸声皆鼓噪,军人莫不屑涕,百姓乃安。景又于城东西各起土山以临城,城内亦作两山以应之,简文以下皆亲畚锸。初,景至便望克定建邺,号令甚明,不犯百姓。既攻不下,人心离沮,又恐援军总集,众必溃散,乃纵兵杀掠,交尸塞路。富室豪家,恣意哀剥,子女妻妾,悉入军营。又募北人先为奴者,并令自拔,赏不以次。朱异家颙奴乃与其侪逾城投贼,景以为仪同,使至阙下以诱城内,乘马披锦袍诟曰:"朱异五十年仕宦,方得中领军。我始事侯王,已为仪同。"于是奴僮竞出,尽皆得志。景食石头常平仓既尽,便掠居人,尔后米一升七八万钱,人相食,有食其子者。又筑土山,不限贵贱,昼夜不息,乱加驱棰,疲羸者因杀以填山,号哭之声动天地。百姓不敢藏隐,并出从之,旬日间众至数万。

景仪同范桃棒密贪重赏,求以甲士二千人来降,以景首应购,遣文德主帅前白马游军主陈昕夜逾城入,密启言状。简文以启上，上大悦，使报桃棒，事定许封河南王，镌银券以与之。简文恐其诈，犹豫不决。上怒曰："受降常理，何忽致疑？"朱异、傅岐同请纳之。简文曰："吾即坚城自守，所望外援，外援若至，贼岂足平？今若开门以纳桃棒，桃棒之意尚且难知，一旦倾危，悔无及矣。"桃棒又曰："今止将所领五百余人，若至城门，自皆脱甲。乞朝廷赐容。事济之时，保禽侯景。"简文见其言愈疑之。朱异以手捶胸曰："今年社稷去矣。"俄而桃棒军人鲁伯和告景，并烹之。至是，邵陵王纶率西丰公大春、新涂公大成、永安侯确、南安乡侯骏、前谯州刺史赵伯超、武州刺史萧弄璋、步兵校尉尹思合等马步三万，发自京口，直据钟山。景党大骇，咸欲逃散，分遣万余人拒战。纶大败之于爱敬寺下。景初闻纶至，惧形于色。及败军还，尤言其盛，愈恐。命具舟石头，将北济。任约曰："去乡万里，走欲何之？战若不捷，君臣同死。草间乞活，约所不为。"景乃留宋子仙守壁，自将锐卒拒绝，阵于覆舟山北，与纶相持。会暮，景退还，南安侯骏率数十骑挑之。景回军，骏退。时赵伯超阵于玄武湖北，见骏退，仍率军前走。众军因乱，遂败绩。纶奔京口。贼执西丰公大春、纶司马庄丘慧达、直阁将军胡子约、广陵令霍俊等来送城下，逼令云："已禽邵陵王。"霍俊独云："王小失利，已全军还京口，城中但坚守，援军寻至。"语未卒，贼以刀伤其口，景义而释焉。正德乃收而害之。是日，鄱阳世子嗣、裴之高至后渚，结营于蔡洲。景分军屯南岸。

十二月，景造诸攻具及飞楼、橦车、登城车、钩堞车、阶道车、火车，并高数丈，车至二十轮，陈于阙前，百道攻城。以火车焚城东南隅大楼，因火势以攻城。城上纵火，悉焚其攻具，贼乃退。是时，景土山成，城内土山亦成。以太府卿韦黯守西土山，左卫将军柳津守东土山。山起芙蓉层楼，高四丈，饰以锦罽，捍以乌笙，山峰相近。募敢死士，厚衣袍铠，名曰"僧腾客"，配二山，交稍以战，鼓叫沸腾，昏旦不息。土山攻战既苦，人不堪命，柳津命作地道，毁外山，掷雉尾炬烧其橹楼。外山崩，压贼且尽。贼又作蛤蟆车，运土石填堑，战士升之楼车，四面并至。城内飞石碎其车，贼死积于城下。贼又掘城东南角，城内作迂城形如却月以捍之，贼乃退。材官将军宋嶷降贼，因为立计，引玄武湖水灌台城，阙前御街并为洪波矣。又烧南岸居人营寺，莫不咸尽。司州刺史柳仲礼、衡州刺史韦粲、南陵太守陈文彻、宣猛将军李孝钦等皆来赴援；鄱阳世子嗣、裴之高又济江。柳仲礼营朱雀航南，裴之高营南苑，韦粲营青塘，陈文彻、李孝钦屯丹阳郡，鄱阳世子嗣营小航南，并缘淮造栅。及旦，景方觉，乃登禅灵寺门楼以望。见韦粲营垒未合，度兵击之，粲败，景斩粲首徇城下。柳仲礼闻粲败，不遑贯甲，与数十人赴之。遇贼，斩首数百，仍拔水死者千余人。仲礼深入，马陷泥，亦被重创。自是贼不敢济岸。邵陵王纶又与临城公大连等自东道集于南岸；荆州刺史湘东王绎遣世子方等、兼司马吴晔、天门太守樊文皎赴援，营于湘子岸前；高州刺史李迁仕、前司州刺史羊鸦仁又率兵继至。既而鄱阳世子嗣、永安侯确、羊鸦仁、李迁仕、樊文皎率众度淮，攻破贼东府

城前栅，遂营于青溪水东。景遣其仪同宋子仙缘水西立栅以相拒。景食稍尽，人相食者十五六。初，援兵至北岸，众号百万。百姓扶老携幼以候王师，才过淮，便竞剥掠，征责金银，列营而立，互相疑贰。邵陵王纶、柳仲礼甚于仇敌，临城公大连、永安侯确逾于水火，无有斗心。贼党有欲自拔者，闻之咸止。

贼之始至，城中才得固守，平荡之事，期望援军。既而中外断绝，有羊车儿献计，作纸鸦系以长绳，藏敕于中。简文出太极殿前，因西北风而放，冀得书达。群贼骇之，谓是厌胜之术，又射下之，其危急如此。是时城中围逼既久，膳味顿绝，简文上厨，仅有一肉之膳。军士煮弩熏鼠捕雀食之。殿堂旧多鸽群聚，至是歼焉。初，宫门之闭，公卿以食为念，男女贵贱并出负米，得四十万斛，收诸府藏钱帛五十亿万，并聚德阳堂，鱼盐樵采所取盖寡。至是乃坏尚书省为薪，撤荐锉以饲马，尽，又食饣焉。御甘露厨有乾苔，味酸咸，分给战士。军人屠马于殿省间鬻之，杂以人肉，食者必病。贼又置毒于水窦，于是稍行肿满之疾，城内疫死者太半。初，景之未度江，魏人遣檄，极言景反覆猜忍，又言帝饰智惊愚，将为景欺。至是祸败之状，皆如所陈，南人咸以为谶。时景军亦饥，不能复战。东城有积粟，其路为援军所断，且闻湘东王下荆州兵。彭城刘邈乃说景曰："大军顿兵已久，攻城不拔，今众军云集，未易可破。如闻军粮不支一月，运漕路绝，野无所掠，婴儿掌上，信在于今。未若乞和，全师而反。"景乃与王伟计，遣任约至城北拜表伪降，以河南自效。帝曰："吾有死而已，宁有是议？且贼凶逆多诈，此言云何可信！"既而城中日蹙，简文乃请武帝曰："侯景围逼，既无勤王之师，今欲许和，更思后计。"帝大怒曰："和不如死。"简文曰："城下之盟，乃是深耻；白刃交前，流矢不顾。"上迟回久之，曰："尔自图之，无令取笑千载。"乃听焉。景请割江右四州地，并求宣城王大器出送，然后解围济江。仍许遣其仪同子悦、左丞王伟入城为质。中领军傅岐议以宣城王嫡嗣之重，有轻言请剑斩之。乃请石城公大款出送，诏许焉。遂于西华门外设坛，遣尚书仆射王克、兼侍中上甲乡侯韶、兼散骑常侍萧瑳与于子悦、王伟等登坛共盟。右卫将军柳津出西华门下，景出其栅门，与津遥相对，刑牲歃血。南兖州刺史南康嗣王会理、前青、冀二州刺史湘潭侯退、西昌侯世子彧率众三万至于马卬洲，景虑北军自白下而上，断其江路，请悉勒聚南岸。敕乃遣北军并进江潭苑。景又启称："永安侯、赵威方频隔栅诟臣，云'天子自与尔盟，我终当逐汝'。乞召入城，即进发。"敕并召之。景遂运东城米于石头，食乃足。又启云："西岸信至，高澄已得寿春、钟离，便无处安足，权借广陵、谯州，须征得寿春、钟离，即以奉还朝廷。"时荆州刺史湘东王绎师于武成，河东王誉次巴陵，前信州刺史桂阳王慥顿江津，并未之进。既而有敕班师，湘东王欲旋。中记室参军萧贲曰："景以人臣举兵向阙，今若放兵，未及度江，童子能斩之，必不为也。大王以十万之师，未见贼而退，若何！"湘东王不悦。贲，骨鲠士也，每恨湘东不入援。尝与王双六，食子未下，贲曰："殿下都无下意。"王深为憾，

遂因事害之。

景既知援军号令不一,终无勤王之效,又闻城中死疾转多,当有应之者。既却湘东王等兵,又得东城之米,王伟且说景曰:"王以人臣举兵背叛,围守宫阙,已盈十旬。逼辱妃主,陵秽宗庙,今日持此,何处容身?愿且观变。"景然之,乃表陈武帝十失。三年三月丙辰朔,城内于太极殿前设坛,使兼太宰、尚书仆射王克等告天地神祇,以景违盟,举烽鼓噪。初,城围之日,男女十余万,贯甲者三万,至是疾疫且尽,守埤者止二三千人,并悉羸憔。横尸满路,无人埋瘗,臭气熏数里,烂汁满沟洫。于是羊鸦仁、柳仲礼、鄱阳世子嗣进军于东府城北。栅垒未立,为景将宋子仙所败,送首级于阙下。景又遣子悦乞和,城内遣御史中丞沈浚至景所。景无去意,浚因责之,景大怒,即决石阙前水,百道攻城,昼夜不息。丁卯,邵陵王世子坚帐内白昙朗、董勋华于城西北楼纳贼。五鼓,贼四面飞梯,众悉上。永安侯确与其兄坚,力战不能却,乃还见文德殿言状。须臾,景乃先使王伟、仪同陈庆入殿陈谢曰:"臣既与高氏有隙,所以归投,每启不蒙为奏,所以入朝。而奸佞惧诛,深见推拒,连兵多日,罪合万诛。"武帝曰:"景今何在?可召来。"景入朝,以甲士五百人自卫,带剑升殿。拜讫,帝神色不变,使引向三公榻坐,谓曰:"卿在戎日久,无乃为劳?"景默然。又问:"卿何州人?而来至此。"又不对。其从者任约代对。又问:"初度江有几人?"景曰:"千人。""围台城有几人?"曰:"十万。""今有几人?"曰:"率土之内,莫非己有。"帝俯首不言。景出,谓其厢公王僧贵曰:"吾常据鞍对敌,矢刃交下,而意了无怖。今见萧公,使人自慑,岂非天威难犯?吾不可以再见之。"出见简文于永福省,简文坐与相见,亦无惧色。初,简文《寒夕诗》云:"雪花无有蒂,冰镜不安台。"又《咏月》云:"飞轮了无辙,明镜不安台。"后人以为诗谶,谓无蒂者,是无帝;不安台者,台城不安;轮无辙者,以邵陵名纶,空有赴援名也。

既而景屯兵西州,使伪仪同陈庆,以甲防太极殿,悉卤掠乘舆服玩、后宫嫔妾,收王侯朝士送永福省,撤二宫侍卫。使王伟守武德殿,于子悦屯太极东堂,矫诏大赦。自为大都督、都督中外诸军、录尚书事,其侍中、使持节、大丞相、王如故。先是,城中积尸不暇埋瘗,又有已死未敛,或将死未绝,景悉令聚而焚之,臭气闻十余里。尚书外兵郎鲍正疾笃,贼曳出焚之,宛转火中,久而方绝。景又矫诏,征镇牧守各复本位,于是诸军并散。降萧正德为侍中、大司马,百官悉复其职。帝虽外迹不屈,而意犹忿愤,景欲以宋子仙为司空,帝曰:"调和阴阳,岂在此物?"景又请以文德主帅邓仲为城门校尉,帝曰:"不置此官。"简文重入奏,帝怒曰:"谁令汝来!"景闻亦不敢逼。后每征求,多不称旨。至于御膳,亦被裁抑。遂怀忧愤。五月,感疾笃,崩于文德殿。景秘不发丧,权殡于昭阳殿,自外文武咸莫之知。二十余日,然后升梓宫于太极前殿,迎简文即位。及葬修陵,使万士以大钉于要地钉之,欲令后世绝灭。矫诏赦北人为奴婢者,冀收其力用焉。时东扬州刺史临城公大连据州,吴兴太守张嵊据郡,自南陵以上各据守。景制命所行,唯吴郡以西、南陵以北而已。六月,景乃杀萧正德于永福省,封元罗为西秦王,元景袭为陈留王,诸元子弟封王者十余人。以柳敬礼为使持节、大都督,隶大丞相,参戎事。十一月,百济使至,见城邑丘墟,于端门外号泣,行路见者莫不洒泣。景闻大怒,收小庄严寺,禁不听出入。

大宝元年正月,景矫诏自加班剑四十人,给前后部羽葆、鼓吹,置左右长史、从事中郎四人。三月甲申,景请简文禊宴于乐游苑,帐饮三日。其逆党咸以妻子自随,皇太子以下,并令马射箭,中者赏以金钱。翌日向晨,简文还宫。景拜伏苦请,简文不从。及发,景即与溧阳主共据御床南面并坐,群臣文武列坐侍宴。四月辛卯,景又召简文幸西州,简文御素辇,侍卫四百余人。景众数千,浴铁翼卫。简文至西州,景等逆拜。上冠下屋白纱帽,服白布裙襦。景服紫绐褶,上加金带,与其伪仪同陈庆、索超世等西向坐。溧阳主与其母范淑妃东向坐。上闻丝竹,凄然下泣。景起谢曰:"陛下何不乐?"上为笑曰:"丞相言索超世闻此,以为何声?"景曰:"臣且不知,岂独超世?"上乃命景起舞,景即下席应弦而歌。上顾命淑妃,淑妃固辞乃止。景又上礼,遂逼上起舞。酒阑坐散,上抱景于床曰:"我念丞相。"景曰:"陛下如不念臣,臣何至此?"上索笺蹄,曰:"我为公讲。"命景离席,使其唱经。景问超世何经最小,超世曰:"唯《观世音》小。"景即唱"尔时无尽意菩萨"。上大笑,夜乃罢。时江南大饥,江、扬弥甚,旱蝗相系,年谷不登,百姓流亡,死者涂地。父子携手共入江湖,或弟兄相要俱缘山岳。芰实荇花,所在皆罄;草根木叶,为之凋残。虽假命须臾,亦终死山泽。其绝粒久者,鸟面鹄形,俯伺床帷,不出户牖者,莫不衣罗绮,怀金玉,交相枕藉,待命听终。于是千里绝烟,人迹罕见,白骨成聚如丘陇焉。而景虐于用刑,酷忍无道,于石头立大春碓,有犯法者捣杀之。东阳人李瞻起兵,为贼所执,送诣建邺。景先出之市中,断其手足,刻析心腹,破出肝肠。瞻正色整容,言笑自若,见其胆者乃如升焉。又禁人偶语,不许大酺,有犯则刑及外族。其官人任兼阃外者,位必行台,入附凶徒者,并称开府,其亲寄隆重则号曰左右厢公,勇力兼人名为库真部督。七月,景又矫诏自进位相国,封泰山等二十郡为汉王。入朝不趋,赞拜不名,剑履上殿,依汉萧何故事。十月,景又矫诏自加宇宙大将军、都督六合诸军事,以诏文呈简文。简文大惊曰:"将军乃有宇宙之号乎?"初,武帝既崩,景立简文,升重云殿礼佛为盟曰:"臣乞自今两无疑贰,臣固不负陛下,陛下亦不得负臣。"及南康王会理之事,景稍猜惧,谓简文欲谋之。王伟因构扇,遂怀逆谋矣。

二年正月,景以王克为太宰,宋子仙为太保,元罗为太傅,郭元建为太尉,张化仁为司徒,任约为司空,于庆为太师,纥奚斤为太子太傅,时灵护为太子太保,王伟为尚书左仆射,索超世为右仆射。于大航跨水筑城,名曰捍国。四月,景遣宋子仙袭陷郢州刺史方诸。景乘胜西上,号二十万,联旗千里,江左以来,水军之盛未有也。元帝闻之,谓御史中丞宗懔曰:"贼若分守巴陵,鼓行西上,荆、鄀殆危,此上策也。身顿长沙,徇地零、桂,运粮以至洞庭,湘、鄀非吾有,此中策也。拥众江口,连攻巴陵,锐气尽于坚城,士卒饥于半菽,此下策也。吾安枕而卧,无所多忧。"及次巴陵,王僧辩沉船卧鼓,若将已遁。景遂围城。元帝遣平北将军胡僧祐与居士陆法和大破之,禽其将任约,景乃夜遁还都。左右有泣者,景命斩之。王僧辩乃东下,自是众军所至皆捷。先是,景每出师,戒诸将曰:"芟破城邑,净杀却,使天下知吾威名。"故诸将以杀人为戏笑,百姓虽死不从之。

是月,景乃废简文,幽于永福省,迎豫章王栋即皇帝位,升太极前殿,大赦,改元为天正元年。有回风自永福省吹其文物皆倒折,见者莫不惊骇。初,景既平建邺,便有篡夺志,以四方须定,故未自立。既而巴陵失律,江、鄀丧师,猛将外歼,雄心内沮,便欲速僭大号。又王伟云:"自古移鼎,必须废立。"故景从之。其太尉郭元建闻之,自秦郡驰还谏曰:"主上仁明,何得废之?"景曰:"王伟劝吾。"元建固陈不可,景意遂回,欲复帝位,以栋为太孙。王伟固执不可,乃禅位于栋。景以哀太子妃赐郭元建,元建曰:"岂有皇太子妃而降为人妻?"竟不与相见。景司空刘神茂、仪同尹思合、刘归义、王晔、桑乾王元頵等据东阳归顺。十一月,景矫萧栋诏,自加九锡,汉国置丞相以下百官,陈备物于庭。忽有鸟似山鹊,翔于景册书上,赤足丹嘴,都下左右所无。贼徒悉骇,竞射之,不能中。景又矫栋诏,追崇其祖为大将军,父为大丞相,自加冕十有二旒,建天子旌旗,出警入跸,乘金根车,驾六马,备五时副车,置旄头云罕,乐舞八佾,钟簴宫悬之乐,一如旧仪。寻又矫萧栋诏禅位于己,使伪太宰王克奉玺绂于己。先夕,景宿大庄严寺,即南郊,柴燎于天,升坛受禅;大风拔木,旗盖尽偃,文物并失旧仪。既唱警跸,识者以为名景而言警跸,非久祥也。景闻恶之,改为备跸。人又曰,备于此便毕矣。有司乃奏改云永跸。乃以广柳车载鼓吹,橐驼负牺牲,辇上置垂脚坐舆。景所带剑,水精摽无故堕落,手自拾取,甚恶之。将登坛,有兔自前而走,俄失所在。又白虹贯日三重,日青无色。还将登太极殿,丑徒数万,共其吹唇唱吼而上。及升御床,床脚自陷。大赦,改元为太始元年。方飨群臣,中会而起,触慁坠地。封萧栋为淮阴王,幽之。改梁律为汉律,改左户尚书为殿中尚书,五兵尚书为七兵尚书,直殿主帅为直寝。景三公之官,动置十数,仪同尤多。或匹马孤行,自执羁绁。以宋子仙、郭元建、张化仁、任约为佐命功臣,并加三公之位;王伟、索超世为谋主;于子悦、彭俊主击断;陈庆、吕季略、卢晖略、于和、史安和为爪牙,斯皆尤毒于百姓者。其余王伯丑、任延和等复有数十人。梁人而为景用者,则故将军赵伯超、前制局监姬王珍、内监严亶、邵陵王记室伏知命,此四人尽心竭力者。若太宰王克,太傅元罗、侍中殷不害、太常姬弘正等虽官尊,止从人望,非腹心任也。景祖名乙羽周,及篡,以周为庙讳,故改周弘正、石珍姓姬焉。王伟请立七庙,景曰:"何谓七庙?"伟曰:"天子祭七世祖考,故置七庙。"并请七世讳,敕太常具祭祀之礼。景曰:"前世吾不复忆,唯阿爷名摽,且在朔州,伊那得来呹

是?"众闻咸笑之。景党有知景祖名乙羽周者,自外悉是王伟制其名位。以汉司徒侯霸为始祖,晋征士侯瑾为七世祖。于是推尊其祖周为大丞相,父摽为元皇帝。于时景修饰台城及朱雀、宣阳等门,童谣曰:"的脰乌,拂朱雀,还与吴。"又曰:"脱青袍,著芒屩,荆州天子挺应著。"时都下王侯庶姓五等庙树,咸见残毁,唯文宣太后庙四周柏树独郁茂。及景篡,修南郊路,伪都官尚书吕季略说景,令伐此树以立三桥。始斫南面十余株,再宿悉枿生,便长数尺。时既冬月,翠茂若春。贼乃大惊,恶之,使悉斫杀。识者以为昔僵柳起于上林,乃表汉宣之兴,今庙树重青,必彰陕西之瑞。又景床东边香炉无故堕地,景呼东西南北皆谓之厢,景曰:"此东厢香炉那忽下地?"议者以为湘东军下之征。十二月,谢答仁、李庆等军至建德,攻元頵、李占栅,大破之。执頵、占送京口,截其手足徇之,经日乃死。

景二年,谢答仁攻东阳,刘神茂降,以送建康,景为大锉碓,先进其脚,寸寸斩之,至头方止。使众观之以示威。王僧辩军至芜湖,城主弃遁。侯子鉴率步骑万余人度州,并引水军俱进。僧辩逆击,大破之。景闻之大惧涕下,覆面引衾卧,良久方起,叹曰:"咄叱!咄叱!误杀乃公。"初,景之为丞相,居于西州,将率谋臣,朝必集行列门外,谓之牙门。以次引进,费以酒食,言笑谈论,善恶必同。及篡,恒坐内不出,旧将稀见面,咸有怨心。至是登烽火楼望西师,看一人以为十人,大惧。僧辩及诸将遂于石头城西步上,连营立栅,至于落星墩。景大恐,遣掘王僧辩父墓,剖棺焚其尸。王僧辩等进营于石头城北,景列阵挑战,僧辩大破之。景既退败,不敢入宫,敛其散兵屯于阙下,遂将逃。王伟按剑揽辔谏曰:"自古岂有叛天子!今宫中卫士尚足一战,宁可便走?"景曰:"我在北打贺拔胜,败葛荣,扬名河朔,与高王一种人。来南直度大江,取台城如反掌,打邵陵王于北山,破柳仲礼于南岸,皆乃所亲见。今日之事,恐是天亡。乃好守城,当复一决。"仰观石阙,逡巡叹息久之。乃以皮囊盛二子挂马鞍,与其仪同田迁、范希荣等百余骑东奔。王伟遂委台城窜逸。侯子鉴等奔广陵。王克开台城门,引裴之横入宫,纵兵蹂掠。是夜遗烬烧太极殿及东西堂、延阁,秘署皆尽,羽仪辇辂莫有孑遗。王僧辩命武州刺史杜崱救火,仅而得灭。故武德、五明、重云殿及门下、中书、尚书省得免。僧辩迎简文梓宫升于朝堂,三军缟素,踊于哀次。命侯瑱袭之横追贼于东,焚伪神主于宣阳门,作神主于太庙,收图书八万卷归江陵。杜崱守台城,都下户口百遗一二,大航南岸极目无烟。老小相扶竞出,才度淮,王琳、杜龛军人掠之,甚于寇贼,号叫闻于石头。僧辩谓为有变,登城问故,亦不禁也。盖以王师之酷,甚于侯景,君子以是知僧辩之不终。初,景之围台城,援军三十万,兵士望青袍则气消胆夺。及赤亭之役,胡僧祐以羸卒一千破任约精甲二万,转战而东,前无横阵。既而侯瑱追及,景众未阵,皆举幡乞降,景不能制。乃与腹心人数十单舸走,推堕二子于水,自沪渎入海至胡豆洲。前太子舍人羊鲲杀之,送于王僧辩。

景长不满七尺，长上短下，眉目疏秀，广颡高颧，色赤少髭，低视屡顾，声散，识者曰："此谓豺狼之声，故能食人，亦当为人所食。"既南奔，魏相高澄悉命先剥景妻子面皮，以大铁镬盛油煎杀之。女以入宫为婢，男三岁者并下蚕室。后齐文宣梦猕猴坐御床，乃并煮景子于镬，其子之在北者歼焉。景性猜忍，好杀戮，恒以手刃为戏。方食，斩人于前，言笑自若，口不辍餐。或先断手足，割舌劓鼻，经日乃杀之。自篡立后，时著白纱帽，而尚披青袍，头插象牙梳，床上常设胡床及筌蹄，著靴垂脚坐。或跂户限，或走马邀游，弹射鸦鸟。自为天子，王伟不许轻出，于是郁怏，更成失志，曰："吾无事为帝，与受摈不殊。"及闻义师转近，猜忌弥深，床前兰锜自绕，然后见客。每登武帝所常幸殿，若有芒刺在身，恒闻叱咄者。又处宴居殿，一夜惊起，若有物扣其心。自是凡武帝所常居处，并不敢处。多在昭阳殿廊下。所居殿屋，常有鸺鹠鸟鸣呼，景恶之，每使人穷山野捕鸟。景所乘白马，每战将胜，辄踯躅嘶鸣，意气骏逸；其有奔衄，必低头不前。及石头之役，精神沮丧，卧不肯动。景使左右拜请，或加筹策，终不肯进。始景左足上有肉瘤，状似龟，战应克捷，瘤则隐起分明；如不胜，瘤则低。至景败日，瘤隐陷肉中。天监中，沙门释宝志曰："掘尾狗子自发狂，当死未死啮人伤，须臾之间自灭亡，起自汝阴死三湘。"又曰："山家小儿果揽臂，太极殿前作虎视。"狗子，景小字，山家小儿，猴状。景遂覆陷都邑，毒害皇家。起自悬瓠，即昔之汝南。巴陵有地名三湘，景奔败处。其言皆验。景常谓人曰："侯字人边作主，下作人，此明是人主也。"台城既陷，武帝尝语人曰："侯景必得为帝，但不久耳。破'侯景'字，成'小人百日天子'，为帝当得百日。"案景以辛未年十一月十九日篡位，壬申年三月十九日败，得一百二十日。而景以三月一日便往姑孰，计在宫殿足满十旬，其言竟险。又大同中，太医令朱耽尝直禁省，无何梦犬羊各一在御坐，觉而告人曰："犬羊非佳物也，今据御座，将有变乎？"既而天子蒙尘，景登正殿焉。及景将败，有僧通道人者，意性若狂，饮酒啖肉，不异凡等。世间游行已数十载，姓名乡里，人莫能知。初言隐伏，久乃方验。人并呼为阇梨。景甚信敬之。景尝于后堂与其徒共射，时僧通在坐，夺景弓射景阳山，大呼云"得奴已"。景后又宴集其党，又召僧通。僧通取肉搵盐以进景，问曰："好不？"景答："所恨大咸。"僧通曰："不咸则烂。"及景死，僧辩截其二手送齐文宣，传首江陵，果以盐五斗置腹中，送于建康，暴之于市。百姓争取屠脍羹食皆尽，并溧阳主亦预食焉。景焚骨扬灰，曾罹其祸者，乃以灰和酒饮之。首至江陵，元帝命枭于市三日，然后煮而漆之，以付武库。先是江陵谣言："苦竹町，市南有好井。荆州军，杀侯景。"及景首至，元帝付诸议参军李季长宅，宅东即苦竹町也。既加鼎镬，即用市南井水焉。景仪同谢答仁、行台赵伯超降于侯瑱，生禽贼行台田迁、仪同房世贵、蔡寿乐、领军王伯丑。凶党悉平。斩房世贵于建康市，余党送江陵。初，郭元建以有礼于皇太子妃，将降，侯子鉴曰："此小惠也，不足自全。"乃奔齐。

王伟，其先略阳人。父略，仕魏为许昌令，因居颍川。伟学通《周易》，雅高辞采，仕魏为行台郎。景叛后，高澄以书招之，伟为景报澄书，其文甚美。澄览书曰："谁所作也？"左右称伟之文。澄曰："才如此，何由不早使知邪？"伟既协景谋谟，其文檄并伟所制，及行篡逆，皆伟创谋也。景败，与侯子鉴俱走相失，潜匿草中，直溠戍主黄公喜擒送之。见王僧辩，长揖不拜。执者促之，伟曰："各为人臣，何事相敬？"僧辩谓曰："卿为贼相，不能死节，而求活草间，颠而不扶，安用彼相？"伟曰："废兴时也，工拙在人。向使侯氏早从伟言，明公岂有今日之势？"僧辩大笑，意甚异之，命出以徇。伟曰："昨及朝行八十里，愿借一驴代步。"僧辩曰："汝头方行万里，何八十里哉？"伟笑曰："今日之事，乃吾心也。"前尚书左丞虞骘尝见辱于伟，遇之而唾其面，曰："死虏，庸复能为恶乎！"伟曰："君不读书，不足与语。"骘惭而退。及吕季略、周石珍、严亶俱送江陵，伟尚望见全，于狱为诗赠元帝下要人曰："赵壹能为赋，邹阳解献书，何惜西江水，不救辙中鱼？"又上五百字诗于帝，帝爱其才，将舍之，朝士多忌，乃请曰："前日伟作檄文，有异句何。"元帝求而视之，檄云："项羽重瞳，尚有乌江之败；湘东一目，宁为赤县所归？"帝大怒，使以钉钉其舌于柱，剜其肠。颜色自若。仇家脔其肉，俯而视之，至骨方刑之。石珍及亶并夷三族。

赵伯超，赵革子也。初至建邺，王僧辩谓曰："卿荷国重恩，遂复同逆。"对曰："当今祸福，恩在明公。"僧辩又顾谢答仁曰："闻卿是侯景枭将，恨不与卿交兵。"答仁曰："公英武盖世，答仁安能仰敌？"僧辩大笑。答仁以不失礼于简文见宥，伯超及伏知命俱饿死江陵狱中。彭俊亦生获，破腹抽出其肝藏，俊犹不死，然后斩之。

熊昙朗，豫章南昌人也，世为郡著姓。昙朗跌弛不羁，有膂力，容貌甚伟。侯景之乱，稍聚少年，据丰城县为栅，桀黠劫盗多附之。梁元帝以为巴山太守。魏克荆州，昙朗兵力稍强，劫掠邻县，缚卖居人，山谷之中，最为巨患。及侯瑱镇豫章，昙朗外示服从，阴欲图瑱。侯方儿之反瑱也，昙朗为之谋主。瑱败，昙朗获瑱马仗子女甚多。及萧勃逾岭，欧阳頠为前军。昙朗绐頠共往巴山袭黄法𣰰，又报法𣰰期共破頠，且曰："事捷与我马仗。"乃出军与頠掎角而进。又绐頠曰："余孝顷欲相掩袭，须分留奇兵。"頠送甲二百领助之。及至城下，将战，昙朗伪北，法𣰰乘之，頠失援，狼狈退衄。昙朗取其马仗而归。时巴山陈定亦拥兵立寨，昙朗伪以女妻定子，又谓定曰："周迪、余孝顷并不愿此昏，必须以强兵来迎。"定信之。及至，昙朗执之，收其马仗，并论价责赎。

陈初，以南川豪帅，历宜新、豫章二郡太守。抗拒王琳有功，封永化县侯，位平西将军、开府仪同三司。及周文育攻余孝劢于豫章，昙朗出军会之，文育失利，昙朗乃害文育以应王琳。琳东下，文帝征南川兵，江州刺史周迪、高州刺史黄法𣰰，欲沿流应赴。昙朗乃据城列舰遏迪等。及王琳败走，迪攻陷其城。昙朗走入村中。村人斩之，传首建邺，悬于朱雀航，宗族无少长皆弃市。

　　周迪，临川南城人也。少居山谷，有膂力，能挽强弩，以弋猎为事。侯景之乱，迪宗人周续起兵于临川，梁始兴王萧毅以郡让续，迪占募乡人从之，每战勇冠诸军。续所部渠帅，皆郡中豪族，稍骄横，续颇禁之，渠帅等乃杀续，推迪为主。梁元帝授迪高州刺史，封临汝县侯。绍泰二年，为衡州刺史，领临川内史。周文育之讨萧勃也，迪按甲保境，以观成败。

　　陈武帝受禅，王琳东下，迪欲自据南川，乃总召所部八郡守宰结盟，声言入赴。朝廷恐其为变，因厚抚之。琳至盆城，新吴洞主余孝顷举兵应琳。琳以为南川诸郡可传檄而定，乃遣其将李孝钦、樊猛等南征粮饷。孝钦等与余孝顷逼迪，迪大败之，禽孝钦、猛、孝顷送建邺。以功加平南将军、开府仪同三司。

　　文帝嗣位，熊昙朗反，迪与周敷、黄法氍等围昙朗，屠之。王琳败后，文帝征迪出镇盆口，又征其子入朝，迪越趄顾望并不至。豫章太守周敷本属迪，至是与法氍率其部诣阙，文帝录其破熊昙朗功，并加官赏。迪闻之不平，乃阴与留异相结。及王师讨之，迪疑惧，乃使其弟方兴袭周敷，敷与战，破之。又别使兵袭华皎于盆城，事觉，尽为皎禽。天嘉三年，文帝乃使江州刺史吴明彻都督众军，与高州刺史黄法氍、豫章太守周敷讨迪，不能克。文帝乃遣宣帝总督讨之，迪众溃，脱身逾岭之晋安，依陈宝应。宝应以兵资迪，留异又遣第二子忠臣随之。明年秋，复越东兴岭。文帝遣都督章昭达征迪，迪又散于山谷。初，侯景之乱，百姓皆弃本为盗，唯迪所部独不侵扰，耕作肆业，各有赢储，政令严明，征敛必至。性质朴，不事威仪。冬则短身布袍，夏则紫纱袜腹。居常徒跣，虽外列兵卫，内有女伎，授绳破篾，旁若无人。然轻财好施，凡所郡赡，毫厘必均。讷于语言，而衿怀信实，临川人皆德之。至是并藏匿，虽加诛戮，无肯言者。昭达仍度岭，与陈宝应相抗。迪复收合出东兴，文帝遣都督程灵洗破之。迪又与十余人窜山穴中。后遣人潜出临川郡市鱼鲑，临川太守骆文牙执之，令取迪自效。诱迪出猎，伏兵斩之。传首建邺，枭于朱雀航三日。

　　留异，东阳长山人也，世为郡著姓。异善自居处，言语酝藉，为乡里雄豪。多聚恶少，陵侮贫贱，守宰皆患之。仕梁晋安、安固二县令。

　　侯景之乱，还乡里，占募士卒。太守沈巡援台，让郡于异。异使兄子超监知郡事，率兵随巡出郡。及城陷，异随梁临城公大连，大连委以军事。异性残暴，无远略，私树威福，众并患之。会景将宋子仙济浙江，异奔还乡里，寻以众降子仙。子仙以为乡导，令执大连。邵陵王纶闻之曰："姓作去留之留，名作同异之异，理当同于逆虏。"侯景署异为东阳太守，收其妻子为质。行台刘神茂建义拒景，异外同神茂，而密契于景。及神茂败，被景诛，异独获免。景平后，王僧辩使异慰劳东阳，仍保据岩阻，州郡惮焉。魏克荆州，王僧辩以异为东阳太守，陈文帝平定会稽，异虽有粮馈，而拥擅一郡，威福在己。绍泰二年，以应接功，除缙州刺史，领东阳太守，封永嘉县侯。又以文帝长女丰安公主配异第三子贞臣。

　　陈永定三年，征异为南徐州刺史，迁延不就。文帝即位，改授缙州刺史，领东阳太守。异频遣其长史王澌为使入朝。澌每言朝廷虚弱，异信之，恒怀两端，与王琳潜通信使。及琳败，文帝遣左卫将军沈恪代异为郡，实以兵袭之。异与恪战，败，乃表启逊谢。时朝廷方事湘、郢，且羁縻之。异知终见讨，乃使兵戍下淮及建德，以备江路。湘州平，文帝乃下诏扬其罪恶，使司空侯安都讨之。异与第二子忠臣奔陈宝应。及宝应平，并禽异送都，斩建康市。子侄并伏诛，唯第三子贞臣以尚主获免。

　　陈宝应，晋安候官人也，世为闽中四姓。父羽，有材干，为郡雄豪。宝应性反覆，多变诈。梁时晋安数反，累杀郡将，羽初并扇惑成其事，后复为官军乡导破之，由是一郡兵权皆自己出。侯景之乱，晋安太守宾化侯萧云以郡让羽，羽年老，但主郡事，令宝应典兵。时东境饥馑，会稽尤甚，死者十七八，而晋安独丰沃，士众强盛。侯景平，元帝因以羽为晋安太守。陈武帝辅政，羽请归老，求传郡于宝应，武帝许之。绍泰二年，封候官县侯。武帝受禅，授闽州刺史，领会稽太守。文帝即位，加其父光禄大夫，仍命宗正录其本系，编为宗室。

　　宝应娶留异女为妻，侯安都之讨异，宝应遣师助之，又资周迪兵粮，出寇临川。及都督章昭达破迪，文帝因命讨宝应，诏宗正绝其属籍。宝应据建安湖际，逆拒昭达。昭达深沟高垒不与战，伹命为筝。俄而水盛，乘流放之，突其水栅，宝应众溃。执送都，斩建康市。

　　论曰：侯景起于边服，备尝艰险，自北而南，多行狡算。于时江表之地，不见干戈。梁武以耄期之年，溺情释教。外弛藩篱之固，内绝防闲之心，不备不虞，难以为国。加以奸回在侧，货贿潜通，景乃因机骋诈，肆行矫愆。王伟为其谋主，饰以文辞；武帝溺于知音，惑兹邪说。遂使乘杙直济，长江丧其天险；扬旌指阙，金埔亡其地利。生灵涂炭，宗社丘墟。于是村屯坞壁之豪，郡邑岩穴之长，恣陵侮而为暴，资剽掠以为雄。陈武应期抚运，戡定安辑。熊昙朗、周迪、留异、陈宝应等，虽逢兴运，未改迷涂，志在乱常，自致夷戮，亦其宜矣。